Won Tak LEE, M.D., Author

이원택의 영-한 [지구촌] 사전
Win-Win English-Korean 「Glocal」 Dictionary

초판 1쇄 발행 2025년 2월 14일

지은이 이원택
펴낸이 장길수
펴낸곳 지식과감성#
출판등록 제2012-000081호

디자인 및 편집 지식과감성#
교정 이미영
타이핑 유성은
마케팅 김윤길, 정은혜

주소 서울시 금천구 벚꽃로298 대륭포스트타워6차 1212호
전화 070-4651-3730~4
팩스 070-4325-7006
이메일 ksbookup@naver.com
홈페이지 www.knsbookup.com

ISBN 979-11-392-2423-8(11740)
값 35,000원

- 이 책의 판권은 지은이에게 있습니다.
- 이 책 내용의 전부 또는 일부를 재사용하려면 반드시 지은이의 서면 동의를 받아야 합니다.
- 잘못된 책은 구입하신 곳에서 바꾸어 드립니다.

지식과감성#
홈페이지 바로가기

이원택 책임 집필
〈한국어 알리기〉

상생 영한「지구촌」사전
Win-Win English-Korean 「Glocal」 Dictionary

duly written by Won T. Lee, M.D.

세계 속의 동양어 사전

영어가 난무하는 세상에서 한국어의 살길은 될 수 있는 한 많은 단어를 널리 알리는 일입니다. 그렇다고 다른 나라 말보다 특혜를 줄 수도 없고 해서 비슷한 숫자의 중국어·일본어를 넣다 보니 그야말로 'Glocal' 사전이 나왔습니다. zhè liáng quan qi měi ya!

여는 글

편자는 문학과 번역을 취미 삼아서 하다가 언어의 장벽에 부딪히게 되었다. 내 딴에는 한국어와 영어를 제법 한다고 믿었는데 모르는 것이 너무나 많았다. 뻔질나게 사전을 뒤적거려 보았으나 만족할 만한 해답을 찾을 수가 없었다. 나만의 문제가 아닐 것이다.

그래서 기존 사전들의 부족한 점을 보충해 보려고 2021년에 미·한[변형]사전, 2022년에 《이원택의 미-한[원형] 사전》을 출판했으나 독자들의 반응도 별로였고 편자 자신도 께름칙하기 그지없었다. 이왕 내친김이니 세상에서 제일 잘 쓴 사전을 써 보기로 했다. 물론 내 욕심이고 망상이다.

혼자 사전을 쓴다는 거 자체가 한계가 있기 때문이다. 돈도 돈이지만 내 지식의 한계가 있을뿐더러 우선 시간이 없었다. 고민 끝에 요점만 추려 보기로 했다. 무엇을 쓰고 무엇을 빼야 한다는 것은 사전의 생명이다. 큰 그림을 그리자. 독자들이 필요한 것은 단순한 영어사전이 아니다.

세상이 바뀌었기 때문이다. '높고 넓고 깊게', 말이 되는가(?) 타 문화를 포용해 보자. 과학적인 방법을 도입해 보자. 편자는 스페인어를 잘 모른다. 그러나 서양 문화를 알면 스페인어와 영어가 매우 비슷하다는 것을 깨닫게 되고 그들의 뿌리는 로마·그리스로 거슬러 올라간다. 라틴어를 알면 서양 언어의 반은 이해할 수 있다.

그동안 줄기는 놔두고 가지만 가지고 낑낑댄 것이다. 의학을 할 때 제일 중요한 것이 원인이다. 왜 병이 들었는지도 모르면서 환자를 치료한다는 것은 돌팔이 의료행위이다. 물론 아직까지 원인이 밝혀지지 않은 병들이 한두 가지가 아니지만 꾸준히 노력해야 할 것이다. 말도 마찬가지이다.

말은 추상적이고 입체적이며 주관적인 개념이다. 한 틀에 다 담을 수는 없다. 그렇다고 그릇에 담아 놓지 않으면 말을 배울 수가 없다. 따져 보자. 그리고 우선순위를 매겨 보자. 기존의 사전들은 그저 두리뭉실하다. 비과학적이다. 또, 구태의연하다.

웬만한 사전들은 언어학을 전공한 사람들이 모여서 협찬을 했기 때문에 독창성과 일관성이 부족하다. 편자는 사전을 쓰면서 항상 '나만이 쓸 수 있는'이라는 점을 염두에 두었다. 〈색깔이 있는 사전〉 말이다. 의사답게- 문인답게- 이 책을 [처방사전]이라고 했다.
사전을 쓰다 보니 속담이나 격언들을 접하게 되는데 곰곰이 생각하니 이것들이야말로 말로써 마음을 달래주는 '약'인 동시에 말로써 인생을 노래하는 '시'가 아닌가. 부족한 대로 가능한 한 많이 수록하였다.

사전은 말을 정리해서 그 뜻을 풀어 놓은 책이다. 말의 체계를 따지려면 그 족보를 알아야 하고 어휘를 이해하려면 총체적인 윤곽이 그려져야 한다. 뿌리를 캐는 일은 힘들더라도 호기심을 자극하는 일이며 연상작용에서는 반대말이 더 솔깃하고 이해가 빠르다. (편자보고 영어선생을 하라면) 수업은 반대말 알아맞히기 수수께끼로 진행할 것이고 시험문제는 어원 찾기 사지선다형으로 할 것이다. (누군가 물으신다면) 이 책의 진수는 어원 찾기에 있고 이 사전의 백미는 동의어·이의어들을 수록했다는 점이다.

편자가 이 사전을 쓰면서 가장 애를 먹었던 부분이 꼭 맞는 반의어를 찾아내는 일이었는데 기존의 사전들도 중구난방인 데다가 반대말이란 것이 지극히 인위적이고 주관적이라는 점이었다. 따지고 보면 반의어보다는 〈대조어〉가 더 정확한 표현이다. 우리는 보통 팔의 반대말이 다리라고 하나 하느님이나 동물의 입장에서 보면 동의어에 더 가깝고 새나 물고기에게서는 날개 또는 지느러미라고 해야 할 것이다. 언어의 오류(fallacy)에 빠지면 걷잡을 수 없다.

원래 말에는 '동의어'나 '반의어'가 있을 수도 없고 있어서도 않된다.
Webster나 OED가 독자적인 동의어/반의어 사전을 펴내지 못하는 이유도 그들이 몰라서가 아니라 그들의 권위에 흠이 가거나 욕을 먹고 싶지 않아서일 것이다. Princeton 대학에서 펴낸 [동의어 사전]도 몸을 너무 사려서 그런지 감질나기는 마찬가지이다.
그러나 [이원택 사전]은 초장부터 권위는 저리 가라인 데다가 욕은 이미 먹어논 당상이라 그냥 '유사어'/'대조어'로 말을 바꿔 강행해 보기로 했다. 모로 가도 서울만 가면 된다는 일념으로-.

이 책에 본의 아니게 꼬부랑 글자가 많이 들어간 것은 어원을 캐어나갈려면 그들의 문자를 쓸 수밖에 없고 동의어·이의어는 영어를 써야 그 뜻이 정확하게 전달되기 때문이며 또한 한국인들도 겸사겸사 폭넓은 단어를 숙지할 수 있게 하기 위해서이다. 편자의 궁극적인 취지는 이 사전이 세계 각국어로 번역되어 한국어를 널리 알림은 물론 그들이 각각 어원이나 대조어를 찾느라고 쓸데없는 시간을 낭비하지 않는 것이다.

그동안 사전쓰기에 헌신하신 분들께는 좀 죄송하지만 문외한의 눈으로 보더라도 종래의 사전들은 틀이 잡혀있지 않았다. 한마디로 산만하다. 편자는 의과대학에 다닐 때 하도 외울 것이 많아서 1, 2, 3, 4로 정리를 하지 않으면 도저히 쫓아갈 수가 없었다. 의학 공부가 사전쓰기에 도움이 되었다니- 개똥도 약에 쓴다(공옥이석)란 말이 떠오른다.

이에 편자는 과학적인 잣대를 들이 대서, ①발음 ②어원 ③역사 ④해설 ⑤용도 ⑥비교 ⑦등급별로 정리해 보았다. 말에 축(axis)을 실어주었다. 아무쪼록 잘 음미해 가면서 재미있게 읽어 주기 바란다.

도표

포용 등급

- 🔵1 한국어로 대체할 수 없는 말
- 🔵2 부분적으로 한국어로 대체할 수 없는 말

- 🟠1 편자의 능력으로는 한국어로 번역할 수 없었던 말
- 🟠2 한국어 번역이 부적절하거나 부자연스러운 말

- 🟣1 이미 한국어로 자리 잡은 말
- 🟣2 국제 감각을 살릴 수 있는 말

- 🟢1 쉽게 한국어로 대체할 수 있는 말
- 🟢2 좋은 한국어가 있으나 과시용으로 쓰는 말

- 🔴1 한국 문화를 손상시킬 수 있는 말
- 🔴2 한국어를 파괴할 수 있는 말

일러두기

표제어

1. 표제어의 선정은 한국 사람들 구미에 맞게 하였다.
2. 어원은 직접적인 것은 앞에, 간접적인 것은 뒤에 수록하였다.
3. 기본어는 동사·명사 중 익숙한 말을 선호하였다.
4. 파생어는 기본어에서 빗나간 것을 위주로 수록하였다.
5. 생략어는 빈도와 난이도에 따라 정리하였다.
6. 분철은 ·(가운뎃점)을 써서 음절을 강조하였다.
7. 혼성어의 처리는 (-)로 표시된 '합성어'와 (—)로 표시된 '복합어'는 어간 바로 다음에, (뭉치말)인 숙어는 띄어서 나중에 배열하였다.
8. 표제어를 빨간 활자로 한 것은 기본 단어를 뜻하고 앞에 *로 표시한 것은 정보화 시대에 알아 두어야 할 것, ★로 표시한 것은 신조어나 편자가 특히 강조하고 싶은 단어들이다.

발음

1. 국제 음성기호 대신 가장 비슷한 한글로 표시하였다.
2. 한국 사람에게 쉽지 않은 발음은 과장하였다.
3. 강조발음은 진한 활자로 표시하고, 복합어나 연어는 주 악센트만 표시하였다.
4. 발음과 다른 '한국어'는 외래어 표기법에 따라 정리하였다.

해설

1. 한글 해석을 원칙으로 하였다.
2. 부단한 사실 확인(fact check)으로 기존의 틀린 해석을 바로잡아 주었다.
3. 어려운 말은 〈의무교육을 받은 자〉가 이해될 만한 때까지 풀이하였다.
4. 주관이란 '주요 관심사'란 뜻이다.
5. 글자 한 자 한 자를 곱씹어 보았다.
6. 잡소리는 다 뺐다(?).

부호・기호

1. : (쌍점)은 대전제를 나타낸다.
2. ; (쌍반점)은 소전제를 나타낸다.
3. , (쉼표)는 쉬고 가라는 얘기다.
4. ・ (가운뎃점)은 나열이나 음절의 분철을 나타냈고,
   - (hyphen)은 두 개 이상의 음절, ― (dash)는 두 개 이상의 '낱말'을 연결하는 데 사용하였다.
5. ~ 는 귀찮거나 비스무레하다는 뜻이다.
6. ← 는 앞으로 나아가라는 표시이다.
7. → 는 뒤로 물러나라는 표시이다.
8. ↔ 는 한번 맞짱을 떠 보라는 표시이다.
9. ⇒ 는 '낑낑대지 말고' 변소로 가 보시라는 표시이다.
10. . (마침표)는 〈사전풀이는 끝이 없기 때문에〉 일부러 안 썼다.
11. ( )는 수식이나 설명을 나타낸다.
12. 〈 〉는 ( )와 같으나 좀 튀라고 사용했다.
13. { }는 달에서는 {미국의 원주민이 부르던 이름}, 미국의 주에서는 {주도-연방하원 의석}, 세계 각국에서는 {형용사형-공용어-화폐단위-수도}를 표시하는 데 사용하였다.
14. 《 》는 미국 각 주의 주화(花)를 표시하는 데 사용했다.
15. ' '는 어원이나 편자가 제안하는 대체어에 사용했다.
16. \ (역빗금)은 편자의 음흉한 뜻이 있으나 공개하기 어려운 '묻지마표'이다.
17. 남의 말을 인용할 때 신빙성이 있는 것은 '설', 없는 것은 '썰'로 써서 구별하였다.

부록

본문에서 충분히 다루지 못한 것 중 이 사전의 취지에 맞는 항목들을 도표 식으로 따로 수록하였다.

사족

이 사전은 호기심이 많은 사람들을 위해 쓴 것이다.

써서 엮은이 이원택

목차

A	9	H	556	O	881	V	1381
B	94	I	622	P	917	W	1404
C	197	J	664	Q	1038	X	1452
D	325	K	686	R	1046	Y	1454
E	388	L	710	S	1110	Z	1465
F	438	M	760	T	1285		
G	500	N	844	U	1363		

부록 목차

특별부록 A	결합사	1472
부록1	불규칙 동사표	1480
부록2	불규칙(복수) 명사표	1484
부록3	미어와 영어의 차이	1488
부록4	〈인기 있는〉 미국인의 '지어준' 이름	1498
부록5	미국인의 '타고난' 이름	1503
부록6	그리스와 로마 신들의 대조표	1511
부록7	운명과 운수	1514
부록8	본체(elements: 공기·빛·소리)	1516
부록9	지구	1518
부록10	인체	1521
부록11	세계의 인구 추세	1523
부록12	〈순서로 본〉 세계의 대도시의 인구 추세	1524
부록13	종교 분포도	1525
부록14	세계의 언어	1527
부록15	의류 크기의 대조표	1532
부록16	도량형 환산표	1534
부록17	기호문자	1538
부록18	전산망 약자	1540
부록19	법정 용어	1548
부록20	한국식 영어(Konglish)	1559
부록21	미국의 사증(Visa)	1566
부록22	위대한 발명품들(great inventions)	1568
부록23	[이원택 사전] 〈잡소리〉	1570
특별부록 B	기초 스페인어	1579

1. **A \ a** [에이]: 이집트의 상형문자, 소의 머리 모양을 딴 3번째 정도로 많이 쓰이는 알파벳, 첫째, C장조 음계의 6번째 음, 음 이름 '가(라)', 하나, 〈어쩐지 가까이하고 싶은 글자〉, 컴퓨터의 anchor, 혈액형의 일종, ante·adjective·alto·ampere 등의 약자 수2

2. **a** [어 \ 에이]: (어떤) 하나, an\one, ~이라는 것, ~마다, 〈정해지지 않은 것〉, 〈↔the〉 가1

3. **a~** [에이~ \ 애 \ ~어]: ①〈그리스어〉, not\without, 〈비·무~〉를 나타내는 결합사 ②〈영국어〉, at\of\in\to, 각종 수식어를 만드는 결합사 양1

4. **~a** [~어]: (그리스·라틴어에서 차용한 명사에 붙여) 복수〈plural〉나 여성〈feminine〉을 나타내는 결합사 양1

5. **AA¹**: ⇒ American Airlines 미1

6. **AA²** (Al·co·hol·ic A·non·y·mous): 금주 동맹, (익명의) 주정중독 자주 치료자 협회, ⇒ Al-Anon 미1

7. **AA³** [더블 에이]: A보다 작고 AAA보다 큰 (신발·브래지어·건전지 등), 〈~ between A and AAA〉 우1

8. **AAA¹** [트리플 에이] (A·me·ri·can Au·to·mo·bile As·so·ci·a·tion): 미국 (북미) 자동차 연합, 1902년에 설립되어 미국과 캐나다에 2024년 현재 〈편자를 비롯한〉 6천만 정도의 회원을 가지고 있는 자동차 관련 봉사 조합, 〈~ Triple A〉 미1

9. **AAA²** [트리플 에이]: AA보다 더 작은 (신발·건전지 등), 〈~ less than AA〉, (마이너 리그·사채·공채 등의 등급에서) 최상위, 〈~ bigger than AA〉 수2

10. **AAAA** [크와드룹플 에이]: AAA보다 더 작은 (건전지), 〈~ less than AAA〉 수2

11. **aard-vark** [아알드 봐알크]: 〈네덜란드어〉, earth pig, 땅돼지 (긴 주둥이를 가지고 땅속의 개미나 산벌레를 잡아먹는 아프리카의 야행성 들돼지), ant·eater, ant bear, 〈~(↔)tamandua〉 미2

12. **aard-wolf** [아알드 울후]: 〈네덜란드어〉, earth wolf, 땅늑대 (썩은 시체나 벌레를 먹는 하이에나(hyena) 비슷하나 줄무늬가 없는 아프리카의 야행성 동물) 미2

13. **Aar·on** [에어뤈]: 〈어원에 대해 여러 학설이 있는 히브리어〉, 〈뛰어난(exalted) 자?〉, 아론, 모세의 형, 유대(Judah) 최초의 제사장(high priest) 수1

14. **Aar·on's beard** [에어뤈즈 비어드]: 범의 귀, 물레나물 (타원형의 잎을 가지고 다수의 수술에 다섯 장의 노란 꽃잎이 피는 식용·약용·관상용 식물), 〈~ St. John's wort〉, 〈~ goat (or tipton) weed〉 미2

15. **Aar·on's rod** [에어뤈즈 롸드]: (뱀이 감긴 모양의) 아론의 〈요술〉 지팡이, 미역취 〈긴 줄기에 주로 노란 꽃이 연달아 피는 현삼과의 식물〉, 〈~ mullein〉 수2

16. **AARP**: ⇒ American Association of Retired Persons 미2

17. **aas·vo·gel** [아아스호우걸]: aas(carrion)+vogel(bird), 〈원주민어에서 유래한 네덜란드어〉, 〈시체를 먹는〉 남아프리카산의 흰머리독수리, 〈~ a vulture〉 우2

18. **AB**: ①혈액형(blood type)의 일종, (편자같이 A와 B 사이에서 방황하는) 〈우유부단한 성격〉 ②(Assembly Bill); 하원에서 발의된 법(안) 수2 미1

19. **ab~** [애브~ \ 어브~]: 〈← apo〉, 〈그리스어 → 라틴어〉, away\down\from\off, 〈떨어져서 ~, 결여된 ~〉이란 뜻의 결합사, 〈→ of〉 양1

20. **ab·a·ca** [애버카아]: 〈타갈로그어〉, 아바카 섬유, Manila hemp, (밧줄 원료로 쓰이는) 마닐라삼, 〈~ Cebu (or Davao) hemp〉, 바나나 나무의 일종, 〈~ jute\flax〉 우2

21. **a-back** [어백]: 〈영국어〉, 역풍을 받다, 후진하다, 〈~ back\backwards〉, 〈↔a-fore\forwards〉 양2

22. **ab·a·cus** [애버커스]: 〈← abax(counting table)〉, 〈그리스어〉, '판자〈flat-board〉', 대접받침, 둥근 기둥의 머리판, 주판(수판), 〈~(↔)computer〉 미1

23. **a·bad·don** [어배든]: 〈← abad〉, apollyon('doom'을 뜻하는 그리스어), '파괴된 곳', 지옥, 나락, 〈~ a·byss\ inferno〉, 〈↔heaven\Elysium〉 미2

24. ***a bad work·man (al·ways) blames his tools**: 서툰 일꾼이 연장 탓한다, 선무당이 장구 나무란다, 〈~(↔)a bad-worker can never find good tools〉 양2

25. **ab·a·lo·ne** [애벌로우니]: 〈← awlun(a mollusk)〉, 〈북미 원주민어〉, a mother-of-pearl, 전복, '귀조개', '보지조개', 〈~ ear shell\ormer〉, ⇒ sea·ear 미2

26. **a-ban·don–ment** [어밴던먼트]: a(to)+bannan(proclaim)+ment, 〈게르만어에서 연유한 라틴어〉, 포기, 유기, 기권, 방종, 폐기, 〈~ ban〉, 〈술·담배를 끊는 것처럼 강한 의지가 내포되었던 말〉, 〈~ abdication\ revocation\abolition〉, 〈↔adoption\maintenance\procure-ment〉 양2

27	**a-ban·don–ware** [어벤던 웨어]: (전산기의) 폐기물, 〈~ out-dated system〉 양2	
28	**a-bash** [어배쉬]: 〈← esbahir〉, es(utterly)+bair(astound), 〈프랑스어〉, 부끄럽게 하다, 당혹하게 하다, 〈~ bashful\ashamed〉, 〈↔un-abash\soothe〉 양1	
29	**a-bate** [어베이트]: ad(to)+battuere(beat), 〈라틴어〉, beat down, 수를 줄이다, 값을 낮추다, 중지, 무효, 〈~ remit\rescind〉, 〈↔intensify\fester〉 양2	
30	**aba·ya** [어바아여]: 〈← abaa(cloak)〉, 〈아랍어〉, 아바야, ((몸을 가리기 위해) 아랍 사람들이 입는) 낙낙한 소매 없는 겉옷, 낙타와 염소의 털로 짠 직물, 〈→ kebaya〉 수2	
31	**Ab·ba** [애버]: 〈아랍어〉, father, 아바, 하나님 아버지, a~; 사부 미2	
32	**Ab·bas(s)-id** [애버씨드]: 아바스〈마호메트의 삼촌〉 왕조, 750~8년간 바그다드(Baghdad)를 지배했던 족장 정권, 〈~ a caliphate〉 수1	
33	**ab·bey** [애비]: 〈← abba〉, 〈아랍어 → 라틴어〉, 대수도원, 대성당, 〈~ monastery\cathedral〉, 〈↔un-holy place〉 미1	
34	**ab·bot** [애벝]: 〈← abba〉, 〈아랍어 → 라틴어〉, 대수도원장, 〈~ bishop\prelate〉, 〈↔lay-person〉 미2	
35	**Ab·bott** [애벝] la·bo·ra·to·ry: 1888년 시카고 의사 Wallace Abbott〈'신부님'〉이 세운 미국의 의약 제품 회사, 〈~ an American health-care products company〉 수1	
36	**ab-bre·vi·a-tion** [어브뤼이뷔에이션]: ad+brevis(short), 〈라틴어〉, '짧게 만들기', 생략, 약어, 〈~ abridge〉, 〈~ truncation〉, 〈↔expansion\lengthen〉 양2	
37	**Abb·Vie** [애브뷔이]: 2013년 Abbott에서 새끼 쳐 나온 〈미래형〉 생약학 전문 제약회사, 〈~ a biopharmaceutical company〉 수2	
38	**ABC**[1]: 기본, 초보, abc; 아주 쉬운 것, 〈~ foundation\elements\first steps〉 양2	
39	**ABC**[2] (A·mer·i·can Broad-cast–ing Com-pa·ny): 미국 방송사, 1943년에 설립되어 현재 디즈니사가 운영하는 미국의 세계적 방송회사 미1	
40	**ABC Boards**: Alcoholic Beverage Control Board, 주류관리위원회, 술과 담배 판매를 규제하는 미국의 주 정부 기관 수2	
41	**ABC School Dis·trict**: 1965년에 설립된 미국 남가주 Artesia·Bloomfield·Carmenita 학군의 연합체 수1	
42	**ab-di·cate** [애브디케이트]: ab(away)+dicare(declare), 〈라틴어〉, '의절하다', 포기하다, 퇴임하다, 기권, 양위, 〈~ abandon\revocate〉, 〈↔assume\claim\take over〉 양2	
43	**ab-do·men** [애브더먼 \ 애브도우먼]: 〈ab(away)+dere(to put)?〉, 〈불분명한 어원의 라틴어〉, 배, '숨겨진' 복부, 〈~ ventral〉, 〈↔back〉 양1	
44	**ab-duct** [애브덛]: ab(away)+ducere(lead), 〈라틴어〉, 유괴하다, 탈취, 밖으로 돌리다, '떨어져 이끌다', 〈~ kidnap\snatch〉, 〈↔deliver\rescue\hook-up〉 양2	
45	**A-be** [아베], Shin-zo: an+bei, 〈중국어 → 일본어〉, peacefully raised, '편안히 자라는 자', 안배진상, 아베 신조, (1954-2022), 마지막 조선 총독의 증손주로 태어나 정치학을 전공하고 자민당에 뛰어들어 2006~2007년 그리고 2012년부터 2020년까지 수상을 역임하고 유세 중 종교적으로 피해를 본 자에게 피살된 일본의 〈국수주의〉 정치가, 〈~ a Prime Minister of Japan〉 수1	
46	**A·bel** [에이벌]: 〈← hevel(vapour)?〉, '허망한 자?', 〈히브리어〉, 아벨, 아담의 둘째 아들로 형 카인(Cain)에게 피살됨, 〈~ the second son of Adam and Eve〉 수1	
47	**A·bel-ard** [애벌라아드], Pe·ter: '용감한 Abel', 아벨라르, (1079-1142), 〈여제자와 찐한 연애를 하다 궁형(불알을 까는 형벌)을 당했고〉 삼위일체론을 유명론적 변증법으로 설명했던 프랑스의 신학자·철학자, 〈~ a medieval French philosopher and theologian〉 수1	
48	***ABEND** [아벤드] (ab-nor·mal end of task): 작업의 비정상 종료 미2	
49	**Ab·er-deen An·gus** [애버디인 앵거스]: 스코틀랜드(Scotland) 애버딘〈Don 강의 하구〉 원산의 뿔이 없는 검은 〈일등품〉 식용소, 〈~ a small beef cattle〉 수1	
50	**ab-er·rant** [애베뤈트 \ 어베뤈트]: ab(away)+errare(stray), 〈라틴어〉, 정도를 벗어난 (것), 탈선, 악덕, 〈~ disobedient\way-ward〉, 〈↔normal\sane\typical〉 양2	

51 **a-bet** [어벹]: ad(to)+beter(hound), 〈라틴어〉, 〈← bet〉, 부추기다, 선동하다, 교사하다, 〈~ bait〉, 〈~ incite\provoke〉, 〈↔hinder\restrain\crack-down\intercept\out-guess\sabotage〉 양2

52 **a-bey–ance** [어베이언스]: 〈← batare(yawn)〉, ad(to)+bayer(open), 〈라틴어 → 프랑스어 → 영국어〉, '입을 헤 벌리고', (일시적) 중지, 정지, 소유자 미정, 〈~ suspension\dormant〉, 〈↔continuance\resume\in hand〉 양2

53 **ab-hor** [애브허얼]: ab(from)+horrere(shudder), 〈라틴어〉, 혐오하다, 질색하다, '떨어져서 떨다', 〈~ horror〉, 〈~ abominable\detest〉, 〈↔enjoy\adulate\admire\sanctify\savor〉 양2

54 **a-bide** [어바이드]: a(to)+bidan(remain), 〈영국어〉, 〈← bide〉, 머무르다, 기다리다, 감수하다, 변치 않다, 참다, 견디다, 〈~ obey\tolerate〉, 〈↔disappear\leave\reject〉 양2

55 *****a bien·tot** [아 비앙또]: 〈프랑스어〉, see you soon, 곧 봅시다, 다시 뵙기를!, 〈~ au revoir〉, 〈↔bonjour〉 미2

56 **Abi-gail** [아비게일 \ 애버게일]: abh(father)+gil(rejoice), 〈히브리어〉, '아비를 기쁘게 하는 자', 아비가일, 나발의 아내로 후에 다윗의 아내가 됨, 〈~ David's second wife〉 수1

57 **a·bil·i-ty** [어빌리티]: 〈← habere(hold)〉, 〈라틴어〉, 능력, 솜씨, 기량, 〈~ capacity\skill〉, 〈↔dis(in)-ability\incapacity〉 양2

58 *****a bird in the hand (is) worth two in the bush**: 남의 돈 천 냥이 내 돈 한 푼만 못하다, 〈~ hang on to what you have〉 양2

59 **ab-ject** [애브젝트]: ab(to)+jacere(throw), 〈라틴어〉, 〈reject 당해〉 비참한, 버려진, 비굴한, 〈~ ignoble\mean〉, 〈↔arrogant\proud〉 양2

60 **ab-ju·ra-tion** [애브쥬어뤠이션]: ab(away)+jurare(swear), 〈라틴어〉, 〈jury에서 떨어져나와〉 포기 선서(맹세), 〈~ recantation\retraction〉, 〈↔adherence\affirmation\assert〉 양2

61 **a-blaze** [어블레이즈]: 〈영국어〉, 불타는, 빛나는, 불티나는, 흥분한, 〈~ flaming\blazing〉, 〈↔extinguished〉 양2

62 **~a·ble** [~어블]: ~ible, 〈라틴어에서 연유한 영국어〉, capable, 〈~ (이용)할 수 있는〉을 뜻하는 결합사 양1

63 **a·ble** [에이블]: 〈← habere(hold)〉, 〈라틴어〉, 유능한, 훌륭한, 해낼 수 있는, 〈~ habile\capable〉, 〈↔dis(in\un)-able〉 가1

64 **ab-lu–tion** [어블루우션]: ab(to)+luere(wash), 〈라틴어〉, 목욕 (재계), 세정식, 〈~ washing\purgation\cleansing〉, 〈↔pollution\contamination〉 양2

65 **ABM**: ①anti·ballistic missile (대탄도탄 요격 탄도탄) ②asynchronous balance mode (비동기 평형 방식) ③automated banking machine (현금 자동 지급기) 미2

66 **ab-ne·gate** [애브니게이트]: ab(to)+negare(deny), 〈라틴어〉, 포기하다, 자제하다, 〈~ renunciate\abstain〉, 〈↔accept\assume\claim〉 양2

67 **ABO**: 혈액형(blood type) 분류법의 일종, 〈~(↔)RH factor〉 수2

68 **a-board** [어보어드]: 〈영국어〉, 배를 타고 (떠나다), 탑승하여, 출루하여, 〈~ off\a-broad〉, 〈↔a-shore〉 양2

69 **a-bode** [어보우드]: 〈영국어〉, 주소, 주거지, 체류(지), 〈~ stanza\dwelling〉, abide의 과거·과거분사, 〈~ domicile\residency〉, 〈↔departed\gone〉 양2

70 **a·bol·i-tion** [애벌리션]: ab(off)+olere(grow), 〈라틴어〉, 폐지, 철폐, A~; 미국 노예제도 폐지, 〈~ abdication\revocation〉, 〈↔retention\enactment〉 양2

71 **ab-o·ma·sum** [애버메이섬]: ab(from)+omasum(intestine of ox), 〈라틴어〉, 주름위, 추위(반추동물의 제4위), 〈omasum(겹주름위; 제3위)에서 소장으로 음식을 보내는〉 막창, 〈예전 어르신들이 기생집을 나가서 본가로 들어가기 전에 '짭짤하고 쫄깃한 맛'을 보려 들르던 곳과도 일맥상통함〉, 〈~ rennet bag\reed tripe〉 양2

72 **a·bom·i·na·ble** [어바미너블]: ab(from)+ominari(omen), 〈라틴어〉, 지긋지긋한, 가증스러운, 지독한, 〈omen에서 떨어지고 싶은〉, 〈~ abhor\detest\invidious〉, 〈↔innocuous\delightful\admirable〉 양2

73 **ab–o·rig·i·nal** [애버뤼줘늘]: ab(from)+origo(rise), 〈라틴어〉, 토착(어), 원주(민)의, 〈~ initial\native〉, 〈↔nonindigenous\foreign〉 양2

74 **a·bort** [어보얼트]: ab(from)+oriri(to rise), 〈라틴어〉, '태어나지〈born〉 못하다', 중지시키다, 유산시키다, 중단, 취소(명령), 〈~ terminate\halt〉, 〈↔begin\engage\continue〉 양2

75 **a·bor·tion** [어보얼션]: 〈라틴어〉, 유산, 임신중절, 낙태, 실패, 불발, 〈~ feticide\miscarriage〉, 〈↔birth\delivery〉 양1

76 **a·bound** [어바운드]: ab(to)+undare(surge), 〈라틴어〉, 많이 있다, 풍부하다, 〈~ abundant\full\teem〉, 〈↔meager\scanty〉 양2

77 **a-bout** [어바웉]: 〈영국어〉, a+be+out, '주위에', ~에 대하여, ~ 여기저기에, 대략, 지금 막, 〈두리뭉실한 말〉, 〈~ regarding\around〉, 〈↔exactly\entirely〉 가1

78 **a-bout face** [어바웉 훼이스]: (얼굴을 돌려) 180도 전향, '뒤로 돌아!', 〈~ about turn\turn-around〉, 〈↔ready front!〉 양1

79 **a-bove** [어버브]: a(on)+bufan(over), 〈게르만어〉, 위에, 앞에, 이상, 하늘에, 〈군림하는 말〉, 〈~ higher\exceeding〉, 〈↔below\less than\under〉 가1

80 **a-bove and be-yond** [어버브 앤 비여언드]: ~에 더하여, ~을 초월하여, 〈↔behind\beneath〉 양2

81 **a-bove av·er-age** [어버브 애붜뤼쥐]: 평균 이상, 〈↔below average〉 가1

82 **a-bove–board** [어버브 보어드]: 〈카드 놀이에서〉 손을 판위에 놓으면 부정을 못한다는 뜻에서 연유한 말〉, 훤히 보이는, 공명정대한, 〈~ overt\forth-right〉, 〈↔under-hand\untrue\dishonest\rogue〉 양2

83 **a-bove ground** [어버브 그롸운드]: 땅 위, 지상, 〈↔under-ground〉 가1

84 ***ab·ra·ca·dab·ra** [애브뤄 커대브뤄]: abbada+ke+dabra, 〈아버지·아들·성령이란 뜻의 히브리어〉, 〈말씀대로 되게 해 드리다〉, 아브라카다브라, (카발라에서) 병을 낫게 해달라는 주문, 횡설수설, 〈~ hocus-pocus〉 수2 양2

85 **a·brade** [어브뤠이드]: ab(away)+radere(to scrape), 〈라틴어〉, 벗겨지게(닳게) 하다, 마멸시키다, 침식하다, 신경질나게 하다, 〈~ eorode\wear down〉 양2

86 **Ab·ra·ham** [에이브뤄햄]: Ave, abh(father)+raham(multitude), 〈히브리어〉, 〈여러 종족의〉 '조상', 아브라함, 사람 이름, 〈연대 미상의〉 유대인의 선조, 〈유대·기독·이슬람교의 공통 조상〉, 〈~ the common Hebrew patriarch〉 수1

87 **a·bra·sion** [어브뤠이쥔]: ab(away)+radere(scrape), 〈라틴어〉, 〈← abrade〉, 찰과상, 마모, 침식, 연마, 〈~ erosion\scraping〉 양2

88 **a-bridge** [어브뤼쥐]: ad(to)+brevis(short), 〈라틴어〉, 단축하다, 생략하다, 요약하다, 빼앗다, 〈~ abbreviate\truncate〉, 〈↔extend\lengthen\exaggerate\billow\stretch-out〉 양2

89 **a-broad** [어브뤄어드]: 〈영국어〉, a(on)+broad, 해외로, 외국으로, '널리', 〈~ a-board\over-seas〉, 〈↔here\at home〉 양2

90 **ab-ro·gate** [애브뤄게이트]: ab(from)+rogare(ask), 〈라틴어〉, 폐지하다, 무효화하다, 〈~ cancel\rescind〉, 〈~ derogatory〉, 〈↔institute\establish〉 양2

91 **ab-rupt** [어브뤞트]: ab(to)+rumpere(break), 〈라틴어〉, '찢어 없애다', 느닷없이, 가파른, 무뚝뚝한, 〈~ sudden\blunt〉, 〈↔gradual\smooth〉 양2

92 ***abs** [엡스 \ 앱스]: 〈라틴어들〉 ①절대〈absolute〉치를 계산하는 기능 ②〈앱즈〉 복근(abdominal muscles) 우1

93 **Ab-sa·lom** [앱설럼]: abh(father)+shalom(peace), 〈히브리어〉, '평화의 아버지', 압살롬 (부왕에게 반역하여 살해된 유대(Judah) 왕 다윗〈David〉의 셋째 아들〈3rd son〉) 수1

94 **ab-scess** [앱세스]: ab(away)+cedere(go), 〈라틴어〉, 〈체액이 고여든〉 농양, 〈염증을 제거해 주는〉 종기, 〈~ pustule\boil〉 양2

95 **ab·scond** [앱스칸드]: abs(away)+condere(conceal), 〈라틴어〉, 도망하다, 종적을 감추다, 〈→ scone〉, 〈~ escape\flee〉, 〈↔appear\remain〉 양2

96 **ab·sence** [앱센스]: ab(away)+esse(be), 〈라틴어〉, 부재, 〈떨어진 곳에 존재하는〉 결석, 방심 상태, 〈~ lack\dearth〉, 〈↔presence\sufficiency〉 양1

97 ***ab·sence makes the heart grow fond-er**: ①숨어 하는 장난이 더 재미있다, 윗사람이 없으면 아랫사람이 살판난다, 〈~ when the cats away the mice will play〉 ②서로 떨어져 있으면 그리움이 더 해진다, 〈↔out of sight, out of mind〉 미2

98 **ab·sent-dust** [앱슨트 더스트]: '부재 먼지', 집을 비워둬서 쌓인 먼지, 〈~ chronic dust〉 양1

99 **ab·sent-ee bal·lot** [앱썬티이 밸렅]: 부재자〈non-resident〉 투표(용지), 〈~(↔)proxy〉 양2

100 **ab·so·lete** [앺써리이트]: 〈아마도 철자를 잘못 쓰다가 생겨난 말〉, absolute+obsolete, 확실히 구식인, 한물간, 〈~ out of date〉, 〈↔state of the art〉 미2

101 **ab·so·lute** [앺썰루우트]: ab(off)+solvere(loosen), 〈라틴어〉, '완전히 풀어져 분리된', 절대적, 순수한, 무조건, 〈→ assoluta〉, 〈~ complete\infinite〉, 〈↔relative\partial〉 양2

102 ***ab·so·lute ad-dress** [앺썰루우트 어드뤠스]: 절대번지 (전산망 기억력의 고정〈fixed〉된 자리), 〈~ physical (or memory) address〉, 〈↔relative address〉 미2

103 ***ab·so·lute URL** (u·ni·form re·source lo·ca·tion): (전산망에서 완벽한 자료를 찾기 위한) '절대 공용 자원 탐색기', 〈이것을 사용해서 자료를 찾는 것은 relative URL임〉, 〈~ full URL〉 우1

104 **ab·so·lu·tion** [앺서루우션]: 〈← absolve〉, 면제, 방면, 사면, 〈~ clemency\pardon〉, 〈↔punishment〉 양2

105 **ab-solve** [앺잘브]: ab(from)+solvere(loosen), 〈라틴어〉, 〈죄로부터〉 '느슨하게 하다', 면제하다, 사면하다, 방면하다, 〈~ acquit\exonerate\shrive〉, 〈↔accuse\blame〉 양2

106 **ab-sorb** [앺쏘얼브]: ab(from)+sorbere(suck in), 〈라틴어〉, '다 마셔 비우다', 흡수하다, 빨아들이다, 열중하다, 부담하다, 〈→ sorb\adsorb〉, 〈~ soak up\captivate〉, 〈↔de·sorb\exude\eject\evaporate〉 양1

107 ***ab-squat·u·late** [앺스콰츌레이트]: abscond+squattle+perambulate, 〈1840년에 라틴어에서 조작된 미국어〉, 뺑소니치다, 종적을 감추다, 〈~ abscond\depart〉, 〈↔stay\appear〉 양2

108 **ab·stain** [앺스테인]: ab(off)+tenere(hold), 〈라틴어〉, 끊다, 삼가다, '떨어져서 잡다', 〈~ abnegate\curb〉, 〈↔indulge\partake〉 양2

109 **ab·ste·mi·ous** [앺스티이미어스]: abs(from)+temetum(strong drink), 〈라틴어〉, (독주·음식을) 절제하는, 절식하는, 삼가는, 금욕적인, 〈~ abstain〉, 〈↔edacious〉 양2

110 **ab·sten·tion** [앺스텐션]: 〈라틴어〉, 〈← abstain〉, 절제, 자제, 기권, 〈~ teetotalism\temperance〉, 〈↔greed\promiscuity〉 양2

111 **ab·stract¹** [앺스트뢔트]: abs(from)+trahere(draw off), 〈라틴어〉, 발췌하다, 추상하다, '분리시켜 꺼내다', 〈~ extract\summarize〉, 〈↔describe\amplify〉 양2

112 **ab·stract²** [앺스트뢔트]: 〈← abstract¹〉, 〈라틴어〉, 추상적, 관념적, '추출', 요약, 분리된 자료, 〈보다 많은 효능을 간직하는 소량〉, 〈~ synopsis\out-line〉, 〈↔actual\concrete〉 양2

113 **ab·strac·tion·ism** [앺스트뢕셔니즘]: 추상주의, (눈에 보이는 것의 '고갱이'를 발췌해서 색깔로 나타내려는) 추상기법, 〈~ experience\perspective〉, 〈↔realism\innatism〉 미2

114 **ab·struse** [앺스트루우스]: abs(away)+trudere(push), '꽉 막힌, 〈라틴어〉, 난해한, 심오한, 〈~ recondite\cryptic〉, 〈↔clear\obvious〉 양2

115 **ab-surd** [앺써얼드]: ab(away)+surdus(deaf), 〈라틴어〉, '귀가 아주 먹은', 불합리한, 터무니없는, 어리석은, 〈~ preposterous\ridiculous〉, 〈↔reasonable\sensible\axiomatic〉 양2

116 ***A/B switch** [에이 비이 스위치]: (평행배선에서) 쌍방향 변환기, (단면으로 보기 위해) 2주파를 1주파로 바꾸는 TV 부속품, (전력 분배에서) 한 입력을 두 출력으로 바꾸는 장치, 〈~ a distribution (or selection) device〉 미2

117 **A·bu Dha·bi** [아아부우 다아비]: abu(father)+dhabi(gazelle), 〈아랍어〉, '작은 영양의 아버지', 아부다비, 돈으로 매닥질을 한 아랍 에미리트(Arab Emirates) 및 동연방의 수도(Capital) 수1

118 **a·bun·dant** [어번던트]: ab(to)+unda(wave)〈라틴어〉, over-flow, 풍부한, 남아돌아 가는, 〈~ ample\abound〉, 〈↔scarce\sparse\hand-to-mouth\meager\mendicant〉 양2

119 ***a burnt child dreads the fire**: 한번 덴 아이는 불을 무서워 한다, 자라 보고 놀란 가슴 솥뚜껑 보고 놀란다, 〈~ once bitten, twice shy〉 양2

120 **a·buse** [어뷰우즈]: ab(away)+uti(use), 〈라틴어〉, '떨어져서 쓰는', 남용, 악용, 학대, 욕설, 〈~ exploit\mistreat〉, 〈↔care\look after\compliment〉 가1

121 **a-but** [어벝]: a(to)+bout(end)〈게르만어〉, 접경하다, 인접하다, 끼고 있다, 〈~ border\surround〉, 〈↔non-adjacent\separate〉 양2

122 **a·bu·ti·lon** [어뷰우털란]: 〈아랍어〉, 〈페르시아의 의사·과학자의 이름(Avicenna)에서 연유한〉 어저귀, (잎자루가 길고 어긋난 원형잎을 가졌으며 껍질은 섬유로 쓰이고 노란 다섯잎꽃이 피는) 인도 원산 아욱과의 한해살이풀, Indian mallow, 〈~ flowering maple²\velvet-leaf〉 미2

123 **a·byss** [어비쓰]: 〈← a(without)+byssos(depth)〉, 〈그리스어〉, 무저갱, 〈바닥이 없는〉 심연, 나락, 혼돈, 지옥, 〈~ abaddon\inferno〉, 〈↔welkin\heaven\Elysium〉 양2

124 **ac~** [액~ \ 억~]: 〈라틴어 → 프랑스어 → 영국어〉, (c·k·q 앞에서) ad~의 변형, 〈방향·증가·개시~〉란 뜻의 결합사 양1

125 **~ac** [~액 \ ~억]: 〈그리스어 → 프랑스어 → 영국어〉, pertaining, 〈~에·~으로·~ 속한〉이란 뜻의 결합사, 〈~ acal〉 양1

126 **AC¹** (an·te ci·bum): 〈라틴어〉, be·fore meals, 식전 양2

127 **AC²** [에이 씨이]: alternating current (교류), 〈↔DC〉, air conditioning ('공기 조절' 냉방장치), ac; academy(학술기관을 나타내는 전산망 주소) 미2

128 **a·ca·cia** [어케이셔]: 〈← akakia ← ake(thorn)〉, 〈그리스어〉, '가시달린 이집트 나무', 아카시아, (줄기에 가시가 돋고 꽃향이 짙은) 콩과의 상록교목 〈보통 흰색이나 노란색이 피나 북한에는 보라색이 피는 것도 있음〉, 〈~ thorn tree\sweet wattle〉 수2

129 **ac·a·dem·ic year** [애커데믹 이어]: school year, 학년(도)-미국에서는 보통 9월에서 6월까지 양2

130 **ac·a·demy** [어캐더미]: 〈그리스의 영웅 이름(Akademos)에서 유래한〉 학원, 학회, 학교, 학술원, 연구소, 〈A~; 플라톤이 가르치던 학원 이름〉, 〈~ learning center\seminary〉, 〈↔arcade\entertainment center〉 가1 수1

131 **Ac·a·demy A-ward** [어캐더미 어워드]: 예술 영화상, (미국에서 1928년부터 시작한) 부문별 영화 예술 과학상, ⇒ Oscar 우1

132 **A·ca·dia** [어케이디어]: 〈← arkadia ← akadie(fertile land)〉, 〈그리스어〉, '풍요의 땅', 아카디아, 〈~ Arcadia〉 ①〈프랑스인들이 우세했던〉 캐나다(Canada) 남동부의 노바스코샤를 포함하는 지역, 〈~ Canada's Maritime provinces〉 ②GM이 2006년부터 출시한 중형 SUV 수1

133 **a·ca·i** [아카이 \ 아싸이]: 〈← asai(crying fruit)〉, 〈Tupi어〉, 아사이, '물을 뿜어내는 과일', 〈항산화제를 잔뜩 함유하고 있다는〉 열대 남미 습지대 원산의 야자나무에 달린 콩알만한 핵과(hearts of palm) 수2

134 **a·ca-leph** [애컬레후 \ 애컬리후]: 〈← akalephe(nettle)〉, 〈그리스어〉, 〈가시〉해파리, 흐물대는 많은 촉수를 거느린 갓 모양의 강장동물, 〈~ a jelly-fish〉 미2

135 **a·can-thus** [어캔써스]: 〈← akantha(thorn)〉, 〈그리스어〉, 〈넓은 '가시'의〉 아칸서스(풀·무늬·장식), (지중해 연안 원산의) 대롱꽃에 여러 갈래의 두껍고 가시가 돋친 운치 있는 잎을 가진 쥐꼬리망촛과의 식물, 〈~ bear's breeches\sea holly〉, 코린트식 원주두(Corinthian column) 수2

136 **a cap·pel·la** [아아 커펠러]: 〈이탈리아어〉, '교회〈capella〉 양식으로', 반주없는 합창, 무반주의, 〈~ without accompaniment〉, 〈↔instrumental music〉 미2

137 **A·ca-pul·co** [애커풀코우]: 〈아즈텍어〉, at the big reeds, '큰 종려나무의 지방', 아카풀코(데 후아레스), 〈18세가 안 되어도 술을 살 수 있는〉 멕시코(Mexico) 남서부의 휴양·항구도시, 〈~ a beach resort on Mexico's Pacific coast〉, 〈2023년 10월 25일의 태풍으로 100여 명의 사망자·실종자를 냈음〉, Acapulco Gold; 멕시코산 최상의 마리화나 수1

138 **ac·a·rid** [애커뤼드] \ **ac·a·rus** [애커뤄스], (ac·a·ri [애커롸이]): a+keirein(cut), 〈그리스어〉, (4억 년 전부터 존재하며 5만여 종이 넘고) 〈평생 이것만을 연구하는 사람들이 있는〉 '자르기에는 너무 작은' 진드기류(들), 〈~ mites and ticks〉 미2

139 **ac-cede** [액 씨이드]: ad(to)+cedere(yield), 〈라틴어〉, 응하다, 동의하다, 뒤를 잇다, 계승하다, 〈~ agree\succeed〉, 〈↔refuse\dissent〉 양2

140 **ac-cel·er·a-tor** [엑쎌러뤠이터]: ad(to)+celerare(hasten), 〈라틴어〉, '빠르게 만드는 것', 가속(발판), 추진자, 가속장치, 〈~ advance\expedite〉, 〈↔de-celerator\brake\curtailer〉 가1

141 **ac-cent** [액쎈트]: ad(to)+canere(sing), 〈라틴어〉, '~에 덧붙인 노래', 강음, 강조, 사투리, 요점, 〈기원전 2세기경 아리스토파네스가 도입했다는〉 강조 부호, 〈~ acute〉, 〈~ intonation\stress〉, 〈↔de-emphasis\mask〉 가1

142 **Ac-cen-ture** [액쎈츄어]: accent on the future, 1989년 더블린(Dublin)에서 재편성된 미국의 세계적 〈미래 지향적〉 상공업 유통 자문회사, 〈~ an American professional services company〉 수2

143 **ac-cept** [액쎕트]: ad(to)+capere, 〈라틴어〉, 'take', 받아들이다, 승낙하다, '내 쪽으로 취하다', 〈~ receive\consent〉, 〈↔reject\decline〉 가1

144 ***AC·CESS** [액쎄스] (au·to·mat·ic com·put–er con·trolled e·lec·tron·ic scan·ning sys·tem): 전산기 조정 자동 전자 주사 체계 미2

145 **ac-cess** [액쎄스]: ad(to)+cedere(go), 〈라틴어〉, '~으로 가다', 접근, 면접, 출입, 입구, 개방, 입·출력, 〈~ entry\in-gress〉, 〈↔prohibition\removal〉 양1

146 **ac-ces·sa(o)-ry** [액쎄서뤼]: ad(to)+cedere(go), 〈라틴어〉, '다가가서 붙은 것', 부속(품·물), 방조자, 부대장치, 부수품목, '곁들이', 〈~ accouterment\attachment〉, 〈↔essential\deletion〉 양1 우1

147 **ac-ci·dent** [액씨던트]: ad(to)+cadere(fall), 〈라틴어〉, '갑자기 떨어진 일', '일어난 일', 사고, 재난, 우연(성), 우발사고, 〈~ mishap\coincidence〉, 〈↔certain\miracle〉 가2

148 **ac·cis·mus** [액 쓰스머스\액 키스무스]: 〈↔akkismos (coyness)〉, 〈그리스어〉, 싫은체하다, 내숭떨다, 새침떼다, '신포도', 〈~simper\feign〉, 〈↔eager\sincere〉 양2

149 **ac-claim** [어클레임]: ad(to)+clamare(cry out), 〈라틴어〉, a+claim, 갈채, 환호, 인정(하다), '~를 향해 외치다', 〈~ praise\applaud〉, 〈↔blame\slam\slander〉 양2

150 **ac-cli·mate** [애클러메이트]: ad(to)+klimein(to slope), 〈그리스어〉, 〈← climate〉, acclimatize, (풍토에) 익히다, 순화시키다, 〈~ adjust\adapt〉, 〈↔dis-arrange\mis-adjust〉 양2

151 **ac-co·lade** [애컬레이드]: ad(to)+collum, 〈'목(collar)을 둘러싸다'라는 뜻의 라틴어〉 ①knight 직위 수여식, 수상, 찬양, 〈~ tribute\praise\compliment〉, 〈↔condemnation\epithet〉 ②(음악에서) 연결괄호 양1

152 **ac-com-mo·da-tion** [어카머데이션]: ad(to)+com+modus(measure), 〈라틴어〉, 수용(숙박)시설, 편의, 적응, '척도에 완전히 맞추기', '적합하게 하기', 〈~ reconciliation\adjustment〉, 〈↔non-conformity\refusal〉 가1

153 **ac–com-pa·ny** [어컴퍼니]: ad(to)+con(together)+panis(bread), 〈라틴어〉, '함께 빵을 먹으러 다니다', 동반하다, 수반하다, 반주하다, 〈~ attend\escort〉, 〈↔abandon\desert'〉 가1

154 **ac-com-plice** [어캄플리스]: ad(to)+com(together)+plicare(fold), 〈라틴어〉, 한패, 공범자, 연루자, 〈~ patner\leaguer〉, 〈↔adversary\opponent\whistle-blower〉 가1

155 **ac-com·plish–ment** [어캄플리쉬먼트]: ad(to)+complere, 〈라틴어〉, 성취, 수행, 업적, 〈~쪽으로〉 '완전히(completely) 채우기', 〈~ achievement\tour de force〉, 〈↔failure\forfeit〉 가1

156 **ac-cord** [어코어드]: ad(to)+cor(heart), 〈라틴어〉, '마음을 합치다', 일치, 조화(하다), 화음, 협정, 〈→achord〉, 〈~ concord\harmony〉, 〈↔dis-cord\contrast〉 가1

157 **ac-cord–ing** [어코어딩]: 〈14세기에 등장한 라틴어에서 연유한 영국어〉, ~에 따라서, ~ 나름으로, 〈~ as stated\conforming with〉, 〈↔un-like/different〉 가1

158 **ac-cor·di–on** [어코어디언]: 〈라틴어〉, accord+clarion, 아코디언, (19세기 유럽에서 개발된) 손풍금, squeeze·box 미1

159 **ac-cor·di–on cur·tain(door)** [어코어디언 커튼(도어)]: 〈라틴어+그리스어〉, 주름 칸막이, 〈~ zig-zag fold〉 양2

160 **ac-count** [어카운트]: ad(to)+computare(reckon), 〈라틴어 → 프랑스어〉, 셈, 계산, 계좌, 답변, 고객, '계산에 넣다', 간주하다, 차지하다, 〈~ financial record\consider〉, 〈↔worthlessness\inapplicability〉 양2

161 **ac-count-a·ble** [어카운터블]: 책임이 있는, 해명할 수 있는, 〈~ responsible\explainable〉, 〈↔blame-less\innocent〉 양2

162 **ac-count–ant** [어카운트트]: 회계사, 세무사, ⇒CPA 가1

163 **ac·cou·ter-ment** [어쿠우털먼트]: 〈← consuere(sew together)〉, 〈라틴어 → 프랑스어〉, 〈← accoutrer(seam)〉, 개인의 의복, 복장, 장신구(trappings), 〈~ accessory\paraphernalia\trousseau〉, 〈↔essential\requisite〉 양2

164 **ac-cru** [어크루우]: ad(to)+crescere(grow), 〈라틴어〉, 이익이 생기다, 이자가 붙다, 축적하다, 〈~ accumulate\maximize〉, 〈↔diminish\lessen〉 양2

165 **ac-cu·mu·la-tion** [어큐우뮬레이션]: ad(to)+cumulare(to heap), 〈라틴어〉, 축척, 누적, 축재, 누산, 〈~ aggregation\back-log〉, 〈↔amortize\decrease\reduction〉 가1

166 **ac-cu·rate** [애큐러트]: ad(to)+curare(care), 〈라틴어〉, 정확한, 정밀한, '주의를 기울인', 〈~ precise\correct〉, 〈↔in-accurate\obscure\wrong〉 가1

167 **ac-cursed** [어커얼시드 \ 어커얼스트]: a(to)+cursian, 〈라틴어 → 영국어〉, 〈← curse〉, 저주받은, 운수 사나운, 〈~ under a curse\deuced〉, 〈↔blessed\lucky〉 양2

168 **ac-cu·sa·tion** [애큐제이션]: ad(to)+causa(reason), 〈라틴어〉, '상대에게 원인을 돌리기', 비난, 죄, 고소, '해명 요구', 〈~ allegation\incrimination〉, 〈↔approval\commendation〉 양2

169 **ac-cu·sa·tive** [어큐우저티브]: 〈did you see me? 같이 동사가 목적어를 장악하는〉 직접 목적격의, 〈원인을 물어보는〉 대격의, 〈~ direct object\relating to〉, 〈↔dative\transitive\ergative〉 미2

170 **ac-cus·tomed** [어커스텀드]: ad(to)+con(complete)+suecere(used to), 〈라틴어〉, 〈← custom〉, 습관의, 익숙한, 〈~ familiar\routine〉, 〈↔un-accustomed\unusual\wean off〉 가1

171 **AC/DC¹** (al·ter-nat–ing cur·rent/di·rect cur·rent): 교류·직류 양용의 미2

172 *****AC/DC²**: 양성애의(bi-sexual), 어정쩡한 양2

173 **ace** [에이스]: 〈← as(one)〉, 〈라틴어〉, '점 하나를 찍은 주사위', 최고(점), 명수, 멋쟁이, 비법, 〈~ master\excellent〉, 〈↔amateur\novice〉 미2

174 **Ace** (e·las·tic) **band-age** [에이스 (일래스틱) 밴디쥐]: 〈1918년 한 미국인이 '발명'했고〉 〈염좌·탈구용으로 쓰이며〉 신축성이 있는 붕대의 상표명, 〈~ a compression(elastic) bandage〉 수2

175 **Ace Hard-ware** [에이스 하드웨어]: 1924년에 설립되어 〈아직도 건재한〉 미국(American)의 세계적 건축자재·철물연쇄점, 〈~ a hardware retailers' cooperative〉 수2

176 **A·cel·da·ma** [어쎌더머]: haqel(field)+dema(blood), 〈시리아어〉, '유혈의 땅', 아젤다마, 아겔다마, 〈예수를 고발한 '핏값' 은화 30냥으로 샀다가 나중에 그곳에서 Iscariot(가롯) 유다가 자살했다는〉 예루살렘(Jerusalem) 근처의 땅, 피밭, 유혈의 땅, 〈~ potter's field〉 수1 미2

177 **A·cer** [에이서]: 1976년에 창립되어 〈꾸준히 나아가는〉 대만(Taiwan)의 '첨단' 전자제품(electronics) 제조업체 수1

178 **a·cer** [에이서]: 〈← ak(sharp)〉, 〈라틴어〉, 〈'날카로운' 잎을 가진〉 단풍나무(maple)의 총칭 양2

179 **a·cer-bic** [어써빅]: 〈← acer〉, 〈라틴어〉, (맛이) 신, 떫은, 신랄한, 〈~ acidic\sour〉, 〈↔mild\sweet〉 양2

180 **ac·er·o·la** [에서로울러]: as(the)+zurur(hawthorn), 〈아랍어 → 남미 스페인어〉, 아세로라, 바르바도스 벚나무, 〈Barbados 섬을 비롯한〉 중남미 지방에서 나는 쓰고 비타민C가 많은 체리 모양의 과일, 〈~ azarole〉 수2

181 **ac·e·tone** [애서토운]: acet(vinegar)+one, 〈라틴어+그리스어〉, 〈← acetic acid〉, 아세톤, 독특한 〈식초〉 냄새가 나고 휘발성이 있는 무색투명한 용액, 〈→ ketone〉, 〈~ 2-propanone〉 수2

182 **ache** [에이크]: 〈← akhos(pain)〉, 〈그리스어에서 연유한 영국어〉, 〈의성어?〉 아프다, 쑤시다, 가슴 태우다, '아이구', 〈~ hurt\sore〉, 〈↔comfort\ease〉 양2

183 **a-chieve** [어취이브]: ad+caput(head), 〈라틴어〉, 달성하다, 획득하다, '절정에 이르다', 〈~ accomplish\conquest〉, 〈↔abandon\fail〉 가1

184 **a-chieve–ment quo·tient** [어취이브먼트 코우션트]: AQ, (학력연령을 나이로 나누고 100을 곱한) 성취지수, accomplish-ment quo·tient 미2

185 **A·chil-les** [어킬리이즈]: akhos(sorrow)+laos(people), 〈애석한 자?〉, 아킬레우스, 호머의 일리아드에 나오는 〈트로이 전쟁에서 헥토를 죽였으나 파리스가 쏜 화살에 급소를 맞고 사망했던〉 그리스의 영웅, 〈~ a hero of the Trojan War〉 수1

186 **A·chil-les heel** [어킬리이즈 히일]: (불사의 강물에 담글 때 어미가 손으로 잡아 파리스가 쏜 화살에 맞아 사망한 급소인) 아킬레우스의 발꿈치, 유일한 약점, 〈~ calcaneal tendon\weak spot〉, 〈↔his forte〉 수1 미2

187 **a·chi·o·te** [에이치옽 / 에이키옽]: 〈원주민어〉, 쌍 눈꼴의 털껍질 속에 있는 팥알 같은 주홍색의 씨를 짜서 annatto 염료로 쓰는 중남미의 열대성 상록관목, 〈입술연지나무〉, 〈~ lipstick tree〉 수1

188 **ach·kan** [애취컨]: 〈← angarkha(body protector)〉, 〈산스크리트어〉, (인도·동남아 남자들이 입는) 깃이 높고 무릎까지 내려오는 〈몸을 보호하는〉 긴 상의, 〈~ knee length jacket for men〉 수2

189 **A chro·mo·some** [에이 크로우머소움]: 상〈autosomal〉염색체, 과잉 염색체 이외의 보통 염색체, 〈↔sex chromosome\X(Y) chromosome〉 양2

190 **ac·id** [애시드]: 〈← ak(sharp)〉, 〈라틴어〉, '신', 산(성), 신랄한, 얹짢은, LSD〈마약의 일종〉의 약어, 〈~ acrid〉, 〈~ sharp\sour〉, 〈↔alkaline\sweet〉 양1 수2

191 ***ac·id jazz** [애시드 째즈]: '혼성 광악' 〈블루스·솔·재즈·힙합 등이 혼합된 광란한 음악〉, psychedelic jazz 우1

192 **ac·id rain** [애시드 뤠인]: (pH가 5.6 이하인) 산성비, (질소 산화물 등) 대기오염물이 섞인 비, 〈↔(탄산칼슘 등 공장 매연이 섞인) alkaline rain〉, 〈~ an air pollution〉 양2

193 ***ac·id test** [애시드 테스트]: 〈1850년대 캘리포니아의 금점꾼들이 금을 가려내기 위해 산성물질을 쓰던 데서 연유한 말〉, 엄밀한 검사, 엄격한 검증, 혹독한 시련, 〈~ fool's gold〉, ⇒ quick ratio 양2

194 ***ACK** [액크] (ac-knowl·edged): 알았어!, 받았어!, 고마워! 미1

195 **ac-knowl·edge–ment** [액크날리쥐먼트]: 〈영국어〉, recognize+knowledge, 〈그것에 대해 알고 있다는〉 승인, 자백, 사례, 영수증, 〈~ acceptance\granting〉, 〈↔denial\disavowal〉 양2

196 **ac·ne** [애크니]: 〈← akme(sharp point)〉, 〈그리스어〉, 여드름, 좌창, '뾰루지', comedo〈라틴어〉 양2

197 **ac·o·lyte** [애컬라이트]: a(with)+kolouthos(follower), 〈그리스어〉, (가톨릭의) 시종직, (미사에 시중드는) 복사, 조수, 초심자, 추종자, 〈~ adherent\disciple\follower〉, 〈↔leader\renegade〉 양1

198 **ac·o·nite** [애커나이트]: 〈← akoniton ← akon(dart)?〉, 〈'창살에 바르는 독'이란 뜻에서 연유한 그리스어〉, 〈양기에 좋다고 하나 고통없이 사람을 죽이는〉 부자, 쌍란국, 원앙국, 오두, 바꽃, (강심·진통·하제)로 쓰였던 고깔 모양의 자주색 꽃이 피는 미나리아재빗과의 독초·약초, devil's helmet, ⇒ wolfs·bane 미2

199 **a-corn** [에이코언]: 〈게르만어〉, oak+corn, 도토리, 떡갈나무류의 열매 미2

200 **a·cous-tic** [어쿠스틱]: 〈← akouein(hear)〉, 〈그리스어〉, 청각의, 음파의, 방음의, 〈~auditory〉, 〈↔visual〉 양2

201 **a·cous-tic gui·tar** [어쿠스틱 기타아]: (보통) 기타, 통기타, 음향 기타, 〈~(↔)electric guitar〉 우2

202 **a·cous-tic sur-veil·lance** [어쿠스틱 써붸일런스]: 〈소리의 원인을 규명하는〉 음향수사(감시), 〈~ audio-monitoring〉, 〈↔visual s~〉 양2

203 ***ACPI** (ad·vanced con·fig·u·ra·tion and pow·er in·ter·face): 고급 구성과 전원 상호 접속, 연성기기와 강성기기 간에 전원을 조정하는 기능을 연결한 장치, 〈~ a power management device〉 미2

204 **ac-quaint–ance** [어퀘인턴스]: ad(to)+con(completely)+gnoscere(know), 〈라틴어 → 프랑스어〉, 익히 앎, 면식, 아는 사람, 〈~ cognizance\consociate〉, 〈↔detractor\stranger〉, 〈friend보다less intimate〉 양2

205 **ac-qui·es-cence** [애퀴에슨스]: ad(to)+quiescere(rest), 〈라틴어〉, 〈← quiet〉, 묵종, 묵인, 말 없는 동의, 〈~ submision\yielding〉, 〈↔refusal\dissident〉 양2

206 **ac-quire** [어콰이어]: ad(to)+quaerere(seek), 〈라틴어〉, '~쪽으로 구하다', 손에 넣다, 얻다, 습득하다, '덧붙여 구하다', 〈~ obtain\catch〉, 〈↔for-sake\heredit〉 양2

207 **ac-quit** [어퀕]: ad(to)+quietare(set free), 〈라틴어〉, 석방하다, 취하하다, 무죄로 하다, 〈~ quit〉, 〈~ absolve\exonerate〉, 〈↔convict\arraign〉 양2

208 **a·cre** [에이커]: 〈← ajra(field)〉, 〈산스크리트어 → 그리스어 → 라틴어 → 게르만어〉, '야지', 밭, 약 4,046.8㎡, 4단 24보, 1,224.2평, 넓은 땅 수2

209 **ac·rid** [애크뤼드]: 〈← acer〉, 〈라틴어〉, (냄새·맛이) 매운, 쓴, 아린, 가혹한, 〈~ acid\bitter\harsh〉, 〈↔bland〉 양2

210 **ac·ri·mo·ni·ous** [애크뤼모우니어스]: 〈라틴어〉, 〈← acrid〉, 신랄한, 통렬한, 독살스러운, 〈~ bitter\unkind〉, 〈↔gentle\benign〉 양2

211 **ac·ro~** [애크로우~]: 〈← akros(top)〉, 〈그리스어〉, 〈처음·선단·정점·높이~〉란 뜻의 결합사, 〈~ extreme\pointed〉, 〈↔low〉 양1

212 ***Ac·ro·bat** [애크뤄뱉]: 애크로뱉, 어도비사(Adobe)가 개발한 호환성 PDF문서 공유(조작) 연성기기(application softwares) 수1

213 **ac·ro·bat** [애크뤄뱉]: okron(tip)+bainein(walk), 〈그리스어〉, 곡예사, 묘기꾼, '줄타기 광대', '발가락 끝으로 걷는 사람', 〈~ tumbler\gymnast〉, 〈~(↔)aerobat〉 양2

214 **ac·ro·nym** [애크뤄님]: akron(top)+onuma(name), 〈그리스어〉, 약성어, 두문자어, 머리 글자를 따서 만든 합성어, 〈~(↔)initial〉, 〈↔bac(k)-ronym〉 양2

215 **ac·ro·pho·bi·a** [애크뤄 호우비어]: 고소 공포증, 〈~bato-phobia(fear of high structure)〉, 〈↔acro-philia〉 양2

216 **A·crop·o·lis** [어크롸폴리스]: 아크로폴리스, (그리스) 아테네〈Athens〉의 파르테논 신전이 있는 곳, 〈↔Philopappos Hill(아크로폴리스 반대쪽에 소크라테스의 감옥·음악의 전당·그리스 출신 로마 왕자 P~의 기념탑 등이 있는 관광명소)〉 수1

217 **a·crop·o·lis** [어크롸폴리스]: akros(high)+polis(city), 〈그리스어〉, 언덕 위의 성채, 산채, '고지 도시', 〈↔cell\hole〉 우2

218 **a-cross** [어크뤄스]: en(in)+croix, 〈라틴어에서 유래한 프랑스어〉, a(to)+cross, 가로질러, 엇갈리어, 지름으로, 〈돌아올 기약이 없는 말〉, 〈~ the other side of\transversely〉, 〈↔beside\by〉 가1

219 **a-cross the board** [어크뤄스 더 보어드]: 일괄의, 모든 것을 포함한, 균등한, 모든 사람에게 해당되는, 〈~ all-embracing(encompassing)〉, 〈↔particular\strictly〉 양2

220 **ac·ryl** [애크릴]: 〈← ak(sharp)〉, 〈라틴어〉, '톡 쏘는 냄새', 아크릴, (아크릴산에서 유도되는) 반투명한 합성수지의 일종, 〈~ an artifical fiber〉 수2

221 **ACT**: ⇒ American College Test 미1

222 **act** [액트]: 〈← agein(to do)〉, 〈그리스어 → 라틴어〉, 짓, 소행, 행동, 법령, 막, 시늉, 〈움직인 결과〉, 〈~ behave\move\deed〉, 〈↔inertia\rest\failure〉 가1

223 **Ac·tae·on** [액티언]: 〈← aristaeus(a herdsman)?〉, 〈어원 불명의 그리스어〉, 악타이온, (아르테미스여신의) 목욕하는 모습을 엿보아서 사슴이 됐다가 자기 개에 물려 죽은 사냥꾼, '희생양', 〈~ a young hunter〉 수1 수2

224 **act-ing** [액팅]: 연기, 꾸밈, 대리, 임시, 〈~ performance\substitute〉, 〈↔non-acting\permanent〉 양2

225 **ac·tion** [액션]: 행동, 〈의지를 가지고 하는〉 행위, 연기, 작용, 판결, 〈~ maneuver\execution〉, 〈↔inaction\idleness〉 양2

226 **ac·tion paint-ing** [액션 페인팅]: 행동회화 〈전위미술의 일종〉, 행위 미술, 〈~ gesture abstraction〉 미2

227 ***ac·tions speak loud-er than words**: 〈1200년 포르투갈 신부가 도입한 말〉, 말보다 행동(실천), 〈~ well done is better than well said; B. Franklin〉, 〈~(↔)saying is different-thing from doing; M. Montaigne〉, 〈↔the pen is mightier than the sword〉, 〈↔but not nearly as often; M. Twain〉 양2

228 **Ac·ti·um** [액쉬엄 \ 액티엄]: 〈그리스어〉, 〈Activa 축제가 열리던〉 악티움, (기원전 31년 옥타비안〈Octavian〉이 안토니〈Antony〉와 크레오파트라(Cleopatra) 연합군을 격파한) 그리스, 북서부의 곳, 〈~ a promontory of N-W Greece〉 수1

229 **ac·tive** [액티브]: 활동적, 능동적, 바쁜, 실제로, 〈~ energetic\operative〉, 〈↔passive〉 양1

230 ***ac·tive ma·trix** [액티브 매트릭스]: 능동적 모형, (LCD)의 〈화면이 선명하게 나타나는〉 '신식' 활동성 행렬 액정 표시 장치, 〈~ a display technology〉, 〈↔passive matrix보다 넓게 보임〉 미2

231 ***Ac·tive X** [액티브 엑스]: 마이크로소프트사가 1996년 출시해서 2013에 폐기한 다차원 문본 관련 기술, 〈~ a software frame work〉 수2

232 **Act of Set·tle·ment** [액트 어브 쎄틀먼트], Great Brit·ain: (자식없는 윌리엄 3세가 병들자) 영국 국회에서 왕과 핏줄이 가까운 성공회 신자로 왕위를 상속하도록 정한 〈왕위 계승률〉, 〈~ Limitation of the Crown〉 미2

233 **act-or** [액터]: (남)배우, 주인공, 〈독자적으로 자료를 처리할 수 있는〉 (전산기의) '행자', 〈~ performer\player〉, 〈↔actress〉, 〈politician의 유사어는 actor이지만 actor의 유사어는 politician이 아님〉 가2 미2

234 **act out** [액트 아웃]: 실행하다, 연출하다, 행동화하다, 반항하다, 〈~act up〉, 〈↔quit\obey〉 양2

235 **act-ress** [액트뤼스]: 여배우, 〈↔actor〉 가2

236 **Acts** [액츠]: Acts of the Apostles, 사도행전, (기독교회의 창립과 복음을 로마제국에 전파하려고) 〈누가복음과 같은 저자가 쓴 것으로 사료되는〉 신약성서(New Testament)의 5번째 편 미2

237 **ac·tu-al** [액츄얼]: '실제로 행하는', 현실의, 사실의, 현재의, 〈~ factual\real\authentic〉, 〈↔hypothetical\notional\potential\putative〉 가2

238 **ac·tu·ar·y** [액츄에리]: 〈보험료를 산출하는〉 보험 계리인(회계사), '법정의 서기', 〈~ auditor\book-keeper〉 미2

239 **ac·tu·ate** [액츄에이트]: act+upon, ~에 작용하다, 가동(작동)시키다, 〈~ activate\propel\operate〉, 〈↔retard\repress\check〉 양2

240 **act up** [액트 엎]: 악화하다, 고장나다, 사납게 굴다, 장난치다, 〈~act out〉, 〈↔function well\behave〉 양2

241 **ac·tus re·us** [액터스 뤠어스]: 〈라틴어〉, 'guilty act', 범죄적 행동, 위법 행위, 〈↔mens rea〉 양2

242 **a·cu·men** [어큐우먼]: 〈← acuere(sharpen)〉, 〈라틴어〉, 예리함, 총명, 통찰력, 〈~ tact\sensitivity〉, 〈↔naivete\stupidity〉 양2

243 **ac·u·pres·sure** [애큐 프뤠셔]: (인체의 생기가 모였다는 800곳의 '혈'을 압박해 주는) 지압요법, 〈현대 의학으로 효과가 증명되지 못했음〉, 〈~ massage\kneading〉, 〈~(↔)reflexology\acupuncture〉 양2

244 **ac·u·punc·ture** [애큐 펑춰]: acus(needle)+punctura(pricking), 〈라틴어〉, 침술, 침치료, '예리한 찌름', 〈~ needle therapy〉 양2

245 **A-cu·ra** [애큐롸]: 〈정확히 care하는〉 아큐라, 1996년부터 북미 시장을 겨냥한 일본 혼다(Honda)사의 고급 승용차〈luxury brand〉 수1

246 **a·cute** [어큐우트]: 〈← acus(needle)〉, 〈라틴어〉, 〈← acuere〉, 날카로운, 민감한, 격렬한, 모진, 급성의, (90도 이하의) 예각의, 〈→ cute〉, 〈~ accent〉, 〈~ severe\astute〉, 〈↔obtuse\chronic〉 가2

247 **~acy** [~어시]: ~asy, 〈라틴어 → 영국어〉, forming abstract nouns, 〈~한 성질·상태·직책〉을 뜻하는 결합사, 〈~ quality\condition\position〉 양1

248 **AD** (an·no Do·mi·ni): in the year of our Lord, 서력, 〈CE로 대체되는〉 기원후, 〈↔BC\BCE〉 미1

249 **ad** [애드]: advertisement, 광고 가2

250 **ad~** [애드~]: 〈라틴어〉, to, 〈방향·증가·개시~〉란 뜻의 결합사, 〈ac·ad·af·ag·ap·as·at~〉 양1

251 **~ad** [~애드]: 〈그리스어〉, to, 〈~의 방향에·~과 관련해서〉를 뜻하는 접합수사의 어미 양1

252 *****A·da** [에이더]: 〈히브리어·게르만어·터키어〉, 〈← adel(nobility)〉, 〈게르만어〉, '고귀한 자', 〈초기 전산기 개발에 공헌한 Augusta Ada Byron의 이름을 딴〉 1970년대 후반에 미 국방부가 개발한 전산기 용어, 〈~ a program language〉 수1

253 **ad-age** [애디쥐]: ad(to)+aio(say), 〈라틴어〉, 격언, 금언, 속담, 〈~ maxim\proverb〉 가1

254 **ada·gio** [어다아쥐오우]: ad(at)+agio(leisure), 〈라틴어에서 유래한 이탈리아어〉, 느리게, 완만하게 추는 춤, 〈~ andante〉, 〈↔scherzo\allegro〉 미2

255 **Ad·am** [애덤]: 〈← adamah(earth)〉, 〈히브리어〉, 아담, 〈쇠가 아닌·어벙한〉 '흙으로 만든 사람', 최초의 인간, 남자 이름, 〈~ the first human\a male given name〉 수1

256 **ad·a·mant** [애더먼트]: a(not)+daman(subdue), 〈그리스어〉, 〈tame할 수 없이〉 철석같은, 굳은, 완강한, diamond〈가장 단단한 금속〉, 〈~ feral\wilful〉, 〈~ determined\resolute〉, 〈↔amenable\unsure〉 양2

257 **Ad·ams** [애덤즈], John: 'Adam'의 아들, 애덤스, (1735-1826), (반연방주의자 제퍼슨과 앙숙이었으나 개인의 야망을 접고) 신생 미국의 토대를 쌓은 법률가 출신 2대 대통령, {〈결단력이 뛰어났던〉 Old Sink or Swim}, 〈~ the second US President〉 수1

258 **Ad·ams** [애덤즈], John Quin·cy: 애덤스, (1767-1848), 2대 대통령의 아들로 몬로 정책을 창안했고 스페인으로부터 많은 영토를 매입했으며 미국의 6대 대통령을 지낸 (박학다식했던) 직업 정치가, {Abolitionist, Old Man Eloquent}, 〈~ the sixth US President〉 수1

259 **Ad·ams** [애덤즈], Sam·u·el: 애덤스, (1722-1803), 2대 대통령의 6촌 형으로 Boston Tea Party를 주도한 〈열광적인〉 미국의 웅변가·정치가, 〈~ a Founding Father of USA〉 수1

260 **Ad·am's ap·ple** [애덤즈 애플]: 결후, 성대, 〈이브의 꼬임에 빠져 먹다가 하느님의 명령이 두려워서 목에 걸렸다는〉 '금단의 사과', 〈여성에서는 laryngeal protuberance〉 양2

261 **Ad·am's nee·dle** [애덤즈 니이들]: 실유카, 〈아담이 음부를 가리기 위해 썼다는〉 (미국 남동부 원산의) 넓은 비늘 잎에 흰송이 꽃을 층층이 피우는 용설란과 유카속의 관상초, 〈~ wild (or curly leaf) yucca〉 수1

262 **a·dapt-er** [어댚터]: ad(to)+aptare(fit), 〈라틴어〉, 연결관, 접속기, 적응인자, (안건을 뒤집는) 번안자, 〈~ connecter\converter〉, 〈↔alienation\aversion〉 양1

263 **A/D con·ver–sion** [에이 디이 컨붜전]: analog(계량형)를 digital(계수형)로 바꿈, 〈↔D\A conversion〉 우2

264 **ADD** (at-ten·tion def·i·cit dis-or·der): 〈유전성이 강한〉 주의력 결핍증(장애), ADH(hyper activity)D의 한 아형 양2

265 **add** [애드]: ad(to)+dare(put), 〈라틴어〉, 더하다, 보태다, 추가하다, 〈~ attach\count up〉, 〈↔remove\substract〉 양2

266 **ad·dax** [애댁스]: 〈어원 불명의 원주민어〉, an antelope, 나사뿔영양 〈북아프리카의 사막에 사는 나선형의 긴뿔을 가진〉〈멸종 위기의〉회·백색의 큰 영양〉, 〈~ white (or screw-horn) antelope〉 미2

267 **ad de·li·qui·um** [애드 데리퀴엄]: 〈← liquere(fluidify)〉, 〈라틴어〉, '용해될 때까지', 꺼질 때까지, 마음이 멀어질 때까지, 〈연애학의 종장에 나오는 말〉, 〈~ disappearance\fainting〉 양1

268 **add·en·dum** [어덴덤]: 〈← addere(join)〉, 〈라틴어〉, 부록, 추가사항, 보유, 〈~ appendix\rider〉, 〈↔omission〉 양1

269 **ad·der¹** [애더]: 〈'뱀(snake)'을 뜻하는 고대 영어〉, (각종) 살무사 〈유럽산은 유독·북미산은 무독·아프리카산은 유독·오스트레일리아산은 유독〉, 〈~ viper〉 미2

270 **add-er²** [애더]: 〈라틴어〉, 가산기, 〈↔reducer\deleter〉 가1

271 **Add-er-all** [애더럴]: 애더럴, 〈편자가 매일 처방전을 쓰면서도 항상 철자를 틀리는〉 'ADD(attention deficit disorder) for all'을 뜻하는 amphetamine 계통의 습관성 자극제〈stimulant〉 수2

272 *****add fu·el to fire**: 불난 데 부채질(fan the flames), 설상가상, 〈~ add insult to injury\bad to worse〉, 〈↔douse the flames\icing on the cake〉 양2

273 **ad-dic·tion** [어딕션]: ad(to)+dicere(speak), 〈라틴어〉, 중독, 탐닉, 열중, '한 가지만 말하기', 〈~ dependency\craving〉, 〈↔indifference\sobriety〉 양1

274 **add in** [애드 인]: 끼워 넣기, 덧붙여 짜 넣기, 〈~ build in\include〉, 〈↔tear out\delete〉 양1

275 *****add·ing in·sult to in·ju·ry** [애딩 인썰트 투 인쥬뤼]: 나쁜 상황을 더 악화시키는 것, 설상가상, 〈~ add fuel to the fire〉, 〈↔icing on the cake〉, 〈↔healing\alleviation〉 양2

276 **add·ing ma·chine** [애딩 머쉬인]: 가산기, 계산기(calculator), 〈↔estimator〉 가1

277 **Ad·dis A·ba·ba** [애디스 애버버]: 〈에티어피아어〉, new flower, '새로운 꽃', 아디스 아바바, (1886년에 설립된) 에티오피아 중부 고원에 위치한 수도 (정치·상업도시), 〈~ Capital of Ethiopia〉 수1

278 **Ad·di·son's dis·ease** [애더슨즈 디지이즈]: 〈발견자인 영국의사 이름(Addison)을 딴〉 부신 피질(호르몬) 결핍증, 〈~ chronic adreno-cortical insufficiency〉 수2

279 *****add noise** [애드 노이즈]: '난조추가', 그림이나 사진을 점으로 나타내는 기법, 〈~ add random pixels〉 우2

280 **add on** [애드 어언]: 추가 기기(조항·요금), 누산(방식), 부가물, 〈~ supplement\accessory〉, 〈↔remove\essential〉 양1

281 **ad-dress¹** [어드뤠스]: ad(to)+dis(apart)+regere(direct), 〈라틴어〉, '~에게 향하게 하다', 연설하다, 보내다, 이름을 부르다, 인사말, 연설, 〈~ speech\lecture〉, 〈↔receive\abstain\distract〉 양1

282 **ad-dress²** [애드뤠스]: 〈← address¹〉, 〈라틴어〉, 〈← direct〉 〈~에게 갈 때 필요한〉 주소, 번지, 받는 이의 주소 성명, 〈~ inscription\label〉, 〈↔annex\hiding\neglect〉 가1

283 **Ad-dress·o·graph** [애드뤠서그래후]: 주소 인쇄기, '주소 도장', 1896년에 처음 특허를 낸 '자동'으로 주소를 찍어내는 형판 (상표명), 〈~ an address labeler〉 우2

284 *****add-ware** [애드 웨어]: '가산기기', 날짜나 메뉴 제한은 없으나 돈을 내고 광고를 집어넣는 연성기기, 〈~ an advertising-supported software〉 우1

285 **A·ddy·i** [애디이]: 〈'Adeline'(고상한 자)의 애칭〉, flibanserin, 〈하느님의 섭리를 거스르게〉 폐경 전 여성의 성욕을 돋우려고 개발되어 2015년 FDA의 승인을 받았으나 〈여자의 성감대가 복잡하기 때문인지〉 효과가 신통치 않고 오심·현기증 등 부작용이 많은 '여성용 비아그라', 〈~ a female sexual stimulant〉 수2

286 **~ade** [~에이드 \ 아이드 \ 애드]: 〈← ata〉, 〈라틴어 → 프랑스어 → 영국어〉 ①〈← ~ ada〉, act, 〈~동작·과정·행위자〉를 나타내는 접미사 ②〈~달콤한 음료(sweet drink)〉를 나타내는 접미사 양1

287 **A·de·lie pen·guin** [어데일리 펭귄]: 오스트레일리아 남단의 Adélie〈탐험가 부인의 ('고상한 자'란 뜻의 게르만계) 이름〉 지방·남극에 사는 조그만 펭귄, 〈~ brush-tailed penguin〉 수1

288 **ad·e·n(o)~** [애더노(우)~]: 〈그리스어〉, gland, 〈선·샘~〉을 뜻하는 결합사 양1

289 **A·de·nau·er** [애더나우어], Kon·rad: 〈어원 불명의 도시 이름에서 연유한〉 아데나워, (1876-1967), 변호사 출신으로 73세부터 14년간 독일의 재건을 위해 애쓴 서독의 초대 수상, 〈~ first Chancellor of West Germany〉 수1

290 **ad·e·noid** [애더노이드]: 선양(샘모양)의, 인두(목구명의 머리), (타원형의) 편도, 〈~ pharyngeal tonsil〉 양2

291 **ad·e·no·ma** [애더노우머]: 아데노마, 선종(선상피 세포 증식증), 〈~ a benign tumor〉 양2

292 **a·dept** [어뎁트]: ad(to)+apisci(grasp), 〈라틴어〉, 'attained', 숙련된, 능숙한, 〈~ expert\skillful〉, 〈↔inept\incapable〉 양2

293 **ad-e·quate** [애디퀴트]: ad+aequare, 〈라틴어〉, '동등(equal)하게 하다', 〈기준과 같아〉 알맞은, 충분한, 적당한, 〈~ enough\suitable〉, 〈↔in-adequate\in-sufficient〉 양1

294 **ADHD** (at-ten·tion def·i·cit hy-per-ac·tiv·i·ty dis-or·der): 주의력 결핍 과잉 행동 장애, 〈↔autism〉 양2

295 **ad-here** [애드히어]: ad(to)+haerere(stick), 〈라틴어〉, '들러붙다', 고수하다, 정착하다, 〈~ bond\cling〉, 〈↔detach\abandon〉 가1

296 **ad-he·sive sheet** [애드히씨브 쉬이트]: (광고지나 벽지 따위를 붙이는) 접착성 용지, 〈한국에서는 '시트지'라 함〉, 〈~ sticky paper〉 양2

297 **ad-he·sive tape** [애드히씨브 테이프]: ad+haerere, 〈라틴어〉, 반창고, 접착끈, 〈~ sticky tape〉 가1

298 *****ad hoc** [애드 학]: 〈라틴어〉, for(to) this, 특별, 임시, 〈~ impromptu\extemporary〉, 〈↔post hoc(after this)〉 양2

299 **ad hoc com-mit-tee** [애드 학 커미티]: 임시 특별 위원회, 〈~ special commission〉, 〈~(↔)steering committee〉, 〈↔standing committee〉 양2

300 *****ad·hoc·ra·cy** [애드하크뤄시]: ad hoc(for the purpose)+cracy(rule), 〈1970년대에 등장한 말〉, 임시기구, (융통성과 혁신성이 높은) 유연한 정치 조직, 〈~ flexible organization〉, 〈~(↔)red-tape〉, 〈↔bureaucracy〉 양2

301 *****ad ho·mi·nem** [애드 하아미넘]: 〈라틴어〉, 〈감성에 호소하는〉 인신공격, against person, 〈~ name calling\muck-raking〉, 〈↔ad rem(to+matter); relevant〉 양2

302 *****a di·a·mond on a dung-hill is still a di·a·mond**: 썩어도 준치, 〈~ an old eagle is better than a young crow〉 양2

303 **ad·i·an-tum** [어디앤텀]: a(not)+diaino(wet), 〈그리스어〉, 〈잎줄기가 물방울을 흘뿌리는〉 공작 고사리, 〈~ walking fern〉, ⇒ maiden·hair fern 미2

304 **Adi-das** [어디이더스]: AG (주식회사) 아디다스, 〈창업자의 이름〈Adolf; noble wolf〉을 따서〉 1924년 독일에서 창립된 운동복 및 운동용품 전문제조회사(상품명), 〈~ a German athletic apparel company〉 수1

305 **a-dieu** [어듀우]: ad(to)+Deus, 〈라틴어 → 프랑스어〉, to God, 안녕!, 이별, 고별, 〈~ goodbye\farewell〉, 〈↔hello\welcome〉 양2

306 *****a dime a doz·en** [어 다임 어 더즌]: 〈미국어〉, 〈10센트로 12개를 살 수 있는〉 흔해 빠진, 싸구려의, 〈~ common\cheap\ordinary〉, 〈↔rare\expensive\unique〉 양2

307 **ad·i·os** [애디오우스]: ad(to)+Deus, 〈라틴어 → 스페인어〉, to God, 안녕!, 작별, 〈~adieu\farewell〉, 〈↔hellow〉 양2

308 **ad·i·p~ \ ad·i·po~** [애딮~ \ 애디포우~]: 〈라틴어〉, fat, 〈지방(조직)~〉이란 뜻의 결합사 양1

309 **ad-ja·cent** [어줴이슨트]: ad(to)+jacere(lie down), 〈라틴어〉, 접근한, 부근의, '가까이에 가로놓인', 〈~ bordering\neighboring〉, 〈↔separated\remote〉 양2

310 **ad-jec·tive** [애쥑티브]: ad(to)+jicere(throw), 〈라틴어〉, 〈명사에 덧붙여진〉 형용사, 〈그림씨〉, 부수적인, '~을 향해 던져진', 〈~ accessory\adjunct〉, 〈~(↔)adverb〉 가1

311 **ad-journ** [어줘언]: ad(to)+diurnus(daily), 〈라틴어 → 프랑스어〉, 휴회하다, 폐회하다, 연기하다, '일정한 날로 옮기다', 〈~ defer\delay〉, 〈↔continue\expedite〉 양2

312 **ad-judge** [어줘쥐]: ad(to)+judicare, 〈라틴어〉, 〈judge가〉 재판하다, 판결을 내리다, 〈~ decide\determine〉, 〈↔hesitate\dismiss〉 양2

313 **ad-ju·dic·a-tion** [어쥬우디케이션]: 〈라틴어〉, 〈judge가 내리는〉 판결, 선고, 재정, 재결, 〈~ judgement\conclusion〉, 〈↔defer〉 양2

314 **ad-junct** [애쥉트]: ad(to)+jungere, 〈라틴어〉, 〈← join〉, 부속물, 보조자, 부가어, 〈~ appendix\supplement〉, 〈↔essential\foe〉 가1

315 **ad-junct pro-fes-sor** [애쥉트 프뤄훼써]: 〈라틴어〉, 외래교수, 비상근교수, 겸임교수, 〈~ part-time teacher〉 양2

316 **ad-jure** [어쥬어]: ad(to)+jurare(swear), 〈라틴어〉, 〈맹세코〉 엄명하다, 간청하다, 〈~ pray\beg\call on\invoke〉, 〈↔disclaim\reject〉 양2

317 **ad-just–ment** [어줘스트먼트]: ad(to)+juxta(near), 〈라틴어〉, 〈가까이 가져와서 하는〉 조정, 정리, 정산, 적응, '바르게 하기', 〈~ modification\re-construction〉, 〈↔maladjustment\maladaption〉 가1

318 **ad-ju·tant¹** [애쥐턴트]: ad(to)+juvare(help), 〈라틴어〉, 부관, 조수, 'assistant', 〈~ adjunct〉, 〈~aide-de-camp〉, 〈↔adversary\opponent〉 양2

319 **ad-ju·tant²** [애쥐턴트]: 〈← adjutant'〉, 무수리, 대머리황새 〈인도와 동남아에서 시체를 먹으며 서식하는 대머리에 긴 부리를 가진 흑·백색 황새로 자세가 마치 '부관'처럼 꼿꼿함〉, argala, 〈~ marabou\secretary bird〉 미2

320 **ad·lay** \ ~lai [애들라이]: 〈필리핀 원주민어〉, 〈근래에 흰쌀 대신 건강식으로 떠오르는〉 율무, (아시아산) 볏과 염주속의 일년초, 〈~ 보리하고는 족보가 다르나 시장에서는 Chinese pearl barley라고도 불림〉, ⇒ Job's tears 미2

321 **ad lib** [애드 립]: ad(to)+libitum(pleasure), 〈라틴어 → 영국어〉, 애드 리브, as you desire, (연설·연기 등을) 즉흥적으로 하다, 〈~ improvise〉, 〈↔planned〉 양2

322 **ad-min·is·ter** [어드미니스터]: ad(to)+ministrare(serve), 〈라틴어〉, 〈작은 일을〉 관리하다, 집행하다, 투약하다, 〈~ minister〉, 〈~ direct\manage\dispense〉, 〈↔withhold\deny〉 양2

323 **ad·mi·ral** [애드머뤌]: 〈← amir(ruler)〉, 〈아랍어에서 연유한 영국어〉, '바다의 지배자', 해군 장성, 제독, 〈~ navy general(4 stars)〉, 〈↔crew-man〉, 화려한 색채를 가진 네발나비, 〈~(↔)emperor butter-fly〉 양2 미2

324 **ad-mire** [애드마이어]: ad(to)+mirari(wonder), 〈라틴어〉, '~에 놀라다', 감복하다, 경탄하다, 칭찬하다, 〈~ adore\respect〉, 〈↔contempt\disdain\hate〉 양2

325 **ad-mir–er** [어드마이어뤄 \ 애드마이어뤄]: 찬미자, 구애자, 감탄자, 〈~ enthusiast\devotee〉, 〈↔adversary\spouse〉 양2

326 **ad-mis–sion** [어드미션 \ 애드미션]: 입장, (입회)허가, 승인, 자백, 〈~ acceptance\entry〉, 〈↔denial\repudiation〉 가1

327 **ad-mit** [애드밑]: ad(to)+mittere(send), 〈라틴어〉, '보내주는 것', 받아들이다, 승인하다, 인정하다, 〈~ let in\acknowledge〉, 〈↔deny\expel〉 양2

328 **ad-mon–ish** [애드마아니쉬]: ad(to)+monere(warn), 〈라틴어〉, 타이르다, 충고하다, '경고하다', '제대로 된 마음을 심어주다', 〈~ expound\declaim\pontificate〉, 〈↔approve\praise〉 가2

329 **ad nau·se·am** [애드 너어지엄]: ad(to)+naus(ship), 〈라틴어+그리스어〉, 〈배 멀미가 날만큼〉 진저리가 날 정도로, 지겹도록, 구역질 나는, 〈~ endless\boring〉, 〈↔never\vigor〉 양2

330 **a-do** [어두우]: 〈'do'(행하라)에서 연유한 북구어〉 야단법석, 소동, 고생, 〈~ fuss\wing·ding〉, 〈↔rest\peace〉 양2

331 **a·do·b(v)a·da** [아도봐아다]: 〈marinated란 뜻의 스페인어〉, 돼지고기(pork)에 붉은 고추와 식초 등을 넣어 〈양념한〉 멕시코 요리, 〈~ Mexican dish seasoned with adobo〉 수2

332 **a·do·be** [어도우비]: al(the)+tub(bricks), 〈아랍어에서 연유한 스페인어〉, dried brick, 아도베, 진흙과 지푸라기를 섞어 햇볕에 말려 만든 벽돌(제조용 찰흙), 〈~terra cotta〉 수2

333 **A·do·be** [어도우비] Sys·tems: 어도비, 〈설립자의 집 뒤를 흐르는 개천 이름을 따서〉 1982년 San Jose에 설립된 미국의 전산기 연성기기 회사, 〈~ an American soft-ware company〉 수1

334 **a·do·bo** [어도우보우]: 〈← adobar(marinade)〉, 〈스페인어〉, '양념'한 고기를 맛난이에 절여 기름에 튀긴 필리핀(Philippine) 요리, 〈~ braised pork (or chicken)〉 수2

335 **ad·o·les·cent** [애덜레스트]: ad(to)+alere(nourish), 〈라틴어〉, '어른으로 자라나는', 청춘기의, 미숙한, 젊은이, (12세부터 18세까지의) 성장기, 〈~ young adult〉, 〈~ juvenile\pubescent〉, 〈↔infant\elderly〉 양1

336 **A·don-is** [어도우니스 \ 어다니스]: 〈← adon(lord)〉, 〈페니키아어 → 그리스어〉, '영주', 아도니스, 아프로디테(Aphrodite)에게 사랑받았으나 만용을 부리다가 멧돼지한테 받혀 죽은 미남, 〈~ Don\Ady〉, adonis; 미청년(hunk\stud〉 수1 양2

337 **a·don-is** [어다니스]: (강심제로 쓰였던) 〈행복과 수명의〉 복수초, 〈멧돼지에 받혀 죽은 Adonis의 피에서 솟아났다는〉 유라시아에 서식하는 아네모네 비슷한 야생초, 〈~ anemone\pheasant's eye〉 미2

338 **A·don-is Blue** [어다니스 불루우]: 한국 전두환(Chun, Doo Hwan) 대통령의 해외 차명구좌〈impersonate account〉, 〈그는 시인들에게도 기마이가 좋아서 '일해'라는 기통찬 호를 지어 받기도 했음〉 수2

339 **a·don-is blue** [어다니스 블루우]: (유럽·중근동에 서식하며) 수컷은 청남색·암컷은 갈색에 푸르스름한 점이 박힌 〈종이쪽지 같은〉 날개를 가진 '부전나비', 〈~ a nymphalid〉 우2

340 **a·dop-tion** [어닾션]: ad(to)+optare(choose), 〈라틴어〉, 〈자기 쪽으로 선택('option')하여 고르는〉 채용, 채택, 양자(녀) 결연, 〈~ assumption\acquisition〉, 〈↔abandon-ment\re-jection〉 양1

341 *****a·dorbs** [애도얼브스]: 〈신조어〉, adorable(존경할 만한)의 줄임말, 〈↔hateful〉 양2

342 **a·dore** [어도어]: ad(to)+orare(speak), 〈라틴어〉, 숭배하다, 경모하다, 받들다, 〈신을 향하여〉 '기도로 말하다(oration)', 〈~ admire\worship〉, 〈↔hate\loathe〉 양2

343 *****a·dork-a·ble** [어도얼커블]: 〈2001년 미국 전산망 신조어〉, adorable+dorky, 존경할 만하지만 뭔가 어색하고 부족한, 귀여우면서도 바보같은, 〈~ socially awkard\quirky〉 우2

344 **a·dorn** [어도언]: ad(to)+ornare(deck out), 〈라틴어〉, 〈질서('order')있게〉 꾸미다, 장식하다, 〈~ prank²\dress up\decorate\garnish〉, 〈↔disfigure\spoil\bare〉 가2

345 **a-down** [어다운]: 〈영국어〉, down(아래)의 멋진 말, 〈~ down-ward〉, 〈↔a-loft〉 양2

346 **ad-ren·al-in** [어드뤠널린]: 〈일본 화학자가 라틴어를 합성한 말〉, 〈신장의(renal) 위에 있는〉 '부신'수질에서 분비되는 내분비물, 흥분성 호르몬, 〈~ epinephrine〉 수2

347 **A·dri·an** [에이드뤼언]: 'Adriatic Sea 근처에 사는 자', 하드리아누스, (772~1523년 사이에 있었던) 6명의 로마 교황(Pope)의 이름 수1

348 **A·dri·at·ic Sea** [에드뤼애틱 씨이]: 〈← adur(sea)?〉, 〈'바다'란 뜻의 일리리아어에서 연유한?〉 아드리아해, 이탈리아 동쪽(유고 및 알바니아 사이)에 있는 바다, 〈~ sea between Italian and Balkan penninsula〉 수1

349 **a-droit** [어드뤄잍]: 〈'dexter'라는 라틴어에서 유래한 프랑스어〉, '오른쪽의', 손재주가 있는, 재치있는, 기민한, 〈~ agile\skillful〉, 〈↔mal-adroit\clumsy\incompetent〉 양2

350 *****a drop in the buck-et(o·cean)**: 새 발의 피, practically nothing, 〈↔much\plenty〉 양2

351 *****a drown-ing man will clutch at a straw**: 물에 빠지면 지푸라기라도 잡는다, 〈~ desperation〉, 〈↔hopelessness〉 양2

352 *****ADSL** (a-sym-met·ric dig·i·tal sub-scrib-er line): (기존의 전화선을 이용해서 〈오는 속도와 가는 속도가 다른〉 고속 정보를 전송하는) 비대칭 숫자형 전산망 가입자 회선, 〈~ faster data transmission〉 미2

353 **ad-sorb** [애드써어브]: ad(to)+sorbere(suck), 〈'absorb'란 라틴어를 변형시킨 게르만어〉, 흡착(접착)하다, 〈속으로 들어가지 않고〉 겉에 달라붙다, 〈absorb는 속속들이 빨아들인다는 뜻〉, 〈~ gather on a surface〉, 〈↔abstain\dissipate〉 양2

354 **ADT¹** (A·mer·i·can Dis·trict Tel·e-graph): 미국지역 전보망 〈1874년 57개의 지역 정보 회사가 연합되어 잘나가다가 사양길을 걷고 있는 통신·경보 사업체〉, 〈~ an American security co.〉 수2

355 *****ADT²** (ab·stract da·ta type): '추상적 자료 유형', 전산기기보다 고안자의 생각에 좌우되는 정보 형태, 〈~ an object-oriented programming〉 수2

356 **ad·u·late** [애쥴레이트]: 〈← adulari(flatter)〉, 〈어원이 불확실한 라틴어〉, 〈꼬리를 흔들며〉 아첨하다, 알랑거리다, 〈~ fawn\boot-lick〉, 〈↔abhor\detest〉 양2

357 **a·dult** [어덜트]: ad(to)+alere(nourish), 〈라틴어〉, 〈adolescent를 거친〉 어른의, 성숙한, 성인, 〈~ grown-up\mature〉, 〈↔child\kid〉 가1

358 *****a·dul·ter-ated food** [어덜터뤠이티드 후우드]: 불량식품, (유해물질을) 섞음질한 식품, '간통 음식', Franken food, GMO 가1

359 **a·dul·ter-y** [어덜터뤼]: 간통, 불의, 부정, '어른이 하는 〈오염된〉 짓', 〈fornication보다 인간적이고 지속적인 말〉, 〈~ socio-sexual〉, 〈↔fidelity\puppy love〉, 〈↔status offender〉 가2

360 **a·dult-ing** [어덜팅]: 〈얻는 것이 있으면 반드시 잃는 것도 있는〉 어른(스럽게) 되기, 〈~ behaving like an adult〉, 〈↔childing\'kidding'〉 양2

361 **ad-um·brate** [애덤브레이트]: 〈← umbra(shade)〉, 〈라틴어〉, 윤곽을 나타내다, 예시하다, 〈~ sketch\outline\indicate〉, 〈↔illuminate\brighten〉 양2

362 **ad va·lo·rem** [애드 뷀로우륌]: 〈라틴어〉, '가치〈value〉에 따른', according to the value, (선적 장소의 상품가에 대해 붙이는) 종가세, 〈~ proportionally〉, 〈~ value added tax〉, 〈↔(일회성인) transaction tax〉 양2

363 **ad·vanced** [어드봰스트 \ 애드봰스트]: ab(toward)+ante(before), 〈라틴어〉, 앞으로 나온, 진보한, 상급의, 사전의, 〈~ cutting-edge\avant\up to date〉, 〈↔primitive\backward\post-poned〉 양2

364 **ad·van·tage** [어드봰티쥐]: ab(toward)+ante(before), 〈라틴어 → 프랑스어〉, 〈앞에 서 있는〉 '우위', 유리, 이득, 우세, 장점, 혜택, 〈→ vantage〉, 〈~ dominance\benefit\edge〉, 〈↔dis-advantage〉 양2

365 **ad-vent** [애드벤트]: ad+venire(come), 〈라틴어〉, '~에 옴', 도래, 출현, Advent; 예수의 강림(재림), 〈~ materialization\arrival〉, 〈↔disappearance\departure〉 양1 수1

366 **Ad-vent-ists** [애드벤티스츠]: 어드벤티스츠, 예수재림론자(19세기 초에 성행했던 '심판의 날'을 믿던 신교의 일파, William Miller 등 안식교의 선구자들), 〈~ Seventh-Day(Sabbath) A.\the 'Remnant'〉 미2

367 **ad-vent-i·tious** [애드벤티셔스]: 우연의, 우발적인, 외래의, 〈~ casual\accidental\extrimsic〉, 〈↔planned\intrinsic〉 양2

368 **ad-vent–ure** [어드붼쳐 \ 애드붼쳐]: 〈라틴어〉, '지금부터 일어나려 하는 것', 모험(심), 굉장한 사건, 투기, 〈→ venture〉, 〈~ exploit\escapade〉, 〈↔bore\caution〉 양1

369 ***ad-vent–ure game** [어드붼쳐 게임]: '모험놀이'(사용자가 자신의 역할을 설정하고 다양한 선택을 하면서 모험하는 놀이), 〈~ a video game〉 우2

370 **ad-verb** [애드붜어브]: ad(to)+verbum(word), 〈라틴어〉, (동사를 수식하는) 부사, 〈~ atributer\limiter〉, 〈~(↔)adjective〉, 〈↔verb〉 가1

371 **ad-ver·sar–y** [애드뷀세뤼]: 〈라틴어〉, '~으로 향한 자', 적, 상대편, 〈~ opponent\rival\foe〉, 〈↔advocate\aide\auxiliary〉 양2

372 **ad-ver·se** [애드뷔얼스]: ad(to)+vertere(turn), 〈라틴어〉, 거스르는, 반대의, 해로운, 불리한, 〈~ conflicting\detrimental〉, 〈↔favorable\supportive〉 가1

373 ***ad-ver·si-ty score** [애드뷔얼시티 스코어]: 역경 점수, SAT에서 2019년부터 실시하는 〈불리한〉 학생의 성장 과정을 고려한 점수 덧보태주기 제도, 〈~ overall disadvantage level〉 미2

374 **ad-vert-ent** [애드뷔얼튼트]: ad(to)+vertere(turn), 〈라틴어〉, 조심하는, 주의 깊은, 〈~ watchful\vigilant〉, 〈↔careless\un-mindful〉 양2

375 **ad-ver·tise \ ad-ver·tize** [애드뷔타이즈]: ad(to)+vertere(to turn), 〈라틴어〉, '~쪽으로 관심을 돌리다', '~에 주의하다', 광고하다, 선전하다, 공시하다, 〈~ display\promote〉, 〈↔conceal\suppress〉 가2

376 ***ad·ver·to·ri–al** [애드뷔토우뤼얼]: advertisement+editorial, 광고성 기사, 기사처럼 보이는 광고, 〈~informercial〉 양2

377 **ad-vice** [어드봐이스]: ad(to)+videre(see), 〈라틴어〉, '~으로 보다', 충고, 조언, 보고, 통지, 〈~ recommand\advocate〉, 〈↔obstruction\mislead〉 가2

378 **Ad-vil** [애드빌]: Pfizer사가 만드는 ibuprofen 주성분의 〈'같이 더하는'〉 진통·항염증제, 〈~ a NSAID〉 수1

379 **ad-vis-er \ ad-vi-sor** [어드봐이저]: 〈← advice〉, 조언자, 고문, 지도교수, 〈~ counselor\mentor〉, 〈↔foe\novice〉 가2

380 **ad-vo·cate** [애드붜케이트 \ 애드붜커트]: ad+vocare(call), 〈라틴어〉, '~으로 부르다', 용호하다, 주창하다, 대변자, 변호사, 〈~ exponent\proponent\up-stander〉, 〈↔adversary〉 양2

381 ***ad-ware** [애드 웨어]: 광고기기 〈광고를 위해 공짜로 배포되는 연성기기〉, 〈~ a mal-ware〉 양1

382 **adz \ adze** [애쯔]: 〈← adesa(an ax)〉, 〈어원 불명의 영국어〉, 까뀌, (재목의 거친 부분을 다듬는) 손도끼, 자귀, 〈~ hatchet\tomahawk〉 가2

383 **ad·zu·ki bean** [애쥬우키 비인]: 〈일본말〉, '소두(small bean)', 팥, ⇒ red bean 미2

384 **ae·des** [에이디이즈]: a(not)+hedys(sweet), 〈그리스어〉, 〈'밉살맞은'〉 각다귀, (황열병을 매개하는) 숲모기의 일종, 열대 줄무늬 모기, 알락(무늬)다리모기, ninja mosquito, 〈~ odious〉 미2

385 **Ae·ge·an Sea** [이쥐이언 씨이]: 〈아들이 죽은 줄 알고 그물 속에 뛰어들어 자살한 Aegeus에서 연유했다는 설도 있으나 아마도 wave를 뜻하는 'aiges'에서 연유한 그리스어〉, 에게해, 〈다도해〉 (그리스와 터키 사이에 많은 섬을 가진 바다), 〈~ Archipelago〉, 〈~ an embayment between the Balkans and Anatolia〉 수1

386 **Ae·ge·us** [이이쥐어스]: ⟨← aix(goat)?⟩, goat man(?), 괴물을 퇴치하고 돌아오는 아들 Theseus가 깜빡잊고 깃발을 바꾸지 않아 물속에 투신 자살한 아테네의 왕, ⟨~ a king of Athens⟩ 수1

387 **ae·gis** [이이쥐스]: ⟨← aigos(goat-skin)⟩, ⟨그리스어⟩, (제우스가 딸 아테나에게 주었다는) ⟨염소가 죽을 씌운⟩ 방패, 보호, 후원, 지도, ⟨~ protection\patronage\umbrella⟩, ⟨↔attack\offense⟩ 양2

388 **Ae·gis·thus** [이이쥐쓰써스]: ⟨← aix(goat)⟩, ⟨염소젖을 먹고 자란⟩ '숫염소', 아이기스토스, 귀양 간 Thyestes가 자기 딸과 교접해서 난 아들로 숙모 Clytemnestra와 바람이 나서 10년 만에 돌아온 숙부 Agamemnon을 죽였으나 그의 아들에게 복수당한 미케네의 왕, ⟨~ a king of Mycenae⟩ 수1

389 **ae-gyo** [애교]: ai(love)+jiao(charm), ⟨중국어 → 한국어⟩, 귀엽게 보이려는 태도, cute display (expression), ⟨↔goose-bumps\풍단지(ttungttanji)⟩ 수2

390 **Ae·ne·as** [이니이어스]: ⟨← ainos(praise)?⟩, 칭송된 자(?), ⟨어원 불명의 그리스어⟩, 아이네아스, Aphrodite와 Anchises의 아들로 이태로 건너가 로마의 시조가 된 트로이의 영웅, ⟨~ a mythical hero of Troy and Rome⟩ 수1

391 **Ae·o·lus** [이이얼러스]: ⟨← Aiolos(swift)⟩, ⟨급히 변하는⟩ 아이올로스, (그리스·로마 신화에서) 바람⟨winds⟩의 신, ⟨~ the ruler of the winds⟩ 수1

392 **ae·on** [이언]: ⟨'age'란 뜻의 그리스어⟩, eon, (영)겁, 10억 년, 누대, 셀 수 없는 기간, ⟨~ kalpa⟩, ⟨↔moment\split second\tick¹⟩ 양2

393 **aer·i·al** [에어뤼얼]: 공기의, 기체의, 공중에 솟은, 항공의, 공중 곡예, 안테나(영국), ⟨~ airborne\vertical\high\antenna⟩, ⟨↔low\sunken\marine⟩ 양1

394 **aer·i·al view** [에어뤼얼 뷔유]: 공중조망, 비행기에서 본 경치, ⟨~ bird's-eye⟩, ⟨↔worm's(frog's) eye⟩ 양1

395 **aer·ie** [에어뤼]: ⟨라틴어⟩, ⟨← area⟩, (높은 곳에 있는) 둥지나 집, (절벽에 있는) 맹금의 둥지, (맹금의) 떼, ⟨~ look-out\bird's nest⟩, ⟨↔booby trap⟩ 우2

396 **aer·o~** [에어뤄~]: ⟨그리스어⟩, ⟨공기·공중·기체·항공~⟩이란 뜻의 결합사, ⟨~ air⟩, ⟨↔hydro⟩ 양1

397 **aer·o·bat·ics** [에어뤄 배틱스]: 곡예비행, 고등비행술, ⟨~sky diving\stunt⟩, ⟨~(↔)acrobatics\scuba⟩ 양1

398 **aer·o·bics** [에어로우 빅스]: 유산소운동, 산소소비량 증가 운동, ⟨~ cardio-vascular endurance⟩, ⟨↔an-aerobics⟩ 양1

399 **aer·o·drome** [에어뤄 드로움]: air+running, ⟨그리스어⟩, (작은) 비행장, 이착륙장, 공항, ⟨~ airfield\airport⟩ 양2

400 **aer·o·naut** [에어뤄 너어트]: 비행사, 비행기 조종사, ⟨~ aviator\flier\pilot⟩, ⟨↔navigator⟩ 가2

401 **Ae·rope** [에어로우프]: ⟨어원 불명의 그리스어⟩, ⟨벌잡이새?⟩, 아에로페, ⟨크레타에서 시집와서⟩ 시동생과 밀통한 Atreus의 아내, ⟨~ a Cretan princess⟩ 수1

402 **aer·o·pho·bi·a** [에어뤄 호우비어]: 비행공포증, 혐기증, ⟨~ flying phobia⟩, ⟨↔hydro-phobia\thalasso-phobia⟩ 양2

403 **aer·o·sol** [에어뤄 써얼]: aero+solution, 연무질, 분무용 액체, ⟨~ sprayer\droplets⟩, ⟨↔aridity\powder⟩ 미1

404 **aer·o·space** [에어뤄 스페이스]: 우주 공간, 대기권 내외, ⟨~ outer-space⟩, ⟨~(↔)atmosphere\troposphere⟩ 양2

405 ***aer·o·train** [에어뤄 트뤠인]: 공기부상식 열차, ⟨~bullet train⟩ 미2

406 **Aes·cu·la·pi·us** [에스쿨레이피어스]: 아이스쿨라피우스, Apollo의 아들, ⟨한 마리의 뱀이 감겨 있는⟩ (AMA에서 공식 인정한) 그리스의 Asclepius에 해당하는 고대 로마의 의약과 의술의 신, ⟨~ god of medicine⟩, ⇒ Asclepius 수1

407 **Ae·sop** [이이썹]: ⟨어원 불명의 그리스 이름⟩, 이솝, 기원전 6세기경 살았던 ⟨노예출신의 추남이었다는⟩ 그리스의 우화 작가, ⟨~ a Greek fabulist⟩ 수1

408 **aes·thet·ic** [에스쎄틱]: ⟨← aisthema(sensation)⟩, ⟨1735년에 주조된 그리스어⟩, ⟨감수성이 예민한⟩, 미의, 심미안이 있는, 좋은 취미의, ⟨~ elegant\exquisite⟩, ⟨↔in(un)-aesthetic\grotesque⟩ 양2

409 **aes·ti·vate** [에스터붸이트]: ⟨← aestas(summer)⟩, estivate, ⟨라틴어⟩, 여름을 지내다, 피서하다, 여름잠을 자다, ⟨~ pass the summer⟩, ⟨↔hibernate⟩ 양2

410 **Aet·na** [에트너]: ⟨← aith-na(fiery one)⟩, ⟨'불같은 여자'란 뜻의 시실리어⟩, 애트나 ①Etna, 시실리에 있는 화산, ⟨~ a strato-volcano in Italy⟩ ②1810년대 화재 회사로 시작해서 생명·건강보험으로 발전했다가 2018년 CVS에 흡수된 미국의 건강관리회사, ⟨~ an American managed health-care company⟩ 수1

411 ***AF**(as fuck): 틀림없는, 진짜 진짜의, ⟨~ extremely so\absolutely true⟩, ⟨불신시대의 표준어⟩, ⟨↔fib\hot air⟩ 양2

412 **af~** [애후 \ 어후~]: ⟨라틴어⟩, (f 앞에서) ad~의 변형어 양1

413 ***AFAIK** [어훽잌] (as far as I know): 내가 아는 한 미2

414 ***AFAIR** [어훽어] (as far as I re-mem·ber): 내 기억으로는 미2

415 **AFC** (A·mer·i·can Foot-ball Con-fer-ence): ⟨1970년 AFL과 NFL이 병합된⟩ 미국 축구회의 미2

416 **AFDC** (Aid to Fam·i·lies with De-pend-ent Chil·dren): ⟨1935년에 시작해서 1997년 TANF(Temporary Assistance for Needy Family)로 개편된 보건사회복지부(DHHS) 산하의⟩ (미국의) 아동부양가족보조(정책) 우2

417 **af-fa·ble** [애훠블]: ad(to)+fari(speak), ⟨라틴어⟩, ⟨← fable⟩, '대화가 되는', 상냥한, 사근사근한, ⟨~ friendly\amiable\genial⟩, ⟨↔prickly\high-strung\wasp⟩ 양1

418 **af-fair** [어훼어]: ad(to)+facere(do), ⟨라틴어 → 프랑스어⟩, 일, 용건, 관심사, 정사, 상황, ⟨~ event\phenomenon\relationship⟩, ⟨↔avocation⟩ 양2

419 **af-fect**¹ [어훽트]: ad(to)+facere(do), ⟨라틴어⟩, '~에 작용하다', 영향을 주다, 감동시키다, 침범하다, ⟨~ influence\act on⟩, ⟨↔dis-similate\bore⟩ 가1

420 **af-fect**² [어훽트]: ad(to)+fectare(strive after), ⟨라틴어⟩, '~을 목표로 노력하다', ~은(는) 체하다, 즐겨 살다(사용하다), ⟨~ adopt\imitate\assume⟩, ⟨↔avoid\evade⟩ 양1

421 **af-fect·a-tion** [애훽테이션]: ⟨← affect²⟩, ~은(는) 체함, 가장, 허식, 으스댐, ⟨~ pretension\artificiality⟩, ⟨↔sincerity\shy-ness⟩ 양2

422 **af-fect-ion** [어훽션]: ⟨← affect¹⟩, 애정, 호의, 감정, 영향, (~ love\jung), ⟨↔un-caring\hatered\spite⟩ 가2

423 **af·fen-pin·scher** [애훤핀셔]: ⟨← affe(ape)⟩, ⟨게르만어⟩, 'monkey terrier', 아펜핀셔, 검은 털이 복슬복슬한 작은 애완견, ⟨~ Doberman pincher⟩ 수2

424 **af-fer-ent** [애훠런트]: ad(to)+ferre(bear), ⟨라틴어⟩, 구심성인, '안으로 모이는', ⟨~ centripetal\receptive⟩, ⟨↔efferent⟩ 양2

425 **af-fi·da·vit** [애휘데이빝]: ad(to)+fidare(trust), ⟨라틴어⟩, 선서, 보증서, 진술서, ⟨~ assertion\attestation⟩, ⟨↔contradiction⟩ 가1

426 ***af-fil·i-ate pro-gram** [어휠리에이트 프로우그램]: associate program, 제휴품목 (판매촉진을 위해 고객을 소개하는 자에게 짜배기로 넣어 주는 프로그램), ⟨~ a (performance based) marketing strategy⟩, ⟨자본주의의 극치⟩ 미2

427 **af-fil·i·a·tion** [어휠리에이션]: ad(to)+filius(son), ⟨라틴어⟩, ⟨← filial⟩, 가입, 제휴, 결연, ⟨~ annexing\joining⟩, ⟨↔detachment⟩ 가2

428 **af-fin·i-ty** [어휘니티]: ad(to)+finis(end), ⟨'접속'이란 뜻의 라틴어⟩, 인척(관계), 유사(점), 친화(력), 접착성, ⟨~ empathy\rapport⟩, ⟨↔unrelatedness\aversion\allergy⟩ 양1

429 **af-firm·a-tive** [어훠머티브]: ad(to)+firmare, ⟨라틴어⟩, ⟨← firm⟩, ⟨확실히 말하는⟩ 긍정의, 확언, 찬성의, ⟨~ approving\yes⟩, ⟨↔negative\veto⟩ 가2

430 ***af-firm·a-tive ac·tion** [어훠머티브 액션]: '긍정적 조치', 차별 철폐 조치(미국), ⟨~ positive discrimination\equal oppertunity⟩, ⟨~(↔)legacy admission\reverse discrimination⟩ 양2

431 **af-fix** [어휙스]: ad(to)+fixare, ⟨라틴어⟩, ⟨← fix⟩, 붙이다, 첨부하다, 찍다, 접(붙임)사, ⟨~ stick\post²⟩, ⟨↔detach\remove⟩ 양2

432 **af-flict**[어흘릭트]: ad(to)+figere(strike), ⟨라틴어⟩, '상대를 치다' 괴롭히다, 피해를 주다, ⟨~ trouble\bother⟩, ⟨↔comfort\relieve⟩ 양2

433 **af-flic-tion** [어흘릭션]: 고통, 고뇌, 역경, 재해, '다침', ⟨~ disorder\malady⟩, ⟨↔relief\solace\wind-fall⟩ 양2

434 **af-flu-ent** [애흘루언트]: ad(to)+fluere(flow), ⟨라틴어⟩, '흘러넘치는', 풍부한, 유복한, 거침 없는, ⟨~ flow⟩, ⟨~ abundant\rich⟩, ⟨↔poor\impoverished⟩ 양2

435 ***af·flu·en·za** [애훌루우엔져]: affluence+influenza, 부독, 풍요병, 부유층 자제의 '무기력'증, 〈~ wealth syndrome\luxury disorder〉, 〈↔low-cashism〉 미1

436 **af·ford·a·ble** [어훠더블]: ge+farthian(farther), 〈영국어〉, 〈← forward〉, '전진할 수 있는', 줄 수 있는, 입수 가능한, 알맞은, 〈~ in-expensive\reasonable〉, 〈↔un-affordable\ex-orbitant〉 가2

437 **af-front** [어후륀트]: ad(to)+frons, 〈라틴어〉, 〈'면전'(front)에서 하는〉 모욕, (공공연한) 무례, 〈~ insult\offense〉, 〈↔compliment\praise〉 가2

438 **af-fray** [어후뤠이]: ex(off)+fidare(peace), 〈라틴어 → 프랑스어〉, 싸움, 소란, 충돌, 〈~ brawl\fight〉, 〈↔order\peace〉 가2

439 **Af·ghan hound** [애후갠 하운드]: 아프간 사냥개 〈근동지방 원산의 길쭉한 머리와 명주모양의 긴 털을 늘어뜨린 발이 빠른 사냥·애완견〉, Persian Greyhound, Saluki, Tazi 수2

440 **Af·ghan·i·stan** [애후개니스탠]: 〈← avagana(high country)〉, 〈'고원'이란 뜻의 산스크리트어〉, 아프가니스탄 〈근세사가 영국·소련·미국의 간섭으로 점철된 중앙아시아(Central Asia)의 회교 공화국〉, {Afghan·Pashto·Dari·Afgani·Kabul}, 〈2023년 10월 7일 서부지역을 강타한 6.3도의 강진으로 약 2,000명이 사망함〉 수1

441 **Af·ghan·i·stan War** [애후개니스탠 워]: 2001년 10월 알카에다의 근거지를 뿌리 뽑는다는 명목으로 미군이 공격해서 탈레반 정부를 뒤엎고 〈자유의 파수꾼 작전〉을 수행했으나 탈레반 세력에 밀려 2021년 8월 〈도로묵〉이된 〈제2의 월남전〉, 〈~ Operation Enduring Freedom〉 수2

442 **a·ficio·na·do** [어휘셔나아도우]: 〈스페인어〉, 〈← affection〉, (열성적인) 애호자, 추종자, ~광, 〈~ devotee\enthusiast〉, 〈↔non-fan\critic〉 양2

443 ***afk** (a-way from key-board): '자판에 없어!', '부재중', 〈~ small break\be right back(BRB)〉 미2

444 **AFKN** (A·mer·i·can Forces Ko·re·an Net-work): 〈1957년에 시작된〉 주한 미군방송 〈2001년 AFN Korea로 이름이 바뀜〉 우2

445 **AFL-CIO** (A·mer·i·can Fed·er·a·tion of La·bor–Con·gress of In·dus·tri·al Or·gan·i·za·tion): 〈1955년 AFL과 CIO가 합침〉 미국 노동총연맹 산업별 회의 미1

446 **a-float** [어훌로웉]: 〈영국어〉, 〈← float〉, 떠서, 해상에, 범람하여, 유통하여, 〈~ buoyant\drifting〉, 〈↔a-ground\sinking〉 양1

447 **a-foot** [어훝]: 일어나, 움직여, 발생하여, 진행 중인, 〈셰익스피어가 'on foot'란 말을 멋들어지게 표현한 말, 〈~ going on\abroad〉, 〈↔halted\ended〉 양2

448 **a-fore** [어훠어]: 〈영국어〉, be-fore, ~을 향해, 〈~ a head\earlier〉, 〈↔after-ward〉 양2

449 **A 4**: ①〈국제표준 규격에 의한〉 타자용 용지 (대략 8.27 × 11.7 인치의, 1/16m²), 〈~ a paper size〉, 〈~(↔)letter size〉 ②1994년부터 Audi사가 출시하는 소형 고급 승용차, 〈~ a luxury sedan〉 우1

450 **a for·ti·o·ri** [에이 휘얼티오롸이 \ 아 휘얼쉐오뤼]: 〈라틴어〉, 'from the stronger', 더 강력한 이유로, 하물며, ~ 더한층, '확대 유추', 〈~ all the more\with greater reason〉, 〈↔reduced analogy\reductio ad absurdum〉 양2

451 **AFP** (A·gen·ce France Pres·se): 〈1944년 정부에 의해 결성되었다가 민영화된〉 프랑스 통신사, 〈~ a French news media〉 미2

452 **a·fraid** [어후뤠이드]: 〈← exfridare(out of peace)〉, 〈라틴어에서 연유한 프랑스어〉, 〈← fear〉, 두려워하는, 겁내는, 걱정하는, 〈~ frightened\scared〉, 〈↔un-afraid\brave〉 가1

453 **A-frame** [에이 후뤠임]: 'A틀', (한국식) 지게, 〈~ a carrying rack〉, 〈↔wheel-barrow〉 양2

454 **Af·ri·ca** [애후리카]: 〈← afar(dust)?〉, 아프리카, 〈'먼지'라는 아랍말에서 따왔다는 썰이 있고〉 (최초의 인류가 살았다고 사료되는) 적도를 기준으로 남북으로 나누어지는 구대륙이 남쪽으로 돌출된 땅덩어리, 〈~ the Dark Continent\the Mother of Man-kind〉 수1

455 **Af·ri·can A·mer·i·can** [애후뤼컨 어메뤼컨]: 아프리카계 미국(흑)인 〈black이란 아름다운 말을 제쳐 놓고 미국 정부에서 만든 말〉, 〈~ American of African descent〉 미2

456 **Af·ri·can pen-guin** [애후뤼컨 펭귄]: 아프리카 남단 대서양에 서식하며 멸종 위기에 처한 검은 발가락의 펭귄, 〈~ Cape penguin〉 수2

457 **Af·ri·can vi·o·let** [애후뤼컨 봐이얼맅]: 아프리카 제비꽃, 동아프리카 원산의 부드러운 심장형의 잎과 희거나 분홍 또는 자주색의 조그만 꽃들이 다닥다닥 피는 관상초, saint·paulia, 〈~(↔)gloxinia〉 우1

458 *a friend in need is a friend in-deed: 〈고대 그리스 격언〉, 어려울 때 친구가 정말 친구다, 〈~ a sure friend is known when in difficulty〉 양1

459 *af·ro [애후로우]: (1970년대에 유행했던) 흑인의 부푼 둥근 머리 모양, 〈~ bee-hive\blow dry〉, 〈~ a hair-do〉 수2

460 *af·ro-beat [애후로우 비이트]: 아프리카 장단, 아프리카의 여러 음악의 율동을 따서 만든 음악, 〈~ afro-pop\afro-fusion〉 우1

461 AFTA [애후터](A·sian Free Trade Ar·e·a): (동남아〈South-East Asian〉 국가들이 주역이 되어 1992년에 결성된) 아시안 자유 무역 지역, 미1

462 af·ter [애후터]: 〈← apotero(further off)〉, 〈그리스어 → 게르만어〉, 뒤에, 늦게, 불구하고, 따라서, (~을) 하고 나서, 〈겸양의 말〉, 〈~ off〉, 〈~ following\later〉, 〈↔before〉 양1

463 af·ter all [애후터 어얼]: 결국에는, 어쨌든, 하지만, 〈~ most of all\finally\basically〉, 〈↔then\therefore\accordingly〉 양1

464 af·ter-beat [애후터 비이트]: 후박, (쿵탕·자잔같이) 〈두 박자의 떨리는 종결음으로 처음에 원음보다 한 음정 낮은 소리가 나고 다음에 원음이 나는〉 뒷장단, 〈~ second (or weak) beat〉, 〈↔fore-beat〉 미1

465 af·ter-care [애후터 케어]: 후섭생, 갱생지도, 〈~ up-keep\maintenance〉 미1

466 af·ter-ef·fect [애후터 이휄트]: 잔존효과, 후유증, 〈~ repercussion\consequence〉, 〈↔cause\reason〉 양2

467 af·ter-hours [애후터 아워스]: 폐점 후, 근무시간 후, 〈~ past the usual closing time〉, 〈↔regular(business) hours〉 양2

468 af·ter-life [애후터 라이후]: (죽음 후에 다시 태어난다는) 내세, 〈~ the great unknown\after-world〉, 〈↔before-life〉 가1

469 af·ter-noon [애후터 누운]: 오후, 〈~ p.m.(post meridiem)〉, 〈↔morning\night〉 가2

470 *af·ters [애후터즈]: (식사 끝나고 먹는) 후식들, 〈~ dessert〉, 〈↔hors d'oeuvre〉 양2

471 af·ter-ser·vice [애후터 써어뷔스]: 뒤치다꺼리, 후속 봉사, 〈~ post sales service〉 미1

472 af·ter-shave [애후터 쉐이브]: 면도 후에 (바르는 로션), 〈~ moisturizer\lotion〉 우1

473 af·ter-shock [애후터 샥]: 여진, 여파, 〈~ after-math〉 가1

474 af·ter-taste [애후터 테이스트]: 뒷맛, 여운, 〈~ carry-over\off-shoot〉 가1

475 *af·ter the feast comes the re·ckon-ing: 질탕하게 놀고 나서 본전 생각난다, 호사다마, 〈~ laugh on Friday, cry on Sun-day\lights are followed by shadows〉 양2

476 *af·ter the storm comes the calm: 폭풍 후의 고요, 격동기가 지나면 평화가 찾아온다, 고생 끝에 낙, 고진감래, 〈~ April showers bring May flowers〉 양2

477 af·ter-thought [애후터 써어트]: 재고, 뒷궁리, 추가, 보충, 〈~ second thought〉, ⇒ hind·thought 양1 우2

478 af·ter-ward [애후터 워어드]: 후에, 나중에, 〈~ later on\subsequently〉, 〈↔before-hand\earlier〉 가2

479 af·ter-world [애후터 워얼드]: 내세, 미래, 〈~after-life〉, 〈↔this world\before-life〉 양1

480 *af·ter you [애후터 유]: 당신 먼저(양보하기), 〈~ go ahead\give way〉 미2

481 ag~ [애그 \ 어그]: 〈라틴어〉, (g 앞에서) ad~의 변형, 〈~ to〉 양1

482 a-gain [어겐 \ 어게인]: on+gean(back), 〈게르만어〉, 또, 다시, 본디로, 더, 〈미련과 욕심이 담기는 말〉, 〈→against〉, 〈~ one more\another〉, 〈↔once\never〉 가1

483 a-gainst [어겐스트 \ 어게인스트]: 〈게르만어〉, on+gean(back) +es, 〈← again〉, '거슬러서', 향하여, 대해서, 반대하여, 기대어, 〈경각심을 자아내는 말〉, 〈~ contra\versus〉, 〈↔pro\for〉 가1

484 a-gainst the clock [어겐스트 더 클락]: 시간에 부딪치면서(쫓기면서), 〈~ against time\as fast as possible〉, 〈↔no-hurry\leisurely〉 양2

485 a-gainst the wall [어겐스트 더 워얼]: 벽에 기대어, 벽에 부딪쳐서, back to the wall, 〈~no eocape〉, 〈↔hopetul〉 양2

486 ag·a·ma [애거머]: ①〈서아프리카 원주민어〉, lizard, 아프리카·인도에 서식하며 큰 머리에 긴 꼬리와 영롱한 색깔을 가진 것도 있는 작은 도마뱀, 〈~ painted dragon\rainbow lizard〉 ②a(toward)+gam(go), 〈산스크리트어〉, (힌두교의 교훈을 모은) 아함경, 〈~ study of the Tantras〉 수2

487 **Ag·a·mem·non** [애거멤난]: aga(strong)+medon(ruler), '강력한 지배자', 아가멤논, 〈타향살이 10년 만에 돌아와서 처와 그녀의 정부가 된 조카에게 살해 당한〉 트로이 전쟁 때 그리스 총지휘관, 미케네의 왕, 메넬라우스의 형, 〈~ a king of Mycenae〉 수1

488 **ag·a·pan·thus** [애거팬써스]: agape(love)+anthos(flower), 〈그리스어〉, '사랑꽃', 아가판투스, 자주군자란 〈긴 줄기 위에 흰색이나 보라색의 조그만 초롱꽃들이 둥근 꽃송이를 만들며 피어나는 나리의 일종〉, 〈~ Lily of the Nile〉 미2

489 **a·ga·pe¹** [아아가아페이]: 〈어원 불명의 그리스어〉, love between man and God, 초기 기독교의 회식(feasts), 비타산적인 사랑〈love〉, 형제애, 〈~ mature love〉, 〈↔apathy\enmity\eros〉 우1

490 **a-gape²** [어게이프]: 〈북구어〉, 〈← gape〉, 〈입을 딱 벌리고〉 멍하니, 아연하여, 〈~ in wonder (or eagerness)〉, 〈↔closed\not surprised〉 양2

491 **a·gar** [아아가알]: 〈말레이어〉, red algae, 〈차게 하면 굳어지는〉 한천, 우뭇가사리류, 〈~ gelatin\isinglass〉 양1

492 **ag·a·ric** [애거륌]: 〈← agarikon〉, 〈그리스어〉, 'tree fungus', 주름버섯, 말똥진흙버섯, 우산 같은 갓 아래 많은 주름이 있는 '나무곰팡이' 미2

493 **ag·ate** [애거트]: 〈그리스어 → 라틴어 → 프랑스어〉, a quartz, 〈그것이 발견된 시실리의 강 이름(Akhates)에서 연유한 말〉, 〈말의 뇌수를 닮은〉 마노(단면에 줄무늬가 있는 수정 같은 돌), 공깃돌, 5.5 포인트 활자(type-set), 〈~(↔)onyx〉 미2

494 **a·ga·ve** [어가아뷔]: 〈← agauos(noble)〉, 〈그리스어〉, 〈우아한 꽃?〉, (잎이 용의 혀를 닮았다는) 용설란, 〈식용·섬유질로 쓰였고 건조한 땅에서〉 '백년'을 사는 선인장, 〈~ century plant\American aloe〉, 〈~(↔)sisal\kiondo〉 미2

495 **age** [에이쥐]: 〈← aion(period of existance)〉, 〈그리스어 → 라틴어〉, 〈시간이 모인〉 나이, 연령, 햇수, 시대, 노년, 〈숫자로 표시되는 인생〉, 〈~ aeon\era〉 가1

496 **~age** [~에이쥐]: 〈← ~ aticum(belonging to)〉, 〈라틴어 → 프랑스어 → 영국어〉, 〈~상태·동작·결과·집합 등을 뜻하는〉 결합사, 〈~ related to〉 양1

497 **age brack·et** [에이쥐 브래킽]: 연령층(범위), 나이 차이(간격), 〈~ age group(range)\generation(gap)〉 양2

498 ***age break** [에이쥐 브뤠잌]: 나이보다 적은 골프 타수, 연령 돌파, 〈~ golf score the same or less than one's age\age shoot〉 우1

499 **aged¹** [에이쥐드]: 늙은, 노령의, 〈~ old〉, 〈↔young〉 가1

500 **aged²** [에이즈드]: ~살의, ~살에, 〈~ age old〉 가1

501 **age-ism** [에어쥐즘]: 연령 차별, 고령자 차별, age discrimination 가1

502 **a·gen·cy** [에이쥔씨]: 〈← agere ← agein(drive)〉, 〈그리스어 → 라틴어〉, 〈agent가 하는〉 기능, 작용, 대리점, 중계사무소, 〈~ action\business〉, 〈↔idleness\main〉 양1

503 **a·gen·da** [어쥅더] \ **a·gen·dum** [어쥅덤]: 〈← agere(act)〉, 〈라틴어〉, 안건(들), 의제(들), 〈~ docket\schedule〉, 〈↔mess\disorder〉 양2

504 **a·gent** [에이전트]: 〈← agere ← agein(drive)〉, 〈그리스어 → 라틴어〉, '행하는 자', 대행자, 알선업자, 공작원, 약품, 병원체, 자율적 조직체, (반독립적) 관리자, 〈~ actor\assignee\executor〉, 〈↔client\customer\recipient〉 가1 미2

505 **A·gent Or·ange** [에이쥔트 오어륀쥐]: 〈용기에 오렌지색 줄이 있는〉 귤색 약품, (미군이 월남전에 사용한) 고엽제, 〈~ a chemical herbicide〉 수2

506 **a·gent pro·vo·ca·teur** [에이쥔트 프뤄봐커터얼]: 〈라틴어+프랑스어〉, provoking agent, 선동자, 공작원, 첩자, 함정수사원, 〈~ agitator\inciter〉, 〈↔peace-maker\reconciler〉 양2

507 **a-ger·a·tum** [애줘뤠이텀]: a+geras, 〈그리스어〉, 〈'age'를 먹지 않는〉 아게라툼, 불로화, 엉거시풀, 등골나무, 남미의 열대지방에서 주로 남색 내지는 자주색 꽃을 피우는 국화과의 한해살이풀, 〈~ white-weed\chick (or goat) weed〉 미2

508 ***age shoot-er** [에이쥐 슈우터]: '나이 타수', (노인 골퍼가) 파 70·길이 6천 야드 이상의 18홀 라운드에서 자신의 나이나 그 이하의 득점을 하는 〈기적〉, 실현되기 어려운 일, 〈~ age breaker〉 우2

509 **ag-glu·ti·nate** [어글루터네이트]: ad(to)+gluten, 〈라틴어〉, 〈← glue〉, 교착(접합)시키다, (접합하여) 복합어를 만들다, 〈~ accumulate\conglomerate〉, 〈↔disperse\dissipate〉 양2

510 **ag-gran-dize** [어그랜다이즈 \ 애그륀다이즈]: ad(to)+grandis, 〈라틴어〉, 〈← grand〉, 크게 하다, 강화하다, 과장하다, 〈~ enlarge\magnify〉, 〈↔abridge\minimize〉 양2

511 **ag-gra·va-tion** [애그뤄붸이션]: ad(to)+gravis, 〈라틴어〉, 〈← grave²〉, '무겁게 하기', 악화시킴, 화남, 짜증, 〈~ worsen\intensify〉, 〈↔alleviation\healing\palliation〉 양2

512 **ag-gre·ga-tion** [애그뤼게이션]: ad(to)+grex(herd), 〈라틴어〉, '떼 짓게 하기', 집합, 집성, 집단, 〈~ gather\collection\accumulation〉, 〈↔separation\division\region〉 양2

513 **ag-gres-sion** [어그뤠션]: ad(to)+gradi(step), 〈라틴어〉, 〈먼저 나가는〉 공격, 침범, 돌격(성), 〈~ fierce-ness\truculence〉, 〈↔meek-ness\pacifism〉 가1

514 **ag-grieve** [어그뤼이브]: ad(to)+gravis(heavy), 〈라틴어〉, 고통을 주다, 괴롭히다, 학대하다, 〈~ aggravate〉, 〈~ hurt\oppress〉, 〈↔gratify\please〉 양2

515 *__ag·gy__ [애기]: agitated 또는 aggravated의 준말, 짜증나, 속상해, 〈↔gladdened\softened〉 양2

516 **a-ghast** [어개스트]: a(to)+gasten(terrify), 〈영국어〉, 〈ghost를 보았을 때처럼?〉 깜짝 놀라, 아연실색하여, 혼비백산하여, 〈~ horrified\astound〉, 〈↔fearless\daring〉 양1

517 **ag·ile** [애쥘 \ 애좌일]: 〈← agere(move)〉, 〈라틴어〉, 날렵한, 기민한, 재빠른, 〈~ astute\quick-witted〉, 〈↔dull\awkward〉 양2

518 **a·gil-i-ty** [어쥘리티]: 〈라틴어〉, 〈← ag·ile〉, 민첩, 명민함, 〈~ nimbleness\dexterity〉, 〈↔slowing\clumsiness\retardation〉 양2

519 **ag·i·ta** [애쥐터]: 〈← agere(move)〉, 〈라틴어에서 연유한 이탈리아식 영어〉, 불안, 소화불량, 가슴앓이, 〈~ anguish\distress〉, 〈↔ease\peace〉 양2

520 **ag·i·ta-tion** [애쥐테이션]: 〈← agere(move)〉, 〈라틴어〉, '끊임없이 움직임', 동요, 선동, 흥분, 휘저음, 〈~ anxiety\stirring〉, 〈↔calmness\relaxation〉 가1

521 **ag·i·ta-to** [애쥐타아토우]: 〈이탈리아어〉, 〈← agitate〉, 격하게, 급속히, 〈~ restless\hurried〉, 〈↔quieto\tranquillo〉 미2

522 **ag·it-prop** [애쥘 프롶]: agitation+propaganda, (문학·예술을 통한) 선동선전, 〈A~ P~; 구소련에 있던 선동선전부〉, 〈~(↔)dis-information〉 양2

523 *__ag-nail__ [애그네일]: 〈영국어〉, 손거스러미, 표저, hang·nail 양2

524 **Ag·nes** [애그니스], St: 〈← hagnos(pure)〉, 〈그리스어〉, 성 아그네스 (304년 순교한 로마의 소녀), '순결'과 소녀의 수호성인, 〈~ Roman virgin martyr〉 수1 미1

525 **a-gnos-tic** [애그나스틱]: a(not)+gnoskein(know), 〈그리스어〉, 〈신이나 영적 존재를 알 수 없다는〉 불가지론자(의), 얼굴을 안 가리는, 호환성이 좋은, '기생 체질'의, 〈~ skeptic\heretic\infidel〉, 〈~(↔)atheist〉, 〈↔gnostic\religious〉 양2

526 **a-go** [어고우]: 〈영국어〉, gone away, 전에, 지난, 〈회한이 담긴 말〉, 〈~ before\earlier〉, 〈↔future〉 가1

527 **ago·go** [아고우고우]: 자유분방한(a gogo), 〈서아프리카의 종교의식에서 쓰던〉 (흔들어서) 고음을 내는 '종'(들)으로 만든 '달랑쇠', 〈~ cow-bell\gan gan〉 양2 우1

528 **ag·o·ny** [애거니]: 〈← agon(struggle)〉, 〈그리스어〉, 고민, 고통, 아픔, '승리를 위한 발악', 〈~ antagonize〉, 〈~ torment\throe〉, 〈↔comfort\ease〉 가2

529 *__a good spi·der is a dead spi·der__: 죽은 자는 말이 없다, 〈~ dead men tell no tales〉 양2

530 *__a good start is half the bat·tle__: 시작이 반이다, 첫 단추를 잘 끼워라, 〈~ well begun is half done\a good beginning sets the tone〉 양2

531 **ag·o·ra** [애거뤄]: 〈← ageirein(together)〉, 〈어원 불명의 그리스어〉, '시장〈market〉', 광장, 집회장, 〈~ rialto\forum〉, 〈↔boutique\store-room〉 가1

532 **ag·o·ra-pho·bi·a** [애거뤄 호우비어]: 광장(시장) 공포증, 〈넓은 공간이나 군중 속에서 나타나는〉 열개성 공황장애, 〈~ fear of open space〉, 〈↔claustro-phobia〉 양2

533 **a·gou·ti** \ **a·gou·ty** [어구우티]: 〈← akuti(a rodent)〉, 〈Tupi어〉, 아구티 〈토끼 비슷한 남미 산의 큰 쥐로 사탕수수를 갉아 먹어서 그런지 맛이 아주 좋음〉, 〈~ paca〉 수2

534 **a·gre·a-tion** [아그뤠아숑]: ad(to)+gre(good will), 〈라틴어 → 프랑스어〉, 'approval', 타국의 외교관을 받아들일 것인지 아닌지를 결정하기 위한 절차, 〈~ agre-ment〉, 〈↔denial\veto〉 미2

535 **a‧gree‧ment** [어그뤼이먼트]: ad(to)+gre(good will), 〈라틴어〉, '기꺼이 받아들임', 동의, 협정, 합치, 〈~ approval\concurrence〉, 〈↔dispute\dissension〉 가1

536 **a‧gre‧ment** [아아그뤠이마아앙]: 〈프랑스어〉, 'agreement', 아그레망, 고위 외교관 파견에 대한 주재국의 임명 동의, 장식(음), 〈~ accord\unison〉, 〈↔denial\dis-agreement〉 미2

537 **ag‧ri‧cul‧ture** [애그뤼컬쳐]: ager+cultura, 〈라틴어〉, field cultivation, '밭 경작', 농업, 농경, 농학, 〈천하지대본〉, 〈~(↔)horti-culture\silvi-culture〉, 〈↔industry\pasturage〉 가1

538 **Ag‧ri‧cul‧ture**, Dept of [애그뤼컬쳐, 디파아트먼트 어브]: 미 농무부, 1862년 농·축산업의 진흥을 위해 창설된 연방정부의 내각부서, 〈~ a US cabinet org.〉 양2

539 **ag‧ri‧mo‧ny** [애그뤼모우니]: 〈← argemone(a poppy)〉, 〈그리스어〉, 짚신나물, 등골나물 〈기다란 꽃줄기에 작은 노란 양귀비 비슷한 꽃이 줄이어 피어나는 장미과의 온대성 식물〉, 〈~ liver-wort〉 미2

540 **a‧gro‧no‧my** [어그라너미]: agros+nomos, 〈그리스어〉, 'field arrange', 농업경제학, 경종학 〈토양과 종자개량〉, 〈~ agri-business\farming〉, 〈↔industry\wasteful-ness〉 양2

541 **a‧gua** [아아그와아]: 〈← aqua(water)〉, 〈라틴어〉, 물 (spanish), 〈↔aire\tierra〉 양2

542 **a‧gua~** [아그와아~]: 〈물(water)~〉이란 뜻의 결합사 양1

543 **a‧guar‧di‧en‧te** [아그와아 디엔티]: aqua+ardens, 〈라틴어〉, 'fire water', 스페인·포르투갈 원산의 30~60도짜리 각종 증류주, 〈~ clear distillates〉 우1

544 **ah** [아아]: 〈프랑스어 → 영국어〉, 아아! 〈무언가 깨달았을 때 나오는 말〉, 〈~ oh\ha〉, 〈↔bah\gee〉 가2

545 **aha \ ah ha** [아 하]: 아하!, 〈무언가 비꼴 때 나오는 말〉, 〈~ bah\no〉 가2

546 **a-head** [어헤드]: 〈영국어〉, '머리 쪽으로', 전방에, 앞으로, 앞서서, 〈~ forwards\onwards〉, 〈↔be-hind〉 가1

547 **a-head of the curve**: (굽은 길을 지나쳐서) 곧장, 앞이 훤히 보이는, 유리한 입장, (시대·유행에) 앞서서, 〈~ lead\latest〉, 〈↔behind the curve〉 양2

548 ***a heav‧y purse makes a light heart**: 돈이 있어야 마음이 편하다, 돈이 날개다, 〈~ money makes the mare go〉, 〈~(↔)a light purse makes a heav‧y heart; 돈이 없으면 침울하다〉 양2

549 **~a‧hol‧ic** [~어허얼릭]: 〈← alcoholism〉, 〈영국어〉, 〈~ 중독자(addict)·광(mania)〉을 뜻하는 결합사, 〈↔absentee\avoider〉 양1

550 **ai** [아아이]: 〈Tupi어〉, 〈의성어〉, (남미산) 세발가락나무늘보, 〈~ pale throated sloth〉 수2

551 **AI¹**: ⇒ Amnesty International 양1

552 ***AI²**: ⇒ artificial intelligence, 〈~ cyber-netics〉, 〈~(↔)BI²〉 미2

553 **AID** (A‧gen‧cy for In‧ter‧na‧tion‧al De‧vel‧op‧ment): 〈1961년에 비군사적 해외원조를 목적으로 설립된〉 국제개발청(미 국무부 소속으로 1979년 IDCA〈국제개발협력회〉에 편입됨), 〈~ International Development Cooperation Agency〉 미2

554 **aid** [에이드]: ad(to)+juvare(help), 〈라틴어〉, 돕다, 원조, 보조, 〈~ assistance\support〉, 〈↔hinder\harm〉 가2

555 **aide** [에이드]: 〈← aid〉, 〈라틴어 → 프랑스어〉, 조수, 부관, 보조자, 〈~ helper\assistant〉, 〈↔adversary\antagonist〉 양2

556 **aide-de-camp** [에이더 캠프]: 〈프랑스어〉, aid of the field, 에이데캉, 전속부관, 시종무관, 〈~adjutant〉, 〈↔saboteur\defector〉 양2

557 **AIDS¹** [에이즈] (ac‧quired im‧mune de‧fi‧cien–cy syn-drome): 후천성 면역 결핍증 양2

558 ***AIDS²** [에이즈] (an in-fect-ed disc syn-drome): (전산기 바이러스) 오염 원반 증후군 미2

559 **ai‧gret** [에이그뤧]: 〈← aigron(heron)〉, 〈프랑스어〉, egret, 백로, 해오라기, 관모(head-plum), 깃털(장식) 미2

560 **ai-ki-do** [아이키도우]: 〈중국어 → 일본어〉, unified+spirit+way, '합기도', 〈기로써〉 상대방을 잡아 던지는 일본식 무술, 〈~(↔)judo\karate\taekwondo〉 우1

561 **ai‧lan‧thus** [에일랜써스]: 〈← ailanto(tree of heaven)〉, 〈말레이어 → 그리스어〉, 〈하늘을 향해 쭉쭉 자라나는〉 '천국나무', 가‧죽나무(가짜 참죽나무), 여름에 조그만 연두 꽃이 피고 가을에 적갈색의 열매가 맺히며 나뭇잎이 크고 뿌리로 퍼져나가는 (중국 원산의) 번식력이 강한 나무, 〈~ paradise tree\Chinese sumac〉 미2

562 **ail-ment** [에일먼트]: 〈← eglan(afflict)〉, 〈영국어〉, '괴로움', 우환, (가벼운) 병, 불안정, 〈~ illness\malady〉, 〈↔health\wellness〉 가2

563 **aim** [에임]: 〈← estimare(estimate)〉, 〈라틴어〉, 겨냥하다, 목표 삼다, 조준, 〈~ direct\goal\target〉, 〈↔avert\miss〉 가2

564 **ai·no-ko** [아이노코]: hybrid, hapa, 간자, '중간 아이〈child in between〉', 다민족·혼혈족을 뜻하는 일본말, 〈튀기〉, 〈~ mongrel〉, 〈↔pure blooded\through-bred〉 우2

565 *****ain't** [에인트]: 〈영국어〉, is not·have not 등의 간략형으로 부정을 나타내는 영문법의 암적인 존재나 ain't I? (안 그래?) 등으로 끈질기게 쓰여지는 말 미2

566 **Ai·nu \ Ai·no** [아이누우 \ 아이노우]: 〈'사람(man)'이란 뜻의 원주민어〉, 아이누, (멸종되어 가는) 일본 북해도의 원주민, 〈~ 자기들끼리는 utari(comrades)라 함〉, 〈~ an ethnic minority in Japanese Hokkaido〉 수1

567 **ai·o·li** [아이오울리]: 〈프랑스어〉, 'garlic oil', 〈지중해 연안에서 유래한〉 마늘·노른자·올리브유·레몬주스를 섞어 만든 걸쭉한 맛난이, 〈~ a cold sauce〉 우1

568 **air** [에어]: 〈← aein(breathe)〉, 〈그리스어〉, 공기, 하늘, 풍채, 방송, 항공, 바람, 허풍, 〈무로 충만한 것〉, 바람에 쐬다, 환기하다, (불평을) 털어놓다, (소문을) 퍼뜨리다, 〈~ aero〉, 〈~ expression\broadcast\tune〉, 〈↔water\earth〉, 〈↔calm\modesty〉 양2

569 **air a·lert** [에어 얼러어트]: 공습 경보, 공중 대기, 〈~ warning for air-attack〉 양1

570 **air b and b \ Air-b·n·b** [에어 비이 앤드 비이]: air bed and breakfast, '전산망 민박', 2015년부터 유행하는 전산망을 이용한 소규모 개인 숙박업, 〈~ online homestay service〉 미2

571 **air bag** [에어 배그]: 공기 완충장치, 공기 주머니, 〈~(↔)safety belt\seat belt〉 미1

572 **air ball** [에어 버얼]: '고무' 풍선, (농구에서) 던진 공이 득점대에도 닿지 않은 공, 〈~ balloon\a completely missed shot〉 양1 우2

573 **air bal·loon** [에어 벌루운]: (고무)풍선, 〈~ air ball〉 양1

574 **air base** [에어 베이스]: 항공기지, 공군기지, 〈~ military aerodrome〉, 〈↔naval base〉 양1

575 **air bed** [에어 베드]: 공기 침대, 〈~ blow-up bed〉, 〈↔water bed〉 양1

576 **air blast** [에어 블래스트]: 공기 폭발, 공중 폭발, 〈~ sudden rush of air〉 양1

577 **air-boat** [에어 보웉]: 비행정, 수상기, 〈~ plane-boat\hydro-plane〉 미1

578 *****air-borne** [에어 보언]: 공중 수송, 공기 전염, 〈~ carried by the air〉, 〈~(↔)water-borne〉 양2

579 **air brake** [에어 브레이크]: (윤활유 대신 압축공기를 이용하는) 공기 제동기, 〈~ pneumatic (or aerodynamic) brake〉 양2

580 **air bridge** [에어 브뤼쥐]: 공중 다리, 공중 가교, 육교, 〈~ sky bridge\jet-way〉, 〈↔floating bridge〉, 〈↔underpass\tunnel〉 양1

581 **air brush** [에어 브뤄쉬]: 공기솔, 공기붓 (그림에서 물체를 돋보이게 또는 흐리게 하는 압축 공기 분무기), 〈~ sprayer\nebulizer〉, 〈↔un-cover\spoil〉 미1

582 **Air-bus** [에어 버스]: 1970년 유럽의 비행기 회사들이 통합해서 만든 세계 제일의 〈전천후〉 비행기 제조회사, 〈~ a European aero-space corp.〉 수2

583 **air-bus** [에어 버스]: 여객기, 대중 제트 여객기, 〈~ a large commercial aircraft〉, 〈↔fighter plane\aircraft carrier\cruise-ship〉 양1

584 **Air Can·a·da** [에어 캐나다]: AC, 캐나다 항공, 1936년에 창립되어 1988년에 민영화된 캐나다의 세계적 항공사로 Star Alliance의 일원임 수2

585 **air car·go** [에어 카아고우]: 항공 화물, 〈~air-freight〉, 〈↔ship cargo〉 가1

586 **air car·ri·er** [에어 캐뤼어]: 항공 모함(aircraft carrier), 항공 회사(air-line), 수송기(cargo plane) 가1

587 **air com-pres-sor** [에어 컴프뤠써]: 〈고압으로 공기를 압축해서 air-condenser로 보내주는〉 공기 압축기 양2

588 **air-con** [에어 컨] (air con·di·tion·er): 공기 온도 조절 장치, 냉방 시설, 〈~ air cooler〉, 〈↔heater〉 미1

589 **air con·dens·er** [에어 컨덴서]: (air compressor에서 압축 공기를 받아 액체로 변환시키는) 공기 냉각기 양2

590 **air con·trol·ler** [에어 컨트로울러]: 항공 관제관(통제관), ⟨~ air traffic specialist⟩ 양2

591 **air-craft** [에어 크래후트]: 항공기, 비행기, ⟨~ plane과 copter의 두 종류가 있음⟩, ⟨↔surface-ship⟩ 가1

592 **air-craft car·ri·er** [에어 크래후트 캐뤼어]: seaplane tender, 비행기 운반배, 항공모함, flat-top, ⟨↔submarine⟩

593 **air-crew** [에어 크루우]: 항공기 승무원(탑승원), flight crew, ⟨↔sea-crew\sea-men⟩ 미2

594 **air-cush·ion** [에어 쿠션]: 공기 방석(베게), ⟨~ inflatable cushion⟩ 미2

595 **air de-fense** [에어 디휀스]: 방공, 공중 방어, ⟨~ anti-aircraft\counter-air⟩, ⟨↔air raid⟩ 양2

596 **air de-pot** [에어 디이포우]: 항공 보급소, 비행기 발착장, ⟨~ airport terminal⟩, ⟨↔bus depot⟩ 양2

597 **air-drill** [에어 드륄]: 공기 착공기(pneumatic drill), 방공 훈련(air-defence exercise), ⟨↔hand-drill\boat-drill⟩ 양2

598 **air-drop** [에어 드랖]: 공중 투하, ⟨~ parachuting\jettison⟩, ⟨~(↔)air-lift⟩, ⟨↔air launch⟩ 양2

599 **air duct** [에어 덕트]: 공기통, 기도관, ⟨~ air pipe(tube)⟩, ⟨↔water pipe⟩ 가1

600 **Aire-dale** [에어데일]: 영국 북부 Aire(← isara(strong one)⟩ Valley 원산의 검은 얼룩이 있는 대형 테리어(사냥·군용견·애완용), ⟨~ Bingley (or Westside) terrier⟩ 수1

601 **air-fare** [에어 훼어]: 항공 운임, ⟨~ cost of the flight⟩, ⟨↔sea-fare⟩ 가1

602 **air-field** [에어 휘일드]: 비행장, ⟨~ flight-strip\aerodrome⟩ 가2

603 **air fil·ter** [에어 휠터]: 공기 여과기, ⟨~ air cleaner⟩ 가1

604 **air fleet** [에어 훌리이트]: 항공 편대, ⟨~ group of aircraft⟩, ⟨↔(sea) fleet⟩ 가1

605 **air-flow** [에어 훌로우]: 기류, ⟨~ air (or wind) current⟩, ⟨↔ocean(sea) current⟩ 가1

606 **air force** [에어 훠스]: 공군, ⟨~ flying corps (or force)⟩, ⟨~(↔)army\navy\marine crops⟩ 가1

607 **Air Force A·cad·e·my** [에어 훠어스 어캐더미]: 1954년 콜로라도(Colorado)에 설립된 (미) 공군사관학교 (1962년에 완공된 하늘을 향한 17대의 전투기 모양을 한 교회 건물이 유명함) 양2

608 **Air Force One** [에어 훠어스 원]: 1987년부터 운영되는 2대의 (미) 대통령(Presidential) 전용기 양2

609 **Air France** [에어 후랜스]: AF, 프랑스 항공, 1933년에 창립되어 2003년 KLM과 병합한 프랑스의 세계적 항공사로 Sky Team의 일원임 수2

610 **air-freight** [에어 후뤠잍]: 항공 화물(요금), ⟨~air cargo⟩, ⟨↔ship-freight⟩ 가1

611 **air fresh-en-er** [에어 후뤠쉬너]: 방향제, 공기 청정제, ⟨~ deodorizer⟩ 양1

612 ***air fry-er** [에어 후롸이어]: 에어 프라이어, (순환하는 뜨거운 공기로 음식을 튀기는) 공기 튀김기, ⟨~ mini convection oven⟩ 양1

613 **air gun** [에어 건]: 공기총, 공기압력 망치, ⟨~ pop-gun\BB gun⟩ 가1 양1

614 ***air-head** [에어 헤드]: ①바보, 멍청이, ⟨~ bird-brain\dingbat⟩, ⟨↔genius\egg head⟩ ②낙하산 부대가 차지한 적지, ⟨~ secured landing place of air-borne troops⟩ 양2 우1

615 **air launch** [에어 러언취]: 공중 발사, ⟨~ blast (or take) off⟩, ⟨↔air-drop⟩ 양2

616 **air-lift** [에어 리후트]: 공수, 공중보급, ⟨~ parachute⟩, ⟨~(↔)air-drop⟩ 양1

617 **air-line** [에어 라인]: 항공로, 항공회사, 최단 거리, ⟨~ air-way\air carrier\shortest distance⟩, ⟨↔sea-way\sea route⟩, ⟨↔shipping company⟩ 가1 양1

618 **air lin-er** [에어 라이너]: (대형) 정기여객기, ⟨~ passenger aircraft⟩, ⟨↔ocean liner⟩ 양1

619 **air lock** [에어 랔]: ⟨기압이 서서히 빠지는⟩ 감압(실), ⟨~ pressure chamber⟩ 양1

620 **air log** [에어 러그]: 항공일지, ⟨~ flight record⟩, ⟨↔sea log⟩ 양2

621 **air-mail** [에어 메일]: 항공우편, ⟨~ transport mail by air-craft⟩, ⟨↔ground(surface) mail⟩ 가1

622 **air-man** [에어 먼]: 비행사, 비행가, 항공병, aviator, ⟨↔sea-man\sea-farer⟩ 가1

623 **air mat·tress** [에어 매트뤼쓰]: 공기침대, 구명대, 부낭, (구명용) 부유판, ⟨~ blow-up(inflatable) mattress⟩ 양1

624 **air mile** [에어 마일]: 항공마일(1,854m, 보통 마일⟨statute mile⟩은 1,609.5m), 비행거리, ⟨~ an aviation length⟩, ⟨↔nautical mile은 1,852m⟩ 양2

625 **air pi·rate** [에어 파이어뤼트]: 항공기 납치범, ⟨~sky-jacking\hi-jacker⟩, ⟨↔sea robber⟩ 양2
626 **air-plane** [에어 플레인]: 비행기, ⟨~ air-craft⟩, ⟨↔car\ship⟩ 가2
627 **air plant** [에어 플랜트]: (다른 나무에 얹혀 사나 공기로 자급자족하는) 공기식물, ⟨~ aero phyte⟩, ⟨↔sea-weed⟩ 양1
628 **air pol·lu·tion** [에어 펄루우션]: 공기오염, 대기오염, ⟨↔water pollution⟩ 가1
629 **air-port** [에어 포오트]: 공항, ⟨~ air-field\air-station⟩, ⟨↔harbor\sea-port⟩ 가2
630 **Air Pre·mi·a** [에어 프레미어]: '으뜸항공', 에어 프레미아, 2017년 재미교포도 포함된 투자자들이 설립하여 2022년 10월부터 국내·미주 노선 운항을 시작한 한국의 제3 민간항공, ⟨~ a Korean 'hybrid' carrier⟩ 수2
631 **air pres·sure** [에어 프뤠셔]: 기압, ⟨~ atmospheric (or barometric) pressure⟩ 가1
632 **air proof** [에어 프루우후]: 내기성, 공기가 새지 않는, ⟨~ air-tight⟩, ⟨~(↔)air fast⟩, ⟨↔leaky⟩, ⟨↔water proof⟩ 양1
633 **air pump** [에어 펌프]: 공기(배기) 펌프(압출기), ⟨~ inflator\bellows⟩ 미1
634 **air raid** [에어 뤠이드]: 공습, 공중습격, ⟨~ air assault (or strike)⟩, ⟨↔air defence⟩ 가1
635 *****air right** [에어 롸잍]: 공중권 (땅이나 건물 상공의 소유권), ⟨~ property right above the building⟩ 양1
636 **air sac** [에어 쌕]: 기낭, 공기주머니, ⟨~ alveoli\air cell⟩ 양1
637 **air ser·vice** [에어 써어뷔스]: 항공 업무, 항공 근무, ⟨~ aviation business⟩, 공군(air-force) 양1
638 **air-ship** [에어 쉽]: 비행선, ⟨~ dirigible\balloon⟩ 가1
639 **air show** [에어 쑈우]: 항공 곡예, ⟨~ aerobatics\fly-over⟩ 미2
640 **air shut·tle** [에어 셔틀]: 정기 단거리 항공편, ⟨~air taxi⟩ 미1
641 **air–sick-ness** [에어 씩크네스]: 비행기 멀미, ⟨~ a motion sickness⟩, ⟨↔sea–sick-ness\mountain sickness⟩ 양2
642 **air-speed** [에어 스피이드]: 풍속, 대기(비행)속도, ⟨~ air velocity\flying speed⟩, ⟨↔ground speed\knot^2⟩ 양2
643 **air spray** [에어 스프뤠이]: 분무기, ⟨~ air scatter(sprinkler)⟩ 가1
644 **air-stone** [에어 스토운]: '공기 돌', '기포 석', ⟨흔히 수족관에서 쓰는⟩ 큰 공기 거품을 작은 공기 거품으로 바꿔주는 인조로 만든 돌, 공기 여과석, ⟨~ a quarium bubbler⟩ 우2
645 **air strike** [에어 스트롸이크]: 공습, ⟨~ air assault\bombing raid⟩ 양2
646 **air tax·i** [에어 택시]: 근거리 여객기, ⟨~ air shuttle\taxi-plane⟩, ⟨~(↔)ferry⟩ 미2
647 **air ter·mi·nal** [에어 터미늘]: 항공 발착소, ⟨~ airdrome\landing field⟩, ⟨↔dock^2\pier⟩ 미2
648 **air traf·fic** [에어 트래휙]: 항공 교통, ⟨~ aviation⟩, ⟨↔ground traffic⟩ 가1
649 **air trans-port** [에어 트랜스포트]: 공수, 항공 수송, ⟨~ air freight⟩, ⟨↔sea(ground) transport⟩ 가1
650 **air trav·el** [에어 트래블]: 비행기 여행, ⟨~ flight⟩, ⟨↔road trip\voyage⟩ 가1
651 **air-tree** [에어 트뤼이]: (인공으로 탄산가스를 빨아들이고 산소를 내뿜게 만든) '공기나무', ⟨~ aero-phyte⟩ 미2
652 **air-way** [에어 웨이]: 항공로, 항공사, 기도, 방송 주파대, ⟨~ flight path\route⟩ 양1 미2
653 **air-y** [에어뤼]: 공기 같은, 가벼운, 공허한, 바람이 잘 통하는, ⟨~ non-chalant\well ventilated⟩ 양1
654 **aisle** [아일]: ⟨← ala(wing)⟩, ⟨라틴어에서 연유한 프랑스어⟩, '날개', 통로, 복도, 통로 측 좌석, 측랑, ⟨~ corridor\passage⟩, ⟨↔middle\window-side⟩ 양1
655 **A·jax** [에이좩스]: A·ias, ⟨그리스어⟩, swiftest runner(?) \ eagle(?), '발걸음이 빠른 자?' \ '독수리(?)', 아이아스, 트로이전쟁의 영웅 둘(하나는 아킬레우스의 갑옷을 물려받지 못해 화딱지가 나서 자살했고 하나는 카산드라를 신전에서 능욕해서 천벌을 받음), ⟨~ Greek heroes⟩ 수1
656 *****aka** [아커 \ 에이 케이 에이] (al·so known as): 별칭, 별명, ⟨~ nick-name\alias⟩ 미2
657 **AK-47** [에이 케이 훠어 세븐]: Avtomat Kalashnikova, 러시아의 AK 가족이 1945년에 고안해서 1947년부터 제조된 기압을 이용한 공격용 소총, ⟨~ a gas operated assault rifle⟩ 수2

658 **A·ki·hi·to** [아키 히토우]: 아키히토, bright+cornpassion, '명석하게 인자한 자', 명인, (1933-), 1989~2019년간 재위한 일본의 명예왕, 연호는 Heisei(평성), 〈~ 125th monarch of Japan〉 수1

659 **a-kim-bo** [어킴보우]: a(of)+kene(keen)+bowe(bow), 〈영국어〉, 손을 허리에 대고 팔꿈치를 양옆으로 펴고, 〈구부린〉, 〈~ crooked\oblique〉 우2

660 **a-kin** [어킨]: 〈게르만어〉, 〈← kin〉, 혈족의, 동족의, 유사한, 〈~ similar\comparable〉, 〈↔alien\unlike〉 양2

661 **A·ki·ta** [아키타]: 〈일본어〉, autumn+rice field, '추전'견, 일본 북부 아키타〈가을 논〉지방에서 곰 사냥에 쓰던 진돗개보다 덩치가 큰 개, 〈~ a Japanese hound〉 수1

662 *****a kite breeds a hawk**: 〈일본 속담〉, 솔가미 부모에서 매가 나온다, 개천에서 용난다, 〈~ rag to riches〉, 〈↔fall from grace〉 양2

663 **ak-pl-er** [악풀러]: 〈한국어+영어〉, 악(malicious)+pl(reply)+er(person), (사회 전산망에) 욕이나 험담으로 댓들을 올리는 자, 전산망욕쟁이(악담꾼), 〈~ cyber-bully\anti-fan〉, 〈반대말은 ae(love)-pl-er라 함〉 가2

664 **al~** [얼~ \ 앨~]: ①〈라틴어〉, (l 앞에서 ad~에 상당하는) 〈앞에서~〉란 뜻의 결합사 ②〈아랍어〉, the를 뜻하는 정관사〉 양1

665 **~al** [~얼]: 〈← ~ alis(belonging to)〉, 〈라틴어〉, 〈~한·~함〉이란 뜻의 결합사 양1

666 **a·la** [에일러]: 〈← aksla(axle)〉, 〈라틴어〉, wing, 날개, 익상부, 〈↔body\base〉 양2

667 **Al·a·bam·a** [앨러배머]: alba(weeds)+amo(to cut), '개간자?', 〈원주민 부족 이름에서 따온〉 앨러배마, AL, Heart of Dixie, Camellia State, Cotton State, 농업에서 공업 위주로 탈바꿈한 미국 남동부(S-E US)의 주, {Montgomery-7}, 《camellia》 수1

668 **al·a·bas·ter** [앨러배스터]: 〈← alabastros(variety of gypsum)〉, 〈그리스어〉, 〈향기나는 꽃병〉, (순백색의) 설화석고, 줄마노(onyx) 미2

669 *****a la carte** [알 러 카알트]: 〈프랑스어〉, 'according to the menu〈card〉', 알 라 카르트, (메뉴에 따른) 일품요리, 〈↔a table d'hote(fixed price meal)〉, 〈↔buffet〉 양2

670 **a·lac·ri·ty** [얼래크뤼티]: 〈← alacris(brisk)〉, 〈라틴어〉, 민활, 활발, 민첩, 〈~ eagerness\enthusiasm〉, 〈↔apathy\slow-ness\hesitance\procrastination〉 양2

671 **A·lad·din's lamp** [얼래든스 램프]: 〈아랍어〉, height of religion, '신심이 깊은 자', 〈중국 개구장이〉 알라딘의 등, (어떠한 소원도 들어준다는) 마법의 등잔, 〈~ a magic lantern〉 수2

672 **al·a ka·chuu** [앨러 카츄우]: 〈중앙아시아 원주민어〉, take (the girl) and run, '처녀 훔쳐 달아나기', 〈처녀가 아니라고 해야 풀어주는〉 (중앙아시아 유목민 사이에서 아직도 성행하는) 신부 약탈혼, 〈~ a bride kidnapping in Kygyzstan〉 우2

673 *****a la king** [알 러 킹]: 〈어원에 대해 학설이 분분한 미국어〉, 〈king의 격식에 따른〉 고추·버섯·삶은 닭고기·어육·피망 등을 넣고 크림소스로 끓인 요리, 〈~ diced and served in a cream sauce〉 우2

674 **al·a·me·da** [앨러메이더 \ 앨러미더]: 〈스페인어에서 연유한 영국어〉, 〈← alamo〉, 가로수가 있는 산책길, 가로수길, 오솔길, 〈~ walk-way\promenade〉 양1

675 **Al·a·mo**[1] [앨러모우]: 〈스페인어〉, 〈'사시나무(poplar tree)'가 많은 곳〉, 알라모, 텍사스주 샌안토니오(San Antonio)에 있던 (1836년) 미군이 멕시코군에 의해 전멸한 요새 수1

676 **Al·a·mo**[2] [앨러모우]: 알라모, 1974년에 설립되어 2007년에 Enterprise사가 사들인 미국의 임대차 회사 (상표명), 〈~ an American rental car business〉 수1

677 **al·a·mo** [앨러모우]: 〈스페인어〉, 알라모, poplar, 사시나무, 백양(산 중턱에 많이 자라는 버드나무과의 낙엽활엽교목) 미2

678 **a-la–mode** [앨러모우드]: 〈프랑스어〉, '유행하는'(accoding to the mode), 〈↔passé de mode〉 ①아이스크림을 얹은(topped with ice cream) ②얇고 윤이 나는 명주(천), 〈~ charming women's boutique〉 우2

679 **Al-A·non** [앨 어난] \ **AA**(al-co·hol-ics a-non·y-mous): 알 아넌, (익명의) 주정중독자 자주치료협회, 〈~ a mutual aid program for alcoholics〉 수2

680 **a·larm** [얼라앎]: ad(toward)+arma, 〈라틴어 → 이탈리아어〉, '무기〈arms〉쪽으로', 경보(장치), 비상신호, 놀람, 자명종, 〈~ frighten\startle\alarm clock〉, 〈↔calm\silence〉 가1

681 **a-las** [얼래스 \ 얼라아스]: 〈라틴어〉, 〈a(ah)+lassus(wretched)〉, 아아, 슬프도다, 불쌍타, 〈~ lassi-tude〉, 〈↔wow\luckily\wahoo³\yippee〉 감2

682 **A·las·ka** [얼래스커]: 〈← alaxsxaq(pulling place of the sea)?〉, AK, The Last Frontier, 〈원주민어〉, '바다의 힘이 몰리는 곳?', 알래스카, 1867년 William Seward 국무장관이 에이커당 2센트씩 총 7백4십만 불에 러시아로부터 사들인 미국의 49번째 주, {Juneau-1}, 《forget-me·not》 수1

683 **A·las·ka** [얼래스커], Air-lines: 알래스카 항공, 1944년에 창립되어 북미 서부지역과 북미·중미의 타 지역을 연결시켜주는 One-world 제휴의 〈제법 큰〉 항공회사 수2

684 **al·ba·core** [앨버커어]: al(the)+bukr(young camel), 〈아랍어 → 포르투갈어〉, 〈'어린 낙타'를 닮은〉 날개다랑어, 고등엇과의 외양성 회유어, 〈~ smaller tuna\long-fin tuna〉 미1

685 **Al·ba·ni·a** [앨베이니어]: 〈← Arbereshe ← Shqiperi ← shqiponje(eagle)?〉, 〈독수리의 땅?〉, 〈어원에 대해 여러 학설이 있는 그리스어〉, 알바니아, 파란만장한 역사를 거쳐 2001년 새롭게 민주공화국으로 탄생한 발칸반도 서쪽(western Balkan) 아드리아 해협에 있는 조그만 나라, {Albanian-Albanian-Lek-Tirana} 수1

686 **al·ba·tross** [앨버트뤄스]: al(the)+gatta(immerse), 〈'잠수하는 독수리'란 뜻의 아랍어에서 유래한 라틴어〉, 알바트로스, 골칫거리, (풍랑이 임박했을 때) 〈하늘에 계신 조상이 신호로 보내는〉 신천옹, 〈흔했을 때는 귀찮았으나 없어지면 우러러 보이는〉 '희귀새', 〈바람없이 잘 날지 못하는〉 천마, 주로 흰(albus) 몸통에 검은 날개를 가진 고니(goony)과의 가장 커다란 국제 보호 바닷새, 한 홀에서 기준 타수보다 3타 적은 〈eagle 위의〉 점수, 〈~ golden eagle〉, 〈~ trouble\mystery\fortune 등을 상징함〉 양2 수2

687 **Al-bee** [앨얼비], Ed-ward: 〈스코틀랜드어〉, son of Alpin(blond one), '금발머리의 아들', 올비, (1928-2016), 현대의 실상을 솔직하게 파헤친 작품들을 쓴 미국의 희극 작가, 〈~ an American playwriter〉 수1

688 **al-be-it** [어얼비이잍]: 〈영국어〉, all be it, 사실, 비록 (과거와는 다르지만), 〈~ although〉, 〈↔accordingly\consequently〉 미2

689 **Al·ber·ta** [앨버어터]: 〈← Albert〉, 〈영국어〉, athala(noble)+berhta(bright), '고귀하고 총명한 자', 앨버타, 여자 이름, 〈빅토리아 여왕의 넷째딸 이름에서 연유한〉 캐나다의 석유 공급원인 중서부의 주, 〈~ a mid-western Canadian province〉 수1

690 **Al-bert–sons** [앨벌쓴스]: '고귀한 자의 아들', 앨버트슨즈, 1939년 Joe Albertsons에 의해 세워져 북미에 〈Lucky·Pavillion·Safeway·Vons 등〉 2,764개의 연쇄점을 가진 미국의 종합 상점, 〈~ an American food and drug retailer〉 수2

691 **al·bi·no** [앨바이노우]: 〈← albus(white)〉, 〈'흰색'이란 뜻의 라틴어에서 유래〉 알비노, 백피증, 백전풍, 백납, 선천성 색소 결핍증, 〈~ achromatic〉, 〈↔melanoid〉 양1

692 **al·bum** [앨범]: 〈← albus(white)〉, 〈라틴어〉, '백지', 방명록, 첩, 철, 음반, 〈~ record\disc\picture book〉, 〈↔erase\remove〉 우1

693 **al·bu·min** [앨뷰우먼]: 〈← albus(white)〉, 〈라틴어〉, '흰자위', 알부민, 단순(필수) 단백질의 일종, 〈~ a globular protein〉, 〈↔yolk〉 우1

694 **Al·bu·quer·que** [앨버커어키]: albus(white)+quercus(oak), 〈'흰 참나무'란 뜻의 라틴어에서 유래한 스페인어〉, 앨버커키, 스페인 총독의 이름을 딴 미국 뉴멕시코주(New Mexico) 중앙고원지대의 상공업·교통·관광도시, 〈~ ABQ\Burque\the Duke City〉 수1

695 **al·che·my** [앨커미]: al(to)+cheein(pour), 〈그리스어〉, 연금술, (평범한 물건을 비범하게 만드는) 마력, 〈→chemistry〉, 〈~ trans-mutation\magic〉 양2

696 **Alc-me·ne** [앨크미이니]: alke(strengrh)+menis(wrath), 〈그리스어〉, '강하게 진노하는 자', 알크메네, 테베 왕 암피트리온의 아내, 헤라클레스의 어머니(mother of Heracles) 수1

697 **al·co·hol** [앨커호얼]: al(the)+kohl(antimony powder), 〈아랍어〉, '안티몬 가루', 주정, 술, 〈~ booze\liquor〉, 〈↔non-intoxicant〉 미1

698 **Al·cy·o·ne** [앨싸이어니이]: 〈← alkyon(king fisher)〉, 〈어원 불명의 그리스어〉, '물총새', 알키오네, 알시오네 ①(그리스 신화에서) 바람신 Aeolus의 딸, 테살리아의 왕 Ceyx의 아내로 남편이 풍랑으로 죽어 돌아오자 그를 품어 한 쌍의 새가 된 열녀, 〈~ a sea goddess〉 ②황소자리의 3등성, 〈~ a star in Tauri constellation〉 수1 수2

699 **al den·te** [앨 덴테이]: 〈라틴어〉, to the tooth, '이에 맞는', 되직하게 (씹히는 맛이 있게) 조리한, 너무 연하지 ('뿔지') 않은, 〈~ medium〉, 〈↔over-cooked\mushy〉 미2

700 **al·der** [어얼더]: 〈← alnus(brown)〉, 〈'갈색'이란 라틴어에서 유래한 영국어〉, 얼더, 〈이정표로 5리마다 심었던〉 오리나무, 습지에서 자라는 톱니잎을 가진 자작나뭇과 갈매나무속의 낙엽활엽관목 또는 (재목으로 쓰는) 교목, 〈~ a birch〉 미2

701 **al·der-fly** [어얼더 홀라이]: '갈색 파리', (파리 비슷하고 유충은 갯노린재라 하여 낚싯밥으로 쓰이는) '시베리아' 잠자리, 〈~ fish-fly〉, 〈~(↔)dobson-fly〉 미2

702 **al·der-man** [어얼더 먼]: 〈영국어〉, elder·man, '고참자', 시의원, 부시장, 〈↔commoner〉 양2

703 *__al·des·ko__ [앨 데스코우]: 〈신조어〉, 책상에서 (먹는 식사), 사무실 식사, 〈~ office lunch〉, 〈↔al-fresco〉 미2

704 **ALDI** [알디]: Albrecht Diskont, 1946년의 독일의 Albrecht 가족에 의해 설립되어 20여 개국에 1만여 개의 점포를 운영하고 있는 식료·가정용품 연쇄점, 〈~ a German discount supermarket chain〉 수1

705 **ale** [에일]: 〈← ealu ← aluth ← alum(bitter)?〉, 〈라틴어에서 연유한? 게르만어〉, 저장맥주(lager)보다 독하고 흑맥주(dark beer)보다 약한 맥주, 〈~(↔)lager는 ale보다 저온에서 숙성시킨 것〉 우1

706 *__a·le·a jac·ta est__ [알 리아 약 타 에스트]: 〈라틴어〉, the die is cast, 주사위는 던져졌다, 돌아갈 수 없는 강, 〈시저가 Rubicon 강을 건너며 했다는 말〉 양2

707 *__a·le·a·to·ry__ [에일리어토어뤼]: 〈←alea(die²)〉, 〈라틴어〉, 도박적인, 우연을 노리는, 우연성의, 사행적인, 〈~random\chance〉, 〈↔planned\choice〉 양2

708 *__al·ec(k)__ [애릭]: 〈뉴욕의 Alec Hoag란 뚜쟁이 이름에서 연유한〉 바보, 〈제 꾀에 제가 빠지는〉 멍청이, 〈~ fool\simpleton〉, 〈↔brain-box\clever clog\smart alec〉 양2

709 **ale-gar** [앨리거]: 〈← aigre〉, 〈프랑스어〉, ale+vinegar, 맥아초, 에일맥주를 부패시켜 만든 식초 미2

710 **a·lem·bic** [얼렘빅]: al(the)+anbiq(still), 〈아랍어〉, 증류기, 정화 장치, 〈~ distillation apparatus〉, 〈~ refine\transmute〉, 〈↔conclusion\result〉 양2

711 **a·lert** [얼러어트]: 〈← erigere(raise)〉, 〈라틴어〉, 〈all erta란 이탈리아어에서 연유한 프랑스어〉, '망을 보는', 방심 않는, 기민한, 경계(경보), 〈~ awake\vigilant\warning〉, 〈↔daze\distraction〉 양1

712 **Al·eu·tian** [얼루우션] Is-lands: 〈← aliat(island)〉, 〈'섬마을'이란 뜻의 원주민어〉, 알류샨 열도, 알래스카(Alaskan)산맥이 이어진 베링해 남쪽의 70여 개의 미국령(American) 섬들 수1

713 **ale-wife** [에일 와이후]: (배가 통통한) 맥줏집 안주인, '배불뚝이 청어' 〈녹회색의 등에 은빛 비늘을 가지고 번식력이 강한 민물 또는 짠물 물고기〉, 〈~ a North American shad〉 미2, 우1

714 **Al·ex·an·der** [앨릭잰더]: alexein(defend)+andros(man), 〈그리스어〉, '수호자', 알렉산더, 로마교황(Pope) 및 러시아 황제(Czar)들의 이름, alexander; 진이나 브랜디에 카카오·생크림을 섞은 혼합주, 〈~ a dessert cocktail〉 수1 수2

715 **Al·ex·an·der the Great** [앨릭잰더 더 그뤠이트]: 알렉산더 대왕, (BC356-323), (아리스토텔레스에게 사사받으며) 젊어서 급성 질환으로 요절한 문무겸전의 그리스의 정복왕, 〈~ a king of Macedon〉 수1

716 **al·ex·an·drite** [앨릭잰드라이트]: 〈프러시아 알렉산더 왕자의 생일에 우랄산맥에 있는 에메랄드 광에서 발견된〉 금록석, 〈불빛에 따라 색깔이 바뀌는〉 짙은 초록색의 보석, 〈5월의 탄생석 에메랄드 광산에서 발견된〉 6월의 탄생석, 〈~ emerald by day-ruby by night〉 미1

717 *__Al·ex·a rank__ [앨릭서 뢩크]: 알렉사 등급, (1996년 이집트의 Alexandria 도서관의 이름을 따서 설립되어) 1999년 Amazon에 인수된 미국의 전산망기지 이용(숫자) 등급평가표, 〈~ web traffic analysis〉 수2

718 **al·fal·fa** [앨핼훠]: al(best)+facah(fodder), 〈아랍어 → 스페인어〉, '최고의 말먹이', 알파파, 〈신선한 사료〉, 알팔파, 자주개자리, 〈말이 좋아하는〉 콩과의 다년생 목초, 〈~ lucern〉 미1

719 **Al·fred** [앨후뤋]: elf(wise)+rede(council), 〈게르만어 → 영국어〉, '현명한 조언자', 알프레드, 남자이름(Fred), 〈~ masculine given name〉, A~ the Great (849~899); 덴마아크를 몰아내고 영국을 되찾은 Wesex의 왕 수1

720 **Al·fre·do** [앨후뤠도]: Alfred의 이탈리아·스페인어, a~ (sauce); 동명의 이탈리아 요리사가 고안한 버터·파마잔 치즈·크림을 섞어 만든 맛난이, ⇒ fettuccine 수2

721 **al-fres·co** [앨 후뤠스코우]: 〈이탈리아어〉, 〈← fresh〉 ①야외(집 밖)에서, 〈↔al desko〉 ②프레스코 화법으로, 〈~ open-air\out-door〉, 〈↔in-door\intrinsic〉 양2

722 **al·ga** [앨거] \ al·gae [앨쥐이]: 〈'해초(seeweed)'란 뜻의 라틴어〉, 말, 조류, 엽록소를 가진 아주 작은 부유생물, 〈~ diatom\plankton〉 미1

723 **al·gal bloom** [앨걸 블루움]: 조류 대증식, 말 번성, 지나친 영양염류의 유입으로 부유생물이 갑자기 증식하는 것, ⟨~ black water\brown tide⟩ 미2

724 **al·ge·bra** [앨쥐브뤄]: al(the)+jabara(reunite), ⟨아랍어⟩, '조각 잇기', 대수학, 숫자 대신 문자 기호를 사용하여 수의 성질이나 관계를 연구하는 학문, ⟨~ study of operations⟩, ⟨~ algorism⟩, ⟨↔geometry⟩ 양2

725 **Al·ge·ri·a** [앨쥐어뤼어]: al(the)+jazair(islands), ⟨아랍어⟩, '섬나라', 알제리, 1962년 유혈혁명으로 프랑스에서 독립한 아프리카 북서부⟨N-W Africa⟩의 아랍공화국, {Algerian-Arabic-Dinar-Algiers} 수1

726 **~al·gi·a** [~앨쥐어]: ⟨그리스어⟩, pain, ⟨~통(증)⟩이란 뜻의 접미사 양1

727 ***ALGOL** [앨거얼 \ 앨가알] (al-go·rithm-ic lan·guage): 알골, 과학·기술 계산용 프로그램 언어, ⟨~ mathematical and scientific app⟩ 수2

728 **al·go·rism** [앨거뤼즘]: ⟨수학자 이름(Al-Khowarazmi)에서 연유한 아랍어⟩, 알고리즘, 산수, 아라비아 숫자를 쓰는 기수법에 의한 계산 규칙, ⟨~ algebra⟩ 미1

729 **al·go·rithm** [앨거뤼듬]: ⟨페르시아의 Kwarizm에 살던 수학자가 개발한⟩ 알고리듬, 알고리즘과 비슷한 말, 풀이셈법, 연산법, 식이 나타낸 규칙에 따른 계산법, '계단식 도표', ⟨~ formula\procedure⟩ 우1

730 **Al-ham·bra** [앨햄브뤄]: ⟨← ahmuru(red)⟩, ⟨아랍어⟩, 알람브라 궁전 (무어족들이 세운 스페인(Spain)의 그라나다에 있는 요새), '붉은 궁전', ⟨~ a palace and fortress in Granada⟩ 수1

731 **Ali** [알리], Mu·ham·mad: ⟨← aliy(exalted)⟩, ⟨아랍어⟩, '승자⟨champion⟩', (1942-2016), 수니파 회교도로 40대 초에 외상성으로 사료되는 파킨슨씨병에 걸리기 전까지 '나비처럼 날아서 벌같이 쏘았던' 세계 챔피언 3연패의 미국의 흑인 중량급 프로 권투 선수, ⟨~ an American pro-boxer⟩ 수1

732 **a·li·as** [에일리어스]: ⟨← alius(other)⟩, ⟨라틴어⟩, 가명, 별명, 통칭, 대체, '다른 때에는', ⟨~ nick-name\aka⟩, ⟨~ pseudonym\pen name⟩, ⟨↔real name⟩ 가2

733 ***a·li·as-ing** [에일리어싱]: ⟨← alias⟩, ⟨파장의 오류로 화상이 흔들거나 소리가 고르지 못한⟩ 위신호(음), ⟨~ error\distortion⟩, ⟨↔good reception\anti-aliasing⟩ 우1

734 **Ali Ba·ba** [아알리 바아바아]: ⟨이야기에 등장하는 어원 불명의 아랍어⟩, 알리바바 ①「아라비안 나이트(Arabian Nights)」에 나오는 나무꾼⟨wood cutter⟩ ②1999년에 ⟨honest person⟩을 표상으로 세워져 ⟨2018년 세계 최대의 소매업체로 성장했고 정부와 좀 껄끄러운 관계에 있으나 아직도 쟁쟁한⟩ 중국의 전산망 교역 전문 회사, ⟨~ a Chinese technology com.⟩, ⇒ ⟨~ open sesame⟩ 수1

735 **al·i·bi** [앨러바이]: ⟨← alius(other)⟩, ⟨라틴어⟩, 알리바이, 현장 부재 증명, 변명, '다른 곳에서', ⟨~ excuse\defense⟩, ⟨↔presence\evidence⟩ 미2

736 **al·ien** [에일리언]: ⟨← alius(other)⟩, ⟨라틴어⟩, 외국(이국)의, 이질적, 외계(우주)인, '다른', ⟨→ alienate⟩, ⟨~ extrinsic\foreign⟩, ⟨↔native\kin⟩ 양2

737 **Al·ien and Se·di·tion Act**: 외국인 및 치안 방해법, (프랑스계 이민과 프랑스 편을 드는 여론을 제어하기 위해 애덤스 정권에서 만들었다가 제퍼슨 정권 때 폐기된) 외국인에 의한 반정부 선동 방지법, ⟨~ 4 laws to restrict immigration and freedom of speech⟩ 수2

738 **al·ien-ate** [에일리어네이트]: ⟨← alien⟩, 멀리하다, 소원하게 되다, 버성기다, ⟨~ estrange⟩, ⟨↔unite\a-mate\reconcile⟩ 양2

739 **al·ien-a·tion** [에일리어네이션]: 소외, 양도, 전용, 이간, ⟨~ isolation\separation⟩, ⟨↔endearment\agreement⟩ 양2

740 **a-light** [얼라잍]: ⟨그리스어 → 영국어⟩ ①⟨← light²⟩, get off, 내리다, 하차하다, 착륙하다, ⟨↔board\get on⟩ ②⟨← light¹⟩, 불타는, 빛나는, ⟨~ ablaze\flaming⟩, ⟨↔darkened\blackened⟩ 가1

741 **a-lign·ment** [얼라인먼트]: ⟨← align(a+ligne)⟩, ⟨프랑스어⟩, ⟨← line⟩, 일렬 배열, 정렬, 조절, 단결, ⟨~ calibration\positioning⟩, ⟨↔mal-alignment\dis-arrange\mis-match⟩ 양1

742 **a-like** [얼라이크]: ⟨게르만어 → 영국어⟩, ⟨아주⟩ 같게, 동등하게, 비슷하게, ⟨~ similar⟩, ⟨↔different⟩ 양2

743 **al·i·men·tary** [앨리먼터뤼]: ⟨← alere(nourish)⟩, ⟨라틴어⟩, 음식물의, 영양이 되는, ⟨~ dietary\nutritional⟩, ⟨↔toxic\poisonous⟩ 양1

744 **al·i·mo·ny** [앨리모우니]: ⟨← alere(nourish)⟩, ⟨라틴어⟩, 알리모니, 이혼(별거) 수당, ⟨영양 보충용⟩ 위자료, ⟨~ alms⟩, ⟨~ spousal support⟩, ⟨~(↔)palimony⟩, ⟨↔neglect\fun⟩ 양2

745 ***A line** [에이 라인]: 허리가 좁고 아래로 내려올수록 폭이 넓어지는 치마, '나팔 치마', ⟨~ bugle skirt⟩ 우2

746 *A line bob [에이 라인 밥]: 〈Covid-19 후에 유행하는〉 옆머리가 턱 아래까지 내려오는 (간편하고 여러 얼굴 모양에 무난한) 여성의 단발머리, A형 단발, 〈~ longer in the front than the back〉 유1

747 Al·i·tal·i·a [알리타알리어]: 알리탈리아, AZ, '이태리의 날개', 1999년에 창립된 이탈리아의 국적기로 Sky Team의 일원이나 규모는 대한항공의 반 정도임, 〈2021년 ITA로 탈바꿈함〉 수2

748 *a lit·tle go a long way: 천 리 길도 한 걸음부터, 〈~ step by step one goes long way〉 양2

749 *a lit·tle leak will sink a great ship: 개미 구멍으로 공든 탑 무너진다, 가랑비에 옷 젖는 줄 모른다, 〈~ big trouble comes in small packages\a stitch in time saves nine〉 양2

750 a-live [얼라이브]: 〈게르만어 → 영국어〉, 살아있는, 생생한, 활발한, 〈→ live²〉, 〈~ animated\vital〉, 〈↔dead\extinct〉 가1

751 *a live nag rath·er than a dead thor·ough-bred: 죽은 경주마보다 산 비루먹은 늙은 말이 낫다, 죽은 정승이 산 개만 못하다, 〈~ better a living dog than a dead lion〉 양2

752 al·ka·li [앨컬라이]: al(the)+galay(roast), 〈아랍어〉, '타고 남은 재', 알칼리, (리트머스에 청색 반응을 나타내며) 물에 녹는 염기의 총칭, 〈~ salt\base〉, ⇒ kalium, 〈↔acid〉 수2

753 al·ka·net [앨커넽]: al(the)-hinna, 〈아랍어〉, 'henna 비슷한', 알카나 (털이 많은 줄기에 청색 꽃이 피는 지칫과의 식물로 뿌리에서는 붉은 염료를 채취함), 〈~ dyers' bugloss\orchanet〉 수2

754 Al·ka-Sel·tzer [앨커 쎌쳐]: 〈쎌쳐마을산 알카리〉, 알카셀쳐, 〈1931년 독일의 지명(Selters)을 따서 미국에서 출시한〉 (aspirin · 탄화수소나트륨· 구연산이 주성분인) 진통·제산 발포정(상표명), 〈~ an antacid and pain reliever〉 수1

755 all [어얼]: 〈← alanc(entire)〉, 〈게르만어〉, 모든, 전부, 막대한, 완전한, 〈'네 것도 내 것·내 것도 내 것'〉, 〈~ each one\every-one\complete〉, 〈↔none〉 가1

756 Al-lah [앨러 \ 아알러]: 〈← eloah(god)〉, 〈유대어에서 유래한 아랍어〉, 알라, 이슬람의 유일신, '절대자', 〈~ Almighty\Divinity〉 수1

757 al·la·man·da [앨러맨더]: 알라만다, 스위스의 박물학자의 이름〈Allamand-German에서 온 자〉에서 따온 노랑 또는 자주색 꽃을 피우는 열대성 관상용 관목이나 덩쿨, 〈~ Golden trumpet\Trumpet vine〉 수2

758 all A·mer·i·can [어얼 어메뤼컨]: 전미. 대표적 미국인, 〈~ whole/typical American〉 양2

759 al-lar·gan-do [아알라아가안도우]: al(to)+largare(widen), 〈라틴어 → 이탈리아어〉, 〈← largo〉, 알라르간도, 차차 느리게, 〈~ gradually slower to a stop\ritardando with increasing volume〉, 〈↔increasing\maximising〉 미2

760 all a-round [어얼 어롸운드]: 전반적, 〈~ broad\comprehensive〉, 〈↔exclusive\limited〉 양2

761 al-lay [얼레이]: a(out)+lecgan(lay), 〈영국어〉, 가라앉히다, 진정시키다, 경감하다, 〈~ reduce\diminish〉, 〈↔provoke\intensity〉 가1

762 *all bark and no bite: 입만 살아있다, 이빨만 깐다, 짓는 개는 물지 않는다, 〈~ a barking dog seldom bites〉 양2

763 *all-ears [어얼 이얼즈]: (모든 귀를 기울여) 귀담아듣다, 귀 기울이기, 〈~ careful\vigilant〉, 〈↔im-attentive\ignore〉 양2

764 al-le·ga–tion [앨리게이션]: 〈라틴어〉, 〈← allege〉, 진술, (증거 없는) 주장, 단언, 〈~ accusation\charge〉, 〈↔commandation\exculpation〉 양2

765 al-lege [얼레쥐]: ex(out)+liligare(dispute at law), 〈라틴어〉, '증거로 끄집어내다', 단언하다, 우겨대다, 〈~ claim\assert〉, 〈↔deny\withdraw〉 가1

766 Al·le-ghe·ny [앨러게이니]: welhik(good)+hane(river), 〈'아름다운 시내'란 원주민어〉, 앨러게니, 미 동부에 있는 산맥·강·〈AA와 병합된〉 항공회사의 이름, 〈~ an American mountain(river·airways)〉 수1

767 al-le·giance [얼리이줜스]: al(to)+ligare(bind), 〈라틴어 → 프랑스어〉, 충성, 충실, 헌신, 〈~ alliance\dedication〉, 〈↔treason\dis-loyalty〉 양2

768 al·le-go·ry [앨리고어뤼]: allos(other)+agoria(speaking), 〈그리스어〉, 〈metaphor보다 폭이 넓은〉 풍유, 〈어떤 일을 다른 형식으로 말하는〉 비유, 〈simile보다 간접적인〉 상징, 〈↔real\literal〉 양2

769 Al·le·gra [알레그롸]: 〈'쾌활한(cheerful) 소녀'와 allergy 약이란 뜻이 공존하는 말〉 알레그라, (Sanofi Aventis사 등이 만드는) (faxofenadine 성분의) 항히스타민·과민성 반응 치료제, 〈~ an anti-histamine〉 수2

770 **al·le·gret·to** [앨러그뤠토우]: ⟨← allegro(cheerful)⟩, 조금 빠르게, ⟨~ faster than andante\slower than allegro⟩, ⟨~(↔)andantino⟩ 미2

771 **al·le·gro** [얼레그로우]: ⟨← alacer(sprightly)⟩, ⟨라틴어에서 연유한 이탈리아어⟩, '쾌활하게', 빠르게, ⟨~ at a brisk tempo⟩, ↔adagio\andante⟩ 미2

772 **al·lele** [어리일]: ⟨← allo(other)⟩, ⟨그리스어⟩, allelo-morph, 대립형질(유전자), 양쪽 부모로부터 받은 한 쌍의 변형 유전자, ⟨↔monogenic\non-hereditary⟩ 양2

773 **al·le·lu·iah** [앨러루우여]: ⟨히브리어에서 변형된 영국어⟩, ⟨← halleleijah⟩, 절찬의 말, '짱이다', ⟨↔woe\boo⟩ 미2

774 **al·le·mande** [앨러맨드]: ⟨← German⟩, ⟨프랑스어⟩, 알망드(춤), (독일식)프랑스 궁정무도, '손잡아 돌리기', ⟨~ a moderately slow dance⟩, ⟨프랑스 요리용⟩계란 노른자·크림·레몬주스를 섞어 만든 국물, ⟨~ sauce parisienne⟩ 수2

775 **Al·len** [앨런], Wood-y: ⟨다양한 뜻을 가진 영국계 이름⟩, ⟨'미남(handsome)'?⟩, 알렌, (1935-), 현대 도시인의 갈등을 풍자적으로 표현하고 양녀를 세 번째 부인으로 삼은 미국의 영화제작자, ⟨~ an American film-maker⟩ 수1

776 **al·ler·gy** [앨러쥐]: allos+ergon, ⟨'other energy'란 뜻의 그리스어⟩, 알레르기, 과민성(반응), 혐오, ⟨~ aversion\hypersensitivity⟩, ⟨↔affinity\attraction⟩ 양1

777 **al·le·vi·a-tion** [얼리뷔에이션]: ⟨ad(to)+levis(light)⟩, ⟨라틴어⟩, '한쪽으로 올려주기', 경감, 완화, ⟨~ easing\relief⟩, ⟨↔aggravation\suffering⟩ 가1

778 **al·ley** [앨리]: ⟨← aler ← ambulare(walk)?⟩, ⟨라틴?→프랑스어⟩, 뒷골목, 소로, 통로, ⟨~ passage\back-street⟩, ⟨↔blockade\main road⟩ 양2

779 *****all-fired** [어얼 화이어드]: 겁나는, 굉장한, ⟨~ tremendous\extreme⟩, ⟨↔calm\collected⟩ 양1

780 *****all flash and no sub-stance**: 빛 좋은 개살구, 겉만 번쩍인다, ⟨~ all sizzle and no steak\unsubstantial⟩ 양2

781 **All Fools' Day**: 만우절, ⇒ April Fools' Day 양2

782 *****all good things must come to an end**: 모든 좋은 일에도 끝이 있는 법이다, 화무십일홍, ⟨~ nothing lasts forever\every flow has it's ebb⟩ 양2

783 **al·li·ance** [얼라이언스]: ad(to)+ligare(bind), ⟨라틴어 → 프랑스어⟩, 동맹, 결연, 제휴, ⟨~ allegiance⟩, ⟨~ union\league⟩, ⟨↔antagonism\detachment⟩ 가1

784 **al·lied** [얼라이드 \ 앨라이드]: ad(to)+ligare, ⟨라틴어⟩, ⟨← ally⟩, 동맹한, 연합한, ⟨~ associated\federated⟩, ⟨↔independent\separated⟩ 가2

785 **Al·lies** [앨라이즈 \ 얼라이즈]: 연합국, (2차 대전 때 추축국에 대항해서 영국이 주도한) 미·영·중·소 등의 군사동맹, ⟨~ a military coalition⟩ 미2

786 **al·li·ga·tor** [앨리게이터]: ⟨← lacertus(lizard)⟩, ⟨라틴어에서 연유한 스페인어⟩, el lagarto, gator, ⟨도마뱀같이 생긴⟩ (넓은 주둥이) 악어, 악어 모양의 물건, ⟨crocodile보다 색깔이 더 진하고 주둥이가 넓음⟩ 양2

787 **al·li·ga·tor snap·per** [앨리게이터 스내퍼]: 악어 거북, (미국의 민물에 서식하며) ⟨때로는 악어 새끼도 잡아먹는⟩ 악어 같은 턱·목·등판을 가진 '멸종 위기'의 커다란 거북, ⟨~ a large fresh-water turtle⟩ 미2

788 *****all in all** [어얼 인 어얼]: 대체로, 전반적으로, ⟨~ considering everything\on the whole⟩, ⟨↔strictly\literally⟩ 양2

789 **all in·clu·sive** [어얼 인클루우시브]: ⟨영국어⟩, 포괄적, 몽땅, ⟨~ full\complete⟩, ⟨↔limited\individual⟩ 가1

790 *****all in one** [어얼 인 원]: 전부가 하나로 된, 단숨에, 통틀어, 한 벌, 일습, (모두 합쳐진) 일체형, '통짜', ⟨~ total\comprehensive⟩, ⟨↔just one\loose⟩ 미2

791 **al·lit·er·a-tion** [얼리터뤠이션]: ad(to)+littera, ⟨라틴어⟩, ⟨'같은 letter'로 시작하는⟩ 두운(법칙), 두운 반복, ⟨고대 영시의 특징인⟩ 한 어군의 둘 이상의 낱말을 같은 문자나 음으로 시작하기, ⟨~ head(initial) rhyme⟩, ⟨↔consonance\assonance⟩ 양2

792 *****all looks and no sub-stance**: 겉만 요란하다, 속빈 강정, ⟨~ empty wagon makes the most noises\still waters run deep⟩ 양2

793 ***all noise and no sub-stance**: 소문난 잔치에 먹을 것 없다, 〈~ great cry and little wool〉 양2

794 **al·lo~** [앨로우~]: 〈그리스어〉, other, 〈다른~, 동종이계~〉란 뜻의 결합사, 〈→ allele〉, 〈~ variation\reversal〉, 〈~(↔)auto〉, 〈~(↔)xeno〉, 〈↔idio〉 양1

795 **al·lo·ca·tion** [앨러케이션]: ad(to)+locare(place), 〈라틴어〉, 할당, 배당, 배치, '다른 장소에 챙겨놓기', 〈← locus〉, 〈~ allowance〉, 〈~ appropriation\allotment\quota〉, 〈↔retain\deprive of〉 양1

796 **al·lo-nym** [앨러님]: allo+onyma, 〈그리스어〉, 〈other name〉, 필명, 가명, 〈~alias〉, 〈↔real name〉 양2

797 **al·lop·a·thy** [얼라퍼씨]: allo+pathos(suffer), 〈그리스어를 따서 독일 의사가 주조한 말〉, 대증요법, (병과 다른 기운을 북돋아서 병을 치료하는) '이종치료', 〈~ conventional medicine〉, 〈↔homeo-pathy〉 양1

798 **al·lot-ment** [얼랕먼트]: ad(to)+hloz(share), 〈게르만어 → 프랑스어〉, 배당, 할당, 몫, '제비 뽑기로 가른 것', 〈~ share\portion〉, 〈↔total\sum〉 양2

799 ***all out** [어얼 아웉]: 전면적, 전력을 다한, 〈~ full-blown\vigorously〉, 〈↔half-hearted\lackadaisically〉 양2

800 **all o·ver** [어얼 오우붜]: 도처에, 총체적, 다 끝난, 만사 휴의, 〈~ every-where\all done\completely finished〉, 〈↔no-where\partially\un-finished〉 가1

801 **al-low-ance** [얼라우언스]: ad(to)+locare(place), 〈라틴어〉, 수당, 급여, 한도, 공제, 오차, 〈~ allocation\allotment〉, 〈↔forbiddance\aggregate〉 양2

802 **al·loy** [앨러이]: ad(to)+ligare(bind), 〈라틴어〉, 합금, 혼합물, 〈~ ally〉, 〈~ mixture\amalgam〉, 〈↔purity\genuineness〉 가1

803 **all right** [어얼 롸잍]: 좋아, 틀림없이, 무사히, 〈~ fine\good enough〉, 〈↔unsatisfactory\wrong〉 가2

804 ***all roads lead to Rome**: 모든 길은 로마로 통한다, 모로 가도 서울만 가면 된다, 〈~ many ways to achieve the same result〉, 〈↔there is no alternative〉 양2

805 **All Saint Day** [어얼 쎄인트 데이]: All Hallows Day, All Souls Day, Allhallowtide, 만성절, 기독교적 Samhain, 월동 준비를 하며 모든 죽은 영혼을 기리는 천주교의 축제 (10월 31일~11월 2일), ⇒ Halloween 미2

806 **all-sorts** [어얼 쏘올츠]: 각양각색, 각종, 여러 가지를 섞은 것, 〈~ various\assortment〉, 〈↔lack\little〉 가1

807 **all-spice** [어얼 스파이스]: '종합 향신료', 피망(pimento), (서인도 제도 원산 생강나무류의 상록교목의 열매에서 채취한 향료로 맛이 매콤달콤한) '자마이카 후추', 〈~ Jamaica (or myrtle) pepper〉, 〈~(↔)raselhanout〉 미2

808 **All-Star** [어얼 스타아]: 최우수 미국 프로야구 (또는 농구) 선수, 〈~ base-ball or basket-ball〉 수2

809 **all-star** [어얼 스타아]: 인기인 총출연, 선발팀, 〈~ famous\prominent〉, 〈↔non-celebrity\un-known〉 미2

810 **All-state** [어얼 스테이트]: 1931년 Sears의 자회사로 창립되었다가 1993년 독립한 미국의 종합보험회사, 〈~ an American insurance company〉 수2

811 ***all talks but no ac·tions**: 말 잘하는 놈치고 일 잘하는 놈 없다, 입만 번지르르하다, 이빨만 까다, 〈~ talk's cheap〉 양2

812 ***all that grit·ters is not gold**: 빤짝인다고 다 금이 아니다, 갓 썼다고 다 양반이 아니다, 〈~ clothes do not make the man〉, 〈↔fine teathers make fine birds〉 양2

813 ***all that's fair must fade**: 아름다운 것은 반드시 시든다, 화무십일홍, 권불십년(십 년 가는 세도 없다), 〈~ nothong lasts forever〉, 〈↔it keeps going\there is no end〉 양2

814 ***all things to all men**: 〈사도 바울이 고린도서(Corinthians)에서 한 말〉, (주님을 믿으면) '나는 너희들의 충복이 되리라', 너희가 원하는 모든 것을 다 주어 너희 모두를 행복하게 할지니라, 〈~ praise the lord〉, 〈~ so that some will be won to faith in Christ〉 우1

815 ***all thumbs** [어얼 썸즈]: (손가락이 모두 엄지로 생겨서) 서툴고 어색한, 손이 무딘, 손재주가 없는, (~ten thumbs), 〈↔handy\dexterous〉 양2

816 **all-time** [어얼 타임]: 처음 있는, 전대 미문의, 불변의, 〈~ best\ever-lasting〉, 〈↔never\worst\intermittent〉 양2

817 **al-lude** [얼루웃]: ad(to)+ludere(play), 〈라틴어〉, 〈놀리듯〉 언급하다, 암시하다, 넌지시 말하다, 〈~ ludicrous〉, 〈~ imply\suggest〉, 〈↔explain\declare〉 양2

818 **al-lure** [얼루어]: ad(to)+luere, 〈라틴어 → 프랑스어〉, 〈← lure〉, 꾀다, 유혹하다, 매혹, 〈~ tempt\cajole\entice〉, 〈↔deter\repulse〉 양2

819 **al-lu-sion** [얼루우쥔]: ad(to)+ludere(play), 〈라틴어〉, 〈← allude〉, 암시, 언급, 인유, 〈~ reference\quotation〉, 〈↔disregard\ignoring〉 가1

820 **all-weath·er** [어얼 웨더]: 전천후(의), 어떤 날씨(상황)에도 견디는, 〈~ adaptable\durable〉, 〈↔restricted\flimsy〉 양2

821 **al-ly** [앨리 \ 얼라이]: ad(to)+ligare(bind), 〈라틴어에서 연유한 프랑스어〉, 동맹, 결연, 결합(하다), 〈→ rally〉, 〈~ alloy〉, 〈~ supporter\confidant〉, 〈↔foe\split\xenos〉 양2

822 **all you can eat** [어얼 유 캔 이이트]: 〈일정 금액으로〉 마음껏 먹는 (음식), '무제한 식사', 〈~ unlimited meal\smorgasbord〉, 〈↔abstain\diet〉, ⇒ buffet' 우1

823 *****al-ly-ship** [앨리 쉽 \ 얼라이 쉽]: 알리십, (억압 받거나 처벌받은 사람들의) 결연, 〈동병상련〉, 〈~ alliance\collaboration〉, 〈↔adversary\foe〉 양2

824 **al·ma·co jack** [앨머코 잭]: 〈어원을 알 수 없는〉 알마코 잭, long·fin yellow tail, greater amber-jack, '긴지느러미 방어', ⇒ kampachi 양1

825 **al-ma ma·ter** [앨머 마아터]: almus(← alere(nourish)+mater(mother)), 〈라틴어〉, 모교, 출신교, 〈인자한〉 '수양 어머니', 〈~ one's old school\the school one graduated〉 양2

826 **al·ma·nac** [어얼머낵]: al(the)+manakh(calendar), 〈스페인계 아랍어〉, 달력, 연감, 책력, 〈~ year-book\compendium〉, 〈↔a-periodic〉 양1

827 **al·man·dine** \ **al·man·dite** [앨먼디인 \ 앨먼다이트]: 〈그것이 처음 발견된 터키의 지명(Alabanda)에서 연유한〉 철반 석류석, 심홍색, 〈~ deep red color〉, 〈~(↔)garnet\ruby〉 미1

828 **al-might-y** [어얼 마이티]: all+mighty, 〈게르만어〉, 〈← might〉, 전능한, 대단한, 무척, 〈~ absolute\omni-potent〉, 〈↔weak\feeble〉 양2

829 **al·mond** [아알먼드]: 〈← amygdala〉, 〈어원 불명의 그리스어〉, 아몬드, 편도, tonsil, 복숭아 비슷한 열매를 맺는 장미과의 교목으로 과일은 먹고 씨는 식용·약용으로 쓰임, 연한 황갈색, 〈~ amyglada〉, 〈~ light-brown color〉 미1

830 **al-most** [어얼 모우스트]: 〈← ealmaest〉, 〈게르만어〉, all+most, 거의, 대체로, …에 가깝게, 하마터면, 〈~ nearly\just about〉, 〈↔entirely\quite〉 가1

831 **alms** [아암즈]: 〈← eleos(pity)〉, 〈그리스어〉, 자선품, 의연금, 구호품, 〈~ alimony\donation〉, 〈~ zakat\gift〉, 〈↔hindrance\malevolence〉 양2

832 *****a loaf of bread is bet·ter than the song of man·y birds**: 금강산도 식후경, 〈~ the belly has no eyes\eat first!〉 양2

833 **al·oe** [앨로우]: 〈← alloeh(shining bitter substance)〉, 〈아랍어? → 그리스어〉, 〈쓴맛이 나는 빛나는 것〉, 알로에, 용설란의 일종, 노회, 〈~ a succulent perennial herb〉 미1

834 **al·oe ver·a** [앨로우 붸뤄]: aloe+vera(true), 〈그리스어+라틴어〉, 알로에베라, (약용·관상용·섬유용으로 쓰이는) '참' 용설란, 쓴 용설란, 〈~ medicinal aloe〉 미1

835 **a-loft** [얼러어후트]: a(on)+lopt(sky), 〈북구어〉, up in the air, 위에, 공중에, 높이, 〈↔a-down〉 양2

836 **a·lo·ha** \ **'a·lo·ha oe'** [아알로우하아 \ 알로우하 오에]: 안녕, '사랑', 하와이의 대표적인 민요, "안녕하라- 그대여", 〈~ hello\love\farewell〉, 〈↔dislike\hatered〉 미1

837 **a-lone** [얼로운]: 〈영국어〉, 'all one', 다만, 홀로, ~뿐, 〈외로운 말〉, 〈→ lone〉, 〈~ solo\single〉, 〈↔accompanied〉 가1

838 **a-long** [얼러엉]: 〈영국어〉, and+long, 따라, ~ 동안에, 앞으로, 잇달아, 함께, '~ 향해 길게〈long〉', 〈외롭지 않은 말〉, 〈~ company\beside〉, 〈↔a-part\except〉 가1

839 **a-loof** [얼루우후]: a(on)+luff(wind·ward), 〈네델란드어 → 영국어〉, 〈해변에서〉 멀리 떨어져, 무관심한, 냉담한, 〈외로움 따위는 상관없다는 말〉, 〈~ indifferent\reserved〉, 〈↔familiar\friendly\intimate〉 가1

840 **al·o·pe·ci·a** [앨러피이쉬어]: 〈← alopex(fox)〉, 〈'여우'의 피부병에서 유래한 그리스어〉, 탈모증, 독두병, 〈~ hair-loss\bald-ness〉, 〈↔hyper-trichosis(too much hair)〉 양1

841 **a-loud** [얼라우드]: 〈영국어〉, a(in)+loud, 큰소리로, 소리를 내어, 〈↔silently〉 가1

842 **al·pa·ca** [앨패커]: ⟨← pake(yellowish-red)?⟩, ⟨남미 원주민어⟩, 알파카(모직), 페루산 야마(낙타)의 일종, 'paco', ⟨~ guanaco\vicuna\llama⟩ 수2

843 **al·pha** [앨훠]: ⟨'ox'의 뿔을 닮았다는 설도 있으나⟩ ⟨← aleph(leader)⟩, ⟨히브리어⟩, 알파, 그리스 알파벳의 첫 글자, 제일, 처음, 근간, 가장 밝은 별자리, 화합물 치환기의 하나, 문자식, ⟨~ beginning\leader⟩, ⟨↔omega\bottom-line⟩ 우2

844 *__Al·pha and O·me·ga__ [앨훠 앤드 오우미이거]: 알파와 오메가, 처음과 끝, 영원한, ⟨~ beginning and end\entirety\whole\God\Jesus⟩, ⟨↔non-existence\partiality⟩ 우2

845 *__Al·pha-bet__ [앨훠벹]: 알파벳, 'alpha+benchmark', ⟨복합적 의도를 가지고⟩ 2015년 재편성된 미국 굴지의 전산기 업체 Google의 '모듬' 총괄회사, ⟨~ an American technology conglomerate⟩ 수2

846 **al·pha-bet** [앨훠벹]: 'alpha+beta', 알파벳, 자모, 초보, ⟨~ elements\basics\ABC⟩ 우2 양2

847 *__al·pha chan·nel__ [앨훠 쵀늘]: '추가 도관', 사진의 화상을 처리할 때 추가로 전계(전기장)를 만들어서 특수효과를 나타내는 것, ⟨~ transparency channel⟩ 우1

848 *__al·pha fe·male__ [앨훠 휘이메일]: (사회활동이 왕성한) 우량녀, '여두목', ⟨~ boss-lady\queen-bee⟩, ⟨↔alpha male\beta male\beta female⟩, ⟨↔sigma female⟩ 미1

849 *__al·pha gen·er·a·tion__ [앨훠 쩨너뤠이션]: 알파세대, 2010년 이후 태생으로 어떻게 될지 두고 보아야 할 세대, ⟨~ the newest generation⟩ 수2

850 *__Al·pha Go__ [앨훠 고우]: 알파고, Go(game) player, 구글사의 인공지능 프로그램의 하나, ⟨~ a competitive board game⟩, 첫째가는 '바둑기사', ⟨→ Alpha Go Zero → Alpha Go Master로 발전됨⟩ 수1

851 **al·pha male** [앨훠 메일]: (어떤 집단에서 최고 권력을 가진) 강자, '수두목', ⟨~ chieftain\strong-man⟩, ⟨↔alpha female\beta male\sigma male⟩ 미2

852 *__al·pha nu·mer·ic__ [앨훠 뉴우메맄]: ⟨부호를 뺀⟩ 문자와 숫자의, ⟨~ letters and numbers⟩, ⟨↔non-digital\analog⟩ 양1

853 *__al·pha test·ing__ [앨훠 테스팅]: '첫 조사', 주로 종업원을 대상으로 한 새로 나온 전산기 연성기기의 호감도 조사, ⟨~ inner group testing\white box testing⟩, ⟨↔beta testing⟩ 우2

854 **al·pha wolf** [앨훠 울후]: '뛰어난 늑대', 태생(가문)이 좋은 사나이, A~ W; 2013년에 창단된 오스트레일리아의 강력한 펑크 악단, ⟨~ an Australian metal-core band⟩, ⟨↔omega wolf⟩ 미2 수2

855 **Al·phe·us** [앨휘이어스]: ⟨← Alpheios(whitish)⟩, ⟨그리스어 → 라틴어⟩, '흰둥이', Alfeios, 알페이오스, (그리스 신화에서) 강의 신, ⟨~ a river god⟩ 수1

856 **alp-horn** [앨프호언]: ⟨게르만어⟩, '알프스 나팔', alpenhorn, ⟨스위스의 목동들이 불던⟩ 2m가 넘는 장죽 모양의 나팔, ⟨~ alpine horn⟩, ⟨~(↔)didgeridoo⟩ 수2

857 **al·pine** [앨파인]: ⟨← Alps⟩, ⟨그리스어 → 라틴어⟩, 높은 산의, ⟨~ high-land⟩, ⟨↔low-land⟩, Alpine; 알프스산맥의 미1 수1

858 **Al·pine rose** [앨파인 로우즈]: '고산 철쭉', 만병초, 석남, ⟨~ mountain (or snow) rose⟩, ⟨~ a rhododendron⟩ 미2

859 **Alps** [앨프스]: ⟨← albus(white)⟩, ⟨라틴어⟩, '흰 산', 알프스, 남유럽의 지붕이자 장벽이었던 만년설의 산봉우리들, ⟨~ a mountain range in southern Europe⟩ 수1

860 **al-ready** [어얼뤠디]: ⟨영국어⟩, all+ready, 이미, 벌써, ⟨죽은 자식 불알 만지는 말⟩, ⟨~ before-hand\earlier⟩, ⟨↔after-ward\later⟩ 가2

861 **Al Qai·da \ Al Qae·da** [앨 카이더]: al(the)+qaida(base), ⟨아랍어⟩, '근거지', 알카에다, 1988년 빈라덴 등에 의해 창설된 이슬람 수니파의 군사조직, ⟨~ a pan-Islamist militant organization⟩ 수1

862 **Al·sace** [앨쎄이스]: ⟨← Ali-saz(foreign domain)⟩, ⟨게르만어⟩, '이방인이 사는 곳', Elsass ⟨독일어⟩, 알자스, 왔다갔다 하다가 1차대전 후에 프랑스가 차지한 ⟨맥주와 백포도주로 유명한⟩ 라인강 서쪽 프랑스와 독일의 접경지대, ⟨~ an eastern region of France⟩ 수1

863 **Al Si·rat** [앨 시롸아트]: via(way)+strata(paved), ⟨라틴어에서 연유한 아랍어⟩, '포장된 길', 알 시랏, 회교의 정도, 천국으로 가는 계단, ⟨~ the correct path of religion⟩ 수2

864 **al-so** [어얼소우]: ⟨영국어⟩, all+so, 또한, 역시, ⟨너도 기여!⟩, ⟨~ too\as well⟩, ⟨↔other-wise\however⟩ 가2

865 ***al-so-ran** [앨소우 랜]: 〈경마·선거 등에서〉 실패자, 낙선자, 등외자, 〈~ loser\dead-beat〉, 〈↔victor\winner〉, 〈↔shoo-in〉 양2

866 ***Alt** [앨트] (al·ter-nate key): 교체 단자, 대체 단추 미1

867 **al·ta** [알타]: 〈← altus〉, 〈라틴어〉, high, 높은, 〈→ alto〉, 〈↔baja〉 양2

868 **Al-tair** [앨테어]: 〈아랍어〉, the bird, 알타이르, 알테어, 견우성('독수리'좌의 주성), 〈~ the brightest star in Aquila〉, 1975년 마이크로소프트사가 선보인 세계 최초의 개인 전산기, 〈~ a micro-computer〉 수1

869 **Al·ta·mi·ra** [앨터미이뤄]: 〈라틴어〉, high+watch, 〈'높이 쳐다보는' 동굴〉, 알타미라, 맘모스 등 멸종한 동물들도 그려져 있는 구석기 후기 시대의 동굴 벽화(pre-historic cave art)가 발견된 스페인 북부(Northern Spain)의 마을 수1

870 **al·tar** [어얼터]: 〈← alta(high)〉, 〈라틴어〉, 〈높은〉 제단, 성찬대, 계단, 〈~ shrine〉, 〈~ riser\scaffold〉, 〈↔secular\earthly〉 양1

871 ***al·ta·sia** [앨터이셔]: alternative+Asia, 〈2023년 초에 영국 경제지에 등장한 말〉, (제조업의 중심을 중국이외의 다른 나라에서 찾아보려는) 탈 중국 현상, 〈정확한 표현은 alternative supply chain to China임〉 미2

872 ***Al·ta Vis·ta** [앨터 뷔스터]: 알타 비스타, '고급 전망대', 각종 포도주의 이름, 〈name of wines〉, 1995년에 설립되었다가 2013년 Yahoo에 통합된 미국 전산망 검색 기지의 하나, 〈~ an old fashioned search engine〉 수1

873 ***alt-coin** [앨트 코인]: alternative coin, 대체 전자(암호) 화폐, 〈이더리움·리플·라이트 코인 등〉 비트코인을 제외한 모든 암호 화폐, 〈잡코인〉, 〈~ alternative crypto-currency to Bit-coin〉 우2

874 **al·ter** [어얼터]: 〈라틴어〉, 〈← other〉, 바꾸다, 변경하다, 개조하다, 〈~ convert\mutate〉, 〈↔fix\set〉 가1

875 **al·ter·a·tion** [어얼터뤠이션]: 〈다른 것으로〉 변경, 개조, 변질, 〈~ change\innovation〉, 〈↔preservation〉 가1

876 **al·ter·ca·tion** [어얼터케이션]: 〈← alter+cari(dispute)〉, 언쟁, 말싸움, 격론, 〈~ argument\quarrel〉, 〈↔con-cord\agree-ment〉 가1

877 **al·ter·i·ty** [어얼테뤼티]: 다른 것임, 남임, other-ness, 〈↔identity〉 양2

878 **al·ter·na·tion** [어얼터네이션]: 〈← alternare(exchange parts)〉, 〈라틴어〉, 교대, 〈다른 것으로〉 대체, 하나 거름, 〈~ inter-change\shift〉, 〈↔maintenence\stabilization〉 가1

879 **al·ter·na·tive fact** [어얼터너티브 홱트]: '대체 진실', 〈거짓(말)〉의 완곡한 표현, 〈~ forgery\fallacy〉, 〈↔reality\truth〉, 〈2025년 word of the year로 편자가 추천하고 싶은 말〉 양2

880 **al·ter·na·tive hy·poth·e·sis** [어얼터너티브 하이파써시스]: 〈전통적인 방식과 다른〉 대립(대안)가설, (추론통계에서) 〈귀무가설이 틀렸을 경우〉 당신이 기대할 수 있는 선택적 가설, research hypothesis, 〈↔null hypothesis〉 양2

881 **al·ter·na·tor** [어얼터네이터]: 교류 전원, 교류 발전기, 〈~ AC generator\dynamo〉, 〈↔starter〉 미1

882 **alt-horn** [앨트호언]: 〈라틴어+게르만어〉, alto(high)+horn, 〈주로 군악대에서 쓰는〉 고음 나팔, saxhorn 미2

883 **al-though** [어얼도우]: 〈영국어〉, all+though, ~일지라도, ~하지만, ~임에도 불구하고, 〈기도 기지만〉, 〈~ albeit\however\in spite of〉, 〈↔thus\there-fore\consequently〉 가1

884 **al·tis·si·mo** [앨티시모우]: adoleo+issimus, 〈라틴어〉, the highest, 알티시모, (음조가) 가장 높은, 〈↔very low-pitched〉, 〈↔basso-profundo〉 미2

885 **al·ti-tude** [앨티튜우드]: 〈← altus(high)〉, 〈라틴어〉, 높이, 고도, 수위, 고지, 〈~ elevation\tall-ness〉, 〈↔lati-tude\depth〉 양1

886 ***Alt-left** [얼트 레후트]: alternative left, 〈무력도 불사하는〉 대안 좌파, 〈극단적〉 진보주의, 〈~anti-fa〉, 〈↔Alt-right〉 미2

887 **al·to** [앨토우]: 〈이탈리아어〉, 〈← alta〉, 알토, 중고음, (남성 고음·여성 저음), 〈~ low\bass〉, 〈↔contra-alto\counter-tenor〉 미2

888 **al-to-geth·er** [어얼 투게더]: 〈영국어〉, 아주, 전혀, 전부, 요컨대, 〈만사 제쳐 놓고〉, 〈~ totally\absolutely〉, 〈↔partly\in-complete〉 가1

889 ***Alt-right** [얼트 롸잍]: alternative right, 〈잘 정리되지 않은〉 대안 우파, 〈극단적〉 보수주의, 〈↔Alt-left\anti-fa〉 미2

890 **al·tru-ism** [앨트루우이즘]: 〈← alter〉, 〈라틴어〉, 〈남(other)을 위해 나를 희생하는〉 이타(애타)주의, 〈~ benevolence\philanthropic〉, 〈↔egoism\egotism\meism〉 양2

891 **alt text** [얼트 텍스트]: alternative text, '대체문본', (주로 시력이 약한 사람들을 위해) 조그만 영상을 확대·설명하는 장치, 〈~ alt attributes〉 미1

892 **al·um** [앨럼]: 〈← alumen(bitter salt)〉, 〈라틴어〉, '쓰디쓴 소금', (염색이나 무두질 수렴제로 쓰이는) 칼륨·황산 알루미늄, 명반, 백반, 〈~ potash\aluminium sulphate〉 양2

893 **a·lum** \a·lum-nus\a·lum-na [얼럼 \ 얼럼너스 \ 얼럼너]: 〈← alere(nourish)〉, 〈라틴어〉, (남·녀)동창생, 교우, '양자·양녀', 〈~ old grad\class-mate〉, 〈↔under-graduate\teacher〉 미1

894 **al·u·min·i·um** \a·lu·mi·num [앨류미니엄 \ 얼루미넘]: 〈라틴어 alum에서 연유한 프랑스어·영국어〉, 알루미늄, 금속원소(기호 Al·번호13), 은백색의 가볍고 연한 금속, 〈~ a silvery-white, light-weight metal〉, 〈~ bauxite〉 수2

895 **a·lu·mi·num foil** [얼루미넘 훠일]: 알루미늄박(지), 은박지, 〈~ tin foil\sheet metal〉 양1

896 **al·um-root** [앨럼 루우트]: "쓴 뿌리", 범의귓과의 다년초, coral bells ⇒ heuchera 우1

897 **Al·va·ra·do** [앨붜롸아도우], Pe·dro: al+barrada(wall of small stones), 〈아랍어에서 연유한 스페인어〉, '건조한 땅에 사는 자', 알바라도, (1485?-1541), 과테말라와 엘살바도르를 점령한 스페인의 탐험가·군인, 〈~ a Spanish conquistador〉 수1

898 **al-ways** [어얼웨이즈]: 〈영국어〉, all+way, 늘, 항상, 〈변함없는〉, 〈~ forever\sempre(through-out)〉, 〈↔never\seldom〉 가2

899 **a-lys·sum** [앨리썸]: a(without)+lyssa(madness), 〈그리스어〉, 〈광견병에 효력이 있다는〉 알리슘, 희거나 분홍색의 자잘한 꽃들이 덩어리를 만들어 피는 겨잣과(bitter cress)의 일년초, mad·wort 우2

900 **Alz-heim-er** [앨츠하이머], A·lo·y·sius: 〈독일어〉, old+hamlet+er, '촌장', 알츠하이머, (1864-1915), 1901년 50대의 치매 환자를 기술한 독일의 정신과 의사, 〈~ a German psychiatrist〉 수1

901 **Alz-heim-er's dis-ease** [앨츠하이머즈 디지이즈]: 알츠하이머병, 치매의 일종, 〈원인불명·치료불능의〉 노인성 치매, 'old timer's' disease, 〈~ a dementia\major neurocognitive disorder〉 수1

902 ***AM** (am·pli·tude mod·u·la·tion): 증폭 조정, 진폭변조, 〈↔FM〉 우1

903 **am** [앰]: 〈← esmi(to remain)〉, 〈게르만어〉, ~이다, be의 1인칭 단수·직설법·현재형 가2

904 **a.m.** (an·te me·rid·i·em): 오전, 〈~ morning〉, 〈↔p.m.〉 양1

905 ***AMA**: ①American Medical Association, 미 의학협회 ②ask me anything, 무엇이든 물어봐 미2

906 **am·a·da·vat** [애머더뱉]: avadavat, 〈그 새를 팔았던 인도의 지명(Ahmadabad)에서 유래한〉 아마다바, 붉은 몸통에 흰점박이 검은 날개를 가진 인도원산 참새 비슷한 방울새, 〈~ red Asian weaver-bird〉 수2

907 **a-mal·gam** [어맬검]: a(to)+malassein(soften), 〈그리스어〉, '연하게 하는 물질', 아말감, 수은에 다른 금속을 섞은 것, 혼합물, 〈~ fusion\mixture〉 수2 미1

908 ***a man is known by the com·pa·ny he keeps**: 친구들을 보면 그 사람의 됨됨이를 알 수 있다, 〈~ BOF〉 양2

909 **am·a·ni·ta** [애머나이터]: 〈라틴어〉, 〈그리스의 산지(Amanus)에서 유래한 이름〉, (흰색이나 붉은색의 갓에 도돌도돌한 윤기가 돋아난) 광대버섯속의 독버섯, 〈~ toad-stool\fly agaric〉 미2

910 **am·a·ranth** [애머랜스]: a(not)+marainein(fade), 〈그리스어〉, 아마란스, 〈말라도 색깔이 변치 않는〉 영원한 꽃, 천일홍, 담비름, 〈~ love-lies-bleeding\pig-weed\cock's-comb〉 미1

911 **a·mar·go** [아마알 고우]: 〈bitter란 뜻의 스페인어〉, 〈맛이 쓴 조그만 열매를 맺는〉 소태나무, 〈~ bitter ash\quassia〉 미2

912 **am·a·ryl·lis** [애머륄리스]: 〈← amaryssein(sparkle)〉, 〈'영롱한'이란 뜻의 그리스어〉, 아마릴리스, 긴 줄기에 가죽끈 같은 잎을 가지고 나팔꽃 같은 현란한 꽃이 피는 석산과의 관상식물, 시골처녀 (A~; 양 치는 소녀 이름), 〈~ atamasco\fire-cracker flower〉 수2

913 **a-mass** [어매스]: ad(to)+massa(heap), 〈라틴어〉, 〈← mass〉, (긁어)모으다, 축척하다, 〈~ gather\pile up〉, 〈↔dissipate\scatter〉 양1

914 **a-mate** [어메이트]: 〈영국어〉, 짝(상대)이 되다, 친구가 되다, 〈~ match〉, 〈↔alienation\estrangement〉 양1

915 **a·ma·te** [아마테]: 〈← amatl(paper)〉, 〈'종이'란 뜻의 원주민어〉, 중남미 지방에서 예전에 그 껍질로 종이(bark paper)를 만들어 썼던 열대성 무화과(fig) 나무, 〈~(↔)unbrella tree〉 우1

916 **A·ma·te·ra·su** [아무테루수]: ama(sky)+terasu(illumination), 〈일본어〉, '하늘의 빛', 태양신, 천조여신, (신토와 텐노의 기원인) 일본의 시조신, 〈~ Japanese goddess of the sun and the universe〉 우2

917 **am·a·teur** [애머춰]: 〈← amare(love)〉, 〈라틴어에서 유래한 프랑스어〉, '애호가', 아마추어, 직업적이 아닌, 미숙한, 〈~ dabbler\blunderer〉, 〈↔pro\expert〉 우2

918 **A·ma·ti** [아마티], Ni·co·lo: 〈← amatus(beloved)〉, 〈라틴어〉, '사랑스러운 자', (1596-1684), 이탈리아의 바이올린 제작자, 〈~ an Italian master luthier(lute or violin maker)〉 수1

919 **am·a·tive** [애머티브]: 〈← amare(love)〉, 〈라틴어〉, 연애의, 호색의, 색골의, 〈~ amorous\erotic〉, 〈↔unloving\a·loof\platonic〉 양2

920 **A-m·azigh** [애머지어]: 〈← mazigh(noble\free man)〉, 〈원주민어〉, 야만인barbarian)이 아닌 자, 종(slave)이 아닌 자, 〈서북 아프리카의 Berber족을 일컫는 정치용어〉 수1

921 **a-maz-ing** [어메이징]: a(to)+masen(perplex), 〈어원 불명의 영국어〉, 놀랄 정도의, 굉장한, 어처구니없는, '아주 혼잡한', 〈→ maze〉, 〈~ awesome\marvelous〉, 〈↔boring\mundane〉 양2

922 **Am·a·zon** [애머잔]: a+mazos(breast), 〈'젖통이 없'이란 그리스어에서 유래했다는〉 아마존, 용맹한 여인족(희랍신화), 1994년에 세워진 미국의 인터넷 상품 및 책 판매망, 강폭이 넓은 남미의 강 이름 〈기관지염을 앓고 있는 지구의 허파〉, 아마존 유역의 개미·앵무새·돌고래의 이름, 〈~ giant\jumbo〉, 〈↔dwarf\midget〉, 〈~ 이 단어의 숨은 뜻은 '남자를 능가하는 여자'로서 여성이 없어지지 않는 한 계속 파생어가 나올 것이기 때문에 일일이 주석을 다는 짓을 삼가하였음〉 수1

923 **Am·a·zon ant** [애머잔 앤트]: 〈유럽과 북미에 서식하며 다른 종의 개미집을 습격하여 아마존 여인족같이 그들을 노예로 삼는 숨은 재주가 있는〉 노예사냥불개미, 〈~ slave-making ant〉 수2

924 ***Am·a·zon Go** [애머잔 고우]: 2016년에 Amazon On·line이 창립한 〈자가계산〉의 off·line 편의 연쇄점(convenience stores) 수2

925 ***am·a·zon-i-fi·ca-tion** [애머자니휘케이션]: '아마존화', 〈전산망을 통한 거래에서〉 당신이 원하는 것을 당신이 원하는 시간에 당신이 원하는 곳으로 배달해 주는 상술, 〈~ Amazonean tactical process〉 수2

926 **Am·a·zon par·rot** [애머잔 패뤁]: (열대 중남미 원산으로 애완조로 인기 있는) 짧은 꼬리에 초록색 몸통을 가진 중형 앵무새, 〈~ tropical green parrots〉 수2

927 **am·bas·sa·dor** [앰배서더]: 〈← ambactus(helper)〉, 〈라틴어〉, '봉사자', 대사, 사절, 대표, 〈~ envoy\diplomat〉, 〈↔lay-man\un-official〉 양2

928 **am·ber** [앰버]: 〈← anbar(brownish yellow)〉, 〈아랍에서 향수로 썼던 고래의 정액에서 유래한〉 호박(색), 황갈색, succinic, 〈↔red\green〉 양1

929 **am·ber a·lert** [앰버 얼러어트]: 〈Texas에서 유괴되어 살해된 9살 짜리 아이 이름에서 연유한〉 황갈색 경보, (1996년부터 시작된) 어린이 유괴 경고, 〈~ child abduction emergency alert〉 미1

930 **am·ber-jack** [앰버 쟄]: 〈잿〉방어, 청회색 등에 은백색 배를 가진 1m가량의 전갱잇과 바닷물고기, yellow·tail, hamachi, 〈~ almaco jack〉 양1

931 **am·bi~** [앰비~]: 〈← amphi(both sides)〉, 〈그리스어 → 라틴어〉, 〈라틴어〉, 〈양쪽·둘레~〉란 뜻의 결합사 양1

932 **am·bi-ent** [앰비언트]: 주위의, 환경의, 에워싼, 〈~ surroundings\environment〉, 〈↔isolated\detached〉 가2

933 **am·big·u·ous** [앰비규어스]: ambi+agere(drive), 〈라틴어〉, 애매(모호)한, 알쏭달쏭한, 〈~ obscure\vague〉, 〈↔definite\obvious〉 양1

934 **am·bi-tion** [앰비션]: 〈← ambire(go about)〉, 〈라틴어〉, 야심, 대망, 큰 뜻, 의욕, 〈가만히 못 있고 '걸어 돌아다니기'〉, 〈~ ardor\aspiration〉, 〈↔indolence\apathy〉 가2

935 **am·biv·a·lence** [앰비뷜런스]: ambi+valence(strength), 〈라틴어〉, '양면 가치', 감정의 교차, 유동(성), 〈~ equivocation\un-certainty〉, 〈↔certainty\decisive-ness〉 양1

936 **am·ble** [앰블]: 〈← ambulare(walk)〉, 〈라틴어〉, 느릿느릿 걷다, 측대보(말이 같은 쪽의 두 발을 동시에 올려 걷는 표기), 완보, 〈~ polonaise\linger〉, 〈↔run\gallop\zoom\zap〉 양1

937 **Am·bon-ese** [앰버니이즈 \ 암보네제]: 암본어, 암보니아인, (인도네시아의 Ambon 섬에서 유래한) 〈기독교인이 많은〉 인도네시아와 타인종 간의 혼혈족, 〈~ a mixed ethnic group in Indonesia〉 수1

938 **am·bro·sia** [앰브로우지어]: 〈← amrita(immortal)〉, 〈산스크리트어 → 그리스어〉, a+mbrotos(mortal), 신의 음식, '불로장생'의 식품, 진미, 〈~ nectar\delicacy〉, 〈↔poison\toxin〉 우1

939 **am·bu·lance** [앰뷸런스]: 〈← ambulare(walk)〉, 〈라틴어〉, 구급차, 병원차, '걷는(이동) 병원', 〈~ medical transport\EMS²〉 양2

940 **am·bu·late** [앰뷸레이트]: 〈← ambulare(walk)〉, 〈라틴어〉, 걷다, 이동하다, 〈~ tread\stroll〉, 〈↔immobile\stagnate〉 가1

941 **am-bush** [앰부쉬]: in+boscus(wood), 〈라틴어에서 유래한 프랑스어〉, 〈덤불(bush) 가운데에 숨는〉 잠복, 매복, 복병, 〈~ way-lay\trap\pounce〉, 〈↔show\free〉 양1

942 **AMC**, the·a-tres: American Multi-Cinema, 1920년에 세워진 미국의 세계적 영화관 연쇄점 수2

943 **AMD** (Ad·vanced Mi·cro De-vices): (1969년에 창립된) 미국의 세계적 반도체 회사, 〈~ an American IT corp.〉 수1

944 **a·me·ba** [어미이버]: 〈← ameibein(change)〉, 〈그리스어〉, ⇒ amoeba 우2 양1

945 **a-mel·io·ra-tion** [어밀류러뤠이션]: ad(to)+melior(better), 〈프랑스어〉, 'making better', 개선, 수정, 향상, 〈~ reformation\improvement〉, 〈↔deterioration\worsening〉 양1

946 **a·men** [에이멘]: 아멘, 히브리 말로 "그렇게 되다"(so be it), 좋다, 그렇다, 진실로, 확실히, 〈↔a-women〉 우2

947 **a-me·na-ble** [어미이너블]: ad(to)+minare(drive), 〈라틴어〉, 〈위협해서 짐승을 몰고 가는〉, 순종하는, 받아들이는, 따르는, 〈~ compliant\managable〉, 〈↔reluctant\stubborn〉 양1

948 **a-mend-ment** [어멘드먼트]: ex(without)+mendum(fault), 〈라틴어〉, '개선', 변경, 수정, 정정, 교정, 〈→ mend〉, 〈~ alteration\revise〉, 〈↔fixation\un-changing〉 가2

949 **a·men·i-ty** [어메니티]: 〈← amaenus(pleasant)〉, 〈라틴어〉, 쾌적한, 상냥함, 위락시설, 〈~ facility\convenience〉, 〈↔austerity\discomfort〉 양2

950 **a·ment** [애먼트 \ 에이먼트]: ①〈← amentum(thong)〉, 〈'끈'이란 뜻의 라틴어에서 유래한〉 화수, ('꼬리' 모양의) 꽃차례, 〈~ catkin〉, 기다란 꽃송이 ②a+mens, 〈라틴어〉, 〈사고력이 없는〉 정신박약아, 〈~ idiot〉 양1

951 **a-mer·i·a** [어메뤼어]: ①a(without)+mere(boundary), 〈영국어〉, (마디가 없는) 무체절동물, 〈~ incorporeal animal〉 ②armeria, 붉은 갯질경이, sea pink, thrift 미2

952 **A·mer·i·ca** [어메뤼커]: 아메리카, 〈한국의 현대화에 지대한 공헌을 한〉 미국, (1501년경 남쪽 대륙의 동해안을 탐험한 Amerigo〈가장〉 Vespucci의 이름을 딴) 미대륙, ⇒ United States of America 미1

953 **A·mer·i·can Air-lines \ AA¹**: 미국 항공 (회사명), 1926년 80여 개의 군소 항공사 연합으로 설립되어 2001년 9·11 때 2대의 비행기를 잃고 고전하다가 2013년 US Airway에 흡수되었으나 이름을 그대로 유지하고 있는 세계 최대의 항공사 미1

954 **A·mer·i·can As·so·ci·a-tion of Re·tired Per·sons** \ AARP: 전미 퇴직자 협회, 1958년 노후 생활 방식을 개선하기 위해 설립된 비영리 단체 미1

955 **A·mer·i·can Beau-ty** [어메뤼컨 뷰티]: 1999년에 나온 미국 영화, 금발에 푸른 눈을 가진 전형적 미국 미인, 1875년 프랑스에서 개발한 진홍색의 큰 장미꽃, 〈~ Madame Ferdinand Jamin\a crimson rose〉 수2

956 **A·mer·i·can break-fast** [어메뤼컨 블뤡휘스트]: (주스·시리얼·팬케이크·토스트·햄·달걀 등이 나오는) 미국식 〈푸짐한〉 아침 식사, 〈~ a large breakfast〉, 〈↔Continental breakfast〉 미2

957 **A·mer·i·can cheese** [어메뤼컨 취이즈]: 〈보통 얇은 조각을 비닐에 싸서 파는 오렌지색의〉 미국산 체더(cheddar)치즈, 〈~ processed cheese slices〉 수2

958 **A·mer·i·can Col-lege Test** [어메뤼컨 칼리쥐 테스트], ACT: (미국) 대학 입학 학력고사, 1959년에 고안된 영어·수학·읽기·과학·쓰기 (선택) 능력을 검사하는 3~4시간짜리 시험, 〈~ a standardized test for college admission in US〉, 〈~(↔)SAT〉, 〈~(↔)AP〉 미1

959 **A·mer·i·can Ea·gle** [어메뤼컨 이이글]: 흰머리독수리, 미국의 문장, 〈~ a sea eagle\bald eagle〉 미2

960 **A·mer·i·can Ea·gle Air-line** [어메뤼컨 이이글 에얼라인]: 1984년에 세워지고 1998년에 재편된 아메리칸 에어라인의 중·단거리 노선 자회사, 〈~ regional branch of AA〉 수2

961 **A·mer·i·can Ea·gle Out-fit-ter** [어메뤼컨 이이글 아웉휱터]: 1977년에 세워진 미국의 (유행) 의류·장식물 판매망, 〈~ a clothing and accessories retailer〉 수2

962 **A·mer·i·can Ex·press** [어메뤼컨 익스프뤠스] \ Amex: 1850년에 시작된 미국 신용카드(credit card)의 일종, 〈~(↔)Visa\Master Card〉 수2

963 **A·mer·i·can Fam·i·ly** [어메뤼컨 홰밀리]: 1927년에 설립된 미국의 종합보험회사, 〈~ a private mutual company〉 수2

964 **A·mer·i·can Freight** [어메뤼컨 후뤠읕]: 1968년 Sears Surplus로 출발해서 1994년 개칭된 각종 가구·가전제품, 생활용품을 매장이나 전산망을 통해 할인된 가격으로 팔고 있는 물류회사, 〈~ furniture and appliances〉 수2

965 **A·mer·i·can Gen·tle·man** [어메뤼컨 젠틀맨]: 1893년 '미 견우회'에서 〈미국 신사〉로 공인된 수더분한 애완견, ⇒ Boston terrier 수2

966 **A·mer·i·can In·di·an** [어메뤼컨 인디언]: 2만~4만 년 전에 아시아로부터 베링해협을 통해 들어온 신앙심이 강하고 평화를 사랑하는 미주 대륙의 '원주민', 〈~ Native American〉 수2

967 **A·mer·i·can-ism** [어메뤼커니즘]: 미국풍, 미국 숭배, 미국 국수주의(Americo-centrism), 〈~ applepie·hotdog·baseball·football〉 양2

968 **A·mer·i·can larch** [어메뤼컨 라알취]: 미국 낙엽송, ⇒ tamarack 우2

969 **A·mer·i·can League** [어메뤼컨 리이그]: AL, 1901년에 결성된 미국 프로야구 2대 연맹의 하나, 〈~ a professional base-ball club〉 수2

970 **A·mer·i·can Le·gion** [어메뤼컨 리이줜]: '전미재향군인연맹', 1919년 연방 정부 주선으로 창립된 250만 정도의 회원을 가진 제대군인 출신 애국단체, 〈~ a war-time veterans service org.〉 수2

971 **A·mer·i·can leop·ard** [어메뤼컨 레퍼드]: 미국 표범, jaguar 미1

972 **A·mer·i·can lin·den** [어메뤼컨 린던]: 미국 참피나무, ⇒ bass·wood 미2

973 **A·mer·i·can or·gan** [어메뤼컨 오얼건]: melodeon, 〈영국·북미에서 사용하던〉 미국식 풍금, 발판으로 공기를 불어넣어 금속판을 울리게 하는 발풍금(harmonium) 미1

974 **A·mer·i·can plan** [어메뤼컨 플랜]: (방세와 식비를 합산하는) 미국식 숙박 요금제, 〈~ lodge+3meals〉, 〈↔Continental plan〉 미1

975 **A·mer·i·can Rev·o·lu·tion** [어메뤼컨 뤠뷜루우션]: 미독립 혁명, 〈1775~1783년간 진행된〉 (영국 본토에 대한) 미국 식민지의 독립 전쟁, 〈~ War of Independence〉 미1

976 **A·mer·i·can Sa·mo·a** [어메뤼컨 서모우어]: 동사모아, 미국령 사모아, 1899년 독일과의 협상으로 획득한 하와이와 오스트레일리아 사이에 있는 사모아 제도의 동쪽 7개의 섬에 인구 약 6만 명을 가진 미국의 신탁통치 지역, 〈~ a teritory in South Pacific ocean〉 수2

977 **A·mer·i·can Sig·na·ture** [어메뤼컨 씨그니춰]: 1948년에 세워져 다양한 가정용 가구를 제조·판매하고 있는 회사, 〈~ a private furniture company〉 수2

978 **A·mer·i·can Staf·ford·shire ter·ri·er** [어메뤼컨 스태훨드쉬어 테뤼어]: 미국에서 투견용으로 사육된 스태퍼드셔 원산의 테리어, 〈~ a pit-bull terrier〉 수2

979 **A·mer·i·can Stock Ex·change** [어메뤼컨 스탑 익스췌인쥐]: ASE, AMEX, 1908년에 태동하여 2016년 NYSE American으로 개명된 미국 증권 거래소 미1

980 **A·mer·i·can syc·a·more** [어메뤼컨 씨커모우어]: 미국 버즘나무, 미국 쥐방울나무, ⇒ button tree 미2

981 **A·mer·i·can ti·ger** [어메뤼컨 타이거]: 미국 호랑이, jaguar 미1

982 **A·mer·i·can wa·ter span·iel** [어메뤼컨 워어터 스패니얼]: 미국에서 물새 사냥용으로 개량된 중간 크기의 스패니얼, 〈~ American Brown Spaniel〉 수2

983 **A·mer·i·can wi(d)g·eon** [어메뤼컨 위쥔]: 미국 홍머리오리, ⇒ bald·pate 우2

984 **A·mer·i·ca On-line** [어메뤼커 언라인]: AOL, '미국 연결선', 1983년에 세워진 것을 2000년 타임워너사가 인수했다가 2015년에 Verizon으로 넘어간 미국의 (전산기) 대중매체 판매망, 〈~ a web-portal and on-line service provider〉 수2

985 **A·mer·i·ca the Beau·ti·ful** [어메뤼커 더 뷰우티훌]: 아름다운 미국, 1883년에 작곡된 음악에 1895년에 쓰인 시를 합쳐 1910년에 탄생한 미국의 '애국가', 〈~ a patriotic song〉 미1

986 **am·e·thyst** [애미씨스트]: a(not)+methy(wine), 〈그리스어〉, 〈그것을 몸에 지니면 '취하지 않는다'는〉 애머시스트, 자수정(자줏빛의 수정), 2월의 탄생석, violet quartz 양2

987 **Am-gen** [암젠]: 암젠, Applied Molecular Genetics(1980-83)이 탈바꿈한 미국의 세계적 생명공학·생약학 전문 제약회사, ⟨~ an American bio-phamaceutical company⟩ 수2

988 **Am·har·ic** [앰해뤽]: ⟨유대계 에티오피아어⟩, '우아한 자'(?), 암하라, 2천2백여만 명이 사용하는 에티오피아(Ethiopia)의 공용어 수1

989 **Am-herst** [앰허스트] Col·lege: ham(town)+herst(wood), wood town, ⟨어원 불명의 영국 지명에서 유래한⟩ 앰허스트, 1921년 미국 매사추세츠 중부 앰허스트 마을에 세워진 ⟨정예⟩ 사립 인문대학, ⟨~ a private liberal arts college⟩ 수1

990 **Am-herst** [앰허스트], Jef·fery: 앰허스트, (1717-97), 프랑스의 항복을 받아 캐나다를 차지하고 북미주 총독이 된 영국의 육군 원수, ⟨~ a British general and baron⟩ 수1

991 **AMI** (A·mer·i·can Meg·a·trends, Inc.): '미국 대세 회사', 1985년에 세워진 미국의 ⟨BIOS·RAID 등을 만드는⟩ 전산기 연성기기 회사, ⟨~ a computer hardware and software company⟩ 수2

992 **a·mi \ a·mie** [애미 \ 아아미이]: ⟨← amicus(friend)⟩, ⟨라틴어에서 유래한 프랑스어⟩, 아미, (남자·여자) 친구, 애인, ⟨↔enemies⟩ 양2

993 **a·mi·a·ble** [에이미어블]: ⟨← amicus ← amare(love)⟩, ⟨라틴어⟩, '친구 같은', 호감을 주는, 붙임성 있는, 친절한, ⟨↔un-friendly\dis-agreeable\bilious\splenetic⟩ 양1

994 **am·i·ca·ble** [애미커블]: ⟨← amare(love)⟩, ⟨라틴어⟩, 우호적인, 유쾌한, ⟨~ friendly\cordial\down-stage⟩, ⟨↔rude\hostile⟩ 양2

995 **a·mi·cus cu·ri·ae** [어마이커스 큐어뤼아이]: ⟨라틴어⟩, friend of the court, 법정 조언자, 변호사, ⟨↔adversary\opponent⟩, ⟨그들이 작성한 의견서는 amicus brief⟩ 양2

996 **a-midst** [어미드스트]: a-mid, ⟨영국어⟩, 한가운데의, 에워싸여, ⟨~ amongst\between⟩, ⟨← middle⟩, ⟨↔out-side\a-way from⟩ 양2

997 **a·mi·go** [어미이고우]: ⟨← amare(love)⟩, ⟨라틴어에서 유래한 스페인어⟩, 친구, (스페인어로) '여보게', ⟨~ buddy\pal⟩, ⟨↔antagonist\foe⟩ 양2

998 **a·min·o ac·id** [어미이노우 애시드]: ⟨영국어⟩, ⟨ammonia에서 유래한⟩ 단백질의 가수분해에 의해 생기는 유기화합물(organic compound)의 총칭 수1

999 **a·mir** [어미어]: 토후, ⇒ emir 우1

1000 ★**am-i-rite** [애미롸이트]: 'am I right?'의 수사학적 표현, 내가 맞을걸? 양2

1001 **A·mish** [아아미쉬]: 아미쉬, 17세기 스위스 목사 Jakob Ammann이 창시한 ⟨조직사회를 거부하는⟩ 메노파의 한 분파 (미국 펜실베이니아에 이주하여 현대문명을 거부하고 검소하게 살고 있음), ⇒ Mennonite 수1

1002 **a-miss** [어미스]: ⟨북구어⟩, ⟨← miss⟩, 적합하지 않은, 부적당한, 어긋난, ⟨~ awry\erring\crooked⟩, ⟨↔in order\proper⟩ 양1

1003 **A·mi·ta·bha** [어미타아버]: amita(boundless)+abha(light), ⟨'측량할 수 없는 빛'이란 뜻의 산스크리트어⟩, 아미타불, 무량광불, 중생을 제도하려는 대원(큰 소원)을 가진 부처, ⟨~ Buddh of Eternal Life⟩ 우1

1004 **am·i-ty** [애미티]: ⟨← amicus(friend)⟩, ⟨라틴어에서 유래한 프랑스어⟩, '친구 관계', 우호, 친선, 친목, ⟨~ peace\harmony⟩, ⟨↔en-mity\animosty\feud⟩ 가1

1005 **am·mo·ni·a** [어모우니어]: ⟨낙타를 놓아두고 그것의 향을 태우면서 좋은 'omen'을 기도했던 시리아의 사원이름 Ammon을 따서 1982년 스웨덴의 화학자가 주조한 말-그래서 어원학이 어렵다는 것이여!⟩, 암모니아, 질소와 수소의 화합물로 악취가 나는 기체, ⟨~ nitrogen hydride⟩ 수2

1006 **am·mu·ni·tion** [애뮤니션]: ⟨← munire(fortify)⟩, ⟨라틴어 → 프랑스어⟩, ⟨← munition⟩, 탄약, 병기, '실탄', '군수품', ⟨~ weapon\armor⟩, ⟨↔preserve\save⟩ 양1

1007 **am·ne·sia** [앰니이저]: a(not)+mnasthai(remember), ⟨그리스어⟩, 건망증, 기억상실증, ⟨~ black-out\memory loss⟩, ⟨↔memory\re-collection⟩, ⟨이것은 acute하고 dementia는 chronic한 것임⟩ 가1

1008 **am·nes-ty** [앰너스티]: ⟨← amnesia⟩, '망각', 은사, 특사, 사면, ⟨~ exoneration\parole⟩, ⟨↔penalty\retribution⟩ 양2

1009 **Am·nes-ty In·ter·na·tion–al** [앰너스티 인터내셔널] \ AI; 국제사면위원회, 1961년 런던에서 결성된 비영리 인권 옹호 단체, ⟨~ human-rights advocate⟩ 미2

1010 **am·ni-on** [앰니언]: ⟨← amnos(lamb)⟩, ⟨그리스어⟩, ⟨제물로 바쳐질 '양'의 피를 담던 쟁반⟩, (태아를 싸는 가장 내부인) 양막, 모태집, ⟨↔chorion⟩, ⟨placenta는 더 포괄적임⟩ 양1

1011 **Am-o-co** [애머코우], Corp: American Oil Company, 아모코, 1889년 존 록펠러가 세웠다가 1998년에 British Petroleum에 합병되고 2004년에 소멸한 종합석유회사로 2024년 9월 현재 미국에 766개의 gas station이 남아 있음 ㉑

1012 **a·moe·ba** [어미이버]: ⟨← ameibein(change)⟩, ameba, ⟨'변화하다'란 뜻의 그리스어에서 유래한⟩ 아메바, 단세포의 원생동물, 쓸모 없는 사람, ⟨~ protozoa\animal-culum⟩, ⟨↔robot\AI⟩ ㉒ ㉓

1013 **a·mok** [어멍 \ 어맠]: violent rage, (말레이인의) 살기 띤 정신착란, 미친 듯이 날뛰는, ⟨↔calm\sane⟩ ㉒

1014 **a·mo·le** [어모울레이]: ⟨아즈텍어⟩, ⟨agave 뿌리⟩, 아몰레, 멕시코산 용설란에서 나온 분비물로 화장품(beauty product) 원료로 쓰임 ㉒

1015 **a·mong** [어멍]: in+gemang(crowd), ⟨영국어⟩, amongst, (셋 이상의 것에 대하여) ~ 사이에서, ~ 가운데서, ~에 둘러싸여, ~에 섞여서, ⟨어중이떠중이 속에서⟩, ⟨~ mingle\amidst⟩, ⟨~(↔)between⟩, ⟨↔out-side\a-way from⟩ ㉚

1016 *****a·mor fa·ti** [애머 화아티]: ⟨니체가 합성한 말⟩, 'love fate', 아모르 파티, 숙명애, '운명을 사랑하라', ⟨사는 게 다 그런 거지⟩, ⟨↔odium fati(hate fate)⟩ ㉓

1017 **a·mo·ro·so** [아머로우소우 \ 애머로우소우]: ⟨← amor(love)⟩, ①부드럽게, 애정을 가지고, ⟨~ amorous⟩, ⟨↔forte⟩ ②달짝지근한 스페인 남부 원산의 백포도주, ⟨~ a sweet wine⟩ ㉕ ㉒

1018 **am·o·rous** [애머뤄스]: ⟨← amor(love)⟩, ⟨라틴어⟩, 색정적인, 요염한, 사랑스러운, ⟨~ erotic\romantic⟩, ⟨↔decorous\un-loving⟩ ㉓

1019 **am·or-tize** [애머타이즈]: ad(to)+morse(death), ⟨라틴어⟩, ⟨빚을 murder하다⟩, 분할 상환하다, 감채기금을 조성하다, ⟨~ repay\remunerate⟩, ⟨↔accumulate⟩ ㉓

1020 **A·mos** [에이머스]: carried by God, '신에 의해 태어난 자', 아모스, 히브리인의 예언자, ⟨신은 모든 민족을 공평하게 다룬다는⟩ 구약 성서 중의 한 권, ⟨~ a Book of the Old Testament⟩ ㉑

1021 *****a moth·er with a large brood nev·er has a peace·ful day**: 가지 많은 나무에 바람 잘 날 없다, ⟨~ no rest for a mother with many children⟩, ⟨↔don't worry, after three the olders will take care of the youngers; 저출산 시대를 맞이해서 편자가 만들어 낸 반의어⟩ ㉓

1022 **a-mount** [어마운트]: ad(to)+mons(mountain), ⟨라틴어⟩, ⟨← mount⟩, ~이 되다. 총계, 귀결, '쌓아 올린 양', ⟨~ sum\quantity⟩, ⟨↔recede\deficit⟩ ㉚

1023 **a·mour** [어무어]: ⟨← amor(love)⟩, ⟨라틴어⟩, 정사, 밀통, 연애, (여자) 애인, ⟨~ affair\intimacy⟩, ⟨~ love보다 끈적끈적한 말⟩, ⟨↔dislike\hate⟩ ㉕

1024 *****A-mov·ie** [에이 무우비]: big budget high-class motion picture, 고 예산 대형(예술)영화, ⟨↔B(\C)-movie⟩ ㉒

1025 **Am·pere** [앰피어], An·dre: ⟨어원 불명의 알프스 산록의 지명에서 유래한⟩ 앙페르, (1775-1836), 프랑스의 수학자·물리학자, ⟨전자기학의 아버지⟩, ⟨~ a French physicist and mathematician⟩ ㉑

1026 **am·pere** \ amp [앰피어]: 암페어, 매초 1 쿨롬(6.24×10의 18승 전자들의 모임) 전기량이 흐를 때 전류의 세기, ⟨~ base unit of electrical current⟩ ㉒

1027 *****am·per·sand** [앰퍼샌드]: ⟨영국어⟩, and per se and, '&' 등 and의 약자를 나타내는 부호, per se(by itself) ㉒

1028 **Am-pex** [앰펙스]: Alexander M. Poniatoff Excellence, 앰펙스, 1944년 창립자의 이름에서 따온 혼성어로 TV 신호의 자기 녹음으로 된 8-track 시대의 전성기를 지내고 2014년 Delta사에 합병된 미국의 전자기기 회사, ⟨~ an American electronics company⟩ ㉑

1029 **am·phet-a·mine** [앰훼터민]: alpha-methyl-phen-ethyl-amine, 암페타민, (중독성이 강한) 중추 신경을 자극하는 '각성제', ⟨~ philo-pon\speed\a stimulant⟩ ㉒

1030 **am·phi~** [앰휘~]: ⟨그리스어⟩, both-sides \ round-about, ⟨양쪽~, 둘레~⟩란 뜻의 결합사, ⟨→ ambi~⟩ ㉓

1031 **am·phib·i·ous** [앰휘 비어스]: amphi+bios(life), 양서류의, 수륙 양용의, 이중인격의, ⟨~ semi-aquatic\amphi-biotic⟩, ⟨~ dual personality⟩, ⟨~(↔)terraqueous⟩, ⟨↔aquatic\terrestrial⟩ ㉚

1032 **am·phi-bol·ic** [앰휘 발릭]: amphi+ballein(throw), ⟨양쪽 색조를 가진⟩ 각섬석⟨각 기둥의 결정체⟩의, 불분명한, 모호한, 불안정한, ⟨~ equivocal\uncertain⟩, ⟨↔apparent\definite⟩ ㉓

1033 **am·phi-go·ry** [앰휘거어뤼]: amphi(about)+gyros(circle), ⟨그리스어⟩, nonsensical poem, 무의미한 글, 허튼소리, 풍자시, 엉터리 문장, ⟨~ parody\burlesque\balder-dash⟩, ⟨↔macaronic\formalism⟩ ㉓

1034 **Am·phi·on** [앰피이언]: '양쪽 편을 드는 자', 암피온, 제우스의 아들, 〈하프 연주로 돌을 움직여 테베의 성을 쌓았다는〉 니오베의 남편, 〈son of Zeus\husband of Niobe〉 수1

1035 **am·phi-the·a·ter** [앰휘 씨어터]: 원형 경기장, 계단식 관람석, 〈~ bowl\auditorium〉, 〈↔back-stage\roof〉 양1

1036 **Am·phit·ry·on** [앰휘트뤼언]: amphi+truon(harassing), '양쪽 다 교란시키는 자', 암피트리온, 테베의 왕, 〈제우스와 동침하여 헤라클레스를 낳은〉 알크메네의 남편(husband of Alcmene) 수1

1037 **am·pho·ra** [앰훠뤄]: amphi+phoreus(bearer), amphoreus, 암포라, (그리스·로마시대의) '손잡이가 둘인' 항아리, 〈~ a two handled storage jar〉 수2

1038 **am·ple** [앰플]: ambi+plenus(full), 〈라틴어〉, amplus, 넓은, 충분한, 넉넉한, 〈~ abundant〉, 〈↔insufficient\meager〉 양2

1039 **am·pli·fi·er** [앰플리화이어]: amplus(plenty)+facere(make), 〈라틴어〉, 증폭기, 확대기, 〈~ booster〉, 〈↔attenuator〉 양2

1040 **am·poule \ am·pul** [앰퓨울]: 〈← amphora?〉, 〈어원 불명의 라틴어〉, (1회용) 작은 주사 약병, 〈~ vial〉 우1

1041 **am·pu·ta·tion** [앰퓨테이션]: amb(about)+putare(prune), 〈라틴어〉, 〈주위에 있는 가지를 자르기〉, 절단(수술), 〈~ prune\resection〉, 〈↔re-attachement\joining〉 가2

1042 **Am-ster–dam** [앰스터댐]: 암스테르담, Amstel〈aam(water)+stelle(ground)〉의 dam, 〈1천 년 전부터 개척되어〉 백 개 이상의 운하를 가진 정부청사 없는 네덜란드 수도 (상업·문화도시), 〈~ Capital of Netherlands〉 수1

1043 **Am-trak** [앰트랙] (A·mer·i·can Track): 암트랙, 1970년에 설립된 반관반민의 미국 철도 공사 (정식 이름은 National Railroad Passenger Corporation) 수2

1044 **amu** [애뮤우]: atomic mass unit, 원자 질량 단위, Carbon-12의 $\frac{1}{12}$에 해당하는 무게, 약 1.67377×10^{-27}kg atomic weight unit, Dalton unit 미2

1045 **am·u·let** [애뮤릿]: 〈← amuletum(charm)〉, 〈라틴어〉, 부적, 호부, 액막이, 〈~ mascot〉, 〈↔jinx\spell³〉 양2

1046 **A-mund–sen** [아문먼], Roald: son of Amund〈agi(point of a sword)+mund(protection)〉, 〈북구어〉, '칼 끝으로부터 보호된 자의 아들', 아문센, (1872-1928), 1911년 최초로 남극을 답파하고 (나중에 구출된 동료 탐험가를 찾아 헤매다 북극에서 사라진) 노르웨이 탐험가, 〈~ a Norwegian explorer〉 수1

1047 **a-muse–bouche** [어뮤우즈 부우쉐]: a·muse+mouth, 〈프랑스어〉, (입맛을 돋우라고) 식당에서 무료로 주는 간단한 요리 (전채), 〈~ amuse-gueule\free single-bite hors d'oeuvres〉 우1

1048 **a-muse–ment** [어뮤우즈먼트]: ad(to)+muser(gaze at), 〈프랑스어〉, 〈← muse〉, 〈심취하는〉 즐거움, 오락, 놀이, 〈~ regalement\entertainment〉, 〈↔boredom\sadness〉 가2

1049 **a·myg·da·la** [어미그덜러]: 〈어원 불명의 그리스어〉, 편도체, 대뇌 측두엽 주둥이 쪽에 있는 한 쌍의 편도만 한 〈공포 단추〉, 〈~ almond〉, 〈~ the panic button〉 양2

1050 **am·yl(o)~** [애밀(로)]: a(not)+mill(grind), 〈그리스어〉, '부수지 않은 ~', 〈녹말(starch)을 함유하는 ~〉이란 뜻의 결합사 양1

1051 **an** [언 \ 앤]: 〈영국어〉, 모음의 앞의 부정관사 a(하나), 〈~ one\each〉, 〈↔the〉 가1

1052 **an~** [언~ \ 앤~]: 〈그리스어〉 ①not \ without, 〈없는~, 무~〉란 뜻의 접두사 ②〈라틴어〉, (n 앞에서) ad~의 변형 양1

1053 **~an** [~언 \ ~앤]: 〈라틴어〉, belonging to, 〈~성질의, ~사람〉이란 뜻의 접미사, 〈~ anus\ain\en〉 양1

1054 **An, Lu·shan** [앤 루샨]: '평온안 자(peaceful)', 안녹산, (700?-757), 모계에 터키 피가 섞인 당나라 장수로 양귀비와 밀통했다는 모함을 받아 봉기했다가 부하에게 암살당한 〈연나라 황제〉, 〈~ a general in Tang dynasty〉 미2

1055 **ANA** (All Nip·pon Air·ways): 전일본공수, 1952년에 창립되어 국제선보다 국내선을 주름잡는 Star Alliance 제휴의 일본 제1의 항공 회사 수2

1056 **an·a~** [애너\ 아너~]: 〈그리스어〉, up \ upon \ again \ back, 〈위·뒤·다시~를 뜻하는 결합사〉, 〈↔cat(a)〉 양1

1057 **~a·na** [애너 \ 아이너~]: ⟨← ~ anus⟩, ⟨라틴어 → 영국어⟩, collective plurals, (인명·지명 뒤에 붙여서) 자료·문헌을 나타내는 접미사, ⟨~ pertaining to⟩ 양1

1058 **an·a-bas** [애너배스]: ana(up)+bainein(go), ⟨그리스어⟩, 아나바스, 등목어, 나무에 '오르는' 농어류, ⟨~ a perch-like fish\a climbing gouramy⟩ 미2

1059 **a·nab·o·lism** [어내벌리즘]: ana(up)+ballein(throw), ⟨그리스어⟩, '위로 던지기', 동화(작용), (열량을 이용해서 물질을 만드는) 합성작용, ⟨열량을 비축하면서⟩ 저분자 물질을 고분자 물질로 합성시키는 '상향성 대사작용', ⟨~ assimilation\incorporation⟩, ⟨~(↔)metabolism⟩, ⟨↔catabolism⟩ 양2

1060 **an·ach·ro·nism** [어내크뤄니즘]: ana(against)+chronos(time), ⟨그리스어⟩, 시대에 뒤진 것(사람), 시대착오, 연대의 오기, ⟨~ obsolete\antique⟩, ⟨↔up-to-date\modernism⟩ 양2

1061 **an·a-con·da** [애너칸더]: hena(lightning)+kanda(stem), ⟨Sri Lanka어⟩, '벼락치는 막대', 아나콘다, 물구렁이, 남아메리카산 독 없이 ⟨졸라 죽이는⟩ 큰 뱀 (5m 이상), water boa 수2

1062 **A·nac·re·on** [어내크뤼언]: ana(up)+kreon(lord), '늙은 주인', 아나크레온, BC 6세기 그리스의 시인, 술과 사랑의 신, ⟨~ a Greek lyric poet⟩ 수1 수2

1063 *****an·a-dam·a** [애너대머]: ⟨미국어⟩, ⟨고된 일과 후 돌아온 남편이 항상 그것을 내놓는 부인 Anna한테 'Anna, damn her!'라고 외친 것에서 유래⟩ 아나다마, 미국 동북부 Cape Ann에서 개발된 (밀·옥수수가루·폐당밀을 섞어 발효시켜 구운) 거친 빵, ⟨~ a classic yeast bread⟩ 수2

1064 **an·a-di·plo·sis** [애너디플로우시스]: ana(again)+diploos(double), ⟨그리스어⟩, ⟨뒤로 접는⟩ 전사 반복, 결구 복제, 끝말을 다음 글 앞에서 반복해서 문장의 강도를 높이는 수사법, ⟨~ re-duplication⟩, ⟨~(↔)anaphora\epanalepsis⟩ 미2

1065 **an·ag·nor·i-sis** [애내그너뤼시스]: ana(again)+gnorizein(recognize), ⟨그리스어⟩, (비극에서) 사건의 전말과 진실을 깨닫는 일, 결말, 대단원, ⟨~ denouement\peripeteia⟩, ⟨↔explanation\clarification⟩ 양2

1066 **a·na·go** [아나고]: ⟨일본어⟩, 바닷장어, salt water eel, sea eel, ⟨~(↔)unagi⟩ 수2

1067 **an·a-go·ge** \ **~gy** [애너고우쥐]: ana(up)+agein(lead), ⟨그리스어⟩, ⟨'치켜올리다'란 뜻의⟩ 영적 해석, (성서어구 등의) 신비적 ⟨고차원적⟩ 해석, ⟨~ symbolic\mystic⟩, ⟨↔anti-type⟩ 양2

1068 *****an·a-gram** [애너그램]: ana(back)+graphein(write), ⟨그리스어⟩, ⟨time~emit같이⟩ 뒤로 쓴 글자, (반대로) 철자를 바꾼 말, ⟨~ palindrome⟩, ⟨↔anti-gram⟩ 양2

1069 **An·a-heim** [애너하임]: ⟨게르만어⟩, 애너하임, 'Santa Ana강을 끼고 있는 집⟨home⟩들', 1857년 SF에서 내려온 독일계 미국인들이 세운 LA 남동부의 산업·관광도시, ⟨~ a city in Southern California⟩ 수1

1070 **an·a-lects** [애널렉츠]: ana(up)+legein(gather), ⟨그리스어⟩, ⟨위로 뽑아 모은⟩ 어록, 선집, ⟨~ compendium\anthology⟩, A~; 논어(Lunyu), ⟨↔ignorance\nonsense\whole⟩ 양2 미2

1071 **an-al·ge·sic** [애널쥐이직]: an(not)+algesis(pain), ⟨그리스어⟩, ⟨통증에 무감각한⟩ 무통성, 진통제, ⟨~ anesthesia⟩, ⟨~ pain killing\soothing⟩, ⟨↔annoying\trouble-some⟩ 양1

1072 **an·a-log** [ue] [애널어그]: ana(upon)+logos, ⟨그리스어⟩, ⟨비율에 따른⟩ 연속(형), 계량형, 유사물, 연속으로 변하는, ⟨한국의 이어령 선생에 의하면⟩ (언덕 위의 집을 갈 때 비탈길로 가는 일), ⟨~ cognate\parallel⟩, ⟨↔digital\discrete⟩ 미2

1073 **an·a-log clock** [애널어그 클락]: (시곗바늘이 돌아가는) 연속형 시계, ⟨~ mechanical clock⟩, ⟨↔digital clock⟩ 미2

1074 **a·nal·o·gy** [애낼러쥐]: ana(upon)+logos(ratio), ⟨그리스어⟩, 유사, 유추, 비유, ⟨~ likeness\resemblance⟩, ⟨↔dis-similarity\incongruity⟩ 가1

1075 **a·nal·y-sis** [어낼리시스]: ana(back)+lyein(loosen), ⟨'풀다'라는 뜻의 그리스어⟩, 분석, 분해, 해석, '해방시킴', ⟨~ evaluation\dissection⟩, ⟨↔synthesis\integration⟩ 가2

1076 **an·a·nas** [애너내스 \ 어내너스]: ⟨← nanas(excellent fruit)⟩, ⟨투피어⟩, 파인애플 ('솔사과'), blomeliad, ⟨~ pine-apple\arghan⟩ 수2

1077 **An·a-ni·as** [애너나이어스]: ⟨← hananyah(answered by the lord)⟩, ⟨히브리어⟩, ⟨신에 의해 대답된⟩ 아나니아, 하나님 앞에서 거짓말을 하여 목숨을 잃은 남자, ⟨~ a diciple of Jesus, a~; 거짓말쟁이(liar)⟩ 수1 양1

1078 **a·naph·o·ra** [어내풔뤄]: ana(back)+pherein(bear), ⟨그리스어⟩, '되풀이', 성체기도, 성찬식 글, 수구반복, 악절반복, ⟨~ repetition of words⟩, ⟨~(↔)anadiplosis⟩ 미2

1079 **an·a·phy·lax·is** [애너휠랙씨스]: ana(without)+phylaxis(watching), 〈그리스어〉, '예방할 수 없는' 〈급작한〉 과민성 반응, 〈~ severe allergic reaction〉, 〈↔pro-phylaxis〉 양2

1080 **an·ar·chist** [애너키스트]: an(without)+archos(ruler), 〈그리스어〉, 〈우두머리(chief)가 없는〉 무정부주의자, 〈~ defier of government〉, 〈↔statist〉 양2

1081 **an·ar·chy** [애널키]: an(without)+archos(ruler), 〈그리스어〉, 아나키, 〈지도자가 없는〉 무정부 상태, 〈~ chaos\lawless-ness〉, 〈↔order\rule〉 양2

1082 *****ana-tain–er** [어나테이너]: 'announcer+entertainer', '방송 흥행가', 발표와 여흥을 같이 하는 〈방송 연예인〉이란 뜻의 콩글리시, 'studio host' 미2

1083 **a·na·th·e·ma** [어내써머]: ana(back)+tithenai(place), 〈그리스어〉, 〈신에 거역해서〉 저주받은 것, (아주 싫은) 질색, 파문, 〈~ curse\malediction〉, 〈↔blessing\benediction\litany〉 양2

1084 **An·a·to·li·a** [어내토올리어]: ana(up)+tello(rise), 〈그리스어〉, 아나톨리아, (그리스에서 볼 때) '해가 뜨는 곳', 터키(Turkey)반도, ⇒ Asia Minor 미2

1085 **a·nat·o·my** [어내터미]: ana(up)+temnein(cut), 〈그리스어〉, 해부학, 정밀분석, '완전히 자름', '위로 자름', 〈~ examination\dissection〉, 〈~(↔)physiology\chemistry〉 가1

1086 **A·nax·a·go·ras** [애낵쌔거뤄스]: anax(master)+agora(market), '시장의 주인', 아나크사고라스, (BC500?-428?), 무에서 유가 생겨날 수는 없고 미세한 종자에 정신이 작용하여 만물이 탄생했다고 주장한 이오니아 출신 철학자, 〈~ a pre-Socratic natural philosopher〉 수1

1087 **A·nax·i·man·der** [아낙씨만더]: anax(master)+andros(men), '군중의 주인', 아낙시만드로스, (BC610?-546?), "존재하는 만물은 필연에 의해 생성된 것이며 그것은 시간이란 질서에 의해 보상되고 소멸되어 가는 것이다"란 멋진 말을 남긴 터키의 밀레토스 지방 출신 철학자, 〈~ a pre-Socratic Ionian philosopher〉 수1

1088 **A·nax·i·me·nes** [애낵씨미니즈], of Mi·le·tus: anax(master)+menos(mind), '마음의 주인', 아낙시메네스, (586?-526? BCE), 공기를 만물의 근원이라고한 그리스(현재 터키)의 철학자, 〈~ a pre-Socratic philosopher from Anatolia〉 수1

1089 **~ance** [~언스]: 〈라틴어 → 프랑스어 → 영국어〉, denoting action, ~ence, ~ancy, ~ency, 〈~ 행위·상태·성질〉을 뜻하는 결합사, 〈~ ant\ent〉, 〈~ action\state\quality〉 양1

1090 **an·ces·tor** [앤세스터]: ante(before)+cedere(go), 〈라틴어〉, '선구자', 조상, 선조, 〈~ fore-bear〉, 〈↔descendant\posterity〉 가1

1091 **An·chi·ses** [앤카이시즈]: 〈어원 불명의 그리스 이름〉, 안키세스, 트로이 왕족(royal family of Troy)으로 아프로디테(Aphrodite) 여신과 정사를 해서 벌을 받은 인간, Aeneas의 아버지 수1

1092 **an·chor¹** [앵커]: 〈← ankyra(hook)〉, 〈'갈고리'란 뜻의 그리스어에서 연유한〉 닻, 묶어두다, 주요 거점, (전산망에서 문서를 연결해 주는) '연결점', 〈~ angle〉, 〈~ attach\dock〉, 〈↔loosen\un-fasten〉 양1 우2

1093 *****an·chor²** [앵커]: 〈← anchor〉, 〈영어〉, 〈차림표에 닻을 묶어주는〉 종합 사회자, 뉴스를 진행하다, anchorman (교체 달리기의 마지막 주자), 〈~ announcer\broadcaster〉, 〈↔guest\audience〉 우2

1094 **An·chor·age** [앵커뤼쥐]: 앵커리지, 미국 알래스카주 남부의 항구·상업·군사 도시, 〈~ a port city in Alaska〉 수1

1095 **an·chor·age** [앵커뤼쥐]: '닻을 내리는 곳', 정박지, 〈~ moorings\harborage〉, 〈↔un-dock\embarkation〉 양1

1096 **an·chor¹ ba·by** [앵커 베이비]: '거점아이', 원정출산, 미국 시민권을 주는 곳으로 가서 출산하는 것, 〈~ passport baby〉 양2

1097 **an·cho·vy** [앤쵸우뷔]: 〈← anchua(dry)〉, 〈바스크어 → 포르투갈어〉, 〈작은 짠 물고기〉, 앤초비, (지중해 등 온·난류에 서식하는 140여 종의) 멸치류, 〈~ a small forage fish〉 미2

1098 **An·cien Re·gime** [앙시앵 뤠이쥠]: 〈프랑스어〉, 앙시앵레짐, ancient r~, (프랑스 혁명 이전의) '구체제', 〈기존의 무능력했던〉 왕정하의 전제적 지배체제, 〈~ 'old order' before French Revolution〉 미2

1099 **an·cient** [에인션트]: 〈← ancianus〉, 〈라틴어〉, 〈← ante〉, 옛날의, 고대의, 구식의, 〈~ archaic\antique〉, 〈↔recent\contemporary〉 가1

1100 **an·cil·la** [앤씰러]: 〈← anculus(servant)〉, 〈라틴어〉, 부속물, 조수, '하녀', 〈~ auxiliary\adjunct〉, 〈↔main\chief〉 양2

1101 **an·cil·lar·y** [앤설레뤼]: ambphi(around)+kwel(revolve), 〈그리스어 → 라틴어〉, 〈← ancilla〉, '주의에서 움직이는', 보조의, 부수적인, 조력자, 〈~ accessory\secondary〉, 〈↔essential\primary〉 가①

1102 **and** [앤드 \ 언드]: 〈← unti〉, 〈게르만어〉, there upon, 그리고, 또, 〈허전할 때 쓰는 말〉, 〈~ also\along with〉, 〈↔but〉 가②

1103 **an·dan·te** [앤댄티]: 〈← andare(walk)〉, 〈라틴어에서 연유한 이탈리아어〉, 안단테, 느리게, 천천히, 〈~ adajio\largo〉, 〈↔fast(er)\scherzo\allegro〉 미②

1104 **an·dan·ti·no** [앤댄티이노우]: 〈← andante〉, 안단티노, 안단테보다 좀 빠른, 조금 느리게, 조금 천천히, 〈~ moderately fast〉, 〈~(↔)gradually slow\allegretto〉 미②

1105 **An·der·son** [앤덜슨], Hans Chris·tian: 〈← Andreas(manly)〉, 〈그리스어에서 연유한 북구계 이름〉, '싸나이의 아들', 안데르센, (1805-75), 교훈적인 〈실화 같은 동화〉를 쓴 덴마크의 작가, 〈~ a Danish author〉 수①

1106 **An·der·son** [앤덜슨], Mar·i·an: 앤더슨, (1897-1993), UN에서 활동한 미국의 흑인 여성 콘트랄토 가수, 〈~ an American contralto〉 수①

1107 **An·des** [앤디즈]: 〈← anti(east) \ andi(high crest)〉, 〈남미 원주민어〉, '동쪽지방'\'높은 산마루', 안데스산맥, 남미의 서해안을 따라 뻗은 세계 최장·세계 제2 고도의 산맥군, 〈~ mountain range in South America〉 수①

1108 *****and gate** [앤드 게이트]: '통합문', '2입 1출문', 두 개가 들어갔다 한 개가 나오는 〈모든 전산기의 모테가 되는〉 논리 회로의 하나, 〈~ a door-way〉, 〈~ a logical conjunction〉, 〈↔or gate〉 우②

1109 **and·i·ron** [앤다이언]: 〈← andier+iron〉, 〈어원 불명의 프랑스어〉, fire-dog, 난로 안의 장작〈fire log〉 받침쇠(대), 〈↔fire-pit\fire pricker〉 우②

1110 **An·dor·ra** [앤더뤄]: 〈← andurrial(shrub-covered land)?〉, 〈어원 불명의 원주민어〉, 안도라 공국, (1278년에 독립한) 프랑스와 스페인의 〈관목으로 덮힌〉 산간지방에 있는 조그만 나라로 스페인의 지방 주교와 프랑스 대통령의 대리인들이 통치함, {Andorran-Catalan-Euro-Andorra}, 〈~ a tiny principality in Pyrenees mountains〉 수①

1111 **an·dr(o)~** [앤드(뤄)~]: 〈← andros(man)〉, 〈그리스어〉, 〈남성·수꽃~〉을 뜻하는 결합사, 〈~ male\anther\stamen〉, 〈↔gyn(o)~〉 양①

1112 **An·drew** [앤드루우], St.: 〈← andros(manly)〉, 〈그리스어〉, 〈씩씩한 남자〉, 성 안드레, 어부 출신으로 예수의 12제자 중의 하나가 되어 5,000명을 먹일 점심 상자를 가져왔고 그리스어 통역을 했으며 스키타이 지방에서 포교하다가 십자가에 못 박혀 순교했다 함, 〈~ a fisherman\an apostle of Jesus〉 수①

1113 **an·dro·gen** [앤드뤄젼]: 〈그리스어〉, (고환·난소·부신 등에서 나오는) 안드로젠, 남성호르몬, 〈~ dihydro-testosterone〉, 〈↔estrogen〉 미①

1114 **An·droid** [앤드뤄이드], op·er·a·ting sys·tem: 안드로이드, 〈robot을 좋아하던 직원 이름을 따서〉 2008년에 출시되어 구글이 소유하고 있는 (접촉화면용) 이동성 전산기 운영체제, 〈~ a mobile operating system〉 수②

1115 **an·droid** [앤드뤄이드]: 〈← andros〉, 〈그리스어 → 영국어〉, 안드로이드, (인간(man) 모습을 한) 로봇, 인조인간, 〈~ know-bot\hot-bot〉, 〈↔human\person〉 미②

1116 **An·drom·e·da** [앤드롸미더]: andros(man)+medon(ruler), 〈그리스어〉, 안드로메다, 카시오피아의(Cassiope) 딸, Perseus가 구해준 〈사슬에 묶인〉 그리스 미녀, 별자리의 하나 〈지구로부터 2,480,000 광년 떨어져 있는 은하계 비슷한 거 대한 별무리〉, 〈~ wife of Perseus\a major galaxy〉 수①

1117 **an-ec-dote** [애닉도우트]: an(not)+ek(out)+didonai(give), 〈그리스어〉, 일화, 비화, 기담, '아직 밝혀지지 않은 일', 〈~ shoot story\episode\gag〉, 〈↔non-fiction\documentary〉 양①

1118 **a·ne·jo** [아네요우]: 〈← anniculus ← annus(year)〉, 〈'한살 된'이란 뜻의 라틴어에서 유래한 스페인어〉, aged(오래된), 참나무통에서 12개월 이상 숙성된 테킬라(tequila), 〈~ reposado〉 수②

1119 **a·ne·mi·a** [어니이미어]: an(without)+haima(blood), 〈그리스어〉, 〈피(heme)가 없는〉 빈혈증, 무기력한, 〈~ erythrocytopenia\lethargy〉, 〈↔poly-cythemia\vitality〉 가①

1120 **an·e·mom·e·ter** [애너마미터]: anemo(wind)+metron(measure), 〈그리스어〉, 풍력계, 풍속계, 〈~ weather-cock\weather-box〉, 〈~(↔)baro-meter\hygro-meter\thermo-meter〉 가①

1121 **an·e·mo·ne** [어네머니]: 〈← anemos(wind)〉, 〈그리스어〉, 아네모네, wind·flower, '바람의 딸', 바람꽃 〈생명이 짧은 꽃-아도니스(Adonis)와 아프로디테(Aphrodite)의 사랑같이〉, 말미잘(sea anemone) 미①

1122 **an·e·mo·ne fish** [어네머니 휘쉬]: 흰동가리, 〈sea anemone(말미잘)와 공생하는〉 '광대물고기', ⇒ clown fish 미2

1123 *****an en-vi–ous man grows lean with the fat-ness of his neigh·bor**: 사촌이 땅을 사면 배가 아프다, 〈~ one's prosperity makes another jealous〉 양2

1124 **an-es·the·sia** [애너스띠이줘]: an(without)+aisthanein(feel), 〈그리스어〉, 〈감각을 없애는〉 마취(법), 마비, 〈~ analgesia\numbing〉, 〈↔painful\sensitive〉 양1

1125 **an-eu·rysm** [앤유뤼즘]: ana(up)+eurynein(widen), 〈그리스어〉, 동맥류, 동맥 국소 '확대'증, 〈동맥혈관 꽈리〉, 〈~ bulge(swelling) of a blood vessel〉 양2

1126 *****an e·vil deed will be dis-cov–er–ed**: 꼬리가 길면 밟힌다, 〈~ misbehavior eventually catches up with one〉 양2

1127 **an·gel** [에인절]: 〈← angelos(messenger)〉, 〈그리스어〉, 천사, 수호 여신, (하나님의) 사자, 〈~ saint\cherub〉, 〈↔devil\monster\scoundrel\satan〉 가2

1128 *****an·gel ba·by** [에인절 베이비]: 〈유산·사산·신생아 사망으로 잃은〉 천사가 된 아이, 〈~ cherub child〉, 〈~(↔)rainbow baby〉 미2

1129 **an·gel bed** [에인절 베드]: '천사 침대', 기둥 없이 작은 닫집(canopy)이 있어서 〈천사가 자기 좋은〉 침대, 〈~(↔)duchesse bed은 더 크고 화려함〉 우2

1130 **an·gel cake** [에인절 케이크]: '천사 빵', 〈버터 없이〉 (달걀 흰자·밀가루·설탕을 반죽해서 효모로 부풀려 구운) 가볍고 푹신해서 〈천사가 먹기 좋은〉 고리 모양의 빵, 〈~ a ring-shaped sponge cake〉 우2

1131 *****an·gel dust** [에인절 더스트]: 합성 헤로인, PCP(phencyclidine-〈분말을 흡입하면 천사가 보이는〉 마약의 일종), 〈~ a hallucinogen〉 우2

1132 **an·gel-fish** [에인절 휘쉬]: scalare, '천사 고기', 〈천사의 날개같이〉 길게 부채꼴로 뻗쳐 나간 지느러미와 오색찬란한 점무늬를 가진 둥글납작한 가오리같이 생긴 관상용 열대어, 극락어, 〈~ a cichlid〉, 〈~ coral(butterfly\banner) fish〉 미2

1133 **an·gel hair** [에인절 헤어]: capellini, '천사의 머리칼', 가늘고 긴 스파게티(파스타) 가락 우1

1134 **An·gel·i·ca** [앤젤리커]: 안젤리카 ①여자 이름, 〈~ a Latine feminine name〉 ②미국 캘리포니아산의 달콤한 백포도주, 〈~ sweet fortified wine〉 수1

1135 **an·gel·i·ca** [앤젤리커]: 〈천사향이 나는〉 wild celery, (북반구의 온·한대 지방에 서식하며) 뿌리는 약용·줄기는 식용으로 쓰이던 두릅속의 관목 우1

1136 **An·ge·li·no** [앤젤리이노우]: 로스앤젤레스 주민(출신자), 〈~ a LA resident〉 수2

1137 **An·gels** [에인젤스], **Los An·ge·les**: 엔젤스, '천사들', 1961년 창단되어 LA의 Dodger 구장에 있다가 1997년 디즈니사 소유가 되어 Anaheim 구장으로 옮겼으며 2005년에 바꾼 새 주인과 애너하임시 간에 옥신각신하다 2016년부터 현재 이름으로 불리게 된 MLB소속의 미국 야구단(pro beseball team) 수2

1138 **an·gel-shark** [에인절 샤아크]: sand devil, 전자리상어, 가슴지느러미가 〈천사의 날개같이〉 좌우로 벌어지고 길이가 1.5m 정도 되는 상어와 가오리의 중간형 심해 물고기, 〈~ monk-fish〉 미2

1139 **An·ge·lus** [앤쥘러스]: 〈'Angel'이란 말로 시작되는〉 (예수의 수태를 기념하는) 3종 기도, 밀레의 「만종」, 〈~ a series of prayers commemorating the Annunciation and Incarnation〉 수2

1140 **an·ger** [앵거]: 〈← anchein(strangle)〉, 〈그리스어 → 라틴어 → 게르만어〉, 화, 노염, 성, 〈~ rage\furor〉, 〈↔calm\pleasure〉 가1

1141 **an·gi~ \ an·gi·o~** [앤쥐~ \ 앤쥐오우~]: 〈← angeion(vessel)〉, 〈그리스어〉, 〈혈관·맥관·과피~〉란 뜻의 결합사 양1

1142 **an·gi·na** [앤쟈이너] \ **an·gi·na pec·to·ris**: 〈← ankhone(choke)〉, 〈그리스어 → 라틴어〉, 〈목이 졸리는 것(strangling) 같은〉 협심증, 〈~ a chest-pain〉 가1

1143 **an·gi·o-gram** [앤쥐오우그램]: 혈관 조영(촬영), 〈~ image of blood vessel〉 가1

1144 **Ang·kor Wat** [앵컬 왙]: 〈← nokor(city)〉, 〈산스크리트어〉, 앙코르 와트, 1100년대에 힌두신 비슈누를 기리기 위해 캄보디아(Cambodia) 앙코르에 세워진 석조 사원, 1,626km²로 된 '사원〈wat〉의 도시', 〈~ a Hindu-Buddhist temple complex〉 수1

1145 **an·gle** [앵글]: ①〈← ankylos(bent)〉,〈그리스어 → 라틴어〉,〈굽은〉, 각, 각도, 모(퉁이)〈→ angular\ankle〉 ②〈← onkos(hook)〉,〈그리스어 → 게르만어〉,〈고기 잡는 갈고리〉 낚시,〈~ anchor〉,〈~ bend\point〉, 〈↔straight\level〉 가1

1146 **an·gle brack·et** [앵글 브래킽]: 꺾쇠표(부호),〈 〉, 묶음표의 하나, 홑화살괄호, '가랑이표',〈~ chevron〉 양1

1147 **an·gle-poise** [앵글 포이즈], lamp: (1933년 영국에서 고안된)〈비치는 방향을 조정할 수 있게 대를 움직이는〉 각도 조정 전등,〈~ goose-neck lamp\study lamp〉 미2

1148 **an·gler** [앵글러]:〈← angle〉①낚시꾼(fisherman) ②〈암컷의 이마에 낚싯대 같은 촉수가 있는〉 아귀,〈전세계의 심해에서 서식하나 유독 남한에서 즐겨 먹는〉 뼈가 많고·먹성이 좋고·'주둥이가 크고'·중대가리같이 못생긴 바닷물고기, monkfish, stargazer 양2 미2

1149 **An·gli-can** [앵글리컨]:〈← Anglo〉, 영국 국교도, 성공회(의), 16세기 헨리 8세의 이혼을 계기로 로마 가톨릭 교회에서 갈라져 나와 1867년 감독주교가 런던에서 재편성한〈영국식〉 기독교 개신교의 한파,〈~ the Church of England〉 미1

1150 **An·glo** [앵글로우]:〈라틴어에서 연유한 영어어〉,〈← Angles(모서리에 사는 자)〉, 영국계, 영국풍의,〈~ English〉 미2

1151 **An·glo-Dutch Wars**: 영·란 전쟁, (1652~1784년간) 무역과 북미를 비롯한 식민지를 놓고 영국과 네덜란드가 다툰 해전으로 첫 번과 네 번째에서 영국이 이긴 전쟁,〈~ final British victory〉 미2

1152 **An·glo–Nor·man** [앵글로우 노얼먼]: 11세기 초에 영국에 정주한 노르만족 수1

1153 **An·glo-Sax·on** [앵글로우 쌕슨]: 5세기에 영국으로 이주한 튜턴족의 한 부족 수1

1154 **An·glo-Sphere** [앵글로우 스휘어]: 영어권 국가들, 영국 문화권,〈~ English Common-wealth〉 미2

1155 **An·go·la** [앵고울러]:〈← ngola(king)〉,〈원주민 왕의 명칭에서 유래한 포르투갈어〉, 앙골라, 1975년 포르투갈로부터 독립한 (석유 및 광물질이 많이 매장된) 아프리카 남서부〈S-W Africa〉의 공화국, {Angolan-Por-Kwanza-Luanda} 수1

1156 **An·go·ra** [앵거어롸]:〈← onkos(hook)〉,〈그리스어〉, '기지', 앙고라, 터키 앙카라(Ankara) 지방에 사는 토끼나 염소의 총칭,〈~ soft fabrics〉 수1

1157 **an·gry** [앵그뤼]:〈← anger〉,〈그리스어 → 북구어〉, 성난, 화난, 격심한,〈~ furious\mad〉,〈↔calm\pleasant〉 가1

1158 **ang-strom** [앵스트뤔]: anga(stream)+strom(river), '물살이 센 강가에 사는 자', 옹스트롬, (스웨덴 물리학자 이름을 딴) 단파장의 측정 단위, 1cm의 1억분의 1,〈~ a metric unit〉 수2

1159 **ang·sty** [앵스티]:〈← angst(fear)〉,〈게르만어〉, 불안해하는, 불안을 보이는,〈~ angry\anguish\anxiety〉, 〈↔composure\satisfaction〉 양2

1160 **an·guish** [앵귀쉬]:〈← angere(choke)〉,〈라틴어〉, 외로움, 번민, 까다로운,〈~ anxiety〉,〈↔contentment\happiness〉 양2

1161 **an·gu·lar** [앵규럴]:〈← angle¹〉, 모난, 각도의, 딱딱한, 수척한,〈~ sharp-cornered\forked\pointed〉, 〈↔rounded\curving〉 양1

1162 **An·gus Og** [앵거스 오우그]: oen(unique)+og(young),〈켈트어〉, '유일한 젊은이', 앵거스 오그, (아이리시 신화의) 사랑과 미의 신,〈~ Celtic god of love〉 수1

1163 **an–he·do·ni·a** [앤히이도우니어]:〈프랑스 심리학자가 그리스어 hedone(기쁨)의 반대어로 주조한 말〉, 쾌감 상실(결여),〈~ dysphoria\melancholy〉,〈↔cheer\happinesss〉 양2

1164 **An·heu·ser Busch** [앤하이져 부취]: 안헤우저〈어원 불명의 독일계 이름〉 부쉬〈덤불숲에 사는 자〉, 1852년 동명의 창업자들에 의해 미국의 St. Louis에 세워진 세계적 맥주회사,〈~ an American brewing company〉 수1

1165 **an·hin·ga** [앤힝거]:〈← ayina〉,〈Tupi어〉, 'devil bird', 뱀가마우지, 암청색의 몸통에 끝이 굽은 긴 부리로 물고기를 잡아먹는 까마귀와 두루미의 중간 모양을 한 새, water turkey, darter, ⇒ snake·bird 미2

1166 **a·ni** [아아니]: ①〈라틴어〉, anus의 복수형 ②〈Tupi어〉, 큰 부리 뻐꾸기(cuckoo), ox·pecker, ⇒ tick·bird 가1 미2

1167 **a·ni·ma** [애니머]:〈← animi(soul)〉,〈산스크리트어 → 라틴어〉, 아니마, 생명, 영혼,〈1923년 융이 주장한〉 내적 개성, 남성의 (숨겨진) 여성적 특성,〈→ animal〉,〈~ soul\spirit〉,〈~(↔)animus〉,〈↔antagonism\hostility〉 양2 우2

1168 **an·i·mal** [애니멀]: 〈산스크리트어 → 라틴어〉, '숨 쉬는 자', 'anima(혼)가 있는 물건', 살아있는 것, 움직이는 자, 〈백만 종이 넘는〉 동물, 짐승(같은 인간), 〈사람을 칭할 때는 양면성이 있는 말〉, 〈~ beast\fauna〉, 〈↔human\plant〉 가1

1169 **an·i·mal con·trol** [애니멀 콘트로울]: (대개 공립의) 동물관리국, 〈~ animal police〉 가1

1170 **an·i·mal king·dom** [애니멀 킹덤]: 〈약육강식의 법칙이 철저히 지켜지는〉 동물계(왕국), 〈↔plant\mineral kingdom〉 가1

1171 **an·i·mal mag·ne·tism** [애니멀 매그너티즘]: ①동물 자성 (18세기에 독일 의사 Franz Mesmer가 주창한) 〈그것을 조작해서 모든 동물의 모든 병을 치유할 수 있다는〉 생체 내에 존재하는 자기 액체 ②〈사춘기에 편자의 눈을 멀게 했던〉 동물적·육체적 매력, 〈~ charm\hypnotic attraction\chemi〉, 〈↔repulsion\aversion〉 우2

1172 **an·i·mal mod·el** [애니멀 마들]: 동물모형, 동물실험방식, 〈↔human model〉 가1

1173 **an·i·mal park** [애니멀 파아크]: 동물공원, 자연동물원, 〈↔arboretum\aquarium〉 가1

1174 **an·i·mal rights** [애니멀 롸이츠]: 동물의 권리, 동물보호, 동물생존권, 〈↔human rights〉 양1

1175 **an·i·mal shel·ter** [애니멀 쉘터]: (대개 사립의) 동물보호소, 〈~ animal refuge〉, 〈↔human shelter〉 양2

1176 **an·i·ma·tion** [애니메이션]: 생기, 고무, 동영상, 극화, 〈~ liveliness\excitement〉, 〈↔inertia\lethargy〉 양2

1177 **an·i·ma·to** [아니마아토우]: 〈← animare(make alive)〉, 〈라틴어〉, 〈anima(기)를 불어 넣어〉 힘차고 빠르게, 활기 있게, 〈~ lively\vitaly〉, 〈↔dormant〉 미1

1178 **an·i·me** [애니메이]: ①〈ammonia에서 추출된〉 (니스〈varnish〉의 원료로 쓰이는) 방향성 수지, 〈~ hydrogen atoms of ammonia〉 ②animation의 일본말, 흔히 공상·과학적인 일본 만화영화, 〈~(↔)manga〉 우2

1179 **an·i·mism** [애니미즘]: 〈← anima(soul)〉, 〈라틴어〉, 물활론, (무생물에도 영혼이 있다는) 정령 신앙, 〈~ vitalism\pseudo-scientism〉, 〈↔scientism〉, 〈과학적으로는 폐기된 이론〉 양1

1180 **an·i·mos·i·ty** [애니마시티]: 〈← anima(soul)〉, 〈라틴어〉, 〈← animus〉, 원한, 적의, 증오, 〈~ anti-pathy\hostility〉, 〈↔amity\good-will\fetish〉 양1

1181 **an·i·mus** [애너머스]: 〈← anima(soul)〉, '생기', 〈악한 기가 가득찬〉 증오, 적의, 여성의 〈억압된〉 남성적 특성, 〈→ animosity〉, 〈~ antagonism〉, 〈~ musculine part of a woman's personality〉, 〈~(↔)anima〉, 〈↔good will\friendliness〉 양2 우1

1182 **an-i·on** [애나이언]: ana(up)+ienai(go), 〈그리스어〉, 〈← anode〉, 음이온, (전기 분해에서 음극에 달아 붙는) 음원자, 〈~ negative ion〉, 〈↔cation〉 양2

1183 **an·ise** [애나이스 \ 애니스]: 〈← anisun(dill)〉, 〈아랍어 → 그리스어〉, 아니스, '약사라', '붓순초', (씨를 감초제나 술의 향신료로 쓰는) 별 모양의 조그마한 꽃들이 뭉쳐 피는 미나릿과의 일년초, 〈~ parsley〉, 〈~(↔)illicium〉, ⇒ ouzo 우1

1184 **An·ka·ra** [앵커러]: 〈그리스어〉, 〈← anchor〉, '기지', 앙카라, (구명은 Angora), 1923년 터키의 수도가 된 내륙에 위치한 터키 제2의 도시, 〈~ Capital of Turkey〉 수1

1185 **an·kle** \ an·cle [앵클]: 〈← ankylos(bent)〉, 〈그리스어 → 라틴어 → 게르만어〉, 〈← angle〉, 발목, 복사뼈, 〈~ tibio-talar joint〉, 〈↔wrist〉 가1

1186 **an·klet** [앵크릿]: ①발목 장식, 차꼬, 〈~ ankle bracelet〉 ②(발목만 덮는) 짧은 양말, 발목양말, (복사뼈 위치에 가죽 때가 달린) 발목걸이 신, 〈~(↔)footies〉 우2

1187 **an-ko** [앙코우]: ①앙자, 〈중국어 → 일본어〉, '앙꼬', red bean paste, 팥소 ②〈영국어〉, 아귀〈angler fish〉 양2

1188 **an·nals** [애늘즈]: 〈← annus(year)〉, 〈라틴어〉, yearly books, 연대기, 연보, 사료, 실록, 〈~ archives\chronicles〉, 〈↔diary〉, 〈↔ignorance\disarray〉 양1

1189 **An·nap·o·lis** [어내펄리스]: 〈영국의 Anne 공주를 기리기 위한〉 아나폴리스, 미국 메릴랜드 주도·해군사관학교 소재지, 〈~ Capital of Maryland\home to US Naval Academy〉 수1

1190 **an·nat·to** [어내토우]: 〈카리브어〉, 아나토, 열대성 홍목(achiote)의 과육에서 얻는 주황색 염료로 직물이나 버터 등의 착색용으로 쓰임, 〈~ orange-red coloring substance〉 우1

1191 **Anne** [앤]: ⟨← hanna(grace)⟩, ⟨히브리어에서 연유한 영국어⟩, (중세 영국 여왕들의 이름), Queen Anne(1655-1714); (17번이나 임신을 했으나 후사 없이) ⟨존엄한 시대로⟩ 스튜어트가의 마지막을 장식한 통합 영국의 군주, ⟨~ Queen of Great Britain and Ireland⟩ 수1

1192 **an-neal** [어니일]: on(to)+aelan(burn), ⟨영국어⟩, 달구었다가 천천히 식히다, 단련하다, 속속들이 녹아들다, ⟨~ harden\re-inforce⟩, ⟨↔exhaust\liquefy⟩ 양1

1193 **an-nex** [어넥스 \ 애넥스]: ad(to)+nectere(tie), ⟨라틴어⟩, ⟨~에 맨⟩, 추가, 합병, 부속건물, 별관, ⟨~ addition\extension⟩, ⟨↔detach(ment)⟩ 양2

1194 **an·ni·hi·late** [어나이얼레이트]: ad(to)+nihilare, ⟨라틴어⟩, '무⟨nihil(nothing)⟩로 만들다', 전멸시키다, 폐지하다, ⟨~ destroy\wipe out\nuke⟩, ⟨↔create\preserve\pro-create⟩ 가2

1195 **an·ni-ver·sa·ry** [애니붜어서뤼]: annus(year)+versum(turn), ⟨라틴어⟩, ⟨← annual⟩, 기념일, 주기, 연례, '해마다 (돌아오는)', ⟨~ jubilee\commemoration⟩, ⟨↔birthday\funeral⟩ 가1

1196 **an·no Dom·i·ni** [애노우 다머니이] \ **AD**: ⟨라틴어⟩, in the year of our Lord, 서기, 그리스도 기원, ⟨~ CE⟩, ⟨↔BC⟩ 미1

1197 **an·no He·gi·rae** [애노우 헤쥐뤼]: ⟨라틴+아랍어⟩, year of leave, AH, (서기 622년 마호메트가 메카에서 메디나로 이동한) 헤지라 ⟨이주의 해⟩로 시작된 이슬람력⟨Islamic lunar calendar⟩ 미1

1198 **an·no·na** [어노우너]: ⟨← anon(fruit)⟩, ⟨Taino어⟩, 아노나, '과일', 100종이 넘는 반려지의 총칭, 혹이 난 열매 속에 수많이 수많은 과일을 맺는 열대성 관목, ⟨~ a paw-paw\sugar apple⟩ 우2

1199 **an·no·ta·tion** [애너테이션]: ad(to)+notare(mark), ⟨라틴어⟩, ⟨← note⟩, 주석(달기), 주해, 글에 대한 자신의 생각을 표시해 놓은 문자나 부호, ⟨~ comment\gloss⟩, ⟨↔distraction⟩ 양2

1200 **an-nounce** [어나운스]: ad(to)+nuntius(messenger), ⟨라틴어⟩, ⟨다른 사람에게⟩ 알리다, 발표하다, '~에게 소식을 가져다주다', ⟨→ annunciation⟩, ⟨~ make public\declare⟩, ⟨↔conceal\refrain⟩ 가1

1201 **an-nounc-er** [어나운서]: 방송인, 발표자, ⟨~ news(broad) caster⟩, ⟨↔listener\story writer⟩ 미2

1202 **an·noy** [어너이]: in+odio(hatered), ⟨라틴어⟩, 괴롭히다, 속태우다, '미워하게 하다', ⟨~ irritate\rankle\maddening⟩, ⟨↔please\gratify⟩ 가1

1203 **an·nu·al** [애뉴얼]: ⟨← annus(year)⟩, ⟨라틴어⟩, 연례, 연차, 매년의, '해마다', ⟨→ annals\anniversary\annuity⟩, ⟨~ once a year\every 12 months⟩, ⟨↔biannual\semiannual\perennial⟩ 가1

1204 **an·nu·i·ty** [어뉴우이티]: ⟨← annus(year)⟩, ⟨라틴어⟩, ⟨← annual⟩, 연금, 연간 배당금, ⟨~ installment\allotment⟩, ⟨↔lump-sum\forfeit⟩ 가1

1205 **an-nul-ment** [어널먼트]: ad(to)+nullum, ⟨라틴어⟩, ⟨'null'(none)로 하는⟩ 취소, 폐기, 소멸, ⟨~ voided\dead⟩, ⟨~ cancellation\revocation⟩, ⟨↔establishment\validation⟩ 양2

1206 **An-nun·ci·a-tion** [어넌시에이션]: 성 수태 고지, 성모 영보 대축일(3월 25일), 가브리엘이 성모마리아에게 예수의 잉태를 점지한 날, ⟨~ Lady Day\Feast of the Conception⟩ 우2

1207 **an-nun·ci·a-tion** [어넌시에이션]: ⟨← announce⟩, ⟨라틴어⟩, 통고, 예고, ⟨~ declaration\proclamation⟩, ⟨↔concealment⟩ 양2

1208 **an-nyeong** [안녕]: ⟨중국어 → 한국어⟩, peace and comfort, well-being, 편안(하세요), 인사말(greet\salute), ⟨~(↔)shalom\namaste\au revoir⟩ 수2

1209 **an-ode** [애노우드]: ana(up)+hodos(way), ⟨그리스어⟩, '전자를 방출하는', (전해조·전자관 등의) 양극, (전지의) 음극, ⟨아리까리한 말⟩, ⟨~ a positively charged electrode⟩, ⟨↔cathode⟩ 양2

1210 **a·noint** [어너인트]: in+ungere(smear), ⟨라틴어⟩, 기름(연고)을 바르다, (머리에 성유를 부어) 성직(에) 임명하다, ⟨→ ointment⟩, ⟨~ unctuous\ordain⟩, ⟨↔curse\desecrate⟩ 우2

1211 ***an old ea·gle is bet·ter than a young crow**: 썩어도 준치, ⟨~ a diamond on a dunghill is still a diamond⟩, ⟨↔a young chick is better than an old hag⟩ 우2

1212 **a·no·le** [어노울리]: ⟨← anaoli(a lizard)⟩, ⟨카리브어⟩, 아놀, (주위 환경에 따라 몸의 형태를 바꾸는) 미주 열대 지방의 작은 도마뱀, 미주 카멜레온(chameleon) 우2

1213 **a·nom·a·ly** [어나멀리]: an(not)+homos(same), ⟨그리스어 → 라틴어 → 영국어⟩, 변칙, 예외, 이형, 이례, ⟨~ aberration\oddity⟩, ⟨↔norm⟩ 양2

1214 **a-no·mi·a** [어노우미어]: a(not)+nomen(name), ⟨라틴어⟩, '이름을 못 부르는 병', (건망성) 실어증, nominal aphasia 양2

1215 **an·o·mie** [애너미이]: a(without)+nomos(law), 〈그리스어 → 프랑스어〉, '법이 없는', 무질서한 사회, 도덕적 혼란, 〈~ antinomy\disorder〉, 〈↔law-ful\synomie〉 양2

1216 ***a-non** [어난]: 〈사회 전산망에 난무하는〉 anonymously(익명으로)의 약자 미2

1217 **a-non·y–mous** [어나너머스]: a(without)+onyma〈그리스어〉, name·less, 익명의, 불명의, 〈~ un-named\un-identified〉, 〈↔named\known〉, 〈↔onymous〉 양2

1218 ***a-non·y–mous var·i·a·ble** [어나너머스 붸어뤼어블]: '무가치변수', 〈논리형〉인공지능개발 차림표에서 아무하고나 붙여먹을 수 있는 〈동가식 서가숙하는〉 문자나 기호, 〈↔dependent(response) variable〉, 〈변수에 대한 용어는 각 분야마다 변화무쌍함〉 우2

1219 **a·no·rak** [애너랙]: ①〈← annoraqq〉, 〈원주민어〉, 〈Inuit족이 입었던〉 parka, 머리 덮개가 달린 방한용·방수용 상의 ②〈영국 속어〉, (너무 꼬치꼬치 따져서) 지겨운 놈, 〈영국에서 두건이 달린 옷을 입고 다니는 사람들의 속성에서 연유한 말〉, 〈~ geek〉, 〈↔daft person〉 우1 양2

1220 **an·o·rex·i·a ner·vo·sa** [애노랙시어 널보우서]: an(without)+oregein(desire)+nervosus, 〈그리스어〉, 〈신체적이 아니라〉 신경성 식욕부진증, 〈프로이트에 의하면〉 '임신 공포증', 〈~ pathological starvation〉, 〈↔bulimia(nervosa)〉 양2

1221 **an·or·gas·mi·a** [앤 오얼개즈미어]: an(without)+orgasm(swell), 〈그리스어〉, 〈여성의 70%가 경험한다는〉 성불감증, 〈~ absence of orgasm〉, 〈↔hot baby\nymphomania〉 양2

1222 **an-oth·er** [어너더]: 〈영국어〉, one+other, '또 하나의', 별개의, 〈나하고는〉 다른, 〈~ one more\distinct〉, 〈↔the same〉 가1

1223 ***an ounce of pre·ven·tion is worth a pound of cure**: 예방이 치료보다 중요, 유비무환, 〈~ lay up for rainy days\fore warned is fore armed〉 양2

1224 **an·sa** [안서]: ansae(복수형), 〈라틴어〉, 〈← handle〉, 고리, 토성의 주위를 도는 고리에 달린 손잡이 모양의 물체, 〈~ loop\opening〉, 〈↔ending\narrow〉 양2

1225 **An·sel·mus** [안쎌무스]: ansi(God)+helm(helmet), 〈게르만어〉, '신이 준 투구를 쓴 자', 안셀무스, (1033-1109), "신앙은 지식의 이해를 요구한다"라고 말한 이탈리아 출신 영국 캔터베리의 대주교, 〈~ an Archbishop of Canterbury〉 수1

1226 **ANSI** [안시] (A·mer·i·can Na·tion-al Stand-ards In·sti·tute): 1918년에 창설된 미국 국립표준협회, 〈~ a private, non-profit org.〉 미2

1227 **an-swer** [앤서]: and+swaran(swear), 〈게르만어〉, 대답, 해답, 맞이하다, 응하다, '~에 대해서 맹세(swear)하다', 〈~ reply\respond〉, 〈↔question\query〉 가1

1228 **an-swer–ing ma·chine** [앤서링 머쉬인]: 자동응답기, 〈~ voice mail〉 양1

1229 **an-swer–ing ser·vice** [앤서링 써어뷔스]: '자동'응답 대행업, '전화받이', 〈~ help-line\message service〉 미1

1230 **ant** [앤트]: 〈← ameize ← ai(off)+mai(cut)〉, 〈게르만어〉, '싹둑이', 〈뭉치면 사자도 잡아먹는〉 개미, 자신의 몸무게의 10배 이상을 들어 올릴 수 있는 〈허리가 잘록해서 얄미운〉 사회적 곤충, 〈~ a social insect〉 가2

1231 **~ant** [~언트]: 〈라틴어〉, performing, 〈~성질의, ~하는 것(사람)〉이란 뜻의 결합사, 〈~ ent\ance\ence〉 양1

1232 **an·tag·o·nist** [앤태거니스트]: anti(against)+agonizesthai(struggle), 〈그리스어〉, 〈고통(agony)을 이겨내야 하는〉 적대자, 맞상대, 반대자, 길항근(제), 〈~ adversary\opponent〉, 〈↔assistant\protagonist〉 양2

1233 **ant-a·pex** [앤테이펙쓰]: anti(against)+apex(point), 〈라틴어〉, solar apex(태양향점)의 반대향(opposite)에 해당하는 천구상의 점, 반향점, (태양의) 배점, 〈~ pinnacle\summit〉, 〈↔equinox\horizon〉 양2

1234 **ant-arc·tic** [앤타아크틱 \ 앤트아아크틱]: anti(against)+arktos, 〈그리스어〉, 〈북극(artic)과 정반대 쪽에 있는〉 남극(지방)의, 〈~ South Pole〉 양1

1235 **ant bear** [앤트 베어]: aardvark, (남미산) 큰 개미핥기, 〈~ ant-eater〉 미2

1236 **ant bird** [앤트 버어드]: 개미잡이새, (중·남미 더운 지방에 서식하며) 절지동물을 즐겨 먹는 230여 종의 참새류, 〈~ insectivorous birds〉 미2

1237 **ant cow** [앤트 카우]: cow ant가 맞는 말, velvet ant, (전 세계에 서식하며) 개미보다 퉁퉁하고 소 등 짐승에 달라붙어 독침을 놓을 수 있는 3천여 종의 '진딧물', 〈~ an aphid〉 미2

1238 **an·te** [앤티]: 〈1838년 라틴어에서 도입된 미국 도박 용어〉, (패를 돌리기 전에 내는) 선금, 분당금, 〈~ stake²\earnest money〉, 〈↔cash-out\debt〉 양2

1239 **an·te~** [앤티~]: 〈산스크리트어 → 그리스어 → 라틴어〉, 〈앞(before)~〉이란 뜻의 결합사, 〈→ ancestor\ancient〉, 〈↔post~〉 양1

1240 **ant-eat-er** [앤트 이이터]: aardvark, 개미핥기, 땅돼지, 천산갑, 대롱 같은 주둥이로 개미나 진드기류를 빨아 핥아 먹는 〈혀가 길어 징그러운〉 너구리 비슷한 동물, 〈~ ant bear〉, 〈~(↔)armadillo〉 미2

1241 **an·te-bel·lum** [앤티 벨럼]: before the war, 전전의, 〈↔post-bellum〉 양2

1242 **an·te·ced·ent** [앤티씨이든트]: ante(before)+cedere(go), 〈라틴어〉, '앞에 지나간', 앞서는, 선행의, 선례, 가정의, 〈~ earlier\preceeding〉, 〈↔later\subsequent〉 양1

1243 **an·t·e·chi·nus** [앤테카이너스]: anti(simulating)+ekhinos(hedge-hog), 〈그리스어〉, 〈고슴도치같이 빳빳한 털을 가진〉 '주머니쥐', (오스트레일리아산) 소형 육식성 유대류〈marsupial〉, (잠도 안자고 하루 14시간 짝짓기를 하다 수컷은 1년 암컷은 2년 밖에 못사는) '색골생쥐'〈over-sexed shrew〉, 〈~ pouched mouse〉, 〈짧고 굵게 사는 인생?〉 미2

1244 **an·te-date** [앤티 데이트]: ante(before)+dare(give), 〈라틴어〉, 앞서다, 날짜를 실제보다 이르게 하다, 〈~ pre-date\precede〉, 〈↔back-date\post-date〉 미2

1245 **an·te-di·lu·vi·an** [앤티 딜루우뷔언]: ante(before)+dis(away)+luere(wash), 〈라틴어〉, (노아의) 대홍수 이전의, 태고의, 고물, (아주 늙거나 시대에 뒤떨어진) '꼰대', 〈~ prehistoric\ancient〉, 〈↔modern\new〉 양2

1246 **ant egg** [앤트 에그]: 개미 알, (단백질이 많아) 〈라오스와 타이 등지에서 미식으로 먹는〉 개미의 알이나 번데기, 〈~ a delicacy〉 미2

1247 **an·te·lope** [앤텔로우프]: 〈← antholops(deer)〉, 〈어원 불명의 그리스어〉, 영양, 산양 〈다리가 가늘고 목이 긴 솟과의 초식 동물〉, 〈~ impala\dik dik\gazelle〉 미2

1248 **an·te-mor·tem** [앤티 모얼텀]: 죽기전의, 생전의, 도살전, 〈~ preceeding death〉, 〈↔post-mortem\post-humous〉 양1

1249 **an-ten·na** [앤테너]: ana(up)+teinein(stretch), 〈그리스어 → 라틴어〉, 안테나, 공중선, 촉각, 더듬이, '돛대 위에 가로 댄 활대', 〈~ aerial\receiving wire\tentacle〉, 〈↔sender〉 우2

1250 **an·te-par·tum** [앤티 파알텀]: ante(before)+partus(birth), 〈라틴어〉, 산전의(에), 〈↔post-partum〉 가1

1251 **an·te-ri·or** [앤티어뤼어]: 〈← ante(before)〉, 〈라틴어〉, 전방(전면)의, 앞의, 〈~ front\fore〉, 〈↔posterior〉 가2

1252 **ant fly** [앤트 홀라이]: flying ant, 날(개) 개미, 교미 후의 여왕개미가 〈종족을 퍼뜨리기 위해〉 멀리 날아가는 일 (개미의 혼인 비행), 〈~ sexually mature ant〉 미2 우2

1253 ***Ant Group** [앤트 그루우프]: 개미집단, 2014년 중국 Ali Baba 회사가 창립한 세계적 전산망 금융 유통업체, 〈~ a Chinese financial corp〉 수2

1254 **an·thel·min·tic** [앤텔민틱]: anti(against)+helmins(worms), 〈그리스어〉, 구충의, 구충약, 회충약, 〈~ vermi-fuge(cide)〉 양2

1255 ***An·them** [앤썸]: 2004년부터 2014년간 1940년대부터 있었던 Well Point사를 병합하여 Blue Cross&Blue Shield 연합회 내에서 영업하는 미국 굴지의 건강보험회사, 〈~ an American health-insurance company〉 수2

1256 **an·them** [앤썸]: anti(in return)+phone(voice), 〈그리스어에서 연유한 영국어〉, 성가, 축가, 송가, '대답하다', 〈~ hymn\song of praise〉, 〈↔cacophony\discord〉 양2

1257 **an·ther** [앤써]: 〈← anthein(bloom)〉, 〈그리스어〉, 꽃밥, 수술꽃에 묻어서 꽃가루를 만드는 주머니, 〈꽃술이 뭉쳐진〉 약, 〈→ anthology〉, 〈~ stamen〉 양2

1258 **ant-hill** [앤트 힐]: 〈개미들이 떼지어 사는〉 개미총(탑), 번잡한 거리, 〈~ tumulus formicarum\crowded place〉 가1

1259 **antho~** [앤쏘우~]: 〈← anthos(flower)〉, 〈그리스어〉, '꽃'을 뜻하는 접두사 양1

1260 **an·thol·o·gy** [앤쌀러쥐]: anthos(flower)+legein(gather), 〈그리스어〉, 〈anther(꽃밥)만 모아둔〉 선집, 명문집, 〈~ analects\compendium〉, 〈↔dispersal〉 양2

1261 **an·thra-cite** [앤쓰뤄싸이트]: 〈← anthrax(burning coal)〉, 〈그리스어〉, stone(hard) 'coal', (탄소 함유량이 많고 화력이 센) 무연탄, 〈↔brown coal\lignite〉 양2

1262 **an·thrax** [앤쓰랙쓰]: 〈그리스어〉, 〈석탄(coal) 모양의 종기(carbuncle)가 나는〉 탄저병, 〈동물에 주로 오나 사람도 간혹 걸리는데〉 공기로 전염되고 세균에 의해 피부에 암갈색의 반점이 생기며 〈세균 무기로 사용할 수 있는〉 무서운 병, 〈~ a serious infectious disease〉 양2

1263 **an·thro·pod·i·cy** [앤쓰뤄파더시]: anthropos(human)+dike(justice), 〈그리스어〉, 인간의 오류, 〈모든 악이나 고난은 인간의 잘못으로 온다는〉 '인정론', 〈~ evil is the result of human actions〉, 〈↔theodicy〉 양2

1264 **an·thro·pol·o·gy** [앤쓰뤄팔러쥐]: 〈← anthropos(human)〉, 〈그리스어 → 라틴어〉, (문화)인류학, '인간'학, 〈~ science(study) of humans〉, 〈↔zoology〉 가1

1265 **an·throp·o·nym** [앤쓰롸퍼님]: anthropos(human)+onoma(name), 〈그리스어〉, 인명, 성(surname), 〈↔toponym〉 양1

1266 **an·ti~** [앤타이~ \ 앤티~]: 〈그리스어〉, against, 〈반대의 ~, 대항의 ~〉란 뜻의 결합사, 〈↔pro~〉 양1

1267 *an·ti-a·li·as·ing [앤티 에일리어싱]: 〈그리스어+라틴어〉, 반위신호, '위신호 지우기', 흔들리는 화상이나 고르지 못한 소리를 교정하는 방법, 〈~ removing pixelated edges〉, 〈↔aliasing〉 우1

1268 **an·ti·bi·ot·ic** [앤티 바이아틱 \ 앤타이 바이오틱]: 〈그리스어〉, 〈미〉'생물을 억제하는', 항생 작용의, 〈~ microbicidal\germicidal〉, 〈↔pro-biotic〉 양1

1269 **an·ti·bod·y** [앤티 바디]: 〈그리스어+영국어〉, 항체, 항독소, 항원을 무찌르는 물질, 〈~ immunoglobulin〉, 〈↔anti-gen〉 가1

1270 **an·tic** [앤틱]: 〈antique(← ante)이 변형된 이탈리아어〉, 색다른, 괴상한, 우스꽝스러운(짓), 〈~ joke\shenanigan〉, 〈↔serious\solemn〉 양2

1271 **an·tic·i·pa·tion** [앤티시페이션]: anti(against)+capere(take), 〈라틴어〉, 기대, 예감, 예상, '먼저 취하는 생각', 〈~ prospect\fore-thought〉, 〈↔regret\retrospect〉 가1

1272 **an·ti·cli·max** [앤티 클라이맥스]: 〈그리스어〉, (점점 줄어드는) 점강법, 큰 기대 후의 실망, 용두사미, 〈~ let-down\decline〉, 〈↔climax〉 양2

1273 **an·ti·dote** [앤티 도우트]: anti(against)+didonai(give), 〈그리스어〉, 해독제, 〈대항할 수단을 주는〉 대책, 방어수단, 〈~ anti-toxin\neutralizer〉, 〈↔poison\venom〉 가1

1274 *an·ti·fa [앤티 화]: anti·fasicism(← fascicle〈bundle〉), 반전체주의, 〈1970~80년대에 재등장한〉 극우파에 맞선 〈무력도 불사하는〉 극좌파, 〈~Alt-left〉, 〈↔Alt-right〉 미2

1275 **an·ti·freeze** [앤티 후뤼이즈]: (빙점을 낮추려는) 부동액, 〈~(↔)coolant와 섞어 engine이 얼지않게 하는〉 glycol 첨가물〉, 〈↔frozen〉 가1

1276 **an·ti·gen** [앤티 줘언 \ ~젠]: 항원, 항체를 생성하게 하는 물질, 〈~ immuno-toxin〉, 〈↔anti-body〉 가1

1277 **An·tig·o·ne** [앤티거니]: anti(against)+gone(birth), 〈그리스어〉, '어머니에 대항하는 자', 안티고네, 오이디푸스(Oedipus)와 그의 모친 조카스타 사이에 난 〈효녀로 이름난〉 딸로 아버지가 죽고 고국에 돌아와서 숙부한테 죽임당한 동생들을 매장하려다가 발각되어 생매장을 당한 숙녀, 〈~ a filial daughter〉 수1

1278 *an·ti·gram [앤티 그램]: (Santa~Satan과 같이) 〈본래의 의미와 반대되는〉 철자의 순서를 바꿔 쓴 단어나 어구, 철자를 바꾼 반대말, 〈~ a portmanteau of antonym〉, 〈↔ana-gram〉 양2

1279 *an·ti-grid-lock zone [앤티 그뤼드락 죠운]: '교통 원활 지역', (원래는 주차로선이나 주로 출퇴근 시간에는 주차를 금지하는) 정차 금지구역, no parking during rush-hour 양2

1280 **An·ti·gua** [앤티이거]: 〈← antique〉, 〈스페인어〉 ①〈오래된〉 앤티가섬 (서인도 제도의 하나), 〈~ a Caribbean island〉 ②1543년에 세워진 과테말라(Guatemala)의 구 수도 〈현 수도의 서쪽 외곽〉 수1

1281 **An·ti·gua and Bar·bu·da** [앤티이거 앤드 바부우더]: 〈오래된 섬과 수염 달린(bearded) 나무가 있는 섬〉, 앤티가 바부다, 1981년 영국으로부터 독립한 서인도 제도 남쪽의 섬나라로 수많은 모래사장과 수도 St. John's에 미국 의사를 공급하는 의과대학이 있음, {Antiguan·Barbudan-Eng-(XC)Dollar-St. John's}, 〈~ an independent Commonwealth country in Caribbean〉 수1

1282 **an·ti·me·tab·o·le** [앤티 머태벌리이]: anti(against)+meta(beyond)+ballein(throw), 말의 순서를 바꿔서 되풀이하는 구문, 길항작용, 대조법, 〈~inversion〉 우2

1283 **an·ti·mo·ny** [앤티모우니]: stibium, 〈그리스어〉, 〈홀로 발견되지 않는(anti+monos)〉 안티모니, 주로 합금(alloys)을 만드는 데 쓰이는 금속원소(기호 Sb·번호51), 〈~ a metallic element〉 수2

1284 **an·tin·o·my** [앤티 너미]: anti+nomos(law), 〈그리스어〉, 〈법에 대항하는〉 이율배반, 자가당착, 〈~ anomie〉, 〈~ disobediance\confronting〉, 〈↔accord\conformity〉 양2

1285 **an·ti·ox·i·dant** [앤타이(티) 앜씨던트]: 항산화제, 방부제, 〈식품이 부패하는 작용이 있는 것에 착안해서〉 〈사람의 신체의 노화도 방지시켜 준다고 엄청 많은 실험을 하였으나 반드시 좋은 쪽으로만은 결론이 나지 않은〉 '노화 방지제', 〈~ free-radical scavenger〉 양2

1286 **an·tip·a·thy** [앤티 퍼씨]: anti(against)+pathein(suffer), 〈그리스어〉, '거슬러 느끼기', 반감, 혐오, 〈~ hostility\antagonism〉, 〈↔sym-pathy\affinity\rapport〉 양2

1287 **an·tiph·ra·sis** [앤티후뤼시스]: anti+phrase, 〈그리스어〉, (어구를 본 뜻의 반대로 쓰는) 어의 반용, 〈~ irony〉, 〈~(↔)euphemism〉, 〈↔idiom\litotes〉 양2

1288 **an·tique** [앤티이크]: 〈← antiquus〉, 〈라틴어〉, 〈← ante〉, 골동품, 고대의, 구세대의 유물(인물), '낡은', 〈→ antic〉, 〈~ heirloom\relic〉, 〈↔modern\new〉 양2

1289 **an·ti·sep·tic** [앤티 쎞틱]: 방부의, 살균된, 청결한, 냉담한, 〈~ germicidal\characterless〉, 〈↔imfected\contaminated\dirty〉 양1

1290 *__an·ti-site__ [앤티 싸이트]: 개인이나 특정 집단을 공격하는 전상망 기지, 공격(증오)기지, hate·site, 〈↔fan-site〉 미1

1291 **an·ti·so·cial** [앤티 쏘우셜]: 반사회적, 법규를 어기는, 〈~ sociopathy\psychopath〉, 〈↔pro-social\law-abiding〉 가1

1292 **an·ti·the·sis** [앤티 쎄시스]: anti(against)+tithenai(place), 〈그리스어〉, 정반대, 〈반대로 놓는〉 대조(법), 대구, 반론, 〈~ opposite\reversal〉, 〈↔thesis\same-ness\principle〉 양1

1293 **an·ti·tox·in** [앤티 탁신]: 〈그리스어〉, 항독소, 면역소, 〈~ antidote\neutralizer〉, 〈↔toxoid\poison〉 양1

1294 **an·ti-trust** [앤티 트뤄스트]: 〈미국어〉, 〈'trust'(기업합동)에 반대하는〉 독(과)점 금지, 가격 조작 방지, 〈~ anti-monopoly\anti-cartel〉, 〈↔un-just\un-fair〉 양1

1295 **An·ti-Trust Act** [앤티 트뤄스트 액트]: 〈기업합동에 의한 시장 독점을 방지하기 위해〉 (Sherman 상원의원이 발안해서 1890년에 반포된) 미국의 독점금지법, 〈~ prohibition of un-justified monopolies〉 미2

1296 **an·ti-type** [앤티 타이프]: anti(against)+typos(form), 〈그리스어〉, 대조적인(반대의) 형, (성서에서의) 대형〈과거에 그 상징적 원형이 있는 것〉, 〈신약의 사건이 구약에 예시되어 있는〉 예표, 〈~ sort\kind\form〉, 〈↔type\anagoge\back-space〉 양2

1297 *__an·ti-vax·xer__ [앤티 백써]: anti·vaccinationist, 〈공중보건을 해치는 10대 위협요소라는〉 예방 접종 거부자, 〈↔pro-vaxxer〉 양2

1298 *__an·ti-work__ [앤티 워얼크]: (2013년에 태동해서 Reddit를 통해 번지고 있는 좌파성향의) 반 노동운동, (특히 자본가의 이익에 기여하는 직장 생활을 반대하는) '반 자본주의 파업', 〈~ anti-capitalism〉 미2

1299 **ant·ler** [앤틀러]: ante(before)+oculus(eye), 〈라틴어〉, 〈눈 앞으로 튀어나온〉 (사슴의) 가지 진 뿔, 녹각, 〈~ deciduous horn〉 양1

1300 **ant-li·on** [앤트 라이언]: doodle bug, (전 세계에 2,000종이 넘는 〈명주잠자리의 유충〉으로 굴을 파서 개미 등을 떨어뜨려 잡아먹는) 개미귀신, 〈자라서 lace-wing이 됨〉 미2

1301 **An·toi·nette** [앤트워네트], Ma·rie: 〈라틴어〉, 〈Antonius의 여성형〉, '무한한 가치가 있는 여자', 앙투아네트, (1755-93), 합스브르크 왕녀로 프랑스 루이 16세의 왕비가 되었다가 〈악성 풍문에 의해〉 처형된 폭민정치의 대표적 희생자, 〈~ the last Queen of France prior to the Revolution〉 수1

1302 **An·to·ny** [앤터니], Mark: 〈← Anteon(son of Hercules)〉, 〈그리스어 → 라틴어〉, anti+onios(sale), '무한한 가치가 있는 자', 안토니우스, (83?-30 BC), 클레오파트라에게 많은 로마 땅을 떼어 줬다가 옥타비우스에게 패전하고 자살한 한때 잘나갔던 로마의 군인, 〈~ a Roman general〉 수1

1303 **an·to·nym** [앤터님]: anti(against)+onoma(name), 〈그리스어〉, 반대말, 반의어, 〈~ opposite word〉, 〈↔synonym〉 가1

1304 *__ants in (one's) pants__: 안달복달하다, 안절부절못하다, 〈~ fidgeting\fretful〉, 〈↔calm\peaceful〉 양2

1305 **ant·sy** [앤씨]: 〈1838년에 등장한 미국어〉, 〈ants가 pants 안에 있듯이〉 안절부절못하는, 좀이 쑤시는, 〈~ anxious\restless〉, 〈↔relaxed\controlled〉 양1

1306 **a·nus** [에이너스]: 〈'반지(ring)'란 뜻의 라틴어〉, 항문, 똥구멍, 〈복수형은 ani〉, 〈~ass\bunghole〉, 〈↔mouth\vagina〉 가1

1307 **an·vil** [앤빌]: on+fealdan(fold), 〈게르만어〉, 모루, 철침, (망치로 두들길〈on·beat〉수 있는) 쇠받침대, 〈~ an iron block〉, 〈~(↔)black-smith〉, 〈↔assail\hammer〉 가1

1308 **anx·i·e·ty** [앵쟈이어티]: 〈← angere(choke)〉, 〈라틴어〉, 〈좁은〉, 걱정, 불안, 염원, 〈성취의 어머니〉, 〈~ anguish\fret¹\worry〉, 〈↔calmness\serenity\equanimity〉 가2

1309 **an·y** [에니]: 〈← anig〉, 〈게르만어〉, 〈← one〉, 무언가(누군가)의, 어떤 ~ 것도, 아무도, 얼마간, 〈귀찮다는 말〉, 〈~ some\at all〉, 〈↔none\neither〉 가1

1310 **an·y-way** [에니 웨이]: 어쨌든, 뭐라 해도, 그래서, 그것은 그렇고, 〈매우 주관적인 말〉, 〈~ anyhow\nevertheless〉, 〈↔formally\intentionally〉 가2

1311 **An·za** [앤쟈], Juan: 〈Basque어〉, '딱총나무〈dwarf elder tree〉 숲에 사는 자', 안자, (1735-1788), 1776년 샌프란시스코를 세운 멕시코 출신 탐험가, 〈~ a founding father of Spanish California〉 수1

1312 **ao dai** [아오우 다이 \ 오우 쟈이]: ao(tunic)+dai(long), 〈중국어 → 베트남어〉, '긴 옷', 아오자이, 〈얇은 천의 긴 중국식 옷과 헐렁한 바지로 되어 몸매가 유감없이 드러나는〉 베트남 남·녀의 민족 의상, 〈~ modernized Vietnamese formal-wear〉 수2

1313 *****A-ok** [에이 오우 케이]: 더할 나위 없는, 완벽한, 〈~ excellent\perfect〉, 〈↔complete mess\total disaster〉 미2

1314 *****AOL¹** (ab·sent o·ver leave/ab·sence with-out leave): 휴가 기간을 초과한 결근, 무단결석, 땡땡이 양2

1315 *****AOL²** (A·mer·i·ca On-line): 1983년에 창립되어 현재 Verizon에서 운영하는 미국의 세계적 전산망 '접속업체', 〈~ an American web portal〉 수2

1316 *****A-one¹** [에이 원]: 제1등급의, 우수한, 〈~ first\highest〉, 〈↔last\worst\bottom〉 미2

1317 **A-one²** [에이 원]: 〈주방장이 만든 것을 맛본 영국의 조지 4세가 외친 감탄사에서 연유한〉 '갈색 맛난이' (1831년부터 영국에서 출시된 후 1999년 미국의 Kraft사가 사들인 고기요리 맛난이의 상품명), 〈~ a brown liquid condiment〉 수2

1318 **a·or·ta** [에이오얼터]: 〈← eirein(raise)〉, 〈아리스토텔레스가 만들어 낸 그리스어〉, 〈피를 내뿜는〉 대동맥, 좌심실에서 뻗어나와 여러 갈래를 치면서 등으로 내려가는 길고 굵은 동맥, 〈~ trunk artery〉 양2

1319 **ap~** [앺\ 엎~]: 〈라틴어〉, (p 앞에서) ad~의 변형 양1

1320 **AP¹** (As·so·ci·at·ed Press): 미 연합통신 (여러 언론 매체들의 협조를 위해 1846년 뉴욕에 세워진 미국의 〈비영리〉 통신사), 〈~ an American not-for-profit news agency〉 우2

1321 **AP²** (ad·vanced place·ment): 앞자리, 전진배치, 고등학교에서 수학하는 대학과정, 〈~ college level curricula in US and Canadian high-school students〉, 〈~(↔)ACT〉 우1

1322 **a-pace** [어페이스]: 〈프랑스어〉, 〈← pace〉, ~와 발 맞추어, 빨리, 〈~ fast\quickly〉, 〈↔slowly〉 양2

1323 **A·pach·e** [어패취]: apachu(enemy) \ epache(people), 〈'적' \ '사람'〉, 아파치, 북아메리카 원주민의 일족, 〈~ a native tribe in S-W of N. America〉, 무료 웹사이트의 하나, 〈~ software projects〉, 미 육군의 대지 공격 헬리콥터(helicopter) 수1

1324 **a-pach·e** [어패쉬]: 〈프랑스어〉, 조직 폭력배, (파리의) 깡패, 〈~ a Parisian underworld subculture〉, 〈↔peace maker\victim〉 미2

1325 **a·pach·e dance** [어패취(아파쉬) 댄스]: 〈파리의 사창가 풍경을 풍자한〉 20세기 초에 유행했던 '극적이고 난폭한 춤'(~ a tough and dramatic dance) 수2

1326 **a·pan·thro·py** [어판쓰뤄피]: apo(off)+anthropos(human), 〈그리스어〉, 인류 혐오증, 군중 혐오증, 고독 사랑, 〈~ aversion to human company\love of solitude〉, 〈↔philanthropy〉 양2

1327 **a-part** [어파아트]: ad(to)+pars(side), 〈라틴어〉, 떨어져서, 따로따로 〈나누어진〉, 〈~ segregation\away from each other〉, 〈↔joint\accompanied〉 가2

1328 *****a-part-el** [어파아텔]: apartelle, apartment+hotel, (필리핀 등지에 있는) 간단한 주거용 시설이 있는 호텔, 〈한국에 있는 오피스텔보다 주거용적이 커서 2명이 살 수 있는 전용면적 60m²-85m² 사이의 아파트를 말함〉, 〈~ efficiency apartment〉 미2

1329 **a-part-heid** [어파아트 헤이트]: 'apart·hood', 아파르트 헤이트, (남아공에서) 흑인에 대한 인종차별, 분리, 배타, 〈~ bigotry\race-baiting〉, 〈↔anti-apartheid\integration\impartiality〉 양2

1330 **a-part-ment** [어**파**아트먼트] \ APT: 〈1645년에 이탈리아어에서 도입된 영국어〉, 공동주택 내 한 가구, 별거 군집주택, 셋방, '격리된 곳', 〈~(↔)condominium\town-house〉, 〈↔single-house\mansion〉 우2

1331 **ap·a·thy** [**애**퍼씨]: a(without)+pathos(suffering), 〈그리스어〉, 〈고민하지 않는〉 냉담, 무감각, 〈~ indifference\lack of interest〉, 〈↔alacrity\emotion\enthusiasm\passion\fervor〉 가2

1332 **ape** [에이프]: 〈← apa〉, 〈어원 불명의 게르만어〉, 원숭이, 유인원 〈꼬리가 퇴화된·인간과 가장 유사한 동물〉, 흉내쟁이, 얼간이, 〈~ monkey\primate〉, 〈~ copy-cat\ditto\goon〉 가1

1333 ***a pearl is worth-less as long as it is in its shell**: 구슬이 서 말이라도 꿰어야 보배, 부뚜막의 소금도 집어 넣어야 짜다, 〈~ nothing is complete unless you put it in final shape〉 양2

1334 **APEC** [에이펙] (A·sia-Pa·cif·ic Ec·o·nom·ic Co·op·er·a·tion): 〈1989년에 발족하여 호주·미국 등 21개국이 참여하고 있는〉 아시아-태평양 경제협력 〈기구·각료회의〉 미1

1335 ***a pen·ney saved is a pen·ney earn-ed**: 푼돈을 모아 부자되다, 돈은 하늘에서 떨어지지도 않고 땅에서 솟아나지도 않는다, 〈~ money doesn't grow on tree〉, 〈그런데 이원택 박사는 왜 쪽박을 차야만 하는가〉 양2

1336 **Ap·en·nine** [**애**퍼나인]: 〈← penn(mountain)〉, 〈켈트어〉, 아펜니노, 이탈리아의 등뼈를 이루며 남북으로 달리는 1,200km짜리 산맥, 〈~ a mountain range in Italy〉 수1

1337 **a·pe·ri·tif** [애퍼**뤼**티이후 \ 아아퍼**뤼**티이후]: ab(off)+perire(cover), 〈1890년에 '개시(open)'란 뜻의 라틴어에서 유래한 프랑스어〉, 아페리티프, 〈편자는 3잔을 마셔야 하는〉 〈식사 전에 마시는〉 반주·포도주, 〈~ pre dinner drinks〉, 〈↔digestif〉 미2

1338 **ap·er·ture** [**애**퍼츄어]: ab(off)+perire(cover), 〈라틴어〉, 〈열린〉 틈, 구멍, 구경, 천공, 〈~ gap\opening\window〉, 〈↔seal\plug〉 양1

1339 **a·pex** [**에**이펙스]: 〈라틴어〉, point, 꼭대기, 정상, 절정, 〈~ summit\top〉, 〈↔bottom〉 양2

1340 **a-pha·gi·a** [어**훼**이쥐어]: a(not)+phagein(eat), 〈그리스어〉, 〈삼키지 못하는〉 연하불능증, 〈~ inability to swallow〉, 〈~(↔)dys-phagia〉 양2

1341 **a-pha·si·a** [어**훼**이쥐어]: a(not)+phanai(speak), 〈그리스어〉, 〈후천성〉 실어증, 언어 부전증, 〈~ inability to speak〉, 〈~(↔)dys-phasia〉 양2

1342 **a·phid** [**에**이휘드] \ a·phis [**에**이휘스]: 〈← apheides(unsparing)〉, 〈아마도 '엄청난 생식력'이란 그리스어에서 감을 잡은 린네가 주조한 말〉, 진드기, 〈단성생식을 하며 개미와 친한〉 진디, 〈~ a small sap-sucking insect〉 미2

1343 **a·phid li·on** [**에**이휘드 **라**이언]: '진디 귀신', 〈진디를 잡아먹는〉 풀 잠자리·무당벌레 등의 유충, 〈~ larva of lace-wing flies〉 우2

1344 **a-pho·ri·a** [아**호**어뤼어]: a(without)+pherein(bear), 〈그리스어〉, 〈dys·phoria(불쾌)한 것보다 더 심한〉 〈무능과 부도덕으로 인해〉 살 기분이 않나는 '무감각상태', 기분 부종, 〈~ despair\despondency〉, 〈↔euphoria\elation〉 양2

1345 **aph·o·rism** [**애**훠뤼즘]: apo(off)+horos(boundary), 〈히포크라테스에 의하면 '정의 내리기'란 그리스어에서 연유한〉 금언, 격언, 경구, 〈apo+horizon〉, 〈~ adage\dictum〉, 〈↔absurdity\dissertation〉 미2

1346 **aph·ro·dis·i·ac** [애흐**뤼디**지액]: 〈1711년 그리스어에서 조작된 영국어〉, 〈Aphrodite를 품으려고 먹는〉 최음제, 성욕 촉진제, 〈~ love drug(potion)\(erotic) stimulant〉, 〈↔ant-aphrodisiac(하품·입냄새·방귀… 등등)〉 양2

1347 **Aph·ro·di·te** [애흐**뤼다**이티]: 〈Cronus가 아비인 Uranus의 자지를 잘라 바다에 버렸을 때 올라온 거품(aphros; foam)이란 그리스어에서 유래한〉 아프로디테, 〈모든 사내들이 '5족(4족+alpha)'을 못 쓰는〉 그리스신화의 정욕과 미의 여신, 〈~ Venus\Yang Gui-fei〉, 〈↔Gorgon\Medusa\Tartar〉 수1

1348 ***API** (ap·pli·ca·tion pro·gram in·ter·face): 응용체제 상호 접속, 전산기 운용을 위한 여러 함수의 집합, 〈~ software framework〉 미2

1349 **a·pi·ar·y** [**에**이피에뤼]: 〈← apis(bee)〉, 〈라틴어〉, 양봉장, 꿀벌 사육장, 〈~ bee yard〉 양2

1350 ***a pic·ture is worth a thou·sand words**: 〈아마도 중국 속담에서 20세기 초에 미국으로 흘러 들어온 말〉, 천마디 말보다 한번 보는 것이 낫다, 백문이 불여일견, 〈~ seeing is believing〉, 〈~(↔)hearing is believing〉 양2

1351 **a-piece** [어피이스]: 〈영국어〉, 〈← piece〉, 하나에 대하여, 각자에게, 〈~ each\per item\respectively〉, 〈↔together\collective〉 양2

1352 **a·pi·pho·bi·a** [아피 호우비어]: 〈그리스어〉, (극심한) '벌(apis) 공포증, fear of bees, 〈~ melisso·phobia〉 양2

1353 *****APL** (A pro-gram lan·guage): (회화용) 전산체제 언어, (자판기 문자 대신 특정 부호를 써서 주로 배열을 위한 연산에 사용하는) '고단계 차림표 언어', 〈~ a high-level computer language〉 우1

1354 **a-plomb** [어플람]: 〈프랑스어〉, 〈plumb에 따라〉 (꼿꼿이 서있는) 수직, 태연, 침착, 냉정, 〈~ poise\self-assurance\equanimity〉, 〈↔discomposure\insecurity〉 양2

1355 **ap·ne·a** [애프니어]: a(without)+pnein(breathe), 〈그리스어〉, 무호흡, 질식, 〈~(↔)dys-pnea〉 양2

1356 **ap·o~** [애포우 \ 애퍼~]: 〈그리스어〉, off \ from, 〈떨어져·유도된~이란 뜻의 결합사〉 양1

1357 **A·poc·a·lypse** [어파컬맆스]: 아포칼립스, 요한계시록, ⇒ (the) Revelation 미1

1358 **a·poc·a·lypse** [어파컬맆스]: apo(off)+kalyptein(cover), 〈그리스어〉, '드러내기', 계시, 묵시, 세상의 종말, 〈~ end of the world\Judgement Day〉, 〈↔the beginning〉 양2

1359 **A·poc·ry·pha** [어파크뤼훠]: apo(off)+kryptein(hide), 아포크리파, 외전, 외경(전거가 의심스럽다고 개신교 측에서 구약 성서에서 삭제한 14편), 〈~ out-side books〉, a~; 출처가 의심스러운, 그럴듯한, 〈~ fictitous〉, 〈↔authentic〉, 〈구교에서는 Tobit을 소재로 썼다고 함〉 수1 양2

1360 **ap·o·gee** [애퍼쥐이]: apo(off)+ge(earth), 〈그리스어〉, 〈지구에서 먼〉 극점, 최고점, (지구를 도는 위성이 궤도상 지구에서 가장 '멀어지는') 원지점, 〈~ the most distance〉, 〈↔peri·gee〉 미2

1361 **A·pol·lo** [어팔로우]: apo(off)+ollynai(destroy), '파괴할 수 없는 자', 〈그리스어에서 연유한 라틴어〉, 아폴로, (음악·시·건강·예언 등을 주관하는) 태양신, 〈~ a complex god〉, 미국의 우주선(American airships), a~; 굉장한 미남, 〈~ Phoebus\god of Sun〉, 〈~ handsome(good-looking) man〉 수1 양2

1362 **A·pol·lyon** [어팔리연]: 〈← abaddon(destruction)〉, 〈히브리어 → 그리스어〉, 무저갱의 사자, 파괴자, 악마, 〈~ an angel of abyss〉, 〈↔arch-angel〉 수1

1363 **a·pol·o·gist** [어팔러쥐스트]: 변호하는 사람, 변명자, 옹호자, (기독교의) 호교론자, 〈~ defender\supporter〉, 〈↔accuser\sophist〉 양2

1364 **a·pol·o·gy** [어팔러쥐]: apo(off)+legein(speak), 〈그리스어〉, 〈logic하지 않은〉 '변명', 사과, 사죄, (자기) 변호, 〈~ excuse\plea〉, 〈↔accusation\insult〉 가1

1365 **ap·o-pemp-tic** [애퍼펨틱]: apo(off)+pempeim(send), 〈그리스어〉, 고별의, (떠나는 사랑을 위한) 송별사, 〈~ valedictory〉 양2

1366 **ap·o·phe·ni·a** [애훠피니어]: apo(off)+phaino(appear), 〈그리스어〉, 〈1958년 독일정신과 의사가 주로 한 말〉, 〈서로 다른 현상간의 연관성을 찾으려는〉 '무관 연상 작용', 〈~pareidolia〉 양2

1367 **ap·o-plex·y** [애퍼플렉시]: apo(off)+plessein(strike), 〈그리스어〉, 졸증, 일혈, 〈~ stroke〉 양1

1368 **a·pos·tate** [어파스테이트]: apo(off)+histanai(stand), 〈그리스어〉, '딴 곳에 서 있는', 배신자, 변절자, 〈~ quisling\viper〉, 〈↔follower\loyal\martyr〉 양2

1369 **a pos·te·ri·o·ri** [에이 파스티어뤼어롸이]: 〈라틴어〉, 'from what+comes after', 사후적, 후험적, 귀납적, 〈실제적 관찰에 입각하는〉, 〈~ empirical\inductive〉, 〈↔a priori〉 양2

1370 **a-pos·tille** [어파스틸]: ad(to)+post(after)+illa(that), 〈라틴어 → 프랑스어〉, 아포스티유, '추인', 방주, (공문서) 국외 인증, 1961년에 체결된 국제협약에 의해 해당 국가에서 관인이나 서명의 진위를 확인하고 발급하는 증서, 〈자기들이 인정해준 것을 믿지 못하고 재확인시켜주는 이율배반적이고도 번거로운 절차〉, Authentification Certificate 미1

1371 **a·pos·tle** [어파슬]: apo(from)+stelein(send), 〈그리스어〉, 〈앞으로 보낸〉 사도, 최초의 기독교 전도자, 선구자, 〈~ messenger\disciple〉, 〈↔apostate\renouncer〉 양2

1372 **a·pos·tro·phe** [어파스트뤄휘]: apo(from)+strephein(turn), 〈'돌아 나오다'란 뜻의 그리스어〉, 〈'〉, 생략·소유격·복수를 나타내는 부호, 〈~ contraction mark〉, 〈↔strophe〉 수2

1373 *****app** [앺]: application·applet·aparatus·appendix 등의 약자, ⇒ application program \ apps 미2

1374 **ap·pa** [아퍼]: 〈인도어〉, 아버지(father), 〈↔mumma〉 양2

1375 **Ap·pa·la·chi·an** [애펄레이취언]: ⟨← abalachi(other side of the river)⟩, ⟨원주민어⟩, '강 건너에 사는 자', 애팔래치아(산맥), 애팔래치아 원주민이 살았던 광물 매장이 많은 미국 동북부의 산맥, ⟨~ a North-American native or mountain-range⟩ 수1

1376 **ap-pall-ing** [어퍼얼링]: ad(to)+pallere, ⟨라틴어⟩, '창백⟨pale⟩하게 하는', 섬뜩하게 하는, 질색인, 형편없는, ⟨~ shocking\horrific⟩, ⟨↔acceptable\comforting⟩ 양1

1377 **ap·pa·rat–chik** [아아퍼라아췩]: ⟨러시아어⟩, ⟨← apparatus⟩, 기관원, 정치국원, 수뇌료료, 열성분자, ⟨~ bureaucrat\comrade⟩, ⟨↔traitor\renegade⟩ 양2

1378 **ap·pa·ra·tus** [애퍼래터스]: ad(to)+parare(prepare), ⟨라틴어⟩, ⟨준비된⟩ 장치, 기구, 기관, ⟨~ tool\utensil⟩, ⟨↔disorganizer\destroyer⟩ 양1

1379 **ap-par-el** [어패뤨]: ad(to)+parere(prepare), ⟨라틴어⟩, ⟨준비된⟩ 의복, 기성복, 장식, ⟨~ clothes\garments⟩, ⟨↔unclothe\strip⟩ 미2

1380 *****ap-par-el makes the men**: 옷이 날개다, ⟨~ fine feathers make fine birds⟩, ⟨↔clothes do not make the man⟩ 양2

1381 **ap-par-ent** [어패뤈트]: ad(to)+parere, ⟨라틴어⟩, ⟨← appear⟩ 또렷한, 명백한, 겉치레의, ⟨~ evident\conspicuous⟩, ⟨↔obscure\unclear⟩ 양2

1382 **ap-pa·ri–tion** [애퍼뤼션]: ad(to)+parare, ⟨라틴어⟩, ⟨← appear⟩, 유령, 환영, 불가사의한 것(일), ⟨~ ghost\phantom⟩, ⟨↔reality\certainty⟩ 가1

1383 **ap-pas·sio·na–to** [어파아시어나아토우 \ 어패시어나아토우]: ad(to)+passionare, ⟨라틴어에서 연유한 이탈리아어⟩, (아주) 열정적으로, ⟨↔dis-passionate\apathetic⟩ 미2

1384 **ap-peal** [어피일]: ad(to)+pellere(drive), ⟨라틴어⟩, '다른 쪽으로 끌어당기다', '다가가다', 호소하다, 항의하다, 상소하다, 마음에 들다, ⟨→ peal\appellate⟩, ⟨~ petition\plea⟩, ⟨↔repulsion\defend⟩ 양2

1385 **ap-pear** [어피어]: ad(to)+parere(come forth), ⟨라틴어⟩, 나타나다, 출현하다, ~인 듯하다, ⟨→ apparent⟩, ⟨~ come into sight\materialize⟩, ⟨↔dis-appear\vanish⟩ 양1

1386 **ap-pear-ance** [어피어뤈스]: 출현, 발표, 기색, 형색, 현상, ⟨~ arrival\look\demeanor⟩, ⟨↔departure\absence\reality⟩ 양1

1387 *****ap-pear-ances are of·ten de-cep·ive**: 겉만 번지르르하다, 뚝배기보다 장맛이다, ⟨~ you can't tell a book by its cover⟩ 양2

1388 **ap-pease** [어피이즈]: ad(to)+pax, ⟨라틴어⟩, at peace, '평화롭게 하다', 달래다, 풀다, 가라앉히다, ⟨~ assuage\dulcify⟩, ⟨↔provoke\frustrate\hawk\rock\vex\nettle²⟩ 양2

1389 **ap-pel·lant** [어펠런트]: ad(to)+pallare(call), ⟨라틴어 → 프랑스어⟩, 항소인, 청원자, ⟨~ plaintiff in error\accuser\claimant⟩, ⟨↔accused\defendant⟩ 양1

1390 **ap-pel·late** [어펠러트]: ⟨라틴어⟩, ⟨← appeal⟩, 상고의, 항소를 처리하는, ⟨~ further appeal to higher court⟩, ⟨↔decline\conclude⟩ 양2

1391 **ap-pend** [어펜드]: ad(to)+pendere(hang), ⟨라틴어⟩, 달아매다, 덧붙이다, 추가하다, ⟨~ attach\add⟩, ⟨↔detach\substract⟩ 가1

1392 **ap-pen·dix** [어펜딕스]: ⟨라틴어⟩, ⟨← append⟩, ⟨매달린⟩ 부속물, 부록, 추가, 충수, 맹장, ⟨→ pent·house⟩, ⟨~ supplement\addendum⟩, ⟨↔preface\main body⟩ 양1

1393 **ap-per·tain** [애퍼테인]: ad(to)+petinere(belong to), ⟨라틴어⟩, ⟨← pertain⟩, 속하다, 관련하다, 적절하다, ⟨~ relate\apply\bear⟩, ⟨↔irrelevent\avoid⟩ 양2

1394 **ap-pe·tite** [애퍼타이트]: ad(to)+petere(seek), ⟨라틴어⟩, '추구하는 의욕', 식욕, 욕구, 기호, ⟨~ hunger\palate\desire⟩, ⟨↔aversion\distaste⟩ 양1

1395 **ap-pe·tiz–er** [애퍼타이저]: 식욕을 돋우는 음식(약), 전채, ⟨~ starter\hors d'oeuvre⟩, ⟨↔meal\dessert⟩ 미2

1396 **ap-plause** [어플러어즈]: ad(to)+plaudere(strike), ⟨라틴어⟩, ⟨상대에게 손뼉을 치는⟩ 박수갈채, 칭찬, ⟨← applaud⟩, ⟨~ plaudits\plausible⟩, ⟨~ clapping\cheering⟩, ⟨↔booing\hissing\badger\invective\criticism\sarcasm⟩ 가2

1397 **ap·ple** [애플]: ⟨← aplaz(fruit)⟩, ⟨게르만어⟩, ⟨중앙 아시아 원산의⟩ 사과(나무), ⟨모래를 씹는 것같이 퍼석퍼석하나 달고 신 방둥이 같은 열매를 맺는⟩ 7,500여 종의 장미과의 낙엽활엽교목, ⟨~ a malus⟩, ⟨~ anything round\eye-ball⟩ 가1

1398 **Ap·ple Com·put–er Inc.** [애플 컴퓨터 잉크]: 1976년에 세워져서 주가가 많이 오른 미국의 전산기 회사 이름, ⟨~ an American technology company⟩ 수1

1399 *** Ap·ple Talk** [애플 터어크]: (애플사가 매킨토시를 위해) 다른 전산기와 통신하기 위해 1985년에 개발해서 2009년에 폐기된 근거리 통신망(local area networks) 수2

1400 **ap·ple ci·der** [애플 사이더]: 사과즙, ⟨~(↔)apple juice⟩ 미1

1401 **ap·ple hip** [애플 힢]: 사과 방둥이, 선정적이고 통통한 엉덩이, ⟨미국 사람들이 혀를 내두르는 콩글리시⟩, ⟨bubble butt⟩, ⟨편자는 'glory fanny'란 신조어를 제안함⟩, ⟨~ bubble butt⟩, ⟨↔pancake butt⟩ 미1

1402 **Ap·ple of Dis·cord** [애플 어브 디스코어드]: (그리스 신화에서) Paris가 가장 아름다운 여인으로 Helen을 선택해서 Hera·Athena·Aphrodite간의 질투심으로 인한 트로이 전쟁의 불씨가 되었다는 '황금의 사과', 싸움의 씨앗, 불화(분쟁)의 원인, ⟨~ core of altercation\dispute⟩ 수2

1403 ***ap·ple of (one's) eye**: ⟨성경의 시편에 나오는 말⟩, 눈 안의 보배, 눈동자, 눈에 넣어도 안 아픈 것, 금지옥엽, 장중보옥(most precious treasure), ⟨↔foe\cur\ass⟩ 양1

1404 **ap·ple pie** [애플 파이]: 조린 사과·설탕·달걀·버터 등이 섞인 밀가루 구이, ⟨~ apple crumble (or tart)⟩ 우2

1405 ***ap·ples and or·an·ges** [애플즈 앤 오어륀쥐이즈]: 서로 전혀 다른, 천양지차, ⟨~ contrary\discordant⟩, ⟨↔same-same\alike⟩ 양1

1406 **Ap·ple-seed** [애플씨이드], **John·ny**: 애플시드, 본명은 John Chapman, (1774-1845), 맨발로 동부의 개간지를 따라다니면서 사과나무를 전파했다는 전설적 농부, ⟨~ an American nursery-man⟩ 수1

1407 ***ap·plet** [애플럳]: '꼬마사과', 주로 Java 체계 내에서 작은 일을 하기 위해 고안된 간단한 응용체제, ⟨~ a small application⟩ 수2

1408 **ap·pli·ance** [어플라이언스]: ⟨라틴어⟩, ⟨← apply⟩, 가구, 설비, 비품, ⟨~ device\apparatus⟩, ⟨↔essential\furniture⟩ 양1

1409 **ap·pli·ca·tion** [애플리케이션]: ⟨← apply⟩, 적용, 응용, 신청, 지원, ⟨~ solicitation\implementation⟩, ⟨↔dis-regard\reply⟩ 가1

1410 ***ap·pli·ca·tion pro·gram** [애플리케이션 프로우그램]: app, 응용체제, 특정 운영체제 이외에 ⟨단어·도안·부기·공학 등⟩ 여러 가지 실무 처리도 할 수 있는 전산체계, ⟨~ a computer program designed to carry out a specific task\software application⟩ 미2

1411 **ap·pli·que** [애플리케이]: ⟨apply에서 연유한 프랑스어⟩, 아플리케, (옷에) 꿰매 붙인 장식, 박아 넣은 장식, ⟨~ embroidery\arabesque⟩, ⟨↔scar\blemish⟩ 수2

1412 **ap·ply** [어플라이]: ad(to)+plicare(fold), ⟨라틴어⟩, ~에 꼭 붙이다, 대다, 적용하다, 사용하다, 신청하다, '원하는 곳으로 접다', ⟨→ ply¹\appliance\application⟩, ⟨~ implement\utilize⟩, ⟨↔misapply\misuse⟩ 양1

1413 **ap·pog·gia·tu·ra** [아파줘투우뤄]: ⟨← appogiare(lean)⟩, ⟨이탈리아어⟩, 아포자투라, 우아하게 꾸미기 위해 나오는 장식음, 전타음, 앞꾸밈음, ⟨~ 'yearning'\an embellishing note⟩, ⟨↔pause\straight note⟩ 양2

1414 **ap·point–ment** [어포인트먼트]: ad(to)+pungere(prick), ⟨라틴어 → 프랑스어⟩, ⟨← point⟩, '지점에 놓기', 임명, 지명, 약속, 예약, ⟨~ engagement\nomination⟩, ⟨↔dismissal\rejection⟩ 양2

1415 **ap·por·tion** [어포얼션]: ad(to)+portio, ⟨라틴어 → 프랑스어⟩, ⟨← portion⟩, 배분하다, 할당하다, ⟨~ allocate\distribute⟩, ⟨↔retain\deprive (of)⟩ 양2

1416 **ap·po·si·tion** [애포지션]: ad(to)+ponere(place), ⟨라틴어⟩, ⟨← position⟩, 병렬, 동격 (관계), 적절함, ⟨~ collocation\juxta-position⟩, ⟨↔discord\imbalance⟩ 양2

1417 **ap·prais·al** [어프뤠이절]: ad(to)+pretiare(value), ⟨라틴어⟩, ⟨← praise⟩, 평가, 사정, 감정, 견적, ⟨~ assessment\evaluation⟩, ⟨↔discard\misappreciate⟩ 가1

1418 **ap·pre·ci·a·tion** [어프뤼이쉬에이션]: ad(to)+pretiare, ⟨라틴어⟩, ⟨← praise⟩, 감사, 감상, 존중, '평가', ⟨~ a acknowledgement\gratitude⟩, ⟨↔depreciation⟩ 가1

1419 **ap·pre·hen·sion** [애프뤼헨션]: ad(to)+prehendere(take hold), ⟨라틴어⟩, '파악', 염려, 불안, 이해(력), ⟨파악하기 위한⟩ 체포, ⟨~ perception\angst\grasp\arrest⟩, ⟨↔confidence\peace⟩ 가1

1420 **ap-pren·tice** [어프렌티스]: ad(to)+prehendere(take hold), 〈라틴어〉, '배우는 자', 도제, 초심자, 견습, 실습생, 〈→ prentice〉, 〈~ padawan\trainee\greenhorn〉, 〈↔veteran\smith〉 가1

1421 *__app ride__ [앺 롸이드]: 전산망을 통한 운송수단, (Uber나 Lyft같이) 전산망을 통해 영업하는 개인택시, ⇒ ride app 우2

1422 **ap-proach** [어프로우취]: ad(to)+propius(near), 〈라틴어〉, '가까워지다', 접근, 다가가다, 〈~ proceed\propose〉, 〈↔leave\retreat〉 양2

1423 **ap-proach shot** [어프로우취 샽]: 〈득점을 위한〉 근접 타, 〈~ an accuracy hit〉, 〈↔distant(power) shot〉 양2

1424 **ap-pro·ba-tion** [애프뤄베이션]: ad(to)+probare(prove), 〈라틴어〉, 허가, 인가, 찬동, 칭찬, 〈~ approve〉, 〈~ acceptance\endorsement〉, 〈↔dis-approval\criticism〉 양2

1425 **ap-pro·pri–ate** [어프로우프뤼에이트]: ad(to)+proprius(one's own), 〈라틴어〉, 〈공용물을〉 〈자기것으로〉 착복하다, 충당하다, (예산에) 분배하다, 경우에 어울리는, 적당한, 고유한, 〈~ suitable\relevant〉, 〈↔in-appropriate\improper〉 양1

1426 **ap-pro·pri·a-tion** [어프로우프뤼에이션]: 〈라틴어〉, 충당(물), 〈자기것(proper)으로 하는〉 사유(물), 배당, 전유(독점), 예산, 착복, 〈~ allocation\setting aside〉, 〈↔restitution\relinquishment〉 양2

1427 **ap-prove** [어프루우브]: ad(to)+probare, 〈라틴어〉, 〈← prove〉, 시인, 찬성, '증명된 것으로 여김', 승인, 〈~ approbation〉, 〈~ agreement\acceptance〉, 〈↔denial\refusal\chide〉 가1

1428 **ap-prox·i–mate** [어프롹시메이트]: ad(to)+prope(near), 〈라틴어〉, 〈가장 가까운 곳으로〉 접근하다, 가깝다, 비슷하다, 대강의, 〈← proximity〉, 〈~ estimated\ball-park〉, 〈↔precise\exact〉 양1

1429 *__apps__ [앺스]: applications, (특정 작업을 할 수 있는) 전산망의 〈연성기기〉 응용체계 미2

1430 **APR** (an·nu·al per-cen–tage rate): (원금에 대해 1년간 이자로 갚아야 할) 연이율, 〈~ yearly cost of borrowing money〉 양2

1431 **ap·ri·cot** [애프뤼캍]: 〈← al(the)+praecox(early-ripe)〉, 〈← al·birquq〉, 〈라틴어·아랍어 → 스페인어 → 프랑스어 → 영국어〉, 〈빨리 익는 과일〉, 살구, (씨에는 독성이 있으며) '금방 흐물흐물해지는' 과일, 황적색, 〈~ a drupe\salmon pink〉 미1

1432 **A·pril** [에이프릴]: 〈← aperire(open)〉, 〈고대 로마력의 '두 번째' 달〉, 에이프릴, (정염의 여신 Aphrodite에서 따왔다는 '썰'이 있는) 〈그래서 처녀 총각이 마음 설레는〉 4월, (분홍색(pink)의 달) 가1

1433 **A·pril Fools' Day** [에이프릴 후울스 데이]: All Fool's Day, (가벼운 거짓말로 서로 속이면서 즐기는) 4월 1일, 〈어원에 대해 여러 학설이 있는〉 만우절 양2

1434 *__A·pril show·ers bring May flow·ers__: 사월 장마는 오월 개화를 가져온다, 고진감래, 〈~ after the storm comes the calm〉 양2

1435 **a pri·o·ri** [에이 프롸이어롸이]: 〈라틴어〉, 'what comes first', 우선적, 선험적, 연역적, 〈원인에서 결과로〉, 〈~ theoretical\deductive〉, 〈↔a posteriori〉 양2

1436 **a·pron** [에이프뤈]: 〈← mappa(cloth)〉, 〈라틴어〉, 앞치마, 행주치마, 무릎 덮개, 〈~ napkin\(n)apron\pinafore\smock〉 양2

1437 *__a·pron park·ing__ [에이프뤈 파아킹]: '앞치마 주차', 인도에 걸쳐서 하는 〈불법〉 주차행위, 〈~ parking extending to the sidewalk〉 우2

1438 **ap·ro·po** [애프뤄포우]: 〈프랑스어〉, to the purpose, 적절한, 알맞는, 때마침, 그건 그렇고, 〈~ regarding\pertinent〉, 〈↔in-appropriate\irrelevent〉 양2

1439 **apt** [앺트]: 〈라틴어〉, appropriate, 적절한, ~에 능한, ~하는 경향이 있는, 〈~ adept〉, 〈↔inept〉 양2

1440 **ap-ti–tude** [앺티튜우드]: 〈← ap(reach)〉, 〈산스크리트어 → 라틴어〉, 경향, 습성, 기질, 적성, 〈~ attitude〉, 〈~ tendency\talent〉, 〈↔in-aptitude\un-fitness\aversion〉 양1

1441 **Ap·tiv** [앺티브]: 1994년에 창립되어 Delphi에 속했다가 2017년 분리된 〈더블린에 본부를 두고 있는 미국의〉 세계적 '미래 지향적' 자동차 부품회사, 〈~ an Irish-American automotive technology supplier〉 수1

1442 **ap·tro·nym** [앺 트로우 님]: aptonym, 〈← apt〉, 〈1921년에 등장한 말〉, '적절한 이름', (대장간을 하는 Smith·꽃집을 하는 Flora·벽돌공인 Stone같이 이름이 주인의 표상에 들어맞는) '적성명', 〈~ attributive name\character-nym〉, 〈~(↔)retronym〉 우2

1443 **AQ** (ac·com·plish–ment quo·tient \ a-chieve-ment ~): 성취지수, 현 시점에서 얼마나 성취할 수 있는 능력이 남아 있는가를 알아보는 숫자, 교육 연령(achivement age)을 실제 연령(chronological age)으로 나눈 것에다 100을 곱한 것 미2

1444 **aq·ua** [애퀴 \ 아아쿠워]: 〈라틴어〉, agua, 물, 〈↔terra〉 양2

1445 **aq·ua-cul·ture** [애쿼 컬쳐]: 수산 양식, 수경 재배, 양어, 〈~ aqua-farming〉, 〈~(↔)agriculture〉, 〈↔plantation\industry\animal breed〉 양2

1446 **aq·ua-fa·ba** [애쿼 화아버]: 〈계란 흰자 대용으로 쓰는〉 납작콩을 갈아 만든 '콩국', 〈~ a vegan egg substitute\chick pea water〉 양2

1447 **aq·ua-lung** [애퀄렁]: 잠수용 호흡기, ⇒ scuba 미1

1448 **aq·ua-ma·rine** [애쿼 머륀]: 남옥, 남청색, 3월의 탄생석, 〈~ blue-green〉, 〈~(↔)turquoise〉 미2

1449 **aq·ua·ri·um** [어퀘어뤼엄]: 〈라틴어〉, 수족관, 유리 수조, 양어지, 〈~ marine museum\fish tank〉, 〈↔zoo\botanic garden(arboretum)〉 양1

1450 **Aq·ua·ri·us** [어퀘어뤼어스]: 아쿠아리우스, 보병궁, (물병을 들고 있는 사람 모양의) 물병자리, 1월 20일~2월 18일 사이에 태어난 〈인간적이나 고집이 센〉 사람들, 〈~ Water Bearer〉 미2

1451 **aq·ue-duct** [애퀘덕트]: aquae(water)+ductus(duct), 〈라틴어〉, 〈물을 끄는〉 도수관, 수도, 물 수송관, 맥관, 〈~ water-way\canal〉 양1

1452 **A·qui·nas** [어콰이너스], Thom·as: '물〈aqua〉 장수'(?), 아퀴나스, (1225-74), 「신학대전」에서 논리와 신앙을 하나라고 주장하여 나중에 성인의 반열에 올려진 이탈리아의 신학자·철학자, 〈~ an Italian priest〉 수1

1453 **a-quiv·er** [어퀴붜]: a(in)+quiver(tremor), 〈영국어〉, 부들부들 (와들와들) 떨며, 〈↔steady\controlled〉 양2

1454 **~ar** [~어얼]: 〈라틴어〉, pertaining to, 〈~한 성질의, ~하는 사람의〉란 뜻의 결합사 양1

1455 **ar~** [앨 \ 얼~]: 〈라틴어〉, to, 〈r 앞에서 ad~의 변형〉 결합사 양1

1456 ***AR**: ⇒ augmented reality 양2

1457 **Ar·ab** [애뤱]: 〈← arabah(desert)〉, 아랍, '사막 거주자', 아라비아반도를 떠돌던 유목민의 일파, Arabian, 〈~ a nomadic Semitic ethnic group〉 수1

1458 **Ar·ab E·mir-ates** [애뤱 에미어뤨츠]: 아랍 에미리트, United Arab Emirates, 1971년 아라비아반도 동남부(S-E of Arabian Peninsula) 페르시아만에 연한 7개의 토후국이 결성한 연합국가 수1

1459 **ar·a·besque** [애뤄베스크]: 〈아랍어 → 이탈리아어 → 프랑스어〉, Arab+esque, 아라비아풍의, 당초(덩굴) 무늬, 기이한 무늬, 화려한 악곡, 발레의 기이한 자세, 〈~ gaudy\showy〉, 〈↔plain\un-adorned〉 우1

1460 **A·ra·bi·an cam·el** [어뢰이비언 캐멀]: dromedary, 〈키가 크고 잘 달리는〉 단봉(one humped)낙타, 〈↔Bactrian camel〉 우2

1461 **A·ra·bi·an horse** [어뢰이비언 호올스]: 빠르고 영리하고 몸매가 날씬한 말, 〈~ a swift compact horse〉 수2

1462 **A·ra·bi·an Nights** [어뢰이비언 나이츠]: (1706~1721년에 영어로 출판된)「아라비안나이트」, 〈수 세기에 걸쳐 구전하던 중동 지방의 '주로 외설적' 설화를 엮어 놓은〉「천일야화」(1001 nights), 〈~ collection of Middle Eastern folk-tales〉 미1

1463 **a·rab·i·ca** [어뢔비커]: Arabian coffee, 예멘 원산으로 사료되며 세계 생산량의 60%를 점유하는 커피나무, 〈~(↔)robusta보다 milder and sweeter〉 수2

1464 **Ar·a·bic nu·mer·als** [애뤄빅 뉴머뤌스]: (1·2·3 등 〈힌두에서 유래해서 15세기 중반부터 유럽에 널리 보급된〉) 아라비아 숫자, 〈↔Roman numerals〉 수2

1465 **a·ra·ble** [애뤄블]: 〈← arare(plow)〉, 〈라틴어〉, 경작할 수 있는, 쟁기질할 수 있는, 〈~ cultivable\tillable〉, 〈↔barren\infertile〉 양2

1466 **A·rach·ne** [어뢔크니]: 〈← arachne(spider)〉, 〈그리스어〉, 아라크네, 아테나(Athena)와 베 짜기 시합에 져서 '거미'가 된 길쌈과 자수의 명수, 〈~ a Greek weaver〉 수1

1467 **a·rach·nid** [어뢔크니드]: 〈← arachne(spider)〉, 〈그리스어〉, (날개와 안테나가 없고 4쌍의 다리를 가진) '거미'류의 절지동물, 〈~ tick\mite〉 우1

1468 **Ar·a·fat** [애뤄퐫], Yas·ser: 〈마호메트가 승천하기 전에 마지막 설교를 했다는 지명〈Arafat(meeting place)〉, 에서 유래한 아랍계 이름〉, 아라파트, (1929-2004), 비교적 온건했던 토목과 출신의 팔레스타인 해방기구(PLO)의 의장, 노벨 평화상 수상자(1994), 〈~ a Palestinian political leader〉 수1

1469 **Ar·a·m(a)e·an** [애뤄미언]: ⟨← aram(height)⟩, '고지대에 사는 자', ⟨히브리어⟩, 아람인(의), 기원전 20세기를 전후해서 고대 시리아와 바빌로니아 지방에 살던 셈족(유대인의 선조), ⟨~ an ancient Semitic people⟩ 수1

1470 **ar·a·mid** [애뤄미드]: aromatic poly-amide, (방향성 합성수지로 된) 내열성 섬유제품, ⟨~ man-made fibers⟩ 우2

1471 **ar·an·ci·ni** [아아랜치니]: ⟨다진 고기⟩ 등을 쌀과 빵가루에 싸서 고온의 기름에 튀긴 ⟨'orange'를 닮은⟩ 이탈리아식 동그랑땡, ⟨~ Italian rice-balls⟩, ⟨~(↔)rice ball⟩ 우1

1472 **Ar-a·rat** [애뤄뤹]: ⟨← Urartu(holy ground)⟩, ⟨아르메니아어⟩, ⟨창조의 땅⟩, 아라라트산, 노아의 방주가 닿은 곳이라는 터키 동부의 화산, ⟨~ a volcano in Turkey⟩ 수1

1473 **ar·beit** [알바일]: ⟨← arbeiten(labor)⟩, ⟨게르만어⟩, '고역', 아르바이트, 노동, 일, 부업, '알바' ⟨콩글리시⟩, ⟨~ (extra) job\chore⟩, ⟨↔hobby⟩, ⟨요즈음 한국에서는 '외주'라고도 부르는 것 같음⟩ 양1

1474 **ar·bi·trage** [아알비터롸쥐]: ⟨← arbiter(witness)⟩, ⟨라틴어⟩, 차익거래, (차액을 획득하는) 중개매매, (쌀 때 샀다가 비쌀 때 파는) 재정거래, ⟨~ trade\deal⟩, ⟨↔break-even⟩ 미2

1475 **ar·bi·trar·y** [아알비트뤠뤼]: ⟨← arbiter(witness)⟩, ⟨라틴어⟩, '정해지지 않은', 임의의, 멋대로의, ⟨~ random\capricious\whimsical⟩, ⟨↔regular\limited⟩ 양2

1476 **ar·bi·tra·tion** [아알비트뤠이션]: ⟨라틴어⟩, ⟨← arbitrary⟩, 중재, ⟨중재자의 결정을 받아들여야 하는⟩ 조정, ⟨~ adjudication⟩, ⟨~(↔)mediation은 강제성이 없음⟩, ⟨↔dis-agreement⟩ 양2

1477 **ar·bor** \ ar·bour [아알버]: ⟨← herba(grass)⟩, ⟨라틴어⟩, 나무, 수목, 나무 그늘, 정자, ⟨~ herb\bower⟩ 가1

1478 **ar·bo·re·tum** [아알버뤼이텀]: ⟨← arbor⟩, 식물원, 수목원, ⟨~ botanical garden⟩, ⟨↔zoo\aquarium⟩ 양1

1479 **Ar·bor·io** [아알보오뤼오]: 전분 함량이 높고 알갱이의 길이가 짧은 이탈리아 알보리오⟨wooden place⟩ 지방산 쌀, ⟨~ an Italian short-grain rice⟩ 수2

1480 **ar·bor-vi·tae** [아알버 봐이티]: ⟨라틴어⟩, 'tree of life(생명수)', ⟨괴혈병 치료에 사용되었던⟩ ⟨측백나뭇과에 속한 상록침엽 소교목으로 비늘 같은 녹록색의 잎에 수많은 자잘한 청회색의 열매가 달리며 원추형으로 자라고 진한 향기를 내는⟩ 지빵나무, ⟨~ white cedar\swamp cedar⟩ 미2

1481 **ar·bu·tus** [아알뷰우터스]: ⟨라틴어⟩, ⟨← arbor⟩, '딸기나무', 'may flower', 미 동북부 원산으로 5월에 향기가 짙은 흰색 또는 연두색의 조그만 꽃이 피는 철쭉과의 상록관목, ⟨~ madrone\straw-berry tree⟩ 수2

1482 **arc** [아아크]: ⟨← arcus(bow)⟩, ⟨라틴어⟩, ⟨활 모양의⟩ 호, 궁형, 둥근 모양, ⟨→ arch⟩, ⟨~ curve\bend⟩, ⟨↔straight⟩ 가1

1483 **ar·cade** [아아케이드]: ⟨라틴어⟩, ⟨arc형 천장을 가진⟩ 유개 상점가. 아치형 화랑·오락실, ⟨~ mall\plaza⟩, ⟨↔academy\institute\arena⟩ 우2

1484 **Ar·ca·dia** [알케이디어]: ⟨그리스어⟩, pastoral utopia, ⟨~ Acadia⟩ ①아르카디아, 옛 그리스(Greece) 산속의 목가적인 소박한 생활이 행해지는 이상향, ⟨~(↔)Camelot\Eden⟩ ②아카디아, 미국 LA 북동쪽(N-E of LA)에 있는 ⟨부자동네⟩ 수1

1485 **ar·cane** [아알케인]: ⟨라틴어⟩, ⟨'arca(서랍; chest)'에 닫아둔⟩, 비밀의, 불가해한, ⟨~ hidden\mysterious⟩, ⟨↔open\simple⟩ 양2

1486 **arch~** \ **ar·che~** [아알취~ \ 아알키~]: ⟨← archein(rule)⟩, ⟨그리스어⟩, ⟨으뜸의~, 최초의~⟩란 뜻의 결합사, ⟨~ principal\foremost⟩ 양1

1487 **arch¹** [아아취]: ⟨라틴어⟩, ⟨← arc(bow)⟩, 홍예, 호, 궁형, 활 모양, ⟨~ vault\dome⟩, ⟨↔straight\square\pyramid⟩ 양1

1488 **arch²** [아아취]: ⟨← archein(rule)⟩, ⟨그리스어⟩, chief \ first, 첫 번째, 주요한, ⟨↔least\minor⟩ 양1

1489 **ar·ch·a·ic** [아알케익]: ⟨← archaios(old)⟩, ⟨그리스어⟩, 초기의, 형태가 오래된, 고풍스러운, ⟨~ atavistic\out-moded⟩, ⟨↔modern\up-to-date⟩ 양2

1490 **arch-bish·op** [아아취 비섭]: arch(chief)+episkopos(over·seer), ⟨그리스어⟩, 대주교, 대감독, ⟨~(↔)bishop⟩, ⟨↔lay-person⟩ 양2

1491 **ar·ch·(a)e·ol·o·gy** [알키알러쥐]: arch(first)+legein(speak), ⟨그리스어⟩, ⟨금수저를 물고 나온 사람들이나 하는⟩ 고고학, 고대를 연구하는 인류학의 한 분야, ⟨~ paleology\antiquarianism⟩, ⟨↔computer science\robotics⟩ 가1

1492 **arch-er**[아알춰]: 활 쏘는 사람, 궁수, 궁술가, 〈~(↔)archeress〉, A~; 궁수자리, 인마궁(Sagitarius), 〈활을 만들어 파는 사람은 bowyer라 함〉 양2

1493 **ar·ch-er·y** [아아춰뤼]: 〈라틴어〉, 〈← arch¹〉, 궁술, 궁도, 〈~ toxophilite〉, 〈~ bow and arrow〉, 〈~(↔)artillery\missile〉 가1

1494 **ar·che-type** [아알키 타이프]: 〈그리스어〉, 〈← arch²〉, 〈처음에 틀이 잡힌〉 원형, 전형, 모범적인 것, 〈~ original\proto-type〉, 〈↔deviation〉 양2

1495 **Ar·chi·me·des** [아알커미이디즈]: 〈← arch²〉, '거장', 아르키메데스, (BC287?-212), '실험과학의 아버지'라 불리는 그리스의 수학자·발명가, 〈~ a Greek mathematician and physicist〉 수1

1496 **ar·chi-pel·a·go** [아알키 펠러고우]: archi(chief)+pelagos(sea), 〈그리스어〉, 〈← arch²〉, 군도, 다도해, 〈~ island chain(group)〉, 〈↔main-land\shore〉 양2

1497 **ar·chi-tect** [아아키텍트]: archi(chief)+tekton(worker), 〈그리스어〉, 〈← arch²〉, 〈주된〉 건축사(가), 〈primary〉 고안자, 설계자, 〈~ designer\drafts-man〉, 〈↔abolisher\destroyer〉 양2

1498 **ar·chi-val stor-age** [아알카이벌 스토어뤼쥐]: 〈그리스어+라틴어〉, (장기간) 기록 보관, 〈~ data tiering〉 양2

1499 **ar·chive** [아알카이브]: 〈그리스어〉, 〈← arch²〉, 〈중요한〉 (보관된) 기록, (문서) 보관소, (자료) 보존, 〈~ records\chronicles〉, 〈↔delete\non-depository〉 양2

1500 **ar·chi-vist** [아알커뷔스트]: 〈그리스어〉, 〈← archive〉, 공문서(기록) 보관인, 〈~ archiver\preservationist〉 양2

1501 **~ar·chy** [~아알키]: 〈← archein(rule)〉, 〈그리스어〉, 〈정체(본모양)〉를 뜻하는 접미사, 〈~ government\leadership〉 양1

1502 **ARCO** [알코] \ At·lan·tic Rich-field Com·pa·ny: 1966년에 병합되어 (주로 미국 서부에서 am·pm편의점과 같이 있고 비교적 값이 싼 주유소를 운영하는) 미국의 석유회사(oil and gas company) 수1

1503 **arc·tic** [아아크틱]: 〈그리스어〉, 〈곰(arktos)이 사는〉 북극의, 극한의, 냉담함, 〈~ polar\frozen〉, 〈↔antarctic〉 양1

1504 **arc·tic-char(r)** [아아크틱 촤알]: 〈그리스어+영국어〉, 북극 곤들매기, 북반구의 한랭 호에 사는 맛이 좋은 연어과의 물고기, 〈~ cold water salmonidae〉 미2

1505 **arc·tic-fox** [아아크틱 홥스]: 〈그리스어+게르만어〉, 북극여우, 흰여우, 갈색이나 회색의 털이 겨울에는 〈값진〉 순백색으로 변하는 조그만 여우, 〈~ polar(white\snow) fox〉 미2

1506 **arc·tic tern** [아아크틱 터언]: 북극제비갈매기, 〈일 년에 1만 마일 이상을 왕복하는〉 '철새의 왕자', 〈~ sea swallow〉 미2

1507 **arc·tic wolf** [아아크틱 울후]: 북극늑대(이리), 떼를 지어 다니며 자기보다 큰 짐승도 잡아먹는 야행성 동물, 〈~ polar (or white) wolf〉 미2

1508 ***ARD** [얼드]: 'all right'의 발음이 둔갑해서 만들어진 전산망 문자, 됐어, okay 양2

1509 **~ard** [~ 얼드]: ~ art, 〈hard라는 게르만어에서 유래한 프랑스어〉, 〈극단적으로 ~하는 사람〉이란 뜻의 접미사, 〈~ hard performer〉 양1

1510 **ar·dent** [아아든트]: 〈← ardere(burn)〉, 〈라틴어〉, 〈불같이〉 열렬한, 격렬한, 〈~ fervent\passionate\vehement〉, 〈↔cold\dis-passionate\bored〉 양1

1511 **ar·dor** \ ar·dour [아아덜]: 〈← ardere(burn)〉, 〈라틴어〉, 〈불타는〉 열정, 열의, 충정, 〈~ passion\zeal〉, 〈↔cold-ness\a-pathy〉 양1

1512 **ar·du-ous** [아알쥬어스]: 〈← arduus(steep)〉, 〈라틴어〉, 고된, 험한, 끈기 있는, 〈~ onerous\ball-buster〉, 〈↔easy\effort-less\hands-down\riding a bike〉 양2

1513 **are** [아알]: 〈← aron〉, 〈게르만어〉, 이다, be의 복수·2인칭 단수의 직설법 현재형 가1

1514 **ar·e·a** [에어뤼어]: 〈← arena(sand)?〉, 〈라틴어〉, 지역, 영역, 면적, 빈터, 〈→ aerie〉, 〈~ region\enclosure〉, 〈↔emptiness\vacuity〉 양1

1515 **ar·e·a code** [에어뤼어 코우드]: 〈1959년에 등장한 미국어〉, (전화)지역번호, 〈~ dialing code〉, 〈~(↔)postal (or zip) code〉 가1

1516 **ar·e·a rug** [에어뤼어 뤄그]: 국소용단, 〈~ mat\floor-cloth〉 양1

1517 **ar·e·ca** [어뤼이커]: 〈말레이어〉, 아레카, betel nut, 빈랑, 〈대만에서는 정력제로 열매를 씹어 먹으나 발암성이 있는 것으로 알려진〉 인도·동남아 등지에 서식하는 열대산 야자나무(palm) 미2

1518 **a·re·na** [어뤼이너]: 〈← harena(sand)〉, 〈라틴어〉, 아레나, 무대, 경기장, 투기장, '모래를 깔아 놓은 곳', 〈~ stadium〉, 〈↔theater\arcade〉 우1

1519 **aren't** [아안트]: 〈영국어〉, are+not, 아니지?, 그렇지? 가1

1520 **ar·e·ol·o·gy** [어뤼알러쥐]: 〈← Ares(Mars)〉, 〈그리스어〉, 화성학, 화성관측, 〈~ study of the planet Mars〉 양2

1521 **Ar·es** [에어뤼즈]: 〈← ara(ruin)〉, 〈그리스어〉, '파괴자', 아레스, 전쟁의 신, 아프로디테의 본 남편, 화성, 〈~ Mars〉, 〈~ Greek god of war〉 수1

1522 **ar·ga·la** [아아걸러]: 〈벵갈어〉, a stork, 아갈라, 〈인도산〉 대머리황새(무늬), adjutant², 〈~ marabou〉 미2

1523 **ar·ga·li** [아알걸리]: 〈몽골어〉, sheep, 아갈리, 〈중앙아시아산〉 큰뿔양, 〈쟁반 모양의 뿔을 가진〉 반양, 거대한 원형의 뿔을 가지고 고산지대에 사는 야생양, ovis ammon 미2

1524 **ar·gan** [아알건]: 〈← Agadir(fortified granary; city in Morocco)〉, 〈아랍어〉, 〈알제리아와 모로코 지방에 서식하며〉 씨에서 식용유(oil)를 짜내는 올리브(olive) 비슷하나 잎이 작고 둥근 우산 모양을 한 나무, 〈~ Moroccan iron-wood〉 수2

1525 **ar·gent** [아알쥔트]: 〈← argyros(silver)〉, 〈그리스어 → 라틴어〉, 은, 은빛 가1

1526 **Ar·gen·ti·na** [아알전티이너]: 〈그리스어〉, 아르헨티나, '은〈argentium〉의 나라', 1816년에 스페인으로부터 독립을 선언하고 목축업으로 한때 잘나갔던 다양한 지형을 가진 백인 우세의 남미 남쪽의 공화국, {Argentine-Sp-Peso-Buenos Aires}, 〈~ a country in the S. half of S. America〉 수1

1527 **Ar·gen·tine ant** [아알전틴 앤트]: 아르헨티나 개미, 남미에서 시작해서 전 세계로 퍼진 다갈색의 작은 개미 〈가축 및 과일의 해충〉, 〈~ a very invasive 'sugar ant'〉 수1

1528 **ar·ghan** [아알건]: 〈원주민어?〉, a pita², 〈중미에 서식하는〉 아나나스(ananas)속의 야생 파인애플 수2

1529 **Ar·go** [아알고우]: 〈← argos(swift)〉, 〈그리스어〉, 제이슨이 금양모를 찾으려고 타고 떠난 '재빠른' 배, 아르고자리, 〈~ a Greek ship\a Ptolemy constellation〉 수1

1530 **Ar·go·naut** [아알거 너어트]: Argo+naus(ship), 아르고우선의 원정, 〈~ Jason〉, argonaut; 〈금광〉 탐색가, 〈~ Argo-voyager〉, 〈얇은 막에 싸인〉 집낙지, 〈배같이 떠다니는〉 배낙지, 〈가늘고 긴 8개의 발을 가진〉 세발낙지, 〈~ pelagic octopus〉 수1 미2

1531 **ar·gon** [아알간]: a(without)+ergon(work), 〈그리스어〉, 아르곤, 〈거의 '활동성이 없는'〉 희귀 기체 원소 (기호 Ar·번호18), 〈~ an inert shielding gas〉 수2

1532 **ar·got** [아알고우 \ 아알겉]: 〈프랑스어〉, jargon, 은어, 특수어, 〈파리의 불량배들이 쓰던〉 '변말', 〈~lingo〉, 〈~ terminology〉, 〈↔standard〉 양1

1533 **ar·gu·ment** [아알규먼트]: 〈← arguere(make clear)〉, 〈라틴어〉, 〈← argue〉, '분명히 하기', 논의, 논쟁, 주장, 요점, 계략, 독립변수(인수), 〈~ quarrel\reasoning\case〉, 〈↔agree-ment\peace〉 양1 미1

1534 **Ar·gus** [아알거스]: 〈← argos(bright)〉, 〈그리스어〉, '모든 것을 보는' 아르고스, 100개의 눈을 가진 거인, 엄중한 감시인, 〈~ a Greek giant with 100 eyes〉 수1 미2

1535 **a·ri·a** [아아뤼어]: 〈← aer〉, 〈라틴어 → 이탈리아어〉, 〈'air'를 진동하는〉 아리아, 〈서술보다 가락을 중요시하는〉 영창, 가곡, 선율, 〈~ hymn\melody〉, 〈↔cacophony\discord〉, 〈↔recitative〉 양1

1536 **Ar·i·ad·ne** [애뤼애드니]: ari(most)+adnos(holy), 〈그리스어〉, 〈가장 신성한〉 아리아드네, 테세우스에게 미궁 탈출의 실을 준 미노스 왕의 딸, 〈~ daughter of the Cretan king Minos〉 수1

1537 **Ar·i·an** \ **Ar·y·an** [에어뤼언]: 〈← arya(lord)〉, 〈산스크리트어〉, 아리아족(언어), 인도 이란족(언어), '고귀한 자', 〈~ Iran〉, 〈Semitic race에 대항해서 Nazi Germany에서 'master race'라고 부르던 obsolete term〉 수1

1538 **~a·ri·an** [~에어뤼언]: 〈라틴어〉, sect \ belief, 〈~파의·~주의의 사람〉이란 뜻의 결합사 양1

1539 **ar·id** [애뤼드]: 〈← arere(dry)〉, 〈라틴어〉, 건조한, 불모의, 새로운 게 없는, 〈~ bare\bleak¹〉, 〈↔wet\fertile〉 양2

1540 **Ar·i·el** [에어뤼얼]: 〈어원이 다양한 히브리어·아랍어〉, 아리엘, 공기(air)의 요정, '신의 포효(lion of God)', 제단, 천왕성의 제1위성, 〈~ Creator God\a satellite of Uranus〉 수1

1541 **ar·i·el** [에어뤼얼]: 〈← ayyil(stag)〉, 〈아랍어〉, 중동·아프리카산의 작은 영양, 〈~ dorcas gazelle〉 수2

1542 **Ar·i·es** [에어뤼이즈]: 〈라틴어〉, 에리스, '양(ram)'자리, 백양궁, (불같은 성질을 가졌다는) 3월 21일-4월 19일에 태어난 사람, 〈~ a constellation in the Northern hemishere〉 미2

1543 **a·ri·o·so** [애뤼오우소우 \ 아아뤼오우소우]: 〈← aria〉, 〈이탈리아어〉, 아리오소, 〈아리아보다 좀 서술적인〉 영서창(으로), 〈~ melodious〉, 〈↔dis-cordant〉 미2

1544 **a·ri·rang** [아뤼랑]: 〈한국어〉, 아리랑 타령, 〈'나는 순리적 사내'라는 한자에서 온 말이라는 썰이 있는〉 약 600년 전부터 내려온 300여 종의 한국의 〈민속 국가〉, 〈~ 'my beloved one'〉, 〈Korean national folk-song〉 수1

1545 **a-rise** [어라이즈]: 〈영국어〉, 〈← rise〉, 일어나다, 생기다, 솟아오르다, 〈~ stand up\become apparent〉, 〈↔descend\sit down〉 가1

1546 **ar·is·toc·ra·cy** [애뤼스타크뤄시]: 귀족정치, 선민정치, 가장 훌륭한 사람들에 의한 통치, 〈~ meritocracy\rule by the best-qualified〉, 〈↔idiocracy\kakistocracy\mobocracy〉 양2

1547 **ar·isto-crat** [어뤼스터 크뢥]: aristos(best)+kratein(rule), 〈그리스어〉, 귀족, 최고의 것, 〈~ upper-crust\blue blood〉, 〈↔commoner\peasant\lumpen\NEET〉 가1

1548 **Ar·is·toph·a·nes** [애뤼스타훠니이즈]: aristos(best)+phanes(shine), '뛰어난 자', 아리스토파네스, (BC448-380), 그리스의 〈풍자적〉 희극작가, 〈~ a Greek playwriter〉 수1

1549 **Ar·is·tot·le** [애뤼스타틀]: aristos(best)+telos(purpose), '최상의 목표를 가진 자', 아리스토텔레스, (BC384-322), (어린 알렉산더 대왕을 가르치고, 소크라테스의 〈미련한〉 전철을 밟지 않은) 그리스의 〈전천후〉 철학자·교육자·과학자·실용주의 정치 철학의 시조, 〈~ a Greek philosopher and polymath〉 수1

1550 **a·rith·me·tic** [애뤼스머틱]: 〈'arithmos(숫자; number)'란 그리스어에서 연유한〉 산수, 산술, 셈, 계산, 〈~math〉, 〈~(↔)geometry〉 양1

1551 **A·ri·us** [어롸이어스 \ 에어뤼어스]: 〈← devoted to Ares〉, 〈그리스어〉, '죽지 않는 자〈immortal〉', 아리우스, (250-336), 그리스도는 성령과 성부의 중간에 위치한다고 (즉, 신보다 밑이라고) 주장한 로마의 신부, 〈~ a Roman presbyter born in Libya〉 수1

1552 **Ar·i·zo·na** [애뤼죠우너]: 〈원주민어〉, '작은 샘〈small spring〉', 애리조나, AZ, Grand Canyon State, 볼거리와 준 사막성 기후로 인구를 끌어들이고 있는 미국 남서부(S-W US)의 주, {Phoenix-9}, 〈〈saguaro〉〉 수1

1553 **Ark** [아크]: 〈십계명을 새긴 두 개의 석판을 담았던〉 '계약의 상자', 〈~ the large golden chest that carries Ten Commandments〉 수2

1554 **ark** [아크]: 〈← arkein(keep off)〉, 〈그리스어 → 라틴어〉, (노아의) 방주, 평저선, 피난처, '상자〈chest〉', 〈~ barge\refuge\shelter〉, 〈↔booby trap\disaster area〉 미1

1555 **Ar·kan·sas** [아알컨써어]: 〈← oo-gaq-pa(people who live downstream)〉, 〈원주민어〉, 〈Ozark〉, '강 하류에 사는 사람들', 아칸소, AR, Natural State, Razorback 〈등이 뾰족한 야생돼지〉 State, 천연자원이 풍부한 미국 중남부(mid-S US)의 주, {Little Rock-4}, 〈〈apple blossom〉〉 수1

1556 **ark-shell** [아아크 쉘]: 〈속이 '방주'같이 생긴〉 새꼬막, 피조개, 돌조개속 쌍패류의 해산물, 〈~ salt-water clam〉 미2

1557 **Ar·ling-ton** [아알링턴]: 〈← Aelle's town?〉, 〈어원 불명의 노르만어〉, 알링턴 ①미국 버지니아(Viginia)주 동북부 국립묘지가 있는 군 ②1876년 Robert Lee 장군의 고향 이름을 따서 세워진 위락도시로 2차대전 후 급격히 팽창한 텍사스(Texas)주 북부 Dollas와 Fort Worth 사이에 있는 산업·교육도시 수1

1558 **arm¹** [아앎]: 〈← harmos(joint)〉, 〈그리스어 → 라틴어 → 게르만어〉, 〈'받아' 지치는〉 팔, 〈동물이 손쉽게 무기로 사용할 수 있는〉 앞다리, 팔(모양)의 물건, 소매, 가지, 지부, 〈~ upper limb\branch〉, 〈↔leg\body〉 양1

1559 **arm²** [아앎]: 〈라틴어 'arma(arm'의 복수형)'에서 유래한 영국어〉, 무기, 무력, 〈~ munition\weapon〉, 〈↔dis-arm\weakness\civil〉 양2

1560 **Ar·ma-da** [아알마아더]: 알마다 ①1588년에 영국으로 출격했다 박살 난 스페인의 '무적'함대, 〈~ The Invincible Armada〉 ②2003년부터 Nissan사가 출시하는 대형 다목적용 차, 〈~ an SUV〉 수1

1561 **ar·ma-da** [아알마아더]: 〈라틴어 'arma'에서 유래한 스페인어〉, (무장)함대, 대집단, 〈~ fleet\squadron〉, 〈↔agreement\entertainment〉 양1

1562 **ar·ma·dil·lo** [알머딜로우]: ⟨← arma(arms)⟩, ⟨라틴어 → 스페인어⟩, '장갑두더지', 아르마딜로, 등에 각질의 주름을 가지고 있어 몸을 공처럼 오그릴 수 있고 튼튼한 앞발로 땅을 파헤쳐 벌레를 잡아먹는 아메리카산 빈치류(치아가 빈약한)의 작은 포유동물, ⟨~(↔)ant-eater\aardvark⟩ 유1

1563 **Ar·ma·ged·don** [알마게든]: har(mountain)+megiddon(Megido; crowded place), ⟨히브리어⟩, 아마겟돈, (팔레스틴 중부에 있는) '메기도 언덕', ⟨선과 악의⟩ 최후의 결전장, ⟨~ apocalypse\doomsday\end time⟩ 수1

1564 **Ar·ma·gnac** [아알머냑]: ⟨게르만어⟩, 'armin(힘센 용사)', 아르마냑, 남서 프랑스 아르마냑 원산의 쌉쌀한 맛의 증류 포도주, ⟨~ a distilled wine⟩, ⟨~(↔)brandy⟩ 수2

1565 **ar·ma·ment** [아알머먼트]: ⟨← arm²⟩, 장비, 무기, 병기, 포, 군사력, ⟨~ordnance\weapon⟩, ⟨↔dis-armament\peace⟩ 양1

1566 ***arm and leg** [아앎 앤 레그]: an arm and a leg, 상당한 가치, 많은 돈, ⟨~ excessive\high-priced⟩, ⟨↔worth-less\moderate⟩ 양2

1567 **Ar·ma·ni** [아알마아니]: ⟨army+man⟩, '힘센 용사', 아르마니, 1975년 이탈리아의 Giorgio Armani에 의해 창립되어 2016년부터 동물 모피 사용을 금지하고 차차 위락 사업까지 손을 뻗치는 세계적 의류·신체부품·화장품 생산업체, ⟨~ an Italian luxury fashion house⟩ 수1

1568 **arm-chair** [아앎 췌어]: 안락의자, 탁상공론의, ⟨~ elbow-chair\theoretic\abstract⟩, ⟨↔practical\useful⟩ 양2

1569 **Ar·men·i·a** [아알미이니어]: ⟨아랍어⟩, ⟨Aram(Noah의 직계)의 자손들⟩, 아르메니아(사람·언어·국가), 오랜 역사를 가졌으나 주변국(특히 터키)에게 박해를 많이 받아 인구가 뿔뿔이 흩어지고 1991년 소련으로부터 독립한 흑해와 카스피안 바다 사이에 있는 조그만 내륙국가, {Armenian-Armenian-Dram-Yerevan}, ⟨~ a land-locked country in West Asia⟩ 수1

1570 **ar·me·ria** [아알미어뤼어]: ⟨프랑스어 → 라틴어⟩, 아르메리아, 붉은 갯질경이, ameria², thrift, ⇒ sea 'pink' 우2

1571 **ar·mil·la·ry** [아알머레뤼]: ⟨← armus(shoulder)⟩, ⟨라틴어⟩, 고리(모양)의, 팔찌의, (지구 모양을 한) 혼천의, ⟨~ bracelet\hoop⟩ 양2

1572 **ar·mi·stice** [아알미스티스]: arma(arms)+stare(stand-still), ⟨라틴어⟩, ⟨무기를 세워두는⟩ 휴전, 정전, '무력정지', ⟨~ truce\cease-fire⟩, ⟨↔war\hostilites⟩ 양1

1573 **ar·moire** [아암와아]: ⟨← armarium(chest for arms)⟩, ⟨라틴어 → 프랑스어⟩, ⟨원래는 무기를 넣어두던⟩ 장롱, 키가 큰 고급 옷장, 키가 큰 식기장, ⟨~ dressor\wardrobe⟩ 양1

1574 **ar·mor** \ **ar·mour** [아아머]: ⟨← arma⟩, ⟨라틴어⟩, ⟨← arm²⟩, '무장', 갑주, 갑옷과 투구, 기갑부대, ⟨~ covering\protection⟩, ⟨↔attack\offense⟩ 양1

1575 **arm-pit** [아앎 핕]: ⟨게르만어+라틴어⟩, 겨드랑이, 누추한 곳, ⟨~ axilla⟩, ⟨↔groin⟩ 양2

1576 **arm-rest** [아앎 뤠스트]: ⟨게르만어⟩, (의자 등의) 팔걸이, '팔받침(대)', ⟨~ a support for the arm⟩, ⟨↔foot-rest\head-rest⟩ 양1

1577 **arm's length** [아앎스 렝쓰]: '팔 하나 거리', '제삼자의', 이해관계가 별로 없는, ⟨~ distant\remote⟩, ⟨↔adjacent\approachable⟩ 우2

1578 **Arm-strong** [아앎스트뤄엉], Louis: '팔 힘이 센 자', 암스트롱, (1901-1971), 굵은 목소리로 무의미한 음절을 반복하는 독특한 가창법을 가졌던 미국의 재즈가수·트럼펫 연주가, ⟨~ an American trumpeter and vocalist⟩ 수1

1579 **Arm-strong** [아앎스트뤄엉], Neil: 암스트롱, (1930-), 1969년 7월 20일 달에 인류의 첫발을 디딘 미국의 우주비행기 조종사, ⟨~ an American astronaut⟩ 수1

1580 ***arm-twist-ing** [아앎 트위스팅]: ⟨게르만어⟩, ⟨팔을 비틀어서⟩ 강요하는, 강제적인, ⟨~ pressurize\force\coerce⟩, ⟨↔dissuasion\agreement⟩, ⟨↔bear hug⟩ 양1

1581 **ar·my** [아알미]: ⟨← arma ← arm²⟩, ⟨라틴어 → 프랑스어 → 영국어⟩, 군대, 육군, 떼, ⟨~ fighting force\horde⟩, ⟨~(↔)air-force\navy⟩, ⟨↔civilian\individual⟩ 가1

1582 **ar·my-worm** [아알미 웜]: ⟨라틴어⟩, 거염벌레, 야도충, 길이 3-4cm의 조밤나방의 유충으로 밤에 마치 ⟨군대가 행진하듯이⟩ 떼를 지어 몰려다니면서 농작물을 갉아 먹는 해충, ⟨~ a cut worm\fruit worm\miller moth⟩ 미2

1583 **ar·ni·ca** [아아니커]: ⟨← arna \ ptarmikos⟩, ⟨그리스어 → 라틴어⟩, ⟨'양(arni)털'같이 순한 잎을 가진 또는 뿌리를 자를 때 '재채기(ptarmica)'를 유발한다는⟩ 아르니카, 북반부에서 뿌리로 자라는 데이지(daisy) 모양의 노란 꽃이 피는 국화과의 약초로 상처에 모인 혈액을 제거해 줌, ⟨~ mountain tobacco⟩ 수2

1584 **Ar·nold** [아아널드], Ben·e·dict: arn(eagle)+wald(power), ⟨게르만어⟩, '독수리같이 힘이 센 자', 아널드, (1741-1801), 미국 독립 전쟁 때 용감무쌍한 장군이었으나 ⟨돈 때문에⟩ 영국군에 붙은 희대의 배신자, ⟨~ an American born British general⟩ 수1

1585 **Ar·nold** [아아널드], Hen·ry: 아널드, (1886-1950), 미 육군 항공대를 미 공군으로 키운 (유일한) 육군 겸 공군대장, ⟨~ an American military pilot⟩ 수1

1586 **Ar·nold Palm·er** [아아널드 파알머]: '독수리 같은 순례자', ⟨골프 선수 아널드 파머(an American pro golfer)가 즐겨 마셨다는⟩ 레몬이 들은 홍차, ⟨~ an iced tea with lemonade⟩ 수2

1587 *****A-roll** [에이로울]: 주 두루마리, (영상물에서 중요 내용을 담은 본 목록), ⟨~ main\A-camera⟩, ⟨↔B-roll⟩ 미2

1588 *****a rolling stone gath·ers no moss**: ⟨1526년에 등장한 영국 속담⟩, 구르는 돌에는 이끼가 끼지 않는다, 한 우물을 파라, you can't gain wealth if you don't settle down 양2

1589 **a·ro·ma** [어로우머]: ⟨그리스어⟩, sweet smell, 향기, 풍취, 방향, 기품, ⟨~ balm\fragrance\scent⟩, ⟨↔dorlessness\mal-odor⟩ 가2

1590 **a-ro·man·tic** [애로맨틱]: ⟨영국어⟩, 비낭만적인, 무정한, 성적인 끌림을 못 느끼는, ⟨↔romantic⟩ 양2

1591 **a·ro·ma ther·a·py** [어로우머 쎄뤄피]: 방향 요법, 식물의 향기로운 정유로 피부를 건강하게 하는 요법, ⟨~ scent therapy⟩, ⟨↔chemotherapy\hydrotherapy\psychotherapy\surgery⟩ 가1

1592 **a-round** [어롸운드]: ⟨영국어⟩, ⟨← round⟩, '둘레에', 빙 돌아, 여기저기에, 돌아와, 대충, ⟨사면에서 초가가 들린다는 말⟩, ⟨~ on every side\encircling\all over⟩, ⟨↔squarely\precisely\straight\far-away⟩ 양2

1593 **a-round–the–clock** [어롸운드 더 클랍]: 24시간 계속해서, 무휴의, ⟨~ end-less\non-stop⟩, ⟨↔occasional\inconstant⟩ 가2

1594 **a-rous·al** [어롸우절]: ⟨영국어⟩, ⟨← rouse⟩, 각성, 환기, 격려, 흥분, ⟨~ stimulation\enchant-ment⟩, ⟨↔a-sleep\depression\dormant⟩ 양1

1595 *****ARPANET** [아알퍼넷] (ad·vanced re-search pro·ject a·gency net·work): 알파넷, 1969년부터 시작된 ⟨미 국방부⟨US Dept. of Defense⟩가 개발한 세계 최초의 정보 다발 변환형⟩ 고급 연구단체 전산망 미2

1596 **ar·peg·gi·o** [아알페쥐오우]: ⟨← arpa⟩, ⟨이탈리아어⟩, ⟨'harp'를 연주하듯⟩, 아르페지오, 펼침화음, 화음을 이루는 음을 계속해서 급속히 연주하는 법, ⟨~ a broken chord⟩, ⟨↔curve⟩ 수2

1597 **ar-raign** [어뤠인]: ad(to)+ratio(reason), ⟨라틴어⟩, 법정 소환심문, 규탄하다, (~ment; 인정심문, 죄상의 인정 여부 절차), ⟨~ appeal\impeach⟩, ⟨↔clear\acquit⟩ 양2

1598 **ar-range** [어뤠인쥐]: ⟨영국어⟩, ⟨← range⟩, '늘어놓다', 정돈하다, 조정하다, 미리 정하다, ⟨~ put in order\organize\spread out⟩, ⟨↔de-range\disturb\re-voke⟩ 양2

1599 **ar-ranged mar·riage** [어뤠인쥐드 매뤼쥐]: 중매결혼, ⟨~ love match⟩, ⟨↔autonomous marriage\conjugal love⟩ 가2

1600 **ar-range–ment** [어뤠인쥐먼트]: 배열, 배치, 정돈, 채비, 주선, 조절, 설비, ⟨~ positioning\adjustment⟩, ⟨↔dis-order\dis-ruption⟩ 양1

1601 **ar·rant** [애뤈트]: ⟨← errare(wander)⟩, ⟨라틴어 → 영국어⟩, 헤매다, 악명 높은, 터무니없는, 철저한, ⟨← errant⟩, ⟨~ absolute\blatant\down-right⟩, ⟨↔mitigated\qualified\doubful⟩ 양1

1602 **ar-ray** [어뤠이]: ad(to)+res(thing), ⟨라틴어⟩, trim, 치장하다, 배열하다, 소집하다, 정렬, 일정한 체계로 배열된 자료군, 배심원 소집, (고슴도치 등의) 떼, ⟨~ arrangement\assemble\dress\deck out⟩, ⟨↔dis-array\dis-order\shuffle\entity⟩ 양2

1603 **ar-rear** [어뤼얼]: ad(to)+retro(back), ⟨라틴어 → 영국어⟩, ⟨← rear¹⟩, ⟨뒤에 남은⟩ 미불금, 연체금, 미불잔금, ⟨~ money owing\liability\debt⟩, ⟨↔advanced payment\quittance\escrow\lien\seed money⟩ 양2

1604 **ar-rest** [어뤠스트]: ad(to)+restare(remain), ⟨라틴어 → 영국어⟩, ⟨← rest¹⟩, '멈추게 하다', 체포하다, 막다, 억제하다, 구류, 정지, ⟨~ apprehend\take into custody\detention⟩, ⟨↔start\release⟩ 가1

1605 **ar·rhyth·mi-a** [어뤼드미어]: a(without)+rhythmos, 〈그리스어〉, 〈← rhythm〉, 부정맥, 불규칙, 〈~dysrhythmia〉, 〈↔regular heart-beat〉 가1

1606 **ar·riv·al** [어롸이벌]: ad(to)+ripa(bank), 〈라틴어 → 프랑스어〉, 도착, 등장, 입하, '배가 강가에 닿음', 〈~ advent\appearance\coming〉, 〈↔departure〉 가1

1607 **ar·ro·gant** [애뤄건트]: ad(to)+rogare(claim), 〈라틴어〉, 거만한, 건방진, 오만한, 〈~ audacity\bold-ness\hubris\conceit〉, 〈↔humble\meek〉 가1

1608 **ar·ro·gate** [애뤄게이트]: ad(to)+rogare(claim), 〈라틴어〉, 횡탈하다, 침해하다, 사칭하다, 〈~ assume\seize〉, 〈↔be-stow\re-nounce〉 양2

1609 **ar·row** [애로우]: 〈← arcus(bow)〉, 〈라틴어 → 북구어〉, 화살, 화살표, 화살자리, 'bow(활)에 딸린 것', 〈~ arc〉, 〈~ dart\pointer〉, 〈~(↔)sword\spear\artillery\missile〉 가1

1610 **ar·row-root** [애로우 루우트]: '화살뿌리', '화살칡', 〈전분을 채취하기 위해 재배하는〉 칡의 일종, 〈~ maranta\obedience plant〉, 〈모양은 kudzu와 비슷하나 맛은 burdock에 더 가까움〉 우2

1611 **ar·row-wood** [애로우 우드]: '화살나무', 아메리카 인디언들이 화살대로 만들어 썼던 흰 꽃이 옹기종기 피는 가막살나무속(viburnum)의 관목, 〈~ an eastern North-American shrub〉 우2

1612 **ar·row-worm** [애로우 웜]: 화살벌레, 길고 가늘고 투명하며 턱에 수염이 달라붙은 플랑크톤, 〈~ a predatory marine worm〉 미2

1613 **ar-roy·o** [어뤄이오우]: ad(to)+ruga(wrinkle), 〈스페인어〉, 물이 마른 시내(협곡), 〈~ canyon\ravine〉, 〈↔head-land\summit〉 미2

1614 **arse** [아알스]: 〈← orros(rump)〉, 〈그리스어 → 게르만어〉, 궁둥이, 똥구멍, 바보, 〈~ bottom\ass〉, 〈↔fore-head\face\brain〉 양2

1615 **arse-hole** [아알스 호울]: (14세기에 등장한 영국어), 똥구멍, 지겨운 놈, ass·hole, 〈↔angel\gentleman〉 양2

1616 **ar·se·nal** [아알서늘]: dar+al+sinaa, 〈아랍어〉, house of skill, 무기고(armory), 군수품 창고, 정비 보급창, 재고, 〈~ armaments\weaponry〉, 〈↔shortage\non-depository〉 양1

1617 **ar·se·nic** [알세닉]: al(the)+zarnik, 〈'zar(gold)'이란 뜻의 페르시아어에서 연유한 영국어〉, 비소, 〈독성이 강한〉 금속원소 (기호 As·번호33), 〈~ a toxic semi-metallic element〉 양1

1618 *****ars lon·ga, vi·ta bre·vis** [아알즈 러엉거-봐이터 브뤼이버스]: 〈히포크라테스의 금언을 라틴어로 바꾼 말〉, 예술은 길고 인생은 짧다, art is long-life is short, 〈~(↔)to be or not to be〉 미2

1619 **ar·son** [아알슨]: 〈← aldere(burn)〉, 〈라틴어〉, arsionem, 방화(죄), 방화범(광), 〈~pyromania〉, 〈↔extinguish\flasher〉 가1

1620 **art**¹ [아아트 \ 아아트]: 〈← artunein(arrange)〉, 〈그리스어〉, 〈인생보다 긴〉 예술, 미술, 인문학, 기교, 〈맞추는〉 '기술', 〈~ creative activity\craft\skill〉, 〈↔in-eptitude\science〉 가1

1621 **art**² [아아트]: 〈고대 영국어〉, are, (thou와 함께 쓰는) 'be'의 〈2인칭〉 단수 직설법 현재형 가1

1622 **art cu·ra·tor** [아아트 큐뤠이터]: 미술관 관리자, 〈~ museum keeper〉 양2

1623 **art dec·o** [아아트 데코]: 〈프랑스어〉, decorative arts, 아르테코, '미술장식', 1920~30년대 'le style moderne'로 시작되어 1960년대에 부활했던 가구 등에 박은 섬세한 우아미를 갖춘 장식적인 디자인, 〈~(↔)art nouveau〉 수2

1624 **Ar·te·mis** [아아터미스]: 〈god of arktos(bear)?〉, 〈그리스어〉, 아르테미스, 제우스와 레토 사이에 난 딸, 아폴로의 쌍둥이 누이, 그리스신화의 달·사냥·숲·야수의 여신, 〈~ a virgin goddess\Selene〉, 〈로마 신화의 Diana〉 수1

1625 **ar·te·ri·o·scle·ro·sis** [아알티어뤼오우 스클러로우시스]: 동맥 경화증, 〈~ atherosclerosis of cardio-vascular disease〉 양2

1626 **ar·te·ry** [아알터뤼]: 〈← aeirein(lift up)〉, 〈그리스어〉, 동맥, 간선, '올라가는' '공기의 통로', 〈~ corridor\duct〉, 〈↔vein〉, 〈소동맥은 arteriole이라 함〉 가1

1627 **art gal·ler·y** [아아트 갤러뤼]: 화랑, 미술관, 〈~ art collection (or museum)〉, 〈↔arcade\science museum〉 양1

1628 **ar·thri·tis** [알쓰롸이티스]: 〈← arthron(joint)〉, 〈그리스어〉, 관절염(joint inflammation) 가1

1629 **ar·throp·o·da** [알쓰롸퍼더]: arthro(joint)+podos(foot), 〈그리스어〉, 〈모든 동물의 84%를 차지하는〉 절지(환절)동물문 〈계의 아래·강의 위〉, 갑각류·곤충류 같이 여러 개의 관절(segmented bodies)로 이루어진 작은 동물 미2

1630 **Ar·thur** [아알써], Ches·ter: 〈← Artorius(noble strength)〉, 〈라틴어 → 켈트어?〉, '용맹한 자(?)', 아서, (1829-1886), 전임자의 암살로 부통령에서 대통령이 되어 부정부패 척결을 위해 「공무원법」 제정에 앞장섰던 변호사 출신·공화당의 미국의 21대 〈홀아비〉 대통령, {Dude(멋쟁이) President}, 〈~ the 21st President of US〉 수1

1631 **Ar·thur** [아알써], King: 〈← arth(bear)?〉, 〈켈트어〉, '곰의 자손(?)', 아서 왕, 서기 6세기 초 실존했었을지도 모르는 전설적인 영국의 왕으로 원탁의 기사·명검 Excalibur·카메룬 성·그웨너비어 여왕 등등 흥미진진한 읽을거리를 제공했음, 〈~ a legendary king of Britain〉 수1

1632 **ar·ti·choke** [아알티쵸우크]: 〈← alkharshuf(a thistle)〉, 〈아랍어 → 스페인어 → 이탈리아어〉 ①〈둥근 꽃봉오리 속대를 별미 식용으로 사용하는〉 엉겅퀴 비슷한 식물, 〈~ French artichoke〉 ②예루살렘 아티초크; 해바라기 비슷한 꽃을 피우고 뿌리는 뚱딴지(사이비 감자) 또는 돼지감자라 하여 당뇨가 있는 사람도 즐겨 먹을 수 있는 〈귀인 감자〉, 〈~ Jerusalem artichoke〉, 〈~(↔)chard〉 우2

1633 **ar·ti·cle** [아아티클]: 〈← arthron(joint)〉, 〈그리스어 → 라틴어〉, '관절로 갈라진 개개의 것', 품목, 기사, 논문, 조항, 관사, 정관, 〈~ essay\unit\theme〉, 〈↔whole\notion\abstract\story〉 가1

1634 **ar·tic·u·late** [아아티큘레이트]: 〈← arthiculare(to join)〉, 〈라틴어〉, '관절로 나눈', 정연한, 발음이 분명한, 뚜렷이 구별된, 관절이 있는, 〈~ coherent\jointly connected〉, 〈↔in-articulate\un-intelligible〉 양2

1635 **ar·tic·u·lat·ed bus** [아아티큘레이티드 버스]: 굴절 버스, 연결 버스, 〈~bendy bus\accordion bus〉 양1

1636 **ar·ti·fact** [아알티홱트]: art¹(arrange)+facere(make), 〈라틴어〉, 인공물, 가공품, 인조 결함, 〈손때〉, 흠집 난, 쓸데없는, 〈~ manufactured\remnant\fabricated〉, 〈↔natural object\matrix〉 양1 미1

1637 **ar·ti·fice** [아알티휘스]: 〈라틴어〉, 〈art¹를 만드는(facere)〉 기술, 기교, 술책, 〈~ trick〉, 〈↔ineptness〉 양2

1638 **ar·ti·fi·cial** [아알티휘셜]: art+facere(make), 〈라틴어〉, 인공의, 모조의, 부자연스러운, 〈~man made〉, 〈↔natural\genuine〉 가1

1639 **ar·ti·fi·cial in·sem·i·na-tion**: AI, 〈반자연적인〉 인공수정, 〈~ assisted fertilization\intra-uterine insemination〉 양2

1640 ***ar·ti·fi·cial in·tel·li·gence** \ AI: 〈작업 능률보다는 창의력에 중점을 둔〉 인공지능, 〈찬양해야 할지 경외해야 할지 두고 봐야 할〉 사고력 증진을 위해 전산기를 이용하는 일, 〈~ cyber-netics〉, ⇒ machine learning, 〈편자는 신학이나 철학에서 이 문제를 어드렇게 다뤄야 할지 매우 궁금함〉 미1

1641 ***ar·ti·fi·cial sun** [아알티휘셜 썬]: 인공태양, ⇒ nuclear fusion 양2

1642 **ar·til·ler·y** [아알틸러뤼]: 〈← artis(skill)〉, 〈라틴어에서 연유한 프랑스어〉, 〈artful해야 쏠 수 있는〉 포, 〈단계적으로 발사하는〉 대포, 포병, 〈~ cannon\shell-firing gun〉, 〈~(↔)archery\missile〉, 〈↔infantry〉 양1

1643 **ar·ti·san** [아알티젼]: 〈라틴어〉, 〈← art¹〉, 기술공, 숙련공, 〈생계를 위해 일하는〉 직공, 〈~ crafts-person\skilled worker〉, 〈↔clumsy person〉 양1

1644 **art-ist** [아알티스트]: 예술가, 미술가, 책략가(con-artist), 〈~ creator\virtuoso〉, 〈↔in-expert\scientist〉 가1

1645 **art nou·veau** [아알트 누우보우]: 〈벨기에어〉, 아르 누보, '새로운 미술〈new art〉', 1900년경에 유행했던 병들에 그려 넣은 길쭉하고 뱀 모양으로 휘감기는 꽃무늬 (그림), 〈~(↔)art deco〉 수2

1646 **art work** [아알트 워얼크]: 예술품, 미술품, 〈~ artistic creation〉 가1

1647 ***art·(s)y-fart·(s)y** [아알치 화알치]: 예술가인 척하는, 예술가 〈냄새〉를 풍기는, 〈~ pretentious\tumid〉, 〈↔natural\sincere〉 양2

1648 **A·ru·ba** [어루우버]: ora(shell)+oubao(island), 〈'조개섬'이란 카리브어?〉, 아루바, (네덜란드〈Netherlands〉 왕국의 일부인 인구 10만 남짓한) 서인도 제도 남부·베네수엘라 북서안의 섬, 〈~ a Caribbean island〉 수1

1649 **a·ru·gu·la** [어루우걸러]: 〈← eruca(down-stemmed plant)〉, 〈라틴어〉, 〈줄기가 아래로 내려가는〉 아루굴라, rocket, (남프랑스·이탈리아에서 샐러드용으로 인기 있는) 향이 강한 양상추 비슷한 겨자과 에루카속의 1년초, 〈~ eruca\a leaf vegetable〉 우1

1650 **ar·um** [에어럼]: ⟨← bulrush(reed)?⟩, ⟨'갈대'란 뜻의 이집트어에서 유래한(?) 그리스어⟩, 아룸, 습지에 자라며 칼 모양의 잎에 반나리 모양의 '잎꽃'이 피는 천남성과의 유독 식물, ⟨~ wake-robin\peace lily\jack in the pulpit⟩ 수2

1651 **a·run·do** [아룬도]: ⟨← harundo(reed)⟩, ⟨라틴어⟩, 온대지방 들판이나 야산에 자라는 수수모양의 키가 '큰 갈대', ⟨~ giant cane⟩ 우1

1652 **~ary** [~에뤼]: ⟨라틴어 → 프랑스어 → 영국어⟩, related to, connected with, ⟨~에 관한 것(사람)⟩이란 뜻의 결합사 양1

1653 **Ar·y·an** [에어뤼언]: ⟨← arya(lord)⟩, ⟨산스크리트어⟩, 아리안, '귀족', (기원전 1,500년경에 정착하기 시작한) 인도 이란계, ⟨~ Indo-Iranian⟩, ⟨히틀러에 의하면⟩ 비유대계 백인, ⇒ Arian 수1

1654 **as** [애즈\어즈]: ⟨영국어⟩, all+so, 마찬가지로, 같은 정도로, ~ 같이, ~이므로, ~지만, '모두 그렇다' ⟨all so의 단축형⟩, ⟨~ same\since\while⟩, ⟨↔although\despite\unlike⟩ 가1

1655 **as~** [애스\어스]: ⟨라틴어⟩, (s 앞에서) ad~의 변형어 양1

1656 **a·sa·da** [아싸아다]: roasted, ⟨석쇠구이·철판구이⟩란 뜻의 스페인어 양2

1657 **as·a-fet·i·da** [애서 훼티더]: asa(gum)+foetere(stink), ⟨페르시아어 → 라틴어⟩, '고약한 냄새의 유향초', 아사포에티다, 아위, 자잘한 노란색 꽃이 피며 악취가 심한 미나릿과의 식물로 전에는 (경련을 가라앉히는)진경·구충제로 쓰였음, ⟨~ a ferula⟩, ⟨~ 'devil's dung'⟩ 미2

1658 *****a saint's maid quotes Latin**: 서당개도 삼년이면 풍월을 읊는다, ⟨~ experience is the best teacher\the sparrow near a school sings the primer⟩ 양2

1659 **ASAP** (as soon as pos·si·ble): 즉시, 신속히 미1

1660 **as·bes·tos** [애스베스터스]: a(not)+sbennynai(extinguish), ⟨그리스어⟩, ⟨불이 잘 안 붙으나 한번 붙으면 끄기 힘든⟩ 석면, ⟨절연성이 강해 건축자재로 많이 썼다가 중피종(mesothelioma)을 유발한다는 이유 등으로 사용 금지된⟩ 유수규산, ⟨~ a fibrous mineral⟩ 양1

1661 **as·ca·ris** [애스커뤼스]: ⟨← askaris(intestinal worm)⟩, ⟨그리스어⟩, ⟨소장 내에 기생하는⟩ 회충, ⟨~ maw worm\a nematode⟩ 양2

1662 **as·cend-er** [어쎈더]: ad(to)+scandere(climb), ⟨라틴어⟩, 올라가는 사람, 위로 돌출된 글자, (b·d 등) 올라가는 부분이 있는 활자, ⟨~ riser\hiker⟩, ⟨↔descender⟩ 우2

1663 **as·cend-ing** [어쎈딩]: ad(to)+scandere(climb), ⟨라틴어⟩, 오르는, 상승의, 상향, ⟨~ bottom-up\increasing⟩, ⟨↔descending\plunging⟩ 양1

1664 **As·cen·sion Day** [어쎈션 데이]: ⟨라틴어⟩, ⟨← ascend⟩, 예수 승천(bodily ascension into Heaven)일, 부활절 후 40일째 목요일, ⟨~ Holy Thursday⟩ 미2

1665 **as·cer·tain** [애썰테인]: ad(to)+certus(fixed), ⟨라틴어⟩, '확실하게⟨certain⟩ 하다', 확인하다, 규명하다, 찾아내다, ⟨~ find out\discover\identify⟩, ⟨↔invalidate\ignore\disregard⟩ 양1

1666 **as·cet·ic** [어쎄틱]: ⟨← askein(exercise)⟩, ⟨그리스어⟩, ⟨도를 닦는⟩ 수도자, 고행자, 금욕주의자, ⟨~ puritanical\baba'⟩, ⟨↔dissolute\lascivious\voluptuous⟩ 양1

1667 *****ASCII** [아스키] (A·mer·i·can Stand·ard Code for In·for·ma·tion In·ter·change): (1967년에 제정되어 1986년에 개정된) 미국 정보교환 표준기호, ⟨~ clear (or plain) text\decoded⟩ 미2

1668 **As·cle·pi·us** [애스클리이피어스]: ⟨← epiotes(gentleness)?⟩, ⟨어원 불명의⟩ 아스클레피오스, (그리스 신화에서) 의술의 신, 아폴로의 아들, Hygeria·Panakes 등의 아버지, Aesculapius, ⟨~ Greco-Roman god of medicine⟩ 수1

1669 *****as cold as stone**: 돌처럼 차가운, 냉혹한, 비정한, ⟨↔as hot as fire\boiling⟩ 양1

1670 **as-cot tie** [애스컽 타이]: ⟨런던 남서부 Ascot('동쪽에 있는 오두막⟨eastern cottage⟩') 지방 경마대회 때 매고 다니던⟩ 스카프 모양의 넥타이, ⟨~ cravat\bow tie⟩ 수2

1671 **as·cribe** [어스크롸이브]: ad(to)+scribere(write), ⟨라틴어⟩, ⟨← scribe⟩, ~에 돌리다, ~ 탓으로 삼다, '~에 적어두다', ⟨~ attribute\impute⟩, ⟨↔absolve\delegate⟩ 양2

1672 *****ASDF** : ①Air Self-Defense Force, (일본의) 항공자위대 ②angry·sullen·depressed·frustrated, 기분 더러운, '아더메치' 양2

1673 **ASEM** [아아쎔]: Asia-Europe Meeting, 아시아-유럽 정상회의, 〈현재 53개국이 참여하고 있는〉 1996년에 결성된 양대륙의 정치·경제 협력 기구, 〈~ an informal platform〉 미2

1674 **as far as** [애즈 화아 애즈]: (~)까지, 하는 한, 알기론, 〈~ regarding\concerning〉, 〈↔since\after〉 양2

1675 **as for** [애즈 훠어]: (~에) 관해서라면, (~에) 대해 말하자면, 〈~ regarding\concerning\when it comes to〉 양2

1676 *__as gen·u·ine as a three dol·lar bill__: 100% 진품, 거짓말 같은 순종, 진짜 진짜, 〈3달러짜리 지폐를 본 분 계십니까?〉, 〈~ really real\nothing but the truth〉, 〈↔bogus\fake〉 양2

1677 **ash** [애쉬]: ①〈← asce ← as(to burn)〉, 〈게르만어〉, solid remnants of fire, 재, 회, 유골, 은회색 ②〈← aesce(spear)〉, 〈게르만어〉, 〈창같이 뾰족한 잎새를 가진〉 서양물푸레나무, ⇒ ash-tree 가1

1678 **Ash Wednes·day** [애쉬 웬즈데이]: 성회일, 봉재수일(재의 수요일), 참회자의 머리에 재를 뿌리는 사순절(Lent)의 첫날, 〈~ 'remember you are dust, and you shall return to dust'〉 우1

1679 **a-shamed** [어쉐임드]: 〈영국어〉, 〈← shame〉, 부끄러워하는, 수줍은, 딱한, 〈멸종 위기에 처해진 말〉, 〈~ abashed\guilty\embarrassed〉, 〈↔un-ashamed\im-penitent\proud〉 양1

1680 **ash-cake** [애쉬 케이크]: 뜨거운 재 속에서 구운 옥수수빵, (hot-sand를 이용하기도 하는) '잿빵', 〈~ fire cake (in Arabia)〉 우1

1681 **Ash·ke·na·zi** [아아쉬케나지]: 〈Noah의 증손 이름(Ashkenaz)에서 유래한 히브리어〉, 아슈케나지, (중·동 유럽에서 건너온) '게르만' 계통의 유대인, 〈~ Jewish diaspora in Holy Roman Empire〉 수1

1682 **Ash-ley** [애쉴리], fur·ni·ture: 〈'ash'나무가 있는 시냇가에 사는 자〉, 애슐리, 〈아마도 창립자의 첫사랑 이름에서 따오지 않았나 하는〉 1997년에 세워져서 가족이 운영하는 미국의 가구 연쇄점, 〈~ an American furniture store chain〉 수1

1683 **a-shore** [어쇼얼]: 〈영국어〉, 〈← shore〉, 물가에 (도달하다), 해변에, 〈~ in〉, 〈~ toward the shore〉, 〈↔a-board\a-float〉 가1

1684 **ash-tree** [애쉬 트리이]: '재나무', 양물푸레나무, 목서, 산 중턱 습지에 늦봄에 흰 꽃이 피며 목재는 단단하여 연장 자루나 가구용으로 쓰는 잿빛줄기의 낙엽활엽교목, 〈~ plants in olive and lilac family〉 미2

1685 **ash·wa·gan·dha** [애쉬와간더]: ashva(horse)+gandha(smell), 〈산스크리트어〉, '말 냄새'가 나며 꽈리 비슷한 열매를 맺고 인도 지방에서 각종 약재로 썼던 기짓(night shade)과의 초본, 〈~ kava\winter cherry〉 우1

1686 **A·sia** [에이줘\에이셔]: 〈← akkadian(to rise)?〉, 〈그리스어〉, 아시아, land of sun-rise, 세계에서 가장 넓고 다양하고 인구가 많은 〈대륙〉, 〈~ The East\The Orient〉 수1

1687 **A·si·ad** [에이쥐애드\에이쉬애드]: Asian Games, 아시아 경기대회, 1951년부터 매 4년마다 아시아 국가들이 벌이는 세계에서 두 번째로 규모가 큰 '올림픽' 대회 미2

1688 **A·sia Mi·nor** [에이셔 마이너]: Anatolia, 소아시아, 터키(Turkey) 반도 미2

1689 **A·sian** [에이젼]: 아시아(인)의, 아시아인 〈비하적인 oriental이란 말 대신 '동양인'을 나타내는 완곡한 표현〉, 〈~(↔)'yellow'〉 수2

1690 **A·sian-a** [에이시아나]: 〈그리스어 → 한국어〉, 아시아나, 1988년에 창립되어 금호그룹이 운영했으나 2020년 KAL로 경영권이 넘어간 대한민국 제2의 민간항공으로 아직까지는 Star Alliance의 일원임 수1

1691 **A·sian plum** [에이젼 플럼]: 동양자두, 매실, Japanese apricot, ⇒ ume 양2

1692 *__ASIC__ (ap·pli·ca·tion spe·cif·ic in·te·grat·ed cir·cuit): 응용 주문형 집적회로, 아무 데나 쓰지 못하게 특정 전자기기의 완제품을 위해 특별히 만든 반도체 조각, 〈~ a customized circuit chip〉 미2

1693 **a-side** [어싸이드]: 〈영국어〉, 〈← side〉, 곁에(으로), 옆에, 제쳐 놓고, 잊어버리고, 〈별 볼 일 없다는 말〉, 〈~ abreast\beside〉, 〈↔close\adjacent〉 양2

1694 **as if** [애즈 이후]: ~인 것처럼, ~와도 같이, ~듯한, 마치, 〈~apparently\allegedly〉, 〈↔unless\but〉 양2

1695 **as is** [애즈 이즈]: 있는 그대로, 현상태로, 〈~ present condition\no changes〉, 〈↔to-be〉 양2

1696 **as·i·nine** [애써나인]: 〈← ass(donkey)〉, 〈당나귀같이〉 고집 센, 어리석은(stupid), 〈→ asininity〉, 〈~ stilly\dolt\block-head〉, 〈↔reasonable\wise〉 양2

1697 **~a·sis** [~어시스]: 〈그리스어 → 라틴어 → 영국어〉, state \ process, 〈~증상·특질〉을 뜻하는 결합사 양1

1698 **ask** [애스크 \ 아아스크]: 〈← acsian ← ish(seek)〉, 〈게르만어 ← 산스크리트어〉, '구하다', 묻다, 요구하다, 부탁하다, 〈부담이 가는 말〉, 〈~ inquire\request〉, 〈↔ignore\answer〉 가2

1699 **a-skance** [어스캔스]: 〈1530년경에 등장한 어원 불명의 영국어〉, 비스듬히, 곁눈으로, 미심쩍은, 〈← askew〉, 〈~ squint〉, 〈~ side-eye〉, 〈↔positively\welcomingly〉 양2

1700 **a-skew** [애스큐우]: 〈← eschew(turn aside)〉, 〈프랑스어 → 영국어〉, 비스듬히, 빗대서, 경멸스럽게, 〈~ oblique\crooked〉, 〈↔straight〉 양2

1701 **a-sleep** [어스리이프]: 〈영국어〉, 〈← sleep〉, 잠들어, 느슨한, 정지한, 마비한, 〈~ dozing\dormant〉, 〈↔a-wake\aware〉 가1

1702 **as long as** [애즈 로엉 애즈]: (~)만큼, 하는 한, 하기만 하면, 〈~all in all\as much as〉, 〈↔strictly\specifically〉 양2

1703 *****ASMR** (au·ton·o·mous sen·so·ry me·rid·i·an re·sponse): 자율감각 쾌락반응, 〈명상이나 요가 등으로 주는〉 머리부터 발끝까지 흐르는 짜릿한 쾌감, 'head orgasm', 〈~ brain tingle\whisper porn〉 미2

1704 *****a snow-ball's chance in hell**: 전혀 가망이 없는 희망, 불가능한 일, 〈~ extremely unlikely\impossible〉, 〈↔most likely\fat chance〉 양2

1705 **a-so·cial** [에이쏘우셜]: 〈게르만어〉, 〈← social〉, 사회적이지 않은, 비사교적인, 이기적인, 〈~ detached\aloof〉, 〈anti·social보다 약한 말〉 양2

1706 **as of** [애즈 어브]: ~현재로, ~일자로, ~로부터, 〈~ after\following〉, 〈↔before\later〉 양2

1707 *****a soft an·swer turns a·way wrath**: 웃는 낯에 침 뱉으랴, 말 한마디에 천 냥 빚도 갚는다, 〈~ with mirth comes fortune\good words are good cheap〉 양2

1708 *****ASP** [애숲] (ac·tive serve pa·ges): '능동적 봉사란', 웹 페이지를 만들 때 헤매지 않고 한 장 안에서 계산에 의해 완성시키는 체제, 〈2002년에 ASP. NET로 개선됨〉 우1

1709 **asp** [애숲]: 〈← aspis(a round shield)〉, 〈그리스어〉, 클레오파트라가 물리게 해서 자살을 했다는 〈목에 '방패'를 두른〉 이집트산 코브라, 〈→ aspic〉, 〈~ adder\cobra〉 수1

1710 **as·par·a·gus** [어스패뤄거스]: 〈← asparag(sprout)〉, 〈페르시아어 → 그리스어〉, 아스파라거스, 노순(갈대의 싹), 호라지(홀아비) 좆, '양두릅' (잎은 퇴화하여 갈색의 비늘처럼 되고 줄기가 잎을 대신하여 어린순을 식용으로 하는 천문동과의 여러해살이 속씨식물), 〈~ sparrow grass〉 미2

1711 **as·par-tame** [어스파알테임]: 〈처음에 aparagus에서 추출한〉 아스파탐, $C_{14}H_{18}N_2O_5$, 〈Nutra·sweet 등의 원료인〉 열량이 낮은 인공 감미료 수1

1712 **as·pect** [애스펙트]: ad(to)+specere(look), 〈라틴어〉, 〈← spectrum〉, 양상, 모습, 국면, 견지, 성위(별의 위치), '~을 보기', 〈~ feature\out-look\situation〉, 〈↔whole\glimpse\non-feature〉 양1

1713 *****as·pect ra·tio** [애스펙트 뤠이쇼우]: 〈화면이나 비행기 날개의〉 종횡비, 〈보통 가로·세로로 표시하는〉 형상비, 〈~ an image's shape〉 미2

1714 **As·pen** [애스펀]: 아스펜, 미국 콜로라도(Colorado)주에 있는 (스키장으로 유명한) 휴양도시, 〈~ a ski resort〉 수1

1715 **as·pen** [애스펀]: 〈← aespe(a poplar tree)〉, 〈게르만어〉, 아스펜, 사시나무(populus tremula), 당버들, 백양 (흰 줄기에 노란 단풍이 들고 미풍에도 나뭇잎이 떠는 포플러 나무) 미2

1716 **As·per·ger's Syn·drome** [애스퍼거즈 씬드로움]: 아스퍼거 증후군, (오스트리아 소아과 의사 이름을 딴) 〈지능이나 언어 능력은 괜찮은데〉 비언어적 소통 장애로 사회생활을 못하는 〈유전성이 강한〉 자폐증의 일종, 〈Dr. Asperger의 나치 성향으로 개명이 추진되었으나 이미 autistic spectrum disorder로 되어 있음〉 수2

1717 **as·per·i-ty** [어스페뤼티]: 〈← asper(rough)〉, 〈라틴어〉, '거칢', 무뚝뚝함, 혹독함, 〈~ austerity\harshiness〉, 〈↔mildness〉 양2

1718 **as·per-sion** [어스퍼얼션]: ad(to)+spargere(sprinkle), 〈라틴어〉, 〈물을 뿌리는〉 비난, 중상, (기독교의) 성수 살포, 〈~ be-little\decry〉, 〈↔approval\compliment〉 양2

1719 **as·phalt** [애스훨트]: 〈← asphaltos(secure)〉, 〈어원 불명의 그리스어〉, 〈안정시키는〉 아스팔트, 역청, (포장 재료로 쓰는) 석유 중에 포함된 반고체 탄화수소, 〈~ tar\black-top〉 수1

1720 **as·pho·del** [애스훠델]: 〈어원 불명의 그리스어〉, 아스포델, a lily, 수선화, (그리스 신화에 나오는) 낙원에 피는 지지 않는 꽃, ⇒ daffodil 미2

1721 **as·phyx·i·a** [애스휙시어]: a(without)+sphyzein(throb), 〈그리스어〉, 질식, 〈pulse가 멈추는〉 가사, 기절, 〈~ choke\smother〉, 〈↔wakefulness\snore\sound²〉 양1

1722 **as·pic** [애스픽]: 〈프랑스어〉, 〈색깔 등 여러모로 asp(독사)을 닮은〉 육즙을 식혀 우무 모양으로 만든 음식, 〈~ a meat jelly〉 우1

1723 **as·pi·ra·tion** [애스퍼뤠이션]: 〈← aspairein(pant for breath)〉, 〈그리스어 → 라틴어〉, 〈← spirit〉, 열망, 포부, 동경, '호흡', 〈~ desire\urge\pretension〉, 〈↔apathy\un-ambition\dis-passion〉 양1

1724 **as·pi·rin** [애스퍼륀]: a(acetyl)+Spiraea(salicine producing tree)+in, 〈독일어〉, 아스피린, 2400년 이상 버드나무에서 추출하여 해열·진통·소염제로 써 오다 1897년 독일의 Bayer사가 합성한 아세틸살리실산, 〈~ a nonsteroidal anti-inflammatory drug〉 수2

1725 **ass** [애쓰]: ①〈← asinus(a quadruped animal)〉, 〈어원 불명의 라틴어〉, 당나귀, 바보, 고집쟁이, 〈~ burro\donkey〉 ②〈← orrhos(buttocks)〉, 〈그리스어 → 영국어〉, 엉덩이, 궁둥이, 〈~ arse\bottom\rear end〉, 〈↔brain\genius〉 미2

1726 **as·sa·i** [어싸아이]: ①ad(to)+satis(enough), 〈라틴어 → 이탈리아어〉, 대단히, 극히, 〈~ very〉 ②acai; 〈Tupi어〉, 브라질에서 잘 자라며 콩알만 한 암자색 씨알들은 식용으로 사용하는 야자나무의 일종, 〈~ a tall and slender palm〉 양2 수2

1727 **as·sail** [어쎄일]: ad(to)+salire(leap), 〈라틴어〉, '~에 덤벼들다', 습격하다, 추궁하다, 괴롭히다, 〈~ assault\attack\slam\criticize〉, 〈↔retreat\compliment\surrender\shield〉 양1

1728 *****as·sa·lam-o-a·lai·kum** [어쌜러 뮬러이쿰]: 'peace be upon you'란 뜻의 아랍어, 평온하소서, 안녕하세요 수2

1729 **As·sam** [애쌤 \ 아아쌤]: 〈← asoma(peerless)?〉, 〈산스크리트어?〉, 아쌈, (홍차로 유명한) 〈방글라데시 북쪽〉 인도 북동부의 주, 〈~ a state in north-eastern India〉 수1

1730 **as·sas·sin** [어쌔신]: 〈십자군 전쟁때 hemp(hashish) 액즙을 먹고 기독교 지도자들을 살해한 무슬림 결사대〉, 〈아랍어〉, 암살자, 자객, 〈~ eliminator\killer〉, 〈↔victim〉 가1

1731 **as·sas·si·na·tion** [어쌔시네이션]: 암살, 'hashish' 마약 복용 후 적군 죽이기, 〈셰익스피어가 조작한 말〉, 〈~ murder\homicide〉, 〈↔life\mercy〉 가1

1732 **as·sault** [어써얼트]: ad(to)+saltare(leap), 〈라틴어〉, 강습, 습격, 폭행, 돌격, '덤벼들기', 〈~ assail〉, 〈~ strike\battery\violence〉, 〈↔defend\avoid\run away〉 양1

1733 **as·say** [애쎄이 \ 어쎄이]: ex(out)+agere(drive) 〈라틴어 → 프랑스어〉, 분석(평가), 시험, 평가, 〈~ essay〉, 〈~ analysis\evaluation〉, 〈↔consolidation\aggregation〉 가1

1734 **as-sem·bly** [어쎔블리]: ad(to)+simul(together), 〈라틴어 → 프랑스어〉, 모임, 집회, 의회, 조립, 짜맞춤, 〈~ meeting\building〉, 〈~(↔)synthesis\integration〉, 〈↔dismantling〉 가1

1735 *****as-sem·bly lan·guage** [어쎔블리 랭귀쥐]: (1949년에 선보인) 전산기에 따라 〈한 문장이 한 부호로 입·출력되는〉 '초보적' 차림표 언어, '조립식 언어', 〈~ a low-level programming language〉, 〈~(↔)machine language〉 우2

1736 **as-sem·bly line** [어쎔블리 라인]: 조립선, 일관 작업줄, 〈~ production line\shop-floor〉 양1

1737 **as-sent** [어쎈트]: ad(to)+sentire(feel), 〈라틴어〉, 동의하다, 찬성하다, 인정, 〈'동일하게 느끼다(sense)'〉, 〈~ agree\accept\consent〉, 〈↔dissent\refuse\shrug〉 양1

1738 **as-sert** [어써얼트]: ad(to)+serere(bind), 〈라틴어〉, 단언하다, 역설하다, 주장하다, '~에 참가하다', 〈~ declare\claim\contend〉, 〈↔withhold\reject\suppress〉 양1

1739 **as-sess–ment** [어쎄스먼트]: ad(to)+sedere(sit), 〈라틴어〉, 〈판사의 옆에 앉아서('sit') 하는〉 사정, 부과, 평가액, 회비, 〈~ judgement\rating\appraisal〉, 〈↔abstention\neglect\remittance〉 양1

1740 **as-set** [애쎌]: ad(to)+satis(enough), 〈라틴어〉, 자산, 재산, 미점, 인재, '충분히 가지고 있는 것', 〈~ good-ness\credit\virtue〉, 〈↔handicap\debt\penalty〉 가1

1741 *****ass-hat** [애쓰 햍]: 〈라틴어+게르만어〉, 멍청이, 지겨운 놈, 〈ass·hole보다 약한 표현〉, 〈~ dumb-head\dolt〉 미2

1742 ***ass-hole** [애쓰 호울]: 〈라틴어+게르만어〉, 똥구멍, 지겨운 놈, 멍텅구리, 고집쟁이, 〈~ arse-hole\bastard〉, 〈↔saint\star〉 미2

1743 **as-sid·u-ous** [어씨쥬어스]: ad(to)+sedere(sit), 〈라틴어〉, 〈← assess〉, 끊임없는, 끈기있는, 근면한, 세심한, 〈~ painstaking\deligent〉, 〈↔idle\negligent〉 양2

1744 **as-sign–ment** [어싸인먼트]: ad(to)+signare, 〈라틴어〉, 〈'sign'을 해서 주는〉 할당, 지정, 지령, 임무, 과제, 〈~ allocation\task\job〉, 〈↔abandon-ment\dis-missal〉 양1

1745 **as-si·mi·la-tion** [어씨밀레이션]: ad(to)+similas(like), 〈라틴어〉, 〈← similar〉, 동화(작용), 소화(흡수), 융화, '비슷하게 하기', 〈~ integration\blending〉, 〈↔dissimilation\segregation\apartheid〉 양2

1746 **as-sist** [어씨스트]: ad(to)+sistere, 〈라틴어〉, 조력, 원조, 보조, '옆에 서서〈stand〉 거들기', 〈~ aid\help〉, 〈↔hinder\blockage〉 가1

1747 **as-sis·tant** [어씨스턴트]: 조수, 보좌역, 〈~ adjutant\deputy〉, 〈↔antagonist\chief〉 양2

1748 **as-sist–ed liv-ing** [어씨스티드 리빙]: 보조 생활, 원호 생활, 〈~rest home〉, 〈↔SNF¹〉 양1

1749 **as-sist–ed su·i·cide** [어씨스티드 쑤우이싸이드]: 보조 자살, 안락사, 〈~ euthanasia〉 양1

1750 **as-so·ci-ate** [어쏘우쉬에이트]: ad(to)+sociare(unite), 〈라틴어〉, 〈← share〉, '한 패에 끼다', 연합시키다, 연상하다, 어울리다, 동료, 〈~ link\partner〉, 〈↔foe\opponent〉 양2

1751 **as-so·ci-ate de·gree** [어쏘우쉬에이트 디그뤼]: (2년째 대학 졸업자에게 수여되는) 준 학사, 〈~ 1½ to 4yrs of work〉, 〈~(↔)2year college degree〉 양2

1752 **as-so·lu·ta(o)** [아쏠루타(오)]: 〈absolute의 이태리식 변형어〉, 최고의 무희(무남), 〈~ prima ballerina(o)〉 양2

1753 **as-so·nance** [애써넌스]: ad(to)+sonare, 〈라틴어〉, 〈← sound〉, 유사한 소리, 유음, 유운, 부분적 일치, 〈~ vowel rhyme〉, 〈↔dis-sonance\cacophony\alliteration〉 양2

1754 **as-sort–ed** [어쏘얼티드]: ad(to)+sortir, 〈라틴어〉, 〈← sort〉, 분류한, 다채로운, 조화를 이룬, 〈~ mixed\varied〉, 〈↔same\homogeneous〉 양2

1755 **as-suage** [어스웨이쥐]: ad(to)+suavis, 〈라틴어〉, 〈← sweet〉, 완화하다, 달래다, (식욕을) 채우다, 〈~ appease\dulcify〉, 〈↔aggravate\up-set\grate〉 양2

1756 **as-sump–tion** [어썸션]: ad(to)+sub+emere(take), 〈라틴어〉, 〈← assume〉, 〈밑에서 취해서〉 '자기 것으로 하기', 사취, 인수, 가정, 횡령, 소전제, 〈~ acquisition\supposition〉, 〈↔proof\reality〉 양1

1757 **as-sure** [어슈어]: ad(to)+se(without)+cura(care), 〈라틴어〉, 〈← sure〉, '확실하게 하다', 보증(보증)하다, 확보하다, 납득하다, 〈~ convince\guarantee〉, 〈↔discourage\distress〉 양1

1758 **as-sure–bank-ing** [어슈어 뱅킹]: assurance+banking, 보험(회사에 의한) 은행 (업무) 미2

1759 **As·syr·i·a** [어씨뤼어]: 〈← sar(prince)?〉, 〈아시리아어 → 그리스어〉, 〈'왕자의 나라'?〉, 아시리아, 기원전 2000년경부터 기원전 612년 전까지 찬란한 문화를 창조했던 중동의 티그리스강을 중심으로 한 옛 국가, 현재의 Iraq, 〈~ an ancient Mesopotamian civilization〉, 〈→ Syria〉 수1

1760 **as·ter** [애스터]: 〈그리스어〉, 〈← star〉, 성상체, '별꽃', 과꽃, 개미취, 탱알 〈국화(chrysanthemum)나 데이지(daisy) 비슷한 여러 색깔의 꽃을 피우는 까실 쑥부쟁이속의 식물〉 미2

1761 **as·ter·i·a** [애스티어뤼어]: 〈← aster〉, 성채석, 별빛 같이 반짝이는 보석, 〈~ star saphire〉 미2

1762 **as·ter·isk** [애스터뤼스크]: 〈그리스어〉, 별표 〈 ★ 〉 미2

1763 ***as the twig is bent, so grows the tree**: 될 성 부른 나무는 떡잎부터 알아본다, 〈~ a straw shows which way the wind blows〉 양2

1764 **asth·ma** [애즈머]: 〈← azein(breathe hard)〉, 〈그리스어〉, '숨찬 병', 해수병, 〈주로 유전성 과민반응으로 오는〉 천식, 〈~ allergic bronchitis〉 양1

1765 **As·ti** [아스티]: 〈← ast(hill)〉, 〈켈트어〉, '언덕', 이탈리아 북부 아스티 지방 원산의 발포성 백포도주, 〈~ a sparkling Italian white wine〉 수1

1766 ***a stitch in time saves nine**: 호미로 막을 것 가래로 막는다, 문제를 즉각 처리해야 뒤가 깨끗하다, 〈~ big trouble comes in small packages〉, 〈↔take your time〉 양2

1767 **a-stig·ma-tism** [어스티그머티즘]: 〈그리스어〉, 〈초점(stigma)을 맞추지 못하는〉 난시, 〈~ a refractive error〉 양2

1768 **as‧ton‧ish** [어스타니쉬]: ad(to)+tonare(thunder), 〈라틴어〉, 〈벼락 맞은 듯〉 놀라게 하다, 경악게 하다, 〈~ stun\astound〉, 〈↔silent\pacify\assure〉 양1

1769 **As‧tor‧i‧a** [어스토어뤼어]: 〈← accipiter(goshawk)〉, 〈고대 라틴어〉, '조그만 매'(hawk), 아스토리아, 독일의 Waldorf 태생 John Astor가 모피장사로 번 돈으로 사 둔 맨해튼의 땅값이 오르는 바람에 〈뉴욕의 지주〉가 되어 Waldorf-Astoria 호텔을 지음 수1

1770 **as-tound** [어스타운드]: 〈← astonen(ad+tonare)〉, 〈라틴어 → 영국어〉, 〈← stun〉, 놀라게 하다, 망연자실하게 하다, 〈~ astonish〉, 〈~ amaze\startle〉, 〈↔bore\un-ruffled\non-chalant〉 양2

1771 *****a straw shows which way the wind blows**: 될성부른 나무는 떡잎부터 알아본다, 〈~ as the twig is bent, so grows the tree〉 양2

1772 **a‧stray** [어스트뤠이]: extra(out)+vagare(wander), 〈라틴어〉, 길을 잃고, 타락하여, 〈~ stray〉, 〈~ off target\into error〉, 〈↔well\fine\un-puzzled〉 가1

1773 **As‧tra-Ze‧ne‧ca**[애스트뤄 제네커]: 아스트라제네카, 1999년 스웨덴의 Astra〈별〉사와 영국의 Zeneca〈무의미 인조어〉사가 병합하여 영국에 본부를 두고 있는 세계적인 제약회사, 〈~ a global bio-pharmaceutical company〉 수1

1774 **a-stride** [어스트롸이드]: 〈영국어〉, 〈← stride〉, 올라타고, 걸터앉아, (~의) 양쪽에, 〈~ with one leg on each side〉, 〈↔dis-mount\one-sided〉 양2

1775 **as‧tro~** [애스트로우~]: 〈그리스어〉, star, 〈별~, 천체~〉를 뜻하는 결합사 양1

1776 **as‧tro-dome** [애스트뤄 도움]: 천체관측창, 둥근 지붕 경기장, 〈~ a domed(vaulted) stadium〉 미2

1777 **as‧trol‧o‧gy** [어스트롸러쥐]: astron(star)+legein(speak), 〈그리스어〉, 〈영적〉 점성학(술), 〈~ (pseudo-scientific) study of stars\horoscopy〉, 〈↔ignorance〉 가1

1778 **as‧tro-naut** [애스트뤄 너어트]: 우주비행사, 〈~ space-pilot\cosmo-naut〉, 〈↔aqua-naut〉 양2

1779 **as‧tron‧o‧mer** [어스트롸 너머]: astron(star)+nemein(arrange), 〈그리스어〉, 천문학자, 〈~ space scientist〉 양2

1780 **as‧tron‧o‧my** [어스트롸 너미]: 〈그리스어〉, (별의 법칙을 연구하는) 〈과학적〉 천문학, 〈~ scientific astrology〉, 〈↔oceanology〉 가1

1781 **As‧tros** [애스트로우스], Hous-ton: 애스트로스, '별들', 1962년에 창설되어 미국 우주산업의 중심지라는 표어를 가지고 MLB에서 활약하고 있는 야구단(pro baseball team) 수2

1782 **as‧tute** [어스튜우트]: 〈← astus(craft)〉, 〈라틴어〉, 기민한, 약삭빠른, '도시풍의', 〈~ quick-witted\agile〉, 〈↔stupid\naive\gullible〉 양2

1783 **A‧su‧ka** [아스카]: 아스카, fly+bird, '비조〈나르는 새〉', tomorrow+fragrance, '명일〈아침 향기〉', 7세기 전반 백제의 영향을 받은 불교문화(Buddhism)가 융성했던 일본 관서지방(S-W Japan)의 고대 문명 발생지, 〈~ Japan's first historical period due to introduction of writing from Korea and China〉 우2

1784 **a-sund‧er** [어썬더]: on+sunder(apart), 〈영국어〉, 따로따로 떨어져, 산산이 흩어져, 〈~ disconnected\to pieces〉, 〈↔join\together〉 양2

1785 **~a‧sy** [~어시]: ~acy, 〈라틴어 → 영국어〉, forming abstract nouns, 〈~한 성질·형태〉란 뜻의 결합사, 〈~ quality\condition\position〉 양1

1786 **a-sy‧lum** [어싸일럼]: a(without)+syle(right of seizure), 〈그리스어〉, 수용소, 피난처, 보호시설, 정신병원, 망명, '체포할 수 없는 곳', 〈~ refuge\sanctuary〉, 〈↔inferno\peril〉 양1

1787 **a-sym-met‧ri‧cal cut** [에이씸메트뤼컬 컽]: 비대칭 머리, 한쪽 옆이 아주 짧고 반대편은 아주 긴 〈과감한〉 머리 모양, 〈~ a versatile hair-style〉 미2

1788 *****a-sym-me‧try of in‧for‧ma‧tion** [에이씸메트뤼 어브 인휘메이션]: 〈그리스어〉, (모든 종류의 거래에서 정보가 부족한 편이 진다는) 정보의 비대칭, 〈현대의〉 '눈물의 씨앗', 〈~ disadvantage due to lack of information〉, 〈~ modern tragedy〉 미2

1789 **at** [앹 \ 엍]: 〈← ad〉, 〈라틴어 → 게르만어〉, ~〈어떤 한 점〉에, ~에서, ~ 때에, ~로, ~ 중에, ~을 향해, 〈집중하라는 말〉, 〈~on〉, 〈↔by〉 가1

1790 **at~** [앹 \ 엍~]: 〈라틴어〉, (t 앞에서) ad~의 변형어 양1

1791 **at a loss** [앹 어 러스]: ① 원가 이하로, ⟨~ suffer a loss⟩ ② 어쩔 줄을 모르다, 당황하여, at one's wit's end, ⟨~ baffled\perplexed⟩, ⟨↔un-daunted\composed⟩ 양2

1792 **at all** [앹 어얼]: 조금도 (아니다), 뭘요, 천만에, 도대체, ⟨~ anyhow\nevertheless⟩, ⟨↔greatly\not at all⟩ 양1

1793 **at·a·mas·co** [애터매스코우]: ⟨어원에 두 가지 학설이 있는(under grass\red stained) 원주민어⟩, 아타마스코, rain lily, (미 동남부 습지대 원산의) 흰꽃 ⟨나도⟩ 사프란, 가늘고 길고 엉성한 잎을 가지고 봄에 화사한 흰 나리꽃을 피우는 달래꽃무릇속의 다년초, ⟨~ amaryllis⟩ 우1

1794 **at·a·vis·tic** [애터뷔스틱]: ⟨← atavus(ancestor)⟩, ⟨라틴어⟩, 조상으로부터 유래된, 원시적인, 격세유전의, 인간 본래의, ⟨~ archaic\by-gone⟩, ⟨↔modern\recent⟩ 양2

1795 **ate** [에이트]: eat(먹다)의 과거 가1

1796 **~ate** [~에이트 \ ~어트]: ⟨라틴어 → 프랑스어 → 영국어⟩, belonging to, ⟨~ 시키다⟩·⟨~ 특징의⟩·⟨~ 지위·산물⟩ 등을 나타내는 결합사, ⟨~ function\office\object⟩ 양2

1797 **at ease** [앹 이즈]: 편안히, 느긋하게, '편히 쉬어!', ⟨↔attention⟩ 양1

1798 **at·el·ier** [애틀리에이]: ⟨← astula(thin stick)⟩, ⟨라틴어에서 연유한 프랑스어⟩, 아틀리에, 제작실, 화실, (조그만) 공방, ⟨~ studio\work-room⟩, ⟨↔farm\factory⟩ 미2

1799 **a tem·po** [아 템포]: ⟨라틴어에서 연유한 이탈리아어⟩, 'in time', 본래의 속도로, ⟨~ at the original tempo⟩, ⟨↔slow\languor⟩ 미2

1800 **ATF** (Bu·reau of Al·co·hol-To·bac·co-Fire-arms and Ex·plo·sives): (미) 주류·담배·화기 및 폭발물 단속국, 2013년 재무부에서 법무부(Dept of Justice)로 이관된 기호품과 총기류로 인한 범죄를 관장하는 사법 경찰 기구 미2

1801 **Ath·a·na·sius** [애써네이셔스]: a(not)+thanatos(death), ⟨그리스어⟩, '죽지 않는 자', 아타나시우스, (293?-373), 삼위일체의 교리로 가톨릭교의 기초를 세운 알렉산드리아의 교부, ⟨~ the 20th pope of Alexandria⟩ 수1

1802 **a-the-ist** [에이씨이스트]: a(without)+theos(god), ⟨그리스어⟩, ⟨죄인으로 취급당하는 경향이 있는⟩ 무신론자, 무신앙자, ⟨~ barbarian\communist⟩, ⟨~(↔)agnostic⟩, ⟨↔believer⟩ 양1

1803 **A·the·ne** [어씨이니]: ⟨Plato는 theonoa(who knows divine things)가 어원인지도 모른다 했으나⟩ ⟨어원 불명의 그리스어⟩, 아테네, ⟨아내 Metis를 삼킨 제우스의 이마에서 성장을 하고 뛰쳐나왔다는⟩ 지혜·예술·전술의 처녀 여신, ⟨~ virgin goddess of wisdom, craft and war-fare⟩, ⟨~ Roma의 Minerva⟩, ⇒ Parthenon 수2

1804 **Ath·ens** [애씬즈]: ⟨화살표가 반대로 되어야 한다는 설도 만만치 않으나⟩ ⟨← Athene⟩, 아테네 (서구 문명의 발상지), 고대 그리스의 찬란했던 문화도시로 터키를 물리친 후 1834년부터 수도로 지정된 ⟨그리스의 학당⟩이라 불리는 역사적 유적 도시, ⟨~ Capital of Greece⟩ 수1

1805 ***ath-lei·sure** [애쓸레져]: athletic+leisure, '운동용 평상복', 일상에서도 입을 수 있는 가벼운 운동복 미2

1806 **ath·lete** [애쓸리이트]: ⟨그리스어⟩, ⟨'athlon(상금)'을 추구하는⟩ 운동가, 경기자, 육상 선수, 활발한 사람, ⟨~ sports-person\super-jock\gorilla⟩, ⟨↔loafer\fan⟩ 양2

1807 **ath·lete's foot** [애쓸리이츠 훝]: (발)무좀, ⟨~ tinea pedis\dermatophytosis⟩ 양2

1808 **A·thos** [애쏘스], Mt: ⟨Athene의 boyish name⟩, 아토스, (20여 개의 그리스 정교 수도원이 있고) ⟨천 년 이상 금녀 지역으로 남아있는⟩ 그리스 북방의 바위로 된 ⟨신성한 산⟩, ⟨~ an Eastern Orthodox monastery⟩ 수1

1809 **~at·ic** [~애틱]: ⟨라틴어 → 영국어⟩, of, ⟨~(성)의⟩란 뜻의 결합사 양1

1810 ***a time for eve·ry-thing and eve·ry-thing in its time**: ⟨구약의 '전도서'에 나오는 말⟩, 메뚜기도 한 때가 있다, ⟨~ there is right time for everything⟩ 양2

1811 **~a·tion** [~에이션]: ⟨라틴어 → 영국어⟩, ~ing, ⟨~ 동작·결과·상태⟩를 나타내는 결합사 양1

1812 **~a·tive** [~에이티브]: ⟨라틴어 → 영국어⟩, relating to, ⟨~ 경향·관계·성질⟩을 나타내는 결합사 양1

1813 **At·ka mack·er·el** [애트커 매커뤌]: 임연수어, 북태평양 알류샨열도 일부인 애트카⟨'보호신(guardian spirit)'이란 뜻의 Inuit어⟩ 섬 근처에서 많이 잡히며 누런 몸통에 검은 띠를 두르고 고등어보다 지느러미 가시가 더 많고 억센 쥐노래밋과의 바닷물고기, ⟨~ a greenling\rock trout⟩ 미2

1814 **At·kins di·et** [애트킨스 다이엍]: 1989년 미국 의사 Robert Atkins(‘Adam'의 영국식 변형어〉에 의해 고안된 〈저탄수화물·고단백질〉 체중 감량 식단으로 장기적으로 지속하면 심장병·골다공증 등을 유발할 수 있음, 〈~ ketogenic diet〉 수2

1815 **At·lan·ta** [애틀랜터]: 〈그리스어〉, secure and immovable, 〈주지사 딸의 가운데 이름을 딴〉 애틀랜타, 〈말채나무 도시〉, 남군의 병참기지로 1864년 셸만 장군에 의해 거의 전소됐다가 재건된 미국 동남부의 산업·교통·유통의 중심도시, 〈~ Capital of Georgia, USA〉 수1

1816 **At·lan·tic Cit·y** [애틀랜틱 씨티]: 미국 뉴저지주 남동부의 해변 유흥·도박도시, 〈~ a resort city on NJ's Atlantic coast〉 수1

1817 **At·lan·tic In·tra–coast·al Wa·ter·way**: 대서양 내안수로, 〈편저자도 몰랐던〉 미 육군 공병대에 의해 파인 보스턴(Boston)부터 키웨스트(Key West)까지 장장 2천 km나 되는 수로(운하)로 선박 여행이 가능하다 함 미2

1818 **At·lan·tic O·cean** [애틀랜틱 오우션]: 대서양, 구대륙과 신대륙 사이의 태평양의 반보다 조금 더 큰 바다, 〈영국에서 볼 때 the Great Western Ocean〉 수1

1819 **At·lan·tis** [애틀랜티스]: Atlas의 딸, 〈플라톤이 깐 구라에 의하면〉 (그리스를 공격한 죄로) 바닷속에 잠겨 버렸다는 대서양의 전설의 섬, 〈~ 'the lost land'〉 수1

1820 ***at large** [앹 라아쥐]: ①전반적인, 대체적인, 〈~ as a whole〉, 〈↔particular〉②잡히지 않은, 행방이 묘연한, 〈~ on the loose〉, 〈↔confined\on-the-run〉 양2

1821 **At·las** [애틀러스]: a(of)+tlenai(to bear), 〈그리스어〉, 하늘을 떠 받치는 자, 아틀라스, 〈~ a giant who holds up the sky〉①올림피아의 신들을 배반한 죄로 무거운 짐(하늘)을 지게 된 거인 중의 하나, 〈~ a Titan〉 ②아프리카 북서부에 있는 산맥, 〈~ a mountain range in Africa〉 수1

1822 **at·las** [애틀러스]: (← Atlas'〉, 〈그리스어〉, '견고한', 〈움직일 수 없는〉 지도책, 도감(collection of maps), Atlas; 〈지구를 받치고 있는 Atlas의 그림을 표지로 쓴〉 1636년에 간행된 지도책, 〈~ strong\enduring〉, 〈↔feeble\debilitated〉 양1 수2

1823 **at last** [앹 래스트]: 마침내, 드디어, 〈~ finally\in the end〉, 〈↔right now\never〉 양1

1824 **ATM¹** (au·to·ma·ted tel·ler ma·chine): 자동 금전출납기, 〈~ cash machine〉, 〈↔reverse ATM〉 미1

1825 ***ATM²** (at the mo·ment): 지금, 바로 지금 미2

1826 ***ATM³** (a–syn·chro·nous trans·fer mode): (정보를 미세입자로 쪼개서 하는) 비동기 전송 방식, 〈~ high-speed broad-band transmission〉 미1

1827 **at·mo·sphere** [애트머 스휘어]: atmos(vapor)+sphaira(sphere), 〈그리스어〉, 대기, 분위기, 운치, 기압, '증기가 둘러싼 곳〉, ~ ric; (근래에) 〈기상에 대해서〉 '거대한'이란 뜻으로 쓰여지고 있음, 〈~ aero-sphere\the firmament〉, 〈↔emptiness\earth〉 양1

1828 **at·mo·spher–ic riv·er** [애트미스훼륔 뤼붜]: 대기강, 〈수분을 많이 포함한 구름의 띠가 강모양을 이루면서 대기 속에서 움직이는 현상으로 기상 관측에 중요한 역할을 함〉, 〈~ a corridor of concentrated moisture in the atmosphere〉 양2

1829 **at·oll** [애터얼]: 〈← atholhu(interior)〉, 〈Madives어〉, 환초, 환상 산호섬(ring-shaped coral reef), 〈~ lagoon islets〉 양2

1830 **at·om** [애텀]: a(not)+temnein(cut), 〈그리스어〉, 〈분할할 수 없다고 생각했던〉 원자, 미분자, 극소량, 〈~ bit\particle〉, 〈~(↔)molecule〉, 〈↔whole\mass〉 양2

1831 **at·om bomb** [애텀 밤]: 원(자)폭(탄), 폭탄주(콩글리시; 영어로는 bomb shot〉, 〈~(↔)hydrogen bomb〉 양2

1832 **a·tom·ic en·er·gy** [애터믹 에너쥐]: 원자력, nuclear energy 양2

1833 **at·om·is·tic** [애터미스틱]: 원자(론)의, 많은 구성요소로 이루어진, 〈~ operating separately〉, 〈↔holistic〉 양2

1834 **at once** [앹 원스]: 한번에, 동시에, 즉시, 바로, 갑자기, 〈~ immediately\all together〉, 〈↔later\never〉 양2

1835 **a·tone·ment** [어토운먼트]: at+one, 〈영국어〉, 보상, 속죄, 〈'one'이 되는〉 화해, agreed, 〈~ Yom Kippur〉, 〈~ reparation\forgive-ness〉, 〈↔im-penitence\in-dictment〉 가1

1836 **a-top·y** [애터피]: a(not)+topos(place), 〈그리스어〉, 〈장소가 어긋난〉 선천적 과민성 체질의, 〈~ genetic tendency toward allergic diseases〉 양2

1837 **~a·to·ry** [~어토어뤼]: 〈라틴어 → 영국어〉, pertaining to, 〈~같은, ~에 관계있는, ~을 위한〉이란 뜻의 결합사 양1

1838 **A-tre·us** [에이트뤄스]: a(without)+tremble, 〈그리스어〉, '두려움이 없는 자', 아트레우스, Pelops의 장남으로 아내가 동생과 밀통한 것을 알고 동생의 아들들을 죽여 그 고기를 먹게 한 미케네의 왕, 〈~ a king of Mycenae〉, 수1

1839 **a·tri-um** [에이트뤼엄]: 〈← atro(enterence)〉, 〈라틴어〉, 아트뤼움(현대식 건물 중앙 높은 곳에 보통 유리로 지붕을 한 넓은 공간), (고대 로마 대저택의) 안마당, 안뜰, (심장의) 심방, 〈~ cavity\passage〉, 〈↔ventricle〉 우1 양1

1840 **a·troc·i·ty** [어트롸시티]: 〈← ater(black)〉, 〈라틴어〉, 〈← atrox(cruel)〉, 포악, 극악무도, 〈~ brutality\savagery〉, 〈↔benignity\compassion〉 가1

1841 **at·ro·phy** [애트뤄휘]: a(without)+trephein(nourish), 〈그리스어〉, 위축, 감퇴, '영양불량', 〈~ wasting\deterioration〉, 〈↔strengthen\flourish〉 가1

1842 *****at sign** [앹 싸인]: @, 단가, 전산망 주소, elephant's ear, cinnamon bun 미2

1843 **AT&T** (A·mer·i·can Te·le-phone and Te·le-graph Com·pa·ny): (1885년 알렉산더 벨에 의해 세워짐) 미국 전화 전신 회사 미2

1844 **at-tache** [어태쉐이]: 〈프랑스어〉, attached, 수행원, 부관, '가방모찌', 〈~ adjutant\aide-de-camp〉, 〈↔leader\receiver〉 양2

1845 **at-tach-ment** [어태취먼트]: ad(to)+tach(nail), 〈라틴어에서 유래한 영국어〉, '말뚝에 묶음', 부착, 부속물, 애착, 구속, 〈~ attack〉, 〈~ bond\attraction\accessory〉, 〈↔de-techment\separation〉 가1

1846 **at-tack** [어택]: ad(to)+tach(nail), 〈라틴어 → 게르만어〉, 공격하다, 덮치다, 착수하다, 〈~ attach〉, 〈~ blast\prang〉, 〈↔defend\guard〉 가1

1847 **at-tain–ment** [어테인먼트]: ad(to)+tangere(touch), 〈라틴어〉, '손을 댄 것', 도달, 달성, 재간, 〈~ achievement\acquisition〉, 〈↔loss\forfeit〉 양1

1848 **at-tempt** [어템프트]: ad(to)+tentare(try), 〈라틴어〉, 〈← tempt〉, 꾀하다, 시도하다, 공격, 미수, 〈~ try\endeavor〉, 〈↔decline\rebuff〉 가1

1849 **at-ten·dance** [어텐던스]: 〈라틴어 → 영국어〉, 출석, 참석, 시중, '돌보기', 〈~ tend〉, 〈~ presence\assistance〉, 〈↔abscence\inattention〉 가1

1850 **at-tend–ing** [어텐딩]: ad(to)+tendere(stretch), 〈라틴어〉, 주치의, 수행의사, 시무(시중꾼), 〈~ main doctor\servant\devotee〉, 〈↔house officer\no body〉 양1

1851 **at-ten·tion** [어텐션]: ad(to)+tendere(stretch), 〈라틴어〉, 〈← attend〉, 주의, 집중, 배려, 차려 자세, '차렷!', '주목!', 〈~ awareness\intent-ness〉, 〈↔at ease!〉, 〈↔in-attentiveness\heedlessness〉 가1

1852 **at-ten·u–ate** [어테뉴에이트]: ad(to)+tenuare(thinning), 〈라틴어〉, 묽게(약하게) 하다, 감쇠시키다, 가늘어지다, 〈~ diminish\reduce〉, 〈↔amplify〉 가1

1853 **at-tes·ta–tion** [어테스테이션]: ad(to)+testis(witness), 〈라틴어〉, 증명, 증거, 인증, 증언, 〈~ testimony〉, 〈~ authentication\validation〉, 〈↔disproof\refutation〉 양2

1854 **at·tic** [애틱]: 〈그리스 Attica(Athens의 근교) 지방에서 유행했던〉 더그매, (고미) 다락(방), 낮은 이 층, 〈~ loft\sky parlor〉, 〈↔basement\cellar〉 양2

1855 *****at the drop of a hat**: 〈19세기 초에 등장한 말〉, 경기 시작!, 즉시, 빨리, 〈~ at once\right away〉, 〈↔stop!\take your time〉 양2

1856 **at-tire** [어타이어]: ad(to)+tire(dress), 〈라틴어 → 프랑스어〉, '차려입다', 옷차림새, 복장, 성장, 〈→ tire²〉, 〈~ clothing\out-fit\deck out〉, 〈↔under-dress\informal\casual〉 양2

1857 **at·ti-tude** [애티튜우드]: 〈← aptus(fit)〉, 〈라틴어〉, 태도, 자세, 의견, 심정, 〈~ aptitude\stance〉, 〈~ demeanor\air\head-set〉, 〈↔apathy\insouciance〉 가1

1858 **at·to** [애토우]: 〈덴마크어〉, one quintillionth part, (미세 병원체의 무게 측정 등에 쓰이는) 아토, '18', 10의 -18승 미2

1859 **at-tor·ney** [어터어니]: a+torner, ad(to)+tornare(turn), 〈라틴어 → 프랑스어〉, 〈이익을 타인에게 'turn'하는〉 대리인, 변호사, 검사, 〈~ advocate\counsel〉, 〈↔client\judge〉 양2

1860 **At-torn·ey Gen·er·al** [어터어니 줴너뤌]: 검찰총장, 〈미국에서는 연방 법무부나 주 법무처의 수장인〉 '사법장관', minister of justice 우2

1861 **at-trac–tion** [어트뢕션]: ad(to)+trahere(draw), 〈라틴어〉, 〈← tract〉, '끌어당김', 매력, 유혹, 인기거리, 인력, 〈~ allure\magnet\load-stone〉, 〈↔repulsion\neutral\allergy〉 양1

1862 **at-tri·bu–tion** [애트뤼뷰우션]: ad(to)+tribuere(assign), 〈라틴어〉, 〈← tribute〉, 돌림, 귀속, 직권, 속성, 〈~ feature\quality〉, 〈↔dis-regard\dereliction〉 양1

1863 **at-tri·tion** [어트뤼션]: ad(to)+terere(rub), 〈라틴어〉, 마찰, 마멸, 소모, 〈~ tribulation〉, 〈~ attenuation\depreciation\churn〉, 〈↔build-up\maintenance〉 양2

1864 **at-tune** [어튜운]: 〈영국어〉, 〈← tune〉, 맞추다, 조화(조율)시키다, 〈~ align\coordinate〉, 〈↔disrupt\skew〉 양1

1865 **au·ber·gine** [오우벌쥐인]: 〈← vatigagama(plant that cures the wind)〉, 〈산스크리트어 → 아랍어 → 프랑스어〉, 오베르진느, 〈아랍 원산의〉 (기다란) 가지, 암자색(dark purple), ⇒ egg-plant 양2

1866 **au·burn** [어어번]: 〈← albus(white)〉, 〈라틴어〉, 고동색, 적갈색, 황갈색, 〈원래는 흰색을 지칭하다 둔갑이 된 말〉, 〈~ reddish brown\Titan red〉 우1

1867 **auc-tion** [어억션]: 〈← augere(increase)〉, '올리다'란 뜻의 라틴어에서 유래한〉 경매, 공매, 〈~ augment〉, 〈~ barter\jettison〉, 〈↔boycott\retail〉 가1

1868 **au·dac·i·ty** [어어대시티]: 〈← audere(bold)〉, 〈라틴어〉, 대담함, 무모함, 뻔뻔스러움, bodacious, 〈~ temerity\effrontery\arrogant\balls\chutzpah〉, 〈↔timidity\politeness〉 가1

1869 **Au·di** [아우디]: 1910년 설립자의 한 사람인 August ('Audi') Horch의 이름을 따서 창립되어 2차 대전 전에 4개의 회사가 합쳐진 서로 맞물리는 4개의 원을 명판으로 삼고 '조합'이 되었으나 고전하다가 1969년에 재편성되어 현재 Volkswagen사가 소유하고 있는 독일의 고급 자동차 제조업체, 〈~ a German automotive manufacturer〉 수1

1870 **au·di·ence** [어어디언스]: 〈← audire(hear)〉, 〈라틴어〉, 〈← audio〉, 청중, 시청자, 관객, 〈~ crowd\listeners〉, 〈↔speech-maker\lecturer\viewer〉 가1

1871 **au·di·o** [어어디오우]: 〈라틴어〉, hearing, 음성(통신), 음악, 들림, 〈~acoustic〉, 〈~(↔)vocal〉, 〈↔video〉 양1

1872 **au·di·o·cas·sette** [어어디오우 커쎄트]: 녹음상자, 녹음재생기, 〈~ audio-tape\phonograph record〉 우1

1873 **au·di·o con·fer·ence** [어어디오우 칸훠뤈스]: 전화 회의, 〈~ telephone conference〉 미2

1874 **au·di·o fre·quen·cy** [어어디오우 후뤼이퀀시]: (인간이 들을 수 있는) 〈20~20,000Hz의〉 가청주파, 〈~ sonic frequency〉 양1

1875 **au·di·o-gram** [어어디오우 그뢤]: 청력도, 〈~ a pure-tone hearing test〉 미2

1876 **au·di·ol·o·gy** [어어디알러쥐]: 청각 (과)학, 〈~ otology〉, 〈~(↔)oto-rhino-laryngology(ENT)〉, 〈~(↔)otometry〉, 〈↔ophthalmology〉 가1

1877 **au·di·o-phone** [어어디오우 호운]: 귀전화, 〈~ a special hearing-aid〉 우1

1878 **au·di·o pol·lu-tion** [어어디오우 펄루우션]: 소음공해, 〈~ noise pollution〉 가1

1879 **au·di·o-tape** [어어디오우 테이프]: 녹음 끈, 녹음재생기, 〈~ audio-cassette〉 우1

1880 **au·dit** [어어딭]: 〈← audire(hear)〉, 〈라틴어〉, 감사, 결산, 검사, '청문', 〈~ inspection\examination〉, 〈↔ignore\discard〉 양2

1881 **au·di·tion** [어어디션]: 청각, 연기심사, 청강, 〈~ screen test〉, 〈↔deaf〉, 〈↔exempt\conclusion〉 양2

1882 **au·di·tor** [어어디터]: 방청자, 심사관, 청강생, 〈~ actuary\examiner〉, 〈↔actor\entertainer〉 양1

1883 **au·di·to·ri·um** [어어디토어뤼움]: 청중석, 강당, 공회당, 〈~ hall\assembly room〉, 〈↔back-stage\arcade〉 가1

1884 **au fait** [오우 훼이]: 〈to the point〉, 〈프랑스어〉, 정통하여, 익숙한, 잘 알고 있는, 〈~ informed consent〉 양2

1885 **au·ger** [어어거]: nafu(nave)+gar(spear), 〈영국어〉, 〈'gar'을 닮은〉 도래송곳, 나사송곳, 굴착용 송곳, drill, gimlet, wimble, 〈↔fill\plug〉 미2

1886 **aug‧men‧ta‧tion** [어그멘테이션]: 〈← augere(increase)〉, 〈'올리다'란 뜻의 라틴어에서 유래한〉 증가, 첨가 확대, 〈~ auction〉, 〈~ enhancement\increment〉, 〈↔diminishing\abatement〉 양1

1887 *****aug-ment–ed re‧al‧i‧ty** [어그멘티드 뤼알리티] \ AR: 〈전산기 기술로 조작된〉 증강 현실, 〈~ artificial reality\simulation〉, 〈↔actual(manifest) reality〉 양2

1888 **au‧gur** [오거]: avis(bird)+gar(to call) \ ← augere, 〈라틴어+산스크리트어〉, 〈'새가 날라가는 모양을 보고' 수확이 '올라갈까' 예측하는〉 복점관, 점쟁이, 예언자, 예측하다, 〈→ inauguration〉, 〈~ omen〉, 〈~ bode\seer〉, 〈↔describe\recount〉 양2

1889 **Au‧gust** [어거스트]: 어거스트, 〈8월 19일에 사망한 Gaisus Augustus를 기념하는〉 8월, {철갑상어(sturgeon)의 달} 가1

1890 **au‧gust** [어거스트]: 〈← augere(increase)〉, 〈라틴어〉, '높이 올라간', 당당한, 준엄한, 황공한, 〈~ eminent\honorable〉, 〈↔frivolous\humble〉 양1

1891 **Au‧gus-tine** [어거스티인]: 성 아우구스티누스, (354-430), 인간은 신이라는 타자의 의지에 근거하여 존재하며 신앙으로 원죄를 용서받을 것을 주장한 기독교 초기의 신부·신학자, 〈~ a theologian and bishop of Berber origin〉 수1

1892 **Au‧gus-tus** [어거거스터스], Gai‧us: 아우구스투스, (BC63-AD14), '고귀한 자', 냉철한 이성으로 41년간 제국을 통치한 로마의 초대 황제, Octavianus, 〈~ founder of Roman Empire〉 수1

1893 **auk** [어어크]: 〈북구어〉, 〈의성어?〉, 바다쇠오리, 북방해양산 펭귄 비슷하게 생긴 잠수성 바다오리, 〈~ murre\razor-bill〉 미2

1894 *****auld lang syne** [오울드 랭 씬(쟈인)]: 〈스코틀랜드어〉, 'old long since', good old times, 〈추억의〉 좋았던 예전 양2

1895 **Aung San** [아웅 싸안], Suu Kyi: '승자〈successful person〉', 아웅 산, (1945-), 장군의 딸로 태어나 아버지는 암살로 남편은 암으로 잃고 군사정권에 의해 핍박을 받다가 2012년부터 재기하여 2016년에 〈국가고문〉으로 활약하였으나 2021년 군부의 봉기에 부딪친 미얀마의 여걸, 〈~ former State Counsellor of Myanmar〉 수1

1896 **aunt** [앤트 \ 아안트]: 〈← amita(father's sister)〉, 〈라틴어〉, 아주머니, 여삼촌(이모·고모), 삼촌댁(백모·숙모), 〈감싸주는 여인〉, 〈~ sister of parents\uncle's wife〉, 〈↔uncle〉 가1

1897 *****au pair** [오우 페어]: 〈프랑스어〉, 'equal terms', 입주 가정부, 〈외국 가정에 입주하여 약간의 보수를 받고 가사를 도우며 외국어를 배우는 〈여성〉 유학생, 〈~ (live in) care-giver\고상한 말로 governess라고도 함〉, 〈~(↔)home-stay〉 미1

1898 **au‧ra** [오어뤄]: 〈← aenai(breathe)〉, 〈그리스어〉, 아우라, 분위기, 발산, 기운, 영광, 영기, 전조, 〈~ air\atmosphere\aroma〉, 〈↔nothing\clear-ness〉 미1

1899 **Au‧re‧li‧us** [어어뤼일리어스], Mar‧cus: 〈'금(Au) 같은 자'〉, 아우렐리우스, (121-180), 「명상록」을 저술한 로마의 '금욕주의적' 황제·철학자, 〈~ a Roman emperor and philosopher〉 수1

1900 **au re‧voir** [오우 뤼브와아]: till seeing again, 〈프랑스어〉, 안녕, 또 봐(요), good bye, 〈~(↔)shalom\namaste\an-nyeong〉, 〈↔bon-jour〉 미1

1901 **au‧ric‧u‧la** [어어뤼큘러]: 〈← auris(ear)〉, 〈라틴어〉 ①외이 (귓바퀴), 〈~ external ear〉 ②bear's ear, 〈중유럽 산악지방 원산의〉 잎이 곰의 귀같이 생기고 노란 꽃이 피는 앵초, 〈~ a primrose\mountain cowslip〉 양2 우2

1902 **au‧rif‧er-ous** [어어뤼훠뤄스]: aurum(gold)+ferre(bring), 〈라틴어〉, 금을 산출하는 (함유한), 〈~ containing gold〉 양1

1903 **au‧rochs** [어어롹스]: 〈← auros(wild ox)〉, 〈그리스어 → 라틴어 → 게르만어〉, urus, 〈구대륙에 서식하다 17세기 초에 멸종된〉 커다란 야생 들소 우2

1904 **Au‧ro‧ra** [어로어뤄]: 〈라틴어〉, 오로라, goddess of dawn, 새벽의 여신(그리스 신화의 Eos), a~; 서광, 〈알래스카에서는 흉조로 받아들여지는〉 여명, 〈태양의 핵융합 반응과 자기 폭풍에 의한 빛의 질량 소실에 의해 일어나는〉 극광, 〈← aura〉, 〈~ sun-rise\polar lights〉, 〈↔sun-set\twilight〉 수1 미2

1905 **Au‧ro‧ra Bo‧re‧a‧lis** [어어로어뤄 보어뤼앨리스]: 〈라틴어〉, nothern light, 북극광 수2

1906 **au‧rum** [어어뤔]: 〈라틴어〉, Au, '진귀한 것', 금(빛), 〈~ gold〉 양2

1907 **Ausch‧witz** [아우슈비츠]: 〈폴란드 도시이름 Oswiecim을 나치가 바꾼 이름〉, 유대인 수용소로 유명했던 폴란드 남서부의 마을, 〈~ a Nazi concentration camp in Poland〉 수1

1908 **aus·cul·tate** [어어스컬테이트]: ⟨← auris(ear)⟩, ⟨라틴어⟩, 청진하다, 귀로 듣다, ⟨~ hearken\listen to⟩, ⟨↔palpate⟩ 양2

1909 **aus·pice** [어어스피스]: avis(bird)+specere(look), ⟨라틴어⟩, ⟨새의 나는 모양을 보고 점을 치는⟩ 전조, 길조, 원조, ⟨~ propitious⟩, ⟨~ augury\aegis⟩, ⟨↔un-prophetic\in-auspicious\ominous⟩ 양2

1910 **Aus-sie** [어어씨]: ⟨영국 속어⟩, Oz·zie, 오지, 오스트레일리아(인), ⟨~ (native) Australian⟩ 수2

1911 **Aus·ten** [어어스턴], Jane: ⟨← Augustine⟩, '고귀한 자', 오스틴, (1775-1817), 영국의 ⟨응접실⟩ 여류 소설가, ⟨~ an English novelist⟩ 수1

1912 **Aus·ter** [오어스터]: (로마신화의) 남풍신, 아우스테르, south wind, 남풍, ⟨↔Boreas⟩ 수2

1913 **aus·ter·i·ty** [어어스테러티]: ⟨← austeros(harsh)⟩, ⟨그리스어 → 라틴어⟩, 엄격, 준엄, 간소, 고행, 긴축, ⟨~ rigor\asperity⟩, ⟨↔amenity\super-fluity⟩ 양1

1914 **Aus·tin** [어어스틴]: ⟨← Augustine⟩, '고귀한 자', 오스틴, 텍사스를 개척한 부·자의 이름, (학비가 싼 Univ. of Texas 등 교육기관이 많고) 콜로라도강을 바라보는 언덕에 세워진 텍사스의 주도, ⟨~ Capital of Texas⟩ 수1

1915 **Aus·tral-ia** [어어스트뤠일리어]: ⟨← auster(south)⟩, ⟨라틴어⟩, '남쪽 나라', 오스트레일리아, 호주(영연방의 하나), 1606년 유럽인에게 발견되어 1770년경부터 주로 영국계통의 백인들이 모여 세운 내륙이 거대한 사막으로 되어 있는 나라, {Australian-Eng-(Au) Dollar-Canberra}, ⟨~ a country in Oceania⟩ 수1

1916 **Aus·tral-ian cat·tle dog** [어어스트뤠일리언 캐틀 더그]: Australian heeler, 오스트레일리아에서 19세기에 여러 종의 농장 개를 교배시켜 만든 ⟨소의 발뒤꿈치를 깨물어 흩어지지 못하게 하는 재주가 있는⟩ 목축견 수2

1917 **Aus·tral-ian lung-fish** [어어스트뤠일리언 렁 휘쉬]: ⇒ barramunda 수2

1918 **Aus·tral-ian ter·ri·er** [어어스트뤠일리언 테뤼어]: 1885년경에 오스트레일리아에서 양치기 개로 개발되었으나 현재 주로 애완용(pet)으로 쓰이는 길고 뻣뻣한 몸 털과 짧고 부드러운 머리털을 가진 ⟨복슬개⟩, ⟨~ Border terrier⟩ 수2

1919 **Aus·tri-a** [어어스트뤼어]: ⟨← aust(east)⟩, ⟨라틴어⟩, 오스트리아, 알프스의 '동쪽' 산록에 게르만족이 자리 잡은 내륙국가로 ⟨600여 년간 합수부룩왕가의 본거지였다가⟩ 1955년 영구중립국으로 독립한 연방제 공화국, {Austrian-Ger-Euro-Vienna}, ⟨~ a country in Central Europe⟩ 수1

1920 **Aus·tri-an blind** [어어스트뤼언 블라인드]: 올리면 주름이 잡히는⟨forming a scalloped pattern⟩ 차양 (햇볕 가리개), ⟨~(↔)Roman shade⟩ 수2

1921 **au·teur** [오우터얼]: ⟨author의 프랑스어⟩, (독창적\개성적) 영화 감독, ⟨~ film maker(producer)⟩ 양2

1922 **au·then-tic** [어어쎈틱]: autos(self)+entea(tools), ⟨그리스어⟩, 확실한, 진정한, 인증된, ⟨← auto⟩, ⟨~ originator\writer⟩, ⟨~ definitive\reliable⟩, ⟨↔bogus\fake\spurious\trope⟩, ⟨↔apocrypha⟩ 양1

1923 **au·thor** [어어썰]: ⟨← augere(grow)⟩, ⟨라틴어⟩, '만들어 내는 사람', 저자, 작가, 창조자, ⟨← auto⟩, ⟨~ originator\writer⟩, ⟨↔imitator\eliminator⟩, ⟨↔reader\audience⟩ 양1

1924 **au·thor·i·ty** [어쏘어뤼티]: ⟨← author⟩, ⟨라틴어⟩, '개인의 영향력', 권위, 위신, 권한, 당국, 근거, ⟨← auto⟩, ⟨~ master\govern\power⟩, ⟨↔incompetence\non-expert⟩ 가1

1925 ***Au·thor-ware** [어어썰 웨어]: 오소 웨어, (Adobe사가 2003년부터 출시해서 2007년에 폐기한) ⟨다중매체 창출을 위해 만든⟩ '통합적' 저작 연성기계, ⟨~ an e-learning tool⟩ 우2

1926 **au·tism** [어어티즘]: ⟨← autos(self)⟩, ⟨그리스어⟩, 자폐증, 자기만의 세계에 틀어박혀 있는 병, ⟨← auto⟩, ⟨~ a pervasive developmental disorder⟩, ⟨~(↔)ADHD⟩ 가1

1927 **au·to** [어어토우]: ⟨그리스어⟩, self, 자신의, 자동의, 자동차의 양2

1928 **Au·to-ba**(h)n [어어토우 바안]: 아우토 반, ⟨시속130km로 제한된⟩ (독일의) 자동차 전용 고속도로, ⟨~ a federally controlled access highway system in Germany⟩ 수2

1929 **au·to-bi** [어어토우 바이]: auto bicycle, 오토바이 ⟨콩글리시⟩, auto·bike (자동 자전거), motor cycle (동력 자전차), 이륜 자동차, ⟨↔wagon⟩ 미2

1930 **au·to-bi·og·ra·phy** [어어토우 바이아그뤄휘]: auto(self)+bios(life)+graphein(write), ⟨그리스어⟩, 자서전, 자전문학, ⟨~ personal history\memoir⟩ 가1

1931 **au·toch·tho-nous** [어어타 크써너스]: autos(self)+chthon(earth), ⟨그리스어⟩, 자생(종)의, 토착의, 원주의, ⟨~ indigenous\native⟩, ⟨↔foreign\alien⟩ 양2

1932 **au·to·crat** [어어토우 크뢭]: auto(self)+kratein(rule), 〈그리스어〉, 전제군주, 독재자, mono·crat, 〈~ totalism〉, 〈↔democrat〉 가1

1933 **Au·to Desk** [어어토우 데스크]: '자동문갑', 1982년에 창립된 전산기 보조용품을 만드는 미국의 연성기기 제작회사 〈Auto CAD-computer aided design-의 전신〉 수1

1934 **au·to·graph** [어어토우 그래후]: 자필, 친필(서명), 육필(원고), 〈~ hand-writing\signature〉 양1

1935 **au·to·graph tree** [어어토우 그래후 트뤼이]: '서명나무', 윤이 나는 두꺼운 잎에 글자도 새겨 넣을 수 있는 서인도 제도 원산의 클루지아(clusia), 〈~ balsam (or pitch) apple〉 우2

1936 **au·to·mat·ic** [어어토우 매틱]: autos(self)+matenein(strive), 〈그리스어〉, 자동의, 기계적인, 자동장치, 〈~ mechanized\self-moving〉, 〈↔deliberate\manual\stick〉 양2

1937 **au·to·mo·bile** [어어토우 머비일 \ 어어토우 모우빌일]: 차, 차량, 승용차, 자동차, 〈~ motor-car\motor vehicle〉 가2

1938 *****au·ton·o·mous pri·vate high-school** 자(율형)사(립)고(등학교), 정부의 보조금과 간섭을 받지 않으나(without government subsidies) 〈대한민국의 헌법에 위배되는〉 특수고등학교, 〈~ 'ja-sa-go'〉 양2

1939 **au·ton·o·mous ve·hi·cle** [어어타너머스 뷔이클]: 자율주행차, smart car 양2

1940 **au·ton·o·my** [어어타너미]:autos(self)+nomos(law), 〈그리스어〉, 자율성, 자극성, 자치성, 〈~ self-governing〉, 〈↔dependence〉 양2

1941 **au·top·sy** [어어탑씨]: autos(self)+opsis(sight), 〈그리스어〉, 시체 해부, 검시, 부검, 〈자신이 살펴보는〉 사후분석, 〈~ necropsy\post-mortem〉, 〈↔soul searching〉 가1

1942 **au·to race** [어어토우 뤠이스]: 〈1867년 영국에서 시작된〉 자동차 경주, 〈여러가지 부문이 있으며, 1900년부터 하계 올림픽에서 시범을 보여줌〉, car race, 〈↔boat rase〉, NASCAR 미2

1943 *****au·to-walk** [어어토우 워어크]: 자동 진행로, moving walkway, ⇒ travelator 미2

1944 **Au·to-Zone** [어어토우 죠운]: 오토 존, 1979년에 세워져 1987년에 개명된 미국의 자동차 부속품 판매 연쇄점, 〈~ an American auto-parts retailer〉 수2

1945 **au·tumn** [어어텀]: 〈← autumnus(drying-up season?)〉, 〈불투명한 어원의 라틴어〉 가을, 추계, 성숙기, 초로기(autumn years), 〈~ fall; 미국어〉, 〈~ harvest〉, 〈↔spring〉 가1

1946 **aux·il·ia·ry** [어어그질리어뤼]: 〈← auxanein(grow)〉, 〈그리스어 → 라틴어〉, 〈augment 하는〉 보조의, 예비의, 지원군, 조동사, 〈~ additional\assistant〉, 〈↔adversary〉 가1

1947 **a·vail·a·ble** [어붸일러블]: ad(to)+valere(strong), 〈라틴어 → 영국어〉, '가치 있는', 이용할 수 있는, 가능한, 비어 있는, 〈~ obtainable\accessible〉, 〈↔un-available\use-less〉 양2

1948 **av·a·lanche** [애뷜랜취]: 〈← labi(slip)〉, 〈라틴어 → 프랑스어〉, '미끄러져 내리다', 눈사태(snow-slide), 쇄도, 〈~ volley〉, 〈↔mud-slide\land-slide〉 양2

1949 **av·a·lo·ki·tes·var·a** [아발로키 테스봐롸]: ava(down)+lokita(behold)+isvara(lord), lord who gazes down, 〈산스크리트어〉, '자비한 이', 관세음보살, 〈~ Lord of the world〉 양2

1950 **Av·a·lon** [애뷜란]: 〈켈트어〉, 아발론 ①아서왕과 세 여자가 영웅들이 사후에 갔다는 〈'apple'(과일)이 무르익는〉 무릉도원, 〈~(↔)Camelot〉 ②LA 남쪽 카탈리나(Catalina) 섬의 조그만 항구·유원지 ③1994년부터 도요타사가 출시하는 전구동 중형 승용차, 〈~ a mid-sized sedan by Toyota〉 수2

1951 **a·vant-garde** [어봔안가알드]: 〈프랑스어〉, 아방가르드, (군대의) '전위대(advanced guard)', 전위파, 선구자, 〈→ vanguard〉, 〈~ progressive\innovative〉, 〈↔traditional\orthodox〉 미1

1952 **av·a·rice** [애붜뤼스]: 〈← avere(desire)〉, 〈라틴어〉, 탐욕, 허욕, 〈~ avid\greed\cupidity\pleonexia〉, 〈↔generosity\frugality〉 가1

1953 *****av·a·tar** [애뷔타알]: ava(down)+tarati(passes beyond), 〈산스크리트어〉, 아바타, '화신', 권화, 구체화, 새로 태어남, 구현, 가상현실에서 자신을 나타내는 〈주인공〉, 〈~ image\icon〉, 〈↔mortal\earth-ling〉 우1

1954 **ave** [아아붸이]: 〈← avere(be well)〉, 〈라틴어〉, 안녕, 자!, 그럼(인사말), 〈~ adieu\fare-well〉, 〈↔salute\welcome〉 우2

1955 **a-venge** [어붼쥐]: ad(to)+vinicare(punish), 〈라틴어〉, 〈← vindicate〉, 복수하다, 앙갚음하다, 〈→ revenge〉, 〈~ chastise\castigate〉, 〈↔forgive\pardon〉 양1

1956 **av·ens** [애뷘즈]: 〈← avenicia〉, 〈어원 불명의 라틴어〉, 뱀무(bennet)속 식물의 총칭, cole·wort 미2

1957 **av·e·nue** [애뷔뉴우]: ad(to)+venire(come), 〈라틴어〉, 〈← venue〉, '진입로', 가로수길, 한길, 도로, 수단, 〈~(↔)boulevard는 중간에 간격이 있음〉 양1

1958 **av·er·age** [애뷔뤼쥐]: 〈← awar(load)〉, 〈아랍어 → 이탈리아어〉, ('have'가 어원이라는 설도 있으나) 〈'손해'를 소유주들이 균등히 분담하는〉 평균, 보통, 대체로, 〈~ median\norm〉, 〈↔exceptional\aberrant〉 가1

1959 **a·ver·sion** [어붜얼젼]: ad(to)+vertere(turn), 〈라틴어〉, 〈← avert〉, 혐오, 반감, 회피, 〈~ abhorrence\hatred〉, 〈↔affinity\appetite\liking\inclination\urge\animal magnetism〉 양1

1960 **a-vert** [어붜얼트]: ad(to)+vertere(turn), 〈라틴어〉, 〈'돌려서'〉 ~으로 향하게 하다, 돌리다, 피하다, 〈~ versus〉, 〈~ turn aside\avoid\prevent〉, 〈↔trigger\aim\aid〉, 〈↔ineluctable\inevitable〉 양2

1961 **a·vi~** [에이뷔~ \ 애뷔~]: 〈라틴어〉, bird, 〈새~, 비행기~〉란 뜻의 결합사 양1

1962 **a·vi·a·tion** [에뷔에이션 \ 에이뷔에이션]: 〈← avis(bird)〉, 〈라틴어〉, 비행, 항공, 〈~ flight\aeronautics〉, 〈↔navigation〉 가1

1963 **av·id** [애뷔드]: 〈← avidus(covetous)〉, 〈라틴어〉, greedy, '탐욕'스러운, 갈망하는, 열정적인, 〈~ avarice\ardent〉, 〈~ eager\passionate〉, 〈↔apathetic\indifferent\luke-warm〉 양2

1964 **A·vi·gnon** [아뷔뇽]: 〈← Avenio ← abu(river)〉, 〈켈트어 → 라틴어 → 프랑스어〉 아비뇽, 프랑스 동남부 론강가에 있는 역사·농업도시, 〈~ commune in south-eastern France〉 수1

1965 **a·vi·on·ics** [에뷔아닉스]: aviation+electronics, 항공 전자 공학(기기), 〈↔navionics(electronic navigation); 전자기기를 사용하는 항해술〉 양2

1966 **A·vi·s** [에이뷔스]: 아비스, bird, '새', 1946년 Warren Avis가 Detroit에 세웠다가 2006년 Budget사와 병합한 미국의 차량 임대 연쇄점, 〈~ an American car renatal comp.〉 수2

1967 **A-vi·sa** [에이 뷔이져]: 〈외교관(diplomats) 등 외국 공무원들(government officials)에게 주는〉 '우선권' 사증 우2

1968 **av·o·ca·do** [애뷔카아도우]: 〈← ahuacatl(testicle)〉, 〈'불알'이란 뜻의 아즈텍어에서 유래한〉 아보카도, 〈비타민·무기질·불포화지방산이 많은〉 (아)열대 녹나무과의 과실, 〈~ butter fruit〉, 〈~ a dirty tree with elegant fruits〉, 〈taste in between chestnut and peanut〉, 〈편자는 이것에 대해 일가견을 가지고 있음〉 수2

1969 **av·o·ca·tion** [애뷔케이션]: a(away)+vocare(call), 〈라틴어〉, 〈← vocation〉, (부차적) 직업, 부업, 취미, 〈~ recreation\hobby〉, 〈↔affair\profession\mission\occupation〉 양1

1970 **av·o·cet** [애뷔쎌]: 〈← avosetta(graceful bird)〉, 〈이탈리아어〉, recurvus(curved backwards)+bill, 〈라틴어〉, 뒷부리장다리물떼새, 가늘ای '위로 휘어진' 부리와 흰 몸통에 검은 날개 그리고 긴 가는 다리를 가지고 강 어귀나 해안에 서식하는 철새, 〈~ a shore-bird〉 미2

1971 **a-void** [어붜이드]: ex(out)+viduare(deprive of), 〈라틴어 → 프랑스어〉, 〈← void〉, '비우다', 피하다, 취소하다, 〈~ stay away\evade〉, 〈↔encounter\pursue〉 가1

1972 **av·oir-du-pois** [어뷜 더 포이즈]: goods of weight, 〈프랑스어〉, 상형(보통 저울), 귀금속·약품을 제외한 것에 쓰는 형량, 16온스를 1파운드로 치는 무게의 단위, 〈셰익스피어가 [헨리 4세]에서 처음으로 영어로 도입한〉 무게, 체중, 비만, 〈~(↔)troy weight〉, 〈↔weightless-ness\light-ness〉 우2 양2

1973 **A·von¹** [에이붠]: 〈← abu(river)〉, 〈'강'이란 뜻의 켈트어〉, 에이번, (근처에 셰익스피어가 살았었다는) 영국의 강 이름, 〈~ a river in the south-west England〉 수1

1974 **A·von²** [에이붠]: 에이본, 1973년에 설립된 미국의 화장품 회사, 〈~ an Anglo-American cosmetics retailer〉 수1

1975 **a-vow** [어봐우]: ad(to)+vocare(call), 〈라틴어〉, 〈← vow〉, 인정하다, 고백하다, 〈~ assert\attest〉, 〈↔disavow\deny\repudiate\talaq〉 가1

1976 **a·vun·cu·lar** [어붱큘러]: 〈라틴어〉, 'uncle' 같은, '외삼촌 같은', 자상한, 친절한, 〈~ vigilant\kind〉, 〈↔cold\hostile〉 양2

1977 **a-wait** [어웨잍]: 〈← guetter(watch)〉, 〈프랑스어〉, 〈← wait〉, 기다리다, 대기하다, 〈~ expect\anticipate〉, 〈↔move\proceed\reject〉 가1

1978 **a-wake** [어웨이크]: 〈← aweccan〉, 〈영국어〉, 〈← wake〉, 깨우다, 불러일으키다, 〈~ alert\animate〉, 〈↔asleep\doze〉 가1

1979 **a-wak·en** [어웨이큰]: 〈← wake〉, 깨우다, 깨닫게 하다, 〈~ awake〉, 〈↔hypnotize\deaden〉 가1

1980 **a-ward** [어워어드]: 〈← warten(guard)〉, 〈프랑스어〉, 주다, 수여하다, 상, 심사, 〈~ ward〉, 〈~ accolade\endowment〉, 〈↔deprive\revoke\non payment〉 가1

1981 **a-ware** [어웨어]: 〈게르만어〉, 〈← ware(cautious)〉, 깨닫고, 의식이 있는, 〈~ conscious of\informed about〉, 〈↔un-aware\oblivious〉 가1

1982 **a-wash** [어워어쉬] [영국어], 〈← wash〉, 파도에 씻기어, 수면과 같은 높이로, ~으로 가득하여, 〈~ flooded\inundated〉, 〈↔dry\arid〉 양2

1983 *****a watch-ed pot nev·er boils**: 〈B.Frabklin이 등장시킨 말〉, 기다림의 지겨움, 〈~ the more you wait, the longer it takes〉 양2

1984 **a-way** [어웨이]: on+weg, 〈영국어〉, 〈← way〉, 〈길에서〉 떨어져서, 사라져, 부재하여, 〈별 볼 일이 없다는 말〉, 〈~ at a distance\off〉, 〈↔close\around〉 가1

1985 **awe** [어어]: 〈← achos(fear)〉, 〈그리스어에서 연유한 영국어〉, 경외, 두려움, 〈~ wonder\miracle〉, 〈↔apathy\contempt\assure〉 가1

1986 **awe-some** [어어썸]: 〈1578년에 등장한 영국어〉, 무서운, 위엄 있는, 근사한, 멋진, 〈~ rad ass〉, 〈~ breath-taking\astounding〉, 〈↔pathetic\boring〉 양2

1987 *****awe walk** [어어 워어크]: 〈신조어〉, '경외로운 산책', 주위에 있는 사물을 자세히 관찰하면서 하는 〈의식적〉 산책, 〈~ meditation stroll〉 미2

1988 **aw-ful** [어훌]: 〈← awe〉, 두려운, 경외심을 일으키는, 굉장한, 대단한, 〈~ terrible\amazing〉, 〈↔acceptable\innocuous〉 양2

1989 **a-while** [어와일] [영국어], 〈← while〉, 잠깐, 잠시, 〈~ briefly\for a moment〉, 〈↔always\forever〉 가1

1990 **awk-ward** [어어쿼어드]: off+ward, 〈북구어〉, '틀린 방향의', 서투른, 어줍은, 어색한, 곤란한, gauche, 〈~ weird\bungling〉, 〈~ clumsy\mal-adroit〉, 〈↔relaxed\stright-forward\savoir faire〉 양1

1991 *****awk-ward tur·tle** [어어쿼얼드 터어틀]: 〈수화에서 연유한 미국어〉, '어색한 거북이', 뒤집혀진 거북이가 발버둥 치는 모습, 손을 포개 놓고 두 엄지를 흔드는 짓, 〈hand-gesture for sea turtle〉, 거북스러움, 〈~ social clumsiness〉 미2

1992 **awl** [어얼]: 〈←aelo(pierce)〉, 〈어원불명의 게르만어〉, (끝이 뾰족하고 날카로운) 작은 송곳, 〈~(↔)brad-awl〉 우2

1993 **awn-ing** [어어닝]: 〈← awan(suspended)〉, 〈페르시아어 → 프랑스어〉, (창에 댄) 차일, 천막, 차양, 〈~ canopy\marquee〉, 〈↔expose\un-cover〉 미2

1994 **a-woke** [어오우크]: awake의 과거, 깨었다, 〈~ kept up〉, 〈↔lulled\hypnotized〉 가1

1995 **a-wok·en** [어오우큰]: awake의 과거분사, 깨어난, 〈~ alert〉, 〈↔hypnotized\deaden〉 가1

1996 **AWOL** [에이워얼] (ab·sent with-out leave): 무단이탈(결석), ⇒ AOL[1], 〈↔attending\formal leave〉 미2

1997 *****a-wom·en** [에이 위민]: 아우멘, '그리해 주소서'(so it be)의 여성형, 여권옹호자들이 〈amen〉 대신 쓰는 '콩글리시'(공감영어), ⇒ wimmin 우2

1998 **a-wry** [어롸이]: 〈영국어〉, 〈← wry〉, 구부러져, 비뚤어져, 뒤틀어져, 〈~ amiss\crooked〉, 〈↔even\straight〉 양2

1999 **ax \ axe** [액스]: 〈← axine(mattock)〉, 〈그리스어 → 라틴어 → 게르만어〉, 도끼, 손도끼, 참수, 해고, 삭감, 〈~ hatchet\tomahawk\dismissal〉, 〈↔benedict\re-hire〉 양1

2000 **AXA** [엑사] Group: '발음하기 편해 택한 상호', 1816년에 프랑스에서 창설된 보험업을 중심으로 하는 세계적 금융 지원 회사, 〈~ a French insurance company〉 수1

2001 **Ax·i-al Age** [엑씨얼 에이쥐]: 〈← axis〉, 추축시대, (1947년 독일 철학자 Karl Jaspers가 주창한) 기원전 8-3세기간 인류의 사고방식이 〈종교·철학을 탐구하는 방향으로〉 선풍적 변화를 가져온 시대, 〈~ period of broad religious and philosophical changes〉 우2

2002 **ax·il·la** [액씰러]: 〈← ala(wing)〉, 〈'날개'란 뜻의 라틴어에서 유래한〉 겨드랑이, 액와, 〈~ arm-pit〉, 〈↔groin〉 양1

2003 **ax·i·ol·o·gy** [액씨알러쥐]: 〈← axios(worthy)〉, 〈그리스어〉, 가치(이)론, (주로) 윤리와 미의 두 '축'을 연구하는 학문, 〈~ theory of value〉, 〈↔formalism\multi-culturalism〉 미2

2004 **ax·i·om** [액시엄]: 〈← axios(think worthy)〉, 〈그리스어〉, 〈가치있는〉 자명한 이치, 원리, 공리, 격언, 〈~ doctrine\theorem〉, 〈↔absurdity\ambiguity\paradox\bull-shit\enigma〉 양2

2005 **ax·i·o-mat·ic** [엑시어매틱]: 〈그리스어〉, 자명한, 공리의, 격언적인, 〈~ absolute\self-evident〉, 〈↔absurd〉, 〈↔mis-understood\questionable〉 양2

2006 **ax·is** [액씨스]: 〈← aksah(straight line)〉, 〈산스크리트어 → 그리스어 → 라틴어〉, 축, 굴대, 차축, 〈→ axle\axon〉, 〈~ hinge\pivot〉, 〈↔annex\edge\auxiliary〉 양1

2007 **Ax·is Pow·er** [액씨스 파우어]: 추축국, (2차대전 때 독일·이탈리아·일본을 잇는) (반) 대 연합국 군사동맹, 〈~ Rome-Berlin-Tokyo Axle〉 미2

2008 **ax·le** [액슬]: 〈← axis〉, 굴대, 축, 〈→ axon〉, 〈~ pin\shaft〉 양2

2009 **ax·o·lotl** [엑설라틀]: atl(water)+xolotl(servant), 〈아즈텍어〉, 〈'물을 공급'하는〉 아홀로틀, (미국·멕시코산의) 통통한 도롱뇽, 〈~ a salamander〉 우1

2010 **ax·on** [액산]: 〈그리스어〉, 〈← axle〉, (신경세포 간에 정보를 전달해 주는) 〈기다란 끈 모양의〉 축색돌기, 〈~ a nerve fiber〉, 〈↔dendrite〉 양2

2011 ***ax to grind** [액스 투 그라인드]: 갈아야 할 도끼, (무슨 일을 벌이려는) 꿍꿍이 속, 속셈, 〈복수의〉 칼을 갈다(has a strong vendetta), 〈~ driving force\hidden agenda〉 양2

2012 **ay \ aye!** [에이]: 〈영국어〉, yes, 예! 〈찬성표결〉, 〈~ yea(h)〉, 〈↔nay\nah〉 양1

2013 **a·ya·tol·lah** [아이아토울러]: ayatu(sign)+allah(God), 〈아랍어〉, '신의 증표', 아야톨라, 이란 회교 시아파의 종교 지도자, 〈~ a Shiite religious leader〉, 〈↔lay-person\follower〉 수2

2014 ***AYB \ AYBABTU** (all your base are be·long to us): 1992년 일본의 video game을 번역할 때 적군들이 쳐들어와서 "너희들의 모든 기지가 우리 소속이 됐다"를 일본식 영어로 번역했더니 서양놈들이 "우리가 너희들의 모든 기지를 차지했다"라고 해야 된다면서 아직도 broken English의 표어·나아가서는 〈사면초가〉를 뜻하는 우스갯말로 쓰임, 〈~ be-leaguered〉 우2

2015 **aye-aye** [아이 아이]: 〈원주민어〉, 〈울음소리에서 나온 의성어〉, 다람쥐원숭이, 〈마다가스카르 정부로부터 희귀종으로 지정된〉 큰 눈·큰 귀·털이 많은 긴 꼬리·단단한 이빨을 가진 토끼만 한 갈색의 야행성 원숭이, 〈~ long-fingered lemur〉 미2

2016 **a·zal·ea** [어제일리아]: 〈← azein(dry)〉, 〈그리스어〉, 〈편자가 어원을 몰라 물을 너무 많이 줘서 몽땅 죽여버린〉 아잘리아, 〈다양한 색깔과 탐스러운 꽃의 재배종이 많은〉 '마른 땅 꽃', (서양)진달래, 〈철쭉은 royal azalea라 함〉, 〈~ rhododendron〉 미2

2017 **a·zan** [아아쟌]: adhan, 〈← adan(announcement)〉, 〈'알림'이란 뜻의 아랍어〉, 회교성원에서 하루에 5번 울리는 종소리(송가), 〈~ Islamic call to prayer〉, ⇒ salat 수2

2018 **az·a·role** [애져로울]: as(the)+zurur(hawthorn), 〈아랍어에서 연유한 스페인어〉, 아자롤, 지중해 지방 원산 〈작은 사과 같은 열매를 맺는〉 산사나무의 일종, 〈~ acerola〉 수2

2019 **a·zed·a·rach** [어제더랙]: 〈페르시아어 → 프랑스어〉, noble tree, '고귀한 나무', 멀구슬나무, China berry, 〈뿌리를 하제나 구충제로 이용했던〉 노란색 구슬열매를 맺는 아시아 원산 낙엽 반활엽 교목 미2

2020 **Az·er·bai·jan** [아절바이좌안 \ 애절바이쟨]: azer(fire)+baygan(protetor), 〈페르시아어〉, 〈불이 보호하는 나라〉, 아제르바이잔, 1991년 소련으로부터 독립한 유럽의 동남쪽 끄트머리 카스피해 서안의 회교도가 많은 공화국, {Azerbaijani-Azeri-Manat-Baku}, 〈~ a country bounded by Armenia and Caspian Sea〉 수1

2021 **az·o~** [애조우~]: 〈그리스어〉, nitrogen, 〈질소~〉란 뜻의 결합사 양1

2022 **Az·tec** [애즈텍]: 〈어원이 없는 말-적어놓을 문자가 없었던〉 아즈텍, (북쪽에서 내려온) 멕시코의 '원주민', 1521년 스페인에 정복되기까지 약 200년간 멕시코(Mexico)를 중심으로 융성했던 다신교 종교 문화, 〈~(↔)Zapotec〉 수1

2023 **az·ure** [애쥬얼 \ 애절]: 〈페르시아어 'lapis lazuli'에서 유래한 프랑스어〉, 하늘색, 단청의, 남빛, 맑은, sky blue, 〈→ sapphire〉 양2

1　**B \ b** [비이]: 이집트의 상형 문자, 집 모양을 딴 20번째 정도로 자주 쓰이는 알파벳, B자형의 물건, 음 이름 '나(시)', 제2의, B 혈액형, block·book·bass·bachelor·bishop·barium·babe·bitch·brother 등의 약자 영2

2　**BA** (bach·e·lor of arts): 문학사(3~7년간 인문과학을 수료하고 받는 학위) 미2

3　**BA** [비이 에이]: ⇒ British Airways 미2

4　**baa** [바아]: (음)매, 염소나 양의 울음소리, ⟨~ cry of goat or sheep⟩, ⟨~ bleat⟩ 미2

5　**Ba·al** [베이얼 \ 베일]: ⟨히브리어⟩, '주인(lord)', 바알신, ⟨고대 페니키아인 등이 숭배하던⟩ 번식과 자연의 신, ⟨~ Canaanite god of fertility and rain⟩ 수1

6　**Ba·ath** [바아쓰]: ⟨'부활(resurrection)'이란 뜻의 아랍어⟩, 바스, (1947년에 조직되어 1966년에 해체된) 시리아⟨Syria⟩의 사회주의 정당 수1

7　**bab** [밥]: ⟨어원 불명의 한국어⟩, 곡류 따위를 익혀 끼니(meal)로 먹는 음식, boiled rice, ⟨일설에는 아프리카의 세소토어 baballa(to nestle-먹기 편하게 익힘)에서 연유했다고도 하나 편자는 '반'(먹이)이라는 중국어에서 변음되었지 않나 생각함⟩, ⟨~(↔)ban-chan⟩ 수2

8　**ba·ba¹** [바아바]: ①(아랍인들의) '친애하는' 아빠⟨papa⟩ ②(힌두교의) 영적 지도자, ⟨~ Hindu ascetic⟩ 우1

9　**ba·ba²** [바아바]: ①(인도의) 아기⟨baby⟩ ②[바아버]; ⟨'babka'(할멈)란 슬라브어에서 연유한⟩ 럼주로 맛을 낸 건포도·양과자, ⟨~ rum cake⟩ 우1

10　**ba·ba ga·noush** [바아바 개노우쉬 \ 바아바 가누우쉬]: baba(daddy)+gannuj(pampered), ⟨아랍어⟩, ⟨늙은 아버지께 드리는⟩ 으깬 가지·올리브유·참깨죽을 섞은 레바논식 ⟨얼버무리⟩, ⟨a Levantine appetizer⟩ 우1

11　**ba-bas·su** [바아버쑤우]: ba(fruit)+wasu(large), ⟨'큰 과일'이란 뜻의 Tupi어⟩, (아마존 유역에 서식하며) 소녀의 젖통 같은 뭉치 열매에서 코코넛 비슷한 기름을 짜내는 야자수, ⟨a South American palm⟩ 수2

12　**Bab·bage** [배비쥐], Charles: ⟨어원 불명의 영국계 이름⟩, 배비지, (1791-1871), 영국의 수학자·전산기 개척자, ⟨~ an English poly-math⟩ 수1

13　**bab·ble** [배블]: ⟨게르만어⟩, ⟨의성어·의태어⟩, 떠듬거리다, 저저귐, 허튼소리, ⟨~ chatter\ramble⟩, ⟨~ cajole\palaver⟩, ⟨↔enunciate\tacit⟩ 양1

14　**bab·bl-er** [배블러]: 수다쟁이, 꼬리치레(새), ⟨꽥꽥거리고 우는⟩ '지저귀새', ⟨~ blabber-mouth\warbler⟩, ⟨↔taciturn\laconic⟩ 미2

15　**babe** [베이브]: ⟨영국어⟩, ⟨의성어?⟩, 젖먹이, 철부지, 계집애, 아가씨, '자기', '봉', ⟨~ baby\sweet-heart⟩, ⟨↔Gorgon\Tartar⟩ 양2

16　**Ba·bel** [베이블]: bab(gate)+ilu(god), ⟨히브리어⟩, '신의 출입문', 바벨탑, 바빌론(Babylon)에서 하늘까지 치닫게 쌓으려다 실패한 탑(tower) 수1

17　**ba·bies' breath** [베이비즈 브뤠쓰]: ⟨baby같이 작고 섬세한 꽃이 피는⟩ 대나물, ⟨자질구레한 분홍색 흰 꽃이 피는 화초로 꽃다발의 사이에 끼워 운치를 살려주는 60~90cm 길이의⟩ '새근이꽃', '안개꽃', 아지랑이 꽃, ⟨~ gypsy flower⟩, ⟨~(↔)wood-ruff⟩ 미2

18　**bab·i·ru(s)sa** [배버루서]: babi(pig)+rusa(deer), ⟨말레이어⟩, deer pig, ⟨멸종 위기에 처한⟩ 인도네시아(Indonesia)산 멧돼지 수2

19　**bab·ka** [바브커]: ⟨슬라브어⟩, baba², ⟨할머니 치마 주름 모양을 한?⟩ 건포도 등과 럼주를 넣고 효모로 발효시켜 구운 양과자, ⟨~ a sweet braided bread⟩ 수2

20　**ba·boon** [배부운]: ⟨←baboue(grimace)⟩, ⟨'얼굴을 찡그리다'란 프랑스어⟩, 비비, 개코원숭이, 아프리카에 사는 긴꼬리원숭이, 추악한 인간, ⟨~ an ape\oaf⟩ 미2

21　**ba·bu \ ba·boo** [바아부우]: ⟨'사부(sir)'란 뜻의 힌디어에서 유래한⟩ 영국물이 든 인도인, '싸부님', ⟨~ an English imbued Indian person⟩, ⟨~ a flaunty Indian⟩ 우1

22　**ba·bush·ka** [버뷰슈커]: ⟨'할머니(babka)'란 뜻의 러시아어에서 유래한⟩ 바부슈카, (러시아) 여성들이 머리에 쓰는 스카프, ⟨~ kerchief\scarf\wimple⟩ 수2

23　**ba·by** [베이비]: ⟨영국어⟩, ⟨의성어?⟩, ⟨임신 6개월부터⟩ 18달 이전의 갓난아이, 젖먹이, 애인, '자기', 관심사, 소관, ⟨~ babe\little\dear⟩, ⟨↔grown-up\large⟩ 양2

24　***ba·by blues** [베이비 블루우즈]: 출산 후 우울 상태, 산후 우울증, ⟨~ post-partum depression⟩ 양2

25 **ba·by boom-er** [베이비 부우머]: 고출산 세대인, '1946~1964년' 태생으로 고난을 겪고 부를 축적한 일벌레들, ⟨↔baby buster⟩ 미1

26 **ba·by box** [베이비 박스]: ⟨원치 않는 아이를 낳으면 안전 상자에 넣어 문 앞에 내놓고 경적을 울리던 데서 유래했으나 소홀이 취급되는 경향이 있어 요즈음은 애를 낳아서 버리는⟩ ⟨영아 유기용 상자⟩라는 뜻으로 더 많이 쓰임, ⟨~ baby hatch⟩ 미2

27 ***ba·by bust-er** [베이비 버스터]: 저출산 세대인, 1965~80년 사이에 태어난 사람들, ⟨풍요롭게 자라 사명감이 부족한⟩ 출생률 격감기에 태어난 사람, X 세대라고도 함, ⟨↔baby boomer⟩ 미1

28 ***ba·by dad·dy** [베이비 대디]: '애기 아빠', ⟨연속극 이름에서 유래한⟩ 어쩌다 만난 여자가 낳은 아이의 아버지, ⟨~(↔)putative father⟩ 양2

29 ***ba·by fe·ver** [베이비 휘붜]: 애기를 갖고 싶은 갈망, ⟨~ intense desire to have a baby⟩ 미2

30 **Bab·y·lon** [배빌런]: bab(gate)+ilu(god), ⟨페르시아어⟩, '신들의 문', 바빌론, 중동 지역 바빌로니아의 수도, 화려한 퇴폐도시, ⟨located on lower Euphrates⟩ 수1

31 ***ba·by-moon** [베이비 무운]: ⟨honey-moon을 본따서 1990년대 초에 여행업계에서 조작한 말⟩, 아이를 낳기 전에 가는 부부여행, 태교여행, ⟨~ prenatal trip⟩ 미2

32 **ba·by show·er** [베이비 샤워]: 출산 축하회, 출산할 아이를 위해 선물을 주는 파티, ⟨↔post baby-shower⟩, ⟨↔dad-chelor party\man shower\baby stag\diaper shower⟩ 미1

33 **ba·by sit-ter** [베이비 씨터]: 애 지킴이, 애 보기, 집을 지키며 아이를 돌봐 주는 사람, '어린이 돌보미', ⟨~ nanny\고상한 말로는 child-care provider⟩ 미2

34 ***ba·by stag**(par·ty) [베이비 스태그(파아티)]: ⟨곧 아비가 될 사람을 위해⟩ ⟨남자친구들이 주선해 주는⟩ 예비 아빠 축제, ⟨~ dadchelor party\man shower\diaper shower⟩, ⟨↔baby shower⟩ 미1

35 **ba·by wear-ing** [베이비 웨어링]: 애기싸개(포대기), 강보, ⟨~ baby quilt⟩ 양2

36 **Ba·car·di** [버카알디]: ⟨프랑스의 Picardi 지방에서 온 자?⟩, ⟨어원 불명의 스페니시 이름⟩, 1862년 동명의 스페인 양조업자가 쿠바에 설립하여 쌉쌀한 맛의 럼주를 특산품으로 제조·판매하는 주류회사, Bacardi O; orange 향이 나는 바카르디 럼주, ⟨~ a Cuban rum⟩ 수2

37 **bac·ca·lau·re·ate** [배컬로어뤼어트]: ⟨어원 불명의 라틴어⟩, ⟨아마도 대학에서 최저 학위를 받은 자에게 laurel berry를 주던 관습에서 유래한 듯함⟩ 바칼로레아 학사 학위(bachelor's degree), 미 대학 졸업식 연설 양2

38 **bac·ca·ra(t)** [바아커롸]: ⟨'zero'란 뜻의 이탈리아어→프랑스어⟩, 바카라, 끝수가 많은 편이 먹는 ⟨간단한⟩ 도박 카드 경기, ⟨~ a card game⟩ 수2

39 **Bac·chus** [배커스]: ⟨←Bakchos⟩, ⟨어원 불명의 그리스어→라틴어⟩, ⟨아마도 berry와 연관되는 듯한⟩ 바커스, ⟨그리스의 Dionysus에 상당하는⟩ 술의 신, (로마의) 주신, ⟨~ Roman god of wine making⟩ 수1

40 **Bach** [바아크], Jo·hann: ⟨←baki(brook)⟩, ⟨게르만어⟩, '시냇가에 사는 자', (1685-1750), 바흐, 독일의 바로크 작곡가, ⟨~ German composer and musician⟩ 수1

41 **bach·e·lor** [배철러]: ⟨←baccalarius⟩, ⟨라틴어→프랑스어⟩, ⟨행랑살이 하는⟩ 독신 남자, 암컷을 차지 못한 수컷, '기사 후보자', 학사, ⟨~ un-wed\graduate⟩, ⟨↔spinster⟩ 양2

42 **bach·e·lor-ette par·ty** [배철러뤠트 파아티]: ⟨너만 아쉬우냐 나도 아쉽다고⟩ 곧 시집갈 여자가 자기 친구들을 불러 한판 노는 처녀로서 마지막 갖는 '처녀 장례식', (예비) 신부 축하연, ⟨~ bridal shower⟩ 양2

43 **bach·e·lor par·ty** [배철러 파아티]: '총각 장례식', last night freedom, ⟨남자들만이 참석하는⟩ 총각으로 마지막 갖는 ⟨뭔가 아쉬운⟩ (예비) 신랑 축하연, ⟨↔bridal shower⟩ 양2

44 **bach·e·lor's but·ton** [배철러스 버튼]: corn·flower, 천일홍, 수레국화(꽃), ⟨옥수수 잎과 같은 쌍떡잎 초본에⟩ 거친 털이 있는 ⟨'blue' 색깔의⟩ 단추 모양의 꽃, ⟨~ blue-bottle'⟩ 미1

45 **ba·cil·lus** [버씰러스]: ⟨baktron(staff)→baculus⟩, ⟨그리스어→라틴어⟩, 바실루스, ⟨막대기 모양의⟩ 간균, 간상세균, ⟨~ bacteria⟩, ⟨~ rhabdo⟩, ⟨↔sphere\circle\spiral⟩ 양2

46 **back** [백]: ①⟨←baec⟩, ⟨12세기 전에 'spinal column'이란 뜻으로 등장한 게르만어⟩, 등, 뒤, 속, 배경, 후위, 거꾸로, ⟨~ aback\rear\hind⟩, ⟨↔front\forward\belly⟩ ②⟨게르만어→프랑스어⟩, ⟨←bac⟩, ⟨뒷물이 아니라⟩ 독주를 마시면서 (vat에서 꺼내) 함께 드는 '곁들이 물'이나 소다, ⟨~ water back⟩ 가1 우2

47 **back al·ley** [백 앨리]: 뒷골목, 빈민가, ⟨~ back street\slum⟩ 양2

48 ***back-and-forth** [백 앤드 훠어쓰]: 왔다 갔다 하는, 서로 간의, 끝없는, 〈~ to and fro〉 양1

49 ***back-bite** [백 바이트]: 뒤에서 험담하다, 중상하다, 〈~ calumniate\denigrate〉, 〈↔cheer\praise〉 양1

50 **back-bone** [백 보운]: 등뼈, 척추, 중추, 간선, 〈~ spine\main-stay〉 가1

51 ***back chan·nel** [백 채늘]: 비공식 경로, 비밀 매개, 〈~ off-the record\closed-door〉 양2

52 ***back-coun·try** [백 컨트뤼]: 오지, 두메, 〈~ back-land\boondocks〉 가1

53 **back crawl** [백 크뤄얼]: 배영, 송장헤엄, 〈~ back-stroke〉 양2

54 **back-date** [백 데이트]: 소급하여 적용하다, 〈~ post-date〉, 〈↔ante-date〉 양1

55 **back-door** [백 도어]: 뒷문, 뒷구멍, 항문, 부정한 수단, 대체 문, 〈~ back entrance\secret exit\illicit method\anus〉, 〈↔front-door〉 양1

56 ***back down** [백 다운]: 후회하다, 양보하다, 포기하다, 내려오다, 〈~ give in\concede〉, 〈↔adhere (to)\comply (with)\advance〉 양1

57 ***back-drop** [백 드뢉]: (사건의) 배경, (극장의) 배경막, back·cloth〈영국어〉 미1

58 ***back-end** [백 엔드]: 후미, 후위, (사용자가 직접 이용하는 것이 아니라) 전산기 차림표가 이용하는, 〈~ postern\server-side〉, 〈↔front-end〉 양2 우1

59 **back-fire** [백 화이어]: 맞불, 역화, 역발, 반발, 〈~ back-lash〉, 〈↔achieve\extinguish〉 가1

60 **back-gam·mon** [백 개먼]: 〈영국어〉, 'back game', (한국의 윷〈yut〉놀이 비슷한) 서양 주사위 놀이 우1

61 **back-glass(win·dow)** [백 글래스(윈도우)]: 〈자동차의〉 뒷 유리(창), 〈~ rear-glass(window)〉, 〈↔wind-screen\front-glass〉 양1

62 **back-ground** [백 그라운드]: 배경, 이면, 경력, 배후 상황, 〈~ surrounding\circumstances〉, 〈↔fore-ground\absence〉 가2

63 ***back-ground proc·ess·ing** [백 그라운드 프롸쎄씽]: 배경 처리, 전산기에서 우선순위가 높은 체계가 사용되지 않으면 자동으로 우선순위가 낮은 체계로 이행되는 것 미2

64 **back-hand** [백 핸드]: 역타의, 왼쪽으로 기운, 손등으로 치는, 〈~ dorsum of the hand\reverse hit〉, 〈↔fore-hand〉 미1

65 **back-hoe** [백 호우]: 역팽이, 안으로 향한 팽이를 단 굴착기, small excavator, 〈~ poclain〉 우1

66 **back-ing out** [백킹 아웉]: 취소, 철회, 〈~ abdicate\withdraw〉, 〈↔adherence\compliance〉 양2

67 **back-lash** [백 래쉬]: 뒤틈, 반동, 반격, 역회전, 얽힘, 〈~ back-fire〉, 〈↔re-treat\support〉 양1

68 **back-light** [백 라잍]: 역광, 뒤 조명, 대상의 뒤편으로부터 비치는 광선, 〈~ rim light\kicker〉 양1

69 **back-list** [백 리스트]: 재고 목록, 이미 출판된 책들, 〈~ inventory\previous releases〉 양1

70 **back-lit** [백 맅]: 뒤로부터 조명된, 후광, 〈~ illuminated from behind〉, 〈↔front-lit〉 양1

71 **back-load** [백 로우드]: 돌아오는 편에 싣는 화물, 연기하다, 〈~ carry-back\postpone〉 양1

72 ***back-log** [백 로어그]: 〈오래 타게〉 난로 안쪽에 넣어두는 큰 장작, 잔고, 잔품, 미처분 상품(주문), 밀린 일, 가중 부담, 〈~ accumulation\excess〉, 〈↔decrement\lack〉 양1

73 **back-nine** [백 나인]: 골프(golf)의 후반부 9홀, 〈~ second half〉, 〈↔front-nine〉 미1

74 **back off** [백 어어후]: 뒤로 물러나다, 그만두다, 집어 치우다, 〈~ withdraw\recede〉, 〈↔adhere(to)\advance〉 양2

75 **back of-fice** [백 어휘스(어어휘스)]: '뒷사무실', 외부와 차단된 사무실, 비영업 부문, 〈~ management service〉, 〈↔front office〉 미1

76 ***back of the en·ve·lope cal·cu·la·tion**: 〈상담 시〉 편지 봉투 표면에 대충 써서 하는 어림셈 (견적), 〈~ an informal math computation\fermi estimate\ball-park figures〉 양2

77 ***back one** [백 원]: 하나 물러서서, 한 단계 낮춰서, 〈~ back-track\recede〉 양1

78 **back or·der** [백 오어더]: 이월주문, 처리 못 한 주문, 〈~ delayed shipment\out of stock〉 우1

79 ***back out** [백 아웉]: 뒷걸음질 쳐 나오다, 후퇴시키다, 취소하다, 〈~ withdraw\retreat〉, 〈↔continue\keep up〉 양1

80 **back-pack** [백 팩]: 등짐, 〈예전에는 도부꾼이나 지고 다니다가 요즘은 대학교수들도 메고 다니는〉 배낭, knap·sack, ruck·sack 가1

81 **back pay** [백 페이]: 체불 임금, 소급 급여, 〈~ re-imburse\retroactive pay〉 양1

82 **back road** [백 로우드]: 시골길, 골목길, 후진 길, 〈~ back-street\by-way〉, 〈↔high-way〉 양1

83 **back-saw** [백 써어]: 등대기톱, 〈등에 보조재를 댄〉 세공용 톱, 〈~ hand saw\sash saw〉 미1

84 *__back scratch-ing__ [백 스크뢥칭]: 등 긁기, 가려운 데 긁어주기, 아첨, 〈처남 좋고 매부 좋은 것〉, 〈~ carry favor\boot-lick\tit-for-tat〉 가1 양2

85 **back-seat** [백 씨이트]: 뒷자리, 말석, 객석, 〈~ deputy\inferior〉, 〈↔front-seat\first-rate\grand-stand〉 가1

86 *__back-seat driv-er__ [백 씨이트 드롸이버]: 뒷좌석에서 운전을 지시하는 사람, 잔소리꾼, 〈~ butt-in-sky\inter-meddler〉 양2

87 **back-side** [백 싸이드]: 뒷부분, 이면, 엉덩이, 둔부, 〈~ behind\bottom〉, 〈↔front-side\face〉 양2

88 **back-slash** [백 슬래쉬]: whack, \, 역빗금, 주로 다음에 나오는 사항을 강조할 때 쓰는 기호, 〈편자는 주로 세부 사항을 기술할 때 쓰는〉 '종속 사선', 〈↔slash〉 미1

89 **back-slide** [백 슬라이드]: 되돌아가다, 퇴보하다, 타락하다, 〈~ rear-ward\relapse\slip〉, 〈↔evolution\progress\up-skill〉 양2

90 **back-space** [백 스페이스]: 한자 되돌리기, 후진(역행)키, 〈~ back-ward key\delete〉, 〈↔anti-type〉 양1

91 *__back-spang__ [백 스팽]: 〈스코틀랜드어〉, 뒤튀기, 역타, 협상(교섭)에서 발뺌을 할 수 있게 하는 허점이나 계교, 〈~ back-spin〉 양1

92 **back-spin** [백 스핀]: (공의) 역회전, 등 돌리기, 〈~ under-spin\reverse rotation〉, 〈↔spin\un-twist〉 양1

93 **back-splash** [백 스플래쉬]: 뒷벽의 더러움 방지판, (개수대의) 물 튀김 방지판, 〈~ splash-board〉 미1

94 *__back-stage__ [백 스테이쥐]: 뒤무대, 무대 뒤쪽, 비밀의, 〈~ behind the scenes〉, 〈↔front(open)-stage〉 양1

95 **back-strap** [백 스트뢥]: 뒷줄, 손잡이 가죽끈, 긴 안심, 〈~ back-band\whole tender-loin〉 양1

96 *__back-street__ [백 스트뤼이트]: 뒷거리, 뒷골목, 〈~ back road\alley〉, 〈↔main-street\high-way〉 가1

97 *__back-stretch__ [백 스트뤠취]: (뒤로 뻗어도 되는) 종반부, 최종단계, 〈~ lower-back rotation\before the finish-line〉, ⇒ home·stretch 양2

98 **back-stroke** [백 스트로우크]: 되받아치기, 배영, 〈~ back-hand\back-crawl〉 양1

99 **back-swim-mer** [백 스위머]: 송장헤엄치개, (전 세계적으로 잔잔한 민물에 서식하며) 긴 뒷발을 이용해서 누워서 헤엄치고 사람을 깨물기도 하며 날아갈 수도 있는 350여 종의 곤충, 〈~ water boat-men〉 미2

100 **back-swing** [백 스윙]: (공을 치기 전에) 팔을 뒤로 뻗는 동작, "역회전", 〈~ back-ward move-ment〉, 〈↔remain\forward-swing〉 우2

101 *__back-talk__ [백 터어크]: 말대꾸, 말대답, 〈~ rude-ness\insolence〉 가1

102 **back-to-back** [백 투 백]: 등을 맞댄, 연속적인, 〈~ head to head\neck and neck〉, 〈↔one on one\face to face〉 가1

103 **back to school** [백 투 스쿠울]: return to school, 학교로 돌아가기, 〈중국에서는 '회학'·일본에서는 '복학'·한국에서는 '개학'이라 하는데 순서대로 금메달·은메달·동메달 번역임〉, 〈참고로 이것의 반대말은 beginning이나 opening of school이 아니라 vacation임〉, 〈이만하면 편자가 등급을 격상시킨 이유를 아시겠나이까?〉 미3

104 *__back to the draw-ing board(room)__: 〈1941년 미국 만화에서 연유한 숙어〉, (원점으로 돌아가서) 다시 시작하다, 〈~ begin again\start from scratch〉 양1

105 **back-track** [백 트뢕]: 역추적, 되돌아가다, 손을 떼다, 철회하다, 〈~ fall back\re-tract〉, 〈↔maintain\upheld〉 양1

106 **back-up** [백 엎]: 뒷받침, 후원, 정체, 후진, 보완, 예비, 〈~ support\substitute〉, 〈↔continue\pursue〉 양1

107 **back-up cop·y** [백 엎 카피]: 예비 복사본, 〈~ reserve copy〉 양1

108 **back-up light** [백 엎 라잍]: (차의) 후진등, 〈~ reverse light〉 가1

109 **back-ward** [백 워어드]: 뒤로, 거꾸로, 거슬러 올라가서, 퇴보, 〈~ rear-ward\regression〉, 〈↔forward\ahead〉, 〈↔one on one〉 가1

110 *****back-ward-a·tion** [백 워데이션]: ①〈증권 인도 연기를 위해 매도자가 매수자에게 지불하는〉 수도연기(금), 인도지체금, 〈~ deferred payment〉 ②〈미리 약정한〉 선물 가격과 〈인도할 때의〉 현물 가격이 역전한 (높은) 현상, 〈선물 가격이 현물 가격보다 낮아지는〉 역전현상, 〈~ over-turn〉, 〈↔contango\forwardation〉 양2

111 *****back-ward com·pat·i·bil·i·ty** [백 워어드 컴패터빌리티]: (구형기기와 서로 바꿔 쓸 수 있는) 역방향 호환성. downward c~ (하위 호환성)는 부적절한 말임, 〈↔forward compatibility〉 양1

112 *****back-wash** [백 워쉬]: 뒷물결, 역류, 여파, 후유증, 〈~ repercussion\consequence〉, 〈↔swash〉, 〈↔progress\cause〉 양1

113 **back-wa·ter** [백 워어터]: 역류, 후진, 침체, (강의 잔잔한) 후미, 〈~ counter-current\feeder〉, 〈↔stream\progress〉 양2

114 **back-wind** [백 윈드]: 역풍, (마주 불어오는) 마파람, 〈↔fair (or down)-wind〉 양2

115 **back-woods** [백 우즈]: 두메산골, 산간벽지, 오지, 순박한, 〈~ back country\boondocks〉, 〈↔borough\urban〉 양1

116 *****back-wrap** [백 뢮]: 뒤에서 겹치거나 잠그게 된 옷, 〈↔front-wrap〉 우1

117 **back-yard** [백 야아드]: 뒤뜰, 뒷마당, 〈~ court yard\garden〉, 〈↔front-yard〉 가2

118 **ba·cle** [바아클]: 〈←baculum(staff)〉, 〈라틴어에서 연유한 프랑스어〉, 〈←bacler〉, 강 위에 떠 있는 얼음 조각, 〈→de·bacle〉, 〈~ bar\small ice-berg\slide〉 양1

119 **Ba·con** [베이컨], Fran·cis: 〈게르만어〉, 'bacon 장수'\'전사(bacco(fighter)〉', (1961-1626), 〈명문에서 태어나 대법관까지 하다 수뢰로 실각하고〉 (종족·동굴·시장·극장의 우상을 지적한) 영국의 경험주의 수필가·철학가·정치가, 〈~ Lord Verulam\an English philosopher and states-man〉 수1

120 **ba·con** [베이컨]: 〈←bacho〉, 〈게르만어〉, 돼지의 옆구리나 등〈back〉의 살을 소금에 절이거나 훈제한 것, 〈~ flitch\side-pork\back meat\sow-belly〉 수2

121 *****ba·con law** [베이컨 러어]: '돼지법', (2023년 7월부터 시행된) 〈임신한 돼지에게 운동 공간을 제공하라는 캘리포니아 주민 발의안〉, = pork law 우2

122 *****bac(k)-ro·nym** [배크뤄님]: 〈←acro-nym〉, '역두성어', 후속 두문문자, (SAD가 seasonal affective disorder의 약자인 것처럼) 〈기억하기 쉽게〉 기존의 어휘에 짝을 맞춰 만들어진 약성어, 〈~ apronym\reverse acronymy〉 양2

123 **bac·te·ri·a** [백티어뤼어]: bacterium의 복수형, 〈←baktron(staff)〉, 〈그리스어〉, 세균(성), 〈단세포로 된〉 균, '작은 막대', 〈~ bacillus〉, 〈↔virus\rickettsia〉 양1

124 **Bac·tri·an cam·el** [백트뤼언 캐멀]: 쌍봉낙타, (중앙아시아 Bactria〈'서쪽(west)지방'이란 페르시아어〉 지방 원산으로 사료되는) 한랭·건조한 기후에 강하고 2개의 '기름혹'을 등에 단 반추동물, 〈~ two humped (or Mongolian) camel〉, 〈↔Arabian camel\dromedary〉 수2

125 **bad** [배드]: 〈←badde(worthless)〉, 〈어원이 다양한 영국어〉 나쁜, 심한, 서투른, (음식들이) 상한, 〈~ poor\inferior\vicious〉, 〈↔good〉 가2

126 **bad act-or** [배드 액터]: '불량 행위자', 나쁜 놈, 악당, 말썽꾼, 〈~ bad person\bad apple〉, 〈인간은 좋은데 행동이 나쁘다는 뜻(악역 배우)〉 양2

127 *****bad ap·ple** [배드 애플]: 썩은 사과, 악인, 불량배, 인간쓰레기, 〈~ punk\rascal〉, 〈↔good egg〉 양1

128 *****bad-ass** [배드 애쓰]: 〈1995년에 등장한 미국 흑인 속어〉, 질이 안 좋은, 거친, 공격적인, 매우 좋은, 〈~ kick-ass\tough guy〉, 〈↔good guy〉, 〈↔wimp\baby〉 양2

129 **bad blood** [배드 블러드]: 불화, 악감정, 원한, 〈~ enmity\animus〉, 〈↔good blood\amity\friend-ship〉 양2

130 **bade** [밷 \ 베이드]: bid(입찰하다)의 과거 양1

131 *****bad egg** [배드 에그]: 상한 달걀, 악당, 나쁜 놈, 망나니, 〈~ bad apple\villain〉, 〈↔good egg〉 양1

132 **badge** [뱇쥐]: 〈←bagia(a mark)〉, 〈불명의 라틴어에서 연유한 영국어〉, 표지, 휘장, 기장, 상징, 〈~ breast-pin\emblem〉 양1

133 **badg·er** [밴줘]: 〈영국어〉, 〈머리에 뚜렷한 badge(표시)가 있는〉 오소리, brock, 너구리 비슷한 족제빗과의 동물, 괴롭히다, 조르다, 〈↔aid\deter\applause〉 양1

134 **ba·di·nage** [배디나쥐]: 〈←badare(gape)〉, 〈라틴어에서 유래한 프랑스어〉, (친근한) 농담, (가벼운) 놀림, 익살, 〈~ raillery\banter〉, 〈↔bullying\praise〉 양2

135 **bad·min·ton** [배드민튼]: 〈2천년 전부터 중국·그리스에서 비슷한 놀이가 시작되었으나〉 〈1873년에 이 경기가 정식으로 처음 시작된 영국의 지명을 딴〉 내린 그물을 가운데 두고 공채로 깃털 공을 상대방 영역으로 쳐올리는 경기, ⇒ shuttle-cock 수2

136 *****bad mon·ey drives out good**: 악화가 양화를 구축한다, 굴러온 돌이 박힌 돌 뺀다, ⇒ Gresham's law 양2

137 *****bad mouth** [배드 마우쓰]: 욕, 비방, 험담, 〈~ asperse\be-little〉, 〈↔applaud\sweet talk〉 양2

138 *****bad news has wings**: 나쁜 소문은 빨리 퍼진다, 발 없는 말이 천 리 간다, 〈~ bad news tra·vels fast〉 양2

139 **ba·dra·mi** [배드라미]: monkey business (바보짓·기만)를 나타내는 뱅골 말, 〈↔fair-play〉 수2

140 *****bad to worse** [배드 투우 워얼스]: 나쁜 것에서 더 나쁜 것으로, 악화, 설상가상, 〈~ add insult to injury〉, 〈↔improve\icing on the cake〉 양2

141 **bad trip** [배드 트륍]: 무서운 환각 체험, 불쾌한 경험, 〈~ horror\unpleasant experience〉, 〈↔amazing journey\euphoria〉 미2

142 **ba·duk** [바둑]: 〈←'밭' 모양의 판에 '돌'을 움직여서 하는 노름〉, 〈한국어〉, field+stone, 2천 5백여년 전에 중국에서 시작된 놀음, weigi(포위하는 노름-중국어), ⇒ go¹ 미2

143 *****BAE** (be-fore any-one-else): '누구보다 먼저', 첫 번째로, 네게만, '애인' 양2

144 *****bae·ca·tion** [베이케이션]: 〈↔bae(baby)〉, 〈미국 흑인사회 방언〉, 애인과 같이가는 여행, romantic getaway, 〈↔stay-cation〉 미2

145 **Baek-du** [백두], Mt.: white-cap(ped), 백두산, 〈중국어→한국어〉, 북한과 중국의 국경에 있는 2,744m 짜리 성층 활화산, 〈중국에서는 Chang-bai Mt.이라고 함〉, 〈~ an active strato-volcano〉 수2

146 **baek-il** [백일], celebration: hundredth day, 〈중국어→한국어〉, 아기 탄생 100일 만에 하는 잔치, (전염병 등으로 영아 사망율이 높던 시대에 3달 열흘을 넘기면 살아남을 수 있다는 데서 유래한) 백날 축하연, 〈↔hwan-gab〉 미2

147 **Baek-je** [백제]: 〈한국어〉, 〈'hundred ferry'?〉, 〈여러 학설 중에 '백개의 나루터가 있는 나라'라는 어원이 제일 그럴듯한〉 Paekche, (BC18-660), 고구려의 시조 주몽의 3남이 남하해서 세웠다는 한반도 서남부 1/3을 지배했던 농경 문화가 발달했던 왕조, 〈~ a kingdom in south-western Korea〉, ⇒ Bu-yeo 수1

148 **baff** [배후]: 〈스코틀랜드어〉, 〈의성어〉, 골프채로 공의 밑 땅을 쳐 높이 날리기 수2

149 **baf·fle** [배흘]: 〈프랑스어〉, 〈의성어?〉, 좌절시키다, 곤란케 하다, 헛수고하다, 〈~ perplex\flummox\frustrate〉, 〈해충이 기어오르지 못하게 나무의 밑둥에〉 금속판을 씌우다, 〈↔enlighten\unfold〉 양1

150 **bag** [배그]: 〈←baggi〉, 〈북구어〉, 〈bundle로 묶은〉 자루, 부대, (손)가방, 지갑, 봉투, 봉지, 추녀(hag), 〈→baggage〉 양1

151 **bag·a·telle** [배거텔]: 〈←라틴어 bacca(berry)?〉, 〈어원 불명의 이탈리아어〉, 하찮은 것, 사소한 일, 배에서 하는 당구, 피아노의 가벼운 소곡, 〈~ triffle\trinket〉, 〈↔big deal\hot potato〉 양2

152 *****bag-bit-ing** [백 바이팅]: 〈전산망 속어〉, 쓸모없는, 잘 작동되지 않는, 〈~ bite the scrotom〉, 〈~ loser\cretin〉 미2

153 **bag boy** [백 버이]: '짐꾼', '가방모찌', 짐을 챙겨주는 소년(남자), 〈~ box-boy〉 미2

154 **Bag(h)-dad** [배그대드]: bag(god)+dad(given), 〈페르시아어〉, '신의 선물', 바그다드, 〈8세기에 세워진〉(티그리스강 변에 있는) 이라크〈Iraq〉의 수도·상업·문화도시, 〈~ center of Islamic culture〉 수1

155 **Bag(h)-dad Pact** [배그대드 팩트]: 바그다드 협정, 1955년 소련의 팽창에 맞서서 미국의 덜레스 국무장관이 영국과 손잡고 서아시아(Western Asia) 국가들을 결속시켰다가 1979년에 해체된 집단안전보장체제 수2

156 **ba·gel** [베이글]: 〈←baugaz(ring)〉, 〈게르만어에서 유래한 유대어〉, (주로 크림치즈를 발라 먹으며 참깨나 양귀비씨 등을 붙이기도 하는) '구멍 뚫린' 도넛형의 딱딱하게 구운 〈폴란드계 유대인들이 즐겨 먹던〉 빵, 〈~ Jewish bread-roll〉 우1

157 **bag·gage** [배기쥐]: ⟨←baguer(tie up)⟩, ⟨프랑스어⟩, ⟨bag에 담을 수 있는⟩ 수하물, 행낭, '짐 꾸러미', luggage, ⟨~ bundle\bags⟩ 양2

158 **bag·gage claim** [배기쥐 클레임] \ ~ car·o·usel [캐뤄쎌]: 수하물 수취소(회전대) 미2

159 **bag·gage man** [배기쥐 맨]: 수하물 취급인 양2

160 **bag·gage room** [배기쥐 루움]: 수하물 (임시) 보관소 양2

161 **bag-gy** [배기]: ⟨자루 모양⟩ 헐렁한, 축 처진(뱃가죽), ⟨~ loose\bulging⟩, ⟨↔tight\constrained⟩ 양2

162 **bag-lady** [배그 레이디]: 부랑녀, (노숙자·넝마주이·마약 장수 등) 여자 부랑인, ⟨~ beggar-woman⟩ 양1

163 **bag-man(-wom·an)** [배그 맨(우먼)]: (우편낭·마약·상납금·정치자금) 운반인, 외판원, 거지, ⟨~ commercial traveller⟩ 양1

164 **bag-pipe** [백 파이프]: ⟨스코틀랜드 고지 사람들이 불던⟩ 가죽 부대 피리, ⟨~ shepherd's pipe⟩ 우1

165 **bag-worm** [배그 워엄]: 도롱이벌레, (전 세계에 서식하며) 애벌레가 자루 같은 집을 짓고 사는 1,350여 종의 작은 나방이, ⟨~ case moths⟩ 미2

166 **ba·guette** [배게트]: ⟨←baculum(rod)⟩, ⟨라틴어에서 유래한 프랑스어⟩ 바게트, '막대기⟨bacillus⟩ ①(겉은 파삭하고 안은 부드러운) 가늘고 긴 프랑스 빵, ⟨~ French stick⟩ ②가느다란 직사각형으로 깎은 보석, ⟨~ slice gem⟩, ⟨~(↔)cabochon⟩ 우1

167 **bah** [바 \ 배]: ⟨의성어⟩, ⟨프랑스어?⟩, '흥!', '피!', (경멸이나 혐오를 나타낼 때 씀), ⟨~ boo\tush⟩, ⟨↔ah(h)⟩ 양1

168 **Ba·hai** [버하이]: ⟨←baha-ullah⟩, ⟨아랍어⟩, glory of God, '신의 찬미', 바하이교, (인류의 융합을 강조하며 1863년경 페르시아에서 일어난) 이슬람 시아파⟨Shia Islam⟩의 근대 종교 수2

169 **Ba·ha·mas** [버하머즈]: ⟨Taino어라는 설도 있으나 baja mar(shallow sea)이라는 스페인어가 어원으로 사료됨⟩, '좁은 바다들', 미국 플로리다 동남쪽 ⟨태풍의 길목⟩에 있는 경치 좋은 군도, 1973년 영국에서 독립된 ⟨개인 소득이 높은⟩ 바하마 공화국, {Bahamian-Eng-(BS) Dallar-Nassau} 수1

170 **Bah·rain** [바아뤠인]: al-bahrayn(two seas), ⟨아랍어⟩, '양면이 바다인', 바레인, (1971년 영국으로부터 독립된) 페르시아만의 바레인섬을 중심으로 한 왕국, {Bahraini-Arab-Dinar-Manama} 수1

171 **baht** [바아트]: ⟨←phot duang(a bullet coin)?⟩, ⟨어원 불명의 타이어⟩, 바트, 태국(Thai)의 화폐단위, =100 satangs 수2

172 **Bai·kal** [바이칼]: ⟨←baigal(natural)⟩, ⟨몽고어?⟩, '신들의 고향?', (세계에서 가장 오래됐고 가장 깊고 가장 수량이 많은) 시베리아⟨Siberia⟩ 의 담수호⟨fresh-water lake⟩ 수1

173 **bail** [베일]: ⟨←bajulare(bear a burden)⟩, ⟨라틴어⟩, ⟨책임지는⟩ 보석(금), (보석금을 내고) 구제하다, (일찍) 자리를 뜨다, ⟨~ security\collateral⟩, ⟨↔confine\stay⟩ 양2

174 **bail-iff** [베일리후]: ⟨←bajulus(bearer)⟩, ⟨라틴어⟩, ⟨←bail⟩, 집행관, 법정 경위, 토지 관리인, ⟨~ magistrate\sheriff⟩ 양1

175 *****bail-ing out a sink-ing ship with a spoon**: (물이 차서) 가라앉는 배를 숟가락으로 구제하기, 손바닥으로 하늘 가리기, ⟨~ stop a flood with a sponge⟩ 양2

176 **bait** [베일]: ⟨←bita(to bite)⟩, ⟨북구어⟩, ⟨물게 하는⟩ 미끼, 먹이, 유혹물, 낚싯밥, ⟨~ abet⟩, ⟨~ lure\bribe⟩, ⟨↔deterrent\repulsion⟩ 가1

177 **ba·ja** [바하]: ⟨스페인어⟩, lower, 밑(쪽)의, ⟨↔alta⟩ 양2

178 **ba·ji** [바지]: ba(grasp)+chi(hold), ⟨중국어→한국어⟩, ⟨허리띠가 없으면 움켜잡고 있어야 하는⟩ 헐렁한 아랫도리 옷, Korean traditional trousers(pants), ⟨~(↔)chima⟩, ⟨↔jeogori⟩ 수2

179 *****BAK** [백] (back at key-board): 자판으로 돌아가기, '임무 재개', '준비 완료' 미2

180 **bake** [베이크]: ⟨←bacan(cook by dry heat)⟩, ⟨게르만어⟩, 굽다, 태우다, ⟨~ roast⟩, ⟨↔cool\freeze⟩ 가2

181 **baked A·las·ka** [베이크트 얼래스커]: 케이크에 아이스크림을 얹고 머랭(meringue)으로 싸서 고온에서 살짝 구운 ⟨덥고도 추운⟩ 후식, ⟨~ omelette surprise⟩ 수2

182 **baked beans** [베이크트 비인즈]: 삶은 콩 (통조림), ⟨6·25전쟁 때 미군에 의해 한국에 도입된⟩ 강낭콩을 토마토소스에 삶은 것, ⟨~ haricot(pea) bean\Navy bean⟩ 미1

183 **bak-er's doz·en** [베이커스 더즌]: (빵을 12개 사면 1개를 더 주는) 13개 미2

184 **Bak·ers–field** [베이커스 휘일드]: 베이커스필드, 1870년대 동명의 오하이오 출신 개척자의 이름을 따 설립되어 농업·석유산업 도시로 성장한 미국 캘리포니아(California) 주 서남부의 분지 도시 〔수1〕

185 **bak·er·y** [베이커뤼]: 빵집, 제과점, 〈~ confectionery\pastry shop〉 〔가2〕

186 **Bake-well tart** [베이크웰 타알트]: (영국의 베이크웰〈Badeca라는 여인의 우물〉지방산이라는) 재스민 향료·크림·밀가루 반죽을 구워 만든 케이크 위에 편도 조각을 올려놓은 푸딩(pudding) 의 일종 〔수2〕

187 **bak·ing so·da** [베이킹 쏘우더]: 중탄산 나트륨, 〈빵을 부풀리는〉 중조, $NaHCO_3$ 〔우1〕

188 **ba·kla·va** [바아클러봐]: 〈←bayla(wrap up)〉, 〈몽골어에서 유래한 터키어〉, 바클라바, (호두·밤·꿀 등을 넣은) 중동 지방의 후식용 파이〈pie〉 〔수2〕

189 **bak·sheesh (shish)** [백 쉬이쉬]: 〈←baksidan(give)〉, 〈페르시아어〉, 선물, 행하, 팁, 〈~ gratuity\tip〉, 〈↔disdain\debt〉 〔양2〕

190 **Ba·ku** [바쿠우]: 〈←Bagavan(city of god)〉, 〈페르시아어〉, '신의 도시', '바람의 도시', 바쿠, 카스피해에 면한 낮은 지대에 세워진 아제르바이잔〈Azerbaizan〉의 수도·항구·석유 채굴지 〔수1〕

191 **ba·ku-hu** [바쿠후]: baku(curtain)+hu(warehouse), '야전막사', 막부, (1192~1868년간) 쇼군 통치 당시의 일본 정부, 〈~tent government〉 〔미2〕

192 **Ba·laam** [베일럼]: 〈어원 불명의 히브리어〉, 발람, 〈메소포타미아의〉 믿을 수 없는 예언자, 여백을 메우는 기사, 〈~ a non-Israelite prophet〉, 〈~ a hodge-podge〉 〔수1〕〔미2〕

193 **bal·a·cla·va** [밸러클라아봐]: ski mask, (발라클라바〈'어촌; fishing ground'이란 터키어에서 연유한 크림반도에 있는 지명〉 전투에서 영국군이 썼던〉 눈 빼놓고 머리·목·얼굴을 다 덮는 방한 털모자, 〈~(↔)ski mask〉 〔수2〕

194 **bal·a·lai·ka** [밸럴라이커]: 〈Tartar어〉, 〈의성어〉, 발랄라이카, 러시아 집시들이 즐겨 쓰는 기타 비슷한 삼각형의 현악기로 만도린(mandolin) 비슷한 소리가 남 〔수2〕

195 **bal·ance** [밸런스]: bis(two)+lanx(dish), 〈라틴어〉, '두 접시' 저울, 평형, 조화, 잔액, 우수리, 〈~ equilibrium\stability\scale\remainder〉, 〈↔im(un)balance\instability\difference〉 〔양2〕

196 **bal·ance sheet** [밸런스 쉬이트]: 대차 대조표, 〈~financial statement〉 〔가1〕

197 **bal·as** [밸러스]: 〈아랍어〉, 〈처음 발견된 아프가니스탄의 지명(Badakhshan)에서 유래한〉 붉은 장미색 내지는 오렌지색의 루비 (홍옥), 〈~(↔)ruby\spinel〉 〔수2〕

198 **bal·a·ta** [벌라아터]: 1860년에 스페인어로 도입된 〈카리브어〉, 발라타, bally tree, (미주 열대 지방에 서식하며) 골프공· 전선 절연체 등을 만드는 단단한 수지를 제공하는 '고무나무' 〔수2〕

199 **Bal-bo·a** [밸보우아], Vas·co de: vallis(valley)+bona(good), 〈라틴어〉, '상쾌한 계곡', 발보아, (1475-1519), 태평양을 발견한 스페인(Spain)의 탐험가(explorer), balboa; 파나마의 통화 단위 〔수1〕

200 **bal·co·ny** [발코니]: 〈←balkon(beam)〉, 〈게르만어→이탈리아어〉, '들보', 노대, 이 층 좌석, 전망대, 〈~ deck\terrace〉, 〈~(↔)mezzanine\patio〉 〔우2〕

201 **bald** [버얼드]: 〈←ball'?〉, 〈어원 불명의 영국어〉, 노골적인, 〈흰 점으로〉 벗어진, 대머리의, 털이 없는, 꾸밈없는, 닮은, 〈~ hair-less\barren〉, 〈↔hairy\covered\full〉, 〈↔wig〉 〔양1〕

202 **bald coot** [버얼드 쿠우트]: '대머리' 물닭, 〈머리에 흰 점이 있는〉 큰 물닭, 대머리, 〈~ Eurasian coot〉 〔미2〕

203 **bald cy·press** [버얼드 싸이프뤄스]: white cypress, swamp cypress, 낙우송, (미국 남부 소택지에 서식하며) 겨울에 잎이 없어지는 '낙엽송' 〔미2〕

204 **bald ea·gle** [버얼드 이이글]: (미 대륙에 서식하며 주로 물고기를 잡아먹는) 흰머리 독수리, 〈a sea eagle\ white headed eagle〉, (1782년 로마의 흉내를 내서 국가의 문장으로 채택된) 미국의 국장, 〈national bird of USA〉 〔미2〕〔수2〕

205 ***bal·der-dash** [버얼더 대쉬]: ('시끄러운 소리로 뺨을 때리는 짓'이란 덴마크어에서 유래했다는 설도 있으나) 〈어원 불명의 영국어〉, '거품이 일어나는 액체', 흰소리, 허튼소리, 〈~ amphigory\burlesque\macaronic〉, 〈↔formal\truthful〉 〔양2〕

206 **bald-head** [버얼드 헤드]: ①대머리 ②흰머리비둘기(white headed pigeon) ③홍머리오리(widgeon) 〔미2〕

207 **bald-pate** [버얼드 페이트]: bald·head, American wigeon (미국 '홍머리'오리), (중·북미에서 철 따라 이동하며) 〈흰 점이 있는〉 둥근 머리·짧은 목·작은 부리를 가진 조그만 야생오리 〔우2〕

208 **bale** [베일]: ①〈←ballo(blow)〉, 〈게르만어〉, 〈←ball¹〉 곤포, (꾸려논 짐 뭉치), 짐짝, 〈곤포를 모아 놓은 모양의〉 (거북 등의) 떼, 〈↔un-packing〉 ②〈←boli(sick person)〉, 〈'환자'란 뜻의 슬라브어에서 연유한〉 재앙, 고통, 〈~cure all〉 양2

209 **Bal·hae** [발해]: bal(foggy)+hae(sea), 〈중국어→한국어〉, '푸른바다', '안개 낀 바다', 발해 ①BoHai Sea, 만주와 중국 대륙 사이의 황해, 〈~ northern portion of Yellow Sea〉 ②〈고구려 유민(Goguryeo diaspora)들에 의해 세워져〉 (698~926년간) 한반도 북부·만주·극동 러시아까지 지배하다 거란족에 의해 멸망된 〈다민족 국가〉, 〈~ a multi ethnic kingdom〉 미2 수2

210 **Ba·li** [바알리]: 〈어원 불명의 원주민어〉, '힘이 센〈strength란 뜻의 산스크리트어〉?', 발리, (힌두교들이 많은) 인도네시아〈Indonesia〉의 섬 수1

211 **balk \ baulk** [버어크]: 〈←balka(ridge)〉, 〈게르만어〉, 〈실수로〉 '갈다 남겨둔 이랑', 보크, 장애, 좌절, 멈춰 서다, 꺼리다, 피하다, 〈~ bilk〉, 〈~ eschew\resist〉, 〈↔uncover\accept\incentive〉 우1

212 **Bal·kan** [벌컨]: 〈터키어〉, '산골〈craggy mountain range〉?', 발칸(산맥·반도·국가들), 유럽의 남동부, "유럽의 화약고", 〈~ south eastern Europe〉 수1

213 **ball¹** [버얼]: 〈←ballo(blow)〉, 〈게르만어〉, 공, 구기, 불알, 〈→bale¹ \ bowl¹〉, 〈~ sphere\gonad〉, 〈↔square\cube\block\un-roll\bat²〉 양2

214 **ball²** [버얼]: 〈←ballizein(dance)〉, 〈그리스어〉, '춤추기', 〈몸을 던져 춤추는〉 무도회, 유쾌한 시간, 〈→ballad〉, 〈↔chore\labor〉 양2

215 *****ball-a** [바알러]: 〈'ball·er'의 속어〉, (구기의) 우수 선수, 날고 기는 운동선수, 탁월한 투쟁이, '큰손', '강자', 〈~ player\champ〉 미2

216 **bal·lad** [밸러드]: 〈←ballizein(dance)〉, 〈그리스어→라틴어→프랑스어〉, 발라드, 민요, 속요, 민속 가요, 〈←ball²〉, 〈~ madrigal\poesy\troubadour〉, 〈↔cacophony\discord〉 양2

217 **bal·last** [밸러스트]: bare(waste)+last(load), 〈북구어〉, (배의 안정을 위해) 바닥에 싣는 돌·모래, (철도·도로에 까는) 도상 자갈, 바닥 짐, 모래주머니, 〈~ counter-balance\sand-bag〉 우2

218 *****ball–bust-er** [버얼 버스터]: ①〈불알이 터지는〉 매우 힘든 일 ②남자의 기를 죽이는 여자, 〈~ arduous\onerous〉, 〈↔chore\loser〉 양2 우2

219 *****ball cul·ture** [버얼 컬춰]: '무도회 문화', (20세기 중반 성소수자 흑인 및 남미 계통이 주축이 되어 뉴욕에서 시작된) 무도회에서 여기적으기적 걸어가면서 각종 묘기를 보여 주는 경연대회, drag ball culture 우2

220 *****ball-er** [버얼러]: 공 만드는 사람(기구), 농구 선수, 재주꾼, (호화 생활을 유지하는) 능력가, 여자들과 자주 성관계를 맺는 남자(난봉꾼), 〈↔martinet\failure〉, ⇒ balla 양2

221 **bal·le·ri·na** [밸러뤼너]: 〈←ballare(dance)〉, 〈라틴어→프랑스어→이탈리아어〉, 발레리나, 무희, 〈←ballet〉, 〈↔ballerino〉 양2

222 **bal·let** [밸레이]: 〈←ballizein(dance)〉, 〈그리스어→라틴어→프랑스어〉, 〈←ball²〉, 발레, 무용극, 무용, 〈~ concert dance〉, 〈↔hip hop dance〉 양2

223 **bal·let mate** [밸레이 메이트]: '취미 무용가', 〈한국에서 여가로 발레를 하는 사람을 일컫는 말이나 mate는 '짝짓기'·'교접'의 어감이 강한 말이므로 묘한 느낌을 주는 Konglish임〉 가2

224 **ball-game** [버얼 게임]: 공놀이, 구기, 야구, 〈~ base-ball〉 우2

225 *****Ball-is-life** [버얼 이즈 라이후]: 농구 경기 중계 목적으로 2005년에 창립된 미국의 운동경기 전산망, 〈~ basket-ball web-site〉 우1

226 **bal·lis-tic** [벌리스틱]: 〈←ballein(throw)〉, 〈그리스어→라틴어〉, 탄도의, 탄환이 포물선을 그리면서 목적지에 도달하는 길의, 격노한, 〈~ projectile\furious〉, 〈↔placid\accepting〉 양1

227 **bal·lis-tic mis·sile** [벌리스틱 미쓸]: 탄도 미사일, 탄도(유도)탄, 포물선을 그리며 날아가는 무기, 〈↔defensive missile〉 양1

228 **ball mal·let** [버얼 맬릿]: '봉망치', (영국의 각종 경기에서 쓰였던) 끝에 당구공 모양의 무거운 봉이 달린 나무망치, 〈봉망치로 하는 크리켓을 하던 골목 이름〉, →Pall Mall 우2

229 **bal·loon** [벌루운]: 〈프랑스어〉, '큰 공〈ball〉', 기구, 풍선, 젖통, 부풀리다, 〈~ swell\inflate〉, 〈↔sag\flap\collapse〉 양1

230 *****bal·loon ef-fect** [벌루운 이휄트]: 풍선효과, 어떤 현상이나 문제를 억제하면 다른 현상이나 문제가 새로 불거져 나오는 현상, 〈~ when you squeeze a latex balloon other part will bulge out〉 양1

231 **bal·loon-fish** [벌루운 휘쉬]: puffer, blow·fish, swell·fish, 복어, ⇒ globe·fish 〔미2〕

232 **bal·loon-flow·er** [벌루운 훌라워]: 도라지, 〈동아시아 원산의〉 꽃몽우리가 작은 풍선 같은 초롱꽃과의 여러해살이 초본, 〈~ Chinese bellflower〉 〔미2〕

233 *****bal·loon-juice** [벌루운 쥬우스]: 〈19세기 말에 등장하여 2022년에 전산망 blog으로 떠오른 미국어〉, 헛소리, 귀찮은 수다, 술, hot air, 〈~ bunk³\hokum\hooey〉 〔양2〕

234 *****bal·loon loan** [벌루운 로운]: 풍선식 융자 (융자의 일부를 월부로 갚고 많은 금액을 마지막에 일괄 변제하는 융자 방식), 〈~ bullet loan〉, 〈↔amortized loan〉 〔미1〕

235 **bal·loon vine** [벌루운 봐인]: love in a puff, 풍선초, (아시아·아프리카의 더운 지방에 서식하며) 꽈리 같은 열매를 맺는 덩굴 식물 〔미2〕

236 **bal·lot** [밸럳]: 〈←ballotta(e)〉, 〈이탈리아어·프랑스어〉, 투표(용지), 〈희거나 검은 작은 공('little ball')으로 찬·반을 결정하던〉 제비뽑기, 〈~ poll\vote〉, 〈↔dis-enfranchisement〉 〔양2〕

237 *****ball park** [버얼 파아크]: 야구장, 활동 분야, 〈야구장 관객을 계산하던〉 근사치, 어림, 〈~ base-ball field\approximation〉, 〈↔accurate\exact〉 〔양2〕

238 **ball-point pen** [버얼 포인트 펜]: 볼펜, 〈20세기 초에 발명된〉 공알(작은 금속구)을 굴려 유성 먹물이 나오게 하는 필기 기구, 〈~ ball-pen\roller-ball〉, 〈↔fountain pen\pencil〉 〔우1〕

239 *****ball print·er** [버얼 프륀터]: (활자가 박힌 작은 금속 공을 돌려 인쇄나 타자를 치는) '공 인쇄기', 〈↔line printer〉, 〈↔band printer〉 〔우2〕

240 **ball roll·ing** [버얼 로울링]: (get\keep) the ball rolling, 일을 (시작\진행)하다, (가만히 있지 말고) 움직여라, 〈~ move\process〉, 〈↔stop\block〉 〔양2〕

241 **ball-room** [버얼 루움]: 무도장(실), 댄스홀(dance-hall) 〔양1〕

242 *****balls** [버얼스]: 공들, 용기, 대단함, '불알들', 〈~ arrogance\bold-ness〉, 〈↔humility\meekness〉 〔양2〕

243 **bal·ly** [밸리]: 〈고대 영국어〉, bloody의 완곡어, '피로 물든', 지독한, 대단한 (손님 끌기), 대박, 〈~ infernal\blasted〉, 〈↔blood-less\merciful〉 〔가1〕

244 **bal·ly-hack** [밸리 헥]: 〈어원 불명의 영국어〉, 파멸, 지옥, 〈~ hell〉, 〈↔heaven\paradise〉 〔양2〕

245 **bal·ly-hoo** [밸리 후우]: 〈어원 불명의 스페인어→영국어〉, 큰 소란, 과대광고, 〈~ up-roar\hype〉, 〈↔rest\hush〉 〔양2〕

246 **bal·ly tree** [밸리 트뤼이]: 〈카리브어→영국어〉, '고무나무', ⇒ balata의 변형 〔우2〕

247 **balm** [바암]: 〈←basham(spice)〉, 〈아랍어→그리스어→라틴어〉, 〈발삼('balsam') 성분이 있는〉 향유, 방향성 수지, 서양 박하 〈약초〉, 부드럽게 하다, 상처를 아물게 하다, 〈→em·balm〉, 〈~ aroma\fragrance〉, 〈↔stench\thorn〉 〔양1〕

248 **bal·ma·caan** [밸머카안]: (스코틀랜드의 지명을 딴) 거친 모직 천으로 만든 소매가 헐렁한 외투, 〈~ a single breasted coat〉 〔수2〕

249 **balm crick·et** [바암 크뤼킽]: cicada, 〈balsa 나무를 좋아한다는〉 매미 〔미2〕

250 *****ba·lo·ney** [벌로우니]: 〈이태리 사람들이 먹다 남은 육류 찌꺼기를 끼운 삽입빵('bologna')에서 유래한 미국어〉, 잠꼬대, 허튼수작, 〈~ bull³\bunk²\non-sence\bosh〉, 〈↔mot juste\rationality〉 〔양2〕

251 *****ba·lo·ney is flat-ter·y laid on so thick**: 좋은 말도 자주 하면 듣기 싫다, 칭찬도 자주 하면 아첨이다, 〈~ even flattery can wear thin〉, 〈~(↔)baloney is the lie laid on so thick〉 〔양2〕

252 **bal·sa** [버얼써]: 〈'뗏목(raft)'이란 뜻의 페루어에서 연유한 스페인어〉, 〈아주 빨리 자라며 매우 가볍고 단단한〉 열대 아메리카산 벽오동나무과의 관목·교목, 〈~ a strong and light wood〉 〔수2〕

253 **bal·sam** [버얼썸]: 〈←basham(spice)〉, 〈아랍어→그리스어〉, 〈←balsamos〉, 발삼, 방향성 수지, 향고(향내 나는 고약), 진통제, 봉숭아, 〈~ an aromatic and resinous substance\impetiens〉 〔수2〕

254 **bal·sam ap·ple** (pear) [버얼썸 애플 (페어)]: 여주, (열대 아프리카 원산의) 작은 서양배같이 생긴 빨간 열매에서 〈진한 향내가 나나 독성이 있는〉 씨앗이 터져 나오는 박과의 덩굴 식물, 〈~ African cucumber〉 〔미2〕

255 **bal·sam fir** [버얼썸 휘어]: 발삼전나무, (북아메리카산으로 향기가 좋아 X-mas tree로 선호되는) 방향성 전나무, 〈~ a North American fir〉 〔수2〕

256 **bal·sam-ico** [버얼쌔미코우]: 〈발삼 향기가 나는〉 이탈리아 원산의 찐득 식초, 〈~ an intensely flavored vinegar〉 〔수2〕

257 **bal·sam pop·lar** [버얼썸 파플러]: (북미 북부 지방에 서식하며) 발삼 냄새가 조금 나는 수명이 짧고 목질이 연한 백양나무, ⟨~ bam-tree⟩ 우1

258 **Balt** [버얼트]: ⟨'white'란 뜻의 북구어에서 유래한 라틴어⟩, 발트 사람(말), 북유럽 발트해 연안 수1

259 **Bal·ti·more** [버얼티모어]: ⟨켈트어⟩, Baile on Ti Mhoir(town of the big house), '큰 집이 있는 마을에 사는 자', 볼티모어, (식민지 지사의 이름을 딴) 미국 메릴랜드주의 항구도시, ⟨charm city⟩, ⟨~ a sea-port in Maryland⟩ 수1

260 **Bal·ti·more ori·ole** [버얼티모어 오어뤼오울]: ⟨B~ 경의 문장 색깔을 띤⟩ 북미산 꾀꼬리, northern oriol, fire·bird, ⟨~ a nightingale\a hang-bird⟩ 미2

261 **bal·us·ter** [밸러스터]: balustrade, ⟨←balaustion(flower of pomegranate)⟩, ⟨그리스어⟩, ⟨석류꽃을 닮은⟩ 난간동자, 난간을 받치는 작은 기둥, ⟨→banister⟩, ⟨~ parapet\spindle\hand-rail⟩ 미2

262 **Bal·zac** [버얼잭\밸잭], Hon·ore de: ⟨←balteanus(horse with white spots on it's legs)라는 라틴어?⟩, ⟨어원 불명의 프랑스계 이름⟩, 발자크, (1799-1850), 프랑스의 '환경주의' 소설가, ⟨~ a French novelist⟩ 수1

263 **bam·boo** [뱀부우]: ⟨←mamboo·bamboo←bam·bam(sound of air explosion when heated)⟩, ⟨의성어?⟩, ⟨말레이어⟩, 대(나무), 죽(재), ⟨~ a woody plant with hollow stem⟩ 가1

264 **bam·boo cur·tain** [뱀부우 커어튼]: 죽의 장막, (옛 중공의) 보일 듯 말 듯한 외교정책, ⟨~ a barrier between Chinese and Western influence⟩, ⟨~(↔)iron curtain⟩ 양2

265 **bam·boo·zle** [뱀부우즐]: ⟨어원 불명의 프랑스어⟩, ⟨'baboon'이 되도록⟩ 속이다, 꾀다, 사기치다, ⟨~ hood-wink\short-change⟩, ⟨↔reveal\debunk⟩ 양2

266 **ban** [밴]: ⟨←bhan(speak)⟩, ⟨산스크리트어→그리스어→라틴어→게르만어⟩, 금지(령), 압박, 반대, 추방, 파문, '불러내기', ⟨→banish\abandon\banal\bandit⟩, ⟨~ prohibit\forbid\veto⟩, ⟨↔permit\allow\writ⟩ 양1

267 **Ban**, Chao [반 차오]: '나누는 자(sharer)', 반초, (32-102 CE), 30년에 걸쳐 기마부대로 서역을 평정하고 중동까지 상로를 개척한 중국 동한의 장군·탐험가, ⟨~ Chinese explorer and general⟩ 수1

268 **ba·na·ba** [버너버]: ⟨말레이어⟩, Queen's myrtle, pride of India, 바나바, '인도 은매화', (당뇨에 좋다는 잎새에 자잘한 분홍 꽃이 피는) 열대 아시아산 낙엽활엽관목 우2

269 **ba·nal** [버낼\버날]: ⟨←bannum(decree)⟩, ⟨라틴어→게르만어⟩, '평범한', 진부한, 케케묵은, ⟨←ban⟩, ⟨~ hackneyed\trite\corny⟩, ⟨↔original\new⟩ 양1

270 **ba·nan·a** [버내너]: ⟨어원 불명의 서아프리카어에서 유래한 아랍어⟩, ⟨←banan(fingertip)?⟩, ⟨'손가락(finger)'같이 생긴?⟩ 바나나(나무·열매·색깔), 열대·아열대 지방에서 ⟨개량종은⟩ 씨가 없으며 연한 살을 가진 길쭉한 ⟨손가락 같은⟩ 과실을 맺는 파초과의 식물, 백인문화를 지향하는 동양인, ⇒ plantain² 수2 양2

271 **ba·nan·a bread** [버내너 브뤠드]: (계란·버터·으깬 바나나 등을 섞어 군운) ⟨촉촉·달콤한⟩ 바나나 빵 우1

272 *****ba·nan·a ham·mock** [버내너 햄먹]: ⟨남성기(penis)의 윤곽이 드러나는⟩ 꽉 낀 남성 내복·운동복, ⟨~ speedo⟩ 우1

273 *****ba·nan·aian** [버내너이언]: 바나나족, 백인문화가 몸에 밴 황인종을 빗대어 부르는 말, ⟨~ Orangese⟩ 우1

274 **Ba·nan·a Re·pub·lic** [버내너 뤼퍼블릭]: 1978년에 창립된 Gap 산하의 의류품 소매점, ⟨~ an American clothing retailer⟩ 수2

275 **ba·nan·a re·pub·lic** [버내너 뤼퍼블릭]: (바나나 수출로 근근이 생계를 유지하는) 중남미의 조그만 나라의 별칭, ⟨~ a country whose economy depends on banana export⟩ 우2

276 **banc-as·sur·ance** [뱅커슈어뤈스]: banc+assurance, 은행(에 의한) 보험 (업무), ⇒ assure banking 미2

277 **ban-chan** [반찬]: ban(boild rice+chan(meal), ⟨중국어→한국어⟩, 밥에 갖추어 먹는 곁 음식물, side dish, ⟨~(↔)bab⟩ 수2

278 **band** [밴드]: ⟨←bandh⟩, ⟨산스크리트어→게르만어⟩, ⟨←bind⟩, '묶는 것', 끈, 띠, 굴레, 무리, 악단, (고릴라 등의) 떼, ⟨~ bend⟩, ⟨→banner\bond⟩, ⟨~ lace\tie\circle\conjoin⟩, ⟨↔split\singleton\dis-band⟩ 가1

279 **band-age** [밴디쥐]: 붕대, 안대, 테, 띠, ⟨~ dressing\strap⟩, ⟨↔un-bandage\break⟩ 가1

280 **Band-Aid** [밴드 에이드]: 반창고와 붕대를 합친 것(상품명), ⟨~ an adhesive bandage⟩, band-aid; 응급책, 임시방편, ⟨~ make-shift\stop-gap⟩ 수2 양2

281 *****b and b** (bed and break-fast\bread and but·ter): 조반이 딸린 1박\일용할 양식 우2

282 **ban·di-coot** [밴디쿠우트]: pandi(pig)+kokku(rat), 〈드라비다어〉, '돼지쥐', 주머니쥐 (뉴기니·오스트레일리아 등에 사는 들쥐), 〈~ a rat-like marsupial〉 미2

283 **band-ing** [밴딩]: 띠, 단합, 〈입체 감각을 나타내기 위해 그림에〉 띠 두르기, 능력별 집단 나누기, 〈~ unite\combine\net〉, 〈↔un-binding\un-wrapping〉 양1 우1

284 **ban·dit** [밴딭]: 〈←bandire(banish)〉, 〈라틴어→이탈리아어〉, '무법자', 산적, 노상강도, 악한, 떼강도, 〈←ban〉, 〈~ brigand\desperado〉, 〈↔police\protector〉 양1

285 **band mas·ter** [밴드 매스터]: 악장, 〈~ conductor〉, 〈↔band man(woman)〉 가1

286 **ban·do·ni·on** [밴도우니안]: 〈←Heinrich Band〉, 반도네온, (독일의 악기상 이름을 땄으나) 남미의 탱고 음악에서 요긴하게 쓰이는 아코디언(accordion) 비슷한 악기 수2

287 **ban·do·ra** [밴도어뤄]: 〈←pandoura(a lute)〉, 〈그리스어〉, 낮은 소리를 내는 중세 유럽의 기타(guitar) 비슷한 악기, 〈→banjo〉 수2

288 ***band print·er** [밴드 프린터]: (활자가 박힌 금속 띠를 돌려 인쇄하는) '피대 인쇄기', 〈~(↔)line printer〉, 〈↔ball printer〉 우2

289 **Ban·dung** [바안둥 \ 밴둥]: 〈말레이어〉, '쌍(pairs)', 반둥, 인도네시아 자바(Java)섬 서부의 (한 쌍의 우물 주위에 세워진) 〈서늘한〉 휴양도시, 〈~ 1955년 1st Asian-African Conference가 열렸던 곳〉 수1

290 **band-wag·on** [밴드 왜건]: 악대차, 우세한 세력, 편승하다, 〈~ campaign\push\hitch-hike〉, 〈↔hesitation\compunction〉 미2

291 ***band-wag·on ef-fect** [밴드 왜건 이훽트]: 편승 효과, 〈장·단점을 따져보지 않고〉 유행에 따라가는 풍조, '친구따라 강남가기', 〈~ tendency to follow trends\consensus fallacy〉, 〈~ lemming\blind follow〉, 〈↔snob effect〉 양2

292 ***band width** [밴드 윋쓰]: 띠 너비, 대역 너비, 통신기기의 전송 용량, 〈~ bit rate\through-put〉 미2

293 **ban·dy** [밴디]: 〈←bander(strike)〉, 〈프랑스어→영국어〉, 타봉, (공을) 치다, 주고받다, 티격태격하다, 언쟁하다, (소문을) 퍼뜨리다, 〈~ banter\toss〉, 〈↔quash\silence〉 양1

294 **bane** [베인]: 〈←bano(murderer)〉, 〈게르만어〉, 파멸, 죽음, 맹독, 독초, 〈~ harm\poison〉, 〈~(↔)herb〉, 〈↔benefit\grass〉 양1

295 **bane-ber·ry** [베인 베뤼]: (백·적색의 콩알만 한 열매에 독을 품고 있는) 미나리아재빗과 노루삼속의 여러해살이풀, 〈~ bug-bane〉, 〈~ a ranunculus(butter-cup) family〉 우2

296 **Banff** [밴후]: 밴프, 〈철도업자가 스코틀랜드에 있는 어원 불명의 자신의 고향 이름을 따다 붙인〉 캐나다 앨버타(Alberta)주의 조그만 산간 위락도시, 〈~ Canada's 1st National Park〉 수1

297 **bang¹** [뱅]: 〈의성어〉, 〈북구어〉, 쾅, 탕, 쿵, 강타, '떡치기(요란한 성교)', 원기, 흥분, ! (느낌표), 〈~ whang\pow〉, 〈↔quiet\loss\tap\tick¹〉 양2

298 ***bang²** [뱅]: 〈←bang·tail〉, 〈미국어〉, fringe, 가지런히 잘라 앞이마를 가린 머리 형태, 〈~ fore-lock〉 우1

299 **Ban·ga·lore** [뱅갈러어]: 〈←benda-kaal-uru(town of boiled beans)?〉, 〈12세기에 사냥 나갔다가 길을 잃은 왕에게 노파가 콩죽 한 그릇을 준 데서 연유한 '콩을 삶는 마을'의 영문화라는〉 방갈로르, 인도(India) 남부 고원에 자리 잡은 IT 산업의 중심지로 떠오르는 문화도시, 〈~ center of India's high-tech industry〉 수1

300 **bang·bang** [뱅 뱅]: 탕탕, 요란한 총격, 〈~ explosive\violent〉, 〈↔tic·toc〉 양2

301 ***bang-er** [뱅거 \ 뱅어]: 〈bang 소리가 나는 물건·사람〉, 〈1차 대전 때 물을 많이 넣어 구우면 '펑' 소리가 나는〉 소시지, 고물차, 폭죽, 강타, 자동차 앞 범퍼, (마약용) 피하주사기, '떡치기 선수', 〈~ sausage\awe-some〉 양1

302 **Bang·kok** [뱅칵]: 'village on a stream(?)', 〈어원에 대해 학설이 분분한〉 방콕, (1782년에 지정된) 〈'동방의 베니스'라 불리던〉 태국(Thai)의 수도(Capital) 수1

303 **Ban·gla·desh** [방글라데쉬]: '뱅갈족의 나라', 방글라데시, 1971년에 파키스탄으로부터 독립된 〈인구가 많은〉 서남아시아의 공화국, {Bangladeshi-Bengali-Taka-Dhaka} 수1

304 ***bang some-one's head a-gainst the wall**: 무모한 짓을 하다, 계란으로 바위치기, 〈~ be baffling\all Greks to someone〉 양2

305 **bang-tail** [뱅 테일]: 〈미국어〉, 꼬리 자른 말, 짧은 꼬리의 야생마, 〈~ short tail〉, 〈→bang²〉 우1

306 **banh mi** [배미 \ 번 미이]: 〈←bing(rice cake)〉, 〈중국어→베트남어〉, 〈'빵(bread)'이란 뜻의 베트남어에서 유래한〉 반미, (돼지고기와 각종 야채를 버무려 바케트 빵에 삽입한) 짭짤한 샌드위치, 〈~ Vietnamese snadwich〉 수2

307 **ban-ish** [배니쉬]: ⟨←bannum⟩, ⟨라틴어→프랑스어→영국어⟩, ⟨←ban⟩, '금지하다', 추방하다, 멀리하다, 떨쳐버리다, ⟨~ exile\deport⟩, ⟨↔admit\accept⟩ 양1

308 **ban·is·ter** [배니스터]: ⟨←baluster(small pillar)⟩, ⟨영국어⟩, 쪼구미(짧은 기둥), (난간대를 받쳐주는) 난간동자, 난간, ⟨~ hand-rail\baluster⟩ 미1

309 **ban·jo** [밴죠우]: ⟨←pandoura(a lute)⟩, ⟨그리스어에서 연유한 흑인 미국어⟩, 밴조, (재즈 음악의 초창기에 흑인들이 즐겨 썼던) 목이 길고 몸통이 둥근 4~5현의 현악기, bandore, pandore 우1

310 *****ban·jo string** [밴죠우 스트륑]: frenulum, 음경의 귀두 밑에 붙어있는 주름 띠, '자지끈' 우1

311 **bank¹** [뱅크]: ⟨게르만어⟩, '둔덕(hill)', 둑, 모래톱, 강기슭, 좌판(상품을 진열한 탁자), ⟨~ bench⟩, ⟨~ edge\slope⟩, ⟨↔level\gully⟩ 양1

312 **bank²** [뱅크]: ⟨←bank¹⟩, ⟨게르만어⟩, ⟨←bench⟩, ⟨'책상' 위에 돈을 꺼내놓고 장사하던⟩ 환전상, 은행, 저금통, 저장소, 물주, ⟨~ financial institution⟩, ⟨~(↔)savings and loan⟩, ⟨↔withdraw\spend⟩ 가2

313 **bank ac·count** [뱅크 어카운트]: 은행 계좌, 은행 잔고 양2

314 **bank card** [뱅크 카아드]: debit card, '은행 보증권', 직불 구입권, 구입과 동시에 은행에서 돈이 빠져 나가는 신용카드 미1

315 **bank charge** [뱅크 촤아쥐]: 은행 수수료(봉사료) 양2

316 *****bank dis·count** [뱅크 디스카운트]: (은행이 만기일까지의 이자를 미리 제하고 사들이는) 은행 어음 할인 양2

317 **bank draft** [뱅크 드래후트]: 은행 환어음, 발권 은행이 지불을 책임지는 '자기앞' 수표, ⟨cashier's check는 '최종수령자 앞'임⟩ 양2

318 **bank loan** [뱅크 로운]: 은행 대부(융자) 양2

319 **Bank of A·mer·i·ca** [뱅크 어브 어메뤼커] \ BOA: 1784년에 창립되어 1998년 현재명으로 개칭된 미국의 세계적 종합 금융업체, ⟨~ an American financial company⟩ 수2

320 *****bank rate** [뱅크 뤠이트]: (중앙) 은행 할인율, 중앙은행이 시중 은행에 융자해 줄 때의 이자율, ⟨~(↔)prime rate⟩, ⟨↔federal funds rate⟩ 양2

321 **bank run** [뱅크 륀]: (은행에 예금을 찾으러 몰려드는) 예금 인출 사태, ⟨~ bank panic⟩ 미2

322 **bank-rupt-cy** [뱅크 륖시]: bank+rumpere(break), ⟨게르만어+라틴어⟩, ⟨금전거래업자가 갚을 돈이 없을 때 책상을 깨서 알리는⟩ 파산, 도산, 실추, ⟨~ insolvency\default⟩, ⟨↔fund-raising⟩ 가1

323 **bank·sia** [뱅크시어]: ⟨그것을 최초로 채집한 영국의 식물학자(Banks) 이름을 딴⟩ 뱅크셔, (길쭉한 잎에 가시털에 달린 원추형 꽃을 피우는) 오스트레일리아⟨Australia⟩ 원산의 상록관목 우1

324 **bank·sia-rose** [뱅크시어 로우즈]: 목향화, (중국 중·서부 고지에 서식하며) ⟨영국의 식물학자 이름(Banks)을 딴⟩ 주로 제비꽃 냄새가 나는 백·황색의 조그만 장미꽃을 피우며 가시가 없는 상록관목·관상수, ⟨~ Lady Bank's rose⟩ 미2

325 **bank swal·low** [뱅크 스왈로우]: sand swallow, 갈색제비, ⇒ sand martin 미2

326 *****bank switch·ing** [뱅크 스위칭]: 구좌 전환, 엇바꾸기, (여러 개의 기억력 단자를 사용해서) ⟨덤으로 주는⟩ 추가 선택, ⟨~ bank-convert⟩, ⟨~ a method to increase usable memory⟩ 미2

327 **ban·ner** [배너]: ⟨←bandwa(sign)⟩, ⟨게르만어⟩, 기, 기치, 주장, 표제, ⟨←band⟩, ⟨~ placard\poster⟩, ⟨↔nonstandard\subordinate⟩ 양1

328 *****ban·ner ad** [배너 애드]: '띠 광고', 웹 사이트에 띠 모양으로 게시되는 광고 미1

329 **ban·quet** [뱅큍]: ⟨←banc⟩, ⟨프랑스어⟩, 연회, 향연, ⟨탁자(bench)에 앉아 먹다가 점점 거창해진⟩ 대성찬, ⟨~ formal dinner\festivity⟩, ⟨↔fast¹\snack⟩ 양2

330 **ban·quet noo·dles** [뱅큍 누우들스]: 잔치국수(Korean jan-chi-guksu) 미2

331 **ban·quette** [뱅케트]: ⟨←banc(table)⟩, ⟨프랑스어⟩, (식당의 벽에 붙여 놓은) 긴 의자, 작은 단, 탁자, ⟨←bench⟩, ⟨~ tête-à-tête\love seat⟩, ⟨↔chair⟩ 양2

332 **ban-shee** \ ~shie [밴쉬이]: ban(woman)+sith(fairy), ⟨켈트신화에서⟩ (가족의 죽음을 예고한다는) '여자 요정', ⟨처녀를 유혹하는 남자 요정은 banhe⟩ 수2

333 **ban·tam** [밴텀]: ⟨어원 불명의 인도네시아어⟩, small, wee, (성깔이 있고) 몸집이 작은, 암팡지고 싸움을 좋아하는 사람(닭), ⟨자바섬의 반탐항에서 수출되었던⟩ 당(나라)닭, '작은 고추', ⟨~ Lilliputian⟩ 우1

334 **ban·tam-weight** [밴텀 웨읱]: '부경량급'(대체로 체중 112-125 파운드 사이), ←〈'bantam'처럼 암팡진〉, 〈↔fly-weight\heavy weight〉 우2

335 **ban·ter** [밴터]: 〈←bandy?〉, 〈어원 불명의 영국어〉, (악의 없는) 농담, 희롱, 놀리다, 〈~ joking\teasing〉, 〈↔bully\argument〉 양1

336 **Ban·tu** [밴투우 \ 바안투]: aba(kind)+ntu(person), 〈반투어〉, '인류(man·kind)', 반투, 중·남 아프리카(central and southern Africa)에 사는 흑인종의 총칭, 〈~(↔)Swahili〉 수1

337 **Ban·tu knots** [밴투우 낱츠]: 반투매듭(머리), (윗 머리털을 작은 타래로 갈라 꼬아서 동그스름한 쪽들을 쪄서 만든) 반투족 여성의 전통적 머리 모양, 〈~ Zulu knots\hair-style consisting of multiple protruding mini-buns〉 수2

338 **ban·yan \ ban·ian** [배니언]: 〈←vanijya(trade)〉, 〈산스크리트어〉, 벵골보리수, 〈그 밑에서 좌판을 벌이고 교역하던 한 나무가 숲을 이루고 자라며 거꾸로 뿌리가 내리는〉 '장사꾼 나무', 〈~ a fig〉 수2

339 **Bap·tist** [뱊티스트]: 〈←baptizein(dip)〉, 〈그리스어〉, 침례교도, 세례자, 유아세례에 반대하고 선택된 자만이 하는 침례(물에 담그는 의식)를 중요시하는 기독교의 일파, 〈~ a protestant〉 미2

340 **bar** [바아]: 〈←barra(rod)〉, 〈라틴어〉 ①막대기(모양), (막대) 비누, 창살, 장애, 모래톱, (긴 탁자로 주인과 손님을 갈라놓은) 주보, '술 방', 가로줄, (악보의) 마디〈measure〉, (재판석을 막대기로 막아 놓은) 법정, 법조계 ②빗장을 지르다, 방해하다, 금하다, 〈~ pub\court〉, 〈~ rod\bolt\prohibit〉, 〈↔un-bar\admit\accept〉 미1 양2

341 **Ba·rab·bas** [버뢔버스]: bar(son)+rabban(master), 〈유대어〉, '주인의 아들', 바라바, 예수 처형 때 대신 방면된 도둑, 〈~ a thief and killer set free in place of Jesus〉, 〈~ a humanity's default choice〉 수1

342 **bar·(r)a·mun·da** [배뤄먼다]: 〈원주민어〉, large-scaled river fish, 〈커다란 비늘을 가진 강 물고기〉, Australian lungfish, (커다란) 가물치 비슷하고 폐로 숨을 쉬는 오랜 역사의 보호종 식용 민물고기 수2

343 **bar and grill** [바아 엔 그릴]: 식당 겸용 술집, 〈~ bistro\tavern〉 양1

344 **bar as·so·ci·a-tion** [바아 어쏘우시에이션]: 법조 협회, 변호사 협회, 〈~ chamber of lawyers〉 양2

345 **barb** [바아브]: 〈←barba〉, 〈라틴어〉, 가시, 미늘, (새 날개의) 깃가지, 수염〈beard〉, 날카로운 비판, 〈→barber〉, 〈~ prickle\thorn〉, 〈↔blunt\praise〉 양1

346 **Bar·ba·dos** [바아베이도우즈]: 〈그곳 원산의 무화과 나무에 달린 'beard' 같은 이끼에서 유래한 포르투갈어〉, ('구레나룻처럼' 〈덩굴 가지를 가진 나무가 많은〉) 바베이도스, 1966년 영국에서 독립한 카리브해 동쪽에 있는 휴양지 섬나라, {Barbadian·Bajan-Eng-(BB) Dollar-Bridgetown} 수1

347 **bar·bar·i·an** [바아베어뤼언]: 〈←barbaros(foreign)〉, 〈그리스어〉, 〈의성어〉, 바바리안, '바바바' 하고 떠드는 족속, 야만인, 속물, 이방인, 〈→rhubarb〉, 〈~ savage\yahoo〉, 〈↔civil\genteel〉 가2

348 **Bar·ba·ry ape** [바아버뤼 에이프]: 〈←barbaros(foreign)〉, 북아프리카의 바르바리〈이방인이 사는 땅〉 지방산 꼬리 없는 원숭이, 〈~ a tail-less macaque〉 수1

349 **Bar·ba·ry States** [바아버뤼 스테이츠]: 〈←barbaros(foreign)〉, 〈서북아프리카의〉 바르바리 지방 나라들 (16~19세기 터키 지배하의 Morocco·Algeria·Tunis·Tripoli) 수1

350 **bar·be·c(q)ue** [바알비큐우]: 〈하이티어〉, 바비큐, '고기 굽는 나무틀, 통구이(화덕)', 〈~ charbroil\grilling〉, 〈↔freeze\stew〉 미1

351 **barbed wire** [바아브드 와이어]: 〈라틴어〉, 가시철사, 철조망, 〈~ concertina (or razor) wire〉 양1

352 **bar·bel** [바아벌]: 〈←barba〉, 〈라틴어〉, (물고기의) 수염〈beard〉, 돌잉어 무리, 〈~ a carp-like fresh-water fish〉 양1

353 **bar-bell** [바아벨]: 〈영국어〉, bar+(dumb)bell, 바벨, 역기(역도)에 쓰는 양 끝에 바퀴처럼 생긴 쇳덩이, 〈~ dead-lift〉, 〈~(↔)kettle-bell〉 우1

354 **bar·ber** [바아버]: 〈←barba〉, 〈라틴어→프랑스어〉, 〈←barb〉, 이발사, '수염 깎는 사람', 〈~ hair-dresser〉, 〈↔manicurist〉 가2

355 **bar·ber·ry** [바아베뤼]: 〈←barbaris(foreign)〉, 〈아랍어→라틴어〉, 〈'이방'에서 온 초목〉, berberry, 매 발톱, 줄기에 가시가 있고 동글동글한 꽃이 피는 매자나무속 낙엽활엽관목 〈약제 등으로 쓰임〉, 〈~ umbrella leaf〉 미2

356 **bar·be·que** [바아비큐]: 〈←barbacoa(wooden flame on posts)〉, 〈Taino어→스페인어〉, '숯불구이', ⇒ BBQ 우2

357 **bar·bet¹** [바알빝]: 〈←barba(beard)〉, 〈라틴어→프랑스어〉, 덥수룩한 털〈barb〉로 싸였으며 수영을 잘하는 '프랑스 복슬개', 〈~ a medium sized French water dog〉 영1

358 **bar·bet²** [바알빝]: 〈←barba(beard)〉, 〈프랑스어〉, 오색조, (동남아 원산으로 사료되며) 둥근 머리·짧고 굵은 목·〈barb 같은 털이 난〉 투박한 부리·다양한 밝은색의 몸통을 가진 예쁜 새, 〈~ 'large throat'\puff-bird〉 미2

359 **Bar·bie Doll** [바아비 달]: 〈제작자의 딸 Barbara의 애칭에서 연유한 말〉, 금발에 푸른 눈을 가진 전형적 미국 계집애를 닮은 인형(상표명), 〈~ dumb blonde?〉 수1

360 **Bar·bi·zon School** [바아비쟌 스쿠울]: 〈어원 불명의 프랑스 인명·지명〉, 바르비종파(19세기 중엽 파리 근교의 바르비종에 근거를 둔 소박한 농촌 풍경 등을 주제로 한 회화의 유파), 〈~(↔)realism〉, 〈→ French etching revival〉 수1

361 **Barb·our** [바아벌]: '이발사〈barber〉', 바버, 1894년 영국의 John Barbour가 설립한 무명에다 밀랍을 바른 방수용 겉옷 제조·판매회사, 〈~ waxed jacket〉, 〈~ an English out-wear brand〉 수1

362 **bar boy** [바아 버이]: 술집급사(사환), 술집 지배인(제조자)의 조수, bar man, ↔bar girl 미2

363 **Bar·ce·lo·na** [바알썰로우너]: 〈←barca(small boat)〉, 〈라틴어→스페인어〉, '돛단배', 〈그곳에 도시를 세운 카르타고 장군(Barca) 이름에서 연유했다는 썰이 있는〉 바르셀로나, 스페인(Spain) 북동부의 상·공업·항구도시, 〈~ capital of Catalonia〉 수1

364 **Bar·clays** [바아클레이즈]: 'birch 숲을 개간한 자', 버클레이, 1690년 런던에서 설립되어 1736년 James Barclays가 증자해서 발전시킨 영국의 세계적 투자 전문의 금융업체, 〈~ a British universal bank〉 수1

365 ***bar code** [바아 코우드]: 막대 부호, 광학 판독용 기호, 〈~ UPC〉, 〈QR code보다 소량의 정보를 저장함〉 미2

366 **bard** [바아드]: ①〈←bardo(poet)〉, 〈켈트어〉, 음유(방랑)시인 ②〈←barda(pack·saddle)〉, 〈아랍어→프랑스어〉, (말의) 갑옷, 〈~ horse furnish〉, (육류의) 얇게 썬 지방편, 〈~ strip of fat〉 양1

367 **Bar·do·li·no** [바알더리이노우]: 이탈리아 북부 〈Lombard족이 살던〉 바르돌리노 지방 원산의 순하고도 씁쓸한 맛이 도는 적포도주, 〈~ a light red wine〉 수2

368 **bare** [베어]: 〈←bazaz(naked)〉, 〈게르만어〉, 벌거벗은, 드러낸, 적나라한, 부족한, 〈~ naked\mere〉, 〈↔clothed\adorned〉 양1

369 **bare-ly** [베얼리]: 간신히, 겨우, 드물게, 빈약하게, 〈~ almost\hardly〉, 〈↔significantly\substantially〉 양2

370 **barf** [바아후]: 〈1956년에 등장한 어원 불명의 미국어〉, 〈의성어?〉, 토하다, 게우다, 불평하다, 〈~ vomit\puke〉, 〈↔keep down\absorb〉 양1

371 **bar·gain** [바아건]: 〈←borgan(borrow)〉, 〈게르만어〉, '값 깎기', 매매, 거래 약속, 싸게 사기, 떨이, 〈~ deal\good buy〉, 〈↔dis-agreement\rip-off〉 양1

372 **barge** [바아쥐]: 〈←baris(raft)〉, 〈그리스어〉, 거룻배, 바닥이 평평한 짐배, 유람선, 〈~ punt\scow〉 양1

373 ***barge in** [바아쥐 인]: 〈거룻배가 끼어들듯〉 난입하다, 끼어들다, 참견하다, 새치기하다, 〈~ butt in\intrude〉, 〈↔linger\dis-embark〉 양2

374 **bar girl** [바아 거얼]: 술집 여자, 술집 여급, 바에 드나드는 매춘부, 〈~ juicy girl\prostitute〉, 〈↔bar boy〉 미2

375 **bar graph** [바아 그래후]: 막대 도표, 〈~ histogram〉, 〈↔pie graph\line graph〉 양2

376 **bar-hop** [바아 핲]: 술집 순례, 〈~ pub-crawl〉, (술집에서 주문 배달하는) 술 배달꾼 양2

377 **bar·i·at·rics** [배뤼 애트뤽스]: 〈←barys(heavy)〉, 〈그리스어〉, 〈'bar'(무게)를 치료하는〉 비만학, 체중조절 의학, 〈~ obesity specialist〉 미2

378 **ba·ri·quant** [바뤼퀀트]: 〈어원 불명의 프랑스어〉, hair clipper, 바리캉, 이발기, Bariquant; 프랑스의 이발기 제조 회사, 가1 수1

379 **bar·is·ta** [버뤼스터]: 〈←bar〉, 〈이탈리아어〉, 'bartender', 커피를 내리는 전문가(남성·여성), 〈남성은 baristo〉 우1

380 **bar·is·te** [버뤼스테]: 〈←bar〉, 〈라틴어→이탈리아어〉, barista의 여성 복수형(남성 복수형은 baristi) 우1

381 **bar·i·tone** \ **bar·y·tone** [배뤼토운]: 〈←barys〉, 〈그리스어〉, 'heavy tone', 바리톤, 테너와 베이스 사이의 남성 음역, 놋쇠로 만든 색소폰 비슷한 관악기의 하나, 〈↔contralto〉 수2

382 **bar·i·um** [베어뤼엄]: ⟨←barys(heavy)⟩, ⟨그리스어⟩, 바륨, (무겁다는 뜻에서 유래됐으나 실제로는 상대적으로 가볍고 조영제⟨radio-contrast media⟩ 등으로 쓰이는⟩ ⟨알칼리 토류⟩ 금속원소(기호 Ba·번호56), ⟨~ an alkaline earth metal⟩ 수2

383 **bark¹** [바아크]: ⟨게르만어⟩, ⟨의성어⟩, 짖다, 고함치다, ⟨~ woof\growl⟩, ⟨↔silence\hush⟩ 양1

384 **bark²** [바아크]: ①⟨←barc⟩, ⟨게르만어⟩, ⟨←birch?⟩, 나무껍질, 수피, ⟨~ hull⟩, ⟨↔core⟩ ②⟨←barca(small boat)⟩, ⟨라틴어⟩, ⟨←barge⟩, 작은 범선, 돛단배 양1

385 **bark-bee·tle** [바아크 비이틀]: 느릅나무좀, '껍질 딱정벌레'(주로 침엽수의 나무껍질을 파먹는 조그만 딱정벌레), ⟨~ true weevil⟩ 미2

386 **bark-ing deer** [바아킹 디어]: muntjac [먼잭], '짖는 사슴', (동남아시아 원산의) 개같이 짖는 작은 사슴 우2

387 **bark-ing frog** [바아킹 후뤄그]: (중미에 서식하며) 비가 오기 전에 "왈~왈" 소리를 내는 '짖는 개구리', ⟨~ cliff (or robber) frog⟩ 우2

388 ***bark-ing up the wrong tree**: ⟨곰 사냥때 개가 다람쥐가 탄 나무에 대고 짓는 것처럼⟩ 헛다리 짚다, 엉뚱한 사람을 비난하다, ⟨~ erroneous\misleading⟩, ⟨↔accurate\valid⟩ 양2

389 **bark tree** [바아크 트뤼이]: cinchona, (남미 원산으로 사료되며) ⟨껍질에서 키니네 등을 채취하는⟩ 기나나무 미2

390 **bar·ley** [바알리]: ⟨←farris(coarse grain)⟩, ⟨라틴어→게르만어⟩, ⟨기원전 8천 년 경부터 재배되었던⟩ '보리', 대맥, ⟨~(↔)rice⟩, ⟨~ wheat나 rye보다 덜 강인함⟩ 가1

391 **bar-maid** [바아 메이드]: ⟨라틴어+영국어⟩, 술집 여급, 술집 도우미, ⟨~ cock-tail waitress⟩, ⟨↔bar-man(boy)⟩ 미1

392 **barn** [바안]: ⟨영국어⟩, 광, 헛간, ⟨barley를 넣어두던⟩ 곳간, ⟨~ hut\shed⟩, ⟨↔marn house\dispensary⟩ 양1

393 **bar·na·cle** [바아너클]: ⟨←bernaca(a wild goose)⟩, ⟨어원 불명의 라틴어⟩, ⟨도토리 모양을 한⟩ 조개삿갓, 굴잔등, 다른 것에 붙어사는 조그만 바닷조개, 따개비, 한번 붙으면 떨어지지 않는 사람, ⟨삿갓조개를 좋아하는⟩ 북유럽산 야생거위, ⟨~ a limpet\a crackling goose⟩ 미2

394 **Barn-es & No·ble** [바안즈 앤드 노우블]: '광지기와 고귀한 자', 반스 앤 노블, 1873년 설립자들의 이름을 따서 세워진 미국의 대형 책 가게 연쇄점으로 전자책 출판에 박차를 가하고 있음, ⟨~ an American book-seller⟩ 수1

395 **barn owl** [바안 아울]: 헛간 올빼미 (전 세계적으로 헛간·속 빈 나무·절벽의 구멍 등에 서식하며) ⟨분장한 심장 모양의 얼굴을 가지고 소리 없이 날아다니는⟩ 가면올빼미, monkey·faced owl 미2

396 **barn swal·low** [바안 스왈로우]: 헛간 제비, (전 세계에 서식하는) ⟨그냥⟩ 제비, ⟨~ house swallow⟩ 가1

397 **Bar·num ef-fect** [바아넘 이훽트]: beorn(baron)+ ham(homestead), 바넘⟨'용사의 고향?'에서 태어난 자⟩ 효과, 19세기 중반에 주 하원까지 지낸 마술사가 주창한 (인간은 자기가 원하는 방식으로 해석한다는 ⟨그래서 점쟁이도 먹고살 수 있다는⟩) 지극히 인간적인 착각 현상, 일반적인 정보를 자신에 대한 것이라고 믿는 현상, ⟨~ sucker\gullible⟩, ⟨~ fallacy of personal validation⟩ 수1

398 **barn-yard grass** [바안야아드 그래스]: ⟨헛간 주위에 잘나는⟩ 돌피, 번식력과 내구성이 강한 조(millet) 비슷한 잡초, wild millet 미2

399 **ba-ro·co·co** [배 뤄코우코우]: baroque+rococo, ⟨음악용어⟩, 바로크와 로코코 절충 양식의, 상쾌하고도 화려한, 신나는, ⟨~ excessively ornate\fussy⟩ 우2

400 **ba·rom·e·ter** [버롸미터]: ⟨그리스어⟩, ⟨'baros'(무게)를 재는⟩ 바로미터, 기압계, 척도, 표준, ⟨~ pressure indicator⟩, ⟨~(↔)anemo-meter\hygro-meter\thermo-meter⟩ 양2

401 **bar·on** [배륀]: ⟨←baro(man)⟩, ⟨게르만어⟩, 남작, 최하위의 귀족, '용사', ⟨~ thane\lord⟩ 양1

402 **bar·on-ess** [배뤄니스]: 남작 부인, 여남작 양1

403 **bar·on-et** [배뤄닡 \ 배뤄넽]: 준남작, 기사의 위 계급(귀족은 아니나 세습이 인정됨), ⟨~ commoner Sir⟩ 양1

404 **ba·roque** [버로우크]: ⟨←barroco(rough)⟩, ⟨포르투갈어⟩, '흠있는 진주', ⟨이탈리아 화가 Barocci에서 따온⟩ 바로크, 기이한, 17~18세기에 유럽에서 유행했던 ⟨장식이 많은⟩ 예술 양식, 속되한, ⟨~ decorated\gilded⟩, ⟨↔plain⟩ 우1

405 **bar·rack** [배뤽]: ①〈←barraca(tent)〉, 〈이탈리아어→프랑스어〉, 바라크, '목조 오두막집', 막사, 병영, 크고 엉성한 건물, 막사에 수용하다, 〈~ camp\garrisom〉, 〈↔mansion\pleasure dome〉 ②〈아일리시어〉, 〈←brag〉, 야유하다, 성원하다, 〈~ shout\boo〉, 〈↔praise\discourage〉 양1

406 **bar·ra·cu·da** [배뤄쿠우더]: 〈←barraco(overlapping tooth란 뜻의 스페인어)?〉, 〈어원 불명의 카리브어?〉, (전 세계에 걸쳐 서식하며 식용과 운동 낚시로 유용한) 창꼬치류의 용감하고 날씬한 난대성 바닷물고기, a large pike, 〈약탈자〉 수2

407 **bar·rage** [버롸아쥐]: 〈←barra(rod)〉, 〈라틴어→프랑스어〉, 〈←barrer(stop)〉, 〈'barrier(장벽)'을 제거하기 위한〉 연발사격, 집중포화, 〈~ boom\thunder〉, 〈↔defense\retreat〉 양2

408 **barré** [바알]: 〈프랑스어〉, 발레, 기타의 현을 집게손가락으로 눌러 〈팽팽한 bar처럼〉 음조를 높이는 일, 〈~ barr chord〉, 〈↔open chord\un-fretted³ string〉 수2

409 **barred owl** [바아드 아울]: hoot owl, (북미 삼림에 서식하며) 가슴에 막대〈bar〉 무늬가 있고 부엉부엉 우는 '가로줄무늬 올빼미' 우1

410 **bar·rel** [배뤌]: ①〈←barile〉, 〈라틴어〉, 〈막대(bar)로 만든〉 통·원통·총이나 포의 몸통, 양을 재는 단위(석유 1배럴은 미국에서는 42갤런·영국에서는 35갤런), 〈~cask〉, 〈↔lack\handful〉 ②〈미국어〉, 〈barrel이 굴러가듯〉 질주하다, 〈↔walk\tread〉 우1 양1

411 **bar·rel wid·ow** [배뤌 위도우]: '통과부', 아기를 낳지 못하고 미망인이 된 여자, 〈청상과부〉, 〈콩글리시〉, 영어로는 barren widow, 〈'까막과부'·'마당과부'〉, 〈~(↔)grass widow〉 미2

412 **bar·ren** [배뤈]: 〈←baraigne(sterile)〉, 〈어원 불명의 프랑스어〉, 메마른, 불모의, 애를 못 낳는, 황량한, (노새 등의) 폐, 〈↔fertile\plush\pregnant\prolific〉 양1

413 **bar·ren-wort** [배뤈 워얼트]: bishop's hat, 3지9엽초, (주로 중국 대륙의 '불모지'에서 서식하고) 줄기·잎·꽃잎의 모양이 다양하며 일본에서 정원용으로 인기 있는 관상초 미2

414 **bar·ret** [배뤳]: 〈←barretum(cap)〉, 〈라틴어→이탈리아어〉, beret, (카톨릭 신부용) 테 없는 작은 모자, 〈~ biretta〉 수2

415 **bar·ri·cade** [배뤼케이드 \ 배뤄케이드]: 〈←barrica〉, 〈프랑스에서 물통(barrel)을 늘어놓아 만들었던〉 바리케이드, 통행 차단물, 장애물, 방책으로 막다, 〈~ blockade\obstacle〉, 〈↔passage\open〉 양1

416 **bar·ri·er** [배뤼어]: 〈←barra〉, 〈라틴어→프랑스어〉, 〈막대기(bar)로 만든〉 울타리, 장벽, 방해물, 요새, 〈~ fence\hurdle〉, 〈↔entry\aid〉 양2

417 **bar·ring-ton·ia** [바륑토우니어]: 〈영국 식물학자의 이름에서 연유한〉 (열대 아시아 원산의) 목재로 카누를 만들고 씨는 물고기 마취약으로 과피는 낚시 찌로 쓰는 잎이 무성한 상록 관목, 〈~ sea poison tree〉 수2

418 **bar·ris-ter** [배뤼스터]: 〈←bar〉, (영국의) 법정 변호사, 〈~ advocate\pleader〉, 〈~(↔)solicitor〉 양1

419 **bar·row** [배로우]: 〈게르만어〉 ①〈←beran(bear)〉, 손수레, 들것 식의 화물 운반기, 〈~ garden cart〉 ②〈←beorg(grove)〉, 무덤, 고분, 〈~ grave\mound〉 ③(거세한) 수퇘지, 〈~ hog〉 양1

420 **bar-stool** [바아 스투울]: 〈라틴어+게르만어〉, (술집의) 등이 없이 높고 둥근 걸상, 술 판매대에 걸터앉는 의자, 〈조리대에 걸터 앉는 counter-stool은 이보다 낮음〉 우1

421 **bar-tend-er** [바아 텐더]: 술집 지배인, 술 조제사, 술 제공자, '주조사', 〈~ bar-keep\mixologist〉, 〈↔host\guest〉 우2

422 **bar·ter** [바아터]: 〈←bareter(trick)〉, 〈'속이다'란 뜻의 프랑스어에서 유래한 영국어〉, 물물교환, 구상무역, 교역하다, change, 〈~ trade\retail〉, 〈↔keep\forfeit〉 양1

423 **Bar-thol·o·mew** [바아쌀러뮤우]: 〈유대어〉, son of Talmai, 〈←telem(furrow)?〉, '밭고랑이 많은 자의 아들', 바르톨로뮤(본명-나다나엘), 예수의 12 제자(apostle) 중 하나, 〈~ Nathaniel〉 수1

424 **Bar-thol·o·mew's Day Mas·sa·cre**: 바르톨로뮤 축제일 대학살, 신교도와 결혼한 공주를 못마땅하게 여긴 왕대비가 위그노파들에 의한 국왕 암살 기도가 있었다고 트집 잡아 가톨릭교가 1572년 8월 23일 밤부터 수 주일간 프랑스(France)에서 전국적으로 약 2만5천 명의 신교도들을 참살한 사건, 〈~ Catholic mob violence〉 수2

425 **Bar·tle Skeet** [바알틀 스키이트]: 〈왜 그런지는 모르겠으나〉 미국의 청량음료 Mountain Dew의 별명 수2

426 **Bar-tok** [바아탁], Be·la: 〈Bartholomew의 헝가리어〉, 바르톡, (1881-1945), 헝가리의 (민요) 작곡가·피아니스트, 〈~ a Hungarian composer〉 수1

427 **Bar·uch** [베어뤌]: ⟨←barukh(blessed)⟩, ⟨히브리어⟩, '축복받은 자', 바루크, 구약성서(Old Testament) 외전의 한 책 수①

428 **bar-wood** [바아 우드]: ⟨주보의 가로막대로 흔히 쓰이는⟩ 홍목, (열대지방에 서식하며) 단단한 붉은 목재를 제공하는 콩과의 관목, camwood 우②

429 **ba·salt** [버쎠얼트]: ⟨←baban(slate)⟩, ⟨이집트어→그리스어→라틴어⟩, 현무암, (건축 재료로 많이 쓰이는) 검은 색깔의 단단한 화산암, ⟨~ touch·stone⟩, ⟨~ whinstone⟩ 미②

430 **base**¹ [베이스]: ⟨←beinein(walk)⟩, ⟨그리스어⟩, '토대', 기초, 기지, 기준, ⟨산성을 중화시키는⟩ 염기, ⟨~ boss⟩, ⟨~ stand\foundation⟩, ⟨↔dis-assembly\superior\extra\acid⟩ 양①

431 **base**² [베이스]: ⟨←basis(low)⟩, ⟨라틴어⟩, '낮은', 천한, 치사한, 가짜의, ⟨→bass²⟩, ⟨~ bottom\cheap⟩, ⟨↔top\pole⟩ 양①

432 **base-ball** [베이스 버얼]: ⟨1839년 미국에서 고안된⟩ ('기지'를 도는) 야구, ⟨~ ball-game⟩ 가①

433 *****base-band** [베이스 밴드]: 기저대, 기본 주파수대 (변조되지 않은 단일의 주파수대를 사용하여 정보를 전송하는 방식), ⟨~ un-modulated signal⟩ 미②

434 **base-camp** [베이스 캠프]: (야영) 기지, ⟨~ bivouac\station⟩, ⟨↔castle\hotel⟩ 양②

435 **based** [베이스드]: ①⟨←base¹⟩, 자신만만한, ⟨~ established⟩, ⟨↔cringed⟩ ②⟨미국어⟩, (정제) ⟨free·basing⟩ 코카인 중독자 양②

436 **Ba·sel Com·mit–tee** [바아즐 커미티]: ⟨←basilea(royal fortress)⟩, ⟨그리스어⟩, 바젤⟨은행 감독⟩ 위원회, ⟨국제 금융 질서를 유지하려고⟩ 1974년 G-10 중앙은행 총재들이 출범시켜 현재 28개국이 참여하고 있는 국제기구, ⟨~ a banking supervisory authority⟩ 수②

437 **Ba·sel Con·ven–tion** [바아즐 컨벤션]: UN 주도하에 1989년 스위스의 바젤시에서 창립된 유해 폐기물(hazardous wastes)의 국가 간 이동 및 그 처리에 관한 협약으로 ⟨미국을 제외한⟩ 186개국과 EU가 가입하고 있음 수②

438 **base-line** [베이스 라인]: ⟨야구에서 누와 누 사이를 잇는⟩ 기준(선), 기초, ⟨~ guide-line\standard⟩, ⟨↔head-line\apex⟩ 가①

439 **base-load** [베이스 로우드]: 기초량, 기초 하중, 기본 책무, ⟨~ minimum-load⟩, ⟨↔emptiness⟩ 양②

440 **base-man** [베이스 맨]: 내야수, 누수, 기지 지킴이, ⟨~ sacker⟩, ⟨↔out-fielder⟩ 미①

441 **base-ment** [베이스 먼트]: ⟨토대에 면한⟩ 지하층, 최하부, ⟨~ cellar⟩, ⟨↔attic\vertex⟩ 가①

442 **base me·tal** [베이스 메틀]: 비(낮은)금속, 모재 금속, (용접·도금·합금의) 바탕 금속 양②

443 **base-ness** [베이스니스]: ⟨←base²⟩, 서출의, 천함, 조악, 비열, ⟨~ mean-ness\rude-ness⟩, ⟨↔nobility\goodness⟩ 양②

444 **Ba·sen·ji** [버쎈쥐]: mbwa na basenji(dogs of the bushland people), ⟨원주민어⟩, 바센지, '야생견', (콩고 지방에서 개발된) ⟨짓지 않고 요들 소리를 내는⟩ 스피츠(spitz) 비슷한 작은 사냥개, ⟨~ African bark-less dog\a hunting dog⟩ 수②

445 **base pay** [베이스 페이]: 기본급, ⟨↔extra-pay⟩ 양②

446 **base price** [베이스 프라이스]: 기본 단가, ⟨↔sales price⟩ 양②

447 *****bas-er** [베이설]: 원초적, 기본적, 이기적, ⟨free-base를 사용하는⟩ 마약 사용자, ⟨~ supporting\subordinate\based²⟩, ⟨↔superior\lofty⟩ 양②

448 **base rate** [베이스 뤠이트]: 기본요금, 기본율, ⟨영국에서는 bank rate를 뜻 함⟩ 양②

449 **base run·ner** [베이스 뤄너]: 기지 주자(야구), '기지⟨간⟩ 달리기 선수', ⟨~(↔)pinch runner\pinch hitter⟩ 우②

450 **base sta·tion** [베이스 스테이션]: 기지국, ⟨↔branch station⟩ 양②

451 *****bash** [배쉬]: ⟨의성어⟩, ⟨영국어⟩, ⟨bang+smash⟩, 세게 때리다, 강타하다, 부딪히다, 소동, (큰) 잔치, '대박', ⟨~ fustigate\whack⟩, ⟨↔miss\skirt⟩ 양②

452 **ba-shert** [배셜트]: ⟨←beschern(destiny)⟩, ⟨게르만어→유대어⟩, 운명 지어진, 천생연분의, preordained, ⟨~ match made in heaven⟩ 양②

453 **bash-ful** [배쉬휠]: ⟨영국어⟩, 수줍어하는, 부끄러워하는, ⟨~ abash⟩, ⟨~ shy\coy⟩, ⟨↔bold\confident⟩ 양①

454 ***BASIC** [베이식] (be·gin·ner's all–pur·pose sym·bol–ic in-struc–tion code): 다목적 초보 상형 용어 지침, 초보자를 위해 쉽게 전산기를 이용하도록 만든 간이 차림표 언어 우2

455 **ba·sic** [베이식]: 〈←base¹〉, 기초적인, 근본적인, 필수적인, 〈~ fundamental\principal〉, 〈↔secondary\un-important〉 가2

456 ***bas·ic bitch** [베이식 빝취]: 〈미국어〉, 〈←base²←base¹〉, 〈골빈녀, 날라리, 〈생각없이〉 '상투적'으로 사는 여자, 〈↔bro〉, 〈~ average girl; 편자가 간략한 말이 아님〉, 〈↔prima donna〉 양2

457 **bas·il** [배즐]: 〈←basileus(king)〉, 〈그리스어〉, 〈왕족의 향수〉, 나륵풀, St. Joseph's wort, '향신료의 왕자', 세계적으로 많이 쓰이는 박하 비슷한 향미료. 미2

458 **ba·sil·i·ca** [버질리커]: 〈←basileus(king)〉, 〈그리스어〉, 〈왕이 앉는〉 바실리카, 장방형(oblong)의 회당, '집정관의 재판석', 〈~ royal court〉, 〈~ 이것은 정치적 건물이고 cathedral은 종교적 건물임〉 우2

459 **bas·i·lisk¹** [배설리스크]: 〈←basileus(king)〉, 〈그리스어〉, '작은 왕', (그리스 전설에 나오는) 입김이나 눈빛만으로도 사람을 죽일 수 있는 맹독의 닭과 독사가 합쳐진 괴물, 〈~ a serpent king〉 수2

460 **bas·i·lisk²** [배설리스크]: 〈←basileus(king)〉, 〈그리스어〉, Jesus lizard, (중·남미에 서식하며) 〈등에 지느러미가 달려 왕중왕인 예수같이 강을 건너갈 수 있는〉 등지느러미도마뱀 미2

461 **ba·sin** [베이슨]: 〈←bacca(water vessel)〉, 〈라틴어〉, 물동이, 대야, 세면대, 웅덩이, 분지, 〈~ bowl\valley〉, 〈↔mound\hill〉 양1

462 **ba·sis** [베이시스]: 〈←base¹〉, 〈그리스어〉, 기초, 원칙, 근거, 주성분, 근거지, 〈~ foundation\corner-stone〉, 〈↔irrelevance\auxiliary〉 양2

463 **bask** [배스크 \ 바아스크]: 〈북구어〉, 〈←bath〉, (햇볕을) 쬐다, 은혜를 입다, 총애를 받다, 〈일광욕을 하는〉 (거북·악어 등의) 떼, 〈~ sun-bath\laze〉, 〈↔eschew\slave\stride〉 양2

464 **bas·ket** [배스킽]: 〈←bascat(a wooden vessel)〉, 〈어원 불명의 프랑스어〉, 바구니, 조롱, 광주리, (농구의) 득점 주머니, 〈~ box\case〉, 〈~(↔)tray〉, 〈↔receptacle〉 양1

465 **bas·ket-ball** [배스킽 버얼]: 〈1891년에 미국에서 고안된〉 (언덕을 넘어 바구니에 공을 넣는) 농구, 〈~ hoops\round-ball〉 가1

466 ***bas·ket-ball head** [배스킽 버얼 헤드]: 〈큰 대갈통을 가진〉 '마음씨 좋은 아저씨', 〈~ (big headed) sucker〉 미2

467 ***bas·ket case** [배스킽 케이스]: 〈일차대전 때 생긴 미국어〉, 〈바구니에 갇혀있는〉 사지 절단 자, 쓸모없는 일(사람), 〈~ whack-job\invalid〉, 〈↔composed\self-sufficient〉 미2

468 **bask-ing shark** [배스킹 샤아크]: 돌목상어, 온류에 살며 (햇볕을 쬐려고) 간헐적으로 물 위로 치솟는 버릇이 있고 〈점점 숫자가 적어지는〉 대형 초식 상어, 〈~ 그러나 whale-shark보다는 작음〉 미2

469 **Bas·kin-Rob·bins** [베스킨 롸빈즈]: bascaoin(fair of hand)+son of Robert, 〈영국계 이름들〉, 베스킨 라빈스, 1945년 동명의 두 미국인에 의해 창립된 〈31가지 맛을 자랑하는〉 미국의 세계적 아이스크림 (냉유피) 가게, 〈~ Dunkin Donuts와 자매회사 관계임〉, 〈~ an American icecream chain store〉 수2

470 **bas·ma·ti** [배즈마아티이]: vass(fragrance)+matup(possessing), 〈산스크리트어〉, 바스마티 쌀, 〈인도·파키스탄 등에서 먹는〉 (낱알이 길고 향이 나는) 향미, 〈Indian rice하고는 다른 것임〉, aromatic Indian rice, 〈~ jasmine rice〉 우2

471 **Basque** [배스크]: 〈어원에 대한 썰이 분분한〉 바스크 사람(말), 〈'산골사람(bhar-s: mountain people이란 뜻》의 켈트어)'?〉, (독특한 문화를 가진) 스페인 서부 피레네(Pyrenees) 산지, b~; 겨드랑이 아래부터 엉덩이까지 가리는 여성용 짧은 속옷, 〈~ a long brassiere〉 수1

472 **bass¹** [배스]: 〈←bears(perch)〉, 〈게르만어〉, 농어, (전 세계적으로 온·난류의 민물·짠물에 서식하며) 0.5~230kg까지 다양한 크기를 가진 (등지느러미가 날카롭고〈bristle ass〉) 옆으로 납작한 누리끼리한 색깔의 물고기, 〈~ ray-finned fish〉 미2

473 **bass²** [베이스]: 〈라틴어〉, 〈←base²〉, 낮은 음(가수·악기), 〈~ deep\grave〉, 〈↔high\treble〉 우2

474 **bass drum** [베이스 드럼]: 큰북 우2

475 **bas·set hound** [배슽 하운드]: 〈←base²〉, 바셋, (18세기에 프랑스에서 개발된) 다리가 짧고 몸통과 귀가 길고 슬픈 표정을 짓고 있는 〈철학적으로 생긴〉 낮은 자세의 '땅딸개', 〈~ a short-legged dog〉 우2

476 **bass gui·tar** [베이스 기타아]: 낮은음 기타 우2

477 **bas·soon** [배쑤운]: ⟨라틴어⟩, ⟨←base²⟩, 바순, 낮은음 목관(wood-wind)악기 수2

478 **bas·so pro·fun·do** [배소우 프로우훤도우]: ⟨이탈리아어⟩, ⟨←base²+profound(deep)⟩, 남성의 장중한 최저음, ⟨↔altissimo⟩ 우2

479 **bass-wood** [배스 우드]: American linden (북미 온대 지방에 서식하며) 삼각형으로 크게 자라서 양질의 꿀과 순한 목재를 제공하고 ⟨인피(bast)가 두터운⟩ '참피나무' 미2

480 **bast** [배스트]: ⟨어원 불명의 게르만어⟩, strong woody fiber, 인피(질긴 껍질), ⟨섬유로 쓰이는⟩ 나무껍질 미2

481 **bas·tard** [배스터드]: ⟨라틴어⟩, (호나라 병사같이 pack·saddle⟨bastum⟩을 벗어놓고 겁탈하고 도망가서 생긴) '호래(노)자식', 사생아, 서자, 잡종, ⟨pack·saddle(말 안장)을 훔쳐 달아나는⟩ 개자식, 새끼, ⟨어원에 대한 다른 학설 중에 결혼하지 않은 남녀가 'barn(헛간)'에서 교접해서 낳은 놈이란 것이 제일 솔깃함⟩, ⟨~SOB⟩, ⟨~bustard²⟩, ⟨↔legitimate\genuine⟩ 미2

482 **bas·tille** [배스티일]: ⟨←bastir(build)⟩, ⟨'성루'란 뜻의 프랑스어⟩, 바스티유, 감옥, 성채, Bastille; 1789년 프랑스 혁명 때 파괴된 감옥, ⟨~ bastion⟩ 미2 수2

483 **bast-ing** [베이스팅]: ①⟨←bast(strong woody fiber)⟩, ⟨게르만어⟩, 가봉, 시침질, ⟨~ stitch sewing⟩, ⟨↔detach⟩ ②⟨←beysta(strike)⟩, ⟨북구어→영국어⟩, 심하게 때림, 호통, ⟨~ beat⟩, ⟨↔praise⟩ ③⟨←bassin(moisten)⟩, ⟨프랑스어→영국어⟩, (고기류에) 육즙이나 버터를 축축하게 치는 일, ⟨↔dehumidify⟩ 양1 미2

484 **bas·tion** [배스티언 \ 배스쳔]: ⟨←bastir(build)⟩, ⟨프랑스어·이탈리아어⟩, 요새, 성채, 보루, ⟨~ bastille⟩, ⟨~ bulwark\rampart⟩, ⟨↔weak spot⟩ 양2

485 **bat¹** [뱉]: ⟨←bakke(flapper)⟩, ⟨북구어⟩, '퍼덕거리는 것', 박쥐, (손 갈퀴로 날아다니는 야행성 포유동물⟨포유류 중 유일하게 날 수 있는 동물⟩), ⟨~(↔)flying fox⟩ 가2

486 **bat²** [뱉]: ⟨←batre(cudgel)⟩, ⟨라틴어→프랑스어⟩, '때리는 것', 타봉, 곤봉, (야구)방망이, ⟨~ club'⟩, ⟨↔ball⟩ 양1

487 **Ba·ta·via** [버테이뷔어]: ⟨←batawjo⟩, ⟨'good island'란 뜻의 게르만어⟩, 바타비아, 라인강 하구에 살던 게르만족, 네덜란드(Netherlands)의 옛 이름, Jakarta의 옛 이름 수1

488 *****bat a thou·sand** [뱉 어 싸우전드]: ⟨1920년대에 일반화된 야구 용어⟩, 만사형통, (칠 때마다 만타가 나는) 승승장구, ⟨~ a perfect record⟩, ⟨↔striking out\failing epically⟩ 양2

489 *****BAT + B** [뱉 플러스 비이]: ⟨미국의 GAFA같이⟩ 중국의 전산망 시장을 석권하고 있는 Baidu·Alibaba·Tencent + Byte Dance의 두 문자를 딴 '박쥐군단' 수2

490 **batch** [배취]: ⟨←bacan(bake)⟩, ⟨영국어⟩, ⟨한꺼번에 구워진 빵⟩, 한 묶음, 한 떼, 일괄 배치, ⟨~ cluster\bunch⟩, ⟨↔individual\dispersal⟩ 양1

491 *****batch file** [배취 화일]: 묶음 철, 일괄 처리 기록부, ⟨↔individul file⟩ 미2

492 *****batch proc·ess·ing** [배취 프라쎄씽 \ ~ 프로우쎄씽]: (자동)일괄처리, 전산기의 일방적사용(일일이 시키지 않아도 전산기가 알아서 일정 시간마다 한데 모아 일괄 처리하는 방식), ⟨↔contineous processing⟩ 양1

493 **bate** [베이트]: ⟨라틴어 'battuere(beat)'에서 파생된⟩ ①⟨영국어⟩, ⟨←abate⟩, 약하게 하다, (알카리 용액에 담가) 부드럽게 하다, ⟨~ remove⟩, ⟨↔activate⟩ ②⟨프랑스어⟩, ⟨←batre⟩, 화, 격노, ⟨~ anger⟩, ⟨↔ease⟩ 양2

494 **bat-fish** [뱉 휘쉬]: '박쥐어', (서태평양 원산의) 삽 같은 몸통에 날개 같은 지느러미를 가진 관상어, ⟨~ hand-fish\sea-bat⟩ 우2

495 *****bat flip** [뱉 훌맆]: (야구에서) 투수가 홈런을 치고 나서 상대편을 조롱하려고 타봉을 공중제비로 던지는 짓, 방망이 뒤집기, '빠던'(빳다⟨bat⟩ 던지기), ⟨↔bean-ball⟩ 미2

496 **bath** [배쓰]: ⟨←badan(warm)⟩, ⟨게르만어⟩, 목욕, 흠뻑 젖음, ⟨↔bask⟩, ⟨~ wash\soak⟩, ⟨↔parch\shower⟩ 가1

497 **Bath bun** [배쓰 번]: 바스번, (18세기 영국의 바스⟨온천장⟩ 지방에서 개발된) 설탕을 뿌린 과일 조각을 올려놓은 둥근 빵, ⟨~ a sweet roll⟩ 수2

498 **bath-ing suit** [배이딩 쑤웃]: 수영복(swim-wear), ⟨↔over-dress\naked⟩ 가1

499 **Bath Ol·i·ver** [배쓰 알리붜]: (1750년경에 영국 배스 지방의 올리버⟨warrior⟩ 의사가 개발한) ⟨종종 치즈를 발라 먹는⟩ 감미료를 쓰지 않는 딱딱한 과자, ⟨~ a hard biscuit (or dry cracker)⟩ 수2

500 **bath-robe** [배쓰 로우브]: 목욕 '예복', 목욕 전후에 ⟨가릴 것을 가리려고⟩ 입는 길고 헐렁한 '곁옷', ⟨~ dressing gown\yukata⟩, ⟨↔un-dress\suit²⟩ 우2

501 **bath-room** [배쓰 루움]: 욕실, 화장실, 〈~ rest (or wash) room\lavatory\toilet〉, 〈↔bed-room\kitchen〉 가1

502 **bath tis·sue** [배쓰 티슈]: 화장지, '똥닦개', toilet paper의 완곡한 표현 양2

503 **bath-tub** [배쓰 터브]: 욕조, 목욕통, 〈~ hot-tub\영국에서는 그냥 bath라고 함〉, 〈↔toilet\shower〉 가1

504 **ba·tik** [버티이크]: amba(large)+nitik(dot), shibori, 〈일본어에서 연유한 말레이어〉, '큰 점', 납결, 밀랍을 자수에 염색한 〈인도네시아의 전통〉 무늬(로 만든) 피륙, 〈~ kebaya\sarong\tie-dye〉 우1

505 **Bat-man** [뺕 먼]: 배트맨 ①(1939년부터 미국의 만화·영화에 등장하는) 박쥐 인간, 초인(super-hero) ②batman; 〈←batum(pack-saddle)〉, 〈라틴어→프랑스어→영국어〉, 말구종, 당번(병), 〈~ a groom (or servant)〉 수2 양2

506 **ba·ton** [배탄] [←bastum(stick)〉, 〈라틴어→프랑스어〉, 사령장, 지팡이, 지휘봉, 릴레이 봉, 바통, 〈~ rod\wand〉, 〈↔spread\divide〉 우1

507 **Ba·ton Rouge** [배튼 루우즈]: 〈프랑스어〉, '빨간 깃대(red stick)', 배턴루지, 미시시피강 언덕에 있는 루이지애나(Louisiana)의 주도, 수1

508 **bat·o-pho·bi·a** [배터 호우비어]:〈←batos(passable)〉, 〈그리스어〉, 〈고층건물·높은산 등이 가로막혀 숨이 막히는〉 고층 공포증, 〈~ acro-phobia〉, 〈↔bato-philia〉 양2

509 **bats-man** [뺕츠 먼]: = 타자, batter 양2

510 **bat·tal·ion** [버탤리언]: 〈←battuere(beat)〉, 〈라틴어〉, 〈←battle〉, (2개 중대 이상으로 편성된) 대대, 대군, (전투) 집단, 〈~ unit\troop〉, 〈~(↔)platoon〉, 〈↔civilian〉 양1

511 **bat·ten** [배튼]: ①〈←batian(fatten)〉, 〈영국어〉, 잔뜩 먹다, 호강하다, 〈~ boot〉, 〈~ grow\fat〉, 〈↔unbelt〉 ②〈←battuere(beat)〉, 〈라틴어〉, 좁은 널, (승강구에) 누름대를 대다, 난국에 대비하다, 〈~ baton〉, 〈~ stick\secure〉, 〈↔spread\divide〉 양1

512 **bat-ter** [배터]: 〈←battuere(beat)〉, 〈라틴어〉, 〈←bat²〉, 타자, 난타, 뭉그러뜨리다, 〈두들겨 만든〉 (밀가루 등의) 반죽, 〈~ strike\thrash\pound〉, 〈↔ingredient〉 양2

513 **bat-ter-y** [배터뤼]: 〈←battuere(beat)〉, 〈라틴어〉, 〈←bat²〉, (모여서 힘을 내는) 건전지, '약', 포열, 포대, 종합시험, '구타', 〈~ array\power unit\assault〉, 〈↔individual\defence〉 미1

514 **bat-ting** [배팅]: 〈←bat²〉, 때리기, 타격, 걸기, 내기, 〈~ hitting\endeavor〉, 〈↔defence\deal〉 미2

515 **bat-ting av·er·age** [배팅 애버뤼쥐]: 평균 타율, 〈~ batting percentage〉 미2

516 **bat·tle** [배틀]: 〈←battuere〉, 〈라틴어〉, 〈←beat〉, 〈서로〉 '때림', 전투, 싸움, 투쟁, 〈~ fight〉, 〈→battalion\combat〉, 〈↔give in\truce\peace〉 가1

517 **bat·tle-ax** [배틀 앥스]: 전부, 전투용 도끼, (중년의) 잔소리 많은 여자, 〈~ tomahawk\bitch〉 양2

518 **bat·tle-ment** [배틀 먼트]: (성의) 총을 쏠 수 있는 구멍이 있는 난간, 총안흉벽, 〈~ parapet\rampart〉 미2

519 ***bat·tle rope** [배틀 로우프]: (굵고 긴 밧줄을 양손에 쥐고) 〈지랄발광을 하는〉고강도 간격 운동, 〈~tabata〉 우2

520 **bat·tle-toads** [배틀 토우즈]: '싸우는 두꺼비들', 1991년 3 두꺼비를 등장시켜 출시한 동영상 전투놀이, 〈~ a video game〉 우2

521 **Bat·tu-a** [바투아], Ibn: 〈←battuere(beat)〉, '돌격하는 자', (1304-1369?), 30년간 이베리아 반도와 대부분의 아시아 지역을 탐험하고 기록을 남긴 모로코(Morocco) 출신 탐험가, 〈~ a great traveller〉 수1

522 ***baud** [버어드]: 〈프랑스의 전신 기술자 이름(Baudot)에서 연유한〉 보드, 정보 전달 속도의 단위, 1초에 전달할 수 있는 최대 문구 수, 〈~ unit of transmission speed〉 우1

523 **Bau·de-laire** [보오들레어], Charles: 〈←base lard(short sword)〉, 〈'단검'이란 뜻의 프랑스어〉, (1821-67), 보들레르, 〈평생 불운했던〉 프랑스의 (음운을 잘 구사한) 〈상징주의〉 단시 시인·평론가, 〈~ a French poet〉 수1

524 **Bau-haus** [바우 하우스]: bauen(build)+haus(house), 〈게르만어〉, '건축학교', 1919년에 설립되어 1933년에 폐쇄된 독일의 건축·조형 학교, 〈~ a German art school〉 수1

525 **baux-ite** [버억싸이트]: 〈그것이 처음 발견된 프랑스의 지명(Beaux)을 딴〉 보크사이트, 알루미늄(aluminium)의 원광 수2

526　**bawl** [버어얼]: 〈←baulare(bark)〉, 〈라틴어〉, 〈의성어〉, 소리치다, 울부짖다, 〈~ boom\roar〉, 〈↔whisper〉 가1

527　***bay**¹ [베이]: 〈←badare(gape)〉, 〈라틴어〉, 교각 사이, 칸, 격실, 기둥과 기둥 사이, 전산기의 원반 저장소, 〈~ compartment\hole〉, 〈↔solid\whole〉 양1 우1

528　**bay**² [베이]: 〈←bahia(inlet)〉, 〈어원 불명의 이베리아어〉, 만, 내포(육지로 둘러싸인 어귀가 넓은 바다), 3면이 산으로 둘러싸인 평지, 〈~ gulf\inlet〉, 〈↔bulge\closure〉 양1

529　**bay**³ [베이]: 〈←bauzein(bark)〉, 〈의성어〉, 〈그리스어→라틴어→프랑스어〉, 궁지, 몰린 상태, (여러 마리가 크게) 짖는 소리, 〈~ bawl\dilemma〉, 〈↔quiet\lull〉 양1

530　**ba·ya·dere** [바이어디어]: 〈←ballare(dance)〉, 〈'ball²'에서 연유한 라틴어→포르투갈어→프랑스어〉 ①〈그 옷을 입고 춤추는 무희에서 연유한〉 (선명한) 가로줄무늬의 직물, 〈~ a fabric〉 ②(힌두교의 무희들이) 사원에서 추는 춤, 〈~ Indian temple dancer〉 수2

531　**Bay ar·e·a** [베이 에어뤼어]: 캘리포니아 북서부의 내포 지역, 샌프란시스코(SF) 일대 수2

532　**bay-ber·ry** [베이 베뤼]: 〈←baca(berry)〉, 〈라틴어〉, bay tree의 열매, 소귀나무의 일종〈열매로 초를 만듦〉, 야생 정향나무〈럼-rum의 원료〉, 〈~(↔)candle-berry〉 미2

533　**Bay·er** [베이어] AG: 〈←Bayern←Barvaria〉, baus(cow)+warjaz(settler), 〈켈트어+게르만어〉, 〈독일 남동부의 지명에서 연유한 독일과 영국계 이름〉, 1863년에 Friedrich B~ 등이 설립해서 aspirin으로 많은 돈을 벌고 생명과학에 박차를 가하고 있는 독일(German)의 세계적 제약회사(pharmaceutical) 수2

534　**bay·o·net** [베이어닡]: '좋은 마을'이란 뜻의 (프랑스 남서부의 도시 이름〈Bayonne〉을 딴) 대검, flat dagger, (총 끝에 낀) 총검, 무력, 전기를 꽂는 장치의 일종 양1 우1

535　**bay·ou** [바이유우]: 〈←bayuk(small stream)〉, 〈북미 원주민어〉, '작은 시내', 강어귀, 호수의 물목, 〈↔effluent\distributary〉 양1

536　**bay-rum** [베이 뤔]: (서인도 제도에 서식하는 bay-berry 나무에서 추출한) 면도 후에 바르는 향료, an after-shave lotion 우2

537　**bay tree** [베이 트뤼이]: 〈←baca〉, 〈라틴어〉, 〈'berry'를 맺는 나무〉, 월계수, laurel과 비슷한 녹나뭇과의 상록교목 미2

538　**bay win·dow** [베이 윈도우]: oriel(전망대), 〈baee(공간)가 있는〉 (벽에 칸을 만들어 주는) 돌출된 창, 내닫이창, 퇴창, 올챙이배, 〈~ bow window〉 미1 양2

539　**ba·zaar \ ba·zar** [버쟈알]: 'market', 바자, 〈이란의〉 저잣거리, 특매장, 자선시장, 〈~ store\emporium〉, 〈↔factory\farm〉 미2

540　**baz·la·ma** [배즈라마]: 〈터키어〉, 마을 빵(village bread), (밀가루·요구르트·설탕·효모 등을 반죽하여 지진) 넓고 두텁고 큰 빵, Turkish flatbread 수2

541　**ba·zoo·ka** [버쥬우커]: 〈←bazoo(slang for mouth)〉, 〈네덜란드어를 미국 만담가가 변형시킨 말〉, '긴 주둥이' ①바주카(포), 포신을 어깨에 메고 쏘는 휴대용 대전차포, 〈~ stove-pipe〉 ②트럼본(trombone) 비슷한 악기 수2

542　**BB**: double-black, 연필의 2B, 직경 0.18인치짜리 총탄 우1

543　**BBB**: treble(triple)-black, 연필의 3B, Better Bussiness Bureau; (소비자의 불평을 들어주는) 상사 개선 협회 우1 미2

544　**BBC**: ⇒ British Broadcasting Corporation 미1

545　***bbfn** (bye-bye for now): '안녕', '잠깐만', '나중에' 양1

546　**BB gun** [비이 비이 건]: 〈구경 0.18인치에 맞는 BB 크기의 총알을 발포하는〉 산탄 공기총, 〈~ air-gun〉 미1

547　***bbl** (be back lat·er): '다시 오마', '잠시 쉬고', '나중에' 양1

548　**BBQ \ bar·be·que \ bar·be·cue** [바아비큐]: 바베큐, 통구이, '숯불구이' 우2

549　***BBS** (bul·le·tin board sys·tem): 게시판 체계 양1

550　**BC** ('be·fore Christ') [비호어 크롸이스트]: 예수 탄생 전, 〈BCE로 대체되는〉 기원전, 〈↔AD\CE〉 미2

551　***BCC** (blind car·bon cop·y): 신원 불명의 복사본, 전자우편에서 수신인에게 알리지 않고 다른 사람에게 송부되는 사본 우1

552 **BCD** (bi·na·ry cod-ed dec·i·mal): 2진화 10진수, 10진수의 각 자리를 각기 4비트의 2진수로 나타낸 것, bad conduct discharge(불명예제대), '북창동' 순두부 우1 양2

553 **BCE** \ be-fore com-mon(cur·rent) e·ra: BC, 기원전, '현세기 전', ⟨↔AD\CE⟩ 수2

554 **BCG vac·cine** (Ba·cil·lus Cal·mette Gue·rin v~): ⟨두 명의 프랑스 세균 학자가 고안한⟩ 결핵 예방백신, (효험이 없는 것으로 판명된) 결핵 예방접종, ⟨~ a vaccine for tuberculosis⟩ 수1

555 **B–com·plex** [비이 캄플렉스]: B 비타민(vitamin) 복합제 미1

556 **B-dub** [비이 덥]: B+W, Buffalo Wild Wing(닭날개 전문음식점)의 별칭 수2

557 **be** [비 \ 비이]: ⟨←beon(to exist)⟩, ⟨게르만어에서 연유한 영국어⟩, 이다, 있다, 되다, ⟨영어에서 가장 흔하고·불규칙하고·복잡하고·의미심장한 말⟩, ⟨~ live\occur⟩, ⟨↔non-existent\not to be⟩ 가2

558 **beach** [비이취]: ⟨←bakiz(stream)⟩, ⟨게르만어→영국어⟩, ⟨자갈이 있는⟩ 해변, 물가, 해수욕장, ⟨~ sea-side\shore⟩, ⟨~(↔)tidal flat⟩, ⟨↔depths\mountain⟩ 양2

559 **beach bag** [비이취 배그]: 해수욕 용품을 넣는 가방 우1

560 **beach ball** [비이취 버얼]: 해변이나 수영장용 비닐 공 우1

561 **Beach Boys** [비이취 버이스]: 비치 보이스, 1961년 5인조로 결성되어 구성원은 바뀌었으나 현재까지 활동하는 미국의 록 연주단, ⟨~ an American rock band⟩ 수1

562 **beach bun·ny** [비이취 버니]: 해변에서 노는 매력적인 여자, ⟨~(↔)beach bum⟩ 우1

563 **beach coat** [비이취 코웉]: '해변외투', long padding은 부적절한 Konglish 우2

564 **beach–comb·er** [비이취 코우머]: ⟨1836년에 등장한 영어⟩, 큰 물결, ⟨모래사장에서 귀중품을 탐색하는⟩ '해변 건달', ⟨~ scavenger\scrounger⟩, ⟨↔boot-strapper(hard worker)⟩ 우1

565 **beach-head** [비이취 헤드]: 교두보, 발판, 거점, ⟨~bridge-head\foot hold⟩ 양2

566 **beach par·a·sol** [비이취 패뤄쏘얼]: 해변용 양산, ⟨~(↔)umbrella⟩ 미1

567 **beach-side** [비이취 싸이드]: 해변, 해안, ⟨~ sea-shore⟩, ⟨↔deep water\inland⟩ 양2

568 **beach tam·a-rind** [비이취 태머륀드]: '당근나무', tuckeroo, ⇒ carrot tree 우1

569 **beach-wort** [비이취 워얼트]: kali, 수송나물, 솔장다리, ⇒ salt·wort 미2

570 **bea·con** [비이컨]: ⟨←becn(signal)⟩, ⟨게르만어⟩, '신호등', 횃불, 봉화, 교통표지, 지침, ⟨~ beckon⟩, ⟨~ light\lamp⟩, ⟨↔blacken\dull⟩ 양1

571 **bead** [비이드]: ⟨←biddan(pray)⟩, ⟨게르만어⟩, ⟨기도용⟩ 구슬, 염주알, 방울, 멀구슬나무, ⟨~ bid⟩, ⟨~ pellet\drop-let\China berry⟩, ⟨↔spread\unfold⟩ 양1

572 **bead board** [비이드 보어드]: ①(마루의 재료로 쓰는) 염주알 문양이 찍힌 판자 ②(벽지의 재료로 쓰는) 구슬 모양의 장식을 한 판지, ⟨~ floor (or wall) pannels⟩ 미2

573 **bea·gle** [비이글]: ⟨←begele(small dog)⟩, ⟨어원 불명의 영국어⟩, ⟨토끼 사냥용의⟩ 귀가 처지고 발이 짧은 사냥개, 탐정, ⟨~ a hound (or spy)⟩ 수2 미1

574 **beak** [비이크]: ⟨←beccus(bill)⟩, ⟨라틴어→켈트어⟩, ⟨날카로운⟩ 부리, 주둥이, 매부리코, ⟨~ snout\nose⟩, ⟨↔stern²\tail⟩ 양1

575 **beak·er** [비이커]: ⟨←bikos(wine jar)⟩, ⟨그리스어⟩, ⟨화학실험용의⟩ 굽 달린 큰 컵 우1

576 **beam** [비임]: ⟨←bhu(grow)⟩, ⟨산스크리트어→그리스어→게르만어⟩, (대) 들보, ⟨체조용의⟩ 평균대, 저울, 빛, 광선, 전파, 전자통신, ⟨~ shaft\ray⟩, ⟨↔crooked\darken⟩ 양1

577 **beam bridge²** [비임 브뤼쥐]: 형교, 몸체가 들보로 된 다리, '받침다리', ⟨가장 흔한 다리⟩, ⟨~ girder bridge(도리다리)⟩, ⟨↔suspension bridege⟩ 양1

578 **bean** [비인]: ⟨←bauno(legume)⟩, ⟨게르만어⟩, 작두(까치 콩), 강낭콩, 잠두콩(누에콩), ⟨pea는 완두콩⟩ 양1

579 **bean-bag** [비인 배그]: 오자미, 콩이나 모래를 넣어 만든 헝겊 주머니, ⟨~ ojami\pouf⟩ 양1

580 ***bean-ball** [비인 버얼]: 야구에서 타자의 머리(bean)를 겨눈 공, ⟨↔bat-flip⟩ 수2

581 **bean bee·tle** [비인 비이틀]: '콩풍뎅이', (세계적으로 서식하며) 콩류의 잎을 갉아 먹는 무당벌레의 일종, ⟨~ bean weevil\seed beetle⟩ 우2

582 **bean curd** [비인 커얼드]: 두부, tofu 가1

583 ***bean-head** [비인 헤드]: 바보, 멍텅구리, ⟨~ noodle³⟩, ⟨↔egg-head⟩ 양2

584 **bean paste** [비인 페이스트]: 된장(doen-jang), ⟨↔go·chu·jang⟩ 가1

585 **bean-pole** [비인 포울]: 콩덩굴의 받침대, 키다리, ⟨~ bean support\tall and thin⟩ 양2

586 **bean sprouts** [비인 스프라우츠]: 콩나물, green bean sprouts; 숙주나물 가1

587 **bean tree** [비인 트뤼이]: '콩 나무' ①콩깍지 비슷한 열매를 맺는 나무들의 총칭, ⟨~ legume⟩ ②(오스트레일리아산) 샛노란 꽃·3~4개의 밥알만 한 씨를 가진 콩깍지·단단한 목재를 제공하는 콩과의 커다란 나무, ⟨~(↔)catalpa⟩ 우2

588 **bear¹** [베어]: ⟨←bera⟩, ⟨게르만어⟩, '갈색⟨brown⟩ 동물', 곰, 난폭한 사람, 못생긴 여자, 열성가, ⟨~ bruin⟩, ⟨↔smoothie\bunny⟩ 가1 양2

589 **bear²** [베어]: ⟨←bhar(carry)⟩, ⟨산스크리트어→그리스어→게르만어⟩, '몸에 지니다', 나르다, 지니다, 품다, 버티다, 떠맡다, 낳다, 맺다, 참다, ⟨→bore\born\birth⟩, ⟨~ carry\endure⟩, ⟨↔lose\reject\dis-own⟩ 양1

590 **bear-ber·ry** [베어 베뤼]: (추운 지방에서 곰들이 따 먹는) 빨간 콩알만 한 열매를 맺는 월귤나무(huckle-berry)의 일종 우2

591 **bear-cat** [베어 캩]: ①작은 팬더 ②원기 왕성한 자, ⟨~ fighter⟩ ③야생 사향고양이(binturong), ⟨~ a civet⟩ 우2

592 **beard** [비어드]: ⟨←barba⟩, ⟨라틴어→게르만어⟩, (턱) 수염, 아가미, 깃털, 미늘, ⟨~ barb\barbel⟩, ⟨~goatee\hirsute⟩, ⟨~(↔)mustashe⟩ 양1

593 **beard-ed col·lie** [비어디드 칼리]: 15세기 스코틀랜드에서 개발된 턱수염이 긴 양치기 개·애완견, ⟨~ a Scottish herding breed⟩ 우1

594 **beard-ed drag-on** [비어디드 드뢔건]: (오스트레일리아에 서식하는) 턱수염도마뱀, ⟨~ a lizard⟩ 미2

595 **beard-tongue** [비어드 텅]: '수염 난 혓바닥'(의 수술을 가진 고산지대 바위틈에 자라는 현삼과의 야생화), ⟨~ fox-glove\pen(t)-stemon⟩ 우1

596 ***bear hug** [베어 허그]: 힘찬 포옹, body lock, 대상 기업의 이사회에 ⟨거절할 수 없는⟩ 매력적인 인수 가격을 제시하는 일, ⟨~ an arm twisting acquisition strategy⟩, ⟨↔side-hug⟩, ⟨↔inverted bear hug\arm-twisting⟩ 우2

597 **bear-ing** [베어륑]: ⟨←bear²⟩, ⟨게르만어⟩, 태도, 거동, 취지, 위치, 축받이, 이기다, 회전 굴대, ⟨~ posture\relevance\producing⟩, ⟨↔irrelevance\variance\losing⟩ 양1 우1

598 **bear-ing off** [베어륑 어호]: 뱃머리를 바람이 부는 쪽(lee-word)으로 돌리다, 순풍에 맡기다, ⟨~ carry away⟩, ⟨↔luff\sea faring⟩ 미2

599 ***bear mar·ket** [베어 마아킽]: (곰이 앞발을 내리치듯⟨striking down⟩ 하는) 하향세, 하락 시장, ⟨~ death cross⟩, ⟨↔bull market⟩ 미2

600 **beast** [비이스트]: ⟨←bestia(brutal animal)⟩, ⟨라틴어⟩, 짐승, 금수, 네발 동물, 짐승 같은 놈, ⟨→bestial⟩, ⟨~yahoo\savage⟩, ⟨↔man⟩, ⟨↔beauty⟩ 양2

601 ***beast mode** [비이스트 모우드]: '짐승행태', 경기에서 ⟨초인적⟩ 능력을 과시하는 상태, ⟨~demon mode⟩, ⟨↔piece of cake⟩ 우2

602 **beat** [비이트]: ⟨←beatan(strike)⟩, ⟨게르만어⟩, 치다, 때리다, 두드리다, 지치다, '꺼지다', (진하게) 화장하다, 고동, 박자, 특종 기사, cheat의 은어, ⟨~ abate⟩, ⟨↔battle⟩, ⟨↔defend\block⟩ 양2

603 ***beat around the bush**: ⟨1440년 영국시에 등장한 말⟩, 변죽만 울리다, 넌지시 둘러대다, 요점을 피하다, ⟨↔evade\vacillate⟩, ⟨↔come to the point\hit the nail on the head⟩ 양2

604 **be·at·i·fy** [비이애터화이]: beatus(happy)+facere(make), ⟨라틴어⟩, ⟨←beatificus⟩, 더없이 행복하게 하다, (가톨릭에서) '죽은 사람을' 시복하다, ⟨~ adorn\embellish⟩, ⟨↔castigate\condemn⟩ 양2

605 ***beat-ing a dead horse**: 버스 떠난 뒤 손 흔들기, 죽은 자식 불알 만지기, ⟨영국에서는 flogging a dead horse라고 함⟩, ⟨~ pursuing a lost cause⟩, ⟨↔getting off the ground⟩ 양2

606 ***beat-nik** [비트 닠]: beat generation, 비트족, (1950-60년대에 유행했던) beat music에 심취된 '반항아', ⟨~ non-conformist\hipster\bohemian⟩, ⟨↔orthodox\square\conservative⟩ 우1

607 ***beat the clock** [비이트 더 클랔]: '시간을 이기다', 시간 내에 끝내다, ⟨~ finish a task before dead line⟩, ⟨↔don't hurry⟩ 양2

608 **Bea·tles** [비이틀즈]: ⟨beats와 beetle이 합성된 말⟩, 1960년 후반에 창설되어 1970년에 해산한 영국 리버풀 출신의 4인조 록그룹, ⟨~ an English rock band⟩ 수1

609 ***beats me** [비이츠 미]: 모르겠는데요, 금시초문이다, ⟨~ incomprehensible⟩, ⟨↔understandable\clear as mud⟩ 양2

610 **Beau·jo·lais** [보우쥐레이]: beau(fair)+jugum(hill), ⟨프랑스어+라틴어⟩, ⟨아름다운 언덕⟩, 프랑스 남동부 보졸레 지방산 떫은맛이 덜한 적포도주, ⟨~ a light-bodied red wine⟩ 수2

611 **Beaune** [보운]: ⟨←Belen(god of fast flowing water)⟩, ⟨'급류'란 뜻의 갈리아어⟩, 프랑스 동부 본 지방산의 Pinot Noir 적포도주·Chardonnay 백포도주 수2

612 **beau·ti-cian** [뷰우티션]: 미용사, 미용업자, ⟨~ cosmetologist⟩ 가1

613 **beau·ti-ful** [뷰우티훌]: 아름다운, 예쁜, 훌륭한, 멋진, ⟨~ beauteous⟩, ⟨~ attractive\charming⟩, ⟨↔homely\awkward⟩ 가2

614 **beau-ty** [뷰우티]: ⟨←bellus(fair)⟩, ⟨라틴어에서 유래한 프랑스어⟩, 아름다움, 미모, 좋은 점, ⟨~ belle\enticing⟩, ⟨↔ugliness\hag⟩, ⟨↔beast⟩ 가1

615 ***beau-ty is as beau-ty costs**: 예쁜 여자는 인물 값을 한다, ⟨~ beauty and good seldom go together⟩ 양2

616 ***beau-ty is in the eye of the be-hold-er**: 아름다움은 보는 이의 생각에 달렸다, ⟨~ beauty is subjective⟩, ⟨한국에서는 '제 눈에 안경(glasses for one's own eyes)'이라고도 함⟩ 양2

617 ***beau-ty is on·ly skin-deep**: 미모는 피상적일 뿐, 마음(성격)이 더 중요하다, ⟨~ judge a book by it's cover⟩ 양2

618 **beau-ty care** [뷰우티 케어]: 미용, ⟨~ cosmetic⟩ 가1

619 **beau-ty con-test(show)** [뷰우티 칸테스트(쑈우)]: 미인 선발대회, ⟨~ beauty pageant⟩ 양2

620 **beau-ty mark** [뷰우티 마아크]: 애교점, ⟨~ beauty spot(blot)\zit⟩ 양2

621 **beau-ty par·lor(sa·lon \ shop)** [뷰우티 파알러(썰란 \ 샵)]: 미장원, 미용실, ⟨~(↔)hair salon⟩ 양2

622 **beau-ty queen** [뷰우티 퀴인]: 미인 대회 여왕, ⟨~ beauty contest winner⟩ 양2

623 **Beau-voir** [보우브와아], Si·mone de: ⟨프랑스어⟩, beautiful view, '경치가 아름다운 곳에 사는 자', 보부아르, (1908-1986), ⟨변태 성욕자로⟩ 사르트르와 함께 일하고 끝까지 곁을 지켜준 프랑스의 실존주의 작가, ⟨~ a French philosopher and writer⟩ 수1

624 **bea·ver** [비이붜]: ⟨←behruz(brown)⟩, ⟨'갈색'이란 뜻의 게르만어에서 유래한⟩ 비버, 해리(바다리), 나무를 갉아 먹는 재주와 윤기 나는 모피를 가진 커다란 쥐 모양의 수변 동물, ⟨~ a large semi-aquatic rodent\a castor⟩ 우2

625 **bea·ver-board** [비이붜 보어드]: ⟨비버 색깔을 한⟩ 목섬유 판자, 목재 섬유로 만든 가벼운 판자, ⟨~ a hard (or press) board⟩ 양2

626 **be·be** [비이비]: ⟨프랑스어⟩, 아가, baby에 더 ⟨어리석은⟩ 사랑을 보탠 말 양2

627 ***be-bug-ging** [비 버깅]: 전산기 차림표 작성자의 오류 방지 능력⟨'이 잡기'⟩을 측정하기 위해 일부러 잘못된 정보를 삽입하는 일, '이 뿌리기', ⟨~ a fault (or error) seeding⟩ 우1

628 **be-came** [비케임]: become의 과거, 되었다 가1

629 **be-cause** [비 커어즈]: ⟨영국어⟩, 'by cause', 왜냐하면, ~때문에, ~이니까, ⟨말이 많은 사람들이 말을 만들 때 쓰는 말⟩, ⟨~ as\since⟩, ⟨↔despite⟩ 가1

630 **bec·ca·fi·co** [베커휘코우]: ①'fig pecker', 무화과(fico)를 좋아하는 이탈리아의 꾀꼬리 비슷한 솔새, ⟨~ golden warbler⟩ ②⟨비싼 진미로 쳐주던 새고기 대신 서민도 먹으라고⟩ 그 솔새의 꽁지를 닮은 정어리에 소를 넣고 구운 ⟨시칠리아⟩식 요리, ⟨~ Sicilian stuffed sardines⟩ 우1

631 **be·cha·mel** [베셔멀]: ⟨프랑스 루이 14세의 주방 고문의 이름을 딴⟩ 베샤멜 소스, (우유·버터·밀가루·소금·후추 등을 섞어 만든) 희고 진한 맛난이, ⟨~ cardinal sauce\white sauce⟩ 미1

632 **beck** [벡]: ①⟨←beckon(nod)⟩, ⟨게르만어→영국어⟩, 끄덕임, 손짓 ②⟨←becc⟩, ⟨게르만어⟩, small brook, 시내 양2

633 **Beck-ham** [벸험], Da·vid: 〈지명(Beck(brook)의 터전)에서 연유한 영국계 이름〉, 베컴, (1975-), 평생 〈강박 신경증으로 고생하면서도〉 19개의 세계적 주요 우승컵을 획득하고 2013년에 은퇴하여 모델·사업가·대변인 등으로 변신을 꾀하고 있는 〈문신투성이의〉 영국의 직업 축구 선수, 〈~ an English soccer player〉 수1

634 **beck·on** [베컨]: 〈←beacen(sign)〉, 〈게르만어〉, '신호하다', 손짓으로 부르다, 유혹하다, 〈~ beacon〉, 〈~ gesture\allure\signal〉, 〈↔deter\dismiss〉 양1

635 *****Beck·y** [베키]: ①Rebecca의 약어 ②〈여러 소설에 등장하는〉 분수를 모르는 백인 아줌마, '빙충 어멈', 〈~ a materialistic white woman〉, 〈~(↔)Karen〉 수1 우1

636 **be-come** [비 컴]: by+cuman(to come), 〈영국어〉, ~이 되다, ~에 어울리다, 〈↔remain\stay〉 가1

637 **bed** [베드]: 〈게르만어〉, bedstead, 침대, 모판, 하상, (강·바다 등의) '바닥', 층, 〈~ couch\bottom〉, 〈↔surface\rise〉 양1

638 **bed and board** [베드 앤드 보어드]: 숙식, 동거, 〈~ room and board\boarding house〉 양2

639 **bed board** [베드 보어드]: 침대판, 〈~ a flat board under the mattress\bed-base\foundation〉 양1

640 **be-daz·zle** [비 대즐]: 〈북구어→영국어〉, 눈부시게 하다, 매혹하다, 〈~ charmed\delighted〉, 〈↔dull\lack-luster〉 양2

641 **bed-bug** [베드 버그]: 빈대, 사람의 피를 빨아 먹는 작은 원반형 곤충, chinch, 〈~ rat mite보다는 덜하나 박멸하기가 쉽지 않음〉, 〈~ house bug〉 가1

642 **bed-cov·er** [베드 커버]: 침대 덮개, 〈~ bed spread〉 양1

643 **bed-ding** [베 딩]: 침구, 빽빽하게 심음, 토대, 〈~ bed-clothes\implanting\copulating\lodging\support〉, 〈↔rising\eliminating〉 양1

644 **be-deck** [비 덱]: 〈네덜란드어→영국어〉, 꾸미다, 장식하다, 〈~ decorate\enhance〉, 〈↔simplify〉 양2

645 **bed-fast** [베드 홰스트]: 침대에 고정된, 자리보전하는, 〈~ bed-ridden\sick〉, 〈↔free\healthy〉 양1

646 *****bed-fel·low** [베드 휄로우]: 동거인, 동료, 불륜의 상대, '잠짝', '기둥서방', 〈~ roommate\ally〉, 〈↔enemy\foe〉 양1

647 **bed-frame** [베드 후훼임]: 침대 틀, 〈~ bed-stead〉 양1

648 *****bed-head** [베드 헤드]: ①침대 머리 판, 〈~ bed head-board〉 ②잠자고 나서 헝클어진 머리, '새 둥지 머리', 〈~ a messy hair〉 양2

649 **bed·lam** [배드럼]: 〈영국어〉, 〈Bethlehem 정신병원같이〉 소란한 곳, 대소동, 뒤죽박죽, 〈~ bug-house\mad-house〉, 〈↔calm\peace〉 양2

650 **bed lamp** [베드 램프]: 침대 등, 머리맡 등, 〈~ bed-side light〉, 〈~(↔)table lamp〉 양1

651 **bed mak-ing** [베드 메이킹]: 침대 제작, 침상 정돈, 〈~ arrange(neaten) the bedding〉 양1

652 **bed-mate** [베드 메이트]: 동침자, 정부, 〈~ bed-fellow〉, 〈↔stranger\enemy〉 양2

653 **bed-pad** [베드 패드]: 침대 깔개(요), 침대 안장 받침, 〈~ under-pad\mattress cover〉 양1

654 **bed-pan** [베드 팬]: 침대용 변기, 〈~chamber pot〉, 〈~(↔)urinal〉 미1

655 **bed-post** [베드 포스트]: 침대 기둥, 침대 다리, 〈~ bed-staff\bed-end〉 양1

656 **bed rail** [베드 뤠일]: 침대 가로대, 침대 막이, 〈~ bed-guard\guard-rail〉 미2

657 **bed rest** [베드 뤠스트]: 침대 요양, 누운 자세의 휴양, 〈~ rest-cure〉, 〈↔difficulty\erect〉 미2

658 **bed-rid·den** [베드 뤼든]: 〈게르만어〉, 누워서만 지내는, 몸져누워 있는, 〈~ bed-fast〉, 〈↔well\ambulatory〉 양1

659 **bed-rock** [베드 롹]: 암상, 기반, 바닥, 공고한, 〈~ sub-stratum\solid foundation〉, 〈↔pinnacle\culminate〉 양1

660 **bed-room** [베드 루움]: 침실, 〈~ sleeping chamber〉, 〈↔bath-room〉 가1

661 **bed scene** [베드 씨인]: 정사 장면, 〈~bedroom(\love\sex)scene〉 양2

662 **bed-side** [베드 싸이드]: 침대 곁 양1

663 **bed-side man·ner** [베드 싸이드 매너]: 〈병실에서〉 환자 다루는 태도, 〈~ approach\rapport〉 미2

664 **bed-sore** [베드 쏘어]: 욕창, pressure sore, decubitus 양2

665 **bed-spread** [베드 스프뤠드]: 침대보, 〈~ bed-cover〉 가❶
666 **bed-stand(ta·ble)** [베드 스탠드(테이블)]: 침대 곁 탁자, night·table, ⇒ night·stand 미❶
667 **bed-straw** [베드 스트뤄어]: 깔짚, 요 속의 짚, 잎이 나선형으로 자라 예전에 깔개로 썼던 갈퀴덩굴속의 식물, 〈~ cleavers\goose-grass〉 우❷
668 *__bed-strike__ [베드 스트라이크]: 잠자리 파업(앙탈), 합환 거부, 〈그 이유가 궁금하도다!〉, 〈~ conjugal fuss (or whine)〉 양❷
669 **bed-time** [베드 타임]: 취침 시간, 〈~ sleep-time〉, 〈↔wake-up time〉 양❶
670 *__bed town__ [베드 타운]: 잠만 자는 도시, 대도시 주변 주택지구, 〈~ dormitory suburb〉, 〈↔business center\downtown〉 미❷
671 **bed wet-ting** [베드 웨팅]: 자다 오줌싸기, 야뇨증, 〈~enuresis〉, 〈~(↔)encoporesis〉 미❶
672 **bee** [비이]: 〈←beo〉, 〈게르만어〉, (세계적으로 서식하며 1만 종에 달하는) 벌, 꿀벌, 일꾼, 암벌, 시인(poet), 몹시 바쁜 사람(social butterfly), 〈~ apis〉, 〈~(↔)wasp\hornet〉, 〈↔drone은 수벌〉 가❶ 양❶
673 **bee-balm** [비이 바암]: horse mint, 향수 박하, (벌들이 좋아하는) 꿀풀과의 다년초 미❷
674 **bee bee·tle** [비이 비이틀]: '꿀 풍뎅이', 털이 많은 벌같이 생긴 작은 풍뎅이, 〈~ a scarab beetle〉 우❷
675 **bee bird (eat-er)** [비이 버어드 (이이터)]: '벌새(벌먹이새)', 꿀벌을 잡아먹는 주둥이가 길고 뾰족하며 참새보다 조금 큰 색깔이 아름다운 딱새, 〈~ European fly-catcher\king-bird〉 우❷
676 **beech** [비이취]: 〈←bece(edible oak)〉, 〈게르만어〉, 너도밤나무, 참나뭇과의 낙엽활엽교목〈식용 도토리를 제공하며 나뭇결이 단단하여 건축·가구재로 많이 쓰임〉, 〈도토리는 American chestnut 비슷하며 목재는 birch 비슷함〉 미❷
677 **beech mar·ten** [비이취 마알튼]: stone marten, house marten, 돌담비, 흰가슴담비, (소나무담비보다 작고 적응력이 강한) '너도밤나무 족제비' 미❷
678 **beef** [비이후]: ①〈'bous(ox)'란 그리스어에서 온 프랑스어〉, 〈먹는 사람의 입장에서 쓰던 말〉, (쇠)고기, 살집, 알맹이, 근육, 체력, 살찌우다, 도살하다, 〈~ muscle\power\butcher〉, 〈↔impotence\praise〉 ②〈놀랄 때 쓰던 'hot beef!'라는 외침에서 유래한 영국어〉, 다툼, 〈~ bickering〉 양❶
679 **beef-a·lo** [비이훨로우]: 〈미국어〉, cattalo, 수소와 암들소를 교배시켜 만든 잡종으로 고기는 보통 쇠고기에 비해 기름기와 맛이 적다 함 우❷
680 *__beef cur·tains__ [비이후 커어튼스]: '쇠고기 보지', 성교를 너무 많이 해서 너덜너덜해진 대음순, 〈~roastie²\flap-dragon〉 우❷
681 **beef fly** [비이후 훌라이]: cattle fly, horn fly, 쇠파리, 등에 (벌 비슷한 파리) 미❷
682 **bee fly** [비이 훌라이]: '벌 파리'(벌같이 생긴 한 쌍의 날개만 가진 등에), 〈~ a gad-fly〉 우❷
683 **beef-steak** [비이후 스테익]: 두껍게 저민 쇠고기(요리), 〈↔ground beef\hamburger〉 우❶
684 **beef-steak mush·room** [비이후 스테익 머쉬루움]: 간장버섯, 간장 색깔의 소고기 저민 모양을 한 식용 버섯, 〈~ poor-man's steak\ox tongue〉, 〈~ a bracket fungus〉 미❷
685 **beef-steak plant** [비이후 스테익 플랜트]: 차조기, (아시아 고산지대 원산이나 각처에서 관상용으로 심는) 들깨 비슷한 잎에 소고기 저민 살의 색과 모양을 한 무늬가 있는 꿀풀과의 한해살이풀, 〈~ perilla〉 미❷
686 **beef-steak to·ma·to** [비이후 스테익 터메이토우]: (주로 소고기 샌드위치에 끼어 먹는) 붉은색의 과육이 많은 큰 토마토, 〈~ slicing tomato〉, 〈~ a large tomato with dense flesh〉 우❷
687 *__beef up__ [비이후 엎]: (체력을) 증진하다, 보강하다, 강화하다, 〈~ strengthen\under-gird\〉, 〈↔diminish\weaken〉 양❷
688 **Beef Wel·ling-ton** [비이후 웰링턴]: 〈웰링턴 공작과 무관한〉 연한 쇠고기를 빵에 싸서 구운 영국식 요리, 〈~ tendeloin baked in pastry〉 수❷
689 **beef-wood** [비이후 우드]: '쇠고기 나무'(오스트레일리아산의 소나무 비슷한 나무로 쇠고기 같은 붉은색의 목재를 제공하나 번식력이 강해 환경파괴를 할 수 있는 상록침엽교목), 〈~ she-oak\iron-wood〉 우❶
690 **beef-y** [비이휘]: 육질의, 뚱뚱한, 굼뜬, 〈~ muscular\hefty\burly〉, 〈↔thin\puny〉 양❶
691 **bee-hive** [비이 하이브]: 꿀벌 통, 벌집, 붐비는 장소, 〈~ honey-comb\apiary\swarm〉 양❶

692 **bee-line** [비이 라인]: 직선, (벌집으로 돌아오는 꿀벌의 행로 같은) 최단 거리, 〈~ crow line\short-cut〉, 〈↔detour〉 양2

693 **bee mar·tin** [비이 마알튼]: kingbird, 숲속에서 벌을 즐겨 잡아먹는 큰 딱새, '벌제비', 〈~ bee bird〉 우2

694 **been** [빈 \ 비인]: be의 과거분사, 지금까지 (~)이었다 가2

695 **beep-er** [비이퍼]: 〈영국어〉, 〈의성어〉, 삐삐, 무선 호출 장치, radio pager, 〈주머니 종(북한말)〉 우2

696 **beer** [비어]: 〈←bibere(drink)〉, 〈'마시다'란 뜻의 라틴어에서 연유한 게르만어〉, 〈1만년 전에 중동지방에서 개발된〉 (어원에 대해 3가지 학설이 있는) 맥주(곡류·홉 열매·효모와 물로 된 약한 술), 〈세계에서 제일 많이 소비되는 주류〉, 〈~ hop juice\amber fluid〉 가1

697 ***beer and skit·tles** [비어 앤 스키츠]: 맥주와 오뚜기 놀이, 〈1839년 C. Dickens의 글에 등장한 말〉, 〈마시고 노는〉 편안한 생활, 향락, 유흥, 〈~ primrose path〉, 〈↔hell\misery〉 양2

698 **beer bel·ly** [비어 벨리]: 맥주 배, 북통 배, 배불뚝이, 〈~ pot belly\spare tire〉 양2

699 **beer hall** [비어 허얼]: 맥줏집, 선술집, 〈~ ale-house\pub\tavern〉 양1

700 ***bee's knees** [비이스 니이즈]: 월등한 것(일), 최적임자, 〈꿀벌이 화분을 무릎에 담아 나르듯〉 기똥찬 기술을 가진 자, 〈~ cracker-jack\cream of the pie〉, 〈↔failure\turkey〉 양2

701 **beet** [비이트]: 〈←beta(a chard)〉, 〈켈트어→라틴어〉, (남적색의 뿌리를 가진) 남당무, 근대, 사탕무, 〈~(↔) artichoke〉, remolacha〈스페인어〉 미2

702 **beet sugar** [비이트 슈거]: 사탕무로 만든 설탕, 청채당, 〈~ sugar beet〉, 〈↔cane sugar〉 양2

703 **Bee·tho·ven** [베토우번], Lud·wig: 'beet 재배자', 베토벤, (1770-1827), (연애는 했으나 평생 독신으로 살면서 포도주를 즐겼던) 독일의 〈독자적〉 작곡가, 〈~ a German composer and pianist〉 수1

704 **bee·tle** [비이틀]: 〈←bitan〉, 〈영국어〉, 〈bite하는〉 딱정벌레, 투구벌레, 단단한 입을 가진 벌레, 근시, 〈~ a winged insect\nearsighted-ness〉 양1

705 **be-fall** [비 훠얼]: 〈안 좋은 일이〉 일어나다(생기다), 〈~ occur\happen\take place〉, 〈↔miss\pass〉 가1

706 **be-fit** [비 휠]: 적합하다, 알맞다, 〈↔unsuitable\improper〉 가1

707 **be-fore** [비 호어]: be+foran(front), 〈영국어〉, ~전에, 앞서, 먼저, 〈김이 샜다는 말〉, 〈~ ante\prior to〉, 〈↔after〉 가2

708 **be-fore-hand** [비 호어 핸드]: '앞서 손을 쓴', 미리, 벌써, 앞질러, 지레, 〈~ earlier\already〉, 〈↔after-wards〉 가1

709 **beg** [베그]: 〈←beggen(be seech)〉, 〈게르만어〉, 빌다, 청하다, 구걸(비럭질)하다, 〈~ bid〉, 〈~ entreat\implore〉, 〈↔demand\suggest〉 가1

710 **be·gan** [비갠]: 〈게르만어〉, begin의 과거, 시작하였다(되었다) 가1

711 **be-get** [비 겔]: 〈영국어〉, 낳다, 얻다, 생기게 하다, 〈~ give life to\bring about〉, 〈이탈리아 양반들은 'pro·geny'라 함〉, 〈↔perish\prevent〉 가1

712 **beg-gar** [베거]: 거지, 비렁뱅이, 걸인, 간청하는 자, 〈~ pan-handler\dead-beat〉, 〈↔rich\donor\sponsor〉 가2

713 ***beg-gar my neigh·bor** [베거 마이 네이버]: ①상대편의 패를 모두 뺏을 때까지 둘이서 하는 놀이, 〈~ strip jack naked\a card game〉 ②(남의 손실로 이익을 얻는) 자기중심적, 근린궁핍화, 〈~ mercantillism〉 미2

714 ***beg-gars can-not be choos-ers**: 빌어먹는 놈이 콩밥을 마다하랴, 〈~ don't look at a gift horse in the mouth〉 양2

715 **beg-gar's chick·en** [베거스 취큰]: (여러 가지 전설이 있는) 중국식 통닭 진흙 구이, 〈~ baked stuffed chicken\yellow mud simmer chicken〉 미2

716 **beg-gar's lice (ticks)** [베거스 라이스 (틱스)]: '구걸초', 〈귀찮게〉 표피나 옷에 달라붙는 〈이를 닮은〉 가시나 열매를 가진 식물〈가막사리·쇠무릎지기·뱀도랏 등등〉, 〈~ stick-tight\stick-seed〉 우2

717 **Be·gin** [베이긴], Me·na·chem: 〈고대 프랑스어〉, stutter, '말더듬이', 베긴, (1913-1992), 이스라엘의 보수파 정치가, 〈~ the 6th Prime Minister of Israel〉 수1

718 **be·gin** [비긴]: on+ginnan(start), 〈게르만어〉, 시작(착수)하다, 일으키다, 〈↔cease\end〉 가1

719 **be·go·nia** [비고우니어]: 〈프랑스 식물 애호가(Begon)의 이름을 딴〉 베고니아, 추해당, 9월경 해변 모래 땅에 선홍색의 큰 꽃을 피우는 장미과의 상록 여러해살이풀, 〈~ an onamental plant〉 미1

720 **be-guile** [비 가일]: 〈←guiler(deceive)〉, 〈프랑스어→영국어〉 속이다, 매혹시키다, 잊게 하다, 〈~ pretend\delude\fascinate〉, 〈↔repel\bore〉 양2

721 **be·gun** [비 건]: bigin의 과거분사, 이미 시작하였다(되었다) 가1

722 **beg your par-don** [베그 유어 파아든]: 실례(죄송)합니다, 〈~ excuse me〉 양2

723 **be-half** [비 해후\비하아후]: on+healf(half〈side〉), 〈영국어〉, ~를 위하여(대신하여), 이익, 지지, 원조, 〈~ for\in favor of〉, 〈↔despite\blockage〉 가1

724 **be-hav·ior\be-hav·iour** [비 헤이뷔어]: be+habban(have), 〈게르만어→영국어〉, 행동, 태도, 작용, 습성, 〈~have; 돈을 갖고 있을 때와 없을 때에 따라 행동이나 태도가 달라지기 때문〉, 〈~ way of acting\demeaner〉, 〈↔mis-behavior\mis-conduct〉 양1

725 **be-head** [비 헤드]: 〈영국어〉, 목을 베다, 참수하다, 〈~ decapitate〉, 〈~(↔)amputate〉 양2

726 **be·he·moth** [비히이머쓰]: 〈←p̄.ehe·mau(water ox)〉, 〈이집트어→히브리어〉, (하마로 추측되는) 거대한 짐승, 거인, 〈~ colossal\gargantuan〉, 〈~(↔)leviathan〉, 〈↔dwarf\midget〉 수2

727 **be-hest** [비 헤스트]: be+hatan(command), 〈영국어〉, 끈질긴 요청, 명령, 지령, 〈←hight〉, 〈↔answer\allowance〉 양2

728 **be-hind** [비 하인드]: by+hindan, 〈영국어〉, 〈←hind〉, 뒤(배후)에, 늦어, ~보다 떨어져서, 엉덩이, '꽁무니', 〈↔a-head\in front of〉 가1

729 **be-hind the curve**: (굽은 길의) 뒤에 처진, 앞이 안 보이는, 불리한 입장, (시대·유행에) 뒤떨어진, 〈~ insufficient\slower〉, 〈↔ahead of the curve〉 양2

730 **be-hind the scenes** [비하인드 더 씨인즈]: 공개되지 않은, 비밀의, 〈~ secret\confidential〉, 〈↔known\revealed〉 양1

731 **be-hold** [비 호울드]: be+healdan(to keep), 〈영국어〉, (바라)보다, 주시하다, 〈~ look at\observe〉, 〈↔un-seen\dis-regard〉 양2

732 **be-hold-en** [비 호울던]: 〈behold하고 어원이 같으나 뜻은 많이 변질된 말〉, 은혜를 입은, 〈~ grateful\obligated〉, 신세진, 〈↔ingrateful〉 양2

733 **be-ho(o)ve** [비후우브]: be+hofian(need), 〈영국어〉, (~하는 것이) 의무이다, 마땅하다, 필요하다, 〈~ obligatory\required〉, 〈↔refuse\discourage\no need〉 양2

734 **beige** [베이쥐]: 〈어원 불명의 프랑스어〉, sandy color, 밝은 다갈색, 낙타색, 밋밋한, 재미없는, 〈↔showy\dramatic〉 우2

735 ***beige flag** [베이쥐 훌래그]: 〈Tik Tok 용어〉, 밋밋한 깃발, '중립 신호', (동영상 교신에서) 좋지도 싫지도 않은 교감, 두고 볼 일, 〈~ off-putting\quirk\to be seen〉, 〈↔red\green flag〉 우2

736 ***beige prose** [베이쥐 프로우즈]: (짧고 단순한) 간결체 문장, 〈~ simple sentence〉, 〈↔purple prose〉 양2

737 **Bei·jing** [베이찡]: '북쪽 서울(nothern capital)', 베이징, Peking의 새로운 철자, 북경, BC 1045년에 설립되어 오랫동안 통일 중국의 수도 역할을 해 온 중국 북동부의 〈만능 도시〉, 〈~ China's sprawling capital〉, ⇒ Peking 수1

738 **Bei·jing Op·e·ra** [베이찡 아프러]: 경극, (남자배우만 출연하는) 노래·춤·연기가 혼합된 중국의 전통 연극(classical Chinese opera), 〈~ gyong-geuk\kabuki〉 미2

739 **be-ing** [비잉]: 〈영국어〉, be의 현재분사, ~되고 있는 중(이다), ~는 것, ~이기 때문에 가1

740 ***be in the same boat**: 같은 배를 탄 처지이다, 똑같은 곤경에 처해있다, 운명을 같이 한다, 〈~ on a par\joined at the hip〉 양2

741 **Bei·rut** [베이루우트]: 〈←birat(wells)〉, 〈히브리어→아랍어〉, '우물들', 베이루트, (아주 오래된) 레바논의 수도·상항, 〈~ Capital of Lebanon〉 수1

742 **be-jab·bers** [비좨벌즈]: 〈영국어〉, 이런, by+Jesus, 제기랄, 반드시, bejesus, 〈~ deuce\dickens\heaven's sake〉 양2

743 **be-je·sus\be-je(e)·zus** [비쥐이저스]: be+Jesus, by+Jesus, 제기랄, bejabbers, 〈↔daring\I don't care〉 양2

744 **be·ka squid** [베커 스퀴드]: 〈왜 그런지는 모르겠으나 Beka란 사람 이름에서 연유한 말〉, pencil squid, (한국의 낙지볶음에 쓰이는) 꼴뚜기 미2

745 **Be·la·fon·te** [벨러환티], Har·ry: 〈프랑스어〉, beautiful fountain, '샘 근처에 사는 자', 벨라폰테, (1927-2023), 미국 출생 칼립소(바다 요정) 음악의 거장, 〈~ an American calypo singer〉 수1

746 **Be·lar·us** [벨라루스]: Belaya(white)+Rus, '백러시아', 벨라루스, 1991년 소련으로부터 독립한 폴란드와 소련 사이에 낀 내륙 국가, {Belarusian-Belarusian·Russian-(BYN) Ruble-Minsk} 수1

747 **be-lated** [비 레이티드]: 〈영국어〉, (뒤) 늦은, 구식의, 〈~ delayed\over-due〉, 〈↔premature\early〉 양2

748 **Be·lau** [벌라우]: 〈←beluu(village)〉, 〈원주민어〉, '마을', 벨라우, Palau Islands, 미국령으로 있다가 1981년에 독립한 필리핀 남동쪽 서태평양상에 있는 500여 섬에 2만 정도의 인구를 가진 공화국, {Palaun-Eng·Palaun etc-(US) Dollar-Ngerulmud} 수1

749 **belch** [벨취]: 〈영국어〉, 〈의성어?〉, 트림하다, 분출하다, 내뱉다, 〈~ burp\erupt〉, 〈↔contain\bottle up〉 양1

750 **be-lea·guer** [비 리이거]: be+legeren(seize), 〈네덜란드어〉, 둘러싸다, 공격하다, 괴롭히다, 〈←league〉, 〈~ surrounded\hard-pressed〉, 〈↔relaxed\friendly〉 양2

751 **Bel-fast** [벨홰스트]: beal(mouth)+feirste(tidal ford), 〈아일리시어〉, '포구', 벨파스트, (영국령) 북아일랜드의 수도·항구·공업도시, 〈~ Capital of Northern Island〉 수1

752 ***bel-fie** [벨휘]: 〈미국어〉, 'bottom selfie', 〈사회 전산망에 올리기 위해〉 본인의 엉덩이를 찍은 사진, 〈↔dick-pic〉 우2

753 **bel-fry** [벨후뤼]: bergen+frit, 〈게르만어〉, bell tower, 종루, 종각, 머리, 〈↔bottom\base〉 양2

754 **Bel·gian hare** [벨젼 헤어]: (18세기에 벨기에에서 가축용 사료로 개발되어 19세기에 미국에서 애완용으로 인기 있었고 21세기에는 북한에서 식용으로 사육이 권장되고 있는) 산토끼 같은 〈크고 늘씬한〉 집토끼, '특종' 집토끼, 〈~ a fancy domestic rabbit〉 수2

755 **Bel·gian sheep-dog** [벨젼 쉬이프 더어그]: 19세기 후반에 벨기에의 동물학자들이 독일 셰퍼드 등을 교배해서 만든 중·대형의 4종류의 목양견, 〈~ B. shepherd\a medium sized herding dog〉 수2

756 **Bel·gium** [벨점]: 〈갈리아어〉, 〈시저가 그들의 표정을 보고 붙여 주었다는〉 'Belgae〈swollen with anger〉족의 나라', 벨기에, (강대국에 둘러싸인) 북부 유럽의 입헌군주국, {Belgian-Dutch·Fr·Ger-Euro-Brussels} 수1

757 **Bel-grade** [벨그뤠이드]: beo(white)+grad(town), 〈슬라브어〉, '흰 요새', 베오그라드, 기원전 3세기부터 개발된 세르비아의 수도·교통의 중심지, 〈~ Capital of Serbia〉 수1

758 **Be·li-al** [비일리얼]: beli(with out)+yaal(value), 〈히브리어〉, 벨리알, 악마, 타락한 천사 중의 하나, 〈~ devil\Prince of Darkness\Mephistopheles〉, 〈~(↔)Lucifer〉 수1

759 **be-lie** [비 라이]: be+leogan(lie), 〈영국어〉, 속여 나타나다, 어기다, 모순되다, 〈~ contradict\disagree〉, 〈↔reveal\evince〉 양2

760 **be·lieve** [빌리이브]: be+gelefan(faith), 〈게르만어→영국어〉, 믿다, ~라고 생각하다, 〈→belief〉, 〈~ convinced by\trust〉, 〈↔dis-believe\doubt〉 가1

761 **be-lit·tle** [비 리틀]: 과소 평가하다, 얕보다, 흠잡다, 〈편자가 권장하고 싶은 단어〉, 〈~ criticize\decry〉, 〈↔en-dear〉 양2

762 **Be·lize** [벌리이즈]: 〈←balix(muddy waters)〉, 〈마야어〉, '해변' \ '흙탕물', 벨리즈, (1981년 영국으로부터 독립한) 중앙 아메리카의 카리브해에 면한 조그만 나라, {Belizean-Eng-(BZ) Dollar-Belmopan} 수1

763 **Bell** [벨], Al·ex·an·der: '종지기' \ '종 제조자', (1847-1922), 전화기를 발명한 스코틀랜드 이민 출신 미국의 과학자, 〈~ a Scottish-born Canadian-American inventor〉 수1

764 **bell** [벨]: 〈←belle(ring²)〉, 〈게르만어〉, 〈의성어〉, 종 (소리·모양), 방울, 초롱꽃, 〈~ chime\alert\bell-shaped flower〉, 〈↔silence\murmur〉 가1

765 **bel·la·don·na** [벨러다너]: 〈이탈리아어〉, 〈그것의 액즙을 눈에 넣어 '아름다운 여인(beautiful lady)'을 만들었던〉 벨라도나, 진통제 등에 쓰이는 가짓과의 약용식물, 〈~ deadly night-shade〉 수2

766 **bell-bird** [벨 버어드]: '종울림새', 울음소리가 1마일까지 들리는 남아메리카·뉴질랜드 원산의 참새보다 작은 새, 〈~ bell miner〉 우1

767 **bell-bot·toms** [벨 바텀즈]: 〈끝이 종모양으로 펼쳐진〉 나팔바지, 〈~ flares\palazzo pants〉 미2

768 **bell-boy** [벨 버이]: 사환, 급사, 〈~ bell-hop〉, 〈↔bell captain\bell-girl〉 양1

769 **bell cap·tain** [벨 캡틴]: 급사장, 〈~ major-domo\maitre d'〉, 〈↔bell-boy\bell-girl〉 양1

770 **bell (shaped) curve** [벨 (쉐이프트) 커어브]: 종 모양의 곡선, 정규분포곡선, 〈~ normal distribution〉, 〈↔inverted bell curve〉 양2

771 **belle** [벨]: 〈라틴어에서 연유한 프랑스어〉, beautiful의 여성형, 미인, 가인, 〈↔bag\hag〉 양2

772 **belle amie** [벨 애아미]: 미모의 (여자) 친구, 〈~ pretty friend〉, 〈↔bitch\witch〉 미2

773 **belle in·fi·del** [벨 엥휘델]: beartiful+not+fidelis(faithful), 〈라틴어→프랑스어〉, 부정한 미녀, (자신한테도 가망성이 있기 때문에 남성들의 선망의 대상이 되는) 아름다운 부정한 여자, '벌레 먹은 장미', 〈마음만 곱다고 여자냐? 얼굴이 고와야 여자지!〉, 〈~ an elegant but un-faithful woman〉, 〈자신도 가능성이 있기 때문에 선망의 대상이 됨〉 양2

774 **belle-mére** [벨 메아]: 〈프랑스어〉, moher-in-law(장모), step-mother(계모), 〈↔belle-soeur〉 양2

775 **belles let·ters** [벨 레트뤼]: 〈프랑스어〉, 'fine letter', 미문(학), 순(수)문학, 〈↔bewilderment〉 양2

776 **belle-soeur** [벨 쏘어 \ 벨 씨어]: 〈프랑스어〉, '아름다운 누이', 법매, sister in law, 〈↔belle-mére〉 양2

777 **bell-flow·er** [벨 훌라워]: 초롱꽃, 도라지, 여름에 종 모양의 담자색 꽃을 피우는 여러해살이풀, campanula 미2

778 **bell frog** [벨 후뤄어그]: 방울 소리를 내는 각종 청개구리, '방울 개구리', 〈~ (수컷이 발정시 짝 찾는 소리가 오토바이 시동거는 소리 같은) motor-bike frog〉 우2

779 *****bell-hop** [벨 핥]: 〈종이 울리면 깡충깡충 뛰어다니는〉 (호텔이나 클럽의) 사환, bell·boy의 더 속된 표현 양2

780 **bel·li·cose** [벨리크우스]: 〈←bellum(war)〉, 〈라틴어〉, 싸우기 좋아하는, 호전적인, 공격적인, 〈~ belligerent〉, 〈~ aggressive\hostile〉, 〈↔peace-able\friendly〉 양2

781 **bel·lig·er·ent** [벨리쥐륀트]: 〈←bellum(war)〉, 〈라틴어〉, 호전적인, 교전 중인, 기어오르는, 〈~ bellicose〉, 〈~ aggressive\hostile〉, 〈↔peace-able\friendly〉 양1

782 **Bel·li·ni** [벌리이니]: 〈←bellus(beautiful)〉, 〈라틴어〉, '아름다운 자', 〈베네치아의 화가 벨리니의 그림에 나오는 독특한 분홍색을 띤〉 복숭아나 넥타린에 발포 포도주를 섞은 혼합주, 〈~ a Prosecco cocktail〉 수2

783 **bel·low** [벨로우]: 〈←bylgean(roar)〉, 〈영국어〉, (소가) 큰 소리로 울다, 으르렁거리다, 고함 지르다, 〈~ moo\growl\scream〉, 〈↔whisper\mumble\oratorio〉 양1

784 **bel·lows** [벨로우즈]: 〈←belg(bag)〉, 〈영국어〉, blowing bag, '바람을 불어넣는 자루', 풀무, 송풍기, 바람통, 주름상자, 〈~ air pump\inflator〉 양1

785 **bel·lows fish** [벨로우즈 휘쉬]: snipe·fish, 대주둥치(북미 대서양 연안에 서식하며) 풀무같이 큰 입을 가지고 흉측하게 생긴 안강어 미2

786 **bell pep·per** [벨 페퍼]: sweet pepper, 사자고추, '방울 고추', (중미 원산의) 맵지 않은 각각 녹·황·적 색깔로 된 종 모양의 열매를 맺는 가짓과의 '과일', 〈~ sweet bell〉, 〈↔hot pepper〉 미1

787 *****bells and whis·tles** [벨즈 언드 위쓸스]: 〈무성 영화 시대 때 주의를 환기하려고 쓰던 음향 효과에서 유래한〉 전산기에 멋으로 덧붙이는 부가 기능, 〈~ frill\accessory\extra〉 우2

788 **Bell's pal·sy** [벨즈 퍼얼쥐]: 〈스코틀랜드 생리학자의 이름에서 연유한〉 (다양한 원인의) 안면신경마비, 〈~ idiopathic facial paralysis〉 미2

789 *****bell the cat** [벨 더 캩]: 〈쥐들이 모여서 안전을 위해 고양이 목에 방울 달 지원자를 모집하듯〉 남을 위해서〉 위험한 일을 떠맡다, (스스로) 난국에 처하다, 〈~ dare\take a risk\push one's luck〉 양2

790 *****bell-weth·er** [벨 웨더]: (양 떼를 이끄는) 방울 달린 숫양, 선도자, 주모자, 〈↔follower\imitator\Johnny-come-lately〉 양2

791 **bel·ly** [벨리]: 〈←belg〉, 〈게르만어〉, 'bag(자루)', 배, 불룩한 부분, 〈~ bulge〉, 〈~ bowel\paunch〉, 〈↔back〉 가1

792 **bel·ly but·ton** [벨리 버튼]: 배꼽, tummy button, navel, 〈~ umbilicus〉 양2

793 **bel·ly dance** [벨리 댄스]: (6천여 년 전에 중동지방에서 시작된) 〈신비스러운〉 배꼽춤, 〈~ 'oriental dance'〉 양2

794 *bel·ly-up [벨리 엎]: 〈물고기처럼〉 죽어자빠진, 결단난, 파산한, 〈~ collapse\fail\dead〉, 〈↔back-up\straighten\succeed\solvent〉 양2

795 *bel·ly-wash [벨리 워쉬]: 〈19세기 중반에 등장한 미국 속어〉 ①〈조잡한〉 음료, 〈~ hog-wash〉 ②허튼소리, 〈~ non-sense〉, 〈↔axiom\mantra〉 양1

796 be-long [빌러엉]: be+langian(go along), 〈게르만어→영국어〉, 속하다, ~의 것이다, 잘 맞는다, 〈~ own\pertain\possess〉, 〈↔avoid\abandon\unrelated〉 양1

797 Be·lo·rus·sia [벨러 뤄쉬]: ⇒ Belarus 수1

798 be-loved [비 러브드]: 사랑하는, 소중한, 여보, 당신, 〈~ darling\dear〉, 〈↔despised\hated〉 양2

799 be-low [빌로우]: be+logh(low), 〈영국어〉, ~보다 아래에, '하바리', 〈~ beneath\under〉, 〈↔above\over〉 가1

800 be-low-ground [빌로우 그라운드]: 지하에 있는, 매장된, 〈↔above-ground〉 양1

801 *be-low the belt [빌로우 더 벨트]: 허리띠 아래, 반칙, (남들이 상관할 바가 없다는) 남녀상열지사 〈박정희 대통령의 말〉, 〈~ un-called for\foul〉, 〈↔legal\just〉 양1

802 belt [벨트]: 〈←balteus(girdle)〉, 〈라틴어〉, (허리)띠, 혁대, 지대(zone), 줄, 고리, 〈↔ungird\untie〉 양1

803 Bel·tain \ Bel·tane [벨테인]: Bel+tene(fire), 〈켈트어〉, '입하', 농번기를 맞아 〈밝은 모닥불을 피우며〉 산 영혼을 기리던 켈트족의 축제 (5월 1일), 〈~ Gaelic May Day〉 수2

804 belt con·vey–er [벨트 컨붸이어]: 띠로 된 운반기, 〈~(↔)roller conveyor〉 미2

805 belt fish [벨트 휘쉬]: hair tail, cutlass fish, scabbard, 갈치 미2

806 *belt-way [벨트 웨이]: 순환도로, 〈~ ring(circular) road\loop〉, 〈↔direct link\main road\zigzag〉 가1

807 Ben·a·dryl [베너드릴]: 〈화학명을 줄여서 만든 말〉, Johnson&Johnson사가 만드는 diphenhydramine (항히스타민제) 수2

808 bench [벤취]: 〈←benc(long seat)〉, 〈게르만어〉, 긴 의자, 재판관석, 작업대, 선수석, 품평회, 〈←bank¹〉, 〈~ counter\judiciary〉, 〈↔chair〉 양1

809 *bench-ing [벤칭]: ①벤치를 만들다(배치하다) ②〈미국어〉, 대기발령, (선수를) 벤치에 쉬게 하다, (연애에서) 〈혹시 모르니까〉 그럭저럭 관계를 유지하다, 〈~ left on the side-line\back-up option〉, 〈↔promote\enhance〉 양2 미2

810 *bench mark [벤취 마아크]: 수준기표, 수준점, 기준, 견주기, 〈~ standard\criterion〉, 〈↔triviality\irrelevance〉 양2

811 *bench mark-ing [벤취 마아킹]: '요령사업', 쉽게 아이디어를 얻어 새 상품 개발로 연결시키는 기업, 〈~ a project management〉 우1

812 *bench warm-er [벤취 워어머]: ①의자 가온기 ②〈미국 속어〉, 후보선수, 〈~ substitute\second fiddle〉, 〈↔starter\first string〉 양2

813 bend [벤드]: 〈←bendon(curving)〉, 〈게르만어〉, 구부리다, 접다, 굴복시키다, '묶다', (도로·강의) 굽이, 〈~ band〉, 〈~ curve\crook〉, 〈↔straight(en)〉 양1

814 bend-ing ma·chine [벤딩 머쉰]: (조립 작업에서 공구를 바꾸기 위해 쓰는) 만곡된 관상의 판 이음새 공구, 〈~ press brake〉 우1

815 *bend o·ver back-ward [벤드 오우붜 백워어드]: (몸을) 뒤로 젖히다, 힘들며 일하다, 최선을 다하다, 〈~ do the best〉 양2

816 be-neath [비니쓰]: be+neothan(below), 〈영국어〉, ~의 밑에, ~보다 낮은, ~할 가치가 없는, 〈~ nether\below〉, 〈↔above\over〉 가1

817 Ben·e·dict [베네딕트]: bene(well)+dicte(speech), 〈라틴어〉, '축복받은 자', 베네딕트, 남자 이름(musculine given name), 14명의 로마교황(Pope)의 이름 수1

818 Ben·e·dic-tine [베네딕틴]: 베네딕트파(의), 529년 이탈리아의 성 베네딕트가 창설한 수행과 노동을 중시한 수도 단체, 〈~ Order of St. Benedict〉 수1

819 ben·e·dic-tion [베네딕션]: '좋은 말 하기', (끝) 기도, 축도, 성체강복식, 〈~ blessing〉, 〈↔anathema\malediction〉 양1

820 **ben·e·fac·tor** [베니홱터]: bene(well)+facere(do), 〈라틴어〉, '이득을 주는 사람', 은혜를 베푸는 사람, 후원자, 보호자, 〈~ patron\sponsor〉, 〈↔antagonist\opposer\beneficiary〉 양2

821 **ben·e·fi·ci·ar·y** [베니휘쉬에뤼]: 은혜를 받는 사람, 수익자, 수혜자, 〈~ recipient\inheritor〉, 〈↔benefactor\donor〉 양2

822 **ben·e·fit** [베니휕]: 〈라틴어〉, '좋게 만드는 것', 이익, 은혜, 혜택, 〈~ good\gain\aid〉, 〈↔detriment\disadvantage〉 양2

823 **ben·e·fit of cler·gy** [베니휕 어브 클러얼쥐]: '성직자의 은사', 성직자는 일반법이 아닌 교회법의 심판을 받았던 중세의 관례, 〈~ exemption from secular courts〉 우1

824 *****ben·e·fit of the doubt** [베니휕 어브 더 다웉]: '불확실의 은사', 불확실한 경우에 상대에게 유리하게 해석하는 것, 〈~ presumed innocence〉, 〈↔assume the worst〉 우1

825 **Ben·e·lux** [베넬럭스]: 베네룩스, 벨기에·네덜란드·룩셈부르크 세 나라의 총칭, 〈~ Belgium·Netherlands·Luxembourg〉 수1

826 **be·nev·o·lent** [버네뷜런트]: bene(well)+velle(wish), 〈라틴어〉, '잘 지내기를 바라는', '호의의', 자비로운, 인자한, 자선의, 〈~ magnanimous\charitable〉, 〈↔malevolent\execrate\cruel\black-mail\spite〉 양2

827 **Ben·gal** [벤거얼 \ 벤가알]: 〈←Bong(sun-god)?〉, 〈어원 불명의 고대 힌디어〉, 벵골, (인도령과 방글라데시령으로 나뉜) 인도의 북동쪽 지방, 〈~ north-eastern part of Indian sub-continent〉 수1

828 **Ben·gal light** [벤거얼 라읱]: (벵골산 초석을 원료로 쓴) 〈폭죽·해난신호·무대 조명용의〉 선명한 청백색의 지속성 불꽃, 〈~ a bright blue flare〉 수2

829 **Ben·gal mon·key** [벤거얼 멍키]: 〈Rh 인자를 가진〉 rhesus monkey, (중·동·남 아시아에 널리 서식하는) 붉은털원숭이 미1

830 **Ben·gal stripes** [벤거얼 스트롸이프스]: (인도에서 유래해서 19세기 초 영국에서 인기 있었던) 1/4인치 간격의 줄무늬 직물, 〈~ vertical stripes〉 수2

831 **Ben·gal ti·ger** [벤거얼 타이거]: 〈멸종 위기에 처한〉 크고 씩씩한 인도호랑이, 〈~ a charismatic mega-fauna〉 수2

832 **Ben-Gu·rion** [벤 구어뤼언], Da·vid: 〈히브리어〉, '사자의 아들', 벤구리온, (1886-1973), 이스라엘의 독립운동가·초대수상, 〈~ the primary founder of Israel〉 수1

833 **Ben-Hur** [벤 허얼]: ben(son)+hur(be free?), 〈히브리어〉, '자유민의 아들', 벤허, (기독교로 개종한 유대인을 그린) 역사 소설의 주인공, 〈~ a Jewish name〉 수1

834 **be–night·ed** [비 나이티드]: 어둠이 깃든, 갈 길이 저문, 무지몽매한, 〈~ dark\ignorant〉, 〈↔enlightened\literate〉 양2

835 **be·nign** [비나인]: bene(well)+genus(born), 〈라틴어〉, '태생이 좋은', 친절한, 따뜻한, 재수 좋은, 양성의, 〈~ good natured\warm hearted〉, 〈↔mal·ign〉 양2

836 **Be·ni·ha·na** [베니하나]: 〈일본어〉, red+flower, safflower, '홍화(잇꽃)', 1964년 일본인 2세가 미국의 뉴욕에서 단돈 1만 불로 시작한 즉석 철판구이 일품 일본 음식 연쇄점, 〈~ an American Japanese restaurant〉 수2

837 **Be·nin** [베닌]: 〈←bani(sons)?〉, 〈아랍어?〉, 〈나이지리아 중세 왕국의 이름(Benin)을 딴〉 베냉, 1960년 프랑스로부터 독립한 나이지리아 서쪽의 좁고 긴 공화국, {Beninese-Fr-(XO) Franc-Porto Novo} 수1

838 **Ben·ja·min** [벤줘민]: ben(son)+yamin(south \ right hand), 〈히브리어〉, '오른손', 벤자민, 남자 이름, a musculine given name, 베냐민(이스라엘 12지파의 하나, Jacob의 막내아들〈귀염둥이〉), benjamin; 〈초상화의 이름을 딴〉 미화 100불짜리 수1 양1

839 **Ben & Jer·ry's** [벤 앤 줴뤼스]: 벤 앤 제리스, 1978년 동명의 두 미국인에 의해 창립되어 2000년 유럽의 Unilever사에 팔려나간 〈자연산을 썼다고 광고하던〉 세계적 아이스크림(ice cream) 가게 수2

840 **ben·ne \ ben·ny \ ben·e** [베니]: 〈아프리카어〉, sesame (참깨)의 방언 양2

841 **ben·net** [베넽]: bene(well)+dicere(speak), 〈라틴어〉, 〈축복받은 풀〉, wood avens, colewort, 영국 데이지, 서양 평지, 뱀무, 〈뱀을 쫓는다는〉 3갈래 잎과 노란색의 작은 다섯 갈래 꽃잎을 피우는 약초·울타리용 식물 미2

842 *****ben·ny** [베니]: ①〈어원 불명의 미국어〉, 남자 외투(coat) ②〈어원 불명의 미국어〉, 챙이 넓은 밀짚모자(hat) ③benzedrine (중추신경 자극제) 우1

843 **ben oil** [벤 오일]: 〈behenic 산을 함유한〉 (잘 부패하지 않아) 화장품·향수·요리·윤활유 등으로 써왔던 고추냉이나무〈horse-raddish tree〉 등에서 추출한 기름 (우)

844 *__be not the first to quar·rel, not the last to make it up__: 싸움은 말리고 흥정은 붙여라, 솔선수범하라, 〈~ lead by example〉 (양2)

845 **bent** [벤트]: ①bend의 과거·과거분사, 굽은, 뒤틀린, 열중한, 경향, 좋아함, 굴곡, 〈↔straight\even〉 ②〈←beonet(rush²)〉, 〈게르만어〉, 골풀, 겨이삭, 〈~ a large cosmopolitan grass〉 (양1) (미2)

846 **bent grass** [벤트 그래스]: bent², 〈영국어〉, 〈겨를 뿌린 것 같은〉 겨이삭(가늘고 빳빳한 이삭이 나오는 볏과의 풀로 골프장의 green에 주로 쓰임, 이삭 띠, 유럽 원산이나 미국에서도 목초·잔디로 인기가 있는 볏과의 여러해살이풀, 〈~ rush² \ whin¹〉 (미2)

847 **Ben·tham** [벤썸], Jer·e·my: 〈'bent grass' 목장에 사는 자〉, 벤담, (1748-1832), 〈영국법에 영향을 준〉 (최대 다수의 행복을 위해 소수의 만족을 억제해야 한다는) 공리주의 철학의 창시자, 〈~ an English philosopher and jurist〉 (수1)

848 **ben-to** [벤토 \ 벤토우]: obento, bian(convenient)+dang(suitable), 〈중국어→일본어〉, '편당', 벤토, 〈16세기 군벌 오다 노부나가가 많은 사람들에게 나눠주기 쉽게〉 한 끼에 먹을 수 있는 만큼의 일본 음식을 담은 그릇, 일본 도시락, 〈~ a Japanese lunch box〉 (미2)

849 *__bent out of shape__: 형태가 찌그러진, 고주망태가 된, 몹시 화난, 격노한, 〈~ angry\annoyed〉, 〈↔agreeable\pleased〉 (양2)

850 **Benz** [벤즈], Karl: 〈'bear'같이 용감한 자〉, 벤츠, (1844-1929), 독일의 자동차 제조업자, 메르세데스 벤츠(자동차 상표명), 〈~ a Geman engineer〉 (수1) (수2)

851 **ben·zene** [벤지인]: 〈영국어〉, 벤젠, 콜타르에서 채취한 용해제, benzol, 〈~ phenol〉 (수2)

852 **ben·zine** [벤지인]: 벤진, 석유성 휘발유의 하나, benzoline (수2)

853 **beon·de·gi** [번데기]: 〈←벌레?〉, 〈어원 불명의 한국어〉, 고치 속에서 숙면하고 있는 곤충의 애벌레, 〈삶은 누에 번데기(silk-worm pupa)는 한국의 거리 음식임〉, 〈~ a Korean street-food〉 (수2)

854 **be-queath** [비 퀴쓰]: be+cwethan(say), 〈영국어〉, '진술하다', 유언으로 증여하다, 후세에 남기다, 〈←quote〉, 〈~ bestow\legate²〉, 〈→ bequest(명사형)〉, 〈↔withhold\decline\receive〉 (양2)

855 **be-rate** [비뤠이트]: 〈영국어〉, 〈철저히 'rate'(평가)해서〉 몹시 꾸짖다, 야단치다, 〈~ scold\disparage\reprove\vilify〉, 〈↔praise\evaluate〉 (양2)

856 **Ber·ber** [버어버]: 〈그리스어〉, 〈←barbarian〉, 베르베르 사람(말), 서북아프리카의 회교도 아랍 민족, ⇒ Amazigh (수1)

857 **ber·ber·ry** [버어베뤼]: 〈←barbaris(foreign)〉, 〈아랍어에서 연유한 영국어〉, 매발톱, 〈~ umbrella leaf〉, ⇒ barberry (미2)

858 **be-reave** [비뤼이브]: be+reafian(rob), 〈영국어〉, (근친을) 앗아가다, ~을 잃게 하다, 〈~ be·reft〉, 〈~ deprived of\stripped of〉, 〈↔replenish\benefit〉 (양2)

859 **be-reft** [비 뤠후트]: 〈영국어〉, 〈bereave의 과거·과거분사〉, 약탈당한, (빼앗겨서) 없는, 〈~ robbed of\devoided〉, 〈↔filled\sufficient〉 (양2)

860 **be·ret** [버뤠이]: 〈←birrus(cloak)〉, 〈라틴어〉, berret, 챙이 없고 둥글납작하게 생긴 모자, 〈~ barret\biretta〉, 〈~(↔)bonnet〉 (우1)

861 **~berg** [버어그]: 〈~ hill(언덕)〉을 뜻하는 유대계 이름의 어미 (양1)

862 **ber·ga·mot** [버얼거맡]: beg(lord)+armudi(pear), 〈터키어〉, '왕자의 배(pear)', 베르가못, (지중해 지역 Bergamo 원산의) 〈식용유·차·향료로 쓰이는〉 레몬과 쓴 감귤(bitter orange)의 잡종 (수2)

863 **ber·gere** [벌줴어]: 〈←berbicarius(shepherdess)〉, 〈라틴어→프랑스어〉, 베르제르, '양치기 소녀'의 의자, (팔걸이와 방석 사이에 천을 댄) 18세기 프랑스풍의 안락의자, 〈~ a French arm-chair〉 (수2)

864 **Berg-man** [버얼그먼], Ing·rid: 〈←berg(mountain)〉, 〈유대계 게르만어〉, '산 사람', 버그만, (1915-1982), 청순한 여인상의 스웨덴 출신 미국 여배우, 〈~ a Swedish actress〉 (수1)

865 **Berg-son** [버얼그슨], Hen-ri: 〈←berg(hill)〉, 〈유대계 게르만어〉, 〈'언덕에 사는 자의 아들', 베르그송, (1859-1941), 프랑스의 《시간의 개념을 중요시한 시대주의》 철학자, 〈~ a French philosopher〉 (수1)

866 **Ber·ing Strait** [베어링 스트뤠잍 \ **비**어링 ~]: 베링해협, (덴마크의 항해가) 비투스 베링〈bear의 자손?〉이 발견했다는 시베리아와 알래스카 사이에 있는 좁고 긴 바다, 〈~ narrow sea between Russia and Alaska〉 (수1)

867 **Berke-ley** [버클리], George: beorc(birch)+leah(meadow), 〈영국어〉, 〈'birch' 숲을 개간한 자〉, (1685-1753), "존재한다는 것은 지각된다는 것(인지원리론)"을 주창한 아일랜드의 주교·철학자, 〈~ an Irish philosopher〉, 〈→ Immaterism〉 수1

868 **Berke-ley** [버클리], U·ni·ver·si·ty of Cal·i·for·nia: 1868년에 세워져서 연구·개발에 중점을 두고 있는 의과대학이 없는 대형 종합 주립대학 수1

869 **Berk-shire** [바알크쉬어]: hilly place, 〈켈트어〉, '구릉지대', 버크셔, 잉글랜드 남부 주, (Berkshire 원산의) 흰 점이 박힌 검은 돼지 수1

870 **Berk-shire Hath–a-way** [벌크쉬어 해써웨이]: '황량초〈heath〉가 난 오솔길이 있는 언덕', 버크셔 해서웨이, 1839년 방직 회사로 시작해서 1962년부터 Warren Buffett에게 야금야금 먹혀 현재 그가 20.7%의 투표권을 행사하는 미국의 세계적〈문어발식〉〈잡동사니〉재벌, 〈~ Apple·Bank-America·Coca-cola·Chevron의 실질적 소유권을 갖고 있음〉 수1

871 **Ber·lin** [벌린]: 〈←berl(swamp)〉, '늪지대', 베를린, (1945~90년간 동서로 갈라졌던) 독일의 수도, berlin; 유리로 칸막이한 승용차, 고급 뜨개질용 털실, 〈~ Capital of Germany〉 수1 수2

872 **Ber·li·oz** [베얼리오우즈], Hec·tor: 〈어원 불명의 프랑스 이름〉, 베를리오즈, (1803-69), 프랑스의 〈낭만주의〉〈표제음악〉작곡가·지휘자·작가, 〈~ a French composer and conductor〉 수1

873 **berm(e)** [버엄]: 〈운하의 둔덕이란 뜻의 네덜란드어〉, 수로의 제방, 벼랑길, 모래턱, (포장이 안 된) 갓 길, 〈~ boundary\brim〉, 〈↔inside\surface〉 양1

874 **Ber·mu·da** [버뮤더]: ber(bear)+mod(courage), 〈게르만어→스페인어〉, '보호자', 버뮤다, (스페인 탐험가의 이름〈Bermudez〉을 딴) 북대서양에 있는 영령 군도(archipelago), 〈~ Somers, 잔디의 일종(아프리카에서 버뮤다를 통해 영·미로 전파된 〈뿌리가 깊이 박히는〉'게 잔디'·'우산 잔디'〉, 〈~ crab grass\couch grass〉 수1

875 **Ber·mu·da bag** [버뮤더 배그]: 〈버뮤다 군도 원산의〉 달걀 모양의 손가방(지갑), 〈~ a round (or oval) shaped hand-bag〉 수2

876 **Ber·mu·da lil·y** [버뮤더 릴리]: (20세기 초에 버뮤다에서 뉴욕으로 대량 수입되었던) '부활절 백합', 〈~ Easter lily\white trumpet lily〉 수2

877 **Ber·mu·da on·ion** [버뮤더 어니언]: (20세기 초에 버뮤다에서 대량 재배되었던) '순한 양파', 〈~ a mild flat onion〉 수2

878 **Ber·mu·da shorts** [버뮤더 쇼츠]: (영국군이 버뮤다에서 즐겨 입었던) 무릎 바로 위까지 오는 '도보용 반바지', 〈~ walk shorts\dress shorts〉 수2

879 **Bern(e)** [버언]: marshy place(?) \ bear(?), 〈어원 불명의 게르만어〉, '늪지대' \ '곰', 베른, 〈고색창연한〉 스위스의 (1848년부터의) 수도, 〈~ Capital of Switzerland〉 수1

880 **Ber·nard** [버널드] of Clair·vaux [크레일보우]: bern(bear)+hard(brave), 〈게르만어〉, 〈곰(bear)같이〉 '대담한 자', (1090-1153), 성 베르나르, 시토 수도회를 이끈 프랑스의 신학자, 〈~ a French abbot of the Benedictine Order〉 수1

881 **Ber·nese moun·tain dog** [버어니이즈 마운튼 더어그]: Berner(지명), (스위스 원산의) 털이 길고 힘이 센 커다란 목양견, 〈~ a Sennenhund\Bernese cattle dog〉 수2

882 **Bern-stein** [버언스타인 \ 버언스틴], Leon·ard: 〈불에 탄 돌(burned stone) 같은 황갈색(amber) 피부를 가진 자〉 번스타인, (1918-90), 하버드 출신 미국의 작곡가·지휘자, 〈~ an American conductor and composer〉 수1

883 **ber·ry** [베뤼]: 〈←beri(grape)〉, 〈게르만어〉, '송이', 딸기류의 과실, 많은 작은 씨를 가진 액즙성 소과일, 〈~ a small fruit without a stone\soft fruit〉 미1

884 **ber·seem** [벌씨이임]: 〈←birsim(a clover)〉, 〈아랍어〉, 버심, 이집트 클로버, (19세기 초에 이집트에서 인도로 수입된) 즙이 많은 달구지풀〈trifolium〉속의 토끼풀·목초, 〈~ Egyptian clover〉 수2

885 **ber-serk** [버써얼크 \ 버져얼크]: ber(bear)+serkr(coat), 〈북구어〉, 〈곰의 탈('bear sark')을 쓴 듯이〉 광포한, 난폭한, 맹렬한, 〈~ hay-wire\rampage〉, 〈↔calm\rational〉 양2

886 **berth** [버얼쓰]: bear(carry)+th, 〈영국어〉, 〈←bear²?〉 ((층)침대, 숙소, 정박지, 선착장, 〈~ bunk\quay\wharf〉 양1

887 **be-seech** [비 씨이취]: be+sechen(seek), 〈영국어〉, 간청(탄원)하다, 〈~ beg\require\claim〉, 〈↔refuse\reject〉 가1

888 **be-set** [비 쎝]: be+settan(put), 괴롭히다, 에워싸다, 〈사면초가〉, 〈~ be-devil\be-leaguer〉, 〈↔assist\relieve〉 가1

889 **be-side** [비 싸이드]: be+sidan(siege), 〈영국어〉, ~곁에, ~와 나란히, ~와 떨어져서, 〈~ along with\next to\together〉, 〈↔away\within\except〉 가1

890 **be-sides** [비 싸이즈]: 〈←beside〉, 외에, 밖에, ~말고는, 게다가, 또한, 〈~ apart from\in addition to〉, 〈↔including\entirely〉 양2

891 **be-siege** [비 씨이쥐]: be+segan(seat), 〈영국어〉, 포위하다, 쇄도하다, 괴롭히다, 〈~ encircle\attack\harrow〉, 〈↔leave alone\let go〉 양2

892 ***be slow in choos-ing (a friend) but slow-er in chang-ing**: 〈B. Franklin이 한 말〉, (친구를) 고를 때 신중히 하고 바꿀 때는 더 심사숙고 하여라, 〈~ changing is harder than choosing; 결혼에도 적용되는 말〉 양2

893 **be-smirch** [비 스멀취]: be+esmorcher(hurt), 〈프랑스어→영국어〉, 더럽히다, 변색시키다, 오점을 남기다, 〈~ blacken\muck〉, 〈↔clean\honor〉 양2

894 **be·som** [비이점]: 〈←besema(rod)〉, ①〈게르만어〉, 마당비, 대나무 비, (작은 나뭇가지로 엮은) '싸리비'(bush broom) ②〈스코틀랜드어〉, 〈싸리비같이 엉성하고 보잘것없는〉 칠칠치 못한 여자, 〈~ slovenly woman〉, 〈↔dude〉 미1

895 **be-sot** [비 쌑]: be+sott(stupid), 〈1567년에 등장한 영국어〉, 우둔하게 하다, 멍하게 만들다, (곤드레만드레로) 취하게 하다, 〈~ infatuate\mislead〉, 〈↔sensitize\sober〉 양2

896 **be-speak** [비 스피이크]: be+sprecan(utter), 〈게르만어→영국어〉, 미리 부탁하다, 예약하다, 맞추다, 〈~ reserve\engage〉, 〈↔be-lie\distort\forfeit〉 양2

897 **best** [베스트]: 〈어원 불명의 게르만어〉, super, good·well의 최상급, 최고, 최선, 몹시, 〈↔worst\least〉 양2

898 **best buy** [베스트 바이]: ①가장 싸게 산 물건, 최저가 품, 최선의 구매, 〈↔worst buy〉 ②Best Buy; 1966년 Sound of Music으로 시작해서 1983년 현 이름으로 바뀐 북미 대륙의 전자제품 소매업체 미2 수2

899 **bes·tial** [베스철 \ 베스티얼]: 〈←bestia(beast)〉, 〈라틴어〉, 짐승과 같은, 잔인한, 상스러운, 〈~ brute\savage〉, 〈↔humane\noble〉 양1

900 **best-known** [베스트 노운]: 가장 유명한, 〈↔least known〉 양2

901 **best man** [베스트 맨]: 최적임자, (대표) 신랑 들러리, 〈↔brides-maid〉 양1

902 ***best of both worlds** [베스트 어브 보우쓰 워얼즈]: 상반되는 것의 장점만 합쳐 취하는 것, 〈~ ideal combination\optimal blend〉, 〈↔worst of both worlds\catch-22〉 양1

903 ***best of the bunch**: 가장 뛰어난, 군계일학, 〈~ cream of the crop\swan among ducks〉, 〈↔bottom of the barrel〉 양2

904 **be·stow** [비스토우]: be+stowe(place), 〈영국어〉, 주다, 부여하다, 이용하다, 〈→stow〉, 〈~ bequest\donate〉, 〈↔arrogate\deprive\rob〉 양1

905 **best sell-er** [베스트 쎌러]: 가장 잘 팔리는 물건(사람), 최다 판매물(작가), 〈↔failure\flop〉 미2

906 ***best thing since sliced bread**: 〈역사상〉 제일 좋은 것(잘된 것), 〈인류〉 최고의 발명품, 〈↔rubbish\awful〉 양2

907 **bet** [벹]: (~ing), 〈어원 불명의 영국어〉, 내기, 걸기, 방책, 단언, 보증, you bet(문제없어)의 준말, 〈~ abet〉, 〈↔certainty\reject\bust〉 양1

908 **be·ta** [베이터 \ 비이터]: '베타(β, B)', 그리스 알파벳의 둘째 글자, 제2의 것, 화합물 치환기의 하나, 〈~(↔)alpha〉 우1

909 **be·ta fe·male** [베이터 휘이메일]: (온순한 복종형의) 요조숙녀, '얌전이', 〈↔alpha male\alpha female〉 미2

910 **be·ta gen·er·a·tion** [베이터 줴너뤠이션]: 베타 세대, (2025-2039년에 태어날) 〈아무도 상상할 수 없는〉 미래 세대, 〈↔alpha generation〉 수2

911 **be·ta male** [베이터 메일]: (내성적이고 가정적인) 요조숙남, '쪼다'(hen-peck), 〈↔beta female\alpha male〉 미2

912 ***be·ta test** [베이터 테스트]: 베타 검사, '2차 검증', 컴퓨터 생산품을 시판하기 전에 (사내에서 하는 알파 검사를 거친 후) 특정 사용자들과 하는 사전검사, 〈~ potential customer testing\user acceptance testing〉, 〈↔alpha test〉 우1

913 ***betch** [벹취]: 〈미국 신조어〉, 귀여운 bitch(암캐), 야한 치장의 젊은 백인 여자, 귀여운 년, 〈~(↔)angel〉 양2

914 **be·tel** [비이털]: 〈말레이어〉, 구장 (잎), (남아시아 원산으로) 건위·거담제로 쓰였던 후추속의 덩굴 식물 미2

915 **be·tel palm** [비이털 파암]: (동남아시아에 서식하며) 〈열매를 구장 잎에 싸서 씹어 먹는〉 빈랑 야자, areca, 〈편자가 대만에 갔을 때 정력에도 좋다기에 10개나 씹어 먹었는데도 별효과를 못봤음〉 미2

916 *****béte noir(e)** [베이트 느와알]: 〈프랑스어〉, black beast(검은 짐승), 역겨운 자, 징그러운 놈, 혐오의 대상, 〈↔favorites\minion\mink〉 양2

917 **Beth·el** [베쎌]: ①〈히브리어→영국어〉, '관대한 영주', 남자(여자) 이름 ②bayit(house)+el(God), 〈히브리어〉, 벧엘 성지, 신성한 곳, 신전, 예배당 수1 양1

918 **Beth·le·hem** [베쓸리헴]: 〈히브리어〉, house+bread, 베들레헴, '먹을 것이 있는 집', (요르단에 있는) 예수의 탄생지 수1

919 **bet·o·ny** [베터니]: 〈라틴어〉, bishop-wort, 곽향, 〈이베리아 반도에 살던 Vetton족이〉 (약품·염료로 썼던) 두루미냉이 등 꿀풀과 석잠풀 속의 초본, 〈~ hedge-nettle\louse-wort〉 미2

920 **be-tray** [비트뤠이]: be+tradere(hand over), 〈라틴어〉, 배신하다, 속이다, 누설하다, 〈→traitor〉, 〈~ desert\renegade〉, 〈↔protect\defend\be faithful〉 양1

921 **be-troth** [비 트로우드\비 트뤄쓰]: be+treowth(truth), 〈영국어〉, 약혼시키다, 서약시키다, 〈~ affiance\commit〉, 〈↔separate\disengage〉 양2

922 **bet·ta** [베터]: 〈말레이어〉, '싸우는 물고기', Siamese fighting fish, (동남아시아 원산의) 강렬한 색깔의 〈관우 수염 같은〉 수많은 지느러미를 가지고 자기 구역을 지키려는 본성이 강한 관상어, 투어 미2

923 **bet·ter** [베터]: 〈←bhadra(excellent)〉, 〈산스크리트어→게르만어〉, good\well의 비교급, 보다 나은, 더 좋은, 〈↔worse\inferior〉 양2

924 *****bet·ter a liv·ing dog than a dead li·on**: 죽은 정승이 산 개만 못하다, 〈~ a live nag rather than a dead thorough-bred〉 양2

925 *****bet·ter be the head of an ass than the tail of a horse**: 용의 꼬리보다 뱀의 머리가 낫다, 〈~ better walk before a hen than behind an ox〉 양2

926 *****bet·ter half** [베터 해후]: 배우자, (소중한) 자기. 〈나보다 나은〉 당신, 〈~ consort\spouse〉, 〈↔worse-half\dark-side〉 가1

927 *****bet·ter late than nev·er**: 늦더라도 않는 것보다 낫다, 않느니 늦는 게 낫다, 〈↔better early than late\the early bird catches the worm〉 양2

928 *****bet·ter na·ture** [베터 네이춰]: 양심, 좋은 쪽의 인격, 〈~ cordial\amiable〉, 〈↔evil\wicked〉 양2

929 *****bet·ter off** [베터 어어후]: (형편이) 더 나은, 유복한, ~보다 더 낫다, 〈~ well off\affluent〉, 〈↔worse-off〉 양2

930 *****bet·ter safe than sor·ry**: 〈1837년경 등장한 영국어〉, 아는 길도 물어가라, 나중에 후회하는 것보다 안전한 것이 더 낫다, 안전제일, 〈~ look before you leap〉, 〈↔skate on thin ice\ride a tiger〉 양2

931 *****bet·ter to starve than live with the in-laws**: 겉보리 서 말만 있으면 처가살이 하랴, 처가와 뒷간은 멀수록 좋다, 〈~(↔)in-laws are no better than Buddha's cousins〉 양2

932 **be-tween** [비튀인]: be+twa, 〈게르만어〉, 〈둘('two')〉 사이(의·에서·에), 중간(의·에서·에), 〈뛰어 나갈 수 없다는 말〉, 〈~ in the middle\connecting〉, 〈3 이상이라도 객체가 강조될 때는 between을 쓸 수 있음〉, 〈~(↔)among〉, 〈↔apart\outside〉 가1

933 *****be-tween a rock and a hard place**: 〈1940년대부터 유행 했으나 Homer가 이미 between Scylla and Charybdis란 말을 쓴 적이 있음〉, 곤란한 상황에 처해 있다, 진퇴양난 양2

934 *****be-tween the dev·il and the deep blue sea**: 〈←devil(배 바닥의 틈새)〉, (배 밑 바닥에 난 틈새를 때우는 일처럼) 위험하나 하지 않으면 안되는 일, 진퇴유곡, 〈~ between a rock and a hard place〉 양2

935 **Beu·lah** [뷰울러]: 〈히브리어〉, '결혼한 부인(married woman)', 뿔라, 여자 이름, 주인 마님, 『천로역정』에 나오는〉 안식의 땅, 〈~ bride\ a pleasant and fertile country〉 수2

936 **beurre blanc(e)** [버얼 블라앙크]: 〈그리스어에서 유래한 프랑스어〉, white butter, '흰 치즈', 뵈르블랑, (식초·백포도주·샬롯·치즈 등을 섞어 만든) 어패류용 맛난이, 〈↔beurre noir〉 요1

937 **beurre ma·nie** [버얼 마아녜이]: 〈프랑스어〉, beurre(butter)+manie(kneaded), '반죽 치즈', 뵈르마니에, (소스를 걸쭉하게 하는 데 쓰는) 밀가루와 버터(beurre)를 반죽한 것 요1

938 **beurre noir** [버얼 느와알]: 〈프랑스어〉, black butter, '검은 치즈', 뵈르누아루, 버터가 흑갈색으로 될 때까지 볶아서 (식초·레몬 주스·파슬리 등을 섞어) 만든 다목적 맛난이, 〈↔beurre blanc〉 요1

939 **bev·el** [베블]: 〈←biveau(gape)〉, 〈프랑스어〉, 빗각, 각도 측정기, 〈~ bay²〉, 〈~ angle\slant\tilt〉 양1

940 **bev·er·age** [베붜뤼쥐]: 〈←bibere(drink)〉, 〈라틴어〉, 마실 것, 음료, 〈↔food\victual〉 양2

941 **Bev·erly Hills** [베벌리 힐스]: 베벌리 힐스, 〈매사추세츠의 Beverly('beaver'를 쫓아내고 개간한 자) 농장과 지형이 비슷하다는〉 (연예인들이 많이 사는) 로스앤젤레스〈LA〉 서북쪽의 부촌 수1

942 **bev·y** [베뷔]: ①〈←bivere(drink)〉, 〈라틴어에서 연유한 영국어〉, 〈←beverage〉, 술, 음료 ②〈어원 불명의 영국어〉, (백조 등의) 새나 (작은) 동물들의 떼, 여성들의 행렬, 〈~ group\troup〉, 〈↔one\individual〉 양2

943 **be-wail** [비 웨일]: be+wailen(woe), 〈북구어→영국어〉, 비탄하다, 애통하다, 〈↔joy\glory〉 가1

944 **be-ware** [비 웨어]: be+wara(caution), 〈게르만어→영국어〉, 조심하다, 경계하다, 〈↔disregard\ignore〉 양2

945 **be-wil·der** [비 윌더]: be+wilde(wild), 〈게르만어〉, 당황하게 하다, 어리둥절하다, 〈~ baffle\puzzle〉, 〈↔clarify\enlighten〉 양2

946 **Bey·er** [베이어]: 〈←beiern(to ring)〉, 베예, 바이엘, '종치기', 독일의 성(명), 〈동명의 독일 작곡가 등이 1951년에 펴낸〉 피아노 기초과정 교본, 〈~ an elementary piano instruction book〉 수1

947 **Beyl-ism** [베일리즘]: 벨리즘, 〈스탕달의 본명 Beyle(auburn-haired)에서 따온〉 이기적인 행복론, 출세 지상주의, 〈←egoism〉, 〈↔altruism〉 수2

948 **Be·yon·cé** [비욘세]: 〈프랑스계 미국 이름〉, beyond others, '타인을 능가하는 자', (1981-), 어려서부터 가수·무용수로 자라나 많은 돈을 벌고 여러 이름을 가진 미국 텍사스 출신 만능 연예인, 〈~ an American singer\Queen Bey〉 수1

949 **be-yond** [비여언드]: by+geond(across), 〈게르만어→영국어〉, 〈←yonder〉, ~의 저쪽에, ~의 범위를 넘어, 〈넘보지 못할〉, 〈~ above\farther〉, 〈↔close\nearby〉 가2

950 **be·zique** [비지이크]: 〈←bazigar(juggler)란 페르시아어?〉, 〈어원 불명의 프랑스어〉, 〈처칠이 즐겼던〉 두 명이 64장의 패로 하는 피노클 비슷한 프랑스식 카드놀이, 〈~ a trick-taking card game〉 요1

951 **Be·zos** [베죠스], Jef·frey: 〈←basium(kiss)〉, 〈라틴어→스페인어〉, '키스하기를 좋아하는 자', 베조스, (1964-), 평범한 가정에서 태어나 〈편자와 마찬가지로〉 〈항상 남들과 다르게 생각하나 〈편자와는 다르게〉 냉정한 면이 있는〉 덕에 전산망 책방으로 시작한 사업에 대박이 터져 Amazon사를 소유하게 된 세계 제1의 부자, 〈~ an American business man and media proprietor〉 수1

952 ***BFF**: best friend forever, 영원한 절친, 언제나 가장 친한 친구 미2

953 ***BG**: big grin, 하하, 싱글벙글, 큰 미소 미2

954 **Bha·ga·vat Gi·ta** [바거바드 기다]: 〈←bhagah(blessed one)+gita(song)〉, 〈산스크리트어→힌디어〉, 바가바드 기타, divine song, 신성한 시경, (기원전 5세기 경에 쓰여진) 700편의 시로 된 힌두교의 경전〈Hindu scripture〉 수2

955 **bha·ji(a)** [바아쥐(어)]: 〈힌디어〉, fried vegetables, '야채 튀김' 비슷한 인도 요리, 〈~ fritter\tempura〉 요1

956 ***bhang** [뱅]: 〈산스크리트어〉, (3천 년 전부터 복용해 온) 인도 '대마(hemp)'를 말린 마리화나〉 미2

957 **Bha·rat** [버뤝]: 〈←bhar(bear²)〉, 〈산스크리트어〉, knowledge searcher, '지식을 탐구하는 자', 바라트, 인디아의 힌디어(말) 명칭, 인도를 통일했다는 전설의 왕, 〈~ a legendary Hindi emperor〉 수1

958 **bhin·di** [빈디]: 〈←bhinda〉, 〈산스크리트어〉, 인도 요리에 사용되는 '오크라(okra)' 아욱의 깍지, 〈~ lady's fingers〉 요1

959 **Bho·j·puri** [보우쥐푸뤼이]: 〈지명(Bhojpur; forest?)에서 연유한 어원 불명의 힌디어〉, 보즈푸리, 북동 인도와 인근 네팔에 사는 5천만 명 이상이 사용하는 언어, 〈~ an Indo-Aryan language〉 수1

960 **Bhu·tan** [부우타안]: bod(Tibet)+anta(end), 〈산스크리트어→티베트어〉, end of Tibet, '고지' \ '용의 땅', 부탄, (17세기에 통합된) 인도 북동부 히말라야 산록에 있는 〈외교권은 인도가 갖고 있는〉 조그만 불교 왕국, {Bhutanese-Dzongkha-Ngultrum-Thimphu} 수1

961 **Bhut·to** [부우토우], Be·na·zir: 〈부족명에서 따온 어원 불명의 영국어〉, 부토, (1953-2007), 수상 아버지의 후광으로 두 번 수상을 역임했다가 〈친미·비종교주의 때문에〉 탈레반에 의해 암살당한 파키스탄의 〈미모〉 여성 정치가, 〈~ a Pakistani politician〉 수1

962 ***BI** [비이 아이]: ①bi-sexual(양성), 〈↔mono-sexual(단성)〉 ②business intelligence(사업지능), 〈~(↔)AI(인공지능)〉 미2

963 **bi~** [바이~]: 〈라틴어〉, two, 〈둘~, 쌍~〉을 뜻하는 접두사, 〈~ di~〉, 〈↔uni\mono\multi〉 양1

964 **BIA** [비어\비이아이에이](Bu·reau of In·di·an Af·fairs): (1824년에 창립되어 현재 내무부 산하에 있는) 인디언 사무국, ⇒ Indian Affairs 미2

965 **bi·as** [바이어스]: 〈←biais(slope)〉, 〈프랑스어〉, 사선, 엇갈림, 편견, 선입관, 치우침, 〈~ pre·judice〉, 〈↔fairness\impartial〉 양2

966 **bi·ath·lon** [바이 애슬런]: 〈그리스어→라틴어〉, two+contest, 〈두 종목 경기〉, 평지횡단 스키와 엽총 사격을 조합한 동계 올림픽 경기 종목 미2

967 **bib** [빕]: ①〈←bibere(drink)〉, 〈라틴어〉, 〈마시기용〉 턱받이, 수도꼭지, 가슴판, 〈~ napery\tap\clothes protecter〉 ②〈영국어〉, (북극지방에 서식하며) 〈물을 꿀떡대는〉 대구의 일종(pout) 양1

968 **bib·ber** [비버]: 〈←bibere(drink)〉, 〈라틴어에서 유래한 영국어〉, 술꾼, 모주꾼, 〈~ drunkard\dipsomania〉, 〈↔teetotaller\abstainer〉 양2

969 **bi·bim-bap** [비빔밥]: 〈한국어〉, 채소·소고기·계란 등을 넣고 밥과 섞어 고추장에 비빈 한국의 요리, 'Korean mixed bowl' 우2

970 **Bi·ble** [바이블]: 〈종이(papyrus)를 수입하던 페니키아의 항구 이름(Byblos)에서 연유한 그리스어〉, '책', 성서, 성경, 경전, 〈~ Holy Scripture〉 가1

971 **Bi·ble Belt** [바이블 벨트]: '성서지대', 〈정치적으로 극우파 성향이 있고〉 (청교도가 강한) 미국 동남부와 미조리, 〈South-eastern states and Missouri〉 우2

972 **bi·ble pa·per** [바이블 페이퍼]: 성서용지, ⇒ Indian paper 미2

973 **bib·li·og·ra·phy** [비블리아그뤄휘]: biblion(book)+graphein(write), 〈그리스어〉, 서지학, 도서(문헌)목록, 인용 문헌, 〈~ index\list〉 미2

974 **bi·chon frise** [비이션 후뤼제이]: barbichon(little water spaniel)+frise(curly haired), 〈프랑스어〉, 비숑 프리제, (기원전 2세기경 스페인에서 개발된) 둥글고 큰 머리에 풍성한 흰 '곱슬 털'을 가진 '소형' 애완견, 〈~ a small 'toy' dog〉 우2

975 **bick·er** [빅커]: 〈←bicra(fight)〉, 〈웨일즈어→영국어〉, 〈의성어?〉, 말다툼하다, 앙앙대다, 〈~ squable\quibble\beef〉, 〈↔agree\get along〉 양1

976 **bi·cy·cle** [바이 씨클]: 〈←kyklos(wheel)〉, 〈그리스어→라틴어〉, 이륜차, 자전거, 〈~ bike\two-wheeler〉, 〈~(↔)tricycle〉, 〈↔walk\truck\car\motor-cycle〉 가1

977 **bi·cy·cling** [바이 씨클링]: 자전거 타기 운동, (신용카드) 돌려막기〈robbing Peter to pay Paul〉 가1 미2

978 **BID** (bis in die): 〈라틴어〉, 하루에 2번, twice a day, 〈이빨을 닦읍시다!〉 양2

979 **bid** [비드]: 〈←biddan(ask)〉, 〈게르만어〉, (인사) 말하다, 명하다, 입찰하다, 값을 매기다, 〈→forbid〉, 〈~ bead〉, 〈~ offer\propose〉, 〈↔cancel\annul〉 양1

980 **bid·den** [비든]: bid(입찰하다)의 과거분사 양1

981 **bide** [바이드]: 〈←bidan(wait)〉, 〈영국어〉, 기다리다, 머무르다, 견디다, 〈~ remain\persist〉, 〈↔go\carry on〉, ⇒ abide 양2

982 **Bi·den** [바이든], Jo·seph: '단추〈button〉 제조자', (1942-), 36년간 델라웨어 상원의원·8년간 부통령직을 수행하고 2020년 민주당 후보로 미국의 46대 대통령에 당선된 법학과 출신 직업 정치가, {Uncle Joe}, 〈~ the 46th President of USA〉 수1

983 **bi·det** [비이데이]: 〈←bider(trot)〉, 〈어원 불명의 프랑스어〉, 작은 승용마〈pony〉, 〈아마도 '작은 말 안장'에서 연유한 듯함〉 국부나 항문 세척기, 〈~ health faucet\jet spray〉 미1

984 **bi·en·na·le** [바이에날레이\비에나알레이]: bis(twice)+annus(year), 〈라틴어〉, 격년 행사, 2년마다, (the Biennale) 비엔날레; 짝수 해의 5~10월에 Rome에서 개최되는 현대 회화·조각 전람회(exhibition), 〈~ every other year〉, 〈~(↔)bi-annual; twice a year〉, 〈↔annual〉 미2

985 **BIF** (Bor·ne·o In·ter·na·tion·al Fur·ni·ture): 보르네오 가구 (주식회사), 1966년부터 보르네오산 목재를 사용해서 한때 잘나가던 한국(Korean)의 가구 회사 수2

986 **biff** [비후]: 〈미국어〉, 〈의성어〉, 타격, 강타, '팍' 치다, 〈~ hit with the fist〉, 〈↔fail\tap〉 양1

987 **bif·fin** [비휜]: 영국 Norfolk 원산의 〈beef 색깔을 띤〉 요리용 (구운) 사과〈baked apple〉 우1

988 **bi·fo·cal** [바이 호우컬]: 〈라틴어〉, 이중 초점, 원근 양용의, 〈~(↔)progressive lenses보다 범위가 좁고 덜 선명하〉 미2

989 **bi·fur·cate** [바이 훨케이트]: bi(two)+furca(fork), 〈라틴어〉, 두 갈래로 가르다(갈라지다), 이분하다(시키다), 〈~ divide into two parts〉, 〈↔merge\combine〉 양2

990 **big** [비그]: 〈←byg(strong)〉, 〈14세기에 등장한 어원 불명의 영국어〉, 큰, 중요한, 넓은, 연상의, 〈~ large\great\older〉, 〈↔little\small〉 양2

991 **big·a·my** [비 거미]: bis(twice)+gamos(marriage), 〈그리스어〉, 중혼, 이중 결혼, 〈~ double marriage〉, 〈↔monogamy\poly-gamy〉 가1

992 *****Big Ap·ple** [비그 애플]: 뉴욕시, '대박'(재즈 음악가들의 선망의 대상도시), 〈~ NYC〉 수1

993 **bi·ga·rade** [비거뤠이드]: 〈←bigarrer(variegate)〉, 〈프랑스어〉, 〈꽃과 과육이 마호가니색과 오렌지색으로 혼성된〉 '이색 감귤', 〈쓴 귤〉, 광귤, (동남아 원산으로) 시고 쓴맛이 나서 향료·식용유·약용으로 쓰이는 감귤류, 〈~ sour orange〉 미2

994 **big·ar·reau** [비거로우]: 〈←bigarrer(variegate)〉, 〈프랑스어〉, '이질 감귤', 비가로, (터키 원산의) 〈과육이 단단하고 육질이 많은〉 버찌, Royal Ann, 〈~ a large heart-shaped sweet cherry〉 우1

995 *****big-ass** [비 개쓰]: 엉덩이가 큰, 터무니없는, 거드름쟁이, 〈~ fatso\bum〉, 〈↔baby\bijou〉 미2

996 **big bang** [비그 뱅]: 〈1949년에 등장한 영국어〉, 대폭발, 대개혁, 금융 혁신, 〈~ a shake-up〉 미1

997 **Big Bang Theory**: (처음에는 농담으로 시작된) 대폭발 학설, 〈우주는 끝없이 팽창한다는 원리에 기초하는〉 삼라만상이 조그만 뭉치(tiny fire-ball)가 폭발하면서(exploded) 자라났다는 가설, 〈↔Big Crunch Hypothesis〉 미2

998 **Big Ben** [비그 벤]: 〈그 종을 만드는데 공헌한 하원의원 Benjamin Hall에서 연유했다는 설이 있는〉 영국 국회의사당(에 걸린 큰 시계), 탑 위의 큰 시계, '대청봉', 〈~ Great Clock of Westminster〉 수1

999 *****big boot·y** [비그 부우티]: big bottoms, 엉덩이가 큰 여자, '풍선 엉덩이', 〈~ large ass\balloon hip〉 양2

1000 **big broth·er** [비그 브뤄더]: 큰형, 보호자 형님, 〈↔missy\little sis〉 양2

1001 *****big buck** [비그 벅]: 큰돈, 〈~ guap\pretty penny〉, 〈↔pretty cash\pittance〉 양2

1002 **big cat** [비그 캩]: 고양잇과의 큰 동물(사자·호랑이), 〈~ lion\tiger〉 미2

1003 *****big cheese** [비그 취이즈]: big bug, 대빵, 거물, 유력 인사, 얼빠진 자, 〈~ top dog〉, 〈↔nobody〉 양2

1004 **Big Crunch Hy·poth·e·sis**: (우주의) 대수축 가설, 우주의 팽창이 한계에 도달하면 거꾸로 무너지기 시작해서 마침내 소멸된 후 다시 대폭발로 이어진다는 각본, 〈~ cycling of compression and expansion〉, 〈↔Big Bang Theory〉 미2

1005 **big da·ta** [비그 데이터]: 〈칼날의 양변과 같은〉 (과)다 자료 양1

1006 *****big deal** [비그 디일]: 대단한 것〈보통 반어적으로 쓰임〉, 사업체 바꾸기, 〈~ top dog\blue-chip〉, 〈↔trivial\bagatelle〉 양2

1007 **Big Dip·per** [비그 디퍼]: 큰국자자리, 북두칠성, 큰곰자리의 일곱 개의 별, 〈~ the Plough〉, big dipper; (놀이공원의) 롤러코스터〈출렁대는 기구〉, 〈~ sauce pan〉 미2

1008 *****big-end·ian** [비 겐디언]: 〈『걸리버 여행기』에서 연유한 영국어〉, '큰 끝편' (삶은 달걀을 까먹을 때 끝이 큰 곳부터 깨트려야 한다는 사람들), 사소한 문제로 싸우는 사람, 여러 비트의 기억을 저장할 때 전반·상위부부터 수록하는 〈번거로운〉 기억력 체제, 〈~ a data storage order〉, 〈↔little endian〉 우1

1009 **big-eye** [비그 아이]: 홍치, 꽃도미, 가르치 등으로도 일컬으나 통상 눈이 큰 다랑어를 말함, 〈~ ray-finned marine fish〉 미2

1010 **big-five** [비그 화이브]: ①세계대전 후의 5대 강국 ②인격 형성의 5가지 특성 ③Big 5; 1955년 남가주에 있던 5개의 잉여 군수품 매점들이 주축이 되어 설립된 운동용품 판매점, 〈~ an American sporting goods retailer〉 수2

1011 **big-foot** [비그 훝]: '큰 발 유인원', Sasquatch, Yeti, 〈1967년 북가주에서 찍은 사진의 진위가 문제 되고 있는〉 삼림에 사는 털투성이의 거인과 비슷한 '전설상의' 원인 우2

1012 **big four-o** [비그 훠어 오우]: the b~ f~, (중요한) 40세 생일, (남자들에게는) 〈예전에 친구들이 나체쇼를 열어주던〉 갱년 축일, 〈~ turn to 40yrs of age\climacterium〉, 〈한국에서는 60세에 자손들이 기생 파티를 진상했음〉 양2

1013 *__Big Game__ [비그 게임]: '대 경기', ⇒ Super Bowl 수2

1014 *__big-ger fish to fry__: 〈1660년에 등장한 영국어〉, 더 중요한 일(사람), 〈남녀 관계에서는 better-fish(더 좋은 상대)라고 하기도 함〉, 〈~ more important thing(person)〉 양2

1015 **big-horn** [비그 호언]: '큰 뿔 산양', 북미대륙 서북부 사막에 사는 커다란 뿔을 가진 양, mountain sheep 우2

1016 *__big house__ [비그 하우스]: 큰집, 교도소, 형무소(jail), 〈↔small house\out-side〉 양2

1017 *__big-ly__ [비글리]: 큰 폭으로, 〈트럼프 대통령이 감세 폭을 말하면서 쓴〉 '대규모로', 〈↔hardly\barely〉 양2

1018 **Big Mac** [비그 맥]: 커다란 맥도널드(Mcdonald's) 햄버거 수2

1019 *__Big Mac In-dex__ [비그 맥 인덱스]: (각국에서 팔리는 빅맥의 가격을 기준으로 각국의 환율을 측정하는) 구매력 평가지수, 〈~ a measure of market changes in different countries〉 수2

1020 **big mon·ey** [비그 머니]: 거금, 〈~ big bucks〉, 〈↔petty cash\peanuts\chicken feed〉 양2

1021 *__big-mouth__ [비그 마우쓰]: 수다스러운 (사람), 입이 가벼운 사람, 허풍쟁이, 촉새, 〈~ blabber\chatterbox〉, 〈↔quiet\laconic\decent〉 양2

1022 **big name** [비그 네임]: 명사, 유명한, 〈~ big-wig\VIP〉, 〈↔no-body\un-known〉 양1

1023 **big·no·ni·a** [비그노우니어]: 〈프랑스 왕립 도서관 사서 이름(Bignon; 어원 불명의 프랑스계 이름)에서 연유한〉 능소화, 미국 동·남부에 자라는 각종 '나팔꽃', 〈~ cross-vine\trumpet creeper〉 미2

1024 **big·ot** [비겉]: 〈어원 불명의 프랑스어〉, 편협한, 고집 센 (사람), 〈프랑스인들이 'by God'이란 말을 자주 쓰는 노르만족을 폄하해서 만든 말이라는 설이 있음〉, 〈~ goddams〉, 〈~ apartheid\race-baiting〉, 〈↔moderate\liberal〉 양2

1025 *__big pic·ture__ [비그 픽춰]: 조감, 총괄적 전망, 〈~ broad view\comprehensive〉, 〈↔limited\detailed〉 양2

1026 *__big shot__ [비그 샷]: 큰 인물, 거물, 〈~ big gun〉, 〈↔small fry〉 양2

1027 **big sis·ter** [비그 씨스터]: 큰누나, 언니, 보호자 누님, 〈↔big brother\little sis〉 양2

1028 **big talk** [비그 터어그]: ①호언장담(boasting), 뻥(bragging) ②중요 회담, 진지한 대담, 〈~ tall talk〉, 〈↔small talk\sobremesa〉 양2

1029 *__Big Tech__ [비그 텍]: 거대 기술 기업, GAFA+Microsoft 미2

1030 *__big time__ [비그 타임]: 최고, 일류, 대박, 〈~ important\high-up〉, 〈↔mediocre〉 양2

1031 **big toe** [비그 토우]: 엄지발가락, 〈~ great toe\hallux〉, 〈↔little toe\baby toe\pinky toe〉 양1

1032 *__big trou·ble comes in small pack·ages__: 조그만 문제들을 방치하면 걷잡을 수 없이 커진다, 가랑비에 옷 젖는 줄 모른다, 〈~ a stitch in time saves nine〉 양2

1033 *__big wheel__ [비그 위일]: 대형 관람차, 거물, 두목, 수단꾼, 인기 있는 사람, 〈~ Ferris wheel\big gun\heavy-hitter〉, 〈↔trivial\subordinate〉 양2

1034 **big-wig** [비그 위그]: 〈1703년에 등장한 영국 속어〉, '큰 감투', 거물, 두목, 〈~ top banana(dog)〉, 〈↔no-body\loser〉 양2

1035 *__big word__ [비그 워어드]: (공식적인) 격식언어, 〈~ formal (or official) talk〉, 〈↔chit-chat〉 미2

1036 **Bi·har** [비하알]: 〈산스크리트어〉, '거주지(abode)', 비하르(사람·언어), 네팔과 경계를 이루는 인도 동북부 지방, 〈~ a state of India bordering Nepal〉 수1

1037 **bi·ji** [비지]: 〈어원 불명의 한국어〉, 콩 찌꺼기, 대두박, 콩을 갈아 콩물을 짜고 난 뒤 남는 지게미, bean curd dregs 수2

1038 **bi·jou** [비이쥬우]: 〈←biz(finger)〉, 〈'손가락'이란 프랑스어에서 연유한〉 작은 보석(반지), 〈~ trinket〉, 아담한, 아기자기한, 〈~ small\delicate〉, 〈↔gross\big-ass〉 양2

1039 **bike** [바이크]: 〈그리스어→라틴어→영국어→미국어〉, bicycle의 단축형, 자전거, 소형 오토바이(자동륜), 〈~(↔)tricycle〉 양2 우2

1040 **bik-er** [바이커]: 오토바이 타는 사람(폭주족), 〈~ cyclist\racer〉 미2

1041 **bike-way** [바이크 웨이]: 자전거(전용) 도로, 〈↔walk-way\high-way〉 양1

1042 **bi·ki·ni** [비키이니]: 〈원주민어→유럽어〉, 〈그 옷이 폭발적으로 잘 팔리라고 프랑스의 자동차 기술자가 미국이 원자폭탄 실험을 한 태평양의 Bikini('코코넛으로 덮인'이란 뜻의 원주민어) 섬이름을 따서 만든 상표명〉, 두 부분으로 된 여성 수영복, 〈~(↔)top-less\botton-less\mono-kini〉, 〈↔long sleeve\tank suit〉 우1

1043 *****Bil·bao ef-fect** [빌바아오 이훼트]: billa(stacking)+vaho(steam), 〈바스크+스페인어〉, 빌바오 효과, 〈제철·조선업이 유명했던 스페인 북부 소도시 Bilbao(river cover)가 1980년대 후 쇠퇴하기 시작하자 1997년 괴상한 모양의 구겐하임(Guggenheim) 미술관을 설립해서 관광명소로 거듭난 것에서 유래한〉 건축물에 의한 도시의 중흥(revitalization) 효과 수2

1044 **bil·ber·ry** [빌베뤼]: 〈북구어〉, blue berry, (유라시아에 서식하는) 청·자색의 열매를 맺는 월귤나무, whortle·berry 우1

1045 **bil·by** [빌비]: 〈원주민어〉, 〈코가 긴 쥐〉, rabbit bandicoot, (오스트레일리아 사막지대에 서식하며 멸종 위기에 처한) 토끼 귀를 가진 커다란 쥐 우1

1046 *****bil·dungs-ro·man** [빌덩즈 로우마안]: 〈독일어〉, educational novel, 교양소설, 주인공의 정신적·정서적 성장과정을 다룬 소설 양2

1047 **bile** [바일]: 〈←bilis(anger)〉, 〈라틴어〉, 담즙(secretion from liver), 역정(울화), 〈~ bitterness\hatred〉, 〈↔sympathy\kindness〉, ⇒ gall 양2

1048 **bi-lin·gual** [바이 링궐]: 두 나라말을 〈모국어 수준으로〉 하는, 이중언어의, 〈~ di-glot〉, 〈↔mono(\multi)-lingual〉 양2

1049 **bil·ious** [빌여스]: 〈←bilis(anger)〉, 〈라틴어〉, 〈←bile〉, 담즙질의, 화를 잘 내는, 불쾌한, 싫은, 〈~ nauseous\irritable〉, 〈↔good-humored\amiable〉 양2

1050 **~bil·i·ty** [~빌리티]: 〈라틴어〉, 〈←a·bility〉, 〈~능력 있는, ~할 수 있는〉 뜻하는 명사형 접미사 양1

1051 **bilk** [빌크]: 〈어원 불명의 영국어〉, defraud, 떼어먹다, 저버리다, 벗어나다, 〈~ balk〉, 〈~ swindle\exploit〉, 〈↔honest\giving〉 양2

1052 **bill** [빌]: ①〈←bulla(knob)〉, 〈라틴어〉, '도장 찍힌 교서'〈bull²〉, 청구서, 계산서, 표, 전단지, 지폐, 장전, 법안, 〈~ note\invoice\document\law〉, 〈↔asset\receipt\coin\acquittal〉 ②〈←bil(ax)〉, 〈영국어〉, 부리, 길고 납작한 주둥이, (군모 등의) 챙, 〈~ beak〉, 〈↔stern²\tail〉 양1

1053 **bill-board** [빌 보어드]: 광고(게시)판, 안내판, bulletin board, 〈~ placard\poster〉, 〈↔conceal\mass media〉 양1

1054 **bill-bug** [빌 버그]: 〈←bill²〉, 〈주둥이가 길고 납작한〉 바구미, 곡식 등을 파먹는 미세한 곤충의 총칭, 〈~ snout beetle\weevil〉 미1

1055 **bil·let** [빌릴]: ①〈프랑스어〉, 〈병사들에게 숙소를 빌릴 수 있는 관인(bill¹)을 준 데서 연유한〉 막사, 지정 장소, 〈~ Quonset\quarter〉, 〈↔bivouac\evict〉 ②〈←billus(log)〉, 〈라틴어〉, 장작개비, 강편(철판), 〈~ bar\rod〉, 〈~ ski〉 양2

1056 **bil·let-doux** [빌레이두우 \ 빌리두우]: 〈프랑스어〉, 'sweet note', 연애편지, love letter, 〈↔Dear John letter〉 양1

1057 **bil·liards** [빌리어즈]: 〈←billus(ball)〉, 〈라틴어→프랑스어〉, 〈billet²로 치는〉 당구, 〈pool²과는 달리 옆에 주머니가 없음〉 양1

1058 **bil·li-bi \ bil·ly-bi** [빌리비이]: 〈동명의 미국 사업가(William B. Leeds)의 bye-bye 연회를 위해 1972년에 파리 Maxim 식당 주방장이 만들었다는〉 (토마토 죽·홍합·백포도주·크림을 섞은) 클램차우더 비슷한 걸쭉한 국물, 〈~ cream of mussels soup〉 우1

1059 **bil·lings-gate** [빌링즈 게이트]: 〈←Billing←bil(sword); '칼잡이'란 뜻의 게르만계 이름〉, (런던의 어시장 이름에서 따온) 상스러운 말, 욕설, 〈자갈치 시장 쌍소리〉, 〈~ invective\obscenity〉, 〈↔praise\applause〉 수2

1060 **bil·lion** [빌리언]: bis(twice)+million, 〈프랑스어〉, 'million의 천 배', 10억(1,000,000,000), 10의 9승, 무수, '만만', 〈번역할 때 조심해야 될 말〉 미1

1061 **bil·lion-aire** [빌리어네어]: 억만장자, '만만 장자', 〈~ millionaire\zillionaire〉, 〈↔have-not\beggar〉 양2

1062 *****bill of fare** [빌 어브 훼어]: 식당 차림표, 음식 목록(가격표), 〈~ carte\menu〉 양2

1063 **Bill of Rights** [빌 어브 롸읻츠]: ①권리장전, 1688년 영국의 권력이 왕으로부터 국회로 넘어간 〈시민권을 확장한〉 법령, 〈~ limits on monarchy〉 ②인권규정, 1791년 미국 국회에서 비준된 〈공권력을 제한하고 개인의 권리를 신장한〉 10항목의 수정 헌법 조항, 〈~ first ten amendments〉 미

1064 **bil·low** [빌로우]: 〈←bylgja(great wave)〉, 〈북구어〉, 큰 물결, 소용돌이치는 곳, 놀(너울), 〈~ surge\swirl〉, 〈↔abridge\contract〉 양2

1065 **Bil·ly the Kid**: Henry McCarty (본명), William Bonney 〈'pretty'란 뜻의 스코틀랜드어〉(가명), (1859-81), 14세에 고아가 되어 8명을 죽이고 보안관 총에 맞아 죽은 미서부의 〈전설적〉 권총의 명수, 〈~ an American out-law and gun-fighter〉 수1

1066 **Bilt-more Es·tate** [빌트모아 이스테이트]: 'Bilt〈←bult(low hill)〉의 장원', 홀랜드에 있는 밴더빌트(Vanderbilt)가의 본적지 이름을 딴 노스캐롤라이나 Ash·ville에 있는 〈입장료가 드럽게 비싼〉 미국 최대의 개인 장원(America's largest home) 수1

1067 **bim·bo** [빔보우]: 〈'꼬마(little child)'란 뜻의 이탈리아어에서 연유한〉 머저리, 바보, 무뢰한, 골 빈 여자(bimba), 〈~ dunce\doxy²〉, 〈↔brain\genius〉 가2

1068 **bin** [빈]: 〈←benna(cart)〉, 〈켈트어〉, 궤, 저장 통, 큰(저장) 통, 쓰레기통, garbage can, 〈~ container\canister〉 미1

1069 **bin** [빈] \ **bin·te** [빈테]: (이슬람인들의 이름에서) ~의 아들〈bin〉, ~의 딸〈bint〉을 나타내는 연결사, 〈~ son of\daughter of〉 수2

1070 **bi·na·ry** [바이너리]: 〈←bini(two by two)〉, 〈라틴어〉, 둘(쌍)의 두 성분으로 된, 2진법, 양성 연애자, 〈~ towfold\double〉, 〈↔unary\non-binary\singular\ternary\Boolean〉 양2

1071 *bi·na·ry ad·di·tion [바이너뤼 어디션]: 2진법 덧셈, 2진 가산 〈큰 숫자만 선택하여 이월시키면서 단계적으로 더해 나가는 계산법〉, 〈~ addition of two binary digits(numbers)〉 양2

1072 *bi·na·ry chop [바이너뤼 촾]: 2분할법 〈목적하는 자료가 중간 점의 위 또는 아래에 있는지를 따져 찾아내는 방법〉, 〈~ half-interval search\logarithmic search〉 양2

1073 *bi·na·ry dig·it (num·ber) [바이너뤼 디쥩]: 2진 숫자 〈0과 1〉, 〈~ binary bit (on or off)〉 양2

1074 *bi·na·ry file [바이너뤼 화일]: 2진 기록철〈인쇄하지 않아도 좋은 부호들을 간직한 (숨은) 장부〉, 〈~ file consisting of binary format〉 양2

1075 *bi·na·ry search [바이너뤼 써어취]: 2진 검색〈자료를 검색할 때 두 부분으로 나누어 한쪽을 골라내는 절차를 반복해서 목표물을 찾아내는 방식〉, = binary chop 양2

1076 *bi·na·ry sub·trac·tion [바이너뤼 썹트랰션]: 2진법 뺄셈, 2진 감산 〈작은 숫자를 0으로 만들어서 단계적으로 더해 나가는 계산법〉, 〈~ substration of two binary digits(numbers)〉 양2

1077 *bi·na·ry syn·chro·nous trans·mis·sion [바이너뤼 씽크뤼너스 트랜스미션]: 2진적 (자료) 동기 전송〈2진 부호화된 자료를 공통된 시간 기호로 제어시켜서 전송하는 방식〉, 〈~ a byte-oriented communication〉 미1

1078 *bi·na·ry sys·tem [바이너뤼 씨스템]: 이원계, 이진 체계, 〈삼라만상을 있는 자(I)와 없는 자(O)로 구분해서 생각하는 수학적 사고방식으로 전산기의 기본 원리로 유용하게 써먹고 있음〉, 〈~ a way of representing data using 0s and 1s〉 양2

1079 *binch [빈취]: ①〈전산망어〉, (bit과 bunch의) 중간 크기 ②〈전산망어〉, bitch의 점잖은 표현 ③〈한국어〉, 〈한국의 롯데 제과에서 출시한〉 'biscuit in chocolate', 초콜릿을 바른 둥근 비스킷 (양과자) 양2 우2

1080 **bind** [바인드]: 〈←binden(tie)〉, 〈게르만어〉, 묶다, 동이다, 두르다, 구속하다, 계약하다, 〈→band〉, 〈~ adhere\chain〉, 〈↔un-tie\separate\release〉 양1

1081 **bin·dae-tteok** [빈대떡]: 〈어원 불명의 한국어〉, mung-bean pancake, 녹두전병, 녹두를 (맷돌로) 갈아 여러가지 채소와 (돼지) 기름을 넣고 부친 부꾸미(부침개), 〈병(떡)이라는 한자 또는 빈자(가난한 자)라는 한문에서 유래했다는 설이 있음〉, 〈~ pancake\crepe〉 수2

1082 *bind-pose [바인드 포우즈]: '묶음 자세', (3-D 동영상 시작 전에 나오는) 팔을 벌린 자세, T ·pose, '허깨비상' 우2

1083 **bind-weed** [바인드 위이드]: 덩굴 식물, 메꽃, (유라시아 원산의) 번식력이 강한 나팔꽃, 〈~ convolvulus〉, 〈~(↔)morning glory〉 미2

1084 *bing bong [빙 봉]: 〈전산망어〉, 〈의성어〉, 딩·동, 장난감 탁구 경기, 〈짧은 말을 되풀이하는〉 트럼프 대통령의 어투, 〈~ the soothing sound of the New York subway closing it's doors〉, 〈~ a non-sense phrase\tiktok〉 우2

1085 binge [빈쥐]: 〈1848년에 등장한 'soaking'이란 뜻의 영국어〉, 〈나무로 만든 배가 새지 않게 물에 푹 적시는 일〉, 폭식, 법석, 떠들고 마시기, 〈~ gorge\debauch〉, 〈↔abstain\nibble〉 미2

1086 binge watch [빈쥐 와취]: TV를 주말에 몰아서 보는 일, '폭 시청', 〈~ watching spree (or jamboree)〉 우2

1087 bin·go [빙고우]: 〈1929년 beano(의성어)란 영국어를 변형시킨 미국어〉, 숫자로 빈칸을 메우는 복권식 놀이, '해냈다!', 〈~ lotto\housey-housey〉 수2

1088 *bin·go card [빙고우 카아드]: 〈1985-90 사이에 생겨난 말〉 ①독자 카드, (독자가 광고물에 대한 정보를 얻을 수 있도록 잡지 등에 삽입된) 부호를 사용한 '공짜' 우편 엽서, reader's service card ②예상 극본(likely scenario) 미2

1089 bing-su [빙수]: ice+water, 〈중국어→한국어〉, sherbet, 잘게 부순 얼음에 설탕·팥·과일 조각 등을 넣어 만든 빙과(음료), shaved ice dessert 수2

1090 bin La·den [빈 라든], O·sa·ma: 〈←laden(fragrance)?〉, 〈아랍어〉, '향기 나는 자의 아들?', 빈 라덴, (1957-2011), 휘트니 휴스턴을 좋아했다지만 2001년 9월 11일의 뉴욕 쌍둥이 건물 폭파범으로 지목되어 미군에 의해 사살된 〈인류에게 지대한 경제적 손실을 끼친〉 과격한 이슬람 광신자, 〈~ co-founder of Al-Qaeda〉 수1

1091 bin·o·cle [비 너클]: bini(two by two)+oculus(eye), 〈라틴어〉, 쌍안경, 〈↔monocle〉 수1

1092 bin·tu·rong [빈투롱]: 〈말레이어〉, bear·cat, 〈동남아에 서식하며 숫자가 줄어드는〉 족제비같이 생기고 긴 꼬리를 가진 야생 사향고양이 우1

1093 bi·o [바이오우]: 〈←bios(life)〉, 〈그리스어〉, 생명, 인물, 〈↔thanato(death)〉 미2

1094 bi·o-ac·tiv·i·ty [바이오우 액티비티]: 생물 작용, 생체 활동, 〈~ activity of living tissue〉 양1

1095 bi·o-as·say [바이오우 애쎄이]: 생물학적 측정, 〈~ appraisal of biological activity〉 미2

1096 bi·o-a·vail·a·bil·i·ty [바이오우 어붸일러빌러티]: 생물학적 이용도, 〈~ bioaccessibility〉 미2

1097 bi·o-chem·is·try [바이오우 케미스트리]: 생화학, 〈~ physiological chemistry〉 양1

1098 *bi·o-chip [바이오우 칲]: 생물화학소자, 생체에 집어넣는 실리콘 조각, 〈~ DNA array\biosensor〉 우2

1099 *bi·o-com·put·er [바이오우 컴퓨우터]: '생명전산기', 뇌 비슷한 성능을 가진 전산기, 〈~ bio-processor\living computer〉 우1

1100 bi·o-de·grade [바이오우 디그뤠이드]: (세균 작용에 의한) 생물 분해, 자연 분해, 〈~ putrefy\decompose〉 양1

1101 bi·o-e·lec·tron·ics [바이오우 일렉트롸닉스]: 생명 전자 과학, 〈~ electronic control of physical function〉 양2

1102 bi·o-en·er·gy [바이오우 에너쥐]: 생체연료, 〈~ organic fuel〉 양2

1103 bi·o-en·gi·neer [바이오우 엔쥐니어]: 생체공학자, 〈~ applied scientist of biology and engineering〉 양2

1104 bi·o-eth·ics [바이오우 에씩스]: 생명윤리(학), 〈~(↔)medical ethics〉 양2

1105 bi·o-feed-back [바이오우 휘드백]: 생체 되돌림(되먹임), 〈~(↔)neuro-feedback〉 양2

1106 bi·og·ra·phy [바이아 그뤄휘]: 전기, 일대기 〈자신이 쓴 것은 auto-biography\남이 쓴 것은 hetero-biography〉 양1

1107 bi·o-haz·ard [바이오우 해져드]: 생물학적 위험, 유기물 공해, 〈~ bio-risk\dangerous biological material〉 양1

1108 bi·o-health [바이오우 헬쓰]: 생명 건강, 생체 보건, 〈~ bio-medical health〉 양2

1109 bi·o-in·dus·try [바이오우 인더스트리]: 생명 산업, 〈~ industry using biotechnology and life-science〉 양2

1110 bi·ol·o·gy [바이알러쥐]: 생물학〈study of living things〉, 〈~ life science〉, 〈~(↔)eugenics\dysgenics\physiology\physics〉 가1

1111 **bi·o-mark-er** [바이오우 마아커]: 생체 표시, 생체 지수, ⟨~ molecular marker\signature molecule⟩ 양2

1112 **bi·o-mass** [바이오우 매쓰]: ①(어떤 지역 내의 단위 면적당 수치로 표시된) 생물량⟨volume of habitat⟩ ②(열량으로 이용될 수 있는) 생물 자원, ⟨~ bio-fuel⟩ 양1

1113 **bi·ome** [바이오움]: bios(life)+ome, ⟨1916년 그리스어에서 주조된 미국어⟩, 생물 군계, (비슷한 기후·지형에 따라) 비슷한 생물들이 생활하는 지구상의 구역, ⟨~ ecosystem\bio-sphere⟩ 양2

1114 **bi·o·met·ric** [바이오우 메트뤽]: 생물 측정, 수명 측정, 신체적 특성 측정, ⟨~ measurement of physical characteristics i.e. finger print or facial recognition⟩ 양1

1115 ***bi·on·ic** [바이아닉]: 생체공학적(bio-mechanical), 초인적인(super-human) 힘을 가진, ⟨~ unreal\artificial⟩, ⟨↔earthly\natural⟩, ⟨원래는 perfectly natural이란 뜻이었으나 과장되어 쓰여지고 있음⟩ 미1

1116 **bi·o·phil·i·a** [바이오우 휠리어]: life+love, 생명애, 생물 친화감, 생물 애호, ⟨↔biophobia⟩, ⟨↔ecophobia\ecocide⟩ 양2

1117 **bi·op·sy** [바이앞시]: bios(life)+opsis(sight), ⟨그리스어⟩, 생검, 생체조직의 현미경 검사, '조직검사', ⟨~ microscopic examination of a tissue removed from an organism⟩ 가1

1118 **bi·o-re-ac·tor** [바이오우 뤼액터]: 생물반응기, ⟨~ cultivation vessel\cell culture device⟩ 양2

1119 **bi·o-re-me·di·a·tion** [바이오우 뤠미디에이션]: 생물 복원, ⟨미생물을 이용해서 오염 물질을 분해시키는⟩ 생물학적 환경정화, ⟨~(↔)phyto-remediation⟩ 양2

1120 **bi·o-rhythm** [바이오우 뤼듬]: 생체주기, ⟨~ circadian rhythm\body clock⟩ 양2

1121 ***BIOS** [바이어스] (bas·ic in-put/out-put sys·tem): 바이오스, 기본 입출력체계 ⟨모든 출입기능을 읽기 전용 기억장치에 담아 놓은 것으로 경성기재를 바꿔도 그대로 쓸 수 있음⟩, ⟨~ an intermediate between CPU and I/O device⟩ 미2

1122 **bi·o-sen·sor** [바이오우 쎈서]: biodetector, 생물감지기, ⟨~ a device that measures biological or chemical reaction⟩ 양2

1123 **bi·o-sphere** [바이오우 스휘어]: 생물권, 생물 보존지역, ⟨~ environ\eco-system⟩ 양2

1124 **bi·o-tech·nol·o·gy** [바이오우 테크날러쥐]: 생물공학, ⟨~(↔)genetic engineering\GMO⟩ 양2

1125 ***bi·o-tron** [바이어 트롼]: ⟨1970년도 후반에 그리스어에서 주조된 미국어⟩, '생명 소립자', 환경 조건을 조절해서 생물을 기르는 장치, ⟨~ a controlled ecological life-support system⟩ 우1

1126 **bi-po·lar** [바이 포울러]: bi(two)+polos(end of axis), ⟨그리스어⟩, 양극성, 두 극이 있는, ⟨~ di-polar\janus-faced\manic-depression⟩, ⟨↔unipolar⟩ 양2

1127 **bi·ra** [삐라]: 전단이란 뜻의 일본어(Japlish), bill의 잘못된 표현 미1

1128 ***birb** [버어브]: ⟨'bird'의 고의적 오타⟩, 조그만 새, ⟨인간 위에 군림하는⟩ 애완조, ⟨~ a pet bird⟩ 양2

1129 **birch** [버어취]: ⟨←bhereg(white)⟩, ⟨게르만어⟩, ⟨흰 수피를 가진⟩ 버치, 박달나무, 자작나무(회초리), (북반구에 40여 종이 존재하며) 가구의 목재로 많이 쓰이는 큰 키의 낙엽활엽교목, ⟨~ a thin-leaved deciduous hard-wood tree⟩ 미2

1130 **bird** [버어드]: feathered creature ①⟨←brid(nestling?)⟩, ⟨어원 불명의 영국어⟩, 새, 엽조, (8,600여 종의) 깃털과 날개를 가진 짐승, 괴짜⟨새들은 사람을 보고 이상하게 생겼다고 할 것임⟩, 명랑한 자, 승리한 자, ⟨~ queer\cheer⟩ ②⟨영국어⟩, ⟨←burd(noble birth)⟩ 여자 애인(girl friend), ⟨~(↔)fish⟩, ⟨새들이 그 가는 다리로 어떻게 몸통을 지탱할 수 있나를 연구하는 해부공학(anatomical engineering)이란 학문도 있다 함⟩ 가1

1131 ***"Bird Box" ef-fect** : '새상자 효과', 2018년 개봉된 ⟨눈을 가리고 돌아다니는 장면에 나오는⟩ 영화 "Bird Box"같이 영화 내용보다 그것을 둘러싼 일화(episodes)의 유행으로 시청률이 올라가는 현상, ⟨~ observer's effect⟩ 우2

1132 ***bird-brain** [버어드 브뤠인]: '새 대가리', ⟨골이 작은⟩ 바보, 얼간이, ⟨~ cuckoo\goose⟩, ⟨↔genius\egg-head⟩ 양2

1133 **bird-er** [버어더]: ①조류 사육자(breeder) ②조류 사냥꾼(hunter) ③조류 관찰자(bird twitcher), 탐조가(bird-watcher보다 격이 높음), ⟨~(↔)ornithologist⟩ 양1

1134 **bird-ie** [버어디]: 작은 새, (골프에서) 기준 타수보다 하나 적은 '나르는' 타수, 깃털공(shuttle-cock), ⟨~ small bird\one stroke under par⟩, ⟨↔bogey⟩ 미2 수2

1135 ***bird-lime** [버어드 라임]: (새 잡는) 끈끈이〈sticky substance〉, 유혹(하다), 감언이설, 〈~(↔)trap\mesh〉, 〈↔extricate\disengage〉 양1

1136 **bird of par·a·dise** [버어드 어브 패뤄다이스]: 극락조, (주로 뉴기니 산림에 서식하는 풍조과의 새로 수컷은 꽁지가 길며 색깔이 아름다운) 천상의 새, 〈~ manucode\king bird-of-paradise〉, 〈~(↔)trogon보다 훨씬 우아함〉 미2

1137 **bird of par·a·dise flow·er** [버어드 어브 패뤄다이스 훌라워]: 극락조화, (바나나 같은 꽃받침에서 극락조의 날개 같은 노랗고 파란 꽃이 피는 남아프리카 원산으로 못생겼으나 꽤 매력적인 화초), 〈~ peacock flower〉 미2

1138 ***birds and bees** [버즈 앤드 비이즈]: 기본적인 성 상식, 〈어린이에게 해주는〉 성교육(sex education), 합환, 성교, 〈~ love-making\coitus〉 양2

1139 ***bird's-eye** [버어드쟈이]: 위에서 내려다본, 객관적인, 새 눈 무늬, 〈~ aerial view\vantage point〉, 〈↔worm's(frog's) eye〉 양2

1140 ***birds of a feath·er \ BOF**: 깃털이 같은 새들, 같은 성향의 사람들, 유유상종, '초록은 동색', 〈~ like attracts like\like father like son〉, 〈↔dis-similarity\un-liken-ness〉 양2

1141 **bird watch** [버어드 와취]: 새 관찰, 탐조, 새 구경 양1

1142 **bi·ret·ta** [버뤠터]: 〈←birrus(hood)〉, 〈라틴어→이탈리아어〉, 가톨릭 성직자가 쓰는 3각·박사 학위자가 쓰던 4각의 베레모, 〈~ barret\beret〉, 〈~(↔)gat〉 우1

1143 **Bir·ming·ham** [버어밍엄]: (앵글로색슨족의 일파인) 〈Beor·ma(brewers) 족의 터전〉, 잉글랜드(England) 중부지방의 공업 도시, [버어밍햄]; 미국 앨라배마(Alabama)주 북부의 철강업 중심지 수1

1144 **bir·ri·a** [버뤼어]: 〈'쓸모없는'이란 뜻의 스페인어에서 연유한 멕시코어〉, (스페인 정복자들이 염소떼들을 처리하기 위해 원주민에게 권장한) 〈염소고기와 고추 등으로 만드는〉 염소탕, 〈LA에는 (멍멍탕 대신) 'Big bear 흑염소 보신탕'이란 것이 있음〉, 〈~ a goat (or beef) stew〉 수2

1145 **birth** [버얼쓰]: 〈←bhriti〉, 〈산스크리트어→북구어〉, 〈←bear³〉, 출생, 태생, 신생, 〈아무도 알 수 없는〉 원초적 운명, 〈~ labor\nativity〉, 〈~ fate\start〉, 〈~(↔)beginning of death〉 가2

1146 **birth cer·tif·i·cate** [버얼쓰 써티휘케이트]: 출생증명서, 〈↔death certificate〉 가2

1147 **birth con·trol** [버얼쓰 컨트로울]: 산아제한, 〈~ contraception〉, 〈↔birth promotion〉 가2

1148 **birth de·fect** [버얼쓰 디휄트]: 선천적 기형(결함), 〈~ congenital anomaly〉, 〈↔acquired defect〉 가2

1149 ***birth-er** [버얼써]: 〈오바마 대통령의 출생지 시비에서 나온 말〉, 〈미국〉 태생이 아니라고 물고 늘어지는 사람, 〈~ woman in labor\a person questioning candidate's birth-place〉 우1

1150 **birth-mark** [버얼쓰 마아크]: 모반, 특징(점), 〈~ nevus\angel's kiss〉, 〈↔scar〉 양2

1151 **birth moth·er** [버얼쓰 마더]: '태모'(남의 난자와 남자의 정자를 수정시킨 후 자신의 자궁에서 아이를 길러낸 여성), 〈≠ biological mother\natural mother〉, 〈↔adoptive mother〉 가2

1152 **birth-right** [버얼쓰 롸잍]: 생득권, 장자 상속권, 〈~ inheritance\primogeniture〉 양2

1153 **birth-right cit·i·zen–ship** [버얼쓰 씨티즌쉽]: 출생시민권, 출생지에서 자동적으로 부여되는 시민권, 〈~ right of the soil〉, 〈↔blood-right citizenship〉 미2

1154 **birth-stone** [버얼쓰 스토운]: 탄생석, 태어난 달을 상징하는 보석, 〈~ a gemstone representing one's birth-month〉 양2

1155 **birth-wort** [버얼쓰 워얼트]: pipe·vine, 탄생초, (전 세계적으로 서식하며) 〈꽃이 자궁을 닮아 뿌리를 먹으면 순산한다는〉 쥐방울덩굴과의 500여 종의 초본, 〈~ womb-like flowers\Dutchman's pipe〉 미2

1156 **bi·ry·a·ni** [비뤼아아니 \ 비어야아니]: 〈←biryan(fried)〉, 〈페르시아어에서 연유한 Urdu어〉, 쌀을 고기나 생산 또는 채소에 섞어 향료를 넣고 볶은 〈인도식〉 '볶음밥', 〈~ a mixed rice dish〉 수2

1157 **bis-cuit** [비스킽]: bis(twice)+coquere(cook), 〈'두 번 굽다'란 뜻의 라틴어에서 유래한〉 비스킷, 밀가루에 설탕·버터·우유를 섞어 구운 소형의 과자, 담갈색, 푼돈, 하찮을 물건, 〈~ cracker\cookie\trivia〉 우1

1158 ***B-ISDN** (broad-band in·te·grat–ed ser·vice dig·i·tal net-work): 광대역 종합 정보 통신망 미2

1159 **bi–sex·u·al** [바이 쎅슈얼]: 양성(애)의, 자웅동체의, 〈〈~ hemaphrodite\AC\DC〉, ↔straight\uni-sexual〉 양2

1160 *bish [비쉬]: ①〈←bis(murky)〉, 〈영국어〉, drab, 실수, 잘못, 〈~ mistake\blunder〉, 〈↔all right\fine〉 ②〈주로 미국 흑인들이 on-line 검색을 피하려고 쓰는〉 bitch의 점잖은 표현 양2

1161 bish·op [비숍]: epi(upon)+skopein(look), 〈그리스어〉 ①〈위에서 내려다보는〉 주교, 교회 '감독', 〈~ abbot\prelate〉, 〈↔lay-person\secular〉 ②〈bishop의 예모를 닮은 잔에 담아 먹는〉 적포도주에 오렌지 등을 넣은 따뜻한 음료, 〈~ a cocktail〉 ③〈bishop의 예복같이 선홍색과 검은색의 깃털을 가진〉 (아프리카산) 금란조, 〈~ a weaver〉 양1 우2

1162 bish·op's hat [비숍스 햍]: 〈꽃잎이 주교의 두건을 닮은〉 3지9엽초, 〈~ fairy wings\horny goat weed〉, ⇒ barren·wort 미2

1163 bisht [비이쉬트]: 〈←bishtu(nobility)〉, 〈아랍어〉, (아랍인들이 특별한 경우에 입는) 양털로 만든 길고 헐렁한 외투, 아랍 예복, 아랍 도포, 〈~ an Arabic traditional men's cloak〉 수1

1164 Bis·marck [비즈마아크], Ot·to von: '주교의 영지(bishop's mark)내에 사는 자', 비스마르크, (1815-98), 독일제국의 (관료 주도형) 국수주의 정치가 〈철혈재상〉, 〈~ the first chancellor of the German Empire〉 수1

1165 bis·muth [비즈머쓰]: weisse(white)+masse(mass), 〈게르만어에서 연유한 라틴어〉, '흰 덩어리', 비스무트, 창연, 금속원소의 하나 (기호 Bi·번호83), 약간 붉은 빛을 띤 은백색의 무른 광물로 주로 합금(alloy)용으로 사용함, 〈~ a metallic element〉 미2

1166 bi·son [바이슨]: 〈←wisand(weasel)〉, 〈'냄새나는 동물'이란 뜻의 슬라브어에서 유래한 게르만어?〉, '야생소', (buffalo보다 뿔이 짧고 예리하며 어깨 혹과 머리가 더 큰) 들소, 〈~ yak\American buffalo(미주에서 보는 것은 사실은 bison임)〉 우1

1167 bisque¹ [비스크]: 〈1656년경에 등장한 프랑스어〉, 'free shot', (테니스·골프 등에서) 약자에게 주는 〈죽 한 사발 먹고 기운 내라는〉 한 점의 핸디캡(불리한 조건) 수1

1168 bisque² \ bisk [비스크]: 〈프랑스어〉, twice cooked ①〈두 번 끓이는〉 '가재탕', 새우·게·새고기·야채 따위의 크림 수프(걸쭉한 고깃국물), 〈~ a highly seasoned cream soup〉 ②〈두 번만 굽는〉, (붉은색이 도는) 황색 도자기, 〈~ unglazed earthen-ware〉 수1

1169 *BIST [비스트] (built-in self-test): 붙박이 자체 검사〈전기기구를 켰을 때 자동으로 고장(mal-function) 여부를 가르쳐 주는 장치〉 우2

1170 bis·tro [비스트로우]: 〈러시아 군대가 파리에 입성했을 때 '빨리-빨리' 술을 가져오라고 외치던 말에서 유래〉 간이 음식도 제공하는 작은 술집(나이트클럽\야회장), 〈~bar〉 우2

1171 *bit [빝]: ①〈←bitan〉, 〈게르만어〉, 〈←bite〉, 〈물어 뗀〉 조각, 소량, 잠시, 끝(날), 재갈, 정보량의 최소 단위, 〈~ speck\tittle〉, 〈↔heap〉 ②binary digit, 2진 숫자 〈2진법에서 0이나 1〉 양1 우1

1172 *bit bang·er [빝 뱅어 \ 빝 뱅어]: '전산기 선수', '전산 실장〈주 조작자〉', (전산기 차림표 작성의) 중심적 조작자, 〈~ computer nik〉, 〈↔computer illiterate\com-maeng〉 우1

1173 *bit-buck·et [빝 버킽]: '전자 정보 쓰레기통', 없어졌거나 지워진 정보가 가는 곳, 〈~trash〉 우2

1174 bitch [빝취]: 〈←bicce(female dog)〉, 〈게르만어〉, '암캐', 암컷, 음란한 여자, 불평하다, 망쳐놓다, 〈~ brat〉, 〈~ witch\whore\fuss〉, 〈↔angel\gentleman\praise〉 미2

1175 *bit-coin [빝 코인]: 비트코인, crypto·currency, 암호화폐, digital money, 전자화폐, 〈잠적해 버린 한 일본인에 의해 2009년에 고안된 중앙은행의 통제를 받지 않는〉 통신회선을 통해 거래하는 〈각 국가마다 규제가 다른〉 '가상화폐', 〈↔physical (real) coin〉 우2

1176 bite [바이트]: 〈←bitan〉, 〈게르만어〉, 물다, 물어뜯다, 쏘다, 자극하다, 맞물리다, 속이다, 〈↔bitter\beetle\bit〉, 〈~(↔)chew\cut\tear\cheat〉, 〈↔gobble\gorge〉 양1

1177 *bite in the words: 말에 가시가 있다, 언중유골, 〈~ implicit bitterness〉 양2

1178 *bite off more than you can chew: 욕심부리다, 무리하다, 뱁새가 황새 따라가다, 〈~ grasp all, lose all〉, 〈↔be modest\constrain〉 양2

1179 *bite the bul·let: 〈마취제가 없을 때 수술받는 부상병에게 물게 했던 총알〉, (싫지만 피할 수 없는 일을) 이를 악물고 하다, 울며 겨자먹기, 〈~ face the music〉, 〈↔avoid\refuse〉 양2

1180 *bite the dust [바이트 더 더스트]: (결투나 전투에서) 고꾸라져 흙을 깨물다, face down in the dirt, 죽다, 뒈지다, 〈~ die\kick the bucket〉 양2

1181 *bite the hand that feeds one: 주인을 물다, 배은망덕하다, 은혜를 원수로 갚다, 〈↔carry one's gratitude beyond the grave〉 양2

1182 ***bit map** [빝 맾]: (화면의 명암을 흰색은 0·검은색은 1로 대응시켜 선명도를 나타내는 방식의) '화상 지도', 〈~ raster〉, 〈~(↔)pix-map〉, 〈↔vector(graphics)〉 우2

1183 ***bit-ness** [빝네스]: 전산기가 사용할 수 있는 기본적 정보 단위의 구조(용량), 〈~ the property of using specific number of bits〉 우1

1184 ***BITNET** [빝 넽] (be-cause it's time net-work): '때가 됐다 전산망', '떴다방 전산망', 대학 간에 널리 쓰이는 광역 전산망, 〈~ EDUCOM.〉, 〈~(↔)usenet〉 수2

1185 **bits and pieces** [빝츠 앤 피이시스]: 산산조각, 이런저런, 잡동사니, 지스러기, 그러모은 것, 단편적인, 〈~ odds and ends〉, 〈↔ins and outs\nuts and bolts〉 양2

1186 ***bit stream** [빝 스트뤼임]: '소량 유출', 바이트 단위가 아닌 그의 1/8인 비트 단위로 보내는 자료, 〈~ binary sequence〉, 〈↔byte-stream〉 우2

1187 **bit·ter** [비터]: 〈←bitan←bheid(to split)〉, 〈게르만어〉, 〈←bite〉, 〈깨물렸을 때 느끼는〉 쓴, 호된, 쓰라린, 원한을 품은, 쓴 맥주, 고미제, 〈~ sharp\pungent\tart\resentful〉, 〈↔sweet\content〉 양1

1188 **bit·ter end** [비터 앤드]: 〈←bit(sharp)〉, 막바지, 파국, (배를 정박시키려고 닻을 매는 기둥〈bitts〉의 끝까지 줄을 내려도 바닥에 닿지 않을 때 느끼는) '쓴 입맛', 〈↔sweet start〉 양2

1189 ***bit·ter en·e·mies in the same boat**: 불구대천의 원수라도 (풍랑을 피하려고) 한 배에 탄다, 정적끼리도 (이해관계에 따라) 같은 정책을 지지한다, 오월동주, 〈~ sleeping with the enemy〉 양2

1190 **bit·ter-mel·on** [비터 멜런]: 여주, 만여지 〈혈당을 내려주는데 효과가 있다는〉 (열대 아시아 원산의) 돌기가 많은 오이 모양을 한 '쓰디쓴' 과일을 맺는 박과의 한해살이 덩굴풀, 〈~ balsam apple(pear)\bitter gourd(cucumber)〉 미2

1191 **bit·tern¹** [비턴]: 〈영국어〉, 〈←bitter〉, 간수, 고염(쓴 소금), 〈~ salt solution\nigari(일본어)〉 미2

1192 **bit·tern²** [비턴]: buteo(hawk)+taurus(bull), 〈라틴어〉, 알락해오라기(주로 습지에 사는 알록달록한 색깔을 가진 왜가릿과의 메추리 모양의 새), 〈뜸부기보다 크고·부리와 다리가 긴 약 12종의〉 덤불 왜가리, 〈~ heron\egret〉 미2

1193 **bit·ter-nut** [비터 넡]: '쓴개암', 미 동부 습지에서 자라는 조그만 호두 비슷한 쓴 열매를 맺는 가래나뭇과의 낙엽활엽관목, pignut hickory, ⇒ swamp hickory 우1

1194 **bit·ter-root** [비터 루우트]: '쓴 뿌리 풀', 쇠비름과의 화초(식용으로 쓰이나 담배 냄새가 남), 〈~ purslane〉 우1

1195 **bit·ter smile** [비터 스마일]: 쓴 웃음, 고소, 씁쓸한 미소, 엷은 웃음, 〈~ wry smile〉, 〈↔toothy smile〉 양1

1196 **bit·ter-sweet** [비터 스위이트]: 달콤씁쓸한, sad and happy, (첫사랑에 차였을 때처럼) 괴롭고도 즐거운 추억, 노박덩굴 (봄에 녹황색 꽃이 피고 가을에 짜개진 콩 같은 달콤씁쓸한 열매들을 맺는 낙엽활엽 덩굴나무), 배풍등, 까마중, woody nightshade, 〈~ sad-cite\sweet and sour〉, ⇒ staff tree 양1 미2

1197 **bit-ty** [비티]: 토막난, 단편적인, 조그마한, 〈~ tiny〉, 〈↔enormous\gigantic\huge〉 가2

1198 **bi-valve** [바이 벨브]: bis(twice)+valva(door), 〈라틴어〉, (두 개의 판을 가진) 2패류, 쌍각류, 〈~ mollusk\two shelled〉, 〈↔uni-valve\single shelled〉 양2

1199 **biv·ou·ac** [비우앸]: bei(by)+wacht(guard), 〈게르만어→프랑스어〉, 〈보초를 세우고〉 (천막 없이 자는) 야영, 노숙, 〈~(↔)encampment\base-camp〉, 〈↔billet\evict〉 양2

1200 **bi·zarre** [비쟈알]: 〈←bizar(beard)〉, 〈바스크어〉, 기괴한, 색다른, 변덕스러운, 〈~ strange\peculiar〉, 〈↔ordinary\normal〉 양1

1201 **Bi·zet** [비제이], Georges: (1838-75), 〈어원 불명의 노르망계 이름〉, 비제, 프랑스의 〈단순주의〉 오페라 작곡가, 〈~ a French conposer〉 수1

1202 **blab(b)** [블랩]: 〈게르만어〉, 〈의성어〉, 지껄이다, 수다 떨다, 비밀을 누설하다, 〈~ gabble〉, 〈↔keep quiet\shut up〉 양1

1203 **blac-cent** [블랙센트]: black+accent, 흑인 억양, 미국 대도시의 젊은 흑인들이 사용하는 독특한 말투 미1

1204 **black** [블랙]: 〈←blaec(darkest color)〉, 〈게르만어〉, 〈모든 빛을 빨아들이기만 하고 되돌려주지 않는〉 검은, 엉큼한, 흑자, 소동하다, 〈~ dark\in credit\ebony〉, 〈↔white\red〉 양1

1205 **Black A·fri·ca** [블랙 애후뤼커]: 흑인 지배의 아프리카, 〈정치적인 이유로 White Africa라는 말은 없음〉 미1

1206 ***black and white** [블랙 앤드 와이트]: 묵화, 흑백, 명백한, 미·경찰차, 〈~ monochrome\clear-cut\police-car〉, 〈↔non-dichotomous\equivocal〉 양2

1207 **Black An·gus** [블랙 앵거스]: 〈영·미에서 쇠고기로 가장 인기 있는〉 스코틀랜드에 있는 (Aberdeen과) Angus 지역 원산의 뿔이 없는 검은 식육우, 〈~(↔)Aberdeen Angus\Red Angus〉, 〈~(↔)Wagyu〉 수1

1208 **black art** [블랙 아알트]: ①흑인 예술, African-American art, 〈인종적인 이유로 white art란 말은 없음〉 ②=black magic; '검은 마술'(꼼수를 써서 관중을 웃기는 기술), 〈↔white magic〉 양1

1209 *****black-ball** [블랙 버얼]: (검은 공을 던져 하는) 반대투표, 배척하다, 징계하다, 〈~ negative vote\reject〉, 〈↔confirm\pass〉 양2

1210 **black bass** [블랙 배쓰]: large·mouth bass, (북미의 담수에 서식하며 육식성이고 번식력이 강한) '흑농어'·'대구 농어' 우2

1211 **black bear** [블랙 베어]: 흑곰(북미〈American〉산), 반달가슴곰(아시아〈Asiatic〉산), 산간에 사는 중형 검은 곰 양1

1212 **black-bee·tle** [블랙 비이틀]: oriental roach, 흑갈색의 바퀴, 잔날개바퀴, 검은 딱정벌레 미2

1213 **black belt** [블랙 벨트]: 흑토(black soil) 지대, 흑인 지구, 〈~ American South〉 (태권도 등의) 검은 띠, 〈~ yu-dan-sha(유단자)〉, 〈↔white belt〉 양1 미1

1214 **Black-ber·ry** [블랙 베리]: (산딸기의 일종으로 미국 남부〈American South〉에서 잘 자라는) 흑딸기 미2

1215 **black ber·ry** [블랙 베뤼]: 검정 딸기, 익으면 검붉은 색으로 변하는 여러 종의 산딸기 미2

1216 **Black-bird** [블랙 버어드]: ouzel, 영국산 (깨똥) 지빠귀, 미국산 (검은) 찌르레기, 군용 정찰기(a retired US reconnaissance aircraft), 유괴하다(kidnap to sell as a slave) 양1

1217 **black bird** [블랙 버어드]: '검은 새', 색깔이 검은 여러 종류의 새, 〈↔white bird〉 양1

1218 **black-board** [블랙 보어드]: 칠판, 흑판, 〈↔white-board〉 가1

1219 *****black box** [블랙 박스]: 기록 장치 보관 상자, 〈안을 볼 수 없는〉 '흑 상자', 복용약 주의 사항, 〈~ a recording device\label of serious side-effects from a drug〉, 〈↔clear box〉 우2

1220 **black-buck** [블랙 벅]: 흑사슴 (인도 원산의 등이 검고 배가 흰 중형 영양), sasin 미1

1221 **black-cock** [블랙 칵]: (검은) 수멧닭, ⇒ heath·cock 미1

1222 **black cof·fee** [블랙 커어휘]: 순 커피, 흑 커피, cafe noir, 〈↔light-coffee\de-café〉 미1

1223 **black com·e·dy** [블랙 카미디]: 불쾌한 일을 익살스럽게 다룬 희극, '흑색 희극', 〈~ grim humor〉, 〈↔light comedy〉 우2

1224 **black cur·rant** [블랙 커어뤈트]: 까막까치밥나무, ⇒ cassis 미1

1225 **Black Death** [블랙 데쓰]: plague, pest, (피부에 검은 반점이 생기는) 흑사병, (14세기 아시아에서 발생해서 유럽 대륙 인구의 1/3을 죽이고 세계 역사를 바꿔 놓았으며 아직도 박멸하지 않은) 쥐에 기생하는 벼룩에 의해 전염되는 세균성 질병 양1

1226 **black dog** [블랙 더어그]: 〈←hell-hound←Cerberus〉, 〈유럽 각국의 전설에 등장하는 '악마의 상징'으로 S. Jhonson이 사전에 등재시켰으며 W. Churchill이 자신의 병을 지칭했던〉 우울증, 낙심, 〈~ depression\melancholia〉, 〈↔mirth\mania〉 양2

1227 **black e·con·o·my** [블랙 이카아너미]: 불법(illegal) 경제, 지하(under-ground)경제, 〈↔market economy〉 양2

1228 **Black Eng·lish** [블랙 잉글리쉬]: (미국 도시의) 흑인영어, Ebonics, 〈영어가 생겨 날 때는 흑인이 없었음〉 양2

1229 *****black eye** [블랙 아이]: 멍든 눈, '검은 눈언저리〈bruising around the eye〉', 수치(망신), 〈검은 눈동자는 dark-brown eye라 함〉 양1

1230 **black-eyed pea** [블랙 아이드 피이]: goat pea, cow·pea, southern pea, '검은눈콩', 동부, 광저기, 우웃빛 몸체에 검정 눈이 있는 준 타원형의 콩 미2

1231 **black-eyed Su·san** [블랙 아이드 쑤우쟌]: 노랑 데이지, (중국·북미 등에 서식하며) 꽃 가운데가 검은 해바라기〈sun-flower〉과의 다년초, 〈~ rudbeckia〉 미2

1232 **black-fish** [블랙 휘쉬]: (농어 등) 검은 물고기, 〈~ a sea-bass〉, 둥근머리돌고래, 〈~ a killer-whale〉 미2

1233 **black-fly** [블랙 훌라이]: 잔디 등에, 먹파리, 독파리, (동물의 피를 빨아 먹고사는) 2천 종 이상의 작은 날파리류, 〈~ a blood-sucker〉 미2

1234 **Black Fri·day** [블랙 후롸이데이]: 블 푸, '검은 금요일', 예수가 처형된 요일, 불길한 금요일, 추수감사절 다음 (대대적 염가판매를 하는) 금요일 〈은행 잔고가 바닥이 나는 날〉, 〈~ Good Friday\the day after Thanksgiving〉 우2

1235 **black gold** [블랙 고울드]: 검은 보물, 석유(petroleum), 〈↔white gold〉 우2

1236 ***black hat** [블랙 햍]: 검은 모자, (서부극 따위의) 악한, 악당, (전산망의) 악질적 hacker, 〈~ out-law\bandit〉, 〈↔white hat\good person〉 미2

1237 **black haw** [블랙 허어]: stag bush, 미국 동부에 서식하며 자잘한 흰 뭉치꽃에 암청색의 콩만 한 열매가 맺히는 인동과 가막살나무속〈hawthorn〉의 관목 우1

1238 ***black-head** [블랙 헤드]: ①머리가 검은 새(짐승), 〈~ a bird(animal)〉 ②흑여드름, (주로 얼굴에 나는) 위가 검은 여드름, comedo 미2

1239 **black heart** [블랙 하아트]: ①속썩음병(core-breakdown) ②검정 버찌(black-cherry) ③(슬픔이나 냉담을 나타내는) 흑심장, 〈~ dire〉 ④(엉큼하거나 사악한) 흑심, 〈~ evil〉, 〈↔genial〉 미2

1240 **black hole** [블랙 호울]: 우주의 초중력 구멍, (S.Hawking 등이 증명하려고 노력한) 무엇이나 빨려 들어가는 가상의 구멍, '검은 동굴', (군대의) 영창〈brig²〉, 사라지게 되다, 〈예전에 부산의 선주가 배 세척을 침몰시킨 어느 기생의 거시기〉, 〈~ great void\great vacuum〉, 〈↔white hole\fullness〉 우2

1241 ***black hu·mor** [블랙 휴우머]: 빈정거리는 해학, '흑색 농담', 〈~ satire\dark comedy〉, 〈↔gentle humor〉 우1

1242 ***black ice** [블랙 아이스]: 도로 면에 얇게 형성되어 검게 보이는 살얼음, 〈~ clear ice〉 우1

1243 **black-jack** [블랙 잭]: 〈스페이드 A에 검은 잭이 붙으면 건 돈의 10배를 주던 관습에서 유래한〉 21점을 맞추는 카드놀이, 검은 가죽으로 싼 곤봉 (맥주잔), 검은 껍질 떡갈나무, 〈~ casino banking game\a beer glass\an oak〉 수2

1244 ***black knight** [블랙 나잍]: 흑기사, (경쟁업체의 도산·인수를 위해 그곳에 침투해서 꼼수를 쓰는) 적대적 투자가·인수자, 〈한국에서 2023년에 개봉된 '택배기사(?)'의 영어 제목〉, 〈~ a villain〉, 〈↔white knight\knight-errent〉 우2

1245 **black lie** [블랙 라이]: 악의성 거짓말, 〈~ red lie\deception〉, 〈↔white lie\gray lie〉 우1

1246 ***black-list** [블랙 리스트]: 〈19세기 후반 미국 노동계에서 시작된〉 요시찰인 명부, 〈1660년 찰스 2세가 영국 왕이 된 후 부왕의 시해에 참여한 자들을 처형하기 위해 만든〉 '흑 명단', '살생부', '죽일 놈들', 〈~ bozo-list\block-list〉, 〈↔white-list\allow(pass)-list〉 미1

1247 **black lung** [블랙 렁]: 〈석탄 가루를 오래 마셔서 생긴〉 흑폐증, 〈~ coal miner's lung\anthracosis〉 양1

1248 **black mag·ic** [블랙 매쥑]: (악마의 힘을 이용한) 악주술, 〈꼼수 써서 웃기는〉 흑마술, 〈~ sorcery\witch-craft〉, 〈↔white magic\high magic〉 미1

1249 ***black-mail** [블랙 메일]: 등치기, 공갈 편지, 스코틀랜드에서 소작인들이 사통하는 것을 눈감아 준다고 지주가 갈취했던 조세, 〈~ threat\intimidation〉, 〈↔benevolence\donation〉 미2

1250 ***black mar·ket** [블랙 마아킽]: 〈1931년 미국 경제지에 처음 등장한 말〉, 암시장, 〈↔white market\grey market〉 가1

1251 **black mass¹** [블랙 매쓰]: 검은 질량, (재활용을 위해) 으깨진 건전지, 〈~ crushed battery cells〉 미2

1252 **black mass²** [블랙 매쓰]: (죽은 이를 위한) 위령미사, 〈검은 옷(black clothes)을 입고 지내는〉 '진혼제', 〈~ requiem〉 미1

1253 **black mass³** [블랙 매쓰]: (악마를 찬양하는) 검은 미사, 〈~ satanic mass〉 미1

1254 ***Black Mon·day** [블랙 먼데이]: '검은 월요일', 1987년 10월 19일 월요일 발생한 뉴욕 증시 대폭락〈global stock-market crash〉; 연휴로 쉰 후 첫 월요일 대매출〈Monday-discount after long holidays〉 수2 우1

1255 **black mon·ey** [블랙 머니]: 검은돈, (출처를 속인) 비합법적 자금, (세금을 떼어먹으려고) 돈 세탁한 돈, 〈~ illegal money〉, 〈↔white money〉 양1

1256 **black mush·room** [블랙 머쉬루움]: 표고버섯, oak·wood mushroom, ⇒ shitaki 미2

1257 **black oak** [블랙 오욱]: (미주 동부에 서식하며 '껍질이 거무스름한') 큰 떡갈나무, 〈~ yellow oak〉 미2

1258 *derived**black-out** [블랙 아웉]: 〈1824년에 등장한 말〉 정전, 소등, 등화관제, 보도통제, 의식상실, 삭제, 〈~ cut off\power failure\pass out〉, 휴업, 〈↔awakening\revival\up-time〉 양1

1259 **black pep·per** [블랙 페퍼]: (껍질째 빻은) 후춧가루, ⟨~ common pepper⟩, ⟨~(↔)white pepper⟩ 양1

1260 **BLACK-PINK** [블랙 핑크]: '블핑', '검은 분홍', 2016년에 소녀 4명으로 구성된 한국의 K-pop 연예단 수2

1261 **black plague** [블랙 플레이그]: 흑사병, 페스트, ⇒ Black Death 양1

1262 **black-poll** [블랙 포울]: 검은머리솔새, (중·북미에 서식하며) 검은 정수리를 가진 울새, ⟨~ a warbler⟩ 미2

1263 **Black Pow·er** [블랙 파우어]: ⟨미국의⟩ 흑인 권익(신장 운동), ⟨~ Black liberation movement⟩, ⟨앞으로 White Power란 말이 떠 오를 것임⟩ 미1

1264 **black pud·ding** [블랙 푸딩]: 순대(soon-dae), ⇒ blood sausage 미1

1265 **Black Rus·sian** [블랙 뤄션]: 얼음 조각에다 보드카(vodka)와 커피(coffee) 술을 5:2로 섞어 만든 혼합주 수2

1266 **Black Sea** [블랙 씨이]: Euxine⟨'친절하지 않다'는 그리스어⟩, '험악한 바다', '북쪽 바다', 흑해, 남동유럽과 서남아시아 사이의 내해(inland sea)로 특별히 검은색을 가진 곳은 아님 미1

1267 ***black sheep** [블랙 쉬이프]: ⟨흰 양 떼 중의⟩ 검은 양, 희생양, 두통거리, ⟨~ ugly-duckling⟩, ⟨↔favorite⟩ 미2

1268 **black-smith** [블랙 스미쓰]: 대장장이, ⟨검은 쇠를 다루는⟩ 제철공, iron·smith, ⟨~ anvil\iron-monger⟩, ⟨↔carpenter\white-smith⟩ 가1

1269 **black-snake** [블랙 스네이크]: ⟨미 동부에서 서식하며 미끈하게 빠지고 독이 없는⟩ 검정 뱀, 먹구렁이, 누룩뱀, ⟨~ a rat snake⟩, 석탄을 나르는 긴 화물열차(long coal train), (가죽으로 엮어 만든 끝이 가는) 큰 채찍(leather-whip) 미2

1270 **black spruce** [블랙 스프루우스]: 북미산⟨검정⟩ 가문비나무, ⟨~ bog(swamp) spruce⟩ 미2

1271 **black squall** [블랙 스쿼얼]: '검은 돌풍', 먹구름(dark cloud)을 동반한 폭우, ⟨↔white squall⟩ 미2

1272 **black-strap** [블랙 스트랩]: dark+stroop(syrup의 네덜란드어), (사탕수수 찌꺼기인 당밀과 럼주를 섞어 만든) 검은 색깔의 '싸구려' 술, (지중해 지방 원산의) 저질 포도주, ⟨~ cheap booze⟩ 우1

1273 ***black swan** [블랙 스와안]: '검은 백조', (오스트레일리아산) 흑고니, 예측할 수 없는 돌발 상황, 귀한 물건(일), ⟨~ unpredictable event\extreme rarity⟩, ⟨~(↔)grey swan⟩ 미2

1274 **black tea** [블랙 티이]: ⟨어린 잎을 발효시켜 녹색을 빼고 말린 찻감⟩, (맛이 진하고 흑홍색을 띤) 홍차, ⟨~ red tea⟩, ⟨~(↔)green tea⟩ 가1

1275 **black-thorn** [블랙 쏘어언]: (유럽·서아시아·북미 등지에 서식하며) ⟨검은 껍질에 가시가 달리고 물고기 비늘 같은 흰 꽃이 피는⟩ 인목, (유럽산) 야생 앵두나무, (북미산) 산사나무, ⟨~ spiny shrub of the rose family⟩ 미2

1276 **Black Thurs·day** [블랙 써얼즈데이]: 암흑의 목요일 ①주가 폭락으로 세계 대공황이 시작된 1929년 10월 24일, ⟨~ The Wall Street Crash⟩ ②도색 방영을 금지한 법안(Communication Decency Act)이 통과된 1996년 2월 28일, ⟨~ The Great Web Black-out⟩ 미2

1277 **black tie** [블랙 타이]: 검은 넥타이, 정장, ⟨~ formal⟩, ⟨↔casual⟩ 양2

1278 **black ti·ger shrimp** [블랙 타이거 슈림프]: 흑호랑이새우, 검붉은 띠가 있고 ⟨번식력이 강한⟩ 대형 새우, ⟨~ giant tiger prawn⟩ 미1

1279 **black tree fun·gus** [블랙 트리이 훵거스]: 목이버섯, Jew's ear, wood ear, ⇒ tree ear 미2

1280 ***Black Twit·ter** [블랙 트위터]: (2010년대 초반부터 시작된) 주로 흑인 사회를 위한 미국의 사회 전산망, ⟨~ social network X⟩ 우2

1281 **black vel·vet** [블랙 벨빝]: ①흑맥주와 샴페인의 혼합주, ⟨~ an Irish drink⟩ ②살결이 부드러운 원주민 흑인 여자, ⟨~ an aboriginal woman⟩ 우2

1282 **black vom·it** [블랙 봐밑]: 흑토병, (황열병 환자 등이 토해내는) 피가 섞인 거무칙칙한 구토물, ⇒ yellow fever 미2

1283 **black vul·ture** [블랙 뷜춰]: 검은 대머리수리, (신대륙의 더운 지방에 서식하며) 검은 몸통에 회색 머리를 가진 작은 독수리, ⟨~ turkey vulture 보다 더 검고 더 통통함⟩ 미2

1284 **black-wash** [블랙 워어쉬]: 검은 도료, 흑연 칠, 백일하에 드러나다(expose), ⟨~ black lotion\defamation⟩, ⟨↔white-wash⟩ 양1 우2

1285 **black whale** [블랙 웨일]: 참고래, 긴수염고래, 흑등고래, 향유고래, ⟨~ nothern right whale⟩ 미2

1286 **black wid·ow** [블랙 위도우]: (미국산) 독거미, 〈교미 후 암컷이 (왠지는 모르겠으나;새끼들을 위한 자양이 되라고?) '서방'을 잡아먹는〉 흑 거미(암컷만 독이 있음), 〈~ true widow\husbands killer〉, 〈~(↔)brown recluse〉 미2

1287 **blad·der** [블래더]: 〈←blodram(something inflated)〉, 〈게르만어〉, 방광, 부레, 공기주머니, 허풍선이, 〈←blow〉, 〈~ blather\vesicle〉 양1

1288 **blad·der-wort** [블래더 워얼트]: 통발(가늘고 긴 줄기에 포충낭이 달려 있어 작은 곤충을 잡아먹는 수초), 〈~ a carnivorous plant〉 미1

1289 **blade** [블레이드]: 〈←bladaz(leaf)〉, 〈게르만어〉, 잎(사귀), 칼날, 날개, 깃, 〈~ quill\cutting edge〉, 〈↔core\blunt(dull) edge〉 양1

1290 **Bla·dens-burg Bat·tle** [블레이든스버그 배틀]: 매디슨 대통령 때의 영·미 전쟁(War of 1812) 중 1814년 8월 미국이 대패해서 수도가 쑥대밭이 되었던 〈워원 불명의 Bladen이란 메릴랜드의 주지사 이름을 딴 마을의〉 전투, 〈~ The capture and burning of DC〉 수2

1291 **blah-blah-blah** [블라-블라-블라]: 〈미국어〉, 〈의성어〉, … 등등〈실없는 소리〉, 어쩌고저쩌고, 〈~ hot air\nonsense〉 양2

1292 **Blake** [블레이크], Wil·liam: 〈'black' 피부를 가진 자〉, (1757-1827), 영국의 〈괴짜〉 시인·화가·시각 예술가, 〈~ an English poet and painter〉 수1

1293 **blame** [블레임]: 〈←blasphemein(speak ill of)〉, 〈그리스어〉, 나무라다, 죄를 씌우다, 책임을 추궁하다, '불경스러운 말을 하다', 〈~ blaspheme〉, 〈~ hold responsible\accuse〉, 〈↔praise\forgive〉 양1

1294 *****blame one's own mis-takes on oth·ers**: 방귀 뀐 놈이 성낸다, 〈~ pass the buck\dump the shame〉 양2

1295 **blanch** [블랜취]: 〈←blanc(white)〉, 〈프랑스어〉, 〈←blank〉, 희게 하다, 살짝 데치다, 〈~ bleach\whitewash〉, 〈↔darken\deepen\tincture〉 양1

1296 **blanc-mange** [블러 마안쥐]: 〈프랑스어〉, white food, 우유에 과일 향을 넣고 젤리처럼 만들어 차게 먹는 푸딩, 〈~ a sweet dessert〉 우1

1297 **bland** [블랜드]: 〈←blandus(mild)〉, 〈라틴어〉, 온후한, 순한, 입에 맞는, 재미없는, 〈~ soft\light\boring〉, 〈↔acrid\salty\spicy\pungent〉 양1

1298 **blan·dish-ment** [블랜디쉬먼트]: 〈←blandiri(flatter)〉, 〈라틴어〉, blarney, 아첨, 감언(이설), 알랑방귀, 〈~ cajolery\coaxing〉, 〈↔disparagement\dissuade〉 양2

1299 **blank** [블랭크]: 〈←blanch(white)〉, 〈게르만어〉, blanc, 공백의, 백지의, 빈, 멍청한, 지우다, 표적의 중심부, 〈~ empty\space\void\hole〉, 〈↔expressive\lively\filled\bullet\stuffed〉 양1

1300 **blan·ket** [블랭킽]: 〈게르만어→프랑스어→영국어〉, blanc, '의복용 흰털', 담요, 덮개, 이불, 포괄적인, 〈~ serape〉, 〈~ cover\quilt\over-all〉, 〈↔un-cover\in(non)-comprehensive〉 가1 양2

1301 **blan·ket flow·er** [블랭킽 플라워]: 덮개꽃, 천인국, ⇒ gaillardia 미1

1302 **blan·quette** [블라앙케트]: 〈프랑스어〉, 흰 맛난이에 흰 살코기를 넣은 요리, 〈~ a French veal stew〉 우1

1303 **blare** [블레어]: 네덜란드어, 〈의성어〉, 쾅쾅 울리다, 울러퍼지다, 〈~ loud\roar〉, 〈↔murmur\waft〉 양2

1304 *****blar·ney** [블라아니]: 〈←bhlarna(little field)〉, 〈Blarney Stone에서 연유한〉 아양, 〈아일랜드 B~ ('작은 평야'란 뜻의 켈트어)성에 있는 돌에 입맞춤하면 누구든 설득할 수 있다는 전설에서 연유〉 감언, 사탕발림, 〈~ blandish·ment\flattery\taffy〉 양2

1305 **Blar·ney Stone** [블라아니 스토운]: 아일랜드 남부 지방의 성채에 높이 달린 돌로 여기다 키스하면 남을 설득시키는 기술(gift of eloquence)을 얻는다고 해서 편자도 열심히 핥았으나 연애할 때마다 딱지를 맞았음 수2

1306 **bla·se** [블라아제이]: 〈←blaser(bored)〉, 〈어원 불명의 프랑스어〉, 실증난, 무감동한, 시큰둥한, 〈~ apathetic\disenchanted〉, 〈↔interested\excited〉 양2

1307 **blas-pheme** [블래스휘임]: blastikos(hurtful)?+pheme(tell), 〈←blasphemein〉, 〈그리스어〉, evil·speaking, '욕하다', 모독하다, 불경스러운 말을 하다, 〈~ blame\curse〉, 〈↔adoration\pious〉 양2

1308 **blast** [블라스트 \ 블래스트]: 〈게르만어〉, 〈의성어·의태어〉, 돌풍, 폭발, 맹타, 대만족, 대실패, 〈폭발력이 있는 배아의〉, 〈~ bang\crash\gust〉, 〈↔collapse\implode〉 양1

1309 **blast-er** [블래스터]: 〈맹타를 쳐야하는〉 bunker(모래 웅덩이)용의 타면이 넓은 골프채, 〈~ a golf club〉 유1

1310 **bla·tant** [블레이턴트]: 〈←blatire(to babble)?〉, 〈라틴어〉, 〈16세기 영국 시인 Edmond Spenser가 '중상모략자의 별칭으로' Cerberus의 입에 천 개의 혀를 넣어 만든 괴물에서 유래한〉 떠들썩한, 시끄러운, 노골적인, 〈~ clamor\arrant\down-right〉, 〈↔inconspicuous\subtle〉 양2

1311 **blath·er** [블래더]: 〈북구어〉, 〈의성어?〉, 실없는 소리, 허튼소리, 너스레, 소동, 〈~ bladder\babble\small talk〉, 〈↔quiet\hush\sense〉 양2

1312 **blaze** [블레이즈]: 〈←blase(flame)〉, 〈게르만어〉, '횃불', 불길, 번쩍거림, 격발, 지옥, 포고(하다), 흰 표적, 〈~ out-burst\wild-fire〉, 〈↔darkness\peace\shadow\umbra〉 양1

1313 *****blaze a trail** [블레이즈 어 트뤠일]: 새로운 길을 열다, 창시하다, 〈~ pioneer\trail-blazer〉 양2

1314 *****blaz-er** [블레이져]: 〈←blaze〉, 〈1952년 영국 조정선수가 입고 나온 붉은 깃이 달린〉 화려한 운동용 상의, 보온 접시, 선전하는 사람, 〈~ a sport coat〉 유1

1315 **blaz-ing star** [블레이징 스타아]: '불타는 별꽃', 〈미 중·동부 초원에서 자라며 선홍색의 조그만 두상화가 피는 국화과 리아트리속의 야생초〉, 주목의 대상, 〈~ gay-feather〉, 〈↔waning crescent〉 미2

1316 **bleach** [블리이취]: 〈←blac(pale)〉, 〈게르만어〉, 희게 하다, 표백(제), 〈→bleak〉, 〈~ blight\blanch〉, 〈~ whitten\lighten〉, 〈↔blacken\dye\tincture〉 양1 미1

1317 **bleach-ers** [블리이쳐스]: ①표백장이들 ②〈1889년 등장한 미국어〉, 〈의자가 태양에 의해 바랜〉 노천 관람석, 〈~ outdoor seats〉 양2

1318 **bleak** [블리이크]: 〈←blican(whiten)〉, 〈게르만어→북구어→영국어〉, 〈←bleach〉 ①쓸쓸한, 냉혹한, 암담한, 창백한, 〈~ bare\arid〉, 〈~ gloomy\dreary〉, 〈↔lush\cheerful\verdant〉 ②〈낚싯밥으로나 쓰며〉 〈pale한 비늘을 가진〉 잉엇과의 물고기, 〈~ a small slender carp〉 양1 유1

1319 **bleat** [블리이트]: 〈영국어〉, 〈의성어〉, (염소〈goat〉 등이) 매애 울다, 재잘재잘대다, 투덜거리다, 〈~ baa〉, 〈↔shout\applause〉 양2

1320 **bleb** [블렙]: blob, 〈영국어〉, 〈의성어〉, 물집, 수포, 기포, 〈~ bubble\blister〉, 〈↔tubercle\scar〉 양1

1321 **bleed-ing** [블리이딩]: 〈게르만어〉, 〈←blood〉, 출혈, 유혈, 〈↔transfuse\healing〉 가1

1322 **bleed-ing heart** [블리이딩 하아트]: 금낭화, 여름에 심장 모양의 담홍색 꽃이 피는 현호색과의 여러해살이풀, 〈~ Dutchman's breeches〉, 지나치게 동정심이 많은 사람, ⇒ lyre·flower, 〈↔cold\aloof〉 미2

1323 *****blei·sure** [블레져]: business+leisure(travel), 〈사업도 하고 여행도 하는(꿩도 먹고 알도 먹는)〉사업여행 미2

1324 *****blem** [블렘]: 〈영국 속어〉, 〈Caribbean 대마초에 취한 듯〉 〈노래 가사에서 연유한〉 도취, (마약에 의한) 째지는 기분, 〈~cloud nine〉, 〈↔miserable〉 양2

1325 **blem·ish** [블레미쉬]: 〈←blesmir(make pale)〉, 〈프랑스어〉, 흠, 오점, 더럽히다, 〈~ flaw\mar\scar〉, 〈↔ornament\trappings\benefit\praise〉 양1

1326 **blend** [블렌드]: 〈←blanda(mix)〉, 〈북구어〉, 섞다, 혼합하다, 조화시키다, 〈↔separate\clash\unmix〉 양1

1327 **Blen-heim** [블레넘]: (독일 남부의 지명을 딴) ①황금빛 사과·살구(apple·apricot) ②목이 짧고 귀가 긴 삽살개의 일종, 〈~ a toy spaniel〉 수2

1328 **blen·ny** [블레니]: 〈←blenos(mucus)〉, 〈그리스어〉, 베도라치, '미끌미끌한' 피부·비교적 큰 눈·뭉뚝한 주둥이를 가지고 주로 포구에 서식하는 뱀장어 비슷한 물고기, 〈~ rock-hopper〉 미2

1329 *****blep** [블렢]: 〈전산망 속어〉, 〈의성어·의태어〉, 고양이나 강아지가 혀를 내미는 행동, 약 오르지, 엿 먹어라, '냘름', 〈~ sticking out the tongue\gotcha〉, 〈(↔)mlem은 혀를 더 많이 내밀어 licking하는 것〉, 〈↔roar\laugh〉 유2

1330 **bleph·a·ro-plasty** [블레훠뤄 플래스티]: 〈←blepharon(eyelid)〉, 〈그리스어〉, 안검 미용 성형술, 쌍꺼풀 수술, 'eyelid' surgery 양2

1331 **bless-ing** [블레씽]: 〈←blod〉, 〈영국어에서 연유한 라틴어〉, 〈←blood〉, '피로 정화함', 축복, 〈제단에 피를 뿌리며 내려주던〉 신의 은총, 고마움, 찬성, 〈~ bliss〉, 〈~ benediction\good luck〉, 〈↔anathema\condemnation\disaster\doom〉 양1

1332 *****bless-ing in dis-guise** [블레씽 인 디스가이즈]: 처음에는 나쁜 것처럼 보였던 좋은 것, 새용지마, 〈~ silver lining\stroke of luck〉, 〈↔curse in disguise〉 양1

1333 *****blick** [블릭]: 〈영국 속어〉, 〈블랙(black)을 블릭으로 발음하는〉 진짜 깜둥이, 원조 흑인, 〈original black〉 양2

1334 **blight** [블라잍]: ⟨←blinka(became pale)?⟩, ⟨북구어⟩, (식물의) 마름병, 동고병(세균·곰팡이·바이러스 등에 의해 줄기가 마르는 병), 손상자, 황폐 지역, 말라 죽게 하다, ⟨~ bleach\bleak⟩, ⟨↔blessing\boon\bounty⟩ 미2

1335 **blin** [블린]: blini(broad), ⟨넓적한 것이란 뜻의 러시아어⟩, (밀이나 호밀로 만든) 러시아식 빈대떡, ⟨~ a thin buckwheat pancake⟩ 우1

1336 **blind** [블라인드]: ⟨←blindaz(sightless)?⟩, ⟨게르만어⟩, 눈먼, 시각장애의, 분별없는, 맹목적인, ⟨눈을 어둡게 하는⟩ 덧문, 발, ⟨가리개⟩, ⟨~ blunder⟩, ⟨~ visionless\screen\ignorant⟩, ⟨↔sighted\observant\open\mindful⟩ 양1

1337 **blind al·ley** [블라인드 앨리]: 막다른 골목, 침체 상태, ⟨~dead end⟩, ⟨↔break-through⟩ 양2

1338 **blind date** [블라인드 데이트]: 무작위 회동, 모르는 남녀 간의 만남, '소개팅', ⟨~ assignation\random shot⟩, ⟨↔regular dating⟩ 우1

1339 **blind-fish** [블라인드 휘쉬]: 맹어(장님 물고기), ⟨깊은 동굴 내에 사는 작은 물고기로 눈 대신 촉수가 발달함⟩, ⟨~ cave-fish⟩ 미2

1340 **blind-fold** [블라인드 호울드]: 눈가리개(eye-cover), ⟨↔sighted\uncover⟩, ⟨↔mirror\speculum⟩ 양1

1341 *__blind fol·low__ [블라인드 활로우]: (줏대없이) 남을 맹목적으로 좇아감, 부화뇌동, ⟨~ lemming\bandwagon effect⟩, ⟨↔independent\critical⟩ 양2

1342 **blind-side** [블라인드 싸이드]: (상대방의) 무방비한 곳을 공격하다, 기습공격을 하다, 헛점을 찌르다, ⟨~ surprise-attack⟩, ⟨↔open-side\uprightness⟩ 양1

1343 **blind spot** [블라인드 스팥]: 맹점, 약점, 수신 강도가 나쁜 지역, 운전 중인 도로의 (거울로 안 보이는) 사각지대, ⟨~ dead spot⟩, ⟨↔clear view\strong point⟩ 가1 미1

1344 *__blind trust__ [블라인드 트뤄스트]: ⟨정치용어⟩, '백지 신탁', (직권 남용의 여지가 있는) 공직자의 자산을 일정 기간 동안 이해관계가 없는 제3의 관리인에게 맡기는 일, ⟨맹목위임⟩, ⟨~ blank trust⟩, ⟨↔deceit\perjury⟩ 미2

1345 **blind-worm** [블라인드 워엄]: slow·worm, deaf adder, (유럽산) 눈과 귀가 작으며 커다란 지렁이같이 생긴 무족의 육식성 도마뱀 양1

1346 *__bling__ [블링]: ⟨미국 rap 속어⟩, ⟨'짤랑짤랑'대는 보석의 소리에서 연유한⟩ 허세, 지나친 치장, ⟨~ garish\flamboyant⟩, ⟨↔frumpy\humble⟩ 양2

1347 **blink** [블링크]: ⟨←blican(shine)⟩, ⟨영국어⟩, 깜작이다, 깜박이다, 섬광, 한순간, 쇠퇴하다, ⟨~ shut and open\flash⟩, ⟨↔dull\pause\resist⟩ 양1

1348 *__blink-er__ [블링커]: 눈 깜짝이, 추파를 보내는 여자, 먼지 막는 안경, 점멸등, 방향지시등, 깜빡이, 새끼 고등어, 낚시찌, ⟨~ signal\winker\cue⟩ 양1

1349 *__blip__ [블맆]: ⟨현대 영어⟩, ⟨의성어⟩, 일시적 상황 변화, 삐~소리, 깜박 신호, ⟨~ temporary deviation\high-pitched sound⟩, ⟨↔stet⟩ 우2

1350 **bliss** [블리쓰]: ⟨←bliths(joy)⟩, ⟨게르만어⟩, 더없는 기쁨, 천상의 기쁨, ⟨~ bless\blithe⟩, ⟨↔misery\woe⟩ 양2

1351 **blis·ter** [블리스터]: ⟨←blestre(swelling)⟩, ⟨프랑스어⟩, 물집, 수포, 기포, 발진, 부품, ⟨~ bleb⟩, ⟨↔bump\scar⟩ 양1

1352 **blis·ter bee·tle(fly)** [블리스터 비이틀(홀라이)]: ⟨침을 흘려서 사마귀를 떼는 데 썼던⟩ 피부에 물집을 생기게 하는 가랫과의 각종 딱정벌레, ⇒ Spanish fly 우1

1353 **blithe** [블라이쓰]: ⟨←bliths(joy)⟩, ⟨게르만어⟩, 명랑한, 태평한, 경솔한, 허튼, ⟨~ bliss\care-free⟩, ⟨↔joyless\sullen⟩ 양2

1354 **blitz** [블리츠]: ⟨←blitz·krieg(sudden attack)⟩, ⟨게르만어에서 연유한 영국어⟩, 맹공격, 전격전, ⟨↔drip\trickle⟩, B~ ; (1940년의) 독일에 의한 런던 대공습, ⟨~ German bombing campaign against UK⟩ 양2 수2

1355 **bliz·zard** [블리져드]: bliz(lightning?)이란 뜻의 독일어+ard, ⟨1870년에 등장한 어원 불명의 미국어⟩, '폭설', 강한 눈보라, 쇄도, 돌발, ⟨~ storm\blast⟩, ⟨↔calm\drizzle⟩ 양1

1356 **bloat** [블로웉]: ⟨←blautr(soaked)⟩, ⟨북구어⟩, 부풀게 하다, 헛배가 부르다, 훈제하다, (하마 등의) 떼, ⟨~ bulge\blow up⟩, ⟨↔deflate\empty⟩ 양1

1357 **bloat-er** [블로우터]: 훈제한 청어, kipper, ⇒ buckling 〈우2〉

1358 *****bloat-ware** [블로웉 웨어]: '팽창기기', 잘 사용하지 않는 기능이 많은 비대화된 연성기기, 〈~ unwanted software〉 〈우2〉

1359 **blob** [블랍]: 〈의성어〉, 물집, ⇒ bleb 〈양1〉

1360 **bloc** [블랔]: 〈←bloh(log)〉, 〈게르만어→프랑스어〉, 불록, (세력) 권, 연합, '나무토막', 〈~ alliance\block〉, 〈↔separation\disunion〉 〈미2〉

1361 **block** [블랔]: 〈←blok(trunk of a tree)?〉, 〈어원 불명의 네덜란드어〉, 불록, 큰 덩이, 받침(나무), 구획, 구역, 장애, 막다, 방해하다, 〈~ chunk\clog〉, 〈↔whole\opening\assistant\bolster〉 〈양1〉

1362 **block-ade** [블라케이드]: 봉쇄, 폐색, 두절, 〈~ barricade\closure〉, 〈↔opening\passage\stepping stone〉 〈양1〉

1363 **block and tack·le** [블랔 앤드 태클]: 겹 (복합)도르래〈고정도르래와 움직도르래를 결합 시킨 것〉, 자기의 행동을 규제하는 사람, 〈~ pulley\hoist〉, 〈↔free\reckless〉 〈양1〉

1364 *****block–bust-er** [블랔 버스터]: 〈도시의 한 구역을 폭파시킬 수 있는〉 대형 고성능 폭탄, 유력자, 대광고, 초대작, 대성공, 악성 소문 유포자, 〈~ hit\stunner〉, 〈↔failure\fiasco〉 〈미2〉

1365 *****block-chain** [블랔 췌인]: '덩어리 사슬', (자료를 변경할 수 없는) 휴면 상태의 전산기에서 과거에 사용했던 공유 기록 〈우2〉

1366 *****block chain** (chair) [블랔 췌인 (췌어)]: 〈네모난 자료 탑을 쌓아 올리는 식으로〉 bit·coin 등을 찾아내기 위한 전산기의 탐색기, 〈~ digital ledger〉 〈우1〉

1367 *****block deal** [블랔 디일]: '덩어리 거래', 일괄거래, 상당량의 주식을 시가의 1% 변동 이내에서 한꺼번에 사고 파는 일, 〈~ bulk deal〉 〈미2〉

1368 *****block-head** [블랔 헤드]: 멍텅구리, 얼간이, '통대가리', 〈~ log-head\idiot〉, 〈↔genius\egg-head〉 〈양1〉

1369 **block-house** [블랔 하우스]: '요새방', 토치카, 각재로 지은 집, 조립식 주택, 〈~ garrison-house〉, 〈↔fragile house\custom house〉 〈미2〉

1370 **block let·ter** [블랔 레터]: 목판글자, 굵기가 일정하고 돌출선이 없는 글씨체, 〈~ 'gothic' style\block capitals〉 〈미2〉

1371 *****block move** [블랔 무우브]: 구역 이동(한 기록철 안에서 한 구역을 다른 구역으로 옮기는 일), 〈~ moving data to a different part of a document〉 〈미2〉

1372 **block par·ty** [블랔 파아티]: 구역 주민 연회, 동네 파티, 〈~ neighbor-hood party〉 〈미2〉

1373 **block print·ing** [블랔 프륀팅]: 목판화(인쇄), 〈목판에 무늬를 물들이는〉 판목 날염(법), 〈~ engraving〉 〈양1〉

1374 *****block pro·tect** [블랔 프로텍트]: 구역 보호 (인쇄할 때 다음 장으로 넘어가지 않게 구획 표시를 해주는 일), 〈~ block saving〉 〈미2〉

1375 *****blog** [블라아그]: 〈전산망어〉, 블로그, web log의 약어, 개인 일지 전산망 〈우1〉

1376 **blond(e)** [블란드]: 〈←blondus(yellow)〉, 〈라틴어에서 연유한 프랑스어〉, 블론드, 금발의, 아미빛, blondie(금발미녀), 〈~ golden haired〉, 〈~(↔)brunet〉 〈미2〉

1377 **blood** [블러드]: 〈←blowan(to bloom)〉, 〈←blod〉, 〈게르만어〉, 〈생기를 넣어주는〉 피, 혈액, 혈기, 혈통, 생명, 활기, 진짜, 〈→bleed〉, 〈~ vital fluid\ancestry\lineage〉, 〈↔body\mind\non-relative\posterity〉, 〈↔bone\muscle〉 〈가1〉

1378 **blood cell** [블러드 쎌]: 혈구, 〈~ hemocyte〉, 〈↔serum\plate-let〉 〈가1〉

1379 **blood clot** [블러드 클랕]: 핏덩어리, 혈병, 혈전, 〈~ thrombus〉, 〈↔blood thinner〉 〈양2〉

1380 **blood horse** [블러드 호얼스]: 순종 말, 우량남, 열렬아, 〈~ throughbred〉, 〈↔hybrid\mongrel〉 〈양2〉

1381 **blood-hound** [블러드 하운드]: 영국산의 후각이 예민한 경찰견, 탐정, 집요한 추적자, 형사, 〈~ scent hound\stead-fast pursuer\detective〉, 〈↔kitten\perpetrator〉 〈우1〉

1382 *****blood is thick-er than wa·ter** [블러드]: 혈연이 제일이다, 가족 관계보다 더 중요한 것은 없다, 팔은 안으로 굽는다, 〈~ charity begins at home\justice begins next door〉 〈양2〉

1383 **blood mon·ey** [블러드 머니]: '혈전', 사형수 고발 사례금, 살인 사례금, 피살자 위로금, 피땀 흘려 번 돈, 〈~ man price\hard money〉, 〈↔legit money\easy money〉 〈양1〉

1384 **blood moon** [블러드 무운]: 혈월 (핏빛달), 〈지구의 종말이 올 때 나타난다는〉 개기월식 때 달이 붉게 보이는 현상, 〈~ red moon\total lunar eclipse〉, 〈↔solor eclipse〉 미2

1385 **blood pres·sure** [블러드 프뤠셔]: 혈압, 〈~(↔)heart rate〉 가1

1386 **blood-right cit·i-zen·ship**: 혈육 시민권, 부모의 국적에 따라 부여되는 시민권, 〈~ citizenship by descent〉, 〈↔birth-right citizenship〉 미2

1387 **blood-root** [블러드 루우트]: 북미산의 뿌리가 붉은 양귀비과의 식물로 약재나 염료로 쓰였음, '붉은 뿌리 양귀비', 〈~ anguinaria〉 우1

1388 **Bloods** [블러즈]: '혈족', 1972년경에 조직되어 〈적색을 상징으로 하고〉 아직도 LA 남쪽 Compton에서 활동하고 있는 흑인 중심의 조직 폭력단(gang), 〈~(↔)Crips〉 수2

1389 **blood sau·sage** [블러드 써시쥐]: black pudding, 돼지 피와 기름·곡류를 섞어 넣고 만든 소시지, 순대, boudin 미1

1390 **blood–shed-ding** [블러드 쉐딩]: 유혈의(참사), 학살, 〈~ killing〉, 〈↔peace〉 가1

1391 *****blood-shot** [블러드 샽]: (눈이) 충혈된, 핏발이 선, 〈~ red (eye)〉, 〈↔pale (eye)〉 양1

1392 **blood stream** [블러드 스트뤼임]: 혈류, 활력, 필수적인 것, 〈~ circulation\essential supply〉, 〈↔chicken-shit〉 양2

1393 **blood–suck-er** [블러드 써커]: 흡혈동물, 거머리, 흡혈귀, 착취자, 〈~ leech\vampire\extortioner〉, 〈↔supporter\benefactor〉 양1

1394 **blood ves·sel** [블러드 베슬]: 혈관, 〈~ artery\vein〉, 〈↔nerve fiber〉 가1

1395 **blood-worm** [블러드 워엄]: red worm, 〈바다낚시 미끼로 쓰이는〉 (헤모글로빈이 든 체액을 가진) 붉은 갯지렁이, 〈~ red wiggler (or manure) worm〉 미2

1396 **Blood-y Mar·y** [블러디 메뤼]: 보드카(또는 테킬라)와 토마토 주스로 만든 술, 〈~ a cocktail〉, 〈신교도를 다수 처형한〉 영국 Mary 1세의 별칭 수1

1397 **bloom** [블루움]: 〈←blowan(blow)〉, 〈북구어〉, 꽃이 피는 것, 개화기, 한창때, 홍조, 괴철(강철편), 〈~ blossom\flourishing〉, 〈↔wither\fade〉 양1

1398 **Bloom-berg** [블룸버그], Mi·chael: '꽃동산', (1942-), 유대계 미국인으로 태어나서 전산망을 통해 정보를 제공하는 금융업으로 돈을 벌고 10년간 뉴욕시장을 역임한 실업가·정치인·자선 사업가, 〈~ an American businessman\politician〉 수1

1399 **Bloom-er** [블루우머], A·mel·ia: 〈독일어에서 유래한 미국식 이름〉, '괴철을 만드는 자', 블루머, (1818-1894), 터키풍의 판탈롱 bloomers를 유행시킨 미국의 금주·여성 운동가, 〈~ an American newspaper editor〉 수1

1400 **bloom-ers** [블루우멀즈]: (허리부터 무릎까지 가린) 의자용 반바지, 아랫단에 고무줄을 넣은 운동용 바지, 고쟁이, 〈~ petti-pants〉, 〈↔jeans\hot pants〉, 〈~ knickers 보다 헐렁함〉 수2

1401 **Bloom-ing–dale's** [블루우밍 데일즈]: '꽃계곡', 블루밍데일스, 1861년 형제가 창립하여 미국 뉴욕에 본점을 둔 고급 백화점 이름, 〈~ an American luxury department store chain〉 수1

1402 **Blooms-bury Group** [블루움즈 버뤼 그루우프]: 20세기 초 영국 런던의 블룸즈버리〈꽃동네〉에 모인 〈성적으로 문란했던〉 문학가·지식인의 집단, 〈~ a group of English intellectuals〉 수1

1403 *****bloop** [블루우프]: 〈1920년대에 등장한 미국 속어〉, 〈의성어〉, 〈두 개의 라디오가 가까이 있을 때 나는〉 삑삑 소리, 불쾌한 잡음, 큰 실수, 회전시킨 높은 (야구) 공〈bloop·er〉, 〈~ gaffe\error〉, 〈↔accuracy\correction〉 양2 미1

1404 **blos·som** [블라썸]: 〈게르만어〉, 꽃, 개화, 만발, 번성(하다), 〈←blow〉, 〈~ bloom\burgeon〉, 〈↔wither\fade〉 양1

1405 **blot** [블랕]: 〈←bletir(spot)〉, 〈북구어〉, 얼룩, 때, 더러움, 오점, 번지다, 더럽히다, 〈→blotch〉, 〈~ pollute\taint〉, 〈↔purity\honor\exude\cleanse〉 양2

1406 **blot-ch** [블라취]: 〈←blot〉, 큰 얼룩, 반점, 검버섯, 부스럼, 〈~ spot\smudge〉, 〈↔blank\clean-ness〉 양2

1407 **blot-ting pa·per** [블라팅 페이퍼]: (잉크·먹 등을 닦아 내는) 압지, 흡수지, paper sponge 양2

1408 **blouse** [블라우스]: 〈어원 불명의 프랑스어〉, (여성용) 덧옷, (가벼운) 작업복, 〈~ shirt\smock〉, 〈↔pants\trousers〉 미2

1409 **blo·vi·ate** [블로우뷔에이트]: 〈영국어→미국어〉, 〈←blow〉, 허풍 치다, 장광설을 늘어놓다, 뻥까다, 〈미국 하딩 대통령의 연설을 비꼬아서한 말이지만 자신도 즐겨썼다 함〉, 〈~ rave\harangue〉, 〈↔be quiet\denounce〉 양2

1410 **blow** [블로우]: 〈←blowan(bloom)〉, 〈게르만어〉, 불다, 바람에 날리다, 숨을 내쉬다, 꽃이 피다, 폭발하다, 낭비하다, (기회를) 날리다, 광풍, 강타, 코 풀기, 〈→bladder\bloviate\bolster〉, 〈~ gust\blast\thwack\waste〉, 〈↔droop\perish\wangle〉 양1

1411 **blow a fuse** [블로우 어 휴즈]: 도화선을 날려버리다, 분통을 터뜨리다, 〈~ freak out\go crazy〉, 〈↔calm\peace〉 양2

1412 **blow a kiss** [블로우 어 키쓰]: (애정의 표시로) 〈손을 입에 댓다가 상대방에게 날리는 시늉을 하는〉 키스를 보내다, 〈~ air kiss\thrown kiss\fare-well〉 양2

1413 **blow a-way** [블로우 어웨이]: 날려버리다, 휩쓸다, 감동을 주다, 〈~ astonish\impress〉, 〈↔apathetic\bore〉 양2

1414 **blow-down** [블로우 다운]: (바람에 의해) 쓰러지다, (폭발로 인해) 못쓰게 되다, 〈~ over-throw\destroy〉, 〈↔raise\construct〉 양1

1415 **blow-er** [블로우어]: 부는 사람(물건), 송풍기, 공기 청정기, 머리 말리기(헤어드라이어), 〈~ air mover\aerator〉, 〈↔rotor\stator\sink〉 양1

1416 **blow-fish** [블로우 휘쉬]: 팽창어, 복어 (등을 부풀리는 물고기), swell·fish 미2

1417 **blow-fly** [블로우 홀라이]: 금파리, 쉬파리, (1cm 정도의 똥똥하고 청록색과 황록색의 광택이 나며 오물과 음식물에 날아와 병을 옮기는) 똥파리, 〈1천여 종이 넘는〉 검정파리, 〈푸른 병 색깔을 한〉 청병 파리, 〈~ carrion fly\blue-bottle〉, 〈~(↔)house-fly보다 큼〉 미2

1418 **blow-hard** [블로우 하아드]: 떠버리, 허풍선이, 〈~braggadocio〉, 〈↔humble (modest) person〉 양2

1419 *__blow job__ [블로우 찹]: 〈1891년에 등장했으나 1948년 미국의 만화에서 현재의 뜻으로 쓰여진 말〉, fellatio, (음경에 대한) 구강성교, '풍선 불기', '좆 빨기', 〈↔connilingus〉 미2

1420 **blow-off** [블로우 어후]: 분출, 정점(끝), 인기 있는 것, 〈~ gush out\out-burst〉, 〈↔calm\anti-climax\bottom〉 양1

1421 *__blow off steam__ [블로우 어후 스티임]: 증기를 뿜어내다, 울분을 터뜨리다, 〈~ ventilate(release) one's feelings〉, 〈↔bite back\bottle up〉 양2

1422 **blow-out** [블로우 아웉]: 파열, 신관(퓨즈)이 끊김, 고무바퀴(타이어)가 터짐, 〈~ extinguish\puncture〉, 〈↔ignite\inspire〉 양1

1423 *__blow smoke__ [블로우 스모우크]: 과장하다, 뻥까다, 〈~ boast\brag〉, 〈↔minimize\shrug off〉 양2

1424 *__blow (one's) top__ [블로우 원스 탑]: 발끈하다, 불같이 화를 내다, '뚜껑이 열리다', 〈~ go off\explode anger〉 양2

1425 **blow-up** [블로우 엎]: 폭발, 확대, 파산, 〈~ blow-off\blow top〉, 〈↔be calm\implode\reduce〉 양1

1426 *__blow up a break(chance)__: 하던 짓도 명석 펴 놓으면 안 한다, 〈~ you can lead a horse to water but can't make it drink〉 양2

1427 **blub·ber** [블러버]: 〈'bubble'이란 뜻의 영국어〉 ①두툼한(plump) ②여분의 지방(fat) ③엉엉 울다, 〈~ cry〉, 〈↔yak-yak〉 양2

1428 **blu·cher** [블루우쳐]: 블뤼허, (18세기 프러시아 장군의 이름〈Blucher〉을 딴) 구두의 옆과 앞이 한 조각의 가죽으로 된 〈군대용〉 (편안한) 단화, 〈~(↔)Derby\Oxford〉 수2

1429 **blud·geon** [블럳쥔]: 〈←blutsen(bruise)란 네덜란드어에서 유래함?〉 〈어원 불명의 프랑스어〉 곤봉, 몽둥이로 패다, 〈~ cudgel\batter\mace¹〉, 〈↔push\repel〉 양2

1430 **blue** [블루우]: 〈←blao(sky-color)〉, 〈게르만어〉, 푸른, 남빛, 〈←blue devil; 알콜 금단현상 때 보이는 괴로운 표정의 푸른 악마에서 연유한〉 우울한, 〈~ depressed\down in the dumps〉, 〈↔orange\cheerful〉 양1

1431 **blue am·mo·ni·a** [블루우 어모우니아]: 〈붉은 리트머스 시약을 푸르게 바꾸는〉 (탄소 배출없이 전력을 일으킬 수 있는) 99.9% 순수 암모니아, 〈~ low-carbon ammonia〉 우2

1432 **blue ba·by** [블루우 베이비]: 〈수술이 필요한〉 (심장 기형에 의한) 청색아, 〈~ cyanotic infant〉 미1

1433 **Blue Bell** [블루우 벨]: 1907년 텍사스에서 창립된 미국의 아이스크림 회사, 〈~ an American ice cream company〉 수2

1434 **blue-bell** [블루우 벨]: '청종화', 초롱꽃, 종 모양의 푸른 꽃, 토끼무릇, grape hyacinth, ⇒ hare·bell 미2

1435 **blue-ber·ry** [블루우 베뤼]: bilberry, whortle·berry, 월귤 딸기, 고산지대에서 자라며 여름에 청색의 새콤달콤한 열매를 맺는 진달랫과의 관목 미1

1436 **blue-bird** [블루우 버어드]: '청새', 머리·날개·꼬리가 청색을 띤 지빠귓과의 작은 새, 〈~ a thrush〉 우2

1437 **Blue Bird** [블루우 버어드]: 파랑새, 〈먼 곳이 아니라 바로 우리 주변에 있다는〉 행복의 상징, 모닥불 축제(캠프파이어)의 최연소 단원, 〈~ happiness\campfire girl〉, 〈↔bull-shit\booby〉 우2

1438 *****blue blood** [블루우 블러드]: 〈흰 피부에 푸른 정맥이 돋보이는〉 귀족 계급, 명문 출신, 〈~ aristocrat\noble〉, 〈↔bourgeois\low\plebeian〉 양2

1439 **blue-bon·net** [블루우 바닡]: '청색 모자', (청담색 꽃이 피는) 보닛 모양의 수레국화, 텍사스의 주화(state flower of Texas), 스코틀랜드인 병정(scottish soldier), 〈~(↔)lupin〉 우2

1440 *****blue book** [블루우 붘]: 정부 간행물(government publications), 중고 자동차(used car) 시세표, (표지가 파란색인) 시험 답안지〈answer sheets〉 우1

1441 **blue-bot·tle** [블루우 바틀]: '푸른 병' ①(온대 유럽의 옥수수밭 등에 서식하며) 〈자주 꽃이 피는 방망이 같은〉 수레국화, 〈~ corn-flower\bachelor's button〉 ②(전 세계적으로 서식하며) 고기 등에 모이는 배가 빛나는 남색을 띤 '금파리', 〈~ blow-fly〉 ③전기해파리(electric jellyfish), floating terror, ⇒ Portuguese man of war 미2

1442 **blue bull** [블루우 불]: (인도산) '청영양', ⇒ nilgai 미1

1443 *****blue chip** [블루우 칲]: 고액 소자, 우량주, 노름에 쓰는 고액 모조 경화, 〈~ premium〉, 〈↔white chip〉 우2

1444 *****blue-col·lar** [블루우 칼러]: (청색 작업복을 입는) 육체노동자, 〈~ manual worker〉, 〈↔white-collar\gray-collar〉 미1

1445 *****blue comes from in·di·go** 쪽에서 뽑아낸 푸른 물감이 쪽보다 더 프르다, 청출어람, 제자가 스승보다 낫다(excelling one's master) 양2

1446 **blue-crab** [블루우 크랩]: '청게', 미 동부의 강이나 만에 서식하는 청색 다리를 가진 어린애 손만 한 게로 뱃살이 통통함, 〈~ a large bluish-green edible crab〉 우2

1447 **blue crane** [블루우 크뤠인]: paradise crane, 청두루미, (용사에게 그것의 엷은 청회색의 깃털을 달아주었던) 비교적 작은 땅 두루미, 남아프리카의 국조, 〈~ national bird of South Africa〉 미2

1448 **Blue Cross** [블루우 크뤄스]: 블루 크로스, '청 십자', (1929년에 태동하여 1982년 Blue Shield와 병합하였으나) 〈독자적으로 운영되는〉 미국 건강보험의 일종, 〈~ an American health-insurance company〉, 〈~(↔)Red Cross〉 수2

1449 **blue dev·il** [블루우 데블]: (술 중독의 금단현상 때 환각으로 보이는 괴로운 표정을 한) 푸른 악마, 〈~ delirium tremens\despair〉, 〈↔bliss\euphoria〉 미2

1450 **blue-fish** [블루우 휘쉬]: 이시가레이〈일본어〉, 게르치, (미주 대서양 연안에 서식하는) 50cm 정도 길이에 암청색의 등과 면도날 같은 이빨을 가진 전갱이류, 〈~ a horse mackerel〉 미1

1451 **blue flag** [블루우 후래그]: ①청기, (청정·정의·인내 등을 상징하는) 청색 깃발 ②(북미 원산의) 〈붓 같은 줄기에 청자색의 갈래꽃을 피우는〉 붓꽃, 〈~ Iris versicolor\poison flag〉 미2

1452 **blue-gill** [블루우 길]: '푸른 아가미', 미국 중부 지역에서 서식하는 송어과의 식용 민물고기, 〈~ bream³\sun-perch〉 우2

1453 **blue goose** [블루우 구우스]: 청거위, (북미에 서식하며) 흰 머리에 청·회색 몸통을 가진 야생 거위, 〈~ a snow goose\gray goose〉 우2

1454 **blue-grass** [블루우 그래스]: '푸른 목초', 미국 중부 초원에서 자라는 푸른 빛을 띠는 영양가가 높은 목초, 〈~ smooth meadow-grass〉, 켄터키(Kentucky)주의 자랑거리, 미 남부 컨트리 음악의 하나, 〈~ an American roots music〉 우2

1455 **blue gum** [블루우 검]: '푸른 고무', 〈콩알만 한 핵과 고무 같은 수액을 방출하는〉 청록색의 잎을 가진 유칼립투스 나무, 구상핵유칼리, 〈~ eucalyptus globulus〉 우2

1456 **blue-head** [블루우 헤드]: (열대 동대서양 원산의) 파란 머리에 녹·황색의 몸통을 가진 〈어뢰같이 생긴〉 놀래깃과의 관상어, 〈~ a wrasse〉 우2

1457 **Blue House** [블루우 하우스]: 〈김영삼 씨가 개명할 줄 알았더니 그냥 놔둔〉 청와대, (4·19 이후 경무대를 개칭한) 대한민국 대통령 관저였으나 2022년부터 윤석열씨에 의해 시민공원으로 탈바꿈되었음, 〈이와같은 일은 국민투표나 최소한 국회의 의결을 거쳐야 한다는 것이 소인의 생각임; 김영삼씨의 중앙청 폭파도 마찬가지임〉, 〈↔Pink House\White House〉 미1

1458 **blue-jack** [블루우 잭]: ①〈푸르스름한 색깔의〉 황산구리(copper sulfate) ②(미국산) 청어, 〈~ blue-fin kingfish〉 ③(미 남동부에 서식하며) 녹청색의 잎을 가진 작은 떡갈나무, 〈~ a small oak〉 우2

1459 ***blue jack·ing** [블루우 잭킹]: 블루투스(Bluetooth) 기능을 이용하여 (근거리에서) 익명으로 메시지를 보내는 〈일종의 해킹〉, 〈깜짝 통신〉, 〈이것은 일종의 prank이고 blue-snarfing은 악성의 cyber-attack임〉 우1

1460 **blue jay** [블루우 줴이]: 〈말 안장으로 쓰던 '언치'와 색깔이 비슷하다는〉 어치(새), 북미 동부에 사는 푸르고 흰 깃털을 가진 까마귓(crow family)과의 작은 새 미2

1461 **Blue Jays** [블루우 줴이스], To·ron·to: 블루 제이스, '어치새들', 1977년 창단되어 바로 미국의 MLB에 소속된 〈푸른색을 좋아하는〉 캐나다의 직업 야구단 수2

1462 **blue jeans** [블루우 쥐인즈]: 〈무명에 인디고 염료를 입힌〉 청바지, 〈~ denim\dungaree〉 양2

1463 **blue law** [블루우 러어]: 〈1781년 미국의 코네티컷 주에서 푸른 활자로 인쇄된 법〉, (기원은 로마의 콘스탄티누스 대제로 거슬러 올라가나 특히 식민지 시대의 미 동부지역에서 엄격히 지켜졌던) '청교도법', ⇒ 일요일에는 〈예배에 전념하라고〉 일·오락·음주·상행위 등을 금지했던 '안식일법', 〈~ Sunday closing law〉 우1

1464 **blue lie** [블루우 라이]: 〈배타적〉 거짓말, (단체의 이익을 위해서) 할 수 없이 하는 거짓말, (예를 들면) 이승만 대통령이 서울을 사수한다고 하고 대전으로 피란간 것 같은 〈정치적 거짓말〉, 〈~ police lie〉, 〈↔grey lie〉 양2

1465 **blue mack·er·el** [블루우 매커뤌]: slimy mackerel, pacific mackerel, goma saba (참깨 고등어), 〈한국 사람들이 흔히 먹는〉 망치고등어 미2

1466 **blue moon** [블루우 무운]: '먼지나 매연에 가려 푸른색을 띠는 보름달', 〈일년에 13번째로 뜨는 달처럼 2-3년 만의〉 오랜 기간, 〈~ ages\month of Sundays〉, 〈~(↔)once in a while\rarely〉, (파나마·중국등에 있는) 홍등가〈청초롱〉, 〈~ red-light district〉, 〈↔split second\business district〉 미2

1467 ***blue o·cean** [블루우 오우션]: 〈신조어〉, '청해', 〈창창한 대양〉, 〈무궁무진한 기회〉란 뜻의 경제·시사 용어, 〈~ high seas\blithe〉, 〈↔red ocean〉 미1

1468 **blue pen·cil** [블루우 펜슬]: (원고 등을 수정할 때 쓰는) 푸른 연필, 수정, 검열, 삭제, 〈~ delete\correct\void〉, 〈~(↔)red pencil〉 양2

1469 **blue pill** [블루우 필]: 〈영화「Matrix」에서 연유한〉 (붉은 알약을 선택하면 〈괴로운 진실〉에 노출되고) 푸른 알약을 선택하면 〈축복받은 무지〉에 머물게 될 것이라는 뜻, 〈~ blessed ignorance〉, 〈↔red pill〉 우2

1470 ***blue-print** [블루우 프륀트]: (빠르고·정확하고·많은 복사를 위해) 〈1842년 영국에서 빛에 예민한 청색 종이에 그리기 시작한〉 청사진, (상세한) 계획, 〈~ draft\plan〉, 〈↔mess\fake〉 미2

1471 **blue rib·bon** [블루우 뤼번]: 청색기장, 1급, 〈~ first place〉, 〈↔red ribbon〉 미2

1472 **Blue Ridge Moun·tains**: '푸른등 산맥', 미국 남동부 셰넌도어(Shenandoah)에서 스모키 산(Smoky Mountains)에 이르는 〈경관이 수려한〉 애팔래치아 산맥의 일부, 〈~ Appalachian Highlands〉 우2

1473 ***blue screen of death**: BSOD, 푸른 바탕에 흰색으로 심각한 오류가 발생했다고 알리는 경우, Stop error 우1

1474 **blue shark** [블루우 샤아크]: 청새리상어, (온난한 심해에 서식하며) 암청색의 등을 가지고 장거리 여행을 하는 〈태생〉 바닷물고기, 〈~ a requiem shark〉 미2

1475 **Blue Shield** [블루우 쉬일드]: 블루 실드, '청 방패', (1939년에 태동하여 1982년 Blue Cross와 병합하였으나) 〈독자적으로 운영되는〉 미국 건강보험의 일종, 〈~ an American health-insurance company〉 수2

1476 ***blue-sky** [블루우 스카이]: 비현실적인, 공상, 억측, 엉터리, 〈~ absurd\extravagant〉, 〈↔pragmatic\matter-of-fact〉 양2

1477 **blue sky** [블루우 스카이]: 푸른 하늘, 창공, 〈~ cloudless〉, 〈↔gray(hazy) sky)〉 양2

1478 ***blue state** [블루우 스테이트]: (전통적으로) 미 대통령 선거에서 민주당〈Democratic Party〉이 승리하는 주, 〈↔red state〉 미2

1479 **blue streak** [블루우 스트뤼이크]: 〈푸른 번개 빛같이〉 재빠른, 신속한, 〈~ fast\vivid〉, 〈↔slow\clumsy〉 양2

1480 **Blue·tooth** [블루우투우쓰]: (이빨이 썩어서 검푸른색을 띠었다는 썰도 있으나) 〈'Blatann'이란 북구어에서 유래한〉 블루투스, 무선 귀전화(상품명), 〈인접 국가〉들을 정복했던 중세 덴마크 왕, 〈~ radio-wire\personal area network〉 수2

1481 ***blue waf·fle** [블루우 와훌]: 〈난잡한 성교로 인하여〉 질이 푸른색으로 변한다는 가상적 성병, '청보지', 〈~ an alleged vaginitis〉, 〈↔healthy vagina\virgin〉 우2

1482 **Blue Wave** [블루우 웨이브]: '청파' ①〈반드시 그렇지만도 않은〉 미국의 민주당 정권에 의한 주가하락 ②(선거철에 몰아닥치는) 민주당돌풍, 〈~ empowering Democrats〉, 〈↔Red Wave〉 우2

1483 **blue-weed** [블루우 위이드]: viper's bugloss, (유럽·온대 아시아 원산의) 바늘 잎에 자잘한 푸른색의 층층꽃이 피는 지칫〈붉은 뿌리를 가진 '자초'식물〉속의 2년생 초본, 〈~ a lung-wort〉 우1

1484 **blue whale** [블루우 웨일]: 흰긴수염고래, (20세기부터 급격히 감소하는) 청·회색의 등에 늘씬한 몸매를 가진 〈Mayflower 배만 한〉 지구에서 제일 큰 동물, 〈~ sulfur-bottom whale〉 미2

1485 **blues** [블루즈]: ①〈blue devil에서 유래한〉 슬픈 곡, 〈↔jubilee〉 ②〈악보에 푸른색으로 표시했던 음계의 제3·5·7도 음보다 반음 낮은 음으로 된〉 서행 춤, 〈~cha-cha-cha〉 ③〈영국 해군 장교들이 입던 진청색의 제복을 본 딴〉 미 해군 제복, 〈여름에는 white uniform을 선호함〉 우2

1486 **bluff** [블러후]: 〈←blaffen(frighten)〉, 〈게르만어→네델란드어〉, 절벽의, 단애(의), 허세 부리다, '뻥까다', 〈~ deception\red herring〉, 〈↔cape\headland\gulf〉, 〈↔diplomatic\polite〉 양1

1487 **blun·der** [블런더]: 〈←blunda(shut the eyes)〉, 〈북구어〉, 큰 실수, 머뭇거리다, 서툰 짓 하다, '눈 감고 더듬기', 〈~ blind\blunt〉, 〈~ botch\under-shoot\bish〉, 〈↔handy〉 양2

1488 **blunt** [블런트]: 〈←blunda(shut the eyes)?〉, 〈어원 불명의 북구어〉, dull, 무딘, 무뚝뚝한, 짧고 굵은 것, 〈~ blunder\abrupt\terse〉, 〈↔sharp\edgy\trenchant〉 양1

1489 **blunt cut** [블런트 컽]: 댕강머리, 〈머리칼의 끝 부분을 일직선으로 자르는〉 몽땅머리, 〈~ blunt bob\snippy cut〉 미1

1490 **blur** [블러어]: 〈←blear(ill defined)〉, 〈영국어〉, 얼룩, 흐림, 희미해지다, 부옇게 보이다, 〈~ hazy\vague〉, 〈↔sharp\focused〉 양1

1491 **blurb** [블러어브]: 〈미국 만담가가 'publisher'를 변형시켜 1906년에 조제한 말〉, 짧고 과장된 광고, 과대선전, 〈뻥튀기 수표〉, 〈~ pitch\puff〉, 〈↔with-hold\re-call〉 양2

1492 ***Blurs-day** [블러스 데이]: 〈신조어〉, '아무날', (코비드 등으로) 〈출근할 필요가 없어서〉 무슨 요일인지 잘 모르는 요일, 〈~ a day\any day〉 미2

1493 **blurt** [블러어트]: 〈영국어〉, 〈의성어〉, 불쑥 말하다, 엉겁결에 말함, 〈~ exclaim\utter suddenly〉, 〈↔be quiet\conceal〉 양2

1494 **blush** [블러쉬]: 〈←bliscan(shine)〉, 〈게르만어〉, 얼굴을 붉히다, 부끄러워하다, 홍조, 일견 (언뜻 봄), 〈~ redden\flush〉, 〈↔pallor〉 양1

1495 **blush-wine** [블러쉬 와인]: 블러시 와인, '핑크색' 포도주, 〈~white zinfandel〉 미1

1496 **blus·ter** [블러스터]: 〈영국어〉, 〈의성어〉, 거세게 몰아치다, 고함 지르다, 〈~ rant\hector-ing\tempest〉, 〈↔under-state\refrain〉 양1

1497 **blvd**: ⇒ boulevard 미1

1498 **BMD** (bal·lis·tic mis·sile de·fence): 탄도 유도탄 방위 미2

1499 **BMEWS** (bal·lis·tic mis·sile ear·ly warn·ing sys·tem): 탄도탄 조기 경보망 미2

1500 **BMI** (bod·y mass in·dex): 체질량지수 (체중 kg을 신장 m의 제곱으로 나눈 비만도를 나타내는 수치) 미2

1501 ***B-mov·ie** [비이 무우뷔]: low budget commercial motion picture, 저예산 상업용 영화, 기록 영화 등 단편물, 〈광고를 목적으로 한〉 염가 부속 영화, 〈↔A(\C)-movie〉 우2

1502 ***BMP** (ba·sic mul·ti-lin·gual plane): (컴퓨터의) 기본 다중언어판 미2

1503 **BMR** (ba·sal met·a-bol·ic rate): 기초대사율 (생명을 유지하는 데 필요한 최소한의 열량 비율) 미2

1504 **BMW** (Bayer·ische Mo·to·ren Werke \ Ba·var·i·an Mo·tor Works): 베엠베, 〈4륜구동의 스포츠카로 유명한〉 1916년에 창설된 독일(German)의 자동차류 제조 회사 수1

1505 ***BMX** (bi·cy·cle mo·tor-cross): trick bike, '건너뛰기 자전거', 작은 바퀴에 몸체가 아주 튼튼하게 만들어져 흙길에서 경주하거나 재주를 부리는 〈묘기 자랑〉 자전거 우1

1506 **BNC con‧nec‧tor**: Bayonet Neill-Concelman 연결기, (동축 강삭을 빨리 끼고 빼기 위해) 1951년에 특허가 난 〈밀어서 돌리는〉 전선 연결기, 〈~ a radio frequency connector〉 수2

1507 **BOA** [비이 오우 에이]: ⇒ Bank of America 수2

1508 **BoA** [보아]: ⇒ Kwon, Bo-ah 수1

1509 *boa [보우어]: bova, (big water serpent), 〈어원 불명의 라틴어〉 ①〈큰 물뱀〉, 〈먹이를 졸라 죽이는〉 보아, 구렁이, 왕뱀, (모피로 만든) 〈boa같이 목에 칭칭감는〉 여성용 긴 목도리(a long fluffy scarf) ②(보통 환시세〈snake〉보다 변동 폭이 큰) 증폭 변동 환시세제, 〈~ big exchange fluctuation〉 미2

1510 **boar** [보어]: 〈←bar(uncastrated hog)〉, 〈어원 불명의 게르만어〉, (거세하지 않은) 수퇘지, 멧돼지, 〈~ pig\swine〉, 〈~(↔)hog\barrow³\sow²〉 양1

1511 **board** [보어드]: 〈←bred(plank)〉, 〈게르만어〉, 〈나무〉판자, 탁자, 식탁, 기판, 〈긴 나무 탁자에 앉아서 하던〉 중역회, (명)위원회, 부처, 〈식탁에 앉을 수 있는〉 하숙, 〈나무판자를 깔고 땅에서 배로 올라가던〉 탑승대, 전기회로가 편성되어 있는 〈회로판〉, 〈→border〉, 〈~ plank\committee\get on〉, 〈↔individual\get off〉 양1

1512 **board and care** [보어드 앤 케어]: '양호 하숙', 숙식과 일반 간호를 제공하는 합숙소, 〈~(↔)group home〉 우2

1513 **board-box** [보어드 박스]: 〈거리 낭인들이 덮고 자는〉 판자 상자, 〈~ card-board〉 양2

1514 **board game** [보어드 게임]: 판상놀이, 판 위에서 말을 움직여 시행하는 각종 경기, 〈~ party game\role-play game〉 미1

1515 **board-ing card(pass)** [보어딩 카아드(패쓰)]: 〈기판에 올라갈 수 있는〉 탑승권 양1

1516 **board-ing–house** [보어딩 하우스]: 〈식탁이 있는〉 하숙집, 기숙사, 〈~ dorm\room and board〉, 〈↔office〉 양1

1517 **board-ing school** [보어딩 스쿠울]: 기숙사제 학교, 〈~ school-house〉, 〈↔day school〉 양1

1518 **board-room** [보어드 루움]: 〈탁자가 있는〉 중역(회의)실, 〈칠판이 있는〉 임원회의소, 〈~ meeting room\conference room〉, 〈↔compartment\back-stage〉 양1

1519 **board-walk** [보어드 워어크]: 판자길, 널을 깐 보도, 발판, 〈~ wooden path〉, 〈↔concrete walkway〉 양1

1520 **boar-fish** [보어 휘쉬]: '멧돼지 도미', (동대서양·지중해 등에 서식하는) 주둥이가 튀어나온 작은 도미류, 〈~ duck-fish〉 우2

1521 **boar-hound** [보어 하운드]: (Great Dane 등) 멧돼지 사냥용의 큰 개, 〈~ German Mastiff〉 우2

1522 **boast** [보우스트]: 〈←bost(brag)〉, 〈게르만어〉, 자랑하다, 떠벌리다, 〈~ brag\vaunt〉, 〈↔modest\pudent〉 가1

1523 **boat** [보울]: 〈←bat(water craft)〉, 〈게르만어〉, 작은 배, 단정, 선박, 선, 정, 〈~(↔)ship〉 미1

1524 *boat an‧chor [보울 앵커]: '작은 배의 닻', 쓸모없는 기계, 무용지물, 〈개 발에 편자〉, 〈~ use-less\cumber-some〉, 〈↔necessity\mandate〉 양2

1525 **boat-bill** [보울 빌]: (열대 미주에 서식하며 뒤집힌 보트 같은 주둥이를 한) 넓은 부리 해오라기, 〈~ a heron〉 미2

1526 **boat deck** [보울 뎈]: (구명단정이 있는) 단정 갑판, 〈~ life-boats storage〉 우1

1527 **boat drill** [보울 드릴]: 구명단정 훈련, 해상 구명 연습, 〈~ muster drill\life-boat drill〉, 〈↔air-drill〉 미1

1528 **boat peo‧ple** [보울 피이플]: (작은 배로 탈출한) 표류 난민, sea refugees, 〈↔native\citizen〉 미2

1529 **boat race** [보울 뤠이스]: 경조, 소형 선박 경주, 〈↔auto race〉 미2

1530 **boat-yard** [보울 야아드]: 소형 선박 수리소(보관소), 〈~(↔)ship-yard〉 미2

1531 **bob** [밥]: 〈어원 불명의 영국어〉, 〈의태어?〉, 까닥거리다(up and down), 일렁거리다, 낚시찌, 단발, '깡충머리', 〈~(↔)pendulum〉, 〈~ short and straight hair-style〉, 〈↔tail\elongate〉 양2

1532 **bob-ber** [바버]: 낚시찌, 홱 움직이는 것(사람), 〈~ fishing rig〉, 〈↔fishing plumb\stand-by〉 양1

1533 **bob‧bin** [바빈]: 〈← babble?〉, 〈어원 불명의 프랑스어〉, 〈아마도 그것이 돌아갈 때 나는 소리에서 연유한〉 보빈, (통모양의) 실패, 얼레, 〈~ spool\reel〉 양1

1534 **bob‧ble** [바블\버블]: (까딱까딱) 위·아래로 움직이다, 실수, (장식용의) 작은 털실 방울(pom-pom), 〈~ stocking cap〉, 〈~ waggle\joggle〉 양1

1535 **bob·by pin** [바비 핀]: (거 왜 있잖아요-여자들이 머리칼 잡아매는 데 쓰는) 〈끝에 구멍이 있고 두 개가 반쯤 겹쳐진〉 머리핀, 〈~ hair clip〉 우2

1536 **bob-cat** [밥 캩]: 'short-haired cat', 〈1859년에 등장한 미국어〉, mountain cat, cougar, bay lynx, puma, 북아메리카산 〈꼬랑지가 짧은〉 살쾡이(스라소니), Bobcat; 소형 굴착기(상품명), 1947년에 미국에서 창립되어 2007년 한국의 두산산업에 인수된 건설장비 제조회사, 〈~ a compact excavator〉 우2 수2

1537 *****bob cut** [밥 컽]: 〈1909년 프랑스 조발사가 선보인〉 앞·뒤 머리를 직선으로 짧게 깎은 간편한 여성의 머리모양, 단발머리, 〈↔long hair-cut〉, ⇒ bob 미2

1538 **bob·o·link(Lin·coln)** [바벌링크(링컨)]: 〈미국어〉, 〈의성어〉, 쌀먹이새, 〈북미 대륙에 서식하며〉 곡식을 쪼아먹는 연작류의 명금, rice bird 미2

1539 *****BOBOS** [보우보우스] (Bo·he·mi·an Bour·geois): 보보스, '낭만적 중산층', 자유로운 사고를 하면서도 물질적 풍요를 추구하는 족속 양2

1540 **bob-sled (sleigh)** [밥 슬레드 (슬레이)]: (앞·뒤에서 조정할 수 있는) 2~4인승의 경기용 썰매, 〈~ a winter sport〉 우1

1541 **bob·white** [밥 와이트]: (북미 남부에 서식하며) 〈밥- 밥- 와이트라는 휘파람 소리를 내는〉 사냥감으로 인기 있는 메추라기, 〈~ Virginia quail〉 우1

1542 **Boc·cac·ci·o** [보우카아취오우], Gio·van·ni: 'bouche(입)이 큰 자', 보카치오, (1313-75), 「데카메론」을 쓴 이탈리아의 낭만적 산문 작가·인문학자, 〈~ an Italian writer〉 수1

1543 **bo·da·cious** [보우데이셔스]: 〈1845년에 등장한 영국어+라틴어〉, 훌륭한, 대담한, 아주 좋은, bold+audacious, 매력적인, 〈~ bodily?〉, 〈~ admirable\fearless〉, 〈↔cowardly\in-conspicuous〉 양2

1544 **bode** [보우드]: ①〈영국어〉, bide의 과거 ②〈←beodan(command)〉, 〈게르만어〉, ~징조가 되다, 예언하다, 〈~ bid〉, 〈~ fore-tell\pre-sage\augur〉, 〈↔assure\narrate〉 양2

1545 **bo·de·ga** [보우데이거]: 〈←apotheke(store·house)〉, 〈그리스어에서 연유한 스페인어〉, 보디가, 식료 잡화상, 포도주 판매점(저장 창고), 〈~ boutique\market\convinience store〉 양2

1546 **Bo·dhi-satt·va** [보우디 쌭봐]: 〈산스크리트어〉, perfect knowledge+essence, '깨달은 이', 보리살타, 보살, 〈~ one who is on the path to become Buddha〉, 〈~ future Buddha\Maitreya\Manjushri〉 양2

1547 **bod·ice** [바디스]: 〈←body〉, 〈1567년경에 등장한 영국어〉, 보디스, 몸통 부분이 꽉 끼는 여성복(조끼), 〈~ corset\a cocktail dress〉 우1

1548 **bod·y** [바디]: 〈←bodig(frame\trunk)〉, 〈어원 불명의 영국어〉, 몸, 신체, 몸'통', 주요 부분, 떼, 〈~ outer-casting\frame\physique〉, 〈↔mind\limb\branch〉 양1

1549 **bod·y art** [바디 아알트]: 〈인간의 신체를 학대하는〉 인체 예술, 〈~ tattoo〉 양2

1550 **bod·y-build-er** [바디 빌더]: 육체 조형자, 차체 제작공, 〈~ iron pumper〉 미1

1551 *****bod·y-cam** [바디 캠]: (주로 경찰이 전개되는 상황을 녹화하기 위해) 몸에 부착하는 소형 동영상 촬영기, 〈~ action camera〉 우2

1552 **bod·y clock** [바디 클랔]: 생체 시계, circadian rhythm(일주율) 양2

1553 *****bod·y-con** [바디 콘]: body conscious (나체를 의식한), 몸매 노출형 양2

1554 **bod·y count** [바디 카운트]: 인원 파악, 총원, 사망자 수, 〈~ head court\casualty〉, 〈어떤이는 자기와 잠자리를 같이한 이성의 숫자를 뜻한다고 함〉 양2

1555 **bod·y-guard** [바디 가아드]: 호위원, 경호원, 〈~ protector\escort〉, 〈↔attacker\boss〉 양2

1556 **bod·y lan·guage** [바디 랭귀쥐]: 신체 언어, 〈~ dactylology\gesture\sign language〉, 〈↔verbal language〉 양1

1557 **bod·y o·dor** [바디 오우더]: 체취, 암내, 〈~pheromone〉, 〈↔deodorant〉 가1

1558 **bod·y paint** [바디 페인트]: 몸 채색, 〈~ body art〉, 〈~(↔)tattoo²〉 미2

1559 *****bod·y pro-file** [바디 프로파일]: 바디 프로필, 신체 모습, 근래 MZ 세대들이 〈영정사진〉용으로 거금을 들여 미리 찍어 놓는 반나체 '몸매사진', 〈영어 번역을 공모하고 있는 콩글리시〉 미2

1560 **bod·y search** [바디 써얼취]: 몸수색, 〈~ frisk\pat-down〉, 〈↔interogation〉 가1

1561 *****bod·y sham·ing** [바디 쉐이밍]: 몸매 비판, 타인의 용모를 조롱하는 짓, 〈~ fat shaming〉, 〈↔body pride〉 미2

1562	**bod·y shield** [바디 쉬일드]: 호신용 방패, ⟨~ bullet-proof shield⟩⟨↔naked⟩ 양1

1562 **bod·y shield** [바디 쉬일드]: 호신용 방패, ⟨~ bullet-proof shield⟩⟨↔naked⟩ 양1

1563 **bod·y shop** [바디 샵]: 차체 공장, 유곽(매춘업소), '알몸관람소', ⟨~ collison center\nude show⟩, ⟨↔mechanical shop\holy place⟩ 미1

1564 **bod·y stu·di·o** [바디 스튜디오]: 체육실, 몸 가꾸는 곳, '운동관', ⟨~fitness club⟩ 우2

1565 *****bod·y-wash** [바디 워어쉬]: 전신의 피부를 잿빛으로 칠함, 공작중 사망을 사고사로 위장하다, ⟨~ disguised death⟩ 우2

1566 **bod·y wash** [바디 워어쉬]: (몸 세척용) 물비누, shower gel 미1

1567 **bod·y wave** [바디 웨이브]: (원래는 지진이 일어날 때 지구의 중심에서 진동하는 파장을 뜻하는) 실체파 ①⟨브레이크댄싱에서⟩ 몸 파도(춤), ⟨~ surface wave⟩ ②⟨몸 밑으로 길게 내려진⟩ 파리머리, ⟨~ long curl⟩ 우1

1568 **Boe·ing** [보우잉]: ⟨Owen(귀족출신)의 변형어⟩, 보잉, William Boeing이 1916년에 창설한 미국의 항공기 제작 회사 ⟨미국 최고액의 수출회사⟩, ⟨~ an American aerospace manufacturer⟩ 수1

1569 **BOF** [바후 \ 비이오우에후] (birds of a feath·er): 동아리, 동호회, ⟨초록은 동색⟩, ⟨가재는 게 편⟩ 미1

1570 **bof** [바후]: ⟨네덜란드어⟩, ⟨의성어⟩, 쳇, 치, 체, ⟨못마땅하다는 말⟩, ⟨~ lack of interest⟩ 가2

1571 *****boff** [바후]: ⟨네덜란드어⟩, ⟨의성어·의태어⟩, 대성공, 폭소, 일격, '번개 씹', ⟨~ giggle\shriek\instant sex⟩, ⟨↔sob\wail\fiasco⟩ 양2

1572 **bog** [바그]: ⟨'soft'란 뜻의 켈트어⟩, 수렁, 습지, 수렁에 빠지다, ⟨~ marsh\slew²⟩, ⟨↔desert\upland⟩ 양2

1573 **Bo·gart** [보우가아트], Hum·phrey: 'Bogey', ⟨←boomgaard(tree-garden)⟩, '과수원지기', 보가트, (1899-1957), 초창기 영화에서 악당역으로 유명했던 네덜란드계 미국의 영화배우, ⟨~ an American actor⟩ 수1

1574 **bog-bean** [바그 비인]: ⟨소택지에서 잘 자라는⟩ 수채엽, 조름나물, ⇒ buck bean 미2

1575 **bo·gey** [보우기]: ①⟨영국어⟩, bug+bear 모양을 한 도깨비(허깨비)?, ⟨~ bogy\goblin⟩, ⟨↔eudemon⟩ ②⟨재수없게 bogey·man이 붙어⟩ 기준 타수보다 하나 많이 친 타수, ⟨~ one stroke more than a par⟩, ⟨↔birdie⟩ 우1

1576 **bo·gey-man** [부기 맨]: ⟨못된 아이를 잡아간다는⟩ 악귀, 무서운 사람, 도깨비, ⟨~ goblin\monster⟩, ⟨↔real-man\super-man\angel⟩ 양1

1577 **bog·gle** [바글]: ⟨←bogle(specter)⟩, ⟨스코틀랜드어⟩, 깜짝 놀라게 하다, 움찔하다, 실패하다, ⟨~ astound\flabbergast⟩, ⟨↔stand-still\en·hance⟩ 양2

1578 **bo·gie** [보우기]: ⟨1835년에 독일의 철도 기술자가 (어원을 밝히지 않고) 주조한 말⟩, ⟨돈대 위에 있는⟩ 대차, ⟨탄광용⟩ 광차, 낮고 견고한 짐수레(차량·트럭), ⟨~ a chassis\an under-carriage⟩ 우2

1579 **bog moss** [바그 모어스]: peat moss, 물이끼, ⟨북반구 추운 지방의 소택지에서 자라며⟩ ⟨점점 소진해 가는⟩ 타래 모양을 한 이끼류 미2

1580 **bog myr·tle** [바그 머어틀]: 들 버드나무, ⇒ sweet gale 미2

1581 *****BOGOF** [바아가아후]: buy one·get one free; 하나 사면 하나는 공짜, two for one, ⟨~ free-mium⟩ 미2

1582 **Bo·go·tá** [보우거타아]: ⟨←bacata(field outside of the tillage)⟩, '들판?', ⟨원주민 마을 이름에서 유래한 스페인어⟩, 보고타, 1538년 고원지대에 세워진 남미 콜롬비아(Columbia)의 ⟨인구가 많은⟩ 수도 수1

1583 **bo·gus** [보우거스]: ⟨←boko(to fake)⟩, ⟨나이제리아어?⟩, ⟨1825년에 등장한 어원 불명의 미국어⟩, 가짜의, 유령의, 매력 없는, 쓸모없는, ⟨~ gimmick\sham⟩, ⟨↔authentic\genuine⟩ 양1

1584 **bo·gy** [보우기]: bogey, 두려운 것, 유령, 코딱지, ⟨~ goblin\booger⟩, ⟨↔eu-demon⟩ 양1

1585 **Bo Hai \ Po Hai** [보우 하이 \ 포우 하이]: 발해(만), 중국 동북부의 황해에 있는 만, ⇒ Bal·hae 수1

1586 **Bo·he·mi·a** [보우히이미어]: Boia(warriors)+haimaz(home), ⟨프랑스어⟩, boheme, ⟨켈트계의 Boii족이 사는⟩ 보헤미아, 체코의 서부지방, ⟨Roma 풍의⟩ 자유분방한 세계, ⟨프랑스에서는 gypsy란 뜻으로 사용함⟩, ⟨~ beatnik\hippie⟩, ⟨~ conventional\conforming⟩ 수1

1587 *****boi** [버이]: ⟨영국어→미국 속어⟩, butch, 남자 모습을 한 여자 동성연애자, '숫년', ⟨←boy⟩, ⟨↔gal⟩ 우1

1588 **boil** [보일]: ⟨←bullire⟩, ⟨라틴어⟩, '거품⟨bubble⟩을 일으키다', 끓다, 솟아오르다, 삶다, 핏대 내다, 종기, ⟨~ simmer\furuncle⟩, ⟨↔freeze⟩, ⟨↔ulcer⟩ 양1

1589 **boil down** [보일 다운]: 졸이다, 압축시키다, 요약하다, ⟨~ condense\distill⟩, ⟨↔expand\enlarge⟩ 양1

1590 **boil-er** [보일러]: 끓이는 기구(기관), 급탕기, ⟨↔freezer⟩ 미1

1591 **boil-er mak-er** [보일러 메이커]: ①급탕기 제작자, 〈~ stove worker〉 ②(맥주에 위스키를 넣은) 폭탄주, '급탕주', '소맥', 〈~ beer cocktail〉 미1

1592 **boil-er plate** [보일러 플레이트]: ①급탕기 판 ②〈전산기가 나오기 전 미국의 군소 신문사들은 '기자연합'에서 보일러 판같이 생긴 연판에 조판을 해서 서로 돌려가며 인쇄를 했는데 이때 나오는〉 공통(배급)기사, 진부한 문장, 상투어, 〈~ cliché\humdrum〉, 〈↔atypical\irregular〉 미2

1593 **boil-er room** [보일러 루움]: 기관실, 급탕기 안치소 미1

1594 *__boil-er suit__ [보일러 쑤우트]: 〈증기선의 탄부가 연통 청소를 할 때 입던〉 (상하가 붙은) 작업복, ⇒ over all 미1

1595 **Boi·se Cit·y** [보이시 씨티]: 〈프랑스어〉, "나무가 있는〈wooded〉 곳", 보이시 시, 1863년 군 요새로 출발해서 산업도시로 성장한 미국 아이다호(Idaho)의 주도 수1

1596 **bois·ter-ous** [버이스터뤄스]: 〈←bwystus(wild란 웨일즈어)?〉, 〈어원 불명의 영국어〉, 시끄러운, 거친, 사나운, 〈~ rambunctious\rowdy〉, 〈↔quiet\restrained\whist²〉 양1

1597 **bok choy** [박 춰이]: pak(white) choy(vegetable), (소) 백채, 〈줄기가 튼실한〉 청경채, 가느다란 배추 비슷한 중국 채소, 〈~ yu choy보다 줄기가 넓고 굵음〉 미1

1598 *__bo·keh__ [보케 \ 보케이]: '흐림(blur)'의 일본말, 초점이 맞지 않아 뿌옇게 보이는 사진 효과 우1

1599 **Bo·ko·non-ism** [보카노니즘]: 〈'신과 비슷한 Bokonon'이란 가상 인물에서 유래한 말〉, 1963년「고양이의 요람」이란 공상 소설을 출판한 미국 작가 Kurt Vonnegut에 의해 주창된 〈서로 발바닥을 맞대는〉 '가상 종교', 〈~ foma\harmless untruth〉 수1

1600 **bold** [보울드]: 〈←bald(brave)〉, 〈게르만어〉, 뚜렷한, 대담한, 굵은, 뻔뻔스러운, 〈~ daring\gothic\valiant〉, 〈~ audacious\chutzpah〉, 〈↔timid\pale\serif\wussy〉 양2

1601 **bold-face** [보울드 훼이스]: 굵은 활자, 〈~ thick print〉, 〈↔light-face〉 양2

1602 **bo·le·ro** [벌레로우]: 〈←bola(whirling)〉, 〈수줌이가 격정으로 변하는 과정을 나타내는 아주 시적인 말〉, 볼레로, ¾박자로 된 스페인의 민속무용, 여성용 짧은 웃옷의 일종, 〈~ jota〉, 〈~ top-coat\shrug〉 우1

1603 **Bo·leyn** [불린], Ann: 〈←Boulogne(기지) 마을 사람←bonna(foundation이란 뜻의 켈트어)〉, 〈영국에 인접한 프랑스의 항구 이름에서 유래된 말〉, (1507-1536), 헨리 8세의 두 번째 부인·〈부정했다는 죄목으로 참수된〉 엘리자베스 1세의 어머니(mother of Elizabeth I) 수1

1604 **bo·lil·lo** [블리요]: 〈멕시코풍 스페인어〉, bread roll, 바게트보다 짧고 동그스름한 (중남미에서 만든) 〈프랑스 빵〉 수2

1605 **Bo·liv·i·a** [벌리뷔어]: 〈스페인어〉, 'olive 숲에 사는 자', 볼리비아, (베네수엘라의 장군 Simon Bolivar 등에 의해) 1825년 스페인으로부터 독립한 중부 아메리카의 〈지형이 다양한〉 공화국, {Bolivian-SP etc-Boliviano-Sucre·Lapaz} 수1

1606 **boll** [보울]: 〈←bolla(round vessel)〉, 〈게르만어→네덜란드어〉, 〈둥근〉 다래, (목화·아마 등의) 둥근 씨 꼬투리, 〈~ bowl²〉, 〈~ pod\capsule〉, 〈↔core〉 미2

1607 *__bol·lec-tion__ [벌렉션]: 〈미국 연예인 Cardi B의 이름에서 연유한〉 철따라 갈아입는 옷가지, 여벌옷, 〈~ seasonal clothing〉 미2

1608 **boll wee·vil** [보울 위이블]: 목화 다래 바구미, 목화 속(cotton buds)을 파먹는 애벌레를 가진 조그만 딱정벌레 미2

1609 **Bol·ly-wood** [바알리 우드]: 발리우드, Bombay+Hollywood, (Mumbai를 거점으로 하는) 인도의 영화 산업, 〈세계에서 제일 많은 영화를 제작하는〉 Hindi Cinema 수1

1610 **bo·lo** [보울로우]: ①〈어원 불명의 필리핀풍 스페인어〉, (군용) 대형 칼, 〈~ machete〉 ②〈lasso의 남미풍 스페인어〉, 〈금속 고리로 조이는〉 끈 목걸이, string tie, 〈~(↔)bow tie〉 우1

1611 **Bo·lo·gna sau·sage** [벌로우니 쏘어시쥐]: 〈←bonna(foundation)〉, 〈켈트어〉, 볼로냐소시지, 〈'기지'란 뜻의〉 이탈리아 북부 도시에서 만드는 대형 훈제 소시지, 〈→baloney〉 수1

1612 **Bol-she·vik** [보울셰뷕]: 볼셰비키, (1903년 Lenin 등에 의해 조직된) 구 러시아 사회 민주 노동당의 '다수파(The Larger)', 극단적인 과격론자, 〈~ a far-left faction〉 수1

1613 **Bol-shoi Bal·let** [보울쇼이 밸레이]: 볼쇼이 〈커다란(grand)〉 무용단, 1776년에 창설된 모스코바(Moscow)의 국립 무용단 수1

1614 **bol·ster** [보울스터]: 〈게르만어〉, head-rest, 덧받침, 가로대, 보강하다, 〈~ blow〉, 〈~ re-inforce\strengthen〉, 〈↔block\undermine〉, 〈pillow는 부드러운 베개\bolster는 딱딱한 베개〉 양1

1615 **Bolt** [보울트], U·sain: 〈←Bolton(manor farm)〉, 〈영국어〉, '작은 농장에 사는 자?', 볼트, (1986-), 2009년부터 2015년까지 11번 우승을 거두고 2017년에 은퇴한 〈번갯불이란 별명의〉 자메이카 출신 단거리 육상선수, 〈~ a Jamaican runner〉 수1

1616 **bolt** [보울트]: 〈←bolzen(arrow)〉, 〈게르만어〉, 〈화살 모양의〉 나사, 죔 못, 수나사〈↔nut〉, 걸쇠, 빗장, 번개, 뺑소니, 〈~ dart\zap〉, 〈↔creep\drag〉 양1

1617 *****bolt from the blue**: 〈창공에서 번개 치듯〉 뜻밖에, 기상천외의, 예기치 못한, 아닌 밤중에 홍두깨, 〈~ out of the blue〉, 〈~ surprise\shock〉, 〈↔expected\foreseen〉 양2

1618 **bo·lus** [보울러스]: 〈←ballein(throw)〉, 〈그리스어〉, 둥근 덩어리, (큰) 뭉치, 큰 알약, 한꺼번에, 〈~ pellet\dose〉, 〈↔bit\piece〉, 〈↔drop〉 양1

1619 **bomb** [밤]: 〈←bombos(deep hollow sound)〉, 〈그리스어〉, 〈의성어〉 폭탄, 분무식 용기, 돌발사건, 대성공, 대실패, 〈~ boom〉, 〈~ explosive\disaster〉, 〈↔calm\succeed〉 양1

1620 **bom·bard** [밤바아드]: 〈←bombos(deep hollow sound)〉, 〈그리스어〉, 폭격하다, 공격하다, 퍼붓다, 〈~ blast\assault〉, 〈↔defend\protect〉 양1

1621 *****bom·bast** [밤배스트]: 〈←bombyx(silk-worm)〉, 〈그리스어→라틴어→프랑스어〉, 〈'비단'처럼 번드르르하게〉 과장하다, 호언장담하다, tall talk, 〈~ bragadocio〉, 〈↔humble\unassuming〉 양2

1622 **Bom-bay** [밤베이]: 〈←Mumba(Hindi Godess)〉, 봄베이, '조촐한 만(bom+bahia)', 〈포르투갈어〉, (1996년 Mumbai로 개칭된) 인도 서부의 상업이 발달한 항구도시, ⇒ Mumbai 수1

1623 **Bom-bay duck** [밤베이 덕]: (인도의 서쪽 해안에서 잘 잡히며 말려서 카레 요리에 쓰는) 〈신문지 썩은 냄새가 난다는〉 '도마뱀' 비슷한 작은 바닷물고기, 물천구, 물붕장어, 〈~ a lizard-fish〉 우2

1624 **Bom-bay mix** [밤베이 믹스]: chiwda, (렌즈 콩·땅콩·옥수수·병아리콩·말린 국수·쌀가루·양파·카레 잎·식물성 기름을 섞은) 〈식물성 혼합 간식〉, 〈~ an Indian snack mix〉 수2

1625 **bomb cy·clone** [밤 싸이클로운]: '폭탄 선풍', 〈기압의 급격한 강하로 인한〉 폭발적 회오리 바람, 〈~ an intense storm〉, 〈↔breeze〉 미2

1626 **bomb-er** [바머]: 폭격기, 폭파범, 대단한 사람, '통뼈', 마리화나, 〈~ war-plane\destroyer\iconoclast\a large cannabis cigarette〉, 〈↔civilian aircraft\peanut\drag〉 양2

1627 **bomb-er jack·et** [바머 잭킽]: (세계 대전 때 폭격기 조종사들이 입기 시작해서) 〈한때 미·한 장교들이 멋지 입었던〉 전투 비행사 상의, 〈~ fight jacket\pilot jacket〉 미1

1628 **bomb·bi·nate** [밤비네이트]: 〈←bombos(deep hollow sound)〉, 〈그리스어〉, 〈의성어〉, 붕붕(윙윙)거리다, 〈~ buzz\bomb〉, 〈↔silence\scream〉 양1

1629 *****bomb-shell** [밤 쉘]: 포탄, 돌발사건, 매혹적 여인〈1931년 영화에서 연유한 미국어〉, 총아, 〈~ surprise\stunner〉, 〈↔silence\plain'〉 양2

1630 **bomb shel·ter** [밤 쉘터]: 방공호, 〈~ bomb-proof〉, 〈↔agora\plaza〉 가1

1631 **bomb squad** [밤 스콰드]: 폭탄조, 위기 타파팀, 총격전 대항 분대, 폭탄처리반, 〈~ explosive ordinance disposal specialists〉 양2

1632 *****bombed out** [밤드 아웉]: 폭격으로 완전히 파괴된, 큰 타격을 입은, (술·마약으로) 만취된, '떡이 된', 〈1956년에 등장한 영국어〉, 〈~ beat-up\dilapidated〉, 〈↔fresh\brand-new〉 양2

1633 **bom·by·cid** [밤비씨드]: 〈←bombyx(silk-worm)〉, 〈그리스어→라틴어〉, (열대 지방에 서식하는) '누에나방'과의 각종 나방, 〈~ a domestic silk moth〉 우1

1634 **Bomp-ton** [밤턴]: LA 남쪽 Compton시의 애칭 수2

1635 **bo·na fide** [보우너 화이드]: 〈라틴어〉, 'in good faith', 진실한, 선의의, 진정코, 절대적, 〈~ true\genuine〉, 〈~(↔)recta fide〉, 〈↔ma·la fide〉 양2

1636 **bon a·mi** [번 아미]: 〈라틴어→프랑스어〉, good friend, 좋은 친구, (남자) 애인, 〈↔enemy\foe〉 양2

1637 **bo·nan·za** [버낸저]: 〈←bonus(good)〉, 〈라틴어→스페인어〉, 보난자, 노다지, 보고, 뜻밖의 행운, 대성공, 〈~ bonus〉, 〈~ cash cow\treasure trove〉, 〈↔big loss\forteiture\mis-fortune〉 미2

1638 **Bo·na-parte** [보우너 파아트], Na·po·le·on I: bona(good)+parte(match), 〈이탈리아어〉, '순산하는 집안', 보나파르트 나폴레옹, (1769-1821), 〈꼬마 하사관〉, 〈야심 찬〉 포병장교 출신에서 황제가 되었다가 10년 후 몰락하여 '비소중독에 의한 타살설도 있으나' 〈위암으로 죽은〉 나폴레옹 1세 ⇒ Napoleon 수1

1639 **bon ap·pe·tit** [번 애페티이]: 〈프랑스어〉, good appetite, 많이 드십시요, 맛있게 잡수세요, enjoy your meal 양2

1640 **Bo·na·ven·ture** [버나 뷀춰]: 〈'good fortune'이란 뜻의 라틴어〉, (1221-1274), 성 보나벤처, 이탈리아 출신 프란체스코 수도회파의 신학자·목회자, 〈~ an Italian Franciscan bishop〉 수1

1641 **bon·bon** [반 반]: 〈←bon(good)〉, 〈'사탕'이란 뜻의 프랑스어〉, 봉봉 과자, 사탕 속에 과즙이나 술을 넣은 과자, sugar·plum 미2

1642 **bond** [반드]: 〈←bindan(bind)〉, 〈영국어〉, 〈←band〉, 묶음, 끈, 띠, 결속, 속박, 계약, 채권, 담보, 보세창고 유치, 〈~ join\affix〉, 〈↔detachment\severance〉 미2

1643 **bond-age** [반디쥐]: 속박, 굴종, 노예의 신세, 〈~ enslavement〉, 〈↔liberty〉 양2

1644 **bond(s)-man** [반즈 먼]: ①보증인(surety) ②노예, 〈~ serf\vassal〉, 〈↔free-man〉 양2

1645 **bone** [보운]: 〈←ban(skeleton)〉, 〈게르만어〉, 뼈, 뼈대, 해골, 핵심, 틀, 〈~ fluid\loose〉 양1

1646 **bone–chill-ing** [보운 췰링]: 뼈를 에는 듯하게 찬, 뼈가 시린, 〈↔searing\sweltering〉 양1

1647 **bone-dry** [보운 드롸이]: 바싹 마른, 실속 없는, 술이 없는, 〈↔damp\wet〉 양1

1648 **bone-fish** [보운 휘시]: 〈눈까풀이 딱딱한 각질로 된〉 여울멸, 당멸치, ⇒lady fish 미2

1649 **bone-set** [보운 쎌]: ①접골, 〈~ osteophyte〉 ②through·wort, snake·root (북미 동부의 습지에 서식하며) 〈잎을 다려서 뼈가 아픈 병에 쓰였던〉 등골나물 미2

1650 *__bone tired__ [보운 타이어드]: 뼛골 빠진, 아주 지친, 〈~ completely exhausted〉, 〈↔energized\invigorated〉 양1

1651 **B-1 vi·sa**: 〈운동선수·가정부 등을 포함한〉 사업 방문(business visit) 사증 우2

1652 **bon-fire** [반 화이어]: 〈악귀를 쫓기 위해 동물 '뼈'를 태우던 습관에서 유래한〉 축제의 노천 화톳불, 모닥불, 큰 횃불, 〈~ camp-fire〉, 〈↔wild-fire〉 미2

1653 **bong** [방 \ 봉]: 〈타이어〉, 〈의성어〉, 마리화나 필 때 쓰는 물 대롱(water pipe) 미2

1654 **bon·go** [바앙고우]: 봉고 ①〈Bantu어〉, a large antelope, 아프리카산 산양의 일종 ②〈남미풍 스페인어〉, 중남미 음악에 쓰는 작은 고음 북(drum) 수2

1655 **bon-homie** [바너미이]: 〈프랑스어〉, good man, (사람 좋은) 친밀감, 솔직하고 상냥함, 온화함, 〈↔aloofness\coldness〉 양2

1656 **bo·ni·to** [버니이토우]: 〈'예쁘다(bueno)'란 뜻의 스페인어〉, 보니토, 가〈짜〉다랑어, 줄삼치, (주둥이가 뾰족한 검은 청자색의 등에 은백색의 배를 가진) 1m가량의 고등엇과의 바닷물고기, 〈~ a sardini〉 미2

1657 **bon-jour** [봉쥬어]: 〈프랑스어〉, good day, 〈아침·낮에〉 안녕하십니까?, 〈↔au revoir(good-bye)〉 양2

1658 **bon mot** [바안 모우]: 〈프랑스어〉, good word, 명언, 재치있는 말, 〈↔ignorance\stupidity〉 양2

1659 **Bonn** [반]: 〈←Bonna〉, '아름다운 곳', 〈로마의 성채로 출발한〉 본, 통일 전 서독의 수도·베토벤의 출생지, 〈~ a city in western Germany〉 수1

1660 **bonne a·mie** [버언 애미이]: 〈프랑스어〉, good girlfriend, 좋은 여자 친구(애인), 〈↔enemy\foe〉 양2

1661 **bon·net** [바닡 \ 바넽]: 〈←abonnis(head·gear)〉, 〈라틴어〉, 보닛, 턱 밑에서 매는 아녀자용 모자, 자동차 엔진 뚜껑, hood, 〈~(↔)beret〉 우2

1662 **bon·net mon·key** [바닡 멍키]: 〈보닛 모양의 머리 깃털을 가진〉 짧은꼬리원숭이, toque, ⇒ macaque 미2

1663 **bon·ny \ bon·nie** [바니]: 〈←bonus(good)〉, 〈라틴어→프랑스어〉, '예쁜' 처녀, 기분 좋은(여자), 〈~ beautiful\pretty〉, 〈↔ugly\rotten〉 미2

1664 **bo·no·bo mon·key** [보노보 멍키]: 〈어원 불명의 지명(Bolobo; ancestor?)에서 연유한 말〉, (중앙아프리카에 서식하는) 〈멸종 위기의〉 침팬지 비슷한 원숭이, 〈~ pygmy chimpanzee〉 수2

1665 **bon-sai** [반사이]: 〈일본어〉, tray+planting, 반자이, 〈화분에 심는〉 분재, 쟁반 식물, 난쟁이 식물재배(법), 〈~ dwarf tree〉 미1

1666 **bon-soir** [버언 스와알]: 〈프랑스어〉, good evening, 〈저녁때〉 안녕하십니까?, 〈↔au revoir(good-bye)\good night〉 양2

1667 **bo·nus** [보우너스]: 〈'good'이란 뜻의 라틴어〉, 〈위메! 좋은 것〉, 상여금, 특별수당, 특별배당금, 〈→bounty〉, 〈~ gratuity\extra-payment〉, 〈↔dis-incentive\penalty〉 미2

1668 **bon vi·vant** [반 뷔봔트]: bon+vivre(live), 〈프랑스어〉, 미식가, 식도락가, 〈~ epicurean\gastronome〉, 〈↔mal vivant(kill joy)〉 양2

1669 **bon voy·age** [반 붜이야쥐]: 〈프랑스어〉, good journey, 좋은 여행 하시길, 〈↔hello\welcome〉 양2

1670 *****boo** [부우]: ①〈유럽 공통어〉, 〈의성어〉, 우우!, 피이!, 으악!, 〈~ hiss\razz〉, 〈↔yippee\bravo\cheer\standing ovation〉 ②〈20세기 말에 등장한 미국 속어〉, 〈←beautiful〉, '애인'의 속어, 〈~ bird²〉 양1

1671 *****boob** [부우브]: ①〈영국어〉, 〈←booby〉, 얼간이, 실수, 〈↔precision\smart〉 ②〈1929년 재등장한 미국어〉, 〈←breast를 발음 못하는 자들이 쓰는 말〉, 젖통 양1

1672 *****boob job** [부우브 좝]: 유방 확대 수술, breast augmentation, 〈~(↔)nose job〉 미2

1673 *****boob tube** [부우브 튜우브]: 〈1965년에 등장한 미국어〉, 바보상자, TV, 〈↔smart-phone〉 양2

1674 **boo·by** [부우비]: 〈←bobo(dunce)〉, 〈스페인어〉, 가마우지의 일종, 바보, 〈뱃전에 내려앉아 생포되는〉 얼간이, 〈~ fool\turkey〉, 〈↔brain\genius〉, 〈←Blue Bird〉 미2

1675 *****boo·by prize** [부우비 프롸이즈]: 〈1881년 미국 신문기자가 만든 말〉, (장난삼아 주는) 꼴찌 상, 〈~ consolation prize〉, 〈↔grand prize〉 미1

1676 *****boo·by trap** [부우비 트랩]: 〈17세기 말에 굶주린 선원들이 가마우지를 잡으려고 놓았던 덫〉, 위장 폭탄, 은폐된 폭발물 장치, 〈~(↔)land-mine〉, 〈↔aerie〉 미2

1677 *****boof-ing** [부핑]: 〈영국어〉, 〈의성어〉, 비역, 뼉〈분비물이 적어 '퍽-퍽' 소리가 나는 항문성교〉, (마약 등을) 항문으로 주입하기, 〈~ booty bumping\plugging〉 양2

1678 **boo·ga·loo** [부우걸루우]: 〈←boogie?〉, (1960년대 NY에서 시작된) 어깨·허리를 돌리며 발을 끌듯 움직이는 2박자의 남미 음악 (춤), 〈~ a funk dance〉 우1

1679 *****boog·er** [부거]: 〈1890년대에 등장한 영국어〉, 코딱지, 눈곱, 상놈, 도깨비〈bogey〉, 이름이 없거나 이름을 붙일 수 없는 상품, 〈~ bogy\snot\goblin〉, 〈↔runny nose\decent〉 양1 우1

1680 **boo·gie-woo·gie** [부기 우기]: 〈어원을 알다가도 모를 미국어〉, 템포가 빠른 블루스 피아노곡(춤), 〈~ jump blues\rag-time\Dixie-land〉 수2

1681 **boo·hoo** [부우 후우]: 〈1520년대에 등장한 영국어〉, 〈올빼미처럼〉 엉엉(울다), 대성통곡(하다), '악어울음' (동정적 가짜 울음), 〈~ cry\blubber²〉, 〈↔delight\gloat〉 가1 미2

1682 **book** [북]: 〈←bece(beech)〉, 〈게르만어〉, 책, 저술, 권, 편, 한 묶음, 기준, 장부, 입건, '고대 문자를 새겼던 beech 나무', 〈~ printed work\reserve〉, 〈↔samrt-phone?〉 가2

1683 **book–bind·ing** [북 바인딩]: 제본 가1

1684 **book case** [북 케이스]: 책장, 책꽂이 가1

1685 **book con·cert** [북 카안서트]: '책-음악회', 〈대개 출판 기념회 때 음악회를 동반하는 데서 유래한 듯한 콩글리시〉, (바른 영어는) publication ceremony 또는 book signing event 가2

1686 **book fair** [북 풰어]: 도서전(전시회), 도서 박람회 가1

1687 *****book·ing** [부킹]: 장부 기입, 예약, 발매, 입건, 수감, 〈~ reserving\retaining〉, 〈↔cancelling\rescheduling〉 양2

1688 **book–keep·ing** [북 키핑]: 부기, '상업기록', 〈~ recording\accounting〉 가1

1689 **book-let** [북클릿]: 소책자, 〈↔tome〉 가1

1690 **book–mark-er** [북 마아커]: 서표, 갈피표, 쉽게 찾기 위한 인터넷 아이콘, 〈~ a place holder〉 가1 우1

1691 **Book of Changes** (the ~): 주역, 역경(I Ching), 〈세상만사를 음·양으로 설명한〉 유학 5경의 하나, 팔괘, 〈~ a Chinese divination text〉 양2

1692 **Book(Scrip·ture) of Doc·u·ments** (the ~): Shoo King, 서경, (공자가 요·순 시대부터 주나라까지의 역사를 모아놓은) 유학 5경의 하나, 〈~ Chinese Classic of History〉 양2

1693 **Book of Odes** \ ~Songs (the ~): 시경, 〈공자가 편찬했다는 주나라로부터 춘추시대까지 지어진 시 311편을 담은〉 유학 5경의 하나, 〈~ Chinese Classic of Poetry〉 양2

1694 **book par·ty** [북 파아티]: 저자 서명회, 출판 기념회(publication ceremony) 미2

1695 **book rate** [북 뤠이트]: 서적(할인) 우편요금, 출판물 우송 요금, 〈~ media rate〉 미2

1696 **book re·view** [북 뤼뷰우]: 서평 가1

1697 **book-shelf** [북 쉘후]: 서가, 장서, 책꽂이 가1

1698 **book-store** [북 스토어]: 책방, 서점 가1

1699 ***book-worm** [북 워엄]: 책에 붙는 좀벌레, 독서광, '책벌레', 〈~ nerd〉, 〈↔punk\nallari〉 양1

1700 **Bool·e·an al·ge·bra** [블리언 앨줘브뤄]: 불(연산) 대수학 (1850년대 George Boole〈'bull'(황소) 같은 자〉에 의해 창안된 논리로 오직 0과 1로 표시되는 두 가치의 변화에 기초를 둔 계산법으로 현대 전산기의 모체가 됨), 〈~ binary algebra\symbolic algebra〉, 〈↔elementary algebra〉 수2

1701 **Bool·e·an que·ry** [블리언 쿼어뤼]: (본문 다음에 and·or·not 등을 덧붙여서 물어보는) 불 방식의 〈간단한 질문〉, 〈~ two key-words〉, 〈↔complex query〉 수2

1702 **Bool·e·an var·i·a·ble** [블리언 붸어뤼어블]: 〈비교된 결과를 저장하기 위해〉 〈예·아니오 같이 두 개 중 하나의 가치만 갖는〉 〈간단한〉 불 변수, 〈~ two possible values〉, 〈↔non-Boolean variable〉 수2

1703 ***bool-ing** [부울링]: ①bowling의 속어 ②〈미국의 깡패조직 Bloods에서 적수인 Crips가 쓰는 'cooling'에 대항해서 주장한 말〉, 〈대마초 피기 등〉 재미있는 나쁜 짓, 〈~ chilling\hanging out〉, 〈↔boring〉 양2

1704 **boom** [부움]: 〈네덜란드어〉, 〈의성어〉, '쿵', '꽝', '우르르', 벼락경기, 팽창, 고조, 〈~ bomb〉, 〈~ rumble\roar〉, 〈↔murmur\decline\slump〉 미2

1705 **boom box** [부움 밖스]: 〈쿵·쿵 소리를 내는〉 대형 휴대용 녹음 재생기, 〈~ stereo\ghetto blaster〉, 〈↔ear-phone〉 우1

1706 **boom-er** [부우머]: 부추기는 사람, 곁꾼, 따리꾼, 상승세를 타고난 사람, 〈~ booster\breaker\picker〉, 〈↔withholder\loser〉 미2

1707 **boom·er·ang** [부우머랭]: 〈←bou-mar-rang(returning throw-stick)〉, 부메랑, 〈호주 원주민이 사냥 도구로 만든 missile weapon〉, 한쪽은 평평하고 한쪽은 둥근 원반으로 던진 사람에게 되돌아오는 기구, 되돌아오기, 자업자득, 역효과, 〈~ back-lash\re-bound〉, 〈↔meet\thrive〉 우1 양2

1708 ***boom-fla·tion** [부움 홀레이션]: boom+inflation, 과다소비로 인한 물가 상승으로 야기된 통화팽창(Konglish), 'over·spending inflation' 우2

1709 **boom-sha·ka-la·ka** [붐 쉐이커 라카]: 〈노래 가사에서 연유한〉 아싸라비아, 얼씨구나, 〈~yippee\hurray〉 양2

1710 **boom town** [부움 타운]: 신흥 도시, 〈↔ghost town〉 가1

1711 **boon** [부운]: 〈bonus라는 라틴어에서 유래한 북구어〉, 혜택, 이익, 유쾌한, 친절한, 〈~ benefit\blessing〉, 〈↔curse\harm\blight〉 가1

1712 **boon·docks** [부운 닥스]: 〈←bundok(mountain)〉, 〈필리핀어〉, '산', 오지, 벽지, 노숙, 〈~ back-land\up-country〉, 〈↔megalopolis〉 양2

1713 **boon·dog·gle** [부운 더글]: 〈1957년에 등장한 어원 불명의 미국어〉, (소년단원이 목에 거는) 가죽으로 엮은 끈, (손으로 만든) 세공품, (시간과 돈이 드는) 쓸데 없는 짓, 시시한 일, 〈~ artifice\wasteful project〉, 〈↔hasten\sincerity\providence〉 우2 양2

1714 **Boone** [부운], Dan·iel: 〈독일계 이름〉, '선량한(good) 자', 분, (1734-1820), 미국 식민지 시대 중부 지방을 탐험한 개척자, 〈~ an American pioneer〉 수1

1715 **boor** [부어]: 〈←bouwen(cultivate)〉, 〈게르만어〉, 〈농부처럼〉 촌스러운, 무례한, 소박한, 〈~churl\lout\vulgar〉, 〈↔chevalier〉 양2

1716 **boost** [부우스트]: 북돋우다, 격려하다, 증가하다, 부양, 향상, 〈~ lift\up-tick〉, 〈↔decrease\sink\hinder〉 양1

1717 **boost-er** [부우스터]: 〈←boost(lift)〉, 〈19세기 초에 등장한 어원 불명의 미국어〉, 후원자, 증폭기, 촉진제, 야바위꾼, 들치기, 〈~ boomer\promotor\supporter〉, 〈↔adversary\antagonist〉 양1

1718 **boost-er seat** [부우스터 씨이트]: 어린이용 보조 의자, 〈~ child restraint system〉 우1

1719 **boost-er shot** [부우스터 샽]: 활성(예방) 주사, 재접종, 〈~ re-call dose〉 미1

| 1720 | **boot¹** [부우트]: ⟨←bot(advantage)⟩, ⟨게르만어⟩, 이득, 혜택, 보상, ⟨↔loss\debt⟩ 양2

| 1721 | ***boot(s)²** [부우츠]: ⟨←botta(a shoe)⟩, ⟨어원 불명의 라틴어⟩, 장화, 목이 긴 구두, (차의) 짐칸, ⟨불법 주차한 차 바퀴에 걸어놓은⟩ 바퀴 잠금쇠, 새롭게 전산기를 가동시키는 방법(bootstrap; 시동 걸기·피우기), 세게 차다, ⟨~ waders\kick⟩, ⟨↔hat\organizer⟩, ⟨↔shut-down⟩ 가1 우2

| 1722 | ***boot-camp** [부우트 캠프]: 신병훈련소, (엄격한) 소년·소녀원, ⟨~ training center⟩, ⟨↔head-quarter\spa⟩ 미2

| 1723 | **booth** [부우쓰]: ⟨←buan(dwell)⟩, ⟨북구어⟩, 매점, 칸 막은 좌석, 칸막이, 아주 작은 밀실, ⟨~ stall¹\kiosk⟩, ⟨↔castle\citadel⟩ 미1

| 1724 | ***boot-leg** [부우트 렉]: ⟨장화 속에 물건을 숨겨와서⟩ 밀매(밀수·밀조)하다, ⟨~ illicit\smuggled⟩, ⟨↔permitted\licensed⟩ 양2

| 1725 | ***boot-strap** [부우트 스트랩]: 장화끈, 장화를 신을 때 쓰는 가죽 손잡이, 혼자의 힘, 예비명령에 의해 전산기 체제를 피우기, ⟨~ a loop\self-sustaining\restart⟩, ⟨↔together\idle⟩ 양1 우1

| 1726 | ***boot-y** [부우티]: ①⟨'군화'로 짓밟고 약탈한⟩ 전리품·노획품, ⟨~ loot\treasure⟩, ⟨↔fine\penalty⟩ ②⟨미국 흑인 속어⟩, ⟨←buttock⟩, 여자 엉덩이, ⟨~ hind\rear⟩, ⟨↔groin\face⟩ 양2

| 1727 | ***boot·y-li·cious** [부우틸리셔스]: ⟨hip·hop 속어⟩, booty+delicious, ⟨빼앗아서⟩ 갖고 싶은, 성적 매력이 있는, ⟨~ seductive\alluring⟩, ⟨↔ugly\un-attractive⟩ 양2

| 1728 | **booze** [부우즈]: ⟨←busen(drink to excess)⟩, ⟨네덜란드어⟩, ⟨풍부한⟩ 술, 독주, 주연, 술을 많이 마시다, ⟨~ woozy⟩, ⟨~ alcohol\drink⟩, ⟨↔soft-drink\abstain⟩ 양2

| 1729 | **BOQ** (bach·e·lor of-fic-ers' quar·ters): 독신 장교 숙소 미2

| 1730 | **bor·age** [보어뤼지]: abu(father)+huras(roughness), ⟨아주 억센 잎을 가진 식물⟩, ⟨아랍어⟩, ⟨잎이 두껍고 피침형인⟩ 지치과의 밀원(꽃에서 꿀을 따는) 식물, ⟨~ star-flower⟩, ⟨~(↔)geiger tree⟩ 양2

| 1731 | **bo·rax** [보어랙스]: ①⟨←burah(a white \ crystalline salt)⟩, ⟨페르시아어⟩, 보락스, 붕사, 붕산나트륨의 백색 결정체, 방부제·에나멜·유리 등의 원료로 쓰임, ⟨↔boron⟩ ②⟨어원 불명의 영국어⟩, 싸구려, 속임수, ⟨~ cheap\humbug⟩, ⟨↔precious\serious⟩ 수2 미2

| 1732 | **Bor·deaux** [보어도우]: ⟨←Burdigala⟩, '켈트족의 마을?', 보르도, 프랑스 남서부의 항구(산 포도주), ⟨~ diverse wines⟩ 수1

| 1733 | **bor·der** [보어더]: ⟨←bordus(edge)⟩, ⟨라틴어→게르만어⟩, ⟨←board⟩, 테두리, 경계, 변두리, 국경, ⟨~ boundary\surrounding⟩, ⟨↔center⟩ 가1

| 1734 | **bor·der-line** [보어더 라인]: 경계선, 결정하기 어려운, 중간의, ⟨~ marginal\ambiguous⟩, ⟨↔inner\secure⟩ 가1

| 1735 | **Bor·der ter·ri·er** [보어더 테뤼어]: (북 England 보더 지방 원산의) 뻣뻣한 털에 귀가 아래로 접히고 몸매가 날씬한 역사가 오래된 삽살개, ⟨~ Australian terrier⟩ 수2

| 1736 | **bore** [보어]: ①bear²의 과거 ②⟨←bar⟩, ⟨게르만어⟩, (구멍을) 뚫다, 도려내다, ⟨~ drill⟩ ③⟨←bear²⟩, ⟨너무 참아서⟩ 지루하게 하다, ⟨~ dull⟩, ⟨↔disport\enliven\entertain\facinate⟩ 양1

| 1737 | **bo·re·al** [보어뤼얼]: ⟨그리스어→라틴어⟩, ⟨그리스 신화의 북풍(north wind)의 신 Boreas⟨Jack Frost⟩에서 유래함⟩ 북녘의, 아한대의, ⟨↔Auster⟩, ⇒ Aurora Borealis 수2

| 1738 | **bore-dom** [보어덤]: ⟨←bear³⟩, 지루한 것, 권태, ⟨~ weariness\languor⟩, ⟨↔excitement⟩ 가1

| 1739 | **bored to death(sleep\tears)**: ⟨잠이 오도록·하품으로 눈물이 나도록⟩ 지루(심심)해서 죽을 지경이다, ⟨~ dis-enchanted\put out⟩, ⟨↔ardent\delighted⟩ 양2

| 1740 | ***bork** [보어크]: ⟨←bor(pine conifer)⟩, ⟨슬라브어⟩, 보크, (1987년 Robert Bork⟨소나무 숲에 사는 자⟩의 미 대법관 지명이 저지되었던 것처럼) 대중 매체를 통해 후보자를 체계적으로 공격하는 일, ⟨~ break\obstruct⟩, ⟨↔give the chance⟩ 수2

| 1741 | **Bor-land In·ter-na·tion-al** [보어랜드 인터 내셔널]: ⟨영국어⟩, home farm, '집이 있는 농장', 볼랜드, 1983년에 설립되어 2015년에 Micro Focus에 흡수된 미국의 전산기 연성기기 개발업체, ⟨~ an American computing technology company⟩ 수2

| 1742 | **bor·lot·ti bean** [버얼라아티 비인]: ⟨←bori(ball)⟩, ⟨페니키아어⟩, ⟨이탈리아 원산의⟩ 깍지와 콩에 자주색을 띠는 '콩팥'같이 생긴 강낭콩, cranberry bean, ⟨~ kidney bean⟩ 우1

1743 **born** [보언]: bear의 과거분사, 태어난, 타고난, 생겨난, ⟨→abort⟩, ⟨↔dead⟩ 가1

1744 **born-a-gain** [보언 어게인]: 거듭난, 새로 난, 되살린, ⟨↔remain\repress⟩ 양2

1745 **Bor·ne·o** [보어니오우]: ⟨←varuna(water)⟩, ⟨힌디어⟩, '뱃사람의 땅', 보르네오(섬), ⟨세계에서 3번째로 크고 북쪽 1/4은 말레이지아가 차지하고 있는⟩ 인도네시아의 섬, ⟨~ a giant island in Southeast Asia⟩ 수2

1746 **bo·ron** [보어란]: ⟨영국어⟩, ⟨←borax⟩, 붕소, ⟨주로 세제 등에 쓰이는⟩ 비금속원소 (기호 B·번호5) 수2

1747 **bor·ough** [버어로우 \ 버로우]: ⟨←beorgan(protect)⟩, ⟨게르만어⟩, 자치도시, 자치구, '성채로 둘러싸인 도시', ⟨~bourgeois⟩, ⟨~ community\district⟩, ⟨↔rural\back-woods⟩ 양1

1748 **bor·row** [바로우]: ⟨←borg(pledge)⟩, ⟨게르만어⟩, 빌리다, 꾸다, 차용하다, ⟨~ loan\take⟩, ⟨↔lend\give⟩ 가1

1749 **bor·sch(t)** [보얼쉬]: ⟨←borshch(beet soup)⟩, ⟨러시아어⟩, 보르시치, (처음에 돼지 풀을 썼다가 붉은 순무로 바뀐) 당근즙 등을 넣어 신맛이 나는 우크라이나 원산의 야채 국물, ⟨~ a sour soup⟩ 수2

1750 **bo·rum** [보름]: ⟨←밝음(bright)?⟩, ⟨어원 불명의 한국어⟩, 가장 밝은 달, full-moon, ⟨→Chu-seok\Han-ga-wi⟩ 수2

1751 **bor·zoi** [보얼죠이]: Russian wolfhound, 보르조이, '빠른 개(swift dog)', (러시아에서 개발된) 털이 희고 덩치가 큰 그레이하운드 비슷한 늑대 사냥용 개, ⟨~ a hunting sight-hound⟩ 수2

1752 **bosh** [바쉬]: ⟨←bos(worthless)⟩, ⟨터키어⟩, '텅 빈', 허튼소리, 조롱하다, ⟨~ tosh\balony⟩, ⟨↔rationality\common sense⟩ 양2

1753 **Bos·ni·a** [바즈니어]: ⟨←bogh(running water)⟩, ⟨슬라브어⟩, '물결', 보스니아, 발칸반도(Balkan Peninsula) 서부의 옛 왕국·강 이름 수2

1754 **Bos·ni·a and Her·ze·go·vi·na** [바즈니어 앤드 헬쳐고우뷔이너]: 보스니아와 헤르체고비나⟨'공작령[Herzog(duke)+vojvoda(land)]'⟩, (1992년 유고 연방에서 독립된) 발칸반도 중서부에 있는 유서 깊은 조그만 공화국, {Bosnian-(Bosnian·Serbian·Croatian)-Mark-Sarajevo} 수1

1755 **Bos·ni·an War** [바즈니언 워어]: (1991년 유고 연방 해체의 여파로 1992~1995년에 발칸 반도에서 종족간의 패권 다툼으로 벌어져 10만명 이상의 사망자를 낸) 보스니아 '내전', ⟨~ part of Yugoslav wars⟩ 수2

1756 **bos·om** [부점]: ⟨←boh(shoulder)⟩, ⟨게르만어⟩, 가슴, 유방, (가슴) 속, 품, 소중한, ⟨~ woman's chest\breast\confident⟩, ⟨↔outside\detached⟩ 양1

1757 *****bos·om bud·dy** [부점 버디]: ⟨연속극에서 연유한⟩ (속마음을 털어 놓을 수 있는) 남성 간의 '불알 친구'·여성 간의 '속 친구', ⟨~ chum⟩, ⟨↔enemy(stranger)⟩ 양2

1758 *****bo·son** [보우산]: (양자 물리학에서) ⟨Bose(인도의 물리학자)-Einstein 통계를 따르는⟩ 회전이 정수인 소립자·복합 입자, ⟨~ a sub-atomic particle⟩ 수2

1759 **Bos·po·rus** [바스퍼뤄스]: bous(ox)+poros(ford), ⟨그리스어⟩, 보스포로스, ⟨'황소'가 헤엄쳐 건넜다는⟩ 흑해와 마르마라해를 연결하는 터키에 있는 해협, ⟨~ a strait in Turkey⟩ 수2

1760 **boss** [보스]: ⟨네덜란드어 bass에서 연유한⟩ 보스, ⟨master라는 어감이 나빠 1653년 미국에서 만든 말⟩, 두목, 우두머리, 상관, 주인, 왕초, (비디오나 보드게임에서 쳐 부셔야 할) 적장, (장식의) 돌기, 좌지우지하다, ⟨~ base⟩, ⟨~ head\chief⟩, ⟨~ order around⟩, ⟨↔subordinate\aid⟩ 양2

1761 **bos·sam** [보쌈], food: ⟨중국어+한국어⟩, wrapping vegetable, (한 입에 먹기 좋게) 돼지고기(pork)등의 음식에 된장을 발라 싸서 먹는 상추나 배추 잎 수2

1762 *****bos·sa no·va** [보서 노우뷔]: bossa(trend)+nova(new), ⟨포르투갈어⟩, '새로운 경향', 보사노바, 브라질 기원의 재즈풍 삼바춤(음악), ⟨~ a fun fad partner dance⟩ 수2

1763 **Bos·ton** [보스턴]: ⟨'숲가의 마을(town by the wood)'에 사는 자?⟩, ⟨영국의 지주 이름(Botwulf)에서 연유한⟩ 보스턴, (1630년에 세워져서 독립전쟁의 불을 댕겼던) 미국 매사추세츠의 주도·항구·교육도시, ⟨~ Capital of Massachusetts⟩ 수1

1764 **Bos·ton-bag** [보스턴 배그]: (바닥이 평평하고 가운데가 불룩한 네모꼴) 여행용 가방의 하나, ⟨~ a traveling bag⟩ 수2

1765 **Bos·ton dance** [보스턴 댄스]: (천천히 미끄러지는 듯한) 왈츠의 일종, ⟨~ a slow waltz⟩ 수2

1766 **Bos·ton i·vy** [보스턴 아이뷔]: 담쟁이덩굴, ⟨Boston 지방에서 인기있었던⟩ (중국·한국·일본 등지에서 흔한) 담을 덮어 버리는 포도과의 덩굴 식물, ⟨~ Korean (or Japanese) creeper⟩ 미2

1767 **Bos-ton Mas·sa·cre** [버스턴 매써컬]: 보스턴 '대학살', 1770년에 50여 명의 폭도들을 향해 영국군이 발포해서 3명이 그 자리에서 죽고 2명이 나중에 죽은 '소규모의 충돌사건'으로 독립운동가들이 독립전쟁에 불을 붙이려고 과대해서 표현한 사건, 〈~ 영국에서는 Incident on King Street라고 함〉 수2

1768 **Bos-ton Tea Par·ty**: 〈영국의 차 조례에 대항하여〉 1773년 12월 16일 밤 핸콕·새뮤얼 애덤스 등이 원주민으로 분장하고 보스턴 항에 정박한 동인도 회사의 배에 있던 7만 5천 불 어치의 차를 바다에 던져버린 '엽기적 사건', 〈~ an American political and mercantile protest〉 수2

1769 **Bos-ton ter·ri·er** [버스턴 테뤼어]: (1870년경 보스턴 지방에서 개발된) 불도그와 테리어의 교배종으로 검은 등과 흰 가슴을 가진 애완견, American Gentleman 수2

1770 **Bos-well** [바즈웰], James: Beuze + village, 〈프랑스계 영국이름〉, 보즈웰, (1740-95), 〈충실하게 사무엘 존슨의 전기를 쓴〉 영국의 법률가·전기작가, 〈~ a Scottish biographer and diarist〉 수1

1771 *****bot** [밭]: robot, 특정 작업을 반복 수행하는 차림표, 'daemon', 〈~ an autonomous program〉 우1

1772 **bot·a·ny** [바터니]: 〈←boskein(feed)〉, 〈그리스어〉, 식물학, 식물생태, 〈동물계보다 더 질서정연한〉 식물계, 〈~ plant science\phytology〉, 〈↔fauna\zoology〉 가1

1773 **Bot·a·ny wool** [바터니 울]: (오스트레일리아 Botany Bay 원산의) 고급 메리노〈Merino〉 양모 수2

1774 **bo·tar·go** [버타르고우]: oion(egg)+tarichon(fish), 〈그리스어에서 연유한 이탈리아어〉, bottarga, (지중해 연안에서 유래한) 방어·숭어 등의 '알'을 소금에 '절여' 말린 것, 〈~ a salted and cured fish roe pouch〉 우1

1775 **botch** [바취]: 〈←bocchen(repair)〉, 〈어원 불명의 영국어〉, 보기 흉한, 서투른 솜씨, 망쳐놓다, 〈~ blunder\under-shoot〉, 〈↔succeed\perfect\handle\swing\wangle〉 양2

1776 **bot-fly** [밭 훌라이]: 〈←boiteag(maggot)〉, 〈켈트어에서 연유한 영국어〉, 〈구더기가 동물의 신체조직을 먹고 사는〉 말파리, 〈~ gad(warble\heel) fly〉 미2

1777 **both** [보우쓰]: 〈←bathir(two)〉, 〈북구어〉, 양자의, 쌍방의, 둘 다, 〈어차피 한 몸이 됐다는 말〉, 〈~ the two(pair)\and\also〉, 〈↔each\every\none〉 가1

1778 **both·er-some** [바더 썸]: 〈←buaidhrim(trouble)〉, 〈아일랜드어〉, 귀찮은, 성가신, 〈~ annoying\irritating〉, 〈↔agreeable\reassuring〉 양2

1779 *****bot-net** [밭 넽]: robot+network, '말파리 전산망', 사용자가 모르게 바이러스 같은 악성 차림표의 통제를 받는 전산망, crypto-worm 우2

1780 **Bo·tox** [보우탁스]: 〈1989년에 미국에서 주조된 말〉, 보톡스, 〈썩은 통조림에서 나오는〉 botulinum 독 제품, 주름살 펴는 약(상표명), 〈~ anti-wrinkle neuro-toxin〉 수1

1781 **bo tree** [보우 트뤼이]: 〈그 밑에서 석가가 법열을 느꼈다는〉 (인도의) 보리수, pipal 양2

1782 **Bot·swa·na** [바츠와너]: 'Tswana 족의 땅', 보츠와나, 1966년 영국으로부터 독립한 아프리카 남부의 공화국, {Botswana·Motswana-Setswana·Eng-Pula-Gaborone} 수2

1783 **bot·tle** [바틀]: 〈←butta(flask)〉, 〈라틴어〉, 병, 술병, 젖병, 병에 넣다, 〈~ carafe\decanter〉 양1

1784 *****bot·tle ep·i-sode** [바틀 에피쏘우드]: 〈genie가 병에서 나오듯〉 싼값으로 뚝딱 제작한 한 편의 방송물, 일회용 삽화, 〈~ chamber piece〉 우2

1785 **bot·tle-fed** [바틀 휃드]: 우유로 자란, 인공(artificial)영양의, 〈↔breast-fed〉 양1

1786 *****bot·tle-neck** [바틀 넼]: 병목, 좁은 입구, 장애, 교통체증, 너무 많은 차림표와 자료가 한군데 축적되어 전산기 기능이 저하되는 일, 손가락에 〈병목〉 파편을 끼고 현을 뜯는 활주법〈slide guitar〉, 〈~ jam\grid-lock〉, 〈↔opening\facilitate〉 양1 우2

1787 *****bot·tle-neck in·fla-tion** [바틀 넼 인훌레이션]: (일부 생산요소 부족으로 생기는) '병목' 통화 팽창, 〈~ impediment in production(supply) line〉 우2

1788 **bot·tle-nose** [바틀 노우즈]: ①주먹코, 딸기코, 〈~ bulbous nose〉 ②(세계적으로 난류에 서식하며) 〈병 모양의 큰 코를 가진〉 청백돌고래, 〈~ beaked whale〉 미2

1789 **bot·tle tree** [바틀 트뤼이]: '병 나무', 줄기가 병같이 생긴〈bulbous trunk at breast height〉 오스트레일리아 Queensland산 교목 우1

1790 **bot·tle up** [바틀 엎]: (병마개로) 끓어 오르는 분노를 누르다, 참다, 감추다, 〈~ restrain\repress〉, 〈↔express\explode\blow off steam〉 양2

1791 **bot·tom** [바텀]: ⟨←budhna(ground)⟩, ⟨산스크리트어→그리스어→게르만어⟩, 밑바닥, 기초, 아랫부분, ⟨~ foundation\under-most⟩, ⟨↔top\peak⟩ 가1

1792 **bot·tom line** [바텀 라인]: 결산표의 마지막 줄, 최종선, 결론, 실리적, ⟨~ essence\gist⟩, ⟨↔top line\extra\non-essential⟩ 양2

1793 **bot·tom of the bar·rel** [바텀 어브 더 배뤌]: 최하의 것(사람), '인간말짜', ⟨~ poor\bad⟩, ⟨↔cream of the crop⟩ 양2

1794 **bot·tom-out** [바텀 아웉]: 바닥 침, 해저에 닿기, ⟨~ bust¹\slump⟩, ⟨↔top-out\peak\increase⟩ 미2

1795 **bot·tom sir-loin** [바텀 씨얼로인]: '밑 등심', 꽃살, 뱃살 바로 위의 등심, ⇒ flap meat 미2

1796 **bot·tom-up** [바텀 엎]: 상향식, 밑에서 위로, '밑 보기(술잔 비우기)', ⟨one·shot의 바른 표현⟩, ⟨~ ascending\inverted⟩, ⟨↔top-down\descending⟩ 미2

1797 **bot·u·lism** [바철리즘]: ⟨←botulus(sausage)⟩, ⟨라틴어에서 연유한 게르만어⟩, 보툴리누스 중독 ('썩은 육류' 통조림에 의한 식중독), ⇒ Botox 수2

1798 **bou·chee** [부우쉐이]: ⟨프랑스어⟩, ⟨한입(mouth)에 먹을 수 있는⟩ 고기·생선 등을 넣은 조그만 파이, ⟨~ morsel\nibble⟩, ⟨~ a small puff pastry⟩ 우1

1799 **bou·din** [부우댕]: ⟨←botulus(sausage)⟩, ⟨라틴어→프랑스어⟩, 순대, ⟨1829년에 등장한⟩ 동물의 피가 들어 있는 프랑스식 소시지, blood sausage 미2

1800 **bou·gain·vil·le·a** [부우겐뷜리어]: ⟨프랑스 탐험가의 이름(Bougainville)을 딴 남미 원산의⟩ 현란한 꽃턱잎을 가진 분꽃과의 열대성 관목, ⟨~ a four-o'clock\a thorny ornamental vine⟩ 수2

1801 **bough** [바우]: ⟨←bahu(arm)⟩, ⟨산스크리트어→게르만어⟩, '어깨', '위팔', (나무의) 큰 가지, ⟨~ bow³⟩, ⟨twig은 잔가지 branch는 보통 가지⟩, ⟨↔trunk⟩ 가1

1802 ***boughs that bear most hang low-est**: 열매 많은 가지는 밑으로 쳐진다, 벼는 익을수록 고개를 숙인다, ⟨~ the nobler, the humbler⟩ 양2

1803 **bouil·la·baisse** [부울려베이스]: bouiller(boil)+abisser(humble), 부야베스, ⟨프랑스 남부지역 명물의⟩ (각종 어패류에 향신료를 넣고) 끓이다 조린 생선 찌개, 프랑스식 ⟨소박한⟩ 해물 전골, ⟨~ a traditional Provencal fish soup⟩ 우2

1804 **bouil·lon** [불얀]: ⟨←bouiller(boil)⟩, ⟨'끓이다'란 뜻의 프랑스어에서 연유한⟩ 부용, 육즙, (맑은) 고깃국물, ⟨~ broth\consomme⟩ 양2

1805 ***bou·jee** [부지이]: ⟨1960년대에 등장한 미국어⟩, '일류병', ⟨상류층에 끼어들려고 발버둥 치는⟩ 천박한 중산층(bourgeois), ⟨~ showy\pompous⟩, ⟨↔indigence\low-class⟩ 우2

1806 **boul·der** [보울더]: ⟨←buldre(thunder)⟩, ⟨영국어⟩, ⟨커다란⟩ 둥근 돌, 호박돌, 빙하가 녹은 뒤 그대로 남아 있는 바윗돌, ⟨~ big rock\large stone⟩, ⟨↔pebble⟩ 미2

1807 **bou·le·vard** [불러봐아드]: Blvd., ⟨←bollwerk(bulwark)⟩, ⟨게르만어⟩, 넓은 가로수 길, 큰길, '성채의 위에 있는 길', ⟨~(↔)avenue는 중간에 간격이 없음⟩ 미1

1808 **bounce** [바운스]: ⟨게르만어⟩, ⟨의태어?⟩, 되튀다, 뛰어오름, 뛰기 놀이, 부도나다, 반송되다, ⟨~ hop\jump\spring back⟩, ⟨↔trudge⟩ 양2

1809 **bounce-back** [바운스 백]: 반향 도약, 재도약, 극복하다, 되돌아오다, ⟨~ rebound\boomerang⟩, ⟨↔decline\relapse⟩ 양2

1810 **bounce-off** [바운스 어어후]: 반응(하다), 제안하다, ⟨~ deflect\reflect⟩, ⟨↔ignore\neglect⟩ 양2

1811 ***bounc·er** [바운서]: 튀는 사람(것), 허풍선이, ⟨극장·클럽 등에서⟩ (사고가 나면 튀어나가 진압하는) 경비를 맡은 덩치가 큰 사람, 부도 수표, ⟨~ guard\defender\bad check⟩, ⟨↔refrainer\go-to guy\square shooter⟩ 미2

1812 ***bounc·y house** [바운시 하우스]: 도약통(대), (애들이 뛰기 놀이를 하는) 고무풍선 우리, ⟨~ inflamable castle⟩ 미2

1813 **bound** [바운드]: ①bind의 과거·과거분사, 묶인 ②⟨←bombus(buzzing)⟩, ⟨라틴어⟩, 뛰다, 약진하다, ⟨~ leap\jump⟩, ⟨↔un-bound\release\separate⟩ ③⟨←butina(limit)⟩, ⟨라틴어⟩, 경계(선), 범위, ⟨~ boundary\compass⟩, ⟨↔inside\minimum⟩ ④⟨←bowan(dwell)⟩, ⟨게르만어⟩, …행 ⟨가는 길⟩, ⟨~ destined⟩, ⟨↔landing⟩ 양1

1814 **bound-ary** [바운더뤼]: ⟨←bound³⟩, 경계선, 영역, ⟨~ border\fringe⟩, ⟨↔center\hub⟩ 양2

1815 *****bound-er** [바운더]: ⟨←bound²⟩ ①(상식에서 벗어난) 버릇없는 놈, 비열한, ⟨~ scoundrel\rogue⟩, ⟨↔role model\hero⟩ ②(야구에서) 도약이 큰 땅볼, ⟨~ a ground-ball⟩ 양2

1816 *****bound-ing box** [바운딩 박스]: ⟨←bound³⟩, (화상에서 물체의 크기를 어림잡기 위해 그것을 둘러싼) ⟨보이지 않는⟩ 경계 상자, ⟨~ region of interest\crop box⟩ 미2

1817 **boun-ty** [바운티]: ⟨←bonus(good)⟩, ⟨라틴어⟩, 박애, 관대함, 하사금, 상여금, 좋은 것, ⟨~ reward\prize⟩, Bounty; 종이수건의 상품명, ⟨↔penalty\scarcity\poverty\blight⟩ 양1 수1

1818 **bou·quet** [보우케이 \ 부케이]: ⟨←bos(thicket)⟩, ⟨프랑스어⟩, 부케, 꽃다발, 방향(꽃다운 향기), 찬사, 기품, (꿩 등의) 떼, ⟨~ bush⟩, ⟨~ garland\redolence⟩, ⟨↔stench\reek⟩ 미2

1819 **Bour·bon** [버어번]: ⟨어원 불명의⟩ 중부 프랑스의 지명, ⟨중·근세 서·남 유럽을 지배했던 프랑스의⟩ 부르봉 왕가(dynasty), ⟨주로 옥수수로 만든 미국의⟩ 버번위스키, ⟨~ a barrel-aged corn whiskey⟩ 수1

1820 **Bour·bon re-forms** [버어번 뤼이훠즈]: 부르봉 개혁, ⟨합스부르크를 몰아낸 스페인의 부르봉 왕가가⟩ 18세기에 (교회에 대한) 왕권 강화와 ⟨효율적 수탈을 위해⟩ 스페인령 미주 식민지에 대한 부분적 자치령을 선포한 정책, ⟨~ more tax revenue for the Crown⟩ 수2

1821 **bour·geois** [브어즈와]: ⟨←bourg(town)⟩, ⟨프랑스어⟩, ⟨농사짓지 않고 '성안'(borough)에 사는⟩ 부르주아, 도시 거주자, 유산자, 중산계급의 시민(상인), 물질주의자, ⟨~ middle class⟩, ⟨↔proletarian\aristocrat⟩ 우2

1822 **Bour·gogne** [부얼거언]: 부르고뉴, Burgundy의 프랑스명, (포도주 산지로 유명한) 프랑스 중동부(mid-eastern)의 내륙지방, ⟨~ 'wine country'⟩ 수1

1823 **bour·ree** [부어뤠이]: ⟨불쏘시개로 쓰던 '거친 양털(burra)'이란 라틴어에서 유래한 프랑스어⟩, 부레, (예전에 bonfire 축제 때 시작해서 17세기에 프랑스·스페인에서 추던) 경쾌한 2박자의 춤, ⟨~ dance with quick skipping steps⟩ 우1

1824 **bout** [바울]: ⟨←bugan(bend)⟩, ⟨영국어⟩, 한차례 발작, 일시적 기간, 한판 승부, ⟨~ spell\round⟩, ⟨↔relief\stagnation\truce⟩ 양1

1825 **bou·tique** [부우티이크]: ⟨←apotheke(store-house)⟩, ⟨그리스어에서 유래한 프랑스어⟩, 부티크, '구멍가게', 명품점, 양품점, (주로 여성용) 고급 유행복이나 장신구를 파는 상점, ⟨특수층을 위한⟩ 소규모 나이트클럽, ⟨~ bodega\mart⟩, ⟨↔agora\rialto⟩ 미2

1826 **Bou·vi·er des Flan·dres** [부우뷔예이 드 훌란더즈]: (벨기에) 플랑드르 지방의 소⟨bovis⟩ 지키는 개, 거친 털에 덮여있고 다부진 큰 목양견, ⟨~ a herding dog⟩ 수2

1827 **bou·zou·ki** [부쥬우키]: ⟨←bozuk(modified)⟩, ⟨'변형된'이란 터키어에서 유래한⟩ 부주키, 손가락으로 연주하는 만돌린 비슷한 그리스의 현악기, ⟨~ a long-necked lute⟩ 우1

1828 **bovi~** [보우뷔~]: ⟨라틴어⟩, ⟨소(ox)~⟩라는 뜻의 결합사 양1

1829 **bow¹** [바우]: ⟨←boga(arch)⟩, ⟨게르만어⟩, ⟨구부러진⟩ 뱃머리, 이물, 기수, 경고, ⟨~ prow\fore⟩, ⟨↔stern²⟩ 양1

1830 **bow²** [바우]: ⟨←bugan(bend)⟩, ⟨게르만어⟩, 절, 머리 숙임, 인사(경례)하다, '굽히다', ⟨~ kow-tow\obeisance⟩, ⟨↔stand (up)\resist⟩ 양1

1831 **bow³** [보우]: ⟨←bugan(bend)⟩, ⟨게르만어⟩, 활, 만곡, 활 모양, 나비매듭, '구부러진 것', ⟨~ bough\archery⟩, ⟨↔straight⟩ 양1

1832 **bowd·ler·ize** [보우덜롸이즈]: ⟨영국 의사 T. Bowdler(어원 불명의 영국계 이름)란 사람이 셰익스피어 작품 중 외설적인 것을 삭제한 것에서 유래⟩ (가정에서 읽기 난처한) 불온한 부분을 삭제하다, ⟨~ expurgate\redact⟩, ⇒ PG 양2

1833 **bow·el** [바울]: ⟨←botulus⟩, ⟨'sausage'란 뜻의 라틴어⟩, 창자, 내장, 내부, ⟨~ belly\paunch⟩, ⟨↔exterior⟩ 양1

1834 **bow·er** [바우어]: ⟨← buan(build)⟩, ⟨게르만어→영국어⟩, 나무 그늘, 휴식처, 정자, 거처, 침실, '둥지', ⟨~ build⟩, ⟨~ arbor\enclose\bosom⟩, ⟨↔bare\strip⟩ 양2

1835 **bow·er-bird** [바우어 버어드]: '둥지새' ⟨오스트레일리아산의 명금류로 수놈이 아주 멋진 보금자리를 장만해서 암놈을 유혹함⟩, ⟨~(↔)cat-bird\oscine⟩ 우1

1836 **bow-fin** [보우 휜]: 아미아(amidae과의 물고기), mud pike, 〈높고 긴 '화살촉 같은' 등 지느러미를 가지고 북미의 민물에 서식하는〉〈공기로도 숨을 쉬는〉 동갈치류의 역사가 오래된 물고기, 〈~ dog-fish\swamp trout〉 우2

1837 **bow-head** [보우 헤드]: Greenland whale, 북극고래, 등지느러미 없이 활같이 휜 커다란 입과 〈얼음을 깨기 위한〉 둥근 바위 같은 머리를 가지고 북극 지역에서만 사는 대형 고래, 〈~ right whale〉 미2

1838 **bowl¹** [보울]: 〈←bulla(bubble)〉, 〈라틴어→게르만어〉, 〈←ball¹〉, 나무공, 공을 굴리다, 〈↔overthrow\flounder〉 미1

1839 **bowl²** [보울]: 〈←bolla(round vessel)〉, 〈게르만어〉, 〈←blister〉, 사발, 공기, 보시기, 단지, 수세식 변기, 야외 원형 경기장, 〈~ basin\dish\hollow〉, 〈↔bulge\hump〉 미2

1840 **bowled over** [보울드 오우붜]: 〈←bowl¹〉, 〈달려들어〉 쓰러뜨리다, 강한 인상을 주다, 어안이 벙벙하다, 〈~flabber-gast〉, 〈~ over-whelm\astonish〉, 〈↔un-ruffled\non-chalant〉 양2

1841 **bow legs** [보우 레그스]: O자형 다리, 안짱 다리, 내반슬, 〈~ genu varum(apart)〉, 〈↔buck-knee\knock-knee〉 미2

1842 **bowl-ing** [보울링]: 〈←bowl¹〉, 볼링, 지름 약 20cm의 공을 한 손으로 굴려 약 18m 앞에 있는 10개의 목표물을 되도록 많이 쓰러뜨려서 승부를 결정하는 실내경기, 〈~ a target sport\ten-pins〉 우1

1843 **bow tie** [보우 타이]: (17세기 Croatia에서 유행된) 〈구부려서 맨〉 나비넥타이, 〈~ cravat\ascot tie〉, 〈~(↔)bolo\string tie〉 양2

1844 **bow·wow** [바우 와우]: 〈영국어〉, '멍멍' 개 짖는 소리, '와글와글' 떠드는 소리, 추녀(ugly woman), 〈~ woof-woof\ruff-ruff〉, 〈↔guiet\hush\trophy wife〉 양2

1845 **bow-yer** [보우여]: 활 만드는 사람(제조인), 조궁장, 활장수, 〈~ bow maker (or dealer)〉, 〈~(↔)archer는 활을 쏘는 '궁수'〉 양2

1846 **box¹** [박스]: 〈어원 불명의 게르만어〉, 〈의태어?〉, 따귀 때림, 권투하다, 〈~ punch\blow〉, 〈↔miss\lose〉 우2

1847 **box²** [박스]: 〈←pyxos〉, 〈그리스어〉, 'box wood로 만든 그릇', 상자, 칸, 초소, 〈~ carton\case\booth〉 우2

1848 *__box-boy__ [박스 버이]: 매점 심부름꾼, 상품을 상자에 넣어 꾸려주는 점원, 〈~ stock clerk\bag boy〉 우1

1849 **box-car** [박스 카아]: 유개 화차, 네모진 차, 〈~ freight car〉 우1

1850 **box-er** [박서]: 권투선수, '권투견'〈도베르만과 불독의 잡종으로 꼬리가 짧고 앞발로 권투 시늉을 하는 경찰견이나 맹인 인도견〉, 〈~ puglist\ringster〉, 〈~ a mastiff〉 우2

1851 **Box-er Re·bel-lion** [박서 뤼벨리온]: '권란', 1899년 중국식 권투를 하는 무술인들이 주축이 되어 반왕조·반 서양·반 기독교를 외치며 〈맨주먹으로〉 봉기했다 1901년 외세에 의해 진압된 '의화단 운동', 〈~ an anti-foreign uprising in North China〉 우2

1852 **box-er shorts** [박서 쇼우츠]: ①통이 넓은 (남성용) 반바지, 〈~ men's relaxed short pants〉 ②(남성용) 사각 팬티, 〈~ a men's under-garment〉 미1

1853 **box-fish** [박스 휘쉬]: trunk·fish, 거북복, 〈열대지방에 서식하며 예쁜 색깔의 상자같이 생긴〉 작은 복어류, 〈~ a puffer-fish〉 미2

1854 **box-ing** [박싱]: 권투, 〈~ pugilism\fisticuffs〉, 〈↔kicking\wrestling〉 가1

1855 **Box-ing Day** [박싱 데이]: '선물의 날(offering day)', (영국·캐나다·오스트레일리아·뉴질랜드 등에서) 〈크리스마스 뒤에 오는 첫 평일로〉 선물을 box에 싸서 신문 배달인·청소부·정원사 등에게 주는 날이었으나 점점 백화점에 가서 할인 '선물 꾸러미'를 사는 날로 변하고 있음, 〈~ the day after X-mas holidays〉 미2

1856 **box of-fice** [박스 어휘스(어휘스)]: 매표소(ticket-booth), 〈매표소가 불난리 나는〉 대인기 (흥행물), 〈~ revenue〉 양2 미1

1857 *__box pat·tern__ [박스 패턴]: 상자권, 상자 모형, (주가가) 일정 가격 안에서만 오르내리는 현상, 〈~ a declining template〉, 〈↔no pattern〉 미2

1858 *__box score__ [박스 스코어]: 시합결과표, 출전 선수 적요, 〈~ a record of the game\a table of the score〉, 〈↔discrete part\seperate component〉 우1

1859 **box seat** [박스 씨이트]: 특별관람석, 마부석, 〈~ a separate compartment〉, 〈↔open seat〉 미2

1860 **box span·ner** [박스 스패너]: '끝면돌리개', 구멍죔쇠, ⇒ socket wrench 우2

1861 **box spring** [박스 스프링]: 침대 밑에 까는 용수철, 〈~ a cushion〉, 〈~(↔)mattress〉 우2

1862 **box-wood** [박스 우드]: box tree, 회양목 〈느리게 자라는 상록 활엽교목으로 도장이나 지팡이로 씀〉, 'buxus', 〈~ cornel\dog-wood〉 미2

1863 **box wrench** [박스 뢘취]: box spanner, '상자 돌리개', '환상 비틀개', ⇒ ring spanner 우1

1864 **boy** [버이]: 〈←boi〉,〈어원 불명의 영국어〉, (15세기 초에 프랑스에서 빌려온 말) '남자 종자', 사내, 소년, 청년, 아들, 사환, 친구 (야) , 〈~ male child\lad〉, 〈↔girl〉 가1

1865 **boy·cott** [버이캍]: 〈어원 불명의 영국계 이름〉, 보이콧, 배척하다, 거부하다, 불매 동맹, 왕따, 〈Boycott; 19세기 영국의 악덕 토지 관리인〉, 〈~ spurn\veto〉, 〈↔support\approval〉 우2 수1

1866 **boy-friend** [버이 후랜드]: 남자 친구, 남자 애인, '남친', 〈↔girl-friend〉 미1

1867 **Boyle** [버일], Rob·ert: 〈어원 불명의 영국계 이름〉, 보일(1627-91), 일정 온도에서는 기체의 압력과 체적은 반비례한다는 법칙을 발견한 영국의 과학자, 〈~ an Irish chemist〉 수1

1868 **boy scout** [버이 스카웉]: 〈미국에서는 1910년에 창단된〉 소년단(원), 〈↔girl scout〉, 〈미국에서는 2025년부터 Scouting America로 명칭이 바뀌어질 것임〉 미1

1869 **boy·sen·ber·ry** [버이즌 베뤼]: 〈그것을 개발한 미국 원예가의 이름(Boysen)에서 유래한〉 '이슬 딸기'〈반포복성 산딸기로 씁쓸 달콤함〉, 〈~ a hybrid bramble〉 우2

1870 ***boy-toy** [버이 토이]: toyboy, 나이 먹은 여자가 데리고 노는 젊은 남자, '소년 장남감', 〈↔sugar daddy〉 우1

1871 **bo·zo list** [보우조우 리스트]: 〈스페인어〉, '싫은 놈' 명단, 수신 차단자 명부, kill file, 〈~ black list〉, 〈↔white list〉 미2

1872 **BP** (blood pres·sure): 혈압 미1

1873 ***bp** (basis point): 만분율, 1%의 $\frac{1}{100}$, 〈~(↔)%\percentage point〉 미2

1874 ***bpi** (bits per inch): (전산기 회선의) 인치당 정보 기억 밀도 단위 우1

1875 ***bps** (bits per sec·ond): (전산기 회선의) 초당 정보 전달량 속도의 단위 우1

1876 **brace** [브뤠이스]: 〈←brakhion(arm)〉, 〈'팔'이란 뜻의 그리스어에서 유래한 프랑스어〉, 버팀대, 지주, 거멀못, 꺾쇠, 중괄호({}), 부목, 치열 교정기, (정렬된 오리 등의) 떼, 〈~ support\pair〉, 〈↔detach\disconnect〉 미2

1877 ***brace for** [브뤠이스 훠어]: (불쾌한 상황에) 대비하다, (위험에) 대처하다, (전열을) 가다듬다, 〈~ prepare\shore-up〉, 〈↔dampen\undermine〉 양2

1878 **brace-let** [브뤠이슬렅]: 팔찌, 가구의 다리 장식, 〈~ circlet\armlet〉, 〈↔unclasp\unfasten〉 양1

1879 **bra·ci·o·la** [브라치오울라]: 주로 얇게 저민 송아지고기로 속을 싸서 포도주가 든 소스에 넣고 〈brase fire(석탄불)〉에 구운 이탈리아 요리, 〈~ an Italian roulade[2]〉 우1

1880 **brack-et** [브뢔킽]: 〈←bracae(breeches)〉, 〈라틴어〉, 선반받이, 까치발, 모난 괄호([ ]·〈〉), 동류, 계층, 〈~ brace\group\parenthesis〉, 〈↔contrast\separate〉 미2

1881 ***brack-et-ing** [브뢔킹팅]: 모둠형성(구매) ①동류의 사진을 모아서 비교하기 ②동류의 제품을 여러개 배달시켜 마음에 드는 것만 구매하는 짓, 〈~ classify\categorize〉, 〈↔disjoin\disperse〉 미2

1882 ***brack-et-ol·o·gy** [브뢔킽탈러쥐]: 〈1995년 한 미국 대학 연감 편집자가 고안한〉 (NCAA등에서 함께 묶인 조편성을 분석해서 승부를 예측할 수 있다는) '모둠예측학'으로 98%의 정확도가 있다 함(?), 〈~ a method of predicting winners in ball-games〉 우2

1883 **brack-ish** [브뢔키쉬]: 〈←brak(salty)〉, 〈네덜란드어〉, 소금기 있는, 찝찌름한, 맛없는, 불쾌한, 〈~ repulsive\briny\saline〉, 〈↔fresh\tasty〉 양2

1884 **bract** [브뢬트]: 〈←bractea(thin metal plate)〉, 〈라틴어〉, '얇은 철판', 포엽, 꽃턱잎, 꽃을 보호하는 잎사귀, 〈~ frond\petal〉 양1

1885 **brad** [브뢔드]: 〈←brord(prick)〉, 〈북구어〉, 대가리가 없는 못(무두정), 대가리가 갈고리처럼 구부러진 못(곡정), 〈~ peg\latch〉, 〈~(↔)rivet〉, 〈↔unfasten\key〉 양1

1886 **brad-awl** [브뢔더얼]: 〈영국어〉, 〈←brad〉, (끝이 평편하고 날카로운) 작은 송곳, 〈~(↔)awl은 끝이 뾰족함〉 우2

1887 **brady** [브뢔디]: 〈그리스어〉, slow, 늦은, 짧은, 게으른, 여유 작작한, tardy, 〈↔tachy〉 양1

1888 **brag** [브뢔그]: 〈←braguer(flaunt)〉, 〈어원 불명의 프랑스어〉, 자랑하다, 허풍 떨다, 〈↔barrack[2]〉, 〈~ boast\vaunt〉, 〈↔humble\modest\under-state〉 양2

1889 **brag·ga·do·ci·o** [브래거 도우쉬이오우]: 〈이탈리아어〉, 허풍선이, 뻥장이, 〈~ blow-hard\wind-bag〉, 〈↔humble(genial) person\self loathing〉 양2

1890 **Brah·ma** [브롸아머]: ①바라문, 범천(창조신), Shiva(파괴신)·Vishnu(보존신)와 함께 힌두교 3대신의 하나, 〈~ the Creator〉 ②[브뢔이머]; 〈미국에서 개량된〉인도 Brahmaputra강 유역원산의 닭, 〈~ a meat breed of chicken\Shang-hai chicken〉 수2

1891 **Brah·man** [브롸아먼]: 〈←brh(expand)〉, absolute reality, 〈'팽창'하다란 뜻의 산스크리트어〉 ①브라만, 인도 4계급 중에 제일 높은 승려·학자 계급, 〈↔Kshatriya\Vaisya\Sudra〉 ②[브뢔이먼]; 브라만, 인도산 zebu를 품종 개량한 미국 남부산의 소, 〈~ a hybrid beef cattle〉 수2

1892 **Brahms** [브롸암즈], Jo·han·nes: 〈Abraham의 독일식·유대식 이름〉, (1833-97), 브람스, 독일의 〈낭만주의〉작곡가, 〈~ a German composer and pianist〉 수1

1893 **braid** [브뢔이드]: 〈←bredan(weave)〉, 〈게르만어〉, 꼰 끈, 노끈, 땋은 머리, 엮어서 만든 전선, 〈~ bridle\plait〉, 〈↔un-braid\un-bind〉 양1

1894 **Braille** [브뢔일], Louis: 〈어원 불명의 영국·프랑스 이름〉, 브라유, (1809-52), 맹인용 점자법을 고안한 프랑스의 맹인, 〈~ a French educator and inventor〉 수1

1895 **brain** [브뢔인]: 〈라틴어 'cerebrum'에서 연유한 게르만어〉, 골, 뇌, 두뇌, 뇌수, 지력, 지혜, 중추, 골통, 〈~ encephalon\intellect〉, 〈~(↔)mind〉, 〈↔ignorance\idiot〉, 〈↔bottom\penis?〉 가1

1896 ***brain-burp** [브뢔인 버얼프]: '뇌 트림', 상관없는 말이 튀어나오는 것, '헛소리', 〈~ slip of the tongue〉, 〈↔brain-fart〉 양2

1897 **brain drain** [브뢔인 드뢔인]: (인재가 고국을 빠져나가는) 두뇌 유출, 〈~ brain exodus〉, 〈↔brain gain〉 양2

1898 **brain-fade** [브뢔인 훼이드]: 정신이 흐려지는, '멍 때리기', 〈~brain-fog〉 미2

1899 ***brain-fart** [브뢔인 화알트]: '뇌 방귀', 두뇌 착오, 깊은 생각 없이 튀어나온 말, '망언', 〈~ slip of the mind〉, 〈↔brain-burp〉 양2

1900 **brain fog** [브뢔인 휘어그]: (뇌를 혹사시켜 오는) 정신피로, 신경쇠약, 〈↔alert\vigor〉 양2

1901 **brain gain** [브뢔인 게인]: (외국 인재를 영입하는) 두뇌 유입, 〈~ brain influx〉, 〈↔brain drain〉 양2

1902 **brain-pick·ing** [브뢔인 픽킹]: 두뇌 착취, 약 올리기, 〈~ brain-teasing〉, 〈↔advise〉 양2

1903 **brain pow·er** [브뢔인 파워]: 지력, 지식인, 지적 능력, 〈↔muscle power〉 양2

1904 ***brain rot** [브뢔인 뢑]: 〈2024년 OED가 선정한 올해의 단어〉, 뇌썩음(부패), 잡다한 전산망 내용의 과소비로 인해 뇌가 골병이 드는 일, 〈~(↔) potato rot〉 미2

1905 **brain sex** [브뢔인 쎅쓰]: 〈뇌로 하는 성교가 아니라〉 (뇌의 발달 초기에 내분비의 영향으로 남·녀 간에 나타나는) 뇌의 이분화 현상, 〈~ neuro-sex〉, 〈~ sex differences in brain anatomy〉 양2

1906 ***brain-storm** [브뢔인 스토어엄]: 정신착란, 묘안, 영감, 머리 짜기, 골 때리기, 신선한 자극, 〈~ head-storm〉, 〈↔ignore\neglect〉, 〈↔shit-storm〉 양2

1907 **brain-teas-er** [브뢔인 티이져]: 퍼즐, 어려운 문제, 수수께끼, 〈~brain-picker〉 양1

1908 **brain-teas-ing** [브뢔인 티이징]: 골탕 먹이기, 약 올리기, 〈~ brain-picking〉, 〈↔understanding〉 양2

1909 **brain-trust** [브뢔인 트뤄스트]: 두뇌위원회, 전문 고문단, 전문 해답자분, 〈~ think tank\elite〉, 〈↔ignorance\stupidity〉 양2

1910 **brain-twist·ing** [브뢔인 트위스팅]: 머리 비틀기, 정신적 압박, 〈~ problem\puzzle〉, 〈↔solution\simplicity〉 양2

1911 **brain–wash·ing** [브뢔인 워슁]: 세뇌, 강제 전향, 〈cognitive therapy (인지 치료)〉, 〈↔advise\encourage〉 양2

1912 **braise** [브뢔이즈]: 〈프랑스어〉, live coal, 〈석탄불로〉 푹 삶다, 찌다, 〈~ pot-roast\fricassee〉, 〈↔raw\rare〉 양1

1913 **brake** [브뢔이크]: 〈←flax breaker(crushing instrument)〉, 〈알송달송한 어원의 영국어〉, 제동기, 정지 장치, 〈소의 코를 꿰는〉 고삐 꿰기, 덤불, 써레, 〈←break〉, 〈~ decelerator\thicket〉, 〈↔accelerator〉 양1

1914 **brake disc** [브뢔이크 디스크]: 제동판, 제동 받침과 마찰해서 회전을 줄여주는 바퀴에 붙은 철제 원반, 〈↔brake rim〉, 〈~(↔)brake drum이 개량된 것〉 양1

1915 **brake drum** [브뤠이크 드뤔]: 제동 고동, 제동통(자동차 바퀴의 제동용 원통), 〈~(↔)brake disc의 구세대형〉 양1

1916 **brake flu·id** [브뤠이크 훌루이드]: 제동액, 유압으로 제동력을 증폭시켜주는 glycol-ether 제재 양1

1917 **brake light** [브뤠이크 라잍]: (제동 발판을 누를 때 후미에 켜지는) 제동등, 〈~stop-light〉, 〈↔head-light〉 양1

1918 **brake pad** [브뤠이크 패드]: 제동 받침, 제동판과 마찰해서 바퀴의 회전을 줄여주는 다양한 물질로 된 완충장치, 〈~ a component of disc brakes〉 양1

1919 **brake ped·al** [브뤠이크 페들]: 〈자본주의나 공산주의나 가속 발판보다 가까운 쪽에 있는〉 제동 발판, 〈↔accelerating pedal〉 양1

1920 **brake wheel** [브뤠이크 위일]: 제동륜, 제동판의 위에 붙어서 바퀴의 회전을 억제시키는 원통형 장치, 〈~ a component of disc brakes〉 양1

1921 **brak·ing dis·tance** [브뤠이킹 디스턴스]: 제동 거리, 제동 발판을 완전히 밟고 나서 완전 멈춤까지의 거리, 〈~ stopping distance〉 양1

1922 **bram·ble** [브램블]: 〈←bhram(prickly shrub)〉, 〈산스크리트어〉, 〈←bremel〉, 〈broom과 같은 어원의 게르만어〉 ①가시 있는 관목, 〈~ prick\thistle〉 ②(검은 딸기 등) 나무딸기, 〈~ a bush-berry〉 우2

1923 **bram·bling** [브램블링]: mountain finch, 되새, (북쪽 유라시아에 서식하며 주로 주황색 가슴을 한) 떼거리로 다니며 곡식을 해치는 참새만 한 철새〉 미1

1924 **bran** [브랜]: 〈←bren(scurf)〉, 〈어원 불명의 프랑스어〉, 밀기울, (왕)겨, 〈~ semolina〉, 〈~(↔)flour〉 가1

1925 **branch** [브랜취]: 〈←branca(paw)〉, 〈라틴어〉, '다리', 가지, 〈가지처럼 여러 개로 나누어진〉 분파, 〈본점에서 가지 친〉 지점, 〈작은〉 시내, 분기, 〈큰길에서 갈라진〉 지로, 〈bough보다 작고 twig보다 큰 것〉, 〈↔trunk\body〉 양2

1926 **brand** [브랜드]: 〈←beornan(burn)〉, 〈게르만어〉, 소인하다, 낙인을 찍다, 〈불로 달궈 만든〉 칼, '불꽃', 상표, 품질, 〈~ identifying mark\emblem〉, 〈↔un-sign\generic〉, 〈자기 소유의 가축에 낙인을 찍어 소유권을 나타내던 관례에서 유래한 말〉 미2

1927 **bran·dade** [브랑다드]: (스페인 근처 브랑다드 지방 원산이라는 설과 '휘젓다(brandar)'라는 프랑스어에서 연유했다는 설이 있는) 말린 대구·올리브유·향료 등을 넣고 죽같이 끓인 프랑스 요리, 〈~ a French emulsion〉 수2

1928 **Bran·den·burg** [브랜던 버어그]: burned fortress, '화전'〈불로 태워 일군 농경지〉, 브란덴부르크 ①베를린을 둘러싸고 있는 주(주도는 Postdam) ②베를린 서쪽의 조그만 도시, 〈~ German state\town〉 수1

1929 **Bran·den·burg Gate** [브랜던 버어그 게이트]: 18세기에 베를린(Berlin) 시내에서 브란덴부르크로 가는 길에 있는 관문에 신고전 양식으로 건축된 일종의 개선문, 〈~ a neoclassical monument〉 수1

1930 **brand im·age** [브랜드 이미쥐]: 상품 표상, 〈~trade-mark〉 미2

1931 **bran·dish** [브랜디쉬]: 〈게르만어〉, 〈←brand(sword)〉, (창·칼 등을) 휘두르다, 과시하다, 〈~ wield\flourish〉, 〈↔conceal\protect〉 양2

1932 **brand name** [브랜드 네임]: 유명 상품, 등록 상품, 〈~ trade name〉, 〈↔generic name〉 미1

1933 ***brand-new** [브랜드 뉴우]: 〈제철소에서 바로 꺼낸〉 신품, 아주 새로운, 〈~ fresh\pristine\virgin〉, 〈↔out of date\old fashioned〉 양1

1934 **Bran·do** [브랜도우], Mar·lon: 〈'brilliant'란 뜻의 이태리 이름〉, 브랜도, (1924-2004), 사실주의 연기로 인기를 끌었으나 나중에 '먹보'가 되어서 몸무게가 140kg이나 나갔던 미국의 성격 배우, 〈~ an American actor〉 수1

1935 **Brandt** [브랜트], Wil·ly: 〈←brennen(to burn)〉, dweller on burnt land(화전민), 브란트, (1913-1992), 서독의 사회주의 정치가·수상(1969-1974), 〈~ a Chancellor of Germany〉 수1

1936 **bran·dy** [브랜디]: 〈←branden〉, 〈네덜란드어〉, 증류주, '포도주를 태워서〈burn〉 만든 술', 〈~ a distilled wine〉, 〈↔soft drink〉 우2

1937 **bran·dy snif·fer** [브랜디 스니훠]: (꼬냑이나 증류주를 음미하기 위한) 작고 배가 튀어나온 유리 술잔, 〈~ cognac glass〉, 〈서양 사람들은 절대 반 이상 채우지 않음〉 수2

1938 **Bran-son** [브랜슨], Rich·ard: 〈'불꽃' \ '칼날'의 아들〉, 〈←brand〉, 브랜슨, (1950-), 〈음반계의 '숫처녀'로 출발해서〉 400여 개의 회사를 장악하고 있는 〈모험심과 공명심이 강한〉 영국 Virgin 집단의 창업자, 〈~ an English business magnate〉 수1

1939 **brant \ brent** [브랜트]: 〈북구어→영국어〉, burnt goose, '흑〈black〉 기러기' (북반구의 대서양과 태평양을 오가며 서식하고) 머리와 등 쪽이 검은 중형의 바다 거위 미2

1940 **bran·zi·no** [브란쥐노]: 〈어원 불명의 이탈리아어〉, sea bass, 유럽 농어, (서유럽·지중해 연안에 서식하며) 〈바다로 나가는〉 간혹 진청색의 등을 가진 은색색을 띤 농어류 미1

1941 **brash** [브래쉬]: 〈←brekanan?〉, 〈어원 불명의 영국어〉, 경솔한, 건방진, 정력적인, (목재가) 부러지기〈break〉 쉬운, 〈~ fool-hardy\over-confident〉, 〈↔cautious\prudent〉 양2

1942 **Bra·sil·ia** [브라지일리아]: 브라질리아, 1960년에 브라질의 수도로 출범한 내륙 고원에 있는 5년에 걸친 계획도시, 〈~ Capital of Brazil〉 👁1

1943 **brass** [브래스]: 〈←brasa(solder)〉, 〈게르만어〉, 〈불로 달궈 만든〉 놋쇠, 황동, 〈~ alloy of copper and zink〉, 금관악기, 담황색, 〈황동 표장을 달았던〉 고관, 〈~ brazen\bronze〉 양1

1944 **brass-age** [브래씨쥐]: 화폐 주조료, 주화세, coinage fee(tax) 양2

1945 **brass band** [브래스 밴드]: 취주악단, 관악기를 위주로 편성된 악단, 〈~(↔)military (or concert) band〉, 〈↔wood-wind band〉 미2

1946 **brass-ie** [브래시]: 〈장타를 위해〉 (끝에 놋쇠〈brass〉를 씌운) 2번 우드 골프채, 〈~ wood No.2 golf club〉 우1

1947 **bras-siere** (bra) [브뤄지어]: 〈←bras(arm)〉, 〈프랑스어〉, 브래지어, 브라시에르, 여자들의 가슴〈breast〉을 가리거나 보호해 주는 속옷의 하나, '젖덮개', bra, 〈↔over-garment\un-strap\fundoshi〉 우2

1948 *****brass tacks** [브래스 택스]: 〈예전에 영국에서 재봉사가 옷감을 잴 때 쓰던 황동압정에서 연유한〉 정확한 지점, 자세한 사항, 실질적 문제, 〈→ get down to brass tacks〉, 〈~ ins and outs\nuts and bolts〉, 〈↔big picture〉 양2

1949 *****brat** [브랱]: 〈켈트어→프랑스어〉, rag, '넝마', 말썽꾸러기, 버릇없는 놈, 후레자식, 〈~ bitch〉, 〈↔mature person\grown-up〉 미2

1950 **Bra·ti·sla·va** [브래티 슬라아봐]: brat(brother)+slava(glory), 〈설립자의 이름('영광스러운 형제')을 딴〉 브라티슬라바, 〈오스트리아 접경 다뉴브강 변에 있는 고풍스러운〉 슬로바키아 공화국의 (1918년부터의) 수도, 〈~ Capital of Slovakia〉 수1

1951 **brat·tice** [브래티스]: 〈←bret(board)〉, 〈게르만어→영국어〉, 판자 울타리, 통풍용 칸막이, 담위에 댄 판자막이, 〈~ (temporary) partition〉, 〈↔entrance\connector〉 양1

1952 **brat-wurst** [브래트 워얼스트]: finely chopped sausage, 브라트부르스트, (주로 돼지고기를) 잘게 다져 만든 〈튀김용 독일 소시지〉, 〈~ kielbasa〉 우1

1953 **braun-sch·weig·er** [브라운 쉬와이거]: 브라운 슈바이크, 브룬 쉬웨이거, (독일 Braunschweig 지방 원산의) 〈다진 돼지고기로 만든 소시지를 북미에서 돼지 간으로 대체시킨〉 훈제 '간(liver)' 소시지, 〈~ a parboiled sausage〉, 〈~(↔)liver-wurst〉 수2

1954 **Braun tube** [브라운 튜우브]: 〈무선 통신에 지대한 역할을 한〉 독일의 노벨상 수상자(Braun)가 발명한 cathode ray(음극선)가 통과할 수 있는 관 수2

1955 **bra·va·do** [브뤄봐아도우]: 〈스페인어〉, 〈←brave〉, 허세, 허풍, 오만, 〈↔shyness\modest〉 양2

1956 **brave** [브뤠이브]: 〈←barbarus〉, 〈'야만'이란 라틴어에서 유래한〉 〈외면적으로〉 용감한, 멋진, 훌륭한, 〈~ bold〉, 〈~ courageous〉, 〈↔cowardly\pusillanimous\chicken\wussy〉 양2

1957 **bra·vis·si·mo** [브로아 뷔씨모우]: 〈이탈리아어〉, 〈←bravo〉, 〈최고로〉 잘한다!, 짱! 이다, 〈↔womp-womp〉 미2

1958 **bra·vo** [브라보]: 〈원래는 청부살인업자(hired killer)를 일컬었던 말〉, 〈이탈리아어〉, 〈←brave〉, 좋다!, 잘한다!, 〈↔boo\jeer\oy vey〉 미2

1959 **brawl** [브뤄얼]: 〈영국어〉, 〈의성어〉, 말다툼, 시끄러운 소리, 소란, 〈~ quarrel\rough and tumble〉, 〈↔calm\harmony〉 양2

1960 **brawn** [브뤈]: 〈←brato(piece of flesh)〉, 〈'살'이란 뜻의 게르만어〉 ①〈미국어〉, 근육, 완력, 〈~ muscle\power〉 ②〈영국어〉, (돼지나 송아지의 머리나 발을 고아) 치즈 모양으로 만든 음식, ⇒ (미국에서는) head·cheese 양2 우1

1961 *__bra·zen__ [브뤠이즌]: 〈영국어〉, 〈←brass〉, 놋쇠로 만든, 놋쇠 빛갈의, 뻔뻔스러운, 철면피의, 소란한 금속음의, 〈~ bold\shameless\cheeky\contumelious〉, 〈↔timid\shy\demure〉 양2

1962 **bra·zen age** [브뤠이즌 에이쥐]: 〈은 시대를 이은 전쟁과 무법천지의〉 (그리스 신화의) 청동 시대, 〈~ mythological age\a law-less era〉, 〈Bronze Age는 과학적인 분류임〉 미1

1963 **Bra·zil** [브뤼질]: 〈brasil·wood가 많은〉 브라질, 〈Tordesillas 조약에 의해 포르투갈령으로 있다가〉 1822년 포르투갈에서 입헌 왕국으로 독립한 후 1889년 구데타로 전복되었다가 우여곡절 끝에 1988년 현재의 민주정으로 새로 태어난 〈미녀를 포함해서 여러 가지가 많은〉 남아메리카의 공화국, {Brazilian-Port-Real-Brasilia} 수1

1964 **Bra·zil nut** [브뤼질 넡]: 브라질 호두 〈딱딱한 껍질을 가진 둥근 삼각형의 흰색 견과-para nut(준 호두)〉, nigger·toe 수2

1965 **Bra·zil wood** [브뤼질 우드]: 〈'ember'란 뜻의 포르투갈어〉, brasil·wood, 브라질 실거리나무 (소방목·다목) 〈예전에는 잎을 차로 끓여 먹거나 가지를 활로 만들어 썼으나 근래에는 나무속이 주홍색을 띠고 있어 염료로 많이 쓰이는 브라질의 국수(나라를 상징하는 나무)〉, 〈~ a legume tree〉 수2

1966 *__bra-zy__ [브뤠이지]: Crips와 대결하고 있는 미국의 갱 단체 Blood가 사용하는 'bravely crazy(용감하게 미친)'란 뜻의 말 우1

1967 *__brb__: (I will) be right back, 곧 돌아올게 우2

1968 **breach** [브뤼이취]: 〈←brecan(break)〉, 〈게르만어〉, '깨뜨림', 어김, 파괴, 위반, 절교, 〈~ rupture\violation〉, 〈↔agreement\promise\guarantee\observance\treaty\vow〉 양1

1969 **bread** [브뤠드]: 〈←breowan(brew)〉, 〈게르만어〉, 빵, 〈'깬' 가루로 된〉 식량, 양식, 생계, 돈(money), 〈←break?〉, 〈~ loaf\roll\bun〉, 〈↔(steamed) rice〉 가1

1970 *__bread al·ways falls but·ter·ed side down__: 재수없는 놈은 뒤로 넘어져도 코가 깨진다, 〈~ toast lands jelly side down〉, 〈~ if anything can go wrong, it will(Murphy's law)〉 양2

1971 *__bread-and-but·ter__ [브뤠든버터]: 빵과 우락, 일용할 양식, 생계를 위한, 돈이 되는, 평범한, 〈~ living\sustenance〉, 〈↔ancillary\inessential〉, 〈↔버터를 우락이라거나 bread-and-butter를 bread-and-milk라 하지 않는 것은 말이 예술이기 때문임〉 양2

1972 **bread-crumb** [브뤠드 크뤔]: 빵가루, (부드러운) 빵의 속살, 〈~ breading〉, 〈↔bread-crust〉 양1

1973 *__bread–crumb-ing__ [브뤠드 크뤔잉]: 변죽 울리기, (연애에서) 심심풀이로 깐죽거리는 짓, 〈~ cajole〉, 〈심심풀이 땅콩〉, 〈↔real dating\throw in the towel〉 양2

1974 **bread-crust** [브뤠드 크뤄스트]: 빵 껍질, (딱딱한) 빵의 외피, 〈~ bread-coat〉, 〈↔bread-crumb〉 양1

1975 **bread-fruit** [브뤠드 후루우트]: 〈태평양의 열대지방 섬에서 나는 주먹만 한 둥근 과일로 속살이 빵같이 생겨 식용으로 쓰이는〉 빵나무(열매), 〈~ a mulberry〉, 〈~(↔)jack-fruit〉 미2

1976 **bread-nut** [브뤠드 넡]: Maya nut, (중남미 습지에서 자라는) 가루를 빻아 빵을 만들어 먹던 작은 호두 같은 씨를 맺는 무화과 비슷한 뽕나뭇과의 큰 나무, '빵 호두', 〈~ seeded bread-fruit〉 우2

1977 **bread-root** [브뤠드 루우트]: prairie turnip, (북미 초원 원산의) 청자색의 송이 꽃을 피우며 작은 고구마 같은 뿌리를 가진 콩과의 다년초, '빵 뿌리' 우2

1978 **bread-stick** [브뤠드 스틱]: (가늘고 긴) 막대기 빵, 〈↔bread-loaf〉 미2

1979 **bread win-ner** [브뤠드 윈너]: 밥벌이 하는 자, 부양 책임자, 가장, 〈~ bring home the bacon〉, 〈↔bum\un-employed〉 양2

1980 **breadth** [브뤠드쓰]: 〈←brad(broad)〉, 〈영국어〉, 너비, 나비, 폭, 넓이, 여유, 〈~ width〉, 〈↔length〉 양1

1981 **break** [브뤠잌]: 〈←brekanan(divide by force)〉, 〈게르만어〉, 깨뜨리다, 고장 나다, 어기다, 잔돈 바꾸다, (일시)정지, 〈일을 깨고 하는〉 휴식, 바지 끝이 구두 위에까지 길게 내려오는 것, 〈→breach\brake\bread\brittle\brick〉, 〈~ smash\interfere\gap〉, 〈↔keep\repair\mend〉 양1 우1

1982 *__break a leg__ [브뤠잌 어 렉]: 〈열광한 관중들이 다리가 부러지도록 의자를 바닥에 굴려 환호하던 데서 연유한〉 행운을 빌어!, 열심히 잘해!, 〈~ good luck!\bravo〉, 〈↔boo!〉 양2

1983 **break–a-way** [브뤠잌 어웨이]: 분리, 이탈, 결별, 도주, 〈~ separate\escape〉, 〈↔closure\fusion〉 양1

1984 **break-dance** [브뤠잌 댄스]: 〈←percussion break(rhythmic strike)〉, 브레이크 댄스, '〈breakdown 될 때까지 추는〉 고삐 풀린 곡예 춤', 1970년대 초에 NY의 길거리에서 시작된 hip hop 풍의 춤 우1

1985 **break-down** [브뤠잌 다운]: '깨져서 아래로 무너지다', 고장, 파손, 분석, 〈↔combine\hold up〉, 〈~ fail\stop working〉 양1

1986 **break-er** [브뤠이커]: 파괴자, (큰) 파도, 차단기, 조련사, 〈~ destroyer\roller\large wave〉, 〈↔fixer\repairer〉 양1

1987 *****break-e·ven** [브뤠잌 이븐]: 수입과 지출이 맞먹는, '본전치기', 〈~ equal\tie〉, 〈↔profit\loss〉 미2

1988 **break-fast** [브렠 훠스트]: brecan(break)+fasten(fasting), 〈영국어〉, 아침, 아침 식사, 조반(조식), '단식 끝', 〈~ morning meal〉, 〈↔fast\abstain〉 양1

1989 **break-fast nook** [브뤸 훠스트 눅]: 아침 식사 구역, 부엌 귀퉁이에 있는 조그만 간이식당, 〈~ dinette〉, 〈↔formal dining room〉 미2

1990 *****break-in** [브뤠잌 인]: 가택 침입, 길들이기, 시운전, 〈~ burglary\intervene\conditioning〉, 〈↔protect\terminate〉 양2

1991 *****break-ing news** [브뤠이킹 뉴우스]: 긴급 뉴스, 속보, 〈~ flash news\special report〉 양2

1992 *****break-ing point** [브뤠이킹 포인트]: 한계점, 파괴점, 극단(상황), (일시) 정지점, 〈~ crisis\climax〉, 〈↔lower end\bottom limit〉 양2

1993 *****break-off** [브뤠잌 어어후]: 갑자기 멈춤, 떼어 놓기, 결별, 〈~ end\sever〉, 〈↔carry on\connect\union〉 양2

1994 *****break-out** [브뤠잌 아웉]: 돌파, 탈주, 부스럼, 〈~ bolt\eruption〉, 〈↔confinement〉 양2

1995 **break out** [브뤠잌 아웉]: 창궐하다, 돋아나다, 일어나다, 탈출하다, 〈~ burst out\abscond〉, 〈↔remain〉 양2

1996 **break-point** [브뤠잌 포인트]: 중지점, 일시 정지점, ⇒ breaking point 양2

1997 **break room** [브뤠잌 루움]: (직장에서 일하다 잠시 휴식과 음료를 마시러 가는) 휴게실, 휴식공간, 〈~ rest-room\lounge\staff-room〉 양2

1998 *****break the bank** [브뤠잌 더 뱅크]: 〈원래는 은행을 파산시킬 만큼 거액을 일컫는 도박용어였으나〉 감당하기 힘든 돈(이 들다), 무일푼이 되게 하다, 〈~ hit the jack-pot〉, 〈~(↔)cost a fortune\go bankrupt〉, 〈↔decline\back down〉 양2

1999 *****break the ice** [브뤠잌 더 아이스]: 어색한 분위기를 깨다, 침묵을 깨다, 실마리를 찾다, 〈~ break ground\set the ball\kick off〉, 〈↔cease\retract〉, ⇒ ice-breaker 양2

2000 **break-through** [브뤠잌 쓰루우]: 돌파, 약진, 〈깨진 틈으로 통과하는〉 타결, 〈~ boost\leap\progress〉, 〈↔hide\set-back\stand-off〉 양2

2001 *****break-up** [브뤠잌 엎]: 와해, 이별, 파탄, 청산, 〈~ separation\part ways〉, 〈↔join\integration〉 양2

2002 **break-wa·ter** [브뤠잌 워어터]: 방파제, 〈~ sea-wall〉, 〈↔flood tide〉 가1

2003 **bream** [블림]: 〈←brehwan(shine)〉, 〈'빛나는'이란 뜻의 게르만어에서 유래함〉 ①잉엇(carp)과의 민물고기 ②도밋(snapper)과의 바닷물고기 ③검은 송엇과의 민물고기, 〈~ blue-gill〉 미2

2004 **breast** [브뤠스트]: 〈←brust(swelling)〉, 〈'부품'이란 뜻의 게르만어〉, 가슴, 마음속, 유방, 젖통, boob, tit, 〈~ oppai〉, 〈~(↔)buttock?〉 가1

2005 **breast-fed** [브뤠스트 풰드]: 모유(breast-milk)로 키운, 〈↔bottle-fed〉 가1

2006 **breast pock·et** [브뤠스트 파킽]: (젖 부위에 달린) 가슴 주머니, =chest pocket 양2

2007 **breast-stroke** [브뤠스트 스트로우크]: 평영, 개구리헤엄, 〈~ frog stroke〉, 〈↔back\side\butter-fly)stroke〉, 〈↔free style〉 양2

2008 **breath** [브뤠쓰]: 〈←brodem(vapor)〉, 〈게르만어〉, 숨, 호흡, 미풍, 생기, 〈~ wind\puff〉, 〈~(↔)perspiration〉 양1

2009 **breath-a·ly·s(z)er** [브뤠썰라이져]: breath+analyzer, (입으로 부는) 음주 측정기, 〈↔blood test〉 미2

2010 **breath catch-ing** [브뤠쓰 캐칭]: 숨이 멎는 듯한, 깜짝 놀랄 만한, 〈~ astounding〉, = breath-taking, 〈↔mellow out〉 양2

2011 **breathe** [브뤼이드]: 〈게르만어〉, 숨 쉬다, (향기가) 풍기다, 휴식하다, 〈~ respire〉, 〈↔expire〉 양2

2012 ***breath-tak-ing** [브뤠쓰 테이킹]: 숨 막히는, 아슬아슬한, 〈~ awesome〉, = breath catching, 〈↔un-impressive〉 양2

2013 **bree** [브루이이]: 〈영국어〉 ①(끓이고 난) 국물〈broth〉 ②눈썹〈(eye)brow〉 양2

2014 **breech** [브뤼취]: 〈←broc(buttock)〉, 〈게르만어〉, 궁둥이(볼기), 반바지, 총의 개머리, 도르레의 밑부분, (머리가 맨나중 나오는) 도산, 〈~ bottom (down)〉, 〈↔head\shoulder〉 양2

2015 **breech-es** [브뤼취즈]: 〈게르만어〉, 〈엉덩이를 가리는〉 승마용 바지, 짧은 바지, (무릎 바로 아래서 여미게 되어 있는) 반바지, 〈~ knickers〉, 〈↔longs〉 미2

2016 **breed-ing** [브뤼이딩]: 〈←brod〉, 〈게르만어〉, 〈brood·produce〉, 번식, 사육, 양식, 품종개량, '껴안기', 〈~ reproduction\procreation〉, 〈↔uncouple\perish〉 양1

2017 **breeze** [브뤼이즈]: 〈←briza(north-east wind)〉, 〈포르투갈어·스페인어〉, 서늘한 '북동풍', 산들바람, 미풍, 순풍, 〈상큼한 일〉, 아주 쉬운 일, 〈~ gentle wind\easy task〉, 〈↔gust\cyclone\tornado\whirl-wind〉 가1 양2

2018 **Brent oil** [브뤤트 오일]: 〈←brant(black goose)〉, 〈영국어〉, 브렌트유, 〈유전 위를 떠도는 흑기러기의 이름에서 또는 석유 지층을 뜻하는 말에서 연유한〉 〈세계 원유시장의 지표로 쓰이는〉 북태평양산 원유, 〈~ North Sea crude oil\a benchmark of oil price〉 수2

2019 **breth·ren** [브뤠드뤈]: 〈게르만어〉, brother의 복수형, (남성의) 같은 교인들, 동업자들, brothers의 고어, 〈↔sisters〉 양2

2020 **brev·i·ty** [브뤠붜티]: 〈←brevis(short)〉, 〈라틴어〉, 간결, 요약, 짧은 시간, 〈~ brief〉, 〈↔longevity\verbosity〉 양1

2021 **breve** [브뤼이브\브뤠브]: 〈←brevis(short)〉, 〈라틴어〉, 단음 기호, 약음 기호, 2온음(two whole note; 온음의 두배), 영장(writ), 〈~ brief〉 양2

2022 **brew** [브루우]: 〈←brauen(boil)〉, 〈게르만어〉, 양조하다, 조합하다, 달이다, 끓이다, 〈~ broth\concoct〉, 〈↔chill\dry〉 양1

2023 **Brew-ers** [브루어스], Mil·wau·kee: '양조업자들', 1969년에 시애틀에서 창단되어 다음 해 맥주회사가 사서 밀워키로 옮기면서 커다란 M자를 명표로 하고 있는 MLB 소속 미국의 야구단 수2

2024 **Brex-it** [브뤨짙]: 블렉시트, Britain+exit, (2016년에 시작되어) 〈2020년 말일에 마무리된〉 영국의 유럽 연합(European Union) 탈퇴 운동 미1

2025 **Brezh-nev** [브뤠쥬네후], Le·o·nid: 〈어원 불명의 러시아계 남자 이름〉, 브레즈네프, (1906-82), 〈보드카를 마시고 외제 차 달리기를 좋아했던〉 냉전 시대 옛 소련의 군인 출신 공산당 서기장, 〈~ a Soviet ppolitician〉 수1

2026 **bri-ard** [브뤼아알]: 브리아(르)드, 프랑스 Brie 지방 원산의 양치기 개로 길고 곱슬곱슬한 털이 머리와 꼬리를 덮은 중간 크기의 개로 현재는 애완용으로 많이 기름, 〈~ French breed of a shepherd dog〉 수2

2027 **brib-er·y** [브롸이버뤼]: 〈←briba(scrap of bread)〉, 〈라틴어〉, '거지에게 주던 작은 빵 덩어리', 뇌물, 증회, 수회, 〈~ corruption\fraud〉, 〈↔honesty\virtue〉 가1

2028 **brib-ing** [브롸이빙]: 〈←briber(morsel of bread)〉, 〈라틴어→프랑스어〉, 뇌물을 주다, 〈~ buy off\pay off〉, 〈↔justice\honor〉 가1

2029 ***bric·a·brac** [브뤽 어 브뤡]: 〈프랑스어〉, 〈무의미어〉, 〈아무렇게나 오래된 것〉, (자그마한) 장식품들, 골동품, 고물, 〈~ knick-knack\trinket〉, 〈↔commonality\familiarity〉 미2

2030 **brick** [브뤽]: 〈←bricke(tile-stone)〉, 〈게르만어〉, '깨진 조각', 벽돌, 네모난 물건, 보도, 〈←break\briquette〉, 〈~ cement(concrete) block〉, 〈↔wood-block〉 가1

2031 **brick-lay-er** [브뤽 레이어]: 벽돌공, 벽돌 쌓는 사람, 〈~mason〉 가2

2032 ***brick-wall** [브뤽 워얼]: 벽돌담, 넘기 어려운 벽, (문자 통화에서 간단하고 무뚝뚝하게 대답하는) '먹통', 〈~stone-wall〉, 〈↔catalyst\incentive〉 가1 양2

2033 **brick-yard** [브뤽 야아드]: 벽돌 공장, 〈~ brick-field〉 가1

2034 ***BRICS** [브뤽쓰]: 2009년부터 연례 정상회담을 하고 〈세계 인구의 40%·GDP의 23% 차지하는〉 Brazil·Russia·India·China·South Africa가 참가해서 급부상하는 경제·정치단체 수2

2035 **brid·al par·ty** [브롸이들 파아티]: 〈신부 축하연이 아니라〉 신부 측 일행(떨거지), 〈~ bride-kicks(신부를 신랑 측에 차버리는 사람들)〉, 〈↔groom party〉 양2

2036 **brid·al show·er** [브롸이들 샤우어]: 선물을 듬뿍 가지고 가는 〈보통 남자들은 초청되지 않는〉 (예비) 신부 축하연, 〈~bachelorette party〉, 〈↔bachelor party〉 양2

2037 **brid·al wreath** [브롸이들 뤼쓰]: 조팝나무, (흔히 신부의 화환으로 쓰이는) 〈동북아시아 원산의〉 자잘한 흰 꽃이 피는 장미과의 낙엽활엽관목, 〈~ a spirea〉 미2

2038 **bride** [브롸이드]: 〈←bryd(brew)?〉, 〈게르만어〉, 〈be·trothed〉, 새색시, 신부, 〈~ wife-to-be〉, 〈↔groom〉 가2

2039 **bride-groom** [브롸이드 그루움]: 신부의 남자, 신랑, '새색시 다듬이', 〈~ mister\old man〉, 〈그러나 bride를 old woman이라고 하지는 않음〉, 〈↔bride〉 가2

2040 **brides-maid** [브롸이즈 메이드]: 〈결혼 적령기의 미혼 여자 3~4명으로 된〉 신부 들러리, 〈~ maid(s) of honor\flower girl(s)〉, 〈↔grooms-man〉 양2

2041 **brides-man** [브롸이즈 먼]: grooms·man, 〈통상 안내역을 맡는 신부 들러리와 동수의〉 신랑 들러리, 〈↔brides-maid〉 양2

2042 **bridge**[1] [브뤼쥐]: 〈←biritch(Russian whist)?〉, 〈교량과는 다른·불투명한 어원의 영국어〉, 브리지, 16세기 영국에서 시작된 카드 게임으로 52장의 카드를 2조로 된 4명의 경기자가 패를 맞춰 가는 화투 놀이, 〈~ a trick-taking card game〉 우1

2043 **bridge**[2] [브뤼쥐]: 〈←brucca(pier)〉, 〈게르만어〉, '나무 둑길', 다리, 교량, 교락, 연결, 연락, (안경의) 코걸이, 전산망 연결 장치, 〈~ cross\connection〉, 〈↔detach\separate〉 양1 미2

2044 *****bridge loan** [브뤼쥐 로운]: 교량융자, 파는 부동산에 쌓인 순수가격을 사는 부동산으로 옮기는 단기융자로 이자율이 보통 2% 포인트가량 높음, swing loan, caveat loan 미2

2045 **Bridge-stone** [브뤼쥐 스토운]: 브릿지 스톤, '석교', 1931년 일본의 석교이랑이 세운 세계적 자동차 바퀴·자동차 부품 제조회사, 〈~ a Japanese tire and rubber company〉 수2

2046 **bri·dle** [브롸이들]: 〈←britel(restraint)〉, 〈게르만어〉, 〈말의 머리를 'braid'(노끈)로 잽싸게 잡아채는〉 '말 굴레', 속박, 견제물〈편자는 bride의 진짜 어원이라고 봄〉, 〈~ curb\control〉, 〈~ team\rule〉, 〈↔loosen\liberate〉 양2

2047 **brie** [브뤼이]: 〈←Brie←briga(hill)〉, 〈켈트어〉, 프랑스 브리지방의 소젖으로 만든 희고 부드러운 우유 더껑이(cheese) 수2

2048 **brief** [브뤼후]: 〈←brachys(short)〉, 〈그리스어→라틴어〉, 〈←brevis〉, 짧은, 적요, 지령, 아주 짧은 아랫속내복, 〈~ brevity〉, 〈~ concise\short〉, 〈↔long〉 양2 우2

2049 **brief-case** [브뤼후 케이스]: 서류 가방, 손가방, 〈~ attaché case〉, 〈↔trunk〉 양1

2050 **brief-ing** [브뤼휭]: 요약 보고, 상황 설명, 〈~ run-down\guidance〉, 〈↔prolonging\misleading〉 양1

2051 **brier \ briar** [브롸이어]: 〈어원 불명의 영국어〉, prickly bush, 찔레(가시), '야생장미', 〈~ bramble\thistle〉 미2

2052 **brig** [브뤼그]: ①〈영국어〉, brigantine, 쌍돛대의 범선, 〈~ 2-masted sailing ship〉 ②〈미국어〉, (군함 내의) 영창, 〈~ prison on a war-ship〉, 〈↔freedom〉 미1

2053 **bri·gade** [브뤼게이드]: 〈←briga(strife)〉, 〈'전투'란 뜻의 이탈리아어〉, '경보병', 여단(연대와 사단의 중간 규모), 조, 〈~ brigand〉, 〈~ unit\band〉 양2

2054 **brig·a·dier gen·er·al** [브뤼거디얼 줴너럴]: 여단장, (미국 육군·공군·해병대의) 준장, 〈~ one star: equivalent to commodore in navy〉 미2

2055 **brig·a·low** [브뤼걸로우]: 〈원주민어〉, (오스트레일리아산) 아카시아〈acacia〉 나무 우2

2056 **brig·and** [브뤼건드]: 〈←briga(strife)〉, 〈이탈리아어〉, 〈경보병같이 잽싸게 털고 산으로 도망치는〉 산적, 약탈자, 강도, 〈~ brigade〉, 〈~(↔)bandit\priate〉, 〈↔protector〉 양2

2057 **Brig-ham Young** [브뤼검 영]: U·ni·ver·si·ty: 1875년에 브리검〈bridge가 있는 마을에 사는 자〉 영 등 몰몬(Mormon)교도들이 미국 유타(Utah)주에 세운 학교 수1

2058 **bright** [브롸잍]: 〈←bhraj(shine)〉, 〈산스크리트어→게르만어〉, 빛나는, 화창한, 밝은, 영리한, 〈~ brilliant〉, 〈~ vivid\sharp〉, 〈↔dim\dumb\saudade〉 양1

2059 **bright be·gin·ning and dull fin·ish**: 왕성하게 시작해서 부진하게 끝남, 용두사미, 〈~ start with a bang and end with a whimper\went up like a rocket and came down a stick〉, 〈↔unswerving consistency〉 양2

2060 **bright spot** [브라잍 스팥]: (어두운 것 중의) 밝은 점, 서광(상서로운 빛), 일말의 희망, 〈~ positive aspect\silver lining〉, 〈↔bad feature\weak-point〉 양1

2061 **bril·liant** [브릴리언트]: 〈←berillus(a precious stone)〉, 〈라틴어〉, 찬란하게 빛나는, 두뇌가 날카로운, 〈~ bright〉, 〈~ shining\gifted〉, 〈↔dark\stupid〉 양1

2062 **brim** [브림]: 〈←bhram(whirl)〉, 〈산스크리트어→그리스어→게르만어〉, 언저리, 가장자리, 넘칠 정도로 차다, 〈~ berm\brink\visor〉, 〈↔center\empty〉 양1

2063 **brine** [브라인]: 〈←byran(burn)?〉, 〈어원 불명의 영국어〉, 소금물, 바닷물, 눈물, 〈~ saline\alkari〉, 〈↔fresh water〉 양2

2064 **bring** [브링]: 〈←bringen(fetch)〉, 〈게르만어〉, 가져오다, 데려오다, 오게 하다, 〈~ bear\take\carry on〉, 〈↔distribute\carry off〉 양1

2065 ***bring home the ba·con**: 밥벌이를 하다, 생활비를 벌다, 〈~ earn a living\bread winner〉, 〈↔fool around\idle away〉 양2

2066 **bring-up** [브링 엎]: 양육(먹여 살리기), 훈육(길들이기), 〈~ nurture\discipline〉, 〈↔learn〉 양2

2067 **bring up** [브링 엎]: 기르다, (이야기를) 꺼내다, 〈~ raise\propose〉, 〈↔bring down\neglect〉, 〈↔suppress\keep up〉 양1

2068 **brink** [브링크]: 〈←brekka(hill)〉, 〈북구어〉, (벼랑의) 가장자리, 물가, 직전, 고비, 〈~ brim〉, 〈~ edge\fringe〉, 〈↔center〉 양1

2069 ***brink-man·ship** [브링크 먼 쉽]: 벼랑 끝 정책, 〈~ bluffing\maneuvering〉, 〈↔static policy〉 양2

2070 **bri·o·che** [브뤼오쉬]: 〈←bruiser(break)〉, 〈'으깨다'란 뜻의 프랑스어〉, 브리오슈, (계란·버터·밀가루를 〈반죽해서〉 구운) 달고 가벼운 작은 빵, 〈~ bruise〉, 〈~ a yeast-raised bread〉 우1

2071 **bri·o·lette** [브뤼이어렡]: 〈←berillus(a precious stone)〉, 〈라틴어→프랑스어〉, 〈←brilliant〉, 브리올렛, (표면을 삼각형의 작은 면으로 '깎아서' 연마한) 물방울 모양의 보석류, 〈~ an oval-shaped gemstone cut〉 수2

2072 **bri·quette** [브뤼케트]: 〈←brique〉, 〈프랑스어〉, 'small brick', 연탄, 조개탄, 〈~ pea coal〉 가1

2073 **brisk** [브뤼스크]: 〈←brusque(lively)〉, 〈프랑스어〉, 팔팔한, 상쾌한, 기운찬, 〈→ brusk〉, 〈~ frisk〉, 〈~ quick\swift〉, 〈↔sluggish\lethargic〉 양1

2074 **bris·ket** [브뤼스킽]: 〈←brjost〉, 〈북구어〉, 가슴(breast)살, 양지머리, 차돌박이 미2

2075 **bris·tle** [브뤼쓸]: 〈←bhrshti(point)〉, 〈산스크리트어→게르만어〉, (돼지의) 뻣뻣한 털, 털을 곤두세우다, 화를 내다, 〈~ whisker\rise\rage〉, 〈↔placate\pacify〉 양1

2076 **bris·tle-cone pine** [브뤼쓸 코온 파인]: '거친 솔방울 소나무' (미 서부의 고산지대에서 자라는 오래 사는 상록침엽관목), 〈~ highly resilient pine〉 우1

2077 **Bris·tol** [브뤼스틀]: bridge+stow(place), '교량이 있는 곳', 브리스틀, 영국 서남부의 항구도시, 〈~ a port-city in the south-west England〉 수1

2078 **Bris·tol-My·ers Squibb** [브뤼스틀 마이어스 스큅]: 1887년에 세워진 〈사람 이름을 딴〉 미국의 제약회사, 〈~ an American biopharmaceutical company〉 수1

2079 **Brit·ain** [브뤼튼]: 〈'몸에 색칠을 한 자(tattooed man)'라는 켈트어에서 유래한?〉 브리튼 섬, 잉글랜드·웨일스·스코틀랜드를 포함한 대영제국, 〈~ The United Kingdom〉 수1

2080 **Brit·ish Air·ways** [브뤼티쉬 에어웨이즈] \ **BA**: 영국 항공, 1974년에 창립되어 2011년 International Airline Group으로 확대 개편된 영국의 세계적 항공회사로 One world Alliance의 일원임 미2

2081 **Brit·ish Broad-cast·ing Cor·po·ra·tion** \ **BBC**: 1927년에 세워진 영국 공영 방송협회 미1

2082 **Brit·ish Co·lum·bi·a** [브뤼티쉬 컬럼비아]: '영국 쪽 컬럼비아강', (1871년에 연방에 가입한) 캐나다〈Canada〉의 서쪽 지방 행정구역(주) 수1

2083 **Brit·ish Com-mon–wealth of Na·tions**: '국가연합체', (예전의) 영 연방 〈1926년 대영 제국이 붕괴하면서 그래도 영국 왕을 상징으로 모시자는 구 영국 영역권 국가들의 자발적인 모임으로 1948년부터는 British란 말을 빼고 현재 52개국이 참가하고 있는 국제적 친선 모임〉 수2

2084 **Brit·ish Pe·tro·leum** [브뤼티쉬 퍼트로울리엄] \ **BP**: 〈유대계의 로스 챠일드가 장악하고 있는〉 영국 석유회사, 1909년 런던에서 창립되어 Amoco·Castrol 등을 거느리고 있는 〈세계적〉 석유·천연가스 공급회사 미1

2085 **Brit·ta·ny span·iel** [브뤼터니 스패니얼]: (프랑스의 북서부 브르타뉴 지방에서 개발된) 큰 귀가 뒤로 처져 있는 포인터 비슷한 조류 사냥개, 〈~ a bird-hunting dog〉 수2

2086 **brit·tle** [브뤼틀]: 〈←breotan(break)〉, 〈게르만어〉, 깨지기 쉬운, 과민한, 덧없는, 〈~ fragile\crumbly〉, 〈↔flexible\resilient\maleable〉 양1

2087 **brit·tle-star** [브뤼틀 스타아]: 삼천발이, 거미불가사리, (전 세계의 해저나 갯벌에 서식하며) '만지기만 해도 잘려 나가는' 〈뱀 꼬리 같은〉 5개의 발을 가진 불가사리, 〈~ serpent tail〉, 〈~(↔)star-fish〉 미2

2088 *****bro** [브로우]: 〈미국어〉, 〈←brother〉, brah, 친구, 녀석, 골빈놈, (생각없이) '상투적'으로 사는 남자, 〈~ pal\dude\buster〉, 〈↔basic bitch〉 양2

2089 **broach** [브로우취]: 〈←brog(spur)〉, 〈켈트어→라틴어〉, 〈←brocca〉, 〈버드렁니를 한〉 (쇠) 꼬챙이, 송곳, (꼬챙이로 술통에 구멍을 뚫듯) (힘든) 말을 꺼내다, 핀으로 꽂는 장식용 단추(brooch), 〈→brochure\brocade〉, 〈~ spit²\peg〉, 〈↔drop\close\dissuade〉 양1 우1

2090 *****broad** [브뤄드]: 〈←braids(wide)〉, 〈켈트어→게르만어〉, 〈←bred〉, 광대한, 폭넓은, 대체로, 관대한, 〈→breadth〉, 헤픈, 음탕한, 〈엉덩이와 마음이 넓은〉 여자, 〈~ wide\inclusive〉, 〈~ real woman\prostitute〉, 〈↔narrow\limited〉, 〈기호의 중요성; real woman=prostitute라고 하면 야단이 날 것임-이만하면 왜 일러두기에서 \(역빗금〉은 편자의 음흉한 뜻이 있으나 공개하기 어려운 '묻지마 표'라고 했는지 이해가 가능가?〉 양1

2091 *****broad-band** [브뤄드 밴드]: (넓은 대상 지역의 많은 화상 신호를 다른 주파수를 사용해서 한꺼번에 보내는) 광대역 회선, 〈~ high-speed internet access〉, 〈↔restricted band〉 미2

2092 **broad bean** [브뤄드 비인]: 납작콩, 누에콩, ⇒ fava bean 미2

2093 **broad-cast** [브뤄드 캐스트]: 방송(방영), 퍼프리다, 중계하다, '널리 던지다', 〈~ spread\transmit\newscast〉, 〈↔hold\hide〉 양2

2094 **Broad-com** [브뤄드 컴]: 브로드 콤, 1961년 Avago로 출범해서 2016년 현재명으로 개칭된 미국의 세계적 〈반도체 및 연성기기 내부구조 전문〉 전자 회사, 〈~ an American electronic company〉 수2

2095 **broad-side** [브뤄드 싸이드]: 뱃전(에 있는 대포), 일제사격, 신랄한 공격, 〈~ assault\salvo'〉, 〈↔peace\defense〉 양2

2096 **Broad-way** [브뤄드 웨이]: 브로드 웨이, 뉴욕 맨해튼(Manhattan)의 극장가·오락가, '넓은 길' 수2

2097 **Brob·ding·nag·ian** [브라딩 내기언]: 〈자세히 보면 별 볼 일 없는〉 걸리버 여행기에 나오는 '거인(giant)국' 사람들, 거대한, 굉장한 양2

2098 **bro·cade** [브로우케이드]: 〈←brocare(embroider)〉, 〈라틴어→스페인어·이탈리아어〉, 아름다운 무늬를 넣어 짠 직물, (무늬가 돋아 나오게 짠) 문몽이 옷감, 〈~ broach〉, 〈~ a shuttle-woven fabric〉 우1

2099 **broc·coli** [브롸컬리]: 〈←brocca(spit²)〉, 〈라틴어에서 연유한 이탈리아어〉, 브로콜리, (이탈리아 원산의 크고 튼튼한 줄기에 '도들도들한' 덩어리 잎을 가진) 꽃양배추, 〈~ cauliflower〉 수2

2100 **bro·chure** [브로우슈어]: 〈←brocher(stitch)〉, 〈프랑스어〉, 〈broach된(꼬맨)〉소책자, 가제본 책, 안내서, 간단한 설명서, 〈~ booklet\pamphlet〉, 〈↔text edition\trade edition〉 미2

2101 **brock** [브롹]: 〈←broch(badger)〉, 〈켈트어〉, 오소리, 일본 영상 놀이에 나오는 타케시(Takeshi)의 별명 미2

2102 **brock-et** [브롸킽]: 〈←broc〉, 〈프랑스어〉, 〈broach(꼬챙이) 같은 뿔을 가진〉 ①뿔이 갈라지기 전 2살 된 수사슴 ②중·남미 숲에 서식하는 귀여운 작은 사슴, 〈~ un-branched antler〉 우1

2103 **broil** [브뤄일]: 〈←bruen(scald)〉, 〈게르만어→프랑스어〉, 불에 '굽다', 쨍쨍 내리쬐다, 타는 듯이 덥다, 〈→embroil〉, 〈~ roast\grill〉, 〈↔freeze〉 양2

2104 *****broke** [브로우크]: 〈게르만어〉, break의 과거·(과거분사), 파산한, 무일푼의, 깡통찬, 깨진, 〈↔rich〉 양2

2105 **brok-en heart** [브로우큰 하아트]: 실의, 실연, 절망, 〈통심장의 모체〉, 〈~ crest-fallen\desolate〉, 〈↔joy\happiness〉 양2

2106 **brok-en home** [브로우큰 호움]: 결손 가정, 한쪽 부모가 없는 가정, 〈~ disrupted family〉, 〈↔intact(sound) home〉 양2

2107 **brok·en re·cord** [브로우큰 뤠코드]: 같은 말을 되풀이하는 사람, ⟨~ repetition\exceeding⟩, ⟨↔versatile\adaptable⟩ 미2

2108 **brok-er** [브로우커]: ⟨프랑스어⟩, 중계인, 중매인, 거간, ⟨'broche'로 포도주 통에 구멍을 내는⟩ 감정인, ⟨~ dealer\agent⟩, ⟨↔customer\consumer⟩ 가5

2109 *__B-roll__ [비이 로울]: 부(차적) 두루마리, (영상물에서 A-roll에 수반되는 내용을 담은) 꼬투리 목록, ⟨~ footage\B-camera⟩, ⟨↔A-roll⟩ 미2

2110 *__bro-maide__ [브로우마이드]: ⟨미국 속어⟩, bro(brother)+mermaid, 단조로운, 진부한, ⟨취소(bromide)처럼⟩ 악취를 풍기는, ⟨~ tedious\over-used\stink⟩, ⟨↔fancy\aromatic⟩ 양2

2111 *__bro-mance__ [브로우맨스]: brother+romance, '형제 관계', 성적 관계 없이 친밀한 남자 친구 사이, ⟨↔womance⟩ 우2

2112 **bro·me·li·ad** [브로우미일리애드]: ⟨스웨덴의 식물학자 이름(Bromel)을 딴⟩ 브로멜리아드, (열대 미주에 서식하며) 길고 뻣뻣한 잎과 화려한 꽃이 피는 파인애플과의 관상식물, ananas, ⟨~(↔)Spanish moss\hechitia⟩ 수2

2113 **bro·mine** [브로우미인]: ⟨←bromos(stench)⟩, ⟨그리스어⟩, 브롬, ⟨고약한 냄새가 나는⟩ 취소, ⟨진화제·산화제 등으로 쓰이는⟩ 비금속원소 (기호 Br·번호35), ⟨~ a chemical element⟩ 미2

2114 **bron·ch(o)~** [브랑코(우)~]: ⟨그리스어⟩, wind pipe, ⟨기관지~⟩를 뜻하는 결합사 양1

2115 **bron·chi·tis** [브랑카이티스]: bronch+itis(inflamation), ⟨그리스어⟩, (bronchiole에 염증이 오는) 기관지염, ⟨~(↔)pneumonia는 기낭(air-sac)에 염증이 오는 것⟩ 양2

2116 **bron·co** [브랑코우]: ⟨'억센(rough)'이란 뜻의 스페인어⟩, 브롱코, 북아메리카 서부산 '야생말', Bronco; 덴버 소재 미식축구팀 수2 수1

2117 **Bron·te** [브롼티]: ⟨켈트어⟩, be-stower, '주어진 자', 브론테, (1816~ 55년간 살았던) ⟨모두 단명했던⟩ 영국의 3자매 문필가 가족, ⟨~ an English literary family⟩ 수1

2118 **Bronx** [브랑쓰]: 브롱크스, (1639년부터 네델란드의 Jonas Bronck 등이 정착하기 시작한) 뉴욕시 북부지역, ⟨~ a county in NY state⟩, (진·베르무트·오렌지 주스를 섞어 잘게 깬 얼음으로 차게 한) 칵테일, ⟨~ a martini with orange juice⟩ 수1

2119 *__bro-ny__ [브뤄니]: bro(brother)+pony, ⟨연속극 my little pony를 좋아하는⟩ 천진난만한 남자, ⟨~ an ingenuous man⟩, ⟨↔pegasister⟩ 우2

2120 **bronze** [브롼즈]: ⟨←birinj(brass)⟩, ⟨페르시아어⟩, 청동(색), 구리(copper)와 주석(tin)의 합금 양2

2121 **Bronze Age** [브롼즈 에이쥐]: (상형문자와 초기 도시화가 시작되었고 구리의 합금을 사용하였던) ⟨4000~1000 BCE년간의⟩ 청동기 시대, ⟨brazen age는 전설적인 분류임⟩, ⟨↔Silver (\Iron) Age⟩ 양2

2122 **bronze-med·al** [브롼즈 메들]: 동메달, 3등 상, ⟨3rd place⟩ 양2

2123 **brooch** [브로우취]: ⟨←brocca (spit²)⟩, ⟨라틴어⟩, broach, ⟨버드렁니를 한⟩ 양복 깃이나 앞가슴에 다는 (핀과 몸통으로 된) 장신구, 꼬챙이, ⟨~ breast-pin\badge⟩ 우2

2124 **brood** [브루우드]: ⟨←bruot(hatched by heat)⟩, ⟨게르만어⟩, 한배 새끼, 무리, 알을 품다, ⟨~ brooder hen⟩, 곰곰이 생각하다, ⟨~ breed\litter⟩, ⟨~ agonize over\meditate⟩, ⟨↔parent\ignore⟩ 양1

2125 **brook** [부룩]: ①⟨←bruch(marsh)⟩, ⟨어원 불명의 게르만어⟩ 시내, 개울, ⟨~ beck²⟩, ⟨~ rivulet\stream⟩, ⟨↔river⟩ ②⟨←bhuj(enjoy)⟩, ⟨산스크리트어→켈트어→게르만어⟩, 참다, 견디다, ⟨너무 즐기는 것도 고역이라는 철학적인 말⟩, ⟨~ tolerate\endure⟩, ⟨↔resist\resent⟩ 양1

2126 **brook-lime** [부룩 라임]: limp·wort, (시냇가에서 잘 자라며) 기다란 줄기에 축 늘어진 청자색의 개불알 같은 입술꽃잎을 가진 난초과 꼬리풀속의 여러해살이 초본, 개불알꽃, ⟨~ lady's slipper\moccasin flower⟩ 미1

2127 **Brook-lyn** [부룩클린]: ⟨네덜란드어⟩, 브루클린, '시냇가에 사는 사람들', (1634년경부터 네덜란드인들이 정착하기 시작한) 롱 아일랜드(Long Island)에 있는 뉴욕시의 한 구역, ⟨~ a county in NY state⟩ 수1

2128 **Brooks** [부룩스], Gwen-do·lyn: '시냇가에 사는 자', 브룩스, (1917-2000), 흑인 사회 소시민의 애환을 노래한 미국의 시인으로 흑인 최초로 퓰리처상을 탐, ⟨~ an American poet⟩ 수1

2129 **broom** [브루움]: ⟨←bhram(whirl)⟩, ⟨bramble과 같은 산스크리트 어원의 게르만어⟩ ①⟨동·서양을 막론하고⟩ ⟨원래 '싸리나무'로 만들었던⟩ 비, 자루가 달린 털이 긴 빗자루, ⟨~ sweeper⟩ ②금작화(나비 모양의 샛노란 꽃이 피는 관목), ⟨~ a leguminous shrub\gorse⟩ 양1 우2

2130 **broom-palm** [브루움 파암]: '싸리비 야자', (서인도 제도 지방에서 자생하며) 약 20개의 커다란 갈퀴 잎부리를 가진 아담한 야자수, ⟨~ thatch palm\silver thach⟩ 미2

2131 **broom-stick** [브루움 스틱]: (대가 긴) 빗자루, 〈화가 나면 빗자루를 들고 달려오는〉 마누라, 말라깽이, 〈~ shaft\skinny\wife〉, 〈↔chubby\thick〉 양2

2132 ***broque** [브록 \ 브로우취]: 〈broke의 프랑스어〉, '가난한', (무일푼은 아니지만) 〈네게 빌려줄〉 돈이 없다, 〈↔rich〉 미2

2133 ***bro-sci·ence** [브뤼 싸이언스]: 〈미국어〉, bro(brother)+science, steroid가 근육질 형성에 좋다는 터무니없는(no scientic basis) 주장 우1

2134 ***bro-tch** [브롹취]: brother+bitch, 수컷, 〈흘레를 너무 붙여서 불알을 까야할〉 수캐, (행실이) 지저분한 놈, 〈↔angel\darling〉 양2

2135 **broth** [브뤄어쓰]: 〈←brod(brew)〉, 〈게르만어〉, 고깃국, 고기류를 삶아 우려낸 국물, bree, 〈~ bouillon〉, 〈~ bisque\soup〉 양1

2136 ***brothe** [브로쓰]: 〈게르만어→발음하기 힘든 breathed 대신 2003년경에 등장한 미국어〉, breathe(숨쉬다)의 〈새로운〉 과거형 양2

2137 **broth·el** [브롸쓸 \ 브뤼쓸]: 〈←breothan(ruin)〉, 〈영국어〉, 갈봇집, 지저분한 곳, '황폐한 곳', 〈~ whore-house\chicken-ranch\stew-house〉, 〈↔convent?〉 양2

2138 **broth·er** [브뤄더]: 〈←bhratar(born of the same womb)〉, 〈산스크리트어→그리스어→게르만어〉, 〈피를 나눈〉 남자 형제, 친구, 동료, 동포, '녀석', 〈~ male sibling\pal〉, 〈→bro〉, 〈↔sister〉 양1

2139 **broth·er-in-law** [브뤄더륀 러어]: '법 형(제)', 자형, 매부, '처남', '시숙', 아주버니, 시동생, 〈~ brother by marriage〉, 〈↔sister-in-law〉 양2

2140 **broth·ren** [브뤠드륀]: 〈영국 고어〉, brother의 〈정신적〉 복수형, (같은 교회·업종·모임의) '형제들', 〈↔sisters〉 양2

2141 **brou·ha·ha** [브루우하하하]: 〈어원 불명의 프랑스어〉, 소음, 소동, 세상 여론, 〈~ commotion\fuss〉, 〈↔quiet\peace〉 양2

2142 **brow** [브라우]: 〈←bhru(eye-brow)〉, 〈산스크리트어→게르만어〉, 이마, 눈썹, 눈살 양1

2143 ***brow-beat** [브라우 비이트]: 이마살을 찌푸리다, 쌍심지를 세우다, 으르다, 협박하다, 〈~ intimidate\menace〉, 〈~(↔)hen-peck〉 양2

2144 **Brown** [브롸운], Ed-mund "Jer·ry": 〈피부나 머리털이 갈색인 자〉, 〈영국계 이름〉, 브라운, (1938-), 캘리포니아 주지사의 아들로 태어나 1975~83·2011~19년간 주지사를 역임한 민주당 출신 '조용한' 직업 정치가, 〈~ an American politician〉 수1

2145 **Brown** [브롸운], John: 브라운, (1810-58), 가난한 청교도 집안에서 태어나 도망 친 노예들을 모아 무력으로 흑인 공화국을 세우려다 체포되어 교수령에 처해진 풍운아, 〈~ an American abolitionist〉 수1

2146 **brown** [브롸운]: 〈←brun←bhru(tanned)〉, 〈게르만어←산스크리트어〉, '거무스름한', 〈홍차 색깔의〉 다갈색, 갈색, 〈~ brunet〉, 〈~ orange+black〉 미1

2147 **brown-bag** [브롸운 배그]: (점심 지참용) 누런 봉지〈종이 가방〉, 〈~ a paper-bag〉 우1

2148 **brown belt** [브롸운 벨트]: 갈색 띠, 흰색과 검은색의 중간급〈between white and black belt〉 미2

2149 **brown bull-head** [브롸운 불 헤드]: 갈색메기, 주걱메기, 〈~ a cat-fish〉, ⇒ horned pout 미2

2150 **brown coal** [브롸운 코울]: 갈탄, 〈~ soft coal〉, ⇒ lignite, 〈↔black(hard) coal\anthracite〉 양2

2151 **browned off** [브롸운드 어후]: 〈불이 침침해지듯〉 시들해지다, 진절머리가 나서, 불만인, 〈~ fed up\irritated〉, 〈↔excited\cheerful〉 양2

2152 ***brown eye** [브롸운 아이]: 〈1960년대에 등장한 오스트레일리아 속어〉 〈자신의 치부(anus)를 타인에게 보여주는〉 지겨운 놈, '벽안의 미녀', 〈~ ass-hole\amber eye〉, 〈~ frat-hole〉 양2

2153 **brown-ie** [브롸우니]: 푸석한 빵에 아몬드나 땅콩이든 〈갈색의〉 판 초콜릿, 밤에 몰래 농가 일을 도와주는 작은 요정, 〈~ fudge'〉, 〈~ fairy〉 수2

2154 ***brown-nose** [브롸운 노우즈]: 〈미군의 속어〉, (상관의 항문에 처박아서) 똥칠을 한 코, 아첨꾼, 〈~ flatterer〉, 〈↔cool(proud)-guy〉 양2

2155 ***brown-out** [브롸운 아웉]: 등화관제, 전력 저하, 〈~ black-out\electrical failure〉, 〈↔light\brightness〉 양1

2156 **brown rat** [브라운 뢥]: wharf rat, 시궁쥐, (전 세계에 서식하며) 갈색이나 암회색 털을 가진 〈가장 흔한〉 쥐, 〈~ the common rat〉 미2

2157 **brown re-cluse** [브라운 뤠클루우스]: '갈색 은둔자', (북미의 바위 밑이나 옷장 등에 서식하며) 6개의 눈에 머리 쪽 등에 갈색 반점이 있는 독거미, 〈~ fiddle-back spider〉, 〈~(↔)black widow〉 우2

2158 **brown rice** [브라운 롸이스]: unpolished (닦지 않은) 쌀, 현미, 〈↔polished rice〉 미2

2159 **Browns** [브라운스], Cleve-land: 브라운스, '갈색조', 1944년에 초대 감독의 이름을 따서 설립하여 명표가 없는 황갈색 투구를 쓰고 참전하는 NFL 소속의 미식 축구단 수2

2160 **brown sauce** [브라운 써어스]: (식초와 각종 양념을 섞어 만들어 고기 요리에 발라 먹는) '갈색 맛난이', 〈~ an English condiment〉 미1

2161 **brown-tail moth** [브라운 테일 머어쓰]: 갈색꼬리나방, 흰날개독나방(성충은 흰 날개를 가졌으며 유충은 꼬리 쪽 등에 두 개의 붉은 점이 있고 피부에 가려움증을 일으키는 나무의 해충임), 〈~ a white-winged poisonous moth〉 미2

2162 **brown-thrash-er** (thrush) [브라운 쓰래셔]: 갈색 (흉내) 지빠귀〈북미산의 미끈하게 빠진 명금류〉, 〈~ fox-colored thrush〉 미2

2163 **brown thumb** [브라운 썸]: 〈식물을 갈색으로 만든다〉 원예에 소질이 없는 (손가락을 가진) 사람, 〈~ poor gardner〉, 〈↔greeen thumb〉 우2

2164 **Brown Uni-ver·si·ty** [브라운 유니붜어시티]: 1764년에 설립되어 그 후 브라운가에 의해 팽창된 미국 로드 아일랜드에 있는 사립대학, 〈~ an Ivy League university in Providence〉 수1

2165 **browse** [브라우즈]: 〈←broust(sprout)〉, 〈게르만어〉, 새싹, 어린잎, 〈어린 잎을 찾아〉 여기저기 들춰보다, 방목하다, 〈~ forage\graze\look around〉, 〈↔gaze\peruse〉 양1 미2

2166 *****brows-er** [브라우저]: '일별기', '탐색기', 초문본을 읽을 수 있게 만든 전산체계, 〈~ search engine\web crawler〉 우1

2167 **bruin** [브루우인]: 〈←brun(brown)〉, 〈네덜란드어〉, 갈색곰, 곰 아저씨, B~; UCLA의 징표, 〈~ bear'〉 미2 수2

2168 **bruise** [브루우즈]: 〈←bruiser(break)〉, 〈프랑스어→영국어〉, 타박상, 흠집, 멍, 상처, 〈~ brioche〉, 〈~ contusion\black-and-blue mark〉, 〈↔healthy\cured〉 양1

2169 **brunch** [브륀치]: 〈1895년에 등장한 미국어〉, breakfast+lunch, 조반 겸 점심, 이른 점심, 〈↔night snack〉 우2

2170 **brunch writ-er** [브륀치 롸이터]: 〈영어→한국어〉, '아점작가', (아마도 brunch의 practical한 면을 강조하기 위해) 2015년 한국의 Kakao가 신진 작가를 위해 전산망 기지에 '등단'된 작가로 무료로 〈Brunch Story〉에 작품을 게재할 수 있음, '실속파 작가(?)' 우1

2171 **Bru·nei** [브루나이 \ 브루우나이]: 〈←varuna(water)〉, 〈산스크리트어〉, '뱃사람의 땅', 1984년 영국으로부터 독립한 보르네오섬 북부의 조그만 왕국 (B. Darussalam; 평화인이 거주하는 신천지), {Bruneian-Malay-(BN) Dollar-Bandar Seri Begawan} 수1

2172 **bru·net \ bru·nette** [브루우넬]: 〈←brun〉, 〈프랑스어〉, 〈←brown〉, 흑갈색, 암갈색(의 남·여), 갈색 머리, 〈~(↔)blond(e)〉 양2

2173 **Bruns-wick stew** [브륀즈윜 스튜우]: 브런즈윅〈Bruno(Brown의 게르만어) 족이 사는 마을〉 죽, 〈왜 Brunswick이란 이름이 붙었는지 모르나〉 (미국 남부에서 즐겨 먹는) 주로 닭고기에 토마토즙·콩·야채 등을 넣어 끓인 죽, 〈~ a tomato-based stew〉 수2

2174 **brunt** [브륀트]: 〈←bruna(rush)〉, 〈어원 불명의 영국어〉, 예봉, 큰 타격, 〈↔ease\relaxation〉 양2

2175 **brush** [브뤄쉬]: 〈←bruscia(shoot)〉, 〈라틴어→프랑스어→영국어〉, 솔, 붓, 숲, 잡목, 긁힌 상처, 닦다, 털다, 〈~ thicket\sweep(er)〉, 〈↔clearing\scrub〉 양1

2176 *****brush cut** [브뤄쉬 컽]: buzz cut, military cut, 〈전기이발기로 머리를 치켜 올려 깎는〉 상고머리 미1

2177 **brushed nick·el** [브뤄쉬트 니클]: 크롬이나 니켈보다 덜 반짝이는 '닦은 니켈' 우1

2178 **brush fire** [브뤄쉬 화이어]: 〈소규모의〉 산불, 들불, 〈~ bush-fire〉, 〈~(↔)wild(forest) fire〉 양1

2179 *****brush-up** [브뤄쉬 엎]: 다듬기, 다시 닦기 (치장하기), 다시 공부하기, 〈~ polish\re-fresh〉, 〈↔worsen\forget〉 미2

2180 **brusk \ brusque** [브뤼스크 \ 부루우스크]: ⟨←bruko(heath)⟩, ⟨켈트어→라틴어→프랑스어⟩, butcher's broom, ⟨brisk 한 잔가지로 된 솔같이⟩ 무뚝뚝한, 퉁명스러운, ⟨~ curt\terse⟩, ⟨↔civil\courteous⟩ 양2

2181 **Brus-sels** [브뤼쓸즈]: brok(marsh)+sali(settlement), ⟨게르만어→네덜란드어⟩, '늪 마을', 브뤼셀, (EU와 NATO의 본부가 있는) 벨기에의 수도⟨고색 창연한 상업도시⟩, ⟨~ Capital of Belgium⟩ 수1

2182 **brus·sels sprout** [브뤼쓸즈 스프라웉]: (중동 원산이나 13세기에 Brussels 지방에서 재배하기 시작한) ⟨싹이 조그만 공 모양을 한⟩ 방울다다기양배추, ⟨~ a bud producing cabbage⟩ 미2

2183 **bru·tal** [브루우틀]: ⟨←brutus(dull)⟩, ⟨라틴어⟩, 잔인한, 짐승같은, 대단한, ⟨~ cruel\ferocious⟩, ⟨↔gentle\humane⟩ 양1

2184 **brute** [브루우트]: ⟨←brutus(dull)⟩, ⟨라틴어⟩, '둔중한', 짐승같은 (사람), 육욕적인, ⟨~ yahoo\gargoyle\bestial⟩, ⟨↔benign\benevolent⟩ 양2

2185 **brut·ish** [브루우티쉬]: 짐승같은, 잔인한, 우둔한, ⟨~ feral\fierce⟩, ⟨↔noble\sublime⟩ 양1

2186 **Bru·tus** [브루우터스], Mar·cus: ⟨라틴어⟩, heavy, '무던한 자', 브루투스, (BC85-42), (공화정을 위해 카이사르 암살을 주모했다가 옥타비우스와 안토니우스 연합군에 패한 후 자살한) 로마의 정치가, ⟨~ a Roman politician⟩ 수1

2187 **Bry·an** [브롸이언], Wil·liam: ⟨←brigh(virtuous)⟩, ⟨켈트어⟩, 브라이언, (1860-1925), '위대한 평민', ⟨당신들은 노동자의 머리에 가시관을 얹을 수도 국민들을 금 십자가에 못 박을 수도 없소⟩란 명연설을 하고 대통령에 3번 도전했던 미국의 민주당적 직업정치가, ⟨~ an American orator and politician⟩ 수1

2188 **Bryn·ner** [브뤼너], Yul: ⟨게르만어⟩, dweller by the spring, '샘가에 사는 자', '브리너, (1920-1985), 면도 잘한 머리로 태국 왕 역을 4,625번이나 하고 폐암으로 죽은 블라디보스토크 태생 미국 배우, ⟨~ a Russian-born American actor⟩ 수1

2189 **BS** (bach·e·lor of sci·ence): 과학사, 이학사(3~7년간 교육 과정의 자연 과학을 수료하고 받는 학위) 미2

2190 *****bs** (bull shit): '쇠똥', 허풍, 거짓말 양2

2191 *****B-spline** [비이 스플라인]: base spline, 기본 운형선, 두 점을 연결할 때 중간에 있는 여러 점을 대충 연결한 '원만한 곡선' 우2

2192 **BTS** (Bang Tan So-nyeon–dan): bullet proof boy-scout, '총알받이 소년들', 2010년에 설립되어 K-pop을 선도하고 있는 한국의 7인조 대중가요 연주단, ⟨~ a Korean boy-band⟩ 수2

2193 **BTU** (Brit·ish ther·mal u·nit): 영국의 열량 측정 단위, 물의 밀도가 가장 높은 39°에서 1° 올리는 데 소요되는 열량(1055 joule) 수2

2194 *****BTW** (by the way): '아 참!', '말이 난 김에-', 우연한, 무심히 미2

2195 *****B2B** (busi·ness to busi·ness): 기업 간 전자 상거래, ⟨↔C2C⟩ 미2

2196 *****B2C** (busi·ness to cus·tom·er): 기업과 소비자 간 전자 상거래, ⟨~(↔)B2B\C2C⟩ 미2

2197 **B-2 vi·sa**: ⟨관광·치료 등⟩ 비사업 방문 사증, ⟨~ a tourist visa⟩ 우2

2198 *****bub·ble** [버블]: ⟨영국어⟩, ⟨의성어·의태어⟩, 거품, 기포, 허풍, 야심, 환상, 말풍선, (사회적 거리두기로 인한) 소규모의 모임, ⟨→ bullet\bleb\blubber\bowl²\boil⟩, ⟨~ drop\fantasy\small group⟩, ⟨↔be flat\stream⟩ 양2

2199 **bub·ble bath** [버블 배쓰]: 기포 목욕, 향기로운 발포제를 넣은 목욕물, ⟨~ foam bath⟩ 미2

2200 *****bub·ble brain(head)** [버블 브레인(헤드)]: 바보, 멍청이, 골빈 놈, ⟨~ dumb\stupid⟩, ⟨↔genius\egghead⟩ 양2

2201 *****bub·ble butt** [버블 벝]: '풍선 엉덩이', '볼록 방둥이', ⟨~ apple hip⟩, ⟨↔pancake butt\snace⟩ 미2

2202 **bub·ble gum** [버블 검]: 풍선껌, 어린이 취향의, ⟨~ blibber-blubber\frivolous⟩ 미1

2203 *****bub·ble pack(wrap)** [버블 팩(뢥)]: 기포가 든 투명 재료를 쓴 포장, 기포 포장, 뽁뽁이로 포장, ⟨~ blister pack⟩ 미1

2204 *****bub·ble sort** [버블 쏘울트]: (거품이 올라가듯) 여러 단계를 거쳐 자료를 솎아내는 ⟨느리나 비교적 정확한⟩ 연산법, ⟨~ sinking sort⟩, ⟨↔selection sort⟩ 우1

2205 *****bub·ble up** [버블 엎]: 거품(froth)이 일다, 끓어 오르다, 번영하다, ⟨~ boil\rise up⟩, ⟨↔dive in\descend⟩ 양2

2206 **bu·bon·ic plague** [부바닉 플레이그]: ⟨←boubon(groin)⟩, ⟨그리스어⟩, ⟨사타구니⟩ 임파선 흑사병 (쥐벼룩에 의해 전파되는 치사율이 높은 페스트), ⟨~ Black Death⟩ 미2

2207 **Bu-chan·an** [뷰우캐넌], James: buth(house)+chanain(canon), ⟨스코틀랜드어⟩, (교회) '수사의 집', 뷰캐넌, (1791-1868), 부유한 집안에서 태어나 직업 정치인이 되어 공식적으로 노예제도를 지지한 미국의 민주당적 15대 대통령⟨미 대통령 중 유일한 독신자⟩, ⟨(근로자의 일당이 10cent면 족하다는) Ten Cent Jimmy⟩, ⟨~ the 15th President of USA⟩ 수1

2208 **Bu-chan·an's** [뷰우캐넌스]: 1879년에 출시된 고급 스카치위스키, ⟨~ a brand of Scotch whisky⟩ 수1

2209 **Bu·cha·rest** [뷰우커퀘스트]: ⟨←buccurie(joy)⟩, ⟨라틴어⟩, '환희의 도시', 부카레스트, 부쿠레슈티, ⟨Little Paris⟩, 1862년 루마니아의 수도가 된 상업과 문화의 중심지, ⟨~ Capital of Romania⟩ 수1

2210 **bu·chim-gae** [부침개]: ⟨한국어⟩, ⟨←부치다(griddle)⟩, 잘게 썬 고기와 야채를 곡물 반죽에 섞어 얇고 넓적하게 만들어 기름에 부쳐낸 ⟨지짐이⟩, griddled pancake 수2

2211 **Buck** [벅], Pearl: '수사슴을 닮은 자', (1892-1973), 중국에서 자라서 (한국도 사랑했지만) ⟨말년에 젊은 놈씨를 더 사랑했던⟩ 미국의 ⟨동정주의⟩ 작가, ⟨~ an American novelist⟩ 수1

2212 **buck** [벅]: ⟨←bukka(goat)⟩, ⟨산스크리트어→게르만어⟩, 수사슴, 멋쟁이, 뽐내다, 돌입하다, 반항하다, 발길로 차다, 뿔로 받다, 톱질하다, ⟨빨리 달아나는 사슴처럼 빨리 번 돈은 빨리 없어진다는⟩ 달러, ⟨Buck knife를 들여대며 묻는⟩ 책임, (포커에서) 패를 돌릴 차례가 된 사람 앞에 놓는 표시, ⟨~ an adult male deer\dude\leap\money\ransom⟩, ⟨↔doe⟩, ⟨↔slob\submit⟩ 양1 미1

2213 **buck-a·roo** [벅 커루우]: ⟨←vaquero(cowboy)⟩, ⟨스페인어→미국어⟩, (미국 서부의) 목동, ⟨~ gaucho\herdsman⟩ 수2

2214 **buck bean** [벅 비인]: bog·bean, ⟨사슴과는 발음 이외에는 무관하고⟩ ⟨먹으면 졸음을 오게 하는⟩ 조름나물, (소택지⟨bog⟩에서 잘 자라며 흰색의 별꽃이 차례대로 피어나는) 용담과의 초본 미2

2215 **buck-et** [버킽]: ⟨←buc(water pot)⟩, ⟨영국어⟩, ⟨belly 모양의⟩ 바께쓰, 양동이, 들통, 두레박, (다량의 정보를 한꺼번에 옮길 수 있는) 전산기의 기억 단위, ⟨~ pail\a reserved amount of memory⟩, ⟨↔dram\bit⟩ 양1 우1

2216 ***buck-et list** [버킽 리스트]: kick the bucket (사망·결혼) 하기 전에 꼭 해야 할 것을 적어 놓은 '필수 목록', ⟨~ wish list⟩, ⟨↔reverse bucket list⟩ 우2

2217 **buck-eye** [벅 아이]: ⟨도토리(horse chestnut)의 둘레가 사슴 눈을 닮은⟩ 말밤나무, 미국산 밤나무의 일종, ⟨~ conker⟩, B~; 미국 오하이오(Ohio)주 수2

2218 **Buck-ing-ham** [버킹엄]: '사슴이 노는 곳', 런던에 있는 영국 왕실의 궁전, ⟨Bucca 가문이 살았던⟩ 잉글랜드 남부(south-east)의 주, ⟨~ former county seat of Buckingham-shire⟩ 수1

2219 **Buck-ing-ham** [버킹엄], '1st' Duke of: (2차) 1대 버킹엄공작, (1592~1628), George Villiers, 영국 제임스 1세와 찰스 1세의 총신으로 막강한 권력을 휘둘르다 부하에게 암살된 「삼총사」에 나오는 '모사꾼', ⟨~ an English statesman⟩ 수1

2220 **buck-jump** [벅 점프]: 날뛰는 말처럼 뛰어오르다, ⟨~ bounce\hop⟩, ⟨↔crawl\creep⟩ 우1

2221 **buck-knee** [벅 니이]: 안쪽으로 굽은 무릎, X 모양 다리, 외반슬, ⟨~ knock-knee⟩, ⟨↔bow legs⟩ 미2

2222 **Buck knife** [벅 나이후]: 미국의 Buck 가문이 세운 철물점에서 1964년 출시한 칼끝이 위로 올라온 사냥용 접개칼(folding hunting knife)로 도박장에서 이 칼을 꺼내놓으면 건 돈과 패에 '책임(obligation)'을 지라는 뜻 수2

2223 **buck·le** [버클]: ⟨←bucca(cheek)⟩, ⟨라틴어⟩, '방패의 도드라진⟨bulge된⟩ 부분', 장식 쇠붙이, (혁대) 고리, ⟨~ catch\clasp⟩, ⟨↔un-fasten\straighten⟩ 수1

2224 ***buck·le up** [버클 엎]: 쇠붙이로 잠그다, 안전띠를 메다, ⟨~ hang tight\grab hold⟩, ⟨↔un-buckle\ease up⟩ 우2

2225 **buck·ling** [버클링]: ⟨배가 튀어나온(bulge된)⟩ bloater, kipper, (알은 둔 채 내장과 대가리를 제거하고) 굽거나 훈제한 청어, ⟨~ hot-smoked herring⟩ 우1

2226 **buck moon** [벅 무운]: 수사슴(보름)달, ⟨북미 원주민이 7월은 수사슴의 새로운 뿔이 자라는 달이라 칭한 데서 연유한⟩ (연중 가장 크고 둥글다는) 7월의 보름달, ⟨~ July full oon⟩ 미2

2227 **buck·ram** [버크럼]: ⟨프랑스어⟩, ⟨중앙 아시아 Burkhara 지방에서 들어온⟩ 발이 성긴 삼베, 거친 베, 딱딱함, 뻣뻣하게 만든 천, ⟨~ a stiff cotton cloth⟩ 미2

2228 **buck-saw** [벅 써어]: 〈←buck(leap)〉, 〈사슴하고는 어원이 다른 미국어〉, 틀톱 (톱에 틀이 붙어 있어 힘을 가해주는 옛날식 톱), 〈~ a hand-powered frame saw〉, 〈~(↔)bow saw〉 양1

2229 **Buck's Fizz** [벅스 휘즈]: (런던에 있는 식당 이름에서 유래한) 샴페인과 오렌지 주스를 섞은 혼합주, 〈2 parts of champagne+1 part of orange juice〉, ⇒ mimosa² 수2

2230 **buck-thorn** [벅 쏘언]: 털갈매나무(온대·아열대에 서식하며 번식력이 강하고 〈잎맥이 사슴뿔처럼 치켜 올라가〉) 가시가 많은 작은 낙엽활엽관목), 〈~ a sapodilla family〉 미2

2231 **buck-wheat** [벅 위이트]: 〈'beech' 나무 열매 같은〉 메밀, 마디풀과의 한해살이풀, 〈~ a knot-weed family〉 미2

2232 **bud** [벋]: 〈어원 불명의 영국어〉, seed pod, 싹, 눈, 봉오리, 아이, 음핵, 발아하다, 〈~ sprout\shoot\clitoris〉, 〈↔grown-up\wither〉 양2

2233 **bu·dae-jji·gae** [부대찌개]: 〈중국어+한국어〉, army stew, 〈예전에 미군들이 먹다 버린〉 햄·소시지 등을 주제로 고추장과 각종 야채를 넣고 끓인 걸쭉한 죽, 〈꿀꿀이 죽〉, 〈~ cowboy soup〉 수2

2234 **Bu·da·pest** [부우더 페스트]: 부다페스트, (1813년 구릉지 부다와 평지 페스트가 합쳐진) 헝가리의 수도·산업·문화의 중심지, 〈다뉴브의 여왕〉, 〈~ Capital of Hungary〉 수1

2235 **Bud·dha** [부우더], Gau·ta·ma: 〈←budh(know)〉, 〈산스크리트어〉, '깨달은 자', 부다, 부처, 석가모니, (562?-483? BC), 불교의 시조('깨친 이'), 불상, 불타, 〈~ Siddhartha〉, 〈↔vajra〉 미2

2236 **Bud·dhism** [부우디즘]: 불도, 불교, 석가모니의 가르침을 받아 고통과 죽음을 열반의 경지와 생명의 윤회로 극복하려는 〈다분히 철학적인〉 종교, 〈~ Stoicism〉 양6

2237 **bud·dy** [버디]: 〈아마도 brother가 변형되어 1852년경에 등장한 미국 흑인 속어〉, 동료, 친구, 자네, 〈~ chum\crony〉, 〈↔enemy\foe〉 양1

2238 **bud·dy list** [버디 리스트]: 친구 명단, 교제 대상인 명부, 〈~ white list〉, 〈↔bozo-list〉 미2

2239 **budge** [벋쥐]: 〈←bullire(boil)〉, 〈라틴어〉, 〈거품(bubble)을 일으키듯〉 몸을 조금 움직이다, 생각을 바꾸다, 참견하다, 〈~ shift\succumb〉, 〈↔resist\hands off〉 양1

2240 *****budge an inch** [벋쥐 언 인취]: 한 발짝 물러서다, 조금 움직이다, 갱신하다, 양보하다, 〈~ give way\yield〉, 〈↔hold fast¹\stick to your guns〉 양1

2241 **budg·er·i·gar** [버쥐뤼가아]: budgie, budgeri(good)+gar(cockatoo), 〈원주민어〉, 사랑앵무, (오스트레일리아산의) 잉꼬, 〈~ common parakeet\shell-parakeet〉 미2

2242 **budg·et** [버쥩]: 〈←bouge(bag)〉, 〈갈리아어〉, '조그만 가죽 주머니', 예산, 경비, 가계, 값싼, 〈~ financial plan\allocation〉, 〈~ economy\cheap〉, 〈↔expensive\premium〉 양1

2243 **budg·et crunch** [버쥩 크뤈치]: 예산 핍박, 예산 위기, 〈~ fiscal crisis〉, 〈↔budget surplus〉 양2

2244 **budg·et store** [버쥩 스토어]: 염가 판매장, 절약 상점, 〈~ dime-store〉, 〈↔deluxe store〉 양2

2245 **bue·nas \ bue·nos** [브웨이노스]: 〈스페인어〉, good, 좋은, 안녕한, 〈↔malo(bad)〉 미1

2246 **Bue·nos Ai·res** [브웨이노스 아이뤼즈]: 부에노스아이레스, 'good air', 1536년부터 정착되기 시작한 〈온화한 바람이 부는〉 아르헨티나의 수도·교역항, 〈~ Capital of Argentina〉 수1

2247 **buf** [버후]: 〈←buffalo?〉, 〈미국 속어〉, 늠름한 사내, 떡대, 몸짱, 〈~ hunk\stud〉 양1

2248 **buff¹** [버후]: 〈라틴어〉, (소〈buffalo〉가죽을 무두질한) 담황색 가죽, 황갈색의 부드러운 천, 애호가, ~광, 〈~ fan\maniac\lover〉, 〈↔carper²\critic〉, 〈↔detract\clothed〉 미1

2249 **buff²** [버후]: 〈↔buffer〉, 부드럽게하다, 완충기 역할을 하다, 보호하다, 보강하다, 〈~ smooth\rub up〉, 〈↔de-buff〉 양1

2250 **Buf·fa·lo** [버훨로우]: beau(beautiful)+fleuve(river), 〈프랑스어?〉, 버펄로, 1789년부터 정착하기 시작한 미국 뉴욕주 북서부의 도시 (산업·운송의 중심지), 〈~ a city in NY state〉 수1

2251 **buf·fa·lo** [버훨로우]: 〈←boubalos(wild ox)〉, 〈아프리카어에서 연유한(?) 그리스어〉, '야생소', 들소, 물소, ⇒ bison 미2

2252 **Buf·fa·lo Bill** [버훨로우 빌]: William Frederick Copy, (1846-1917), 미국 남북 전쟁 때의 군인(soldier)으로 철도공사를 위해 수많은 버팔로를 죽였으며 나중에는 흥행사(showman)가 됨, 〈~ an American bison hunter〉 수1

2253 **buf·fa·lo-fish** [버휠로우 휘쉬]: sucker², 〈buffalo같이 곱사등을 가진〉 북아메리카에 사는 잉어의 일종, 〈~ a carp like fish〉 수2

2254 **buf·fa·lo grass** [버휠로우 그래스]: 북미 중부 초원에서 자라는 볏과의 목초, 〈~ a North American prairie grass〉 수2

2255 **Buf·fa·lo Wild Wings**: 〈Buffalo 출신이〉 1982년 미국 오하이오에서 창립하여 Arby's에 넘어간 〈세계적〉 닭 날개(chicken wings) 요리 전문연쇄점, 〈~ an American casual restaurant and sports bar〉 수2

2256 **Buf·fa·lo wing** [버휠로우 윙]: 〈1964년 Buffalo시에 있는 한 식당에서 개발한〉 닭 날개 살을 튀겨(deep-fried) 소스를 바른 요리, 〈~ un-breaded chicken wing〉 수2

2257 **buff-er** [버훠]: 〈←buff〉, 〈영국어〉, 〈의성어·의태어?〉, 완충기(물), 보호물, 완화제, 완충 구역, 〈~ cushion\safe-guard〉, 〈↔intensify\disassemble〉 양2

2258 **buf·fet¹** [버훼이]: side-board, 〈'선반'을 뜻하는 프랑스어에서 유래한〉 뷔페, 찬장, 간이 식당, 자의 선택·자기 봉사 음식점, 〈~ all you can eat〉, 〈~ cold table\self service〉, 〈~ smorgasbord\snack〉, 〈↔chair\a la carte〉 우2

2259 **buf·fet²** [버휠]: 〈←bufe(~ blow)〉, 〈프랑스어〉, 타격, 격돌, 진동, 치다, 때려눕히다, 〈~ bang\box¹〉, 〈↔miss\tap〉 양1

2260 **buf·fet and hutch** [버훼이 앤드 헐취]: 〈간단한 식기들을 보관하는〉 (위·아래 두 부분으로 나뉜) 간이 찬장, 〈~ side-board and cabinet〉 우2

2261 **Buf-fett** [버휄], War·ren: (1930-), burth(castle)+ford, 〈영국어〉, '여울목에 있는 견고한 성채에 사는 자', 버핏, 정치가 집안에서 태어나 경제학을 전공하고 증권시장을 통한 각종 투자에 성공해서 〈잡동사니 회사〉인 Berkshire Hathaway의 대주주로 갑부가 되었으나 〈편자보다는 잘살지만〉 비교적 검소하게 사는 미국의 투기자, 〈~ an American businessman〉 수1

2262 **Buf·fon** [뷔휑], Georges: 〈←buffo(jester)〉, '농담꾼', Comte De 뷔퐁, (1707-88), 프랑스의 박물학자〈〈종을 바꿔 진화할 수는 없다는〉 '퇴화론'의 시조〉, 〈~ a French naturalist and mathematician〉 수1

2263 **buf·foon** [버후운]: 〈←buffo(jester)〉, 〈라틴어〉, 농담꾼, 어릿광대, 멍텅구리, 〈~ jester\pierrot\scurrilous〉, 〈↔sage\charmer〉 양1

2264 **bug** [버그]: 〈←bwgan(specter)〉, 〈어원 불명의 영국어〉, 귀찮게 굴다, 괴롭히다, 〈짧은 날개의〉 곤충(insect), 벌레, 해충, 세균, 열광자, 명사, 도청기, 소형 자동차, 전산기 체제의 오류, 〈~ creepy-crawly\listening device\annoy\vex〉, 〈↔please\non-fan〉 양1 미2

2265 **bug-bane** [버그 베인]: '곤충 해초' 〈희고 장대 같은 긴 꽃이 피는 성탄꽃과 승마속의 다년생 풀로 냄새가 고약해서 곤충들이 접근을 못 한다 함〉, 〈~ bed bug repeller〉 우1

2266 **bug-bear** [버그 베어]: 〈←bogy〉, (나쁜 아이를 잡아먹는다는) 마귀, 도깨비, 근거없는 걱정, 골칫거리, 〈~ hobgoblin〉, 〈↔pleasure\joy〉, 〈↔minion〉 미2

2267 **bu·geul-bu·geul** [부글부글]: 〈한국어〉, 〈의성어〉, bubble-bubble ①거품을 내며 끓다(boil) ②배알(gut)이 발작하다〈seethe〉, 〈~ irritated\upset〉, 〈떠오를 것으로 예상되는 세계어〉 우2

2268 **bug·ger** [버거]: 〈←Bulgarus(Bulgaria)〉, 〈라틴어〉, 〈이교도(동방정교회를 지칭)들이나 하는〉 비역(남색)쟁이, 항문 성교자, "썩"쟁이, 〈~ sodomy\fuck boy〉, 〈↔gentleman\saint〉 양2

2269 **bug-ging** [버깅]: 〈해충처럼〉 귀찮게 하다, 괴롭히다, 도청하다, 〈~ annoy\harass〉, 〈↔please\gratify〉 양2

2270 **bug-gy** [버기]: ①귀찮게 하는(annoying) ②〈18세기에 등장한 어원 불명의 영국어〉, (2인승) 4륜 경마차, 유모차(pram), (지붕·문이 없는) 4륜차, 〈~ palanquin〉, 〈↔limo〉 우2

2271 ***bug-house** [버그 하우스]: 〈해충들이 들끓는〉 정신병원, 〈~ bedlam\mad-house〉 양2

2272 **bu·gle** [뷰우글]: 〈←bos(ox)〉, 〈라틴어〉, 〈소의〉 '뿔', 〈군대용〉 판막이 없는 나팔, 박하과의 식물 (자난초), 여성복에 다는 〈유리나 플라스틱으로 만든 대롱 모양의〉 관옥, 〈~ horn\trumpet\cornet〉, 〈~ ground pine〉, 〈~ a bead〉 양1 우2

2273 **bu·gloss** [뷰우글러스]: bous(ox)+glossa(tongue), 〈그리스어〉, 〈잎의 결이 '소 혓바닥'을 닮고〉 희거나 자주 꽃이 층층이 피는 지칫〈붉은 뿌리를 가진 '자초'식물〉과의 약초, 〈~ a lung-wort〉, ⇒ blue weed 우1

2274 ***bug-out** [버가웉]: 〈벌레처럼 밟히기 전의〉 전선이탈, 〈생존을 위해〉 위험한 상황을 피하는 짓, 〈~ retreat\flee〉, 〈↔confront\remain〉 미2

2275 *bug-out bag [버가웉 배그]: (위급 탈출 시 생존에 필요한 최소 물품을 담은) 응급 가방, 구급낭, 〈~evacuation kits\72-hour kit〉 미2

2276 Bug·sy [벅씨], Ben·ja·min 'Bug·sy' Sie·gel: 〈←buggy(crazy)〉, 〈'산탄총'을 뜻하는 미국 속어〉, 벅시, (1906-1947), 뉴욕 출신 유대계 이탈리안 갱으로 밀주 판매로 번 불법 자금으로 플라밍고 호텔을 세우는 등 라스베이거스 건설에 공헌했는데 비벌리힐스의 친구 집에서 의문의 총격사를 당한 희대의 악한, 〈~ an American mobster〉 수1

2277 Bu·ick [뷰익], Da·vid: beo(bee)+wic(farm), 〈영국어〉, '양봉업자', 뷰익, (1855-1929), 미국의 자동차(automotive) 개발업자, 〈~ a Scottish-born American inventor〉 수1

2278 Bu·ick Mo·tor Di·vi·sion: 뷰익, 1899년에 설립되어 1908년에 GM으로 확대 개편된 미국의 자동차 회사 수1

2279 build [빌드]: 〈←buan(dwell)〉, 〈게르만어〉, 짓다, 쌓아 올리다, 조립하다, 〈~ bower〉, 〈~ construct\boost〉, 〈↔destroy\demolish〉 가1

2280 build-ing [빌딩]: 건축(물, 술), 건설, 골격, 〈~ frame\structure〉, 〈↔dismantling\wreckage〉 가1

2281 *build-ing block [빌딩 블락]: 건축용 덩이 (토막), 기초 요소 (성분), 〈~ elementary unit\segment〉, 〈↔whole\compound〉 미2

2282 build-ing code [빌딩 코우드]: 건축법규 (규정), 〈~ construction regulation〉 양2

2283 build-up [빌드 엎]: 조립, 증강, 격려, 체중, 〈~ increase\boost〉, 〈↔decrease\diminish〉 양1

2284 built [빌트]: build의 과거·과거분사 가1

2285 *built frac·tion [빌트 후랙션]: 조립분수, (분수를 숫자와 기호를 따로 써서) 숫자와 기호가 같은 활자체, 〈등분표가 같은〉 '동등분표', 〈~ even fraction〉, 〈↔un-even fraction〉 미1

2286 built-in [빌트 인]: 붙박이로 짠, 박아 넣은 (가구), 뿌리 깊은, 〈~ fitted\fixed〉, 〈↔left out\add-on〉 양2

2287 *buk·ka·ke [버카키 \ 부케이크]: 〈'흩 뿌리다(splash)'의 일본어〉, 여러 가지 고물을 얹어놓은 찬 우동(udon), 여러 남자의 정액을 여성에게 뿌리는 짓(semen dumping) 양2

2288 buk·ku·mi [부꾸미]: 〈←북꾀미〉, 〈어원 불명의 한국어〉, (찹쌀·밀·수수 등의) 가루를 반죽해 (팥소를 넣고) 넓고 둥글게 번철에 지진 떡(tteok), 전병, 〈~ a pan-fried rice (or flour) cake〉 수2

2289 bulb [벌브]: 〈←bolbos(underground bud)〉, 〈그리스어〉, 구근(알뿌리), 구경(알줄기), 전구 (전기'다마'), 둥근 물건, 〈~ tuber\corm\ball〉, 〈↔square\angular〉 양1

2290 bul·bous nose [벌버스 노우즈]: 〈←bolbos〉, 〈그리스어+영국어〉, 구근(구경) 모양의 코, 주먹코, 〈~ hawk's nose〉, 〈~(↔)snub nose〉 양1

2291 bul·bul [불불]: 〈의성어가 아니라고 사료되는〉 명금 (울새), 페르시아산 '나이팅게일' (밤꾀꼬리), 〈~ a passerine song-bird〉, 〈Arab에서는 nightingale과 혼동해서 쓰기도 하나 서로 다른 종류임〉 수2

2292 bul·gar [벌거]: 〈터키어〉, bruised grain, 불에 그슬려 건조하거나 쪘다 말린 밀을 빻은 중동의 '반숙 밀', 〈~ a cracked wheat food-stuff〉 우1

2293 Bul·gar·i \ Bvl·ga·ri [불가아리]: 불가리, 1884년에 세공업자 S. Voulgaris에 의해 설립된 이탈리아의 세계적 〈vurgar한-서민적〉 명품 시계·장신구·화장품 제조·판매 연쇄점, 〈~ an Italian luxury fashion house〉 수2

2294 Bul·gar·ia [벌게어뤼아 \ 불게어뤼어]: 〈Volga 강가의〉 불가리아, (7세기 말에 왕국으로 출발한) 발칸 반도에 있는 산이 많은 민주공화국, {Bulgarian-Bulgarian-Lev-Sofia} 수1

2295 bulge [벌쥐]: 〈←bulga(wallet)〉, 〈라틴어〉, '자루', 부품, 팽창, 강세, 〈→budget\bulk〉, 〈~ swell out\puff up〉, 〈↔cavity\hole〉 양1

2296 bulg-er [벌줘]: 배면이 불룩한 나무 골프채, '고구마 골프채', 〈~ Spoon\2 wood equivalent〉 우2

2297 bul·go·gi [불고기]: 〈한국어〉, fired meat, 고기를 썰어 양념에 발라 구운 것(한국의 전통음식), 〈~ grilled meat〉, 〈~(↔)galbi〉 수2

2298 Bul-guk-sa [불국사]: fo(buddha)+guo(nation)+si(temple), 〈중국어→한국어〉, 부처님 나라의 절, CE 514-540에 신라의 수도 경주에 지어져서 751년에 중창된 절로 주위에 여러 사적이 있음, 〈~ a Buddhist temple in Gyeong-ju, Korea〉 수2

2299 **bu·lim·i·a** [부우리미어]: bous(ox)+limos(hunger), 〈그리스어〉, 〈황소같이 먹어 대는〉 폭식증, 과식증, 이상 식욕 항진증, 〈~ hyper-phagia〉, 〈~ binge-vomit syndrome〉, 〈↔anorexia nervosa〉 양2

2300 **bulk** [벌크]: 〈←bulki(cargo of a ship)〉, 〈북구어〉, 뱃짐, 크기, 부피, 대부분, 대량, 〈포장하지 않은〉 '날상품', 〈~ bulge〉, 〈~ volume\mass〉, 〈↔few\handful〉 양2

2301 *****bulk deal** [벌크 디일]: 대량거래, 〈증권거래소에 신고해야 하는〉 전체 주식의 0.5% 이상을 매매하는 거래, 〈~ block deal〉, 〈↔minor deal〉 미2

2302 **bulk mail** [벌크 메일]: 대량(약속) 우편, 요금 별납 대량 우편, 〈~ commercial mail\marketing mail〉, 〈↔first class mail\standard mail\small mail〉 양2

2303 **bull** [불]: ①〈←bul(ox)〉, 〈북구어〉, 황소, 〈큰 짐승의〉 수컷, 돌진하다, 〈~ bull·ock〉, 〈~ ox〉, 〈↔cow〉 ②〈←bulla〉, 〈라틴어〉, 〈bubble같이 생긴〉 교황의 도장, 〈~ the Holy Seal〉 ③〈←bulla(bubble)〉, 〈라틴어→프랑스어→아이리시어→미국어〉, 〈←lie〉, 허풍, 〈~ brag\bluff〉, 〈↔fact\sense〉 양1

2304 **bull-bat** [불 뱉]: '황소박쥐', 쏙독새, ⇒ night·hawk 미2

2305 **bull bay** [불 베이]: 태산목, (미국 남동부 해안 지역에서 잘 자라며) 〈황소 눈깔보다 큰 꽃을 피우는〉 장엄한 매그놀리아, 〈~ southern magnolia〉 미2

2306 **bull-calf** [불 카알후]: 〈영국어〉, 수송아지, 얼간이, 〈~ steer²\bullock\fool〉, 〈~(↔)foal\colt〉, 〈↔heifer\filly〉 양1

2307 **bull-dog** [불 더어그]: 〈묶어논 황소의 코를 물어 뜯는 경기에 쓰던〉 영국 원산의 괴상한 모양을 한 중간 크기의 사나운 개, 완강한 사람, 〈~ a mastiff〉, 〈~ a subbornly persistent person〉, 〈↔compliant(docile) person〉 우2 미2

2308 **bull-doz·er** [불도우저]: dozer, 〈황소같은 힘으로〉 땅을 고르는 기계 차, 〈1876년 미국의 대선에서 처럼〉 우격다짐으로 시키다, 〈~ earth mover\intimidater〉, 〈↔assister\easy shot〉 우2

2309 *****bul·let** [불맅]: 〈←bulla(small ball)〉, 〈라틴어〉, 〈←bubble〉, '작은 공', 탄알, 총탄, 〈광고용〉 큰 점, 강타, 〈~ pellet\shot〉, 〈↔blank〉 양1

2310 **bul·le·tin** [불러틴]: 〈←bull²〉, 〈라틴어〉, '공지 사항', 게시, 공고, 보고, 〈~ announcement\news report〉, 〈↔withhold\recall〉 양2

2311 **bul·le·tin board** [불러틴 보어드]: 게시판, 고시판, 〈~ bill-board\pick-up board\notice board〉, 〈↔conceal\mass media〉 양2

2312 *****bul·let loan** [불맅 로운]: 만기 전액 일괄 상환형 융자, 〈~ balloon loan〉, 〈↔non-amortizing loan〉 미2

2313 **bul·let-proof** [불맅 프루우후]: 〈곧 인조 비단으로 된 것이 나올 것으로 예상되는〉 방탄의, 〈~ invincible\fortified〉, 〈↔un-protected\vulnerable〉 가1

2314 **bul·let train** [불맅 트뤠인]: 탄환 열차, 초특급 열차, 〈~aero train〉 양2

2315 **bull-fight** [불 화잍]: 투우, 〈때로는 피를 보는〉 투우사(matador)와 황소(bull) 간의 몸싸움 양2

2316 **bull-finch** [불 휜취]: ①〈←bull fence?〉, 〈미국어〉, 높은 산울타리, 기수가 탄 말이 뛰어 넘을 수 없는 높고 두꺼운 장애물, 〈~ a hedge with a ditch on one side〉 ②〈유라시아의 숲에 살며〉 〈황소 대가리 같은 머리·단단한 부리·분홍색의 통통한 가슴을 가진〉 피리 새, 멋쟁이 새, 〈~ trumpeter finch\red-bird〉 미2

2317 **bull-frog** [불 후뤄어그]: 〈수컷이 짝 찾는 소리가 황소 울음 같은〉 황소개구리, 몸집이 큰(large) 북미산 식용(edible) 개구리 미2

2318 *****bull-head** [불 헤드]: 둑중개, 긴 수염들이 달리고 머리가 큰 메기(big cat-fish), 고집 센 사람, ⇒ miller's thumb, 〈~ bull-neck\pig-head〉, 〈↔obedient\flexible〉 미2

2319 **bul·lion** [불리언]: 〈←bullire(boil)〉, 〈라틴어〉, '끓여논 금속', 금(은)괴, 순금(은), 금(은) 토막(덩이), 〈~ ore asset\gold bar〉, 〈↔debt\cash〉 양1

2320 *****bull mar·ket** [불 마아킽]: (황소가 뿔로 치켜 올리듯〈rising〉 하는) 상향세, 상향시장, 〈~ golden cross〉, 〈↔bear market〉 미2

2321 **bull-mas·tiff** [불 매스티후]: 불도그와 마스티프의 교배종으로 경비견(watch-dog)으로 많이 쓰임 우1

2322 *****bull-neck** [불 넼]: 굵은 목(을 가진 북미산 들오리), 〈~ bittern²〉, 고집 센 사람, 〈~ bull-head〉, 〈↔willing\managable〉 미2 양2

2323 **bul·lock** [불 럭\불 릭]: ⟨←bull⟩, ⟨영국어⟩, 어린 수소⟨young bull⟩, 불알 깐 수소, ⟨~ bull-calf\steer²⟩, ⟨↔heifer\filly⟩ 양2

2324 **bul·lock's heart** [불럭스 하아트]: 우심리, 과육에 ⟨황소 심장만큼 크고⟩ 딱딱한 씨가 있어서 먹기가 불편한 번려지의 일종, ⟨~ ox heart\custard apple\wild sweetsop⟩ 우2

2325 *****bull pen** [불 펜]: '황소를 가둬 두던 곳', 구치소, 합숙소, 예비실, 대기실, 구원투수, ⟨~ fenced enclosure\big house\relief⟩ 양2

2326 *****bull's-eye** [불즈 아이]: '황소 눈', 정곡, 급소, 과녁의 흑점, 눈깔사탕, ⟨~ target\goal⟩, ⟨↔care-less\in-correct⟩ 양2

2327 *****bull-shit** [불 쉳]: ⟨←bole(deceit)⟩, ⟨프랑스어⟩, ⟨bull¹+bull³의 뜻이 합쳐진 오묘한 말⟩ 쇠똥, 허풍⟨2차대전 중 영·미군에게 주던 '영양가 없는 부푼 빵'에서 유래한 말⟩, 거짓말, 멍청한, '뻥', ⟨~ baloney\horse-shit⟩, ⟨↔truth\sense\not juste⟩ 미2

2328 **bull-snake** [불 스네이크]: indigo snake, gopher snake, (북미에 서식하는) 굵고 긴 무독의 구렁이 우1

2329 **bull–ter·ri·er** [불 테뤼어]: 불도그와 테리어의 교배종으로 애완용으로 쓰임, ⟨~ a house dog⟩ 우1

2330 **bull whale** [불 웨일]: 수고래, male whale, ⟨↔cow whale\whale calf⟩ 양2

2331 **bul·ly \ bull-y** [불리]: ⟨원래는 boel(친애하는 brother)라는 네덜란드어에서 연유했으나 나중에 bull(황소)이란 뜻이 가미된 말⟩, (약한 자를 못살게 구는) 불량배, 심술패기, 들볶다, 뽐내다, ⟨~ oppressor⟩, ⟨↔protector\softy⟩ 미2

2332 **bul·wark** [불워어크]: ⟨게르만어⟩, ⟨통나무⟨bole⟩로 만든⟩ 성채, 보루, 방벽, 방파제, ⟨→boulevard⟩, ⟨~ bastion\rampart⟩, ⟨↔weak-point⟩

2333 *****bum** [범]: ⟨←buttocks⟩, ⟨영국어⟩, 엉덩이, 게으름뱅이, 부랑자, ⟨할 일 없이 바라졌다 오므라졌다 하는⟩ 발록구니, 쓸모없는 녀석, bummer, business unit manager(사업부장), ⟨혹자는 bummeln(waste time)이 어원이라 하나 bum이 더 오래된 말⟩, ⟨~ home-less\scrounger\worthless⟩, ⟨↔excellent\superior\mover and shaker⟩ 양2

2334 *****bum·ba clot** [범바 클랕]: ⟨자메이카어⟩, 밑닦개(Spanglish), 씨발놈, ⟨~ mother fucker\douche-bag⟩, ⟨↔gentle-man\saint⟩ 양2

2335 **bum·ble-bee** [범블 비이]: ⟨의성어⟩, 뒝벌, 호박벌, '윙윙 벌', 흑·황색의 털이 많은 큰 벌, ⟨~ humble-bee⟩ 미2

2336 **bum·bo** [범보우]: ①⟨이탈리아어⟩, ⟨의성어⟩, 유아용 안전 의자, ⟨~ a floor seat⟩ ②⟨아프리카어⟩, 럼주(rum)에 설탕·향료를 넣은 음, bumbu, ⟨~ a cocktail⟩ 우1

2337 *****bum-med** [범드]: ⟨←bummer⟩, ⟨영국어→미국어⟩, bummed out, 실망(낙담)한, 상심한, ⟨~ depressed\gloomy⟩, ⟨↔cheered (up)\hustled⟩ 양2

2338 *****bum-mer** [버머]: ⟨←bummler(drifter)⟩, ⟨독일어→영국어⟩, ⟨빈둥거리는⟩ 게으름뱅이, 기대에 어긋난 경험, ⟨~ loafer\downer⟩, ⟨←bum⟩, ⟨↔excellenter\winner⟩ 미1

2339 *****Bump** [범프]: bring up my post, (내가 단 댓글을 ⟨자꾸 밀리게 하지 말고⟩) 끌어올려, '끌올' 미2

2340 **bump** [범프]: ⟨북구어⟩, ⟨의성어⟩, 부딪치다, 밀어내다, 올리다, 융기, 재치, 동요, ⟨~ jolt\crash\hump\bang⟩, ⟨↔miss\skirt⟩ 양1

2341 **bump-er** [범퍼]: (자동차 앞뒤의) 완충장치, 가득 찬, ⟨~ bumper year(풍년)⟩, ⟨~ buffer\abundant⟩, ⟨↔shabby\meager⟩ 우2

2342 **bump-er–to–bump-er** [범퍼 투 범퍼]: 자동차가 줄 이은, ⟨~ backed up\jammed⟩, ⟨~ open\far⟩ 미2

2343 **bump-er stick-er** [범퍼 스티커]: 범퍼에 붙인 광고 딱지, ⟨~ decal\label⟩ 미1

2344 *****bump-er ta·ble** [범퍼 테이블]: ①⟨사회적 거리를 두기 위해 고안된⟩ (주위를 직경 약 2m의 고무 바퀴로 둘러싼) 1인용 완충 식탁, ⟨~ buffer table⟩ ②⟨공이 튀어 나오게 만든 완충물로 둘러싼⟩ 작은 당구대, ⟨~ bumper pool⟩ 미2

2345 *****bump·kin** [범프킨]: ⟨←boom(a tree)⟩, ⟨네덜란드어⟩, '작은 나무', '똥자루', 시골뜨기, '시러베아들', ⟨호박같이 퉁하고 땅딸막한 네덜란드인을 일컫던 말⟩, ⟨~ hick\yokel⟩, ⟨↔slicker⟩ 양2

2346 ***bump-stock** [범프 스탁]: '융기된 개머리판', (반자동을 자동으로 바꿔〈semi-automatic →automatic〉 1분에 200발까지 쏘게 만들어서) 〈2019년 2월 4일부로 민간인이 소유 못 하게 된〉 대량 살상용 탄창, 〈~ bump-firing〉 우2

2347 **bump-tious** [범셔스]: 〈영국어〉, 〈←bump〉, 기고만장한, 거만한, 건방진, 난 체하는, 〈~ conceited\self-assertive〉, 〈↔humble\modest〉 양2

2348 **bump-y** [범피]: 울퉁불퉁한, 험난한, 〈~ rough\un-even〉, 〈↔smooth\level〉 양2

2349 **bun** [번]: 〈←bunne(small loaf)〉, 〈어원 불명의 영국어〉, 둥그런 빵, 쪽(찐)머리, 엉덩이, 〈궁둥이를 보이고 도망가는?〉 토끼, 〈~ roll\ass\fanny〉 양2

2350 **bunch** [번취]: 〈←boud(heap)〉, 〈프랑스어〉, 다발, 송이, 떼, 혹, 〈~ bundle\group\mass〉, 〈↔individual\disarrange〉 양2

2351 **bunch‧ber‧ry** [번취 베뤼]: dwarf cornel, 풀산딸나무, (한국에도 많이 자생하는) 산의 나무 밑에서 달걀꼴의 초록 잎새들 속에 달걀꼴의 흰 꽃잎을 피우며 조그만 체리 같은 '송이' 열매를 맺는 층층 나뭇과의 낙엽활엽관목, 〈~ creeping dog-wood〉 미2

2352 **bunch-flow‧er** [번취 훌라워]: (북미 동부 원산의) 자잘한 흰 꽃이 '송이' 모양으로 피어나는 백합과의 다년초, 〈~ a perennial lily〉 우1

2353 **bunch grass** [번취 그래스]: 줄(풀), 물가에 '뭉텅이'로 자라는 볏과의 한해살이풀, 〈~ tussock grass〉 미2

2354 **bun‧co** [벙코우]: bunko, 〈←banca(card game)〉, 〈스페인어〉, 〈←bank?〉, 사기, 속임수, 카드놀이의 일종, 〈~ spritzer²\deception\fraud〉, 〈↔courteous\mindful〉 양2

2355 **bun‧dle** [번들]: 〈←bindan(bind)〉, 〈게르만어〉, 묶음, 꾸러미, 무리, 큰돈, 〈~ bunch\baggage〉, 〈~ pack\pile〉, 〈↔disarrange\handful〉 양2

2356 **Bundt cake** [번트 케이크]: (북구의 Bundt 냄비에 구워낸) 높고 둥근 모양의 케이크, 〈~ a donut shaped cake〉 수2

2357 **bung** [벙]: 〈←bonghe(stopper)〉, 〈어원 불명의 네덜란드어〉, 마개, 통 주둥이, 거짓말, 때려 눕히다, 깨져서, 〈~ plug\cork〉, 〈↔throw\sling〉, 〈↔shovel\scoop(out)〉 양1

2358 **bun‧ga‧low** [벙걸로우]: 〈'Bengal 족에 속한'이란 뜻의 힌디어에서 유래한〉 방갈로, '단층집', 지붕이 뾰족하고 높은 인도 뱅골식의 주택, 유원지에서 별장이나 야영용으로 지은 건물, 〈~ cottage\lodge〉, 〈↔palace\sky-scraper\citadel〉 수2

2359 **bun‧gee jump‧ing** [번쥐 쥠핑]: 〈1979년에 등장한 영국어〉, bouncy+spongy, 신축성 있는 끈을 매고 뛰노는 일, '고무 밧줄'의 한끝을 물체에 고정한 뒤 높은 곳에서 뛰어내리는 야외 활동, 〈~ an aerial sport〉 우2

2360 **bung-eo–ppang** [붕어빵]: 〈한국어〉, carp-bun, 밀가루나 찹쌀을 반죽하여 팥소를 넣고 붕어 모양으로 빚어 구운 빵 수2

2361 **bung-hole** [벙 호울]: 〈←bung〉, 마개구멍(통의 따르는 구멍), 항문(anus)의 어린이 말 양2

2362 **bun‧gle** [벙글]: 〈←bangla(clumsy work)〉, 〈어원 불명의 북구어〉, 〈의성어·의태어?〉, 서투르게 만들다, 망치다, 〈↔fix\succeed〉, 〈↔jockey\manage\score〉 양2

2363 *bun in the ov‧en [번 인 더 오븐]: 화덕에 있는 빵, 임신 중인 태아, 〈~ pregnant〉, 〈↔not preggo〉 양1

2364 **bun‧ion** [버니언]: 〈←bunga(elevation)〉, 〈게르만어에서 연유한 영국어〉, 엄지발가락 안쪽에 나는 염증(활액낭), 건막류, 〈~ a painful bony bump\hallux valgus〉 미1

2365 **bunk¹** [벙크]: 〈←bench?〉, 〈bunker의 줄임말?〉, 〈1758년에 등장한 어원 불명의 북구어〉, sleeping berth, 잠자리, 침낭, 여물통, 가로대, 〈~ cot\sack\crib〉 양1

2366 **bunk²** [벙크]: bunkum, (미국 Buncombe 군 출신 하원 의원이 〈선거민의 인기를 끌기 위해〉 장광설을 늘어놓은 데서 연유한) 허튼소리, 흰소리, 속임수, 〈~ baloney\hokum\hooey〉, 〈↔rationality\sense〉 양2

2367 **bunk bed** [벙크 베드]: 2단 침대, 시렁〈두 개의 긴 나무를 가로질러 만든 물품 저장소〉 침대, 〈~ high sleeper\loft bunk〉 미1

2368 **bun‧ker** [벙커]: 〈←bench?〉, 〈1758년에 등장한 어원 불명의 북구어〉, 연료 창고, 지하엄폐호, 장애물, 푹 파인 모래땅, 모래 웅덩이, sand trap, 〈~ vault\dug-out\fox-hole〉, 〈↔free\eject〉 미1

2369 **bun‧ker (c) oil** [벙커 (씨이) 오일]: 〈배의 연료통에 든 crude(조잡)한〉 대량 소비용 미가공 중유, 〈↔gasoline〉 미1

2370 **bun-ny** [버니]: 〈←bun(rabbit)〉, 〈켈트어→영국어〉, 어린 토끼, 매력적인 젊은 여자, 〈~ babe\coney〉, 〈↔beast\dog〉, 〈↔traipse〉 미2

2371 ***bun-ny fuck** [버니 훰]: 토끼씹, 번개씹, 조급한 성교, 〈~ premature ejaculation〉, 〈↔delayed ejaculation〉 미2

2372 **Bun-sen co–ef·fi·cient** [번전 코우 이휘션트]: 〈←'축복된 자의 아들'〉, (독일 화학자 이름을 딴) 분젠 〈용해도〉계수, a, (일정 온도의 대기압에서) 1ml의 액체 속에 용해된 기체의 ml 수, 〈~ solubility coefficient〉 수2

2373 **bunt** [번트]: 〈영국어들〉 ①〈←butt〉, 연타, 살짝 밀기, 가볍게 갖다 대기, 뿔로 받다, 〈~ gentle push〉, 〈↔swing away〉 ②〈←bundle〉, 주머니 모양의 중앙부, 〈~ center of a net〉 ③〈어원 불명의〉 깜부깃병, 〈~ smut〉 미2

2374 **bun·ting** [번팅]: 〈영국어들〉 ①〈←bon(good)〉, 명금류의 멧새, 〈~ a seed-eating song-bird〉 ②〈←bunten(sift)〉, 가느다란 깃발, 드림 천, 포대기, 〈~ quilt\swaddling clothes〉 양1

2375 **bu·oy** [부우이]: 〈←boeye(fetter)〉, 〈네덜란드어?〉, 찌, 부표, 부대, 부낭, '뜰개', 띄우다, 받쳐주다, 〈~ beacon〉, 〈~ float\marker〉, 〈↔sink\undermine〉 미2

2376 **bu·oy-ant** [부우연트]: 부양성(부력)이 있는, 탄력이 있는, 경쾌한, 〈~ bouncy\resilient\cheerful〉, 〈↔heavy\depressed〉 미2

2377 **bur** [버]: 〈←burre(rough)〉, 〈북구어〉, 〈←bristle〉, (열매에 달린) 가시, 달라붙는 것, 구멍을 뚫는 기계, 〈~ burr〉, 〈~ prickly husk\rotary cutting tool〉 미2

2378 **Bur-bank** [버어뱅크]: burch(manor)+bank(ridge), 〈영국어〉, '둔덕에 있는 장원에 사는 자', 버뱅크, 〈Media Capital〉, 동명의 치과의사가 소유했던 농장에 세워진 LA 북쪽에 있는 〈대중 매체의 탄생지〉, 〈~ a city in northern LA County〉 수2

2379 **Bur-bank** [버뱅크], Lu·ther: 버뱅크, (1849-1926), 나중에 캘리포니아의 Santa Rosa에 정착해서 오직 품종개량에만 힘쓴 미국의 원예가, 〈~ an American horticulturist〉 수1

2380 **Bur-ber·ry** [버베리]: bur(cottage)+beorg(mound), 〈영국어〉, '둔덕의 오두막 집', 바바리, 춘추용 무명 방수복, (1856년 21세의 Thomas B.가 설립한) 영국의 의류 제조·판매 회사, 〈~ a British luxury fashion house〉, ⇒ Burberry-man(flasher) 수1

2381 **bur·bot** [버얼벝]: 〈←barba(beard)〉, 〈라틴어에서 연유한 프랑스어〉, 〈'barb'(수염)로 진흙을 휘젓는〉 tusk, burbot, moon·fish, 〈흙탕물에서 노니는〉 lawyer·fish, 모캐, 대구과의 민물고기, ⇒ cusk 미2

2382 **bur·den** [버든]: 〈←burthin(load)〉, 〈게르만어〉, 〈←bear〉, '운반되는 것', 짐, 부담, 책임, 고생, 적재량, 〈~ weight\encumbrance〉, 〈↔advantage\relief〉 양2

2383 **bur-dock** [버닥]: 〈북구어→영국어〉, bur(bristle)+dock³, 우엉, ('가시' 달린 방울에서 보랏빛 꽃이 피어나는) 높이 약 1m의 두해살이풀로 육질의 뿌리는 식용으로 열매는 이뇨제로 씀, gobo¹, 〈~ cockle-bur〉 미2

2384 **bu·reau** [뷰어로우]: 〈←purros(red)〉, 〈그리스어〉, 〈'검붉은' 천을 깔은 책상〉, 사무소, 부서, 옷장, 책상, 〈~ authority\office\dresser〉 양1

2385 **bu·reau-cra·cy** [뷰어롸 크뤄시]: office+rule, 관료제도(주의), 번잡한 절차, 〈~ corridors of power\red tape〉, 〈↔adhocracy〉 양2

2386 **bu·rette \ bu·ret** [뷰우뤠트]: 〈←buire(drink)〉, 〈프랑스어〉, 눈금이 있는 분석용 유리관, 〈~ a long glass tube〉 우1

2387 **bur·geon** [버얼쥔]: 〈←burra(flock of wool)〉, 〈라틴어〉, 싹이 트다, 새로 자라나다, 급격히 성장하다, 〈~ bud\bloom〉, 〈↔shrink\decrease〉 양2

2388 **Bur·ger King** [버어거 킹]: 1954년에 마이애미에서 창립된 미국의 세계적 햄버거 중심 간이음식 연쇄점, 〈~ an American hamburger chain〉 수1

2389 **bur·gess** [버얼쥐스]: 〈←burgus(town)〉, 〈라틴어〉, 공민, 시민, 대의원, 〈~ borough〉, 〈~ citizen\townie〉, 〈↔alien\foreigner〉 가1

2390 **bur·gher** [버얼거]: burgh(자치도시)에 사는 공민, (중산층) 시민, 〈~ burgess〉, 〈↔alien\foreigner〉 양1

2391 **bur·gla·ry** [버얼글러뤼]: burgus(town)+latro(thief), 〈라틴어에서 연유한 프랑스어〉, '틈입', 주거침입, 강도(의사), 〈~ break-in〉, 〈~(↔)theft〉, 〈↔law\police〉, ⇒ robbery 양2

2392 **bur·gle** [버얼글]: 〈←burglar〉, 불법 침입하다, 강도질하다, 〈↔protect\offer〉 양2

2393 **Bur·gun·dy** [버얼건디]: ⟨←bhergh(high)⟩, ⟨게르만어⟩, '고산지대', 버건디, Bourgogne(부르고뉴), 프랑스의 동남부 지방(에서 나는 포도주-보통 적포도주), ⟨~ a dry red-wine⟩ 수1

2394 **bur·i-al** [베뤼얼]: ⟨←byrgan⟩, ⟨게르만어⟩, ⟨←bury⟩, 매장, 매장식, ⟨~ sepulcher⟩, ⟨↔exhumation\cremation⟩ 가1

2395 **bur·ka** [불커]: ⟨아랍어⟩, burqa, chadri, (이슬람 여자들이 외출할 때 입는) 째진 눈구멍만 남기고 '전신(head to toe)'을 휘감는 데 쓰는 천, ⟨~ shroud⟩ 수2

2396 **Bur·ki·na Fa·so** [벌키이너 화소우]: ⟨원주민어⟩, 부르키나파소, upright+father-land, '정직한 자의 땅', 1958년 프랑스로부터 독립되어 1984년 현재 이름으로 개칭되었으나 ⟨아직도 정직하지 않은 지도자가 많은⟩ 아프리카 서부의 내륙 공화국, {Burkinabe·Burkinese-Fr-(XO) Franc-Ouagadougou} 수1

2397 **bur·lesque** [버얼레스크]: ⟨←burla(jest)⟩, ⟨어원 불명의 이탈리아어에서 연유한 프랑스어⟩ 해학극, 익살극, 익살스러운 문학작품, ⟨~ revue\amphigory\parody⟩, ⟨↔formalism\tragedy⟩ 양2

2398 **Bur·ling-ton North-ern** [버얼링턴 노어던] Rail-road: ⟨←Berhtel이 사는 마을⟩, 1970년 4개의 철도회사가 합쳤다가 1996년 BN Santa Fe로 개명된 후 2009년 Berkshire Hathaway로 넘어간 미국의 철도회사 수1

2399 **bur·ly** [버얼리]: ①⟨←bor(elevation)⟩, ⟨게르만어→영국어⟩, 건장한, 억센, 퉁명스러운, ⟨~ bower\brawny\beefy⟩, ⟨↔soft\puny⟩ ②burlesque(익살) 양2

2400 **Bur·ma** [버얼머]: ⟨Barmar 족이 사는⟩ 버마, (1989년 군사 정변 후 바뀐) 미얀마의 옛 이름 ⟨미얀마는 문어 버마는 구어⟩, ⇒ Myanmar 수1

2401 **burn** [버언]: ①⟨←brennen(on fire)⟩, ⟨게르만어⟩, 타다, 눋다, 빛을 내다, 불끈하다, 정보를 입력하다, ⟨~ incinerate\ignite⟩, ⟨↔freeze\extinguish⟩ ②⟨스코틀랜드어⟩, stream, 개울, ⟨~(↔)river⟩ 가1 미2

2402 ***burned-out** [버언다웉]: 타 없어진, (신경 피로에 의해) 지친, 약효가 떨어진, ⟨~ exhausted\fatigued⟩, ⟨↔unwearied\rejuvenated⟩ 양2

2403 **burn-er** [버어너]: 연소기, 연소실, 난로, ⟨~ cinerator\heater⟩, ⟨↔extinguisher⟩ 가1

2404 ***burn-er phone** [버어너 호운]: ⟨미국어⟩, '말소 전화', (주로 범죄 집단에서) 잠깐 쓰고 폐기하는 c-phone, ⟨일회용 휴대 전화⟩, ⟨~ disposable cell-phone⟩ 미2

2405 **burn-ing bush** [버어닝 부쉬]: '진홍노박덩굴', strawberry bush, ⇒ wa·hoo² 우2

2406 ***burn-ing the bridges** [버어닝 더 브뤼쥐스]: (요긴한 것을) 청산하다, 배수진을 치다, 되돌아갈 수 없는 강, ⟨~ kick down the ladder\go for broke⟩, ⟨↔going back⟩ 양2

2407 **bur·nish** [버어니쉬]: ⟨←brun(brown)⟩, ⟨프랑스어⟩, ⟨도구로⟩ 닦다, 갈다, ⟨brown 색으로⟩ 윤내다, ⟨~ polish\furbish⟩, ⟨↔tarnish\darken⟩ 양2

2408 **Burns** [버언즈] George: ⟨영국어⟩, brook, '냇가에 사는 자', 번스, (1896-1996), 여송연을 즐겼던 미국의 만담 배우, ⟨~ an American comedian and actor⟩ 수1

2409 **burn-sides** [버언 싸이즈]: ⟨미국 남북전쟁 때의 장군 Everett Burnside(냇가에 사는 자)에서 유래한⟩ 콧수염과 이어지는 짙은 구레나룻, ⟨~ side-burns⟩ 수2

2410 **burnt** [버언트]: burn의 과거·과거분사 가1

2411 **burp** [버얼프]: ⟨미국어⟩, ⟨의성어⟩, '꺽', 트림(하다), ⟨~ belch\bring up wind⟩ 양1

2412 **burr¹** [버얼]: ⟨←bhars(rough)⟩, ⟨북구어⟩, 껄쭉껄쭉한 부분, 거친 숯돌, 거친 송곳, 가시, ⟨~ bristle\bur⟩, ⟨↔smooth\blunt⟩ 양1

2413 **burr²** [버얼]: ⟨의성어⟩, ⟨영국어⟩, 부르릉 (윙윙) 하는 소리, ⟨~ hum\buzz⟩, ⟨↔roar\scream⟩ 미2

2414 **bur·ri·to** [버뤼이토우]: ⟨스페인어⟩, ⟨나귀(burro)의 짐처럼 잡다한 것이 들어간⟩ 버리토, 브리또, 육류나 치즈를 토르티아(옥수수 누름적)에 싸서 구운 멕시코 요리, ⟨~ a tortilla filled with food⟩, ⟨~(↔)taco⟩ 수2

2415 **bur·ro** [버어로우]: ⟨←burrico(donkey)⟩, ⟨스페인어⟩, 당나귀, ⟨~ ass⟩ 미2

2416 **Bur-roughs** [버로우즈]: ⟨←beorg(hill)⟩, ⟨영국어⟩, '언덕에 사는 자', 버로스, ⟨동명의 계산기 발명가에 의해⟩ 1886년에 설립되어 1986년 Unisys로 계승된 미국의 자료정리·사무기기 제작 회사, ⟨~ an American business equipment company⟩ 수1

2417 **bur·row** [버어로우]: ⟨←borur(hole)⟩, ⟨영국어⟩, 굴, ⟨borough로 둘러싸인⟩ 은신처, 숨다, 파고들다, ⟨~ tunnel\den⟩, ⟨↔mound\cover\emerge⟩ 양1

2418 **burst** [버얼스트]: ⟨←brestan(sudden break)⟩, ⟨게르만어⟩, 폭발하다, 터지다, 연속 사격, 절단, ⟨→bust⟩, ⟨~ rip\rupture⟩, ⟨↔implode\recede⟩ 양1

2419 **bur·then** [버얼던]: burden(짐)의 고어 양2

2420 **Bu·run·di** [버룬디]: ⟨←runda(pile)?⟩, ⟨원주민어⟩, pile of people(?), ⟨종족 이름을 딴⟩ 부룬디, 1962년 벨기에로부터 독립한 조밀한 인구밀도의 중앙아프리카의 내륙공화국, {Burundian·Kirundi·Fr·Eng-(BI) Franc-Gitega} 수1

2421 **bur·y** [베뤼]: ⟨←byrgan(shelter)⟩, ⟨게르만어⟩, 묻다, 매장하다, (덮어서) 숨기다, 찔러 넣다, 전념하다, ⟨→borrow⟩, ⟨→burial⟩, ⟨~ hide\cover\en-tomb⟩, ⟨↔exhume\expose⟩ 가1

2422 **~ bur·y** [~ 버뤼]: ⟨게르만어에서 연유한 영국어⟩, ⟨~ 동네·지구⟩란 뜻의 접미사, ⟨~ borough⟩ 양1

2423 **bur·y-ing bee·tle** [베륑 비이틀]: 송장벌레, ⇒ grave·digger 미2

2424 *__bur·y (one's) head in the sand__: 머리는 감춰도 꼬리는 보인다, 눈감고 아웅하다, 얕은 꾀를 쓰다, ⟨~ avoid⟩, ⟨↔attend\achieve⟩ 양2

2425 *__bur·y the hatch·et__ [베뤼 더 햍쳍]: (북미 원주민들이 전쟁을 끝내고 도끼를 묻는 관습에서 유래한) 화해하다, ⟨~ hold out an olive branch⟩, ⟨↔war-path⟩ 양2

2426 **bus** [버스]: ⟨라틴어에서 유래한 영국어⟩, omnibus ('만인을 위한' 합승차), 승합 대형 자동차, 단거리 왕복 여객기, 여러 장치를 연결하기 위한 공통로, ⟨~ coach\data highway⟩, ⟨↔street car\tram⟩ 우1

2427 **Bu-san** [부산]: ⟨중국어→한국어⟩, Pusan, '가마솥 산(cauldron+mountain)', 일본에 의해 대륙 침략의 징검다리로 개발되어 정치·경제·문화·교육·산업·항만 등의 종합도시로 발전한 한국 동남단의 광역시, ⟨~ Korea's south-eastern port city⟩, ⇒Pu-san 수1

2428 *__bus boy__ [버스 버이]: 웨이터(사환)의 남 조수, ⟨손수레로 접시를 나르는⟩ 남자 심부름꾼, ⟨~ busser\waiter⟩, ⟨↔manager\bus girl⟩ 양1

2429 **bus·by** [버즈비]: ⟨그것을 만들었거나 처음 썼던 사람 이름에서 연유한⟩ 영국 군인들이 행사 때 쓰는 운두가 높은 털모자, ⟨~ a military head-dress⟩ 우1

2430 **Busch Gar·dens** [부쉬(부쉬) 가아든스]: 부치⟨게르만어, '덤불숲(bush)에 사는 자'⟩ 가든, Anheuser Busch사의 시음장으로 시작해서 1959년 1959년 동물원과 놀이공원으로 탈바꿈하여 ⟨2008년부터 Sea World가 경영하는⟩ 미국 Tampa와 Williamsburg에 있는 위락시설, ⟨~ an amusement park⟩ 수2

2431 *__bus girl__ [버스 거얼]: 웨이터(사환)의 여 조수, ⟨손수레로 접시를 나르는⟩ 여자 심부름꾼, ⟨~ busser\waitress⟩, ⟨↔manager\bus boy⟩ 양1

2432 **Bush** [부우쉬], George H: ⟨영국어⟩, '덤불숲에 사는 자', 부시, (1924-2018), 18세에 해군에 입대해서 4년간 조종사로 참전하고 텍사스에서 석유 장사로 큰돈을 번 후 정계에 투신해서 여러 공직을 거친 후 대통령이 되었으나 재선에 실패한 공화당의 정치가, {Poppy(할아버지의 별명 Pop에서 나온)}, ⟨~ 41st US President⟩ 수1

2433 **Bush** [부우쉬], George W: 부시, (1946-) 명문의 장남으로 태어나 사업을 하다가 아버지의 후광으로 정계에 입문했으며 2001년 9·11 테러를 당해 이라크와 아프가니스탄 침공을 단행했고 국토 안전부를 창설한 공화 당적 미국 대통령, {Dubya(W의 텍사스식 발음)}, ⟨~ 43rd US President⟩ 수1

2434 **bush** [부쉬]: ⟨←busca(thicket)⟩, ⟨라틴어에서 유래한 게르만어⟩, 덤불, 수풀, 관목, 미개간지, ⟨→ambush⟩, ⟨~ bouque⟩, ⟨~ shrub\back-woods⟩, ⟨↔scantness\city⟩ 양1

2435 **bush-ba·by** [부쉬 베이비]: 갈라고에 사는 여우원숭이의 일종, ⟨~ a lemur⟩ 우1

2436 **bush-bean** [부쉬 비인]: (받침대 없이) 덤불로 자라는 ⟨키가 낮은⟩ 강낭콩, ⟨~ a runner-bean⟩, ⟨~(↔)키가 큰 것은 pole-bean⟩ 우2

2437 **bush-buck** [부쉬 벅]: (사하라사막 남쪽의 숲속에 서식하는) 늘씬하게 생긴 중형 영양, ⟨~ imbabala⟩ 우2

2438 **bush-cat** [부쉬 캩]: serval, (아프리카에 서식하며) 다리가 길고 표범 비슷한 얼룩무늬가 있는 살쾡이, ⟨~ Southern African wild-cat⟩ 우2

2439 **bush·el** [부셀]: ⟨←bosta(palm-handful)란 갈리아어에서 연유했다는 설도 있으나⟩, ⟨←pyxis(box)⟩, ⟨라틴어⟩, 약 2말, 약 36리터, 대량, ⟨~ a measure of capacity⟩ 우1

2440 **bush-fire** [부쉬 화이어]: 잡목 산불, 야산불, ⟨~ brush fire⟩, ⟨~(↔)wild(forest) fire⟩ 양2

2441 **bush-fowl** [부쉬 화울]: (서아프리카의 숲속에 서식하고) 큰 몸통에 갈색과 흰색의 깃털을 가진 '산 닭', ⟨~ wild(jungle) chicken⟩ 우2

2442 **bush-lips** [부쉬 맆스]: 〈1990년에 등장한 말〉, 〈G.H.Bush 대통령처럼〉 입에 발린 소리, (정치적) 미사여구, 〈insincere political rhetoric〉 수2

2443 **bush-mas·ter** [부쉬 매스터]: ①남아메리카산 커다란 독사, 〈~ a venomous pit viper〉 ②Bushmaster; 미국의 기관총 제조회사, 〈~ an American fire-arm manufacturer〉 우2 수2

2444 **bush-pig** [부쉬 피그]: '강' 멧돼지, (동·남아프리카에 서식하는) 멧돼지, red river hog 미1

2445 **bush-rat** [부쉬 뢭]: (오스트레일리아의 해안 지역에 서식하는) 〈작은·야행성·잡식성〉 들쥐, 〈~ a small nocturnal rodent〉, George W. Bush의 추종자 미1 수2

2446 **busi-ness** [비즈니스]: 〈영국어〉, busy+ness, 사람을 바쁘게 하는 것, 장사, 사업, 용건, 업무, 일, (족제비 등의) 떼, 〈~ trade\line of work〉, 〈↔avocation\hobby〉 양2

2447 **busi-ness ad-min·is·tra-tion** [비즈니스 어드미니스트뤠이션]: 경영학, 기업관리론, ⇒ MBA 양2

2448 **busi-ness card** [비즈니스 카아드]: 업무용 명함, 〈~ calling (or visiting) card〉 양1

2449 **busi-ness class** [비즈니스 클래스]: '사업가 계급', 중간등급, 이등, 〈~ executive (or upper) class〉, 〈↔first class\cabin class\economy class〉 양1

2450 **busi-ness col-lege** [비즈니스 칼리쥐]: 실업(전문) 학교, 〈~ commercial (or trade) school〉, 〈↔liberal arts college〉 양1

2451 **busi-ness hours** [비즈니스 아워즈]: 영업(집무)시간, 〈~ office (or shop) hours〉, 〈↔off-hours〉 양2

2452 **busi-ness-man cut** [비즈니스맨 컽]: '회사원 머리', tapered cut, '경감식 머리', 윗머리로부터 아래로 내려오면서 점점 짧게 자르는 머리 모양 미1

2453 **busi-ness park** [비즈니스 파아크]: 상업 단지, 기업 단지, 〈~ commercial park〉, 〈~(↔)industrial park〉 양2

2454 **busi-ness school** [비즈니스 스쿠울]: 경영 대학원, 실업학교, 〈~ school of management\trade school〉, 〈↔liberal arts school〉 양2

2455 **busi-ness swap** [비즈니스 스왚]: 사업 교환, 기업체끼리 계열사 간의 사업을 맞바꾸는 것, 〈~ business exchange(trade)〉, 〈↔business retention\business merge〉 양2

2456 ***busk** [버스크]: 〈←bhudh(seek)-sko(win)〉, 〈스페인어→영국어〉, 〈←buscar (추구하다)〉, (거리에서) 연기하다, (통행인을 상대로) 공연하다, 〈~ play\solicit〉, 〈↔inactivity〉 양1

2457 **bus lane** [버스 레인]: 버스 전용 차로, 〈~ a lane restricted to buses〉, 〈↔bike lane〉 미1

2458 **bus line** [버스 라인]: 버스 노선, 버스 회사, 〈~ bus route\bus cpmpany〉, 〈↔rail-way〉 미1

2459 **bus pass** [버스 패스]: 버스 승차 통과증, 〈~ bus permit〉, 〈↔train pass〉 미1

2460 ***bus ride** [버스 롸이드]: 버스 타기, 동전〈약소한〉 팁(사례금), 〈~ ride on a bus\chicken feed〉, 〈↔walk\large tip〉 미1

2461 ***bus·sin'** [버씬]: 〈2019년 노래에서 유래한 미국 속어〉, 아주 좋아, '왔다다', '쨩이다', 〈~ excellent\tasty〉, 〈↔stay\hang〉 양2

2462 **bus stop** [버스 스탚]: 버스 정류장, 〈↔train stop〉 미1

2463 **bust¹** [버스트]: 〈1639년에 등장한 영국어〉, 〈←burst〉, 부수다, 파괴하다, 급습하다, 파산, 강등, 〈~ break\crash〉, 〈↔fix\restore\bet\success〉 양1

2464 **bust²** [버스트]: 〈←bustum(trunk of the body)〉, 〈라틴어〉, 상반신, 〈무덤 위에 세워진〉 흉상, 앞가슴, 가슴둘레, 〈~ torso〉, 〈↔back\limb〉 양2

2465 **bus-tard** [버스터드]: ①avis(bird)+tarda(slow), 〈라틴어〉, '꿈뜬새', 능에〈시베리아산 한국의 천연기념물〉, 느시(들칠면조) 〈건조한 초원에서 자라는 칠면조 크기의 (어원과는 반대로) 빨리 달리는 엽조〉, 〈~ a large terrestrial bird〉 ②bastard의 완곡한 철자 미1

2466 ***bust-ed** [버스티드]: 〈←bust¹〉, 부서진, 체포된, 못생긴, 〈~ broken\ruined〉, 〈↔fixed\repaired〉 양2

2467 **bus·tle¹** [버쓸]: 〈←bustle(turmoil)?〉, 〈어원 불명의 북구어〉, 부산 떨다, 북적거리다, 소동 치다, 〈~ fuss〉, 〈↔hush\quiet〉 양1

2468 **bus·tle²** [버쓸]: 〈←buschel(pad)?〉, 〈어원 불명의 게르만어〉, 허리받이, (17세기에 유행했던 여자들이 치마 뒷부분을 불룩하게 하기 위해 입던) 치마받이 틀, 〈~ a padded under-garment〉 미2

2469 **bus·y** [비지]: 〈←besig(occupied)〉, 〈게르만어→영국어〉, 바쁜, 틈이 없는, 부지런한, 사용 중인, 통화 중인, 〈~ engaged\employed〉, 〈↔idle\lazy〉 가1

2470 **bus·y bee** [비지 비이]: '바쁜 벌', 부지런한 일꾼, 일벌레, 〈~ workaholic\eager-beaver〉, 〈↔couch potato\lounge lizard〉 양2

2471 **but** [벝]: 〈영국어〉, by+out, ~을 제외하고, 그러나, 단지, ~이 아니고, 그런데, 〈꽁지가 달린 말〉, 〈~ yet\except\other than〉, 〈↔and〉, 〈↔including〉 가1

2472 **bu·tane** [뷰우테인]: 〈←batyrum〉, 〈라틴어〉, 〈'butter' 썩는 냄새가 나는〉 부탄가스, 연료나 화학제품 원료로 쓰는 고휘발성 혼합가스, 〈~ LPG〉, 〈boiling point가 이것은 -2°C이고 propane은 -42°C임〉 수2

2473 *****butch** [부취]: 〈미국어〉 ①butcher's knife, 〈보통 긴 직사각형의〉 푸줏간 칼 ②boy+bitch, boi, '사내 같은', 남자역의 여자 동성연애자〈dike〉, 상고머리, 〈↔feminine〉 양2

2474 *****butch·er** [부취]: 〈프랑스어〉, 〈수양(bouc)을 죽이는〉 도살업자, 푸줏간 주인, 서툰 외과 의사, 〈~ meat merchant\slaughter〉, 〈↔remedy\expert〉 양1

2475 **butch·er–bird** [부취 버어드]: 〈먹이를 나무 꼬투리 등에 (꼼짝 못하게) '찔러서' 꽂아놓는 버릇이 있는〉 때까치, 〈개구리를 좋아하는〉 개고마리, 〈~ shrike〉 양1

2476 **but·ler** [버틀러]: 〈←bouteille〉, 〈프랑스어〉, 〈포도주 bottle을 관리하던〉 집사, 관리자, 〈~ major-domo\steward〉, 〈↔master\boss〉 양1

2477 **butt** [벝]: 〈어원이 다양한 영국어〉, thick end, 개머리, 밑둥, 꽁초, 궁둥이, 표적, 들이받다, 참견하다(butt in), 〈→re·buttal〉, 〈~ buttock\rear end\hind〉, 〈이것은 타자가 real end라고 친 것을 rear end라고 고쳤는데 아마도 편자가 타자의 깊은 뜻을 이해하지 못하지 않았나 사료됨〉, 〈↔top\favorite\tattletale〉 양2

2478 **butt-boy** [벝 보이]: 〈2019년에 나온 미국 영화 제목〉, 똘마니, 양아치, 〈~ underling〉, 〈↔states-man〉 양2

2479 **but·ter** [버터]: bous(cow)+tyros(cheese), 〈그리스어〉, 우락(소의 치즈), 우유 지방 응고체, 아첨, 〈cheese보다 지방이 더 많음〉, 〈~(↔)margarine보다 saturated fat이 더 많음〉 우1

2480 *****but·ter body** [버터 바디]: but her body, 〈'안몸'(안생긴 몸통)〉, '부젓가락', '통나무', '절구통', 얼굴은 예쁜데 몸매는 〈아니올시다〉인 여자, 〈↔butter face〉 미2

2481 **but·ter-cup** [버터 컾]: 미나리아재비, 모간, 미나리와 비슷한 여러해살이 식물에서 피는 다섯 잎짜리 (버터 색깔의) 누런 꽃, king·cup, crow·foot, ranunculus, 〈~(↔)bane-berry〉 미2

2482 **but·ter-cup squash** [버터 컾 스콰쉬]: Japanese pumpkin, 단호박, ⇒ kabocha 미2

2483 **but·ter-cup tree** [버터 컾 트뤼이]: (절에 봉안할 때도 쓰이는) 현란한 노란 꽃을 피우며 과육을 짜서 주황색 염료용으로 쓰는 열대성 낙엽활엽관목, 〈~ silk-cotton tree〉 우1

2484 *****but–ter-face** [버터 훼이스]: but her face, 〈'안면'(안생긴 상판)〉, 두리뭉실한 얼굴, '세수대야', 몸매는 좋은데 얼굴은 안 예쁜 여자('몸짱'), 〈↔chiseled face\butter body〉 미2

2485 **but·ter-fin·gers** [버터 휭거스]: (손에서) 물건을 잘 떨어뜨리는 사람, 서투른 사람(내야수), 부주의한 사람, 〈~ clumsy person〉, 〈↔nimble-fingers〉 양2

2486 **but·ter-fish** [버터 휘쉬]: 〈비늘이 미끈미끈한〉 참다랑어, 병어, pomfret, 〈~ pompano\coney〉, ⇒ dollar·fish 미2

2487 **but·ter-flies in the stom·ach**: 가슴이 두근(울렁)대다, 〈~ heebie jeebies〉 양2

2488 **but·ter-fly** [버터 훌라이]: 〈영국어〉, 〈나비로 변장한 마녀가 butter를 훔쳐 먹었다는 전설에서 따왔다는 썰이 있는〉 나비, 멋쟁이, 변덕쟁이, 조바심, 〈~ winged insect\flirt\jitter〉, 〈~(↔)moth〉, 〈↔ennui〉 우1

2489 *****but·ter-fly ef·fect** [버터 훌라이 이훽트]: 나비효과, (혼란 학설에서) 〈처음에는 나비가 날개치듯 미미한 변화가 급기야 폭풍을 몰아오는〉 증폭성 선풍, 〈~domino effect〉, 〈↔insignificant〉 양2

2490 **but·ter-fly fish** [버터 훌라이 휘쉬]: 〈나비 같은 지느러미를 가지고 영롱한 색을 띤〉 (관상용) 열대성 소형 바닷물고기, 나비 물고기, 〈~ coral(banner\angel) fish〉 미2

2491 *****but·ter-fly kiss** [버터 훌라이 키스]: 나비 입맞춤, 속눈썹으로 상대방 얼굴을 쓰다듬는 짓, 〈~ fluttering eyelashes against other's skin〉, 〈↔deep throat〉 양2

2492 **but·ter-head** [버터 헤드]: '우락상추', 〈주로 유럽에서 많이 나는〉 부드러운 꽃잎 모양으로 된 대갈통을 가진 (달콤한) 양상추, 〈~ lettuce with buttery-textured leaves〉 미2

2493 *but·ter·ing [버터링]: 버터나 모르타르 바르기, 아첨 떨기, 〈~ sweet talk\flattering〉, 〈↔dissuade\blame〉 미2

2494 but·ter knife [버터 나이후]: 버터를 바르는 칼, 〈↔dinner knife〉 우2

2495 but·ter-milk [버터 밀크]: 버터 채취 후의 우유, 〈~ kefir〉, 〈↔skim\(whole\)milk〉 우1

2496 but·ter-nut [버터 넡]: 호두의 일종, 백호도, 엷은 갈색, 〈~ white walnut〉 미2

2497 but·ter-nut squash [버터넡 스쿼쉬]: 누렇게 익은 호리병(gourd) 모양의 열매를 늦가을에 수확하며 육질이 단단하고 고소한 작은 호박, 〈~ a winter squash〉 우2

2498 but·ter-scotch [버터 스카치]: (버터와 황설탕을 섞어 만든 엿을) 〈잘라서 응고시킨〉 연갈색 사탕, 〈~ caramel〉 우2

2499 but·ter-tree [버터 트뤼이]: shea tree, (아프리카에 서식하며) 땅콩만 한 견과에서 버터 같은 기름을 짜내는 낙엽활엽교목 우2

2500 but·ter-weed [버터 위이드]: (개쑥갓·금방망이 등) 〈버터 색깔의〉 노란 꽃이 피는 국화과의 각종 야생초, 〈~ cress-leaf\yellow-top〉 우2

2501 but·ter-wort [버터 워얼트]: 벌레잡이제비꽃, 〈버터 같은 부드러운 잎(입)으로 곤충을 잡아먹는〉 벌레오랑캐, 〈~ a carnivorous plant〉 미2

2502 but·tock [버턱]: 〈영국어〉, 〈butt을 둘러싼〉 궁둥이, 배의 고물(뒤쪽), 업어치기, 〈→booty²〉, 〈~ bottom\rear end〉, 〈↔face\groin〉 양1

2503 but·ton [버튼]: 〈←boter(push out)〉, 〈게르만어〉, 단추, 봉오리, 휘장, 기장, '누름'단추, 〈~ butt〉, 〈~ clasp\knob\push-switch〉, 〈↔unfasten\loosen〉, 〈↔zipper〉 양2

2504 *but·ton bar [버튼 바아]: '누름 막대', 전산기 화면 머리에 나타나는 조그만 그림 문자들, 〈~ row of small icons〉 미2

2505 but·ton cell bat·ter·y [버튼 쎌 배터뤼]: 단추 건전지, 다양한 크기의 단추 모양을 한 〈단세포〉 건전지, round battery, coin battery, watch battery 양2

2506 *but·ton it(!) [버튼 잍]: 입닥쳐(!), 집어치워(!), 〈~ shut up!〉, 〈↔speak up!\keep on!〉 양2

2507 but·ton mush·room [버튼 머쉬룸]: 양송이버섯, (요리에 흔히 쓰이는) 〈단추 모양의〉 희고 동글 납작한 주름버섯, 〈~ a cultivated mushroom〉 미2

2508 but·ton tree (wood) [버튼 트뤼이(우드)]: American sycamore, 미 동부에 서식하며 단추 같은 열매를 맺는 플라타너스 나무의 일종, 버즘나무 미2

2509 *butt out [벝 아욷]: 끼어들지마, 참견(상관) 마, 〈~ mind your own business〉 양2

2510 *butt plug [벝 플러그]: 〈항문성교 때 보조나 대용으로 쓰는〉 항문 마개, 〈~ a sex toy〉, 〈~(↔)dildo〉 양2

2511 butt·tress [버트뤼스]: 〈←buter(thrust)〉, 〈게르만어〉, 〈←butt〉, 버팀, 지지물, 부벽, 보강하다, 〈~ back-bone\pillar〉, 〈↔undermine\weaken〉 양2

2512 *butt ug·ly [벝 어글리]: 추하게 생긴 사람, 역겨운 자, 〈~ extremely un-attractive〉, 〈↔eye candy〉 양2

2513 bux·us [박서스]: 〈라틴어〉, 회양목, ⇒ box·wood 미2

2514 buy [바이]: 〈←bycgan(acquire)〉, 〈어원 불명의 게르만어〉, 사다, 채택하다, 〈~ purchase\obtain〉, 〈↔sell〉 가1

2515 buy-back [바이 백]: 되사기, 환매, 〈↔sell out〉 가2

2516 *buy cheap and waste your mon·ey: 싼 게 비지떡, 〈~ cheap is cheap\you get what you pay for〉 양2

2517 *buy-down [바이 다운]: 구매자가 주택 융자금의 이율을 낮춰 보려는 〈저율 담보〉, 〈~ discount points〉, 〈↔accelerated (lump-sum) amortization〉 미2

2518 buy down [바이 다운]: 구매자가 값을 깎아서 사보려는 〈하락 매입〉, 〈~ lower the price〉, 〈↔pre-payment〉 양2

2519 Bu-yeo [부여]: 〈벌(평야)이란 한국어가 어원이라 사료됨〉 ①기원전 1세기에 부여족이 북만주에 세운 나라, 〈~ an ancient kingdom〉 ②남한의 중서부 해안쪽 평야에 자리잡은 인구 2만명의 작은 도시로 Baek-je의 말기 122년간의 도읍지여서 관광지로 유명함, 〈~ a county in Korea〉 수1

2520 **buy-er** [바이어]: 구매자, 소비자, 〈↔seller〉 가2

2521 **buy-ers' mark·et** [바이어스 마아킽]: 구매자(가 유리한) 시장, 〈~ favorable for buyers〉, 〈↔sellers' market〉 양2

2522 **buy-ing (pow·er)** [바잉 (파우워)]: 구매력, 〈↔selling (point)〉 양2

2523 *****buy in·to** [바이 인투]: 매입하다, 주식을 사들이다, (~을) 믿게 되다, 〈~ allow\agree〉, 〈↔reject\contradict〉 양1

2524 **buy Ko·re·a** [바이 코뤼어]: 한국 (자산) 매입, 외국 투자가가 한국의 주식을 사들이는 경향, 〈~ invest Korea〉, 〈↔sell Korea〉 양2

2525 **buy-out** [바이 아웉]: 매점(독점 매입), 인수(매수)하다, 돈으로 제대시키다, 〈~ acquisition\taking over〉, 〈↔drop\throw away〉, 〈↔sell-out〉 양2

2526 **buzz** [버즈]: bizz, 〈영국어〉, 〈의성어〉, 벌이 내는 소리, 윙윙거리다, 와글거리다, 잡음, (뒷)소문, 호출, 전화(울림), 취한 쾌감, 〈~ hum\bustle\call\exhilaration〉, 〈↔quiet\boredom\wusah〉 양1

2527 **buz·zard** [버져드]: 〈←buteo(hawk)〉, 〈라틴어에서 연유한 영국어〉, 〈소리만 냈지 사냥은 잘 못하는〉 말똥가리(독수리과 새), (미국산) 대머리수리, 독수리 기장, 멍청이, 〈~ turkey vulture〉 미2

2528 *****buzz cut** [버즈 컽]: '호출 머리', '군대 머리', 주로 번호가 붙은 〈윙윙 소리가 나는〉 바리깡(bariquant)을 사용해서 깎는 짧은 머리, 〈~ military cut〉 우1

2529 **buzz-er** [버져]: 윙윙거리는 것, 와글거리는 것, 호출기, 기적, 〈~alarm\bell〉, 〈↔answer\hang up〉 양1

2530 **buzz-ing** [버징]: 두근대다, 흥분하다, 〈~ bouncy\excited〉, 〈↔dead\sleepy〉 양1

2531 *****buzz off** [버즈 어어후]: 〈영국 속어〉, 꺼져(버려), go away, 〈↔welcome\show-up〉 양2

2532 **buzz saw** [버즈 써어]: 〈윙윙 소리를 내며 돌아가는〉 둥근 톱, (전기) 띠톱, 회전식 전도 절단용 공구, 〈~ circular saw〉 미2

2533 *****buzz-word** [버즈 워어드]: (전문적 어감의) 유행어, (언론에 풍자되는) 전문어, 〈~ jargon〉, 〈↔standard word〉 미2

2534 **bwa·ha·ha·ha** [브와하하하하]: '으하하하하-', 악마의 웃음, 〈~ evil laugh〉 양2

2535 **by** [바이]: 〈←bi(about)〉, 〈게르만어〉, ~의 곁에, ~에 의하여, ~까지, ~만큼, ~을 통해서, ~때문에, 〈가깝고도 껄끄러운 말〉, 〈~ before\at\beside\on〉, 〈↔away\after\further〉 가1

2536 *****by a neck** [바이 어 넼]: 〈경마에서 말들이 결승점에 도달할 때 목부터 내미는 데서 유래한〉 머리만큼, 간발의 차이, 〈~ very small distance(degree)〉, 〈↔by a land-slide〉 양2

2537 **by·by \ bye·bye** [바이 바이]: 〈1570년경에 등장한 영국어〉, 〈good-bye의 어린이 용어〉, 안녕, 이별, '잘 가', 〈↔hello〉 가2

2538 *****bye, Fe·li·cia** [바이 휠리쉬어]: 안녕-펠리샤, '꺼져줄래', 〈영화에서 성가시게 구는 여자 이름에서 유래한〉 전자통신으로 귀찮게 구는 상대를 따돌릴 때 쓰는 완곡한 표현, 〈~ dismiss\send off〉 수2

2539 **by-e·lec·tion** [바이 일렉션]: 부차적인 선거, 보궐 선거, 〈~special election〉, 〈↔regular election〉 가1

2540 **by-gone** [바이 가안]: 〈옆으로〉 지나간, 과거의, 〈~ past\former〉, 〈↔present\recent〉 양2

2541 **by-law** [바이 러어]: 정관, 내규, 조례, 준칙, 〈~ rule\regulation〉, 〈↔illegal\illicit〉 가1

2542 **by-lines** [바이 라인즈 \ 바이 리인즈]: 기명 기사, (서두·말미에 쓰인) 기사 작성자 이름, 〈~ naming the writer〉, 〈~ author's name〉, 〈↔anonymous〉 양2

2543 **by-name** [바이 네임]: 곁이름(동명이인과 구별하기 위한) 별칭, 별명, 〈~ nick-name\soblique〉, 〈↔real name\birth-name〉 양2

2544 *****BYOB** (bring your own bot·tle<booze>): 술은 각자 지참, 〈↔open(host)bar〉 양2

2545 **by-pass** [바이 패쓰]: 〈빙 둘러서 가는〉 두름길, 보조관(측관), 〈옆으로 돌아가는〉 우회로, 측로, 피하다, 앞지르다, 〈~ circumvent\work-around〉, 〈↔meet\follow\cross〉 양1

2546 **by-prod·uct** [바이 프뤄덕트]: 부산물, 부작용, 〈~ consequence\off-shoot〉, 〈↔source\determinant〉 양2

2547 **By·ron** [바이뤈], George: ⟨←byrum(cowshed)⟩, ⟨영국어⟩, '외양간에서 태어난 자', 바이런, (1788-1824), "눈을 떠 보니 하루 아침에 유명해졌다"란 말을 남기고 (그리스를 위해 터키와 싸우다가 병사한) 영국의 귀족 출신 절름발이 ⟨바람둥이⟩ 낭만파 시인, ⟨~ a British poet⟩ 수1

2548 **by-stand-er** [바이 스탠더]: ⟨옆에 서 있는⟩ 방관자, 구경꾼, 국외자, ⟨~ spectator⟩, ⟨↔up-stander\participant⟩ 양2

2549 *****byte** [바이트]: 8비트로 된 정보 단위, ⟨~(↔)bit⟩ 수2

2550 *****Byte Dance** [바이트 댄스]: 개인에 의해 2012년에 설립되어 Tik Tok을 소유하고 있는 중국의 ⟨세계적⟩ 전산기·전산망 기업체, ⟨~ a Chinese internet technology company⟩ 수2

2551 **by-the-way** [바이 더 웨이]: 곁들여 하는, 덧붙여 말하는 (부언), ⟨진짜 할 말은⟩, ⟨~ incidentally\moreover⟩, ⟨↔decided\fundamental⟩ 양2

2552 **Byung·ja War** [병자 워어]: ⟨중국어→한국어⟩, 병자(a sexagenary year)호란, (명나라의 배후 세력을 척결하려는) 청나라의 군신 관계 요구 거절로 1636년 조선에 대한 침공으로 시작되어 1638년 인조가 ⟨부자 관계의 예로⟩ 청태종에게 무릎을 꿇은 침략 전쟁, ⟨~ Qing invasion of Joseon⟩ 수2

2553 **by-way** [바이 웨이]: 샛길, 옆길, 뒤안길, 부차적 측면, ⟨~ by-road\back road⟩, ⟨↔free-way\highway⟩ 양2

2554 **Byz·an-tine** [비젼티인]: ⟨'Byzas'란 그리스인이 설립한⟩ 비잔틴, ⟨이스탄불의 옛 이름에서 따온⟩ 비잔틴 양식의, 동로마 제국의, 복잡한, 권모술수의, ⟨~ Eastern Roman Empire⟩, ⟨~ artifice\trickery⟩ 수2

1. **C \ c** [씨이]: G와 같이 이집트의 상형문자 낙타의 등에서 따 왔다는 설이 있는 10번째 정도 많이 쓰이는 알파벳, 셋째, 음 이름 '다(도)', 10진법의 12, (직경이) AA 보다 크고 D 보다 적은 건전지, centi(100)·carat·carbon·circa·cent·center·copyright·Celsius 등의 약자 수2

2. **©**: 〈음성 작품을 제외한〉 copy·right(저작권)를 나타내는 부호 우1

3. **Ca.**(cir·ca) [써얼커]: 〈라틴어〉, about, (연대·날짜 앞에 붙여서) 약, ~경 미2

4. **cab** [캡]: 〈영국어〉, cabriolet, 승합자동차(마차), 영업용 소형 자동차, taxi, 〈↔bus〉 우2

5. **Ca·bal** [커벌]: 카발정부, (영국 찰스 2세의 막강한 각료 Clifford·Arlington·Buckingham·Ashley·Lauderdale의 두 문자를 딴) '내각', 음모단·비밀 결사단, 〈~ power-elite〉 우2

6. **ca·ba·la** [캐벌러]: 〈← qabal(take)〉, Kabbala, '전통〈quabballah〉', (히브리의) 신비 철학, 비법, 신비 종교, 〈~ Orphism〉, 〈~(↔)mysticism\transdentalism〉 양2

7. **ca·bal·le·ro** [캐벌레로우]: 〈'말(caballus)'이란 뜻의 라틴어에서 유래한〉 (스페인의) 기사, 신사, 기수, horse-man, 〈~ cavalier〉, 〈↔caballera(여기사)〉 양2

8. **cab·a·ret** [캐버뤠이]: 〈'작은 방(cabinet)'이란 프랑스 방언에서 유래한〉 카바레, 춤추는 사교장, 춤 술집, night-club, 〈↔soup kitchen〉 우2

9. **cab·bage** [캐비쥐]: 〈아마도 'caput'이란 라틴어에서 유래한 프랑스 방언〉, '머리 부분〈caboce〉', (영국 및 프랑스 북서부 원산의) 양배추, 〈~ cole-wort〉, 여성 성기〈muff'(2010년에 등장한 말)〉, 〈~(↔)raddish〉 가1 양2

10. **cab·bage-bark** [캐비쥐 바아크]: '배추껍질나무', (중남미·북아프리카에 자생하고) 양배추 냄새(smell)가 나며 독성이 있는 나무껍질을 가지고 조촐한 연자색 콩꽃들을 피우는 열대성 관목, 〈~ river almond\a timber tree〉 우2

11. **cab·bage but·ter·fly** [캐비쥐 버터훌라이]: (애벌레가 배춧잎을 갉아먹으며) 〈흰 날개에 검은 점이 박힌〉 배추흰나비(류), 〈~ cabbage white\small white〉 미2

12. **cab·bage palm** [캐비쥐 파암]: 〈서인도 제도 원산의 대왕 야자류의 우아한 야자수로 새싹은 배추 냄새가 나며 고급 식용으로 쓰이는〉 양배추 야자(나무), 〈~ sabal palm\blue palmetto〉 미2

13. **cab·bage rose** [캐비쥐 로우즈]: 양배추 장미 (카프카스 원산의 장미로 양배추 모양의 분홍색 큰 겹꽃이 핌), 〈~ Provence rose\Rose de Mai〉 미2

14. **cab·bage sal·ad** [캐비쥐 쌜러드]: 양배추 전채, slaw, ⇒ coleslaw 미2

15. **cab·bage worm** [캐비쥐 워엄]: 배추벌레 (배춧잎을 갉아 먹는 배추흰나비의 유충), 〈~ larvae of cabbage butterfly〉 미2

16. **cab·bie** [캐비]: 〈1848년에 등장한 말〉, 〈← cab〉, 택시운전사(taxi driver), 마차의 마부(coachman), 〈↔passenger〉 우2

17. **Ca·ber·net Sau·vi·gnon** [캐버네이 쏘우비뇽\카버네이 쏘우비뇽]: 카베르네 소비뇽, 17세기에 고급 포도 Cabernet Franc와 야생 포도 Sauvignon blanc를 교배시켜 만든 프랑스 보르도 지방 원산의 쌉쌀한 맛이 나는 포도(로 만든 적포도주), 〈~ a dry red wine〉 수1

18. **CABG** [캐비쥐] (cor·o·nar·y ar·ter·y by-pass graft): '관동맥 재형 수술', 관상동맥 측부 혈행 작성 수술, 관상동맥 우회 이식수술 미1

19. **cab·in** [캐빈]: 〈← capanna(small room)〉, 〈라틴어〉, 오두막, 선실, 조종실, 객실, 〈~ cottage\box〉, 〈↔hotel〉 미2

20. **cab·in at·tend·ant** [캐빈 어텐던트]: (여객기의) 접객 승무원, flight attendant, 〈~ steward〉 미1

21. **cab·in class** [캐빈 클래쓰]: 특별 2등, 〈1등과 2등의 중간〉 객실(좌석), 〈~ intermediate (or second) class〉, 〈↔economy class〉 우2

22. **cab·i·net** [캐비닡]: 〈라틴어 → 영국어·프랑스어〉, cabin+et, 캐비닛, 상자, 장, 선반, 내각, '작은 방', 〈~ cabaret〉, 〈~ cupboard\case\closet〉, 〈↔door\president\mansion〉 양2

23. **cab·in fev·er** [캐빈 휘이붜]: '오두막 발열', 폐소성 신경증(좁은 공간에서 오래 생활할 때 생기는 정서 불안 상태), 〈~ stir-crazy〉, 〈~calm\serene〉 미2

24. **ca·ble** [케이블]: 〈← capere(take hold)〉, 〈라틴어〉, 피복 전선, 굵은 밧줄, 꼬임 줄, 강삭, 〈~ rope〉, 〈↔dislodge\arc〉 우2

25 **ca·ble car** [케이블 카아]: ⟨1873년 SF에서 발명된⟩ 강삭차, 공중 승강차, ⟨~ aerial tram(lift)⟩, ⟨↔street car⟩ 영2

26 *****ca·ble mo·dem** [케이블 모우뎀]: 강삭 변복조장치, (cable T.V.의 빈 대역을 이용한 전산망 연결 장치), ⟨↔DSL modem보다 10배 정도 빠름⟩ 미1

27 **ca·ble TV** [케이블 티뷔이]: 유선 화상방송, ⟨↔broadcast TV⟩ 영2

28 **cab·o·chon** [캐버숀]: ⟨프랑스어⟩, 카보숑, '머리⟨caboche⟩ 모양', 자르지 않고 둥글게 간 보석, ⟨~ a carved gemstone piece⟩, ⟨~(↔)baguette°⟩ 영1

29 **Cab·ot** [캐벝], John: ⟨← caput(head)⟩, ⟨라틴어⟩, '대갈장군', 캐벗, (1450-98), 영국의 헨리 7세의 도움을 받아 1497년 ⟨콜럼버스보다 5년 후⟩ 북미대륙에 착륙한 이탈리아의 탐험가, ⟨~ Italian explorer⟩ 수1

30 **Ca·bo Ver·de** [카보우 붜얼디]: ⟨포르투갈어⟩, Cape Verde, '초록색의 곶', 카보 베르데, 1975년 포르투갈로부터 독립한 중 아프리카 서쪽 대서양상의 10개의 화산섬으로 된 조그만 나라, {Cabo Verdean-Por-Escudo-Praia} 수1

31 **ca·bril·la** [카브륄러]: ⟨스페인어⟩, (돌·모래 해저를 가진 난류에 서식하는) '염소⟨cabra⟩ 모양의' 농엇과 능성어속의 비교적 작은 식용 바닷물고기, ⟨~ seabass\comber⟩ 수1

32 **Ca·bril·lo** [카브륄오], Juan: ⟨시실리의 지명(Carballo; oak forest)에서 연유한⟩ 카브리요, (1499?-1543), 스페인을 위해 캘리포니아를 탐험한 포르투갈 출신의 탐험가, ⟨~ an Iberian explorer⟩ 수1

33 **cab·ri·ole** [캐브리오울]: ⟨프랑스어⟩, (가구의) 굽은 다리⟨curved furniture leg⟩, ⟨염소(caper)의⟩ '발차기 뜀(ballet leap)' 영1

34 **ca·ca·o** [카카오 \ 커케이오]: ⟨← Kukulkan(feathered serpent)이란 마야의 신이 인간을 만든 후 먹으라고 주었다는 열매에서 연유한⟩ ⟨원주민어⟩, cocoa, 코코아 '열매'를 맺는 중남미 원산 벽오동과의 교목, ⟨~ 'chocolate tree'⟩ 수2

35 **ca·cha·lot** [캐셜랕]: ⟨← cachola(big head)⟩, ⟨포르투갈어⟩, ⟨'큰 머리' 고래⟩, 향유고래, ⇒ sperm whale 미2

36 *****cache** [캐쉬]: ⟨← cogere(collect)⟩, ⟨라틴어 → 프랑스어⟩, ⟨← cacher(hide)⟩, 캐시, 은닉처, 저장물, (전산기의) 고속기억장치, ⟨~ trove\inventory⟩, ⟨↔display⟩ 양1 영2

37 **ca·chet** [캐쉐이]: ⟨← cache⟩, ⟨라틴어 → 프랑스어⟩, ⟨은밀한⟩ 인장, 특징, 권위, ⟨~ prestige\status⟩, ⟨↔shame\hatered⟩ 양2

38 **ca·chex·i·a** [커켁씨어]: kakos+hexis, ⟨그리스어⟩, 'bad habit', 악액질, 빈사 상태, 불건전상태, ⟨~ wasting⟩, ⟨↔health\strength⟩ 미2

39 **ca·chi·ri** [케이취뤼]: ⟨원주민어⟩, a formentated liquor made in Cayenne, 카치리, 카사바 뿌리를 갈아 발효시켜 guaba(아이스크림콩) 등으로 향을 낸 중남미의 전통주 수2

40 **ca·chu·cha** [커츄우취]: ⟨'작은 배(cacho)'란 뜻의 스페인어에서 유래한⟩ 카추차, 쿠바에서 생겨서 스페인의 Andalusia 지방으로 전파된 ⟨혼자서 추는⟩ 3/4~3/8 박자의 bolero 비슷한 경쾌한 춤, ⟨~ a lively Spanish solo dance⟩ 수2

41 **cack·le** [캐클]: ⟨게르만어⟩, ⟨의성어⟩, 꽥꽥대다, 깔깔대다, 수다 떨다, 재잘대다, (하이에나 등의) 떼, ⟨~ laugh loudly\giggle\chortle⟩, ⟨↔sob\lament⟩ 양1

42 **ca·coph·o·ny** [커카훠니]: kakos+phonos, ⟨그리스어⟩, 'bad sound', 불협화음, 잡음, 소음, ⟨~ dissonance⟩, ⟨↔assonance\harmony\lyric\rhythm⟩ 양2

43 **cac·tus** [캩터스]: ⟨← kaktos(prickly)⟩, ⟨그리스어⟩, 선인장, ⟨신선의 손바닥으로나 만질 수 있는⟩ '가시 달린 식물', ⟨~ desert flora\a succulent⟩ 가1

44 *****CAD** [캐드]: ①computer aided design; 전산기 보조 설계 ⟨컴퓨터의 도움을 받은 설계⟩ ②coronary artery disease; 관상동맥질환 미2

45 **cad** [캐드]: ⟨영국어⟩, ⟨어떤 caddie나 cadet처럼⟩ 치사한 자, 염치없는 분, 화대 떼어먹는 놈, ⟨~ scoundrel\rascal\fuck boy⟩, ⟨↔gentleman\lady⟩ 양2

46 **ca·dav·er** [커대붜]: ⟨← cadere(fall)⟩, ⟨라틴어⟩, '넘어진 신체', 송장, 해부용 시체, ⟨~ corpse⟩, ⟨↔being\ashes⟩ 양2

47 **cad·die \ cad·dy** [캐디]: 〈← cadet〉, 〈라틴어 → 프랑스어 → 스코틀랜드어〉, '심부름꾼', 차통(차를 담아 두는 그릇), 작은 손수레, 〈~ aide\transporter〉, 〈↔adversary〉 우1

48 **cad·die bag** [캐디 배그]: 캐디용 골프가방(golf-bag) 우1

49 **cad·die cart** [캐디 카아트]: (캐디가) 골프채를 나르는 이륜차, 〈~ pull cart〉 우1

50 **cad·dis-fly** [캐디스 훌라이]: 〈← cadas(floss silk)〉, 〈어원 불명의 영국어〉, 날도래, 물여우나비 (여름밤 등불에 날아드는 모기와 나방의 중간치쯤 되는 날벌레), 〈~ sedge (or rail) fly〉 미2

51 **cad·dis-worm** [캐디스 워엄]: 〈← cadas(floss silk)〉, 물여우, 〈고치 속에 들어가 물에 둥둥 떠다니면서 작은 벌레를 잡아먹는〉 날도래의 유충, 날도래같이 생긴 (인공) 낚싯밥, 〈~ aquatic larvae of caddis-fly〉 미2

52 **~cade** [~케이드]: 〈라틴어 → 프랑스어〉, 〈← cavalcade (기마행렬)〉, 〈~행렬(procession)·구경거리(sight)를 뜻하는 결합사〉 양1

53 **ca·dence** [케이든스]: 〈← cadere(fall)〉, 〈라틴어〉, 카덴스, 〈내려가는〉 억양, 운율, 박자, 종지(법), 〈→ cadenza〉, 〈~ rhyme\tune〉, 〈↔still\ascent〉 양1

54 **ca·den·za** [커덴져]: 〈이탈리아어〉, 〈← cadence〉 카덴차 ①협주곡에서 독주자의 기교를 나타내기 위한 〈마지막〉 장식부, melisma, 〈↔stroll\fail〉 ②C~; 한국의 기아(Kia) 자동차가 2014년부터 출시하다 2020년에 중단한 소형 승용차 수2

55 **ca·det** [커뎉]: 〈← caput(head)〉, 〈라틴어〉, '꼬마 가장', 사관생도, 간부후보생, 수습생, 〈~ junior\newbie〉, 〈↔tenured〉 양1

56 **Cad·il·lac** [캐딜랙]: 〈← cad(little fighter)〉, 〈프랑스어〉, 캐딜락, (1701년 Detroit를 세운 프랑스의 식민지 개척자의 이름을 딴) 미제(고급) 승용차 상품명, 1902년에 세워진 GM 산하의 자동차 회사, 〈~ an American auto-car company〉 수1

57 **cad·mi·um** [캐드미엄]: 〈Cadmus의 이름을 딴 그리스의 Kadmeioi 지방에서 처음 발견된 금속〉, 〈그리스어〉, 〈calamine 같은〉 카드뮴, 〈재충전할 수 있는 건전지(battery)의 원료로 많이 쓰이는〉 금속원소 (기호 Cd·번호48), 선황색, 〈~ a metallic chemical element〉 수2

58 **Cad·mus** [캐드머스]: one who excels(?) \ one from the east(?), 〈어원 불명의 그리스어〉, 카드모스, 〈제우스에 의해 납치된 Europa를 구하러 갔다가 용을 물리치고 Thebes라는 도시국가를 세웠으며 그리스에 알파벳을 전해 줬다는〉 페니키아의 왕자, Semele의 아버지, 〈~ a Phoenician prince〉 수1

59 **ca·dre** [캐드뤼 \ 카아드뤠이]: 〈← quadrum〉, 〈라틴어〉, 기간 요원, 핵심 간부, 〈4각형(quadro)으로 된〉 뼈대, 〈~ small(key) group〉, 〈↔edgy\followers〉 양2

60 **Ca·du·ce·us** [커듀우시어스]: 〈← kerux(herald)〉, 〈그리스어〉, '선도자', 카두세우스, 제우스의 사자 헤르메스의 지팡이로 두 마리의 뱀이 감기고 꼭대기에 쌍날개가 있어서 〈잘못 알고〉 한때 평화와 의술의 상징으로 쓰여졌음, 〈~ staff carried by Hermes\badge of heralds〉 수1

61 **Cae·lus** [케일러스]: 'sky', 카일루스, 〈그리스 신화의 Uramus에 해당하는〉 (로마신화의) '천신' 수1

62 **Cae·sar** [씨이저], Jul·ius: 〈← caesaries(hairy one; 털보)?〉, 〈어원 불명의 라틴어〉, 카이사르, 시저, (BC 100-44), 유럽의 중심부를 평정한 〈머리가 좋고 야심이 많았던〉 로마의 군사 전략가·작가·왕관 없는 〈제왕〉, 〈~ kaiser\czar〉, 〈~ a Roman general and statesman〉 수1

63 ★**Cae·sar cut** [씨이져 컽]: 〈로마의 2대 황제 Tiverius Caesar같이〉 앞머리를 길게 나눈 군대식 머리, 〈~ a short, horizontally straight cut〉 수2

64 ★**Cae·sar·e·an sec·tion** [씨이져뤼언 쎅션]: 〈← caedere〉, ('cut'이란 뜻의 라틴어에서 유래된) 〈Julius Caesar가 이 수술로 탄생되었다는 어원은 신빙성이 없는〉 제왕절개 수술, 〈~ abdominal (or surgical) delivery〉, 〈↔natural birth〉 양1

65 ★**Cae·sar·ize** [씨이져 롸이즈 \ 카에져 롸이즈]: 영웅화 시키다, 〈미국 대학가에서 운동경기 용어로 등장한 말〉, 〈~ heroize〉 우2

66 **Cae·sar sal·ad** [씨이져 쎌러드]: 동명의 미국인이 〈멕시코의 한 식당에서 만들기 시작했다는〉 야채에다 마늘·올리브 오일·안초비·달걀 조각 등을 섞어 만든 전채, 〈~ tossed salad\mixed greens〉 수2

67 **cae·su·ra** [시줘뤄]: 〈← caedere〉, 〈라틴어〉, 'cut', 중단, (행간의) 휴지, (음율의) 멈춤, 〈~ comma\pause〉, 〈↔continuity〉 양2

68 **ca·fé** [캐풰이]: 〈프랑스어〉, 경식당, 다방, 주점, '커피를 파는 집(coffee house)', 〈~ bistro〉 미1

69　**ca·fé au lait** [캐풰이 오우 레이]: milk coffee, '우유커피', 여과된 커피에 우유를 넣은 커피, 엷은 갈색, 〈~ caffè latte〉 우1 미1

70　**ca·fé de ol·la** [캐풰이 디 알러 \ ~ 얼러]: 커피·계피·흑설탕을 넣고 〈질냄비(clay pot)〉에서 끓인 멕시코의 전통차(traditional Mexican coffee), 〈~ pot coffee〉 우1

71　**caf·es·tol** [캐풰스톨]: coffee+sterol, '커피기', 〈콜레스테롤을 높여주는〉 커피콩에 들어있는 수산기 수2

72　**caf·e·te·ri·a** [캐후티어뤼어]: 〈남미계 스페인어〉, coffee shop, 자기봉사 대중음식점, '커피를 파는' 소형식당 미1

73　**caf·fé A·mer·i·ca·no** [캐풰 어메뤼카노우]: 미국식 커피, 〈이탈리아 주둔 미군들이 즐기던〉 진한 커피에 뜨거운 물을 부은 '연한 커피', 〈~ light espresso〉 미1

74　**caf·fé black** [캐풰 블랙]: '흑 커피', 커피 진액에다 물만 탄 '본 커피', 〈~ short-black\strong coffee〉 미1

75　**caf·fé dry** [캐풰 드롸이]: '마른 커피', 커피 진액에다 거품 우유만 넣은 '거품 커피', 〈~ coffee crystal〉 미1

76　**caf·feine** [캐휘인]: 〈← café〉, 〈프랑스어〉, 〈차의 요소인〉 다소(커피의 주성분), 〈~ methyl-theo-bromine〉 우2

77　**caf·fé lat·te** [캐풰 래테이]: 〈프랑스어+라틴어〉, 에스프레소(커피 진액)에 우유(milk)를 넣은 커피, '농 우유커피', 〈~ café au lait〉 우2

78　**caf·fé mac·chi·a·to** [캐풰 마키아토우]: 마키아토, '얼룩〈marked〉 커피', 커피 진액에 거품 우유를 위에 입힌 것, 〈~ espresso macchiato〉 미1

79　**caf·fé mo·cha** [캐풰 모우커]: mocaccino, 〈예멘에 있는 Mocha 지명을 딴〉 커피 진액에 찐 우유와 초콜릿(chocolate) 시럽을 넣어 모카 향이 나게 만든 것, 〈~ mochachino〉 수2

80　**caf·fé ris·tret·to** [캐풰 뤼스트뤠토우]: '농축〈restricted〉 커피', 커피 진액에서 물을 줄여 만든 아주 진한 커피, 〈~ short shot\concentrated espresso〉, 〈↔caffè Americano〉 미2

81　**caf·fé skin·ny** [캐풰 스키니]: '여윈 커피', '홀태 커피', 커피 진액에다 기름을 뺀 우유(non-fat milk)를 넣은 '무지방 커피', 〈~ skinny latte〉 미1

82　**caf·fé wet** [캐풰 웰]: '젖은 커피', 커피 진액에다 반은 찐 우유·반은 거품 우유(more steamed milk and less foam)를 넣은 '반반 커피', 〈~ wet cappuccino〉 미1

83　**Caf·tan \ Kaf·tan** [캐프탠]: 〈← qaftan(a garment)〉, 〈페르시아어〉, 〈중동·터키 사람이 입는〉 띠 달린 긴소매 옷, 〈~ a long robe\dressing gown〉, 〈~(↔)yukata〉 수2

84　**cage** [케이쥐]: 〈← cavea〉, 〈라틴어〉, 〈← cave〉, '우묵한 곳', 새장, 우리, 칸, 수용소, 얇은 겉옷(껍질), 〈→ jail〉, 〈~ pen\coop〉, 〈↔free〉 양2

85　**ca·hoot** [커후웉]: 〈미국어〉, 〈cohort에서 나온 말이라는〉 한패가 되다, 공모하다, 〈~ conspiracy\alliance〉, 〈↔dissociate〉 양2

86　**Cain** [케인]: 〈← Qayin(created one)〉, 〈히브리어〉, '창조된 자', 카인, 아우 아벨(Abel)을 죽인 아담의 장남, c~; 형제 살해자, 〈~ first son of Adam and Eve〉 수1

87　**cai·ni·to** [카이니토 \ 케이니토]: cab(juice)+im(breast)+vitis(sap), 'milk fruit', 〈마야어〉, 별사과의 학명, caimito, ⇒ star apple 미2

88　**cairn** [케언]: 〈← carn(heap)〉, 〈켈트어〉, 케른, 돌 무더기, 석총, 기념비, 〈~ horn\pile of stones〉, 〈~ burial mound\mile stone〉 양2

89　**Cai·ro** [카이로우]: 〈← al-Kahira(the strong)〉, 〈아랍어〉, 카이로, '정복자', 〈주위에는 기원전 3천 년부터 문명이 발달했으나 이 도시 자체는 AD 969년에 세워져서〉 (많은 유물과 사원을 가지고 있는) 이집트 아랍 공화국의 수도, 〈~ Capital of Egypt〉 수1

90　**Cai·ro Con·fer–ence** [카이로우 칸풔런스]: 카이로 회담, 1943년 11월 미·영·중 수뇌들이 카이로의 미 대사관저에 모여 2차대전 종결 후 일본은 한국을 비롯해서 1차대전 이후에 빼앗은 모든 영토를 원상 복귀하라는 선언, 〈~ one of WWII Allied conferences〉 수2

91　**ca·jole** [커죠울]: 〈← cajoler(coax)〉, 〈프랑스어〉, 〈새장(cage) 안의 새가 먹이를 달라고〉 아첨하다, 부추기다, 구워삶다, 〈~ palaver\hot air\tempt\bread-crumbing\inveigle〉, 〈↔bully〉 양2

92　**Ca·jun(~jan)** [케이쥔]: 〈Acadian의 변형어〉 ①아카디아 출신 프랑스계 자손, 〈~ Acadian French-Canadians〉 ②루이지애나 지방의 프랑스계와 원주민의 혼혈아, 〈~ Louisiana Acadian〉 수2

93 **cake** [케이크]: 〈게르만어에서 연유한 북구어〉, 〈← kaka〉, 양과자, 덩어리, '납작한 빵', '맛있는 것(여자)', 〈~ fond-ant\tart³〉 유1

94 **cake mix** [케이크 믹스]: 양과자 만드는 혼합재료 미1

95 **Cal·a·bar bean** [캘러바알 비인]: 삐죽한 콩깍지에 새의 부리 같은 부속지(가지)가 달린 열대 아프리카 〈나이제리아 남부의 칼라바르 지방산〉 콩을 1840년경 영국에서 사형에 쓸 약으로 수입한 〈열매에 맹독(physostigmine)이 있는〉 식물, 〈~ ordeal bean〉 수2

96 **cal·a·bash** [캘러배쉬]: qar(gourd)+aybas(dry), 〈페르시아어〉, 호리병박(그 제품), 조롱박, 〈박을 쪼개 말려 만든〉 표주박, 괴불나무, 〈~ bottle gourd\long melon〉, 〈~ mate³〉 미2

97 **cal·a·bre·se** [캘러브뤠이지]: 〈이탈리아어〉, 〈남부 이태리의 지명(Calabria)에서 유래한〉 카라브르세, 잎망울이 더 도톨도톨한 브로콜리(꽃양배추), 〈~ sprouting broccoli보다 연함〉 수2

98 **ca·la·di·um** [칼레이디엄]: 〈← kaladi(footprint)〉, 〈말레이어(학명)〉, 칼라디움, 〈열대 미주에 서식하며〉 화려하고 넓은 화살촉 〈또는 발자국〉 모양의 잎을 가진 토란속의 관상식물, Heart of Jesus, ⇒ elephant ear 수2

99 **cal·a·man·co** [캘러맹코우]: 〈← Kamelaukion(skull-cap)〉, 〈그리스어 → 라틴어 → 스페인어〉, '털을 눌러서 만든', 〈18~19세기에 유행했던〉 (광택제를 먹여서) 윤이 나는 모직물, 〈~ a glossy woolen cloth〉 유1

100 **cal·a·mar·y \ cal·a·mar·i** [캘러머뤼 \ 캘러마뤼]: 〈← kalamos(reed)〉, 〈그리스어 → 라틴어 → 이탈리아어〉, '갈대같은 뼈대를 가진' 오징어(squid)'로 만든 이탈리아 〈전채〉 요리 유1

101 **cal·a·mine** [캘러마인]: 〈← kadmos(Cadmus)〉, 〈그리스어〉, 칼라민, '아연'의 일종, 피부염(pruritus) 치료제, 〈→ cadmium〉 유1

102 **ca·lam·i·ty** [컬래미티]: 〈← calamitas(damage)〉, 〈모호한 어원의 라틴어〉, 큰 재난 (불행), 참사, 〈~ doom\catastrophe〉, 〈↔blessing\honeymoon〉 양2

103 **cal·a·mon·din** [캘러만딘]: calamansi, 〈필리핀어〉, 〈시큼 텁텁한 맛이 나는〉 필리핀 원산의 감귤과 만다린 오렌지의 잡종, 〈~ a citrus hybrid〉, 〈~ Philippine lime(lemon)〉 수2

104 **cal·a·mus** [캘러머스]: 〈← kalamos(reed)〉, 〈그리스어〉, '갈대', 창포 (sweet flag), 새의 깃촉, 〈→ (깃촉 같은 먹물통을 가진) calamary〉, 〈→ chalumeau〉, 〈→ shawn〉, 〈~ plume\quill〉 미2

105 **ca·lan·do** [카알라안도우]: 〈← chalan(loosen)〉, 〈그리스어 → 라틴어 → 이탈리아어〉, 느슨하게, 점점 약하게, 〈↔increasing〉 미1

106 **cal·ca·ne·us** [캘케이니어스]: 〈← calcanium (the heel)〉, 〈라틴어〉, 발꿈치뼈, 종골, calcaneal tendon (Achilles heel) 양2

107 **cal·cif·er·ol** [캘씨훼롤]: 〈영국어〉, calciferous ergosterol, 〈용도와 효능에 대해 말이 많은〉 비타민 D2 수2

108 **cal-cite** [캘싸이트]: 〈← calcis(lime)〉, 〈라틴어〉, 방해석, 탄산칼슘으로 이뤄진 흰색 또는 투명한 광물질, lime, 〈~ chalk〉 미2

109 **cal·cit·ri·ol** [캘씨트뤼어얼]: 칼시트리올〈칼슘+에르고스테롤; 골다공증 치료약〉, 〈~ active form of vitamin D〉 수2

110 **cal·ci·um** [캘씨엄]: 〈← calci(lime)〉, 〈라틴어〉, 칼슘, 〈동물의 뼈·시멘트·합금을 만들 때 쓰는〉 금속원소 (기호 Ca·번호 20), 〈~ a dietary supplement and antiacid〉 수2

111 **cal·cu·la·tor** [캘큘레이터]: 〈← calculus〉, 〈lime stone을 이용해서 숫자를 세던데서 유래한〉 계산기, 계산인, 타산적인 사람, 〈~ abacus\computer〉 양1

112 **cal·cu·lus** [캘큐어러스]: 〈← calcis(lime stone)〉, 〈라틴어〉, 계산법, 미적분, 결석, '계산용 돌', 〈~ mathematical study of change〉, 〈~ (↔)geometry〉 미2

113 **Cal·cut·ta** [캘커터]: 캘커타, (2001년부터는) Kolkata, '힌두 여신 Kali의 땅', 〈5백만이 북적대며 사는〉 생활환경이 열악한 인도 북동부의 항구·교역 도시, 〈~ Capital of India's West Bengal state〉 수1

114 **cal·de·re·ta** [칼드뤠타]: kaldereta, 〈필리핀계 스페인어〉, 육류를 야채와 양념에 섞어 cauldron(큰 냄비)에 넣고 끓인 국, 〈~ Philippino meat stew〉 수2

115 **ca(u)l·dron** [커얼드뤈]: 〈← calere(끓이다)〉, 〈라틴어〉, 가마솥, 큰 냄비, 〈→ chowder〉, 〈~ a large metal pot〉 양2

116 **Cald·well** [컬드웰], Er·skine: 〈'cold well'가에 사는 자〉, 콜드웰, (1903-1987), 가난한 미국 남부 농민들의 애환을 성과 폭력으로 묘사한 인기 소설가, 〈~ an American novelist〉 수1

117 **Cal·e·do·ni·a** [캘러도우니어]: kal(hard)+pedo(foot), 〈켈트어〉, 〈강한 발을 가진 자〉, Scotland의 고대 로마 이름 수1

118 **cal·en·dar** [캘린더]: 〈← kalendae(account book)〉, 〈라틴어〉, 달력, 일정표, 목록, '금전출납부', 〈~ almanac\chronology\agenda\docket〉, 〈↔disarray〉 양1

119 **ca·len·du·la** [컬렌쥴러]: 〈조그만 calenda(해시계)〉, 〈일년 내내 꽃이 피는〉 카렌듈라, 금잔화 (아열대산으로 주황색의 작은 접시 모양의 꽃이 피는 국화과의 식물), ⇒ mari·gold 미2

120 **calf** [캘후 · 카알후]: 〈← clab←kalbam(swollen)?〉, 〈게르만어〉, 송아지, 〈볼록한 배에서 나온〉(짐승의) 새끼, 얼간이, 〈볼록 튀어나온〉 장딴지, 〈~ a young bovine\silly person\back part of the lower leg〉, 〈↔ox\abort\tibialis anterior\thigh〉 양1

121 **calf love** [캐후 러브]: 풋사랑, puppy love, 〈~ filly love〉, 〈↔mature love〉 양2

122 **Cal·ga·ry** [캘거리]: 〈스코틀랜드어〉, 'cold garden', 캘거리, 〈1988년 동계 올림픽이 열렸던〉 캐나다 앨버타주 남부에 있는 석유 공업 도시, 〈~ a city in Alberta, Canada〉 수1

123 **Cal·houn** [칼후운], John (Cald-well): 〈켈트어〉, 〈'corner'(구석)에 사는 자〉, 캘훈, (1782-1850), 사우스캐롤라이나의 농가에서 태어나 일찍감치 정계에 입문해서 부통령을 비롯한 각종 요직을 거치면서 철저히 노예제도를 옹호했던 미국의 정치가, 〈~ an American statesman〉 수1

124 **cal·i·ber** \ ~bre [캘리버]: 〈← qalib(mold for casting)〉, 〈아라비아어 → 라틴어〉, '주물의 형틀', 직경, 구경, 국량(qua libra), 품질, 〈~ diameter of a tube〉, 〈~ quality\character〉, 〈↔inability〉 양2

125 **cal·i·brate** [캘리브뤠이트]: 〈← caliber〉, 눈금을 긋다, 구경을 측정하다, 서로 맞추다, 조정하다, 〈~ aligning\fine-tune〉, 〈↔disarrange〉 양2

126 **cal·i·co** [캘리코우]: 캘리코, (인도의 원산지명〈Calicut〉에서 따온) 옥양목, 사라사(얼룩무늬 옷), 〈~ a coarse cotton\printed(spotted) cotton〉, 〈~(↔)muslin 보다 투박함〉 미2

127 **cal·i·co cat** [캘리코우 캩]: (여성 염색체를 가진) 삼색 '얼룩' 고양이, 〈~ tortoiseshell-cat〉 미2

128 **cal·i·co corn** [캘리코우 코언]: 삼색(얼룩) 옥수수, 북미지방 원산의 색깔이 있는 낱알을 가진 옥수수, flint corn ⇒ Indian corn 미2

129 **Cal·i·for·nia** [캘리훠니어]: 〈1510년에 출판된 스페인의 공상 소설에 나오는 풍요한 나라의 여왕 Calafia에서 따온〉 캘리포니아, CA, Golden State(황금 주), 1850년 31번째로 미합중국에 편입된 자급자족이 가능한 태평양 연안의 〈노다지 주〉, {Sacramento-52}, 〈〈golden puppy〉〉 수1

130 **Cal·i·for·nia pop·py** [캘리훠니어 파피]: 금영화, 현란한 노랑·주황색의 꽃이 피는 양귀비과의 다년초로 캘리포니아의 주화, 〈~ golden poppy〉 미1

131 **Cal·i·for·nia roll** [캘리훠니어 로울]: ①'캘리포니아 두루마리(초밥)', (두 명의 창작자가 거론되는) 1960년대 후반에 미 서해안 지방에서 미국인의 입맛에 맞춰 개량된 〈김으로 싸지 않고 crab과 avocado 등으로 속을 넣은〉 쌀밥 덩어리, 〈~ an uramaki〉 ②(정지 표시에서 멈추지 않고 슬쩍 넘어가는) 캘리포니아식 〈얌체·불법 운전〉, 〈~ rolling (illegal) stop〉 수2

132 **Cal·i·for·nia rose-bay** [캘리훠니어 로우즈베이]: (미) 만병초, 가주 석남, 미국 서부 해안지대 서식하며 장방형의 큰 잎에 분홍색의 갈래꽃이 피는 진달랫과의 상록관목, 워싱턴주의 주화, 〈~ coast (or big-leaf) rhododendron〉〉 수2

133 **Ca·lig·u·la** [컬리귤러]: 〈← caliga(leather boot)〉, 칼리굴라, (AD 12-41), ('조그만 군화 〈신발〉') 〈어려서부터 군대를 따라다녀 인기가 좋았으나 정신적 파탄을 일으켜 암살된〉 로마 황제 Gaius Caesar의 별명 수1

134 **cal·i·pers** [캘리퍼스]: 〈라틴어〉, 〈← caliber〉, 측경기, 두께를 재는 양각 기구, 〈~ micro-meter〉, 〈~(↔)compass〉 우1

135 **Ca·liph** \ Ka·lif [케일리후]: 〈← khalafa(successor)〉, 칼리프, 모하메드의 '후계자' (1924년에 공식적으로 폐지된 칭호), 〈~ ruler\sultan¹〉 수2

136 **ca·liph-ate** [케일리훼이트]: 칼리프의 직(영토), '이슬람 왕조', 〈~ Islamic empire\sultanate〉 우2

137 *****cal·is·then·ics** [캘리스쎄닉스]: kallos+sthenos, 〈그리스어〉, 'beauty+strength', 미용 체조, 유연 체조, 〈↔inertia〉 양2

138 ***CALL** (com·put·er aid·ed lan·guage learn·ing): 전산기 보조 언어 학습 〖미2〗

139 **call** [커얼]: 〈← callian(speak)〉, 〈게르만어〉, 부르다, 소집하다, 일컫다, 외침, 통화, 방문, 초대, 요구, 판정, 결정권, (주식을) 살 권리, 〈→ cite〉, 〈~ ring\shout\request\order\claim〉, 〈↔listen\answer〉 〖양1〗

140 **cal·la** [캘러]: 〈그리스어〉, 'beauty', 칼라, 〈깔때기 모양의 흰 '잎'을 가지고 습지에서 자라는〉 백합(lily) 비슷한 토란과의 식물 〖우1〗

141 **Cal·las** [캘러스], Ma·ri·a: '예쁜이(beauty)', 칼라스, (1923-77), (전율하는 고음을 자랑했으나) 〈오나시스에게 버림받은〉 성깔 있던 미국 태생 그리스의 소프라노 오페라 가수, 〈~ an American- Greek soprano〉 〖수1〗

142 **call-back** [커얼 백]: 회수, 귀환, 회신, 〈↔dismissal\passing〉 〖양1〗

143 **call block** [커얼 불락]: 통화 차단(장치), 〈↔call open〉 〖양2〗

144 **call box** [커얼 박스]: 〈도로의〉 비상 전화통, 〈~(↔)phone booth〉 〖양2〗

145 ***call boy** [커얼 버이]: 호출 담당자, 연락 담당자, 전화로 영업하는 남창, '호출남', 〈~ male prostitute〉, 〈↔call girl〉 〖우2〗

146 ***call drink** [커얼 드링크]: brand drink, (well drink의 반대 개념으로) 혼합주의 주 독주를 명품 술로 〈주문해 마시는〉 특별 주, '지명 주류', 〈↔house drink〉 〖우1〗

147 ***call-ed on the car·pet**: 〈예전에 주인방에는 양탄자가 깔려 있던데서 유래한 말〉, (하인이) 양탄자 위로 불려와서 〈꾸중을 듣다〉, 〈~ reprimand\scold〉, 〈↔praised〉 〖양2〗

148 ***call-er ID** [커얼러 아이디]: 발신자 번호표시, 발신자 신원(identification) 〖양1〗

149 **call for·ward·ing** [커얼 훠어워딩]: 착신전환, 자동전송 〈걸려온 통화가 자동적으로 특정 번호로 연결되는 장치〉, '당겨 받기', '바꿔 받기', 〈~ call diversion〉, 〈↔call waiting〉 〖미2〗

150 ***call girl** [커얼 거얼]: 전화로 영업하는 매춘부, '호출녀', 〈~ a female prostitute〉, 〈↔call boy〉 〖우2〗

151 **cal·lig·ra·phy** [컬리그뤄휘]: kalos(beautiful)+graphein(write), 〈그리스어〉, 서도, 서예, 달필, '아름다운 서법', 〈~ pen·man·ship〉, 〈↔type\print〉 〖양1〗

152 **call·ing** [커얼링]: 부름, 외침, 점호, 소명, 욕구, 〈~ mission\summons〉 〖양1〗

153 ***call·ing card** [커얼링 카아드]: 전화신용증, 방문용 명함, '통화증', 〈~ visiting card\calling account〉 〖미2〗

154 **Cal·lis·to** [컬리스토우]: 〈← kalos(beautiful)〉, '아름다운 자', 칼리스토, 제우스의 사랑을 받은 탓으로 헤라에 의해 곰으로 변한 아르테미스가 거느리던 요정, 목성의 제4 위성, 〈~ a nymph\'dead moon'〉 〖수1〗

155 ***call it a day(night)**: 그만두자, ~ 일과 끝!, (그만 자야겠다), 〈~ quit\close up〉 〖양2〗

156 ***call mar·ket** [커얼 마아킽]: '단자 시장', '호출 시장', 미리 정해진 간격(designated time)마다 거래가 이루어지는 증권 시장, 〈↔contineous market〉 〖미1〗

157 ***call mon·ey** [커얼 머니]: 단자, '요구불', 단기 차입금 〈청구 시 즉시 반환한다는 조건이 붙은 빌린 돈〉, 〈~ short-term loan payable on demand〉 〖미2〗

158 ***call-off** [커얼 어후]: 취소(하다), 중지(하다), 〈~ cancel\drop〉, 〈↔keep-up〉 〖양1〗

159 ***call on(upon)** [커얼 언(어판)]: 요구하다, 호소하다, ~을 방문하다, 〈~ adjure\visit〉, 〈↔give\suggest\call off〉 〖양1〗

160 ***call op·tion** [커얼 아앞션]: '매수 선택권', 〈주식을 살 때 일정주식을 일정기간내 일정가격에〉 살 권리, 〈~ exchange a security at a set price〉, 〈~ put option〉 〖미2〗

161 **cal·lous** [캘러스]: 〈라틴어〉, callus(hard skin), '굳은' 살, 못 박힌, 무감각한 〖양1〗

162 **call-out** [커얼 아웉]: 호출, 출장 명령, 직장 복귀 명령, 결투 신청, 〈~ out-cry\exclaim〉, 〈↔call-in〉 〖양1〗

163 ***call out** [커얼 아웉]: 소집하다, 동원하다, 출동하다, 돌입하다, 호출하다, 외치다, (전화로) 결근을 알리다, 〈~ emergency help\sick-call〉, 〈↔call in〉 〖양1〗

164 **cal·low** [캘로우]: 〈← calvus(bald)〉, 〈라틴어 → 게르만어〉, ('깃털이 다 나지 않은') 새끼 새, 애송이, 풋내기, 〈~ inexperienced\jejune〉, 〈↔mature\adult〉 〖양1〗

165 ***call rate** [커얼 뤠이트]: 단기(융자) 이율, (inter bank) overnight rate, 〈~ Federal Funds Rate〉 〖미2〗

166 ***call the shots** [커얼 더 샽츠]: 발사명령을 내리다, 중요한 결정을 짓다, 〈~ make the decision\wear the pants〉 〖미2〗

167 *call the tune [커얼 더 튜운]: (음색을) 조정하다, (세부 사항을) 결정하다, 〈pay the piper and call the tune; 비용을 대는 사람에게 결정권이 있다〉, 〈~ call the shots〉 양2

168 call-time [커얼 타임]: 통화 이용시간, 〈↔wait-time〉 미2

169 *call time [커얼 타임]: 종료 시각, 그만두어야(포기해야) 할 때, 〈~ stop\pause〉, 〈↔open ended〉 양2

170 cal·lus [캘러스]: 〈라틴어〉, callous, 피부경결, 굳은살, 못, 유합조직, 〈~ induration〉, 〈~ corn\hyperkeratosis〉 양2

171 call wait·ing [커얼 웨이팅]: 통화 대기(유보), '나중 받기', 〈↔call forwarding〉 양1

172 calm [카암]: 〈← kaiein(burn)〉, 〈그리스어〉, 〈햇볕이 따가워서 아무것도 움직이지 않는〉 고요한, 온화한, 침착한, 무풍지대, 〈~ tranquil\wind-less〉, 〈↔agitated\panic\stormy〉 양1

173 cal·o·rie \ cal·o·ry [캘러뤼]: 〈← calor(heat)〉, 〈라틴어〉, 칼로리, 1g의 물을 1도 올리는 데 필요한 '열량', 〈~ a measure of energy〉 수2

174 ca·lotte [컬라트]: 〈← cale〉, 〈프랑스어〉, 'small cap', 반구 모, (가톨릭 성직자가 쓰는) 챙 없는 모자, 〈~ zucchetto〉 미2

175 cal·pac \ kal·pack [캘팩]: 〈← qalpak〉, 〈중동어〉, (터키·이란 사람들이 쓰는 양피로 만든 크고 검은) 챙 없는 모자, 〈~ a high-crowned cap〉 수2

176 Cal·pis [캘피스]: 칼피스, 'calcium+butter', (1919년부터 일본의 아사이 계열사가 유산을 발효해서 만들어내는) 유산성 음료의 상표명, 〈~ a Japanese non-carbonated soft drink〉 수1

177 calque [캘크]: calk(to copy), 〈← calcare(tread)〉, 〈라틴어〉, 차용번역(어구), 단어 자체는 놔두고 뜻만 '빌려오는〈trade〉' 번역, 〈~ loan translation〉 양2

178 *CALS [캘스] (com-merce at light speed): 광속 상거래 〈상거래의 모든 과정을 '눈 깜짝할 사이에' 전산기로 처리하는 체계〉 미2

179 Cal. Tech [캘 텍]: California Institute of Technology, 캘리포니아 공과대학 (1891년 한 중소 상인에 의해 미국 캘리포니아주 패서디나에 세워져서 1920년부터 정예 이공대학으로 발전한 대학원이 더 큰 사립대학) 수2

180 cal·trop \ ~trap [캘트뤞]: calx(heel)+trappa(snare), 〈라틴어〉, '발꿈치 올가미', crow's toes ①마름쇠 (말이나 자동차의 추격을 저지시키기 위해 지상에 까는 마름모꼴의 쇠못), 〈~ jackrock\crow's foot〉 ②남가새 (주로 해변의 모래땅에 나는 억세고 열매에 가시가 돋친 한해살이풀), 〈~ buffalo nut\water chestnut〉 미2

181 cal·u·met [캘류멜]: 〈← kalamos(reed)〉, 〈'갈대'란 뜻의 그리스어에서 유래한 프랑스어〉, 북미의 원주민이 (평화의 상징으로 쓰던) 깃이 달린 긴 담뱃대, 〈~ a ceremonial pipe〉 수2

182 cal·um·ny [캘럼니]: 〈← calvi(deceive)〉, 〈라틴어〉, 비방, 중상(모략), 'false claim', 〈~ defamation\libel〉, 〈↔fact\praise〉 양2

183 Cal·va·dos [캘뷔도우스]: calva(bare)+dorsa(backs), (대안에 있는 〈식물이 없는〉 두 개의 돌섬에서 연유한 지명), 프랑스 서북부의 주, 〈~ a department in Normandy〉, 칼바도스산 사과 증류주, 〈~ an apple brandy〉 수1

184 Cal·va·ry [캘뷔뤼]: 〈← calva(hair-less scalp)〉, 〈라틴어〉, 갈보리, 예루살렘 근처 골고다 언덕에 있는 예수가 십자가에 못 박힌 땅, '해골', = Golgotha(히브리어) 수1

185 calves [캐브즈 \ 카아브즈]: calf의 복수, 송아지들 양1

186 Cal·vin [캘뷘]: 〈← calva(hair-less scalp)〉, 〈라틴어〉, '대머리', 칼뱅, 본명은 Jean Cauvin, (1509-64), 〈신에 의한 운명론을 주창하며〉 스위스에서 활약하다 죽은 프랑스 태생의 종교개혁자 (청교도 운동가), 〈~ a French theologian and pastor〉, ⇒ Reformed Church 수1

187 Cal·vin Klein [캘뷘 클라인]: 캘빈 클라인, 1968년 동명의 유행 고안자가 세운 미국의 세계적 기성복·양품·화장품 판매 회사, 〈~ an American fashion-house〉 수2

188 ca·lyp·so [컬맆소우]: 〈← kalypto(conceal)〉, 〈그리스어〉, '숨는 여자', 칼립소 ①서인도 제도 원주민의 즉흥적인 노래(춤), 〈~ a Caribbean music〉 ②C~; 오디세우스를 유혹한 바다의 요정, 〈~ a sea nymph〉 ③풍선난초(꽃부리가 풍선처럼 부푼 희귀종 야생난초), 〈~ fairy slipper〉 수2

189 calyx [케이릭스 \ 캘릭스]: 〈← kalyx(cup)〉, 잔 모양의 물건, 꽃바침, 배아(악), 〈~ husk\petal\sac〉 양1

190 *CAM [캠] (com-put-er aid-ed man·u·fac·tur-ing): 전산기 이용 제조 미2

191 **ca·ma·ron** [캐머로운]: 〈← cammarus(shrimp)〉, 〈(보리) 새우〉를 뜻하는 라틴어에서 유래한 스페인어, 〈~ gamba\prawn〉 수2

192 **cam·as**(s) [캐매스]: cha·mass(fruit)+sish(sweet), 〈원주민어〉, 애기 〈나리〉 (북미 서부 원산의 먹을 수 있는 둥근 뿌리와 조그만 별 모양의 보라색 꽃이 피는 〈백합〉과의 화초), 〈~ quamash\wild hyacinth〉 미2

193 **cam·ber** [캠버]: 〈← camur(curve)〉, 〈라틴어 → 프랑스어 → 영국어〉, 위로 휜 것, 볼록 나오다, small convex, 〈↔cell\cavity〉 양1

194 **cam·bist** [캠비스트]: 〈← cambire(exchange)〉, 〈라틴어〉, 교환 ①환어음 매매업자, 〈~ financial expert〉, ②각국 통화·도량형 환산표, 〈~ an exchange table〉 미2

195 **Cam·bo·di·a** [캠보우디어]: 〈← Kamboja(a legendary Indian kingdom)〉, 〈어원 불명의 산스크리트어〉, Kampuchea (종족), Khmer, 캄보디아 〈9~14세기에 위세를 떨치고 1953년 프랑스로부터 독립하여 파란만장한 근세사를 겪는 인도차이나의 사회주의 입헌군주국〉, {Cambodian-Khmer-Riel-Phnom Penh} 수1

196 **Cam·bri·a** [캠브뤼어]: 〈cymru(country)란 라틴어에서 유래한 켈트어〉, 캄브리아, Wales의 별칭, (그곳에서 발견된 화석으로 추정해 본) 약 5억 7천만 년 전부터 5억 1천만 년 전까지의 시기, 〈~ first part of Paleozoic Era〉 수1

197 **Cam-bridge** [케임브뤼쥐]: 〈어원 불명의 Granta 강의 다리〉, 케임브리지, 영국 남동부(south-eastern England)의 도시, 미국 매사추세츠(Massachusetts)의 도시 수1

198 **Cam-bridge U·ni·ver·si·ty** [케임브뤼쥐 유니붜시티]: 1209년부터 시작된 영국 남동부의 사립대학 연합체 수2

199 ***cam–cord-er** [캠 코어더]: camera+recorder, 촬영기와 녹음기를 갖춘 소형 녹화 기계 우2

200 **came** [케임]: come의 과거형, 왔다, 갔다 가1

201 **cam·el** [캐멀]: 〈← gamal(docile)〉, 〈유대어〉, 낙타, 등에 1~2개의 지방으로 된 봉오리 혹을 가지고 있고 발가락이 가지런한 사막지대의 〈끈기 있는〉 반추동물, 엷은 황갈색, 〈히브리어의 gamla(낙타)와 gamta(밧줄)의 발음이 비슷해서 〈낙타가 바늘 귀에 들어간다〉는 오역이 생겼다 함〉, 〈~ ship of the desert\beige color〉, 〈~(↔)ostrich〉 가1

202 **cam·el eye(lash)** [캐멀 아이(래쉬)]: 낙타 눈썹, '낙타 눈깔', (월남전 때 병사들에게 유행했고) 〈자지에 끼어 여성에게 쾌감을 주기위해 고무로 만든〉 낙타의 눈 모양의 고리, 〈~(↔)Arab strap\French tickler\cock(penis) ring〉 우2

203 **ca·mel-lia** [커밀리어]: 동백(dong-baek)나무, 〈처음으로 자세히 서술한 사람의 이름(Kamel)을 딴〉 (동남아시아 원산의) 이른 봄에 여러 겹의 조촐한 꽃을 피우는 노각나무속의 관목, 〈~ an ornamental woody-oil plant〉 가1

204 ***cam·el no·ta·tion** [캐멀 노우테이션]: 낙타(쌍봉) 표기법, (문구·합성어를 쓸 때) 의미가 다른 음절을 〈튀어나오게〉 붙여쓰는 관행, 〈예를 들면-YouTube\iPhone\eBay〉, 〈~ camel case〉, 〈~(↔)Pascal notation〉 우1

205 **Cam·e·lot** [캐멀랕]: 〈← camulodunum〉, castrum(fortress)+legio(legion), 〈켈트어 → 라틴어〉, '요새가 있는 곳', 카멜롯, 6세기경 전설적인 아서왕이 살았다는 궁전, 〈~(↔)Avalon〉 수1

206 **cam·e·o** [캐미오우]: 〈← camulodunum(the fort of the war god Camul)〉, 〈켈트어 → 라틴어〉, 카메오, 양각(보석), 명구(절), 명배우, 뛰어난 것, 〈~ mniature carving on a gemstone〉 미2

207 **cam·er·a** [캐머롸]: 〈← kamara(vaulted chamber)〉, 〈그리스어 → 라틴어〉, 카메라, 사진기, 촬영기, '둥근 천장'(을 가진 공간), 〈~ chamber〉, 〈~ a filming device〉 가1

208 **cam·er·a-man** [캐머롸 맨]: 촬영기사, 〈~ photographer〉 양2

209 **cam·er·a-shy** [캐머롸 샤이]: 촬영을 꺼리는, 〈↔camera-wise〉 양2

210 **cam·er·a-wise** [캐머롸 와이즈]: 촬영에 익숙한, 〈↔camera-shy〉 양2

211 **Cam·e·roon** [캐머루운]: 〈← cammarus(shrimp)〉, 〈라틴어에서 유래한 포르투갈어〉, '새우가 많은 강', 카메룬, 1960년 영국과 프랑스로부터 독립한 다양한 민족으로 구성된 중앙아프리카 서해안의 산유 공화국, {Cameroorlian-Eng·Fr-(XA) Franc-Yaounde} 수1

212 **cam·i·sole** [캐미쏘울]: 〈← camisia(shirt)〉, 〈라틴어에서 연유한 프랑스어〉, '잠옷', 소매 없는 여자 속옷의 일종, 〈~ women's sleeveless undershirt\negligee〉 수2

213 **c(h)am·o·mile** [캐머마일 \ 캐머미일]: chamai(ground)+melon(apple), 〈그리스어〉, (꽃을 건위·흥분제로 쓰던) 캐모마일, 카밀레, '땅 사과풀' 〈사과 향이 나나 맛은 쓴 데이지 모양의 희거나 노란색의 꽃을 피우는 다년생 약초〉, manzanilla 우2

214 **cam·ou·flage** [캐머훌라아쥐]: 〈← camoufler(disguise)〉, 〈19세기 말에 등장한 프랑스어·이탈리아어〉, '담배 연기를 뿜어 가리다', 변장, 속임, 위장, 〈~ conceal\white-wash〉, 〈↔uncover\expose〉 가1

215 **camp** [캠프]: 〈← campus(field)〉, 〈라틴어〉, '들판', 주둔지, 수용소, 오두막(사), 진영, 야영, 〈~ bivouac\faction〉, 〈↔house〉 미2

216 **cam·paign** [캠페인]: 〈라틴어에서 연유한 프랑스어〉, 〈들판(campus)에서 전개하는〉 군사행동, 유세, 조직 운동, 출정, 〈~ military operation\crusade〉, 〈↔retreat\dissuade〉 가1

217 **cam·pan·u·la** [캠패뉼러]: 〈← campana〉, 〈'bell'이란 뜻의 라틴어〉, 초롱꽃, ⇒ bell·flower 미2

218 **Camp Da·vid** [캠프 데이비드]: 수도에서 북동쪽으로 약 100km 떨어진 삼림 속에 1935년에 설립되어 나중에 아이젠하워 대통령의 손자 이름을 따서 개명된 미국 대통령 전용 별장으로 미 해군이 관리하고 있음, 〈~ US Presidential country retreat〉 수2

219 **camp-er** [캠퍼]: 야영차(자) 미1

220 **camp-fire** [캠프 화이어]: 야영땅불, 마당불, 장작불, '모닥불', 〈↔wild-fire〉 미1

221 **Camp Fire** [캠프 화이어]: 1910년부터 태동한 미국의 소녀·소년 수련단체, 〈~ a youth development program〉 수2

222 **camp-ground** [캠프 그라운드]: '들판에서 머무는 장소', 야영지, 주둔지 양2

223 **cam·phor** [캠훠]: 〈← karpura←kapur(a lime)〉, 〈산스크리트어←말레이어〉, 장뇌, 녹나무를 증류해서 얻는 물질로 냄새가 독특하고 화약·필름·강심제·방충제 등을 만듦, 〈~ a waxy solid with strong aroma〉 미2

224 **cam·phor tree** [캠훠 트뤼이]: 녹나무, 용뇌수(용머리 나무), '동양 월계수' 〈산기슭 양지에서 자라서 봄에 백황색의 꽃이 피는 상록활엽교목으로 나무즙은 장뇌로 목재는 배를 만들 때 쓰임〉, 〈~ camphor laurel〉 미2

225 **camp-out** [캠프 아웉]: 야영, '들 잠자기' 양2

226 **camp rob·ber** [캠프 롸버]: 캐나다 어치새, 회색 어치새, '야영장 강도' 〈사람을 무서워하지 않고 야영지의 음식을 쪼아먹는 까마귓과의 작은 새〉, 〈~ gray jay\whisky jack〉 미2

227 **cam·pus** [캠퍼스]: 〈라틴어〉, 교정, 대학, 학원, '들판(field)에 있는 막사', 〈~ school ground〉 우2

228 **Ca·mus** [캐뮤우]: 〈'bay area'란 뜻의 켈트어〉, 카뮈, 프랑스 서부(west France)의 지방 이름, 그곳 원산의 질이 좋은 코냑(cognac) 수1

229 **Ca·mus** [캐뮤우], Al·bert: 〈프랑스어〉, '들창코〈flat nosed〉', 카뮈, (1913-60), 알제리아 태생으로 나치에 대항하여 프랑스 지하 운동을 한 〈부조리 주의〉 작가, 〈~ a French author and philosopher〉 수1

230 **cam-wood** [캠우드]: 〈원주민어+영국어〉, hard-wood, bar·wood, African sandalwood, (중서 아프리카에 서식하며) 붉은 물감을 채취하거나 칼자루 등을 만드는 콩과의 단단한 관목 우2

231 **can¹** [캔 \ 컨]: 〈← cunnan(know)〉, 〈게르만어〉, ~하는 방법을 알다, 할 수 있다, 해도 좋다, ~일 수 있다, 〈정중해야 할 때는 may를 쓸 것〉, 〈→ canny〉, 〈~ able to〉 가1

232 **can²** [캔]: 〈← canne(mug)〉, 〈게르만어〉, 깡통, 양철통, 그릇, 버리다, 해고하다, 밀봉하다, 투옥하다, 〈~ canister\container\discard〉 양2

233 **Ca·naan** [케이넌]: 〈← kn(low)?〉, low-land(저지대)?, 〈어원 불명의 히브리어〉, 가나안(서팔레스타인 땅), 약속의 땅, 이상향, 〈~ Palestine\the Promised Land\the Holy Land〉 수1 양2

234 **Ca·nad.** [캐너드]: Canadian, 캐나다의, 캐나다 사람 수2

235 **Can·a·da** [캐너더]: 〈← kanata(village)〉, 〈원주민어〉, '마을', 캐나다, 1867년 실질적으로 독립한 영연방 내 입헌군주 연방제의 땅·물·나무 부자로 〈지구온난화의 덕을 볼지도 모르는 나라〉, {Canadian-Eng·Fr-(C) Dollar-Ottawa} 수1

236 **Can·a·da goose** [캐너더 구우스]: 캐나다 기러기(거위), 회갈색의 날개에 검은 목화 꼬리를 가진 야생 기러기, 〈~ a alrge wild goose〉, (거위 털을 넣어 만든) 깃이 긴 방한복, 〈~ an extreme-weather out-wear〉 수2

237 **Can·a·da this·tle** [캐너더 씨슬]: 캐나다 엉겅퀴, 〈관모가 층이 나는〉 지칭개, 기다란 줄기에 가시 돋친 잎과 털로 된 조그만 방울 같은 꽃이 피는 성가신 잡초, 〈~ a creeping thistle〉 미2

238 **ca·nal** [커낼]: ⟨← canna(reed)⟩, ⟨라틴어⟩, 운하, 수로, ⟨'cane'(대나무)같이 속이 빈⟩ 도관, 홈, ⟨관처럼 생긴 통로⟩, ⟨~ channel⟩, ⟨↔closure\hill⟩ 양1

239 **can·a·pe** [캐너페이]: ⟨← konops(mosquito gnat)⟩, ⟨이집트어 → 그리스어 → 라틴어 → 프랑스어⟩ ①얇은 빵에 캐비아·치즈 등을 'canopy'같이 올려 놓은 ⟨비격식⟩ 전채·술안주, ⟨~ amuse-bouche\hors d'oeuvres⟩ ②(18세기에 유행했던) 프랑스식 긴 의자, ⟨← canopy⟩, ⟨~ couch\lounge⟩ 우1

240 **ca·na·ry** [커네뤼]: ⟨카나리아 제도산의⟩ 카나리, 주로 노란색을 한 부리가 짧은 조그만 방울새 종류, 여자가수, 밀고자, 샛노랑, ⟨~ a small yellow finch\singer\informer⟩ 수2

241 **Ca·na·ry Is-lands** [커네뤼 아일런즈]: ⟨← canis(dog)⟩, ⟨라틴어⟩, '개의 섬', 다양한 경관과 수로의 요지로 유럽 열강이 탐을 냈으나 1479년부터 스페인의 지배를 받아온 아프리카 북서 해협에 있는 13개의 섬, ⟨~ a Spanish archipelago off north-western Africa⟩ 수1

242 **ca·nas·ta** [커내스타]: '바구니(basket)', 두 벌의 패로 네 명이 하는 (스페인식) 카드놀이, ⟨~ a rummy card game⟩ 수2

243 **Can·ber·ra** [캔베뤄]: ⟨원주민어⟩, '모이는 장소(meeting place)', 캔버라, 1908년 수도로 간택된 오스트레일리아 동남단의 계획도시, ⟨~ Capital of Australia⟩ 수1

244 **Can Can** [캔 캔]: 캉캉(춤), ⟨의태어?⟩, 1830년대에 프랑스에서 시작한 여성 춤으로 ⟨삼각 팬티만 입고⟩ 높이 차는 시늉을 함, ⟨~ a high-energy cabaret dance⟩ 수2

245 **can·cel** [캔슬]: ⟨← cancellare(to delete)⟩, ⟨라틴어⟩, 지우다, 취소하다, 소인 찍다, '격자 꼴로 줄을 긋다', ⟨~ in·carcerate⟩, ⟨~ rescind\revoke\abrogate⟩, ⟨↔continue\start⟩ 양2

246 *__can·cel-bot__ [캔슬 봇]: cancel+robot, '자동지우개' (개인이 제시한 정보를 추적하여 원치 않는 통신을 삭제하는 장치) 미1

247 *__can·cel cul·ture__ [캔슬 컬춰]: '취소문화', (유명인사가 비행을 저질렀을 때) 사회전산망⟨SNS⟩에서 지워버리는 조류, ⟨~ call-out culture⟩, ⟨~(↔)milk-shake duck⟩ 미2

248 **can·cer** [캔서]: ⟨← karkinos⟩, ⟨그리스어⟩, canker, '게(crab) 모양으로 퍼지는' 암, 병폐, 게, 게자리, 게대(6/21~7/22일생), '69', ⟨~ malignant tumor\carcinoma⟩, ⟨↔benign⟩ 가2 미1

249 **can·croid** [캥크로이드]: karkinos(crab)+eidos(form), ⟨그리스어⟩, 게 같은, 암 모양의, 양성 피부암의 일종, ⟨~ cancer like\canker⟩ 양1 우1

250 **can·de·la** [캔디일러]: ⟨← candle⟩, 칸델라, cd, (국제 표준) 광도, 특정 방향에서 발산하는 점 빛이 입체각당 나타내는 빛의 세기, ⟨보통 양촛불의 밝기는 약 1cd⟩, ⟨~ unit of luminous imtensity⟩ 미2

251 **can·did** [캔디드]: ⟨← candere(whiten)⟩, ⟨라틴어⟩, ⟨← candor⟩, '희게 빛나는', 정직한, 노골적인, 공평한, ⟨~ open\frank\plain⟩, ⟨↔secretive\deceitful⟩ 양2

252 **can·di·da** [캔디다]: (아구창이나 모닐리아증을 유발시키는) '흰색(white)을 띠는' 기생 곰팡이의 일종, ⟨~ a fungal infection⟩ 수2

253 **can·di·date** [캔디데이트]: ⟨← candidus(white)⟩, 후보자 ⟨고대 로마에서 '흰옷을 입고' 출마하는 남자⟩, 지원자, ⟨~ runner\applicant⟩, ⟨↔spectator\incumbent⟩ 양2

254 **can·dle** [캔들]: ⟨← candere(whiten)⟩, ⟨라틴어⟩, 양초, 촉광, ⟨희게⟩ '빛나는 물체', ⟨~ kindle⟩, ⟨← chandelier⟩, ⟨~(↔)lantern\sconce⟩, ⟨↔dark\glance\electric light⟩ 양1

255 **can·dle-ber·ry** [캔들 베뤼]: ⟨잎이 소의 귀를 닮은⟩ 소귀나무, wax myrtle, '밀랍 도금양' (산기슭 양지에 황홍색 꽃이 피고 자줏빛 둥근 열매로 양초를 만드는 상록활엽교목), ⟨~ candle- nut⟩ 미2

256 **can·dle-fish** [캔들 휘쉬]: 촛불고기, 율라칸(eulachon) ⟨마른고기를 촛불로 썼던 바다빙엇과의 작은 식용어⟩, ⟨~ a small smelt²\hooligan⟩ 미2

257 **can·dle-lit** [캔들 릿]: candle·lighted (dinner), ⟨낭만적인⟩ '촛불' 아래서의 정찬 우2

258 **can·dle-mas** [캔들 머스]: 성촉절, 성직자가 가난한 자들에게 ⟨마음의 등불⟩ 양초를 나눠 주는 날로 Ground hog's day(2월 2일)와 겹침, ⟨~ the feast of the Presentation of Jesus Christ⟩ 미2

259 **can·dle-nut** [캔들 넡]: 쿠쿠이(kukui)나무, '촛불 개암', 열매를 실에 꿰어 촛불로 쓰던 말레이 원산 대극(큰 창)과 유동(기름 오동)속의 상록활엽교목, ⟨~ candle-berry\Indian walnut⟩ 우2

260 **can·dle-stick** [캔들 스틱]: 촛대(받침), ⟨~ candle holder⟩ 가1

261 **can·dle tree** [캔들 트뤼이]: 양초나무, 사과 냄새가 나는 바나나보다 더 가늘고 긴 (말 좆 같은) 과일을 주렁주렁 매달고 있는 파나마 원산의 낙엽활엽목, 〈~ a small tree endemic to Panama〉 미2

262 **can·dle-wick** [캔들 윜]: 초심지(candle string), (장식용 침대보 등으로 쓰이는) 부드러운 자수용 무명실(soft spun cotton thread), 현삼과의 식물(mullein) 양2 우2

263 **can·dle-wood** [캔들 우드]: ①관솔, (수지가 많은) 횃불용 나무, ②양초나무(선인장), coach·whip, vine cactus, ⇒ ocotillo 미2

264 **can·dor** \ ~dour [캔더]: 〈← candere(whiten)〉, 〈라틴어〉, '희디흼', 공정, 솔직, ⇒ candid, 〈↔darkness\insincerity\pretext\deceit〉 양2

265 **can·dy** [캔디]: 〈← khand(break)〉, 〈산스크리트어 → 아랍어〉, 〈← khanda, '결정된 설탕', 사탕과자, 〈~ confectionary\sweets〉, 〈↔fruit〉 미1

266 **can·dy bar** [캔디 바아]: 막대 모양의 '사탕' 과자, '막대 과자' 미1

267 **can·dy-cane** [캔디 케인]: '지팡이 사탕' (크리스마스 때 먹는 빨갛고 하얀 갈고리 모양의 사탕) 우1

268 **can·dy-tuft** [캔디 터후트]: Candia(Crete 섬에 있는 지명)+tuft, 〈candy하고는 무관함〉 '촛불 숯(타래)', 서양 말랭이, 이베리스(iberis), 곧바른 줄기에 좁은 잎을 가지고 자잘한 뭉치꽃을 피는 겨잣과 서양 말냉이속의 관상식물, 〈~ a mustard family〉 우2

269 **can·dy wed·ding** [캔디 웨딩]: 사탕 혼식, 〈honey보다는 덜 단〉 결혼 3주년 미1

270 **cane** [케인]: 〈← ganeh(reed)〉, 〈유대어〉, 〈예전에는 대나무로 만들었던〉 지팡이, 단장, 매, 〈속이 빈〉 줄기, 〈→ canal\canna\canister\cannula〉, 〈~ stick\staff〉 양1

271 **ca·nel·la** [커넬러]: 〈라틴어〉, 〈canna 비슷한〉 카넬라, 카네야, 백육계(흰 계피) 〈서인도 제도 원산의 계수나무 비슷한 상록관목으로 껍질을 향료나 약용으로 씀〉, 〈~ wild cinnamon〉 미2

272 **cane sug·ar** [케인 슈거]: 사탕수수 설탕, 〈~(↔)beet sugar〉 양1

273 **ca·nine** [케이나인]: 〈← canis(dog)〉, 〈라틴어〉, 개의, 개와 같은, 송곳니(fang), 〈~(↔)incisor\cuspid〉 양2

274 **can·is·ter** [캐니스터]: 〈그리스어〉, 〈← cane〉, 〈속이 빈〉 통, 양철통, 〈단단한 쇠로 둘러싸인〉 실탄, 보호장치, 〈~ bucket\carton\container〉 양1

275 **can·ker** [캥커]: 〈← karkinos(crab)〉, 〈그리스어 → 라틴어〉, 〈cancer과 비슷한〉, 옹, 혹, 궤양, 해독〈~ cancroid〉 양1

276 **can·ker-worm** [캥커 워엄]: 자벌레, 자벌레나방의 유충으로 나무옹(canker)에서 기어나와 바늘땀을 뜨듯이 몸을 앞으로 기어가며 나무나 풀잎을 갉아 먹는 해충, 〈~ inch-worm\span-worm〉 양2

277 ***can·kle** [캥클]: 〈전산망 신조어〉, 〈calf와 ankle이 붙어 있는〉 장딴지가 밋밋한 다리, '무다리', 〈~ thick ankle\elephant leg〉 양2

278 **can·na** [캐너]: 〈라틴어〉, 칸나, '지팡이〈cane〉 갈대', 담화, (구근으로 자라며 나리〈lily〉 같은 현란한 꽃이 피는) 다년생 관상용 화초의 하나, 〈~ Indian shot\African arrow-root〉, 〈~(↔)true lily하고는 종이 다르다 함〉 우1

279 **can·na·bis** [캐너비스]: 〈← kannabis〉, 〈혹자는 중국어 '마(삼)'에서 유래되었다고 하나〉 〈흑해부근 지방어에서 유래한 그리스어〉, hemp, 인도 대마, 대마초, (1940년대부터 쓰인) 마리화나〈marijuana〉, hashish, 〈~ canvas〉 양2

280 **can·nel·lo·ni** [캐넬로우니]: 〈← canna〉, 까네로니, 〈치즈·고기 등을 넣은〉 '원통(tube)형'의 대형 파스타(요리), 〈~ a cylindrical stuffed pasta〉 우1

281 **can-ner·y** [캐너뤼]: 〈← can²〉, 통조림 공장(factory canning foods), 교도소(penitentiary) 양2

282 **Cannes** [캔즈]: 〈어원 불명의〉 칸, 프랑스 남동부의 해안 휴양지로 1946년부터 매년 5월에 국제 영화제가 개최되는 곳, 〈~ a resort town in French Riviera〉 수1

283 **can·ni·bal** [캐니벌]: 〈← kalingo(brave ones)〉, 〈원래는 '용감한 자'란 카리브어였으나 콜럼버스가 canis(dog)란 말을 접목시켜 왜곡시킨〉 식인자, 서로 잡아먹는, 만행의, 〈~ anthropophagus\people eater〉, 〈↔civilized\humane〉 양1

284 **can·no·li** [커노울리]: 〈canna같이 속이 빈〉 카놀리, 귤·초콜릿·달콤한 치즈 등을 파이 껍질(cannelloni)로 싸서 튀긴 이탈리아 음식, 〈~ cream puff\a light hollow pastry〉 우1

285 **can·non** [캐논]: 〈← kanne(reed)〉, 〈그리스어 → 라틴어 → 이탈리아어〉, '커다란 관', 대포, 기관포, (종의) 용두머리, 충돌하다, '연타(당구)', 〈~ canyon〉, 〈~ mounted gun\heavy artillery\clash〉 양1 우2

286 **can·non-ball tree** [캐넌 버얼 트뤼이]: 포환나무, 〈꽃에서 냄새가 고약한 찐한 향내가 나고〉 (둥근 대포알 같은 열매〈spherical woody fruit〉를 맺는) 열대 남미산 호두나무, 〈~ a tall soft-wooded tree〉 미2

287 **Can·non-Bard the·o·ry** [캐넌 바아드 씨이어뤼]: 캐논 바드 정서 이론, 〈1927년 하버드 심리학자들이 주창한〉 (자율신경의 반응에서) 자극과 흥분이 동시에 나타난다는 학설, 〈~ thalamic theory of emotion〉, 〈~ arousal and emotion occur simultaneously〉, 〈이원택 박사는 그런 것을 따지는 것은 신성모독이라는 새로운 학설을 주창하고 있음〉 수2

288 **can·nuc·cia** [칸누치아\칸누취]: 〈← kanne(read)〉, 〈그리스어 → 라틴어 → 이탈리아어〉, 〈작은 갈대 모양의〉 빨대, drinking straw, 〈~ cannula〉 우2

289 **can·nu·la** [캐뉼러]: 〈← canna(reed)〉, 〈라틴어〉, 환부에 꽂아 액을 빼거나 약을 넣는 데 쓰는 대롱, '작은 갈대'〈cane〉 모양의 관, 〈~ conduit\pipette\catheter〉 우1

290 **can-ny** [캐니]: 〈영국어〉, 〈← can¹〉, 〈아는 것이 많아서〉 신중한, 기민한, 검소한, 훌륭한, 〈~ astute\shrewd〉, 〈↔foolish\naive\un-canny\newt〉 양1

291 **ca·noe** [커누우]: 〈카리브어〉, 카누, 마상이, 독목주, 가죽 배, '거룻배', 〈~ kayak〉, 〈~(↔)barge〉 미1

292 *****can of worms** [캔 어브 웜즈]: '구더기 깡통', 복잡하고 골치아픈 상황, 난처한 입장, impossible to put them back, 〈~ Pandora's box〉, 〈↔solution\panacea〉 양2

293 **can-o·la** [캐널러]: Canada+ola, 〈1970년대에 등장한 영국어+라틴어〉, 카놀라, 개량종 서양 유채, 〈불포화 지방산이 많은〉 '캐나다 기름', 〈~ oil from rape²-seeds〉 우1

294 **Can·on** [캐넌]: 〈← Guan-yin(bodhisattva Kannon의 일본어)〉, 1937년 〈정기 광학 연구소〉로 출발해서 1947년 '관음'으로 개명·35mm 사진기로 돈을 벌고 각종 광학기계와 사무용품을 제조 판매하고 있는 일본의 세계적 재벌회사, 〈~ a Japanese optical company〉 수2

295 **can·on** [캐넌]: 〈← kanon(rod)〉, 〈그리스어〉, 〈지배(rule)하는〉 교회법, 규범, 정전, 수사, 참사, 〈~ principle\doctrine〉, 〈~ priest\dean〉 양2

296 *****ca·noo·dle** [커누우들]: 〈← noodle(fool)?〉, 〈1859년에 등장한 어원 불명의 영국어〉, 껴안다, 애무하다, (남녀 7세 부동석이었던 중세 영국에서 사랑하는 청춘 남녀가 카누를 타고 멀리 떠나 와서 '은밀히 하는 짓'이라 하는 〈그럴듯한 어원을 갖고 있는 말〉), 〈~ cuddle\fondle〉 양2

297 **can·o·py** [캐너피]: 〈← konops(mosquito gnat)〉, 〈이집트어 → 그리스어〉, 닫집, 차양, 덮개, '모기장', 〈→ canape〉, 〈~ awning〉 양1

298 **Ca·nos·sa** [커나써]: 〈어원 불명의 이탈리아 북부에 있는 마을〉, 카노사, 1077년 신성 로마 황제 헨리 4세가 교황 그레고리 7세에게 무릎을 꿇은 이탈리아 북부의 옛 성, 〈~ a castle town in N.Italy〉 수1

299 **cant** [캔트]: ①〈← canere(sing)〉, 〈라틴어〉, 〈← chant〉, 점잔 빼는 말, 처량한 말투, 은어, 〈~ hypocrisy\jargon〉 ②〈← kanthos(corner of the eye)〉, 〈그리스어〉, 모서리, 경사면, 뒤집다, 던지다 ③〈← cantare〉, 〈라틴어〉, 〈← sing〉, 쾌활한 양1

300 **can't** [캔트]: can not의 축약형 가1

301 **can·ta·la** [캔타알라]: 〈← kantah(thorn)〉, 〈산스크리트어〉, 칸탈라, 용설란(heneguen)과 아가베(agave)속의 〈가시 줄기를 가진〉 다육식물(섬유), 〈~ a hard fiber〉 수2

302 **can·ta·loupe** [캔털로우프]: 〈프랑스어〉, 이탈리아 Cantaluppi 지방 원산으로 미국에 많은 퍼석퍼석한 참외의 일종, 〈~ honey-dew〉 우1

303 **can·ta·more** [칸타 모뤠]: cantare(sing)+amore(love), 사랑을 노래하는 단체 양2

304 **can·tan·ker·ous** [캔탱커러스]: con+teche(attack)?, 〈어원 불명의 영국어〉, 잘 싸우는, 심술궂은, 다루기 힘든, 〈~ bed tempered\argumentative\querulous〉, 〈↔good natured\affable〉 양2

305 **can·ta·re** [칸타아뤼]: 〈← canere(sing)〉, 〈라틴어〉, 노래하다, 〈→ chant〉 양1

306 **can·ta·ta** [컨타아터]: 〈← cantare(sing)〉, 〈이탈리아어〉, 칸타타, 교성곡, 소규모 악극에서의 성악곡, 〈~ oratorio〉, 〈~(↔)sonata〉 미1

307 **can·teen** [캔티인]: 〈← canto(corner)〉, 〈라틴어 → 이탈리아어〉, 반합, 휴대 식기, 〈주로 구석에 있었던〉 (군대의) 매점, 구내 식당, 오락 시설, 〈~ container\cafeteria\mess room\commissary〉 양2

308 **can·ter** [캔터]: 〈Canterbury 식의〉 느린 구보, 〈~ a 3-beat gait\lope〉, 〈↔run\gallop〉 미2

309 **Can·ter·bur·y** [캔터베뤼]: 〈← kent(corner-land란 뜻의 켈트어?)〉, 영국 켄트주의 도시, 〈여유만만했던〉 영국 국교의 총 본산지, 〈~ a cathedral city in south-east England〉, (캔터베리 대주교가 주문해서 만들었다는) 악보대·독서대, 〈~ music(book) stand〉 수1

310 ***can't help** [캔트 헬프]: 하지 않을 수 없다, 해야만 한다, 〈~ sorry\must〉 양2

311 **can·ti·le·na** [캔틸리너]: 〈← cantus(song)〉, 〈라틴어에서 연유한 이탈리아어〉, 칸틸레나, 서정적 (감미로운) 음률, 〈~ lullaby〉 미2

312 **can·to** [캔토우]: 〈← canere(sing)〉, 〈라틴어〉, 장편 시를 나누는 '편', 경기의 한'판', 합창곡의 가장 높은 선율(가곡), 〈~ section of a poem〉, 〈~(↔)canzone〉 우1

313 **Can-ton** [캔탄]: plateau+east, 〈중국어〉, '동쪽 평야', 광동, 중국 남부에 있는 역사적인 교역·산업·항구도시, Guang-dong, 〈~ a port city in southern China〉 수1

314 **can·ton** [캔턴]: 〈← canto(corner)〉, 〈라틴어에서 유래한 프랑스어〉, 〈모서리에 있는〉 주, 군, 작은 구획, 모퉁이 장식, 〈~ cant²〉, 〈~ district\territory\corner decoration〉 양2

315 **can·tor** [캔터]: 〈라틴어〉, 〈← cantare(sing)〉, 합창 지휘자, 선창자, 독창자, 〈~ a choir leader\soloist〉 미2

316 **can·trip** [카안 트륍]: 〈아마도 'caltrop(발꿈치 올가미)'이라는 라틴어에서 연유한 스코틀랜드어〉, 장난, (속이기 위한) 겉치레, 주문(마력을 가진 말), 〈~ magic spell〉, 〈↔seriousness\holy water〉 양2

317 ***can't see the for·est for the trees**: 세부적인 것에 집착하면 전체 상황을 파악하지 못한다, see the big picture, 〈~ penny wise, pound foolish〉, 〈↔see the trees through the forest〉 양2

318 **can·vas** [캔뷔스]: 〈← kannabis(hemp)〉, 〈그리스어〉, 덮개, 화포, 범포, '삼베', 〈~ a coarse cloth〉, 〈↔mural〉 미1

319 **can·vas-back** [캔뷔스 백]: '범포등(오리)', 댕기흰죽지 (수컷은 흰 등을 가지고 암컷은 회갈색인 북미산 커다란 들오리), 〈~ a large diving duck\tufted duck〉 미2

320 **can·vas back** [캔뷔스 백]: 〈범포자루를 메고 다니는〉 유랑자, 떠돌이 노동자, 〈~ vagabond\migrant worker〉 양2

321 ***can·vass** [캔뷔스]: 〈영국어〉, 〈canvas로 걸러내듯 일일히〉 부탁하고 다니다, 유세하다, 〈canvas로 걸러내듯〉 자세히 조사하다, 〈~ campaign\solicit\inspect〉, 〈↔ignore\go along〉 양2

322 **can·vas shoes** [캔뷔스 슈우즈]: '범포신', 즈크 (duck; 삼베나 무명실로 두껍게 짠 천) 운동화, 〈~ plinsoll\pump\gym-shoe〉 우1

323 **can·yon** [캐년]: 〈← canna(reed)〉, 〈라틴어〉, 〈커다란 관같이 파인〉 협곡, 계곡, 〈~ cannon〉, 〈~ arroyo\ravine〉, 〈↔mountain\plain〉 가1

324 **can·zo·ne** [캔죠우니]: 〈← canere(sing)〉, 〈라틴어에서 유래한 이탈리아어〉, 칸초네, 민요풍의 가곡, 〈~ ballad\madrigal〉, 〈~(↔)canto〉 우1

325 **Cao, Cao** [카오 카오]: '관리(fellow)', 조조, (155-220), (삼국지에 나오는) 〈권모술수가 뛰어났던〉 후한시대의 〈난세의 영웅·평세의 간웅〉, 〈~ a military dictator in ancient China〉 미2

326 ***cap** [캪]: ①〈라틴어〉, 〈머리(caput)에 쓰는〉 테 없는 모자, 두건, 뚜껑, 마개, 정상, 상한, 〈→ cape〉, 〈~ top\lid\upper limit〉, ②〈1940년대에 등장한 미국 속어〉, 허풍, 거짓말, 〈~ lie\false〉, 〈↔no cap〉 양2

327 **ca·pa·ble** [케이퍼블]: 〈← capere(seize)〉, 〈라틴어〉, '잡을 수 있는', 할 수 있는, 유능한, 〈~ capacity〉, 〈~ efficient\adept\apt〉, 〈↔incompetent\inept〉 양2

328 **ca·pa·cious** [커페이셔스]: 〈← capere(seize)〉, (보통보다 더 담을 수 있는) 큼지막한, 널찍한, 포용력 있는, 〈~ roomy\commodious〉, 〈↔cramped\tiny〉 양2

329 **ca·pac·i·ty** [커패시티]: 〈← capere(seize)〉, 〈라틴어〉, 수용량(력), 용량(적), 능력, 자격, 〈~ capable〉, 〈~ caliber\volume〉, 〈↔in-capacity\in-ability〉 양2

330 **ca·par·i·son** [커패러슨]: 〈← capa(cape)〉, 〈라틴어에서 연유한 스페인어〉, 호화로운 의상, (말·무사 등의) 성장, 〈~ attire\apparel〉, 〈↔dis-array\tatters〉 양2

331 **ca·pat** [커팟]: 〈← kaput(dead\finished)〉, 〈유대어 → 프랑스어〉, (piquet 놀이에서) 전승하다, 완패시키다, 〈~ defeated\destroyed〉 양2

332 **cape¹** [케이프]: ⟨← caput(head)⟩, ⟨라틴어⟩, 곶, 갑, 봉, ⟨'머리' 모양으로⟩ 뾰족하게 나온 곳, ⟨~ cabo⟩, ⟨~ foreland\headland⟩, ⟨↔bluff\cave\blanket\gulf⟩ 양2

333 *****cape²** [케이프]: ⟨← caput(head)⟩, ⟨라틴어⟩, 망토(머리로부터 덮어 내려 입는 옷), ⟨드라큐라가 입는⟩ cloak, 보호하다, 방어하다, ⟨~ mantle\protect\defend⟩, ⟨↔attack\plunder⟩ 양2

334 **Cape Cod** [케이프 카드]: 케이프 코드, 미국 매사추세츠주 동남부에 북쪽으로 갈고리같이 뻗친 ⟨대구가 많이 잡히는⟩ 조그만 반도, ⟨~ peninsula in Massachusetts⟩ 수1

335 **Cape Horn** [케이프 호언]: 케이프 혼, (1616년 네덜란드의 윌렘 쇼우텐이 발견하고 그의 고향 이름(Hoorn)을 따다 붙인) 남미 최남단의 곶, ⟨~ a head-land in Chile⟩ 수1

336 **cap·el·li·ni** [케펄리이니이]: ⟨← capello(hair)⟩, ⟨'머리카락'이란 뜻의 이탈리아어⟩, 카펠리니, 아주 가늘고 긴 국수(파스타), ⟨~ a thin variety of pasta⟩, ⇒ angel hair 우1

337 **Cape of Good Hope** [케이프 오브 굳 호우프]: (곧 인도에 도착하리라는) 희망봉, (1488년 포르투갈의 바르톨로메우 디아프가 발견한) 아프리카의 서남단에 있는 조그만 반도, ⟨~ a headland on South Africa⟩ 미2

338 **ca·per¹** [케이퍼]: ⟨이탈리아에서 연유한 영국어⟩, 숫염소⟨caprice⟩같이) 신나게 뛰놀다, 까불어 대다, ⟨~ cavort\prank'\leg-pull⟩, ⟨↔seriousness⟩ 양2

339 **ca·per²** [케이퍼]: ⟨← kapparis(a prickly\trailing bush)⟩, ⟨어원 불명의 그리스어⟩, 지중해 연안 원산 풍조목속의 관목으로 동글동글한 꽃봉오리(edible flower buds)를 식초에 절여 육류 요리의 ⟨맛난이⟩로 씀, ⟨~ Flinders rose⟩ 우1

340 **Cape Town** [케이프 타운]: 항해 의사 잰 리빅이 뱃사람들을 위해 1652년 '희망봉(Cape of Good Hope)' 주변에 세운 마을로 인종차별이 심했던 남아프리카 공화국의 ⟨입법수도⟩, ⟨~ Capital of South Africa⟩ 수1

341 **Cape Ver·de** [케이프 붜어드]: ⇒ Cabo Verde 수1

342 **cap·il·lar·y** [캐필러리]: ⟨← capillus(hair)⟩, ⟨라틴어⟩, 모세관(의), '털' 모양(의), ⟨~ very thin blood vessel⟩, ⟨~ arteriole\venule⟩, ⟨↔thick\wide⟩ 가1

343 **cap·i·tal** [캐피털]: ⟨라틴어⟩, 캐피탈, '머리⟨caput⟩가 되는 것', 수도, 대문자, ⟨가축의 머릿수로 계산하던⟩ 자본금, 기둥머리, 원천적, ⟨→ chattel\cattle⟩, ⟨~ first city\funds\outstanding\majuscule⟩, ⟨↔village\debt\commodity\minuscule⟩ 양2

344 **cap·i·tal flight** [캐피털 훌라읻]: (외국으로의) 자본도피, ⟨~ capital exodus⟩ 양2

345 **cap·i·tal gain** [캐피털 게인]: 자본 이득, 자산매각 소득, ⟨↔capital loss⟩ 양2

346 **cap·i·tal-gain tax** [캐피틀 게인 택스]: 자본 이득세, ⟨대부분의 국가에서⟩ 자산의 증가로 인한 소득에 대해 부과하는 '양도 소득세', ⟨~ transfer tax\tax on profits from asset sales⟩ 양2

347 **cap·i·tal goods** [캐피털 굳즈]: (토지·건물·장비·차량 등) 상품을 만들어 내는 데 필요한 ⟨만져 볼 수 있는⟩ 자본재, ⟨~ good used to make final products⟩, ⟨↔consumer goods⟩ 양2

348 **cap·i·tal-ism** [캐피털리즘]: (인간은 개인의 이익을 추구하는 동물이라는 사고방식에 기초를 둔) 자본주의, ⟨~ commercialism\free(private) enterprise⟩, ⟨↔communism\socialism⟩, ⟨'모두가 다 지옥으로 향하는 길'이라는 공통점을 가졌음⟩ 양2

349 **cap·i·tal loss** [캐피털 로스]: 자본 손실, 가격하락 손실, ⟨↔capital gain⟩ 양2

350 **cap·i·tal of·fense** [캐피털 어휀스]: (사형에 처해 마땅한) 죽을 죄, (살인·유괴·반역 등) 극악무도한 범죄, ⟨~ major crime\capital sin⟩, ⟨↔misdemeaner⟩ 양2

351 **Cap·i·tal One** [캐피틀 원]: 1988년 신용카드회사로 설립되어 자동차 융자·일반 은행 업무를 하고 있는 미국의 금융회사, ⟨~ an American bank holding company⟩ 수1

352 **cap·i·tal pun·ish·ment** [캐피털 퍼니쉬먼트]: ⟨머리를 자르는⟩ 사형, 극형, ⟨~ death penalty⟩, ⟨↔life without parole⟩ 가2

353 *****cap·i·tal sin** [캐피털 씬]: ⟨caput(head)를 잘라야 할⟩ 죽을죄, 대죄, ⟨~ major crime\capital offense⟩, ⟨↔cardinal virtue\good deed⟩ 양2

354 **Cap·i·tol Hill** [캐피털 힐]: 미국 국회의사당(소재지), ⟨~ US Congress⟩, ⟨~(↔)Westminster¹⟩ 미2

355 **ca·pit·u·la·tion** [커피츌레이션]: ⟨'머리(caput)'란 뜻의 라틴어에서 유래한 프랑스어⟩, '대전제(capitulum)' 밑에 쓴 세부사항, (조건부) 항복, 합의 사항, ⟨~ surrender\yielding⟩, ⟨↔resistance\fight⟩ 양2

C 211

356 **ca·po** [카아포우 \ 캐포우]: capo(head)+tasto(key), 〈1640년에 음악용어로 등장해서 1952년에 깡패 두목을 지칭하게 된 이탈리아어〉, (마피아) 지부장, 두목, captain, 〈↔follower〉 양2

357 **ca·pok** [케이팍]: 〈말레이어〉, ceiba, 판야, ⇒ kapok 우1

358 **ca·pon** [케이판]: 〈← capo(head)〉, 〈라틴어 → 프랑스어〉, castrated male chicken, '장닭', 〈고기 맛을 내기 위해〉 (거세한) 수닭, 남자 동성애자, 〈~(↔)cockerel\male gay〉, 〈↔hen〉, 〈편자는 귀족이 아니라 맛을 보지 못했으나 닭 비린내(gamey taste)가 덜하다 함〉 양2

359 **Ca·pone** [커포운], Al: 〈별명〉, 〈← capo(head)〉, 카포네, (1899?-1947), 무자비했던 시카고 마피아단의 두목으로 8년간 감옥살이를 하고 매독으로 사망함, 〈Scar·face〉, 〈~ an American gangster〉 수1

360 **ca·po·re·gime** [카아포우 뤼지임]: (마피아) 부지부장, 부두목, 〈~ lieutenant\skipper〉 양2

361 **ca·pote** [커포우트]: 〈← cappa(hooded cloak)〉, 〈라틴어 → 프랑스어〉, 두건 달린 긴 외투, 투우사의 외투, 접는 포장 지붕, 〈~ mantilla〉, Capote; 사람 이름(Spanish masculine name) 양2 수1

362 **cap·pel·lo** [카팔로]: 〈← cappa(hat)〉, 〈라틴어 → 이탈리아어〉, 카펠로, (가볍고 챙이 넓은) 모자, 〈~ cap〉, C~; 사람이름〈모자 제조자·판매자〉 미1 수1

363 **cap·puc·ci·no** [캐푸취이노우]: 〈색깔이 Capuchin의 옷과 비슷한〉 카푸치노, 에스프레소 커피에 거품이 나는 뜨거운 밀크를 탄 것, 럼이나 브랜디를 가한 뜨거운 코코아, 〈~ an espresso-based coffee drink〉 우1

364 *__cap__(·i·tal·i·za·tion)-rate [캡 뤠이트]: (보통 부동산의 현시세 대비 일년 간 순수익의 백분률로 따지는) 임대 수익률, 〈~ the rate of return〉, 〈~(↔)yield〉 미2

365 **Ca·pri** [카프뤼]: 〈그리스어 kapros(boar) vs 라틴어 capreae(goat)가 어원으로 대결하고 있는〉 〈어원 불명의 라틴어〉, 이탈리아 나폴리만의 섬, 바다요정 세이렌의 본거지로 로마의 황제 아우구스투스와 티베리우스의 궁전이 있음, 〈~ an island in Italy's Bay of Naples〉, Reynold사가 제조하는 미국산 가는 담배(slender cigarettes) 수1

366 **ca·pric·ci·o** [커프뤼치오우]: 〈← capo(head)〉, 〈이탈리아어〉, 〈머리털이 쭈뼛한〉 장난, 광란, 광상곡, 기상곡, 자유분방함, 〈~ prank\adventure〉, 〈↔veracity\boredom〉 미2

367 **ca·pri·cious** [커프뤼셔스]: 〈이탈리아어〉, 〈capriccio와는 어원이 다른 말〉, 변덕스러운, 일시적인, 〈놀라서 뛰는〉 '염소(caper) 같은', 〈~ fickle\guirky〉, 〈↔regular\steady\even tempered〉 양2

368 **Cap·ri·corn** [캐프뤼커언]: caper(goat)+cornu(horn), 〈라틴어〉, 카프리콘, 염소〈goat〉자리, 마갈궁, 황도의 제10궁, 12월 22일부터 1월 19일 사이에 태어난 사람들〈마갈대〉, 〈~ a constellation〉 미2

369 **ca·pri pants** [커프뤼이 팬츠]: 〈이탈리아어〉, 〈Capri 섬에서 유행했던〉 여성용 홀태바지, (자전거 타기용) pedal-pushers, 〈~ a cropped slim pants〉 미1

370 **caps¹** (cap·i·tal let·ters) [캡스]: 대문자들, '머리들', 〈↔small letters〉 양2

371 **caps²** (cap·sule) [캡스]: 피막, 꼬투리, 〈↔un-sheathe\prolix〉 양2

372 **cap·si·cum** [캡시컴]: 〈← capsa〉, 〈라틴어〉, 〈'case'(상자)같이 생기고〉 〈께물어 먹는〉 고추(류의 총칭), 〈~ cayenne〉, 〈~ chili\pepper〉 가1

373 **cap-size** [캡 싸이즈]: 〈← caput(head)〉, 〈라틴어 → 스페인어〉, 〈'머리'를 처박히는 오리처럼〉 뒤집히다, 전복시키다, 〈~ over-turn\flip over\keel〉, 〈↔raise\straighten〉 양2

374 **cap·sule** [캡쓸]: 〈← capsa〉, 〈라틴어〉, '작은 상자〈case〉', 교갑, 깍지, 쌈지, 꼬투리, 덧싸개, 박막 제품, 환약, 포, 포자낭, 소형의, 요약된, 〈~ cover\shell\condensed〉, 〈↔expansion\diffuse\tablet〉 우2

375 *__cap·sule ho·tel__ [캡쓸 호텔]: 교갑 여관방, (일본에서 유행하며) 〈변기와 열쇠가 없고 꼬투리 모양을 한〉 아주 작은 숙박시설, 〈~ a basic accommodation〉, 〈↔penthouse〉 미2

376 **cap·tain** [캡틴]: 〈← caput(head)〉, 〈라틴어〉, '우두머리', 장, 선장, 기장, (육군) 대위, (해군) 대령〈colonel in army〉, 〈~ capo〉, 〈↔subordinate\pawn〉 양1

377 **cap·tion** [캡션]: 〈← capere(seize)〉, 〈라틴어〉, 표제, 자막, 설명문, '제목', 〈~ heading\explanation〉, 〈↔footer〉 양1

378 **cap·tious** [캡셔스]: 〈← capere(seize)〉, 〈라틴어〉, '말꼬리를 잡고 늘어지는', 흠잡기 잘하는, 꽤 까다로운, 〈~ acrimonious\fault-finding〉, 〈↔uncritical\easy going〉 양2

379 **cap·tive** [캡티브]: 〈라틴어〉, 사로잡힌, 포로의, 마음을 빼앗긴, 〈~ capture〉, 〈~ hostage〉, 〈↔free\liberated\captor〉 양2

380 **cap·tor** [캡터]: 잡은자, 체포자, 획득자, ⟨↔captive\hostage⟩ 양2

381 **cap·ture** [캡춰]: ⟨← capere(seize)⟩, ⟨라틴어⟩, 포획(물), 포로, 붙잡다, '사로잡다', ⟨갈무리⟩⟨자료를 전산기에 보관하는 일⟩, ⟨→ cop⟩, ⟨~ catch\arrest⟩, ⟨↔release\escape⟩ 양1

382 **cap·u·chin** [캐퓨친]: ⟨이탈리아어⟩, ⟨← cape(head)⟩, 캐퓨친, '두건', ⟨~ babushka\wimple⟩ ①⟨털 색깔이 Capuchin의 옷 색깔 비슷한⟩⟨원숭이 중 가장 지능이 발달한⟩ 흰목꼬리감기원숭이, sapajou, weeper² ②여성용 두건 달린 외투, ⟨~ a hooded female cloak⟩ ③Capuchin; ⟨자선과 순결을 존중하는⟩ 카톨릭의 일파, ⟨~ Franciscan이 개편된 것⟩ 미2 수1

383 **cap·y·ba·ra** [캐피바아뤄]: capi(grass)+uara(eater), ⟨Tupi어⟩, '초식동물', ⟨풀을 뜯어 먹는⟩물돼지(water hog), 남미의 강가에 사는 ⟨하루 4kg 정도의 식물성 음식을 먹고⟩ (45kg 정도의 무게가 나가는) 커다란 쥐, ⟨~ a beaver-like rodent⟩ 우1

384 **car** [카아]: ⟨← carrus←currere(run)⟩, ⟨'길'이란 라틴어에서 유래한⟩ 차, 자동차, 'carriage'의 현대어, ⟨→ career\chariot⟩, ⟨~ automobile\motor\wheels⟩ 가1

385 **ca·ra·ba·o** [카뤄바오우]: ⟨← karabaw(water buffalo)⟩, ⟨폴리네시아어⟩, (필리핀산) ⟨게으름뱅이⟩ 물소·농우 수2

386 **car·a-cal** [캐뤄캘]: qara(black)+qulaq(ear), ⟨터키어⟩, '검은 귀', ⟨caracul과 달리 모피를 여성용 의상에 사용하지 않는⟩ 검은색의 긴 귀 깃털을 가진 서남아시아산 스라소니(살쾡이), ⟨~ lynx\feline\wild-cat⟩ 우1

387 **ca·ra·ca·ra** [카뤄카뤄]: ⟨원주민어⟩, ⟨의성어⟩, 카라카라, 다리가 길고 빨리 달리는 중남미산 매 (멕시코의 국조), ⟨~ a falcon⟩ 수2

388 **Ca·ra·cas** [커롸아커스]: ⟨← quinoa?⟩, ⟨원주민 부족명에서 연유한⟩ 카라카스, 1567년 금을 찾아 헤매던 스페인인들이 원주민 이름을 따서 세워서 석유산업의 덕을 톡톡히 보고 1829년 베네수엘라의 수도로 지정된 카리브 해안의 상업 도시, ⟨~ Capital of Venezuela⟩ 수1

389 **car·a·cul \ kar·a·kul** [캐뤄컬]: ⟨터키어⟩, 중앙아시아⟨우즈베키스탄의 카라쿨지방⟩산 (양질의 털이 긴) 양의 일종, ⟨~ a domestic fat-tailed sheep⟩ 우1

390 **ca·rafe** [커래후]: ⟨← ghiraf(vessel)⟩, ⟨아랍어 → 프랑스어⟩, ⟨식수를 '따라(나눠)주는'⟩ 유리물병, (식탁용) 포도주병, ⟨~ bottle\flask⟩ 우2

391 **car·a·mel** [캐러멜]: ⟨canna(cane)+mellis(honey)?⟩, ⟨어원 불명의 스페인어·프랑스어⟩, burnt sugar, 우유·초콜릿·커피 등을 넣고 '구운 설탕'(과자), ⟨기름 사탕⟩, 담갈색, ⟨~ butter-scotch\nougat⟩ 우1

392 **car·a·pace** [캐뤄페이스]: ⟨← cape?⟩, ⟨어원 불명의 스페인어·프랑스어⟩, tortoise shell, (자라의) 등딱지, 갑각, ⟨~ cuticle\shield⟩ 양2

393 **car·at \ kar·at** [캐륃]: ⟨← keras(horn)⟩, ⟨그리스어⟩, 캐럿, 보석류의 무게 단위 (200mg), ⇒ karat 수2

394 **car·a·van** [캐뤄밴]: ⟨← karwan←ker(army)⟩, ⟨페르시아어⟩, 대상, 여행대, 마차대, 이동주택, (낙타의) 떼, ⟨→ van⟩, ⟨~ convey\fleet⟩, ⟨~(↔)cavalcade\mobile home⟩ 양2

395 **car·a·way** [캐뤄웨이]: ⟨← karon←Caria(province in Asia Minor)⟩, ⟨그리스어⟩, 회향풀(의 씨앗), ⟨~ cumin⟩ 미2

396 **car·be·cue** [카아베큐우]: car+barbecue, 폐차 처리기, 차를 불에 태워 압축함 미2

397 **car·bine** [카아비인 \ 카아바인]: ⟨원산지 Calabria에서 연유한?⟩ ⟨어원 불명의 프랑스어⟩, 카빈, 1793년경부터 프랑스에서 주로 기병(cavalry)들을 위해 개량된 짧고 가벼운 선조총, ⟨~ musket'⟩ 수2

398 **car·bo-hy·drate** [카알보하이드레이트]: ⟨carbon+hydrogen+oxygen⟩, ⟨라틴어와 그리스어에서 합성된 영국어⟩, 탄수화물, 함수탄소, ⟨~ starch\sugar⟩, ⟨↔lipid\protein⟩ 양2

399 **car bomb** [카아 밤]: 차량 폭탄 양2

400 **car·bon** [카아번]: ⟨← carbo(coal)⟩, ⟨라틴어⟩, 카본, ⟨다이아몬드 등의 무기질과 모든 유기물에 들어 있으며 열에 아주 강한⟩ 탄소, 비금속원소(기호 Co·번호6), 묵지, '숯'⟨coal⟩ 양2

401 **car·bon cop·y** [카아번 카피]: 복사본, 꼭 닮은 물건(사람), ⟨~ dead ringer\clone⟩ 양2

402 **car·bon cred·it** [카아번 크뤠딭]: 특정 회사의 (이산화탄소 배출량을 1톤으로 제한하는) 탄소배출권, ⟨~ carbon offsetting⟩, ⇒ carbon trading 미2

403 **car·bon sink** [카아번 씽크]: 탄소 흡수원(absorber), 이산화탄소를 흡수해 주는 삼림이나 농경지, ⟨↔carbon source⟩ 미2

404 ***car·bon trad·ing** [카아번 트뤠딩]: 탄소교역, ⇒ emissions trading 미2

405 **car·bun·-cle** [카아벙클]: 〈← carbo(coal)〉, 〈라틴어〉, 〈작은 석탄 뭉치 같은〉 등창, 옹 (피하조직의 화농 덩어리), 홍옥, 둥글게 자른 석류석, 짙은 적갈색, 〈furuncle이 모여서 된 것〉, 〈~ clusters of boils〉 양2

406 **car·bu·re·tor** [카아뷰뤠이터]: 〈← carbure〉, 〈프랑스어〉, 〈carbide가 나가는 조그만 도관〉, 탄화장치, (내연기관의) 기화기, 〈~ a fuel delivery system〉 우2

407 **car·ca·jou** [카알커쥬우]: 〈북미 원주민어〉, wolverine, skunk bear, (북미에 서식하는 곰을 닮은) 큰 오소리, 〈~ kinkajou\honey bear〉 우2

408 **car·cass** \ car·case [카알커스]: 〈← carquais(dead body)〉, 〈어원 불명의 프랑스어〉, 시체, 송장, 몸통, 잔해, (가구의) 뼈대, 〈~ carrion\corpse〉, 〈↔mind\spirit〉 양1

409 **car·ce·ral** [카알쉐뤌]: 〈← carcer(prison)〉, 〈라틴어〉, 교도소의, 감금을 목적으로 한, 〈~ incarcerate〉, 〈↔freedom\release〉 양2

410 **car·ci·no·ma** [카알시노우머]: 〈← karkinos(crab)〉, 〈그리스어〉, 암, 악성종양, 〈↔benignity〉, ⇒ cancer 가1

411 **card** [카아드]: 〈← charte(leaf of paper)〉, 〈그리스어〉, '파피루스의 한 잎으로 된' 판지, 증, 명함, 구입권, 놀이딱지, 광대, 〈기록판〉, 수단, 영향력, 〈→ carton\cartoon\cartridge\chart〉, 〈~ board\ID\credit\game\joker\means〉 미2

412 **car·da·mom** [카알더멈]: 〈← amomum(unblemish)〉, 〈그리스어〉, 카더몬, 소두구(열대 아시안산 생강과의 약용·향료 식물로 은행 같은 열매에 작은 씨가 들어 있음), 〈~ cress〉, ⇒ 'Queen of spices' 미2

413 **card-board** [카아드 보어드]: 판지, 마분지, '골판지', 〈~ board-box\carton〉 양1

414 **card-club** [카아드 클럽]: '판화 구락부', (합법적으로) 카트 노름을 할 수 있는 조그만 장소, 〈~ card room〉 미2

415 **card game** [카아드 게임]: 딱지놀이, 서양 화투 놀이, '트럼프' 놀이, 〈~ game of playing cards〉 미1

416 **car·di-ac** [카아디액]: 〈← kardia(heart)〉, 〈그리스어〉, 심장(병)의 가1

417 **car·di·gan** [카아디건]: 〈어원 불명의 켈트어〉, 〈이를 애용한 영국의 백작·군인 이름을 딴〉 앞을 단추로 채우는 털 상의, 〈~ a sweater that opens in front〉 우1

418 **Car·din** [카아든], Pierre: 〈Cardinal 집안사람〉, 가르뎅, (1922-2020), 〈우주적이고 전위적인 도안으로 인기를 끈〉 이탈리아 출신 프랑스의 유행 고안가, 〈~ an Italian-French fashion designer〉 수1

419 **car·di·nal¹** [카아디널]: 〈← cardo(hinge)〉, 〈라틴어〉, 주요한, 〈항상 피를 흘릴 준비가 되어있는〉 심홍색의, 〈돌쩌귀 역할을 하는〉 추기경, 〈~ principal\crimson〉, 〈arch-bishop 위\pope 밑〉, 〈↔least\minor〉 양1

420 **car·di·nal²** [카아디널]: 〈← cardinal¹〉, 〈추기경 옷과 모양과 색깔이 비슷한〉 여성용 두건 달린 짧은 외투, 〈~ women's hooded red short cloak〉, 데운 붉은 포도주, 〈~ a mulled² claret〉 우1 미2

421 **car·di·nal bird** [카아디널 버어드]: 홍관조(암컷은 갈색이나 수컷은 심홍색을 띤 피리새), ⇒ red·bird 미2

422 **car·di·nal flow·er** [카아디널 홀라워]: 진홍 로벨리아(숫잔대 lobelia), (습지에서 1m 정도 직립한 줄기에 잔대 모양의 붉은 꽃이 피는) 잇꽃 〈연지의 원료로 쓰던 '홍람'〉, 〈~ a brilliant red flower〉 미2

423 **car·di·nal num·ber** [카아디널 넘버]: 기(본)수, 계량수(순서를 따지지 않은 1에서 9까지의 정수), 〈~ integer〉, 〈↔decimal number\ordinal number〉 양2

424 **Car·di·nals** [카디널스], St. Lou·is: '홍관조들', 1882년 '갈색 양말'로 창단되어 1900년 현재명으로 바뀐 MLB 소속 미국의 야구단 수1

425 **car·di·ol·o·gy** [카아디알러쥐]: 〈← kardia(heart)〉, 〈그리스어〉, 심장(병)학 양1

426 **card key** [카아드 키이]: 통과증, 판지 열개, 종이 '열쇠', 〈~ key card〉 미1

427 **card play-er** [카아드 플레이어]: 딱지 놀이꾼, 서양 화투 도박사 미1

428 *****card punch** [카아드 펀취]: 전산기 조작을 위한 부호가 찍힌 판지, 〈정확한 말은 punched card임〉, 〈~ key punch〉 우1

429 **card room** [카아드 루움]: 딱지 놀이방, 도박실, '화투 방', 〈~ game room\gambling hall〉 미1

430 *****card swipe** [카아드 스와이프]: (신용) 전자카드 판독기, '카드 긁개', 〈~(↔)card insert\card slot〉 우1

431 **care** [케어]: 〈← karo(sorrow)〉, 〈게르만어〉, 걱정, 조심, 관심, 돌보기, 보호, 〈~ attend to\concerned\safe-keeping〉, 〈↔neglect〉 양1

432 **ca·reer** [커뤼어]: 〈← carrus(wagon)〉, 〈라틴어〉, 〈← car〉, 캐리어, '마차가 지나간 길', 경력, 이력, 직업, 출세, 〈→ curriculum〉, 〈~ persuit\occupation〉, 〈↔avocation〉 양2

433 **ca·reer wom·an** [커뤼어 우먼]: 직업 지향적 여성, 〈↔housewife〉 양2

434 **care-free** [케어 후뤼이]: 걱정이 없는, 태평한, 무관심한, 〈↔troubled〉 양1

435 **care–giv·er** [케어 기붜]: 양호사, 돌보는 사람, 간병인, 보호자, 도우미, 〈~ care-taker〉 양1

436 **care-less** [케어 리스]: 부주의한, 경솔한, 무심한, 〈~ negligent\indifferent〉, 〈↔careful\attentive\cautious\discreet〉 양1

437 **Ca·rell** [커뤨], Steve: 〈프랑스·이탈리아계 이름〉, '베개〈pillow〉 제조자', 카렐, (1962-), 〈평범하게 웃기는 데 재주가 있었던〉 미국의 만담가·배우, 〈~ an American actor and comedian〉 수1

438 ***CARES Act** [케어스 액트]: Coronavirus Aid·Relief and Economic Security Act, 코로나바이러스 보조·구제 및 경제안정법, Covid-19으로 인한 재해를 복구하기 위해 2020년 3월 27일부터 실시된 미국의 연방법, 〈still active as of May 2024〉 수2

439 **ca·ress** [커뤠스]: 〈← kam(love)〉, 〈산스크리트어 → 라틴어〉, 〈'경애'해서〉 껴안다, 달래다, 〈귀여워서〉 쓰다듬다, 〈~ pet\fondle〉, 〈↔hit\strike〉 양1

440 **car·et** [캐륄]: 〈← carere(want)〉, 〈라틴어〉, '빠짐표', 탈자기호 (∨·∧〈삽입해야 한다는 표시〉), 〈~ a mark placed below the line〉 미2

441 **care–tak·er** [케어 테이커]: 양호사, 보호자, 관리인, 문지기, 도우미, 〈~ care-giver〉 양1

442 ***care-ware** [케어 웨어]: 선심용 (공짜) 연성기기, 〈~ charity(help\good) ware〉 미2

443 **Car·ey** [캐뤼], Mar·i·ah: 〈← ciar(dark black)〉, 〈켈트어〉, '얼굴이 검은 자', 캐리, (1970-), 화려하고 아름다운 목소리로 〈신이 주신 피리새〉 호칭을 받았던 미국의 대중가요 가수, 〈~ an American singer〉 수1

444 **car·go** [카아고우]: 〈← carrus(wagon)〉, 〈라틴어〉, 〈수레에 싣는〉 화물, 적화물, 짐, 〈~ consignment\freight〉, 〈↔conveyance〉 양1

445 **Car·ib·be·an** [캐뤄비이언]: 카리브〈'용감한 사람'이란 원주민어〉해의, 서인도제도 남부의, 〈~ West Indian〉 수1

446 **ca·ri·be** [캐뤼이비]: 〈←carib←kalingo(brave one)〉, 〈카르브어〉, '용감한 물고기' ⇒ piranha 수2

447 **Car·ib In·di·ans** [캐뤼브 인디언즈]: 〈← kalingo(brave)〉, 〈원주민어〉, '용감한 자', 아마존강 유역(north Amazon)에 살던 식인종 원주민들, 〈~ Main-land Caribs〉, 〈→ Island Caribs〉 수1

448 **car·i·bou** [캐뤼부우]: 〈← qalipu(snow-shoveller)〉, 〈원주민어〉, 〈눈을 퍼내는〉 순록, 다리가 튼튼하고 암컷도 뿔이 있는 북극권의 커다란 사슴, 〈~ rein-deer〉 미2

449 **car·i·ca·ture** [캐뤼커춰]: 〈← carricare(load)〉, 〈라틴어〉, 'carrus(수레)'가 꽉 찬, '과장된', (풍자)만화, 풍자예술, 만화인물화, 〈~ cartoon\distortion\parody〉, 〈↔homage\reality\solemnity〉 미2

450 **car·ies** [케뤼즈]: 〈← kere(injure)〉, 〈ker(death)이란 그리스 언어에서 연유한 라틴어〉, 충치, 뼈가 썩어서 부서지는 ('부식'하는) 병, 〈~ tooth decay\cavity〉 양1

451 **car·i·o·ca** [캐뤼오우커]: kari(white man)+oka(house), 〈리오데자네이루 '백인 주거 지역'에서 연유한 원주민어〉, 삼바(samba)에서 변형된 남미의 춤, 〈~ a Brazilian dance〉 수2

452 **car(r)·i·ole** [캐뤼오울]: 〈← carrus(wagon)〉, 〈라틴어에서 연유한 프랑스어〉, (19세기에 사용했던) 단두 소형 마차, 지붕 있는 짐 마차, 〈← chariot〉, 〈~ a small horse-drawn carriage〉 우2

453 **ca·ri·tas** [케뤄터스 \ 카아뤼타아스]: 〈← kara(love)〉, 〈그리스어〉, 〈charity(자선)의 라틴어〉, 카리타스, (인류) 사랑, 기독교적 동포애, 자선사업, 〈↔animosity\hatered〉 양2

454 ***car-jack** [카아 잭]: 자동차 강탈, 〈~ an auto-theft〉, 〈~(↔)hi-jack〉 양2

455 **car jack** [카아 잭]: (바퀴를 교체할 때 차체를 들어 올리는) 자동차 양력기, 〈~ a device for lifting cars〉 미1

456 **car-load** [카아 로드]: 한 차분 화물(people or goods) 양1

457 **Car-lyle** [카알라일], Thom·as: 〈← Carlise(fortress)〉, 〈스코틀랜드어〉, '성채에 사는 자', 칼라일, (1795-1881), 스코틀랜드 출신 영국의 〈보수적 사회주의〉 사상가, 〈~ a Sottish essayist and historian〉 수1

458 ***car·ma·ged·don** [카아**마**아게든]: car+Armageddon, 자동차 혼잡, C~; 1997년에 나온 자동차 경기 비디오 놀이(video-game) 수2 미2

459 **Car·mel·ite** [카아머라이트]: 〈← karmel(fertile field)〉, 〈히브리어〉, 카르멜파의 수사, 흰옷 수사, 12세기에 〈이스라엘의 카르멜 산속에서〉 창립된 엄격한 규율을 지키는 가톨릭의 한 종파, 〈~ a strict Catholic Order〉 수1

460 **car·nage** [카아니쥐]: 〈← carnis(flesh)〉, 〈라틴어〉, 〈← carnal〉, 대량 살육, 대학살, 즐비한 시체, 〈~ massacre\mass-destruction〉 양2

461 **car·nal** [카아늘]: 〈← carnis(flesh)〉, 〈라틴어〉, '살'의, '육체'의, 육욕적인, 속세의, 〈→ carnage\carnation\carnival\carnivore\carrion〉, 〈~ lustful\lewd\corporal'〉, 〈↔spiritual〉 양2

462 **car·na·tion** [카아네이션]: 〈← carnal〉, '동물의 고기 색깔 같은' 꽃, 남유럽 원산 석죽과의 〈담홍색〉 꽃, 〈꽃잎이 무성하고 색깔이 현란한〉 어버이날 다는 꽃, 〈~ the favorite flower of the mother of the founder of Mother's Day〉 우1

463 **car·ne** [까르네]: 〈← carnis(flesh)〉, (쇠고기 등) '육류'를 뜻하는 라틴어에서 유래한 스페인어, 〈~ meat〉, 〈↔grain〉 우2

464 **Car·ne·gie** [카아네기], An·drew: cathair an eige, 〈켈트어〉, fort at the gap, '협곡에 있는 요새에 사는 자', 카네기, (1835-1919), 〈자수성가한〉 스코틀랜드 출신 미국의 〈악덕〉 강철 재벌·〈박애〉자선사업가, 〈~ a Scottish-American industrialist and philanthropist〉 수1

465 **car·ni·ce·ri·a** [카아니 쎄류아]: 〈← carnis(flesh)〉, 〈라틴어 → 스페인어〉, 정육점, 푸줏간, meat shop 양2

466 **car·ni·val** [카아니블]: 〈라틴어〉, 〈← carnal←canis(flesh)〉, 카니발, 〈육식을 끊기 전의〉 사육제, 사순절(Lent) 전의 축제, 제전, 〈~ festival\fiesta〉, 〈↔solitude\funeral〉 미2

467 **car·ni·vore** [카아니 보어]: carnis(flesh)+vorare(eat), 〈라틴어〉, 〈← carnal〉, 육식동물, 식충식물, 〈~ omnivore\meat eater〉, 〈↔folivore〉 양2

468 **car·ob** [캐럽]: 〈← kharrub(bean pods)〉, 〈아랍어〉, 캐럽, 〈뿔 모양의 꼬투리를 가진〉 locust bean, 메뚜기콩, 구주콩나무, (지중해 연안 원산의) 초콜릿 비슷한 냄새가 나는 열매가 맺히는 콩과의 관목, mesquite 미2

469 **car·ol** [캐뤌]: choros(chorus)+aulos(flute), 〈그리스어에서 유래한 프랑스어〉, 축가, 찬가, 성탄 하곡, '돌아가며 추는 춤', 〈~ noel\x-mas song〉, 〈↔chide\lament〉 양2

470 **car·o·tin** [캐뤄티인]: 〈그리스어〉, 'carrot'(당근) 따위에 들어 있는 탄수화물로 생체에서 비타민A로 바뀜 우1

471 **ca·rouse** [커롸우즈]: gar(completely)+aus(out), 〈게르만어〉, 술을 흠씬 마시다, 흥청망청거리다, 〈~ revel\roister〉, 〈↔fast'\grieve〉 양2

472 **car·(r)ou·sel** [캐뤄쎌]: 〈← carro(chariot)〉, 〈이탈리아어〉, 회전목마, 회전식 수화물 수취대, baggage claim 미2

473 **carp¹** [카아프]: 〈← carpa(Cyprinus(학명)〉, 〈라틴어 → 프랑스어〉 잉어, 잉엇과의 커다란 물고기, 〈large clade of ray-finned fresh water fish〉 미2

474 **carp²** [카아프]: 〈← carpere(snatch)〉, 〈라틴어 → 북구어〉 트집 잡다, 투덜대다, 〈~ cavil\complain〉, 〈↔praise\forgiving〉 양2

475 **car·pac·cio** [카알**파**아취오우]: 카르파초, 〈적·백색을 잘 구사한 화가의 이름(Cipriani)을 딴〉 쇠고기나 생선을 얇게 썰어서 맛난이를 친 이탈리아 요리, (육)회, 〈~ sliced (or piunded) meat (or fish)〉 수2

476 **car·pal** [카알펄]: 〈karpos〉, 〈그리스어〉, 손목 뼈, 손목 관절의, wrist(←twist), 〈↔tarsal〉 양2

477 **car pa·rade** [카아 퍼뤠이드]: 차 행렬, 차 행진, 〈~(↔)cavalcade〉 양2

478 ***car·pe di·em** [카알페 디엠]: 〈라틴어〉, 'seige (enjoy) today', 오늘을 붙잡아라(즐겨라), 〈~ tempus fugit〉 양2

479 **car·pen·ter** [카아펜터]: 〈← carpentum(cart)〉, 〈라틴어〉, 목수, 목공, '마차〈carriage〉 만드는 사람', 〈~ wood-worker〉, 〈↔mason〉 가1

480 **car·pen·ter ant** [카아펜터 앤트]: 왕개미, 고목에 떼 지어 사는 큰 개미, 〈~ a large ant building nest inside the wood〉, 〈이것은 목재를 먹지 않으나 termite는 그것을 먹음〉 미2

481 **car·pen·ter bee** [카아펜터 비이]: 어리호박벌, 나무에 구멍을 뚫어(burrow) 산란하는 작은 뒝벌의 일종, 〈~ a bumble-bee〉 미2

482 **car·pet** [카아핕]: 〈← carpere(pluck)〉, 〈라틴어〉, 카펫, 양탄자, 융단, (mat보다 넓고 부드러운) 깔개, '거칠고 보풀이 인 천', 〈~ rug〉, 〈↔shelf〉 가1

483 ***car·pet–bag·ger** [카아핕 배거]: 〈한몫 보려고 전 재산을 '융단으로 만든' 여행용 가방에 넣고 다니는〉 뜨내기 정상배, 철새정치인, 〈~ opportunist\fortune hunter〉 양2

484 **car·pet bee·tle(bug)** [카아핕 비이틀(버그)]: (둥글) 수시렁이 〈곡물을 해치는 둥글 납작한 딱정벌레〉, 〈그 애벌레는 모직물을 갉아 먹는〉 수시렁충(bug-worm), 〈~ larder (or hide) beetle〉 미2

485 **car·pet bomb·ing** [카아핕 밤잉]: 융단 폭격, 〈~ area (or intense) bombing〉 양2

486 **car·pet snake** [카아핕 스네이크]: 얼룩 뱀, 오스트레일리아산 비단구렁이, 〈~ a python(large snake)〉 미2

487 **car·pet weed** [카아핕 위이드]: 큰석류풀 (더운 모래땅에서 덩굴로 뻗어나는 석류와 비슷한 잎을 가진 잡초), 〈~ Indian chickweed\a rapidly spreading annual plant〉 미2

488 **car phone** [카아 호운]: 차 전화 양1

489 ***car-pool** [카아 푸울]: 자동차 합승 이용, ride-share, 〈~ HOV〉 미2

490 **car-port** [카아 포오트]: 〈벽이 없고 지붕만 있는〉 (간이) 차고, 차 정박소, 〈~ garage〉 양1

491 **car·rag(h)een** [캐뢔기인]: 〈아일랜드어〉, '작은 돌(little rock)', 진두발, 바위틈에 뭉텅이로 자라며 붉은 자주색의 부채꼴 엽상을 한 돌가사릿과의 식용 해초, Irish moss, 〈~ a pearl-wort〉 미2

492 **car·riage** [캐뤼쥐]: 〈← carrum(chariot)〉, 〈라틴어〉, 탈것, 차, 마차, 운반대, 수송, 〈~ wagon\transport〉, 〈~(↔)coach〉 양2

493 **car·ri-er** [캐뤼어]: 〈← carrum(chariot)〉, 〈라틴어〉, 〈← carry〉, '운반자', 운반기, 보균자(물), 항공모함, 〈~ delivery person\bearer\aircraft carrier〉 가2 미2

494 **car·ri-er pi·geon** [캐뤼어 피쥔]: 전령 비둘기, 〈돌비둘기의 개량종으로 눈이 크고 훤칠하게 생긴〉 전서구, 〈~ homing(mail\messenger) pigeon〉 양1

495 ***car·ri-er tone** [캐뤼어 토운]: (모뎀의) 〈수신음보다 높은〉 변조 신호음, 〈~(↔)carrier wave〉 미2

496 ***car·ri-er wave** [캐뤼어 웨이브]: 반송파, '동반파' (다른 신호가 끼어든 신호), 〈~ carrier signal〉 미2

497 **car·ri·on** [캐뤼언]: 〈← caro(flesh)〉, 〈라틴어〉, '시체', 썩은 고기, 오물, 〈~ carnal〉, 〈~ carcass\corpse〉, 〈↔freshness〉 양1

498 **Car·roll** [캐뤌], Lew·is: 〈← cearbhaill(fierce in battle)〉, 〈켈트어〉, '사나운 싸움꾼', 캐롤, (1832-1898), 본명은 Charles Dodgson, 「요술나라의 앨리스」 등 익살맞은 동화책을 쓴 영국의 신실한 수학 선생, 〈~ an English author and mathematician〉 수1

499 **car·rot** [캐뤝]: 〈← karoton ← ker(horn)〉, 〈그리스어〉, '뿔 모양의' 캐롯, 홍당무, (수용성 비타민이 풍부한) 당근, 붉은 머리털, 미끼, 〈~ 'red sweet-radish'\red-head\lure〉 가1 양1

500 ***car·rot-and-stick** [캐뤝 앤드 스틱]: 당근과 몽둥이, 회유와 위협, 〈~ reward and punishment〉 양2

501 **car·rot tree** [캐뤝 트뤼이]: carrot wood, '당근 나무', 당근 같은 육질을 가진 오스트레일리아 원산의 새먹이 열매를 맺는 번식력이 강한 콩과의 상록활엽교목, tuckeroo, beach tamarind 우1

502 **car·ry** [캐뤼]: 〈← carrum(chariot)〉, 〈라틴어〉, 〈carriage로〉 나르다, 운반하다, 전하다, 지탱하다, 휴대하다, 〈~ convey\transfer\bear〉, 〈↔leave\reject〉 양1

503 **car·ry a-way** [캐뤼 어웨이]: 휩쓸어 가다, 넋을 잃게 하다, 흥분시키다, 〈~ lose self-control\get over-excited〉 양2

504 ***car·ry back** [캐뤼 백]: 환급, 매도자 담보, 판 사람의 저당권 설정, 〈~ seller financing\owner carry〉 미2

505 **car·ry bag** [캐뤼 배그]: carry on, (소형) 운반 가방, 기내 반입 가방, 〈~ hand luggage\hold-all〉 미2

506 **car·ry-in** [캐뤼 인]: 손쉽게 가져올 수 있는 물건(음식), 〈~ bring-in〉 미2

507 ***car·ry-on** [캐뤼 어언]: 휴대할 수 있는 수하물, 가지고 탈 수 있는 짐, 〈~ carry bag〉 미2

508 **car·ry on** [캐뤼 어언]: 행하다. 계속하다. 진행하다, 〈~ continue\proceed〉 가1

509 *car·ry one's grat·i·tude be·yond the grave: 은혜는 죽은 뒤에라도 (풀을 묶어서) 보답하라, 결초보은, 백골난망, 〈↔save a thief from the gallows, and he will cut your throat\bite the hand that feeds one〉, 〈↔ingrate〉 양2

510 *car·ry-out [캐뤼 아웉]: 사가지고 나가는 물건(음식), 〈~ pick-up\to go\take-out〉 미2

511 car·ry out [캐뤼 아웉]: 실행하다, 성취하다, 〈~ conduct\achieve〉 가1

512 car·ry-o·ver [캐뤼 오우붜]: 이월품(거래), 나머지, 〈~ transfer\hold-over\left-over〉 양1

513 *car·ry the can [캐뤼 더 캔]: 〈← cannee(옛날 프랑스 군대에서 화약을 쌓아둔 곳을 덮는 천막)〉, 비난을 뒤집어 쓰다, (잘못이 없어도) 책임을 지다, 〈~ carry the ball; 미식축구에서 나온 말〉, 〈~ face the music〉 양2

514 *car·ry the day [캐뤼 더 데이]: 하루를 버티다, 잘 싸우다, 성공하다, 〈~ achieve\win〉 양2

515 Car·son [카알슨], John·ny: 〈스코틀랜드어〉, son of marsh dwellers, '늪지에 사는 자', 카슨, (1925-2005), 〈수줌음을 잘 탔으나 무대에서는〉 유연한 자세와 재치로 청중을 사로잡았던 미국의 만담가·사회자·애연가, 〈~ an American TV host and comedian〉 수1

516 Car·son [카알슨], Kit (Chris·to·pher): 카슨, (1809-1868), 〈오레건 오솔길〉을 개척한 미국의 사냥꾼 출신 2성 장군, 〈~ an American mountain-man and explorer〉 수1

517 cart [카아트]: 〈← kartr(wagon)〉, 〈북구어 → 영국어〉, 〈짐승이 끄는〉 짐수레, 손수레, 달구지, 골프차, 조그만차, 〈~ carriage\barrow\buggy〉, 〈~(↔)back-pack\truck〉 미1

518 car·te blanche [카알트 블랜취]: 〈프랑스어〉, 카르트 블랑슈, white card(paper), 백지위임장, 자유재량권, 전권위임, 〈↔reserve\denial〉 양2

519 car·tel [카아텔]: 〈← 'carta'(종이장)〉, 〈라틴어에서 연유한 독일어〉, kartell, 카르텔, 기업연합, 교전국 간의 협정서〈'문서'〉, 〈~ conglomerate\consortium〉, 〈↔separation\mistrust〉 미2

520 Cart·er [카아터], Jim·my: 〈← cart〉, 〈영국어〉, '달구지꾼', 카터, (1924-2024), 해군 사관학교를 졸업하고 땅콩농장을 경영하다 〈포드가 닉슨을 사면한 덕으로 대통령이 되어〉 중동평화를 위해 애썼으나 〈잠자리에서 딴 여자를 상상하기도 한다고 고백한 죄로 재선에 실패한〉 민주당적 미국의 39대 대통령, {Peanut Farmer}, 〈~ 39th US President〉 수1

521 Car·te·sian-ism [칼티지어니즘]: 데카르트주의, Rene Descartes의 사상에 기초를 둔 일종의 〈2원론적〉 합리주의 철학, 〈~ dualism〉 수2

522 Car·thage [카알씨쥐]: 〈페니카아어 → 에트루리아어〉, '신도시〈new town〉', 카르타고, BC 146년에 로마군에 의해 불타고 AD 698년 아랍에 의해 멸망된 아프리카 북부의 고대 도시(국가), 〈~ an ancient city in northern Africa〉 수1

523 Car·ti·er [카알티에이]: 〈← carrum(carrier)〉, 〈라틴어 → 프랑스어〉, '짐꾼', 1847년 루이 카르티에가 설립한 프랑스의 고급 보석상, 〈~ a French luxury-goods conglomerate〉 수1

524 car·ti·lage [카알틸리쥐]: 〈← cartilago(gristle)〉, 〈라틴어〉, 연골(조직), 〈~ chondro〉, 〈~(↔)collagen\bone〉 양2

525 car·tog·ra·phy [카알타그뤄휘]: charte(chart)+graphy, 〈그리스어〉, 도표, 지도, 해도, map-making, 〈~ geo-graphy〉 양2

526 car·ton [카알튼]: 〈← carta(paper)〉, 〈라틴어〉, 상자, (운송용) 판지, ('종이') 용기, 한 상자(10갑), 〈← card〉, 〈→ cartoon〉, 〈~ a container〉, 〈↔unbox〉 양1

527 car·toon [카알투운]: 〈← carta(paper)〉, 〈라틴어 → 이탈리아어〉, 〈← card〉, 풍자화, 만화(영화), 밑그림, 〈→ toon〉, 〈~ caricature\animation\comic〉, 〈↔tribute〉 양1

528 car·tridge [카알트뤼쥐]: 〈← carta〉, 〈라틴어 → 이탈리아어〉, 〈'card'(종이)로 만든〉 통, 탄약통, '보관통', 끼우개, 〈~(↔)cassette〉, 〈↔blank〉 우1

529 Ca·ru·so [커루우쏘우], En·ri·co: 〈이탈리아 방언(시실리어)〉, '꼬마〈boy〉', 카루소, (1873-1921), 정식 교육을 얼마 받지 못한 〈울려 퍼지는 고음이 특기인〉 이탈리아의 오페라 테너 가수, 〈~ an Italian operatic tenor〉 수1

530 Car·vel [카알벨]: 〈← karabos(small ship)〉, 〈그리스어 → 영국어〉, caravel'작은 배를 가진 자', 칼벨, 1929년 동명의 미국인이 창립하여 〈부드러움을 자랑하는〉 아이스크림 (냉유피)·크림 케이크(유지 양과자) 연쇄점, 〈~ an American ice-cream franchise〉 수2

531 **carv-ing** [카알빙]: ⟨← graphein(inscribe)⟩, ⟨그리스어 → 게르만어⟩, 조각(술), 조각물, 베어서 나누기, ⟨~ cut\sculpt⟩, ⟨↔erase\sew⟩ 양1

532 **car wash** [카아 워쉬]: 세차(장), 세차기 가1

533 **cary·o**(kary·o) [캐류오우~]: ⟨그리스어⟩, nucleus, ⟨핵·인~⟩이란 뜻의 결합사, ⟨~ kernel⟩, ⟨↔exterior\outside⟩ 양1

534 **ca·sa** [카사]: ⟨라틴어⟩, cabin, 집, 가옥, ⟨~ cottage⟩, ⟨→ casino⟩, ⟨↔office⟩ 가2

535 **Ca·s(s)a·ba** [커싸아버]: ⟨← Kassaba(town)⟩, '마을', 카사바 참외, (터키 카사바 원산의) 쭈글쭈글한 노란 껍질과 미끈한 속살을 가진 둥근 서양 참외, ⟨~ a round winter melon⟩ 수2

536 **Cas·a-blan·ca** [캐서블랭커]: 카사블랑카, 모로코(Morocco) 서북부의 항구·교역 도시 수1

537 **cas·a blan·ca** [캐서 블랭커]: cottage+blank, ⟨라틴어+게르만어⟩, white house, 하얀 집 양2

538 **Cas·a-no·va** [캐서노우붜], Gia·co·mo: ⟨'new house'에 사는 자⟩, 카사노바, (1725-1798), 유난히 코가 컸던 이탈리아의 ⟨팔방미인⟩ 엽색꾼·포도주 애호가·저술가, ⟨~ an Italian adventurer and author⟩ 수1

539 **Cas·cade** [캐스케이드]: 캘리포니아 북부에서 캐나다 브리티시 콜롬비아에 이르는 산맥, ⟨~ mountain range of west North-America⟩ 수2

540 **cas·cade** [캐스케이드]: ⟨← cascare(fall)⟩, ⟨라틴어⟩, '떨어지는', 작은 폭포, 계단 폭포, 층계형, 종속접속, ⟨~ chute\slide⟩, ⟨↔ebb\sink⟩ 양2

541 **cas·ca·ra** [캐스케어뤼]: ⟨← quassare(peel)⟩, ⟨라틴어 → 스페인어⟩, ⟨'껍질'이 완화제(설사약) 으로 쓰였던⟩ 털갈매나무의 일종, ⟨~ a buck-thorn⟩ 우2

542 **Cas·ca·ra Sa·gra·da** [캐스케어뤼 서그뤠이더]: ⟨스페인어⟩, ⟨카스카라 나무의⟩ '신성한(sacred) 나무껍질'로 만든 설사약, ⟨~ an herbal laxative⟩ 우2

543 **cas·car·il·la** [캐스커륄러]: ⟨← cascara⟩, ⟨스페인어⟩, 카스카릴라 (나무껍질), 향기가 진하며 건위제로 쓰는 서인도제도 원산 등대풀과 파두속의 관목, ⟨~ croton⟩ 우2

544 **case¹** [케이스]: ⟨← cadere(fall)⟩, ⟨라틴어⟩, ⟨하늘에서 떨어진⟩ 경우, 사례, 상황, '일어난 일', 환자, ⟨→ casual⟩, ⟨~ instance\occurrence\sample\patient⟩, ⟨↔fiction⟩ 가2

545 **case²** [케이스]: ⟨← capere(hold)⟩, ⟨라틴어⟩, 상자, 그릇, 주머니, 갑, 집, 통, 함, 뚜껑, '활자 뭉치', ⟨→ casket\cassette⟩, ⟨~ cover\shell\housing⟩, ⟨↔content⟩ 가1

546 **case-book** [케이스 북]: ⟨← case¹⟩, 사례집, 판례집, ⟨~ source-book⟩, ⟨~(↔)text book\almanac\archives⟩ 양1

547 **case by case** [케이스 바이 케이스]: ⟨← case¹⟩, 개별적, 하나하나, ⟨~ item-by-item\individual\one-by-one⟩, ⟨↔regular base\some⟩ 양2

548 ***case frac·tion** [케이스 후뢕션]: ⟨← case²⟩,뭉치 분수, (분수를 따로 띄어 쓰지 않고 한 단위로 쓰는) 단위 활자체, ⟨등분표가 작은⟩ '소등분표', ⟨예를 들면 1/2 대신 ½⟩, ⟨~ single character type-set⟩, ⟨↔continued fraction⟩ 미1

549 **case law** [케이스 러어]: ⟨← case¹⟩, 판례법, 관행법, ⟨~ common law⟩, ⟨↔statutory law⟩ 양1

550 **case-load** [케이스 로우드]: ⟨← case¹⟩, 담당량(건수), ⟨~ amount of a work⟩, ⟨↔boon\resolution⟩ 양2

551 **case-ment** [케이스 먼트]: ⟨← case²⟩, ⟨앞뒤로 밀고 당기는⟩ 여닫이창, 덮개, (열고 닫는) 창문, ⟨~(↔)sash window\French window⟩, ⟨↔sliding\turn-stile⟩ 양2

552 ***case-sen·si·tive** [케이스 쎈시티브]: ⟨← case²⟩, 활자체에 민감한 (전산기에서 대문자를 쓰느냐, 소문자를 쓰느냐에 따라 분류가 달라지는 연성기기 체제⟩, ⟨~ differentiating between capital and small letters⟩ 우1

553 **case stud·y** [케이스 스터디]: ⟨← case¹⟩, 사례연구 양2

554 **Case West·ern Re·serve** [케이스 웨스턴 리져어브] Univ.: ⟨소재지와 출자자의 이름이 합쳐진 말⟩, 1826년에 세워진 미국 클리블랜드의 16명의 노벨상 수상자를 배출한 연구 중심 사립대학, ⟨~ a private research university in Cleveland, Ohio⟩ 수1

555 **cash** [캐쉬]: ⟨← caspa⟩, ⟨라틴어⟩, 'case에서 꺼내쓸 수 있는' ⟨수표보다 더 좋은⟩ 현금, 맞돈, ⟨~ mazuma⟩, ⟨↔check\credit card\digital money⟩ 가2

556 ***cash and car·ry** [캐쉬 앤드 캐뤼]: 즉석 현금 판매, 배달 없는 현금거래, ⟨~ exchange\no delivery⟩, ⟨↔credit sale\delivery sale⟩ 양2

557 ***cash-back** [캐쉬 백]: 현금상환, 대금의 일부를 고객에게 되돌려 주는 제도, 현금으로 물러주는 제도, 〈~ rebate\refund〉, 〈↔additional charge\penalty〉 양2

558 **cash bar** [캐쉬 바아]: 현금 주보, 돈 주고 사 먹는 술 판매대, public bar, 〈↔host(open) bar〉 양2

559 ***cash burn-ing** [캐쉬 버어닝]: 〈경제용어〉, '현금소각', (경쟁업체를 죽이기 위한) 의도적 출혈 투자, 〈~ a business strategy\'bleeding investment'〉 미2

560 ***cash cow** [캐쉬 카우]: 농촌에서 손쉽게 현금화할 수 있는 물건, 고수익 사업, 수지 맞는 장사, '효자 상품', 〈~ bonanza\treasure trove〉, 〈↔cash drain〉 미1

561 **cash dis-count** [캐쉬 디스카운트]: 현금할인, 현금을 주면 할인 혜택을 주는, 〈↔fixed(mark-up) pricing〉 가1

562 **cash·ew** [캐슈우]: 〈← acajuba(nut)〉, 〈Tupi어〉, (남미 원산의 옻나뭇과의 식물로 껍질에서는 검정 고무가 채취되고 강낭콩 모양을 한 건과는 반드시 볶아서 먹어야 하는) 〈콩팥 콩〉 나무, 〈~ terebinth\poison ivy\sumac〉 우2

563 **cash-ier** [캐쉬어]: 현금출납원, 회계원, 출납계, 점원, 〈~ teller〉, 〈↔collector〉 양1

564 ***cash-ier's check** [캐쉬어스 첵]: 〈은행만이 발권 할 수 있고 고액도 가능한〉 〈자기앞〉보증수표, 〈~ bank(certified) check〉, 〈~(↔)money order는 은행이나 우체국이 발권하는 소액의 송금환임〉, 〈↔charge card\wired money〉 양1

565 **cash-in** [캐쉬 인]: 현금상환, 현금 바꾸기, 〈~(↔)cash-out〉, 〈↔forfeit〉 양1

566 **cash ma·chine** [캐쉬 머쉬인]: 현금자동인출기, 〈↔reverse ATM〉 양1

567 **Cash·mere** [캐쉬미어 \ 캐즈미어]: ⇒ Kashmir 수1

568 **cash·mere** [캐쉬미어] goat: 〈힌디어〉, 티벳트나 북인도산 털복숭이 염소로 한 마리가 한 번에 85그램 정도의 양모를 생산함, 〈~ a fiber goat〉 수2

569 ***cash-out** [캐쉬 아웉]: 현금 지불, 현금 찾기, 〈장례식 때 들어오는 조위금으로 인생을 청산하는〉 죽음(death), 〈~(↔)cash-in〉 양1

570 **cash val·ue** [캐쉬 밸류]: 현금가격, 현금으로 찾을 때의 가치, 〈~ market value〉, 〈↔face value〉 양1

571 **ca·si·no** [커씨이노우]: 〈← casa(house)〉, 〈라틴어〉, 카지노, 도박장, 오락장, 소별장, '작은 집', 〈~ gambling house〉, 〈↔race-track〉 미2

572 ***ca·si·no war** [캐씨이노우 워어]: '도박 전쟁', (1993년에 특허를 낸) 도박관과 도박사 사이에 높은 패가 판돈을 먹고 동점인 경우 도박꾼이 절반을 뺄어내고 항복하거나 두 배로 올려 다시 붙는 〈편자 수준에 딱 맞는〉 노름, 〈~ a proprietary gambling〉 우2

573 **cask** [캐스크 \ 카아스크]: 〈← casco(helmet)〉, 〈스페인어 → 프랑스어 → 영국어〉, '투구', 큰 통, (술) 통, 〈~ casque〉, 〈~ barrel〉, 〈~(↔)coffer〉 양1

574 **cas·ket** [캐스킽]: 〈← cassette〉, 〈프랑스어〉, 〈← case²〉, 작은 상자, 손궤, 〈사각형의〉 관, 〈~(↔)coffin〉 양1

575 **Cas·pi·an Sea** [캐스피언 씨이]: 〈← kaspios(white)〉, 〈그리스어〉, 〈'백인'이란 원주민어에서 유래한〉 〈kaspi족이 살았던 근처의〉 카스피해(호), (유럽〈Europe〉과 아시아〈Asia〉 사이에 있는 제일 많은 물을 보유하고 있는 내륙 호수로 민물과 짠물고기가 공생하며 크기가 점점 줄어들고 있음), 〈→ Caucasian〉, 〈~ the world's largest lake〉 수1

576 **casque** [캐스크]: 〈프랑스어〉, 〈← cask〉, (면갑〈얼굴 가리개〉이 없는) 투구, 투구형 모자, helmet 우2

577 **Cas·san·dra** [커쌘드뤄]: 〈그리스어〉, shining upon man, '남자를 능가하는 여자', '빛나는 자', 카산드라, (주로 흉사를 예언하는) 트로이의 여자 예언자, 〈~ a Trojan priestess〉, 〈~(↔)Jeremiah〉, c~; leather-leaf 수1

578 **cas·sa·va** [커싸아붜]: 〈← cacabi(starchy)〉, 〈하이티어〉, 카사바 녹말, '나무 고구마' (남미 원산의 낮은 고무나무 비슷한 관목으로 그 뿌리는 타피오카〈tapioca〉의 원료로 쓰임), 〈~ a perennial woody shrub with an edible root〉 수2

579 **cas·se·role** [캐서로울]: 〈← kuathos(cup)〉, 〈그리스어 → 프랑스어〉, 〈국자 모양의〉 찜 냄비, 뚜껑이 있는 내열 유리·사기 냄비, (이것에다 끓인) 찌개 〈stew〉, 〈~ a large deep pan (or bowl)〉 양1

580 **cas·sette** [커쎘트]: 〈프랑스어〉, 〈← case²〉, 카세트, '작은 상자', 통, 갑, 자기를 입힌 녹화·녹음용 필름, 〈→ casket〉, 〈~(↔)cartridge〉 우2

581 **cas·sia** [캐샤 \ 캐시어]: ⟨← qatsa(cut off)⟩, ⟨히브리어 → 그리스어⟩, 육계⟨두꺼운 계피⟩, (남중국 원산의) 계피나무, 나무껍질이나 씨를 향료로 쓰는 콩⟨legume⟩과의 관목, ⟨→ cassis⟩, ⟨~ cinnamon⟩, ⟨~(↔)senna⟩ 미1

582 **Cas·si·o·pe·ia** [캐씨어**피**어]: ⟨← kassiope(she whose words excel)?⟩, ⟨어원 불명의 그리스어⟩, 카시오페이아 (여인이 의자에 앉은 모양을 한 북쪽 하늘의 별자리), ⟨~ a constellation in the northern sky⟩, ⟨교만해서 포세이돈에 의해 바위에 묶였다가 페르세우스에 의해 구출된⟩ 전설적인 에티오피아의 왕비, ⟨~ a Queen of Ethiopia⟩ 수1

583 **cas·sis** [커씨이스]: ⟨← qatsa(cut off)⟩, ⟨히브리어 → 라틴어⟩, ⟨← cassia⟩, black currant, ⟨프랑스 남부 지중해 연안 지방의⟩ 까막까치밥나무 (그 열매로 담은 달콤한 술; a sweet dark red liqueur⟩ 우2

584 **cas·sou·let** [캐썰레이]: ⟨프랑스어⟩, 카술레, ⟨남프랑스 지방의⟩ 돼지고기·양고기 등에 흰 강낭콩을 'cassole' (유리 냄비)에 넣고 뭉근히 끓인 국, ⟨~ a rich slow cooked stew⟩ 수2

585 **cas·so·war·y** [캐써웨어뤼]: kasu(horn)+wari(head), ⟨말레이어⟩, ⟨머리에 '뿔'이 나고 불도 먹을 수 있다는⟩ 화식조, 뉴기니지방 등에 서식하는 '볏'이 있고 발톱이 날카로우며 날지는 못하나 잘 달리며 헤엄도 잘 치는 타조 비슷한 새, ⟨~ rhea³\a flight-less bird⟩ 우2

586 **cast** [캐스트]: ⟨← caste(throw)⟩, ⟨북구어⟩, '던지다', 발하다, 버리다, ⟨투표함에 쪽지를 던져서⟩ 투표하다, ⟨거푸집에 쇳물을 부어서⟩ 주조하다, ⟨물건의 모형을 뜨는⟩ 거푸집, ⟨역할을 던져서⟩ 배역하다, 출연진, (매 등의) 떼, ⟨~ emit\player⟩, ⟨↔retract\catch⟩ 양1

587 **cas·ta·nets** [캐스터네츠]: ⟨← castanea⟩, ⟨라틴어⟩, 손가락에 끼워 맞부딪쳐서 소리를 내게 하는 나무나 상아로 만든 ⟨밤알(chestnut)만 한⟩ 타악기, ⟨~ clappers\finger cymbals⟩ 우1

588 **caste** [캐스트]: ⟨← castus(chaste)⟩, ⟨라틴어⟩, 카스트, '부족', ⟨순수⟩ 혈족, 인도(힌두교)의 세습적인 계급, 4성 제도, 사회적 지위, ⟨~ chaste⟩, ⟨↔praise\flummery⟩ 미1

589 **cas·te·la** [카스텔라]: ⟨포르투갈 Castile 지방산⟩ sponge bread, 밀가루·설탕·달걀·물엿 등을 넣고 반죽하여 구운 '부플 빵'(일본어) 우2

590 **Cas·tel·la·no** [카스테라노]: 카스테야노, 중세의 Castile 왕국에서 사용했던 현대 스페인어의 전신, ⟨~ (old) Spanish language⟩ 수1

591 **cas·ti·gate** [캐스티게이트]: ⟨← castus(chaste)⟩, ⟨라틴어⟩, ⟨순수하게 만들기 위해⟩ 벌주다, 혹평하다, 첨삭(교정)하다, '비난을 다른 이에게 던지다', ⟨~ chastise\punish⟩, ⟨~ denounce\condemn⟩, ⟨↔praise\flummery⟩ 양2

592 **cas·til·le·ja** [카스틸레야]: 스페인 식물학자 (Juan Castillo) 이름을 딴 북미 원산의 초본, ⇒ Indian paintbrush 수2

593 **cast·ing** [캐스팅]: 주조, 던지기, 탈피, 배역, 계산, ⟨~ mold¹\throw\assign\fore-cast⟩, ⟨↔retention\diverting⟩ 미2

594 **cast·ing di·rec·tor** [캐스팅 디뤡터]: 배역 담당 책임자, ⟨~ an assigner⟩ 미2

595 ***cast·ing vote** [캐스팅 보우트]: 찬부 동수인 경우 의장이 던지는 결정적 투표권, 제3자 결정권, ⟨~ turn the table\an extra vote given by a chair-person⟩ 미2

596 **cas·tle** [캐슬]: ⟨← castrum(fort)⟩, ⟨라틴어⟩, '(작은) 성', 대저택, 누각, ⟨~ chateau⟩, ⟨↔hovel\hut\shed⟩ 가1

597 ***cas·tle in the air**: 공중누각, 사상누각, 터무니 없는 공상, 백일몽, ⟨~ pie in the sky\chasing rainbows⟩, ⟨↔fact\reality⟩ 양2

598 **cast-off** [캐스트 어허후]: 버려진 (옷·사람), 폐기된(물건·사람), 해고된, ⟨~ age-old\antique⟩, ⟨↔contemporary\sweet-heart⟩ 양2

599 **cast off** [캐스트 어허후]: ~을 (던져·벗어) 버리다, (출항을 위해) 밧줄을 풀어 던지다, 풀다, ⟨~ discard\throw-off⟩, ⟨↔take on\adopt⟩ 양2

600 **Cas·tor** [캐스터]: ⟨← kastor(he who excels)⟩, ⟨그리스어⟩, '뛰어난 자'\'빛나는 자', 카스토르, 쌍둥이자리의 알파성, 제우스와 레다의 쌍둥이 아들로 뱃사람의 수호신, ⟨~ protecter of sailors\Alpha Gem; the 2nd brightest star in Gemini constellation⟩, ⟨~(↔)Pollux⟩ 수1

601 **cas·tor** [캐스터]: ⟨← kastor(beaver)⟩, ⟨그리스어⟩, ⟨빛나는 털을 가진⟩ 해리, 비버(의 향·털가죽) 미2

602 **cas·tor oil** [캐스터 오일]: (설사약 또는 비행기 연료로도 쓰였으며) 〈해리(beaver)의 사타구니 향이 나는〉 아주까리(피마자)기름, 〈~ castor bean〉 양1

603 **cast out** [캐스트 아웉]: 내쫓다, 물리치다, 따돌리다, 〈~ throw away\discard〉, 〈↔take in\receive〉 양2

604 ***cast pearls be·fore swine**: 돼지 앞에 진주를 던지다, 돼지목에 진주 목걸이 (달기), 개발에 편자, 〈성경에서는 don't give dogs what's sacred라고 했음〉 양2

605 **cas·tra·tion** [캐스트뤠이션]: 〈← castrare(prune)〉, 〈라틴어〉, 〈칼로 도려내는〉 거세, 정소 제거, '불알 까기', 〈~ orchiectomy〉, 〈~(↔)vasetomy〉, 〈↔invigoration〉 양2

606 **cas·tra·to** [캐스트롸아토우]: '거세 가수', (중세기에) 변성 전 고음을 유지하기 위해 불알이 까졌던〈castrated〉 가수, counter tenor, 〈~(↔) spinto〉, 〈↔tenor\soprano〉 우1

607 **Cas·tro** [캐스트로우], Fi·del: 'castle에 사는 자', 카스트로, (1926-2016), 〈야구로 미국을 이겼으며〉 (1959년부터 2008년 동생에게 물려줄 때까지 쿠바의 수반 자리를 지켜온) 키가 크고 턱수염이 무성한 법학 박사 출신의 공산주의 혁명가, 〈~ a Cuban revolutionary and politician〉 수1

608 **cas·u·al** [캐쥬얼]: 〈라틴어〉, 〈← case¹〉, 우연한, 임시, 무관심한, 평상복, 〈~ relaxed\temporary\un-ceremonious〉, 〈↔formal\permanent\black tie〉 양1

609 **cas·u·al·ty** [캐쥬얼티]: 〈재수 없는〉 사고, 재난, 희생자, 〈~ victim\fatality〉, 〈↔survivor\blessing〉 양2

610 **CAT** [캩] (com·put·er·ized ax·i·al to·mog·ra·phy): 〈1972년부터 쓰기 시작한〉 (단층 방사선 영상들을 전산기로 합성하여 특히 연조직의 형태를 알아보는) 전산기(체측) 단층촬영 우2

611 **cat** [캩]: 〈← katas·gadi〉, 〈힌디어·터키어 → 라틴어〉, 〈← catus〉, a carnivorous mammal, 고양이, 〈귀여워하면 재롱을 떠나 천대하면 할퀴는〉 고양잇과의 동물, 〈→ kitten〉, 〈~ feline\pussy〉 가1

612 **cat·(a)~** [캐(터)~]: 〈← kata〉, 〈그리스어〉, down\against\through, 〈아래·앞·반대·전체·옆〉 등을 나타내는 접두사, 〈↔an·(a)~〉 양1

613 **ca·tab·o·lism** [커태벌리즘]: kata(down)+ballein(throw), 〈그리스어〉, '아래로 던지기', 이화 작용, (물질) 분해 대사, 〈열량을 방출하면서〉 고분자 물질을 저분자 물질로 분해시키는 '하향성 대사 작용', 〈~ destructive metabolism\dissimilation〉, 〈~(↔)metabolism〉, 〈↔anabolism〉 양2

614 **cat·a·combs** [캐터코움즈]: kata(down)+kymbe(cavity), 〈그리스어 → 라틴어〉, 카타콤, 지하묘지(통로), 〈~ ossuary〉, 포도주 저장소, 〈~ cellar〉, 〈↔attic〉 양1

615 **Cat·a·li·na** [캐터 리이너], Is-land: 〈그리스어에서 연유한 Katherine(pure)의 스페인어〉, Santa Catalina, 카타리나(섬), 미국 LA 남쪽 연안 25마일 쯤 떨어져 있는 관광·휴양지, 〈~ one of the Channel Islands²〉 수1

616 **cat·a·log** \ **cat·a·logue** [캐털러그]: kata(down)+legein(say), 〈그리스어〉, 목록, 〈등록된〉 열람표, 〈~ file\index\list〉, 〈↔anti-type〉 가1

617 **Cat·a·lo·ni·a** [캐터로우니아]: 〈← castellan(ruler of a castle)〉, 〈라틴어〉, '성주의 땅', 〈프랑스와 이탈리아말 중간쯤 되는 Catalan 어를 쓰는〉 카탈로니아, (프랑스와 지중해에 면한) 스페인 북동부 지방, 〈~ north-eastern Spain(an autonomous community)〉 수1

618 **ca·tal·pa** [커탤퍼]: 〈← kutuhlpa〉, ika(head)+tafpa(wing), 〈북미 인디안어 → 그리스어 학명〉, (바람에 날려 퍼지라고) 〈씨에 두개의 얇은 날개가 달린〉 개오동나무, 〈~ bean tree〉, ⇒ Indian bean 미2

619 **cat·a·lyst** [캐털리스트]: kata(down)+lyein(loose), 〈그리스어 → 영국어〉, 촉매 (역할을 하는 사람), 촉진제, 〈~ enzyme\synergist〉, 〈↔inhibitor〉 양2

620 **cat·a·lyt·ic con·vert–er** [캐터리틱 컨붜어터]: (자동차 등의) 〈배기중 유해성분을 제거하는〉 촉매변환장치, 〈~ an exhaust emission contral device〉 미2

621 **cat·a·plasm** [캐터 플라즘]: kata(down)+plassein(to form), 〈그리스어〉, 〈아래로 스며드는〉 습포(제), 찜질약, 〈~ poultice\plaster\a soft moist mass〉, 〈↔moxibustion〉 양2

622 **cat·a·pult** [캐터펄트]: kata(down)+pallein(toss), 〈그리스어〉, 〈아래로 쏘는〉 쇠뇌(cross·bow), 〈밑으로 내려치는〉 투석기, (항공 모함의) 비행기 사출기, 튀어 나가다, 발사하다, 〈~ cast\dash〉, 〈~ sling\ballista〉, 〈~(↔)onager〉 양1

623 **cat·a·ract** [캐터랙트]: kata(down)+regnymai(break), 〈그리스어〉, 〈아래로 내려치는〉 큰 폭포, 호우, 〈호우 속에서 물체를 보는 듯한〉 백내장 (수정체 혼탁), 〈~ water-fall\opaqueness〉, 〈↔dribble\drought〉 양1

624 **ca·tarrh** [커타알]: kata(down)+rhein(flow), 〈그리스어〉, 〈아래로〉 '흘러내리는', 점막의 염증, (코·목) 감기, 콧물, 〈~ post-nasal drip\acute rhinitis〉 양2

625 **ca·tas·tro·phe** [커태스트뤄휘]: kata(down)+strephein(turn), 〈그리스어〉, '뒤엎음', (비극의) 대단원, 큰 재해, 대변동, 〈~ disaster\chaos\dumpster fire〉, 〈↔salvation\blessing〉 양2

626 **cat·a·to·ni·a** [캐터토우니어]: kata(down)+tonos(tension), 〈그리스어〉, ('하향성') 긴장 상태, (정신 분열병 등으로) 몸과 마음이 얼어붙은 '강경증', 〈~ un-awareness\muscle rigidity〉, 〈↔atonia\active\hypotonia\relax〉 양2

627 **cat-bird** [캩 버어드]: '고양이 울음새', 고양이 울음소리를 내는 조그만 개똥지빠귀, 〈~(↔)oscine\bower-bird〉 우2

628 **cat-boat** [캩 보웉]: 〈어원 불명의 미국어〉, 외대박이 작은 돛배 (뱃머리에 큰 홑 돛대를 세운 작은 범선), 〈~ a sail-boat with a single mast〉 미2

629 **catch** [캐취]: 〈← capere(take)〉, 〈라틴어〉, 잡다, 붙들다, 받다, 걸리다, 관람하다, 이해하다, 걸쇠, 함정, 부분, 어획량, 대어, 술래잡기, 〈~ capture\chase〉, 〈↔drop\release〉 양1

630 **catch-er** [캐춰]: 잡는 사람(도구), 포수, 포경선, 〈↔pitcher〉 양2

631 **catch-fly** [캐취 홀라이]: '파리잡이'(식물), 끈끈이 대나물·벌레잡이통풀 등, 〈~ insect trap〉 미2

632 **catch-ment ar·e·a** [캐취먼트 에어뤼어]: 집수 지역, 통학(원) 범위, 시설 이용권(가능지역), 〈~ a drainage area〉 미2

633 **catch on** [캐취 어언]: ①(~을) 이해하다, 〈~ understand〉 ②유행하다, 인기를 얻다, 〈~ become popular〉 양2

634 *****catch-phrase** [캐취 후뤠이즈]: 표어, 이목을 끄는 문구, (짧은) 유행어, 〈~ quote\slogan〉 양2

635 *****catch the bear be-fore you sell his skin**: 너무 서두르지 말라, 일에는 순서가 있다, 〈~ don't cross the bridge² untill you come to it\don't count chickens before they are hatched〉 양2

636 **catch-22** [캐취 투웬티투우]: 〈1961년에 출판된 미국 소설 제목에서 연유한 용어〉, 진퇴양난, 〈미치지 않고는 비행을 할 수 없는 상황에서 정신질환으로 위험한 폭격기를 몰고 갈 수 없다는 조종사처럼〉 모순되는 규칙(상황), 〈~ rock and hard place\dilemma〉, 〈~(↔)worst of both worlds〉, 〈↔certain\clear〉 양2

637 *****catch two pi·geons with one bean**: 콩 한 알로 비둘기 두마리 잡기, 님도 보고 뽕도 따기, 도랑치고 가재잡기, 일거양득, 일석이조, 〈~ kill two birds with one stone\two for one〉 양2

638 **catch-up** [캐취 엎]: 따라잡기, 만회, 격차 해소, 〈~ reclaim\recover〉, 〈↔avoid\depart〉 양2

639 **catch·up** [캐춮]: 〈말레이어〉, kaychup(토마토 국물·번가장·'환 게이지 앙'), ketchup(토마토 으깨 양념을 한 맛난이)의 미국식 철자, 〈~ a sweet and sour condiment〉 수2

640 **cat·e·chol-a·mine** [캐터칼러민]: 〈말레이의 kachu(an acacia) 나무에서 추출한〉 카테콜아민, 〈필수아미노산에서 쉽게 생성되는〉 catechol 기를 가진 각종 신경 전달 물질(neuro-transmitter) 수2

641 **cat·e·gor·i·cal** [캐테거어뤼컬]: 부문별, 명백한, 예외 없는, 〈~ systematic\un-conditional〉, 〈↔hypothetical(가정의)〉 양2

642 **cat·e·go·ry** [캐테거어뤼]: kata(against)+agora(assembly), 〈그리스어〉, 〈모두 동의할 수 있는〉 범주, 부류, 부문, 예외 없는, 〈~ class\group〉, 〈↔whole\individual〉 양2

643 **cat·e·nar·y** [캐터네뤼]: 〈← catena(chain)〉, 〈라틴어〉, 현수삭, (전차·승강차 등의) 가선을 매다는 쇠사슬, 〈~ cable\curve〉 미2

644 **ca·ter** [케이터]: 〈← capere(take)〉, 〈라틴어 → 프랑스어〉, 음식물을 조달하다, 요구에 응하다, '사다', 〈~ accomodate\contribute〉, 〈↔neglect\deprive〉 양1

645 **ca·ter-cor·ner** [캐터 코오너 \ 캐티 코우너]: quatre(four)+cornu(corner), 〈프랑스어+라틴어〉, 〈네개의 모서리를 가진〉 대각선(의), catty-corner, 〈~ diagonal〉 양2

646 **cat·er-pil·lar** [캐터필러]: catus+pilus, 〈라틴어에서 유래한 영국어〉, cat+pile, '털 많은 고양이', 모충(나비나 나방의 유충), 털벌레 (12마디와 12개의 눈을 가진 털 쐐기), 무한궤도차, 착취자, 〈~ an insect\larval stage of butterflies and moths〉, 〈~ trailer\wringer〉 양2

647 **cat-fish** [캩 휘쉬]: '고양이 수염을 가진 물고기', (민물·짠물에 다 살며 비늘이 없고 가시 달린 지느러미를 가지고 있는) 2천 종이 넘는 메기류, mud cat, ⇒ bull-head 미2

648 ***cat-fish-ing** [캩 휘슁]: '메기낚시', 〈「메기」란 기록물에서 연유한〉 타인을 가장해서 상대를 유혹하는 전산망 사기, 〈~ creating a false identity online〉, 〈~(↔)sad·fishing〉 우2

649 ***cat got your tongue(?)** 〈중세에 왕에게 거짓말을 하면 그놈의 혀를 뽑아 왕의 고양이한테 던져 주었다는 고사에서 연유한?〉 왜 말을 못하니(?), 왜 꿀 먹은 벙어리가 되었어(?), 〈~ why are you quiet?〉, 〈~(↔)speak up!〉 양2

650 **ca·thar·sis** [커싸알시스]: 〈← kathairein(purify)〉, 〈그리스어〉, 카타르시스, 변통(배변), 정화, '세척', 〈~ release\cleansing〉, 〈↔repression\dirtying〉 양2

651 **Ca·thay** [캐쎄이]: 〈거란〉, 〈← Khitan(China)〉, 캐세이, 국태항공, 1946년 서양인들이 홍콩에 설립한 〈주로 '태평양' 상공을 나르는〉 세계적 항공 회사, 〈~ flag carrier of Hong Kong〉 우2

652 **ca·the·dral** [커씨드뤌]: 〈← kathedra(seat)〉, 〈그리스어〉, 〈주교가 '앉을 자리'가 있는〉 주교좌 성당, 〈권위 있는〉 대성당, 〈→ chair〉, 〈~ large church\duomo〉, 〈~(↔)basilica〉, 〈↔small church\secular〉 양1

653 **cath·e·ter** [캐써터]: kata(down)+hienai(send), 〈그리스어〉, 〈아래로 내리는〉 도(뇨)관, 구멍이 뚫린 가늘고 긴 줄, 〈~ cannula\pipette〉 양1

654 **cath·ode** [캐쏘우드]: kata(down)+hodos(way), 〈그리스어〉, '전자를 흡수하는', (전해조·전자관 등의) 음극, (전지의) 양극, 〈아리까리한 말〉, 〈→ cation〉, 〈~ an electrode〉, 〈↔anode〉 양1

655 **cath·o·lic** [캐쏠릭]: kata(throughout)+holos(whole), 〈그리스어〉, 가톨릭, 천주교, 구교의, 광범위한, '포괄적인', 〈~ cosmopolitan\universal〉 미2

656 **cat·i·on** [캐타이언]: kata(down)+ienai(go), 〈그리스어〉, 〈← cathode〉, 양이온, (전기 분해에서 양극에 달라붙는) 양원자, 〈~ an ion〉, 〈↔anion〉 양1

657 **cat-kin** [캐트킨]: 〈← cat〉, 〈네덜란드어〉, 〈'kitten'의 꼬리를 닮은〉 화수, 바람에 날려 버드나무나 오리나무 등에 붙어 사는 꽃차례(꼬리), 〈~ ament〉, 〈→ pussy willow〉 미2

658 ***cat-nap** [캩 냎]: 〈고양이 졸듯이 자는〉 선잠, 노루잠, 〈~ doze\siesta〉, 〈↔awake\dead sleep〉 양1

659 **cat-nip \ cat-mint** [캩 닢 \ 캩 민트]: 개박하, 〈고양이가 좋아하는〉 흰색의 뭉치꽃이 피어 올라가며 길가에 흔하며 (모기 퇴치제로 쓰이는) 박하〈mint〉과의 잡초, 〈~ cat-wort〉 미2

660 **Ca·to** [케이토우], Mar·cus: 〈← katos(all knowing)〉, 〈고대 라틴어〉, '현명한 자', 카토, 동명의 할아버지(BC234-149)와 증손자(BC95-46)로 전자(elder)는 로마의 보수주의 정치가(soldier and historian)·후자(younger)는 폼페이를 도왔다가 시저에게 패한 후 자살한 극기주의 철학자임(orator and philosopher) 수1

661 ***cats and dogs** [캩츠 앤드 더어그즈]: 맹렬하게, 억수같이, 앙숙, 투기적인 유가증권, 〈~ furiously\forcefully\speculative securities〉, 〈↔mist\calm\bland〉 양2 미2

662 **cat's cra·dle** [캩츠 크뤠이들]: ①1963년에 출판된 「고양이 요람」 ②〈동·서양을 막론하고 오래전부터 행해 온〉 (양손에 실을 감고 하는) 실뜨기 놀이, 복잡한 것, 〈~ complication\entanglement〉, 〈↔simplicity\ease〉 양2

663 **cat's-ear** [캩츠 이어]: 황금초, 금혼초 (잎이 고양이 귀를 닮았는지 안 닮았는지 모르지만 민들레 비슷한 노랑꽃이 피는 떡쑥류의 잡초), 〈~ flat-weed\false dandelion〉 미2

664 **cat's-eye** [캩츠 아이]: 묘안석, 금록석 (스리랑카에서 많이 나는 고양이 눈 같은 빛을 띤 준보석), (도로상의) 야간 반사 장치, 〈~ tiger-eye\a quartz〉 미2

665 **cat's-foot** [캩츠 훝]: 덩굴광대수염, 긴병꽃풀, ⇒ ground ivy 미2

666 **cat-tail** [캩 테일]: 부들, 쇠뜨기, 〈늪에 쑥쑥 뻗어난 줄기에서 고양이 꼬리보다 조금 작은 갈색의 꽃 막대기가 피어나는〉 향포, reed mace, 〈~(↔)timothy〉 미2

667 **cat·ta·lo** [캐털로우]: cattle+buffalo, 〈미국어〉, 수소와 암들소의 교배종, ⇒ beefalo 우1

668 **cat·tle** [캐틀]: 〈← caput(head)〉, 〈라틴어 → 프랑스어〉, 소, 축우, '자산 동물', chief asset, 〈~ chattel〉, 〈← capital〉, 〈~ bovine\live-stock〉, 〈편자 같은 시골 태생들은 송아지를 팔아 등록금을 대곤 했기 때문에 한국에서는 한때 상아탑을 '우골탑'이라 한 적이 있음〉 가1

669 **cat·tle e·gret** [캐틀 이그뤹]: (머리와 가슴에 누리끼리한 털이 있는) 황로, (한랭하지 않은 곳에 세계적으로 서식하며) 〈소에 달라붙는 파리나 진드기를 잡아먹는〉 성성이 해오라기, 〈~ a heron〉 미2

670 **cat·tle-feed** [캐틀 휘이드]: 소먹이, 목초, 여물, 〈~ grass hay〉 양1

671 **cat·tle fly** [캐틀 훌라이]: 쇠파리, horn fly, ⇒ beef fly 미2

672 **cat·tle grub** [캐틀 그룹]: 쇠가죽파리, 〈소의 피부를 갉아 먹는〉 쇠파리(의 유충), 〈~ larvae of certain flies〉 미2

673 **cat·tle shed²** [캐틀 쉐드]: 소 우리, 축우소, 우양간, 소 막사, 〈~ cow barn〉 양1

674 **cat·tle tick** [캐틀 틱]: (텍사스 열병을 매개하는) 쇠진드기, 〈~ Asian blue tick〉 미2

675 **Cau·ca·sian** [커어케이젼]: 〈kroy-khasis(white mountain)?〉, 〈원주민어에서 유래한 그리스어〉, 〈← kaukasis〉, 캅카스 (흑해와 카스피해 사이의 한 지방) 사람의, '백인종'의, 〈캅카스산맥에서 뻗쳐 나갔다는〉 코카소이드 인종, 〈~ Caspian〉, 〈1795년 독일의 인류학자가 백인의 기원이라고 했으나 유전학적으로 보면 인도나 이집트인들도 다 Caucasian임〉, 〈~ 'White'〉 수2

676 **cau·cus** [커어커스]: cau-cau-asu(adviser), 〈미국어〉, 정당 대표(간부), 실력자(실무자) 모임, 〈'장로'란 뜻의 북미 원주민어?〉, 〈~ committee\council\coalition〉, 〈↔dissociate〉 양2

677 **cau·dal** [커어들]: 〈← cauda(tail)〉, 〈라틴어〉, 꼬리(모양)의, 꼬리 쪽의, 〈↔rostral〉 양2

678 **cau·dil·lis·mo** [커어디일리즈모우]: 〈← caudillo(leader)〉, 〈아랍어 → 스페인어〉, (스페인·남미의) '카우딜료〈안내자〉'에 의한 군사독제 체제, 〈~ autocrat\dictatorship〉, 〈↔democratic〉 수2

679 **caught** [커어트]: catch의 과거·과거분사 양1

680 **caught up** [커어트 엎]: ~에 따라잡힌, ~에 빠진, ~에 휘말려든, 〈~ captivated\enthralled〉, 〈↔detached\disengaged〉 양2

681 **cau·li-flow·er** [커얼리훌라워]: 〈라틴어 → 프랑스어〉, cole(cabbage)+flower, (지중해 연안 원산의) 〈우유 덩어리 같은 머리 부분만 먹는〉 꽃양배추, 〈~ broccoli〉 미2

682 **caulk** [커어크]: 〈← khalix(lime)〉, 〈그리스어 → 라틴어〉, 〈copulate(씹하듯??)〉 (틈을) 막다, (chalk〈calx〉로 사이를) 채우다, (잠깐) 쉬다, 〈~ close²\block〉, 〈↔hollow\excavate〉 양2

683 **cause** [커어즈]: 〈← causa(a reason)〉, 〈라틴어〉, 원인, 동기, 주장, 소송, 초래하다, 야기하다, 〈~ root\source\create\induce〉, 〈↔effect〉 양1

684 **'cause** [커어즈]: = because 양2

685 **cause cel·e·bre** [커어즈 썰레브뤄]: 〈프랑스어〉, 'famous case', 유명한 재판 사건, 악명 높은 사건 양2

686 **cause-way** [커어즈 웨이]: 〈라틴어〉, causey(calcis)+way, 둑길, 제방도로, (lime-stone으로 덮은) 포장도로, 간선도로, 〈~ pavement\thorough-fare〉, 〈↔hidden path\back-road〉 양2

687 **caus·tic** [커어스틱]: 〈← kaiein(burn)〉, 〈그리스어〉 ①'불에 타는', 부식성의, 쓴맛의 ②sarcastic, 신랄한, 〈~ costic\pungent\scathing〉, 〈↔kind\sweet〉 양2

688 **cau·tious** [커어셔스]: 〈← cavere(on guard)〉, 〈라틴어〉, 〈Confucius같이??〉 주의 깊은, 신중한, 조심하는, 〈~ careful〉, 〈↔in-cautious\reckless\slack〉 양1

689 *****CAV** [캐브] (con-stant an·gu·lar ve·loc·i·ty): 항상성 각속도 (트랙의 길이에 상관없이 같은 속도로 돌아가는 원반), 〈↔CLV〉 미1

690 **ca·va** \ ka·va [카아붜]: 〈← cavus(hollow)〉, 〈라틴어〉, 까바, '지하실'에서 숙성시킨 〈샴페인에 버금가는〉 스페인산의 발포성 포도주, 〈→ cave〉, 〈~ a sparkling Spanish wine〉 수2

691 **cav·al·cade** [캐뷜 케이드]: 〈← caballus(horse)〉, 〈라틴어〉, 〈← cavalry〉, 기마대, 화려한 행렬, 별의 운행, 〈~(↔)car parade\caravan〉 양2

692 **cav·al·ry** [캐뷜뤼]: 〈← caballus(horse)〉, 〈라틴어〉, 〈'말'을 탄〉 기마대, 기병대, 승마대, 기갑(부대) 〈← chivalry〉, 〈~ mounted troop\hussar\armored forces〉, 〈↔infantry\foot soldier〉 양2

693 **cave** [케이브]: 〈← cavus(hollow)〉, 〈라틴어〉, '우묵한 곳', 굴, 동굴, 함몰시키다, 굴복하다, 〈→ cage\cavern\cavity〉, 〈→ excavate〉, 〈~ grotto\collapse〉, 〈↔swell\resist〉 양1

694 **ca·ve·at** [케이뷔앹]: 〈← cavere(on guard)〉, 〈라틴어〉, be aware, 경고, 제지, 소송절차 정지 통고, 단서, 〈↔carelessness\delinquency\clearance〉 양2

695 *****ca·ve·at loan** [케이뷔앹 로운]: 보류융자, ⇒ bridge loan 미2

696 *****cave man** [케이브 맨]: 동굴 주거인, 동굴 탐험가, (여성에게) 난폭한 사람, 〈~ primitive man〉 양1

697 **cav·ern** [캐붠]: 〈← cavus(hollow)〉, 〈라틴어〉, 〈← cave〉, (큰) 동굴, (땅) 굴, 공동, 〈~ underground chamber〉, 〈↔mound\bulge〉 가1

698 **cav·i·ar**(e) [캐뷔아알]: 〈← havyar(fish eggs)〉, 〈페르시아어〉, '어란', 철갑상어의 알젓, 진미, 일품, 〈~ delicacy\elite〉, 〈↔masses\herd〉 양2

699 **cav·il** [캐빌]: 〈← cavillary(mockery)〉, 〈라틴어〉, 트집잡다, 흠잡다, 〈~ carp²\complain〉, 〈↔praise〉 양2

700 **cav·i·ty** [캐뷔티]: 〈← cavus(hollow)〉, 〈라틴어〉, 〈← cave〉, 구멍, 공동, 강, 충치, 〈~ hole\pouch\caries〉, 〈↔projection\closure〉 양1

701 **ca·vort** [커보얼트]: 〈영국어〉, curvet, curvus(curve)+gavotte(prance), 널뛰다, 껑충거리다, 〈~ caper¹\leap about〉, 〈↔stroll\mope〉 양2

702 **ca·vy** [케이뷔]: 〈← cabiai(guinea pig)〉, 〈라틴어〉, 〈Tupi어에서 연유한 포르투갈어〉, '조그만 돼지', 몸집이 크고 꼬리가 퇴화된 남미산 기니피그, 〈~ the largest living rodent〉, 〈~(↔)hutia〉 수2

703 **caw-caw** [카우-카우]: 깍-깍, 까마귀 우는 소리, 〈~ cry of crow〉 미2

704 **cay·enne pep·per** [카이엔 페퍼]: 〈← kyynha(capsicum)〉, 〈브라질 원주민어〉, 붉은 고추, 〈~ red pepper〉 미2

705 **cay·man \ cai·man** [케이먼]: 〈← caymanas(crocodile)〉, 〈카리브어〉, 중남미에서 서식하는 중간 크기의 '악어' 수2

706 **Cay·man Is·lands** [케이맨 아일런즈]: 〈악어들이 많은〉 케이맨 제도, 〈관광과 돈세탁으로 유명한〉 쿠바 남쪽 3개의 섬으로 된 영국의 자치령, 〈~ a British Overseas Territory〉 수1

707 *****C band** [씨이 밴드] : conventional band, (전력 소모가 적고 악천후에도 쓸 수 있는 인공위성용) 주파 39,000~64,250 M(mega) HZ의 〈초극초단파〉, super-high frequency, 〈↔L band\S band〉 우2

708 **CBC** (com·plete blood count): (혈액의 이상을 검사하는) 전혈구계산 미2

709 *****CBDC** (cen·tral bank dig·i·tal cur·ren·cy): 중앙은행화폐, (현재 80% 이상의 중앙은행들이 고려하고 있는) 〈불편한 현금 대신〉 중앙은행이 보증하는 전자화폐, 〈crypto-currency의 방법을 본 땄으나 이것은 100% 진짜 돈 임〉 미2

710 *****CBP** (Cus·toms and Bor·der Pro·tec·tion): (미) 관세 국경 보호청, 2003년에 창립되어 국제 통상·관세·이민 업무를 총괄하는 국토 안전부〈Dept. of Home-land Security〉의 산하기구 미2

711 **CB** (cit·i·zens band) **ra·di·o**: '시민 연대 무선방송' 〈운전하면서 근거리에 있는 사람들과 대화할 수 있는 무선방송〉, 〈~ packet(ham) radio보다 훨씬 적은 전력을 소비함〉 우2

712 **CBS** (Co·lum·bi·a Broad-cast–ing Sys·tem): 1927년에 라디오·1939년에 TV 방송을 시작한 미국의 3대 대중매체 회사의 하나, 〈~ an American commercial broad-casting company〉 수1

713 **CC** (car·bon cop·y): '사본', 참조, 전자우편을 참조로 받을 사람들 앞에 쓰는 문자, 〈~ duplicate〉 미2

714 *****CCD** (charge cou·pled de·vice): 전자 결합 소자 (화상 탐색기에 쓰이는 고속반도체), 〈~ a light sensitive integrated circuit〉 미1

715 **CC&R**: covenants·conditions and restrictions, 공동주택의 조합에서 만든 〈법적 구속력이 있는〉 계약·조건·제한 사항에 대한 규약들, 〈~ governing documents of HOA〉 미1

716 **C cor·po·ra·tion** [씨이 커얼퍼뤠이션]: C 기업, 미연방 국세청 C 항에 따라 한 개체로 취급하는 〈일반〉 주식회사, 〈~ taxed separately from it's owners〉, 〈↔S corporation〉 수2

717 **CCTV** (closed cir·cuit TV): 〈제한된 장소를 제한된 기구로 조정하는〉 패쇄 회로 영상 화보, 영상감시(video surveillance) 미2

718 **CCU** (cor·o·nar·y care u·nit): 심장병 치료 병동, 〈~(↔)ICU〉 미2

719 *****C cup** [씨이 컵]: 'C 잔', 〈bra의 사이즈가 아니라〉 끈으로 조였을 때 직경 3인치가 되는 가슴살, 유방 성형 시 시술자가 지켜야 하는 마지노선, 이상적인 젖'통' 〈무덤이라고 썼다가 여성단체들한테 고소를 당할까 봐 고쳤음〉, 〈젖통의 크기는 A→H 순서로 커진다고 함〉 우2

720 **CD** (cer·tif·i·cate of de·pos·it): (양도성) 정기예금증서, 〈~ an interest earning time deposit〉, 〈↔running account〉 미1

721 **CD** (com·pact disc): 압축 원반(1980년대에 도입된 광학적 판독이 가능한 합성수지 제품), 〈~ a digital optical data storage〉 우1

722 **CDC** (Cen·ter for Dis·ease Con·trol): 〈1946년에 창설된 보건복지부(DHHS) 산하의〉 (미국) 질병 통제국, 〈~ a public health agency of US〉 미2

723 *****CDR** (com-pact disc re·cord–a·ble): 개인용 (1회용) 녹음(녹화) 압축 원반 미1

724 *****CD-ROM** (com-pact disc re·cord only mem·o·ry): 압축 원반 판독 전용 기억장치 (숫자형으로 된 대량의 광학 판독 전용 자료를 저장할 수 있는 압축 원반) 미1

725 *****CD-RW** (com-pact disc re·writ–a·ble or e·ras·a·ble): 〈원반의 표면이 열처리로 변하는 합성수지 혼합물로 된〉 재기록 가능 (지울 수 있는) 압축 원반 미1

726 **CE**: common era (현세기), christian era (기독 연도·기원 후), 〈~ AD〉, 〈↔BC〉 양2

727 **cease** [씨스]: 〈← cedere(withdraw)〉, 〈라틴어〉, 그만두다, 중지하다, 끝내다, '우물거리다', 〈→ cessation\cede〉, 〈~ end\stop〉, 〈↔start\continue〉 양1

728 **Ce·cil·ia** [씨씰리어], St.: 〈Cecil('6번째 아이' \ '장남')의 여성형〉, 세실리아, 하느님을 찬송하는 노래를 부르다 AD 230년에 순교한 음악가의 수호성인, 〈~ a Roman virgin martyr\patron of music〉 수1

729 **Ce·cro·pi·a** [씨크로우피어], moth: 〈왠지 모르지만 아테네의 전설적 초대 왕 케크로푸스의 이름을 딴〉 멧(산)누에나방, 북미 동부에 서식하며 〈유충은 나뭇잎을 갉아 먹는〉 적갈색 무늬의 날개를 가진 큰 나방(large moth), 〈~ robin moth\Cecropia silk-worm〉 미2

730 **ce·dar** [씨더]: 〈← kedros(juniper)〉, 〈어원 불명의 그리스어〉, 삼나무, 향나무, 측백나무, 등 삼나무, 참숯나무, 개잎갈나무 등으로 불리며 (연필) 향기가 나는 단단한 목재를 제공하는 상록침엽교목, 〈~ a coniferous tree〉 미2

731 **ce·dar wax-wing** [씨더 왝스윙]: cedar-bird, 〈날개깃에 '붉은 아교색'을 띄고〉 (신대륙의 삼림지대를 이동하는) 향나무 여세, 〈~ silk-tail\a passerine〉, ⇒ wax-wing 미2

732 **cede** [씨이드]: 〈← cedere(withdraw)〉, 〈라틴어〉, 양도(인도)하다, 포기하다, 〈~ cease\relinquish〉, 〈↔keep\gain〉, 〈명사형은 cession〉 양2

733 **cei·ba** [쎄이버]: 〈Taino어〉, '거목〈giant tree〉', 케이폭(kapok) 나무, 판야나무 (키가 크고 폭이 넓으며 주황색의 가벼운 목재를 제공하는 속성의 열대성 나무), 〈~ pochote〉 미2

734 **ceil·ing** [씨일링]: 〈← koilos(hollow)〉, 〈그리스어 → 라틴어 → 영국어〉, 〈← celestial?〉, 천장, 보꾹, 상한, 고도, '덮는 것', 〈~(↔)vault\roof〉, 〈↔bottom\nadir〉 가1

735 **cel·a·don** [쎌러단]: 〈← celadonite(mineral with blue-green color)〉, 〈프랑스어〉, 청자(색), 푸른 도자기, '연회록색' 양1

736 **cel·an·dine** [쎌런다인]: 〈← chelidon〉, 〈그리스어〉, '제비〈swallow²〉꽃', 애기똥풀 (8쪽으로 된 샛노란 꽃이 피는 미나리아재빗과의 잡초·약초), 〈~ tetter-wort〉 미1

737 **cel·e·bra·tion** [쎌레브뤠이션]: 〈← celeber(frequented)〉, 〈어원 불명의 라틴어〉, 축하, 축전, 찬양, 〈~ ceremony〉, 〈~ commemoration\festival〉, 〈↔solitude\condemnation〉 가2

738 *****cel·e·bra·tion of life** [쎌레브뤠이션 어브 라이후]: 〈요즘 미국에서 유행하는〉 비격식 장례, 가족장 후에 친지들이 모여 즐거운 마음으로 고인의 업적을 찬양하는 모임, '삶을 기리는 모임', '일생 축전', 〈삶을 받들어 모시는〉 봉생제, 〈~ memorial service〉, 〈↔birthday celebration〉 우2

739 **ce·leb·ri·ty** [쎌레브뤼티]: 〈← celeber(frequented)〉, 〈라틴어〉, 〈찬양할 만한〉 명성, 유명인사, celeb [쎌렙], 〈~ VIP\famous person〉, 〈↔no-body\common-er〉 가2

740 **ce·ler·i·ac** [쎌러뤼액]: 〈← celery〉, (식용으로 쓰는 희고 둥근 뿌리를 가진) 큰 셀러리 우1

741 **ce·ler·i·ty** [쎌러뤼티]: 〈← celer(swift)〉, 〈라틴어 → 영국어〉, (행동의) 민첩함, (발의) 기민함, 〈~ velocity\rapidity〉, 〈↔lethargy\sluggishness〉 양2

742 **cel·e·ry** [쎌러뤼]: 〈← selinon〉, 〈어원 불명의 그리스어〉, 셀러리, 깃꼴 겹잎에 파삭파삭한 줄기를 가지고 있어 생채 요리로 즐겨 먹는 미나릿과의 두해살이식물, 〈~(↔)smallage〉, ⇒ parsley 우1

743 **ce·les·ta** [쎌레스터]: 〈← caelum(heaven)〉, 〈라틴어 → 프랑스어〉, '천국의 소리', 첼레스타, 〈거룩한 종소리 같은 음을 내는 상자 모양의 작은 건반악기〉, 〈~ bell-piano〉, 〈~(↔)upright piano\organ\keyboard〉 우1

744 **ce·les-tial** [쎌레스철]: 〈← koilos(sky)〉, 〈그리스어 → 라틴어〉, 〈← caelum〉, 하늘의, '천국의', 거룩한, 영원한, 〈~ heavenly\divine\eternal〉, 〈↔terrestrial\earthly\flesh〉 양1

745 **cel·i·ba·cy** [쎌러버시]: 〈← caelebs(single life)〉, 〈라틴어〉, (종교적) 독신주의, 〈천국에서 행해진다는〉 육체적 순결, 〈~ in·cel〉, 〈~ chastity\abstention〉, 〈↔debauchery\promiscuity\womanizer〉 양2

746 **cell** [쎌]: 〈← cella(small room)〉, 〈라틴어〉, 작은방, 독방, 세포, 전지, 낱 칸, '저장실', 〈~ prison\unit\micro-organism〉, 〈↔camber\thinness〉, 〈↔ranch house〉 양1

747 **cel·lar** [쎌러]: 〈← cella(small room)〉, 〈라틴어〉, 지하실, 움, (포도주) 저장실, 〈~ basement〉, 〈↔attic\sky-lounge〉 양1

748 **cel·lar spi·der** [쎌러 스파이더]: '지하실 거미', 장님거미, 각다귀, 꾸정모기 ⇒ daddy long·leg 미2

749 **cel·lo** [첼로우]: 〈라틴어에서 연유한 영국어〉, little violone, violon cello (비올론 첼로), 바이올린보다 1옥타브 낮은 커다란 네 줄 현악기 우1

750 **cel·lo-phane** [쎌러훼인]: cellulose+phanein(appear), 〈라틴어+그리스어〉, (섬유질〈cellulose〉로 만든 투명하고 얇은 막질로 공기·물·열에 강해 포장용으로 주로 쓰이는) 셀로판, 〈~ plastic wrap〉 우1

751 **cel·lo-phane noo·dle** [쎌러훼인 누우들]: (녹말가루로 만든) 당면, Chinese noodle, glass noodle 양2

752 *****cel·lu-lar mo·dem** [쎌룰럴 모우뎀]: 〈← cell〉, 분할 중계식 무선 변복조장치, 〈↔a-cellular modem〉 미1

753 **cel·lu-lar phone** [쎌룰럴 호운]: 셀〈cell〉 방식(분할 중계식) 휴대전화, 'hand phone', 〈~ mobile phone〉, 〈↔land phone〉 미2

754 **cel·lu-lose** [쎌룰로오스]: 〈← cella(small room)〉, 〈프랑스 화학자가 라틴어에서 주조한 말〉, 셀룰로스, 섬유소, 세포막질 (식물의 세포(cell)막을 형성하고 있는 탄수화물), 〈→ cellophane〉, 〈~ fiber\pulp〉 양2

755 **Cel·si·us** [쎌시어스], **An·ders**: 〈← celsus(mound)〉, 〈라틴어〉, '꼭대기에 사는 자', 셀시우스, (1701-44), 스웨덴의 천문학자, 〈~ a Swedish physicist and astronomer〉 수1

756 **Cel·si·us scale** [쎌시어스 스케일]: centigrade, 〈1948년 창안자의 이름으로 개칭한〉 섭씨, (물이 0도에서 얼고 100도에서 끓는) C=5/9(F-32), 〈↔Fahrenheit(scale)〉 미2

757 **Celt \ Kelt** [쎌트 \ 켈트]: 〈← celu(hide)〉, 〈그리스어 → 라틴어〉, 켈트족(어), 영국의 고산지대에 〈숨어〉 살던 아리안 인종의 한 분파, 〈~ Breton, celt; 돌 도끼, 〈~ a chisel〉 수1

758 **cel-tuce** [쎌터스]: celery+lettuce, 셀러리와 상추를 교배해서 만든 야채, 〈~ Chinese lettuce〉 우1

759 **cem·ba·lo** [쳄벌로우]: 〈← cymbal(hollow vessel)〉, 〈그리스어 → 라틴어 → 이탈리아어〉, cymbals, 쳄발로, 〈하프시코드와 덜시머의 변형으로 된〉 피아노의 전신, ⇒ harpsicord 우1

760 **ce·ment** [시멘트]: 〈← caedere(cut)〉, 〈라틴어〉, '돌가루', 양회, 결합체, 〈~ mixture of lime-stone and clay〉, 〈~(↔)mortar\concrete〉 양1

761 **cem·e·ter·y** [쎄미테뤼]: 〈← koiman(put to sleep)〉, 〈그리스어〉, 묘지, 공동묘지, '잠자는 곳', 〈~ grave-yard\burial ground〉, 〈~(↔)dormitory〉 가1

762 **cen·sor** [쎈서]: 〈← censere(tax)〉, 〈라틴어〉, '평가', 검열, 비평, 감찰관, 〈~ review\bowdlerize\cut〉, 〈↔disclose\proponent〉 양2

763 *****cen·sor-ware** [쎈서 웨어]: '검열 기기', (일부 웹 사이트를 남이 볼 수 없게) 차단하는 데 사용하는 연성기기, 〈~ internet filtering\blocked web-site〉 우2

764 **cen·sure** [쎈셔]: 〈← censere(tax)〉, 비난, 견책, (부정적) 평가, 〈~ condemn\criticism〉, 〈↔praise\approval\tribute〉 양2

765 **cen·sus** [쎈서스]: 〈← censere(tax)〉, 〈라틴어〉, 통계조사, 인구조사, '재산 평가', 〈~ nose-count\tally〉 양1

766 **cent** [쎈트]: 〈← centum(a hundred)〉, 〈라틴어〉, 1달러의 1/100, '백'(단위), 페니(penny), 푼돈 수2

767 **cen·taur** [쎈터어]: 〈← Kantauros〉, ken(piercing)+tauros(bull), 〈그리스어〉, (그리스 신화에 나오는) 켄타우로스, 반인반마의 괴물, 명기수, 이중 인격자, 〈~ Minotauer\satyr〉 수2 양2

768 **cen·te·nar·i·an** [쎈터네어뤼언]: 〈← centum〉, 100세 이상의 사람, '백세인', 〈~ age-less\antiquarian〉 미2

769 **cen·ten·ni·al** [쎈테니얼]: 〈← centum〉, 〈라틴어〉, 100년마다, 백년제, 〈~ centurial\hundredth〉 미1

770 **cen·ter \ cen·tre** [쎈터]: 〈← kentein(prick)〉, 〈그리스어〉, '뾰족점', 〈원을 그리는〉 중심(지), 중추, 종합시설, (장소, 〈~ core\middle\hub〉, 〈↔border\brink\edge\fringe〉 양2

771 **cen·ter back** [쎈터 백]: (구기의) 후부 중심 미1

772 **cen·ter-fold** [쎈터 호울드]: 중간 삽입지, 중간 주름 미1

773 **cen·ter-ing** [쎈터륑]: 중심 차기, 홍예틀 미1

774 **cen·ter-piece** [쎈터 피이스]: 중심물, 중앙부 장식 미1

775 **cen·ti** [쎈티]: ⟨← centum⟩, ⟨라틴어⟩, hundred-fold, 100분의 1 우2

776 **cen·ti-pede** [쎈티피이드]: centum+pedis(foot), ⟨라틴어+그리스어⟩, '백지충', 지네 ⟨가늘고 긴 몸통에 수많은 마디와 다리를 갖고 흙 속에 사는 독충⟩, ⟨~(↔)thousand-legger\milli-pede⟩, 지네 춤⟨브레이크 댄스(break-dance)의 일종⟩ 미2

777 **cen·ti-poise** [쎈티 퍼이즈]: 센티푸아즈, 센티포이스, cP, 1/100 poise, (사람 이름 ⟨Jean Poiseuille⟩에서 연유한) 점도(viscosity)의 단위, ⟨섭씨 20도에서 물의 절대 점도는 1cP임⟩ 우2

778 **cen·tral** [쎈트뤌]: ⟨← centrum(center)⟩, 중앙, 중심부, 중추의, ⟨↔peri·pheral⟩ 가2

779 **Cen·tral Af·ri·can Re-pub·lic** [쎈트뤌 애후리컨 뤼퍼블릭]: 중앙아프리카 공화국, 1960년 프랑스로부터 독립한 가난한 내륙 국가, {Central African-Fr-(XA) Franc-Bangui} 미1

780 **Cen·tral In·tel·li·gence A·gen·cy**: CIA, 미 중앙정보국, 1947년에 창립되어 국외정보를 담당하고 ⟨종종 공작도 실천하는⟩ 대통령 직속 기구(Presidential body), ⟨~ the Agency\the Company⟩ 미2

781 **cen·trif·u·gal** [쎈트뤼 휴걸]: centri+fugere(flee), ⟨라틴어⟩, ⟨힘이 밖으로 내뻗친⟩ 원심성(력), ⟨~ radial⟩, ⟨↔centripetal⟩ 양2

782 **cen·trip·e·tal** [쎈트뤼 피틀]: centri+petere(move toward), ⟨라틴어⟩, ⟨힘이 안으로 내뻗친⟩ 구심성(력), ⟨~ integrative⟩, ⟨↔centrifugal⟩ 양2

783 **Cen·tro·nics** [쎈트롸닉스]: central+electronics, 센트로닉스, 1971년에 세워졌다가 1987년에 망한(dyfunct) 미국의 전산기 인쇄기기 제조회사, ⟨~ an American manufacturer of computer printers⟩ 수1

784 *__Cen·tro·nics in·ter-face__ [쎈트롸닉스 인터훼이스]: 센트로닉스 회사가 개발한 전산기와 인쇄기 간의 병렬 자료 교환 접속 장치(connector) 수1

785 **cen·tu·ry** [쎈춰뤼]: ⟨← centum(a hundred)⟩, ⟨라틴어⟩, 센추리, 백 년, 1세기, 100개, ⟨↔millenary⟩ 양2

786 **cen·tu·ry plant** [쎈춰뤼 플랜트]: '백년초', 용설란 ⟨용의 혀를 닮았다는 잎이 뭉텅이로 자라며 가운데서 1~3년에 한 번씩 희거나 초록색의 막대 꽃을 피우는 아가베과의 선인장⟩, ⟨~ maguey\American agave(aloe)⟩ 미2

787 *__Cen·tu·ry 21__ [쎈춰뤼 트웬티원]: 1972년에 세워져 9,400여 개의 독립 점포를 관할하고 있는 미국의 세계적 부동산 중개업 총판 유한 책임회사, ⟨~ an American real-estate brokerage⟩ 수2

788 **CEO**; ①(chief ex·ec·u·tive of·fic·er); 최고 경영자, 수반 ②(christmas & Easter only); 성탄절과 부활절에만 교회에 나가는 사이비(나이롱) 신자, Chreaster, Chreastian 미2

789 **ceph·a·l(o)~** [쎄휠(로오)~]: ⟨← kephale(head)⟩, ⟨그리스어⟩, ⟨머리~⟩를 뜻하는 결합사 양1

790 **ce·ram·ic** [써래믹]: ⟨← kramos(clay)⟩, ⟨그리스어⟩, 세라믹, 도자기의, 요업 제품의, pottery, ⟨~ porcelain\china (or earthen)-ware⟩ 양1

791 **Cer·ber·us** [써어버러스]: ⟨← creoboros(flesh devouring)?⟩, ⟨어원 미상의 그리스어 → 라틴어⟩, 케르베로스, 뱀 꼬리에 머리가 셋인 지옥을 지키는 개, (저승신 Hades가 기르는) 무서운 문지기, hell hound, Ker·ber·us, ⇒ black dog 수1 양2

792 **ce·re·al** [씨어뤼얼]: ⟨라틴어⟩, ⟨풍작의 여신⟩ Ceres가 준 선물, 곡물, 곡식, ⟨아침 식사용⟩ 곡물 식품, ⟨~ processed grains⟩ 양2 미1

793 **cer·e·bel·lum** [쎄뤄벨럼]: ⟨← cerebrum⟩, (대뇌 밑에 있는) 소뇌, ⟨평형감과 운동을 조절한다고 하나 아직도 연구가 덜 된⟩ 작은골, ⟨~ hind-brain⟩ 양2

794 **ce·re·br(o)~** [서뤼이브뤄(로우)~]: ⟨라틴어⟩, brain, ⟨대뇌~⟩란 뜻의 결합사 양1

795 **ce·re·bro-spi·nal flu·id** [서뤼이브뤼 스파이널 훌루이드]: CSF, (골)수액, 뇌척수액, ⟨완충 작용과 청소 작용을 하면서⟩ 신경 장기와 골격 사이를 흐르는 '깨끗한' 액체 양2

796 **ce·re·brum** [서뤼이브뤔]: ⟨← keres(head)⟩, ⟨라틴어⟩, ⟨무궁무진한 기능을 가진⟩ 대뇌, ⟨→ brain⟩, ⟨~ end-brain\telencephalon⟩ 양2

797 **cer·e·mo·ny** [쎄뤄모우니]: ⟨← caerimonia⟩, ⟨라틴어⟩, sacred rite, ⟨성스러운⟩ 의식, 의전, 예법, '로마 근교 Caere 마을의 의식', ⟨~ ritual\observance⟩, ⟨↔impropriety⟩ 양2

798 **Ce·res** [씨어뤼즈]: ⟨← ker(grow)⟩, ⟨라틴어⟩, ⟨'자라다'⟩, 케레스 (그리스의 Demeter에 해당하는) 로마의 풍작의 여신, ⟨~ Roman goddess of grain and harvest⟩ 수1

799 **ce·rise** [서뤼이스]: ⟨프랑스어⟩, cherry색의, 선홍색의 양2

800 **ce·ri·um** [씨어뤼엄]: ⟨앞서거나 뒤서거나 로마의 Ceres 여신에서 유래한⟩ 세륨, ⟨윤택제나 합금을 만들 때 쓰는⟩ 희토류 원소 (기호 Ce·번호58), ⟨~ a chemical element⟩ 수2

801 **cer·nu·ous** [써어니어스]: ⟨← cernuus(stooping)⟩, ⟨라틴어⟩, C~; 세르누어스, ⟨뿔에 내려진 고리를 단 괴물⟩, 아래로 드리워지는, 수하성의, ⟨~ drooping\pendulous⟩, ⟨~ Gaelic god of nature·animals·fertility⟩ 양2

802 **cer·tain** [써어튼]: ⟨← cernere(distinguish)⟩, ⟨라틴어⟩, 'settled', 확신하는, 자신하는, 확실한, 반드시, ⟨→ ascertain\certify⟩, ⟨~ sure\definite⟩, ⟨↔doubious\perhaps\questionable⟩ 가2

803 **cer·tif·i·cate** [써어티휘커트 \ 써어티휘케이트]: certus(certain)+facere(make), ⟨라틴어⟩, ⟨확신을 심어주는⟩ 증명서, 자격증, 등록증, ⟨← certain⟩, ⟨~ permit\document\license⟩ 가2

804 **cer·ti·fied pub·lic ac·count–ant** [써어티화이드 퍼블뤽 어카운턴트] \ CPA: (미국에서는 150학점의 대학 과목과 1년간의 실무를 쌓고 표준시험에 통과한 자에게 수여하는) 공인회계사 양2

805 **cer·ti·o·ra·ri** [썰쉬어뤠어롸이]: ⟨라틴어⟩, ⟨← certain⟩, 증명, 보증, 사건이송명령장, ⟨~ writ\legal document⟩ 양2

806 **cer·u·le·an** [써루우리언]: ⟨← caeruleus(dark blue)⟩, ⟨라틴어⟩, 하늘색, 진청색 양2

807 **ce·ru·men** [스루우먼]: ⟨라틴어⟩, cera(wax)+men, 귀지, ear wax 양2

808 **Cer·van·tes** [써밴티즈], **Mi·gu·el**: ⟨'servant'(섬기는 자)보다 'stag'(뛰어난 자)에서 연유했다는 설이 더 신빙성이 있는⟩ 세르반테스, (1547-1616), 「돈키호테」를 쓴 스페인의 ⟨투박한 풍자⟩ 작가, ⟨~ an Early-Modern Spanish writer⟩ 수1

809 **cer·vix** [써어빅스]: ⟨라틴어⟩, neck, '목', 경부, 자궁경부(neck of uterus) 양2

810 **CES** (con-sum-er e·lec-tron-ics show): 소비자 가전 전시회, 1967년부터 매년 1월 중 라스베이거스(Las Vegas)에서 개최되는 전 세계 전기·전자제품 전시회 미2

811 **ce·si·um** [씨이지엄]: ⟨← caesius(bluish-gray)⟩, ⟨라틴어⟩, 세슘, ⟨공기에서 부식성이 강하고 물에서 폭발하는⟩ ⟨'회청색'의⟩ 알카리성 금속원소(기호 Cs·번호55), ⟨석유를 퍼낼 때나 c-phone의 GPS 등에서 요긴하게 쓰임⟩, ⟨~ a natural element⟩ 수2

812 **ces·sa·tion** [쎄쎄이션]: ⟨← cessare(yield)⟩, ⟨라틴어⟩, cease, 정지, 중지, 소멸, ⟨~ end\finish⟩, ⟨↔move(ment)\start\resumption⟩ 양1

813 **cess-pit(pool)** [쎄스 핕(푸울)]: ⟨← sospirer(breathe)⟩, ⟨라틴어⟩, cess-pool, ⟨'air hole'로 찬⟩ septic tank, 구정물 구덩이, 분뇨통, 시궁창, ⟨~ underground reservoir for sewage⟩ 양1

814 **Ce·tus** [씨이터스]: ⟨← ketos(whale)⟩, ⟨어원 불명의 그리스어 → 라틴어⟩, 케토, 바다괴물, 고래자리 (북쪽 별자리의 하나), ⟨~ a sea monster\a water related constellation⟩ 수1

815 **ce·vi·che** [써뷔이췌이]: ⟨sik(vinegar)+bag(soup)?⟩, ⟨어원 불명의 원주민어⟩, 세비체, 해산물 조각·레몬·고추·양파·식용유 등을 섞은 ⟨페루의 대표적인⟩ 전채, ⟨~ a traditional Peruvian hors d'oeuvre⟩ 수2

816 **Cey·lon** [씰란]: ⟨← Saheelan←sri(beauty)⟩, ⟨산스크리트어 → 아랍어⟩, '아름다운 섬', 실론, 1972년 스리랑카 공화국으로 개칭한 인도 남방의 섬나라, ⇒ Sri Lanka 수1

817 **Ce·zanne** [시쟨], **Paul**: ⟨← shoshen(lotus flower)⟩, ⟨'큰 연꽃'이란 이집트어에서 연유한 히브리어 → 그리스 → 프랑스어⟩, ⟨~ Susanna⟩, 세잔, (1839-1906), ⟨추상화를 개척한⟩ 프랑스 후기 인상파 화가, ⟨~ a French impressionist painter⟩ 수1

818 *****cf** (con-fer): compare, 비교, 참조, ⟨~(↔)vs(versus)⟩ 미2

819 **CFO** (chief fi·nan·cial of·fic·er): 최고 재무 담당자, 총괄 회계관 미2

820 *****CGI¹** (com-put-er graph-ic in·ter-face): 도안용 전산 접속기 (각종 화상 작업을 위한 여러 가지 접속 장치) 미1

821 ***CGI²** (com·mon gate·way in·ter·face): (표준 처방에 따라 웹 페이지를 만들 수 있는) 상용 통로 접속기 미1

822 ***CGI³** (com·put–er gen·er·ated im·age): 전산기 창출 화상 (3차원의 물체를 2차원의 화상으로 처리하는 동영상 방법). 미1

823 **CGV**, cin·e·ma: 1996년 한국의 Cheil Jedang이 홍콩의 Golden Harvest와 호주의 Village Roadshow를 병합해서 설립한 다목적 복합 영화관 연쇄점, ⟨~ Korean CJCGV⟩ 수2

824 **Cha·blis** [샤블리이]: dead (fallen) wood, '고목', 프랑스 샤블리 원산의 흰 포도주, ⟨~ a dry white-wine⟩ 수1

825 **cha-cha-cha** [촤아-촤아-촤아]: 남미에서 시작된 빠른 가락의 춤곡, ⟨↔blues²⟩, ⟨~ mambo가 Cuba에서 변형된 versatile dance⟩ 우1

826 **Chad** [채드]: ⟨원주민어⟩, '호수⟨lake⟩의 나라', 차드, 1960년 프랑스로부터 독립한 아프리카 중북부 차드 호수 동쪽의 ⟨대부분⟩ 황량한 국토를 가진 내륙 국가, {Chadian-Arab·Fr-(XA) Franc-N'Djamena} 수1

827 *** chad** [채드]: ⟨← chat(dry twig)?⟩, ⟨어원 불명의 영국어⟩, 차드, 천공 밥(펀치카드⟨천공판⟩로 구멍을 뚫을 때 생기는 종이 부스러기), 여자를 ⟨쥑이는⟩ 남자, ⟨~ punched paper\alpha-male⟩ 미1

828 **chad·ri** [채드뤼]: ⟨어원 불명의 페르시아어⟩, 차드뤼, (이슬람 여자들이 외출할 때 입는) 전신을 덮는 얇은 천으로 된 겉옷, burka, ⟨~ shroud⟩ 수2

829 **chafe** [췌이후]: calere(be warm)+facere(make), ⟨라틴어⟩, (비벼서) '따뜻하게 하다', 쓸다, 안달하다, 닳게 하다, (피부가) 쓸리다, ⟨~ chauffeur⟩, ⟨~ rub\grate⟩, ⟨↔appease\heal⟩ 양2

830 **chaf-er** [췌이훠]: ⟨← chafe⟩, ⟨라틴어 → 게르만어⟩, ⟨갉아먹는⟩ 풍뎅이, 딱정벌레, ⟨~ dor-beetle(fly)⟩ 미2

831 **chaff** [채후 \ 촤아후]: ⟨← chafe⟩, ⟨라틴어 → 게르만어⟩, ⟨갉아놓은⟩ 겉껍질, 왕겨, 여물, 놀리다, ⟨~ husks\debris⟩, ⟨↔treasure\gem⟩ 양2

832 **chaf-finch** [췌 휜취]: ⟨곡식의 겉껍질을 까먹는⟩ (유럽산) 푸른머리 되새·애완조, ⟨~ a small passerine⟩ 미2

833 **Cha·gall** [쉬가알], Marc: ⟨← Segal←segan leviyyah(assistant to Levites)⟩, ⟨히브리어⟩, '사제의 조수', 샤갈, (1887-1985), ⟨색채의 마술사⟩라 불리는 유태계의 러시아 출생·프랑스의 ⟨몽상주의⟩ (석판) 화가, ⟨~ a Russian-French artist⟩ 수1

834 **cha·ga mush·room** [촤가 머쉬루움]: ⟨← czaga(fungus)⟩, '곰팡이' (러시아 말) 버섯, ⟨'암(canker)'같이 생겨서 암에 잘 듣는다는⟩ 나무에 기생하는 양송이(button mushroom), (한국에서 인기 있는) '차가버섯' 우2

835 **cha·grin** [쉬그뤈 \ 쇄그린]: ⟨프랑스어⟩, roughened leather, ⟨피부가 거칠게 될 만큼⟩ 억울함, 원통함, 유감, ⟨~ vexation\distress⟩, ⟨↔delight\comfort⟩ 양2

836 **chain** [췌인]: ⟨← catena(binder)⟩, ⟨라틴어⟩, 사슬, 목걸이, 연속, 연쇄점, 계통, ⟨~ catenary⟩, ⟨~ fetter\series⟩, ⟨↔un-chain\dis-join⟩ 가1

837 **chain-link fence** [췌인 링크 휀스]: 철사를 파도 모양으로 엮은 울타리, '사슬 고리 담' 미1

838 **chain re-action** [췌인 뤼액션]: 연쇄반응, ⟨~ domino reaction⟩, ⟨↔occult reaction⟩ 가1

839 **chain saw** [췌인 써어]: (휴대용) 동력 사슬톱, ⟨~ power saw⟩ 미1

840 **chain smok-er** [췌인 스모우커]: 줄담배꾼, 골초, ⟨~ heavy smoker⟩ 양2

841 **chain store** [췌인 스토어]: 연쇄점, ⟨~ shop chain⟩, ⟨↔anchor(main) store⟩ 가1

842 **chair** [췌어]: ⟨← kathedra(seat)⟩, ⟨그리스어⟩, 의자, 의장, 회장, 바퀴 의자, '좌석', ⟨← cathedral⟩, ⟨~ bench\presider⟩, ⟨↔table\sofa⟩ 가1

843 **chair-man** (chair-wom·an \ chair-mad·am) [췌어 맨 (췌어 워먼 \ 췌어 매덤)]: 의장, 회장, 위원장(여) 양2

844 ***chair warm-er** [췌어 워머]: 의자를 덥히는 사람, 자리를 뜨지 않는 사람, 게으름뱅이, ⟨~ loafer\lazy-bones⟩ 미1

845 **chaise longue \ ~ lounge** [쉐이즈 러엉 \ 쉐이즈 라운쥐]: ⟨프랑스어⟩, long chair, '긴 의자', (등받이가 뒤로 젖혀지는) 침대 의자 미2

846 **chal·cid** [캘시드]: ⟨← chalkos⟩, ⟨그리스어⟩, ⟨← copper⟩, '놋쇠 벌', 수중다리좀벌 ⟨놋쇠 빛이 나며 다리가 분 것 같은 작은 벌로 유충은 다른 곤충에 기생함⟩, ⟨~ joint-worm⟩ 미2

847 **chal·co·lith·ic** [챌커 리씩]: ⟨구리('copper')를 쓰기 시작했던⟩ (약 3500~1700 BC 기간의) 신석기 시대 후반의, 금석병용시대의, ⟨~ between Neolithic and Bronze Age⟩ 우2

848 **cha·let** [섈레이]: ⟨라틴어 'casa'에서 유래한 프랑스어⟩, '양치기 집', 샬레, (스위스풍) 산장, 오두막, 별장, ⟨~ cottage\cabin⟩, ⟨↔castle\mansion⟩ 미2

849 **chal·ice** [챌리스]: ⟨← calix(cup)⟩, ⟨라틴어⟩, 잔, (그리스도교의) 성찬배, 배상화(접시꽃), ⇒ Holy Chalice(Grail) 미3

850 **chalk** [취어크]: ⟨← khalix(lime)⟩, ⟨그리스어⟩, 초크, '돌가루', 분필, 백악, 덜 응고된 흰 석회암, lime, ⟨~ calcite\soap-stone\talc⟩ 양1

851 **chal·lenge** [챌런쥐]: ⟨← calumnia(false accusation)⟩, ⟨라틴어에서 유래한 프랑스어⟩, 도전, 과제, 공격, 요구, '중상모략', ⟨법망을 피하는⟩ 기피, ⟨~ dare\confront⟩, ⟨↔acceptance\rejoinder\agree⟩ 가2

852 **chal·lis** [섈리]: ⟨어원 불명의 노르만어⟩, fine fabric, 샬리(천), 가벼운 여자 옷감의 일종 우1

853 **cha·lu·meau** [쉘뤼모우]: ⟨← kalamos(reed)⟩, ⟨그리스어에서 연유한 프랑스어⟩, calamus(갈대), 샬뤼모, 한 혀를 가지고 최저음역을 내던 목관악기, 클라리넷(clarinet)의 전신 우1

854 **cham·ber** [췌임버]: ⟨← kamara(vault)⟩, ⟨그리스어⟩, 방, 회관, 실내, '궁형 천장이 있는 방', ⟨→ camera⟩, ⟨~ room\box⟩, ⟨↔mound\bulge⟩ 양2

855 **cham·ber-lain** [췌임벌린]: ⟨그리스어에서 연유한 영국어⟩, '방⟨chamber⟩에 딸린 사람', 시종, 의전관, 집사, 회계관 양2

856 **cham·ber mu·sic** [췌임버 뮤우직]: 실내악, 쌍방변호사 간의 '밀담', ⟨~ concert music\secret talk⟩ 양3

857 **cham·ber pot** [췌임버 팥]: 요강, 침실용 변기, ⟨~ bed-pan⟩ 양2

858 **cha·me·le·on** [커밀리언]: chami(ground)+leon(lion), ⟨그리스어⟩, '땅 사자', 카멜레온, 주위 환경에 따라 잘 변하는 파충류의 일종, 별자리의 하나, 변덕쟁이, ⟨~ an arboreal lizard\opportunist⟩ 우2

859 **cham·ois** [섀미]: ⟨← gamz(a goat like antelope)⟩, ⟨어원 불명의 게르만어에서 유래한 프랑스어⟩, 섀미, 샤모아, 남유럽·서남아시아에 사는 영양류의 일종, 섀미 가죽 제품, 담황갈색, ⟨→ gemsbok⟩, ⟨~ a mountain antelope\brownish-yellow⟩ 수2

860 **champ** [챔프]: ①⟨영국어⟩, ⟨의성어⟩, ⟨말이⟩ 우적우적 씹다, 우두둑 씹다(chomp) ②⟨미국어⟩, champion의 준말 양2

861 **cham·pagne** [섐페인]: ⟨← campus(field)⟩, ⟨라틴어 → 프랑스어⟩, '들판', 샴페인, 프랑스의 북동부 샴페인 지방에서 생산되는 거품이 나는 (황록·황갈색의) 고급 백포도주, 사치한, ⟨~ a sparkling wine⟩ 수1 양2

862 **cham·pagne cou·pe(sau·cer)** [섐페인 쿠우프(쎠어서)]: 낮고 넓적한(low and broad) 샴페인 잔, ⟨~(↔)champagne flute⟩ 수2

863 **cham·pagne flute** [섐페인 훌루우트]: 길쭉한(tall and narrow) 샴페인 잔, ⟨~(↔)champagne coupe(saucer)⟩ 수2

864 **cham·pi·on** [챔피언]: ⟨라틴어⟩, '들판⟨camp⟩에서 싸워 이긴 자', 우승자, 투사, 선수권 보유자, ⟨~ winner\advocate⟩, ⟨↔loser\villain\under-dog⟩ 양1

865 **cham·pi·on-ship** [챔피언 쉽]: 선수권 결승, 우승(권) 양1

866 **Champs E·ly·sees** [샤앙즈 에이리이제이]: ⟨'극락정토'란 뜻의 그리스어에서 연유한 프랑스어⟩, Elysian fields(천당), 샹젤리제, 일류상점가가 있는 파리의 큰 거리, ⟨~ Elysium⟩ 수1

867 **CHAMPUS** [챔퍼스]: Civilian Health and Medical Programs for the Uniformed Services: 1997년 Tricare에 흡수된 군무원(가족) 건강 의료 계획 우2

868 **chance** [챈스 \ 촤안스]: ⟨← cadere(fall)⟩, ⟨라틴어⟩, '우발적인 사건', 우연, 기회, 운, 가망, 모험, ⟨~ fate⟩, ⟨↔choice⟩ 가2

869 **chan·cel-lor** [챈슬러]: ⟨← cancelli(cross bar)⟩, ⟨모든 문자를 통괄하는 자⟩, ⟨라틴어⟩, ⟨가로장 안에 앉아있는⟩ 대법관, 대학 총장, (독일) 수상, (재무) 장관, 법정의 관리, ⟨~ premier\chief executive⟩ 양2

870 **chan·ce·ry** [챈서뤼]: ⟨← cancelli(cross bar)⟩, ⟨라틴어 → 프랑스어⟩, ⟨← chancellor⟩, 공문서 보관소, 형평법(재판소), 상대방 겨드랑이에 머리가 낀, 진퇴유곡의, ⟨~ judicature\hope-less predicament⟩ 미2

871 **chan·de·lier** [섄들리어]: ⟨← candela⟩, ⟨라틴어⟩, a branching fixture, 샨들리에, 장식용 '촛대'걸이, 매달린 호화 전등, ⟨← candle⟩ 우2

872 **chan·dler** [챈들러]: ⟨← candela(candle)⟩, ⟨라틴어⟩, 양초 제조·판매인, 잡화상, ⟨~ candle maker(dealer·merchant)⟩ 우2

873 **Cha·nel** [셔넬], Co·Co Ga·bri·elle: 'canal' 근처에 사는 자, 샤넬, (1883-1971), 1910년 양품점을 시작으로 돈을 모은 ⟨억척스러웠던⟩ 프랑스의 여류 패션 디자이너·향수 제조업자, ⟨~ a French fashion designer⟩ 수1

874 **Chang** [좌앙], Hsueh-Liang: 장쉐량, 장학량, (1901-2001), 장줘린의 장남으로 국공합작을 요구하며 상관 장제스를 가뒀다가 쫓겨나서 하와이에서 죽은 중국의 ⟨젊은 원수⟩, ⟨~ a Chinese war-lord⟩ 수1

875 **Chang** [좌앙], Tso-Lin: '베푸는 자(extend)', 장줘린, 장작림, (1873-1928), 장제스에게 밀리자 일본이 선수를 쳐서 폭사시킨 친일 만주 군벌, ⟨~ a Manchurian war-lord⟩ 수1

876 **change** [췌인쥐]: ⟨← cambiare(exchange)⟩, ⟨라틴어⟩, barter, 바꾸다, 고치다, 환전하다, 변경, 교환, 잔돈, ⟨~ convert\transform\petty cash⟩, ⟨↔sameness\fixation⟩ 가2

877 **change ma·chine** [췌인쥐 머쉬인]: 잔돈 교환기 가2

878 **change of heart** [췌인쥐 어브 하아트]: 마음 바꿈(변심), 회심, 전향, 개종 가2

879 **change of life** [췌인쥐 어브 라이후]: 갱년기, 폐경기, ⟨~ menopause⟩ 가2

880 **change-o·ver** [췌인쥐 오우붜]: 변경, 경질, 개조 가2

881 **change-room** [췌인쥐 루움]: 경의실, 탈의실, ⟨~ dressing (or fitting) room⟩ 가2

882 *****change sides read-i·ly** [췌인쥐 싸이즈 뤠딜리]: 편을 쉽게 바꾸다, 간에 붙었다 쓸개에 붙었다 하다, 동가식서가숙, ⟨~ vagabond\tramp⟩, ⟨↔stay\loyal⟩ 양2

883 **change the tune** [췌인쥐 더 튜운]: 색조(생각)를 바꾸다, 달리 생각하다, ⟨~ different opinion⟩ 양2

884 **chan·nel** [채늘]: ⟨← canalis(water pipe)⟩, ⟨라틴어⟩, '수도관', 해협, 수로, 경로, 통신로, 주파대, (반도체 회로에서) 전자가 공급되는 곳과 빠져나가는 곳을 연결하는 통로, ⟨~ canal⟩, ⟨~ strait\passage\band⟩, ⟨↔closure\denial⟩ 양2

885 **Chan·nel Is-lands** [채늘 아일런즈]: 해협 제도 ①프랑스 북서해안 영국 해협에 있는 영국령의 섬들, ⟨~ English Channel⟩ ②캘리포니아 산타바바라 해협에 있는 ⟨국립공원으로 지정된⟩ 8개의 군도, ⟨~ a marine sanctuary in Southern-California⟩ 우2

886 **chan·son** [섄선]: 샹송, (프랑스풍) '노래', (달콤한) 가요, ⟨← song⟩ 우1

887 **chant** [챈트]: ⟨← cantare(sing)⟩, ⟨라틴어⟩, 노래, 성가, 영창, 단조로운 말투, 염불(하다), ⟨~ intonate\recite⟩, ⟨↔cacophony\discord⟩ 미2

888 **cha·os** [케이아스]: ⟨← chainein(gape)⟩, ⟨그리스어⟩, 카오스, 혼돈, '무질서', 대혼란, '심연', ⟨~ disaster\catastrophe\dumpster fire⟩, ⟨↔order\peace\calm\cosmos⟩ 미2

889 **chap** [챞]: ①⟨영국어⟩, ⟨← chapman⟩, 놈, 녀석, 동무, 단골, '자네', 어린애, ⟨~ fellow\guy⟩, ⟨↔gentleman⟩ ②⟨어원 불명의 영국어⟩, 썰다, 균열, 아래턱, 주둥이, ⟨~ skin crack\jaw⟩, ⇒ chop 양2

890 **chap·ar·ral** [섀퍼뢜]: ⟨← chaparro(evergreen oak)⟩, ⟨스페인어⟩, 수풀, (떡갈나무) 덤불, ⟨~ creosote bush\grease-wood⟩, 길달리기 뻐꾸기, road runner 미2

891 **chap·ar·ral cock** [섀퍼뢜 칵]: 덤불뻐꾸기, 길달리새, ⇒ road runner 미2

892 **chap·el** [채플]: ⟨← cappa(cape)⟩, ⟨라틴어⟩, 예배당, ⟨St. Martin의 'cloak'이 걸려있는⟩ 교회당, ⟨↔secular⟩, ⟨~(↔)cathedral\minster\mosque\temple⟩ 양2

893 **chap·er-one** [섀퍼로운]: ⟨← cappa←caput(head)⟩, ⟨프랑스어⟩, ⟨미혼 여성을 'cape'를 씌워 덮어주는⟩ 샤프롱, 보호자, 후원자, ⟨~ protector\guardian\squire⟩, ⟨↔abandon\desert⟩ 양2

894 **cha(o)p-fall-en** [챂 훠얼런]: ⟨← cha(o)p²; jaw⟩, ⟨영국어⟩, '턱이 빠져' ⟨얼굴이 길어진(long faced)⟩, 기가 꺾인, 풀 죽은, ⟨~ dejected\depressed⟩ 양2

895 **chap·lain** [채플린]: ⟨← capella⟩, ⟨라틴어⟩, ⟨← chapel⟩, 예배당 목사, 군목, 지도신부, ⟨~ pastor\priest⟩, ⟨↔layman\church-woman⟩ 양2

896 **Chap·lin** [채플린], Char·lie: '예배당⟨chapel⟩ 집사', 채플린, (1889-1977), ⟨파란만장한 삶 속에서⟩ 자기 작품을 자신이 제작한 영국 출신 미국의 ⟨희대의 희극배우⟩, ⟨~ an English-American comic actor⟩ 수1

897 **chap-man** [챂먼]: cap(bargain)+man, ⟨영국어⟩, ⟨물건을 'cheap'하게 파는⟩ 행상인, 도붓장수, ⟨~ peddler\retailer⟩, ⟨↔buyer\user⟩ 양2

898 **chap·ssal-tteok** [찹쌀떡]: 〈한국어〉, glutinous(sticky) rice cake, 찹쌀을 쪄서 차지게 친 후 팥소를 넣고 동글게 만들어 녹말가루 등을 묻힌 떡으로 (시험에 붙기를 바라고 주기도 함), mochi, 〈~ in-jeol-mi〉, 〈~(↔)song-pyeon〉 수2

899 **chap-stick** [챕스틱]: 〈상품명에서 따온〉 (균열〈chap〉 방지용) 입술 연고, 〈~ lip-balm〉 양1

900 **chap·ter** [챕터]: 〈라틴어〉, '머리'(caput), 장, 시기, 지부, (파산법) 조항, 〈~ section\clause〉, 〈↔whole\article〉 양2

901 **chap·tered bill** [챕터드 빌]: '등기된 법안', (상·하원을 통과하고 주지사 서명 등을 거쳐 총무처 장관이 서명한) 확정된 법안, 〈~ enacted(published) law〉 양2

902 **Chap·ter 11** [챕터 일레븐]: (회사의 갱생 절차를 규정한) 미국 연방 파산법 11조, 〈~ reorganization bankruptcy〉 양2

903 **Chap·ter 7** [챕터 쎄븐]: (개인의 신용 회복 절차를 규정한) 미국 연방 파산법 7조, 〈~ liquidation bankruptcy〉 양2

904 **char(r)** [촤알]: 〈영국어〉, char·coal, 숯, 잡역부, 곤들매기, 가어(길이가 30cm가량의 가늘고 긴 〈전혀 예쁘지 않은〉 시커먼 연어과의 물고기), 〈~ brook trout\arctic char〉 양1 미2

905 **char·ac·ter** [캐릭터]: 〈← charassein(engrave)〉, 〈그리스어〉, '글자를 새기는 도구', 〈물건에 새겨진〉 특성, 〈사람에 새겨진〉 성격, 〈각판에 새겨진〉 문자, 〈명패에 새겨진〉 신분, 걸물, 등장인물, 〈한국에서는 mascot란 뜻으로도 쓰임〉, 〈↔conformist\follower〉, 〈~ personality보다 형이하학적 표현〉 양1

906 **cha·rade** [셔뤠이드]: 〈프랑스어〉, 〈의성어·의태어?〉, '말'수수께끼, 샤레이드, 몸짓(속임수)놀이, 〈~ facade\disguise〉, 〈↔candor\directness〉 우2

907 **cha·ran·go** [취랭고우]: 〈원주민어〉, 〈의성어〉, 차랑고, (남미에서 사용하는) 아르마딜로 가죽 등으로 만든 기타 비슷한 소형 악기, 〈~ a lute〉 수2

908 **char-coal** [촤코울]: charren(turn)+cole(coal), 〈영국어〉, 〈'coal'로 변하는〉 숯, 목탄, 〈~ anthracite〉 가1

909 **chard** [촤아드]: 〈← carduus(thistle)〉, 〈라틴어 → 프랑스어〉, 근대, 군달, 부단초(굵고 흰 줄기와 넓은 잎을 가진 시금치와 비슷한 채소), 〈~ beet〉, 〈~(↔)artichoke〉 미2

910 **char·don·nay** [샤아더네이]: 〈'chard'(부단초)가 많은 지방〉, 샤르도네, 〈동프랑스 지명을 딴〉 희고 쌉쌀한 포도주, 〈~ a dry white-wine〉 수2

911 **charge** [촤아쥐]: 〈← caruus(car)〉, 〈라틴어 → 프랑스어〉, '가득 채우다', 충전, 〈총에 실탄을 채우는〉 장전, 〈짐을 가득〉 지우다, 씌우다, 짐, '마차에 짐을 올리다', 〈짐을 채워 넣는〉 부과, 〈짐을 다른 사람에게 채워 넣는〉 고소, 〈~ fix a price\accuse of〉, 〈↔absolve\retreat〉 양2

912 **charge card** [촤아쥐 카아드]: credit card, 외상증, 신용증 양2

913 **charge cus·tom·er** [촤아쥐 커스터머]: 외상손님, 〈↔cash customer〉 양2

914 **charge nurse** [촤아쥐 너얼스]: 수석 간호사, 담당 간호사, 〈~ chief(head) nurse〉, 〈↔CNA〉 양2

915 **charg-er** [촤아져]: 충전기, 습격자, 돌격자, 〈~ power adapter\attacker〉, 〈↔absolver\retreater〉 양2

916 **Charg-ers** [촤아져스], Los An·ge·les: 차저스, '돌격자들', 1960년에 창단되어 샌디에이고로 갔다가 2017 LA로 다시 돌아온 직업적 미식 축구단 수1

917 **char·i·ot** [채뤼엍]: 〈← carrus(two wheeled wagon)〉, 〈라틴어〉, 4륜 마차, 〈BC 3천년경 메소포타미아에 있었던〉 꽃마차, (고대의) 전차, 〈~ car\cart〉, 〈~ cariole\carriage〉, 〈↔motor couch〉 미2

918 **cha·ris·ma** [커뤼즈머]: 〈← charis(favor)〉, 〈그리스어〉, 카리스마, '성령의 은사', 비범한 통솔력(개성), 대중을 현혹시키는 재능, 〈~ charm\magnetism〉, 〈↔repulsion\deterrence〉 우1

919 **char·i·ty** [채뤼티]: 〈← carus(dear)〉, 〈라틴어〉, 자선, 자비, 동정, 구호, 기부, 〈~ clemency\mercy〉, 〈↔selfishness\meanness\vindictiveness〉 양2

920 ***char·i·ty be·gins at home**: 〈찰스 디킨즈가 한 말〉, 자선은 집에서 시작된다, 타인을 돕기 전에 가족부터 보살펴라, 〈~ blood is thicker than water\justice begins next door〉, 〈그런데 어떤 애들은 자기를 친할머니는 치매가 걸려서 벽에 똥칠을 하고 다녀도 양로원 봉사활동으로 남의 할머니 똥·오줌 뒤치닥거리 해주느라고 너무너무 바빠요〉 양2

921 **char·i·ty child** [채뤼티 촤일드]: 요 구호 아동, 보육원 원아, 〈~ an orphan〉 양2

922 **char·la·tan** [샤알러탄]: ⟨← ciarlare(prate)⟩, ⟨이탈리아어⟩, '떠벌이', 허풍쟁이, 협잡꾼, 돌팔이 의사, ⟨~ quackery\swindler⟩, ⟨↔honesty\justice⟩ 양1

923 **Char·le·magne** [샤알러메인]: 'Charles+Magne(mighty)', 찰스, 칼, 샤를마뉴(대제), (742-814), ⟨게르만과 라틴족을 합쳐⟩ 서로마제국을 중흥시킨 프랑스의 군인 황제, ⟨~ King of the Franks\a Holy Roman emperor⟩ 수1

924 **Charles** [촤알즈]: ⟨← karlaz(man)⟩, ⟨게르만어⟩, 'free man', 찰스, 유럽 여러 나라 왕들의 이름 수1

925 **Charles** [촤알즈] III, of Eng-land: (1948-), ⟨아마도⟩ 역사상 훈장과 직책을 제일 많이 받았으나 1996년 다이아나와 이혼한 것 빼고는 할 일 없이 놀고 있다 2022년에 최고령으로 취임한 영국의 왕, {man of many suits(실제적이고도 추상적인 별명)}, ⟨~ a king of UK⟩ 수1

926 **Charles** [촤알즈], Ray: (1930-2004), ⟨16세에 장님이 되었으나⟩ 감정적인 영가풍의 노래로 심금을 울려 주었던 미국의 흑인 가수·작곡가·피아니스트, ⟨~ an American singer⟩ 수1

927 **Charles** [촤알즈] I, of Eng-land : 찰스 1세, (1600-1649), 7년간 의회와 싸우다가 크롬웰에게 패해서 (스코틀랜드로 도망갔다가 40만 파운드에 영국으로 팔려 와서 다시 크롬웰에 대항하다 잡혀) ⟨의연하게⟩ 참수당한(executed) 영국·스코틀랜드·아일랜드의 왕, ⟨~ a king of UK⟩ 수1

928 **Charles Schwab** [촤알즈 슈왑]: 찰스 슈워브, (1937-), C~ S~ 이 1975년 할인 채권 장사로 시작하여 증권거래·투자·은퇴자금을 관리해주는 미국의 금융회사, ⟨~ an American financial services company⟩ 수1

929 **Charles-ton** [촤알스턴]: 찰스턴 ①⟨설립자의 아버지 이름을 따⟩ 미국 West Virginia의 주도 ②⟨영국의 찰스 2세 이름을 따⟩ 미국 South Carolina주 남동부의 항구도시 ③c~; 1920년대에 ②의 흑인 사회에서 유행했던 4/4 박자의 빠른 사교춤, ⟨~ a lively ball-room dance⟩ 수2

930 **char·ley horse** [촤알리 호올스]: (장딴지에 잘 오는) 쥐, ⟨시카고 곡물의 늙고 비루먹은 말 Charley 같은 사람에게 잘 오는⟩ 근육경련(muscle cramp), ⟨~ claudication보다는 일반적인 현상⟩ 양2

931 ***Char·lie Fox-trot** [촤알리 활스트롵]: cluster·fuck(떼씹)의 군대용어, 대혼란 양2

932 **char·lock** [촤알럭]: ⟨어원 불명의 영국어⟩, 들갓, (지중해 연안 원산의) 겨잣과의 잡초, wild mustard 미2

933 **Char·lotte** [샤알러트]: ⟨← Charles⟩, 'free woman'⟨공짜녀가 아니라 '자유녀'⟩, 샬로트, 1768년 독일 출신 영국 여왕의 이름을 따서 노스캐롤라이나 중남부에 세워져 근래 금융업으로 새롭게 떠오르고 있는 ⟨땅벌 기질이 있는⟩ 역사적인 도시, ⟨~ a major city and commercial hub in N. Carolina⟩ 수2

934 **char·lotte** [샤알러트]: char(meat)+laitee(milk), ⟨프랑스어⟩, ⟨고기와 우유에⟩ 찐 과일 등을 넣은 밀가루 음식, ⟨~ a pudding⟩ 수2

935 **charm** [촤앎]: ⟨← carmen(song)⟩, ⟨라틴어 → 프랑스어⟩, 매력, 미덕, 마력, 요염함, '마법의 노래', (피리새 등의) 떼, ⟨~ attract\en-amor⟩, ⟨↔disgust⟩ 양2

936 **chart** [촤아트]: ⟨← charte(leaf of paper)⟩, ⟨그리스어 → 라틴어 → 프랑스어⟩, 도표, 해도, 그림, 병력지, '종이 한쪽', ⟨← card⟩, ⟨~ diagram\graph⟩ 양2

937 **char·ter** [촤아터]: ⟨← chart⟩, ⟨종이에 쓰여진⟩ 헌장, 강령, 특권, 전세, ⟨~ authority\hire⟩, ⟨↔prohibition\duty⟩ 양2

938 **char·ter school** [촤아터 스쿠울]: '특허 학교', '특목 학교', 개인이나 단체가 특수 목적을 위해 지역 정부에 신청하고 보조를 받아 설립하는 일종의 공립학교, ⟨~ special (or independent) school⟩ 우2

939 **Cha·ryb·dis** [커뤼브디스]: ⟨그리스어⟩, ⟨Sicily 앞바다의 큰 소용돌이(whirl-pool)⟩, ⟨무엇이나 삼키는⟩ 대식가, ⟨~ vortex\devour⟩, Gaea와 Poseidon의 딸 수1

940 **chase** [췌이스]: ⟨← capere(take)⟩, ⟨라틴어 → 프랑스어 → 영국어⟩, 잡다, 쫓다, 추격, 추적, 사냥, ⟨→sashay⟩, ⟨~ catch\pursue⟩, ⟨↔retreat\run away⟩ 가2

941 ***chase the wild goose**: 야생거위를 추적하다, 오리무중을 헤매다, 헛수고, ⟨~ foolish pursuit\un-attainable⟩, ⟨↔effective\fruitful⟩ 양2

942 **Chase Bank** [췌이스 뱅크]: 1955년에 체이스 은행과 맨해튼(Manhattan) 회사가 합병되어 뉴욕에 본부를 둔 상업은행이 2000년 J.P. Morgan과 합쳐서 2004년 Bank One 그룹으로 들어간 미국의 세계적 금융업체, '대통은행', ⟨~ an American consumer and commercial bank⟩ 수1

943 ***chas-er** [췌이서]: 추격자, 마지막 공연 (음악), 섞지 않은 독주를 마신 후 새로운 맛을 얻기 위해 마시는 ⟨맥주나·소다 등⟩ '입가심 음료', ⟨~ pursuer\wheep⟩ 양2 우1

944 ***chas·ing rain·bows** [췌이싱 뤠인보우즈]: 뜬구름 잡기, 허황된 생각, ⟨~ castle in the air⟩, ⟨↔achieve the goal\hit the target⟩ 양2

945 **chasm** [캐즘]: ⟨chainein(gape)⟩, ⟨그리스어⟩, '아가리를 벌린 구멍', 수렁, 균열, 결함, ⟨~ cleft\crevasse⟩, ⟨~ cleavage\schism⟩, ⟨↔closure\solid⟩ 양2

946 **chas·se** [샤쎄이\샤스]: ⟨← chase⟩, ⟨'사냥'이란 뜻의 프랑스어, 샤세 ①빠른 박자로 '쫓아가듯' 발을 끄는 춤, sashay ②⟨상대방을 '따라가기' 위해⟩ 입가심으로 마시는 술, ⟨~ chaser²⟩ 우1

947 **chas·sis** [쌔시]: ⟨← chasse(frame)⟩, ⟨프랑스어⟩, 섀시, 'case(상자) 모양의' 차대⟨차의 뼈대⟩, 대좌, (밑판) 몸매, ⟨→ sash⟩, ⟨~ skeleton\body⟩ 미2

948 **chaste** [췌이스트]: ⟨← katharos(pure)⟩, ⟨그리스어 → 라틴어⟩, (성적으로) 순결한, 정숙한, 고상한, ⟨~ caste⟩, ⟨→ chastity⟩, ⟨→ incest⟩, ⟨~ virgin\pristine⟩, ⟨↔porno\promiscuous\debauch⟩ 양2

949 **chas·ten** [췌이슨]: castus(pure)+agere(drive), ⟨← castigare(punish)⟩, ⟨라틴어⟩, 벌하여 바로 잡다, 단련시키다, 정화하다, ⟨~ discipline\purify⟩, ⟨↔praise\pardon⟩ 양2

950 **chas·tise** [채스타이즈]: ⟨← katharos(pure)⟩, ⟨그리스어 → 라틴어 → 영국어⟩, ⟨순수하게 만들기 위해⟩ castigate, 응징하다, 질책하다, ⟨~ chaste\punish\avenge⟩, ⟨~ retribution\talion⟩, ⟨↔compliment\endorse⟩ 양2

951 **chas·ti·ty** [채스티티]: ⟨← chaste⟩, '깨끗함', 정숙, 순결, 고상, ⟨↔impurity\immorality⟩ 양2

952 **chat¹** [챁]: ⟨영국어⟩, ⟨의성어⟩, ⟨← chatter⟩ '재잘대다', 잡담하다, 한담, 수다, ⟨↔silence\articulate⟩ 양2

953 **chat²** [챁]: ⟨재잘대는⟩ 노란 가슴을 한 지빠귀과의 딱새, ⟨~ a fly-catcher⟩ 우2

954 ***chat-bot** [챁 밭]: 챗봇, chatter+robot, artificial spy, 시청각 또는 문자를 이용해서 대화를 유도하는 인공지능 차림표, ⟨때로는 신분을 도용당할 수 있는⟩ '인공 소통 접속기', ⇒ GPT 우1

955 **Cha·teau** [섀토우]: '장원', 프랑스 보르도 지방산의 포도주, ⟨~ wine produced in the region of Bordeaux⟩ 수1

956 **cha·teau** [섀토우]: ⟨← castellum⟩, ⟨라틴어 → 프랑스어⟩, 샤토, 대저택, 성(castle), 별장, ⟨~ villa\hacienda⟩, ⟨↔shack\cabin⟩ 미2

957 ***chat-room** [챁 루움]: (전산망상의) 약자와 신조어가 판치는 대화방, ⟨~ (on-line) group chat⟩ 양2

958 **chat·tel** [채틀]: ⟨← caput(head)⟩, ⟨라틴어⟩, ⟨머릿수에 따른⟩ capital(자산), (쉽게 처분할 수 있는) 동산, 가재, ⟨가구처럼 쉽게 처분할 수 있는⟩ 노예, ⟨~ cattle⟩, ⟨~ goods\slave⟩, ⟨↔real estate\freeman⟩ 양2

959 **chat-ter box** [채터 박스]: 수다쟁이, 잡담실, ⟨~ chatterer\motor-nouth\chat room⟩ 양2

960 **chat-ting** [채팅]: 잡담, 전산망 대화, 재잘거림 양2

961 **chat·ty-Cath·y** [채티 캐씨]: (남·녀) 수다쟁이, ⟨~ zigger-zagger⟩ 양2

962 **Chau·cer** [춰어서], Geof·frey: ⟨프랑스계 영국 이름⟩, '양말⟨chausses⟩ 제조자', 초서, (1343?-1400), 박학다식했던 관료 출신의 영국 시인·영문학의 아버지, ⟨~ an English poet and author⟩ 수1

963 **chauf·feur** [쇼우풔]: ⟨← chafe(make warm)⟩, ⟨프랑스어⟩, (자동차 발동기에) 불 지피는 자, (자가용) 운전사, ⟨~ driver\wheelman⟩, ⟨↔passenger⟩ 양2

964 **chaul·moo·gra** [쳐얼무우그뤄]: ⟨벵골어⟩, a plum, (둥근 호두 같은 열매에서 나병⟨leprosy⟩ 치료제 기름을 짜냈던) 인도 지방 원산의 대풍자 나무 우2

965 **chau·vin·ism** [쇼우뷔니즘]: 쇼비니즘, (나폴레옹 숭배자 Nicolas Chauvin⟨'대머리'⟩의) 맹목적 애국주의, (남성) 우월주의, 머지않아 '여성우월주의'를 뜻하게 될 것임, ⟨~ nationalism\misogyny⟩, ⟨↔internationalism\feminism⟩ 미2

966 **Cha·vez** [샤붸즈 \ 촤붸즈], Ce·sar: ⟨← chaves(keys)⟩, ⟨포르투갈·스페인어⟩, '열쇠공', 차베스, (1927-93) (비폭력성) 멕시코계 미국 농부들의 노동조합 운동가, ⟨~ an American labor leader⟩ 수1

967 **cha·yo·te** [촤이오우티]: ⟨아즈텍어⟩, mirliton squash, 차요테 오이(호박), 열대지방에서 재배되는 조그만 식용 박 수1

968 **cheap** [취이프]: ⟨← caupo(small trader)⟩, ⟨'소매상'이란 라틴어에서 유래한 영국어⟩, '좋은 가격의', 싼, 싸구려, 천한, 인색한, ⟨→ chapman⟩, ⟨~ mean\thrifty\miserly⟩, ⟨↔expensive\precious⟩ 가2

969 ***cheap-jack** [취이프 잭]: 값싼 물건, '비지떡', 싸구려 (행)상인, ⟨~ duffer⟩, ⟨~ junk\crap⟩, ⟨↔excellent\superior⟩ 양2

970 ***cheap shot** [취프 샽]: 〈수비 준비가 안 된 상대방에 공을 차 넣는〉 비열한 놈(말), 〈싸게 성과를 얻으려는〉 '약삭발이', 〈~ calumny\lowbrow〉, 〈↔compliment\exaltation〉 미2

971 ***cheap-skate** [취프 스케이트]: 〈늙어 빠진 말〉, 구두쇠, 인색한, 노랑이, '짠돌이', 〈~ miser\skin-flint\scrooge〉, 〈↔generous\liberal〉 가2

972 **cheat** [취트]: 〈← cheten〉, 〈영국어〉 속이다, 기만하다, 사기, 협잡(질), 〈← escheat〉, 〈~ evade\swindle〉, 〈↔enlighten\undeceive〉 가2

973 **Che·chen** [췌 첸]: che(inside)+chan(territory), 〈원주민어〉, '내륙', 체첸, 1993년 소련으로부터 떨어져 나온 코카서스 산록의 독립심이 강한 러시아 연방 내의 조그만 공화국(민족), 〈~ a republic of Russia〉 수1

974 **check** \ cheque [췍]: 'king', 〈산스크리트 → 페르시아 → 라틴어 → 영국어〉, 〈'장군'/명군의 장군에서 유래한 말〉, 저지, 대조, 검사, 수표, 계산서, 〈→ chess〉, 〈~ stop\look at\bill〉, 〈↔advance\release\cash〉 가1

975 **check-book** [췍 북]: 수표장(책), 〈~ series of checks\bank book〉 가1

976 ***check-box** [췍 박스]: 〈원하는 것을 독립적으로 골라잡을 수 있는〉 (전산기의) 점검란, 〈~ tick (or selection) box〉 미1

977 **check-er** [췌커]: 바둑판무늬(checker-board pattern), 서양 장기(영국에서는 draught), 검사자(reviewer) 양1

978 **check-in** [췍 인]: 입숙(절차), 입장(절차), 〈↔check-out〉 가1

979 **check-ing ac-count** [췌킹 어카운트]: (수시로 입·출금을 할 수 있는) 당좌 예금 계좌, current account, 〈~(↔)Now account는 이자가 붙는 대신 대개 일주일 전쯤 인출을 통보해 주어야 함〉, 〈↔saving account〉 미1

980 **check-list** [췍 리스트]: 대조표, 점검표 가1

981 **check-mate** [췍 메이트]: 외통장군, '장군!', 〈~ no escape\defeated〉, 〈~(↔)stale-mate〉 양2

982 **check-out** [췍 아웉]: 퇴숙(절차), 결산, 점검, 퇴장(절차), 〈↔check-in〉 가1

983 **check-point** [췍 포인트]: 검사점, 검문소 가1

984 **check-sum** [췍 썸]: 검사합계, 자료전달 확인 숫자, 〈~ hash (or control) total〉 미2

985 **check-up** [췍 엎]: 대조, 검사, (정기) 건강진단 가1

986 **ched·dar cheese** [췌더 취즈]: 〈← ceodor(ravine)?〉, 영국 체더〈계곡〉지방 원산의 매끈하고 딱딱한 노란 치즈, 〈~ a relativily hard orange cheese\Colby cheese〉 수1

987 **cheek** [취크]: 〈← ceoce(jaw)〉, 〈게르만어〉, '턱뼈', 빰, 볼, 뻔뻔스러움, 〈~ choke〉, 〈~ side of the face\impudence〉 가1

988 **cheek-y** [취이키]: 볼이 축 처진, 뻔뻔스러운, 건방진, 〈~ bazen\contumelious〉, 〈↔shy\humble〉 양2

989 **cheek-y Nan·dos** [취이키 난도스]: 〈영국 속어〉, 〈Ferdinando란 녀석처럼〉 초대받지 않고 〈닭요리〉 식당이나 연회에 나타나는 사람, '뻔뻔이', 불청객, 〈~ shameless (or un-invited) person〉 우2

990 **cheep-cheep** [취프-취프]: 삐악삐악, 찍찍, 병아리 울음소리, 〈~ chirp\twitter〉 미2

991 **cheep-er** [취퍼]: 〈스코틀랜드어〉, 〈의성어〉, (메추라기·뇌조 등의) 새끼, 젖먹이, '쨕쨕거리는 것', 〈~ an immature bird〉 미2

992 **cheer** [취어]: 〈← ciras(head)〉, 〈산스크리트어 → 그리스어〉, 〈← kara(face)〉, 〈환한〉 '얼굴', 환호, 갈채, 격려, 활기, cheers! (건배), 〈↔dismal〉, 〈~ encourage\hurrah〉, 〈↔boo\jeer〉 양2

993 **cheer–lead-er** [취어 리더]: (여성) 응원단장 양2

994 **cheese** [취즈]: 〈← caseus←kwat(to ferment)〉, 〈라틴어〉, 치즈, 우유에서 카세인(건락소)을 '발효'·응고시킨 식품, '우유 더껑이', '유지', 〈butter보다 지방이 적음〉, 〈~(↔)margarine〉 우1

995 **"cheese!"** [취이즈!]: 치즈라고 말하며 웃으세요, '김치~', '깍두기~', 〈~ smile!〉 가1

996 **cheese-bur·ger** [취즈 버거]: 햄버거에 치즈를 넣은 샌드위치, 〈고기와 치즈는 최소 6시간 간격을 두고 먹으라는 계율 때문에 이스라엘에는 없는 음식이라 함〉 우1

997 **cheese-cake** [취즈 케이크]: 치즈를 넣은 양과자, 관능적인(사진), 〈~ a dessert\a sexy girl〉 우1

998 **cheese fruit** [취즈 후루웉]: (상한 치즈 냄새가 나는) 인도 오디, Indian mulberry, ⇒ noni 우2

999 **chees·y** [취지]: 치즈 같은, 더러운, 거짓의, 값싼, 맛있는, ⟨~ sleazy\trashy⟩, ⟨↔classic\sophisticated⟩ 양①

1000 **chee·tah** [취이터]: ⟨← citra(spotted)⟩, ⟨산스크리트어⟩, '⟨점박이⟩ 들 표범', 치타, (발소리를 죽이고 걷고 단거리 뛰기의 명수인 표범 비슷한 고양이과의 육식 동물), ⟨~ hunting leopard⟩ 우①

1001 **chee·tle** [취이틀]: 치토스를 먹은 후 손가락에 묻은 찌꺼기, ⟨~ Cheetos dust⟩ 우①

1002 **Chee·tos** [취이토스]: 1948년 미국의 Frito 회사에서 개발해서 현재 펩시콜라에 흡수된 치즈가 든 옥수숫가루로 만든 주전부리용 과자, ⟨~ a crunchy corn puff snack⟩ 우①

1003 **chef** [쉐후]: ⟨프랑스어⟩, 주방장, '주' 요리사, ⟨← chief⟩, ⟨~ cook\cuisinier⟩, ⟨↔diner\devourer⟩ 양②

1004 **chef's kiss** [쉐후스 키스]: '주방장 입맞춤', ⟨이탈리아 주방장이 손가락을 입에 대듯⟩ 짱(이다), 왔다, ok, ⟨~ perfect\excellent⟩ 양②

1005 **chef's sal·ad** [쉐후스 쎌러드]: '주방장 생채', ⟨기원에 대해 말이 많은⟩ 상추·토마토 등 각종 야채에 치즈·닭고기·햄을 얹은 푸짐한 ⟨미국식⟩ 생채 요리, ⟨~ an American mixed(tossed) salad⟩ 우①

1006 **Che·ka** [췌이카아]: ⟨러시아 약성어⟩, 체카, 소련의 '반혁명 운동 조사 위원회', KGB의 전신 수②

1007 **Che·khov** [췌커후], An·ton: 'Czech에서 온자', 체호프, (1860-1904), 제정 러시아의 참혹성을 그린 의사 출신 단편 소설가·극작가, ⟨~ a Russian play-wright and short-story writer⟩ 수①

1008 **Che·khov's gun** [췌커후스 건]: a narrative principle ①(모든 글에서 불필요한 말을 제거해야 한다는) '서술의 원칙' ⟨헤밍웨이와 편자는 동의하지 않음⟩ ②(나아가서는) ⟨대단원을 위해 소설의 서두를 아리송하게 쓰라는⟩ '뻥튀기 작법'⟨A. Hitchcock과 편자는 전적으로 동의함⟩, ⟨~(↔)Mac Guffin effect⟩ 수②

1009 **Chel·sea boot** [췔시 부우트]: ⟨런던의 첼시(chalk 선착장) 구역에서 잘 팔렸던⟩ 굽이 높은 발목 옆에 탄력성이 있는 재료를 써서 만든 구두, ⟨~ a close-fitting ankle-high boot⟩ 수②

1010 **chem·i·cal** [케미컬]: alchemy, 화학의, 화학약품, ⟨~ compound\substance⟩, ⟨↔organic⟩ 가①

1011 **chem·i·cal de·pend–en·cy** [케미컬 디펜던시]: 약물의존(중독), ⟨~ substance abuse⟩ 양②

1012 **chem·i·cal war** [케미컬 워어]: 화학전 양②

1013 **che·mise** [셔미이즈]: ⟨← camisia(shirt)⟩, ⟨라틴어에서 연유한 프랑스어⟩, 슈미즈, ⟨벗(기)기 좋게⟩ 한 단위로 된 헐렁한 여성용 '속옷', ⟨~ a loose-fitting sleeve-less night-gown⟩, ⟨~(↔)sark'⟩ 우①

1014 **chem·is·try** [케미스트뤼]: ⟨라틴어⟩, 'alchemy(연금술)', 화학, ⟨성적으로 끌리는⟩ 불가사의한 힘, chemi; '궁합'을 뜻하는 콩글리시, ⟨~ wizardry\enchantment⟩, ⟨↔physiology\psychology⟩ 가① 양②

1015 *****che·moc·ra·cy** [키마크뤄씨]: '화학세상', (식품을 비롯한 모든 물질적 수요가) 화공학적 처리로 마련되는 ⟨가공천국⟩, ⟨~ chemical utopian society⟩, ⟨↔naturacracy⟩ 우②

1016 **che·mo-ther·a·py** [키모 쎄라피]: 화학요법, 약물(drug)요법, ⟨~(↔)radiation therapy\hormone therapy⟩, ⟨↔surgical treatment\physical therapy⟩ 양②

1017 **Cheom-seong-dae** [첨성대]: zhan(look up)+xing(star)+tai(high ground), ⟨중국어 → 한국어⟩, CE 640년경에 신라의 수도 경주에 세워진 동양 최초의 천문기상 관측대, ⟨~ an astronomical observatory⟩ 수②

1018 **cheon-sa-chae** [천사채]: ⟨중국어 → 한국어⟩, 'angel salad', ⟨천사처럼 하늘을 날 수 있는 (살이 찌지 않는)⟩ 해조류(kelp)에서 추출한 녹말로 국수를 만들어 야채와 섞은 전채, seaweed noodle salad 수②

1019 *****cher·chez la femme** [쉘 쉐이 라 휄]: ⟨프랑스어⟩, look for the woman, ⟨듀마의 소설에 나오는 문구⟩, 여자를 찾아라⟨사건 뒤에는 여자가 있다⟩ 미②

1020 **cher·i·moy·a** [췌뤼모이어]: ⟨← chirimuya(cold seeds)⟩, ⟨남미 원주민어⟩, 체리모야, '시원한 곳에서 싹트는 씨를 가진' 도톨도톨한 껍질을 한 녹색의 사과 모양을 한 파인애플 맛이 나는 열대성 과일, custard apple 수②

1021 **cher·ish** [췌뤼쉬]: ⟨← carus(dear)⟩, ⟨라틴어⟩, ⟨친애하여⟩ 소중히 하다, 귀여워하다, ⟨↔despise\hate⟩ 양①

1022 **cher·mou·la** [췌뮬러]: ⟨← chermel(rubbing)⟩, ⟨아랍어⟩, 체뮬라, charmoula, 양파·고추·마늘·고수·미나리·레몬 주스 등을 섞어 ⟨비벼서⟩ 만든 북아프리카 모로코 지방의 맛난이, ⟨~ a marinade and relish⟩ 우①

1023 **Cher·no·byl** [춰노우빌]: chornyi(black)+byllia(grass), ⟨슬라브어⟩, mug-wort, 체르노빌, (1986년 원자로 폭발 사고로 50명 정도 사망했으나 방사능 오염으로 주위의 동·식물계에 많은 후유증을 남긴) 우크라이나 북부(northern Ukraine) 지역 수①

1024 **Cher·o·kee** [췌뤄키이]: 〈← tsaliki(people of different speech)〉, 〈원주민어〉, '말이 다른 자', 체로키(북미 원주민·미국 아이오아의 도시·미국산 여가용 승용차), 〈→ sequoia〉, 〈~ indigenous people of South-eastern US〉 수1

1025 **cher·ry** [췌뤼]: 〈← kerasos〉, 〈터키의 지명(Kerasous)에서 따온 그리스어〉, 버찌, 벚나무, 초심자, 새것, 〈~ a fleshy drupe〉, 〈~ rosy\mint〉 양1

1026 *****cher·ry boy** [췌뤼 버이]: (버찌같이 싱싱한) 숫총각, 동정남, 일본말 〈와세이아이고〉의 미국식 표현, 〈~ a male virgin\virgin boy〉, 〈↔gigolo〉 양2

1027 *****cher·ry con·di·tion** [췌뤼 컨디션]: 〈통통한 버찌 같은〉 완벽한 상태, 온전한 상태, mint condition, 〈↔junk\stale〉 양2

1028 **cher·ry lau·rel** [췌뤼 러뤌]: '버찌 월계수', 가죽 같은 잎·자잘한 흰 꽃뭉치·버찌 모양의 독한 열매를 가진 장미과의 상록관목, 〈~ evergreen species of cherry〉 우2

1029 *****cher·ry pick·er** [췌뤼 피커]: 버찌를 따는 사람, 물건을 하나씩 오르내리는 이동식 크레인, 〈~ boom lift〉, 젊은 여성을 좋아하는 남자(play-boy) 미2

1030 **cher·ry red** [췌뤼 뤠드]: 선홍색, 〈~(↔)crimson red〉 양1

1031 **cher·ry to·ma·to** [췌뤼 토메이토우]: 방울(꼬마)토마토, 〈~(↔)plum tomato〉 양1

1032 **cher·ub** [췌륍]: 〈← kerub(winged angel)〉, 〈히브리어〉, cherubim, 〈천진한〉 케루빔, (지식이 뛰어난) 지품천사, (4계급 중 제1급의) 치품천사, 날개가 달린 '통통한 아이', seraph, 〈↔devil\hell-hound\satan〉 수2

1033 **che·ru·bic** [춰루우빅]: 〈히브리어 → 그리스어 → 라틴어〉, 천사같은, 순진한, 토실토실한, 〈~ angelic\cute〉, 〈↔impious\pallid〉 수2

1034 **cher·vil** [춰얼빌]: chairein(rejoice)+phyllon(leaf), 〈그리스어〉, 〈맛있는 잎사귀〉, 〈환호하는 잎을 가진〉 반다나물, (유럽) 전호, (전채용) 파슬리의 일종, 〈~ French parsley\cicely〉 우2

1035 **che sa·ra sa·ra** [케 싸롸 싸롸]: 〈이탈리아어〉, qué será será, 'what will be, will be', 될 대로 되라 우2

1036 **Chesh·ire cat** [췌셔 캩]: 「이상한 나라의 앨리스」에 나오는 〈공연히 '희죽희죽' 웃는 고양이〉로 정신분열병의 한 증상임, 〈~ a mischievous grin〉 수2

1037 **Chesh·ire cheese** [췌셔 취이즈]: (영국 서부 체셔〈chester(군단) 주둔지〉 지방 원산의) 단단하고 약간 짠맛이 나는 둥글넓적한 대형 우유 더껑이, 〈~ a dense and crumbly cheese〉 수2

1038 **chess** [췌스]: 〈← shah(king)〉, 〈페르시아어 → 프랑스어〉, 〈영국 상인들이 프랑스어 esches를 잘못 발음한 말〉, 서양 장기, 〈~ xiang-gi\jang-gi〉, 〈~(↔)go¹〉, ⇒ check 미2

1039 **chest** [췌스트]: 〈← kiste(box)〉, 〈그리스어〉, 궤, (뚜껑 달린) 대형상자, 흉곽, 가슴, 〈→ cistern〉, 〈~ thorax\pectus〉 양1

1040 **chest cold** [췌스트 코울드]: 기침 감기, 기관지염(bronchitis), 〈~(↔)head cold〉 양1

1041 **Ches·ter White** [췌스터 와이트]: 〈← ceaster←castrum(camp)〉, 〈영국어→라틴어〉, (미국 펜실베니아주 체스터군 원산의) 〈먹는 양에 비해 살찌는 비율이 좋은〉 귀가 늘어진 흰 돼지, 〈~ an American breed of domestic pig〉 수2

1042 **chest-nut** [췌스널]: 〈← kastanea←kask(reddish-brown)?〉, 〈아랍어? → 그리스어〉, 〈어원은 분명치 않으나 성적으로 매우 흥미 있는〉 밤(나무), 고동색, 〈~ castanets\medium reddish brown〉 가1

1043 *****cheu·gy** [츄우기이]: 〈2013년에 등장한 어원 불명의 미국 전산망 속어〉, 〈무의미어〉, 골동품의, 시대에 뒤떨어진, 촌스러운, 〈~ basic\normie\un-cool〉, 〈↔trendy〉 미2

1044 **che·val glass**(mir·ror) [쉬뻘 글래스(미뤄)]: 〈← caballus(horse)〉, 〈라틴어+게르만어〉, 〈'말'같이 네 개의 다리가 달린〉 전신 거울, 체경, 〈~ pier glass〉 양2

1045 **chev·a-lier** [쉐빌리어]: 〈← caballus(horse)〉, 〈라틴어 → 프랑스어〉, horse·man, 기사, 훈작사, 의협심이 많은 남자, 〈~ knight\gallant〉, 〈↔peasant\boor〉 양2

1046 **Chev·i·ot** [췌뷔엍 \ 쉐뷔엍]: 〈잉글랜드와 스코틀랜드 경계의 '구릉(ridge) 지대'인 체비엇 원산의〉 흰 얼굴과 회백색의 촘촘한 중간 길이의 털을 가진 양(그것으로 짠 거친 모직물), 〈~ a white-faced sheep〉 수1

1047 **Chev·ro·let** [쉐뷜레이] \ Chev·y [쉐뷔]: 〈프랑스어〉, '기사(chevalier)', 쉐보레, 〈창업자의 이름을 따서〉 1911년에 조직되어 GM의 일부(division)로 운영되는 미국 자동차 회사(상품명) 수1

1048 **Chev·ron** [쉐브뢴]: ⟨← capro(goat)⟩, ⟨라틴어⟩, ⟨goat의 뒷다리를 닮은 V자 모양으로 엮은⟩ '뗏목', 쉐브론, 1926년에 설립되어 1984년 Gulf사를 매수한 미국의 석유회사, (하사관)의 '갈매기 표', ⟨~ angle brachets⟩, ⟨~ an American energy corporation⟩ 수1

1049 **chew** [츄우]: ⟨← ceowan(bite and grind)⟩, ⟨게르만어⟩, 씹다, 깨물어 부수다, 곰곰 생각하다, ⟨~ masticate⟩, ⟨~(↔)bite⟩, ⟨↔spit\gobble⟩ 양1

1050 **chew-ing gum** [츄우잉 검]: 껌, 심심풀이로 씹는 고무질 물건 우1

1051 **che·wink** [취윙크]: ⟨의성어⟩, ⟨미국어⟩, 붉은 눈을 가지고 ⟨'칭크·칭크' 하며 우는⟩ (북미산) 되새, red-eyed finch(towhee) 미2

1052 **Chex** [첼스]: ⟨미국어⟩, ⟨바둑판(checker·board) 문양으로 찍어낸⟩ (아침 식사용) 곡물 식품, ⟨~ cereal mix⟩ 수2

1053 **Chey·enne** [샤이앤]: ⟨여러 어원을 가진 원주민어⟩, '말이 다른 자(red-talker) \ 탈취자(supplanter)', ⟨한 원주민 부족에서는 상을 받고 다른 원주민 부족에서는 고소를 당할 수 있는 번역⟩, ⟨~ an indigenous people of the Great Plains⟩, ⟨영화로 많이 묘사된⟩ 북미주 원주민, 미국 와이오밍주의 역사적 도시(주도), ⟨~ Capital of Wyoming⟩ 수1

1054 **CHF**: ①congestive heart failure(울혈성 심부전증) ②commander in chief(총사령관) ③Confoederatio Helvetica Franc(스위스 프랑; 돈 단위) 양2 수2

1055 **chi** [취이 \ 키이]: ki, 기(운), ⟨~ vim⟩, ⟨~ anima\prana⟩, ⟨↔shen(deity)⟩, ⇒ qi 미2

1056 **chia** [취어]: ⟨← chian(oil)⟩, ⟨원주민어⟩, ⟨작은 아주까리 같은 '기름기 많은' 씨(seeds)를 건강식으로 먹는⟩ 중남미 원산의 박하(mint)과의 초본 우1

1057 **Chiang, Kai Shek** [창 카이 쉩]: ⇒ Jiang Jie Shi 수1

1058 **Chi·an·ti** [키아안티]: ⟨에트루리아어⟩, '물이 풍부한 곳?', 이탈리아 토스카나 지방 중부 키안티 원산의 쌉쌀한 적포도주, ⟨~ a dry red-wine⟩ 수1

1059 **chi·a·ro·scu·ro** [키아뤄 스큐어로우]: clarus(clear)+obscurus(dark), ⟨라틴어⟩, 키아로스쿠로, 명암 배분, 밝고 어두운 기법의 대상(밑그림), ⟨~ light-dark(contrast)⟩, ⟨↔clear outline⟩ 미2

1060 **chi-as·ma** [카이애즈머]: ⟨← chi(x)⟩, ⟨그리스어⟩, 카이스마, ⟨서로 맞물려 지나가는⟩ (염색체) 교차, (교차) 대구법, ⟨~ crossing\antithesis⟩, ⟨~ decussation⟩ 양2

1061 *****chic** [쉬이크]: ⟨← schicken(form)⟩, ⟨게르만어 → 프랑스어⟩, 세련된, 멋진, 매력적인, skillful, ⟨~ stylish\elegant\spifty⟩, ⟨↔un-fashionable⟩ 양2

1062 **Chi·ca·go** [쉬카아고우]: ⟨← shikaakwa(stripped skunk\stinky onion)⟩, ⟨원주민어⟩, '악취 나는 곳', 시카고, 1833년경부터 미시간호 남쪽에 자리 잡은 미국의 상공업·교통도시, ⟨~ a city in Illinois⟩ 수1

1063 **Chi·ca·go, U·ni·ver·si·ty of** [쉬카아고우, 유니붜시티 어브]: 시카고 대학, 1890년 존 록펠러 등에 의해 시카고 남쪽에 세워진 미국의 종합대학 수2

1064 **Chi·ca·go Board of Trade**: 시카고 상품 거래소, 주로 곡물과 육류의 시세를 조정하는 미국 굴지의 상품거래소, ⟨~ a commodity exchange⟩ 수2

1065 **Chi·ca·no** [취카아노우]: ⟨← Mejicano⟩, ⟨스페인인들이 '멕시코'인을 부르던 말⟩, 치카노, 멕시코계 남자 미국인(노동자), 'Mexican boy' 수2

1066 *****chi·chi** [취이취이 \ 쉬이쉬이]: ⟨프랑스어⟩, ⟨← chick?⟩, ⟨의성어?⟩, 멋진 (것), 섹시한 것(여자), 젖퉁이(멕시코 속어), ⟨~ pretty\sexy\breasts⟩ 미2

1067 **chick** [췤]: ⟨← cock(rooster)⟩, ⟨영국어⟩, ⟨← chicken⟩, 병아리, 어린애, 계집애, 귀여운 처녀, ⟨~ pigeon²\young girl⟩, ⟨↔hen\dame\guy⟩ 양2

1068 **chick·a·dee** [취커디이]: ⟨의성어⟩, (북미산) 박새, 부리가 짧고 꼬리가 긴 참새 비슷한 새로 나뭇가지에 거꾸로 매달려서 벌레를 잡아먹는 재주가 있음, ⟨~ tit-mouse⟩ 미2

1069 **Chick·a·saw** [취커써어]: ⟨← chikasha(rebel)?⟩, ⟨원주민어⟩, 치카소, '반역자?', 미국 중부에 살던 원주민 종족(이 키우던 토종말), ⟨~ an indigenous people of south-eastern US⟩, ⟨~ Prairie Pony\Florida Cracker⟩ 수1

1070 **chick·en** [취큰]: 〈← cock(rooster)〉, 〈게르만어〉, 치킨, 새 새끼, 병아리, 〈얼마나 백성들에게 유익했는지 프랑스 왕이 칙령을 내려 일요일에는 온 국민이 빠짐없이 먹으라던〉 닭(고기), 〈볏이 있는 유일한 새〉, 애송이, 겁쟁이, 〈~ poultry\fowl〉, 〈~coward\craven〉, 〈↔brave\hero\warrior〉 가1 양2

1071 *****chick·en feed** [취큰 휘이드]: 닭 먹이(사료), 박봉, 푼돈, 〈~ scratch mix〉, 〈~ pittance\bus-ride〉 양2

1072 *****chick·en game** [취큰 게임]: '닭 경기', 〈하찮은 일로〉 힘 겨루기, 한국에서는 '벼랑 끝 내기'라 번역하기도 하나 어폐가 있음, (원래 경기 이론에 나오는 말로) 〈겁쟁이란 말이 듣기 싫어 버티는 일〉, 바른 표현은 'the game of chicken'임, 〈~ hawk-dove game\snow-drift game〉 우2

1073 **chick·en-hawk** [취큰 허어크]: '병아리 수리', 말똥가리류의 매, 소년을 찾아다니는 동성애자, 〈~ a buzzard\gay(boy) hunter〉 미2

1074 **chick·en lit·tle** [취큰 리틀]: 〈영국의 동화 Chicken Licken의 등장 인물에서 연유한〉 겁쟁이, 근심이 많은 자, 기우가 심한 사람, 〈~ worry-wart〉, 〈↔scare-monger〉 양2

1075 *****chick·en out** [취큰 아울]: (두려워서) 그만두다, 기죽다, 꽁무니를 빼다, 〈~ back off\cop out〉, 〈↔follow through\take the bull by the horns\throw caution to the wind〉 양2

1076 **chick·en pox** [취큰 팍스]: 〈마치 닭이 쪼아 놓은 것 같이 생긴?〉 수두, 작은 마마, 〈~ varicella\a very contagious viral disease〉 양1

1077 *****chick·en-shit** [취큰 쉴]: 겁쟁이, 하찮은 일, 까다로운 규칙, 사기, 〈~ timid\petty〉, 〈↔ass-kicker\bratty\word-class〉 가2

1078 **chick-fil-A** [췰 휠 에이]: chicken+filet+A, 〈A 등급의 닭살코기로 만든〉 취킬레, 1946년 미국 조지아주에서 창설되어 DEI(diversity·equity·inclusion)란 표어를 내세워 세계시장을 공략하는 닭고기 샌드위치 연쇄점, 〈~ an American chicken sandwich chain〉 수2

1079 **chick-pea** [췰 피이]: 병아리콩, '노란 콩', 이집트콩(Egptian pea), 잠두(누에콩), arvejas, 〈~ Bengal gram〉 양1

1080 **chick-weed** [췰 위이드]: mouse ear, star weed, 〈닭이 좋아하는〉 별꽃, 벼룩이자리, 조그만 흰 꽃이 피며 퍼져 자라나는 석죽과의 잡초, 〈~(↔)forget-me-not〉 미2

1081 **chic·le** [취클]: 〈← tzictli(sticky stuff)〉, 〈마야어〉, 치클, 중미산 적철과의 나무(sapodilla)에서 채취하는 씹는 껌〈gum〉의 원료, 〈~ nase-berry〉 우2

1082 **chic·o·ry** [취커리]: 〈← kichora(endive)〉, 〈어원 미상의 그리스어〉, 치커리, '남색 꽃 상추' (푸른 꽃이 피는 국화과의 상추로 잎은 샐러드로 뿌리는 커피대용으로 쓰임), endive, 〈→ succory〉, 〈~ blue-weed\coffee-weed\corn-flower〉, 〈~(↔)frisee〉 수2

1083 **chide** [촤이드]: 〈← cidan(blame)〉, 〈어원 미상의 영국어〉, 꾸짖다, 비난하다, 짖어대다, 〈~ scold\chastise〉, 〈↔praise\approve〉 양2

1084 **chief** [취이후]: 〈← caput(head)〉, 〈라틴어〉, 우두'머리', 장, 두목, 추장, 최고의, 주요한, 〈→ chef〉, 〈~ main\leader〉, 〈↔minor\subordinate〉 가1

1085 **Chiefs** [취이후스], **Kan·sas Cit·y**: 치프스, '추장들', 1960년 Dallas Texan으로 창단되어 1963년 미주리주로 이전하여 현재 헌트가가 소유하고 있는 NFL 소속의 미식 축구단 수2

1086 **chief-tain** [취이후턴]: 〈라틴어 → 프랑스어 → 영국어〉, 두목, 족장, 추장, 지도자, 〈~ head-man\captain〉, 〈↔follower\inferior〉 양2

1087 **chiff-chaff** [취후 쵀후]: 〈의성어〉, 치프 차프, 〈중동·북아프리카·유럽에 서식하는〉 휘파람샛과 솔새속의 작은 울새들, 〈~ a leaf warbler〉 우1

1088 **chif·fon** [쉬환]: 〈← chiffe(rag)〉, 〈어원 불명의 프랑스어〉, '헝겊', 시폰, 결이 고운 비단이나 나일론으로 만든 속이 비치는 얇은 직물, 〈~ a crepe yarn〉 우1

1089 **chi·gnon** [쉬이난]: 〈← catena〉, 〈'chain'이란 뜻의 라틴어에서 유래한〉 쪽머리, (뒤에) 쪽진 머리, 시뇽(프랑스 말), 〈~(↔)psyche knot\French bun〉 미2

1090 **chig·oe** [취고우]: 〈← jiga(insect)〉, 〈카리브어〉, chigger, jigger, harvest bug, 모래벼룩(sand flea), (주로 열대지방에 서식하는) 털진드기, '곤충' 미2

1091 **chi·hua·hua** [취와아와아]: 〈원주민어〉, 〈베겟속개〉, 치와와, 귀가 크고 몸집이 개중에서 제일 작은 멕시코 Chihuahua주 원산의 애완견, 〈~ a toy dog〉 우1

1092 **child** \ chil·dren [**좌**일드 \ **췰**드뤈]: 〈← cild\cildru〉, 〈게르만어〉, (음모가 나기 전의) 아이, 어린이, 자식, 아동, 〈~ young one\kid〉, 〈↔adult〉 가1

1093 **Chil·der-mas** [**췰**더머스]: 아기 (순교) 축제, 12월 28일, ⇒ Holy Innocent's Day 우1

1094 **Chil·e** [**췰**리]: 〈원주민어〉, land's end, '땅끝', 칠레, 남미 서남쪽 해안을 따라 좁고 길게 뻗어 내려간 국토를 가지고 1818년 스페인을 싸워 이긴 공화국, {Chilean-Sp-(CL) Peso-Santiago} 수1

1095 **chil·i** \ chill·e \ chiil·li [**췰**리]: 칠레 고추, 남미에서 시작해서 전 세계로 퍼진 대표적인 고추로 인도에서 제일 많이 생산됨, piment, 〈~ a capsicum\hot pepper〉 수2

1096 **chill** [췰]: 〈← celan〉, 〈게르만어〉, 냉기, 오한, 냉담, 전율, 땀을 식히다, 〈~ cold\scare\frisson〉, 〈↔warm\comfort〉 양1

1097 ***chil-lax** [**췰**랙스]: chill+relax, '냉방휴식' 〈냉방장치가 잘된 곳에 가서 휴식을 취하는 것〉, 침착하게 진정하다 미2

1098 **chi·ma** [치마]: 〈← 둘러치다?〉, 〈어원 불명의 한국어〉, 여자의 허리 아래를 통째로 덧두르는 겉옷, skirt, 〈↔baji\jeogori〉 수2

1099 **chi·maek** [치맥]: 〈한국어〉, 닭(chicken) 튀김에 맥주(beer)를 곁들이는 경양식 수2

1100 **chime** [**좌**임]: 〈← kymbalon(bell)〉, 〈그리스어 → 라틴어 → 영국어〉, cymbal, 〈한 벌의〉 소종, 관종, 현관종, 조화(일치), 〈~ peal\harmony〉, 〈↔conflict\discord〉 양1

1101 ***chime in** [**좌**임 **인**]: 맞장구치며 끼어들다, 가락을 맞추다, 〈~ acknowledge\interject〉, 〈↔conflict\differ〉 양2

1102 **chi·me·ra** [키**미**어뤄]: 〈← chimaira(goat)〉, 〈그리스 신화에 나오는〉 키메라, 사자머리·염소 몸통·용의 꼬리를 하고 불을 뿜는 괴물, 은상어, 〈~ a fire-breathing monster\sea monster〉 수2

1103 **chim·ney** [**췸**니]: 〈← kaminos(oven)〉, 〈그리스어〉, 굴뚝, 등피, '난로', 〈~ smoke-stack〉, 〈↔fire-place〉 양1

1104 **chim·pan·zee** [췸팬**지**]: 〈← kivili-chimpenze(mock-man)〉, 〈콩고어〉, 침팬지, anthropoid ape, 적도 부근 아프리카에 사는 유인원의 일종(고등 유인원), '꼬리 없는 원숭이', 〈~(↔)gorilla보다 훨씬 작음〉 우1

1105 **chin** [췬]: 〈← cin(jaw)〉, 〈게르만어〉, 아래턱, 턱 끝, 잡담, 오만방자, 지껄이다, 참견하다, 〈~ apex of lower jaw\gossip〉 양2

1106 **Chi·na** [**좌**이나]: 〈산스크리트어〉, 차이나, 〈기원전 3세기 '진(Qin)'왕조에서 유래한〉 〈반만년 동안 한국을 '지배해온'〉 중국, 중화인민공화국, 1949년 공산 혁명을 완수한 14억의 인구를 가지고 〈시차와 인종차별이 없는〉 아시아의 '중심 국가', {Chinese-Chinese-Yuan-Beijing} 미1

1107 **chi·na** [**좌**이나]: 도자기, 자기, 〈중국에서 온〉 사기그릇, 〈~ ceramics\crockery\pottery〉 양2

1108 **Chi·na Air-lines** [**좌**이나 **에**어라인즈]: CAL, 중화항공, 1959년에 세워져서 100여 개의 공항을 연결하는 대만의 국적기 (Sky Team의 일원) 미2

1109 **Chi·na ber·ry** [**좌**이나 **베**뤼]: 전단, 멀구슬나무, 라일락 같은 흰 꽃이 피며 콩알 같은 노란 열매를 맺는 키가 큰 나무, azedarach, 〈~ bead〉 미2

1110 **chi·na blue** [**좌**이나 블루우]: 밝은 회색이 감도는 청색, 〈~ sky blue〉 우2

1111 **Chi·na cop·y** [**좌**이나 **카**피]: 진짜 가짜, 결점까지 똑같이 만든 모조품, 〈~ exact imitation〉 양2

1112 **Chi·na grass** [**좌**이나 그**래**스]: ramie, 모시풀, 섬유를 채취하는 뿌리줄기를 가진 쐐기풀과의 여러해살이풀 미2

1113 **Chi·na Na·tion-al Pe·tro·leum Corp**: 중국 석유·천연기 집단 공사, 1988년에 재편성된 〈국가가 경영하는〉 석유 (제품)·천연가스 공급 회사 미1

1114 **Chi·na rose** [**좌**이나 **로**우즈]: 월계화, 목부용속 무궁화의 일종, 〈~ Chinese hibiscus\Bengal rose〉 미2

1115 **Chi·na-town** [**좌**이나 타운]: 중국인 거리, 중국인촌 양2

1116 **Chi·na tree** [**좌**이나 트**뤼**이]: China berry, 멀구슬나무 미2

1117 **chi·na wed-ding** [**좌**이나 **웨**딩]: 도혼식, 〈아직도 깨질 수 있는〉 결혼 20주년(20th anniversary〉 양2

1118 **chi·na white** [**좌**이나 **와**이트]: 아연 빛이 나는 백색, (합성) 아편, 〈~ sea pearl\a synthetic opium〉 우2

1119 **chinch** [**췬**취]: 〈스페인어〉, 〈chinchilla를 닮은〉 bed bug, 빈대, 〈~ kissing bug〉 미2

1120 **chinch bug** [췬취 버그]: 〈chinch 같은 냄새를 풍기는〉 〈북미산〉 긴노린재 〈밀과 보리의 해충〉, 〈~ a small insect feeding on grain crops〉 미2

1121 **chin·chil·la** [췬췰러]: 〈잉카어〉, 〈빈대같이 생긴〉 친칠라, 남미에 사는 다람쥐(squirrel) 비슷한 동물, 〈~ a velvety rodent with large rounded ears〉, (Andes 산 속의 'Chincha' 족이 입던 〈아주 부드러운〉 보풀진 두꺼운 모피물, 〈~ viscacha〉 우1

1122 **chin-chin** [췬 췬]: 아아, 안녕, 축배!〈마시기를 '청'하다라는 중국어〉, 〈~ hello\how are you?(salute)〉 우1

1123 **Chi·nese bell-flow·er** [촤이니이즈 벨훌라우어]: 도라지, '중국 초롱꽃', balloon flower 양2

1124 **Chi·nese cab·bage** [촤이니이즈 캐비쥐]: (잎)배추, 백채〈흰 줄기 야채〉, napa cabbage 양2

1125 **Chi·nese cal·en·dar** [촤이니이즈 캘린더]: (태)음력〈달의 삭망을 기초로 하여 만든 달력〉, 〈~ lunar calendar〉, 〈↔solar calendar〉 양2

1126 **Chi·nese chess** [촤이니이즈 췌스]: xiang-gi, ⇒ janggi(장기) 우2

1127 **Chi·nese date²** [촤이니이즈 데이트]: (중국) 대추, (한국) 대추, 〈~ red date〉, ⇒ jujube 미2

1128 ***Chi·nese fire-drill** [촤이니이즈 화이어 드릴]: 〈20세기 초에 등장한 비속어〉, 중국식 소방 훈련, 대혼란, 〈~ chaos\catastrophe\dumpster fire〉, 〈↔order\calm〉 양2

1129 **Chi·nese her·ring** [촤이니이즈 헤링]: toli shad, (동남아에 서식하며) 배가 볼록한 청어류, 〈썩으면 '준수한' 뼈만 남는〉 준치, 〈→ 썩어도 준치〉, 〈~ slender shad〉 미2

1130 **Chi·nese ink** [촤이니이즈 잉크]: 먹, 먹물, 〈~ Indian ink\printer's ink〉 미2

1131 **Chi·nese-Jap·a·nese War**: 중일전쟁, (1937-1945), 일본의 중국 대륙에 대한 본격적·대대적 침공으로 시작해서 8·15 항복으로 끝난 2nd Sino-Japanese War 우2

1132 **Chi·nese jump rope** [촤이니이즈 쥠프 로우프]: 어린이들이 신축성이 있는 두개의 새끼줄을 펼쳐놓고 번갈아 가며 뜀뛰기 운동을 하는 〈고무줄 놀이〉, 〈~ gummie twist〉 미1

1133 **Chi·nese lan·tern** [촤이니이즈 랜턴]: (장식용) 종이초롱, 〈~ floating paper lantern\sky lantern〉 양2

1134 **Chi·nese let·tuce** [촤이니이즈 레티스]: 중국 상추, 잎이 칼처럼 뾰족하고 맛이 쓰고 강해 데치거나 쌈을 싸먹는 〈한국 상추〉, 〈~ celtuce\stem (or celery) lettuce〉 양2

1135 **Chi·nese med·i·cine** [촤이니이즈 메디슨]: 한의학, 한약, 〈~ Oriental medicine〉, 〈↔Western medicine〉 양2

1136 **Chi·nese noo·dle** [촤이니이즈 누우들]: 당면, 호면, cellophane noodle 미2

1137 ***Chi·nese puz·zle** [촤이니이즈 퍼즐]: 〈1815년에 등장한 숙어〉, 난문, 매우 복잡한 상황, 〈~ brain teaser〉, 〈↔easy-ness\simple-ness〉 양2

1138 **Chi·nese red** [촤이니이즈 뤠드]: 주홍색, 〈~ vermilion\orangey-red〉 양2

1139 **Chi·nese Wall** [촤이니이즈 워얼]: 만리장성, The Great Wall of China, c~ w~; 큰 장애(물), 정보의 장벽 미2

1140 **Chi·nese yam** [촤이니이즈 얨]: '중국 고구마', 마, cinnamon vine, ⇒ nagaimo 미2

1141 **Ching** [칭]: Qing, 청('맑은(clear)' 나라), 청조(1644~1912년간 만주족이 지배한 중국왕조), 〈~ a Manchu-led imperial dynasty〉 미2

1142 **ching** [칭]: 〈의성어〉, 징(국악기), 〈~ gong〉, 동전(속어), 〈~ coin〉 미2

1143 **Ching·(g)is Khan** [칭기스카안]: ⇒ Genghis Khan 수1

1144 **Ching·lish** [칭글리쉬]: 중국식 영어, 〈~(↔)pidgin〉 미2

1145 **chink** [칭크]: ①〈1901년에 등장한 'Chinese'를 뜻하는 속어〉, 중국놈, 되놈, '짱꼴라' ②〈← chine(crack)〉, 〈영국어〉, 틈새 ③〈영국어〉, 〈의성어〉, 짤랑짤랑, 〈~ clink\tinkle〉 양2

1146 **chin·ka·pin** \ **chin·qua·pin** [칭커핀]: 〈북미 원주민어〉, a dwarf chestnut tree, (미국 동남부에서 서식하며) 작은 알갱이를 맺는 난쟁이 밤나무

1147 **chi·no** [취이노우]: 치노, 〈19세기 영국·프랑스의 군복으로 쓰였던〉 'China에서 건너온' 튼튼한 능직물(바지), 〈~ a twill cotton fabric〉 우1

1148 **Chi·nook** [취누크 \ 쉬누크]: 〈원주민어〉, '눈을 녹이는 바람(snow eater)', 〈~ foehn〉, 치누크, 미국 북서부에 살던 원주민, 〈~ indigenous people of the Pacific North-west of US〉 수1

1149 **chin up** [췬 엎]: 〈1900년에 미국 신문에 등장한 말〉, 턱을 치켜 올리다, 용기를 내다, 〈~ daring\courageous〉, 〈↔fearful\cowardly〉 양2

1150 **chin-up bar** [췬 엎 바아]: 턱걸이 막대, 철봉, 〈~ pull-up bar\horizontal bar〉 양2

1151 **chip** [췹]: 〈← cippus(stake)〉, 〈라틴어 → 영국어〉, 토막, 조각, (snack으로 먹는) 튀김 조각, 반도체, 집적회로, 모조 경화, 〈~ piece\bit\semi-conducter\token〉, 〈↔lump\chunk〉, 〈↔vacuum tube〉 미2

1152 *****chip a-way** [췹 어웨이]: 조금씩 잘라내다, 서서히 사라지다, 〈~ take away\remove〉, 〈↔give in\give up〉 양1

1153 *****chip in** [췹 인]: 나서다, (돈을) 기부하다, 추렴하다, (골프에서) 낮게 굴린 공이 그대로 컵에 들어가다, 〈~ pitch in〉, 〈↔take away〉 양1 미1

1154 **chip·munk** (muck) [췹멍크 (먹)]: 〈← ajida moo(head first)〉, 〈원주민어〉, 〈대가리가 먼저 내려오는〉 북아메리카산 얼룩 다람쥐(squirrel), 〈~(↔)prairie dog〉 우2

1155 *****chip on the shoul·der**: 〈19세기에 미국 건달들이 나무 조각을 어깨에 얹고 다니면서 자신을 건드려서 그것이 떨어지면 한판 붙는데서 연유함〉 시비조의, 적의에 찬, 반감을 가진, 〈~ antagonistic\cantankerous〉, 〈↔agreeable\friendly〉 양2

1156 **Chip·pen-dale¹** [취펜데일]: 〈← ceaping(market)〉, 〈영국어〉, '장이 서는 계곡'에 사는 자, 치펜데일, 〈제작자의 이름을 딴〉 18세기 영국에서 유행했던 곡선이 많고 장식적인 가구(decorative furniture) 수1

1157 **Chip·pen-dale²** [취펜데일]: 치펜데일, 〈치펜데일식의 가구로 장식한〉 여성 위주의 나이트클럽 (야회소), 〈~ an erotic theatre group〉 미1

1158 **chip-per** [취퍼]: 전지가위(wood-chipper), 짧고 낮게 치는 골프채, 〈~ hybrid of a putter and a wedge〉, 쾌활한(sprightly) 양1 우1

1159 *****chip-ping** [취핑]: 내려찍기, 전지하기, 짹짹 우는, 지저깨비, 위장 반도체를 적국의 병기 체제에 잠입시키는 일, 〈~ chopping\small piece\sneak in〉, 〈↔fix\join〉 양1 우1

1160 *****chip-set** [췹 쎌]: 반도체 쌍 (쌍이 되어 자료처리를 행하는 반도체의 편성), 〈~ set of electronic components〉 미2

1161 **chip shot** [췹 샽]: 짧고 낮게 치는 골프, 토막 치기, 얇게 벗기기, 깎아내기, 내리찍기, 〈~ pitch-and-run shot〉, 〈↔chunk(fat) shot〉 미1

1162 *****chip war** [췹 워어]: 반도체 전쟁(경쟁), 〈~ fight for critical technology〉 양2

1163 **Chi·raq** [쉬랰]: Chicago+Iraq, (이라크같이 폭력이 난무하는) 시카고의 별칭 수2

1164 **chi-ra-shi** [취롸쉬 \ 키롸쉬]: 〈'흩어진(scatter)'이란 뜻의 일본어에서 유래한〉 찌라시, ①〈사시미를 뜨고 남은 조각들로 만든〉 '흩어진 초밥' (다진 채소·회·절인 생선·김·달걀 등을 버무린) 일본식 생선 비빔밥, 〈~ scattered sushi〉 ②전단(쪽지), 광고문, 〈~ flier〉 우1 양2

1165 **chi·ro-prac·tic** [카이뤄 프랙틱]: cheir(hand)+pteron(wing), 〈그리스어〉, 〈생명의 기운을〉 '손으로 시술하는' 척추 조정(지압) 요법, 〈~ spinal manipulation〉, 〈~(↔)acupuncture\osteopathy〉, 〈↔podiatry\moxibustion〉 미2

1166 **chirp** [취얼프]: 〈영국어〉, 〈의성어〉, 어린 새나 곤충의 울음소리(~ cheep), 짹짹 울다, 지저귀다, 〈~ peep\tweet〉, 〈서양 사람들은 고막이 두꺼운 것 같아요〉 가1

1167 **chi-san–bop** [취 전 밮]: digital counting method, 지산법, 한국인(Korean) 배성진이 발명한 손가락을 쓰는 〈초보〉 계산법 미1

1168 **chis·el** [취즐]: 〈← cedere(cut)〉, 〈라틴어〉, 〈조각으로 '잘라내는'〉 끌, 조각칼, 정, 〈~ gouge\click bore\graver〉, 〈~(↔)scissors〉 양1

1169 *****chis·eled face** [취즐드 훼이스]: 〈조각칼로 깎아 낸 듯〉 윤곽이 뚜렷한 얼굴, 이목구비가 준수한 얼굴, 〈~ hand-some face〉, 〈↔butter face〉 미2

1170 **chi·ta·shi** [취다쉬 \ 찌다시]: jjidashi, 〈쯔끼다시(츠키다키)의 한국식 표현〉, 일본 요리에서 반찬으로 나오는 나물이나 해초 무침, ⇒ tsuki-dashi 수2

1171 **chit-chat** [췰 챁]: 〈영국어〉, 〈의성어〉, 수다, 잡담, 한담(하다), 〈~ blubber\gabble\gossip〉, 〈↔serious talk\big word\public speech〉 가2

1172 **chi·ton** [카이탄]: 고대 그리스 의상(튜닉〈부대 자루같이 생긴 옷〉), 〈~ tunic that fastens at the shoulder〉, 〈'tunic' 같은 등을 가지고 바위에 붙어 사는〉 딱지조개류, 〈~ sea cradle\an ancient mollusc〉 수2 미2

1173 **Chi-town** [쉬 타운]: Chicago의 애칭 수2

1174 **chit·ter·lings** [취틀링즈]: 〈← kutteln(entrails)〉, 〈어원이 모호한 게르만어〉, (돼지 따위의) 식용 소장, 순대, 〈~ tripas\big intestine\soon-dae\black pudding〉 미2

1175 **chiv·al·ry** [쉬뷜뤼]: 〈← caballus(horse)〉, 〈라틴어에서 연유한 프랑스어〉, 기사도(정신), 여성에 정중한 남자, 〈← cavalry〉, 〈~ gallantry\knight-hood〉, 〈↔dis-courtesy\cowardly〉 양2

1176 **chive** [촤이브]: 〈← cepa(onion)〉, 〈라틴어〉, 〈밑둥이 마늘 조각같이 붙고 여러 폭의 잎을 가진〉 쪽파, 부추, 〈산에 나는〉 산파, 〈~ leek\scallion〉 미2

1177 **chiw·da** [취우더]: 〈힌디어〉, '건과자 간식', ⇒ Bombay mix 수2

1178 **chlo·rel·la** [클러뤨러]: 〈← chloros(green)〉, 〈그리스어+라틴어〉, 〈초록색을 띤〉 클로렐라, 〈단백질이 많아 우주식으로 연구되고 있는〉 녹조류, 〈~ single celled green algae〉 우1

1179 **chlo·rine** [클러어뤼인]: 〈← chloros(green)〉, 〈그리스어+영국어〉, 〈연초록색을 띤〉 클로르, 염소, 〈산화력이 아주 강한〉 비금속원소(기호 Cl·번호17), 〈~ a chemical element〉 미2

1180 **chlo·ro·phyll** [클러어뤄휠]: chloros(green)+phyllon(leaf), 〈그리스어〉, '초록 잎', 엽록소, 잎파랑이, 〈~ green pigment in plant cells〉 양2

1181 **cho-bo** [초보]: chu(beginning)+bu(step), 〈중국어 → 한국어〉, 걸음마, 첫 걸음(단계), 〈전산망 놀이에서〉 하수(all thumbs), 〈~ novice〉, 〈↔go-su〉 미2

1182 **choc-bar** [촽 바아]: chocolate bar, 초코바, 초콜릿을 넣은 기다란 얼음과자 우2

1183 **chock** [촽 \ 촬]: 〈← coche(log)?〉, 〈어원 불명의 프랑스어〉, 굄목, 쐐기, 도삭기, 가득히, 빽빽이, 〈~ jam\wedge〉, 〈↔start\run〉 미2 양1

1184 **choc·o·holic** [촤아커하알릭]: 초콜릿 중독자, 〈↔alcoholic\foodaholic〉 우1

1185 **choc·o·late** [촤아컬릿]: 〈아즈텍어〉, choco(cacao)+latl(water), 코코아 가루에 향료·버터·설탕수를 넣고 굳혀서 만든 과자, 갈색(흑인), 〈~ cocoa\dark brown〉 우1

1186 ***choc·o·late sol·dier** [촤아커릿 쏘울줘]: 〈G.B.Shaw가 1894년에 등장시킨 말〉, 실전을 싫어하는 군인, 비전투원, 〈~ a good looking but use-less warrior〉 우2

1187 ***chode** [쵸우드]: 〈← chide의 과거형\나바호 원주민어 chodis(penis)\힌디어(have sex)〉, 〈편자가 어원에 관심이 많은 영국어〉 ①몸에 작은 옷을 입은 풍보, 〈~ fatso in tight clothes〉 ②〈여성에게 인기 없는〉 굵고 짧은 몽땅 자지(short and thick penis), 〈↔pencil dick\cunt〉 우2

1188 **Choe** [최], Je U: '높은 자(lofty)', 최제우(수운), (1824-1864), 몰락한 양반의 서자로 태어나 (천주교에 대항해서) 한국 전통의 유·불·선의 원리를 묶어 동학(천도교의 전신)을 창시하고 전파하다가 내란 음모죄로 체포되어 참수당한 〈어리석은 민중을 구원하려 형장의 이슬로 구름이 된〉 한국의 종교지도자, 〈~ founder of Dong-hak(Chon-do religion)〉 수1

1189 **choice** [쵸이스]: 〈← choisir(discern)〉, 〈게르만어〉, 〈← choose〉, 선택 〈chance의 반대〉, 범위, 정선, (prime과 good의 중간인) 상등품, 〈~ option\prime〉, 〈~(↔)will〉, 〈↔mediocre\fate〉 가2

1190 **choice meat** [쵸이스 미이트]: 고른 고기, 특상품(grade A) 육류 양2

1191 **choir** [콰이어]: 〈← choros〉, 〈그리스어〉, chorus, 합창단, 성가대, 〈↔quiet\solo〉 가1

1192 **choke-hold** [쵸우크 호울드]: neck hold, 목 조르기, 교기 미2

1193 **chok-ing** [쵸우킹]: 〈영국어〉, 〈의성어?〉, 숨 막히는, 목이 메인, (기계의) 공기흡입제어, 정보차단, 〈~ cheek〉, 〈~ suffocating\strangling〉, 〈↔moving\running〉 양1

1194 **chol·er·a** [칼러뤄]: 〈← chole(bile)〉, 〈그리스어+영국어〉, 콜레라, 호열자, 〈치사율이 높았던〉 '담즙(chole)까지 토해내는 구토'·고열을 동반하는 세균성 소장염, 〈~ infection of small intestine by Vibrio bacteria\blue death〉 우2

1195 **cho·les·ter·ol** [컬레스테로울]: chole(bile)+stereos(solid)+ol, 〈그리스어+영국어〉, 콜레스테롤, 〈현대인에게 '무지하게' 스트레스를 주는〉 담즙산, 지방산 우2

1196 **cho·lo** [쵸로우]: 출로, 〈← xolotle(mutt)?〉, 〈멕시코 원주민어〉, 멕시코계 청소년 불량배, 〈~ pachuco〉, 〈mestizo보다 훨씬 비하적인 말〉 수2

1197 **chomp** [촤프]: 〈미국어〉, 〈의성어〉, 깨물다, (여적여적) 씹다, 〈~ chew\bite〉, 〈↔nibble\sip〉, ⇒ champ¹ 양2

1198 **Chom-sky** [촴스키], Noam: 〈← vysoka(highly)〉, 〈'최고'란 뜻의 히브리어에서 연유한 러시아어〉, 촘스키, (1928-), 오랫동안 MIT 교수를 역임한 미국의 언어학자 · 〈좌파 성향의〉 정치 평론가, 〈~ an American public intellectual〉 수1

1199 **chon·dr(o)~** [칸드로(우)~]: 〈그리스어〉, 〈연골~〉이란 뜻의 결합사, 〈~ cartilage〉 양1

1200 **chon·dro·i·tin** [칸드뤄이틴]: 콘드로이틴, 연골이나 힘줄 등의 끈적끈적한 다당류, 〈~ a proteoglycan〉 우1

1201 **chong-gag gim-chi** [총각 김치]: 〈1950년대에 정립된 한국어〉, 《혼인하기 전 남자의 머리털을 묶은 모양(총각)의 무청과 중간 정도 자란 무 뿌리(알타리)를 주제로 담은 김치》라는 유식한 어원 풀이가 있으나 편자는 자신있게 '노총각의 좆을 닮은 김치'라고 정의함》, 알타리(알이 박힌 무) 김치, bachelor(dick) radish, pony-tail kim-chi, 〈~(↔)yeol-mu gim-chi〉, 〈↔nabak gimchi〉 수2

1202 **Chong-qing** [초엉 큉]: repeat+happy events, 〈중국어〉, 중경, 중국 서남 내륙지방에 위치한 (인구 3천만 이상의) 4대 광역도시의 하나, (장개석이 피난살이를 했던) 유서 깊은 문화·경제·산업도시, 〈~ a municipality in south-western China〉 수1

1203 **chonk·y** [총키]: 〈미국어〉, chunky의 귀여운 표현, 통통한, 토실토실한, 땅딸보, 〈~ plump\chubby〉, 〈↔thin\slender〉 양2

1204 **choob** [츄우브]: 〈← tube(hollow)?〉, 〈어원 불명의 영국어〉, (노름에서) 일부러 어수룩한 짓을 하는 자, '속이 빈 자?', 〈~ playing dumb\'stupid'〉, 〈↔no frills\straight-forward〉 우2

1205 **choose** [츄우즈]: 〈← gustare(taste)〉, 〈라틴어 → 게르만어〉, 〈← choisir(discern)〉, 고르다, 선출하다, 결정하다, 〈→ choice〉, 〈~ pick out\select〉, 〈↔reject\decline〉 양2

1206 **chop** [촤 \ 춉]: ①〈영국어〉, 〈의성어〉, chap, 자르다, 썰다, 갑자기 바뀌다, 〈~ cut\sever〉, 〈↔join\lengthen〉 ②〈힌디어〉, 인감, 상표, 〈~ seal\stamp〉 ③chops; 〈씹는 소리에서 연유한 영국어〉 턱, 입, 〈~ jaw\mouth〉 양1

1207 **Cho·pin** [쇼우팬], Fred·er·ick: 〈quart의 술을 마시는〉 '모주꾼', 쇼팽, (1810-1849), 〈결핵으로 요절한〉 폴란드의 '낭만주의적' 피아노 작곡가, 〈~ a Polish composer and pianist〉 수1

1208 **chop-ped liv·er** [촤트 리붜]: (부식으로 나오는) 닭의 간에 다진 양파·계란 따위를 넣고 만든 〈전통적 유대요리〉, 다진 간, 시시한 것(사람), '찬 밥', 약자, 패배자, 〈~ cold shoulder〉, 〈↔entree\big-shot〉 양2

1209 **chop-per** [촤퍼]: 〈의성어〉, (손)도끼, 〈~ a cleaver〉, 헬리콥터(helicopter) 우2

1210 **chop-ping** [촤핑]: 〈의성어〉, 난도질, 깎아치기 양1

1211 **chop-ping board** [촤핑 보어드]: 도마, cutting board 가1

1212 **chop-sticks** [촤 스틱스]: 〈영국어〉, 〈'찹·촵'하면서 음식을 집어 먹는〉 젓가락, 〈~ food sticks〉, 〈↔spoon〉 가2

1213 **chop suey** [촤 수우이]: taap(mixed)+sui(bits), 〈중국어〉, odds & ends, 〈다진 고기와 야채를 볶아 밥과 함께 내는〉 '잡채(jap-chae)' 비슷한 미국식 중국요리, '잡다한 남은 음식을 볶은 것', 〈~ assorted pieces〉 우2

1214 **chord** [코어드]: 〈← chorde(string)〉, 〈그리스어〉 ①〈영국어〉, 〈← accord〉, cord, 코드, 감정, 심금, 화음, 〈↔disharmony〉 ②(의학에서) cord〈rope〉를 승화시킨 말, 〈~(↔)straight line〉 우2

1215 **chore** [초어]: 〈← cerran(turn)〉, 〈영국어〉, 잡일, 가사, 지루한 일, 〈~ errand\burden〉, 〈↔fun\break〉 양1

1216 **cho·re·a** [커뤼어]: 〈그리스어〉, 〈chorus에서 춤추듯〉 (사지가 멋대로 춤추듯 움직이는) 무도병, 〈~ a dyskinesia\involuntary abnormal movements〉 양2

1217 **cho·re·og·ra·phy** [코뤼아그뤄휘]: choreia(dance)+graphein(describe), 〈그리스어〉, 안무, 무용술, 연출, 〈~ art of creating and arranging dances〉 양2

1218 **cho·ri·on** [커뤼안]: 〈'skin'이란 뜻의 그리스어〉, (태아를 둘러 싸는 막의 가장 외부인) 융모막, 장막, 〈↔amnion〉, 〈placenta는 더 포괄적임〉 양1

1219 **cho·ri·zo** [춰뤼이조우]: 〈← salsicum(sausage)〉, 〈라틴어 → 스페인어〉, 초리조(스페인이나 라틴 아메리카의 양념을 많이 한 '소시지'), 〈~ an Iberian pork sausage〉 수2

1220 **chor·tle** [쵸어틀]: 〈영국어〉, 깔깔대고 웃다, 기쁜 듯이 웃다, 〈chuckle+snort?〉, 〈~ cackle\giggle〉, 〈↔groan\moan\whimper〉 양2

1221 **cho·rus** [코어뤄스]: 〈← choros(dance in a ring)〉, 〈그리스어〉, 합창곡(단), 이구동성, 〈~ vocal group\carol〉, 〈→ choir〉, 〈↔discord\cacophony〉 미2

1222 **chose** [쵸우즈]: 〈게르만어〉, choose(고르다)의 과거 양2

1223 **cho·sen** [쵸우즌]: 〈게르만어〉, choose(고르다)의 과거분사, 선택된, 좋아하는 양2

1224 **Cho-shin-Few** [쵸쉰 휴], bat·tle: '장진호(long ferry lake; a reservoir in N. Korea)'의 일본식 발음, 1950년 말 한국전쟁 중 중공군의 개입으로 만 명 이상의 미국측·5만 명 이상의 중국측 사상자를 내고 미국의 흥남철수(evacuation from Hung-nam)를 가져온 치열했던 전투 수2

1225 **Cho-sun** [조선]: (정확한 어원을 알 수 없는) '조용한 아침(morning calm)의 나라', 한반도(Korean Penninsula)에 세워졌던 여러나라의 이름, 〈'아사달'의 이두어?〉 수1

1226 **Cho-sun-moo** [조선 무]: 한국 무, 복지 무, 둥근 무, 둥글로 단단하며 약간 매콤한 향이 있는 〈한국의〉 재래종 무, Korean radish, 〈↔Japanese radish(daikon)〉 수2

1227 **chou** [슈우]: 〈← caulis(stalk)〉, 〈라틴어〉, 〈← cabbage〉, 〈양배추 모양의〉 ①장식 리본, 〈~ a rosette〉 ②슈크림, cream puff 우1

1228 **Chou, En Lai** [쵸우, 언 라이]: '주〈Zhou〉나라 자손', 주은래, (1898-1976), 〈관료 집안에서 태어나 탁월한 외교수완을 보인〉 〈일인지하 만인지상〉의 공산주의 중국 정치가, 〈~ a Chinese statesman〉, ⇒ Zhou Enlai 수1

1229 **chow** [촤우]: 〈영국어〉, 〈← chow chow¹〉, 〈기름을 볶은〉 음식물, 식사(때), 〈~ food\meal〉, 중국인(chink)' 미2

1230 **chow-chow¹** [촤우 촤우]: 〈서양사람들이 중국 이름을 발음하지 못해서 아무렇게나 붙인 이름〉, 과일·잘게 썬 야채·겨자를 넣고 담근 중국식 김치(pickled vegetable), 잡탕 요리(chop suey), 과일 껍질 절임(chopped pickles) 미2

1231 **chow-chow²** [촤우 촤우]: 〈서양사람들이 중국 이름을 발음하지 못해서 아무렇게나 붙인 이름〉, 혀가 검고 털이 많은 중국산 애완견, 〈~ a spitz-type dog-breed〉 수2

1232 **chow·der** [촤우더]: 〈← calidus(warm)〉, 〈라틴어에서 연유한 프랑스어〉, 잡탕, (생선·조개·야채·우유·크림 등을 섞어 커다란 냄비〈cauldron〉에 넣고 끓인) 걸쭉한 국물, 〈~ a thick soup〉 미2

1233 **chow-mein** [촤우 메인]: stir·fried+noodles, 초면, 밀국수를 잘게 다진 고기와 야채에 넣어서 '기름에 볶은' 미국식 중국 요리 미2

1234 **Christ** [크롸이스트]: 〈← chriein(anoint)〉, '성유를 바른 자', 그리스도, 〈그리스어〉, Jesus of Nazareth, 구세주, 절대로, 제기랄 미1 양2

1235 **chris·ten** [크뤼쓴]: Christian(기독교도)으로 만들다, 세례(침례·영세)하여 명명하다, 〈~ baptize〉, 〈↔requiem〉 양2

1236 **Chris·tian Dior** [크뤼스쳔 디오얼]: 크리스티앙 디오르, (1905-57), 프랑스의 의상 디자이너, 1947년에 출시되어 현대적 감각을 살린 고급 화장품 및 의상을 파는 세계적 상점, 〈~ a French fashion house〉 수1

1237 **Chris·ti·an·i·ty** [크뤼스티애니티]: 기독교, 히브리 성서에 예언된 나사렛 예수의 삶과 교훈을 신봉하는 〈매우 현실적인〉 유일신의 종교, 〈~ an Abrahamic monotheistic religion〉 양2

1238 **Chris·tian name** [크뤼스쳔 네임]: (기독교인의) 이름, 세례명(baptismal name), '지어준 이름', given name, first name, 〈↔sur-name\family name\last name〉 양2

1239 **Chris·tian Sci·ence** [크뤼스쳔 싸이언스]: 〈19세기 후반부터 보스턴을 중심으로 태동한〉 약품을 쓰지 않고 주로 신앙요법을 주장하는 신교 기독교의 일파, '기독이학', 〈~ Scientist\Church of Christ〉 수2

1240 **Christ-mas** [크뤼스머스]: 크리스마스, 성탄절, 그리스도에게 미사(mass)를 드리는 날, 〈~ Noel〉 미1

1241 **Christ-mas cac·tus** [크뤼스머스 캑터스]: 성탄절 선인장, (브라질 원산으로 습지에서 잘 자라고) 가재발 모양의 잎줄기가 연달아 자라며 현란한 색깔의 큰 꽃들을 피워 성탄절 때 실내 장식용으로 인기가 있는 게발선인장〈crab cactus〉, Holiday cactus 미2

1242 **Christ-mas Dis-ease** [크뤼스머스 디지이즈]: 〈최초로 이 병을 앓았다는 Stephen Christmas의 이름을 딴〉 B형 혈우병, 〈~ hemophilia B\a blood clotting disorder〉 수2

1243 **Christ-mas Is-land** [크뤼스머스 아일런드]: ①큰 것은 1643년 성탄절 날 '발견'된 인도네시아 남쪽에 있는 오스트레일리아(Australia) 자치령이고 ②작은 것은 1777년 성탄절 날 발견되어 영·미의 영향력 아래 있다가 1979년 키리바시(Kiribati) 공화국의 일부로 편입된 하와이 남쪽에 있는 작은 산호섬임 수2

1244 **Christ-mas rose** [크뤼스머스 로우즈]: hellebore, 성탄절 무렵에 흰 꽃이 피는 미나리아재빗과의 독초, ⟨~ a butter-cup⟩ 수2

1245 **Christ's thorn** [크롸이스츠 써언]: 가지로 예수의 ⟨가시 면류관⟩을 만들었다는 갯대추나무(jujube)속의 일종, ⟨~ a buck-thorn⟩ 수2

1246 **chrome** [크로움]: ⟨← chroma(color)⟩, ⟨'색깔'이란 뜻의 그리스어⟩, 크롬, 은백색의 광택이 나는 단단한 금속, 황연, '유색' 화합물, ⟨~ chromium alloy\a hard shiny metal⟩ 미1

1247 ***chrome-cast** [크로움 캐스트]: 2013년부터 구글이 출시하는 계수형 영상물 재생기, ⟨~ a digital media player⟩ 수2

1248 **chro·mi·um** [크로우미엄]: ⟨영국어⟩, ⟨빛나는 '색깔(chroma)'의⟩ 크롬, ⟨촉매나 스테인리스를 만들 때 쓰는⟩ 금속원소 (기호 Cr·번호24), ⟨~ a chemical element⟩ 수2

1249 **chro·mo·some** [크로우머소움]: chromo+soma(body), ⟨특정 염료에 의해 뚜렷이 나타나며⟩ (생물의 유전자를 전달하는) 염색체, ⟨~ gene group⟩ 양1

1250 **chron·ic** [크롸닉]: ⟨← chronos(time)⟩, ⟨그리스어⟩, '시간이 지난', 만성의, 오래 끄는, 상습적인, '연대순의', ⟨~ inveterate\habitual⟩, ⟨↔acute\brief⟩ 양1

1251 **chron·i·cle** [크롸니클]: 연대기, 역대기, 의사록, ⟨~ annal\archive\record⟩ 양1

1252 **Chron·i·cles** [크롸니클즈]: 크로니클, 역대, ⟨BC 536년 바빌론에 의해 퇴출당하기 전까지의⟩ (고대 이스라엘과 유대인의 역사를 서술한) 연대기, ⟨~ a book in the Hebrew Bible⟩ 미2

1253 **chro·nol·o·gy** [크뤄날러쥐]: ⟨← chronos(time)⟩, ⟨그리스어⟩, 연대학, 연표, ⟨~ time line(table)⟩ 양2

1254 **Chro·nos** [크로우노스]: 크로노스, ⇒ Cro·nos 수1

1255 **chry·san·the·mum** [크뤼쌘시멈]: chrysos(gola)+anthemon(flower), ⟨그리스어⟩, chrysanths, mums, '황금꽃', 국화(속), (잎이 깃꼴로 갈라지고 줄기 끝에 다양한 두상화가 피는) ⟨동양의 꽃⟩, ⟨~ an asteraceae⟩ 가2

1256 **Chrys·ler** [크롸이슬러]: ⟨게르만어⟩, potter, '토기 제조자(도자기공)', 크라이슬러, Walter Chrysler가 1925년에 설립한 미국의 자동차 제조회사로 2014년 이탈리아의 Fiat사와 2021년 프랑스의 Peugeot사와 병합된 Stellantis의 일원이 됨 수1

1257 **Chuang, Tzu** [촤앙, 추우]: 장자, (BC369-286), 노자의 사상을 계승한 중국 도가의 철학자, '남화진인', ⟨~ a Chinese philosopher⟩, ⇒ Zhuangzi 수1

1258 **chub** [쳡]: ⟨어원 불명의 영국어⟩, 유럽산 잉엇과 황어속의 ⟨통통한(short\thick) 몸통에⟩ 노란빛을 띤 작은 담수어(river fish), ⟨~ pink²⟩, ⟨~(↔)tench와는 색깔이 다름⟩ 우1

1259 **chub·by** [취비]: ⟨chub(잉어)같이⟩ 통통한, 토실토실 살찐, ⟨~ tubby\stout⟩, ⟨↔skinny\slender⟩ 양1

1260 **chub mack·er·el** [쳡 매커뤌]: 망치 고등어, Pacific mackerel, ⇒ blue mackerel 미2

1261 **chuck** [쳑]: ⟨영국어⟩ ①⟨← chock(block)⟩, 목과 어깨의 살 ②⟨← chuck(toss)⟩, 가볍게 치다, ⟨↔hit⟩ ③⟨의성어⟩, 이랴! 낄낄! (말을 몰 때), 구! 구! (닭을 부를 때), ⟨~ call of a horse (or hen)⟩, ⟨↔hold\stay⟩ 양1

1262 **Chuck E Cheese** [쳑 이 취이즈]: 1977년 캘리포니아 주에서 행운의 동물 이름을 따서 출시된 오락·가족 식당으로 미국에서는 건재하나 한국에서는 빛을 보지 못한 피자·샐러드 중심의 '어린이 천국' 식당, ⟨~ a pizzeria and family entertainment center⟩ 수2

1263 **chuck eye** [쳑 아이]: 알목심, 목등심, 알등심, ⟨한국의 불고기 재료로 흔히 쓰이는⟩ 목과 어깨(upper shoulder)의 소고기, ⟨~ a low-cost alternative to rib eye steak⟩ 미1

1264 **chuck·le** [쳐클]: ⟨영국어⟩, ⟨의성어⟩, 껄껄 웃음, 낄낄대다, ⟨~ chortle\giggle⟩, ⟨↔hush\cry⟩ 양2

1265 **chuck·wal·la** [쳑와알러]: ⟨아즈텍어⟩, 미국 서남부에 서식하며 원주민들이 식용으로 썼던 ⟨배를 불릴 수 있는⟩ 큰 도마뱀, ⟨~ iguana⟩ 수2

1266 **chuck-y** [쳐키]: ⟨영국 방언⟩, chicken+y, 사랑하는 이, 귀여운 이, ⟨~ doll\cutie⟩ 미2

1267 **chuck-y egg** [쳐키 에그]: ⟨영국 속어⟩, 썰어놓은 삶은 달걀(chopped soft-boiled egg), 귀여운 이(cutie) 미2

1268 **chu-eo-tang** [추어탕]: 〈중국어 → 한국어〉, loach-fish soup, 미꾸라지(mud-fish)에다 각종 야채·양념을 넣고 푹 끓인 국 수2

1269 **chuff** [취후]: ①〈영국어〉, 〈의성어〉, '쉭쉭' 소리를 내다, 격려하다, 기쁘게 하다, 〈~ blow\puff\huff〉 ②〈어원 불명의 영국어〉, 시골뜨기, 구두쇠, 엉덩이, 음모, 〈~ boor\churl〉, 〈↔hero\idol〉 양2

1270 **chuk·ka** [취커]: 〈← cakra(wheel)〉, 〈'굴레'란 뜻의 산스크리트어에서 유래한 힌디어〉, 발목 높이의 구두〈~(↔)jack-boot〉, 폴로〈polo〉 경기의 1회(a period of play) 수2

1271 **chu·lo** [출로]: 〈← fanciullo←infans〉, 〈'예쁘다'란 뜻의 라틴어에서 유래한 스페인어〉, (투우에서) matador의 조수, 멋 부린 남자, 여성적인 남자, pimp(남창), 〈↔chula\villain〉 미2

1272 **chum** [첨]: 〈영국어〉, 〈'chamber'를 같이 쓰는 자〉, 단짝, 짝, 친한 친구, 소꿉동무, 〈~ bosom buddy〉, 〈↔enemy\stranger〉 양2

1273 **Chun** [전], Doo Hwan: '온전한 자(perfect)', 전두환, (1931-2021), 경남의 가난한 집에서 태어나 육군사관학교를 졸업하고 정치군인으로 출세한 후 무력으로 정권을 장악한 '오야봉' 기질이 강했던 한국의 군인·대통령, 〈~ the 5th President of Korea〉 수1

1274 **chung** [충]: 〈← zhong(loyalty)〉, 〈중국어 → 한국어〉, 국가나 주인에게 바치는 정성, 〈~ patriotism〉, 〈↔unfaithfulness\treason〉 미2

1275 ***chung·us** [청거스]: 〈2012년 영국 기자가 주조한 말〉, chunky+ass, 〈동영상놀이에 나오는〉 배불뚝이 토끼, 통통한 자 우2

1276 **chunk** [청크]: ①〈← chuck¹〉, 〈영국어〉, 큰 나무토막, 두꺼운 조각, 튼실하게 생긴, 상당한 양의, 〈~ chuck〉, 〈~ hump〉, 〈↔whole\entirety〉 ②〈미국어〉, 〈의성어〉, 탕, 꽝, 덜커덩, 내던지다, 불을 지피다, 〈~ a dull plunging (or explosive) sound〉, 〈↔dab\nip〉 양1

1277 **chunk-(ed) shot** [청크(트) 샷]: '뒷땅 파기', 골프 공을 맞추기 전에 땅을 파는 공 때리기, fat shot, 〈↔chip shot〉 우2

1278 **church** [취어취]: 〈← kyriake(Lord's house)〉, 〈그리스어에서 연유한 게르만어〉, '주님의 집', 교회, 성당, 예배당, 회중, 신도들, 교회로 인도하다, 〈~ chapel\bring to a church rite〉, 〈↔evil place\agnosticism\excommunicate〉, 〈↔de-church〉 가1 양1

1279 **Church-ill** [취어칠], Win-ston: '언덕(hill)에 교회(church)가 있는 마을에 사는 자', 처칠, (1874-1965), 〈영국 귀족 아버지와 돈 많은 미국 어머니를 두고 태어나 젊어서는 군대 밥도 많이 먹고 정계에 투신해서 처음에는 진보 성향을 보였다가 나중에는 보수파로 두번에 걸쳐 근 10년간 수상을 했으며〉 노벨 문학상을 탄 영국의 정치가, 〈~ a British statesman, soldier and writer〉 수1

1280 **churl** [취얼]: 〈← ceorl(peasant)〉, 〈영국어〉, 시골뜨기 (고라리), 천박한 자, 구두쇠, 〈~ boor\chuff²〉, 〈↔cosmopolite\gentle man〉 양2

1281 **churn** [취언]: 〈← cyrin〉, 〈게르만어〉, 〈휘저어(stir) 버터를 만들다, 괴롭히다, 회전시키다, 바가지를 씌우다, 〈~ agitate\beat〉, 〈↔soothe\lose〉 양1

1282 ***churn rate** [취언 뤠이트]: 고객 이탈률, 해지율, 〈~ rate of attrition〉, 〈↔retention rate〉 양2

1283 **chur·ro** [츄로우]: 〈의성어?〉, 〈기름에 튀길 때 나는 소리?〉, 〈churra 양의 뿔 모양을 한?〉 〈어원 불명의 스페인어〉, (긴) 밀가루 반죽을 기름에 튀겨 만든 스페인 계통의 과자류, 〈~ fried dough〉 우1

1284 **Chu-seok** [추석]: '가을 저녁', 〈중국어 → 한국어〉, 음력 8월 15일, 중추절, 〈연중 가장 큰 보름달이 뜨는 날에 일년간 수확을 감사드리며 성묘를 하고 솔잎으로 찐 송편을 먹으며 각종 민속놀이를 하는〉 Korean Thanksgiving Day, ⇒ Han-ga·wi 수2

1285 **chute** [슈우트]: 〈← cadere(fall)〉, 〈라틴어에서 연유한 프랑스어〉, '낙하하다', 비탈진 수로, 급류, 활송 장치, 미끄럼틀, 낙하산, 〈~ cascade\slide〉, 〈↔crawl\rise〉 양1

1286 **chut·ney** [취트니]: 〈← chatna(lick)〉, 〈힌디어〉, 〈너무 매워서 핥아 먹어야 하는〉 처트니, 〈식욕 촉진을 위해〉 으깬 채소나 과일에 식초·향료·설탕을 섞어 만든 인도산 매운 양념, 〈~ a savory condiment〉 우1

1287 ***chutz·pah** [허츠퍼 \ 처츠퍼]: 〈히브리어〉, 뻔뻔스러움, 철면피, 대담함, 당돌함, 〈~ audacity\bold-ness〉, 〈↔timidity\modesty〉 양2

1288 ***CI**: ⇒ collective intelligence 양1

1289 **CIA**: ⇒ Central Intelligence Agency 미2

1290 **cia·bat·ta** [춰배터]: 치아바타, 〈프랑스의 바게트에 대항해서 1982년 베로나에서 출시된〉 올리브 기름이 들어간 구멍이 뚫린 '실내화(slipper)' 모양의 이탈리아 빵, 〈~ an Italian white bread〉 우1

1291 **ciao** [촤우]: 〈← sclavus(slave)〉, 야아(이탈리아어), 그럼 또 봐, 안녕, 〈원래는 나는 당신의 종(slave)이란 뜻〉, 〈~ hello\hi\good-bye〉 양2

1292 **ci·ca·da** [시케이더 \ 시카아다]: 〈라틴어〉, 〈학명〉, jar·flies, 매미, 7~17년간 땅속에 살다가 승천하여 여름 내내 짝을 찾아 목메어 우는 얇은 날개에 통통한 몸집을 가진 곤충, '나무 귀뚜라미(tree cricket)', balm cricket 가1

1293 **cic·e·ly** [씨슬리]: 〈← seselis(hart-wort)〉, 〈그리스어〉, 고사리 같은 잎에 '향내 나는' 자잘한 흰 꽃이 뭉텅이로 피는 미나릿과 긴사상자속(뱀도랏)의 초본, 〈~ sweet chervil〉, 〈~(↔)parsley와는 냄새가 다름〉, C~; Ceily, 사람 이름, '장님' 우2 수1

1294 **Cic·e·ro** [씨서로우], Mar·cus: 〈← cicer(chick·pea)〉, 〈라틴어〉, '콩 농삿꾼', 키케로, (BC106-43), 〈두 번째 삼두들에 의해 죽임을 당한〉 로마의 정치가·웅변가·철학자, 〈~ a Roman statesman and scholar〉 수1

1295 **cich·lid** [씨클리드]: 〈태국어라는 설도 있으나 '물고기(kichle)'란 뜻의 그리스어에서 유래했다는 학설이 더 신빙성이 있는〉 시클리, (관상용) 〈줄무늬의 색깔이 영롱한〉 열대 담수어, 〈~ tilapia·angel fish·horn fish 등등 무려 1,350여 종이 있음〉 우2

1296 *****CICS** (cus·tom·er in·for·ma·tion con·trol sys·tem): 고객정보 관리체계, 1968년경 IBM에서 창안한 고객들의 각종 전자거래를 활성화시키기 위해 혼합용어를 사용해서 만든 전산기 운영체계, 미2

1297 **Cid** [씨드], El: 시드, (1040?-1099), 〈seid(lord)란 아랍어에서 유래한 스페인어〉, '두령', 11세기경 무어인을 내쫓은 스페인의 기독교 옹호 용사(에게 준 칭호), 〈~ a Castilian knight〉 수1

1298 *****~cide** [~싸이드]: 〈← caedere(to cut)〉, 〈라틴어〉, 〈~죽임·살해(kill·murder)〉를 뜻하는 접미사, 〈↔create\embrace〉 양1

1299 **ci·der** [싸이더]: 〈← shakar(to be intoxicated)〉, 〈히브리어〉, '독한 술', 사이다, (모조) 사과즙, 탄산수, 〈~ apple juice〉, 〈~(↔)alcohol이 들어간 것은 hard cider〉 우1

1300 **ci·gar** [씨가아]: 〈← sikar(smoking)〉, 〈마야어 → 스페인어〉, 여송연, 엽궐련, 명품, 훌륭한 것, 〈~ roll of tabacco leaves\luxury product〉 양2

1301 **cig·a·rette** \ cig·a·ret [씨거뤹트 \ 씨거뤹]: 〈스페인어 → 프랑스어〉, 담배, 궐련, 작은 cigar, 〈~ roll of fine tobacco\fag\cancer stick〉 가1

1302 **ci·lan·tro** [실란트로우]: 〈그리스어 coriander의 스페인어〉, 멕시코 요리에 쓰는 고수의 잎, ⇒ coriander 수2

1303 **cil·i·a** [씰리어]: cilium(eye-lash)의 복수형, 〈라틴어〉, 솜털, 섬모, '속눈썹', 〈↔thread\cord〉 양2

1304 *****CIM** (com·put·er in·te·grat·ed man·u·fac·tur·ing): 전산기 이용 통합 생산 미2

1305 **cinch** [씬취]: 〈← cingula(girdle)〉, 〈라틴어에서 연유한 스페인어〉, 뱃대끈, 안장띠, 꽉쥐기, 확실한 일, 쉬운 일, 〈~ sure-thing\piece of cake〉, 〈↔challenge〉 양1

1306 **cin·cho·na** [씽 코우너]: 〈비슷한 약으로 치료받은 스페인의 페루 총독 부인의 이름(Chinchon)을 딴〉 기나(Quina)나무, 기나피(키니네)를 채취하는 남미 원산의 나무, 〈~ Jesuit's powder〉, ⇒ bark tree 미2

1307 **Cin·cin·nat·i** [씬시내티]: 신시내티, 〈미국의 파리〉, 〈로마를 구한 곱슬머리를 한 장군의 이름(Cincinnatus; having curly hair)을 따서〉 1788년경부터 정착되기 시작한 오하이오강(Ohio river)변의 산업·문화도시 수1

1308 **Cin·co de May·o** [씽코 데 메이오우]: 씽코(5) 데 마요(5월), 5월 5일, 1862년 소수의 멕시코 군대가 푸에블로에서 다수의 프랑스 군대를 무찌른 날, 〈~ Mexico's victory over French Empire〉 수2

1309 **cin·der** [씬더]: 〈← cinis(ashes)〉, 〈라틴어에서 연유한 게르만어〉, 탄 재, 뜬 숯, 쇠똥, (화산에서 분출된) 분석, 〈~ charcoal\soot〉, 〈↔frost\crystal〉 양2

1310 **Cin·der·el·la** [신더뤨러]: 〈← cinis(ashes)〉, 〈라틴어에서 연유한 프랑스어〉, '재투성이의 소녀', 신데렐라, 동화 속의 착한 소녀, 숨은 재원, 〈~ The Little Glass Slipper\a hidden beauty(merit)〉 수1 양2

1311 *****Cin·der·el·la Com·plex** [신더뤨러 캄플렉스]: 남성에 의지하고 싶은 욕구, 유명해지고 싶은 욕구, '공주병', 〈~ fear of independence\desire to be saved〉, 〈↔reversed Cinderella Complex\now-nowism〉 수2

1312 **cin·e·ma** [씨너머]: ⟨← kinema(motion)⟩, ⟨'움직이다'라는 뜻의 그리스어에서 유래한 프랑스어⟩, 시네마, 영화(관), ⟨~ movie theatre⟩, ⟨↔stand-still\natural⟩ 양2

1313 **Cin·e Mark** [씨네 마아크]: 시네 마크, 1984년에 설립되어 브라질까지 진출한 미국의 종합 영화관 연쇄점, ⟨~ an American movie theater chain⟩ 우1

1314 **Cin·e·ma-Scope** [씨너머 스코우프]: 시네마 스코프, 넓은 화막⟨상표명⟩, ⟨~ wide-screen films⟩ 우2

1315 **cin·e-phile** [씨네 휘일]: 영화 애호가(광), ⟨~ movie lover\film buff⟩ 양2

1316 **cin·e-ram·a** [씨너램머]: cinema+panorama, 장관의 대형 화면 우2

1317 **cin·e-rar·i·a** [시네뤠어뤼어]: ⟨← cinis(ashes)⟩, ⟨라틴어⟩, 시네라리아, 심장형 잎에 주로 '잿빛' 관모를 가진 선명한 색깔을 한 남아프리카 원산의 관상용 국화꽃들, ⟨~ a sun-flower family⟩ 우2

1318 **cin·e·rar·i-um** [시네뤠어뤼엄]: ⟨← cinis(ashes)⟩, ⟨라틴어⟩, 유골단지, 납골당, ⟨~(↔)urn\ossuary⟩, ⟨~(↔)columbarium⟩ 양2

1319 **cin·na·mon** [씨너먼]: ⟨← qinnamon(fragrant spicy plant)⟩, ⟨히브리어⟩, 계피, 육계, 황갈색, ⟨~ cassia⟩ 미2

1320 **cin·na·mon bear** [씨너먼 베어]: (북미산) 적갈색⟨reddish brown⟩ 곰, ⟨검은 곰의 일종(a black-bear)⟩ 미2

1321 *__cin·na·mon bun__ [씨너먼 번]: ⟨달팽이 모양의⟩ '둥근 계피빵', @(골뱅이 표)의 속어 우2

1322 **cin·na·mon fern** [씨너먼 훠언]: 꿩고비 ⟨황갈색의 엽상체를 가진 대형 고비⟩, ⟨~(↔)royal fern은 이보다 더 장엄함⟩ 미2

1323 **cin·na·mon vine** [씨너먼 봐인]: ⟨계피향이 나는⟩ 마, Chinses yam, ⇒ nagaimo 미2

1324 **cin·que-foil** [씽크훠일]: quinte(five)+folium(leaf), ⟨라틴어⟩, 오판화, 추운 지방에서 '5엽'의 희거나 노란색 꽃이 피는 장미과 양지꽃속의 덩굴 식물, ⟨~ five fingers\silver-weed⟩ 수2

1325 **c(h)in·ta·ma·ni** [씬타마니]: thought+gem, ⟨산스크리트어⟩, wish-fulfilling stone, (힌두교·불교에서) ⟨소원을 성취시켜 준다는⟩ 여의주, (용의 턱 아래 있는) 신비한 구슬, ⟨~(↔)philosopher's stone⟩ 미2

1326 *__CIO__ (chief in·for·ma·tion of·fic·er): ⟨점점 역할이 중요해지는⟩ 최고 정보책임자 미2

1327 **ci·pher** \ cy·pher [싸이훠]: ⟨← safara(be nothing)⟩, ⟨아랍어⟩, '0'의 기호, 부호, 암호(문), ⟨→ zero⟩, ⟨↔de-cipher⟩ 미2

1328 **cir·ca** [써얼커]: ⟨'주위(around)'란 뜻의 라틴어⟩, 대략, ~쯤, ~경, ⟨↔exact\precise⟩ 양2

1329 **cir·ca-di·an** [써얼케이디언]: 24시간 주기의, ⟨~ a 24-hour cycle⟩, ⟨↔irregular\ultradian⟩ 양2

1330 **cir·ca-di·an rhythm** [써얼케이디언 뤼듬]: 일주율, 생체시계(body clock) 양2

1331 **Cir·ce** [써얼시]: ⟨그리스어⟩, 'hawk', ⟨마력적이나 타락한⟩ 키르케, 남자들을 돼지로 만든 마녀, ⟨질투심이 많았던⟩ 요부, ⟨~ a Greek sorceress⟩ 수1 양2

1332 **cir·cle** [써어클]: ⟨← kirkos(string)⟩, ⟨그리스어 → 라틴어⟩, 원, 환, '고리', 범위, 집단, 주기, ⟨→ search⟩, ⟨~ ring\group\round⟩, ⟨↔line\square⟩ 가1

1333 **cir·cle back** [써어클 백]: (크게 한바퀴 돌고) 다시 토론해 보자, ⟨그러나 대개는 꿩 구워먹은 소식⟩, ⟨~ re-visit⟩, ⟨↔stay\disappear⟩ 양2

1334 *__cir·cle game__ [써어클 게임]: (손가락으로 원을 만들어 허리 밑으로 내린 것을 쳐다보면 상대방에게 벌을 주는) 동그라미 놀이, (여자가 같은 동작을 하면) 한판 뛰자는 몸짓, ⟨~ 'ok' hand-sign⟩ 미2

1335 *__cir·cle jerk__ [써어클 줘어크]: (3명 이상의 남성이 돌아가며 하는) 상호수음, ⟨~ group masturbation⟩ 양2

1336 **Cir·cle K** [써어클 케이]: 서클 케이, 1951년 텍사스에 세워졌다가 2003년 캐나다 회사로 넘어간 세계적 잡화상 연쇄점, ⟨~ a North-American chain of convenience stores⟩ 수2

1337 **cir·cuit** [써얼킽]: ⟨← circum(around)+ire(go)⟩, ⟨라틴어⟩, ⟨원을 도는⟩ 순회, 회전, 우회, 회로, 배선, ⟨~ wheel\orbit⟩, ⟨↔line\center⟩ 양1

1338 *__cir·cuit break·er__ [써얼킽 브뤠이커]: (전기) 회로 차단기, (금융) 거래 일시중지, (재산세) 공제, ⟨~ fuse\circuit clincher⟩ 양1

1339 **cir·cu·i-tous** [써얼큐어터스]: ⟨← circum-ire⟩, ⟨라틴어⟩, 도는 길의, 에두르는, 간접적인, 넌지시 말하는, ⟨~ round-about\meandering\in-direct⟩, ⟨↔direct\straight⟩ 양2

1340 **cir·cu·lar func·tion** [써얼큘럴 휑션]: 원함수, 삼각함수, ⇒ trigonometric funtion 양2

1341 **cir·cu·lar·i·ty** [써얼큘래러티]: 〈← circulus(circle)〉, 원형, 순환성, 공전하는(헛도는), 〈~ rotundity\diffuse-ness\prolixicity〉, 〈↔compactness\brevity〉 양1

1342 **cir·cu·lar saw** [써얼큘럴 써어]: 둥근 톱, (절단용) 띠 톱, (전기를 사용하는) 회전식 절단용 공구, 〈~ buzz saw〉 미2

1343 *__cir·cu·lar share-hold·ing__ [써얼큘럴 쉐어호울딩]: (투입자본으로 회사 간에 고리를 만들어 돌아가며 주식을 사는) 순환출자거래, 〈~ heavy cross ownership〉 양2

1344 **cir·cu·la·tion** [써얼큘레이션]: 〈← circulari(form a circle)〉, 〈라틴어〉, 〈원 모양으로 도는〉 순환, 유통, 보급, 발행부수, 〈~ flow\motion\distribution〉, 〈↔suppression\collection〉 양1

1345 **cir·cum-ci·sion** [써얼컴씨즌]: circum(around)+caedere(cut), 포피 절제, 포경수술, 할례, 〈↔clitorectomy; 잘하면 여성의 불감증에 효과가 있지만 어쩐지(?) 개발되지 않은 시술〉, 〈~ cut\initiation\removal of prepuce〉, 〈↔vasectomy〉 양2

1346 **cir·cum-duc·tion** [써얼컴덕션]: circum(around)+ducere(lead), 휘둘림, 원회전, 순환운동, 〈~ pivot\spin\twirl〉, 〈↔fixation\linear motion〉 양2

1347 **cir·cum-fer·ence** [써얼컴훠뤈스]: circum(around)+ferre(carry), 〈라틴어〉, 〈주위를 나르는〉 원주, 주변, 경계선, 영역, 범위, 〈~ perimeter\border\girth〉, 〈↔center\boundlessness〉 양2

1348 **cir·cum-flex** [써얼컴홀렉스]: circum(around)+flectere(bend), 〈라틴어〉, 굽은, 만곡한, 곡절 부호(^, ˜), 〈~ curved\bent〉, 〈↔aligned\even〉 양2

1349 **cir·cum-lo·cu·tion** [써얼컴로우큐션]: circum(around)+locutio(speaking), 〈라틴어〉, 수다, 에둘러 말함, 횡설수설, 〈~ loquacity\verbiage〉, 〈↔locution\concise-ness〉 양2

1350 **cir·cum-spect** [써얼컴스펙트]: circum(around)+specere(look), '주위를 살펴보는', 조심성 있는, 신중한, 〈~ cautious\wary〉, 〈↔un-guarded\care-less〉 양2

1351 **cir·cum-stance** [써얼컴스탠스]: circum(around)+stare(stand), 〈라틴어〉, 〈주위에서 서서 본〉 상황, 〈서 있는 곳을 둘러싼〉 환경, 사정, 우연, 〈~ situation〉, 〈↔non-event\plan〉 양1

1352 **cir·cum-vent** [써얼컴 붼트]: circum(around)+venire(to come), 〈라틴어〉, 피해가다, 둘러가다, 우회하다, 포위하다, 〈~ run-around\evade\by-pass〉, 〈↔face\confront〉 양1

1353 **cir·cus** [써어커스]: 〈← kirkos(circle←string)〉, 〈그리스어〉, 서커스, 곡예, 곡마단, 〈원 모양의〉 흥행장, 〈~ amusement show\spectacle〉 미1

1354 **cir·rho-sis** [씨로우시스]: 〈← kirrhos(tawny)〉, 〈그리스어〉, 〈간이 '황갈색'으로 변하며 딱딱해지는〉 경화증, 간경변, 〈~ fibrosis and nodule formation of the liver〉 양2

1355 *__CISC__ [씨스크] (com·plex in·struc·tion–set com·put·er): 〈다양한 문자 명령 체계를 갖춘〉 복잡 명령 집합 전산기, 〈↔RISC〉 미2

1356 **cis·co** [씨스코우]: 〈← siscowet(cooks itself)〉, 〈어원 불명의 북미 원주민어〉, 미국 5대호 연안에 서식하는 송어 비슷한 〈흰〉 민물고기, lake herring 우1

1357 **Cis·co** [씨스코우] Sys·tems: 〈San Francisco에서 연유한〉 시스코, 1984년에 세워진 미국의 고속 전산망 기기 공급 회사, 〈~ an American digital technology corp.〉 수1

1358 **cis-gen·der** [씨스 젠더]: cis(on this side)+gender, 〈라틴어〉, '동질성별', '성 일체자', 생물학적 성과 성 정체성이 일치하는 사람, 〈~ biological-gender\(1994년까지는 그냥 'normal'이라고 했음)〉, 〈↔trans-gender〉 우2

1359 **cis·sus** [씨서스]: 〈← kissos(ivy)〉, 〈그리스어〉, 열대 아시아 원산·막대기 선인장 비슷한 줄기를 가진 포도과의 덩굴 식물로 골절·골다공증 치료에 쓰였고 근래에는 살빼기 약으로도 선전되는 다년생 초본, 〈~ a grape family(woody vine)〉 우1

1360 **cis·tern** [씨스턴]: 〈← kiste〉, 〈그리스어 → 라틴어〉, 〈← chest〉, 물통, 수조, 저장기, 〈~ tank\vat〉, 〈↔hover\buoy〉 가1

1361 **cis·tus** [씨스터스]: 〈← kistos(rock-rose)〉, 〈그리스어〉, '바위장미', 물푸레나무류 (커다란 희거나 붉은 꽃이 피는 지중해 연안 원산의 관목), rock·rose, sun·rose, ⇒ portulaca 양2

1362 **Cit·a·del** [씨터들]: 시타델, 1990년 하버드 대학생이 설립한 미국의 세계적 〈신탁투자·시장조성 전문의〉 금융회사, 〈~ an American financial services company〉 수2

1363 **cit·a·del** [씨터들]: 〈← civitas〉, 〈라틴어〉, 〈← city〉, (도시를 통제하는) 성채, 요새, 보루, 거점, 〈~ fortified center\castle〉, 〈↔weak-point\cabin\bungalow〉 양2

1364 **ci·ta·tion** [싸이테이션]: 〈← cite〉, 인용, 인증, 언급, 표창장, 소환장, 경고문, '딱지', 〈~ quote\summon〉, 〈↔conceal\abjure〉 양2

1365 **CIT** (Cal·i·for·nia In·sti·tute of Tech·nol·o·gy): ⇒ Cal. Tech 수2

1366 **cite** [싸이트]: 〈← citare(summon)〉, 〈라틴어〉, 〈← call〉, '불러오다', 인용하다, 언급하다, 〈~ refer to\allude to〉, 소환하다, 〈↔ignore\dissent〉 양2

1367 **CITES** [싸이츠]: Convention on International Trade in Endangered Species of Wild Fauna and Flora, (3만 5천여 희귀종을 보호하기 위해 1973년에 결성되어 현재 183개국이 가입하고 있는) 멸종 위기 동·식물 취급에 관한 국제협약 미2

1368 **Cit·i·bank** [씨티 뱅크]: 1812년에 뉴욕에 City Bank로 세워졌다가 1976년 Citibank로 개명한 후 파란만장한 행로를 밟아오다 〈융자 및 신용카드 전문〉으로 탈바꿈하여 한국을 비롯한 160개국에 진출한 세계적 금융업체, 〈~ an American financial service company〉 수2

1369 **Cit·i·us! Alt·i·us! Fort·i·us!** [씨티어스! 알티어스! 호올티어스!]: 〈라틴어〉, 올림픽 구호; faster! higher! stronger! (더 빨리! 더 높이! 더 강하게!) 미1

1370 **cit·i·zen** [씨티즌]: 〈← civis(city dweller)〉, 〈라틴어〉, 〈그리스의 도시 국가에서 자율권을 행사했던〉 공민, 주민, '도시에 사는 사람' (시민), 〈~ denizen〉, 〈↔alien\non-citizen〉 가2

1371 **cit·i·zen's band** [씨티즌스 밴드]: CB, 시민용 주파대, 개인용으로 지정된 단거리 방송 주파수, 〈~ amateur band\ham radio〉 미2

1372 **cit·rine** [씨트뤼인]: 〈← citrus〉, 〈라틴어〉, 〈철분을 함유한〉 담황색의, 레몬 빛의, 황수정, 11월의 탄생석, 〈~ yellow (to brownish) gem-stone\a quartz〉 양2

1373 **cit·ron** [씨트뤈]: 〈← kitron(rough lemon)〉, 〈그리스어〉, 〈감귤류의 원조로 지중해 연안 원산의〉 껍질이 두껍고 퍼석퍼석한 커다란 레몬(lemon)류, 담황색의, 〈~ a large fragrant citrus〉 우1

1374 **cit·ron mel·on** [씨트뤈 멜런]: 과자나 초절임용으로 쓰이는 과육이 희고 단단한 작은 수박, 〈~ fodder (or jam) melon〉 우2

1375 **cit·rus** [씨트뤄스]: 〈← kitron(citron tree)〉, 〈그리스어 → 라틴어〉, 〈향기 좋은 꽃에 비타민 C를 흠뻑 담은 열매를 맺는〉 감귤류 과일, 〈오로지 열매를 맺는 가지에 가시가 달려 외적의 침입을 막는 가지가 부창부수로 자라나는〉 밀감, 〈~ a rue family〉 미2

1376 **cit·y** [씨티]: 〈← civis(citizen)〉, 〈라틴어〉, 도시, '시민 공동체', 〈→ citadel〉, 〈~ an urban area\polis〉, 〈↔country〉 가2

1377 **Cit·y Bank** [씨티 뱅크]: 2008년에 세워진 방글라데시(Bangladesh)의 중앙체제를 갖춘 은행 수2

1378 **cit·y cen·ter** [씨티 썬터]: 도심지, downtown 가1

1379 **cit·y coun·cil** [씨티 카운슬]: 〈미국에서는 경찰력까지 장악하고 있는〉 시의회, 〈~ city board\municipal council〉 가1

1380 **cit·y hall** [씨티 허얼]: 시청, 〈싸워서 이길 수 없는〉 시 당국, 〈~ municipal center〉 가1

1381 **cit·y or·di·nance** [씨티 오어디넌스]: 〈시시콜콜한 것까지 다 정해 놓은〉 시조례(규정), 〈~ a local law〉 가1

1382 **cit·y plan** [씨티 플랜]: 〈매우 엄격하게 시행되는〉 도시계획 가1

1383 **civ·et** [씨빝]: 〈← zabbad(civet perfume)〉, 〈아랍어〉, '사향(musky scent)'고양이, 나무를 잘 타고 사타구니에서 독특한 냄새를 풍기며 회갈색 몸통에 흑색 반점이 있는 족제비와 고양이의 중간 모양을 한 동물, 〈~ lin-sang〉 미2

1384 **civ·et cof·fee** [씨빝 커어휘]: '사향고양이 커피', kopi luwak, ⇒ weasel coffee 미2

1385 **civ·ic cen·ter** [씨빅 쎈터]: 〈여러 가지 부속 시설을 갖춘〉 시민회관, 시당국, 〈~ city hall〉 가1

1386 **civ·il** [씨블]: 〈← civis〉, 〈라틴어〉, 시민의, 문명의, 민간의, 〈시민으로 갖춰야 할〉 정중한, 〈시민 간의 분쟁에 관한〉 민사의, 내국인의, 〈~ laical(lay³)\polite〉, 〈↔military\religious\rude〉 양1

1387 **civ·il en·gi·neer** [씨블 엔쥐니어]: 토목기사, 건축기사, 〈~ construction engineer〉 양1

1388 **ci·vil·i·an** [씨빌리언]: 일반 시민, 민간인, 문관, 학자, 〈~ private citizen\ordinary person〉, 〈↔combatant\clergy\expeditionary〉 양2

1389 **ci·vil·i·ty** [씨빌리티]: 정중, 공손, 문화, 교양, 〈~ gentility\manners〉, 〈↔dis-courtesy\rude-ness〉 양2

1390 **civ·i·lized** [씨빌라이즈드]: 문명화된, 개화된, 교양이 있는, ≠ syphilized, 〈~ educated\courteous〉, 〈↔barbaric\un-civilized〉 양2

1391 **civ·il law** [씨블 러어]: 민법, 〈대개 51%의 증거만 대면 이길 수 있는〉 민사법, 〈~ a tort law〉, 〈~(↔)administrate law〉, 〈↔criminal law〉 양1

1392 **civ·il mar·riage** [씨블 매뤼쥐]: 민법상 결혼, (종교의식 없는) 신고결혼, 〈~ official marriage〉, 〈~(↔)ceremonial marriage〉, 〈↔putative marriage〉 우1

1393 **civ·il part·ner** [씨블 파아트너]: 민사 배우자(결혼하지 않고) 동거만 하는 짝패, 〈~ significant other\domestic partner〉, 〈↔spouse〉 미2

1394 **civ·il right** [씨블 롸잍]: 시민권, 공민권, 평등권, 〈~ personal right\human right〉, 〈↔public power〉 가1

1395 **civ·il ser·vice** [씨블 써어뷔스]: 문관업무, 행정사무, 민사업무, 〈~ public service〉, 〈↔military service〉 미1

1396 **Civ·il War** [씨블 워어]: 미국 내란(남북 전쟁), 노예제도의 찬·반으로 갈라진 남·북부 진영의 갈등에 따라 1861년 남군의 선제 공격으로 시작되어 1865년 북군의 승리로 끝났으나 62만 명의 사망자를 낸 참혹했던 전쟁, 〈~ Secession War〉, 〈북부에서는 Great Rebellion이라 하고 남부에서는 War of Northern Aggression이라 함〉 미2

1397 **civ·il war** [씨블 워어]: 내란, 내전, 〈~ internal conflict〉, 〈↔inter-state war\global war〉 가1

1398 **Ci-xi** [취쉬이]: mercy+blessing, 〈'인자하고 복이 많은'〉 자희태후, (1835-1908), 〈서궁에 살았던〉 서태후, 함풍제의 첩으로 들어가 죽을 때까지 47간 청조를 뒤흔들었던 〈자기 욕심이 많았던〉 여자, 〈~ a Chinese Empress Dowager〉 미2

1399 **CJ (Che-il Je-dang) group**: 제일제당 〈NO. 1 sugar maker〉 집단, 1953년 설탕 회사로 출발했으나 1990년대 삼성으로부터 분리되어 식품·의약·연예·대중 매체 등에 침투하고 근래에는 생명공학에 박차를 가하고 있는 한국의 지주회사, 〈~ a Korean conglomerate holding company〉 미1

1400 **clack** [클랰]: 〈게르만어〉, 〈의성어〉, '딸깍'하는 소리, '꼬꼬댁', 혀를 차다, 수다, 〈~ cackle\chatter〉, 〈↔be quiet\hush〉 양1

1401 **clad** [클래드]: clothe의 과거·과거분사, 입은, 덮인, 〈↔uncover\undress〉 양2

1402 **clade** [클레이드]: 〈← klados(branch)〉, 〈그리스어〉, 분기군, 공통의 조상에서 진화된 생물군, 〈~ monophyletic group\natural group〉 양2

1403 **claim** [클레임]: 〈← clamare(cry out)〉, 〈라틴어〉, '부르짖음', 요구, 청구, 주장, 필요한 일, 손해배상, 〈→ aclaim〉, 〈~ beseech\require〉, 〈↔disburse〉 양1

1404 **clair·voy·ance** [클레어뷔이언스]: 〈프랑스어〉, 'clear vision', 투시(력), 통찰(력), 천리안, 〈~ ESP\sixth sense〉, 〈↔ignorance\stupidity〉 양2

1405 ***clam** [클램]: 〈← clam-shell〉, 〈게르만어〉, 〈← clamp〉, 대합조개, 뚱한 사람, 보지, 다물다, 〈역경 속에서도〉 굳굳한, 과묵한, 〈~ bivalve mollusk\taciturn\vagina\gather〉 미2

1406 **clam·ber** [클램버]: 〈← clameven(cling firmly)〉, 〈영국어〉, 〈← climb〉, (손·발로) 기어올라가다, 등반, 〈~ creep\crawl〉, 〈~ scramble\ascend〉, 〈↔fall\descent〉 양2

1407 **clam chow·der** [클램 촤우더]: 대합을 넣은 야채 국물 우2

1408 **clam·my** [클래미]: 〈게르만어〉, 〈clay같이〉 끈끈한, 냉습한, 축축한, 〈~ moist\sticky〉, 〈↔dry〉 양1

1409 **clam·or \ ~mour** [클래머]: 〈← clamare〉, 〈라틴어〉, 'cry·out', 시끄러운 외침, 떠들썩함, 아우성, 〈~ blatant\loud noise〉, 〈↔silence\calm〉 양2

1410 **clamp** [클램프]: 〈← clom(bond)〉, 〈게르만어〉, 꺾쇠, 죔쇠, 집게, 거멀못, 〈→ clam〉, 〈~ brace\clasp〉, 〈↔loosen\unfasten〉 미2

1411 **clam-shell** [클램 쉘]: 대합조개 껍질, (준설용) '퍼내기 통', 조개같이 여닫을 수 있는 뚜껑이 달린 〈음식을 담는〉 합성수지 용기, '조개 상자', 〈~ a one piece container\dredging bucket〉 미2 우1

1412 **clam up** [클램 엎]: (갑자기) 입을 다물다, 침묵을 지키다, (꿀먹은) 벙어리가 되다, (조동아리를) 닥치다, ⟨~ button up\shut up⟩, ⟨↔open up⟩ 양2

1413 **clam-worm** [클램 워윔]: ⟨clam처럼 수축하는 재주가 있는⟩ 갯지렁이, sand·worm, ⇒ rag·worm 미2

1414 **clan** [클랜]: ⟨← clann(off-spring)⟩, '싹'이란 뜻의 켈트어⟩, 씨족, 일문, 파벌, 대가족, ⟨~ family\kin\tribe⟩, ⟨↔individual\loner⟩ 양1

1415 **Clan·cy** [클랜시]: ⟨켈트어⟩, son of a ruddy warrior, ⟨붉은 머리털을 가진 용사의 아들⟩이란 뜻의 아일랜드계 이름, ⟨~ an Irish surname⟩ 수1

1416 **clang** [클랭]: ⟨라틴어⟩, ⟨의성어⟩, 땡(그렁), 철커덩(하고 울리다), 또렷한 울림, ⟨~ clash\clank⟩, ⟨↔silence\boom⟩ 미2

1417 **clang as·so·ci·a·tion** [클랭 어쏘우쉬에이션]: 음(소리)연상, ⟨정신병에서 나타나는⟩ 뜻과 무관하게 소리의 연상으로 단어가 나열되는 현상, ⟨~ association chaining\glossomania⟩, ⟨~(↔)loose association⟩ 양2

1418 **clap¹** [클랲]: ⟨영국어⟩, ⟨의성어⟩, 때리다, 꽝 소리를 내다, 살짝 치다, 부딪치다, 박수 치다, ⟨~ strike\applaud⟩, ⟨↔boo\jeer⟩ 양1

1419 **clap²** [클랲]: (어원에 대해 3가지 학설이 있는 영국어로 편자가 선호하는 것은) ⟨손가락으로 쥐어짜면(clap¹) 고름이 나오는⟩ 성병, 임질(gonorrhea) 양2

1420 **clap-back** [클랲 백]: 맞받아치기, ⟨비평에 대한⟩ 재치있는 반격, ⟨~ retort\wise crack⟩, ⟨↔quiet\pipe down⟩ 미2

1421 **clap-trap** [클랲 트랲]: ⟨청중을 손뼉치기로 유도하는⟩ 책략, 허풍, 임질에 걸린 여자, ⟨~ guff\crap²⟩, ⟨↔common sense\straight-forward\side boo⟩ 양2

1422 **clar·et** [클래뤹]: 클라레(clear), 프랑스 보르도산 적포도주(red Bordeaux wine), 짙은 자홍색(cardinal²) 수2

1423 **clar·i·fy** [클래뤼화이]: clarus(clear)+facere(make), ⟨라틴어⟩, 뚜렷하게 하다, 명백히 설명하다, 맑게 하다, ⟨← clear⟩, ⟨~ purify\refine⟩, ⟨↔confuse\obscure⟩ 양2

1424 **clar·i·net** [클래뤼넽]: ⟨← clario(trumpet)⟩, ⟨라틴어 → 프랑스어⟩, 클라리넷, 음색이 다양한 목관악기(wood-wind)의 하나, ⟨작은 트럼펫⟩, ⟨← clarion⟩, ⟨~ a single reed musical instrument⟩ 수2

1425 **clar·i·on** [클래뤼언]: ⟨← clarus⟩, ⟨라틴어⟩, 클라리온, '명쾌한'⟨clear⟩ 음색을 내는 나팔 종류의 관악기, ⟨~ horn\trumpet⟩, ⟨→ clarinet⟩ 수2

1426 **Clar·i·tin** [클래뤼틴]: ⟨← clarity⟩, 클래리틴, oratadine, Bayer 등이 만드는 과민성 반응 치료용 항히스타민제, ⟨~ an antihistamine⟩ 수2

1427 **clar·i·ty** [클래뤼티]: ⟨라틴어⟩, ⟨← clear⟩, 명확, 명료, 명석, 맑고 깨끗함, ⟨~ lucidity\limpidity⟩, ⟨↔confusion\obscurity⟩ 가1

1428 **clash** [클래쉬]: ⟨게르만어⟩, ⟨의성어⟩, '땡땡 울리는 소리', '덜그렁덜그렁 부딪치는 소리', 충돌, 격돌, 불화, ⟨~ clank\crash⟩, ⟨↔match\agreement⟩ 가1

1429 **clasp** [클래슾]: ⟨영국어⟩, ⟨← clap¹⟩, 걸쇠, 죔쇠, 악수, 포옹, ⟨~ latch\fasten\embrace⟩, ⟨↔separate\release⟩, ⟨→ tendril⟩ 양1

1430 **clasp knife** [클래슾 나이후]: ⟨'찰칵' 소리가 나는⟩ 접는 ⟨주머니⟩ 칼, ⟨~ pocket (or jack) knife⟩ 미1

1431 **class** [클래쓰]: ⟨← kalein(call)⟩, ⟨그리스어 → 라틴어⟩, ⟨로마에서 세금을 매기기 위해 만든⟩ 클래스, 강(생물 분류의 4번째 단위-문 아래-목 위), 종류, 계급, 등급, 고급, 학급, 수업, ⟨~ category\group\grade⟩ 양2

1432 **class ac·tion** [클래쓰 액션]: ⟨13세기부터 있던 'group litigation'이란 영국어를 1909년 미국에서 개조한 말⟩, (공동 피해자들이 하는) 집단소송, ⟨~ mass torts⟩ 양2

1433 **class book** [클래쓰 북]: 졸업기념 사진첩(year book), 학급부 미2

1434 **clas·sic** [클래씩]: ⟨← class⟩, '최고 등급의', 일류, 고전, 전형적, 전통적, ⟨쩔어서⟩ 진부한, ⟨~ first-rate\vintage\archetypal⟩, ⟨↔poor\atypical\modern⟩ 미1

1435 **Clas·si·cal E·con·o·my** [클래씨컬 이카너미]: ①(18세기 말-19세기 초에 영국에서 대두된) 자유무역·조그만 정부를 지향하는 ⟨고전 경제체제⟩, ⟨↔Neo-Classical E.⟩ ②c~ e~; (전산망 사용 이전의) 농업·제조업이 주도하던 ⟨구 경제체제⟩, ⟨~ old economy⟩ 수2 양2

1436 **Clas·si·cism** [클래쓰씨즘]: 고전주의, 17~18세기 유럽에서 일어난 (그리스·로마의 고대문화를 모방하려는) 〈전통적〉 예술운동, 〈~ aesthetic principle〉, 〈↔Romanticism〉 미2

1437 **clas·si·fied** [클래씨화이드]: 항목별, 분류된, 기밀로 지정된, 〈~ grouped\categorized\confidential〉, 〈↔open\public〉 양2

1438 **class-mate** [클래쓰 메이트]: 급우, 동급생, 〈~ school-mate〉 가1

1439 **class re-un·ion** [클래쓰 뤼유니언]: 동기생 재모임, 〈~ school re-union〉, 〈~(↔)home-coming〉 양1

1440 **class-room** [클래쓰 루움]: 교실, 〈~ lecture room〉 가1

1441 **clat·ter** [클래터]: 〈영국어〉, 〈의성어〉, 달가닥달가닥, 찰가닥찰가닥, 왁자지껄, 〈~ patter\rattle〉, 〈↔rest\quiet〉 양2

1442 **clau·di·ca·tion** [클러우디케이션]: 〈← claudicare(to limp)〉, 〈라틴어〉, 절뚝거림, 파행, '동맥성 통증', (동맥경화증 등으로 인해) 특히 하지에 오는 경련성 통증, 〈~ charley horse보다는 특수한 현상 내지는 심한 질병임〉 우2

1443 **clause** [클러어즈]: 〈← claudere〉, 〈라틴어〉, 조목, 절, 악구, '닫기(close)', 〈~ word group consisting a subject and a verb〉, 〈↔whole\conclusion\paragraph〉, 〈phrase보다 한 단계 높음〉 가1

1444 **claus·tro·pho·bi·a** [클러러스트뤄 호우비어]: claustrum(lock)+phobia, 〈라틴어+그리스어〉, 밀실 공포, 폐소공포증, 〈~ fear of enclosed spaces〉, 〈↔agora-phobia〉 양2

1445 **clav·i·cle** [클래뷔클]: 〈← clavis(key)〉, 〈라틴어〉, 〈사슬 모양 뻗어 나온〉 쇄골, 빗장뼈, collar bone 양2

1446 **claw** [클러어]: 〈← clawu(hoof)〉, 〈게르만어〉, 갈고리 손톱, 〈날카로운〉 발톱, 집게발, 갈고랑쇠, 마수, 〈~ crab〉, 〈~ paw\talon〉, 〈↔smooth\retreat〉 양1

1447 **clawed frog** [클러어드 후뤄어그]: '갈고리 개구리', (아프리카 원산의) 날카로운 발톱을 가지고 먹이를 찢어먹는 육식성 수중개구리, 〈~ African claw-toed toad〉 우2

1448 **clay** [클레이]: 〈← kliwa(bran)〉, 〈게르만어〉, 〈끈적끈적한〉 찰흙, 점토, 〈죽으면 흙이 되는〉 육신, 〈→ clammy〉, 〈~(↔)earth\mud〉, 〈↔friable〉 가1

1449 **Clay** [클레이], Hen·ry: (1777-1852), '점토공〈clay worker〉', 〈위대한 타협가〉, 5번이나 대통령 선거에 출마했던 미국의 직업 정치가, 〈~ an American statesman〉 수1

1450 **clay·to·ni·a** [클레이토우니어]: 〈미국 식물학자의 이름(Clayton; clay-town에 사는 자)을 딴〉 키가 작고 액즙이 많은 쇠비름(purslane)과 초본의 총칭, ⇒ spring beauty 우1

1451 **clean** [클리인]: 〈← klainja〉, 〈게르만어〉, 〈← clear〉, 깨끗한, 순수한, 새로운, 단정한, 멋진, '빛나는', 〈~ 'green'〉, 〈~ washed\spotless\virtuous〉, 〈↔dirt\filthy\immoral〉 양1

1452 ***clean bill** [클리인 빌]: 무병증명서, 적격증명서, 보증, 〈~ assurance\endorsement〉, 〈↔disease\illness〉 미2

1453 **clean cut** [클리인 컽]: 선명한, 단정한, 말쑥한, 〈~ clear cut〉 양1

1454 ***clean hands** [클리인 핸즈]: 결백, 정직, 무죄, 〈~ chastity\impeccability〉, 〈↔crime\guilt〉 양2

1455 **clean-life** [클리인 라이후]: 결백한 삶, 술·담배·마약을 하지 않는 삶, 〈~ healthy living〉 미1

1456 **clean-out** [클리인 아웉]: 대청소, 소탕, 관장, 〈~ wipe-out\elimination\enema〉 양2

1457 **cleans-ing cream** [클리인징 크뤼임]: cold cream, 세안용 유지, '얼굴 닦는 연고', 〈~ a face wash〉 미1

1458 **clean-up** [클리인 엎]: 대청소, 숙청, 재고정리, 〈~ clear up\eradicate\clearance〉 양2

1459 **clear** [클리어]: 〈← clarus(bright)〉, 〈라틴어〉, 맑은, 깨끗한, 분명한, 맑게 하다, 청소하다, 〈→ clarify\clarity\clean〉, 〈~ pure\immaculate\empty〉, 〈↔hazy〉 가1

1460 **clear-ance** [클리어뤈스]: 제거, 재고정리, 소거, 여백, 무 결함, 〈~ close-out\space\approval〉, 〈↔obstruction\adjustment\refusal〉 양1

1461 ***clear as mud** [클리어 애즈 머드]: 진흙같이 '혼탁한', 전혀 맑지 않은, 불분명한, '아주 명백한' 〈반어적 표현〉, 〈~ baffling\incomprehensible〉, 〈~ 'very clear'〉 양2

1462 **clear cut** [클리어 컽]: 선명한, 명쾌한, 〈~ clean cut〉 양1

1463 **clear-ing-house** [클리어륑 하우스]: 어음 교환소, 정보 처리소, 물자 처분소, 〈~ settling(dealing) place\disposal facility〉 미2

1464 **clear the throat** [클리어 더 쓰로울]: 헛기침하다, 목소리를 가다듬다, 〈~ cough\expectorate〉, 〈↔unclear\obscure〉 양1

1465 **clear-wing** [클리어 윙]: 유리날개나방, 투명하고 커다란 날개를 가진 벌 비슷한 나방, 〈~ a hawk-moth〉 미2

1466 **cleats** [크리이츠]: 〈← clete(wedge)〉, 〈영국어〉, '쐐기구두(운동화)', 〈밑창에 미끄럼 방지제를 붙인〉 스파이크(spike) 운동화, 〈영국에서는 studs 또는 football boots라 함〉 우1

1467 **cleave** [클리이브]: 〈게르만어〉, 〈두 개의 반대 어의 가진 Janus word ('양면 어')〉 ①〈← cleofan(split)〉, 쪼개다, 가르다, 트다, 찢다, 〈~ crack\rend〉, 〈↔unite〉 ②〈← clifian(stick)〉, 부착하다, 결합하다, 고수하다, 〈↔remove〉 우2 양2

1468 **cleav-er** [클리이버]: 〈뼈를 가를 때 쓰는〉 날이 넓은 칼, 〈~ chopper¹〉 우2

1469 **cleav-ers** [클리이버즈]: 〈6~8개의 갈라진 잎을 가진〉 갈퀴덩굴, 〈끈끈하고 미세한 가시를 가진 줄기에 거위발같이 벌어진 잎을 가진〉 거위풀, 왕바랭이, goose·grass, crow's toes, tooth·wort, wire·grass 미2

1470 **clef** [클레후]: 〈← clavis〉, 〈라틴어〉, key, 음자리표 〈음계에 따라 F〈bass-낮은〉·G〈treble-높은〉 등이 있음〉 미2

1471 **cleft** [클레후트]: cleave의 과거·과거분사, 갈라진 틈, 터진 금, 오목한 곳, 여성 외음부 〈샅틈새〉, 〈~ fissure\rabbet〉, 〈↔united\closure〉 양1

1472 **cleft-lip** [클레후트 립]: 갈라진 입술, 언청이, 〈~ hare-lip〉 가1

1473 **clem·a·tis** [클레머티스]: 〈← klema(vine)〉, 〈그리스어〉, 클레마티스, (진통·거담제로 쓰였던) 위령선, 으아리꽃, 여러 가지 색깔의 나리 비슷한 꽃이 피는 '덩굴' 식물, 〈~ leather flower\a butter-cup family〉 미2

1474 **Cle·men·ceau** [클레먼소우], Geo·rges: 〈← clemens(merciful)〉, 〈라틴어〉, '관대한 자', 클레망소, (1841-1929), 〈프랑스의 호랑이〉, 1차 세계대전을 승리로 이끌었으나 대통령이 되지 못한 프랑스의 정치가, 〈~ a French statesman〉 수1

1475 **Clem-ens** [클레먼즈]: 〈라틴어〉, 〈관대한(merciful)〉 클레멘스, 14명의 로마 교황(Pope)들의 이름 수1

1476 **clem-ent** [클레먼트]: 〈← clemens(mild)〉, 〈라틴어〉, 온후한, 관대한, 자비로운, 〈~ forgiving\merciful〉, 〈↔in-clement\harsh〉 양2

1477 **clench** [클렌취]: 〈← beclancan(fasten)〉, 〈게르만어〉, clinch, 〈← cling〉, 악물다, 꽉 쥐다, 뭉개다, 〈→ clutch〉, 〈↔release\relax〉 양1

1478 **Cle·o·me** [클리오우미]: 〈'different plant'를 칭하는 라틴어 학명〉, 〈동·서양의 더운 지방에서 서식하며〉 〈거미 발같이 긴 수술에〉 백·녹·자색의 깃털 같은 꽃잎을 피우는 각종 풍접초, 백화채, 족두리꽃, spider flower, 〈spider-wort하고는 다른 식물임〉 미2

1479 **Cle·o·pa·tra** [클리어패트뤄]: kleos(glory)+pater(father), 〈그리스어〉, '아비의 영광', 클레오파트라, (BC969-30), 미인은 아니었으나 기지와 충성심으로 시저와 안토니우스의 마음을 사로잡았던 이집트 프톨레미 왕가의 마지막 여왕, 〈~ the last Queen of Ptolemic kingdom〉 수1

1480 **Cle·o·pa·tra's nee·dles** [클리어패트래스 니이들스]: 〈이집트가 선사했다는〉 클레오파트라의 바늘들, 클레오파트라가 탄생하기 천 년 이상 전에 만들어진 오벨리스크(방첨탑)들로 뉴욕·런던·파리에 옮겨져 있음, 〈~ ancient Egyptian obelisk〉 수1

1481 **cler·gy** [클러얼쥐]: 〈← clericus(learned man)〉, 〈라틴어〉, '배운 자', 성직자, 목회자, 〈← clerk〉, 〈~ church-men\priest〉, 〈↔laity〉 가1

1482 **clerk** [클러억]: 〈← clericus(learned man)〉, 〈〈라틴어〉, 사원, 사무원, 행원, 점원, 서기, 수습생, '목사처럼' 배워서 글을 쓸 수 있는 자, 〈→ clergy〉, 〈~ office worker\book-keeper〉, 〈↔employer\lay-person〉 가1

1483 **clerk-ship** [클러억 쉽]: 서기·점원·성직자 등의 직책, (의대생의) 병원 실습, 〈~ clergy\shadowing〉, 〈↔laity\intern-ship〉 우1

1484 **Cleve-land** [클리이블런드]: 〈1796년 정착자들을 인도한 모세스 클리블랜드 장군의 이름을 딴〉 미국 오하이오주 북동부 에리호반에 있는 항구·상공업도시, 〈~ a city on Ohio〉 수1

1485 **Cleve-land** [클리이블런드], Gro·ver: 〈'cliff'(절벽) 근처에 사는 자〉, 클리블랜드, (1837-1908), 가난한 목사의 아들로 태어나 법대를 졸업하고 여러 공직을 거쳐 남북전쟁 후 한 번 건너뛰고 두 번 대통령을 하고 (48세 때 동업자가 후사를 부탁한 딸과 백악관에서 결혼하여) 〈27세 연하의 아내를 둔〉 민주당 출신 미국의 직업 정치인, {(거부권을 많이 행사해서) His Obstinacy, (거구의) Jumbo}, 〈~ 22nd and 24th US president〉 수1

1486 **Cleve-land Clin·ic** [클리이블런드 클리닉]: 외과 개업의들에 의해 1921년에 미국 클리블랜드시에 세워진 임상·연구·교육 종합병원, 〈~ a medical center in Cleveland, Ohio〉 수1

1487 **clev·er** [클레붜]: 〈← cleave¹?〉, 〈게르만어〉, '눈치 빠른', 〈머리는 잘 돌아가나 깊이가 없이〉 똑똑한, 영리한, 솜씨 좋은, 〈~ smart\adroit〉, 〈↔stupid\dumb\woo-woo²〉 양2

1488 *****clev·er-clev·er** [클레붜-클레붜]: 똑똑한 체하는, 실속이 없는, 〈~ over-clever〉, 〈↔clever〉 미2

1489 *****clev·er clogs** [클레붜 클락스]: 똑 떨어진, 너무 영리한, 팬돌이, 제 잘난쟁이, '얌채', 〈~ clever-clever\clever dick〉 미2

1490 **clew** [클루우]: 〈← cleowan(ball of thread)〉, 〈그리스 신화에서 연유한 게르만어〉, 〈미궁의〉 길잡이 실, 실꾸리, 실톳, (배의) 돛귀, 〈~ clue〉, 〈~ key\trace\hint〉, 〈↔direct evidence\un-wind\dead-end〉 양1

1491 **cli·che** [클리이쉐이]: 〈← cliquer(clap)〉, 〈프랑스어〉, 〈인쇄에서 click하면 떠오르는〉 미리 묶어 놓은 글자, 진부한 표현, 상투적 표현, 격언, 〈~ trope\platitude〉, 〈↔fresh\novel〉 미2

1492 **click** [클릭]: 〈프랑스어〉, 〈의성어〉, 짤까닥, 찰칵 (켜다, 끄다), 퍼뜩 떠오르다, '단압(짧게 누름)', 〈~ clink\snap〉, 〈↔flop\flunk\bomb〉 우1

1493 **click bee·tle** [클릭 비이틀]: snapping beetle, 방아벌레, 건드리면 '딱딱' 소리를 내는 조그만 딱정벌레, ⇒ wire-worm 미2

1494 *****click rate** [클릭 뤠이트]: 조회율 〈웹사이트를 일정 시간에 방문한 회수〉, 〈~ viewing rate〉 미2

1495 *****click-stream** [클릭 스트뤼임]: 일시 조회목록, (연속적으로) 사용자가 자료 탐색을 하는동안 방문한 전산망 기지목록, 〈~ click path\record of clicks〉 미2

1496 *****click–work-er** [클릭 워얼커]: '짤까닥쟁이', (비숙련) 전산기 노동자, 깊은 지식이 없이 지루한 자료처리를 하는 사람, 〈~ un-skilled on-line worker〉 우2

1497 *****cli·ent** [클라이언트]: 〈← cluere(obey)〉, 〈라틴어〉, '추종자', 고객, 단골손님, 소송의뢰인, 〈다른 전산기의 도움을 받는〉 '예속 전산기', 〈~ customer\consumer\patient〉, 〈↔producer\owner\dealer〉 양2 우1

1498 *****cli·ent-a·re·a** [클라이언트 에어뤼어]: '고객창', 고객 활동영역 〈실제로 편집이나 도안을 하는 화면의 일부〉, 〈~ workable window area〉 미1

1499 *****cli·ent state** [클라이언트 스테이트]: (강대국의 지원과 보호에 기대는) 의존국, 종속국, 손님나라〈중국에 대한 한국(Jo-seon)의 완곡한 표현〉, 〈~ satellite(associated) state〉, 〈~(↔)vassal(puppet) state〉, 〈↔controlling state〉 양2

1500 **cliff** [클리후]: 〈← clif(steep slope)〉, 〈게르만어〉, 낭떠러지, 절벽, 〈↔low-land\plain〉 가1

1501 *****cliff–hang-er** [클리후 행어]: 연속 모험물, 손에 땀을 쥐게 하는 경기, 〈~ nail-biter\hair-raiser〉, 〈↔ease\peace〉 미2

1502 **cliff swal·low** [클리후 스와알로우]: 삼색제비, 바위 절벽에 집을 짓고 날아다니는 곤충을 〈꿀거덕〉 잡아먹는 적색 목·회색 날개·흰색 몸통을 가진 북미산 제비, 〈~ eave swallow〉 미2

1503 **cli·mate** [클라이미트]: 〈← klima(region)〉, 〈그리스어〉, 〈햇살의 '기울기'에 따른〉 기후, 풍토, 풍조, 분위기, '지대', 〈~ acclimate〉, 〈~ atmosphere\situation〉, 〈weather보다 넓은 의미〉 양2

1504 **cli·mate–fla·tion** [클라이밑 훌레이션]: climate+inflation, 기후성 통화팽창(물가 폭등), 이상 기후로 인한 물가 상승, 〈~ an enevitable inflation〉, 〈~(↔)heat (or cold)-flation〉 양2

1505 **cli·mac-ter·ic** [클리(라이)맥테뤽]: 〈← klimax(ladder)〉, 〈그리스어〉, 월경 폐지기의, 전환기의, 위기의, 〈~ culminating\crucial〉, 〈~(↔)menopause〉 양2

1506 **cli·max** [클라이맥스]: 〈← klinein(slope)〉, 〈그리스어〉, 절정, 최고조(의 흥분), 점층법, '사닥다리의 끝', 〈~ peak\top〉, 〈↔anti-climax\nadir〉 가2

1507 **climb-ing** [클라이밍]: 〈← climban(ascend)〉, 〈영국어〉, 등반, 기어오르기, 〈→ climber〉, 〈↔descend〉 양1

1508 **climb the walls**: 〈원래는 전투시 성벽을 기어올라 간다는 뜻의 영국영어였으나 20세기 중반에 미국에서 변조된 말〉, 불안해하다, 괴로워하다, 죽을 맛이다, 〈~ very anxious (or frustrated)〉, 〈↔pleasant\comfortable〉 양2

1509 **clime** [클라임]: 〈← climate〉, 기후, 풍토, 지방 양2

1510 **clinch** [클린취]: 〈게르만어〉, clench, 악물다, 죄다, 못 박다, 매듭짓다, 〈↔lose\let go〉 양1

1511 **cling** [클링]: 〈← clingen(adhere)〉, 〈게르만어〉, 달라붙다, 매달리다, 집착하다, 〈→ clench〉, 〈↔detach〉 양2

1512 **cling fish** [클링 휘쉬]: 황학치, 주로 여울에 살며 배에 빨판이 있어 돌 등에 '달라붙어' 사는 학치과의 작은 물고기, 〈~ small fish shaped like a skillet〉 미2

1513 **clin·ic** [클리닠]: 〈← kline(bed)〉, 〈그리스어〉, 임상 진료소, 병원, '침대가 있는' 진찰실 양1

1514 **cli·ni·cian** [클리니션]: 〈← clinic), 임상의, 진료의, 〈↔academician\researcher〉 양2

1515 **clink** [클링크]: ①〈게르만어〉, 땡그랑 소리, 〈~ chink\tinkle\clang〉 ②〈강철을 만들 때 '쨍하고' 갈라진 틈새(crack) ③〈영국어〉, 〈'쨍그렁'하고 잠가버리는〉 유치장(prison) ④click+link, 연결부를 짧게 누르기 양2 우2

1516 **Clin-ton** [클린턴], Hil·la·ry: (1947-), 빌 클린턴과 결혼한 〈똑 떨어진〉 변호사 출신으로 국무장관까지 지낸 미국의 여성 정치가·2016년 민주당 대통령 후보, 〈~ an American politician〉 수1

1517 **Clin-ton** [클린턴], Wil·liam: (1946-), 〈← glin-ton(town on a hill)〉, 〈영국어〉, '언덕에 사는 자', 재임 중 염문에 대한 위증죄로 하원에 의해 탄핵되었으나 상원에서 기각된 〈말 굴리기〉 재주가 비상하고 경제에 밝았던 민주당적 미국의 42대 대통령, 〈매력적 악동-빌빠〉, {Slick(뺀질이) Willie}, 〈~ 42nd US President〉 수1

1518 **Clin·to–nom·ics** [클린터나믹스]: 빌 클린턴이 주도한 저이자(low interest-rate)와 사기업 육성(enterprise friendly) 정책으로 당시에는 경기 부양이 있었으나 그 후 불경기를 몰고 왔다는 비평이 있음 수2

1519 **clip¹** [클맆]: 〈← klippa(shear)〉, 〈북구어〉, 〈의성어〉, 자르다, 베다, 깎다, 오리다, 〈~ cut off〉, 〈↔extend〉 우2

1520 **clip²** [클맆]: 〈← clyppan(embrace)〉, 〈게르만어〉, '꼭 껴안기', 종이(서류) 집게(끼우개), 끼움쇠, 장식 핀, 출판 이력, 딴죽치기(축구의 반칙), 〈~ fastener\brooch\tackle〉 우2

1521 **clip art** [클맆 아알트]: 오려 붙이기 예술, 조각 그림, 〈~ pre-designed art〉 우2

1522 **clip-board** [클맆 보어드]: 종이 끼우개판, 오려둠 판, 회람판, 〈~ note-pad\scratch-pad\circular〉 우2

1523 **clip-clap** [클맆 클랖]: 다가닥다가닥(말굽 소리), 〈~ clack\clatter〉 양2

1524 *****clip-ped word** [클맆트 워어드]: 〈점점 씀씀이가 많아지는〉 (잘라도 뜻이 변하지 않는) 단축어, 줄임말, 〈~ shortened word〉 양2

1525 **clique** [클리이크]: 〈프랑스어〉, noise maker, 〈박수치는 무리〉, (배타적인) 파벌, 〈소란 떠는〉 도당, 〈~ faction¹\sect\cult〉, 〈~ inner circle\cotrie〉, 〈↔pariah\outcast〉 양2

1526 **clit·o·ris** [클리터뤼스 \ 클라이터뤼스]: 〈← kleiein(hide)〉, 〈그리스어〉, 클리토리스, 음핵, 〈덮개로 씌워진〉 공알, '기쁨 단추(joy button)', 〈↔penis\phallus〉 양2

1527 **cloak** [클로욱]: 〈← cloca(bell)〉, 〈라틴어〉, 〈종 모양의〉 소매없는 외투, 덮개, 가면, 종, clock, 〈→ chapel〉, 〈~ cape\mantle〉, 〈↔un-mask\un-cover〉 양2

1528 **cloche** [클로우쉬]: 〈← cloca(bell)〉, 〈라틴어 → 프랑스어〉, 클로시, (원예용) '종 모양'〈cloak〉의 유리 덮개, 좁은 챙과 원통형 두건이 있는 〈종 모양의〉 여성용 모자, 〈~ dome-shaped cover\woman's close-fitting hat〉 우1

1529 **clock** [클랔]: 〈← cloca(bell)〉, 〈라틴어〉, 〈의성어〉, '종', 〈여러 사람이 보는〉 (괘종·탁상·벽) 시계, 계측기, 전기 회로의 일정한 주기, 강타하다, 〈→ o'clock〉, 〈~ timer\chrono-meter〉, 〈~ turn\strike〉 양1 미1

1530 **clock-watch-er** [클랔 워춰]: (시계를 쳐다 보면서) 퇴근만 기다리는 자, 게으른 직장인, 〈~ shirker\slacker〉, 〈↔hard worker〉 미2

1531 **clock-wise** [클랔 와이즈]: 시계방향으로, 오른쪽으로, 〈~ dextro-rotary〉, 〈↔counter-clock wise〉 양2

1532 **clod** [클라드]: 〈← clott(round mass)〉, 〈게르만어〉, (흙) 덩어리, 몸뚱이, 소의 어깨살, 하찮은 것, 〈~ clot\dolt〉, 〈↔stunt man\savant〉 양2

1533 **clog** [클라그 \ 클러어그]: 〈← clogge(block of wood)〉, 〈어원 불명의 영국어〉, 막다, 〈나무 토막으로 된〉 장애물, 나막신, 〈~ sabot\geta〉 양1

1534 **clois·ter** [클러이스털]: 〈← cluaudere〉, 〈라틴어〉, '폐쇄된〈closed〉 장소', 수도원, 수녀원, 회랑, 〈~ convent\nunnery\monastery\corridor〉 양2

1535 **clone** [클로운]: 〈← klon(a twig)〉, 〈1903년 생물학자들이 '접붙이다(klon)'란 뜻의 그리스어를 주조한 말〉, 영양계〈개체에서 성행위 없이 영양분만으로 재생산된 자손들〉, 복제 생물, 무성 생식, 똑 닮다, '쌍둥이', 〈~ carbon copy\dead ringer〉, 〈↔different\contradictory〉 미2

1536 **clone-tool** [클로운 투울]: 복제기(구), 〈~ clone-brush\rubber stamp tool〉 양1

1537 **clo·nus** [클로우너스]: ⟨← klonos(violent motion)⟩, ⟨어원 불명의 그리스어⟩, (근육의) 간헐성 경련, ⟨~ cramp\spasm⟩, ⟨↔tonus⟩ 양2

1538 **Cloon·ey** [클루니], George: (1961-), ⟨← cluana(quick-witted)⟩, ⟨아일랜드어⟩, '재치있는 자', 다양한 역할을 잘 연출했으며 다양한 삶을 추구한 미국의 미남 배우, ⟨~ an American actor⟩ 수1

1539 **clo·que** [클로우케이]: ⟨프랑스어⟩, ⟨'clock'(종)같이 튀어나온⟩ 클로케, 돋을무늬 직물, '부품이', '지지미', ⟨~ fabric with embossed design⟩ 우2

1540 **close¹** [클로우스]: ⟨← claudere(shut)⟩, ⟨라틴어 → 프랑스어⟩ '닫혀있는', 가까운, 친밀한, 근소한, 밀폐된, 정밀한, ⟨→ cloister⟩, ⟨~ near\adjacent⟩, ⟨↔far\far-off⟩ 양1

1541 **close²** [클로우즈]: ⟨← claudere(shut)⟩, ⟨라틴어⟩, 닫다, 감다, 막다, 마치다, 끊다, ⟨~ slam\lock\block⟩, ⟨↔open\loose\yawn⟩ 양1

1542 *__close call__ [클로우스 커얼]: ⟨너무 가까이 온 면도칼 같은⟩ 위기일발, 구사일생, ⟨결정할 수 없이⟩ 아슬아슬한, ⟨~ cliff-hanger\near miss⟩, ⟨↔failure\miss-fire⟩ 양2

1543 *__close–crop–ped__ [클로우스 크롶트]: ⟨이삭을 잘라내듯⟩ (잔디나 머리칼 등을) 짧게 깎은, 바싹 자른, '단발머리', clipped short, ⟨~ short-cut⟩, ⟨↔long-cute\shaggy⟩ 양2

1544 *__closed cap·tion__ [클로우즈드 캪션]: (청각장애자나 언어미숙자를 위한) 무성자막, ⟨~ sub-title⟩, ⟨↔open caption⟩ 양1

1545 *__closed cir·cuit__ [클로우즈드 써얼킽]: 닫힌 회로, 단일회로, 순회, 우회, ⟨~ closed loop(system)⟩, ⟨↔open circuit⟩ 양1

1546 *__closed loop__ [클로우즈드 루우프]: 폐회로, (되먹이기 원리로 조작되는) 자동제어 기구의, (폐기물을 처리하여) 재이용하는 장치의, ⟨~ closed circuit(cycle)\continuous loop⟩, ⟨↔open loop⟩ 양1

1547 **close down** [클로우즈 다운]: (공장)폐쇄, 종료, ⟨~ shut down\cease⟩, ⟨↔open\loosen⟩ 가1

1548 **closed stance** [클로우즈드 스탠스]: '닫힌 자세', 타자의 팔과 다리가 엇갈리는 자세, 앞으로 내는 자세, ⟨~ tight(compact) stance⟩, ⟨↔open stance⟩ 우2

1549 *__close–fist–ed__ [클로우즈 휘스티드]: (돈을 안 내려고) 주먹을 꽉 쥔, 인색한, 구두쇠의, ⟨~ stingy\cheap⟩, ⟨↔generous\magnanimous⟩ 양2

1550 **close-or·der drill** [클로우스 오어더 드릴]: 밀집 부대 교련, 제식 훈련, ⟨~ formation (or marching) drill⟩ 양2

1551 **close out** [클로우즈 아웉]: 폐점(대매출), 재고 정리, ⟨~ wind(wrap) up⟩, ⟨↔start\swindle⟩ 가1

1552 *__close run__ [클로우스 뤈]: 막상막하, 간발의 차이로(이긴), ⟨~ closely contested\hard-fought⟩, ⟨↔landslide\far-fetched⟩ 양2

1553 **clos·et** [클라짙]: '닫힌 곳(enclosed place)', 벽장, 찬장, 사실, ⟨~ storage room⟩, ⟨↔open\out⟩ 가1

1554 *__clos·et drink-er__ [클라짙 드링커]: 숨은 음주가, 몰래 술 마시는 사람, ⟨~ secret drinker⟩ 미2

1555 *__close the barn door af·ter the horse is sto·len__: 소 잃고 외양간 고치기, 사후 약 방문, ⟨~ call the doctor after the patient died⟩ 양2

1556 *__clos·et ho·mo–sex·u·al__ [클라짙 호우모우쎅슈얼]: (공표 전의) 동성연애자, 동성연애자임을 숨기는 사람, ⟨~ secret(hidden) LGBT⟩ 미2

1557 **close-up** [클로우스 엎]: 근접촬영, 큰 그림, 상세한 조사, ⟨~ approaching\hand-to-hand⟩, ⟨↔distant\deep\far⟩ 미2

1558 *__clos·ing cred·it__ [클로우징 크뤠딭]: '후원자 소개', (영화 등이 끝나고) ⟨제작비를 조달한 자들을 소개하는⟩ '물주들', ⟨~ list of sponsors⟩, ⟨↔opening credit⟩ 우2

1559 **clot** [클랕]: ⟨← clott(round mass)⟩, ⟨게르만어⟩, 엉기다, 응고(시키다), 엉긴 덩어리, 멍청이, ⟨→ clod\cloud\cluster⟩, ⟨~ cretin\lout⟩, ⟨↔thin\boil\brain⟩ 양1

1560 **cloth** [클러쓰]: ⟨← clath(a texture)⟩, ⟨영국어⟩, 천, 피륙, 헝겊, 모직물, 식탁보, 행주, ⟨~ fabric⟩, the cloth; (군인·법관·성직자 등) 제복⟨uniform⟩을 입는 사람 양2

1561 **clothe** [클로우드]: ⟨← clathian(to dress)⟩, ⟨영국어⟩, 옷을 입히다, 옷을 걸치다, 옷을 지급하다, ⟨↔undress\uncover⟩ 양1

1562 *clothes do not make the man: 갓 썼다고 다 양반은 아니다, 〈~ the beard doesn't make the philosopher\all that glitters is not gold〉, 〈↔apparel makes the man〉 양2

1563 clothes-ham·per [클로우즈 햄퍼]: 빨래할(한) 옷들을 담아논 바구니, laundary basket 미2

1564 *clothes-horse [클로우즈 호얼스]: 〈말에 물건을 실을 때처럼〉 (접었다 폈다 할 수 있는) 빨래 건조대, 옷 자랑하는 사람, 〈~ drying rack〉, 〈~ clothes-extravaganza〉 양2

1565 clothes-line [클로우즈 라인]: 빨랫줄, 〈~ washing-line\airer〉 양1

1566 cloth-ing [클로우딩]: 옷, 의복, 의류, 복장, 〈~ dress\garment\robe〉 가1

1567 clo·ture [클로우춰]: 〈closure의 프랑스어〉, 토론을 〈종결〉시키고 곧 표결에 들어가다, 토론 종결, 〈↔filibuster〉 양2

1568 *cloud [클라우드]: 〈← clud〉, '바윗덩어리', (clot), 〈영국어〉, 구름, 연무, 흐림, 어둠, 〈메뚜기 등의〉 떼(다수), (전산망의) '구름 창고', 〈엄청난 정보를 저장할 수 있는〉 '전자 구름', 〈~ mass of vapor\data storage〉, 〈↔unfog\clear\handful〉 양2 우2

1569 cloud ber·ry [클라우드 베리]: 진들딸기, 호로딸기 〈추운 지방 '구름 낀' 음지에서 잘 자라며 5~25개의 주황색 소핵과를 가진 야생 나무딸기〉, 〈~ Nordic (or knot) berry〉 미2

1570 cloud-burst [클라우드 버얼스트]: 〈구름이 터져 쏟아지는〉 소나기, 폭우, 〈~ down-pour\deluge〉, 〈↔mist\drizzle〉 양2

1571 *cloud nine [클라우드 나인]: 〈10층짜리 구름에서 9층에 뜬 것 같은〉 아주 기분 좋은, blem, 〈~ over the moon\walking on air〉, 〈~ dog with two tails〉, 〈↔miserable\depressed〉 양2

1572 *cloud on the ho·ri·zon [클라우드 언던 더 호어롸이즌]: 떠오른 한 조각 먹구름, 불길한 조짐, 암운, 위기, 〈~ ill omen〉, 〈↔bright future〉 양2

1573 clout [클라웉]: 〈← clut(a patch)〉, 〈아리송한 어원의 영국어〉, 강타, 강한 영향력, 명성, 명중, 징, 넝마, 〈~ blow\hit\rap〉, 〈↔weakness\boo〉 양2

1574 clove [클로우브]: ①〈← clavus(nail)〉, 〈라틴어 → 영국어〉, 〈잎의 끝이 손톱같이 생긴 정향(나무)〈꽃을 말린 것을 향료로 쓰는 동남아시아 원산 협죽도과의 상록교목〉, gilly·flower ②〈← cleave¹〉, 〈게르만어 → 프랑스어〉, 〈'손톱' 모양의〉 (마늘) 한쪽, 소구근, 〈~ a segment of a bulb〉 미2

1575 clo·ver [클로우붜]: 〈← clafre(a low leguminous herb)〉, 〈어원 불명의 게르만어〉, 클로버, 〈단백질과 무기물이 풍부한〉 토끼풀, 〈~ shamrock\trefoil〉 미1

1576 clow·der [클라우더]: 〈영국어〉, 〈clutter의 변형〉, (고양이) 떼, 〈~ group of cats〉, 〈↔little bit\few〉 미2

1577 clown [클라운]: 〈← klonne(clumsy fellow)〉, 〈게르만어〉, 어릿광대, 뒤틈바리, 익살꾼, 시골뜨기, 〈~ pierrot\jester〉, 〈↔gentleman\smarty〉 양2

1578 clown fish [클라운 휘쉬]: anemone·fish, '광대물고기', 흰동가리, (심해에서 말미잘과 공생하는) 〈인형같이 생긴〉 조그만 바닷물고기 미2

1579 cloy [클러이]: 〈← clavus(nail)〉, 〈라틴어〉, 〈말굽에 박은 징처럼〉 〈처음에는 좋았으나 감각이 무뎌져서〉 물리다, 질리다, 넌더리나다, 〈~ satiate\disgust\sicken〉, 〈↔stimulate\excite〉 양2

1580 club [클럽]: ①〈← klubba(cudgel)〉, 〈북구어〉, 타봉, 〈뭉쳐진〉 '혹이 있는 막대', 〈~ bat¹\baton\cudgel〉 ②〈영국어〉, 〈← clump¹〉, 〈타봉을 한군데 모아놓고 만나는〉 동호회, 사교회, 구락부, 〈~ society\group〉, 〈↔disband\break up〉 우2

1581 club-by [클러비]: 사교적인, 배타적인, 〈~ amiable\selective〉, 〈↔un-social\reclusive〉 양1

1582 club-house [클럽 하우스]: 사교회관, 동호회관, 특별회원 집합소, 〈~ gathering place〉 미2

1583 club moss [클럽 모어스]: 〈곤봉같은 포자를 가진〉 석송, '땅소나무', 커다란 이끼 모양으로 낮게 자라는 고사리류, ⇒ wolf's·claw 미2

1584 club-root [클럽 루우트]: (양배추·순무 등의) 뿌리'혹'병, 〈~ a root disease of the cabbage family\finger and toe〉 양2

1585 Clubs [클럽스], Chi·ca·go: '곤봉을 든 자들', 1876년 '흰 양말'로 창단되어 1903년 현재 명으로 불리기 시작한 〈푸른색을 좋아하는〉 MLB 소속 미국의 야구단 수2

1586 *club sand·wich [클럽 쌘드위치]: 〈1889년 NY의 Union Club에서 처음 선보인〉 빵 사이에 고기와 야채를 삽입한 '푸짐한' 간이음식, '구락부(club-house) 삽입빵', 〈~ double (or triple)-decker〉 우2

1587 ***club steak** [클럽 스테잌]: 〈보통 New York Steak라고 하는〉 소의 허릿살로 만든 작은 저민 고기(요리) 우2

1588 **cluck** [클럭]: 〈북구어〉, 〈의성어〉, 암닭의 울음소리, 꼬꼬 우는 소리, 혀를 차다, 〈닭 같은〉 얼간이, 〈멍청한〉 위조 화폐, 〈~ cackle\idiot\dummy counterfeit〉, 〈↔whisper\shout〉, 〈↔whiz\genuine〉 양2

1589 **clue** [클루우]: 〈← clew〉, 〈게르만어 → 영국어〉, '실뭉치', 실마리, 단서, 길잡이, 〈~ ball of yarn\hint\guide〉, 〈↔solution\misinformation〉 양1

1590 **Clum·ber** [클럼버]: 〈영국 클럼버 지방 원산의〉 spaniel, 뚱뚱하고 다리가 짧은 스패니얼종의 커다란 사냥개 수2

1591 **clump** [클럼프]: ①〈← clympre〉, 〈게르만어〉, 〈← lump〉, 수풀, 덤불, 덩어리, 떼, 〈→ club²〉, 〈~ mass〉, 〈↔entity〉 ②〈영국어〉, 〈의성어〉, 말이 세차게 땅 밟는 소리, 강타, 〈~ stomp〉, 〈↔tip-toe〉 양1

1592 **clum·sy** [클럼지]: 〈← clumsen(be numb)〉, 〈북구어〉, '무딘', 서투른, 솜씨 없는, 꼴사나운, 순한, 〈~ all thumbs\awkward〉, 〈↔dextrous\skillful〉 가1

1593 **clung** [클렁]: 〈게르만어〉, cling의 과거·과거분사 양2

1594 **clunk** [클렁크]: 〈스코틀랜드어〉, 〈의성어〉, 〈둔탁한〉 꽝(펑·쨍)하는 소리, 멍청이〈둔한 놈〉, 〈~ dull sound (or person)〉, 〈↔breeze\egghead〉 양2

1595 **clunk-y** [클렁키]: 꽤 무거운, 투박한, 거북한, 〈~ heavy\foolish〉, 〈↔light\tactful〉 양2

1596 **clu·sia** [클루지어]: 〈프랑스 식물학자의 이름(Le cluse; 골짜기에 사는 자)에서 연유한〉 (중미 원산의) 기름기가 도는 잎〈oily ever-green foliage〉을 가진 각종 상록 관목·교목 수2

1597 **clus·ter** [클러스터]: 〈← clyster〉, 〈영국어〉, 〈← clot〉, 송이, 한 덩어리, 뭉치, 집단, 떼, 〈→ group〉, 〈↔individual\scatter〉 양2

1598 ***clus·ter-fuck** [클러스터 훡]: 떼씹, 대혼란, Charlie Foxtrot, 〈~ goat rodeo\Chinse fire-drill〉, 〈↔order\blessing〉 양2

1599 **clutch** [클러취]: 〈← cluccchen〉, 〈게르만어〉, 〈← clench'〉, 잡다, '움켜쥐다', 〈평형을 유지하기 위한〉 버팀 장치, 〈자동차의 기어(변속단)를 바꾸기 위한〉 전동장치, (결정적) 강타, 〈~ grip\clench〉, 〈↔release\anti-clutch〉 미2

1600 **clut·ter** [클러터]: 〈← cloteren〉, 〈영국어〉, 〈← cluster←clot〉, 난장판, 혼란, 소란, 〈→ clowder〉, 〈~ mare's nest\muddle〉, 〈↔neatness\order\tidiness\vacuum〉 가1

1601 ***CLV (con·stant lin·e·ar ve·loc·i·ty)**: 〈원반의 가장자리는 빨리 돌고 중심부는 천천히 도는〉 접선형 속도(방식), 〈원반의 가장자리나 중심부나 항상 같은 속도로 읽을 수 있는〉 등선속도, 〈~ variable angular velocity〉, 〈↔CAV〉 미2

1602 **Clydes-dale** [클라이즈데일]: '깨끗한〈cleansing〉 강이 있는 계곡', 스코틀랜드 클라이즈데일 지방 원산의 힘이 세고 다리에 깃털이 난 짐 끄는 말, 〈~ a Scottish carriage horse〉, 매력적인 남자(stud¹) 수2 양1

1603 **Cly·tem·nes·tra** [클라이텀네스트뤄]: klutos(celebrated)+medomai(scheme), 〈그리스어〉, '뛰어난 음모가', 클리템네스트라, (헬렌과 동배로) 〈시조카와 붙어 먹어〉 비극의 씨앗을 뿌린 아가멤논의 〈부정한〉 아내, 〈~ wife of Agamemnon〉 수1

1604 ***CM (com·mer·cial mes·sage)**: 상업 선전, 광고 방송 우2

1605 ***CME**: 〈미국어〉, 〈Chrismas·Mother's Day·Easter 3일만 교회에 나가는〉 사이비 교인, 나이롱 신자, 〈~ a pseudo-religious person〉, ⇒ CEO² 미2

1606 ***CMOS (com·ple·ment·a·ry me·tal-ox·ide sem·i·con·duc·tor)**: 〈서로 보완하는〉 상보형 금속 산화막 반도체 (1963년에 특허를 받은 소량의 전류로 유지되는 기억력 저장단지) 미1

1607 ***C-mov·ie** [씨이 무우뷔]: 학생이나 개인이 소규모로 만든 amateur movie, 〈↔A\B)-movie〉 우2

1608 ***CMS (con·ver·sa·tion·al mon·i·tor sys·tem)**: 대화형 감독체계 (IBM에서 개발한 대형전산기에 속한 가상 전산기를 대화로 조정하는 운영방식) 미2

1609 ***CMYK**: '감산 혼합', cyan(옥색)·magenta(자홍색)·yellow(황색)·black(검은색)의 4가지 기본 key(색조)로 된 인쇄용액 수2

1610 **CNA (cer·ti·fied nurse as·sis·tant)**: (주로 양로원이나 요양원에서) 간호사를 도와주는 도우미, 간호 보조원, 간호 보무사, 〈~ health aid\nurse aide〉, 〈~ RN\LVN〉, 〈↔charge nurse〉 양2

1611 **CNN** (Ca·ble News Net·work): '강삭 소식망', '유선 방송망', 1980년에 창립된 미국(American)의 뉴스전문 유선(지금은 무선도 짱!) TV방송국 우1

1612 **CN** (Can·a·da Na·tion·al) **tow·er**: 1976년 토론토(Toronto)에 세워져 〈전망대와 송신탑으로 쓰이는〉 높이 553.3m의 탑 수1

1613 **c / o** : ①care of, (남의 집에 머무는 사람에게) 전교, ~방 ②cash order, 현금주문 ③certificate of origin, 원산지 증명서 ④carried over, 이월 ⑤class of, 졸업 연도의 미1

1614 **co~** [코우~]: 〈라틴어〉, 〈com~〉, together\with, 〈공동·공통·상호·동등~〉을 뜻하는 결합사, 〈~ iso〉, 〈↔un〉 양1

1615 **coach** [코우취]: 코치, 〈이 마차가 처음 선보인 헝가리의 지명(Kocs)에서 연유된〉 대형 4륜 마차, 〈~ carriage〉, 〈마차같이 엉성한〉 (객차·자동차·버스의) 보통석, 〈~ economy seat〉, 〈마차 끄는 조랑말을 길들이듯 선수를 훈련시키는〉 지도원, 〈~ trainer〉, 〈↔carriage\first class\trainee\mis-lead〉 미1

1616 **coach-whip** [코우취 윞]: 말채찍 ①〈미 남부와 멕시코에 서식하는 〈2m나 되는 꼬리를 가진 무독의〉〉 채찍뱀, whip snake ②coach·whips; 꼬챙이 같은 여러 줄기가 올라가는 선인장, candle·wood, vine cactus, ⇒ ocotillo 우2

1617 **co-ag·u·late** [코우애귤레이트]: 〈← coagulare(to curdle)〉, 〈라틴어〉, (용액을) 응고시키다, 굳히다, 〈~ clot\harden〉, 〈↔(s)melt〉 양2

1618 **coal** [코울]: 〈← col(charred wood)〉, 〈게르만어〉, 석탄, 숯, 〈타다 남은〉 잉걸불, 〈~ carbon〉, 〈↔gas\oil〉 가1

1619 **co-a·lesce** [코우얼레스]: co+alescere(grow), 〈라틴어〉, '함께 기르다', 합체하다, 연합하다, 제휴하다, 〈~ unite\merge〉, 〈↔part\break up〉 양2

1620 **co-a·li·tion** [코우얼리션]: 〈라틴어〉, 〈← coalesce←co(together)+alere(nourish)〉, 연합, 제휴, 연립, (치타의) 떼, 〈~ alliance\caucus〉, 〈↔division\partition〉 양2

1621 **coal mine** [코울 마인]: 탄광, 탄갱, (석)탄(광)산, 〈~ coal pit(field)〉, 〈↔oil well〉 가1

1622 **coal oil** [코울 오일]: 〈석탄에서 짜낸〉 석유, 등유, paraffin oil, ⇒ kerosene 양1

1623 **coal tar** [코울 타알]: 석탄을 건류할 때 생기는 끈끈한 액체, '석탄진', 〈~ black tar\asphaltene〉 우2

1624 **coarse** [커얼스]: 〈← course(common)〉, 〈영국어〉, '세련되지 않은', 조잡한, 거친, 야비한, 추잡한, 〈~ gross〉, 〈↔soft\refined〉 양2

1625 **coast** [코우스트]: 〈← costa(rib)〉, 〈라틴어〉, 〈'바다'곁'의〉 연안, 해안, 늑골(갈비; rib), 비탈, 연안을 항행하다, 미끄러져 내려가다, 타성으로 나아가다, 수월하게 해내다, 〈~ costa〉, 〈~ shore\drift〉, 〈↔interior〉, 〈↔struggle〉 양1

1626 *****coast-er** [코우스터]: 연안 항해자(선), 비탈용 탈 것(roller coaster), 받침 접시, (필요 없으면 커피 받침용으로 쓰라는) 선전용 〈쓰레기〉 CD, 〈~ tray\mat〉 양2

1627 **coast guard** [코우스트 가아드]: 해안 경비대, 수상경찰, 〈~ 'puddle pirate'〉 양1

1628 **Coast Guard** [코우스트 가아드], US: 코스트 가드, (미) 해안 경비대, 1790년에 창설되어 현재 국토 안전부 산하(Dept. of Homeland Security)에 있으나 아무 때나 (전시에는 의회 의결로) 대통령에 의해 해군으로 편입될 수 있는 미국의 8개 군사 단체의 하나 미2

1629 **coast line** [코우스트 라인]: 해안선, 〈~ shore-line〉 양1

1630 **coat** [코울]: 〈← cota(tunic)〉, 〈라틴어 → 프랑스어〉, 상의, 외투, 껍질, 막, 표식 문장, 〈~ jacket\cover\lamination〉, 〈↔strip\bore〉 양1

1631 **co·a·ti** [코우아아티] \ **co·a·ti·mun·di** [코우아아티먼디]: cua(belt)+tim(nose), mundi(lone), 〈Tupi어〉, (외로운) '긴코'너구리 〈미국남부·남미대륙에 서식하며 남성은 혼자·여성은 무리를 지어 항상 〈혁대 같은〉 코를 킁킁대며 다니는 육식성 너구리〉, 〈~ a small flesh-eating raccoon-like animal〉 미2

1632 **coat of arms** : 〈왕이 무기 소유를 허락한〉 (가문이나 도시의) 문장, 〈~ a heraldic visual design〉 양1

1633 **co-ax**[1] [코우 앩스] \ co-ax·i·al ca·ble: 동축 전선줄, 같은 축을 가진 피복 전선 꼬임줄, 〈↔straight line〉 우2

1634 **coax**[2] [코욱스]: 〈← cock?〉, ninny, 〈어원 불명의 영국어〉, 설득하다, 꾀다(fool), 달래다, 따라붙게 하다, 〈~ lure\tempt〉, 〈~ cajole\inveigle〉, 〈↔squash\bully〉 양2

1635 **cob** [카압]: ⟨← cop(head)?⟩, ⟨어원 불명의 영국어들⟩, 옥수수속(tough core), 다리가 짧은 말(short-legged horse), 둥근 더미(ball), 갈매기(sea gull), 백조의 수컷 영1

1636 **co·balt** [코우벌트]: ⟨게르만어⟩, ⟨은을 분리할 때 Kobalt(작은 악마)같이 걸리적거리는 코발트, ⟨비타민 B12의 모체가 되며 합금용으로도 사용되는⟩ 금속원소(기호 Co·번호27), 암청색, ⟨~ a 'transition metal'⟩, ⟨~ mid-night blue⟩ 수2

1637 **cob·ble** [카아블]: ⟨영국어⟩ ①cobble stone, ⟨파인 길을 메꾸는⟩ 조약돌, ⟨pebble보다 큰⟩ 자갈, 조개탄(briquette), ⟨↔rock⟩ ②lump together, 수선하다, 기워 맞추다, ⟨↔break\unfasten⟩ 양1

1638 **co·bi·a** [코우비어] \ ca·bi·o [카비오우]: a large fisiform fish, ⟨1873년 경에 어원 불명의 카르부어에서 도입된 영국어⟩, ⟨가시가 달린⟩ 날쌔기, 난류에 홀로 사는 낚시용 대형 식용 물고기, '병장고기', sergeant fish, black kingfish 미1

1639 **COBRA** [코우브뤄]: 코브라, Consolidated Omnibus Budget Reconciliation Act, 미 국회에서 1985년에 통과된 일괄 예산 조정법에 따라 퇴직 후에도 일정 기간 건강보험을 유지시켜 주는 제도, ⟨~ continuation of health insurance coverage⟩ 수2

1640 **Co·bra** [코우브뤄]: 코브라, 월남전에 사용됐던 미국의 다용도 헬리콥터, ⟨~ an attack helicopter⟩ 수2

1641 **co·bra** [코우브뤄]: ⟨← colubra(snake)⟩, ⟨라틴어 → 포르투갈어⟩, colubra de capello (hood), ⟨성이 나면 목을 '두건같이' 부풀리는⟩ 인도·아프리카산의 기다란 독사, ⟨~(↔)mamba⟩ 우1

1642 **cob-web** [카압 웹]: ⟨게르만어⟩, attercoppe(spider)+web, 거미집(줄), 얇고 섬세한 것, 혼란, 함정, ⟨~ gossamer\labyrinth\snare⟩, ⟨↔sturdy\unravel⟩ 양1

1643 **co·ca** [코우커]: ⟨← koka⟩, ⟨잉카어⟩, 콩알만 한 빨간 열매를 가졌고 길쭉한 잎에서 코카인⟨cocaine⟩을 뽑아내는 남미 원산의 약용 관목으로 8천 년 전부터 사용했던 흔적이 있음, ⟨cocoa와는 다른 식물임⟩ 수2

1644 **Co·ca Co·la** [코우커 코울러]: Coke, 코카콜라, 1886년 애틀랜타(Atlanta)에서 약사 출신 상이군인이 코카⟨coca⟩를 주성분으로 합성해서 시작된 미국의 탄산청량음료 회사(상표명) 수1

1645 **co·caine** [코우케인]: ⟨← coca⟩, ⟨라틴어 학명⟩, 코카인, 코카의 잎에서 채취하는 마취제·자극제, ⟨~ a stimulant⟩ 수2

1646 **coc·cyx** [캅씩스]: ⟨← kokkyx(cuckoo)⟩, ⟨그리스어⟩, ⟨뻐꾸기의 부리를 닮은⟩ 미(저)골, 꼬리뼈, 미단골, ⟨~ tail-bone⟩ 양1

1647 **Co·chin** [코우친]: ①⟨← koncham(little)⟩, ⟨Tamil어⟩, 인도 서남부(south-west India)의 지명 ②koch(small)+azhi(marsh), ⟨말레이어⟩, kochazhi, '작은 늪', 베트남 남부(south Vietnam) 지역, ⟨월남 원산으로 사료되는⟩ 다리에 털이 많은 닭, ⟨~ a large feather-legged chicken⟩ 수1

1648 **Co·chin-china** [코우친 촤이나]: ⟨← cochin²⟩, ⟨말레이인들이 베트남을 부르던 말에서 연유된⟩ 사이공을 중심으로 한 베트남의 최남단 지역, ⟨~ Dang Trong⟩ 수2

1649 **cock** [칵]: ⟨의성어⟩, ⟨인도 유럽어 → 영국어⟩, 수탉(rooster), ⟨수탉같이 걷는⟩ 두목, 마개,음경(자지), ⟨교미할 때 수탉의 볏이 빨갛게 부풀어 오는 데서 연유한⟩ 좇, ⟨자지같이 생긴⟩ 꼭지, 당기다, 굽히다, 위로 젖히다, ⟨~ penis\valve⟩, ⟨~(↔)cockerel⟩, ⟨↔hen⟩ 양2 가2

1650 **cock·a-doo·dle·doo** [칵 어 두우들 두]: (의성어), 수탉의 울음소리, 꼬끼오 꼬꼬, 꼬꼬댁, ⟨~ crow of a rooster⟩ 양2

1651 **cock·a·ma·mie** [카커메이미]: ⟨← decalcomania의 어린이 말⟩, 터무니없는 (일), 말도 안되는, ⟨~ ridiculous\silly⟩, ⟨↔balanced\serious⟩ 양2

1652 ★**cock and bull sto·ry** [칵 앤드 불 스토어뤼]: ⟨영국의 한 마차역에 있던 'The Cock'이란 여관과 'The Bull'이란 여관 사이에서 오간 풍문들에서 연유한⟩ 터무니없는 말, 황당무계한 이야기, ⟨~ fanciful(far-fetched) story⟩ 양2

1653 **cock·a·tiel** \ cock·a·teel [카커티일] \ **cock·a·too** [카커투우]: 왕관 앵무새, 도가머리 앵무새, (오스트레일리아와 남태평양에 서식하며) 머리 위에 꽂꽂이 뻗은 깃털 다발이 있고 나뭇가지에 앉아 ⟨칵! 칵! 하는⟩ 시끄러운 소리를 내는 새, ⟨~ budgerigar⟩ 미2

1654 **cock·cha·fer** [칵 췌이훠]: ⟨수탉같이 힘이 좋은⟩ 왕풍뎅이, ⇒ May beetle 미2

1655 **cocked hat** [칵트 햍]: ⟨검은⟩ 삼각모, ⟨해군 장교의 정장용⟩ 챙이 양쪽으로 젖혀진 모자, ⟨~ tri-corne hat⟩ 미2

1656 **cock-er-el** [카커뤌]: 〈한 살 미만의〉 수평아리, 어린 수탉(young rooster), 〈~(↔)pullet〉, 툭하면 싸우는 젊은이, 〈~ pro-fight youngster〉 미2

1657 **cock·er span·iel** [칵커 스패니얼]: wood·cock (누른 도요새) 사냥개, 은빛의 긴 털을 가진 조그마한 스패니얼 수2

1658 *__cock-eyed__ [칵 아이드]: 〈'수탉이 암탉 고를 때 같은'〉 사시의, 사팔뜨기의, 비뚤어진, 취한, 〈중국 시안에 있는 벽화에서 시아버지 당태종이 며느리 양귀비를 쳐다보는 그 눈길〉, 〈~ squint\cross-eyed〉 양2

1659 **cock·le** [카아클]: ①〈← konche(mussel)〉, 〈그리스어〉, conch, 조그맣고 딱딱한 새조개, 꼬막(~a small bivalve mollusc), 작은 배(~a small shallow boat), 주름살(wrinkle), 선옹초 (독보리·호밀풀 등의 잡초), 〈~ corn rose\nigella〉 ②〈라틴어〉, 〈마음의〉 난로〈cochleae cordis(심장)를 덥혀 마음을 따뜻하게 하라는 뜻〉, 〈~ depth of emotions〉 미2

1660 **cock·le bur(r)** [카아클 버어]: 도꼬마리 〈열매에 수많은 '가시털'이 난 국화과의 잡초〉, 우엉〈뿌리는 식용·'새조개 같은' 열매는 이뇨제로 쓰는 국화과의 두해살이 식물〉, 〈~ burdock\go-bo'〉 미2

1661 **cock-ney** [카아크니]: 〈수탉이 낳은 알처럼〉 (어정쩡한) 런던내기, 런던 사투리, 〈~ working-class Londoner〉 수2

1662 **cock of the rock** [칵 어브 더 롹]: '남미 바닷새', 〈벼랑의 암벽에 집을 짓고 살며〉 볏이 크고 수컷은 주홍색 상체를 가진 남미산 장식새(cotinga), 〈~ a cliff-dweller〉 우1

1663 *__cock-on__ [칵 어언]: 〈'수탉이 암탉에 사정하듯'〉 정확한, 분명한, 〈~ exactly right〉 양2

1664 *__cock-pit__ [카알 핕]: '투계장', 〈초기에는 비행사가 마치 닭싸움하듯 손발을 놀려야 했던〉 조종실, '수컷들이 다투면서' 〈요트를 조종하는 움푹한〉 운전실, 〈~ compartment\cabin\flight deck〉 가1

1665 *__cock-ring__ [칵 륑]: '좆 반지', (혈액 역류를 방지하기 위해 남근의 기저에 끼는 고무나 금속고리, 〈~ erection (or penis) ring\Arab strap〉, 〈~(↔)camel eye〉 우2

1666 **cock-roach** [카악크로우취]: 〈← cucus(butterfly)〉, 〈라틴어 → 스페인어〉, cucaracha, 〈빛나는 벌레(blatta)〉, roach, 바퀴(벌레), 〈대기업에 빌붙어 먹는〉 소실업가, 〈~ a start-up enterpreneur〉, 〈유명한 노래의 제목〉, 〈~ 'La Cucaracha'〉 미2

1667 **cock's-comb** [칵스 코옴]: 맨드라미 (여름철에 닭 볏 모양의 꽃이 피는 비름과의 한해살이풀), 〈~ an amaranth〉 양2

1668 **cock's-foot** [칵스 훝]: '닭발풀', 새발풀, 오리새(풀), ⇒ orchard grass 미2

1669 *__cock–suck-er__ [칵 써커]: 좆 빠는 놈, 더러운 놈, 비열한, 여자 호모, 〈~ douche-bag\mother fucker〉, 〈↔saint〉 가2

1670 **cock-tail** [칵테일]: 전채, 과일주스, 〈증류주에 설탕·물·고미제 등을 섞어 '수탉 꼬리(tail) 깃털'로 저어 마시던〉 혼합주, 잡탕, 〈~ mixture\blend〉 우2

1671 **cock-tail dress** [칵테일 드뤠스]: 여성의 약식 야회복, 〈~ party dress\ball gown〉, 〈↔formal wear\casual ware〉 미2

1672 **cock-tail glass** [칵테일 글라스]: 혼합주용 굽이 있는 유리잔, 〈~ a stemmed glass〉, 〈~(↔)martini glass\wine glass〉, 〈↔tumbler〉 우1

1673 **cock-tail hour** [칵테일 아우어]: 식사 전 술 마시는 시간 〈보통 4~6 pm〉, 〈~ happy hour〉, 〈↔dinner hour〉 우1

1674 **cock-tail lounge** [칵테일 라운지]: 술을 마실 수 있는 휴게실, 〈~ bar-room\tap-room〉, 〈↔ball(main) room〉 우1

1675 **cock-tail par·ty** [칵테일 파아티]: 주로 술을 마시기 위한 소규모 연회, 〈~ drinking party\meet and greet\reception〉, 〈↔tea party\banquet〉 우1

1676 **cock-tail ta·ble** [칵테일 테이블]: 술상, 술잔을 올려놓는 교자, 〈~ coffee table〉, 〈↔dinner table〉 우1

1677 *__cock–teas-er__ [칵 티이져]: 아슬아슬하게 유혹하면서 몸은 허락하지 않는 여자, 〈미꾸라지 조련사〉, 〈~ seducer\flirt\bad girl〉, 〈~(↔)philanderer〉, 〈↔nymphomaniac〉 미2

1678 *__cock–wom·ble__ [카악 웜블]: 〈편자가 섭렵한 바에 의하면〉 2004년에 등장한 영국 속어〉, 바보, 얼치기, '좆삐리', 〈남성에게 최고의 모욕적인 말〉, 〈~ womble〉, 〈↔gentleman\knight〉 양2

1679 *__cock-y__ [카악키]: 〈수탉이 뽐내듯〉 자만심이 센, 건방진, 〈~ arrogant\conceited〉, 〈↔sissy\timid〉 미2

1680 **co·co(a)-nut** [코우커넡]: 〈아즈텍어에서 유래한 스페인어〉, cocoa(코코아), 〈초콜릿의 원료로 쓰는〉 코코야자 열매(음료), 다갈색, 〈coca와는 다른 식물임〉, ⇒ cacao(카카오) 수2

1681 **co·coon** [커쿠운]: 〈← kokkos(berry)〉, 〈'송이'란 뜻의 그리스어에서 유래한 프랑스어〉, 고치, 덮개, 보호막, 〈coca의〉 감싸개, 〈~ wrap\swathe〉, 〈↔expose\bare〉 가1

1682 **co·cotte** [코우캍]: 〈little hen이란 뜻의 프랑스어〉 ①품행이 나쁜 여자, 매춘부, 〈~ courtesan\prostitute〉 ②(도자기로 만든) 소형 〈내열〉냄비, 〈~ramekin\souffle cup〉 우2

1683 **Coc·teau** [칵토우], Jean: 〈어원 불명의 프랑스 이름〉, 콕토, (1889-1963), 〈깜짝쇼에 능했고〉 다재다능했던 프랑스의 전위작가, 〈~ a French poet and play-writer〉 수1

1684 **COD** (cash col·lect on de·liv·er·y): 현금상환, 현금결제, 〈↔prepaid\credit sale〉 미2

1685 **co·da** [코우더]: 〈← cauda(tail)〉, 〈라틴어〉, '꼬리 부분', 최종 부분, 결말, 매듭, (악곡·악장) 등의 종결부, 〈~ tail-piece\post-script\post-lude〉, 〈↔opening\overture\preface〉 양2

1686 ***cod·di·wom·ple** [카디 웜플]: 〈2017년에 등장한 어원 불명의 영국 관광 속어(인공 조작어)〉, (목적은 있지만) 목적지없이 여행하다, 정처없는 여행, 〈~ meandering〉 미2

1687 ***code** [코우드]: 〈← codex(stem of a tree)〉, 〈라틴어〉, 〈체계적으로 정리한〉 법전, 약호, 규칙, 암호, 부호, 〈~ body of law\set of symbols\secret language〉, 〈↔de-code\disorder\decipher〉 미2

1688 ***code blue** [코우드 블루우]: 슬픈 상황, (병원 내) 사망경보, 〈~ a hospital emergency〉, 〈~(↔)code red〉 미2

1689 **code book** [코우드 붘]: 전신약호 책, 암호책, 〈~ crypto-graphy〉 미2

1690 **code break·er** [코우드 브뤠이커]: 암호 해독자, 〈~ crypto-analyst〉, 〈~(↔)cryptologist〉, 〈↔code maker\encoder〉 미2

1691 ***co-dec** [코우뎈]: 부호기(coder-decoder), 복호기(compressor-decompressor) 〈시청각 신호의 빠른 전송을 위해 자료를 숫자형 방식으로 압축하거나 완화시키는 연성기기 전자회로〉 미2

1692 **co·deine** [코우디인]: 〈← kodeia(poppy head)〉, 〈그리스어〉, 코데인, 아편의 '꽃머리'에서 채취한 진통·진해제, 〈~ an opioid(narcotic)〉 우1

1693 **Code of Ma·nu** [코우드 어브 매뉴우]: 마누〈mankind란 뜻의 산스크리트어〉법전, 기원전 250년경에 제정된 힌두교의 가장 중요한 법전, 〈~ legal texts of Hinduism〉 수1

1694 ***code red** [코우드 뤠드]: 급박한 상황, 화재경보, 〈~ a hospital medical emergency or fire-alert〉, 〈~(↔)code blue〉 미2

1695 **co·dex** [커우덱스] \ co·di·ces [코우디시즈]: stem of a tree, 〈라틴어〉, 코덱스, 고대 책자, (필)사본, 법전, 〈→ code〉, 〈~ book of laws〉 미1

1696 **cod fish** [카드 휘쉬]: 〈어원 불명의 영국어〉, 대구, 머리와 입이 큰 한대성 바닷물고기, 〈~ haddock〉 양1

1697 **cod·ling** [카들링]: 〈영국어〉 ①풋사과(un-ripe apple) ②대구 새끼(young cod) 미2

1698 **cod·ling moth** [카들링 머어쓰]: '사과 나방', 녹갈색의 〈조그마한〉 나방으로 유충은 사과·배 등 여러 가지 과일을 파먹음, 〈~ apple-worm〉 우1

1699 **co-ed** [코우 에드]: co·education, 남녀공학, 남녀공학의 여학생, 〈↔gender segregated\uni-sex〉 미2

1700 **co–ef·fi·cient** [코우이휘션트]: 공동 작용(작인)의, 계수, 율, 〈~ constant factor\measure〉, 〈↔inconstancy\variable〉 양2

1701 **coe·la·canth** [씨일러캔쓰]: koilos(hollow)+akantha(spine), 〈그리스어〉, 〈지느러미 가시의 속이 빈〉 강극어, (칸막이 지느러미가 있어) 네발 동물의 조상으로 추정되며 중생대부터 살아오는 커다란 바닷물고기, 〈~ a lobe-finned lung-fish〉 우2

1702 **co–en·zyme** [코우 엔쟈임]: 조효소, 도우미 효소, 〈~ co-factor\co-catalyst〉 미2

1703 **co-erce** [코우어얼스]: co(together)+arcere(confine), 〈라틴어〉, 〈함께〉 강요하다, 압력을 가하다, '가두어 넣다', 〈~ duress\pressure〉, 〈↔free-will\persuade〉 양2

1704 **COEX** [코우엑스]: 코엑스, convention & exhibition (대회와 전시), 종합 전시장 양2

1705 **cof·fee** [커어휘]: 〈에티오피아 Kaffa(non believer) 지방 원산의〉 커피나무 열매로 만든 음료, 고히〈일본말〉, 〈~ java\joe〉 수2

1706 **cof·fee ma·chine** [커어휘 머쉬인]: 커피 자판기, 커피 끓이는 기구, 〈~ coffee-maker〉 미1

1707 *****cof·fee talk** [커어휘 터크]: 〈커피를 마시지 않고도 하는〉 이런저런 얘기, 일상생활 얘기, 시시한 얘기, 〈~ informal conversation〉, 〈↔business talk〉 미2

1708 **cof·fee time \ ~ hour \ ~ break** [커어휘 타임 \ ~ 아우워 \ ~ 브뤠읔]: 차 마시는 시간, 휴식 시간, 다과회 미2

1709 **cof·fer** [커어휘]: 〈← kophinos(basket)〉, 〈그리스어〉, 돈 괴, 귀중품 상자, 금고에 넣다, 방수하다, 〈→ coffin〉, 〈~ money box\treasure chest〉, 〈~(↔)cask〉, 〈↔trashcan〉 양1

1710 **cof·fin** [커휜]: 〈그리스어〉, 〈← coffer〉, 〈육각형의〉 관, 널, 고물차(비행기·선박), 〈~ sarcophagus〉, 〈~(↔)casket〉 양2

1711 **cof·fin fly** [커휜 훌라이]: 관파리, 곱사파리, ⇒ humpbacked fly 미2

1712 *****COFIX** [코우휠쓰]: cost of funds index, 코픽스, 〈은행 연합회가 발표하는〉 (대출) 은행권 자금조달비용지수, (기준 금리의 영향을 받는) 시중 은행이 돈을 빌려줄 때 비용이 얼마나 들었는지를 나타내는 지표 미2

1713 **cog** [카그]: ①〈북구어〉, gear tooth, (톱니바퀴의) 이, (목공에서) 맞춤 돌기, (조직에 필요하나) 하찮은 사람(subordinate) ②〈← coque(small boat)〉, 〈프랑스어〉, 〈조무라기〉 외돛 상선 ③〈'cock'에서 연유한 영국어〉, 속임수(gimmick) 양1

1714 **co·gent** [코우 줸트]: 〈← cogere(collect)〉, 설복시키는, 힘 있는, 적절한, 〈~ sound\valid〉, 〈↔vague\muddled〉 양2

1715 **co·ger** [코걸]: 〈← colligere(take)〉, 〈라틴어에서 연유한 스페인어〉, 붙잡다, 씹하다(남미어), 〈~ conjugate\copulate〉, 〈↔release\un-fuck〉 양2

1716 **cog·i·tate** [카쥐테이트]: 〈← cogitare(think)〉, 〈라틴어〉, 생각하다, 고안하다, 숙고하다, 〈~ reason\deduct〉, 〈↔discard\ignore〉 양2

1717 **co·gi·to-er·go-sum** [카지토우 얼고우 썸]: think+therfore+some(body), 〈라틴어〉, '나는 생각한다, 고로 나는 존재한다' (데카르트의 말) 우2

1718 **co·gnac** [코우냌]: 〈← Cominius(a Roman name)〉, '협동체〈commune〉', 코냑, 프랑스 코냐크 지방 포도주를 증류해서 만든 독한 술, conac, 〈~(↔)brandy\armagnac\grappa〉 수2

1719 **cog·nate** [카그네이트]: co(together)+nasci(be born), 〈라틴어〉, '혈연관계가 있는', 같은 조상의, 같은 성질의, 〈~ akin\inherent\connate〉, 〈~ related\analogous〉, 〈↔un-connected\dis-similar〉 양2

1720 **cog·ni·tion** [카그니션]: co(together)+noscere(know), 〈라틴어〉, '알아보는 것', 인지, 지식, 구체적인 사물의 지각, 〈→ quaint〉, 〈~ perception\apprehension〉, 〈↔dis-regard\ignorance〉 양2

1721 **cog·ni·tive ther·a·py** [카그니티브 쎄뤄피]: 〈느끼기 → 생각하기 → 행동하기를 바꿔주는〉 인지치료, 'brain washing', 〈~(↔)behavioral therapy〉 양2

1722 **co·gno·scen·ti** [카그너쎈티]: 〈← cognoscere〉, 〈라틴어〉 ①(~에) 통달한 사람, 감정가, connoisseur, 〈~ expert〉, 〈↔ignoramus〉 ②동성애 친구(gay friend), 〈↔alien〉 양2

1723 **cog·no·vit** [카그노우뷑]: co(together)+noscere(know), 〈라틴어〉, (원고의 요구가 정당하다고 인정하는) 피고 승인서, 〈~ confession of judgement〉, 〈↔reversal\aquital〉 양2

1724 **cog-wheel** [카그 위일]: (물린) 톱니바퀴, 맞물려 돌아가면서 속도나 방향을 바꾸는 공구, 〈~(↔)ra(t)chet〉 미2

1725 **co-her-ent** [코우히어뤈트]: co(together)+herere(stick), 〈라틴어〉, '서로 엉겨 붙은', 분명히 말할 수 있는, 시종일관의, 〈~ comprehensible\consistent〉, 〈↔in-coherent\muddled〉 양1

1726 **co-he-sion** [코우히이젼]: co(together)+herere(stick), 〈라틴어〉, 응집력, 밀착, 단결, 〈↔dis-harmony\separation〉 양2

1727 **co-hort** [코우호얼트]: co(together)+hortus(garden), 〈라틴어〉, 무리, 집단, 동료, 300~600명으로 구성된 로마의 보병대, 〈→ cahoot〉, 〈~ unit\ally\group〉, 〈↔individual\adversary〉 양2 우1

1728 **coif·fure** [카아휴어]: 〈프랑스어〉, head dress, 쓰개, 두건, 머리장식 양2

1729 **coil** [코일]: 〈← colligere(take)〉, 〈라틴어〉, 〈← collect〉, 사리, 고리, 끈이나 철사를 〈똘똘〉 감은 것, 〈~ wind'\twist〉, 〈→ tendril〉, 〈↔un-coil\straighten\line〉 미1

1730	**coin** [코인]: 〈← cunneus(wedge)〉, 〈라틴어〉, 경화, 쇠돈, 〈형틀에 찍어낸〉 주화, 잔돈, 〈~ metal money\change〉, 〈↔bill\cash〉 미2
1731	**coin-age** [코이니쥐]: 경화주조, 화폐 주조권, 화폐제도, 〈~ coin making\mintage〉 양2
1732	**co‧in‧ci‧dence** [코우 인씨던스]: co(together)+in+cadere(fall), 〈라틴어〉, (우연의) 일치, 〈함께 안에 떨어지는〉 동시 발생, 부합, 〈~ a twist of fate\co-occurence〉, 〈↔divergence\certainty〉 가1
1733	**coin laun‧dry** [코인 런더뤼]: 동전투입식 자동 세탁기, 〈~ laundromat〉 우2
1734	**co‧i‧tus** [코우이터스]: co(together)+ire(come), 〈라틴어〉, 〈함께 만나는〉 성교, 교접, 씹, 〈~ copulation\conjugation〉, 〈~(↔)kiss〉 양2
1735	**co‧jo‧nes** [커호우네이스]: 〈← coleus(sack)〉, 〈라틴어 → 스페인어〉, 고환, 불알, 용기, 〈~ balls\testicles〉, 〈↔ovary\timidity〉 양2
1736	**Coke** [코우크]: Coca Cola, '코카콜라', coke; 코카인의 약자 수2
1737	**Col** : ⇒ colonel 양2
1738	**col~** [컬\콜\칼]: (l 앞에서) 〈접속사 com~의 변형어〉 양1
1739	**COLA** [코울러] (cost of liv-ing ad-just-ment): (미국 사회보장국의) 〈3개월마다 소비자 가격 변화에 따른〉 생계비 조정 양2
1740	**co‧la¹** \ ko‧la [코울러]: 콜라, cola nut의 줄임말, 서아프리카 원산 벽오동과 상록교목(개암 같은 열매는 Caffeine이 들어있어 원주민들이 씹어 먹기도 하고 청량음료의 원료로 많이 쓰임〉, 〈coca나 cocoa하고는 다른 식물임〉 수2
1741	**co‧la²** [컬러]: colon(쌍점·대장)의 복수형 미2 양2
1742	**col‧an‧der** [컬랜더]: 〈← colare(filter)〉, 〈라틴어〉, 〈← colum(체)〉, 여과기, 물 '거르는' 장치, 물기를 빼는 사발 모양의 기구, 〈~ sieve\sifter\strainer〉 양1
1743	**Col‧by** [코울비], ~ cheese: 〈'coal'을 만지는 사람들이 사는〉 (미국 위스콘신주 콜비 마을에서 개발한) 콜비 치즈, 구멍이 많고 맛이 순한 단단한 체다(cheddar) 치즈, 〈~ a semi-hard orange cheese〉 수2
1744	**col‧chi‧cum** [칼취컴]: 〈그리스어〉, 〈Colchis 지방의 Medea가 사용했던 독이 든〉 콜키쿰, 콜히친(통풍치료제) 제료, 습지에서 자라며 가을에 희거나 자주색의 나리 모양의 뭉텅이 꽃을 피우는 독초, 〈~ meadow saffron\naked flower\crocus〉 수2
1745	**cold** [코울드]: 〈← calan(frigid)〉, 〈게르만어〉, 찬, 냉정한, 씩씩한, 식은, 한랭, 감기, 〈코에 불(열)이 나는〉 고뿔, 〈~ chill\cool〉, 〈↔hot〉 양1
1746	**cold cream** [코울드 크뤼임]: 냉 유지, 얼굴을 닦거나 마사지하는 데 쓰는 기초화장품, 〈수분이 증발할 때 시원한 느낌을 주는〉 세안제, 〈~ cleansing cream\face wash〉, 〈~ water in oil emulsion〉 우2
1747	**cold duck** [코울드 덕]: 〈cold end란 뜻의 독일어가 변질된 말〉, 버건디와 샴페인을 섞은 술, 〈병 밑에 남은 Burgandy에다 Champaign을 부은〉 sparkling wine 수2
1748	*****cold feet** [코울드 휘이트]: 불안, 겁먹음, 꽁무니 빼려는 태도, 〈~ cowardice〉, 〈↔gut〉 양2
1749	*****cold fish** [코울드 휘쉬]: 냉담한 사람, 인기없는 사람, 〈~ ice-berg〉, 〈↔passionate\sweetie〉 양2
1750	*****cold fix** [코울드 휙스]: '지연수정', (전산망의) 오류를 수정할 때 사용을 중단하고(shutting down the system) 차근차근 고친 후 재가동시키는 일, 〈↔hot fix〉 우1
1751	*****cold o‧pen** [코울드 오우픈]: '생략 개막', (영화 등을 시작할 때) 〈구질구질한〉 출연진의 소개없이 막바로 본론으로 들어가는 '시원한 시작', 〈~ in medias res〉, 〈↔warm open〉, 〈↔opening credit〉 우2
1752	**cold pack** [코울드 팩]: 냉습포, 냉찜질, 저온처리, 〈↔hot pack〉 우2
1753	*****cold shoul‧der** [코울드 쇼울더]: (식은 양고기를 내놓듯) 냉대하기, 무시하기, 〈~ snub〉, 〈↔hobnob\red carpet〉, 〈↔wine and dine〉 양2
1754	**cold snap** [코울드 스냅]: '냉급변', (24시간 이내의) 온도 급강하 현상, cold spell, cold wave, cold air outbreak 미2
1755	**cold sore** [코울드 쏘어]: 〈감기 후에 잘 나타나는〉 냉창, 입가에 나는 발진(헌데), 〈~ canker sore\fever blister〉 미2

1756 **Cold Stone Cream·er·y** [코울드 스토운 크뤼머리]: 〈재료를 섞는 화강암 받침대(cold-stone)에서 유래했다고 하나 'stone-cold(extremely cold)'란 뜻이 더 어울리는 말〉, 콜드 스톤 크리머리, 1988년에서 창립되어 버터가 많이 포함된 〈즉석에서 만들어주는 최상급〉 아이스크림 연쇄점, 〈~ an American ice-cream parlor chain〉 수2

1757 *****cold swab** [코울드 스왚]: '식힌 후 바꾸기', 전기 부품을 전원을 끄고(power is turned off) 나서 교체하는 것, 〈↔hot swap〉 우1

1758 **cold sweat** [코울드 스웰]: 식은땀, 진땀, 두려움, 조마조마함, 〈~ afraid\jittery〉, 〈↔calm\joy〉 양2

1759 *****cold tur·key** [코울드 터어키]: 〈미국어〉, 〈아편을 갑자기 끊을 때 (칠면조의 그것같이) 피부에 소름이 끼치는 것에서 연유함〉 급격한 마약(술) 끊기, 갑작스러운 중단, 냉정한 결단, 냉담한 사람, 〈~ goose-bumps〉, 〈↔carry on\sweet-heart〉 우1

1760 **cold war** [코울드 워어]: 냉전, 전투 없는 전쟁, C~ W~; 2차 대전 후 1947년부터 시작되어 1991년 소련의 개방정책으로 종료될 줄 알았으나 아직까지 지속되는 미·소간의 힘겨루기, 〈~ rivalry\upmanship〉, 〈↔hot war\peace〉 미2

1761 **Cold-well Bank·er** [코울드웰 뱅커]: 콜드웰 뱅커, 1906년에 Coldwell〈'찬 우물' 근처에 사는 자〉이 시작해서 1914년 Banker가 합세하여 약 4,000개의 독립점포를 관할하는 미국의 부동산중개업 총판 유한책임회사, 〈~ an American real-estate franchise〉 수1

1762 **cole** [코울]: 〈← colis(cabbage)〉, 〈라틴어〉, cole·wort, bennet, avens, (양배추 등) 평지속 식물의 총칭, kale, kail 미2

1763 **cole-slaw** [코울 슬러어]: cabbage salad, 평지(cole) 전채, 콜슬로, 〈네덜란드 원산의〉 (양배추·당근·양파 등을 채로 썰어 식초·마요네즈에 버무린) 양배추 전채 우1

1764 **co·le·us** [코울리어스]: 〈← koleos(sheath)〉, 〈그리스어〉, 콜레우스, 〈수술이 '칼집' 모양 엮이고〉 잎에 현란한 무늬를 가진 구대륙 열대산 꿀풀과의 관상식물, 〈~ flame (or painted) nettle〉 수2

1765 **col·ic** [칼릭]: 〈그리스어〉, ('colon에 오는' 심한 경련의) 복통, 〈~ gripes〉 가1

1766 **Col·i·se·um** [칼리씨이엄] \ **Col·os·se·um** [칼러씨이엄]: 콜로세움, AD 80년에 헌납된 로마 중심부(center of Rome)의 4층짜리 큰 원형 경기장 수1

1767 **col·i·se·um** [칼리씨이엄]: 〈라틴어〉, 〈← colossus(huge)〉, '거대한' 체육관, 대경기장, 〈~ a large elliptical amphi-theatre\an oval large stadium〉, 〈~(↔)arena〉 미2

1768 **co-liv·ing** [코우 리빙]: (가족이 아닌 사람끼리) 공생하다, (침실만 빼어 놓고) 거주 공간을 공유하다, 공동주거, 〈~ co-housing〉 양2

1769 **col·lab·o·ra·tion** [컬래버뤠이션]: col(together)+laborare(work), 〈라틴어〉, '함께 일하기', 협력, 협작, 제휴, 〈~ co-operation\alliance〉, 〈↔resistance〉 양2

1770 *****col·lab·o·ra·tion is the key to suc·cess**: 도둑질도 손발이 맞아야 한다, 〈~ it takes two to tango〉 양2

1771 **col·lage** [컬라아쥐]: 〈← kolla(glue)〉, 〈그리스어 → 프랑스어〉, 콜라주, '아교붙임', 종이·헝겊·말린 꽃 등 잡다한 물건을 화판에 '붙이는' 추상미술로 20세기 중엽에 유행했음, 〈~ assortment\paste-up\montage〉 수2

1772 **col·la·gen** [컬러젠]: kolla(glue)+gen, 〈그리스어 → 프랑스어〉, 콜라겐, 〈접착성〉 교원질, 결합조직을 구성하는 단백질의 하나, 〈~ gelatin〉, 〈~(↔)cartilage〉, 〈↔cartilage\bone〉 미2

1773 **col·lapse** [컬랲스]: col(together)+lapsi(fall), 〈라틴어〉, 〈함께〉 무너지다, 부서지다, 내려앉다, 실패하다, 〈~ give way\break down\pass out〉, 〈↔hold up\succeed〉 양2

1774 **col·lar** [칼러]: 〈← collum(neck)〉, 〈라틴어〉, 칼라, 〈목을 둘러 앞에서 만나는〉 (웃옷의) 옷깃, 목깃, 목 날개, 〈~ neck-band〉, 〈~(↔)frill\ruff〉, 〈↔sleeve〉 양2

1775 **col·lar bone** [칼러 보운]: 〈목 밑에 있는〉 빗장뼈, 쇄골, clavicle 양2

1776 **col·late** [컬레이트]: col(together)+ferre(carry), 〈라틴어〉, 맞추어보다, 대조하다, 가지런히 하다, 조합하다, 〈~ gather\assemble〉, 〈↔disperse\spread〉 양2

1777 **col·lat·er·al** [컬래터뤌]: col(together)+latus(side), 〈라틴어〉, 평행한, 부수적인, 방계의, 담보물, 〈~ parallel\security〉, 〈↔perpendicular\chief\forfeiture〉 양1

1778 **col-league** [칼리이그]: col(together)+legare(depute), 〈라틴어〉, 〈함께 모이는〉 동료, 동업자, 〈→ college〉, 〈~ team-mate\associate〉, 〈↔antagonist\foe〉 양2

1779 **col-lect call** [컬렉트 커얼]: col(together)+legere(gather), 수신자부담(receiver pay) 전화, 〈↔calling party pay〉 미1

1780 **col-lect-ed** [컬렉티드]: 모은, 〈정신을 한곳에 모아〉 침착한, 〈~ calm\cool〉, 〈↔excited\hysterical〉 양2

1781 **col-lec-tion** [컬렉션]: col+legere(gather), 〈라틴어〉, '한곳에 모으기', 수집(품), 모금, 퇴적, 수금, 〈~ accumulation\assemblage〉, 〈↔dissipation\distribution〉 양2

1782 **col-lec-tion a·gen·cy** [컬렉션 에이쥔씨]: 수금회사, 부채처리사, 〈↔distributer〉 양1

1783 **col-lec-tive** [컬렉티브]: 집단적, 단체적, 〈~ group\joint〉, 〈↔individual\solitary〉 양2

1784 **col-lec-tive in·tel·li·gence** [컬렉티브 인텔리줜스]: 집단(집합) 지능 양1

1785 **col-lec·tiv-ism** [컬렉티뷔즘]: (유교의 영향을 받은) 집단주의, (각자의 역할에 충실하여 집단의 생산성을 높이는) 집산주의, 〈~ hive mind〉, 〈↔individualism〉 양2

1786 **col-lec-tor** [컬렉터]: 수집가, 수금원, 수세관, 모음단자, 〈↔dealer\declutter〉 양1

1787 **col-lege** [칼리쥐]: col+legare(depute), 〈라틴어〉, 〈← colleague〉, (단과) 대학, 학부, 전문학교, 협회, '동료들이 모인 곳', 〈~ lyceum\seminary\association〉, 〈↔kindergarten\university〉 양2

1788 **col-le·giate** [컬리이쥐트]: 대학 정도의, 대학생다운, 〈~ collegial〉 양2

1789 **col-lide** [컬라이드]: col(together)+ledere(strike), 〈라틴어〉, '함께 부딪히다', 충돌하다, 상충(저촉)되다, 〈~ crash\impact〉, 〈↔fix\agree〉 양2

1790 **col·lie** [칼리 \ 컬리]: 〈세가지 학설 중에 머리와 다리가 'coal'같이 검은이란 학설이 제일 신빙성이 있는〉 스코틀랜드 원산 〈양과 비슷하게 생긴〉 (coal 색깔의) 양 지키는 개, 〈~ a herding dog〉 수2

1791 **Col·lins glass** [칼린즈 글래스]: 〈원래는 Tom Collins 혼합주용으로 썼으나〉 (각종 혼합주를 담아 마시는) 300~410ml가 들어가는 둥그런 좁고 긴 유리 술잔, 〈~ a glass tumbler〉, 〈~(↔)hig-ball glass〉 수2

1792 **col-li·sion** [컬리젼]: col(together)+ledere(strike), 〈라틴어〉, 〈같이 부딪히는〉 충돌, 격돌, 대립, 파손, 〈~ accident\smash〉, 〈↔avoidance\construction〉 양1

1793 **col-lo·ca·tion** [컬러케이션]: co+location, 나란히 놓음, 병치, 연어(연관되는 단어) 양1

1794 **col·loid** [칼로이드]: kolla(glue)+oid(like), 〈그리스어〉, 〈아교 같은〉 콜로이드, 〈접착성의〉 교질, 반투막을 통과할 수 없을 정도의 입자, 〈~ emulsion\gel〉, 〈↔solution\clot〉 미1

1795 **col-lo·qui–al** [컬로우퀴얼]: col(together)+loqui(speak), 〈라틴어〉, 〈대화용의〉 구어의, 회화체의, 일상 어구의, 〈~ conversational\casual〉, 〈↔literary\formal〉 양2

1796 **col-lo·qui·um** [컬로우퀴엄]: 〈라틴어〉, 〈같이 말하는〉 토론회, 회담, 〈~ conference\seminar〉 양2

1797 **col-lude** [컬루우드]: col(together)+ludere(strike), 〈라틴어〉, 〈같이 행동하다〉 결탁하다, 공모하다, 〈→ collusion〉, 〈~ conspire\plot〉, 〈↔un-involvement\refrain〉 양2

1798 **col·lum** [칼럼]: 〈라틴어〉, neck, 목의 앞부분, 경부, collar 양2

1799 **col-lu·sion** [컬루우젼]: 〈라틴어〉, 〈← collude〉, '함께 놀기', 공모, 결탁, 사기, 〈~ intrigue\deceit〉, 〈↔detachment\non-involvement〉 양2

1800 **Co·logne** [컬러운]: 〈'colony'란 라틴어에서 연유함〉 쾰른, 독일 라인강 변에 있는 도시, Eau de Cologne; '쾰른에서 온 물', 1709년부터 출시된 연한 향수·화장수 상품명, 〈~ a German perfume〉 수1

1801 **Co·lom·bi·a** [컬럼비어]: 〈Chris 콜럼버스하고 직접 관계는 없으나 그냥 붙여준 이름〉, 〈1502년 Columbus가 근해를 지나갔던〉 컬럼비아, 1810년 스페인에서 독립을 선언한 남미 북서쪽 카페인 재배에 적합한 고산지대에 위치한 공화국, {Colombian-Sp-(Col) Peso-Bogota} 수1

1802 **Co·lom·bi·an ex-change** [컬럼비언 잌쓰췌인쥐]: 〈1972년 미국의 역사 학자가가 반입한 말〉, 신·구대륙간 생태 교환, 미주 대륙 발견 후 생물의 왕래를 통해 구대륙은 많은 이득을 보았으나 〈질병의 전파로 인해〉 신대륙은 엄청 손해를 본 거래, 〈~ wide-spread transfer(inter-change) between the New and Old World〉 우2

1803 **co·lon** [코울런]: 〈← kolon〉, 〈그리스어〉 ①〈어원 불명의〉 결장, 대장(large intestine) ②'일부분', 구두점의 하나-쌍점(:), 〈~ a clause\a punctuation mark〉 양2 미1

1804 **colo·nel** [커어늘]: 〈라틴어〉, 대령, 연대장, 단장, '대열(column)을 정돈하는 자', 〈~ Captain\Commander〉 양2

1805 **col·o·ny** [칼러니]: 〈← colonus〉, 〈라틴어〉, 〈← colere〉, 〈cultivate 해야 할〉 콜로니, 식민지, 취락, 거류민, 군락, 〈~ out-post\territory〉, 〈↔non-resident\in-dependence〉 양2

1806 *****col·o·ny col·lapse dis·or·der**: 〈2006년에 최초로 보고된 현상〉, 〈인간 세계에도 닥쳐올지 모르는〉 벌떼 폐사 장애, (영양물질이 풍부한데도 여왕벌·간호벌·유충만 남기고 대부분의 일벌이 〈원인 모르게 사라지는〉 벌집군집 붕괴현상, 〈~ disappearance of worker bees〉, 〈편자는 일벌들이 공산주의의 붕괴에 영향을 받아 어딘가로 증발하지 않았나 하고 생각하고 있음〉 양2

1807 **col·or** \ **col·our** [컬러]: 〈← celare(cover)〉, 〈라틴어〉, 색, 빛깔, 색조, 물감, 안색, 유색, 〈~ hue\tint〉 양1

1808 **Col·o·ra·do (po·ta·to) bee·tle** [칼로래도우 (퍼테이토우) 비이틀]: 〈네브래스카에서 발견되어 19세기에 급격히 유라시아로 퍼진〉 콜로라도 (감자) 잎벌레, 노란 바탕에 검은 줄을 가진 조그만 딱정벌레로 유충은 감자 잎을 갉아 먹는 해충임, yankee beetle, 〈~ potato beetle〉 우1

1809 **Col·o·ra·do Riv·er** [칼로래도우 뤼붜]: 〈스페인어〉, 〈붉은색(color red)을 띤〉 콜로라도강, 로키산맥(Rocky Mountains)에서 시작해서 멕시코만(Gulf of Mexico)으로 들어가는 〈암벽 사이를 흐르는〉 2,334km의 큰 강 수1

1810 **Col·o·ra·do Springs** [칼로래도우 스프링스]: 콜로라도 스프링스, 덴버의 약 100km 남쪽에 위치한 미 공군사관학교(Air Force Academy)가 있는 교육·휴양도시 수1

1811 **Col·o·ra·do State** [칼로래도우 스테이트]: color+red, 〈스페인어〉, '붉은 침전물의 땅', CO, Centennial State, (독립 100주년에 연방에 합쳐진) 미국 중서부에 〈콜로라도강이 시작하는〉 다양한 지형과 다양한 산업을 가진 주, {Denver-8}, 〈〈columbine〉〉 수1

1812 **col·or·a·tu·ra** [컬러뤄튜어뤄]: 〈라틴어〉, 구슬을 굴리는 듯한 '화려한'〈colorful〉 소프라노(가수), 〈~ an elaborate melody〉 우2

1813 *****col·or in·dex** [컬러 인덱쓰]: 색지수, 〈흔히 쓰이는 것은 1925년 미국에서 제안한 '국제 색지수'로 이것은 1만 3천 개의 색깔명을 화학 성분에 따라 5 숫자로 된 2만 7천 개의 산물로 분류한 아주 복잡한 체계임, 〈~ numerical expression of the color〉 양2

1814 *****col·or·ism** [컬러뤼즘]: 〈1964년에 등장한 말〉, 색차별주의, (같은 인종이라도) 피부 색깔이 검은 사람을 멸시하는 풍조, 〈~ prejudice against darker individuals in the same race〉 미2

1815 **co·los·sal** [컬라설]: 〈← kolossos(huge)〉, 〈그리스어 → 라틴어〉, 거대한, 엄청난, 훌륭한, 〈~ gigantic\enormous〉, 〈↔tiny\petty〉 양2

1816 **Col·os·se·um** [칼러씨엄]: Coliseum, 콜로세움, 서기 80년에 〈네로의 colossus(거상) 옆에〉 완성된 로마 최대의 원형 경기장 수2

1817 **Co·los·sian(s)** [컬라션(스)]: 〈세 가지 학설 중에 그들이 기르던 양의 털 색깔 (colossinus)에서 연유했다는 설이 가장 그럴듯한〉 골로사이 (지방·사람), 골로새서(〈사도 바울이 골로사이 지방 교회에 보내는 편지(Epistle)에서 그리스도의 신성을 강조한〉 신약성서(New Testament) 중의 한 편) 수1

1818 **co·los·sus** [컬라서스]: 〈← kolossos(gigantic statue)〉, 〈그리스어〉, 거상, 거인, 거물, 위인, 〈↔midget\puppet〉 양2

1819 **Colt** [코울트]: 〈영국어〉, 1836년에 미국에서 특허난 〈탄창이 돌아가며 연발로 나오는〉 콜트(인명)식 자동권총(상표명), 〈~ the first revolving cylinder hand-gun〉 수1

1820 **colt** [코울트]: 〈영국어〉, a young male horse, 〈수〉망아지, 〈수놈〉애송이, 〈~ foal〉, 〈~(↔)bull-ock〉, 〈↔filly\heifer〉 양1

1821 **Colts** [코울츠], In·di·an·ap·o·lis: 콜츠 '망아지들', 1953년 볼티모어에서 창단되어 1984년 인디애나주로 이전해서 말발굽을 문표로 쓰고 있는 NFL 소속의 미식 축구단 수2

1822 **colts-foot** [코울츠 훝]: '망아지풀', 머위, 관동, 커다란 말발굽 같은 잎에 노란 국화 비슷한 꽃(asteraceae)이 피는 약용식물 (진해제), 〈~ horse-foot\foals-wort\cough-wort\Son-before-Father〉 미2

1823 **col·um·bar·i·um** [칼럼베어뤼엄]: 〈← columba(dove)〉, 〈그리스어 → 라틴어〉, '비둘기장', 지하 유골 안치소, 〈~(↔)ossuary\cinerarium〉, 〈↔tomb\mansion〉 양2

1824 **Co·lum·bi·a** [컬럼비어]: 〈Chris 콜럼버스의 이름을 따서 '신대륙'이란 뜻을 강조하기 위한 미국어〉, 컬럼비아, 미국의 도시(미주리·사우스캐롤라이나), 미국 북서부의 강, 1754년 영국 왕에 의해 창립된 뉴욕 소재 명문사립대학, 우주선·방송·영화 회사 이름, 〈~ cites·river·university·companies〉 수1

1825 **col·um·bine** [컬럼바인]: 〈← columba(dove)〉 ①비둘기 같은 ②매발톱꽃, 매 발톱 같은 비둘기색 〈청·자주색〉 꽃이 피는 화초, 〈~ granny's bonnet〉 ③여자 어릿광대(female clown) ④C~; 1999년 고등학교 총격 사건이 일어났던 덴버 서쪽의 작은 도시, 〈~ a commune in Colorado〉 미2 수2

1826 **Co·lum·bus** [컬럼버스]: 〈Columbia와 유사한 말〉, 콜럼버스 ①미국 조지아(Georgia)의 두 번째 도시 ②미국 오하이오(Ohio)주의 주도·교육·산업도시 수1

1827 **Co·lum·bus** [컬럼버스], Chris·to·pher: 〈라틴어로는 Colombo(dove)〉, '비둘기', 콜럼버스, (1451-1506), 1492년 서인도제도에 도착했으나 미 대륙에는 언제 착륙했는지 모르는데도 신생 미국이 〈적국〉 영국의 John Cabot 보다 먼저라고 설레발을 쳤다가 근래에는 원주민 학살자로 매도하는 이탈리아 출신 스페인의 항해사, 〈~ an Italian-Spanish explorer and navigator〉 수1

1828 **Co·lum·bus Day** [컬럼버스 데이]: 10월의 둘째 월요일, 〈원주민 학살을 이유로 많은 주가 다른 명칭으로 바꿀 것을 요구하고 있는〉 미국 (대륙 발견) 연방 공휴일, 〈~ The Discovery of America〉 수2

1829 **col·umn** [칼럼]: 〈← columna(pillar)〉, 〈라틴어〉, 기둥, 단, 난, 열, 특별기고란, 논고, 〈부문별〉 '종론', 〈→ colonel〉, 〈~ vertical\row\article〉, 〈↔horizontal\angularity〉 양2 미2

1830 **col·um·nist** [칼럼니스트]: 기고가, 시사평론가, 〈부문별 지식이 있는〉 '종론가', 〈~ feature writer\commentator〉, 〈↔editor\reader〉 미2

1831 **Co·ly** [콜리]: 〈← kolios(green wood-pecker)〉, 〈그리스어 → 라틴어〉, (아프리카에 서식하며) 긴꼬리에 쥐색을 띤 몸통을 가진 조그만 새, 쥐새 (mouse-bird) 미2

1832 *****COM** (com-po·nent ob·ject mod·el): 구분 대상 방식 (마이크로소프트사가 대상별 연성기기 구성요소를 구축하기 위해 만든 설계도), 〈~ a binary interface standard〉 미1

1833 **com** [컴]: commander·committee·comedy·comma·command·communication·computer 등의 약자 미2

1834 *****.com** [닷 컴]: 원래는 전산망 주소가 상업적(commercial)임을 나타냈으나 〈어감이 산뜻해서 그런지·어의가 communication으로 바뀌어서 그런지〉 나중에는 아무나 사용하게 된 접미사, 〈~ a top-level domain〉 우1

1835 **com~** [컴~ \ 캄~]: 〈라틴어〉, 〈co~〉, together \ complete, 〈함께~, 전혀~〉 란 뜻의 결합사, 〈함께 힘을 합친〉, 강한 양1

1836 **co·ma** [코우머]: 〈← koiman(stupor)〉, 〈그리스어〉, 〈침대에 골아 떨어진〉 '깊은 잠', 혼수(상태), 〈~ oblivion\black-out〉, 〈↔alertness\consciousness〉 양2

1837 **Co·man·che** [커맨취]: 〈← kimanci(foreigner \enemy)〉, 〈원주민어〉, '이방인 \ 적군', 코만치, 18~19세기에 대평원 지대에서 융성했던 북미 원주민족, 〈~ a native American in the Southern Plains〉 수1

1838 **comb** [코움]: 〈← camb〉, 〈게르만어〉, 〈이(tooth)같이 생긴〉 빗, 볏, 벌집, 〈~ hair-brush\crest\honey-comb〉 양1

1839 **com·bat** [캄 뱉]: com(together)+battere(beat), 〈라틴어〉, 전투, 싸움, 격투, 논쟁, '서로 때리다', 〈~ battle\fight〉, 〈↔agreement\surrender〉 양1

1840 **com·bi** [캄비]: com(together)+bini(two by two), 〈라틴어 → 영국어〉, 〈← combination〉, 겸용, 두 가지 이상의 기능을 가진 물건, 단짝, 〈아래위가 다른〉 혼성 맞춤 양복의 콩글리시 미1

1841 **com·bi·na·tion** [캄비네이션]: 〈라틴어〉, '둘을 함께 합치기', 짝맞추기, 결합, 연합, 조합, 〈~ union\mix〉, 〈↔division\separation〉 양1

1842 **com·bo** [캄보우]: combination+o 결합, 연합, 맞춤(숫자), (소규모) 악단, 〈~ fusion\mixture\ensemble〉 미2

1843 *****com·bo·bu·late** [컴바뷸레이트]: 〈라틴어 → 영국어〉, 〈← compose〉, (마음을) 가다듬다, 진정시키다, '정돈하다', 〈~ organize\arrange〉, 〈↔dis·combobulate〉 양1

1844 **comb-o·ver** [코움 오우붜]: 〈대머리를 가리기 위해〉 윗머리를 옆으로 또는 뒤로 벗어 넘기게 깎는 머리 모양, 〈~ cross-over\span'〉 우1

1845 *****comb-o·ver-fade** [코움 오우붜 훼이드]: 뒷머리는 fade(점약)로·윗머리는 옆으로 또는 뒤로 빗어 넘기게 깎는 머리 모양, 〈~ taper with a comb-over〉 우1

1846 **com-bus·tion** [컴버스쵠]: com(complete)+burere(burn), 〈라틴어〉, 〈완전히 태우는〉 연소, 산화, 소동, 〈~ incineration\flaming〉, 〈↔extinguished\damped〉 양1

1847 **Com-cast** [컴캐스트]: communication+broadcast, 1963년에 창립되어 1969년 현재 명칭으로 재편성된 미국의 세계적 종합 전자통신·대중매체 회사, 〈~ an American telecom and media corp〉 수1

1848 **come** [컴]: 〈← cuman(forward)〉, 〈게르만어〉, 오다, 가다, 이르다, 도착하다, 나타나다, 생기다, 되다, 〈→ become〉, 〈~ move closer\happen〉, 〈↔go〉 가1

1849 **come a-bout** [컴 어바웉]: (무엇이) 일어나다, 발생하다, 생기다, 〈~ present it-self\occur〉 양2

1850 **come a-cross** [컴 어크뤄어스]: 우연히 발견하다, 경험하다, 〈~ bump into\encounter〉 양2

1851 **come a-long** [컴 얼러엉]: 지나가다, 따라가다, 동의하다, 잘하다, 〈~ make progress\follow\do well〉 양2

1852 **come a-part** [컴 어파아트]: 흩어지다, 분해되다, 무너지다, 〈~ separate\break〉 양2

1853 **come a-round** [컴 어롸운드]: 돌아오다, 회복하다, 몰려들다, (슬쩍) 들르다, (돌아와서) 생각을 바꾸다, 〈~ awaken\enliven\change the mind〉 양2

1854 **come by** [컴 바이]: ~을 손에 넣다, 통과하다, 부딪히다, (잠깐) 들르다, 〈~ obtain\swung by〉 양2

1855 **co·me·di·an** [커미이디언]: 익살꾼, 만담가, 〈~ jester\joker\humorist〉, 〈↔tragedian\tear-jerker\kill-joy\mud-nik\weeper〉 우2

1856 **com·e·do** [카머도우]: com(complete)+edere(eat), 〈라틴어〉, acne〈그리스어〉, blackhead, 여드름, 〈피부를 게걸스럽게 파먹는 벌레같이 생긴〉 뾰루지 양2

1857 **come down with** (병에) 걸리다, (병이) 들다, 〈~ striken with\fall ill〉 양2

1858 **com·e·dy** [카미디]: komos(festival)+odos(singer), 〈그리스어〉, 코미디, 희극, 재미있고 익살스러운, 〈← comic〉, 〈~ burlesque\farce〉, 〈↔tragedy〉 미2

1859 **come in** [컴 인]: 들어가다(와), 도착하다, 입상하다, 〈~ enter\arrive〉 양2

1860 *****come in (some-thing)** [컴 인 (썸씽)]: (~의 형태로) 나오다, 〈~ appear\end up〉 양2

1861 *****come-ly** [컴리]: 〈← cuman(forward)〉, 〈영국어〉, becoming, (얼굴이) 예쁜, 반반한, 알맞은, 〈homely한 사람은 집에 있고 comely한 사람만 밖으로 나오라는 말〉, 〈~ attractive\beauteous〉, 〈↔ugly〉 가1

1862 **come off** [컴 어어후]: 가 버리다, 벗겨지다, 실행되다, 그만두다, 사정하다, 〈~ go off\ejaculate〉 양2

1863 **come on** [컴 언]: 시작하다, 닥쳐오다, 등장하다, 번창하다, 자, 빨리빨리, 〈~ proceed\hurry up〉 양2

1864 **come on to (someone)**: (누구에게) 성적으로 관심을 보이다, 성적으로 접근하다, 〈~ seduce\show sexual interest〉, 〈그런데 'nobody comes on to me'는 무슨 운명의 장난인가!〉 양2

1865 **come out** [컴 아웉]: 빼다, 나오다, 밝히다, ~이 되다, 〈~ bring out\disclose\become〉 양2

1866 **come o·ver** [컴 오우붜]: (잠깐) 들르다, 방문하다, 밀려오다, 〈~ stop by\run in〉 양2

1867 *****com-er** [커머]: 오는 사람 (전부), 참가자, 유망주, 신상품, 〈~ arriver\entrant\prospect\rising star〉, 〈↔goer\bummer\trifler〉 양2

1868 **com·et** [카밑]: 〈← kome(hair)〉, 〈그리스어〉, 〈긴 머리털같이 생긴〉 혜성, 〈바로 사라져버리는〉 살별, 〈~ meteor\asteroid〉 양2

1869 **come to** [컴 투우]: 오다, 되다, (합계가) ~이다, 〈~ come around\amount to〉 양2

1870 **come to light** [컴 투우 라잍]: 알려지다, 밝혀지다, 실체가 드러나다, brought to light, 〈~ become apparent〉, 〈↔conceal\disappear〉 양2

1871 *****come to think of it**: 생각해 보니, 그러고 보니, 〈~ I just remembered\by the way〉 양2

1872 **come up** [컴 엎]: 오르다, 생기다, 다가오다, 제안하다, 싹트다, 〈~ arise\occur〉 양2

1873 **COMEX** [코우멕스]: 코멕스, Commodity Exchange of New York, 1994년에 NY Mercantile Exchange 산하로 들어가 주로 금속거래를 관장하는 〈뉴욕 상품 거래소〉 수2

1874 **com-fit** [컴휱]: 〈← confectus←conficere(put together)〉, 〈라틴어 → 프랑스어 → 영국어〉, 혼합 과자, (동그란) 사탕과자, 봉봉, 〈~ mixed candy\bonbon\confectionary containing a nut or fruit〉 미2

1875 **com-fort** [컴훨트]: com(together)+foris(strong), 〈라틴어〉, 〈함께 힘을 돋우는〉 위로, 위안, 안락, '완전히 건강한 상태', 〈~ consolation\relief〉, 〈↔dis-comfort\afflict〉 가1

1876 **com-fort-er** [컴훠터]: 위안을 주는 것(사람), 고무 젖꼭지, 털 목도리, 두꺼운 이불, 〈~ pacifier\quiet〉, 〈~(↔)duvet은 안에 깃털 등이 들어있음〉, C~; 성령(Holy Spirit) 양1 양2

1877 *****com-fort food** [컴훨트 후우드]: 향수 젖은 음식, 고향 음식, 〈~ soul food〉 양2

1878 *****com-fort girl(wom·an)** [컴훨트 거얼(우먼)]: (종군) 위안부, 〈~ sexual servitude〉 양2

1879 **com·ic** [카밐]: 〈← komos(festival)〉, 〈그리스어〉, 익살스러운, 우스운, 해학적, 〈→ comedy〉, 〈~ humorous\funny〉, 〈↔tragic\serious〉 우2

1880 *****com-ing e·vents cast their shad·ows be-fore**: 방귀가 잦으면 똥 싸기 쉽다, 개미가 거동하면 장마진다, 〈~ clue\hint〉 양2

1881 *****com-ing-out** [커밍 아웉]: 젊은 여성의 사교계 출현, 동성애자의 공표, 〈~ fall out\be announced〉 미2

1882 **Com-in-tern** [카민터언]: 코민테른, Communist International, 자본주의 타도를 위해 1919년에 세 번째로 시도된 일련의 '국제 공산당 모임'으로 1943년 스탈린에 의해 해체됨 우2

1883 **com·ma** [카마]: 〈← koptein(cut off)〉, 〈그리스어〉, 〈← cut〉, 콤마, 쉼표(,), 〈~ pause〉, 〈↔period〉 미1

1884 **com-maeng** [컴맹]: computer+blind, 〈영어+한국어〉, 전산기 미숙자, 〈~ computer illiterate〉, 〈↔computer nik〉 미2

1885 **com-mand** [커맨드]: com(complete)+mandare(commit), 〈라틴어〉, 〈강하게〉 명하다, 요구하다, 지배하다, 내려다보다, 명령, 통제, 〈~ order\in charge of〉, 〈↔plea\obey〉 가1

1886 **com-mand-er in chief** [커맨더 인 취이후]: 총사령관, 최고 지휘관, 〈~ Marshal\President〉 가1

1887 **Com-mand-ment** [커맨드먼트]: 모세의 십계 중 하나, 〈~ law of Moses〉 미1

1888 **com-mand-ment** [커맨드먼트]: 율법, 계율, 〈~ order\decree〉 양2

1889 **com-man·do** [커맨도우]: 〈명령에 살고 명령에 죽는〉 특공대, 기습대, 〈~ elite troop\rapid deployment force〉 양2

1890 *****com-mand prompt** [커맨드 프람프트]: '즉시 대령'(했나이다), '명령(지시) 하십시오, 전산체계가 명령을 받을 수 있는 준비가 되어 있다는 기호 〈C; /TEMP, Unix % 등〉, 〈~ on-line ordering〉 우1

1891 **comme il faut** [커밀 호우]: 〈프랑스어〉, 'as it should be', 적절한, 예의 바른, 우아한, 〈~ fitting\comely〉 양2

1892 **com-mem·o·ra-tion** [커메머뤠이션]: 〈같이 기억하는〉 기념, 축하 (식), 〈~ remembrance\ceremony〉 양2

1893 **com-mence-ment** [커멘스먼트]: com(together)+initiare(begin), 〈함께 하는〉 시작, 〈합동 훈련이 끝나고 각개전투가 시작되는〉 졸업식, 〈~ beginning\graduation ceremoney〉, 〈↔conclusion\completion〉 가2

1894 **com-men·da-tion** [커먼데이션]: com(complete)+mandare(commit), '위탁'〈완전히 맡기면서 잘 부탁하는 말〉, 칭찬, 추천, 상장, 〈~ acclaim\praise〉, 〈↔criticism\blame\rebuke〉 가2

1895 **com-men·su·rate** [커멘서뤼트]: com(together)+mensura(measurement), 같은 정도의, 같은 단위를 가진, 균형이 잡힌, 적당한, 〈~ equivalent\compatible〉, 〈↔dis-proportionate〉 양2

1896 *****com-ment** [카멘트]: com(complete)+meminisse(remember), 〈라틴어 → 프랑스어〉, 코멘트, 논평, 견해, 해설, 풍문, 〈기계는 읽지 못하고 사람만 읽을 수 있는〉 주석 부호(C·:·REM·/**/ 등)로 표시된 정보, remark, 〈↔silence\un-comment\confound〉 미2

1897 **Com-merce** [커머얼스], Dept of: DOC, 미 상무부, 1913년 상무 노동부가 갈라져 경제발전과 기술진흥을 전담하고 있는 연방정부의 내각부서, 〈~ an executive(cabinet) department of US〉 양2

1898 **com-mer·cial** [커머어셜]: com(together)+mercis(merchandise), 〈라틴어〉, 〈서로 교환하는〉 상업의, 무역, 영리적, 상업용, 〈~ trade\money-oriented〉, 〈↔non-profit\charitable〉 양1

1899 **com-mis·er-ate** [커미져뤠이트]: com(together)+miserari(pity), 〈라틴어〉, '함께 비관하다', 가엽게 여기다, 동정하다, 〈~ sympathetic\compassionate〉, 〈↔indifference\disdain〉 양2

1900 **com-mis·sary** [카머쎄뤼]: com(with)+mitere(send), 대표자, 대리, 물자보급소, 병참, 매점, 〈~ delegate\storage\canteen〉 미2

1901 **com-mis·sion** [커미션]: com(with)+mitere(send), 임무, 직권, 위탁, 현역, 위원회, 수수료, 〈~ task\percentage\brokerage〉, 〈↔dismission\non-performance\penalty〉 양2

1902 **com-mit** [커밑]: com(together)+mitere(send), 〈라틴어〉, (일할 사람을) '함께 보내다', 약속하다, 저지르다, 전념하다, 헌신하다, 〈~ engage in\enact\devote〉, 〈↔refrain\defend\abandon〉 양1

1903 **com-mit-ment** [커미트먼트]: 수행, 위임, 약속, 의무, 헌신, 범행, 〈~ responsibility\dedication〉, 〈↔negligence\abjuration\treachery〉 가2

1904 **com-mit-tee** [커미티]: 위원회, 수임자, '권한을 위임받은 자', 〈옹기종기 모여있는〉 (독수리 등의) 떼, 〈~ board\council\panel〉, 〈↔individual\division〉 가1 양2

1905 **com-mode** [커모우드]: com(with)+modus(measure), 〈라틴어〉, 〈← convenient〉, 낮은 장, 찬장, (의자식) 변기, 〈~ set of drawers\chamber pot\wash toilet〉 미1

1906 **com-mo·di-ous** [커모우디어스]: 〈라틴어〉, roomy, 널찍한, 편리한, 알맞은, 〈~ spacious\ample〉, 〈↔restricted\uncomfortable〉 양2

1907 **com-mod·i·ty** [커마디티]: 일용품, 물자, 상품, '척도에 맞는 것', 〈~ goods\ware〉, 〈↔junk\capital〉 가2

1908 **com-mo-dore** [카머더얼]: (해군) 준장, '준' 제독, 〈commander의 프랑스식 말〉, 〈~ 1 star\equivant to brigadier general in army〉 양2

1909 **com-mon** [카먼]: com(together)+munis(share), 〈라틴어〉, '공유하는', 공통의, 일반적인, 보통의, 흔한, 저속한, 〈~ average\vulgar〉, 〈↔unique\unusual\rare\extra-ordinary〉 양1

1910 **com-mon cold** [카먼 코울드]: 〈각종 바이러스에 의한〉 (보통) 감기, 〈~ an upper respiratory infection〉, 〈~(↔)flu는 influenza virus에 의한 것으로 more intense함〉 가2

1911 **Com-mon Era** [카먼 에뤄]: CE, 서력기원, 서기, 〈종교적인 색체를 배제하기 위한〉 '우리시대'·'보통시대', 〈~ AD(Anno Domini)〉, 〈↔BC〉 양2

1912 **com·mon ground** [카먼 그롸운드]: 공통되는 바탕, (견해의) 일치점, 공감대, 공통점, 〈~ mutuality\similarity〉, 〈↔stiking point\apple of discord〉 양2

1913 **com-mon law** [카먼 러어]: 관습법(customary law), 불문율(un-written law), 내연의, 〈~ union libre〉, 〈↔statutory law〉 미1

1914 **Com-mon Mar·ket** [커먼 마아킽]: (1958년 발족되어 1993년 European Economic Community로 이름이 바뀐) 유럽 공동 시장 수1

1915 **com-mon name** [카먼 네임]: 속칭(vernacular name), 속명(secular name), common noun, 〈↔scientific(technical) name〉 양1

1916 **com-mon noun** [카먼 나운]: 일반명사, (일반 개념을 표현하는) 보통명사, 〈~ general term〉, 〈↔proper noun〉 양2

1917 **com-mon-place** [카먼 플레이스]: '공공장소', 평범한 일, 흔한 것, 상식, 상투어, 〈~ routine\ordinary〉, 〈↔unusual\rare\fresh〉 양1

1918 **com-mon sense** [카먼 쎈스]: 상식, 양식, 〈horse-sense 보다 인간적인〉 공통감각, 〈~ native wit\rule of thumb〉, 〈↔folly\insane〉 양1

1919 **com-mon stock** [카먼 스탘]: 보통주, 일반주, 〈~ ordinary share〉, 〈↔preferred stock〉 양1

1920 **com-mon-wealth** [카먼 웰쓰]: 공공복지, 공통의 이익을 위한, 공익국가(연방), 〈~ general(public) welfare\a democratic republic〉 우2

1921 **Com-mon-wealth of Na·tions** [카먼 웰쓰 어브 네이션스]: 영국 연방, (영국의 개척지·식민지 등이었던 나라들이 영국을 중심으로 1926년에 창립되어 1949년 현이름으로 개칭된) 영국의 문화·경제권, 〈현재 56개국이 자발적으로 가입하고 있으나 사양의 길을 걷고 있음〉, 〈~ English Commonwealth\Anglo-sphere〉 미2

1922 **com-mo·tion** [커모우션]: com(together)+movere(move), 〈라틴어〉, 〈모두가 움직이는〉 동요, 소동, 흥분, 소란, 〈~ turmoil\up-roar〉, 〈↔calm\harmony〉 양2

1923 **com-mu·nal** [커뮤우널 \ 카아뮤널]: 공동의, 공유의, 〈~ shared\public〉, 〈↔individual\private〉 양2

1924 **com-mu·ni-ca·tion** [커뮤우니케이션]: 〈← communion〉, com(together)+munis(share), 〈라틴어〉, 전달, 통신, 교신, 교통, 교제, '소통', '공동으로 알게 하기', 〈~ social inter-course\conversation〉, 〈↔silence\secret\sensor-ship〉 가2

1925 **com·mu·ni·ca·tions gap** [커뮤우니케이션스 갶]: 소통 격차, 상호이해의 결여, 〈~ lack of understanding〉 미2

1926 **com-mun·ion** [커뮤우니언]: 〈← communis(common)〉, (영적) 친교, 간담, 성찬, 영성, 〈함께 나누어 가지는〉 교감, 〈~ sacrament\Eucharist〉, 〈↔alienation\exclusion〉 미2

1927 **com-mu·ni·que** [커뮤우니케이 \ 코뮤우니케이]: 코뮈니케〈프랑스어〉, 성명, 공식발표, 〈~ broad-cast\press release〉, 〈↔concealment\suppresion〉 양2

1928 **com-mu–nism** [카뮤우니즘]: 코뮤니즘, (인간도 한 기계에 불과하다는 〈단순한〉 사고방식에 기초를 둔) 공산주의, 〈편자가 어렸을 때 동네 머슴방에서 들었던 이야기 한토막; "김일성 그 자식 하루에 암소 한 마리씩 잡아 먹으라고 그래!, 우리 영감탱이 지는 매일 영계 백숙을 삶아 먹으면서 내겐 국물 한 숟갈 먹어 보란 말이 없네"〉, 〈~ collectivism\state ownership〉, 〈~(↔)socialism〉, 〈↔capitalism〉, 〈20대에 도취하지 않으면 '바보', 50대까지 빠져 나오지 못하면 '천치'〉, 〈인간의 적성에 맞지 않는 사상〉 가2

1929 **com-mu·ni·ty** [커뮤우니티]: 집단(지역)사회, '공동체', 군락, 마을, 〈~ colony\group\municipality〉, 〈↔solitude\isolation〉 양1

1930 **com·mu·ni·ty cen·ter** [커뮤우니티 쎈터]: 지역 집합소, 지역(문화)회관 양1

1931 **com·mu·ni·ty church** [커뮤우니티 춰어취]: (여러 종파 합동의) 지역교회 양1

1932 **com·mu·ni·ty col·lege** [커뮤우니티 칼리쥐]: (지역)초급대학, 〈↔university〉 양1

1933 **com·mu·ni·ty prop·er·ty** [커뮤우니티 프롸퍼티]: (부부가 같이 모은) 공유재산, (결혼 후에 일해서 벌은) 〈반반씩 분할권이 있는〉 공동재산, 〈~(↔)joint property(tenancy)\tenant in common〉 양2

1934 **com·mu·ni·ty ser·vice** [커뮤우니티 써어뷔스]: 지역봉사(활동), 사회봉사(형벌), 〈~ ssocial service\correctional work〉, 〈↔gainful employment\jail term〉 양1

1935 **com·mu·ta–tion** [커뮤테이션]: com+mutare(change), 〈라틴어〉, 〈몽땅 바꾸는〉 전환, 정기권 통근, 〈개과천선하라는〉 감면, 감형, 〈~ substitution\wean〉, 〈↔retainment\punishment〉 양2

1936 **com-mut–er** [커뮤우터]: 〈돈을 표로 바꿔서 타는〉 통근자, 통학생, 〈~ daily traveler\suburbanite〉, 〈↔transient〉 양1

1937 **Com·o·ros** [카머로우즈]: 〈moon의 아랍어〉, 코모로, 1975년 프랑스로부터 독립한 아프리카의 마다가스카르섬 북쪽의 조그마한 섬들로 구성된 이슬람 연방공화국, {Comorian·Arab·Fr-(KM) Franc-Moroni} 수1

1938 **comp** [캄프]: ①comprehensive(포괄적) ②competition(경쟁) ③complimentary(서로 돕는); 무료 제공, 공짜(초대권) 양2

1939 **com-pact** [컴팩트]: com(complete)+pangere(fasten), 〈라틴어〉, '꽉 죄어진', '함께 단단히 묶은', 빽빽하게 찬, 촘촘한, 압축한, 〈~ tight\dense〉, [캄팩트]; 소형, 분말을 꾹꾹 눌러 놓은 화장품, 계약, 협정, 〈~ pact\treaty〉, 〈↔loose\prolix\spongy〉 미1

1940 **com-pact disc (CD)** [컴팩트 디스크]: 압축원반 우1

1941 *__Com-pact Flash__ [컴팩트 홀래쉬]: '압축된 순간 장면' (디지털 사진기로 촬영된 사진을 저장해 두는 딱딱한 카드–상품명), 〈~ a memory card format〉 수2

1942 *__com-pand__ [컴팬드]: compress+expand, 압신, (음성 신호를) 압축·신장(복원)시키다, 〈~ abridgement\curtailment〉 양2

1943 **com-pa·dre** [컴 파아드뤠이]: 〈'god father'란 뜻의 스페인어에서 왜곡·변조된 미국 서부 속어〉, 친구, 단짝, amigo, 〈~ buddy\companion〉, 〈↔enemy\adversary〉 양2

1944 **com-pan·ion** [컴패니언]: '빵을 같이 먹는' 동료, 벗, 동반자, 상대역, 짝, 〈~ accomplice\partner〉, 〈↔foe\opponent〉 양2

1945 **com-pa·ny** [컴퍼니]: com(together)+panis(bread), 〈함께 빵을 먹는〉 떼, 동아리, 교제, 〈밥벌이하러 가는〉 회사, 〈함께 식사할 만한 규모의〉 중대, 〈~ friends\firm\team\troop〉, 〈↔individual\solitude〉 양1

1946 **com-pa·ny car** [컴퍼니 카아]: (업무용) 회사차 양1

1947 **com-pa·ny man** [컴퍼니 맨]: 회사 측 종업원, 회사 측 끄나풀, 〈↔union man〉 미2

1948 **com-pa·ny un·ion** [컴퍼니 유우니언]: 〈노동조합에 가입하지 않는〉 사업장 단독조합, 어용조합 미2

1949 ***Com-paq** [컴팩]: 〈어원 불명의 상호〉, 〈compatibility+quality는 나중에 붙여진 말〉, 1982년에 세워졌다가 2002년 휴렛팩커드사에 인수된 미국의 개인용 전산기 회사 (휴렛팩커드제 노트북 상품명), 〈~ an American information technology company〉 수1

1950 **com-pare** [컴페어]: com(with)+par(equal), 〈라틴어〉, '동등한지 보다', 견주다, 비교하다, 대조하다, '대등하게 하다', 〈~ relate\equate〉, 〈~(↔)contrast\distinguish〉 가1

1951 **com-part-ment** [컴파트먼트]: com(with)+partiri(divide), 칸막이, 구획, 칸막이 방, 〈~ section\partition〉, 〈↔whole\mix〉 양1

1952 **com·pass** [컴퍼스]: 〈← compas(circle)〉, 〈프랑스어〉, (바늘이 항상 북극을 향한) 나침반, 범위, 둘레, 모두 통과하는 데 필요한 거리, 〈같이 벌리는〉 양각기, '에워싸다', 〈~scope\range\surround〉, 〈~(↔)calipers〉, 〈↔core\center〉 미1

1953 **com-pas·sion** [컴패션]: com(together)+pati(suffer), 〈라틴어〉, 동정(심), 자비(심), 〈함께 괴로워하는〉 연민의 정, 〈~ sympathy\empathy〉, 〈↔indifference\animosity〉 양2

1954 **com·pass plant** [컴퍼스 플랜트]: 향일성 식물, 나침반 꽃 〈해바라기(sunflower)와 비슷하나 꽃잎과 씨가 작음〉, 〈~ cup plant〉, 〈~ pilot-weed\polar-plant\turpentine plant〉 미2

1955 **com-pat·i-ble** [컴패터블]: com(together)+pati(suffer), 〈라틴어〉, 양립하는, 조화되는, 호환성, '서로 이해할 수 있는', 〈~ congenial\accordant〉, 〈↔in-compatible\un-suitable〉 양2

1956 **com-pel-ling** [컴펠링]: com(complete)+pellere(drive), '세게 누르는', '완전히 끌어내는', 강제적인, 강력한, 하지 않을 수 없는, 〈~ enthralling\over-riding〉, 〈↔optional\boring〉 양2

1957 **com-pen·di-ous** [컴펜디어스]: com(together)+pendere(weigh), 〈라틴어〉, 〈comprehensive but short〉, 요점을 담은, 간결한, 〈↔rambling\expanded〉 양2

1958 **com-pen·sa-tion** [캄펜쎄이션]: com(together)+pensare(weigh), 〈라틴어〉, 배상, 보상(금), 수당, 벌충, '무게를 같이 하다', 〈~ reimbursement\requital〉, 〈↔non-payment\repudiation〉 양2

1959 **com-pe·ten-cy** [캄피턴시]: 〈함께 겨룰 수 있는〉 자격, 능력, 적성, 관할권, 〈~ capability\proficiency〉, 〈↔in-competency\dis-ability〉 양2

1960 **com-pe·ti-tion** [컴피티이션]: com(together)+petere(seek), 〈라틴어〉, 경쟁, 시합, 〈함께〉 겨루기, '함께 추구하기', 〈~ match²\tournament〉, 〈↔compromise\co-existence〉 양2

1961 **com-pile** [컴파일]: com(together)+pilare(snatch), 〈라틴어〉, '빼앗다', '함께 한 군데 쌓아놓다', 편집하다, 수집하다, 장만하다, 다른 부호로 번역하다, 〈~ compose\put together〉, 〈↔dis-assemble\dis-mantle〉 양1 우1

1962 **com-pil-er** [컴파일러]: 편찬자, 번역기 (고급 차림표 언어를 기계어로 번역하는 연성기기), 〈~(↔)interpreter〉 미1

1963 ***com-pile time er·ror** [컴파일 타임 에뤄]: (전산망 차림표 작성에서) 편찬·구성 과정에서 일어나는 오류, 〈~ syntax error〉, 〈↔runtime error〉 미1

1964 **com-pla·cence** [컴플레이선스]: com(with)+placere(please), 〈라틴어〉, 〈아주 만족스러운〉 자득, 〈나는 기쁜데 남은 별로 기쁘지 않은〉 자만, 〈결국은 자기 만족인〉 안심, 〈~ self-satisfaction\high-hat〉, 〈↔dis-satisfaction〉 가2

1965 **com-plain** [컴플레인]: com(with)+plangere(strike), 〈라틴어〉, 불평하다, 〈가슴을 치며〉 호소하다, 투덜대다, 〈~ protest\grumble〉, 〈↔praise\rejoyce\crow〉 양2

1966 **com-plai·sance** [컴플레이슨스]: com(with)+placere(please), 〈라틴어〉, 〈만족할 수 있는 여유〉, 은근함, 공손함, 친절함, 〈← compliance〉, 〈~ amiable\agreeable〉, 〈↔disagreeable\disobedience〉 가2

1967 **com-ple-ment** [캄플러먼트]: com(complete)+plere(fill), 〈라틴어〉, 보충물(숫자), 보어, 보체, 〈완전하게〉 보완하다, 서로 돕다, 칭찬하다, 〈~ supplement\praise〉, 〈↔insult\pejoration〉 양2

1968 **com-ple-men·ta·ry col·or** [컴플러 멘터뤼 컬러]: (가장 강한 대비를 이루는) 보색, 〈다른 색깔과 섞여 하양이나 검정이 되는 색〉, color contrast, 〈~ secondary color〉, 〈↔primary color〉 양2

1969 **com-ples·so** [컴플레쏘]: 〈complex의 이탈리아어〉, 복합적으로, 화음으로, 화려하게, 〈~ complicato〉, 〈↔semplice〉 미2

1970 **com-plete** [컴플리이트]: com(complete)+plere(fill), 〈라틴어〉, 완전한, 철저한, 전부 갖춘, 흠 없는, 끝마치다, '완전히 채우다', 〈~ absolute\infinite〉, 〈↔partial\unfinished〉 가2

1971 **com-plex** [캄플렉스]: com(together)+plectere(weave), 〈라틴어〉, 콤플렉스, (모든 것이) '함께 접혀 있는', 복잡한, 복합, 미묘한, 복합심리, 〈~ complicated\composite〉, 〈↔simple\plain\ease〉 양2

1972 **com-plex-ion** [컴플렉션]: 〈변화 무쌍한〉 안색, 피부색, 양상, 〈체액의 배합에 따른〉 기질, 〈~ appearance\skin color(tone)〉, 〈↔concealment\colorlessness〉 양2

1973 **com-plex-i·ty** [컴플렉시티]: 복잡성, 착잡한 일, 〈~ difficulty\multiplicity〉, 〈↔simplicity〉 양2

1974 **com-plex sen·tence** [캄플렉스 쎈텐스]: 〈라틴어〉, (종속절〈subordinate clause〉을 가진) 복문, 〈↔simple sentence\compound sentence〉 양2

1975 **com-pli-ance** [컴플라이언스]: com(complete)+plere(fill), 〈라틴어〉, 〈← comply〉, 응낙, 수락, 준수, 유연성, 〈→ complaisance〉, 〈~ obedience\submission〉, 〈↔non-compliance\defiance\violation〉 양2

1976 **com-pli·cat-ed** [캄플리케이티드]: com(together)+plicare(fold), 〈라틴어〉, 〈함께 접혀 있어〉 복잡한, 까다로운, 번거로운, 〈~ intricated\tangled〉, 〈↔simple\easy〉 양2

1977 **com-plic·i·ty** [컴플리시티]: com(together)+plicare(fold), '함께 꼬여 있는 상태', 공모, 가담, 연루된, 연좌된, '함께 짠', 〈~ abetment\collaboration〉, 〈↔non-involvement\innocence〉 양2

1978 **com-pli-ment** [캄플리먼트]: com(complete)+plere(fill), 〈완전히 채우는〉 칭찬, 경의, 치하, 우대, 증정, 무료, 인사, 촌지, 〈← complement〉, 〈~ accolade\commendation〉, 〈↔insult\affront〉 양2

1979 **com-ply** [컴플라이]: com(complete)+plere(fill), 〈라틴어〉, '기준을 채우다', '완전하게 하다', 응하다, 따르다, 준수하다, 〈~ abide by\adhere to〉, 〈↔ignore\disobey〉 양2

1980 **com-po·nent** [컴포우넌트]: com(together)+ponere(place), 〈라틴어〉, 구성성분, 〈함께 놓인〉 요소, 〈~ part\constituent\element〉, 〈↔whole\compound\emulsion〉 양2

1981 **com-posed** [컴포우즈드]: com(together)+ponere(place), 〈라틴어〉, 〈근심·걱정을 모두 내려놓고〉 마음이 가라앉은, 침착한, 차분한, 〈~ calm (and collected)〉, 〈↔disturbed〉 양2

1982 **com-pos-er** [컴포우저]: 〈여러 요소를 함께 놓는〉 구성자, 작곡가, 조정자, 작자, 〈~ arranger\song-writer〉, 〈↔demolisher\analyzer〉 양1

1983 **com-pos-ite** [컴파짙]: com(together)+ponere(place), 〈라틴어〉, 혼성의, 혼합의, 합성물, 합성사진, 〈줄기에서 꽃이 피는〉 국화과의, 여러 개의 꽃잎과 많은 씨를 가져 번식력이 강한 3만 종 이상의 다양한 초본, 〈~ amalgam\mixed\sun-flower family〉, 〈↔simple\uniform〉 양2

1984 *****com-pos-ite in-dex** [컴파짙 인덱스]: 복합지수, (여러 경제 지표를 통합해서 계산해낸) 선행 경기지수, 〈~ combination of equities〉, 〈↔simple index〉 양2

1985 **com-post** [캄포우스트]: com(together)+ponere(place), 〈함께 섞은〉 혼합물, 혼합비료, 퇴비, 〈~ mixed fertilizer\compound\complex〉, 〈↔element\depletion〉 양2

1986 **com-po·sure** [컴포우져]: com(together)+ponere(place), 〈라틴어〉, 냉정, 침착, 태연, 자제, 〈~ self-control\even-temper〉, 〈↔dis-composure\agitation〉 가1

1987 **com-pound** [캄파운드]: com(together)+penere(place), 〈라틴어〉, 합성(물), 혼합, 복합, '함께 놓여 굳어진 것', 〈~ amalgam\composite\complex〉, 〈↔component\factor\alleviation〉 양1

1988 **com-pound in·ter-est** [캄파운드 인터뤠스트]: (이자에 이자가 붙는) 복리, 〈~ accrued(accumulated) interest\interest on interest〉, 〈↔simple interest〉 가1

1989 **com-pound sen·tence** [캄파운드 쎈텐스]: 〈라틴어〉, (등위 접속사〈independent clauses〉로 이은) 중문, 〈↔simple sentence\complex sentence〉 가1

1990 **com-pre·hen-sive** [컴프뤼헨시브]: com(together)+pre+p(h)endere(seize), 〈라틴어〉, 포괄적인, 이해력이 있는, 내포적인, '함께 잡을 수 있는', 〈~ full\thorough〉, 〈↔limited\narrow〉 양2

1991 **com-pres-sor** [컴프뤠써]: com(together)+premere(press), 〈라틴어〉, 압축자(기), 〈함께 누르는〉 압박기, 〈~ air pump\compactor〉, 〈↔expander〉 양1

1992 **com-prise** [컴프라이즈]: 〈← comprehendere〉, 〈라틴어〉, 포함하다, 구성되다, 의미하다, '함께 쥐다', 〈~ contain\consist of〉, 〈↔exclude\omit〉 양2

1993 **com-pro·mise** [캄프뤄마이즈]: com(together)+promittere(send forth), 〈라틴어〉, 타협, 양보, 절충(하다), '함께 약속하다', 〈~ agreement\settlement〉, 〈↔denial\contest〉 양2

1994 **Com-pro·mise 1850**: 타협 1850, 1850년 9월 미 의회를 통과한 멕시코와의 전쟁에서 획득한 주는 주민 투표로 노예제 여부를 채택하되 노예제도를 더 강화시킨다는 것을 골자로 한 〈임시방편〉, 〈~ temporary relief of tension between free and slave states〉 미2

1995 **Comp-ton** [캄턴]: combe(valley+ton(town), 〈영어〉, '짧은 계곡 마을'에 사는 자, 컴프턴 ①사람 이름(surname) ②컴튼, 1867년 동명의 개척자가 세운 LA 남쪽(south) 도시로 가난한 흑인들이 많이 살았던 곳, Bompton이라고도 함 수1

1996 **com-pul·so·ry** [컴펄서뤼]: com(together)+pellere(strike), 〈라틴어〉, 〈억제할 수 없는〉, 강제적, 의무적, 필수의, '함께 돌진하는', 〈~ obligatory\mandatory〉, 〈↔optional\voluntary〉 양2

1997 **com-punc-tion** [컴펑션]: com(together)+pungere(prick), 〈라틴어〉, '함께 찔리다', 회한, 양심의 가책, 망설임, 주저, 〈~ contrition\scruple〉, 〈↔disdain\bandwagon〉 양2

1998 **Com-pu Ser·ve** [캄퓨 써어브]: 컴퓨 서브, 1969에 창립되어 1988년 AOL에 병합되었다가 2015년 Verizon으로 넘어간 미국의 전산망 정보제공업체, 〈~ an American on-line service〉 수1

1999 **com-put-er** [컴퓨터]: com(together)+putare(reckon), 〈라틴어〉, 컴퓨터, (전자) 계산기, 〈함께 생각하는〉 전산기, 전산 정보처리기, 〈↔abacus\brain〉, 〈이원택 박사의 연구에 의하면 미쳐버릴 확률은 인간과 거의 비슷함〉, 〈또 간혹 실수를 저질러서 그렇지 거짓말을 하는 재주는 없음〉 미2

2000 **com-put-er art** [컴퓨터 아알트]: 전산기 예술 미2

2001 **com-put-er game** [컴퓨터 게임]: 전산기 오락, 전산기 놀이 미2

2002 **com-put-er graph-ics** [컴퓨터 그래픽스]: CG, 전산기 도형 처리, 전산기 시각 예술 미2

2003 **com-put-er il-lit·er-ate** [컴퓨터 일리터뤠이트]: 전산기기 미숙자, '컴맹', 〈~ com-maeng〉, 〈↔computer nik\bit banger〉 미2

2004 **com-put-er-ized to·mog·ra·phy** [컴퓨터롸이즈드 터마그뤄휘] \ CT: 전산화된 단층촬영 우2

2005 ***com-put-er junk-ie** [컴퓨터 쥉키]: 전산기광, 전산기 중독자, 〈~ propeller head〉 미2

2006 **com-put-er net-work** [컴퓨터 네트워얼크]: 전산기 회로망 미2

2007 ***com-put-er-nik** [컴퓨터 닉]: 전산기 전문가, 전산기 애호가, 〈~ bit banger\cybernaut\digerati〉, 〈↔computer-phobia\computer illiterate\com-maeng\mouse potato〉 미2

2008 **com-put-er pho·bi·a** [컴퓨터 호우비어]: 전산기 공포증, 〈↔computer-philia\computer nik〉 미2

2009 **com-put-er scam** [컴퓨터 스캠]: 전산기 불법행위, 전산기 사기 미2

2010 **com-put-er sci·ence** [컴퓨터 싸이언스]: 전산 과학 미2

2011 **com-put-er screen** [컴퓨터 스크뤼인]: 전산기 화면 미2

2012 ***com-put-er vi·rus** [컴퓨터 봐이뤄스]: 전산망 파괴체(계), 〈~ bug\mal-ware〉, 〈not a biological virus〉 우2

2013 **com·rade** [캄래드]: 〈← camera〉, 〈라틴어〉, chmber mate, 동지, 동료, 〈같은 방의〉 친구, 벗, 〈~ companion\friend〉, 〈↔foe\adversary〉 양2

2014 **Com-trex** [캄트렉스]: 〈모두 치료하는 약〉, Norvatis사 등이 만드는 (acetaminophen·dextromethorphan·phenylephrine이 주성분임) 진통·해열·혈관 수축제 수2

2015 **con** [칸]: 〈라틴어〉 ①반대의〈contra〉, 〈↔pro〉 ②사기〈confidence〉 ③범죄자〈convict〉 양2

2016 **con~** [칸~ \ 컨~]: 〈라틴어〉, together \ complete, 〈함께~, 전혀~〉를 뜻하는 com~의 변형 결합사 양1

2017 **CONAD** [카내드]: Continental Air Defense Command, (1975년에 폐지된) 미국 본토 항공군 양2

2018 ***con art-ist** [칸 아아티스트]: 〈미국어〉, confidence man, 사기꾼, 똑똑한 아이, 〈↔honest man〉 양2

2019 **co·na-tion** [코우네이션]: 〈← conari(attempt)〉, 〈라틴어〉, '추구욕', 의욕, (목적을 가지고 행동하는) 능동, 〈~ desire\inclination〉, 〈↔inactivity\passivity〉 양2

2020 **con-brio** [컨 브뤼오]: 〈이탈리아어〉, with vigor, 활발하게, 생기 있게, 〈↔lackadisical\spiritless〉 미2

2021 **con-cat·e·nate** [칸 캐터네이트]: com(together)+catenare(link), 〈라틴어〉, '사슬'같이 잇다, 연결시키다, 〈~ couple\integrate〉, 〈↔disconnect\disjoin〉 양2

2022 **con-cave** [컨케이브]: 〈라틴어〉, curved inward, 〈안으로 curve된〉, 옴폭한, 요면의, 〈~ hollow\sunken〉, 〈↔convex\gibbous〉 양2

2023 **con-ceal** [컨씨일]: com(together)+celare(hide), 〈라틴어〉, 〈함께〉 숨기다, 감추다, 비밀로 하다, 〈~ camouflage\white-wash〉, 〈↔reveal\discover\display〉 양1

2024 **con-cede** [컨씨이드]: com(together)+cedere(go), 〈라틴어〉, 인정하다, 양보하다, 부여하다, '함께 가다', 〈~ accept\recognize〉, 〈↔retain\deny\try〉 양1

2025 **con-ceit** [컨씨이트]: 〈'conceive'가 왜곡된 영국어〉, 〈faulty concept〉, 자부심, 자만심, 난 체, 〈~ vanity\narcissism\arrogance\hubris〉, 〈↔modesty\humility〉, 〈↔soul searching〉 양2

2026 **con-ceive** [컨씨이브]: com(together)+capere(take), 〈라틴어〉, 상상하다, (생각을) 품다, 느끼다, 착상하다, 임신하다, '함께 가지다', 〈→ concept〉, 〈~ cogitate\consider\form〉, 〈↔misunderstand\misread〉 양2

2027 **con-cen·tra-tion** [컨쎈트뤠이션]: com(complete)+centrum(center), 〈라틴어〉, 집중, 집결, 농축, '함께 중심에 모으기', 〈~ amassing\close attention\focus〉, 〈↔dilution\distraction〉 양1

2028 **con-cen·tra-tor** [컨쎈트뤠이터]: 콘센트, 집중 장치(인), 전기접선 장치(concentric plug) 미1

2029 **con-cept** [칸쎕트]: com(together)+capere(take), 〈라틴어〉, 개념, 착상, 생각, 〈← conceive〉, 〈~ idea\notion〉, 〈↔fact\reality〉 양2

2030 **con-cern** [컨써언]: com(together)+cernere(sift), 〈라틴어〉, 관심, 관계, 염려, 일거리, 장사, 재벌(konzern), '같이 이해하기', '같이 체로 걸러 보기', 〈~ care\worry〉, 〈↔indifference\disregard〉 양2

2031 *****con-cern troll** [컨써언 트로울]: '염려하는 댓글', false flag(위장 깃발), 상대방의 취지에 동조하는 척하면서 은근히 훼방 놓는 짓, 〈~ condescending comment〉 우2

2032 **con-cert¹** [카안써트]: com(together)+certare(strive), 〈라틴어에서 유래한 이탈리아어〉, 콘서트, 합주, 연주회, 음악회, 〈~ chorus〉, 〈↔solo〉 가1

2033 **con-cert²** [컨써어트]: com(together)+certare(strive), 〈라틴어〉, 협조(협정)하다, 협력(협약)하다, '일치하게 하다', 〈~ concord〉, 〈↔disharmony〉 양2

2034 **con-cer·tan-te** [컨썰타안티]: 〈이탈리아어〉, 콘체르탄테, 복수의 솔로 악기와 오케스트라 협곡, 〈~ orchestra with parts for solo instruments\concertato〉 우1

2035 **con-cer·ta-to** [컨첼타아토우]: 〈이탈리아어〉, 콘체르타토, 혼성의 대합창 또는 합주, 〈~ concertante〉 우1

2036 **con-cert bells** [카안써트 벨즈]: 〈이탈리아어+게르만어〉, 철금, ⇒ glocken·spiel 미2

2037 **con-cer·ti-no** [컨첼티이노우]: 〈이탈리아어〉, 콘체르티노, 소협주곡, 독주 악기군, 〈~ short concerto〉 우1

2038 **con-cert-mas·ter** [카안써트 매스터]: 〈라틴어〉, 수석 악사, 대개 제1 바이올리니스트 양2

2039 **con-cer·to** [컨체엘토우]: 〈이탈리아어〉, 콘체르토, 협주곡, 관현악 반주의 독주곡, 〈~ solo and orchestra〉 우1

2040 **con-ces–sion** [컨쎄션]: con(together)+cedere(go), 〈라틴어〉, 〈← concede〉, 양보, 용인, 허가, 영업권, 조차지, 〈~ compromise\grant〉, 〈↔dissent\denial\invocation〉 가1

2041 *****conch** [캉크 \ 캉취]: ①〈← konche(a mussel)〉, 〈그리스어〉, cockle, 소라, 고동, 바다신의 나팔, 귓바퀴, 반원형 지붕, 〈고동 색깔을 한〉 보지, 〈~ a gastropod mollusk\a spiral shell\vagina〉 ②〈미국 속어〉, 양심적(conscientious)으로 공부하는 학생, 〈~ conchie〉 미2

2042 *****con-chie \ con-chy** [캉취]: 〈영국어〉, 양심적(종교적) 병역 거부자, conscientious objector 미2

2043 **con-cierge** [컨시에르쥐]: com(with)+servus(slave), 〈라틴어 → 프랑스어〉, 〈동료 노예〉, 콘시어지, 수위, 아파트 따위의 관리인, 〈~ care-taker\doorman〉 미2

2044 **con-cil·i·a-tion** [컨실리에이션]: com(together)+ciliare(bring), 〈라틴어〉, 달램, 회유, 화해, 조정, 〈~ council〉, 〈~ pacification\resolution〉, 〈↔provocation\battle〉 양2

2045 **con-cise** [컨싸이스]: com(complete)+cedere(cut), 〈라틴어〉, 간결한, 명백한, 축소된, '완전히 자른', 〈~ succint\brief〉, 〈↔lengthy\prolix〉 양1

2046 **con-clave** [칸 클레이브]: com(with)+clavis(key), 〈라틴어〉, 〈문을 잠그고 하는〉 비밀회의, (추기경들의) 교황선거회의, 사적인 모임, 〈~ private meeting\secret assemble〉, 〈↔open\public〉 양2

2047 **con-clu–sion** [컨크루우쥔]: com(complete)+claudere(shut), 〈라틴어〉, 결말, 끝, 결론, '완전히 닫기', 〈~ ending\finale〉, 〈↔beginning\start〉 양1

2048 **con-coc-tion** [컨칵션]: com(together)+coquere(cook), 〈라틴어〉, 혼성, 조제물, 〈함께 끓이는〉 혼합 음료, 책모, 꾸민 이야기, 〈~ fabrication\tisane〉, 〈↔dis-assemble\imitation〉 양2

2049 **con-com·i·tant** [컨카미턴트]: com(with)+comitari(accompany), 〈라틴어 → 프랑스어〉, 동반하는, 양립하는, 〈~ accompanying\concordant〉, 〈↔un-related\dissociated〉 양2

2050 **Con-cord** [캉커드]: 미국 동북부의 도시 이름들(뉴햄프셔의 주도〈capital of New Hemphshire〉·매사추세츠의 동부), 알이 크고 보랏빛의 매사추세츠〈Massachusetts〉 콩코드산 포도, 〈~ a sweet red-wine〉 수1

2051 **con-cord** [캉코어드]: com(together)+cor(heart), 〈라틴어〉, 일치, 화합, 어울림, 〈~ harmony\concert²〉, 〈↔discord\disagreement〉 양1

2052 **Con-corde** [캉코얼드]: 〈프랑스어〉①콩코드, 〈영·불 합작의〉 초음속 제트 여객기 (1976년~2003년까지 운행했으나 2000년의 대형참사로 인해 제작 중단됨), 〈~ a super-sonic aircraft〉②콩코르드, 프랑스 파리의 제일 큰 광장, 〈~ a public square in Paris〉 수1

2053 **con-cours** [컹 쿠얼]: com(together)+currere(run), 〈라틴어 → 프랑스어〉, 콩쿠르, 〈우아미를 다투는〉 경연대회, 〈~ contest\a public competition〉 미1

2054 **con-crete** [캉크뤼이트]: com(together)+crescere(grow), 구체적, 명확한, 함께 만든, 〈굳어진〉 응고물, 〈~ solid\tochable〉, 〈↔loose\liquid〉, 〈↔abstract\theoretical〉 양2 우1

2055 **con-cu·bine** [캉큐바인]: com(together)+cubare(lie down), 〈라틴어〉, 〈같이 누워 자는〉 첩, 내연의 처, 소실, 〈한국에서는 second라고도 함〉, 〈~ mistress\paramour〉, 〈↔wife〉, 〈↔sugar dad〉 양1

2056 **con-cur** [컨커어]: com(together)+currere(run), 〈라틴어〉, 일치하다, 동의하다, '함께 달리다', 〈~ accord\assent〉, 〈↔disagree\dissociate〉 양2

2057 **con-cus·sion** [컨커션]: com(complete)+quatere(shake), 〈라틴어〉, 진동, 충격, 진탕, 〈~ hard blow\mild traumatic brain injury〉, 〈~(↔)contusion〉 양1

2058 **con-demn** [컨뎀]: com(complete)+damnare(harm), 〈라틴어〉, 나무라다, 매도하다, 운명 지우다, '완전히 파멸시키다', 〈~ denounce\castigate〉, 〈↔encomium\praise\vindicate〉 양1

2059 **con-dense** [컨덴스]: com(complete)+densus(compact), 〈라틴어〉, 응축하다, 모으다, 요약하다, '아주 짙게 하다', 〈~ liquefy\compress\contract〉, 〈↔dissolve〉 양1

2060 **con-de-scend** [컨더쎈드]: com(complete)+de+scandere(climb), 〈라틴어〉, '완전히 내리다', 자기를 낮추다, 굽히다, 생색내다, 젠체하다, 〈~ humble\concede〉, 〈↔respect\rise〉, ⇒ concern troll 양2

2061 **con-dign** [컨 다인]: com(complete)+dignus(worthy), 〈라틴어〉, 〈전적으로 가치있는〉, (처벌 등이) 적당한, 타당한, 당연한, 〈~ deserved\merited〉, 〈↔un-just\un-warranted〉 양2

2062 **con-di-ment** [칸디먼트]: com(together)+dere(put), 〈라틴어〉, 〈오이지를 만들 때 넣는〉 양념, 조미료, 〈~ seasoning\spice〉, 〈↔bland-ness\ashed〉 가1

2063 **con-di·tion** [컨디션]: com(together)+dicere(speak), 〈라틴어〉, 〈같이 이야기하는〉 조건, 상태, 처치, 요건, 〈~ pre-requisite\state\contingency〉, 〈↔effect\dependent〉 미1

2064 **con-di·tion-al** [컨디셔늘]: 조건부, 잠정적인, 가정적인, 〈~ contingent\provisional〉, 〈↔un-conditional\in-dependent〉 가1

2065 **con-di·tioned re-flex** [컨디션드 뤼홀렉스]: 조건 반사(반응), 〈~ acquired reflex〉, 〈↔innate reflex〉 가1

2066 **con-di·tion-er** [컨디셔너]: 유연제, 연화제, 조정자, 조정장치, 〈~ modifier\moisturiser〉, 〈↔counter-conditioner〉 우2

2067 **con-do** [칸도우]: 〈라틴어〉, condominium, 콘도, 〈같이 소유하는〉 공동주택, 분양아파트, 〈~(↔)town-house\apartment〉, 〈↔single dwelling\manor〉 우2

2068 **con-do·lence** [컨도울런스]: com(together)+dolere(grieve), 〈라틴어〉, 애도, 조사, 〈함께 아픔을 나누는〉 위로, 〈~ sympathy\consolation〉, 〈↔heartlessness\congratulations\hostility〉 양2

2069 **con-do·lence mon·ey** [컨도울런스 머니]: 부의금, 전의, 애도금, 부조금(bu·jo-gum), 백전(bai jin〈white money〉), 〈~ bereavement gift〉 양1

2070 **con-dom** [칸덤]: 〈그것을 발명했다는 영국의사 Conton에서 유래했다는 썰도 있으나 아마도 condus(수용기)라는 라틴어에서 유래한 것 같은〉 콘돔, 〈남·녀〉 피임용 얇은 고무주머니, rubber, 〈~ prophylactic\contraceptive〉, 〈↔intra-uterine device〉 수2

2071 **con-done** [컨도운]: com(together)+donare(give), 〈라틴어〉, 〈같이 베풀어〉 용서하다, 너그럽게 봐주다, 〈~ excuse\pardon〉, 〈↔con-demn\retaliate\resent〉 가1

2072 **con·dor** [칸더]: 〈← cuntur(a large vulture)〉, 〈페루어 → 스페인어〉, 콘도르, 남아메리카산 큰 독수리 수2

2073 **con-duct¹** [카안덕트]: com(together)+ducere(lead), 〈라틴어〉, '이끌기', 행위, 품행, 지도, 경영, 〈~ behavior\performance〉, 〈↔mis-conduct\mis-manage〉 가1

2074 **con-duct²** [컨덕트]: '함께 이끌다', 전도되다, 집행하다, 지휘하다, 〈~ lead\direct〉, 〈↔mis-read\follow〉 가1

2075 **con-duc-tor** [컨덕터]: 전도체, 안내자, 관리인, 차장, 지휘자, 〈~ operator\director〉 〈~(↔)super-conductor\maestro〉, 〈↔insulator\player〉 양2

2076 **con·duit** [칸드위트]: 〈라틴어〉, 〈← conduct²〉, 도관, 수도, 전선관, (정보나 물자의) 전달자, 〈~ pipe\route〉 양2

2077 **cone** [코운]: 〈← konos(wedge)〉, 〈그리스어〉, 콘, 원뿔, '뾰족한' 물건, 〈→ conifer〉, 〈~ pyramidal\funnel-shaped〉, 〈↔plateau\round-shape〉 양1

2078 **co·ney** [코우니]: 농엇과 능성이 속의 바닷물고기, ⇒ cony² 우2

2079 **cone of un·cer·tain·ty** [코운 어브 언써어튼티]: (통계학에서) '불확실의 원뿔', (장래의) 불확실성, (주위 상황에 급격한 변화로) 예측을 할 수 없는 경우, 〈처음에는 이원택 선생이 대통령에 당선될 확률이 높았으나 축첩·수뢰 등 비리가 폭로되는 바람에 그 확률이 점점 줄어드는 일 등〉, 〈~ sign of un-certainty〉 양2

2080 **Co·ney Is·land** [코우니 아일랜드]: 〈← cuniculus(rabbit←burrow)〉, 〈라틴어〉, 코니 섬, 〈한때 위락시설이 많았던〉 뉴욕시 브루클린(Brooklyn) 지구 남서쪽에 위치한 〈지금은 반도가 된〉 '토끼섬' 수2

2081 **con-fab·u·la·tion** [컨홰뷸레이션]: com(together)+fabulare(talk), 〈라틴어〉, confab, 담소, 간담, 잡담, 〈사실인 양〉 이야기를 지어내는 병 (작화증), 〈~ creation of false memories〉, 〈↔straight talk〉 양2

2082 **con-fec-tion** [컨휀션]: com(together)+facere(make), 〈라틴어〉, '혼합물', 과자, 당제, 설탕 절임, 합성, 조제, 〈~ pastry\sweet〉, 〈↔dismantling\tasteless〉 양1

2083 **Con-fed·er-a·te States** [컨훼더뤠트 스테이츠]: '남부연맹' (미국 남북 전쟁 때 남부의 11개 주), 〈~ the South〉 수2

2084 **con-fed·er-a·tion** [컨훼더뤠이션]: com(together)+fedus(league), 〈라틴어〉, 동맹, 연합, 음모자, 〈~ alliance\coalition〉, 〈↔dissociation\segregation〉 양1

2085 **con-fer** [컨훠어]: com(together)+ferre(bring), 〈라틴어〉, 〈함께 가져와서〉 수여하다, 베풀다, 의존하다, 〈~ award\bestow〉, 〈↔withhold\remove〉 양2

2086 **con-fer-ence** [칸훠뤈스]: 콘퍼런스, 〈함께 참여하는〉 회의, 회담, 연맹, 수여, 〈~ symposium\deliberation〉, 〈↔division\withhold〉 양2

2087 **con-fer-ence call** [칸훠런스 커얼]: 회담 전화, 다수통화, 전화 회의, 〈~ tele-conference〉 미2

2088 **con-fer-ence ta·ble** [칸훠런스 테이블]: 회의용 대형탁자 미2

2089 **con-fes·sion** [컨훼션]: com(complete)+fateri(aknowledge), 〈라틴어〉, 〈강하게 사실을 인정하는〉 자백, 실토, (신앙) 고백, 참회, 〈~ admission\avowal〉, 〈↔concealment\denial〉 양1

2090 **con-fes·sor** [컨훼써]: 고백자, 고해신부, (박해에 굴하지 않고 신앙을 지킨) 증거자, 〈~ spritual judge〉, 〈↔lay-person〉 양2

2091 **con-fi·dant** [칸휘댄트]: 〈라틴어 → 프랑스어〉, 절친한 (믿을 만한) 친구, 〈↔foe\adversary〉 양2

2092 *****con-fi·dence fac·tor** [칸휘던스 홱터]: 신뢰 요소, 신용도 (어떤 정보가 믿을 만한가를 알아보는 데 필요한 요소) 양1

2093 **con-fi·dent** [칸휘던트]: com(complete)+fidere(trust) ①〈라틴어〉, 확신하고 있는, 자신만만한, 〈~ daunt-less\intrepid〉, 〈↔diffident〉 ②〈라틴어 → 미국어〉, 속이다, 사기, 〈→ con artist〉 양2

2094 **con-fi·den·tial** [컨휘덴셜]: 은밀한, 기밀의, 친밀한, 〈~ private\previleged〉, 〈↔public\open〉 가1

2095 **con-fig·u·ra·tion** [컨휘규뤠이션]: 배치, 윤곽, 통합, 구성, 〈~ lay-out\composition〉, 〈↔disarrange\disorder〉 양2

2096 **con-fig·ure** [컨휘귀어]: com(together)+figurare(form), 〈라틴어〉, 〈함께 고안해서〉 배열하다, 구성하다, 배치하다, 〈~ arrange\organize〉, 〈↔disturb\disrupt〉 양2

2097 **con-fine** [컨화인]: com(complete)+finis(limit), 〈라틴어〉, '전부 경계 안에 있게 하다', 제한하다, 감금하다, 한계, 〈~ enclose\incarcerate〉, 〈↔release\expand〉 가1

2098 **con·fir·ma–tion** [컨훠메이션]: com(complete)+firmare(strengthen), 〈라틴어〉, '완전히 확실하게 하기', 확정, 인가, 추인, (머리 위에 손을 얹는) 안수, 〈~ corroboration\verification〉, 〈↔disproof\contradiction〉 양1

2099 *__con-fir·ming loan__ [컨훠밍 로운]: 보증 융자, (Fannie Mae·Fredie Mac 등 국책 주택융자 기관이 보증하는) 정식 대부, 〈~ guarantee financing〉, 〈↔jumbo loan〉 양2

2100 **con-fis·cate** [컨휘스케이트]: com(complete)+fiscus(wicker basket), 〈라틴어〉, 〈돈궤짝으로 옮겨놓다〉, 몰수하다, 압류하다, 〈~ impound\seize\hi-jack〉, 〈↔return\restore〉 가1

2101 **con-fla·gra–tion** [컨홀러그뤠이션]: com(complete)+flagare(burn), 〈라틴어〉, '완전한 불타기', 큰 화재, 〈~ blaze\inferno〉, 〈↔peace\extinction〉 양1

2102 **con-fla–tion** [컨 홀레이션]: com(together)+flare(blow), 〈라틴어〉, 〈함께 부는〉 융합, 혼합, 합성, 〈~ amalgamation\consolidation〉, 〈↔un-mix\separation〉 양2

2103 **con·flict** [칸홀릭트]: com(together)+figere(strike), 〈라틴어〉, 〈서로 치는〉 다툼, 투쟁, 마찰, 충돌, 갈등, 〈~ discord\dispute〉, 〈↔agreement\harmonious〉 양1

2104 **con-flu·ent** [칸 홀루우언트]: com(together)+fluere(flow), 〈라틴어〉, 〈함께 흐르는〉, 합류하는, 융합성의, 집합하는, 〈~ tributary\influent〉, 〈↔effluent\divergence〉 양2

2105 **con-form** [컨훠엄]: com(together)+formare(fashion), 〈라틴어〉, 따르게 하다, 순응하다, 준봉하다, '함께 만들다', 〈~ comply with\abide by〉, 〈↔disrupt\distort\bohemian〉 양1

2106 **con-found** [컨화운드]: com(together)+fundere(pour), 〈라틴어〉, 〈함께 쏟아부어〉 혼란시키다, 당황케 하다, 반박하다, 〈~ confuse\perplex〉, 〈↔enlighten\educate〉 양2

2107 **con-fron·ta–tion** [컨후뤈테이션]: com(together)+frons(forehead), 〈라틴어〉, 대결, 〈서로 이마를 맞대는〉 대면, 조우, 〈~ contest\battle〉, 〈↔agreement\peace〉 가1

2108 **Con-fu·cian–ism** [컨휴쉬어니즘]: 〈중국어+그리스어〉, 유교(Ru-ism; scholarly life), 명교, 공자를 시조로 하고 인·의를 근본으로 하며 사서오경을 경전으로 하는 〈현실적인〉 공맹철학, 〈~Taoism〉 미2

2109 **Con-fu·cius** [컨휴우셔스]: Kong Fuzi〈공부자〉, large hole, '속이 크고 깊은 자', 공자, (BC552-479), 도덕심과 의무감을 강조한 중국 최대의 철학자·〈편자가 종교로 간주하는〉 유교의 시조, 〈~ a Chinese philosopher〉, 〈~(↔)Socrates〉, ⇒ Kongzi 수1

2110 **con-fu·sion** [컨휴우전]: com(together)+fundere(pour), 〈라틴어〉, 혼동, 당황, 착잡, 〈이것저것〉 '함께 붓기', 〈~ chaos\bewilderment〉, 〈↔certainty\clarity〉 가1

2111 **con·ga** [캉거]: 〈← Congo〉, 콩가, 아프리카 〈콩고〉에서 전해진 (길쭉한 타악기〈tumbadora〉의 빠른 음에 맞춰 줄을 서서 돌아가면서 추는) 쿠바의 춤, 〈~ Afro-Cuban jazz〉 수2

2112 **con-geal** [칸 쥐이일]: com(together)+gelare(freeze), 〈라틴어〉, 응결시키다, 〈함께〉 얼리다, 경직시키다, 〈~ coagulate\solidify〉, 〈↔soften\liquefy〉 양1

2113 **con·gee** [칸쥐이]: ①com(together)+meare(leave), 〈라틴어 → 프랑스어〉, conge, 작별인사, 〈~ fare well〉, 〈↔hello〉 ②〈← kanji〉, 〈중국어 \ 힌디어〉, 〈lugaw 보다 묽은(쌀)죽, 〈~ a savoury rice porridge〉, 〈~(↔)rice water〉 미2

2114 **con-gen·ial** [컨쥐니이얼]: com(with)+genus(kind), 〈라틴어〉, 같은 성질의, 취미가 같은, 친근한, 알맞은, 〈~ affable\cordial〉, 〈↔disagreeable\incompatible〉 양1

2115 **con-gen·i·tal** [컨줴니틀]: com(with)+genitus(birth), 〈라틴어〉, 타고난, 선천적인, 〈~ hereditory\innate〉, 〈↔acquired\cultivated〉 양1

2116 **con·ger** [캉거]: 〈← gongros(sea eel)〉, 〈그리스어〉, 붕장어(뱀장어와 비슷하나 넓적하고 입이 큼), '바닷장어' 양1

2117 **con·ges·tion** [컨줴스쳔]: com(together)+gerere(bring), 〈라틴어〉, 〈한꺼번에 운반할 때의〉 혼잡, 붐빔, 밀집, 충혈, 〈~ crowding\grid-lock〉, 〈↔flow\opening\diffusion\clearance〉 양1

2118 **con-glom·er–ate** [컹글라머뤼트]: com(together)+glomus(ball), 〈라틴어〉, 〈공 모양으로 똘똘 뭉친〉 집단, 덩어리, 집합체, 〈~ plat-form business〉, 〈~(↔)그러나 konzern보다 회사간의 관계가 덜 밀착되어 있음〉, 〈↔individual\non-compound\separate〉 가1

2119 **Con·go¹** [캉고우], Dem·o·crat·ic Re·pub·lic: 〈'산(mountain)'이란 뜻의 반투어〉, 콩고민주공화국 〈1960년 벨기에로부터 독립하여 내란으로 점철되었던 중앙아프리카의 나라로 한때 자이르라고도 불렸음〉, {Congolese-Fr-(CO) Franc-Kinshasa} 수①

2120 **Con·go²** [캉고우], Re·pub·lic: 콩고공화국 〈1960년에 프랑스로부터 독립한 중·서 아프리카의 덥고 습한 조그마한 나라〉, {Congolese-Fr-(XA) Franc-Brazzaville} 수①

2121 **Con·go dye** [캉고우 다이]: 〈선명한 색감의〉 콩고 물감, 1883년 진홍색 합성물감(congo red)을 필두로 독일에서 합성한 각종 색깔의 인공 염료, 〈~ an anionic diazo dye〉 수②

2122 **con·go snake(eel)** [캉고우 스네이크(이일)]: 미국 동남부에 서식하는 뱀장어 모양을 한 〈까만색의〉 도롱뇽의 일종, 〈~ an aquatic salamander〉 수②

2123 **con·grat·u·la·tion(s)** [컹그래츌레이션(스)]: com(together)+gratulari(wish joy), 〈라틴어〉, 축하, 경하, 〈함께 기뻐하는〉 축원, 〈~ blessing\regards\best wishes\kudos〉, 〈↔blame\curse〉 가②

2124 **con·gre·ga·tion** [컹그뤼게이션]: com(together)+gregare(assemble), 〈라틴어〉, 〈함께 무리를 이루는〉 모임, 집합, 집회, 회중, 〈~ gathering\parish\flock〉, 〈↔dis-mantling\separation〉 양②

2125 **con·gress** [캉그뤠스]: com(together)+gradus(step), 〈라틴어〉, 콩그레스, 회합, 〈함께 나가는〉 대회, 국회, C~; 미국의 의회(상·하원), 〈~ convention\assembly〉, 〈↔dissociation\isolation〉 양②

2126 **con·gru·ent** [캉그루언트]: com(together)+gruere(rush in), 〈라틴어〉, 일치하는, 어울리는, '서로 만나는', 〈~ concurring\conforming〉, 〈↔in-congruent\conflict〉 양②

2127 **co·ni·fer** [코우니풔]: conus(cone)+ferre(bear), 〈라틴어〉, 소나뭇과 식물의 일종, (원뿔꼴) 침엽수, 〈← cone〉, 〈~ a cone-bearing seed plant〉 우②

2128 **con·jec·ture** [컨줵춰]: com(together)+jicere(throw), 〈라틴어〉, 〈함께 던지는〉 추측, 억측, 판독, 〈~ guess\speculation\surmise〉, 〈↔fact\experiment〉 가①

2129 **con·joint** [컨죠인트]: com(together)+jungere(join), 〈라틴어〉, 꼭 붙은, 공동의, 〈~ combined\collective〉, 〈↔dis-joint\individual〉 가①

2130 ***con·ju·gal har·mo·ny** [칸쥬걸 하아머니]: 부부일치, 부창부수, 금슬, a harp and a lute, 〈↔conjugal discord〉 양②

2131 **con·ju·gate** [칸쥬게이트]: com(together)+jugum(yoke), 〈라틴어〉, 활용시키다, 교미하다, 접합하다, (두 소에) '함께 멍에를 메우다', 〈~ adjoin\bind\coger〉, 〈↔un-yoke\detach〉 가①

2132 **con·junc·tion** [컨정크션]: com(together)+jungere(join), 〈라틴어〉, 〈함께 잇는〉 결합, 관련, 접속사, 〈~ affiliation\combination〉, 〈↔division\separation〉 가①

2133 **con·junc·ti·va** [컨졍타이붜]: com(together)+jungere(join), 〈라틴어〉, 〈안구와 다른 신체가 접하는〉 (눈의) 결막, 이음막, 〈~ a mucous membrane〉 양②

2134 **con·jure** [칸쥐]: com(together)+jurare(swear), 〈라틴어〉, 요술 (마술) 부리다, 생각해내다, 탄원하다, 음모하다, '함께 맹세하다', 〈~ implore\exorcise〉, 〈↔repel\yield〉, ⇒ witch 양②

2135 ***conk** [캉크]: ①〈영국 속어〉, 〈conch를 닮은〉 코, 대갈통, 두뇌 〈코를 때리는〉 강타, 〈~ nose\blow on the head〉, to strike, 〈~ punch in the nose〉 ②〈영국어〉, 〈의성어〉, 망가지다, break down, 〈~ die〉 양②

2136 **conk·er** [캉커]: 〈← conch¹(small shell)〉, 〈영국어〉, horse chestnut, buck-eye, 마로니에 열매, 상수리 열매(를 '깨는' 놀이) 우②

2137 **conk·er tree** [캉커 트뤼이]: 〈← conk²〉, '서양 침엽수', marronnier, ⇒ 〈'깨야' 열매가 나오는〉 horse·chestnut 미②

2138 ***con·lang** [컨 랭]: constructed language, 인공어, 〈Esperanto같이〉 조작된 언어 양②

2139 ***con man** [칸 맨]: con artist, confidence man 〈깅께, 너무 자신만만해하는 사람은 믿덜 말어!〉, 사기꾼, 협잡꾼, 〈↔honest man\trill²〉 미②

2140 **con mo·to** [컨 모우토우]: 〈이탈리아어〉, with movement, 발랄하게, 힘차게, 〈↔andante〉 미②

2141 **con·nate** [카네이트]: com(together)+nasci(be born), 〈라틴어〉, 〈함께 태어난〉 타고난, 선천적인, 같은 성질의, 〈~ akin\inherent\cognate〉, 〈↔different\diverse〉 양②

2142 **Con·nect·i·cut** [커네티컽]: kwen(long)+ehtekw(tidal river)+enk(place), 〈원주민어〉, '조류가 긴 강', 코네티컷, CT, Constitution State, Nutmeg State, 미국 북동부에 위치한 (공업·교육·상업이 발달하여) 개인소득이 높은 역사적인 주, {Hartford-5}, 〈〈mountain laurel〉〉 수1

2143 **con-nec-tion** [커넥션]: com(together)+nectere(bind), 〈라틴어〉, '함께 묶기', 연결, 접속, 관련, 연줄, 교제, 〈~ link\relation〉, 〈↔dis-union\break up〉 양1

2144 **Con·ne·ry** [카너리], Sean: 〈아일랜드어〉, warrior-lord, '전투하는 영주', 코네리, (1930-2020), 1962~1983년간 영화「007」의 제임스 본드 역을 해서 〈아줌마들을 울렸던〉 영국의 영화배우, 〈~ a Scottish actor〉 수1

2145 **con-nive** [커나이브]: com(together)+nictare(wink), 〈라틴어〉, 〈같이 wink하다〉, 눈감아 주다, 못 본 체하다, 묵인하다, 〈~ deliberately ignore〉, 〈↔condemn\deny〉 양2

2146 **con·nois-seur** [커니써어]: com(complete)+gnoscere(know), 〈라틴어 → 프랑스어〉, 〈지식이 있는 사람〉, 감식가, '통달자', 권위, 〈~ cognoscenti\critic\maven〉, 〈↔ignoramus\non-expert〉 양2

2147 **con-no·ta-tion** [커너테이션]: com(together)+notare(mark), 〈라틴어〉, 〈추가로 점 찍은〉 함축, 암시, 내포, 〈~ implication\hidden meaning\over-tone〉, 〈↔insignificance\irrelevent〉 양2

2148 **con-quer** [캉커]: com(complete)+guaerere(seek), 〈라틴어〉, 정복하다, 획득하다, 이기다, '열심히 추구하다', '완전히 구하다', 〈~ over-throw\quell〉, 〈↔lose\give up\wash-out〉 가1

2149 **con-san·guin-e-ous** [칸 생귀니어스]: com(together)+sanguis(blood), 〈라틴어〉, 피가 같은, 같은 혈족의, 동족의, 〈~ akin\cognate〉, 〈↔adopted\non-biological〉 양2

2150 **con-science** [칸션스]: com(together)+scire(know), 〈라틴어〉, 〈함께 느끼는〉 양심, 도의심, 의식, 자각, 〈~ moral sense\super-ego\still small voice〉, 〈↔disdain\ignorance〉 양1

2151 **con-scion-a·ble** [칸셔너블]: 양심적인, 공정한, 〈~ ethical\esteemed〉, 〈↔dishonest\corrupt〉 양1

2152 **con-scious** [칸셔스]: com(together)+scire(know), 〈라틴어〉, 〈함께 알고 있는〉 의식, 자각, 지각, 〈~ awake\cognizant\compos mentis〉, 〈↔un-conscious\un-aware〉 양2

2153 **con-scrip-tion** [컨스크륖션]: com(together)+scribere(write), 〈라틴어〉, 〈함께 이름을 적는〉 징병 (제도), 징집, 〈~ draft\muster〉, 〈↔military volunteer〉 양2

2154 **con-se·crate** [칸씨크레이트]: com(together)+sacrare(make holy), 〈라틴어〉, 〈함께〉 신성하게 하다, 바치다, 봉헌하다, 〈~ dedicate\hallow〉, 〈↔desecrate〉 양2

2155 **con-sec·u-tive** [컨쎄큐티브]: com(with)+sequi(follow), 〈라틴어〉, 〈바짝 따른〉, 잇따른, 연속적인, 병행의, 〈~ succeeding\contineous〉, 〈↔separate〉 가1

2156 **con-sen·sus** [컨쎈서스]: com(together)+sentire(feel), 〈라틴어〉, 합의, 일치, 여론, 〈함께 느끼는〉 교감, 〈~ unanimity\harmony〉, 〈↔disagreement〉 양2

2157 **con-sent** [컨쎈트]: com(together)+sentire(feel), 〈라틴어〉, 동의하다, 승인하다, 허가, 승낙, '함께 느끼다', 〈~ agreement\permission〉, 〈↔dissent\reject〉 가1

2158 **con-se·quence** [칸씨퀀스]: com(with)+sequi(follow), 〈라틴어〉, 〈함께 따라오는〉 결과, 귀결, 필연, 중대성, 〈~ back-wash\repercussion〉, 〈↔cause\origin〉 양2

2159 **con-ser·va-tion** [컨써붸이션]: com(together)+servare(maintain), 〈라틴어〉, 보호, 유지, 〈철저히 지키는〉 관리, 〈~ preserval\up-keep〉, 〈↔destruction\neglect〉 가1

2160 **con-serv·a-tive** [컨써어붜티브]: 보수적인, 〈함께 지키는〉 전통적인, 신중한, 〈~ traditionalist\right-winger〉, 〈↔radical\liberal〉 가1

2161 **con-ser·va-tor** [컨써어뷔터]: 보호자, 관리자, (미성년자·무능력자를 관리하라고 법원이 정해주는) 후견인, 〈~ custodian\guardian〉, 〈↔POA〉 양2

2162 **con-sid·er** [컨씨더]: com(with)+sidus(star), 〈라틴어〉, 〈별을 관찰하듯〉 숙고하다, 검토하다, 간주하다, 존중하다, 〈~ contemplate\ponder〉, 〈↔disregard\ignore〉 가1

2163 **con-sign-ee** [컨싸이니이]: com(together)+signare(sign), 〈라틴어〉, 수탁인, 수하인, 하물 인수자, 〈~ recipient\beneficiary〉, 〈↔con-sign-or〉 양2

2164 **con-sign-ment** [컨싸인먼트]: 위탁(판매), 탁송, 공탁, 〈봉인하여 건네주기〉, 〈~ assignment\relegation〉, 〈↔mis-consignment\return〉 가1

2165 **con-sign-or** [컨싸이너]: com(together)+signare(sign), 〈라틴어〉, 위탁인, 발송인, 화주, 〈~ sender\dispatcher〉, 〈↔con-sign-ee〉 양2

2166 **con-sist-ent** [컨씨스턴트]: com(together)+sistere(stand), 〈라틴어〉, 일치하는, 조화된, 모순 없는, 〈함께 버티고 서있는〉, 〈~ un-changing\dependable〉, 〈↔discrepant〉 가1

2167 **con-so·la-tion** [컨설레이션]: com(together)+solari(soothe), 〈라틴어〉, 위로, 위안, 〈~ sympathy\compassion〉, 〈↔agitation\mercilessness〉 가1

2168 **con-so·la-tion prize** [컨설레이션 프롸이즈]: 위로상, 아차상, 감투상, 〈~ runner-up\booby prize〉, 〈↔grand prize〉 양2

2169 **con·sole¹** [컨쏘울]: com(together)+solari(soothe), 〈라틴어〉, 〈함께〉 위로하다, 위문하다, 〈~ solace\soothe〉, 〈↔upset\distress〉 가1

2170 *__con·sole²__ [칸쏘울]: 〈← consolodate?〉, 〈어원 불명의 프랑스어〉, 콘솔, bracket, 〈네발 대신 선반 받이로 완화시킨〉 까치발로 장식한 장(상자), 전기 단말 장치, 제어반, 계기판, 〈~ control(instrument) panel〉 우2

2171 **con-sol·i·da-tion** [컨솔리데이션]: con(complete)+solidare(make solid), 〈라틴어〉, '견고하게 하기', 터 닦기, 강화, 합병, 정리 통합, 〈~ amalgamation\conflation〉, 〈↔segregation\weaken〉 양2

2172 **con-som·me** [컨서메이]: com(complete)+summa(total), 〈라틴어에서 연유한 프랑스어〉, 〈완전히 끓여 내린〉 콩소메, 〈오래 끓여서 진이 다 consume된〉 맑은 고깃국물, '간스메', 〈~ broth\bouillon〉, 〈~(↔)madrilene〉 수2

2173 **con-so·nant** [칸서넌트]: com(together)+sonare(sound), 〈라틴어〉, '함께 소리내는', 일치하는, 협화음의, 공명하는, 자음(닿소리- 걸리며 나는 소리), 〈~ consistent\sonorant〉, 〈↔dissonant〉, 〈↔vowel〉 양2

2174 **con-sort** [칸소울트]: com(together)+sorlis(lot), 〈라틴어〉, 〈운명을 같이 한〉 배우자, 동료, 동료 선박, 합주단, 연합, 제휴, 〈~ mate\companion〉, 〈↔foe\dissociate〉 양2

2175 **con-spic·u-ous** [컨스피큐어스]: com(complete)+spicere(look), 〈라틴어〉, '완전히 보이는', 눈에 띄는, 특징적인, 과시적, 〈~ bodacious\kenspeckle〉, 〈↔in-conspicuous\obscure〉 가2

2176 **con-spir·a-cy** [컨스피뤄시]: com(together)+spirare(breathe), 〈라틴어〉, 음모, 모반, 작당, 공모, '함께 호흡하기', 〈~ plot\team-up〉, 〈↔honesty\loyalty〉 양2

2177 **con-stant** [칸스턴트]: com(together)+stare(stand), 〈라틴어〉, '함께 서는', 변치 않는, 부단한, 충실한, 상수, 〈~ abiding\sustained\faithful〉, 〈↔in-constant\fitful\varying〉 가1

2178 **Con-stan-tia** [컨스탠셔]: 콘스탄샤, 여자 이름, 〈~ an Italian feminine name〉, 〈나폴레옹 1세가 즐겼던〉 남아프리카 사막지방 콘스탄시아 장원 원산의 백포도주, 〈~ a natural sweet desert wine〉 수2

2179 **Con-stan-ti·na** [컨스턴티이너]: 콘스탄티누스 대제의 딸로 성인의 반열에 올랐으나 인성이 잔인했던 여자, 〈~ St. Constance〉 상1

2180 **Con-stan-tine** [칸스턴타인], The Great: 〈라틴어〉, '견실한(constant) 자', 콘스탄티누스 대제, (272-337), (다섯명의 경쟁자를 누르고 황제에 올라) 비잔틴을 재건해서 콘스탄티노플로 만들고 예수를 신·자신을 신과 동격에 올려놓은 동로마 황제, 〈~ an Emperor of Byzantine Empire〉 수1

2181 **Con-stan·ti-no·ple** [컨스탠티노우플]: 콘스탄티노플, ⇒ Istanbul 수1

2182 **con-stel·la-tion** [컨스털레이션]: com(together)+stellare(shine), 〈라틴어〉, 〈별들이 모인〉 별자리, 별(쟁쟁한 인사들) 무리, 〈~ cluster\group〉, 〈↔entity\whole〉 양1

2183 **con-ster·na-tion** [컨스터네이션]: com(with)+sternere(strew), 〈라틴어〉, 〈산지사방으로 흩어질 만큼〉 깜짝 놀람, 대경실색, 〈~ dismay\distress〉, 〈↔tranquility\satisfaction〉 양2

2184 **con-sti·pa-tion** [컨스티페이션]: com(together)+stipare(cram), 〈라틴어〉, 〈마음과 근육이 함께 contraction된〉 변비, 침체, 〈→ obstipation〉, 〈↔diarrhea〉 가2

2185 **con-sti·tu-tion** [컨스티튜우션]: com(together)+statuere(set), 〈라틴어〉, 구성, 〈함께 서 있는〉 조직, 정체, 헌법, 체질, 소질, 〈~ composition\body of law〉, 〈↔disarrangement\disorganization\lawlessness\acquirement〉 가2

2186 **con-straint** [컨스트뤠인트]: com(together)+straindre(draw tight), 〈라틴어〉, 강제, 〈함께 묶는〉 구속, 압박, 〈~ restriction\curtailment〉, 〈↔disinhibition\liberty〉 양2

2187 **con-stric-tion** [컨스트뤽션]: com(complete)+stringere(draw tight), 〈라틴어〉, 〈강하게 조이는〉 압축, 수축, 〈~ compression\narrowing〉, 〈↔dilation〉 가1

2188 **con-struc-tion** [컨스트뤽션]: com(together)+struere(pile up), 〈라틴어〉, 건설, 구성, 〈함께 세우는〉 공사, 구문 (문장의 구성), 〈~ building\architecture〉, 〈↔destruction〉 가1

2189 **con-strue** [컨스트루우]: 〈라틴어〉, '만들어 내다', 해석하다, 추론하다, 〈~ decipher\analyze〉, 〈↔obscure\confuse〉 양2

2190 **con-sul** [칸설]: com(with)+sulere(deliberate), 〈라틴어〉, 〈counsel하는〉 영사, 집정관, 〈~ diplomat\magistrate〉 양2

2191 **con-sul·ta-tion** [컨설테이션]: com(with)+sultare(deliberate), 〈라틴어〉, 〈← counsel〉, 상담, 자문, 진찰, 참조, 〈~ discussion\conference〉, 〈↔deceit\misleading〉 양2

2192 **con-sum-er** [컨슈우머]: com(complete)+sub+emere(take), 〈라틴어〉, 콘슈머, 〈완전히 써 버리는〉 소비자, 수요자, 〈~ customer\end-user〉, 〈↔producer\merchandiser〉 양2

2193 **con-sum-er goods** [컨슈우머 굳즈]: 〈사용자가 써서 없애는〉 소비재, 소비품, 〈~ final products\merchandise〉, 〈↔capital goods\merit goods〉 양2

2194 *__con-sum-er price in-dex__ \ CPI [컨슈우머 프롸이스 인덱스]: 소비자 물가지수 〈일정 기간 소비자가 소비재를 사들인 가격의 변동률〉, 〈↔producer price index〉 양2

2195 **con-sum-er strike** [컨슈우머 스트롸이크]: 소비자 불매운동, 〈↔producer strike〉 양2

2196 **con-sum·ma-tion** [컨서메이션]: com(complete)+summa(total), 〈라틴어〉, 완성, 달성, 극치, 〈정액을 다 써 버린〉 성적 결합, 〈~ achievement\culmination〉, 〈↔comencement\unfullfilment〉 양1

2197 **con-sump-tion** [컨썸프션]: com(complete)+sub+emere(take), 〈라틴어〉, (완전히 취하는 〈'쓰는'과 같은 말〉) 소비, 소모, 폐병(tuberculosis), 〈~ using up\wasting disease〉, 〈↔conservation\replenishment〉 양1

2198 **Con·tac** [칸택]: 〈cold contact(새로운 만남)란 고차원적인 광고 용어에서 유래한〉 콘택, Glaxo Smith Kline사 등이 만드는 〈acetaminophen과 phenylephrine이 주성분인〉 감기 치료약 수2

2199 **con-tact** [칸택트]: com(together)+tangere(touch), 〈라틴어〉, 접촉, 연결, '맞닿음', 〈→ contiguous〉, 〈~ touch\proximity〉, 〈↔un·tact〉 가1

2200 **con-tact-less** [칸택트 리스]: 〈신체적〉 비접촉, 〈Covid-19 이후에 떠오른 말〉 양2

2201 **con-tact lens** [칸택트 렌즈]: '접촉 안경', (인공) 수정체, ⇒ soft lens 우2

2202 **con-tact trace** [칸택트 트뤠이스]: 접촉자 추적조사, 전염병 감염자와 긴밀한 접촉을 한자를 찾아내는 역학조사, 〈~ tracking of the 'contacts'〉 양2

2203 **con-ta·gious** [컨테이줘스]: com(together)+tangere(touch), 〈라틴어〉, 〈← contact〉, (접촉) 전염성의, 옮기 쉬운, '함께 접촉하여 전해지는', 〈~ transmittable\communicable〉, 〈↔non-contagious\non-infectious〉 양2

2204 **con-tain** [컨테인]: com(together)+tenere(hold), 〈라틴어〉, '함께 잡다', 함유하다, 포함하다, 억누르다, 〈~ hold\retain〉, 〈↔exclude\lose〉 양1

2205 **con-tain-er** [컨테이너]: 그릇, 용기, 〈함께 보관하는〉 화물 수송용 큰 금속상자, 〈~ receptacle\canister〉 양1 우2

2206 **con-tam·i·na-tion** [컨태미네이션]: com(together)+tangere(touch), 〈라틴어〉, 〈contact로 오는〉 오염, 더러움, 혼합, 〈~ defilement\pollution〉, 〈↔purification\cleansing〉 가2

2207 **con·tan·go** [컨탱고우]: 〈← continue〉, 〈영국 금융어〉, 증권결제유예(금), 매수자가 지급일을 연장할 때 매매자에게 지불하는 〈과태료〉, 〈~ forwardation〉, 〈↔backwardation〉 양2

2208 **conte** [커언트]: ①〈← computare〉, 〈라틴어 → 프랑스어〉, 콩트, 〈computate된〉 단편, 촌극, 〈~ short tale of adventure〉 ②〈← count'〉, 〈라틴어 → 프랑스어 \ 이탈리아어〉, 코운테이, 백작 우2

2209 **con-tem·pla-tion** [컨템플레이션]: com(with)+templum(temple), 〈라틴어〉, 〈'사원'에서 점을 칠 때 하는〉 '관측', 주시, 숙고, 명상, 관조, 정관, 〈~ meditation\probing〉, 〈↔avoidence\rejection〉 양1

2210 **con-tem·pla-tive** [컨템플러티브]: com(with)+templum(temple), 〈라틴어〉, 명상적인, 정관(관조)적인, 묵상에 잠겨있는, 〈~ thoughtful\pensive〉 양2

2211 **con-tem·po-rar·y** [컨템퍼뤠뤼]: com(with)+tempus(time), 〈라틴어〉, '시간을 함께하는', 동시대의, 당대의, 현대의, 〈~ modern\current〉, 〈↔old fashioned\out of date〉 가❶

2212 **con-tempt** [컨템프트]: com(complete)+tennere(despise), 〈라틴어〉, 〈강하게 꾸짖다〉, 경멸, 모욕, 멸시, 〈~ disdain\scorn〉, 〈↔respect\honor〉 가❶

2213 **con-tend** [컨텐드]: com(together)+tendere(stretch), 〈라틴어〉, '함께 뻗다', 겨루다, 투쟁하다, 주장하다, 〈~ compete\debate〉, 〈↔agree\deny〉 양❷

2214 **con-tent¹** [칸텐트]: com(together)+tinere(hold), 〈라틴어〉, 〈놓치지 말고 함께 잡아야 할〉 알맹이, 내용, 목록, 함유량, 〈~ topic\matter\theme〉, 〈↔cover\emptiness〉 양❷

2215 **con-tent²** [컨텐트]: con(together)+tinere(hold), 〈라틴어〉, 〈마음에 가득 찬〉, 만족하는, 불평 없는, 찬성하는, 〈~ pleased\gratified〉, 〈↔dis-satisfied〉 가❷

2216 *****con-tent in·dus·try** [칸텐트 인더스트뤼]: '내용물 산업', 대중매체·응용 정보의 내용을 창출하는 각종 사업, 〈~(↔)media industry〉 미❶

2217 **con-ten-tion** [컨텐션]: com(together)+tendere(stretch), 〈라틴어〉, 싸움, 투쟁, 논쟁, 주장, 〈~ contest〉, 〈~ argument\dispute〉 가❶

2218 **con-test** [칸테스트]: con(together)+testare(witness), 〈라틴어〉, 논쟁, 경쟁, 경연, '함께 증언하기', 〈~ con·cours〉, 〈~ match²\competition〉, 〈↔accord\surrender〉 가❶

2219 **con-text** [칸텍스트]: com(together)+texere(weave), 문맥, 경위, 배경, 상황, '함께 짜 맞추기', 〈~ circumstances\factors〉, 〈~(↔)sub-text〉, 〈↔exterior\meaninglessness〉 양❷

2220 **con-tig·u-ous** [컨티규어스]: com(together)+tangere(touch), 〈라틴어〉, 〈← contact〉, 접촉하는, 인접한, 연속된, 〈~ adjacent\neigboring〉, 〈↔distant\detached〉 가❷

2221 **con-ti·nent** [칸티넨트]: com(together)+tenere(hold), 〈라틴어들〉 ①〈땅으로 계속(continuos)되는 한〉 대륙, 본토, 〈~ mainland〉, 〈↔island〉 ②〈배설을〉 자제〈contain〉하는, 금욕적인, 〈~ abstinent\ascetical〉, 〈↔in-continent\un-chaste〉 가❶ 양❷

2222 **con-ti·nen-tal** [컨티넨틀]: 콘티넨탈, 〈끝없이 이어진〉 대륙(성), 대륙식, 유럽 대륙풍, 북아메리카식, 〈~ land-dwelling\earth-bound〉, 〈↔inter-continental\domestic〉 가❶ 미❷

2223 **Con-ti·nen-tal** [컨티넨틀], AG: Conti, 1891년에 독일에서 설립된 세계적 자동차 고무바퀴 및 부속품 제조회사, 〈~ a German auto-parts manufacturing co.〉 수❷

2224 **Con-ti·nen-tal Air-lines** [컨티넨틀 에어라인즈]: 콘티넨탈 항공, COA, 1937년에 첫 비행을 시작해서 2010년 United Airline과 병합한 미국(American)의 세계적 항공사 (Sky Team의 일원), '대륙 항공' 수❷

2225 **Con-ti·nen-tal break-fast** [컨티넨틀 블뤸휘스트]: 간단한 유럽 대륙식 아침식사, 〈~ small breakfast〉, 〈↔American breakfast〉 우❷

2226 **Con-ti·nen-tal Con-gress** [컨티넨틀 캉그뤠스]: 대륙 회의, 1774년에 창립되어 1789년 미 의회로 흡수된 13개 식민지의 대표자 회의, 〈~ Congress of the Confederation〉 미❷

2227 **Con-ti·nen-tal cui·sine** [컨티넨틀 퀴지인]: 〈서유럽〉 대륙식 요리(법), 〈~ European cuisine〉 미❷

2228 **con-ti·nen-tal di-vide** [컨티넨틀 디봐이드]: 대륙 분수계 (분수령), (대륙에서) 강물이 반대쪽으로 갈라지는 커다란 산맥, 〈~ water parting(shed)'〉 미❷

2229 **Con-ti·nen-tal plan** [컨티넨틀 플랜]: (방세와 아침 식사만 포함되는) 대륙식 숙박 요금제, 〈~ lodge+breakfast〉, 〈↔American plan〉 미❷

2230 **con-ti·nen-tal shelf** [컨티넨틀 쉘후]: 대륙붕, 대륙에 연결된 극히 완만한 경사의 해저, 〈~ continental platform(slope)〉 가❶

2231 **con-tin·gen-cy** [컨틴줜시]: com(together)+tangere(touch), 〈라틴어〉, 우발성, 가능성, 부수적, 수반성, 조건부, 분담금, 분견대, 파견단, 〈~ conditional\possibility\detachment〉, 〈↔certainty\necessity〉 양❶

2232 *****con-tin·gen-cy fee** [컨틴줜시 휘이]: (미국에서) 〈변호사가 일을 성사 시켜야만 주는〉 성사 사례금, 〈fee paid upon successful completin of a task〉 양❷

2233 **con-tin·ue** [컨티뉴우]: com(together)+tenere(hold), 〈라틴어〉, 계속하다, 지속하다, 〈함께 잡고 있어서〉 '이어지다', 〈→ continental〉, 〈~ last²\remain〉, 〈↔dis-continue\halt\stop〉 가❶

2234 **con·tin·ued frac·tion** [컨티뉴우드 후랙션]: 연결부수, (분수를 따로따로 쓰는) 연속활자체, 〈등분표가 큰〉 대등분표, 〈예를 들면 ½대신 1\2〉, 〈↔case fraction〉 미1

2235 **con-tort** [컨 토얼트]: com(together)+torquere(twist), 〈라틴어〉, '함께 비틀어지다', 뒤틀리다, 일그러지다, 〈~ twist\screw up〉, 〈↔straighten〉 양1

2236 **con-tour** [칸투우어]: com(complete)+tornare(turn), 〈라틴어에서 유래한 이탈리아어〉, 〈빙 둘러싼〉 윤곽, 외형, 형세, 등고선, 〈~ outline\shape\lineation〉, 〈↔inside\mid point〉 양1

2237 **con·tra** [칸트뤄]: 〈라틴어〉, against \ opposite, 반대로, 대하여, 〈→ contrary〉, 〈↔pro\for〉 양1

2238 **con·tra-band** [칸트뤄 밴드]: contra(against)+bandum(proclamation), 〈라틴어〉, 밀수품, 금지품, (병영이나 병실의) 관물함, 〈~ un-authorized\under-the-counter〉, 〈↔permitted\legal〉 양2

2239 **con·tra-bass** [칸트뤄 베이스]: 〈라틴어〉, 가장 큰 현악기, 〈베이스보다 더 낮은〉 저음 악기, =double-bass, 〈↔bass〉 우2

2240 **con·tra-cep·tion** [컨트뤄 쎕션]: 〈1886년에 contra(against)+conception(pregnancy)을 축약해서 만든 말〉, 〈라틴어 → 영국어〉, 〈받아들이지 않게 하는〉 피임(법), 〈↔conception\assisted reproduction\insemination〉 가1

2241 **con-tract** [칸트랙트]: com(together)+tahere(draw), 〈라틴어〉, 〈서로 끄는〉 계약, 약정, 첨부, 〈병과 계약을 해서〉 병이 들다, 〈~ agreement\undertaking〉, 〈↔dispute\conflict〉 양1

2242 **con-trac–tion** [컨트랙션]: 〈한 점으로 끄는〉 수축, 위축, 축소, 〈~ shrinking\reduction〉, 〈↔expansion〉 양1

2243 **con·tra-dic·tion** [컨트뤄 딕션]: contra(opposite)+dicere(speak), '반대로 말하기', 부인, 반박, 모순, 〈~ refutation\disproof〉, 〈↔affidavit〉 양1

2244 **con-trail** [칸트뤠일]: condensation+trail, (고공에서) 비행기가 뿜어내는 배기가 농축·결빙되어 나타나는 '비행기 구름', (비행기가 지나간 자리에 흰 띠처럼 펼쳐지는) 비행운, 〈~ condensation(vapour) trail〉 미2

2245 **con·tral·to** [컨트랠토우]: 〈라틴어에서 유래한 이탈리아어〉, 콘트랄토, 〈alto에 반대되는〉 최저 여성음, 〈~ low pitched\alto low〉, 〈↔baritone〉 미1

2246 **con·trar-y** [칸트뤠뤼]: 〈← contra(opposite)〉, 〈라틴어〉, 반대의, 역의, 거꾸로, 〈↔congruous\compatible〉 가1

2247 *__con·tra-sex·u·al__ [칸트뤄 쎅슈얼]: 〈전통적인 여성상의 반대로〉 (사회적 성공을 중요시하는) 반대성 이성애 여자, '반항녀', 〈~ opposite gender\against stereotyped(female) gender role〉, 〈↔metro sexual〉 우1

2248 **con·trast** [칸트래스트]: contra(opposite)+stare(stand), 〈라틴어〉, '반대로 세우기' 대조, 대비, 상이, 〈~ difference\distinction〉, 〈↔similarity\match〉 가1

2249 **con·trast me·di·um** [칸트래스트 미이디엄]: 조영제 (방사선 촬영 시 사진을 뚜렷이 나타내기 위해 쓰는 바륨이나 옥소 등의 물질), 〈~ distinguishing material〉 가1

2250 **con·tre-temps** [칸트뤄 타앙]: 〈라틴어 → 프랑스어〉, 'against time', 뜻밖의 사건, 재앙, 안 좋은 일, 사소한 언쟁, 〈~ misfortune\quarrel〉, 〈↔good luck\success〉 양2

2251 **con·tri·bu–tion** [컨트뤼이뷰우션]: com(together)+tribuere(grant), 〈라틴어〉, 기부, 기증, 기고, 〈함께 내는〉 분담금, 공헌, 〈~ addition\donation〉, 〈↔substraction\debit〉 양2

2252 **con·tri·tion** [컨트뤼션]: com(complete)+terere(rub), 〈라틴어〉, 〈땅이 꺼지게 하는〉 뉘우침, 회개, 〈~ compunction\scruple〉, 〈↔unrepentant\impenitent〉 양2

2253 **con-trive** [컨트롸이브]: com(complete)+trover(find), 〈라틴어〉, '발견해 내다', 고안하다, 꾸미다, 저지르다, 〈~ elaborate\wangle〉, 〈↔dissuade\destroy\imitate\rubble〉 양2

2254 **con·trol** [컨트로울]: contra(against)+rotula(roll), 〈라틴어〉, 지배, 통제, 단속, 대조 표준, 제어, '두루마리를 〈펴서〉 적어 놓은 자료를 확인하기', '등록부에 올림', 〈~ restrain\rein〉, 〈↔freedom\neglect\subjugation〉 양1

2255 *__con·trol box__ [컨트로울 박스]: 제어 상자 (화면의 표제 왼쪽에 있는 화면 조정용 칸), 〈~ instrument panel〉 미2

2256 **con·trol group** [컨트로울 그루우프]: 제어 집단, 대조군, 〈~ sampler\subset〉 양1

2257 *con·trol key [컨트로울 키이]: 변동 단추(Ctrl \ Cntl; 다른 단추와 같이 눌러서 새로운 작업을 할 때 쓰는 단자), 〈~ command (or modifier) key〉 미2

2258 con·trol·ler [컨트로울러]: 감사관, 관리인, 관제관, 제어기, 〈~ regulator\executor〉 양1

2259 *con·trol men·u [컨트로울 메뉴우]: 제어(작동) 차림표〈제어 상자를 누를 때 화면에 나타나는 작동 항목들〉, 〈~ system (or window) menu〉 미2

2260 con·trol pan·el [컨트로울 패늘]: 〈전산기 기능을 용도에 맞게 조작하는〉 제어판(반), 〈~ control box (or board)〉 미2

2261 con·trol room [컨트로울 루움]: 관제실, 조종실, 제어실, 〈~ nerve center〉 양2

2262 con·trol tow·er [컨트로울 타워]: 관제탑, 〈~ command center\flight deck〉 양2

2263 con·tro·ver·sy [칸트뤄버어시]: contra(opposite)+vertere(turn), 〈라틴어〉, 말다툼, 〈반대로 돌리는〉 논쟁, 반박, 물의, 〈~ disagreement\dispute〉, 〈↔accord\concurrence〉 양1

2264 con·tu·ma·cious [컨튜우웨이셔스]: com(complete)+tumere(swell), 〈라틴어〉, (법정 소환에) 불응하는, 반항적인, 오만한, 〈~ head-strong\obstinate〉, 〈↔obedient\docile\submissive〉 양2

2265 con·tu·me·li·ous [칸튜미일리어스]: com(complete)+tumere(swell), 〈라틴어〉, 〈contempt 하듯〉 오만불손한, 방자한, 〈~ brazen\cheeky〉, 〈↔respectful\courteous〉 양2

2266 con·tu·sion [컨튜우전]: com(together)+tundere(beat), 〈라틴어〉, 〈함께 부딪쳐서 생긴〉 좌상, 타박상, 〈~ bruise〉, 〈~(↔)concussion〉 양2

2267 *co·nun·drum [커넌드뤔]: quonundrum, 〈어원 미상의 16세기 영국 대학생 속어〉 수수께끼, 재치문답, '말장난', 〈~ enigma\puzzle〉, 〈↔answer\solution〉 양2

2268 con·va·les·cent [컨뷜레쓴트]: com(together)+valere(be strong), 〈라틴어〉, 〈함께 힘내는〉 회복기의, 차도를 보이는, 〈~ improving\recovering〉, 〈↔deteriorating\failing〉 가1

2269 con·va·les·cent home [컨뷜레쓴트 호움]: 보양소, 양로원, nursing home, 〈~(↔)hospital〉 가1

2270 con·vene [컨뷔인]: com(together)+venire(come), 〈라틴어〉, '함께 오다', 모집하다, 소집하다, 〈~ call together\summon〉, 〈↔disperse\scatter〉 양1

2271 con·ven-ience [컨뷔이니언스]: 〈함께 맞춰진〉 편리, 편의, 〈~ benefit\advantage〉, 〈↔in-convenience\trouble-some〉 가1

2272 con·ven-ience store [컨뷔이니언스 스토어]: 편의점, 〈~ bodega\mini-mart〉 가1

2273 con·vent [칸벤트]: com(together)+venire(come), 〈라틴어〉, 수녀원, 수도원, '모이는 곳', 〈~ nunnery\cloister〉, 〈↔brothel?〉 가1

2274 con·ven-tion [컨뷀션]: 컨벤션, 대회, 총회, 전당대회, (상·하원) 합동회의, 관례, 〈~ assembly\conference〉, 〈↔dissociation\discord〉 양1

2275 con·ven-tion-al [컨뷀셔늘]: com(together)+venire(come), 〈라틴어〉, 전통(인습)적인, 틀에 박힌, 진부한, 협정상(의), 〈~ traditional\customary〉, 〈↔unusual\informal\bohemian〉 양2

2276 con·ven-tion cen·ter [컨뷀션 쎈터]: 회의장 밀집소, 대회장, 〈~ conference house〉 양1

2277 con·verge [컨뷔얼쥐]: com(together)+vergere(bend), 〈라틴어〉, 한 점에 모이다, 집중하다, 수렴하다, 〈~ come together\meet\rendezvous〉, 〈↔diverse\separate〉 양1

2278 *con·verge-nom·ics [컨뷔얼쥐 나믹스]: convergence+economics, 융합 경제 미2

2279 con·ver·sa·tion [컨뷔쎄이션]: com(together)+vertere(turn), 〈라틴어〉, 〈말할 차례를 함께 돌리는〉 대화, 회담, 좌담, 〈~ discussion\dialog\chat〉, 〈↔muteness\listening〉 가1

2280 con·ver·sion [컨뷔얼젼]: com(together)+vertere(turn), 〈라틴어〉, 〈방향을 완전히 돌리는〉 변환, 전환, 개종, 환산, 〈~ change\transformation〉, 〈↔retain\deter〉 양2

2281 *con·ver·sion the·o·ry [컨뷔얼젼 씨어뤼]: 전환이론, 〈끈질긴〉 소수의견이 끝내 다수의견을 바꾼다는 학설, 〈~ minority influence〉, 〈~(↔)terrorism?〉, 〈↔majority rule〉 양2

2282 con·vert·er [컨뷔어터]: 전환시키는 사람(것), 가공업자, 변환기, 〈~ transformer\transducer〉 미1

2283 con·vert·i·ble [컨뷔어티블]: 바꿀 수 있는, 개조되는, 전환 가능한, 전환 지붕 자동차, 〈~ changeable\soft-top〉, 〈↔fixed\un-exchangeable〉 양2

2284 ***con-verts are the worst**: 개종자들이 극성맞다, 늦게 배운 도둑이 날 새는 줄 모른다, 〈~ zeal of the convert〉 양2

2285 **con-vex** [컨벡스]: com(with)+vehere(bring), 〈라틴어〉, curved outward, 〈위로 vaulted(올라오) 된〉, 볼록한, 철(凸)면의, 〈~ arched\bulged〉, 〈↔concave〉 양1

2286 **con-vey** [컨붸이]: com(together)+via(way), 〈라틴어〉, '짐과 함께 길을 가다', 나르다, 운반하다, 전달하다, 〈~ vector\transfer〉, 〈↔withhold\drop〉 가1

2287 **con-vey-er** [컨붸이어]: 운반장치, 운반인, 양도인, 〈~ carrier\courier〉 양2

2288 **con-vic-tion** [컨빅션]: com(complete)+vincere(conquer), 〈라틴어〉, 〈완전히 이긴〉 신념, 확신, 설득(력), 유죄판결, 〈~ belief\sentence〉, 〈↔doubt\acquit〉 양2

2289 **con-vince** [컨빈스]: com(complete)+vincere(conquer), 〈논쟁에서〉 '완전히 이기다', 확신시키다, 납득시키다, 〈~ persuade\assure〉, 〈↔dissuade\discourage〉 양2

2290 **con-vive** [칸 봐이브]: com(together)+vivere(live), 〈라틴어〉, 같이 (먹고) 사는, 같이 즐기는, 연회의, 우호적인, 〈~ dining companion\sociable〉, 〈~ persuade\assure〉, 〈↔unsociable\hostile〉 양2

2291 ***con·vo** [칸 보]: conversation+o, 〈1982년에 등장한 전산망 약어〉, 대화, 회담 미2

2292 **con-vo·ca-tion** [컨붜케이션]: com(together)+vocare(call), 〈라틴어〉, '함께 불러 모음', 집회, 대회, (독수리의) 떼, 〈~ large formal meeting\congregation〉, 〈↔dispersion\seclusion〉 가1

2293 **con-vo·lu-tion** [컨뷜루우션]: com(together)+volvere(roll), 〈라틴어〉, 소용돌이, 포선, 회선, 돌돌 말림, 휘감기, 〈~ twirl\coil〉, 〈↔line\evolution〉 양1

2294 **con-voy** [칸붜이]: com(together)+via(way), 〈라틴어〉, 〈← convey〉, 〈같이가는〉 호송, 호위, 〈~ escort\guard〉, 〈↔betrayal\capture〉 양2

2295 ***con-voy sys·tem** [칸붜이 씨스템]: 선단식 경영, ⇒ fleet·style management 양2

2296 **con-vul-sion** [컨뷜전]: com(complete)+vellere(pluck), 〈라틴어〉, 〈강하게 쥐어뜯는〉 경련, 진동, 동란, 발작, 〈~ fit\seizure〉, 〈↔calm\harmony〉 양1

2297 **co·ny \ co·ney** [코우니]: ①〈← cuniculus(a rabbit)〉, 〈라틴어〉, 바위너구리(hyrax), 〈아프리카와 서인아시아에서 바위나 나무 위에 사는 토끼와 모르모트 중간 형태의 동물〉, 〈~ bunny〉 ②〈영국어〉, 〈← cone?〉, 서인도양에 서식하는 능성어속 물고기의 일종, 〈~ butter fish\a grouper〉 미2 우2

2298 **COO** (chief op·er·at·ing of·fic·er): 최고 운영 책임자, (통상 CEO의 하위에 있는) '전무' 미2

2299 **coo** [쿠우]: 〈1577년에 등장한 영국어〉, 〈의성어〉, 비둘기 울음소리, 구구하며 울다, (애인끼리) 정답게 소곤거리다, 젖먹이(소), 〈~ whisper\hiss〉, 〈↔scream\roar〉 양2

2300 ***cooch** [쿠우취]: 〈1991년에 'vagina'란 뜻으로 발전된 미국어〉, hootchy-kootchy의 단축형, 여성이 선정적으로 추는 동양풍 무용, '은근짜', '보지', 〈~ pussy〉 양2

2301 **cook** [쿡]: 〈← coquere(ripen)〉, 〈라틴어〉, 〈열(heat)을 이용해서〉 조리하다, 요리사, 날조하다, 〈~ chef\prepare\distort〉, 〈↔freeze\neglect\clarify〉, 〈↔seamstress〉 가2

2302 **Cook** [쿡], James: (1728-1779), '요리사', 지구를 두 바퀴 반 돌고 하와이에서 원주민에게 살해된 야심만만했던 영국 항해사, 〈~ a British explorer〉 수1

2303 **cook-book** [쿡 북]: 요리책, 상세한 설명서(manual) 가2

2304 **cook-er** [쿠커]: 요리 기구, 요리 재료, 요리인 가1

2305 **cook·ie**¹ [쿠키]: 〈← koke〉, 〈네덜란드어〉, little cake, 밀가루를 주재료로 하여 구운 과자류, 귀여운 애, 애인, 〈↔bag\hag〉 미1

2306 ***cook·ie**² [쿠키]: 〈장난치기 웹사이트 Cookie Monster에서 유래한〉 전산망 접속 시 하드 드라이브에 저장되는 사용자의 개인신상명세, 〈~ a file of personal information〉 수2

2307 ***cook·ie crum·bles** [쿠키 크럼블스]: '과자가 부서지는 대로', (세상만사) 그저 그런대로, 〈~ the way things happen\that's life〉 미2

2308 ***cook·ie scene** [쿠키 씨인]: '사탕 발림', (마치 중국 음식 후에 나오는 fortune cookie같이) 본 영화가 끝난 후 〈예고나·미끼용으로〉 짧게 추가된 '부록 영상', 〈콩글리시〉, ⇒ stinger, post credits scene 양2

2309 **cook-ing gear** [쿠킹 기어]: 〈군대가 야영할 때 쓰던 말〉, 요리하는 장비, (식사를 준비하고 시행할 때 필요한) 요리 도구·식기류, 〈~(↔)sleeping gear〉 미2

2310 ***Cook's tour** [쿡스 투어]: 〈19세기 영국의 Thomas Cook 여행사가 하듯〉 수박 겉 핥기식 여행, 점찍기 여행, 주마간산, 〈~ a cursory glance\a whirl-wind tour〉 양2

2311 **cook-top** [쿡 탑]: 조리대, 가열 요리판, 〈~(↔)oven〉 양1

2312 **cool** [쿠울]: 〈← calan(frigid)〉,〈게르만어〉,〈cold보다 약한〉 시원한, 식은, 냉정한, 근사한, 침착한, 〈~ crisp\placid〉, 〈↔warm\friendly\agitated\bake〉 양2

2313 **cool·ant** [쿠울런트]: 냉각제, 냉각수, 〈~ frigidant〉,〈~(↔)antifreeze에 물을 타서 과열된 engine을 식히는 것〉,〈↔heater〉 가1

2314 ***cool as a cu·cum·ber**: 〈1732년 영국의 시에 등장한 말〉, 아주 침착한, 태연자약한, 냉정한, 〈~ very calm\serene〉, 〈↔clamorous\agitated〉 양1

2315 ***cool ba·nan·as(beans)!**: 〈kiwi(New Zealand) 속어〉, 와! (대단하다), 〈~ great!\I'm in!〉 양2

2316 **cool-er** [쿠울러]: 냉각기, 냉장고, 냉각제, 〈↔warmer〉 가1

2317 **Cool·idge** [쿠울리쥐], Cal·vin: 〈college 집사?〉, 쿨리지, (1872-1933), 잡화상 집 아들로 태어나 정치에 입문하여 '광란의 시기'에 〈노동쟁의 제한·부패척결·자유시장 정책으로 위기를 잘 빠져나가〉 하딩의 잔여 임기 2년과 자신이 얻은 4년으로 임기를 끝낸 진짜 'cool' 했던 공화당 출신의 미국 30대 대통령, {Cool Cal}, 〈~ 30th US President〉 수1

2318 **Cool·idge ef·fect** [쿠울리쥐 이휄트]: 쿨리지 효과, (C~ 대통령 부부가 한 농장을 방문했을 때 수탉이 요란하게 그 짓을 하는 것을 보고 부인이 "저놈은 하루에 몇 번씩 저 짓을 하나요?" 하고 주인에게 묻자 "다섯 번 이상이요" 하니 "그것을 대통령에게 말해 주시오" 했는데 그 말을 들은 대통령이 "그놈이 매번 같은 암탉과 하나요?" 물으니 주인 왈 "아니, 매번 다른데요"라고 답하자 "그것을 부인께 말해 주시오" 했다는 데서 나온) 〈남성은 새것을 좋아한다는〉 고사성어, 〈~ poly-gyny〉 수1

2319 **coo·lie** [쿠울리]: 〈← quli(hired servant)〉,〈힌디어〉, (인도·중국의) 하급 노무자, 〈19세기 미국의 철도 공사에 동원되어 '고역'을 치른 중국인(Chinese)을 일컬었던 말〉 미1

2320 ***cool-sculpt-ing** [쿠울 스컬프팅]: 냉동 조각술, (지방을 얼려 녹여 군살을 빼는) 〈미국 FDA에서 눈감아주는〉 냉동 지방 제거술, 〈~ cryo-lipo-lysis〉 양2

2321 **Cool Seal** [쿠울 씨일]: 쿨 실, '냉각 밀봉제', 태양열을 적게 빨아들이는 개량된 도로 포장용 아스팔트(상품명), 〈~ rubberized silicone〉 우2

2322 ***coon** [쿠운]: 너구리(raccoon)의 일종, 교활한(sly) 녀석, 멍청이(idiot), '흑인노예(negro)' 〈쓰면 안되는 말〉, 〈↔cosmopolitan〉 미2

2323 **coop** [쿠웊]: 〈← kupa(pit)〉,〈산스크리트어 → 그리스어 → 라틴어〉, cask, 닭장, 우리, 가두다, 방에서 빈둥대는, 〈~ cup\tub\cage〉, 〈~ pen\mew up〉, 〈↔set free〉 양2

2324 **.coop** [닽 코앞 \ 닽 쿠웊]: 전산망 주소가 개인기업(coperation)임을 나타내는 접미사 우1

2325 ***cooped up** [쿠웊트 엎]: 닭장(좁은 공간)에 갇혀있다, 칩거하다, 〈~ confined〉, 〈↔free\liberated〉 양2

2326 **coop-er** [쿠우퍼]: cask maker, 통 제조업자, 술장수, 〈← coop〉 양1

2327 **Coop-er** [쿠우퍼], An·der·son: 쿠퍼, (1967-), 밴더빌트 가문의 모계 후손으로 태어나 오랫동안 CNN의 앵커를 하고 있는 미국의 동성연애자 방송인, 〈~ an American broad-cast journalist〉 수1

2328 **Coop-er** [쿠우퍼], Ga·ry: 쿠퍼, (1901-1961), 전형적인 카우보이 역할을 했던 미국의 영화배우, 〈~ an American actor〉 수1

2329 **co-op·er·a·tion** [코우아퍼뤠이션]: co(together)+opus(work), 〈라틴어〉, '함께 일하기', 협력, 제휴, 협조, (협동) 조합, 〈~ collaboration\partner-ship〉, 〈↔hindrance\antagonism〉 가2

2330 ***co-op·er·a·tive mul·ti-task·ing** [코우아퍼뤄티브 멀티태스킹]: 〈함께 일해야 하는〉 협력식 다중작업(다중작업 중앙 처리에서 응용 체제 간에 서로 도와주는 일), 〈~ simultaneous processing〉, 〈↔pre-emptive multi-tasking〉 미2

2331 **co-or·di·na·tor** [코우어얼디네이터]: co(together)+ordo(order), 〈라틴어〉, 〈함께 순서를 맞추는〉 협조자, 조정자, 등위 접속사, 〈~ facilitator\negotiator\equalizer〉, 〈↔disorganizer\disintegrator〉 양2

2332 **coot** [쿠우트]: 〈← koet(a water fowl)〉,〈네덜란드어〉, 큰물닭, 〈부리와 꼬리는 흰색이고 0.5kg 정도의〉 검둥오리, 얼간이, 〈~ geezer\kook〉 미2

2333 **coot·ie** [쿠우티]: 〈← kulu(louse)〉, 〈1차대전 때 영국 군대 속어〉, 〈말레이에서 전파됐다는〉 이, 세균, 얼간이(coot) 양2

2334 **coot·ie catch·er** [쿠우티 캐춰]: 이잡이, 〈행운을 점치는 말들을 쓴 종이를 네겹으로 접어 손가락으로 펼치면서〉 길·흉을 예측하는 어린이 장난감, fortune teller, ⇒ origami 우2

2335 ***cop** [캎]: 〈← capere(seize)〉, 〈라틴어에서 유래한 영국어〉, '포획〈capture〉하는 자(?)', 순경, 체포, 〈사람을 잡으러 다니는〉 '짭새'(잡쇠), 포졸, 〈~ police\sheriff〉, 〈↔civilian\criminal〉 양2

2336 ***co·pa·cet·ic** [코우퍼쎄틱]: 〈← coupersetigue(that which can be coped with)?〉, 〈Creole 프랑스어?〉, 〈어원 불명의 미국어〉, 만족스러운, 훌륭한, 〈1919년에 등장해서 최근에 씀씀이가 많아지는 말〉, 〈~ hunky-dory〉, 〈↔bad\poor〉 양2

2337 **co-pay-ment** [코우 페이먼트]: 공동 부담, 분담액, 〈~ sharing cost\eligible expense〉 미2

2338 **COPD** (chron·ic ob-struc·tive pul·mo·nar·y dis·ease): 만성 폐색성 폐질환 양2

2339 **cope** [코우프]: 〈← kolaptein(peck')〉, 〈그리스어 → 프랑스어〉, '때리다', 대처하다, 극복하다, 그럭저럭해 나가다, 〈~ coup〉, 〈~ endure\with-stand〉, 〈↔lose\fail〉 양1

2340 **Co·pen·ha·gen** [코우펀헤이건]: Kobenhavn, kober(buyer)+havn(port), 〈덴마크어〉, '상인의 항구', 코펜하겐, 동쪽 귀퉁이에 붙어 있는 16세기 초부터의 덴마크의 수도, 〈~ Capital of Denmark〉 수1

2341 **Co·per·ni·cus** [코우퍼어니커스], Nic·o·laus: 〈이탈리아어〉, '구리〈copper〉 가공업자', 코페르니쿠스, (1473-1543), 〈신앙심이 깊었고〉 지동설을 제창한 폴란드의 천문학자, 〈a Polish poly-math〉 수1

2342 **cop·ier** [카피어]: 복사기, 모방자, 〈~ duplicator\imitator〉 가2

2343 **cop·ing** [코우핑]: ①〈라틴어〉, 〈capping하는〉 〈본체에 맞춰 덧붙이는〉 갓돌, 지지름돌, 꼭대기층, 〈~ covering stone\sloping top〉 ②cope의 현재 진행형 미2 양1

2344 **cop·ing saw** [코우핑 써어]: 〈이음매를 만들기 위해〉 (곡선으로 자르는) 실톱, 〈~ fret (or jig) saw〉 미2

2345 **co·pi·ous** [코우피어스]: 〈← copia(abundance)〉, 〈Ops에서 연유한 라틴어〉, 매우 많은, 풍부한, 자세한, 〈→ copy〉, 〈~ ample\diffuse〉, 〈↔meager\sparse〉 가2

2346 ***cop out** [캎 아웉]: 구실, 회피하는 짓(사람), 도피, 〈(1960년대부터 씀씀이가 많아진) 어원에 대해 말이 많은 미국 속어〉, 〈~ back off\shirk\avoid〉, 〈↔adhere\comply〉 양2

2347 **cop·per** [카퍼]: 〈라틴어〉, 'Cyprus 섬의 금속', 구리, 동, 〈고대부터 건축·생활용품·합금으로 널리 사용했던〉 금속원소 (기호 Cu·번호29), 적갈색, 〈→ chalcid\chalco〉, 〈~ a chemical element and a mineral〉 미2

2348 **cop·per-head** [카퍼 헤드]: ①〈구릿빛을 띤 머리를 가진 약 75cm 정도 길이의〉 미국 살무사, pit viper, red·eye, 〈~ pilot\chunk-head\water moccasin〉 ②〈남북 전쟁 당시〉 링컨에 반대한 북미 민주당원 〈1센티짜리 동전에 있던 자유의 여신상 머리를 잘라 배지로 썼음〉, 〈~ Peace Democrat〉 수2

2349 **cop·u·la·tion** [카퓰레이션]: co(together)+apere(join), 〈라틴어〉, 연결, 성교, 〈함께 꽉 조인〉 교미, 씹, 흘레, 〈~ coitus\intercourse〉, 〈↔un-screw\separation〉 가1

2350 **cop·y** [카피]: co(together)+opes(abundance), 〈라틴어〉, 사본, 모방, 권, 〈풍족하게 쓴〉 초고, 〈← copious〉, 〈~ reprint\duplicate\version\clone〉, 〈↔origonal\difference〉 가1

2351 ***cop·y-cat** [카피 캩]: 모방하는 사람, 흉내쟁이, 〈~ copier〉, 〈발음하기 좋아서 만들어진 말〉 양2

2352 ***cop·y-left** [카피 레후트]: '판권유예' 〈작가가 저작권(copy·right)을 '떠났다는' 선언〉, 〈~ (partial) giving-up of the copy-right〉 미2

2353 **cop·y ma·chine** [카피 머쉰]: 복사기 가2

2354 ***cop·y-pas·ta** [카피 파스타]: copy and pasta, 복사해서 붙여 놓기, 성의없는 작업, 〈(전산망 정보를 이곳저곳 옮겨 놓는) 무책임한 짓, 〈~ recycled text〉 미2

2355 **cop·y-right** [카피 롸잍]: 판권, 저작권, 〈~ cartel\holding〉 양2

2356 ***cop·y-writ·er** [카피 롸이터]: 원고 쓰는 사람, 광고 문안 작성자, '글 튀기 작가', 〈~ marketing oriented re-writer〉 미2

2357 **coq au vin** [코커뱅 \ 커커벵]: 〈프랑스어〉, 코코뱅, rooster in wine, '와인 속 수탉', 볶은 다음 포도주로 찐 닭고기 수2

2358 **co·quens** [코퀴엔스]: 〈← coquo(cooking)〉, 〈라틴어〉, 코쿠엔스, 요리하는 자, cook, 〈~ culinary〉 양2

2359 **co·quet-tish** [코케티쉬]: ⟨← coq(rooster)⟩, ⟨프랑스어⟩, 요염한, (암탉이) ⟨수탉(cock)처럼⟩ 교태를 부리는, ⟨~ flirty\seductive⟩, ⟨↔un-coy\un-sexy⟩ 양2

2360 **cor·al** [커어뤌]: ⟨← korallion(small pebble)⟩, ⟨그리스어⟩, ⟨수많은 미세동물들이 석회화된⟩ 산호, ⟨'자갈' 같은⟩ 산호충, 산홋빛, ⟨~ an antho-zoa\an opaque gem⟩ 가1

2361 **cor·al-bells** [커어뤌 벨즈]: 단지산호, alum·root, ⇒ heuchera 미2

2362 **cor·al-snake** [커어뤌 스네이크]: 산호뱀 (미주의 바위나 땅 밑에 서식하는 화려한 색깔을 띤 가느다란 독사), ⟨~ harlequin snake\American cobra⟩ 미2

2363 **cor·al tree** [커어뤌 트뤼이]: 산호수, (열대·아열대 지방에 서식하며) 가시 달린 줄기가 산호처럼 가지를 치며 자라고 선홍·주홍색의 떡잎 꽃을 피우는 인도 원산의 콩과⟨pea family⟩의 관목, ⟨~ lucky bean tree⟩ 미2

2364 **cor an·glais** [코얼 어엉글레이]: ⟨프랑스어⟩, 코르 앙글레, English horn, ⟨English하고는 관계가 먼 중유럽 원산의⟩ 'angel' 비슷한 소리가 나는 오보에보다 긴 두 혀(저)짜리 목관 취주악기 수2

2365 *****CORBA** [컬버] (com·mon ob·ject re·quest bro·ker ar·chi·tec·ture): ⟨전산기 회사 연합체에서 고안된⟩ 다른 전산기 체제와 상호 통신을 가능케 하는 구조 우2

2366 **cor·bi·na \ cor·vi·na** [코얼뷔이너]: ⟨← corvus(raven)⟩, ⟨라틴어 → 스페인어 → 미국어⟩, 캘리포니아부터 중남미 태평양 연안에서 잡히는 ⟨까마귀 색깔을 한⟩ 조기 비슷한 민어과의 물고기, ⟨~ a croaker family⟩ 우2

2367 **cord** [코어드]: ⟨← chorde(string)⟩, ⟨그리스어⟩, chord, ⟨창자같이 생긴⟩ 새끼, 끈, (밧)줄, 128 입방 피트, ⟨~ thread\twisted strands⟩, ⟨~ a measure of dry volume⟩, ⟨↔straight line⟩ 양1

2368 **cor-dial–ly** [코어쥘리]: ⟨← cordus⟩, ⟨라틴어⟩, '마음⟨cor⟩에서 우러나는', 진심으로, 여불비례, ⟨~ congenially\courteously⟩, ⟨↔rudely\un-friendly⟩ 양1

2369 **cord-less** [코어드 리스]: 무선, 전화선 없는 가1

2370 **Cor·do·ba** [코얼더버]: ⟨← qart(good)+tubah(town)?⟩, ⟨페니키아어?⟩, ⟨좋은 도시?⟩, 코르도바 ①중북부에 있는 아르헨티나⟨Argentina⟩ 제2의 도시 ②무어풍이 강한 스페인⟨Spain⟩ 남부 도시 수1

2371 **cor·du·roy** [코얼더뤄이]: ⟨← cord+du(for)+Roi(king)?⟩, ⟨프랑스어⟩, ⟨어원 불명의 영국어⟩, ⟨이랑이 파인 가벼운 천⟩, 코르덴, 골이 진 양복, ⟨~ corded velveteen\elephant cord⟩ 미1

2372 **cor·dy-ceps** [코얼디쎕스]: ⟨← kordyle(club head)⟩, ⟨그리스어⟩, 동충하초, (열대우림에서 잘 자라고) ⟨덩샤오핑이 장복했다는⟩ 겨울에는 곤충의 사체에 기생하고 여름에는 '긴 곤봉' 모양의 버섯을 내는 곰팡이, ⟨~ a parasitic fungi⟩ 미1

2373 **core** [코어]: ⟨어원 불명의 라틴어 cor에서 연유한 영국어⟩, '심장', 응어리, 속, 핵심, 고갱이, 정수, ⟨뱃살⟩, ⟨~ center\kernel⟩, ⟨↔exterior\husk⟩ 양1

2374 **Co·rel** [코렐]: 코렐, ⟨← Cowpland(창립자) Research Laboratory⟩, 1980년에 창립된 그래픽 디자인(도표 도안) 전문의 캐나다 연성기기 회사, ⟨~ a Canadian software company⟩, ⟨2022년에 Alludo(all you do)로 개칭됨⟩ 수1

2375 **co·re·op·sis** [커뤼앞시스]: koris(bug)+opsis(appearance), ⟨그리스어⟩, 큰금계국 (⟨'벌레 같은'⟩ 씨가 옷에 달라붙는 작은 해바라기 모양의 꽃이 피는 국화과의 기생초), tick·seed 미2

2376 **cor-er** [코어뤄]: ⟨영국어⟩, (사과 등의) 응어리를 뽑는 기구, 표본 채취기, ⟨~ core removing device⟩ 우2

2377 **co–re·spon·dent** [코우뤼스판던트]: co(together)+re(again)+spondere(pledge), 공동 응답자, ⟨간통으로 인한 이혼 소송의⟩ 공동 피고인(adultery partner), ⟨correspondent하고는 비슷하나 다른 말⟩ 양2

2378 **cor-gi** [코얼기]: cor(dwarf)+ci(dog), ⟨웨일스어⟩, '난쟁이', ⟨엘리자베스 2세가 2018년까지 애착을 가졌던⟩ 웨일스(Wales) 원산의 다리가 짧고 몸통이 긴 개, ⟨~ Pembroke⟩ 수2

2379 **co·ri·an·der** [코어뤼앤더]: ⟨← koriannon ← koris(bug)?⟩, ⟨그리스어⟩, 고수, (⟨'노린재'처럼 노린내가 나는⟩ 잎과 씨를 향신료로 쓰는) 미나리과의 한해살이풀, cilantro 미2

2380 **Cor·inth** [코어륀쓰]: ⟨← kar(peak)⟩, ⟨고대 그리스어⟩, '산 봉우리', 고대 그리스 남부 코린토스만에 있던 항구·상업·예술 도시, c~; 그곳 원산의 건포도 ⟨편자가 가보니 진짜 뒤에 뭉툭한 산이 있었음⟩, ⟨~ an ancient city in Greece⟩ 수1

2381 **Co·rin·thi-an** [코륀씨언]: 코린트식의, 우아한, 화려한, 방탕한, ⟨~ showy\elaborate\flamboyant⟩ 미1 수2

2382 **Co·rin·thi·ans** [코륀씨언스]: 고린도서, (고린도 지역에 보내는 〈사도 바울의 훈화를 두 명의 제자가 받아 쓴〉) 두 편으로 된 신약성서의 일부, 〈~ Pauline epistles of the New Testament〉 수2

2383 **cork** [코얼크]: 〈← quercus〉, 〈라틴어〉, 지중해 연안에서 나는 참나뭇과〈'oak'〉의 상록교목, (그 줄기의 해면질로 만든 보온·방음·절연제), 〈~ stopper\plug\bung〉 우1

2384 *__cork it__ [코얼크 잍]: 입 다물어, 아가리 닥쳐, 〈~ shut up!〉, 〈↔open up〉 양2

2385 *__cork-screw__ [코얼크 스크루우]: 〈라틴어〉, 코르크 마개뽑이, 나사 모양의, (권투에서) 비틀어 때리는 강타, 〈~ bottle opener\twist〉 우1

2386 **corm** [코엄]: 〈← kormos ← keirein(shear)〉, 〈그리스어〉, 〈식물의 큰 가지를 잘라낸〉 구경, 알줄기, (감자·토란 등의) 둥근 알 모양의 땅속줄기, 〈~ bulb\rhizome〉 양1

2387 **cor·mo·rant** [코얼머뤈트]: corvus(crow) marinus(sea), 〈라틴어〉, '바다까마귀', 가마우지, 긴 목과 길고 구부러진 부리를 가지고 잠수해서 바닷속의 물고기를 잡아먹는 욕심이 많은 새, 〈~ an aquatic bird\shag^5〉 미2

2388 **corn^1** [코언]: 〈← cornu(horn)〉, 〈라틴어〉, (발바닥의) 〈'각질'로 된〉 못, 티눈, 〈~ callus〉 양1

2389 **corn^2** [코언]: 〈← kaurn(grain)〉, 〈게르만어〉, '낟알', 알갱이, 곡식, 옥수수, 하찮은 것, 〈~ maize〉 양1

2390 **corn**(ed) **beef** [코언(드) 비이후]: 쇠고기 소금절이 (통조림), 익힌 쇠고기를 〈옥수수알만 한〉 암염에 넣고 절인 것, 〈~ salt-cured brisket\bully(boulli;boiled?) beef〉 우1

2391 **corn–bor·er** [코언 보어뤄]: 조명충나방(lighting insect moth), 날개벼명나방(high-flyer), (유충은) 옥수수 열매를 파먹는 벌레 미2

2392 **corn cheese** [코언 취이즈]: ⇒ Korean corn cheese balls 우2

2393 **corn chip** [코언 칲]: 옥수수 지저깨비, 간 옥수수 튀김과자, 〈~ tortilla chip〉, 〈~(↔)potato chip〉 우1

2394 **corn-crake** [코언 크뤠이크]: 〈곡식을 좋아한다는〉 흰눈썹뜸부기, '땅뜸부기', land rail, 〈~(↔)water rail〉 미2

2395 **corn-dog** [코언 더그]: 콘 도그, 꼬챙이에 낀 소시지를 옥수수빵으로 싼 핫도그(hot-dog), 〈~ saussage on a stick〉 우2

2396 **cor·ne·a** [코어니어]: 〈← cornu〉, 〈라틴어〉, (눈의) 〈각질(horny)로 된〉 각막, 〈~ eye surface〉 양2

2397 **corn ear-worm** [코언 이어워엄]: 회색담배나방의 유충 〈갈초록색의 모충으로 옥수수·목화·담배의 잎이나 열매를 갉아 먹음〉, 〈~ cotton ball-worm\tomato fruit-worm〉 우2

2398 **cor·nel** [커어늘]: 〈← cornus〉, 〈아마도 kranon(← kerasos)이란 그리스어에서 연유한 라틴어〉, 산딸나무, 층층나무, 가지가 층층으로 자라서 옆으로 퍼지며 가을에 붉은 〈'cherry'같은〉 구슬 열매를 맺는 야산의 낙엽활엽교목(관목), 〈~ box-wood\dog-wood〉 미2

2399 **Cor·nell** [코어넬] U·niv: 코넬 대학, 1865년 Ezra Cornell〈'horn'같이 견고한 자〉이 뉴욕주 중부에 세운 농과대학이 유명한 사립·공립대학, 〈~ an Ivy League univ in Ithaca, NY〉 수1

2400 **cor·ner** [코어너]: 〈← cornu(horn)〉, 〈라틴어〉, 모퉁이, 구석, 궁지, 〈~ kerning〉, 〈~ horn〉, 〈~(↔)angle\curve\tight spot〉, 〈↔side\center〉 양1

2401 **cor·ner-back** [코어너 백]: 뒤쪽 모서리 수비팀, 〈~ a defensive member〉 우2

2402 **cor·ner kick** [코어너 킥]: 구석〈에서〉 차기, 모서리 차기, 〈~ a restarting play〉 우2

2403 *__cor·ner-stone__ [코어너 스토운]: 초석(주춧돌), 귓돌, 토대, 기본적인(긴요한) 것, 〈~ foundation\key-stone〉, 〈↔edge\margin〉 양2

2404 **cor·ner the market**: 시장을 궁지에 몰아넣다, (주식이나 상품을) 매점하다, 시장을 장악(지배)하다, 〈~ monopolize\devour〉, 〈↔release\fail〉 양2

2405 **cor·net** [코어넽]: 〈← cornelum ← cornu(horn)〉, 〈라틴어 → 프랑스어〉, 코넷, (프랑스에서 개발된) 작은 트럼펫같이 생긴 금관악기, 작은 '원뿔형〈cone〉' 종이(웨이퍼) 봉지, 〈~ bugle\clarion〉 수2

2406 **corn-flag** [코언 훌래그]: 노랑붓꽃 〈꽃창포〉, 〈옥수수와 마찬가지로〉 잎이 창검같이 길고 뾰족하며 여러 색깔의 나팔꽃이 층층이 피어나는 구근식물, 〈~ gladiolus communis〉, 〈~(↔)yellow iris〉 미2

2407 **corn-flakes** [코언 훌레이크스]: 옥수수를 으깨어 말린 박편, 〈~ a breakfast cereal〉 우2

2408 **corn-flow·er** [코언 플라워]: 선용초, 수레국화, 〈옥수수 잎을 닮은〉 피침 모양의 쌍떡잎에 진청색의 갈래꽃이 줄줄이 피어나는 석죽과의 한해살이풀, 〈~ bachelor's button\blue bottle¹〉 미2

2409 **Cor·nish** [코어니쉬] In·di·an Game Hen: 〈game하고는 아무 상관도 없고 인도하고도 별 관계가 없는〉 (갈색 계란을 낳는) 영국 Cornall〈corona의 변형어〉 지방산 개량종 우량 암탉 수2

2410 **corn lil·y** [코언 릴리]: '옥수수 백합', (남부 아프리카산) 붓꽃과 수선속의 관상식물, ⇒ ixia 미2

2411 **corn-pop·py** [코언 파피]: 〈옥수수 밭에서 흔히 나는〉 개양귀비, 우미인초, 〈옥수수만큼 키가 큰?〉 선홍색의 야생 양귀비, 〈~ Flanders poppy\field poppy〉 미2

2412 ***corn-row** [코언 로우]: 옥수수 밭이랑(처럼 머리털을 딴딴하게 여러 가닥으로 땋아 머리에 붙인 흑인 머리 모양), 〈~ dread-locks〉 우2

2413 **corn-silk** [코언 씰크]: 옥수수 수염, 〈~ corn-hair〉 양1

2414 **corn-smut** [코언 스멀]: 옥수수 흑수병(깜부기), 옥수수자루의 고갱이를 검은 분말로 만드는 곰팡이(fungus), 〈~ blister (or boil) smut\corn truffle〉, 〈~ a Mexican delicacy; 편자가 먹어봤는데 입만 지저분해졌지 별 맛은 없었음〉 미2

2415 **cor·nu·co·pi·a** [코어뉴코우피어]: 〈라틴어〉, horn of plenty, '풍요의 뿔', (그리스 신화에서) Zeus에게 젖을 먹인 염소의 뿔, (과일·꽃 등을 가득 얹은) 뿔 모양의 장식물, 풍요의 상징, 〈~ treasure trove\affluence〉, 〈↔black-hole\deficiency〉 양2

2416 **corn-y** [코어니]: 〈게르만어〉, 낟알 같은, 하찮은, 촌스러운, 진부한, 감상적인, 〈~ banal\mawkish\trite\sentimental〉, 〈↔unique\smart\fresh〉 양1

2417 **Co·rol·la** [커랄라]: 〈corona의 변형어〉, 코롤라, '화관', 1966년에 출시되어 〈세계 시장을 석권하고 있는〉 도요타(Toyota)사의 소형 승용차(compact car) 수2

2418 **co·ro·na** [커로우너]: 〈← korone(wreath)〉, 〈그리스어 → 라틴어〉, 코로나, 관, 광관, '해무리', Corona; 〈이름을 바꿀줄 알았더니 그대로 버티고 있는〉 (레몬이나 라임을 병 입에 발라먹는) 멕시코산 세계적 저장맥주, 〈→ crown〉, 〈~ aura\sun-burst〉, 〈~ a Mexican pale lager beer〉 양1 수2

2419 **Co·ro·na 19**: 2019년 12월 중국 우한 시에서 발병되어 전 세계를 공포의 도가니로 몰아넣은 SARS-CoV-2 바이러스에 의한 급성호흡장애와 폐렴을 가져올 수 있는 〈폭발성〉 전염병, 〈~ Covid-19〉 수2

2420 **Co·ro·na·do** [커뤄나아도우], Fran·cis·co: '왕관을 쓴 자', 코로나도, (1510-1554), 금을 찾아 미 서남부를 헤맸던 스페인의 탐험가, 〈~ a Spanish explorer and conquistador〉 수1

2421 **cor·o·nar·y** [커뤄너뤼]: 화관의, 관상동맥의, 〈~ resembling a crown〉 양2

2422 **cor·o·nar·y by-pass** [커뤄너뤼 바이패스]: 관상동맥 우회로 형성 양2

2423 **cor·o·nar·y care u·nit \ CCU** [커뤄너뤼 케어 유닡]: 관상동맥질환 집중 치료 병동, 〈~ ICU〉 양2

2424 **cor·o·na-tion** [커어뤄네이션]: 대관식, 즉위식, 〈~ crowning\enthroning〉, 〈↔removal\ousting〉 가1

2425 **co·ro·na·vi·rus** [커로우너 바이뤄스]: 화관 모양의 돌출물이 둥근 몸통을 싸고 있는 미세 병원체로 동물의 소화기·호흡기에 상존하나 〈SARS·MERS·COVID-19 등〉 어떤 변종은 전염성이 강하며 호흡기 증세가 심하고 비교적 사망률도 높은 것도 있음 수2

2426 **cor·o·ner** [커뤄너]: 〈← corona〉, 〈라틴어〉, 〈'crown(제왕)'의 징표를 지녔던〉 검시관, 매장물 조사관, 〈~ death examiner\forensic pathologist〉 양1

2427 **co·ro·zo** [커로우소우]: 〈← karydion(small nut)〉, 〈그리스어에서 연유한 스페인어〉, 상아야자, 단단한 나무껍질로 단추나 장식물을 만들고 열매는 짜서 기름으로 쓰는 중남미의 야자수, 〈~ an American oil palm〉 미2

2428 **cor·po·ral¹** [커얼퍼뤌]: 〈← corpus(body)〉, 〈라틴어〉, 육체의, 물질적인, 〈~ carnal\lustful\material〉, 〈↔spiritual〉 가2

2429 **cor·po·ral²** [커얼퍼뤌]: 〈← capo(head)〉, 〈라틴어〉, '상등병(private first class)', 병장(sergeant), 하사(staff sergeant), 〈↔general\commissioned officer〉 양1

2430 **cor·po·ra·tion** [커얼퍼뤠이션]: 〈← corpus(body)〉, 〈라틴어〉, 코퍼레이션, 〈법적으로 인격이 주어진〉 법인, 협회, 상사, 주식회사, 〈한 몸 같은〉 조합, 〈→ .coop〉, 〈~ company\firm〉, 〈↔LLC〉 양1

2431 **cor·po-sant** [코올퍼잰트]: corpus(body)+sanctum(sacred), 〈라틴어〉, 〈신성한〉 '화관불', 화산 폭발 때 일어나는 화관 모양의 방전, 〈~ St. Elmo's fire\corona discharge〉 미2

2432 **corps** [커어]: ⟨← corpus(body)⟩, ⟨라틴어⟩, 군단, 부대, ⟨2개 사단 이상으로 편성된⟩ 병단, '한 몸과 다름없는 단체', ⟨~ legion\troops⟩, ⟨↔individual⟩ 양2

2433 **corpse** [코올프스]: ⟨← corpus(body)⟩, ⟨라틴어⟩, 시체, 송장, ⟨몸만 남은⟩ 유해, ⟨~ carcass\carrion⟩, ⟨↔artifact⟩ 가1

2434 **corpse flow·er** [코올프스 훌라워]: 시체 꽃, ⇒ Titan arum 미2

2435 **Cor·pus Chris·ti** [코올퍼스 크뤼스티]: '그리스도의 신체', 코퍼스 크리스티 ①성체 대축일(the Solemnity of the Most Holy Body and Blood) ②⟨성체 대축제 날 발견된⟩ 미국 텍사스주 멕시코만의 항구도시, ⟨~ a Texas city on the Gulf of Mexico⟩ 미2 수1

2436 **cor·ral** [커랠]: ⟨← currere(run)⟩, ⟨라틴어에서 유래한 포르투갈어⟩, 울타리, 축사, 가축무리, 수레로 둥글게 친 진, ⟨~ paddock\enclosure⟩ 양2

2437 **cor-rec-tion** [커뤡션]: com(together)+regere(direct), ⟨라틴어⟩, ⟨같이 고친⟩ 정정, 수정, '바로잡기', ⟨~ rectification\amelioration⟩, ⟨↔fixation\approval⟩ 가1

2438 **cor-rec-tion flu·id** [커뤡션 훌루이드]: (글자를 지우는) 수정액, 교정용 백색 유액, white-out 양2

2439 **cor-re-spond-ent** [코뤠스판던트]: com(together)+respondere(answer), ⟨라틴어⟩, '함께 응답하는', 통신자, 특파원, 일치하는 것, ⟨~ reporter\communicator⟩, ⟨corespondent하고는 비슷하나 다른 말⟩ 양1

2440 **cor·ri·dor** [코뤼더]: ⟨← currere(run)⟩, ⟨라틴어⟩, ⟨길게 뻗어있는⟩ 복도, 회랑, 통로, ⟨↔field\chamber\blockade⟩ 가1

2441 **cor-rob·o·rate** [커롸버뤠이트]: com(complete)+roboris(strength), ⟨라틴어⟩, 확실하게 하다, 확증하다, 보강하다, ⟨~ confirm\verify⟩, ⟨↔contradict\disprove⟩ 양2

2442 **cor-ro-sion** [커로우젼]: com(complete)+rodere(gnaw), ⟨라틴어⟩, ⟨갉아먹어 치우는⟩ 부식, 침식, 소모, ⟨~ decay\erosion⟩, ⟨↔growth\build up⟩ 양1

2443 **cor-rup-tion** [커뤞션]: com(complete)+rumpere(break), ⟨라틴어⟩, 타락, 부패, 독직, ⟨도덕적으로⟩ '완전히 깨진', ⟨~ turpitude\vice⟩, ⟨↔honesty\clearness⟩ 양2

2444 **cor·set** [코올싙]: ⟨라틴어 → 프랑스어⟩, ⟨몸(corpus)에 꼭끼는⟩ 코르셋, 죄다, 허리를 졸라매는 여성용 속옷, ⟨~ a waist shaper⟩, ⟨~ belt\cummer-bund⟩, ⟨~(↔)panty-waist⟩ 양1 우1

2445 **Cor·si·ca** [코올씨카]: ⟨← kors(tree top)⟩, ⟨그리스어⟩, ⟨나무 꼭대기에 사는?⟩ 코르시카 ⟨이탈리아 서해안에 있는 성깔 있는 사람들이 사는 프랑스령의 섬⟩, ⟨~ a French island in the Mediterranian Sea⟩ 수1

2446 **cor·tege** [커얼테즈 \ 커얼테이즈]: ⟨← cohort(a band)⟩, ⟨라틴어에서 연유한 프랑스어⟩, corte, (의식의) 행렬, 수행원, ⟨← court⟩, ⟨~ posse\entourage⟩, ⟨↔disassembly\desert⟩ 양2

2447 **Cor·tes \ Cor·tez** [코올티즈], Her·nan·do: ⟨← courteous(polite)⟩, ⟨라틴어 → 스페인어⟩, '공손한 자', 코르테스, (1485-1547), 1521년에 휘말을 타고 아즈텍 제국을 무너뜨린 잔인했던 스페인의 탐험가, ⟨~ a Spanish conquistador⟩, ⟨전혀 공손하지 않았던 자⟩ 수1

2448 **cor·tex** [코얼텍스]: ⟨라틴어⟩, bark of a tree, (대뇌) '껍질', 수피, 피층, ⟨~ skin\layer⟩, ⟨↔medulla⟩ 양2

2449 **cor·ti·sol** [코올티솔]: ⟨cholesterol에서 형성되는⟩ 부신'피질' 호르몬의 일종, ⟨~ prednisone⟩ 양1 우1

2450 **co·run·dum** [커뤈덤]: ⟨← kurand⟩, ⟨'ruby'를 뜻하는 산스크리트어⟩, 강옥, 연마재로 쓰이는 대단히 단단한 광물질, ⟨~ crystalline form of aluminium oxide⟩, ⟨~(↔)emery⟩ 미2

2451 **cor·us·cate** [코어뤼스케이트]: ⟨← coruscare(glitter)⟩, ⟨라틴어⟩, 반짝반짝 빛나다, (재치·지식 등이) 번득이다, ⟨~ sparkle⟩, ⟨↔hide\dull-ness⟩ 양2

2452 **cor-vee** [코얼붸이]: com(together)+rogare(ask), ⟨라틴어 → 프랑스어⟩, (봉건시대의) 부역, 무급 노동, 강제 노역, 귀찮은 일, ⟨~ forced labor\labor camp⟩, ⟨↔furlough\leisure⟩ 양2

2453 **Cor·vette** [코얼붸트]: 코르벳, 1953년부터 미국 쉐보레사(Chevrolet)에서 만든 스포츠카(sports car)의 상품명 수1

2454 **cor·vette** [코얼붸트]: ⟨← corbis(wicker basket)⟩, ⟨라틴어 → 네덜란드어⟩, ⟨고리버들 바구니같이 생긴⟩ 소형 쾌속 호위함(초계함), 범장함(대포 한 대를 단 돛단배), ⟨~ battle-ship\gun-boat\frigate⟩ 양1

2455 **co·ryd·a·lis** [커뤼덜리스]: ⟨← korys(helmet)⟩, ⟨그리스어⟩, 코리달리스, 현호색, 잎은 갈라진 깃털 모양을 하고 봄에 ⟨종달새 발톱같은⟩ 홍자색의 기다란 나리꽃이 층층이 피는 갯괴불주머니속의 풀, ⟨~ hollow-wort\yellow lark-spur⟩ 미2

2456 **Cos·by** [커비 \ 코스비], Bill: (1937-), cossa(farm)+byr(settlement), 〈영국어+북구어〉, '농장 거주자', 어릿광대 역할로 인기를 끌었으나 폭력성 성범죄로 2018년부터 감옥살이를 하고 있다가 2년 후에 증거 불충분으로 풀려난 미국의 〈서민적〉 흑인 만담가·배우, 〈~ an American comedian and actor〉 수1

2457 **co-sign** [코우 싸인]: 연서, 연대보증, 〈~ counter-sign\endorse〉 양1

2458 **co-sine** [코우싸인]: complementi(completing)+sinus(curve), 〈라틴어〉, 〈삼각형을 완성시키는〉 여현, 삼각함수 (삼각형에서 밑금의 길이를 빗금의 길이로 나눈 것), 〈~ circular function\trigonometric function〉, 〈~(↔)sine〉 우2

2459 **cos let·tuce** [카스 레티스]: Roman lettuce, 〈그리스의 Cos섬에서 전래했다는 설이 있는〉 배추 양상추, ⇒ romaine 우1

2460 **Cos-Mc's** [카즈 맥스]: (2023년 말에 등장한) 맥도날드 햄버거와 커피 등 음료수를 파는 간이 식당 연쇄점, 〈Starbucks와 Dunkin에 대항해서 편자 같은 1불짜리 노년 할인 커피를 마시러 오는 꼰대들을 대상으로 한 것 같은데 성패는 두고 볼 일〉, 〈~ a spin off of Mc Donald's〉 수2

2461 **cos·met·ic** [카즈메틱]: 〈← kosmetikos ← kosmos(order)〉, 〈그리스어〉, 〈질서를 잡아주는〉 화장품, (겉에 나타나는) 표면적, 〈~ beautifying\make-up〉, 〈↔functional\un-aesthetic〉 양1

2462 **cos·me·ti·cian** [카즈머티션]: 미용사, 화장전문가, 〈~ beautican\aesthetician〉 가1

2463 **cos·met·ic sur·ger·y** [카즈메틱 써져뤼]: 〈질서를 잡아주는〉 미용(성형)외과 (수술), 〈~ plastic surgery〉 양2

2464 **cos·me·tol·o·gy** [카즈머탈러쥐]: 미용술, 화장품학, 〈~ beauty care〉 가1

2465 **cos·mic** [카즈믹]: 〈그리스어〉, 우주의, 〈질서〉 정연한, 무한한, 광대한, 보편의, 〈~ celestial\titanic\universal〉, 〈↔earthly\terrestrial〉 양2

2466 **cos·mo** [카즈모]: 〈← kosmos(order)〉, 〈그리스어〉, 우주, 대규모, 유행, 질서, 도시적, 〈~ universe\world\harmony〉, 〈↔void\chaos〉 양2

2467 **cos·mol·o·gy** [카즈말러쥐]: 우주철학, 우주론, 〈~ creaion\study of universe〉, 〈~(↔)ontology〉 양2

2468 **cos·mo·pol·i·tan** [카즈모팔리튼]: 국제적인, 전 세계적인, 국제도시, 〈~ world-wide\international〉, 〈~(↔)metropolitan〉, 〈↔provincial\parochial〉 양2

2469 **cos·mos** [카즈머스]: 〈그리스어〉, 우주, 천지만물, 질서와 조화, 멕시코 원산 국화과의 꽃〈스페인 선교사들이 '우리는 하나'라는 뜻으로 심어준 포교용 식물〉, 〈~ order of universe〉, 〈~ a sun-flower family〉, 〈↔chaos〉 양2 수2

2470 *****cos-play** [카스프레이]: 코스프레, ⇒ costume play 미2

2471 **Cos·sack** [카섁]: 〈← kazak(adventurer)〉, 〈터키어〉, '방랑자', 코사크(카자흐), 구소련의 남부(southern Russia)에 사는 민족으로 말 타는 기술이 뛰어남, cossack; 기동대, 기마대(cavalry) 수2 양1

2472 **cost** [코어스트]: com(together)+stare(stand), 〈라틴어〉, 〈제품과 함께 서 있는〉 가격, 원가, 비용, 희생, 〈~ price\over-head\loss〉, 〈↔profit\gain〉 가1

2473 **cos·ta** [카스터 \ 코스터]: 〈라틴어〉, '연안', 늑골(rib), 갈비뼈, (식물의 잎의) 주맥(mid-rib), 〈~ coast〉, 〈↔inside\inland〉 양2

2474 **cost–ac·count** [코어스트 어카운트]: 원가계산(견적), 〈~ a managerial accounting\cost analysis〉 가1

2475 **Cos·ta Ri·ca** [카스터 뤼이커]: rich coast, '풍요한 해안', 코스타리카, 1821년 스페인으로부터 독립을 선언한 동서로 해안을 끼고 있고 자연보호가 잘된 군대가 없는 나라, {Costa Rican-Sp-Colon-San Jose} 수1

2476 **Cost-co** [커슽코우]: cost+company, 코스트코, 1976년에 창립하여 1993년부터 Price Club과 합류한 미국의 세계적 회원제 창고형 종합 할인 연쇄 판매점, 〈~ an American membership-only big-box retail stores〉 수1

2477 **cost-cut** [코어스트 컽]: 비용 절감(절약) 가1

2478 **cost ef·fec·tive** [코어스트 이휄티브]: 비용 효과적인 가1

2479 **cost ef·fi·cient** [코어스트 이휘션트]: 비용 효율이 높은 가1

2480 **cos·tic** [코어스틱]: 〈← kaiein(burn)〉, 〈그리스어〉, 〈불에 타는 듯한 통증이 오는〉 변비의, 쩨쩨한, 우둔한, 〈~ caustic〉, 〈~ acrid\mordant〉, 〈↔laxative\kind〉 양2

2481 *cost push in·fla·tion [코어스트 푸쉬 인훌레이션]: (임금과 원자재 가격 상승으로 인한) 비용 상승 통화팽창, 〈↔demand-pull inflation〉 양2

2482 cost share [코어스트 쉐어]: 비용 분담 가1

2483 cos·tume [카스튬]: 〈← consuetudo(habit)〉, 〈라틴어〉, 〈customary(전통적) 복장, 의상, 차림새, 〈~ ensemble\attire〉, 〈↔disarray\unclothe〉 양2

2484 cos·tume ball [카스튬 버얼]: 가장무도회 양2

2485 cos·tume dra·ma [카스튬 드라마]: 〈의상이 현대와 많이 다른〉 시대극, 시대물 양2

2486 cos·tume par·ty [카스튬 파아티]: 〈늙은 부호들이 영계를 만나러 가는〉 가장 연회, 복장 자랑모임, 〈~ masquerade\harlequinade〉 양2

2487 cos·tume play [카스튬 플레이]: cosplay, 코스프레, 의상 연기, 1990년대 일본에서 시작된 특정 의상을 걸치고 특정 성격을 나타내는 일종의 취미활동, 〈~ a role play\art of dressing up〉 미2

2488 cot [캍]: 〈← khatva(narrow bed)〉, 〈산스크리트어 → 힌디어〉, '잠자리', 우리, 오두막집, 간이침대, 보조침대, 〈→ cottage〉, 〈~ bunk\sack\craddle〉, 〈↔castle\manor\villa〉 양2

2489 Cote d'l·voire [코우트 디 부와아]: coast of ivory, 〈프랑스어〉, 〈상아해안〉, 코트디부아르, (1960년 프랑스로부터 독립한) 'Ivory Coast'를 포함하는 서아프리카 기니만에 인접한 개발 도상국, {Ivorian-Fr-(XO) Franc-Yamoussoukro} 수1

2490 co·te·rie [코우터뤼]: 〈← kote(clique)〉, 〈게르만어〉, 〈cottage에 사는 사람들〉, 한패, 동아리, 동인, 〈~ circle\group〉, 〈~(↔)gang〉 양2

2491 co·til·lion [커티리언]: 〈← cote(coat)〉, 〈프랑스어〉, 〈petticoat(속치마)가 보이는〉 코티용, 줄곧 상대를 바꾸는 활발한 춤, 〈~ a social (or concert) dance〉, 〈~(↔)square dance〉 수2

2492 co·tin·ga [코우팅거]: coting(to wash)+tinga(white), 〈Tupi어〉, 〈흰색을 제쳐 놓고〉 화려한 색깔을 한 (남미 열대산) 장식새, 〈~ cock of the rock〉 미2

2493 Cots-wold [캍츠월드]: cote(hut)+wald(forest), '양떼 목장', 잉글랜드 중서부 지방, (그곳 원산의 크고 긴 털을 가진 양), 〈~ central South-West England〉, 〈~ a large long-woollen sheep〉 수1

2494 cot·tage [카티쥐]: 〈영국어+프랑스어〉, 〈← cot(hut)〉, 시골집, 오두막, 작은집, 소별장, 〈~ casa〉, 〈~ cabin\lodge〉, 〈↔mansion\pleasure dome〉 양2

2495 cot·tage cheese [카티쥐 취이즈]: 시어진 우유로 만든 연하고 흰 우유 더껑이, '두메 유지', 〈~ curd cheese\farm cheese〉 우2

2496 cot·tage pie [카티쥐 파이]: shepherd's pie, 〈영국 시골에서 손쉽게 만들어 먹을 수 있었던〉 다진 고기를(minced meat) 짓이긴 감자(mashed potatoes)로 싸서 구운 커다란 만두, '두메 반죽 과자', '개떡' 우2

2497 cot·tage pud·ding [카티쥐 푸딩]: (1894년 미국에서 선보인) 담백하고 부풀린 반죽 빵에 달콤한 과즙을 친 양과자, '두메 연과', 〈~ a steamed (or sponge) pudding〉 우2

2498 cot·ton [카튼]: 〈← qutn(a soft staple fiber)〉, 〈아랍어〉, 솜, 면화, 무명, 목면, 〈~ golden fibre\King Cotton〉, 〈~(↔)nylon\wool〉 가1

2499 cot·ton ball [카튼 버얼]: 코튼 볼, 조그만 솜뭉치, 약솜(뭉치), 면봉, Q tip 미1

2500 Cot·ton Bowl [카튼 보울]: 매년 1월 1일 텍사스 댈러스(Dallas)에서 열리는 대학 대항 미식축구 경기, 〈~ an American colleage foot-ball game〉 수1

2501 cot·ton-bud [카튼 벋]: 면봉, cotton·swab 가1

2502 cot·ton gin [카튼 쥔]: 'cotton engine', (한국에서도 쓰였던) 조면기, 〈사람 손보다 50배나 빠른 속도로 씨를 빼낼 수 있는〉 (미 예일대 출신 Eli Whitney가 발명한) 목화에서 씨와 섬유를 분리하는 기계, 씨아, 〈~ ginning mill〉 미2

2503 cot·ton grass [카튼 그래스]: 황새풀, 수렁솜, 습지에서 자라며 긴 줄기에 목화 같은 꽃이 피는 방동사니과의 식물, 〈~ a sedge family〉 미2

2504 cot·ton-mouth [카튼 마우쓰]: water moccasin, (미 동남부 습지에 서식하며) 〈흰 테의 커다란 아가리를 가진〉 맹독의 늪살모(뮈)사 우2

2505 *cot·ton mouth [카튼 마우쓰]: 입이 타는 (바짝 마른), 〈~ arid\scorched〉, 〈↔wet\moisten〉 가1

C 299

2506 **cot·ton-rat** [카튼 랱]: '솜털쥐', 풀밭 등지에 서식하는 털이 부드럽고 꼬리가 짧은 쥐로 실험용으로 쓰임, 〈~ cotton damager〉 미1

2507 **cot·ton–spin-ner** [카튼 스피너]: 방적공, '실타래 해삼' 〈방해 받으면 항문에서 긴 끈끈이 실을 내미는 얕은 물에 사는 검은 해삼〉, 〈~ tubular sea cucumber〉 양2 미1

2508 **cot·ton-swab**(bur) [카튼 스왑(버어)]: 면봉, 탈지면, 약솜, 〈~ cotton ball〉 가1

2509 **cot·ton-tail** [카튼 테일]: 솜꼬리토끼 (조그마한 솜방망이 모양의 꼬리와 회갈색 털을 가진 미주산 산토끼), 〈~ jack-rabbit〉, 〈남가주의 골프장에 많아요〉 미2

2510 **cot·ton-weed** [카튼 위이드]: '솜풀', 줄기·잎이 흰 솜털로 덮인 식물의 총칭, 〈~ anemone cylindrica〉 미1

2511 **cot·ton-wood** [카튼 우드]: '솜털씨 나무', 넓은 그늘을 만들어주며 씨가 하얀 솜털로 둘러싸인 북미산 사시나무의 일종, 〈~ neck-lace poplar〉 미1

2512 **Cou·ber·tin** [쿠우벌탱], Pierre: 〈어원 불명의 프랑스 지명에서 유래한〉 쿠베르탱, (1863-1937), 올림픽(Olymic Games)을 부활시킨 프랑스의 교육가·남작, 〈~ a French educator and historian〉 수1

2513 **couch** [카우취]: com(together)+locare(place), 〈라틴어〉, 〈나란히 놓은〉 침상, 긴 의자, 휴식처, sofa, 〈~ settee\chaise longue〉, 〈↔stand\chair〉 양1

2514 **couch-grass** [카우취 그래스]: 〈뿌리가 누워 뻗어 나가는 풀〉, '엉터리 밀', (가축 사료로 쓰이는) 개밀, ⇒ quack grass 미2

2515 *****couch po·ta·to** [카우취 퍼테이토우]: 소파에 앉아 TV만 보는 사람, 안방군수, 〈~ mouse potato〉, 〈~(↔)hermit\home-body〉, 〈↔go-getter\busy bee〉 양1

2516 *****couch-surf** [카우취 써얼후]: ①〈이곳저곳〉 잠자리를 빌어 다니다, 〈~ home-less〉 ②앉아서 하는 일로 소일하다, 〈~ sedentary life style〉 미2

2517 **couch-wood** [카우취 우드]: 〈couch 등을 만드는〉 가구용 단단한 목재를 제공하는 오스트레일리아산 상록활엽교목, 〈~ tar-wood\scented satin-wood〉 수2

2518 *****cou·gar** [쿠우거]: suusu(deer)+rana(false), 〈Tupi어〉, mountain·cat, puma, panther, 아메리카산 산표범, 〈청소년을 농락하는〉 '암표범', 〈~ painter²〉, 〈↔boy-toy〉 미1

2519 **cough** [커어후]: 〈게르만어〉, 〈의성어〉, 기침하다, 기침하여 내뱉다, 마지못해 털어 놓다, 〈~ hiccup〉, 〈~ hack\whoop\tussis\relinquish〉, 〈↔inhale\conceal〉 가1

2520 **cough syr·up** [커어후 씨뤞]: 기침약, 진해제 양2

2521 **could** [쿠드]: can의 과거형, 할 수가 있었다, 할 수 있다면(을 텐데) 가2

2522 **cou·lomb** [쿠울럼]: 〈← colombe(dove)〉, 〈프랑스어〉, 〈프랑스 화학자의 이름(Coulomb)을 딴〉 쿨롬 (전기량의 실용 단위), 6.24×10의 18승의 전자들이 방출하는 전력 (1초 동안 1 쿨롬이 흐르는 것이 1암페어), 〈~ unit of electric charge〉 수2

2523 *****Coul·ter's law** [코울터스 러어]: cul(back)+tir(land), 〈스코틀랜드어〉, (미국의 극우 논평가 Ann 쿨터('후진 곳에 사는 자')가 주장한) 〈증오범죄〉에서 인종차별을 부각시키지 말아야 한다는 주장, 〈relationship between hate crime and racial discrimination〉 수2

2524 **coun·cil** [카운실]: com(together)+calare(call), 〈라틴어〉, 〈함께 호출된〉 '집회', 회의, 심의회, 자문회, 지방의회, 〈~ advisory group\committee〉, 〈↔individual\dissociation〉 양2

2525 **coun·ci-lor** [카운실러]: 의원, 평의원, 참사관, 〈~ member of a council〉 양1

2526 **coun·sel** [카운슬]: com(together)+sultare(deliberate), 〈라틴어〉, 〈함께 상의하는〉 '상담', 의논, 조언, 법률고문, 변호사 양1

2527 **coun·se-lor** [카운슬러]: 고문, 상담역, 법률고문, 변호사, 〈~ advisor\lawyer〉 양1

2528 **count¹** [카운트]: 〈← comilis(companion)〉, 〈라틴어에서 연유한 프랑스어〉, '동료', (영국 이외의) 백작, 후작과 남작의 중간 작위, 〈~(↔)countess〉, 〈cunt와 발음이 비슷해서 영국에서는 earl이라 함〉 미1

2529 **count²** [카운트]: com(together)+putare(prune), 〈라틴어에서 유래한 프랑스어〉, 〈함께〉 세다, 계산하다, 〈그럴 것으로〉 간주되다, 〈함께 셀 만큼〉 가치가 있다, 〈빼지 않고〉 포함시키다, 〈~ compute\calculate〉, 〈↔dis-count\estimate\subtract〉 양1

2530 *****count-back** [카운트 백]: 동점인 경우(when tied) 후반 성적(score of the second half)에 따라 승자(winner)를 결정하는 방식, 〈~ cut back〉 우1

2531 ***count (one's) chick·ens be·fore (they're) hatch·ed**: 부화하기도 전에 병아리 세기, 〈떡 줄 사람은 마음도 없는데〉 김칫국부터 마신다, 경거망동(rashy¹ act), 〈~ jump the gun〉 양1

2532 ***count-down** [카운트 다운]: 초읽기, 최후 점검, 거꾸로 세기, 〈~ count backwards\tickling clock〉, 〈↔count-up〉 우1

2533 **coun·te·nance** [카운터넌스]: com(together)+tenere(hold), 〈라틴어 → 프랑스어〉, 〈← contain〉, 표정, 안색, 용도, 침착, 지지, 호의, 〈~ visage\expression〉, 〈↔block\censure〉 양1

2534 **count-er¹** [카운터]: com(together)+putare(reckon), 〈라틴어〉, 〈← compute〉, 계산대, 계수기, 판매대, 조리대, 〈~ a level surface\front-desk\work-top〉, 〈↔station〉, 〈↔vending machine〉 가1

2535 **count·er²** [카운터]: 〈← contra(opposite)〉, 〈라틴어〉, 반대의, 역의, 거꾸로, 반격하다, 〈~ against\contrary〉, 〈↔forward\advance〉 가1

2536 **count·er~** [카운터~]: contra, 〈반·역·대응·부~〉를 뜻하는 결합사, 〈↔pro~〉 양1

2537 **count·er-act** [카운터 액트]: 방해하다, 저항하다, 중화하다, 〈↔aid\establish〉 양1

2538 **count·er-at·tack** [카운터 어택]: 반격, 역습, 〈↔defend\fight down〉 가1

2539 **count·er-clock-wise** [카운터 클락와이즈]: 역시계 방향, 왼쪽(left-ward)으로, 〈↔clock-wise〉 양2

2540 **count·er-coup** [카운터 쿠]: 반격, 역습, 〈~ counter-attack〉 양2

2541 **count·er-cur·rent** [카운터 커런트]: 〈← currere(run)〉, 역류, 반류, 역전류 양1

2542 **count·er-es·pi·o·nage** [카운터 에스피어나쥐]: 〈라틴어+게르만어〉, 반간첩 행동, 방첩, 〈~ counter-intelligence〉 양2

2543 **count·er-feit** [카운터 휕]: contra(opposite)+facere(make), 〈라틴어〉, 〈반대로 만든〉, 모조의, 가짜의, 위조품, 위조지폐, 〈~ faked\forged〉, 〈↔genuine\original〉 양1

2544 **count·er-in·tel·li·gence** [카운터 인텔리젼스]: 대적 정보활동, 방첩, 〈~ counter-espionage〉 양1

2545 **count·er-in-tu·i·tive** [카운터 인튜어티브]: 반직관적인 양2

2546 **count·er-mand** [카운터 맨드]: counter(against)+mandare(order), 〈라틴어〉, (명령·주문 등을) 취소하다, 철회하다, 반대 명령, 〈↔command〉 양2

2547 **count·er-of-fer** [카운터 어휘(어기)]: 대안, 반대 신청, 역제안 양2

2548 **count·er-part** [카운터 파아트]: 부본, 사본, 상대, 대응, 동격자, 짝, '마주 보는 부분', 〈~ equivalent\peer\correspondent〉, 〈↔difference\opposite〉 양2

2549 **count·er-poise** [카운터 포이즈]: counter-balance(평형추), 균형, 안정, 균세물(력), 〈~ pendulum〉 양2

2550 **count·er-pro·duc·tive** [카운터 프롸덕티브]: 역효과의, 의도와는 반대로 가1

2551 **count·er-sign** [카운터 싸인]: 암호의 응답 신호, 부서(부대 서명)승인, 〈~ co-sign〉 미2

2552 **count·er-ten·or** [카운터 테너]: 남성의 중고음부 성량, 성가풍의 성량, castrato, 〈↔alto〉 우1

2553 ***count·er-top** [카운터 탑]: 조리대의 상부 평면, 작업대의 갑판, 〈~ work-table\table-top〉 미1

2554 **count-ess** [카운티스]: 백작 부인, 여백작, 〈~(↔)count〉 미2

2555 **count on** [카운트 어언]: 계산하다, 확신하다, 의지하다, 믿다, 〈~ trust\depend〉, 〈↔disregard\not expect〉 양2

2556 ***count-out** [카운트 아웉]: 정원 미달로 인한 유회, 제외표, (권투·레슬링에서) 10초가 지나도 못 일어남, 〈~ disregard\exclude〉 미1

2557 **count out** [카운트 아웉]: (큰 소리로) 수를 세다, 〈~ count the numbers loudly〉 양1

2558 **coun·try** [컨트뤼]: 〈← contrata〉, 〈라틴어〉, 〈← contra〉, 〈쳐다보는 이의 '반대쪽'〉 지역, 시골, 전원, 고국, 나라, 국토, 〈~ great out-doors\sovereign state〉, 〈↔city\urban〉 양1

2559 **coun·try club** [컨트뤼 클럽]: 야외 동호회, 전원 사교장, 〈~ recreational club\club house〉 양1

2560 **coun·try mu·sic** [컨트뤼 뮤우직]: country-western, 전원 음악, 미국 서남부에서 발달한 대중음악, 〈~ a folk music〉 양1 우2

2561 **coun·ty** [카운티]: 〈← count¹〉, 〈라틴어〉, 군(미), 주(영), '백작의 관할 지역', 〈~ district\shire〉 양2

2562 **coun·ty court** [카운티 코어트]: 군 (지방)법원 양2

2563 **coun·ty fair** [카운티 훼어]: 군 전시회, 군 품평회 양2

2564 **coun·ty sher·iff** [카운티 쉐뤼후]: 군 보안관, 군 치안관 양1

2565 **Cou·pang** [쿠팡]: 〈한국어〉, 2010년에 하버드 대학 중퇴자가 미국에서 설립해서 약 5백만 개의 상품을 〈로켓처럼 쿠하면 팡하고〉 신속하게 배달하는 한국의 전자상거래 회사, 〈~ a Korean e-commerce conpany〉 수1

2566 **coup de grace** [쿠우 더 그롸스]: 〈프랑스어〉, 'blow of mercy', 치명타, 자비의 일격, 〈한방에 천당으로 보내는〉 최후의 일격, 〈~ breaking point\last straw\knock-out〉, 〈↔clemency\leniency〉 양2

2567 **coup de tat** [쿠우 데이 타아]: 〈프랑스어〉, 'stroke of state', (국가 타도) 무력 정변, 국가 변란, 〈↔counter-insurgency〉 양2

2568 **cou·pe** [쿠우프]: 〈← couper(cut)〉①〈프랑스어〉, 〈반이 '잘린' 포도주잔(cup)〉, 〈~ a shallow glass goblet〉, 〈그것에 담아 먹는〉 과일이 든 얼음과자에 거품이 나는 유지를 얹은 후식, 〈~ a dessert of fruit and ice cream〉 ②〈프랑스어〉, 〈sedan을 '자른'〉 쿠페차, (2인승 마차에서 유래된) 문이 두개인 2인승 '축소형' 자동차, 〈~ a 4-wheeled enclosed carriage〉 우1

2569 **cou·ple** [커플]: 〈← copula(bond)〉, 〈라틴어〉, 둘, 〈copulate하는〉 한 쌍, 〈맺어진〉 부부, 〈~ pair\wife & husband\duo〉, 〈↔single\several〉 양1

2570 **cou·pon** [큐우판 \ 쿠우판]: 〈← couper〉, 〈프랑스어〉, 〈cut된〉 상품권, (고객이 직접 구입할 수 있는) 할인권, 이표, 〈~(↔)voucher〉 미1

2571 **cour-age** [커뤼쥐]: 〈← 'core'(heart)〉, 〈라틴어〉, 〈마음에 가득 찬〉 용기, 〈안에서 우러나오는〉 담력, 배짱, bravery, 〈~ boldness\valor〉, 〈↔cowardice\timidity〉 양1

2572 **cour·gette** [쿠어쉘]: 〈라틴어〉, 〈← gourd〉, 오이같이 길게 생긴 애호박, zuchini의 영국식 명칭 미2

2573 **Cour·i-er** [커어뤼어]: 쿠리어, 타자기체같이 글자 간의 간격이 같은 옅은 글자체, '동간활자체' 〈글자가 messenger가 아니라 courier인〉 '우아한' 활자체, 〈~ a monospaced slab serif type-face〉 수2

2574 **cour·i-er** [커어뤼어]: 〈← currere(run)〉, 〈라틴어〉, 쿠리어, 〈빨리 '달리는' 말〉, 특사, 급사, 밀사, 시중꾼, 택배원, 여행안내원, 정기적인 전달자, 〈~ carrier\conveyer〉, 〈↔sender\receiver〉 양1 우2

2575 **course** [코어스]: 〈← currere(run)〉, 〈라틴어〉, 〈달리는〉 행로, 진행, 과정, 〈~ route\track〉, 〈→ re·course〉 양1

2576 **course din·ner** [코어스 디너]: formal dinner, 정찬, 〈접시가 여러 번 나오는〉 정식 만찬, 〈~ full (or set) meal〉 양2

2577 **court** [코어트]: 〈← cohors(enclosed place)〉, 〈라틴어〉, Ct, 코트, 〈둘러싸인〉 뜰, 안뜰, 궁전, 법정, 할당 구역, 고리 모양으로 끝나는 길 (꼬부랑 길), 〈궁정에서 춤추자고〉 구애하다, 〈뜰로 나와 xx하자고〉 유혹하다, 〈~ tribunal\forum\yard\woo〉 양1 우2

2578 **cour·te·ous** [커얼티어스]: 〈궁정의 예법을 따른〉 예의바른, 친절한, 〈~ polite\civil〉, 〈↔dis-courteous\rude〉 양1

2579 **cour·te·san** [코어티즌]: '궁정의 여인', 정부, 고급 창녀, 〈~ cocotte\prostitute〉 양1

2580 **cour·te·sy** [커얼터시]: 〈궁정에서 행하듯〉 공손한, 정중한, 호의, 우대, 〈→ curtsy〉, 〈~ good manners\respect〉, 〈↔dis-courtesy\rude-ness〉 양1

2581 **cour·te·sy call** [커얼터시 커얼]: 의례적 방문, 우대 전화, 안부 전화, 〈~ social visit\friendly call〉 양1

2582 **cour·te·sy card** [커얼터시 카아드]: 우대권, 회원권, 〈~ privilege card〉 양1

2583 *****cour·te·sy light** [커얼터시 롸잍]: 자동식(automatic) 자동차 차내 등, 〈~ inner (or dome) light〉 미1

2584 **court house** [코어트 하우스]: 법원, 군청, 〈~ hall of justice\city hall〉 가1

2585 **cour·ti-er** [코얼티어]: 정신(궁정 신하), 조신(조정 신하), 따리꾼, 〈~ attendant\wooer〉, 〈↔leader〉 미1

2586 **court mar·tial** [코어트 마아셜]: 군법회의, 군사재판, 〈~ military court〉 가1

2587 **court or·der** [코어트 오어더]: 법원 명령 가1

2588 **court-sey \ curt-sy** [커얼트시]: 절(무릎을 굽히는) 인사, 우대의, 명목상의, 〈~ a feminine formal bow\favor\outward show〉 양2

2589 *court-ship [코어트 쉽]: 구애, 구혼(기간), 〈침실에는 못 가고 정원에서만 하는〉 연애, 〈~ romance\love-affair〉, 〈↔break-up\dissolution\marriage〉 미1

2590 court shoes [코어트 슈으스]: ①〈예전에 궁정에서 신었던〉 영국의 숙녀화 ②〈안뜰을 걸어 다니는〉 미국의 간편한 구두(pumps), slip on 우2

2591 court-yard [코어트 야아드]: 안뜰, 안마당, 〈~ enclosure\precinct〉, 〈↔indoors〉 가1

2592 cous·cous [쿠우스쿠우스]: 〈← kaskasa(to pound)〉, 〈아랍어〉, 〈잘 갈아진〉 찐밀을 고기와 야채와 함께 먹는 북아프리카 음식, 〈~ small steamed granules\a North African dish〉 우1

2593 cous·in [커즌]: con(together)+sobrinus(← soror〈sister〉), 〈라틴어〉, '이모의 자녀', 사촌, 종형제(자매), 〈가깝고도 먼〉 일가친척, 〈~ child of an uncle or aunt〉 양1

2594 cous·in-in-law [커즌 인 러어]: 법적 사촌, 사시촌, 〈~ spouse of a cousin\cousin of a spouse〉 양1

2595 couth [쿠쓰]: 〈← can(able)〉, 〈영국어〉, '잘 알려진', 예의바른, 고상한, 〈~ refined\urbane〉, 〈↔ignorant\barbarous〉 양2

2596 couve [쿠브 \ 코브]: 〈← kaulos(stem)〉, 〈그리스어〉, '줄기 배추', 〈앞으로 건강식품으로 떠오를지도 모르는〉 (서·남 유럽 원산의) 야생 배추, 〈~ a wild cabbage〉 수2

2597 *Co·vax [코우백쓰] fa·cil·i·ty: Covid-19 백신의 효과적인 구매·분배를 위해 WHO가 주동한 〈코로나 백신 설비 기구〉, 〈~ an equitable access to Covid-19 vaccines〉 우1

2598 cove [코우브]: 〈← kove(closet)〉, 〈게르만어〉, 〈← cave〉, 후미, 작은 만, 골짜기, 한구석, 〈~ bay\inlet〉 양1

2599 cov·e·nant [커붜넌트]: com(together)+venire(come), 〈라틴어〉, 〈← convene〉, 계약, 서약, 신과 인간 사이의 약속, 〈~ contract\treaty〉, 〈↔condemn\renounce〉 양2

2600 cov·er [커붜]: co(complete)+operire(hide), 〈라틴어〉, '덮다', 씌우다, 가리다, 〈공백을〉 메우다, 〈손실을 덮어〉 보상하다, 〈지면을 덮어〉 보도하다, 〈문제를 덮어〉 다루다, 뚜껑, 표지, 담보, 가리개, 〈~ covert〉, 〈~ mask\shield〉, 〈↔reveal\expose〉 가1

2601 cov·er·age [커붜뤼쥐]: 보상 범위, 적용 범위, 시청 범위, 보도 규모, 〈~ protection\scope\reportage〉 양1

2602 cov·er all [커뷜 어얼]: (속에 입은 옷을 더럽히지 않게 입은) '가리개 옷', 작업복, 〈over-all은 소매가 짧음〉 미2

2603 cov·er charge [커붜 촤아쥐]: 수수료, 입장료, 〈~ service charge\table charge〉 가2

2604 *cov·er-girl [커붜 거얼]: 표지 미녀, 잡지 표지(magazine cover)에 나오는 여인 양2

2605 cov·er-let [커붜 릿]: 침대보, (침대) 덮개, 〈~ duvet\quilt〉 양2

2606 cov·er let·ter [커붜 레터]: 표지문구, (자기) 소개서, 설명서, 첨부서, 〈~ letter of introduction〉 양2

2607 cov·er pa·ge [커붜 페이쥐]: 첫 장, 전송문의 덧장, 첨부장, 〈~ front page cover sheet〉 양1

2608 cov·er sto·ry [커붜 스토뤼]: 특집기사, 표제 이야기, 〈~ main (or feature) story〉 가2

2609 co·vert [코우붜트]: 〈← couvrir〉, 〈라틴어 → 영국어〉, covered, 숨은, 덮인, 은밀한, 암암리의, 〈~ camouflaged\secret〉, 〈↔overt〉 양2

2610 cov·er-up [커붜럽]: 숨김, 은닉(concealment), 위에 걸치는 옷, 겉옷(outer garment), 〈↔exposé〉 양1

2611 cov·et [커빗]: 〈← cupidus(eager)〉, 〈라틴어〉, 〈← cupidity〉, 몹시 탐내다, 갈망하다, 〈~ avid〉, 〈~ greedy〉, 〈↔dislike\despise〉 양2

2612 *CO·VID [코뷔드]-19 (Co·ro·na vi·rus dis·ease-2019): 2019년 변종 코로나 바이러스 감염증으로 전세계를 흔들였으나 2023년에 수그러진 〈역사적인 질병〉 ⇒ Corona 19 수2

2613 *Co·vi·di·ot [코뷔디엇]: Covid+idiot, 코비디엇, '코비드 바보' ①Covid 예방을 위한 안전 수칙을 무시하는 자 ②Covid 공포로 물건을 사재기 하는 자 미2

2614 *Co·vi·di·vorce [코뷔디뷔얼스]: 〈Covid-19 대공황의 후유증에서 온 사회·정신·경제적불안에서 의한 이혼〉이란 뜻이나 함부로 사용하지 말아야 할 말 가2

2615 cow [카우]: ①〈← go(ox)〉, 〈산스크리트어 → 페르시아어 → 게르만어 → 영국어〉, 〈기르는 사람 입장에서 쓰던 말-영국 상놈들이 cow를 기르면 프랑스 양반들은 beef를 먹었음〉, 암소, 젖소, 쇠고기, 화를 잘 내는 동물, 〈~ female\bovine〉, 〈↔bull〉 ②〈← cow¹?〉, 〈어원 불명의 북구어〉 위협하다, 으르다, 골내다, 〈~ threaten\menace\over-awe〉 양1

2616 *cow·a·bun·ga [카우어벙가]: 〈1954년 미국에서 만화가가 조작한 말〉, (surfer가) 간다! 자!, 해냈다!, 만세!, 〈~ woo-hoo\hooray\yippee\kick-ass〉 양2

2617 cow ant [카우 앤트]: cow killer, velvet ant, (소)개미벌, 소에 달라붙어 독침을 쏘는 융모가 많은 작은 말벌류, ⇒ ant cow 미2

2618 cow·ard [카우어드]: 〈라틴어〉, 〈꼬리(cauda)를 사리는〉 겁쟁이, 비열한, 소심한, 〈~ chicken\fraidy-cat〉, 〈↔courageous〉, 〈↔prow²〉, 〈↔brave\bodacious〉 양1

2619 cow-bane [카우 베인]: 소 독초, 〈사람에게도 치명적인〉 독미나리, 습지에서 자라며 기다란 보라색 줄기에 촘촘한 흰 꽃이 피고 뿌리에 맹독을 가진 미나릿과의 독초, 〈~ pig-potato\water hemlock\spotted parsley〉 미2

2620 *cow-bell [카우 벨]: 소의 목에 다는 방울(워낭), 실마리, 작업수단, 요령, 여성의 젖가슴에 파묻힌 고환, 〈~ agogo\gangan〉, 〈~ lead\cue\scrotum between female's breasts〉 미2 양2

2621 cow-bird [카우 버어드]: 〈들소를 쫓아다니며 소가 발로 파헤친 땅속의 벌레를 잡아먹는〉 '소새', 갈색머리새 〈갈색 머리에 검은 몸통을 가지고 다른 새의 둥지에 알을 까는 '얌체' 찌르레기〉, 〈~ a black-bird\song-bird chicken〉 미2

2622 cow-boy [카우 버이]: 목동, 난폭한 운전사, 두목, 노무자, 〈오스트레일리아에서는 'herd man(driver)'이라고 해야함〉, 〈↔cow-girl〉, 〈↔horse jockey〉 미2

2623 cow-boy boots [카우 버이 부츠]: 굽이 높고 의장을 한 가죽 장화, 〈~ jack boots\shit kicker〉 미1

2624 cow-boy hat [카우 버이 햍]: 테가 넓고 정상이 움푹 들어간 가죽 모자, 〈~ Stetson\ten-gallon hat〉 미1

2625 Cow-boys [카우 버이스], Dal·las: 카우 보이스, '목동들', 1960년에 창단되어 남색별을 문표로 하고 2009년부터 AT&T 경기장을 쓰고 있는 NFL 소속의 〈제일 비싼〉 미식 축구단 수2

2626 cow-boy soup [카우 버이 쑤우프]: 〈미국어〉, '목동국', 〈서부 개척시 목동들이 간편하게 만들어 먹던〉 다진 쇠고기나 소시지·콩·토마토 등 각종 야채를 넣고 끓인 걸쭉한 국, 〈~ budae jjigae〉 우2

2627 *cow–catch-er [카우 캐춰]: 〈들소 등 장애물을 밀어내기 위해 기관차 앞에 붙이는 뾰족한〉 배장기, 〈~ an obstruction guard〉, 본론으로 들어가기 전에 나오는 짧은 삽입 광고, 〈~ an inserted advertisement〉 우2

2628 cow·er [카우어]: 〈← kuren(to crouch)〉, 〈게르만어〉, 움츠리다, 위축되다, 〈~ cringe\srouch\shrink〉 양2

2629 cow-fish [카우 휘쉬]: 해우, 물돼지, 거북복어 〈머리 부분이 황소를 닮은 아주 작은 돌고래류〉, 〈~ box-fish\black porpoise\bottle-nose dolphin〉 미2

2630 *cow-girl [카우 거얼]: female cowboy (여자 목동), 끈질긴 여자, '또순이', 〈~ tenacious (or dogged) woman〉, 여자가 가랑이를 벌리고 앞으로 남자를 올라타는(woman on top) 성교자세, 〈↔cow-boy〉 미2

2631 cow-grass [카우 그래스]: '소풀', 붉은 토끼풀, ⇒ red clover 미2

2632 cowl [카울]: 〈← cuculus(a cap)〉, 〈라틴어〉, 〈(수도자가 쓰던) 고깔(peaked hood) 달린 벙거지, 고깔 모양의 물건 미2

2633 cow-pea [카우 피이]: 〈동물 사료로 쓰였던〉 동부, 광저기, southern pea, goat pea, ⇒ black·eyed pea 미2

2634 cow·rie \ cow·ry [카우뤼]: 〈← kauri(a small shell)〉, 〈힌디어〉, (인도양에 많이 서식하는) 별보배고둥, 개오지조개껍질, 자패, (예전에 화폐로 사용했던) 조그만 조개 뚜껑, 〈→ porcelain〉 우2

2635 cow-slip [카우 슬맆]: 앵취란화, 서양깨풀, 산동이 나물, 노란 구륜 앵초, 〈cow·slop(소의 배설물)에서 잘 자라나〉 향기가 좋은 노란색 꽃이 피는 야생화, 〈~ a prim-rose〉, 〈~ king-cup\marsh-marigold\crow-foot〉 미2

2636 cow-tail pine [카우테일 파인]: 〈가지가 쇠꼬리를 닮은〉 (정원용) 침엽관목, 개비자 나무, 〈~ plum yew〉 미2

2637 cow-tree [카우 트뤼이]: '젖'나무, (중남미 열대 지방에 서식하며) 껍질에서 우유〈milk〉 같은 식용 수액이 나오는 뽕나뭇〈mulberry〉과의 수목 미2

2638 cow whale [카우 웨일]: 암고래, mother whale, 〈↔bull whale\whale calf〉 양2

2639 cox [칵스]: 〈← coxswain〉, 〈영국어〉, (조)타수, (노 젓는 배의) 키〈cock〉잡이, 〈~ helmsman〉 우2

2640 coy [커이]: 〈← quietus(calm)〉, 〈라틴어〉, 〈← quiet〉, 수줍어하는, 부끄러운 체하는, 과묵한, 〈~ shy\bashful\reserved〉, 〈↔brazen\extraverted〉 가1

2641 coy·o·te [카이요티]: kew(wolf)+tl, 〈← coyotl〉, 〈아즈텍어〉, prairie wolf, 〈우는 개〉, 〈교활한〉 코요테, 북아메리카 서북부에 사는 (초원)이리, 악당, 밀입국자 안내인, 〈~ pollero〉 미1

2642 **coy·pu** [코이푸우]: 〈남미 원주민어〉, 〈beaver같이 생긴〉 (남미) 물쥐, ⇒ nutria 미1

2643 **co·zy** [코우지]: 〈← cos(hollow)〉, 〈어원 불명의 스코틀랜드어〉, 아늑한, 포근한, 은밀한, 〈남몰래 짜고 하는〉 짬짜미한, 차양 달린 2인용 의자, 보온용 주전자 덮개, 〈~ snug\padded cover〉, 〈↔disturbed\uncomfortable〉 양2 우1

2644 **coz·zie livs** [코우찌 리브스]: 〈2023년에 등장한 영국 속어〉, (Covid-19이후 경기 침체로 인한) 생계비 폭등(cost of living crisis) 양2

2645 ***CP**: commercial papers, (단기) 기업어음, 기업체가 발행하는 약속어음, 〈~ an un-secured promissory note〉, 〈경제부 기자님들-약어를 쓸 때는 편자같이 무식한 사람들도 배려해 주세요~ CP의 본래 말은 열개도 넘어요〉 양2

2646 **CPA**: ⇒ certified public accountant 양2

2647 **C-phone** (cel·lu·lar phone) [셀룰라 호운]: 셀폰, 분할 중계식 전화, 〈hand-phone은 콩글리시〉 우2

2648 **CPI** (con-sum-er price in-dex): 〈일정 기간 내 도시 거주자가 소모품에 지불한 돈의 변화에 따른〉 소비자 물가지수, 〈↔PPI(producer price index)〉 미2

2649 **Cpl** (cor·po·ral): 상등병, 병장(쫄병 중의 우두머리), 〈↔general〉 양1

2650 **CPM** (cost per mille): 천 명에게 광고(advertising)를 전달하는 비용 우2

2651 **cpm** (cy·cles per min·ute): 1분간 회전 속도 미2

2652 **CPR** (car·di·o·pul·mo·nar·y re·sus·ci·ta·tion): 심폐기능 소생(술) 양1

2653 ***CPTED** [쎝테드]: crime prevention through environmental design, 환경 설계를 통한 범죄 예방, 주위 환경을 범죄가 발생하기 어렵게 설계하는 예방책 미2

2654 ***CPU** (cen·tral proc·ess·ing u·nit): 중앙처리장치 (정보를 기록·해독하고 수학적·논리적 문제를 푸는 전산기의 부품), 〈~ vector processor〉 양2

2655 **CPX** (com-mand post ex·er·cise): 〈편자가 군대 있을 때 영문도 모르고 지겹게 받았던〉 지휘소(기동) 훈련 미1

2656 **CR** (car·riage re·turn): '반송' (인쇄기나 단말기에 처음 시작한 곳으로 돌아가라는 문자부호; CRLF·LF 등) 미1

2657 **crab** [크랩]: 〈← chrapfo(hook)〉, 〈게르만어〉, 〈claw(집게발)를 가진〉 게, 게자리, 심술쟁이, 사면발이(증), 〈~ Cancer\crab-stick\crab louse〉 가1

2658 **crab-ap·ple** [크랩 애플]: 야생능금, 〈알이 작고 신맛이 강한 자잘한 열매가 뭉텅이로 달린〉 돌능금, 〈~ wild apple〉 가1

2659 **crab-grass** [크랩 그래스]: (왕)바랭이, 게 모양으로 뻗어 나가는 성장이 빠른 볏과의 일년생 잡초, 〈~ finger grass\crow-foot grass〉 미2

2660 **crab-louse** [크랩 라우스]: 사면발니 〈사면발이, 사람의 음부에 기생하는 게같이 생긴 이〉, 음슬, 〈~ pubic louse〉 가1

2661 **Crab Ran·goon** [크랩 랭구운]: '게각', crab puffs, cheese wontons, (게살과 크림치즈를 넣은) 중식식 만두를 고온에 튀긴 〈타이〉 음식, 〈~ fried crab horn\xie yang guang〉 우2

2662 **crack** [크랙]: 〈게르만어〉, 〈의성어〉, 찰싹 때리다, 우두둑 까다, 깨뜨리다, 분해하다, 금, 틈, 깨지는 소리, 정제된 코카인(마약), 〈~ bang\smash〉, 〈~ split\rend〉, 〈~ crack cocaine (rock)〉 양1 미2

2663 ***crack ba·by** [크랩 베이비]: 코카인 중독자 어머니에게서 태어난 신생아, 〈~(↔)heroin baby〉 우2

2664 **crack-down** [크랩 다운]: 타격, 강경 조치, 단속, 탄압, 〈~ crush\suppress〉, 〈↔abet\assist〉 양2

2665 ***crack-er** [크랩커]: 〈깨지기 쉬운〉 크래커, 얇고 바삭바삭한 과자, 딱총, 폭죽, 허풍쟁이, 전산망 파괴자, 〈~ biscuit\boaster\hacker〉 미1

2666 **crack-er-jack** [크랩커 쟉]: 제일인자, 우수품, 〈~ ace\the best\bee's knee〉, 〈~ novice\amateur〉 양2

2667 ***crack-ing a joke** [크랙킹 어 죠우크]: 농담하나 빠개볼까, 재미있는 농담 한마디 해줄까, 〈telling a joke는 진부한 농담을 뜻함〉 양2

2668 ***Crack-le** [크랙클]: 크래클, 2007년에 창립되어 근래에 Sony사와 제휴한 〈탁 치면 떠오르는〉 미국의 〈무료〉 분야별 영상물 공급업체, 〈~ an American video streaming service〉 수2

2669 **crack-le** [크랙클]: 탁탁 소리 내다, 금이 가다, 〈~ creak\squeak〉, 〈~ crepitate〉 양2

2670 ***crack-pot** [크랙 팥]: 〈깨진 '대갈통'〉, 이상한, 괴상한 짓, 미친놈, 〈~ fruit cake\screw ball〉 미2

2671 **~cra·cy** [~크래시]: 〈← kratos(rule)〉, 〈그리스어〉, 〈~의 지배(세력·권)〉을 뜻하는 접미사 양1

2672 **cra·dle** [크래이들]: 〈← creathall(a grade)〉, 〈켈트어 → 게르만어〉, 요람, 소아용 침대, 대(덧판), cot, 〈~ crib\bunk\rack〉 양1

2673 **craft** [크래후트]: 〈← craeft(art)〉, 〈게르만어〉, 기능, 솜씨, 재간, 〈솜씨가 좋아야 만드는〉 선박, 항공기, 〈~ trade\skill\technique\vessel〉, 〈↔ineptness\clumsiness〉 양1

2674 **craft beer** [크래후트 비어]: 수제맥주, (전통적인 방법으로 소량만 생산하는) '예능맥주', 〈~ home-brew\moon-shine〉, 〈↔commercial beer〉 미1

2675 **crag** [크랙]: 〈← creag(rock)〉, 〈켈트어〉 ① 울퉁불퉁한 바위, 험한 바위산, 〈~ cliff〉 ②〈켈트어 → 게르만어〉, 〈울퉁불퉁한〉 목(구멍), 〈~ throat〉 양2

2676 **crake** [크뤠이크]: 〈북구어〉, 〈의성어〉, ((crow 같은) 울음소리를 내는)〈주둥이가 짧은〉 뜸부기, 〈~ a rail〉, 〈→ corn-crake〉 미2

2677 **cram** [크램]: 〈← crimman(press)〉, 〈게르만어〉, 억지로 채워 넣다, (빽빽하게) 밀어 넣다, 주입하다, 벼락치기로 하다, 〈→ cramp〉, 〈~ jam\pack〉, 〈↔vacate\empty〉 양1

2678 ***cram course** [크램 코어스]: crash course, 집중 보충 수업 (과정), 〈~ immersion program\rapid learning〉 미2

2679 **cramp** [크램프]: 〈← crampe(confine)〉, 〈게르만어〉, 〈crooked〉 꺾쇠, 죔쇠, 속박(물), 쥐(contraction), 경련, 〈← cram〉, 〈→ crampon〉, 〈~ spasm\pang〉, 〈↔comfort\ease〉 양1

2680 **cramp-fish** [크램프 휘쉬]: 〈적갈색 바탕에 흑색점이 있고 외적에게 전기 충격을 주는〉 시끈(전기)가오리, electric ray, ⇒ numb·fish 미2

2681 **cram·pon** [크램판]: 〈게르만어〉, 〈← cramp〉, 구두 바닥에 대는 쇠못, 쇠집게 (갈고리), 〈~ grappling hook〉 우1

2682 **cran-ber·ry** [크랜 베뤼]: 덩굴월귤 〈수술이 학(crane)의 부리와 비슷해서 불려진 이름이라 함〉, 넌출(넝쿨)월귤 〈북미 원산 진달랫과의 관목에서 열리는 신맛이 나는 붉은색의 작은 열매들로 비타민 C가 많고 변비에 좋다고 함〉, 〈~ 영국에서는 fen(marsh) berry라고도 함〉 미2

2683 **crane** [크뤠인]: 〈← cran〉, 〈게르만어〉, 〈의성어?〉, 〈쉰 목소리로 우는(cry hoarsely)〉 학, 두루미, 왜가리, 갈고리(모양의) 기중기, 〈~ a heron\sheer-legs〉, 〈~ derrick\winch〉 양1 미1

2684 **crane-fly** [크뤠인 훌라이]: 각다귀, 꾸정모기(daddy-long legs), 가늘고 긴 다리를 가진 모기 미2

2685 **crane's bill** [크뤠인즈 빌]: 이질풀, 쥐손이풀, '학 부리'같이 갈라진 (조막손 같은) 잎을 가지고 여름에 자홍색 꽃을 피우는 설사약 초, geranium 미1

2686 **cra·ni·um** [크뤠이니엄]: 〈← kranion(skull)〉, 〈그리스어〉, 두개(골), 대가리, '골통', skull 양1

2687 **crank** [크뤵크]: 〈← cranc(yarn comb)〉, 〈게르만어〉, (Z자 꼴로) 굽은 자루, 삐뚤삐뚤한, 회선반, (기계로) 척척 만들어내다, 〈→ cringe〉, 〈~ crow-bar\spindle〉, 〈~ animate\start〉 우1

2688 ***crank call** [크뤵크 커얼]: 장난 전화, 협박 전화, 〈~ prank' call〉 양2

2689 ***crank-y** [크뤵키]: 〈← krank(sick)〉, 〈게르만어〉, 까다로운, 변덕스러운, 〈~ touchy\irritable〉, 〈↔pleasant\patient〉 양2

2690 **cran-ny** [크래니]: 〈← crena(notch)〉, 〈라틴어〉, 〈갈고리 모양으로〉 갈라진 틈, 깊숙한 장소, 구석, 〈~ crack\crevice〉 양1

2691 ***crap** [크뢥]: 〈← crappa(siftings)〉, 〈라틴어〉, 〈잘라버린〉, 2개의 주사위를 굴려 나온 숫자, 쓰레기, 허풍, 〈~ bull-shit\hog wash〉, 〈↔assets\sense〉 우1 양2

2692 **crape** [크뤠이프]: 〈← crispare(curl)〉, 〈라틴어 → 프랑스어 → 영국어〉, 〈헝겊을 오려내서 만든〉 (검은) 상장, 축면사(표면에 요·철 감이 있는 엷은 명주), 곱슬곱슬한, crepe, 〈~ thin fabric with crinkled surface〉 양1

2693 **crape(crepe) myr·tle** [크뤠이프 머어틀]: 백일홍 나무, 백 일간 홍자색의 〈곱슬곱슬한〉 뭉텅이 꽃이 피는 상록관목(도금양), 배롱나무, 간지럼나무, 〈~ lilac of the South\southern jewel\crotch hair〉 미2

2694 **crap·pie** [크뢥피]: 〈어원 불명의 캐나다계 프랑스어〉, 〈아가미가 예리한〉 (북미산) 민물 개복치〈검은 농어 비슷한 천한 복치〉, 〈~ a deep-bodied sun-fish\paper-mouth\strawberry bass\speckled perch〉 우1

2695 **crash** [크래쉬]: 〈← crasshen(break)〉, 〈영국어〉, 〈의성어〉, '쨍그랑', '와르르', 충돌, 추락, 붕괴, 취침, 난입, 속성, 홀딱 반함, 전산기 붕괴, (코뿔소 등의) 떼, 〈~ smash\collide\wreck〉, 〈↔silence\avoidance\peace〉 미2

2696 *__crash cart__ [크래쉬 카아트]: 응급처치용 손수레, 구급 손수레, 〈~ emergency cart〉 미2

2697 **Cras·sus** [크래서스], Mar·cus: 〈← cratis(wicker worker)?〉, '바구니 제조자?', 크라수스, (115?-53 BC), 땅투기로 거금을 벌고 스파르타쿠스 반란을 진압해서 유명해져 1차 3두 정치의 두령겸 시리아 총독으로 나갔다가 파르티아 침공으로 전사한 로마의 장군, 〈~ a Roman general〉 수1

2698 **crate** [크뤠이트]: 〈← cratis(wicker-work)〉, 〈라틴어 → 네덜란드어〉, 나무상자, 대(버들) 바구니, 〈~ case\chest\basket〉 양1

2699 **crate-dig** [크뤠이트 디그]: '바구니 채굴', (고물상에 가서) 〈상자에 넣어둔〉 오래된 음반을 뒤지는 일, 〈~ shopping for old records〉, 〈~(↔)treasure-hunt〉 우2

2700 **cra·ter** [크뤠이터]: 〈← krasis(mixing bowl)〉, 〈그리스어〉, 〈주발같이 생긴〉 분화구, 폭탄 구멍, 〈~ volcanic vent\abyss bowl\shell-hole〉, 〈↔solid\bulge\water-hole〉 양1

2701 **cra·vat** [크뤼뱉]: 〈← Croatia 풍의〉, 〈프랑스어〉, (17세기에 크로아티아 상인들이 파리에서 매고 다니던) 스카프 모양의 넥타이, 〈~ ascot tie\bow-tie〉 수2

2702 **cra·ven** [크뤠이븐]: 〈← crepare(burst)〉, 〈라틴어〉, 겁 많은, 비겁한, 〈raven에게 crush 되듯〉 패배한, 〈~ cowardly\chicken〉, 〈↔gallant\valiant〉 양1

2703 **crav-ing** [크뤠이빙]: 〈← crafian(demand)〉, 〈게르만어〉, 〈← crave〉, 갈망, 열망, 〈~ longing\yearning〉, 〈↔disgust\dislike〉 가1

2704 **craw** [크뤄어]: 〈← craag(neck)〉, 〈게르만어〉, (하등 동물의) 밥통, 모이주머니, 멀떠구니, 〈~ gorge\gullet〉 양1

2705 **crawl** [크뤄얼]: 〈← krafla(to creep)〉, 〈북구어 → 영국어〉, 네발로 기다, 천천히 가다, 득실거리다, 〈← crab〉, 〈→ scrawl〉, 〈~ clamber\drag〉, 〈↔straighten\run〉 양1

2706 *__crawl-er__ [크뤄얼러]: 파충류, 게으름뱅이, '지렁이' 〈자동으로 전산망을 기어 다니면서 정보를 물어오는 차림표〉, 〈~ creeper\dragger〉, 〈~ a web search engine〉, 〈↔runner\sprinter〉 양1 미1

2707 **cray-fish** \ **craw-fish** [크뤠이 휘쉬 \ 크뤄어 휘쉬]: 〈게르만어〉, 〈crab fish〉, mud(clay) bug, 가재, 꽁무니 빼는 자 가1 양2

2708 **cray·on** [크뤠이안]: 〈← creta(Crete Island)〉, 〈라틴어〉, 〈크레타섬의 흙으로 만든〉 크레용, 〈기름을 가미한〉 탄소봉, 색연필, 〈← chalk〉, 〈~ wax pastel〉, 〈↔pencil〉 미1

2709 **Cray Re-search Inc.** [크뤠이 뤼써얼취 잉크]: 1972년 Seymur 크레이〈'곱슬머리'〉에 의해 창립된 미국의 고성능 전산기 회사(an American super-computer manufacturer)로 2000년 Tera 전산기 회사에 인수되었다가 2019년에 Hewlett Packard에 흡수됨 수1

2710 **cra·zy** [크뤠이지]: 〈← crasen(break)〉, 〈영국어〉, 〈full of cracks〉, 미친, 얼빠진, 열렬한, 〈~ nuts\mad〉, 〈↔sane\apathetic〉 양2

2711 *__cra·zy-shits__ [크뤠이지 쉳츠]: 미친 지랄, 꼴값, 〈~ insane\ass〉 양2

2712 **cra·zy weed** [크뤠이지 위이드]: '미치개 풀', loco weed 〈미국 평원에 나는 가축이 먹으면 미친 증세를 나타내는 독초〉, 〈~ insane herb\wild cannabis〉 우1

2713 **creak** [크뤼이크]: 〈영국어〉, 〈의성어〉, 삐걱거리는 소리, 알력, 〈~ crackle\squeak\clash〉 양1

2714 **cream** [크뤼임]: 〈← cramum(anoint)〉, 〈켈트어? → 라틴어〉, '우유연고', 유지, 연고, 정수, 담황색, 〈~ best\gem〉, 〈~(↔)lotion\paste〉, 〈↔dreg〉 우2

2715 **cream cheese** [크뤼임 취이즈]: 무르고 맛이 짙은 우유 더껑이, 〈~ a white (or fresh) cheese\American cheddar\schmear〉 수2

2716 **cream cups** [크뤼임 컾스]: (캘리포니아산) '담황색(beige)'의 꽃이 피는 양귀비의 일종, 〈~ a wild poppy〉 우1

2717 **cream nut** [크뤼임 넡]: 크림 호두, 영롱한 보랏빛 꽃·둥근 견과·원숭이가 좋아하는 〈크림 냄새가 나는〉 길쭉한 씨를 가진 남미 호두, 〈~ monkey pot\Brazil(Amazon) nut〉 우1

2718 ***cream of the crop(pie)** [크뤼임 어브 더 크뢉(파이)]: 최상의 것(사람), 군계일학, ⟨~ the best of the bunch\head and shoulders⟩, ⟨↔botom of the barrel\goat in the sheep⟩ 양2

2719 **cream puff** [크뤼임 퍼후]: profiterole, chou(슈)크림, 단 유지 위에 부푼 빵을 올려놓은 프랑스식 과자, 화사한, 물렁이 우1 양2

2720 **crease** [크뤼이스]: ⟨← kriza(wrinkle)⟩, ⟨영국어⟩, 주름(살), 접은 자국, 여성의 음문, ⟨~ crest\ridge\fold\vulva⟩, ⟨↔smooth\flat⟩ 양1

2721 **cre·a·tio ex ni·hil·o** [크뤠아티오 엑스 니이힐로우]: ⟨라틴어⟩, creation out of nothing, ⟨사물은 무한한 것이 아니라⟩ (신성에 의해 창조됐다는) 무에서의 창조 양2

2722 **cre·a·tion** [크뤼에이션]: ⟨← kar(make)⟩, ⟨산스크리트어 → 라틴어⟩, ⟨← creare⟩, 창조(물), 창작(품), ⟨~ genesis\formation⟩, ⟨↔destruction\removal⟩ 가2

2723 ***cre·a·tive a·gen·cy** [크뤼에이티브 에이쥔씨]: '창작 대리점', ⟨회사의 사활이 걸린⟩ (광고) 제작업체, ⟨~ design studio⟩ 미2

2724 **cre·a·tor** [크뤼에이터]: 창조자, 창안자, (광고나 유행을) 고안자, ⟨~ maker\author\designer⟩ 양2

2725 **cre·a·ture** [크뤼이춰]: ⟨신에 의해⟩ 창출된 것(자), 피조물, 생물, 산물, 연놈(들), 예속자, ⟨~ critter⟩, ⟨living entity\being⟩, ⟨↔deity(god)\immortal⟩ 가1

2726 **cre·dence** [크뤼이던스]: ⟨← credere(believe)⟩, ⟨라틴어⟩, ⟨← credit⟩, 신용, 신임, ⟨독이 든 음식을 가려내려고 쓰던⟩ credenza, ⟨~ faith\trust⟩ 양2

2727 **cre·den·za** [크뤼덴져]: ⟨← credere(believe)⟩, ⟨라틴어⟩, 쪽책상, 반탁자, ⟨믿을 만한⟩ 귀중품 진열 탁자, ⟨귀족에게 음식을 주기 전에 시험해 보려고 놓아두는⟩ 식기 진열장, ⟨~ dining room side-board\display cabinet⟩ 우1

2728 **cred·it** [크뤠딭]: ⟨← credere(believe)⟩, ⟨라틴어⟩, 크레디트, '믿고 인정한 것', 신용, 명예, 대변⟨'큰 것'이 아니라 빌려줄 수 있는 영역⟩, ⟨~ confidence\surplus⟩, ⟨↔dis-credit⟩, ⟨↔debit⟩ 양2

2729 **cred·it ac·count** [크뤠딭 어카운트]: 신용 계좌, 외상 거래 계정, ⟨~ charge (or open) account⟩ 양1

2730 **cred·it a·gen·cy** [크뤠딭 에이쥔씨]: 신용 조사기관(소), ⟨~ credit bureau\consumer reporting agency⟩ 양1

2731 **cred·it bu·reau** [크뤠딭 뷰어로우]: 신용 심사국, 상업흥신소⟨~ (credit) data collector and reporter⟩ 양1

2732 ***cred·it-car** [크뤠딭 카아]: 신용차, 만능차, 오락시설이 갖춰진 차, ⟨~ all purpose car⟩ 양2

2733 **cred·it card** [크뤠딭 카아드]: charge card, 신용증, ⟨약속 기간 내에 지불하면 이자가 없는⟩ 외상구매증, ⟨구입 시 신용회사에게 상당 금액의 지불을 약속하는⟩ 신용구입권, ⟨↔debit card⟩ 미2

2734 **cred·it crunch** [크뤠딭 크뤈취]: 신용 경색(압박), 신용도 격감(제한), ⟨~ credit squeeze\economic decline⟩ 양2

2735 **cred·it in-quir–y** [크뤠딭 인콰이어뤼]: 신용 조회 양2

2736 **cred·it lim·it** [크뤠딭 리밑]: 신용 대출 한도 양2

2737 **cred·it line** [크뤠딭 라인]: 신용권, 신용 대부권, 외상 거래권, ⟨~ line of credit⟩ 양2

2738 **cred·it loan** [크뤠딭 로운]: 신용(외상)대부, ⟨~ deferred payment⟩ 양2

2739 **cred·it mem·o** [크뤠딭 메모우]: 신용표, 신용대부에 영향을 줄 수 있는 쪽지, ⟨~ reduction in accounts receivable⟩, ⟨↔debit memo⟩ 양2

2740 **cred·i-tor** [크뤠디터]: 채권자, 대변('큰 것'이 아니라 복식부기에서 통상 오른쪽에 기입하는 ⊕ 계정), ⟨~ lender\granter\surplus⟩

2741 **cred·it rat-ing** [크뤠딭 뤠이팅]: 신용 등급(평가), 신용지수 양2

2742 **cred·it sale** [크뤠딭 쎄일]: 외상 판매, ⟨~ sale on account⟩, ⟨↔cash sale⟩ 양2

2743 **Cred·it Suis·se** [크뤠딭 슈이스]: 크레딧 스위스, 1856년에 세워져 ⟨비밀보장을 잘해주기로 유명한⟩ 스위스의 세계적 ⟨공룡⟩ 종합 금융회사, ⟨~ a leading financial services company⟩ 수2

2744 **cred·it un·ion** [크뤠딭 유우니언]: (소비자) 신용조합, ⟨~ a member-ship bank\credit association⟩ 양2

2745 **cred·u·lous** [크뤠쥴러스]: ⟨← credere(believe)⟩, ⟨라틴어⟩, 잘 믿는, 속기쉬운, 경솔한, ⟨~ gullible\over-trusting⟩, ⟨↔in-credulous\hard-headed⟩ 양1

2746 **Cree** [크뤼이]: ⟨← Cristinaux(Christian?)⟩, ⟨프랑스어⟩, 크리족, 캐나다 중부(central Canada)에 많이 살던 북미 원주민⟨indigenous people⟩, ⟨~ 자기들끼리는 nehiyawak이라고 불렀음⟩ 수1

2747 **creed** [크뤼이드]: ⟨← credere(believe)⟩, ⟨라틴어⟩, 교리, ⟨자신이 믿는⟩ 신조, (the Creed; 그레도, 사도신경⟨기독교의 교리를 요약한 신앙고백⟩), ⟨~ faith\religion⟩, ⟨↔atheism\agnosticism⟩ 가1 수2

2748 **creek** [크뤼이크]: ⟨← krik(bend)⟩, ⟨어원 불명의 북구어⟩, '굽이' 시내, 샛강, 작은 만, ⟨brook보다는 크고 stream보다는 작은 것⟩, ⟨↔ocean\head-land⟩ 양1

2749 **creep** [크뤼이프]: ⟨← krupen(crawl)⟩, ⟨게르만어⟩, ⟨의태어⟩, 기다, 포복하다, 살금살금 걷다, 징그럽게 굴다, 섬뜩하게 하다, (소름끼치게) 싫은 사람, 비열한 자, ⟨~ weasel\wretch⟩, ⟨↔gallop\fly⟩ 양1

2750 *****creep-er** [크뤼이퍼]: 기는 것, 파충류, 덩굴식물, 나무발바리(참새보다 작은 딱따구리의 일종), 땅볼, 아첨꾼, ⟨~ crawler\trailer⟩, ⟨↔climber\hustler⟩ 양1 미2

2751 *****creep-shot** [크뤼이프 샽]: 신체의 성적부위를 몰래 사진 찍는 짓, 포복 촬영, spy camera, '몰카(몰래 카메라)' 미2

2752 **cre·ma·tion** [크뤼메이션]: ⟨← cremare(burn)⟩, ⟨라틴어⟩, 소각, 화장, ⟨~ incineration⟩, ⟨↔extinguish\burial\interment\sepulcher⟩ 가1

2753 **Cre·ole** [크뤼이오울]: ⟨← creare(produce)⟩, ⟨라틴어⟩, ⟨새로 'create'된 인종⟩, ⟨현지에서 태어난⟩ 크리올, 프랑스·스페인계의 미 남부 사람(흑인과의 튀기), ⟨~ mixed European and Black⟩ 수1

2754 **cre·o·sol** [크뤼이어써얼]: creosote(beach-wood tar)+phenol(a benzine), ⟨영국어⟩, ⟨학명⟩, ⟨페놀보다는 약한⟩ 방부제용으로 쓰이는 무색의 기름 모양의 액체 수2

2755 **cre·o·sote bush** [크뤼이어쏘우트 부쉬]: kreas(flesh)+sozein(save), ⟨그리스어⟩, 미 남서부 사막에 뭉쳐 자라며 ⟨의료·⟨방부제⟩로 쓰는⟩ 방향성 수지를 생산하는 자잘한 잎에 많은 가지를 가진 상록관목, ⟨~ chaparral\grease-wood⟩ 우1

2756 **crepe** [크뤠이프]: ⟨← crispare(curl)⟩, ⟨라틴어 → 프랑스어⟩, crape, 오글오글한 (직물), ⟨~ a fabric⟩, (잔주름이 있는) 빈대떡, ⟨~ waffle⟩, ⟨~ pancake\bin-dae-tteok⟩ 우2

2757 **crepe(crape) myr·tle** [크뤠이프 머어틀]: 배롱나무, 백일홍나무, ⟨목재는 배롱을 짜는 데 쓰고⟩ '주름진' 비단결을 가진 홍자색 뭉텅이 꽃이 백 일 동안 피는 도금양류의 낙엽활엽교목, ⟨~ lilac of the South\southern jewel\crotch hair⟩ 미2

2758 **crep·i·tate** [크뤠퍼테이트]: ⟨← crepare(burst)⟩, ⟨라틴어⟩, 타닥타닥(딱딱) 소리가 나다, 바작바작 소리가 나다, 머리털을 비틀 때 나는 소리를 내다, ⟨~ crackle\creak\squeak⟩ 양2

2759 **crept** [크뤱프트]: creep의 과거·과거분사 양1

2760 **cre·pus·cu·lar** [크뤼퍼스큐럴]: ⟨← creper (dark)⟩, ⟨라틴어⟩, 땅거미가 질 때, 어두컴컴한 (때 활동하는), 황혼의, ⟨~ twilight\dusk⟩, ⟨↔light\dawn⟩ 양2

2761 **cre·scen·do** [크뤼쎈도우]: ⟨← crescere(increase)⟩, ⟨라틴어에서 유래한 이탈리아어⟩, 크레센도, 점점 크게(강하게), ⟨~ escalation\up-surge⟩, ⟨↔de-crescendo\decline⟩ 미2

2762 **cres·cent** [크뤠슨트]: ⟨← crescere(increase)⟩, ⟨라틴어⟩, ⟨앞으로 더 커질 수 있는⟩ 초승달, 상현달, (the C~; 회교⟨아주 의미심장한 말⟩), ⟨~ sickle-shape\half-moon⟩, ⟨↔straight\angular\full moon⟩ 양1 수2

2763 **cress** [크뤠스]: ⟨← cresco(a mustard)⟩, ⟨라틴어 → 게르만어⟩, (전채용) 큰 다닥냉이, 물냉이, 나도냉이, 황새냉이, ⟨황금색의 작은 연꽃 모양을 한⟩ 금련화, ⟨~ star (or pepper) wort⟩ 미2

2764 **crest** [크뤠스트]: ⟨← crista(tuft)⟩, ⟨라틴어⟩, 볏, 벼슬, 관모, 도가머리, 꼭대기, 투구 장식(털), 용마루, 극치, ⟨~ plume\summit⟩, ⟨↔bottom\base⟩ 양1

2765 *****crest–fall·en** [크뤠스트 훠얼런]: 풀이 죽은, 맥빠진, ⟨~ despairing\broken-hearted⟩ 양2

2766 **Crete** [크뤼이트]: ⟨← kretismos(lying)?⟩, ⟨그리스어⟩, '거짓말쟁이들?', 크레타, 5천 년 전에 미노아 문명이 시작된 지중해상의 그리스령 섬, ⟨~ a Greek island in Mediterranean Sea\Minoan⟩ 수1

2767 **cre·tin** [크뤠틴\크뤼이틴]: ⟨← christianus(Christian)⟩, ⟨라틴어⟩, ⟨그리스도 교인같이 무고한 자⟩, ⟨태내에서 갑상선 저하로 생기는⟩ 난쟁이 정박아, 백치, 천치, ⟨~ clot\lout⟩, ⟨~ idiot\half-wit⟩ 양1

2768 **cre·vasse** [크뤼봐스]: ⟨← crepare(break)⟩, ⟨라틴어 → 프랑스어⟩, crevice, 틈이 난 곳, (빙하의) 열극, 퇴직 후 국민연금을 받을 때까지의 기간, ⟨~ chasm\gap⟩, ⟨↔solid\closure⟩ 양2

2769 **crev·ice** [크뤠뷔스]: ⟨← crepare(break)⟩, ⟨라틴어 → 프랑스어 → 영국어⟩, 갈라진 틈, 균열, ⟨~ crevasse\cranny\cleft⟩, ⟨↔plain\closing⟩ 양2

2770 **crew** [크루우]: ⟨← crescere(increase)⟩, ⟨라틴어⟩, ⟨← recruit⟩, ⟨증가시키는⟩ '보충병', 승무원, 탑승원, 패거리, ⟨~ team\unit⟩, ⟨↔individual\pariah⟩ 양2

2771 ***crew cut** [크루우 컽]: ⟨아이비리그의 조정선수들같이⟩ 앞머리를 가위로 자르고 바리캉(bariquant)으로 뒷머리를 짧게 깎아 각지게 만든 ⟨군대식⟩ 머리, ⟨~ buzz cut\flat-top⟩ 우1

2772 ***crew-neck** [크루우 넼]: '승무원 목깃', 높고 둥근 목깃의 웃옷, ⟨~ collarless round-neck⟩ 우2

2773 **crew socks** [크루우 쌐스]: (종아리 부분을 이랑지게 판) 두꺼운 양말, ⟨~ between the ankle and knee-high socks⟩, ⟨~(↔)footies\anklet⟩ 미2

2774 **cri·a** [크뤼아]: ⟨스페인어⟩, ⟨새로 create된⟩ baby, (남미산) 낙타류⟨camelid⟩의 새끼 미2

2775 **crib** [크륍]: ⟨← cryb(manger)⟩, ⟨게르만어⟩, 구유(여물통), 시렁, 곳간, 유아 침대, ⟨~ craddle\carry-cot⟩, ⟨↔pleasure dome⟩ 양1

2776 **crib-bage** [크륍비쥐]: ⟨← crib⟩, (2~6명이 하며) ⟨점수를 계산할 때 crib(구유) 같은 목판을 쓰던⟩ 영국의 전통 카드 놀이의 일종, ⟨~ a two players card game⟩ 우1

2777 **crib death** [크륍 데쓰]: 유아 돌연사, ⟨~ a sudden infant death syndrome\cot death⟩ 양2

2778 **crick·et¹** [크뤼킽]: ⟨프랑스어⟩, ⟨의성어⟩, a creaker, 귀뚜리, 귀뚜라미, 촉수가 몸보다 길며 수컷이 ⟨크뤼킽~크뤼킽~ 하며 우는⟩ 곤충, ⟨~ an ortho-pteran insect⟩ 미2

2779 **crick·et²** [크뤼킽]: ⟨← criquet(stick)⟩, ⟨프랑스어에서 연유한 영국어⟩, 11명씩 된 2조가 하는 ⟨야구 비슷한⟩ (영국식) '막대기' 공치기, ⟨~ a bat and ball game⟩ 수2

2780 ***cri-ed wolf too man·y times**: 콩으로 메주를 쑨다 해도 곧이 듣지 않는다, ⟨~ don't believe a word⟩ 양2

2781 **crime** [크롸임]: ⟨← krinein(decide)⟩, ⟨그리스어 → 라틴어⟩, ⟨의도적인⟩ 죄, 범죄, 위법, ⟨체로 쳐서 골라낸⟩ 죄악, ⟨~ illegal act\mis-deed⟩, ⟨↔virtue\good deed⟩ 가2

2782 **Cri·me·a** [크뤼미어 \ 크롸이미어]: ⟨← kremos(steep bank)?⟩, ⟨불확실한 어원의 그리스어⟩, 크림, ⟨우크라이나와 경쟁하다가 2014년에 러시아가 점령해 버린⟩ 흑해 북안의 반도, ⟨~ Tauric Peninsula⟩ 수1

2783 **Cri·me·an War** [크뤼미언 워어]: ⟨연합군이 승리한⟩ (1853~56년간) 러시아와 영국·프랑스·터키·사르디니아 연합국의 전쟁, ⟨~ the Eastern War⟩ 수2

2784 **crim·i·nal** [크뤼미널]: ⟨← crime⟩, 범죄자, 범인, ⟨~ convict\malefactor⟩, ⟨↔legal\legitimate⟩ 가2

2785 **crim·son** [크륌즌]: kymi(worm)+jan(produce), ⟨산스크리트어 → 아랍어⟩, ⟨물감을 빼어내던 곤충에서 유래한⟩ 심홍색, 연지색, ⟨~(↔)cherry red⟩ 양2

2786 **cringe** [크륀쥐]: ⟨← krank(weak)⟩, ⟨게르만어⟩, ⟨← crank⟩, 위축, 굽실거림, 움츠리다, ⟨~ crouch\cower⟩, ⟨↔base\stretch⟩ 양1

2787 **cri·noid** [크롸이너이드]: krinon(lily)+eidos(like), ⟨그리스어⟩, 백합 모양의 (깃털 같은), (백합 모양을 한) 바다나리류 극피동물의 총칭, ⟨~ sea lilies⟩ 미2

2788 **crip·ple** [크뤼플]: ⟨← creopan(creep)⟩, ⟨게르만어⟩, 불구자, 장애자, 절뚝발이, ⟨~ disable\lame⟩, ⟨↔aid\heal⟩ 양2

2789 **Crips** [크륖스]: ⟨← cripple⟩, 크립스, '불구자들', 1969년 LA에서 조직되어 ⟨청색을 상징으로 하고⟩ Bloods와 경쟁하고 있는 흑인 중심의 폭력단, ⟨~ street gangs of South LA⟩ 수2

2790 **cri·sis** [크롸이시스] \ cri·ses: ⟨← krinein(decide)⟩, ⟨그리스어⟩, ⟨결정적⟩ 위기, 갈림길, 고비, 난국, '구별되는 지점', ⟨~ catastrophe\disaster⟩, ⟨↔peace\stability⟩ 가2

2791 **crisp** [크륖슾]: ⟨← crispare(curl)⟩, ⟨라틴어⟩, 바삭바삭한, 부서지기 쉬운, 상쾌한, 뚜렷한, ⟨~ brittle\fragile⟩, ⟨↔soggy\flexible\tough⟩ 양2

2792 **crisp-er** [크륖스퍼]: ①주름(curl)지게 하는 기계, ⟨~ hair curler⟩ ②'싱싱고', 냉장고의 야채 보관실, ⟨~ bottom compartment of a frig⟩ 우2

2793 **crisp-head** [크륖슾 헤드]: '아삭 상추', ice·berg, 한냉지방에서 잘 자라며 잎이 겹쳐 뭉쳐진 단단한 대갈통을 가졌고 미국에서 제일 많이 소비되는 아삭아삭한 ⟨전채용⟩ 양상추 우2

2794 **criss-cross** [크뤼스 크롸스]: ⟨← Christ cross⟩, 열십자(十; 글자를 모르는 사람이 서명 대신 사용하는 ×표⟩, 교차십자형, 엇갈림, 혼란, ⟨~ decussate\rencounter⟩ 양1

2795 **cri·te·ri·on** [크라이티어뤼언] \ **cri·te·ri·a** [크라이티어뤼어]: ⟨← krinein(decide)⟩, ⟨그리스어⟩, ⟨← critic⟩, ⟨~ point of reference\yard-stick\bench-mark⟩, 기준, 척도 가2

2796 **crit·ic** [크뤼틱]: ⟨← crinein(judge)⟩, ⟨그리스어⟩, critique(프랑스어), 비평가, 감정가, 비난자, '구별해 주는 자', ⟨→ criterion⟩, ⟨~ connoisseur\fault-finder⟩, ⟨↔complimentor\praiser⟩ 가1

2797 **crit·ter** [크뤼터]: ⟨1815년에 미국 남부에서 등장한 속어⟩, ⟨creature란 말이 무슨 말인지 잘 모르는 '무식한' 남부인들이⟩ 가축을 일컫던 말, 생물, (괴상한) 동물, 놈, 녀석, ⟨~ beast\fellow⟩, ⟨↔god\immortal⟩ 양2

2798 *****CRLF** [커얼러후] (car·riage re-turn and line feed): ⟨되돌아가서 다시 시작하라는⟩ 복귀와 개행 (인쇄기나 단말기에 줄의 시작 부분으로 되돌아가라는 문자나 숫자 부호; 13·10·CRLF 등), '처음부터 다시 쓰기' 미1 미2

2799 **croak** [크로욱]: ⟨← chrockezan⟩, ⟨게르만어 → 영국어⟩, ⟨의성어⟩, ⟨개구리·까마귀 등이⟩ 깍깍(우는 소리), 쉿소리, 불평, ⟨~ rasp\bark⟩, ⟨↔whistle\rejoice⟩ 양1

2800 **croak·er** [크로우커]: '우는 물고기', 조기, (해저가 진흙으로 된 바다에서 잘 자라는) 동갈민어과의 식용 물고기, ⟨~ a marine ray-finned fish\corbina⟩, 깍깍 우는 것, ⟨~ crow\frog⟩ 미1

2801 **Cro·a·tia** [크로우에이쉬어]: Hrvatska⟨'mountain chain'이란 뜻의 슬라브어?⟩, ⟨어원 불명의⟩ 크로아티아, 1991년 유고로부터 독립하여 1992년 EC에 가입한 발칸반도 북서부의 공화국, {Croatian-Croatian-Kuna-Zagreb}, ⟨→ cravat⟩ 수1

2802 **cro·chet** [크로우쉐이]: ⟨← krohr⟩, ⟨북구어 → 프랑스어⟩, ⟨← croc(hook)⟩, 코바늘 뜨개질, '작은 갈고리', ⟨~ needle-work\embroidery⟩, ⟨~(↔)knitting\quilting⟩ 가1

2803 **crock** [크롸\크뤌]: ①crockery의 준말 ②늙은 말, 폐인, 술고래, ⟨~ crippled⟩ ③검댕, 때, ⟨~ soot⟩ ④허튼소리(non-sense), 허풍(crap) 양1

2804 **crock·er·y** [크롸커뤼]: ⟨← krukke(earthen vessel)⟩, ⟨덴마크어 → 영국어⟩, 오지 그릇, 도자기류, pottery, ceramic, china 양1

2805 **croc·o·dile** [크롸어커다일]: kroke(pebble)+drilos(worm), ⟨그리스어⟩, pebble+worm, ⟨실제로는 침이 눈으로 나오는 것이지만 '거짓 눈물'을 흘리고⟩ ⟨알에서 부화하는⟩ (좁은 주둥이) 큰 악어, ⟨alligator보다 색깔이 더 엷고 주둥이가 뾰족함(narrower snout)⟩ 양2

2806 **croc·o·dile bird** [크롸어커다일 버드]: 악어새, ⟨악어 이빨을 청소해주지는 못하지만⟩ 악어에 붙어 있는 곤충을 잡아먹는 물떼새, ⟨~ Egyptian plover⟩ 양2

2807 **cro·cus** [크로우커스]: ⟨← karkom(turmeric color)⟩, ⟨유대어⟩, 크로커스, 서양 할미꽃, 적황색, 여러 가지 색의 작은 튤립 같은 꽃이 피는 샤프란(saffron)속의 구근류 식물, ⟨~ colchicum⟩ 미2

2808 **crois·sant** [크롸싸앙]: ⟨프랑스어⟩, 버터를 많이 넣은 'crescent'(반달) 모양의 부푼 빵(puff pastry) 우2

2809 *****cro·ma key** [크로우머 키이]: chroma key, '채도 열쇠', ⟨일기예보 등에서와 같이⟩ 전경은 그대로 두고 배경 화상만 바꾸는 기술, green screen effect 양1

2810 *****crom·u·lent** [크뤼뮤런트]: crom(어원 불명의 어간)+ulent, ⟨1996년 미국 TV 연속극에 등장한 말⟩, 합법적인, 만족스러운, 괜찮은, (겉만) 번드르르한, ⟨~ adequate\decent\glossy⟩, ⟨↔un-acceptable\ir-relevant⟩ 양2

2811 **Crom-wel** [크롸뭘], Ol·i·ver: winding stream, ⟨영국어⟩, '굽은 시냇가에 사는 자', 크롬웰, (1599-1658), 기병대를 이끌고 왕당파를 격퇴한 후 독재정치를 하다 나중에 부관참시 당한 영국의 전무후무한 '호국경', ⟨~ English 'Lord Protector'⟩ 수1

2812 *****cron** [크뤈]: ⟨신조어⟩, Omicron (virus)의 약자 수2

2813 **crone** [크로운]: ⟨← crion(withered\decayed)⟩, ⟨아일랜드어⟩, 늙은 영양, 쪼그랑 할멈, ⟨~ old ewe\hag⟩, ⟨↔young thing\babe⟩ 양2

2814 **Cron·kite** [크롱카이트], Wal·ter: ⟨← krankheyt(weakness)⟩, ⟨'병자'란 뜻의 홀란드계 이름⟩, 크롱카이트, (1916-2009), 미국 CBS의 ⟨구수한 목소리의⟩ ⟨뉴스⟩ 방송 진행자, ⟨~ an American broad-caster⟩ 수1

2815 **Cro·nos \ Cro·nus** [크로우너스]: ⟨명하는(kraino) 자 \ 자르는(ker) 자?⟩, ⟨어원 불명의 고대 그리스어⟩, 크로노스, 아버지 우라노스(Uranus)를 거세시키고 권력을 잡았다가 아들 제우스(Zeus)에게 거세당한 타이탄, (chrono와 음이 같은 데서 유래된) 시간의 신, c~; ⟨kairos에 대해⟩ (양적인) 시간⟨quantitative time⟩ 수1 양2

2816 **cro·ny** [크로우니]: 〈그리스어 → 1656년에 등장한 영국 대학생 속어〉, 오랜〈chronic〉 친구, 벗, 단짝, 〈~ buddy\chum〉, 〈↔antagonist\foe〉 양2

2817 **cro·ny-ism** [크로우니이즘]: 〈← crony〉, 연줄, 편파, 연고주의, 정실인사, 〈~ favoritism\patronage\spoils system〉, 〈~(↔)nepotism〉, 〈↔fairness\neutrality〉 양2

2818 **crook** [크룩]: 〈← krokr(hook)〉, 〈북구어〉, 굽은 물건, 갈고리, (악기 등의) 만곡부, 사기꾼, 〈~ crumple\curve〉, 〈~ scoundrel\vilain〉, 〈↔straight〉 양2

2819 **crop** [크롺]: 〈← croppe(top)〉, 〈게르만어〉, 〈식물의 꼭대기〉 '이삭', 수확(물), 곡물, 농작물, 한 떼, 잘라내기, 모이주머니, 스크랩북(오림책)을 만드는 동아리, 〈→ group〉, 〈→ close cropped〉, 〈~ batch\intake\clip\chop〉 양1 미1

2820 ***crop out(up)** [크롺 아웉(엎)]: 〈꼭대기를 잘라내다〉, 노출하다, (갑자기) 나타나다, 생기다, 〈~ cut out\appear suddenly〉 양2

2821 ***crop top** [크롺 탚]: midriff, 배꼽티, '상체 노출형 옷', 복부가 드러나는 짧은 여성용 윗옷 미2

2822 **cro·quete** [크로우케이]: 〈← croque(blow)〉, 〈프랑스어〉, 잔디 위에서 〈양치기의 지팡이 같은〉 나무망치로 나무 공을 쳐서 상대방의 공을 밀어내는 경기, 〈~ ball and mallet game〉 수2

2823 **cro·quette** [크로우케트]: 〈← croquer〉, 〈프랑스어〉, 크로켓, 으깬〈crunch〉 감자와 생선을 빵가루에 묻혀 튀긴 프랑스 요리, '고로케'(korokke; 일본어), 〈~ a deep-fried French roll\fritter〉 수2

2824 **Cros·by** [크롸즈비], Bing: at the cross, 〈십자가가 달린 농장에 사는 자〉, 크로스비, (1903-1977), 감상적인 작은 목소리가 특징이었던 미국의 가수·영화배우, 〈~ an American singer and actor〉 수1

2825 **cross** [크롸스]: 〈← crux〉, 〈라틴어〉, X표, †표, 십자(가), 넘다, 건너다, 교차된, 까다로운, 수난, 교배, 혼선, 〈→ crucial\cruise\crusade\crutch〉, 〈~ go across\intersect\affliction\hybrid\oppose〉, 〈↔animated\pleasant〉 양2

2826 **cross-an·dra** [크뤄쌘드롸]: krossos(a fringe)+andros(male), 〈그리스어〉, fringed anthers, 더부룩한 수술과 나팔 모양의 꽃을 피우는 관상용 꽃, 습할 때 꽃이 터져 씨가 흩어지는 열대지방 원산의 현란한 초롱꽃, 폭죽꽃, 〈~ fire-cracker flower〉 우1

2827 **cross-bar** [크롸스 바아]: 가로장, 빗장, (운동 경기의) 가로 표척, 〈~ transverse bar〉, 〈~(↔)gate bar〉 양2 미2

2828 **cross-bill** [크롸스 빌]: 반대소장(counter-complaint), 역어음(advance exchange), 솔잣새 (솔씨를 까먹기 위해 부리가 엇갈린 피리새류), 〈~ a finch with crossed beak〉 양1 미2

2829 **cross-bow** [크롸스 보우]: 석궁, (강력한 발사 장치가 달린) '큰 화살', 〈실은 기원전 7세기경 중국에서 발명되었으나〉 (중세에 유럽 기사의 쇠갑옷을 뚫을 때 썼던) '양궁', 〈~ a ranged weapon using an elastic launching device\catapult〉 미2

2830 **cross-check** [크롸스 췍]: 〈다른 관점에서〉 교차점검 양2

2831 **cross-coun·try** [크롸스 컨트뤼]: 전국적인, '평지횡단' (스키) 양1 우2

2832 **cross-cul·tur-al** [크롸스 컬춰뤌]: 비교 문화의, 이질 문화 간의 양2

2833 **cross-cut** [크롸스 컽]: 가로 켜기, 횡단, 지름길 양1

2834 **cross-dres-sing** [크롸스 드뤠싱]: '교차 의상', 이성의 옷을 입는 것, ⇒ trans·vestite 미2

2835 **crossed eyes** [크롸스트 아이즈]: '교차된 눈', 사시, 사팔눈, (물체를 볼 때) 눈동자의 방향이 엇갈리는 병, squint ⇒ strabismus 양2

2836 **cross-ex-am·i·na-tion** [크롸스 이그재미네이션]: 힐문, 반대 심문 가2

2837 **cross-eyed** [크롸스 아이드]: 모들뜨기(내사시)의, 술 취한, 〈~ convergent strabismus\drunken〉 양2

2838 ***cross-grade** [크롸스 그뤠이드]: (타사의) 동종 제품, 〈~ similar product〉 양2

2839 **cross-ing-guard** [크롸싱 가아드]: (통학 시) 교통안전 지도원, 〈~ cross-walk monitor〉 미1

2840 **cross-match-ing** [크롸스 매칭]: 교차시험(cross-over test), 수혈 적합성 검사(blood compatibility test) 미2

2841 **cross-o·ver** [크롸스 오우붜]: (입체) 교차로(intersection), 육교(over-pass), 교환(exchange), 혼합(hybrid), 절충형 자동차(차대가 통짜로 된 SUV) 양1

2842 ***cross-o·ver net-work** [크뤄스오우붜 네트워얼크]: 교차 회로망, 주파수 분할용 회로망, 〈~ an audio filtering circuit〉 미2

2843 **cross-o·ver tie** [크뤄스오우붜 타이]: (주로 연미복에 매는) 〈기다란 끈을 목에 둘러 앞에서 교차시켜 매듭을 짓는〉 교차 넥타이, 〈~(↔)four-in-hand tie〉 양1

2844 ***cross–plat-form** [크뤄스 플랱훠얾]: 〈한 종류 이상의 전산기에 적용할 수 있는〉 '교차 좌대', 〈~ multi-platform software〉 우1

2845 ***cross-post** [크뤄스 포우스트]: 교차 게시, '동시' 게시 (하나의 게시물을 여러 개의 게시판에 같이 게재하는 것), 〈~ disseminate(spread) posting〉 미2

2846 **cross-road** [크뤄스 로우드]: 네거리, 십자로, 갈림길, 교차도로, 〈~ junction\inter-section〉, 〈↔rotary\traffic circle〉 양1

2847 ***cross share–hold-ing** [크뤄스 쉐어 호울딩]: (가족이나 계열사 간의) 상호출자, 〈~ reciprocal holding\mutual ownership〉 양2

2848 ***cross the Ru·bi·con** [크뤄스 더 루우비칸]: (되돌아갈 수 없는) 루비콘 강을 건넜다, 결단을 내렸다, 〈~ the dice is cast〉, 〈1954년에 미국에서 'River of No Return'이란 영화가 나왔음〉 양2

2849 **cross-walk** [크뤄스 워어크]: 횡단보도, 〈~ cross-road\pedestrian crossing〉 가1

2850 **cross-ways** [크뤄스 웨이즈]: cross-wise, 십자형으로, 엇갈리게, 비스듬히, 〈~ diagonally〉 양2

2851 **cross-word puz·zle** [크뤄스 워어드 퍼즐]: 십자말풀이, 〈~ a word game〉 양2

2852 **cross-wort** [크뤄스 워얼트]: mug wort, worm wood, (약)쑥, 〈나선형의 잎을 가진〉 갈퀴덩굴 미2

2853 **crotch** [크롸취]: 〈← croc(hook)〉, 〈프랑스어〉, 〈← cruth〉, 가랑이, 분기점, 〈서로 갈라진〉 아귀, 음부, 살, 〈~ fork\lap\groin\pubic area〉 양1

2854 **crotch·et** [크롸칱]: 〈← krokr(hook)〉, 〈북구어 → 프랑스어〉, 갈고리, 변덕스러운 생각(eccentric opinion), 4분 음표(quarter note) 양2 미2

2855 **cro·ton** [크로우튼]: 〈← kroton(tick)〉, 〈그리스어〉, 〈씨가 양에 붙는 벼룩 모양의〉 ①파두(종자는 맹독이 있는 열대성 대극과의 상록활엽관목), 〈~ rush-foil〉 ②등대풀 (알록달록한 잎을 가진 열대성의 관상식물), 〈~ cascarilla〉 미2

2856 **cro·ton-bug** [크로우튼 버그]: 〈독일〉 바퀴(벌레) 〈1842년 뉴욕의 크로톤 저수지 완성 때 극성을 떨친 바퀴벌레의 일종으로 미국 국수주의자들이 독일을 비하해서 붙인 이름〉, 〈~ German cockroach〉 미2

2857 **crouch** [크롸우취]: 〈← croche(hook)〉, 〈프랑스어〉, 〈← crotch〉, 쪼그리다, 몸을 구부리다, 웅크리다, 〈→ scrooch〉, 〈~ cower〉, 〈~ hunker\squat〉, 〈↔stretch\straighten〉 양2

2858 **croup** [크루우프]: ①〈← kruppaz(mass)〉, 〈게르만어〉, 〈crop(이삭·꼬리)이 달린 (말·개의) 엉덩이, 〈~ tailed buttocks〉 ②〈스코틀랜드어 → 영국어〉, 〈croak(까마귀) 우는 소리를 내는〉 위막성 후두염, 〈~ laryngo-tracheo-bronchitis〉 양2

2859 **crou·pi·er** [크루우피어]: 〈← croup(hind quarters)〉, 〈프랑스어〉, 〈도박사 뒤에서 훈수를 주는 자〉, 〈croup(말 엉덩이)에 타는 동승자〉 물주, 부 사회자, 도박 진행자, 〈~ financier\dealer〉 양2

2860 **crow** [크로우]: 〈← chrawa〉, 〈의성어〉, 〈게르만어〉, 까마귀, 흑인, 해병대령 계급장, 추녀, 〈수탉·까마귀 등이〉 깍깍대다, 환성을 지르다, 〈→ sparrow〉, 〈~ raven\rook\marine colonel\black person\gorgon〉, 〈~ squawk\trumpet〉, 〈↔complain\whine〉 양1 양2

2861 **crow-bar** [크로우 바아]: goose-neck, 쇠지레, '노루발 못뽑이', '빠루'(bar의 일본식 발음), 〈한국의 국회의원들이 의사당 문을 딸 때 쓰며 여차하면 무기로도 쓸 수 있는〉 한쪽은 까마귀 발톱·다른 쪽은 까마귀 부리같이 생긴 기다란 쇠막대기, 〈~ wrecking (or pry) bar\pig bar〉 양2

2862 **crow-ber·ry** [크로우 베뤼]: '까마귀 딸기', 시로미 (북방지역의 황무지에서 자라는 상록관목) 덩굴월귤, 〈진시황의 불로초〉, heath·berry 미2

2863 **crowd** [크롸우드]: 〈← creodan(push)〉, 〈게르만어〉, 〈손수레를 밀려고 '다투며' 앞으로 몰려온〉 군중, 붐빔, 다수, 청중, 〈어중이 떠중이〉, 〈~ throng\horde\mob〉, 〈↔individual\disperse〉 양1

2864 ***crowd–fund-ing** [크롸우드 훤딩]: '군중 자금 조달', 특정 사업비를 일반 시민에게서 염출하는 〈다수 부담〉, 〈한국에서 많은 U-tuber들이 활용하는〉 '시민 기금', 〈~ crowd sourcing〉, 〈↔boot-strapping〉 미2

2865 *crowd-ing-out ef-fect [크라우딩 아웉 이휃트]: (정부가 시장의 일부에 관여할 때 다른 분야에 영향을 미친다는) 구축효과, ⟨~ public spending drives out private spending⟩ 미2

2866 *crowd sour-cing [크롸우드 쏘얼싱]: '군중 해결책', 대중을 통해 돈과 자원을 모으는 방식, ⇒ crowd-funding 미2

2867 crow-foot [크로우 훝]: goosegrass, wiregrass, toothwort, ⟨잎이 까마귀 발톱 같은⟩ 젓가락나물(미나리아재빗과의 식물), butter·cup, ⟨갈라진 고리가 달린⟩ 달아매는 밧줄, 눈꼬리의 잔주름(wrinkles around the eye\laugh-line), ⟨~ king-cup\cow-slip⟩ 미2

2868 crow line [크로우 라인]: 직선, (까마귀는 넓은 공간을 싫어해서 상륙할 때 배에서 풀어 놓으면 곧장 육지로 날아가기 때문에 돛대 위에 crow's nest를 싣고 다녔음), ⟨~ bee-line⟩, ⟨↔detour⟩ 양2

2869 crown [크롸운]: ⟨← korone(tip of a bow)⟩, ⟨그리스어 → 라틴어⟩, ⟨← corona⟩, 왕관, 왕권, 영광, 절정, 정수리, (상한 치아를 덮어씌우는) 치관, (watch 등의) 태엽감개, ⟨~ coronet\garland⟩⟨~ culminant\top⟩, ⟨~ dental cap\watch key⟩ 양1 미2

2870 crown prince [크롸운 프륀스]: 황태자, (영국 이외의) 왕세자, ⟨~ heir apparent⟩, ⟨영국에서는 Prince of Wales⟩ 기2

2871 crow's feet [크로우스 휘이트]: 눈가의 잔주름, ⟨~ laugh-line⟩ 양1

2872 crow's toes [크로우스 토우즈]: ①crow·foot, cleavers, tooth·wort, goose·grass, 바랭이, 갈퀴덩굴, 젓가락나물, 미나리냉이 ②마름쇠(caltrop) 미2

2873 CRRT(con·tin·u·ous re·nal re·place·ment ther·a·py): 지속적 신 대체요법, 신 부전시 ⟨지속적으로⟩ 노폐물을 걸러내는 ⟨새로운⟩ 투석 치료기 미2

2874 cru·cial [크루셜]: ⟨← crux(cross)⟩, ⟨라틴어⟩, 결정적인, 중대한, ⟨도로 분깃점 표시용⟩ '십자형' 부호의, ⟨~ critical\pivotal⟩, ⟨↔minor\non-crucial⟩ 양1

2875 cru·ci·ble [크루우서블]: ⟨← crucibulum(pot for melting metals) 쇳물 괴는 곳, (야금) 도가니, 가혹한 시련, ⟨~ melting pot\trial\ordeal⟩, ⟨↔delight\defence⟩ 양2

2876 cru·ci·fer [크루우시훠]: crux(cross)+ferre(bear), ⟨라틴어⟩, 십자가를 받드는 사람(cross-bearer), 십자화 (네 꽃잎이 십자가 모양으로 피는 평지과의 식물), ⟨~ mustard family⟩ 미2

2877 cru·ci·fy [크루우시화이]: crux(cross)+figere(fasten), ⟨라틴어⟩, 십자가에 못 박히다, 몹시 괴롭히다, 혹평하다, ⟨~ nail to a cross\criticize severely\condemn⟩, ⟨↔approve\praise⟩ 양1

2878 crude [크루우드]: ⟨← crudor(raw)⟩, ⟨라틴어⟩, 가공하지 않은, '쌩짜의', 조잡한, 노골적인, ⟨← rude⟩, ⟨→ cruel⟩, ⟨~ primitive\rough\vulgar⟩, ⟨↔refined\decent⟩ 양1

2879 cru·el [크루우얼]: ⟨← crudor(raw)⟩, ⟨라틴어⟩, 잔혹한, 무자비한, 냉엄한, ⟨~ truculent\cold\ruthless⟩, ⟨← crude⟩, ⟨↔compassionate\merciful⟩ 양1

2880 cruise [크루우즈]: ⟨라틴어⟩, ⟨← cross⟩, ⟨가로지르는⟩ 순항, ⟨돌아다니는⟩ 만유, 선박여행, 답사, ⟨~ sea trip\voyage\meander⟩, ⟨↔flounder\hover⟩, ⟨~ whistle-stop tour⟩ 미1

2881 Cruise [크루우즈], Tom: ⟨← cruse(bold)⟩, ⟨영국어⟩, '용맹한 자', 크루즈, (1962-), 가난한 집안에서 태어나 행동파 배우로 떼돈을 벌고 ⟨과학교(scientology)⟩에 심취된 미국의 미남 배우, ⟨~ an American actor and film producer⟩ 수1

2882 cruise con·trol [크루우즈 콘트로울]: 자동 속도 유지 장치, ⟨~ speed control\auto-cruise⟩ 미1

2883 *cruis-er [크루우저]: 순양함, 대형 발동선, 만유자, 순찰차, 손님을 찾아 돌아다니는 택시, (거리의) 매춘부, ⟨~ a war-ship\a large speed-boat\patroller\gypsy cab\prostitute⟩ 양1

2884 cruise ship [크루우즈 슆]: 유람선, 순항선, ⟨~ love-boat⟩ 양2

2885 crumb [크룸]: ⟨← crimman(break into pieces)⟩, ⟨게르만어⟩, ⟨← crumble⟩, 작은 조각, 빵가루, 소량, 잔돈, 싫은 놈⟨← dumb?⟩, ⟨~ bit\morsel\scrap\scum⟩, ⟨↔crust\mass\chunk\gentlman⟩ 양1

2886 crum·ble [크룸블]: ⟨← crumb⟩, ⟨영국어⟩, 부스러뜨리다, 가루로 만들다, 무너지다, (~ friable), ⟨~ break down\ramshackling⟩, ⟨↔build\unite⟩ 양1

2887 crum·ple [크룸플]: ⟨← crump⟩, ⟨게르만어⟩, ⟨← crooked⟩, 구기다, 찌부러뜨리다, 압도하다, ⟨~ rumple\crush⟩, ⟨↔flatten\straighten⟩ 양1

2888 **crunch** [크륀취]: 〈영국어〉, 〈crush+munch〉, 우두둑, 우지끈, 부족, 곤궁, 위기, 붐빔, 쇄도, 〈~ chomp\deficit\crisis\pinch〉, 〈↔calm\peace〉 양1

2889 **cru·sade** [크루쎄이드]: 〈← crux〉, 〈라틴어〉, 〈십자가를 단〉 십자군, 성전, 개혁 운동, 〈~ campaign\jihad\expedition〉, 〈↔retreat\surrender\deconvert〉 양1

2890 **crush** [크뤄쉬]: 〈← crusciere(break)〉, 〈라틴어 → 프랑스어〉, 짓밟다, 뭉개다, 으깨다, 진압, 홀딱 반함, 〈함께하는 (강한) rush〉, 〈~ squash\trample〉, 〈↔inspire\uplift〉 양2

2891 **crust** [크뤄스트]: 〈← crusta(shell)〉, 〈라틴어〉, 〈rind〉, (딱딱한) 껍질, 더께, 갑각, 철면피, 〈~ hull\outer-layer\scab\brazen-face〉, 〈↔core\interior\mucus〉 양1

2892 **crutch** [크뤌취]: 〈← crycc〉, 〈게르만어〉, 〈겨드랑에 끼는 cross·piece(가로장)에서 연유한〉 목다리, 의지, 버팀, 지주, 〈~ walking stick\hand-staff〉, 〈↔handicap\disability〉 양1

2893 **Crux** [크뤆스]: 〈라틴어〉, cross, 남십자성, c~; 십자가, 난문제, 수수께끼, 요점, 〈~ core\essence\crucial point〉, 〈↔exterior\trivia〉 양2

2894 **cry** [크롸이]: 〈← queri(lament)〉, 〈라틴어〉, 아우성치다, 소리치다, 울다, 짖다, 큰 소리로 말하다, 〈~ shout\weep〉, 〈↔laugh\whisper〉 가1

2895 **cry(o)~** [크롸이(오우)~]: 〈← kryos(cold)〉, 〈그리스어〉, 〈추위·냉동~〉이란 뜻의 결합사, 〈↔heat\thermo~〉 양1

2896 **cry·ba·by** [크롸이 베이비]: 울보, 겁쟁이, 〈~ whiner\milk-sop〉 양2

2897 *__cry-ing wolf__ [크롸이 울후]: 〈이솝 우화에 나오는 말〉, '짖는 늑대', 허위 신고, 관심을 끌기 위해 계속 소란을 피우면 나중에는 외면당한다, 〈~ false alarm\exaggerating\a mischievous trickster〉, 〈↔be frank\be open\tell the truth〉 양2

2898 **cryo-sphere** [크롸이오우 스휘어]: 〈폴란드 기상학자가 주조한 말〉, '빙구', 〈지구·수구에 대한〉 항상 표면이 얼음으로 덮여있는 '지구'의 일부, 〈~ frozen world〉 우2

2899 *__cry over spilt(spilled) milk__: 엎지른 물은 도로 담을 수 없다, 후회해도 소용없다〈그러니 앞으로나 잘해〉, 만시지탄, 〈~ regret\lament〉, 〈↔don't cry, just wipe it out; 이원택 박사가 만든 반대말〉 양2

2900 **crypt(o)~** [크륖트(크륖터\크륖토우)~]: 〈← kryptein(hide)〉, 〈그리스어〉, 〈숨은·비밀~〉이란 뜻의 결합사, 토굴, grotto, 〈↔actual\overt〉 양1

2901 **cryp·tid** [크륖티드]: 〈← crypto(hidden)〉, 〈생존했을 것으로 추정되나 증명되지 않은〉 미확인 동물, 〈~ legendary beast\mythical being〉 양2

2902 *__Cryp·to.com Are·na__: 〈싱가포르의 가상화폐 회사가 이름만 700million $에 사들인〉 미국 LA Staples Center의 2022년 부터의 명칭 수1

2903 *__cryp·to-cur·ren·cy__ [크륖터 커어뤈시]: 암호 화폐 (통화), 가상 화폐, 〈국가마다 규제가 다른〉 bitcoin 등 '전산망상에서만 존재하는 화폐', digital money 양2

2904 **cryp·tog·ra·phy** [크륖터 그래휘]: 〈고유의〉 암호작성(해독)법, 암호문, 〈~ cyber-security practice\cryptology〉, 〈~(↔) coding\steganography〉 양2

2905 **crys·tal** [크뤼스틀]: 〈← kryos(cold)〉, 〈그리스어〉, '얼음', 수정, 결정체, 투명한, 〈~ quartz\transparent〉, 〈↔clouded\opaque\foggy〉 양1

2906 *__C-space__ [씨이 스페이스]: 현재 여러 의미로 쓰이나 통상 connected space 〈연결된 공간〉란 뜻으로 앞으로 귀추가 주목되는 말 미2

2907 **C-SPAN** [씨이 스팬] (Ca·ble Sat·el·lite Pub·lic Af·fairs Net·work): 1979년에 설립된 공공 프로그램 방송을 위한 미국의(American) 비영리 위성 방송망 수1

2908 *__C-suite__ [씨이 스위이트]: (CEO·CFO·COO·CIO 등이 모이는) 중역실 미2

2909 *__CTO__ (chief tech·ni·cal of·fic·er): 최고 기술 경영자 미2

2910 *__CT scan__ [씨이티이 스캔]: 전산기 단층 주사 촬영 ⇒ CAT 우2

2911 *__C2C__: customer to customer, 고객 대 고객, 개인간의 거래, 〈~(↔)B2C〉, 〈↔B2B〉 미2

2912 *__CU__ (see you): 또 봐…, 그만…, CU L8R; (see you later) 미2

2913 **cub** [컵]: 〈← cuib(whelp)〉, 〈아일랜드어?〉, 〈어원 불명의 영국어〉, (곰·사자·여우 등의) 새끼, 애송이, 풋내기, 〈~ baby\novice〉, 〈↔parent\veteran〉 양2

2914 **Cu·ba** [큐우버]: ⟨← coabana(great land)?⟩, ⟨Taino어⟩, ⟨'풍요한 땅'?⟩, 쿠바, 미국 플로리다에서 140km 남쪽에 위치한 서인도제도 최대의 섬나라로 1898년 미국이 스페인으로부터 탈취하였으나 1959년 카스트로에 의해 공산화된 경치가 수려하고 ⟨자원이 풍부한⟩ 나라, {Cuban-Sp-(CU) Peso-Havana} 수1

2915 **Cu·ba·li·bre** [큐우버 리이브뤄]: free Cuba, 쿠바 리브레(럼주에 라임 주스와 콜라를 탄 혼합주), ⟨~ rum and coke cocktail⟩ 수2

2916 **Cu·ban sand·wich** [큐우번 샌드위치]: (햄·소시지·치즈 따위를 충분히 쓴) 쿠바식 샌드위치, ⟨~ a pressed sandwich\mixto⟩ 수2

2917 **cube** [큐우브]: ⟨← kybos(die)⟩, ⟨그리스어⟩, ⟨주사위⟩, 입방체, 정육면체, 세제곱, ⟨~ regular hexa-hedron\multiplied by itself twice⟩, ⟨↔ball\cube root⟩ 양2

2918 **cube root** [큐우브 루우트]: 세 제곱근, 입방근, ⟨~ reverse of the cube of a number⟩, ⟨↔cube⟩ 양2

2919 *****Cube-Sat** [큐우브 쎗]: cube + satellite, (한 면의 길이가 10cm 정도에 무게는 1kg 정도인) 초소형 인공위성 미2

2920 **cu·bic e·qua·tion** [큐우빅 이퀘이전]: ⟨3제곱의\3차원의⟩ 3차 방정식, ⟨~ a polynomial equation\trigonometric equation⟩, ⟨↔linear\quadratic(equation)⟩ 가1

2921 **cu·bi·cle** [큐우비클]: ⟨← cubare(lie down)⟩, ⟨라틴어⟩, ⟨눕기 위한⟩ 작은 침실, (칸막이한) 작은 공간, 개인용 열람석, 탈의실, ⟨~ concubine⟩, ⟨→ chamber\booth\cell\locker⟩, ⟨↔open space\mansion⟩ 미2

2922 **cub-ism** [큐우비즘]: 입체파, 20세기 초 프랑스에서 태동한 작품에 다차원적 '질감'을 더해 주려는 예술운동, ⟨~ an abstract art⟩, ⟨~(↔)Fauvism⟩ 양2

2923 **cu·boid** [큐우버이드]: ⟨← cube⟩, 직육면체, 직평형육면체, 주사위 뼈, ⟨~ tetra-hedron⟩ 양2

2924 *****cuck** [큐욱]: ①cuck·servative(cuck·old conservative), ⟨오쟁이 진 남편처럼⟩ 의지 약한 ⟨보수⟩ 정치인 ②cuck·old, 오쟁이 진 남편, ⟨~ husband of an adulterous wife\cornuto(Italian)⟩ 양2

2925 **cuck·old-ry** [커컬드뤼]: ⟨프랑스어 → 영국어⟩, '뻐꾸기 사랑', ⟨다른 새의 둥지에 알을 낳는⟩ 유부녀의 서방질, 오쟁이 지기(making a cuck-old) 우2

2926 **cuck·oo** [쿠우쿠우]: ⟨← cucu⟩, ⟨프랑스어⟩, 뻐꾹, ⟨의성어⟩, 뻐꾸기, ⟨쿠~쿠~ 하며 우는⟩ 뻐꾹새 (딴 새의 둥지에 알을 낳아 까게 하는 두견이와 비슷하나 훨씬 큰 명금류), 얼간이, 미친 사람, ⟨~(↔)ani²\road-runner⟩, ⟨~ silly\crazy⟩, ⟨↔reasonable\sane⟩ 양2

2927 **cuck·oo-flow·er** [쿠우쿠우 훌라워]: ⟨봄에 뻐꾸기가 울 때쯤 피는⟩ (습지에서 라일락 비슷한 꽃이 피는) 황새냉이, 동자꽃, lady's smock, ⟨~ ragged robin\meadow pink\may-flower\milk-maids⟩ 미2

2928 **cuck·oo-pint** [쿠우쿠우 파인트]: ⟨어원이 요상한⟩ cuckoo penis, ⟨수명을 연장시킨다는 썰이 있는⟩ 연령초, 유럽 토란, ⟨~ wild arum\jack-in-the pulpit\wake-robin\starch-root⟩ 미2

2929 **cuck·oo-shrike** [쿠우쿠우 쉬롸이크]: '뻐꾸기 때까치' (뻐꾸기같이 나는 참새목 할미새사촌과의 명금류), ⟨~ a small to medium sized passerine⟩ 우1

2930 **cuck·oo-spit(tle)** [쿠우쿠우 스핕(틀)]: 거품벌레, ⟨⟨뻐꾸기가 오는 봄에⟩ 성충이 되어 흰 거품을 뿜어내는⟩ 좀매미, ⟨~ frog-hopper\spittle-bug⟩ 미2

2931 **cu·cum·ber** [큐우컴버]: ⟨어원 불명의 그리스어 kukuos에서 연유한 라틴어⟩, ⟨← cucumis⟩, ⟨땅에 나는 과일⟩, 오이, ⟨인도에서 전래된⟩ 박과의 넝쿨식물 및 그 '과일', ⟨← cucurbit⟩, ⟨~(↔)gourd\zucchini⟩, ⟨최근 연구에 의하면 중동지방의 ukush→quissu(wander-wort)가 어원이라 함⟩ 양2

2932 **cu·cum·ber-tree** [큐우컴버 트뤼이]: 오렌자, 오이 비슷한 열매를 맺는 북미원산 목련속의 교목, ⟨~ magnolia acuminata (sharp leaf)\blue magnolia⟩ 우1

2933 **cu·cur·bit** [큐우커얼빝]: ⟨라틴어⟩, a gourd, 조롱박, 호리병박, 표주박, 증류병, ⟨→ cucumber⟩ 미2

2934 **cud** [커드]: ⟨← cudu(putty)⟩, ⟨고대 영어⟩, 새김질 감, 씹는 담배 조각, ⟨~ resin\gum⟩ 양1

2935 **cud·dle** [커들]: ⟨← cunnan(struggle)?⟩, ⟨불확실한 어원의 영국어⟩, 꼭 껴안다, 귀여워하다, 아첨하다, ⟨~ hug\embrace⟩, ⟨↔let go\push away⟩ 양1

2936 **cudg·el** [커쥘]: ⟨← cogyl(club)?⟩, ⟨웨일즈어⟩, ⟨어원 불명의 영국어⟩, (짧고 굵은) 곤장·곤봉, 때리다, 곰곰이 생각하다, ⟨~ bat²\bludgeon\club'⟩, ⟨↔fall back\bottom out⟩ 양2

2937 **cue¹** [큐우]: ⟨quando(when)라는 라틴어에서 나왔다는 설도 있으나 어원 불명의 영국어⟩, 대사의 마지막 장, (연주의) 지시악절, 신호, 실마리, 계기, ⟨~ signal\indication⟩, ⟨↔solution\disarray⟩ 미2

2938 **cue²** [큐우]: ⟨← cauda(tail)⟩, ⟨라틴어⟩, 변발(queue), 줄(대기행렬), 당구채 양2 미1

2939 *****cue¹ card** [큐우 카아드]: '단서 판지', (출연자가 말할 내용을 읽을 수 있게 카메라 뒤쪽에서 들어 보여주는) 보조 문자판, ⟨~ idiot card⟩ 미2

2940 **cuff** [커후]: ⟨← cuffie(cap)?⟩, ⟨게르만어⟩, ⟨불확실한 어원의 영국어⟩, 소맷부리, 손목 윗부분, 수갑, 접은 바짓단, '장갑', ⟨~(↔)fetter\shackle⟩, ⟨↔belt\sock⟩ 미2 양1

2941 *****cuff-ing** [커휭]: 수갑 채우기, (연애에서) 모임에 참석할 짝을 미리 정해 놓는 짓, ⟨~ socking\locking⟩ 미2

2942 **cui·sine** [퀴지인]: ⟨← coquere⟩, ⟨라틴어 → 프랑스어⟩, ⟨cook 하는 곳⟩, 쿠징, ⟨부엌⟩ 요리법, 일품요리, ⟨~ cookery\delish⟩ 미2

2943 *****cul de sac** [컬 더 쌕]: ⟨프랑스어⟩, bottom of a bag, 막힌 길, 막다른 골목, 곤경, '자루 밑', ⟨~ blind alley\dead end⟩, ⟨↔break-through\solution⟩ 양2

2944 **cu·lex** [큐우렉스]: ⟨라틴어⟩, gnat, (집모기속의) 각종 모기, ⟨말라리아를 전염시키지는 않으나 다른 질병을 옮길 수 있는⟩ '물 것', ⟨~ mosquitoes⟩ 우1

2945 **cu·li·nar·y** [큐울러네뤼 \ 컬리너뤼]: ⟨← culina(kitchen)⟩, ⟨라틴어⟩, 부엌의, 요리(용)의, ⟨~ coquens\cuisine⟩, ⟨↔distasteful\inedible⟩ 양2

2946 **cull** [컬]: ①⟨← colligere(collect)⟩, ⟨라틴어⟩, 따다, 고르다, 도태시키다, ⟨~ select\slaughter⟩, ⟨↔insert\put in\winnow⟩ ②⟨프랑스어⟩, cully, ⟨불알⟩, 짝패, 얼간이, ⟨~ chum\mucker⟩, ⟨↔antagonist\foe⟩ 양1 양2

2947 **cul·ly** [컬리]: ⟨← coleus(scrotum)⟩, ⟨라틴어⟩, 불알친구, 놈(fellow), 동료, 멍청이, 사기 치다, ⟨→ cull²⟩, ⟨~ pal\dupe⟩, ⟨↔combatant\challenger⟩ 양2

2948 **culm** [컴]: ①⟨← culmus(column)⟩, ⟨라틴어⟩, 대, (마디) 줄기 ②⟨← colm(soot)⟩, ⟨영국어⟩, ⟨coal⟩, 무연탄 양1

2949 **cul·mi·nate** [컬미네이트]: ⟨← culmen(top)⟩, ⟨라틴어⟩, ⟨끌어올려⟩ '정점'(절정)에 이르다, 완결시키다, ⟨~ crown⟩, ⟨~ climax\finale⟩, ⟨↔start\begin⟩ 가1

2950 **cu·lottes** [큐울랕츠]: ⟨← culus(bottom)⟩, ⟨라틴어에서 연유한 프랑스어⟩, 퀼로트, 아래도리, (반)치마바지, ⟨~ divided skirt\pant-dress⟩, ⇒ pant·skirt 양2

2951 **cul·pa·ble** [컬퍼블]: ⟨← culpare (←culpa⟨crime⟩)⟩, ⟨라틴어⟩, ⟨벌 받아 마땅한⟩ 죄 있는, 비난할 만한, 괘씸한, ⟨~ guilty\red handed⟩, ⟨↔innocent\blameless⟩ 양2

2952 **cul·prit** [컬프륕]: cul(crime)+praestus(ready), ⟨라틴어⟩, ⟨← culpable⟩, 범죄자, 형사 피고인, ⟨~ offender⟩, ⟨↔plaintiff\accuser\myrtyr⟩ 양2

2953 **cult** [컬트]: ⟨← colere⟩, ⟨라틴어⟩, ⟨cultivated된⟩ 예배(식), 예찬, ⟨새로 경작된⟩ 이교, 사이비 종파, ⟨~ faction¹\clique\sect⟩, ⟨↔secularism\mainstream⟩ 양2

2954 **cul·tic build·ing** [컬틱 빌딩]: 예배당, ⟨마음을 경작(cultivate)하는⟩ 교회, ⟨~ church\temple⟩ 양2

2955 **cul·ti·vate** [컬티베이트]: ⟨← colere(till)⟩, ⟨라틴어⟩, (땅을) 갈다, 경작(재배)하다, 신장(장려)하다, 기르다, ⟨→ culture\till²⟩, ⟨~ plow\develop⟩, ⟨↔inhibit\discourage\abandon⟩ 양2

2956 *****cul·tur·al ap·pro·pri·a·tion** [컬춰뤌 어프로우프뤼에이션]: 문화 전유, 한 전통문화를 딴 문화권에서 ⟨슬쩍⟩ 갖다 쓰는 일, ⟨↔cultural repudiation⟩ 양2

2957 **cul·tur·al con·so·nance** [컬춰뤌 칸서넌스]: 문화적 조화(문화의 각 부분이 골고루 발달된 현상), ⟨↔cultural dissonance⟩ 양2

2958 *****cul·tur·al dis·so·nance** [컬춰뤌 디써넌스]: 문화적 불협화음 (문화의 각 부분이 골고루 발달되지 못한 현상), ⟨↔cultural consonance⟩ 양2

2959 **cul·tur·al re·pu·di·a·tion** [컬춰뤌 뤼퓨디에이션]: 문화 배척, 한 문화의 유입을 다른 문화권에서 인위적으로 거부하는 현상, ⟨↔cultural appropriation⟩ 양2

2960 **cul·ture** [컬춰]: ⟨← colere(cultivate)⟩, ⟨라틴어⟩, '자라난 것', 문화, 정신문명, 교양, 재배, ⟨농경 사회의 산물⟩, ⟨~ civilization\tradition⟩, ⟨↔ignorance\inability⟩ 가2

2961 *****cul·ture(ral)-lag** [컬춰(뤌) 래그]: 문화지체(지연) ⟨물질적 변화에 정신적 변화가 못 따라가는 현상⟩, ⟨~ cultural discrepancy⟩, ⟨↔cultural leveling\assimilation⟩ 양2

2962 **cul·ture-shock** [컬춰 샽]: 문화(의 차이에서 오는) 충격, ⟨~ disoriention\alienation⟩ 양2

2963 **cum·ber-some** [컴벌 썸]: ⟨← cumulus(heap)⟩, ⟨라틴어 → 프랑스어 → 영국어⟩, ⟨덩치가 커서⟩ '방해'가 되는, 성가신, 귀찮음, 부담이 되는, ⟨→ en·cumbrance⟩, ⟨~ boat anchor⟩, ⟨~ awkward\top-heavy⟩, ⟨↔managable\convenient⟩ 가2

2964 **cum·in** [커먼]: ⟨← kammun(a fennel)⟩, ⟨아랍어에서 유래한 그리스어⟩, 쿠민, '애기 회향풀', (갈쭉한 씨앗을 아랍·인도·멕시코 등의 요리에 향신료로 쓰는) 회양 비슷한 미나릿과의 초본, ⟨~ caraway\kummel⟩ 우2

2965 **cum lau·de** [쿰 라우데이]: ⟨라틴어⟩, 'with praise', 우등으로, 찬양을 받으며, ⟨↔un-worthy⟩ 양2

2966 **cum·mer-bund** [커멀번드]: kamar(loins)+bandh(band), ⟨힌디어 → 페르시아어⟩, (인도에서 유래한) ⟨장식⟩'배띠', (정장차림에서) 비단 허리띠, ⟨~ belt\corset\girdle⟩ 미2

2967 **cum-quat** [컴 콸]: ⟨중국어⟩, golden orange, 금귤, 낑깡 (통째로 씹어먹는 ⟨콩알만 한 귤⟩), ⇒ kumquat 미2

2968 **cu·mu·la·tion** [큐우뮬레이션]: ⟨← cumulare(pile up)⟩, ⟨라틴어⟩, ⟨증가⟩, 축적, 퇴적, 누적, ⟨→ accumulation⟩, ⟨~ agglomerate\gathering⟩, ⟨↔decreasing\subtracting\depletion⟩ 양2

2969 **cu·ne·i-form** [큐우니이어 훰]: ⟨← cunei(wedge)⟩, ⟨메소포타미아 지방에서 발생한⟩ (쐐기 모양의) 설형문자, ⟨점토 위에 갈대나 금속으로 만든 펜으로 쓴 일종의 그림문자⟩, ⟨~ wedge shaped script⟩, ⟨↔cursive writing⟩ 미2

2970 **cun·ni·lin·gus** [커닐링거스]: cunnus(vulva)+lingere(lick), ⟨라틴어⟩, 여성 성기에의 구강성교, '씹 빨기', ⟨~ cunt⟩, ⟨~ pussy licking(eating)⟩, ⟨↔fellatio\blow job\knobber⟩ 미2

2971 **cun·ning** [커닝]: ⟨← cunnian(try)⟩, ⟨영국어⟩, ⟨알아서⟩ 교활한, 약삭빠른, 교묘한, '시험 부정' ⟨컨닝구⟩, ⟨~ sly\wily⟩, ⟨↔honest\sincere⟩ 가1

2972 **cunt** [컨트]: ⟨← kunto(vulva)⟩, ⟨혹자는 cuneus(wedge)라는 라틴어에서 유래했다고도 하나 어원 불명의 게르만어⟩, vagina, pussy, 여성 성기, 보지, 성교, 싫은 여자, ⟨왜 그런지는 몰라도 영어에서 가장 불결한 말로 지목되었던 말⟩, ⟨고상한 말로는 'pudenda'라 함⟩, ⟨↔cock\dick⟩ 양2

2973 **cup** [컵]: ⟨← cupa(cask)⟩, ⟨라틴어⟩, 잔, 찻종, 운명의 잔, 오목한 것, ⟨~ tub⟩, ⟨~ mug\goblet\trophy⟩ 미1

2974 **cup-board** [커벌드]: ⟨cup 등을 올려놓는⟩ 찬장, 벽장, ⟨~ larder\pantry\side-board⟩ 양1

2975 **cup cake** [컵 케이크]: '종지 양과자', 종이 종지에 퍼 넣은 케이크, ⟨~ fairy (or patty) cake⟩ 미2

2976 **Cu·pid** [큐우피드]: 큐피드, Eros, 비너스의 아들, cupid; ⟨라틴어⟩, '열망(desire)', 사랑의 사자, 미소년, ⟨↔match-breaker⟩ 수2 양2

2977 **cu·pid·i·ty** [큐우피디티]: ⟨← cupere(desire)⟩, ⟨라틴어⟩, 탐욕, 색욕, 갈망, ⟨← Cupid⟩, ⟨→ covet⟩, ⟨~ avarice\craving⟩, ⟨↔satisfaction\generosity⟩ 양2

2978 **cup·pa** [커퍼]: cup of, 한잔의 양2

2979 **cup plant** [컵 플랜트]: '종지풀' (억센 잎들이 종지 모양을 이루며 노란 국화 비슷한 꽃이 피는 북미 동부산의 내한 다년초), ⟨~ a daisy-like yellow composite flower\compass plant⟩ 우1

2980 **cup sleeve** [컵 슬리이브]: 잔 소매(토시), ⟨뜨거운 잔을 둘러싸는⟩ 절연체로 된 잔 손잡이, ⟨요즈음은 대개 종이로 된⟩ 잔 씌우개, ⟨~ zarf\cup-holder⟩ 우2

2981 **cur** [커얼]: ⟨← kurra(to mumble)⟩ ⟨북구어⟩, ⟨의성어⟩, ⟨달려라!·뛰어라!⟩, 똥개, 잡종개, 불량배, ⟨~ mongrel⟩, ⟨↔hero\darling⟩ 가1

2982 **cu·ra·cao** [큐어뤄쏘우]: ⟨'cure'란 뜻의 네덜란드어와 어원 불명의 원주민어라는 설이 양립하는⟩ 퀴라소, (베네수엘라 북쪽⟨north of Venezuela⟩ 네덜란드령 퀴라소섬 원산의) 오렌지 껍질로 만든 독주, ⟨~ bitter and sweet orange liquor⟩ 우1

2983 **cu·ras·sow** [큐어뤄쏘우]: ⟨영국어⟩, ⟨curacao 섬에서 '발견된'⟩ (중남미에 서식하며) 도들도들한 관모를 가진 칠면조⟨turkey⟩ 비슷한 엽조(사냥감새), 봉관조, ⟨~ guan⟩ 미2

2984 **cu·ra·tion** [큐뤠이션]: ⟨← curator⟩, 원래는 '관리하다'라는 뜻이 강했으나 미술관·박물관의 curator들이 주임무인 '선별(분류)'이란 뜻으로 많이 변질된 말, ⟨~ arrangement\coordination⟩, ⟨↔disorder\disorganization⟩ 양1

2985 **cu·ra·tor** [큐뤠이터]: ⟨← curare⟩, ⟨라틴어⟩, ⟨care 하는⟩ 감독, 관리자, 후견인, ⟨~ custodian\guardian⟩ 미2

2986 **curb** [커얼브]: ⟨← curvare⟩, ⟨라틴어⟩, ⟨← curved⟩, ⟨구부러진⟩ 재갈, 고삐, 틀, 구속, 가장자리 장식, '도로막이'(가두), ⟨가두⟩ 장외시장, 영국에서는 'kerb'라고 씀, ⟨~ bridle\dandori⟩, ⟨↔drive\release⟩ 양1

2987 *curb mar·ket [커얼브 마아킽]: 〈길거리에서 열리는〉 장외시장, 사채시장, 〈~ street market\private money market〉 양2

2988 curb-stone [커얼브 스토운]: (보도의) 연석, 보도 가장자리에 박아둔 돌, 도로 경계석 (갓돌), 〈~ paving stone\flag-stone〉 미1

2989 cur·cu·ma [커얼큐머]: 〈saffron의 산스크리트어〉, 강황, 심황, 〈~ turmeric〉 미2

2990 curd [커얼드]: 〈← crudan(press)?〉, 〈어원 불명의 영국어〉, 엉겨 굳어진 것, 응고물, 응유, 〈~ coagulation〉, 〈↔melt\liquify〉 양1

2991 cure [큐어]: 〈← cura(care)〉, 〈라틴어〉, 치료(법), 교정(법), 영혼 구원, 양생, 'care', 〈→ curette〉, 〈~ heal\restore〉, 〈↔harm\injure〉 양1

2992 cu·rette [큐뤹]: 〈← curer(cleanse)〉, 〈라틴어〉, '긁개', (무엇을 긁어내는 데 쓰이는) 조그만 첨필과 국자가 달려있는 가는 막대기, 〈~ scoop\scraper〉 우1

2993 cur·few [커얼휴우]: cooperire(hide)+focus(hearth), 〈라틴어 → 프랑스어〉, 〈불을 덮는〉 소등, 만종, 통행 금지(시작), 〈~ closing time\home time〉, 〈↔all-nighter\unlimited time〉 미1

2994 Cu·rie [큐어뤼], Pierre (1859-1906) \ Marie (1867-1934): 〈← escuerie(stable)〉, 〈프랑스어〉, '마굿간 일꾼', 퀴리, 라듐을 발견한〈discovery of radium〉 프랑스의 부부 물리학자, 〈~ French physicists〉 수1

2995 cu·ri·o [큐어뤼오우]: 〈← curiosus(careful)〉, 〈라틴어〉, 〈진기한〉 골동품, 진품, 〈예술·조각품을 전시하는〉 키 큰 장식장, 〈~ trinket\collectible〉, 〈~ display cupboard〉 양2

2996 cu·ri·os·i·ty [큐어뤼아써티]: 〈← curiosus(careful)〉, 〈라틴어〉, 〈관심에 가득 찬〉 호기심, 진기함, 〈→ curio〉, 〈~ inquisitive-ness\nosi-ness〉, 〈↔in-curiosity\dis-interest〉 양2

2997 *cu·ri·os·i·ty killed the cat: 〈1598년에 등장한 영국 속담〉, 호기심이 지나치면 위험하다, 〈↔but satisfaction brough it back〉 양2

2998 cu·ri·um [큐어뤼엄]: 〈Curie 부부의 이름을 딴〉 퀴륨, 〈원자탄 폭발로 생성되는〉 방사성 원소 (기호 Cm·번호96), 〈~ a radio-active metallic element〉 수1

2999 curl [커얼]: 〈← crull(windy)〉, 〈게르만어〉, 곱슬곱슬하게 하다, 비틀다, 뒤틀다, 고수머리, 〈~ twine\wave〉, 〈↔flatten\smooth〉 미2

3000 curl-er [커얼러]: 모발을 곱슬곱슬하게 만드는 사람·기구, curl pin, hair roller 우2

3001 cur·lew [커얼류우]: 〈← corlieu〉, 〈프랑스어〉, 〈의성어〉, 〈말같이 달리는〉 마도요 (길고 밑으로 굽은 부리와 긴 다리를 가지고 〈커얼루~ 커얼루~ 하고 울며〉 미주 추운 지방의 물가를 서성대는 도요새〈snipe〉의 일종), 〈~ wharup〉, 〈~(↔)sand-piper〉 미2

3002 curl-ing [커얼링]: ①비트는, (머리를) 말려 올리는 ②얼음판에서 돌을 미끄러트려〈sweeping a rock〉목표에 넣는 놀이, 〈~ chess on ice\the roaring game〉 우2

3003 curl-ing iron (tongs) [커얼링 아이언 (텅즈)]: '곱슬머리 지지개', '곱슬인두', '고데기' 우1

3004 curl-y brack-ets [커얼리 브래킽츠]: 꼬불이 괄호, { }, 중괄호 양1

3005 cur·mudg·eon [컬머쥔]: 〈'되를 속이는 corn장수' 등 많은 재미있는 어원의 영국어〉, 심술궂은, 인색한, 괴팍한, 〈~ crab\miser\tight-ass〉, 〈↔altruist\angel〉 양2

3006 cur·rant [커어뤈트]: 〈그리스어에서 유래한 영국어〉, '코린쓰〈Corinth〉 포도', (잔)건포도, 〈신맛이 나는 작은 앵두만 한〉 까치밥나무 열매, 〈~ cassis\raisin〉 미2

3007 cur·ren·cy [커어뤈시]: 〈← current〉, 유통, 통용, 통화, 화폐, 유포, 〈~ medium of exchange\money〉, 〈↔infrequency\suppression\poverty〉 가1

3008 *cur·ren·cy swap [커어뤈시 스왚]: 〈환율 변동이나 수수료를 배제하려고〉 두 차입자가 다른 통화로 빌린 자금의 통화를 서로 교환하여 채무를 이행하는〉 통화교환 양2

3009 cur·rent [커어뤈트]: 〈← currere(run)〉, 〈라틴어〉, '달리고 있는', 현행의, 지금의, 유행하는, '흐름', 추세, 〈→ currency〉, 〈~ present\stream\tide〉, 〈↔old\past\future〉 양1

3010 *cur·rent ra·tio [커어뤈트 뤠이쇼우]: 유동비율, 은행비율, 현재 자산을 현재 채무로 나눈 숫자, 〈~ quick ratio\acid-test ratio\broker's ratio〉 양2

3011 cur·ric·u·lum [커뤼큘럼]: 〈← currere(run)〉, 〈라틴어〉, 〈← career〉, 〈진행하는〉 교육(교과)과정, 이수과정, 〈~ course\program〉 가1

3012 **cur·ric·u·lum vi·tae** [커뤼클럼 봐이티이 \ ~ 뷔이타이]: CV, 이력서, resume 양2

3013 **cur·ry¹** \ cur·rie [커어뤼]: 〈← kari(sauce)〉, 〈Tamil어〉, 카레(가루 요리), 주로 인도 음식에 쓰는 종합 향신료(맛난이), 〈~ a spicy Indian gravy〉, 〈~(↔)korma\masala\vindaloo〉 수2

3014 **cur·ry²** [커어뤼]: 〈← corroi(order)〉, 〈프랑스어〉, 〈교활한 말을〉 빗질하다, 마무르다, 비위 맞추다, 〈~ comb\groom〉, 〈↔uglify\desynchronize〉 양1

3015 **cur·ry rice** [커어뤼 롸이스]: curry and rice, 카레라이스, 고기·감자·양파 등을 잘게 썰어 넣고 카레 국물과 밥을 비빈 일본식 요리 수2

3016 **curse** [커얼스]: 〈← corruptiare(to corrupt)〉, 〈라틴어 → 영국어〉, 저주하다, 악담하다, 파문하다, 〈~ anathema\malediction〉, 〈↔blessing\benediction〉 양1

3017 ***curse in dis·guise** [커얼스 인 디스가이즈]: 처음에는 좋은 것처럼 보였던 나쁜 것, 〈↔blessing in disguise〉 양1

3018 ***curses(, like chick·ens,) come home to roost**: 누워서 침 뱉기, 〈~ cut off one's nose to spite one's face〉 양2

3019 **cur·sive** [커얼시브]: 〈← curs(run)〉, 〈라틴어〉, 흘림 글씨의, 초서체의, 필기체의, running(writing), 〈↔cuneiform〉 양1

3020 ***cur·sor** [커얼서]: 〈← currere(run)〉, 〈라틴어〉, '뛰는 놈', 계산자, 측량기, 깜빡이, 〈~ pointer〉 양1 미2

3021 **curt** [커얼트]: 〈← curtus(shortened)〉, 〈라틴어〉, 무뚝뚝한, 통명스러운, 짧은, 〈cut short〉, 〈~ brusk\terse〉, 〈↔polite\lengthy〉 양2

3022 **cur-tail** [커얼테일]: 〈← curt(shorten)〉, 〈라틴어〉, (꼬리를 잘라) 짧게 줄이다, 삭감(하다), 박탈(하다), 〈~ reduce\re-trench〉, 〈↔increase\extend\spin out〉 양2

3023 **cur·tain** [커어튼]: 〈← chortos(yard)〉, 〈그리스어〉, 〈둘러서 'court'를 만드는〉 〈고대 그리스에서 court로 나가는 문에 걸던〉 휘장, 막, 칸막이, 배후, 〈~ drapery\screen\blind〉, 〈↔expose\uncover〉 미1

3024 ***cur·tain call** [커어튼 커얼]: 배우를 무대로 다시 불러내기, (공연이 끝난 후 박수를 받으러 나오는) 폐막 전사 〈전에 일어나는 일〉, 〈~ final bow\walk-down〉 미2

3025 ***cur·tain lec·ture** [커어튼 렙쳐]: 〈1864년에 나온 책의 제목〉, 베갯머리 잔소리, 베갯밑송사, 〈~ private scolding by a wife to the husband〉, 〈~(↔)pillow talk〉 미2

3026 **cur·tain rais-er** [커어튼 뤠이져]: 개막극, 개막전, 첫 경기, 개시, 〈~ prelude\warm-up〉, 〈↔finis\wind up〉 미2

3027 **curt·sy** [커얼치]: 〈영국어〉, 〈← court〉, (여자가) 왼발을 빼고 무릎을 굽혀 몸을 약간 숙이는 절, 숙배, 〈~ courtesy〉, 〈~ a feminine bow\genuflection〉, 〈↔rudeness\insult〉 미2

3028 **curve** [커어브]: 〈← kyrtos(bent)〉, 〈그리스어 → 라틴어〉, 〈← curvare〉, 만곡, 굽음, 곡선, 속임, 물러나다, 사라지다, 〈~ wind\curl\crooked\curtail〉, 〈↔straighten\stay〉, 〈↔arpeggio〉 가1 양2

3029 ***curve-ball** [커어브 버얼]: '만구', 책략, 속임수(헛점 찌르기), 〈↔straight-ball〉 미2

3030 **cur·vet** [커어븥 \ 커어벹]: 〈라틴어〉, 〈← curve〉, 커벳, (말의) 앞발이 닿기 전에 뒷발이 뛰는, 도약하는, cavort, 〈~ bounce\hop〉, 〈↔decline\retreat〉 양2

3031 **Cus·co** \ **Cuz·co** [쿠우스코우]: 〈← quechua(navel)〉, 〈잉카어 → 라틴어〉, '배꼽', 쿠스코, 페루(Peru) 동부 고산 지역에 있는 옛 잉카제국의 수도〈중심〉, 〈~ old Capital of Inca Empire〉 수1

3032 **cus·cus** [커스커스]: 〈원주민어〉, 쿠스쿠스, 늘보주머니쥐 (오스트레일리아·뉴기니산의 나무에서 서식하는 꼬리 끝이 털이 아닌 비늘로 된 고양이만 한 유대 동물), opossum, possum 미2

3033 **cush·ion** [쿠션]: 〈← culcita(pillow)〉, 〈라틴어〉, 〈엉덩이를 받치는〉 완충물, 방석, 받침, 완화, 〈~ buffer\pad〉, 〈↔intensify\exacerbate〉 우2

3034 **cush·y** [쿠쉬]: 〈← khush(easy)〉, 〈페르시아어〉, 쉬운, 편안한, 〈~ comfy\soft〉, 〈↔difficult\demanding〉 양2

3035 **cusk** [커스크]: 〈← tusk(molar)〉, 〈영국어〉, burbot, moon fish, lawyer, 모캐(북대서양에 서식하며 장어를 닮은 대구 비슷한 커다란 식용 물고기) 우1

3036 **cusp** [커슾]: 〈← cuspis(point)〉, 〈라틴어〉, 뾰족한 끝, 첨단, 꼭짓점, 돌출점, 〈~ apex\end〉, 〈↔bottom\edge〉 양1

3037 **cus·pid** [커스피드]: ⟨← cuspis⟩, (사람의) 송곳니, '뾰족니', ⟨~ canine\fang⟩, ⟨~(↔)incisor\molar⟩ 양2

3038 **cus·pi·dor** [커스피더얼]: ⟨← conpuere⟩, ⟨라틴어⟩, (침뱉는⟨spit⟩) 타구, 담통, spittoon 양2

3039 **cuss** [커스]: ⟨1768년에 등장한 미국어⟩, ⟨← curse⟩, 저주, 욕설, '새끼', ⟨~ swear\blaspheme⟩, ⟨↔respect\bless⟩ 가1

3040 **cus·tard** [커스터드]: ⟨← crustare(to crust)⟩, ⟨라틴어 → 프랑스어⟩, 우유·계란·설탕 등을 넣고 찌거나 구운 과자 (crust), ⟨~ thick pudding⟩ 우1

3041 **cus·tard ap·ple** [커스터드 애플]: 반려지, 포포(papaw), 겉이 도들도들하고 속이 연노란색의 열대산 큰 과일, cherimoya, ⟨~ bullock's heart\wild sweetsop⟩ 우2

3042 **cus·to·dy** [커스터디]: ⟨← keuthein(hide)⟩, ⟨그리스어 → 라틴어⟩, ⟨← custos(guardian)⟩, 보관, 관리, 구금, 양육권, 보호 감독, ⟨~ ward-ship\safe-keeping⟩, ⟨↔liberation\emancipation⟩ 양2

3043 **cus·tom** [커스텀]: com(complete)+suere(used to), ⟨라틴어⟩, 관습, 풍습, 관례, ⟨수입품에 의례적으로 내는⟩ 관세, ⟨~ accustom⟩, ⟨→ costume⟩, ⟨~ tradition\tariff⟩, ⟨↔deviation\divergence⟩ 양1

3044 **cus·tom-er** [커스터머]: 고객, 단골, ⟨습관적으로 오는⟩ 손님, ⟨~ client\patron⟩, ⟨↔merchant\vendor⟩ 가2

3045 *****cus·tom-ized med·i·cine** [커스터마이즈드 메디슨]: '주문형 의학', '개체 의학', 개인의 유전정보를 바탕으로 질병을 예방·치료해 주는 일 우2

3046 **cus·tom-made** [커스텀 메이드]: ⟨고객의 취향에 따른⟩ 주문품, 맞춤의, ⟨↔ready-made⟩ 양1

3047 **cut** [컽]: ⟨← cyttan(shear)⟩, ⟨영국어⟩, 베다, 끊다, 줄이다, 중단하다, 가로지르다, 결말짓다, 성사시키다, 패떼기, 몫, 한 장면, 땡땡이, ⟨~ carve⟩, ⟨~ slit\chop\sever⟩, ⟨↔unite\sew\restore⟩ 양1

3048 *****cut and dry** [컽 앤 드롸이]: 미리 준비된 대로, 간결한, 틀에 박힌, ⟨~ definite\explicit⟩, ⟨↔vague\confused⟩ 미2

3049 **cut-back** [컽 백]: 삭감, 중지, 가지치기, 거슬러 올라감, ⟨~ reduction⟩, ⟨↔increase⟩ 양1

3050 *****cut cor·ners** [컽 코어너스]: 모서리를 자르다, 지름길로 가다, 생략하다, (일을 쉽게 하려고) 절차나 원칙을 무시하다, ⟨~ skimp\economize⟩, ⟨↔extra measure\top-up⟩ 양2

3051 **cut-down** [컽 다운]: 감소, 절하, 깎음, 정액 절개, ⟨~ trim\cuop down⟩, ⟨↔enlarge⟩ 양1 미2

3052 **cute** [큐우트]: ⟨← acutus(sharp)⟩, ⟨라틴어 → 영국어⟩, ⟨← acute⟩, 날렵한, 귀여운, 멋진, ⟨~ charming\endearing⟩, ⟨↔ugly\disgusting⟩ 가2

3053 **Cu·tex** [큐우텍스]: 큐텍스, 1911년에 창립된 미국의(American) 매니큐어 ⟨손톱 관리약⟩(nail-care products) 제조업체 수1

3054 *****cut-fit** [컽 휕]: ①머리 자른 모양, ⟨~ hair-style⟩ ②(조련사와 같이) 운동해서 살을 빼는 일, ⟨~ a fitness program⟩ 양2

3055 **cuth·bert** [커쓰버트]: ⟨원예가의 이름을 딴⟩ 나무딸기 또는 개량 장미, ⟨~ a rosette⟩, ⟨사람 이름을 딴⟩ 징병 기피자, (Cuthbert; '유별나게 똑똑한 자', 사람 이름), ⟨~ draft evader⟩ 미2 수1

3056 **cu·ti·cle** [큐우티클]: ⟨← cutis(skin)⟩, ⟨라틴어⟩, 표피, 상피, ⟨손·발톱 뿌리에 있는 연한⟩ 각피, ⟨~ epidermis\carapace⟩, ⟨↔core\interior⟩ 양1

3057 **cut·ie pie** [큐우티 파이]: 귀여운 것, 깜찍한 것, 애인, ⟨~ dream-boat\temptress⟩, ⟨↔hag\witch\tigress⟩ 양2

3058 **cut in** [컽 인]: 짜 넣기, 끼어들기, 가로막기, ⟨~ butt-in\interrupt⟩, ⟨↔ignore\allow⟩ 미2

3059 **cut·lass** [커틀러스]: ⟨← culter(a knife)⟩, ⟨라틴어⟩, (옛날 해적들이 쓰던) 칼날이 약간 휜 machete 비슷한 '단검' 우1

3060 **cut·lass-fish** [커틀러스 휘쉬]: 갈치, belt fish, hair tail, ⇒ scabbard fish 우1

3061 **cut·lery** [컽 러뤼]: ⟨← culter⟩ ⟨라틴어⟩ ①칼붙이, 식탁용 날붙이, ⟨~ tableware⟩ ②칼 조제업, ⟨~ knife maker⟩ 우2

3062 **cut·let** [커틀릍]: ⟨← costa(rib)⟩, ⟨라틴어⟩, 얇게 저민 갈비살, '썬 고기', ⟨~ slice\piece⟩, ⟨↔whole\chunk⟩ 미1

3063 *cut-line [컽 라인]: ①삽화나 사진의 설명문, 〈~ profile〉 ②(squash 경기에서) 벽에 표시된 서브공의 하한선, 〈한국에서 자격이나 입시의 성·패를 가를 때 쓰는 '분리선'은 'cut-off line'이 적절한 표현임〉, 〈~ lower limit〉 미1

3064 cut-off [컽 어어후]: 절단, 분리, 차단, 지름길, 마감일, 〈~ separate\disconnect\short-cut\dead-line〉 양1

3065 *cut off one's nose to spite one's face: 누워서 침 뱉기, 빈대 잡으려고 초가삼간 태운다, 〈~ curses(, like chickens,) come home to roost〉 양2

3066 cut-out [컽 아웉]: 차단, 도려내기, 삭제 부분, 〈~ carve\extract〉, 〈↔add\include〉 양1

3067 cut out [컽 아웉]: 제거하다, 안성맞춤이다, 급히 떠나다, 급히 멈춰서다, 〈~ eliminate\fit\break off〉, 〈↔put in\stay put〉 양2

3068 *cut rate [컽 뤠이트]: 할인한, 싸구려의, 할인 가격, 〈~ bargain〉, 〈↔expensive\premium〉 양1

3069 cut-scene [컽 씨인]: '단절 장면', (비데오 게임이나 영화에서) 정경이 바뀔 때의 공백〈을 이용해서 대개 해설이나 잔소리를 늘어놓음〉, 〈~ event scene〉 우2

3070 *cut the mus·tard [컽 더 머스터드]: 〈1891년경 텍사스에서 등장한 '어원 불명'의 숙어라고 하나 편자는 '겨자씨를 쪼갤 수 있는 사람이 있으면 한 번 나와봐!'라고 말하고 싶다〉, 불가항력, 기대치 이상의, 아주 성공적인, 〈~ get to the top\hit the mark〉, 〈↔fail\struggle〉 양2

3071 cut-throat [컽 쓰로웉]: 치열한, 살벌한, '죽기살기', 〈~ merciless\ruthless〉, 〈↔gentle\kind〉 양2

3072 cut·ting board [커팅 보어드]: 도마, 재단판, 〈~ chopping block〉 양1

3073 *cut·ting cor·ners [커팅 코어너즈]: 대충하는 것, 지름길, 〈~ short-cut〉, 〈↔following the rules〉 양2

3074 *cut·ting edge [커팅 엩쥐]: 칼(날), 날카로움, 신랄함, 최첨단, 〈~ state of the art\up-to-date\jut〉, 〈↔conventional\customary〉 양2

3075 cut·tle-fish [커틀 휘쉬]: 〈← koddi(testicle)〉, 〈게르만어〉, 〈주름잡힌〉 (갑·뼈) 오징어 (두 개의 왕눈에 두 개의 커다란 촉수와 여덟 개의 손을 가지고 먹물을 토해내는 〈codd(불알)를 가지고〉 비늘도 없고 뼈도 없는 바닷물고기), 한치, ink·fish 미2

3076 *cut to the chase: 〈1930년에 등장한 미국 영화계 용어〉, (질질 끌지 않고) 단칼에 베다, (거두절미하고) 요점만 말하다, 본론으로 들어가다, 〈~ get to the point\get eown to business〉, 〈↔beat around the bush\talk in circles〉 양2

3077 cut-ty sark [커티 샄]: 〈스코틀랜드어〉, '짧은 여성복', 굴러먹은 여자, 마녀, Cutty(short) Sark(shirt); 1869년에 건조된 영국의 쾌속 범선, 〈~ a British clipper ship〉, 1923년에 제조되고 1955년에 범선 상표를 사용하기 시작한 영국산 스카치 이름, 〈~ a Scotch whiskey〉 우1 수2

3078 cut-worm [컽 워엄]: 거세미, 야도충, 〈뿌리를 잘라 먹는〉 각종 밤나방과의 애벌레, 〈~ dark sword-grass\ipsilon dart〉 미2

3079 CV [씨이 뷔이]: ⇒ curriculum vitae 양2

3080 CVS Health: CVS Care·mark, 1963년 Consumer Value Stores로 시작해서 1996년 현 체제로 분립된 미국의 약국 등 건강관리용품 판매 연쇄점, 〈~ an American health-solutions company〉 수1

3081 ~cy [~시]: 〈그리스어 → 라틴어 → 영국어〉, quality \ state \ being, 〈~상태·직위·신분〉 등을 나타내는 접미사 양1

3082 *c-ya [씨 이야]: see you, 또 봐…, 그만… 미2

3083 cy·a·nide [싸이어나이드]: 〈← cyan(dark blue)〉, 〈그리스어〉, 〈푸른 빛의〉 시안화물, 청산칼리, 〈산소를 빼앗아가는〉 맹독 탈 산소물, 〈~ prussic acid〉 미2

3084 Cyb·e·le [씨벌리이]: 〈← Kybele〉, 〈어원 불명의 그리스어〉, 키벌레, earth goddess, (고대 소아시아의) 대지의 여신, ⇒ Rhea 수1

3085 *cy·ber [싸이버]: 〈← kybernetes(steersman)〉, 〈'pilot'라는 뜻의 그리스어에서 1948년에 조작된 영어〉, 사이버, 〈기계로 조작된〉 조타, 인공두뇌, 전자 통신망과 가상현실, 〈~ computerized\virtual〉, 〈↔real\physical〉 우2

3086 *cy·ber bowl-ing [싸이버 보울링]: ①고강도 유흥시설이 있는 보울링장, 〈~ a high-tech bowling alley〉 ②(인터넷에 올려 이놈 저놈에게 얻어맞게 하는) '인터넷 돌림빵', 〈~ an internet coercion〉 미2

3087 *cy·ber-café [싸이버 캐훼이]: 전산망 응접실, 전산망 회합소, 〈~ internet café〉 미2

3088 **Cy·ber Mon-day** [싸이버 먼데이]: 〈추수감사절(Thanks-giving) 다음〉 전자제품〈e-commerce〉 〈염가대매출〉 월요일, 〈~(↔)Black-Friday〉 수1

3089 ***cy·ber·ne·tics*** [싸이버네틱스]: 〈1948년에 등장한 말〉, 〈← kybernetes(steersman)〉, 〈그리스어〉, 인공두뇌학 (전산망을 통해 정보처리를 하는 학문), 〈~ autonetics\artificial intelligence〉 미2

3090 ***cy·ber-plus*** [싸이버 플러스]: (멀티프로세서의 하나로 1초에 2.5억 회의 계산 처리가 가능한) 조타 다중처리기, 〈~ an enhenced multi-processor〉 우1

3091 ***cy·ber punk¹*** [싸이버 펑크]: 전산망을 통해 파괴적·반사회적 행동을 하는 인간, 〈~ hacker\geek〉 미2

3092 ***cy·ber punk²*** [싸이버 펑크]: 전신기가 지배하는 (폭력적) 세상을 풍자한 공상·과학소설, 〈~ a dystopian futuristic science fiction〉 미2

3093 ***cy·ber–safe-ty*** [싸이버 쎄이후티]: 전산망 안전, (전산망 사용시) 범죄나 인권침해를 방지하기 위한 대책 미2

3094 ***cy·ber-sa·pi·ens*** [싸이버 쌔피언즈]: '조타인간', '전산망 인류', (머리에는 이어폰을 끼고 가슴에는 스크린을 달고 손에는 마우스를 쥐고 있는) 괴상망측한 인간, 〈편자가 2014년에 조제한 말인데 어쩐지 아직까지 널리 쓰이지 않고 있음〉, 〈간혹 cyber-security specialist란 뜻으로 쓰이기도 함〉 우2

3095 ***cy·ber sex*** [싸이버 쎅쓰]: 전산망을 통한 성적 행동 우1

3096 ***cy·ber-space*** [싸이버 스페이스]: (전산망으로 둘린) 가상공간, 〈~ meta·space〉, 〈↔meat-space〉 미2

3097 ***cy·ber–squat-ting*** [싸이버 스쾃팅]: 전산망 불법점거 (전산망 영역을 불법으로 취득·전매·투기하는 행위), 〈~ a cyber-crime\domain squatting〉 미2

3098 ***cy·ber war*** [싸이버 워어]: 가상현실 전쟁, 조타무기를 사용하는 전쟁, 〈~ virtual war〉, 〈~ battle using cyber warfare〉 우1

3099 ***cy·ber wreck-er*** [싸이버 뤡커]: '전산망 난파자', 전산망 〈사고 견인차〉, 사건이 터지면 재빨리 짜집기 영상을 만들어 조회수를 올리는 유튜버, 〈~ cyber-bully\〈한국에서 유행하는〉 gossip video creator〉 우2

3100 ***cy·bur·bia*** [싸이버비아]: cyber+suburbia, 가상공간 교외주민 (가상공간에서 전산기에 매달린 지역주민) 미2

3101 **cy·cad** [싸이캐드]: 〈← kykas←koix(palm tree)〉, 〈그리스어〉, 소철류 (fern palm; 고사리와 선인장을 닮은 잎을 원형으로 뻗으며 자라나는 고생대부터의 식물), 〈이집트 야자수〉, 〈~ zamia〉, ⇒ Jurassic 미2

3102 **cy·cla·men** [싸이클러먼 \ 씨클러먼]: 〈← kyklos〉, 〈그리스어〉, 〈둥근(circle) 구근을 가지고〉 향이 나는 물방울형 꽃잎(heart-shaped flower)을 피우는 망초과의 초본, 〈~ 돼지가 좋아한다는 sow (or swine) bread〉 우1

3103 **cy·cle** [싸이클]: 〈← kyklos〉, 〈그리스어〉, 〈← circle〉, '원', 순환, 주기, 한 바퀴, 주파, 자전거, 〈~ round\series\bike〉, 〈↔interruption\derangement\car〉 양1

3104 ***cy·clic re·dun·dan·cy check*** (CRC): 순환 중복검사 (자료 전송 시 〈쓸데없는〉 오류를 검출하는 방법), 〈~ an error-detecting code〉 미2

3105 ***cy·clo-cross bike*** [싸이클로우 크뤄스 바이크]: C×B, 평지 횡단 경기용 자전거, 아래로 굽은 손잡이와 혹이 난 바퀴를 가지고 흙길에서 장애물 경기를 할 수 있도록 만들어진 다목적 자전거, 〈~ a racing bike〉, 〈~(↔)gravel bike〉 우1

3106 **cy·clone** [싸이클로운]: 〈← kyklos(circle)〉, 〈그리스어〉, tornado, '돌다', 큰 회오리바람, 선풍, 열대성 〈저기압으로〉 (비를 동반하는) 대폭풍, 〈~ hurricane\white squall\wind-storm〉, 〈↔serenity\breeze〉 양2

3107 **cy·clo-pe·di·a** [싸이클러 피이디어]: kyklos(circle)+paideia(education), 〈그리스어〉, 백과사전, 전문사전, ⇒ encyclo-pedia 양1

3108 **Cy·clops** [싸이클롭스]: 〈그리스어〉, circle+eye, 키클롭스, 시실리섬에 살았다는 외눈박이 거인, 〈~ 로마신화의 Polyphemos\one-eyed giant〉 수1

3109 **cyg·net** [씨그닡]: 〈← kyknos(swan)〉, 〈그리스어〉, 시그넷, (고니·백조 등의) 새끼, 〈~ young swan〉 미2

3110 **cyg·nus** [씨그너스]: 〈← kyknos(swan)〉, 〈그리스어〉, 고니 (해안에 떼를 지어 사는 오릿과에 속하는 물새의 일종), 〈~ a duck〉, Cygnus; 백조(별)자리, 〈~ a constellation〉 미2

3111 **cyl·in·der** [씰린더]: 〈← kylindein(roll)〉, 〈그리스어〉, 〈구르는〉 원통, 원기둥, 기통, 탄창, 〈~ duct\tube〉, 〈~(↔)piston〉 양1

3112 **cyl·in·der-dri-er** [씰린더 드롸이어]: 원통형 건조기, 〈우리가 보통 쓰는〉 회전식 건조기, tumble·drier 양1

3113 **cy·lix** [킬릭스\카일릭스]: 〈그리스어〉, 다리가 있는 얕은 술잔, 〈~ a swallow drinking cup with two handles〉, ⇒ kylix 수2

3114 **cym**(o)~ [싸이모우~]: 〈그리스어〉, wave, 〈물결·꽃차례(catkin)~〉를 뜻하는 결합사, 〈↔straight〉 양1

3115 **cym·bals** [씸벌즈]: 〈← kymbe(hollow vessel)〉, 〈그리스어〉, 쇠붙이를 둥글고 넓게 만든 〈cup 모양의〉 타악기의 일종, 〈→ chime〉, 〈~ gong\jing〉, 〈~(↔)high-hat(foot cymbals)〉 우1

3116 **cym·ling** [씸링]: 〈cibleme라는 북미 프랑스어 대신에 미국에서 만든 말〉, '냄비호박', 껍질에 세로 홈이 있는 서양 호박, ⇒ patty·pan(squash) 우2

3117 **cymo-trich-ous** [싸이모 트뤼커스]: wave+hair, (머리카락이) 물결처럼 곱실곱실한 양2

3118 **cyn·i·cal** [씨니컬]: 〈← kynos(dog)〉, 〈그리스어〉, 〈개같이〉 냉소적인, 비꼬는, Cynics; 견유학파, 〈~ ironic\sarcastic\skeptical〉, 〈↔credulous\optimistic〉 양1 수2

3119 **cy·press** [싸이프뤼스]: 〈← Kyparissos(young-man loved by Apollon)〉, 〈그리스어〉, 〈바람이 불면 옆에서 팔랑대는 야자수의 치마를 보고 괜히 껄떡대는〉 관상용 삼나무의 일종, 편백나무과의 각종 침엽수, 〈~ juniper〉 우1

3120 **Cy·prus** [싸이프뤼스]: 〈cypress가 많은 땅〉, 키프로스, 지중해 동단에 있는 큰 섬으로 항상 터키와 그리스 간 분쟁지역이었다가 1960년 영국으로부터 독립되어 EU에 가입한 관광업이 주업인 나라, {Cypriot-Gr·Turk-Euro-Nicosia} 수1

3121 **cyst** [씨스트]: 〈← kyein(be pregnant)〉, 〈그리스어〉, 포낭, 낭종, '물주머니', 〈~ vesicle\bladder〉, 〈~(↔)tumor\polyp〉 양2

3122 **cyst(i·o)~** [씨스트(티·토우)~]: 〈그리스어〉, bladder, 〈담낭·방광·낭포~〉란 뜻의 결합사 양1

3123 **cy·t(o)~** [싸이트(싸이토우)~]: 〈← kytos(hollow)〉, 〈그리스어〉, 〈세포(cell)~〉란 뜻의 결합사, 〈↔connection〉 양1

3124 **cy·to-chrome** [싸이터 크로움]: 세포 안에서 호흡의 촉매작용을 하는 물질, 〈~ a hemo-protein〉 수2

3125 **cy·to-kine storm** [싸이터카인 스토엄]: '세포질 분열〈kinetic〉 발작', 인체에 병원체가 침입했을 때 정상세포까지 파괴하는 면역 과다 반응, 〈~ hyper-cyto-kinemia〉 미2

3126 **cy·tol·o·gy** [싸이탈러쥐]: 세포학, 〈~ study of cells〉, 〈~(↔)anatomy〉 양1

3127 **czar** [쟈알]: 〈← caesar〉, 〈라틴어 → 러시아어〉, 차르, (러시아) 황제, 전제군주, 대가, 〈~ monarch emperor\magnate〉 우1

3128 **Czech\Czekh** [첵]: 〈어원 불명의 족장 이름을 딴〉 체코 공화국(사람·말), 1993년 '융단 이혼'으로 체코슬로바키아에서 떨어져 나온 공업이 발달된 유럽 중부의 공화국, {Czech-Czech-Koruna-Prague} 수1

3129 **Czer·ny** [춰어니], Karl: 〈슬라브어〉, 'black', 〈피부가 검은 자〉, 체르니, (1971-1857), 오스트리아의 피아니스트, 〈~ an Austrian composer and pianist〉 수1

1. **D \ d** [디이]: 고대 이집트의 문(door) 모양에서 따온 상형문자, 인쇄물에서 12번째 정도로 자주 사용되는 영어의 알파벳, 네 번째, 최하위, 음 이름 '라(레)', 'D' 사이즈, (직경이) C보다 크고 E보다 적은 건전지, 1/10, day·density·depth·diameter·displacement·diopter·deuterium 등의 약자 수2

2. **DA**: ①district attorney, (미국의 행정구역 군에 소속된) 지방 검사 ②drug addict, 마약 중독자 양1

3. **da** [다아]: the, dad, yes, dit, 〈라틴계 이름에 붙여서; de, ~의〉 양1

4. **dab** [댑]: 〈←dabben〉, 〈영국어〉, 〈의성어·의태어?〉 ①가볍게 두드리다, 토닥거리다, 지문채취, 한 방울, 소량, 〈~ pat\drop〉, 〈↔splash〉 ②작은 가자미(flat fish) 양1

5. *****dab-bler** [대블러]: 〈←dab〉, 〈영국어〉, 물장난하는 사람, (떠돌이) 땜장이, (일을) 취미로 하는 사람, 애호가, 〈~ tinkerer\hobbyist〉, 〈↔oracle\expert\sooth-sayer\zealot〉 양2

6. *****DACA** [다아카아]: Deferred Action for Childhood Arrivals, 불법체류 청년 추방 유예제도, (2012년 오바마 정부가 시행한) 어려서 불법 입국한 사람들에게 2년간 일할 수 있는 비자 및 추방을 유예하는 이민정책 미1

7. *****da·ca·po** [다아 카아포우]: 〈이탈리아어〉, 'from the head', 처음부터 반복하여 우1

8. **dachs-hund** [다악스훈드 \ 다악슨트]: 〈게르만어〉, badger+dog, '오소리 사냥개', 짧은 다리에 귀와 몸이 긴 독일산 애완견, sausage dog, Wiener 우1

9. **DA con·vert–er** [디이에이 컨붜터]: 디지털(digital; 계수형) 신호를 아날로그(analog; 계량형) 신호로 변환하는 전기적 장치 우1

10. **Da·cron** [데이크롼]: 데이크론, 아무 뜻이 없는 합성어, (1941년 영국에서 특허를 딴) 질기고 신축성 있고 열에 강한 합성섬유의 일종(상표명), 〈~ a polyester fiber〉 수2

11. **dac·ty·lol·o·gy** [댁터랄러쥐]: 〈←daktylos(finger)〉, 〈'손가락'이란 그리스어에서 연유한〉 수화, 〈손·발로 말하는〉 지화술(법), sign language 양2

12. **dad** [대드] \ **dad·dy** [대디] \ da·da [다다]: 〈영국어〉, 〈의성어?〉, 아빠, 아버지, 중요 인물, 〈~ father〉 가2

13. **dad-ch·e·lor par·ty** [대췰러 파아티]: 〈←bachelor party〉, 〈곧 아버지가 될 사람을 위해〉 (주로 친구들이 주선해 주는) '예비 아빠 축하연', 〈~man shower\baby stag\diaper shower〉, 〈↔baby shower〉 우2

14. **da·dae·gi** [다대기]: tataku〈strike〉, 〈일본어→한국어〉, (고추) 다진 양념, spicy chili 〈minced〉 condiment 수2

15. **da·da-ism** [다아다아이즘]: 〈프랑스어〉, 〈의성어〉, 다다이즘, 20세기 초에 유럽에서 일어난 〈목마를 타고 달리려는 듯한〉 반항적·허무주의적 〈엉터리〉 예술운동, 〈~ anti-art〉 우2

16. **dad-dy is·sue** [대디 이슈우]: '아빠 문제', 여성의 애정 문제를 (어렸을 때) 아빠와의 관계 때문이라고 몰아붙이는 현상, 〈~ father complex〉, 〈~↔electra complex〉 우2

17. **dad-dy long-legs** [대디 롱 레그스]: cellar spider, crane fly, harvest man, 장님거미, 각다귀, 꾸정모기, 여러 개의 작은 눈과 가늘고 긴 다리를 가지고 음습한 데 사는 거미류, 꺽다리, 〈왜 daddy라고 했는지는 알 수 없음〉 미2

18. *****dad-flu·ence** [대드 훌루우언스]: 〈Instagram 등 전산망으로 돈을 벌어 자녀 교육을 시키는〉 아빠 영향, 〈~ mom-fluence〉, 〈콩글리시 father-chance를 대체시킬 말로 편자가 일부러 이 사전에 쑤셔 넣은 말〉 미2

19. **dad joke** [대드 죠우크]: (재미없고 교훈적인) 구닥다리 농담, 신소리, 〈~ cliche\pun〉 미2

20. **Dae** [대], Jo Young: '크나큰 자(the great)', 대조영, (?-719), 전 고구려 장군으로 698년에 말갈족과 융합하여 만주 벌판에 진(나중의 발해)을 세운 고왕 수1

21. **dae-bak** [대박]: 〈중국어+한국어〉, '큰 바가지(big gourd)' \ '짐을 가득 실은 배'(?), 〈무언가 크게 흥했을 때 쓰는 말〉, awe·some, 〈~ jack pot〉 수2

22. **Dae·da·lus** [데덜러스]: skillful worker, '재주꾼', 다이달로스, (미노스 왕을 위해 크레타의 미궁을 만들었으나 비밀이 탄로 될까봐 연금되어 새의 깃털에 밀랍을 부쳐 만든 날개를 달고 날라서 섬을 탈출하던 중 충고를 무시하고 태양 근처까지 높이 날라 죽은 아들을 남겨둔 채 시실리아로 도망간) 아테네의 솜씨 좋은 발명가 수1

23. **Dae-dong** [대동], River: 〈여러 강물이 함께 모여 이루어진 강〉, 〈중국어→한국어〉, (고대 한민족의 터전이었고 하류는 수심이 깊은) 한국〈Korea〉의 북서부에 있는 439km짜리 강 수2

24. **Dae-gu** [대구]: 〈중국어→한국어〉, '큰 구릉(big hill)', 조선시대 행정도시로 개발되어 근대에 방직 산업·현대에 전자산업의 중심지로 또는 〈대구 능금〉으로 유명한 한국(Korea) 동남부의 광역도시 수1

25 **Dae-han-min-guk** [대한민국]: big nation of Korean people, 〈중국어→한국어〉, 1948년에 제정된 '한국'의 공식 명, ⇒ Korea 수2

26 **Dae-jeon** [대전]: 〈중국어→한국어〉, '한밭(large field)', 일제 때 교차역으로 시작하여 행정·문화·교육·연구 단지로 발전하고 있는 남한(South Korea) 중서부의 광역도시 수1

27 **Dae Woo** [대우]: 〈중국어→한국어〉, 〈커다란 우주(big universe)〉, 1967년 김우중(Kim, Woo-Choong)씨가 설립해서 "은행은 많고 우주는 좁다"란 표어를 내걸고 금융·건설·조선·제차 등에서 깃발을 날리다가 1999년 정부가 파산시킨 대한민국의 재벌 수1

28 **daf·fo·dil** [대훠딜]: 〈←asphodelos(king's spear)〉, 〈어원 불명의 그리스어에서 연유한 영국어〉, 〈←asphodel(a lily)〉, 나팔수선화, 선명한 노란색, 여자 같은 남자, 〈~ narcissus\jonquil〉 미1

29 **daft** [대후트 \ 다아후트]: 〈←dofti(fitting)〉, 〈게르만어〉, 유순한, 알맞는, 어리석은, 열광적인, 미친, 〈원래는 겸손한 말이었으나 dull이란 뜻이 가미되어 부정적으로 변질된 말〉, 〈→deft〉, 〈~ absurd\ludicrous〉 양1

30 **da Ga·ma** [더 가마], Vas co: 〈camel 사육자?〉, (1469?-1524), 아프리카 남단을 돌아 인도를 발견하고 3번째 탐방 중 말라리아로 죽은 포르투갈(Portugal)의 해양 탐험가 수1

31 **dag·ger** [대거]: 〈←dagr(stab)〉, 〈켈트어→영국어〉, (양날의) 단도, 칼 표(†), 〈~ a fighting knife〉 양1

32 **dahl·ia** [댈리아]: 〈스웨덴 식물학자의 이름(Dahl)을 딴 라틴어〉, 달리아, 멕시코 원산의 알뿌리가 많은 국화과의 풀(꽃), 옅은 보라, 〈~ an asteraceae (or compositae)〉 우1

33 **dai-gong** [다이궁]: replace+artisan, 〈중국어〉, 물건을 대신 전달해 주는 사람, 소규모 밀 거래상, 보따리 장수, peddler, pack·man 미2

34 **dai-kon** [다이칸]: 〈중국어→일본어〉, 다꽝, '큰 뿌리(big root)', white radish, lobok, 단무지, 왜무, (냄새가 역하며 수집이 많고 속성하는 큰 뿌리를 가진) 아시아 요리에서 많이 쓰이는 무, 〈~ Japanese radish〉, 〈↔Chosun-moo〉 미1

35 **dai·ly** [데일리]: 〈←day〉, 매일의, 일상의, 일간의, 일당의 양2

36 **Daim·ler** [다임러] AG : 1926년에 벤츠〈Benz〉와 통합한 독일의 자동차 제조업체 (공공유한회사) 수1

37 **Daim·ler** [다임러], Got·tlieb: 〈←taumler(swindler)〉, 〈독일어〉, '야바위꾼', (1834-1900), 독일〈German〉의 자동차 기술자(개척자) 수1

38 **dai-myo(dai-mio)** [다이묘]: 〈중국어→일본어〉, 다이묘, '대명(great name)', 봉신, 〈가신〉, 부장, 일본〈Japanese〉 막부시대 쇼군의 부하 장수 우2

39 **dain·ty** [데인티]: 〈←dignitas(worth)〉, 〈라틴어〉, 〈←dignus〉, 〈품위가〉 우아한, 섬세한, 가냘픈, 까다로운, 〈~ delicacy\fussy〉 양2

40 **dair·y** [데어뤼]: 〈←deija〉, 〈게르만어에서 유래한 영국어〉, 〈dough+lady〉, 낙농장, 유제품, 우유 판매점, 〈~ milkery〉 양1

41 **Dair·y Queen** [데어뤼 퀴인]: DQ, 1940년 창립되어 Berkshire Hathaway가 소유하는 미국의 세계적 아이스크림·간이 음식 연쇄점 수2

42 **Dai·so** [다이소]: 〈일본어〉, big warehouse, '대창 산업', 1977년에 창업된 〈10만여 종을 취급하는〉 일본의 〈중국 제품이 태반인〉 '100엔짜리' 잡동사니 소매상 연쇄점, 〈~ now Korean owned variety store〉 수2

43 **dai·sy** [데이지]: 〈영국어〉, day's eye, '낮에 눈 뜨는 꽃', 이탈리아 국화, 국화과의 여러해살이 관상용 화초, 일품, 귀여운 여자, 〈~ Mary's rose〉 우1 양1

44 *****dai·sy chain** [데이지 췌인]: 여러 기기를 전산기에 연쇄적으로 연결하는 방식, 집단 성교, 〈~ daisy garland〉 우1

45 **Da·ko·ta** [더코우더]: 〈원주민어〉, ally, 다코타, 다코타족('친구들'), 미 중북부의 농경(agriculture) 지역 수1

46 **d(h)al** [다알]: 〈산스크리트어→힌디어〉, 〈←split〉, 누른 콩(yellow pulse)을 쪼개 말린 것을 물로 끓여 향신료와 잘게 썬 파종류를 첨가한 (인도산) 콩죽, 〈~ a bean porridge\makhani〉 수2

47 **Da·lai La·ma** [달라이 라마]: 〈티벳어〉, '깊은 바다 같은 스님(great Lama)', 티벳(Tibetan)의 라마교 교주, 〈새로 탄생한 옛 통치자〉 수2

48 **dale** [데일]: 〈←dael〉, 〈게르만어〉, (vale보다 넓은) 골짜기, 〈~ dell\vale〉, 〈~ glen\ravine〉 양2

49 **Dal·las** [댈러스]: dol(meadow)+gwas(dwelling), 〈영국어〉, 〈부통령 이름을 딴〉 미국 텍사스(Texas)주 북동부에 있는 (스포츠로도 유명한) 상공업도시·〈텍사스 문화〉의 중심지 수1

50 **dal·li·ance** [댈리언스]: ⟨←dalien(delay)⟩, ⟨영국어⟩, ⟨달콤한 대화⟩, 희롱, 장난, 사랑놀음, ⟨~ dawdling\trifling⟩ 양2

51 **Dal·ma·tian** [댈메이션]: ⟨←delme(sheep)⟩, ⟨크로아티아어⟩, ⟨←shepherd(양치기)⟩, 달마티아(크로아티아 남부 산악 해안지대)의, 흰 바탕에 검은 점을 가진 포인터 비슷한 개, ⟨~ pointer+Great Dane⟩ 수1

52 **Dal-ton** [덜튼], John: ⟨'dale'에서 온 자⟩, 돌턴(1766-1844), 원자론을 발표한 영국의(English) 화학자 수1

53 **Dal-ton Sys·tem** [덜튼 씨스텀]: 미 동부 돌턴시에서 시작한 (학생의 능력에 따라 자발적으로 학습을 시키는) 교육 방법, ⟨~ student oriented education⟩ 수2

54 **dam** [댐]: ⟨←fordemman(stop up)⟩, ⟨게르만어⟩, ⟨무덤을 파고 난 흙더미⟩, 둑, 장애물, ⟨~ barrage\obstruction⟩ 양2

55 **dam·age** [대미쥐]: ⟨←damnum(injury)⟩, ⟨라틴어⟩, 손해, 손상, 손해액, 피해, ⟨→damn⟩, ⟨~ harm⟩, ⟨↔healing\recovery⟩ 양2

56 **Da·mas·cus** [더매스커스]: ⟨←darmsuq(well watered land)⟩, ⟨아랍어⟩, '물이 풍부한 땅', 다마스쿠스, 반만년의 역사를 가진 시리아(Syria)의 수도 수1

57 **dame** [데임]: ⟨←domina(lady)⟩, ⟨라틴어→프랑스어→영국어⟩, 귀부인, 중년 여자⟨가정주부⟩, ⟨~ gentle-woman\madam⟩ 양1

58 **damn** [댐]: ⟨←damnare(injure)⟩, ⟨라틴어⟩, ⟨←damage를 주는⟩, 비난하다, 파멸시키다, 저주하다, 제기랄, ⟨~ condemn\denounce⟩, ⟨↔praise\bless⟩ 미2

59 *****damn-ed if I do and damn-ed if I don't**: 어찌할 바를 모르겠다, 진퇴양난, ⟨~ too sweet to spit, too bit·ter to swal·low¹⟩ 양2

60 *****damn, Gi·na**: ⟨상황 희극의 아내 이름에서 유래⟩ 그렇고 말고, 맞다 맞고, ⟨~ awe\surprise⟩ 양2

61 **Dam·o·cles** [대머클리이즈]: demos(people)+kleos(glory), ⟨그리스어⟩, '민중의 영광', 다모클레스, 왕의 행복을 부러워하다 하루 동안 왕 노릇을 하던 중 공중에서 왕좌를 향해 머리카락에 달려 있는 칼(sword)을 보고 기겁을 해서 왕좌를 내려온 고대 그리스의 간신 수1

62 **Da·mon** [데이먼], Matt: ⟨←damazein(to tame)⟩, ⟨그리스어⟩, '온순한 자', (1970-), 연기 생활을 위해 하버드 대학을 떠나 폐돈을 번 (수려한 목소리의) 미국의 미남 배우·극작가, ⟨~ an American actor⟩ 우1

63 **damp** [댐프]: ⟨←dampen(extinguish)⟩, ⟨게르만어⟩, ⟨비가 소멸된⟩, ⟨기분 나쁘게⟩ 축축한, 습기 찬, 좌절시키다, ⟨~ dank⟩, ⟨~ moist\wet⟩ 양2

64 **damp-en** [댐펀]: 축축하게 하다, 기를 꺾다, 풀죽게 하다, ⟨↔dry\heighten\encourage⟩ 양2

65 ※**damp-er** [댐퍼]: 기를 꺾다, '축축한', (난로의) 통풍조정기, 질량(음량)감쇠기, ⟨~ curb\depressant⟩ 양2

66 **dam·sel-fly** [댐즐 플라이]: ⟨←domina(lady)⟩, ⟨라틴어⟩, ⟨청초한 소녀 같은⟩ 실잠자리, 물잠자리, ⟨~ dragon-fly보다 작음⟩ 미2

67 **dam·son** [댐슨]: ⟨라틴어⟩, 댐선, Damascus에서 온 자두, ⟨암자색⟩의 열매는 알이 작고 떫은 맛이 있어 주로 설탕졸임으로쓰임, institia 미2

68 **Da Nang** [다아 나앙]: ⟨←da nak⟩, ⟨원주민어⟩, '큰 하구(opening of large river)', 베트남(Vietnam) 중부의 ⟨떠오르는⟩ 관광·항구도시 수1

69 **dance** [댄스]: ⟨←danson(drag)⟩, ⟨게르만어→프랑스어⟩, ⟨팔·다리를 뻗치며⟩ 춤추다, 날뛰다, 무용, ⟨~ ball²\hop⟩ 양2

70 **dance band** [댄스 밴드]: 무용 반주단, 무용 악단 양2

71 **dance floor** [댄스 플로어]: 무도장, 무용 마루 양2

72 **dance hall** [댄스 허얼]: 무용관, 무도장, 춤 집 양2

73 **dance mu·sic** [댄스 뮤우직]: 무도곡, 무용 음악 양2

74 **dance-off** [댄스 어어후]: ⟨1967년에 등장한 미국어⟩, (관중 앞에서) 한명 이상의 무용수가 상대방과 경연하는 무용 시합(competition)⟩ 미2

75 **dance off** [댄스 어어후]: 춤을 추어 지치다, 춤추며 사라지다, (목매달아) 죽다, ⟨~ disappear⟩ 양2

76 *****dan·cer·cise** [댄썰싸이즈]: dance+exercise, '춤 운동', 건강을 위한 춤추기 미2

77 **dance stu·di·o** [댄스 스튜우디오우]: 무용 교실, 춤 연습장, 〈~ dance academy (or class)〉 양2

78 **dan·cing plant** [댄싱 플랜트]: '춤싸리', 도둑놈의 갈구리, ⇒ tele·graph plant 미2

79 **D and C**: ⇒ dilatation and curettage 양2

80 **dan·de·li·on** [댄덜리언]: dens+de+leo, 〈라틴어〉, (잎이 '사자 이빨〈teeth of lion〉'을 닮은) 민들레 〈번식력이 강해 퇴치하기 힘든 잡초〉, 〈~ taraxacum\Irish daisy〉 미2

81 **dan·der** [댄더]: ①dandruff, 비듬 ②〈←dunder(resounding)?〉, 〈스코틀랜드어〉, 분노 ③〈←wander?〉, 〈영국어〉, 어슬렁거리기 양2

82 **dan·dle** [댄들]: 〈←dandin(small bell)〉, 〈프랑스어〉, 〈의태어〉, (아이를 무릎 위에 얹고) 까불다, 가동거리다, 들까부르다, 어르다, 〈~ bounce\cradle〉 양2

83 **dan·do·ri** [단도리]: 〈단속(curb)란 뜻의 중국어에서 연유한 일본어〉, 순서, 채비, 방도, 〈~ preparation\police〉, 〈↔idleness\abandon〉 미2

84 **dan·druff** [댄드뤄후]: 〈1545년에 등장한 어원이 불확실한 영국어〉, (머리의) 비듬〈little scales〉, 〈~ scurf\seborrhea〉 양2

85 **dan·dy** [댄디]: 〈←Andy〉, 〈영국어〉, 〈Andrew 같은〉 멋쟁이, 일품, 굉장한, 〈~ fine\excellent〉, 〈~ risk\peril〉 가2

86 **Dane** [데인]: 〈←den(low ground)〉, 〈게르만어〉, 덴마크(Denmark)의, 〈저지대에 사는 사람들〉 수1

87 **dan·ger** [데인져]: 〈←dominus(ruler)〉, 〈라틴어〉, 〈힘으로 위협하는〉 위험(상태), 위태로운, 〈~ peril\hazard〉 가2

88 **dan·gle** [댕글]: 〈의성어·의태어?〉, 〈어원 불명의 북구어〉, 매달리다, 붙어 다니다, 〈~ hang\droop〉 양1

89 **Dan- gun** [단군]: 〈중국어→한국어〉, birch+king, '박달나무 임금', BC 2333년 하느님의 손자가 백두산에 내려와서 곰이 환생한 여인과 낳은 〈왕검〉으로 BC 108년 한나라에 망할 때까지의 〈고조선〉을 세운 전설적 인물, 〈~ the god-king of the first Korean kingdom〉, 〈대한민국 수립 후 이분이 즉위한 해를 원년으로 하는 Dan-gi를 서기에 앞서서 쓰기로 했는데 북한에서는 Ju-che year로 바뀌고 남한에서는 사장됨〉 수1

90 **Dan·iel** [대니엘]: 〈히브리어〉, divine judge, '하느님의 심판을 믿는 자', 다니엘, 〈실제로는 존재하지 않았다는〉 히브리의 예언자, 〈하느님의 심판은 공정하다는〉 구약성경의 한 편, 명재판관 수1

91 **Dan·iel K. I·nou·ye** [대니엘 케이 이뉴예(이노우예)] Air-port: HNL, 1927년에 개항하여 2016년 49년간 연방상원 의원을 지낸 일본인 2세 이노에('정상'-우물 위〈above the well〉에 사는 자)의 이름으로 개명된 호놀룰루(Honolulu)의 국제공항 수2

92 **Dan·ish pas·try** [데이니쉬 페이스트뤼]: 사과·견과류 등이 들은 여러 겹의 밀가루 반죽에 당의를 입혀 구어 단맛을 낸 〈덴마크(Denmark)식 빵〉 수2

93 **dank** [댕크]: 〈←danke(wet)〉, 〈북구어〉, 축축한, 〈후줄근해서〉 싫은, 〈촉촉한 마리화나 같이〉 아주 좋은, 〈~ damp〉, 〈~ humid\chilly〉 양2

94 **Dan·o (festival)** [단오(절)]: dan(edge\first)+o(noon\five), 〈중국어→한국어〉, (5자가 겹치는) 중오절, (수뢰취라는 나물 찹쌀떡을 먹는) 수릿날, 〈파종과 모내기를 끝내고 풍년을 기원하며 여러 민속놀이를 하는〉 음력 5월 5일, ⇒ Dragon-Day Festival 수2

95 **Dan·te** [댄티 \ 단테이], A·li·ghie·ri : 〈←Durante('견고한 자(hard)')〉, 단테, (1265-1321), (이탈리아어로 「신곡」을 쓰고 정쟁에 휘말려 귀양살이하다 죽은) 이탈리아 시인, '장수하는 날개가 달린 자', 〈~ an Italian poet〉 수1

96 **Dan·ton** [댄턴], Geor·ges: 〈←Antonius('무한한 가치가 있는 자')〉, 당통, (1759-94), (부정부패의 죄목을 쓰고 단두대의 이슬로 사라진) 프랑스 혁명의 〈과격한〉 지도자, 〈~ a French lawyer〉 수1

97 **Dan·ube** [대뉴우브]: 〈←danu(river)〉, 〈'강'이란 뜻의 켈트어〉, 다뉴브(강), Donau, 독일에서 시작하여 10개국을 거쳐 흑해로 들어가는 2,850km짜리 강 수1

98 **Dao-ism** [다우이즘]: 〈중국어+그리스어〉, 도교(moralism), ⇒ Taoism 미2

99 **dao-xue** [다휴우]: 〈중국어〉, '도리(right way)', 〈정·주학의 근간이 되는〉 배워서 아는 길 미2

100 ★**dap** [댚]: 〈베트남전 때 등장한 말〉, 〈←tap(?)〉, 〈어원 불명의 미국 속어〉, (손바닥을 마주치는) 인사, '쨩', '쭈아', 맞장구, 악수(hand-shake) 양2

101 **Daph·ne** [대후니]: 〈그리스어〉, 다프네, 강의 신 페네오스의 딸로 아폴로에게 쫓기어 〈월계수(laurel)〉가 된 요정, 팥꽃나무, 서향나무, 〈~ wood-laurel〉 수1

102 **daph·ni·a** [대후니어]: 〈다프네(Daphne)같이 튀어 도망가는〉 물벼룩(water-flea) 미2

103 **dap·ple** [대플]: 〈←depill(spot)〉, 〈북구어〉, 얼룩(이), 〈점으로〉 얼룩진, 〈~ mottle\variegate〉, 〈↔striate〉 양1

104 **dare** [데어]: 〈←dhrs(be bold)〉, 〈산스크리트어에서 유래한 게르만어〉, 감히 ~하다, 무릅쓰다, 〈대담하게〉 도전하다, 〈~ adventure\brave〉, 〈↔avoid\shirk〉 양1

105 *****dare-devil** [데어 데블]: 덤비는, 저돌적인, 무모한 (자), 〈~ mad-cap\hot-head〉, 〈↔cautious\ coward〉 양2

106 **Da·ri** [다아뤼이]: 〈←darbar(royal court)〉, 〈페르시아어〉, 〈'궁정'에서 쓰는〉 다리, 아프가니스탄의 Tajik인 등이 사용하는 이란어, 〈~ Afghan Persian〉 수1

107 **Da·ri·us** [더롸이우스]: 〈←darayavaus(supporter)〉, 다리우스, 고대 페르시아(Persian) 왕〈집권자〉들의 이름 수1

108 **dark** [다아크]: 〈←deorc〉, 〈게르만어〉, 〈←dull〉, 어두운, 거무스름한, 밤, 〈~ dusk\black〉, 〈↔light\bright\ pale〉 가1

109 **Dark Ages** [다아크 에이쥐스]: 암흑시대, 중세, 종교 우위 시대, 〈~ first half of Middle Ages〉, 〈↔Renaissance〉 미2

110 *****Dark Bran·don** [다아크 브랜던]: 〈2021년 신조어〉, '검은 안경의 얼간이', (검은 안경을 즐겨쓰는) 바이든 대통령을 조롱하는 말이었으나 민주당에서 2024년 트럼프와 다시 대결할 것을 예상하고 〈dark horse의〉 강한 이미지를 부각시키려고 노력하고 있음, 〈↔(Dark) MAGA〉 수2

111 **dark-brown eye** [다아크 브롸운 아이]: 까만 눈, 검은 눈동자, 〈black-eye는 멍든 눈을 일컬음〉 미2

112 **Dark Con·ti·nent** [다아크 콘티넌트]: 검은 대륙-아프리카(Africa) 미2

113 *****dark-est be-fore the dawn** [다아케스트 비호어 더 더언]: 〈1650년 영국의 신학자가 만든 숙어〉, 동트기 전이 가장 어둡다, (세상만사가) 좋아지기 전에 아주 나빠진다, 〈그러니 희망을 버리지 말라!〉, '비 온 뒤에 땅이 굳어진다', 〈↔descent into chaos\nose-dive〉 양3

114 **dark glass·es** [다아크 글래시스]: 검은색 안경 양1

115 *****dark horse** [다아크 호얼스]: 뜻밖에 유력한 경쟁자, 〈~ contestant\competitor〉, 〈↔incumbent\non-candidate〉 우1

116 **dark meat** [다아크 미이트]: 거무스름한 닭이나 칠면조 요리의 고기, 〈~(↔)red meat〉, 〈↔ white meat〉 우1

117 ※**dark (com-mer·cial) pat·tern**: '어둠의 상술', 다크 패턴, 전산망에서 사용자를 속이기 위한 〈기만적〉 사용자 접속으로 12가지 유형이 있다 함, 〈~ a deceptive design〉 미2

118 **dark room** [다아크 루움]: 암실, 〈~ camera obscura〉 가1

119 **dark-y** [다알키]: 흑인, 검둥이, '깜씨', 〈~ a Black〉 양2

120 **dar-ling** [다알링]: 〈영국어〉, dear+ling, 귀여운 사람, 소중한 그대, 여보, 〈~ dear\love〉, 〈~ side-boo〉 우2

121 **darn** [다아안]: ①〈어원 불명의 게르만어〉, mend, 꿰매다, 짜깁다 ②〈미국어〉, 젠장할!, 전혀, damn이 순화된 말 양1

122 **dart** [다아트]: 〈←darothuz(javelin)〉, 〈게르만어〉, 던지는 창(살), 돌진, 송곳 던지기(놀이), 〈몸에 달라 붙도록〉 솔기를 차츰 좁게 하기, 〈상대방에게 던져주는〉 낱 담배, 〈~ a small arrow\dash〉, 〈↔stay\ dawdle〉 우2

123 **dart-er** [다아터]: 〈미국어〉, ①water turkey, wry neck, snake·bird, anhinga, 〈물로 돌진하는〉 '뱀새'(가마우지의 일종) ②'날쌘돌이'〈돌진하며 움직이는 작은 담수어〉, 〈~ a percidae〉 우1

124 **Dart-mouth** [다아트머스]: 〈켈트어〉, river where oak trees grow(?), 〈Dart 강의 하구〉, 다트머스 ①〈해군사관학교가 있는〉 영국 데번주의 항구 ②캐나다 노바스코샤의 항구도시 ③1769년 영국의 다트머스 백작 등에 의해 미국 뉴햄프셔주에 세워진 〈정예〉 사립대학, 〈~ an Ivy League〉 수1

125 **Dar-win** [다아윈], Charles: 'deer friend', 다윈, (1809-82), (의사가 적성에 안 맞아 박물학자가 된) 영국의 진화론 주창자·박물학자·지리학자, 〈~ an English naturalist〉 수1

126 **dash** [대쉬]: 〈←daska(strike)〉, 〈북구어〉, (다시가 아니라) [대시], 던지다, 돌진하다, (장음) 부호; ─ 〈하이픈(붙임표)보다 긴〉 연결 부호, 〈~ rush\dart〉 미2

127 **dash-board** [대쉬 보어드]: 계기판, 충돌 방지판, 〈~ instrument panel〉 우1

128 ※**dash-cam** [대쉬 캠]: '계기판 촬영기', '차량 감시 촬영기', '도로 촬영 사진기' (계기판에 부착되어) 차량 주변을 녹화하는 사진기, 〈~ dashboard-camera\driving recorder〉 미2

129 *****DASH diet** [대쉬 다이얼]: dietary approaches to stop hypertension, 고혈압 정지식품, 저지방 단백질·통곡물·채소·저당분으로 구성된 식이요법 미2

130 **dash-ing** [대슁]: 기운찬, 용감한, 열렬한 미2

131 **dash light** [대쉬 라잍]: 계기판 등, 〈~ an indicator light\panel light〉 우1

132 **da-sik** [다식]: 〈중국어→한국어〉, da(tea)와 함께 먹는 후 sik(food), 곡물과 과실가루를 조청(taffy)에 섞어 판에 박아낸 유과, pressed sweet grain batter, honey cake 수2

133 **Da·si·da** [다시다]: 〈한국어〉, 1975년 한국의 제일제당에서 출시한 〈입맛을 다시게(smack¹) 하는〉 국물용 〈양념 가루〉, 〈~ a Korean seasoning composite〉 수2

134 **da·ta** [데이터]: 〈라틴어〉, datum의 복수형, 자료, 정보, 〈~ figures\features〉 미1

135 **da·ta bank** [데이터 뱅크]: 자료 은행 미2

136 **da·ta-base** [데이터 베이스]: 자료 틀(기지), 자료를 모아서 저장한 것 미2

137 ※**da·ta-base man·age-ment sys·tem** \ DBMS: 자료틀 (자료기지) 관리체계 미2

138 **da·ta col·lec-tion** [데이터 컬렉션]: 자료 수집 양1

139 ※**da·ta com·mu·ni·ca-tion** [데이터 커뮤우니케이션]: 자료 통신, (한 전산기에서 다른 전산기로 정보를 이송하는) 정보 이전 양1

140 ※**da·ta com-pres-sion** [데이터 컴프뤠션]: (여러 개의 서류철을 줄여 하나로 만드는) 자료 압축 양1

141 ※**da·ta con-ver-sion** [데이터 컨붜어줜]: (자료 표기 방법을 바꾸는) 자료 변환 양1

142 ※**da·ta glove** [데이터 글러브]: '자료 장갑', 가상현실이나 원격 자동기계 조작에서 손가락의 움직이는 것을 포착하는 감지기가 부착된 장갑 모양의 입력장치, 〈~ cyber (or wired) glove〉 우1

143 ※**da·ta-gram** [데이터 그램]: '자료보', 전산망에 의해 전달되는 정보의 묶음, 〈~ a packet-switched network〉 우1

144 ※**da·ta link** \ D/L [데이터 링크]: 자료 연결, 자료전송에서 복수의 장치를 묶은 접속로, 〈~ data connecter (or transmitter)〉 양1

145 ※**da·ta-ma·tion** [데이터메이션]: data+automatic, 자료 자동 처리(회사) 양1

146 **da·ta proc·ess** [데이터 프롸쎄쓰] \ DP: 자료 처리 양1

147 **da·ta ware-house** [데이터 웨어하우스]: 자료 저장고 양1

148 **date¹** [데이트]: 〈←dare(give)〉, 〈라틴어〉, 〈신이 주신〉 날짜, 시일, 연대, 약속, 교제, '만남', '후보애인', 〈~ occaison\meeting\rendezvous\lover〉, 〈~ going-out with a lover〉 미1

149 **date²** [데이트]: 〈←daktylos(finger)〉, 〈그리스어〉, date palm, 대추야자, 〈발가락을 닮은〉 서양 대추, (중동 지방에서 오랫동안 재배해 온) 커다란 야자수에 뭉텅이로 주렁주렁 달려 있는 엄지손가락만 한 핵과, 〈~ a dactylifera〉 우1

150 **date line** [데이트 라인]: 날짜 변경선, 〈~ a celestial longitude to change the time〉 양1

151 **date-mark** [데이트 마아크]: 날짜 도장, 〈~ time-marker〉 양1

152 **date of birth** \ DOB: 생일, 생년월일 가1

153 **date palm** [데이트 파암]: 대추야자, 대추 같은 식용 열매가 뭉텅이로 열리며 장엄하게 생겨 조경용으로 인기가 있는 아열대성 야자수, ⇒ date² 미2

154 **date plum** [데이트 플럼]: 〈대추와 자두 맛이 섞인〉 고욤(나무), '난쟁이 감', 재래종 감, 〈~ Caucasian (or lilac) persimmon〉 미2

155 **date stamp** [데이트 스탬프]: 날짜 도장, 소인, 〈~ date-mark\time-marker〉 양1

156 **dat-ing** [데이팅]: 날짜 기입(writing the date), 〈nighting을 하기 전의〉 이성과 만남, 〈~ public courtship〉 미1

157 **da·tive** [데이티브]: ⟨←dare(give)⟩, ⟨라틴어⟩, ⟨give him an apple같이 동사가 목적어에게 무엇을 주는⟩ 여격, 명사·대명사가 간접 목적어를 취할 때의 격, ⟨~ designating⟩, ⟨↔accusative⟩ 미2

158 **da·tum** [데이텀]: ⟨←dare(give)⟩, ⟨라틴어⟩, ⟨주어진⟩ 자료, 근거, data의 단수형 양1

159 **daub** [더어브]: de+albus(white), ⟨라틴어⟩, ⟨마구 희게⟩ 칠하다, 바르다, 더럽히다, ⟨~ paint⟩, ⟨↔wipe\clean\striate⟩ 양1

160 **daugh·ter** [더어털]: ⟨←dohtor(a girl)⟩, ⟨게르만어⟩, 여성 출산물, 딸, 여식, 부녀자, 'dough같이' ⟨말랑말랑한 것⟩, ⟨부모를 기쁘게 하는 자⟩, ⟨duhitar(milk maker)⟩이라는 산스크리트어가 어원이라는 설도 있음⟩, ⟨~(↔)son⟩, ⟨↔mom\ancesster⟩ 가1

161 ※**daugh·ter-board** [더어털 보오드]: 딸(소) 회로판, 어미(대) 회로판에 삽입되는 교환기(판), ⟨~ 2ndary(sub) circuit board⟩, ⟨↔mother-board⟩, ⟨이것은 integral extension이고 sister-board는 additional extension임⟩ 미1

162 **Da·um** [다음]: ⟨한국어⟩, 'next', 'many sounds', 1997년에 출시되어 문어박식 팽창을 하다가 2014년 Kakao사에 병합된 대한민국의 전산망 창구 및 정보매매업체, ⟨~ a Korean web portal⟩ 수1

163 **daunt** [더언트]: ⟨←domare(tame)⟩, ⟨라틴어⟩, ⟨dominant한 힘으로⟩ 기죽이다, 위압하다, 겁먹다, 주춤하다, 벅차다, 아찔해지다, ⟨~ tame\deter⟩, ⟨↔encourage\hearten⟩ 양1

164 **dau·phin** [더어휜]: ⟨←delphinus⟩, ⟨라틴어→프랑스어⟩, 'dolphin', 더핀, ⟨가문의 이름을 딴⟩ (1349~1830년간) 프랑스⟨Franch⟩ 황태자의 칭호 수2

165 **dav·en·port** [대븐포오트]: dafnu(trickle)+port, ⟨웨일즈어⟩, '부슬비 내리는 항구', ⟨제작자의 이름을 딴⟩ 작은 책상의 일종, 침대 겸용 소파, ⟨~ day-bed\sofa-bed⟩, ⟨~(↔)furnitures⟩ 우1

166 **Da·vid** [데이뷔드]: ⟨←dod(beloved)⟩, ⟨히브리어⟩, '사랑받는 자', 데이비드, 다윗, (기원전 1000년경) ⟨돌멩이 하나로 거인 골리앗을 쓰러뜨린⟩ 이스라엘(Israel)의 두 번째 왕 수1

167 **da Vin·ci** [더 뷘취], Leon·ard: '정복자(conqueror)', 다빈치, (1452-1519), (동성애자로 사료되며 호기심과 인내심을 다 갖췄던) 르네상스 시대 이탈리아의 미술가·과학자·'만능 천재', ⟨~ an Italian polymath⟩ 수1

168 **Da·vis** [데이뷔스], Bet·ty: 'David의 아들', 데이비스, (1945-), 모델로 시작해서 생동적 연기로 인기를 끌었으나 너무 야하다는 비판을 받은 미국의 흑인 대중가수, ⟨~ an American singer⟩ 수1

169 **Da·vis** [데이뷔스], Jef·fer·son: 데이비스, (1808-1889), (군인 출신으로) 남북전쟁 당시 4년간 남부연합의 대통령을 하고 2년간 감옥살이를 한 ⟨특색이 없던⟩ 미국의 정치가, ⟨~ The President of the Confederate States⟩ 수1

170 **Da·vy Jones Lock·er**: ⟨←Devil Jonah?⟩, 전설적 해적선장의 별명으로 선원들이 물에 빠져 죽으면 쉬러가는 시체 안치소, ⟨~ an oceanic abyss⟩ 수2

171 ※**daw** [더어]: ①digital audio workstation (계수형 음향 작업 접속소) ②dawn의 고어 ③jack·daw(갈까마귀)의 축소형 미2 양1

172 **daw·dle** [도어들]: ⟨←dodelen(trifle)?⟩, ⟨게르만어⟩, 빈둥거리다, 어슬렁어슬렁 걷다, ⟨~ amble\linger\dilly-dally⟩, ⟨↔run\dart⟩ 양1

173 **dawn** [더언]: ⟨←dagian⟩, ⟨영국어⟩, day+gleam, 새벽, 여명, 시작, 점점 분명해지다, ⟨생각이⟩ 떠오르다, ⟨~ morning\day-break\emerge⟩, ⟨↔dusk\gloaming\vesper\night-fall⟩ 양1

174 **dawn cho·rus** [더언 코어뤄스]: 여명 합창 ①새벽에 들리는 새들의 지저귐 ②새벽의 라디오 전파 방해, ⟨~ sun-rise choir⟩ 양1 미1

175 **day** [데이]: ⟨←dyeu(to shine)?⟩, ⟨라틴어?→게르만어⟩, ⟨←daeg(time from sun-rise to sun-set)⟩, 일광, ⟨해가 지평선 위에 있는⟩ 낮, 24시간, 하루, 날, 시대, 기념일, 축제, 특별한 날, 일진(날의 운세), ⟨↔night⟩ 가1

176 **Day** [데이], Do·ris: ⟨'David'의 애칭⟩, (1922-2019), 1930~40년대를 주름 잡았던 '은막계의 요정', ⟨4번 결혼했던⟩ 미국의 여배우·가수·동물 애호가, ⟨~ an American singer·actress⟩ 수1

177 **Day-Age the·o·ry** [데이 에이쥐 씨이어뤼]: 일령 이론, 창세기에 나오는 day는 24시간이 아니라 수백·천만년의 기간이라는 성경해석 입장, ⟨~(↔)gap theory⟩ 미2

178 **Da·yan** [다얀], Mo·she: ⟨←Diviana(divine)⟩, ⟨히브리어⟩, '재판관', (1915-1981), (1967년 6일 전쟁의 국방 장관으로 있던) 이스라엘의 애꾸눈 전략가·정치가, ⟨~ an Israeli military leader⟩ 수1

179 **day-bed** [데이 베드]: ⟨낮잠·휴식용의⟩ 긴 의자, 소파 겸용 침대, '낮 침대', ⟨~ couch\sofa bed⟩ 우1

180 **day-break** [데이 브뤠잌]: 새벽 동틀 때, dawn 양1

181 **day-care** [데이 케어]: 주간 보호(보육), ⟨~ day-time protection and nurture⟩ 미2
182 **day-dream** [데이 드뤼임]: 백일몽, 공상, ⟨~ fantasy\reverie⟩ 미2
183 **day-fly** [데이 훌라이]: 하루살이, ⇒ mayfly 미2
184 **day-light** [데이 라잍]: 일광, 낮, 백주, ⟨~ sun-light\day-time⟩ 가1
185 **day-light sav·ings time \ DST**: ⟨논란이 많은⟩ 일광 절약 시간, ⇒ summer time 미2
186 **day-lil·y** [데이 릴리]: (생명이 짧은 꽃을 낮에 피우는) 백합과 원추리속의 총칭, (피기 전에 옥비녀 같은 꽃몽우리를 맺는) 옥잠화, ⟨~ ditch-lily⟩ 미2
187 **day off** [데이 어어후]: 쉬는 날, 비번일, ⟨~ rest (or free) day⟩ 가2
188 *****day out** [데이 아웉]: 당일치기 여행(소풍), ⟨~ day trip⟩ 양2
189 **Day-Quil** [데이퀼]: ⟨Procter & Gamble 등에서 만드는⟩ (acetaminophen·phenylephrine·dextromethorphan이 주성분인) ⟨졸리지 않는⟩ 진통·진해·혈관 수축제 수2
190 **day-shift** [데이 쉬후트]: 낮 근무(자·시간), ⟨~ day job(work)⟩ 양2
191 **day sur·ger·y** [데이 써어줘뤼]: 당일 수술, 입원이 필요 없는 수술, ⟨~ ambulatory (or outpatient) surgery⟩ 미2
192 *****day-te** [데잍]: daytime date, 낮에 하는 연애(밀애), '낮거리', ⟨미국에서는 '가벼운 만남'의 뜻으로 쓰임⟩ 양2
193 **Day-to·na** [데이토우너] Beach: ⟨설립자 'M.Day'의 이름을 딴⟩ 데이토너, ⟨자동차 경기로 유명한⟩ 플로리다(Florida)의 해변 도시 수1
194 ※**day trad·ing** [데이 트뤠이딩]: 일일 교역, ⟨주식을 샀다가 당일로 파는⟩ 하루거리 ⟨전산⟩거래, ⟨~ intra-day trading⟩ 양1
195 **day trip** [데이 트륖]: 당일치기 여행, ⟨~ day out⟩ 양2
196 **daze** [데이즈]: ⟨←dasen(stupefy)⟩, ⟨북구어⟩, ⟨닳아서⟩ 피곤해지다, 멍하게 하다, 눈부시게 하다, ⟨~ stupor\trance⟩ 양2
197 **daz-zling** [대즐링]: ⟨←daze⟩, 눈부신, 현혹적인, ⟨~ glitzy\flashy⟩ 가2
198 ※**dba**: doing business as (at), ⟨~으로(에서)⟩ 사업 중 우2
199 ※**DBMS**: ⇒ data base management system 미2
200 ※**DBS**: ⇒ direct broadcasting satellite 미2
201 **DC¹**: ⇒ direct current 미1
202 **DC²**: ⇒ District of Columbia 수2
203 **D-day** [디이 데이]: (비밀의) 공격 개시일, 계획 시행 예정일, ⟨1944년 6월 6일 노르망디 상륙 작전을 개시한⟩ '그날(the day)', ⟨~ appointed day⟩, ⟨~(↔)zero hour⟩ 우2
204 ※**DDE**: ⇒ dynamic data exchange 미2
205 **DDP**: ⇒ delivery duty paid 미2
206 ※**DDR¹**: ⇒ double data rate 미2
207 **DDR²**: Duitse Democratische Republiek(구 동독), Dong A Digital Report(동아 전자 일보), 두드림, 딴따라 양2
208 **DDS**: ⇒ doctor of dental surgery 양2
209 **DDT¹**: ⇒ dichloro diphenyl trichloroethane 수2
210 *****DDT²**: ⇒ drop dead twice 양2
211 ※**DDT³**: ⇒ dynamic debbugging tool 미1
212 **de** [디 \ 더]: ⟨라틴어⟩, of, ~의, ~으로부터 ⟨~지방의 봉록을 받는 고귀한 집안 출신의⟩, ⟨~ von⟩ 우2
213 **de~** [디~ \ 더~]: ⟨라틴어⟩, down\from\off\completely, ⟨분리~, 제거~⟩를 뜻하는 접두사 양1
214 **DEA**: ⇒ Drug Enforcement Administration 우2
215 **dea·con** [디이컨]: ⟨←diakonos(servant)⟩, ⟨그리스어⟩, (가톨릭) 부제, (개신교) 집사, 조합장, '섬기는 자', ⟨~ an ordained minister⟩ 미2

216 **dead** [데드]: 〈게르만어〉, 죽은, 생명이 없는〈life-less〉, 기력이 없는, 폐기된, 아주, 〈삼라만상의 절정〉, 〈←die〉, 〈↔alive〉 가1

217 ***dead-ass** [데드 애스]: 심각한, 완전한, 진정코, 〈죽어도 확신하는〉, 〈~ extremely serious\no-nonsense〉 양2

218 ***dead-beat** [데드 비이트]: 〈남북전쟁 때 등장한 미국 속어〉, completely beaten, 〈꾀부리는 병사〉, 게으름뱅이, 부랑자, 빚 떼어 먹는 자, cheat하는 자, 〈~ bum\loafer〉, 〈↔golden boy\spark plug〉 양2

219 **dead-bird** [데드 버어드]: '죽은 새', 무기력한 남근(impotent phallus), 〈W.Churchill이 늙어서 무도회에 갔다가 한 귀부인이 그의 바지 앞문이 열린 것을 귀뜸하자 'a dead-bird can't fly'라고 했다는 일화가 있음—과연 그는 노벨 문학상을 탈 자격이 있었을까〉 양2

220 **dead-bolt** [데드 보울트]: 용수철이 아닌 키를 돌려 작동하는 〈잘 움직이지 않는〉 잠금쇠, 〈~ dead-lock〉 우1

221 **dead-cat bounce**: 〈1985년 미국 경제지에 등장한 속어〉, temporary rise, 〈높은 곳에서 떨어지면 죽은 고양이도 조금 뛰어 오른다는 뜻〉, 주가 등이 대폭 하락한 후 소폭 상승하는 것, 일시적 반등, 〈~ sucker rally〉 양2

222 ***dead duck** [데드 덕]: 끝장난 사람, 가망 없는 일, 〈~ despondent\doomed〉, 〈lame duck보다 더 심한 말〉 양2

223 **dead end** [데드 엔드]: 막다른 (골목), 가망이 없는, 〈~ block\corner〉 양2

224 ***dead-head** [데드 헤드]: 무용지물, 빈 차, 무료 입장객, 시든 꽃을 잘라내다, 〈~ dummy\free passenger\non-paying spectator〉, 〈~ removal of dead flower〉 양2

225 **dead heat** [데드 히이트]: 〈1754년에 등장한 영국어〉, (경마의) 무승부, 막상막하, 〈~ tie\stand-off\draw〉 양2

226 **dead-line** [데드 라인]: 마감 시간, 최종 기한, 〈죄수가 넘으면 총살당하는〉 생사 경계선, 〈~ target time\(time) limit〉 양2

227 ※**dead link** [데드 링크]: 폐기된 연결 수단, 이미 없어진 web page를 지시하는 hyperlink 미2

228 **dead-lock** [데드 락]: 막힘, 〈잘 움직이지 (쉽게 열리지)〉 않는 이중 자물쇠, 교착 상태, 동점, 〈~ dead-bolt〉, 〈↔continuance\break-through〉 미2

229 **dead-ly night-shade** [데들리 나잍쉐이드]: '죽음의 까마종이', 열매에 독이 있는 가짓과의 식물, 〈~ belladonna〉, 〈~ morel²\solanum nigrum〉 우1

230 ***dead men tell no tales**: 죽은 자는 말이 없다, 〈~ a good spider is a dead spider〉 양2

231 ***dead-name** [데드 네임]: 〈2010년에 등장한 말〉, 죽은 이름, (성 전환자가 새로운 이름을 공표해서 더이상 사용되지 않는) 사명, 〈~ legal name〉, 〈↔chosen name〉 미2

232 **dead net·tle** [데드 네틀]: '죽음의 쐐기풀', 독이 있는 털을 가진 광대수염속의 식물, 〈~ lamium〉 우1

233 ***dead-pan** [데드 팬]: '죽은 얼굴', 〈농담할 때〉 무표정한 얼굴, 〈~ blank\impassive\dry humor〉 우2

234 ***dead ring-er** [데드 링거]: 〈19세기에 영국의 경마장에서 바꿔치기한 말을 일컫던 말〉, dead(complete)+ringer(duplicate), 100% 닮은꼴, 진짜 가짜, 〈~ clone\carbon copy〉 양2

235 **Dead Sea** [데드 씨이]: 사해, 지표에서 가장 낮은 팔레스타인(Palestine)의 염수호, 〈바닷물보다 10배나 짜서 생물이 거의 살지 못하고 쉽게 떠서 수영하기 좋은〉 '꽉 막힌' 호수, 〈~ salt sea〉 미2

236 **dead set** [데드 쎌]: 필사적, 단호한, 열렬한, 〈~ adamant〉, 〈~ die hard〉, 〈↔soft\flexible〉 양1

237 ***dead spot** [데드 스팥]: 난청 지역, 사각점, (활동이 중지된) '죽은 자리', 〈~ blind (or deaf) spot〉, 〈↔strong point〉 양2

238 ***dead time** [데드 타임]: 불감 시간, 대기 시간, 〈~ down time\time delay〉 양2

239 ***dead-weight** [데드 웨잍]: (자력으로 움직일 수 없는) 중량, 사중량, (움직임이 없는 때의 무게), 부담, 〈~ load\burden〉 양2

240 **deaf** [데후]: 〈게르만어〉, inability to hear, 귀머거리, 귀가 먼, 〈~ dumb〉, 〈→duffer〉 가1

241 **deaf ad·der** [데후 애더]: '장님 도마뱀', slow·worm, ⇒ blind worm 우1

242 **deal** [디일]: 〈←dailaz(part)〉, 〈게르만어〉, 거래, 분배, 취급(하다), 분량, '나누다(divide)', 〈~ trade\pact〉 양1

243 ***deal a blow** [디일 어 블로우]: 한 대 먹이다, 타격을 주다, 강타를 날리다, 〈~ hit\strike〉, 〈↔surrender\make happy〉 양2

244 **dealt** [델트]: deal의 과거·과거분사 양1

245 **dean** [디인]: 〈←decem〉, 〈라틴어〉, 〈ten을 거느리는〉 수석 사제, 학장, 최고참자, 〈~ head\leader〉 미2

246 **Dean** [디인], James: 〈영국어〉, '계곡(narrow valley)에 사는 자', 딘, (1931-1955), 교통사고로 요절했으나 〈아직도 연간 5백만 불을 버는〉 〈반항아적〉 미국 배우, 〈~ an American actor〉 수1

247 **dear** [디어]: 〈←deore(precious)〉, 〈게르만어〉, '비싼', 친애하는, 귀여운, 여보, 아 참!, 〈~ expensive\beloved〉, 〈↔darling〉 가2

248 *****Dear John let·ter**: 〈통상 Dear John으로 시작하는〉 (병사에게 부친 아내의) 이혼 요구서, (애인·약혼자가 보낸) 절연장, 〈~ break-up letter〉, 〈↔ love letter\billet-doux〉 양2

249 **dearth** [더얼쓰]: 〈영국어〉, 'dear+th', 〈너무 비싸서 구할 수 없는〉 부족, 결핍, 기근, 〈~ lack\abscence〉, 〈↔abundant\plethora\surfeit\saturation\treasure〉 양2

250 **death** [데쓰]: 〈게르만어〉, 〈←die〉, 〈세상에서 유일하게 확실한〉 죽음, 사망(모든 생물의 종착역), 〈철학과 종교를 낳은〉 소멸, 〈아무도 피할 수 없으나 양상은 천차만별임〉, '마지막으로 처음 당하는 일', 〈~ demise\end〉, 〈↔birth\life〉 가2

251 **death-bed** [데쓰 베드]: 죽음의 자리, 임종, 〈~ final moment〉, 〈↔seed-bed〉 양2

252 **death ben·e-fit** [데쓰 베니휟]: 사망급부금(상여금), 〈~ survivor benefit〉 양2

253 **death cham·ber** [데쓰 췌임버]: 사형실, 임종의 방, 〈~ kill room〉 양2

254 ※**death cross** [데쓰 크뤄스]: '죽음의 십자로', ①〈주식 시장에서〉 주가 단기(50일) 이동 평균선이 장기(200일) 이동 평균선보다 하향하는 '약세장 전환', 〈~ bear market〉 ②〈인구통계에서〉 사망자가 출생자보다 많은 '인구의 자연감소', 〈한국에서 쓰는 dead cross는 콩글리시임〉, 〈↔golden cross〉 미2

255 **death pe·nal-ty** [데쓰 페널티]: 사형, 극형, 〈~ capital punishment〉 양2

256 **death row** [데쓰 로우]: 사형수 감방, 사형 대기줄, 〈~ condemned row〉 양2

257 **death tax** [데쓰 택스]: 사망세, 유산(상속)세, 〈~ inheritance tax〉 양2

258 **death toll** [데쓰 토울]: 사망(희생)자 수, 〈~ fatalities\casualties〉 양2

259 **Death Val·ley** [데쓰 밸리]: 죽음의 계곡, (다양한 색깔의 모래층이 볼 만한) 캘리포니아(California) 중서부에 있는 해변보다 낮은 〈시인들이 즐겨 찾는〉 혹서의 사막 미2

260 **death warmed over**: 〈1939년에 등장한 미국 군대 속어〉, 곧 죽을 것 같다, 몹시 지친, 병이 위독한, 〈~ haggard\sickly〉 양2

261 **death watch** [데쓰 워어취]: 초상집 지키기, 사형수 감시인, 살짝 수염벌레, (죽음을 알린다는) 괴상한 소리를 내는 조그만 갈색 딱정벌레, 〈~ vigil〉, 〈~ a wood-boring beetle〉 양1

262 **de-ba·cle** [디이바아클]: dis(un)+bacler(bar), 〈라틴어→프랑스어〉, (둑이 무너져서 오는) 붕괴, 괴멸, 대 실패, 〈~ fiasco\mess\shut-out〉 양2

263 **de-bate** [디베이트]: dis(completely)+batre(beat), 〈라틴어〉, 〈완전히 치는〉 토론, 논쟁, 검토, 〈~ arguement\discussion〉 양2

264 **de-bauch** [디보어취]: de(from)+bauch(beam), 〈게르만어→프랑스어〉, 의무를 피하다, 타락시키다, 유혹하다, 주색에 빠지다, 〈~ corrupt\pervert〉, 〈↔honor\temperence\chaste〉 양2

265 *****Debbie Down·er** [데비 다우너]: 〈연속극의 인물 Debbie(Deborah의 애칭)에서 연유한〉 항상 부정적 표현을 해서 남을 우울하게 하는 여성, 〈~ a negative(pessimistic) woman〉, 〈~ Job's comforter〉 수2

266 **de·ben·ture** [디벤춰]: 〈←debere(owe)〉, 〈라틴어〉, 〈왕실에서 물품이나 용역의 댓가를 지불한다고 끊어주던〉 채무 증서, (무담보) 사채, 〈~ bond\guarantee〉 양2

267 **de·bil·i·ty** [디빌리티]: 〈←debilis(weak)〉, 〈라틴어〉, 쇠약, 무기력, 약질, (심신의) 중증장애, 〈~ feeble\infirmity〉, 〈↔vigor\stamina〉 양1

268 **deb·it** [데빝]: 〈←debere(owe)〉, 〈라틴어〉, 〈←debt〉, 차변(빌려온 영역), 출금, 단점, 〈~ deficit\liability〉, 〈↔credit〉 양2

269 **deb·it card** [데빝 카아드]: bank card, 직불 구입권, 구입과 동시에 은행에서 돈이 빠져 나가는 신용 카드, 〈↔credit card〉 미1

270 *****deb·o·nair**(e) [데버네어]: de(of)+bon(good)+aire(mien), 〈프랑스어〉, 'good breed', 유쾌한, 사근사근한, 공손한, 〈~ buoyant\cultured〉 양2

271 **Deb·o·rah** [데버뤄]: 〈←dvorah(honey bee)〉, 〈히브리어〉, '꿀벌', 데보라, 기원전 12세기경의 이스라엘의 여자 예언자, 〈~ a prophetess of Judaism〉 수1

272 **de-boss** [디 버어스]: de(reverse)+bosse(bunch), 〈프랑스어〉, '박을 새김', 반대로 부풀리기, 표면에 찍어넣다, 음각, 〈~ indent\gouge〉, 〈↔em-boss〉 양1

273 **de-bris** [데브뤼이]: de(to)+brisier(break), 〈프랑스어〉, '부서진 조각', 부스러기, 파편, 〈~ detritus\wreckage〉 가1

274 **debt** [뎉]: de(from)+habere(have), 〈라틴어〉, '지불해야 할 것', 빚, 부채, 채무, 〈→debit〉, 〈↔asset〉 가1

275 **debt-or** [데터]: 채무자, 빚을 진 사람, 차변, 〈↔creditor〉 양1

276 **de-buff** [디버후]: 〈←buff²〉, 완충 역할을 제거하다, 〈등장인물의〉 (공격이나 방어 같은 속성을) 일시 내리는 효과, 〈~ cripple\weaken〉 우2

277 ***de-bug** [디이 버그]: '벌레잡기', 오류 수정, 〈~ correct\fix〉 미2

278 ***de-bunk** [디이 벙크]: 〈침낭(bunk⁴) 을 뒤집어서〉 정체를 폭로하다, 가면을 벗기다, 〈~ explode\refute〉, 〈↔hood-wink\bamboozle\leg-pull〉 양2

279 **De-bus·sy** [데부씨이], Claude: 'Bussy(어원 불명의 프랑스 공동체 이름)에서 온 자', 드뷔시, (1862-1918), 프랑스의 (본인은 완강히 부인했으나 인상파 음악의 창시자라 불리는) 〈형식주의〉 작곡가, 〈~ a French composer〉 수1

280 **de-but** [데이뷰우]: de(reverse)+but(end), 〈프랑스어〉, 〈끝을 반대로 하기〉, 첫발 디디기, 초연, 등단, 〈~ launch\start〉 미1

281 **dec(a)** [뎈 (데커)]: 〈←deka〉, 〈그리스어〉, 10배 양1

282 **de·cade** [데케이드]: 10년간, 열 개의, 〈~ decennium〉 양1

283 **dec·a·dent** [데커던트]: de(from)+cadere(fall), 〈라틴어〉, 〈←de·cay〉, 퇴폐적(예술가), 〈~ libertine\hedonistic〉 우1

284 **de-café** [디 이 캐후]: 카페인을 뺀, 〈↔regular coffee\black coffee〉 우2

285 **de·cal** [디이캘]: decalcomania, 전사(옮겨 찍음)하다, 판박이 그림, 부착물 양1

286 ※**de·cal·co·ma·ni·a** [디캘커 메이니어]: 〈←decalquer(counter-draw)〉, 〈프랑스어〉, 무늬 전사술, 종이에 그린 그림을 금속·유리·도자기·나무 등에 〈압박해서〉 그대로 옮기는 기술, 좌우 대칭 그림(사진), 〈뜻밖의 효과를 기대하는〉 우연 기법, ⇒ cockamamie 우1

287 **De·cam·er·on** [디캐머뤈]: deka(ten)+meros(part), 〈그리스어〉, '열흘' 이야기, 데카메론, 흑사병을 피해 자가 격리된 10명의 남녀가 털어놓은 100개의 〈사랑 이야기들〉을 1353년 이탈리아 작가 보카치오(Boccaccio)가 엮어놓은 〈소설집〉 수2

288 **de-cant** [디캔트]: 〈←decanter〉, (포도주를) 밖으로 옮기다, (용액을) 웃물을 가만히 따르다, 〈~ pour out\transfer\un-load〉 양1

289 **de-can·ter** [디캔터]: de(from)+canthus(lip of a jug), 〈라틴어〉, 〈가장자리로 우아하게 따르는〉 식탁용의 마개 있는 유리병, 〈~ pitcher\flask\carafe〉 우1

290 **de-cap·i·ta–tion** [디 캐피테이션]: de(off)+caput(head), 〈라틴어〉, 목 베기, 참수, 느닷없는 해고, 〈~ be-heading\execution〉 양2

291 **de-cay** [디케이]: de(down)+cadere(fall), 〈라틴어〉, '떨어져 나가다', 썩다, 부패하다, 감퇴하다, 〈→decadent〉, 〈~ going bad\rot〉 가1

292 **de-ceased** [디씨이스트]: de(from)+cedere(go), 〈라틴어〉, 죽은, 고, 고인, 〈~ dead〉 양2

293 **de-ceive** [디씨이브]: de(from)+capere(take), 〈라틴어〉, '나쁘게 취하다', 속이다, 기만하다, 사기 치다, 〈~ cheat\hood-wink〉, 〈↔aid\be honest〉 양1

294 **de-cel·er·ate** [디쎌러뤠이트]: de(from)+celerare(hasten), 〈라틴어〉, 느리게 하다, 감속하다, 〈~ slow down\slacken〉, 〈↔accelerate〉 가1

295 **De·cem-ber** [디쎔버]: 〈←decem(ten)〉, 12월(고대 로마달력으로는 '10월'), 〈설이 드는〉 섣달, {추운 달} 가1

296 **de·cen·ni·um** [디쎄니엄]: decem(ten)+annus(year), 〈라틴어〉, decade, 10년간, 10년제 양2

297 **de·cent** [디이쓴트]: 〈←decere(fit)〉, 〈라틴어〉, '꼭 맞는', 버젓한, 품위 있는, 알맞은, 〈~ fair\good〉 양1

298 **de-cep·tion** [디쎞션]: 속임, 사기, 〈↔honesty\openness〉 양1

299 **dec·i** [데시]: 〈←decimus(tenth)〉, 〈라틴어〉, 10분의 1 우2

300 **dec·i·bel \ dB** [데시벨]: 음향 강도의 단위〈편자로서는 이해할 수 없으나 가청범위는 1-130dB라 함〉 우1

301 **de·cid·u·ous** [디씨쥬어스]: de(down)+cadere(fall), 〈라틴어〉, 〈아래로 떨어지는〉 낙엽성, 탈락성, 일시적, 〈~ temporary\transient〉, 〈↔ever-green〉 양1

302 **dec·i·mal** [데시멀]: 〈←decem(ten)〉, 십진법의, 소수의, 〈↔integer〉 양2

303 **dec·i·mal num·ber** [데시멀 넘버]: (0에서 9까지의 숫자를 사용하는) 십진수, (0보다 크고 1보다 작은) 소수, 〈↔integer\cardinal number〉 양2

304 **dec·i·mate** [데씨메이트]: 〈←deci〉, 1/10 죽이기, 1/10 파괴, 대량 학살, 대량 파괴, 〈~ annihilate\eradicate〉 미2

305 **de·ci·pher** [디싸이훠]: 〈고문서나 암호문을〉 해석(판독)하다, 확실하게 하다, 〈~ de-code\read\transcribe〉, 〈↔cipher〉 우2

306 **de·ci·sion** [디씨젼]: de(off)+caedere(cut), 〈라틴어〉, '잘라서 떼어내기', 결심, 결의, 해결, 판결, 〈~ determination\resolution〉 가2

307 **de·ci·sion sup·port sys·tem** \ DSS: 의사결정 지원체계 우2

308 **deck** [덱]: 〈←decken(to hide)〉, 〈네덜란드어〉, 갑판, 지붕, 층, 한 벌, 바닥, 꾸미다, 입히다, 〈~ decorate\cover〉, 〈~ balcony\terrace〉, 〈↔spoil\simplify〉 양1

309 **deck chair** [덱 췌어]: 갑판의자, (보통 수영장이나 사우나 등에서 쉴 때 사용하는) 나무나 두꺼운 천으로 된 〈간편의자〉, 〈~ steamer chair〉 미2

310 ***deck-ed out** [덱트 아웉]: be-decked, 치장하다, 차려입다, 〈~ dressed up〉, 〈↔dress down\underdress〉 양2

311 **de·claim** [디클레임]: de+clamare(cry out), 〈라틴어〉, 열변을 토하다, (웅변조로) 낭송하다, (격렬하게) 비난하다, 〈~ expound\preach〉 양2

312 **de·clar·ant** [디클레어뤈트]: de(completely)+clarus(clear), 〈라틴어〉, 〈←de·clare〉, 선언하는 사람, 신고인, 원고, 귀화 신청자, 〈~ applicant\complainant〉 양2

313 **dec·la·ra·tion** [데클러뤠이션]: de+clarus, 〈라틴어〉, 〈의견을 명확히(clearly) 하는〉 선언, 포고, 진술, 고백, 〈명세서를 밝히는〉 신고, 〈~ abdicate〉, 〈~ announcement\attestation〉 가2

314 **de–clen-sion** [디 클렌션]: de(down)+clinare(bend), 〈라틴어〉, (어형의) 격변화, 굴절, 사절, 〈아래로 떨어지는〉 쇠퇴, 〈~ descent\fall〉, 〈↔ascent\upgrade〉 양2

315 **de-cline** [디 클라인]: de(down)+clinare(bend), 〈라틴어〉, 〈떨어져〉 기울다, 감퇴하다, 쇠퇴기, 〈고개를 숙여〉 사양(하다), 〈~ reduce\reject〉, 〈↔increase\accept〉 양1

316 **de-code** [디이 코우드]: 〈라틴어〉, 부호를 본딧말로 되돌림, 암호를 풀다, 번역하다, 〈~ de-cipher\de-crypt〉, 〈↔en-code〉 우1

317 **de–con-flict** [디 칸훌릭트]: 〈라틴어〉, 〈전술 용어〉, (겹치는 작전 지역에서) 〈우군 끼리〉 충돌 (교전)을 피하다, [디 칸풀릭트] 마찰 방지, 〈~ resolve\settle〉 양2

318 **dec·o·ra·tion** [데커뤠이션]: 〈←decere(be·fit)〉, 〈라틴어〉, 〈안정되게 하는〉 장식, 꾸밈, 훈장, 〈~ arabesque\ornamentation〉, 〈↔blemish\deface〉 양2

319 **dec·o·rous** [데커뤄스]: 〈라틴어→영국어〉, 단정한, 품위있는, 예의바른, 〈~ proper\decent〉, 〈↔amorous〉 양2

320 **de-coup·ling** [디 커플링]: (연관 관계에 있는 둘을) 분리시키다, 짝 폐기, 결합 차단, 비동조화, 〈~ separation\disconnecting〉, 〈↔linking\joining〉 양2

321 ***de-coy** [디이코이]: de(from)+cavea(cage), 〈라틴어→네덜란드어〉, 미끼, 〈야생오리를 우리로 인도하는 훈련된 집오리〉, 후림새, 교란용 물체, 〈~ bait\trap〉, 〈↔repellent〉 양2

322 **de-crease** [디 크뤼스]: de(down)+crescere(grow), 〈라틴어〉, '아래로 자라다', 감소하다, [디이크뤼스]; 감소, 축소, 〈~ reduce\lower〉, 〈↔increase〉 가1

323 **de-cree** [디크뤼이]: de(from)+cernere(judge), 〈라틴어〉, 〈공적인〉 포고, 법령, 천명, 〈decide된〉 선고, 〈~ fatwa〉, 〈~ order\command〉 양1

324 **dec·re·ment** [데 크뤼먼트]: de(down)+crescere(grow), 감소, 소모, 감액, 손해, 〈~ drop\decline〉, 〈↔increment\growth\proceeds\heir-loom〉 양2

325 **de-crep·it** [디 크뤠핕]: de(completely)+crepare(make noise), 〈라틴어→프랑스어〉, (오래 써서) 낡은, 노쇠한, 〈(불알이 늘어져서) 달랑달랑 소리가 안나는〉, 〈~ weak\rickety〉 양2

326 **de-cre·scen-do** [디이크뤼쉔도우]: de(down)+crescere(grow), 〈라틴어→이탈리아어〉, de·crease, 점점 여리게, 이지러져 드는, 하현의, 〈~ diminuendo〉, 〈↔accelerate\inflate〉 미2

327 **de-cry** [디크롸이]: de(down)+queri(complain), 〈라틴어→프랑스어→영국어〉, 가치를 떨어뜨리다, 헐뜯다, 비난하다, cry+down, 〈~ be-little\criticize〉 양2

328 **de-crypt** [디크륖ㅌ]: 〈고문서나 암호문을〉해독(번역)하다, 풀다, 〈~ decipher\decode〉, 〈↔en-crypt〉 우2

329 **de-cu·bi·tus** [디큐우비터스]: de(down)+cumbere(←cubare(lie down)〉, 〈라틴어〉, 누워 있는 자세, 쇠약성 괴사, pressure (bed) sore 미2

330 **de·cus·sate** [데커쎄이트]: 〈←decem(ten)〉, 〈라틴어〉, 〈←deca〉, X('십자')형으로 교차한, 엇갈린 십자 모양의, 〈~ chiasmatic\criss-cross\inter-sect〉 미2

331 **ded·i·cate** [데디케이트]: de(from)+dicare(proclaim), 〈라틴어〉, 바치다, 헌납하다, 헌신하다, 〈신께으로〉 '떼어내서 바치다', 〈~ commit\devote〉, 〈↔condemn\degrade〉 양2

332 **de-duc·tion** [디 덬션]: de(from)+ducere(lead), 〈라틴어〉, 뺌, 공제, 추론, 연역(법), 〈삼단논법〉, '아래로 이끌기', 〈~ substraction\abstraction〉, 〈↔addition\induction〉 가1

333 **deed** [디이드]: 〈←don(do)〉, 〈게르만어〉, 〈←done〉, 행위, 공적, 증서, 〈~ act\legal document〉 가1

334 **deem** [디임]: 〈←dom(judgement)〉, 〈게르만어〉, ~로 생각하다, 간주하다, '판단하다', 〈~ doom〉, 〈~ believe\consider〉 양1

335 **deep** [디이프]: 〈←deop(far down)〉, 〈게르만어〉, 깊은, 심한, 짙은, 〈~ profound〉, 〈→dip〉, 〈↔superficial\shallow\high〉 가1

336 **deep cov·er** [디이프 커붜]: 은폐, 위장, 〈~ concealed\disguised〉 양2

337 ★**deep-end** [디이프 엔드]: (수영장 등의) 수심이 깊은 곳, 막중한 책임, 궁지, 〈~ low-end\hot-seat〉 양2

338 ※**deep-fake** [디이프 풰이크]: deep learning + fake, 딥 페이크, 〈편자는 일부 여성의 잠자리 묘기로 알았으나〉(주로 인물을 바꿔치기한) 인공지능의 영상 조작기술, '심층 왜곡', 감쪽같이 속이기 〈연애할 때의 조심사항〉, 〈~ people replacement〉 미2

339 **deep freeze** [디이프 후뤼이즈]: 급속 냉동, 동결, 〈~ cold storage\suspension〉 양2

340 **deep fry** [디이프 후롸이]: '과지방' 심층 튀김, 기름을 듬뿍 넣고 튀기다, 〈~ deep fat fry\bake\emersion fry〉 우1

341 **deep kiss** [디이프 키쓰]: 혀 빨기, 심 접문, 〈~ French kiss〉 우1

342 ※**deep learn-ing** [디이프 러어닝]: 심층 학습, 〈복잡하게 연결된 신경원처럼〉자료의 고단계 대수 축출법을 이용한 고단계 기계학습, 〈~ deep neural network〉 양2

343 ★**deep pock·et** [디이프 파킽]: 부, 두툼한 돈주머니, 자꾸 나오는 돈, 〈~ money-bag〉 미2

344 **deep–root-ed** [디이프 루우티드]: 뿌리 깊은, 〈~ deep seated〉 가2

345 **deep-sea** [디이프 씨이]: 심해, 원양의, 수심이 깊은, 〈~ oceanic〉, 〈↔littoral〉 가1

346 **deep-sea·ted** [디이프 씨이티드]: 깊이 자리 잡은, 〈~ deep-rooted〉 가2

347 **Deep South** [디이프 싸우쓰]: '깊숙한 남부', 〈노예제도가 성행했던〉 미국의 최남동부, 〈~ Lower South〉 미1

348 ★**deep throat** [디이프 쓰로우트]: '깊은 목구멍' ①〈1972년에 개봉된 미국 영화 제목〉, 목 깊숙이 넣는 구강성교(oral sex), 〈↔butterfly kiss〉 ②〈1972년 Watergate 사건의 단서를 제공했던 자의 암호명〉, 내부고발자, 〈~ informant〉 양2

349 **deep-wa·ter** [디이프 워어터]: 심해, 깊은 바다, 심연, 궁지, 〈~ deep-sea\under-water\predicament〉 가1

350 **deer** [디어]: 〈←deor(small animal)〉, 〈게르만어〉, '작은 짐승', 사슴, (수컷은) 뼈로 된 가지뿔을 가지고 있고 먹이를 반추하는 초식동물, 〈~(↔)doe\hind\buck\stag〉 가2

351 **deer fern** [디어 훠언]: '사슴 고사리', ⇒ hard fern 우1

352 **deer fly** [디어 훌라이]: '사슴 파리', 사람과 동물의 피를 빨며 〈현란한 날개가 달린〉 일종의 말파리, 〈~ horse fly보다 작음〉 우1

353 **deer hound** [디어 하운드]: '사슴 사냥개', 스코틀랜드(Scotland) 원산의 그레이하운드 비슷한 〈사슴을 몰아주는〉 순한 개 영2

354 **deer mouse** [디어 마우스]: '사슴쥐', (북아메리카산) 흰발생쥐, 〈~ white-footed mouse〉 미2

355 ***deez nuts** [디즈너츠]: these nuts, 불알 두 쪽, 남자의 전 재산, 〈~ dangler\ding-dong〉 양2

356 **de-face** [디 풰이스]: (외관을) 더럽히다, 손상시키다, 지우다, 〈~ mar\ruin〉, 〈↔save\beautify\scrub¹〉 양1

357 **de fac·to** [디이 풱토우]: 〈라틴어〉, 'of fact', 〈법적으로는 받아들여지지 않더라도〉 사실상의, 실제로, 존재하는, 〈← factisk〉, 〈↔dejure〉 양1

358 **de-fame** [디 풰임]: dis(from)+fama(report), 〈라틴어〉, 중상하다, 모욕하다, 명예를 훼손하다, 〈~ libel\slander〉 양2

359 **de-fault** [디 풔얼트]: de(from)+fallere(fall), 〈라틴어〉, '실패하며 떨어짐', 불이행, 태만, 부족, 부도, 내정, (이용자가 지정하지 않았을 때) 자동으로 선택하다, 〈~ insolvency\bankruptcy〉 양1

360 ※**de-fault cur·ren·cy** [디풔얼트 커어뤈시]: 불이행통화, (국가간의 금융거래에서 부도를 낸) 불량화폐, 〈↔payable currency〉 미2

361 **de-feat** [디 풔이트]: dis(from)+facere(do), 〈라틴어〉, 쳐부수다, 패배시키다, 꺾다, '아래가 되게 만들다', 〈~ conquer\over-come〉, 〈↔surrender\succumb〉 가1

362 **de-f(a)e·cate** [데퓌케이트]: 〈←feces←foex(dregs)〉, 〈라틴어〉, 똥싸다, 배변하다, (찌꺼기를) 제거하다, 〈~ relieve\poo\number two〉, 〈~(↔)urinate\pee\micturate〉 양2

363 **de-fect** [디이풱트 \ 디풱트]: de(from)+facere(do), 〈라틴어〉, 〈반대로 행하는〉 결점, 단점, 흠, 탈주하다, 변절하다, 〈→deficit〉, 〈~ blemish\flaw〉 양1

364 **de-fend** [디풴드]: de(from)+fendere(strike), 〈라틴어〉, '격퇴하다', 지키다 방어하다, 〈~ guard\protect〉, 〈↔attack\offend\strike a chord〉, ~ant; 피고 〈↔plaintiff〉 양2

365 **de-fen·es·tra·tion** [디 풰너스트뤠이션]: 〈←fenestra(window)〉, 〈라틴어〉, 창밖으로 내던지기, 축출, 해직, 〈~ ejection\expulsion〉 양2

366 **de-fense** \ **de-fence** [디풴스]: de(from)+fendere(strike), 〈라틴어〉, '떨어져 때리기', 방위, 수비, 저지, 항변, 〈최상의 공격〉, 〈↔offense〉 가1

367 **De-fense** [디풴스], Dept. of: 미 국방부, 1947년에 국토방위를 총괄하는 목적으로 창립되었으나 〈해외에서 국익을 추구하는 데 더 열을 내고 있는〉 연방정부의 내각부서, 〈~ a cabinet org. of US〉 양2

368 **de-fer** [디풔어]: de(from)+ferrere(bring)〉, 〈라틴어〉, '나중에 가져오다', 늦추다, 연기하다, 양보하다, 〈~ put off\hold over〉, 〈~ act\do〉 양2

369 **de-fer–ence** [데풔뤈스]: 〈←de·fer〉, 〈자신을 늦추는〉 복종, 경의, 공손함, 〈~ respect\regard〉, 〈~ defiance\hostility〉 양2

370 **de-fi–ant** [디화이언트]: dis(from)+fidus(faithful), 〈라틴어〉, 도전적, 반항적, 무례한, 〈믿지 못하는〉, 〈~ rebellious\adamant〉, 〈↔docile\meek〉 양1

371 **de-fi·bril·la·tor** [디이 퓌브뤼레이터]: de(from)+fibril(slender fiber), 〈라틴어〉, (심장마비 시 심근의 발작을 멎게 하는) 심근세동 정지기, 〈~ cardio-converter〉 미1

372 **de-fi·cient** [디퓌션트]: de(from)+facere(do), 〈라틴어〉, 불충분한, 불완전한, 결함이 있는, 〈~ meager\lacking〉, 〈↔enough\sufficient〉 양2

373 ***def·i·cit** [데퓌싵]: de(from)+facere(do), 〈라틴어〉, 〈←defect〉, 부족(액), 적자, 불리한 입장, 결함, 〈~ short-fall\default〉, 〈↔sufficiency\surplus〉 양1

374 **de-file** [디화일]: ①〈←ful(foul)〉, 〈게르만어〉, (순결을) 더럽히다, 모독하다, 〈~ spoil〉 ②de+filum(thread), 〈라틴어〉, 〈←file¹〉, (일렬) 종대행진, 좁은 길, 〈~ lane〉 양1

375 **def·i·nite** [데퓌니트]: de(from)+finire(bound), 〈라틴어〉, 〈←define〉, 확실한, 분명한, 확정된, 〈~ clean-cut\determined〉, 〈↔general\infinite〉 양2

376 **def·i·ni·tion** [데퓌니션]: '경계를 분리하기', 한정, 정의, 설명, 〈~ clarification\explanation〉 양2

377 **de-fla·tion** [디 훌레이션]: de(from)+flare(blow), 〈라틴어〉, 공기 빼기, 통화수축, 〈~ down-turn\shrinkage〉〈↔inflation〉 양2

378 **de-flect** [디 흘렉트]: de(from)+flectere(bend), 〈라틴어〉, '다른 방향으로 구부리다', 비껴가게 하다, 굴절하다, 〈~ curve\diverge〉, 〈↔inflect〉 양1

379 **De·foe** [디호우], Da·niel: 〈어원 불명의 영국계 이름〉, 디포, (1660-1731), 「로빈슨크루소」를 쓴 영국의 〈사실주의〉 초기 소설가, 〈~ an English novelist〉 수1

380 **de-fog** [디이 훠그]: 〈영국어〉, 김(물방울) 제거, 녹이다, 〈~ demist\clear〉 미2

381 **de-formed** [디 훠얾드]: de(from)+forma(shape), 〈라틴어〉, '원래 형태에서 멀어진', 볼품없는, 불구의, 기형의, 〈~ dis-figured\mangled〉 양1

382 **de-fraud** [디 후뤄드]: de(completely)+fraus(deceit), 〈라틴어〉, 사취하다, 속이다, 〈~ bilk\cheat\swindle〉 양1

383 **de-fray** [디이 후레이]: de(from)+frait(expense), 〈라틴어〉, 〈소모전을 피하려고〉 지불하다, 부담하다, 〈~ compensate\cover〉 양2

384 **de-frost** [디이 후뤄스트]: 〈게르만어〉, 서리(얼음) 제거, 녹이다, 〈~ un-ice\un-freeze〉 양2

385 **deft** [데후트]: 〈←daeflan(prepare)〉, 〈영국어〉, 〈←daft〉, 솜씨 좋은, 재치 있는, 〈~ adroit\skillful〉, 〈↔awkward\clumsy〉 양1

386 **de-funct** [디 훵트]: de(from)+fungi(perform), 〈라틴어〉, 죽은, 소멸한, 〈~ dead\inoperative〉 양1

387 **de-fy** [디화이]: dis(from)+fidus(faith), 〈라틴어〉, dis·faithful, '믿음에서 멀어지다', 도전하다, 반항하다, 무시하다, 〈~ oppose\resist〉, 〈↔obey\truckle\surrender〉 양1

388 **De·gas** [드가아], Ed·gar: 〈프랑스어〉, '축복받은 자〈blessed〉?', 드가, (1834-1917), 생동하는 장면을 그린 프랑스의 인상파 화가, 〈~ a French inpressionist artist〉 수1

389 **de Gaulle** [드 고올], Charles: de(from)+waal(the wall), 〈프랑스어〉, '성곽에서 온 자', 드골, (1890-1970), 나치에 대한 저항군을 이끌었고 〈고집이 셌던〉 프랑스의 군인·정치가·대통령, 〈~ a French soldier〉 수1

390 **de·gauss** [디이가우스]: 〈독일의 자기학자 C. Gauss('거위 사육자')에서 연유함〉 소자, 자장 중지, 자력을 무력화하다, 〈~ de-magnetize〉 미2

391 **de-gen·er-a·tion** [디 줴너뤠이션]: de(from)+generare(be-get), 〈라틴어〉, '태생에서 멀어지는', 퇴보, 악화, 퇴락, 변질, 〈~ declension\deterioration〉 가1

392 **de-grade** [디 그뤠이드]: de(down)+graddare(←gradus〈step〉), 〈라틴어〉, '아래 단계로 내려가다', 지위를 낮추다, 격하하다, 타락시키다, 〈~ reduce\demote〉, 〈↔advance\raise〉 가1

393 **de-gree** [디그뤼]: de(from)+gradi(steps), 〈라틴어〉, '분리된 단계', 정도, 계급, 학위, 도, 〈~ extent\grade〉 양2

394 **de-hu·mid·i-fi·er** [디이 휴우미디화이어]: 〈라틴어〉, 탈습기, 제습기 미2

395 **De·ia·n(e)i·ra** [디에(네)니러]: 〈그리스어〉, man destroyer, '남편 잡아먹을 여자', 데이아네이라, (사랑을 되찾으려고) Nessus의 피가 묻은 옷을 Hercules에게 입혀 남편을 죽게 한 Oeneus의 딸 수1

396 **de-in-flu·en-cer** [디 인훌루언서]: 불매운동을 하는 유력자, 역 영향력 행사자, 〈자신의 주가를 더 올리기 위해?〉 〈특정 상품에 대해 단점을 광고하는〉 사회 전산망에 영향력이 많은 사람, 〈de-fluencer가 더 정확한 말임〉, 〈아직은 콩글리시임〉 미2

397 **de-ism** [디이즘]: 〈←deus(god)〉, 〈라틴어〉, 이신론, 이성종교, (기적이나 계시를 부정하는) 자연신론, 〈~ pantheism〉, 〈~(↔)theism〉, 〈↔atheism〉 우1

398 **de-i·ty** [디어티]: 〈라틴어〉, 〈←deus(god)〉, (여)신, 신성, 신격, 〈~ divine(celestial) being〉 양2

399 **de·ja vu** [데이쟈아 뷔유\데쟈 부우]: 〈프랑스어〉, 'already seen', 기시감, (생소한 것을) 전에 본 적이 있는 것 같은 착각, 진부한 것, 〈↔jamais vu〉 미2

400 **de-ject–ed** [디 췔티드]: de(down)+jacere(throw), 〈라틴어〉, 낙심한, 풀죽은, 〈~ long faced\chap-fallen〉, 〈↔charmed\cheerful〉 양2

401 **de ju·re** [디이 쥬어뤼]: de+jure, 〈라틴어〉, 'of law', 법률상의, 법에 따른, 정당한, 〈↔de facto〉 양2

402 **Dek·a-brist** [데카브뤼스트]: 푸시킨과 연관이 있고 「전쟁과 평화」의 집필 동기가 된 Decembrist(12월 당원)들이 1825년 12월에 농노제의 폐지와 러시아(Russia)의 근대화를 외치며 봉기했다가 곧 진압된 반란 사건 수2

403 **De·la-croix** [들라크롸], Eu·gene: 'cross(십자가)를 진 자', 들라크루아, (1798-1863), 주로 문학작품을 소재로 이용한 프랑스의 낭만주의 화가, 〈~ a French Romantic artist〉 수1

404 **De·la·ware** [델러웨어]: 델라웨어, DE, First State, Diamond State, (영국의 초대 행정관 De La Warr〈전투사〉의 이름을 딴) 대서양에 연한 미국 동부의 〈연방 헌법을 최초로 비준한〉 조그만 주, {Dover-1}, ≪peach blossom≫ 수1

405 **de-lay** [딜레이]: de(from)+laier(leave), 〈프랑스어〉, '떨어져 느슨하게 하다', 지연, 미루다, 〈~ stall²\temporize〉 가1

406 **de-lec·ta–ble** [딜렉터블]: de(from)+licere(lure), 〈라틴어〉, 〈delightful〉, 맛있는, 기쁜, 즐거운, 〈~ delicious〉, 〈↔unappetizing〉 양2

407 **de-le·gate** [델리게이트]: de(down)+legare(send), 〈라틴어〉, '법적으로 내보낸', 대표자, 대리인, 대의원, 위임하다, 〈~ envoy\proxy〉 양2

408 **de-lete** [딜리이트]: de(from)+linere(wipe), 〈라틴어〉, 〈←delere(destroy)〉, 지우다, 삭제하다, 없애다, 제거하다, 〈~ cancel〉, 〈→de·lible〉, 〈↔stet〉 양2

409 **del·e·te·ri·ous** [델리티어뤼어스]: 〈←deleisthai(to hurt)〉, 〈그리스어〉, 〈destroy 되어〉 해로운, 유독한, 〈↔affable\beneficial〉 양2

410 **Del·hi** [델리]: 〈현재는 남쪽의 New Delhi로 이전했으나〉 〈아마도 기원전 1세기경 그 지방을 통치했던 어원 불명의 왕의 이름을 딴〉 인도(India) 북부에 있는 영국령 때의 수도 수1

411 **de-lib·er·ate** [딜리버뤠트]: de(completely)+librare(weigh), 〈라틴어〉, 계획적인, 고의의, 〈저울을 재듯〉 신중한, 〈~ calculated\intentional〉 양1

412 **de-lib·er·a·tion** [딜리버뤠이션]: de(completely)+libra(scale), 〈라틴어〉, 숙고, 심의, 신중, 협의, 〈~ carefulness\contemplation〉 양1

413 **del·i-ble** [델러블]: 〈←delere(destroy)〉, 〈라틴어〉, 지울 수 있는, 삭제(delete)할 수 있는 양2

414 **del·i·cacy** [델리커씨]: de(completely)+lacere(allure), 〈라틴어〉, 섬세, 정교, 우아, 맛있는 것, 진미, 〈←delicate〉, 〈~ fine-ness\elegant〉, 〈↔crude-ness\coarse-ness〉 양2

415 **del·i·cate** [델리커트]: de(completely)+lacere(allure), 〈라틴어〉, 섬세한, 우아한, 미묘한, 맛있는, '떨어진 곳으로 꾀어내는', 〈→delicacy〉, 〈~ sensitive\touchy〉 양2

416 **del·i·ca·tes·sen** [델리커테쓴] \ **del·i**: 〈라틴어→프랑스어〉, 〈←delicate〉, 조제 식품(식당), 미리 요리한 식품, 〈~ café\grocery〉 미2

417 **De-li·cious** [딜리셔스]: 1880년에 미국의 아이오와에서 출품된 〈붉은〉 사과 품종 수2

418 **de-li·cious** [딜리셔스]: de(completely)+lacere(allure), 〈라틴어〉, '꾀어내는 맛이 나는', 맛있는, 상쾌한, 〈~ delicate\de·light〉, 〈↔insipid〉 가1

419 *****de·li-couse** [딜리쿠우스]: 〈delicious를 명사로 만든 미국어〉, 조미료, 맛난이, 진미, '맛짱' 양2

420 **de-light** [딜라일]: de(completely)+lacere(allure), 〈라틴어〉, 기쁨, 즐거움, 〈→delectable\dilettante〉, 〈~ amuse\charm〉, 〈↔dismay\enrage\horror〉 가1

421 **De-li·lah** [딜라일러]: 〈히브리어〉, 델릴라, 삼손(Samson)을 배신한 〈'delicate'한〉 요부 수1

422 ※**de-lim·i·ter** [딜리미터]: de(completely)+limitare, 〈라틴어〉, 〈limit를 정하는〉 구분문자, 경계 기호, 전산기에서 시작과 끝을 나타내는 기호, 〈*~*〉 등, 〈~ define\demark〉 미2

423 **de-lin·e·a-tion** [딜리니에이션]: de(completely)+lineare(drow lines), 〈라틴어〉, 묘사, 설계, 서술, 〈~ depiction\portrayal〉 양1

424 **de-lin·quent** [딜링퀀트]: de(from)+linquere(leave), 〈라틴어〉, 〈동떨어진〉, 태만한, 비행(자)의, 죄진, 〈~ law-breaking\derelict〉, 〈↔deligent〉 양2

425 **de-lir·i·um** [딜리어뤼움]: de(from)+lira(ridge), 〈라틴어〉, 〈뇌의 주름이 헝클어진〉 정신착란, 섬망증, 〈~ derangement\mental confusion〉, 〈이것은 acute\dementia는 chronic〉 미2

426 **de-lir·i·um tre·mens** [딜리어뤼움 트뤠먼즈]: DT, (주정 중독의 금단현상〈alcohol withdrawal〉으로 오는) 진전〈trembling〉 섬망증, 〈~ shaking frenzy\run fits〉, ⇒ blue devil〉 양2

427 **del·ish** [딜리쉬]: 〈영국어〉, delicious, 맛있는, 즐거운, 아름다운 양2

428 **de·liv·er·y** [딜리붜뤼]: de(from)+liberare(set free), 〈라틴어〉, '떨어뜨려 자유롭게 하기', 인도, 배달, 방출, 〈세상 밖으로 풀어주는〉 분만, 〈말을 행동으로 풀어서〉 결과를 내놓다, 〈말을 자유롭게 풀어〉 연설하다, 〈~ conveyance\birth〉 양1

429 **de·liv·er·y du·ty paid** \ DDP: 목적지 관세 지급 인도 (조건)구매, 〈↔DDU(delivery duty unpaid)〉 미2

430 **Dell** [델]: 1984년 19세의 대학생 Michael Dell이 시작한 미국의 (세계적) 전산기 회사 수1

431 **dell** [델]: 〈←daljo(hollow)〉, 〈게르만어〉, (초목이 우거진) 작은 골짜기, 〈~ dale\glen\vale〉 양2

432 **De·loitte** [딜로이트]: 〈어원 불명의 프랑스계 이름〉, 1845년에 런던에서 William D~에 의해 창설된 세계적 경영·회계 감사 도우미 업체, 〈~ a professional services network〉 수1

433 **Del·phi¹** [델화이]: 〈그곳에서 살다가 아폴로한테 죽임을 당한 자궁을 가진 바다뱀 Delphyne(dolphin)에서 연유했다는 설이 있는〉 델포이 (구멍), (신탁으로 유명한) 아폴로 신전이 있던 그리스의 옛 도시, 〈~ an ancient sacred precinct〉, 델피; 미국의 PC(개인전산망) 통신회사 수1

434 **Del·phi²** [델화이]: 델파이, 1994년 창립되어 2017년 Aptiv로 이름을 바꾸고 더블린에 본부를 둔 미국의 세계적 자동차 부품회사, 〈~ an auto-part company〉 수1

435 **del·phin·i·um** [델휘니엄]: 〈그리스어〉, '돌고래〈dolphin〉 꽃', 참제비고깔, 주로 짙은 청색의 건포도 모양을 한 송이들이 고깔 모양의 덩어리 꽃을 피우는 다년초, 〈~ lark-spur〉 미2

436 **del·ta** [델타]: 〈영어의 D에 상당하는〉 그리스 알파벳의 넷째 글자(Δ, δ), 삼각주, 〈~ triangle\estuary〉 수2

437 **Del·ta Air·lines** [델타 에어라인스]: 〈회사의 요람인 Mississipi Delta를 기념해서 붙인 이름〉, DL, 1924년에 창립되어 애틀랜타에 본부를 두고 Sky Team을 주도하고 있는 미국의 세계적 항공회사 수1

438 ***Del·ta blues** [델타 블루스]: (20세기 초 미국의 미시시피 삼각주에서 시작된) 블루스의 영향을 받은 컨트리 음악, 〈~ a country blues〉 수2

439 **de·lude** [델루우드]: de(down)+ludo(play), 〈라틴어〉, '잘못해서 행동하다', 착각하게 하다, 속이다, 〈~ ludicrous〉, 〈→delusion〉, 〈~ mislead\deceive〉, 〈↔edify〉 양2

440 **de·luge** [델유우쥬]: dis(from)+lucere(wash), 〈라틴어〉, 〈모두 씻겨 내려가는〉 대홍수, 호우, 범람, 〈↔(rain) shower〉 양1

441 **de·lu·sion** [딜루우젼]: de(down)+ludo(play), 〈라틴어〉, 〈←delude〉, 미혹, 망상, 기만, 〈~(↔)hallucination\illusion〉, 〈Z세대들은 그냥 delulu라고 함〉 양2

442 **de·luxe** [딜럭스]: 〈프랑스어〉, luxurious, 호화로운, 사치스러운 양2

443 **delve** [델브]: 〈←delfan(dig)〉, 〈고대 영어〉, 깊이 파고들다, 탐구하다, 아래로 급경사지다, 움푹 팬 곳(den) 양2

444 **dem·a·gogue** [데머가아그]: demos(people)+agogos(leader), 〈그리스어→프랑스어〉, '인기 있는 지도자', (민중) 선동자, 과장하다, 〈~ rabble-rouser\political agitator\jingo〉 양2

445 **de·mand** [디맨드]: de(completely)+mandare(mandate), 〈라틴어〉, '명령을 강요하다', 요구(하다), 청구, 수요, 조회, 〈~ command\order〉, 〈↔refuse\reply〉 가1

446 **de·mar·ca·tion** [디이 마알케이션]: de(completely)+marquer(boundary), 〈프랑스어〉, 경계(선), 구획, 관할, 〈~ boundary\distinction〉, 〈↔blurring\confusion〉 양2

447 **de·marche** [데이마알쉬]: 〈프랑스어〉, 'to march', 전환책, 처리법, 절차, 수단, 〈~ formula\plot〉 양2

448 **de·mean–or** \ **de·mean–our** [디미이너]: de(down)+minari(threaten), 〈라틴어→프랑스어→영국어〉, 〈←mien〉, 태도, 표정, 품행, 〈동물을 길들일때 나타나는〉 '완전한 행동', 〈~ manner\attitude〉, 〈↔absence\disorder〉 양2

449 **de·men·tia** [디 멘치어]: de(from)+mens(mind), 〈라틴어〉, 치매, '인지장애', 〈~ major neuro-cognitive disorder〉 미2

450 **de·mer·it** [디 메맅]: de(from)+merere(to earn), 〈라틴어〉, '장점이 아닌', 단점, 결점, 약점, 〈~ fault\deficiency〉 가1

451 **De·me·ter** [디미이터]: da(earth)+meter(mother), 〈그리스어〉, '대지', 데메테르, 농업과 풍요의 여신, 크로노스의 딸, 페르세포네의 어머니, 〈~ Greek goddess of agriculture and harvest〉 수1

452 **dem·i** [데미]: dis(apart)+medius(middle), 〈라틴어〉, 반, 부분적, 〈↔whole\total〉 미2

453 **dem·i·john** [데미 좐]: 〈Dame Jeanne이란 별명에서 연유한 프랑스어〉, '땅딸보 마님', 채롱에 든 목이 가는 큰 병, 포도주를 운반하는 5갤런짜리 용기, 〈~ a large bottle with a short narrow neck〉 미1

454 **de–mil·i·ta-rized zone \ DMZ** [디 밀러터롸이즈드 죠운]: 〈라틴어+그리스어〉, 무장해제지역, 〈~(↔)한국의 thirty eighth parallel〉 미2

455 **dem·i·mi·ni** [데미 미니]: 〈라틴어→영국어〉, 초미니의, 아주 짧은, 〈~ petty\tiny〉 미2

456 **de·mise** [디마이즈]: de(down)+mittere(send), 〈라틴어〉, 〈←dismiss〉, 붕어, 소멸, 서거, 사망, 권리양도, 〈~ death\end〉, 〈↔live\birth〉 양2

457 **dem·i-tasse** [데미 타스]: 〈프랑스어〉, half cup, (식사 후에 마시는 진한 커피용) 작은 잔 미2

458 **dem·o** [데모우]: 〈영국어〉, demonstration, 시위 운동, 시범, 선전용 실물 미2

459 **de·moc·ra·cy** [디마크뤄씨]: demos(people)+kratein(rule), 〈그리스어〉, '국민에 의한 통치', 민주주의, 민주정치, 서민정치, 〈~(↔)mobocracy〉, 〈↔monarchy\totalism〉 가2

460 **Dem·o-crat·ic Re·pub·li–can Par·ty**: (미) 민주 공화당, 1792년도에 제퍼슨·매디슨 등 반연방주의자들이 창립해서 1824년 퀸시 애덤스파와 앤드루 잭슨파로 갈라져 각각 공화당과 민주당의 모체가 된 미국의 초기 정당 수2

461 **de·mo·de** [디모우데이]: 〈프랑스어〉, out of date, 시대(유행)에 뒤진, 낡은, outmoded 양2

462 **de·mog·ra·phy** [디마그뤄휘]: demos(people)+graphein(write), 〈그리스어〉, 인구(통계)학, 〈~ the statistical study of human population〉 양1

463 **De·mok·ri·tos** [디마크뤼토스]: demos(people)+krites(critic), 〈그리스어〉, '인민의 재판관', 데모크리토스, (BC460?-BC370?), 만물의 근원을 원자라고 한 그리스의 〈웃는〉 철학자·물리학의 시조, 〈~ a pre-Socratic Greek philosopher〉 수1

464 **de·mo·lish** [디 말리쉬]: de(down)+moliri(build), 〈라틴어〉, '짓기를 반대로 하다', 부수다, 분쇄하다, 뒤엎다, 〈~ destroy\knock-down〉, 〈↔construct\mend〉 가1

465 ※**de·mon \ dae-mon** [디이먼]: 〈←daimon(evil spirit)〉, 〈그리스어〉, (반신반인의) 악마, '유령', 귀신, 사탄, 명인(거장), (토지·사람의) '수호신', 〈~ devil\wizard〉, UNIX에서 배경에 계속해서 나타나는 목록 양1 양2

466 **dem·on·stra-tion** [데몬스트뤠이션]: de(completely)+monstrare(show), 〈라틴어〉, 증명, 시범, 〈주의를 끌기 위한〉 시위운동, 〈~ exhibition\proof〉 양2

467 **dem·o-nym** [데머님]: demos(people)+onuma(name), 〈1997년 그리스어에서 합성한 미국어〉, 지명어, (특정 지역 주민임을 보여주는) 지명에서 파생된 단어, 〈~ 순천댁·상주댁 등 한국에서 시집온 여자에게 붙여주던 명칭〉, 〈~(↔)toponym〉 양2

468 **de-mo·tion** [디 모우션]: de(down)+(pro)mote(move), 〈19세기 말에 라틴어에서 합성된 미국어〉, 강등, 격하, 좌천, 〈뿔나게 하다〉, 〈~ reduction\down-grade〉, 〈↔promotion〉 가1

469 ＊**de-mo·tion–al** [디 모우셔늘]: ①detached+emotional, 속은 끓지만 태연한 척하는 일 ②de·motivational, 동기가 없어진 양2

470 **dem·o-ver·sion** [데모우 붜어젼]: 〈라틴어〉, 시범판, 전시용 상품, 〈~ demo-ware\trial version〉 미2

471 **de-mur** [디머얼]: de(completely)+mora(delay), 〈라틴어→프랑스어→영국어〉, 〈한 참 후에〉 난색을 표시하다, 반대하다, 항변하다, 〈~ refuse¹\resist〉, 〈↔estopel\brazen〉 양2

472 **de-mure** [디나알리]: 〈de(completely)+maturus(mature)에서 연유했다는 설이 있는 말〉, 〈라틴어→프랑스어→영국어〉, 〈몸가짐을 조심하는〉, 새침 떠는, 점잔 빼는, 침착한, 〈~reserved\modest\prim¹〉, 〈↔brazen\shameless\humble-brag〉 양2

473 **den** [덴]: 〈←denn(lair)〉, 〈게르만어〉, 〈대개 down에 있는〉 굴, 우리, 밀실, 사실, 소굴, 〈~ warren\nest〉 양1

474 **De·na·li** [딜리셔스] Na·tion·al Park: 〈←Deenaalee(great one)〉, 데날리 국립공원, '태산' (원주민어) 국립공원, 알래스카 중남부의 광대한 야생공원, 〈~ Alaskan Mountain Range〉 수2

475 **dend·rite** [덴드롸이트]: 〈←dendron(tree)〉, 〈그리스어〉, (신경세포의 용량을 늘리기 위해 '나뭇가지 모양'처럼 삐죽삐죽 나온) 수상돌기, 수지상 결정, 모수석(나무를 닮은 돌), 〈~ branches〉, 〈↔axon〉 양2

476 **Deng, Xiao-Ping** [덩 샤우핑]: descendant of Deng Country, 〈중국 하남지방에 있던 등나라의 후손들〉, 등소평, (1904-1997), (5척 단구의 거인으로 불리는) 중공의 실용주의 정치가, 〈~ a Chinese politician〉 수2

477 **Deng·lish** [덴글리쉬]: Deutsch Englion, 독일식 영어 미2

478 **den·gue** [뎅기]: ⟨←dyenga(cramp)⟩, ⟨중동 아프리카 원주민어⟩, '골절열', 모기에 의해 전염되는 바이러스성 열병으로 관절·근육통을 수반함, ⟨~ a viral disease⟩ 수2

479 **de·ni·al** [디나이얼]: de(completely)+negare(refuse), ⟨라틴어⟩, ⟨←de·ny⟩, 부인, 거부, 자제, ⟨~ disclaim\rejection⟩ 가2

480 **den·i·grate** [데 니그뤠이트]: de(completely)+nigrare(blacken), ⟨라틴어⟩, 검게 하다, 더럽히다, 헐뜯다, ⟨~ culumniate\back-bite⟩ 양2

481 **den·im** [데늠]: serge de Nimes (프랑스의 지명), 작업복 따위를 만드는 두꺼운 무명, ⟨~ dungaree\jean⟩ 우1

482 **den·i-zen** [데이즌]: de(from)+intus(within), ⟨라틴어→프랑스어→영국어⟩, ⟨우리에 사는⟩ 동·식물, 거류민, 빈번히 드나드는 사람, ⟨~ citizen\resident⟩ 양2

483 **Den-mark** [덴마아크]: Dane(low ground)+boundary, 'Danish mark', 바다로 둘러싸인 북유럽의 유서 깊은 왕국, 스칸디나비아의 일원으로 고소득 낙농업국, {Danish-Danish·Dane-Krone-Copenhagen} 수1

484 **Den·ny's** [데니스]: ⟨Dionysus의 추종자⟩, 1953년 도넛 가게로 시작해서 1977년부터 푸짐한 아침식사를 제공해서 크게 성장한 미국의 대중음식점으로 Covid-19 이후 장사가 잘 안되는지 2022년 말부터 서서히 이름을 ⟨America's Diner⟩로 바꾼다고 함 수2

485 **de-nom·i·na-tion** [디 나미네이션]: de(complete)+nomen(name), ⟨라틴어⟩, 명칭, 종파, 종목, 화폐단위 가르기, ⟨~ sect\unit⟩ 양1

486 **de-nom·i·na-tor** [디 나미네이터]: 분모, 공통 요소, 명명자, 이름의 기원, ⟨~ divisor\factor⟩ 양2

487 **de-note** [디 노우트]: de(down)+nota(mark), ⟨라틴어⟩, 나타내다, 표시하다, ⟨~ designate\signify⟩ 양2

488 ***de-noue–ment** [데이뉴마앙]: de(un)+nouer(tie), ⟨프랑스어⟩, ⟨매듭을 푸는⟩ 데누망, 대단원, 결말, 고비, ⟨~ conclusion\finale⟩, ⟨↔beginning\start⟩ 양2

489 **de-nounce** [디 나운스]: de(down)+nuntius(messenger), ⟨라틴어⟩, '아래로 알리다', '깎아내려서 말하다', 비난하다, 탄핵하다, 고소하다, ⟨~ accuse\condemn⟩, ⟨↔praise\bloviate⟩ 양1

490 ***de no·vo** [디이 노우 보우]: ⟨라틴어⟩, from the new, 처음부터, 새로(이) 양2

491 **den·si·ty** [덴시티]: ⟨←densus(thick)⟩, ⟨라틴어⟩, ⟨←dense⟩, 밀집 상태, 조밀도, 농도, ⟨두께⟩, ⟨~ solidity(thickness)⟩, ⟨↔lightness\rarity⟩ 가1

492 **dent** [덴트]: ⟨←dens(tooth)⟩, ⟨라틴어⟩, ⟨이빨 자국⟩, 움푹 팬 곳, 눌린 자국, 흠집, 감소, ⟨~ dip\pit⟩ 양2

493 **dent-al floss** [덴틀 훌로어스]: 치실, 치간 오물 제거용 견사, ⟨~ dental string⟩ 미2

494 **dent-ist** [덴티스트]: 치과의사, 치과 진료소, ⟨~ DDS⟩ 가2

495 **den·ture** [덴춰]: 틀니, 의치, ⟨~ dental plate\artificial teeth⟩ 가2

496 **de-nude** [디 뉴우드]: de(completely) +nudare(strip), ⟨라틴어⟩, 발가벗기다, 박탈하다, ⟨허전하게 하다⟩, ⟨~ divest\disrobe⟩ 양2

497 **de-nun·ci·a-tion** [디넌씨에이션]: de(complete)+nuntiare(announce), ⟨라틴어⟩, ⟨←denounce⟩, 탄핵, 고발, 공공연한 비난, ⟨~ philippic\reproach⟩, ⟨↔praise\endorsement\eulogy\toast²⟩ 양2

498 **Den·ver** [덴붜]: denu(valley)+ofer(bank), ⟨영국어⟩, '계곡의 둔덕에 사는 자', 덴버, (지역 행정관 James W. Denver의 이름을 딴) 제조·운송·위락사업 중심의 로키산맥내의 콜로라도(Colorado) 주도, mile-high city 수1

499 **Den·ver om·e·let** [덴붜 암렡]: (양파를 많이 넣은) 덴버 오믈렛, ⇒ Western omelet 수2

500 **de-ny** [디나이]: de(completely)+negare(나가리; refuse), ⟨라틴어⟩, '떨어져서 아니라고 말하다', 부정하다, 취소하다, 물리치다, ⟨→de·nial⟩, ⟨~ abnegate\reject⟩, ⟨↔confirm\admit⟩ 가1

501 **de-o·dor-ant** [디이 오우더뤈트]: ⟨라틴어⟩, 탈취제, 악취 방지용 화장품, ⟨~ antiperspirant\body spray⟩, ⟨↔odorant⟩, ⟨↔body odor⟩ 양1

502 ***De·o-gra·ti·as** [디오우 그롸아티아스]: ⟨라틴어⟩, thanks to God, 신의 도움으로 양2

503 **de·on·tol·o·gy** [디이안탈러쥐]: ⟨←dein(bind)⟩, '구속'이란 뜻의 그리스어에서 Bentham이 주조했다는⟩ 의무론, 좋은 결과가 아니라 ⟨선한 의지⟩에 기초를 두어야 한다는 윤리 학설, ⟨~ duty\obligation\rule⟩, ⟨↔teleology⟩, ⟨↔utilitarianism⟩ 양2

504 ***De·o·vo·len·te** [디오우 뷜렌티]: ⟨라틴어⟩, God being willing, 신의 뜻이라면 양2

505 ***de·ox·y·ri·bo·nu·cle·ic ac·id \ DNA**: 유전자(gene), 특정 염기 배열 화학물질, 〈~ a polymeric molecule\base-pairs〉, 〈~(↔)RNA〉 우1

506 **de-part** [디 파아트]: dis(from)+pars(share), 〈라틴어〉, 떠나다, 출발하다, 이탈하다, '떨어져 나뉘다', 〈~ go off\separate\retire〉, 〈↔arrive〉, 〈↔dwell\enter〉 가1

507 **de-part-ment** [디파아트먼트]: 부, 부문, 과, 〈떨어져 나온〉 분야, 매장, 〈~ division\section〉 양2

508 **De-part–ment of Mo·tor Ve·hi·cles \ DMV**: 〈주민들의 생사여탈권을 쥐고 있는〉 〈주 정부 기관인〉 (미국) 차량국 미2

509 **de-part–ment store** [디파아트먼트 스토어]: 백화점, (대형) 단위 상점, 〈~ emporium\variety store〉 양1

510 **de-pend** [디펜드]: de(down)+pendere(hang), 〈라틴어〉, '아래에 매달리다', 의지하다, 달려 있다, 종속하다, 믿다, 〈~ rely\lean¹〉 가1

511 **de-pict** [디 픽트]: de(completely)+pingere(paint), 〈라틴어〉, 그리다, 묘사하다, 〈~ sketch\descrive\narrate〉 가1

512 **de-ple-tion** [디 플리이션]: de(from)+plere(fill), 〈라틴어〉, 고갈, 소모, 결핍, 수분감소, '채우기를 반대로 하기', 〈~ exhaustion\using up〉, 〈↔augmentation\re-pletion〉 양1

513 **de-plore** [디 플로어]: de(completely)+plorare(weep), 〈라틴어〉, 개탄하다, 뉘우치다, 애도하다, '몹시 울다', 〈~ ex·plore〉, 〈~ deprecation〉, 〈~ mourn\regret〉, 〈↔admire\applaud〉 양1

514 **de-ploy** [디 플로이]: dis(un)+plicare(fold), 〈라틴어〉, 〈접지 않고 펼쳐서〉 배치하다, 분산하다, 전개하다, 〈~ locate\post〉, 〈↔with-hold\concentrate〉 양1

515 **de-port** [디 포오트]: de(from)+portare(bring), 〈라틴어〉 ①추방하다, 〈~ expel〉 ②처신하다, 〈~ behave〉 양1

516 **de-port–ment** [디 포오트먼트]: 태도, 거동, 행동거지, 〈↔immobility\facilitate〉 양2

517 **de-pose** [디 포우즈]: de(from)+ponere(place), 〈라틴어〉, 면직하다, 폐하다, 진술하다, 〈~ overthrow\testify〉 양1

518 **de-pos·it** [디 파아짙]: de(from)+ponere(place), 〈라틴어〉, 〈아래에 내려〉 놓다, 넣다, 맡기다, 예금하다, 비축하다, 〈놔뒀다 나중에 찾아가는〉 보증금, 〈아래에 쌓인〉 침전물, 〈→depot〉, 〈~ down-payment\sediment〉 가1

519 **de-po·si-tion** [데 퍼지션 \ 디이 퍼지션]: 퇴적, 면직, 선서 증언, 조서, 진술, 〈~ accumulation\affidavit\testimony〉 미2

520 **de-pos·i-tory** [디 파지토어뤼]: 창고, 보관소, 보고, 〈~ repository\store-house\ware-house〉 양1

521 **de-pot** [디이포우]: de(from)+ponere(place), 〈라틴어→프랑스어〉, 정거장, 〈deposit 하는〉 창고, 보급소, 〈~ station\ware-house〉 미2

522 **Depp** [뎊], John·ny: 〈←tape(paw)〉, 〈게르만어〉, '서투른 자', (1963-), 파란만장한 소년기를 거쳐 록 가수로 출발해서 악역 배우로 떼돈을 번 미국의 〈백인 같지 않은〉 백인 남배우, 〈~ an American actor〉 수1

523 **de-prave** [디프뤠이브]: de(completely)+pravare(←pravus〈crooked〉), 〈라틴어〉, 나쁘게 만들다, 부패시키다, 험담하다, 〈~ degrade\warp〉, 〈↔improve\purify〉 양2

524 **de-prav·i-ty** [디 프래붜티]: 악행, 비행, 부패 행위, 〈~ pravity〉, 〈↔morality〉 양2

525 **dep·re·ca·tion** [데프뤼케이션]: de(from)+precari(pray), 〈라틴어〉, 반대, 비하, 애원, 〈악령을 쫓아내는 기도〉, 〈~ deplore〉, 〈~ be-little-ment\derogation〉 양1

526 **de-pre·ci·a-tion** [데 프뤼이쉬에이션]: de(down)+pretium(price), 〈라틴어〉, '가격을 아래로 정하기', 가치 저하, 하락, 경시, 감가상각, 〈~ devaluation\fall〉, 〈↔appreciation〉 미2

527 **de-pres-sion** [디 프뤠션]: de(down)+premere(press), 〈라틴어〉, 의기소침, 우울증, 불경기, 저하, '아래로 누르기', 〈~ melancholia\black dog〉, 〈↔mirth\mania〉 양1

528 **de-prive** [디 프롸이브]: de(completely)+privare(perverse), 〈라틴어〉, '완전히 떼어놓다', 빼앗다, 박탈하다, 〈~ private〉, 〈~ strip\rob of〉, 〈↔educe〉 가1

529 **depth** [뎊쓰]: 〈←deop〉, 〈영국어〉, 〈←deep〉, 깊이, 깊은 정도, 깊은 곳, 〈~ low-ness\profundity〉, 〈↔height〉 가1

530 **dep·u·ty** [데퓨우티]: de(from)+putare(think), 〈라틴어→프랑스어〉, 대리인, 부관, 대의원, '떨어져서 생각하는 사람', 〈~ delegate\lieutenant〉 미2

531 **der** [데어]: 〈영국어〉, there(거기), derive(파생), 정말 맞아? 그럴 리가, 〈~ foolish\stupid〉 양2

532 **de-rail-leur** [디 뤠일려]: de(from)+rail, 〈라틴어→프랑스어〉, 〈선을 바꾸는〉 (자전거의) 변속장치, 〈~ deviator\diverter〉 양2

533 **de-range** [디 뤠인쥐]: des(from)+rengier(arrange), 〈프랑스어〉, 흐트러뜨리다, 미치게 하다, 〈~ interrupt\insane〉 양2

534 **Der·by** [더어비]: deor(deer)+by(habitation), 〈스코틀랜드어〉, '사슴 농장', 더비, 영국 중부의 도시 ①1780년 영국의 더비 백작에 의해 세워진 〈세 살 먹은 말들의〉 연례 경마 대회 ②1875년 영국의 더비 경마를 흉내 내서 미국 켄터키주에서 시작된 연례 경마대회, 〈~ horse races〉 수1

535 **Der·by shoes** [더어비 슈우즈]: (어원 불명의) Gibson, 〈Derbyshire 지방의 사냥꾼들이 신었던 데서 유래한〉 구두끈을 꿰는 눈이 신발 앞 등 가죽 위에 있는 영국식 신사화, 〈~ lace-ups\Oxford shoes〉 수2

536 **der·e·lic·tion** [델릴뤽션]: de(complete)+relinquere(leave), 〈라틴어〉, 포기, 유기, 태만, 결점, 〈해안에 파기된 배〉, 〈~ misconduct\malpractice〉, 〈↔role\performance〉 양2

537 **de-ride** [디롸이드]: de(complete)+ridere(laugh), 〈라틴어〉, 비웃다, 조롱하다, 〈아래로 웃다〉, 〈~ ridicule\mock〉, 〈↔respect\praise〉 양2

538 **de ri·gueur** [디이 뤼거얼]: 〈←rigor〉, 〈라틴어→프랑스어〉, 'of strictness', (사회 관습상) 꼭 필요한, (예의상) 요구되는, 엄격한, 〈~ strictly required〉, 〈↔inappropriate\loosen〉 양2

539 **de-ri-sion** [디뤼줜]: de(complete)+ridere(laugh), 〈라틴어→프랑스어→영국어〉, 비웃음, 조소, 웃음거리, 〈~ mockery\ridicule〉 양2

540 **de-ri-sive** [디롸이씨브]: 〈←deride〉, 비웃는, 조롱하는, 〈~ jeering\scoffing〉 양2

541 **der·i·va·tion** [데뤄붸이션]: 〈←derive〉, 끌어냄, 유래, 파생(어), 전개, 〈~ induction\inference〉, 〈↔ursprache〉 양2

542 **de-rive** [디롸이브]: de(from)+rivus(stream), 〈라틴어〉, (강에서 물을) 끌어내다, 비롯되다, 각색하다, 〈다른 곳에서〉 즐거움을 찾다, 〈~ obtain\acquire〉, 〈↔stay\forfeit\originate〉 양2

543 **der·ma·tol·o·gy** [더얼머탈러쥐]: 〈←derma(skin)〉, 〈그리스어〉, 피부과, 피부 의학 가2

544 **der·mat·o·phy·to·sis** [더얼매터 화이토우시스]: 피부 사상균증, 〈곰팡이류에 의한〉 전염성 건성 피부염, 〈~ tenea\ring-worm〉 양2

545 **de-rog·a·to·ry** [디롸거토어뤼]: de(from)+rogare(ask), 〈라틴어〉, 무시하는, 경멸적인, 〈힘을 abrogate해서〉 손상시키는, 〈~ demeaning\insulting〉, 〈↔complimentary\flattering〉 양2

546 **der·rick** [데뤽]: 〈게르만어〉, '타고난 통치자(gifted ruler)', 〈19세기 영국의 사형 집행인의 이름에서 연유한〉 교수대, 유정탑, 이륙 탑, 수직 기둥의 밑에 장치된 까치발(물건을 오르내리는 기중기), 〈~ crane\winch〉 우1

547 **der·ring-do** [데륑두우]: 〈영국어〉, daring to do의 변형, 필사적인 용기, 용감하고 씩씩한 기상, 〈~ boldness\courage〉 양2

548 **de-sal·i·na·tion** [디 쌜리네이션]: 〈←salt〉, 〈라틴어〉, (실용성에 문제가 많은) 〈바닷물의〉 염분제거, 담수화, 〈~ de-salting〉 양2

549 **Des·cartes** [데이카알트], Re·ne: '변두리에 사는 자(outskirt dweller)', 데카르트, (1596-1650), 〈독신주의자였으나 하녀와의 사이에 딸이 하나 있었으며〉 세상은 물질과 정신으로 구성되었다는 이원론적 학설을 주창한 프랑스의 철학자·수학자·과학자, 〈~ a French philosopher〉 수1

550 **de-scend** [디 쎈드]: de(down)+scandere(climb), 〈라틴어〉, '아래로 오르다', 내리다, 내려오다, 유래하다, 〈~ fall\top-down〉, 〈↔ascend\climb〉 가1

551 **de-scend-er** [디 쎈더]: '기저부', 인쇄에서 기선 밑으로 내려온 부분, 〈~ dropper\faller〉 우1

552 **de-scent** [디 쎈트]: 〈←descend〉, 하강, 추락, 내리받이(길), 가계, 혈통, 〈밑으로 나는〉 (딱따구리 등의) 떼, 〈~ going-down\ancestry\down-fall〉, 〈↔ascent\climb〉 양2

553 ***de-school-ing** [디 스쿠울링]: 탈학교화, ①제도화된 기존의 틀을 깨고 자유로운 분위기에서 적성에 맞는 것을 배우는 것, 〈~ home-study〉 ②〈학교에 가지 않고〉 통신으로 하는 수업, 〈~ cyber-class〉 양2

554 **de-scrip-tion** [디 스크륖션]: de(down)+scribere(write), 〈라틴어〉, 〈적어 내려가는〉 기술, 묘사, 열거, 품목, 〈~ explanation\category\depiction\illustration〉 양2

555 **de·scry** [디스크롸이]: 〈←describere(descrive)〉, 〈라틴어〉, (~을) 밝히다, (조사하여) 알아내다, (어렴풋이) 알아보다, 발견하다, 〈~ discover\find out〉 양2

556 **des·e·cra·tion** [디 시크뤠이션]: de(un)+secrare(make sacred), 〈라틴어〉, 신성모독, 〈~ impiety\violation〉, 〈↔consecration〉 양2

557 **de-se-lect** [디이 씰렉트]: 〈라틴어〉, 제외하다, 해고하다 양1

558 **de-sert**[1] [디져얼트]: de(from)+serere(join), 〈라틴어〉, 버리다, 돌보지 않다, 도망치다, 사라지다, 〈~ run-away\betray〉, 〈~ keep\stand by〉 양2

559 **de-sert**[2] [디져얼트]: de(completely)+servire(serve), 〈라틴어〉, 〈←deserved〉, 공적, 미적, 〈~ chastening\compensation〉 양2

560 **des·ert**[3] [데져트]: de(from)+serere(join), 〈라틴어〉, 〈버려진 곳〉, 사막, 황무지, 불모의, 〈↔wood-land\marsh\swamp〉, 〈↔fertile\rich〉 가1

561 **de-ser-tion** [디져얼션]: 〈←desert[1]〉, 버림, 유기, 탈주, 황폐, 〈~ reject\decline〉 양1

562 **Des·ert Storm** [데져트 스토엄]: '사막의 폭풍', 1991년 걸프전 때 다국적군의 작전명, ⇒ Gulf War 미1

563 **de-serve** [디 져얼브]: de(completely)+servire(serve), 〈라틴어〉, 〈완전히 섬길〉 가치가 있다, ~할 만하다, 〈~ earn\merit〉 양2

564 **des-ha·bille** [데져비일]: dis(un)+habiller, 〈←habitus(habit)〉, 〈라틴어→프랑스어〉, '덜 입은', ⇒ dishabille 양2

565 **de-sic·cate** [데씨케이트]: de(completely)+sicare(dry), 〈라틴어〉, 건조시키다, 말리다, 고갈시키다, 〈~ parch\dehydrate〉, 〈↔wet\soak〉 양1

566 **de-sign** [디쟈인]: de(to)+signum(mark), 〈라틴어〉, 〈별도로 표시하는〉 도안, 무늬, 구상, 의도, 〈~ dessin\plan〉, 〈↔disarray\mess〉 미2

567 **des·ig·nat·ed driv·er** [데지그네이티드 드롸이붜]: 〈별도로 선택된〉 (취하지 않은) 지명 운전자, 〈~ assigned driver\non-drinker〉 미2

568 **de-sign-er** [디쟈이너]: 도안가, 설계자, 〈~ creator\diviser〉 미2

569 **de-sign-er drug** [디쟈이너 드뤄그]: 합성 마약, 고안 약품, 〈~ modified drug〉 우1

570 **de-sire** [디쟈이어]: de(from)+sidas(star), 〈라틴어〉, 바라다, 원하다, 〈별이 아래로 떨어질 때 갖는〉 욕망, 〈한국에서도 별을 세면서 기원하는 관습이 있음〉, 〈~ wish\want〉 가1

571 **de-sist** [디 지스트]: de(down)+sistere(set), 〈라틴어〉, '아래에 두다', 끊다, 단념하다, 〈~ abstain\refuse[1]〉 양2

572 ※**desk** [데스크]: 〈←diskos(round plate)〉, 〈그리스어→라틴어〉, 책상, 〈글을 쓰기 위한〉 탁상, 문갑, 사무직, 편집부, 〈~ table\bureau〉 양1

573 **desk-top** [데스크 탑]: 〈1873년에 책상 위란 뜻으로 등장해서 1952년 책상에 놓는 물건으로 1983년 책상용 전산기로 발전된 말〉, 탁상용의, 소형의, 〈lap-top〉 양2 미2

574 ※**desk-top pub·lish-ing** [데스크탑 퍼블리슁]: 탁상출판, 개인 전산기와 레이저 인쇄기를 써서 출판사 못지않은 인쇄 대본을 작성하는 일, '개인 출판', 〈~ electronic publishing〉 미1

575 **des·o·late** [데썰레이트]: de(completely)+solus(alone), 〈라틴어〉, 황폐한, 〈전적으로 격리되어〉 쓸쓸한, 우울한, 〈~ despairing\crestfallen〉, 〈~ barren\bleak〉 양2

576 **de-sorb** [디이쏘브 \ 디죠얼브]: 〈1924년에 라틴어를 변형시킨 영국어〉, de(completely)+adsorption(suck), 흡수물을 제거하다, 탈착되다, 〈~ remove\withdraw〉, 〈↔absorb〉 양1

577 **de-spair** [디스페어]: de(from)+spes(hope), 〈라틴어〉, 절망, 자포자기, 〈희망으로부터 멀리 떨어져〉 단념하다, 〈→desperate〉, 〈~ hopelessness\give up〉 양2

578 **des·per·a·do** [데스퍼롸아도우]: 〈←desperare(hope-less)〉, 〈라틴어→스페인어〉, 〈←desperate〉, (황야의) 무법자, 범법자, 〈막가파〉 도박꾼, 〈~ bandit\brigand〉 양2

579 **des·per·ate-ly** [데스퍼뤄틀리]: de(from)+spes(hope), 〈라틴어〉, 필사적으로, 절망적으로, 자포자기〈despair〉하여, 'without prosperity', 〈~ badly\miserably〉 양2

580 **de-spi·ca·ble** [디스피커블]: 〈라틴어〉, 〈←despise〉, 치사한, 비열한, 〈~ contemptible\loath-some〉 양2

581 **de-spise** [디스파이즈]: de(down)+spicere(look), 〈라틴어〉, '내려다보다', 얕보다, 경멸하다, 혐오하다, 〈~ abhor\hate〉, 〈↔respect\like\truckle\worship〉 양2

582 **de-spite** [디스파이트]: de(down)+spicere(look), 〈라틴어〉, 불구하고, ~를 무릅쓰고, 멸시, 〈~ despise\regardless〉, 〈↔spite〉, 〈~ in spite of보다 점잖은 표현〉, 〈↔because of\respect〉 양2

583 **de-spon·dent** [디스판든트]: de(down)+spondere(promise), 〈라틴어〉, 〈결혼하겠다는 약속을 어겨서〉 낙담한, 〈sponsor를 잃어〉 의기소침한, 〈~ dead duck\down-cast〉 양2

584 **des·pot** [데스팟]: 〈←despotes(master)〉, 〈그리스어〉, '주인', 전제군주, 독재자, 〈~ tyrant\dictator\over-lord〉 양2

585 **des-sert** [디이져얼트]: 〈프랑스어〉, 'des(from)+service', 후식, 식후의 과일이나 과자류, '시중(들기) 철수'(하인들이 이것만 먹고 그만두라는 신호), 〈~ last course\sweets〉, 〈↔madame est servi\hors d'oeuvre〉 미1

586 **des·sin** [데쎈]: de(from)+signare(mark), 〈라틴어→프랑스어〉, 'drawing', 데생, 데상, 밑그림, 화고(그림원고), 〈~ de·sign〉, 〈~ figure\etude〉 미1

587 **des·ti·na·tion** [데스티네이션]: de(complete)+stare(stand), 〈라틴어〉, 목적지, 도착지, 보낼 곳, 용도, 〈~ landing place\terminal〉 양1

588 **des·ti·ny** [데스티니]: de(complete)+stare(stand), 〈라틴어〉, 〈←destine〉, 〈앞으로 다가올〉 운명, 〈정해진〉 운, 숙명, 〈~ determined〉, 〈~ fate\lot〉, 〈↔choice\autonomy〉 양2

589 **des·ti·tute** [데스티튜우트]: de(down)+statuere(set), 〈라틴어〉, 빈곤한, 결핍한, 가난한, '버려진', 〈~ needy\impoverished〉, 〈↔lavish\plush\rich\fortunate〉 양1

590 **de-stroy** [디스트뤄이]: de(down)+struere(build), 〈라틴어〉, '세우는 짓을 반대로 하다', 부수다, 파괴하다, 말소시키다, 훼손하다, 〈~ ruin\ravage〉, 〈↔protect\preserve〉 가1

591 **des·ue·tude** [데스위튜우드]: de(from)+suescere(be accustomed), 〈라틴어〉, '습관으로부터 멀어지다', 폐용(상태), 불용, 〈~ dis-use\abandonment〉 양2

592 **des·ul·to·ry** [데설토어뤼]: de(down)+salire(leap), 〈라틴어〉, 일관성 없는, 두서 없는, 산만한, 피상적인, '공허한', 〈↔salient〉, 〈곡마단에서 기수가 한 말에서 다른 말로 뛰어 넘기를 하다가 떨어졌을 때 느끼는 기분〉, 〈~ perfunctory\off-hand〉 양2

593 **de·tach** [디 태취]: des(un)+attacher(attach), 〈프랑스어〉, 〈분리하여〉 '따로 묶다', 떼어내다, 분리하다, 파견하다, 〈~ disconnect\separate〉, 〈↔engulf\affiliate\fasten〉 양1

594 **de-tail** [디테일]: dis(from)+talea(cut), 〈라틴어→프랑스어〉, 세부, 사소한, 구체적, '조각낸', 〈~ particular\item〉 양2

595 **de-tail man** [디테일 맨]: 약품 판촉원, 〈~ drug rep〉, 꼼꼼한(meticulous) 사람 양2

596 **de-tail-ing** [디테일링]: 정밀화, 자동차 세부 청소, 〈~ recounting\elaboration〉 미2

597 **de-tain** [디테인]: de(from)+tenere(hold), 〈라틴어〉, 붙들어 두다, 억류하다, '따로 떼어 놓다', 〈~ retain\reserve〉 가1

598 **de-tec-tive** [디텍티브]: de(un)+tegere(cover), 〈라틴어에서 연유한 영어〉, 〈덮지 않고 벗기는〉 탐정의, 형사, 조사관, 〈~ investigator\private eye〉 가1

599 **de-tec-tor** [디텍터]: de(un)+tegere(cover), 〈라틴어〉, 발견자, 검전기, 검파기, 탐지기, 〈~ sensor\spotter〉 가1

600 **de-tente** [데이 타안트]: de(from)+tendere(stretch out), 〈라틴어→프랑스어〉, 데탕트, (국가 간의) 긴장 완화, 멈춤쇠, 〈~ relaxation\rapprochment〉 양2

601 **de-ten-tion** [디텐션]: de(from)+tinere(hold back), 〈라틴어〉, 〈←detain〉, 붙들음, 저지, 구류, 유치, 〈~ confinement\incarceration〉 가1

602 **de-ter** [디터얼]: de(from)+terrere(frighten), 〈라틴어〉, 제지하다, 방해하다, 〈겁 주어〉 단념시키다, 〈~ put off\discourage〉, 〈↔en-force\bait\allure〉 양1

603 **de-ter·gent** [디터얼쥔트]: de(from)+tergere(wipe), 〈라틴어〉, 세제, 청정제, '닦아 버리는 것', 〈~ cleanser\soap-powder〉 가1

604 **de·te·ri·o-rate** [디티어뤼어뤠이트]: ⟨←deterior(worse)⟩, ⟨라틴어⟩, 악화되다, '나빠지다', ⟨~ decline\degrade⟩, ⟨↔improve\rehabilitate⟩ 양2

605 **de·ter·mine** [디터얼민]: de(completely)+terminare(to bound), ⟨라틴어⟩, 결심하다, 정하다, 결론짓다, '경계를 지어 떨어뜨리다', ⟨~ decide\resolve⟩, ⟨↔hesitate\refute⟩ 가2

606 **de·ter·min-ism** [디터얼미니즘]: 결정론, 인과응보의 법칙, ⟨~pre-determinism⟩, ⟨~(↔) fatalism⟩, ⟨↔indeterminism⟩ 양2

607 **de-test** [디 테스트]: de(down)+testis(witness), ⟨라틴어⟩, 혐오하다, 질색하다, '아래로 증언하다', ⟨~ abhor\abominable⟩, ⟨↔adulate\admire⟩ 양2

608 **det·o·nate** [데터네이트]: de(completely)+tonare(make a sound), ⟨라틴어⟩, 폭발시키다, 촉발시키다, '벼락을 떨어뜨리다', ⟨~ bang\go off\explode⟩ 양1

609 **de-tour** [디이 투얼]: dis(from)+tourner(turn), ⟨프랑스어⟩, 우회, 돌아가다, 도는 길, ⟨~ by-pass\diversion⟩, ⟨↔short-cut\bee-line⟩ 미2

610 **de-tract** [디 트랙트]: de(from)+trahere(draw), ⟨라틴어⟩, 줄이다, 손상하다, 딴 데로 돌리다, ⟨~ be-little\take away⟩, ⟨↔buff\enhance⟩ 양1

611 **det·ri·men-tal** [데트뤼멘틀]: de(from)+terere(rub), ⟨라틴어⟩, ⟨deteriorate 되어⟩ 유해한, 손해인, 치명적, 불리한, ⟨~ adverse\harmful⟩, ⟨↔benign\beneficial⟩ 양2

612 **de-tri·tus** [디트롸이터스]: de(down)+terere(rub), ⟨라틴어⟩, ⟨닳아버린⟩ 잔해, 파편(더미), 시체, 바위 부스러기, ⟨~ debris\waste⟩ 양2

613 **De·troit** [디트로잍]: ⟨'strait(해협)'이란 뜻의 프랑스어⟩, 디트로이트, ⟨우회 도시⟩, 미시간주(Michigan) 동남부의 자동차 산업으로 유명했던 도시, 편자가 LA에 정착하기 전 잠시 머물렀던 곳 수1

614 *****deuce** [듀우스]: ①⟨←duo(two)⟩, ⟨라틴어→프랑스어⟩ (주사위의) 2점 ②⟨←Deus(god)⟩, ⟨라틴어→프랑스어→영어어⟩, '하느님 맙소사', 불운, 재난, 제기랄!, ⟨~ God's sake\heaven's sake\be-jesus\dickens⟩ 미2

615 *****de·us ex ma·chi·na** [데이우스 엑스 마아키너]: ⟨라틴어⟩, God from the machine, '기계적인 신', a power event, 신적인 해결책, 신통방통한 방법 양2

616 **deu·te·ri-um** [듀우트뤼엄]: deuter(second)+ium, ⟨그리스어→라틴어⟩, (이)중 수소, ⟨핵 융합 발전에 시도되는⟩ 질량수가 2인 수소의 동위 원소, ⟨~ heavy water⟩ 양2

617 **Deu·ter·on-o·my** [듀우터롸너미]: deuteros(second)+nomos, ⟨그리스어⟩, (계명을 되풀이한) 신명기, '제2 법전'⟨구약성서 중의 한 편⟩, ⟨~ the fifth book of Torah⟩ 미2

618 **Deut·sch** [도이취]: ⟨←theudo(people)⟩, '민족의', ⟨고지대의⟩ 도이치, 독일의, ⟨~ German⟩ 미2

619 **deut·zi-a** [듀우치어]: ⟨네덜란드 식물 애호가의 이름(Deutz)을 딴⟩ 여러가지 형태와 색깔의 자잘구레한 꽃뭉치를 가진 병꽃나무속의 식물, ⟨~ Japanese snow flower⟩ 우1

620 **de-val·u·a-tion** [디이 밸류에이션]: ⟨라틴어⟩, 가치 저하, 평가절하, ⟨~ depreciate\undervalue⟩ 양2

621 **dev·as·tate** [데붜스테이트]: de(completely)+vastare(lay waste), ⟨라틴어⟩, 유린하다, 황폐시키다, 참담하게 하다, '몽땅 버리다', ⟨~ destroy\ruin⟩, ⟨↔recover\restore⟩ 양2

622 **de-vel·op** [디벨롶]: ⟨de(from)+volvere(roll)⟩, ⟨라틴어→프랑스어⟩, ⟨포장을 풀다⟩, 발전, 개발, ⟨펼쳐서⟩ 현상(하다), ⟨~ envelop⟩, ⟨~ grow\evolve⟩, ⟨↔abandon\lose⟩ 가1

623 **de-vel·op-er** [디벨로퍼]: 개발자, 택지개발업자, ⟨↔imitator\demolisher⟩ 가1

624 **de-vel·op-ing dis-a·bil·i·ty** [디벨롶핑 디써빌리티]: 발달장애, ⟨~ defect\handicap⟩ 양2

625 **de-vi·a-tion** [디이뷔에이션]: de(from)+via(way), ⟨라틴어⟩, ⟨길에서⟩ 벗어남, 일탈, 편향, 편차, 탈선, ⟨~ devious⟩, ⟨~ aberration\divergence⟩ 가1

626 **de-vice** [디봐이스]: dis(from)+videre(separate), ⟨라틴어에서 연유한 프랑스어⟩, ⟨←divide⟩, 고안(물), 장치, ⟨devide해서 만든⟩ 설비, 의장, ⟨~ di·vise⟩, ⟨~ tool\utensil⟩ 가1

627 ※**de-vice con-ten-tion** [디봐이스 컨텐션]: 장치 경쟁, 한 장치를 두고 여러 전산 차림표가 다투어 사용하려는 상황, ⟨~ bus contention⟩ 미1

628 ※**de-vice driv-er** [디봐이스 드라이붜]: 장치 구동기, 장치 조정 간(막대), 입출력장치를 제어하는 역할을 하는 차림표, ⟨~ a hard-ware driver⟩ 미1

629 **dev·il** [데블]: dia(across)+ballein(throw), 〈뿔이 두 개 달린〉 (그리스 어원의) 악마, 〈모함하는〉 (히브리 어원의) 사탄, 못된 놈(일), 애물단지, 〈~ evil\satan〉, 〈↔angel\god\saint〉 가1

630 ***dev·il and deep sea**: 곤란한 처지, 진퇴양난, 사면초가, 〈~ dilemma\catch-22\rock and hard-place〉, 〈↔certain\secure〉 양2

631 **dev·il-fish** [데블 휘쉬]: sea devil, sea monster, 〈멸종위기에 처한〉 쥐가오리, manta, 〈~ lion fish\scorpion fish\wolf-fish〉 미2

632 ***dev·il is in the de·tail(s)**: 자세히 보면 악마가 있다, 〈너무 따지지 말고〉 대충대충 해라, 〈↔God is in the details〉 양2

633 ***dev·il's ad·vo·cate** [데블스 애드붜케이트]: 악마의 변호인, 일부러 반대 의견을 말하는 사람, 트집쟁이, 〈~ apologist\defender〉 미2

634 **dev·il's hel·met** [데블스 헬밑]: aconite, 투구꽃, 바곳, ⇒ wolfs·bane 미2

635 **dev·il's i·vy** [데블스 아이뷔]: 〈음지에서도 죽지 않는〉 '악마 담쟁이', 칼 모양의 잎에 흰무늬가 있는 천남성과의 관엽식물, 〈~ ivy arum\silver vine〉 우2

636 **dev·il's snare** [데블스 스네어]: '악마의 덫', 흰 독말풀, jimson weed, ⇒ stramonium 미2

637 **dev·il's tongue** [데블스 텅]: konjac, snake palm, 곤약, 커다란 적갈색의 나리꽃속에 난 악마의 혀 같은 삐죽한 자루에서 수수를 채취해 〈동남아에서〉 묵이나 만두피로 먹는 건강식품, 〈~(↔)Sansevieria〉 미2

638 **de·vi·ous** [디이뷔어스]: de(from)+via(way), 〈라틴어〉, '정도를 벗어난', 우회한, 속임수의, 〈~ deviate〉, 〈↔straight-forward\honest〉 양2

639 **de-vise** [디봐이즈]: dis(from)+videre(separate), 〈라틴어〉, 〈←dividere〉, 궁리하다, 고안하다, 유증하다, 〈고민 끝에〉 유언으로 증여(상속)하다, 〈~ de·vice〉, 〈~ conceive\contrive〉 양1

640 **de-void** [디붜이드]: des(from)+voidier(make empty), 〈프랑스어〉, ~이 없는, 〈뽑아내서〉 결여된, 〈~ bare\lacking〉, 〈↔promissory〉 양2

641 **de·voir** [더브와아]: 〈←debere(indebted)〉, 〈라틴어→프랑스어〉, 〈←owe〉, 예의, 경의, 본분, 〈~ voracious〉, 〈~ commital\duty〉 양2

642 **de·vo·lu·tion** [데 뷜루우션]: de(down)+volvere(roll), 〈라틴어〉, 〈←devolve〉, 퇴화, 권한 이양, (지방) 분권제, 〈~ abatement\delegation〉, 〈↔evolution\centralization〉 양1

643 **de·vo·tion** [디붜우션]: de(from)+vovere(vow), 〈라틴어〉, 〈세속적인 것에서〉 떨어져 있기로 하는 서약, 헌신, 전심, 열애, 예배, 〈~ loyalty\fidelity〉, 〈↔hatered\loathing〉 양1

644 **de·vour** [디봐우어]: de(completely)+vorare(swallow whole), 〈라틴어〉, 게걸스럽게 먹다(eat), 〈꿀꺽꿀꺽〉 삼켜버리다, 〈~ voracious〉, 〈~ monopoloze\corner the market〉 양2

645 **de-vout** [디봐울]: de(completely)+vovere(vow), 〈라틴어〉, devoted, 믿음이 깊은, 독실한, 열렬한, 〈~ pious\dedicated〉 양2

646 **dew** [듀우]: 〈←deaw〉, 〈게르만어〉, 이슬, 방울, 상쾌함, 〈~ drizzle\mist〉, 〈↔frost〉 양1

647 **dew-ber·ry** [듀우 베뤼]: '방울 딸기', 조그만 방울이 뭉쳐진 장미과의 산딸기, 〈~ ground-berry〉 우2

648 **Dew·ey** [듀우이], John: 〈←Dewi(be-loved)〉, 〈웨일즈어〉, '사랑받는 자', 듀이, (1859-1952), 컬럼비아 대학에 오래 몸담았던 미국의 사회민주주의 내지는 실용주의 교육자·철학자, 〈~ an American scholar〉 수1

649 **dew-point** [듀우 포인트]: 이슬점, 〈습도에 따라 달라지는〉 공기가 엉켜 물방울이 되는 온도, 〈~ frost point〉 양2

650 **dex·ter** [덱스터]: 〈라틴어〉, right, 오른쪽의, 〈↔sinister, D~; 남자 이름 가1 수1

651 **dex·ter·i·ty** [덱스테뤼티]: 솜씨 좋음, 기민함, 오른손잡이, 〈~ agility\deftness〉 양1

652 **DHA** (doc·o·sa·hex·a·e·no·ic ac·id): Omega3 지방산의 한 성분 우1

653 **Dha·ka** \ Da·cca [다커]: 〈어원 불명의 뱅골어〉, '초소〈watch tower〉?', 다카, 〈세계에서 인구밀도가 제일 높은〉 방글라데시의 수도(상·공업도시), 〈~ Capital of Bangladesh〉 수1

654 **dhar·ma** [다알머]: 〈산스크리트어〉, '법(law)', 덕행, 힌두(Hindu)교에서 지켜야 할 규범, Dharma; 달마(불교 선종의 시조), 〈~ 이것은 보다 윤리적이고 karma는 보다 종교적임〉 우2 수2

655 *__DHL__ (Dal·sey-Hill·blom and Lynn): 1969년 미국에서 세워져서 2002년 독일의 Deutsche Post가 주도권을 잡은 세계적 급송 항공 택배회사, 〈~ a German logistics company〉 수1

656 __DHHS__: ⇒ Health and Human Services 양2

657 __DHS__ (De·part·ment of Home·land Se·cu·ri·ty): (미) 국토안보부, 9·11사태 후 2002년에 미국의 공공안전을 위해 창립된 〈막강한〉 내각 부처, 〈~ a cabinet Dept. of USA〉 양2

658 *__dhy·a·na__ [디야너]: 〈산스크리트어〉, meditation, 선, 선정, 정려, '고요한 생각', 〈~ mantra는 염불을 동반함〉, 〈~(↔)yoga〉 우2

659 __di~__ [다이~]: 〈그리스어〉, two, 〈둘·두배~〉란 뜻의 접두사, 〈~ bi~〉, 〈↔mono\multi〉 양1

660 __di~__ [디(이) \ 더 \ 다이 ~]: 〈←dis(separation)〉, 〈라틴어〉, 〈따로·떨어져~〉란 뜻의 접두사 양1

661 __di~__ [다이~]: 〈←dia(through)〉, 〈그리스어〉, 〈가로지른·통해서~〉란 뜻의 결합사 양1

662 __DIA(De·fense In·tel·li·gence A·gen·cy)__: 국방 정보국, (미) 방첩대, 1961년에 창립되어 국방부 소속이나 국방부 장관보다 CIA 국장에게 보고를 하는 미국의 군사첩보대, 〈~ US military intelligence organization〉 미2

663 __di·a~__ [다이어~]: 〈그리스어〉, across\through\apart\throughout, 〈가로지른·떨어진·완전한~〉이란 뜻의 접두어 양1

664 __di·a·be·tes__ [다이어비이티스]: dis(through)+bainein(go), 〈그리스어〉, 당뇨병(달콤한 오줌-mellitus), 요붕증(맛없는 오줌-insipidus), '빠져나가는 병' 양1

665 __di·aer·e·sis \ di·er·e·sis__ [다이에뤄시스]: dia(apart)+hairein(take), 〈그리스어〉, 절단, 분음(음절의 분절), 분음기호(주로 모음 위에 붙이는 쌍점), 〈~ umlaut〉, 〈~ trema〉 양2

666 __di·ag·no·sis__ [다이아그노우씨스]: dia(through)+gignoskein(know), 〈그리스어〉, 진단, 식별('차이를 가려내는 일'), 분석, '관통하여 알아보기', 〈~ decision\recognition〉, 〈↔mis-diagnosis〉 가2

667 __di·ag·nos·tic re·lat·ed group·ing \ DRG__: '진단 연관 분류', 포괄수가제, 진료받은 병명에 따라 의료수가가 지급되는 제도 미2

668 __di·ag·o·nal__ [다이애거널]: dia(through)+gonia(corner), 〈그리스어〉, '모서리를 가로지르는' 대각선의, 비스듬한, 〈~ cross-wise\transverse〉 가1

669 __di·a-gram__ [다이어그램]: dia(through)+graphein(write), 〈그리스어〉, 그림, 도표, 일람표, 〈~ drawing\illustration〉 양2

670 __di·al__ [다이얼]: 〈←dies〉, 〈라틴어〉, 〈day(해) clock의 지침〉, 문자반, 눈금판, 지침반, 숫자반, 전화 걸기, 〈~ face\indicator〉, 〈~ phone\call〉 우2

671 __di·a-lect__ [다이얼렉트]: dia(across)+legein(talk), 〈그리스어〉, '가로지르는 말', 방언, 사투리, 말씨, 파생어, 〈~ dialog〉, 〈~ regional(local) language〉, 〈↔standard(formal) language〉 미2

672 __di·a-log \ di·a-logue__ [다이얼러그]: dia(across)+legein(talk), 〈그리스어〉, 대화, 문답, 의논, 회답, '가로질러 하는 말', 〈~ dialect〉, 〈~ chat\talk〉, 〈↔mono-log\soliloquy〉 양1

673 __di·a-logue box__ [다이얼러그 박스]: 대화상자, 사용자가 입력할 때 나타나는 화면, 〈~ window\display〉 양1

674 ※__di·al-up__ [다이얼 엎]: 전화 호출, 전화회선으로 전산기의 단말기와 연락하는 일, 〈~ buzz\ring〉 양2

675 __di·al·y·sis__ [다이앨리시스]: dia(apart)+lyein(loose), 〈그리스어〉, 투석, 희석, '분리해서 걸러냄', 〈~ cleaning\filteration〉 양2

676 __di·am·e·ter__ [다이애미터]: dia(through)+metron(measure), 〈그리스어〉, 〈가로질러 재는〉 지름, 직경, 배율, 〈반지름은 radius〉, 〈~ width\caliber〉 가1

677 __di·a-met·ric__ [다이어매트릭]: dia(through)+metron(measure), 〈그리스어〉, 직경의, 완전히 대립하는, 정반대의, 〈~ adverse\contrary〉 가1

678 __di·a·mond__ [다이어먼드]: 〈←adamas〉, 〈그리스어→라틴어〉, (아주 '단단한〈adamant〉' 탄소로 이루어진) 금강석, 귀중한, 마름모꼴, 야구장, 4월의 탄생석, 〈~ logenze\rhombus\parallelogram〉 우2

679 __di·a·mond an·ni·ver·sa·ry__ [다이어먼드 애너붜얼써뤼]: 통상 60주년 기념일 우2

680 __Di·a·mond-backs__ [다이어먼드 백스], Ar·i·zo·na: 다이아몬드 등판, 1998년에 피닉스에서 창단되어 금강석과 뱀의 혀 모양 무늬를 가진 A자형 문장을 사용하는 미국의 야구단 수2

681 ***di·a·mond hand** [다이어먼드 핸드]: '단단한 손', 보유 주식을 일시적 변동에 반응 않고 오래 가지고 있다 파는 〈끈질긴 투자가〉, 장기 투자자, 〈~ long-term investor〉, 〈↔paper hand\meme stock〉 미2

682 ***di·a·mond lane** [다이어먼드 레인]: 다수인 이용 전용 차량 도로, 〈~ car pool lane\hov lane〉 미2

683 **Di·a·na** [다이애나]: 〈←dius(god like)〉, 〈라틴어〉, '신성한 자', 다이아나, 여자 이름, 달의 여신, 처녀성과 사냥의 수호신, 〈그리스 신화의 Artemis〉 수1

684 **Di·an·a** [다이애나], Prin·cess of Wales: 다이아나, (1961-1997), 1996년에 이혼하고 (바람을 피우다가) 파리에서 〈의문의〉 교통사고로 사망한 신경성 식욕 부전증으로 고생했던 영국의 황태자비, 〈~ first wife of Prince Charles〉 수1

685 **di-an·thus** [다이앤써스]: dios(divine)+anthos(flower), 〈그리스어〉, '신의 꽃', 패랭이꽃, 〈카네이션의 야생종으로〉 분홍색의 끝이 톱니같이 생긴 다섯 꽃잎을 피우고 들에 뭉쳐서 나는 석죽과의 여러해살이풀, 〈→maiden pink〉 미2

686 **di·a·per** [다이어퍼 \ 다이펄]: dia(across)+aspros(white), 〈그리스어〉, 마름모 무늬, 〈흰 천으로 만든〉 기저귀, 생리대, 〈~ nappy\under-pants〉 양1

687 ***di·a·per show·er** [다이어퍼 샤워]: 〈곧 아빠가 될 사람을 위하여〉 (주로 친구들이 기저귀·밑닦개 등을 선사하는) 예비 아빠 위로연, 〈~ dadchelor party\man shower\baby stag〉, 〈↔baby shower〉 미1

688 **di·a-phragm** [다이어후램]: dia(through)+phrassein(enclose), 〈그리스어〉, 〈가로질러 막은〉 횡격막, 격막, 진동판, 조리개, 피임기구(페서리), 〈~ mid-riff\membrane〉 양1

689 **di·ar·rhe·a** [다이어뤼어]: dia(through)+rheein(flow), 〈그리스어〉, '가로지르는 흐름', 설사, 묽은 똥, 〈~ loose stools\runs〉 가2

690 **di·a·ry** [다이어뤼]: 〈←dies〉, 〈라틴어〉, 〈day마다 적는〉 일기, 일지, 〈~(↔)journal〉, 〈↔annals〉 가1

691 **Di·as \ Di·az** [디어스], Bar·thol·o·meu: 〈←son of Diego(teacher)?〉, 〈히브리어에서 유래한 다양한 어원의 스페인계 이름〉, 디아스, (1450?-1500), 1448년 희망봉을 발견하고 2년 후 그 근처에서 증발된 〈왕족 출신〉 포르투갈의 항해가, 〈a Portuguese mariner〉 수1

692 **di·as·po·ra** [다이애스퍼뤄]: dia(through)+speirein(scatter), 〈그리스어〉, 〈←disperse〉, 디아스포라, 이산, (국외) 이주, 유대인의 이산, '흩어지다', 〈~ dispersion〉, 〈↔cluster〉 우2

693 **di·a-stol·ic** [다이어스탈릭]: dia(apart)+stellein(put), 〈그리스어〉, 〈←dilated〉, 심장 확장(기)의, 음절 연장의, 〈↔systolic〉 양2

694 **di·a-tom** [다이어텀]: dia(through)+tome(cut), 〈그리스어〉, '둘로 나누다', 〈원형질과 단단한 세포막으로 구성된〉 규조류, 엽록소를 가지고 물에 떠다니는 단세포 식물, 〈~ a plankton\alga〉 미1

695 **di·a-tribe** [다이어트라이브]: dia(throughout)+tribein(rub), 〈그리스어〉, 〈박박 문지르는〉 통렬한 비난, 혹평, 매도, 〈~ tirade\jeremiad〉 양2

696 ***di-ca** [디카]: ⇒ digital camera 우2

697 **Di-Cap·ri·o** [디캐프뤼오], Leo·nar·do: 〈←capra〉, 〈'염소(goat)'란 뜻의 이탈리아어〉, 디카프리오, (1974-), 젊어서 바람끼나 피웠으나 다양한 역을 잘 소화해낸 미국의 미남 배우·채식주의자·환경옹호가, 〈~ an American actor〉 수1

698 **dice** [다이스]: 〈라틴어→프랑스어〉, die²의 복수, 주사위(노름), 도박, 깍둑썰기를 하다(cut into 'small cubes'), 〈~ bones〉, 〈~ chop〉 가1

699 **di-chlo·ro-di-phe·nyl–tri-chlo·ro eth·ane \ DDT**: (미세 곤충을 죽이는 데 탁월한 효과가 있으나 잘 분해되지 않고 발암성이 있는 것으로 사료되는) 살충제〈insecticide〉의 하나 수2

700 **di-chon·dra** [다이칸드롸 \ 디촌드뤼]: di(two)+chondros(grain), 〈그리스어〉, (난대에서 잘 자라며 잎이 작은 아욱을 닮은 메꽃과의 풀로 흔히 잔디용으로 쓰이는) 아욱매풀, '두씨 식물', 〈~ kidney weed\tom thumb〉 미2

701 **di·chot·o·my** [다이카터미]: dicha(in two)+temnein(cut), 〈그리스어〉, 둘로 갈림, 이분법, 분열, 〈~ division\polarity\paradox〉, 〈↔same\harmony〉 양2

702 **Dick¹** [딕]: 〈음운변형〉, Richard의 애칭 (Rick→Dick) 수2

703 **dick²** [딕]: 〈영국어〉, 녀석, 형사(detective), 잘난 체하는 〈deceitful?〉 놈, 〈dig하는?〉 자지, 〈Richard(지배자)→Dick; 그것으로 여성을 '지배'한다는?〉 좆 가2

704 *dick ap·point–ment [딕 어포인트먼트]: '자지 예약', 〈애정이 없는 남자와의〉 성교 약속, 〈~(↔)pussy appointment〉 양2

705 dick-cis·sel [딕씨슬]: 〈의성어〉, '무당새', 미국 중동부에 서식하는 '딕딕딕~ 시시시시~' 소리를 내는 참새 비슷한 새, 〈~ a small seed-eating bird〉 우2

706 *dick chick·en [딕 취큰]: 두 남성 동성연애자가 자지를 내놓고 서로 쳐다보다가 먼저 움직이는 놈이 지는 〈닭 자지까기 놀이〉, 〈~ chickening out〉 양2

707 Dick·ens [디킨스], Charles: 〈'devil'의 완곡한 표현〉, (1812-1870), (정규 교육은 못 받았으나 빅토리아 시대 〈문학의 거장〉으로 불리는) 영국의 〈인간적인〉 풍자작가, 〈~ an English novelist and social critic〉 수1

708 dick·ens [디킨스]: 〈Charles D.가 태어나기 오래 전에 생긴 말〉, 〈←devil-kins(beast)〉, 〈영국어〉, 악마 같은, 염병할, 제기랄, 도대체, 〈~ deuce\God's sake\be-jesus\god-damn it〉 양2

709 dick·er [디커]: 〈←decuria(ten hides⁹)〉, 〈라틴어〉, 짐승 가죽 10장, 물물교환, 거래, 흥정(하다), 〈~ barter\trade〉 양2

710 dick-ey \ dick-ie \ dick-y [디키]: 〈Richard란 인명에서 연유한 영국어〉, (장식용) 가슴판, 턱받이, 앞치마, (차의) 임시 좌석, 〈~ detachable article〉 우1

711 *dick-head [딕 헤드]: 〈1960년대에 등장한 영국어〉, '자지 대가리', 병신 새끼, 멍청이, 〈~ jerk\idiot〉 양2

712 Dick·in·son [디킨슨], Em·i·ly: 〈Richard의 자손〉, (1830-1886), 혼자 살면서 독특한 문체로 삶의 본질에 대해 1,800여 편의 시를 쓴 미국의 여류 시인, 〈~ an American poet〉 수1

713 Dick·in·son [디킨슨], John: (1732-1808), 「자유의 노래」를 지어 독립정신을 고무한 미국의 문필가·정치가·〈건국의 아버지〉들의 일원, 〈~ a Founding Father of USA〉 수1

714 *dick-pic [딕 픽]: dick picture, (다른 사람에게 보내는 자신의) 음경 사진, 〈~ bel-fie〉 양2

715 *dick-print [딕 프린트]: '자지 자국', 꼭 끼는 내복을 입었을 때 돌출되는 음경 부위, 〈~ cock-bulge\crotch tent〉 양2

716 Dic·ta-phone [딕터호운]: 〈A. Bell이 처음 고안한〉 속기용 구술 녹음기(상표명), 〈~ a dictation machine〉 수1

717 dic·ta-tion [딕테이션]: 〈←dicere(speak)〉, 〈라틴어〉, 받아쓰기, 구술, 지시, 청음, 〈~(↔)transcription〉 양1

718 dic·ta-tor [딕테이터]: 〈←dicere(speak)〉, 〈라틴어〉, 독재자, 절대권력자, 〈편자가 제일 부러워하는〉 받아쓰게 하는 사람, 〈~ tyrant\monocrat〉, 〈↔liberator\democrat〉 양1

719 dic·tion-ar·y [딕셔너뤼]: 〈←dicere(speak)〉, 〈라틴어〉, 사전, 옥편, 〈악화가 양화를 구축하는〉 '말에 관한 책', 〈~ lexicon\word-book〉 양1

720 did [디드]: 〈게르만어〉, do의 과거형, (행) 했다 가1

721 di·dac-tic [다이댁틱]: 〈←didaskein(teach)〉, 〈그리스어〉, '가르치기 위한', 교훈(설교)적인, 〈지겨운〉, 〈~ erudite\pedantic〉, 〈↔ignorant\un-educational〉 미1

722 *did·dle [디들]: 〈영국어〉, 속이다〈duddle〉, 만지작거리다, 빈들빈들하다, 빨리 걷다〈trotter〉, 낭비하다, 자지로 방귀뀌다(수음하다), 〈~ deceive\fool\trifling〉 양1

723 *did·dy·bop [디디 밥]: 〈1940년대 처음 나왔을 때는 '백인을 동경하는 흑인'이란 뜻이었으나 1950년대에 '거리의 폭력배'란 뜻으로 쓰이다가 1960년대에 베트남에서 유행한 미국 속어〉, 갈지자로 걸어가다, (춤추듯) 가볍게 걸어가다, 〈~ boppin〉 미1

724 did·ger·i·doo [디줘뤼두우]: 〈의성어〉, (오스트레일리아 북부 원주민들이 사용하던) 대나무로 만든 긴 피리 같은 관악기, 〈~ a wind aero-phone〉, 〈~(↔)alp-horn〉 수2

725 die¹ [다이]: 〈←dawjan(expire)〉, 〈게르만어〉, 죽다, 사라지다, 〈→death\dying\pass away〉, 〈↔live〉 가1

726 die² [다이]: 〈←dare(throw)〉, 〈라틴어→프랑스어〉, 철인, 형판, 주사위, 나사틀로 자르기, 〈→dieing〉, 〈~ bones\template\mold〉 미2

727 die cast [다이 캐스트]: 나사 틀로 자르기, 틀로 찍어내기, 거푸집 만들기, 〈~ configure\shape〉 우1

728 die down [다이 다운]: 잦아들다, 수그러들다, 〈~ lessen\diminish〉 양2

729 di·e·ge-sis [다이어제시스]: dia(through)+egeishai(lead), 〈그리스어〉, 서술(대화)을 통해 줄거리를 풀어가는 일, 서술적 구도, 〈~ plot(story) line〉 양2

730 **die-hard** [다이 하아드]: 완강한 저항자, 고집불통, 〈~ dead set\hardcore〉, 〈↔shuttle-cock\flexible〉 양1

731 **Dien Bien Phu** [디엔 비엔 휴우]: zun+bian+fu, established frontier prefecture, 〈중국어→베트남어〉, 디엔 비엔 푸, 1954년 3월 13일~5월 7일의 전투에서 월맹군에 의해 묵사발이 된 베트남(Vietnam) 북서부의 프랑스군 기지 수1

732 **Die·sel** [디이절 \ 디이즐]: 〈←theud(people)〉, '인류'란 뜻의 게르만어, 디젤, 〈1894년 독일의 기계공 Rudolf Diesel의 이름을 딴〉 고온압축점화기관, 사람 이름, 연료 이름, 〈~ a distillate fuel oil〉, 〈↔gasoline〉 수1

733 **Di·et** [다이얼]: 〈←dies(day)〉, 〈라틴어〉, '공식 회합', (일본의) 국회, 의회〈daily life를 심의 하는 곳〉, 〈~ Congress\Parliament〉, 〈~ diet casting(build-up)〉 양2

734 **di·et** [다이얼]: 〈←diaita(manner of living)〉, 〈그리스어〉, 〈day에 적절한〉 음식물, 규정식, 식이요법, 〈살 까기〉, 〈~ meal\food and drink\eating〉 양1

735 **di·et bust-ing** [다이얼 버스팅]: '규정식 타파', 식사 조절의 파괴, 식이요법을 하다가 나쁜 음식(bad-food) 섭취로 삼천포로 빠지는 일, 〈~ diet casting(build-up)〉 양2

736 **di·e·ta·ri·an(~cian)** [다이어테뤼언]: 규정식(엄수) 주의자, 〈~ a diet-er〉 양2

737 **di·e·ti·tian(~cian)** [다이어티션]: 영양사, 영양학자, 〈~ nutritionist〉 양1

738 **Di·et of Worms** [다이얼 어브 웜스]: 〈벌레 반찬이 아니라〉 1521년 신성로마 황제가 독일의 Worms란 도시에 마틴루터를 소환해서 파문시킨 공식 회합, ⇒ Edict of Worms 수2

739 **di·et pill** [다이얼 필]: 살 빼는 약, 체중 감소제, 〈~ anorectic\weight-loss drug〉 양2

740 ***di·et with-out grace** [다이얼 위다웃 그뤠이스]: 혼전 성교, 〈~ pre-marital sex〉 양2

741 **dif~** [디후~]: 〈라틴어〉, (f 앞에서) dis~의 변형 양1

742 **dif-fer–ence** [디훠뤈스]: dis(apart)+ferre(carry), 〈라틴어〉, 다름, 차이, 〈나중에 가져와서(defer) 비교하는〉 구별, 〈~ dis-similarity\discrepancy〉 가1

743 **dif-fi·cult** [디휘컬트]: dis(away)+facilis(easy), 〈라틴어〉, 〈쉽지 않은〉, 힘든, 어려운, 곤란한, 까다로운, 〈~ hard\tough〉, 〈↔light\soft〉 가1

744 **dif-fi·dent** [디휘던트]: dis(away)+fidere(trust), 〈라틴어〉, 수줍은, 자신 없는, 머뭇거리는, 〈믿을 수 없는〉, 〈~ shy\modest〉, 〈↔confident\arrogant\self-poised〉 양1

745 **dif-fu·sion** [디휴우전]: dis(apart)+fundere(pour), 〈라틴어〉, 발산, 유포, 보급, 확산, '떨어진 곳까지 퍼지는 것', 〈~ spreading\dispersal〉 양1

746 ※**dif-fu·sion in-dex** [디휴우전 인덱스]: 확산지수, (경제가 얼마나 잘 돌아가는지를 나타내는) 경기 동향 지수, 〈~ advance\decline index〉 양2

747 **dig** [디그]: 〈영국어〉, 〈ditch를 만들려고〉 파다, 채굴하다, 탐구하다, 〈~ bore\till〉 양1

748 ***dig·e·ra·ti** [디줘롸아티]: digital literati, 전산기 달인, '컴퓨터 도사', 〈~ cyber-naut\computer-nik〉 양1

749 **di-gest** [다이줴스트 \ 디줴스트]: dis(apart)+gerere(carry), 〈라틴어〉, '떨어뜨려 운반하다', 삭히다, 소화하다, 이해하다, 참다, 요약하다, 〈~ break down\assimilate〉 우2

750 **di-ges·tif** [다이줴스티이후 \ 디줴스티이후]: 〈←digest〉, 식후주, 〈소화를 돕기 위해〉 식후에 마시는 술, 〈~ after meal drink\pousse-café〉, 〈↔aperitif〉 미2

751 ***dig·i·log** [디쥐라그]: digital+analog, 계수형(머리)와 계량형(가슴)의 융합, 한국의 석학 이어령 선생이 신 문명론에서 주창한 말이나 미국에서는 신제품(digital)인 줄 알고 샀는데 뜯어보니 구식(analog)이라는 속어로 더 많이 쓰임 양2

752 ***dig-ging a hole to fill an-oth·er** [디깅 어 호울 투 휠 언아더]: 저 구멍을 막으려고 이 구멍을 파다, 돌려막기, 〈~ robbing Peter to pay Paul〉 양2

753 **dig·i·tal** [디쥐틀]: 〈←digitus(finger)〉, 〈라틴어〉, (손가락) 숫자의, 계수형, 수치형, 증폭형, 〈이어령 선생에 의하면〉 〈언덕 위의 집을 계단으로 올라가는 일〉, 〈~ analog〉 수2

754 ※**dig·i·tal cam·e·ra** [디쥐틀 캐머뤄]: (1988년에 대중화된) 필름 대신 감지기와 미세처리기로 화상을 계수자료로 보관하는 〈수치형 사진기〉, 〈↔analog photography〉 우2

755 **dig·i·tal clock** [디쥐틀 클락]: (숫자로 된 시간이 형광판에 나타나는) 수치형 시계, 〈~ electronic clock〉, 〈↔analog clock〉 미1

756 ※**dig·i·tal deals** [디쥐틀 디일스]: '증폭형 거래', 종이쪽지 대신 전산기에 찍혀 나온 할인권을 사용해서 장을 보는 방식, 〈~ e-commerce〉 우2

757 ※**dig·i·tal de-tox(i·fi·ca–tion)** [디쥐틀 디이탈]: 디지털 해독, 디지털 거리두기, 계수기로부터 휴식, 〈문명탈피〉, 〈~ non-use of social media〉 미2

758 **dig·i·tal·is** [디쥐테일리스]: 〈←digitus(finger)〉, 〈라틴어〉, 〈엄지 모양의 꽃이 피는〉 현삼과의 독초, finger nut ⇒ fox·glove 우1

759 ※**dig·i·tal mon·ey** [디쥐틀 머니]: 전자 화폐, crypto·currency, ⇒ bit·coin 우2

760 ※**dig·i·tal nerv-ous sys·tem \ DNS**: '증폭식 신경 체계', 모든 구성원이 고성능 개인용 컴퓨터를 통해 동시에 쉽게 정보를 공유할 수 있는 체계, 〈~ electronic brain〉 우1

761 ※**dig·i·tal print-ing** [디쥐틀 프륀팅]: '전자식 인쇄', 〈인쇄형판 없이〉 영상을 직접 인쇄 매체에 투사·복사하는 것, 〈off-set printing에 비해 빠르고 편하나 질과 양에서 떨어짐〉, 〈~ thermal printing〉 우1

762 ※**dig·i·tal sig·na-ture stand-ard \ DSS**: 디지털 서명 기준 우1

763 ※**dig·i·tal sub-scrib–er line \ DSL**: (일반 전화선에 고속 숫자형 신호를 보낼 수 있는 장치를 제공하는) 디지털 전화 가입자 회선 우1

764 ※**dig·i·tal ver·sa·tile disc \ DVD** [디쥐틀 붜얼서틀 디스크]: 증폭형 가전성('다능력') 원반 미1

765 ※**dig·i·tal vid·e·o disc \ DVD** [디쥐틀 뷔디오우 디스크]: 증폭형 영상 원반 미1

766 ※**dig·i·tal zoom** [디쥐틀 쥬움]: 증폭형 초점 맞추기, (화상의 일부를 크게 하기 위해) 숫자형 확대기를 사용해서 해상도를 높여주는 사진 촬영 방식, 〈optical zoom은 대상을 포착하기 전에 가까이 오게 하고 이것은 화상의 일부를 포착하고 나중에 확대시킴〉 우2

767 **di-glot** [다이글랕]: di(two)+glotta(tongue), 〈그리스어〉, 2개의 언어로 말하는(쓰는), 이중언어, 〈~ bi-lingual〉 양2

768 **dig·ni-ty** [디그니티]: 〈←dignus(worthy)〉, 〈라틴어〉, 존엄, 품위, 자존감, 고위, '가치', 〈~ nobility\honor〉, 〈↔shame\disgrace〉 양2

769 **di-gress** [다이그뤠스 \ 디그뤠스]: dis(apart)+gradi(steps), 〈라틴어〉, 〈grade를〉 줄이다, 낮추다, 감소하다, 주제에서 벗어나다, 〈~ re·gress\revert〉, 〈↔advance\progress〉 양1

770 **dik·dik** [딕딕]: 〈'딕·딕'하며 짝을 찾는〉아프리카산 (제일) 작은 영양, 〈~ a small antelope〉 미2

771 **Di·ke** [디케\다이키]: 〈←dike (custom)〉, 〈그리스어〉, (그리스 신화) 정의와 도덕률의 여신, 제우스와 Themis의 딸, 〈~Justia〉 수2

772 *****dike \ dyke** [다이크]: 〈←dijk〉, 〈11세기에 등장한 네덜란드계 게르만어〉, 〈←ditch〉, levee², 둑, 제방, 방벽, 작은 변소, 〈어원이 모호한〉 남자역 레즈비언〈butch〉 양1

773 **di-lap·i–date** [딜래퍼데이트]: dis(apart)+lapis(stone), 〈라틴어〉, 〈돌을 던져〉 헐다, 무너지다, 탕진하다, 〈~ dis-integrate\annihilate〉 양2

774 **di-late** [다일레이트]: dis(apart)+latus(wide), 〈라틴어〉, '넓히다', 팽창시키다, 〈~ enlarge\expand〉, 〈↔constrict〉 가1

775 **di-la·tion and cu·ret-tage \ D and C**: (자궁경관) 확장과 소파, 소파수술, 〈~ a surgical abortion〉 양2

776 **dil·a-to·ry** [딜러터뤼]: dis(apart)+latus(wide), 〈라틴어〉, 시간을 끄는, 느린, 더딘, 〈~ delay〉 양2

777 **Dil·bert prin·ci·ple** [딜버트 프륀시풀]: (1996년 미국 만화의 주인공 이름에서 연유한) 〈멍청이 원리〉, 무능력한 직원을 승진시키면 최소한 회사에 해는 끼치지 않는다는 원리, 〈~ a satirical concept of management〉, 〈↔Peter principle〉 수2

778 *****dil·do \ ~doe** [딜도우]: 〈←delight?〉, 〈어원 불명의 영국어〉, 음경 모양의 자위용 기구, '각좆', '각 선생', 멍청이, 〈~ an artificial penis\ass-head〉 양2

779 **di-lem·ma** [딜레머]: di(two)+lamboanein(take), 〈그리스어〉, 궁지, 〈빼자니 허하고 박자니 아픈〉 진퇴양난, '이중의 가정' 〈짬뽕? 짜장면?〉, 〈~ controversy\catch-22\tri·lemma〉, 〈↔certain\clear〉 양2

780 *****dil·et·tante** [딜리타안티]: 〈←dilectare(charm)〉, 〈라틴어→이탈리아어〉, 딜레탕트, 비전문적, 어설픈, 〈난체하는〉 아마추어 애호가, 〈짐짓 'delighted'된 척하는〉, 〈~ dabbler\tinkerer〉, 〈↔oracle\zealot〉 우1

781 **dil·i·gent** [딜리줸트]: dis(apart)+legere(choose), 〈라틴어〉, 〈선택의 여지가 없는〉, 근면한, 부지런한, 〈~ hard-working\industrious〉, 〈↔idle\delinquent〉 양1

782 **dill** [딜]: 〈어원 불명의 게르만어〉, a parsley, 사라, (주로 향미료로 쓰이는) 여린 줄기·가는 잎에 자잘한 꽃을 피는 미나릿과의 회향 비슷한 풀, 〈~ anise〉 우1

783 **dil·ly-dal·ly** [딜리 댈리]: 〈영국어〉, 〈의태어〉, 빈둥빈둥, 'idle·idly', 꾸물거리다, 망설이다, 〈~ waste time\dawdle〉 양2

784 **di-lute** [다이루우트]: dis(away)+luere(wash), 묽게 하다, 희석하다, 약하게 하다, 〈~ thin out\water down〉, 〈↔concentrate〉 양1

785 **di·lu·vi·al** [딜루우뷔얼]: 〈←diluere(wash away)〉, 〈라틴어〉, 〈노아의 대홍수로 생겨난〉 홍적층(의), 〈←deluge〉, 〈~ flood\over-flow〉 양2

786 **dim** [딤]: 〈게르만어〉, 〈←dark〉, 흐릿한, 어둑한, 둔한, 〈~ faint\vague〉, 〈↔ bright〉 양1

787 **dime** [다임]: 〈←decem(ten)〉, 〈라틴어〉, '십분의 일', 10센트짜리 동전, 푼돈, 〈→two cents〉 수2

788 **di-men-sion** [디멘션]: dis(from)+metiri(measure), 〈라틴어〉, 〈측량한〉 치수, 차원, 용적, 규모, 〈~ measure-ment\proportion\extent〉 양1

789 **di-min·ish** [디미니쉬]: de(from)+minus(small), 〈라틴어〉, 〈완전히〉 줄이다, 낮추다, 감소하다, 완화되다, 〈~ lessen〉, 〈↔augment\grow〉 양2

790 *** di-min·ish-ing re-turn** [디미니쉥 뤼터언]: (적정선 이상의 노력을 해 봐야 그만큼 효과가 나타나지 않는다는) 수익체감, 〈~ dis-economies of scale〉 미2

791 **di-min·u·en-do** [디미뉴엔도우]: 〈라틴어에서 유래한 이탈리아어〉, 〈←diminish〉, 점감, 점점 약하게, 〈~ decrescendo는 음량만 줄이라는 뜻이고 이것은 음량과 속도를 다 줄이라는 뜻임〉 미2

792 **dim·i·nu-tion** [디미뉴션]: 감소, 축소, 끝이 가늘어짐, 〈~ cutting-back\reduction〉 양1

793 **dim-mer** [디머]: 〈게르만어〉, 어둡게 하는 사람(물건), 제광 장치, 근거리용 전조등, 〈~ fainter\darker〉 우1

794 **di-morph** [다이모얼후]: di(two)+morphe(form), 〈그리스어〉, 질은 같으나 모양이 다른 쌍의 한쪽, 동질이상, 동종이형 양2

795 **dim·ple** [딤플]: 〈←dump〉, 〈게르만어〉, 보조개, 〈연못(tumpel)같이〉 옴폭 들어간 곳, 잔물결, 〈~ cleft\pocket\ripple〉 양1

796 **dim-sum** [딤썸]: dot+heart, 〈중이 배고플 때 배를 채우는 것이 아니라 마음을 달래려고 먹는 음식〉, 〈주로 '점심'때 드는〉 (중국식) 작은 만두, 〈~ dumpling\mandu〉 미2

797 **din** [딘]: 〈산스크리트어에서 유래한 영국어〉, 〈의성어·의태어〉, 〈우르르 무너지는〉 시끄러운 소리, 소음, 떠듦, 〈~ uproar\commotion〉 양2

798 ***din·a·tion** [다이네이션]: dine+donation의 합성어, 기부 식사, 자선 식사 양2

799 **dine** [다인]: de(complete)+cena(dinner), 〈라틴어〉, 〈단식을 깨고〉 식사하다, 음식을 구강에 투여하다, 〈~ eat〉 가1

800 ***dine and dash** [다인 언 대쉬]: 무전취식, (식당에서) 식사 후 돈 안 내고 도망치기, 〈먹고 튀는〉 '먹튀', 〈dish and dash는 콩글리시임〉 양2

801 **ding-bat** [딩뱉]: 〈영국어〉, 주의를 끄는 기호 〈†,◊,§,┌〉, 멍청이, 바보, 〈종각 안에 갇힌 박쥐 같은〉 미치광이, 〈~ jazz\fandangle〉 미2

802 **ding·dong** [딩덩]: 〈영국어〉, 〈의성어〉, 땡땡(종소리), 막상막하의 (경기), 〈~ chime\neck and neck〉 양2

803 ***ding·dong-ditch** [딩덩 디취]: 초인종 누르고 도망치기, 〈~ ring and run〉 미2

804 **din·ghy** [딩이]: 〈←dingi(boat)〉, 〈벵갈어〉, 작은 배, 함재정, (경주용) 작은 요트, (구명용) 고무 보트, 〈~ tender boat\skiff〉 미2

805 **din·gle-dan·gle** [딩글 댕글]: 〈영국어〉, 〈의태어〉, 대롱대롱, 자지, 〈~ hang-down〉 양2

806 **din·go** [딩고우]: 〈원주민어〉, a wild dog, 〈한국의 '똥개' 비슷한〉 붉은 갈색의 오스트레일리아 들개, 비겁자, 〈~ mutt\jackal〉 수2 양2

807 **din·gy** [딘쥐]: 〈←dung?〉, 〈어원 불명의 영국어〉, 거무스름한, 음침한, 명청한, 〈~ dark\dull\dowdy〉 양1

808 **din·ing** [다이닝]: 식사, 정찬, 〈↔fasting〉 가1

809 ***DINK** [딩크]: double·income·no·kids, 애 없는 맞벌이 가정 〈얌체족의 신세대어〉 미2

810 **din·ner** [디너]: 〈라틴어→프랑스어→영어〉, 〈←dine〉, 정찬, 만찬, (저녁) 식사, 〈~ supper〉, 〈↔breakfast\lunch〉 가1

811 **din·ner knife** [디너 나이후]: (조리한 고기 등을 자르는) 정식용 칼, 〈↔butter knife〉 양1

812 *****DINO** [다이너]: Democrat in name only, 명목상의 민주당원, 보수 성향이 강한 민주당원, 〈~(↔)RINO〉 미2

813 **di·no·saur** [다이너쏘얼]: deinos(terrible)+sauros(lizard), 〈그리스어〉, '무서운 도마뱀', 공룡, 무서운 짐승, 고루한 사람, 〈~ dino\old-timer〉 양2

814 **dint** [딘트]: 〈←dynt(blow)〉, 〈영국어〉, 힘, 폭력, 맞은 자국, 움푹 들어간 곳(dent), 〈~ dip\cleft〉 양2

815 **di·o·cese** [다이어씨이스]: 〈←dioikein(administer)〉, 〈그리스어〉, 교구, 주교관구, '통치령', 〈~ bishopric〉, 〈여러 parishes가 모인 것〉 양2

816 **di-ode** [다이오우드]: di(two)+electrode, 〈영국어〉, 2극관, 전류가 한 방향으로만 흐르는 반도체나 진공관, 〈~ semiconductor unit\junction rectifier〉 미2

817 **di-oe·cious** [다이이셔스]: di(two)+oikos(house), 〈그리스어〉, stamen(sperm)과 pistil(ovum)이 다른 개체에서 생산되는, 자웅이주(체)의, 〈~ unisexual\sexually distinct〉, 〈↔mono-ecious〉 양2

818 **Di·og·e·nes** [다이아쥐니이즈 \ 디아쥬니시스]: Dios(Zeus)+genes(born), '제우스의 자손', 디오게네스, (BC412-323), 〈술통 속에 개같이 살았던〉 그리스의 견유학파 〈냉소적〉 철학자. 〈~ a Greek philosopher〉 수1

819 **Di·o·ny·sus \ ~os** [다이어나이써스]: Dios(Zeus)+nysos(limping), 〈그리스어+시라쿠사어〉, '제우스의 실족', 디오니소스, 그리스신화의 주(술)신, Zeus와 Semele 사이에서 태어난 반신반인, (로마의) Bacchus 수1

820 **di·op·ter \ di-op·tre** [다이앞터]: di(through)+optra(vision), 〈그리스어〉, 디옵터, 수정체나 만곡형 거울의 굴절률을 나타내는 단위, 〈안경의 도수를 측정하는〉 곡광도, (m로 나타낸) 평행광선이 촛점을 맺는 거리의 분수, 〈~ unit of optical power〉 미1

821 **Di·or** [디오얼], Chris·tian: '금발(golden)' \ '선물(gift)', 디오르, (1905-1957), 프랑스의 〈새 모습〉 유행 창안가, 〈~ a French fashion designer〉 수1

822 **di·ox·in** [다이악신]: 〈그리스어〉, (제초제 등에 쓰이는) 독성·발암성이 강한 〈두개의 산소기(di-oxide)를 가진〉 유기화합물 수2

823 **dip** [딮]: 〈←deop(plunge)〉, 〈게르만어〉, 담그다, 적시다, 뜨다, 담구다, 성교하다, 가라앉다, 감광하다(dim), 사라지다, 〈~ deep〉, 〈~ immerse\dunk〉, 〈↔pour\lift〉 양1

824 **diph·the·ri·a** [디후씨어뤼어]: 〈←dephein(tan)〉, 〈그리스어〉, 디프테리아, 박테리아에 의한 호흡기·피부질환, 〈히포크라테스도 기술한 바 있는〉 목구멍에 '가죽 같은 막'을 형성하는 전염병, 〈~ malignant croup〉 수2

825 *****dip in-to** [딮 인투]: (~에) 담갔다 꺼내다, 적시다, 맛보다, (~을) 축내다, 〈~ dabble\appropriate〉 양2

826 **di·plo·ma** [디플로우머]: 〈←diploun(double fold)〉, 〈그리스어〉, 〈양쪽으로 펼쳐지는 판지에 끼워주는〉 졸업증서, 학위수여증, 상장, 면허장, 〈→diplomat〉, 〈~ certificate\credential〉 양1

827 **dip·lo·mat** [디플러맽]: 〈그리스어→라틴어〉, 〈양쪽에서 다 자격을 인정해 주는〉 외교관, 자격증 수여자, 수완가, 〈←diploma〉, 〈~ envoy\legate〉 양2

828 **dip-ped** [딮트]: 〈게르만어〉, 〈←dip〉 ①사라지다 ②차려 입다 ③(흠뻑) 매 맞다 양1

829 **dip-per** [디퍼]: 〈게르만어에서 유래한 미국어〉, 국자, 〈담가서〉 퍼내는 기구, 〈~ ladle\scoop〉, 잠수하는 새(water ouzel), 북두칠성 양2 우2

830 **Dip·pin' Dots** [디핀 닽츠]: 1988년 미국에서 창립되어 〈초콜릿 알맹이를 액화질소에 담가 급속 냉각시키는〉 특수공법으로 만든 콩알처럼 생긴 아이스크림을 제조·판매하는 연쇄점, 〈~ an ice-cream snack〉 수2

831 *****dip-shit** [딮쉍]: 〈영국어〉, dippy(foolish)+shit, 굼벵이, 쓸모없는 자, 한심한 놈, 〈똥물에 튀길 놈〉, 〈~ dolt\dunce〉 양2

832 *****dip-stick** [딮 스틱]: (용기 안에 있는 액체의 양을 재는) 가늘고 긴 계량봉, 자지, 〈~ a measuring strip(rod)\penis〉 양2

833 **dire** [다이어]: 〈←dirus(dreadful)〉, 〈그리스 신화의 Furies에 상당하는 Dirae(분노의 여신들)에서 연유한 라틴어〉, 〈공포에 떠는〉, 무서운, 음산한, 지독한, 〈~ fearful\horrible〉 양2

834 **di·rect** [디뤸트 \ 다이뤸트]: dis(apart)+regere(←rectus), 〈라틴어〉, '떨어져 똑바로 가다', 향하게 하다, 지도하다, 똑바른, 직접의, 솔직한, 〈→address\dirigible〉, 〈~ straight\conduct〉, 〈↔evasive\inverse〉 양1

835 ※**di·rect ad-dress** [다이뤡트 어드뤠스]: ①직접 호칭 ②직접(지정) 번지, (전산망에서) 하나 밖에 없는 자료를 쓰는 '직통' 기억장치 번지, 〈↔indirect address〉 미2

836 ※**di·rect broad-cast-ing sa·tel-lite \ DBS**: 직접 방송 위성, (1980년대에 상품화된) 〈중계소를 거치지 않고〉 시청자의 수신기로 digital 파장을 보내는 통신 위성 미2

837 **di·rect cur·rent \ DC**: 직류, (건전지의) 직접 전류, 한쪽으로만 흐르는 전류, 〈↔AC〉 미1

838 **di·rec·tion** [디뤡션 \ 다이뤡션]: 방향, 방위, 지시, 목표, 감독, 〈~ aim\supervision〉 양1

839 ※**di·rect mem·o·ry ac-cess \ DMA**: 기억장치 직접 접근, 전산기 본체를 조작하지 않고 지엽 장치에서 직접 기억장치로 연결하는 일, 〈~(↔)random memory access〉 우2

840 *****di·rect mes·sage** [다이뤡트 메씨쥐]: DM, 〈은밀한〉 직접전문, (전산망을 통해서) 고객에게 1:1로 보내는 〈친밀한 선전〉, 〈~ private message〉, 〈↔bulk(mass) message〉 미2

841 **di·rec·tor** [디뤡터 \ 다이뤡터]: 〈떨어져 바르게 이끄는〉 지도자, 관리자, 국장, 지휘자, 감독, 중역, 〈~ administrator\manager〉 양1

842 **di·rec·to·ry** [디뤡터뤼]: 인명부, '안내판', 자료방 (기억장치에 들어 있는 목록), 〈~ catalog\index\list〉 가1

843 **dirge** [더얼쥐]: 〈← dirigere(to direct), 〈라틴어〉, 〈성경의 시편에 나오는 장송곡의 첫 단어〉, 만가, 애도가, 〈~ requiem\death march〉, 〈↔exultation\rejoicing〉 양2

844 **dir·i·gi·ble** [딜뤼쥐블]: 〈←dirigere(direct)〉, 〈라틴어〉, (방향을 조정할 수 있는) 열기구, 경식 비행선, 〈~ a hot air-balloon\an air-ship〉 미2

845 **dirt** [더얼트]: 〈←drit(soiling matter)〉, 〈북구어〉, 진흙, '오물', 먼지, 〈똥 묻은 개가 겨 묻은 개를 나무라는〉 추문, 〈~ filth\muck〉, 〈~ grubby\soil〉, 〈↔clean\pure\immaculate〉 양1

846 **dirt bike** [더얼트 바이크]: trail bike, 험로용 두발 자동차, off-road bike, 울퉁불퉁한 knobby tread tire를 가지고 있어 아무 데나 막가며 (흔히 경주용으로 쓰는) 비포장 도로형 〈막가파 오토바이〉 우2

847 **dirt daub-er** [더얼트 더버]: 〈북구어+라틴어〉, 〈진흙으로 집을 짓는〉 나나니벌, ⇒ mud dauber 미2

848 **dirt·y bomb** [더얼티 밤]: '오염된 폭탄', 〈대혼란 용으로 쓰는〉 방사능(radio-active) 물질이 들어 있는 폭탄, 〈이것보다 더 강력해서 지구의 광역이 소금 밭이 되어 버리는 것을 salted bomb이라 함〉 미2

849 **dirt·y laun·dry** [더얼티 러언드뤼]: 수치스러운 것, 치부, 추잡한 사연, 〈~ defamation\gossip〉, 〈↔compliment\holy water〉 양2

850 **dis~** [디스~]: 〈라틴어〉, from, apart, away, opposite, separate, complete, 〈비·무·반대·분리~〉 등을 뜻하는 결합사, 〈des~〉, 〈dif~〉 양1

851 **dis–a·bil·i·ty** [디써빌리티]: 〈능력을 갖추지 않은〉 무능, 불구, 무기력, 무자격, 〈~ dysfunction\impairment〉, 〈↔ability\capacity〉 가1

852 **dis-a·buse** [디서뷰우즈]: 〈17세기에 abuse(deceive)란 말이 시적으로 승화된 말〉, 〈라틴어→영국어〉, (망상·미신 등에서) 깨어나게 하다, '꿈 깨다', 〈~ debunk\enlighten〉, 〈↔mislead\delude〉 양1

853 **dis–ac-cord** [디써코어드]: 불일치, 불화, 충돌, 〈~ conflict\dissent〉, 〈↔agreement\harmony〉 가1

854 **dis-ad·van·tage** [디스 어드뺀티쥐]: '이점이 아닌 것', 불리, 손해, 불명예, 〈~ draw-back\down-side〉, 〈↔advantage\high ground〉 양2

855 **dis–a·gree** [디써그뤼]: 다르다, 일치하지 않는다, '동의하지 않는다', 〈~ differ〉 양2

856 **dis–am·big·u·ate** [디스 앰비규에이트]: 애매한 점을 없애다, 명확하게 하다, 〈~ clarify〉 양2

857 **dis–ap-pear** [디써피어]: 사라지다, 소멸하다, 〈~ vanish〉 양2

858 **dis–ap-point–ed** [디써포인티드]: 실망한, 낙담한, 어긋난, '자리에서 떨어진', 〈~ down-hearted〉, 〈↔satisfied〉, 〈편자가 노벨문학상에 응모하고 싶으나 아무도 추천해 주지 않을 때 느끼는 바로 그 심정〉 양2

859 **dis–as-sem·bler** [디써쎔블러]: 역 짜맞추개, 기계어 차림표를 기호언어로 바꾸기, 〈이것보다 더 발달된 것이 decompiler임〉 미2

860 **dis-as·ter** [디재스터]: dis(from)+astron(star), 〈그리스어〉, 〈별이 정상상태에서 떨어져 있으면 나타난다는〉 재해, 참사, 천재, 큰 실패, 비참, 〈~ catastophe\tragedy〉, 〈↔blessing〉 양1

861 **dis–a-vow** [디써봐우]: 〈라틴어〉, 부인하다, 거부하다, 〈~ deny\disclaim〉, 〈↔pledge\mention〉 양2

862 **dis-band** [디스 밴드]: 〈라틴어+게르만어〉, 해산하다, 제대시키다, 〈~ disperse〉, 〈↔assemble〉 양1

863 **dis-burse** [디스 버얼스]: 〈프랑스어〉, 〈purse에서 꺼내서〉 지불하다, 분배하다, 〈~ dispense\distribute〉, 〈↔claim〉 양2

864 **disc \ disk** [디스크]: [←diskos(dish)], 〈그리스어〉, 〈해나 달 모양의〉 원반, 음반, 측간 연골(통), 저장판, 〈~ plate\record〉 우1

865 **dis-card** [디스 카아드]: 버리다, 처분하다, throw away, '패 버리기', 〈~ dispose〉, 〈↔re-claim〉 양2

866 **disc brake** [디스크 브뤠이크]: 원반 제동기, 〈이에 비해 rim brake는 구식임〉 미1

867 **disc drive** [디스크 드롸이브]: 음반 작동, 전산기가 음반을 읽고 쓰는 일, 〈~(↔)tape drive〉 미2

868 **dis-cern** [디써언]: dis(apart)+cernere(separate), '떨어져서 구별하다', 알아차리다, 식별하다, 〈~ read\recognize\perceptive〉, 〈~ skill\distinguish\keen〉, 〈↔ignore\disregard〉, 〈↔sucker〉 양2

869 **disc golf** [디스크 거얼후]: 공 대신 원반을 날려서 바구니에 집어 넣는 골프 비슷한 경기, 〈~ Frisbee Golf〉 우1

870 **dis-charge** [디스 촤아쥐]: dis(from)+carrus(car), 〈라틴어〉, 부리다, 〈짐을〉 내리다, 퇴원하다, 면제, 석방, 해임, 방출, 〈~ release\fire〉, 〈↔absorb\enlist\load〉 가1

871 **dis·ci·ple** [디싸이플]: 〈←discipulus(pupil)〉, 〈라틴어〉, 〈배우는 자〉, 제자, 문하생, 사도, 〈↔descipline〉, 〈~ apostle\follower〉, 〈~ leader\adversary〉 양2

872 **dis·ci·pline** [디써플린]: 훈련, 〈채찍질로 배우는〉 수양, 규율, 징계, 교파, 〈←desciple〉, 〈~ control\field〉 양1

873 **disc jock·ey** [디스크 좌아키] \ **DJ**: 음반 작동가 (조종자), 〈~ broad-caster〉 우2

874 **dis-claim** [디스 클레임]: dis(apart)+clamare(cry out), 〈라틴어〉, 포기(하다), 기권(하다), 부인(하다), 〈~ disavow\refuse\waive〉, 〈↔emulate\plead\adjure\sue〉 양1

875 **dis-clo·sure** [디스 클로우져]: dis(apart)+claudere(close), 〈라틴어〉, '닫지 않고 열기', 드러남, 발각, 폭로, 발표, 〈~ revelation\exposure〉, 〈↔en-closure〉 양2

876 **dis·co** [디스코우]: discotheque, 명쾌한 레코드음악 우2

877 ＊**dis-com·bo·bu·late** [디스 컴바뷸레이트]: 〈라틴어를 흉내낸 미국어〉, 혼란시키다, 방해하다, 〈~ disturb\befuddle〉, 〈↔assure\satisfy〉 양2

878 **dis–com·fit** [디스 컴휘트]: dis+fortis(strong), 〈라틴어〉, 무찌르다, 좌절시키다, 당황케 하다, 〈~ defeat\thwart\dis-concert〉, 〈↔re-assure〉 양1

879 **dis–com-fort in-dex** [디스 컴훨트 인덱스]: 〈1959년에 주조된 말〉, 불쾌지수(70이 기준), 15+0.4x(화씨로 된 건구온도+화씨로 된 습구온도), 〈~ THI〉, 〈~ misery index(경제용어)〉 미2

880 **dis–con-cert** [디스 컨써얼트]: dis(apart)+con(together)+certare(contend), 〈라틴어〉, 〈협조하지 않아〉 당황하게 (절쩔매게) 하다, 〈~ agitate\baffle〉, 〈↔relieve\comfort〉 양2

881 ※**disc op·er·at·ing sys·tem \ DOS**: 도스, 〈1983년 이후에는 주로 마이크로소프트사의 것을 지칭하는〉 원반운영체제, 〈~ a command-line operation system〉, 〈↔이것보다 더 발달된 것이 Windows〉 수2

882 **disc pack** [디스크 팩]: 디스크 갑-6개짜리, 한 벌의 자기저장 판, 〈~ a storage device〉 우1

883 **dis-cord** [디스 코어드]: dis(apart)+cor(heart), 〈라틴어〉, 〈마음이 동떨어지는〉 불화, 불일치, 알력, 소음, 〈~ strife\dissonance〉, 〈↔harmony\accord〉 양2

884 **dis·co-stick** [디스코 스틱]: disco춤을 추면서 흔드는 막대 모양의 도구, 자지 우1 양2

885 **dis·co-theque** [디스코 텍]: 디스코용 조명과 음향기기, 디스코 음악을 트는 술집, 〈~ a cabaret\night-club〉 우1

886 **dis-count** [디스 카운트]: '계산에 넣지 않기', 할인, 에누리, 참작, 무시, 〈~ reduction\bargain〉, 〈↔add\believe〉 가1

887 **dis–cour·age** [디스 커어뤼쥐]: '용기에서 멀어지다', 낙담시키다, 좌절시키다, 〈~ dis-hearten\frustrate〉, 〈↔en-courage\strike a chord〉 양2

888 **dis-course** [디스 코어스]: 〈과정을 통달하는〉 강연, 설교, 화법, 이야기, 담화, 〈~ discursion\discussion〉, 〈↔silence〉 양2

889 **dis–cov·er·y** [디스 커붜뤼]: 발견, 발굴, '덮개 치우기', 〈~ finding\un-coverng〉, 〈↔conceal\hide〉 양1

890 **dis-creet** [디스크뤼이트]: dis(apart)+cernere(separate), 〈라틴어〉, 〈~ discrete〉, 분별 있는, 신중한, 〈~ cautious\considerate〉, 〈↔careless\showy〉 양2

891 **dis-crep·an·cy** [디스크뤠펀씨]: dis(apart)+crepare, 〈라틴어〉, 〈creaking 소리를 내는〉 어긋남, 모순, 불일치, 〈~ difference\contrariety〉, 〈↔consistency〉 양2

892 **dis-crete** [디스크뤼이트]: dis(apart)+cernere(separate), 〈라틴어〉, 〈~ doscreet〉, 별개의, 분리된, 불연속의, 추상적인, 〈~ distinct〉, 〈↔attached〉 양1

893 **dis-crim·i·na-tion** [디스크뤼미네이션]: dis(apart)+crimen(verdict), 〈라틴어〉, 구별, 판별, 〈구별하여 떨어뜨리는〉 차별, 〈~ bias\prejudice〉, 〈↔fairness〉 양2

894 **dis-cur-sive** [디스 커시브]: dis(apart)+currere(run), 〈라틴어〉, 광범위한, 추론적인, 산만한, 종잡을 수 없는, 〈허둥대며 통과하는〉, 〈~ discourse〉, 〈~ digressive\meandering〉, 〈↔logical\coherent〉 양2

895 **dis·cus** [디스커스]: 〈←diskos(dish)〉, 〈그리스어〉 ①원반(던지기) ②〈아시아에서 인기있는 남미산〉 조그만 원반 모양의 관상용 민물 열대어, '원반어', 'pompadour' 양2 우2

896 **dis-cus·sion** [디스커션]: dis(apart)+quatere(shake), 〈라틴어〉, 토론, 〈떨어져서 흔들어 보는〉 검토, 심의, 〈~ argue\debate〉, 〈↔silence\accord〉 양2

897 **dis-dain** [디스 데인]: dis(opposite)+dignus(worthy), 〈라틴어〉, 경멸, 모멸, 무시, 〈무가치한 것〉, 〈~ contempt\audacity\impudence〉, 〈↔admiration\baksheesh\compunction\mercy〉 양2

898 **dis-ease** [디지이즈]: dis(opposite)+esse(to be), 〈라틴어〉, 병, 질병, 고질, 불건전, 변질, 〈~ illness\malady〉 가1

899 **dis-grace** [디스 그뤠이스]: dis(opposite)+gratia(favor), 〈라틴어〉, 창피, 불명예, 망신, 〈~ dishonor〉 양2

900 **dis-grunt** [디스 그뤈트]: dis(completely)+grunt(make sulky), 〈라틴어〉, 내뱉듯이 말하다, 투덜대다, 〈~ discontent\resent〉, 〈↔please\satisfy〉 양2

901 **dis-guise** [디스가이즈]: dis(away)+guise(fashion), 〈라틴어+프랑스어〉, 〈외관을 바꾸는〉 변장, 위장, 〈겉다르고 속다른〉 기만, 〈~ facade\charade〉, 〈↔expose〉 양1

902 **dis-gust** [디스거스트]: des(away)+gustus(taste), 〈라틴어〉, 실증, 혐오, 구역질, 불쾌한, 〈맛이 없는〉, 〈~ nauseate\sicken〉, 〈↔charming\delicious\enchanting〉 양2

903 **dish** [디쉬]: 〈←diskos〉, 〈그리스어〉, 〈←disc〉, 접시, 푼주, 요리, 포물면(접시형) 반사기, 〈~ plate〉 양1 미2

904 **dis-ha·bille** \ de~ [디서비일 \ 데재비일]: dis(un)+habiller, 〈라틴어에서 연유한 프랑스어〉, 〈←habitus(habit)〉, '덜 입은', 〈살을 드러낸〉 약복, 단정치 못한 복장, 〈~ dishevel\unclad\negligee〉 양2

905 **dish an·ten·na** [디쉬 앤테너]: 접시형 수신기, 〈~ parabolic(satellite) dish〉, 〈↔directional antenna〉 미2

906 **dish cov·er** [디쉬 커붜]: 접시 덮개 양1

907 **dis-heart-en** [디스 하알튼]: 낙담(실망)시키다, 〈~ discourage\dismay〉 양2

908 **di·shev·el** [디쉐뷜]: dis(apart)+capillus(hair), 〈라틴어〉, 〈머리가 헝클어지다〉, (차림새를) 흩뜨리다, 부스스하게 차려 입다, 〈~ dishabille〉, 〈↔neat〉 양1

909 **dish-pan** [디쉬 팬]: 개수통, 〈~ wash barrel〉 가1

910 *****dish-the-dirt** [디쉬 더 더얼트]: '오물 설거지', 뒤에서 남의 얘기를 하다, 험담을 하다, 〈↔play dumb〉 미2

911 **dish-wash-er** [디쉬 워셔]: 접시 닦는 기계(사람), 〈~ ware-washer〉 우2

912 **dish-wa·ter** [디쉬 워어터]: 개숫물, 〈~ dirty water〉 가1

913 **dish tow·el** [디쉬 타우얼]: 접시 닦기 수건, 행주, tea-towel(마른 행주) 미2

914 **dis-il·lu-sion** [디스 일루우줜]: 〈라틴어〉, (환상을) 깨우치다, 환멸을 느끼게 하다, 〈~ enlighten\disenchantment〉 양2

915 ***dis-in-fla·tion** [디스 인훌레이션]: 일시적 통화 수축, 경기 침체가 잠시 소폭으로 향상되는 것, 〈~(↔)inflation〉, 〈de-flation은 폭이 크고 장기적임〉 미2

916 ※**dis-in-for·ma-tion** [디스 인훠메이션]: 〈고의적〉 오보, 〈정부기관 등에서 잘못인 줄 알지만 이차적 목적을 위해 유포한〉 허위 정보, 〈왜곡된 정보〉, 〈~ misleading information〉, 〈misinformation보다 질이 나쁜 잘못〉, 〈~(↔)agit-prop〉 미2

917 **dis-in·ter** [디신 터얼]: 〈←des(dis)+enterrer(inter)〉, 〈프랑스어〉, take out of(a grave), 시체를 (무덤에서) 파내다, 발굴하다, 〈~ exhume〉, 〈↔tomb\hearse〉 양1

918 **disk** [디스크]: disc(dish), 〈그리스어〉, 디스크, (납작한) 원반, 음반, 화반, 〈~ plate\disk herniation〉 우1

919 **disk-ette** [디스케트]: 〈←disk〉, (저장) 판, 자료를 수록할 수 있는 '조그만' 전자 원반, 〈~ floppy〉 우1

920 **dis-mal** [디즈멀]: dies(days)+mali(evil), 〈라틴어〉, 음울한, 쓸쓸한, 비참한, 불길한, 〈한 달에 두 번씩 오는〉 마귀가 든 날의, 〈~ depressing\dreary〉, 〈↔cheerful〉 양1

921 **dis-may** [디스메이]: dis(opposite)+magan(power), 〈게르만어〉, 당황, 경악, 〈may라고도 하지 않아서 오는〉 낙담, 〈~ dishearten\frustrate〉, 〈↔relief\encourage\pleasure〉 양1

922 **dis-miss** [디스미쓰]: de(from)+mittere(send), 〈라틴어〉, 떠나게 하다, 해산시키다, 해고하다, '멀리 보내다', '해산!', 〈→de·mise〉, 〈~ let go\release〉, 〈↔retain〉 양1

923 **Dis·ney** [디즈니], Walt: 〈프랑스의 지명(Isigny)에서 유래한 영국계 이름〉, (1901-1966), 〈폐암으로 죽은 내성적 성격의〉 미국의 (만화) 영화 제작자·성우·기업인, 〈~ an American animator〉 수1

924 **dis-or·der** [디스 오어더]: dis(apart)+ordo(arrangement), 〈라틴어〉, 무질서, 혼란, 장애, 질환, 〈~ dis-array\mess\disease〉, 〈↔system\organization〉 양1

925 **dis–par-age** [디스 패뤼쥐]: dis(apart)+par(equal), 〈라틴어〉, '동료로부터 멀리하다', 얕보다, 깔보다, 헐뜯다, 〈~ berate\vilify\snide〉, 〈↔overrate\flattering\genu-flect\smarm〉 양1

926 **dis–par-i·ty** [디스 패뤼티]: dis(un)+par(equal), 〈라틴어〉, 불공평, 불일치, 불균형, 〈~ discrepancy\inequality〉, 〈↔harmony\similarity〉 양2

927 **dis-patch** [디스패취]: dis(away)+pactare(fasten)/pedicare(entrap), 〈라틴어→스페인어·이탈리아어〉, '급히 보내다', 급파, 특송, 속달, 〈~ send off\dispose of〉, 〈↔remain〉 미2

928 **dis-pel** [디스펠]: dis(away)+pellere(drive), 〈라틴어〉, '멀리 끌어내다', 쫓아버리다, 떨쳐내다, 〈~ vanish\eliminate〉, 〈↔collect\gather〉 양2

929 **dis-pen·sa-ry** [디스펜서뤼]: 〈무게를 재서 나눠주는〉 분배소, 약국, 의무실, 〈~ distribution station\pharmacy〉, 〈↔dealer\supplier〉 양1

930 **dis-pens–er** [디스펜서]: dis(apart)+pendere(weigh), 〈라틴어〉, 분배자(기), 자동판매기, 〈→spend〉, 〈~ allocator\distributor〉, 〈↔collector\receiver〉 양1

931 **dis-perse** [디스퍼얼스]: dis(apart)+pergere(scatter), 〈라틴어〉, '흩뜨리다', 해산시키다, 쫓아 버리다, 〈→diaspora〉, 〈~ disseminate\spread〉, 〈↔gather\edit\file〉 양1

932 **dis-place–ment** [디스 플레이스먼트]: 환치, 전위, 치환, 배제, 퇴거, 〈~ rearrangement\shift〉, 〈↔return〉 양1

933 **dis-place-ment ef-fect** [디스 플레이스먼트 이휄트]: 〈인간은 무의식적으로 관성에 대항해서 변화를 추구한다는〉 전위효과, 〈↔ratchet effect〉 미1

934 **dis-play** [디스플레이]: dis(apart)+plicare(fold), 〈라틴어〉, '펼쳐서' 보이다, 전시, 과시, 표현(하다), 〈~ disperse\deploy〉, 〈~ exhibit\show〉, 〈↔conceal\ensconce〉 양1

935 **dis-port** [디스 폴트]: dis(away)+portare(carry), 〈마음을 돌려〉 흥겹게 놀다, 즐기다, 장난하다, 〈~ divert〉, 〈~ amuse\entertain〉, 〈↔bore〉 양1

936 **dis-pos–a·ble** [디스포우져블]: dis(apart)+ponere(place), 〈라틴어〉, '떨어뜨려 놓을 수 있는', 처치할 수 있는, 사용 후 버릴 수 있는, 일회용, 〈~ removable\one-use〉, 〈↔re-usable〉 미1

937 **dis-pos–a·ble in-come** [디스포우져블 인컴]: 처분 가능 소득, 소득 중 소비나 저축을 자유롭게 할 수 있는 부분, 〈~ discretionary(expendable) income〉 양1

938 **dis-po·si-tion** [디스퍼지션]: dis(apart)+ponere(place), 〈라틴어〉, '배열', 처분, 양도, 성벽, 경향, 〈~ arrangement\make-up〉 양1

939 **dis-proof** [디스 프루우후]: 〈라틴어〉, 〈←disprove〉, 반박, 반증, 〈~ contradiction\refutation〉, 〈↔attestation〉 양1

940 **dis-pute** [디스퓨우트]: dis(apart)+putare(reckon), 〈라틴어〉, 말다툼, 논쟁, 논의, 논박(하다), '따로 생각하다', 〈~ debate\argue〉, 〈↔agreement〉 양2

941 **Dis·rae·li** [디스뤠일리], Ben-ja·min: 〈←from Israel〉, (1804-81), 수에즈 운하를 매입한 유대계 출신 영국 보수당의 영수·작가, 〈a former English prime minister〉 수1

942 **dis-re-gard** [디스 뤼가아드]: 〈라틴어+프랑스어〉, '신경 쓰지 않는다', 무시하다, 경시하다, 〈~ exclude\rule out〉, 〈↔emphasis\envision〉 양1

943 **dis-rup-tion** [디스뤞션]: dis(apart)+rumpere(break), 〈라틴어〉, 분열, 〈나쁘게 깨는〉 붕괴, 혼란, 파괴, 〈~ disturbance\upheaval〉, 〈↔confirmity〉 양1

944 ***diss** [디쓰]: dis·respect, 불경, 무례 양2

945 **dis-sec-tion** [다이쎅션 \ 디쎅션]: dis(apart)+secare(cut), 〈라틴어〉, 〈조각으로 자르는〉 해부, 절개, 분석, 〈~ autopsy\parse〉 양1

946 **dis-sem·ble** [디쎔블]: dis(apart)+similis(like), 〈라틴어〉, 숨기다, 가장하다, 시치미 떼다, '~척하다'(disguise), 〈~ dis-simulate\pretend〉 양1

947 **dis-sem·i·na-tion** [디쎄미네이션]: 〈라틴어〉, (씨〈semen〉를) 흩뿌리다, 유포하다, 퍼뜨리다, 〈~ disperse\spread〉, 〈↔collection\assembly〉 양1

948 **dis-sen·sion** \ ~tion [디쎈션]: dis(apart)+sentire(think), 〈라틴어〉, 의견의 차이, 불화, 알력, 〈~ dispute\heresy〉, 〈↔agreement〉 양2

949 **dis-sent** [디쎈트]: dis(apart)+sentire(think), 〈라틴어〉, 〈sentiment가 틀려〉 의견을 달리하다, 반대하다, 〈~ dis-agreement\dis-accord〉, 〈↔accede\assent〉 양1

950 **dis-ser·ta·tion** [디썰테이션]: dis(apart)+serere(join), 〈라틴어〉, 〈계속 discuss하는〉 (학위) 논문, 〈↔aphorism〉, 〈이것은 Ph D용이고 thesis는 Master용임〉, 〈undergraduate용은 그냥 essay\paper라고 함〉 양2

951 **dis-si·dence** [디씨든스]: dis(apart)+sedere(sit), 〈라틴어〉, 〈서로 떨어져 앉는〉 차이, 불일치, 반체제, 〈~ insurgence\rebel〉, 〈↔harmony〉 양2

952 **dis-sim·i·late** [디씨미레이트]: dis(apart)+similis(like), 〈라틴어〉, 같지않게 하다(되다), 〈음성을〉 이화시키다(다르게 하다), 〈~ feign\pretend〉, 〈↔assimilate〉 양2

953 **dis-sim·u·late** [디씨뮬레이트]: dis(apart)+similis (like), 〈라틴어〉, 〈속여〉 숨기다, 시치미 떼다, 위선떨다, 〈~ dissemble\deceive〉, 〈↔affect²〉 양2

954 **dis-si·pate** [디씨페이트]: dis(apart)+supare(throw), 〈라틴어〉, 〈펼쳐 던져〉 흩프리다, 방산하다, 탕진하다, 〈~ run through\melt away〉, 〈↔collect\adsorb\agglutinate\a-mass〉 양1

955 **dis-so·ci·ate** [디쏘우쉬에이트]: dis(separate)+socius(companion), 〈라틴어〉, 〈association으로부터〉 분리하다, 떼어놓다, 해리하다, 〈~ alienate\separate〉 양1

956 **dis-so·lute** [디썰루우트]: dis(apart)+solvere(loosen), 〈라틴어〉, 방종한, 타락한, 난봉 부리는, 〈~ libertine\loose-liver〉, 〈→fast life〉, 〈↔ascetic〉 양2

957 **dis-solve** [디잘브]: dis(apart)+solvere(loosen), 〈라틴어〉, '떨어져 느슨하게 하다', 녹이다, 용해하다, 해산시키다, 결말짓다, 〈~ disappear\melt〉, 〈↔condense〉 양1

958 **dis-so·nance** [디써넌스]: dis(apart)+sonus(sound), 〈라틴어〉, disagreeing sound, 불협화음, 비공명, 부조화, 〈↔consonance〉 양2

959 **dis-suade** [디쓰웨이드]: dis(away)+suavis(sweet), 〈라틴어〉, (반대로 설득〈persuade〉하여) 단념시키다, 간하여 말리다, 〈~ discourage\deter〉, 〈↔arm-twist\proselyte\evoke\lobby〉 양2

960 **dis-taff** [디스태후]: dis(bunch of flax)+staff(stick), 〈영국어〉, '실 감는 막대(staff)', 물레질, 여자의 일, 모계의, 〈~ woman's work\woman-hood〉 양2

961 **dis·tal** [디스틀]: dis(apart)+stare(stand), 〈라틴어〉, 〈←distant〉, 말단의, 말초(부)의, 〈~ far-end\remote〉, 〈↔proximal〉 양2

962 **dis·tance** [디스턴스]: dis(apart)+stare(stand), 〈라틴어〉, 거리, 간격, 차이, 〈~ span\extent〉 양2

963 **Dis·tel-fink** [디스털휭크]: 〈네델란드어〉, gold·finch, 〈행운을 가져다준다는〉 펜실바니아에 이주한 네델란드인의 예술에서 보는 양식화된 새 모양 우1

964 **dis·till** [디스틸]: de(down)+stilla(drop), 〈라틴어〉, 〈물방울을 떨어뜨려〉 증류하다, 순화하다, 추출하다, 〈~ purify\refine〉, 〈↔infuse\pollute〉 양1

965 **dis·tinct** [디스팅트]: dis(separate)+stinguere(put out), 〈라틴어〉, 〈~ distinguished〉, 다른, 별개의, 뚜렷한, 드문, 〈~ clear-cut\well defined〉, 〈↔similar〉 양2

966 **dis·tin·guished** [디스팅귀쉬트]: dis(separate)+stinguere(put out), 〈막대기로 잘라 놓은 듯〉 현저한, 출중한, 고귀한, 〈~ eminent\famed〉, 〈↔obscure〉 양2

967 **dis·tor·tion** [디스토얼션]: dis(apart)+torquere(twist), 〈라틴어〉, 일그러짐, 왜곡, '비틀어' 떨어뜨림, 〈~ warp\perversion〉, 〈↔conformity〉 양1

968 **dis·trac·tion** [디스트랙션]: dis(apart)+trahere(draw), 〈라틴어〉, '따로 끌어내기', 주의산만, 방심, 혼란, 기분 전환, 〈~ diversion\interruption〉, 〈↔concentration〉 양1

969 **dis-traught** [디스 트뤄우트]: dis(apart)+trahere(draw), 〈라틴어〉, 정신이 혼란한, 미친, 〈~ worried\mad〉, 〈↔collected\composed〉 양2

970 **dis·tress** [디스트뤠스]: dis(apart)+stringere(draw tight), 〈라틴어〉, 〈일이 빡빡하게 당겨져서 받는〉 심통, 고민, 가난, 고난, 조난, 〈→stress〉, 〈~ anguish\suffering〉, 〈↔relief〉 양1

971 **dis·tri·bu·tion** [디스트뤼뷰우션]: dis(apart)+tribus(trive), 〈라틴어〉, '따로 나누어 주기', 분배, 배당, 분포, 분류, 유통, 〈~ giving out\circulation〉, 〈↔collection〉 양1

972 **dis·trict** [디스트뤽트]: dis(apart)+stringere(draw tight), 〈라틴어〉, '따로 묶인 곳', 지역, 지구, 교구, 선거구, 지방, 〈~ area\region\locale〉 양1

973 **dis·trict man** [디스트뤽트 맨]: 지구 기자, 특별 지역 취재 담당 (신문) 기자, 〈~ a local leg-man〉 양1

974 **Dis·trict of Co·lum·bi·a \ DC**: 컬럼비아 특별지구, Washington(미국의 수도), 1970년 미국 의회에 의해 선포되어 의회의 지배를 받으나 투표권이 없는 하원 의원 한 명만 뽑을 수 있는 주와 군 사이의 행정기구 수2

975 *****dis·tro** [디스트로우]: 〈←'distribution'〉, (Linux의) 배포판, 무료로 주는 연성기기, 〈~ an operating system〉 미2

976 **dis-turb** [디스터얼브]: dis(completely)+turbare(tumult), 〈라틴어〉, '완전히 어지럽히다', 방해하다, 혼란시키다, 침해하다, 〈~ perturb〉, 〈~ interfere\muddle〉, 〈↔compose〉 양1

977 *****dis-turb–ia** [디스터얼비어]: 〈라틴어에서 유래한 미국어〉, disturbed+suburbia, '문제아', 〈많은 고민을 안고〉 교외에 사는 중산층의 자녀, 〈~ a problem child〉 우2

978 **dit** [딭]: 〈1940년에 재등장한 영국어〉, '돋', (모스 신호에서) dot〈짧은 점〉을 나타낼 때 쓰는 의성어, 〈~ dah〉 미1

979 **di·ta** [디이터]: ①〈타갈로그어〉, 동남아시아산 협죽도과의 커다란 나무, 〈~blackboard tree〉 ②'용감한 자(Edith)'를 뜻하는 스페인의 아명, D~ ; 〈detail하게〉 손으로 만든 일본제 〈최고급〉 안경테(상품명)〈1995년 L.A.에서 설립된 미국 회사〉, 〈~ an eye-wear company〉 수2

980 **di·ta·li·ni** [디탈리이니]: 〈←ditali(small thimbles)〉, 〈이탈리아어〉, 〈시실리 지방에서 개발된〉 짧은 골무를 닮은 마카로니, tubetini, salad macaroni 수2

981 **ditch** [디취]: 〈←dic〉, 〈게르만어〉, 〈~ dike〉, 도랑, 개천, 해자, 시궁창, 버리다, 고무신을 거꾸로 신다, 결석하다, 농땡이치다, 〈~ trench\drain\dispose of〉, 〈↔elevation〉, 〈↔keep\stick\ream²\tag〉 양1

982 ※**dith·er·ing** [디더링]: 〈1640년에 등장한 영국어〉, 〈dodder (떠는 소리)〉, 당황함, '중화' (중간색의 표현을 기준의 화소〈pixel〉와 짜맞추어 실현하는 일), 〈~ hesitation\distortion〉 미1

983 **dit·to** [디토우]: 〈←dicere(say)〉, 〈라틴어〉, 위와(앞과) 같음, 전과 같이, 상동(〃), 〈이미 말한 것〉, 〈~ the same\duplicate〉 양2

984 **dit·ty** [디티]: ①〈←dictatum〉, 〈라틴어〉, 〈←dictate〉, 소곡, 단가, 단시, 〈~ ballad〉 ②〈영국어〉, 〈의태어?〉, 작은, 조잡한, 〈~ simple\short〉, 〈~ for a song\very cheap〉 양2

985 **di·ur·nal** [다이어어늘]: 〈←dies〉, 〈라틴어〉, daily, 날마다의, 낮의, 주행성의, 〈~ day-time〉, 〈↔nocturnal〉 양2

986 **di·va** [디이붜 \ 디이봐]: 〈←divus(god)〉, 〈라틴어〉, 탁월한 여가수(배우), 프리마돈나, '여신', 〈~ queen〉, 〈↔divo〉 미2

987 **dive** [다이브]: 〈←dyfan〉, 〈영국어〉, 〈deep한 곳으로〉 뛰어들다, 잠수하다, 급강하다, 갑자기 안 보이게 되다, 〈~ plunge\descend〉, 〈↔hike〉 양1

988 *****dive bar** [다이브 바아]: 〈다른 사람이 눈치채지 못하게〉 재빨리 들어갔다 나오는 '비격식' 술집, sports bar, seedy bar 우2

989 **di-verge** [다이붜얼쥐]: dis(apart)+vergere(incline), 〈라틴어〉, 〈두 방향으로〉 갈리다, 벗어나다, 빗나가다, 〈~ bifurcate\deflect〉, 〈↔converge\merge〉 양2

990 **di-verse** [다이붜얼스 \ 디붜얼스]: dis(apart)+vertere(turn), 〈라틴어〉, '떨어진 방향으로 돌려보는', 다양한, 가지각색의, 다채로운, 〈~ various\multiple〉, 〈↔uniform〉 양2

991 *****Di·ver·si·ty** (Im·mi·grant) **Vi·sa**: green·card lottery, 〈이민의 다양화를 위해〉 (1990년부터 이민자 수가 적은 나라 출신 신청자 중에 뺑뺑이를 돌려 영주권을 주는) 다양성 이민 정책 미2

992 **di-vest** [디붸스트 \ 다이붸스트]: de(un)+vestire(dress), 〈라틴어〉, '옷을 없애다', 빼앗다, 처분하다, 〈~ deprive\rob〉, 〈↔vest\endow〉 가1

993 **div·i·dend** [디뷔덴드]: de(from)+videre(separate), 〈라틴어〉, 배당금, 분배금, 몫, 예금 이자, 〈~ share\allotment\distribution〉 양1

994 **di-vid–er** [디봐이더]: dis(from)+videre(separate), 〈라틴어〉, 〈←dividere〉, (갈라놓는) 분할자, 분할기, 칸막이, 가름 쪽, 〈~ fence\wall\partition〉 양1

995 **div·i-div·i** [디뷔 디뷔]: (열대 중남미 해안지방의) tannin이 많은 꼬부라진 꼬투리를 무두질에 쓰는 콩과의 관목, 〈~ a leguminous tree〉 우1

996 **div·i·na·tion** [디뷔네이션]: 〈←divus(god)〉, 〈라틴어〉, 〈←divinare〉, 점, '신탁', 예언, 선견지명, 〈~ augury\fortune telling〉 양2

997 **di·vine** [디봐인]: 〈←deus(god)〉, 〈라틴어〉, 〈←divus〉, 신의, 신성한, 거룩한, 성직자, 〈~ godly\holy〉 양1

998 **div-ing** [다이빙]: 잠수, 침하, 수영, 〈 ~ descend〉, 〈↔ascent〉 양1

999 **div-ing board** [다이빙 보어드]: 잠수대(발판), 〈~ spring-board〉 양1

1000 **di·vi·sion** [디뷔젼]: de(apart)+videre(separate), 〈라틴어〉, 〈←divide〉, 문(〈식물을 나타내는〉 생물분류의 3번째 단계-계 아래·강 위〉, 분할, 구획, 경계, 사단, 반, 급, 나눗셈, 〈~ break-up\section〉, 〈↔coalition\unity〉 양1

1001 **di-vorce** [디뷔얼스]: di(apart)+vertere(turn), 〈라틴어〉, 〈←divert〉, 이혼, 분리(하다·시키다), 〈주의를 딴 데로 돌리게 하는 일〉, 〈~ dissolution\annulment〉, 〈↔marriage〉 양1

1002 **div·ot** [디붤]: dubh(black)+fhad(sod), 〈어원 불명의 스코틀랜드어〉, (골프채에 뜯겨진) 잔디 조각, 뗏장, (부분) 가발, 〈~ turf\dug-out〉 미2

1003 **di-vulge** [디뷜쥐]: dis(apart)+vulgus(commoner), 〈라틴어〉, make public, 누설하다, 폭로하다, 〈~ reveal\blow the whistle\kiss and tell〉 양2

1004 **Dix·ie** [딕씨]: 〈미국어〉, 딕시, 10번째 딸, 루이지애나에서 인기 있었던 10불짜리 지폐, 미국 남부 여러 주의 속칭, '남부 찬양가', 〈~ Confederacy\Old South〉, 〈↔Yankee〉 수2

1005 *****DIY**: ⇒ do it yourself 미2

1006 **diz·zy** [디즤]: 〈←dysig〉, 〈게르만어〉, 어찔어찔한, 현기증 나는, 핑핑 도는, 〈~ giddy\vertigo〉, 〈~ doz\drowsy〉, 〈↔clear-headed〉 양1

1007 *****DJ**: ⇒ disc jockey 우2

1008 *****DJI**: Da-Jiang(great frontier) Innovations, 대장 혁신, 〈2006년에 세워진 중국의 반관·반민〉 과학 기술 회사, 상업용 소형 무인 항공기(drone) 전문 제조회사로 소련·우크라이나 전쟁으로 잘나가는 〈a Chinese sciences and technologies company〉 수2

1009 **Dji·bou·ti** \ Ji·bou·ti [쥐부우티]: 〈←gabouti(plate)?〉, '평평한 땅', 〈어원에 대해 4가지 학설이 있는〉 1977년 프랑스로부터 독립된 에티오피아 동북쪽 아덴만에 연한 몹시 가난한 조그만 공화국, {Djiboutian-Arab·Fr-(DJ) France-Djibouti} 가1

1010 **DLL**: ⇒ dynamic link library 우1

1011 ※**DLL Hell** [딜 헬]: 한 가지 이상의 같은 DLL 이름으로 인한 혼란 우1

1012 **DMA**: ⇒ direct memory access 우2

1013 **DMV**: ⇒ Department of Motor Vehicles 미2

1014 **DMZ**: ⇒ demilitarized zone 미2

1015 **DNA**: ⇒ deoxyribonucleic acid 우1

1016 **DNA fin·ger prints** [디 엔 에이 휭거 프륀츠]: 유전자 지문, ⟨~ DNA test⟩ 우1

1017 **DNA test** [디 엔 에이 테스트]: 유전자 시험, ⟨~ genetic finger print⟩ 우1

1018 ***DNC** (do not call) list: ⟨말로 해서는 잘 안 통하는⟩ 통화 제외목록, 전화 사절명단 양2

1019 **DNI** (Di·rec·tor of Na·tion·al In·tel·li·gence): (미) 국가 정보 국장, 9·11의 여파로 2004년에 신설된 ⟨모든 보안 정보를 꿰차고 있는⟩ 각료급 직책 미2

1020 ***DNR** (do not re·sus·ci·tate): 소생불요, 억지로 살리지 말 것, no code, ⟨↔Full Code⟩, ⟨↔living will⟩ 우1

1021 **DNS¹**: ⇒ domain name server 우1

1022 **DNS²**: ⇒ digital nervous system 우1

1023 **do¹** [두우]: ⟨게르만어⟩, (행)하다, 베풀다, 지내다, 충분하다, ⟨give란 뜻이 강한 경동사⟩, ⟨~ carry out\act⟩ 가1

1024 **do²** [도우]: ⟨←Dominus(God)⟩, ⟨라틴어⟩, '하나님', 도, (전음계적) 장음계의 두번째 음 수2

1025 ***DOA** (dead on ar·riv·al): 도착 시 이미 사망, 도착 시 불량 양1

1026 **DOB**: ⇒ date of birth 가1

1027 **Do·ber-man** [도우벌먼]: ⟨←dobr(good)⟩, ⟨독일어⟩, 도베르만, ⟨독일 개 사육자의 이름을 딴⟩ (민첩하고 후각이 예민해서 군용견·경찰견으로 많이 쓰이는) 테리어의 일종, ⟨~ Dobie⟩ 수1

1028 **dob·son-fly** [답슨 훌라이]: ⟨1904년에 등장한 어원을 알 수 없는 미국어⟩, (dragon-fly보다 잘 못 나는) 뱀잠자리, fish-fly, ⟨~(↔)alder-fly⟩, ⇒ hellgrammite 우1

1029 **do·cent** [도우쓴트]: ⟨←docere(teach)⟩, ⟨라틴어⟩, '가르치는 사람', (시간) 강사, (박물관의) 안내원, ⟨~ educator\instructor⟩ 양2

1030 **doc·ile** [다쓸 \ 도우싸일]: ⟨←docere(teach)⟩, ⟨라틴어⟩, ⟨가르쳐서⟩ 온순해진, 유순한, 다루기 쉬운, ⟨~ compliant\easy-going⟩, ⟨↔defiant\head-strong\fiery⟩ 양2

1031 **dock¹** [닥]: ⟨←dok(tail)⟩, ⟨게르만어⟩, 꼬리심(짧게 자른 꼬리), 급료의 일부를 떼다, '피고석', ⟨~ prisoner's sit⟩ 미2

1032 ※**dock²** [닥]: ⟨←ductio(leading away)⟩, ⟨라틴어⟩, 선창, 부두, 잔교, 하역장, 정비소, 전산기에서 통상 화면 밑에 깔린 상형 표지물 집단, ⟨~ aqueduct\pier⟩, ⟨↔air-terminal⟩ 양1 우1

1033 **dock³** [닥]: ⟨←docce←dok(tail)⟩, ⟨게르만어⟩, ⟨잎이 짤린 개꼬리를 닮았다는⟩ 수영·소리쟁이 등의 작은 메밀 비슷한 마디풀과의 흔한 잡초, ⟨~ a buck-wheat⟩ 우1

1034 **dock·et** [다킽]: ⟨←doga(stave)⟩, ⟨어원이 모호한 영국어⟩, 소송 기록, 명세서, 협의 사항, 적요, ⟨~ document⟩, ⟨~ agenda\schedule⟩ 양2

1035 **dock-ing** [닥킹]: 부두에 대기, (우주선의) 결합, 정착, 아이콘을 움직여 하위 창구의 위치를 고정시킴, ⟨~ mooring\tie up⟩ 우1

1036 **doc·tor** [닥터]: ⟨←docere(teach)⟩, ⟨라틴어⟩, '가르치는 사람', 박사, 의사, 진료하다, ⟨~ holder of doctorate degree⟩, ⟨~ medical practitioner⟩, ⟨↔patient⟩ 양2

1037 **doc·tor-fish** [닥터 휘쉬]: '의사고기', '슴베고기', ⟨물에 발을 담그고 있으면 몰려들어 굳은살을 뜯어 먹는⟩ 꼬리 부분 양쪽에 칼날 같은 뼈를 감춘 양쥐돔과의 열대어, ⟨~ tench(tinca tinca)⟩ 우1

1038 **doc·tor of den·tal sur·ger·y \ DDS**: 치과의사 양2

1039 **doc·trine** [닥트륀]: ⟨←docere(teach)⟩, ⟨라틴어⟩, '가르치는 내용', 교리, 주의, 신조, 정책, ⟨~ creed\tenet\principle⟩ 양1

1040 **doc·u·men·ta·ry** [다큐멘터뤼]: ⟨←docere(teach)⟩, ⟨라틴어⟩, ⟨가르친 것을 기록한⟩ 문서의, 기록의, 사실을 기록한, 기록물, ⟨~ non-fiction\factual⟩ 양2

1041 **dod·der** [다더]: ①⟨영국어⟩, ⟨의성어⟩, (중풍이나 노령으로) 떨다, 비틀거리다, ⟨~ dither\feeble⟩, ⟨↔spright⟩ ②⟨게르만어⟩, 실새삼(비늘 잎을 가지고 다른 식물에 기생하는 나팔꽃류), ⟨~ a parasitic plant⟩ 양2 미2

1042 **Dodge** [닫쥐]: 다지, 20세기 초 자동차 제조를 개척한 두 형제가 세웠다가 1928년 Chrysler사와 합병한 미국의 자동차 회사 수1

1043 **dodge** [닫쥐]: ⟨←dud(to move)?⟩, ⟨어원 불명의 영국어⟩, 피하다, 빨리 움직이다, ⟨~ dart\swerve⟩, ⟨↔follow⟩, ⟨↔jab⟩ 양1

1044 **dodge ball** [닫쥐 버얼]: 피구, 공을 피해 다니는 경기, ⟨~ bombardment\battle-ball⟩ 양1

1045 **Dodg-ers** [다줘즈]: 다저스, '피하는 사람들', 1883년 ⟨전차가 다가오면 잽싸게 피하는 촌뜨기들이 사는⟩ 브루클린에서 창단되어 1958년 LA로 이전한 미국 MLB 소속 직업 야구단 수1

1046 **dodg-y** [다지]: ⟨←dodge⟩, ⟨19세기 중반에 등장한 영국어⟩, 믿지 못할, 수상한, 위험한, 교활한, 약삭빠른, ⟨~ shifty\deceitful⟩, ⟨↔easy\straight-forward⟩ 양2

1047 *****do·do** [도우도우]: ⟨포르투갈어⟩, '바보⟨fool⟩', ⟨1681년경까지 인도양의 한 섬에 살았던⟩ 멸종된 큰 타조만 한 새로 날개가 작아 날지 못했다 함, 시대에 뒤떨어진 사람, ⟨~ ki-wi'⟩, ⟨~ fogy\fossil\solitaire⟩, ⟨↔wizard\intellect⟩ 수2 우2

1048 **do(o) do(o)** [두우 두우]: ⟨1948년에 미국에서 등장한 유아용어⟩, 대변, 똥, 응가, ⟨~ feces\excrement⟩ 양2

1049 *****doe** [도우]: ⟨어원 불명의 영국어⟩, '아무개'(이름을 모를 때 부르는 말), ⟨사슴·토끼·염소 등 귀여운⟩ 동물들의 암컷, ⟨파티에서⟩ 남자 파트너가 없는 여자, ⟨~ certain adult female animal⟩, ⟨↔buck⟩ 우1

1050 **doen-jang** [된장]: ⟨한국어+중국어⟩, doen(thick)+jang(sauce), 간장을 담가 떠먹고난 건더기, 토장, ⟨~ a traditional Korean condiment⟩, ⇒ soy-bean paste, ⟨~(↔)go·chu-jang⟩ 우2

1051 **does** [더즈]: do의 3인칭 단수 현재형 가1

1052 **dog** [더어그]: ⟨←docga(a canine)⟩, ⟨어원 불명의 영국어⟩, 개, 수캐, 망나니, 배반자, ⟨~ hound\puppy\scoundrel⟩ 가1 양1

1053 *****doga** [더어가]: dog+yoga, 애완견과 같이 하는 요가, ⟨일부에서는 돈지랄⟨over-heating⟩이라고 혹평을 함⟩ 우1

1054 **dog and pony show** [더어그 앤 포우니 쑈우]: ⟨금주령 하의 미국에서 불법으로 술을 팔기 전에 곡마단에서 부리던⟩ 눈 가리고 아웅 하기, 사탕발림, ⟨~ over-staged performance\spectacle⟩ 양2

1055 **do·ga·ni** [도가니]: ⟨어원 불명의 한국어들⟩ ①(쇠붙이 등을 녹이는) 진흙으로 된 움푹한 그릇, melting pot ②소의 무릎뼈(사골), 사골을 푹 삶아서 끓인 고깃국, knee-bone soup 수2

1056 **dog-bane** [더어그 베인]: '개를 죽이는 풀', 개정향풀, 북미 원산의 작은 분홍색 나팔꽃이 피는 협죽도과의 다년생 독초, ⟨~ Indian hemp\wild cotton\Amy root\maile⟩ 미2

1057 *****dog days** [더어그 데이즈]: (너무 더워서 일할 수 없는) 찜통 더위 날들, 복날(들), ⟨~ heat wave⟩ 양2

1058 **Dog Days of Sum·mer**: 복, (한국의 보신탕하고는 관계없는) ⟨여명에 큰개자리가 동쪽에서 보이는⟩ 7월 3일부터 8월 11일까지의 무더운 날들, ⟨~ canicular days⟩ 양2

1059 *****dog-eat-dog** [더어그 이이트 더어그]: '이전투구', 냉혹한 생존경쟁, 아귀다툼, 동족상잔, ⟨~ cut-throat\every-man for him-self⟩, ⟨~ red ocean⟩ 양2

1060 *****Doge-coin** [더기 코인]: 2013년에 도입된 (개 모양이 그려진) 전자화폐의 하나, ⟨~ a digital currency⟩ 수2

1061 **dog-fen·nel** [더어그 풰늘]: '개가 코를 벌름거리는 풀', 개회향, ⟨건초 같은 깃 잎을 가진⟩ 방향성의 미나릿과의 두해살이풀, ⟨~ a perennial herb⟩ 미2

1062 **dog-fight** [더어그 홰잇]: 난전, 난투, ⟨~ fierce battle\blood-shed⟩ 양1

1063 **dog-fish** [더어그 휘쉬]: hound·fish, 돔발상어, 동갈치, 오류나 난류에 자라는 뼈가 없고 ⟨어항에서 기를 수 있는⟩ 아주 조그만 상어류로 예전에는 개한테 던져 줄 정도로 흔했으나 점점 감소하는 추세임, ⟨~ nurse-hound\bow-fin\swamp trout⟩ 미2

1064 **dog-ged** [더어기드]: ⟨개같이⟩ 끈덕진, 완고한, ⟨~ tenacious\hard-nosed⟩ 양2

1065 *****dog-ged per·se·ver–ance** [더어기드 퍼얼서뷔어륀스]: 끈덕진 인내심, 칠전팔기⟨fall seven times, stand up eight⟩, ⟨↔laziness\giving up⟩ 양2

1066 **dog-gie bag** [더어기 배그]: 개 봉지, ⟨개를 준다는 명목으로 싸서 가지고 가는⟩ 먹다 남은 음식을 넣는 봉지, ⟨현대인은 to-go (or take-out) bag이라 함⟩ 우1

1067 *****dog-go** [더어고우]: ①중간 크기의 개 ②꼼짝않고 숨어있다 ③볼품없는 ④연상으로 파생되는 전산망 언어, '개소리', ⟨~ dogged\dog-lingo⟩ 미2

1068 **dog·gone** [더어거언]: ⟨dog on it?⟩, ⟨1849년에 등장한 미국 서부말⟩, ⟨God damn의 완곡한 표현⟩, 제기랄!, 빌어먹을!, 저주할, ⟨~ darned\cursed⟩, ⟨↔great\wonderful⟩ 양2

1069 **dog-grass** [더어그 그래스]: 갯보리, 개밀, 개가 먹으면 구토를 한다는 야생 밀, 〈~ couch (or quack) grass〉 미2

1070 **dog-gy style** [더기 스타일]: '개씹', (개처럼 뒤에서 삽입하는) 후배위, 〈~ on hands and knees\spooning〉, 〈~(↔)sixty nine〉 양1

1071 **dog·ma** [더어그마]: 〈←dokein(think)〉, 〈그리스어〉, 교의, 신조, 독단적 주장, 정설, 〈좋은 말〉, 〈~ creed\doctrine〉 양2

1072 **dog·ma·tic** [더어그매틱]: 교리상의, 독단적인, 〈개같은〉, 〈~ dictatorial〉, 〈↔pragmatic〉 양2

1073 *****dog-pile** [더어그 파일]: 미식 축구 선수들이 겹쳐서 덮치는 모양, 전산망에 무더기로 쏟아지는 〈항의성〉 댓글, 〈~ scrum\gang up\on-line harass〉 우2

1074 **dog's-ear** [더어그즈 이어]: 책장 모서리를 접은 것, 모서리 접기, 〈~ bend\fold〉 우2

1075 *****dog's lot in the hap·piest gall**: 개의 운명에는 괴로움이 없다, 개는 고민하지 않는다, 개팔자가 상팔자, 〈~ dog's life is easier than human's〉 양3

1076 **dog-som·ni·a** [더어그 쌈니어]: ①개잠(얕은 잠) ②개와 같이 자는 것 ③자는 체하는 짓, 〈~ shallow sleep〉 양2

1077 **dog's-tail grass** [더어그즈테일 그래스]: 왕바랭이, 줄기 끝에 개 꼬리 같은 꽃대가 자라나는 들에 나는 볏과의 한해살이 잡초, 〈~ ragi\wire-grass\crab-grass\crow-foot grass〉 미2

1078 **dog's-tooth vi·o·let** [더어그즈 투우쓰 봐이얼릍]: 얼레지, 〈흰 구근이 개 이빨을 닮았다는〉 참나리 비슷한 백합과의 여러해살이 쌍떡잎식물, 〈~ adder's tongue\trout lily〉 미2

1079 **dog-tag** [더어그 태그]: 〈1918년에 등장한 미국 군대 속어〉, 개표, 군인의 인식표, 〈~ name(ID) tag〉 미2

1080 *****dog-walk** [더어그 워어크]: (끈에 맨 개를 끌고 가듯) 압도하는, 한 수 높은, 〈~ advance\hike〉 미2

1081 *****dog whis·tle** [더어그 위쓸]: '개 휘파람', '개 길들이기', '특수층 회유법', (개에게만 들리는 주파를 사용해서) 개를 부를 때 쓰는 호각으로 특정 단체에서만 소통되는 표현이나 진술, 정치인이 자신의 논란의 여지가 많은 진술을 지지층에게만 전달하려는 짓, 〈~ silent whistle\coded message〉 미2

1082 **dog with two tails**: (꼬리치는) 기쁜 개, 매우 행복한 자, 〈~ cloud nine〉 양2

1083 **dog-wood** [더어그 우드]: 〈North Carolina와 British Columbia의 주화인〉 말채나무, 층층나무, 온대 지방에서 늦봄에 4쪽으로 된 작은 흰 꽃이 피는 낙엽활엽교목으로 그 열매를 개가 잘 먹는다는 '썰'이 있음, 〈~ box-wood\cornel〉 미2

1084 **do-ing busi-ness as** (at) \ **dba**: 사업체명, 사업체 계좌, 〈~ trade name\fictitious business name〉 미1

1085 **do it your-self** \ **DIY**: '자체 해결', 기술자를 부리지 않고 자신이 처리함, 〈↔영국에서는 DFU(done for you)〉 미2

1086 **do-jo** [도우조우]: '도장', training hall, 〈바닥을 마루나 다다미로 깐〉 일본식 체육관 우2

1087 **Dok-do** [독도]: 〈중국어→한국어〉, lonely islands, '외로운 섬(들)', 〈청해상에〉 한국의 울릉도에서 87.4km·일본의 오키섬에서 157km 떨어진 두개의 바위섬으로 구성된 대한민국의 영토, 다케시마(일본명; 죽도), ⇒ Liancourt Rocks 수2

1088 **dol**[돌]: 〈←돌아오다(return)〉, 〈한국어〉, 주년(anniversary), (주로 태어난 지 1년 되는 날에 하는) 한살 잔치, 〈↔hwan-gab〉 미2

1089 **Dol·by** [도울비]: 〈북구어〉, 〈←Dalby; '계곡에 사는 자'〉, 돌비, (1966년 이것을 고안해 낸 Ray Dolby의 이름을 딴) 잡음을 줄이는〈noise reduction〉녹음 방식(상표명) 수1

1090 **dol·ce** [도울췌이]: 〈←dulcis(sweet)〉, 〈이탈리아어〉, '달콤한', 감미로운 미2

1091 **Dol·ce and Gab·ba·na** [도울췌이 앤드 가버너]: 돌체 앤 가바나〈'헐렁한 외투'(hooded overcoat)〉, 1986년 두 명의 이탈리아 도안가가 설립하여 우아한 도안을 추구하는 세계적 의류·화장품·장신구 제조회사, 〈~ an Italian fashion house〉 수1

1092 **dol·drums** [도울드럼즈]: 〈영국어〉, 'dull 한 상태', 침체, 우울, 적도무풍대, 〈~ malaise\weakness〉, 〈↔lively\jag\flare〉 양2

1093 **Dole** [도울]: 돌, 1851년에 설립된 미국의 〈식물〉 식품회사(food company), 1950년에 시작된 하와이의 파인애플 농장(plantation) 수1

1094 **dole** [도울]: ⟨←dal(part)⟩, ⟨게르만어⟩, 시주, 구호품, 분배물, ⟨~ deal⟩, ⟨~ donation\gift⟩, ⟨↔deny\reject⟩ 양2

1095 **dole-ful** [도울훌]: ⟨←dolere(feel pain)⟩, ⟨라틴어⟩, 슬픈, 서글픈, 음울한, ⟨←dolor(고통)을 주는⟩, ⟨~ mournful\cast down⟩, ⟨↔cheerful\happy⟩ 양2

1096 **dole out** [도울 아웉]: ⟨게르만어⟩, 조금씩 나눠주다, 분배하다, ⟨~ dispense\allocate⟩, ⟨↔refuse\withhold⟩ 양2

1097 **Dol·gwol** [도얼거얼]: 돌궐족, Tureukeu(Turkey의 중국식 변형어), '투구를 쓴 자?' ⇒ Göktürks 수1

1098 **do·li·ne** [덜리이너]: ⟨←dolina(valley)⟩, ⟨슬라브어⟩, 돌리네, (석회암 지대의) 움푹 파인 땅, ⟨~ sink-hole⟩, ⟨↔gold mine⟩ 양1

1099 **doll** [달]: ⟨영국어⟩, 인형, ⟨Dorothy 같이⟩ 귀여운 어린이, 깜찍한 것(여자), ⟨~(↔)puppet\manikin\babe⟩ 미2

1100 **dol·lar** [달러]: ⟨게르만어⟩, $, 100센트, 미국·캐나다 등의 화폐단위, 독일 은화 thaler가 변형된 말, ⟨~ buck\green-back\smacker⟩ 수2

1101 **dol·lar a year man** [달러 어 이어 맨]: 무보수 공무원, ⟨~ one dollar salary⟩ 양2

1102 **dol·lar day** [달러 데이]: 염가 특매일, 1달러 균일 판매일, ⟨~ a sale day⟩ 미2

1103 **Dol·lar De·cade** [달러 데케이드]: Jazz Age, ⇒ roaring twenties 수2

1104 **dol·lar-fish** [달러 휘쉬]: ⟨색깔이 은화같이 빛나는⟩ Silver Dollar, 병어, 비늘이 진득진득해서 butter fish라고도 불리는 미국 대서양 연안에서 자라는 샛돔과의 둥글납작한 중간치기 물고기 미2

1105 **dol·ly** [달리]: ⟨영국어⟩ ①⟨←doll⟩, 인형의 유아어, 매력적인 여성 ②⟨←trolley⟩, ⟨무거운 것을 나르는⟩ 바퀴 달린 손수레, ⟨~ wheel-barrow⟩, ⟨↔A-frame⟩ 우1

1106 **dol·ma** [달머]: ⟨터키어⟩, filling, 돌마, (포도잎이나 양배추에 고기·쌀등을 재어 삶은 중동지방의 요리, ⟨포도잎 보쌈⟩, ⟨~ stuffed vine leaves⟩ 우1

1107 **dol·men** [도울먼]: dual(table)+maen(stone), ⟨영국어⟩, '돌 탁자', 돌멘, 고인돌, 환상열석, 지석(묘), 튼튼한 두 돌 위에 평평한 돌을 얹은 선사시대의 거석 분묘, ⟨↔menhir⟩ 우2

1108 **dol·phin** [달핀 \ 돌핀]: ⟨←delphin←delphus(womb)⟩, ⟨그리스어⟩, '자궁을 가진 물고기', 돌고래, 만새기, 황새치, 흰색이 점철된 몸통에 이빨이 많은 영리한 작은 고래, ⟨~ a marine mammal⟩ 미2

1109 **dol-sot** [돌솥]: ⟨한국어⟩, 돌로 만든 솥, (hot) stone pot 수2

1110 **dolt**[도울트]: ⟨←dol(foolish)⟩, ⟨고대 영국어⟩, 얼뜨기, 멍청이, ⟨~ idiot\dodo\doofus⟩, ⟨↔intellect\wizard⟩ 양2

1111 **~dom** [~덤]: ⟨영국어⟩, state, ⟨~의 지위·범위·세력⟩을 뜻하는 결합사 양1

1112 **do·main** [도우메인]: ⟨←dominus(master)⟩, ⟨라틴어⟩, ⟨주인에게 속한⟩ 영토, 영역, 분야, 범위, 소유지, 역(비세포성과 세포성으로 나누는 생물 분류의 최상위 단위), ⟨~ realm\territory⟩, ⟨↔un-occupied⟩ 양2

1113 ※**do·main name** [도우메인 네임]: (등록된) 특정 명칭, 전산망 주소 ⟨명칭 소유권⟩, ⇒ URL 우1

1114 ※**do·main name serv·er \ DNS**: '특정명칭 봉사기', 부호로 된 측정 주소를 인터넷 숫자로 바꿔주는 장치 우1

1115 **dome** [도움]: ⟨←domus(house)⟩, ⟨라틴어에서 연유한 이탈리아어⟩, 둥근 천장, 반구형, ⟨~ arched roof\vault⟩, ⟨↔bridge\cave\bottom\steeple⟩ 미1

1116 **do·mes·tic** [더메스틱]: ⟨←domus(house)⟩, ⟨라틴어⟩, 가정의, 가사상의, 길든, 국내의, 하인, ⟨~ familial\internal\servant⟩, ⟨↔foreign⟩ 양1

1117 **do·mes·tic part·ner** [더메스틱 파아트너]: 현지국의 동업자, 동거 상대(같이 사는 짝), 내연관계, ⟨~ companion\spouse⟩ 미2

1118 **do·mes·tic vi·o·lence** [더메스틱 봐이얼런스]: 가정 내 폭력, ⟨~ family (or conjugal) violence⟩ 양2

1119 **do·mi·cile** [다미싸일]: ⟨라틴어⟩, ⟨←home⟩, 처소, 본적지, ⟨지정된⟩ 어음 지불 장소, ⟨~ abode\residency\place⟩ 양1

1120 **dom·i·nant** [다미넌트]: ⟨←dominus(master)⟩, ⟨라틴어⟩, ⟨주인에 의해⟩ 지배적인, 우세한, 유력한, ⟨~ commanding\prevailing⟩, ⟨↔subservient⟩ 양1

1121 **Do·min-go** [더밍고우], Pla·ci·do: ⟨←dominus(master)⟩, '주인', 도밍고, (1941-) 폭 넓은 언어를 소화한 스페인 출신 테너 가수·지휘자, ⟨~ a Spanish opera singer⟩ 수1

1122 **Dom·i-nic** [다미닠]: ⟨←dominus(lord)⟩, '주님에 속한', 도미니크, 남자 이름, 지식을 주요시하는 구교의 일파, ⟨~ Order of Preachers⟩ 수1

1123 **Dom·i·ni-ca** [더미니이커]: ⟨←'dies dominica(day of the Lord)'⟩, ⟨라틴어⟩, 도미니카(영연방), '콜럼버스가 일요일에 발견한 땅', ⟨사탕수수가 주업인⟩ 1978년 영국으로부터 독립된 아이티 동쪽에 있는 조그만 섬나라, {Dominican-Eng-(XC) Dollar-Roseau} 수1

1124 **Do·min·i·-can Re·pub·lic** [더미니이컨 뤼퍼블릭]: 도미니카 공화국, 스페인·미국의 지배를 받다 1966년 독립한 서인도제도 히스파니올라섬 동쪽 5/8을 차지하는 제법 큰 나라, {Dominican-Sp-(DO) Peso-Santo Domingo} 수1

1125 **do·min-ion** [더미니연]: ⟨←dominus(master)⟩, ⟨라틴어⟩, 통치(권), 주권, 소유권, (영연방의) 자치령, ⟨~ realm\sovereignty⟩ 미2

1126 **dom·i·no** [다미노우]: ⟨←dominus(master)⟩, ⟨라틴어에서 연유한 프랑스어⟩, ⟨흑·백색을 한 축제의장(sir)에서 연유한⟩ 머리 씌우개가 붙은 겉옷, ⟨~ a carnival custume⟩, 28개의 패로 하는 점수 맞추기, ⟨~ a game play⟩ 수2

1127 **dom·i·no ef-fect** [다미노우 이훽트]: (도미노 패가 쓰러지듯 파급되는) 연쇄적 효과, ⟨~ butterfly effect\causal sequence⟩, ⟨↔insignificant⟩ 수2

1128 **Dom·i·nos Piz·za** [다미노우스 피이쩌]: 다미노 피자, 1960년에 Dominick의 피자식당을 인수해서 1965년에 현재 명칭으로 바뀐 미국의(American) 세계적 배달 전문 경양식 연쇄점 수1

1129 **Dom Pe·ri·gnon** [돔 페리농]: cellar master at St. Pierre Abbey, 돔 페리농, ⟨폭발한 포도주 병에서 감을 잡은⟩ 불란서의 페리농 신부 이름을 딴 고급 샴페인(champagne) 수2

1130 **don¹** [단 \ 던]: ①⟨←dominus(master)⟩, ⟨라틴어⟩, '주인', 님, 신사, 두목, 귀인, 수령, 학감, ⟨~ leader⟩ ②⟨게르만어⟩, do on, (옷을) 입다, (모자를) 쓰다, ⟨~ dress⟩ 양1

1131 **don²** [돈]: ⟨←돌아다니다(trevel)⟩, ⟨한국어⟩, 금전, 화폐, '쩐', 쇠푼, 쇳가루, o-kane, ⟨~ money\buck⟩ 수2

1132 **Don-ald** [다늘드]: dumno(world)+ualos(ruler), ⟨켈트어⟩, Don., 남자 이름←domhnall (세계의 지배자) 수1

1133 **do·na·tion** [도네이션]: ⟨←dare(give)⟩, ⟨라틴어⟩, '주기', 기부, 증여, ⟨~ alms\gift⟩, ⟨↔withholding⟩ 양1

1134 **don-date¹** [던데이트]: ⟨한국어+영어⟩, 아! 기다리고 기다리'던' 데이트(만남), ⟨~ a long waited going-out⟩, ⟨≠ done-date⟩ 양2

1135 **done** [던]: do의 과거분사, 끝난, 마친 가1

1136 **do·nee** [도우니이]: ⟨←donare←dare(give)⟩, ⟨라틴어⟩, 수증자, 증여 받는 사람, ⟨~ beneficiary\receiver⟩, ⟨↔donor⟩ 양2

1137 **dong-chi·mi** [동치미]: ⟨한국어⟩, pickled winter radish, '겨울에 먹는 침채', 무를 소금물에 담근 김치, radish water kimchi, pickled white radish 수2

1138 ※**don·gle** [다앙글 \ 더엉글]: ⟨1980년에 등장한 전산망 용어⟩, ⟨아마도 '대롱대롱 매달린(dangle)'이란 뜻의 북구어에서 유래한⟩ 동글, '보호 단자', (부정 사용 방지 목적으로) ⟨전산기 접속기에 평행으로 설치하는⟩ 연성기기 보호 장치, ⟨~ a hard-ware key⟩ 우1

1139 **Dong-hak Peas·ant Rev·o·lu-tion**: 동학⟨Eastern School⟩농민혁명, 1894년 동학교도들이 주축이 되어 조선⟨Joseon⟩의 전라도에서 (반봉건주의·반외세를 외치며) 봉기된 농민운동으로 그 다음 해에 일본군에 의해 진압됨 수2

1140 **Dong-po pork** [동포 포올크]: ⟨Su Shi의 호에서 연유한⟩ '동파(eastern slope에 사는 자)'육, 소식이 중국(China)의 항주에 귀양 갔을 때 개발했다는 돼지삽겹살에 황주(술)를 뿌려 푹삶은 고기요리 미2

1141 **dong-saeng** [동생]: tong(same)+sheng(live), younger sibling, ⟨중국어→한국어⟩, 자녀 중 나이가 적은 자, 나이가 적은 친구를 일컫는 말, ⟨↔hyong⟩ 미2

1142 **Don·i·zet·ti** [다니제띠], Ga·e·ta·no: ⟨어원 불명의 이태리계 이름⟩, 도니체티, (1797-1848), ⟨오스트리아의 궁정 작곡가로 일하다 매독으로 죽은⟩ 속작의 이탈리아 가곡 작곡가, ⟨~ an Italian composer⟩ 수1

1143 **Don Juan** [단 후아안]: 돈 후안, (스페인의) 전설적 방탕자, 엽색가, 호색한, ⟨~ play-boy\tom-cat⟩ 수2

1144 **don·key** [덩키]: ⟨dwn(dull gray-brown)이란 뜻의 웨일즈어에서 유래한듯 한 영국어⟩, (당)나귀, 말보다 작고 귀가 길며 병에 대한 저항력이 강한 유용한 동물, 바보, 고집쟁이, ⟨~ ass \ burro⟩, ⟨Andrew Jackson의 별명('Jackass')에서 연유함⟩ 미국 민주당(US Democratic Party)의 상징 양2

1145 **don·key's years** [덩키즈 이어즈]: donkey's ears, ⟨나귀의 긴 귀와 동음이의어여서 20세기 초에 만들어진 영어⟩, (아주) 오랫동안, 긴 세월, ⟨~ a very long time⟩ 양2

1146 **don·ning** [더닝]: done의 진행형, 끝내는, 소모하는, 지치는, ⟨~ removing\tiring⟩ 양2

1147 **don·ny brook** [다니 부룩]: '성 Broc 성당에 있는 마을', ⟨Dublin 근교에서 열리던 연례 박람회에서 나온⟩ 도떼기시장, 난투, 떠들썩한 언쟁, ⟨~ brawl\up-roar⟩ 양2

1148 **do·nor** [도우너]: ①⟨←donare←dare(give)⟩, ⟨라틴어⟩, 기증자, 제공자, 시주, ⟨~ benefactor\bestower⟩, ⟨↔donee⟩ ②⟨터키어⟩, ⟨돌려서 구운⟩ doner kebab 양2 우1

1149 *****don't back(paint) some-one in-to a cor·ner**: (~를) 궁지에 몰아넣지 말아라, 개도 나갈 구멍을 보고 쫓아라, ⟨~ burnig the bridges\leave someone no option⟩ 양2

1150 *****don't bother try-ing im–pos·si·ble**: 안 되는 것은 안 되는 것이다, 오르지 못할 나무는 쳐다보지도 마라, ⟨~ pie in the sky⟩ 양2

1151 *****don't count chick·ens be-fore they are hatch-ed**: 알도 까기 전에 병아리를 세지 말라, 김칫국부터 마시지 말라, ⟨↔don't look a gift horse in the mouth⟩ 양2

1152 *****don't cross the bridge² un-till you come to it**: 너무 서두르지 말라, ⟨~ catch the bear before you sell his skin\don't count chickens before they are hatched⟩ 양2

1153 **don't hide the ob·vi·ous**: 손바닥으로 하늘 가리기, ⟨~ stop flood with a sponge⟩ 양2

1154 *****don't look a gift horse in the mouth**: 뻔할 뻔 자, ⟨선물 받은 말은 항상 늙은 말이라는 뜻⟩, ⟨↔don't count the chikens before they are hatched⟩ 양2

1155 *****don't tell me** [도운트 텔 미이]: 말 안해도 뻔해, 설마, 당찮은 소리 마라, ⟨~ you're kidding\no way!⟩ 양2

1156 **do-nut** (dough-nut) [도우넡]: ⟨1809년에 등장한 미국어⟩, 고리 모양의 빵(물건), '가락지 빵', ⟨~ a fried (or oily) cake⟩ 우1

1157 *****do-nut hole** [도우넡 호울]: 고리 공간, 보험으로 보상 안 되는 것(기간), ⟨~ a coverage gap⟩ 우2

1158 **doo·dle** [두우들]: ⟨←dudeln(play)⟩, ⟨1930년경에 등장한 독일어⟩, 하찮은 것, 시시한 소리, '빈둥이', ⟨~ dude⟩, ⟨~ fiddle\trifle⟩ 양1

1159 **doo·dle-bug** [두우들 버그]: ⟨궁둥이를 질질 끌며 움직이는⟩ 개미 귀신, ⇒ ant·lion 미2

1160 *****doo·fus** [두우훠스]: ⟨←doof(simpleton)⟩, ⟨1960년대에 스코틀랜드어에서 파생된 미국 대학생 속어⟩, ⟨~ goof\tit³\dolt⟩, 바보, 얼간이, 괴짜 양2

1161 **doom** [두움]: ⟨←dom(judgement)⟩, ⟨게르만어⟩, '심판', 숙명, 파멸, (불리한) 판결, ⟨~ deem⟩, ⟨~ calamity\damned⟩, ⟨↔bless⟩, ⟨↔rapture²⟩ 양1

1162 *****doom–scrol-ling** [두움 스크로울링]: ⟨신조어⟩, '파멸 두루마리질', 불운 목록찾기, (전산망에서) ⟨Covid 등⟩ 불길한 소식만 연달아 검색하는 짓, ⟨~ doom-surfing⟩, ⟨~(↔)zombie(mind-less)-scrollong⟩ 미2

1163 **dooms-day** [두움스 데이]: 최후 심판의 날, ⇒ Judgement Day 양2

1164 **door** [도어]: ⟨←thyra⟩, ⟨그리스어에서 유래한 영국어⟩, '문', 입구, 관문, ⟨~ egress\ingress\entry⟩, ⟨↔blockade\wall⟩ 가1

1165 **door-bell** [도어 벨]: 현관종, 초인종, ⟨~ buzzer\ringer⟩ 가1

1166 **Door Dash** [도어 대쉬]: 도어 대시, 2013년 4명의 스탠퍼드 대학생이 우버의 모형을 따서 설립한 음식배달(food delivery) 매개 업체 수2

1167 *****do or die¹** [두우 오어 다이]: 죽기 아니면 까무러치기, 필사적, ⟨~ desperate\resolute⟩, ⟨↔uncertain\giving up⟩ 양2

1168 **door-knob** [도어 납]: 문손잡이, 문고리, ⟨~ handle\grip⟩ 가1

1169 **door-mat** [도어 맽]: 문깔개, 신바닥 문지르개, ⟨~ welcome mat⟩ 양1

1170 **door-prize** [도어 프라이즈]: 참석상, ⟨~ entrance prize\welcome gift⟩ 양2

1171 **door-sill** [도어 씰]: 문지방, 문 턱, 〈~ door-step\threshold〉 양2

1172 **door-step** [도어 스텝]: 문(현관) 계단, 현관 층계, 문 앞, 〈~ doorway\entrance〉 양2

1173 *__door–step-ping__ [도어 스테핑]: 〈영국 영어〉, ①호별 방문(사업) ②(사전 준비 없이 '계단에서' 하는) 약식 회견, 〈~ informal canvassing〉 미2

1174 **door-way** [도어 웨이]: 문간, 출입구, 〈~ access\gate-way〉 가1

1175 **Doo-San** [두산] Group: Korean measure+mountain, 'many bushels make a mountain', '티끌 모아 태산', 〈한 말 한 말 쌓아서 큰 산이 되려고〉 1896년 종로의 잡화상으로 출범하여 양조업으로 돈을 벌고 그 후 소비제품·제조업·교역·건설업 등에 진출한 한국의 재벌 회사, 〈~ a Korean conglomerate〉 수2

1176 **doot** [두우트]: 〈게르만어〉, '뚜우~', 〈'death'를 알리는〉 해골이 부는 나팔소리, 〈~ skeleton playing a trumpet〉 미2

1177 **dope** [도우프]: 〈←doopen〉, 〈네덜란드어〉, 〈dip(적셔서)해서 흡입하는〉 진한 액체, 마약, 비밀정보, 얼간이, 〈아주 좋은〉, 〈~ illegal drug\idiot\excellent〉 양2

1178 **do-po** [도포]: dao(road)+pao(robe), 〈중국어→한국어〉, 조선시대 양반이 통상 예복으로 입던 길고 낙낙한 겉옷, gentlemen's gown 수2

1179 **dop·pel-gang·er** [다펄 갱어]: 〈독일어〉, double goer, '이중 보행자', 생령(인간의 영적 분신), 〈자신의 생령을 보면〉 죽음이 다가왔다는 흉조, 꼭 닮은 사람(물건), 〈~ wraith\dead ringer〉, 〈~ twin\clone〉 양2

1180 **Dopp·ler** [다플러], Chris·tian: 〈←topeler(dice player)〉, 〈게르만어〉, 'Gambler', 도플러, (1803-1853), 오스트리아의 수학자·물리학자, 〈~ an Austrian physicist〉 수1

1181 **Dopp·ler ef-fect** [다플러 이휄트]: 〈기차가 들어올 때와 나갈 때 기적 소리의 차이 등〉 움직임에 따른 소리·빛·전자주파의 차이, '상대적 (진동) 변화 효과', 〈~ frequency shift〉 수2

1182 **do·ra·do** [더롸아도우]: 〈포루투갈어〉, 'dolphin', 만새기(맛이 좋은 커다란 난대성 바닷 물고기), 황새치(sword·fish), 〈~ dory\mahi-mahi〉 미2

1183 **Dor·ic** [도어뤽]: 〈←Doris(gift from the sea)〉, 도리스(그리스의 지명) 지방의, 〈투박한·촌스러운·대담한〉 도리스 건축양식, 〈~ classical\Latin〉 수2

1184 **do·ri-tang** [도리탕]: 〈한국어+중국어〉, 〈닭·오리 등의 고기를〉 '도려내서' 양념과 물을 넣고 끓인 음식, (spicy) cut-let stew 수2

1185 *__dork__ [도얼크]: 〈1967년에 등장한 미국어〉, 얼간이, 자지, 〈←dick?〉, 〈~ nerd\geek\twit〉, ⇒ dweeb 양2

1186 **dorm** (dor·mi-to·ry) [도옴 (도얼미터어뤼)]: 〈←dormire(sleep)〉, 〈라틴어〉, '잠자는 곳', 기숙사, 공동 침실, 주택단지, 〈~ cemetery〉, 〈~ boarding house\residence hall〉, 〈↔office〉 양1

1187 **dor·mant** [도어먼트]: 〈←dormire(sleep)〉, 〈라틴어〉, 잠자는, 정지한, 고정적인, 〈~ abeyance\suspended〉, 〈↔awake\active\animated〉 양2

1188 **dor-mouse** [도얼마우스]: 〈영국어〉, dormant+mouse, 산쥐, 〈동면하는〉 산에 사는 생쥐, 잠꾸러기, 〈~ sleepy-head\field mouse〉 미2

1189 **dor·sum** \ ~sa [도얼썸 \ ~싸]: 〈라틴어〉, back, 등 (부분), 배면, 〈↔ventra〉 양2

1190 **do·ry** [도어뤼]: 〈←deuarare(gild)〉, 〈라틴어〉, 'John·dory', St. peter's fish, 달고기, 〈'금빛'을 띠고 달 모양의 몸통에 살이 많은〉 넙치 비슷한 물고기, 〈~ dorado〉 미2

1191 **DOS** [다아스]: ⇒ disc operating system 수2

1192 **dose** [도우스]: 〈←didonai(give)〉, 〈그리스어〉, 1회분 복용량, 〈꿀꺽 삼키는〉 한 첩, 〈빛을 쬐는〉 조사량, '주어진 양', 〈~ dosage\portion〉 미2

1193 **do-si-do** [도우 씨이 도우]: 〈프랑스어〉, 'back to back', 도시도 〈등을 맞대고 추는 스퀘어댄스〉, 〈vis-a-vis의 반대〉 우1

1194 **dos·si·er** [다아지에이]: 〈프랑스어〉, 〈dorsum(뒤)에 표제를 붙인〉 bundle of papers, 서류일체, 사건기록 양2

1195 **Do·sto·ev-ski** [다스터예프스키], Fyo·dor: 〈지명에서 유래한〉 도스토예프스키, (1821-1881), 〈글을 쓸 줄 몰라서 읽는 이를 당황케 했으나 그래도 수많은 독자의 심금을 울린〉 러시아의 공병장교 출신 〈성격주의〉 소설가, 〈~ a Russian novelist〉 수1

1196 **dot** [닷]: ⟨←dyttan(plug)⟩, ⟨영국어⟩, 점, 소량, .com (통신점), 반점, 꼬마, 물방울 무늬, (아내의) 지참금, ⟨~ spot\dowry⟩ 양1

1197 **dot-age** [도우티쥐]: ⟨←dotien(foolish)⟩, ⟨영국어⟩, ⟨←dote⟩, ⟨일화(anecdote)만 늘어 놓는⟩ 노망, 망령, 맹목적 애정, ⟨~ senility\folly⟩ 양2

1198 **Do-tard** [도우털드]: Donald+retard, '노망든 늙은이', '모자라는 늙은이', 김정은이 Donald Trump를 지칭한 ⟨재치 있는⟩ 말 수2

1199 *__dot-bomb__ [닷 밤]: '점 폭탄', (갑자기) 파산한 인터넷 사업, ⟨~ dot-com crash⟩ 미2

1200 **dot com** [닷 캄]: 인터넷에서 사용하는 (사업)영역 이름, ⟨~ business website⟩ 우1

1201 *__dot-com-post__ [닷 캄포우스트]: '점 시체', 망한 인터넷 사업의 잔해, ⟨~ wrecked IT business⟩, ⇒ dot-gone 미2

1202 *__dot-con__ [닷 칸]: '점 야바위꾼', 인터넷을 통한 사기꾼 (con·man), ⟨~ on-line fraud⟩ 미2

1203 **dote** [도우트]: ⟨←doten(foolish)⟩, ⟨영국어⟩, 망령 들다, 맹목적으로 사랑하다, ⟨→dotage⟩, ⟨~ uxorious⟩ 양2

1204 *__dot-gone__ [닷 가안]: '점 소멸', 사라진(실패한) 인터넷 사업, ⟨~ demise of internet business⟩, ⇒ dot-compost 미2

1205 *__do the dishes__ [두우 더 디쉬스]: 접시들을 씻다, 설거지를 하다, 뒷처리를 하다, ⟨~ more than just washing the dishes⟩, ⟨공을 들이라는 말⟩, ⟨혹자는 조심하라는 말이라고도 함-do라는 말의 다양한 쓰임새 중에는 한 번 하자라는 말도 있음⟩ 양2

1206 **do time** [도(두)우 타임]: 감옥살이를 하다, ⟨~ serve a sentence⟩ 양2

1207 ※**dot ma·trix** [닷 메이트뤽스]: '점모체', 점 행렬, 통신점의 집합에 의하여 희망하는 문자나 도형을 형성하는 방법, ⟨~ impact matrix printing⟩ 미2

1208 ※**dot pitch** [닷 피취]: 점 문자 밀도, 화점 간격, 화면 표시 스크린 위의 인접하는 그림낱(pixel) 간의 거리-0.3mm 정도, ⟨~ line (or stripe) pitch⟩ 미2

1209 *__dot plot__ [닷 플랕]: ⟨점의 갯수로 양이 많고 적음을 나타내는⟩ 점도표, (금융 위원들이) 향후 금리를 예측하는 것을 점으로 표시해서 만든 일종의 막대도표, ⟨~ dot chart\strip plot⟩ 양2

1210 ※**dots per inch \ dpi**: 1인치당 나타나는 점의 숫자, 인쇄기의 해상도(resolution)의 척도 우1

1211 **dou·ble** [더블]: duo+plere, two+fold, ⟨라틴어⟩, 두 배, 갑절, 이중, '두 겹으로 접은', ⟨~ dual\twin⟩ 가1

1212 **dou·ble a·gent** [더블 에이줜트]: 이중간첩 가1

1213 **dou·ble bass²** [더블 베이스]: (저음을 두배로 증폭시키기 위한) '최저음 현악기', (첼로보다 두배나 큰) '대형 현악기', =contra-bass 우1

1214 **dou·ble bed** [더블 베드]: 2인용 침대 미1

1215 **dou·ble-blind** [더블 블라인드]: 이중맹검, 시험자·피시험자 양쪽 다 모르는 검사법, ⟨~ randomized\sealed\confidential⟩ 미2

1216 **dou·ble-bo·gey** [더블 보우기]: 표준타보다 2타 더 치는 일, ⟨~ two strokes over par⟩ 우1

1217 **dou·ble-click** [더블 클맄]: ⟨자료철을 빨리 찾기 위해⟩ 짧게 두 번 누르기 우1

1218 **dou·ble cross** [더블 크뤄어스]: 배신, 기만(하다), 이중 교잡, ⟨~ betray\defect⟩ 양1

1219 ※**dou·ble da·ta rate \ DDR**: 2배속 자료 처리 속도, 시간 신호(clock signal)의 양극(both edges)으로 자료를 보내 전송 속도(transfer speed)를 2배로 늘리는 기술 미2

1220 **dou·ble date** [더블 데이트]: 두 쌍(two couples)의 남녀가 같이(together)하는 밀회, '쌍 교제', ⟨한 명이 두 명의 이성과 번갈아 만나는 것은 double cross⟩ 우2

1221 **dou·ble-deck-er** [더블 데커]: 이층(버스·여객기·배), ⟨빵이 3쪽 들어 있는⟩ 이중 샌드위치, 이층 침대, ⟨~ two tier⟩ 미2

1222 ※**dou·ble dip** [더블 딮]: ①아이스크림을 하나 더 얹은 것, 연금과 급료의 이중 소득, ⟨~ adding⟩ ②(일시적 회복기를 거쳐 더 심각한 하강이 일어나는) 이중 경기침체, ⟨~ out-stripping⟩ 미1

1223 **dou·ble door** [더블 도어]: 양쪽으로 여닫는 문, 양쪽문, ⟨~Frenchdoor\casement⟩, ⟨↔sliding door⟩ 미1

1224 **dou·ble down** [더블 다운]: (도박에서) 두 배 걸기, 이판사판 (죽기 아니면 살기), 〈~ intensify〉, 〈↔withdraw〉 양2

1225 **dou·ble en·ten·dre** [더블 아안타안드뤼]: 〈프랑스어〉, 'double meaning', 이중의 뜻, 〈하나는 sex가 관련되는〉 이중적 의미를 갖는 말, 〈~ impure talk\locker-room talk〉 양2

1226 **dou·ble-faced** [더블 훼이스트]: 두 마음이 있는, 위선의, 안팎용, 〈~ hypocritical\two faced〉 양1

1227 **dou·ble-jeop·ard·y** [더블 쮀펄디]: 일사부재리(의 원칙), '이중의 위험', 〈~ prosecuting twice〉 양2

1228 **dou·ble-lock** [더블 락]: 이중 자물쇠, 단단히 잠금, 〈~ lock with two turns of a key〉 양1

1229 **dou·ble-park** [더블 파아크]: 이중 주차, 병렬 주차, 〈~ illegal side parking〉 양1

1230 **dou·ble quotes** [더블 코우츠]: 큰 따옴표(" "), 〈이중 인용표〉, 〈~ speech marks〉 양1

1231 **dou·ble stand-ard** [더블 스탠더드]: 이중 표준, 〈~ contradictory rules〉 양1

1232 **dou·blet** [더불릿]: ①아주 닮은 물건의 한쪽, 쌍둥이, 〈같은 어원에서 갈라진〉 이중어 ②허리가 잘록한 남자의 상의(가벼운 옷차림), 〈~ couplet\deuce〉 양1 미1

1233 *****dou·ble-talk** [더블 터어크]: 애매한 이야기, 겉 다르고 속 다르다는 말, 일구이언, 〈~ ambiguity\non-sense〉 미2

1234 ※**dou·ble text-ing** [더블 텍스팅]: 이중 문본 보내기, 즉답이 없을 때 5분 이후에 다시 전문 보내는 일, 〈~ re-sending〉 미2

1235 **dou·ble time, march** [더블 타임, 마알취]: 두배로 전진, '뛰어갓!', 〈~(↔)forward, march!〉 양1

1236 **doubt** [다웉]: 〈←duo(two)〉, 〈라틴어〉, 〈양쪽 생각을 하는〉 의심, 회의, 곤란, 결점, 〈→dubious〉, 〈~ distrust\suspicion〉, 〈↔certainty〉 양1

1237 **douche** [두우쉬]: 〈←ducere(conduct)〉, 〈라틴어〉, 〈←duck〉, (주입해서 세척하는) 관주, (물을 주입하는) 주수, 질 세정, 〈~ cleanse\wash〉, 〈↔mouth-wash\touche〉 수1

1238 **douche-bag** [두우쉬 배그]: 조그만 질 세척(주입)기, 얼간이, 지겨운 놈, 비열한, 〈~ cock-sucker\mother fucker〉 양2

1239 **dough** [도우]: ①〈←dag(paste)〉, 〈게르만어〉, 가루'반죽', 굽지 않은 빵(bread) ②〈1850년에 등장한 미국 속어〉, 돈〈미국 남북전쟁 전에 돈을 받고 남부를 위해 일한 북부의 민주당원들을 dough-face라고 부르던 데서 연유한 말〉, 〈~ money〉 양1

1240 **dough-nut** [도우 넡]: donut, 〈원래는 돼지기름에 튀긴 호두만 한 과자를 나중에 크게 만들어서 구멍을 낸〉 고리(ring) 모양의 빵, 〈~ oily (or fried) cake〉 우1

1241 **dough·ty** [다우티]: 〈←dohtig(tough)〉, 〈영국어〉, 대담한, 용맹스러운, 〈~ brave\courageous〉, 〈↔timid\weak〉 양2

1242 **Doug·las** [더글러스], Fred·er·ick: 더글러스, (1818?-1895), 〈빵과 글을 바꿔 먹은〉 (노예 출신) 미국의 흑인 노예해방 운동가·저술가, 〈~ an American abolitionist〉 수1

1243 **Doug·las** [더글러스], Kirk: dubh(dark)+glas(stream), '검은 시냇가에 사는 자', 더글러스, (1916-2020), 가난한 유태계 이민 가정에서 태어나 〈폭발적〉 행동파 연기로 인기를 끌었던 미국의 배우, 〈~ an American actor〉 수1

1244 **Doug·las** [더글러스], Ste·phen: 더글러스, (1813-1861), 〈꼬마 거인〉, 〈노예제도에 대해 링컨과 맞섰던〉 미국의 웅변가·정치가, 〈~ an American politician〉 수1

1245 **Doug·las fir** [더글러스 훠얼] \ ~ pine \ ~ spruce: (스코틀랜드의 식물학자 이름을 딴) 미송, 〈북미대륙 서부에서 자라며 큰 것은 목재로 작은 것은 크리스마스 트리로 쓰이는〉 전나무의 일종, 〈~ Oregon (or Columbian) pine〉 미2

1246 **doum-palm** [도움 파암]: doom palm, 〈모로코어〉, 〈ginger·bread〉, 빵가루를 만들 수 있는 열매를 맺는 이집트 원산 종려나무 수2

1247 *****do un·to oth·ers as you would have them do un·to you**: 〈예수가 한 말이라고 누가복음·마태복음에 나옴〉, 대접받고 싶은대로 대접하라, 가는 말이 고와야 오는 말이 곱다, ⇒ golden rule 양2

1248 **douse** \ (dowse) [다우스]: 〈게르만어〉, 〈의성어?〉, '처박다', 끼얹다, 내리다, 끄다, 벗다, 〈~ souse\put-out〉, 〈↔kindling\start\put on〉 양1

1249 ※**do ut des** [도우 웉 디이즈]: 〈라틴어〉, something for something, I give (you) that you may give (me), 〈쌍무계약 때〉 나는 당신이 주기 때문에 준다, 〈~ tit for tat\quid pro quo〉, 〈↔pro bono〉 양2

1250 **dove** [더브]: ①〈←dufa(a pigeon)〉, 〈북구어〉, (작은) 비둘기, 평화의 상징, 〈~ colombo〉 ②dive의 과거 가1

1251 **Do·ver** [도우붜], strait: 〈켈트어〉, 〈←dubros(water)〉, '가까이 흐르는 물', 도버, 〈영국과 프랑스 사이에 있는 넓이 34km의 바다로 해저 터널이 있는〉 도버해협, 〈~ 프랑스에서는 Pas de Calais라 함〉 수2

1252 **Do·ver sole** [도우붜 쏘울]: 도버 서대기, 도버 해협에서 잡히는 상등품 가자미를 일컬으나 식당에서는 대개 common sole 또는 black sole를 제공하고 있음 수2

1253 **dove-tail** [더브 테일]: (나무판을 비둘기 꼬리처럼 맞물려서 끼우는) 열장이음, 꼭 들어맞다, 〈~ inter-lock\fit in〉 우2

1254 **d(h)ow** [다우]: 〈←dawa(vessel)〉, 〈아랍어〉, (고대에 홍해·인도양에서 무거운 짐을 나르던) 〈삼각형의 큰 돛을 단〉 해안 무역 범선, 〈~ lateen〉 우2

1255 **dow·a·ger** [다웨져]: 〈←dotare(give)〉, 〈라틴어〉, 〈←dower〉, (귀족이나 왕족의) 미망인, 〈유산을 상속받은〉 돈 많은 과부, 〈~ dignified widow〉 미2

1256 **Dow Chem·i·cal** [다우 케미컬]: 〈←dubh(black)〉, Herbert Dow〈'검은 피부를 가진 자'란 뜻의 켈트어〉에 의해 1897년 미국 미시간에서 설립되어 2017년 Dupont사의 산하로 들어간 (합성수지·농화학 제품 등을 생산·공급하는) 세계적 〈화학회사의 화학회사〉, 〈~ an American materials science company〉 수2

1257 ***dow·dy** [다우디]: 〈←doude(poorly dressed woman)〉, 〈영국어〉, (의복이) 시대에 뒤떨어진, 누추한, 촌스러운, 〈~ shabby\dingy\frumpy〉, 〈↔fashionable\hip²〉 양1

1258 **dow·er** [다우어]: 〈←dos(endowed gift)〉, 〈라틴어〉, 미망인의 상속 몫〈예전에는 1/3, 지금은 1/2~전부〉, 원래는 '지참금', 〈~ bestowal\portion〉 미2

1259 **Dow Jones In-dex** [다우 죠운즈 인덱스]: 〈미국의 경제 신문 편집장과 통계학자의 이름을 딴〉 〈1896년 다우존스 금융출판사가 뉴욕 주식시장(NY stock exchange)의 동태를 전하기 시작한〉 다우존스 평균주가(Industrial Average) 수2

1260 **down** [다운]: ①〈←dun(hill)〉, 〈게르만어→영국어〉, 떨어지다, 내려가다, 타도하다, 고장나다, 바닥으로, 줄어져, 침몰, 작동 중지, 〈→dune〉, 〈~ lower\depression〉, 〈↔up〉 ②〈←dunn(first feathers)〉, 〈어원 불명의 북구어〉, 첫 번 〈떨어뜨려〉 가는 깃털, 솜털, 관모, 〈~ fur\fluff\feather〉 양1

1261 **down bad** [다운 배드]: 〈1984년에 등장한 말〉, 몹시 나쁜, 아주 불쾌한, 몹시 슬픈, 〈~ depressed\despondent〉 양2

1262 ***down-cast** [다운 캐스트]: 기가 꺾인, (눈을) 아래로 향한, 〈~ dejected\depressed〉, 〈↔elevated\uplifted〉 양1

1263 **down² coat** [다운 코웉]: 〈깃털을 넣은〉 '깃털외투', '양털외투', '누비외투', 〈~ puffer jacket\quilted coat〉 우2

1264 ***down-doot** [다운 두우트]: down·vote(하향 투표)의 전산망 속어, 〈↔up-doot〉 양2

1265 **down-drift** [다운 드뤼후트]: 하향 추세, 〈~ down-step〉, 〈↔up-drift〉 양2

1266 **Dow·ney** [다우니], Rob·ert: '요새가 있는 언덕에 사는 자(fortress holder)' / '머리털이 부드러운 자(←down²)', (1965-) 배우 집안에 태어나 어려서부터 연기 생활을 했으며 약물중독을 치료받고 재기하여 '강철 같은 사나이'로 활약하고 있는 미국 배우, 〈~ an American actor〉 수1

1267 **down-fall** [다운 훠얼]: 낙하, 몰락, 〈~ ruin\defeat〉, 〈↔hey-day〉 가1

1268 **down-field** [다운 휘일드]: '후방 경기장', 공격조가 향하고 있는 싸움터의 후방이나 측방, 〈~ down-ward〉, 〈↔up-field〉 우2

1269 **down-grade** [다운 그뤠이드]: 내리막, 몰락의, 등급을 낮추다, 〈~ demote\lower〉, 〈↔up-grade〉 양2

1270 **down–heart·ed** [다운 하아티드]: 낙담한, 기가 죽은, 〈~ discouraged\despondent〉, 〈↔up-beat〉 양2

1271 **down-hill** [다운 힐]: 내리받이, 후반부, 내리막길, 〈~ falling\descending〉 양2

1272 ***down in the dumps**: 몹시 울적하다, 쓰레기 통에 처박힌 기분이다, 죽을 맛이다, 〈↔over the moon\cloud nine〉 양2

1273 ***down-load** [다운 로우드]: 상위에서 하위로 자료를 전송함, 내려받기, 하재, 〈~ copy\transfer〉, 〈↔up-load〉 미1

1274 **down-pay-ment** [다운 페이먼트]: 착수금, (할부금의) 첫 지불액, ⟨~ earnest (or front) money⟩ 양1

1275 *****down-play** [다운 플레이]: 경시하다, ~을 얕보다, ⟨~ minimize\under-play⟩, ⟨↔exaggerate⟩ 양2

1276 **down-pour** [다운 포얼]: 쏟다, 퍼붓다, 폭우, 호우, 억수, ⟨~ rain-storm\deluge⟩, ⟨↔sprinkle\skiffle²\drizzle\calm\sun-shine⟩ 양2

1277 *****down-right** [다운 롸잍]: 명백한, 솔직한, 완전한, 철저한, ⟨~ complete\frank⟩ 양2

1278 *****down-sell** [다운 쎌]: '하향 판매', (처음 고려한 상품을 사지 않은 고객에게) 가격이 낮은 대체용품을 제시하는 상술, ⟨~ abate\modify⟩, ⟨↔up-sell⟩ 미2

1279 **down-side** [다운 싸이드]: 아래쪽, 약점, ⟨~ draw-back\pit-fall⟩, ⟨↔up-side\advantage⟩ 양2

1280 **down-size** [다운 싸이즈]: 축소하다, ⟨~ curtail\cut-back⟩, ⟨↔augment\increase⟩ 양2

1281 **down-slope** [다운 슬로우프]: 내리받이, 내리막길, ⟨~ declension\fall⟩ 양2

1282 **down-spout** [다운 스파욷]: 〈미국어〉, (지붕에서 땅으로 내려오는) 수직 낙수 홈통, 물받이, 하관, 전당포(영국), ⟨~ drain pipe(영국)⟩ 양1

1283 **Down's Syn-drome** [다운즈 씬드로움]: 다운 증후군, (⟨'내리막에 사는 자'라는 뜻의⟩ 영국 의사의 이름을 딴) 21번 염색체의 이상으로 오는 〈비교적 흔한〉 신체적·정신적 발육 장애, Mongolian idiocy 수2

1284 **down-stage** [다운 스테이쥐]: 무대 앞쪽의, 각광받는, ⟨~ front half of the stage\amicable⟩, ⟨↔up-stage\querulous⟩ 양2

1285 **down-stairs** [다운 스테어즈]: 아래층, 일 층, ⟨~ lower level\ground-floor⟩, ⟨↔up-stairs⟩ 가2

1286 **down-state** [다운 스테이트]: 〈주에서〉 남쪽이나 낮은 지대, (NY시 근교의) 도시, ⟨~ rural part⟩, ⟨↔up-state⟩ 우2

1287 **down-stream** [다운 스트뤼임]: 하류, 후반 석유산업(수송·정제·판매), ⟨~ following\posterior⟩, ⟨↔up-stream⟩ 양1 우1

1288 *****down (in) the dumps** [다운 더 덤쓰]: (기분이) 쓰레기장에 처박힌, 침울한, ⟨뜻과 운이 맞아 떨어져서 생겨난 말⟩, ⟨~ blue\depressed⟩ 양2

1289 *****down-the-line** [다운 더 라인]: 끝까지, 전면적, 완전한, ⟨~ eventual\ultimate⟩ 양2

1290 *****down-tick** [다운 틱]: 하향기운, (주식 등의) 약세, ⟨~ decrement\fall-off⟩, ⟨↔up-tick⟩ 양2

1291 **down-time** [다운 타임]: 비가동(작업) 시간, ⟨~ break\pause⟩, ⟨↔up(work)-time⟩ 양2

1292 *****down-to-earth** [다운 투 어얼쓰]: 실제적인, 현실적인, 더할 나위 없는, ⟨~ practical\realistic⟩, ⟨↔idealistic\dreamy⟩ 양2

1293 **down-town** [다운 타운]: (주로 주택가보다 낮은 곳에 자리 잡은) 도심지, 중심가, city center, ⟨↔up-town⟩ 양2

1294 **down-turn** [다운 터언]: 하락, 내림세, ⟨~ decline\slump⟩, ⟨↔up-turn⟩ 양1

1295 **down-vote** [다운 보우트]: 〈전산망에서〉 (통계를 줄이기 위한) 하향 투표, ⟨~ down-doot⟩, ⟨↔up-vote⟩ 양2

1296 **down-ward** [다운 워어드]: 아래쪽으로 내려가는, 이후의, ⟨~ descending\below⟩, ⟨↔up-ward⟩ 양1

1297 ※**down-ward com-pat·i·bil·i·ty** [다운 워어드 컴패터빌리티]: 〈구형 기기와 서로 바꿔 쓸 수 있는〉 하위 호환성, back·ward compatibility, ⟨↔up-ward compatibility⟩ 양2

1298 **down-wind** [다운 윈드]: 순풍, 바람과 같은 방향으로, 하강 기류, ⟨~ lee(ward)⟩, ⟨↔up-wind⟩ 양2

1299 *****down-with** [다운 위드]: (~을) 없애라·타도하라, ⟨~ laid up\over-throw⟩ 양2

1300 **down-y** [다우니]: ⟨←down²⟩, '솜털 같은', 포근한, 구름의, 구릉의, 기복이 많은 (땅), ⟨~ soft\hilly⟩ 양1

1301 ※**Dow the·o·ry** [다우 씨어뤼]: 〈Dow Chemical의 창립자가 주장한〉 (주가의 변동은 여러 가지 지표에 의해 예측할 수〈predictable〉 있다는) '안보 이론', ⟨↔random walk theory⟩ 수2

1302 *****dox(x)** [닥쓰]: ⟨←document⟩, 〈2009년에 등장한 전산망 속어⟩, (나쁜 마음으로) 전산망 기록을 은밀히 검색하다, 개인 정보를 빼내다, 정보도용, ⟨~ cyber-bullying⟩ 미2

1303 **dox·ol·o·gy** [닥쌀러쥐]: doxa(glory)+logos(speaking), 〈그리스어〉, (영광의) 찬가, 송영, (예배 끝의) 찬송가, final pray 양2

1304 **dox·y** [닥씨]: 〈영국 속어〉①(종교상의) 설, 교리, 〈←doctrine〉②헤픈 여자, 갈보, 〈~ wench\hussy〉, 〈←doll?〉 양2

1305 *__dox·y link__ [닥씨 링크]: 〈←doxy²〉, '접대부 접속', 〈화상 진료 시〉환자와 의사를 동영상으로 연결시켜 주는 연성 기재, 〈의사를 prostitue에 비유한 말〉, ⇒ tele-medicine 우1

1306 **Doyle** [더일], Co·nan: dubh(black)+gall(stranger), 〈스칸디나비아어〉, '검은 이방인', 도일, (1859-1930), 〈명탐정 Sherlock Holmes를 창조했고 나중에 심령학에 빠진〉영국의 (의사 출신) 추리 소설가, 〈~ a British physician and writer〉 수1

1307 **doze** [도우즈]: 〈북구어〉, 꾸벅꾸벅 졸다, 겉잠 들다, 〈←drowzy(너무 졸려서 drowsy란 철자도 제대로 못씀)〉, 〈~ dizzy〉, 〈~ cat-nap〉, 〈↔awake〉 양1

1308 **doz·en** [더즌]: duo(two)+decem(ten), 〈라틴어〉, 다스 〈12개를 나타내는 일본어〉, '12개', 수많은, '타'(친 횟수), 〈~ la docena(스페인어)〉 미2

1309 **DP**: ⇒ data processing 양1

1310 **dpi**: ⇒ dots per inch 우1

1311 **Dr.**: ⇒ doctor 양2

1312 **drab** [드랩]: ①〈←drap(cloth)〉, 〈프랑스어〉, 단조로운, 〈예전 drapery의 색깔이었던〉칙칙한 황갈색, 〈~ dull-colored〉, 〈↔bright\garish〉 ②〈←drabbe(dreg)〉, 〈영국어〉, 단정치 못한 여자, 창녀, 〈~ dingy〉, 〈↔gorgeous〉, 〈↔maiden\vestal〉 양1

1313 **dra·cae·na** [드뤄씨이너]: 〈←drakon(dragon)〉, 〈그리스어〉, 드라세나, 〈줄기가 '용의 월경피' 색깔을 한〉(소) 용혈수, 〈실내에서 많이 기르는〉백합과의 관엽(잎을 감상하려고 심는) 식물, 〈~ corn plant\fortune plant〉 미2

1314 **dra·co·ni·an** [드레이코우니언]: 엄격한, 가혹한, 〈BC 621년경에 아테네의 법률가 Draco('dragon')가 제정한〉모든 죄는 사형에 처해야 한다는 (법령), 〈그것을 시행하기가 어려워서 그렇지 일리가 있는 주장〉, 〈~ harsh\extreme〉, 〈~ lenient\merciful〉 양1

1315 **Drac·u·la** [드래큘러]: 〈그리스어에서 유래한 로마니아어〉, '용(dragon)의 아들', 드라큘라, 〈1897년에 나온〉소설에 나오는 흡혈귀(백작), 〈~ vampire\living dead〉 수1

1316 *__Drac·u·la sneeze__ [드래큘러 스니이즈]: 〈Covid-19 후에 부상한〉(팔의 안쪽으로 입을 가리고 하는) 드라큘라 재채기, 〈~ a covered sneezing〉 수2

1317 **draft \ draught** [드래후트]: 〈←dragan(drag)〉, 〈영국어〉, 〈←draw〉, 도안, 초안, 징집, 어음 발행, 틈새 바람, 〈술통에서 끌어내어〉(한 번에) 마시기, 견인(량), 적재 흡수량, 〈~ plan\burden\load\drink〉 미2

1318 **draft beer** [드래후트 비어]: draught beer, 〈통에 따라 마시는〉통 맥주, 〈살균을 위한 열처리를 하지 않은〉생맥주, 〈~ keg beer〉 양1

1319 **drag** [드랙]: 〈←dragan(draw)〉, 〈게르만어〉, 끌다, 늑장부리다, 힘들게 움직이다, 장애물, 지겨운 것(사람), 〈~ lag\linger〉, 〈↔speed\fly¹〉 양1

1320 ※**drag and drop** [드래건 드뢉]: '끌어서 떨어뜨리기', 마우스 조작으로 목표물을 원하는 곳에 빨리 옮겨 놓기, 〈~ click and drag〉 미2

1321 *__drag ball cul·ture__ [드랙 버얼 컬춰]: '견인 무도 문화', ⇒ ball culture 우2

1322 **drag-ged in-to** [드랙드 인투]: (~에) 끌려 들어가다, 울며 겨자 먹기, 휩쓸려(휘말려) 들어가다, 〈~ caught up〉, 〈↔excluded\released〉 양1

1323 ※**drag-ging** [드래깅]: 〈←dragan(draw)〉, 〈게르만어〉, 매우 지친, 느릿느릿한, '질질 끄는', 전산기 마우스를 이용해서 표적물 움직이기, 〈↔linger〉, 〈~ boring\pulling〉, 〈↔thrust\hie〉 양1

1324 **drag·on** [드래건]: 〈←drakon(serpent)〉, 〈그리스어〉, 큰 뱀, 드래곤, 용, 상서로운 사람(물건), 군왕, 〈~ a mythical beast〉 가1

1325 **Drag·on Boat fes·ti·val** [드래건 보웉 훼스티벌]: '용선축제', 〈간신의 모함으로 죽은 중국 초나라의 충신 굴원을 기리며 음력 5월 5일 밥을 수뢰(물의 여울)에 던져 제사 지내는〉수뢋날, 수뤼취 나물떡을 해먹는 한국의 단오절과 같은 날(음양 오행설에 따르면 숫자가 중복되는 날은 길일임), ⇒ Dan-o festival 수2

1326 **drag·on-fly** [드래건 훌라이]: (dobson-fly보다 잘 나는) '용파리', 〈물에서 자라 나온 곤충으로 움직이는 파리를 6m에서 볼 수 있는〉 잠자리, (하느님이 커다란 눈을 주셨으나 인간들이 눈앞에서 손가락을 돌리면 어떤 것을 보아야 될지 몰라 머뭇거리다 생포 되나니 〈제 꾀에 제가 넘어 간다〉는 말이 일리가 있음), 〈여자가 똥파리를 잡을 때는 똥냄새만 피우면 되나 용파리를 잡을 때는 뱅뱅 돌아가게 해야 함〉, 〈~ damsel-fly보다 큼〉 미2

1327 **drag·on-fru·it** [드래건 후루우트]: 용과, 용의 피부 같은 딱딱한 껍질과 용의 발톱 같은 가시를 가진 적자색의 열매 속에 텁텁한 맛의 키위 같은 과육을 가진 열대성 과실, pitaya 미1

1328 **drag·on-tree** [드래건 트루이]: (대) 용혈수, 〈줄기에서 '용의 피' 같은 염료를 채취하는〉 카나리제도 원산의 백합과 드라카이나속의 우산 모양을 한 교목, 〈~ an unbrella shaped palm²〉 미2

1329 **dra·goon** [드뤄구운]: 〈←'dragon'(불이 뿜어나오는 musket)〉, (기총을 가진) 용기병, (단단히 무장을 한) 중기병, 푸른 팔색조(umbrella bird), 〈~ cavalry\hussar〉 양2

1330 ★**drag queen** [드랙 퀴인]: 〈속치마를 질질 끌면서〉 여성 역할을 하는 (동성애) 여장 남자, 〈~ lady-boy〉 미2

1331 **drag race** [드랙 뤠이스]: '근접 경주', (특수 개조된 자동차로) 〈서로 부딪칠락 말락 하면서〉 짧은 거리를 달리는 자동차 경기, 〈~ auto-cross\acceleration contest〉 우2

1332 **drain-age** [드뤠이니쥐]: 〈←dryge〉, 〈게르만어〉, 〈dry 시키려는〉 배수(로·법), 하수(로·도), 〈~ effluent\sewerage〉, 〈↔fill-ing〉 양1

1333 **drain-pipe** [드뤠인 파이프]: 〈영국어〉, 배수관, 〈~ sewer drain〉, ⇒ down pipe 양1

1334 **drake** [드뤠이크]: 〈←draco(dragon)〉, 〈라틴어→게르만어〉, '수오리(male duck)', 〈제물낚시용〉 하루살이의 일종, 소형 대포, 〈~ a pochard\a may-fly\an artillery〉 미2

1335 **Drake** [드뤠이크], Fran·cis: '용(dragon)', 드레이크, (1540?-1596), 엘리자베스 1세를 등에 업고 곳곳에서 스페인 함대를 무찌르다 파나마에서 이질로 죽은 영국의(English) '해적왕'(filibuster) 〈왕의 입장에서는 제독이나 해적이나 오십보백보〉 수1

1336 **Drak·ka** [드뢔커]: 드라카이(dragon) ①용선, (양 끝이 용머리 모양을 한) 바이킹〈Viking〉 배 ②Drakkar; 1982년 프랑스에서 출시된 〈여우(fox)들이 좋아하는-그래서 편자는 한 번도 발라본 적이 없는〉 바이킹 냄새가 난다는 '드라큘라 향수', 〈~ a cologne〉 수2

1337 **DRAM**: ⇒ dynamic random access memory 미2

1338 **dram** [드램]: 〈←drachme(handful)←drassesthai(grasp)〉, 〈그리스어〉, 드램, 보통 1/16 상용온스 (1,772gram), 〈미국에서는 1/8 약용온스 (3,887gram)〉, '소량', 한 모금, 고대 그리스의 은화, 〈~ a unit of weight (or money)〉 미2

1339 **dra·ma** [드롸아머 \ 드뢔머]: 〈←dran(to do)〉, 〈그리스어〉, 〈do(행)하는〉 연극, 희곡, 〈~ play\theatrical work〉, ⇒ politics 양1

1340 ★**dra·ma queen** [드롸아머 퀴인]: 〈1923년에 등장한 영국어〉, 호들갑을 떠는 여자, 엄살부리는 여자, '무대체질', 〈~ female exaggeror〉, 〈~(↔)drama-king〉 미2

1341 **dra·mat·ic** [드뤄매틱]: 연극의 극적인, 인상적인, 〈~ theatric〉, 〈↔monotonous〉 양1

1342 **dra·ma·turg**(e) [드뢔머 터얼쥐]: 〈그리스어→프랑스어〉, 희곡 작가(편집가), dramatist, play·writer 양2

1343 **drank** [드뢩크]: drink의 과거 가1

1344 **drap·er·y** [드뤠이퍼뤼]: 〈←drap(cloth)〉, 〈프랑스어〉, 휘장, 주름진 직물, 포목류, 〈~ drab'〉, 〈~ valance\screen〉 미2

1345 **dras·tic** [드뢔스틱]: 〈←dran(do)〉, 〈그리스어〉, 격렬한, 철저한, 〈약의 효과가〉 뛰어난, 〈~ extreme〉, 〈↔mild〉 양2

1346 **draught** [드뢔후트]: ⇒ draft(beer) 미2

1347 **draughts** [드뢔후츠]: 〈패를 draw하는〉 영국 장기, checkers(미국 장기) 미2

1348 **Dra·vid·i·an** [드뤄뷔디언]: 〈산스크리트어〉, 드라비디안, 인도 남부〈deava(sea); 해변〉에 사는 (검은 피부의) 비아리안계 종족, 〈→Tamil\Telugu〉 수1

1349 **draw** [드뤄어]: 〈←dragan(drag)〉, 〈게르만어〉, 끌다, 당기다, 제비뽑기, 추첨, 〈작대기로 끌면서〉 그리다, 빨다, 뽑다, 인출하다, 한 모금, 비김, 인기물, 〈→draught\withdraw〉, 〈~push〉 양1

1350 **draw a blank** [드뤄어 어 블랭크]: 백지표를 뽑다, 반응이 없다, '꽝'이다, 〈~ obliterate\forget〉 양2

1351 ***draw-back** [드뤄어 백]: 결점, 장애, 철회, 환부금, 물러서다, 손을 떼다, 〈~ defect\impediment〉 양1

1352 **draw-down** [드뤄어 다운]: 축소(량), 삭감, (수위)저하, (금전 등의) 인출, 〈~ consumption\depletion〉 양2

1353 **draw down** [드뤄어 다운]: 끌어내리다, 불러일으키다, 초래하다, 내려긋다, 〈~ play-out\protract〉 양2

1354 **draw-er** [드뤄어얼]: 제도사, 어음 발행인, 서랍, 장롱, '끌어당겨 열 수 있는 보관함', 〈~ drafts-man\cabinet〉 양1

1355 ***draw-ing board** [드뤄어잉 보어드]: 화판, 제도판, 〈~ drafting board〉 양1

1356 **draw-ing room** [드뤄어잉 루움]: 응접실, (손님을 위한) 객실, 〈숙녀들이 식사 후 철수(withdraw)하는〉 '밀실', '접견실', 제도실, 〈~ reception room\drafting room〉 양1

1357 **drawn** [드뤄언]: draw의 과거분사 양1

1358 **draw play** [드뤄어 플레이]: '당겨 차기', 패스하는 척하고 후퇴하면서 전진하는 자기편에게 공을 건네주는 짓, 〈~ delay\trap〉 우1

1359 ※**draw pro-gram** [드뤄어 프로우그램]: '그리기 체제', 전산기에 형상을 그릴 때 '방향선'을 이용하여 부분적 특성을 살릴 수 있는 기법, 〈~ a graphics program〉 우1

1360 ***draw shot** [드뤄어 샷]: '끌어치기', 목표한 공을 맞히고 자기 앞으로 되돌아오도록 공의 밑부분을 치는 짓, 〈~ pull shot\back-spin〉 우1

1361 **dray** [드뤠이]: 〈←dragan(drag)〉, 〈영국어〉, 〈끄는 것〉, 〈바닥이 낮은〉 짐마차(화물차), 썰매, (다람쥐 등의) 떼, 〈~ draw〉, 〈~ cart\waggon〉 양2

1362 **dread-ful** [드뤠드훌]: 〈a-draedan(to fear)〉, 〈게르만어〉, 〈삼손의 머리칼이 곤두섰을 때처럼〉 무서운, 두려운, 지독한, 〈~ formidable\horrible〉, 〈↔comforting\reassuring〉 양1

1363 ***dread-locks** [드뤠드 락스]: 레게머리, 〈삼손의 7갈래 머리털같이〉 다발로 묶어 곱슬곱슬하게 한 (자메이카식) Reggae 〈최신유행〉 머리 모양, 〈→loctician〉, 〈~ locs\corn-row〉 우1

1364 **dream** [드뤼임]: 〈←traum(illusion)〉, 〈게르만어〉, 〈다시 만나는 '기쁨'이란 뜻에서 있을 수 없는 '망상'이란 뜻으로 변질된 말〉, 꿈, 환상, 공상, 〈~ fantasy\aspiration〉 가1

1365 **dreamt** [드뤰트]: dream의 과거·과거분사 가1

1366 **drear-y** [드뤼어뤼]: 〈←dreorig(bloody)〉, 〈게르만어〉, 황량한, 울적한, 비참한, 〈여러 어원이 융합된 말〉, 〈~ drowsy〉, 〈~ boring\gloomy〉, 〈↔scenic〉 양2

1367 **dredge** [드뤠쥐]: 〈←trogein(gnaw)〉, 〈그리스어→네덜란드어〉, 준설기, '물 밑을 파다', 제거하다, 〈드잡아 쥐는 갈고리〉, 〈~ drag〉, 〈~ excavate\up-root〉, 〈↔hide\abandon〉 양1

1368 **dreg(s)** [드뤡(스)]: 〈어원 불명의 북구어〉, 찌꺼기, 앙금, 쓰레기, lees, 〈~ dross〉, 〈~ sediment\residue〉, 〈↔gem\treasure〉 양2

1369 **drei·del** [드뤠이들]: 〈←dreyen〉, 〈'to turn around'란 뜻의 유대어〉, 각면에 히브리 문자가 기입된 네모난 팽이, 축제 때 단지에 상품을 넣고 주사위를 돌려 문자가 지시하는 대로 뺏고 뺏기는 어린이 놀이, Jewish teetotum 수2

1370 **Dre·mel** [드뤠멜]: 〈어원 불명의 게르만계 이름〉, 동명의 오스트리아 이민자가 세운 미국 회사에서 〈1932년부터 제조하는 끝에 각종 부속을 갈아 낄 수 있는〉 (전력을 이용한) 회전식 나사돌리개, 〈~ a rotary tool\corkscrew〉 수2

1371 **drench** [드뤤취]: 〈←drencan(to drown)〉, 〈게르만어〉, (흠뻑) 적시다, 담그다, 채우다, 〈←drink〉, 〈~ soak\saturate〉, 〈↔dry\parch〉 양1

1372 **Dres·den** [드뤠즈던]: 〈←drezga(murky place)〉, 〈슬라브어〉, '숲속 마을', 드레스덴, 독일 동부 엘베강 변의 (도자기로 유명한) 아름다웠던 공업·예술 도시, 〈~ German Saxony〉 수1

1373 **dress** [드뤠쓰]: 〈←dirigere(arrange)〉, 〈라틴어→프랑스어→영국어〉, 가지런히 하다, 준비하다, 옷을 입히다, 의복, 의상, 정장, 〈~ clothe\out-fit\costume〉, 〈↔strip\dis-robe〉 양1

1374 **dres·sage** [드뤠싸아쥐]: 〈←dresser(train)〉, 〈프랑스어〉, 조마, 말을 다루는 기술, (올림픽 종목의 하나인) 마장 기술, 〈~ horsemanship\equestrianism〉 양2

1375 **dress-er** [드뤠써]: 장식가, 마무리꾼, 잘 차려입은 사람, 조리대, 찬장, 〈서랍층 위에 거울이 부착된〉 화장대, 경대, 〈~ stylist〉, 〈~ bureau\drawers〉 양1

1376 **dress-ing** [드뤠씽]: 〈라틴어에서 유래한 프랑스어〉, 옷치레, 붕대 감기, 요리 첨가물, 〈~ covering\sauce〉 우2

1377 **dress-ing code** [드뤠씽 코우드]: 복장 규정, 의상 예절 미2

1378 **dress left, dress** [드뤠쓰 레후트, 드뤠쓰]: 왼쪽으로 가지런히 정돈, '좌로 나란히!', 〈↔dress right, dress!〉 양1

1379 **dress right, dress** [드뤠쓰 롸읻, 드뤠쓰]: 오른쪽으로 가지런히 정돈, '우로 나란히!', 〈↔dress left, dress!〉 양1

1380 **dress-up** [드뤠쓰 엎]: 성장, 잘 차려입은, 성장을 요하는, 〈똑바로 세운〉, 〈~ best clothing〉, 〈~ depict\enhance〉 미2

1381 **drew** [드루우]: draw의 과거 양1

1382 **DRG**: ⇒ diagnosis related grouping 미2

1383 **drib·ble** [드뤼블]: 〈←dryppan(cause to drop)〉, 〈영국어〉, 〈←drip〉, 뚝뚝 떨어지다, 질질 흘리다, 서서히 튕기다, 〈~ trickle\distill〉, 〈↔geyser\shower〉, ⇒ drizzle 우2

1384 **dried** [드롸이드]: dry의 과거·과거분사, 건조한, 말린 양1

1385 **drift** [드뤼후트]: 〈←drifan(drive)〉, 〈북구어〉, 〈←driven〉, 표류(물), 밀어 보냄, 경향, 〈~ flow\shift〉, 〈↔settle\sink〉 양1

1386 **drill** [드륄]: ①〈←drille(hole)〉, 〈네델란드어〉, 송곳, 천공기, 〈실수 없이 수행해야 하는〉 훈련, 〈~ train\exercise〉, 〈↔fill\plug〉, 꿰뚫다, auger, gimlet, wimble, 〈기성사회의 약점을 찌르는〉 trap music의 일종 ②〈어원불명의 영국어〉, 파종골, 이랑에 씨를 뿌리다, 〈~ sow in rows〉 ③〈←trilix〉, 〈라틴어〉, 능직의 튼튼한 무명, 〈~ coarse cloth〉 ④〈서아프리카 원주민에를 영국인들이 '털가죽을 가진 인간'이라고 각색한 말〉, 개코원숭이, man·drill 미2

1387 **drink** [드륑크]: 〈←drinc←drincan(swallow liquid)〉, 〈게르만어〉, '마시다', 흡수하다, 음료, 술, 〈~ swallow\beverage〉 양2

1388 **drip** [드륖]: 〈←dryppan〉, 〈게르만어〉, 〈←drop〉, 뚝뚝 떨어지다, 젖다, 물방울(소리), 적하, 매력이 넘치다〈2000년대 초에 등장한 미국 속어; cool\fashionable〉, 〈→dribble〉 양1

1389 **drip-dry** [드륖 드라이]: 손빨래로 말린, 다림질이 필요없는, '적하 건조', 〈↔machine dry〉 양1

1390 **drive** [드롸이브]: 〈←drifan(compel to go)〉, 〈게르만어〉, '몰다', 쫓다, 운전, 돌진, 의도, 티샷 치기, 구동장치, 〈~ ride\propel〉, Dr; (지세를 따라) 휘어 감듯이 형성된 도로, 〈~ road〉, 〈↔curb〉 양2 우2

1391 ※**drive-bay** [드롸이브 베이]: '주행대', '원반첩' (개인용 전산기 케이스에 디스크 드라이브를 넣을 수 있는 자리), 〈~ a compartment〉 우1

1392 **drive-by** [드롸이브 바이]: 주행, 운전 중, 잽싸게, 얼떨결에, 〈~ while driving\impulsive〉, 〈↔deliberate\calculated〉 미2

1393 **drive-in** [드롸이브 인]: 자동차를 탄 채로 들어가는, 〈~ accommodation remainning in the car〉, 〈↔mall〉 우2

1394 **driv·el** [드뤼블]: 〈←dreflian(slobber)〉, 〈어원 불명의 영국어〉, (침·코를) 흘리다, 허비하다, 철없는 소리, 〈~ twaddle\babble〉 양2

1395 **driv-en** [드뤼븐]: drive의 과거분사, 〈→drift〉 양2

1396 **driv-er** [드롸이붜]: 나사돌리개, 운전사, 치는 부분이 나무로 된 골프채, 〈~ operator\wood-head golf-club〉, 〈↔passenger\walker〉 우2

1397 **drive-thru**(through) [드롸이브 쓰루우]: 차에 탄 채 지나가는, 〈~ take-out(service)〉 우2

1398 ＊**drive-up** [드롸이브 엎]: 차를 타고 일을 볼 수 있는, 〈~drive-in\drive-thru〉, 〈↔roll-back\depart〉 미2

1399 ＊**drive up** [드롸이브 엎]: 차를 몰고 올라가다, (값 등을) 끌어올리다, 〈~ move upward\raise〉, 〈↔go off\bring down〉 양1

1400 **drive-way** [드롸이브 웨이]: (집앞) 차도, (도로에서 집·차고까지의) 진입로, 〈~ access\entrance〉 우2

1401 **driv-ing range** [드롸이빙 뤠인쥐]: 골프 연습장, golf range 미2

1402 *driv·ing some·one cra·zy(nuts): 미치게(환장하게) 만들다, ⟨↔making someone comfortable(relaxed)⟩ 양2

1403 driv·ing un·der the in·fl·uence \ DUI: 음주 (약물 복용) 운전 미2

1404 driz·zle [드뤼즐]: ⟨←dreosan(fall)⟩, ⟨게르만어⟩, ⟨small drops⟩, 이슬비, 보슬비, 가랑비, ⟨~ dribble\mizzle⟩, ⟨↔thunder-storm\blizzard⟩ 가1

1405 droit [드뤄잍]: ⟨←directus(straight)⟩, ⟨라틴어⟩, ⟨←direct⟩, 소유권, 법률, 세금, ⟨~ right\claim\due⟩ 양1

1406 droll [드로울]: ⟨←drol(round lump)⟩, ⟨네덜란드어⟩, 익살떠는, '우스꽝스러운', 단조로운 말투의, ⟨~ funny⟩, ⟨↔serious⟩ 양2

1407 ~drome [~드로움]: ⟨←domas(running)⟩, ⟨그리스어⟩, '달리는', 넓은 시설, 경주로, 활주로, ⟨→aero-drome⟩, ⟨~ running place\race-course⟩ 양1

1408 drom·e·dar·y [드롸아모데뤼]: ⟨←dromein(run)⟩, ⟨그리스어⟩, ⟨잘 달리는⟩ 단봉(one hump) 낙타, ⇒ Arabian camel, ⟨↔Bactrian camel⟩ 우2

1409 dro·mo·ma·ni·a [드라머 메이니어]: ⟨←dromein(run)⟩, ⟨그리스어⟩, 방랑벽, 역마살, ⟨~ travelling fugue⟩ 양2

1410 drone [드로운]: ⟨←draen⟩, ⟨게르만어⟩, ⟨의성어?⟩, '수벌', (특히) 꿀벌의 수컷, 게으름뱅이, 윙윙하는 소리, 무인 비행기, ⟨차세대에 각광을 받을 것으로 사료되는 물건⟩, ⟨~ bum\un-manned aurcraft⟩, ⟨↔bee는 암벌⟩ 양1 미2

1411 drone art (show) [드로운 아알트 (쑈우)]: '무인 비행기 예술(전시)', (2012년 오스트레일리아에서 처음 선보인) 소형 무인 비행기에 형광판과 건전지를 달아 GPS와 전산망 조작으로 밤하늘에 각종 문양을 보여주는 비싸나 안전한 ⟨불꽃놀이⟩, ⟨~ modern wireworks⟩, ⟨오래 살면 희한한 것 많이 볼 수 있을 겁니다⟩ 우2

1412 dron·go [드랑 고우]: ①⟨마다가스카르말⟩, (갈라진 꼬리를 가진) 권미과의 새, 바람까마귀, ⟨~ drongo shrike⟩ ②⟨경주에서 번번이 진 말이름에서 연유한 오스트레일리아 속어⟩, 바보, 멍청이, ⟨~ idiot\simpleton⟩ 미2 양2

1413 droop [드루우프]: ⟨←drupa(sink)⟩, ⟨북구어⟩, ⟨←drop⟩, 수그러지다, 시들다, 축 처지다, ⟨~ sag⟩, ⟨↔up-right\sprout⟩ 양1

1414 drop [드뢒]: ⟨←tropfen(drip)⟩, ⟨게르만어⟩, 방울, 소량, 낙하, 쓰러지다, 낙오되다, ⟨→droop⟩, ⟨~ bubble\fall⟩, ⟨↔heave\hoist\lift⟩ 양1

1415 ※Drop-box [드뢒 박스]: 2007년 MIT의 두 학생에 의해 고안된 ⟨나중에 쓰기 위해⟩ 다량의 정보를 따로 저장할 수 있는 연성기기 차림표 (회사), ⟨~ a file housing service⟩, drop-box; 우편물(서류) 투입함, ⟨~ mail-box⟩ 수2 미2

1416 drop-by [드뢒 바이]: 잠깐 들르기, 얼굴 보이기, ⟨~ swing by\stop-by⟩, ⟨↔reside\dwell⟩ 미2

1417 ※drop-cap(·i·tal) [드뢒 캪]: '대문자 낙하', 글을 시작할 때 쓰는 첫 글자를 크게 부각시키는 것, ⟨~ decorative initial\initial caps⟩ 우2

1418 drop-dead [드뢒 데드]: 돌연사, 깜짝 놀라게 하는, ⟨~ collapse\final\spectacular⟩, ⟨↔spring back to life\relief⟩ 양2

1419 *drop-dead twice \ DDT: 우라질, 천만에, ⟨~ intense scorn\strikingly⟩ 양2

1420 ※drop-down men·u [드뢒 다운 메뉴]: '하향식 차림표', 전산기 메뉴바에서 아래로 펼쳐지는 메뉴 표시 형식, ⟨~ pull-down list\pick-list⟩ 우1

1421 *drop-kick [드뢒 킥]: '튕겨 차기', 공을 땅에 떨어뜨려 튀어 오를 때 차는 짓, ⟨~ boot\punt⟩ 우1

1422 *drop-off [드뢒 어어후]: 낭떠러지, 하락, (차에서) 내려주기, ⟨~ fall(let) off⟩ 양1 미2

1423 *drop-out [드뢒 아웉]: 탈락, 결락, 중퇴(자), 소리나 화상이 원반에 낀 먼지나 결함으로 지워지는 일, ⟨~ beatnik\quit\fail⟩, ⟨↔continue\excel\valedictorian⟩ 양1 우1

1424 drop-ride [드뢒 롸이드]: (급)강하승차, (유원지에 설치한) 강하탑에서 갑자기 떨어지는 놀이, 곤두박질 타기, ⟨~ plummet\sudden drop⟩ 미2

1425 *drop-shot [드뢒 샽]: '낙타', 네트를 넘자마자 공이 떨어지게 하는 타법, ⟨~ dink\chip (or slice) shot⟩ 미2

1426 *drop the ball [드뢒 더 버얼]: 책임을 못 지다, 실수하다, ⟨~ make a mistake⟩, ⟨↔do well\succeed⟩ 양2

1427 dross [드롸스 \ 드뤄어스]: ⟨←dreosan(fall)⟩, ⟨게르만어⟩, '찌꺼기', 불순물, 광석의 '똥', ⟨~ lees\sediment⟩, ⟨~ dreg\scum⟩ 양2

1428 **drought** [드롸웉]: ⟨←dryge(lack of water)⟩, ⟨게르만어⟩, ⟨←dry⟩, 가뭄, 한발, 결핍, ⟨~ aridity\dearth⟩, ⟨↔flood\spate⟩ 가1

1429 **drove¹** [드로우브]: drive의 과거 양2

1430 **drove²** [드로우브]: ⟨←drifan(compel to go)⟩, ⟨영국어⟩, ⟨←drive⟩ ①⟨몰이꾼에 의해 driven 되어⟩ 떼 지어 가는 무리, (소·양 등의) 떼, 몰려다니는 인파, ⟨~ flock\herd⟩ ② ⟨거친 표면을 '다듬는'⟩ 굵은 조각칼, ⟨물을 빼내기 위한⟩ 좁은 수로, ⟨~ a chisel\narrow canal⟩ 양1

1431 **drown** [드롸운]: ⟨←drincan(swallow liquid)⟩, ⟨북구어⟩, '물에 drunken 되다', 물에 빠뜨리다, 흠뻑 젖게 하다, 익사하다, ⟨~ suffocate in water\submerge and die⟩ 양2

1432 **drow·sy** [드롸우지]: ⟨←dreosan(fall)⟩, ⟨게르만어⟩, 졸음이 오는, 활기 없는, ⟨잠에 빠지는⟩, ⟨~ doze\dizzy⟩, ⟨↔alert⟩ 양2

1433 **drudge** [드뤄쥐]: ⟨←druggen(work hard)⟩, ⟨영국어⟩, (고된 일을) 꾸준히 하다, 판에 박은 지겨운 일, ⟨~ menial\toiler⟩, ⟨↔relax\lazy\play\high jinks⟩ 양1

1434 **drug** [드뤄그]: ⟨←droog⟩, ⟨네덜란드어⟩, ⟨dry 된⟩ 약, 마약, ⟨~ medicine\pill\dope⟩ 가2

1435 **Drug En·force–ment Ad·min·is·tra·tion \ DEA**: 미국 약물 단속청(의약 관리국), 1973년 마약 단속국과 약물 남용국을 합쳐 설치된 미 법무부의 산하단체, ⟨~ an agency under US Dept of Justice⟩ 우2

1436 **drug store** [드뤄그 스토어]: '약방', '잡화상', 위생용품·일용품 판매점, '구멍 약국', ⟨~ pharmacy\dispensary⟩ 미2

1437 **drug traf·fick·ing** [드뤄그 트래휘킹]: 불법 마약거래, 마약 밀매, ⟨~ illegal drug trade\narco-traffic⟩ 양2

1438 **dru·id** [드루우이드]: ⟨←druidh(magician)⟩, ⟨켈트어→라틴어→프랑스어⟩, 고대 켈트 족의 사제(예언자·시인·재판관·마법사), ⟨~ augur\prophet\seer⟩ 수2

1439 **dru-king** [드루킹]: druia(magician)+king, ⟨켈트어→한국어⟩, 2014-2018년에 있었던 한국의 더불어 민주당 댓글 조작사건의 주인공 김동원의 별명, ⟨~ a Korean power blogger⟩ 수2

1440 **drum** [드뤔]: ⟨←trumpa(trump)⟩, ⟨게르만어⟩, ⟨의성어⟩, 북(소리), (원통형) 통, ⟨~ beat\barrel⟩ 가1

1441 **drum brake** [드뤔 브뤠이크]: (자동차 바퀴의) 원통형 제동장치, ⟨disc brake보다 개량된 것⟩ 미2

1442 **drum-fish** [드뤔 휘쉬]: '북소리 물고기', ⟨발성기에 배근육을 움직여서 북 치는 소리를 내는⟩ 얕은 난류에 사는 다양한 민어과의 물고기, ⟨~ sheep head\silver-bass\gou⟩ 우1

1443 **drum into the head**: (귀에 못 박듯) 뇌에 쑤셔 넣다, 강조하다, ⟨~ endeavor\instill⟩ 양2

1444 **drum ma·jor** [드뤔 메이져]: 악장, 군악대장, ⟨~ band-master⟩ 양2

1445 **drum-stick** [드뤔 스틱]: ①북채(북 치는 조그만 방망이) ②요리된 닭(식용조류의) 다리, ⟨~ thigh⟩, ⟨~(↔)ham⟩ ③moringa, horse-radish, 양고추냉이 양1 우2

1446 **drunk** [드뤙크]: drink의 과거분사 양2

1447 **drunk-ard** [드뤙커드]: 술고래, 모주꾼, ⟨~ wino⟩, ⟨↔teetotaler⟩ 가1

1448 ***drunk·o-rex·i·a** [드뤙커 뤡시아]: ⟨2008년에 등장한 미국어⟩, drinking+anorexia, 음주 소식증, (대학생들 간에 유행하는) 밥 대신 술을 먹는 살 빼기 증세 미2

1449 **drupe** [드루우프]: drys(tree)+peptein(ripen), ⟨그리스어⟩, 핵과(핵이 있는 과일), ⟨원래는 '너무 익은'이란 뜻이었으나 나중에 '돌멩이가 들어 있는'이란 뜻으로 바뀜⟩ 석과, ⟨~ stone-fruit⟩ 양2

1450 **druth·er** [드뤄더]: ⟨마크 트웨인이 주조한 미국 남부 방언⟩, would+rather, 꽤, 상당히, 차라리, ~s; 좋아함, 바람, 선택 양2

1451 **dry** [드롸이]: ⟨←dryge(lack of water)⟩, ⟨게르만어⟩, ⟨수분이 없는⟩, 마른, 쌀쌀한, 쓴, 무미건조한, 술이 없는, ⟨~ arid\parched⟩, ⟨↔wet⟩ 양2

1452 **dry·ad** [드라이어드]: ⟨←drys(tree)⟩, (그리스 신화에서) '나무'·숲의 요정, wood nymph 수2

1453 **dry beer** [드롸이 비어]: 일본에서 개발된 ⟨lager(저장) 맥주보다 독하고 쌉쌀한 맛이 있는⟩ 건조맥주, ⟨↔sweet beer⟩ 미2

1454 **dry-clean** [드롸이 클리인]: 건조세탁, ⟨~ dry wash⟩, ⟨↔water-wash\hand-wash⟩ 미1

1455 **dry-er** [드롸이어]: 건조기, drier, ⟨~(↔)washer⟩ 미1

1456 **dry hu·mor** [드라이 휴우머]: 천연덕스러운 (무표정한) 농담, 〈~ dead-pan〉, 〈↔slap-stick〉 우1

1457 ***dry hump-ing** [드롸이 험핑]: '건조한 엉덩이 타기', 삽입하지 않고 치부를 서로 부비는 〈유사 성교〉, outer·course, heavy petting, 〈~ frotage²〉 우2

1458 **dry ice** [드라이 아이스]: 고형 얼음, 고형 이산화탄소 냉각제, 〈~ solid carbon dioxide〉 미1

1459 **dry law** [드라이 러어]: 금주법, 주류 판매 금지법, 〈~ prohibition\Volstead Act〉 양2

1460 **dry par·ty** [드라이 파아티]: 술 없는(no alcohol) 연회, 〈↔lively (drinking) party〉, 〈wet-party는 다른 뜻임〉 미2

1461 **dry-wall** [드라이 워얼]: 건식 벽체, 석고 판지, 〈~ gib (or plaster) board〉 미1

1462 **dry wash** [드라이 워쉬]: 마른 세탁(물), 물을 쓰지 않는 세척(세탁), 〈~ dry-clean〉, 〈↔water wash〉 미1

1463 **DSL**: ⇒ digital subscriber line 우1

1464 ※**DSL mo·dem** [디이 에스 엘 모우뎀]: 숫자형 전화 가입자 변복조 장치, (전화선의 대역을 이용한 전산망 연결장치), 〈~ DSL broad-band〉, 〈↔cable modem〉 미1

1465 ※**DSLR**(dig·i·tal sin·gle lens re·flex) **cam·er·a**: (2000년부터 대중화된) 증폭형 일안 반사식 사진기 미1

1466 ※**DSR**(debt ser·vice ra·tio): 총부채원리금상환비율, 1년에 버는 소득 대비 갚아야 할 모든 대출의 원금과 이자를 합친 금액의 비율 미2

1467 **DSS**: ⇒ digital signature standard / decision support system 우1 우2

1468 **DST**: ⇒ daylight saving time 미2

1469 ***D2C** (di·rect to con·sum·er): (중간 유통 없이) 소비자와 직거래 미2

1470 **Du, Fu** [두우 후우]: 두보, ⇒ Tu, Fu 수1

1471 **du·al** [두얼 \ 듀우얼]: 〈←duo(two)〉, 〈라틴어〉, 둘의, 이중의, 이원적인, 〈~ double\binary〉 양1

1472 ※**du·al in-line pack·age switch \ DIP switch** [딮 스위취]: (통합회로에서) 이중즉석 포괄단추, 통합회로와 똑같은 전환 장치, 〈~ piano switch\mouse piano〉 우1

1473 **du·al volt-age** [두얼 볼테쥐]: 110/220 겸용, 〈~ world-wide voltage〉 미1

1474 **du-ath·lon** [듀우 애쓸런]: two contest, 〈이중경기〉, 달리기-자전거 타기-달리기 순으로 진행되는 올림픽 경기 종목, 〈~ running and cycling〉 미2

1475 **dub** [덥]: ①〈←aduber(adorn)〉, 〈어원 불명의 프랑스어〉, 찌르다, 기름을 치다, 둥 하는 소리, 모방하다, (작위를) 수여하다, 실수하다, 서투른 놈, 〈~ poke\confer\inept〉 ②〈←double〉, 〈1929년에 등장한 방송 용어〉, 재녹음하다, 음향효과를 넣다, ⇒ dubbing 미2

1476 **Du·bai** [두바이]: 〈←yadub(to creep)〉, '서서히 흐르는 강', 1833년 아부다비에서 떨어져 나온 〈개인 소득이 높은〉 아랍에미리트(Arab Emirates) 구성국의 하나로 석유 생산보다 석유 교역으로 돈을 벌고 있음 수1

1477 ***dub·bing** [더빙]: 〈←double〉, 새로이 녹음함, 재녹음, 재취입, 〈~ re-recording and mixing〉 양1

1478 **du·bi·ous** [두우비어스]: 〈←duo(two)〉, 〈라틴어〉, 〈←doubt〉, 의심스러운, 수상한, 모호한, 〈~ suspicious\un-sure〉, 〈↔certain\in-disputable〉 양1

1479 **Dub·lin** [더블린]: dubh(black)+linn(pool), 〈바이킹어→아일랜드어〉, '검은 강', (주로 영국의 필요에 의해 발전된) 〈아담한〉 아일랜드의 수도, 〈~ capital of Ireland〉 수1

1480 **duch-ess** [더췌스]: 〈←duc(duke)〉, 〈프랑스어〉, 공작부인, 여공작, 기품 있는 여자, 〈~ noble-woman〉 양1

1481 **duch-y** [더취]: 〈←ducis(leader)〉, 〈라틴어〉, 공작령, 대공국, 영국 왕실의 영지, 〈~ duke〉, 〈~ dukedom〉 양1

1482 **duck** [덕]: 〈←tuchen〉, 〈게르만어〉, diving bird, (집) 오리, 암오리, 귀여운 사람, 괴짜, 무자맥질하다, 범포(천), 수륙양용 버스(트럭), 〈↔drake〉, 〈~ mallard\dive\light canvas\amphibious bus〉, 〈↔hyena?〉 양1

1483 **duck-bill** [덕 빌]: 오리너구리, 오리 주둥이 같은 입을 가진 너구리, 용상어의 일종, 〈~ platypus〉 미2

1484 **duck-ling** [덕클링]: 오리새끼, 어린 오리고기, 〈~ young duck〉 양2

1485 **duck snipe** [덕 스나이프]: '오리도요', 큰 도요새, ⇒ willet 미2

1486 **duck-tail** [덕 테일]: '오리 꼬리' 〈양쪽 옆머리를 길게 길러 오리 꼬리처럼 뒤로 합친 머리 모양〉, 〈~ duck's ass\a man's hair style〉 우1 미2

1487 **duck-weed** [덕 위이드]: ⟨오리가 먹는⟩ 좀개구리밥(부평초), ⟨~ water lentil⟩ 미2

1488 **duct** [덕트]: ⟨←ducere(lead)⟩, ⟨라틴어⟩, '이끄는 도구', 관, 도관, 수송관, 통로 통, ⟨~ pipe\cylinder\tube⟩ 양1

1489 **duct-tape** [덕 테이프]: '도관 접착 띠', 파이프 등의 구멍이나 균열을 막는 데 쓰는 접착성 테이프, ⟨~ duck tape\repair tape⟩ 우1

1490 **dud** [덛]: ⟨←dood(dead)⟩, ⟨네덜란드어⟩, 실패, 가짜, 쓸모 없는 것, ⟨~ defective\worth-less⟩, ⟨↔success\blockbuster⟩ 양2

1491 **dude** [두우드]: ⟨←dandy?⟩, ⟨1883년에 등장한 미국어⟩, 멋쟁이, 녀석, 여행자, 도시 사람, ⟨~ doodle\dandy\stud⟩, ⟨~ fella\bro⟩, ⟨↔dudette⟩, ⟨↔squaw⟩ 양2

1492 ★**dude-bro** [두우드 브뤄]: 겉으로는 남자답게 보이려 하나 속으로는 자신이 없는 (백인) 청소년, '어설픈 싸나이', ⟨~ douche-bag\hyper-masculine guy⟩ 우2

1493 **dud·le·ya** [더들레야]: ⟨식물학자의 이름(Dudley)에서 연유한⟩ 미국 남서부에 서식하는 다육질의 통통한 잎을 가진 여러해살이 초본, ⟨~ bluff lettuce\live-forever⟩ 수2

1494 **due** [듀우]: ⟨←debere(owe)⟩, ⟨라틴어⟩, 만기가 된, 도착 예정인, 마땅한, 탓으로, 요금, 회비, 공과금, ⟨~ expected\required⟩, ⟨→duly\duty⟩, ⟨~ owed\debt\fee⟩, ⟨↔un-due⟩ 양2

1495 **due dil·i·gence** [듀우 딜리젼스]: 상당한 의무, 실사(실제상의 조사), 법적 요구 사항을 충족시키기 위한 ⟨부지런한⟩ 절차 이행, ⟨~ proper (or reasonable) efforts⟩ 양2

1496 **du-el** [듀우얼]: ⟨←duo(two)⟩, ⟨라틴어⟩, (양자 간의) 결투, ⟨'신의 뜻으로' 생사람 많이 잡은⟩ '재판 결투' (잘못 가리기 싸움), ⟨~ single combat\affair of honor⟩, ⟨↔law suit⟩ 우1

1497 **due proc·ess** [듀우 프롸쎄스]: 정당한 절차, 합법적 절차, ⟨~ justice\law⟩ 양2

1498 **du-et** [듀우엩]: ⟨←duo(two)⟩, ⟨라틴어⟩, 이중창(주), 한 쌍, ⟨~ couplet\two-some⟩ 미1

1499 **duff** [더후]: ⟨어원이 모호한 영국어들⟩ ①dough ②⟨1830년도에 등장한 영국 속어⟩, 궁둥이, 좌석, ⟨~ butt\rear⟩ ③⟨오스트레일리아 속어⟩, 속이다, (공을) 헛치다, ⟨~ fake\steal⟩ ④쓸데없는 것, ⟨~ warthless⟩ ⑤분탄, ⟨~ coal dust⟩ 양1

1500 **duf·fel bag** [더홀 배그]: ⟨벨기에의 마을 이름(Duffel)에서 연유한⟩ 성긴 실로 짠 원통형 잡낭, ⟨~ large cloth bag⟩ 우2

1501 **duf·fer** [더훠]: ⟨영국어⟩, ⟨←deaf⟩, 어설픈 놈, 얼간이, 가짜, ⟨~ dolt\idiot\cheap-jack⟩ 양2

1502 **duf·fle**(duf·fel) **coat** [더홀 코우트]: ⟨벨기에의 Duffel 지방산 양털로 영국인이 만든⟩ 후드가 달린 무릎까지 내려오는 방한 코트, ⟨~ a wind-breaker⟩ 우2

1503 **Du·four** [데후어], Hen·ri: of the oven, '빵 굽는 자', (앙리)뒤푸르, (1789-1875), 프랑스 혁명 세력을 등에 업고 보수 세력을 처부숴서 스위스를 무장 중립국으로 만든 장군·교량기사·지도제작자⟨a Swiss military officer⟩ 수1

1504 **dug** [더그]: dig의 과거·과거분사 양1

1505 **du·gong** [듀우가옹]: ⟨말레이어⟩, 듀공, sea cow, 주로 인도양에 사는 표범 비슷한 입과 고래 비슷한 몸통을 가진 희귀한 거대한 포유 바닷물고기 수1

1506 **dug-out** [더그 아울]: 방공호, 참호, 마상이(카누\piragua), 퇴역 장교, 냉장고, ⟨~ trench\hollow\retired officer\an under-ground cooling pit⟩ 양2

1507 **DUI**: ⇒ driving under the influence 미2

1508 **duke** [듀우크]: ⟨←dux(leader)⟩, ⟨라틴어⟩, 공작, 공, '이끄는 사람', ⟨~ duchy⟩, ⟨~ below of prince⟩ 양1

1509 **Duke** [듀우크], U·ni·ver·si·ty: 듀크, 1838년에 시작되어 1924년 담배재벌 James Duke에 의해 중흥된 노스캐롤라이나(N. Carolina)에 있는 종합 사립대학 수1

1510 **duk·kha** [더카]: ⟨←sorrow\suffering이란 뜻의 고대 인도 통속어⟩, 고(뇌), 번뇌, 진리를 깨닫지 못하는 보통 사람들의 어리석음(고통), ⟨~ samsara⟩, ⟨↔moksha\nirvana⟩ 양2

1511 **dul·ci-fy** [덜서화이]: dulcis(sweet)+facere(make), ⟨라틴어⟩, '감미롭게 하다', 누그러뜨리다, 상쾌하게 하다, 온화하게 하다, 좋게 하다, ⟨~ appease\assuage⟩, ⟨↔acidify\aggravate⟩ 양2

1512 **dul·ci·mer** [덜씨머]: dulcis(sweet)+melos(song), ⟨라틴어+그리스어⟩, '달콤한 가락', ⟨봉으로⟩ 금속 현을 때려 소리를 내는 ⟨열린⟩ 피아노의 일종, ⟨~(↔)zither는 현을 손가락으로 뜯음⟩ 우1

1513 **Dul·co·lax** [둘콜랙쓰]: 〈온화하게 누그러뜨리는〉 둘코락스, bisacodyl, 〈Boehringer Ingelheim사 등이 만드는〉 대변 완화제·설사약 수2

1514 **dull** [덜]: 〈←dol(stupid)〉, 〈게르만어〉, 무딘, 둔한, 활기 없는, 지루한, '어리석은', 〈→dark〉, 〈~ blunt\boring\lack-luster〉, 〈↔sharp\poignant\trenchant\vivacious〉 가1

1515 **Dul·les** [덜레스], John: 〈스코틀랜드계 이름〉, '검은 강(Dulas River)가에 사는 자', (1888-1959), 아이젠하워(Eisenhower) 대통령 때 국무장관을 지내고 〈공산국의 팽창에 단호히 대처한〉 변호사 출신 외교관 수1

1516 **Dul·les In·ter·na·tion·al Air·port**: 1962년 미국 수도(DC)의 서쪽에 설립되어 연방 교통부가 운영하고 United Airline의 거점인 국제공항 수2

1517 **du·ly** [듀울리]: 〈←debere(owe)〉, 〈라틴어〉, 〈←due〉, 정식으로, 정당하게, 충분히, 지체 없이, 〈~ properly\as required\sufficiently〉 양1

1518 **Du·mas** [듀우마아], Al·ex·an·dre: 〈←mas(farm-stead)〉, '외딴 농가에 사는 자', 뒤마, 19세기에 살았으며 흥미로운 역사 소설들을 쓴 프랑스의 소설가·극작가 (아버지와 아들), 〈~ a French novelist〉 수1

1519 **dumb** [덤]: 〈←dum(dull)〉, 〈게르만어→영국어〉, 〈←mute〉, 말 못하는, 무딘, 둔한, 활기 없는, 지루한, 멍청이, 〈→dummy\speechless\stupid〉, 〈↔bright〉 양2

1520 **dumb-bell** [덤 벨]: 아령, 얼간이, 원래는 종을 치는 기구로 만들어졌으나 소리가 제대로 나지 않아 운동 기구로 쓰였다는 '썰'이 있음, 〈~ barbell\kettle-bell\foolish〉, 〈↔smart(wise)-ass〉 양2

1521 **dumb–found·ed** [덤 화운디드]: 어안이 벙벙한, 기가 막힌, 〈~ astonish\surprise〉 양2

1522 **dumb-phone** [덤 호운]: 바보 전화기, (전자 우편이나 전산망 탐색 기능이 없는) 구식 휴대 전화기, 〈편자가 선호하나 매우 구하기 힘든 귀중품임〉, 〈~ basic phone\non-smart phone〉 미2

1523 **dum-my** [더미]: 〈영국어〉, 〈←dumb→dum(dull)〉, 모조품, 동체 모형, 마네킹, 가짜 젖꼭지, 바보, 〈~ block-head\ninni\fake〉, 〈↔real\genuine〉 양2

1524 **dump** [덤프]: 〈←dimpa(sudden fall)〉, 〈북구어〉, 〈아마도 갑자기 물건이 떨어지는 소리에서 연유한 듯함〉 내버리다, 부리다, 떨구다, 더미, 쓰레기장, 투매(떨이), 〈~ thump〉, 〈↔hide〉 양1

1525 **dump-ling** [덤플링]: 〈어원 불명의 영국어〉, 〈←lump?〉 ①고기 만두, 과일 경단, 〈~ mandu\dimsum〉 ②땅딸보, 촌놈, 〈~ short-ass\bumpkin〉 양2

1526 **dump-ster fire** [덤프스터 화이어]: 〈2003년에 재등장한 미국어〉, '쓰레기통 화재', 극도로 혼란한 상황, 대재앙, 〈~ chaos\catastrophe\shit-show\Chinese fire-drill〉, 〈↔order\whole-some〉 양2

1527 **dun** [던]: ①〈←dwn(dusky)〉, 〈웨일즈어〉, 어둠 침침한, 우울한, 암갈색의, 〈~ swarthy〉 ②〈←dyne(a noise)〉, 〈게르만어〉, 귀찮게 굴다, 빚 독촉을 하다, 〈~ pester〉 양2

1528 **Dun and Brad-street** [던 언 브래드스트뤼이트]: 던〈갈색(dull-brown) 피부를 한 자〉 앤드 브래드스트리트〈넓은(broad) 길가에 사는 자〉, 1841년 시작되어 1859년 Dun·1933년 Bradstreet과 병합한 미국의 신용 및 시장조사 회사, 〈~ an American data-base company〉 수1

1529 **dunce** [던스]: 〈영국어〉, 〈똑똑했으나 완고했던 Duns('요새〈fort〉에 사는 자')라는 신학자의 제자들을 비웃던 말〉, 열등생, 저능아, 〈~ booby\lamo\dolt〉, 〈↔genius\sage〉 양2

1530 **dune** [듀운]: 〈←duin(rounded hill)〉, 〈네덜란드어〉, 〈←down〉, 〈저지대〉(해변의) 모래언덕, 〈~ ridge\sand-hill〉 양1

1531 **dung** [덩]: 〈←dunge(manure)〉, 〈게르만어〉, '똥', 거름, 비료, 〈~ feces\muck\turd〉 양1

1532 **dun·ga·ree** [덩거뤼]: 〈인도의 지명(Dungri)에서 유래한〉 올이 굵은 무명천으로 만든 옷, 푸른 데님제의 노동복, boiler suit 〈~ denim\blue-jean〉, ⇒ over·all 우1

1533 **dung bee·tle** [덩 비이틀]: 말(쇠)똥구리, 〈한국에서는 멸종되어 2019년 11월 몽고에서 200마리를 5천만 원 주고 수입한〉 '금똥구리', 〈~ May (or June) beetle〉, 〈~(↔)scarab〉 미2

1534 **Dun·ge·ness** [던줘네스]: Denge headland, 〈'돌출부(곶)란 뜻의 북구어〉, 던지니스, 미서북부 워싱턴주 해안의 강·마을 이름, 〈몸통이 크고 맛이 좋은〉 은행게, 〈~ a prized cold-water crab〉, ⇒ king crab 수1 미2

1535 **dun·geon** [던쥔]: 〈←dominus(lord)〉, 〈라틴어〉, 〈처박아 두는〉 토굴 감옥, 〈견고한〉 지하 감옥, 〈~ an under-ground cell(jail)〉, 〈↔sanctuary\tower〉 미1

1536 **Dun-hill** [던힐], Al·fred: (1872-1959), 〈←dunswell〉, 〈영국계 이름〉, '갈색 시냇가(brown stream)에 사는 자', 던힐, 고급 남성용품과 〈목화 여과판을 가진〉 담배를 개발한 영국의 발명가, 〈~ an English tobaconist〉 수1

1537 **dunk** [덩크]: 〈←dunken←dinc〉, 〈게르만어〉, 〈←dip〉, (물속에) 밀어 넣다, 빠뜨리다, (손을 공받이 위로 올려) 내려치다, 〈~ immerse\slam〉, 〈↔raise〉 미2

1538 **Dunk·in'** [덩킨], Do-nuts: 1950년 매사추세츠주에서 창립되어 '떨이〈싸구려〉' 도넛을 주로 한 간이음식·커피 등 음료를 판매하는 미국의 〈세계적〉 즉석 음식 연쇄점, 〈~ Baskin-Robbins와는 자매회사 관계임〉 수2

1539 ***dunk on** [덩크 어언]: 〈특히 사회 전산망에서 많이 쓰이는 말〉, (dunk-shot을 하듯) 높이 공격하다, 혼내주다, 질타하다, 〈↔praise\throw bouquets〉 양2

1540 **Dun-lop** [던랍]: dun(fort)+lapach(muddy), 〈켈트어〉, '늪지에 있는 요새', 던롭, 스코틀랜드의 지명·발명가·(연성) 치즈와 (공기 주입식) 타이어 및 스포츠용품 등의 상품명, 〈2015년에 Sumitomo Rubber에 인수됨〉 수1

1541 **Dun·ning-Kru·ger ef·fect**: 더닝(피부가 갈색인 자)-크루거(주막 주인) 효과, (1999년 코넬대학의 심리학자들이 발표한) 능력이 없는 사람은 잘못된 판단을 내려 잘못된 결론에 도달하지만 능력이 없기 때문에 자신의 과오를 못 알아차리는 인지편향, 〈자신이 얼마나 모르는지 모르기 때문에 나타나는 자신감〉으로 모든 성취의 원동력이 된다고 사료됨-편자가 사전을 쓰면서 터득한 진리, 〈→Gartner hype cycle〉, 〈~ Peter principle〉, 〈↔Dilbert principle〉 수2

1542 **dun·no** [더노우]: 〈1842년에 등장한 미국어〉, don't know, 몰라(요), 〈자신이 없다는 말〉 양2

1543 **du·o·de·num** [듀어디이넘]: 〈←duodeni(twelve each)〉, 〈라틴어〉, 〈손가락 열두 개를 나란히 놓은 만큼 긴〉 십이지장, 〈~ first part of small intestine〉 양2

1544 **duo·mo** [드오우모우]: 〈←domus(house)〉, 〈라틴어〉, (이탈리아의) 대성당, house of the bishop, 〈~ cathedral〉 양2

1545 **du·op·o·ly** [듀우아아펄리]: duo(two)+polein(sell), 〈그리스어에서 연유한 영국어〉, 복점, 2개 업체에 의한 시장 독점, 〈~ two-party system〉, 〈~(↔)mono-poly\oligo-poly〉 양2

1546 **dupe** [듀우프]: 〈←duppe←hoopoe(a stupid bird)〉, 〈프랑스어〉, 〈멍청한 새 같이〉 잘 속는 사람, 봉, 얼간이, '촌닭', 〈~ hoopoe〉, 〈~ trick\gull〉, 〈~ sitting duck\fall guy〉, 〈↔swindler\bunco\spritzer〉 양2

1547 **du·plex** [듀우플렉스]: duo(two)+plicare(fold), 〈라틴어〉, 이중의, 두 배의, 양방 (통화), 복식(2세대용) 주택, 양면 인쇄, 〈~ dual\paired〉 미1

1548 **du·pli·ca·tion** [듀우플리케이션]: duo(two)+plicare(fold), 〈라틴어〉, 중복, 목제, 복사, 이중, '접어서 두 개로 만들기', 〈~ copying\replication〉 양1

1549 **Du-Pont** [듀우판트], Com-pa·ny: du(by)+pons(bridge), 〈라틴어→프랑스어〉, '교량 근처에 사는 자', 1802년 프랑스 계통의 뒤퐁가가 화약 공장으로 시작한 미국 굴지의 종합화학 제조회사로 2015년 Dow Chemical사와 함께 Dow DuPont이 되었다가 2017년 Dow가 산하로 들어가 도로 DuPont사가 됨, 〈~ an American chemical company〉 수1

1550 **du·ra·ble** [듀어뤄블]: 〈←durus(hard)〉, 〈라틴어〉, 〈단단한〉, 오래 견디는, 튼튼한, 내구력이 있는, 〈~ heavy-duty\long-lasting〉, 〈↔flimsy〉 양1

1551 **du·ra·tion** [듀뤠이션]: 〈←durus(hard)〉, 〈라틴어〉, 지속(시간), 존속 시간, 내구, 〈~ period\term\endurance〉 양1

1552 **du·ress** [듀어뤠스]: 〈←durus(hard)〉, 〈라틴어〉, 〈단단히 묶은〉 속박, 강박, 감금, 구속, 〈~ coercion〉, 〈↔freedom〉 양2

1553 **Dur-ham** [더어뤔]: dun(hill)+holmr(island), 〈영국어+북구어〉, '언덕 위의 마을', 더럼, 지명(place) 이름(잉글랜드 북동부·미 노스캐롤라이나주 등), 육우(소) 이름〈cattle〉 수1

1554 **du·ri·an** [듀어뤼언]: 〈←duri(thorn)〉, 〈말레이어〉, 두리언, 겉에 도들도들한 '가시'들이 있고 속에는 고약한 냄새가 나나 맛은 있는 과육을 가진 말레이 원산 둥글고 큰 담황색의 과실, '열대 과일의 왕', 〈~ king of fruits〉 우1

1555 **dur·ing** [듀어륑]: 〈←durus(hard)〉, 〈라틴어〉, 동안(duration) 내내, ~사이에 가1

1556 **dur-mast** [더얼매스트 \ 더얼마스트]: dun(dull brown)+mast(acorn), 〈영국어〉, 진귀한 건축자재로 쓰이는 유럽산 '떡갈나무'의 일종, 〈~ stave oak\white oak〉 우1

1557 **Du·roc** [듀어랔]: ⟨←Duroc(an American stallion)⟩, ⟨교배자가 자신의 말 이름에서 따왔다는⟩ 두록, 성장이 빠르고 강대한 미국산 암적색 돼지, ⟨~ red hog⟩ 수1

1558 **dur·ra** [듀뤄]: ⟨←dhurah(a sorghum)⟩, ⟨아랍어⟩, 팥수수, 아프리카 원산의 열대성 수수, Indian millet, ⟨~ guinea corn\kaoliang⟩ 우2

1559 **du·rum** [듀어룸]: ⟨←durus(hard)⟩, ⟨라틴어⟩, (파스타의 원료로 쓰이는) ⟨딱딱한⟩ 밀, ⟨bread wheat는 덜 딱딱함⟩ 우1

1560 **du·ru·ma·gi** [두루마기]: ⟨주위가 두루 막힌 옷?⟩, ⟨한국어⟩, 주의, 갖옷, (방한용으로) 저고리 위에 입는 긴 웃옷, Korean over-coat 수2

1561 **dusk** [더스크]: ⟨←dox(dark)⟩, ⟨게르만어⟩, 어둑어둑함, 땅거미, 박명, 황혼, ⟨~ night-fall\twilight⟩, ⟨↔dawn\sun-rise⟩ 양1

1562 **dust** [더스트]: ⟨←tunst(storm)⟩, ⟨게르만어⟩, '(흙)먼지', 티끌, 가루, 입자, 분말 마약, 유해, ⟨~ fine particles\powder\ashes⟩, ⟨↔bulk\mass⟩ 양1

1563 **dust-bin** [더스트 빈]: (영국의) 쓰레기통, garbage can, trash can 양2

1564 **dust-man** [더스트 먼]: (영국의) 쓰레기 수거인, garbage collector 양2

1565 **dust-pan** [더스트 팬]: 먼지를 쓸어 담는 접시, 쓰레받기, ⟨~ catch basin⟩ 양1

1566 **dust-up** [더스트 엎]: ⟨먼지를 일으키는⟩ 소동, 난투, 말다툼, ⟨~ fight\quarrel⟩ 양2

1567 **Dutch** [더취]: ⟨←duitsch←diota(people)⟩, ⟨게르만어⟩, ⟨저지대 도이치⟩, 홀란드(네덜란드)의, ⟨17세기 중엽에 영국과 세번 전쟁을 한통에 영어에 나오는 Dutch는 D ~ comfort(반갑지 않은 위로)·D ~ courage(만용) 등 부정적인 뜻으로 많이 쓰였음⟩, ⟨~ Netherlands⟩ 수1

1568 **Dutch auc·tion** [더취 어억션]: ⟨17세기 네덜란드의 꽃 경매에서 시작된⟩ 값을 깎아내리는 경매, 역경매, '속전속결'의 경매법, ⟨~ descending price auction⟩, ⟨↔reverse Dutch auction⟩ 수2

1569 **Dutch-man's–breech·es** [더취먼즈 브뤼취즈]: '화란 남자 반바지 꽃', ⟨두 개의 꿀주머니가 있는 백색·담황색의 꽃이 피는⟩ 북미산 금낭화의 일종, ⟨~ bleeding heart\lyre-flower⟩, ⟨소가 뜯어먹고 취해서 비틀거린다는-little blue staggers⟩ 수2

1570 **Dutch mon·key** [더취 멍키]: ⟨긴 코와 붉은 얼굴이 네덜란드인을 닮은⟩ 긴코원숭이, ⇒ nose ape 미1

1571 ***Dutch pay** [더취 페이]: ⟨영국인들이 네덜란드인들을 비하해서 사용했던⟩ 각자 부담, 각추렴, 'going dutch' 또는 'Dutch treat'의 일본·한국식 영어, ⟨~ self pay⟩, ⟨~ warykkang⟩ 수2

1572 **Dutch wife** [더취 와이후]: 죽부인, 인도네시아에 파견된 네덜란드인들이 마누라 대신 끼고 자던 대나무로 만든 ⟨피서용⟩ 긴 베개, ⟨~ body pillow\bamboo wife⟩ 수2

1573 **du·ty** [듀우티]: ⟨←debere(owe)⟩, ⟨라틴어⟩, ⟨당연히 해야 할⟩ 의무, 본분, 직무, 순종, 조세, 관세, ⟨←due⟩, ⟨responsibility\job⟩, ⟨↔exemption⟩ 양2

1574 **Du-Val·ier** [듀봴리에이], Fran·cois: from the vally(?), ⟨어원 불명의 프랑스계 하이티어⟩, 뒤발리에, '계곡에서 온 자?', (1907-1971), Papa Doc, 의사 출신으로 주술(미신)에 능해 죽기까지 14년간 대통령을 한 아이티의 독재자, ⟨~ a Haitian politician⟩ 수1

1575 **du·vet** [듀붸이]: ⟨←dum⟩, ⟨프랑스어⟩, ⟨←'down²'(솜털)⟩, 깃털 이불, (오리)털 상의, ⟨comforter는 속 깃털 등 완충물이 안들어 있음⟩, ⟨~ quilt\coverlet⟩ 우2

1576 **DV** (di·ver·si·ty im·mig·rant vi·sa) **Pro·gram**: ⟨이민을 적게 오는 나라들을 위한⟩ 추첨으로 이민을 받아들이는 제도, ⟨~ Green Card Lottery⟩ 양2

1577 **DVD¹**: ⇒ digital video desk 미1

1578 **DVD²**: ⇒ digital versatile disc 미2

1579 **D-vi·sa**: ⟨항공기·선박 등의 종업원들이 잠시 머물 수 있는⟩ 승무원(crew-member) 사증 우2

1580 **DVM** (doc·tor of ve·ter·i·nar·y med·i·cine): 수의사, 수의학 박사, ⟨~ animal doctor⟩ 양2

1581 **Dvo·rak** [드붜얼좌악], An·ton: ⟨←dvur(manor)⟩, ⟨체코어⟩, '지주', 드보르자크, (1841-1904), ⟨보헤미아 풍의 선율을 많이 사용했던⟩ 체코슬로바키아의 신낭만주의 작곡가, ⟨~ a Czech composer⟩ 수1

1582 **dwarf** [드워얼후]: ⟨←dweorh(midget)⟩, ⟨게르만어⟩, '난쟁이', 왜소 생물, 좀생이, 꼬마, ⟨~ midget\miniature\pygmy\shrimp⟩, ⟨↔giant\colossus\whale⟩ 양1

1583 **dwarf cor·nel** [드워얼후 커어늘]: 꼬마 산딸나무, ⇒ bunch·berry 미2

1584 ***dweeb** [드위이브]: 〈1964년에 등장한 어원 불명의 미국 학생속어〉, 공부벌레, 꽁생원, 샌님, 얼간이, nerd, ⇒ dork 양2

1585 **dwell** [드웰]: 〈←dwelian(delay), 〈게르만어〉, 〈머므르다〉, 살다, 거주하다, 머무르다, 곰곰이 생각하다, 〈~ reside\abide\linger〉, 〈↔depart\move〉 양2

1586 **dwelt** [드웰트]: dwell의 과거·과거분사 양2

1587 **DWI**: driving while intoxicated(impaired), 취중운전, 〈주에 따라 조금씩 다르나 DUI와 거의 비슷한 말〉 미2

1588 **dwin·dle** [드윈들]: 〈←dwinen(die), 〈게르만어〉, 줄다, 점점 작아지다, 감소하다, 〈여위어 가다〉, 〈~ abate\diminish〉, 〈↔expand\proliferate〉 양2

1589 **dy·ad** [다이애드]: 〈←dyados(consisting of two)〉, 〈그리스어〉, 한 쌍, 2월 1위(한 단위로서의 2), 2개 한 벌, 〈~ pair\couple\duo〉 미1

1590 **dye** [다이]: 〈←deag(color)〉, 〈영국어〉, 물감, 염료, '색깔', 염색(하다), 진행형은 dyeing, 〈~ tinge\raga〉, 〈↔streaking'〉 가1

1591 **dyed in the wool**: 〈양털에 염색한 것처럼〉 변하지 않는, 영구한, 〈~ stead-fast\intractable〉 양2

1592 ※**dye sub·li·ma·tion print·er** [다이 써블리메이션 프륀터]: 염료 순화 인쇄기, 미세한 점들로 구성된 고속도 천연색 인쇄기, 〈~ dye diffusion thermal transfer printer〉 미1

1593 **dy·ing** [다잉]: die의 현재분사, 죽어가는, 마지막의 가1

1594 **dyke** [다이크]: 〈게르만어→네덜란드어〉, ⇒ dike(독) 양1

1595 **Dy·lan** [딜런], Bob: (1941-): dy(great)+llanw(flow), 〈웨일즈계 이름〉, son of the sea, '대양의 아들', 본명 Robert Zimmerman, 반전적 가사를 유연한 음률에 실어 2016년도 노벨문학상을 받은 미국의 가수·작사/작곡가, 〈~ an American singer\song-writer〉 수1

1596 **dy·nam·ic** [다이내믹]: 〈←dynamis(power)〉, 〈그리스어〉, 동력의, 동적인, '힘 있는', 활동적인, 〈~ energetic\vigorous〉, 〈↔apathetic\lethargic〉 양2

1597 ※**dy·nam·ic da·ta ex·change** \ DDE: 〈프로그램 간의 호환성을 높이기 위해 MS사가 개발한〉 역동적 자료 교환, 〈~ (old fashioned) inter-process communication technology〉 미2

1598 ※**dy·nam·ic de-bug-ging tool** \ DDT: 동적 오류(error) 수정기 미1

1599 ※**dy·nam·ic link li·brar·y** \ DLL: '역동적 연계 자료실', 독립된 항목을 하나로 묶은 화상용 자료 목록, 〈~ a shared library〉 우1

1600 ※**dy·nam·ic ran·dom ac·cess mem·o·ry** \ DRAM: 역동적 막기억 장치, (보낼 신호를 주기적으로 새롭게 하는) 무작위 접근 기억 장치, 기억 보존 동작을 필요로 하는 수시 기입과 읽기를 동시에 하는 기억력, 〈~ a data storage technology〉 미1

1601 ※**dy·nam·ic range** [다이내믹 뤠인쥐]: 역동 범위, 증폭기가 표현할 수 있는 음(신호)의 최대와 최소 폭(비율), 〈~ lively range\dynamic contrast〉 미2

1602 **dy·na·mite** [다이너마이트]: dynamic(powerful)+ite, 남포, 1866년 노벨이 나이트로글리세린을 주원료로 해서 만든 폭약, 굉장한, 최고의, 〈~ nitroglycern\explosive\excellent〉 우1 양2

1603 **dy·na·mo** [다이너모우]: 발전기, 정력가, 〈~ power-house\high-flyer〉 양2

1604 **dy·nas·ty** [다이너스티]: 〈←dynasthai(strong)〉, 〈그리스어〉, (역대) 왕조, 명문, 〈power의 승계〉, 〈~ lineage〉, 〈↔demise〉 양2

1605 **dyne** [다인]: 〈←dynamis(power)〉, 〈그리스어〉, 1그램의 물량을 1초에 1cm의 속도로 움직이게 하는 힘의 단위(unit of force) 우1

1606 **dys~** [디스~]: 〈그리스어〉, bad·ill·hard, 〈악화·불량·곤란~〉 등의 뜻을 가진 결합사 양1

1607 **dys-ar·thri·a** [디스 아알쓰뤼어]: dys(ill)+arthron(joint), 구음(발음)장애, 눌어증, 말더듬증, 〈~ slurred speech〉 양2

1608 **dys-cra·sia** [디스 크뤠쥐어]: dys(ill)+krasis(mixing), 〈그리스어〉, 이상혼화증, 악액질, 질환, 장애, 〈~ pathology〉, 〈↔normal\health〉 양2

1609 **dys-en·ter·y** [디센테뤼]: dys(ill)+enteron(bowel), 이질, 설사병, 〈~ bloody flux(diarrhea)〉 양1

1610 **dys-func·tion** [디스 휭션]: disfunction, 역기능, 기능장애(이상·부전), 〈~ disorder\ailment〉 양2

1611 **dys-gen·ics** [디스 줴닉스]: dys(ill)+genes(birth), 〈그리스어〉, (생물의 역도태(선택)를 연구하는) 열생학, 〈~ cacogenics〉, 〈~(↔) eugenics\biology〉 양2

1612 **dys-lex·i·a** [디스 렉시어]: dys(ill)+lexis(speech), 독서장애, 실독증, 〈~ a learning disability〉 양2

1613 **dys-men·or·rhe·a** [디스 메너뤼어]: dys(ill)+menos+rhegnynai(flow), 월경불순(곤란), 〈~ abnormal menstration〉 양2

1614 **dys-pep·sia** [디스 펩시어]: dys(ill)+peptein(soften), 소화불량(증), 〈~ indigestion〉 양2

1615 **dys-pha·gia** [디스 훼이쥐어]: dys(ill)+phagein(eat), 연하장애, 삼킴곤란증, 〈~ difficulty in swallowing〉, 〈~(↔)a-phagia〉 양2

1616 **dys-pha·sia** [디스 훼이지어]: dys(ill)+phasis(speech), 언어부전증, 언어장애, 〈~ an impairment of language〉, 〈~(↔)a-phasia〉 양2

1617 **dys-phe·mism** [디스 훼미즘]: dys(ill)+pheme(speech), 〈그리스어〉, (일부러 불쾌한 표현을 쓰는) 위악어법, 〈~ rudeness\vulgarity〉, 〈↔eu-phemism〉 양2

1618 **dys-pho·ri·a** [디스 호어뤼어]: dys(ill)+pherein(bear), 〈그리스어〉, 불쾌, 기분위화, 〈~ gloom\depression〉, 〈↔eu-phoria〉 양2

1619 **dys-prax·i·a** [디스 프랙시어]: dys(ill)+praxis(act), 통합운동장애, 행동부전, 실행(증), 〈~ a developmental coordination disorder〉 양2

1620 **dys-to·ni·a** [디스 토우니어]: dys(ill)+tonos(tension), 긴장이상, (근육)실조, 〈~ a hyper-kinetic movement disorder〉, 〈↔syn-tonia〉 양2

1621 **dys-to·pi·a** [디스 토우피아]: dys(ill)+utopia(ou〈not〉+topos〈place〉), 암흑향, 지옥향, 반이상향, 〈~ cacotopia\hellscape〉, 〈↔utopia\paradise〉 미2

1622 **dys-tro·phy** [디스 트뤄휘]: dys(ill)+trophe(nourish), 발육이상, (근)위축증, 〈~ genetic cellular dysfunction〉, 〈~(↔)degeneration〉 양2

1 **E \ e** [이이]: 환호하는 사람 모양의 이집트 상형문자에서 따온 영어 인쇄물에서 첫 번째로 자주 쓰이는 알파벳, 다섯째, 제2등급, 낙제점, 음 이름 '마(미)', (직경이) D보다 큰 건전지, e; electric·electronic·east·energy 등의 약자, 2.71828(초월함수의), 이메일을 주고받기 수2

2 **e~** [이~]: ①〈전자(electronic)·전산망~〉을 뜻하는 결합사 ②〈ex~ (밖으로~)〉의 변형어 ③심심할 때 붙여주는 접두사(대충 of~의 뜻) 양1

3 **each** [이이취]: a(ever)+gelic(like), 〈게르만어에서 연유한 영국어〉, 〈전체와 관계없이〉 '각각', 제각기, 저마다, 〈~ every\apiece〉, 〈↔neither\together〉 가1

4 **ea·ger** [이이거]: 〈← acris(sharp)〉, 〈라틴어〉, 〈← acer〉, 〈단내가 나도록〉 열망하는, 〈칼날을 세우듯〉 열심인, 〈~ yearn\ardent〉, 〈↔indifferent\luke-warm〉 가1

5 ***ea·ger-bea·ver** [이이거 비이붜]: 〈운이 맞아 만들어진 말〉, '의욕적인 해리', 항상 일거리를 찾아내는 사람, 열성분자, 〈~ power-house\achiever\busy bee〉, 〈↔lurker\idler〉 양2

6 **ea·gle** [이이글]: 〈← aquilus(dark colored)〉, 〈'검은 새'란 뜻의 라틴어〉, 독수리, 미 육군 대령 계급장, 표준 타보다 둘이 적은 〈bird위의〉 타수, 〈↔tiger\lion?〉 양1 우1

7 **ea·gle-hawk** [이이글 허억]: 수리매 (독수리와 매의 중간 크기의 열대 아메리카산 맹금류) 미2

8 **ea·gle-owl** [이이글 아울]: 수리부엉이, 수알치새 (깊은 산이나 암벽에 사는 비교적 크고 사나운 올빼밋과의 새) 미2

9 **Ea·gles** [이이글스], Phil-a·del·phi·a: 이글스, '독수리들', 1933년에 창단되어 2003년부터 링컨 구장을 사용하고 있고 〈초록색을 좋아하는〉 NFL 소속의 미식 축구단 수2

10 **ear** [이어]: 〈← ous(organ of hearing)〉, 〈그리스어 → 라틴어 → 게르만어〉, 〈← auris〉, 〈혀보다 맛에 더 예민한〉 귀, 청각, 경청, 귀 모양의 물건, 손잡이, 이삭, 옥수수알, (상단) 귀퉁이 정보란, 〈~ auricle\pinna〉, 〈~(↔)eye〉 양1 우1

11 **ear-bud** [이어 벋]: (귀에 쏙 들어가는) 소형 귀전화, 〈~ ear-phone〉 우2

12 ***ear-con** [이어 칸]: 음성 아이콘, 전산기가 발하는 음성신호, 특정 사항을 알려주는 독특한 소리, 〈~ auditory icon〉 미2

13 **ear-drum** [이어 드럼]: 고막, 귀청, 귓구멍 속에서 공기의 진동에 따라 울리는 얇은 막, 〈~ myringa\tympanum〉 양2

14 **ear-ful** [이어 훌]: 귀 따가운, 귀청이 떨어지는, 〈~ bawling out\chewing out〉 양2

15 **Ear-hart** [에어하알트], A·mel·ia: agil(point of a weapon)+hard(hardy), 〈독일계 이름〉, 에어하트, '예리하게 용감한 자', (1898-1937), 1928년 여성 최초로 대서양 횡단 비행에 성공한 후 나중에 남편이 된 출판업자의 도움으로 유명 인사가 되었으나 세계일주 비행 중 남태평양에서 사라진 미국의 비행사, 〈~ an American aviation pioneer〉 수2

16 **earl** [어얼]: 〈← eorl(noble birth)〉, (영국의) 백작〈후작 아래·자작 위〉, (유럽 대륙의) count〈'백작'-중간 귀족 계급, '군'의 영주〉, 〈영국 양반들은 cunt와 음이 비슷한 count란 말을 쓰지 않음〉 양2

17 **ear-lobe** [이어 로우브]: 귓불, 이수, 귀불알, 〈~ lobule of the ear\fleshy part〉 양2

18 **ear-ly** [어얼리]: ear(before)+lice(-ly), 〈영국어〉, '이전에', 일찍이, 초기에, 늦지 않게, 머지않아, 〈~ in advance\prior\premature〉, 〈↔late\overdue\delayed\belated\tardy〉 가1

19 ***ear-ly bird** [어얼리 버어드]: 이른 아침의, 부지런한 새〈사람〉, 일찍 일어나는(도착하는) 사람, 〈~ early riser\morning person〉, 〈↔night owl\late riser\night person\night hawk〉 미2

20 **ear-mark** [이어 마아크]: 귀표, 표(지), 지정된, 책장 모서리 접이, 〈~ set aside\label\dedicate mark〉, 〈↔neglect\ignore〉 미2

21 **earn** [어언]: 〈← earnan(merit)〉, 〈게르만어〉, 〈노동해서〉 벌다, 얻다, 〈~ be paid\receive salary〉, 〈↔expend\disburse\use\spend〉 양2

22 **ear·nest** [어니스트]: 〈← eornost ← ern(pledge)〉, 〈게르만어〉, 〈심각한〉, 성실한, 열심인, 담보, 〈사람들이 honest와 혼동해서 쓰고 있으나 어원이 다르고 뜻도 약간 다른 말임〉, 〈~ serious\sincere\eager〉, 〈↔frivolous\apathetic\half-hearted〉 양1

23 ***ear·nest money** [어니스트 머니]: 계약을 성실히 이행하겠다고 담보로 맡기는 돈, 보증금, 〈honest money는 정직하게 번 돈을 뜻함〉, 〈~ front money\hand money\good faith deposit〉 양2

24 ***EAROM** [이어롬] (e·ras-a·ble and al·ter-a·ble read-on·ly mem·o·ry): 소거·재기입 읽기 전용 기억장치 〈기억시킨 자료를 전기적으로 다시 쓸 수 있는 롬〉 미2

25 **ear-phone** [이어 호운]: 귀 전화, 귀 (송)수신기, 〈~ ear-piece\ear-bud〉, 〈~(↔)head-phone〉, 〈↔boom box〉, 〈↔ear-plug〉 양1

26 **ear-piece** [이어 피이스]: 수화기(ear-phone), 귀에 다는 부착물, (안경·보청기·모자·투구 등의) 귀싸개, 〈~ phone receiver〉 양1

27 **ear–pierc-ing** [이어 피어싱]: 귀청이 째지는 (떨어지는) 듯한, 〈~ ear-splitting〉, 〈~ booming\shrill\blaring〉, 〈~(↔)deafen-ing〉, 〈↔quiet\soothing\silent\gentle\low〉 양2

28 **ear pierc-ing** [이어 피어싱]: 〈귀걸이(ear-ring)를 달기 위한〉 귀 뚫기 양1

29 **ear-plug** [이어 플러그]: 〈소음 방지용〉 귀마개, 〈~ ear-muff〉, 〈↔eye-shade〉 양2

30 **ear-pod tree** [이어 파드 트뤼이]: 귀꼬투리나무, (중미 열대지방 원산으로) 사람의 귀를 닮은 암갈색의 꼬투리 속에 보석 대신 썼던 콩알이 들어 있고 넓게 퍼지는 가지에 미모사 같은 잎이 달린 콩과의(fabaceae) 교목, 〈~ elephant(devil's\monkey)-ear tree〉, 〈~ the national tree of Costa Rica〉 미2

31 **ear-ring** [이어 륑]: 귀고리, 귀걸이, 〈~ ear-clip\dangle〉 가1

32 ***ears are burn-ing** [이어즈 아알 버어닝]: (누가 욕을 하는지) 귀가 간지럽다, (병으로) 귀가 아프다, 〈~ talk behind one's back〉 양2

33 ***ears are flap-ping** [이어즈 아알 훌래핑]: (엿듣느라고) 귀가 퍼덕거리다, (병으로) 귀가 윙윙거리다, 〈~ trying to hear private talk\buzzing sound in the ear〉 양2

34 **ear-shell** (snail) [이어 쉘(스네일)]: '귀조개', 떡조개, 전복, 〈~ sea ear\abalone\ormer〉 미1

35 **earth** [어얼쓰]: 〈← airtha(the ground)〉, 〈'땅바닥'이란 뜻의 게르만어-고로 그리스·로마 신의 이름을 따지 않은 유일한 행성임〉, 지구, 대지, 흙, 이승, 속세, 〈모든 생물이 살다 묻히는 곳〉, 〈~ world\globe\soil\dirt〉, 〈↔heaven\sky〉 가2

36 **Earth Day** [어얼쓰 데이]: 지구의 날, 환경보호일(4월 22일), 〈~ environmental protection day\green-day〉 양2

37 **earth day** \ earth-day [어얼쓰 데이]: 지구일, 지구상의 24시간 (다른 천체상의 시간을 환산하는 데에 쓰이는 지구상의 24시간〈hour〉의 하루) 양2

38 **earth-en–ware** [어얼쓴 웨어]: (흙으로 만든) 질그릇, 오지그릇, 〈~ tureen\pottery〉 가1

39 **earth-quake** [어얼쓰 퀘이크]: 지진, 큰 변동, 〈~ earth tremor\shake\upheaval〉, 〈↔calm\stillness\peace〉 가1

40 **earth-worm** [어얼쓰 워엄]: 지렁이, 땅속에 사는 벌레, rain·worm, 〈~ crawler\wiggler\angle-worm\red worm〉 가1

41 **ear-wax** [이어 왝스]: 귀지, cerumen 가2

42 **ear-wig** [이어 위그]: ear+wicga(beetle) ①귀띔하다 ②'귀벌레', 집게벌레, 〈배 끝에 각질의 집게가 달려 있고 펼쳐진 뒷날개가 사람의 귀와 비슷한〉 2,000여 종의 조그만 곤충 우2

43 **ease** [이이즈]: 〈← adjacere(lie near)〉,〈라틴어〉, 쉬움, 편안, 늦춤, 덜기, 〈→ easy〉, 〈~ alleviate\relieve\soothe\mitigate〉, 〈↔difficulty〉 양2

44 **ea·sel** [이이즐]: 〈← ezel(an ass)〉, 이젤(네덜란드 말), 〈'노새'에 짐을 얹듯 그림을 걸어두는〉 화가, 칠판걸이, 〈~ tripod\frame mount〉 우2

45 **ease-ment** [이이즈 먼트]: 지역권, 완화, 편의, 경감, 〈~ alleviation\relief\reprieve〉, 〈↔negative easement\restriction〉, 〈↔compression\discomfort〉 미2

46 **east** [이이스트]: 〈← heos(dawn)〉, 〈그리스어 → 라틴어 → 게르만어〉, 〈해가 뜨는〉 동쪽, 동방, 동부, 〈~ orient〉, 〈↔west〉 가1

47 **East Coast** [이이스트 코우스트]: (특히 워싱턴 DC 북부의) 미국의 동해안, 〈~ Atlantic Seaboard〉, 〈↔West Coast〉 미2

48 **Eas·ter** [이이스터]: 〈← eastran(dawn)〉,〈게르만어〉, 〈만물이 '소생' 하는〉 부활절(주일), 3월 21일 이후 만월 다음에 오는 첫 일요일, 〈원래는 다신교의 봄의 여신 Eastre를 축복하는 날〉, 〈~ Resurrection Day〉 양2

49 **Eas·ter egg** [이이스터 에그]: 〈새로운 생명(new life)을 상징하는〉 부활절 달걀(또는 달걀 모양의 초콜릿), 전산기 프로그램에 숨어 있는 부분(숨은 기능), 〈~ feature hidden in software〉 양2 미2

50 *****East·er·lin par·a·dox** [이이스털린 패뤄닥스]: 이스털린의 역설, 1974년 Richard Esterlin〈'동쪽에 사는 자'〉이 주창한 "소득과 행복은 어느 수준까지만 비례한다"는 〈논란이 많은〉 학설, 〈~ happiness increases upto certain level of income〉 수2

51 **East In·di·a Com·pa·ny** [이이스트 인디어 컴패니]: 동인도 회사, 〈영국의 아시아 공략을 위해〉 (정부의 입김으로) 1600년에 세워져서 1874년에 해체되었고 〈정계의 거물들이 이권을 가지고 있던〉 '무역 회사', 〈~ a British joint-stock company〉 미2

52 **East In·dies** [이이스트 인디스]: 〈포르투갈 탐험대들이 인도 동쪽 인도양에 흩어져있는 섬을 가리키던 말〉, 동인도계, 동인도제도, 〈~ islands found in Indian Ocean〉 미2

53 **East-man** [이이스트먼], George: east(grace)+mund(protection), 〈영국어〉, '은총으로 보호된 자', 이스트먼, (1854-1932), 코닥 사진기와 필름을 발명하여 많은 돈을 벌었으나 요통에 못 견뎌 권총 자살을 한 미국의 실업가, 〈~ founder of Eastman Kodak company〉 수1

54 **East-man Ko·dak** [이이스트먼 코우댁]: 1888년에 설립되어 한때 즉석 사진기로 세계시장을 석권했으나 현재는 인쇄 기기·포장 사업에 주력하고 있는 미국의 기술·장비회사, 〈~ an American graphic-arts company〉 수1

55 **East Sea** [이이스트 씨이]: 동해, 한국·일본·러시아 사이에 있는 〈물이 푸르고 수심이 깊은〉 태평양의 일부, 〈일본의 섬(Sea of Japan) 대신 Blue Sea(청해)라 부르면 어떨까〉 미2

56 **East Ti·mor** [이이스트 티몰]: Timor(east)-Leste(east), 〈말레이어〉, 동티모르, 구 포르투갈령으로 2002년 인도네시아로부터 완전히 독립한 Timor섬 동부의 나라, {(East) Timorese-Port·Tetun Prasa-USD-Dili} 수1

57 **East-wood** [이이스트우드], Clint: '숲의 동쪽에 사는 자', 이스트우드, (1930-), 촬영장에서 막일을 하다 발탁되어 강인한 남성상으로 인기를 끌고 북가주의 조그만 시의 시장까지 한 미국의 배우, 〈~ an American actor〉 수1

58 **easy** [이이지]: 〈라틴어 → 프랑스어〉, 〈← ease〉 편한, 쉬운, 용이한, 낙낙한, 알맞은, 관대한, 〈~ effortless\simple〉, 〈↔difficult\hard\strict〉, 〈↔complicated\demanding〉 가1

59 *****easy come easy go**: 쉽게 단쇠가 쉽게 식는다, '나이롱 뽕', 〈~(↔)no pain, no gain〉 양2

60 **easy does it** [이이지 더즈 잍]: 서두르지 말라, 천천히-, 〈~ take it easy\slow and steady〉, 〈↔hop to it\hurry up〉 양2

61 **easy go·ing** [이이지 고우잉]: 태평한, 안이한, 게으른, 〈~ relaxed\mellow\laid-back〉, 〈↔high-strung\fastidious〉, 〈↔tense\intolerant\uptight〉 양2

62 **easy mark** [이이지 마아크]: 만만한 표적(사람), 호인, 잘 속는 사람, 봉, 〈~ fall guy\jay\sitting duck\doormat\sucker\pushover\victim〉 양2

63 **easy mon·ey** [이이지 머니]: 이자가 싼 자금, 수월하게 번 돈, 〈~ quick-buck\fast-buck\easy cash\free money〉, 〈↔hard(earned) money〉 양2

64 *****easy street** [이이지 스트뤼잍]: (주로 경제적인) 탄탄대로, 〈~ lap of luxury\fun and games\prosperity〉, 〈↔tough road\poverty\destitution\hardship〉 양2

65 *****easy to give, not so easy to get back**: 앉아 주고 서서 받는다, 〈~ lending is easier than collecting〉 양2

66 **eat** [이이트]: 〈← etan(devour)〉, 〈게르만어〉, '먹다', 파괴하다, 감수하다, 잠식하다, 괴롭히다, 〈→ etch〉, 〈~ consume\ingest\partake of\dine〉, 〈~(↔)diet〉, 〈↔fast〉 가1

67 **eat-en** [이이튼]: eat의 과거분사, 〈~ consumed\ingested\devoured〉 가1

68 **ea·ter·y** [이이터뤼]: (간이)식당, 〈~ cafeteria\diner\bistro\cafe\grill\restaurant〉 양2

69 **eaves** [이이브즈]: 〈← yfese(edge)〉, 〈게르만어〉, 〈지붕의 가장자리〉, 처마, 차양, 낙숫물받이, 〈~ rim\overhang〉 양1

70 *****eaves-drop** [이이브즈 드뢉]: 〈처마 밑에서〉 엿듣다, 도청하다, 〈~ listen in\monitor\spy\intrude〉, 〈~(↔)over-hear〉, ⇒ wire-tap 양2

71 *****e-Bay** [이이 베이]: 인터넷 경매 사이트, '전자 경매장', 〈~ on-line sales〉 양2

72 **ebb tide** [엡 타이드]: ⟨← ebba(flow back)⟩, ⟨게르만어⟩, ⟨멀어지는⟩ 썰물, 간조, 쇠퇴(기), ⟨~ low(receding) tide⟩, ⟨↔high(rising) tide⟩ 가2

73 *__EBCDIC__ [엡씨딕] (ex-tend-ed bi·na·ry cod-ed dec·i·mal in-for·ma-tion code): 확장 2진화 10진 부호 ⟨8비트로 한 문자를 나타내는 전산기 부호의 하나⟩ 우2

74 *__e-bite__ [이이 바이트]: '전자 맛보기', (전산기로 하는) '빠르고 정확한', E-Bite; 전자책 중 (특정) 요점을 정리한 것, ⟨~ an e-book on a focused topic⟩ 우1 수2

75 **E·bo·la** [이보울러] vi·rus: ⟨← legbala(white water)⟩, ⟨콩고어⟩, 에볼라 ⟨혼탁한 강물⟩ 바이러스 (⟨치사율이 높은⟩ 고열과 내출혈·간 장애 등을 일으키는 전염성 열대 미세 병원체), ⟨~ a viral hemorrhagic fever⟩ 수1

76 **e·bon·ics** [이바닉스]: ebony+phonics, (많은 미국 흑인들이 사용하는) 흑인 영어, ⟨~ African American English\Black vernacular⟩ 미2

77 **eb·on·y** [에버니]: ⟨← hbnj(a stone)⟩, ⟨이집트어⟩, 에보니, 흑단(속에 검고 ⟨돌같이⟩ 단단한 목재를 가지고 있는 아열대성 교목), ⟨~ a tropical hard-wood⟩, ⟨~ jet\coal\obsidian\onyx⟩ 미2

78 *__e-book__ [이이 북]: 전자책, ⟨~ digital book⟩, ⟨↔audio-book⟩ 가2

79 *__e-boy__ [이이 버이]: electronic boy, 전자 소년, 전자 문화에 깊숙이 빠진 소년 양2

80 *__EBS__: ①educational broadcasting system(한국 교육방송공사) ②estimated balance sheet(견적 대차대조표) ③explosive bottle syndrome: ⟨신조어⟩, 현재는 괜찮지만 나이가 들면 살이 찔 것이 분명한 ⟨비만 지향성⟩ 증후군, ⟨~ obesity prone tendency⟩ 미2

81 **e-bul·lient** [이벌리언트] ex(out)+bullire(to boil), ⟨← ebullire(boil up)⟩, ⟨라틴어⟩, '끓어 넘치는', 열광적인, 용솟음 치는, ⟨~ exuberant\buoyant\joyful\effervescent⟩, ⟨↔depressed\apathetic⟩ 양2

82 **EB-vi·sa** [이이비이 뷔저]: 'employment based visa', 미국 이민법에 의해 미국에 필요한 인력이나 미국인을 취업시킬 재력이 있는 자에게 영주권을 부여하는 (5가지 종류의) 취업 사증 미1

83 *__EC__ (e·lec·tron-ic com-merce): 전자상업(행위), 전산기를 이용하는 장사 양2

84 **EC** (Eu·ro·pe·an Com-mu·ni·ty): 유럽공동체 ⟨1957년 European Economic Community로 시작해서 1993년 EC로 개칭되었다가 2009년 EU로 흡수됨⟩ 미2

85 **ec~¹ ~** [에크~ \ 이크~]: ⟨그리스어⟩, ⟨ex~ 밖으로~⟩의 변형 양1

86 **ec~² ** [에크~ \ 이크~] \ **ec·o~** [에코우~ \ 이이코~]: ⟨← oikos(house)⟩, ⟨그리스어⟩, '집·거주지'에서 유래한 ⟨환경·생태~⟩란 뜻의 결합사 양1

87 *__e-cash__ [이이 캐쉬]: 전자돈, ⟨~ cybercash\digital cash\digital money\e-money⟩ 가2

88 *__ECC__ (er·ror cor·rect-ing code): (조기 자동) 오류 교정 부호 미2

89 **ec-cen·tric** [익쎈트뤽]: ek+kentron(center), ⟨그리스어⟩, 괴상한, 괴짜의, '중심을 벗어난', ⟨~ peculiar\unique\strange\abnormal⟩, ⟨↔ordinary\normal⟩ 양2

90 **Ec-cen·tric Bal·lis·tic Mis·sile**: '이스칸테르', 편심 탄도탄, (러시아에서 개발된) 저고도로 비행하다가 목표지점에서 상승한 뒤 급강하하는 탄도탄 미1

91 **Ec-cle·si·as·ti·cus** [이클리이지애스티커스] (Ecc·lus): ⟨← ek+kalein(call)⟩, ⟨그리스어⟩, ⟨밖으로 불러낸⟩ 전도서, 집회서, ⟨허무한 인생에서 단순한 기쁨을 찾아야 한다는⟩ 구약 외전 중 한 편 미2

92 **ech·e·lon** [에셜란]: ⟨← scala(ladder)⟩, ⟨라틴어에서 유래한 프랑스어⟩, (부대의) '사다리꼴' 편성, 단계, 계통, 직위, ⟨~ level\rank\tier\grade\place\degree\position⟩, ⟨↔chaos\disarray\clutter⟩ 양2

93 **e·chid·na** [이키드너]: ⟨← ekhidna(viper)⟩, ⟨반은 여인·반은 뱀인 그리스 신화의 괴물(Hydra)에서 유래한⟩ 바늘두더지 (호주 지방에 사는 개미를 잡아먹는 고슴도치 비슷한 알을 까는 포유동물), ⟨~ porcupine anteater\spiny anteater⟩ 미2

94 **Ech·o** [에코우]: 에코, 제우스의 정사를 도운 죄로 헤라에 의해 언어 능력을 빼앗겨 버린 숲의 요정으로 나르키소스(나르시스-Narcissus)에게 실연당해 육신은 야위어 없어지고 목소리만 남았다 함, ⟨~ a mountain nymph⟩ 수1

95 **ech·o** [에코우]: ⟨← echein(sound)⟩, ⟨그리스어⟩, 메아리, 반사파, 되풀이, 초음파, (정보) 돌려보내기, ⟨~ reverberation\reflection\duplicate⟩, ⟨↔lull\quiet\silence\mute⟩ 미1

96　*ech·o–boom·er [에코우 부우머]: '반등 출산세대', 〈~ Millenials\Nexters\Gen Y'ers\Net Generation〉, ⇒ Z-generation 우1

97　echt [엑트]: 〈← ekht(real)〉, 〈게르만어 → 독일어 → 1916년 G.B.Shaw가 영국으로 수입〉, 참된, 진정한, 〈~ genuine\authentic\bona fide\true〉, 〈↔counter-feit\imitative\false\sham\phony\fake〉 양2

98　*e-cig·a·rette [이이 씨거뤹]: 전자 (electronic) 담배, 〈1963년에 시작해서 중국에서 개량되어 2003년부터 폭발적 인기를 끌고 있으나 니코틴 이외에 다른 부작용이 있다고 말들을 하는〉 니코틴을 건전지 동력으로 증기화시켜 피우는 다양한 형태의 〈신세대 담배〉 가2

99　ec·lec·tic [이클렉틱]: ek(out)+legein(choose), 〈그리스어〉, '취사선택하는', 절충하는, 폭넓은, 〈~ wide-ranging\assorted\diversified〉, 〈↔homogenous\unvarying\identical〉 양2

100　e·clipse [이클맆스]: ek(out)+leipein(leave), 〈그리스어〉, '버리다', 엄폐, 가림, (일·월)식, 〈~ blocking\obscuring\covering\concealment〉, 〈↔appearing\illuminate\clear up〉, 〈↔effulgence〉 양2

101　ECMO [에크모]: extracorporeal membrane oxygenation, 체외막 산소화 장치, 〈심장과 폐를 쉬게 하기 위한〉 인공심폐기와 같은 작용을 하는 기구, 〈~ heart-lung machine〉 미3

102　ec·o·cide [이코우 싸이드]: 환경 파괴, 환경 말살, 〈~ ecological devastation\environment·ecosystem destruction\nature annihilation〉, 〈↔love for nature\tree-hugging〉, 〈↔biophilia〉 양1

103　ec·o-friend·ly [이코우 후뤤들리]: 환경친화적, 〈~ sustainable\green\environmentally friendly\clean〉, 〈↔toxic\contaminating\polluting\hazardous〉 양1

104　e·cole ma·ter-nelle [에컬 매터어넬]: 에꼴 마떼르네, school+maternal, 〈프랑스가 자랑하는〉 무료·공립·'어머니 학교', 유아학교, 유치원, kindergarten, 〈~ nursery school\pre-school\infant school〉 양2

105　E. co·li [이이 코울라이]: 〈독일 의사 Escherichia의 이름을 딴〉 〈온혈동물의 하부 장관에 많으며 소수의 변종이 식중독 등을 유발하는〉 대장균, 〈~ a gram negative bacteria〉 양2

106　e·col·o·gy [이칼러쥐]: oikos(house)+logy, 〈그리스어〉, 생태학, 인류생태학, 생태환경, 〈~ life science\bionomics\environmental science〉, 〈↔destruction〉 양1

107　*ec·o-mark [이코우 마아크]: (환경에 대한 부하가 적은 제품에 부착하는) 친환경 표시, green mark 양1

108　*e·co-net [이커넽]: economy+network, '기업 전산망', '경제 전산망', 〈~ a local area network system〉 우2

109　ec·o-nom·ic [이커나믹]: oikos(house)+nemein(manage), 〈그리스어〉, '집안 살림살이의' 경제상, 재정적, '절약형의', 〈~ profitable\cost-effective〉, 〈↔extravagant\loss-making〉, 〈↔lavish〉 가1

110　ec·o-nom·ic sanc·tions [이커나믹 쌩션스]: 경제 제재, 재정 봉쇄 양2

111　e·con·o·my class [이카너미 클래쓰]: 보통(일반)석, 〈~ coach class\cheap airfare\third class〉, 〈↔upgraded class\luxury class\first class〉 가1

112　e·con·o·my class syn-drome [이카너미 클래쓰 씬드로움]: '일반석 증후군' 〈3등석 비행기를 장시간 탄 후 발이 붓는 증상〉, 〈~(↔)traveler's thrombosis(thromboembolism)〉 미3

113　*e·con·o·my of scale [이카너미 어브 스케일]: (대량생산을 하면 〈개당〉 원가가 줄어든다는) 대규모·소경비, 〈~ cost advantages from efficient production\volume benefits〉, 〈↔diseconomy of scale\cost increase from higher production levels〉 미2

114　*e·con·o·my of scope [이카너미 어브 스코우프]: (다종 〈유사〉 품목을 생산할 때 〈개당〉 원가가 줄어든다는) 다범위·소경비 미2

115　e·con·o·my-size [이카너미 싸이즈]: 〈대량 포장으로 값이 싼〉 덕용 크기, 〈~ family-size\large size\industrial size〉, 〈↔individual-size\small size〉 미2

116　ec·o-pho·bi·a [이코우 호우비어]: 주거공포증, 집주위 환경을 혐오하는것, fear of (losing) one's home, not valuing the environment, 〈~ eco-anxiety\eco-depression〉, 〈↔eco(bio)-philia〉 미2

117　ec·o-sys·tem [이코우 씨스템]: 〈환경이 조직된〉 생태계, 〈~ habitat\environment\biosphere〉, 〈↔cosmos\outer space\heavens〉 양1

118　*ECP (ex-tend-ed ca·pa·bil·i·ties port): '연장된 능력 단자' 〈EPP에다 속도 조절과 연결된 다른 장비를 제어할 수 있는 능력을 추가한 출입 단자〉 우1

119 ***ECPA** (e·lec·tron·ic com·mu·ni·ca·tions pri·va·cy act): '전자통화 비밀보호법' 〈1996년에 보강된 전자통화에서 사생활을 보호하기 위한 미국의 법률〉 윤1

120 **ec·sta·cy \ ex·ta·sy** [엑스터시]: ek(out)+histanai(place), 〈그리스어〉, 〈범위 밖에 서 있는〉 무아경, 황홀(경), 법열, 강력한 자극제의 마약(MDMA), 〈~ rapture\rhapsody〉, 〈~ bliss\euphoria\elation\delight〉, 〈↔misery\woe〉, 〈↔despair\sadness\depression\agony〉 양1 수2

121 **ect(o)~** [엑트(토우)~]: 〈← ektos(outside)〉, 〈그리스어에서 나온〉 〈밖·외부~〉란 뜻의 결합사, 〈~ exo〉, 〈↔endo~〉, 〈↔internal\within\inside〉 양1

122 **~ec·to·my** [~엑터미]: ek(out)+temnein(cut), 〈그리스어 → 영국어〉, 〈~절제(술)〉란 뜻의 결합사, 〈~ removal\extraction\excision〉 양1

123 **ec·to·therm** [엑터써엄]: (환경에 따라 체온이 변하는) 변온동물, (신체에서 거의 열을 생산하지 않는) 냉혈동물, 〈~ fish\amphibian\reptile\invertebrates\cold-blooded animal\exotherm\warm-blooded animal\homeotherm\heterotherm〉, 〈↔endo-therm〉, 〈↔birds and mammals〉 양2

124 **Ec·ua·dor** [에쿼도어]: 〈스페인어〉, 에콰도르, 1830년 스페인으로부터 완전 독립한 '적도(equator)'를 관통하는 남미 서해안 고산지대에 자리 잡은 농업 국가, {Ecuadorian-Sp-USD-Quito} 수1

125 **ec·u·men·ic** [에큐메닉]: 〈← oikein(inhabit)〉, 〈그리스어〉, (전)세계적인, 전반적인, 통일(통치)의, 섞인, 〈~ nonsectarian\non-denominational〉, 〈↔sectarian\realm〉, 〈↔noncomprehensive\exclusive〉 양2

126 **ec·ze·ma** [엑씨머]: ek(out)+zein(boil), 〈그리스어〉, 〈밖으로 끓어나온〉 습진(가렵고 물집이 생기는 피부병), 〈psoriasis는 경계가 분명하고 auto-immune성이나 이것은 경계가 불분명하고 원인 불명임〉 양2

127 **E/D** (en·try and de·par·ture \ em·bar·ka·tion and dis·em·bar·ka·tion) **-card**: 출입국 카드 미2

128 **E/D** (e-rec·tile dys-func·tion): 발기부전, ⇒ viagra 양2

129 **~ed** [~(의)드 \ ~(의)트]: 〈게르만어 → 영국어〉, 규칙동사의 과거(past)·과거분사(past participle)를 만드는 접미사 양1

130 **e·da·cious** [이데이셔스]: 〈← edere(eat)〉, 〈라틴어〉, eat+acious, 게걸스럽게 먹는, 탐식하는, 〈~ audacious\bodacious〉, 〈~ voracious\ravenous〉, 〈↔abstemious〉, 〈↔undesirous\apathetic〉 양2

131 **E·dam** [이이덤], cheese: aha(river)+dam, 〈네덜란드어〉, 에담치즈 (홀란드 Edam〈강둑〉 마을 원산의 안은 노란색이나 겉은 빨간 왁스로 싼 둥근 모양의 휴대용 치즈〉 수1

132 **EDD** [에디]: ①estimated(expected) date of delivery; 출산예정일 ②Employment Development Department; (가주)고용개발국 양2 미2

133 **ed·dy** [에디]: ed(back)+ea(water), 〈게르만어〉, 〈다시 돌아오는〉 소용돌이, 역류, 회오리바람, 〈~ swirl\whirlpool\vortex\spiral〉, 〈↔stream\run\pour\flow〉 양1

134 **e·del-weiss** [에이들봐이스]: noble+white, 〈게르만어〉, 에델바이스 〈작은 별 모양의 '고귀한 흰' 꽃이 피는 고산식물〉, (스위스의 국화), 〈~ a wildflower\Leontopodium alpinum\alpine flower\Leontopodium nivale〉 수2

135 **e·de·ma** [이디머]: 〈← oidema ← oidein(to swell)〉, 〈그리스어〉, (액체로 '부풀어 오른') 부종, 수종, 〈~ swelling\fluid retention\dropsy\hydropsy〉 양2

136 **E·den** [이이든]: 〈히브리어〉, pleasure, 〈기쁨의〉 에덴동산, 낙원, 사람 이름, 〈~ shangri-la\heaven\paradise〉, 〈↔dystopia\hell\anti-utopia〉 수2

137 **edge** [엘쥐]: 〈← akis(point)〉, 〈그리스어에서 연유한 영국어〉, 〈뾰족한〉 끝머리, 테두리, 모서리, 경계, 〈칼날 위에 있는 것 같은〉 위기, 〈칼의〉 날, 효력, 〈상대에게 칼날을 겨누고 있는〉 우세, 〈~ verge\rim\brink\fringe〉, 〈~ border\boundary\perimeter〉, 〈↔center\middle〉 양1

138 ***edge de·tect** [엘쥐 디텍트]: '모서리 탐지' 〈'사진그림'에서 사물의 윤곽을 드러내게 하는 여과장치〉, 〈~ finding boundaries〉 윤1

139 ***edge ef·fect** [엘쥐 이휄트]: 〈생태학 용어〉, 〈어느정도 인간 세계에도 적용되는〉 다른 종의 생물이 주종을 이루는 경계 부분에 더 다양한 생물이 서식한다는 '경계효과', 〈~ habitat biodiversity at boundaries of shared ecosystems〉 양2

140 ***edge-lord** [엘쥐 로어드]: '모서리 영주', 〈인기를 끌려고〉 전산망에서 일부러 능청을 떠는 〈곡예사〉, 〈~ deliberately outrageous speaker\shit-lord〉 미2

141 **ed·i·ble** [에더블]: ⟨← edere(eat)⟩, ⟨라틴어⟩, 먹을 수 있는, 식용에 알맞은, ⟨~ safe to eat\palatable\eatable\fit to be eaten⟩, ⟨↔uneatable\undigestible\inedible\nonnutritious⟩ 가1

142 **e-dict** [이이딕트]: e+dicere(speak), ⟨라틴어⟩, '끄집어낸 말', 포고, 칙령, 명령, ⟨~ decree\mandate\order\command\law\ordinance\ruling⟩, ⟨↔petition\appeal\plea\proposal⟩ 양2

143 **E-dict of Mi·lan** [이이딕트 어브 미라아안]: 밀라노 칙령, 313년 콘스탄티누스 황제가 밀라노에서 기독교를 공인한 포고, ⟨~ permanent toleration of Christianity⟩, ⟨AD 380년에 Edict of Thessalonica에 의해 Christianity가 Roma의 국교로 선포됨⟩ 수2

144 **E-dict of Nantes** [이이딕트 어브 나안스]: 낭트칙령, 1598년 프랑스의 헨리 4세가 신교도에 대해 예배의 자유 등을 인정한 포고, ⟨~ some civil rights for protestants⟩ 수2

145 **ed·i·fice** [에디휘스]: aedis(dwelling)+facere(make), ⟨라틴어⟩, ⟨지어놓은 집⟩, 건물, 구성물, 체계, ⟨~ edify⟩, ⟨~ building\structure\construction⟩, ⟨↔ruins\wreckage\rubble⟩ 양2

146 **ed·i·fy** [에디화이]: aedis(dwelling)+facere(make), ⟨라틴어⟩, build up morally, 교화하다, 계발하다, 함양하다, ⟨~ edifice⟩, ⟨~ educate\instruct\teach\coach\enlighten\uplift\improve⟩, ⟨↔delude\mislead\confuse\corrupt⟩ 양2

147 **Ed·in·burgh** [에든버뤄]: 에든버러, ⟨7세기 영주 Edwin('부의 친구; rich friend')이 살았던 스코틀랜드(Scotland)의 역사 도시, (Duke of Edinburgh; 2021년 사망한 현 영국 여왕 엘리자베스 2세의 부군)⟩ 수1

148 **Ed·i·son** [에디슨], Thom·as: (1847-1931), ead(rich)+weard(guard)+son, '부의 수호자의 아들', 에디슨, 3개월밖에 학교에 다니지 않고도 정말로 당신의 삶을 편하게 해 준 미국의 '발명왕', ⟨~ an American inventor⟩ 수1

149 **ed·it** [에딭]: e(out)+dare(give), ⟨라틴어 → 프랑스어⟩, ⟨출판하다⟩, 편집하다, 손질하다, 교정하다, ⟨~ correct\check\revise\improve\rewrite⟩, ⟨↔disperse\disarrange\disorganize⟩ 가1

150 **e-di·tion** [이디션\에디션]: 판, 본, 복제물, ⟨~ copy\version\publication\issue⟩ 가1

151 **ed·i·to·ri·al** [에디토어뤼얼]: 편집의, 사설, 논설, ⟨~ essay\commentary\article\review\critique\opinion piece⟩ 가1

152 **E·do** [에도]: bay estuary, '강 어귀', 강호, 도쿠가와 막부가 있더 일본 도쿄의 옛 이름, ⟨~ former name of Tokyo\bay-entrance⟩ 수1

153 ***EDO** [이도] (ex-tend–ed da·ta out): '연장(급행)자료송출' ⟨빠른 기억력 회복을 위해 자료 송출을 다음번 승합 주기가 올 때까지 기다리게 하는 역동적 막기억 장치의 한 종류⟩, ⟨~ faster data access⟩ 우1

154 ***EDR** (end-point de·tec·tion re·sponse): (전산망 보안장치에서) 최종적 위협 탐지 및 대응, ⟨anti-virus보다 더 진전되고 포괄적 대응책⟩, ⟨↔mal-ware⟩ 미2

155 **ed·u·ca·tion** [에쥬케이션]: e(out)+ducere(draw), ⟨라틴어⟩, ⟨능력을 밖으로 이끌어내는⟩ 교육, 양성, 지식, 교양, 훈련, ⟨~ instruction\teaching\schooling\tutoring⟩, ⟨↔ignorance\illiteracy\unawareness⟩ 가1

156 **Ed·u·ca·tion** [에쥬케이션], Dept. of: 미 교육부, 1979년에 독립되어 주정부 및 외국기관과 협조하면서 교육과 학술연구를 총괄하는 연방정부의 내각부서(cabinet organization) 양2

157 **e-duce** [이듀우스]: e(out)+ducere(draw), ⟨라틴어⟩, 끌어내다, 발현시키다, 추출하다, ⟨~ elicit\draw out\evoke\extract(something potential or hidden)\re-call⟩, ⟨↔deprive⟩ 양1

158 ***ed·u·tain·ment** [에쥬테인먼트]: education+entertainment, '오락성 교육' ⟨재미로 교육 효과를 노린 학과 과정⟩, ⟨~ infotainment\learner-tainment\educational play⟩, ⟨~(↔)health-tainment⟩ 미2

159 **ed·u·va·ca·tion** [에쥬붜케이션]: '교육성 여행', ⟨역사·문화·박물 등을 위주로 하는⟩ 학습 여행, ⟨~ traveling+learning⟩ 미2

160 **Ed-ward** [에드워드]: ead(rich)+weard(guard), '부의 수호자', 남자이름 (애칭은 발음하기 편한 Ted), ⟨~ an English male given name⟩, 10세기경부터 지금까지 11명의 영국 왕들(English Kings)의 이름 수1

161 **~ee** [~이(이)]: ⟨영국어·프랑스어⟩, designator, ⟨~의 작용을 받는 것(자)⟩란 뜻의 결합사 양1

162 **EEG** (e·lec·tro-en·ceph·a·lo-gram): 뇌전도, 뇌파 검사 양2

163 **eel** [이일]: ⟨← elaz(snake-like fish)⟩, ⟨어원 불명의 게르만어⟩, ⟨아주 번식력이 강한⟩ '뱀장어', 미끈미끈한, 요령부득의, ⟨~ anguilla\elver⟩, ⟨~ slippery⟩ 양①

164 **eel-grass** [이일 그래스]: 거머리말 ⟨뱀장어같이 가늘고 긴 줄기를 가진 부평초로 해수와 담수에 사는 것이 있음⟩, ⟨~ tapegrass\wild celery\seawrack\seagrass\grass wrack\zostera marina⟩ 미②

165 **eel-worm** [이일 워엄]: 선충 ⟨식물에 붙어 사는 뱀장어 모양의 미세한 해충⟩, ⟨~ nematode\roundworms⟩ 미②

166 *__eel-y__ [이일리]: 미끈미끈한, 요령부득의, 붙잡을 수 없는, ⟨~ slippery\hard to grasp;long\thin⟩ 양①

167 **ee·nie-mee·nie-mi·nie-moe** [이이니-미이니-마이니-모우]: ⟨각국마다 철자가 다른⟩ ⟨술래를⟩ '누구로 할까' ⟨술래잡기⟨hide and seek⟩에서 술래를 정할 때 등에 쓰는 말⟩ 양①

168 *__EEPROM__ [이이프럼] (e·lec·tri·cal-ly e·ras-a·ble and pro·gram-ma·ble read on·ly mem·o·ry): 전기로 소거 가능한 가변성 판독 전용 기억칩 ⟨전기로 입력한 것을 자외선 대신 전기로 지우고 재생해서 쓸 수 있는 반도체 조각⟩ 우①

169 **~eer** [~이어]: ⟨← arius(performer)⟩, ⟨라틴어에서 연유한 영국어⟩, ⟨~ 관계자·취급자⟩를 뜻하는 결합사 양①

170 *__ee·rie \ eer·y__ [이어뤼]: ⟨← eri(timid)⟩, ⟨게르만어⟩, ⟨겁나게⟩ 섬뜩한, 기괴한, 기분 나쁜, ⟨~ eldritch\uncanny⟩, ⟨~ sinister\unnatural\creepy\spooky\scary\haunting⟩, ⟨↔normal\reassuring⟩, ⟨↔common\ordinary\natural⟩ 양①

171 **ef~** [이후 \ 에후~]: ⟨라틴어⟩, ⟨ex~의 f 앞 변형 결합사⟩ 양①

172 **ef-fable** [에훠블]: ex(out)+fari(speak), ⟨라틴어⟩, ⟨입 밖으로 내서⟩ 설명(말)할 수 있는, ⟨~ utlerable\expressible\communicable⟩, ⟨↔in·effable\indescribable\beyond words\inexpressible⟩ 양②

173 **ef-face** [이훼이스]: ⟨라틴어+프랑스어⟩, ⟨face(표면)에서⟩ 지우다, 말살하다, 삭제하다, ⟨~ eradicate\wipe out\erase\abolish\expunge⟩, ⟨↔preserve\protect\maintain\conserve⟩ 양②

174 **ef-fect** [이훽트]: ex(out)+facere(make), ⟨라틴어⟩, ⟨만들어진⟩ 결과, 효과, 영향, 취지, 실행(하다), ⟨→ efficacy⟩, ⟨~ result\outcome\consequence\reaction⟩, ⟨↔cause\antecedent\stimulus\source\orgin\reason\impetus⟩ 양②

175 *__ef-fec·tor key__ [이훽터 키이]: '수행자 열개', '변환 열개' ⟨다른 key들의 역할을 바꿔 주는 key; Shift·Ctrl·Alt 등⟩ 우①

176 **ef-fem·i·nate** [이훼미너트]: ex(out)+femina(woman), ⟨라틴어⟩, 여자다운, 나약한, ⟨~ womanish\feminine\girly⟩, ⟨↔manly\masculine\manlike\macho⟩ 양②

177 **ef-fer-ent** [에훠뤈트]: ex(out)+ferre(bear), ⟨라틴어⟩, 원심성인, '밖으로 뻗치는', ⟨~ radiating\divergent\diverging\centrifugal\outward⟩, ⟨↔afferent\centripetal\receptive\non causative⟩ 양②

178 **ef-fer·ves-cent** [에훨붸슨트]: ex(out)+fervere(boil), ⟨라틴어⟩, ⟨끓어서⟩ 거품이 이는, 비등하는, 활기찬, 흥분한, ⟨~ cheerful\fizzy\bubbly\animated\lively\enthusiastic⟩, ⟨↔sullen\still\flat\depressed\subdued⟩⟩ 양②

179 **ef-fi·ca-cy** [에휘커시]: ex(out)+facere(make), ⟨라틴어⟩, ⟨성공해서 얻은⟩ 효능, 유효, ⟨← effect⟩, ⟨~ effectiveness\successfulness\efficaciousness⟩, ⟨↔inefficacy\ineffectiveness\incapability\incapacity\impotence⟩ 양②

180 **ef-fi·cien-cy** [이휘션시]: ⟨← effect⟩, ⟨라틴어⟩, ⟨← efficacy⟩, 능력, 능률, ⟨~ productiveness\productivity⟩, ⟨↔inefficiency\wastefulness\uselessness\incompetence\ineptitude⟩ 양②

181 *__ef-fi·cien-cy a-part-ment__ [이휘션시 아파트먼트]: ex(out)+facere(make), ⟨라틴어⟩, 능률적(간이) 아파트 ⟨작은 부엌+화장실+침실 겸 거실⟩, ⟨원룸⟩, ⟨nano-apartment⟩, ⟨~ office-tel\apart-el⟩ 양①

182 **ef-fi·gy** [에휘쥐]: ex(out)+fingere(form), ⟨라틴어⟩, ⟨밖으로 나타낸⟩ 상, 초상, 인형, ⟨~ likeness\statue\representation\image\portrayal⟩, ⟨↔real person\actual person⟩ 양①

183 **ef-flu-ent** [에훌루언트]: ex(out)+fluere(flow), ⟨라틴어⟩, '밖으로 흐르는', 유출(방출)하는, 폐수, 방출물, ⟨~ discharge\run-off⟩, ⟨~ drainage\outflow\emission\effusion⟩, ⟨↔influent\fributary\feeder⟩ 양②

184 *__ef-flu·en-cer__ [에훌루언서]: ⟨최신 신조어⟩, ⟨← influencer⟩, (사회 전산망에서) 장황하게 (개소리를) 떠벌려서 자기 주가를 내리는 '초치는 영향력자', ⟨폐수방출자⟩, ⟨~ more profuse influencer⟩ 미②

185 **ef-fulge** [이휠쥐]: ex(out)+fulgere(shine), 〈라틴어〉, 빛을 발하다, 눈부시게 하다, 〈~ radiate\light up〉, 〈↔eclipse\dim\darken\obscure〉 양2

186 **ef-fort** [에훨트]: ex(out)+fortis(strong), 〈라틴어〉, '밖으로 힘쓰기', 노력, 수고, 작용력, 〈~ attempt\try\endeavor\exertion\striving〉, 〈↔laziness\idleness\inaction\inacivity〉 가1

187 **ef-fron·ter·y** [이후런터뤼]: ex(without)+frons(forehead), 〈라틴어〉, '앞 이마가 없는', 후안무치, 철면피, 뻔뻔스러움, 〈~ audacity\temerity\impudence〉, 〈~ brazenness\gall\insolence\cheekiness\nerve〉, 〈↔timidity\shyness\courtesy〉 양2

188 **ef-fuse** [이휴우즈]: ex+fundere(pour), 〈라틴어〉, 밖으로 퍼붓다, 유출시키다, 발산하다, 〈~ emanate\diffuse\emit\exude〉, 〈~(↔)trans-fuse〉, 〈↔in-fuse\suf-fuse〉, 〈↔absorb\lack\confine〉 양1

189 *****E-fit** [이 휠] (e·lec·tron·ic fa·cial i·den·ti·fi·ca·tion tech·nique): 전자(전산기) 안면 판독 기술 양2

190 *****E-for·mat** [이 훠어맽]: electronic format, 전자(전산기) 형식 양2

191 **e.g.** (ex-em·pli gra·ti·a): 〈라틴어〉, for example, 예를 들면 미2

192 **e·gal·i·tar·i·an** [이갤러테어뤼언]: equalitarian, 〈라틴어〉, 인류평등〈equal〉 주의(자), 〈~ just\fair\equitable\democratic\antielitist\classless〉, 〈↔elitism\aristocratic\superiority〉 가1

193 **egg** [에그]: 〈← ovum ← oion〉, 〈그리스어 → 라틴어 → 북구어〉, 〈새(avi)의〉알, 달걀, 계란, 놈, 녀석, 충동(선동)하다, 실패하다, 〈~ ovum\roe\fellow〉, 〈~ spur on〉, 〈~ break down〉 가2 양2

194 **egg-beat-er** [에그 비이터]: (계란을 젓는) 계란거품기, 교반기, 헬리콥터(회전 비행기), 〈~ mixer\whisk\helicopter〉 미2

195 *****egg-corn** [에그 코언]: 〈2003년에 등장한 언어학 용어〉, 〈acorn을 egg corn으로 발음하듯〉 발음이 비슷한 다른 말 때문에 잘못 쓰여졌으나 어느 정도 원래 표현을 나타내는 말, 비슷한 발음으로 오는 혼돈, 〈~ "slip of the ear"\wrongly written〉, 〈↔correct term(word·phrase)〉 우2

196 **egg-er \ egg-ar** [에거]: 〈Eggar란 사람을 닮은?〉 솔나방, 배버들나방 〈'egg같이' 둥근 고치를 만드는 갈색의 큰 나방〉, 〈~ wild egg gatherer\tent caterpillar\moth of the family Lasiocampidae〉 미2

197 **egg foo yong** [에그 후우 영]: egg+lotus(pancake), 〈19세기 중반에 등장한 미국어〉, '계란 부용', 새우·돼지고기·야채 등을 섞은 중국식 달걀요리, 〈~ omelette\fried egg patty〉 수2

198 *****egg-head** [에그 헤드]: ①대머리(bald) ②〈공부하느라 대머리가 된〉 지식인, 똘똘이, 〈~ intellectual\thinker\brain\bookworm〉, 〈↔goon\bird-brain\block-head〉, 〈↔dunce\dimwit\idiot\moron〉 양2

199 **egg-nog** [에그 나아그]: 진한 맥주에 우유·설탕·달걀이 들어간 음료(술), '달걀술', 〈~ egg milk punch〉 우1

200 *****egg on** [에그 어언]: 〈북구어〉, 〈알하고는 무관한 말〉, 〈'창 끝'으로 툭툭치며〉 부추기다, 꼬드기다, 〈모서리(edge)로 내몰다〉, 〈~ goad\urge\encourage〉, 〈↔discourage\deter\curb\check\restrain〉 양2

201 **egg-plant** [에그 플랜트]: 〈18세기에 등장한 미국어〉, 〈유럽 원산의〉 (뭉뚝한) 가지, 진한 보라색, aubergine, 〈~ solanum melongena\brinjal\garden egg〉 가2

202 **egg roll** [에그 로울]: 중국식 달걀(계란)말이 〈야채·해산물·고기 등을 잘게 다져 넣고 기름에 튀긴 기다란 만두〉, 〈미국에서 개발된〉 〈계란하고는 별로 관계가 없는〉 춘권, 〈~ spring roll〉 우1

203 **egg shell** [에그 쉘]: 계란 껍질, 깨어지기 쉬운, 약간 윤택이 나는, 〈~ egg case(covering)\hard-gloss〉 양2

204 **egg white** [에그 와이트]: (알의) 흰자위, 난백, 〈~ albumen\ovalbumin〉, 〈↔yolk〉 가1

205 *****egg wrap** [에그 뢮]: ①계란말이, 〈~ rolled omelet〉 ②(유황 냄새가 나는) 살인적인 방귀, 〈~ killing fart〉 미2

206 *****e-girl** [이이 거얼]: electronic girl, 전자 소녀, 전자 문화에 깊숙이 빠진 소녀 양2

207 **eg·lan·tine** [에글란타인]: 〈← acus(needle)〉, 〈라틴어에서 연유한 프랑스어〉, sweet·brier, 〈가시가 많은〉 들장미, 찔레꽃, 〈~ rosa eglanteria\briar\brier〉 미2

208 **e·go** [이이고우 \ 에고우]: 〈라틴어〉, self, 〈I〉, 자기, 자아, 자만, 자존심, 〈~ self-importance〉, 〈↔humility〉, 〈↔id\super-ego〉 양1

209 **e·go-ism** [이이고이즘]: egotism, 이기주의, 자기본위, 자부, 자만, 〈~ meism〉, 〈~ arrogance\pride\conceit\egomania\self-centeredness〉, 〈↔altruism〉, 〈↔modesty\unpretentiousness\humility\unselfishness〉 양2

210 *e·go-surf·ing [이고우 써얼휭]: 자아 탐색, '자기 파도타기' 〈자기 이름을 탐색기에 넣어 보는 일〉, 〈~ vanity searching\ego searching\ego googling\self-googling〉 양2

211 e·go·tas·tic [이거태스틱]: egotistic(독선적)의 강조형, 자만하는, 〈~ extremely self-centered〉, 〈↔bashful\self-effacing〉 양2

212 e·go·tist [이거티스트 \ 에거티스트]: 이기주의자, 자기 본위의 사람, 〈~ self-seeker\self-admirer\narcissist\bragger\boaster〉, 〈↔selfless person\philanthropist\humanitarian〉, 〈↔altruist〉 양2

213 *e·go-trip [이이고우 트륖]: 자기 도취 행위, 이기적 행동, 〈~ self-aggrandizement\arrogance\self-admiration\conceit〉, 〈~(↔)head-trip〉 양2

214 e·go trip [이이고우 트륖]: 자기 중심적으로 행동하다, 제멋대로 굴다, 〈↔self-deprecation\humility\modesty〉 양2

215 e-gre·gious [이그뤼이쥬스]: e(out)+grex(herd), 〈라틴어〉, 〈무리 중에 뛰어난〉, 악명 높은, 언어도단의, 엄청난, 〈~ atrocious\horrific\grievous\heinous〉, 〈↔trivial\inconsequential\insignificant\slight\trifling〉 양2

216 e-gress [이그뤠스]: e(out)+gradi(steps), 〈라틴어〉, 탈출, '밖으로 나감', 〈~ departure\exit\leaving〉, 〈↔entry\entrance〉, 〈↔ingress\enter〉 양1

217 e·gret [이그륏 \ 이그뤳]: 〈← aigrette ← aigron ← heron〉, 〈게르만어 → 프랑스어〉, (검은색 다리의) 왜가리, 해오라기, 깃털 장식, 〈~ aigret〉, 〈~ great white heron\ardeidae\bittern\casmerodius albus〉 미2

218 E·gypt [이이쥪트]: 〈← kemet(black land)〉, '검은 땅', 이집트, 〈1922년 영국으로부터 독립한〉 사하라 사막 동쪽에 있는 오래된 아랍국가, {Egyptian-Arab-(EG) Pound-Cairo}, 〈~ Arab Republic of Egypt\Unifed Arab Republic〉 수1

219 eh [에 \ 에이]: 〈영국어〉, 에, 뭐라고, 그렇잖아, 〈~ pardon?\what did you say\sorry?\come again〉, 〈~(↔)nah〉, 〈↔forget it\never mind〉 가1

220 ei·der [아이더]: 〈← ethi〉, 〈게르만어 → 북구어〉, 〈← duck〉, 솜털오리 〈수컷은 희고 검은 색·암컷은 갈색을 띤 북해산 털이 부드럽고 몸집이 큰 오리〉, '바다오리', 〈~ sea duck\genus Somateria〉 미2

221 Eif·fel [아이휄] Tow·er: 에펠탑, A.G. Eiffel〈독일의 Eifel(quarry) 산지에서 온 자〉, 이 1889년 세계박람회를 위해 파리에 세워 지금은 광고·항공 등대·송신탑 등으로 사용되고 있는 320m의 철골탑, 〈~ The Iron Lady〉 수1

222 eight [에잍]: 〈← ashta〉, 〈산스크리트어 → 그리스어 → 라틴어 → 게르만어〉, 8, 여덟, 팔, (발기하다라는 발자와 발음이 비슷하여 중국인들이 제일 좋아하는 숫자), 〈otto → ocho → oit → eight〉 가1

223 eight ball [에잍 버얼]: 8자가 적힌 검은 당구알, 16개의 공과 6개의 구멍을 가진 당구놀이, 바보, 흑인, 〈~ stripes and solids\pocket billiards\pool〉, 〈~ idiot\a black person〉 유1 양2

224 eigh·teen wheel·er [에이틴 위일러]: '18륜차' 〈바퀴가 18개 달린 (트레일러) 트럭〉, 〈~ big rig\semi-trailer\semi-truck\"semi"\tractor-trailer〉, 〈↔sports car〉 양1

225 eight·y-six [에이티 씩스]: 86, 〈식당에서〉 식사 제공을 거절하다, 무시하다, 〈~ throw out〉 유1

226 eight·y-two [에이티 투우]: 82, 〈식당에서〉 물 한 잔, 〈~ a cup of water〉 유1

227 Eight-y-Year War: 80년 전쟁, (1568~1648), 오렌지 공 등이 시작·영국과 연합해서 스페인과 싸워 독립을 쟁취한 '네덜란드 독립전쟁', 〈~ Dutch Revolt〉 유1

228 Eilei·thyia [아일리디아]: 〈← eleluthyia(relieve)〉, 〈그리스어〉, '구제하는 자', 에일레이투이아, 〈출산〉의 여신, 제우스와 헤라의 딸, 〈로마 신화의 Lucina〉, 〈~ goddess of childbirth〉, 〈~ the helping goddess(Greek)\Ilithyia〉 수1

229 Ein-stein [아인스타인], Al·bert: 아인슈타인, '하나의 돌(one stone)', (1879-1955), 〈세계 정부를 지지한 독일 태생 유대계 미국 물리학자로 26살 때 (원자로부터 열량을 끌어낼 수 있다는) 상대성 원리를 주장함〉, 〈~ a German-born multi-national theoretical physicist〉 수1

230 ein-stein-i-um [아인스타이니엄]: (1952년 첫 수소폭탄 실험 때 부산물로 생긴) 은백색의 방사성 합성 원소(기호 Es·번호99), 〈아인슈타인하고는 아무 관계도 없고 용도도 신통치 않으나 편자에게 사전 쓰기를 끝내라는 지침을 주는 말임〉, {지구에는 약 $6,022 \times 10^{23}$개의 원자가 있다는 것을 미처 몰랐지요}, 〈~ E\atomic number 99〉 수2

231 **eis·e·ge·sis** [아이서쥐이시스]: eis(into)+hegesthai(lead), 〈그리스어〉, 〈자신의 사상을 개입시키는〉 자기해석, 〈특히 성서 원문에 관한 부적절한 설명, 의역, 오역, 〈~ liberal translation〉, 〈~ [이원택 사전들은 eisegesis로 가득차 있다〉, 〈~(↔)mis-translation〉, 〈↔exegesis〉 양2

232 **Ei·sen** [아이젠]: 'iron'을 뜻하는 독일 성명, 등산구두 밑에 덧대는 금속기구, 〈~ German\Jewish surname for ironworker\shoe-spike〉 수2

233 **Ei·sen-how·er** [아이즌하우어], Dwight: 'iron hewer'〈쇠를 자르는 자〉, 아이젠하워, (1890-1969), Ike, 〈맥아더의 부관으로 출세해서 노르망디 상륙작전을 성공시켰으며 나토의 원수로 퇴역했다가 영입되어〉〈지금 같으면 me too에 걸렸을지도 모르는〉 신중하고 정직했던 장군 출신 공화당적 미국 34대 대통령, 〈~ the 34th U.S. President〉 수1

234 **ei·ther** [이이더 \ 아이더]: a+ge+hweader(which of two), 〈게르만어〉, 어느 한쪽의, ~거나 ~거나, 각각의, ~도 또한, 〈둘 중의 하나만〉, 〈~ whether〉, 〈~ also\too\as well〉, 〈~ each\both\any\whichever〉, 〈↔neither\ none〉 가1

235 **e-jac·u–late** [이좨큘레이트]: e(out)+jacere(throw), 〈라틴어〉, '던져 버리다', 갑자기 외치다, 액체를 뿜어내다, 사정하다, 〈~ emit\discharge\spurt\shoot out\eject〉, 〈↔refrain\hold\retain〉 양2

236 **e-jec–tion** [이젝션]: e(out)+jacere(throw), 〈라틴어에서 연유한 프랑스어〉, 〈밖으로 내뿜는〉 방출, 배설, 추방, 〈~ exile〉, 〈~ emission\expulsion\throwing out〉, 〈↔absorption\admission〉 양1

237 *****e-juice** [이이 쥬우스]: (니코틴과 향료 등이 들어 있는) 전자 담배 원액, 〈~ e-liquid\vape juice〉 양2

238 **eke** [이이크]: 〈← auxanein(increase)〉, 〈그리스에서 연유한 게르만어〉, (잡아) 늘리다 , eke(out), (근근히) 생계를 유지하다, 〈~ earn\obtain\get\gain with difficulty〉, 〈↔squander\waste〉 양2

239 **EKG** (e·lec·tro-kar·di·o-gram): 심전도, 〈~ ECG\electrocardiograph〉 미2

240 **~el** [~엘]: 〈히브리어〉, 하나님(God)을 뜻하는 접미사 양2

241 **e-lab·o-rate** [일래버레이트]: e(out)+laborare(work), 〈라틴어〉, '일을 밖으로 쏟아내다', 힘들여 만들다, 정성을 들인, 정교한, 〈~ contrive\expand\wangle〉, 〈~ add details\amplify\enhance〉, 〈↔abbreviate\ constrict\restrict\shorten\reduce\summarize〉 양1

242 **El Al** [엘 앨]: LY, 〈'상승(up-ward)'이란 뜻의 히브리어〉, 〈토요일에는 운항하지 않는〉 이스라엘 항공 회사, 〈~ to the above\to the skies\skywards\upwards〉, 〈↔downward〉 수2

243 **e·land** [이일런드]: 'elk'의 네덜란드 말, 〈황소만큼 크고 말같이 잘 달리는〉 남아프리카산의 영양, 〈~ an African antelope\oryx〉, 〈~(↔)gemsbok〉 수1

244 *****e-lang·uage** [이 랭귀지]: eletronic language, 전자언어 (1990년대부터 시작되어 폭발적으로 팽창하는 전자망언어), 〈~(↔)e-message〉, 〈↔speaking in-person\printing on paper〉 양2

245 **e-lapse** [일랲스]: e(out)+labi(glide), 〈라틴어〉, '미끄러져 가다', 경과하다, 지나다, 〈~ pass\go by〉, 〈↔stay in place\discontinue〉 양2

246 **e·las·tic** [일래스틱]: 〈← elaunein(drive)〉, 〈그리스어〉, 〈팽창하는〉, 탄력(성) 있는, 유연한, 신축성 있는, 〈~ stretchy\flexible\pliable\supple〉, 〈↔rigid\fixed\immutable〉 양1

247 **el·a·ter** [일러터 \ 엘러터]: 〈← elaunein(drive)〉, 〈그리스어〉, 탄사 (포자낭에서 포자가 '튀어나오게' 하는 실 모양의 물건), 방아벌레 (도끼벌레-머리로 쪼는 시늉을 하며 고목이나 식물의 뿌리를 갉아 먹는 조그만 갑충), 〈~ elaterid beetle\click beetle〉, 〈~ elastic filament in certain plants〉 미2

248 **e·la·tion** [일레이션]: ex(out)+ferre(bear), 〈라틴어〉, 의기양양, 〈기가 올라가는〉 상기, 우쭐댐, 〈~ happiness\delight\euphoria\glee\bliss〉, 〈↔misery\sadness\depression〉 양1

249 **El·be** [엘브]: 〈← albi(river)〉, '강', 엘베강, 라베강, 독일을 거쳐 북해로 흘러 들어가는 1,091km짜리 '상업용' 강, 〈~ a major river in cenral Europe〉 수1

250 **el-bow** [엘보우]: eln(forearm)+boga(bow), 〈게르만어〉, 〈팔의 활〉, 〈팔이 굽는〉 팔꿈치, 굴곡, 후미, L자 모양, 〈~ arm joint\bend of the arm\cubital joint\articulatio cubit\cubitus〉, 〈↔knee〉 양1

251 **el-bow bump** [엘보우 범프]: 팔꿈치 부딪치기, (코비드 19 이후 행해졌던) 〈악수 대신〉 서로 팔꿈치를 맞대면서 하는 인사, 〈친한 사이에서는 fist bump (주먹 부딪치기)도 무방함〉, 〈~ hand-shake〉, 〈~ a new handshake〉 양2

252 **el-bow–grease** [엘보우 그뤼이스]: 〈1699년에 등장한 영국 숙어〉, 〈팔꿈치에 땀이 날만큼〉 힘든 노동, 피땀, 〈~ hard physical work\manual labor\effort\exertion〉, 〈↔ease\inactivity\idleness〉 양2

253 **el-bow-room** [엘보우 루움]: 〈1500년도 말에 등장한 영국 숙어〉, 〈팔을 뻗어도 타인을 치지 않을 만한〉 충분한 활동범위, 여지, 기회, 〈~ room to maneuver\breathing space\wiggle room〉, 〈↔close quarters\restriction〉 양2

254 **el chea·po** [엘 취이포우]: 〈스페인어〉, 값싼, 보잘 것 없는, 싸구려 물건, '빈대떡', 〈~ stingy\cheap\inexpensive〉 양2

255 **el·der¹** [엘더]: 〈← ellen〉, 〈어원 불명의 영국어〉, 〈'땔감'으로 쓰던〉 딱총나무 무리, 〈~ alder〉, 〈→ elder·berry〉, 〈~ shrub with pithy stems〉 미2

256 **eld·er²** [엘더]: 〈← eald〉, 〈영국어〉, old의 비교급, 손위의, 연장의, 원로, 장로, 조상, 〈~ older\senior\of advanced age〉, 〈~ leader\church official〉, 〈↔youth\younger\little\junior\youngster〉 양1

257 **el·der-ber·ry** [엘더 베뤼]: 양딱총나무 딸기 〈흰 꽃에 검정·보라·진홍색의 콩알만 한 열매 뭉치를 맺는 인동덩굴류의 관목으로 그 열매로 술이나 젤리를 만듦〉, elder·flower, 〈~ Arizona elderberry\sambucus〉 미2

258 **el·dest** [엘 디스트]: old의 최상급, 맏이의, 가장 나이 많은, 〈~ oldest\firstborn〉, 〈↔youngest\littlest〉 양1

259 **El Do·ra·do** [엘 더롸아도우]: 〈← deaurare(gild over)〉, 엘도라도, '황금땅', (상상의) 보물산, 〈스페인 사람들이 아마존강 강가에 있다고 생각한〉 황금의 나라, 〈~ The golden\gilded one\treasure city\paradise\utopia〉, 〈↔hell〉 수1

260 **el·dritch** [엘드뤼취]: aelf(elf)+rice(kingdom), 〈중세 영어〉, 섬뜩한, 무시무시한, 소름끼치는, 〈~ eerie\ghastly〉, 〈~ sinister\ghostly\weird〉, 〈↔natural\familiar〉, 〈↔common\ordinary〉 양2

261 *****e-learn-ing** [이 러어닝]: 전산망 학습, 원격 수업, 〈이것은 traditional learning에 비해 성과가 좋지 못해서 스웨덴 같은 나라에서는 초등학교에서 computer를 철거하는 운동이 일어나고 있음〉, 〈~ distance learning\remote education\online class\virtual learning〉, 〈↔in-person or face-to-face learning〉, 〈↔classroom instruction\offline course\in-site class\on campus class〉 가1

262 **el·e-cam·pane** [엘리캠페인]: 〈← helenion〉, 〈그리스어〉, 〈Helen의 눈물에서 피어났다는〉 금불초, 한국 〈여름에 성긴 국화같은 노란꽃이 피는 쑥부쟁이류의 잡풀로 뿌리는 약재로 쓰임〉, 〈꼬마 요정들이 나눠주는〉 목향(과자), 〈~ horse-heal\elfdock\Inula helenium〉, 〈~ yellow star-wort\wild sunflower〉 미2

263 **e-lec-tion** [일렉션]: e(out)+legere(choose), 〈라틴어〉, '밖으로 선택하기', 선거, 선임, 표결, 투표, 〈~ choice\selection\picking〉, 〈↔voting out\kicking out〉 가1

264 **e-lec-tive** [일렉티브]: 선거에 의한, (수의) 선택의, 임의의, 〈→ elegant\eligible\elite〉, 〈~ optional\voluntary〉, 〈↔necessary\obligatory\required\mandaroty〉, 〈↔forcing\obligation\coercion〉 양1

265 **e-lec-to·ral col-lege** [일렉토뤌 칼리쥐]: 미국의 (대통령) 선거인단 〈각 주의 상·하 의원수+3명의 DC 대의원이 하는 싹쓸이식 투표〉, 〈~ electoral body\electorate〉, 〈↔popular election〉, ⇒ unit rule 양2

266 **E·lec·tra** [일렉트뤄]: 〈그리스어〉, 엘렉트라, '빛나는 amber', 남동생으로 하여금 아버지를 죽인 어머니와 그의 간부를 죽이게 한 아가멤논의 딸, 〈~ shining\bright\radiant〉, 〈~ Elektra〉 수1

267 **E·lec·tra Com·plex** [일렉트뤄 캄플렉스]: 무의식적으로 딸이 아버지에게 품는 성적인 사모, 〈~ daughter's love toward father〉, 〈↔Oedipus Complex〉, 〈~ attachment theory〉 수1

268 **e·lec·tric** [일렉트륔]: 〈← elektron(amber)〉, 〈그리스어〉, 〈호박(amber)을 마찰하면 일어나는〉 전기의, 전기로 움직이는, 전격적, 긴장된, 〈~ charged\energizing\stimulating〉, 〈↔lifeless\idle\impotent\static〉 가1

269 **e·lec·tric bike** [일렉트륔 바이크]: e-bike, power bike, 전기 자전거, 건전지와 발틀을 같이 사용해서 시속 25~32km 정도의 속력을 낼 수 있는 〈여성용〉 자전거, 〈~ pedelec〉, 〈↔acoustic(analog\regular\traditional) bike〉 미2

270 **e·lec·tric eel** [일렉트륔 이일]: 〈사실은 메기나 잉어에 더 가까운〉 전기 '뱀장어', 500볼트까지 전력을 방출할 수 있는 남미의 강바닥에 사는 기다란 물고기, 〈~ numb-eel〉 미2

271 *****e·lec·tric eye** [일렉트륔 아이]: '전기눈', 〈빛을 모아 전기를 만드는〉 광전관, 광전지, 자동 노출 사진기 미2

272 **e·lec·tric ray** [일렉트륔 뤠이]: cramp·fish, 시끈가오리 ⇒ numb·fish, 〈~ torpedo〉 미2

273 **e·lec·tro-ki·net·ic** [일렉트로우 카이네틱]: 동전기의, 전동기의, 〈~ electro-osmotic\microfluidic〉 가1

274 **e·lec·tro-mag·net·ic** [일렉트로우 마그네틱]: 전자기의, 전자석의, 〈~ magnetic〉 가1

275 **e·lec·tron** [일렉트롼]: 〈그리스어〉, 'amber', 전자, (고체에서 전기를 전달하는) 음극을 가진 원자의 소립자, 〈~ negatron\negative particle〉, 〈↔anti-electron\proton\positron〉 가1

276 **e·lec·tron-ic sur·veil·lance** [일렉트롸닉 써붸일런스]:'전자감시', (도청장치 등)전자기기를 이용한 정보수집, 〈~ wiretap\electronic bugging\electronic espionage〉, 〈↔neglect\ignore〉 미2

277 **e·lec·tro–stat·ic** [일렉트로우 스태틱]: 정(고요한) 전기의, (정지된) 전기장의, 〈~ static electricity\Coulomb force〉 우1

278 **el·ee·mo·sy·nar·y** [엘리마시네뤼]: 〈← eleos(pity)〉, 〈그리스어〉, 〈구호품을 나눠주는〉 자선의, 구호에 의지하는, 〈~ alms〉, 〈~ charitable\philanthropic\generous〉, 〈↔selfish\stingy〉 양2

279 **el·e·gant** [엘리건트]: e(out)+legere(choose), 〈라틴어〉, 기품있는, 품위 있는, 우아한, 세련된, 〈선택된('elected')〉, 〈~ aesthetic\exquisite\refined\graceful〉, 〈↔ugly\grotesque〉 양2

280 **el·e·gy** [엘리쥐]: 〈← elegos(lament)〉, 〈그리스어〉, '슬픈 시', 비가, 만가, 애가, 〈~ dirge\funeral song\requiem〉, 〈↔ode〉 양2

281 **el·e·ment** [엘러먼트]: 〈← elementum(first principle)〉, 〈라틴어〉, 〈제1의 원리〉, 요소, 성분, 원소, 기초, 〈~ component\constituent\part〉, 〈↔nothingness〉 양2

282 **ele·men·ta·ry fam·i·ly** [엘러멘터뤼 훼밀리]: 기본 가족, 〈~ nuclear family〉, 〈~atomic family\immediate family\primary family〉, 〈↔extended family\relatives\kinsmen〉 양1

283 **ele·men·ta·ry school** [엘러멘터뤼 스쿠울]: (보통 6년제의) 초등학교, grade school, primary school, 〈~ grammar school〉, 〈↔university〉 양1

284 **el·e·phant** [엘러훤트]: 〈← elephas〉, 〈그리스어〉, '상아(ivory)', 코끼리, 거대한 것(사람), 〈링컨의 대선 때 '힘'을 나타낸다고 문장으로 삼았으나 그랜트 때는 '덩치 큰 겁쟁이'라고 놀림을 당했던〉 미 공화당의 상징, 〈~ pachyderm\tusker〉 양1

285 **el·e·phant ap·ple** [엘러훤트 애플]: 코끼리 사과, 큰 주먹만 한 황록색의 둥근 열매에 씨가 많은 덜 익은 사과 같은 과육을 가진 동남아 원산의 상록활엽관목, 〈~ Dillenia indica\woodapple\chalta\Ou Tenga〉 미2

286 **el·e·phant ear** [엘러훤트 이어]: 코끼리 귀같이 둥글넓적한 모양의 과자류, 코끼리 귀 같은 잎을 가진 식물(토란·가을 해당화 등), caladium, 〈~ colocasia\Alocasia\Xanthosoma〉, 〈~ dasheen\taro〉 우1

287 ***el·e·phant in the room**: 거추장스러운 것, (누구나 알고있으나) 말하기를 꺼리는 주제(taboo topic), 예민한 문제, 〈~ skeleton in the closet〉, 〈~ gorilla in the room\elephant in the parlor\the unspoken issue\ignoring the obvious〉, 〈↔making a mountain out of a molehill〉, 〈↔non-issue\trifle〉 양2

288 **el·e·phant seal** [엘러훤트 씨일]: 코끼리 바다표범, 〈~ genus Mirounga〉, ⇒ sea elephant 미2

289 ***el·e·phant's ear** [엘러훤츠 이어]: 〈at〉 sign, @, '코끼리 귀', '골뱅이', '시나몬빵' 〈단가나 전자우편 주소를 나타내는 기호〉 우1

290 **e·leu·ther·o·ma·ni·a** [엘류세로매니어]: eleutheros(free)+mania, 〈그리스어〉, 자유에 대한 광적인 열망, 자유광, 〈~ eleutherophilia〉, 〈↔leutherophobia〉 양2

291 **el·e·va·tor** [엘리붸이터]: e(out)+levare(lighten), 〈라틴어〉, lift, 승강기, 〈밖으로 들어 올리는〉 기중기, 양수기, 〈~ escalator〉, 〈~ ascending room〉, 〈↔steps\stair way〉, 〈↔stair\dropper〉 미2

292 ***el·e·va·tor bar** [엘리붸이터 바아]: 승강기내 손잡이, '승강기 지레' 〈한꺼번에 보여주기에 너무 큰 물건을 상하좌우로 이동시키는 화면 가장자리의 지침대〉, 〈~ elevator interior hand-rail〉, 〈~ a vertical scroll bar〉 우1

293 **el·e·va·tor mu·sic** [엘리붸이터 뮤우직]: (승강기 등 공공장소에서 틀어 놓는) 달콤하나 진부한 음악, 〈~ Muzak\piped music\lift music\background music〉, 〈↔live concert〉 양2

294 **e·lev·en** [일레븐]: an(one)+lif(remainder), 〈게르만어〉, 11, 십일, 열하나 〈10을 세고 '나머지' 하나〉, 〈~ XI\endleofan(old English)〉 우2

295 ***e·lev·ens·es** [일레븐지즈]: 오전 11시경에 먹는 가벼운 식사, 〈~ snacktime\teatime\coffee break\midmorning break〉, 〈↔big meal〉 우2

296 ***e·lev·enth hour** [일레븐쓰 아우어]: 마지막 순간, 막판, last·minute, 〈~ just in time\in the nick of time\at the last moment〉, 〈↔too late〉 양2

297 **elf** [엘후] \ elves [엘브즈]: 〈← albus(white)〉, 〈'흰'이란 뜻의 라틴어에서 유래한? 영국어〉, 꼬마 요정(들), 장난꾸러기(들), leprechaun, pixie, 〈~ dwarf\imp\gnome\sprite\fairy〉, 〈↔titan\giant〉, 〈↔juggernaut〉, 〈⇒ oaf〉 양2

298 **e·lic·it** [일리씰]: e+lacere(entice), 〈라틴어〉, 이끌어 내다, 유도해 내다, '밖으로 꾀다', 〈~ bring out\evoke\inspire\prompt\stimulate〉, 〈↔deter\discourage\subdue\restrain〉 양2

299 **el·i·gi·ble** [엘리줘블]: e(out)+ligere(choose), 〈라틴어〉, '밖으로 골라낼 수 있는', 적격의, 적당한, 자격이 있는, 〈~ elect〉, 〈~ qualified\acceptable\suitable〉, 〈↔inappropriate\ineligible\disqualified〉 양2

300 **E·li·jah** [일라이줘]: el(god)+yah(Jehovah), 엘리야, 〈주·하나님〉, 기원전 9세기의 히브리의 예언자, 〈~ Alijah\Eliyahu〉, 〈~ a Jewish prophet and miracle worker〉 수1

301 **E·li Lil·ly** [이일라이 릴리]: high+pure, 〈히브리어+라틴어〉, '고상하고 순결한 자', 일라이 릴리, 1876년 남북전쟁 때 북군의 약사 대령(Colonel Eli Lilly)이 세워서 아직도 잘 나가고 있는 미국의 세계적 제약 회사, 〈~ an American Pharmaceutical company〉 수2

302 **e-lim·i·na·tion** [엘리미네이션]: e(out)+limen(door), 〈라틴어〉, 〈경계선 밖으로 내보내는〉 배제, 제거, 소거, 예선, 〈~ eradication\omission\removal〉, 〈↔legislation\establishment\suffusion〉, 〈↔addition\insertion\inclusion〉 양2

303 *****ELINT** \ **elint** [엘린트 \ 일린트] (e·lec·tron·ic in·tel·li·gence): 전자정찰, 고성능 전자 정찰 장비를 갖춘 정보 수집 기구, 〈~ a sub-field of (military) signals intelligence〉 우1

304 **El·i·ot** [엘리얼], Thom·as: 〈← Elijah〉, 〈히브리어〉, '하나님은 나의 주인', 엘리엇, (1988-1965), 미국 태생으로 영국에 귀화한 〈자칭 현대적 '고전주의'〉 시인·평론가, 〈~ an American-born English poet and essayist〉 수1

305 **E·lis·a·beth** [일리져베쓰]: el(God)+shava(oath), 〈히브리어〉, '하나님은 나의 맹세', 엘리사베스, 아론의 부인, 세례 요한의 모친(mother of John the Baptist), 〈~ God's promise\God is my oath〉 수1

306 **E·li·sha** [일라이셔]: 엘리샤, 엘리야의 후계자 (히브리 예언자), 〈~ a Jewish prophet〉, 〈~ God is my salvation\Eliseus(Greek)〉 수1

307 **e-lite** [엘리이트]: e(out)+ligere(choose), 〈라틴어〉, 〈← elect〉, '선발된 것(사람)', 선량, 정예, 명사, 〈↔elitism〉, 〈~ best\upper-class\high society\aristocracy\superior〉, 〈↔dregs\inferior\low-class\plebian〉, 〈↔herd〉 미2

308 **e·lix·ir** [엘릭썰]: el(the)+xeros(dry), 〈그리스어〉, 〈원래는 가루로 된〉 (영묘한 효험이 있는) 영약, 불로장생(만병통치)약, 용액, 〈금속을 금으로 바꿀 수 있는〉 시약, 〈~ liquid\solution〉, 〈~ potion\panacea〉, 〈↔poison\toxin〉 미2

309 *****ELIZA** [엘리쟈 \ 일라이져]: 〈Pygmalion이란 희곡에 나오는 근로 여성의 이름을 딴〉 '일라이져 현상' 〈전산기에 판에 박은 대답만 집어넣어 다른 것을 알아보지 못하게 막는 기만행위로 인공지능의 한계를 나타내는 예〉, 〈~ Aliza\"joyful"\"pledged to God"〉, 〈~ an early natural language processing computer program〉 수2

310 **E·liz·a·beth** [일리져베쓰]: el(God)+shava(oath), 〈히브리어 → 영국어〉, '신에 맹세한 자', 엘리자베스, 영국 여왕 ①1세; (1533-1603), '영국의 영국을 위해' 처녀로 늙은 대단했던 여자 ②2세; (1926-2022), 1952년부터 70년간 32개국 군주를 역임했으며 말과 개를 사랑했던 영국 여왕, Beth, Bethy, Eliza, Lisa, 〈~ God's promise\oath "consecrated to God"\"my God is bountiful"〉 수1

311 **elk** [엘크]: 〈← elho(a deer) ← el(reddish-brown)〉, 〈게르만어〉, 현존하는 사슴 중 가장 큰 '적갈색' 사슴 〈일부다처제의 선수권 쟁탈 동물〉, 〈~ Alces alces\moose\Wapiti\Cervus canadensis〉 수2

312 **el-lip-sis** [일맆시스]: en(in)+leipein(leave), 〈그리스어〉, 〈떠나서 멀어지는〉 줄임표, 생략(부호), …, —, 또는 ***, 〈→ elliptical〉, 〈~ suspension point\points of ellipsis\pause\omission of words\"dot-dot-dot"\periods of ellipsis〉 미2

313 **el-lip-ti·cal** [일맆티컬]: 타원형의, 생략적인, 애매한, 〈← ellipse〉, 〈~ elongated circle\oval\egg-shaped\ovoid〉, 〈↔angular〉 양2

314 **El·lis Is·land** [엘리스 아일랜드]: 엘리스〈Elijah의〉 섬, 1808년 정부가 동명의 뉴욕 상인에게서 매입하여 1892~1924년 사이에 1천2백만 명이 거쳐 간 미국 최초의 이민통과대, 〈~ Gull Island\Oyster Island\Island of Tears\Island of Hope〉 수2

315 **El·li·son** [엘리슨], Lar·ry: (1944-), son of Elijah, '친절한 자의 아들', 엘리슨, 불우한 어린 시절을 보내고 자수성가해서 1977년 (전산기) 기본자료 관리회사인 Oracle을 창설하여 거부가 된 〈다양한 취미와 결혼 생활을 하는〉 미국의 기업가, 〈~ co-founder of Oracle software〉 수1

316 **El·li·son** [엘리슨], Ralph: (1914-1994), 2차 대전 후 미국의 흑인 생활을 소재로 쓴 「투명인간」 등으로 간접적 민권운동을 한 미국의 소설가·비평가, 〈~ an American writer·scholar·critic〉 수1

317 **elm** [엘]: 〈← ulmus ← el(reddish-brown)〉, 〈라틴어 → 게르만어〉, 느릅나무〈우산형으로 자라서 좋은 그늘이 되어주고 '적갈색'의 목질이 단단해서 좋은 목재로 쓰이는 낙엽활엽교목〉, 〈→samara〉, 〈~ a large deciduous tree〉 미2

318 **El Ni·no** [엘 니이뇨우]: God+child, 〈스페인어〉, 엘리뇨, '아기 예수'란 뜻으로 심술궂은 이상 기온 현상, 적도 근처 중부 태평양의 기온이 급상승해서 동쪽은 홍수가 오고 서쪽은 가뭄이 오는 현상, 〈~ the Little Boy\the Christ child\Pacific warming in December〉, 〈↔La Nina〉, 〈↔"a cold event"\Pacific cooling\the Little Girl〉 수2

319 **el·o·cu·tion** [엘러큐우션]: e(out)+loqui(speak), 〈라틴어〉, 〈말을 토해내는〉 웅변술, 연설, 발성법, 〈~ eloquence〉, 〈~ clear speech\articulation〉, 〈↔mispronunciation\inarticulation\silence〉 양2

320 **e-lon·gate** [일러엉게이트]: e(out)+longus, 〈라틴어〉, 늘이다, 연장하다, (가늘고 길게) 뻗은, 〈~ lengthen\extend\stretch out〉, 〈↔shorten\contract\compress〉 양1

321 **e-lope** [일로우프]: ont(away)+loopen(run), 〈영어〉, 〈딴 놈과 배가 맞어 남편으로부터〉 가출하다, 〈뛰어〉 도망가다, 〈~ leap〉, 〈~ run away to marry secretly\sneak off〉, 〈↔stay\face〉, 〈↔confront〉 양1

322 **el·o·quent** [엘러퀀트]: e(out)+loqui(speak), 〈라틴어〉, 웅변〈elocution〉의, 달변의, 설득력 있는, '말하고 있는', 〈~ grandiloquent\fluent〉, 〈~ expressive\articulate\well-spoken〉, 〈↔stuttering〉, 〈↔hesitant\inarticulate〉 양2

323 **El Pas·o** [엘 패소우]: 〈← passus(pace)〉, 엘패소, the step, 〈라틴어 → 스페인어〉, '관문', '경유지', 미국 텍사스주의 리오그란데강 북쪽 둑에 세워진 멕시코와의 인접 교역 도시, 〈~ Chucotown\the Borderplex\El chuco\Sun City〉 수1

324 **El Pol·lo Lo·co** [엘 폴로(뽀요우) 로우코우]: the+chicken+insane, 〈라틴어 → 스페인어〉, '미친 닭', (1974년에 창립되어) 멕시코·남가주 등에서 영업하는 닭구이 전문 요리 연쇄점, 〈~ Mexican style grilled chicken〉 수1

325 **El Sal·va·dor** [엘 쌜붜도어]: 〈← salvare(save)〉, 〈라틴어〉, 엘살바도르, '구세주', 1841년 스페인으로부터 완전히 독립된 인구밀도가 조밀한 중앙아메리카의 공화국, {Salvadoran-Sp-USD-San Salvador}, 〈~ Republic of El Salvador\Cuscatlán\Land of Many Volcanoes\Land of the Jewel〉 수1

326 **else** [엘스]: 〈← elles(other-wise)〉, 〈게르만어〉, 그 밖의, '다른', 그렇지 않으면, 〈~ in addition\other\besides\additional〉, 〈↔likewise\same〉 가2

327 **else-where** [엘스 웨어]: 어떤 딴 곳에(으로), 다른 경우에, 〈~ somewhere else\another place〉, 〈↔here\sameplace〉 가1

328 **e-lu·ci·date** [일루우시데이트]: e(out)+lucidus(light), 〈라틴어〉, 〈lucid(명백하게)〉 해명하다, 설명하다, 밝히다, 〈~ justify\rationalize〉, 〈~ explain\make clear\illuminate〉, 〈↔confuse\obscure〉 양2

329 **e-lude** [일루우드]: e(out)+ludere(play), 〈라틴어〉, 〈교묘하게 몸을 돌려〉 회피하다, 벗어나다, 면하다, 〈~ evade\flee〉, 〈~ avoid\dodge\escape from〉, 〈↔confront\face\meet\encounter〉 양2

330 **el·ver** [엘붜]: 〈영국어〉, 실뱀장어, 장어(eel) 새끼, 〈~ young eel〉 양2

331 **E·ly·see** [에이리제이]: 〈← elysis(go)〉, 〈'극락'이란 뜻의 그리스어에서 연유한 프랑스어〉, 엘리제, 1948년부터의 프랑스 대통령 관저, 프랑스 정부, 〈~ palace in Paris\perfect happiness〉, 〈↔hell〉 수1

332 **E·ly·si·um** [일리쥐엄]: 〈← elthein(go)〉, 〈그리스어〉, 엘리시움, Elysian Fields, 극락정토, 천당, 이상향〈선량한 사람이 죽으면 '간다'는 곳〉, 〈~ Champs Elysees〉, 〈~ afterlife paradise〉, 〈↔hell〉 미2

333 **el·y·tron(~trum)** [엘러트롼(~트럼)]: 〈← elyein(roll)〉, 〈그리스어〉, (곤충의) 겉날개, 시초, 〈~ wing case〉 양2

334 **em~** [임~ \ 엠~]: 〈라틴어 → 영어〉, (b·p·m 앞에서) en~의 변형어, 〈~으로 만들다, ~되게 하다, ~의 안에〉란 뜻의 접두사 양1

335 **e·ma·ci·a·tion** [이메쉬에이션]: e(out)+macere(be lean), 〈라틴어〉, 〈줄어 없어지는〉 여윔, 쇠약, 초췌, 〈~ boniness\starvation\skinniness\thinness〉 양2

336 *****E mac·s** [이이 맥스]: Editor Macros, 모듬 명령 편집기, 〈크기와 문본의 종류에 상관없이 자유자재로 편집할 수 있는 기구〉 우1

337 *****e-mail** [이이 메일] (e·lec·tron·ic-mail): 전자우편, 〈~ online mail\online correspondence〉, 〈↔snail mail\postal mail〉 미2

338 **e-mail ad-dress** [이이 메일 어드뤠스]: 전자우편주소, 〈~ username+domain name〉 미2

339 **em·a·nate** [에머네이트]: e(out)+manare(flow), 〈라틴어〉, '흘러나오다', 발산(방사)하다, 퍼지다, 〈~ arise from\emit\release〉, 〈↔absorb\take up〉 양2

340 **e-man·ci·pa·tion** [이맨서페이션]: e(out)+manus(hand)+capere(take), 〈라틴어〉, '〈노예〉해방', 이탈, 부권(주인)으로부터의 해방, 〈~ abolition\liberation〉, 〈~ freeing\independence\release\liberty〉, 〈↔enslavement\slavery\bondage\captivity〉 양2 미2

341 **E-man·ci·pa·tion Pro·cla·ma·tion** [이맨서페이션 프라클러메이션]: 〈앤티텀 전투에서 승리한 링컨이 〈남부를 도우려는 영국·프랑스에 대한 도덕적 쐐기로〉 1862년 9월 22일 서명한〉 노예 해방 선언, 〈~ freedom declaration〉 미2

342 **e-mas·cu·late** [이매스큘에이트]: e(out)+mas(male), 〈라틴어〉, 거세하다, 무기력하게 하다, 골자를 빼버리다, 〈~ castrate\weaken〉 양1

343 **em-balm** [임바암]: in+balsamum(balsam), 〈라틴어에서 유래한 영국어〉, 〈balm을 넣어서〉 시체 방부 처리하기, 영원히 잊혀지지 않게 하다, 〈~ preserve\mummify\conserve〉 양2

344 **em-bank-ment** [임뱅크먼트]: 〈영국어〉, 둑, 제방, '둑 쌓기', 〈~ bank\ridge\wall\barrier\bulwark\rampart〉, 〈↔depression\valley〉 양2

345 **em-bar·go** [임바아고우]: in+barra, 〈라틴어〉, 〈안에 막대기(bar)를 치는〉 출(입)항 금지, 통상 금지, 선박억류, 〈~ prohibition\ban\blockage\bar〉, 〈↔license\permission\approval〉 양2

346 **Em-bar·go Act** [임바아고우 액트]: 〈제퍼슨 대통령의 가장 큰 실책으로 지적되는〉 〈영국과 프랑스 해군의 횡포를 막기 위해〉 1807년에 제정된 국제선 (입)출항 금지법, 선박억류법, 〈~ detention of foreign ships〉 수2

347 **em-bar·ka·tion** [임바아케이션]: in+barca(bark ← barge), 〈라틴어 → 프랑스어〉, 승선, 탑승, 출항, 적재, 작은 '배(bark)에 태우기', 〈~ boarding\embarkment〉, 〈↔disembarkation\sailing\landing\debarkation〉 양2

348 **em-bar·rass** [임배뤄스]: in+barra, 〈라틴어에서 연유한 포르투갈어〉, 〈막대기(bar)로 가로막아〉 당황하게 하다, 난처하게 하다, 〈~ humiliate\make ashamed\mortify\abash〉, 〈↔laud\honor\praise〉 양1

349 **em·bas·sy** [엠버씨]: 〈← ambactus(vassal)〉, 〈라틴어〉, 〈봉사하는 곳〉, 대사관, 사절단, 〈← amnassador〉, 〈~ consulate\commission\delegation〉, 〈↔banning〉 양1

350 **em-bed-ded** [임베디드]: 〈게르만어 → 영국어〉, 〈바탕에〉 끼워진, 깊이 새겨진, 고착된, 〈~ implanted\lodged\ingrained〉, 〈↔dislodged\uprooted〉 양2

351 **em-bel·lish** [임벨리쉬]: in+bellus, 〈라틴어 → 영국어〉, 〈'bel'(beautiful)하게 만들다〉, 꾸미다, 미화하다, 장식하다, 윤색하다, 〈~ adorn\decorate\frill〉, 〈~ exaggerate\amplify\enhance\cherry on top〉, 〈↔lessen\curtail〉, 〈↔disfigure\ruin〉 양2

352 **em·ber** [엠버]: 〈← urere(burn)〉, 〈라틴어 → 게르만어〉, 〈← ashes〉, 타다 남은 것(장작), 깜부기불, 〈~ glowing coal\live coal\cinder〉, 〈↔ice\crystal〉 양2

353 **Em·ber Days** [엠버 데이즈]: 〈← ymbrene(circuit)〉, 〈영국어〉, (4계절마다 '되돌아오며' 3일씩 금식·기도하는) 사계재일, 〈~ days of prayer and fasting〉 수2

354 **em-bez·zle-ment** [임베즐먼트]: en+besillier(destroy), 〈1580년도에 등장한 어원 불명의 프랑스어〉, 착복, 횡령, 유용, 〈~ fraud\white-collar crime〉, 〈~ stealing\theft\robbery\misappropriation〉, 〈↔recompense\refund\reimbursement〉 양2

355 *****em-big-gen** [엠비건]: em+big+en, 〈1996년에 조작된 미국어〉, 크게 하다, 확대하다, 〈~ enlarge\make bigger\magnify\aggrandize\expand〉, 〈↔diminish\reduce\lessen\decrease〉, 〈↔be-little\shrink〉 양2

356 **em-bla·zon** [임블레이즌]: em+blaze, 〈게르만어〉, 〈문장(emblem)으로〉 꾸미다, (아름답게) 장식하다, 찬양하다, 〈~ decorate\embellish\ornament\adorn〉, 〈↔deface\criticize〉 양2

357 **em-blem** [엠블럼]: in+ballein(throw), 〈그리스어〉, 〈박아 넣는〉 '상감세공', 표상, 문장, 기장, 〈~ symbol\logo\token¹〉, 〈~ representation\image\sign\insignia〉, 〈↔reality\fact\stigma〉 양1

358 **em-bod·y** [임바디 \ 엠버디]: 〈영국어〉, 〈생기를 불어넣어〉 구체화하다, 포함하다, 통합하다, 〈~ personify\express\exemplify〉, 〈↔dis-embody\conceal〉, 〈↔cover〉 양2

359 **em-bold-en** [임보울던]: 〈영국어+게르만어〉, 대담〈bold〉하게 하다, 용기를 북돋아 주다, 〈~ make braver\give courage\encourage〉, 〈↔dishearten\discourage〉 양2

360 **em-bo·lus** [엠벌러스]: in+ballein(throw), 〈그리스어〉, 〈안에서 굴러다니며〉 혈관을 막는 응고 물질, 색전, 응혈전자, 삽입물, 〈~ embolism\embolic event\thrombus\thromboembolus〉 양2

361 **em-boss** [임버스]: in+bosse(bunch), 〈프랑스어〉, 돋을새김, 〈안으로 넣어〉 '부풀리기', 도드라지게 새기다, 양각, 〈~ make a raised imprint〉, 〈↔make a depressed imprint〉, 〈↔de-boss〉 양1

362 **em-bou·chure** [앙부슈어]: em+bouche(mouth), 〈프랑스어〉, 〈입으로 처넣는〉 취관, (관악기의) 주둥이, 강어귀, 〈~ mouthpiece (of musical instrument)\estuary〉 양2

363 **em-brace** [임브뤠이스]: in+brakhion, 〈그리스어〉, 〈팔(brace) 안으로〉 포용하다, 얼싸안다, 둘러싸다, 포함하다, 〈~ hug\take-in〉, 〈~ hold\cuddle\welcome\accept〉, 〈↔reject\exclude〉 양2

364 **em-broi·der-y** [임브뤼이더뤼]: in+bordus(border), 〈라틴어 → 프랑스어〉, 〈← embellish〉, 자수, 수놓기, 자수품, 〈~ braid〉, 〈~ decorative stitching\cross-stitch\needlepoint〉 양1

365 **em-broil** [임브뤼일]: in+brooillier(mix), 〈프랑스어〉, 〈혼잡한 곳으로〉 휩쓸어넣다, 혼란시키다, 반목시키다, 〈~ broil〉, 〈~ entangle\ensnare\entrap〉, 〈↔liberate\release\free〉 양2

366 **em-bry·o** [엠브뤼오우]: in+bryein(swell), 〈그리스어〉, 찔러서 자라나는〉 배(아), 〈보통 임신 8주까지의〉 태아, 유충, 초기, 〈~ fertilized egg\fetus〉 양1

367 **em dash** [엠 대쉬]: 〈영국어〉, 〈M자와 폭이 같은〉 장음부호(—) 〈주로 문자를 연결할 때 씀〉, 〈~ en dash〉, 〈~ long dash\dash〉 양2

368 **em·er·ald** [에머뤌드]: 〈← baraq(shine)〉, 〈히브리어 → 그리스어〉, 〈← smaragdos〉, 〈'영롱'하나 부서지기 쉬운〉 취옥, 선녹색, 5월의 탄생석, 〈~ a green jade〉 우2

369 **em·er·ald wed-ding** [에머뤌드 웨딩]: 결혼 55주년 우2

370 **e-merge** [이머얼지]: e(out)+mergere(dip), 〈라틴어〉, 〈← merge〉, '물 밖으로 나오다', 〈~ come out\raise〉, 나타나다, 떠오르다, 〈~ appear\become visible〉, 〈↔disappear\hide〉 양2

371 **e-mer·gen-cy** [이머얼쥔씨]: 〈라틴어〉, 〈← emerge〉, 〈갑자기 물 위에 떠오른〉 비상사태, 위급, 돌발사태, 〈~ crisis\urgent(sudden) situation〉, 〈↔peace\ease\calmness〉 미2

372 **e-mer·i·tus** [이메뤼터스]: e(out)+mereri(serve), 〈라틴어〉, 명예직, 〈열심히 싸운 후〉 퇴직의, 〈~ retired\former\inactive\resigned〉, 〈↔active\employed〉 양2

373 **Em·er-son** [에멀슨], Ralph: 〈← emery〉, 〈영국계 이름〉, (1803-82), '왕중왕의 아들', 에멀슨, 〈멕시코에 대한 미국의 폭력을 부끄러워하고〉 '지적문화'를 지향한 미국의 초절(초월)주의 시인·사상가, 〈~ an American writer〉 수1

374 **em·er·y** [에머뤼]: 〈← smiris(polishing powder)〉, 〈그리스어〉, 〈매끄럽게 하는 가루〉, 금강사(숫돌이나 사포로 쓰이는 검정이나 회색의 단단한 돌), 〈~ corundum+magnetite\anabrasive〉 미2

375 **em·i·grant** [에미그뤈트]: e(out)+migrare(move), 〈라틴어〉, 〈타지로〉 이주하는, 〈밖으로 이동하는〉 이민, 〈~ out-goer〉, 〈~(↔)expatriate\migrant\alien\settler〉, 〈↔native\local\resident〉, 〈↔inmigrant〉 미2

376 **em·i·nence** [에미넌스]: 〈← e-minere(stand out)〉, 〈라틴어〉, 높음, 고귀함, 전하(추기경의 호칭), 〈~ fame\superiority\prestige\illustriousness〉, 〈↔obscurity\insignificance\inferiority〉 양2

377 **em·i·nence grise** [에이미나안스 그뤼이즈]: gray cardinal, 회색 추기경, (붉은 옷을 입은 추기경의 심복으로 〈gray hair가 아니라〉 회색 두건을 썼으나 막강한 실력을 행사했던 한 신부의 고사에서 나온) 배후 실력자, 〈~ "grey eminence"\respected authority(unofficial)\behind-the-scenes operator〉 양2

378 **em·i·nent** [에미넌트]: ex(out)+minere(project), 〈라틴어〉, 저명한, 유명한, 뛰어난, 두드러진, '밖으로 올라온', 〈~ famous\renowned〉, 〈~ distinguished\illustrious\celebrated\esteemed〉, 〈↔unimportant\unknown\disrespected\inferior〉 양2

379 **e·mir** \ a·mir [어미어]: 〈아랍어〉, commander, '사령관', 족장, 토후, 모하메드의 자손, 〈~ ruler\chieftan\leader〉, 〈↔common man〉 우1

380 **E·mir-ates** [에머뤼츠 \ 에미뤠이츠]: '토후국', 1985년 정부가 설립한 두바이(Dubai)의 세계적 항공사, 〈~ country or states ruled by an emir\the largest air-line in the Middle East〉 수2

381 **e-mis·sion** [이미션]: 〈라틴어〉, 〈← emit〉, 〈밖으로 내보내는〉 방사, 발산, 발행, 방출, 배설, 〈~ discharge\release\outflow\emanation〉, 〈↔absorption\containment〉 양1

382 *__e-mis·sions trad-ing__ [이미션스 트뤠이딩]: (한 기업이 허용량 이내로 오염을 배출하는 경우 그 여분을 딴 기업에 팔아먹을 수 있는) 배출권 거래 제도, carbon(allowance) trading, 〈~ 'cap and trade'〉 미2

383 **e-mit** [이밑]: e(out)+mittere(send), 〈라틴어〉, '밖으로 보내다', 내뿜다, 방출하다, 〈→ emission〉, 〈~ ejaculate〉, 〈~ discharge\release\give out(off)〉, 〈↔absorb\take up\retain\wihhold\receive〉, 〈↔refrain〉 가1

384 **Em·man·u·el** [임매뉴얼]: immanu(with us)+el(God), 임마누엘, Immanuel, 남자 이름, '구세주 예수', '신과 함께', 〈~ Jesus Christ\Messiah\savior〉 수1 미2

385 **em·mer** [에머]: a(not)+myle(mill; grind), 〈그리스어 → 라틴어 → 게르만어〉, 〈갈지 않은〉 '낟알', 에머 밀, 가축(양계)사료로 쓰이는 중동지방 원산의 소맥, 〈~ spelt〉, 〈~ amyl〉, 〈~ Triticum dicoccum\farro\starch wheat〉 우1

386 **em-mer·der** [아멜데 \ 이머얼더]: en(in)+merde(shit), 〈프랑스어〉, 성가시게 하다, 귀찮게 하다, 똥을 칠하다, 〈프랑스 TV에서 금지된 말〉, 〈→ piss-off〉, 〈~ annoy\bother\bore〉, 〈↔please\gratify〉 양2

387 **em-me·tro·pi·a** [에메트로우피어]: in+metron(measure)+ops(eye), 〈그리스어〉, 〈잘 측정된〉 정(상)시, normal vision, 〈~ perfect vision\20/20 sight〉, 〈↔ametropia\refractive error in eyes〉 양2

388 **Em·my A-ward** [에미 어워드]: 1949년부터 시작된 미국 TV 우수 프로·우수 연기자·기술자 등에게 매년 1회 수여되는 상 (Immy ← image에서 나온 말), 〈~ awards for artistic and technical merits for TV industry〉 수1

389 *__e-mo·ji__ [이모지]: picture+letter, e(그림) moji(문자), emoticon의 일본식 표현, 〈~ ideogrammatic icon〉 우1

390 **e-mol·lient** [이말리언트]: e(out)+mollire(soften), 〈라틴어〉, '부드럽게 하는', 연화제, 완화제, 〈~ moisturizer\cream\oil\lotion\ointment\balm\salve\humectant〉, 〈↔irritant\chemical\toxin\poison〉 양1

391 **e-mol·u·ment** [이말류먼트]: e(out)+molere(grind), 〈라틴어〉, 〈방아꾼에게 주던〉 급여, 보수, 이득, 〈직책 등으로 생기는 소득〉, 〈~ wage\payroll〉, 〈~ payment\pay\salary\earnings\compensation〉, 〈↔nonpayment〉 양2

392 *__e-mon·ey__ [이이 머니]: 전자화폐, 〈~ electronic money(PayPal\Apple Pay\Google Pay\prepaid cards\debit+credit cards)〉, 〈↔physical currency\cash\traditional(paper) money\coins〉 양2

393 **E·mor·y** [에머뤼] U·niv.: 〈게르만계 이름〉, '근면한(industrious) 자', 에모리 대학, 1836년에 설립되어 1915년에 재편성된 미국 애틀랜타(Atlanta)에 있는 감리(Methodist)교회 계통의 종합대학, 〈~ Emory Eagles〉 수1

394 *__e-mo·ti-con__ [이모우티칸]: 〈1982년 미국의 한 대학 게시판에 처음 등장한〉 '감정 부호' (감정 표현 상), 전자우편에서 감정을 표현하는 얼굴 모양(기호), 〈~ ideogrammatic icon\emotion symbol〉 미2

395 **e-mo·tion** [이모우션]: e(out)+movere, 〈라틴어〉, 〈← move〉, 〈밖으로 움직이는〉 감동, 감정, 흥분, emo, 〈~ feeling\sentiment〉, 〈↔apathy\indifference〉 가1

396 **e-mo·tion-al in·tel·li·gence** [이모우셔늘 인텔리줜스]: (자신이나 타인의) 〈감정을 인식·이해·대처할 수 있는〉 감성지능, 〈~ emotional quotient\emotional awareness\emotional literacy\emotional skill\emotional dexterity〉, 〈~(↔)IQ〉, 〈↔insensitivity\thoughtlessness\disregard〉, ⇒ EQ 양2

397 **e-mo·tiv-ism** [이모우티뷔즘]: 〈18세기 초에 태동해서 20세기 초에 정립된 말〉, 〈감정과 의지를 중요시하는〉 정의주의, 도덕 정서설, 감동주의, 윤리·도덕적 진술은 있을 수 없고 감정만 있다는 철학 이론, 〈~ 'hurrah-boo theory'〉, 〈~(↔)expressionism\subjectivism〉, 〈↔realism〉 양2

398 **em-pa·na·da** [엠퍼나아더]: em(in)+panis(bread), 〈라틴어 → 스페인어 → 남미어〉, '둘러싼 빵', 엠파나다, 남미식 고기파이 〈저민 고기·야채·과일 등을 넣어 굽거나 튀긴 만두〉, 〈~ meat pie\pastelito\pastelillos〉 우1

399 **em-pa·thy** [엠퍼씨]: in+pathos(feeling), 〈그리스어〉, 감정이입, 공감, '집어넣어 느끼기', 〈혼자 앓기〉, 〈sympathy는 남을 위한 동정〉, 〈~ affinity\rapport〉, 〈~ understanding\compassion〉, 〈↔apathy\indifference\heartlessness\callousness〉 미2

400 **Em-ped·o-kles** [엠피이도클]: en(on)+pedon(earth)+kleos(glory), 〈그리스어〉, glory on earth, '지상의 영광', 엠페도클래스, (BC494?-434?), 삼라만상이 불·물·흙·공기의 결합과 분리라고 주장하고 신이 되고자 에트나 화산에 몸을 던져 죽은 시실리의 의사 출신 철학자, 〈~ a Greek philosopher+poet〉 수1

401 **em-per·or** [엠페뤄]: in+parare(prepare), 〈라틴어〉, 〈전쟁을 준비하는〉 황제, 〈최고의 지배권을 가진〉 제왕, 〈→ empire〉, 〈~ imperial〉, 〈~ monarch\czar\pharaoh\caliph〉, 〈~ king\ruler\lord〉, 〈~ Your Majesty〉, 〈↔proletarian\servant\working-class person〉 가1

402 **em-per·or but·ter·fly** [엠페뤄 버터훌라이]: 귀족나비, 네발나비, 천잠나비, 참나무산 누에나방〈누런 갈색을 띤 조그만 나방으로 애벌레는 참나무나 밤나무의 잎을 갉아 먹는 해충임〉, 〈~ purple emperor\Apatura iris〉, 〈~(↔)admiral²〉 미2

403 **em-per·or pen-guin** [엠페뤄 펭귄]: 황제펭귄, 머리 양쪽에 노란 점이 있고 남극해에 서식하는 〈king penguin보다 더〉 커다란 펭귄, 〈~ the largest penguin\'featherless diver'〉 우1

404 **em-pha·sis** [엠훠씨스]: in+phainein(show), 〈그리스어〉, '안에서 보이게 하기', 강조, 강세, 역설, 〈~ accentuation\highlight\stress〉, 〈↔disregard\minimizing\understating\toning down〉 가1

405 **em-pha·tic** [엠홰틱]: 〈← emphasis〉, 힘이 있는, 강조된, 단단한, 〈~ insistent\assertive\forceful〉, 〈↔hesitant\tentative〉 가1

406 **em·ping** [엠핑]: 〈인도네시아어〉, belinjo 견과를 원료로 해서 만든 바삭바삭하고 쌉싸름한 튀김 조각(chip), 〈~ Indonesian chip(cracker)〉 수2

407 **em-pire** [엠파이어]: in+parare(order), 〈라틴어〉, 〈← emperor〉, 지배, 통치, 제국, 제정, 절대군주권, 〈~ kingdom\realm\territory\domain〉, 〈↔anarchy\chaos\insubordination〉 양2

408 **em-pire line** [엠파이어 (암피어) 라인]: 〈나폴레옹의 첫 아내 조세핀이 즐겨 입었던〉 '황제선' (가슴 바로 밑에 허리선이 있고 목둘레가 넓게 팬 여성복 양식), 〈~ empire silhouette\empire waist〉, 〈↔chemise〉 우1

409 **Em-pire State Build-ing** [엠파이어 스테이트 빌딩]: 1931년에 세워진 102층(381m)에다 1950년 67.7m의 TV 탑이 첨가된 뉴욕시 맨해튼에 있는 고층 건물, 〈~ Manhattan skyscraper\The New York Beacon\King of Skyscrapers\The Empire\The Empire Tower\The Great Colossus〉 수1

410 **em-pir·ic** [엠피뤽]: in+peira(trial), 〈그리스어〉, '경험의', (이론보다) 실험·관찰에 의한, 경험(실험)주의, 〈~ based on experience\observed〉, 〈↔theoretic\speculative〉 양2

411 **em-pir·i-cism** [엠피뤼씨즘]: (경험을 인식의 근거로 하는) 경험론, (17-18세기에 대두된) 경험주의, 실증주의, 〈~ positivism\experimentalism〉, 〈↔innatism\rationalism〉 미2

412 **em-ploy** [임플로이]: in+plicare(fold), 〈라틴어〉, 고용하다, 〈안으로 감싸서〉 쓰다, 부리다, 〈~ hire\imply〉, 〈~ use\utilize\contract\enlist〉, 〈↔un employ\dismiss〉, 〈↔fire\reject\lay off\terminate〉 양1

413 **em-po·ri·um** [임포어뤼엄]: in+poros(way), 〈그리스어〉, 〈행상들이 모이는〉 중앙시장, 큰 상점, 백화점, 〈~bazaar\market-place\shopping center〉 양2

414 **em-pow·er** [임파우어]: 〈영국어+라틴어〉, '힘있게 만들다', 권한을 주다, 〈~ authorize\strengthen\enable〉, 〈↔prevent\hinder\impede\stop\inhibit\prohibit〉 양2

415 **em-press** [엠프뤼스]: 〈← emperor〉, 왕비, 황후, 여왕, 여제, 〈~ queen〉, 〈~(↔)princess〉 가1

416 **emp·ty** [엠프티]: 〈← oemetig(leisure)〉, 〈영국어〉, '한가한', 빈, 공허한, 헛된, 배고픈, 〈~ vacant\vain〉, 〈~ bare\vacuous〉, 〈~ unoccupied\devoid\barren\blank〉, 〈↔full\stuffed〉, 〈↔overflowing\complete\replete\filled\crammed\jammed〉, ⇒ umpty 양2

417 **emp·ty nest** [엠프티 네스트]: 빈집(둥지) 〈자식들이 자라서 집을 떠나(children's left) 부모들만 남아 있는 집〉, 〈~ lonely parent(s)〉 양2

418 *****emp·ty wag·on makes the most noise**: 빈 수레가 요란하다, 무식할수록 목소리가 크다, 〈~ still waters run deep〉, 〈~(↔)the nobler, the humbler〉 양2

419 *****EMR** (e·lec·tron·ic med·i·cal re·cord): 전자 의무기록 양2

420 *****EMS¹** (ex-pand·ed mem·o·ry spec·i·fi·ca·tion): '확장 기억력 명세' 〈원반 운영체제에서 1MB 이상의 기억력을 쓰기 위해 여러 개의 기억 단자를 함께 묶어 활용하는 규범〉 미2

421 ***EMS²** (en-hanced mes·sage sys·tem): '증강 전송 체계', (emergency medical service): 응급의료봉사, (express mail service): 속달우편, (European Monetary System): 유럽통화제도 양1

422 **EMT** (e-mer-gen-cy med-i-cal tech-ni-cian): paramedic, 구급 의료사, 〈~ first respondent\ambulance attendant〉 양2

423 **e·mu** [이이뮤우]: 〈← ema(crane)〉, 〈포루투갈어〉, 에뮤 〈오스트레일리아산의 타조 비슷한 큰 새로 빨리 달리기는 하나 날지는 못함〉, 〈~ ostrich의 1/3정도 됨〉, 〈~ Emu novaehollandiae\Dromaius novaehollandiae〉 수2

424 *em·u·la·tion [에뮬레이션]: 〈← aemulari(rival)〉, 〈라틴어〉, 〈내부 구조는 다를지언정 결과는 똑같이 나오는 다른 프로그램을 그대로 실행할 수 있는 기술과 기능을 가진〉 모방, '따라잡기', 경쟁, 〈~ copy-cat\reproduction\reverse engineering〉, 〈~ imitation\following suit\mirroring\copying someone else〉, 〈↔be original〉, 〈↔dis-claim〉 우1

425 **e-mul–sion** [이멀션]: e(out)+mergere(dip), 〈라틴어〉, 〈씨를 물에 담가 으깨 짠〉유상액, 유제질, 탁한액체, 감광유제, 〈← milk〉, 〈~ colloidal suspension\mixture\blend\homogenization〉, 〈↔demulsified solution\broken down solution\separated liquids〉, 〈↔component\sedimentation〉 양1

426 **en~** [인~ \ 엔~]: 〈그리스\라틴어 → 영국어〉, into, 〈~으로 만들다, ~되게 하다, ~의 안에〉란 뜻의 접두사 양1

427 **~en** [~인 \ ~엔]: 〈영국어〉, to be, 〈~하게 하다〉란 뜻의 접미사 양1

428 **en-a·ble** [인 에이블]: 〈라틴어 → 영국어〉, 할 수 있게 만들다, 가능하게 하다, 〈~ empower\authorize\allow〉, 〈↔prevent\forbid〉 양2

429 **en-act** [인액트 \ 에낵트]: 〈라틴어 → 영국어〉, (법률을) 제정하다, 상연하다, 〈~ to act out\execute〉, 〈↔revoke\rescind〉, 〈↔repeal〉 양2

430 **e·nam·el** [이내멀]: 〈← smaltjan(smelt²)〉, 〈게르만어에서 유래한 영국어〉, (광물을 원료로 하여 만든) 유약, 범랑, 광택제, 〈~ coating\covering\glaze\lacquer\varnish〉, 〈↔exposed\uncovered part〉 미1

431 **en bro·chette** [엔 브로우쉘]: 〈← broche(skewer)〉, (프랑스 말), '꼬치'요리, 〈~ cooked(served) on a skewer〉 양2

432 **en-camp–ment** [엔 캠프먼트]: 〈라틴어〉, (집단) 야영지, 캠프장, 〈~ campground\camp\campsite〉, 〈↔palace〉 양2

433 **en-cap·su·late** [인 캡슐레이트]: 〈라틴어〉, 'capsa(case)'에 넣다, 꼬투리를 둘러싸다, (~을) 요약하다, 〈~ summarize\sum up〉, 〈~ enclose\encase〉, 〈↔expand on\elaborate\expose\release〉, 〈↔extend\reveal〉 양1

434 **~ence** [~언스]: ~en·cy, 〈라틴어 → 프랑스어 → 영국어〉, ~ent를 어미로 하는 형용사에 대한 명사 어미 양1

435 **en-ceph·a·li·tis** [엔 써휠라이티스]: 〈← in+kephale(head)〉, 〈그리스어〉, 뇌염, 〈~ brain inflammation\cephalitis\phrenitis〉 양1

436 **en-chant–ing** [인 챈팅]: 〈← in+cantare(sing)〉, 〈라틴어〉, 매혹적인, 황홀한, '노래를 불러서 마법을 거는', 〈~ captivating\charming\fascinating\attractive〉, 〈↔revolting\repulsive\unappealing\repugnant〉, 〈↔dis-enchanting\disgusting〉, ⇒ witch 양2

437 **en-chi·la·da** [엔칠라아더]: in+chile+ada, 〈남미계 스페인어〉, 엔칠라다, 〈옥수숫가루·고기·치즈를 원료로 하여〉 고추(chili)로 양념한 멕시코 요리의 일종, 〈~ covered in chili〉 수2

438 **en-clave** [엔 클레이브\ 앙 클레이브]: in+clavis(key), 〈라틴어에서 연유한 프랑스어〉, en·close, 갇힌, 둘러싸인, 타국 영토내의 자국영토, 대군가 가운데 고립된 (이질의) 소군락, 언어의 섬, 소수 민족 거주지, 〈~ district\region\area\zone\enclosed territory〉, 〈↔exclave〉, 〈↔whole\openness〉 양1

439 **en-close** [인 클로우즈]: in+claudere(shut), 〈라틴어〉, 둘러싸다, 에워싸다, 봉해 넣다, '안에 넣고 닫다', 〈~ surround\encircle〉, 〈~ include\insert\put in〉, 〈↔disclose〉 양1

440 *en-code** [인 코우드]: 〈라틴어〉, 암호(부호)화하다, 〈~ encrypt\cipher〉, 〈↔decipher\decrypt\crack〉, 〈↔de-code〉 미2

441 **en-co·mi·en·da** [엔코우미엔더]: 〈스페인어〉, 엥코미엔다, 〈정복자에게 주는 'commission'용으로〉 스페인령 미주 식민지에서 원주민 보호와 기독교 전파를 조건으로 원주민에게 세금과 노역을 과한 제도, 〈~ Spanish forced labor system〉 수2

442 **en-co·mi·um** [엔코우미엄]: in+komos(revel), 〈그리스어〉, 〈enthusiastic(격정적)한〉 찬사, 칭찬하는 말, 〈~ praise\polemics\commendation\tribute\flattery〉, 〈~ eulogy\panegyric〉, 〈↔condemnation\bickering\rebuke\insult〉 양2

443 **en-cop·re·sis** [엔 코프뤼이시스]: 〈← kopros(dung)〉, 〈그리스어〉, 〈똥이 넘치는〉 유분증, 〈잠속에서 똥싸는〉 야분증, 〈~ fecal incontinence\soiling\involuntary defecation〉, 〈~(↔)enuresis〉 양2

444 **en·core** [앙코얼]: in(to)+hanc(this)+horam(hour), 〈라틴어 → 프랑스어〉, 앙코르, 재청, 재연주, '한번 더'(공연)!, 〈~ repetition\iteration〉, 〈~ repeat performance\reappearance\extra performance〉, 〈↔pas encore(not yet)〉 우2

445 **en-coun·ter** [인 카운터]: in+contra(against), 〈라틴어〉, 〈반대쪽에서 오는 것을〉 (우연히) 만남, 마주치다, 조우하다, 〈~ meet\confront〉, 〈↔retreat\withdrawal〉, 〈↔avoid〉 양1

446 *****en-coun·ter one's en-e·my at the worst place and at the worst time**: 원수는 외나무 다리에서 만난다, 〈~ meet bad luck one can't escape〉 양2

447 **en–cour-age** [인 커어뤼쥐]: 〈라틴어〉, '용기 있게 만들다', 격려하다, 촉진하다, 권하다, 〈~ uplift\embolden\cheer〉, 〈↔dishearten\daunt\demoralize\intimidate〉, 〈↔dis-courage\out-guess〉 양1

448 **en-croach** [인 크로우취]: in+croc(hook), 〈라틴어〉, 〈갈고리를 걸어〉 잠식하다, 침입하다, 빼앗다, 〈~ intrude\trespass\barge in\invade\infringe〉, 〈↔respect\leave alone\comply with〉, 〈↔up-hold〉 양1

449 *****en-cryp–tion** [인 크륍션]: en(in)+kryptein(hide), 〈그리스어 → 미국어〉, 〈숨은 곳으로 들어가서〉 부호 매김 풀이법 〈정보누출에 대비해 문자를 수학적으로 기술한 후 나중에 고유한 암호를 써서 해독하는 일〉, 〈~ encoding\encipherment〉, 〈↔de-cryption\decoding〉 우2

450 **en-cum·brance** [인 컴브뤈스]: in+cumulus(hill), 〈라틴어〉, 〈방책으로 만든〉 방해물, 장애물, 저당(권), 〈~ burden\hindrance〉, 〈~ impediment\obstruction〉, 〈↔help\asset〉, 〈↔advantage〉 양2

451 **en-cy·clo–pe·di·a** [인 싸이클러피이디어]: enkyklios(circle)+paideuein(educate), '모두 둘러싼' 〈전반적인 교육용〉 백과사전, 전문사전, 〈~ cyclopedia\reference book〉 가1

452 **end** [엔드]: 〈← anta(limit)〉, 〈산스크리트어 → 게르만어〉, 끝, 멸망, 한도, 목적, 몫, 〈항상 여운이 남는 것〉, '시작〈start〉의 다른 말', 〈~ conclusion\finish\close\stop\termination〉, 〈↔commence\commencement〉, 〈↔begin-ning〉 가2

453 **en-dan·ger** [인 데인줘]: 〈라틴어〉, 위태롭게 하다, 위험에 빠뜨리다, 〈~ jeopardize\imperil〉, 〈↔safeguard\preserve\shield\take care of〉, 〈↔guard\ensure\protect〉 양2

454 **en dash** [엔 대쉬]: 〈영국어〉, 〈N자와 폭이 같은〉 단음 부호(-) 〈주로 숫자를 연결할 때 씀〉, 〈~ em dash〉 양2

455 **en-dear** [인 디어]: 〈게르만어 → 영국어〉, 사랑받게 하다, 사모하게 하다, 〈~ charm\captivate〉, 〈↔disparage\put down〉, 〈↔be-little〉 양2

456 **en-deav·or** \ ~our [인 데붜]: in+debere(to owe), 〈라틴어〉, 〈본분을 다해〉 노력하다, 애쓰다, 〈~ attempt\try〉, 〈~ make effort〉, 〈↔abandon\ignore〉, 〈↔idle-ness\neglect〉 양2

457 **en-dem·ic** [엔 데믹]: in+demos(people), 〈그리스어〉, 〈특정인들에게 파고 들어간〉 풍토성의, 특정 지방에 고유한, 〈~ indigenous\native〉, 〈↔universal\foreign〉, 〈↔epi-demic\pandemic〉 양1

458 *****end-ing cred·it** [엔딩 크뤠딭]: 〈게르만어+라틴어〉, '기여자', (영화가 끝나고 마지막에 나오는) 참여 인원 명단, 〈~ closing credit\end title〉, 〈~ list of cast and crew〉, 〈↔opening credit〉 미2

459 **en·dive** [엔다이브]: 〈← entubon〉, 〈그리스어〉, chicory ①꽃상추, 〈동남아 원산의〉 곱슬 잎을 가지고 약간 쓴맛이 나는 국화과의 초본 ②Belgian endive; '아기 배추 상추', 그늘에서 키워서 흰 배추 모양의 길쭉한 줄기 잎을 가진 작은 상추, 〈~ Cichorium endivia〉 우2

460 **en·do~** [엔도우~ \ 엔더~]: (그리스어에서 나온) 〈안·내부(inside)~〉란 뜻의 결합사, 〈~ within\internal〉, 〈↔extra\outer〉, 〈↔ecto\exo〉 양1

461 **en·do-crine** [엔더크륀]: endo(inside)+krinein(separate), 〈그리스어〉, 〈안에서 걸러낸〉 내분비(물·선), 〈~ of hormones\internal secretion〉, 〈↔through ducts\external secretion〉, 〈↔exo-crine〉 가1

462 **end of (one's) teth·er**: '밧줄의 끝', 혈수할수없다, 진퇴양난, 계궁역진〈문자 한번 써 봤지요〉, 〈~ at your wit's end\exasperated\exhausted\at the end of one's rope\desperate〉, 〈↔refreshed\satisfied\contented〉 양2

463 **en·dog·a·my** [엔다 거미]: endo(inside)+gamos, 〈그리스어〉, in+marriage, 동족 결혼, 〈dog에서 흔히 볼 수 있는?〉 동계 수정, 〈↔exogamy〉 양2

464 **en·do-nym** [엔더님]: 〈그리스어〉, inside name, (외국인과 다르게 부르는) 본국어 명칭, '자칭명', 〈~ self-designated name〉, 〈↔exonym\xenonym〉 양2

465 **en·dor·phin** [엔도얼휜]: endogenous morphine, 〈그리스어+라틴어 → 영국어〉, 내인성 모르핀 (유기화합물로 진통 작용이 있음), 〈~ endogenous opioid\natural pain killer〉, 〈↔dynorphin〉 수2

466 **en-dorse** [인 도올스]: in+dorsum(back), 〈라틴어〉, 〈뒷면에 써서〉 지지하다, 승인하다, 배서하다, 〈~ approve\sanction¹\support\advocate〉, 〈↔oppose\interfere\condemn\reproach〉, 〈↔reject\prohibit〉 양1

467 **en·dos·co·py** [엔다스커피]: endo(inside)+skopein(view), 〈그리스어〉, 내시경검사, 〈~ internal examination〉 가1

468 *__en·do-sex__ [엔도우쎅쓰]: 〈homo\bisexual 등에 대항해서 등장한 신조어〉, 〈인간의 본성을 따르는〉 '본성', 〈신체적으로 타고나서 바꿀 수 없는 성적 취향〉, 〈~ perisex\dyadic〉, 〈↔inter-sex〉, 〈'noraml'은 유사어는 될 수 있으나 동의어는 아님〉 양2

469 **en·do-the·li·um** [엔도씨일리엄]: endo(inside)+thele(nipple), 〈그리스어〉, 〈입술의 내막 같은〉 외피, (세포의) 내복 조직, (장기의 안쪽을 싸는) 내종피 양2

470 **en·do-therm** [엔도우 써엄]: endo+therme(heat), 〈그리스어〉, (신체에서 열을 생성하는) 온혈동물, 〈~ warm-blooded\homeothermic\homothermic〉, 〈↔ectotherm\cold-blooded\poikilothermic\heterothermic〉, 〈↔ecto-therm〉 양2

471 **en-dow** [인 다우]: in+dotare(give), 〈라틴어〉, 〈dower(지참금)를〉 주다, 부여하다, 증여하다, 〈~ subsidize\under-write〉, 〈~ provide\supply\equip\furnish〉, 〈↔drain\strip\deprive〉, 〈↔dis-endow\divest\deplete〉 양1

472 **en-dowed pro-fes·sor** [인 다우드 프로훼써]: (기부금으로 연구활동을 하도록 대학에서 지정해 준) 석좌교수, 〈~ bequested professor〉 양2

473 *__ends and sods__ [엔즈 앤 싸즈]: 〈영국어〉, 끄트러기, 잡동사니, odds and ends, bits and ends, 〈음운에 맞춰진 말〉, 〈~ odds and sods\bits and pieces〉, 〈↔big item〉, 〈↔most\mass〉 양2

474 **end ta·ble** [엔드 테이블]: '모서리 탁자' 〈소파 곁에 붙여 놓는 작은 탁자〉, 〈~ side table\accent table〉, 〈↔large table〉 미2

475 **end to end** [엔드 투 엔드]: 철저한, 샅샅이, 한쪽 끝과 다른 쪽 끝을 잇는, 〈~ full process\from start to finish\ends touching each other〉, 〈~ the whole time\every bit\completely〉 가2

476 **end up** [엔드 엎]: (계획에 없던 일을) 하고 말다, (~일로) 끝마치다, 〈~ become eventually\turn out to be\finish as\wind up〉, 〈↔start\begin〉 양2

477 **en-dure** [인 듀어]: in+durare(harden), 〈라틴어〉, 〈딱딱하게〉 '굳히다', 견디다, 지탱하다, 참다, 〈~ cope\with-stand〉, 〈~ persevere\tolerate\bear〉, 〈↔surrender\relent〉, 〈↔succumb\yield〉 양2

478 *__end us-er__ [엔드 유우저]: 최종 사용자, 소비자, 〈~ final user\ultimate consumer〉, 〈↔manufacturer\assembler\maker〉, 〈↔developer\producer〉 양1

479 **~ene** [~이인]: 〈그리스어에서 연유한 영국어〉, forming, 〈~에서 생겨난 것·불포화탄소 화합물의〉란 뜻의 접미사 양1

480 **en·e·ma** [에너머]: in+hienai(send), 〈그리스어〉, 〈안으로 넣는〉 관장(기·제), 〈~ clyster\colonic irrigation〉 가1

481 **en·e·my** [에너미]: in(not)+amicus(friend), 〈라틴어〉, 적, 원수, 유해물, '친구가 아닌 사람', 〈~ foe\opposer〉, 〈↔ally\partner〉 가2

482 **En-er·gy** [에너쥐], Dept. of: 미 동력자원부, 1977년에 창설되어 동력자원 확보와 기술향상을 총괄하는 연방정부의 내각부서, 〈~ a US cabinet organization〉 양2

483 **en-er·gy** [에너쥐]: in+ergon(work), 〈그리스어〉, 〈일할 때 필요한〉 힘, 정력, 기력, 활기, 〈안에서 일하는〉 동력, 〈~ power\vitality〉, 〈↔sluggishness\weakness〉, 〈↔lethargy〉 양1

484 **en-er·gy cri·sis** [에너쥐 크롸이시스]: 〈그리스어〉, 동력원 공급 부족(위기), 〈~ energy shortage\power crisis\energy crunch〉, 〈↔energy abundance〉 미2

485 **En·er·gy Star** [에너쥐 스타아]: '열량(절약) 훈장' 〈1992년 미국 환경 보호국이 제안한 전산기의 전력 소모를 최소한으로 하자는 국제적 운동〉, 〈~ anenergy efficiency program〉 수2

486 **en·er·vate** [에널붸이트]: out of nerve(sinew), 힘줄을 제거하다, 힘을 빼앗다, 기력을 약화시키다, 〈~ weaken〉, 〈~ exhaust\wear out\sap\drain\debilitate〉, 〈↔stimulate\energize\invigorate\enliven〉 양2

487 **en-fant ter·ri·ble** [아앙화앙 테뤼블]: 〈라틴어→프랑스어〉, terrible child, 무서운 〈당돌한·무분별한〉 아이, 후레자식, 〈~ unruly child〉, 〈~ un-conventional person〉, 〈↔angel〉, 〈↔conformist〉 양2

488 ***en-fla·tion** [앤훌레이션]: environment+inflation, 환경성 폭등, 환경오염 규제(regulation on environmental pollutions)에 따른 통화팽창 양1

489 **en-force** [인 훠얼스]: in+forciare(strengthen), 〈라틴어〉, '힘을 들이다', 실시(집행)하다, 강행하다, 강요하다, 〈~ impose\require\compel〉, 〈↔abandon\abolish〉, 〈↔deter〉 양1

490 ***ENFP**: MBTI 성격 분류에서 〈extraverted·intuitive·feeling·prospect 성향의〉 외향적이고 이기적인 유형, 유세가·선동가 양2

491 **en-fran·chise** [인 후뢘챠이즈]: 〈← franc(free)〉, 〈프랑스어〉, 참정권(선거권)을 주다, 해방하다, 〈~ set free\liberate\give right to vote\emancipate〉, 〈↔restrain\confine\enslave\imprison〉, 〈↔dis-enfranchise〉 양1

492 **en-gage** [인 게이쥐]: in+vadium(pledge), 〈라틴어〉, 약속하다, 〈저당(gage) 잡고 약혼하다, 〈책임지고〉 맡다, 〈맹세하고〉 참여하다, 〈~ involve\participate〉, 〈↔dis-engage\eschew\opt-out〉 양1

493 **En·gel** [엥겔], Ernst: 엥겔, 〈← 'angel'〉, 〈~Engelbert·Engelhard〉, 〈게르만계 이름〉, (1821-1896), 〈하류층에 관심이 많았던〉 독일의 사회통계학자, 〈~ a German statistician and economist〉 수1

494 **Eng·els** [엥겔즈], Fried·rich: 엥겔스, 〈← 'angels'〉 (1820-1895), Marx의 단짝, 다재다능했던 독일의 사회주의 혁명가, 〈~ a German philosopher〉 수1

495 **En·gel's Co–ef·fi·cient** [엥겔스 코우에휘션트]: 엥겔계수(생활비 중 식비가 차지하는 비율), 〈~ reflection of economic status〉 수2

496 **en-gine** [엔쥔]: in+gignere(produce), 〈라틴어〉, 〈← ingenious〉, 〈타고난 재능에 의해 생긴〉 발동기, 기관, 기계, 도구, 작동기, 〈~ motor\power source〉 미1

497 **en-gi·neer** [엔쥐니어]: 기사, 기술자, 공학자, 기관사, 〈~ designer\builder\developer〉, 〈↔wrecker\destroyer〉 미1

498 **Eng·land** [잉글랜드]: 잉글랜드, 브리튼섬에서 스코틀랜드와 웨일스를 뺀 지역, 영국, 'Anglo(모서리에 사는자)의 땅', 〈~ Blighty\Albion\Land of the Rose〉 미2

499 **Eng·lish break-fast** [잉글리쉬 블랙훠스트]: 영국식 아침 식사 (베이컨·달걀·마멀레이드·토스트와 홍차를 곁들인 식사), 〈~ full English\'fry up'〉 미2

500 **Eng·lish horn** [잉글리쉬 호언]: 오보에 비슷한 가늘고 긴 목관악기, cor anglais, 〈~ larger oboe〉 수2

501 **Eng·lish ivy** [잉글리쉬 아이뷔]: 〈맥이 뚜렷하고 별 모양의 잎을 가진〉 영국(서양) 담쟁이, 〈~ Hedera helix\common ivy\European ivy〉 미2

502 **Eng·lish Lan·guage Ser·vice**: ELS, (외국인에게 영어를 가르치는) 미국의 〈사립〉 영어 교육기관, 〈~ English language schools located in university campuses〉 우2

503 **Eng·lish muf·fin** [잉글리쉬 머휜]: 이스트를 넣은 동글납작한 빵 〈보통 버터를 발라 먹음〉, 〈~ toaster crumpet\breakfast muffin\muffin〉 수2

504 **Eng·lish plan·tain** [잉글리쉬 플랜틴]: 영국 질경이, 〈잎이 길쭉한〉 창질경이, 〈~ Buckhorn plantain\Plantago lanceolata\Ribwort plantain\ribleaf\narrowleaf plantain\lamb's tongue〉 미2

505 **Eng·lish set-ter** [잉글리쉬 쎄터]: 영국종 '지침견' 〈사냥감을 코나 발로 가르치는 중형 새 사냥개·애완견〉, 〈~ Laverack\Lawerack\Llewellin〉 우1

506 **Eng·lish spar·row** [잉글리쉬 스패로우]: 영국 참새, 집참새 〈호전적이며 잡식성이고 생존력이 강한 시끄러운 새〉, 〈~ house sparrow\sparrow\Indian sparrow\Passer domesticus〉 미2

507 **Eng·lish spring-er span·iel** [잉글리쉬 스프링거 스패니얼]: 영국종 '도약견' 〈사냥감을 은신처로부터 튀어나오게 하는 중형 사냥개〉, 〈~ British springer\English hunting dog\English retriever\English spaniel〉 우1

508 **Eng·lish toy span·iel** [잉글리쉬 토이 스패니얼]: '영국풍 꼬마 귀 큰 털북숭이', 〈동양 원산이나 영국에서 개량한 둥근 머리에 짧은 들창코와 정열적인 눈빛을 가진 소형 스패니얼〉, 〈~ King Charles Spaniel\Prince Charles Spaniel\charlies\Ruby Spaniels\Blenheim Spaniel〉 양1

509 **en-gorge** [엔 고얼쥐]: en(in)+gorge(throat), 〈라틴어〉, 〈목구멍으로 쳐넣다〉, 게걸스럽게 먹다, 포식하다, 〈~ overeat\binge\stuff\pig out\glut〉, 〈↔abstain\fast\diet〉, 〈↔nibble〉 양1

510 **en-grave** [인 그뤠이브]: in+graver(impress), 〈라틴어〉, 조각하다, 〈파서〉 새겨두다, 〈~ inscribe〉, 〈~ carve\etch\incise〉, 〈↔obliterate\delete〉, 〈↔erase\expunge〉 양1

511 **Eng·rish** [잉그뤼쉬]: '동양식 영어', (R과 L 구별을 잘하지 못하는 Janglish·Chinglish·Konglish 등) 동양 사람들의 틀린 영어를 조롱해서 쓰는 말, broken English 양2

512 **en-gross** [인 그로우스]: in+grossus(large), 〈라틴어〉, 〈크게 써서〉 집중(몰두)시키다, 독점하다, 〈~ preoccupy\engage\interest\captivate\fascinate〉, 〈↔bore〉, 〈↔heed-less〉 양1

513 **en-gulf** [잉 걸프]: in+gulfus(bay), 〈라틴어〉, 〈깊은 구멍으로〉 삼켜 버리다, 가라앉히다, 몰두케 하다, 〈~ inundate\flood\bury\consume\envelop〉, 〈↔uncover〉, 〈↔detach〉 양1

514 **en-hance** [인 핸스]: in+altus(high), 〈라틴어〉, '불리다', 높이다, 더하다, 늘리다, 보강하다, 〈~ improve\upgrade〉, 〈~ amplify\magnify\add to〉, 〈↔diminish\deprive〉, 〈↔reduce\mar\smash〉 양1

515 *__ENIAC__ [애니액] (e·lec·tron·ic nu·me·ri·cal in·te·gra–tor and cal·cu·la·tor): '전자 숫자 적분기와 계산기' 〈1940년대 미국 UPenn에서 만든 면적 167m²에 30톤이나 나가며 약 18,000개의 진공관을 가진 최초의 본격적 전산기〉, 〈~ the first digital computer〉 수2

516 **e·nig·ma** [어니그머]: 〈← ainos(tale)〉, 〈그리스어〉, 수수께끼(의 인물), 정체불명, 〈꾸며낸 것〉, fable, 〈~ puzzle\mystery\sphinx¹〉, 〈~ conundrum\secret〉, 〈↔clarity\explanation\solution\answer〉, 〈↔motto\axiom〉 양2

517 **en-join** [인 죠인]: in+jungere(fasten), 〈라틴어〉, '부과시키다', 과하다, 명하다, 금하다, 〈~ instruct\order\command\direct\demand\require\urge strongly〉, 〈↔surrender\relinquish\give up〉, 〈↔allow\yield〉 양2

518 **en-joy** [인 죠이]: in+joie(pleasure), 〈라틴어〉, 즐기다, 재미 보다, 누리다, 〈~ like\love\be fond of\benefit from〉, 〈↔dislike\hate\despise〉, 〈↔abhor\loathe〉 가2

519 **en-ka** [엔카]: 〈일본어〉, extending song, 〈흘러가는 노래〉, 연가(메이지 시대 이후 유행하는 트로트 풍의 일본 대중음악) 미2

520 **en-kin·dle** [인킨들]: 〈라틴어+북구어〉, (불이)타오르게 하다, (정열·정욕·전쟁 등을) 일으키다, 자극하다, 〈~ ignite\burn\light〉, 〈↔quench\put out〉, 〈↔extinguish〉 양2

521 **en-large** [인 라아쥐]: in+largus, 〈라틴어〉, 크게 하다, 확대하다, 넓히다, 〈~ make bigger\aggrandize\amplify\augment\increase\expand〉, 〈↔shrink\contract\decrease\diminish〉, 〈↔reduce〉 양1

522 **en-light–en** [인 라이튼]: 〈그리스어→라틴어→영국어〉, 계몽하다, 교화하다, 밝히다, 〈~ inform\make aware\teach\tell〉, 〈↔keep in the dark\misinform\mislead〉, 〈↔darken〉 양2

523 **en-list** [인 리스트]: 〈게르만어〉, 편입하다, 징모하다, 입대하다, 〈~ join\sign up for\enroll in\register〉, 〈↔leave\drop out\reject〉, 〈↔discharge〉 양1

524 **en-liv·en** [인 라이븐]: 〈게르만어〉, 활기 있게 만들다, 유쾌하게 하다, 〈~ brighten up\animate\stimulate〉, 〈↔dampen\detract from\kill〉, 〈↔dull\bore〉 양2

525 **en masse** [안 매스]: in mass, 〈프랑스어〉, 한 덩어리로, 집단으로, 〈~ all together\in a group〉, 〈↔separately\individually\one by one〉, 〈↔one at a time\singly〉 양2

526 **en·mi·ty** [엔머티]: in+amicus, 〈라틴어〉, 〈← enemy〉, 적의, 원한, 〈~ hostility\animosity\hatred\dislike\ill-will〉, 〈↔hospitality\friendliness\cordiality〉, 〈↔friendship\good will\amity\agape\gesell-schaft〉 양2

527 **en·ne·a-gram** [에니어 그램]: ennea(nine)+gramma(drawn), 〈그리스어〉, (20세기 후반에 남미에서 유행했던) 인간의 성격을 구성하는 9개 유형을 그린 도표, 9면 형체, 〈~ The Enneagram of Personality\personality classification system〉 미2

528 **en·nui** [아안위이]: in+odio(aversion), 〈라틴어→프랑스어〉, 권태, 지루함, 울적함, 'annoy', 〈↔enmity〉, 〈~ boredom and tiredness〉, 〈↔contentment\enchantment\excitement〉, 〈↔joie\animation\fascination\butterfly〉 양2

529 **E·noch** [이넠]: 〈히브리어에서 유래한 라틴어〉, '헌신하는(dedicated) 자', 에녹, 카인의 장남 (신중한 남자), (969세까지 살았다는 Methuselah 〈머쑤질러-므두셀라〉의 아버지), 〈~ trained\disciplined\great-grandfather of Noah〉 수1

530 **e·no·ki** [이이노우키]: 〈← enoki(hackberry)+take(mushroom)〉, 〈일본말(팽나무버섯)〉, nettle tree, futu(인도말), golden needle mushroom, velvet shank, 팽이버섯, 뭉쳐진 둥글고 긴 줄기 끝에 조그만 팽이 같은 것이 달린 백황색의 〈생선찌개에 자주 쓰이는〉 쫄깃쫄깃한 곰팡이, 〈~ Flammulina velutipes\Collybia velutipes\velvet foot\winter mushroom〉 미2

531 **e·nor·mous** [이너얼머스]: e(out)+norma(rule), 〈라틴어〉, '규범을 벗어난', 거대한, 엄청나게 큰, 〈~ gigantic〉, 〈~ huge\massive\humongous\giant〉, 〈↔miniscule\miniature\very small〉, 〈↔tiny〉 양2

532 **e·nough** [이너후]: 〈← geneah(sufficient)〉, 〈게르만어〉, '충분한', 족한, 필요 이상의, '이제 그만!', 〈~ adequate〉, 〈↔insufficient\inadequate\lacking〉, 〈↔deficient\meager〉 양2

533 **en-quete** [아앙 케트]: in+querere(seek), 〈← inquest(seek after)〉, 〈라틴어→프랑스어〉, 〈← inquiry〉, 앙케트, 질문서, 설문조사, 여론조사, 〈~ investigation\examination\probe\survey〉, 〈↔ignore\neglect\disregard〉 미1

534 **en-rage** [인 뤠이쥐]: 〈라틴어〉, 성나게 하다, 격노시키다, 〈~ anger\infuriate\madden〉, 〈↔placate\please\gratify〉, 〈↔delight\pacify〉 양2

535 **en-rich** [인 뤼취]: 〈게르만어→영국어〉, 부유하게 하다, 넉넉하게 하다, 보강하다, 〈~ enhance\add to\improve〉, 〈↔spoil\devalue\impair\worsen〉, 〈↔impoverish〉 양1

536 **en-roll** [인 로울]: 〈라틴어〉, 등록하다, 기재하다, 입회하다, '두루마리 안에 기입하다', 〈~ register\sign up\matriculate〉, 〈↔exclude\reject〉, 〈↔dis-enroll\expel〉 양1

537 **en route** [아안 루우트]: 〈라틴어→프랑스어〉, 'on the way', 도중에, 항공로상의, 〈~ in transit\heading toward〉, 〈↔stuck\immobile\detained\off-route〉 양2

538 **en-sa·la·da** [엔살라아다]: 〈salad의 스페인어〉, 엔살라다, (썬 토마토·양파·고수 등을 올리브 기름에 버무린) 스페인식 샐러드 우2

539 **en-sconce** [인 스칸스]: 〈← sconce²(hiding place)〉 〈라틴어→영국어〉, 〈요새로 덮어〉 감추다, 안치하다, 〈~ stash\conceal\nestle〉, 〈↔uncover\dislodge\exhibit〉, 〈↔display\reveal\unveil〉 양2

540 **en-sem·ble** [아안 싸암블]: in+simul(same time), 〈라틴어→프랑스어〉, 앙상블, 총체, 〈동시에 일어나는〉 종합적 효과, 한 벌, (공연자) 일단, 함께, 합주곡, 〈~ whole〉, 〈~ group\band\outfit〉, 〈↔part\section〉, 〈↔fraction〉 우2

541 **en-sign** [엔 싸인]: 〈라틴어〉, (선박의 국적)기, 기장, 표시, 기수(해군 소위), 〈~ insignia〉, 〈~ pennant\striper〉, 〈~ flag\banner〉 양2

542 **en-snare** [인 스네어]: 〈게르만어〉, 덫에 걸리게 하다, 함정에 빠뜨리다, 유혹하다, 〈~ capture\catch\trap\entrap〉, 〈↔liberate\disentangle\extricate〉, 〈↔release〉 양2

543 **en-sor·cell** [인 쏘얼슬]: 〈← sort(lot)〉, 〈라틴어→프랑스어〉, 〈← ensorcerer(be-witch)〉, 요술을 걸다, 매혹시키다, 〈~ enchant\fascinate\mesmerize\spellbind〉, 〈↔repel\bore\repulse\disgust〉, 〈↔exasperate〉 양2

544 **en-sue** [인 슈우]: in+sequi(follow), 〈라틴어〉, 〈sequence(순서)에 따라〉 뒤를 잇다, 뒤이어 일어나다, 계속되다, 〈→persue〉, 〈~ result\turn out\come next\follow after〉, 〈↔halt\precede\predate〉 양2

545 **En-sure** [인 슈어]: Abbott사가 제조한 〈확실한〉 액체 영양 보조제(상표명), 〈~ a meal replacement〉 수1

546 **en-sure** [인 슈어]: '확실하게 하다', 책임지다, 보증하다, 확보하다, 〈→insurance〉, 〈~ make sure\make certain\secure\guarantee\confirm〉, 〈↔neglect\ignore\forget〉, 〈↔endanger〉 양1

547 **ENT** (ear-nose and throat): 이비인후과, = otorhinolarygology 양2

548 **~ent** [~언트]: 〈라틴어〉 ①〈행위자(agency)〉를 나타내는 어미 ②〈~성질·상태(~ performing)〉를 나타내는 접미사 양1

549 **ent(o)~** [엔(토)~]: 〈그리스어〉, within, 〈안·내부~〉를 뜻하는 접두사, 〈↔ect(o)~〉 양1

550 **en-tail** [인 테일]: en(to)+tailler(cut), 〈라틴어→게르만어〉, 〈자르고 나서 꼬리를〉 남기다, 수반하다, 과하다, 확보하다, (상속인을 〈잘라서〉) 한정하다, 〈~ necessitate\involve\require\need〉, 〈↔exclude\omit\eliminate〉, 〈↔leave-out〉 양1

551 **en·tan·gle** [인 탱글]: ⟨북구어⟩, 얽히게 하다, 혼란시키다, 함정에 빠뜨리다, ⟨~ intertwine\enmesh⟩, ⟨↔straighten out\unravel\untangle⟩, ⟨↔dis-entangle\release⟩ 양2

552 **en·ten·der** [엔텐더]: ⟨← tender¹⟩, 부드럽게 하다, 달래다, ⟨~ to make tender⟩, ⟨↔harden\stiffen⟩, ⟨↔tough-en⟩ 양2

553 **en·ter** [엔터]: ⟨← intrare(go into)⟩, ⟨라틴어⟩, ⟨← intro⟩, '안으로 가다', 시작하다, 참가하다, 넣다, ⟨→entrance\entree\entry⟩, ⟨~ go(come) in\access\penetrate⟩, ⟨↔leave\depart\go out⟩, ⟨↔exit⟩ 가1

554 **en·ter·al** [엔터뤌]: ⟨← enteron(intestine)⟩, ⟨그리스어⟩, 장의, 소화기의, 경구적인(입으로 통하는), ⟨~ intestinal\enteric⟩, ⟨↔parenteral⟩ 양2

555 **en·ter·ic \ en·ter·o** [엔테뤽 \ 엔데로우]: ⟨← enteron(intestine)⟩, ⟨그리스어⟩, 장(관)의 양2

556 **en·ter·ic ner·vous sys·tem** [엔테뤽 너얼뷔스 씨스텀]: ENS, 장관 신경계, ⟨전 소화기관을 싸고 있고 스트레스에 예민한⟩ 'second brain', ⟨편자는 이 사전을 쓰는 동안 내내 신경성 대장염에 시달려 왔음⟩, ⟨~ ENS⟩, ⟨~ intrinsic nervous system\"brain in the gut"⟩ 양2

557 **en·ter·prise** [엔터프롸이즈]: entre(within)+pre(before)+hendere(under+take), ⟨라틴어⟩, ⟨임무수행을 위한⟩ 기획, 기업, 진취적 정신, ⟨→ entrepreneur⟩, ⟨~ endeavor\undertaking\venture\pursuit⟩, ⟨↔inactivity\passivity\idleness⟩ 양2

558 **En·ter-prise** [엔터프롸이즈] Rent A Car: 엔터프라이즈, 1957년에 창업되어 1969년 설립자가 자신이 2차 대전 때 참전했던 배 이름을 따서 개명하고 2007년 National Car Rental과 Alamo를 흡수한 미국(American)의 거대한 자동차 임대 업체 수2

559 **en·ter-tain-(ment)** [엔터테인(먼트)]: inter(between)+tenere(hold), ⟨라틴어⟩, 대접, 연회, ⟨사람들 사이에 관심을 사로잡는⟩ 여흥, 위락, ⟨~ amuse\regale⟩, ⟨~ delight\please⟩, ⟨↔wear out\harrass\bother⟩, ⟨↔reject\bore⟩ 양2

560 **en-thral**(l) [인 쓰뤄얼]: ⟨북구어⟩, '노예로 만들다', 홀리게 하다, ⟨~ captivate\charm\enchant\fascinate⟩, ⟨↔repel\displease⟩, ⟨↔bore⟩ 양2

561 **en-throne** [인 스로운]: 즉위시키다, 떠받들다, ⟨~ exalt\honor\venerate⟩, ⟨↔humble\depose\divest⟩, ⟨↔de-throne⟩ 양2

562 **en·thu·si–asm** [인 쑤우지애즘]: en(in)+theos(god), ⟨그리스어⟩, '신들린 상태', 열심, 열광, 열의, 광신, ⟨~ eagerness\fervor\ardor\passion⟩, ⟨↔indifference\unconcern⟩, ⟨↔apathy⟩ 양1

563 **en-thy·meme** [엔 써미임]: en(in)+thymos(mind), ⟨그리스어⟩, '감정이 섞인', 생략 추리법, ⟨특정집단을 대상으로 한⟩ 생략 삼단 논법, ⟨~ argument with unexpressed premise\inference\deduction\presumption\assumption\implication⟩ 양2

564 **en-tice** [인 타이스]: en(in)+ticher(excite), ⟨프랑스어⟩, '불을 붙이다', 꾀다, 유혹하다, 부추기다, ⟨~ allure\tantalize⟩, ⟨~ tempt\lure\attract⟩, ⟨↔repel\disenchant\deter\dissuade\disgust⟩, ⟨↔repulse\stonewall⟩ 양2

565 **en-tire** [엔타이어]: in(not)+tangere(touch), ⟨라틴어⟩, ⟨손상되지 않은⟩ 전부의, 완전한, ⟨~ whole\complete\total\all⟩, ⟨↔divided\incomplete\partly\fragmented⟩, ⟨↔partial\episodic⟩ 가2

566 **en·ti·tle** [엔 타이틀]: ⟨라틴어⟩, 제목을 붙이다, 자격을 주다, 칭하다, ⟨~ qualify\authorize\give the right to⟩, ⟨↔ban\disallow\forbid⟩, ⟨↔disqualify⟩ 양1

567 **en·ti·ty** [엔터티]: ⟨← esse⟩, ⟨라틴어⟩, 'being', 실재, 존재, 통일체, 독립체, 본질, ⟨~ creature\existence\thing\body⟩, ⟨↔nonentity\nonexistence⟩, ⟨↔nullity⟩ 양2

568 **en·to·mol·o·gy** [엔터말러쥐]: ⟨← entomon(insect)⟩, ⟨그리스어⟩, ⟨마디벌레를 연구하는⟩ 곤충학, ⟨~ bugology\insectology⟩ 가2

569 **en-tou·rage** [아앙 투라아쥐]: en(in)+tour(round), ⟨프랑스어⟩, '둘러싸는 사람', 수행원, 측근자, 추종자, ⟨~ cortege\posse⟩, ⟨~ associates\attendants⟩, ⟨↔leader⟩ 양2

570 **En-Tout-Cas** [아안 투우 카아]: 앙투카, 배수가 용이한 벽돌가루 등으로 포장한 도로나 운동장 (상표명), ⟨~ a burnt clay⟩ 수2

571 ***en-tout-cas** [아안 투우 카아]: ⟨프랑스어⟩, 앙투카(청우 겸용 양산), 'in any case (어떤 경우든지)', ⟨~ anyway\whatever⟩ 수2

572 **en-trails** [엔 트뤠일즈]: ⟨← enteraneus⟩, ⟨라틴어→프랑스어⟩, internal things, '내부', 내장, 창자, ⟨~ tripe\viscera\innards⟩, ⟨↔external organs⟩ 양2

573 **en-trance¹** [엔 트랜스]: ⟨← trance(trans+ire)⟩, ⟨라틴어→영국어⟩, ⟨가면에 빠져⟩ 넋을 잃게 하다, 황홀하게 하다, ⟨~ bewitch\mesmerize\fascinate\hypnotize⟩, ⟨↔bore\disinterest⟩, ⟨↔dis-enchant⟩ 양2

574 **en·trance²** [엔트뤈스]: ⟨← intrare(to the inside)⟩, ⟨라틴어→프랑스어⟩, ⟨← enter⟩, 들어감, 입장, 입구, ⟨~ door-step\ingress⟩, ⟨~ way in\entry⟩, ⟨↔exit\egress⟩ 가1

575 **en-trap** [인 트뢥]: in+trape(snare), ⟨프랑스어⟩, 올가미에 걸다, 함정에 빠뜨리다, ⟨~ entangle\enmesh\catch⟩, ⟨↔release\free⟩ 양1

576 **en-treat** [인 트뤼이트]: in+trahere(draw), ⟨라틴어→프랑스어⟩, ⟨대접해 달라고⟩ 탄원하다, 간청하다, 부탁하다, ⟨~ implore\beg\ask⟩, ⟨↔forfeit\command⟩ 양1

577 **en·tree** [아안트뤠이]: ⟨← intrare⟩, ⟨라틴어→프랑스어⟩, ⟨← enter⟩, 입장(권), 주요 요리(원래는 ⟨본 식사의 처음에 나오는⟩ 앙트레), 전주곡, ⟨~ main-dish\prelude⟩, ⟨↔starter(hors d'oeuvre)\dessert⟩ 미2

578 **en·tre·pre·neur** [아안트뤄프뤼너어]: entre(within)+prendre(undertake), ⟨라틴어→프랑스어⟩, 실업가, 기업가, 흥행주, ⟨← enterprise⟩, ⟨~ businessperson⟩, ⟨↔freeloader\loser⟩, ⟨↔pawn?⟩ 미2

579 **en·tre·sol** [엔 트뤄살]: entre(between)+sol(ground), ⟨스페인어⟩, (1층과 2층 사이의) 중 2층, ⟨~ intermediate floor⟩, ⇒ mezzanine 우2

580 **en-trust** [인 트뤄스트]: ⟨북구어⟩, '신뢰하다', 맡기다, 위임하다, ⟨~ assign\charge\authorize⟩, ⟨↔forbid\disallow⟩, ⟨↔withhold⟩ 양2

581 **en·try** [엔트뤼]: ⟨← intro⟩, ⟨라틴어⟩, ⟨← enter⟩, 들어감, 참가, 기재, 점유, 입구, ⟨~ access\passage\admission⟩, ⟨↔departure\dismissal\removal⟩ 양2

582 **en-twine** [인 트와인]: ⟨게르만어⟩, 얽히다, 엉키게 하다, 엮다, ⟨~ wind\twist\wrap around\interlace⟩, ⟨↔unravel\untangle⟩ 양2

583 **e-nu·mer–ate** [이 뉴우머뤠이트]: e(out)+numerare(count), ⟨라틴어⟩, '세기 시작하다', 열거하다, 세다, 세목, ⟨~ list\count\itemize⟩, ⟨↔conjecture\surmise⟩, ⟨↔estimate\generalize⟩ 양2

584 **e-nun·ci·ate** [이넌시에이트]: e(out)+nuntiare(announce), ⟨라틴어⟩, 분명히 말하다, 선언하다, 똑똑히 발음하다, ⟨~ declare\pronounce\articulate⟩, ⟨↔hesitate\stammer⟩, ⟨↔gibber\mumble\quibble\slur\stutter⟩ 양2

585 **en-u·re–sis** [에 뉴우뤼이시스]: in+ouron(urine), ⟨그리스어⟩, 야뇨증, 유뇨증, 오줌싸기, ⟨~ bed wetting\urinary incontinence⟩, ⟨~(↔)encopresis⟩ 양2

586 **en-vel·op** [인 붼럽]: en(in)+voluper(wrap), ⟨프랑스어⟩, 싸다, 덮다, 봉하다, ⟨~ surround\cover\enclose⟩, ⟨↔strip\bare⟩, ⟨↔expose⟩ 가1 미2

587 **en-ve·lope** [앤 뷜로우프]: 봉투, 싸개, 덮개, 덧붙임, 부풀리기, ⟨~ wrapper\package⟩ 가1 미2

588 **en-vi–ous** [엔뷔어스]: in+videre(look), ⟨라틴어⟩, ⟨← envy⟩, 부러워하는, 샘내는, 시기하는, ⟨~ jealous\covetous⟩, ⟨↔altruistic\kindhearted⟩, ⟨반대어는 generous가 아니라 indifferent임⟩ 양2

589 **en-vi·ron–ment** [인 봐이어뤈먼트]: en(in)+viron(circut), ⟨프랑스어⟩, ⟨주위⟩ 환경, 상황, 사정, 여분, ⟨전산기로 할 수 있는⟩ 영역, ⟨~ surroundings\habitat\setting⟩, ⟨↔indoors⟩ 양2 미2

590 **en-vis·age** [인 뷔지쥐]: en(in)+vissage(face), ⟨프랑스어⟩, 마음에 그리다, 상상하다, 예상하다, '직시하다', ⟨~ mental picture\envision⟩, ⟨~ foresee\imagine\visualize⟩, ⟨↔be oblivious\be mistaken⟩ 양2

591 **en-vi·sion** [인 뷔젼]: ⟨라틴어→영국어⟩, '마음에 그리다', 구상하다, 계획하다, ⟨~ imagine\envisage⟩, ⟨~ picture\see in one's mind's eye⟩, ⟨↔forget\neglect⟩, ⟨↔disregard⟩ 양2

592 **en-voy** [엔붜이]: in+via(way), ⟨라틴어⟩, ⟨길 위로 나서서 가는⟩ 특사, 외교사절, ⟨→invoice⟩, ⟨~ messenger⟩, ⟨↔non-delegate⟩ 양1

593 **en-vy** [엔뷔]: in+videre(see), ⟨라틴어⟩, '곁눈으로 보다', 질투, 선망, ⟨→envious\invidious⟩, ⟨~ jealousy\covetousness⟩, ⟨↔confidence\contentment⟩, ⟨↔sympathy⟩ 양2

594 **en-zyme** [엔쟈임]: en(in)+zyme(leaven), ⟨그리스어⟩, ⟨안에서 들어 올리는⟩ 효소(화학반응의 촉매⟨catalyst⟩로 작용하는 고분자 물질), ⟨~ reactant⟩, ⟨↔anticatalyst⟩, ⟨→inhibitor⟩ 가2

595 **EOE** (e·qual op·por·tu·ni·ty em·ploy·er): 기회 균등 고용자, 〈~ non-discriminating employer\fair-hiring〉, 〈↔prejudiced employer〉 양2

596 **eon-ni** [언니]: 엇(위·처음)+니(사람), 〈한글〉, 여성의 손윗사람(형), 웃누이('성님'), 나이가 많은 자매(또는 여성 동년배), 〈~ older(big) sister〉, 〈~(↔)noo-na〉, 〈↔oppa〉 수2

597 **E·os** [이이아스]: 에오스, (그리스의) '새벽'의 여신 〈로마의 Aurora〉 미2

598 **EOS** (Earth Ob·ser·va·tion Sys·tem): (미 항공우주국)의 지구 관측 체계 미2

599 **ep~** [옢~ \ 잎~]: epi~, 〈그리스어〉, on·beside, 〈위·외~〉란 뜻의 접두사 양1

600 **EPA¹** (En·vi·ron·men·tal Pro·tec·tion A·gen·cy): 1970년에 설립된 〈대통령 직속의 각료급〉 미 환경보호청, 〈~ a Presidential organization〉 미2

601 **EPA²** (ei·co·sa·pen·ta·e·no·ic ac·id): Omega3의 지방산의 한 성분 우1

602 **ep·an·a·lep·sis** [이패너렙시스]: epi(upon)+analambanein(take up), 〈그리스어〉, 수구·결구 반복법, 첫말이나 끝말을 '반복'해서 문장의 강도를 높이는 수사법, 〈~ repetition after intervening words〉, 〈~(↔)anadiplosis〉 미2

603 *****Epcot** [엎캍]: experimental prototype community of tomorrow, 〈Walt Disney가 창안한〉 실험적 원형 미래 공동체(Disney World의 표어) 우2

604 **e·phem·er·a** [이훼머뤄]: epi(upon)+hemera(day), 〈그리스어〉, '하루살이', 몹시 단명한 것, 〈~ brief\transient\fleeting〉, 〈↔lasting\permanent\enduring〉 미2

605 **E·phe·sians** [이휘이줜스]: 에베소서, 〈에베소서 지방 교인들에게 바울의 생각을 적은〉 신약성서의 제10권, 〈~ an epistle\the 10th book of the New Testament〉 수1

606 **Eph·e·sus** [에훼서스]: 〈어원에 여러 전설이 있는 그리스어〉, 〈← appa(after) ← epi(upon)?〉, 〈새로운 마을?〉, 에베소, 〈아르테미스 신전이 있는〉 소아시아(Asia Minor)의 옛 도읍, 〈~ Selcuk(modern)〉, ⇒ Ionia 수1

607 **E·phra·im** [이이후뤼엄]: 〈히브리어〉, fruitful, 〈열매를 맺는〉 에프라임, 에브라임, 조셉의 차남, 이스라엘의 한 부족, 〈~ 2nd son of Joseph\Israelites from Egypt〉 수1

608 **eph·y·ra** [에휘뤄]: 〈그리스어〉, 〈해신의 딸(daughter of Oceanus)〉, medusa, 해파리, 의지가 약한 사람, 〈~ larval jelly fish\spine-less person〉 양2

609 **ep·i~** [에피~ \ 에퍼~]: 〈그리스어〉, upon·beside, 〈위·외~〉란 뜻의 결합사, 〈~ near\over〉, 〈↔hypo〉 양1

610 **ep·ic** [에픽]: 〈← epos(word)〉, 〈그리스어〉, '노래', 서사시, 장시, 대작, 웅장한, 〈~ long poem\impressive\heroic〉, 〈↔understated\humble\unimportant〉, 〈↔trifle〉 미2

611 **ep·i·cen·ter** [에퍼 쎈터]: 진원지, 중심, 〈↔anti-center\hypocenter\edge\periphery〉 가1

612 **ep·ic fail** [에픽 훼일]: 대실수, 낭패, 〈~ total failure\fiasco〉, 〈↔great job\nice work〉 양2

613 **Ep·i·cu·re·an** [에피큐뤼언]: 쾌락주의(자), 식도락가, 〈~ hedonistic\luxurious\pleasure-seeking〉, 〈↔frugal\modest〉 수2

614 **Ep·i·cu·rus** [에피큐러스]: epi(upon)+kouros(lad), 〈youth(청년)〉, epicure(pleasure love), 〈그리스어〉, (BC341-BC270), 〈플라톤에 대항해서〉 (사소하고 평범한 것 중에서 기쁨을 얻으려는) '향락'주의를 주창한 그리스의 철학자, 〈쾌락을 믿는 자〉, 〈~ a Greek philosopher〉 수1

615 **ep·i·dem·ic** [에피 데믹]: epi(upon)+demos(people), 〈그리스어〉, 〈사람들 위에 퍼진〉 유행성, 전염병, 〈~ pandemic\outbreak\infestation\plague〉, 〈↔en-demic\contained\confined\limited〉 양1

616 **ep·i·de·mi·ol·o·gy** [에피 디미알러쥐]: 역학, 유행 (전염) 병학, 〈~ study of disease distribution〉 양2

617 **ep·i·did·y·mis** [에피 디더미스]: epi(beside)+didumos(testicle), 〈그리스어〉, 부고환, 정소 상체, 정자를 저장하는 장소, 〈~ storage of sperms〉 양2

618 **ep·i·gen·e·sis** [에피 줴너시스]: epi(beside)+genesthai(produce), 〈그리스어〉, 〈추가로 발생하는〉 후성설(생물의 발생은 점차적 분화에 의한다는 학설), (광상이 모암보다 뒤에 생긴다는) 후생설, 〈~ post-formation〉, 〈↔syn-genesis〉 양2

619 **ep·i·gram** [에퍼 그램]: epi(beside)+graphein(write), 〈그리스어〉, 〈덧쓴〉 경구, 풍자시, 〈~ quip\witticism〉, 〈↔hypo-gram\stupid statement\gibberish〉 양2

620 **E·pik·te·tos** [에픽티토스]: epi(upon)+ktaomai(acquire), '성취한 자?', (AD55?-135?), "자연의 운명에 거역하지 말라"던 소아시아 태생 노예 출신 금욕주의 철학자, 〈~ a Greek philosopher〉 양2

621 **ep·i-lep·sy** [에펄렢시]: epi(beside)+lambanein(seize), 〈그리스어〉, 〈의식이 나간〉 간질, 〈정신이 나간〉 지랄병, 〈~ seizure disorder\convulsions\fits〉 양1

622 **ep·i-log** \ ~logue [에펄러그]: epi(beside)+legein(speak), 〈그리스어〉, '매듭', 발문, 끝맺음말, 종막, 〈~ postlude\afterword\concluding speech〉, 〈↔pro-log\preface\ foreword\indroductory speech〉 양2

623 **ep·i-mer** [에피 머]: epi(beside)+meros(part), 〈그리스어〉, 에피 '이성질체', 탄소의 배열이 다른 (동질) 이성체, 〈↔iso-mer〉 미2

624 **E·pi·me·the·us** [에피미이씨어스]: 에피메테우스, after thought, '후각자'(나중에 깨달은 자), 형 Prometheus의 충고를 무시하고 Pandora와 결혼해서 온갖 걱정거리를 떠맡은 자, 〈~ "hindsight"〉 수1

625 **ep·i-neph·rine** [에피 네휘뤼인]: epi(beside)+nephros(kidney), 〈그리스어〉, 부신에서 분비되는 흥분성 호르몬, 〈~ adrenalin〉 우1

626 **Ep·i-Pen** [에피 펜]: epinephrine 자가 주사약, (독충에 물렸거나 심한 과민성 반응 때 응급조치로 자신이 주사할 수 있는 펜 모양의 용기에 든) 〈Mylan사 독점약〉 '터무니없이 비싼' 처방 약, 〈~ epinephrine(adrenaline) autoinjector〉, 〈↔obliviousness〉 수2

627 **e·piph·a·ny** [이피 훠니]: epi(upon)+phainein(show), 〈그리스어〉, '위에서 빛나는', 공현 축일(1월 6일) 〈예수가 동방박사들을 통해 구세주임을 드러낸 날〉, 〈→Tiffany〉, 〈~ realization\moment of insight\enlightenment〉, 〈↔confusion\incomprehension〉 미2

628 **ep·i-phyte** [에피화이트]: epi(upon)+phyton(plant), 〈그리스어〉, (다른 식물에 붙어사는) 기착식물, 착생식물, 겨우살이, 〈~(↔)parasite\air plant〉 양2

629 **e·pis·co·pal** [이피 스커펄]: epi(upon)+skopein(look), 〈그리스어〉, 〈위에서 내려다보는〉 감독제도, 감독파, 〈~ relating to bishop〉 우1

630 **E·pis·co·pal Church** [이피 스커펄 춰얼취]: (영국·미국) 성공회, 〈~ Anglican Church〉 수1

631 **ep·i-sode** [에피 쏘우드]: epi(beside)+eis+hodos(way), 〈그리스어〉, 삽화, 〈덧붙어 일어난〉 일시적인 사건, 삽입곡, 〈~ incident\occurrence\event〉, 〈↔entire〉 우1

632 **e·pis·ta·sis** [이피스터시스]: epi(upon)+stasis(standing), 〈그리스어〉, '상위', 우위, 우세, 영향력, 〈~ expression of one gene is modified by the expression of other gene(s)〉, 〈↔hypostasis〉 양2

633 **ep·i·stax·is** [에피스택시스]: epi(upon)+stazein(fall in drops), 〈그리스어〉, 코피(가 나다), 〈~ nose-bleed〉 양2

634 **e·pis·te·mol·o·gy** [에피 스테말러쥐]: epi(upon)+histanai(stand), 〈그리스어〉, 〈위에 서 있는〉 인식론, 지식론, (의견과 진실을 구별하는) '확신론', 〈~ theory of knowledge〉 양2

635 **e·pis·tle** [이피 슬]: epi(upon)+stellein(send), 〈그리스어〉, 〈앞으로〉 '보내는 물건', 사도서간, 훈화적 편지, 서한체의 시, the Epistle; (신약성서 중의) 사도행전, 〈~ letter\message〉, 〈↔speech〉 미2

636 **e·pis·tro·phe** [이피스트뤄휘]: epi(upon)+strephein(turn), 〈그리스어〉, 〈되돌아오는〉 결구 반복, 끝말을 반복해서 문장의 강도를 높이는 수사법, 〈~ repetition of words in successive phrases〉 미2

637 **ep·i-taph** [에피 태후]: epi(on)+taphos(tomb), 〈그리스어〉, '묘 위에', 비명, 비문, 〈~ epi-graph\gravestone inscription〉 양2

638 **ep·i-the·li·um** [에피 씨일리엄]: epi(on)+thele(nipple), 〈그리스어〉, 〈입술의 외막 같은〉 상피, 신피, 피막 조직, 〈~ epithelial tissue\membranous tissue〉, 〈↔endo-thelium〉 양2

639 **ep·i-thet** [에피 쎄트]: epi(on)+tithenai(put), 〈그리스어〉, '부가된 것', 형용어구, 별명, 통칭, 모욕적인 어구, 욕, 〈~ nick-name\descriptive word(phrase)〉, 〈~ obscenity\vulgarism〉, 〈↔accolade\compliment\valentine〉 양2

640 **e·pit·o·me** [이피 터미]: epi(upon)+temnein(cut), 〈그리스어〉, 〈안으로 자른〉 개략, 초록, 발췌, 축도, 〈~ embodiment\quintessance\personification〉, 〈↔unabridgement\antithesis〉 양2

641 **e plu·ri·bus u·num** [이이 플루어뤄버스 유우넘]: 〈라틴어〉, 'out of many one', 'one from many', 다수로 이루어진 하나(미국의 표어), 〈~ United States motto〉 양2

642 **ep·och** [에퍽]: epi(upon)+ekhein(stay), 〈← epechein(hold in)〉, 〈그리스어〉, 〈멈춰진〉 중요한 시대, 획기적 사건, 신기원, 〈~ era\period\span of time〉, 〈↔continuation\moment\instant〉 미2

643 **ep·o·nym** [에퍼님]: epi(upon)+onyma(name), 〈그리스어〉, (국민·토지·건물 등의 유래가 되는) 인명, 사람 '이름'에서 파생된 말, 〈~ name(noun) formed after a person〉, 〈↔topo-nym〉 양2

644 **ep·ox·y** [이팍시]: ep(beside)+oxygen, 〈그리스어에서 연유한 영국어〉, 〈산소기가 더 추가된〉 산소와 탄소의 화합물로 강력 접착제의 원료로 쓰임, 〈~ adhesive\strong glue〉 수2

645 *****Epp** [엪] (en-hanced par·al·lel port): '보강된 병렬단자' 〈빠른 쌍방향 자료 교환을 가능케 한 전산기의 병렬 접합부의 개량판〉, 〈~ enhanced capability port(ECP)〉 우1

646 *****EPROM** [이프롬] (e·ra·sa·ble pro·gram–ma·ble read only mem·o·ry): 이프롬, 소거 가능한 가변성 판독 전용 기억칩 〈일단 기억시킨 내용을 자외선으로 지우고 다른 자료를 집어넣을 수 있는 반도체 조각〉 우1

647 *****EPS** (en-cap·su·lated post-script): 보호된 문서철 〈문자뿐만 아니라 어떻게 인쇄하라는 지침까지 새겨둔 추신〉, 〈~ a graphic file format〉 우1

648 **EQ** (ed·u·ca·tion–al quo·tient, 교육지수 \ e-mo·tion–al quo·tient, 〈살다보면 IQ보다 더 중요하다는 것을 깨닫는〉 감성지수): 〈둘 다 추상적인 개념으로 아직 똑떨어지게 표준화된 검사법이 없음〉, 〈↔IQ〉 양2

649 **e·qual** [이이퀄]: 〈← aequus(even)〉, 〈라틴어〉, 〈모두에게〉 같은, 적당한, 충분한, 평탄한, 〈~ the same\identical\alike〉, 〈↔un-equal\different\dissimilar\distinctive〉 가1

650 **e·qual-ize** [이이퀄라이즈]: 같게 하다, 분배하다, 〈~ make uniform\even\match\homogenize〉, 〈↔diversify〉 가1

651 **e·qual-iz–er** [이이퀄라이저]: 평형 장치, 평준화 장치, 〈~ offset\counterbalance〉 가1

652 **e·qua·nim·i·ty** [이이쿼니미티]: aequss+animus, 〈라틴어〉, 'equal mind', (마음의) 평정, 침착, 태연, 〈~ composure\calmness\aplomb〉, 〈↔anxiety\uneasiness\panic\agitation〉 양2

653 **e·qua·tor** [이퀘이터]: 〈← aequare(make equal)〉, 〈라틴어〉, 적도, 〈밤·낮의 길이가 equal이 되는〉 주야 평분선, 〈→Ecuador〉, 〈~ circumference of Earth\equinoctial line〉, 〈↔North(South) pole〉, 〈↔prime meridian〉 양1

654 **E·qua·to·ri·al Guin·ea** [이쿼토뤼얼 기니]: 적도 기니 〈1968년 스페인으로부터 독립한 적도 약간 북쪽에 있는 아프리카 중서부 연안과 섬으로 구성된 조그만 공화국〉, {Guinean-Sp·Fr-(XA) Franc-Malabo}, 〈~ Spanish Guinea(former)〉 수2

655 **e·que·stri·an** [이퀘스트뤼언]: 〈← equus(horse)〉, 〈라틴어〉, 〈마부에 속한〉 마술의, 기마의, 승마의, 〈~ horse man(woman)\horse rider〉 양1

656 **E·qui-fax** [에퀴팩스]: 1899년에 세워진 미국의 세계적 신용 평가 회사, 〈~ an American credit reporting agency〉 수1

657 **e·qui·lib·ri·um** [이퀼리브뤼엄]: aequus+libra, 〈라틴어〉, 'equal balance', 균형, 〈양팔 저울의〉 평형상태, 안정, 〈~ symmetry\evenness\equipoise〉, 〈↔instability\unsteadiness〉, 〈↔dis-equilibrium\im-balance〉 양1

658 **e·qui·nox** [이퀴낙스]: aequus+nox, 〈라틴어〉, equal night, '똑같은 밤', 주야 평분시, (춘)추분, 분점, 〈~(↔)solstice〉, 〈↔antapex\zenith〉 양1

659 **e·quip-ment** [이큅먼트]: 〈← skip(ship)〉, 〈북구어→프랑스어〉, 〈← esquiper(put in order)〉, 〈ship(배)가 떠날수 있는〉 장비, 설비, 준비, 능력, 〈~ tool\gear〉, 〈~ apparatus\paraphernalia〉, 〈↔inconvenience\disadvantage〉 양2

660 **eq·ui-ty** [에쿼티]: 〈← aequus(even)〉, 〈라틴어〉, 〈← equal〉, 공평, 형평법, 재산의 순수 가격, 지분, 〈~ justice\impartiality〉, 〈↔bias\discrimination〉, 〈↔in-equity\im-balance〉 미1

661 *****eq·ui-ty linked se·cu·ri·ty**: ELS, 주가 연계 증권, 주가가 일정 수준 이하로 떨어지지 않으면 고정된 수입을 주는 채무 구조, 〈~(↔)common stock〉 미2

662 **e·quiv·a·lent** [이쿼이벌런트]: aequus+valere, 〈라틴어〉, 'equal value', '같은 가치', 동등한, 맞먹는, 〈~ identical\same\tantamount〉, 〈↔disparate\contrasting\unlike〉, 〈↔different\dissimilar〉 양2

663 **e·quiv·o·cal** [이퀴붜컬]: aequus+vox, 〈라틴어〉, 'equal voice', '동등한 목소리의', 애매(모호)한, 어정쩡한, 수상한, 〈~ ambiguous\obscure\vague〉, 〈↔clear\definite\certain〉, 〈↔un-equivocal\uni-vocal〉 양2

664 **e·quiv·o·cate** [이퀴이붜케이트]: aequus(equal)+vox(voice), 〈라틴어〉, 말을 흐리다, 얼버무리다, 속이다, 〈~ prevaricate\be evasive\be vague〉, 〈↔be real\be straight〉, 〈↔agree\tell truth〉 양2

665 **er** [에얼]: 〈영국어〉, 〈의성어〉, 에에, 저어, 어어, 〈주저(hesitation)하는 말〉 가1

666 **~er** [~어(얼)]: 〈영국어〉 ①~or, ~ar, doer, 〈~하는 것 (자)〉란 뜻의 결합사 ②above(상위)란 뜻의 접미사 양1

667 **e·ra** [이어뤄 \ 에뤄]: 〈← aes(brass)〉, 〈라틴어〉, 기원, 연대, 중대한 시간, 〈숫자를 셀 때 구리돈을 사용한데서 연유한〉 '계산된 수', 〈→ ore〉, 〈~ age\aeon\epoch〉, 〈~ period\time〉, 〈↔moment\instant〉, 〈↔continuation〉 미2

668 **e·rad·i·cate** [이뢔디케이트]: e(out)+radix(root), 〈라틴어〉, '밖으로 뿌리를 꺼내다', 뿌리째 뽑다, 근절하다, 박멸하다, 〈~ anihilate\eliminate〉, 〈~ get rid of\removal\wipe out〉, 〈↔regenerate\restore\create〉, 〈↔preserve\resurrect〉 양2

669 **e·rase** [이뤠이즈]: ex(out)+radere(scrape), 〈라틴어〉, 지우다, 말소하다, 소거하다, '깎아내다', 〈~ delete\wipe out(off)\eliminate〉, 〈↔add on\imprint〉, 〈↔engrave\preserve〉 양1

670 **E·ras·mus** [이뢔즈머스], De·si·de·ri·us: 〈← eran ← Eros), be loved, 〈그리스어〉, '사랑받는 자', 에라스무스, (1466?-1536), 가톨릭 사제로 로마·그리스판 신약성서를 썼으며 문예 부흥에 앞장섰던 네덜란드의 신학자·철학자, 〈→ Elmo〉, 〈~ a Dutch theologian〉 수1

671 **E·ras·mus Pro·gramme** [이뢔즈머스 프로우그램]: (1987년에 체결된) 유럽 연합간의 교환 학생 체계, 〈~ Working Holiday〉 수2

672 **E·ras·tus** [이뢔스터스], Thom·as: 〈← eran(love)〉, 〈그리스어〉, '사랑받는 자', 에라스투스, (1524-1583), 종교는 국가에 종속되어야 한다고 주장한 스위스의 의사·신학자, 〈~ a Swiss physician and theologian〉 수1

673 **E·re·bos** [에뤠보스]: 〈← rajas(thick air)란 산스크리트어?〉, 〈어원 불명의 그리스어〉, (그리스 신화에서) '암흑(darkness)'의 신, Chaos(혼돈)의 아들, 지하세계, 〈~ gloom of the Greek under world〉 수1 미2

674 **e·rec·tile** [이뤡타일 \ 이뤡틀]: 〈← regere(make straight)〉, 〈라틴어〉, 똑바로 세울 수 있는, 꼿꼿이 선, 발기성의, 〈~ upright〉, 〈↔limp\flaccid〉, 〈↔lower\bent\flat〉 양1

675 **erg** [에얼그]: 〈'일(work)'이란 뜻의 그리스어에서 연유한〉 에르그, 1dyne의 힘이 물체에 작용하여 1cm만큼 움직이게 하는 '일'의 양 우1

676 **er·ga·tive** [어얼거티브]: 〈← ergon(work)〉, 〈그리스어→라틴어〉, 〈일을 하는〉, 〈I opened the door와 같이 목적어가 주어가 되어도 동사가 변하지 않는〉 능(동)격의, 〈~ absolute alignment〉, 〈↔un-ergative\transitive\accusative〉 미2

677 *****er·go-nom·ics** [어얼거 나믹스]: ergon(work)+nomos(natural law), 〈그리스어〉, 인간(을 위한) 공학, '작업(환경)연구' 〈인간이 편하게 '일하기' 위한 도구나 작업환경을 조성하는 일〉, 〈~ human engineering\human factors\usability engineering〉 미2

678 **er·go-pho·bi·a** [어얼거 호우비어]: 〈← ergon(work)〉, '작업' 공포증, 일 혐오증, 〈~ fear of work〉 양1

679 **er·got** [어얼거트]: 〈'수탉의 며느리 발톱(spur)'이란 뜻의 프랑스어에서 유래한〉 맥각(보리 등의 곡초에 기생하는 곰팡이로 전에는 사람에게 닭다리 모양의 피부병을 일으켰으나 지금은 사람이 지혈제나 교감신경 차단제로 쓰고 있음), 〈~ black fungus on cereal plants\Claviceps purpurea〉 미2

680 **E·rie** [이어뤼]: 〈← erielhonan(long tail)〉, '너구리', 이리 호, 〈북미 원주민 부족의 이름을 딴〉 미국 오하이오·펜실베이니아 북쪽에 있는 5대호 중 제일 작은(smallest by volume) 호수, 그 호수 남안에 있는 작은 도시, 〈~ one of the Great Lakes\city in Pennsylvania〉, 〈소싯적에 편자가 낚시하러 다니던 곳〉 수2

681 **E-rik-son** [에뤽슨], E-rik: ei(always)+rikr(ruler), 〈북구어〉, '영원한 권력자의 아들', 에릭슨, (1902-1994), 후성설에 근거해서 사회적 정신 발달 과정을 제시한 독일 태생 미국 정신분석학자, 〈~ an American psychoanalyst〉 수1

682 **er·i·na·ce·ous** [에뤼네이셔스]: er(hedgedog)+inaceus(cock), 〈라틴어〉, '고슴도치'의(같은), 신경이 곤두선, 〈~ of spiny-coated mammals\irritable〉, 〈↔relaxed〉 양2

683 **E·rin·yes** [이뤼니이즈]: Erinys, 〈어원 불명〉 에리니에스, (그리스 신화에서 Tartarus가 범죄자들을 처벌하기 위해 보낸 3명의) 복수의 여신들, Furies, 〈~ the angry spirits\the Eumenides\goddesses of vengeance〉 수2

684 **E·ris** [이어뤼스]: '불화(strife)'의 여신, 에리스, 2005년에 발견된 태양계에서 가장 큰 왜소행성, 〈~ "strife"\Greek goddess of discord〉, 〈↔Harmonia\Greek goddess of harmony〉 수2

685 **Er·i·tre·a** [에뤼트뤼어]: erythra(red)+thalassa(sea), 〈그리스어〉, 에리트레아, 1993년 에티오피아로부터 완전히 독립한 아프리카 북동부의 '홍해'에 연한 〈공식 언어가 없는〉 일당 독재국가, {Eritrean-(Tigrinya·Arab·Eng)-Nakfa-Asmara}, 〈~ Mdree-Bahree\Land of the sea〉 수1

686 ***er-mah-gerd** [어어마아거어드]: 〈2012년 미국의 Reddit에 치열 교정기를 끼고 나온 소녀가 말한〉〈oh my god〉의 어눌한 발음문자, '하느님 맙소사' 미1

687 **er·mine** [어어민]: 〈라틴어(mus+Armenican)에서 연유했다는 설도 있으나 harmo라는 게르만어에서 연유한 듯한〉 산'족제비', 어민, 흰담비(모피) 〈추운 지방에 사는 한 뼘 남짓한 족제비로 겨울에 갈색의 털이 흰색으로 변하므로 이것을 채취해서 부와 권력의 상징으로 썼음〉, 순백의, 〈~ kolinsky\short-tailed weasel\stoat〉, 〈~(↔)sable\zibeline〉 미2 양2

688 **ern \ erne** [어언]: 〈← rinnan(run)〉, 〈게르만어〉, 〈날쎄게 움직이는〉 흰꼬리수리, 바다독수리, 〈~ a sea(fish) eagle\osprey〉 미2

689 **~ern** [~어언]: 〈게르만어에서 연유한 영국어〉, toward, 〈~쪽(방향)의〉란 뜻의 결합사 양1

690 **e-rode** [이로우드]: e(out)+rodere(gnaw), 〈라틴어〉, '밖으로 갉아먹다', 좀먹다, 부식하다, 침식하다, 〈→rodent〉, 〈→ erosion〉, 〈~ wear down(away)\abrade〉, 〈↔restore\renew\deposit〉 양1

691 **E·ros** [이어롸스]: 〈← eran(love)〉, 〈어원 불명의 그리스어〉, 에로스, 사랑의 신, 아프로디테의 아들, 〈로마의 Cupid〉, e~; 성애, 열망, 갈망, 〈~ passion\lust〉, 〈↔frigidity\dislike〉 수1 미1

692 **e·ro·sion** [이로우젼]: 〈← erode〉, 부식, 침식, 풍식, 〈~ deteriotation\desintegration〉, 〈↔growth\development〉, 〈↔build-up\reparation〉 양2

693 **e·rot·ic** [이롸틱]: 〈← erotos〉, 〈그리스어〉, 〈← Eros〉, 에로틱, 성애의, 색정의, 성욕을 자극하는, 〈~ steamy\amorous〉, 〈↔non(un)-erotic\un-sexy\bland\chaste〉 양2

694 **err** [어얼 \ 에어]: 〈← errare(wander)〉, 〈라틴어〉, 헤매다, 어긋나다, 틀리다, 〈~ be wrong\incorrect\mistaken〉, 〈↔be right\precise\exact〉, 〈↔accurate\correct〉 가2

695 **er·rand** [에뤈드]: 〈← earende(message)〉, 〈어원 불명의 게르만어〉, 심부름, 용건, 볼일, '전언', 〈~ task〉, 〈↔leisure\respite〉, 〈↔rest\break〉 양1

696 **er·rant** [에뤈트]: 〈← errare(wander)〉, 〈라틴어→프랑스어〉, 헤매다, 모험적, 그릇된, 〈~ arrant〉, 〈~ deviating\straying〉, 〈↔correct\proper〉, 〈↔sedentary\innocent〉 양2

697 **er·ra·tic** [이뢔틱]: 〈← error〉, 일정하지 않은, 변덕스러운, 괴짜, 〈~ inconsistent\irregular〉, 〈↔constant\predictable\systematic〉 가1

698 **er·ror** [에뤄]: 〈← errare(wander)〉, 〈라틴어〉, 잘못, 실수, 죄, 오차, 오류, '헤매다', 〈→erratic〉, 〈~ mistake\blunder〉, 〈↔verity\precision〉, 〈↔accuracy\truth\correction〉 가2

699 **er-satz** [에어자아츠]: 〈← setzen(set)〉, 〈독일어〉 '대용품(substitute)', 〈2차 대전 시 독일이 영국 포로에게 줬던 감자·톱밥으로 된 대용 빵에서 유래한〉 유사품, 〈~ imitation\replacement〉, 〈↔genuine\real\original〉 양2

700 **erst** [어얼스트]: 〈← earest〉, 〈게르만어〉, 〈← at first〉, 이전에, 옛날에, 〈~ long ago\formerly\past\previous〉, 〈↔current〉, 〈↔present\future〉 양2

701 **er·u·dite** [에류다이트]: e(out)+rudis, 〈라틴어〉, '무례〈rude〉하지 않은', 학식 있는, 박학다식한, 〈~ learned\educated〉, 〈~ knowledgeable\scholarly〉, 〈↔illiterate〉, 〈↔ignorant\un-educated〉 양2

702 **e-rup·tion** [이뤞션]: e(out)+rumpere(break), 〈라틴어〉, 〈밖으로 깨지는〉 폭발, 분출, 발진, 〈~ explosion\breakout\outburst〉, 〈↔dwindle\wane\subside〉, 〈↔implosion\cease〉 양1

703 **~er·y** [~어뤼]: 〈← ~aria〉, 〈라틴어에서 유래한 프랑스어〉, place·product·state, 〈~성질·형색·습관〉을 뜻하는 결합사 양1

704 **er·y·the-ma** [에뤼씨이머]: 〈← erythros(red)〉, 〈그리스어〉, 홍진('붉은' 발진), 홍반(붉은 반점), 〈~ red skin〉 양1

705 **e·ryth·ro-cyte** [어뤼쓰뤄싸이트]: 〈← erythos(red)〉, 〈그리스어〉, '적'혈구, ⇒ RBC(red blood cell), 〈~ erythroid cell\haematid〉, 〈↔leuco-cyte〉 양2

706 **es~** [이스 \ 에스~]: out·from, 〈ex~〉의 변형 양1

707 **E·sau** [이이써어]: 〈히브리어〉, '털복숭이(hairy)', 에서, 〈팥죽 한 그릇에 야곱에게 장자권을 판〉 이삭의 장남 〈아브라함의 손자〉, 〈← Edom\twin brother of Jacob〉 수1

708 **es·ca·la·tor** [에스컬레이터]: 〈라틴어→미국어〉, scala(ladder)+elevator, 자동식 계단, 단계적 '오름'(내림)길, 〈← scala('계단'이란 뜻의 라틴어〉, 〈~ conveyer〉, 〈~ moving staircase\people-mover〉, 〈↔stair-way〉 우2

709 **es·ca·pade** [에스커페이드]: 〈라틴어〉, 〈← escape〉, 탈선 행위, 엉뚱한 짓, 〈~ adventure\exploit〉, 〈~ exciting undertaking〉, 〈↔inactivity\passiveness〉 양2

710 **es·cape** [이스케이프]: ex(out)+capa(cloak), 〈라틴어〉, 달아나다, 탈출하다, 〈망토 밖으로〉 벗어나다, 피하다, 〈→escapade\scape〉, 〈~ get away\flee\avoid〉, 〈↔stay\linger〉, 〈↔remain\hide〉 가1

711 ***es-cape char·ac·ter \ ~ code** [이스케이프 캐릭터 \ ~ 코우드]: '변환 문자, ~ 부호' (전산기에서 문자 대신 부호를 타자 쳐야 하거나 그 반대의 경우), 〈~ a meta-charcter that invokes alternative interpretation〉 우1

712 ***es-cape key** [이스케이프 키이]: esc, '되돌이 건반'(선택된 프로그램을 취소하고 전 메뉴로 돌아가게 하는 키), 〈~ a key to generate the escape character〉 우1

713 **es-cape room** [이스케이프 루움]: '방 탈출' 놀이, 방에 갇혀서 일정 시간 내 문제를 풀어야 내보내주는 경기, 〈~ escape game\puzzle(riddle) room\exit game〉 우2

714 ***es-cape rou·tine** [이스케이프 루우티인]: '일상적 탈출' (하나의 명령열이 끝나기 전에 다른 명령열을 시작하기 위한 시도), 〈~ leaving a sequence in order to commence another program〉 우1

715 **es·car·got** [에스칼고우]: 〈← escaragol(snail)〉, 〈플로방스어〉, '(식용)달팽이', 〈~ Burgundy snail〉 미2

716 **es·ca-role** [에스커로울]: 〈← esca (food)〉, 〈라틴어〉, 샐러드용 ('먹는) 꽃상추 〈꼽슬꼽슬한 잎에 약간 쓴 맛이 있는 양상추〉, 〈~ endive〉 우1

717 **es·cha·tol·o·gy** [에스커탈러쥐]: eschatos(scar)+logos, 〈그리스어〉, (죽음과 심판의 문제를 다루는) 종말 〈last〉 신학, (천국과 지옥을 다루는) 종말론(Theology), 〈~ study of end-times\doctrines of final matters〉 양2

718 **es-cheat** [이스취이트]: ex(out)+cadere(fall), 〈라틴어〉, 복귀하다, 귀속시키다, 몰수하다, 복귀재산, 〈→cheat〉, 〈~ reversion of property to the state〉, 〈↔income\funding〉 양2

719 **es·chew** [이스츄우]: 〈← sciuhen(frighten)〉, 〈게르만어〉, 〈← shy〉, 피하다, 멀리하다, 삼가다, 〈→skew〉, 〈~ balk\shun〉, 〈~ avoid\evade〉, 〈↔seek\pursue\embrace〉, 〈↔engage\wallow〉 양2

720 **e·scholt·zi·a** [에숄쉬아 \ 에숄치어]: California poppy, 금영화, 노랑에서 주홍색의 꽃이 피는 캘리포니아 원산의 야생 양귀비 (독일 태생 러시아 의사·식물학자 von Esch-scholtz 이름을 딴 eschscholzia), 〈~ golden poppy\California state flower\Amopalo del Campo〉 미2

721 **e–scoot-er** [이이 스쿠우터]: electric scooter, (전기 회전자에 의해 움직이는) 전력발지치개, 〈~ motorized scooter〉, 〈↔kick scooter\push-scooter〉 우2

722 **es-cort** [에스코얼트]: ex(out)+corrigere(correct), 〈라틴어〉, 호송(자), 호위(자), 동반자, [이스**코**얼트]; '밖에서 안내하다', 호위하다, 수행하다, 〈~ accompany\guide〉, 〈↔neglect\ditch\forsake〉, 〈↔abandon\desert〉 양2

723 **es·crow** [에스크로우]: 〈← escroue〉, 〈프랑스어〉, 〈← scroll(족자)〉, 조건부 날인증서, 제삼자 기탁금, 〈~ security\guarantee〉, 〈↔debt\arrears〉 우1

724 **~ese** [~이이즈 \ ~이이스]: 〈← ~ensis〉, 〈라틴어→프랑스어→영국어〉, of, ~의, ~말(의), ~사람(의) 양1

725 ***ESG** (en·vi·ron·men·tal so·cial and gov·er·nance): 환경·사회·통치, 현대기업이 살아남기 위한 세가지 요소(즉, 환경을 파괴하지 말고 사회적 책임을 지며 체계적 기업운영을 하라는 얘기다. 알긋냐?), 〈~ responsible (or impact) investing〉 미2

726 ***e-621**: ①MSG(미소)의 별칭 ②〈2017년 'MSG같이 맛이 있다'며 유럽에서 창설된〉 (엽기적) 의인 동영상을 다루는 전산망 기지, 〈~ a grotesque web-site〉 수2

727 **Es·ki·mo** [에스키모우]: 〈원주민어〉, 에스키모, '눈 신발을 매는 사람(snowshoe-netter)?', 북극해 연안에 살았던 황인종, 〈~ Inuit〉 수1

728 ***Es·ki·mo broth·er** [에스키모우 브뤄더스]: 〈2009년에 부상한 미국 속어〉, 같은 여자와 성교를 한 남자, 구멍 동서, 〈~ popsicle sibling〉, 〈~(↔)pogo sister〉 양2

729 **ESL** (Eng·lish as a sec·ond lan·guage): 〈다양하게 운영되고 있는〉 두 번째 말로서의 영어(교육) 우1

730 **e·soph·a·gus** [이싸훠거스]: oisein(carry)+phagein(eat), 〈그리스어〉, gullet, 식도(음식이 지나가는 길), 〈~ (upper) alimentary canal〉, 〈~(↔)trachea\wind-pipe〉 양2

731 **es·o·ter·ic** [에서테뤽]: eso(inside)+tericos(further), 〈그리스어〉, '내부의', (선택적 소수에게만) 전해지는, 심원한, 〈~ arcane\secret\enigmatic〉, 〈↔simple\familiar〉, 〈↔exoteric〉 양2

732 **ESP** (ex·tra sen·so·ry per·cep·tion): 초감각적 인식, 〈~ clairvoyance\sixth sense〉, 〈~ second sight\intuition\psychic ability〉, 〈↔ignorance\stupidity〉, 〈↔cluelessness\unawareness〉 미1

733 **es·pa·ñol** [에스파뇨울]: 스페인(어)의, 〈~ Castilian\Castellano〉 수2

734 **es·par·to** [에스파알토우]: 〈← sparton(a kind of broom)〉, 〈그리스어〉, 아프리카 나래새(수염새) 〈뾰족하고 거친 수염 모양의 잎을 가진 갈대 비슷한 풀로 종이·'밧줄'·피 등의 원료로 쓰임〉, 〈~ halfah grass\needle grass〉 미2

735 **es·pe·cial** [이스페셜\에스페셜]: 〈← specialis ← species(particular)〉, 〈라틴어〉, 〈← special〉, '특별한', 각별한, 유별난, 〈~ better\greater\extraordinary\exceptional〉, 〈↔unremarkable\general〉, 〈↔standard\common〉 양2

736 **Es·pe·ran·to** [에스퍼롼토우]: 〈← sperare(hope)〉, 〈라틴어〉, 에스페란토, '희망을 가진 사람', (1887년 폴란드의 안과 의사 Zamenhof가 창안한) 〈한때 잘나가다가 왠지 시들해진〉 국제 공용어(인공어), 〈~ an artificial language〉 수1

737 **es·pi·o·nage** [에스피어나쥐]: 〈← espion ← spehon〉, 〈게르만어→프랑스어〉, 간첩(spy) 행위, 첩보활동, 〈~ spying\undercover operations〉, 〈↔frankness\openness〉, 〈↔neglect\default〉 양2

738 **ESPN** (En·ter·tain–ment and Sports Pro·gram–ming Net-work): 1979년 개국한 미국 디즈니(Disney) 회사 산하의 오락·스포츠 전문 TV 통신망 수1

739 **es·pouse** [이스파우즈]: e(of)+spondere(be-troth), 〈라틴어〉, 〈← spouse〉, 장가들다, 시집 보내다, 지지하다, 신봉하다, 〈~ bind\commit〉, 〈~ adopt\support\embrace〉, 〈↔oppose\renounce〉, 〈↔divorce\reject〉 양2

740 **es·pres·so** [에스프뤠쏘우]: ex(out)+primere(press out), 〈라틴어〉, '쥐어짠', 곱게 구운 진한 커피, 커피 가루에 고온·고압의 물을 부어 단시간에 뽑아낸 진한 커피, 〈~ concentrated coffee〉 수2

741 *****es·pres·so sex** [에스프뤠쏘우 쎅쓰]: 〈어쩌다 만난 남녀가〉 짧고 '찐하게' 벌이는 성행위, 〈번개썹〉, 〈~ casual(intensive) sex〉, 〈~ 'rabbit sex'\'lightning sex'〉 우1

742 **es·prit de corps** [에스프뤼이 더 코어]: 〈프랑스어〉, spirit of a body, '군대' 정신, 단체 정신, 단결심, 〈~ comradeship\team morale\camaraderie〉, 〈↔aloofness\dog-eat-dog〉 양2

743 **~esque** [~에스크]: 〈게르만어→프랑스어〉, ~ isc, style, 〈~식(모양)의〉를 뜻하는 접미사, 〈~ llike\resembling〉, 〈↔different from\dissimilar to\unlike〉 양1

744 **es·quire** [에스콰이어] \ Esq: e(of)+scutum, 〈라틴어〉, 〈shield를 지키는〉 향사, 기사지원자, 님, 변호사님, 〈~ squire〉, 〈~ title of respect〉, 〈↔commoner\peasant\plebian〉 미2

745 **ESR** (e·ryth·ro-cyte sed·i·men·ta·tion rate): (적)혈침, 〈감염시 적혈구의 침전속도가 빨라지는〉 적혈구 침강속도 미2

746 **ESRB** (En·ter·tain–ment Soft-ware Rat-ing Board): '위락용 연성기기 등급 판정위원회' 〈1994년 청소년 보호를 위해 미국에서 세워진 독립적 비영리 단체〉 우1

747 **~ess** [~에스]: 〈그리스어→라틴어→영국어〉, 남성 명사에 붙여 여성〈feminine〉 명사를 만드는 접미사 양1

748 **es·say** [에쎄이]: ex(out)+agere(drive), 〈← exagion(weighing)〉, 〈그리스어→라틴어→프랑스어〉, 수필, 소론, 평론, '시도', 〈~ assay〉, 〈~ piece of writing\article〉, 〈~ attempt\effort〉, 〈↔speech〉, 〈↔give up〉, 〈↔poem\quit〉 양1

749 **es·sence** [에쎈스]: 〈← esse(to be)〉, 〈라틴어〉, 〈항상 존재하는〉 본질, 진수, 실체, 핵심, 〈→essential〉, 〈~ nature(quality) of something\quintessance〉, 〈↔insignificance\meaninglessness〉, 〈↔in-essence\abstract\un-importance〉 양2

750 **es·sen·tial-ism** [이쎈셜리즘]: 본질주의, 실재론, 〈개체마다 고유한 타고난 특성이 있다는〉 '고유주의', 〈~ fundamentalism\materialism〉, 〈~(↔)existentialism은 보다 내면적인 개념임〉 양2

751 ***es·skee·tit** [에스키이트]: ⟨2018년에 출시된 노래 가사에서 연유한⟩ 'let's get it'(갖자·해보자)의 속어 양2

752 **EST** (e·lec·tric shock the·ra·py): 전기 충격 요법, ⟨~ electroconvulsive therapy(ECT)\shock treatment⟩ 양2

753 **~est** [~에스트]: ⟨영국어⟩, super(최고)란 뜻의 접미사 양1

754 **es·tab·lish** [이스태블리쉬]: e(of)+stabilire, ⟨라틴어⟩, ⟨← stable⟩, '안정되게 세우다', 설립하다, 확립하다, 제정하다, ⟨~ put in place\set up\begin⟩, ⟨↔uproot\demolish\end⟩, ⟨↔abolish\dis-prove⟩ 양1

755 **es·tate** [이스테이트]: e(of)+stare(stand), ⟨라틴어⟩, 토지, 재산, 유산, 신분, '서 있는 상태', ⟨~ property(land or house)\assets⟩, ⟨↔loss⟩, ⟨↔barrier\poverty⟩ 양1

756 **es·tate tax** [이스테이트 택스]: ⟨피상속인에게 부과되는 것이 아니라⟩ (일정한 가치가 넘는 유산에 대해 부과하는) 유산세, ⟨~ death tax\death duty\inheritance tax⟩ 양2

757 **E·stée Lau·der** [에스티이 러우더]: ⟨도랑 근처에 사는 Esther⟩, 에스티 로더, 1946년 동명의 (동유럽 계열) 부부가 뉴욕에서 세운 미국의 세계적 명품 화장품회사, ⟨~ an American businesswoman\a quality cosmetics company⟩ 양1

758 **es·teem** [이스티임]: ⟨← aestimare(to value)⟩, ⟨라틴어⟩, 존경하다, 높이 '평가하다', 간주하다, ⟨← estimate⟩, ⟨~ respect\admire\appreciate⟩, ⟨↔disparage\disapprove⟩, ⟨↔condemn\despise⟩ 양1

759 **Es·ther** [에스터]: ⟨히브리어⟩, ⟨← star⟩, 유대인으로 페르시아의 왕비가 되어 자국민을 학살로부터 구한 여자, 구약의 에스더서, ⟨~ a heroine in the Hebrew Bible⟩ 수1

760 **es·ti·ma·tion** [에스티메이션]: ⟨← aestimare(to value)⟩, ⟨라틴어⟩, '평가', 의견, 견적, 추정, ⟨→esteem⟩, ⟨~ approximation\rough calculation⟩, ⟨↔exactitude\precicion\accuracy⟩, ⟨↔computation\enumeration⟩ 양1

761 **Es·to·ni·a** [에스토우니어]: estia(east)+hestia(land), ⟨북구어⟩, 에스토니아, 1991년 소련의 붕괴로 독립한 고체 석유 매장량이 많은 발틱해 'east'의 조그만 공화국, {Estonian-Estonian-Euro-Tallinn}, ⟨~ land of the polar bear\land of the thousand islands⟩ 수1

762 **es·top·pel** [에스타펄]: e(out)+stuppare, ⟨라틴어→프랑스어⟩, 금반언, ⟨한 번 '마개(stoper)를 따면' 도로 끼지 못하듯⟩ 나중에 상반되는 주장을 금하는 원칙, ⟨↔stoppage\demurer⟩ 양2

763 **es·tra·gon** [에스트롸건]: ⟨← drakon⟩, ⟨그리스어에서 연유한 프랑스어⟩, ⟨잎이 'dragon'의 이빨을 닮은⟩ 개사철쑥, ⟨~ an aromatic culinary herb⟩, ⇒ tarragon 미2

764 **es·trange** [이스트뤠인쥐]: ⟨← extraneus ← extra(outside)⟩, ⟨라틴어⟩, 이간하다, 떼다, ⟨stranger가 되게⟩ 멀리하다, ⟨~ alienate⟩, ⟨~ separate\disaffect⟩, ⟨↔attract\unite⟩, ⟨↔reconcile\endear\a-mate⟩ 양2

765 **es·tro·gen** [에스트뤄쥔]: ⟨← oistros(gad-fly)⟩, ⟨그리스어에서 연유한 영국어⟩, ⟨'격정기'에 생산되는⟩ 여성 발정호르몬, ⟨~ oestrogen\female hormone⟩, ⟨↔male hormone⟩, ⟨↔androgen\testosterone⟩ 미1

766 **es·trus** [에스터뤼스]: ⟨← oistros(gad-fly)⟩, ⟨그리스어⟩, ⟨등에 같이 남성을 못살게 구는⟩ (남성에게는 없는) 발정기, 암내, ⟨~ heat\oestrus\rut⟩, ⟨↔anestrus\anestrum\anoestrum⟩ 양2

767 **es·tu·ar·y** [에스츄에뤼]: ⟨← aestus(tide)⟩, ⟨라틴어⟩, ('조수'가 드나드는) 넓은 강어귀, 후미, river mouth, ⟨~ embouchure²⟩, ⟨~ inlet⟩, ⟨↔fresh water⟩, ⟨↔lake\high-sea⟩ 양2

768 **E-swa·ti·ni** [에스와티니]: ⟨← Swazi(name of a king)⟩, ⟨'왕국'이란 원주민어에서 유래한⟩ Swaziland가 2018년 (식민지 시대 이전 왕국 명으로) 바꾼 이름, 1968년 영국으로부터 독립한 아프리카 남동부의 ⟨왕과 여왕이 나란히 통치하는⟩ 조그만 내륙 국가, {Swazi-si Swati· Eng-Lilangeni-Mbabane}, ⟨~ a country in southern Africa\a kingdom⟩ 수1

769 ***ET** (ex·tra ter·res·tri·al): 외계인, ⟨큰 머리·큰 눈·큰 배를 가진-괴상망측하게 생긴⟩ 1982년 출시된 공상 영화에 나오는 '외로운 아이', ⟨~ alien\other-worldly\of outer-space⟩, ⟨↔earthly\terrestrial⟩ 우2

770 **~et** [~잍]: ⟨프랑스어→영국어⟩, little, ⟨~작은 (것)⟩을 나타내는 어미 양1

771 ***eta** (ex·pect·ed time of ar·ri·val): ETA, 도착 예정 시간, ⟨~ estimated time of arrival⟩ 미2

772 ***e-tail** (e·lec·tron·ic re·tail): 전자 소매업 ⟨전산망을 통한 소매상업⟩, ⟨~ internet retail\online retail⟩, ⟨↔brick and mortar store\in-store business⟩ 양2

773 **et al** [엩 아알]: ⟨라틴어⟩, et alibi, 'and others', 그리고 다른 사람(들), ~ 등, 'and so forth', ⟨~ et alia\et alii⟩ 양2

774 **etc** \ et-cet·er·a [엩쎄터롸]: and+others, 〈라틴어에서 연유한 영국어〉, 기타…, 등등…, 따위 〈사물을 나타냄〉, 〈~ and the rest\and so forth\and so on〉 미1

775 *****/etc** [엩씨]: Unix에서 체계구성에 대한 정보를 담은 목록, 〈~ a directory〉 수2

776 **etch-ing** [에칭]: 〈← etzen(eat)〉, 〈게르만어〉, 〈깨물어 떼어내는〉 식각, 부식동판술 〈판에 그림이나 무늬를 새기는 일〉, 〈~ en-graving〉, 〈~ inscribing\carving〉, 〈↔obliterating\erase〉 미2

777 **e·ter·ni·ty** [이터니티]: 〈← aeternus ← aevtum(age)〉, 〈라틴어〉, 〈시작과 끝이 없는〉 영원, 무궁, 불멸, 내세, 〈~ all time\perpetuity\infinity〉, 〈↔transience\moment\temporariness〉, 〈↔instant\mortal\finite〉 가1

778 **e·ter·ni·ty ring** [이터니티 륑]: '영원 반지' (빈틈없이 돌려가며 보석을 박은 가느다란 반지), 〈~ infinity ring〉 우1

779 *****ETF** (ex-change trad-ed fund): 상장 지수 자금, 주식거래에 필요한 투자 자금이나 자산, 〈~ fund that trades on exchange\a basket of securities〉 미2

780 **eth·a·nol** [에써널]: 〈영국어〉, C2H6O, ethane+alcohol, 에탄올, 〈공기로 날아가는〉 알코올, (마실 수 있는) 에틸 주정〈ethyl alcohol〉, 〈~ drinking alcohol\fermentation alcohol〉, 〈↔methanol〉 미1

781 **E·ther**(eum) [이이써(뤼엄)]: 이더(리움), 〈창공을 날기를 바라며〉 스위스 재단의 이름을 따서〉 2015년 구미에서 창안된 〈세계적〉 대중 전산망 금융 연쇄점 및 전자화폐, 〈~ a crypto-currency\inches〉 수2

782 **e·ther** [이이써]: 〈← eithein(kindle\shine)〉, 〈그리스어〉, 에테르 (마취제·용매로 쓰이는 '발화성이 강한' 알코올 추출물), upper air(sky), 창공, 하늘, 대기, 〈~ the heavens\celestial space〉, 〈↔land\terra firma〉, 〈↔earth\ground〉 우1 양2

783 *****Eth·er·net** [이이써넽]: 이더넷, '광전선망' 〈Xerox사가 개발한 라디오 주파를 동축 케이블에 실어 보내는 유선 전산망으로 현재는 지역방송 등에서 사용하고 있음〉, '창공망', 〈~ local area network\wired network〉, 〈↔wide area network〉, 〈↔internet〉 우1

784 **eth·ics** [에씩스]: 〈그리스어〉, 〈'ethos(normal state)'를 연구하는〉 윤리학, 도덕론, 도의, 〈~ righteousness\virtue〉, 〈~ moral code\values〉, 〈↔evil\unscrupulousness\iniquity〉, 〈↔im-morality\corruption〉 양1

785 **E·thi·o·pi·a** [이이씨오우피어]: aitho(burn)+ops(face), 〈그리스어〉, 에티오피아, '얼굴이 탄 사람들', (1974년 좌익 쿠데타로 왕정을 종식시켰으나) 〈독특한 달력과 시간제를 쓰며〉 2000년 이상 독립을 지켜온 아프리카 북동쪽 고산지대에 위치한 인구가 많고 기독교가 우세한 가난한 나라, {Ethiopian-Amharic-Birr-Addis Ababa}, 〈~ Abyssinia(old name)\Yaltopya\Federal Democratic Republic of Ethiopia〉 수1

786 **eth·nic** [에쓰닉]: 〈← ethnos(custom)〉, 〈그리스어〉, 〈민속의〉, 인종의, 민족의, 이방인의, 〈~ cultural\national〉, 〈↔international〉, 〈↔non-ethnic\non-racial\global〉 양2

787 **eth·nic mi·nor·i·ty** [에쓰닉 마이노어뤼티]: 소수 민족, 〈~ racial minority〉, 〈↔ethnic majority(preponderance)〉 양2

788 **e·thos** [이이싸스]: 〈그리스어〉, 에토스, custom, '특질(character)', 윤리성, 기품, 자만감, 자기소개, 〈→ethics〉, 〈~ mindset\values〉, 〈↔amorality\animalism〉, 〈↔body\reality〉, 〈↔logos\pathos〉 우1

789 **e·ti·ol·o·gy** [이이티알러쥐]: aitia(cause)+logia, 〈그리스어〉, 원인의 추구, 원인론, 병인학, 〈~ etymology〉, 〈~ cause of disease\pathogenesis〉, 〈↔end result(effect)\consequence of disease〉, 〈↔analysis\prognosis〉 양2

790 **e·ti·quette** [에티켙]: 〈프랑스어〉, 〈ticket(표)에 열거된〉 예절, 범절, 불문율, 〈~ polite behavior\good manners〉, 〈↔inappropriateness\impropriety〉, 〈↔dis-courtesy\rude-ness〉 우2

791 **E·ton** [이이튼]: ea(river)+tun(town), 〈영국어〉, 이튼, 영국 버크셔 남부(템스 '강가'에 있는) 도시, 그곳에 1440년 창설된 '공립대학' 〈사실은 사립 청소년 기숙 고등학교〉, 〈~ a town in S. England〉 수1

792 **E·ton jack·et** [이이튼 좩킽]: 〈깃이 넓고 길이가 짧은 소년용의〉 이튼교의 짧은 연미복, 여자용 짧은 저고리, 〈~ short jacket\bumfreezer jacket\mess jacket〉, 〈↔over coat\trench coat\great coat〉 수2

793 **E·tru·ri·an** [이트루어뤼언]: 〈어원 불명의 라틴어〉, 에트루리아인, 기원전 10세기경 소아시아에서 그리스를 통해 건너와 이탈리아 중부에 자리잡고 살다가 〈알파벳을 전해주고〉 기원전 27년에 로마에 완전 흡수된 민족, Etruscan, 〈~ Tuscan〉 수1

794 **~ette** [~엩]: 〈프랑스어〉, little, 〈~작은·축소〉를 뜻하는 어미, 〈~ et〉, 〈~ feminine identity\diminutive suffix〉 양1

795 **e·tude** [에이튜우드]: ⟨← studium⟩, ⟨라틴어→프랑스어⟩, ⟨← study⟩, 습작, 연습곡, ⟨~ short musical composition for solo practice or demonstration⟩, ⟨↔symphony⟩, ⟨↔dis-assemble\abandon⟩ 양2

796 **et·y·mol·o·gy** [에티말러쥐]: etymos(true)+logia, ⟨그리스어⟩, '진실을 공부하는' 어원(학) ⟨말의 본뜻을 연구하는 학문⟩, ⟨~ etiology⟩, ⟨~ derivation of words⟩, ⟨↔conclusion\consequence⟩ 가1

797 **EU** (Eu·ro·pe·an Un·ion): 유럽연합 ⟨1993년 EC를 확대 개편한 것⟩, ⟨~ European Economic Community(EEC)\Common Market⟩ 미2

798 **eu~** [유우]: ⟨그리스어⟩, well \ good, ⟨좋은~⟩이란 뜻의 결합사, ⟨↔dys~\mal(badly)~⟩ 양1

799 **eu·ca·lyp·tus** [유우컬맆터스]: eu(well)+kalyptein(cover), ⟨그리스어⟩, ⟨'잘 덮인' 꽃을 피우며⟩ 목재·약재 등으로 쓰이나 (내화성이 약한) 오스트레일리아 원산의 속성 상록교목, iron·bark, ⟨~ Eucalyptus globulus\ blue gum\gum tree⟩, ⇒ red gum² 수1

800 **Eu·cha·rist** [유우커뤼스트]: eu(well)+charis(favor), ⟨그리스어⟩, 유카리스트, '감사', 성체성사, 성찬, 성찬용 빵과 포도주, ⟨~ communion\sacrament⟩, ⟨~ Holy Communion\The Lord's Supper⟩ 미2

801 **eu·chre** [유우커]: ⟨어원 불명의 게르만어⟩, ⟨← jucker(Jack)?⟩, 유커, 끗수가 많은 32매의 카드로 2~4명이 하는 놀이, 상대방의 실수를 이용하여 이기다, 속이다, ⟨→joker⟩, ⟨~ five hundred⟩, ⟨~ cheat\swindle\defraud⟩, ⟨↔frank\honest⟩ 우1

802 **Eu·clid** [유우클리드]: eu(well)+kleos(fame), ⟨그리스어⟩, 'renowned', 영광된 자', 유클리드, 기원전 300년경에 살았던 그리스의 ⟨기하학의 아버지⟩, ⟨~ a Greek mathematician\"father of geometry"⟩ 수1

803 **eu·dae·mo·nia** [유우디모우니어]: eu(good)+daimon(spirit), ⟨그리스어⟩, 에우다이모니아, eudemonia, '신을 수호하는 것', 행복, 안녕, (아리스토텔레스가 추구했던) 번영, ⟨~ happiness\flourishing⟩, ⟨↔unwellness\suffering⟩, ⟨↔ill-being\affliction⟩ 양2

804 **eu·d(a)e·mon** [유우디이먼]: eu(good)+daimon(spirit), ⟨그리스어⟩, 착한 귀신, 선령, ⟨~ benevolent spirit\angel⟩, ⟨↔cacodemon\evil spirit⟩, ⟨↔bog(e)y\devil⟩ 양2

805 **Eu·do·ra** [유우도어뤄]: Wel·ty: eu(good)+doron(gift), ⟨그리스어⟩, '자비로운 자', 유도라, (1907-2001), 인기 있는 전자우편 연성기기를 개발한 미국의 단편 소설작가, ⟨~ an American short story writer and photographer⟩ 수1

806 **eu·gen·ics** [유우줴닉스]: eu(good)+genes(birth), ⟨그리스어⟩, ⟨좋은 태생을 연구하는⟩ 우생학, ⟨~ race improvement\selective mating(breeding)⟩, ⟨~(↔)dysgenics\biology⟩ 양2

807 **eu·gent** [유우줸트]: eu(good)+genes(birth), ⟨그리스어⟩, (독일어) 우수한 학생, 우량아, '태생이 좋은' 사람, ⟨~ genteel\out-standing⟩, ⟨↔dys-genic\caco-genic⟩ 우2

808 **eu·gle·na** [유우글리이너]: eu⟨← eurys(wide)⟩+glene(pupil), ⟨그리스어⟩, ⟨큰 눈동자 같은⟩ 유글레나, 연두벌레 ⟨엽록소를 가져서 초록색을 띠고 편모를 가져서 움직일 수 있는 '방추형'의 미세한 식물 겸 동물로 주로 연못이나 하수구에 서식함⟩, ⟨~ single-cell flagellate eukaryotes\Euglena viridis⟩ 미2

809 **eu·la·chon** [유울러칸]: ⟨원주민어⟩, (북태평양에 서식하며 알을 까러 강을 거슬러 올라가는) 작은 빙어, ⟨예전에는 말려서 촛불로 썼으나 현재는 사람이 먹기도 모자라는⟩ candle·fish, ⟨~ hooligan\Pacific smelt⟩ 미2

810 **eu·lo·gy** [유울러쥐]: eu(well)+logos(← legein⟨speak⟩), ⟨그리스어⟩, '찬미', 송덕문, 조사, ⟨~ encomium\speech of praise\panegyric⟩, ⟨↔censure\rebuke⟩, ⟨↔condemnation\denunciation⟩ 가1

811 **Eu·men·i·des** [유우메니디이즈]: eu(good)+menos(mind), 그리스 비극 「에우메니데스」('친절한 자'⟨the kindly ones⟩)에 나오는 Furies, 복수의 여신들 ⟨완곡어법⟩, ⟨~ snake-haired monsters⟩ 수1

812 **eu·noi·a** [유우노이어]: eu(good)+vooc(mind), ⟨그리스어⟩, 아름다운 생각, eudaemonia에서 영어의 5개 기본 모음 ⟨어머니 음성⟩을 따서 만든 '포근한 감정', ⟨~ a good spirit\beautiful thinking⟩, ⟨disagreement\non-receptivity⟩, ⟨↔bad will\hostility\paranoia⟩ 양2

813 **eu·nuch** [유우넉]: eune(bed)+echein(hold), ⟨그리스어⟩, 환관, ⟨왕녀의 '침실을 지키는'⟩ 내시, 유약한 남자, castrated man, ⟨~ sterile⟩, ⟨↔fertile\macho⟩ 가1

814 **eu·o·ny·mus** [유우아너머스]: eu(good)+anoma(name), ⟨그리스어⟩, ⟨좋은 이름을 가진⟩, spindle, winter creeper, 화살나무, 참빗살나무, 잎이 둥근 화살촉같이 생긴 각종 노박덩굴과의 관목, '사철나무', ⟨~ burning bush\strawberry bush⟩ 미2

815 **eu‧phe‧mism** [유우훠미즘]: eu(good)+phanai(speak), 〈그리스어〉, 유페미즘, '좋은 표현', 〈모나지 않고 부드러운〉 완곡어법, 〈~ euphuism〉, 〈~ polite term\indirect term〉, 〈↔bluntness\calling a spade a spade〉, 〈↔dys-phemism\locution\terse-ness〉 양2

816 **eu‧pho‧ni‧um** [유우호우니엄]: eu(good)+phonos(sound), 〈그리스어〉, 유포니움, (주로 군악대에서 쓰는) '부드러운 중화음'을 내는 작은 tuba 모양의 금관악기, 〈~ well-sounding\sweet-voiced〉 우1

817 **eu–pho‧ri‧a** [유우훠뤼어]: eu(good)+pherein(bear), 〈그리스어〉, 〈좋게 품은〉 행복감, 도취, 병적 쾌감, 〈~ elation\bliss〉, 〈↔misery\depression〉, 〈↔aphoria〉, 〈↔dys-phoria\bad trip〉 양2

818 **Eu-phra‧tes** [유우후뤠이티이즈]: hu(good)+peretu(ford), 〈페르시아어〉, '넓게 흐르는 강', 유프라테스 〈터키 동부 산악지대에서 시작해서 시리아를 지나 이라크를 관통하고 나서 티그리스강을 만나 페르시아만으로 방출되는 메소포타미아(Mesopotamia) 문명의 젖줄〉, 〈~ a river in SW Asia〉 수1

819 **eu-phu–ism** [유우휴우이즘]: eu(well)+phyein(grow), 〈그리스어〉, '좋게 꾸며진 말', 과식체, 미사여구 (아름다운 말과 화려한 문체), 〈~ euphemism〉, 〈~ elaborate language〉, 〈↔terseness\dullness〉, 〈↔dys-phemism〉 양2

820 **Eur-a‧sia** [유뤠이줘]: 〈1858년 독일에서 합성된 그리스어〉, Europe+Asia, 유라시아, 구·아 대륙, 〈~ Euro-Asia\Europe Caucasus Asia〉 미1

821 **Eu‧re‧ka** [유뤼이커]: 유레카, 캘리포니아주의 북부에 있는 도시, 〈~ the heart of the Redwood Coast〉, 캘리포니아주의 표어, 〈~ motto of California〉, 1909년에 세워진 미국의 진공청소기 회사, 〈~ an American vacuum cleaner manufacturer〉 수1

822 **eu‧re‧ka** [유뤼이커]: 〈← heuriskein(discover)〉, 〈그리스어〉, 아르키메데스가 왕관의 순금도를 재는 방법을 발견했을 때 지른 소리, "발견했다!" "이제 됐다!", 〈~ epiphany\"I found it"〉, 〈↔"I lost it"〉, 〈↔elathoman(I forgot)〉 미2

823 **Eu‧rip‧i‧des** [유어뤼피디이즈]: eu(well)+rhipto(launch), '날쌘 자', 에우리피데스, (about BC480-406), 비판적 시각으로 글을 썼으며 소크라테스와 친했던 고대 그리스 3대 비극작가 중 마지막 작가, 〈~ a Greek tragedian〉 수1

824 **Eu‧ro** [유로우]: 유로, 유럽의, 유럽 사람, 유럽 공통 화폐 단위, 〈~ western European\currency of European Union〉 수1

825 **Eu‧ro-ar‧e‧a(-land, -zone)**: 유로화 지역, 유로화를 통화로 사용하는 27개(2023년 현재)의 국가연합 양2

826 **Eu‧ro-dol‧lar** [유로우 달러]: 유럽에서 국제 결제에 쓰이는 미국 달러, 〈~ U.S. dollars deposited overseas〉 수1

827 **Eu‧ro‧pa** [유로우퍼]: eurys(wide)+ops(face), 〈그리스어〉, '둥근 눈의 미녀', 에우로페, 제우스의 꾐을 받아 3명의 아들을 낳은 페니키아의 왕녀, 〈→Europe?〉, 〈~ a Phoenician princess〉 수1

828 **Eu‧rop-car** [유로웊카]: 유럽카, 2019년 파리에 세워진 세계적 자동차 임대업체, 〈~ a car rental company〉 수2

829 **Eu‧ro‧pe-an** [유뤄피언]: 유럽(사람)의, 〈← Europa?〉, 〈~(↔)Caucasian〉 수1

830 **Eu‧ryd‧i‧ce** [유우뤼더시]: eurys(wide)+dike(justice), 〈그리스어〉, '아량이 넓은 자', 에우리디케 〈명부에서 데려오다 뒤돌아보아 놓쳐 버린 음악가 올페우스의 아내〉, 참나무의 요정, 〈~ a character in Greek mythology\wife of Orpheus〉 수1

831 **Eu‧rys‧the‧us** [유우뤼쓰씨우스]: eurys(wide)+sthenos(strength), 〈그리스어〉, '힘이 센 자', 에우리스테우스, (Heracles의 사촌으로 헤라클레스를 질투한 Hera에 의해 출산이 앞당겨져 Mycenae의 왕이 된) Perseus의 손자, 〈~ a King of Tiryns〉 수1

832 **Eu‧sta‧chian tube** [유우스테이션 튜우브]: eu(well)+stakhys(ear of grain), 〈그리스어〉, 유스타키오관, 〈이탈리아 의사 E~('잘 여문자')가 발견한〉 이관, 〈중이의 압력을 조정해 주는〉 달팽이관, salpinx, 〈~ auditory tube\pharyngotympanic tube〉 수2

833 **eu‧tha‧na‧sia** [유우써네이줘]: eu(well)+thanatos(death), 〈그리스어〉, '평온안 죽음', 안락사, 안사술, 〈~ well-dying〉, 〈~ mercy killing\putting to sleep〉, 〈~(↔)assisted suicide〉, 〈↔resurrect\resuscitate〉 양2

834 ***EV** (e‧lec‧tric ‧ve‧hi‧cle) [일렉트뤽 뷔히클]: e~ car, 전기 자동차, 1827년 헝가리의 한 신부에 의해 개발되어 21세기에 리튬 축전지의 발달로 보편화 되었으며 캘리포니아에서는 2035년부터 배기를 방출하는 새 차의 판매가 금지되어 차세대의 교통수단이 될 〈청정차〉, 〈~ battery-powered vehicle〉 미2

835 **E·va Air** [이이붜 에어]: 에바 항공, Evergreen Airways, 장영항공, Evergreen 선박의 장영하가 1989년에 설립하여 동남아에 주력하는 Star Alliance 제휴의 대만 항공사, 〈~ 2nd largest Taiwanese airline〉 수2

836 **e-vac·u·a-tion** [이봬큐에이션]: e(out)+vacuus(empty), 〈라틴어〉, 〈← vacate〉, 〈밖으로〉 비움, 배출, 소개, 철수, 피난, 〈~ exodus〉, 〈~ removal\clearance〉, 〈↔entrance\arrival〉, 〈↔retention\influx\coming〉 가1

837 **e-vade** [이봬이드]: e(out)+vadere(go), 〈라틴어〉, '밖으로 나가다', 회피하다, 모면하다, 〈↔evasion〉, 〈~ avoid\elude〉, 〈~ dodge\escape from〉, 〈↔run into〉, 〈↔accept\confront〉 양2

838 **e-val·u·ate** [이밸류에이트]: e(out)+valere(worthy), 〈라틴어〉, '밖으로 가치〈value〉를 드러내다', 평가하다, 사정하다 〈국어사전의 7개 뜻 중 2번째 것〉, 〈~ assess\judge\appraise〉, 〈↔ignore\neglect\disregard〉 가1

839 **ev·a·nes-cent** [에붜네슨트]: e(out)+vanescere, 〈라틴어〉, (점점) '사라져 가는〈vanish〉', 미미한, 〈인생처럼〉 덧없는, 〈~ fading\disappearing〉, 〈↔lasting\enduring〉, 〈↔unlimited\permanent〉 양2

840 **e·van·gel·i·cal** [이이밴젤리컬]: eu(good)+angelos(messenger), 〈그리스어〉, 이반젤리칼, '복음'(서)의, 복음주의 교회, 〈~ Biblical\scriptural〉, 〈~ revivalism〉, 〈↔indifferent\secular\irreligious〉 미2

841 **e-vap·o·ra-tion** [이봬퍼뤠이션]: e(out)+vaporare, 〈라틴어〉, 〈밖으로 증기(vapor)가 나가는〉 증발(작용), 발산, 탈수, 〈~ vaporization〉, 〈↔condensation〉, 〈↔absorption\dampening〉 양1

842 **e-va·sion** [이붸이줜]: e(out)+vadere(go), 〈라틴어〉, 〈← evade〉, 〈밖으로 나가는〉 (책임)회피, 얼버무림, 탈세, 〈~ avoidance〉, 〈~ elusion\dodging〉, 〈↔confronation\submission〉, 〈↔endurance\toleration〉 양1

843 **Eve¹** [이이브]: 〈← hawwah(life)〉, 〈히브리어〉, '삶', 〈늑골로 만든〉 (정이 많은) 이브, 하와 〈아담의 아내·카인과 아벨의 어머니〉, 〈~ the world's first woman\wife of Adam〉 수1

844 **Eve²** [이이브]: 〈← evening〉, 이브, 전야(제), (교회 축제일·명절날 등의) 전날(밤), 〈~ the day(night) before〉 미2

845 **eve** [이이브]: 〈영국어〉, evening, 저녁, 이른 밤〈대략 오후 6시부터 자정까지〉, 〈~ late afternoon\nightfall〉, 〈↔morn\dawn\day〉 양2

846 **e-vec-tion** [이뷀션]: e(out)+vehere(carry), 〈라틴어〉, 〈위로 치켜 올리는〉 출차, 태양 인력에 의한 달운행의 주기적 차이, 〈~ irregularity of moon's motion〉 양1

847 **e·ven** [이이븐]: 〈← efan(smooth)〉, 〈게르만어〉, '똑같은', 조차, 한층, 꼭, 평평한, 정연한, 동일, 〈둘로 똑같이 나눌 수 있는〉 짝수, 〈~ flat\balanced〉, 〈↔bumpy\lopsided〉, 〈↔un-even\un-equal〉 양1

848 *****e·ven a worm will turn**: 〈1546년에 등장해서 셰익스피어가 [헨리 6세]에서 사용해서 유명해진 말〉, 지렁이도 밟으면 꿈틀한다, 참새가 죽어도 짹한다, 〈~ a needy mouse confronts a cat〉 양2

849 *****e·ven cross-ing paths is an act of prov·i·dence**: 〈불교 속담〉, 옷깃만 스쳐도 인연이다, 〈~ meeting each other is a karma fate\we are meant to meet〉 양2

850 *****e·ven flat-ter-y can wear thin**: 좋은 말도 세 번 하면 듣기 싫다, 〈~ baloney is flattery laid on so thick〉, 〈~(↔)baloney is the lie laid on so thick you hate it〉 양2

851 *****e·ven good things wear thin**: 좋은 말도 세 번 하면 듣기 싫다, 콧노래도 한두 번 (잔소리 그만하라는 말), 〈~(↔)a long stay wears out his welcome〉 양2

852 *****e·ven–hand-ed** [이이븐 핸디드]: 공평한, 공정한, 〈~ fair\just〉, 〈↔biased\partial〉 양1

853 *****e·ven Ho·mer nods** [이이븐 호우머 나즈]: 호메로스도 잘못을 인정할 때가 있다, 원숭이도 나무에서 떨어질 때가 있다, 〈~ no man is infallible〉 양2

854 **eve·ning** [이이브닝]: 〈영국어〉, 〈낮과 밤을 even하게 하려는〉 저녁, 말기, [Eve(아내)가 잠자리로 들어오는?] '해가 저물 때', 〈~ end of day\twilight〉, 〈~ dawn\daybreak〉, 〈↔morning\night〉 양1

855 **eve·ning gown** [이이브닝 가운]: (여성용) 야회복, 〈~ foraml long dress\dinner gown〉, 〈↔day dress\casual dress〉 양1

856 **eve·ning school** [이이브닝 스쿠울]: 야(간)학교, 〈~ night school〉, 〈↔day school〉 양1

857 **eve·ning star** [이이브닝 스타아]: 저녁별, 〈저녁에 보면 love가 생각나고 아침에 보면 beauty가 느껴지는〉 morning star, 금성, ⇒ Venus 미2

858 **e·ven mind-ed** [이븐 마인디드]: 마음 편한, 차분한, ⟨~ calm\equable⟩, ⟨↔anxious\distressed⟩, ⟨↔prejudiced\capricious⟩ 양1

859 *__e·ven odds__ [이븐 아즈]: 반반의 승률(가능성), ⟨~ fifty-fifty⟩, ⟨~ 50% chance⟩, ⟨↔un-equal\un-just⟩ 양2

860 *__e·ven smalls__ [이븐 스머얼즈]: '모두 고른 대문자들' ⟨타자 칠 때 대문자를 전부 작고 낮은 글자로 치는- EVEN SMALLS같이⟩ 우1

861 **e-vent** [이벤트]: e(out)+venire(come), ⟨라틴어⟩, ⟨밖으로 나오는⟩ 사건, 결과, 종목, 경우, 흥행, 행사, ⟨~ vent⟩, ⟨~ occasion⟩, ⟨~ occurrence\circumstance⟩, ⟨↔nothing\naught⟩, ⟨↔rest\cessation⟩ 양2

862 **e-vent com-pa·ny** [이벤트 컴퍼니]: 흥행사, 행사주선사, ⟨~ event management company\event production company⟩ 양2

863 *__e-vent–dri·ven pro-gram-ming__ [이벤트 드뤼븐 프로우그래밍]: '사건 주도형 차림표' ⟨사용자가 선택하는(user command) 항목에만 반응하는 체계⟩, ⟨~ sequential programming⟩ 우1

864 **e·ven tem·pered** [이븐 템퍼드]: 마음이 평정하, 평온한, 냉정한, ⟨~ calm\composed⟩, ⟨↔excitable\unstable⟩, ⟨↔capricious⟩ 양1

865 *__e·ven the great-est makes mis-takes__: 원숭이도 나무에서 떨어질 때가 있다, ⟨~ even Homer nods⟩ 양2

866 **e-vent-ing** [이벤팅]: ⟨올림픽 경기에서⟩ (보통 3일간에 걸쳐 하는) 종합 마술대회, ⟨~ 3 day equestrian competition⟩ 양2

867 **e-ven·tu–al** [이벤츄얼]: 종국의, 결과적으로, 우발적인, ⟨~ ultimate\following⟩, ⟨↔initial\original⟩, ⟨↔immediate\unlikely⟩ 양1

868 **ev·er** [에붜]: ⟨← aefre⟩, ⟨어원 불명의 영국어⟩, ⟨a+in+feore(life)란 설이 있는⟩ '영원한', 언젠가, 일찍이, 결코(~않다), 늘, 도대체, ⟨긴지~ 아닌지~⟩, ⟨~ at any time\always⟩, ⟨↔never⟩ 양2

869 **ev·er-af·ter** [에붜 애후터]: ⟨영국어+게르만어⟩, 이 시점부터, ⟨현실에서는 존재할 수 없는⟩ 영원히, ⟨~ hereafter\onwards⟩, ⟨↔once\never⟩, ⟨↔despite\not-withstanding⟩ 양2

870 **Ev·er·est** [에붜뤼스트]: 'Eure 강가에 사는 자', (영국의 측량기사 이름을 딴) 에베레스트산, ⟨Tibet어는 Chomolungma(mother goddess)⟩, '성모산'(세계 최고봉·해발 8,848m), ⟨~ high point\summit⟩, ⟨↔fall\abyss\lowland⟩, ⇒ Himalaya 수1

871 **ev·er-glades** [에붜글레이즈]: ⟨영국어⟩, ever+grassy waters, '물 초원', 에버글레이드, 저습지, 소택지, (Everglades; 미국 플로리다 남부의 국립공원), ⟨~ River of Grass\swampy grassland in S. Florida⟩ 양2 수1

872 **ev·er-green** [에붜 그뤼인]: 상록의, 불후의 (작품), 변치 않는, 싱싱한, ⟨~ plant that stays green⟩, ⟨↔deciduous\temporary⟩ 양2

873 **ev·er-last-ing flow·er** [에붜 래스팅 훌라우어]: 영구화 ⟨여러 겹의 꽃잎이 밀집되어 (꽃을) 따고 오래되어도 모양이 변치 않는 떡쑥·보릿짚 국화 등의 꽃⟩, ⟨~ Helichrysum arenarium⟩ 미1

874 **ev·er-more** [에붜 모어]: 늘, 항상, 언제나, 영원토록, ⟨↔never-ever보다는 some-times가 더 낫지 않을까⟩, ⟨~ always\forever⟩, ⟨↔once\nevermore⟩ 양2

875 **eve·ry** [에브뤼]: ⟨영국어⟩, ⟨← ever(늘)⟩, 다, 어느 ~이나, 온갖, ~마다, ⟨전체에서 빠뜨리지 말고⟩ 하나하나, ⟨~ each⟩, ⟨~ every single\each and every⟩, ⟨↔none\not any⟩, ⟨↔neither⟩ 가2

876 *__eve·ry child is dear to his(her) par·ents__: 열 손가락을 깨물어 안 아픈 손가락이 없다, ⟨~ can't choose one over another\they are all apples in my eye⟩ 양2

877 *__eve·ry cloud has a sil·ver lin-ing__: ⟨영국 속담⟩, 안 좋은 상황에서도 긍정적인 면이 있다, 고난 뒤에는 희망이 있다, ⟨새옹지마⟩, 쥐구멍에도 별들 날 있다, ⟨고진감래⟩, ⟨~ blessing comes in disguise⟩, ⟨↔every rose has its thorn⟩, ⟨↔every rainbow has it's rain⟩ 양2

878 *__eve·ry dog has its day__: ⟨전부터 있었으나 셰익스피어가 'Hamlet'에서 사용해서 유명해진 말⟩, 귀뚜라미도 한 때가 있다, 쥐구멍에도 별 들 날 있다, fortune knocks at every door, ⟨~ everyone gets a chance⟩ 양2

879 *__eve·ry flow has its ebb__: 밀물이 있으면 썰물도 있다, 달도 차면 기운다, 화무십일홍, ⟨~ what goes up must come down\nothing lasts forever⟩, ⟨~ conflict comes and goes⟩ 양2

880 *eve·ry Jack has his Jill: 짚신도 짝이 있다, 〈~ there are plenty of fish in the sea〉, 〈~ everyone will find a partner〉 양2

881 *eve·ry lit·tle bit helps [에브뤼 리틀 헬프스]: 티끌모아 태산(진합 태산), 십시일반, 〈~ many a little makes a nickle〉, 〈~ every contribution matters〉, 〈↔a few dollars won't make a difference〉 양2

882 *eve·ry man for his own trade: 누구나 한가지 특기가 있다, 굼벵이도 구르는 재주가 있다, 〈~ there is no tree but bears some fruit〉, 〈~ people should stick to their own professions〉 양2

883 *eve·ry-man's goose is a gan·der: 장중보옥, 고슴도치도 제 새끼는 함함하다고 한다, 〈~ the beetle is a beauty in the eyes of it's mother〉 양2

884 *eve·ry-one has dirty laun·dry: 털어서 먼지 안 나는 사람 없다, 〈~ no man is infallible〉, 〈~ everyone has embarrassing secrets〉 양2

885 *eve·ry-thing de-mands some work: 부뚜막의 소금도 집어 넣어야 짜다, 구슬이 서말이라도 꿰어야 보배, 〈~ nothing is complete unless you put it in final shapes〉, 〈~ nothing worth doing is easy〉, 〈↔getting life on a silver platter〉 양2

886 *eve·ry why hath a where-fore: 핑계없는 무덤 없다, 처녀가 애를 배도 할 말이 있다, 〈~ there is an excuse for everything〉, 〈~ everything has an explanation(reason)〉, 〈↔sometimes stuff just happens〉 양2

887 E·vian [에뷔아안]: 〈← aqua(water)〉, 〈라틴어→프랑스어〉, '물', 1857년부터 프랑스의 에비앙 마을에서 나온 세계적 광천수(상품명), 〈~ God is gracious〉, 〈~ a luxury mineral water〉 수2

888 e-vic·tion [이뷕션]: e(out)+vincere(conquer), 〈라틴어〉, 퇴거시킴, 〈이겨서 밖으로〉 쫓아냄, 〈← evince〉, 〈~ expulsion\throwing out〉, 〈↔remaining\acceptance〉, 〈↔admittance\receiving〉 가1

889 ev·i·dence [에뷔던스]: e(out)+vindere(see), 〈라틴어〉, 증거, 증언, 흔적, 〈← evident〉, 〈~ proof\verification〉, 〈↔dis-proof\rebuttal〉, 〈↔guess\assumption〉 가1

890 ev·i·dent [에뷔던트]: e(out)+videre(see), 〈라틴어〉, '밖에서도 보이는', 분명한, 뚜렷한, 나타난, 〈→evidence〉, 〈~ obvious\apparent〉, 〈↔hidden\obscure〉, 〈↔unnoticeable\unclear〉 가1

891 e·vil [이이블]: 〈← yfel(ill)〉, 〈게르만어〉, '나쁜', 사악한, 불건한, 〈이불 밑에서 하는〉 못된, 〈~ wicked\bad\wrong〉, 〈↔good\virtuous〉, 〈↔righteousness\morality〉 가1

892 e-vince [이뷘스]: e(out)+vincere(conquer), 〈라틴어〉, 밝히다, 명시하다, 이끌어내다 〈→evict〉, 〈~ reveal\show〉, 〈↔conceal\be-lie〉, 〈↔hide\disguise〉 양2

893 e-voke [이보우크]: e(out)+vocare(call), 〈라틴어〉, '밖으로 불러내다', 둘러 일으키다, 자아내다, 환기하다, 〈~ bring to mind\stir up〉, 〈↔discourage\dissuade〉, 〈↔suppress\repress〉 양1

894 ev·ol [에볼]: ①evolution의 약자→②역전된 love→③evil의 완곡한 표현, 〈사랑이 진화되어 미움이 된다는 뜻〉, 〈~ love can turn bad〉 양1

895 ev·o·lu·tion [에뷜루우션]: e(out)+volvere(roll), 〈라틴어〉, 〈← evolve〉, 전개, 발전, 진화(론), 방출, 〈~ Darwinism\natural selection\advancement〉, 〈↔devolution\retrogradation〉, 〈↔reduction\regression\involution〉 가1

896 e-volve [이봘브]: e(out)+volvere(roll), 〈라틴어〉, '밖으로 펴다', 서서히 전개시키다, 도출하다, 발전하다, 〈→evolution〉, 〈~ develop\progress〉, 〈↔absorb\decline\retrogress〉 양1

897 EVOO [이부우]: 이부, extra·virgin·olive oil, 고순도 〈첨가물 없이 열을 가하지 않고 짠 '숫' 숫처녀〉 올리브 기름, 〈~ cold-pressed olive oil\highest grade olive oil〉, 〈↔refined olive oil〉 미2

898 ewe [유우]: 〈← eowu(female sheep)〉, 〈게르만어〉, 〈성기가 여자와 닮았다는〉 (성장한) 암'양', 〈↔ram〉, 〈↔wether〉 가1

899 ex [엑쓰]: 〈라틴어〉, 이전의, 본디의, 시대에 뒤진, 전(남편·부인), 〈~ past〉, 〈~ previous\former\prior〉, 〈↔future\current〉, 〈↔present\existing〉 양2

900 ex~ [엑쓰~]: 〈라틴어〉, out\from\thorough\beyond, 〈~으로부터·밖으로·적적으로〉란 뜻의 결합사, 〈↔in\into〉 양1

901 exa [엑써]: 〈영어어〉, 기호 E, 1000의 '6'(hexa)승, 10의 18승 〈무한대〉 수2

902 **ex·ac·er·ba–tion** [이그재설베이션]: ex(thorough)+acerbus(bitter), 〈라틴어〉, 〈거칠게 하는〉 악화, 격화, 격분, 〈~ worsening\aggravation〉, 〈↔alleviation\mitigation〉, 〈↔relief\improvement〉 양2

903 **ex-act** [이그젝트]: ex(out)+agere(drive), 〈라틴어〉, '밖으로 드러난', 정확한, 엄밀한, 꼼꼼한, 엄격한, 〈~ correct\specific〉, 〈↔in-exact\im-precise\in-accurate\circa〉, 〈↔erroneous\improper〉 양2

904 **ex-ac-tion** [이그잭션]: 〈← exact〉, 강요, 강제징수, 과세, 〈~ extortion\demand〉, 〈↔gratuity\supply〉 양2

905 **ex-ag·ger–ate** [이그재줘뤠이트]: ex(thorough)+agger(heap), 〈라틴어〉, 〈모두 쌓아 올려〉 과장하다, 떠벌리다, 악화시키다, 〈~ overemphasize\enhance〉, 〈↔down-play\under-state\abridge\minimize〉 양2

906 **ex-al·ta–tion** [에그져얼테이션]: ex(out)+altus(high), 〈라틴어〉, 높임, 찬양, 교양, 우쭐함, '들어 올리기', (종달새 등의) 떼, 〈~ elation\joy\elevation〉, 〈↔lowering\sadness\despair\misery〉 양2

907 **ex-am** [이그잼]: ex(out)+aminare(weighing), 〈라틴어〉, examination, 〈밖으로 끄집어내 보이게 하는〉 시험, 고사, 검사, 〈~ screen\vetting〉, 〈~ test\analysis〉, 〈↔negligence\findings〉, 〈↔inattention\heedlessness〉 가2

908 ***ex-am·ine your zip-per** [이그재민 유어 지퍼]: 당신의 '남대문'이 열렸어요, 〈~ your fly' is open\XYZ〉 양2

909 **ex-am·ple** [이그잼플]: ex(out)+emere(buy), 〈라틴어〉, 〈밖으로 빼놓은〉 예, 보기, 모범, 본때, 〈→sample〉, 〈~ exemplification\specimen〉, 〈↔contrary\opposite〉 가2

910 **ex-as·per–ate** [이그재스퍼뤠이트]: ex(thorough)+asper(rough), 〈라틴어〉, '거칠게 하다', 화나게 하다, 격앙시키다, 〈~ annoy\irritate〉, 〈↔ensorcel〉, 〈↔appease\placate\pacify〉 양2

911 **Ex-cal·i-bur** [엑스캘러버]: ex(thorough)+caled(hard)+bwich(breach), 〈웨일즈어에서 연유한 라틴어〉, '바위를 가르는 칼', 엑스칼리버, Arthur 왕의 〈마법의〉 명검, Las Vegas의 '3성급' 호텔, 〈~ King Arthur's sword\"cut-steel"〉, 〈~ a hotel and casino in Las Vegas〉 수1

912 **ex-ca·vate** [엑쓰커붸이트]: ex(out)+cavare(← cavus〈hollow〉), 〈라틴어〉, 〈← cave〉, '굴을 파서 밖으로 꺼내다', 굴착하다, 발굴하다, 〈~ Poclain〉, 〈~ dig out\burrow〉, 〈↔bury〉, 〈↔fill\cover〉 양2

913 **Ex-ce·drin** [엑쎄드륀]: '방어제', (2015년 Glaxo Smith Kline이 대주주가 된) 〈aspirin·acetaminophen·caffeine 복합의〉 두통 진통제 수2

914 **ex-ceed** [익씨이드]: ex(beyond)+cedere(go), 〈라틴어〉, 〈경계를 넘어 달리다〉, 넘다, 초과하다, 낫다, 〈→excess〉, 〈~ surpass\transcend\go beyond〉, 〈↔standing still\fall behind〉, 〈↔fall short\lag〉 양1

915 ***EX-CEL** [익쎌]: 엑셀, 1985년 Microsoft가 개발한 산열형 연성기기의 상표명, 〈~ a spread-sheet editor〉 수1

916 **ex-cel** [익쎌]: ex(beyond)+cellere(rise high), 〈라틴어〉, 〈맨 위층을〉 능가하다, 탁월하다, 낫다, 〈~ be very good\be talented〉, 〈↔fail\lose〉, 〈↔be unsuccessful\underperform〉 양2

917 **ex-cel·len·cy** [엑썰런시]: 〈← excel〉, 각하, (His E~; 대사·장관 등에 쓰는 호칭 \ Her E~; 각하 부인·부인 각하), 〈~ superiority\greatness〉, 〈↔deficiency\inferiorty〉 양2

918 **ex-cel·si·or** [익쎌시얼]: ex(beyond)+cellere(rise high), 〈라틴어〉, 'higher', ①〈위에 덮는〉 (포장용) 대팻밥, 3포인트 활자 ②〈Long fellow가 써서 유명해진〉 New York주의 표어, 〈~ always upward〉, 〈↔abysmal〉 우2

919 **ex-cept** [익쎕트]: ex(out)+capere(take), 〈라틴어〉, ~제외하고, ~을 생략하고, '~을 밖으로 끄집어내고', 〈~ excluding\omitting〉, 〈↔accept\include〉 양2

920 **ex-cep·tion–al** [익쎕셔늘]: 예외적인, 드문, 특별한, 〈~ uncommon\rare\atypical〉, 〈↔usual\normal\ordinary〉 양2

921 **ex-cerpt** [엑써얼프트]: ex(out)+carpere(pluck), 〈라틴어〉, 〈밖으로 끄집어낸〉 발췌록, 초록, 인용구, 〈~ extract\scarce〉, 〈~ part\portion〉, 〈↔insert\whole〉, 〈↔entirety\total〉 양2

922 **ex-cess** [익쎄스]: ex(beyond)+cedere(go), 〈라틴어〉, 〈← exceed〉, 과다, 초과, 지나친, 심한, 〈~ surplus\overabundance\extra〉, 〈↔lack\insufficient〉, 〈↔dearth\scarcity\deficiency〉 양2

923 **ex-change** [익쓰 췌인쥐]: ex(out)+cambiare(barter), 〈라틴어〉, 교환, 교역, 〈~ trade\interchange\swap〉, 〈↔keep\withhold\return\restriction〉 가1

924　**ex-cise** [엑싸이즈]: ex(thorough)+caedere(cut), 〈라틴어〉, '잘라내다', 삭제하다, 소비하다, 〈~ remove by cutting〉, 〈↔insert\replace\put in〉 양1

925　**ex-cise tax** [엑싸이즈 택스]: (제조업자가 도매상에 넘길 때·소비자가 물품을 구입할 때·공공시설을 사용할 때) 연방·주 정부에 바치는 '소비'세 (물품세·허가세), 〈~ excise duty〉 양2

926　**ex-cit-ing** [익싸이팅]: ex(out)+ciere(call), 〈라틴어〉, 〈감정을 '밖으로 불러내서'〉 흥분시키는, 자극적인, 조마조마하게 하는, 〈~ thrilling\animating〉, 〈~ exhilarating\stimulating〉, 〈↔boring\dull〉, 〈↔monotonous\banal\tedious〉 양2

927　**ex-cla·ma-tion** [엑쓰클러메이션]: ex(out)+clamare(cry), 〈라틴어〉, 〈← exclaim〉, 〈밖으로 소리치는〉 외침, 감탄(사), 영탄(법), 〈~ shout\yell〉, 〈↔quiet\scilence〉, 〈↔whisper\mutter〉 양2

928　**ex-clu-sive** [익쓰클루우시브]: ex(out)+claudere(shut), 〈라틴어〉, 〈← exclude〉, 〈밖으로 내쫓고 닫아버리는〉 배타적, 제외적, 독점적, 최고급, 〈~ sole\unshared〉, 〈↔in-clusive\all around\open〉, 〈↔across the board\public〉 양2

929　**ex-cog·i·tate** [엑쓰 카쥐테이트]: ex(out)+cogitare(think), 〈라틴어〉, 생각해 내다, 고안해 내다, 숙고하다, 〈~ plan\devise〉, 〈↔forget\discard\dismiss〉 양2

930　**ex-com-mu·ni·ca·tion** [엑쓰 커뮤우니케이션]: 〈라틴어〉, 〈소통하지 못하게 쫓아내는〉 파문, 제명, 축출, 〈~ de-church〉, 〈~ banishment\exile\expulsion〉, 〈↔communication\blessing\admit〉, 〈↔accept\receive〉 양2

931　**ex-co·ri-ate** [엑쓰 코어뤼에이트]: ex(out)+corium(skin), 〈라틴어〉, (가죽을) 벗기다, (심하게) 비난하다, (표피를) 박리하다, 〈~ abrade\scrape\condemn〉, 〈↔cover\praise〉, 〈↔commend\approve〉 양2

932　**ex-crete** [익쓰크뤼이트]: ex(out)+cernere(sift), 〈라틴어〉, 〈← secrete〉, 배설하다, 분비하다, 〈체로 쳐서〉 방출하다, 〈→excrement〉, 〈~ expel\pass〉, 〈↔absorb\ingest〉, 〈↔take up(in)〉 양1

933　**ex-cru·ci·at-ing** [익쓰크루우쉬에이팅]: ex(thorough)+cruciare(torture), 〈라틴어〉, 〈밖으로 비틀어(cross)내는〉, 몹시 고통스러운, 참기 어려운, 〈~ agonizing\severe〉, 〈↔slight\pleasant\relaxing〉, 〈↔mind\soothing〉 양2

934　**ex-cul·pate** [엑쓰컬 페이트]: ex(out)+culpare(blame), 〈라틴어〉, (책임으로부터) 면하게 하다, (죄를) 벗겨주다, 무죄로 하다, 〈~ absolve\exonerate\acquit〉, 〈↔convict\condemn〉, 〈↔accuse\charge〉 양2

935　**ex-cur-sion** [익쓰 커얼전]: ex(out)+currere(run), 회유, 소풍, 유람, 답사, '밖으로 달려 나가는 것', 〈~ expedition〉, 〈~ trip\outing〉, 〈↔stagnation\stay\remaining〉, 〈↔motif〉 양2

936　**ex-cuse** [익쓰큐우즈]: ex(from)+causa(charge), 〈라틴어〉, 〈원인(cause) 밖으로 빠져나가게〉 용서하다, ~을 면하다, 실례하다, 변명하다, 〈~ justify\release〉, 〈↔accuse\charge〉, 〈↔blame\hold〉 가1

937　**ex·e·crate** [엑써크뤠이트]: ex(out)+sacrare, 〈라틴어〉, 〈sacred 한 것을 빼앗아서〉 증오하다, (맹렬히) 비난하다, 저주하다, 〈~ revile\denounce〉, 〈↔bless\benevolence\adore〉, 〈↔praise\commend〉 양2

938　**ex·e·cute** [엑씨큐우트]: ex(out)+sequi(follow), 〈라틴어〉, '명령을 밖에서 따르다', 실행하다, 집행하다, 〈바깥까지 쫓아가서〉 처형하다, 〈~ carry out\perform〉, 〈↔inertia\neglect〉, 〈↔discontinue\revoke〉 양2

939　**ex·ec·u·tive** [이그제큐티브]: 실행의, 집행의, 행정의, 중역, 〈↔subordinate follower〉, 〈~ chief\head〉, 〈↔servant\assistant〉 양2

940　***EXE file** [엑싸일] (ex·e·cut-a·ble file): '실행(가능) 서류철' 〈실행할 수 있는 기계언어를 포함한 서류철〉 우2

941　**ex·e·ge·sis** [엑씨쥐이시스]: ex(out)+hegesthai(lead), 〈그리스어〉, 〈인도하기 위해 뽑아낸〉 (성경의) 주해, 해석, 번역, 〈~ explanation〉, 〈↔eisegesis〉 양2

942　**ex·em·pli·fy** [이그젬플리화이]: exemplum(example)+facere(make), 〈라틴어〉, 예(example)를 만들다, 예시하다, 〈~ typify\epitomize〉, 〈↔conceal\distort\obscure〉 가2

943　**ex-empt** [이그젬트]: ex(out)+emere(buy), 〈라틴어〉, '밖으로 빼다', 면제하다, 제외하다, 〈~ free from\not liable to〉, 〈↔due\subject to〉 가1

944　**ex·er·cise** [엑써싸이즈]: ex(out)+arcere(keep away), 〈라틴어〉, 〈가축을〉 '밖으로 풀어 놓기', 운동, 체조, 연습, 발휘, 행사, 〈~ physical activity\practice〉, 〈↔rest\idleness\inaction〉 가2

945 ***ex·er·cise in fu·til·i·ty** [엑써싸이즈 인 휴우틸리티]: 쓸데없는 운동(지랄), 달밤에 체조하기, 헛고생, 닭 쫓던 개 지붕 쳐다보듯, 〈~ pointless activity〉, 〈↔beneficial activity\fruitful pursuit〉, 〈↔worthwhile endeavor〉 양2

946 **ex·ert** [이그져얼트]: ex(out)+cerere(bind), 〈라틴어〉, '뻗치다', 발휘하다, 노력하다, 휘두르다, 〈→exsert〉, 〈~ apply\strive〉, 〈↔conceal\relax〉, 〈↔suspend\neglect〉 양1

947 **ex-fo·li·ate** [엑쓰 호울리에이트]: ex(out)+foliare(← folium〈leaf〉), 〈라틴어〉, 〈잎새를〉 벗기다, 벗겨져 떨어지다, 박락되다, 〈~ shed\slough〉, 〈↔cleave\clip〉 양2

948 **ex-hale** [엑쓰 헤일]: ex(out)+halare(breathe), 〈라틴어〉, '밖으로 숨을 내쉬다', 내뿜다, 발산하다, 〈~ breathe out〉, 〈↔inhale〉 양2

949 **ex-haust** [이그져어스트]: ex(out)+haurire(drain), 〈라틴어〉, '밖으로 끌어내다', 뽑다, 고갈시키다, 소모하다, 배기하다, 〈~ pooped\tire out〉, 〈~ wear out\over tax〉, 〈↔refresh\invigorate\replenish〉 가1

950 **ex-haus–tive** [이그져어스티브]: 남김없는, 소모적인, 철저한, 〈~ fully comprehensive\all-inclusive〉, 〈↔perfunctory\incomplete〉 가1

951 **ex-hib·it** [이그지빝]: ex(out)+habere(have), 〈라틴어〉, '가진 것 내놓기', 전시, 진열, 공개, 노출, 〈~ show\display〉, 〈↔conceal\mask\hide〉 가2

952 **ex-hil·a·rate** [이그질러뤠이트]: ex(out)+hilarare(gladden), 〈라틴어〉, 〈hilarious하게〉 원기를 돋우다, 활력을 주다, 〈~ thrill\excite〉, 〈↔bore\hypnotize\depress〉 양2

953 **ex-hort** [이그져얼트]: ex(out)+hortari(incite), 〈라틴어〉, 〈용기를 북돋아 주다〉, 간곡히 타이르다, 권고하다, ~er; (교회의) 권사, 〈~ urge\preach\encourage\prompt〉, 〈↔discourage\restrain\deter〉 양2

954 **ex-hume** [엑슈우움]: 〈ex(out)+humus(earth), 〈라틴어〉, dig up, (시체를) 파내다, 발굴하다, 〈~ disinter\unearth\dig up〉, 〈↔funeral〉, 〈↔interment\tomb\bury〉 양2

955 **ex·i·gent** [엑서젼트]: 〈← exigere(to demand)〉, 〈라틴어〉, 자꾸 요구하는, 위급한, 급박한, 〈~ urgent\critical\pressing〉, 〈↔minor\trivial\unimportant\inconsequential〉 양1

956 **ex·ig·u·ous** [이그지규어스]: 〈← exiguus(scanty)〉, 〈라틴어〉, 'exactly 측정한', 근소한, 얼마 안 되는, 〈입에 풀칠하는〉, 〈~ meager\paltry〉, 〈↔ample\generous〉, 〈↔abundant\copious〉 양2

957 **ex·ile** [엑싸일]: 〈← exsul(banished one)〉, 〈라틴어〉, 망명, 〈밖에서 떠도는〉 타향살이, 유배, 〈~ ejection〉, 〈~ expulsion\expatriation\deportation〉, 〈↔return\repatriate〉, 〈↔immigration〉 가2

958 **ex·ist** [이그지스트]: ex(out)+sistere(set), 〈라틴어〉, 〈← existence〉, 존재하다, 실존하다, 나타나다, '밖에 서 있다', 〈~ be alive\persist〉, 〈↔extinct\disappear\die〉 가1

959 **ex·is·ten·tial-ism** [이그지스텐셜리즘]: 〈합리주의·실증주의에 반대하여〉 (19세기 말에 일어난) 개인적 인간의 주체성을 강조한 '실존주의', 〈~ individualistic philosophy〉, 〈~(↔)essentialism은 보다 외면적인 개념임〉, 〈↔nihilism〉 양2

960 **ex·it** [엑씯 \ 에그짙]: ex(out)+ire(go), 〈← exire(go out)〉, 〈라틴어〉, 출구, 퇴장, '밖으로 나가기', 〈~ leave\depart〉, 〈↔enter\arrive\come in〉 가2

961 **ex·it poll** [엑씯 포울]: 〈라틴어〉, 출구 조사, 투표소에서 나오는 사람에 대한 설문 조사, 〈~ counting heads〉 양2

962 **EXO** [엑소우]: 〈← exo-planet(외계인)〉, 〈한국어〉, 엑소, 2011년 서울에서 창립된 K-pop(한류 대중가요) 소년 악단으로 현재 한국인·중국인 9명으로 구성되어 있음 수2

963 **ex·o~** [엑소우~ \ 엑서~]: (그리스 말에서 나온) 〈밖·외부~〉 란 뜻의 결합사, outside, 〈~ ecto\external〉, 〈↔endo\internal\inside〉 양1

964 **ex·o-crine** [엑써크륀]: ex(out)+krinein(separate), 〈그리스어〉, 〈밖에서 걸러낸〉 외분비(물·선), ~gland (땀샘·침샘·눈물샘·젖샘·간·췌장 등), 〈~ duct gland secretion〉, 〈↔hormone\internal secretion〉, 〈↔endo-crine〉 가1

965 **ex-o·dus** [엑써더스]: ex(out)+hodos(way), 〈그리스어〉, 엑소터스, '밖으로 나가는 길', 대이동, 이스라엘인들의 이집트 탈출, E~; (구약 성서의) 출애굽기, 〈~ mass departure\evacuation〉, 〈↔in-flux〉, 〈↔arrival\inpouring〉 미2

966 **ex of·fi·ci·o** [엑써휘쉬오우]: 〈라틴어〉, from office, 직권상, 직권에 의해, 〈~ official\approved〉, 〈↔unauthorized\illegitimate〉 양2

967 **ex·og·a·my** [엑싸거미]: exo(outside)+gamos(marriage), 〈그리스어〉, 족외결혼, 〈약탈혼에서 볼 수 있는〉 이계교배, 〈~ out-marriage\intermarriage〉, 〈↔endogamy\inmarriage〉 양2

968 **ex·on·er·a·tion** [이그쟈너뤠이션]: ex(out)+onerare(load), 〈라틴어〉, 〈onus(짐)를 벗겨주는〉 무죄입증, 면죄, 면책, 〈~ proof\vindication〉, 〈~ parole\amnesty〉, 〈~ absolution\acquittal〉, 〈↔prosecution\sue〉, 〈↔scape-goat\tax〉, 〈↔conviction\blaming〉 양2

969 **ex·o·nym** [엑써님]: exo(outside)+onoma(name), 〈그리스어〉, (본국인과는 다르게 부르는) 외국어 명칭, '타칭명', 〈~ xenonym〉, 〈↔endonym\autonym〉 양2

970 **ex·or·bi·tant** [이그저얼비턴트]: ex(out)+orbita(track), 〈라틴어〉, orbit(궤도)을 벗어난, 엄청난, 터무니없는, 〈~ excessive\extreme〉, 〈↔affordable\resonable\modest〉 양2

971 **ex·or·cism** [엑쏘얼씨즘]: ex(out)+horkos(oath), 〈그리스어〉, 〈기도로〉 귀신 부리기, 액막이, 주술, 〈~ shamanism〉, 〈~ casting out\driving out(demons)〉, 〈↔science〉, 〈↔conjuring\channeling(demons)〉 양2

972 **ex·or·cist** [엑쏘얼씨스트]: ex(out)+horkos(oath), 〈그리스어〉, 주술사, 액막이, 무당, 〈~ shaman〉, 〈~ mystic healer\priest〉, 〈↔lay-person\possessed person〉 양2

973 **ex·o·ter·ic** [엑써테뤽]: exo(outside)+tericos(further), 〈그리스어〉, 개방적인, 공개적인, '외적인', 문외한, 풋내기, 〈~ understandable\straightforward〉, 〈↔esoteric\occult〉, 〈↔cryptic\profound〉 양2

974 **ex·o·therm** [엑쏘우 써엄]: exo+therme(heat), 〈그리스어〉, 발열성(물질), 〈~ heat releaser〉, 〈↔heat absorber\endo-thermal〉 양2

975 **ex·ot·ic** [이그쟈틱]: 〈← exotikos(outsider)〉, 〈그리스어〉, '밖에서 온', 이국적인, 외래의, 색다른, 진기한, 〈~ foreign〉, 〈↔native\boring\familiar〉 양2

976 **ex·pand** [익쓰팬드]: ex(out)+pandere(spread), 〈라틴어에서 연유한 영국어〉, '〈밖으로〉 펴다', 넓히다, 팽창하다, 확장하다, 〈→spandex〉, 〈~ increase\enlarge〉, 〈↔dwindle\shrink〉, 〈↔contract\diminish〉 양2

977 **ex·pand–ed mem·o·ry** [익쓰팬디드 메머뤼]: 확장 기억력(→EMS 참조) 우1

978 **ex·pan·sion** [익쓰팬션]: 〈라틴어〉, 〈← expanse ← expand〉, 확장, 팽창, 발전, 〈~ growth\development〉, 〈↔reduction\shrinkage〉, 〈↔decrease\loss〉 양2

979 **ex·pa·tri·ate** [엑쓰패트뤼에이트]: ex(out)+spatiari(walk), 〈라틴어〉, 〈조국으로부터〉 추방하다, '국적을 빼앗다', 외국인 거주자, 〈~ emigrant\nonnative〉, 〈↔re-patriate\indigenous\local resident〉 양2

980 **ex·pect** [익쓰펙트]: ex(out)+spectare(look), 〈라틴어〉, 〈밖을 바라보며〉 기대하다, 예정되어 있다, 추측하다, 〈~ anticipate\await〉, 〈↔un-expect\doubt\dis-believe〉, 〈↔question\dismiss〉 가1

981 ***Ex·pe·di·a** [엑쓰피디어]: 익스페디아, exploration+speed, 2001년에 출범한 미국의 전산망 여행사, 〈~ an American travel technology company〉 수2

982 **ex·pe·di·ent** [익쓰피이디언트]: 〈라틴어〉, 〈← expedite〉, 〈잘 정돈된〉, 쓸모 있는, 적당한, 정략적인, 〈~ convenient\advantageous〉, 〈↔in-expedient\in-feasible〉, 〈↔unwise\inadvisable〉 양2

983 **ex·pe·dite** [익쓰퍼다이트]: 〈← ex+pedis(foot)〉, 〈라틴어〉, 〈발을 뻗어〉 진척시키다, 촉진하다, 신속히 처리하다, 〈편자가 운전하는 것을 보고 동승한 미국인이 "너는 차보다 발이 먼저 나간다"고 칭찬(?)한 적이 있음〉, 〈~ hurry\hasten〉, 〈↔delay\hinder\wait〉, 〈↔impede\interfere with〉 양1

984 **ex·pe·di·tion** [엑쓰퍼디션]: 〈← expedite〉, 〈밖으로 발을 내미는〉 탐험, 원정, 장정, 신속, 〈~ excursion〉, 〈~ journey\voyage\speed〉, 〈↔halt\hindrance〉, 〈↔idleness\inactivity〉 양1

985 **ex·pel** [익쓰펠]: ex(out)+pellere(thrust), 〈라틴어〉, '밖으로 밀어내다', 쫓아내다, 추방하다, 방출하다, 〈→ex·pulsion〉, 〈~ throw out\eject〉, 〈↔admit\en-roll〉, 〈↔receive\take〉 양2

986 **ex·pend** [익쓰펜드]: ex(out)+pendere(weigh), 〈라틴어〉, '(쌀·소금을) 밖에서 매달다', 돈을 쓰다, 소비하다, 〈~ spend〉, 〈~ pay out\use up〉, 〈↔save\conserve〉, 〈↔make\gain〉 가1

987 **ex·pense** [익쓰펜스]: 〈← expend〉, 〈라틴어〉, 지출, 비용, 손실, 희생, 〈~ cost\price〉, 〈↔proceeds\earnings〉, 〈↔profit\return〉 가1

988 **ex·pen–sive** [익쓰펜시브]: 비용이 많이 드는, 값비싼, 사치스러운, 〈~ costly\pricey〉, 〈↔low-priced\affordable〉, 〈↔cheap\economical〉 가1

989 ***Ex·pe·ri·an** [엑쓰페뤼언]: 엑스페리온, 1968년 미국의 TRW 자회사로 설립되어 1996년 현재 이름으로 영국으로 팔려 나가 아일랜드 더블린에 본부를 두고 있는 신용 평가 회사, 〈~ a credit reporting company〉 수1

990 **ex·pe·ri·ence** [익쓰**피**어뤼언스]: ⟨← experiri(ex⟨out⟩+peritus⟨tested⟩)⟩, ⟨라틴어⟩, ⟨밖에 나와서 겪은⟩ 경험, 체험, 경력, ⟨→expert⟩, ⟨~ involvement\familiarity⟩, ⟨↔in-experience\ignorance⟩, ⟨↔naiveté\ unawareness⟩ 가①

991 ***ex·pe·ri·ence is the best teach·er**: 경험이 스승이다, 서당개도 삼년이면 풍월을 읊는다, ⟨the sparrow near a school sings primer\a saint's maid quotes latin⟩, ⟨~ school of hard knocks⟩ 양②

992 **ex·per·i·ment** [익쓰**페**뤼먼트]: ⟨← experiri(try)⟩, ⟨라틴어⟩, ⟨밖으로 꺼내어 시도하는⟩ 실험, 시도, 실험장치, ⟨~ peril⟩, ⟨~ test\trial⟩, ⟨↔theory\conjecture⟩, ⟨↔discredit\disprove⟩ 가①

993 **ex·pert** [엑쓰퍼얼트]: ⟨← experiri(try)⟩, ⟨라틴어⟩, '밖에서 시도해 본 사람', 숙달자, 전문가, 달인, ⟨← experience⟩, ⟨~ skilled\talented⟩, ⟨↔in-expert\incompetent\amateur⟩, ⟨↔clumsy\inept⟩ 가①

994 **ex·pert sys·tem** [엑쓰퍼얼트 씨스템]: 전문가 제도, 미리 저장된 정보로 어떤 문제의 해결점을 제시하는 것, ⟨전문가가 가지고 있는 지식을 전산기에 미리 입력해서 그들의 역할을 대행하는 연성기기⟩, ⟨~ knowledge-based system\Intelligent Agent System⟩ 미②

995 **ex·pire** [익쓰**파**이어]: ex(out)+spirare(breathe), ⟨라틴어⟩, 내쉬다, '숨이 밖으로 다 나오다', 끝나다, 죽다, ⟨~ die⟩, ⟨~ become invalid\pass away⟩, ⟨↔in-spire\begin\persist⟩, ⟨↔continue\prolong⟩ 양①

996 **ex·pla·na·tion** [엑쓰플러**네**이션]: ex(out)+planare(← planus⟨plain⟩), ⟨라틴어⟩, '평평하게 하기', 설명, 해석, 진상, ⟨~ clarification\description⟩, ⟨↔concealment\question⟩, ⟨↔mystery\vagueness⟩ 가①

997 **ex·ple·tive** [엑쓰플러티브]: ex(out)+plere(fill), ⟨라틴어⟩, 덧붙이기의, ⟨공백을 '메우기' 위한⟩ 무의미한 감탄사, 내뱉듯이 하는 욕설, 외설어, ⟨~ curse⟩, ⟨~ swear word\profanity\cussing⟩, ⟨↔bless\compliment⟩, ⟨↔decency\praise⟩ 양②

998 **ex·plic·it** [익쓰**플**리시트]: ex(out)+plicare(fold), ⟨라틴어⟩, 뚜렷한, 숨김없는, 명시적, '접은 것을 밖으로 꺼낸', ⟨~ absolute\clear-cut⟩, ⟨~ direct\specific⟩, ⟨↔im·plicit\vague\tacit⟩, ⟨↔unclear\ ambiguous⟩ 양②

999 **ex·plode** [익쓰**플로**우드]: ex(out)+plaudere(clap), ⟨라틴어⟩, ⟨밖으로 끌어내어⟩ 폭발(파멸)시키다, 분격하다, ⟨→ex·plosive⟩, ⟨~ blow up\burst⟩, ⟨↔implode\bottle up⟩, ⟨↔collapse\crumple⟩ 양①

1000 **ex·ploit** [익쓰**플로**이트]: ex(out)+plicare(fold), ⟨라틴어⟩, '밖으로 꺼내다', 개발하다, 활용하다, 착취하다, [엑쓰플러이트]; 활용, 이용, 착취, 공적, 위업, ⟨~ manipulate\abuse\adventure\achievement⟩, ⟨~ take advantage of\capitalize on⟩, ⟨↔neglect\failure⟩, ⟨↔passivity\cessation⟩ 양①

1001 **ex·plore** [익쓰**플로**어]: ex(out)+plorare(cry out), ⟨라틴어⟩, ⟨사냥꾼들이⟩ '크게 외치며' 탐험하다, 개발하다, 탐구하다, ⟨~ de·plore\investigate\escapade⟩, ⟨~ examine\analyze⟩, ⟨↔implore\ignore\dismiss⟩, ⟨↔neglect\disregard⟩ 양①

1002 **ex·plo·sive** [익쓰**플로**우시브]: ex(out)+plaudere(to clap), ⟨라틴어⟩, ⟨← ex·plode⟩, 폭발성(의), 격정적인, ⟨~ volatile\intense⟩, ⟨↔calm\controlled⟩, ⟨↔moderate\light⟩ 양②

1003 ***ex·plo·sive bot·tle syn·drome**: '폭발병 증후군', 살이 찔 조짐들, ⇒ EBS³ 미②

1004 **Ex-po** [엑쓰**포**우]: ⟨라틴어를 단축한 영국어⟩, 엑스포, exposition, 박람회, ⟨position을 노출시키는⟩ 전람회, ⟨~ display\exhibition⟩ 미②

1005 **ex·po·nent** [익쓰**포**우넌트]: ex(out)+ponere(put), ⟨라틴어⟩, ⟨← expound⟩, 해설자, 옹호자, ⟨밖으로 내놓는⟩ 표시물, 지수, ⟨~ advocate\proponent⟩, ⟨~ supporter\backer⟩, ⟨↔detractor\censurer⟩, ⟨↔opponent\critic⟩ 양②

1006 ***ex·po·nen·tial no·ta·tion** [엑쓰포우넨셜 노테이션]: 지수 표기법 ⟨아주 많거나 적은 숫자를 전자 형식으로 표시하는 것, i.e. $2,500,000=2.5 \times 10^6=2.5E+6$⟩, ⟨~ standard exponential form⟩ 양②

1007 **ex·port** [익쓰**포**오트]: ex+portare(carry), ⟨라틴어⟩, '밖으로 운반하다', 수출하다, 보내다, (서류철의) 이송 보관, ⟨~ sell overseas(abroad)⟩, ⟨↔im·port⟩, ⟨↔buy from overseas\introduce⟩ 가① 미②

1008 **ex post fac·to** [엑쓰 포우스트 **홱**토우]: ⟨라틴어⟩, from+after+doing, 사후의, 과거로 소급한, ⟨~ after the fact\retroactively⟩, ⟨↔forecast⟩, ⟨↔ex-ante\before the event⟩ 양②

1009 **ex·po·sure** [익쓰**포**우져]: ex(out)+ponere(put), ⟨라틴어⟩, 노출, 쐼, 탄로, 공개, '밖으로 내놓은 것', ⟨~ showing\display\revealing⟩, ⟨↔disguise\hide\cover\envelope⟩, ⟨↔protection from\concealing⟩ 양①

1010 *ex·po·sure val·ue [익쓰포우져 뷀류]: 노출가치(값) -사진 찍을 때 〈찍는 속도와 f-ratio (초점 길이를 렌즈의 최대 구경으로 나눈 것)를 고려한 조명 측정단위〉, 〈~ shutter speed and aperture combined to one value〉 양2

1011 ex-pound [익쓰파운드]: ex(out)+ponere(put), 〈라틴어〉, '밖에 놓다', (상세히) 설명하다, 해석하다, 〈→exponent〉, 〈~ declaim\preach〉, 〈~ clarify\explain in detail〉, 〈↔abbreviate\abridge\suppress〉, 〈↔confuse\obscure\mash up〉 양2

1012 ex-press [익쓰프레스]: ex(out)+primere(squeeze out), 〈라틴어〉, 〈밖으로 밀어내는〉 표현, 명백한, 지급, 급행, 〈~ communicate\demonstrate〉, 〈↔re-press\slow〉, 〈↔stifle\suppress〉 가1

1013 ex-press de-liv·er·y [익쓰프레스 딜리붜뤼]: 속달편, 신속 배달, 〈~ rush delivery\special delivery〉 가1

1014 ex-pres·sion-ism [익쓰프레셔니즘]: (20세기 초에 일어난) 표현주의, (강렬한 자극을 주기위해) 〈주관을 극도로 강조하는〉 표현파, 〈~ art expressing subjective emotions〉, 〈~(↔)im-pressionism〉, 〈↔art expressing common scenes\realism〉 미2

1015 ex-press-way [익쓰프레스 웨이]: (교차로가 완비된) 고속도로, 〈~ freeway\highway\motorway〉, 〈↔back-street\by-road\hidden path\little-used secondary road〉 가1

1016 ex-pro·pri·ate [엑쓰프로우프뤼에이트]: ex(out)+proprius(one's own), 〈라틴어〉, 수용하다, '소유권을 빼앗다', 〈~ take over\usurp〉, 〈~ seize\take away\hi-jack〉, 〈↔render\yield〉, 〈↔relinquish\forfeit〉 양2

1017 ex-pul-sion [익쓰펄션]: ex(out)+pellere(drive), 〈라틴어〉, 〈← expel〉, 추방, 배제, 제거, 〈~ dismissal\banishment〉, 〈↔admission\return〉, 〈↔acceptance\welcoming〉 가1

1018 ex-punge [익쓰펀쥐]: ex+pungere(prick), 〈라틴어〉, 〈펜으로〉 blot out하다, 삭제하다, 지우다(erase), 〈~ rease\remove〉, 〈↔engrave\insert\add on〉 양1

1019 ex-pur·gate [엑쓰 펄게이트]: ex(out)+purgare(purify), 〈라틴어〉, '제거하다', (불온한 부분을) 삭제하다, 정화하다, 〈← purge〉, 〈~ censor\bowdlerize\cut out〉, 〈↔approve\stain\renew〉, 〈↔authorize\sanction'〉 양2

1020 ex-quis·ite [익쓰퀴지트]: ex(out)+querere(ask), 〈라틴어〉, 〈구해서 밖으로 빼놓은〉 절묘한, 정교한, 예민한, 까다로운, 〈~ elegant\stunning〉, 〈~ beautiful\lovely〉, 〈↔crude\rugged〉, 〈↔ordinary\coarse〉 가2

1021 ex-sert [엑써얼트]: ex(out)+cerere(bind), 〈라틴어〉, 〈← exert〉, 〈밖으로〉 내밀다, 드러내다, 돌출하다, 〈~ push out\thrust〉, 〈↔in-sert\conceal\pull out〉 가2

1022 ex-si·tu [엑쓰 싸이튜우]: 〈라틴어〉, out of place, 본위치를 떠나, 현장외(의), 〈~ off-site〉, 〈↔unmoved〉, 〈↔in-situ〉 양2

1023 ex·tant [엑스턴트\익스탠트]: ex(out)+stare(stand), 〈라틴어〉, 지금도 남아있는, 현존하는, 〈~ existing〉, 〈~ remaining\surviving〉, 〈↔extinct〉, 〈↔non-existant\dead〉 양1

1024 ex-ta·sy [엑스터시]: ex(out)+histanai(place), 〈그리스어〉, 〈범위 밖에 서 있는〉 황홀경, (MDMA계통의) 강력한 자극성 마약, extacy, 〈~ rapture\bliss〉, 〈↔misery\agony\sadness〉, ⇒ ecstacy 수2 양1

1025 ex–tem·po·ra·ne·ous [엑스템퍼뤠이니어스]: ex(out)+tempore(time), 〈라틴어〉, on the spur of moment, 즉의의, 준비 없이 하는, 임시변통의(make-shift), 〈~ impromptu\off-the-cuff〉, 〈↔prepared\rehearsed〉 양2

1026 ex-tend [익쓰텐드]: ex(out)+tendere(stretch), 〈라틴어〉, 〈밖으로〉 뻗다, 펴다, 늘어나다, 연장하다, 주다, 〈→extension\extent〉, 〈~ expand\enlarge〉, 〈~ hold out\put forth〉, 〈↔shorten\reduce〉, 〈↔shrink\diminish〉, 〈↔receive\accept〉 양1

1027 ex-tend-ed cov·er·age [익쓰텐디드 커붜뤼쥐]: 확장 담보(보험), 연장 보상, 〈~ insurance including additional hazards〉, 〈↔primary coverage〉 양1

1028 ex-tend-ed fam·i·ly [익쓰텐디드 훼밀리]: 확대가족, 〈~ relatives\kin〉, 〈↔nuclear family\elementary family〉, 〈↔immediate family\conjugal family〉 양1

1029 ex-tend-ed fore-cast [익쓰텐디드 훠어캐스트]: 연장 예보, 장기예보, 〈~ long-term forcast〉, 〈↔short-term prediction〉 양1

1030 *ex-tend-ed mem·o·ry [익쓰텐디드 메머뤼]: 연장 기억장치, bank(저장소)를 통하지 않고 직접 연결되는, 〈expanded memory보다 개량된〉, 〈~ memory above 1st megabyte〉 양1

1031 *ex-tend-ed pre·ci·sion [익쓰텐디드 프뤼씨젼]: 연장 정밀도 〈계산기가 본래 다루는 자릿수의 2배 이상의 자릿수를 다룰 수 있음〉, 〈~ enhanced accuracy〉 양❶

1032 ex·ten·sion [익쓰텐션]: ex(out)+tendere(stretch), 〈라틴어〉, 〈← extend〉, 연장, 확대, 증축(물), 〈~ addition\augmentation〉, 〈↔shortening\abbreviation〉, 〈↔reduction\lessening〉 가❶

1033 ex·ten·sion cord [익쓰텐션 코어드]: 연장 끈(전선), 〈~ extension cable\power extender〉 미❶

1034 ex·tent [익쓰텐트]: 〈라틴어〉, 〈← extend〉, 넓이, 크기, 범위, 〈~ magnitude〉, 〈~ range\expanse〉, 〈↔diminution\limitation〉, 〈↔immeasurability〉 양❷

1035 ex·te·ri·or [익쓰티어뤼어]: 〈← exter〉, 〈라틴어〉, 〈더〉 바깥쪽, 외부의, 외모, 야외, 〈~ outside\external〉, 〈↔in·terior\internal\inward〉 가❶

1036 ex·ter·mi·nate [익쓰터미네이트]: ex(out)+terminus(boundary), 〈라틴어〉, '근절'하다, 박멸하다, 몰살하다, 〈~ kill\slaughter completely〉, 〈↔protect\save〉, 〈↔conserve\rescue〉 가❶

1037 ex·tern [엑쓰터언]: 〈← exter〉, 〈라틴어〉, (통근) 의학연구생, '원외'의 학생, 통학생, 〈~ nonresident worker(student)〉, 〈↔intern〉 우❶

1038 ex·ter·nal [익쓰터어늘]: 밖의, 외부의, 형식상의, 〈~ outer\surface〉, 〈↔in·ternal\within\inward〉 가❶

1039 ex·tern–ship [엑쓰터언 쉽]: 학외(교외) 연수, 〈~ job shadowing〉, 〈↔internship〉 우❶

1040 ex·tinc·tion [익쓰팅션]: ex(thorogh)+stinguere(quench), 〈라틴어〉, 소멸, 전멸, 〈완전히 꺼진〉 진화, 〈~ dying out\disappearance〉, 〈↔extant\survival〉, 〈↔flourishing\growth〉 양❶

1041 ex·tin·guish [익쓰팅귀쉬]: ex(out)+stinguere(quench), 〈라틴어〉, '막대로 찔러' '밖으로 끄집어내다', 〈불을〉 끄다, 끝내다, 〈~ smother\put out〉, 〈↔en-kindle〉, 〈↔light\ignite〉 양❷

1042 ex·tir·pate [엑쓰털페이트]: ex(out)+tirpare(← stirps(root)), 〈라틴어〉, '뿌리 뽑다', 근절하다, 적출하다, 〈~ exterminate\eradicate〉, 〈↔create\found\support\save〉, 〈↔protect\preserve〉 양❷

1043 ex·tol(l) [익쓰토울]: ex(beyond)+tollere(raise), 〈라틴어〉, 〈추켜세워〉 찬양하다, 격찬하다, 〈~ praise\laud〉, 〈↔criticize\revile〉, 〈↔blame\censure〉 양❷

1044 ex·tor·tion [익쓰토얼션]: ex(thorough)+torquere(twist), 〈라틴어〉, 강요, 강탈, 금품 강요 행위, '비틀어 밖으로 빼기', 〈~ coercion〉, 〈~ exaction\usurp\racketeering〉, 〈↔fairness\reparation〉, 〈↔trustworthiness〉 가❷

1045 ex·tra [엑쓰트뤄]: 〈← exter(outside)〉, 〈라틴어〉, 임시의, 특별한, 추가된, 보조 출연자, 호외(신문), 〈↔intra\ordinary\included〉 양❷

1046 ex·tra~ [엑쓰트뤼]: 〈라틴어〉, outside·beyond·addition, ~외의·이상의)란 뜻의 접두사, 〈~ more\supplemental〉, 〈↔insufficient\inadequate〉, 〈↔deficient\scarce〉 양❶

1047 ex·tract [익쓰트랙트]: ex(out)+trahere(draw), 〈라틴어〉, '밖으로 끌어내다', 뽑아내다, 빼내다, [엑쓰트랙트]; 초록, 진액, '엑기스', 〈~ excerpt\abstract〉, 〈~ take out\remove〉, 〈↔insert\install〉, 〈↔implant\put in〉 양❷

1048 ex·tra·dite [엑쓰트뤼다이트]: ex(out)+tradere(give over), 〈라틴어〉, 〈tradition(전통) 밖으로〉 소환하다, 인도하다, 사출하다(쏘아 내보내다), 〈~ expel\deport〉, 〈↔hold\embrace〉, 〈↔allow\welcome〉 양❶

1049 ex·tra large [엑쓰트뤼 라알쥐]: 〈라틴어〉, 특대, 〈~ jumbo\huge〉, 〈↔extra small\tiny〉, 〈↔miniature\wee〉 양❷

1050 ex·tra–mar·i·tal [엑쓰트뤼 매뤼틀]: 〈라틴어〉, 혼외정사의, 불륜의, 〈~ adulterous\outside of marriage〉, 〈↔faithful\licit〉 양❶

1051 ex·tra meas·ure [엑쓰트뤼 메져]: '여분의 배려', 추가 조치, 추가 기능, 추가 봉사, little bit more, 〈~ top-up〉, 〈↔skimp〉, 〈(미운 놈 떡 하나 더 준다고) 편자가 이 사전을 쓰면서 항상 염두에 두는 말〉, 〈~ additional\more than enough〉, 〈↔wothholding〉 양❶

1052 ex·tra·ne·ous [엑쓰트뤠이니어스]: 고유한 것이 아닌, 외래의, 이질적인, 관계없는, 〈~ unrelated\immaterial〉, 〈↔essential\relevant〉, 〈↔vital\pertinent〉 양❷

1053 *ex·tra-net [엑쓰트뤼 넬]: 〈라틴어+게르만어〉, '추가방', 전산망을 한정된 부서 이외의 사람에게도 사용할 수 있게 한 것, 〈~ private network〉 우❶

1054 **ex·tra–or·di·nar·y** [엑쓰트뤄 오어디네뤼]: 〈라틴어〉, 〈보통 밖의〉 대단한, 비범한, 놀라운, 특별한, 〈~ remarkable\exceptional〉, 〈↔ordinary\usual\common〉, 〈↔typical\normal〉 양2

1055 **ex·trap·o·late** [익스트래 펄레이트]: extra(additional)+interpolate(inter+polire〈polish〉), 〈라틴어〉, 〈~을 기반으로〉 추정하다, 외삽하다, 〈~ deduce\infer〉, 〈↔inter-polate\confine\doubt\misunderstand〉 양2

1056 **ex·tra-py·ram·i·dal tract** [엑쓰트뤄 피롸미덜 트뤡트]: 〈그리스어+라틴어〉, 외추체삭, (뇌간에서 추체삭을 따라 척추로 내려가면서 각종 내장의 〈불수의적〉 근육운동을 총괄하는 추체외로, 〈~ un-conscious contral of muscles〉, 〈↔pyramidal tract〉 양2

1057 **ex·trav·a·gan·za** [엑쓰트뤄 붜갠져]: extra(beyond)+vagari(wander), 〈라틴어→이탈리아어〉, 〈정도를 넘어 헤매고 다니는〉 사치, 낭비, 호화찬란한 연예물, 광태, 〈~ spectacle\show〉, 〈↔frugality\moderation\concealment〉 미2

1058 **ex·treme** [익쓰트뤼임]: 〈← exter(beyond)〉, 〈라틴어〉, 최고의, 심한, 극도의, 맨 끝, '가장 바깥에 있는', 〈~ very\great〉, 〈↔slight\medium\near〉, 〈↔insignificant\limited〉 가1

1059 *__ex·treme-sports__ [엑쓰트뤼임 스포얼츠]: '한계 운동', '위험한 운동', (스케이트보드를 시작으로 BMX·인라인스케이트·퀵보드 등) 〈신세대 스포츠〉, 〈~ action sports\high-risk sports〉 우2

1060 **ex-tri·cate** [엑쓰트뤄케이트]: ex(out)+tricae(entangle), 〈라틴어〉, 〈perplexity(혼란) 밖으로〉 구해내다, 탈출시키다, 유리시키다, 〈~ release\liberate〉, 〈↔impede\bird-lime\entangle〉, 〈↔hinder\ensnare〉 양2

1061 **ex·trin-sic** [엑쓰트륀직]: exter(outside)+secus(along), 〈라틴어〉, 비본질적인, 외부의, (본체 외에서 유래하는) 부대의, 〈~ external\foreign〉, 〈↔in·trinsic\inherent\innate〉 양2

1062 **ex·tro-vert** [엑쓰트뤄 붜얼트]: extra(outside)+vertere(turn), 〈라틴어〉, 〈밖으로 눈을 돌리는〉 외향적인 사람, 사교적인 사람, 〈~ outgoing person\sociable person〉, 〈↔introvert〉, 〈↔shy person\reserved person〉 가1

1063 **ex-trude** [익쓰트루우드]: ex(out)+trudere(thrust), 〈라틴어〉, 밀어내다, 내밀다, (그림자를 써서 그림이나 문자를 입체적으로 보이도록) 돌출시키기, 〈~ force(thrust) out〉, 〈↔in-trude\suck in〉, 〈↔receive\take in〉 양1

1064 **ex·ude** [익쑤우드]: ex(out)+sudare(sweat), 〈라틴어〉, 스며 나오게 하다, 삼출하다, 발산하다, 〈~ transude\ooze〉, 〈~ emanate\give off〉, 〈↔absorb\take up〉, 〈↔drink in〉 양1

1065 **ex·ul·ta·tion** [에그절테이션]: ex(out)+salire(leap), 〈라틴어〉, 〈밖으로 뛰어오르는〉 환희, 광희, 기뻐 날뜀, 〈~ jubilation\rejoicing〉, 〈↔gloom\depression\moan〉, 〈↔sadness\despondency〉 가1

1066 **Ex·xon** [엑싼] \ **Es·so** [에쏘우]: 〈Eastern States Standard Oil〉, 엑손, Exxon Mobil, 1882년 록펠러 등에 의해 'Standard' Oil로 창립되어 1972년에 이름을 바꾼 미국의 세계적 석유 회사, 〈~ an American gas and oil corp〉 수1

1067 **ey·as** [아이어스]: 〈← nidus(nest)〉, 〈라틴어→프랑스어〉, ('둥지'를 못 떠난) 새 새끼, 새끼 매, 〈~ young hawk〉 양2

1068 **eye** [아이]: 〈← eage(hole)〉, 〈게르만어〉, 〈당신에게 경외를 선사하는〉 '눈', 눈동자, 관찰력, 탐정, 눈길, 주시, 목표, 중심, 싹, (바늘) 구멍, 〈~ organ of sight\view〉, 〈↔ignore\neglect〉 가1

1069 *__eye-bag__ [아이 배그]: 부풀은 아랫눈꺼풀(가죽), 눈밑 물주머니, 〈~ periorbital puffiness〉 미2

1070 **eye-ball** [아이 버얼]: 눈망울, 눈알, 안구, 마주보다, 응시하다, 노려보다, 〈~ orb〉, 〈~·gaze\stare〉, 〈↔ignore\over-look\disregard〉 양2

1071 **eye-brow** [아이 브롸우]: 눈썹, 〈~ arch of hair above eye〉 가1

1072 *__eye can·dy__ [아이 캔디]: (좀 모자라는 듯한) 미녀, 눈요깃감, 빛 좋은 개살구, 〈~ cotton candy〉, 〈~(↔)thigh gap〉, 〈~(↔)Marilyn Monroe〉, 〈↔butt ugly〉 양2

1073 **eye chart** [아이 촤아트]: 시력 검사표, 〈~ vision test\optometry assessment〉 가1

1074 **eye con-tact** [아이 칸탄트]: '눈 대화', 시선 접촉, 서로 쳐다보기, 〈~ meeting of the eyes\oculesics〉, 〈↔averting the eyes\evading the gaze〉 가1

1075 **eye drop-per** [아이 드롺퍼]: 안약 점적기, 사진그림에서 사진에 있는 색깔을 주위 색깔과 조율하는 기구, 〈~ Pasteur pipette〉 미2

1076 **eye drops** [아이 드롺스]: 안약, 눈약, 〈~ opthalmic(ocular) solution〉 가1

1077 ***eye for an eye**: ⟨함무라비 법전에 나오는 말⟩, 눈에는 눈으로, 앙갚음, 입은 피해와 똑같은 보복, ⟨~ tooth for a tooth\reciprocal justice⟩, ⟨↔pardon\mercy⟩ 양2

1078 **eye glasses** [아이 글래시즈]: 안경, 안경알, 접안렌즈, ⟨~ spectacles⟩, ⟨↔hearing aid⟩, ⟨↔microscope\telescope⟩ 가1

1079 **eye-lash** [아이 래쉬]: 속눈썹, ⟨~ lash\cilium⟩ 가1

1080 **eye-lid** [아이 리드]: 눈꺼풀, ⟨~ palpebra\nictitating membrane\blepharon⟩ 가1

1081 **eye lift** [아이 리후트]: 눈주름(제거) 수술, ⟨~ blepharoplasty\eyelid surgery⟩ 양2

1082 **eye lin-er** [아이 라이너]: 눈의 윤곽을 돋우는 화장품(붓), ⟨~ eye penil⟩ 우1

1083 **Eye of Prov·i·dence** [아이 오브 프롸아뷔던스]: 섭리의 눈, ⟨삼위일체의 정점에서⟩ ⟨세상을 통찰하는⟩ '하느님의 눈', ⟨~ All-Seeing Eye of God⟩ 우2

1084 ***eye open-er** [아이 오프너]: 놀랄 일, 눈이 번쩍 띄게 하는 것, 대단한 새로운 사실, 해장술(morning drink), ⟨~ revelation\epiphany⟩, ⟨↔ignorance\secret⟩ 양2

1085 **eye patch** [아이 패취]: 안대, ⟨~ eye pad\eye covering⟩ 가1

1086 ***eyes are big-ger than stom·ach**: 음식에 욕심이 많은, 식탐하는, ⟨~ the belly has no eyes\bite more than you can chew⟩, ⟨~ take on too much\overextend oneself⟩ 양2

1087 **eye shad·ow** [아이 쉐도우]: 눈 주위를 검게 칠하는 화장, 보안용 챙 (eye shade), ⟨~ eye tint\eye dust⟩ 우1

1088 **eye-sight** [아이 싸잍]: 시력, 시각, ⟨~ vision\seeing⟩, ⟨↔blindness⟩ 가1

1089 ***eye sore** [아이 쏘어]: 눈엣가시, 눈 아픔, 눈에 거슬리는 것, 꼴불견, ⟨~ visual pollution\ugly sight⟩, ⟨~ mess\blemish⟩, ⟨↔beauty\clarity⟩, ⟨↔attractiveness\prettiness⟩ 양2

1090 **eye-to-eye** [아이 투우 아이]: 정면 대결, ⟨~ man to man\one on one⟩ 가1

1091 **eye to eye** [아이 투우 아이]: 의견 일치, ⟨~ agree with\concur⟩ 가1

1092 **eye wit-ness** [아이 위트니스]: 목격자, 실지 증인, ⟨~ observer\onlooker⟩ 양2

1093 **Eze·kiel** [이지이키엘]: hazaq(strength)+El(God), ⟨히브리어⟩, God's strength, '신의 힘', 에스겔, BC 587년경에 바빌로니아의 침공을 예언한 유대의 예언자, 구약성서 중의 한 편, ⟨~ an old Testament prophet⟩ 수1

1094 ***e-zine** \ ezine [이이 지인]: electronic magazine, 전자잡지, on·line magazine, ⟨~ digital periodical⟩ 양2

1095 **Ez·ra** [에즈뤄]: ⟨← azar(help)⟩, ⟨히브리어⟩, helper, '신의 구원', 에스라, 기원전 4세기경 팔레스타인에서 모세의 율법을 유대인에게 읽어 주었다는 유대의 율법가, 구약성서의 일부, ⟨~ "God helps"\a Hebrew (or old Testament) prophet⟩ 수1

1. **F \ f** [에후]: 이집트의 상형문자, 갈고리 모양을 딴 15번 정도로 많이 쓰는 알파벳, 음 이름 '바(파)', 가(낙제점), 10진법의 15, 가는 연필심(fine), Fahrenheit(화씨)·February·female·fluorine·frequency·function 등의 약자 수2

2. **fa** [화아]: ⟨← famulus(family)⟩, ⟨라틴어⟩, '하나님의 가족', 파(장음계의 4번째 음), ⟨~ the 4th note in musical scale⟩ 수2

3. **FAA**: ⇒ Federal Aviation Administration 미2

4. *****FAANG** [행]: Facebook·Apple·Amazon·Netflix·Google의 ⟨미국 전자산업을 대표하는⟩ 다섯개 기업 수2

5. **Fa·bi·us** [훼이비어스], Max·i·mus: ⟨faba (콩) 농사꾼?⟩, 파비우스, (BC275-203), 지구전으로 한니발을 괴롭혔던 로마의 장군·게릴라전의 창시자·⟨독재자⟩, ⟨~ a Roman general and states- man⟩ 수1

6. **fa·ble** [훼이블]: ⟨← fari(speak)⟩, ⟨라틴어⟩, 우화, 교훈적 이야기, 설화, 꾸며낸 '이야기', enigma, ⟨→ affable\fabulous⟩, ⟨~ story\tale⟩, ⟨↔non-fiction\truth⟩ 양2

7. *****fab-less** [홰블리스]: fabrication+less, 팹리스, ⟨연구·개발 중심의⟩ 설계만 하고 공장이 없는 (반도체) 회사, ⟨~(↔)foundry⟩ 우1

8. **Fa·bre** [화아버], Jean Hen·ri: ⟨← faber(crafts man)⟩, ⟨라틴어→프랑스어⟩, '대장장이', 파브르, (1823-1915), 문학에 관심이 많았던 프랑스의 곤충학자, ⟨~ a French entomologist⟩ 수1

9. **fab·ric** [홰브릭]: ⟨← faber(crafts man)⟩, ⟨라틴어⟩, ⟨작업장에서 짠⟩ 천, 직물, 짜임새, 구조, ⟨→ fabricate⟩, ⟨~ cloth\textile⟩ 양1

10. **fab·ri·cate** [홰브뤼케이트]: 제조하다, 조립하다, 꾸며내다, 날조하다, ⟨→ forge⟩, ⟨~ concoct\make up⟩, ⟨↔dis-assemble\dis-mantle⟩ 양2

11. **fab·u·lous** [홰뷸러스]: 전설(fable)적인, 엄청난, 황당무계한, ⟨~ tremendous\phenomenal⟩, ⟨↔ordinary\tiny⟩ 가2

12. **fa·cade** [훠싸아드]: ⟨← facies(face)⟩, ⟨라틴어→프랑스어⟩, (건물의) 정면, 앞면, 외관, ⟨~ window-dressing\charade⟩, ⟨↔rear\interior⟩ 가1

13. **face** [훼이스]: ⟨← facies(figure)⟩, ⟨라틴어에서 연유한 프랑스어⟩, ⟨사십 대까지는 선천적이고 그 후는 후천적으로 'form'(형성)되는⟩ 얼굴, 상판, 낯짝, 표면, 액면, (시계 등의) 문자반, 대하다, 인상쓰다, ⟨~ front\cover\look toward\acept\frown on⟩, ⟨↔back\avoid\smile\wince⟩ 가1

14. **Face-book** [훼이스 북]: 2004년 Zuckerberg 등 하버드 재학생들에 의해 시작되어 Meta가 운영하는 미국의 세계적 사회 전산망 ⟨탐색·통화·광고⟩ 업체, ⟨~ a social media⟩ 수2

15. **face-book** [훼이스 북]: 얼굴 사진첩, 1983년부터 미국 대학생들이 졸업 사진첩(year book)을 일컫던 말 양2

16. **face cream** [훼이스 크뤼임]: 얼굴 화장 용액, 얼굴 화장품 유지, ⟨~ face moisturizer\mud-pack⟩, ⟨~(↔)cold cream은 dry skin에 적합함⟩ 미1

17. **face fly** [훼이스 훌라이]: '얼굴 파리', 가축의 안면에 꾀는 집파리의 일종, ⟨~ autumn house-fly⟩ 우1

18. **face-less** [훼이슬리스]: 정체불명의, 얼굴(개성)이 없는 양1

19. **face lift** [훼이스 리후트]: 안면 주름 제거 수술(nip and tuck), 겉치레, 소규모 재단장(touch -up) 미2

20. **face-off** [훼이스 어어후]: 시합 개시, 대결, 대담, ⟨~ battle\contest⟩, ⟨↔agreement\harmony⟩ 양2

21. **face paint-ing** [훼이스 페인팅]: 안면 색칠, 화려한 색의 화장술 양1

22. *****face-palm** [훼이스 파암]: '당혹스러워 손으로 얼굴을 가리는 일', '차면', ⟨~ hide the face⟩, ⟨~ shame\embarrass-ment⟩, ⟨~(↔)mask⟩ 우2

23. **face pow·der** [훼이스 파우더]: (얼굴 화장용) 분 양1

24. **face sav·er** [훼이스 쎄이붜]: 체면 유지, 체면을 세워주는 것, ⟨~ dignify\tactical⟩ 양1

25. **fac·et** [홰씰]: ⟨← facies(face)⟩, ⟨라틴어⟩, '작은 얼굴', 면, 상, 낱눈, ⟨~ surface\aspect⟩, ⟨↔rear⟩ 양1

26. *****face the mu·sic** [훼이스 더 뮤우짘]: ⟨1830년대에 북동부에 등장한 미국어⟩, 사건(운명의 선율)을 받아들이다, 현실에 부딪히다, ⟨~ carry the can\bite the bullet⟩ 양2

27. **Face-Time** [훼이스 타임]: 2010년부터 미국 Apple사가 개발을 시작해서 2019년에 재정비된 영상통화 연성기기, ⟨~ a proprietary video-telephony⟩ 수2

28. **fa·ce·tious** [훠씨이셔스]: ⟨← facetus(witty)⟩, ⟨라틴어⟩, 우스운, 익살맞은, 허튼 소리의, ⟨~ jokey\amusing⟩, ⟨↔serious\stupid⟩ 양2

29 **face to face** [훼이스 투우 훼이스]: 정면으로 마주 보는, 맞부딪치는, 직접, 〈~ one on one〉, 〈↔back to back\neck and neck〉 양2

30 **face tow·el** [훼이스 타우얼]: 세수건, 얼굴 닦개, 〈~ face flannel\wash-cloth〉 양2

31 ***face up to** [훼이스 엎 투우]: (~을) 인정하다, (~에) 용감히 맞서다, 〈~ face the music〉, 〈↔avoid\evade〉 양1

32 **face val·ue** [훼이스 밸류우]: 액면가격, 표면상 가치(뜻), 〈~ nominal (or par) value〉, 〈↔market value\cash value〉 양2

33 ***fach-idi·ot** [홰취디옷 \ 화키디옷]: 〈1960년대 후반에 미국어로 재등장한 독일어〉, 〈전공 분야 이외에는 먹통인〉 '전문(fach) 바보', 〈~ nerd\one-trak specialist〉, 〈↔jack of all trades〉 우2

34 **fa·cial** [훼이셜]: 〈← facies(face)〉, 〈라틴어〉, 안면의, 표면상(의), 미안술(얼굴 가꾸기), 〈~ front\surface\out-ward〉, 〈~ mud-pack\mask〉, 〈↔rear\wind-ward〉 양1

35 **fac·ile** [홰쓸 \ 홰씰]: 〈← facere(make)〉, 〈라틴어〉, 손쉬운, 힘들지 않은, 솜씨 좋은, 겉핥기의, 〈~ easy\superficial〉, 〈↔arduous\profound〉 양2

36 **fa·cil·i·tate** [훠씰리테이트]: 촉진하다, 돕다, '쉽게' 하다, 〈~ aid\ease〉, 〈↔impede\thwart〉 가1

37 **fa·cil·i·ty** [훠씰리티]: 〈← facere(make)〉, 〈라틴어〉, '쉬움', 능숙함, 솜씨, 편의, 시설, 설비, 〈~ amenity\convenience〉, 〈↔difficulty\discomfort〉 양1

38 **fac-ing** [훼이싱]: 향함, 직면, 바라보는, 겉 단장, 깃의 꺾은 부분, 〈~ fronting\decorative layer〉, 〈↔back onto〉 양1 미1

39 **fac-sim·i·le** [홱씨멀리] \ fax: 팩스, 〈1691년에 영어화된 라틴어〉, facere, fac+simile, '비슷하게 만들기', 모사, 복사, 〈문건을 전자 신호로 바꿔서 전선으로 보내는〉 복사전송(장치), 〈~ photo-copy\duplicate〉, 〈↔original〉 미2

40 **fact** [홱트]: 〈← facere(make)〉, 〈라틴어〉, 사실, 진상, 현실, 실제, '행한 것', '엎질러진 물', 〈~ truth\reality〉, 〈↔lie\fiction〉 가2

41 **fac·tion¹** [홱션]: 〈← facere(make)〉, 〈라틴어〉, 〈← fact〉, 〈함께 행동하는〉 도당, 당파, 파벌, 내분, 〈~ sect\clique\cult〉, 〈↔total\unity〉 가1

42 **fac·tion²** [홱션]: 〈1967년에 조작된 말〉, fact+fiction, 실록(실화) 소설 양2

43 **fac·tisk \ fak·tisk** [홱티스크]: 〈fact+isk〉, 〈라틴어→라트비아어〉, '엄연한 (엄청난) 사실', '진짜 진짜', 〈~ de facto〉 양2

44 **fac·ti·tious** [홱티셔스]: 〈← facere(make)〉, 〈라틴어〉, 인위적인, 부자연한, 가짜의, 〈factory에서 만든〉, artificial, 〈~ fetish\fictitious〉, 〈~ hypochondria〉, 〈↔genuine\natural〉 양2

45 **fac·toid** [홱터이드]: (활자화됨으로) 사실로 받아지는 '유사 사실', 〈~ misconception\fallacy〉, 〈↔truthful\verity〉 양2

46 **fac·tor** [홱터]: 〈← facere(make)〉, 〈라틴어〉, 요인, 인자, 중계인, 만드는 것, 〈~ element\agent〉, 〈↔compound\whole〉 가1 미2

47 **fac·to·ry** [홱터뤼]: '만드는 장소', 공장, 제조소, 〈~ plant\manufacturing complex〉 가2

48 **fac·to·ry out-let** [홱터뤼 아울렡]: 공장 직매점, 제조자 직영점, 〈~ factory (or anchor) store〉 양2

49 **fac-to·tum** [홱토우텀]: facere(make)+totus(all), 〈라틴어〉, 〈모든 것을 잘 만드는〉 만능 인부, 잡역부, 팔방미인, 〈~ Jack of all trades〉, 〈↔master of none\one-trick pony\fachidiot〉 양2

50 **fac·tu·al** [홱츄얼]: 〈← fact〉, 사실의, 실제의, 〈↔fictitious〉 가2

51 **fac·ul·ty** [홰컬티]: 〈← facere(make)〉, 〈라틴어〉, '행할 수 있는 힘', 능력, 재능, 교직원, 동업자 모임, 〈~ ability\staff〉, 〈↔incapacity\inefficiency〉 양1

52 **fad** [홰드]: 〈영국어〉, 〈faddle(장난감) 같은〉 일시적 유행, 변덕, 도락, 까다로움, 〈~ fashion\vogue〉, 〈↔standard\sanity〉 양2

53 **fade** [훼이드]: 〈← fatuus(silly)〉, 〈라틴어〉, 흐릿해지다, 꺼져가다, 시들다, 사라지다, 〈김이 새다〉, 〈~ dim\disappear〉, 〈↔brighten\grow〉 양2

54 ***fade cut** [훼이드 컽]: '점약 머리', 뒷머리를 점점 짧게 깎아 내려가서 목 부분에서는 피부에 닿을 정도의 짧은 머리, 〈~ taper\gradual trimming〉 우1

55	**fade-in** [홰이드 인]: (녹으면서 밝아지는) 용명, 차차 분명해지기, ⟨~ gradually stronger⟩ 미1
56	**fade-out** [홰이드 아웉]: (녹으면서 어두워지는) 용암, 차차 희미해지기, ⟨~ gradually weaker⟩ 미1
57	**fa·do** [화이도우]: ⟨← fatum⟩, ⟨라틴어→포르투갈어⟩, ⟨← fate⟩, 파두, 만도린이나 기타 반주로 부르는 (우울한) 포르투갈의 민요, ~ a mournful Portuguese folk-song 수2
58	**fa·fa** [화아화아]: ⟨필리핀어⟩, papa의 변형어, 동성연애자의 남자 친구, '창녀의 기둥서방', ⟨~ boy-friend⟩ 양2
59	**fag¹** [홰그]: ⟨어원불명의 영국어⟩, 열심히 일하다, 혹사하다, 좀처럼 부리다, ⟨~ work hard\abuse⟩, ⟨↔slacken\idle⟩ 양1
60	**fag²** [홰그]: ⟨어원불명의 영국 속어⟩ 싸구려 궐련, ⟨~ (cheap) cigarette⟩ 미2
61	**fag·(g)ot** [홰겉]: ⟨← phakelos(bundle)⟩, ⟨그리스어⟩, 다발, 뭉치, 고기 경단, ⟨~ bundle of sticks⟩, ⟨어원에 대해 여러 학설이 있는⟩ 남성 동성 연애자, ⟨~ a gay man⟩ 미2
62	**Fahr·en·heit** [홰륀하잍]: ⟨← fahren(to travel)⟩, ⟨독일어⟩, '경험이 많은 자(experienced)', 화씨(온도), 1724년 독일의 물리학자 다니엘 파렌하이트가 제안한 온도 측량 단위, $F=C \times 9/5+32$, ⟨~ a German physicist\measure of temperature⟩, ⟨↔Celsius(scale)⟩ 미2
63	**fail** [홰일]: ⟨← fallere(deceive)⟩, ⟨라틴어⟩, '일이 잘못되다', 실패하다, 부족하다, 고장 나다, ⟨~ fault⟩, ⟨~ abort\break down⟩, ⟨↔pass\succeed\work⟩ 가2
64	*****fail-o·ver** [홰일 오우붜]: 대체작동, 주 작동기가 고장 나면 예비 작동기가 즉시 역할을 대신해 주는 것, ⟨~ switch(change) over⟩, ⟨~ automatic switching to stand-by system⟩ 미2
65	**fail-safe** [홰일 쎄이후]: 절대 안전한, 안전이 보장된, 틀림없는, ⟨~ reliable\sure-fire⟩, ⟨↔uncertain\doubtful⟩ 미2
66	*****fail soft** [홰일 써후트]: '안전보장 연성기기'(전산기 기계가 고장이 나더라도 주기능을 유지시켜 주는 연성기기), ⟨~ safe but reduced function after failure⟩, ⟨~(↔)fail-over⟩ 미1
67	**fail·ure-prone** [홰일리여 프로운]: 고장 나기(실패하기) 쉬운, ⟨↔un-failing\fail-safe⟩ 양2
68	**faint** [홰인트]: ⟨← fingere(touch)⟩, ⟨라틴어→영국어⟩, ⟨← feign⟩, 어렴풋한, 가냘픈, 어찔한, 약한, ⟨~ vague\black(pass) out⟩, ⟨↔distinct\obvious⟩ 가1
69	**fair¹** [홰어]: ⟨← faeger(beautiful)⟩, ⟨게르만어⟩, '고운', 공평한, 정당한, 상당한, 맑은, ⟨~ fine\jannock⟩, ⟨↔dark\biased⟩ 가2
70	**fair²** [홰어]: ⟨← feriae(feast days)⟩, ⟨라틴어⟩, ⟨공평하게 거래하는⟩ 장, 박람회, 전시회, ⟨~ market\festival⟩ 양2
71	*****fair and square** [홰어 앤 스퀘어]: ⟨← fair¹⟩, ⟨1604년 Francis Bacon의 수필에 등장한 말⟩, 올바른, 정정당당한, 공평한, ⟨~ honest\just⟩ 가1
72	**Fair Deal** [홰어 디일]: ⟨← fair¹⟩, 페어딜, 공정 정책, 1949년 연두교서에서 트루먼(Truman)이 의회에 제안한 뉴딜정책을 연장·확대한 제안, '소득재분배 정책', ⟨~ New Deal liberalism⟩ 우2
73	**fair-ground** [홰어 그라운드]: ⟨← fair²⟩, 장터, 박람장, 전시장, ⟨~ out-door area for fairs²⟩ 양2
74	**fair-ing** [홰어륑]: ①⟨← fair²⟩, 당연한 보답, ⟨~ a present(gift)⟩ ②⟨← fair¹⟩, 둥근 비스킷, 유선형 구조 (바람막이), ⟨~ a stream-line⟩ 미1
75	**fair-ness** [홰어 네스]: 공정함, 아름다움, ⟨↔injustice\un-fairness⟩ 가1
76	**fair-play** [홰어 플레이]: 공명정대한 경기(태도), ⟨↔foul-play\cheating⟩ 미2
77	**fair-use** [홰어 유우스]: 공정사용⟨저작권(copy-right)을 침해하지 않는 한도 내의 인용⟩, ⟨~ nominative use⟩, ⟨↔infringement⟩ 양2
78	**fair-way** [홰어 웨이]: ⟨← fair¹⟩, ⟨1580년대에 해양용어로 시작되어 1898년 경에 골프 용어로 확대된 영국어⟩, ⟨장애물이 없는⟩ 항로(sea-way), 잔디 구역(fairway green)⟩ 우2
79	*****fair·y** [홰어뤼]: ⟨← fatum(fate)⟩, ⟨라틴어→프랑스어⟩, ⟨운명의 여신⟩, ⟨이야기 속에만 존재하는⟩ '요정', 아름다운, 상상의, 여자역 남자 동성애, ⟨~ fay'⟩, ⟨~ pixie\sprite⟩, ⟨↔devil\bogie⟩ 양1
80	**fair·y-land** [홰어뤼 랜드]: 요정의 나라, 선경, 도원경, ⟨~ wonder (or dream) land⟩, ⟨↔hell\dystopia⟩ 양1

81. **fair·y-light** [풰어뤼 라잍]: '요정등', 성탄목 등의 장식에 쓰는 작고 영롱한 전기등불, '화관등', 〈~ festive (or decoration) light〉 미2

82. **fair·y shrimp** [풰어뤼 슈림프]: '요정 새우', 〈한국의 논 새우〉, (전세계적으로 서식하며) 〈식용으로도 사용되는〉 투명하고 조그만 연갑류의 민물(fresh-water)새우〈~(↔)brine shrimp〉 우2

83. **fair·y tale** (sto·ry) [풰어뤼 테일(스토어뤼)]: 동화, 옛날이야기, 꾸민 이야기, 〈~ fable\folklore〉 양1

84. *****fait ac·com·pli** [풰이트 어컴플리 \ 풰타컴플리]: 〈프랑스어〉, 'accomplished fact', 〈받아들일 수밖에 없는〉 기정사실, '엎질러진 물', done deal 양2

85. **faith** [풰이쓰]: 〈← fidere(trust)〉, 〈라틴어〉, '굳건한 믿음', 확신, 신앙, 신용, 약속, 〈→ fidelity〉, 〈~ confidence\religion〉, 〈↔dis-trust\doubt〉 가1

86. *****faith hill·ing** [풰이쓰 힐링]: 〈연속극에 나오는 가수 이름에서 연유한 미국 속어〉, 남자가 셔츠의 가슴을 뽑아내 보이는 동작, 가식, '뻥까기', 〈~ boys pulling the shirts to resemble having breasts〉 가1

87. **fa·ji·tas** [훠히이터즈]: 〈← facia(band)〉, 〈라틴어→멕시코풍 스페인어〉, 〈← faja(strip)〉, '길고 가는 조각', 파히타, 소의 횡격막 살 (또는 닭고기)·양파·고추·치즈·토마토 등을 섞어 볶은 멕시코 요리, 〈~ a Tex-Mex cousine〉 수2

88. **fake** [풰이크]: 〈← fegen(sweep)?〉, 〈어원불명의 게르만어〉, 속이다, 위조하다, 〈자기도 좋은〉 체하다, 〈~ false\malinger〉, 〈~ quasi\pseudo〉, 〈↔real\genuine〉 가1

89. **fa·la·fel** [휠라아월]: 〈← farafil(crunchy)?〉, 〈다양한 어원의 아랍어〉, 팔라펠, 조미한 다진 야채를 납작하게 말아서 기름에 튀긴 중동지방의 완자, 〈~ a ddep-fried ball〉 수2

90. **fal·con** [휄컨]: 〈← falx(sickle)〉, 〈라틴어〉, 매, (암)송골매(강하고 '날카로운' 부리와 발톱을 가지고 공중투하하여 먹이를 잽싸게 낚아채는 주행성 맹금), 〈~ hawk보다 작으나 날개가 길어 더 빨리 날아감〉 미2

91. **Fal·cons** [휄컨스], At·lan·ta: 팔콘스, '매 떼들', '더러운 새들', 1965년에 창단되어 2017년부터 벤츠 경기장을 사용하고 있는 NFL 소속의 미식 축구단 수2

92. **Falk-lands War** [훠어크랜즈 워어]: (1982년 아르헨티나〈Argentina〉 남동쪽에 있는 영령의 조그만 섬들에 대한 영토 분쟁으로 907명의 전시자를 내면서 74일간 싸워 영국이 승리한〈English vicory〉) 〈Malvinas(아르헨티나 지명) War〉 수2

93. **fall** [훠얼]: 〈← sphallein(fail)〉, 〈그리스어→라틴어→게르만어〉, 〈← feallan〉, '떨어지다', 내리다, 무너지다, 넘어지다, 〈나뭇잎이 떨어지는〉 가을, 〈나무를 기어오르다 자꾸 떨어지는〉 (땅다람쥐 등의) 떼, 〈~ autumn(영국어)〉, 〈~ drop-down\decline〉, 〈↔rise〉 가1 양2

94. **fal·la·cy** [휄러시]: 〈← fallere(deceive)〉, 〈라틴어〉, 〈← false〉, 잘못된 생각, 오류, 〈남을 속이는〉 궤변, 허위, 〈~misconception\factoid〉, 〈↔truth\verity〉 양2

95. **fall-back** [훠얼 백]: 후퇴, 대비책, 예비비, 고장대치처리, 대체 체계, 〈~ back off\pull away〉, 〈↔advance\face〉 양1

96. **fall for** [훠얼 훠어]: (~에) 홀리다, 속다, 사기 당하다, be deceived by 양2

97. **fall guy** [훠얼 가이]: 〈1895년에 등장한 어원 불명의 교도소 속어〉, 남의 죄를 뒤집어쓴 자, 대역, 잘 속는 사람, '봉', '밥', 〈~ scapegoat\whipping boy\easy mark\jay〉 양2

98. **fal·li·ble** [홴러블]: 〈← fallere(to deceive)〉, 〈라틴어〉, 틀리기 쉬운, 정확하지 않은, 〈~ fail〉, 〈~ prone to err\flawed〉, 〈↔perfect\intact〉 양2

99. **fall-ing–out** [훠얼링 아웉]: 사이가 틀어짐, 다툼, 불화, 〈~ altercation\run-in〉, 〈↔making-up\getting along〉 양2

100. *****fall off the wag·on**: (나쁜 습관이) 재발하다, 〈작심삼일〉, 〈~ relapse〉, 〈↔continue\develop〉 양2

101. **Fal·lo·pi·an tube** [휠로우피언 튜우브]: 팔로피오관, (이탈리아의 해부학자의 이름〈Fallopio〉을 딴) 나팔관, 난관, 난소에서 자궁까지 난자를 나르는 나팔 모양의 통로, salpinx, 〈~ uterine tube\oviduct〉 양2

102. **fall-out** [훠얼 아웉]: 방사선 낙진, '죽음의 재', 부산물, 〈~ (radio-active) by-product\after-effect〉 양2

103. **fall out** [훠얼 아웉]: 떨어져 나가다, 사이가 틀어지다, 다투다, ~!; 헤쳐!, 〈~ move out\separate\disperse〉, 〈~ differ\quarrel〉, 〈↔fall in\make up〉 양2

104. **fal·low** [홸로우]: 〈← fealo(yellow)〉, 〈게르만어〉, 다음 철에 씨 뿌리기 위해 쟁기질해 놓은 땅 ①묵히고 있는, 미개간의, 교양없는, 〈~ un-planted\dormant〉, 〈↔cultivated\tilled²〉 ②연한 황갈색(yellowish brown)의 양2

105 **fal·low deer** [홸로우 디어]: 다마(dama)사슴, 〈여름에는 흰 반점이 생기는〉 (유럽 원산) '담황갈색'의 작은 사슴, 〈~ a small European deer with variable color〉 미2

106 ***fall short** [훨 쑈얼트]: (화살이 과녁에) 이르지 못하고 떨어지다, 못미치다, 부족하다, 〈~ miss\fail〉, 〈↔succeed\exceed〉 양2

107 **false** [훨스]: 〈← fallere(deceive)〉, 〈라틴어〉, 틀린, 그릇된, 〈남을 속이는〉 거짓의, 가짜의, 부당한, (~ fail\fraud), 〈→ fake〉, 〈~ wrong\bogus〉, 〈↔true\correct〉 가2

108 **false neg·a·tive** [훨스 네거티브]: 잘못된 부정, 위 음성(참이 거짓으로 판정되는 오류), 〈~ type two error〉 양2

109 **false pos·i·tive** [훨스 파지티브]: 잘못된 긍정, 위 양성(거짓인 것이 참으로 판정되는 오류), 〈~ type one error〉 양2

110 **fal·set·to** [훨쎄토우]: 〈← fallere(deceive)〉, 〈라틴어에서 연유한 이탈리아어〉, 가성, (남성의) '꾸민' 목소리, 〈~ shrill(piercing) tone〉, 〈↔low-pitched〉, 〈↔mezzo-soprano〉 양2

111 **fal·ter** [훨터]: 〈← fallere(deceive)〉, 〈라틴어→영국어〉, 비틀거리다, 말을 더듬다, 중얼거리다, 〈← fold?〉, 〈~ fluctuate\whiffle〉, 〈↔continue〉 양2

112 **fa·lun-gong** [활런 겅]: law+wheel+merit, 파룬궁, 법륜공, 〈중국정부의 탄압에도 불구하고 아직도 융성하는〉 (불교·도교·기공등을 뒤섞은) 중국의(Chinese) 세계적 민간신앙, 〈~ an ultra-conservative〉 수2

113 **fame** [훼임]: 〈← phanai(speak)〉, 〈그리스어→라틴어〉, 〈입 밖으로 내는〉 명성, 평판, 〈공공연한〉 풍문, 〈~ famous〉, 〈~ renown\popularity〉, 〈↔obscurity〉 가1

114 **fa·mil·iar** [훠밀리어]: 친밀한, 가까운, 익숙한, 낯익은, 가족〈family〉의, 〈~ close\intimate〉, 〈↔un-familiar\un-acquainted〉 가1

115 ***fa·mil·i·ar·i·ty breeds con·tempt**: 잘 알면 무례해지기 쉽다, 친할수록 예의를 지켜라, 〈↔knowledge is the key\love conquers all〉 양2

116 **fam·i·ly** [홰밀리]: 〈← famel(servant)〉, 〈라틴어〉, '봉사자', 가족, 가정, 일족, 종족, 족, 과(생물 분류의 6번째 단위-목 아래·속 위), 〈~ house-hold\brood\clan〉, 〈↔non-relatives〉 가2

117 ***fam·i·ly brand** [홰밀리 브랜드]: 통일 상표, 같은 상품의 제품군, 〈~ umbrella brand〉 미2

118 **fam·i·ly hour** [홰밀리 아우워]: 가족 시청 시간(대) 〈7~9 pm〉 양1

119 **fam·i·ly leave** [홰밀리 리이브]: 가족(간병) 휴가 양1

120 ***fam·i·ly-moon** [홰밀리 무운]: (새로 결혼한 부부〈couple〉가 각자의 자녀〈their children〉들과 함께 가는) 가정 〈단합〉 신혼여행, 〈~(↔)honeymoon〉 미2

121 **fam·i·ly name** [홰밀리 네임]: 성, 가계 명, '타고난 이름', surname, last name, 〈↔first name〉 가2

122 **fam·i·ly phy·si·cian** [홰밀리 휘지션]: 가정의〈의과 대학 졸업 후 2~3년간의 가정의학 전문의 과정을 이수한 의사〉, 〈~ general practitioner\primary care〉 양2

123 **fam·i·ly plan** [홰밀리 플랜]: 가족(할인)요금, 〈~ family discount〉 양2

124 **fam·i·ly plan-ning** [홰밀리 플래닝]: 가족(출산)계획, 〈~ birth control〉 양2

125 **fam·i·ly room** [홰밀리 루움]: 거실, 가족 방, 가정 오락실, 〈~ informal room〉, 〈~(↔)living room은 more formal〉 양1

126 **fam·ine** [홰민]: 〈← fames(hunger)〉, 〈어원 불명의 라틴어〉, 기근, 식량 부족, '굶주림', 기아, 부족, 〈→ famish〉, 〈~ scarcity of food\starvation〉, 〈↔abundance〉 양2

127 **fam·ish** [홰미쉬]: 〈라틴어〉, 〈← famine〉, 굶주리게 하다, 고사 시키다, 〈~ hunger\starve〉, 〈↔be sated〉 양2

128 **fa·mous** [훼이머스]: 〈← fama〉, 〈라틴어〉, 〈← fame〉, 이름난, 유명한, 훌륭한, 멋진, 기막힌, 〈~ celebrated\eminent〉, 〈↔unknown\obscure〉 가1

129 **fan¹** [홴]: 〈← vannus ← ventus(wind)〉, 〈라틴어〉, 〈곡식을 까부리는 키〉, 부채(꼴), 환풍기, 삼진 아웃〈야구〉, 〈vane(깃발)〉, 〈~ air cooler\stir up〉 미2

130 **fan²** [홴]: 〈1889년에 등장한 미국어〉, 열렬한 지지자(애호가), 〈← fanatic〉, 〈~ enthusiast\follower〉, 〈↔adversary〉 미2

131 **fa·nat·ic** [훠내틱]: 〈← fanum(temple)〉, 〈라틴어〉, 광신자, 열광자, 〈신이 들린 자〉, 〈→ feast〉, 〈→ fan²〉, 〈~ frenzy\frenetic〉, 〈↔moderate\pragmatic〉 가1

132 **fan club** [홴 클럽]: (지지자)후원회 양1

133 **fan·cy** [홴시]: 〈← phainein(shine)〉, 〈그리스어→라틴어→영국어〉, '상상', 공상, 장식적인, 〈공상의 세계에나 있을 듯한〉 멋진, 변덕스러운, 〈자주 상상할 정도로 끌리는〉 애호, 〈← fantasy〉, 〈~ extravagant\attractive〉, 〈↔plain\ugly〉 양2

134 **fan·cy ball** [홴시 버얼]: 가장무도회, 〈~ masquerade dance party〉 가1

135 *****fan·cy girl** [홴시 거얼]: 첩, 정부, 창녀, 〈~ concubine\prostitute〉 양2

136 *****fan·cy man** [홴시 맨]: 기둥서방, 내기(pay)를 좋아하는 사람, 〈~ paramour\pimp\procurer〉 양2

137 *****fan·cy-pants** [홴시 팬츠]: 〈19세기에 광고용으로 등장한 말〉, 멋쟁이, 건달, 거드름쟁이, 〈~ high-toned\high-falutin〉 양2

138 **fan·dan·go** [홴댕고우]: 〈1770년에 등장한 어원불명의 스페인어〉, 판당고, 둘이 추는 3박자의 스페인 무용, 〈시끄러운 음악(noisy music)〉, 어리석은 (바보)짓, 〈~ jazz\ding-bat〉 수2 양2

139 *****fan-dom** [홴 덤]: 〈1889년 야구계에서 주조된 미국어〉, 애호가 층(전체), 〈열렬한〉 지지자 세력, 〈~ devotees\supporters〉, 〈↔hate-dom〉 미2

140 **fan·fare** [홴 훼어]: 〈← farfar(talkative)〉, 〈아랍어→프랑스어〉, '트럼펫 소리', 팡파르, 과시, 선전, 〈~ tantara〉, 〈~ trumpet blare\display〉, 〈↔hush\un-tune〉 미2

141 *****fan-fic** [홴 휙]: fan이 쓴 fiction 〈'지지자 창작'〉, TV나 영화에서 기존 작품에 팬들이 덧붙여 쓴 이야기 우1

142 **fang** [황]: 〈← fon(take)〉, 〈게르만어〉, 〈육식 동물의〉 엄니(송곳니), 견치, (뱀의) 독아, 〈움켜쥐는 것〉, 〈~ canine\pincer\cuspid〉, 〈~(↔)incisor〉, 〈↔blunt〉 양1

143 **fan·gle** [홴글]: 〈← fon(take)〉, 〈게르만어→영국어〉, 〈움켜주고 싶은〉 (새) 유행, 〈~ vogue\gaud〉, 〈↔old fashion〉 양2

144 *****fan·i·mal** [홰니멀]: fan+animal, 광신적 지지자 〈극장이나 경기장에서 미쳐 날뛰는 극성 후원자〉 미2

145 **Fan·nie Mae**(May) [홰니메이]: ⇒ Federal National Mortgage Association 미2

146 **fan·ny** [홰니]: 〈1748년에 출판된 영국의 음란소설 주인공(Fanny Hill)〉, 〈← Frances(?)〉, 〈Frances란 년 같은〉 ①〈미국어〉, buttocks(엉덩이) ②〈영국어〉, valva(보지), 〈~(↔)prick〉, 〈↔gash\honey-pot〉 양2

147 **fan·ny pack** [홰니 팩]: 〈미국어〉, (주로 여행객들이 사용하는) 엉덩이에 끈을 달아 성기 앞을 가리는 주머니, waist(belt) bag, 〈영국에서는 쓰면 안 되는 말-bumbag이라고 해야 함〉, 〈'캥거루 지갑'(kangaroo purse)이라 번역하면 어떨까?〉 수2

148 *****fan·tab·u·lous** [홴태뷸러스]: fantastic+fabulous, 〈1953년에 등장한 미국어〉, 환상적이고 전설적인, 아주 바람직한, 기가막힌, '짱'한, 〈↔lousy\wretched〉 양2

149 **fan·tas·tic** [홴태스틱]: 〈그리스어〉, 〈← fantasy〉, '환상'적인, 굉장한, 이상한, 〈트럼프가 애용하던 말〉, 〈~ wonderful\terrific〉, 〈↔ordinary\realistic〉 가1

150 **fan·ta·sy** [홴터시]: 〈← phantasia ← phainein(shine)〉, 〈그리스어〉, '환상', 공상, 백일몽, 〈→ fancy〉, 〈~ day-dream\reverie〉, 〈↔reality\fact〉 양2

151 **FAO** [화우]: ⇒ Food and Agriculture Organization 미2

152 **fap** [홮]: 〈16세기 말부터 'drunk'란 뜻의 영국 속어로 쓰여 오다가 1999년 일본 만화에 의해 활성화된 말〉, 남자가 수음하는 소리, '딸딸이', 〈~ male masturbation〉 우1

153 *****fa·pu·sa·tion** [홰퓨제이션]: fap+accusation, 〈편자처럼〉 신조어를 만드는(neologism) 놈들을 '딸따리꾼'으로 매도하는 일 우1

154 *****FAQ** [홱]: ①frequently asked questions (자주 묻는 질문들) ②fair average quality (중등품) 미2 양2

155 **far** [화아]: 〈← fear(distant)〉, 〈게르만어〉, 멀리(에), 아득히, 훨씬, 극단적, 〈붙잡을 수 없는 것〉, 〈~ a long way\to a great extent〉, 〈↔near\slight〉, 〈↔nigh〉 가1

156 **farce** [화알스]: 〈← farcire(stuff)〉, 〈라틴어〉, 〈막간에 끼어 넣은〉 소극, 익살극, 웃음거리, 〈~ comedy〉, 〈↔tragedy〉 양2

157 **fare** [홰어]: 〈← faran(go)〉, 〈게르만어〉, '가는 비용', 운임, 통행료, 승객, (살아)가다, 지내다, 진척되다, 〈~transport-cost\passenger\proceed〉, 〈↔remain\store〉 가1 양2

158	**fare-well** [훼어 웰]: '잘 가세요', 안녕, 고별, 송별회, 작별 인사, ⟨~ valediction⟩, ⟨~ good-bye\adieu\bon voyage⟩, ⟨↔welcome\salutation\reception⟩ 가2
159	***far-fetched** [화아 휑치드]: 무리한, 억지의, 빙 둘러서 말하는, ⟨~ doubtful\in-credible\labored⟩, ⟨↔likely\probable⟩ 양2
160	**far·kle·ber·ry** [화아클 베뤼]: ⟨어원 불명의 미국어⟩, ⟨baquette 같은⟩ 두터운 잎에 콩알만 한 검은 열매를 맺는 미국 동남부산 월귤나무의 일종, ⟨~ whortle·berry⟩ 수2
161	**farm** [화암]: ⟨← farmus(stable)⟩, ⟨라틴어⟩, ⟨세금이나 소작료를 내는 땅⟩, ⟨임대료를 받는⟩ 농장, 농원, 사육장, 저장소, ⟨← firm ← fixed payment⟩, ⟨~ ranch\plantation⟩, ⟨↔urban\mill\industrial⟩ 가1
162	**farm-er cheese** [화아머 취이즈]: ⟨가난한 농부들이 먹던⟩ 지방을 안 뺐거나 덜 뺀 우유로 만든 맛이 순한 단단한 치즈, ⟨~ a pressed cottage cheese⟩ 수2
163	**Farm-ers** [화아머스]: 파머스, 1928년 창설되어 잘나가다가 캘리포니아의 지진 등으로 1988년 영국 회사에 넘어갔다가 1998년 스위스의 취리히 금융(Zurich Insurance Group)에 흡수된 미국의 종합 보험 회사 수2
164	**farm-er's lung** [화아머스 렁]: ⟨← forotar(sheep)⟩, ⟨북구어⟩, '농부의 폐' (곰팡이가 핀 건초 먼지를 마셔서 생기는 급성 폐 질환), ⟨~ a hypersensitive pulmonitis⟩ 의1
165	**farm-er's mar·ket** [화아머스 마아킽]: 농산물 직판장, ⟨~ direct sale of agricultural products⟩ 가1
166	**farm-hand** [화앎 핸드]: 농장 노동자, 농사일꾼, 신출내기(선수), ⟨~ farm worker\peon\newbie⟩ 양2
167	**faro** [훼어로우]: ⟨프랑스어→영국어⟩, ⟨겉자에 이집트의 왕 Pharaoh의 그림이 그려졌던⟩ 물주가 준 한 쌍의 패가 물주가 깐 패와 동일할 때 먹는 '서양 화투 노름', ⟨~ a French gambling card game⟩ 수2
168	**Far·oe Is·lands** [훼어로우 아일런즈]: ⟨← foroyar(sheep)⟩, ⟨북구어⟩, '양떼들의 섬', 페로 제도, 노르웨이와 아이슬란드 중간에 있는 18개의 섬들로 된 인구가 적은 덴마크(Denmark)의 자치주 수1
169	**far-off** [화아 어허후]: 먼, 아득한, ⟨~ away\distant⟩, ⟨↔close\near-by⟩ 가1
170	**far·ro** [화로우]: ⟨← farro(wheat)⟩, ⟨라틴어→이탈리아어⟩, (외피만 벗겨 전체와 같이 먹는 통보리, 야생보리, ⟨~ emmer \ spelt⟩ 미2
171	**far·row** [홰로우]: ⟨← fearr(bull)⟩, ⟨게르만어⟩, (새끼를) 낳다, 한 배의 '돼지 새끼', ⟨~ birth\piglets⟩ 미2
172	**Far·si** [화알씨]: 파르시, 이란의 남서부, 1878년부터 개정된 현대 이란어('Persia') 수1
173	**fart** [화알트]: ⟨← ferzen⟩, ⟨게르만어⟩, ⟨의성어⟩, 방귀 (소리), 지겨운 놈, ⟨~ flatulence\wind\gas\stink⟩ 양2
174	**far-ther** [화아더]: ⟨실제적인⟩ far의 비교급, 더 멀리, 더욱더, 그 이상의, ⟨요새 젊은이들은 (법을 무시하고 특히 구어에서) more far라고 하는 경향이 있음⟩, ⟨↔closer\nearer⟩, ⟨이것은 more physical하고 further는 more meta-physical한 개념임⟩ 가1
175	**far-thest** [화아디스트]: far의 최상급, 가장 먼, 최대한의 가1
176	**far·thing** [화아딩]: ⟨← one/fourth⟩, ⟨1961년에 없어진 영국의 옛 화폐⟩, ¼ 페니, 한푼어치의 가치(도 없는), 조금(도), ⟨~ cent\penny⟩ 수2
177	**fas·ci·cle** [홰씨클]: ⟨← fascis(bundle)⟩, ⟨라틴어⟩, 작은 '다발', 나눠진 분책, (밀집된) 화총, (신경)섬유속, ⟨→ fascism⟩, ⟨~ cluster\collection⟩ 양2
178	**fas·ci·nate** [홰씨네이트]: ⟨← baskainein(bewitch)⟩, ⟨그리스어→라틴어⟩, 황홀케 하다, 흥미를 끌다, 홀리다, '주술'에 걸리다, ⟨~ beguile\be-witch⟩, ⟨↔bore\repel⟩ 가2
179	**fas·cism** [홰쉬즘]: ⟨라틴어⟩, ⟨← fascicle(다발)⟩, 파시즘, 전제국가주의(절대권력을 쥔 독재자가 이끄는 정치체제), '집단', ⟨~ totalitarianism\authoritarianism⟩ 미2
180	**fash·ion** [홰션]: ⟨← facere(make)⟩, ⟨라틴어⟩, ⟨'만들어 낸'⟩ 방식, 유행, 풍조, ⟨~ fad\vogue⟩, ⟨↔dis-relish\un-popularity⟩ 미2
181	**fash·ion·a·ble** [홰셔너블]: 유행의, 추세에 맞는, 상류의 양2
182	**fash·ion de·sign–er** [홰션 디쟈이너]: 유행 (복장) 도안자, 유행 상품 설계사 미1
183	**fash·ion mod·el** [홰션 마들]: 유행을 본보이는 사람, 유행 의상 발표인 미1
184	**fash·ion show** [홰션 쑈우]: 유행 전시회, 유행 의상 선보이기 미1
185	**fast¹** [홰스트]: ⟨← faestan⟩, ⟨게르만어⟩, ⟨← firm⟩, (굳은 의지가 필요한) 단식, 절식, 금식(일), 굶다, 견디다, ⟨~ tight⟩, ⟨~ abstain from food\starve oneself⟩, ⟨↔eat\loose⟩ 양2

186 **fast²** [홰스트]: 〈← faestan〉, 〈게르만어〉, 〈← firm〉, (두 주먹을 굳게 쥐고 뛰는), 빠른, 날쌘, 헤픈, 손쉬운, 방탕한, 〈~ quick\swift〉, 〈↔slow\lazy〉 미2

187 **fast-ball** [홰스트 버얼]: 속구(소프트볼의 일종), 변함없는 빠른 공(야구), 〈~ speed (or bullet) ball〉 미2

188 **fast back-ward** [홰스트 백워어드]: 빨리 감기(뒤로 돌리기), 〈↔fast for-ward〉 가1

189 *****fast buck** [홰스트 벅]: 〈20세기 중반에 등장한 말〉, 쉽게 번 돈, 폭리, 〈~ quick buck\easy money〉 미2

190 *****fast-cas·u·al** [홰스트 캐쥬얼]: '편의 식당', '날랜 식당'보다 다소 질이 좋은 봉사와 분위기를 제공하는 식당, 〈~ fast food를 convenience food라고 하는 것처럼 일종의 상업적 용어〉 우2

191 **fas·ten** [홰쓴]: 〈← faest(fixed)〉, 〈게르만어〉, 묶다, 죄다, 매다, 잠그다, 고정하다, 〈~ fast\fix〉, 〈~ clasp\latch\lock〉, 〈↔un-fasten\de-tach〉 양1

192 *****fast fash·ion** [홰스트 홰션]: '단기 유행(품)', 짧은 주기로 생산하는 '싸구려' 유행품, 〈quick replication의 상업적 용어〉, 〈↔slow fashion\sustaining fashion〉 우2

193 *****fast food** [홰스트 후우드]: 간이음식, 즉석요리, '날치기 식품', finger food, 나쁜 음식, 〈~ finger food\junk food〉, 〈~ convenience food〉, 〈↔slow food\whole-some food\good food\health food〉 미2

194 **fast for-ward** [홰스트 훠어워드]: 빨리 풀기(앞으로 돌리기), 〈↔fast back-ward\rewind〉 가1

195 **fas·tid·i·ous** [홰스티디어스]: 〈← fastus(disdain)〉, 〈라틴어〉, 꽤 까다로운, 세심한, 〈건방져서 밥맛 없는〉, 〈~ meticulous\picky〉, 〈↔easy-going\sloppy〉 가2

196 **fast-ing** [홰스팅]: 단식, 단식요법, 〈~ dieting\Ramadan〉, 〈↔gorgoing\stuffing〉 미2

197 **fast lane** [홰스트 레인]: 추월차로, 〈다른 차들보다 빨리 가는〉 고속주행로, 〈미국에서는〉 left-hand lane, 〈↔slow lane〉 미2

198 *****fast life** [홰스트 라이후]: 방탕한 삶, 짧은 인생, 〈~ dissolute\depraved〉 미2

199 **fast mo·tion** [홰스트 모우션]: 속동, 빠른 동작, 고속촬영(술) 미2

200 **fast talk-er** [홰스트 터어커]: 말주변이 좋은 사람, 사기꾼, 〈~ eloquent\slickster〉 미2

201 **fast track** [홰스트 트랙]: 급행 선로, 빠른 승진, 조기 착공 미2

202 **FAT** [홴]: ⇒ file allocation table 미2

203 **fat** [홴]: 〈← faett(plump)〉, 〈게르만어〉, '부푼', 살찐, 뚱뚱한(obese), 지방이 많은, 풍부한, 〈~ lipid\plump〉, 〈↔lean\skinny\slim〉 가2

204 **fa·ta** [화아타]: 〈← fatum〉, 〈라틴어→이탈리아어〉, 〈← fate〉, 운명, 신비한 것, 〈~ fairy〉 양2

205 **fa·tal** [훼이틀]: 〈← fatum〉, 〈라틴어〉, 〈← fate〉, 치명적인, 중대한, 숙명적인, 흉악한, 〈~ lethal\virulent〉, 〈↔harm-less\whole-some〉 가2

206 **fa·tal·ism** [훼이털리즘]: 운명(숙명)론, 체념주의, 팔자소관, 〈~(↔)determinism〉, 〈↔free will〉 양2

207 **fat-back** [홴 백]: 비곗살(lardoon), 몸통이 통통한 청어과의 물고기(멘헤이든-menhaden) 양1 우1

208 *****fat-berg** [홴 버어그]: (주로 하수구에서 발견되는) 지방과 물에 녹지 않는 쓰레기가 엉켜 생긴 〈빙산 모양의〉 기름 덩어리, 〈이에 편자는 꼬리곰탕·닭도리탕 등을 먹고 나서 국물을 하수로 버리지 않고 냉동했다가 봉지에 싸서 쓰레기로 버리고 있음〉, 〈huge grease deposits in sewer〉 미2

209 *****fat chance** [홴 챈스]: 〈1905년에 등장한 말〉, 가망 없음, 그럴 리 없음, 꿈 깨!, 인경 꼭지가 말랑말랑하거든, 〈반어적 표현〉, 〈~ impossible\when pigs fly〉, 〈~(↔)slim chance〉 미2

210 **fate** [훼이트]: 〈← fatus(speak)〉, 〈라틴어〉, 〈이미 정해진〉 숙명, 최후, '신의 말씀', 〈→ fatal〉, 〈→ 태초에 말씀이 있었나니라〉, 〈~ God's will\destiny〉, 〈↔choice〉 가1

211 **fa·ther** [화아더]: 〈← pitar(male parent)〉, 〈산스크리트어→그리스어→라틴어→게르만어〉, 〈← pa(da)〉, 〈아이를 생기게 하는〉 아빠, 〈거리를 두고 대해야 하는〉 아버지, 부친, 선조, 신부, 하나님, 창시자, Pa, 수꼰대, 〈↔mother\girl\descendant〉 가1

212 *****fa·ther chance** [화아더 챈스]: 아빠운, (입시·취직 등) 일반경쟁에서 사회적으로 영향력 있는 아버지의 덕을 보는 일 〈콩글리시〉, paternal influence, ded·fluence, 〈~ mother chance〉 미2

213 **fa·ther fig·ure** [화아더 휘귀어]: 아버지 표상(대신이 될 만한 사람), 〈~ protecting\guiding etc〉, 〈↔mother figure〉 양2

214 **fa·ther-in-law** [화아더 인 러어]: 법적 아버지, 장인, 시아버지, 〈~ father by marriage〉, 〈↔mother-in-law〉 가2

215 **fa·ther land** [화아더 랜드]: 조국, 조상의 땅, 〈~ native land\the old country〉, 〈~(↔)mother land〉 가1

216 **Fa·thers Day** [화아더스 데이]: 아버지날, (미국에서는) 6월 셋째 일요일, (한국에서는) 5월 8일〈어버이날〉, 〈↔Mother's Day〉 양2

217 **fath·om** [홰덤]: 〈← faethmian(to embrace)〉, 〈게르만어〉, '두 팔을 벌린 길이', 6피트, 1m 83cm, (깊이를) 재다, 〈~ measure of the depth\conprehend〉 수2

218 **fa·tigue** [훠티이그]: 〈← fatigare(weary)〉, 〈라틴어→프랑스어〉, 피로, '지침', 노고, 노역, 〈~ tired-ness\exhaustion〉, 〈↔vigor\refresh〉 가1

219 *****fat shot** [홴 샽]: (골프에서) '뒷땅 파기', ⇒ chunk shot, 〈↔chip shot〉 우2

220 *****fat-so** [홴소우]: fat+so, (똥)풍보, 〈1944년에 조립된 말〉, 〈~ chubster\big-ass〉, 〈↔skinny〉 양2

221 **fat suck·ing** [홴 써킹]: 지방 흡인(술), 지방(제거) 수술 양2

222 **fat·ty liv·er** [홴티 리붜]: 지방간 (과음을 포함하여 여러 가지 이유로 간세포에 지방이 축적되는 회복 가능한 질환) 가2

223 **fat·u·ous** [홰츄어스]: 〈← fatuus(silly)〉, 〈라틴어〉, 〈← foolish〉, 얼빠진, 우둔한, 공허한, 〈~ devoid of intelligence〉, 〈↔brilliant\prudent〉 양2

224 **fat·wa** [홴트와아]: 〈아랍어〉, clarification, '분명히 말하다', 파트와, 〈법률과 같은 효력을 갖는〉 (이슬람 지도자에 의한) 율법적 결정, 〈~ decree〉 수2

225 **fau·cet** [훠어싵]: 〈← fallere(deceive)〉, 〈라틴어→프랑스어〉, 〈통짜인 줄 알았더니 구멍이 뚫린〉 (수도)꼭지, 〈물이 떨어지는〉 주둥이, 고동, 〈~ spout\tap²〉 양2

226 **Faulk·ner** [훠어크너], Wil·liam: 'falcon 사육자', 포크너, (1897-1962), 주로 남부를 배경으로 퇴락하는 사회상을 그린 미국의 작가, 〈~ an American writer〉 수1

227 **fault** [훠얼트]: 〈← fallere(deceive)〉, 〈라틴어〉, '잘못', 과실, 결함, 장애, 누전, 단층, 〈~ fail〉, 〈~ quilt\defect\lapse〉, 〈↔innocent\merit\virtue〉 양1

228 **Faun** [훠언]: 〈← favere(well dispose)〉, 파우누스, 숲의 신, 목(양)신 〈반은 사람 반은 양의 모습 한 음탕한 로마의 신으로 그리스 신화의 Satyr에 해당함〉, 〈~ fawn〉, 〈~ wood-land deity\man and goat〉 미1

229 **fau·na** [훠어너]: 〈Faun의 누이〉, 파우나, (일정 지방·지대의) 동물군이나 동물상, 〈~ wild-life〉, 〈~ animal\beast〉, 〈~(↔)flora〉, 〈↔botany〉 우1

230 **Faust** [화우스트]: 〈← faustus(fortunate)〉, 〈라틴어〉, '행운아', 파우스트(1480?-1540?), 전지전능하기를 바라며 악마에게 영혼을 판 독일의 전설적 점성가·마술사, 〈~ legendary German magician〉, faust; 추한, 곡학아세하는 (사람), 〈~ a time-serving scholar〉 수1 양1

231 **Fau·vism** [호우뷔즘]: 〈← fauve(wild beast)〉, 〈1905년에 등장한 프랑스어〉, 포비즘, '야수파' (강력한 색깔과 빠르고 힘찬 붓질을 특징으로 하는 20세기 초 프랑스의 회화 양식), 〈~ an abstract art〉, 〈~(↔)cubism〉 양1

232 **faux** [호우]: 〈'false'란 뜻의 프랑스어〉, 가짜, fake, 〈↔genuine\natural〉 양2

233 *****faux-hawk cut** [호우허억 컽]: 가짜 모호크 머리, Mohawk 머리보다 중앙 머리를 더 길게 땋아 멋을 낸 머리 모양, 〈영국의 직업 축구선수 David Beckham의 이름을 딴〉 베컴 머리 수2

234 **faux fur** [호우 훠얼]: '가짜 털', 인조 모피, 〈~ artificial fur〉 양2

235 **faux pas** [호우 파아]: 〈프랑스어〉, 'false step', 실수, 무례, 부정, 〈~ gaffe²\blunder\breach〉, 〈↔discernment\courtesy〉 양2

236 **fa·va bean** [화아붜 비인]: 〈← faba〉, 〈라틴어〉, 'broad bean', 잠두, 납작콩, 〈어떤 사람들에겐〉 용혈병을 일으킬 수도 있는 '누에콩', 〈~(↔)lima bean\broad bean〉 미2

237 *****fave** [훼이브]: favorite(좋아하는 사람·인기인)의 준말 미2

238 *****fa·vi·con** [훼이뷔칸 \ 홰뷔칸]: 〈미국어〉, favorite icon, 〈즐겨 찾는〉 '인기성상', '단축성상' ⇒ shortcut icon 우1

239 **fa·vor \ fa·vour** [훼이붜]: 〈← favere(well dispose)〉, 〈라틴어〉, 〈좋게 생각해 주는〉 호의, 친절, 찬성, 편애, '친애', 〈~ fond\free\friend〉, 〈→ Faun〉, 〈~ approval\kindness〉, 〈↔dis-favor\oppose〉 양1

240 *****fa·vor·ites** [훼이붜뤼츠]: 인기 주소록(전산망에서 전체 주소를 칠 필요 없이 몇 자 안 쳐도 찾아내는 흔히 쓰이는 주소 목록), 〈~ first choice〉, 〈↔bête noir(e)〉 미2

241 **fawn** [훤]: ⟨← fetus(bearing)⟩, ⟨라틴어⟩ ①새끼 사슴, 어린 염소, ⟨~ young deer (or goat)⟩, 엷은 황갈색, ⟨~ beige⟩ ②아양 떨다, 아첨하다, ⟨~ adulate\flatter⟩, ⟨↔defy\confront⟩ 양2

242 **fax** [홱쓰]: facsimile의 단축형, 팩스, 모사, 복사전송(장치) 미2

243 *__fax mo·dem__ [홱쓰 모뎀]: 모사전송 변복조 장치(전산기로 팩스의 송수신을 할 수 있는 장치) 미2

244 **fay** [훼이]: ①⟨라틴어⟩, 요정(fairy) ②⟨라틴어⟩, 신념(faith) ③⟨게르만어⟩, 접합하다(fit) ④흰둥이(ofay⟨백인을 지칭하는 어원 불명의 미국 흑인 방언⟩), ⟨~ white person⟩ 양1

245 **faze** [훼이즈]: ⟨← feeze(disturb)⟩, ⟨북구어→영국어⟩, 당황시키다, 혼란시키다, 괴롭히다, ⟨~ bother\embarrass⟩, ⟨↔relieve\soothe⟩ 양2

246 **FBI**: ⇒ Federal Bureau of Investigation 미2

247 **FBS** (fasting blood sugar): 공복 시 혈당 양2

248 **FCC**: ⇒ Federal Communications Commission 미2

249 **FDA**: ⇒ Food and Drug Administration 미2

250 **FDD**: ⇒ floppy disk drive 우2

251 **FDDI**: ⇒ fiber distributed data interface 우2

252 **FDIC** (Fed·er·al De·pos·it In–sur–ance Cor·po–ra·tion): (미) 연방 예금 보험 공사, (1933년 추락된 은행의 신뢰도를 만회하기 위해 창설된) 정부가 일정 액수까지 예금한 돈을 지불 보장하는 제도 미1

253 **FDR**: ⇒ Franklin Delano Roosevelt 의 약자⟨애칭⟩ 수1

254 **fe·al·ty** [휘얼티]: ⟨← fides(faith)⟩, ⟨라틴어⟩, (영주에 대한) 충성의 의무, 충성 서약, ⟨~ fidelity⟩, ⟨↔treachery⟩ 양2

255 **fear** [휘어]: ⟨← faer(terror)⟩, ⟨게르만어⟩, ⟨위험을 느끼는⟩ 두려움, 공포, 경외, ⟨→ afraid⟩, ⟨~ terror\horror⟩, ⟨↔assurance\courage⟩ 가1

256 *__fear and greed in·dex__: (2012년 CNN Money가 창안한) ⟨주식시장에서 공포 분위기는 주가를 떨어뜨리고 탐욕 분위기는 주가를 올린다는 가설 아래 7개의 지표를 인용해서 0이 최고의 공포·100이 최고의 탐욕을 나타낸다는⟩ 두려움과 탐욕 지수, ⟨~ a way to gauge stock market movements⟩ 미2

257 **fea·si·ble** [휘이저블]: ⟨← facere(make)⟩, ⟨라틴어⟩, 가능한, '실행할 수 있는', 적합한, ⟨~ achievable\appropriate⟩, ⟨↔in-feasible\im-plausible\im-practical\expedient⟩ 양2

258 **feast** [휘이스트]: ⟨← festum(holiday)⟩, ⟨라틴어⟩, ⟨← fete⟩, 축제(일), ⟨기쁜⟩ 잔치, 진수성찬, 환락, ⟨→ fiesta\festival⟩, ⟨↔fast¹\snack⟩ 양2

259 **feat** [휘이트]: ⟨← facere(make)⟩, ⟨라틴어⟩, ⟨← feature⟩, '만드는 것', 위업, 공훈, 솜씨, 재주, ⟨~ accomplishment\exploit⟩, ⟨↔inactivity\forfeit\de-feat\wash-out⟩ 가1

260 **feath·er** [훼더]: ⟨← patra(wing)⟩, ⟨산스크리트어→그리스어→라틴어→게르만어⟩, ⟨← fether⟩, ⟨날개⟩ 깃, 깃털, 조류, 기분, 가벼운 것, ⟨→ fin⟩, ⟨~ plumage\quill\down²⟩ 양1

261 **feath·er star** [훼더 스타아]: 얼룩갯고사리, 바다 양치(나리)⟨깃털 같은 팔·원반 같은 몸통·짧은 발판을 가지고 바다 밑에서 사는 무척추 극피동물⟩, ⟨not a plant but an animal⟩, ⟨~ sea lily⟩, ⟨~(↔)star-fish⟩ 미2

262 **feat-ly** [휘이틀리]: ⟨← feat(fitting)⟩, ⟨라틴어→영국어⟩, 알맞게, 솜씨있게, 우아하게, ⟨~ properly\neatly⟩, ⟨↔un-fit\inert⟩ 양2

263 **fea·tur·al al·pha·bet** [휘이춰럴 앨훠벹]: ⟨표음문자에서⟩ (단어가 인위적으로 배합한 것이 아니라 음소들이 자연스럽게 연결된) 자형문자, 자질문자, ⟨Han-gul이나 이원택의 '원형'사전이 좋은 예⟩, ⟨~ syllabic writing system⟩ 양2

264 **fea·ture** [휘이춰]: ⟨← facere(make)⟩, ⟨라틴어⟩, '만들어진 모양', 용모, 얼굴 생김새, 지형, 특징, 특집 기사, 장편, 기능, ⟨~ attribute\quality⟩, ⟨↔omit\dis-regard⟩ 양2

265 **fe·brile** [휘이브릴 \ 휘이브라일]: ⟨← febris⟩, ⟨라틴어⟩, ⟨← fever⟩, 열병(의), 열광적인, ⟨~ pyretic\frenzy⟩, ⟨↔a-febrile\freezing⟩ 양1

266 **Feb·ru·ar·y** [훼브루에뤼 \ 훼뷰어뤼]: ⟨← februum(purification)⟩, ⟨라틴어⟩, 페브러리, '깨끗하게 하는 달', ⟨원래 30일이었으나 Julius 시저가 하루를 떼어 July에 Augustus 황제가 또 하루를 떼어 August에 갖다 붙여 28일이 되었다가 4년에 한 번씩 남아 돌아가는 날을 덤으로 얻는⟩ 2월, ⟨눈의 달⟩ 가1

267 **FEC** [휄]: ⇒ Federal Election Commission 미2

268 **fe·ces** [휘이씨이즈]: ⟨← foex(dregs)⟩, ⟨어원불명의 라틴어⟩, 똥, 배설물, 찌끼, ⟨~ dung\poo\shit⟩, ⟨→ defecate⟩, ⟨~ muck\filth\number two⟩, ⟨~(↔)urine⟩ 양2

269 **feck-less** [휄클리스]: ⟨스코틀랜드어→영국어⟩, effect+less, '효과 없는', 허약한, 무능한, 쓸모없는, 나태한, ⟨~ worthless\inept⟩, ⟨↔effect-ful\vigorous⟩ 양2

270 **fed** [훼드]: feed의 과거·과거분사 양1

271 **fed·er·al** [훼더뤌]: ⟨← foedus(league)⟩, ⟨라틴어⟩, ⟨믿는 관계에 있는⟩ 동맹의, 연방제의, 연방정부의, ⟨~ amalgamated\joined⟩, ⟨↔individual\unitary\regional\state⟩ 양1

272 **Fed·er·al A·vi·a·tion Ad·min·is·tra·tion \ FAA**: 미국 연방 항공국(1958년에 창설된 미 교통부⟨Dept of Transportation⟩ 산하의 민간 항공 통제기관) 미2

273 **Fed·er·al Bu·reau of In·ves·ti·ga·tion \ FBI**: 미국 연방 수사국(1908년 발족해서 1935년 현재 이름으로 개칭된 법무부⟨Dept of Justice⟩ 산하의 미국 국내 정보·수사 기관), ⟨~ domestic intelligence and security service⟩, ⟨~(↔)Secret Service는 DHS산하⟩ 미2

274 **Fed·er·al Com·mu·ni·ca·tions Com·mis·sion \ FCC**: 미국 연방 통신 위원회(1934년 유·무선 통신을 규제하기 위해 설정된 5명의 위원으로 구성된 대통령 직속 기구⟨Presidential body⟩) 미2

275 **Fed·er·al E·lec·tion Com·mis·sion \ FEC**: 미국 연방 선거 위원회⟨선거자금 통제를 위해 1975년에 창립된 6명의 위원으로 된 대통령 직속 기관(Presidential body)⟩ 미2

276 **Fed·er·al Funds Rate**: 미국 연방 자금 금리, 연방 자금에 대한 단기 지불 이자율, 은행이나 금융기관 간의 돈거래에 적용되는 금리, ⟨~ call rate\inter-bank rate⟩, ⟨~(↔)prime rate\bank rate⟩ 양2

277 **Fed·er·al Home Loan Bank \ FHLB**: 미국 연방 주택융자은행(1932년 주택금리의 안정을 위해 정부가 주선해서⟨government sponsored⟩ 세운 11개의 지역 은행들 모임) 미2

278 **Fed·er·al Home Loan Mort·gage Cor·po·ra·tion \ Fred·die Mac**: ⟨1970년 Fannie Mae를 돕기 위해 2차 저당시장 투자를 도모했으나 큰 성과를 이루지 못한⟩ 연방 주택금융 저당 회사, ⟨~ a government sponsored enterprise⟩ 미2

279 **Fed·er·al Hous·ing Ad·min·is·tra·tion \ FHA**: 미국 연방주택관리국(주택경기 부양과 주택금리 안정을 위해 1934년에 창설된 미국 연방정부기관), ⟨~ a part of HUD⟩ 미2

280 **Fed·er·al In·ter·na·tion–Foot·ball As·so·ci·a·tion \ FIFA**: 국제축구연맹(월드컵 등 국제적 축구시합을 운영하기 위해 1904년에 창립된 민간기구), ⟨~ a private organization⟩ 미2

281 **Fed·er·al–ist Par·ty** [훼더뤌리스트 파아티]: (미) 연방당, 1791년 강한 연방정부를 지향하며 해밀턴과 존 애덤스 등이 창립하였으나 제퍼슨의 승리로 흐지부지된 미국 최초의 정당, ⟨~ the first US political party⟩ 수2

282 **Fed·er·al Na·tion·al Mort·gage As·so·ci·a·tion, Fan·nie Mae**(May) **\ FNMA**: 연방저당권협회 (1938년 주택 융자를 촉진하기 위해 국가에서 창설하고 1968년 일반 주식 시장에 상장된 미국의 주택담보대출기관), ⟨~ a goverment sponsored enterprise⟩ 미2

283 **Fed·er·al Re·serve Bank**(Board) **\ FRB**: 미국 연방 준비은행(이사회)⟨1913년 창설된 미국의 중앙은행 체계⟩, ⟨~ America's central bank⟩ 미2

284 **Fed·er·al Trade Com·mis·sion \ FTC**: 미국 연방거래위원회(소비자 보호를 위해 1914년에 창설된 미 연방 정부의 독립 기구), ⟨~ an independent agency⟩ 미2

285 **Fed·er·ate States** [훼더뤠이트 스테이츠]: '북부 연방' (미국 남북전쟁 때 북부의 여러 주), ⟨~ the North\Union⟩, ⟨↔the South\Confederacy⟩ 수2

286 **Fed·er·er** [훼더뤄], Rog·er: '깃털(feather) 가공업자', 페더러, (1981-), 1998년 직업선수로 전향한 뒤 단식에서 20개의 강타상을 획득한 스위스의 ⟨세기적⟩ 정구 선수, ⟨~ a Swiss tennis player⟩ 수1

287 **Fed-ex** [훼덱스]: 페덱스, Federal Express, 1973년부터 사업을 시작한 미국의 택배 운송업체, ⟨~ an American transportation and business services company⟩ 수1

288 **fe·do·ra** [휘도어뤄]: ⟨러시아어⟩ ①'신의 선물(Theodore)', 페도라 ⟨연극 속 러시아 공주의 이름⟩, ⟨~ Theodora⟩ ②①이 남자로 분장할 때 쓰고 나온 (챙이 말려 있고 높이가 낮은) 중절모, ⟨pork-pie보다는 높음⟩, ⟨~ snap-brim⟩ 미1

289 ***fed up** (with) [훼드 엎 (위드)]: ⟨실컷 먹어서⟩ 질리다, 물리다, 신물 나다, ⟨~ tired\bored⟩, ⟨↔satisfied\over-joyed⟩ 양1

290 **fed up to the back teeth**: 〈영국 숙어〉, 〈어금니가 저리듯〉 진저리가 난, 신물난, 지긋지긋한, 〈~ extreme frustration (or annoyance)〉 양2

291 **fee** [휘이]: 〈← feoh(cattle)〉, 〈게르만어→라틴어〉, 〈fate에 따라 정해지는 ?〉 요금, 〈서로 feud 하는 ?〉수수료, 〈충성에 대해 feudum으로 주는〉 보수, 〈→ feudalism〉, 〈어원에 대해 박사학위 논문을 쓸 수 있는 말〉, 〈~ bill\charge\commission〉, 〈↔payment\remission〉 미2

292 **fee·ble** [휘이블]: 〈← flere(weep)〉, 〈라틴어〉, '울고 있는', 연약한, 힘없는, 저능의, 〈~ debility〉, 〈~ weak\frail〉, 〈↔strong\magnificient〉 양2

293 **feed** [휘이드]: 〈← foda(food)〉, 〈게르만어〉, '먹이를 주다', 기르다, 공급하다, 입력하다, 〈~ fodder〉, 〈~ provide food\supply〉, 〈↔abstain\fast〉 양1

294 **feed-back** [휘이드 백]: 귀환, 반응, '되먹이기', 반전 현상〈마이크 잡음 등〉, 〈잘못을 고치기 위해〉 출력의 일부를 되돌리는 조작, 〈~ reaction\come-back〉, 〈↔non-response\in-difference〉 우1

295 **feed-er** [휘이더]: 사육자, 선동자, 젖병, 깔때기, (종이를 밀어넣는) 급지기, 지선, 〈~ rearer\feeding container\paper feeder\head-water〉, 〈↔distributer\producer〉 양1

296 **feed-lot** [휘이드 랕]: 가축 사육(비육)장, 〈~ barn (or stable) yard〉 양2

297 **feel** [휘이일]: 〈← felan(perceive)〉, 〈게르만어〉, '만지다', 더듬다, 느끼다, 〈~ sense\notice〉, 〈↔think〉 가1

298 ***feel-ings are meant to be ex-pressed**: 벙어리 냉가슴 앓지 말라, 고기는 씹어야 맛이요\말은 해야 맛이다, 〈↔speech is silver\silence is golden〉 양2

299 **feet** [휘이트]: 〈산스크리트어〉, foot(발)의 복수, 〈~(↔)hands〉 양1

300 **feet first** [휘이트 훠얼스트]: 〈시신을 운반할 때 발이 앞으로 향하게 하라는 관습에서 유래한 말〉, 거꾸러지다, 죽어 자빠지다, 조심스럽다, 〈~ in a coffin\dead\be cautious〉, 〈↔head-long\head first〉 양2

301 **fei·jo·a·da** [훼이호아더 \ 훼이즈와더]: 〈← feijao(bean)〉, 〈포르투갈어〉, (포르투갈·브라질 등에서 즐겨 먹는) 쇠고기나 돼지고기·콩 등을 넣고 뭉근히 끓인 걸쭉한 죽, '콩죽', 〈~ stew of beans with beef (or pork)〉 수2

302 **feign** [훼인]: 〈← fingere(shape)〉, 〈라틴어〉, 가장하다, 꾸며대다, ~체하다, simulate, 〈→ faint\feint\fiction〉, 〈~ accismus\pretend〉, 〈↔sincere\heart-to-heart〉 양2

303 **feint** [훼인트]: 〈← feign〉, 〈프랑스어〉, 거짓 꾸밈, 가장, 양동작전, 〈~ cheat\deceit〉, 〈↔truth\frank-ness〉 양2

304 **~feld** [~휄드]: 〈~ field(들판)〉을 뜻하는 유대계 이름의 어미 양1

305 **Fel·den-krais** [휄던크뤠이스]: 〈'십자가(cross)로 표시된 평야(field)에 사는 자'란 뜻의 독일어?〉, 펠덴크라이스(방법), 〈이스라엘 물리학자 이름에서 연유한〉 유연한 동작과 명상을 동시에 해서 체력을 증진시키는 방법, '자각유연운동', 〈~ body와 motor cortex를 연결시킨다는 stretch 운동〉, 〈~(↔)yoga〉 수2

306 **fe·lic·i·ty** [휠리시티]: 〈← facere(make)〉, 〈라틴어〉, '행복', 축복, 적절함, 교묘함, 〈~ delight\pleasure〉, 〈↔in-felicity\misery〉 양2

307 **fe·line** [휘이라인]: 〈← felis(cat)〉, 〈라틴어〉, '고양이' 같은, 교활한, 〈~ caracal\wild-cat\lynx〉, 〈↔clumsy\awkward〉 양2

308 **fell** [휄]: ①fall의 과거 ②〈←feld(skin)〉, 〈북구어〉, 모피 ③〈← fel(cruel)〉, 〈프랑스어〉, 잔인한 가1 양2

309 **fel·la·tio** [휄레이쉬오 \ 휄라티오]: 〈← fellare(suck)〉, 〈라틴어〉, (음경에 대한) 구강성교, (좆) '빨기', blow job, head job, 〈↔cunnilingus〉 양2

310 **fel·low¹** [휄로우]: fe(property)+lag(laying together), 〈북구어〉, fella, 〈재산을 같이 쌓는〉 동무, 한패, 녀석, 동지, 〈~ guy\friend〉, 〈↔enemy\foe\girl(gal)〉 양1

311 **fel·low²** [휄로우]: 〈영국어〉, 〈← fellow¹〉, 특별연구원, 특별회원, 〈전문의 과정 후 2~3년간 특수 분야에 치중하는〉 전임의, 〈~ special member\researcher〉, 〈↔pupil〉 우1

312 **fel·low-man** [휄로우 맨]: 같은 인간, 동포, 동지, 〈~ man-kind\comrade〉, 〈↔combatant\opponent〉 양2

313 **fel·low-ship** [휄로우 쉽]: 우정, 동료의식, 특별연구원 연구비, 특별회원 자격, 〈~ friendship\amity\special member-ship〉, 〈↔aloof-ness\antagonism〉 우1

314 **fel·on** [휄런]: 〈← felo(rebel)〉, 〈어원 불명의 라틴어〉, 중죄인, 악당, 〈~ convict\criminal〉, 〈↔innocent\hero〉 양1

315 **fel·o·ny** [휄러니]: 〈← felo(rebel)〉, 〈사악한〉 중죄, 중범죄, 〈~ high crime〉, 〈~(↔)misdemeanor〉 양1

316 **felt** [휄트]: ①feel의 과거·과거분사 ②〈← filz(compressed wool)〉, 〈게르만어〉, 펠트, 미세 깃털 군, (섬유 가락을 합친) 모전 제품, 〈~ matted fiber〉, 〈~(↔)pelt〉 미2

317 **FEMA** [휘이머] (Fed·er·al E·mer·gen-cy Man·age-ment A·gen·cy): 연방 비상 재난 관리청(1979년 대통령 직속 기구로 창립되어 2003년 국토 안전부〈DHS〉로 예속된 미국의 위기 관리 기관) 미1

318 **fe·male** [휘이메일]: 〈← femina(woman)〉, 〈라틴어〉, 〈젖을 먹이는〉 여성(의), (〈male〉에 의해 수정〈fertile〉되는 생물), 암컷(의), 계집, 〈~ feminine〉, 〈~ woman\girl〉, 〈어학적으로 male과 무관한 말〉 가2

319 *__fem-cee__ [휄 씨이]: female+emcee, 여성 사회자 양2

320 *__fem·i·na·zi__ [훼미나치]: 〈1980년대에 조작된 미국어〉, feminist+Nazi, 과격한 여성 (권력) 확장론자, 〈↔anti-feminist\masculinism〉 우2

321 **fem·i·nism** [훼미니즘]: 〈영국어〉, 여권주의, 여성 해방론, 〈~ women's liberation(movement)〉, 〈↔men·i·nism\masculinism〉, 〈↔slut-shaming〉 가1

322 *__femme fa·tale__ [휌 훠탤]: 〈1880년대에 프랑스에서 건너온 영국어〉, 팜므 파탈, 'woman decreed by fate', 요부, 사내 잡아먹을 여자(man eater), 쥑여주는 여자, 색녀, '어우동', 〈~ siren\vamp\nympho-mania〉, 〈↔ingenue〉 양2

323 *__fe·moid__ [훼 머이드]: female humanoid, '유사여성', '무성여성', 성관계를 원하지만 응하는 사람이 없어서 순결을 지키는 여성, 〈~ in-cel\forever alone〉 우2

324 **fem·to** [휄 토우]: f, 1,000조분의 1, 10^{-15}, 〈15를 뜻하는 덴마크말〉 미2

325 **fe·mur** [휘이머]: 〈어원 불명의 라틴어〉, 대퇴골, 넓적다리뼈, 〈~ thigh〉, 〈↔humerus〉 양2

326 *__fen__ [휀]: ①〈← fenn(boggy land)〉, 〈게르만어〉, 늪, 소택지, marsh, 〈~morass\mire〉 ② ⇒ fentanyl 양2 수2

327 **fence** [휀스]: 〈영국어〉, (de)fence, 울타리, 담, 장애물, 검술, 장물아비, '방어하다', 〈~ fend〉, 〈~ barrier\hurdle〉, 〈↔opening\release〉 양1

328 **fenc-ing** [휀싱]: ①울타리(재료), 〈~ barrier(material)〉 ②〈방어용〉 검술, 〈~ sword fight〉 양1 미1

329 **fend** [휀드]: 〈영국어〉, (de)fend, 받아 넘기다, 피하다, 저항하다, 〈~ fence〉, 〈~ repel\ward off〉, 〈↔attack\surrender〉 양2

330 **fend-er** [휀더]: 방호물, 바퀴 덮개, 흙받기(mud-guard), 완충기, 〈~ buffer\protector〉 미2

331 *__fend-er-bend-er__ [휀더 벤더]: 가벼운 자동차 접촉 사고, 〈~ low-speed car accident〉 미2

332 *__fend for one-self__ [휀드 훠어 원쎌후]: 혼자 힘으로 꾸려 나가다, 자활(자립)하다, 〈~ take care of(look after) one-self〉, 〈↔fail\give up〉 미2

333 **Fen·di** [휀디]: split, '장작 패는 자', 펜디, 1925년에 창립된 이탈리아의 신발·가죽 제품 등의 유행 상품 업체, 〈~ an Italian luxury fashion house〉 수1

334 **fene off** [휀드 어어후]: defend against, 막아서 차단하다, 받아 넘기다, 막다 〈~ ward off〉 양2

335 **fe·nes·trate** [휘네스트뤠이트]: 〈← fenestra(window)〉, 〈라틴어〉, 창문(천공)이 있는, 천공을 내는, 〈~ perforate\puncture〉 양2

336 **feng shui** [휭 쉬에이 \ 휑수이]: 〈중국어〉, wind+water, '풍수'지리(설), 〈음양 5행설에 기초를 두고 우주의 기가 모인 곳을 찾아내는 흙점〉, Chinese geomancy 미2

337 **fen·nec** \ fen·nek [휀넼]: 〈← fanak(a fox)〉, 〈아랍어〉, 아프리카〈사막〉 '여우'(귀가 엄청나게 큰 여우를 닮은 개과의 작은 동물), 〈~ a small desert fox〉 수2

338 **fen·nel** [휀늘]: 〈← foenum (hay)〉, 〈라틴어〉, 페널, 회향풀(의 씨), 잘게 갈라진 잎과 자잘한 노란 꽃들이 피는 당근과의 건초향이 나는 약초, 〈~ cumin〉 미2

339 **fen·nel-flow·er** [휀늘 훌라워]: nigella, 니겔라(페널과 비슷하나 미나리아재빗과에 속함) 우1

340 **fen-phen** [휀 휀]: fenfluramine+phentermine, 살 빼는 약(anti-obesity)으로 1980년대에 인기를 끌었으나 부작용이 심해 1997년 판금 된 식욕억제와 열량소비 촉진제 수2

341 **fen·ta·nyl** [휀터닐]: 〈Janssen 제약사가 1959년에 주조한 말〉, 펜타닐, phenyl·ethyl·anilide, 〈모르핀보다 백배 정도 강해서 소량으로 안락사를 유도할 수 있는〉 강력한 마약성 진통제, fen, 〈zombie drug〉 수2

342 **fe·ral** [휘이뤌\훼뤌]: 〈← fera(wild animal)〉, 〈라틴어〉, 야생의, 야생으로 돌아간, 길여지지 않은, 잔인한, 〈~ fierce\adamant〉, 〈↔tame\amenable〉 양2

343 **fer de lance** [휄 더 랜스]: 〈← fer(iron-head)〉, 〈프랑스어〉, '창 머리', 삼각머리큰독사(열대 아메리카에 서식하는 창 모양의 머리를 한 재빠른 큰 독사), 〈~ a pit viper〉 수2

344 **Fer·di·nand** [휘얼디낸드]: fare(travel)+nanth(brave), 〈스페인어→게르만어→프랑스어〉, '탐험가', 페르디난트 ①남자 이름, 〈~ a male given name〉 ②유럽의 여러 나라의 왕·영주들의 이름, 〈~ European kings name〉 수1

345 **fer·men·ta·tion** [휘어멘테이션]: 〈← fervere(boil)〉, 〈라틴어〉, 〈'끓어 일어나는'〉 발효(작용), 소동, 흥분, 〈~ ebullition\leavening〉, 〈↔respiration\tranquility〉 양2

346 **fer·mi es·ti·mate** [휘얼미 에스티메이트]: 〈← firmus(firm)〉, 〈라틴어〉, 페르미〈굳건한 자〉 추정, 〈세계 최초로 원자로를 건설한 이탈리아 태생 미국 물리학자의 이름(Fermi)을 딴〉 '어림잡아' 면적이나 부피를 예측하는 방법, 〈~ order-of-magnitude problem\back of the envelope calculation\ball park figures〉 수2

347 **fer·mi-on** [휘얼미언]: 〈Enrico Fermi의 이름을 딴〉 회전이 반홀수인 소립자·복합입자, 〈~ a particle that follows Fermi-Dirac statistics〉 수2

348 **fern** [휘언]: 〈← fearn ← porno(wing)?〉, 〈게르만어〉, (고사리·고비 등) 양치식물 〈잎줄기가 깃털 같기도 하고 양의 이빨 같기도 한 꽃이 피지 않아 씨 없이 포자로 번식하는 한때 지구를 뒤덮었던 다양한 토질에서 자라는 다양한 크기의 원시식물〉, 〈~ feather\frond〉, 〈~ a pterido-phyte〉 미2

349 **Fer·nan·dez** [휘낸데즈], Juan: '탐험가〈Fernando〉의 아들', 페르난데스, (1536?-1604), 태평양과 남미를 탐험한 스페인의 항해가, 〈~ a Spanish explorer〉 수1

350 **fern-brake**(n) [휘언 브뤠이크(큰)]: 고사리(덤불), 〈~ thicket of fern〉 미2

351 **fern owl** [휘언 아울]: 쏙독새, 회색 몸통에 여러 색깔의 무늬가 있고 입이 큰 산새, goat·sucker, night·jar 미2

352 *****fern-weh** [휘언웨]: 'far-woe'의 독일어, 어딘가 멀리 떠나가고 싶은 충동 (home·sickness의 반대어), '역마살', 〈~ itchy feet〉, 〈↔nostalgia〉 우1

353 **fe·ro·cious** [휘로우셔스]: 〈← ferus(wild)〉, 〈라틴어〉, 〈← fierce〉, 사나운, 지독한, 모진, 〈~ brutal\violent〉, 〈↔tame\gentle〉 양2

354 **fer·ox** [휘뢱스]: 〈← ferus(wild)〉, 〈라틴어〉, 스코틀랜드의 호수에서 서식하는 〈fierce한 (사나운)〉 큰 송어, 〈~ a large piscivorous trout〉 수2

355 **Fer·ra·ga·mo** [훼롸가모]: 〈개 조련사(dog grabber)?〉, 〈어원 불명의〉 페라가모, 1927년 동명의 이탈리아 제화업자가 설립한 세계적 명품 가죽·의류 제조업체, 〈~ an Italian luxury fashion house〉 수2

356 **Fer·ra·ri** [훼롸아뤼]: black smith, '대장장이', 페라리, 1947년 엔초 페라리가 인수해서 개명한 이탈리아의 고급 스포츠카(경주용 자동차) 제조회사, 〈~ an Italian luxury sports car manufacturer〉 수1

357 **fer·ret** [훼륏]: 〈← fur(thief)〉, 〈라틴어〉, '도둑놈', 흰족제비, 위험에 처하면 꽁지 밑에서 고약한 냄새를 뿜어내는 다리가 짧고 늘씬하게 생긴 희귀동물, 〈토끼 등을 굴에서 몰아내는 데 썼던〉 '사냥 족제비', 탐정, 〈~ weasel\fitch〉, 〈~ pryer\detective〉 미2

358 **Fer·ris wheel** [훼뤼스 위일]: (1893년에 게일 페리스〈강철 같은 자(man of iron)〉가 시카고에서 제일 큰 것을 만든) 커다란 원형 회전 관람 수레, 〈~ an amusement ride〉 미1

359 **fer·rule** [훼뤌]: 〈fiar(bend)+ferrum(iron)〉, 페롤, 〈켈트어→라틴어→프랑스어→영국어〉, 〈모서리를 보강·보호하는〉 물미, 쇠테, 쇠고리, 〈~ a metal band (or cap)〉 양2

360 **fer·rum** [훼륌]: Fe, 철(iron)이란 뜻의 라틴어 양2

361 **fer·ry** [훼뤼]: 〈← faran(go)〉, 〈게르만어〉, 나루터, 도선장, 〈fare(요금)을 받는〉 나룻배, (사람·차량 등을 운반하는) 연락선, 정기 항공기(발착장), 〈~ transport\place of crossing\shuttle〉, 〈~(↔)air-taxi〉 양1

362 **fer·til·i·ty** [휘어틸리티]: 〈← ferre(bear)〉, 〈라틴어〉, 기름짐, 다산, 풍요, 생식능력, 〈~ abundance\fruitfulness〉, 〈~(↔)rain\sex〉, 〈↔in-fertility\barren\futility〉, ⇒Boal 양2

363 **fer·ti·liz·er** [휘어틸라이져]: 〈← ferre(bear)〉, 〈많은 열매를 맺게 하는〉 거름, 비료, 〈~ compost\plant food〉 가1

364 **fer·u·la** [훼룰러]: 〈라틴어〉, 〈큰 fennel〉, 페룰라, 아위, '막대기풀'(막대기 같이 길게 올라가서 여러 개의 노란 꽃 뭉치를 피는 미나릿과의 약용 식물), 〈~(↔)asafetida〉 미2

365 **fer·vent** [훠얼뷘트]: 〈← fervere(boil)〉, 〈라틴어〉, 〈← fervor〉, 타오르는, 강렬한, 열렬한, 〈~ ardent\zealous〉, 〈↔apathetic〉 양2

366 **fer·vid** [훠얼뷔드]: 〈← fervere(boil)〉, 〈라틴어〉, fervent, 타오르는 듯한, 열정적인, 〈~ ardent〉, 〈↔cold\bored〉 양2

367 **fer·vor** \ ~vour [훠얼붜]: 〈← fervere(boil)〉, 〈라틴어〉, 열화, 열정, 〈fever에 감정이 들어간 말〉, 〈~ fever\fervid〉, 〈→ fervent〉, 〈↔apathy〉 양2

368 **fes·cue** [훼스큐우]: 〈← festuca(straw)〉, 〈라틴어〉, '지푸라기', 김의털(영양분이 많은 볏과의 다년초로 주로 목초로 또는 잔디용으로도 쓰임), 〈~ a perennial tufted grass〉, 글(자) 짚는 막대기, 〈~ a small stick\teacher's pointer〉 미2

369 **fes·ter** [훼스터]: 〈← fistula(pipe)〉, 〈라틴어〉, 궤양을 형성하다, 곪다, 악화되다, 괴롭히다, 〈~ secrete pus\rot\aggravate〉, 〈↔abate\lessen〉 양2

370 *__fes·ti·na len·te__ [훼스티이너 렌테이]: 〈라틴어〉, haste slowly, 천천히 서둘러라, 급할수록 돌아가라, 〈~ slow and steady wins the race〉 양2

371 **fes·ti·val** [훼스티벌]: 〈← festivas〉, 〈라틴어〉, 〈← feast〉, 〈먹고 마시는〉 잔치, 축제, 향연, 〈~ fiesta〉, 〈↔solitude\funeral〉 양2

372 **fes·toon** [훼스투운]: 〈← festrum〉, 〈라틴어〉, 〈← festival〉, 꽃줄(로 장식하다), (장식물로) 치장하다, 〈~ garland\lei\wreath〉, 〈↔deface\mar〉 양2

373 **fe·ta** [훼터] cheese: 〈← offa(piece)〉, 〈라틴어에서 연유한 그리스어〉, 페타〈'조각'〉 치즈(양이나 염소 젖으로 만든 그리스의 흰 치즈), 〈~ a white cheese made from sheep's (or goat's) milk〉 우1

374 **fetch** [훼치]: 〈← feccan(bring)〉, 〈게르만어→영국어〉, 〈움켜줘서〉 가져오다, 자아내다, 꺼내다, 〈~ go and get\usher in〉, 〈↔lose\squander〉 가1

375 **fete** [훼트 \ 훼이트]: 〈← festus(holiday)〉, 〈라틴어에서 연유한 영국어〉, 축제, 휴일, 잔치, 〈자기와 같은 이름의 성자를 축복하는〉 영명축일, 〈~ feast\fiesta〉, 〈↔disgrace\dishonor〉 양2

376 **fet·id** [훼티드] \ **foet·id** [휘이티드]: 〈← foetere(stink)〉, 〈라틴어〉, 구린, '악취'나는, 〈~ noisome\putrid〉, 〈↔fragrant〉 양2

377 **fet·ish** [훼티쉬]: 〈← factitus ← facere(make)〉, 〈라틴어〉, 〈'인조의'〉 주물, 물신, 맹목적 숭배물, (물건에도 심령이 들어 있다고 믿는) 미신, 성적 감정을 불러일으키는 무생물, 〈~ factitious〉, 〈~ talisman\(sexual) fixation〉, 〈↔dislike\animosity〉 미2

378 **f(o)e·tor** [휘이터]: 〈← fetere(stink)〉, 〈라틴어〉, 〈← fetid〉, 악취, 불쾌한 냄새, 〈↔aroma\scent〉 양2

379 **fet·ter** [훼터]: 〈← feter(shackle)〉, 〈게르만〉, 'foot lace', 족쇄, 차꼬, 속박, 〈~ catenary\cuff\chain〉 양2

380 **fet·tuc·ci·ne** [훼터취이니]: 〈← fetta (ribbon)〉, 〈이탈리아어〉, '작은 띠', 가죽끈 모양의 파스타(요리), 〈통상 alfredo sauce에 버무려 먹음〉, 〈Rome의 북부 지방에서는 tagliatelle이라고 부름〉 수2

381 **fe·tus** [휘이터스]: 〈라틴어〉, bearing, 〈임신 중인〉 (포유동물의) 〈임신 8주부터 6개월까지의〉 태아, 〈~ unborn baby\developing infant〉, 〈~(↔)uterus〉 가2

382 **feud** [휴우드]: ①〈← fah(hostile)〉, 〈게르만어〉, 〈← foe〉, (특히 씨족 간의 대를 이은) 불화, 숙원, 반목, (대대로 내려오는) 원한, 〈↔amity\friendship〉 ②〈← feoh(cattle)〉, 〈라틴어〉, 〈feudalism〉의 영지 양2

383 **feu·dal·ism** [휴우덜리즘]: 〈← feoh(cattle)〉, 〈라틴어〉, 〈← fee〉, 봉건제도, (왕에게 충성·세금·군사를 바치는 대신 자치권을 인정하는) 영주제도, 〈~ vassalage\servitude〉, 〈↔independence\popular sovereignty〉 가1

384 **feuil·le·ton** [휘이여터엉]: 〈← feuillet〉, 〈프랑스어〉, 'leaflet', 문예란(기사), 〈~ recollection\literary column〉 양2

385 **fe·ver** [휘이붜]: 〈← febris(heat)〉, 〈라틴어〉, pyrexia, '열', 발열, 열광, 〈→ febrile\fervor〉, 〈~ fervent\fervid〉, 〈~ high temperature\furor〉, 〈↔chill\calm〉 가1

386 **fe·ver-few** [휘이붜 휴우]: febris(fever)+fugare(chase), 〈라틴어〉, '해열초', 흰여름(화란) 국화(으깬 잎에서 진한 냄새가 나며 데이지 모양의 작은 흰 꽃이 뭉텅이로 피는 땅딸막한 약초), 〈~ a daisy〉 미2

387 **fe·ver of un·known or·i·gin** \ FUO: 원인 불명의 발열 양2

388 **fe·ver-root** [휘이붜 루우트]: '해열 뿌리', 뿌리를 해열제로 썼던 푸른 꽃이 피는 미국산 인동덩굴과의 약초, ⟨~ iron root\meadow weed\sheep potato⟩ 우2

389 **fe·ver-tree** [휘이붜 트뤼이]: '해열 나무', 남아프리카 늪지대에 많은 아카시나무의 일종, ⟨~ yellow-bark acacia⟩ 우2

390 **few** [휴우]: ⟨← pauros(small)⟩, ⟨그리스어→라틴어→켈트어→게르만어⟩, '조금', 소수의, 약간의, ⟨~ not many\hardly any⟩, ⟨↔many\horde\host⟩ 가2

391 ***few and far be·tween**: 흔치 않은, 아주 적은, 가뭄에 콩 나듯, ⟨~ once in a blue moon⟩ 양2

392 **Feyn-man** [훼인먼], Rich·ard: ⟨어원 불명의 유대계 이름⟩, 파인먼, (1918-1988), MIT를 나오고 Cal Tech에서 가르쳤던 미국의 양자 전자 역동학의 대가, ⟨~ an American theoretical physicist⟩ 수2

393 **fez** [훼즈]: ⟨모로코에 있는 생산지 이름(Fez)에서 연유한⟩ 붉은색에 검은 줄이 달린 원통형의 터키모자, ⟨~ tar-boosh⟩, ⟨~ a cylindrical felt head-dress⟩ 수2

394 ***FF**: ⟨전산망 약자⟩ ① friends forever(영원한 친구) ②flash-back Firday(회상의 금요일) 우2

395 **ff.** [에후에후]: ①⟨← folium(page), ⟨라틴어⟩, and those following (이하를 보시오) ②⟨이탈리아어⟩, fortissimo (아주 강하게) 미2

396 **FFWD**: fast forward, '신속 전진', 빨리 앞으로 돌리기, ⟨↔RDW⟩ 양1

397 **FHA**: ⇒ Federal Housing Administration 미2

398 **FHLB**: ⇒ Federal Home Loan Bank 미2

399 **fi·an·cé** [휘안쎄이]: ⟨← fidere(trust)⟩, ⟨라틴어에서 연유한 프랑스어⟩, ⟨믿음으로 약속한⟩ 약혼(남)자, ⟨~ engaged man⟩ 양2

400 **fi·an·cée** [휘이안쎄이 \ 휘아안세이]: ⟨← fidere(trust)⟩, ⟨라틴어→프랑스어⟩, ⟨믿음으로 약속한⟩ 약혼녀, ⟨~ engaged woman⟩ 양2

401 **fi·as·co** [휘애스코우]: ⟨← flasco(bottle)⟩, ⟨라틴어에서 연유한 이탈리아어⟩, ⟨'병'을 만들다 생긴⟩ 큰 실수, 대실패, ⟨~ disaster\catastrophe⟩, ⟨↔success\grand-slam\block-buster\boff\sock²⟩ 양2

402 **Fi·at** [휘이애트]: Fabbrica Italiana Automobili Torino, 피아트, 1899년에 설립되어 많은 자회사를 둔 이탈리아 최대의 자동차 제조 회사 및 금융 산업 회사, ⟨~ Italian automobiles factory in Turin⟩ 수1

403 **fi·at** [휘이아트 \ 휘이애트]: ⟨← fieri(to bcome)⟩, ⟨'만들어진'이란 뜻의 라틴어⟩, ⟨밝게 만드는⟩ 엄명, 인가, 절대명령, ⟨~ an authoritative (or arbitrary) order⟩, ⟨↔request\veto⟩ 양2

404 **fib** [휩]: ⟨← fable(speak)⟩, ⟨영국어⟩, fible-fable, 가짓말, (악의 없는) 사소한 거짓말, ⟨~ petty lie\white lie\forked-tongue⟩ 양2

405 **fi·ber** \ **fi·bre** [화이버]: ⟨← fibra(filament)⟩, ⟨어원 불명의 라틴어⟩, 내장의 칸막이, 섬유질, 섬유조직, 소질, 근성, 강도, ⟨~ thread\roughage⟩ 양1

406 ***fi·ber dis·trib·ut-ed da·ta in·ter-face** \ FDDI: ⟨정보의 빠른 전달을 위한⟩ 광섬유 분산 자료 접속 방식 우2

407 **fi·ber glass** [화이버 글래스]: 섬유유리(유리 광석을 전자 용광로로 가열시킨 후 가늘게 뽑아 윤활유를 친 섬유로 쇠보다 강하고 썩지도 타지도 바래지도 늘려지지도 않는 세상에서 제일 질긴 물질), ⟨~ glass-fiber reinforced plastic⟩ 양2

408 **fi·ber op·tics** [화이버 앞틱스]: 섬유광학(속이 빈 가늘고 긴 광학섬유를 통해 빛을 굴절시켜 전달하는 기술), ⟨~ glass fiber\concentric cable⟩, ⟨wi-fi보다 빠르나 거추장스러움⟩, ⟨편자가 1998년 집을 지을 때 거금을 들여 깔았으나 2년 후 입주할 때는 무용지물이 되었음⟩ 우2

409 **fi·branne** [화이브랜]: ⟨1941년에 등장한 프랑스어⟩, ⟨← fiber⟩, 피브란느, 방직 인조견사로 짠 천, ⟨~ a synthetic fabric made from rayon⟩ 우1

410 **fi·bril** [화이브륄 \ 휘브륄]: ⟨라틴어⟩, ⟨← fiber⟩, 미소섬유(small fiber), 근모, 뿌리수염 양2

411 **fi·bro-my-al·gi·a** [화이브뤄 마이알쥐어]: fibro(fiber)+my(muscles)+algia(pain), ⟨라틴어+그리스어⟩, (근육과 그것을 둘러싼 섬유질에 통증이 오는) 섬유근육통, ⟨예전에는 chronic fatigue syndrome과 같이 factitious disorder에 속했었음⟩ 양2

412 **fib·u·la** [휘불러]: ⟨라틴어⟩, clasp, ⟨정강이뼈를 fix 시켜주는⟩ 비골(비녀⟨brooch⟩뼈), 종아리뼈, ⟨~ calf bone⟩, ⟨~(↔)tibia⟩ 양2

413 **FICA** [화이카]: Federal Insurance Contributions Act (연방 보험 기여법), ⟨그동안 여러 번 바뀐⟩ 당신의 급여금에서 동액의 고용주 몫을 합쳐 '사회보장 및 건강보험을 명목으로' 정부가 떼어 갈 수 있도록 보장한 미국의 법, ⟨~ a US federal pay-roll tax⟩ 미1

414 **Fich·te** [휠터 \ 휘쉬터], Jo·hann: ⟨← fuhtija(spruce)⟩, ⟨게르만어⟩, ⟨'전나무 숲에 사는 자'⟩, 피히테, (1762-1814), 나폴레옹 점령하에 "독일 국민에게 고한다"란 연설을 한 칸트파의 독일의 국수주의 철학자, ⟨~ a German philosopher⟩ 수1

415 **fick·le** [휘클]: ⟨← ficol⟩, ⟨게르만어⟩, ⟨← deceit⟩, 변하기 쉬운, 변덕스러운, 속기 쉬운, ⟨~ capricious \ cheating⟩ 양2

416 **FICO** [휘코 \ 화이코]: Fair Issac Corporation, 1956년 Bill F~와 Earl I~이 창립해서 신용 평가 회사들로부터 정보를 얻어다 통합 분석하여 그 '점수'를 금융기관에 팔아먹고 있는 전산기 회사, ⟨~ an American data analytics company⟩ 수2

417 **fic·tion** [휙션]: ⟨← fingere(form)⟩, ⟨라틴어⟩, '꾸민 이야기', 소설, 허구, 가정, ⟨~ feign⟩, ⟨~ fable \ story⟩, ⟨↔fact \ non-fiction⟩ 양1

418 **fic·ti·tious** [휙티셔스]: ⟨← fingere(form)⟩, ⟨라틴어⟩, 거짓의, 가짜의, 허구의, 가공의, 지어낸, imaginary, ⟨← fiction⟩, ⟨~ factitious⟩, ⟨~ fabricated \ concocted⟩, ⟨↔factual \ genuine⟩ 양2

419 **fid·dle** [휘들]: ⟨라틴어⟩, ⟨← Vitula(환희·승리의 여신) ?⟩, 피들, 비올속의 현악기, 바이올린, 조작하다, 빈둥대다, 사기, 하찮은 일, ⟨~ violin \ fraud \ twiddle \ trifle⟩, ⟨↔compound \ significance⟩ 미2 양2

420 **fid·dler crab** [휘들러 크랩]: 꽃발게, 농게 (⟨fiddle 모양의⟩ 수컷의 한쪽 집게발이 전투용으로 자라 엄청나게 큰 바닷가 진흙에 구멍을 파고 사는 달랑게), ⟨~ mud (or shore) crab⟩, ⟨~ (큰 발에서 소리가 나는) calling crab⟩ 미2

421 **fid·dle-wood** [휘들 우드]: '피리나무', '마편초', 목질이 단단해서 나무 악기의 재료로 쓰이는 열대 미주 원산 티크류의 낙엽활엽교목, ⟨~ faithful(durable) wood⟩ 미2

422 **fi·de·ism** [휘이데이즘]: ⟨← fides(faith)⟩, ⟨라틴어⟩, (종교적 진리는 이성(reason)이 아니라 믿음(faith)에 의해서만 파악된다는) 신앙주의, ⟨← fidelity⟩, ⟨↔atheism⟩ 양2

423 **fi·del·i·ty** [휘델리티 \ 화이델리티]: ⟨← fides(faith)⟩, ⟨라틴어⟩, '믿음', 충실, ⟨생명보다 소중한⟩ 정절, 신빙성, 충실도, ⟨~ fealty \ troth⟩, ⟨→ fideism⟩, ⟨↔in-fidelity \ dis-loyalty⟩ 양2

424 **fidg·et** [휘쥗]: ⟨← fikja(hurry about)⟩, ⟨영국어⟩, 안절부절못하다, '불안'해하다, 조바심 나다, ⟨~ antsy \ fistful⟩, ⟨↔at ease \ relax \ calm⟩ 양2

425 **fi·du·ci·ar·y** [휘듀우쉬에뤼]: ⟨← fides(faith)⟩, ⟨라틴어⟩, 수탁자의, 신탁의, 신용상의, '신뢰'관계의, ⟨~ trustee \ guardian \ custodian⟩, ⟨↔un believable \ unreliable⟩ 양2

426 **fief** [휘이후]: ⟨← feudum(feud³)⟩, ⟨라틴어→프랑스어⟩, ⟨← fee⟩, (봉건시대의) 봉토, 영지, ⟨~ estate \ domain⟩ 양2

427 **field** [휘일드]: ⟨← feld(pasture)⟩, ⟨게르만어⟩, ⟨flat land⟩, 들(판), 벌판, 싸움터, 분야, 농경지, 경기장, 현장, 무대, 기록란, 배치하다, 수비하다, ⟨~ area of activity \ put in the team⟩ 미2

428 **field ar·my** [휘일드 아알미]: 야전군, ⟨~ army group \ army region⟩, ⟨~ armed forces composed of more than two corps⟩ 양1

429 *__field day__ [휘일드 데이]: 야유회(날), 운동회(날), 군사훈련(날), ⟨남들이 질투하는⟩ 신나는 날, ⟨~ outdoor event \ military exercise⟩ 양2

430 **field-er** [휘일더]: (외)야수, fieldsman, out·fielder 양2

431 **field-fare** [휘일드 훼어]: ⟨게르만어→영국어⟩, '들판 떠돌이 새', 회색 머리에 점무늬 몸통을 한 비교적 커다란 개똥지빠귀류의 철새, ⟨~ a thrush⟩ 우1

432 **field hock·ey** [휘일드 하아키]: 막대기(stick)로 공을 쳐서 득점 대에 넣는 속전속결의 야외 경기, ⟨~(↔)hurling⟩, ⟨~(↔)ice hockey⟩ 수2

433 **field mar·shal** [휘일드 마아셜]: 육군 원수(영국), ⟨~ commanding general \ general of the army \ 5 star general⟩ 양1

434 **field mouse** [휘일드 마우스]: 들쥐, ⇒ meadow mouse 미2

435 **field span·iel** [휘일드 스패니얼]: 낮은 키에 귀가 크고 윤택이 나는 털을 가진 영국산 중형 사냥개·애완견, '땅개(강아지)', 〈~ a cross between cocker and Sussex spaniel〉 우2

436 **field stud·y** [휘일드 스터디]: 현장 조사, 현지 연구, 〈~ field work(research)〉, 〈↔lab experiment\theoretical study〉 미2

437 **field tri·al** [휘일드 트롸이얼]: 실지 실험, 야외시험, 〈~ field test〉 미2

438 **fiend** [휘인드]: 〈← feon(hate)〉, 〈게르만어〉, 증오하는 자, 악마, 마귀, 〈'friend'에서 romance가 빠진〉 적, 〈~ evil spirit\satan〉, 〈↔saint\angel\friend〉 양2

439 **fierce** [휘어스]: 〈← ferus(wild)〉, 〈라틴어〉, 흉폭한, 사나운, 맹렬한, 〈길들여지지 않은〉, 〈→ ferocious〉, 〈~ feral\aggressive\truculent〉, 〈↔gentle\pacific〉 가1

440 **fier·y** [화이어뤼]: 〈영국어〉, 〈← fire〉, 불같은, 열렬한, 폭발하기 쉬운, 〈~ burning\raging\fulminant〉, 〈↔cool\docile〉 가2

441 **fi·es·ta** [휘에스터]: 〈← festa(feast)〉, 〈라틴어〉, 피에스타, 축제, 제례, 휴일, 잔치, 〈← fete〉, 〈~ festival〉, 〈↔la solemnidad(solemnity)〉 양2

442 **FIFA** [휘이훠]: ⇒ Federal International Football Association 미2

443 **fife** [화이후]: 〈← pipare(peep²)〉, 〈라틴어에서 연유한 스위스계 게르만어〉, 'pipe', 파이프, 저, 횡적, 나무 피리, 〈~ whistle\flute〉 미2

444 *__fi·fi__ [휘이휘이]: 〈프랑스 복슬개〉, 〈~ a furry puppy〉 ①〈1940년대에 등장한 말〉, (남자) '색시', 〈~ an effeminate man〉 ②〈1972년에 미국 형무소에서 시작된 말〉, 〈형겊으로 만든〉 장난감 질(attifical vagina〉 우2

445 *__FIFO__ [화이호우] (first in-first out)=LILO: 선입 선출, 처음 먼저 내기〈자료가 저장된 순서대로 끌어내기〉 양2

446 **Fif-teen Year War**: 15년 전쟁, 1931년 9월 만주사변(Manchurian Incident)으로 시작하여 1945년 8월 일본(Japan)의 패망으로 끝난 중·일간의 갈등 미2

447 **fifth col·umn** [휘쓰 칼럼]: 제5열(적과 내통하여 국내에서 파괴행위를 하는 이적파) 〈스페인 내전 때 한 프랑코 지지자가 '4개의 대열이 마드리드로 진군하고 있고 다섯 번째는 시내에서 봉기할 것이다'라고 한 말에서 연유〉, 〈~ collaborators\secret supporters〉, 〈~(↔)fraktsia〉, ⇒ sixth column 미2

448 *__fifth gen·er·a·tion com·put·er__: (아주 넓은 회로망을 통합·연결해서 인간의 두뇌에 버금가는 기능을 발휘할 수 있는) 제5세대(인공지능) 전산기 가2

449 *__fifth wheel__ [휘쓰 위일]: '5번째 바퀴', 견인차와 연결할 수 있는 독립된 생활공간을 가진 이동주택, 〈~ camping trailer〉, 예비 바퀴, 사족, 무용지물, 어색한 자(처지), 꿔다 놓은 보릿자루, '촌닭', white elephant 우1

450 **fif·ty-fif·ty** [휘후티-휘후티]: 반반씩, 절반씩, 반등분, 〈~ even odds\half-and-half〉, 〈↔un-equal\un-just〉 가2

451 **fig** [휘그]: 〈← pagh(a half-ripe fruit)〉, 〈페니키아어→라틴어〉, 〈← ficus〉, 무화과, '꽃 가리개 과일' (여름에 과일 속에 수백 개의 담홍색의 미세한 꽃이 피고 과실은 가을에 암자색으로 익는 뽕나뭇과(mulberry)의 낙엽활엽관목), 〈~ ficus tree〉, 〈녹익은 무화과가 벌어지는 모양에서 연유한〉 보지, 〈~ vulva〉, 〈씹하는 모양의〉 두 손가락 사이에 엄지를 끼워 넣는 모양의 상스러운 표현 미2

452 **fight** [화일]: 〈← feohtan(to strive)〉, 〈게르만어〉, 〈서로 머리 끄덩이를 뽑으려고〉 '싸우다', 분투하다, 〈~ battle\combat〉, 〈↔accord\truce\flight²〉 가1

453 *__fight fire with fire__: 맞불을 놓다, 이열치열, 해장술, 이이제이, 〈~ meet evil with evil\like cures like〉 양2

454 **fight-ing fish** [화이팅 휘쉬]: '투어' (지느러미가 몸통보다 큰 조그마한 열대어로 수컷은 어항에 비치는 자기 자신하고도 싸우는 본능을 타고남〉, 〈~ betta fish\frilled aquarium fish〉 우1

455 *__fight or flight__ [화일 오어 훌라잍]: 공격\도피(반응), 〈심리학에서〉 상대방이 만만하면 싸우고 무서우면 도망하려는 심보, 〈~ stress response〉, 〈~ sink or swim\all or none\kill or cure\go or broke\do or die〉 양2

456 **fig-peck-er** [휘그 페커]: '무화과 솔새', ⇒ beccafico 우1

457 **fig·u·ra·tive** [휘귀어뤄티브]: 〈← figurare ← fingere(form)〉, 〈라틴어〉, 〈'figure'에서 실체를 뺀〉 비유적인, 상징적인, 〈~ metaphorical\symbolic〉, 〈↔literal〉 양2

458　**fig·ure** [휘귀어]: ⟨← fingere(form)⟩, ⟨라틴어⟩, '형태', 숫자, 계수, 모양, 인물, 표상, 도형, ⟨~ number\physique⟩, ⟨↔deformity\soul\letter⟩ 양1

459　**fig·ure skat·ing** [휘귀어 스케이팅]: 피겨 스케이팅, '모양새 지치기' (주로 자태나 묘기를 보여주는 얼음지치기), ⟨~ ice dancing(ballet)⟩ 수2

460　**fig-wort** [휘그 워얼트]: ⟨← figs(hemorrhoids shaped)⟩, ⟨영국어⟩, ⟨← pile wort⟩, (예전에 치질 치료용으로 쓰던) 가는 줄기에 2개의 떡잎을 가진 초롱꽃이 피는 현삼과의 온대성 식물들, ⟨~ temperate perennial herbaceous plants⟩ 우1

461　**Fi·ji** [휘이쥐]: ⟨← viti(east)⟩, ⟨어원 불명의 원주민어⟩, '동쪽 섬', 피지, 1970년 영국으로부터 독립한 오스트레일리아 북동쪽에 800개 이상의 섬으로 구성된 다양한 민족의 나라, {Fijian-Fijian·Eng-(FJ) Dollar-Suva} 수1

462　**Fi·la** [화일러]: 1911년 G. 휠라⟨Phillip의 변형어⟩에 의해 이탈리아에서 창업되어 2007년 한국 회사에 넘어간 세계적 운동복·운동용품 연쇄점, ⟨~ a Korean-owned athleisure brand⟩ 수1

463　**fil·a·ment** [휠러먼트]: ⟨← filum(thread)⟩, ⟨라틴어⟩, '가는 실', 홑섬유, 꽃실, 사상체, ⟨~ fiber\string\fibril⟩ 양1

464　**fil·bert** [휠벌트]: ⟨St. Philibert 축제일쯤 (8월 20일) 익는⟩ 개암나무(도토리 같은 껍질에 땅콩 같은 씨가 든 열매를 맺는 자작나무과의 관목이나 교목), ⟨~ hazelnut⟩ 미2

465　**filch** [휠취]: ⟨← filchen(snatch)⟩, ⟨어원 불명의 중세 영국어⟩, 좀도둑질하다, 슬쩍하다, 쓱싹하다, 꼬불치다, ⟨~ petty thieve⟩, ⟨↔grand thieve\bestow\return⟩ 양1

466　***file¹** [화일]: ⟨← filum(thread)⟩, ⟨라틴어⟩, 서류꽂이, ⟨'실'로 묶은⟩ 서류철, 종렬, 철하다, 한 단위로 취급되는 관련 기록, ⟨~ folder\categorize⟩, ⟨↔disperse\muss⟩ 미2

467　**file²** [화일]: ⟨← feol ← fihalo(cutting tool)⟩, ⟨게르만어⟩, 줄, 손질, ⟨'깎아'⟩ 다듬기, 퇴고, ⟨~ a steel tool with rough surface\polish up⟩, ⟨↔roughen\coarsen⟩ 양1

468　***file ac·cess meth·od** [화일 액쎄스 메써드]: 기록철 접근법(보조 기억 장치에 수용된 기록철에서 목적하는 기록을 읽거나 써넣는 방법), ⟨~ ways to access data in files⟩ 미2

469　***file al·lo·ca·tion ta·ble** \ FAT: 서류철 할당표(서류철의 크기나 장소에 대한 정보를 담은 원반 부분), ⟨~ a file system for PC⟩ 미2

470　**file-fish** [화일 휘쉬]: '줄⟨거친 피부⟩물고기', 쥐치(말 쥐치·파랑쥐치 등)⟨주둥이가 뾰족하고 꼬리가 짧은 마름모꼴의 납작한 바닷물고기⟩, leather·jacket, ⟨~ trigger-fish⟩ 미2

471　**file-fold·er** [화일 호울더]: 서류 끼우개, 서류철, 문서 보관 꾸러미, ⟨~ stacking trays⟩ 양2

472　***file for·mat** [화일 훠어맽]: 기록철 체제, 기록철 틀잡기(기록철 내에 있는 정보를 정돈하는 방법), ⟨~ data(document) format⟩ 미2

473　***file serv·er** [화일 써어붜]: '기록철 도우미', 지역 전산망을 통해 다른 전산기에 자신의 기록을 이용할 수 있게 하는 전산기, ⟨~ file-cloud\net-work share⟩ 우1

474　**fi·let mi·gnon** [휠레이 미녕]: strip+pretty, ⟨라틴어와 게르만어가 합친 프랑스어⟩, ⟨'예쁘장하게 저민'⟩ 필레미뇽, 소의 두꺼운 등심살, tenderloin, ⟨너무 연해서 씹는 맛이 없는⟩ 안심 앞쪽 끝부분 우2

475　***file trans·fer pro·to·col** \ FTP: 서류철 전송 교범(전산망에서 서류철 전송을 위해 정한 기술적인 사항들) 미2

476　**fil·i·al** [휠리얼]: ⟨← filitus(son) \ filia(daughter)⟩, ⟨라틴어⟩, '자식'의, 효성스러운, 대대의, ⟨→ affiliate⟩, ⟨~ dutiful\devoted⟩, ⟨↔parental⟩ 양2

477　**fil·i·bus·ter** [휠러버스터]: vrij(free)+buit(booty), ⟨네델란드어에서 연유한 프랑스어·스페인어⟩, 'free booter', 해적, 불법 침입자, 약탈자⟨본국의 묵인 아래 타국에 가서 해적질을 해 오는 자⟩, 의사 진행 방해자, ⟨~ picaroon\procrastinator⟩, ⟨↔stampede⟩ 미2

478　***fil·i·bus·ter-ing** [휠러버스터링]: 의사 방해(장시간 연설을 함으로써 상대방의 법안 통과 등을 무산시키는 전술), ⟨~ delaying tactic⟩, ⟨↔cloture⟩ 양2

479　**Fil·i·pi·no** [휠리피이노우]: 필리핀 사람(Philippines) 수1

480　**fill** [휠]: ⟨← fyllan⟩, ⟨게르만어⟩, ⟨'full'이 되게⟩ 채우다, 메우다, 충만하다, 물건의 색채, ⟨~ fulfill\charge\load (up)⟩, ⟨↔drain\empty⟩ 가1 미2

481 **fil·let** [휠릩]: ⟨← filium(thread)⟩, ⟨라틴어⟩, 머리띠, '가는 끈', 연한 허리 고기, 저민 고기, 살을 발라내다, ⟨~ tape\longitudinal slice⟩, ⟨→ tender-loin⟩ 미1

482 **fill in** [휠 인]: (빈 곳을) 메우다, 채우다, 삽입하다, 충전하다, ⟨~ complete\substitute⟩, ⟨↔empty out\leave blank⟩ 양2

483 **Fill-more** [휠머어], Mil·lard: ⟨영국계 이름⟩, ⟨← famed⟩, '유명한 자', 필모어, (1800-74), ⟨타협안⟩을 내놓아 남북전쟁을 10년 이상 지연시켰으나 대중적 지지를 못 받아 전임의 잔여 임기만 채운 양복 재단사 출신의 휘그당적 미국의 13대 대통령, {Wool Carder(양털 소비자)}, ⟨~ 13th US President⟩ 수1

484 **fill out** [휠 아욷]: 볼록하게 하다, (여백을) 메우다, 기입하다, ⟨~ round out\complete⟩, ⟨↔deprive\withdraw⟩ 양2

485 **fill up** [휠 엎]: 가득 채우다, 충만시키다, 만원이 되다, ⟨~ lade\load⟩, ⟨↔empty\discharge⟩ 양2

486 **fil·ly** [휠리]: ⟨← fola(foal)⟩, ⟨게르만어⟩, ⟨4살 미만의⟩ 암망아지, 소녀, 말괄량이, ⟨~ foal⟩, ⟨~ heifer⟩, ⟨↔colt\mare⟩, ⇒ calf love 양2

487 **film** [휠]: ⟨← fylmen(membrane)⟩, ⟨게르만어⟩, 얇은 '막', 피막, 감광막, 영화, 현상용 음화, ⟨~ movie\picture⟩ 우2

488 *****film-og·ra·phy** [휠마그뤄휘]: 필모그래피, 영화 관계 문헌, 영화 작품 해설, ⟨~ cinematic repertoire⟩ 미2

489 **film re·cord·er** [휠 뤼코어더]: 영화용 녹음(화)기, 전산기로 만든 영상을 사진기로 옮기는 기기, ⟨~ a graphical out-put device⟩ 미2

490 *****FILO** [화일로] (first in-last out)=LIFO: 선입 후출, 처음 나중 내기(자료가 저장된 반대 순서대로 끌어내기) 양2

491 **fil·ter** [휠터]: ⟨← feltrum⟩, ⟨게르만어⟩, ⟨felt(모직물)를 통해⟩ 거르다, 여과하다, 스미다, 여과기, 여과용 자재, ⟨~ sifter\strainer⟩, ⟨↔dilute\pollute⟩ 양1

492 **filth-y** [휠씨]: ⟨← ful(foul)⟩, ⟨영국어⟩, 불결한, '더러운', 추잡한, 지독한, ⟨~ dirty⟩, ⟨↔clean\decent⟩ 양2

493 **fin** [휜]: ⟨← pinna(wing)⟩, ⟨라틴어→게르만어⟩, ⟨feather가 변한⟩ 지느러미, 물갈퀴, 어류, ⟨~ appendage\flipper\fish⟩ 가1

494 **fi·nal** [화이늘]: ⟨← finis(end)⟩, ⟨라틴어⟩, ⟨끝내는⟩ 마지막, 결정적, 결승전, 학기말 시험, ⟨~ finish\terminal⟩, ⟨↔initial\first⟩ 가2 미2

495 **fi·na·le** [휘낼리]: ⟨← finis(end)⟩, ⟨라틴어→이탈리아어⟩, 피날레, 대미, 대단원, 종막, ⟨~ climax\culmination⟩, ⟨↔beginning\opening\prelude⟩ 양2

496 *****fi·nal fron·tier** [화이늘 후뤈티어]: ⟨19세기 중반에 등장했으나 Star Trek에서 유명해진 말⟩, 최후의 개척지, 최종 한계, 마지막의, ⟨~ last frontier\ultimatum⟩ 양2

497 **fi·nance** [화이낸스]: ⟨← finis(end)⟩, ⟨라틴어→프랑스어⟩, ⟨빚을 '끝내는(finish)'⟩ 재정, 금융, 자금, 소득, ⟨~ money(fiscal) matters\banking⟩, ⟨↔defund\draw⟩ 양2

498 **fi·nan·cial health** [화이낸셜 헬쓰]: ⟨네 번째라고 하면 서러워할⟩ 재정 건강 양2

499 **Fi·nan·cial**(in·tel·li·gence) **quo·tient** \ F(I)Q: ⟨객관적 측정이 가능한⟩ (돈을 벌고 쓰는 지혜를 가름하는) 금융(지능)지수 미2

500 **Fi·nan·cial Times** [화이낸셜 타임스]: 파이낸셜 타임스, 1888년에 창간된 영국의 경제 전문 일간지, ⟨~ a British daily economic newspaper⟩ 우2

501 **fin-back** [휜 백]: 긴수염고래, 유난히 등지느러미가 큰 희귀종의 큰 고래, rorqual, fin whale 미2

502 **finch** [휜취]: ⟨← finc⟩, ⟨게르만어⟩, ⟨지저귀는 소리에서 비롯된⟩ 피리새, 콩새, 멋쟁이새, 농조(조류의 1/7을 점거하고 짧고 큰 부리로 씨앗을 까먹으며 마치 피리를 부는 듯 곱게 우는 참새과의 되새류), ⟨~ towhee⟩, ⟨~ bunting\warbler⟩, ⟨~(↔)sparrow\wren⟩ 미2

503 **find** [화인드]: ⟨← findan(discover)⟩, ⟨게르만어⟩, ⟨우연히⟩ '찾아내다', 발견하다, 깨닫다, 알아내다, ⟨~ detect\notice\realize⟩, ⟨↔lose\misplace⟩ 가1

504 *****find a nee·dle in a hay-stack**: 건초 더미(모래밭)에서 바늘 찾기, 서울 가서 김서방 찾기, 헛수고, ⟨~ very hard\impossible⟩, ⟨↔as easy as ABC⟩ 양2

505 *****find-ers keep·ers** [화인더즈 키이퍼즈]: ⟨고대 로마의 어린이 숙어⟩, (개통참외는) 먼저 본 놈이 임자다, ⟨~ habeas ut manctu's(he may keep that finds)⟩, ⟨↔losers weepers⟩ 양2

506 **fin de sie·cle** [휭 더 씨예클]: 〈프랑스어〉, end of the century, 〈퇴폐인〉 19세기 말의 양2

507 *__find one's feet__ [화인드 원즈 휘이트]: 〈연대·출처 불명의 숙어〉, 제자리를 잡다, 자립하다, 안정되다, 〈~ adjusting\adapting〉, 〈↔un-settle\fall\fail〉 양2

508 **fine¹** [화인]: 〈← finis(end)〉, 〈라틴어〉, 훌륭한, 멋진, 순수한, 가는, 세련된, 좋은, '끝내주는〈finish〉', 〈~ excellent\great〉, 〈↔poor\coarse〉 양2

509 **fine²** [화인]: 〈← finis(end)〉, 〈라틴어〉, 〈우아하게 끝내려고 내는〉 벌금, 과료, '종납금(최종 납부금)', 〈~ financial penalty\punitive action〉, 〈↔reward\indemnity〉 양2

510 **fine art** [화인 아알트]: 미술, 〈순수 시각 예술〉, 〈~ painting\visual art\major art〉, 〈↔decorative art〉 가1

511 **fine arts** [화인 아알츠]: (순수) 예술, 〈~ aesthetic art〉, 〈↔commercial arts〉 가1

512 *__fine feath·ers make fine birds__: 옷이 날개다, 〈~ ap-par-el makes the men〉, 〈↔all that glitters is not gold〉 양2

513 *__fine-grained se·cu·ri·ty__ [화인 그뤠인드 씨큐어뤼티]: 정밀 보안장치 (전산기의 특정 목록에 접근하기 위한 조건을 강화한 보안책), 〈~ fine-grained access control〉, 〈↔coarse-grained security\generalized data access〉 양2

514 **fine print** [화인 프륀트]: 작은 활자, 작은 글자 부분〈숨겨진 불리한 조건〉, 〈~ small print\nothing good〉, 〈↔big print〉 가1 미1

515 **fin·er·y** [화이너뤼]: 〈라틴어〉 ①〈← fine¹〉, 화려한 장식품, 훌륭한, 〈~ regalia\Sunday best〉, 〈↔rag\tatter〉 ②〈← finer〉, 〈라틴어→프랑스어〉, refinery(제련소), 〈↔contaminant\pollutant〉 양2

516 **fi·nesse** [휘네스]: 〈← fin〉, 〈프랑스어〉, 〈← fine¹〉, 교묘한 처리, 기교, 솜씨, 술책, 〈~ skill\trick〉, 〈↔art-less-ness\ineptitude〉 양2

517 **fine tune** [화인 튜운]: 미세조정, 세부 손보기, 〈~ precise adjustment〉, 〈↔worsen\regress〉 양2

518 **fin·ger** [휭거]: 〈게르만어〉, a digit, 〈끝에 눈이 달려 있으면 얼마나 좋을까 하고 어리석은 생각도 했던〉 '손의 말단 행동 대원', 손가락, 지침, 고발자〈전산기에 접속한 사용자 정보를 알아내는 방법으로 근래에는 쓰지 않는 추세임〉, 〈~ pointer\manhandle\informant〉, 〈~(↔)toe〉 가1 미1

519 **fin·ger-board** [휭거 보어드]: (기타 바이올린에서 손가락으로 현을 누르는) 지판 양2

520 **fin·ger-fish** [휭거 휘쉬]: star fish, sea star, 불가사리, '별고기', 오귀발(입은 배에 항문은 등에 있는 중앙반과 5개의 팔을 가진 극피동물) 양2

521 **fin·ger food** [휭거 후우드]: 손가락으로 집어 먹는 음식, 술안주, 맛보기 음식, fast·food, 〈~ junk food〉, 〈↔health food\wholesome food〉 미2

522 *__fin·ger fuck__ [휭거 휠]: 손 애무(문지르기), (여자의) 자위행위, 수음, 〈~ masturbation〉 미1

523 **fin·ger-ling** [휭걸링]: 〈영국어〉, (연어·송어 등의) 새끼 물고기, 치어, 잔챙이, 〈~ pygmy\dwarf〉 미2

524 **fin·ger-ling po·ta·to** [휭거링 퍼테이토우]: ①(길고 작은) 손가락 감자, 〈~ small and narrow potato〉 ②손가락 모양으로 잘라 튀긴 감자 요리, 〈~ sliced and roasted potato〉 양2

525 **fin·ger-nail** [휭거 네일]: 〈onyx를 닮은〉 손톱, 〈~(↔)toe-nail〉 가1

526 **fin·ger prin·cess** [휭거 프륀시스]: 〈한국식 영어〉, '손가락 공주', 〈아마도 pillow princess에서 연유한 듯한〉 사무실에서 자신이 자판을 두드리지 않고 남을 시키는 여직원, 〈~ a girl who won't lift a finger〉 미2

527 *__fin·gers cross·ed__ [휭거즈 크뤄스트]: 〈두 손 모아〉 행운을 빌다, 잘되길 바라다, 〈~ with luck\God willing〉, 〈↔sticking middle finger〉 양2

528 *__fin·ger synch__ [휭거 씽크]: finger synchronization (synching·miming), '손가락 맞춤', '손가락 흉내', 녹음된 음악에 맞춰 악기를 연주하는 것처럼 놀리는 손동작 우2

529 **fin·ger-tip** [휭거 팁]: 골무, 손가락 끝(으로 간단히 조정할 수 있는), 〈~ thimble\handy〉 가1 미1

530 *__fin·ger trou·ble__ [휭거 트뤄블]: '손가락 실수'(건반이나 자판을 잘못 눌러 생기는 문제), 〈~ operator error〉 미2

531 **fin·i·al** [휘니얼]: 〈← finis(end)〉, 〈라틴어〉, 꼭대기 장식, 상륜부, (우산 등의) 꼭지, 〈~ pinnacle\steeple〉 양1

532 **fin·(n)ick·y** [휘니키]: 〈영국어〉, (외양 등에) 몹시 신경을 쓰는, 세밀한('fine¹'), 까다로운, 〈~ scrupulous\choosy〉, 〈↔un-demanding\un-fussy\easy〉 양2

533 **fin·ish** [휘니쉬]: ⟨← finis(end)⟩, ⟨라틴어⟩, '끝내다', 마치다, 마무르다, 없애 버리다, ⟨→ final\finance\fine\finite⟩, ⟨~ conclude\bring to an end⟩, ⟨↔start\in-complete⟩ 가1

534 **fi·nite** [화이나이트]: ⟨← finis(end)⟩, ⟨라틴어⟩, 유한의, 정형의, ⟨~ finish\limited⟩, ⟨~ defined\restricted⟩, ⟨↔in-finite\end-less\eternal\wall-to-wall⟩, ⟨→ terminism¹⟩ 양2

535 *****fink** [휭크]: ⟨← finch?⟩, ⟨1902년에 등장한 어원 불명의 미국 속어⟩, 배반자, 밀고자, 형사, ⟨~ rat\nark⟩, ⟨↔ally\loyalist⟩ 양2

536 **Fink** [휭크], Mike: ⟨'finch'(가수)⟩, 핑크, (1770-1823), 교활하고 잔인하기 그지없었다는 '전설적'인 미국의 개척자, ⟨~ a semi-legendary American brawler and river boatman⟩ 수1

537 *****finl** [휘늘]: finish+line, 여성에게 구강 성교를 해 주다가 ⟨'finally'⟩ 음수가 터져 나오는 일, 씹 빨다 코에 풀칠하기, ⟨~ last scene of porno-movies⟩ 우2

538 **Fin-land** [휜런드]: ⟨← fenn(swamp)?⟩, ⟨게르만어⟩, 'Finn 족의 땅', ⟨어원에 여러 학설이 있는⟩ 핀란드, 1946년에 중립을 선언하고 러시아로부터 완전 독립한 북유럽의 경치 좋고 삼림자원이 풍부한 나라, {Finnish-Finnish·Swedish-Euro-Helsinki} 수1

539 *****fin·na** [휘너]: ⟨fixing to\gonna to⟩의 속어, 고치겠다, 하고 말겠다 양2

540 *****fin·sta** [휜스타]: fake instagram, (특정 사람들에게만 연결되는) 인스타그램의 위장 구좌 수2

541 **fiord** [휘오얼드]: ⟨북구어⟩, ⇒ fjord 우1

542 **fir** [훠얼]: ⟨← fyri(pine-wood)⟩, ⟨북구어⟩, (서양) 전나무, 소나무보다 삼나무에 더 가까운 약 50여 종의 온·한대성 〈솟아오른〉 침엽수, ⟨~ cedar pine⟩, ⟨~(↔)conifer\douglas⟩ 가1

543 *****FIRE** [화이어]: 파이어, financially independent·retire early, (30대에) 자립하고 (40대에) 퇴직한다는 ⟨그리고 그 후에는 부동산 투기를 하겠다는⟩ (현대 20대 한국인의) '꿈' 양2

544 **fire** [화이어]: ⟨← fyr(burning)⟩, ⟨게르만어⟩, 불, '화염', 점열, 발사, 발포, '총을 발사(fire!; 'discharge')하란 뜻에서 연유한⟩ 파면, 아주 멋져, 짱이다, ⟨→ fiery⟩, ⟨~ aflame\launch\dismiss\fantastic⟩, ⟨↔water\hire⟩ 가1 양2

545 **fire a·larm** [화이어 얼라암]: 화재 경보(기) 가1

546 **fire-ant** [화이어 앤트]: 불개미, 화끈하게 쏘는 침을 가진(stinging) 불그스레한 마디개미, ⟨~ red ant\ginger ant⟩ 미2

547 **fire-arm** [화이어 아앎]: (소총·단총 등 조그만) 화기, ⟨~ small arm\hand-gun\rifle⟩ 양2

548 **fire-a-way** [화이어 어웨이]: (마구) 쏘다, (말을) 쏘아대다, 어서 말해봐, (시워스럽게) 털어놓다, ⟨~ bombard\kick-off\speak up⟩ 양1

549 **fire-back¹** [화이어 백]: (열 반사용) 벽난로의 뒷벽, ⟨~ cast-iron plate lining the back of a fire-place⟩ 양1

550 **fire-back²** [화이어 백]: 흰 꼬리 붉은 허리 꿩, '붉은 궁둥이 꿩'(회청색 깃털에 빨간 무늬 엉덩이를 가진 남아시아산 꿩), ⟨~ Lord Lo's pheasant\national bird of Thai⟩ 미2

551 **fire back** [화이어 백]: 반격, 역화, 반품, 말대꾸(하다), ⟨~ retaliate\return fire\counter-attack⟩ 양2

552 *****fire-ball** [화이어 버얼]: 불덩이, 태양, 속구, 특급열차, 정력적인 활동가, ⟨~ meteor falling into the atmosphere\shooting star⟩ 미2

553 **fire-bird** [화이어 버어드]: 불새, 북미산 꾀꼬리(붉은 색깔의 배를 가진 Baltimore oriole) 미1

554 **fire-bomb** [화이어 밤]: 소이탄(불지르기용 폭탄), ⟨~ incendiary⟩ 양1

555 *****fire-brand** [화이어 브랜드]: 횃불, 불타는 나뭇조각, 선동자, ⟨~ torch\piece of burning wood\agitator⟩ 양2

556 **fire-break** [화이어 브뤠잌]: 방화대(화염 저지선), ⟨~ fire-wall\fire-guard⟩ 양2

557 *****fire-bug** [화이어 버그]: 개똥벌레(반딧불이), 방화범, ⟨~ lantern fly\lightning beetle⟩ 양2

558 **fire-chief** [화이어 취이후]: 소방서(대)장, ⟨~ fire marshal⟩ 양2

559 **fire-crack-er** [화이어 크래커]: 폭죽, 딱총, ⟨~ bursts\sparkler\banger⟩ 가1

560 **fire-crack-er flow·er** [화이어 크래커 훌라워]: '폭죽꽃' ①가는 줄기 끝에 현란한 초롱꽃이 무더기로 피는 캘리포니아 원산의 석산과(cluster amaryllis) 관상식물 ②습할 때 꽃이 터져(explode) 씨가 흩어지는 남아시아 원산의 현란한 초롱꽃, ⟨~ crossandra⟩ 우1

561 ***fire-crotch** [화이어 크뢒취]: '붉은 음모', 〈성깔이 있다는〉 빨강머리를 한 사람의 별명, 〈이는 거시기도 화끈하게 해준다는 심오한 뜻이 내포된 말임〉, 〈~ red pubic hair\red hair〉 양2

562 **fire-door** [화이어 도어]: ①연료 주입구, 〈~ fuel inlet〉 ②(불이 퍼지는 것을 막는) 방화문, 〈~(↔)smoke door〉 미2

563 **fire-drill** [화이어 드릴]: 방화 훈련, 소방 연습, 〈~ evacuation〉 양2

564 **fired up** [화이어드 엎]: 달아오르다, 흥분하다, 격앙되다, 〈~ animated\aroused〉, 〈↔subdued\calm〉 양2

565 **fire-en·gine** [화이어 엔쥔]: 소방차, 불자동차, fire·truck 가1

566 **fire-ex·it** [화이어 엘씻 \ 화이어 에그짙]: (화재) 비상 출구, 〈~ fire escape\emergency exit〉 양1

567 **fire–ex-tin·guish–er** [화이어 익쓰팅귀셔]: 소화기, 진화기 양2

568 **fire-fly** [화이어 훌라이]: 개똥벌레(반딧불이), 〈~ candle(lantern) fly\glow-worm\fire-worm(beetle)〉 양2

569 **fire hole** [화이어 호울]: 화구, 연소구, (불을 피우는) 구덩이, 화갱(fire pit) 미2

570 **fire-hy·drant** [화이어 하이드뤈트]: 소화전, 방화용 수도 마개, 〈~ water-hydrant〉 가1

571 **fire-man** [화이어 맨]: 소방관, 화부, 구원 투수, 〈~ fire-fighter\stoker\relief pitcher〉 가1 미2

572 **fire-place** [화이어 플레이스]: (벽) 난로, 〈~ hearth〉 가2

573 **fire-proof** [화이어 프루우후]: 내화의, 불연성의, 타지 않는, 〈~ un-burnable\flame resistant〉, 〈~(↔)water-proof〉 가1

574 ***fire-sale** [화이어 쎄일]: 타다 남은 물건(fire-damaged goods)의 방매, 〈파산을 앞두고 하는〉 헐값 매각, 〈~ clearance〉 우2

575 **fire-side** [화이어 싸이드]: 난롯가, 노변, 가정적인, 〈~ hearth\domicile〉 양2

576 **fire-sta·tion** [화이어 스테이션]: 소방서, 소방 대기소 가2

577 **Fire-stick** [화이어 스틱]: 2018년부터 미국의 아마존사가 출시하는 〈고성능〉 TV 원격조정 장치, 〈~ a streaming device〉, f~; 〈마주 비벼서〉 불을 일으키는 막대기, 부젓가락, 불쏘시개, 〈~ kindling wood〉, 〈~ fire-tongs〉 수2 양2

578 **Fire-stone** [화이어스토운], Har·vey: 파이어스톤, (1868-1938), 1900년에 동명의 고무 자동차 바퀴(rubber tire) 회사를 설립한 미국의 산업가, 〈~ an American businessman〉, f~; flint(부싯돌), 내화성돌 수2 양2

579 **fire-tongs** [화이어 터엉즈]: 부집게, 부젓가락, 〈~ fire-stick²〉 가2

580 ***fire-wall** [화이어 워얼]: 방화벽, 〈~ fire-resistant barrier〉, 전산기 체제에서 엄격하게 통제된 정보만 전달하는 연결로, 〈~ computer network security device〉 가1 미2

581 **fire-weed** [화이어 위이드]: '불탄자리 잡초', 분홍 바늘 꽃, '버들 풀', willow herb 미2

582 ***fire-wire** [화이어 와이어]: '번개회로' (1초에 최소 207비트를 전달할 수 있는 통화창), ⇒ IEEE 1394 미2

583 **fire-wood** [화이어 우드]: 땔나무, 장작, 불쏘시개, 〈~ cord-wood〉 가1

584 **fire-work** [화이어 워얼크]: 불꽃(놀이), 봉화, 흥분, 소동, 〈~ fire-cracker〉 양2

585 **firm¹** [훠엄]: 〈← firmus(strong)〉, 〈라틴어〉 '확실한', 굳은, 단단한, 고정된, 〈→ affirmative〉, 〈~ hard\solid〉, 〈↔soft\yielding〉 가2

586 **firm²** [훠엄]: 〈← firma(signature)〉, 〈라틴어〉, 〈철저히 약속을 지키는〉 상사, 〈서명으로 'confirm'된〉 회사, 〈~ company〉 가2

587 **fir·ma·ment** [훠어머먼트]: 〈← firmus〉, 〈라틴어〉, 〈firm(견고한)〉 '받침', 창공, 〈무너지지 않는〉 하늘, 〈~ the sky\atmosphere\heaven〉, 〈↔earth\hell〉 양2

588 **firm-ware** [훠엄 웨어]: '견성기기', 고정된 연성기기(하드웨어로 실행되는 소프트웨어의 기능), 〈~ BIOS\micro-code〉 미2

589 **first** [훠얼스트]: 〈← fyrst〉, 〈게르만어〉, 'fore·most', 첫째(의), 최초(의), 우선, 〈↔last\second〉 가2

590 **first-aid** [훠얼스트 에이드]: 구급(용), 응급처치, 〈~ emergency care\CPR〉 가2

591 **first-class** [훠얼스트 클래쓰]: 제1급의, 최고급의, 우수한, 〈↔lower-class\poor〉 양2

592 **first-cou·sin** [훠얼스트 커즌]: 사촌, 〈~(↔)second cousin〉 가2

593 **first-cou·sin once re-moved**: 사촌의 자녀, 오촌, 종질, 재종손 양2

594 **first-dance** [휘얼스트 댄스]: 〈신혼부부(newly wed)가 답례로 추는〉 첫 번째 춤, 〈↔last-dance〉 양2

595 *__first dog__ [휘얼스트 더어그]: (원래는 약 31,700년 전) 인간이 길들이기 시작한 늑대(wolf) 〈최초의 개〉를 뜻하나 근래 각국 정상들이 애완견을 기름으로 생겨난 우먼 말, '견 각하', '개통령?', 〈~ a Presidential (or royal) dog〉 가2

596 **first floor** [휘얼스트 훌러어]: 첫째 층, 1층(미국), 2층(영국), 〈~(↔)ground floor〉, 〈↔second floor\basement〉 가2

597 **first–gen·er·a·tion** [휘얼스트 쩨너뤠이션]: 1세(대)의, (이민)1.5세의(foreign-born children of immigrated parents), 〈↔second generation〉 가2

598 **first-hand** [휘얼스트 핸드]: 직접의, 타인의 손을 거치지 않은, 〈~ straight from the horse's mouth〉, 〈↔second-hand〉 가2

599 **first la·dy** [휘얼스트 레이디]: (대통령·수상·주지사의) 영부인, 여성 제1인자, 〈↔first gentle-man\second lady〉 가1

600 **first lieu-ten·ant** [휘얼스트 루우테넌트]: (미군) 중위〈육군·공군·해병대〉, 〈↔second lieutenant(소위)〉 가1

601 **first mile** [휘얼스트 마일]: 〈경제용어〉, '첫 거리', 생산품이 판매업체에 앞서 집합소(창고)에 배송되는 〈첫번째 과정〉, 〈~ starting point\first step〉, 〈↔last mile〉 미2

602 **first name** [휘얼스트 네임]: given name, Christian name, (지어준) 이름, 세례명, 〈↔last(sur) name\family name〉 가1

603 **first ser·geant** [휘얼스트 싸아줜트]: 선임 부사관, 〈~ top(enlisted person)〉 가1

604 *__first-string__ [휘얼스트 스트륑]: 첫째줄, 일급선수, 정규선수, 〈~ excellent\first choice player〉, 〈↔second-string\bench-warner〉 양2

605 **first world** [휘얼스트 워얼드]: 제1세계, 선진국, 부유한 나라, 〈~ high-income countries〉, 〈↔LLDC〉 양2

606 **fis·cal** [휘스컬]: 〈← fiscus(basket)〉, 〈라틴어〉, '바구니', 국고의, 재정상의, 회계의, 〈~ budgetary\economic〉, 〈↔non-financial〉 양2

607 **fish** [휘쉬]: 〈← fisc(an aquatic animal)〉, 〈어원 불명의 게르만어〉, 물고기, 어류, 생선 (21,000종이 넘는 물에 사는 등뼈동물), 고기잡이하다, 찾다, 뒤지다, 〈~ catch\search〉, 〈~pisces(스페인어)〉, 〈~(↔)bird〉 가2

608 *__fish can't live in pure wa·ter__: 〈중국속담〉, 맑은 물에 고기 안 논다, 수지청즉무어, 너무 강직하면 친구가 없다, 좋은 게 좋은 것이다, 〈~ lotus bloom in dirty water〉 양2

609 **fish ea·gle(hawk)** [휘쉬 이이글(허억)]: osprey 물수리, (전 세계에 퍼져 있으며 주로 흰 머리를 가지고 있고 날카로운 발톱으로 물고기를 잡아먹는 일부일처주의의 새), 〈~ ern\sea eagle〉 미2

610 **fish-er** [휘셔]: 물고기 포획 동물, '북미 담비' (겨울에 털이 담색으로 변하는 북미주산 커다란 물 족제비), 〈~ North American marten〉 우2

611 **fish-er-man** [휘셔 먼]: 어부, 낚시꾼, 어민, 〈~ fish-folk〉 가1

612 **fish-er–y** [휘셔뤼]: 어업, 수산업, 어장, 수산학, 〈~ fishing industry\hatchery\study of marine products〉 가1

613 **fish farm** [휘쉬 화앎]: 양어장, 〈~ hatchery〉 가2

614 *__fish for com-pli-ments__ [휘쉬 훠어 캄플리먼츠]: 옆구리 찔러 (엎드려) 절 받기, 〈~ beg for praise〉 양2

615 *__fish in trou·bled wa·ters__: 어지러운 물 속의 생선, 어부지리, 혼란한 상황에서 이득을 취하는 일, 〈~ benefit from difficulties〉, 〈↔go with the flow\play by the rules〉 양2

616 **fish-kiss** [휘쉬 키쓰]: 입을 오므리고 하는 입맞춤, '붕어 입맞춤', 〈~ a romantic gesture〉 미1

617 **fish-mon·ger** [휘쉬 멍거]: '생선 백정', 생선장수, 생선가게, 〈~ fish dealer〉 양2

618 *__fish out of wa·ter__: 끈 떨어진 갓, 어색한, 불편한, 〈~ ugly duckling\square peg in round hole〉, 〈↔winner〉 양2

619 **fish-poi·son tree** [휘쉬 포이즌 트뤼이]: 어독나무, 수액에 물고기를 마취시키는 성분을 가진 각종 열대 해안성 관목, 〈~ sea poison tree\barringtonia〉 미2

620 ***fish-y** [휘쉬]: 물고기 같은, 비린내 나는, 의심스러운, 〈뒤가 구린〉, 〈~ suspicious\odd〉, 〈↔honest\open〉 양2

621 **fis·sion** [휘션]: 〈← findere(cleave)〉, 〈라틴어〉, 분열, 분체, '갈라짐', 〈~ splitting\division〉, 〈↔fusion〉 가2

622 **fis·sure** [휘셔]: 〈← findere(cleave)〉, 〈라틴어〉, 틈, 균열, 갈라진 자리, 〈~ rabbet\ship-lap〉, 〈↔closure\un-cut〉 가2

623 **fist** [휘스트]: 〈← fyst〉, 〈게르만어〉, 〈'five' 손가락으로 된〉 주먹, 움켜쥠, 파악, 〈~ clenched hand\bunch of fives〉 가2

624 *__fist bump__ [휘스트 범프]: 주먹 부딪치기, (코비드19 이후에 행해졌던) 〈악수대신〉 서로 주먹을 맞대면서 하는 인사, 〈별로 친하지 않은 사이에서는 elbow bump(팔꿈치 부딪치기)를 이용함〉, 〈~ hand-shake〉 양2

625 **fist-i-cuffs** [휘스티커후스]: 주먹 싸움, 난투, 〈~ boxing\pugilism〉 양2

626 **fis·tu·la** [휘스출러]: 〈어원 불명의 라틴어〉, pipe, (길고 둥글고 속이 빈) 대롱, 관, 누관, 〈→ fester〉, 〈~ tube\funnel〉 양2

627 **fit¹** [휠]: 〈← fytte(meet)〉, 〈어원 불명의 영국어〉, 꼭 맞는, 적합한, 튼튼한, 어울리는, out·fit(의상)의 준말, 〈~ suitable\well〉, 〈↔un-fit\un-suitable〉 양1

628 **fit²** [휠]: 〈어원 불명의 영국어〉, 〈← fight〉, 발작, 경련, 변덕, 〈~ tantrum\seizure〉, 〈↔calm\containment〉 가2

629 *__fit as a fid·dle__: 〈운이 맞아서 만들어진 말〉, 아주 잘 맞는다, 아주 건강하다, 〈~ sound¹\healthy〉 양2

630 **fitch** [휘취]: 〈← visse(pole-cat)〉, 〈어원 불명의 네덜란드어〉, (유럽산) 긴털족제비, 〈~ a ferret (or weasel)〉, F~; 프랑스계 이름(French surname) 우2 수1

631 **fit-ful** [휠 휠]: 〈← fit²〉, 변하기 쉬운, 간헐적, 발작적, 〈~ changeable\sporadic\capricious〉, 〈↔constant〉 양2

632 **fit-ness** [휘니스]: 〈← fit¹〉, 적절, 건강, 타당성, 체력 단련, 〈~ health\well-being〉, 〈↔un-fitness\ill-ness〉 미2

633 *__fit-spi·ra·tion__ [휠츠피뤠이션]: fitness+inspiration, 체력단련 영감, 살 빼기 의욕 미2

634 **fit-ting** [휘팅]: 〈← fit¹〉, 어울리는, 부속품, 입혀 보기, 가봉 입기, 〈~ suitable\attachment\installation〉 미2

635 *__fit to path__ [휠 투 패쓰]: '길 따라가기' (글자의 행렬이 틀에 맞게 곡선을 그리는 수법), 〈~ a function of alignment〉 우2

636 *__fit-(ness) watch__ [휘니스 워취]: '신체 단련용 시계', 운동 시 각종 생체지수를 알려주는 '똘똘이 시계' (smart watch), fitness tracker, fit band 미2

637 **five** [화이브]: 〈← pancha〉, 〈산스크리트어→그리스어→라틴어→게르만어〉, '5', 다섯, pent(a), cinco 가1

638 *__five and five__ [화이브 앤드 화이브]: 작고 퉁퉁한, '똥자루'〈높이와 넓이가 5피트짜리인 사람〉, 〈~ a short and stout person〉 양2

639 **five-fin·ger** [화이브 휭거]: 불가사리(star-fish), 오지상 (잎이나 꽃자루가 다섯 손가락 모양인) 식물〈cinque-foil〉 양1

640 *__five-fin·ger dis-count__ [화이브 휭거 디스카운트]: 〈1970년대 뉴욕의 도둑들이 만든 우아한 말〉, '오손 할인', 절도, 들치기, (손으로 쥘 만한 작은 물건의) 도둑질, 〈~ theft〉 양2

641 *__five__(5) **G**: fifth generation (telecommunication), 〈새로운 방사파를 사용해서 4G에 비해 전달속도가 20배 이상 빨라진 '21세기의' '개량된 무선 통신'〉 우2

642 **five hun·dred** [화이브 헌드뤠드]: 500점 러미(rummy), 500점을 선취한 사람이 이기는 유커(euchre)카드 놀이 우1

643 **five-o'clock shad·ow** [화이브 어클락 쉐도우]: (2~3일 면도를 하지 않은) 덥수룩한 수염, 〈~ bristly stubble〉 양2

644 **five W-one H** (5W·1H): 육하원칙 (who·when·where·why·what & how) 양2

645 **fix** [휙스]: 〈← figere〉, 〈라틴어〉, 〈← fasten〉, 고정시키다, 정하다, 고치다, 처리하다, 거세하다, 〈→ affix〉, 〈~ set〉, 〈~ secure\repair\eliminate〉, 〈↔alter\adjust〉 양1

646 *__fixed disc__ [휘스트 디스크]: 하드 〈전산기에서 뺄 수 없는〉 디스크, 고정(자기) 원반, 〈~ hard disc〉 미2

647 **fixed space** [휙스트 스페이스]: '고정 공간', ⇒ hard space 우2

648 ***fixed-pitch type** [휙스트 피취 타이프]: 고정 간격 형식 〈타자에서 모든 글자가 동일한 간격을 차지하는 모양새〉, 〈~ a mono-spaced font〉 양1

649 **fixed-point** [휙스트 포인트]: 정점, 〈1달러 25센트를 1.25로 쓰는 것 등〉 고정 소수점, 〈~ invariable point〉, 〈↔floating-point〉 양2

650 ***fix·er-up·per** [휙써 어퍼]: 잘 고치는 사람(skilled mender), 고쳐 팔면 〈짭짤한〉 건물, 〈~ a building requiring repair〉 미2

651 **fix-ture** [휙스쳐]: 정착물, 내부 시설, 정기 대부(금), 〈~ attachment\time loan〉, 〈↔movable\loose-ness\furniture〉 양1

652 ***fix-up** [휙스 엎]: 수리, 개량, (남녀를) 붙여주다, (금단 증세를 완화시키는) 마약 1회분, 〈~ furnish\spruce up〉, 〈↔break\mess-up〉 양2 미1

653 ***fiz·zle** [휘즐]: 〈북구어〉, 〈의성어〉, (약한) 쉿소리, 쉿 하며 꺼지다, 실패하다, 〈좋았다 말았다〉, 〈~ buzz\crack\wither away〉, 〈↔woosah\flourish〉 양2

654 **fizz-y** [휘쥐]: 〈북구어〉, 〈← fizzle〉, 쉿쉿하고 거품이 이는, 발포성의, 탄산소다의, 〈~ sparkling\carbonated〉 양2

655 **fjord** \ fiord [휘오얼드]: 〈북구어〉, 〈← ford〉, 피오르드, (높은 단애 사이의) 협안, 협강, 〈~ inlet\narrows〉 우1

656 ***F(func·tion) key**: (연성기기 조작을 위한) 기능 단자 미2

657 **flab** [훌랩]: 〈영국어〉, 〈← flabby〉, (몸의 살이) 늘어짐, 군살, 〈~ fat〉, 〈~ flap〉 양1

658 **flab·ber-gast** [훌래버개스트]: 〈Sussex 지방 사투리?〉, (깜짝) 놀라게 하다, 당황하게 하다, 〈← flap+aghast?〉, 〈~ bowled over\astound\boggle\gobo-smacked³〉, 〈↔indifferent\non-chalant〉 양2

659 **flac·cid** [훌랙시드 \ 훌래시드]: 〈← flaccus(flabby)〉, 〈라틴어〉, 축 늘어진, 탄력없는, 시든, 〈~ loose\slack〉, 〈↔rigid\firm\strangle\spasm〉 양2

660 **flag** [훌래그]: 〈어원 불명의 영국어〉, 〈의태어?〉, 기, 깃발, 표시 문자, 신호, drooping, 〈~ banner\ensign〉 양1

661 **fla·gel·lum** [훌러젤럼]: 〈라틴어〉, '채찍〈whip〉', 편모, 포복경(기는 가지), 〈~ flail\flog〉, 〈~ scourge〉 가1 미2

662 **flag·eo·let** [훌래쥘렡]: 〈← flauta〉, 〈라틴어→프랑스어〉, 〈← flute〉, 플레절렛 ①6개의 소리 구멍이 있는 은피리, 〈~ a duct flute〉 ②19세기 프랑스에서 개량된 제비콩의 일종〈~ a hyacinth bean〉 수2

663 **flag-man** [훌래그 맨]: 신호 기수, 건널목지기(cross-guard) 양1

664 **flag·on** [훌래건]: 〈← flasco(bottle)〉, 〈라틴어〉, 식탁용 포도주'병', (손잡이가 있는) 큰 병, 〈~ flask\pitcher〉 미1

665 **flag-pole** \ ~ **stick** [훌래그 포울 \ ~ 스틱]: 깃대 양1

666 ***flag-ship** [훌래그 쉽]: 기함, 본사, 본교, 〈~ mother ship(company·school)〉 미2

667 ***flag store** [훌래그 스토어]: 본점(main store), 〈↔branch store〉 미2

668 ***flag wav-er** [훌래그 웨이붜]: 선동가, 역동적 맹신자, 〈~ demagogue\jingo\sensation-monger〉 미2

669 **flail** [훌레일]: 〈← flagellum(whip)〉, 〈라틴어〉, '채찍질', 도리깨, 낙제하다, 〈~ thrash(flap) around\flounder〉, 〈↔immobile\inert〉 가2

670 **flair** [훌레어]: 〈← flagare(emit an odor)〉, 〈라틴어〉, '향 냄새', (예민한) 직감, (천부적) 재능, 세련됨, 경향, 〈~ fragrant〉, 〈~ natural ability\stylishness\knack〉, 〈↔in-elegance\stupidity〉 양1

671 **flake** [훌레이크]: 〈어원 불명의 게르만어〉, flat piece, 얇은 조각, 박편, 불꽃, 지저깨비, 괴짜, 야바위꾼, 〈~ flag\flaw〉, 〈~ sliver\goofy\fruit cake〉, 〈↔lump\conformer〉 양1

672 **flake out** [훌레이크 아웉]: 〈1928년에 등장한 미국 속어〉, 녹초가 되다, 뻗어 버리다, 잠들다, 뺑소니 치다, 대실패, 바보짓, 〈~ collapse\keel over〉, 〈↔advance\stay\go〉 양2

673 **flak·ka** [훌라커]: 〈스페인어〉, 1960년도에 플로리다에서 합성된 (PVP를 주성분으로 하는) '자갈(gravel) 모양'의 강력한 신경 항진제·마약 우1

674 **flam·be** [플라암베이]: 〈프랑스어〉, singe, (고기·생선·과자에 브랜디를 붓고) 불〈flame〉을 붙여 눋게 한 후식, 〈~ a dessert covered with flaming liquor〉 수2

675 **flam·boy-ant** [플램보이언트]: 〈← flamber〉, 〈라틴어에서 연유한 프랑스어〉, 현란한, 불길〈flame〉 모양의, 타는 듯한, 〈~ grandiose\pompous〉, 〈↔modest\dull\restrained〉 양2

676 **flam·boy-ant tree** [플램보이언트 트리에]: '현란한 나무', 〈가로수로 인기 있는〉 여름에 적황색의 뭉텅이 꽃이 피는 콩과의 상록활엽관목, flame tree, Phoenix tree 우2

677 **flame** [플레임]: 〈← flagrare(burn)〉, 〈라틴어〉, '불길', 불꽃, 정열, 격정, 〈~ flare〉, 〈→ flambe\flamboyant\flamingo\flare?〉, 〈↔extinguish\cold-ness〉 가1

678 **fla·men·co** [플라멩코우]: 〈1882년에 등장한 스페인어〉, 〈← Vlaminc(Flanders의 네덜란드어)〉, 플라멩코, 플랑드르에서 온 '집시'의 정열적인 풍속 춤(음악), 〈~ gitano〉 수2

679 **fla·min·go** [플러밍고우]: 〈← flama〉, 〈라틴어에서 연유한 스페인어〉, 〈'flame'(불꽃) 색깔을 한〉 플라밍고, 홍학〈일 년에 한 번 교접하고 한 번에 한 개의 알만 낳고 새끼한테 소화액을 투입해 주는 멀리서 보면 우아하나 가까이서 보면 징그러운 새〉, 〈~ grayish-red feathered wading bird〉, 〈이것의 떼를 flamboyant라고 함〉, 〈홍학이 왜 한 발로 서 있는가에 대해서는 energy 소비를 줄이기 위해서 라는둥 여러가지 학설이 있으나 편자는 그냥 멋으로 그렇게 서 있는 것이라고 생각함〉 수2

680 **Flam-ing Youth** [플레이밍 유쓰]: '불타는 청춘', 1920년대 미국의 전성시대에 나온 젊은이들의 성 개방을 주제로 한 소설·무성 영화, 〈~ wild and flamboyant youth〉 우2

681 **flan** [플랜]: 〈게르만어→라틴어→프랑스어〉, flat cake, (우유·달걀·치즈·과일 등을 넣은) '둥근' 양과자, tart, quiche 우1

682 **Flan·ders** [플랜더즈]: 〈flood(홍수)가 나는 지방〉, 플랑드르, (네덜란드 말을 쓰고 방직업과 보석업으로 유명한) 프랑스 북부·벨기에 북부·네덜란드 남부지역, 〈~ low (or flooded) land〉 수1

683 **Flan·ders pop·py** [플랜더즈 파피]: 개양귀비, 옥수수 양귀비(1차대전때 전사자가 많았던 프랑스 북부 플랑드르 지방에 피는 진홍색의 야생 양귀비로 전사자의 조화로 쓰였음), 〈~ corn-puppy\field poppy〉 미1

684 **flank** [플랭크]: 〈← hlanka(loin)〉, 〈게르만어〉, '옆구리'(살), 양지, 측면 가1

685 **flan·ken** (ribs) [플래앵큰 (립스)]: short ribs, 〈유대식〉 쇠갈비 요리 미2

686 **flan·nel** [플랜늘]: 〈← gwlan(wool)〉, 〈웨일즈어〉, 플란넬, 평직으로 짠 보풀보풀한 '털'이 일어나는 모직물, 〈~ a soft woven fabric〉 수2

687 **flap** [플랩]: 〈영국어〉, 〈의성어〉, 퍼덕거리다, 딱 때리다, 나부끼다, 펄럭임, 축 늘어진 것, 축 늘어진 물건, (주머니·봉투 등의) 뚜껑, 〈~ flab\lobe〉, 〈~ flop\beat〉 양2

688 *__flap-drag·on__ [플랩 드래건]: ①〈만지면 금붕어 입처럼 뻐끔뻐끔 꽃이 열리는〉 금어초, ⇒ snap·dragon ②〈씹을 많이 해서〉 너덜너덜해진 대음순, '걸레보지', 〈~ beef curtain〉 ③독주에 불을 붙인 건포도를 삼키는 장난, 〈~ swallowing raisins in the brandy set alight〉 미2 우2

689 *__flap-jack__ [플랩 잭]: 〈번철에서 잽싸게 flap해서 구워〉 (따끈한) 빈대떡, 두껍고 딱딱한 양과자, 압축분말 화장품, 〈~ griddle-cake\pan-cake〉 우2

690 **flap meat** [플랩 미이트]: '축 늘어진 고기', 소의 뒤쪽 아래 옆구리에서 얇게 저민 고기, bottom sirloin, skirt steak 우2

691 *__flap-per__ [플래퍼]: 퍼덕거리는 것, 새끼 새, 폭넓은 지느러미, 〈1920년대의〉 왈가닥 (건달)아가씨, 〈1990년대의〉 '날라리', '후라빠', 〈~ a girl with 'outrageous' life style\romp〉 양2 우2

692 **flare** [플레어]: 〈← flear(flutter)〉, 〈어원 불명의 영국어〉, (넘실대는) 불길 〈flame〉, 격발, 조명탄, 섬광, 나팔바지(flares\bell-bottoms), 〈~ blaze\spread\light bomb〉, 〈↔dark\doldrums〉 양1

693 **flash** [플래쉬]: 〈← flasa(sparkle)〉, 〈북구어→영국어〉, 〈의성어〉, 번쩍이다, 타오르다, 발끈하다, 번개처럼 스치다, '번쩍이' 〈순간적으로 자료를 훑어볼 수 있는 연성기기들〉, 〈~ flush〉, 〈~ shine\zoom\streak〉, 〈↔dark\dim\dull〉 양1

694 *__flash-back__ [플래쉬 백]: (순간적으로 '번쩍 떠오르는') 과거 회상, 환각의 재현, 화염의 역류, 〈~ memories\recollections〉, 〈↔flash-forward\fore-thought〉 미1

695 *__flash-back Fri·day__ [플래쉬 백 후롸이데이]: '운이 맞아 만들어진 말', '회상의 금요일', 〈주로 #TBT를 사용해서〉 그리운 과거 사진(nostalgic contents)을 전산망에 올리는 금요일, 〈~ throw back Thursday〉, 〈운이 맞아서 생긴 상업용어들〉 우2

696 **flash-bang** [플래쉬 뱅]: stun grenade, (섬광과 폭음으로 감각을 마비시키는) 섬광 수류탄 미2

697 ***flash-card** [플래쉬 카아드]: 순간적으로 보여주는 (소거되지 않는) 학습용 카드, 〈~ cue (or learning) card〉 우1

698 ***flash drive** [플래쉬 드라이브]: 비휘발성 '구동 장치', (회전 자력을 이용하는 Zip drive 대신 flash memory chip을 사용하는) 반도체 기억력 대체 장치, ⇒ USB 우2

699 ***flash-er** [플래셔]: 자동 점멸기, (극장에서) 자리를 안내하는 사람, (성기)노출광 〈한국어로 바바리맨(Burberry-man)이라고 함〉, 〈~ flicker¹\exhibitionist〉, 〈~(↔)arson?〉 양2

700 **flash-flood** [플래쉬 플러드]: 갑자기 불어난 물, (주로 비가 잘 안 오는 지역·시기에 쏟아지는) 돌발 홍수, (통상 6시간 이내에 퍼붓는) 집중 호우, 〈~ rapid(sudden) flood\heavy rainfall〉, 〈↔regular flood\rain-spell〉 양1

701 **flash in the pan**: 냄비 안의 불꽃, 일시적 성공, 요행, 용두사미, 〈~ brief(sudden) success\nine-days wonder〉, 〈↔lasting\enduring〉 양2

702 **flash-light** [플래쉬 라잍]: 〈번쩍이는〉 섬광, 회중전등, 〈~ spot (or search) light〉 가1

703 ***flash mem·o·ry** [플래쉬 메머뤼]: (뭉텅이로만 지울 수 있어서) 재편성 속도가 빠른 전산기의 저장장치, 단전 후에도 지워지지 않는 정보, 비휘발성 기억력 저장장치, 〈~ non-volatile computer memory〉 우1

704 ***flash-mob** [플래쉬 마아브]: 번개 소동, (전산망 사교 매체를 통해) 모월 모시 모처에서 모행동을 하고 튀어버리자는 약속, 〈~ pop-up performance\impromptu event〉 양2

705 **flask** [플래스크 \ 플라스크]: 〈← flasco(bottle)〉, 〈라틴어〉, 납작한 '병', 휴대용 병, 거푸집, 〈~ flagon〉, 〈~ carafe\decanter〉 양1

706 **flat¹** [플랱]: 〈← flaz(even)〉, 〈게르만어에서 연유한 북구어〉, '펼쳐진', 평평한, 〈바람이 빠져〉 납작한, 〈김이 빠져〉 맛없는, 〈돛이 팽팽한〉 전면적, 〈결심이 펼쳐진〉 단호한, 〈경기가 평평한〉 침체, 〈빛이 안 나서〉 단조로운, 〈~ plat〉, 〈~ level\even\monotonous〉, 〈↔vertical\bumpy\exciting〉 양2

707 **flat²** [플랱]: 〈← flat¹〉, 〈게르만어에서 연유한 영국어〉, 1층 1가구 아파트(영국의 공동 주택), (손)바닥, (악보의) 내림표〈b〉, 〈~ one-floor apartment\palm¹\lower in pitch〉, 〈↔high-rise apartment\condominium〉 수2

708 ***flat ad-verb** [플랱 애드붜어브]: 〈미국에서 점점 증가하는〉 (형용사를 부사로 사용하는) 단순형 부사, 〈~ bare (or simple) adverb〉 미2

709 ***flat bed scan-ner** [플랱 베드 스캐너]: (피주사물을 평면에 올려놓는) 평판 주사기, 〈~ flat optical scanner〉 미1

710 **flat-bread** [플랱 브뤠드]: 납작 빵 ①(스칸디나비아 지방의) 얇고 바삭바삭한 과자〈wafer〉 ②(인도·중동·이탈리아 지방의) 〈효모를 사용하지 않은〉 원판 모양의 빵, 〈~ naan\pita〉, 〈flour tortilla는 효모를 쓴 것임〉 우1

711 **flat dry** [플랱 드롸이]: 평면 건조, 건조기에 넣지 않고 평평하게 널어 말리기, 〈~(↔)line dry〉, 〈↔machine-dry〉 미2

712 ***flat-file da·ta·base** [플랱 화일 데이터베이스]: (한 자료틀에 한 기록만이 내장되어 있는) 평면 서류철 자료틀, 〈~ single table data base〉, 〈↔relational data base〉 미2

713 **flat-fish** [플랱 휘쉬]: (넙치〈fluke³〉·가자미〈flounder〉 등 2개의 눈이 위에 붙어 있고 아랫면은 물에 떠 있는) 편평어, 〈~ a ray-finned fish〉 미2

714 **flat-foot** [플랱 훝]: 평발, 편평족, 둔함, 단호함, 보병, 〈보행 순찰하는〉 순경, 〈~ fallen arches〉 양1

715 **flat-line** [플랱 라인]: 평선, 수평, (심전도의) 정지, 죽다, 〈~ horizontal\static\die〉 양2

716 **flat-ter-y** [플래터뤼]: 〈← flatar(stroke)〉, 〈게르만어〉, 〈← flat〉, 〈손바닥으로 상을 치며 하는〉 빌붙음, 치렛말, 아첨, 〈~ blarney\taffy〉, 〈↔criticism\disparaging\sarcasm\sneer〉 가2

717 **flat tire** [플랱 타이어]: 터진(빵꾸 난) 고무바퀴, 〈일본에서는 panku(punctured)라 함〉 미1

718 **flat·u·lence** [플래츌런스]: 〈← flare(blow)〉, 〈라틴어〉, 속이 '부글거림', 헛배부름, 〈창자가 북같이 팽팽해진〉 고창, 허장성세, 〈~ fart\(intestinal) gas〉, 〈↔terse-ness〉 양2

719 **flat white** [플랱 와이트]: 진한 커피에다 흰 우유 포말을 얹어 놓은 것, 〈~ espress+steamed milk〉 우1

720 **flat-worm** [플랱 워엄]: 편형동물, 와충, 편충(잘린 자리에서 새로운 머리가 자라나는 기생충), ⟨~ fluke²\planarian\whip-worm⟩ 가1

721 **Flau-bert** [흘로우베어], Gus·tave: hrod(bright)+berht(famous), '유명한 자', 플로베르, (1821-1880), ⟨낭만적 현실주의⟩ 프랑스 소설가, ⟨~ a French novelist⟩ 수1

722 **flaunt** [훌러언트]: ⟨← flanka(wave의 스웨덴어)?⟩, ⟨어원 불명의 영국어⟩, '펄럭이다', 과시하다, (규칙을) 무시하다, ⟨~ exhibit\display⟩, ⟨↔cover\hide⟩ 양1

723 **fla·vor** \ **fla·vour** [훌레이붜]: flatus(blow)+foetor(stench), ⟨라틴어+게르만어⟩, '냄새', 맛, 풍미, 양념, ⟨~ fragrance⟩, ⟨~ taste\savor\scent⟩, ⟨↔blandness\tastelessness⟩ 가1

724 **flaw** [훌러어]: ⟨← flage(flake)⟩, ⟨어원을 이해하기 힘든 북구어⟩, 흠, 결점, 하자, 흠집, ⟨~ defect\fault⟩, ⟨↔advantage\strength⟩ 가2

725 **flax** [훌랙스]: ⟨← flex(bend)⟩, ⟨게르만어⟩, ⟨줄기에서 실을 뽑아 '꼬아서' 삼베를 만드는 중앙아시아 원산의⟩ 아마, 아마섬유(담청색의 자잘한 꽃이 피는 메밀 비슷한 곡류로 씨는 기름을 짜서 염료나 유약의 용매로·줄기는 실을 뽑아 린넨을 만들었으나 근래에는 씨와 줄기를 갈아 인간의 건강식으로도 쓰임), ⟨~ hemp\linen⟩ 미1

726 **flay** [훌레이]: ⟨← flahan(pillage)⟩, ⟨게르만어⟩, '껍질을 벗기다', 약탈하다, 혹평하다, ⟨~ flesh⟩, ⟨~ excoriate\attack\criticize⟩, ⟨↔cover\endorse\extol⟩ 양2

727 **F lay-er** [에후 레이어]: F층, 최상층의 전리층⟨전파를 반사하는 대기의 제일 윗부분⟩, ⟨~ upper ionosphere⟩ 우1

728 **flea** [훌리이]: ⟨← fleon(fly)⟩, ⟨게르만어⟩, ⟨'flee'(도망가다)에서 나왔다는 썰이 있는⟩ '벼룩'(날개가 없고 배가 통통하고 피를 먹어야만 하는 곤충), 귀찮은 놈, 듣기 싫은 소리, ⟨~ small wing-less blood-sucking insect\ingrate\wretch⟩ 가1

729 **flea-bane** [훌리이 베인]: 봄 개망초(한때 벼룩을 물리친다고 믿었던 돌산에서 잘 자라며 보라색의 데이지⟨daisy⟩ 비슷한 꽃을 피우는 약초), ⟨~ asthna weed\hairy horse-weed⟩ 미2

730 **flea bee·tle(hop-per)** [훌리이 비이틀(하퍼)]: '벼룩 딱정벌레', '벼룩 잎 벌레' (벼룩처럼 잘 뛰며 채소를 갉아 먹는 작은 잎벌레), ⟨~ a jumping leaf beetle⟩ 우1

731 **flea-louse** [훌리이 라우스]: '이 벼룩', 배나무 진디(벼룩처럼 잘 뛰며 과일나무 잎을 갉아 먹는 진디), ⟨~ pear aphid⟩ 미2

732 *__flea mar·ket__(fair) [훌리이 마아킽 (훼어)]: ⟨중고품이 많아 벼룩이 꼬이는⟩ 벼룩시장, ⟨뉴욕의 Fly market에서 연유했다는 썰이 있는⟩ 도떼기시장, 고물 시장, ⟨~ swap-meet⟩ 양2

733 **flea-wort** [훌리이 워얼트]: ⟨벼룩 같은 씨를 가진⟩ 질경이류(plantain)나 금불초류(희귀종이 되어가는 산골국화⟨wild sunflower⟩) 미1

734 **fled** [훌레드]: flee의 과거·과거분사 가2

735 **fledg-ling** [훌렢칠링]: ⟨← fleogan(fly)⟩, ⟨영국어⟩, ⟨'feather'(깃털)가 나와서⟩ (갓 둥지를 떠난) 어린 새, 애송이, 풋내기, ⟨~ baby bird\beginner⟩, ⟨↔mature\grown⟩ 양2

736 **flee** [훌리이]: ⟨← fleon⟩, ⟨게르만어⟩, ⟨'fly'해서 (날아서)⟩ 달아나다, 도망가다, 사라져 없어지다, ⟨~ escape⟩, ⟨↔appear\persist⟩ 가2

737 **fleece** [훌리이스]: ⟨← fles(coat of wool)⟩, ⟨어원이 불확실한 게르만어⟩, 플리스, (한 마리에서 한 번 깎는) 양털, 더부룩한 백발, 흰 구름, 부드러운 보풀이 있는 직물 양2

738 *__fleek__ [훌맄]: ⟨2014년 시카고의 한 소녀가 파티에 가기 전에 내뱉은 말⟩, 눈썹이 올라가며 놀래는 모양, 꼭대기, 놀라운, 아주 완벽한, ⟨~ very attractive⟩, ⟨↔defective\trashy⟩ 양2

739 **fleet¹** [훌리이트]: ⟨← fleotan⟩, ⟨게르만어→영국어⟩, ⟨← 'float'⟩, ⟨뗏목같이 함께 float 하는⟩ 함대, 선대, 전차량, ⟨~ (naval) force\team⟩ 양1

740 **fleet²** [훌리이트]: ⟨← fleotan⟩, ⟨게르만어⟩, ⟨'flow'(흐름)이⟩ ⟨flee 하듯⟩ 빠른, 잠시 동안의, 덧없는, 얕은, ⟨~ agile\supple⟩, ⟨↔sluggish\laggard⟩ 양1

741 *__fleet-style man·age-ment__ [훌리이트 스타일 매니쥐먼트]: convoy system, 선단식 경영, 계열사끼리 밀접하게 연결되어 하나의 기업처럼 활동하는 집단 경영 형태 양2

742 **fleet man·ag-er** [훌리이트 매니쥐]: 차량(판매) 총괄 지배인, (차량) 편대 감독, ⟨~ operations supervisor⟩ 미1

743 **Flem·ing** [플레밍], Al·ex·an·der: 'Flanders 사람', 플레밍, (1881-1955), 〈처칠의 생명을 구한 것과는 무관한〉 페니실린 균을 발견한 영국의 세균학자, 〈~ a Scottish physician and microbiologist〉 수1

744 **Flem·ish** [플레미쉬]: 플랑드르(플란더스)의, ⇒ Flanders 수1

745 **flesh** [플레쉬]: 〈← fleisk(meat)〉, 〈게르만어〉, 〈고기덩어리〉, 육체, 살집, 육욕, 골육, 중생, 〈~ flay〉, 〈~ meat\body〉, 〈↔celestial\slim〉 양2

746 **flesh fly** [플레쉬 플라이]: 쉬파리(여름에 육류나 부패 식품에 쉬(알)를 까며 수컷이 암컷보다 작은 회색 파리), meat fly 가2

747 **flesh worm** [플레쉬 워엄]: 〈시체를 파먹는〉 구더기(파리의 애벌레), 〈~ larvae of blow flies〉, 〈~(↔)screw-worm\maggot〉 가2

748 **fleu-ret** [플루어렡]: 〈← fleuer(flower)〉, 〈프랑스어〉, 플뢰레, '작은 꽃' 장식, 〈꽃('flower') 장식을 한〉 작은 연습용 칼, 〈~ light fencing foil\small sword〉 양2

749 *__fleu-ron__ [플루어런]: 〈← fleuer(flower)〉, 〈프랑스어〉, 꽃 모양 장식, '꽃무늬 꾸밈 표' 〈전산기 타자에서 문단의 머리나 그냥 장식용으로 쓰는 각종 꽃무늬〉, 〈← flower〉, 〈~ printer's flower〉 미2

750 **flew** [플루우]: fly의 과거 가1

751 **flex** [플렉스]: 〈← flectere(bend)〉, 〈라틴어〉, '구부리다', 몸을 풀다, (자세를 고쳐) 치장을 자랑하다, F~; 질에 넣는 지혈·피임용기구, 〈~ crook\angle〉, 〈↔extend\straighten〉 양2 수2

752 *__Flex A·lert__ [플렉스 얼러어트]: '융통 경보', (고온으로 전기 사용량이 급증할 때) flexible cord '〈유연한 전선〉처럼 절전을 해달라는 신호, 절전 경보, 〈~ call for energy conservation〉 미2

753 **flex·i·ble** [플렉써블]: '구부리기 쉬운', 융통성 있는, 〈~ pliable\yudori〉, 〈↔rigid\fixed\brittle〉 양2

754 *__flex·i·tar·i·an__ [플랙씨테어뤼언]: 융통성 있는 채식주의자, 재치 있는 잡식주의자, 〈~ demi-vegetarian〉 우1

755 **flib·ber·ti·gib·bet** [플리버 티쥐비트]: flibber de jibb, 〈영국어〉, 〈의성어〉, 수다쟁이, 뒷공론, 경박한 여자, 〈~ blabber-mouth〉, 〈↔sobersides\laconic〉 양2

756 **flick** [플릭]: 〈영국어〉, 〈의성어〉, 찰싹 때리기, 탁 치기, 휙 움직이기, 〈flicker로 켜는〉 영화 한 편, 〈~ snap\click\flip〉, 〈↔hang\float\hover〉 양1

757 **flick·er**[1] [플리커]: 명멸, 전동, 깜빡이는 빛, (화면의) 흔들림, 〈순간적으로 켜지거나 꺼지는〉 명멸기, 〈~ flasher\grimmer\shimmer〉 양1

758 **flick·er**[2] [플리커]: (날개를 '팔랑대며' 날고 목에 선명한 노랑이나 붉은 점이 있는) 미주산 딱따구리, wake·up, 〈~ a wood-pecker〉 미1

759 *__Flickr__ [플리커]: 플리커, '깜빡이는 자', 2002년 캐나다에서 출범한 후 그동안 여러 손을 거쳐 2018년부터 미국의 Smug Mug사가 소유하는 세계적 영상공유·수주업체, 〈~ an American image and video hosting service〉 수2

760 **fli-er** \ fly-er [플라이어]: 나는 것, 비행사, 날개, 도약, 전단, 광고 쪽지, 〈~air traveler\leaflet\fly-sheet\chirashi[2]〉, 〈↔tome〉 양1

761 **flight**[1] [플라잍]: 〈← fly[1]〉, 〈영국어〉, 날기, 비행(편), 비약, 층계, (새·나는 곤충 등의) 떼, 〈~ aviation\stair\flying group〉, 〈↔stay\arrival〉 양1

762 **flight**[2] [플라잍]: 〈← flee〉, 〈영국어〉, 〈날쌔게 도망가는〉 도주, 탈출, 도피, 〈~ escape\run away〉, 〈↔stay\fight〉 가2

763 **flight at-ten·dant** [플라잍 어텐던트]: (여객기의) 접객 승무원, cabin attendant, ⇒ steward 미1

764 **flight crew** [플라잍 크루우]: 항공기 승무원, air crew 미2

765 **flim·flam** [플림 플램]: 〈스칸디 풍의 의성어〉, 터무니없는 소리, 엉터리, 사기, 〈~ bluff\swindling〉, 〈↔honesty\frankness〉 양2

766 **flim-sy** [플림지]: 〈← llymsi(sluggish)란 Wales어에서 유래?〉 〈영국어〉, 무른, 얄팍한, 하찮은, 얇은 종이, sleazy, 〈← flim·flam?〉, 〈~ light\feeble\frail〉, 〈↔durable\sound[2]\stout\tough〉 양1

767 **flinch** [플린취]: 〈← flechen(waver)〉, 〈게르만어→영국어〉, 주춤하다, 꽁무니 빼다, 〈← slink의 비음화?〉, 〈~ wince\shrink〉, 〈↔approach\confront\nestle〉 양2

768 **fling** [플링]: ⟨← flengen(hurl)⟩, ⟨북구어⟩, ⟨채찍질 하듯⟩ (내)던지다, 처넣다, 뿌리다, 날뛰다, ⟨갑작스러운⟩ 외출, ⟨~ toss\bit of fun⟩, ⟨↔bring\hold⟩, ⟨한국어 '바람 피우다'를 fling으로 번역했더니 한 여성 독자가 'cheating'이라고 해야 한다고 바로잡아 주었음⟩ 양1

769 **flint** [플린트]: ⟨게르만어⟩, ⟨돌을 'split'(쪼개듯) 하듯 부딪치는⟩ 부싯돌(fire·stone), 단단한 물건, 냉혹한 것, ⟨~ stony\heart-less⟩, ⟨↔soft-boiled\gentle⟩ 양2

770 **flint corn** [플린트 코언]: ⟨알이 부싯돌같이 단단한⟩ 경립 옥수수, calico corn, ⇒ Indian corn 미1

771 **flint-lock** [플린트 락]: 부싯돌식 발화장치, 수발총(fire-arm with flint-striking ignition) 양2

772 **flip** [플립]: ⟨영국어⟩, ⟨의성어⟩, ⟨flap보다 약하게⟩ 튀기다, 툭 치다, 뒤집다, 공중제비, ⟨~ roll over\turn over⟩, ⟨↔earnest\authentic⟩ 양1

773 ***flip chart** [플립 촤아트]: 한 장씩 넘길 수 있는 도표, ⟨~ presentation board⟩, ⟨~(↔)flash card⟩ 우2

774 ***flip chip** [플립 칩]: 다른 부품에 붙일 수 있게 된 미세 회로편, ⟨~ controlled collapse chip connection⟩ 우1

775 ***flip-flap (flop)** [플립 플랩 (플롭)]: 돌변, 회전, 접속식⟨전류가 왔다 갔다 하면서 양쪽 상태를 함께 유지하고 있는⟩, ⟨끈이 X자로 달린⟩ 고무 slipper(thongs), ⟨~ reversal\turn-about⟩ 미2

776 **flip-flop side** [플립 플롭 싸이드]: 뒷면, 돌변한 상황, ⟨~ the back\sudden turn⟩ 미2

777 ***flip hor·i·zon·tal** [플립 호어뤼쟌틀]: (도표 도안에서 사용되는) ⟨물체를 거울에 비친 모양으로 바꿔서 좌우로 표시하는⟩ '수평 경상 회전', ⟨~ flip around the vertical axis⟩, ⟨↔flip vertical⟩ 우1

778 ***flip out** [플립 아웉]: 속이 뒤집히다, 자제력을 잃다, 화통이 터지다, freak out, ⟨~ hit the ceiling\blow a fuse⟩, ⟨↔calm(cool) down⟩ 양2

779 **flip-o·ver** [플립 오우붜]: 튀기다, 뒤집다, 공중제비, ⟨~ tip up\upside down⟩ 양2

780 ***flip-o·ver sale** [플립 오우붜 쎄일]: 단기 차익 매입, ⟨~ sale for short-term profits⟩ 미2

781 **flip-per** [플리퍼]: ⟨퍼덕이는⟩ 물갈퀴(web), 지느러미 모양의 발(손), 회전당구(pin-ball), ⟨~ a broad flat limb⟩ 가1

782 ***flip phone** [플립 호운]: 튀김 전화, 뚜껑이 위로 열리는 소형 휴대 전화, ⟨~ clam-shell phone⟩ 미2

783 ***flip-py** [플리피]: 꼬마 플로피⟨floppy⟩ 디스크(유연성 원반), ⟨~ flexible disk⟩ 미2

784 **flip side** [플립 싸이드]: (레코드의) 뒷면, 반대면, ⟨~ the back⟩, ⟨↔front side⟩ 양2

785 **flip ver·ti·cal** [플립 붜어티컬]: ⟨물체를 위아래로 거꾸로 표시하는⟩ '수직 공중제비', ⟨~ flip around the horizontal axis⟩, ⟨↔flip horizontal⟩ 우1

786 ***flirt** [플러얼트]: ⟨← fleard(triffle)⟩, ⟨영국어⟩, ⟨코를 킁킁대며⟩ 농탕치다, ⟨남녀가⟩시시덕거리다, 꼬리치다, ⟨~ amorous\coquettish⟩, ⟨↔dissuade\repulse⟩, ⟨남자는 '껄떡대다'·여자는 '발랑대다'⟩ 양2

787 **flit** [플맅]: ⟨← flytta(carry)⟩, ⟨북구어⟩, '나르다', 날아다니다, 신속히 지나가다, 야간 도주하다, ⟨~ fleet²⟩, ⟨~ dart\bounce⟩, ⟨↔halt\float⟩ 양2

788 **flitch** [플맅취]: ⟨← flicce(side of bacon)⟩, ⟨게르만어⟩, 돼지 옆구리 고기, (네모난) 고래의 기름살, 가자미를 엷게 저민 것, ⟨~ piece of 'flesh'⟩ 양2

789 **flit-ter mouse** [플리터 마우스]: 박쥐(훨훨 '나는' 쥐), ⟨~ bat⟩ 가2

790 ***fliv·ver** [플리붜]: ⟨20세기 초에 등장한 어원 불명의 미국 속어⟩, 싸구려 물건, 소형 탈 것, 고물 자동차, '털털이', ⟨~ jalopy⟩, ⟨↔good quality⟩ 미2

791 **float** [플로웉]: ⟨← fleotan(flow)⟩, ⟨게르만어⟩, '뜨다', 떠다니다, 퍼지다, 부유물, 구명대, 변동 환율제, ⟨→ afloat⟩, ⟨~ fleet¹⟩, ⟨~ buoyant\drift⟩, ⟨↔sink⟩ 양1 미1

792 ***float-ing il·lus·tra·tion** [플로우팅 일러스트뤠이션]: ⟨도표 등이 정확한 위치에 있지 않고 그 부근에 있는⟩ 유동 삽화, ⟨~ flow insertion⟩ 양2

793 **float-ing point** [플로우팅 포인트]: ⟨옮겨서 찍을 수 있는⟩ 유동 소수점, ⟨~ a movable decimal point⟩, ⟨↔fixed point⟩ 양2

794 ***float-ing point op·er·a·tions per sec·ond** \ FLOPS: 초당 떠돌이 소수점 연산 횟수⟨과학기술 계산에서 전산기의 연산속도의 단위⟩, ⟨~ a measurement of a computer's computing power⟩ 우1

795 ***float-ing point u·nit** \ FPU: 부동 소수점 장치(전산기의 계산 처리 장치), ⟨~ math co-processor⟩ 미2

796 **float-ing ter·ror** [홀로우팅 테뤄]: '공포의 부유어', 고깔해파리, 전기해파리, blue·bottle ⇒ Portuguese man of war 우2

797 *****flob-bing** [홀로우빙]: 〈2010년에 등장한 영국 속어〉, 대화 중에 음료수를 마시려고 〈무심히〉 혀로 빨대를 찾아 헤매는 짓, 〈← flop?〉, 〈~ clumsy (or aimless) moving〉 우1

798 **floc·cu·late** [홀랍큐레이트]: 〈← floccus(flock of wool)〉, 〈라틴어〉, 양털(솜털) 뭉치 모양으로 하다, 응집하다(시키다), 〈~ agglomeration\coagulation〉, 〈↔de-flocculate\loosen〉 양2

799 **flock** [홀랍]: 〈← flocc(band)〉, 〈어원 불명의 영국어〉, 떼, 무리, 집단, 더미, 털뭉치, 〈~ herd\troop〉, 〈↔disperse\scatter〉 양1

800 **flog** [홀라그]: 〈← flagellare(whip)〉, 〈라틴어〉, 〈채찍질하는 소리?〉, 매질하다, 마구 던지다, 혹평하다, 〈~ flagellum〉, 〈~ beat\scourge\curse〉, 〈↔un-strap\praise〉 가1

801 **flood** [홀러드]: 〈← flod ← flowan〉, 〈게르만어〉, 〈← 큰 'flow'〉, 홍수, 큰물, 밀물, 범람, 〈~ deluge\torrent〉, 〈↔drought\trickle〉 가2

802 **flood-light** [홀러드 라잍]: 투광 조명(등)〈홍수 때 쓰는 강력 방수 전등〉, 〈~ spot (or search) light〉 미1

803 **floor** [홀러어]: 〈← flor〉, 〈게르만어〉, 마루, 층, '바닥(bottom)', 회의장, 최저(가), 〈~ ground\level\lobby〉, 〈↔ceiling\roof〉 미1

804 **floor lamp** [홀러어 램프]: 마루 등, 스탠드 램프(입석 전등) 미2

805 **floor lead-er** [홀러어 리이더]: (미국 정당의) 원내총무, 〈~ co-ordinator\spokes-person〉 가1

806 **floor mat** [홀러어 맽]: 마루 깔개, 멍석, 돗자리 양1

807 **floor mod·el** [홀러어 마들]: 전시품, 진열용 상품, 〈~ show-room(display) model\sample product〉, 마루형(floor type) 양2

808 **floor plan** [홀러어 플랜]: 평면도, 설계도 가1

809 **floor sam·ple** [홀러어 쌤플]: 견본(전시품), 전시 후 할인 판매할 물건 가1

810 **flop** [홀랖]: 〈영국어〉, 〈flap보다 둔한 의성어〉, 탁 때리다, 쿵 떨어지다, 펄럭이다, 획 변하다, 〈~ drop\plump²〉, 〈↔success\blockbuster〉 양1

811 **flop-per** [홀라퍼]: 〈퍼덕이는〉 새끼 물오리, 부랑자, 변절자, 〈~ flapper\buster\crasher〉 양2

812 **flop-py** [홀라피]: 퍼덕이는, 느슨한, 야무지지 못한, 헐렁한, 〈~ loose\limp²〉, 〈↔rigid\sturdy〉 양2

813 *****flop-py disk** [홀라피 디스크]: 유연성 원반(쉽게 뺄 수 있는 자기 원반), 〈~ flexible disc〉 미1

814 *****flop-py disk drive** \ FDD: ' 헐거운 원반' 구동 장치(플로피 디스크를 회전시키는 기계장치와 디스크에 자료를 기록하고 판독하는 일을 수행하는 전자회로 제어장치), 〈~ reads and writes disc〉, 〈~ 2026년경에 사라질 전망임〉 우2

815 **FLOPS** [홀랖스]: ⇒ floating point operations per second 우1

816 **Flo·ra** [홀로어뤄]: 〈라틴어〉, 꽃(flower)의 여신, f~; 식물상, 식물군, 〈~ wild-life〉, 〈~(↔)fauna〉, 〈↔zoology〉 수1 양1

817 **flo·ral** [홀로어뤌]: 〈← floris(flower)〉, 〈라틴어〉, 꽃의, 꽃 같은 가2

818 **floral ar-range–ment(de-sign)**: 꽃 배열, 꽃꽂이, 〈floral design은 꽃 장식·꽃 무늬를 뜻하나 미국 사람들이 꽃꽂이라는 뜻으로 잘못 쓰고 있는 말임〉 양2

819 **Flor·ence** [홀러뤈스]: 〈flowering(꽃 피는)\ flourishing(번성하는) 마을〉, 플로렌스, 피렌체, 1300~1600년 사이 르네상스 문명이 번성했던 중부 이탈리아의 문화도시, 〈~ Capital of Italian Tuscany〉 수1

820 **flor·id** [홀러뤼드]: 〈← florere(bloom)〉, 〈라틴어〉, 꽃의, 꽃이 핀, 불그레한, 화려한, 호화로운, 〈~ flower〉, 〈~ rosy\fancy〉, 〈↔plain\pale〉 가1

821 **Flor·i·da** [홀러뤼더]: FL, Sunshine State, 〈라틴어→스페인어〉, 플로리다, '꽃(flower)이 만발한 곳', 〈햇살이 빛나는 곳〉, 〈저습한 곳〉 등으로 불리는 미국 동남부 대서양 해안에 있는 주, {Tallahassee-28}, 〈〈orange blossom〉〉 수1

822 *****Flor·i·da man** [홀러뤼더 맨]: 〈요상하고 어설픈 범죄를 저지르는〉 플로리다형 범법자, '엽기범', 〈~ bizarre criminal〉 수2

823 **flo·rist** [홀러뤼스트]: 화초 재배자, 화초 연구자, 꽃장수, 〈~ flower grower(dealer·store)〉 양2

824 **floss** [플로어스]: ⟨← fluxus(tuft of wool)⟩, ⟨라틴어→프랑스어⟩, 치실, '비단실', 명주솜, 수염, 까끄라기, ⟨~ fibril\thread⟩ 미1

825 **FLOTUS** [플로터스]: First Lady of the United States, 미 대통령 부인, (직책과 보수가 없는) '숨은 권력기관', ⟨~(↔)POTUS⟩ 미2

826 **flounce** [플라운스]: ⟨← flunsa(hurry)⟩, ⟨북구어?⟩, ⟨의성어?⟩, 몸부림(발버둥)치다, ⟨요란스러운⟩ 주름 장식, ⟨~ furbelow\frill\decoration⟩, ⟨↔slink\simplify⟩ 우2

827 **floun·der**¹ [플라운더]: ⟨← founder¹⟩, founder(fail)+blunder(clumsy), ⟨라틴어→영국어⟩, 버둥거리다, 몸부림치다, 당황해하다, ⟨~ flounce\squirm\wriggle⟩, ⟨↔idle\slink\bowl¹⟩ 양1

828 **floun·der**² [플라운더]: ⟨← flundra ← flunthrjo(plat)⟩, ⟨북구어⟩, 가자미, 광어, ⟨윗면은 눈을 두 개 가지고 바다 바닥 색깔을 하고 밑면은 흰색을 한⟩ 넙치('flat fish')류의 총칭 미2

829 **flour** [플라우어]: ⟨1830년에 개조된 영국어⟩, ⟨밀의 'flower'(정수)⟩, 곡분, 분말, 밀가루, 가루, ⟨~ grain\meal²\bran\powder⟩ 가1

830 **flour bee·tle** [플라우어 비이틀]: (곡분에 꾀어드는 작은 바퀴벌레의 총칭), 밀가루갑충, 쌀도적붙이, ⟨~ mini meal-worm⟩ 양1

831 **flour-ish** [플러어뤼쉬]: ⟨← florere(blossom)⟩, ⟨라틴어⟩, 꽃이 피다, 번영하다, 우거지다, 과장하다, ⟨~ grow\thrive⟩, ⟨↔die\wither⟩ 양1

832 **flout** [플라우트]: ⟨← fluiten⟩, ⟨네덜란드어⟩, ⟨'flute'를 연주해서⟩ 모욕하다, 업신여기다, ⟨~ defy\mock⟩, ⟨↔accept\praise⟩ 양2

833 **flow** [플로우]: ⟨← flowan⟩, ⟨게르만어⟩, '흐르다', 나오다, 나부끼다, 넘치다, ⟨→ flood\affluent\fluid⟩, ⟨~ run\pour⟩, ⟨↔diminish\dribble⟩ 양1

834 *****flow chart \ ~ sheet** [플로우 챠아트 \ ~ 쉬이트]: 작업 공정도, 순서도, 흐름도(문제를 풀기 위한 문자나 부호를 단계적으로 표시한 도표), ⟨~ scheme chart\structural out-line⟩ 미2

835 **flow·er** [플라워]: ⟨← floris⟩, ⟨라틴어⟩, ⟨식물의 별⟩, '꽃', 화초, 개화, 정수, 번영하다, ⟨~ flour\flourish⟩, ⟨~ blossom\bloom⟩ 양1

836 **flow·er bud** [플라워 벋]: 꽃망울, 꽃싹, 꽃눈, ⟨~ blossom\burgeon⟩ 가2

837 *****flow·er child** [플라워 챠일드]: ⟨1960년대 미국에서 꽃을 나누어주던⟩ 히피, 비현실적 사람, ⟨~ hippie\bohemian⟩ 미2

838 **flow·er clock** [플라워 클락]: 꽃시계 가2

839 **flow·er-et** [플라워륃]: 작은 꽃, 예쁜이, ⟨~ floret\blossom⟩ 양2

840 **flow·er girl** [플라워 거얼]: 꽃 파는 소녀⟨북한 영화의 제목⟩, 신부의 들러리 소녀, ⟨~ brides-maid\maid of honor⟩, ⟨↔grooms-man⟩ 양2

841 **flower-ing fern** [플라워링 훠언]: '꽃 고비', 왕고비 ⇒ royal fern 미2

842 **flower-ing ma·ple**¹ [플라워링 메이플]: (꽃·잎·잔가지가 모두 선홍색으로 변하는) 미국 꽃단풍, 홍단풍, ⟨~ (Japanese) red maple⟩ 미2

843 **flower-ing maple**² [플라워링 메이플]: 어저귀(심장형 잎에 노랑이나 주황색 꽃이 피는 당아욱속의 관상식물), ⟨~ Indian mallow\velvet-leaf\abutilon⟩ 미2

844 **flower-ing to·bac·co** [플라워링 터배코우]: '꽃담배', 끈끈한 잎에 밤에 여러 색의 대롱꽃이 피고 감미로운 향이 나는 열대성 식물, ⟨~ jasmine(sweet or winged) tobacco⟩ 우1

845 **flow·er pow·er** [플라워 파워]: '꽃의 위력', 사랑과 평화(히피족의 신조), ⟨~ anti-war movement⟩ 우2

846 **flow·er shop** [플라워 샾]: 꽃가게, 꽃집 가1

847 **flow·er show** [플라워 쑈우]: 화초 품평회, 꽃 전시 양1

848 *****flow·er swal·low** [플라워 스왈로우]: '꽃제비', 먹을 것을 찾아 이곳저곳 돌아다니는 북한 어린이, ⟨~ starving North-Korean children⟩ 우1

849 **flown** [플로운]: fly의 과거분사 가1

850 **Floyd Square** [플러이드 스퀘어]: 플로이드 광장, 2020년 5월 25일 20불짜리 위조 지폐를 쓴 혐의로 백인 경찰에 목 눌려 죽은 흑인 George Floyd를 기념하는 미국 미니애폴리스(Minneapolis)의 한 구역으로 앞으로 관광명소가 될지 폐허가 될지 주시할 만한 곳 수2

851 **flu** [훌루우]: 〈라틴어〉, influenza, 독감, 유행성 감기, 〈~(↔)common cold는 influenza virus 이외의 각종 virus에 의한 것으로 증세가 less intense함〉 양2

852 **fluc·tu·ate** [훌럼츄에이트]: 〈← fluere〉, 〈라틴어〉, 〈흐름('flow')이〉 변동하다, 오르내리다, 동요하다, 〈~ falter\whiffle〉, 〈↔steady\stabilize〉 가2

853 **flue** [훌루우]: 〈← fluere(flow)〉, 〈라틴어→영국어〉, 연통, 수송관, 도관, (울림판이 있는) 순관, 〈~ duct\air-passage〉 양1

854 **flu·ent** [훌루우언트]: 〈← fluere〉, 〈라틴어〉, 〈물 흐르('flow')듯〉 거침없는, 유창한, 완만한, 유동하는, 〈~ eloquent\cogent〉, 〈↔un-fluent\in-articulate〉 가1

855 *__fluf-fer__ [훌러훠]: 〈← flue(soft mass)+puff〉, 〈프랑드르어에서 연유한 미국 속어〉, 도색 영화 촬영 시 남우의 좆을 '솜을 틀듯' 세워주는 〈연봉 약 3만 불짜리〉 '기술자', 〈~ inflator\a technician who keeps the porno-actor's penis erect〉 우1

856 **fluff-y** [훌러휘]: 〈프랑드르어〉, 솜털 같은, '보풀보풀'한, 애매한, 어리석은, 〈~ downy\shaggy\fuzzy〉, 〈↔rough\heavy\stodgy〉 양1

857 **flu·gel-horn** [훌루우걸 호언]: 〈게르만어〉, '날개(wing) 달린 나팔', 플뤼겔호른, 세 개의 울림판을 가지고 있고 cornet 비슷한 금관악기 수2

858 **flu·id** [훌루우이드]: 〈← fluere〉, 〈라틴어〉, 〈← flow〉, '흐르는 물체', 액체, 유동체, 분비물, 유동적인, 유창한, 〈~ liquid\solution\runny〉, 〈↔solid〉 가1 양1

859 **fluke**¹ [훌루우크]: 〈19세기에 당구 용어로 등장한 어원 불명의 게르만어〉, 요행, 〈아마도 fluke³를 잡을 때처럼〉 어쩌다 들어맞음, 실수, 〈~ twist of fate〉, 〈↔certainty〉 양2

860 **fluke**² [훌루우크]: 〈게르만어〉, 〈← flugel(wing)〉, 〈'날개같이'〉 갈라진 고래의 꼬리, 흡충(작은 갈고리 같은 빨판으로 척추동물의 내장에 기생하는 편형('flat')동물), 〈~ flat-worm〉, 〈~(↔)tape-worm〉 미2

861 **fluke**³ [훌루우크]: 〈← flunke(wing)〉, 〈게르만어〉, 가자미 등 넙치류의 물고기, '평평어', 〈← flat〉, 〈~ flat-fish〉 미1

862 **flum·(m)a-did·dle** [훌러머 디들]: 〈← flummery〉, 〈19세기 중반에 등장한 미국 속어〉, 허튼소리, '흰소리', 〈~ non-sense\bunk³〉 양2

863 **flum·mer-y** [훌러머뤼]: 〈← llymus(sharp quality)〉, 〈웨일즈어〉, ('미끌미끌한') 귀리나 밀가루로 쑨 죽(porridge), 밀가루·우유·달걀·설탕을 넣고 만든 푸딩(pudding), 겉치레 말, 허튼소리(non-sense), 〈↔belittlement\castigation〉 우1 미2

864 **flum·mox(mux)** [훌러먹스]: 〈1837년에 등장한 어원 불명의 영국어〉, 어리둥절하게 하다, (사업이) 실패하다, 당혹, 〈~ baffle\perplex〉, 〈↔assure\satisfy〉 양2

865 **flung** [훌렁]: fling(내던지다)의 과거·과거분사, 〈↔laid up〉 양1

866 *__flunk__ [훌렁크]: 〈← funk¹?〉, 〈1823년에 등장한 미국 대학생 속어〉, 실패(낙제)하다, 그만두다, 〈~ fail\collapse〉, 〈↔succeed\work out〉 양1

867 *__flun·key-ism__ [훌렁키즘]: 〈어원 불명의 영국어〉, 하인 근성, 아부주의, 사대주의, toadyism, 〈↔blame\criticism〉 양2

868 **flu·o·res·cent light** [훌루어뤠슨트 라잍]: 〈← fluere(flow)〉, 〈'fluorine'에서와 같이〉 (알칼리에 녹아 강한 녹색을 발하는 물질로 만든) 형광, 〈↔incandescent light\LED tube light〉 가2

869 **flu·o·rine** [훌루어휘인]: 〈← fluere〉, 〈라틴어→영국어〉, 플루오르, 〈유동('flow')하는〉 불소, 〈치아의 부식을 막아주는〉 비금속원소(기호 F·번호9), 〈~ a chemical element〉 수2

870 *__flu-ro·na__ [훌루우 로우너]: 〈신조어〉, influenza와 corona virus에 함께 감염된 독감겸 코로나 우1

871 **flur·ry** [훌러어뤼]: 〈← flurig(disordered)〉, 〈스웨덴어→영국어〉, 돌풍, 낭패, 소동, 눈보라, 〈← hurry?〉, 〈~ swirl\gust\blizzard〉, 〈↔calm\trickle〉 양1

872 **flush**¹ [훌러쉬]: 〈← fluschen(fly up)〉, 〈영국어〉, 분출하다, 넘치다, 상기하다, 붉게 물들다, 물로 씻어 내리다, 〈blush+flash?〉, 〈~ flux\turn red\expel〉, 〈↔ebb\pale\wan〉 양1

873 **flush**² [훌러쉬]: 〈← flush¹〉, 〈의성어·의태어?〉, 〈영국어〉, 푸드덕 날아오르다 (날아오르게 하다), 〈~ sudden fly〉 양1

874 **flush**³ [훌러쉬]: 〈← fluxus(flow)〉, 〈라틴어→프랑스어〉, 〈강물이 차 올라와서〉 같은 높이의, 같은 평면의, 그림이 같은 5장의 패, 〈← full?〉, 〈~ over-flow\abundant〉, 〈↔uneven\bottom out〉 미2 우1

875 *flush left [훌러쉬 레흐트]: 좌측 정렬(타자 시 행의 왼쪽 끝을 상하로 '가지런히' 함), ⟨~ left alignment⟩, ⟨↔flush right⟩ 양2

876 flush lever [훌러쉬 뤠붜]: (변기 등의) 물내림 장치, ⟨~ flush handle(knob)⟩ 미2

877 *flush right [훌러쉬 롸잍]: 우측 정렬(타자 시 행의 오른쪽 끝을 상하로 '가지런히' 함), ⟨~ right alignment⟩, ⟨↔flush left⟩ 양2

878 flush toil·et [훌러쉬 토일맅(토일럩)]: ⟨← flush¹⟩, ⟨씻어 내리는⟩ 수세식 변소, ⟨~ water closet⟩, ⟨↔dry toilet⟩ 가2

879 flute [훌루우트]: ⟨← flare(blow)⟩, ⟨라틴어→프로방스어⟩, ⟨flageolet+lute?⟩, 플루트, ⟨입으로 부는⟩ 저, 피리, 홈(파기), 길쭉한 빵(술잔), ⟨~ fife\groove\goblet⟩ 미2

880 flut-ist [훌루우티스트]: 피리 부는 사람, 플루트 연주자, (영국에서는) flautist 미2

881 flut·ter [훌러터]: ⟨← fleotan(float)⟩, ⟨영국어⟩, ⟨← fleet²⟩, 퍼덕거리다, 펄럭이다, 두근거리다, 떨다, (나비의) 떼, ⟨~ flap\vibrate⟩, ⟨↔calm\halt⟩ 양1

882 flut·ter-board [훌러터 보어드]: ⟨퍼덕이는⟩ 물장구용 부판, ⇒ kick·board 우2

883 flut·ter sleeves [훌러터 슬리이브스]: ⟨바람에 펄럭이는⟩ '날개소매', 주름을 잡아 팔의 윗부분을 낙낙하게 감싸주는 소매, ⟨~ bat-wing (or butterfly) sleeve⟩ 우2

884 flux [훌럭스]: ⟨← fluere⟩, ⟨라틴어⟩, 흐름, 유출, 쏟아져 나옴, ⟨갑작스러운 다량의 'flow'⟩, ⟨~ change\fluctuation⟩, ⟨↔stagnation\stability⟩ 양1

885 fly¹ [훌라이]: ⟨← fleogan ← fluere(flow)⟩, ⟨라틴어→게르만어⟩, '날다', 비행하다, 급히 가다, 없어지다, ⟨대화가⟩ 통하다, 바지의 단추(zipper의 영국어), ⟨~ soar\travel by air⟩, ⟨↔remain\linger\fall\pause\drag⟩, ⟨한국어 '후라이 까다'란 말은 야구에서 실속없이 나르며 뜨는 flying ball을 치는 것에서 나왔다 함⟩ 가1 양1

886 fly² [훌라이]: ⟨← fly¹⟩, ⟨게르만어⟩, 파리, ('두 개의 날개'를 가진) 날벌레, (깃털로 만든 모기 모양의) 제물낚시, ⟨~ two-winged insect⟩ 가1 미2

887 fly ag·a·ric \ ~ am·a·ni·ta [훌라이 애거륔 \ ~ 애머나이터]: 파리버섯(fly mushroom), 광대버섯(모균류의 독버섯), ⟨~ toad-stool⟩ 양2

888 fly-bane [훌라이 베인]: (끈끈이 제비꽃 등) '파리독초', ⟨~ Venus-fly trap⟩ 가1

889 fly-blow [훌라이 블로우]: 쉬, 파리(가 뿜어 놓은)알, ⟨~ fly-strike⟩, ⟨~ eggs of blow (or scavenger)-fly⟩ 가2

890 *fly-by-night [훌라이 바이 나이트]: (1796년에는 'witch'라는 뜻으로 등장했으나 1823년에 뜻이 바뀐 말), 야반도주, ⟨~ gone to Texas⟩, ⟨↔glorious return⟩ 양2

891 fly–catch-er [훌라이 캐춰]: 파리 잡는 도구, 파리잡이 새(날곤충을 잡아먹는 딱새류⟨pewee⟩의 작은 새), 파리잡이 거미, 파리잡이 풀, ⟨~ fly trap⟩, ⟨~ fly killing bird(spider·plant)⟩ 양2

892 fly-cruise [훌라이 크루즈]: 비행기(airplane)와 배(ship)로 하는 유람 여행 미1

893 fly-ing ant [훌라잉 앤트]: 날(개)개미⇒ ant fly 미1

894 fly-ing col·ors [훌라잉 컬러스]: 뜨는 깃발, ⟨임무를 완수하고 돌아오는 배에 깃발을 높이 달던(flying flag) 관습에서 유래한⟩ 승리, 대성공, ⟨~ success\triumph⟩ 양2

895 fly-ing drag·on \ ~ liz·ard [훌라잉 드래건 \ ~ 리져드]: ⟨양쪽에 나온 피부주름으로 나뭇가지에서 잽싸게 미끄러지는 재주를 가진⟩ 날(비행) 도마뱀, ⟨~ gliding lizard⟩ 양2

896 Fly-ing Dutch-man [훌라잉 더취먼]: 「캐러비안의 해적」에 나오는 떠돌이 유령선, Dary Jones가 선장인 해적선, ⟨~ a legendary ghost-ship⟩ 수2

897 fly-ing fish [훌라잉 휘쉬]: 날치⟨포획자를 피하려고 꽁지를 쳐서 도약한 후 지느러미를 펴서 최고 300m까지 날아가는 맛이 좋은 난대성 어류⟩, ⟨~ flying cod⟩, ⟨LA 남쪽 Catalina섬에서도 볼 수 있음⟩ 양2

898 fly-ing fox [훌라잉 홖스]: ⟨여우 비슷한 얼굴을 한 열대성⟩ 큰 (과일)박쥐, ⟨~ a large bat¹⟩ 수2

899 fly-ing frog [훌라잉 후뤄어그]: 날개구리(물갈퀴가 날개처럼 펼쳐져서 나뭇가지 사이를 활공할 수 있는 동남아시아산 작은 개구리류), ⟨~ gliding frog⟩ 양2

900 **fly·ing gur·nard \ ~ ro·bin** [훌라잉 거어널드 \ ~ 롸빈]: 죽지성대〈머리 뒤에 긴 가시가 있고 거대한 가슴지느러미(죽지)로 해상을 '날아다니는' 한 뼘 남짓한 심해어(bottom-dwelling fish)〉, 〈~ helmet gurnard〉 미2

901 **fly·ing le·mur** [훌라잉 리이머]: 원숭이 박쥐, 머리는 원숭이같이 생겼으나 몸통에는 천막같은 '가죽날개'가 있어 나무 사이를 '날아다니는' 동물, 〈~ an arboreal gliding mammal\colugo〉 미2

902 **fly·ing sau·cer** [훌라잉 써어서]: (정체불명의) 비행접시, 〈~ flying disc\space-ship (or craft)〉, 〈~(↔)UFO〉 가2

903 **fly·ing squir·rel** [훌라잉 스쿼어뤌]: 날다람쥐〈네 다리를 벌려 '가죽날개'를 만들어 40m 이상 떨어진 나무를 탈 수 있는 야행성 다람쥐〉, 〈~ gliding squirrel〉 미2

904 **fly·ing start** [훌라잉 스타아트] 기세 좋은 출발, 유리한 출발, 선수, 〈~ advantage\inside track〉, 〈↔slow start〉 양2

905 ***fly-o·ver** [훌라이 오우뷔]: 고가횡단 도로, 입체교차로, 공중분열식(fly-past), 〈~ over-pass〉, 〈↔under-ground〉 양2

906 ***fly-sheet** [훌라이 쉬이트]: 〈흩날리는〉 광고지, 전단(간단한 전달문), 취지서, 〈~ flier〉 양2

907 **fly-speck** [훌라이 스펙]: 파리똥 자국(fly excrement), 작은 점(dot) 양2

908 **fly-trap** [훌라이 트뢥]: 파리잡이 통, 파리잡이 풀, 〈~ fly catcher\fly-bane〉 양1

909 **fly-weight** [훌라이 웨읱]: 초경량급(대체로 체중 112파운드 이하), 〈← '파리처럼 가벼운'〉, 〈~(↔)light-weight〉, 〈↔heavy-weight〉 양2

910 ***fly-wheel** [훌라이 위일]: 속도 조절 바퀴(처음 시작할 때는 큰 힘이 필요하나 속도가 붙으면 관성으로 계속 돌아가는 묵직한 회전판), 장래를 바라보고 하는 초기 거액 투자, 〈~ an accumulator〉 미2

911 ***FM** (fre·quen·cy mod·u·la·tion): 빈도 조절, 주파수 변조(신호를 진폭은 일정하게 한 채 주파수의 변화로 변환해 송신하는 방법), 〈↔AM〉 우2

912 ***FMD** (face mount·ed dis·play): 〈원래는 공군에서 개발된〉 안면 부착 표시(장치), goggle처럼 얼굴에 쓰고 대형 영상을 감상하는 〈증강현실 체험 도구〉, 〈~ HMD\VR headset〉 미2

913 **FNMA**: ⇒ Federal National Mortgage Association 미2

914 ***FOAD** [호오드] (fuck off and die): '쓰발 놈(년)아! 뒈져버려' 미1

915 ***FOAF** [호어후] (friend of a friend): 친구의 친구〈불확실한 정보의 출처〉 미2

916 **foal** [호울]: 〈← fola(colt)〉, 〈게르만어〉, 〈1살 미만의〉 망아지, 새끼 나귀(노새), 〈~(↔)filly〉 양2

917 **foam** [호움]: 〈← fam(spume)〉, 〈게르만어〉, '거품', 발포, 포말, 〈→ froth〉, 〈↔powder〉 가1

918 **fob** [화압]: 〈어원 불명의 게르만어〉 ① 〈← fuppe(pocket)〉, 회중시계(의 사슬), 시계주머니 ② 〈← goppe(cheat)〉, 속이다 미2 양2

919 ***FOBI** [호우비이]: fear of being included, 산입공포증, 사회공포증, 사회 생활에 끼어드는 것을 두려워 하는 증후군, 〈~ social phobia〉, 〈↔FOMO〉 미2

920 **fo·cal length** [호우컬 렝쓰]: 〈← focus(hearth)〉, 〈라틴어〉, 초점거리(렌즈의 중심에서 초점 면까지의 거리) 가1

921 **fo·cus** [호우커스]: 〈라틴어〉, 〈가정에서 제일 중요한 hearth(화덕)를 비유해서 1604년에 조작된 수학용어〉, 초점(렌즈에서 빛이 반사·굴절하여 한곳으로 모이는 점), 중심(점), 집중, 진원, 병소, '대기소'〈대화창에서 다음번 타자를 기다리는 곳〉, 〈~ center\hub\locus\seat〉 가1

922 **fod·der** [화더]: 〈← fodus(food)〉, 〈게르만어〉, 사료, 꼴, 가축의 먹이, 〈~ feed〉, 〈~ poa\grass〉 양2

923 **foe** [호우]: 〈ge+fah(enemy)〉, 〈게르만어〉, 적, 원수, 경쟁자, 장애, 〈→ feud〉, 〈~ opponent\adversary〉, 〈↔friend\partner〉 양2

924 **foehn** [훼인]: 〈← Favonius(서쪽의 신)〉, 〈라틴어〉, '서풍〈west wind〉', 〈머리 건조기 같이〉 산에서 내리부는 건조하고 따뜻한 바람, 〈~ Chinook wind(snow eater)〉 우1

925 **fog** [훠어그]: 〈어원 불명의 영국어〉, spray, 안개, 혼미, 흐림, 〈→ foggy〉, 〈~ mist\haze〉 가1

926 **fog-gy** [훠어기]: 안개 낀, 흐린, 불확실한, 음침한, 혼란스러운, 〈~ murky\smoggy〉, 〈↔clear〉 가1

927 **fo·gy** [호우기]: fogey, 〈← fog?〉, 〈1780년에 등장한 어원 불명의 영국어〉, 시대에 뒤진 사람, 구닥다리, 꼰대 양2

928 **fog in-dex** [훠그 인덱스]: 안개 지수, 1952년 Gunning이란 미국의 출판업자가 개발한 본문을 이해하는 데 필요한 교육 연도의 지수, ⟨~ a readability test for English writing⟩ 양2

929 **fog light \ ~ lamp** [훠그 라잍 \ ~ 램프]: (보통 황색의) 안개등 가1

930 **foi·ble** [호이블]: ⟨← feble⟩, ⟨프랑스어⟩, ⟨← feeble⟩, (펜싱) 칼의 휜 부분, (사소한) 약점, (기이한) 취미, ⟨~ weak point(spot)\quirk⟩, ⟨↔strength\merit⟩ 미2

931 **foie gras** [화아 그롸아]: ⟨프랑스어⟩, 푸아그라, (지방이 많은) 거위간, goose·liver 양2

932 **foil** [훠일]: ①⟨← folium(leaf)⟩, ⟨라틴어⟩, '잎', 박, 금속 판지, 은박지, 잎 새김 장식, 연습용 칼, ⟨~ flake\leaf\sheet⟩ ②⟨← fullo⟩, ⟨라틴어→프랑스어⟩, 뒤엎다, 좌절시키다, ⟨← full⟩, ⟨~ thart\frustrate⟩, ⟨↔assist⟩ 미2

933 **foist** [호어이스트]: ⟨← vuist⟩, ⟨네델란드어⟩, (가짜를) 억지로 떠맡기다, ⟨'fist'(손) 안에 감추고⟩ 속여서 팔다, 부당하게 끼워 넣다, ⟨~ palm off\deceive⟩, ⟨~ impose\levy⟩, ⟨↔uncover\verify⟩ 양2

934 **fold** [호울드]: ⟨← fealden(wrap up)⟩, ⟨게르만어⟩, '주름', 층, 접다, 감다, 안다, 싸다, 덮다, ⟨~ crease\bend\over-lap⟩, ⟨↔un-fold\open\straighten\expand⟩ 양1

935 **fold-er** [호울더]: 접는 것(사람), 종이 끼우개, 접책, 칸막이 저장소, ⟨~ binder\file\portfolio⟩ 미2

936 **fol·de·rol** [활더롸알]: ⟨1701년에 아일리시 극작가가 등장시킨 말⟩, ⟨'tra-la-la' 같은 노래의 후렴⟩, 시시한 것, 헛소리, ⟨~ non-sense\trifle⟩ 양2

937 **fold-out** [호울드 아웉]: '주름장', (책의) 접어서 끼워 넣는 페이지, ⟨~ over-size page folded into a book⟩ 미1

938 **fo·li-age** [호울리이쥐]: ⟨← folium(leaf)⟩, ⟨라틴어⟩, (무성한) 잎, 엽질의, 잎 장식, ⟨~ greenery\vegetation⟩ 양2

939 **fo·lic ac·id** [호울릭 애시드]: ⟨← foliage⟩, 엽산(채소의 잎에 많이 들어 있는 B비타민(vitamin)의 일종) 가1

940 **fo·li·o** [호울리오우]: ⟨← folium(leaf)⟩, ⟨라틴어→이탈리아어⟩, 2절판, 전지⟨foliage⟩를 둘로 접은('fold') 것, 책 가운데 제일 큰 것, 페이지 번호 매기기, ⟨~ portfolio⟩, ⟨~ page\sheet⟩ 양2

941 **fo·li·um** [호울리엄] \ fo·li·a [호울리어]: ⟨라틴어⟩, (얇은) 박층, (잎모양의) 엽선, (나무) 잎새, ⟨~ foliage⟩, ⟨~ stratum\thin layer⟩ 양2

942 **fo·li·vore** [호울리보어]: ⟨라틴어⟩, ⟨'foliage'를 먹는⟩ 초식(엽식)동물, ⟨~ herbi-vore\vegan⟩, ⟨↔carnivore⟩ 가1

943 **folk** [호우크]: ⟨← folc(people)⟩, ⟨게르만어⟩, ⟨생활양식을 같이하는⟩ '사람', 서민, 친척, 민속의, ⟨~ clan\kin⟩, ⟨↔classic\elite⟩ 양2

944 **folk-lore** [호우크 로얼]: ⟨영국어⟩, 민속(학), 민간전승, ⟨~ legend\myth⟩, ⟨↔fact\truth⟩ 양2

945 **folk med·i·cine** [호우크 메디슨]: 민간요법, ⟨↔conventional medicine⟩ 양2

946 **folk song** [호우크 써엉]: 민요 가2

947 **folk sto·ry \ ~ tale** [호우크 스토뤼 \ ~ 테일]: (민간) 설화, 민화, ⟨~ folk-lore⟩ 가1

948 **fol·li·cle** [활리클]: ⟨← follis(bellows)⟩, ⟨라틴어⟩, 소낭, 난포, 고치, 모낭, '작은 주머니', ⟨~ cavity\sac⟩ 양2

949 **fol·lies** [활리스]: ⟨← fol⟩, ⟨프랑스어⟩, 육체파 여성들이 등장하는 ⟨'foolish'한⟩ 시사 풍자극, ⟨~ stupidity\idiocy\lunacy⟩, ⟨↔seriousness\wiseness⟩ 우1

950 **fol·low** [활로우]: ⟨← folgian(go after)⟩, ⟨게르만어⟩, '쫓다', 따르다, 이해하다, 응원하다, ⟨~ walk behind\abide by⟩, ⟨↔dodge\pre-cede\lead\fore-go\guide⟩ 양1

951 **fol·low-er** [활로우워]: 수행원, 추종자, 추적자, ⟨~ acolyte\fan\imitator\pursuer⟩, ⟨↔leader⟩ 양1

952 **fol·low shot** [활로우 샽]: 밀어치기, 뒷타, 이동촬영, ⟨~ next(subsequent) shot⟩ 미2

953 *****fol·low suit²** [활로우 쑤우트]: (방금 나온 패와) 같은 짝의 패를 내다, 남이 한 대로 따라 하다, 선례를 따르다, ⟨~ emulate\copy⟩, ⟨↔(be) creative\innovative⟩ 양2

954 **fol·low-up** [활로우 엎]: 뒤따름, 속행, 추적, 계속, ⟨~ pursue\dig into⟩, ⟨↔shorten\curtail⟩ 양2

955 **fol-ly** [활리]: ⟨← fol⟩, ⟨프랑스어⟩, ⟨'foolish'한⟩ 어리석음, 우둔, 난봉, ⟨~ stupidity\absurdity⟩, ⟨↔wisdom\prudence⟩ 양2

956 *****fo·ma** [훠머]: ⟨인공어⟩, ⟨Bokononism에서 얘기하는⟩ '인간이 만들어 낸 믿음', (어쭙잖은 공상 소설에서 연유한) ⟨모든 종교의 근간이 된다는⟩ 유익한 거짓말, 쌍둥이, ⟨~ harmless untruths⟩, ⇒ Bokononism 우2

957 **FOMC**: Federal Open Market Committee, 〈1933년 미 연방 준비 은행(Federal Reserve System)의 산하기관으로 창립되어 7명의 위원들이〉〈금리·국채관리 등을 결정하는〉 연방 공개시장 위원회 미2

958 **fo·ment** [호우멘트]: 〈← fovere(warming)〉, 〈라틴어〉, 휘젓다, 선동하다, 촉진하다, 〈'fever'(열)을 가해〉 찜질하다, 〈~ agitate\instigate〉, 〈↔calm\discourage\dampen〉 양2

959 **fo·mes** [호우미이즈]: 〈← fovere(warming)〉, 〈라틴어〉, (감염) 매개물, 〈~ a bracket fungi〉, ⇒ fomites 양2

960 **fom·i·tes** [화미타이즈]: 〈← fovere(warming)〉, fomes의 복수형, 〈라틴어〉, 비생체 접촉 매개물, (식기·수건·문고리 등) 바이러스를 옮길 수 있는 무생물체, 〈~ vehicle\vector〉 양2

961 *****FOMO** [호우모우] syn-drome: fear of missing out, 소외공포증, 〈↔FOBI〉 미2

962 **fond** [환드]: 〈← fonnen(act like a fool)〉, 〈영국어〉, 좋아하는, 다정한, 애정 있는, '어리석은' 〈말 되네〉, 〈~ fun〉, 〈~ affectionate\be-witched〉, 〈↔indifferent\averse〉 양2

963 **Fon·da** [환더], Hen·ry: 〈← fundus(bottom)〉, 〈라틴어〉, '깊숙한 곳', 폰다, (1905-1982), 〈과묵한 남자〉형의 미국 영화 배우, 〈~ an American actor〉 수1

964 **Fon·da** [환더], Jane: 〈'foundation'(기반) 좋은 가문의〉 폰다, (1937-), 헨리의 딸로 반전·인권 운동에 앞장섰던 미국의 여배우, 〈~ an American actress〉 수1

965 **fon·due** [환듀우]: 〈← fondre(melt)〉, 〈프랑스어〉, 퐁뒤, (백포도주를 넣어) '녹인' 치즈에 빵을 찍어 먹거나 뜨거운 기름에 고기나 야채를 튀겨 먹는 냄비요리, 〈~ 'melting pot'\dip-a-roo〉, 〈~(↔)raclette\Gruyere〉 우2

966 **font** [환트]: 〈라틴어들〉 ① 〈← fons(spring)〉, 〈'fountain'에서 받아 온 물을 담아 썼던〉 세례반, 석유통, 원천 ② 〈← fundere(melt)〉, 〈주조된〉 활자체(문자·숫자·기호 등을 포함한 동일한 활자체의 한 벌), 〈~ type face\glyph〉 미1

967 *****font car·tridge** [환트 카아트뤼쥐]: 여러 가지 글꼴을 가진 인쇄용 ROM카드를 담고 있는 플라스틱 용기, 〈~ Circuit font cartridge\digital image sets〉 우1

968 **food** [후우드]: 〈← foda(nutriment)〉, 〈게르만어〉, 〈← feed〉, 식품, 양식, 영양물, 〈마시지 않는〉 먹이, 〈→ fodder〉, 〈~ nourishment\diet〉, 〈↔poison\drink〉 가1

969 **food-a·holic** [후우더허얼릭]: 식탐가, 과식 환자, 병적 대식가, 〈~ gorger\glutton〉, 〈~ alcoholic〉, ⇒ buleinia 양2

970 **Food and Ag·ri·cul·ture Or·gan·i·za·tion \ FAO**: 〈1945년 '기아로부터 해방'을 목표로 세워진〉 UN의 식량농업기구 미2

971 **Food and Drug Ad·min·is·tra-tion \ FDA**: 미국 식품의약청(1906년에 설립되어 1930년에 현재 이름으로 바뀐 식품의약품의 품질을 관리하는 미국 보건복지부(Dept of Health and Human Services) 산하기관) 미2

972 *****food-ba·by** [후우드 베이비]: 〈1990년대 말에 등장한 말〉, (밥을 많이 먹어서 볼록 솟아난) 똥배, 〈~ pot-belly〉 미2

973 **food-chain** [후우드 췌인]: 식료품 연쇄점, 연쇄 식당, 〈~ chain of grocer's (or restaurants)〉 양1

974 **food chain \ ~ cy·cle \ ~ pyr·a·mid \ ~ web** [후우드 췌인 \ ~ 싸이클 \ ~ 피뤄미드 \ ~ 웹]: 먹이사슬, 먹이 순환, 먹이 계단, 먹이그물, 〈~ feeding relationships〉 양2

975 **food cou·pon \ ~ stamp** [후우드 쿠우판 \ ~ 스탬프]: 식량 카드, 구호 대상자에게 나눠주는 식권, 〈~ redemptive voucher for food〉 미2

976 **food court** [후우드 코어트]: 〈1956년 미국 미네소타에 처음 등장한〉 음식점 집합소, 식당 구역, 〈~ dining court\food plaza〉 미2

977 *****food for thought** [후우드 훠어 쏘어트]: 〈1825년 영국 시인이 도입한 말〉, (깊이) 생각할 거리, 〈~ intellectual nourishment\meditation〉, 〈↔non-sense〉 양2

978 **food poi·son** [후우드 포이즌]: 식중독, 〈~ food-borne illness〉 가1

979 **food proc·es-sor** [후우드 프롸쎄서 \ 후우드 프로우쎄서]: 식품 가공기, 식품을 고속으로 잘게 부수는 전동기구, 〈~ food mill〉, 〈~(↔)blender\mixer〉 미2

980 **food sci·ence \ ~ tech·nol·o·gy** [후우드 싸이언스 \ ~ 테크날러쥐]: 식품 가공학, 식품 과학, 식품 공학, 〈~ (molecular) gastronomy\culinary science〉 양2

981	**fool** [후우울]: ⟨← follis(idiot)⟩, ⟨라틴어⟩, 바보, 멍청이, 허풍장이, 광대, ⟨골빈 놈⟩, ⟨~ block-head\dork\buffon⟩, ⟨↔wise\clever⟩ 가1	
982	**fool·har·dy** [후우얼 하알디]: 무모한, 터무니 없는, 앞뒤를 가리지 않는, ⟨~ reckless\daring\brash⟩, ⟨↔careful\wise⟩ 양2	
983	**fool's cap** [후울스 캡]: ①예전에 광대가 쓰던 원뿔꼴의 벚 모자, ⟨~ dunce cap⟩ ②(종이에 광대모자의 투명무늬를 넣었던) 203mm x 330mm크기의 대판 양지, 이절 대판지, ⟨~ legal sized paper⟩ 미2	
984	*****fool's gold** [후우울즈 고울드]: ⟨노란색 때문에 금과 혼동되는⟩ '얼짜금', 황철석, (유황이 많이 포함된) 황동광, ⟨~ pyrite⟩, 빛 좋은 개살구, ⟨~ fake⟩, ⇒ acid test 양2	
985	*****fools rush in where an·gels fear to tread**: 천사들이 밟기를 꺼리는 곳에 바보들이 몰려든다, 하룻강아지 범 무서운 줄 모른다, ⟨~ haste makes waste⟩, ⟨↔look before you leap⟩ 양2	
986	**foos-ball** [후우즈버얼]: ⟨독일어⟩, (탁자 위에서) 인형 달린 막대를 돌려가며 손으로 하는 축구 비슷한 경기, ⇒ (영국에서는) table foot·ball 우2	
987	**foot** [훗]: ⟨← pad(go)⟩, ⟨산스크리트어→그리스어→게르만어⟩, ⟨몸통을 받쳐주는⟩ 발, '밑바닥', 걸음, 자, 30.3cm, 지면의 하단, ⟨~ paw\pad⟩, ⟨~(↔)hand⟩, ⟨↔head\top⟩ 가1 우2	
988	**foot-age** [훗티쥐]: 피트 수, 전체 길이, (영화) 장면, ⟨~ size⟩, ⟨~ film clip⟩ 미2	
989	**foot and mouth dis·ease** [훗 앤 마우쓰 디지이즈]: ①어린이에게 오는 (비교적 경미한) 수족구병, ⟨~ a mild contagious viral infection⟩ ②발굽이 갈라진 가축에 오는 (꽤 심한) 구제역, ⟨~ epidemic stomatitis⟩ 미2	
990	*****foot-ball** [훗 버얼]: 미식축구, 럭비(영), 돌림빵, 함부로 취급되는 사람(물건), ⟨~(↔)rugby\soccer⟩ 미2 양2	
991	**foot bind·ing** [훗 바인딩]: 전족, ⟨뒤뚱대고 걸으면 여성기의 괄약근이 발달한다고⟩ 무슨 매력이 있는지는 모르겠으나 중국에서 남자에게 성적 쾌감을 더 주기 위해 여인의 엄지발가락을 제외한 발가락들을 끈으로 묶어 자라지 못하게 하던 풍속, ⟨~ lotus feet⟩ 가1	
992	**foot-board** [훗 보어드]: 발판, 디딤판(널), (침대 발치의) 발막음판, ⟨↔head-board⟩ 미1	
993	**foot-er** [훗터]: 보행자(pedestrian), 길이가 ~인 사람(물건), ⟨~ height⟩, 꼬리말(foot-note) 가1 미2	
994	**foot-hold** [훗 호울드]: 발판, 근거지, 기반, ⟨~ beach(bridge)-head⟩ 가1	
995	**foot-ies** [후티이즈]: (발만 덮는) 양말, (둥근 모양의) 실내화, 덧신, ⟨~(↔)anklet⟩, ⟨↔knee socks⟩ 우2	
996	**foot-ing** [후팅]: 발밑, 발판, 기초, 발디딤, 터전, 기반, 뿌리내리기, 입회, 자격 양2	
997	*****foot-job** [훗 잡]: '족음', 발가락으로 남성기를 애무해 주는 짓, ⟨↔hand-job⟩ 우2	
998	**foot-lights** [훗 라이츠]: 각광, 밑 조명, ⟨~(↔)real light⟩, ⟨↔head-light⟩ 양2	
999	*****Foot Lock-er** [훗 라커]: 풋락커, 1974년에 설립되어 2001년 Woolworth사를 완전 인수한 미국의 ⟨세계적⟩ 신발·의류 판매업체 수2	
1000	**foot-man** [훗 먼]: 종복, (난로 앞 주전자를 받치는) 삼발이, 보병 양2	
1001	**foot-mark** [훗 마아크]: 발자국, 발자취, ⟨~ foot-print⟩ 가1	
1002	**foot mas·sage** [훗 머싸아쥐]: (서양에서도 인기 있는) 발 주무르기, ⟨발에는 각종 장기와 연결된 700여개의 신경 점이 있다는 반사학에 기초를 두고⟩ 발을 압박해서 신체 장기의 기능을 회복시켜준다는 물리요법 양2	
1003	*****foot-note** [훗 노우트]: 각주, 주석, ⟨~ end-note\footer⟩, ⟨~ addendum\gloss\post-script⟩, ⟨↔header\head-line⟩ 가1	
1004	**foot-path** [훗 패쓰]: 보도, 작은 길, ⟨~ walk-way\trail⟩ 가1	
1005	*****foot-print** [훗 프륀트]: 발자국, 흔적, 집기가 차지하는 영역, 지상수신 범위, ⟨~ foot step\foot mark\vestige⟩, ⟨↔hand-print⟩ 가1 미1	
1006	**foot-race** [훗 뤠이스]: 뜀박질, 도보 경주 가1	
1007	**foot-rest** [훗 뤠스트]: 발받침, 발걸이, 발판, ⟨↔head-rest\arm-rest⟩ 가1	
1008	**foot–scrap-er** [훗 스크뤠이퍼]: 신발 흙 털이 가1	
1009	**foot sol·dier** [훗 쏘울줘]: 보병, ⟨~ infantry⟩, ⟨↔cavalry\artillery⟩ 가1	
1010	**foot-step** [훗 스탭]: 걸음걸이, 발소리, 발자국, 보폭, 층계, ⟨~ gait\trace\foot-print\stair⟩ 가1	
1011	**foot-stone** [훗 스토운]: (무덤의) 대석, 받침돌, 초석, ⟨~ ledge(foundation) stone⟩, ⟨↔headstone⟩ 양2	

1012 **foot-stool** [훝 스투울]: 발판, 발을 올려놓는 의자(발 걸상), 〈~ foot-rest\ottoman〉 가1

1013 **foot-work** [훝 워얼크]: 발놀림, 발 기술, 발로 뛰는 일, 〈~ skillful use of the feet〉 가1

1014 ***for** [훠어]: 〈← pra(before)〉, 〈산스크리트어→리스어→게르만어〉, ~을 위한, ~을 향하여, ~때문에, ~에 대해서, ~동안, ~만큼, ~대신에, 한 종류의 순환 고리를 나타내는 자판어, 〈~ with regard(respect) to〉 양1 우1

1015 **for·age** [훠어뤼쥐]: 〈← foer(fodder)〉, 〈게르만어〉, (가축의) 사료, 꼴, (마초를) 찾아 다니다, 〈~ rummage\scrounge〉, 〈~(↔)scavenge〉 양1

1016 **fo·ra·men** [훠뤠이먼]: 〈← forare(bore)〉, 〈라틴어〉, 〈← hole〉, (작은) 구멍 양2

1017 ***for a song** [훠어 어 써엉]: 〈노래 한 곡에 팔 듯〉 아주 싸게, 헐값으로, 〈~ ditty\very cheap〉 양2

1018 **for·ay** [훠어뤠이]: 〈← forrayen(to raid)〉, 〈영국어〉, 약탈하다, 급습하다, 진출, 개입, 시도, 탐험, (짧은) 여행, 〈~ attack\incursion〉 양1

1019 **for-bade** [훠베이드 \ 훠배드]: forbid의 과거 가1

1020 **for-bear-ance** [훠어베어뤈스]: for(to)+beran, 〈영국어〉, 〈← bear(참다)〉, 삼감, 자제, 관용, 보류, 부도, 인내, 용서, 〈~ endurance\tolerance〉, 〈↔agitation\impatience〉 양2

1021 **for-bear-er** [훠어 베어뤄]: 참는 사람, 삼가는 사람, 〈~ endurerer〉 양2

1022 **Forbes** [호얼브즈]: 〈'field'(들판)에 사는 자〉, 포브스, 1917년 미국의 Forbes 가족이 설립해서 2014년 경영권이 〈Hong Kong based〉 중국 회사로 넘어간 세계적 격주간 경제 전문지, 〈~ a global business magazine〉 수1

1023 **for-bid** [훠비드]: for(against)+beodan(command), 〈영국어〉, 〈'bid'(입찰)로부터〉 금하다, 허락하지 않다, 방해하다, 〈~ verboten〉, 〈~ veto\forfend\prevent〉, 〈↔allow\permit〉 가1

1024 **for-bid-den** [훠비든]: forbid의 과거분사 가1

1025 **force** [훠얼스]: 〈← forlis(strong)〉, 〈라틴어〉, '힘', 세력, 폭력, 무력, 영향력, 지배력, 병력, 〈~ power\duress\corps〉, 〈↔weakness〉 양1

1026 **for-ceps** [훠얼셒스]: formus(hot)+capere(take), 〈라틴어〉, 〈'뜨거운' 것을 집기 위한〉 족집게, 겸자, pincette, 〈~ pincers\tongs〉 양1

1027 ***force quit** [훠얼스 퀕]: 강제 중지 〈얼어붙은 전산체제로부터 탈출하여 새로 시작하는 편이 나은 경우〉, 〈~ force to shut-down〉 미2

1028 **ford** [훠어드]: 〈게르만어〉, '여울', 얕은 물, 〈→ fjord〉, 〈~ shallow\rapids〉, 〈↔abyss\gulf〉 양2

1029 **Ford** [훠어드], Ger·ald: '여울목에 사는 자', 포드, (1913-2006), 만능 스포츠맨으로 닉슨을 사면하고 월남전에서 (최종) 패배했으며 석유파동과 융통성 없는 정책으로 재선에 실패했으나 〈정직하고 성실했던〉 〈껌 씹는 것과 방귀 뀌는 것을 동시에 못 하는〉 미국의 공화당적 38대 대통령, {Mr. Nice Guy}, 〈~ 38th US President〉 수1

1030 **Ford** [훠어드], Hen·ry: 포드, (1863-1947), 〈조립대〉를 도입해서 대량생산을 실현시킨 미국의 자동차 제조업자, 〈~ an American engineer and industrialist〉 수1

1031 **Ford** [훠어드], John: 포드, (1895-1973), 배경과 인간미를 잘 다뤄 수많은 서부 영화를 만든 미국의 영화감독, 〈~ an American film director〉 수1

1032 **Ford Mo·tor** [훠어드 모우터]: 포드 자동차, 1903년에 설립되어 현재까지 건재한 미국의 자동차 제조회사, 〈~ an American automobile manufacturer〉 수1

1033 **fore** [훠어]: 〈← foran(front)〉, 〈게르만어〉, 앞의, 전방의, "공 간다!", 〈→ forth〉, 〈~ before\ahead〉, 〈↔aft\rear〉 양2

1034 **fore-bear** [훠어 베어]: 〈먼저 'bear'(낳은)된 사람〉, 조상, 선조, 〈~ ancestor\predecessor〉, 〈↔descendant\posterity〉 가2

1035 **fore-beat** [훠어 비이트]: 선박, (얼싸·깨갱같이) 〈두 박자의 종결음에서 처음에 한 음정 높은 소리가 나는〉 앞장단, 〈↔after beat〉 미2

1036 **fore-bode** [훠어 보우드]: 〈먼저 'bode'(예언) 되다〉, ~의 전조가 되다, 예감하다, 〈~ augur\presage〉, 〈↔prove〉 양2

1037 **fore-cast** [훠어 캐스트]: 예상, 예보, 〈주사위를 던져서〉 미리 짐작해 보다, 〈~ predict\foretell〉, 〈↔hind-sight\retro-dict〉 가2

1038 **fore-clo·sure** [훠어 클로우져]: 〈실체가 흘러가 버린〉 유질, 저당권 상실, 따돌림, 〈~ short-sale〉, 〈↔allow〉 양2

1039 **fore-fa·ther** [훠어 화아더]: 조상, 선조, 〈~ fore-bearer〉, 〈↔descendant〉 양2

1040 **fore-fin·ger** [훠어 휭거]: 〈앞에 있는〉 집게손가락, 검지, index finger 가1

1041 **fore-front** [훠어 후뤈트]: 최전방, 최선두, 〈~ front-line\vanguard〉, 〈↔back\rear-ward〉 가1

1042 **fore-go** [훠어 고우]: 앞서다, 선행하다, 〈~ ante(pre)-cede〉, 〈↔follow〉 가1

1043 *__fore-ground__ [훠어 그롸운드]: 전경, 최전면, 동시에 몇 개의 프로그램이 실행될 때 우선순위가 높은 프로그램이 먼저 실행되는 상태, 〈~ front\lead〉, 〈↔back-ground〉 양1 미1

1044 **fore-hand** [훠어 핸드]: 앞쪽의, 최첨단의, (손바닥 방향으로 치는) 정타, 〈~ fore-most〉, 〈~ palm facing the direction of stroke〉, 〈↔back-hand〉 미1

1045 **fore-head** [훠어 헤드]: 이마, 앞부분, 〈~ frons\brow〉, 〈↔back\rear(end)〉 가1

1046 **for·eign** [훠어륀]: 〈← foris(out of doors)〉, 〈라틴어〉, 〈문밖의〉, 외국의, 대외적, 관계없는, 낯선, 〈~ forest〉, 〈~ alien\strange〉, 〈↔domestic\familiar〉 양2

1047 **for·eign ex-change** [훠어륀 잌쓰췌인쥐]: for-ex, FX, 외국환, 외화(거래) 가2

1048 **For·eign re·gion** [훠어륀 뤼이전]: 외인부대(1837년 창립되어 아직 7천 명 이상의 외국인 출신 자원 입대자로 조직된 장막에 가린 용맹무쌍한 프랑스 육군의 한 편대), 〈~ an elite corps of French Army〉 수2

1049 **fore-land** [훠어 랜드]: 전면지, 해안지역, 갑, 곶, head-land, 〈~ cape\promontory〉, 〈↔cave\gulf〉 양2

1050 **fore-lock** [훠어락]: ①앞머리, 〈~ bang²\fringe〉, 기회, 〈~ chance〉 ②쐐기(로 고정시키다), 〈~ linch-pin〉 양2

1051 **fore-man** [훠어 먼]: 〈선봉〉, 십장, 감독, 배심장, 공장장, 〈~ team leader\honcho〉, 〈↔inferior\junior〉 양1

1052 **fore-most** [훠어 모우스트]: '가장 앞에 있는', 최초의, 수위의, 선두의, 〈→ first〉, 〈~ arch²\cardinal〉, 〈↔last\minor〉 양2

1053 **fore-noon** [훠어 누운]: 오전(의), 〈~ morning〉, 〈↔after-noon〉 가2

1054 **fo·ren·sic** [훠어뤤직]: 〈라틴어〉, 법정('forum')의, 법의학의, 변론적인, 〈~ judicial\polemic〉, 〈↔un-rhetorical\theorectical〉 양2

1055 **fore-play** [훠어 플레이]: 전희, 성교 전 만지기, 〈~ cuddling\petting〉, 〈↔after-play〉 양2

1056 **fore–run-ner** [훠어 뤄너]: 전구, 선구자, 선조, 선두, 전조, 〈~ predecessor\fore-bear〉, 〈↔descendant〉 양2

1057 **fore-see** [훠어 씨이]: 예견하다, 내다보다, 미리 알다, 〈~ anticipate\predict〉, 〈↔reflect\over-lock〉 양2

1058 **fore-shad·ow** [훠어 쇄도우]: (신이) 예시하다, 징조를 보이다, 〈~ augur\presage〉, 〈↔hide\dis-incline〉 양2

1059 **fore-sight** [훠어 싸잍]: 선견, 예지, 선견지명, 조심, 〈~ long-sight\providence〉, 〈↔short-sight\hind-sight〉 양2

1060 **for·est** [훠어뤼스트]: 〈← foris(out of doors)〉, 〈라틴어〉, 〈문밖에 있는〉 숲, 산림, 수목, 다량, 사냥터, 〈~ foreign〉, 〈~ wood(s)\trees\jungle〉 가1

1061 **fore-stall** [훠어 스터얼]: fore(before)+stall(standing), (거래를) 방해하다, 앞지르다, 〈앞에 서서〉 기선을 잡다, 〈~ pre-empt\get in before〉, 〈↔promote\abet〉 양1

1062 **for·est mos·qui·to** [훠어뤼스트 머스키이토우]: 숲모기, 외줄모기, ⇒ tiger mosquito 미2

1063 **For·est Ser·vice** [훠어뤼스트 써어비스]: 미 산림청(1905년에 창립되어 78만 km²에 달하는 국유림과 초원을 보호·관리하는 농무부 산하〈USDA〉의 관청) 미2

1064 **fore-tell** [훠어 텔]: 예언하다, 예고하다〈~ predict\omen〉, 〈~ bode\presage〉, 〈↔conceal\withhold〉 가1

1065 **for-ev·er** [훠어뤠뷔]: 〈영국어〉, 영구히, 언제나, 〈~ always\sempre〉, 〈↔never\seldom〉 가2

1066 *__for-ev·er chem·i·cal__ [훠어뤠뷔 케미컬]: (염료·세제·천·방부제 등 수백가지 상품에 포함되어) 〈인체나 환경에서 분해되지 않는〉 영구 화학물질, 〈~ PFAS\synthetic chemical〉 양2

1067 **For-ev·er-21** [훠어뤠붜 트웬티원]: 포에버 21, 1984년 한국 이민 부부(Korean immigrant couple)가 미국에서 세운 〈항상 21세를 유지한다〉 대중적 유행 의류·장식품 연쇄점으로 구미에서 제3세계로 눈길을 돌리고 있으나 고전을 면치 못하고 있음, 〈~ a fast-fashion retailer〉 수2

1068 **fore-warn** [훠어 워언]: 예고하다, 경고하다, 〈~ pre-warn\warn in advance〉, 〈↔oblivious\take by surprise〉 가1

1069 ***fore-warn-ed is fore-arm-ed**: 미리 경계하는 것이 미리 무장하는 것, 유비무환, 〈~ lay up for rainy days\one ounce of prevention is worth a pound of cure〉 양2

1070 **for-ex** [훠어뤡스]: FX, foreign exchange의 약어, 외(국)환 가1

1071 **for-feit** [훠어휕]: foris(out of doors)+facere(do), 〈라틴어〉, 〈문밖으로 빠져나간〉 상실, 박탈, 벌금, 몰수, 〈~ abandon\sanction\penalty〉, 〈↔entreat\pre-empt\attain\proceeds〉 가1

1072 **for-fend** [훠어휃드]: for(to)+fenden(ward off), 〈영국어〉, 막다, 지키다, 피하다, 〈~ protect\preserve〉, ⇒ forbid 양2

1073 **for-gave** [훠게이브]: forgive의 과거 가2

1074 **forge** [훠얼쥐]: 〈← faber(artisan)〉, 〈라틴어〉, 〈← fabric〉, 용광로, 제철소, (쇠를) 불리다, 꾸며대다, 안출하다, 날조하다, 〈← fabricate〉, 〈~ feign\adulterate〉, 〈↔remain\original〉 양1

1075 **for-get** [훠겥]: forgot, forgotten, for(away)+gietan(get), 〈게르만어〉, 잊다, 생각이 안 나다, 빠뜨리다, 〈잠지 못하다〉, 〈~ miss\lose〉, 〈↔remember\recall〉 가1

1076 **for-get-me-not** [훠겥 미 낱]: 물망초〈많은 전설을 가지고 작은 푸른 꽃이 뭉텅이로 피며 낮게 자라는 지칫과의 '깜찍한' 화초〉, scorpion grass, 〈~ mouse-ear〉, 〈~(↔)chick-weed〉 미2

1077 **for-give** [훠기브]: for(away)+gifan(give), 〈게르만어〉, 용서하다, 탕감하다, '포기하다', 〈~ pardon\acquit\excuse〉, 〈↔punish\resent\reprise〉 가2

1078 **for-giv-en** [훠기븐]: forgive의 과거분사 가2

1079 **for·go** [훠얼고우]: 〈← forgan(give up)〉, 〈영국어〉, 그만 두다, 버리다, ~ 없이 지내다, 삼가다, 보류하다, 무시하다, 〈~ quit\relinquish〉, 〈↔keep\claim\under-take〉 양2

1080 **fork** [훠얼크]: 〈← furca(branch)〉, 〈어원불명의 라틴어〉, 〈pitch·fork (쇠스랑)〉, 삼지창, 갈퀴, 갈래, 찍어 먹는 식탁 용구, 분기로, 지선, 〈~ a cutlery〉, 〈~ branch\split〉, 〈↔spoon\join\inter-section〉 우2

1081 ***fork ball** [훠얼크 버얼]: 갈퀴공(야구에서 타자 가까이에 갑자기 떨어지는 공), 〈~ dry spitter\split-finger fast-ball〉 우1

1082 ***fork-ed-tongue** [훠얼크트 텅]: '갈라진 혀', 일구이언, 〈~ fib\concoct〉 양2

1083 ***fork-lift** [훠얼크 리후트]: 지게차(앞부분에 나와 있는 철판으로 짐을 들어 올리는 차), 〈~ lift truck\fork hoist〉 우1

1084 **for-lorn** [훨러언]: for(before)+leosan(lose), 〈게르만어〉, 〈미리〉 '잃은', 버림받은, 비참한, 〈~ hopeless\deserted〉, 〈↔happy\populated〉 양2

1085 ***form** [훠엄]: 〈← forma(shape)〉, 〈라틴어〉, 〈만드는〉 틀, 모양, 형상, 형식, 모형, 격식, 사용자가 정보를 타자 치기 위해 비워 놓은 화면, 〈→ format\formula〉, 〈~ frame\shape\arrangement〉, 〈↔substance\disorder〉 양1 우1

1086 **form·al·de·hyde** [훠엄앨더하이드]: CH_2O, 'formalin', 〈소독·방부제로 쓰이는〉 무색·유독한 수용성 기체, 〈편자도 맛본 적이 있는 '개미' 똥구멍에서 나오는 시큼털털한 액체에서 추출해 낸 formic acid가 주성분임〉 수2

1087 **form·al·ism** [훠어멀리즘]: (내용보다 형상이 더 중요하다는) 형식주의, (알맹이보다 겉치레에 치중하는) 의식주의, 허례, 〈편자가 나이가 들수록 공감하는 철학사상〉, 〈~ ceremonial conformity〉, 〈↔idealism〉 양2

1088 ***for·mat** [훠어맽]: 〈← formare(to shape)〉, 〈라틴어〉, 〈← form〉, 형, 체제, 형식, 틀 잡기(저장이나 현시하기 위한 정보를 정렬하는 방법), 〈~ pattern\composition〉, 〈↔disorder\mess〉 양1

1089 **for·mer** [훠어머]: 〈← fore(before)〉, 〈영국어〉, 〈foremost+er〉, 앞의, 이전의, 〈↔future\prescent〉 가2

1090 ***form fac·tor** [훠엄 휃터]: 형수(물체의 불균형을 막기 위한 형식 인자), 전산기 강성기기의 크기와 모양, 〈~ shape factor〉, 〈~ compensating factors for irregularity〉 우1

1091 ***form feed** [훠얿 휘이드]: 서식이송(인쇄기에서 인쇄용지를 소정의 위치로 보내는 동작이나 그 단자), 〈~ a page-breaking ASCII control character〉 미1

1092 **for·mi·da·ble** [훠어미더블]: 〈← formidare(to dread)〉, 〈라틴어〉, 〈← fear〉, 무서운, 만만찮은, 굉장한, 〈~ horrible\terrible〉, 〈↔easy\weak〉 양2

1093 **For·mo·sa** [훠어모우서]: 〈← forma(shape)〉, 〈라틴어→포르투갈어〉, 포르모사, '아름다운 섬〈beautiful island〉', 타이완(Tiwan)의 구칭 수1

1094 **for·mu-la** [훠어뮤얼러]: 〈라틴어〉, 〈← form〉, '만들어진 원리', 식, 공식, 방식, 규격, 제조법, 관용 표현, 〈~ plan\recipe\set expression〉, 〈↔deform\deviation〉 양1

1095 **for·ni·ca·tion** [훠어니케이션]: 〈← fornix(vault)〉, 〈라틴어〉, (창녀들이 비를 피해 기다리던 '원개〈fornix〉'로 찾아가서 하는) 〈adultery보다 동물적이고 일시적인〉 간음, 〈매음과 진배없는〉 우상숭배, 〈~ screwing around\womanizing〉, 〈↔chastity\abstention〉 양2

1096 **for-sake** [훠쎄이크]: for(away)+sacan(to strive), 〈게르만어〉, '목적을' 내버리다, 버리고 돌보지 않다, 〈~ abandon\leave\quit〉, 〈↔acquire\hold out〉 양2

1097 **for·syth·i·a** [훠어씨티어]: 개나리, 〈영국의 식물학자 William Forsyth〈평화로운 자〉에서 유래한〉 '금초롱', 〈~ wild('dog') lily〉 가2

1098 **fort** [호올트]: 〈← fortis(strong)〉, 〈라틴어〉, '힘이 집중된 곳〈strong-hold〉', 보루, 성채, 요새, 〈→ forte\fortress〉, 〈~ castle\citadel〉, 〈↔weak spot〉 가1

1099 **for·ta-lice** [호얼털리스]: 〈← fortis(strong)〉, 작은 요새, 〈~ fortress란 말이 못마땅한 한 chauvinist가 15세기에 만들어낸 말이라고 사료됨〉 양2

1100 **for·te** [훠얼트 \ 훠얼테이]: 〈라틴어〉, 〈← fort〉, '강한', 강음, 장점, 특기, 〈~ strong point\talent〉, 〈↔weakness\Achilles heel〉 양2

1101 ***forth** [훠얼쓰]: fore(before)+th, 〈게르만어〉, 앞으로, 밖으로, 이후, 강성기기를 직접 조정하는 고수준 차림표 언어, 〈~ out\away\forward\concatenative〉, 〈↔behind\backward〉 양1 우1

1102 ***for the time be·ing**: 당장은, 당분간(은), 〈~ for now\in the interim\ad hoc〉, 〈↔then\before\permanently〉 미2

1103 **forth-right** [훠얼쓰 롸잍]: 똑바로 앞으로, 단도직입적인, 솔직한, 〈~ direct\straight-forward\frank〉, 〈↔dishonest\furtive\secretive〉 양2

1104 **for·ti-fy** [훠올티 화이]: 〈← fortis(strong)〉, 강하게 하다, 요새화하다, 〈~ strengthen\reinforce〉, 〈↔weaken\dilute〉 양2

1105 **for·tis-si·mo** [훠올 티씨모우]: 〈← fortis(strong)〉, 〈라틴어→이탈리아어〉, 아주 (매우) 세게, 〈~ louder than forte〉, 〈↔pianissimo\very softly〉 미2

1106 **for·ti-tude** [훠올 티 튜우드]: 〈← fortis(strong)〉, '강함', 꿋꿋함, 강건함, 불요불굴, 〈~ bold-ness\courage〉, 〈↔apathy\weakness〉 양2

1107 **Fort Knox** [호올트 낰스]: 포트 녹스, 1918년에 설립되어 미 육군의 무기고 등이 있으며 1936년부터 금괴 등 귀중품을 소장하고 있는 켄터키(Kentucky)주에 있는 〈초대 전쟁 장관 Henry Knox의 이름을 딴〉 요새 수1

1108 **Fort Lau·der-dale** [호올트 러어덜데일]: 〈영국어〉, 포트 로더데일, 1838년 주둔군 대장 William Lauderdale〈laour(trench)+valley〉이 세운 요새로 1960년대부터 휴양지로 각광을 받아온 플로리다(Florida) 동남부에 있는 위락도시 수1

1109 **fort-night** [훠어트 나잍]: 〈영국어〉, fourteen nights, 2주일간 양2

1110 **for·tress** [호올트뤼스]: 〈← fortis(strong)〉, 〈라틴어→프랑스어〉, 요새(지), 성채, 견고한 곳〈strong-hold〉, 〈~ fort의 여성형-women's power는 이미 14세기에도 strong 했었음〉, 〈~ fortalice〉 가1

1111 ***For-tran** [훠얼트랜]: 〈영국어〉, 포트란, formula translation, '전문 구절 해설', 과학·기술·계산용으로 쓰는 고급 전산기 언어 수2

1112 **for·tu·i-ty** [훠얼츄이티]: 〈← fortuitus(chance)〉, 〈라틴어〉, 우연(성), 우연한 일, 〈~ random-ness\un-certainty〉, 〈↔plan\mis-fortune〉 양2

1113 **for·tune** [호어츈]: 〈로마 신화의 'Fortuna'(운명의 여신)에서 유래한〉 운, 우연, 숙명, 행운, 재산, 〈~ fate\wealth〉, 〈↔mis-fortune\destitution〉 양1

1114 **For·tune 500** [호어춘 화이브 헌드뤠드]: 경제지 Fortune(포천)이 매년 게재하는 매상 규모 500위의 대기업, 〈~ largest companies in US (or Global) by revenue〉 수2

1115 **for·tune cook·ie** \ ~ cooky [호어춘 쿠키]: 운수(점괘) 과자, 〈~ bell cracker(senbei)\(written) fortune cracker〉 미2

1116 ***for·tune knocks at eve·ry door**: 쥐구멍에도 볕들 날 있다, 〈~ every dog has his day\every cloud has a silver lining〉 양2

1117 **for·tune tell-er** [호어춘 텔러]: 점쟁이, 운명 철학가, 〈~ augur\prophet〉 가1

1118 **Fort Wayne** [호올트 웨인]: 포트 웨인, 성질이 사나운 육군 소장 Anthony Wayne이 1794년 요새를 구축하고 나서 상공업 중심지로 발달된 미국 인디애나(Indiana) 북동부의 도시 수1

1119 **Fort Worth** [호올트 워얼쓰]: 포트 워스, 1849년 멕시코 전쟁의 영웅 William Worth 소장의 이름을 따서 세운 미국 텍사스주 댈러스(Dallas)시 서쪽에 위치한 요새로 전에는 '소 마을'이었으나 근래에는 항공기 산업의 중심지로 변했음 수1

1120 **for·ty** [훠얼티]: feower(four)+tig(ten), 〈게르만어〉, 40, 사십 가1

1121 **fo·rum** [훠어륌]: 〈← forus(gaming board)〉, 〈라틴어〉, 〈문밖의〉 공회장, 공개토론(회), 법정, 〈→ forensic〉, 〈~ public square\sumposium\assembly〉, 〈↔division\disunion〉 미2

1122 **for-ward** [훠어워어드]: 〈영국어〉, forth+ward, 앞으로 (가!), 밖으로, 장래, 앞당겨, '전진'〈전자우편을 잘 받아 보냈음〉, 〈~ moving ahead〉, 〈↔back-ward〉 미1

1123 **for-ward-a-tion** [훠어데이션]: ①대금선불, 후일인도 ②(증권이나 상품의 거래때) 인도시의 가격이 현재 가격보다 높아지는 〈전진현상〉, 〈~ contango〉, 〈↔backwardation〉 양2

1124 ***for-ward com-pat·i·bil·i·ty** [훠어워어드 컴패터빌리티]: (신형기기와 서로 바꿔 쓸 수 있는) 순방향 호환성, up ward ~(상위 호환성)와 같은 말, 〈↔backward compatibility\not backwardly compatible〉 양1

1125 **for-ward, march** [훠어워어드, 마알취]: 앞으로 전진, '앞으로 갓!', 〈~(↔)double-time, march!〉, 〈↔mark time, march〉 양1

1126 ***for-ward one** [훠어워어드 원]: 한 단계 전진(어떤 항목을 추적하는 순서에서 한 단계 앞(one step forward)으로 나오게 하는 명령), 〈↔back-ward one〉 미1

1127 ***fo'shiz·zle** [훠어쉬즐]: 〈1996년 rap 음악에 등장한 미국어〉, for shizzle, 'for sure'를 힙합의 혼을 담아 발음한 말, 진짜!, 꼭! 양1

1128 **fos·sa** [화서]: ①〈← fodere(dig)〉, 〈라틴어〉, 와(웅덩이), 〈파진〉 구멍, 〈~ pit\cavity〉 ②〈원주민이〉, 〈똥구멍이 주머니에 감춰져 있는〉 (Madagascar 원산의)〈긴꼬리를 가진 고양이와 개의 혼합종 같은〉 고양잇과의 육식동물, 〈~ mongoose〉 양2 우1

1129 **fos·sil** [화쓸]: 〈← fodere(dig)〉, 〈라틴어〉, 〈파서 얻은〉 화석, 시대에 뒤진, 〈~ petrified remains〉, 〈~ do do\fogy〉, 〈↔modern\hipster〉 가1

1130 **fos·sil fu·el** [화쓸 휴우얼]: (석탄(coal)·석유(petroleum) 등 생체가 오래 굳어서 된) 화석 연료 양2

1131 **fos·ter** [훠스터]: 〈← foda〉, 〈게르만어〉, 〈'food'로〉 기르다, 양육하다, (수)양 ~, 〈~ promote\rear〉, 〈↔neglect\suppress〉 양2

1132 **Fos·ter** [훠스터], Ste·phen: '양육하는 자', 포스터, (1826-1864), 독학으로 단순하면서도 감동적인 음률과 가사를 쓴 후 가난과 술 중독으로 요절한 한국의 김소월 같은 미국의 천재적 민요 작곡가, 〈~ 'the father of American music'〉 수1

1133 **fought** [훠어트]: fight의 과거·과거분사 가1

1134 **foul** [화울]: 〈← ful(rotten)〉, 〈게르만어〉, 〈~ filth〉, 더러운, 비열한, 불쾌한, 나쁜, 반칙, 충돌, 〈~ dirty\unfair\disgust〉, 〈↔fragrant\righteous〉 양1

1135 **found** [화운드]: ①〈게르만어〉, find의 과거·과거분사, 〈↔lost〉 ②〈← fundus(bottom)〉, 〈라틴어〉, 기초를 세우다, 설립하다, 〈~ stablish\build〉, 〈↔demolish\abolish〉 가1 양2

1136 **foun·da-tion** [화운데이션]: 〈← fundus(bottom)〉, 〈라틴어〉, '기반 다지기', 창설, 기초, 기금, 재단, 기초 화장품, 〈~ footing\base\institute〉, 〈↔dissolution\liquidation〉 양2

1137 **foun·da-tion cream** [화운데이션 크뤼임]: 유지 모양의 바탕 화장품, 기초화장용 응고물, 〈~ make-up base\cold cream〉 우2

1138 **foun·der¹** [화운더]: ⟨← fundus(bottom)⟩, ⟨라틴어⟩, 땅에 처박다, (배가) 침몰하다, 허물어지다, 실패하다, ⟨~ sink\fail⟩, ⟨→ flounder¹⟩ 양1

1139 **found-er²** [화운더]: ⟨← fundare(lay the bottom)⟩, ⟨라틴어⟩, 창립자, 기부자, ⟨~ establisher\begetter⟩ 양2

1140 **found-ing fa·ther** [화운딩 화아더]: 창시자, 설립자, ⟨~ (leading) founder²⟩ 가1

1141 **Found-ing Fa·thers** [화운딩 화아더스]: 1789년의 미합중국 헌법 제정자들, ⟨~(↔)Pilgrim Fathers⟩ 수2

1142 *****found-ry** [화운드뤼]: ⟨← fundare(lay the bottom)⟩, ⟨라틴어⟩, ⟨기본틀을 찍어내는⟩ 주물 (주조)소, 설계는 하지 않고 생산·실험만 하는 (반도체) 회사, fabricating plant, ⟨~ machine shop\manufactory⟩, ⟨~(↔)fabless⟩ 양1 우1

1143 **foun·tain** [화운튼]: ⟨← fontis(spring)⟩, ⟨라틴어⟩, 분수, '샘', 원천, (잉크나 기름의) 통, fontana(스페인어), ⟨~ spring\source⟩, ⟨↔influx\drip⟩ 양2

1144 **foun·tain-fill** [화운튼 휠]: 두 가지 이상의 색조가 자연스럽게 섞이는 것, ⟨~ smooth progression of more than 2 colors⟩ 우1

1145 **foun·tain pen** [화운튼 펜]: '만년필', '샘 붓', ⟨~ stylo-graph\ink pen⟩, ⟨↔pencil\ball point pen⟩ 가1

1146 **four** [훠어]: ⟨← feower⟩, ⟨게르만어⟩, 넷, 4, 사(한문으로 죽을 사 자가 연상되어 동양권의 건물에는 4층이 표시 안 된 곳이 있음), ⟨quad⟩ 가1

1147 **four-by-four** [훠어 바이 훠어]: ①4단 변속·4륜 구동 자동차(~ 4 wheel drive) ②가로·세로 3.5인치 두께의 각목, ⟨~ a dimensional lumber⟩, ⟨~(↔)two-by-four⟩ ③한 엄마의 아버지가 각각 다른 4명의 애들, ⟨~ siblings from one mother and 4 fathers⟩ 미1 양2

1148 *****four-D** [훠어 디이]: 4 dimensional, 4차원의, '초일상', 서로 방향이 겹치지 않는 4개의 좌표측을 가진, 성격이 다른 4개의 정보를 다룬, ⟨예를 들면 2009년 한국의 CJ group이 개발한 4-D 영화는 3차원의 입체 영상에 진동·바람·눈·비·향기 등의 특수효과를 가미한 것이고 2024년 출판된 '이원택의 4-D Dictionary'는 글자·발음·뜻에다 냄새가 추가된 것임⟩, ⟨~ space-time continuum⟩ 미2

1149 **Four-H** [훠어 에이취]: ⟨1902년 미국의 오하이오주에서 시작된⟩ 4-H 구락부(head·hands·heart·health를 주제로 하는 농촌 청년 교육 기관), ⟨~ an American youth development organization⟩ 수2

1150 **four-in-hand** [훠어 인 핸드]: (한 마부가 모는) 4두마차, ⟨~ 4 horses driven by 1 person⟩, ⟨편자처럼 정식으로 하는 사람이 4번 돌려 안으로 빼는⟩ (보통 Y자로 매는) 매듭 넥타이, ⟨~(↔)cross-over tie\Winsor knot⟩ 양1

1151 **four-let·ter word** [훠어 레터 워어드]: 4글자 말, 추잡한 말(fuck·cunt·shit 등), ⟨~ dirty word⟩ 미2

1152 **four-o'clock¹** [훠어뤄클락]: marvel of Peru, '4시에 피는 꽃', 분꽃(많은 가지를 치고 잎은 달걀 모양에 나팔꽃 모양의 꽃 떡잎을 가지고 있고 팥알만 한 까만 씨 속에는 흰 분가루가 들어 있음), ⟨~(↔)bougainvillea⟩ 미2

1153 **four-o'clock²** [훠어뤄클락]: (호주산) 꿀먹이새, '4시에 우는 새', 검은머리밀식조, ⟨털 빠진 검은 머리와 긴 구부러진 부리가 수도사같이 생긴⟩ 수도사 새, ⟨~ noisy frial bird⟩ 미2

1154 **four-one-one** [훠어·원·원]: 4·1·1, ⟨미국과 캐나다의⟩ 전화번호 안내, ⟨~ (phone) directory assistance number\1·1·4(in Korea)⟩ 수2

1155 **four-o-one K**: 401K, 1978년부터 시행된 급여 소득자의 퇴직 적립금에 대해 (59세까지) 특별면세를 허용하는 미 국세청의 401(K) 조항, ⟨~(↔)pension plan⟩ 수2

1156 **four-plex** [훠어 플렉스]: quad plex, 4중의, 4배의, 4가구용 공동주택 미1

1157 **four-some** [훠어썸]: 4명이 2명씩 한 조가 됨(골프), 4인조, ⟨~ quartet\quadruple⟩, ⟨~(↔)two-some⟩ 미1

1158 *****fourth gen·er·a·tion com·put·er** [훠어쓰 제너레이션 컴퓨러]: ⟨대규모의 통합 회로(integrated circuit)를 이용한⟩ 제4세대 전산기 가1

1159 *****fourth gen·er·a·tion lan·guage** [훠어쓰 제너레이션 랭귀지]: 제4세대 언어(기계언어, 변환언어, 편찬언어에 이어 작업처리를 비절차적으로 기술하는 즉 인간이 하는 말과 더 비슷한⟨more human like⟩ 언어체계) 가1

1160 *****Fourth World** [훠어쓰 워얼드]: ⟨1969년에 주조된 말⟩, 제4세계, 자원이나 자본·기술도 없는 후진(발전도상)국, ⟨~ worse than Third World⟩ 가1

1161 **four–twen·ty-nine ri·ots**: 4·29 폭동 ⇒ LA riots, 1992 미2

1162 **four-wheel drive** [휘어 위일 드롸이브]: 〈전동력이 4바퀴에 직접 전달되는〉사륜구동 차, 〈~ four-by-four¹〉 양2

1163 **fo·ve·a** [호우븨어]: 〈라틴어〉, pit, 안와(색깔에 민감한 망막의 중심), 〈small fossa〉 양2

1164 **Fo·ve·on** [호우븨언]: 〈← fovea〉, 포베온, 1997년 설립된 미국의 Foveon에서 개발한 수직형 사진기의 고성능 화상 감지기, 〈~ an American image sensor technology company〉 수2

1165 **fowl** [화울]: 〈← fuglaz(bird)〉, 〈게르만어〉, 닭, 가금, '새', 〈flyer〉 가1

1166 **fox** [확스]: 〈← fuhsaz(thick haired tail)〉, 〈게르만어〉, 〈털이 많은 꼬리를 가진〉 (수)여우〈잡히지 않으려고 갖은 꾀를 쓰는 것을 잡는 재미로 하는 사냥감〉, 〈(곰)을 가지고 노는〉 (암)여우, 교활한 사람, 속이다, (색깔·맛을) 변하게 하다, 〈~ beauty\clever\fake out〉, 〈↔bag\dog\bear〉 양2

1167 **Fox** [확스], Cor·po·ra·tion: (영화 흥행업자의 이름〈Fox〉을 계승해서) 2019년에 오스트레일리아의 재벌에 의해 뉴욕에서 재편성된 〈보수 성향의〉 세계적 종합 대중 매체 업체, 〈~ an American mass-media company〉 수2

1168 **Fox** [확스], George: '민첩한 자', 폭스, (1624-1691), 인간에게는 〈마음의 등불〉이 있다고 가르치며 갖은 박해에도 불구하고 여러 곳을 다니며 선교한 영국 출신(English) 퀘이커파의 창시자, 〈~ founder of the Quakers〉 수1

1169 **fox-glove** [확스 글러브]: fox·glew 〈여우를 몰아내는 종〉, 디기탈리스풀(곧바른 줄기에 긴 종 모양의 꽃이 줄줄이 피어나는 현삼과의 독초로 잎에서 강심제 digitalis를 추출함), 〈~ beard-tongue\pen(t)-stemon〉 우1

1170 **fox-glove tree** [확스 글러브 트뤼이]: (현악기의 목재로 쓰이며) 여우몰이 종 같은 연보라 꽃이 피는 오동나무의 일종, 〈~ Paulownia〉 우1

1171 **fox-grape** [확스 그뤠이프]: '여우 포도', 개머루, 미국 머루(북미 원산의 신맛이 나는 야생 포도), 〈~ wild (or frost) grape〉 미2

1172 *****fox guard·ing the hens**: 고양이한테 생선 맡기기, 〈~ wolf guarding the sheep〉 양2

1173 *****fox-hole** [확스 호울]: '여우 굴', 1인용 참호, 은신처, 〈~ bunker\dug-out〉 양1

1174 **fox-squir·rel** [확스 스쿼어뤨]: 여우다람쥐(북미의 숲속에 사는 커다란 다람쥐), 〈~ a large tree squirrel〉 가1

1175 **fox-tail** [확스 테일]: 여우꼬리(둑새풀), 강아지풀(주로 습지에서 두 뼘 정도의 높이에 뻣뻣한 털이 달린 다갈색의 꽃이 여우 꼬리처럼 무리 지어 피어올라 가는 볏과의 풀), 〈~ spear grass\brush〉 양1

1176 **fox–ter·ri·er** [확스 테리어]: '여우 몰이 발발이'(여우를 굴에서 몰아내는 데 사용했던 똑똑한 흑백색의 작은 개), 〈~ a small lively terrier〉 수2

1177 **fox-trot** [확스 트랕]: '여우 걸음'(빠른 걸음에 이따금 느린 걸음이 섞인 또는 그 반대의 스텝을 밟는 춤이나 승마술), 〈~ a smooth progressive dance〉 우1

1178 *****fox-y** [확시]: 여우 같은, 적갈색의, 변색한, 매력적인, 〈~ reddish-brown\cunning\attractive〉, 〈↔innocent\guile-less〉 양2

1179 **foy·er** [훠이어]: 〈← focus(hearth)〉, 〈라틴어〉, 혈관의 큰 방, 휴게실, 〈~ lobby\entrance hall\porch〉 양1

1180 **FPS**: ⇒ frames per second 우1

1181 **FPU**: ⇒ floating point unit 미2

1182 **fra·cas** [후뤠이커스 \ 후래카아]: 〈← guatere(shake)〉, 〈라틴어→프랑스어〉, 〈아래서 부서지는〉 소동, 야단법석, 〈~ altercation\riot〉, 〈↔peace\truce〉 양1

1183 **frack·ing** [후래킹]: 〈1950년도에 조립된 영국어〉, 프래킹, hydraulic fracturing, 수압파쇄법, 천연가스 채취를 위해 혈암층에 고압으로 액체를 주입하는 방법 미2

1184 **frac·tal** [후랙틀]: 〈← frangere(break)〉, 〈라틴어〉, '깨진 모양', 차원 분열 (도형)〈산·강·해안선 등 무한정으로 세분화할 수 있는 모양〉, 〈~ detailed〉, 〈↔thorough〉 미1

1185 *****frac·tal graph·ics** [후랙틀 그래휙스]: '미세 도안'(복잡하거나 아름다운 무늬를 나타내는 기법), 〈~ detailed geometric shape〉 우1

1186 **frac·tion** [후랙션]: 〈← frangere(break)〉, 〈라틴어〉, '쪼개진 수', 파편, 소량, 우수리, 분수, 〈~ tiny(or small) part\portion〉, 〈↔entirety\whole\ensemble〉, 〈진분수는 proper fraction\가분수는 improper fraction〉 양1

1187 **frac·tious** [후랙셔스]: 〈성질이 깨진〉, 성마른, 다루기 어려운, 반항적인, 〈~ irritable\un-ruly〉, 〈↔contended\affable〉 양2

1188 **frac·ture** [후랙취]: 〈← trangere(break)〉, 〈라틴어〉, '부서짐', 분쇄, 좌절, 갈라진 금, 분열, 골절, 〈~ breakage\cracking〉, 〈↔fix\bind〉 양1

1189 **frag·gle** [후래글]: 〈1983년 미국에서 출시된 동영상 Fraggle Rock에서 연유한 무의미어〉, 우스꽝스럽거나 엄살이 심한 (자), 괴짜, 얼짜, 〈~ odd-ball\idiot〉 양2

1190 **frag·ile** [후래쥘 \ 후래자일]: 〈← frangere(break)〉, 〈라틴어〉, 망가지기 쉬운, '깨지기 쉬운', 허약한, 덧없는, 〈~ friable\frail〉, 〈~ brittle\feeble〉, 〈↔in-frangible\sturdy〉 양2

1191 **frag·ment** [후래그먼트]: 〈← frangere(break)〉, 〈라틴어〉, 파편, 〈깨진〉 조각, 부스러기, 〈~ piece\particle〉, 〈↔total\whole〉 양1

1192 **fra·grant** [후래이그런트]: 〈← fragrare(emit an ordor)〉, 〈라틴어〉, '향기로운', 유쾌한, 〈~ flair\flavor〉, 〈~scent\perfume〉, 〈↔fetid\smelly\noi-some〉 양2

1193 **fraid·y cat** [후뤠이디 캩]: 〈미국 어린이어〉, 'afraid cat', 겁쟁이, 〈~ chicken\coward〉, 〈↔brave man\hero〉 양2

1194 **frail** [후뤠일]: 〈← fragilis(brittle)〉, 〈라틴어〉, 무른, 부서지기 쉬운〈fragile〉, 약한, 〈↔solid\strong〉 양2

1195 **frak·tsi·ya** [후뤨취아]: 〈fraction의 러시아어〉, 프락치, 분파 활동, (공산주의 팽창을 위해) 특수 임무를 띠고 다른 조직에 파견되어 비밀리에 활동하는 자, 〈~ counter-act\break-up〉, 〈~ restoration\reconciliation〉, 〈~(↔)fifth column〉 수2

1196 **frame** [후뤠임]: 〈← fram(strong)〉, 〈게르만어〉, 뼈대, 구조, 체력, 틀, 기분, (한) 화면, 짜임, 테, 〈~ form\body\setting〉, 〈↔inside\dismantle〉 양1 미2

1197 ***frame–grab·ber** [후뤠임 그래버]: '화상 잡이'(연속적으로 흘러가는 화상 중 한 장면을 잡아내는 장치), 〈~ display adopter\capture〉 우1

1198 ***frame-HTML** (hy·per-text mark-up lan·guage): (화면에서 독립적으로 움직일 수 있는) '초문본 표지 언어 틀', 〈~ independent (or sub)-windows〉 우1

1199 **frame of mind** [후뤠임 어브 마인드]: 사고방식, 기분, 〈~ mind-set\mood〉 양2

1200 ***frames per sec·ond** \ FPS: frame rate, 초당 나타나는 화면(동영상이 나타나는 속도-미국 TV는 보통 30fps로 나타남), 〈~(↔)re-fresh rate〉 우1

1201 ***fram·ing** [후뤠이밍]: 구성, 획책, 어떤 사건이나 인물을 정형(상투)적 틀에 짜맞추기, (흉계) 꾸미기, 〈~ formulate\set-up〉 미2

1202 ***fram·ing er·ror** [후뤠이밍 에뤄]: '틀짜기 오류'(주로 속도 조절 미숙으로 인한 불협 전송에 따른 오자가 나타나는 현상), 〈~ reading sequence of data at the wrong point〉 우1

1203 **franc** [후랭크]: 〈← francus(free)〉, 〈라틴어〉, 프랑(프랑스·벨기에·스위스·룩셈브루크 등에서 쓰던 화폐 단위), 〈~ 100 centimes〉, 〈원래는 King of the Franks의 초상이 새겨졌던 동전〉 수2

1204 **France** [후랜스]: 'Frank 족의 땅', '자유민의 나라', 프랑스(아름다운 국토에 파란만장한 역사를 가지고 개인주의를 존중하며 예술과 포도주를 사랑하는 서유럽의 중심 국가), {French-Fr-Euro-Paris} 수1

1205 **France** [후랜스], A·na·tole: '자유인', 프랑스, (1844-1924), 〈사회적 정의〉의 구현을 위해 애쓴 프랑스의 소설가·비평가, 〈~ a French writer and journalist〉 수1

1206 **fran·chise** [후랜챠이즈]: 〈← franc(free)〉, 〈프랑스어〉, 〈자유로운〉 참정권, 특권, 관할권, 총판권, 〈자치권〉, 〈~ frank\free〉, 〈~ charter\authority〉, 〈↔dis-enfranchise-ment\dis-agree-ment\duty〉 양1

1207 **fran·chise tax** [후랜챠이즈 택스]: 면허세, 영업세, 독립세, 〈자치세〉, 〈~ privilege tax〉 양1

1208 **Fran·chise Tax Board** [후랜챠이즈 택스 보어드]: (1950년에 개편된) 캘리포니아(California) 조세청 수1

1209 **Fran·cis** [후랜씨스], Pope: '자유인', 프란시스코, (1936-), 2013년에 교황으로 선출된 아르헨티나 출신의 예수회(Jesuit) 성직자, 〈~ Sovereign of Vatican〉 수1

1210 **Fran·cis** [후랜씨즈] of As·si·si, St.: 프란치스코, (1181?-1226), 자연과 생물을 사랑했던 이탈리아의 가톨릭 수사로 1209년 프란체스코 교단을 창립함, 〈~ an Italian mystic and Catholic friar〉 수1

1211 **Fran·cis-can** [후랜씨스컨]: 프란체스코 수도회(의), 자선·복종·검소를 신조로 하는 가톨릭의 한 종파, 〈~ 1528년 Capuchin으로 개편됨〉 수1

1212 **Fran·co** [후랭코우], Fran·cis·co: '자유인', '프랑스인', 프랑코, (1892-1975), 1939년부터 죽을 때까지 전제주의 독재를 했으나 〈초기에는 철권 정책을 썼다가 말기에 많이 누그러진〉 스페인의 '지도자', 〈~ Spanish Caudillo〉 수1

1213 **Fran·co-Dutch War**: 불란전쟁, (1672-1978년간) 스페인 지배의 네덜란드 등과 프랑스 등 유럽국가들이 두 차례에 걸쳐 싸워 프랑스 측의 승리로 끝난 '7년 전쟁', 〈~ Dutch War〉 미2

1214 **Fran·co-pho·nie** [후랭코우 호우니]: organisation internationale de la francophonie, 프랑스어 사랑회, 〈~ love of French(language)〉 수1

1215 **Fran·co-Prus·sian War**: 보·불전쟁, (1870-71), 프러시아 왕자의 스페인 왕위 계승에 프랑스가 반대하자 비스마르크가 일으켜 알자스·로렌 지방을 빼앗은 영토전쟁, 〈~ Franco-German War〉 미2

1216 **fran·gi·ble** [후랜져블]: 〈← frangere(break)〉, 〈라틴어〉, 부서지기(깨지기) 쉬운, 약한, 〈~ brittle\feeble〉, 〈↔in-frangible\strong〉 양2

1217 **Fran·gi·pan·i** [후랭쥐 패니]: frangi(breaking)+pani(bread), 〈빵을 나눠주는 자〉, 〈나무에서 향수를 개발한 이태리 귀족 이름에서 연유된〉 '향목', 꽃에서 향수(perfume)를 채취하는 열대 미주산 협죽도과(periwinkle)의 관목, 〈~ temple flower〉 미2

1218 **frank** [후랭크]: 〈← francus(free)〉, 〈라틴어〉 ①〈Frank족이 자유인이었던 것에서 연유한〉 솔직한, 숨김 없는, 명백한, 〈~ straightforward\point-blank〉, 〈↔dis-honest\secretive〉 ②출입의 자유를 허가하다, 무료로 수송하다, 무사통관, 〈~ free pass〉 ③Frankfurt 소시지 가1 수1

1219 **Frank** [후랭크], Ann: '자유민', 프랭크, (1929-1945), 유대계 독일인으로 나치 지배하의 암스테르담 벽장에 갇혀 살며 쓴 일기로 유명한데 1947년 출판된 책도 못 보고 종전 직전에 유대인 수용소에서 사망함, 〈~ a German-born Jewish diarist〉 수1

1220 ***Frank·en food** [후랭큰 후우드]: Frankenstein+food, '괴물 식품', 유전자 조작 식품, GMO, 〈~ novel food〉, 〈↔natural food〉 미2

1221 **Frank·en·stein** [후랭컨스타인]: 〈독일어〉, free stone, '강철 같은 자유인', 프랑켄슈타인, 자기가 만든 괴물에 의해 파멸된 동명의 소설 속의 주인공(과학자), 〈~ a fictional scientist\monster〉 수1

1222 **Frank-furt** [후랭크훨트]: 프랑크푸르트, '프랭크 사람들의 여울목(ford)', 서기 500년 프랑크족들이 로마로부터 빼앗은 요새로 중세에는 신성 로마 제국의 근거지였고 이차 대전 후 미군의 군사기지이기도 했던 서독일(West-German)의 교통·상업 도시·소시지 산지 수1

1223 **frank·in·cense** [후랭킨쎈스]: franc(true)+encens(insense), 〈프랑스어〉, 감람과 나무에서 채취해서 (소독제로 쓰였었고) 〈현재는 주로 비누나 물약 등에 향료로 쓰이는〉 수지, (이스라엘 민족이 종교의식 때 피우는) 유향, 〈~ oil-banum〉 우2

1224 **Frank-lin** [후랭클린], Ben·ja·min: '자유인', 프랭클린, (1706-1790), 2년간 정규교육밖에 받지 못했으나 나중에 '만능의 재주꾼·미국의 보배'로 불렸던 도서관 설립자·발명가·과학자·언론인·민중 지도자·정치가·외교관, 〈~ an American poly-math〉 수1

1225 **fran·tic** [후랜틱]: 〈← phrenitis(inflammation of mind)〉, 〈그리스어→프랑스어〉, '광란의', 미친, 굉장한, 멋진, 〈~ frenetic\frenzy〉, 〈~ panicky\agitated\excited〉, 〈↔calm\collected〉 가1

1226 **frap-pe** [후래페이]: 〈← hrappijana(hurry)〉, 〈게르만어→프랑스어〉, 프라페, 과즙을 〈얼린 것〉, 냉우유 혼합 음료, 〈두들겨(strike) 마시는〉 milk shake 우1

1227 ***frap-puc·ci·no** [후래푸취이노우]: frappe(milk shake)+cappuccino, 1995년 Starbucks사가 출시한 병에 든 냉우유 커피(상품명) 수2

1228 **fra·ter·ni·ty** [후뤄터어니티], frat: 〈← frater(brother)〉, 〈라틴어〉, '형제' 사이, 우애, 남학생 사교 단체, 〈~ brother-hood\fellow-ship〉, 〈↔sorority〉 미2

1229 ***frat-hole** [후뤨 호울]: fraternity+asshole, 〈미국 대학생 속어〉, 〈너무 난체해서〉 보기 싫은 놈, 지겨운 놈, 〈~ brown-eye〉, 〈~ an obnoxious fraternity member〉 양2

1230 ***f-ra·tio** [에후 뤠이쇼우]: ①(통계학에서) R. 'Fisher'가 주장한 두 평균 자승치의 비율로 1에 가까울수록 정확함, 〈~ the ratio of two mean square values〉 ②(사진 촬영에서) 〈명암을 조정하기 위해〉 사진기 렌즈의 초점거리('focal' length)를 열린 조리개의 지름(lense diameter)으로 나눈 숫자 수2

1231 **fraud** [후뤄어드]: 〈← fraudis(cheating)〉, 〈어원 불명의 라틴어〉, 사기, 협잡, 부정 수단, 〈~ false〉, 〈~ cheating\swindling〉, 〈↔honesty\genuine〉 가2

1232 **fraught** [후뤄트]: 〈← vracht(load)〉, 〈게르만어→네덜란드어〉, 〈'freight'로〉 충만한, 고민하는, 난처한, 위험한, 〈~ filled with\distressed\hazardous〉, 〈↔void\calm〉 양2

1233 **fray** [후뤠이]: 〈라틴어〉 ①〈← fricare(rub)〉, 〈문질러〉 닳게 하다, 비비다, 소모시키다, 〈→ fry²〉, 〈~ worn\thread-bare〉, 〈↔renew\strengthen〉 ②〈← affray(noisy quarrel)〉, 〈티격태격하는〉 싸움, 난투, 공포, 〈~ battle〉, 〈↔truce〉 양2

1234 **FRB**: ⇒ Federal Reserve Bank(Board) 미2

1235 *****freak** [후뤼크]: 〈← frican(dance)?〉, 〈1560년대에 등장한 어원 불명의 영국어〉, 변덕스러움, 기형의 인간, 열중한 사람, 〈~ crazy\atypical\kinko\pervert〉, 〈↔nomal\average〉 양2

1236 *****freak flag** [후뤼크 훌래그]: '요상한 깃발', 독특한 개성, 귀책, 〈~ un-conventional\non-conformist〉 양2

1237 **freck·le** [후뤠클]: 〈← fraken(scattered)〉, 〈북구어〉, 주근깨〈까맣게 죽은 깨〉, 〈흩어진〉 반점, 기미, 〈~ sun-spot〉 가1

1238 *****freak out** [후뤼크 아웉]: (환각제로) 마비되다, 이성을 잃다, 지랄 떨다, 〈~ go crazy\blow a fuse〉, 〈↔balanced\calm〉 양2

1239 **Fred·die Mac**: ⇒ Federal Home Loan Mortgage Corporation 미2

1240 **Fred·er·ick** [후뤠더뤽]: frid(peace)+ric(ruler), 〈게르만어〉, '평화로운 통치자' ①프레드릭, 남자 이름, Freddy, 〈~ a musculine given name〉 ②프리드리히, 프로이센의 왕들(Prussian kings) 수1

1241 **free** [후뤼이]: 〈← priya(own)〉, 〈산스크리트어→게르만어〉, 〈← frig(unbonded)〉, '속박되지 않은', 자유로운, 무료의, 한가한, 〈미국인들이 두 번째로 좋아하는 단어〉, 〈~ friend\favor\fond〉, 〈~ independent\for nothing〉, 〈↔captive\expensive〉 가2

1242 *****free-bie** [후뤼이비]: 〈1920년대에 등장한 미국어〉, 공짜, 덤, 경품, 우대권, 〈~ give-away\complimentary〉 미2

1243 *****free-boot-er** [후뤼이 부우터]: filibuster, 〈돈 내지 않고 가져가는〉 약탈자, 해적, 〈공짜로〉 전산망을 갈취하는 자, 〈~ bandit\plunderer〉 양2 미2

1244 **free-dom** [후뤼이덤]: 자유, 자주, 해방, 〈나이가 들면서 바람직한 것만은 아니라는 생각이 드는 말〉, 〈~ autonomy\liberty〉, 〈↔duress〉 가1

1245 **free-dom fight-er** [후뤼이덤 화이터]: 자유 투사, 반체제 운동가, 〈~ insurgent\revolutionary〉 가1

1246 **free e·con·o·my** [후뤼이 이카너미]: 자유경제, 개방(주의)경제, 무간섭주의 경제, 〈~ laissez-faire\capitalism〉, 〈↔command(planned) economy〉 가2

1247 **free en·ter·prise** [후뤼이 엔터프라이즈]: 자유기업(제도), 개인의 의사대로 경영하는 기업, 〈~ free market〉, 〈↔social enterprise〉 가2

1248 **free float-ing** [후뤼이 훌로우팅]: 유동성, 자유로이 움직이는, 왠지 모르게, 걷잡을 수 없는, 〈~ drifting\un-committed〉, 〈↔sinking\high and dry〉 가2

1249 *****free-gan** [후뤼이 건]: free+vegan, 〈식품을 사지 않고〉 폐기될 음식만 구해 먹는 '무료 채식주의자' 우1

1250 **free gift** [후뤼이 기후트]: 경품, 공짜선물, 증정품 가2

1251 **free-hold** [후뤼이 호울드]: (토지에 부속된 것을 땅이 팔릴 때까지 공짜로 보유하는 〈부동산의〉 자유 보유권, 〈~ occupancy\ownership〉, 〈↔lease-hold〉 양2

1252 **free kick** [후뤼이 킥]: 무방해 차기, 반칙에 대한 보상 차기(축구), 〈~ an awarded ball for the opponent's infringe-ment〉 우1

1253 **free-lance** [후뤼이 랜스]: free+lance(spear), 자유로운 창잡이, 무소속, 자유계약의, 독자적인, (중세기의) 용병, 〈잘못하면 물주도 찌를 수 있는〉 영주에 소속되지 않은 기사, 〈~ freeter〉, 〈↔employed〉 미2

1254 **free-load-er** [후뤼이 로우더]: 공짜로 얻어먹는 사람, 아무나 갈 수 있는 연회, 〈~ parasite\free-rider〉, 〈↔supporter\benefactor〉 양2

1255 **free lunch** [후뤼이 런치]: 공짜점심, 공짜처럼 보이나 꿍꿍이속이 있는 접대 가1 우1

1256 **free-man** [후뤼이 맨]: 자유민, 공민, 〈~ citizen〉, 〈↔slave〉 가2

1257 **free mar·ket** [후뤼이 마아킽]: 자유시장(경제), 자유경쟁 시장, 〈~ free enterprise(economy)〉, 〈↔blocked-market\controlled economy〉 가2

1258 *free-mi·um [후뤼이미엄]: free+premium, '무료할증', 기본은 무료로 추가는 유료로 받는 〈눈 가리고 아웅 하는〉 판매전략, 〈~ BOGOF〉 우2

1259 free mon·ey [후뤼이 머니]: 공돈 가1

1260 free pass [후뤼이 패쓰]: 무임 통과, 무료 통화(출입·승차) 양2

1261 *free ride [후뤼이 롸이드]: 무임승차, 공짜, 힘들지 않게 얻은 이익, 〈~ free-load\gimme\advantage〉 가1 미2

1262 free·sia [후뤼이지어]: 〈라틴어(학명)〉,〈독일의 의사·식물학자(Fries)의 이름을 딴〉 프리지어, '꽃 중의 왕자', 기르기가 힘든 현란한 색깔을 가진 붓꽃과의 작은 화초, 〈~ an iris with fragrant funnel shaped flowers〉 수2

1263 free so·lo [후뤼이 쏘로우]: 〈암벽을 탈 때 아무 보조·안전장치 없이 맨손으로 하는〉 나홀로 (등반), 〈~ rock climbing without equipments〉 미2

1264 free space [후뤼이 스페이스]: 자유공간, 중력이나 자장이 없는 절대공간, 〈~ vacuity\blank〉 가1

1265 free spend-ing [후뤼이 스펜딩]: 자유 지출, 무제한 소비 양2

1266 free spir·it [후뤼이 스피륄]: 자유 정신, 자유분방한 사람 양2

1267 free spo·ken [후뤼이 스포우큰]: 기탄없이 말하는, 솔직한, 〈~ out-spoken\forth-right〉 양2

1268 free stand-ing [후뤼이 스탠딩]: 따로 서 있는, 독자적, 독립적, 〈~ detached\independent〉 가1

1269 free style [후뤼이 스타일]: 자유형(수영·스키·스케이트·레슬링) 가2

1270 *free-ter [후뤼이터]: free+arbeiter, 자유 노동자, 비정규 할부 근로자, 〈~ free-lance〉, 〈원래는 일을 하다 말다 하는 일본의 젊은이를 일컫던 말〉 미2

1271 free throw [후뤼이 쓰로우]: 자유투〈농구(basket-ball)에서 반칙에 대해 상대방에게 허용되는 무방해 1점짜리 공 넣기〉, 〈~ foul shot〉 미2

1272 free tick·et [후뤼이 티킽]: 무료 표, 무료입장권, 공짜 표 가2

1273 free trade [후뤼이 트뤠이드]: 자유무역, 무통제 교역, 〈↔protectionism\tariff barriers〉 가1

1274 Free Trade A·gree-ment \ FTA: 자유무역협정(국가 간에 상품이나 용역 교역에 관한 관세나 무역장벽을 완화하는〈eliminating trade barriers〉 배타적 협정〉, 〈~ an international trade administration〉 미2

1275 free up [후뤼이 엎]: ~을 해방하다, 풀어주다, 해소하다, 〈~ let loose\bail out〉, 〈↔dis-allow\veto〉 양2

1276 *free-ware [후뤼이 웨어]: '무료 기기', 무료로 배포되는 누구나 쓸 수 있는 연성기기(soft-ware) 미2

1277 free-way [후뤼이 웨이]: Fwy, 고속도로, 무료 간선도로, '자유도로', 〈~ high-way\express-way〉, 〈↔back-road\by-way〉 가2

1278 free-wheel–ing [후뤼이 위일링]: '멋대로 돌아가는', 자유분방(한), 방종(한), 〈~ at liberty\go go〉, 〈↔dull\tied〉 양2

1279 free-will [후뤼이 윌]: 자유의지, 자발적, 〈↔coercion\duress〉 가2

1280 freeze [후뤼이즈]: 〈← freosan(turn to ice)〉,〈게르만어〉, 〈← frost〉, 얼다, 동결하다, 붙박아 놓다, 〈꼼짝 말아!〉, 〈~ ice up\suspend\hold-up〉, 〈↔boil\furnace\bake〉 양2

1281 *freeze date [후뤼이즈 데이트]: 동결 날짜(전산기에서 연성기기 과제의 명세 조건을 바꿀 수 있는 마지막 날〉, 〈~ last day when developers can change codings〉 미2

1282 freez-er pop [후뤼이져 팦]: 냉동 얼음과자, freezie, ice pop 우2

1283 freeze up [후뤼이즈 엎]: 동결(상태)〈키보드를 암만 눌러도 전산기가 반응을 않는 상태〉, 〈~ halt\stop working〉 미2

1284 freight [후뤠잍]: 〈← vracht(cargo of a ship)〉,〈게르만어→네델란드어〉, 〈배에 싣는〉 '화물', 운송료, 화물 수송기(차·배), 〈→ fraught〉, 〈~ burden\haul〉, 〈~(↔)truck〉, 〈↔retain\unload〉 양2

1285 Fre-mont [후뤼이만트], John: 〈게르만·프랑스어〉, '자유인(free-man)', 프리몬트, (1813-1890), 〈개척자〉, 육군 측량 장교로 로키산맥 서쪽의 땅을 탐험했고 공화당 후보로 대통령에 출마했다 낙선된 미국의 개척자·군인·정치가, 〈~ an American explorer and politician〉 수1

1286 French [후뤤취]: 〈← Frank〉, 프랑스(사람·말)의, (영국의 입장에서 본) 〈천한 말〉, 상소리, 구강성교, 〈~ profane(vulgar) language〉, 〈~ oral sex〉 수2 미2

1287 **French A·cad·e·my** [후렌취 어캐더미]: 프랑스 학술원 (1635년 프랑스어를 발전시키기 위해 창립된 40명의 '불후의' 학자·문필가로 구성된 정부 후원 단체) 수1

1288 **French and In·di·an War** [후렌취 앤드 인디언 워어]: 4번째로 북미에서 (1754~1763년간) 영국 대 프랑스·원주민이 싸워 영국이 이긴 전투 수2

1289 **French bean** [후렌취 비인]: 〈채소용으로 프랑스에서 개량된〉 green bean, (꼬투리) 강낭콩 가2

1290 **French bread** [후렌취 브레드]: 〈19세기 중반 프랑스에서 증기 가마에 굽기 시작하였으며 baguette보다 신선도가 오래가는〉 (껍질이 두꺼운) 긴 막대 모양의 흰 빵, 〈~ French-stick〉 수2

1291 **French bull-dog** [후렌취 불도어그]: 〈프랑스의 쥐잡이 개와 영국의 꼬마 불도그를 교배 시켜 개량한〉 곧게 치세운 귀를 하고 얼굴이 덜 험상궂은 작은 불도그, 〈~ a toy dog\frog dog〉 수2

1292 **French bun \ ~ roll \ ~ pleat** [후렌취 번 \ ~ 로울 \ ~ 플리이트]: 프랑스식 여성 머리 모양들 (쪽 찐 머리·트레머리·주름 머리), 〈~ up-do\chignon〉 미2

1293 **French chalk** [후렌취 취어크]: (재단용) 활석 분필, 〈그림용은 crayon(oily chalk)〉 미2

1294 **French doors(win·dows)** [후렌취 도어즈(윈도우즈)]: 〈르네상스시대 집 안에 빛을 많이 들이려고 고안된〉 프랑스풍 좌우 여닫이문(창), 〈~ double door\casement〉 수2

1295 **French dress·ing** [후렌취 드레싱]: 〈미국에서 개발한〉 올리브유·식초·소금·향료를 섞은 야채 양념, 〈프랑스에서는 vinaigrette라 함〉 수2

1296 **French fries** [후렌취 후롸이즈]: 〈1차 대전 시 벨기에 주둔 미군이 겨울식품으로 개발한〉 개비 모양의 감자튀김, 프랑스에서는 그냥 pommes frites(potato fries)라 함 수2

1297 **French Gui·a·na** [후렌취 기아너]: 1946년 프랑스에 예속된 브라질 북부(northern Brazil) 습지대로 〈유럽 우주팀의 발사대가 있는〉 조그만 속주 수1

1298 **French horn** [후렌취 호언]: 〈독일·프랑스에서 사냥 때 사용하던 커다란 나팔에서 연유한〉 한 손으로 키를 누르고 한 손은 나팔 속에 넣어 부드러운 음을 내게 하는 오케스트라나 밴드에서 중요한 역할을 하는 조그만 금관 취주 악기, 〈~ a brass instrument〉 수2

1299 **French ice-cream** [후렌취 아이스크림잉]: 〈우유와 설탕이 기본인 미국식에 비해〉 계란 노른자와 초콜릿 커스터드가 기본이 된 얼음과자, 〈프랑스에서는 crème glacée라 부름〉 수2

1300 ***french-ing** [후렌 칭]: '프랑스식'으로 〈과장하는〉 ① 혀키스, 〈~ deep kiss〉 ②(자동차 부품을) 때빼기·광내기, 〈~ polish〉 ③(접시에 놓을 때 예쁘게 보이려고 하는) (갈비살의) 뼈 다듬기, 〈~ bone trimming〉 양2

1301 **French kiss** [후렌취 키쓰]: 〈영국 신사·숙녀들은 하지 않는〉 혀키스, 깊은 입맞춤, 〈~ kissing with tongues〉 우2

1302 **French knot** [후렌취 낱]: 〈바늘에 2회 이상 실을 감아 원래 구멍으로 뽑아낸〉 프랑스식 매듭, 〈~ hold the loop then slowly pull the floss〉 수2

1303 ***French leave** [후렌취 리이브]: 인사 없이 떠나기, 살짝 자리 뜨기, 〈싸가지 없는 프랑스 연놈들처럼 계산도 안 하고〉 증발해 버리기, 〈~ un-announced departure\bunking off〉, 〈~(↔)Irish good-bye〉 우1

1304 **French mus·tard** [후렌취 머스터드]: 〈1904년 Robert French란 미국인이 선보인〉 (프랑스풍의) 식초〈vinegar〉가 든 겨자 수2

1305 **French pas·try** [후렌취 페이스트뤼]: 〈1920년대 미국에서 개발된〉 프랑스식 반죽 과자(진한 크림·설탕 절임 과일을 넣고 구운 고급 과자), 〈프랑스에서는 그냥 croissant이라 함〉 수2

1306 **French pol·ish** [후렌취 팔리쉬]: 〈빅토리아 여왕시대 프랑스에서 유행했던〉 프랑스식 (나무) 윤칠, shellac polish(짙은 광택이 나는 투명한 액체 점액) 수2

1307 **French Rev·o·lu·tion** [후렌취 뤠뷜루우션]: 프랑스 혁명(1789-1799), 〈루이 16세의 추가 세금 징수에 반발한 민중 봉기로 시작되어 나폴레옹이 정권을 잡을 때까지 수많은 사람이 살해된 혼란 사태〉, 〈~ Revolution of 1789〉 미2

1308 **French roof** [후렌취 루우후]: 〈루브르 박물관 현관에서 첫선을 보인〉 프랑스식 (이중 물매)〈double slope〉 지붕, mansard〈맨살드, 망사르드; 물매가 하부는 싸고 상부는 뜨게 2단으로 경사지게 만든 지붕〉 수2

1309 **French seam** [후렌취 씨임]: 프랑스 솔기, 통솔(양 솔기를 뒤집어 꿰매어 솔기가 보이지 않는 재봉술), 〈프랑스에서는 English seam이라 부름〉, 〈~ enclosed seam〉 수2

1310 ***French tick-ler** [후렌취 티클러]: 〈색을 밝히는 프랑스 놈이나 사용하는〉 돌기물이 붙은 콘돔, 〈~ a condom with ribbed protrusions〉, 〈~(↔)camel eye\Arab strap〉 수2

1311 **French toast** [후렌취 토우스트]: 〈1724년 영국의 Joseph French가 창안했다는 썰이 있는〉 달걀과 우유를 섞은 것에 담가 살짝 구운 빵, 〈프랑스에서는 pain perdu(빵 같지 않은 빵)이라 함, ~ egg bread〉 수2

1312 *****fren·e·my** [후뤠너미]: 〈1953년에 소련과 미국의 관계를 빗대어서 미국 기자가 만든 말〉, friend+enemy, 친구 겸 적, 나쁜 친구, 가끔 미운 짓을 하는 친구, '오월동주', '웬수'〉 양2

1313 **fre·net·ic** [후뤄네틱]: 〈← phrenitis(inflamation of mind)〉, 〈그리스어〉, 부산한, '제정신이 아닌', 열광적인, = phrenetic, 〈~ frantic\frenzy〉, 〈↔calm\serene〉 양2

1314 **Freng·lish** [후렝글리쉬]: 프랑스어가 섞인 영어, 〈~ French+English〉 수2

1315 **fren·u·lum** [후뤠뉼럼]: 〈라틴어〉, 〈← frenum(curb)〉, 소대, (음핵·포피·혀 등에서) 피부가 주름 모양으로 접혀있는 〈주름 띠〉, 〈~ bridle\fore-skin〉 양2

1316 **fren·zy** [후뤤지]: 〈← phrenitis(inflamation of mind)〉, 〈그리스어〉, '제정신이 아닌', 열광한, 격앙한, 격분한, 〈~ frantic\frenetic〉, 〈↔sane\still\tranquility〉 가2

1317 **Fre·on** [후뤼안]: 'freeze+on'(지속 냉각), 프레온, 1920년대 후반부터 개발된 (휘발성·독성이 적은) 냉각제의 상품명, 〈~ a refrigerant〉 수1

1318 **fre·quent** [후뤼퀀트]: 〈← frequens(crowded)〉, 〈어원 불명의 라틴어〉, 빈번한, 상습적인, 수많은, 자주, 〈~ routine\recurring〉, 〈↔rare\seldom〉 가1

1319 **fre·quen·ta·tive** [후뤼퀜터티브]: (동작의) 반복 표시의, (언어의) 되풀이의, 〈~ repeatative〉 양2

1320 **fres·co** [후뤠스코우]: 〈← frisc(lively)〉, 〈게르만어→이탈리아어〉, 갓 바른 〈'fresh'한〉 회벽 위에 수채로 그리는 화법, 〈~ fresh wall painting〉 우1

1321 **fresh** [후뤠쉬]: 〈← frisc(lively)〉, 〈게르만어〉, '깨끗한', 마실 수 있는, 새로운, 싱싱한, 생기 있는, 경험 없는, 소금기 없는, 건방진, 〈→ fresco〉, 〈~ new\clean〉, 〈↔putrid\stale〉 가1

1322 **fresh-man** [후뤠쉬 먼]: 1학년생, 신입생, 신입자, 〈~ green-horn〉, 〈↔senior\veteran〉 가1

1323 *****fresh-man 15** [후뤠쉬맨 휘후티인]: '신입생 비만'〈대학 초년생들이 기숙사 생활을 하면서 속성음식을 많이 먹어 15파운드 정도 몸무게가 증가(weight gain)함을 비유함〉 미2

1324 **fresh-wa·ter** [후뤠쉬 워어터]: 민물, 담수, 소금기 없는 물, 〈~ soft water〉, 〈↔salt-water\hard water〉 가1

1325 **Fres·no** [후뤠즈노우]: 〈스페인어〉, 프레즈노, 'ash tree', 1872년 기차역으로 출발해서 포도주와 과일의 집산지로 성장한 캘리포니아(California) 중부의 농업도시 수1

1326 **fret**[1] [후뤨]: 〈← fricare(rub)〉, 〈라틴어〉, 〈← friction〉, 초조하게 하다, 안달이 나다, 짜증이 나다, 〈~ anxiety\worry〉, 〈↔appease\pacify〉 가1

1327 **fret**[2] [후뤨]: 〈← frete(interlaced work)〉, 〈프랑스어〉, 돌림무늬, (네모나 마름모꼴로 짜 맞춘) 격자 세공 미2

1328 **fret**[3] [후뤨]: 〈← freten(fasten)?〉, 〈어원 불명의 영국어〉, 기러기발(현악기의 지판을 구획하는 금속제의 돌기), 〈~ bow-string bridge〉 미1

1329 **Freud** [후뤼이드], **Sig·mund**: 〈← Freyde(joy)〉, 〈유대계 이름〉, '유쾌한 자', 프로이트, (1856-1939), 무의식의 세계를 파헤친 유대계 오스트리아의 정신분석가·신경과 의사, 〈그의 치료법은 효과적이기는 하지만 효율적은 아님〉, 〈~ an Austrian neurologist and psycho-analyst〉 수1

1330 **freu·den·freu·de** [후뤼이든 후뤼이드]: pleasure+joy, 〈그리스어→독일어〉, 프로이든 프로이데, 남의 행복을 즐김, 남이 잘 되는 것을 기뻐함, 〈~ compassion\empathy〉, 〈~ mudita〉, 〈↔schaden-freude〉 양2

1331 **fri·a·ble** [후롸이어블]: 〈← friare(crumble)〉, 〈라틴어〉, '부서지기 쉬운', 무른, 버슬버슬한, 〈~ fragile\friction\frivolous〉, 〈↔flexible\pliable〉 양1

1332 **fri·ar** [후롸이어]: 〈← frater(brother)〉, 〈라틴어〉, '형제', (탁발)수사〈속세를 떠나 (기독) 종교에 전념하는 사람〉, 〈~ clergy\monk〉 미2

1333 **fri·ar's bal·sam** [후롸이어즈 버얼썸]: 〈1760년에 제조된〉 안식향 용액(발삼나무에서 채취한 천식 또는 발의 물집 치료 용액), 〈origianl recipe가 영국의 한 friar한테서 나왔다는 만병통치약〉, 〈~ compound Benzoine tincture〉 우1

1334 **fri·ar's lan·tern** [후롸이어즈 랜턴]: 〈왜 friar's라고 했는지 모르겠으나 1625-35년에 등장한 말〉, 도깨비불, 귀린(어두운 밤에 묘지나 습지 또는 고목에서 인의 작용으로 번쩍거리는 푸른 빛의 불빛), jack o lantern, will·o·the wisp, 〈~ spook (or ghost) light\hinky-punk〉 양2

1335 **fric·an·deau** \ ~ do [후뤼컨도우]: fricasser(cut up and fry)+viande(meat), 〈프랑스어〉, '저민 송아지 고기', 프리캉도(송아지 허리 부분이나 칠면조를 삶은 것에 그 국물을 친 요리), 〈~ larded veal roasted and glazed〉 수2

1336 **fric·as·see** [후뤼커씨이]: 〈프랑스어〉, '썰어서 구운(cut up and fry)', 프리카세(닭이나 송아지고기를 잘게 썰어 삶은 것에 그 국물을 친 찜 요리), 〈~ pot roast\braise〉 수2

1337 **fric·tion** [후뤽션]: 〈← fricare(rub)〉, 〈라틴어〉, '마찰', 알력, 불화, 〈→ fret¹〉, 〈~ abraison\conflict〉, 〈↔accord\harmony〉 가2

1338 **Fri-day** [후롸이 데이]: 프라이 데이, 금요일, 〈부부애의 여신 Frigg(북구신화에서 goddess of love)의 날〉, '사랑의 날', 〈교수형 집행일〉, 예수가 십자가에 못 박힌 날, 아담이 만들어진 날 가1

1339 **Fried-rick** [후뤼이드뤽]: frid(peace)+ric(ruler), 〈게르만어〉, '평화로운 통치자', 프리드리히, 남자 이름, 〈~ a musculine given name〉, 신성 로마 제국의 황제들, 〈~ name of Holy Roman Emperors〉 수1

1340 **friend** [후렌드]: 〈← freogan(love)〉, 〈게르만어〉, 벗, 친구, 지지자, 자기편, 동반자, 〈적을 사랑으로 감화시키는 자〉, 〈free·favor·fond 등이 내포된 말〉, 〈~ companion\comrade〉, 〈↔enemy\foe〉 가2

1341 *****friend-ca·tion** [후뤤드케이션]: 친구(들)와 같이 가는 여행, 〈~ friend+vacation〉 미2

1342 *****friend-ly name** [후렌들리 네임]: 친근한 이름(전산망에서 한 가지를 지칭하는 여러 개의 의미 있는 이름들), 〈~ optional descriptive labels〉 미2

1343 *****friend-ly re-mind-er** [후뤤들리 뤼마인더]: 친절한 상기(조언), 〈친구로서의〉 최후통첩, 〈~ gentle reminder〉, 〈~(↔)ultimatum〉 미2

1344 **Friend-ly's** [후뤤들리즈]: 1935년 창립되어 미 동부지역에 분포한 〈친절한〉 아이스크림·간이음식점 연쇄점, 〈~ an American ice cream-shop and restaurant chain〉 수2

1345 *****Friends–giv·ing** [후뤤즈 기빙]: 〈가족 대신〉 친한 친구들과 보내는 Thanks·giving(추수 감사절), '친구 감사절' 미2

1346 *****friend zone** [후뤤드 죠운]: 친구 사이, (연애하는 사이가 아닌) '친구 지대', 〈선을 넘으면 안 되는〉 우정 구역, 〈~ not romantic\one-way street〉 미2

1347 **Fries-land** [후뤼이즈런드]: 〈Fries(curly hair; 곱슬머리) 족이 사는〉 프리슬란트, 네덜란드 최북부 북해 연안의 주, 〈~ Frisia\a Dutch province〉 수1

1348 **frig** [후뤼쥐 \ 후뤼그]: 〈← fryggen(wriggle)〉, ①refrigerator ②〈어원 불명의 영국어〉, '꿈틀거리다', 성교(수음)하다, 음문에 손가락을 넣어 애무하다, 사기치다, 빈둥대다, 〈~ intercourse\masturbate〉, 〈↔abstinence\celibacy〉 양2

1349 **frig·ate** [후뤼깉 \ 후뤼게이트]: 〈← fabricata(built)〉, 〈라틴어→이탈리아어〉, 18~19세기의 목조 쾌속 포함(범선), 해상 호위함, 〈~ brigantine\corvette〉 우1

1350 **frig·ate bird** [후뤼깉 버어드]: 〈군함처럼 빠르고 장엄한〉 군함새, 〈전사새〉, 윤택이 나는 검은색 큰 날개로 장거리를 날 수 있는 1m 정도 길이의 열대 지방의 해상에서 서식하는 펠리컨 비슷한 우아한 새, hurricane bird 우1

1351 **frig·ate mack·er·el** [후뤼깉 매커뤌]: 가다랑어, 물치(다례), 난류에 사는 고등어 비슷한 삼치과의 물고기, 〈~ frigate tuna〉 미2

1352 **fri(d)ge** [후뤼쥐]: 〈← frigere(be cold)〉, 〈라틴어에서 연유한 영국어〉, refrigerator의 약어, 냉장고, 냉랭한 여자, 〈~ ice-box\indifferent〉, 〈↔volcano\fuego〉 미2

1353 **Frigg** [후뤼그]: 프리그, Frija, Freya, (북유럽 신화에서) 최고의 신인 Odin의 아내, 구름·하늘·부부애의 여신 수1

1354 **fright-en** [후롸이튼]: 〈← faurhtei(terror)〉, 〈게르만어〉, 두려워하게 하다, 놀라게 하다, 〈← fright ← fear〉, 〈~ alarm\scare〉, 〈↔reassure\comfort〉 가1

1355 **frig·id** [후뤼쥐드]: 〈← frigere〉, 〈'cold'의 라틴어〉, '추운', 냉담한, 딱딱한, (여성) 불감증인, 〈~ icy\stiff\an-orgasmic〉, 〈↔hot\passionate〉 양2

1356 **frig·id-ant** [후뤼쥐던트]: 냉각제, 〈~ coolant〉 양2

1357 **frill** [후륄]: 〈← fraise(ruff²)〉, 〈어원 불명의 플랑드르어〉, 〈앞가슴의〉 주름 장식(jabot), 목털, 지나친 멋, 겉치레, 순수함, 〈~ embellishment\flounce\ruff²〉, 〈↔essential\necessity〉 양1

1358 **fringe** [후륀쥐]: ⟨← fimbria(threads)⟩, ⟨라틴어⟩, ⟨fiber로 만든⟩ 술(장식), 가장자리, 이마에 드린 앞머리, 더부룩한 털, 초보적 지식, 과격파 단체, ⟨~ tassel\trim⟩, ⟨~ brink\edge⟩, ⟨↔middle⟩ 양2 미2

1359 *****fringe ben·e·fit** [후륀쥐 베니휱]: ⟨2차대전 때 미국 정부가 주조한 말⟩, 부가 급부(본급 외에 유급휴가·건강보험·연금 따위의 혜택), ⟨~ additional (or extra) benefit⟩ 양2

1360 *****fringe time** [후륀쥐 타임]: ⟨1971년 미 연방 통신 위원회가 제정한⟩ '외변 시간'(황금 시간대 전후의 방송 시간대), ⟨~ preceding (or following) prime-time⟩, ⟨↔prime(golden) time⟩ 미2

1361 **fringe tree** [후륀쥐 트뤼]: '노인의 수염', 넓은 잎에 실타래 같은 꽃이 피는 물푸레나뭇(ash tree)과 이팝나무속의 큰 관목, ⟨~ old-man's beard\sweet-heart tree⟩ 수2

1362 **frip·per·y** [후뤼퍼뤼]: ⟨← fripier(old clothe dealer)⟩, ⟨어원 불명의 프랑스어⟩, 값싸고 번지르르한 물건(옷), 허식, ⟨~ ostentatious\showiness⟩, ⟨↔importance\seriousness⟩ 양2

1363 **Fris·bee** [후뤼즈비]: 프리스비, ⟨예일 또는 프린스턴 대학 학생들이 파이 납품회사 Frisbie(영국 북해 근처의 Frisia 지방 계통 이름)의 배달용 양철판을 던지며 놀던 장난에서 연유한⟩ 나는 원반, 원반던지기 놀이의 합성수지 원반(상품명), ⟨~ flying disc (or saucer)⟩ 수1

1364 **fri·see** [후뤼이제이]: ⟨← friser(curl)⟩, ⟨프랑스어⟩, '곱슬곱슬한', ⟨미친년 머리털같이 생긴⟩ (생채용) 꽃상추의 일종, ⟨~ curly endive⟩, ⟨~(↔)chicory⟩ 우2

1365 **frisk** [후뤼스크]: ⟨← frisc(lively)⟩, ⟨게르만어⟩, ⟨팔딱팔딱⟩ 뛰놀다, 장난치다, 까불어 대다, 몸을 더듬다, ⟨~ brisk⟩, ⟨~ pat-down\body searching⟩, ⟨~(↔)X-ray scan⟩, ⟨↔plod\mope⟩ 가2

1366 **fris·son** [후뤼이썽]: ⟨← frigere(be cold)⟩, ⟨라틴어→프랑스어⟩, '떨림', 전율, 짜릿한 (스릴), ⟨~ quiver\thrill⟩, ⟨↔hotness\stand still⟩ 양2

1367 **fri·ta** [후뤼이타]: 'fried meat', 다진 쇠고기·돼지고기·가는 감자가 들어 있는 쿠바식 햄버거, ⟨~ a Cuban hamburger⟩ 수2

1368 **frites** [후뤼이트]: ⟨프랑스어⟩, 'fries', 프랑스에서 French fries 대신 쓰는 말, pommes frites(감자튀김)의 줄임말 양2

1369 **frit·il·la·ry** [후뤼틸레뤼]: ⟨← fritillus(dice box)⟩, ⟨라틴어⟩, 패모(끝이 갈라진 종 모양의 여러 색의 꽃이 고개를 숙인 듯 피어나는 백합(lily)과의 식물, ⟨~ chess flower\frog-cup⟩, ⟨'주사위 통' 무늬를 한⟩ 큰표범나비, ⟨~ passion butterfly⟩ 미2

1370 **Fri·tos** [후뤼토스]: 'fried', 프리토, 1932년 텍사스에서 창업되어 현재 펩시(Pepsi)콜라에 흡수된 옥수수튀김 조각 전문 생산업체, ⟨~ an American brand of corn chips⟩ 수2

1371 **frit·ter** [후뤼터]: ⟨← frire(fry)⟩, ⟨라틴어에서 연유한 프랑스어⟩, 다진 고기나 생선·야채·과일 등을 밀가루와 반죽해서 '튀긴' 둥글 납작한 빈대떡, ⟨동그랑땡⟩, ⟨~ rissole\meat-ball\croquette⟩, ⟨→ bhaji\tempura⟩ 우1

1372 **friv·o·lous** [후뤼빌러스]: ⟨← frivolus(silly)⟩, ⟨라틴어⟩, '바보 같은', 경솔한, 들뜬, 시시한, ⟨~ trifle¹\light²⟩, ⟨~ fraiable\giddy⟩, ⟨↔earnest\august\solemn\stately⟩ 가2

1373 **friz·zle** [후뤼즐]: ⟨영국어⟩, ⟨fry+sizzle⟩, 지지다, 곱슬곱슬하게 하다, 지진 머리, 고수머리, ⟨~ curl\coil⟩, ⟨↔freeze\smother⟩ 양2

1374 **fro** [후로우]: ⟨← fra(backward)⟩, ⟨북구어⟩, 저쪽으로, 저리, ⟨← from⟩, ⟨~ away\off⟩, ⟨↔to⟩, ⇒ to and fro 가1

1375 **frock** [후롹]: ⟨← froc(cloak)⟩, ⟨어원 불명의 게르만어→라틴어→프랑스어⟩ 상하가 붙은 여성복, 작업복, 성직자의 옷, ⟨~ dress\gown⟩, ⟨~(↔)over-coat\sur-tout⟩ 양1

1376 **frog** [후뤄그]: ⟨← frogga⟩, ⟨게르만어⟩, ⟨frog ~ frog 하고 우는⟩개구리, 맹추, 홈이 있는 것, 가슴 장식(단추), ⟨산스크리트어 provate(hops)에서 연유했다는 설도 있음⟩, ⟨~ hyla\croaker⟩, ⟨~(↔)toad⟩ 가1 미1

1377 **frog-fish** [후뤄어그 휘쉬]: 씬벵이류, 안강어, 아귀(60cm 정도 길이의 넓적하고 비늘이 없이 피질 돌기로 덮이고 아가리가 큰 바다 밑에 사는 물고기), monk·fish 미2

1378 **frog-hop-per** [후뤄어그 하퍼]: 거품벌레(거품을 뿜어대며 뛰어다니는 좀매밋과의 곤충), ⟨~ spittle insect⟩ 미2

1379 **frog's-eye (view)** [후뤄스 아이 (뷰)]: '개구리 시야', 단편적인 것은 잘 보나 총체적인 것은 잘 못 보는 ⟨근시안⟩, ⟨우물 안 개구리⟩, ⟨~ worm's eye view⟩, ⟨↔bird's eye view\vantage point⟩ 양2

1380 **frog-spit** \ ~ spit-tle [후뤄어그 스핕 \ ~ 스피틀]: 거품벌레(frog-hopper)가 만든 거품, ⟨~ cuckoo spit⟩, 민물에 덩어리로 뜬 녹조(로 만든 음료수), ⟨~ green algae(drink)⟩ 미2

1381 **frol·ic** [후랄릭]: vro(happy)+lijc, 〈← vroolijk〉, 〈네덜란드어〉, 〈개구리〈frog?〉같이〉 떠들며 놀다, 장난치다, 까불다, 〈~ jump around\romp〉, 〈↔refrain\seriousness〉 양1

1382 **from** [후륌]: 〈← fram(forth)〉, 〈북구어〉, ~에서(부터), ~으로(인하여), 〈→ fro〉, 〈~ out of\afainst〉, 〈↔to〉 가1

1383 **fro·mage** [후뤄어마아쥐]: 〈← forma(form)〉, 〈프랑스어〉, 프로마쥬, (모듬) 치즈, cheese 양1

1384 *****from bad to worse**: 갈수록 태산, 〈~ get worse and worse\out of frying pan into the fire〉 양2

1385 **frond** [후뢘드]: 〈← frons(leafy branch)〉, 〈라틴어〉, 양치 식물의 〈크고 갈라진〉 잎, 엽상체, 종려의 잎, 〈~ fern (or palm) leaf〉 양1

1386 *****fron·king** [후뢘킹]: 〈2014년에 등장한 미국 속어〉, 〈'fart+drinking'〉, '방귀 깨물기', 물 속에서 방귀를 뀌고 그 거품을 깨물어 먹는 〈아주 고상한〉 장난 우1

1387 **front** [후뤈트]: 〈← frontem(brow)〉, 〈라틴어〉, 〈← frons〉, 〈얼굴의〉 앞, 이마〈fore·head〉, 전선, 전반(의), 현저한, 〈→ affront〉, 〈~ anterior\vanguard〉, 〈↔back\rear〉 가1

1388 **front desk** [후뤈트 데스크]: 접수대, 안내대, 〈~ reception\concierge〉 양2

1389 **front door** [후뤈트 도어]: 입구, 현관(문), 합법적 수단, 〈~ entrance\straight-forward approach〉, 〈↔back door〉 양2

1390 *****front-end** [후뤈트 엔드]: 전단〈앞으로 나온 단자〉, 중간 주파수 변환부(수신기로부터 전파를 선택·증폭하여 중간 주파수로 바꾸는 부분), '접근 기기'(사용자가 다른 전산기기와 통신할 수 있게 도와주는 기기), 〈~ creation of user interface on the client's side〉, 〈↔back-end〉 미2

1391 **front glass(win·dow)** [후뤈트 글래스(윈도우)]: 〈자동차의〉 앞 유리(창), 〈~ window-screen〉, 〈↔rear glass〉 양1

1392 **fron·tier** [후뤈티어]: 〈← frontis(front)〉, 〈라틴어〉, 국경, 변경, 전방지역, 미개척지, 〈~ border\outermost〉, 〈↔center\interior〉 양2

1393 **Fron·tier** [후뤈티어], Air-lines: 1994년 덴버에서 재창립되어 염가로 시장을 공략하고 있는 미국의 항공회사, 〈~ an American low-cost air-line〉 양2

1394 **fron·tis-piece** [후뤈티스피이스]: 정면, 장식 벽, 권두 삽화, 얼굴, 〈~ frontage\facade〉 양2

1395 **front-line** [후뤈트 라인]: 최전선, 최첨단, 제1선, 〈~ firing line\cutting edge〉 양2

1396 *****front mon·ey** [후뤈트 머니]: 착수금, 전도금, 〈~ earnest money\hand money〉 가2

1397 **front of·fice** [후뤈트 어어휘스]: '앞 사무실', 외부와 연결된 접수처(안내소), 본부, 수뇌부, 〈~ reception\executive〉, 〈↔back office〉 미1

1398 **front-page** [후뤈트 페이쥐]: 전면, 제1면, 〈~ front-cover\cover-page〉, 〈↔back-page〉 가2

1399 **front yard** [후뤈트 야아드]: 앞뜰, 전정, 〈~ frontage\front garden〉, 〈↔back yard〉 가2

1400 **frost** [후뤄어스트]: 〈← freosan(freeze)〉, 〈게르만어〉, '서리', 강상, 동장군, 냉담, 〈~ ice crystal\rime ice〉, 〈↔dew〉 가1 양1

1401 **Frost** [후뤄어스트], Rob·ert: 'frost 철에 낳은 자', 'forest에 사는 자', 프로스트, (1847-1963), (힘들여 사는) 인생을 직설적으로 표현한 미국의 〈계관시인〉, 〈~ an American poet〉 수1

1402 **frost-bite** [후뤄어스트 바이트]: 동상, 〈~ a cryopathy\trench (or immersion) foot〉, 〈↔heat rash〉 가2

1403 **frost-ed glass** [후뤄어스티드 글래스]: 불투명 유리, 젖빛 유리, 〈~ opaque glass\acid-etched glass〉 양2

1404 **frost-fish** [후뤄어스트 휘쉬]: 서리가 내릴 때쯤 잡히는 북미산 작은 대구, 〈~ tom-cod〉, 뉴질랜드산 갈치, 〈~ a hair-tail (or cutlass-fish)〉 우1

1405 **frost-flow·er** [후뤄어스트 훌라워]: '서리꽃', 빙화〈추운 바닷물 위에 피는 꽃 모양의 얼음 덩어리〉, 〈~ ice 'flower'(piece)〉, 성상체의 꽃〈과꽃·들국화·탱알·개미취 등〉, 〈~ aster flowers〉 미1

1406 **froth** [후뤄쓰]: 〈← frotha(spume)〉, 〈게르만어에서 유래한 북구어〉, 거품, 시시한 것, 객담, '게거품'(full of 'foam'), 〈↔powder〉 양1

1407 **frot·tage** [후뤄타아쥐]: 〈← frotter(rub)〉, 〈어원 불명의 프랑스어〉, 프로타주(대상물 위에 놓은 종이를 연필 등으로 '문질러' 형상을 박아 내는 기법), 유사성교, 〈~ scraping\dry humping〉 우1

1408 **frown** [후롸운]: 〈← froigne(surly look)〉, 〈켈트어〉, 눈살을 찌푸리다, 난색을 표시하다, 우거지상, 〈떫은 표정〉, 〈~ grimace\scowl〉, 〈↔smile\laugh〉 가1

1409 ***fro-yo** [후로우 요우]: frozen yogurt, 냉동 요구르트 제품 우2

1410 **froze** [후로우즈]: freeze의 과거 양2

1411 **fro·zen** [후로우즌]: freeze의 과거분사, 언, 냉동한, 차가운, 움츠린, 동결된 양2

1412 **fro·zen shoul·der** [후로우즌 쇼울더]: '언 어깨', '동결 견부', 〈나이 50에 온다는〉 '오십견', (어깨 관절이 뻣뻣해지며 통증이 오는) 동통성견구축증, 〈~ adhesive capsulitis〉 양2

1413 **fruc·ti·fy** [훌륌티화이]: fructus(fruit)+facere(make), 〈라틴어〉, 열매를 맺다(맺게 하다), 비옥하게 하다, 〈~ productive\fertilize〉, 〈↔failing\withering〉 양2

1414 **fruc·tose** [훌륌토우스]: 〈← fructus〉, 〈라틴+영국어〉, 과당〈과일('fruit' 등에 포함된 맛이 달고 열량이 적은 당분〉, 〈~ fruit supar〉, 〈~(↔)glucose\sucrose〉 가2

1415 **fru·gal** [후루우걸]: 〈← frux(virtuous)〉, 〈라틴어〉, 〈'fruit'이 익어 가듯〉 검약한, 소박한, 〈~ thrift\prudent〉, 〈↔extra vagant\avarice\prodigal〉 가2

1416 **fru·gal·i·ty cam·paign** [후루우갤리티 캠페인]: 검약 운동, 과소비 추방 운동, 〈~ avoiding waste〉 양2

1417 **fru·gi·vore** [후루우쥐 보어]: 〈← fruit〉, 주로 과일을 먹고 사는 동물, 과식수(조), 〈~ fruit eater〉 미2

1418 **fruit** [후루우트]: 〈← fructus(enjoyment)〉, 〈라틴어〉, 과일, 〈즐길 만한〉 수확물, 성과, 수익, 자손, 〈프랑스에서는 [후루이]라고 발음함〉, 〈→ frugal〉, 〈~ product\result〉, 〈~ cause\come to nothing〉 가1

1419 **fruit-ar·i·an** [후루우테어뤼언]: 과일을 상식으로 하는 사람, 과(일)식 주의자, 〈~ fruitivore〉 미2

1420 **fruit bat** [후루우트 뱉]: 과일박쥐, '날여우'(과일을 먹고 사는 열대지방의 큰 박쥐), 〈~ mega-bat\flying fox〉 미2

1421 ***fruit-cake** [후루우트 케이크]: 마른 과일이 들어간 양과자, 골빈 놈, 미친 놈, 얼프기, 남자 동성 연애자, 〈~ nut\flake\dingbat〉, 〈↔sane\conformist〉 미2

1422 **fruit cock-tail** [후루우트 칵테일]: 과일 혼합채(여러 과일을 잘게 잘라 만든 모듬 음식), 〈~ fruit salad (or cup)〉 미2

1423 **fruit fly** [후루우트 훌라이]: 과일파리, 사과즙파리, 초파리, 광대파리(성충이나 유충이 과실과 채소를 갉아 먹는 작은 파리), 〈~ vinegar (or banana) fly〉 미2

1424 **frump** [후룸프]: 〈← frumpylle(wrinkle)?〉, 〈영국어〉, 지저분한 (여자), 시대에 뒤진 옷차림을 한 사람, 〈~ old bag\dowdy person〉, 〈↔cute\bling\high fashion〉 양2

1425 **frus·tra·tion** [후뤄스트뤠이션]: 〈← frustra(in vain)〉, 〈라틴어〉, '실망', '속상함', 좌절, 실패, 욕구불만, 계약의 불이행, 〈~ baffle-ment\annoyance〉, 〈↔satisfaction\pleasure〉 가1

1426 **fry**[1] [후롸이]: 〈← bhraij(roast)〉, 〈산스크리트어→그리스어→라틴어〉, 〈← frigere〉, (기름에) '튀기다', 볶다, (햇볕에) 타다, 〈~ cook in hot oil\sizzle〉, 〈~(↔)sear\singe〉, 〈↔freeze\dampen〉 가1

1427 **fry**[2] [후롸이]: 〈← fricare(rub)〉, 〈라틴어 'fray'에서 연유한 프랑스어〉, 〈헤엄치지 못하고 모래에 배를 비비는〉 치어, 작은 물고기, 조무래기, 〈~ young fish\un-important person(thing)〉 가2

1428 **fry**(ing)-**pan** [후롸이(잉) 팬]: 튀김 냄비, 튀김 철판, 튀김 석쇠, 〈~ skillet〉, 〈~(↔)sauce-pan〉 우2

1429 ***FS (for sale)**: 판매용, 매물 미2

1430 ***FSB**: Federalnaya Sluzhhba Bezopashosti (Federal Security Service), (러시아의) 국가안전국, KGB의 1993년부터의 새로운 명칭 미2

1431 **f-stop** [에후 스탚]: f·ratio를 표시한 조리개(iris) 수2

1432 **FTA**: ⇒ Free Trade Agreement 미2

1433 **FTC**: ⇒ Federal Trade Commission 미2

1434 **f2f** (face to face): 직접 대면, 면담 미2

1435 **FTP**: ⇒ file transfer protocol 미2

1436 ***fu·bar**[휴우바알]: 〈1943년 이차대전에 참전한 미군이 만든 군사용어〉, fouled(fucked) up beyond all recognition(repair), 뒤죽박죽, 대혼란, 〈~ fiasco\massacre〉, 〈↔functional\operating〉 양2

1437 **fuch·sia** [휴우셔]: 〈독일 식물학자의 이름(Fuchs; fox)을 딴〉 푸크시아, 밝은 자홍색, 바늘꽃, '귀고리 꽃'(대조되는 두가지 색깔의 대롱꽃이 가는 꽃줄기에 매달리는 관목), 〈~ ladies' ear-drop〉 미2

1438 **fuck** [훸]: 〈게르만어〉, 〈의성어?〉, 씹하다, 실패하다, 망치다, 우라질, 〈1795~1965년간 영어사전에서 빠졌던 단어〉, 〈미국인들이 세 번째로 좋아하는 단어〉, 〈~ screw\bang'\mahi-mahi〉, 〈↔un-fuck\self-denial(이 말은 편자가 섭렵한 200여개의 반대말 중에 제일 맘에 드는 이의어임-thank God이란 말을 제치고-)〉 양2

1439 **fuck boy** [훸 버이]: ①치사한 놈, 〈~ cad〉 ②난봉쟁이(womanizer) ③남자 노리개, 〈~ sex slave〉 ④비역꾼 등 '진짜 씨발놈', 〈~ travesty\sod²\bugger〉 양2

1440 **fuck a-round** [훸 어롸운드]: 난교하다, 설레발치다, 〈학생들은 mess around라고 하세요〉 양2

1441 **fuck a-way** [훸 어웨이]: '꺼져 버려(!)', 〈~ sod off〉, 〈go away 대신 선생님들이 쓰는 말〉 양2

1442 *****fucked out** [훸트 아웃]: 〈너무 씹을 많이 해서〉 지친, 늙어 빠진, 〈~ buggered\exhausted〉 양2

1443 *****fucked up** [훸트 엎]: 〈조준을 잘 못해서〉 실패하다(당하다), 망치다, 〈사실은 fucked down이라고 해야 되는 것이 아닌지(?)〉, 〈~ screwed (or messed) up〉, 〈↔tango down〉 양2

1444 **fuck it** [훸 잍]: '씨발 ← 씹할', '엿 먹어라(!)', 〈~ what-ever\who cares〉 양2

1445 **fuck on you** [훸 언 유우]: '머저리 같은 놈', '꺼져(!)', 〈~ go to hell〉 양2

1446 **fuck you** [훸큐우]: '쓰발놈아!', '네미씨발!', '뒈져버려!', 〈~ clear off\get lost〉, 〈↔God bless you\hotep〉 양2

1447 **Fu·coid·an** [후코이단]: 〈1913년 스웨덴 과학자가 fucus란 곰팡이에서 축출한 것을 시초로〉 갈색 해초류에서 채취한 복합 당분으로 〈일본(Japanese)의 제조업체에 의하면〉 항암·면역력 증강 등 여러 가지 효능이 있다는 〈비싼〉 건강식품, 〈~ a poly-saccharide found in brown algae〉 수2

1448 *****FUD** (fear-un·cer·tain·ty-doubt) **fac·tor**: 〈잘 모르는 상대한테 데이트 신청을 받았을 때〉 공포·불확실성·의문(요소), 〈경쟁 상품을 취득하려는 고객에게 쓰는 작전〉 미2

1449 **fud·dle** [훠들]: 〈1580년대에 등장한 어원 불명의 영국어〉, 술 취케 하다, 혼란케 하다, 〈~ baffle\puzzle〉, 〈↔clear up\enlighten〉 양2

1450 **fud·dy-dud·dy** [훠디 더디]: 〈영국어〉, 시대에 뒤진, 진부한, 귀찮은, 〈← fussy dud〉, 〈~ fogy\dotard\fossil〉, 〈↔modern\liberal〉 양2

1451 **fudge¹** [훸쥐]: 〈← fadge(fit)?〉, 〈어원 불명의 영국어〉, 〈이것저것 섞어 얼렁뚱땅 만들었으나 아줌마들한테 먹혀든〉 (초콜릿·버터·우유·설탕 등으로 만든) 연한 캔디, 〈~ brownie\toffee〉 우1

1452 **fudge²** [훸쥐]: ①〈거짓말쟁이 선장 Fudge에서 연유했다는 썰이 있는 어원 불명의 영국어〉, 속임수를 쓰다, '얼버무리다', 임기변통(하다), 꾸며낸 이야기, 허튼소리, 〈~ fake\wangle〉, 〈↔rationality\common sense〉 ②fuck의 완곡한 표현 양2

1453 *****fudge fac·tor** [훸쥐 휅터]: 오차(범위), 실패를 예상하고 여유를 두는 일, 〈~ fake (or correction) factor〉 양2

1454 **fue·go** [후에이고우]: fire(스페인어), 화끈한 것(여자), 멋진 것, 〈~ volcano\sex-pot〉, 〈↔cold-ness\fridge〉 미2

1455 **fu·el** [휴우얼]: 〈← focus(hearth)〉, 〈라틴어〉, 연료, '기름', 장작, 자극하다, 부추기다, 〈~ power source\combustible\incite〉, 〈↔un-energize\stifle〉 가1

1456 *****fu·ga·zi** [휴게이지이]: 〈미국 속어〉 ①〈이탈리아계 뉴욕인들이 즐겨 쓰던〉 fake(가짜)의 우아한 말 ②'fucked·up-got ambushed-zipped in', (숲속에 포위되어) 꼼짝달싹 못하는 상태, 〈한국전·월남전에서 미군이 사용하던 말〉 우2

1457 **fu·gi·tive** [휴우쥐티브]: 〈← pheugein(flee)〉, 〈그리스어→라틴어〉, 〈← fugere〉, 도망치는, 일시적인, 덧없는, 도주자, 망명자, 〈~ escapee\refugee〉, 〈~ flee\flight〉, 〈↔confronting\lasting\leader〉 가2

1458 **Fu·gi-tive Slave Act**: 탈주 노예법, (1850년 북부 출신 필모아 대통령이 서명한) 도망친 노예들은 그 주인에게 돌려줘야 한다는 법, 〈~ returning escaped slaves to the enslaver〉 우2

1459 **fu·gi-tive war·rant** [휴우쥐티브 워어뤈트]: 지명수배, 〈~ extradition warrant〉 가2

1460 **fu-gu** [후구]: 〈일본어〉, sea+piglet, 하돈(바다에 살며 꿀꿀 소리를 내는 새끼 돼지), 복(bok)어, (간·난소·눈·피부에 〈해독제가 없는〉 독을 가진) 황복, 〈~ a puffer-fish〉 미2

1461 **fugue** [휴우그]: 〈← fuga(flight)〉, 〈라틴어〉, 푸가, 둔주곡 (여러 목소리나 악기가 노랫가락을 조금씩 바꿔서 반복하는 음악), 몽롱한 상태, 배회증, 〈~ flee\flight\fugitive〉, 〈~ break\escape〉, 〈→ dissociation〉 미2

1462 **Fu·ji¹** [후지], Moun·tain: immortal mountain, 〈아이누어?〉, 〈죽지 않는〉 '불사산', 부사(rich scholar; 아마도 학자들이 많이 살았다는 한자음과 비슷해서 생겨난 말인 듯함)산, 일본 혼슈 중앙에 위치한 커다란 덩치의 3,776m짜리 성층 휴화산, 〈~ Japan's tallest peak〉 수1

1463 **Fu·ji²** [후지], Film: 1934년 사진·필름 중심의 사업을 하다가 근래에 화장품·의약품 쪽으로 눈을 돌린 일본의 정밀화학 회사, 〈~ a Japanese technology conglomerate〉 수1

1464 **Fu·ji³** [후지], ap·ple: 1930년대 일본에서 두 개의 미국산 사과를 교배시켜 개발한 상큼하고 오래가는 사과, 〈~ Gala보다 덜 달고 tart flavor를 가짐〉 수2

1465 **Fu·ji·wa·ra** [후지 와라]: wisteria field, 등원 ①일본의 성 ②645년 소가 가문을 제어하고 1192년 바쿠후가 세워지기까지 일본을 주름잡았던 (외척) 세도 가문, 〈~ a powerful clan in Japan〉 수2

1466 **Fu·ku·shi·ma** [후쿠쉬마]: blessed island, 〈일본어〉, 복도, Tokyo 북부 220km 거리의 산악지대에 있는 항구로 2011년 3월 18,000명 이상의 사망자를 낸 강도 9.0의 지진과 쓰나미로 인해 그곳에 있던 원자력 발전소가 파괴되어(nuclear accident) 많은 방사능 물질이 유출되었음, 〈~ a Japanese port city〉 수1

1467 **Fu·ku·za·wa** [후쿠자와], Yu·ki·chi: 후쿠자와 유키치, 복택〈blessed pond〉유길, (1835-1901), 〈정한론을 주창하고 김옥균을 보호해 주면서〉 메이지 유신을 이끈 일본의 계몽사상가, 〈~ a Japanese philosopher and writer〉 수1

1468 **~ful** [~훌]: 〈영국어〉, 〈← full¹〉, 〈~로 가득한〉이란 뜻의 결합사 양1

1469 **Ful·bright** [훌브롸일], J.Wil·liam: 〈게르만어〉, bright people, '뛰어난 자', 풀브라이트, (1905-1995), 1946년 (대외) 국고 장학금 법을 상정한 미국의 외교정책 전문가 국회의원, 〈~ an American politician〉 수1

1470 **ful-fil(l)** [훌휠]: 〈게르만어〉, full+fill, 이행하다, 마치다, 충족시키다, 〈~ succeed in\accomplish〉, 〈↔fail\neglect〉 가1

1471 **fu·lig·i·nous** [휴울리쥐너스]: 〈← fuligo(soot)〉, 〈라틴어〉, 검댕의, 그을린, 가무스름한, 〈~ dusky\blurry〉, 〈↔bight\luminous〉 양2

1472 **ful·gent** [휠쥔트]: 〈← fulgere(shine)〉, 〈라틴어〉, 눈부시게 빛나는, 찬란한, 〈~ brilliant\luminous〉, 〈↔dim\dull〉 양2

1473 **full¹** [훌]: 〈← ful(entire)〉, 〈게르만어〉, '가득 찬', 충만한, 최대한의, 완전한, 같은 (친) 부모의, 〈~ fill〉, 〈~ topped up\complete\thorough〉, 〈↔empty〉 가2

1474 **full²** [훌]: 〈← fullo(launderer)〉, 〈어원 불명의 라틴어〉, 더운 물에 넣었다 꺼내다, (빨고 삶아서) 올을 촘촘하게 하다, 축융하다, 〈~ shrink and thicken〉, 〈↔bare〉 양1

1475 *****full add·er** [훌 애더]: 〈3개의 한자리 2진법 숫자를 받아들여 2개의 출력을 내는 논리회로의〉 전(체)가산기, 〈~ summer\sum of 3 binary digits〉 미2

1476 **full-back** [훌 백]: 후위, 〈~ blocking back〉 가1

1477 **full–blood·ed** [훌 블러디드]: 순종의, 혈기 왕성한, 〈~ pure-bred\all out〉, 〈↔half-blooded〉, 〈↔passion-less〉 가2

1478 **full-blown** [훌 브로운]: 만발한, 성숙한, 〈~ fully bloomed(developed·matured)〉, 〈↔partial\young〉 가2

1479 **Full Code** [훌 코우드]: 최대규준, 가능한 한 살릴 것, CPR 등 모든 방법(every-thing possible)을 동원해서 소생시키기를 원함, 〈↔DNR〉 우1

1480 **full du-plex** [훌 듀우플렉스]: 〈양쪽 방향으로 동시에 통신할 수 있는〉 (완)전 양방, 〈~ both directions simultaneously〉, 〈↔half-duplex는 동시에 보낼 수 없음〉 미2

1481 **full-end** [훌 엔드]: 끝장, 막판, 〈~ full (or dead) stop〉, 〈↔partial-end〉 가1

1482 **Ful·ler-ton** [훌러튼]: 〈← fuglere(bird catcher)〉, 〈영국어〉, '새를 잡는 자', 풀러톤, 〈개발업자의 이름을 따서〉 LA 동남부에 세워져 (한국인들이 많이 사는) 중소도시, 〈~ a city in northern Orange county〉 수1

1483 **full-fash·ioned** [훌 홰션드]: 꼭 맞도록 짠 (의복), 모두가 유행에 맞는, 〈~ one-of-a-kind〉, 〈↔out of fashion〉 미2

1484 *****full-fledged** [훌 훌렌쥐드]: 깃털이 다 난, 충분히 성숙한, 어엿한, 〈~ full-blooded(developed·matured)〉, 〈↔young\juvenile〉 양2

1485 *****full house** [훌 하우스]: 만원, 이기게 되는 패의 짜 맞춤, (포커에서) 같은 등급이 3장·2장씩 모아진 패, 〈~ max\abundance〉 가2 우2

1486 **full moon** [훌 무운]: 만월, 보름달, ⟨~ blood (or blue) moon⟩, ⟨↔crescent\new moon⟩, ⟨↔half moon⟩ 가2

1487 **full name** [훌 네임]: 성명, 함자, ⟨~ complete(entire) name⟩, ⟨↔initial⟩ 가2

1488 *****full of one-self** [훌 어브 원쎌후]: 자신만만한, 거만한, ⟨~ arrogant\put on airs⟩, ⟨↔humble\modest⟩ 양2

1489 **full-out** [훌 아웉]: 전면적인, 총력적인, 완전 인출(의), 행의 첫머리를 가지런히 한, ⟨~ full-blown\to the maximum⟩, ⟨↔partial\incomplete⟩ 가1 미2

1490 **full-scale** [훌 스케일]: 실물 크기의, 전면적인, 본격적인, ⟨~ extensive\sweeping⟩, ⟨↔empty\small scale⟩ 가1

1491 *****full-screen mode** [훌 스크륀 모우드]: 전 화면 방식(화면 전체⟨entire screen⟩를 사용하는 형태로 응용체제가 실행되는 방식) 양2

1492 *****full send** [훌 쎈드]: ⟨1990년대에 등장한 등산 용어에서 연유한 전산망 속어⟩, 강력한, 아낌없는, 죽기살기, ⟨~ full-throttle\hard-core⟩ 양2

1493 **full-ser·vice** [훌 써어뷔스]: 포괄적 봉사, (완)전 용역, ⟨~ comprehensive(complete) service\full package⟩, ⟨↔self-service⟩ 양1

1494 **full-size** [훌 싸이즈]: 보통(표준) 규격의, 등신대의, ⟨~ normal size⟩ 양1

1495 **full-stop** [훌 스탚]: 완전히 멈춤, 단락점, 종지부, ⟨~ period⟩ 양2

1496 **full-swing** [훌 스윙]: ⟨19세기 중반에 등장한 말⟩, 완전히 돌리기, 전심전력, 활개치기, ⟨~ full-blast⟩ 미2

1497 *****full-text search** [훌 텍스트 써어취]: 전문 탐색(필요한 자료를 찾기 위해 모든 문구를 검색하는 일), ⟨~ comprehensive search⟩ 미2

1498 **ful·mar** [훌머]: full(unpleasant+mor(seagull), ⟨북구어⟩, ⟨배에서 'foul' 냄새가 나는⟩ 풀머갈매기, 오리만한 통통한 몸매에 대롱 부리를 가진 회백색의 슴샛과의 물새(바다 제비류), ⟨~ petrel⟩, ⟨~ a tube-nosed seabird⟩ 수2

1499 **ful·mi·nant** [훨미넌트]: ⟨← fulminare(lighten)⟩, ⟨라틴어⟩, ⟨천둥·번개 치듯⟩ 울려 퍼지는, 폭발성의, 돌발적인, 급격히 진행하는, ⟨~ fiery\severe⟩, ⟨↔calm\mild⟩ 양2

1500 **ful-some** [훌썸]: full+some, ⟨14세기에 원래 의미로 등장했다가 19세기에 글쟁이들에 의해 뜻이 왜곡되었으나 20세기부터 본연의 의미를 찾아가는 말⟩, '풍부한, 포괄적인, 심한, 지나친, 불쾌한, 지겨운, ⟨~ ample\extensive\over-appreciative⟩, ⟨↔empty\incomplete⟩ 양2

1501 **Ful-ton** [훌턴], Rob·ert: 'Fullerton의 약자', 풀턴, (1765-1815), ⟨스티븐스보다 며칠 전에 공개 실험을 한⟩ 증기선을 발명한 미국의 기계 기사, ⟨~ an American engineer and inventor⟩ 수1

1502 **fum·ble** [훰블]: ⟨← fommelen(grope)⟩, ⟨게르만어⟩, '더듬다', 만지작거리다, 서투르게 다루다, 더듬질, 헛잡기, ⟨~ botch\stumble⟩, ⟨↔manage\succeed⟩, ⟨↔handle⟩ 양2

1503 **fume** [휴움]: ⟨← fumus(steam)⟩, ⟨라틴어⟩, 증기, 연무, 노여움, ⟨~ smoke\vapor⟩, ⟨~ enraged⟩ 양1

1504 **fu·mi·ga·tion** [휴우미게이션]: fumus(steam)+agere(do), 훈증(소독), 그슬림, ⟨~ dis-infect\spray⟩ 양1

1505 **fun** [훤]: ⟨← fonnen(gay play)⟩, ⟨영국어⟩, 즐거움, 재미, 장난, ⟨fool과 fond의 중간쯤 되는⟩ 우스개, ⟨~ pleasure\entertainment⟩, ⟨↔bore-dom\misery⟩ 가1

1506 **fu·nam·bu·lism** [휴냄불리즘]: ⟨라틴어⟩, funis(rope)+ambulare(walk), 팽팽한 줄 위로 걷기, 줄타기 곡예, 민첩, 명민, ⟨짱구 돌리기⟩, ⟨~ tight-rope walking\acrobatics⟩ 양2

1507 **func·tion** [훵션]: ⟨← fungi(perform)⟩, ⟨라틴어⟩, '기능', 구실, 의식, 직무, 함수, 기능의 기본적 조작(명령), ⟨~ mission\role\purpose⟩, ⟨↔mal-function\cause⟩ 가1 기2

1508 **func·tion key** [훵션 키이]: f key, 기능쇠(특정 기능을 갖는 자판상의 단자), ⟨~ command key⟩, ⟨~ alt\ctrl⟩ 미2

1509 **func·tion room** [훵션 루움]: ⟨여러모로 써먹을 수 있는⟩ 연회장(실), (돌·회갑 등을 위한) 소연회실, ⟨~ assembly room\reception hall⟩ 양2

1510 **fund** [훤드]: ⟨← fundus(bottom)⟩, ⟨라틴어⟩, ⟨'기초' 자금⟩, 기금, 축적, ⟨~ foundation⟩, ⟨~ reserve\finance⟩, ⟨↔de-fund\debt⟩ 가2

1511 **fun·da·men·tal** [훤더맨틀]: ⟨← fundus(bottom)⟩, ⟨라틴어⟩, '기반을 이루는', 기초의, 근본적, 필수의, 원칙의, 바탕, ⟨~ basic\elemental⟩, ⟨↔secondary\advanced⟩ 양2

1512 **fun·da·men·tal–ism** [훤더맨털리즘]: 근본주의, 정통파, ⟨~ idealism\orthodoxy⟩, ⟨↔realism\progressivism⟩ 양2

1513 **fun·do·shi** [훈도쉬]: ⟨못코·삼태기란 뜻의 일본어⟩, ⟨원래는 전국시대 옷감이 부족해서 군인들의 불알만 가렸던⟩ Japanese Pants, (좁고 긴 천으로 음부를 가리는) 남성 속옷, loin-cloth, ⟨~ tanga⟩, ⟨↔brassiere⟩ 수2

1514 **fund–rais·ing** [훤드 뤠이징]: 자금 조달, 모금, ⟨↔bank-ruptcy⟩ 양2

1515 **fu·ner·al** [휴우너뤌]: ⟨← funus(burial)⟩, ⟨라틴어⟩, ⟨시체를 처리하는⟩ 장례(식), 영결(식), ⟨~ death ceremony\burial⟩, ⟨↔ex-humation\birth⟩ 가2

1516 **fu·ner·al home** [휴우너뤌 호움]: 장의사, 장례회관, ⟨~ mortuary⟩, ⟨↔wedding hall⟩ 가2

1517 *****fun–fla·tion** [훤 훌레이션]: (공연·놀이동산 등) 오락 비용⟨entertainment cost⟩의 급등으로 인한 통화 팽창, '즐기는 물가상승' 미2

1518 **fun·gi·ble** [훤쥐블]: ⟨← fungi(execute)⟩, ⟨라틴어⟩, 실행할 수 있는, 대체 가능의, 대신할 수 있는, ⟨~ compatible\exchangeable⟩ 양2

1519 **fun·gus** \ fun·gi [훵거스 \ 훤쟈이]: ⟨라틴어⟩, mushroom, ⟨해면체의⟩ 곰팡이, '버섯', 균류(뿌리·줄기·잎·엽록소가 없는 단순 식물들), ⟨~ mold²\mildew⟩ 미2

1520 **funk¹** [훵크]: ⟨1737년에 등장한 영국어?⟩, panic, 겁, 움츠림, 공포, 겁쟁이, ⟨~ prat\wally⟩, ⟨↔encouraged\cheerful⟩ 가1

1521 *****funk²** [훵크]: ⟨17세기 말에 등장한 프랑스어?⟩, (퀴퀴한) '악취(tobacco smoke)⟩, ⟨소박한 블루스풍의 재즈에서 강력한 음률의 록으로 바뀌어 온⟩ '펑크' 음악(1959년 funky에서 떨어져 나온 말), ⟨~ a dance music⟩, ⟨~(↔)rap\hip-hop⟩, ⟨이것은 bass와 drum이 강조되고 punk는 electric guitar 위주임⟩ 가1 수1

1522 **fun·nel** [훤늘]: in+fundere(pour), ⟨라틴어⟩, ⟨속으로 따르는⟩ 깔때기, 굴뚝, 통풍통, 채광통, ⟨~ tunnel\pipe\tube\fistula⟩ 양1

1523 *****fun-sum-er** [훤 슈머]: fun+consumer, 'pleasure buyer', '도락 소비꾼', 재미로 물건을 사는 사람⟨콩글리시⟩ 우2

1524 *****fun-ter·ven·tion** [훤 터붼션]: fun+intervention, '재미 삽입', 사회생활의 차단으로 오는 지루함, 우울증 치료로 새로운 취미를 추구하는 ⟨재미 찾기⟩, ⟨Covid-19 후에 떠오르는 말⟩ 양2

1525 *****fun-ware** [훤 웨어]: 오락용 연성기기, ⟨~ fun and games⟩ 미2

1526 **FUO**: ⇒ fever of unknown origin 양2

1527 **fur** [훠얼]: ⟨← fodr(sheath)⟩, ⟨게르만어⟩, ⟨피부를 덮는⟩ 모피(제품), 모피 동물, 솜털 모양의 물건, ⟨~ hair\wool⟩, ⟨↔flesh⟩ 가1

1528 **fur·be·low** [훠얼벌로우]: ⟨← falbala(flounce)⟩, ⟨어원 불명의 프랑스어⟩, (요란한) 옷단 장식⟨꽃 모양의 가두리 장식⟩, 현란한 장식, ⟨~ flounce\frill⟩, ⟨↔mar\simplify⟩ 미1 양2

1529 **fur·bish** [훠얼비쉬]: ⟨← furben(clean)⟩, ⟨게르만어⟩, 닦다, 윤내다, 광내다, 새롭게 하다, ⟨~ polish\burnish⟩, ⟨↔break\bust⟩ 양2

1530 **Fur·bish louse-wort** [훠얼비쉬 라우스워얼트]: ⟨← furben(clean)⟩, ⟨게르만어⟩, ⟨여성 식물학자의 이름(Furbish)을 딴⟩ 미국 북동부에 서식하는 절멸에 가까운(lice repelling) 송이풀, ⟨~ a wood-betony⟩ 수2

1531 **Fu·ries** [휴어뤼즈]: 푸리아이, (그리스 신화에서) ⟨머리카락은 뱀이고 날개를 단⟩ 복수의 여신들(3자매), Erinyes, ⟨→ fury⟩ 수1

1532 **fu·ri·o·so** [휴어뤼오우소우]: ⟨← fury⟩, ⟨라틴어→이탈리아어⟩, 격렬하게, ⟨~ fierce⟩ 미2

1533 **fu·ri·ous** [휴어뤼어스]: ⟨← furere(be mad)⟩, ⟨라틴어⟩, 성난, 맹렬한, 무서운, ⟨~angry\enraged⟩, ⟨↔calm\placid⟩ 가2

1534 **furl¹** [훠얼]: firmum(firm)+ligare(lay), ⟨라틴어⟩, 개키다, 말아 걷다, 접다, 감다, ⟨묶어서 단단하게(firm) 하다⟩, ⟨~ curl\coil⟩, ⟨↔un-furl\spread out⟩ 가1

1535 *****furl²** [훠얼]: forward URL, 상용정보 모임창 보내기(전자우편으로 필요한 웹 주소를 보내주기) 우1

1536 **fur·long** [훠어러엉]: furh(furrow)+long, 〈영국어〉, (하루에 쟁기로 갈 수 있는) 밭고랑의 길이, 220yard, 1/8mile(약 201m), 〈경마(horse-race)용어〉 우1

1537 **fur·lough** [훠얼로우]: for+low(leave), 〈게르만어〉, 일시 해고(휴가), 〈허가 받고 떠나는〉 (임시) 휴가, 〈~ lay off\vacation〉, 〈↔hire\retain\corvee〉 양1

1538 **fur·nace** [훠어니스]: 〈← furnus(oven)〉, 〈라틴어〉, 아궁이, '화덕', 용광로, 혹독한 시련, 〈~ oven\incinerator〉, 〈↔freezer〉 양1

1539 **fur·nish** [훠어니쉬]: 〈← furnir(provide)〉, 〈게르만어〉, 공급하다, 비치하다, 갖추다, 〈설치하다〉, 〈~ supply\provide〉, 〈↔un-furnish\deprive\waste〉 가1

1540 **fur·ni·ture** [훠어니춰]: 〈게르만어〉, 〈furnish 된〉 가구, 세간, 부속품, 알맹이, 〈~ house-fittings〉, 〈~(↔)fixture\appliance〉 가2

1541 **fu·ror** [휴어뤄]: 〈← Furies〉, 〈그리스어→라틴어〉, 〈← fury〉, 격렬한 감정, 열광, 격노, 소동, 〈~ anger\rage〉, 〈↔calm\order〉 양2

1542 **fur·row** [훠어로우]: 〈← furh(trench)〉, 〈게르만어〉, 밭'고랑', 바퀴 자국, 깊은 주름, 이마의 주름, 〈~ groove〉, 〈↔un-fold\elevation〉 양2

1543 **fur·ry** [훠어뤼]: 모피(제)의, 환상적 극화, 사람과 같은 (성질의) 동물, 털복숭이, 〈~ hairy\shaggy wooly〉 양1 미2

1544 ***fur·ry fan·dom** [훠어뤼 홴덤]: 털 짐승 애호가, 인간 모습을 한 털 짐승에 매료된 특수문화, 〈~ animal custume enthusiasts〉 미2

1545 **fur seal** [훠얼 씨일]: (털) 물개, 해표, 미주 태평양 연안에 서식하는 암갈색의 겨드랑이털이 많은 강치, 〈~ sea-bear〉 미2

1546 **fur·ther** [훠어더]: 〈게르만어〉, 〈추상적인〉 far의 비교급, 게다가, 더욱이, 그 위에, 추후에, 〈↔nearer\closer〉, 〈farther는 more physical이고 이것은 more meta-physical한 개념임〉 가1

1547 **fur·ther-more** [훠어더 모어]: 더욱이, 더군다나, 게다가, 〈~ in addition〉, 〈↔however\instead\rather〉 가1

1548 **fur·thest** [훠어디스트]: far의 최상급, 가장 먼(멀리 떨어진), 〈↔nearest〉 가1

1549 **fur-tive** [훠얼티브]: 〈← fur(thief)〉, 〈라틴어〉, 몰래하는, 수상쩍은, 능글맞은, 〈도둑 맞은〉, 〈~ stealthy\surreptitious〉, 〈↔open\forthright〉 양2

1550 **fu·run·cle** [휴륑클]: 〈← fur(thief)〉, 〈라틴어〉, 〈피부의 진을 훔쳐 만든〉 절종, 종기, 등창, boil, 〈이것이 모이면 carbuncle이 됨〉 양2

1551 **fu·ry** [휘어뤼]: 〈그리스 신화의 Furies에서 연유한〉 격노, 열광, 광포, 표독, 〈~ rage\wrath〉, 〈↔calm\peace〉 가1

1552 **furze** [훠얼즈]: 〈← fyrs(whin)〉, 〈어원 불명의 영국어〉, gorse, gorsy, 바늘(가시) 금작화(금송화·금잔화) 〈잎은 둥근 피침형이고 황적색의 두상화가 줄기 끝에 피는 높이 30cm가량의 국화과의 풀〉, 〈~ whin\a pea family〉 미2

1553 **fuse** [휴우즈]: 〈← fundere(pour)〉, 〈라틴어〉, 신관, 도화선, 녹이다, 융합하다, '녹여서 합치다', 〈→ fusion〉, 〈~ combine\amalgamate〉, 〈↔separate〉 우2

1554 **fuse box** [휴우즈 박스]: '신관 상자', 두꺼비집, 〈~ circuit panel\junction box〉 양2

1555 **fu·se·lage** [휴우썰라쥐]: 〈← fusus(spindle)〉, 〈라틴어→프랑스어〉, (비행기의) 〈'방추형'〉 기체·동체, 〈~ main body of an air-craft〉 양2

1556 **fu·si·form** [휴우쥐 훠엄]: 〈← fusus(spindle)〉, 〈라틴어〉, 가운데가 굵고 양끝이 가는, 방추형(의), 〈~ cigar-shaped〉, 〈↔widening〉 양1

1557 **fu·sion** [휴우줜]: 〈← fundere(pour)〉, 〈라틴어〉, 〈← fuse〉 용해, 합병, 연합, 핵융합, 〈~ blending\bonding〉, 〈↔fission\separation〉 미2

1558 **fuss** [훠스]: 〈17세기에 등장한 아일랜드어〉, 〈의성어? \ 의태어?〉, 공연한 소란, 안달복달, 법석, 불평, 말다툼, 〈~ bustle[1]\ado\commotion〉, 〈↔agreement\harmony〉 양2

1559 **fus·ta·nel·la** [훠스터넬러]: 〈← phoustanella〉, 〈그리스어→라틴어→이탈리아어〉, fustian(Fostat)+ella, (그리스·알바니아에서 입던) 남자용 짧은 흰색 무명 스커트, 〈~ a short stiff skirt〉 수2

1560 **fus·tian** [훠스쳔 \ 훠스티언]: 〈이집트의 지명(Fostat)에서 유래한 라틴어〉, 짧은 보풀을 세운 능직 무명(cotton), 과장된 표현, 〈~ bold\arrogant〉, 〈↔plain\simple〉 수2 양2

1561 **fus·tic** [훠스틱]: 〈그리스어〉, 퍼스틱, 황목〈pistachio tree〉, 목재는 배나 가구를 만드는 데 쓰이고 그것에서 짜낸 카키색 염료는 군복을 물들이는 데 쓰였던 중남미산 뽕나뭇과의 열대성 낙엽관목·교목, 〈~ dyer's mulberry〉 미2

1562 **fus·ti-gait** [훠스티 게이트]: 〈← fustis(staff)〉, 〈라틴어〉, 몽둥이로 때리다, 벌주다, 혹평하다, 〈~ bash\whack〉, 〈↔compliment\approve〉 양2

1563 **fu·tile** [휴우틀 \ 휴우타일]: 〈← fundere(pour)〉, 〈라틴어〉, 〈정액이 '새 나가서'〉 쓸데없는, 하찮은, 무익한, 헛된, 〈~ fruit-less\worthless〉, 〈↔fertile\successful〉 가2

1564 **fu·tile ex·er·cise** [휴우타일 엑써싸이즈]: 헛수고, 죽은 자식 불알 만지기, 닭 쫓던 개 지붕 쳐다보듯, 〈↔success\mission accomplished〉 양2

1565 **fu-ton** [휴우타안 \ 후우타안]: 보단(cattail mass)〉, 〈중국어→일본어〉, '포단(calico mass)', 요(bed), 이부자리, (일본식) 침대 겸용 의자, 〈~ couch\day-bed〉 미2

1566 **fut-sal** [훝썰]: 〈스페인어〉, footsal, 풋살, 'salon에서 하는 football', 실내에서 하는 5인제 약식 축구 우2

1567 **fu·ture** [휴우춰]: 〈← futurus(about to be)〉, 〈라틴어〉, 〈신만이 알 수 있는〉 미래, 앞날, 내세, 선물(매매), '아직 일어나지 않은', '앞으로 일어날', 〈~ time to come\what lies ahead〉, 〈↔history\past〉 가1

1568 **fu·tur-ism** [휴우춰뤼즘]: 미래파(인습을 타파하고 새로운 국면을 개척하려고 기계문명의 힘·속도·박진감을 표현하는 1910년경에 일어났던 예술 운동), 〈~ sci-fi movement〉, 〈↔retro-futurism〉 가1

1569 ***fux** [훠스]: 〈전산망 속어〉, fuck and fix, 노력해서 고쳐 볼게, 〈~ try hard to fix〉 우2

1570 **fuzz** [훠즈]: 〈게르만어〉, fine fiber, 잔털, 괴깔, 보풀 털, 〈까다로운〉, 〈보풀 털로 안을 댄 투구를 쓰던 영국의〉 순경, 〈~ police officer\hairy〉, 〈↔civilian\bald〉 양1

1571 **fuz·zle** [훠즐]: 〈게르만어〉, 'fusel(bad liquor)', 〈조악한〉 술을 마시다, 술에 취하다, 〈~ make drunk〉 양1

1572 **fuzz-y** [훠지]: 보풀 같은, 희미한, 아찔한, 멍청한, 〈~ wuzzy\furry〉, 〈↔smooth\clear〉 양1

1573 ***fuzz-y log·ic** [훠지 라직]: 애매모호한 논리(논리 값이 0과 1로 나뉠 수 없는 중간적 '애매한' 요소를 가한 수학 이론), 〈~ questionable thinking〉, 〈↔accurate logic〉 미2

1574 ***FWIW** [휘 이브]: for what it's worth, '적당한 가격', '알아서 주십시오', '그것은 그것으로서', '정말인지 몰라도 중요한 거야' 미2

1575 **f-word** [에후 워어드]: fuck(씹)의 문어형 표현 양2

1576 **FX** [에후 엑스]: ①foreign exchange(외국환) ②fighter experimental(차기 전투기) ③special effects(특수 효과) 양2

1577 **FY** [에후 와이]: fiscal year, (역년과 일치하지 않을 수도 있는) 회계연도 양2

1578 **~fy** [~화이]: ~ify, 〈라틴어→프랑스어→영국어〉, become·make, 〈~하게 하다〉란 뜻의 접미사 양1

1579 ***fya** [화이아]: 〈흑인 영어〉, fye, fire의 강한 표현(흑인 용어), 열화, 격렬함 양2

1580 ***FYI**: ⇒ for your information, 참고로 (알려주면), 이를테면 미2

1. **G \ g** [쥐이]: 곡선을 그리고 던진 이에게 되돌아오는 막대기 모양을 딴 이집트의 상형문자에서 유래한 영어에서 16번째 정도로 자주 쓰이는 알파벳, 음 이름 '사(솔)', grand·gravity·gauge·gender·general·gold·grain·gram·good·German 등의 약자 수2

2. **GABA** [개버]: gamma-aminobutyric acid, 감마아미노 낙산, (중추신경세포 사이를 흐르는) 주로 억제기능을 가진 신경전달물질(neuro-transmitter) 수2

3. **gab·ar·dine \ gab·er·dine** [개벌디인]: 〈게르만어〉, 〈Kaftan 지방에서 온 순례자가 입는〉 개버딘, 능직 옷(trilled fabrics), 비스듬한 무늬로 짜인 방수복지, 중세 유대인의 헐거운 긴 옷, 〈~ a garment〉 미1

4. **gab·ble** [개블]: gab(무엇이나 삼키는 mouth)+ble, 〈네덜란드어〉, 〈의성어〉, 빨리 지껄이다, 재잘대다, 잘 알아듣지 못하는 말, 〈~ blabber〉, 〈↔articulate\eloquence〉 양1

5. **ga·ble** [게이블]: 〈← gaff(head)〉, 〈게르만어〉, 〈건물의 '전면'을 치장하기 위해 썼던〉 박공널(지붕의 석가래 끝을 가리기 위한 판자), 맞배지붕, 'ㅅ' 자 모양(의 두꺼운 널), 〈~ hipped roof〉 미1

6. **Ga·ble** [게이블], Clark: 〈프랑스어→영국어〉, triangle, '삼각산 밑에 사는 자', 게이블, (1901-1960), 다섯 번 결혼해서 두 명의 자녀를 둔 미국의 낭만적 인기 배우, 〈~ an American actor〉 수1

7. **Ga·bon** [개버엉]: 〈← gabao(cloak)〉, 〈포르투갈어〉, 〈소매 없는 외투 같은 강어귀를 가진〉 가봉, 〈슈바이처 박사가 살았고〉 1960년 프랑스로부터 독립한 아프리카 중서부 대서양 연안의 공화국, {Gabonese-Fr-(XA) Franc-Libreville} 수1

8. **Ga·bri·el** [게이브뤼얼]: gebher(man)+el(God), 〈히브리어〉, god is my strength, '하느님은 나의 주인', 가브리엘, 마리아에게 예수의 강림을 예고한 천사, 〈~ an arch-angel〉, g~; 트럼펫 주자(trumpeter) 수1 미2

9. **Gad·da·fi \ Gad·ha·fi** [가다피], Mu·am·mar: 〈아랍어〉, gift from Allah, '알라의 선물', 카다피 '대령', (1942-2011), 쿠데타로 정권을 장악하고 '제3 세계'를 외치면서 42년간 권좌에 있다가 미국이 주축이 된 반군에 의해 생포되어 사살된 〈우울증이 심했던〉 리비아의 극단주의 회교 독재자, 〈~ a Libyan revolutionary and politician〉 수1

10. **gad-fly** [개드 훌라이]: 〈← goad(javelin)〉, 〈게르만어〉, '침(으로 쏘는) 파리', 등에, 쇠파리, 귀찮은 자 〈소크라테스의 자작명〉, warble fly, 〈~ tsetse〉, 〈↔charmer\smoothie〉 양1

11. **ga·da·mai** [가다 마이]: 〈← gatamae(single)〉, 〈일본어〉, 홀자루, (위·아래 같은 색의) 정장, single (dress)-suits, 〈↔combi〉 수2

12. **gadg·et** [개쥍]: 〈← gauge(measuring device)〉, 〈프랑스어〉, 간단한 장치(도구), 〈유리를 다루던 쇠막대〉, 〈→widget〉, 〈~ appliance\tool\jigger〉 미1

13. **Gads-den Pur-chase** [개즈던 퍼얼췌스]: 개즈던 매입, 1853년 말 미국 피어스 대통령의 특사 개즈던〈Goth 족이 사는 소굴에 사는 자〉이 〈뉴올리언스에서 LA까지 남부 대륙횡단 도로용으로〉 멕시코로부터 남부 뉴멕시코와 남부 애리조나 지방의 7만 5천km²의 땅을 1천만 달러를 주고 사들여 (남부의 콧대를 세워준) '꿩 먹고 알 먹은' 장사, 〈~ part of westward expansion〉 수2

14. **gad·wall** [개드워얼]: 〈1666년에 등장한 어원 불명의 영국어〉, a gray duck, 〈색깔이 알록달록한〉 알락오리, 〈유라시아와 북미에 서식하며〉 날개에 흰 점이 있는 회갈색의 오리, 〈~ a dabbling duck〉 미2

15. **gad·zook·er·y** [개쥬커리]: 〈1945년에 등장한 영국어〉, '신의 갈고리〈God's hooks〉', '예수의 손톱', 교차로, (역사적인 서술의) 쌍곡선, (고풍스러운 문체를 쓰는) 의고체, 〈~ use of archaisms〉 양2

16. **Gae·a \ Gai·a \ Ge** [개여 \ 가여 \ 가이아 \ 게]: 가이아, 대지(earth)의 여신, 우라노스의 아내, 크로노스의 어머니, 〈~ 로마신화의 Terra Mater〉, 〈~ Mother Nature〉 수1

17. **gae-jang-guk** [개장국]: 〈한국어+중국어〉, 개고기(dog meat)와 야채·양념 등을 섞어 푹 고아 끓인 국, 멍멍탕, 영양탕, 보신탕, 단고기 국, spicy dog-meat soup 수2

18. **Gael** [게일]: 〈← wedus(wilderness)〉, 〈'사냥(wap)'을 하는 민족〉, 스코틀랜드 고지의 주민, 아일랜드의 켈트족, 〈~ Celtic〉 수1

19. **gae-ppul** [개뿔]: 〈한국어〉, dog-antler, '아무것도 없는', 별 볼 일 없이 하찮은 것, 〈~ 쥐뿔(rat-horn)〉, 〈~ jack-shit〉 수2

20. **Gae-seong** [개성]: open+gate, 〈성문을 열어놓고 사는 도시〉, 〈중국어→한국어〉, (서울에서 차로 북서쪽 한 시간 거리에) 지금은 북한에 있는 인구 약 30만의 해안에 근접한 도시로 Korea 왕국의 470여년 도읍이어서 유적지가 많고 남·북간 공공사업이 추진되고 있는 곳, ⇒ Go-ryeo 수1

21. ***GAFA** [가화]: Google·Apple·Facebook·Amazon('전산망을 통한' 거대 기업 집단)의 약칭 수2

22 **gaff** [개후]: ①⟨← gaf(grasp)⟩, ⟨게르만어→프랑스어⟩, '작살', 갈고리, ⟨~ barbed spear⟩ ②⟨어원 불명의 영국어⟩, gaffe, 싸구려, 속임수, ⟨~ bloop\mistake⟩, ⟨↔courtesy\un-deceive⟩ 양1

23 **gag** [개그]: ⟨영국어⟩, ⟨목이 막힐 때 나는 소리⟩, 재갈, 발언 금지, 웩웩거리다. 익살, 농담, ⟨~ jest\wise-crack\anecdote⟩ 양2

24 **gage** \ **gauge** [게이쥐]: ⟨← gager(measure)⟩, ⟨게르만어→영국어→미국어⟩, ⟨재는 막대⟩, 표준치수, 자, 범위, 측정기, ⟨→ wage⟩, ⟨~ measuring instrument⟩ 미2

25 **gag·gle** [개글]: ⟨영국어⟩, ⟨의성어⟩, 꽥꽥⟨quack⟩ 울다, 시끄럽게 떠들다, (거위 등의) 떼⟨crowd⟩ 양1

26 **gag-man(wom·an)** [개그 맨(워먼)]: 남자(·여자) 익살꾼⟨만담꾼⟩, ⟨~ comic⟩, ⟨↔tragedian\kill-joy⟩ 미2

27 **gai·e·ty** [게이어티]: ⟨← gaiete⟩, ⟨프랑스어⟩, ⟨← gay⟩, 유쾌, 쾌활, 환락, 화려함, ⟨~ cheer\joy⟩, ⟨↔misery⟩ 양1

28 **gail·lar·di·a** [게일라아디어]: ⟨프랑스 식물학자의 이름(Gailard⟨bold⟩을 딴⟩ 가일라디아, (하늘에서 내려온 사람 모양의) 천인국, 긴 타원형의 잎을 가지고 자줏빛 속꽃에 적색이나 황색의 겉꽃이 둘러싼 북아메리카 원산의 국화꽃, ⟨원주민 blanket의 pattern으로 흔히 쓰이는 데서 연유한⟩ blanket flower, ⟨~ an asteraceae⟩ 미2

29 **gain** [게인]: ⟨← weide(pasture)⟩, ⟨게르만어⟩, ⟨← gaaigner⟩, ⟨경작해서 \ 약탈해서⟩ 얻다, 벌다, 늘리다, 이득, 증가, ⟨~ obtain\profit⟩, ⟨↔loss⟩ 가1

30 **gain-say** [게인 쎄이]: ⟨14세기 부터 써오는 영국어⟩, gean(against)+seyen(say), 이의를 제기하다, 반박하다, 부인하다, ⟨일본말 '겐세이(gen-sey)'하고는 다른 말⟩, ⟨~ deny\dispute⟩, ⟨↔suggest⟩ 양2

31 **gait** [게일]: ⟨← gata⟩, ⟨북구어→스코틀랜드어⟩, ⟨'gate'(관문)를 통과하는⟩ 걸음걸이, 진행, ⟨~ step\tread⟩, ⟨crawl\block⟩ 가1

32 **Ga·la** [가알러]: 갈라, 1930년경 뉴질랜드에서 개발된 오렌지색이 도는 붉은 색깔의 향기롭고 연한 사과, ⟨Fuji보다 mellower하고 sweeter함⟩ 수2

33 **ga·la** [게일러 \ 갤러]: ⟨← wale(riches)⟩, ⟨네덜란드어→프랑스어→스페인·이탈리아어⟩, ⟨← gale⟩, 갈라, 축제, 대회, 화려한, ⟨~ celebration\festival⟩, ⟨↔sad\somber⟩ 양2

34 **ga·lac·tose** [걸랙토우스]: ⟨← galaktos ← gala(milk)⟩, ⟨그리스어+영국어⟩, 포도당과 함께 '젖당'을 구성하는 ⟨우유에서 나온⟩ 탄수화물, ⟨~ glucose lactique\brain sugar⟩ 우1

35 **Ga·la·pa·gos** [걸라아퍼고우즈]: ⟨'자라(torroise)'의 스페인어⟩, 갈라파고스(제도), ⟨찰스 다윈이 탐험했던⟩ 에콰도르(Ecuador) 서쪽에 있는 화산섬으로 진귀한 동물들의 보고임 수1

36 ***ga·la·pa·go·za·tion** [걸라아파고제이션]: ~ syndrome, '고립화', ⟨일본같이⟩ 내부만 바라보다 주변과 단절된 독특한 문화를 형성하는 현상, ⟨~ isolated development⟩ 우2

37 **Ga·la·tians** [갈레이션즈]: ⟨Gaul 족이 살았던 터키 내륙지방의⟩, 갈라디아서, (이교도를 개종시키기 위해) 사도바울이 갈라디아 지방 교인들에게 보내는 훈화(Epistle)를 엮은 신약성서(New Testament)의 한 편 수2

38 **gal·ax·y** [갤럭씨]: ⟨← gala(milk)⟩, ⟨그리스어⟩, 'milky way', 은하, 기라성, 화려한 것 가1

39 **gal·bi** [갈비]: ⟨한국어⟩, ⟨← 가리(branch)?⟩, ⟨여럭가락으로 찢어진⟩ 옆구리 뼈(살), (short) rib, 그것을 양념하여 고온에 구운 것, ⟨~(↔)bulgogi⟩ 수2

40 **gale¹** [게일]: ⟨← gaile(wind)⟩, ⟨어원 불명의 유럽어⟩, ⟨← gol\yell?⟩, 강풍, 폭풍, 폭발, ⟨광적인⟩ 환희, 외치다, 노래하다, ⟨→ gala\gallant⟩, ⟨~ cyclone\wind-storm⟩, ⟨↔breeze\quiet⟩ 양1

41 **gale²** [게일]: ⟨← gagel(myrtle)⟩, ⟨영국어⟩, sweet-gail, 들버드나무 미2

42 **Ga·len** [게일런], Clau·di·us: ⟨그리스어⟩, ⟨침착한(calm) 자⟩, 갈레노스, (130-200), 검투사 출신 그리스의 의사·해부학자, ⟨~ a Greek physician⟩ 수1

43 ***gal-en·tine** [갤렌타인]: gal(girl)+ valentine(여성 정인)이 축하하는 2월 13일, ⟨친한 여자 친구들끼리 모이는 날⟩, 동성애를 하지 않는 여성끼리 부르는 '애인', ⟨미국의 직장 연속물에 등장한 말⟩, ⟨↔malentine⟩ 우2

44 **ga·lette** [걸렡]: ⟨flat cake란 뜻의 게르만어→프랑스어⟩, (대개 과일 조각을 섞은) 단단한 pancake, '프랑스 빈대떡' 우2

45 **Gal·i·lee** [갤럴리이]: ⟨'district'란 히브루어⟩, 갈릴리, 팔레스타인(Palestine)의 북쪽에 있는 예수의 활동 무대 수1

46 **Ga·li·le·o** [갤럴레이오우 \ 갤럴리이오우], Gal·i·le·i: 'Galilee에서 온 자', 갈릴레오, (1564-1642), 지동설을 주장하다 연금당한 이탈리아의 물리학자·천문가, 〈~ an Italian polymath〉 수1

47 **gal·in·gale** [갤링게일]: 〈← khalanjan〉, 〈아랍어→라틴어→프랑스어〉, 방동사니(뿌리에서 향내가 나는 작은 왕골 비슷한 식초과의 한해살이풀), 〈← ginger〉, 〈~ Chinese ginger\European sedge〉 미2

48 **gal·i·ot** [갤리얼]: 〈← galea(name of a shark)?〉, 〈그리스어→라틴어→프랑스어〉, 소형 갤리(galley)선, 돛과 노로 움직이는 작은 쾌속정 우1

49 **gall¹** [거얼]: 〈← khole(greenish yellow)〉, 〈그리스어→라틴어→게르만어〉, '담즙', 쓸개즙, 쓴 것, 원한, 철면피, 담황색(beige), 〈~ bile〉, 〈~ acrimony\impudence〉 양2

50 **gall²** [거얼]: 〈← galls(oak-apple)〉, 〈라틴어〉, (기생충 등과 수액이 뭉쳐진) 충영, 옹두리, (잎·줄기·뿌리 등에 생기는) 혹, nut-gall, 〈~(↔)tumor\wart〉 양1

51 **gal·lant** [갤런트]: 〈프랑스어〉, 〈← gale(rejoyce)〉, '즐거운', 씩씩한, 화려한, 활량(한량), 장부, 〈~ valiant\virile\musculine〉, 〈↔un-gallant\cowardly\rude〉 양1

52 **gall blad·der** [거얼 블래더]: 〈게르만어〉, 쓸개, 담낭, 〈~ chole-cyst\'bile sac'〉 가1

53 **gal·ler·y** [갤러뤼]: 〈← Galilee?〉, 〈라틴어〉, 〈갈릴리 교회의 현관을 닮은〉 화랑, 미술관, 좁고 긴 방, (경기등) 관람석, (골프 시합 등의) 구경꾼, 〈교회당의 입구〉, 〈~ museum\exhibit〉 양2

54 **gal·ley** [갤리]: 〈← galea(name of a shark)?〉, 〈그리스어→라틴어→프랑스어〉, galee, 갤리선, 돛과 노로 움직이는 고대 군함, 〈~ a long low ship〉 우1

55 **gal·liard** [갤리어드]: 〈프랑스어〉, 〈← gay〉, 16~17세기에 유행했던 경쾌한 3박자의 둘이서 추는 춤, 〈~ valiant〉, 〈~ a Renaissance dance〉 수2

56 **gal·li·um** [갤리엄]: 〈Lecoq이란 프랑스 화학자가 'cock'이란 자기 이름을 로마식(gallus)으로 변조한〉 갈륨, 〈반도체로 쓰이는〉 희금속원소 (기호 Ga·번호31), 〈~ a chemical element〉 수2

57 **gal·lon** [갤런]: 〈← galleta(pail)〉, 〈켈트어→라틴어〉, '사발', 4quarts, 미국-3.785L, 영국-4.546L 수2

58 **gal·lop** [갤럽]: 〈프랑스어〉, 〈의성어〉, 최대 속도의 구보, 질주하다, 활발한 춤, 〈~ wallop\dash\sprint〉, 〈↔stroll\creep\rack\amble〉 미2

59 **Gal·lo·way** [갤러웨이]: gall(foreigner)+Gaidheal(Gael) '이상한 겔트인' 〈켈트와 스칸디나비아 혼혈족이 살던〉 스코틀랜드 남서부의 지명, 갤러웨이 원산의 말이나 소, 1982년에 설립된 미국의 세계적 골프 장비 제조회사, 〈~ region in S-W Scotland\an American golf-equipment manyfacturer〉 수1

60 **gal·lows** [갤로우즈]: 〈← galga(stake)〉, 〈게르만어〉, 〈galy 나무로 만들었던〉 교수대, 2개의 기둥에 지름대를 댄 것, 〈~ scafold\hanging plat-form〉 양1

61 **gall stone** [거얼 스토운]: 담석, 쓸갯돌, 〈~ chole-lith\biliary calculus〉 가1

62 **Gal·lup Poll** [갤럽 포울]: 1935년 G. 갤럽〈'도약하는 자'〉이 창설한 미국 여론(public opinion) 조사(기관) 수1

63 **ga·lop** [갤럽]: 〈프랑스어〉, 〈← gallop〉, 2/4 박자의 경쾌한 곡, 〈~ wallop〉 수2

64 **ga·lore** [걸러얼]: 〈← go leor(enough)〉, 〈아일랜드어〉, 많은, 풍부한, 〈~ plenty\sufficient〉, 〈↔poor\sparse〉 양2

65 **ga·losh** [걸라쉬]: kalon(wood)+pous(foot), '나막신', 〈그리스어→라틴어→프랑스어〉, over·shoes, (방수용) 고무 덧신, 〈← gallicula ← caligula(조그만 군화)〉 우2

66 **ga·lumph** [걸럼프]: 〈영국어〉, gallop+triumph, 의기양양하게 걷다, 육중하게 걷다, 〈↔stand-still\slide〉 양1

67 **Gal·va·ni** [갤봐아니 \ 가알봐아니], Lu·i·gi: 〈← Gavin(hawk?)〉, '매', 갈바니, (1737-1798), 생체 전기자장을 발견한 이탈리아의 의사·생리학자, 〈~ an Italian physician〉 수1

68 **gal·va·nize** [갤붜나이즈]: 〈← Galvani〉, 전기를 통하다, 활기를 띠게 하다. (아연)도금하다, 〈~ energize\gild〉 미2

69 *****gam** [갬]: ①〈영국어〉, 〈뱃사람들의 환성에서 연유한?〉 (고래 등의) 떼, (고래잡이 선원들의) 교제, 자랑하다, 〈~ whales\hails〉 ②〈프랑스어〉, (여자의) 날씬한 다리, 〈~ gamba\gammon〉 양2

70 **gam·bas** [갬버스]: 〈← gamba(leg)〉, 〈라틴어→스페인어〉, 〈접는 다리를 가진〉 감바스, (각종) 새우, 〈~ shrimp\scampi〉 양2

71 **Gam·bi·a** [갬비어]: Ba(the)+Dimma(river), 〈'강'이란 뜻의 원주민어에서 연유한〉 감비아, 1965년 영국으로부터 독립하였으며 세네갈에 둘러쌓인 서아프리카의 조그만 공화국, {Gambian-Eng-Dalasi-Banjul} 수1

72 ***gam·bit** [갬빝]: 〈← gamba(leg)〉, 〈라틴어→이탈리아어〉, 〈레슬링에서 딴지(gamba) 걸기로 경기를 시작한 데서 유래한〉 행동의 시작, 초반 첫수, 선수, 책략, 실마리, 계기, 〈~ ploy\ruse\power play〉, 〈↔un-dock\frank-ness〉 양1

73 **gam·ble** [갬블]: 〈← gamenian(play)〉, 〈영국어〉, 〈← game〉, 도박(하다), 노름, 모험, 투기, 〈~ bet\risk〉, 〈↔guarantee\abstain〉 가1

74 **gamb·ler's fal·la·cy** [갬블러스 휄러시]: 도박꾼의 착각, 같은 형태가 계속 나타나면 다음에는 다른 형태가 나타날 것 같은 기분, 〈~ deceptive biases〉 양2

75 **game** [게임]: 〈← gamenian(play)〉, 〈게르만어〉, 〈← back·gammon?〉, 놀이, 장난, 경기, 승부, 수법, 〈기쁨을 위한〉 사냥감, 〈→ gamble〉, 〈~ contest\sport\fun〉, 〈↔idle-ness\labor〉 양2

76 **game ar·cade** [게임 아아케이드]: 오락실, 유계(지붕이 있는) 놀이상가, 놀이 집합소 미2

77 **game bird** [게임 버어드]: 엽조, 사냥감 새, 합법적으로 잡을 수 있는 새, 〈~ hunting bird〉 양1

78 ***game-cast** [게임 캐스트]: 스포츠 실황 중계방송, 〈~ sport-broadcast〉 미2

79 ***game–chang·er** [게임 췌인줘]: 〈1982년 운동경기 용어로 등장한〉 판을 바꿔 놓을 수 있는 획기적인 일이나 사람, 전환점, 승부수, 변수, 〈~ revolutionary\turning point〉 양2

80 **game plan** [게임 플랜]: 경기 계획, 작전, 전략, 〈~ scheme\strategy〉 양1

81 **game-play** [게임 플레이]: (전산망 놀이에서) 독특한 경기 방식, 경기 수법, 〈~ game-story\game-design〉 미2

82 **game play** [게임 플레이]: 놀이, 경기, 승부수, 〈~ fun\sport\winning move〉 양1

83 **game point** [게임 포인트]: 결승점, 득점, 〈~ climax\match point〉 양1

84 **game room** [게임 루움]: 오락실, 카드놀이장 양1

85 **game set** [게임 쎝]: 경기 종료, 〈콩글리시〉, 〈영어로는 game end가 유사어임〉 양2

86 **game show** [게임 쑈우]: 놀이, 흥행, 승부전, TV의 오락 경기 우2

87 ***game the·o·ry** [게임 씨이어뤼]: 경기이론, 불확정한 요소 중에서 승리하기 위한 수학이론 〈상대가 믿어주면 자기도 믿고 상대가 속이면 자기도 속이면 결국 '또이또이'가 된다는 가설이나 처음부터 속이려고 작정한 놈들은 당할 재간이 없다는 오류가 있음〉, 〈~ probability calculus\choice theory〉 양2

88 **gam·ma** [개머]: 〈'camel' 같이 생겼다는〉 감마, 그리스어의 셋째 글자, 세 번째, 백만분의 일, 감광물의 명암 정도를 나타내는 말, 〈~ the 3rd letter of Greek alphabet\one nano-tesla\degree of contrast〉 수2

89 ***gam·mon** [개먼]: ①〈라틴어에서 유래한 프랑스어〉, 햄, 돼지다릿〈gamba〉살 ②〈영국 정치 용어〉, 〈얼굴이 ham같이 붉으락푸르락해지면서 하는〉 억설, 허튼소리, 사기, 〈~ bull-shit\non-sense〉, 〈↔un·deceive\expose〉 양2

90 **gam·ut** [개멑]: 〈그리스어 gamma에서 연유한 영국어〉, 〈원래는 최저(gamma)음〉, 전 음역, 색조의 전 영역, 전반적, 〈~ range\spectrum〉, 〈↔height\limitation〉 미2

91 **gan·der** [갠더]: 〈← gandra〉, 〈게르만어〉, 수거위(male goose)(기러기), 〈암컷이 없으면 아무것도 못하는〉 얼간이, 별거 남, 〈기러기 아빠〉, 〈→ gannet〉, 〈~ simpleton\turkey〉 양2

92 ***gan·der par·ty** [갠더 파아티]: 남자만의 모임, 〈~ stag party〉, 〈↔hen party〉 양2

93 **Gan·dha·ra** [건다롸]: 〈산스크리트어?〉, 〈← gandha(perfume)〉, 〈향료의 고장?〉, 간다라, 알렉산더 대왕의 원정으로 '그리스식 불교미술'이 융성했던 인도반도의 서북부 지방, 현재 고급 마리화나 재배지로 유명한 Kush 지방, 〈~ Afghanistan\Parkistan〉 수1

94 **Gan·dhi** [가안디 \ 갠디], In·di·ra: 〈← gandha(perfume)〉, 〈힌디어〉, '향료 장수', 간디, (1917-1984), 초대 수상 네루의 딸로 15년간 수상을 하면서 국수주의적 정책을 펴다가 시크파 경호원들에게 암살당한 〈모한다스 간디와는 친척이 아닌〉 인도의 여걸, 〈~ former prime minister of India〉 수1

95 **Gan·dhi** [가안디 \ 갠디], Mo·han·das: 간디, (1869-1948), 〈파키스탄에 유화정책을 펴다가 암살당한〉 인도의 변호사 출신 (비폭력주의) 민족해방 운동가, 〈~ an Indian independence activist〉 수1

96 **gang** [갱]: ⟨← gangan⟩, ⟨게르만어⟩, ⟨앞으로 'going'하는⟩ 한 떼, 일당, 패거리, 폭력단, (들소의) 떼, ⟨~ circle\band⟩, ⟨↔loner\coterie⟩ 미2

97 *****gang bang** [갱 뱅]: ⟨← gangan(go)⟩, ⟨함께 나가서 조지는⟩ 윤간, 몰매, ⟨~ debauch\fling\orgy⟩ 미2

98 *****gang-bust-er** [갱 버스터]: 폭력단 단속 경찰관, 강력계 경찰, 대성공, ⟨~ law-man\mega⟩ 미2

99 **Gan·ges** [갠쥐이즈]: Gan·ga, ⟨river란 뜻의 산스크리트어⟩, '젖줄', 갠지스강, ⟨힌두교에서 그 강물에서 죽으면 천당에 간다고 믿는⟩ 히말라야에서 시작해서 벵골만으로 흐르는 인도의 강, ⟨~ a river in India⟩ 수1

100 **gang-jeong** [강정]: jian(hard)+bing(rice cake), ⟨중국어→한국어⟩, ⟨견병→강정⟩, 찹쌀을 기름에 튀기고 조청을 발라 굳힌 후 네모나게 자른 과자, 찹쌀과자, fried rice cookie 수2

101 **gan·gli·on** [갱글리언]: ⟨그리스어⟩, ⟨작은 공(small tumor) 모양의⟩ 신경절, 신경세포 밀집체, 활동의 중심, ⟨~ core\hub⟩ 양2

102 **Gang-nam Style** [강남 스타일]: (2010년 Psy가 부른 경쾌한 노래에서 연유한) 한국의 신도시 강남⟨한강의 남쪽(south of Han river)지방⟩의 부유하고 자유분방한 생활양식, ⟨~ a nouveau riche life style⟩ 수2

103 **gang-ster** [갱스터]: ⟨영국어⟩, 폭력배, 악한, ⟨← gang⟩, ⟨↔police\citizen⟩ 양1

104 **gang-up** [갱 엎]: 단결, 조직적 습격, ⟨~ teaming up\mobbing⟩, ⟨↔break-up⟩ 미2

105 **gang-way** [갱 웨이]: gangan(go)+way, ⟨영국어⟩, 출입구, ⟨'going'하는⟩ 통로, 갱도, 현문, ⟨~ corridor\passage-way⟩ 양1

106 **gan-jang ge-jang** [간장게장]: ⟨한국어+중국어⟩, soy sauce+marinated raw crab, 게를 간장에 넣고 젓을 담근 반찬, salted crab juice 수2

107 *****gank** [갱크]: ⟨1987년에 등장한 영국어⟩, 훔치다, (소형 무기로) 처형하다, 영상 경기에서 약자 죽이기, ⟨← gangster?⟩, ⟨~ steal\kill⟩ 양1

108 **gan·net** [개닡]: ⟨← ganot(sea fowl)⟩, ⟨게르만어⟩, ⟨← gander⟩, (북양) 가마우지⟨까만 날갯깃에 흰 몸통을 가진 커다란 바닷새로 고기떼 위를 선회하는 경향이 있음⟩, ⟨pelican보다 부리가 짧고 더 날씬함⟩, ⟨~ petrel\shear-water⟩, ⇒ solan 미2

109 **gan·try** [갠트뤼]: ⟨← kanthon(rafter)⟩, ⟨어원 불명의 그리스어에서 연유한 영국어⟩, '네모격자', (기중기의) 받침대, 로켓 발사 정비탑, (고속도로 위에 안내문을 매달은) 신호교, ⟨~ shanty⟩, ⟨~ board\frame\steel bar⟩ 우1

110 **Gan·y·mede** [개느미이드]: ganumai(rejoyce)+medea(intention), ⟨그리스어⟩, '기쁨을 주는 자', 가니메데스, 신들의 술 시중꾼, 미남 동성애자, 목성의 제일 큰 위성, ⟨~ a Greek hero\Jupiter's moon⟩ 수1

111 **GAO** [가아오우]: ⇒ Government Accountability Office 미1

112 **Gap¹** [갶]: ⟨세대차⟨gap⟩를 타파한다고⟩ 1969년에 창립된 미국의 세계적 의류 제조·판매업체(상품명), ⟨~ an American clothing and accessories retailer⟩ 수1

113 **gap²** [갶]: ⟨← gapa(yawn)⟩, ⟨북구어⟩, ⟨← gape⟩, 금, 틈, 짬, 간격, 차이, 협곡, ⟨→ gate⟩, ⟨~ crack\aperture⟩, ⟨↔continuity\blockage⟩ 양2

114 **gape** [게이프 \ 갶]: ⟨← gapa(yawn)⟩, ⟨북구어⟩, 입을 벌리다, 놀라다, 하품하다, ⟨→ gap⟩, ⟨~ open up\wonder⟩, ⟨↔close\connect⟩ 양2

115 **gap-jil** [갑질]: ⟨한국어⟩, high handed act, power trip, 고귀한 신분의 사람이 '꼴값' 떠는 짓, (윗자리에 있는 사람의) '오만'하고 권위적 행동 수2

116 **gap the·o·ry** [갶 씨어뤼]: 간격 이론, 창세기에 나오는 day는 실제 24시간이나 그 사이에 수억·수천만 년의 간격이 있었다는 성경해석 입장, ⟨~ ruin-restoration creationism⟩, ⟨↔day-age creationism⟩ 미2

117 **gap year** [갶 이어]: '간격 년', 휴학 기간, 보통 고등학교 졸업 후 대학 입학 허가를 받아놓고 ⟨인생 체험을 위해⟩ 1~2학기 '쉬는' 제도, ⟨~ sabbatical year\year off⟩, ⟨~(↔)leap year⟩ 미2

118 **gar** [가알]: ⟨게르만어⟩, '창(spear) 물고기', 동갈치, (주로 북미에 서식하며) ⟨살은 먹을 수 있으나 알은 독성이 강한⟩ 사납고 욕심 많은 가늘고 긴 (민)물고기, 실고기, needle·fish, ⟨← auger⟩, ⟨~ gar-pike\javelin-fish⟩ 미2

119 **ga·rage** [거롸아쥐]: ⟨← waron(protect)⟩, ⟨프랑스어⟩, ⟨비·바람을 피하는⟩ 차고, 자동차 정비소, ⟨~ car port\repair shop⟩, ⟨↔parking lot⟩ 가1

120 **ga·rage sale** [거롸아쥐 쎄일]: 파치(중고품) 염가 판매, 차고 정리 판매, ⟨~ boot sale\rummage sale⟩, ⟨~(↔)yard sale⟩ 미1

121 **Ga·rand** [거랜드 \ 개륀드]: 〈프랑스어〉, '보증된 자〈guaranteed〉', 개런드, 캐나다 출생 John G.가 고안해서 1936년부터 쓰기 시작한 (미국의) 반자동 소총, M-1 소총, 〈~ a semi-automatic rifle〉 수2

122 **garb** [가알브]: 〈← garawen(prepare)〉, 〈게르만어〉, 〈우아한(grace)〉 복장, 의상, 〈gear up하려고 차려입은〉 외관, 〈~ garments\out-fit〉, 〈↔dis-robe\strip〉 양2

123 **gar·bage** [가아비쥐]: 〈← garba(곡초의 다발; sheaf)?〉, 〈게르만어→프랑스어〉, 쓰레기, 폐기물, 잡동사니, 〈~ refuse\waste〉, 〈↔treasure\assets〉 가1

124 **gar·bage col·lec-tion** [가아비쥐 컬렉션]: 쓰레기 수거, 폐품 수집, 기억장치 중 쓸모없는 것을 모아 버리고 공간을 만드는 기술, 〈~ automatic free-up of memory space〉 가1 미1

125 **gar·bage dis-pos–al** [가아비쥐 디스포우즐]: 쓰레기 처분기, 〈~ garburator\waste disposal〉 미1

126 *__gar·bage time__ [가아비쥐 타임]: 쓰레기 시간, (운동 시합 때 이미 판세가 결정된 후) 〈정예 선수·바쁜 사람은 다 떠나고〉 '쓰레기'들만 남아있는 시간, 〈~ waste time\dilly-dally〉 미2

127 **Gar·bo** [가알보우], Gret·ta: 〈이탈리아계 이름〉, '우아(grace) 자', 가르보, (1905-1990), 스웨덴 출신의 신비에 싸였던 여배우, 〈~ a Swedish-American actress〉 수1

128 **gar·den** [가아든]: 〈← gartin(yard)〉, 〈게르만어〉, 〈울타리를 두른〉 뜰, 정원, 공원, 화원, 채소밭, 〈~ plot\lawn〉, G~; '정원사', 〈↔building\indoor〉 양2 수1

129 **gar·den bal·sam** [가아든 버얼썸]: 봉선화, (예전에 한국의 소녀들이 손톱에 물을 들이던) 봉숭아, 〈~ impetiens balsamia\touch-me-not〉 미2

130 **gar·den beet** [가아든 비이트]: '정원 근대', 붉은 근대, table beet, ⇒ red beet 미2

131 **gar·den-er** [가아드너]: 정원사, 원정, 원예가, 〈~ garden-keeper\horticulturist〉 양1

132 **gar·de·ni·a** [가아디이니어]: 〈스코틀랜드 박물학자의 이름(Garden)을 딴〉 가데니아, 치자나무(꽃), 향기롭고 밀랍 같은 흰색 꽃을 피우는 꼭두서닛과의 상록활엽관목, 〈~ cape jasmine〉 미2

133 **gar·den par·ty** [가아든 파아티]: 원유회, 야외 모임, 정원 회식 미2

134 **garde-robe** [가알드 로우브]: guard+robe, (옷을 감춰두는) 옷장, 장롱, 침실, 사실, 변소, 〈~ closet\ward-robe〉 양2

135 **Gar-field** [가아휘일드], James: 〈← gar(triangle)〉, 〈영국어〉, '모서리 땅'에 사는 자, 가필드, (1831-1881), 가난한 농부의 아들로 태어나 독학으로 대학 학장까지 하고 정치가로 변신하였으며 취임 4개월 만에 〈관직을 준다고 했다가 주지 않은 한 선거지원자에 의해〉 암살된 다재다능했던 20대 공화당적 미국 대통령, {Preacher President}, 〈~ 20th US President〉 수1

136 **gar·gan·tu·an** [가알갠츄언]: 〈프랑스어→영국어〉, 〈16세기 말에 나온 프랑스 소설 속에 나오는 거인 왕의 이름에서 연유한〉 거대한, 엄청난, 원대한, 〈~ gigantic\behemoth〉, 〈↔tiny\minuscule〉 수2

137 **gar·gle** [가아글]: 〈← gurgulio(throat)〉, 〈라틴어→프랑스어→영국어〉, 양치질(하다), '양치질 소리', 목을 헹구다 (가시다), 〈~ rinse\swill〉, 〈↔sip\absorb〉 양1

138 **gar·goyle** [가아거일]: 〈← gurgulio(throat)〉, 〈라틴어→프랑스어〉, 〈'gargle' 소리를 내는 목구멍같이 생긴 것〉, 이무깃돌, 괴물 형상의 낙숫물받이, 괴물상, 석누조(물홈돌), 〈~ gutter\monster〉 미1

139 **Gar·i·bal·di** [개뤼버얼디], Giu·sep·pe: gaizaz(spear)+baldraz(bold), 〈게르만어→이탈리아어〉, '창을 쥔 자', 가리발디, (1807-82), 엠마누엘 2세를 도와 이탈리아를 통일시킨 장군, 〈~ an Italian general〉, g~; ①〈영국에서 출시된〉 건포도(currants)를 넣고 살짝 구운 양과자(biscuit) ②(여성·어린이용) 헐거운 덧옷, 〈미국 남북 전쟁때 NY의 Italian이 주축이 된 Garibaldi Guard의 복장에서 연유한〉 loose fitting blouse ③(남캘리포니아산) 자리돔과의 물고기, 〈~ Catalina (or marine) gold-fish\a damsel-fish〉 수1 수2

140 **gar·ish** [게뤼쉬]: 〈← gawren(stare)?〉, 〈어원 불명의 영국어〉, 지나치게 화려한(야한), 번쩍번쩍 빛나는, '삐까번쩍', 〈~ gaudy〉, 〈~ bling\flamboyant〉, 〈↔drab\plain〉 양2

141 **gar·land** [가알런드]: 〈← wiara(wire)?〉, 〈어원 불명의 프랑스어〉, 화환, 영관, 꽃 장식, 명구집, 시가선, 피부미용에 쓰이는 영양추출물, 〈~ festoon\lei〉 양1

142 **gar-lic** [가알릭]: gar(spear)+leek, 〈영국어〉, '창' 모양의 쪽구근으로 된 (중앙 아시아 원산의) 마늘, '쪽 부추', 〈~ stinking rose〉, 〈~(↔)mustard〉 가2

143 **gar·ment** [가아먼트]: ⟨← garnir(adorn)⟩, ⟨프랑스어⟩, ⟨'garnish'된⟩ 의복(한 벌), ⟨몸을 덮어주는⟩ 옷, 외관, ⟨~ garnish⟩, ⟨~ attire\custume\out-fit⟩, ⟨↔strip\dis-array⟩ 양1

144 **gar·ner** [가아너]: ⟨← granum⟩, ⟨라틴어⟩, ⟨'grain'(곡식)을⟩ 모으다, 저장하다, ⟨~ gather\accumulate⟩, ⟨↔spread\distribute⟩ 양2

145 **gar·net** [가아닡]: ⟨← granum(grain)⟩, ⟨라틴어⟩, ⟨색깔이 'pomegranate' 같은⟩ 석류석, 규산염 광물, 1월의 탄생석, 심홍색, ⟨~(↔)almandine\ruby⟩ 미2

146 **gar·nish** [가아니쉬]: ⟨← garnir(adorn)⟩, ⟨게르만어⟩, ⟨꾸며놓는⟩ 장식, 수식, (음식 위에 얹는) 고명, 압류하다, 호출하다, 지키다, ⟨→ garment⟩, ⟨~ decorate\adorn⟩, ⟨↔divestment\uglify⟩ 양2

147 **gar·ret** [개륃]: ⟨← werian(protect)⟩, ⟨프랑스어⟩, '망루', 다락방, 초라한 작은방, 사람의 머리, ⟨→ garrison⟩, ⟨~ attic\loft⟩, ⟨↔basement⟩ 양1

148 **gar·ri·son** [개뤼슨]: ⟨← garnir(adorn)⟩, ⟨게르만어⟩, 수비대, 요새, 주둔병, '지킴이'(guard), ⟨← garret⟩, ⟨~ military detachment\fortress⟩, ⟨↔empty\un-guarded⟩ 양1

149 **Gar·ter** [가아터]: ⟨어원에 대해 말이 많은 켈트어⟩, 가터, (1348년 이래 1천여 명에게 수여된) 영국의 고위 기사 훈장, '띠 훈장', ⟨~ a British Order⟩ 수1

150 **gar·ter** [가아터]: ⟨← garet(shank)?⟩, ⟨어원에 대해 말이 많은 켈트어⟩, '장딴지', '무릎 끈', 양말(스타킹) 대님, 셔츠 소매를 올리는 끈, ⟨~ a band to hold up a stocking or sock⟩, ⟨~ suspender belt⟩ 우2

151 **gar·ter snake** [가아터 스네이크]: 뜰에서 서식하며 독이 없는 미국산 '줄무늬' 뱀, ⟨~ ring-neck snake⟩ 우1

152 *__Gart-ner hype cy·cle__* [가아트 하이프 싸이클]: ⟨1990년대에 전산망에 뜬 말⟩, 미국의 정보기술 연구·자문회사인 가트너⟨인명 ← gardner⟩사가 제시한 (기술 촉발→기대→환멸→각성→생산 안정의 5단계의) 기술 혁신 곡선, ⟨~ maturity of an emerging technology⟩, ⟨← Dunning-Kruger effect⟩ 수2

153 **gas** [개스]: ⟨17세기 중반에 벨기에 화학자가 주조한 말⟩, ⟨그리스어→네덜란드어⟩, ⟨chaos에 가득찬⟩ 기체, 연료, 휘발유(gasoline), 방귀, ⟨~ air\fuel\fart⟩, ⟨↔liquid\solid\electric⟩ 양1

154 **gas-bag** [개스 배그]: 공기주머니, 허풍선이, 수다쟁이, ⟨~ wind-bag\braggart\chatter box⟩ 양1

155 **gas burn·er** [개스 버어너]: 기체 연소기, 석유 난로, ⟨~ gas jet (or stove)⟩, ⟨↔electric burner⟩ 미2

156 **gas cham·ber** [개스 췌임버]: 기체 처형실, 도살실, ⟨~ death chamber\poison room⟩ 양1

157 **gas·con·ade** [개스커네이드]: ⟨프랑스의 'Gascony' 지방 사람들처럼⟩ 과장을 잘하는, 허풍쟁이의, 뻥을 까는, ⟨~ brag\hot-air⟩, ⟨↔minimize\play down⟩ 수2

158 **gas fur·nace** [개스 훠어니스]: 기체 아궁이, 기체 화덕(용광로), ⟨↔coal (or electric) furnace⟩ 양1

159 **gas grill** [개스 그릴]: 기체 석쇠, 기체 구이판, ⟨↔electric (or coal) grill⟩ 미2

160 *__gash__* [개쉬]: ⟨← charassein(engrave)⟩, ⟨그리스어⟩, 깊이 베인 상처, '갈라진' 틈, 여성의 성기('샬틈새')⟨18세기 중반에 등장한 영국 속어⟩, ⟨~ fanny\honey-pot⟩, ⟨↔prick\wang⟩ 양1

161 **gas·ket** [개스킽]: ⟨← garcette(rope end)?⟩, ⟨어원 불명의 프랑스어⟩, 틈 메우는 물건, (욕조나 수채 등의) 틈막이 액체 마개, 돛 묶는 밧줄, ⟨~ seal\stopper\washer\a cord⟩ 우2

162 *__gas–light·ing__* [개스 라이팅]: ⟨1944년 미국의 영화제목에서 연유한⟩ (기체) '연소 작전', 점화, (심층 연애학에서) 상대방의 열등의식을 부추겨서 종속적 인간관계를 형성하게 만드는 ⟨정신적 학대⟩, ⟨~ manipulation\emotional abuse⟩, ⇒ play cat and mouse 우2

163 **gas mask** [개스 매스크]: 방독면, '독기 가리개' 양1

164 **gas-o·hol** [개써허얼 \ 개스하알]: ⟨그리스어+아랍어⟩, (보통 10%의) 알코올⟨alcohol⟩을 섞은 휘발유 미2

165 **gas-o·line** [개썰리인 \ 개설리인]: gas+oleum(oil), ⟨그리스어+라틴어⟩, 휘발유, '기체로 변하는 액체 연료', petrol의 미국식 용어, ⟨↔bunker (c) oil\diesel⟩ 가1

166 **gas ov·en** [개스 어븐]: 기체 솥, 기체 화덕(가마), ⟨↔electric oven⟩ 미2

167 **gasp** [개슾]: ⟨북구어⟩, ⟨의성어·의태어⟩, ⟨입을 벌리고⟩ 헐떡거리다, 숨이 차다, 갈망하다, ⟨~ wheeze\pant⟩, ⟨↔relax\life-less\whoops⟩ 양1

168 **gas ped·al** [개스 페들]: 가속 발판, 연료 투입 발판, ⟨~ accelerator pedal⟩ 양1

169 **gas range** [개스 뤠인쥐]: 기체 조리대, ⟨↔electric range⟩ 미2

170 **gas sta·tion** [개스 스테이션]: 주유소, 급유소, 〈~ service station〉 양1

171 **gas stove** [개스 스토브]: 기체 난로, 석유풍로, 〈↔electric cook-top〉 미2

172 **gas tank** [개스 탱크]: 기체 저장통, 연료통 양1

173 **gas·tric** [개스트릭] \ gas·tro~ [개스트로~]: 〈← gaster(stomach)〉, 〈그리스어〉, 〈몽땅 삼키는〉 위(장)의 양1

174 **gas·tron·o·my** [개스트라너미]: gastro(stomach)+nomos(law), 〈그리스어〉, (음식 맛을 탐구하는) 미식학, 〈편자가 나이들어 관심을 갖기 시작한〉 요리학, (특정) 요리법, 〈~ culinary science〉, ⇒ bon vivant 양2

175 **gas·tro-pod** [개스트너뤄 파드]: stomach+foot, 〈배로 기어가는〉 복족류, (달팽이·고둥 등의) 외판동물(uni-valves), 〈~ flattened muscular foot〉 미2

176 *****gas up** [개스 엎]: ①휘발유를 채우다, 〈~ fill up〉 ②기고만장하다, 〈~ elated〉 ③더 재미있게 하다, 〈~ gear up〉 미2

177 **gas well** [개스 웰]: 유정, 기체연료 채취장, 〈~ oil well〉, 〈↔coal-mine〉 양1

178 **gat** [갓]: 〈← 가리다(shield)〉, 〈한국어〉, 말총(horse-hair)을 엮어서 원통형의 모자와 원반형의 차양을 합쳐 만든 관모(top hat), 〈조선시대 사대부가 사람을 대할 때 반드시 써야했던〉 예모, 흑립, Korean biretta 수2

179 **GATE** (gift·ed and tal·ent·ed ed·u·ca·tion): 〈편자는 흙수저를 물고 나와 받아보지 못했으나〉 초등학교 4학년쯤 담당교사가 특정분야에 '천부적 재능'이 있는 (5% 이내의) 아동을 발견해서 특수교육을 시키는 〈속성영재교육〉 미2

180 **gate** [게이트]: 〈← geat(door)〉, 〈게르만어〉, 〈열려있는〉 문, 탑승구, 통로, 추문의 발생처, 하나의 논리나 기능, (반도체 회로에서) 전류의 흐름을 통제하는 기구, '관문', 〈→ gait〉, 〈→ gap〉, 〈~ passage\portal〉, 〈↔barricade\blockade〉 양1 우1

181 **ga·teau** [개토우]: 'cake'의 프랑스어, 가또, 과자 미2

182 **gate bar** [게이트 바아]: 빗장, 문 차단봉, 〈~(↔)cross-bar〉 양1

183 **gat-ed com·mu·ni·ty** [게이티드 커뮤니티]: 차단 주택지, 경비소가 있는 주택단지, 〈~ access-controlled community\residential enclave〉 미2

184 **gate-fold** [게이트 호울드]: (책의) 쪽장, 접지, (잡지 등의) 〈열어 보라고〉 접어 넣은 지면, 〈~ page\center-fold\fold-out〉 양2

185 **gate–keep·er** \ gate-man [게이트 키이퍼 \ 게이트 맨]: 문지기, 수위, 감시자, 〈~ door-man\guard〉 양1

186 **gate-post** [게이트 포우스트]: 문기둥, 〈~ support\up-right〉 가1

187 **Gates** [게이츠], Bill: '성문(gate) 근처에 사는 자', 게이츠, (1955-), 〈둘 다 머리 좋고 끈기가 있으나 편자와는 달리 결단력이 있어서〉 하버드 법학 예과에 들어갔으나 어려서부터 관심있던 컴퓨터에 매료되어 2년 후에 때려치우고 Microsoft사를 창업한 거물 사업가로 뭐가 뒤틀렸는지 2021년 이혼을 선언함, 〈~ an American businessman〉 수1

188 *****gate-way** [게이트 웨이]: 문, 출입구, 통로, 수단, 서로 다른 전산망을 연결하는 장치, 〈~ access\approach\portal〉 양1 미2

189 **gate-way drug** [게이트 웨이 드뤄그]: 입문 약물, 초보 마약, 〈~ soft drug\introductory drug〉, 〈↔hard drug〉 양1

190 **gath·er a-round** [개더 어롸운드]: 주위(둘레)에 모이다, '집합!', 〈~ assemble\bunch up〉 양1

191 **gath·er·ing** [개더링]: 〈← gader〉, 〈게르만어〉, 〈함께('together')〉 모임, 집회, 채집, 〈열매를 모으는〉 수확, 〈정보를 모아 하는〉 추측, 〈~ aggregation〉, 〈↔disperse〉 가2

192 **Gat·ling** [개틀링]: 〈← gateling(companion)〉, 〈게르만어〉, '동반자', (1861년 미국의 개틀링이 발명한) 다총신·회전식 기관총, 〈~machine gun〉 수2

193 *****ga·tor** [게이터]: 〈영국어〉 ①악어(alligator) ②〈악어같이 입을 벌리고 환호하는〉 재즈 열광자, 〈~ jazz-mania〉 ③경쟁사 전산망 기지를 들어가 자사의 광고를 게시하는 자, 〈~ advertisement snapper〉, 〈그 밖에도 여러 속어로 쓰이는 말〉 우2

194 **Ga·tor-ade** [게이터뤠이드]: 〈'Gator'(플로리다 축구팀)를 고무하려고 합성한 말〉, 게토레이, 1965년에 도입되어 현재 펩시(Pepsi) 회사가 운영하는 미국 청량음료의 하나 (상표명), 〈~ an American sports drink〉 수1

195 **Gats·by** [개츠비]: ⟨← gaddr(farm on a hill spur)⟩, ⟨북구어⟩, '영국 Gaddesby 지방에 사는 자', 옛 애인의 관심을 끌려고 부정한 수단으로 큰 부자(millionaire)가 됐다가 비명에 간 소설의 주인공, ⟨~ a fictional charactor⟩ 수1

196 **GATT** [갵]: General Agreement on Tariffs and Trade, 1947년에 창립되어 1995년 WTO로 확대 개편되었으나 ⟨아직도 많은 조항이 유효한⟩ (세계)관세 및 무역에 관한 일반협정 미1

197 **gauche** [고우쉬]: ⟨← gauchir(warp)⟩, ⟨프랑스어⟩, left handed, 왼손잡이의, 서투른, 어색한, awkward, ⟨↔elegant\sophisticated⟩ 양2

198 **gau·cho** [가우초우]: ⟨← kaucu(friend)⟩, ⟨남미 스페인어⟩, '친구', 남미 목동, 스페인 사람과 인디언의 잡종, ⟨~ buckaroo\herdsman⟩ 수2

199 **Gau·di** [가우디], An·to·ni: ⟨← gaudere(enjoy)⟩, ⟨라틴어→스페인어⟩, '명랑한 자', 가우디, (1852-1926), 바로셀로나에 「성가족 성당」 등을 남긴 카탈로니아의 ⟨현대주의⟩ 건축가 수1

200 **gaud-y** [거어디]: ⟨← gaudere(rejoice)⟩, ⟨라틴어→영국어⟩, ⟨커다란 장식용 빵⟩, 화려한, 번지르르한, 야한, ⟨~ arabesque\showy⟩, ⟨~ mestizo⟩, ⟨↔modest\plain⟩ 양2

201 **gauge \ gage** [게이쥐]: ⟨← gage(pledge)⟩, ⟨게르만어→영국어⟩, ⟨← gager(measure)⟩, 표준치수, 자, 범위, 방법, 계기, (철로의) 궤간, ⇒ gage 미1

202 **Gau·guin** [고우갱], Paul: ⟨'Goth'인⟩, 고갱, (1848-1903), ⟨남태평양에서 10년간 살다가 죽은 뒤에 유명해진⟩ 프랑스의 후기 인상파 내지는 초기 표현주의 화가, ⟨~ a French painter⟩ 수1

203 **Gaul** [거얼]: ⟨켈트어에서 유래한 라틴어⟩, '이방인(foreigner)의 땅', 골, 갈리아, 켈트족의 땅, 프랑스, ⟨~ Gallia Celtica⟩ 수1

204 **gaunt** [거언트]: ⟨← gand(thin pole)⟩, ⟨북구어→영국어⟩, 수척한, 황량한, ⟨~ skeletal\haggard⟩, ⟨↔chubby\plump⟩ 양2

205 **gaunt-let** [거언틀럳]: ⟨← want(mitten)⟩, ⟨네덜란드어⟩, ⟨← gant⟩, 갑옷의 손가리개, 긴 (가죽) 장갑⟨glove⟩, 몰매 (gantlet; 중세에 주로 파렴치범들이 병사들이 서 있는 줄 사이로 뛰어가면서 구타당하던 형벌), 도전(중세의 기사들이 결투를 신청할 때 장갑을 던져서 그것을 줍는 사람과 결투가 이루어진 데서 연유한 말), ⟨~ group beating\challenge⟩ 우1

206 **gauss** [가우스]: '거위⟨goose⟩ 사육자', (독일 수학자의 이름⟨Gauss⟩을 딴) 전자 단위, 1만분의 1 tesla에 해당하는 자력, ⟨~ unit of magnetic induction⟩, ⟨~ magneto-meter는 저강도 자력 측정기⟩ 수2

207 **Gau(o)-ta·ma** [가우터미]: gauh(ox)+tama(greatest), ⟨산스크리트어⟩, 고타마, '소의 자손', 석가모니의 성, ⟨~ Buddha⟩ 수2

208 **gauze** [거어즈]: ⟨← gaze⟩, ⟨프랑스어⟩, ⟨'Gaza' 지방에서 처음 생산된⟩ 사, 성기고 엷은 천, 가는 철망, ⟨~ cloth\bandage\filament⟩ 우2

209 **gave** [게이브]: give의 과거 가2

210 **gav·el** [개블]: ⟨1795년에 등장한 어원에 대해 말이 많은 미국어⟩, 망치, 의사봉, 사회봉, ⟨← gafol(tribute)?⟩, ⟨~ hammer\mallet⟩ 양2

211 **ga·vi·al** [게이뷔얼]: ⟨힌디어⟩, ⟨주둥이가 ghara(인도물동이) 같이 생긴⟩ gharial, ⟨무섭게 생겼으나 사람은 해치지 않는⟩ 인도(India)산 턱과 몸이 긴 (멸종위기의) 악어⟨crocodile⟩ 우1

212 **gawk-y** [거어키]: ⟨영국어⟩, ⟨'gauche'(왼손)같이⟩ 서투른, 어색한, 얼빠진, ⟨~ awkward\tawpie⟩, ⟨↔graceful\adroit⟩ 양2

213 **gay** [게이]: ⟨← gai(lively)⟩, ⟨어원 불명의 프랑스어⟩, '명랑한', 화려한, 방탕한, ⟨환희에 중독된⟩ 동성애(자)의⟨1950년대에 정립된 말⟩, ⟨→ gaiety⟩, ⟨~ queer\homosexual⟩, ⟨↔gloomy\straight\lesbian⟩ 양1

214 **Gay Lib·er-a-tion** [게이 리버뤠이션]: 동성애자 해방운동 양2

215 **gay pow·er** [게이 파워]: 동성애자 권익신장 시위 양2

216 **Ga·za Strip** [가아저 스트뤂]: ⟨← azzah(strong city)⟩, ⟨히브리어⟩, '견고한 도시', 가자협지(지구), 이스라엘 남서부에 인접한 항만 지역, 삼손이 죽은 곳, ⟨~(↔)West Bank⟩, ⟨~ a Palestinian territory⟩ 수1

217 **gaze** [게이즈]: ⟨← gasa(stare)⟩, ⟨북구어→영국어⟩, 뚫어지게 바라보는 '응시', 주시, 시선, (너구리 등의) 떼, ⟨~ fixed look\intent look⟩, ⟨↔glance\ignore⟩ 가2 양2

218 **ga·ze·bo** [거지이보우]: gaze+ebo(I shall), 〈1752년에 건축가가 주조한 영국어+라틴어〉, 〈'gaze'하는!〉 가제보, 노대(노천에 쌓은 축대), 소형 전망대, 정자, 〈~ pavillion\kiosk〉 미2

219 *****ga·zelle** [거젤]: 〈← ghazal(a small antelope)〉, 〈아랍어〉, 동아프리카산의 예쁜 영양, 〈~ goa〉, 〈영양처럼 도약하는〉 성장주의 중소기업, 〈~ a young fast-growing enterprise〉 수2

220 **ga·zette** [거제트]: 〈← gazzetta(magpie)〉, 〈이탈리아어〉, 가제트, '수다쟁이?', 신문, 공보, 학보, 정기 간행물, 〈신문 한 부 값에 해당되었던 옛 베니치아의 소액 화폐〉, 〈~ newspaper\periodical〉, 〈↔suppressed\withheld〉 미2

221 **ga-zil·lion** [거질리언]: 〈1977년 zillion이 변형된 미국 구어〉, 엄청난 수, 어마어마한, 〈~ zillions\whole bunch〉, 〈↔ bits\handfuls〉 양2

222 **gaz·pa·cho** [거즈 파아쵸]: 〈아랍어→스페인어〉, 가스파초, soaked bread, (잘게 썬 야채·고추·올리브 등을 넣고 만들어)〈차게 먹는〉 매콤하고 걸직한 국물, 〈~ a cold spicy soup〉 우1

223 **GDP**: ⇒ gross domestic product 미2

224 **gear** [기어]: 〈← gearu(ready)〉, 〈북구어〉, '장비', 진동장치, 변속기, 요구, 조정하다, 〈~ tool\apparatus〉, 〈↔dis-arrange\dis-order〉, ⇒ sleeping gear 미2

225 **gear down** [기어 다운]: 감속, 억제하다, 〈~ slow down\decelerate〉, 〈↔gear-up\accelerate〉 양2

226 **gear shift** [기어 쉬후트]: 변속 지레, 속도 변환 장치, 〈~ gear-stick\shift lever〉 미2

227 **gear stick** [기어 스틱]: 변속 지레, 변속 단장(짧은 막대), 〈~ gear shift〉 미2

228 **gear up** [기어 엎]: 가속, 촉진하다, 〈~ gas up\accelerate〉, 〈↔gear-down\decelerate〉 양2

229 **geck·o** [게코우]: 〈말레이어〉, 〈의성어〉, (전 세계에 걸쳐 더운 지방에 서식하며 '게코~게코' 하고 울면서) 〈수직으로 된 유리면도 걸어갈 수 있는〉 도마뱀붙이, 〈~ moon lizard\small lizard with stichy feet〉 미2

230 **GED¹**: ⇒ general educational development 미1

231 **GED²**: ⇒ general equivalency diploma 미1

232 **gee¹** [쥐이]: 〈영국어〉, Jesus의 완곡한 표현, 저런, 아이구머니나, 〈~ golly\gosh〉 양2

233 **gee²** [쥐이]: 〈영국어〉, 〈의성어〉, (말·소에게) 이러, 어디여, 오른쪽으로 돌다, 〈~ turn to the right〉, 〈↔haw〉, 재촉하다, 〈~ go fast\speed up〉 양2

234 *****geek** [기이크]: 〈← geck(fool)〉, 〈게르만어〉, '얼간이', 엽기적인 것을 보여주는 흥행사(1916), 지겨운 녀석, 성실한 학생(1950), 외골수, '전산기 도사', 〈~ nerd\dork\twit\otaku〉, 〈↔hep〉 미2

235 **Gee-ly** [기일리]: ji(lucky)+li(auspicious), 〈중국어〉, 길리, '吉利', 1986년 저장성에서 냉장고 제조업체로 시작해서 1997년에 자동차 제조업으로 전환하고 2010년에 Volvo를 인수한 중국에서 떠오르는 지주회사, 〈~ a private Chinese conglomerate〉 수2

236 **geese** [기이스]: goose의 복수형 미2

237 **geez** [쥐이즈]: 〈영국어〉, jeez, Jesus의 속어, 쳇, 이런, 제기랄 양2

238 **gee·zer** [기이저]: 〈영국어〉, 〈← guise(dis-guise)?〉, 괴상한 늙은이, 〈고대 에티오피아 말 게이즈(Geez)어 쓰기를 고집하는!〉 꼰대(kkon-dae), 〈~ kook\coot\moss-back〉, 〈↔avatar\newbie〉 양2

239 **Ge·hen·na** [기헤너]: 〈히브리어〉, 'Hinnom의 골짜기', 게헨나, 예루살렘(Jerusalem) 근교의 쓰레기통, 〈타는 듯이 뜨거운〉 초열지옥, 고난의 땅, 〈~ the valley of wailing\hell〉 수2

240 **GEICO** [가이코우]: 가이코, Governmenr Employees Insurance Company, '공무원 보험회사', 1936년 위험부담이 적은 군속을 대상으로 시작하여 1996년 Berkshire Hathaway에 흡수되었고 〈우스꽝스러운 광고를 많이 하는〉 미국의 자동차 중심 '사립' 보험회사, 〈~ an American auto-insurance co.〉 수2

241 **gei·ger tree** [가이거 트뤼이]: 현란한 주홍색의 커다란 뭉치꽃을 피우는 중남미 원산의 지치과의 상록관목, 〈~ scarlet cordia\a borage〉, 〈플로리다 비행사 John Geiger('violin' 제조자)를 추모하기 위해 지은 이름〉 우1

242 **gei-sha** [게이셔]: skillful girl, '기교가 뛰어난 자', 게이샤, 예기, 일본의 〈다방면으로 기술이 좋아야 하는〉 '기생'(접대부), 〈술 시중꾼〉, 〈↔samurai〉, 〈↔husband〉(편자가 가능한 두개의 반대말을 쓰고자 wife라고 썼다가 맞아 죽을까봐 고쳐썼음), 〈원칙적으로 매춘(prostitution)은 금지되었으나 정인(lover)는 가질 수 있음〉 수2

243　*ge·kyume [게큐움]: (암살당한 미국 연예인이 만들어 낸) 〈내세·이상·3차원 등의 뜻을 가진〉 조작어, 〈~ higher plane of thought〉 양2

244　gel [젤 \ 겔]: gelatin, 〈끈적끈적한〉 교질용액이 응고한 반고체, 〈~ jell〉, 〈↔melt\thaw〉 우1

245　gel·a·tin(e) [젤라틴]: 〈← gelare(freeze)〉, 〈라틴어〉, gel, 갖풀, 정제한 아교, 한천, 우무, 〈~ hydrolyzed collagen\agar\isinglass〉, 〈↔rugged\non-adhesive〉 미1

246　*gel·a·tin sil·ver-print [젤라틴 실붜 프륀트]: 〈교질과 은가루를 바른 박막을 현상한〉 흑백사진(black-and-white photograph) 가1

247　ge·la·to [젤라아토우]: Italian ice cream, 비교적 소량의 유지방(lower milk fat)에 향료를 첨가하고 공기 유입을 적게 하여 만들어서 보통 아이스크림보다 밀도가 높고(denser) 맛이 진한 빙과 수2

248　Gel·dof [겔도후], Bob: gift of god(?), 〈벨기에어〉, '신의 선물', 겔도프, (1954-), 펑크록으로 1970년대 말부터 1980년대 초까지 인기를 끌었던 아일랜드 출신의 대중가수·작가·자선사업가·남성 운동가, 〈~ an Irish singer and political activist〉 수1

249　gem [젬]: 〈← gemma(bud)〉, 〈라틴어〉, 〈꽃봉오리 같은〉 보석, 주옥, 귀중품, 일품, 〈~ precious stone\jewel〉, 〈↔dregs\junk〉 양2

250　Gem·i·ni [줴미나이]: 〈← geminare(to double)〉, 〈라틴어〉, 제미니, '쌍둥이'(별)자리, 5월 22일~6월 21일 태생, 미국의 2인승 우주선, 〈~ the twins〉 수1

251　gem-(m)ol·o·gy [젬말러쥐]: 보석(감정)학, 〈~ lapidary〉 양2

252　gems-bok [젬즈박]: chamois(an antelope)+buck, 〈독일어〉, 겜즈복, 남아프리카산의 길고 뾰족한 뿔을 가진 큰 영양, 〈~ oryx〉 수2

253　gem-stone [젬 스토운]: 보석용 원석, 보석, 〈~ gem\jewel〉, 〈↔scrap\trinket〉 양2

254　ge·mut·lich·keit [거뮤우틀리 카잍]: 〈독일어〉, 평온한 마음, 쾌적함, 푸근함, 친절함, 〈~ cordiality\friendship〉, 〈↔malevolence\hatred〉 양2

255　~gen [~쥔 \ 젠]: 〈← gignesthai(be born)〉, 〈그리스어→프랑스어→영국어〉, 〈~을 내는 것·~에서 나온 것〉이란 뜻의 접미사 양1

256　gen·der [줴더]: 〈라틴어〉, 〈← genus ← gene(origin)〉, 성, 성별, 〈세 가지가 있는〉 '인간의 종류', 〈→ genre〉, 〈~ sex\kind¹〉, 〈↔non-gender\un-sex〉 가1

257　gen·der-ben·der [줴더 벤더]: 성별 왜곡자, (전기 접속기의) 자웅 변환기, 〈~ lady-boy\drag\transvestite\AC/DC〉 양2

258　gen·der gap [줴더 갶]: 남녀의 성별 차이(간격), 〈~ gender disparity(inequality)〉 양2

259　gene [쥐인 \ 쥔 \ 젠]: 〈← gen(produce)〉, 〈그리스어〉, 유전(인)자, '생물을 발생시키는 것', 〈→ genus\gender\genre〉, 〈~ chromosome\DNA〉 가1

260　ge·ne·al·o·gy [쥐니이 알러쥐]: genea(race)+logos(discourse), 〈그리스어〉, 가계, 혈통, 계보(학), 〈~ heredity\pedigree〉 양2

261　gen·er·al [줴너뤌]: 〈그리스어→라틴어〉, 일반, 〈어떤 종('genus')의 대부분이 가진〉 대체적, 전반, 총, 〈집단 전반에 걸쳐 권위를 가진〉 장성, 대장〈~ 미국의(육군·해병대·공군의) 4 stars\admiral in navy〉, 〈~ ordinary〉, 〈↔special\particular\restricted〉 가2

262　gen·er·al ad·mis·sion [줴너뤌 어드미션 \ 줴너뤌 애드미션]: 일반 입장, 보통 요금, 〈~ open seat〉, 〈↔reserved seat〉 가2

263　gen·er·al a·gent [줴너뤌 에이줜트]: 총대리인(점), 〈~ under-writer\sole agent\universal agent〉, 〈↔sub (or special) agent〉 가2

264　gen·er·al an·es·the·sia [줴너뤌 애너스띠이저]: 전신 마취(술), 〈↔local anesthesia〉 가2

265　gen·er·al as·sem·bly [줴너뤌 어셈블리]: 총회, 대회 가2

266　gen·er·al at·tor·ney [줴너뤌 어터어니]: 일반 변호사, 〈↔special attorney〉 가2

267　gen·er·al con·trac·tor [줴너뤌 컨트랙터]: 총괄 도급업자, 일괄 청부업자, 〈↔sub-contractor〉 가2

268　gen·er·al deal·er [줴너뤌 디일러]: 잡화상, 잡화 취급자, 〈~ general store〉, 〈↔special dealer〉 가2

269　gen·er·al de·liv·er·y [줴너뤌 딜리붜뤼]: 일반 배달, 유치 우편, 〈↔special delivery〉 가2

270 **gen·er·al ed·i·tor** [쉐너뤌 에디터]: 편집장, 편집 주간, 〈~ chief (or managing) editor〉, 〈↔reporter\assistant editor〉 가2

271 **gen·er·al ed·u·ca·tion** [쉐너뤌 에듀케이션]: 일반(보통) 교육, 〈↔special education〉 가2

272 **gen·er·al ed·u·ca·tion·al de·vel·op·ment \ GED[1]**: 미국의 일반 교육 성취(도) 미1

273 **gen·er·al e·lec·tion** [쉐너뤌 일렉션]: 총선거, 〈~(↔)primary election〉, 〈↔special election〉 가2

274 **gen·er·al e·quiv·a·len·cy di·plo·ma \ GED[2]**: 고등학교 등가(high school equivalency) 졸업장 미1

275 **gen·er·al ex·pense** [쉐너뤌 익스펜스]: 총경비, 일반 경비, 〈↔particular expense〉 가2

276 **gen·er·al head·quar·ters** [쉐너뤌 헤드쿼어터스]: 총사령부, 〈↔branch office〉 가2

277 **gen·er·al hos·pi·tal** [쉐너뤌 하스피탈]: 종합 병원, 일반 병원, 〈~ base hospital\acute-care hospital〉, 〈↔specialty hospital〉, 〈↔retail clinic〉 가2

278 **gen·er·al is·sue** [쉐너뤌 이슈우]: ①'일반 보급품', '일반 소모품', 정부가 입혀주고 먹여주는 〈군인〉, 〈~ government issue(GI)〉 ②일반 답변(general reply), (기소 내용의) 전면 부인, 〈~ over-all denial〉, 〈↔particular issue〉 미1

279 **gen·er·al·ist** [쉐너뤌리스트]: 종합 의사, 일반 의사, 만능선수, 〈↔specialist〉 가2

280 **gen·er·al man·ag·er** [쉐너뤌 매니줘]: 총지배인, 총괄 관리자, 〈↔assistant manager\follower〉 가2

281 **gen·er·al pa·re·sis** [쉐너뤌 퍼뤼이시스]: 전신 불완전(부전) 마비, 〈3기 매독에 의한〉 진행성 마비, 마비성 치보, 〈~ syphilitic paresis〉, 〈↔mere paresis〉 양2

282 **gen·er·al prac·tice** [쉐너뤌 프뢕티스]: 일반 진료, 일반의 개업, 〈~ family practice〉, 〈↔special practice〉 가2

283 **gen·er·al prac·ti·tion·er \ GP**: (전문의가 아닌) 일반의, 〈의과 대학 졸업 후 1년간의 인턴을 마친 의사〉, 〈~ family physician〉, 〈↔specialist〉 가1

284 **gen·er·al staff** [쉐너뤌 스태후]: 일반 참모, 참모 요원, 〈~ base staff〉, 〈↔consultant〉 가2

285 **gen·er·al store** [쉐너뤌 스토어]: 잡화점, 만물상, 〈~ general dealer〉, 〈↔specialty store〉 가2

286 **gen·er·al strike** [쉐너뤌 스트롸이크]: 총파업, 〈~ over-all strike〉, 〈↔partial strike〉 가2

287 **gen·er·a·tion (gap)** [쉐너뤠이션 (갶)]: 〈← generare(be-get)〉, 〈라틴어〉, 세대 (차), 〈보통 30년이었으나 근래에는 15년으로 단축되는 경향임〉, 〈~ age-based prejudice〉, 〈↔perpetuity〉 가2

288 ***gen·er·a·tion Al·pha** [쉐너뤠이션 앨훠]: 〈그리스어→라틴어〉, 〈← genus〉, Alpha 세대, '미래 세대', 2010년 이후에 태어나서 아직 정의 내리기가 어려운 세대 (⇒ Alpha generation) 수2

289 ***gen·er·a·tion X**: X 세대, 삐삐세대, 1960년대 중반부터 1970년 중반에 태어난 세대(⇒ X generation) 수2

290 ***gen·er·a·tion Y**: Y 세대, cell·phone 세대, millenials, 1990년도에 teenager가 된 세대(⇒ Y generation) 수2

291 ***gen·er·a·tion Z**: Z 세대, 1995년 이후에 태어난 세대(⇒ Z generation) 수2

292 ***gen·er·a·tive** [쉐너뤄티브] **AI**: (2022년에 개발된) 생성형 인공지능, (기존의 자료를 합성하여) 사용자의 요구에 따라 다른 결과물(synthetic data)을 생산하는 '맞춤형' 인공지능, 〈~ customized learning〉 미2

293 ***gen·er·a·tive pre-trained trans·form–er(GPT)**: 총체적 숙련 변환기, 인공기능(AI)을 사용해서 다양한 언어를 인간어(human language)와 비슷하게 변형시켜주는 〈인공소통 변환기〉, ⇒ chat-bot 우2

294 **gen·er·a·tor** [쉐너뤠이터]: 발전기, 생성기, '발생기', 〈~ engine\creator〉, 〈↔destroyer\imitator〉 가2

295 **ge·ner·ic** [쉐네뤽]: 〈어떤 종류〉 속의, 속명, 일반적, 미등록 상표, 〈~ common\collective〉, 〈↔specific\brand〉 미2

296 **gen·er·os·i·ty** [쉐너롸시티]: 관대, 〈좋은 태생의 특징인〉 아량, 고귀, 풍부, 〈~ kind-ness\beneficient\altruistic〉, 〈↔mean-ness\malevolence\niggard〉 양1

297 **Gen·e·sis** [쉐너시스]: 제네시스, (거금을 들여 연구 개발한 후) 2008년 부터 한국의 현대(Hyundai) 자동차가 출시한 〈고급 스포츠 세단〉, '원조' 수2

298 **gen·e·sis** [줴너시스]: ⟨← gene(produce)⟩, ⟨그리스어⟩, 발생, 기원, 창세기, ⟨~ origin\creation⟩, ⟨↔end\extirpation⟩ 가2

299 **ge·net·ic** [줴네틱]: ⟨그리스어⟩, 발생의, 유전의, 기원의, ⟨~ hereditary\in-borm⟩, ⟨↔extrinsic\learned⟩ 가2

300 **ge·net·ic code** [줴네틱 코우드]: 유전 부호(암호) 가2

301 **ge·net·ic coun·sel·ing** [줴네틱 카운슬링]: 유전 상담 가2

302 **ge·net·ic en·gi·neer–ing** [줴네틱 엔지니어륑]: 유전자 공학 가2

303 **ge·net·ics** [줴네틱스]: 유전학, 유전적 특질, ⟨~ heredity⟩ 가2

304 **Ge·ne·va** [즈니봐]: ⟨'Juniper' 나무가 많은⟩ 제네바, 주네브, 국제기구가 많이 있는 스위스의 도시, ⟨~ a city in Switzerland⟩, 네덜란드 원산의 향기가 짙은 진 (술), ⟨~ Dutch gin⟩ 수1

305 **Ge·ne·va Con·ven–tion** [즈니봐 컨벤션]: (부상병·포로의 인도적 취급을 결의한) 1864~65년 체결한 적십자 조약, ⟨~ international humanitarian laws⟩ 수1

306 **Gen·ghis Khan** [휑기스 카안]: tengiz(sea)+khan(ruler), '바다(Baikal호 근처에서 태어남)의 지배자', (Ching(g)is·Jenghiz·Jinghis), 칭기즈칸, (1162-1227), 몽골제국의 시조 ⟨무자비한 정복왕⟩, 원나라의 태조, Temujin, ⟨~ founder of Mongol Empire⟩ 수1

307 **gen·i·al** [쥐이니얼]: ⟨라틴어⟩, 온화한, 쾌적한, 다정한, ⟨← genius(특성)⟩, ⟨~ affable\gracious⟩, ⟨↔pervert⟩ 양1

308 **ge·nie** [쥐이니]: ⟨라틴어⟩, 「아라비안나이트」의 마귀(마법사), ⟨← genius(수호자)⟩, ⟨~ wizard⟩, ⟨~(↔)angel⟩, ⟨↔dumb⟩ 우1

309 **gen·i·pap** [줴니팦]: ⟨원주민어⟩ 게니파, (열대 미주 원산으로) 두꺼운 껍질을 가진 오렌지 같은(orange sized) 과피 속에 키넌을 함유한 아교질 과육(gelatinous pulp)이 있는 꼭두서니과(bedstraw family)의 과일 우1

310 **gen·i·tal** [줴니틀]: ⟨← gignere(produce)⟩, ⟨라틴어⟩, ⟨생기게 하는⟩ 생식기의, 성기의, ⟨~ sexual organs\private parts⟩, ⟨↔decent?\spiritual?⟩ 가2

311 **gen·ius** [쥐이니어스]: ⟨← gignere(produce)⟩, ⟨라틴어⟩, ⟨특별히 타고난⟩ 천재, ⟨창조력이⟩ 비범한 재능, 천성, 특질, '수호신', ⟨~ genial\genie⟩, ⟨~ great intellect\brilliant person⟩, ⟨↔idiot\moron⟩, ⟨쉬운 일은 잘 못해도 어려운 일을 잘 하는 사람⟩ 양2

312 **Gen·o·a** [줴노우어] \ **Gen·o·va**: ⟨프랑스와 이탈리아의 'genu'(무릎)에 위치한⟩ 제노바, 이탈리아 북서부(north-west)에 있는 상업 항구 (크리스토퍼 콜럼버스의 고향), ⟨~ an Italian port city⟩ 수1

313 **Gen·o·a cake** [줴노우어 케이크]: ⟨16세기에 제노바에서 전래되어 영국인들이 성탄절에 즐겨 먹는⟩ 아몬드를 위에 얹은 맛있는 양과자, ⟨~(↔)British fruit-cake⟩ 수2

314 **gen·o·cide** [줴너 싸이드]: ⟨← genos(race)⟩, ⟨그리스어⟩, ⟨집단 전체를 죽이는⟩ 대량 학살, '종족' 근절, ⟨~ racial killing\whole-sale slaughter⟩, ⟨↔birth\survive⟩ 양2

315 **ge·noise** [줴누아스 \ 줴누알]: ⟨프랑스어⟩, Genoa에서 온 cake, 계란 노른자와 버터를 주원료로 해서 노락색을 띠고 부푸는 빵, yellow sponge cake 수2

316 **ge·nome** [쥐이노옴]: ⟨1920년에 독일 식물학자가 주조한 학술어⟩, gene+chromosome, 게놈, 생물의 생존에 필요한 최소한도의 염색체의 한 조, ⟨~ DNA⟩ 수2

317 **gen·o·type** [줴너 타이프]: genos(kind)+type, ⟨그리스어⟩, ⟨표준이 되는⟩ 모식종, (공통) 유전자형, ⟨~ genetic make-up⟩, ⟨↔phenotype⟩ 미2

318 **gen·re** [좌안뤄]: ⟨← gene(kind)⟩, ⟨그리스어→라틴어→프랑스어⟩, 장르, 유형, 양식, 풍속화, ⟨← genus⟩, ⟨~ gender⟩, ⟨~ category\class⟩, ⟨↔whole\individual⟩ 미2

319 **gen-sey** [겐세이]: qian(drag)+zhi(restrain), ⟨중국어→일본어⟩, 견제, (당구를 칠 때) 상대가 치는 것을 지능적으로 방해하는 행위, ⟨일본에서는 '야지'란 말과 일맥상통하고 한국에서는 '얍삽이'라고도 한다 함⟩, ⟨~ block\check⟩ 양2

320 **gen·teel** [줴티일]: ⟨프랑스어⟩, 품위 있는, 고상한, 멋진, ⟨~ gentle⟩, ⟨~ refined\polite⟩, ⟨↔rough\rude⟩ 양1

321 **gen·tian** [췌션]: 〈라틴어〉, 〈'Gentius(be get)'라는 고대 일릴리아 왕이 약효를 발견했다는〉 용담속의 식물, 보통 청자색의 꽃이 피며 뿌리는 위장약으로 쓰임, 〈~ a medicinal herb〉 미2

322 **gen·tile** [췐타일]: 〈← gentilis(clan)〉, 〈라틴어〉, (유대인의 입장에서 본) 이방인, 기독교도, '씨족', 〈~ infidel\heathen\pagan〉, 〈~ 'Christian'〉, 〈↔Jew\believer〉 미2

323 **gen·tle** [췐틀]: 〈← gentilis(good birth)〉, 〈라틴어〉, '좋은 태생다운', 온화한, 점잖은, 고상한, 〈~ genteel〉, 〈~ meek\lithe〉, 〈↔harsh\brutal\wild〉 가2

324 **gen·tle·man** [췐틀 맨]: 〈12세기 중반에 등장한 영국어〉, 신사, 군자, 〈~ lord\nobilis〉, 〈↔gentle-woman〉 양2

325 **gen·tle·man–ship** [췐틀맨 쉽]: 신사도, 신사의 신분 양2

326 **gen·tle·wom·an** [췐틀 워먼]: 〈13세기 초에 등장한 영국어〉, 숙녀, 귀부인〈공식석상에서 여성을 높여 부르는 말〉, 〈~ lady\dame〉, 〈↔gentle-man〉 양2

327 *__gen·tri·fi–ca·tion__ [췐트뤼휘케이션]: (빈민가의) 고급화, 도심 내 낙후 지역이 재개발로 중산층 이상이 유입되어 기존의 저소득층을 대체하는 현상, 〈~ re-development\renovation〉 양2

328 **gen·try** [췐트뤼]: 〈← gentilis(noble)〉, 〈라틴어→프랑스어→영국어〉, (귀족 다음의) 신사 계급, 상류 사회, 한통속, 〈~ upper (or privileged) class\aristrocracy〉, 〈↔plebeian\hoi polloi\snob〉 양2

329 **gen·u-flect** [췌너훌렉트]: genu(knee)+flectere(bend), 〈라틴어〉, (한쪽 '무릎'을) 꿇다, 추종하다, 〈~ bow down\kow-tow\kneel〉, 〈↔defiant\disparage〉 양2

330 **gen·u·ine** [췌뉴인]: 〈← gignere(produce)〉, 〈라틴어〉, '태생 그대로의', 진짜(의), 성실한, 순종, 〈~ original\bona fide〉, 〈↔bogus\pseudo\factitious\spurious〉 양2

331 **ge·nus** \ gen·e·ra [쥐이너스 \ 췌너뤄]: 〈← gene(produce)〉, 〈그리스어→라틴어〉, 종류들, 부류, 속(생물 분류의 7번째 단위-과의 아래·종의 위), 〈→ genre\gender〉, 〈~ category\group〉 양2

332 **ge·o~** [쥐아 \ 쥐이오~]: 〈그리스어〉, earth, 〈토지·지구~〉란 뜻의 결합사 양1

333 **ge·o-cen·tri·cism** [쥐이오 쎈트뤼씨즘]: 지구 중심설, (지구를 중심으로 태양이 움직인다는) 천동설, Ptolemaic system, 〈기원전 380년 경에 태동해서 르네상스때 폐기되었으나 아직도 믿는 사람이 있는 학설〉, 〈↔helio-centricism〉 양2

334 **ge·o·des·ic** [쥐이어데식]: geo(earth)+daiein(divide), 〈그리스어〉, 최단거리, 지름길, 〈토지를 측량하는〉 측지선, 다각형 격자로 짜맞춘, 〈~ straight line\greater circle〉, 〈↔small circle〉 양2

335 **ge·o·duck** \ go·e·duck [지어덕 \ 구이덕]: 〈← gweduc(dig deep)〉, 〈원주민어〉, (북미 태평양 연안의 모래 속을 '깊이 파야' 나오는) 긴 뿔 모양을 한 대합(조개), 〈상아 조개〉, 〈좆 조개〉, 〈~ mud duck\king clam\elephant-trunk clam〉 우1

336 **ge·og·ra·phy** [쥐아그뤄휘]: 지리, 지세, 지형, 〈~ topography〉 가1

337 **ge·ol·o·gy** [쥐알러쥐]: 지질학, 〈~ topology〉 가1

338 **ge·o·man·cy** [쥐이오 맨시]: geo(earth)+manteia(divination), 〈그리스어〉, 흙점, 한 줌의 흙을 땅에 던져 그 모양을 보고 점을 치는 일, 〈~ crystal gazing\a fortune telling〉 양2

339 **ge·om·e·try** [쥐아메트뤼]: geo(earth)+metron(measure), 〈그리스어〉, 〈땅을 재는〉 기하의, 기하도형의, 결합 구조, 〈~ study of shape〉, 〈~(↔)arithmetic〉, 〈↔algebra\logarithm〉 양1

340 **George** [죠얼쥐]: geo(earth)+ergon(work), 〈그리스어→영국어〉, 〈땅에서 일하는〉 '농부', 조지, (1714~1952년까지 있었던 6명의) 영국 왕들(I-VI), St. George; AD 303에 처형된 영국의 수호 성자, 〈~ an English given name〉 수1

341 **George-town** [죠얼쥐 타운]: 여러 곳의 지명(유명한 것은 북남미 가이아나의 수도·말레이시아 북서부의 상항·Penang·미국 Washington DC의 서쪽 〈고급주택지역〉) 수1

342 **George-town U·niv.** [죠얼쥐 타운 유니붜어씨티]: 조지타운 대학, 1789년 워싱턴 DC에 세워진 가톨릭 계통 사립대학 수1

343 **George Wa·shing-ton U·niv.** [죠얼쥐 워싱턴 유니붤씨티]: 조지워싱턴 대학, 1821년 워싱턴 DC에 세워진 사립대학 수1

344 **Geor·gia¹** [죠얼쥐]: 조지아 GA, Peach State, Empire State of the South, (영국왕의 이름〈'George II'〉를 딴) 〈남부의 종주라 불리는〉 해변·농지·산악 등의 다양한 지형으로 된 미국 남동부의 주, {Atalanta-14}, 〈〈cherokee rose〉〉 수1

345 **Geor·gia²** [죠얼쥐]: 〈St. George에서 연유한〉 조지아, 〈1991년 소련에서 독립된〉 터키 북동부에 있는 그루지아(George의 페르시아어) 공화국, {Georian-Georgian-Lari-Tbilisi} 수1

346 **Geor·gia Tech** [죠얼쥐 텍]: Georgia Institute of Technology, 1885년 애틀란타에 세워진 주립 공과대학 (Yellow Jackets-축구단) 수1

347 **ge·o·sci·ence** [쥐이오우 싸이언스]: 지구과학, 지학, 〈~ earth (or terrestrial) science〉 양1

348 **ge·o·sta·tion·ar·y** [쥐이요우 스테이셔네뤼 \ 쥐이오우 스테이셔너뤼]: 〈그리스어+라틴어〉, (적도로부터 35,786km 위에 떠서 지구와 같이 돌아가는〈geo-sychronous〉) 지구 정지 궤도상에 있는 (인공위성〈satellite〉) 우1

349 *****ge·o-tag** [쥐이오우 테그]: 측지꼬리, 자료나 문본에 첨부된 〈GPS로 연계된〉 위치 확인 정보, 〈~ gepgraphic location〉 미2

350 **ge·ra·ni·um** [쥐뤠이니엄]: 제라늄, 양아욱(이질풀속의 꽃으로 씨 꼬투리가 두루미〈geranos-그리스어〉의 부리를 닮았으며 잎은 부채꼴이고 다양한 색깔의 꽃은 여러 송이로 이루어짐), 쥐손이풀, crane's bill, 〈~ pelargonium〉 우2

351 **ger·ber·a** [거어버뤼 \ 쥐어버뤼]: 〈← ledargarawo(leather preparer)〉, 〈게르만어〉, 〈독일 식물학자의 이름(Gerber)을 딴〉 거베라, 〈어린잎을 식용하며〉 산과 들에 나는 국화과(daisy)의 여러해살이풀, 솜나물, 〈~ an asteraceae〉 우2

352 **ger·bil** [쥐얼블]: 〈~ jerboa(a jumping rodent)〉, 〈아랍어→라틴어〉, 〈Mongolia 원산의〉 게르빌루스쥐, 〈한국에서 흔히 보는〉 '집쥐' (번식력이 대단하고 애완용·실험용으로도 쓰임), 〈~ desert rat〉 미2

353 **GERD** [거얼드]: gastro-esophageal-reflex-disease, 위 식도 역류성 질환, 〈위의 분문(orifice) 부분이 약해져서 위산이 역류하는〉 생목 오름, 〈~ heartburn〉 양2

354 **ger·i·a·try** [줴뤼애트뤼]: geras(old)+iatrics(healing), 〈그리스어〉, 〈의학의 한 분야인〉 노인병학, '노인병' 치료법, 〈~(↔)gerontology〉, 〈↔pediatrics〉 가1

355 **germ** [쥐엄]: 〈← germen(sprig)〉, 〈라틴어〉, 미생물, 세균, 병균, 기원, 배종, '싹' 트다, 〈~ microbe\bug\embryo\bud〉, 〈↔antidote\conclusion\outcome〉 가1

356 **ger·mane** [쥐얼메인]: 〈← germanus(akin)〉, 〈라틴어에서 연유한 영국어〉, 밀접한 관계가 있는, 적절한, '같은 부모(씨)를 가진', 〈~ pertinent\akin〉, 〈↔irrelevant\immaterial〉 양2

357 **ger·ma·ni·um** [줴메이니엄]: discovered in Germany, '독일 광석', 게르마늄, 〈반도체의 원료로 쓰이는〉 희금속원소(기호 Ge·번호32), 〈~ a chemical element〉 수2

358 **Ger·man mea·sles** [쥐얼먼 미이슬즈]: rubella(붉은 뾰루지), 풍진, '3일 홍역', 독일 의사가 발견한 rubella virus에 의해 전염되며 피부에 좁쌀 같은 홍반이 돋아나고 임신부에서 기형아를 만들 수 있으나 한국에서는 사라진 병 미2

359 **Ger·man point·er** [쥐얼먼 포인터]: 독일종 사냥개 (후각이 예민하고 온순하나 용감한데 크기는 중간 정도이며 짧은 턱을 가진 것과 철사 모양의 털을 가진 것이 있음), 〈~ a short-haired gun-dog\bird dog〉 수2

360 **Ger·man shep·herd** [쥐얼먼 쉐퍼드]: 독일종 '양 지키는 개', herding dog, 늑대를 닮은 중간 크기의 맹견, 〈~ 영국에서는 Alsatian wolf dog이라고 함〉 수2

361 **Ger·man sil·ver** [쥐얼먼 실붜]: 양은, ⇒ nickel silver 미2

362 **Ger·man tur·nip** [쥐얼먼 터어닢]: (정구공만한 알줄기를 가진) 구경 양배추, ⇒ kohlrabi 미2

363 **Ger·ma·ny** [쥐얼머니]: 〈← germanus(akin)〉, 〈라틴어〉, '가족들의 모임', 저머니, 1990년 독일 연방 공화국으로 재탄생된 유럽의 〈중심〉 국가, {German-Ger-Euro-Berlin} 수1

364 **germ cell** [쥐엄 쎌]: 생식 세포, 〈정자나 난자를 생산하는〉 배종 세포, 〈~ stem cell\zygote〉, 〈~(↔)spore〉, 〈↔somatic cell〉 가1

365 **ger·mi·nate** [쥐얼미네이트]: 〈← germinare(sprouting)〉, 〈라틴어〉, 싹(이) 트다, 발아하다, 생겨나다, 〈~ emerge\grow〉, 〈↔die\wither〉 양2

366 **germ·a(o)·pho·bi·a** [쥐얼마(모)호우비어]: 세균(미생물) 공포증, 〈~ micro-phobia\myso-phobia〉 가2

367 **Ge·ron·i·mo** [줘롸너모우]: 〈← hiero-nomos(sacred name)〉, 〈1939년 그리스어에서 따온 미국 영화의 제목〉, '신성한 이름', 제로니모, (1829-1909), 외세에 극렬히 반항한 아파치(Apache) 인디언의 추장 수1

368 **ger·on·tol–o·gy** [줴뤈탈러쥐]: geron(old man)+logy, 〈그리스어〉, 〈사회학의 한 분야인〉 '노인'학, 노년학, 〈~(↔)geriatry〉, 〈↔pedagogy〉 양2

369 **ger·ry·man·der** [줴뤼 맨더 \ 게뤼 맨더]: Garry+salamander(불도마뱀) 〈매사추세츠의 Gerry 지사가 뜯어 고친 불도마뱀 모양의 지도처럼〉 선거구를 자기편에 유리하게 고치다, 속이다, 〈~ maneuver\scheme〉 우1

370 **Gersh·win** [거얼슈이윈], Geor·ge: 〈히브리어〉, '가수(singer)?', 거슈윈, (1898-1937), (〈고전적 대중음악〉으로 성공했으나 뇌암으로 죽은) 미국의 희가극 작곡가·피아노 연주자, 〈~ an American composer and pianist〉 수1

371 **ger·und** [줴뤈드]: 〈← gerere(carry)〉, 〈라틴어〉, 동명사 (명사의 성질을 띤 동사의 변형), 〈행하기〉, 〈~ actionword〉, 〈~(↔)infinitive〉 가1

372 ***ge·sell-schaft** [게젤샤후트]: 〈독일어〉, 'companion·ship', 동지애, 교우, 이익 사회, 〈↔alienation\enmity〉 양2

373 **ge·stalt** [거슈타알트]: 〈독일어〉, '형태(form)', 〈사물을 인지하는 것은 부분적인 것보다 전체적이라는 경험의 통일적 전체 (심리학 용어)〉, 〈~ configure\over view〉, 〈↔dis-arrangement〉, 〈↔structuralism\functionalism〉 우2

374 **Ge·sta·po** [거스타아포우]: 게슈타포, 나치 독일의 '비밀 국가 경찰' 〈Geheime Staatspolizei〉, 〈~ secret police of Nazi〉 수1

375 **ges·ta·tion** [줴스테이션]: 〈← gerere(carry)〉, 〈라틴어〉, 임신('잉태') 기간, 잠복기, 〈~ pregnancy〉, 〈↔infertility〉 양2

376 **ges·ture** [줴스춰]: 〈← gerere(carry)〉, 〈라틴어〉, '의미를 전달하는 움직임', 몸짓, 손짓, 태도, 거동, 〈~ body language〉, 〈↔repose\speech〉 양1

377 **get** [겥]: 〈← agitan(obtain)〉, 〈게르만어→북구어〉, 손에 넣다, 얻다, 받다, 잡다, ~을 당하다, ~이 되다, 이해하다(understand), 〈~ be·get〉, 〈편자가 미국에 처음와서 'did you get it?'를 'did you give me something?으로 응답해서 하마터면 병원에서 쫓겨날 뻔한 일이 있었음〉 가1

378 **geta** [게다]: 〈← 치카타비(작업화)〉, 〈일본어〉, 엄지와 둘째 발가락 사이에 끈을 끼어서 신는 '왜 나막신', 〈~ clog\sabot〉 미2

379 **get a-long** [겥 어러엉]: (함께) 잘 지내다, 사이가 좋다, 조화되다, (그럭저럭) 잘 해내다, 〈~ fare\manage〉 양2

380 **get –a-way** [겥 어웨이]: 도망, 도피, 도주, 출발, 휴가, 〈~ escape\vacate〉 양1

381 ***get bent out of shape**: 성나다, 몹시 화를 내다, 고주망태가 되다, 〈~ infuriated\shocked〉, 〈↔calm\sober〉 양2

382 **get by** [겥 바이]: 지나가다, 통과하다, 용케 해내다, 그럭저럭 살아가다, 속이다, 〈~ cope\survive\contrive〉 양2

383 ***get crack-ing** [겥 크랙킹]: (일을) 깨뜨리다, 서둘러 일을 시작하다, 착수하다, 〈~ get going〉 양2

384 **get hold of** [겥 호울드 어브]: (~을) 잡다\찾다\이해하다, (~와) 접촉\연락하다, 〈~ contact〉 양2

385 **Geth-sem·a·ne** [겥쎄머니]: gat(olive)+semane(press), 〈히브리어〉, '올리브 동산(Mt.Olive)', 겟세마네〈예수가 유다의 배반으로 붙잡힌 예루살렘 동쪽(East Jerusalem)의 동산이라고는 하나 정확한 장소는 모름〉, 고난의 장소(때), 〈~ a place of suffering〉 수1 양2

386 ***get in-to the swing of things**: rhythm을 타다, 익숙해지다, 적응하다, 〈~ be accustomed (or used) to〉, 〈↔be blind (or confused) to〉 양2

387 **get in-to** [겥 인투(우)]: 푹 빠지다, 좋아하게 되다, 〈~ enter\get involved〉 양2

388 ***get it o·ver with**: 빨리(대충) 끝내다, 그냥 마무리 짓다, 〈~ shake off\discharge〉 양2

389 **get mov-ing** [겥 무우빙]: 움직이다, 서두르다, 〈~ advance\hurry up〉 양2

390 ***get off on the wrong foot**: 첫 발을 잘못 디디다, 출발이 순조롭지 못하다, 첫 단추를 잘못끼다, 〈~ have a bad start〉, 〈↔get off on the right foot; 출발이 순조롭다〉 양2

391 **get on** [겥 어언]: 타다, 일어나다, 꾸려나가다, 잘 지내다, ⟨~ fare\manage⟩, ~ nerves; 신경을 거스르다, ⟨~ irritate\annoy⟩ 양2

392 **get out** [겥 아웉]: 탈출, 도피, ⟨~ exit\escape⟩ 양1

393 **get out of hand**: 손의 범위를 벗어나다, 걷잡을 수 없게 되다, ⟨~ carried away\out of control⟩ 양2

394 *****get out of here**: 썩 꺼져, 입 닥쳐, 설마, 웃기지 마, ⟨~ go away\bug off⟩, ⟨~ give me a break⟩ 양2

395 **get o·ver** [겥 오우붜]: 넘다, 건너다, 극복하다, 잊어버리다, ⟨~ over-come\come around⟩ 양2

396 **get rid of**: (~을) 버리다, 제거하다, 처리하다, ⟨~ toss out\dispose⟩ 양2

397 **get the ball roll·ing**: 공을 구르게 하다, (일을) 시작하다, (이야기를) 꺼내다, (성교를) 개시하다, ⟨~ get going\initiate\start(coitus)⟩ 양2

398 **get the bet·ter of (some-one)**: (~를) 능가하다, 이기다, ⟨~ defeat\cinquer⟩ 양2

399 **get the hang of it**: 낌새를 알아차리다, 요령을 터득하다, 내막을 알다, ⟨~ learn\master⟩, ⟨↔show (someone) the ropes⟩ 양2

400 *****get the worst out of the way first**: 어려운 문제부터 해결하다, 매도 먼저맞는 놈이 낫다, ⟨~ the sooner the better⟩ 양2

401 **get to do(some-thing)**: (무언가를) 할 기회가 생기다, (~에) 착수하다, ⟨~ given a chance (or opportunity)⟩ 양2

402 **get to-geth·er** [겥 투게더]: 회합, 친목회, ⟨~ meeting\party⟩ 양1

403 **Get·ty** [게티], Paul: (1892-1976), ⟨← Dalgetty⟩, ⟨어원 불명의 스코틀랜드계 이름⟩, 게티, (석유 사업가의 아들로 태어나 옥스퍼드 대학을 졸업하고) 박물관과 미술관을 설립한 미국의 석유 재벌, ⟨~ an American-born British Petroleum industrialist⟩ 수1

404 **Get·tys·burg** [게티즈 버그]: ⟨지역 선술집 주인 이름(Gettys)에서 유래한⟩ 게티즈버그, (남군의 Lee 장군이 북군의 Meade 장군에게 패배한) 펜실베이니아 남부⟨southern Pensylvania⟩에 있는 남북전쟁 최후 결전지⟨battle-field⟩ 수1

405 **get well card** [겥 웰 카아드]: 문병 엽서, 쾌유 기원 엽서, ⟨~ healing card⟩ 미2

406 **gey·ser** [가이져]: ⟨← josa(gush)⟩, ⟨아이슬란드어⟩, '분출구', 간헐천, 온수 분출 장치, ⟨~ hot (or head) spring⟩, ⟨↔dribble\gurgle⟩ 미2

407 **G (gen·er·al)-film** [쥐 휨]: ⟨관객의 연령에 제한이 없는⟩ 일반용 영화(G-rated), ⟨↔X-rated film⟩ 양2

408 **Gha·na** [가아너]: ⟨원주민어⟩, warrior king, '왕의 나라', 가나, (Gold Coast라 불리다) 1957년 영국으로부터 독립된 아프리카 서해안의 공화국 {Ghanaian-Eng-Cedi-Accra} 수1

409 **ghast-ly** [개스틀리]: ⟨← gasten(freighten)⟩, ⟨게르만어→영국어⟩, '깜짝 놀란', 무시무시한, 소름끼치는, 지독한, ⟨~ ghost⟩, ⟨~ eerie\eldritch⟩, ⟨↔pleasant\trivial⟩ 양2

410 **gher·kin** [거얼킨]: ⟨← angourion(cucumber)⟩, ⟨그리스어→보헤미아어→네덜란드어⟩, (식초 졸임용의) 작은 '오이', ⟨~ dill pickle⟩ 우1

411 **ghet·to** [게토우]: ⟨← borgo(borough)⟩, ⟨게르만어→이탈리아어⟩, borghetto, ⟨주물소가 많았던 Venice 근처의⟩ 빈민굴, 고립집단, 유대인 강제 거주지, ⟨~ slum\trash⟩, ⟨↔rich(wealthy) area⟩ 미2

412 **ghim** [김]: ⟨한국어⟩, ⟨1640년경 한국의 김(Kim)여익이 최초로 양식했다는 썰이 있는⟩ 바닷물 속 바위에 이끼 모양으로 붙어 자라는 홍조류의 해초, (그것을 말려서 구워 소금을 친) 해태, 감태, 청태, nori, laver 수2

413 **ghim-bab** [김밥]: ⟨한국어⟩, 쌀밥에 다진 고기와 야채류·참기름 등을 섞어 김으로 싼 초밥, Korean rice roll, ⇒ gimbap 수2

414 **ghost** [고우스트]: ⟨← gast(spirit)⟩, ⟨게르만어⟩, ⟨말 없이 움직이는⟩ 유령, 망령, 혼, 환영, 사라지는 영상, 전산망 통화에서 이름을 지우다, ⟨→ aghast\ghastly⟩, ⟨~ specter\demon⟩, ⟨↔person\angel⟩ 가1 미2

415 **ghost dance** [고우스트 댄스]: '유령춤', 위령무 (북아메리카 원주민들이 죽은 사람의 혼과 통하기 위해 추는 춤), ⟨~ spirit (or ritual) dance of Native American⟩, ⟨~ requiem dance⟩ 양2

416 *****ghost-ing** [고우스팅]: 허상화, 희미하게 하기, ⟨글자를 넣기 위한⟩ 영상의 명암 조정, ⟨사회 전산망에서⟩ 슬그머니 사라져 버리는 것, ⟨~ simmering and icing⟩, ⟨~(↔)R-bomb⟩ 미2

417 **ghost writ·er** [고우스트 롸이터]: 유령 작가, 대신 써주는 작가, ⟨~ pen-man\scribbler⟩ 가1

418 **GI**: ⇒ general issue, government issue 미1

419 **gi·ant** [좌이언트]: ge(earth)+genes(born), 〈그리스어〉, 〈흙에서 태어난〉 거인, 대가, 대기업, '거대한 것', 〈~ titan\colossus〉, 〈→ giga〉, 〈↔midget\homunculus\dwarf〉 가1

420 **gi·ant mole** [좌이언트 모울]: '왕 다람쥐', '산해리', ⇒ mountain beaver 우1

421 **Gi·ants** [좌이언츠, New York: 자이언츠, '거인들', 1925년에 창단되어 2010년부터 뉴저지의 Met-Life 경기장을 쓰고 있는 NFL 소속의 미식 축구단 수2

422 **gib** [깁]: ①〈어원 불명의 영국어〉, 요(凹)자형 쐐기(wedge) ②〈Gilbert 같은〉 거세한 수고양이(male cat) ③gibi(2의 30승), 〈~ a billion〉 ④〈giblet가 나오도록〉 척살하다, 〈~ violent killing〉 미2

423 **gib·ber** [쥐버]: 〈영국어〉, 〈의성어〉, 더듬거리며 (알아들을 수 없게) 지껄이다, 횡설수설, 〈~ babble\waffle²〉, 〈↔enunciate\be quiet\speak clearly〉 양1

424 **gib·bon** [기번]: 〈힌디어→프랑스어〉, 긴팔원숭이, 〈멸종 위기에 처한〉 아시아 남부(south-east Asia)에 사는 (꼬리가 없는) 아주 작은 원숭이, 〈숲속의 현자〉, 〈~ lesser ape\monk〉 미2

425 **Gib·bon** [기번], Ed-ward: 〈← Gilbert(bright will)〉, '영명한 자', 기번, (1737-1794), 「로마 제국의 멸망」을 쓴 영국의 역사가·정치가, 〈~ an English historian〉 수1

426 **gib·bous** [쥐버스]: 〈← gibba(hump)〉, 〈라틴어→영국어〉, 부풀어 오른, 볼록한 모양의, 〈~ convex〉, 〈↔concave\hollowed〉 양2

427 **gibe** [좌이브]: 〈← giber(handle roughly)〉, 〈어원 불명의 프랑스어〉, 우롱(조롱)하다, 모욕하다, jibe, 〈~ mock\trifle\put-down〉, 〈↔praise\compliment〉 양2

428 **gib·let** [쥐블릿]: 〈프랑스어〉, (엽조·닭 등의) 식용 내장, 닭똥집, 〈~ gizzard〉 미2

429 **Gi·bral·tar** [쥐브롸얼터]: 〈711년 그곳을 점령한 아랍 장군의 이름(Jabar Tariq; mount striker)에서 연유한〉 지브롤터, 스페인 남단(southern tip of Spain)에 있는 (5km²짜리 암벽으로 된) 영국 직할 항구·군사 요새, 〈~ a British overseas territory〉 수1

430 ***gibs·me-dat** [깁스미 댙]: Gib-Me-Dat, give me that, 〈미국을 불태워 버리지 않는다는 암묵 아래〉 소수 민족에게 주는 혜택, 〈~ free-ride〉 우1

431 **Gib-son** [깁슨]: 'Gilbert의 아들' ①〈어떤 Gibson이란 사람에 의해 만들어진〉 쓴 martini에 초절임 양파를 곁들인 혼합주, 〈~ gin and dry vermouth〉 ②〈왜 Gibson이란 이름이 붙었는지 모르겠으나〉 ⇒ Derby shoes 수2

432 **Gib-son** [깁슨], Mel: (1956-), 〈← Gilbert(bright will)의 son〉, '영명한 자', 깁슨, 술 중독에 시달리면서도 행동파 영웅역을 잘 해내 인기를 끈 미국의 남자 배우·영화 제작자, 〈~ an American actor and film director〉 수1

433 **gi·clee print** [쥐클레이 프륀트]: 〈'jet'의 프랑스어〉, 지클레이, 분무식(spray) 인쇄, 〈실물과 비슷하게 보이게〉 특수 종이에 잉크를 뿌려 인쇄한 사진, 〈~ archival ink-jet print\fine art digital print〉 우1

434 **gid·dy** [기디]: 〈영국어〉, 〈God에 사로잡혀〉 어지러운, 아찔한, 경솔한, 〈~ faint\frivolous〉, 〈↔steady\sober〉 양1

435 **Gide** [쥐드], An·dre: 'guide'(안내자), 지드, (1869-1951), 〈생명에 이르는 길은 가늘고 좁다는〉 「좁은 문」을 썼고 세계대전을 겪으면서 반제국주의 운동을 일으켰던 프랑스의 작가, 〈~ a French author〉 수1

436 ***GIF** [쥐이후]: graphic interchange format, '도안 교환 규격', 전산망에서 빠른 속도로 영상을 주고받기 위해 (1987년 미국에서 개발된) 정지화상을 압축하기 위한 규격, 〈~ PNG〉 우2

437 ***gif·fy** [쥐휘 \ 기휘]: ①곧 (giraffe)가 될 미끈한 십대 소녀 ②gay in five fucking years, (동성애자가) 겉으로 공표하기 전에 참고 산 5년 우1

438 **gift** [기후트]: 〈← gifan〉, 〈게르만어→북구어〉, 〈← give〉, 선물, 증여, 은혜, 천부의 재능, 〈~ present²\talent〉, 〈↔reject\inability〉 가1

439 **gift cer·tif·i·cate** [기후트 써티휘케이트]: 상품권, 선물권, 〈~ gift coupon\store credit〉 가2

440 **gift e·con·o·my** [기후트 이카너미]: 증여경제, (가치있는 물품이나 사역을) 〈서로 교환하지 않고〉 일방적으로 주는 〈철학적 경제활동〉, 〈~ gift culture〉 양2

441 **gift-ed** [기후티드]: (타고난) 재능이 있는, 뛰어난 지능을 가진, 〈~ talented\skilled〉, 〈↔inept\hapless〉 양2

442 **gift tax** [기후트 택스]: 〈유형·무형의 자산을 증여하는 사람에게〉〈연방·주정부에서 부과하는〉 증여세, 〈~(↔)capital gains tax\property tax〉 가1

443 **gift wrap** [기후트 뢥]: 선물용 포장(지) 가1

444 **gig** [기그]: 〈어원 불명의 영국어들〉, 보풀 세우는 기계, 〈단기 예약〉일, 갈고랑이 작살(harpoon), 규칙 위반, 딴따라, 〈~ show\rig\job\jab〉 양1

445 **gig·a** [쥐거 \ 기거 \ 좌이거]: 기가, 10억, 〈그리스어 'giant'에서 유래한〉 무수 수2

446 **gi·gan·tic** [좌이갠틱]: 〈← giant〉, huge, 아주 큰, 거대한, 〈~ enormous〉, 〈↔tiny〉 가1

447 ***gig e·con·o·my** [기그 이카너미]: 일용직 경제, (1920년대 미국 재즈 악단에서 단기로 고용된 연주자들로 구성된 공연에서 유래된) 임시직 선호 경제, 〈~ free-lance economy\flexible labor market〉 미1

448 **gig·gle** [기글]: 〈영국어〉, 〈의성어〉, 킥킥 웃다, 웃기는 것(사람), 〈~ titter〉, 〈↔cry\wail〉 양1

449 **gig·o·lette** [쥐걸레트]: 〈← gigue(fiddle)〉, 〈프랑스어〉, 돈 받고 춤춰 주는 여자, 〈→ gigolo〉, 〈~ prostitute\gold-miner〉 우1

450 **gig·o·lo** [쥐걸로우]: 〈← gigolette〉, 기둥서방, 난봉꾼, 돈 많은 여자의 남자 시중꾼, 〈~ lothario\donjuan〉, 〈~ poodle-faker\lounge lizard〉 미2

451 **Gi·la** [히일러] mon·ster: 〈어원 불명의 원주민어〉, 길라, 〈애리조나의 Gila 강가에서 발견된〉 북아메리카 사막지대의 커다란 독도마뱀, 〈~ a venomous lizard〉 수1

452 **gild-ed** [길디드]: 〈게르만어〉, 〈gold로〉 금박을 입힌, 귀족의, 부유한, 금빛 나는, 〈~ gold covered\luxurious〉 미2

453 **Gild-ed Age** [길디드 에이쥐]: 〈마크 트웨인의 풍자소설 제목에서 따온〉 (미국에서 경제 확장으로 인한 금권정치〈pluto-cracy〉가 횡행했던 1870~1898년 사이의) '금박 시대', 〈~ between Reconstruction era and Progressive era〉 우2

454 **Gil·e·ad** [길리어드]: gal(hill)+ed(testimony), 〈히브리어〉, '고백의 언덕', 길르앗, 길레아데, 요르단 강 동쪽의 산악지방, 〈~ mountainous part in the east of Jordan river〉 수1

455 **Gil·ga-mesh** [길가메쉬]: bilga(ancestor)+mes(hero), 〈바빌로니아어〉, '영웅조상', 길가메시, 수메르와 바빌로니아 신화의 영웅(을 노래한 서사시), 〈~ a hero in Mesopotamian mythology〉 수1

456 **gill** [길]: 〈← gjornar(jaw)〉, 〈어원 불명의 북구어〉, '아가미', 주름, 턱 밑의 처진 살, 〈~ narrow opening〉 양1

457 **Gil·lette** [쥘레트]: 〈← aigidion(young goat)〉, 〈'작은 염소'란 뜻의 그리스어에서 유래한 노르망계 이름〉, 1903년 King 질레트가 고안하고 2007년부터 Procter & Gamble사가 운영하는 〈안전한〉 미국의 면도용품 (상품명), 〈~ an American brand of razors and personal care prodicts〉 수1

458 **gill net** [길 넽]: 〈물속에 수직으로 치는〉 자망, 〈아가미(grill)가 걸려 못 움직이는〉 수직 그물, 〈~ a vertical fishing net〉 양2

459 **gil·ly-flow·er** [쥘리 훌라워]: 〈프랑스어〉, 〈'clove' 향기가 나는〉 ①카네이션(carnation) ②비단향꽃무, 〈~ stock³\clove pink\wall-flower〉 미2

460 **gilt** [길트]: 〈게르만어〉, gild의 과거·과거분사, = gilded 양1

461 **gim-bap** [김밥]: ghim(laver)+bab(cooked rice), 〈정부가 제안한 한국어〉, 〈아마도 일본의 norimaki에서 유래된 듯한〉 잘게 썬 야채·고기 등을 쌀밥에 섞어서 김으로 싼 '복쌈' 음식, 〈해태권〉, (dried) sea·weed roll, 〈~ ghim-bab〉, 〈~(↔)sushi〉 수2

462 **gim-chi** [김치]: 〈한국어〉, ⇒ kim·chi의 표준 표기법 수2

463 **gim·let** [김맅]: 〈← wimmel(drill)〉, 〈네덜란드어→프랑스어→영국어〉 ①'나사 송곳', auger, wimble, 〈↔fill\plug〉 ②〈속을 찌르는〉 진과 라임주스의 혼합주, 〈~ gin and lime cordial〉 우1

464 *****gim-me** [기미]: 〈영국어〉, give+me, 〈1929년에 등장한 비공식 골프에서 치지 않아도 되는 짧은 최종 공 넣기〉, '식은 죽 먹기', 횡재, 강요, 〈~ free ride\advantage\favor〉 우1

465 **gim·mick** [기밐]: 〈1908년에 등장한 어원 불명의 미국어〉, 〈← magic?〉, 속임수, 비밀장치, 새 고안물, 〈~ bogus\sham〉, 〈↔frankness\honesty〉 양1

466 **gimp** [김프]: ①〈17세기에 등장한 어원 불명의 네덜란드어〉, 다리를 절다, 절름발이, 불구, 병신, 〈~ limp〉 ②〈1882년에 등장한 어원 불명의 미국 속어〉, 원기, 활력, 〈~ spirit〉 양2

467 **gin** [쥔]: 〈영국어〉①〈← genever(juniper)〉, 〈네덜란드어〉, 진, 두송주, 옥수수·보리·호밀의 주정에 노간주나무('juniper') 열매의 향료를 섞은 양주(한때 영국에서 유행했음), 〈~ Dutch courage\Mother's Ruin\ladies' delight\knock me down〉 ②덫, 기계('engine'), 씨아(조면기), 〈~ cotton gin〉 우2

468 **gin and ton·ic** [쥔 앤 타닉]: G&T, 진토닉, 두송강주락, 진에 토닉워터·레몬을 추가한 음료, 〈~ rickey\gimlet〉 우2

469 **gin·ger** [쥔줘]: 〈← sringavera(horn body)〉, 〈드라비다어〉, '혹 뿌리', (동남아 원산으로 열대 지방에서 잘 자라는) 생강, 원기, 자극, 연한 황갈색, 〈~ a herbaceous perennial\vigor\red (or orange) head\rust-color〉 양1

470 **gin·ger ale** [쥔줘 에일]: 생강 맛을 곁들인 탄산 청량음료(carbonated soft drink) 우1

471 **gin·ger-bread** [쥔줘 브뤠드]: 생강빵, 〈~ spice (or pepper) bread〉 양1

472 **gin·ger·ly** [쥔줠리]: 〈← genitus(well born)〉, 〈라틴어〉, 〈← gentle〉, 신중한, 조심스러운, 〈~ delicate\cautious\careful〉, 〈↔care-lessly\recklessly〉 양2

473 **gin·ger·y** [쥔줘리]: 〈← ginger〉, 생강맛이 나는, 톡쏘는, 매운, 원기찬, 붉은, 〈~ pungent\animated〉, 〈↔dull\feeble〉 양1

474 **ging·ham** [깅엄]: 〈← genggang(stripped)〉, 〈말레이어〉①'줄무늬'·바둑판 무늬의 평지 면포 ②크고 투박한 우산 수2

475 **gin·gi·va** [쥔쥐붜 \ 쥔좌이붜]: 〈라틴어〉, gum, 잇몸, 치은, ⇒ red gum¹ 가1

476 **ging·ko \ gink·go** [깅코우]: 〈← yinxing〉, 깅코 〈중국어→일본어〉, 은행, yin(silver)+kwo(fruit), '은살구', (암·수가 따로 있고 육질은 고약한·씨는 향긋한 냄새가 나는 열매를 맺는) 가로수나 풍치용 과일나무 ⇒ maiden·hair tree 가1

477 **Gi·ni in-dex** [쥐니 인덱스]: 이탈리아의 통계학자 C. 지니〈← Giovanni ← John〉가 개발한 (소득과) 분배의 불평등 정도를 나타내는 지표〈완전 평등이 0이고 1로 접근할수록 불평등이 심하다 함〉, 〈~ poverty and inequality plat-form〉 수2

478 **Gin·nie Mae** [쥐니 메이] (Gov·ern·ment Na·tion·al Mort-gage As·so·ci·a·tion): 1968년에 설립되었으나 문제가 많은 미국 정부 주택도시 개발부 산하의 저당 협회, 〈~ Fannie Mae\Freddie Mac〉 미2

479 *__gi-nor·mous__ [좌이노어머스]: 〈2차 대전 때 군대 속어로 등장한 영국어〉, 〈gigantic+enormous〉, 턱없이 큰, 어마어마하게 큰, 〈~ humongous〉, 〈↔tiny\minuscule〉 양2

480 **gin-seng** [쥔셍]: ren(man)+shen(herb), 〈중국말〉, 인삼(뿌리), 〈뿌리가 처녀 가랑이를 닮아서 그런지〉 많은 사람들이 각종 약효가 있다고 믿어 마지않는 두릅나뭇과의 여러해살이풀, 〈~ a medicinal herb with aromatic root〉 양2

481 **gin-za-kku** [긴자꾸]: 〈주머니(pouch)란 뜻의 일본어〉, 명기, 오묘한 동굴, 신축성이 좋은 질(golden vagina), 남자를 쥐여주는 조리개, 〈grunion²〉, 〈~ hunty〉, 〈~(↔)femme fatale〉 미2

482 **gips** [깊스]: 〈라틴어〉, gyp(sum), 석고 붕대, 석고 가루를 단단하게 뭉쳐서 만든 붕대 미1

483 **Gip·sy** [쥎시]: 집시, ⇒ Gypsy 수2

484 **gi·raffe** [쥐래후]: 〈← zarafa(fast walker)〉, 〈페르시아어〉, '발 빠른 동물', 기린, 아프리카의 사바나 지역에 서식하며 〈움직이는 생명은 먹지도 밟지도 않는다는〉 반추 동물(ruminant), 기린(별)자리, 〈camel+leopard〉, 〈~ an extra-ordinarily tall person〉 양2

485 **gird** [거얼드]: 〈← gyrd(rod)〉, 〈게르만어〉①(허리띠로) 매다, 둘러싸다, 〈허리띠를 조여 매고〉 대비하다, 〈~ band\block〉, 〈↔weaken\let go〉 ②곁에 있는 사람 옆구리를 찌르며 다른 사람을) 흉보다, 조롱하다, 〈~ deride\gibe〉, 〈↔praise\respect〉 양1

486 **gir·dle** [거어들]: 〈← gyrdan(bind)〉, 〈게르만어〉, '휘감는 것', 띠, 허리띠, 둘러싸다, 〈~ belt\brace〉, 〈↔un-girdle\un-wrap〉 양2

487 **girl** [거얼]: 〈← gore ← gor(child)〉, 〈어원 불명의 게르만어에서 유래한 영국어〉, '어린애', 소녀, 계집아이, 처녀, 여자, 딸, 여직원, 〈초서가 처음 쓰기 시작한 말〉, 〈~ female child\lass〉, 〈↔boy〉 가1

488 *__girl-boss__ [거얼 보스]: 〈전부터 있었으나 2017년 Netflix 연재물로 뜬 말〉, (자수성가 해서 남성들 위에 군림하는) 여장부, 여사장, 여두목, '여짱', 〈~ boss lady\Amazon〉, 〈↔home-maker〉 미2

489 ***girl crush** [거얼 크뤄쉬]: (성 감정 없이) 여성 간에 홀딱 반하는 일, '여녀 매료', ⟨~ a strong(non-sexual) fondness of another girl⟩ 우2

490 **girl friend** [거얼 후뤤드]: 여자 친구(애인), ⟨↔boy friend⟩ 가2

491 **girl scouts** [거얼 스카우츠]: 소녀단, 7~17세 소녀로 조직된 사회봉사단체, ⟨↔boy scouts⟩ 미2

492 **girth** [거얼쓰]: ⟨← gyrdan(bind)⟩, ⟨게르만어→영국어⟩, 끈, 띠, ⟨말의⟩ 허리띠, (허리) 둘레, ⟨~ gird(le)\circumference⟩, ⟨↔height\slim-ness⟩ 양1

493 **gist** [쥐스트]: ⟨← jacere(lie)⟩, ⟨라틴어→프랑스어⟩, gesir, 요점, 골자, 동기, ⟨눕혀놓은⟩ '근거', ⟨~ claim\purport⟩ 양2

494 **Gi·ta·no** [기타노]: 1971년 설립되어 1994년에 파산한 미국의 의류 제조업체(상품명), ⟨~ an American jean manufacturer⟩ 수1

495 **gi·ta·no** [히타아노우]: ⟨← Gypsi ← Egyptian⟩, 집시, 스페인 (남자) 집시, ⟨인도쪽에서 온 스페인 '원주민'⟩, 집시춤(flamenco), ⟨~ Spanish male gypsy⟩ 수1

496 ***git gud** [길 굳]: ⟨2009년 전산망에 등장한 말⟩, get good(더 잘해봐·착실해져)의 어눌한 표현 양2

497 **give** [기브]: ⟨← giefan(hand over\yield)⟩, ⟨게르만어⟩, (건네)주다, 부여하다, 가하다, 나타내다, 개최하다, ⟨→ gift⟩, ⟨~ bestow\confer\present⟩, ⟨↔take\receive⟩ 가2

498 **give-and-take** [기브 앤 테이크]: 대등한 교환, 협조, 주고받기, ⟨~ half-and-half⟩, ⟨↔disagreement\oppose⟩ 양2

499 ***give a peck and get a bush·el**: 되로 주고 말로 받는다, ⟨~ sow¹ the wind, reap the whirl-wind⟩ 양2

500 ***give a run** [기브 어 뤈]: 힘들게 하다, 괴롭히다, ⟨~ make it difficult⟩ 양2

501 **give–a–way** [기브 어웨이]: 폭로, 양보, 무료 선물, 헐값의, ⟨~ give in\yield\throw away⟩ 양1

502 **give-back** [기브 백]: 기득권 반환, 권리 반환, 반제금, ⟨~ recede\withdraw\refund⟩, ⟨↔gain\increment⟩ 양1

503 ***give cred·it where cred·it is due**: 인정할 건 인정하라, 입은 비뚤어져도 말은 바로 해라, ⟨~ tell the truth⟩ 양2

504 **give it a shot(try)**: (한번) 해 보다, 시도하다, ⟨~ make an attempt⟩ 양2

505 ***give me a break**: 좀 봐주라, 웃기지마, 말도 안돼, 그만둬, ⟨~ come on\please⟩, ⟨~ stop it\get out of here⟩ 양2

506 **giv·en** [기븐]: give의 과거분사, 주어진, 지정된, 당연한, 감안하면, ⟨~ provided\considering⟩ 가2

507 **Gi·ven·chy** [거뷘취 \ 쥐봐취]: ⟨어원 불명의 유럽어⟩, '인상적인 자(impressive)?', 지방시, 1952년 동명의 프랑스 유행 고안자가 설립한 ⟨세계적⟩ 명품 의류·화장품·장신품 제조(판매)회사, ⟨~ a French fashion and perfume house⟩ 수1

508 **giv·en name** [기븐 네임]: (성을 뺀) 이름, 후천성 이름, 주어진 이름, first name, ⟨~ Christian name\fore-name⟩, ⟨↔sur(last) mane⟩ 양2

509 **give or take** [기브 오어 테이크]: (~의) 증감을 감안해서, 대충, 얼추, approximate, ⟨~ more or less⟩, ⟨↔exact\accurate⟩ 양2

510 ***give some-one a break**: (~를) 잠시 쉬게 하다, 너그럽게 봐주다, 구원해 주다, ⟨~ releasing\pardoning⟩, ⟨~ get off the hook\pull out of the fire⟩ 양2

511 ***give the devil his due**: ⟨셰익스피어의 「헨리 5세」에 나오는 말⟩, 악마도 할 일(말)이 있다, 악마에게도 그의 몫을 주어라, 처녀가 아이를 낳아도 할 말이 있다, ⟨~ every evil-doers has his reasons⟩, ⟨한국의 누군가는 '내 무덤에 침을 뱉어라'라고 했음⟩, ⟨↔no excuse to offer⟩ 양2

512 ***give them an inch and they will take a mile**: 적반하장, 물에 빠진 놈 건져주니까 내 보따리 내놓으라고 한다, ⟨~ the guilty criticizing the innocent⟩ 양2

513 **giz·zard** [기절드]: ⟨← gigeria(cooked entrails of a fowl)⟩, ⟨라틴어⟩, 모래주머니, (조류의) 사낭, '똥집', ⟨~ giblet⟩ 양2

514 **giz·zard shad** [기절드 쇄드]: 전어, 가는 뼈가 많으나 맛이 좋은 ⟨긴 동전 모양의⟩ 청어류, ⟨~ mud shad\a herring family⟩ 미2

515 **gla·bel·la** [글러벨러]: ⟨← glaber(smooth)⟩, ⟨라틴어⟩, (코 위 눈썹 사이에 있는) 미간, ⟨~ area between eye-brows⟩ 양2

516 **gla·cier** [글레이셜]: ⟨← glacies(ice)⟩, ⟨라틴어⟩, 빙하, '얼음하천', ⟨~ ice flow\frozen waters⟩, ⟨↔lava\fire\water⟩ 가1

517 **glad** [글래드]: ⟨← glaed(bright)⟩, ⟨게르만어⟩, 〈밝은〉, 기쁜, 반가운, 기꺼이, ⟨~ happy\pleased⟩, ⟨↔dismayed\reluctant⟩ 가2

518 **glade** [글레이드]: ⟨← gleam(of light)?⟩, ⟨어원 불명의 영국어⟩, ⟨상대적으로 환한⟩ 숲속의 (작은) 빈터, 습지, ⟨→ ever-glade⟩, ⟨~ grass-land\meadow⟩ 양1

519 **glad·i·a·tor** [글래디에이터]: ⟨← gladius(sword)⟩, ⟨라틴어⟩, '칼잡이', (노예 출신) 검투사, 격투가, 논객, ⟨~ fighter\hard-ass⟩, ⟨↔wuss\milk-sop⟩ 미2

520 **glad·i·o·lus** [글래디오울러스]: ⟨← gladius(sword)⟩, ⟨'칼'의 라틴어⟩, 붓꽃과의 여러해살이 관상용 구근식물, ⟨잎이 칼같이 생긴⟩ 'sword' lily 우1

521 **glad-rags** [글래드 래그스]: glad+rag, 우아한 복장, 나들이 옷, 야회복, ⟨~ finery⟩, ⟨↔rags\tatter⟩ 양2

522 **Glad-stone bag** [글래드스토운 배그]: gleoda(kite)+stan(stone), ⟨영국어⟩, (여행을 즐겼던 19세기 영국 수상을 4번 역임한 유대계의 글래드스턴⟨솔개 모양의 바위 근처에 사는 자⟩의 이름을 딴) 양쪽으로 열리는 튼튼한 가죽 가방, ⟨~ portmanteau'⟩ 수2

523 *****glam-a·zon** [글래머잔]: ⟨1943년에 등장한 영국어⟩, glamoruos+Amazon, 미녀 여장부, 여걸 미인 미2

524 **glam curl** [글램 커얼]: glamorous curl, 육감적 곱슬머리, (1940년도에 할리우드에서 유행했던) 긴 물결 모양의 머리 타래, ⟨~ glam wave\sleek⟩ 미1

525 **glam·or \ glam·our** [글래머]: glam, 성적 매력, 황홀미, ('gramarye⟨마법⟩'에 홀린 것 같은) 마력, ⟨grammar라는 말뜻을 잘 모르던 스코틀랜드 사람들이 만든 말?⟩, ⟨~ allure-ment\be-witchment⟩, ⟨↔repulsion\ugliness⟩ 양2

526 *****glamp-ing** [글램핑]: ⟨2005년에 등장한 영국어⟩, 'glamorous camping', (침대·수도·전기가 있는) 호화 야영 미2

527 **glance** [글랜스]: ⟨← glacies(ice)⟩, ⟨라틴어→프랑스어⟩, ⟨glacier에 미끌어지듯⟩ 흘긋 봄, 일별, 눈짓, 섬광, ⟨~ quick look\glimps⟩, ⟨↔gaze\scrutiny⟩, ⇒ ichi-maku 양1

528 **gland** [글랜드]: ⟨← glans(corn)⟩, ⟨라틴어⟩, ⟨'도토리' 모양의⟩ (분비)선, 샘, ⟨~ secretory organ⟩ 가1

529 **glans** [글랜즈]: ⟨'도토리(corn)'의 라틴어⟩, (남자의) 귀두, (여자의) 음핵, ⟨→ gland⟩, ⟨~ head of penis (or clitoris)⟩ 미2

530 **glare** [글레어]: ⟨← glarem(glow)⟩, ⟨게르만어⟩, 섬광, 현란함, 노려봄, ⟨~ gleam\glow\glass⟩, ⟨↔shade\darkness\smile⟩ 양3

531 **Glas-gow** [글래스고우]: glas(grey-green)+cou(hollow), 글래스고, '사랑스러운 녹지대', 스코틀랜드 남서부의 상공업·항구 도시, ⟨~ a port city of Scotland's western lowlands⟩ 수2

532 *****glas-nost** [글래스나스트]: 'public openness', 글라스노스트, ⟨고르바쵸프(Gorbachev)가 제창한⟩ (구소련의) 정보 공개 수2

533 **glass** [글래스]: ⟨← glasam(shine)⟩, ⟨게르만어⟩, 유리(제품), 유리잔, ⟨기원전에 중국에서 발명된 것으로 사료되는⟩ 안경, '빛나는 물건', ⟨← glare\gleam⟩, ⟨→ glaze⟩, ⟨~ mirror\seeing glass\cup⟩, ⟨↔plastic⟩ 가1

534 *****glass ceil·ing** [글래스 씨일링]: 유리 천장, ⟨여성·소수 민족이 깨뜨리지 못하는⟩ 보이지 않는 상승 한도 (차별), ⟨~ prejudice\discrimination⟩ 미2

535 **glass house ef·fect** [글래스 하우스 이훽트]: (대기의) 온실효과, ⟨~ pollution\global warming⟩ 가2

536 **glass noo·dle** [글래스 누우들]: (녹말가루로 만든) 당면, Chinese noodle, cellophane noodle 양2

537 *****Glass-pock·ets** [글래스 파킽츠]: '투명한 지갑', 1956년에 태동해서 2010년에 정립된 자선단체의 투명성 인증기구, ⟨~ a campaign to increase transparency of philanthropy⟩ 수2

538 **glass snake** [글래스 스네이크]: glass lizard, 유리도마뱀, (긴 꼬리가 유리같이 약한) 북미 남서부산의 ⟨발이 작은⟩ 도마뱀, ⟨~ a snake-like 'leg-less' lizard⟩ 미2

539 **glass-ware** [글래스 웨어]: 유리 제품, 유리 식기 가1

540 **glass-y eyed** [글래시 아이드]: 흐리멍텅한(개풀린) 눈, ⟨~ baffled\dazed⟩, ⟨↔clear eyed⟩ 양1

541 **glau·co·ma** [글러어코우머]: 〈← glaukos(bluish-green)〉, 〈그리스어〉, (올빼미〈'glaux'〉 눈 같이) 〈수정체가 황녹색으로 변하는〉 녹내장, 안압(intra-ocular pressure)이 올라가 시야가 뿌옇게 보이는 눈병 가1

542 **Glau·cus** [글라우커스]: 〈← glaukos(bluish-green)〉, '피부가 빛나는 자', 글라우쿠스, (그리스 신화에서) 선원들의 신, (Scylla를 사랑했던) 바다의 예언자, 〈~ a sea god〉, glaucus; 팔태충(민달팽이), 〈~ a sea slug〉 수1 미2

543 **Gla·xo Smith Kline** [글랙소 스미쓰 클라인] plc: GSK, 글락소 스미스 클라인, 2000년에 영국의 Glaxo Wellcome사와 Smith Kline Beacham사가 합쳐진 세계 굴지의 제약회사, 〈~ a British pharmaceutical and bio-technology co.〉 수1

544 **glaze** [글레이즈]: 〈영국어〉, 〈← glass〉, 판'유리'를 끼우다, 유약을 칠하다, 윤이 나게 하다, 〈~ glow\varnish〉, 〈↔roughen\scumble〉 양1

545 **gleam** [글리임]: 〈← glimmen(glow)〉, 〈게르만어〉, 어렴풋한 빛, 미광, 한 줄기 빛, shimmer, 〈~ glare\glass\glimmer〉, 〈→ glint〉, 〈↔darkness\dullness〉 양1

546 **glean** [글리인]: 〈← glan(clean)〉, 〈켈트어→라틴어〉, 〈← glennare(collect)〉, 〈편자가 이 사전 쓰듯〉 〈추수 끝에 떨어진 낟알('grain')을〉 주워 모으다, 수집하다, 〈~ reap\gather〉, 〈↔disperse\spread〉 양2

547 **glee** [글리이]: 〈← gleo(joy)〉, 〈게르만어〉, 〈자신에게 좋은 일이 일어났을 때 느끼는〉 기쁨, 환희, 〈남한테 나쁜 일이 일어났을 때 느끼는〉 고소함, 〈환호하는 음성의〉 무반주 합창곡, 〈~ joy\delight\hilarity〉, 〈↔gloom\dis-appointment\out-rage〉 양1 미2

548 **glen** [글렌]: 〈← gleanu(narrow valley)〉, 〈스코틀랜드어〉, 산골짜기, 협곡, 〈~ dale\vale〉, 〈↔hill\mound〉 양2

549 **Glen-dale** [글렌데일]: 〈스코틀랜드어〉, fertile valley, 풍요한 계곡, '산골짜기 마을', LA와 Phoenix 부근 등에 있는 도시들의 이름 수2

550 **Glenn** [글렌], John: 〈← glen〉, '골짜기에 사는 자', 글렌, (1921-2016), 2차대전·한국전에 조종사로 참전한 후 1962년 우주선을 타고 지구를 3바퀴 돌고 나중에 25년간 연방 상원의원을 한 〈미국의 자존심〉, 〈~ an American Marine Corps aviator and politician〉 수1

551 **glia** [글리이어 \ 글라이어]: 〈그리스어〉, 〈glue(gum)와 어원이 같은 말〉, (neuro)glia, 신경교(아교), 신경세포를 연결시켜주는 끈적끈적한 지주 세포들(supportive cells), 〈~ an interstitial tissue〉, 〈↔neuron〉 미2

552 **glib** [글립]: 〈← glippen(slide)〉, 〈네덜란드어·게르만어〉, 입심 좋은, 청산유수의, 그럴듯한, 편한, 〈~ slippery\smooth〉, 〈↔sincere\candid〉 양1

553 **glid-er** [글라이더]: 〈← glidan(slip)〉, 〈영국어〉, 활공기, '미끄러지는' 사람(물건), 〈~ slider〉, 〈↔sink\flounder〉 양1

554 **glim-mer** [글리머]: 〈← gleomu(brightness)〉, 〈게르만어〉, '깜박이는' 빛, 희미한 빛, 명멸하다, 〈~ gleam\glimpse〉, 〈~ flicker'\shimmer〉, 〈↔darkness\dullness〉 양1

555 **glimpse** [글림스]: 〈← gleomu(brightness)〉, 〈게르만어〉, 흘끗 봄, 일별, 섬광, 〈~ glimmer〉, 〈~ glance\quick look〉, 〈↔stare\disregard〉 양1

556 **glint** [글린트]: 〈← glinte(shine)〉, 〈북구어〉, 반짝이다, 반사하다, 〈← gleam〉, 〈~ glitter\sparkle〉, 〈↔dimness\dullness〉 양2

557 **glis·sade** [글리싸아드]: 〈← glisser(slide)〉, 〈프랑스어〉, 글리사드, (등산·스키에서) 가파른 비탈길의 〈제동활강〉, (무용에서) 활보, 〈~ glide\skid\skim〉 우2

558 **glis·san-do** [글리싸안도우]: 〈← glisser(slide)〉, 〈프랑스어→이탈리아어〉, 활주법, 손가락을 '미끄러지듯'〈glide〉 빨리 놀리는 연주법, 〈~(↔)portamanto〉, 〈↔up-rise〉 우1

559 **glis·ten** [글릿슨]: 〈← glisnian(shine)〉, 〈게르만어〉, '반짝이다', 빛나다, 〈~ glitter\gleam〉, 〈↔dimness\dullness〉 양2

560 ***glitch** [글릿취]: 〈1940년대 초에 방송 속어로 등장한 아마도 glide에서 연유한 듯한 미국어〉, 글리치, 결함, 급격한 고장, 순간적으로 나타나는 잡음이나 화면 정지, 〈~ defect\flaw〉 양1 미2

561 **glit·ter** [글릿터]: 〈← glitra(shine)〉, 〈북구어〉, 〈의태어〉, 빛남, '반짝임', 화려하다, 〈→ glitzy〉, 〈~ glisten\sparkle〉, 〈↔darkness\dullness〉 양1

562 ***glitz·y** [글맅찌]: ⟨← glitzern(sparkle)⟩, ⟨게르만어에서 연유한 1966년도산 미국어⟩, 야한, 현란한, ⟨~ glitter⟩, ⟨~ dazzling\flashy⟩, ⟨↔in-conspicuous\modest⟩ 양2

563 **gloam·ing** [글로우밍]: ⟨← glowan(be bright)⟩, ⟨게르만어→영국어⟩, 황혼, 땅거미, ⟨~ twilight⟩, ⟨↔day-break\dawn⟩ 양2

564 **gloat** [글로우트]: ⟨← glotta(smile scornfully)⟩, ⟨어원 불명의 북구어⟩, 흡족해하다, 고소해하다, ⟨~ glee\grin⟩, ⟨↔commiserate\pity\boo·hoo⟩ 양2

565 **glob·al** [글로우벌]: ⟨라틴어⟩, 공⟨globus⟩ 모양, 지구의, 전 세계적, 총체적, ⟨~ world-wide\universal⟩, ⟨↔local\national⟩ 양2

566 **glob·al·ism** [글로우벌리즘]: 세계화 추진 정책, 전 세계주의, ⟨↔nationalism⟩ 양2

567 ***glob·al po·si·tion·ing sys·tem \ GPS**: 범지구 족위체계, 인공위성으로 항해(로)법을 설명해 주는 장치, 위성 위치확인 체계, 위성 항법 체계, ⟨~ navigator⟩ 우2

568 **glob·al vil·lage** [글로우벌 빌리쥐]: (통신의 발달로 좁아진) 지구촌, ⟨~(↔)cyber-space\internet⟩ 가1

569 **glob·al warm·ing** [글로우벌 워어밍]: ⟨이산화탄소가 주범인⟩ 지구 온난화, ⟨~(↔)green-house effect⟩ 가1

570 **globe** [글로우브]: ⟨← globus(ball)⟩, ⟨라틴어⟩, 공, '구체', 지구, 지구의, ⟨~ lobe\sphere\world⟩, ⟨↔triangle\square⟩, ⟨↔nadir\zenith⟩ 양2

571 **globe-fish** [글로우브 휘쉬]: puffer, blow·fish, balloon·fish, swell·fish, 복어, '바다 돼지', ⟨배가 공같이 생기고⟩ 강한 이빨로 조개도 깨어 먹으나 내장에 독이 있는 난류성 바닷 물고기 미2

572 **globe-flow·er** [글로우브 훌라워]: 금매화, ⟨북반구의 추운 지방에 서식하며⟩ 노란 공 모양의 겹친 꽃(rounded flower)을 피우는 미나리아재빗과의 다년초, ⟨~ butter rose\gold head\globe ranunculus\viper's button⟩ 미2

573 ***glo-cal** [글로우컬]: global+local, 세계와 지역을 합친(병행하는), 범세계적이면서 지역 실정도 참조하는, '지구촌', '세계 마을', ⟨~ global village⟩, ⟨~(↔)multi-cultural⟩, ⟨↔hyper-local\restricted⟩, ⟨이 단어는 한국어로 '세방'이라고 번역하기도 하나 편자는 '지구촌'이란 말이 더 포괄적이라고 생각함⟩ 우1

574 **glock·en·spiel** [글라컨 스피일]: ⟨독일어⟩, 'concert bells', 철금, 쇠로 음판을 만든 실로폰(xylophone) 비슷한 타악기, ⟨~ orchestra bells⟩ 우2

575 **glom** [글럼]: ⟨← glaum(grab)⟩, ⟨1907년에 등장한 스코틀랜드 방언⟩, 붙잡다, 훔치다, 체포하다, (흘긋) 보다, ⟨~ catch\seize\snap up⟩, ⟨↔miss\release⟩ 양2

576 **glom·er·ate** [글라머뤠이트]: ⟨← glomus(ball)⟩, ⟨라틴어⟩, '구형으로 모인', 둥글게 밀집해 있는, ⟨~ amassed\clustered⟩, ⟨↔split up\disperse⟩, ⇒ con·glomerate\Mandalay 양2

577 ***glomp** [글람프]: ⟨1993년 미국 만화영화에 등장한 의성어·의태어⟩, 와락 안기다(의성어), ⟨여자가⟩ 엉겨붙다, '앵기다', tackle hugging 우2

578 **gloom·y** [글루우미]: ⟨← glom(twilight)?⟩, ⟨어원 불명의 영국어⟩, 어두운, 음울한, 암흑의, 암담한, '얼굴을 찌푸린', ⟨~ dark\dis-heartening\bleak\frown⟩, ⟨↔bright\sunny\win-some⟩ 양2

579 ***glo·ri·ous re·turn** [글로어뤼어스 뤼터언]: 영광스러운 귀향, 금의환향, honorable comeback, ⟨↔fly-by-night\gone to Texas⟩ 양2

580 **Glo·ri·ous Rev·o·lu·tion** [글로어뤼어스 뤠뷜루우션]: 명예혁명, (1688~89년간) 영국 국회가 가톨릭(Catholic) 국왕 제임스 2세를 쫓아내고 네델란드로 시집간 신교도(protestant)인 메리 공주와 그 남편 윌리엄 3세를 왕으로 모신 '무혈혁명', ⟨~ English Revolution⟩ 미2

581 **glo·ry** [글로어뤼]: ⟨← gloria(fame)⟩, ⟨라틴어⟩, 영광, 칭찬, 찬미, 번영, 훌륭함, ⟨→ Cleo·patra⟩, ⟨~ honor\renown\magnificence⟩, ⟨↔disgrace\shame\modesty⟩ 양1

582 ***glo·ry hole** [글로어뤼 호울]: ⟨영국어·미국 속어⟩ ①용융 유리 가열로 ⟨밑 구멍⟩, ⟨~ bottom hole⟩ ②잡동사니 서랍, ⟨~ a receptacle for odds and ends⟩ ③⟨공중변소 칸막이에 뚫린⟩ 구강 성교용 구멍, ⟨~ a hole through a partition to perform sex⟩ 우2

583 **gloss** [글러어스 \ 글라아스]: ⟨← gloa(shine)⟩, ⟨게르만어⟩, 윤, 광택, 허식, '빛남', ⟨윤택이 나는⟩ 입술연지, ⟨~ glow\glare⟩, ⟨~ varnish\polish⟩, ⟨↔dull·ness⟩ 양1

584 **gloss~** [글러스~ \ 글라스~]: ⟨← glossa(tongue)⟩, ⟨그리스어⟩, ⟨혀·언어~⟩란 뜻의 결합사 양1

585 **glos·sa·ry** [글러어써뤼]: ⟨← glossa(tongue)⟩, ⟨그리스→라틴어⟩, 주석, '용어' 풀이, 술어, 소사전, ⟨~ vocabulary\lexicon⟩ 미2

586 **gloss-y** [글러어씨]: ⟨게르만어⟩, 번쩍번쩍하는, 광택 있는, ⟨~ shiny\bright⟩, ⟨↔dull\matte⟩ 양1

587 **glove** [글러브]: ⟨← glof(cover for the hand)⟩, ⟨게르만어⟩, '손덮개', 장갑, ⟨방어 장비를 갖춘⟩ 수비 능력, (야구에서) 공을 받다, ⟨~ condom\gauntlet⟩, ⟨~(↔)mitten⟩, ⟨↔sock\shoe\miss\hat⟩ 양1

588 **glove box** [글러브 박스]: ①(밖에서 부속 장갑으로 조작하는) 위험물질을 다루기 위한 밀폐된 투명 용기, ⟨~ a sealed container⟩ ②glove compartment 우2

589 **glove com-part-ment** [글러브 컴파아트먼트]: 자동차 앞 좌석의 ⟨장갑 등을 넣어두는⟩ 잡물통, ⟨~ glove box⟩ 미2

590 **glow** [글로우]: ⟨← glowan(be bright)⟩, ⟨게르만어⟩, 타다, '빛을 내다', 백열, 홍조, glow watch(야광시계), ⟨~ glaze\glitter⟩, ⟨~ glare\shine⟩, ⟨↔shadow\twilight\umbrage\dark\pallor\chill⟩ 양1

591 **glow-er** [글라우얼]: ⟨게르만어⟩, ⟨← glow⟩, 상을 찡그리다, 노려보다, ⟨~ frown\scowl\stare angrily⟩, ⟨↔grin\smile⟩ 양2

592 **glow-worm** [글로우 워엄]: 개똥벌레, (빛을 내는) 반딧불이의 유충, ⟨~ fire-beetle\candle(lantern) fly⟩ 미2

593 **glox·in·ia** [글락씨니어]: ⟨처음으로 이것을 상세히 기술한 어원 불명의 독일 식물학자의 이름(Gloxin)을 딴⟩ 글록시니아, (열대 남미 원산의) 커다란 나팔꽃⟨trumpet-shaped flower⟩을 피우는 음지 지향성 관상용 구근식물(rhizomatous plant), ⟨~(↔)African violet⟩ 우1

594 **glu·ca·gon** [글루우카건]: glukus(sweet)+agon(bring), ⟨그리스어⟩, (췌장의 알파세포에서 분비되어 간장의 포도당 분해를 촉진시켜) 혈당을 높여주는⟨increasing blood sugar⟩ 호르몬, ⟨~ a pancreatic hormone⟩, ⟨↔insulin⟩ 우1

595 **glu·can** [글루우캔]: ⟨← glucose⟩, ⟨1941년에 등장한 화학용어⟩, ⟨영국어⟩, 글루칸, 효모균에서 얻는 포도당의 잔기로 이루어진 다당류(poly-saccharide) 우1

596 **glu·co·sa·mine** [글루우코우서미인]: glucose+amine, 글루코사민, 척추동물 연골조직(cartilage)에 다당류가 많이 포함된 아미노당 우1

597 **glu·cose** [글루우코우스]: ⟨← glykys(sweet)⟩, ⟨그리스어⟩, (포도에서 처음 추출된 단맛이 나는 물질로 모든 생체의 가장 중요한 동력원이 되는) 포도당, ⟨~ blood sugar\dextrose⟩, ⟨~(↔)fructose\sucrose⟩ 양1

598 **glue** [글루우]: ⟨← glia(gum)⟩, ⟨그리스→라틴어⟩, '끈끈이', 풀, 아교, 접착제, 꼭 붙이다, ⟨~ stick\adhesive⟩, ⟨↔separate\dis-connect⟩ 양1

599 *****glue log·ic** [글루우 라쥨]: '접착논리', 전산기의 한 부분을 다른 부분과 연결시킬 때 쓰는 비교적 단순한 논리회로, glue code, ⟨~ off-the-shelf integrated circuit⟩ 양1 미2

600 **glut** [글럿]: ⟨← glutire(gulp down)⟩, ⟨라틴어⟩, ⟨'꿀꺽' 삼키다, 배불리 먹이다, 만족시키다, ⟨~ over-fill\super-saturate⟩, ⟨↔dearth\nibble\scarcity⟩ 양2

601 **glu-ten** [글루우튼]: ⟨← glue⟩, '아교질', (밀 등의 곡류에 들어 있는 단백질의 일종으로 사람에 따라 병을 일으키거나 부작용을 가져올 수도 있는) 부질, ⟨~ tenacious elastic protein from grains⟩ 양2

602 **glu·ti·nous** [글루우티너스]: ⟨← gluten(paste)⟩, ⟨라틴어⟩, ⟨← glue⟩, 아교질의, 끈적끈적한, 점착성의, ⟨~ sticky\viscous⟩, ⟨↔non-adhesive\dry⟩ 양2

603 **glut-ton-ous** [글러터너스]: ⟨← glut⟩, 대식하는, 탐욕스러운, 게걸이든, 아귀같은, ⟨~ greedy\pig²⟩, ⟨↔abstenious\starving⟩ 양2

604 **glyc·er·ine** [글리서륀]: glycerol, ⟨← glykys(sweet)⟩, ⟨그리스어⟩, 글리세린, 지방이 가수분해할 때 생기는 ⟨'달콤한'⟩ 끈끈한 액체, '당액', ⟨~ sugar alcohol⟩ 수2

605 **gly·co-gen** [글라이코쥔]: glykys(sweet)+genes(produce), ⟨그리스어+프랑스어⟩, 글리코겐, 당원⟨달콤한 원료⟩, 동물의 장기에 함유된 함수탄소의 일종, ⟨~ stored form of glucose\animal starch⟩ 우1

606 **glyph** [글리후]: ⟨← glyphein(carve)⟩, ⟨그리스어⟩, ⟨'조각된'⟩ 그림문자, 모형문자, 돋을새김 상, ⟨~ character\font\symbol⟩, ⟨~(↔)grapheme⟩ 미2

607 **GM (Gen·er-al Mo·tors)**: (1908년에 창립되어 2009년에 휘청했으나 정부의 개입으로 되살아난) 미국의 대표적 자동차 회사, ⟨~ an American automotive monufacturer⟩ 수1

608 *G-mail [쥐이 메일]: 2004년 구글〈'Google'〉이 출시해서 2023년에 18억명 이상이 가입하고 있는 미국의 세계적 전자우편(e-mail) 기지 수2

609 G-man [쥐이 맨] (gov·ern·ment man): 미연방 수사국(FBI)의 (남자)요원 수2

610 GMO (ge·net·i·cal·ly mod·i·fied or·gan·ism): 유전자 변형 개체 (작물), 유전자 조작 식품, Franken food, novel food, 〈~(↔)bio-engineering(technology)〉 미2

611 gnarl [나알]: 〈← knurren(make knotty\twist)〉, 〈게르만어→영국어〉 ①(나무) 마디, '옹이', 혹, 〈~ a small hard protuberance on a tree〉 ②비틀다, 마디지게 하다, 〈~ snarl\growl〉 가1

612 gnash [내쉬]: 〈← gnasten(grind the teeth)〉, 〈영국어·북구어〉, 〈의성어?〉, 이를 갈다, 이를 악물다, 〈~ grate\strike together〉, 〈↔rejoice\relax〉 양2

613 *gnash one's teeth in rage: 절치부심, 이가 갈리고 속이 쓰린 원한, 와신상담, 〈~ licking the wounds\strong desire to take revenge〉 양2

614 gnat [냍]: 〈← gnattaz(biting insect)〉, 〈영국어〉, '깨무는 곤충', (습지에 서식하며 통통한 작은 모기 모양을 한) 각다귀, 사소한 일, 〈← gnaw〉, 〈~ culex\midge〉 미2

615 gnaw [너어]: 〈← gnagan〉, 〈게르만어→북구어〉, 〈의성어〉 갉다, 쏠다, 침식하다, 좀먹다, 〈~ nag\erode〉, 〈~ chew\crunch〉, 〈~ trogon\trout〉, 〈↔construct\restore〉 양1

616 GNC: General Nutrition Center, '영양품 총판', 1935년에 세워져서 2020년 중국 회사에 팔린 미국의 건강보조제 판매 연쇄점, 〈~ an American nutritional manufacturing and retail company〉 우1

617 GNI: ⇒ gross national income 미2

618 gno·mon [노우먼]: 〈← gignoskein(know)〉, 〈그리스어→라틴어〉, '아는 것', 그노몬, (해시계의) 바늘, 평형 사변형의 한 각을 포함하는 닮은 꼴을 떼어낸 나머지 부분, 〈~ part of a sun-dial\style\carpenter's square〉 양2

619 Gnos·tic [나스틱]: 〈← gignoskein(know)〉, 〈그리스어〉, 그노시스 〈영적 인식〉, '영지주의' 교도의, '인식주의' 〈초대 기독교 시대에 있던 오직 지식을 통해 구원받을 수 있다고 하면서 예수의 부활을 부정하여 나중에 신비주의적 이단으로 몰린 '영리한' 교파〉, 〈→ knowledge〉, 〈↔agnostic〉 수2

620 GNP: ⇒ gross national product 미2

621 *GNU [뉴우\누우]: 그뉴, 〈GNU's not unix〉, 1986년에 시작된 공짜 연산기기(free software) 공급망으로 E mac·C compiler 등을 고안했음, 〈~ an American digital firm〉 수1

622 gnu [뉴우]: 〈원주민어〉, 〈놀랐을 때 '누~누~'하는 소리를 내는〉 누, (발이 빠른) 남아프리카산 암소 비슷한 큰 영양, wildebeest 수2

623 go¹ [고우]: 〈일본어〉, igo, '위기', '포위〈encirclement〉 경기(판)', 〈2천5백여 년 전에 중국에서 시작된〉 바둑(baduk), 〈~(↔)chess〉 미2

624 go² [고우]: 〈← gan(depart)〉, 〈게르만어〉, '떠나가다', 가다, 지나다, 사라지다, 움직이다, 도달하다, 놓이다, 쓰이다, 〈~ move\proceed\leave〉, 〈~ wend\meander〉, 〈↔stay\come\arrive〉 양1

625 goa [고우어]: 〈원주민어〉, Tibetan gazelle, (중앙아시아 고산지대에 서식하는) 날씬한 영양 우1

626 goad [고우드]: 〈게르만어〉, 〈← gaida(javelin)〉, (가축 등의) 몰이 막대기, 찌르다, 선동하다, 〈~ stimulate\egg on〉, 〈↔aid\comfort\dis-courage〉 양1

627 goal [고울]: 〈← gal(boundary)〉, 〈어원 불명의 영국어〉, 결승점, 득점, 목표, '경계선', 〈~ target\bull's eye〉, 〈↔start\pointlessness\means〉 양2

628 goal–keep·er [고울 키이퍼]: 문지기, '득점 저지자', 〈~ goalie〉 미2

629 goal-post [고울 포우스트]: 골대, '득점(경계)대', 〈~ uprights\side-bar〉 양2

630 *go ape [고우 에이프]: (원숭이처럼) 골을 내다, 화를 내다, 어쩔 줄 몰라 하다, 〈1950년대 초 한국전 참전 주한 미군들이 한국인이 성내는 모습을 비하해서 만들어진 말 같음〉, 〈~ go bananas〉 양2

631 *GOAT [고욷]: 〈1996년에 등장한 미국 속어〉, (the) greatest of all time, 역대 최고 미2

632 goat [고욷]: 〈← haedus(kid)〉, 〈라틴어에서 유래한 게르만어〉, 〈← capricorn〉, '새끼', 〈정력이 세다는〉 염소(가축), (늙은) 호색한〈dirty old man〉, 제물〈원래는 악마를 뜻하는 히브리어 azazel을 ez ozel로 오독한데서 나온 말〉 양1

633 goat-ee [고우티이]: (〈가운데〉턱 밑의) 염소수염, 〈~ chin puff (or strip)〉, 〈beard는 턱 전체를 둘러싼 수염〉, 〈↔mustashe〉 양2

634 **goat-fish** [고읕 휘쉬]: 〈입가에 2개의 '염소수염'을 가진〉 노랑촉수, red mullet, ⇒ surmullet 미2

635 ***goat in the sheep***: 〈마태복음에서 따온 말〉, 순종자 무리의 불순종자, '미운 오리', 〈현대인들은 'different DNA'라고 함〉, 〈↔swan among ducks\cream of the crop〉 양2

636 **goat pea** [고읕 피이]: 〈염소의 눈알 모양을 닮은〉 '검은눈콩', 동부, ⇒ black·eyed pea 미2

637 ***goat ro·de·o** [고읕 로우디오우]: goat rope, '염소 몰이', '염소 경연', 〈통제할 수 없는〉 대혼란, 뒤죽박죽, 〈~ chaos\cluster-fuck\Chinese fire-drill〉 양2

638 **goat–suck·er** [고읕 써커]: ①fern owl, night·jar, 쏙독새 ②'염소피빨이', 〈Puerto Rico 전설에 나오는〉 염소피를 빨아 먹는 괴물, 〈~ a vampire〉 미2

639 **gob** [갑\ 겁]: 〈← gober(gulp)〉, 〈켈트어〉, '아가리', 〈~ maw\trap〉 ①덩어리, 다량, 가래침, 〈~ chunk\sputum〉 ②입(mouth) ③〈허겁지겁 밥을 먹는?〉 수병(sailor) 양2

640 ***go ba·nan·as** [고우 버내너즈]: 〈← go ape〉, 〈바나나를 주면 흥분해서 날뛰는 원숭이처럼〉 골을 잘내는, 제 정신이 아닌, 흥분된, 미쳐버린, 〈~ freak out〉, 〈↔be quiet\be sane〉 양2

641 **gob·ble** [가블]: 〈영국어〉, 〈← gob(gulp)〉, 게걸스럽게 먹다, 꿀떡 삼키다, 과감한 퍼팅으로 홀에 공을 넣는 것, 칠면조의 울음소리, 〈~ guzzle\swallow\gorge〉, 〈↔nibble〉, 〈↔bite\chew〉 양1 우1

642 **Gob·e·lin** [고우빌린]: 〈← gobelinus(devil)?〉, 〈라틴어〉, 〈어원 불명의 프랑스계 이름(family of dyers)〉, 고블랭직, 〈페르시아풍〉 프랑스의 고급 벽걸이 양탄자 상표명, 〈~ a tapestry〉 수1

643 **Go·bi** [고우비]: waterless place, 고비('사막'이란 몽골 말), 중국과 몽골 사이에 있는 광활한 고지 사막, 〈~ a cold desert in Asia〉 수1

644 **gob-let** [가블릿]: 〈← (glup down하는) cupa〉, 〈라틴어→프랑스어〉, 받침 달린 잔, (옆에) 손잡이 없는 잔〈'cup'〉, 〈pilsner는 밑에 받침이 없거나 작음〉, 〈~(↔)tumbler\stem-ware〉, 〈↔high-ball〉 우1

645 **gob·lin** [가블린]: 〈← kobalos(impudent rogue)〉, 〈어원 불명의 그리스어〉, 악귀, 꼬마 요정, 〈~ bogey-man〉, 〈↔angel\seraph〉 양2

646 ***gob·lin mode** [가블린 모우드]: 〈2009년부터 있었으나 2022년 Covid-19 후에 떠오른 말〉, '도깨비 생활양식', (사회규범을 떠나) 게으르고〈lazy〉 단정치 못한〈untidy〉 삶을 사는 유형, 〈~ life style that skirts social norms〉 미2

647 **go·bo¹** [고보]: 〈일본어〉, burdock, burdock root, 가는 당근에 인삼 냄새(gin-seng samell)가 나는 뿌리를 가진 〈일본식당에서 공짜배기로 많이 안 주는〉 '우엉(소가 병들었을 때 뜯어 먹는다는)'과의 초본, 〈~ a cockle-bur〉 우2

648 ***go·bo²** [고우보오우]: 〈1930년대부터 쓰여오는 어원 불명의 영국어〉, 〈go+between?〉, (카메라 렌즈 근처의 산광이 입사되는 것을 막는) 차광판, 차음판(음파 흡수판), 〈~ a stencilled disc\cut-out pattern〉 미2

649 **gob–smack-ed²** [갑 스맥트]: gob(mouth)+smack², 〈켈트어→영국어〉, 말문이 막힌, 입이 딱 벌어진, 몹시 놀란, 〈~ stunned\flabber-gasted〉, 〈↔un-surprised\apathetic〉 양2

650 ***go bust¹** [고우 버스트]: 파산(파멸)하다, 〈~ go bankrupt〉, 〈↔hit the jack-pot\make a fortune〉 양2

651 **go·by** [고우비]: 〈← gobius ← kobius〉, 〈어원 불명의 그리스어→라틴어〉, 〈'창(dart)' 모양의?〉 망둥어(이), 바닷가의 모래땅에 살며 양쪽 배지느러미가 별의 날개같이 생긴 작은 물고기, 〈→ gudgeon〉, 〈~ blenny\sleeper〉, 〈~ a small ray-finned bony fish〉 미2

652 **go by** [고우 바이]: 지나가다, (잠깐) 들르다, 보고도 못 본체하다, (~으로) 통하다, 〈~ pass by〉, 〈↔remain\include\welcome\disagree〉 양2

653 **go·chu-jang** [고추장]: 〈한국어〉, red·chili paste, (고춧가루·찹쌀밥·메주·엿기름·소금 등을 넣고 장독에서 1년 정도 발효시킨) 화끈하게 맵고 짠 〈한국 특유의〉 양념 반죽, 〈~ doen-jang〉 수2

654 ***go-cup** [고우 컵]: 포장 잔, (식당 밖으로 가지고 나갈 수 있게) 뚜껑이 달린 종이컵, 〈~ take-out (or covered) cup〉 우2

655 **God** [~가앋] (중세의 진실한 기독교인들은 〈경외하는 마음으로〉 숨을 한 번 쉬고 발음했음]: 〈구교의〉 하느님, 〈신교의〉 하나님, 〈~ Jehovah\Father〉, 〈no antonyms〉, 〈↔human이라고 했다간 몰매를 맞을 것임〉 양1

656 **god** [가앋]: 〈← guthan(invoked)〉, 〈어원 불명의 게르만어〉, 신, 천주, 조물주, 우상, '좋은 사람?', 수호신, 〈~ deity\daemon(guardian spirit)〉, 〈↔devil\evil〉 양1

657 **god-child** [가앋 촤일드]: 대자녀, 〈~ religious child〉, 〈↔god-parent〉 양1

658 **god-damn** [가앋 댐]: 〈신이 저주할〉, 빌어먹을, 제기랄, 염병할, 육시랄, 전혀, 〈~ bigot\curst〉, 〈~ fuck you라고 쓴 사전은 하나도 없어요-그대신 blessed라고 쓴 것은 많음〉, 〈↔god-bless〉 양2

659 **god-dess** [가디스]: 여신, 숭배하는 여인, 〈'wife'의 미래어〉 양1

660 **go·de·tia** [고우디이쉬어]: 〈스위스 식물학자 Godet〈glass tumbler〉의 이름을 딴〉 고데티아, 달맞이꽃 비슷한 1년생 화초, farewell to spring, 〈~ satin flower〉 수2

661 **god-fa·ther** [가앋 화더어]: 〈세례식에서 영적 교육을 시키기로 약속한〉 대부, 교부, 영수 양1

662 ***God helps those who help them-selves**: 하늘은 스스로 돕는 자를 돕는다, 〈~ self-help is the best help〉 양2

663 ***God is in the detail(s)**: 하느님은 세세한 것까지 챙기신다, 성공은 작은 일에 달려 있다, 〈~ the details matter〉, 〈↔devil is in the details〉 양2

664 **god-moth·er** [가앋 머더]: 대모, 교모, 여성 후견인 양1

665 **God's sake** [가앋즈 쎄이크]: 하느님 맙소사!, 세상에!, 제발!, 제기랄!, 〈~ deuce\heaven's sake〉 가2

666 **Goe·ring** [고우어링], Her·mann: 〈← geri(spear)?〉, 〈게르만어〉, 〈'창잡이'?〉, 괴링, (1893-1946), 〈게슈타포(Gestapo)를 창설했으며 훈장 달기를 좋아했고 사형 집행 2시간 전에 옥중에서 음독자살한〉 나치 독일의 공군 원수 (제2인자), 〈~ a Nazi military leader〉 수1

667 **Goe·the** [거어터], Jo·hann: 〈← gote(god-father)?〉, 〈독일어〉, 〈어원 불명의〉 괴테, (1749-1832), 〈여러 분야에 관심이 많아 나폴레옹으로부터 "사람 냄새가 난다"란 평을 들었던〉 독일의 (고전주의·낭만주의) 〈문호〉, 〈~ a German poly-math and writer〉 수1

668 ***go far-ther fare worse**: 멀리 간 만큼 많은 비용이 든다, 과유불급, 〈~ too much is as bad as too little〉, 〈↔the more the better〉 양2

669 **go for** [고우 훠어]: 좋아하다, 찬성하다, 시도하다, 가지러 가다, (얻으려고) 애쓰다, 〈~ agree\choose\pursue〉, 〈↔go against\reject〉 양1

670 ***go for wool and come home shorn**: 모직 얻으러 갔다가 양털 깎인 채 집에 오다, 혹 떼러 갔다가 혹 붙이고 오다, 〈~ when it rains, it pours〉 양2

671 **go–get·ter** [고우 게터]: 수완가, 활동가, 〈~ dynamo\fire-ball\hustler〉, 〈↔idler\loafer\couch potato〉 양1

672 **gog·gle** [가글]: 〈영국어〉, 〈의태어〉, 눈알을 굴리다, 보호 안경, 둥근 안경, 〈~ stare in wonder\ogle〉, 〈~ shade\spec〉 미2

673 **Gogh** [고우], Vin·cent: 〈어원 불명의 지명(Goch)에서 따온〉 고흐, (1853-1890), 평생 2,100여 점의 작품 중 한 점의 그림밖에 팔지 못하고 〈아마도〉 양극성 장애로 권총 자살한 네델란드의 화가, 〈~ a Dutch post-impressionist painter〉 수1

674 **go-go** [고우 고우]: 〈1960년에 등장한 프랑스어〉, 고고, high energy, 활동적인, 자유분방한 유형의, 강세인, 몸을 격렬하게 흔드는 로큰롤(rock'n roll) 춤, free-wheeling, 〈↔dull\worn〉 우2

675 **go-go boot** [고오 고오 부우트]: 무릎까지 오는 〈고고춤을 출 때 신는〉 목이 긴 여성용 장화, 〈~ low-heeled mid-calf boot〉 우2

676 **Go·gol** [고우걸], Ni·ko·lai: 〈러시아어〉, wild duck, '야생오리', 고골리, (1809-1852), 〈심한 우울증에 시달렸던〉 러시아의 (풍자) 작가, 〈~ a Russian novelist〉 수1

677 **Go·gu·ryeo** [고구려]: 〈어원 미상의 한국어〉, 〈'높은 곳에 있는 마을'?〉, (BC37-668), 〈알에서 깨어난 신궁 주몽이 세워〉 한때 만주 중남부(southen Manchuria)와 한반도의 북쪽(northern Korean penninsula) 2/3를 지배했고 후반기 241년간 평양에 도읍했다가 나·당 연합군에게 망한 군사 대국, 〈~ one of 3 Korean Kingdoms〉, ⇒ Goryeo 수1

678 ***go home and kick the dog**: 종로에서 뺨 맞고 한강에서 눈 흘긴다, 〈~ a coward vents his anger on a third person〉 양2

679 ***go-ing a-long with the crowd**: 친구따라 강남가다, 망둥이가 뛰면 꼴뚜기도 뛴다, 〈~ follow the crowd〉, 〈↔ignore\oppose〉 양2

680 **go-ing a-way** [고우잉 어웨이]: 떠남, 신혼여행, 〈~ leave\honeymoon〉, 〈↔meeting\arrive〉 양1

681 ***go-ing back to the draw-ing board**: 백지로 돌리다, 처음부터 다시 시작하다, ⟨~ start from scratch⟩, ⟨↔finish up⟩ 양2

682 ***go-ing no-where fast** [고우잉 노우웨어 홰스트]: ⟨마태복음에서 연유한 말⟩, (일에) 진척이 없다, 아무것도 되는 일이 없다, 별 성과가 없다, ⟨~ vain\failing\helpless⟩, ⟨↔moving fast⟩ 양2

683 **go-ing–o·ver** [고우잉 오우붜]: 점검, 조사, 비난, ⟨~ inspection\check\critique⟩, ⟨↔ignore\neglect⟩ 양1

684 **go-ings–on** [고우잉스 어언]: ⟨바람직하지 못한⟩ 사건, 소행, 소식, ⟨~ mis-conduct\happening\affair⟩ 양1

685 **goi·ter** [고이터]: ⟨← guttur(throat)⟩, ⟨라틴어⟩, (기능 항진 또는 기능 저하 때 오는) 갑상선 종(혹), '목 부종', struma, ⟨← gullet⟩ 양1

686 **go-ji** [고우쥐]: ⟨← gouqi⟩, ⟨중국어⟩, box-tree fruit, 구기자, ⇒ wolf·berry 미2

687 **Go-jong** [고종], Em-per·or: ⟨중국어⟩, high ancestral, ⟨오랫동안 재위해서 나라를 수성한 임금⟩, 고종황제 ①중국·한국 등의 왕이름(~ name of monarchs) ②이명복, 광무제, (1852-1919), 순조의 양손자로 어려서 임금이 되어 아버지와 부인 사이에서 갈팡질팡하다가 나라를 빼앗긴 5척 단구의 대한제국(Korean Empire) 황제 수2

688 **Gok-turks** [지이크 터얼크 \ 고어크 터얼크스]: ⟨← gok(sky blue)⟩, ⟨터키어⟩, '하늘빛 피부를 가진 터키족', 6세기 중엽 알타이산맥 부근에서 일어나 2세기 동안 터키에서 만주까지 세력을 떨치다가 동쪽으로 당나라에 평정된 'Dolgwol'(Tureukeu)족 수1

689 **gold** [고울드]: ⟨← ghel(shine)⟩, ⟨게르만어⟩, '노란색(yellow)', ⟨흔치 않고 화려하고 부드럽고 변하지 않아 가치가 있는⟩ 금, 금속원소(기호 Au·번호79), 금화, 부, 고가품, ⟨~ a chemical element⟩ 가1

690 **gold bee·tle** [고울드 비이틀]: (금)풍뎅이, ⟨~ golden tortoise beetle\ a leaf beetle⟩ 양1

691 **gold bug** [고울드 버그]: 금풍뎅이, 금꾼, 황금광, ⟨~ gold beetle\gold lover\gold digger⟩ 양1

692 **gold bul·lion** [고울드 불리언]: 금괴, 금덩어리, 중금 양1

693 **Gold Coast** [고울드 코우스트]: 황금 해안, (노예무역의 중심지였던) Ghana 공화국의 일부를 비롯한 세계 여러 곳의 지명·장소명(place names) 미1

694 ***gold-col·lar** [고울드 칼러]: ⟨짱구를 굴려 돈을 많이 버는⟩ (정보·통신·관리 등에 종사하는) 두뇌 노동자, ⟨~ high-tech workers⟩, ⟨~(↔)yellow-collar⟩ 미2

695 ***gold dig·ger** [고울드 디거]: 금 캐는 사람, 황금광, 돈을 우려내는 여자, ⟨~ gold bug\hooker⟩ 양1

696 **gold-en age** [고울든 에이쥐]: 황금시대, 노년(인생), ⟨~ hey day\old age⟩, ⟨↔dark age⟩ 양2

697 **gold-en–bell** [고울든 벨]: 금종화, 개나리, (봄에 종 모양의 노란 네 잎 꽃이 피는) 물푸레나뭇과의 낙엽활엽관목, ⟨~ forsythia\wild lily⟩ 미2

698 ***gold-en boy** [고울든 버이]: 인기 있는 남자, 총아, ⟨~ idol\dream-boat⟩, ⟨↔born loser\dead-beat⟩ 양2

699 ***gold-en cross** [고울든 크롸스]: '황금의 십자로', ⟨주식 시장에서⟩ 주가 단기(15일) 이동 평균선이 장기(50일) 이동 평균선보다 상향하는 '강세장 전환', ⟨~ bull market⟩, ⟨↔death cross⟩ 미2

700 **Gold-en De·li·cious** [고울든 딜리셔스]: 골든 딜리셔스, 1900년대 초에 미국 웨스트 버지니아(W. Virginia)에서 개발한 달고 파삭파삭한 황록색의 커다란 사과, ⟨~ large yellowish-green apple cultivar⟩, ⟨~(↔)Red Delicious⟩ 우1

701 **gold-en ea·gle** [고울든 이이글]: 파보다 3타수 적은 수로 홀인함, 앨버트로스(큰 곽새), ⟨~ albatross⟩ 우1

702 **Gold-en Gate** [고울든 게이트]: ⟨1849년 캘리포니아 중부로 금을 캐러 몰려든 사람들이 SF로 들어가는 입구를 '행운의 통로'라고 일컬은⟩ 금문 (해협), ⟨~ entry to SF Bay⟩ 미2

703 **Gold-en Gate Bridge**: 금문교, 1937년에 완공된 금문 해협을 가로지르는 길이 2,737m 폭 67m짜리 '아름다운 다리', ⟨~ an one-mile wide 'red' suspension bridge⟩ 미2

704 **Gold-en Globe A-wards** [고울든 글로우브 어워즈]: (1994년부터 시작된) 매년 1월 영화·TV의 우수 작품에 Hollywood Foreign Press Association이 주는 '금구(제왕)상', ⟨~ for movies and television⟩ 수2

705 **Gold-en Glove A-wards** [고울든 글로브 어워즈]: (1957년에 시작되어 매년 뛰어난 MLB 소속 야구선수들에게) ⟨야구장갑 생산업체 Rawlings사가 수여하는⟩ '금장갑상', ⟨~ for base-ball players⟩ 수2

706 *gold-en par·a·chute [고울든 패뤄슈우트]: 고액 퇴직금, 경영진이 교체되면 고액의 보상금을 지불해야 된다는 규정을 만들어 회사를 팔기 어렵게 만드는 전략, 〈~ large severance benefits〉, 〈~(↔)golden handshake〉 양2

707 gold-en re-triev-er [고울든 뤼트뤼이붜]: 누런 털을 가진 Scotland 원산의 조류 사냥개(회수견), 〈~ flat-coated retriever〉 수2

708 *gold-en rule [고울든 루울]: 황금률, 금과옥조, '당신이 대접받기 바라는 대로 타인을 대접하시오', 〈호혜의 윤리〉, do unto others as you would have them do unto you, 〈~(↔)silver rule은 negative하고 이것은 positive함〉 양1

709 gold-en wed-ding [고울든 웨딩]: 〈아내에게 금 목걸이를 선사하는〉 금혼식, 결혼 50주년 양1

710 *gold-en years [고울든 이어스]: 노후(65세 이후), 〈~ golden age〉, 〈~(↔)silver years〉, 〈↔infancy〉 양1

711 gold-finch [고울드 휜취]: '황금방울새', 오색방울새, 노란 몸통에 검은 날개·꼬리를 한 조그만 새, wild canary 미2

712 gold-fish [고울드 휘쉬]: 〈수명·색깔·크기가 다양한 100여 종의〉 금붕어, 〈~ a carp family\aquarium fish〉 양2

713 *gold-i-locks [고울딜락스]: ①〈영국의 동화에서 유래한〉 '금발'의 미인, 〈~ the story of 3 bears〉 ②〈로마 금화 같은 꽃머리를 가진〉 미역취 비슷한 미나리 아재빗과의 초본, 〈~ creeping Charlie〉 ③(물가 상승이 없는) 완만한 경제 성장, 〈~ an ideal economic system〉 미2

714 Gold-man Sachs [고울드먼 좌스]: 골드만〈'부자'\'금발을 가진 자'〉, 삭스〈'Saxon에서 온 부자'〉, 1869년 동명의 동업자들이 창설한 〈투자전략을 자문하는〉 미국의 세계적 금융기관, 〈~ an American investment banking company〉 수1

715 gold mine [고울드 마인]: 금광, 보고, 큰 돈벌이가 되는 것, 〈~ treasure trove\cornucopia〉, 〈↔black hole\doline\sink-hole〉 양2

716 gold-smith [고울드 스미쓰]: 금세공인, 금장이, 〈~ iron smith\silver smith〉 양1

717 *gold stand-ard [고울드 스탠더드]: ①(화폐가치가 일정하여 경제가 어려워지면 노동 가치는 떨어지고 소유 가치는 올라가서 못 가진 자에게 불리하고 가진 자에게 유리한) 금본위제, 〈미국이 1976년에 철폐한〉 통화 단위와 금의 일정량이 일치되는 화폐제도, 〈~(↔)silver standard〉 ②황금기준, 최적기준, 표준, 〈~ criterion\bench-mark〉, 〈↔atypical\dis-array〉 양2

718 *gold star [고울드 스타아]: 월등한, (전사자의 가족에게 주는) 미국의 금성장, 〈~ outstanding achievement〉 미2

719 Gold-wyn May·er [고울드윈 마이어]: gold+wine(friend), +major, 〈영국어+독일어〉, 골드윈〈'금 같은 친구'〉 마이어〈'위대한 자'〉, ⇒ MGM 수1

720 golf [거얼후]: 〈← kolf(club)〉, 〈네덜란드어에서 유래한 스코틀랜드어〉, '공치기', 18개의 hole에 공을 넣어서 타수가 적은 사람이 이기는 구기, 〈~ stroke (or match) play〉 수2

721 golf cart [거얼후 카아트]: 골프용 수레(달구지), 골프치기용 소형자동차, 〈~ golf buggy\caddie cart〉 미1

722 golf club [거얼후 클럽]: 골프용 타봉, 골프채, 골프 동호회, 골프 사교장, 〈~ stick\country club〉, 〈↔yacht club〉 미2

723 golf course [거얼후 코어스]: 골프장, 골프 경기장, 〈~ golf links〉 양2

724 golf hose [거얼후 호우즈]: 골프용 긴 양말, 〈~ golf socks(stockings)〉 우2

725 golf links [거얼후 링크스]: 골프장, 골프 경기장, 〈~ golf course〉 양2

726 golf wid·ow [거얼후 위도우]: 골프과부, 골프광의 아내, 〈~ wife of a golf-maniac〉, 〈↔golf widower도 늘고있는 추세〉 미2

727 Gol·go·tha [갈거써]: 〈← gulgulta(a hat)〉, 〈히브리어〉, '해골(skull)', 골고다, 예수가 십자가에 못 박힌 예루살렘의 언덕, = Calvary(라틴어) 수1

728 Go·li·ath [걸라이어쓰]: 〈← galah(uncover)〉, 〈히브리어〉, '문뜩 나타난 자', 골리앗, 양 치는 데이비드(David)에게 살해된 필리스틴족의 거인, 이동식 대형 기중기, 거인, 〈~ a Philistine warrior\giant\gantry crane〉 수1 양1

729　**Go·li·ath bee·tle** [걸라이어쓰 비이틀]: (아프리카의 열대림에 서식하며 지상에서 가장 큰 곤충인) 창뿔풍뎅이, 〈~ Hercules beetle과 한판 붙어보면 어떨까〉 미2

730　**Go·li·ath grou·per** [걸라이어쓰 그룹퍼]: 거대능성어, 큰 돗돔, ⇒ jew-fish 미2

731　**gol·ly** [갈리]: 〈← God〉, 〈영국어〉, 신(하느님, 맙소사), 저런, 어머나, 아이고, 〈~ gee\gosh〉 양1

732　**go·mo** [고모]: 〈중국어→한국어〉, paternal aunt, 아버지의 누이, 〈같은 '아주머니'지만, 집안에서의 역할과 위상이 달랐음〉, 〈~(↔)yi-mo〉 수2

733　**Go·mor·rah** [거모뤄]: 〈어원 불명의 히브리어〉, '깊숙한 곳(deep)?', 고모라, 〈사해 근처에 있었다는〉 악덕과 타락의 도시, 〈~ an ancient city near the Dead Sea〉, 〈~(↔)Sodom〉 수1

734　**Gom·pers** [감펄즈], Sam·u·el: gund(battle)+berht(famous), 〈게르만어→영국어〉, '유명한 자', 곰퍼스, 1850-1924, 1886년 미국 노동 총 연맹(AFL)을 창설한 영국 태생 유대계 미국 노동 운동 지도자, 〈~ a British American labor union leader〉 수1

735　**gom-tang** [곰탕]: 〈한국어+중국어〉, ox-tail soup, 쇠고기나 소의 뼈와 내장을 푹 고아서 끓인 국, 〈원래는 소의 꼬리를 주원료로 했으나 실제로는 seol·leong-tang과 별차이가 없음〉 수2

736　**go·nad** [고우내드]: 〈'gone'(seed)이 있는 곳〉, 〈그리스어〉, 〈← gene(produce)〉, 생식샘, (정자와 난자를 생산하는) 성선, 〈~ testis\ovary\ball'〉 양2

737　**gon·do·la** [간덜러]: 〈← dond(to rock)〉, 〈이탈리아어〉, 〈노로 젓는〉 곤돌라, 평저 유람선, 양 끝이 뾰족하고 바닥이 평평한 배, 공중강삭의 앉는 의자, 〈~ Venetian rowing boat\enclosed ski lifts〉 우1

738　**gone** [거언 \ 간]: go의 과거분사 양1

739　**gon-er** [가너\거어너]: 영락한 사람(것), 가망없는 자, '시체', 〈~ doomed\dead body〉, 〈↔hope-ful\winner〉 양2

740　**gone to Texas**: (1819년 경제공황 때 주로 미국의 남·서부 주민들이 빚을 피하기 위해 당시 멕시코 땅이었던 텍사스로 이주한데서 연유한) 잠적하다, '야반도주', 〈~ fly-by-night〉, 〈↔glorious return〉 양2

741　***gone to the dogs**: 엉망이 되다, 죽쒀서 개 주었다, 허사로 돌아가다, 만사휴의, 〈~ I did all the work and somebody-els got the credit〉 양2

742　**gong** [거엉]: 〈← gun〉, 〈말레이어〉, 〈의성어〉, 공, 징, 놋쇠로 만든 타악기, tam·tam, 〈~ jing\cymbal〉 양1

743　**gong-fu** [공 후우]: kung(endeavor)+fu(time spent), 〈중국어〉, '공부', kungfu, 쿵후, 손(fist)과 발(foot)을 이용해 싸우는 중국식 무술, 〈~ taekwondo〉, 〈~(↔)judo\karate〉 수2

744　**gon·na** [거어너]: going to, 하겠다, 것이다 양2

745　**gon·o·po·di·um** [가너 포우디엄]: gono(seed)+pod(foot), 〈그리스어〉, '생식다리', 교미지느러미, 태생류 물고기의 수컷에서 볼 수 있는 교미용 뒷지느러미〈물고기자지〉, 〈~ a copulatory organ of a male fish〉 미2

746　**gon·or·rhe·a** [가너뤼이어]: gonos(seeds)+rheein(flow), 〈그리스어〉, 〈처음에는 gonad에서 정액이 빠져 나오는 줄 알았던〉 (고름이 방울져 떨어지는) 임질, clap, 〈~ a sexually transmitted bacterial infection〉 가1

747　**go·ny** [고니]: 〈어원 불명의 영국어〉, albatros(신천옹) 계통의 새들, 바보, 미련둥이, 〈~ goony\booby〉 미1

748　**~go·ny** [고니]: 〈← gignesthai(be born)〉, 〈그리스어〉, 〈~ 발생·기원〉이란 뜻의 접미사, 〈~ genesis\origin〉 양1

749　**gon·zo** [간죠우]: (1971년에 주조된 어원 불명의 미국어), 머리가 돈, 미친, 독단과 편견으로 찬 '성깔'〈근성이라는 일본어〉, 〈ganso(goose)라는 스페인어가 어원이라는 설도 있으나 편자는 일본어 어원설을 지지함〉, 〈~ crazy\far-fetched〉, 〈↔conventional\sane〉 양1

750　**goo** [구우]: ①〈미국 속어〉, gooey, 끈적거리는 것, 불쾌한 감상, 〈~ original gum\glue\mucus〉 ②〈루이지애나 프랑스어〉, gaspergou, 〈끈적끈적한 침이 나오며〉 (구~구~하고 우는) 민어과의 민물고기, 〈~ a croaker〉 양1 우1

751　**good** [굳]: 〈← god(suitable)〉, 〈게르만어〉, '좋은', 훌륭한, 친절한, 유효한, 충분한, 족히, 이익, 〈~ fine\virtue\benefit〉, 〈↔bad\wrong\poor〉 가1

752　***good and quick·ly sel·dom meet**: 급할수록 돌아가라, 〈~ slow and steady wins the race〉 양1

753　**Good Book** [굳 북]: Bible, 성서 양1

754　**good-by(e)** [굳 바이]: 안녕(annyong), 작별인사, 'God be with ye', 〈~ fare-well\adieu\adios〉, 〈↔hello\salute〉 양2

755 **good deal** [굳 디일]: 다량, 좋은 협정, 알았다, 좋았어, 〈~ lot\bargain\great!〉, 〈↔bad deal\suspicion\handful〉 양2

756 ***good egg** [굳 애그]: ①좋은 녀석, 명랑한 사람, 〈~ good(nice) guy〉, 〈↔bad apple〉 ②~!; 좋다!, 근사하다!, 〈~ ok!\whoopee!〉 양2

757 **Good Fri·day** [굳 후롸이데이]: 성금요일, Easter 전 금요일, 예수의 수난일 (십자가에 못 박힌 날), 〈~ Great and Holy Friday〉 수1

758 **good grief** [굳 그뤼이후]: 맙소사(세상에!), 어머나!, 〈~ OMG\golly\wow〉, 〈~(↔)oh-no second〉 양2

759 **good-ie** [구디]: 좋은 사람, 선한 체하는 사람, 맛있는 것, 선물 주머니, 〈~ pleasant\attractive\desirable〉, 〈↔baddie〉 양2

760 **Good-man** [굳 먼], Os·car: 굿맨, (1939-), 유대계 출신 변호사로 매춘업을 지지하고 조직범죄에 양면성을 나타냈으나 12년간 라스베이거스 시장을 하고 부인에게 넘겨준 〈인기 좋았던〉 정치꾼, 〈~ a mayor of Las Vegas〉 수1

761 ***good med·i·cine tastes bit·ter**: 좋은 약은 입에 쓰다(양약고구), 충언은 귀에 거슬린다, 〈~ flattering is poisonous〉 양2

762 ***good neigh·bors are bet·er than dis·tant cou·sins**: 먼 사촌보다 가까운 이웃이 낫다, 〈~ out of sight, out of mind〉, 〈~(↔)the squeaky wheel gets the grease〉 양2

763 **good-ness** [굳 니스]: 선량, 친절, 우량, 장점, God의 대용어, 〈~ virtue\kind-ness\quality〉, 〈↔wicked-ness\mean-ness〉 양2

764 **goods** [굳즈]: 〈← god(suitable)〉, 〈게르만어〉, 물건, 상품, 재산, 소비재, 〈~ commodities\ware〉, 〈↔capital\service〉 양1

765 **good sa·mar·i·tan** [굳 서매뤼튼]: 굿 사마리탄, 친절한 사마리아 사람, 자선가, 〈~ altruist\philanthrope〉, 〈↔wimp\milk-sop〉 미1

766 **good time** [굳 타임]: 좋은 시간, 쾌락의, 방탕한, 〈~ big(high) time\wingding〉, 〈↔evil hour\boredom〉 양2

767 **good-will** [굳 윌]: 호의, 친선, 적선, 신용, 단골, 영업권, 〈~ benevolence\charity\collaboration〉, 〈↔hostility\bad-will〉 양2

768 **Good-will In·dus·tries** [굳 윌 인더스트뤼스]: 1902년 미국의 감리교 목사에 의해 세워져서 17개국에 지점을 두고 있는 〈불법체류자의 재활을 위해〉 재고품·중고품을 파는 비영리 소매상, 〈~ an American industrial and social services enterprise〉 수2

769 **good-y** [구디]: 맛있는 것, 사탕, 매력 있는 것, 영화 주인공, 〈~ goodie〉, 〈~ good·wife ↔반대어는 hussy〉, 〈↔baddie〉 양2

770 ***good yard** [굳 야아드]: (취했을 때) good night의 오타, '잘 꺼져' 양2

771 **good-y bag** [구디 백]: (미국에서 어린이 생일잔치 때 참석자에게 사탕·과자·자잘한 일용품 등을 넣어 주던) 〈예쁜〉 선물 주머니, 〈~ gift (or candy) bag〉 양2

772 **Good-year** [굳 이어]: 굿이어, 미국의 Charles Goodyear가 1939년에 고무를 고열에서 황산 처리해서 만든 제품으로 타이어의 재료로 쓰임(상품명), 〈~ an American tire and rubber company〉 수1

773 ***good-y–good-y** [구디구디]: 착한 사람, 선한체하는, 잘난체하는, 〈~ goodie〉 양2

774 ***goof** [구우후]: 〈← goofish(foolish)〉, 〈어원에 대해 말이 많은 영국어〉, 바보, 멍청이, 실수하다, 빈둥거리다, 〈→ doofus〉, 〈~ error\un-fuck〉, 〈↔accuracy\serious-ness〉, 〈↔jockey〉 가2

775 **go-off** [고우 어어후]: 출발, 착수, 개시, 〈~ start\launch〉, 〈↔stop\hold-back〉 양2

776 **go off** [고우 어어후]: 자리를 뜨다, 폭발하다, 울리다, 꺼지다, 가버리다, 〈~ go away\explode〉, 〈↔stay\implode〉 양1

777 ***go off half–cock·ed** [고우 어어후 해후칵트]: 〈총의 공이 치기를 다 세우기도 전에 발사하다〉, 성급하게 굴다, 덤비다, 〈~ jump the gun〉, 〈↔go off full-cocked〉 양2

778 ***Goo·gle** [구우글]: 구글, 한 어린애가 만든 무한대를 일컫는 말(googol)에서 유래해서 1998년에 창립된 미국의 〈인기 있는〉 인터넷 검색대, 〈~ an American internet search engine and IT corporation〉, 〈~(↔)meta crawler보다 제한적임〉 수1

779 *goo·gle-gang·er [구우글 갱어]: google+doppelganger, '구글 분신', 구글로 인명을 검색할 때 〈정보가 뒤섞여 있는〉 같은 이름을 가진 상대방, 동명이인, 〈~ twin stranger〉, 〈~ different person with the same name〉 우1

780 *goo·gle it [구우글 잍]: 〈무엇이든지 다 있으니까〉 구글에서 찾아봐, 〈~ search it on the internet\do it your-self〉 우1

781 Goo·gle-plex [구우글 플렉스]:(California에 있는) Google Campus, 구글과 알파벳 회사의 2백만 평방피트의 〈엄청난〉 사업단지 수2

782 goo·gle-plex [구우글 플렉스]: 100의 100제곱(100^{100}) 우1

783 *goo·gle whack-ing [구우글 왜킹]: 〈2002년에 시작되어 2009년에 중단된〉 '구글 안타', 어려운(이상한) 말 찾아내기 우1

784 gook [구크 \ 구우크]: 〈어원이 다양한 의미의 말〉, 먼지, 진기한 사람(동물), 황색인종, 외국제, 〈1899년에 등장한 군대속어로 필리핀인들이 'goo-goo'하면서 떠벌리는 것을 비하해서 만들어진 말로 나중에는 동양인 전체(orientals)를 일컫게 된것 같음〉 가2

785 go on [고우 어언]: 시작하다, 계속하다, 나오다, 들어오다, 〈~ act\continue\happen〉, 〈↔halt\end\go out〉 양1

786 goon [구운]: 〈1921년 미국 만화에 등장한 말〉, 〈영국어→미국어〉, 폭한, 불량배, 바보, 〈무지렁이〉, 〈← goony ← goose〉, 〈~ ruffian\ape\idiot〉, 〈↔sage\egg-head\wizard〉 양2

787 goon-(e)y [구우니]: 〈← gony가 1872에 변형된 영국어〉①〈바람없이는 '바보'같이 날지 못하는 새〉, albatross, 신천옹〈하늘에서 소식을 가지고 온 늙은 새〉②바보, 촌놈, 불량배, 〈~ stupid\rogue〉, 〈↔intellectual\smarty〉 미2

788 goos·an·der [구우쌘더]: goose+sander, (쇠)비오리, 물꿩(water pheasant), 〈~ merganser\sheldrake\saw-bill\smew〉 미2

789 goose [구우스]: 〈← gos(swan)〉, 〈게르만어〉①'거위', 오리보다 크고 고니보다 작은 갈퀴발을 가진 기러기의 변종, 〈~ a large water-fowl〉②〈뒤뚱뒤뚱 못하게 걷는〉 얼간이, 〈~ fool\awkward〉③〈거위가 구애할 때처럼〉 엉덩이 꼬집기, 〈~ fondle〉 미2

790 goose-ber·ry [구우스 베뤼]: 거위(밥) 딸기, 〈잎이 호랑이 귀를 닮은〉 범의귓과의 조그만 포도 모양의 열매로 방부제나 술의 원료로 쓰임, 〈~(↔)currant〉 미2

791 *goose-bumps [구우스 범프스]: 닭살, 소름, 소름 끼친 피부, 〈~ horripilation〉, 〈↔ae-gyo〉, ⇒ cold turkey 양2

792 goose-foot [구우스 훝]: ①거위의 발 ②〈잎이 거위발을 닮은〉 명아주, pig·weed, 〈~ fat hen\wild spinach〉, 〈~(↔)quinoa〉, ⇒ lamb's quarters 미2

793 goose-grass [구우스 그래스]: 〈거위가 좋아하는〉 바랭이, 〈잎이 거위 발 같이 갈라진〉 갈퀴덩쿨, craw's toes, tooth·wort, 〈~ wire-grass\bed-straw〉, 〈편자의 잔디밭을 망쳐놓는 원흉〉, ⇒ cleavers 미2

794 *goose-neck lamp [구우스 넥 램프]: '거위 목 전등', 기다란 전선줄, 목이 자유롭게 굽는 받침대에 달린 전구, 〈~ angle-poise〉 우2

795 goos-(e)y [구우시]: 거위 같은, 겁이 많은, 바보 같은, 〈~ un-easy\foolish〉, 〈↔confident\wise〉 양2

796 GOP: ⇒ Grand Old Party 미2

797 *Go·pher [고우훠]: 고퍼, 'go for', 1990년대에 쓰였던 〈목록에 따른〉 정보 검색 체계, 〈~ an internet protocol〉, 〈~ www로 대체되었으나 아직도 '두더지'들은 계속 사용하고 있다함〉 수2

798 go·pher [고우훠]: 〈← gaufre(waffle)〉, 〈캐나다계 프랑스어?〉, 〈땅을 '벌집(honey-comb)'같이 쑤셔놓는〉 뒤쥐, 〈북미산〉 땅다람쥐, 〈두더지보다 엄청나게 큰〉 땅 속에 사는 들다람쥐의 일종, 〈~(↔)ground squirrel\mole〉, 〈mole은 gopher보다 훨씬 작고 부채모양 대신 화산모양의 흙무덤을 남김〉, 〈더 관심이 계신 분은 편자의 대표 수필 '두더지와 정종과 나'를 읽어 보실 것〉 미1

799 go·pher snake [고우훠 스네이크]: 쥐잡이뱀, indigo snake, ⇒ bull·snake 미1

800 go·ral [고뢀]: 〈← gora(mountain dweller)〉, 〈산스크리트어에서 연유한 네팔어〉, 히말라야 산악지대에 살며 털이 길고 뿔이 작은 영양, 〈~ goat〉 우1

801 **Gor·ba·chev** [고얼버춰어후], Mi·kha·il: '곱사등(hunch-back)', 고르바초프, (1931-2022), 가난한 농부의 아들로 태어나 차곡차곡 경력을 쌓아 막강한 실력자가 되었으나 〈편자와는 달리 술보다 책을 더 좋아했고 자신보다 인류를 더 사랑한〉 소련의 민주화와 해체를 불러온 〈평화주의〉 정치가, 〈~ the last leader of the Soviet Union〉 수1

802 **Gor·di·an knot** [고얼디언 낱]: 〈고대 그리스 땅 고르디오스 왕(어원 불명의 그리스어)이 제우스에게 바칠 마차를 '아주 복잡한 매듭'으로 들보에 묶어 놓고 그것을 푸는 자가 아시아를 정복하리라 했는데 아무도 못 풀다가 알렉산더 대왕(Alexander the Great)이 단칼로 베어 풀었다는〉 난제를 간단히 해결하는 방법, 〈~ a bold solution to a difficult problem〉 수2

803 **gore** [고어]: 〈← gor(dirt)〉, 〈게르만어〉, 〈오물〉, 핏덩이, 엉킨 피, 유혈 싸움, 〈~ blood clot\stab\slaughter〉, 〈↔thinning\heal\peace〉 양1

804 **Gore-Tex** [고어 텍스]: Teflon을 원료로 1969년 미국의 Gore〈'삼각형의 땅에 사는 자'〉 부자가 발명한 가볍고 신축성·통기성·방수성이 좋은 직물(상표명), 〈~ an American made waterproof·breathable fabric membrane〉 수2

805 **gorge** [고얼쥐]: 〈← gurges(whirlpool)〉, 〈라틴어〉, 게걸스레 먹다, 가득 채우다, 골짜기, '목구멍(throat)', 분통, 〈~ pig out\ravine〉, 〈↔fast¹\nibble〉, 〈↔bite\chew〉 양1

806 **gor·geous** [고얼줘스]: 〈어원 불명의 프랑스어〉, 〈아마도 gorge(throat)를 둘러싼 주름잡힌 장식(ruff)처럼〉 호화로운, 찬란한, 매력적인, 멋진, 〈~ spectacular\wonderful〉, 〈↔drab\ugly〉 가2

807 **Gor·gon** [고얼근]: 〈← gorgos(fierce)〉, 〈그리스어〉, 고르곤, (희랍 신화의) 뱀머리를 가진 괴녀, g~; 추녀, 무서운 여자, 〈~ Medusa\Tartar〉, 〈↔sweet-heart\babe〉, 〈↔Aphrodite〉 수1 양2

808 **go·ril·la** [거륄러]: 〈카르타고 때부터 써오는 아프리카어〉, 고릴라, hairly being, '털이 많은 여자', (적도 부근 아프리카에 서식하며 생긴 것과는 달리 수줍음을 잘 타는) 대성성, 유인원과의 큰 짐승, 악한, 〈~ great ape\silver-back〉, 〈~ vilain\bandit〉, 〈~(↔)chimpanzee보다 훨씬 큼〉 우1

809 **gork** [고얼크]: 〈1970년도 초에 등장한 속어〉, 〈← gorked(anesthetized)〉, 마취된, 바보, 식물인간(human vegetable) 양2

810 **Gor·ky** [고얼키], Max·im: 〈어원 불명의 러시아의 지명에서 연유한〉 고리키, (1868-1936), (가난한 가정에 태어나 농민·노동자의 비참한 삶을 그려 공산혁명에 일조한) 러시아의 〈민중〉 작가, 〈~ a Russian writer and socialist〉 수1

811 **gorse** [고얼스] \ **gors·y** [고얼시]: 〈← gorst(prickly)〉, 〈영국어〉, '가시'금작화, 〈~ whin\broom²〉, ⇒ furze 미2

812 **Go·ryeo** [고려]: 〈어원 미상의 한국어〉, '고구려'의 준말, a Korean state(918-1392), 왕건에 의해 세워져서 후반기에는 원나라의 부마국 노릇을 했고 불교문화가 융성했던 한반도의 왕조, Korea dynasty, ⇒ Goguryeo 수1

813 **go-sa** [고사]: gao(tell)+si(rite), 〈중국어→한국어〉, (액운을 물리치고 행운이 오도록) 음식을 신령께 바치는 제사, offering a sacrifice to spirits, a shamanistic ritual 미2

814 **gosh** [가쉬]: 〈영국어〉, 아이쿠, 기필코, 야단났군, 〈하느님(God) 맙소사!〉, 〈~ gee\golly〉, 〈↔wow\hurray〉 양1

815 **gos-ling** [가즐링]: 〈영국어〉, 거위〈goose〉 새끼, 애송이, 풋내기, 〈~ green-horn〉 양2

816 **Gos·ling** [가즐링], Ry·an: '꼬마 하나님(God)', 고슬링, (1980-), 어려서부터 연기를 시작해서 낭만적 남성 역을 잘해 내 인기를 끈 캐나다 태생 미국 거주의 배우·대중 음악가, 〈~ a Canadian actor〉 수1

817 **gos·pel** [가스플]: good+spell², 〈영국어〉, 좋은 소식, 가스펠, 복음, 신약성서의 전반 4편, 기독교의 교의, 진리, 신조, 〈~ the word of God\Christian teaching〉, 〈↔un-belief\lie\false-hood〉 양1

818 **gos·sa·mer** [가서머]: 〈영국어〉 ①goose summer, 거위가 살찌는 늦가을의 포근한 날씨 ②〈goose 깃털같이〉 굉장히 가벼운 것, 섬세한 거미줄, 가냘픈, 〈~ silk\cob-web〉, 〈↔coarse\thick\serious〉 양2

819 **gos·sip** [가씊]: god(God)+sib(related)〈영국어〉, 〈'God'하고 하는 한담〉, 〈하느님만 알아야 할〉 험담, 만필, 뒷소문, 〈친한 사람끼리의 한담〉, 〈~ rumor\scuttle-butt\buzz〉, 〈↔facts\reticent〉 양2

820 **go south** [고우 싸우스]: 〈연대불명의 미 북부 속어〉, 남하하다, (일이) 나빠지다, (상황이) 악화되다, 〈~ deteriorate\fail〉, 〈↔stay\strengthen〉 양2

821 *go-stop [고우 스탑]: 재정의 확대·수축을 되풀이하는 정책, 〈~ cycle of expansion and deflation〉, 〈일본에서 전래된〉 화투 놀이의 하나, 〈~ godori\a Korean fishing card game〉, 〈편자가 군의관 시절 비상이 걸린 것도 모르고 구급차 안에서 이것을 하다가 기합을 받은 적이 있음〉 우1

822 go-su [고수]: gao(high)+shou(hand), 〈중국어→한국어〉, 〈전산망 놀이에서 쓰는 말〉, (경기) 수단이 높은 자, 기술이나 능력이 뛰어난 자, 〈~ master hand〉, 〈↔cho-bo〉 미2

823 got [갓]: get의 과거·과거분사, have의 변형 가1

824 *got·cha [가앝춰]: 〈1974년부터 쓰여지는 영국어〉, 'got you', '요놈아', '몰랐지', 함정, 〈~ blep〉 양2

825 Goth [가쓰]: 〈← gothos(men)〉, 〈그리스어〉, '사람', 고트, (3~5세기에) 서·남 유럽을 정복한 튜턴〈Teuton〉족의 일파, g~; 난폭한 사람, 〈야만인〉, 〈~ barbarian\yahoo〉 수1 양2

826 *goth [가쓰]: 1970년대 영국에서 시작된 (신비하고 계시적인) 강렬한 〈난폭한〉 록음악, 〈~ death-rock\horror punk〉 수2

827 *go the ex·tra mile: 한층 더 노력하다, 특별히 애를 쓰다, 〈~ exceed expectations\surpass targets〉, 〈↔fail\under-do〉 양2

828 Goth-ic [가씩]: 'Goth'인 같이 야만적인, 〈비 고전적인〉, 고딕, 굵기가 같고 네모진 활자체, 13~15세기에 걸쳐 유럽에서 유행한 직선적이고 창과 입구의 위가 뾰족한 아치에 특색이 있는 건축양식, 중세의, 촌스러운, 음산한, 〈~ bold〉, 〈↔normal\modern\serif〉 수1 양2

829 got it [갓 잍]: 알았어!, 좋아!, understood 양2

830 *go-to [고우 투우]: 〈문제가 있을 때〉 찾아가는, 기댈 수 있는, 믿음직한, 〈~ reliable\dependable〉 양2

831 *go-to guy [고우 투우 가이]: 〈미국 속어〉, (단체를 이끄는) 기둥, (믿음직한) 주력선수, 〈~ aid\support\expert\master〉, 〈~(↔)bouncer〉 양2

832 *go to pie·ces [고우 투우 피이시스]: 산산조각이 나다, 바스러지다, 자제심을 잃다, 〈~ (mental) break-down〉 양2

833 *go to the dogs [고우 투 더 더어그즈]: 나빠지다, 퇴화하다, 〈예전에 상한 음식을 개한테 던져 주던 관습이 있었음〉, 〈~ decline\ruin\go south〉 양2

834 got·ten [가튼]: get의 과거분사 가1

835 gouache [가우취 \ 구우쉬]: 〈← guazzo(water color)〉, 〈이탈리아어에서 유래한 프랑스어〉 ①구아슈, '실체 색', 불투명한 수채화, 〈← agua(물)〉, 〈~ opaque water-color〉 ②douche(세정)의 고상한 표현, 사타구니(groin) 우2 양2

836 Gou·da [가우더 \ 구우더 \ 하우더] cheese: 〈← Oude Rijn(Rhine river)〉, (라인강의 어귀인 네덜란드〈Netherland〉 고우다 지방 원산이나) 지금은 세계 각처에서 만들어내는 소젖으로 만든 부드러운 황색 치즈, 〈~ a creamy·yellow cow's milk cheese〉 양2

837 *gouge [가우즈]: 〈← gulbia(hollow bevelved chisel)〉, 〈라틴어〉, 둥근끌(로 구멍을 파다), 도려내다, 부정 착취, 바가지 씌우기, 시험을 통과하는데 도움이 되는 비법, 〈~ scoop out\swindle〉, 〈↔dis-arrange\under-charge〉 양2

838 gou·lash [구울라쉬]: 〈← gulyas(shepherd)〉, 〈헝가리(Hungarian)의 '목동'들이 만들어 먹었던〉 쇠고기나 양고기에 국수·감자·양파·단 고추 등을 넣고 끓인 고깃국물, 뒤범벅, 가짜 정보, 〈~ American chopsuey\beefaroni\fake information〉, 〈~(↔)ragout〉 우1 양2

839 go un·der [고우 언더]: 가라앉다, 파산하다, 참패하다, 〈~ overwhelmed\defeated\destroyed〉, 〈↔go over\succeed\skunk²〉 양2

840 Gou·nod [구너드], Charles: 〈← Ughini ← Hugo(heart)〉, 〈'양심적인 자'?〉, 구노, (1818-93), 〈장엄하고도 감상적인〉 가곡 「파우스트」를 작곡한 프랑스의 작곡가, 〈~ a French composer〉 수1

841 gourd [고얼드]: 〈← cucurbita(cucumber)〉, 〈어원 불명의 라틴어?→프랑스어〉, 조롱박, 호리병박, 표주박, 수세미오이, 〈기기묘묘한 색깔과 모양을 한〉 박, 〈~ zucchini\squash〉 미2

842 gour·met [구얼메이 \ 골메이]: 〈← groumet(wine taster)〉, 〈프랑스어〉, '포도주에 밝은 사람', 미식가, 미식가를 위한 요리, 〈~ gastromome\epicurian\fancy food〉, 〈↔humble food\hog-wash\street food\TV dinner〉 양1

843 **gout** [가웉]: ⟨← gutta(drop)⟩, ⟨라틴어⟩, ⟨돌아가면서 아픈⟩ 통풍, 유전성이 강하고 관절이 붓고 아픈 ⟨불치의⟩ 요산(uric acid) (과다)성 관절염, ⟨나쁜 피가 관절에 drop되어 생기는 병⟩, ⟨~ Arthritis Uratica⟩ 양2

844 **gov·ern** [거뷘]: ⟨← kybernan(steer a ship)⟩, ⟨그리스어⟩, 다스리다, 통치하다, 누르다, '배의 조종간을 잡다', ⟨~ rule\control⟩, ⟨↔neglect\surrender⟩ 양1

845 **gov·ern-ess** [거뷔네스]: 여자 가정교사, 여성 지사, 지사 부인, ⟨~ tutoress\madenoiselle\female (or wife of) governor⟩ 가1

846 **Gov·ern-ment Ac·count·a·bil·i·ty Of·fice** \ **GAO**: 미 회계감사원, 1921년 General Accounting Office로 출발해서 2004년 현 이름으로 바뀐 미국 국회를 위해 감사자료를 제공하는 ⟨막강한 기관⟩, ⟨~ an independant·nonpartisan legislative branch of US⟩ 미2

847 **Gov·ern-ment Ef·fi·cien-cy** [거뷘먼트 이휘션시], Dept of: (미)정부 효율부 (or commission), 2024년 돌아온 트럼프 행정부의 새로운 시도로 정부 예산의 능률적 집행을 위해 신설될 기관이나 Elon Musk를 위한 ⟨위인설관⟩이란 비판을 받고 있음, ⟨편자가 Trump와 친했더라면 사전편찬부장관 자리는 따놓은 당상이었을 텐데⋯⟩ 양2

848 *****gov·ern-ment is·sue** [거뷘먼트 이슈우] \ **GI**: 정부 발행의, (미국) 군인, ⟨~ general issue¹⟩ 양1 미1

849 **gov·ern-or** [거뷔너]: 통치자, 총독, 미국 주지사, (은행) 총재, 두목, ⟨~ ruler\chief of state\head\viceroy⟩ 가1

850 *****go with (some·thing)** [고우 위드 (썸씽)]: (~과) 어울리다, (~과) 짝이 맞다, ⟨~ concur (or tally) with⟩ 양2

851 **gown** [가운]: ⟨← gunna(leather garment)⟩, ⟨라틴어⟩, 긴 웃옷, 잠옷, 수술복, 겉옷, 법복, 학위복, '모피 의복', ⟨~ frock\robe⟩, ⟨한국에서는 의사·간호사들이 입는 '백의(white coat)'를 칭하기도 함⟩ 양2

852 **Go·ya** [고이어], **Fran·cis·co**: ⟨← Gregorios(watchful)⟩, ⟨그리스어→스페인어⟩, 보초, '양치기⟨라틴어 grex(herd)에서 연유했다는 민속 어원⟩', 고야, (1746-1828), ⟨신고전주의에 대항해서 자신의 감정을 예술로 나타내려고⟩ (강렬한 색깔과 자유 분방한 화법을 구사했던) 스페인의 ⟨초기 인상파⟩ 화가, ⟨~ a Spanish romantic painter⟩ 수1

853 **Go·ya Foods** [고이어 후우즈]: 고야 식품, 1936년 미국에서 설립되어 스페인풍의 식품을 생산·배포하는 가족(family)회사, ⟨표ौ; if it's Goya, it has to be Good⟩ 수2

854 **GP¹**: ⇒ general practitioner 가1

855 **GP²**: guard post, (보)초소 미2

856 **GPA**: ⇒ grade point average 미2

857 *****GPGP** [쥐이피이 쥐이피이]: Great Pacific Garbage Patch, 태평양 거대 쓰레기 지대, 플라스틱을 비롯한 바다 쓰레기가 소용돌이에 밀려 하와이와 캘리포니아 중간 지점에 쌓여진 '인공 섬', ⟨~ an off-shore plastic accumulation; about 1.6million square kilometers⟩ 미1

858 *****GPS**: ⇒ global positioning system 우2

859 *****GPT**: ⇒ generative pre-trained transformer 우2

860 **grab** [그랩]: ⟨← grabben(seize)⟩, ⟨게르만어⟩, ⟨← grip⟩, 움켜잡다, 가로채다, 빼앗다, 덮치다, ⟨~ grasp\grope⟩, ⟨↔free\release⟩ 양1

861 *****grab a bite** [그랩 어 바이트]: 한입 깨물다, 간단히 먹다, 요기하다, ⟨~ eat snack⟩, ⟨↔have a feast⟩ 양2

862 *****grab-bag** [그랩 배그(박스)]: ⟨잡동사니⟩ 보물 뽑기 주머니(상자), ⟨~ assortment\jumble⟩ 미2

863 **Grac·chus** [그롸쿠스]: ⟨어원 불명의 라틴어⟩, 그라쿠스, 기원전 2세기경에 평민들의 권익을 대변하다 두 아들이 원로원에 의해 살해된 로마의 삼부자 정치가 (문), ⟨~ socialistic Roman politicians⟩ 수1

864 **grace** [그뤠이스]: ⟨← gratus(pleasing)⟩, ⟨라틴어⟩, 우미, 기품, 은총, '신이 베푼 기쁨', ⟨~ grateful⟩, ⟨~ elegance\clemency⟩, ⟨↔cruelty\vengeance⟩ 양2

865 *****grace pe·ri·od** [그뤠이스 피이어뤼어드]: 보험료 납입 유예기간, 거치기간, ⟨~ forgiveness period\deferment⟩, ⟨↔default\insolvency⟩ 미2

866 **Graces** [그뤠이시즈]: ⟨← Charites⟩, ⟨그리스어⟩, 그레이시스, ⟨제우스와 유리노메 사이에서 태어난⟩ 미의 3자매, (환희·청순·총명), ⟨~ goddesses of joy·charm·radiance⟩, ⟨~ 로마신화의 Gratiae⟩ 수1

867 **grack·le** [그래클]: 〈← graculus(jackdaw)〉, 〈라틴어〉, 〈의성어〉, (북아메리카산) 〈까마귀 비슷한〉 찌르레깃과의 작고 검은 새, 〈~ crow black-bird〉, 〈~(↔)myna〉 수2

868 **grade** [그뤠이드]: 〈← gradi(steps)〉, 〈라틴어〉, 등급, 학년, 성적, 경사(도), '계단', 〈~ category\score\degree〉, 〈↔level\deviation\de-grade〉 가1

869 **grade point av·er-age \ GPA**: (점수의 합산을 과목 수로 나눈) 성적 평가점 평균, 〈~ an academic score〉 미2

870 **grade school** [그뤠이드 스쿠울]: 미국 초등학교, 〈~ elementary(primary) school\grammar school〉 가1

871 **grade sys·tem** [그뤠이드 씨스텀]: (우열을 A·B·C·D 등으로 나누는) 등급제, 계층제, 〈~ a scoring method〉, 〈↔point system〉 양1

872 **grad-grin·di·an** [그래드 그륀디언]: 〈찰스 디킨스 소설의 등장 인물(Grandgrind)에서 연유된 말〉, (자기 이익만을 추구하는 물질적이고 타산적인) 속물, '실속파', 〈현대인이 지향하고 있는 인물상〉, 〈~ philistine\snob〉 양2

873 **gra·di-ent fill** [그뤠이디언트 휠]: 점진적 메우기, 점진적으로 색깔을 바꾸는 과정, 〈~ a color blend〉 미2

G

874 **grad-ing** [그뤠이딩]: 등급 매기기, 땅고르기, 〈~ apportionment\classifying〉, 〈↔scrambling\lumping\mixing〉 양1

875 **grad·u-al** [그래쥬얼]: 단계적인, 완만한, 〈~ step by step\slow〉, 〈↔abrupt\sudden〉 양1

876 **grad·u-ate** [그래쥬에이트]: 〈← gradus(step)〉, 〈라틴어〉, '단계를 밟다', 졸업하다, 학위 취득, 졸업생, 〈~ be certified\alum〉, 〈↔under-graduate\drop-out\regress〉 가2

877 ***grad·u·at-ed hair-cut** [그래쥬에이티드 헤어컽]: 점진 이발, 머리의 길이를 단계적으로 길거나 짧게 깎는 이발술, 〈~(↔)layered hair-style〉, 〈↔uniformed hair cut〉 양1

878 **grad·u-ate school** [그래쥬에이트 스쿠울]: 대학원, 〈~ post-graduate studies〉 가2

879 **graf·fi·ti** [그뤄휘이티]: 〈← graphein(write)〉, 〈그리스어→이탈리아어〉, 〈← graph〉, 낙서, 공공물에 대한 낙서, graffito의 복수형, 〈~ defacement\street art〉 양2

880 **graft** [그래후트]: 〈← graphein(write)〉, 〈그리스어〉, 〈graph를 그리는 철필 같은 기구를 써서 나뭇가지를 다른 나무에 찔러넣는〉 접붙이기, 이식(편), 수회, 〈빌붙어서 취하는〉 부정 이득, 〈~ implant\affix\stealing〉, 〈↔remove\deduct〉 가1 양2

881 **Gra-ham** [그뤠이엄], Wil·liam ('Billy'): grey home, 〈회색 집에 사는 자〉, 그레이엄, (1918-2018), 대규모의 복음 전도로 인기를 끌었던 미국의 남침례교 목사, 〈~ an American evangelist and Southern Baptist minister〉 수1

882 **grail** [그뤠일]: 〈← crater(bowl)〉, 〈라틴어〉, '접시', 잔, (예수가 최후의 만찬 때 썼다는) 성배, ⇒ Holy Grail 양2

883 **grain** [그뤠인]: 〈← granum(seed)〉, 〈라틴어〉, '낟알', 0.065gram, 곡물, 조직, 잔디 결, 살결, 〈→ granite\granola\granulate\gravy〉, 〈~ cereal crop\particle\texture〉, 〈↔lot\whole〉 가1

884 ***grain of salt** [그뤠인 어브 쏠트]: 〈원래는 음료에 독이 들어있는지 소금을 넣어 시험해 보던 관습에서 유래한 말이라 함〉, 좀 께름칙하지만, 〈좀 떫지만 참고 먹는〉, 가감하여, 에누리하여, pinch of salt, 〈~ take it with caution〉 양2

885 **grain wee·vil** [그뤠인 위이블]: (곡물) 바구미, 한 번에 100개 이상의 알을 까 그 유충이 곡물을 파먹는 미세한 딱정벌레, 〈~ wheat weevil〉 양2

886 **gram** \ gram·me [그램]: 〈그리스어〉, small weight, '적은 무게', 질량의 기본 단위, 4°C의 물 1㎤의 무게 수2

887 **~gram** [~그램]: 〈← graphein(write\draw)〉, 〈그리스어〉, ~도(표), (~이) 쓰여진 것·그려진 것이란 뜻의 접미사, 〈~ graph〉 미1

888 ***gram·ma·ble** [그래머블]: instagram+able, '즉석 사진'에 올릴만 한 우2

889 **gram·mar** [그래머]: 〈← graphein(write)〉, 〈그리스어〉, '문자를 쓰는 기술', 문법, 초급 교본, 〈~ linguistics\rules of language\syntax〉, 〈↔details\trivia〉 양2

890 ***Gram·mar Na·zi** [그래머 나아치]: (부사를 써야 하는데 형용사를 쓰는) 〈깡패〉 문법, ⇒ flat adverb 수2

891 **gram·mar school** [그래머 스쿠울]: 〈말을 배우기 위한〉 초급 중학교(5~8학년), 초등학교(elementary school)의 통상 명 미2

892 **Gram·my A-wards** [그래미 어워어즈]: 그래미상, (1959년부터 시작된) 미국 레코드(음반) 대상, 'Gramophone+Emmy' 수1

893 **gram·o·phone** [그래머 호운]: 축음기, 유성기, phonograph, 〈~ record player\turn-table〉 가1

894 ***gram-ping** [그램핑]: 할아버지·할머니와 손주들이 같이 가는 〈조부모 등반〉 캠핑이나 여행, 〈~ camping with grand P〉 미2

895 **Gram stain·ing** [그램 스테이닝]: (동명의 덴마크 출신 세균학자가 1884년 고안해 낸 세균 염색의 한 방법으로 세포막의 두께에 따라 색상이 달라지는) 그람염색, 〈~ a technique to classify bacteria〉 수2

896 **Gra·na·da** [그레나아더]: 〈'pomegranate'(석류)가 많이 나는〉 그라나다 ①(무어족의 근거지였던) 스페인(Spain) 남부지방 ②니카라과(Nicaragua) 남서부의 호반(상업) 도시 수1

897 **gra·na·ry** [그레이너뤼 \ 그래너뤼]: 〈← granum(seed)〉, 〈라틴어〉, 〈← grain〉, 곡물 창고, 곡창 지대, 〈~ barn\silo〉, 〈↔junk\trash〉 양2

898 **grand¹** [그랜드]: 〈← grandis(great)〉, 〈라틴어〉, '큰', 웅대한, 총괄적, 당당한, 거만한, 고위의, 〈↔minor\modest〉 양1

899 **grand²** [그랜드]: 〈미국어〉, 〈Grant 대통령의 초상화가 있는〉 1,000 dollar(pound), 천 가2

900 **Grand Banks** [그랜드 뱅크스]: 그랜드 뱅크, '거대한 대륙붕', 북대서양 캐나다 인접 지역의 〈대어장〉, 〈~ south-east of New-foundland〉 수2

901 **Grand Can·yon** [그랜드 캐니언]: 그랜드 캐니언, 〈보면 볼수록 더 신비로운〉 (6백만 년 이상 강물에 깎이어 형성된) 미국 애리조나주 콜로라도강(Colorado River)의 '대협곡', 〈~ great valley〉 수2

902 **grand-child** [그랜드 촤일드]: 손주, 손자(녀), 〈↔grand-parent〉 양1

903 **grand-eur** [그랜줘]: 〈프랑스어〉, 웅대, 장엄, 위대, 위풍, 〈~ spendor\magnificence〉, 〈↔dull-ness\simplicity〉 양1

904 **grand-fa·ther** [그랜드 화아더]: 할아버지, 조부, 조상, 기득권, 〈~ be-getter\primogenitor〉, 〈↔grand-son\grand-mother〉 양1

905 **gran·dil·o·quent** [그랜딜러퀀트]: grandis+loqui(speak), 과장된, 호언장담하는, '뻥', 〈~ eloquent\pompous〉, 〈↔concise\simple〉 양2

906 **grand ju·ry** [그랜드 쥬어뤼]: (보통 23명으로 구성된) 대배심, 〈↔petty jury\struck jury〉 양1

907 **grand-moth·er** [그랜드 마더]: 할머니, 조모, 노부인, 〈↔grand-doughter\grand-father〉 양1

908 **grand old man** [그랜드 올드 맨]: 원로, 〈↔newbie〉 양1

909 **Grand Old Par·ty** [그랜드 올드 파티] \ GOP: Republican party, 미국 공화당, 1875년부터 쓰기 시작한 gallant old party의 변형 미2

910 **grand open·ing** [그랜드 오프닝]: 〈거창한 콩글리시〉, 〈그냥〉 개점, 개업(opening) 〈↔closing down\bankruptcy〉 양2

911 **grand o·pe·ra** [그랜드 아퍼롸]: 대가극, 대화까지 노래로 된 가극, 〈~ entire text is set to music〉, 〈↔operetta〉 양2

912 **grand P** [그랜드 피이] (grand par·ents): 할아버지 할머니, 조부모, 〈↔grand C〉 양2

913 **grand-par·ent** [그랜드 페뤈트]: 조부·모, 조상, 〈↔grand-child〉 양1

914 **grand pi·an·o** [그랜드 피애노우]: 대형 피아노(현을 수평으로 펴 놓은), 〈~ horizontal strings〉, 〈↔up-right piano(vertical strings)〉 미2

915 **grand prix** [그롸앙 프뤼이]: 〈프랑스어〉, grand prize, 대상, 국제 경마 대회, 국제 자동차 경주, 〈↔consolation prize〉 우1

916 **grand-prize** [그랜드 프라이즈]: 대상, 〈↔booby prize〉 가2

917 **grand slam** [그랜드 슬램]: 만루 홈런, 대승, 압승, 〈~ vole³\land-slide〉, 〈↔collapse\fiasco〉 가2

918 ***grand-stand** [그랜드 스탠드]: 〈박수를 노린〉 정면 특별관람석, 〈↔back-seat\hide-away〉 양2

919 **Grand Te·ton** [그랜드 티톤]: big breasts, 〈프랑스어〉, 그랜드 티턴, '커다란 3개의 젖꼭지', 미국 와이오밍(Wyoming)주에 있는 지세가 험난한 산맥·국립공원 수2

920　**grand theft** [그랜드 쎄후트]: 중절도죄, 〈500~1,000불 이상을 훔친〉 대절도죄, 〈~ great larceny〉, 〈↔petit larceny〉 양1

921　**gran·ite** [그래니트 \ 그래나이트]: 〈← granum(seed)〉, 〈라틴어〉, ('낟알 모양의') 쑥돌, 화강암, 견고함, 〈~ stony\firmness〉, 〈↔lime-stone\sand-stone〉, 〈↔ash\doubt〉 양2

922　**gran·it·i·um** [그래니티엄]: 〈화강암 가루에서 추출했다는〉 견고하고·열에 강하고·달라붙지 않는 네 겹으로 된 도금 물질, 〈~ Teflon〉 우1

923　**gran·ny \ gran·nie** [그래니]: 〈영국어〉, grand mother, 할머니, 할멈, 노파, (미국 남부) 유모, 〈~ nanny〉, 〈↔grandpa〉 양1

924　**Gran·ny Smith** [그래니 스미쓰]: (1968년 동명의 오스트레일리아의 할망구에 의해 번식된) 〈신맛이 나는〉 녹색 사과, green apple, 〈↔Red Delicious〉 수2

925　**gra·no·la** [그뤄노울러]: 〈← granum(seed)〉, 〈라틴어에서 연유한 영국어〉, 〈← grain〉, 〈상품명에서 따온〉 납작 귀리에 건포도나 황설탕을 섞은 건강식품, 〈~ a cereal preparation〉 수2

926　**grant** [그랜트]: 〈← credere(believe)〉, 〈라틴어〉, '신용하다', 주다, 부여하다, 허가하다, 하사금, 보조금, 양도, 〈~ award\subsidy〉, 〈↔deny\refuse〉 양2

927　**Grant** [그랜트], Car·y: '거인(grand)'\〈'신용이 있는 자'(gurantee)〉, 그랜트, (1904-1986), 〈의도적 내숭으로 유명한〉 미국의 미남 영화배우, 〈~ an American actor〉 수1

928　**Grant** [그랜트], U·lys·ses: 그랜트, (1822-1885), 〈수학 선생이 되기를 원했으나 아버지에 의해 육사에 보내져서〉 미국 남북전쟁 시 북군의 총사령관으로 잘 싸워 18대 대통령에 당선되었으나 주정 중독에 시달렸고 정치에는 무능했던 군인, {Unconditional Surrender}, 〈~ 18th US President〉 수1

929　**grant deed** [그랜트 디이드]: (부동산 매매시) 〈매매자와 매수자가 해당 부동산에 세금 등 제3자의 담보가 없다는 것을 보증하는〉 양도증서, 〈~(↔)title insurance〉 양2

930　**gran·u·late** [그랜뉼레이트]: 〈← granum(seed)〉, 〈라틴어〉, 알갱이(낟알〈grain〉 모양)로 만들다, 새살이 나오다, 까칠까칠해지다, 〈~ grind\crush〉, 〈↔refine\pulverize〉 양1

931　**grape** [그뤠이프]: 〈← chrapho(clasp)〉, 〈게르만어〉, 포도(나무), 포도주, 8천 년전 부터 재배되어 온 단위 면적당 최대의 과일을 맺어주는 〈'hook'(갈고리)를 가진〉 덩굴식물, uva(Spanish), 〈→ grapple〉, 〈~ vine fruit〉 가1

932　**grape-fruit** [그뤠이프 후루우트]: 자몽, 〈맛이 포도와 비슷하다는〉 귤보다 크나 껍질이 엷은 과실, 큰 유방, toronja(Spanish), 〈~ forbidden fruit\big boob〉, 〈~(↔)pomelo\shaddock〉 양2

933　**grape hy·a·cinth** [그뤠이프 하이어신쓰]: muscari(그리스어-학명), (유라시아 온대지방 원산으로) 봄에 원추형의 포도송이 같은 뭉치꽃이 피는 〈히아신스아는 종이 다른〉 백합과의 구근식물, blue·bells 우2

934　**grape-vine** [그뤠이프 봐인]: 포도넝쿨, 정보가 퍼지는 경로, 비밀 정보망, 유언비어, 〈~ hearsay\rumor〉 양2

935　**graph** [그래후]: 〈← graphein(write)〉, 〈그리스어〉, 〈써서 만든〉 도표, 도식, 그림, 〈→ graffiti\graft〉, 〈~ chart\diagram〉, 〈↔phonetics〉 양2

936　**~graph** [~그래후]: 〈← graphein(write\draw)〉, 〈그리스어〉, ~도(표), ~이 쓰여진 것·그려진 것이란 뜻의 접미사, 〈~ gram〉 미1

937　**graph-eme** [그래휘임]: 서기소, 의미를 나타내는 최소 문자 단위, 〈영어에서는 알파벳의 각 자모임〉, 〈~ smallest writing unit〉, 〈~(↔)glyph〉, 〈↔phoneme〉 미2

938　*****graph·i·cal us·er in·ter·face** \ GUI: 도표 사용자 접속기, 그림문자를 활용해서 전산기와 통화하는 방법, 〈~ screen lay-out〉 우2

939　**graph·ic arts** [그래휙 아알츠]: 도표예술, 인쇄미술 양2

940　**graph·ic de·sign** [그래휙 디쟈인]: 도표도안, 인쇄도안 양2

941　*****graph·ics card** [그래휙스 카아드]: 정보를 화상으로 바꾸는 부품, 〈~ display adapter\graphics accelerator card〉 우1

942　*****graph·ics tab·let** [그래휙스 태블맅]: 도표명판, 마우스 대신 철필로 그릴 수 있게 만든 압력에 민감한 판, 〈~ digitizer\external drawing pad〉, 〈~ a computer input device〉 우2

943 ***graph-o-scope** [그래휘 스코우프]: ①도표(사진) 확대경, ⟨~ a magnifying glass⟩ ②화면에 나타난 자료를 light pen 등으로 수정할 수 있는 장치, ⟨~ a corrective device⟩ 우2

944 **grap·ple** [그래플]: ⟨← chrapho(clasp)⟩, ⟨게르만어⟩, ⟨← grape·hook의 변성어⟩, 잡다, 쥐다, 드잡이, 분투, ⟨~ wrestle\struggle⟩, ⟨↔release\loosen⟩ 양1

945 **grasp** [그래슾]: ⟨← grapian(seize)⟩, ⟨영국어⟩, 붙잡다, 움켜쥐다, 납득하다, 점유, ⟨~ grip\grab\grope⟩, ⟨~ uptake\understand⟩, ⟨↔lose\let go⟩ 양1

946 ***grasp all, lose all**: 모두 잡으려다 모두 놓친다, 소탐대실, ⟨~ penny-wise, pound-foolish⟩, ⟨~(↔)don't bite off more than you can chew⟩ 미2

947 **grasp at straws** [그래슾 앹 스트뤄어스]: ⟨1534년에 등장한 영국 속담⟩, ⟨물에 빠진 사람은⟩ 지푸라기라도 잡으려 하다(잡고 싶은 심정이다), clutch at straws, ⟨~ desperate attempt⟩, ⟨↔give-in\conquer⟩, ⟨동·서양의 격언은 비슷한 경우가 많음⟩ 양2

948 **grass** [그래스]: ⟨게르만어⟩, herbage, ⟨푸르게 자라는⟩ 풀, 목초, 잔디, (가장 흔하고 가장 다양한) 잎이 가는 볏과의 식물, ⟨~ green\grow⟩, ⟨~(↔)tree⟩ 양1

949 **grass carp** [그래스 카아프]: 초어, (한국에도 흔했던) 풀을 먹고 사는 잉엇과의 민물고기, ⟨~ Asian carp\a herbivorous fresh-water fish⟩ 미2

950 **grass-hop-per** [그래스 하퍼]: ⟨풀에서 튀어나오는⟩ 메뚜기, 여치, ⟨메뚜기를 닮은⟩ 소형 정찰기, ⟨~ locust¹\katydid⟩ 양1

951 **grass-hop-per war·bler** [그래스 하퍼 워얼블러]: 개개비, ⟨여치 울음소리를 내며⟩ 구대륙에 서식하는 작은 딱새류, ⟨~ gropper\bush (or sedge) warbler⟩ 우1

952 ***grass is green-er on the oth-er side**: ⟨그리스 시인 Ovid가 도입한 말⟩, 남의 떡이 더 커 보인다, ⟨~(↔)only if you water it⟩, ⟨↔a bird in the hand is worth two in the bush⟩ 양2

953 **grass plov·er** [그래스 플러붜]: 긴꼬리도요, ⇒ up·land plover 미2

954 ***grass roots** [그래스 루우츠]: 민초, 근본, 일반 대중의, ⟨~ working class\common people⟩, ⟨↔accessory\in-essential⟩ 양1

955 ***grass-weed** [그래스 위이드]: 마리화나(marijuana) 양2

956 ***grass wid·ow(er)** [그래스 위도우(워)]: 생과부, 별거 중인 아내(남편), ⟨잡초처럼⟩ 버림받은 여자, ⟨~ abandoned wife(husband)⟩, ⇒ barrel widow 양2

957 **grate** [그뤠이트]: ①⟨← chrazzon(scrape)⟩, ⟨게르만어⟩, 비비다, 문지르다, 갈다, 삐걱거리다, ⟨↔build\assuage⟩ ②⟨← cratis(hurdle)⟩, ⟨라틴어⟩, 쇠살대, 벽난로(fire-place), 쇠격자, ⟨~ grill⟩ 양1

958 **grate-ful** [그뤠이트훨]: ⟨라틴어 gratus(pleasing)에서 연유한 영국어⟩, 고마워하는, 기분 좋은, ⟨← grace⟩, ⟨~ thankful\appreciative⟩, ⟨↔mean\rude\un-grateful⟩ 양2

959 **grat-er** [그뤠이터]: ⟨게르만어⟩, ⟨← grate¹⟩, 가는 사람, (문질러 썰어 내리는) 강판, ⟨~ slicer\zester⟩ 미2

960 **grat·i-fi·ca·tion** [그래티휘케이션]: ⟨← gratus(pleasing)⟩, ⟨라틴어⟩, 만족(감), 희열, ⟨~ gratitude\give⟩, ⟨~ fulfilment\delight⟩, ⟨↔dis-content\dis-satisfaction⟩ 양1

961 **grat·i-tude** [그래티튜우드]: ⟨← gratus(pleasing)⟩, ⟨라틴어⟩, 감사하는 마음, 사의, 보답, 팁, ⟨~ thanks\acknowledgement⟩, ⟨↔in-gratitude\un-appreciation⟩ 가2

962 **gra·tu·i·tous** [그뤄튜우이터스]: ⟨라틴어⟩, ⟨← gratitude⟩, 호의상의, 무상의, 무보수의, 불필요한, ⟨~ expensive\necessary⟩, ⟨~ uncalled for\unwarranted⟩ 양2

963 **gra·tu·i·ty** [그뤄튜우어티]: ⟨← gratus(pleasing)⟩, ⟨라틴어에서 유래한 프랑스어⟩, '선물', '행하', '사례금', tip의 고상한 말, ⟨~ commission\baksheesh⟩, ⟨↔repudiation\discount⟩ 양2

964 **grau·pel** [그롸우펄]: ⟨← graupe(hulled barley), '껍질 깐 보리'⟩, ⟨슬라브어→게르만어⟩, hail, 싸락눈, snow pellets 가1

965 **grave** [그뤠이브]: ①⟨← grafan(dig)⟩, ⟨게르만어⟩, '굴', tomb, 무덤, sepulcher, 죽음, ⟨↔birth-bed⟩ ②⟨← gravis⟩, ⟨라틴어⟩, '무거운', 엄한, 중대한, 조심스러운, 조각하다, ⟨→ aggravation⟩, ⟨~ profound\serious⟩, ⟨↔trivial⟩ 양1

966 **grave-dig-ger** [그뤠이브 디거]: 무덤 파는 사람, burying beetle, (죽은 시체에 알을 까놓고 그것을 흙으로 덮는) 송장벌레 미2

967 **grav-el** [그래블]: ⟨← greve(coarse sand)⟩, ⟨프랑스어⟩, ⟨← grave(무거운)⟩ 자갈, 곤란케 하다, ⟨~ pebbles\perplexing⟩, ⟨↔rock⟩, ⟨↔liquid\smoothen⟩ 양1

968 **grave rob-ber** [그레이브 롸버]: 도굴꾼 양2

969 **Graves' dis-ease** [그뢰이브즈 디지즈]: ⟨← son of Reeve(bailiff)⟩, '집행관의 아들', 1835년에 동명의 아일랜드 의사가 서술한 (눈알이 튀어나오는) 갑상선 항진증으로 자가 면역성 질환으로 사료됨, 1840년에 독일의사 Basedow도 독립적으로 보고한 goiter의 일종 수2

970 **grave-stone** [그뢰이브 스토운]: 묘석, 비석, ⟨~ tomb (or head) stone⟩ 가1

971 **grave-yard** [그뢰이브 야아드]: 묘지, 산소, 묏자리, ⟨~ cemetry\memorial park⟩ 가1

972 *****grave-yard shift** [그뢰이브 야아드 쉬후트]: '무덤 조', 자정부터 오전 8시까지의 근무, ⟨별로 할 일은 없으나 으스스한⟩ 야간 근무, night·shift, ⟨↔day shift\swing shift⟩ 미2

973 **grav·i·da** [그뢔뷔더]: ⟨← gravis(heavy)⟩, ⟨라틴어⟩, ⟨무거운 짐으로 적하된⟩ 임신한 여성의 상태, 회임 횟수, ⟨~ number of pregnancies⟩, ⟨~(↔)para⟩ 양2

974 **grav·i·ty** [그뢔뷔티]: ⟨← gravis(heavy)⟩, ⟨라틴어⟩, 진지함, 중대함, ⟨무게를 끌어당기는⟩ 중력, 중량, ⟨~ attracting (or downward) force⟩, ⟨↔anti-gravity\levity\parity⟩ 양1

975 *****grav·i·ty bong** [그뢔뷔티 방]: 마리화나(marijuana)를 증류시키는 ⟨수제⟩ 침전 물대롱, ⟨~ geeb\bucket bong⟩ 미2

976 **gra·vy** [그뢔이뷔]: ⟨← granum(seed)⟩, ⟨라틴어⟩, ⟨grain처럼 처리되어⟩ 걸쭉한 고깃국물, 진국, ⟨gravy train에서와 같은⟩ 횡재, ⟨~ sauce\bonus⟩ 우1

977 **gra·vy train** [그뢔이뷔 트뤠인]: (부정 이득이 생기는) 좋은 자리, 잘나가는 사업, ⟨서부 개척시대에 gravy를 날라서 떼돈을 번⟩ '황금 열차', ⟨~ fortune\wealth⟩ 미2

978 **gray \ grey** [그뢰이]: ⟨게르만어⟩, mixture of black and white, '회색', 잿빛, 음산한, 백발의, 애매한, 어중간한, ⟨~ bleak\foggy\gray-haired⟩, ⟨↔ruddy\young⟩ 양1

979 **gray ar·e·a** [그뢰이 에어뤼아]: 중간, 애매한 영역, ⟨~ penumbra\uncertainty⟩, ⟨↔clearly defined area\exact situation⟩ 양1

980 *****gray-col·lar** [그뢰이 칼러]: ⟨white와 blue collar의 중간층인⟩ 기술노동자(수리공·정비공), ⟨~ middle-skilled\hybrid⟩ 미2

981 **grayed** [그뢰이드]: 희미해진, 무력해진, 회색으로 표시되어 선택할 수 없는 부분, ⟨~ faded\deteriorated\discolored⟩, ⟨↔brightened\bloomed⟩ 미2

982 **gray-haired** [그뢰이 헤어드]: 백발노인, 노년의, 노련한, ⟨~ snowy-haired\aged\ripe⟩ 양1

983 **gray(grey)-hound** [그뢰이 하운드]: grig(bitch?)+hund(dog), ⟨(gray color하고는 무관한) 어원 불명의 게르만어⟩, 몸이 작고 날쌘 사냥개, ⟨~ salty dog\whippet⟩ 우1

984 *****gray lie** [그뢰이 라이]: 모호한 거짓말, (예를 들면) "이원택 사전은 불후의 명작이다" 하면 친구지간에 듣기 좋겠지만 독자들은 피해를 볼 수도 있는 ⟨대부분의 거짓말⟩, ⟨~ mixed help and harm⟩, ⟨↔blue lie⟩ 양2

985 **Gray Line** [그뢰이 라인]: 그레이 라인, 1910년에 설립된 미국의 세계적 관광회사, ⟨~ a worldwide sight-seeing company⟩ 수2

986 **gray-ling** [그뢰일링]: ①살기, 북반구 북쪽에(artic) 서식하는 지느러미가 아름다운 송어 비슷한 '잿빛' 물고기, ⟨~ a salmonid\Lady of the Stream⟩ ②(굴뚝나비 등) ⟨주로 조그맣고 어두운 색깔을 한⟩ 뱀눈나비, ⟨~ a brush-footed butterfly\satyr butterfly⟩ 미2

987 **gray mat·ter** [그뢰이 매터]: ⟨게르만어+라틴어⟩, ⟨뇌·척수에서 핵심 세포들⟨core cells⟩이 모여있는⟩ 회백질, 두뇌, 지력, '골수 분자', ⟨~ substantia grisea⟩, ⟨↔white matter⟩ 양2

988 **gray scale** [그뢰이 스케일]: ⟨게르만어⟩, 회색 계조, 백에서 흑까지의 명도를 단계적으로 나눈 색표, ⟨~ color tones through intermediate shades of gray⟩ 우1

989 **gray sky** [그뢰이 스카이]: (구름 낀), 잿빛 하늘, (잔뜩 흐린) 회색 하늘, ⟨~ hazy sky⟩, ⟨↔blue sky⟩ 양2

990 **graze** [그뢰이즈]: ⟨← grasian(feed with grass)⟩, ⟨게르만어에서 연유한 영국어⟩, 풀⟨grass⟩을 뜯어 먹다, 방목하다, 간식을 먹다, 스쳐 벗겨지게 하다, 찰과상, ⟨~ pasture\browze\scrape⟩, ⟨↔refrain\man-handle\impinge⟩ 양1

991 **grease** [그뤼이스]: ⟨← crassus(fat)⟩, ⟨어원 불명의 라틴어⟩, 지방, 수지⟨짐승의 기름⟩, 기름기, 뇌물, 기름치기⟨아첨⟩, ⟨~ oil\lubricant\salve\small bribery⟩, ⟨↔rough\parch⟩ 양1

992 **grease-wood** [그뤼이스 우드]: 미 서부 준사막 지대에서 자라는 1m 정도의 명아줏과(goose-foot family)의 관목, ⟨~ seep-wood\salt-bush⟩ 수2

993 **great** [그뤠잍]: ⟨← grautaz(big)⟩, ⟨게르만어⟩, '큰', 중대한, 많은, 위대한, 굉장한, 건방진, ⟨~ gross⟩, ⟨~ big\substential\prominent⟩, ⟨↔small\little\ordinary⟩ 양1

994 **Great Ba·sin** [그뤠잍 베이슨]: 그레이트 베이슨, 네바다주를 중심으로 한 미 서부의 '대분지', ⟨~ an area between Sierra Nevada and Rocky mountains⟩ 미1

995 **Great Brit·ain** [그뤠잍 브뤼튼]: 그레이트 브리튼, (⟨Briton족들이 살던⟩ 잉글랜드·웨일스·스코틀랜드로 된) 대브리튼섬, 대영제국, ⟨이것은 지리적 용어이고 United Kingdom은 정치적 용어임⟩ 미1

996 *****great cry and lit·tle wool** ⟨돼지는 털 깎을 때 소리만 질렀지 양모는 보잘 것 없다는 뜻⟩, 소문난 잔치에 먹을 것 없다, ⟨~ all noise and no substance\much ado about nothing⟩ 양2

997 **Great Dane** [그뤠잍 데인]: ⟨세계대전 때 덴마크 종으로 둔갑한⟩ German Mastiff, (털이 짧고 훤칠하고 우아하고 온순하고 힘센) ⟨독일 원산⟩의 사냥·보초·애완견, ⟨~ a boar-hound⟩ 수2

998 **Great De·pres·sion** [그뤠잍 디프뤠션]: ⟨1차 대전 후의 거품 경제가 꺼지면서 시작되어 2차 대전으로 경제가 살아날 때까지의⟩ (1929~39년 북미·유럽 등을 강타한) 대공황 미2

999 **Great Game** [그뤠잍 게임]: 영·러 분쟁, 1856~1907년 동안 러시아와 근접한 아시아 국가들에 대한 이권을 두고 영국과 러시아가 벌린 ⟨패권경쟁⟩ 우2

1000 **Great Lakes** [그뤠잍 레이크스]: ⟨25만 년 전 북극의 빙하가 밀려 내려와 파인⟩ 미국의 '5대호', ⟨~ 5 large inter-connected lakes in central N. America⟩ 미1

1001 **Great Plains** [그뤠잍 플레인스]: (미국 로키산맥 동쪽의) '대초원', ⟨~ the heart-land\bread-basket of the world⟩ 미2

1002 **great seal** [그뤠잍 씨이일]: state seal, 국가의 인장, 국새, 옥새 양2

1003 **Great So·ci·e·ty** [그뤠잍 써싸이어티]: '위대한 사회', ⟨빈곤과 인종 차별을 없애기 위해⟩ 1964년 존슨(Johnson) 대통령이 제시한 사회 보장 정책, ⟨~ War on Poverty⟩ 미2

1004 **great tit** [그뤠잍 틸]: ⟨tit중에서는 제일 큰⟩ 박새, (구대륙의 숲에 서식하며) 팡팡한 가슴을 가진 참새류, ⟨~ tit-mouse\chickadee⟩ 미2

1005 **Great Wall** [그뤠잍 워얼]: (중국 북쪽의) ⟨2천 년이 걸려 완성된 1만 2천 리짜리⟩ 만리장성, ⟨~ Chinese Wall⟩ 미2

1006 **Greece** [그뤼이스]: ⟨← Greek ← Ellas(our people) ← Hellas(eos+laos)⟩, 그리스, 신이 흙을 체로 걸러 남은 돌을 뿌려 놓았다는 척박한 땅을 가진 지중해 중심부의 해양국가, 유럽문화의 고향, ⟨고대문명의 발상지이자 현대문명의 낙후지⟩, {Greek-Gr-Euro-Athens} 수1

1007 *****greed-fla·tion** [그뤼이드 훌레이션]: ⟨2023년에 등장한 신조어⟩, greed(avarice)+inflation, 탐욕성 통화 팽창, (Covid-19 이후에 원자재와 임금의 인상을 훨씬 상회하는) ⟨수익을 극대화 하려는 욕심이 물가 상승을 부추기고 있다는⟩ 과욕에 의한 물가 폭등 미2

1008 **greed-y** [그뤼이디]: ⟨← gredus(hunger)⟩, ⟨게르만어⟩, ⟨돈을 사랑하는⟩, 욕심 많은, 탐욕스러운, 게걸스러운, ⟨한 목사는 인간에게 제일 힘든 말이라 정의했음⟩, ⟨~ rapacious\covetous\cupidinous⟩, ⟨↔altruistic\generous\abstemious⟩ 가2

1009 *****greek-ing** [그뤼이킹]: ⟨1980년대 부터 쓰여진 영국어⟩, ⟨Greek 문자로 된 글을 보듯⟩ 대충 보기, 본문을 열지 않고 일부만 떠올려서 화면 상태를 알아보는 일, ⟨~ glance\scan⟩ 미2

1010 **Greek myth** [그뤼이크 미쓰]: ⟨가장 체계화된⟩ 그리스 신화, ⟨성과학 교과서⟩, ⟨~ hellenistic poly-theism⟩ 미2

1011 **Greek Or·tho·dox Church** [그뤼이크 오얼써다악쓰 춰어취]: 그리스 정교회, 동방 정교회의 일종으로 성경과 초기 교리를 중요시하는 구교(Catholic)의 일파 미2

1012 **Greeks** [그뤼이크스]: 그리스 사람들(언어들), 그리스 정교회 신자들, (말·문장 등) 도저히 알 수 없는 것, (남자) 동성애자, ⟨~ Graeco\Helleno⟩, ⟨~ incomprehensible\gay(joy boy)⟩ 수2 미2

1013 **green** [그뤼인]: ⟨← growan(grow)⟩, ⟨게르만어⟩, ⟨식물이 자라면서 띠우는⟩ '녹색', 야채, 초원, 청춘, 풋내기, (불쾌해서) 푸르죽죽함, (질투로) 파르스름함, 골프 구멍 주위 잔디, 미국 지폐, ⟨~ grass⟩, ⟨~ verdant\lawn\leafy⟩, ⟨↔barren⟩, ⟨점점 'clean'이란 뜻으로도 쓰이고 있음⟩ 가1 미1

1014 *__green-back__ [그뤼인 백]: ⟨초창기에는 한쪽만 녹색이었던⟩ 미국의 지폐, ⟨~ US dollar⟩ 양2

1015 **green bean** [그뤼인 비인]: (초록깍지) 강낭콩, 풋콩, 어린 초록색 콩깍지를 그대로 요리해 먹는 채소, French bean, ⟨~ snap (or runner) bean⟩ 미2

1016 **green bean sprouts** [그뤼인 비인 스프롸울츠]: ⟨삶아 익혀 먹는⟩ 숙주나물, mung bean sprouts 미2

1017 **green belt** [그뤼인 벨트]: (도시 주변의) 녹색지대, 개발 제한 지역, ⟨~ a buffer between town and country-side⟩ 우2

1018 **Green Be·ret** [그뤼인 버뤠이]: ⟨원래는 이차대전 중 1942년 영국에서 시작되었으나 1949년 미국에서 본 딴⟩ 미 육군의 대게릴라전 특수부대, 녹색 베레모, (US) Special Forces 수2

1019 **Green Card** [그뤼인 카아드]: ⟨1946~1964년간 초록색 바탕에 인쇄했던⟩ 병역과 납세의 의무는 있으나 투표권이 없는 (미) 영주권 ⇒ resident alien 양1

1020 **green card** [그뤼인 카아드]: 초록색 신분증, 노동 허가증, ⟨~ Permanent Resident Card⟩, ⟨~ labor permit⟩ 미1

1021 **green chem·is·try** [그뤼인 케미스트뤼]: (1990년대부터 주목을 끌고 있는) '청정 화학', 물품의 유해 성분을 최소화 하거나 분해시키는 방법을 연구하는 화공학의 한 분야, ⟨~ sustainable (or eco-friendly) chemistry⟩ 미1

1022 **green corn** [그뤼인 코온]: 연한 옥수수, ⇒ sweet corn 미2

1023 **green fee** [그뤼인 휘이]: 골프장 사용료, 골프 코스 사용료, ⟨~ fee to play golf on golf course⟩ 우2

1024 **green flag** [그뤼인 훌래그]: 녹기, 녹색 신호, 안전 (허용) 신호, ⟨↔red flag⟩ 양2

1025 *__green-horn__ [그뤼인 호언]: '뿔이 나기 시작한 소', 풋내기, 얼간이, ⟨~ novice⟩, ⟨↔veteran\expert⟩ 양2

1026 **green-house** [그뤼인 하우스]: 온실, hot·house, ⟨~ vinyl house⟩ 가1

1027 *__green-house ef·fect__ [그뤼인 하우스 이훼트]: 온실효과, 폐기 기체의 증가로 인한 지구의 온난화, ⟨~(↔)global warming⟩ 양2

1028 **green-ies** [그뤼이니즈]: 파 3홀에서 티샷을 그린에 가장 가깝게 붙인 ⟨closest to the pin⟩ 사람에게 주는 상금 우1

1029 **Green-land** [그뤼인 랜드]: 그린란드, 유럽과 캐나다 사이에 있는 덴마크(Denmark)령 커다란 얼음섬, ⟨이주자를 꼬시기 위해 붙인 이름⟩ 수1

1030 **Green-land whale** [그뤼인 랜드 웨일]: 북극 고래, ⇒ bow·head 미2

1031 **green-light** [그뤼인 라잍]: 녹색불(등), 청신호, 정식 허가, ⟨↔red-light⟩ 양1

1032 *__green mail__ [그뤼인 메일]: 주식 매점, 대상 기업의 주식을 대량 매입 후 경영권이 약해진 대주주에게 높은 가격에 되팔아먹는 행위, ⟨green(지폐)+black·mail⟩, ⟨~ threatening hostile take-over⟩ 미2

1033 *__green-mark__ [그뤼인 마아크]: 친환경 표시, ⇒ eco·mark 양1

1034 *__green mar·ket·ing__ [그뤼인 마아키팅]: 친환경적 상업(활동), ⟨~ environmental(ecological) marketing⟩ 미2

1035 **green on·ion** [그뤼인 어니언]: 골파, 밑동이 마늘 같고 잎이 여러 개인 파, ⟨원래는 악취가 나는 funky onion이었으나 어감이 좋지 않아 green onion으로 바뀜⟩ 미2

1036 *__Green P.C.__ [그뤼인 피이씨이]: 녹색(절약형) 개인 전산기, 켜놓아도 소량의 전류만 소모하는 개인용 전산기, ⟨~ a computer designed to save energy⟩ 우1

1037 **green pep·per** [그뤼인 페퍼]: 양고추, 풋고추, 단고추, bell pepper, ⟨↔red pepper\hot pepper⟩ 미2

1038 **green tea** [그뤼인 티이]: (초록 빛이 그대로 나도록 말려서 우린) 녹차, ⟨~(↔)black tea⟩ 가1

1039 *__green thumb__ [그뤼인 썸]: 원예 재능, 재배 솜씨, 돈벌이 재주, ⟨~ green fingers\expert⟩, ⟨↔brown (or black) thumb⟩ 미1

1040 *__green–wash·ing__ [그뤼인 워쉬잉]: '초록 세탁', 친환경 위장술, 친환경적(무공해) 제품이라고 속여서 광고하는 상행위, ⟨~ deceptive environmental marketing⟩ 미2

1041 **Green-wich** [그뤼니쥐 \ 그뤠니취]: green settlement, '초록기지', 영국 런던(London)의 동남쪽에 있는 본초 자오선의 기점, 〈~ zero prime meridian of the World-Longitude〉 수1

1042 **Green-wich Vil·lage** [그뤼니쥐 뷜리쥐]: '푸른 마을', 그리니치, 뉴욕시 맨해튼 남쪽(west-side of lower Manhattan)에 있는 예술가·학생들의 거주지역 수1

1043 *****green with en·vy** [그뤼인 위드 엔뷔]: 〈시샘으로〉 파르르 떨다, 시퍼렇게 질리다, 〈~ very jealous〉, 〈↔comfortable\contend〉 양2

1044 **greet-ing** [그뤼이팅]: ①〈← gretan(salute)〉, 〈고대 영어〉, ('다가가며' 하는) 인사, 환영, 〈↔adieu\goodbye〉 ②〈← grata〉, 〈스코틀란드어〉, 슬픔, 비탄, 〈~ regret〉, 〈↔laugh\happy〉 양1

1045 **gre·gar·i·ous** [그뤼게어뤼어스]: 〈← gregis(flock)〉, 〈라틴어〉, '떼'지어 사는, 무리의, 송이를 이루는, 사교적인, 〈~ company-loving\comradely〉, 〈↔un-sociable\un-hospitable〉 양2

1046 **Gre·go·ri·an Cal·en·dar** [그뤼거뤼언 캘린더]: 그레고리력, 1582년 그레고리 13세가 줄리어스력을 개정해서 만든 달력(현행 태양력), 〈~ current calendar〉, 〈↔Roman\Julian Calendar〉 수1

1047 **Greg·o·ry** [그뤠거리]: 〈← gegoros(watchful)〉, 〈히브리어→그리스어→라틴어〉, '감시인', 그레고리, 남자 이름〈musculine given name〉, (590~1846년 사이의) 16명의 로마 교황〈Pope〉의 이름 수1

1048 *****gr8** [그뤠이트]: great, 와따다, 대단해, 잘했어 양2

1049 **gre-mo·la·ta** [그뤠몰라타]: gre(grass)+molare(grind up), 〈이탈리아어〉, 그레몰라타, 으깬 〈grated〉 파슬리·레몬즙·올리브유·마늘을 섞어 만든 이탈리아의 초록색 맛낸이, 〈~ an Iralian green sauce〉 양2

1050 **Gre·na·da** [그뤄네이더]: 〈스페인 남부 Granada('석류; pomegranate'가 많이 나는 곳)와 지형이 비슷한〉 그레나다, 1983년 미군의 침공으로 친미정권이 들어선 서인도제도 최남단에 있는 조그만 섬나라, {Grenadian-Eng-(XO) Dollar-St. George's} 수1

1051 **gre·nade** [그뤼네이드]: 〈← granum(grain)〉, 〈라틴어→프랑스어〉, 〈'pomegranate'(석류) 모양〉 수류탄, 최루탄, 소화탄, 〈~ hand grenade\pineapple\tear-bomb\fire-bomb〉 양2

1052 **gren·a·dine** [그뤠너디인]: 〈프랑스어들〉 ①석류〈pomegranate〉의 액즙, 양홍색〈magenta〉 ②〈Granada 지방에서 들어온〉 명주로 짠 엷은 천, 〈~ a gauze style weave〉 양2 우2

1053 *****grep** [그뤱]: global regular expression print, 〈총체적 보편 표현 인쇄〉, 보편적 표현을 전반적으로 인쇄한 것, 탐색 기준에 맞는 것은 전부 전시한 것, 〈~ a command-line utility〉 수2

1054 **Gresh·am's law** [그뤠셤즈 러어]: 〈동명의 중세 영국 재정가하고는 별 관계가 없는〉 그레셤(영국어; '초원; grass pasturage'에 사는 자)의 법칙, 〈같은 값이면 금화보다는 은화가 더 많이 쓰여지듯〉 악화가 양화를 구축한다는 경제 법칙, 〈~ bad money drives out good〉 양2

1055 **grew** [그루우]: grow의 과거 가1

1056 **Grey-hound** [그뤠이 하운드]: 〈← grighund〉, (1914년에 창립되어 흥망성쇠를 거듭해 오다 2007년 영국 회사가 사들인) 북미 장거리 여객 중심의 버스회사, 〈~ gray-hound〉, 〈~ a North-American inter-city bus service company〉 수2

1057 *****grey mar·ket** [그뤠이 마아킽]: 〈1980년도 말에 떠오른 말〉, 생산 회사의 판매망을 벗어난 상행위, 회색 시장, 〈~ dark market\trade not anthorized by the manufacturer〉, 〈↔black market\white market〉 양2

1058 *****grey swan** [그뤠이 스와안]: '회색 백조', (Tundra 지방 등의) 어린 백조〈나중에 흰색으로 변함〉, 예측 가능한 돌변상황, 〈~ known possible event〉, 〈~(↔)black swan〉 미2

1059 *****grid** [그뤼드]: 〈영국어〉, 〈← griddle〉, 쇠창살, 쇠그물, 석쇠, 망상조직, 전산기로 도형을 그릴 때 일정한 위치로만 금을 그을 수 있게 한 장치, 〈~ lattice\mesh\gauze〉, 〈↔mish-mash\jumble〉 미2

1060 **grid-dle** [그뤼들]: 〈← cratis(hurdle)〉, 〈라틴어〉, (과자 등을 굽는) 번철, (광석을 고르는) 체, 〈볶아치는〉 심한 고문, 〈→ grid〉, 〈~ grate\grill〉, 〈~ sifter\castigate〉 미2

1061 **grid-i·ron** [그뤼 다이언]: grid+iron, 석쇠, 적철, 〈그물 모양의 선이 그어진〉 미식 축구 경기장, 〈~ frying pan\skillet\N. American football(field)〉 미2

1062 *****grid-lock** [그뤼드랔]: 〈영국어에서 연유한 미국어〉, 〈석쇠 모양의 도로망에서 모든 교차로가 막힘으로 오는〉 교통 정체(마비), 교착 상태, 〈~ jam\bottle-neck〉, 〈~ open\free〉 양2

1063 **grief** [그뤼이후]: 〈← gravis(heavy)〉, 〈라틴어→프랑스어〉, 〈← grieve〉, 슬픔, 비탄, 재난, 〈~ sorrow\agony〉, 〈↔joy\cheer〉 양2

1064 **griev-ance** [그뤼이붠스]: ⟨라틴어⟩, ⟨← grieve⟩, 불만, 불평, ⟨~ resentment\complaint⟩, ⟨↔praise\acceptance⟩ 양2

1065 **grieve** [그뤼이브]: ⟨← gravis(heavy)⟩, ⟨라틴어에서 연유한 프랑스어⟩, '무겁게 하다', 몹시 슬프게 하다, 마음 아파하다, ⟨→ grief⟩, ⟨~ mourn\suffer⟩, ⟨↔rejoice\delight⟩ 양1

1066 **griev-ous** [그뤼이붜스]: ⟨라틴어⟩, ⟨← grieve⟩, 통탄할, 슬픈, 가혹한, ⟨↔pleasant\easy⟩ 양1

1067 **grif·fin** [그뤼휜]: ⟨← grypos(hooked nose)⟩, ⟨그리스어⟩, ⟨주둥이가 꺾인⟩ griffon, ⟨그리스 신화에 나오는⟩ 독수리의 머리와 날개에 사자 몸통을 한 괴물, ⟨~ a winged monster with an eagle-like head⟩ 수2

1068 **Grif·fith Park** [그뤼휘스 파아크]: ⟨'~의 주인(strong lord)'이란 뜻의 웨일즈계 이름⟩, 광산으로 돈을 벌고 아내 살인 미수의 전력이 있는 G. J. 그리피스가 기증한 도심 북쪽의 산지에 LA시가 1896년에 창설한 천문대(observatory)가 있는 4,310에이커짜리 공원 수1

1069 **grif·fon** [그뤼휜]: ⟨← gryps(hooked)⟩, ⟨그리스어→프랑스어⟩, griffin ①흰목대머리수리, ⟨~ Eurasian griffon vulture⟩ ②(작은 사자 같이 생긴) 벨기에 원산의 애완견, ⟨~ Belgium Griffon Petit⟩ 우1

1070 ***grift** [그뤼후트]: ⟨← graft⟩, ⟨영국어에서 연유해서 20세기 초에 미국 갱들이 만든 말⟩, 사기, 야바위, 협잡, ⟨빌붙어서(graft) 버는⟩ '삥땅', ⟨~ con game\cheat⟩, ⟨↔honesty\square deal⟩ 양2

1071 **grill** [그륄]: ⟨← cratis(hurdle)⟩, ⟨라틴어→프랑스어⟩, 석쇠, ⟨grate로⟩ 굽다, 구이, 구이집, 엄하게 심문하다, (자동차의 앞면) 창살, ⟨~ griddle\grate⟩, ⟨~ sear\interrogate⟩ 양1 우1

1072 **grilse** [그륄스]: ⟨← grilles(young salmon)⟩, ⟨15세기에 등장한 어원 불명의 영국어⟩, (바다에서 강으로 처음 올라온) 어린 연어의 수컷, ⟨~ one-sea winter⟩ 미2

1073 **grim** [그륌]: ⟨게르만어⟩, fierce, '엄격한', 냉혹한, 완강한, 움직일 수 없는, 지겨운, ⟨~ stern\dark\dreadful⟩, ⟨↔amiable\pleasant⟩ 양1

1074 **grim-ace** [그뤼메이스 \ 그뤼머스]: ⟨← grime(vexed)⟩, ⟨프랑스어⟩, 얼굴을 '찡그린', 짐짓 꾸민 표정, ⟨~ frown\mow(e)⟩, ⟨↔smile\grin\laugh⟩ 양1

1075 **grime** [그롸임]: ⟨← grima(smut)⟩, ⟨게르만어⟩, '때', 오점, ⟨얼굴에 묻은 검댕이⟩, ⟨~ smudge\gunk⟩, ⟨↔clean\pure⟩ 양2

1076 **grin** [그륀]: ⟨← grennian(show the teeth)⟩, ⟨게르만어⟩, 씩 웃음, 싱글거리다, '이빨을 드러내다', ⟨~ broad smile\smirk⟩, ⟨↔frown\scowl\grimace⟩ 양1

1077 **grind** [그롸인드]: ⟨← grindan(crush into bits)⟩, ⟨게르만어⟩, (곡식 등을) 갈다, '으깨다', 빻다, 혹사하다, ⟨~ hustle\struggle⟩, ⟨~ mill\grate\slavery⟩, ⟨↔solodify\aid\idle⟩ 양1

1078 **grind-er** [그롸인더]: 가는 사람, 분쇄기, 연삭기, 어금니, ⟨~ crusher\pulverizer\molar⟩ 양1

1079 **grind-stone** [그롸인드 스토운]: 회전 숫돌, 맷돌, ⟨~ mill-stone\whet-stone⟩ 양2

1080 ***grin·go(a)** [그륑고(가)]: ⟨Greek인처럼⟩ 스페인 말을 못하는 외국인, ⟨남미인들이 부르는⟩ 북미 놈(년), ⟨~ an English speaking foreigner⟩ 우2

1081 ***grin-ning from ear to ear**: 입이 귀에 걸리도록 활짝 웃다, 입이 찢어지도록 싱글벙글하다, ⟨~ look extremely happy⟩, ⟨↔make a face⟩ 양2

1082 **gri·ot** [그뤼오우]: ⟨← criado(servant)⟩, ⟨포르투갈어⟩, ⟨서 아프리카의⟩ 구비 (말을 전해주는 종), 역사 구송자, 전승 시인, story-teller 수2

1083 **grip** [그륖]: ⟨← gripan(seize)⟩, ⟨게르만어⟩, ⟨← gripe⟩, 꽉 쥠, 파악, 악력, 통제력, ⟨→ grab⟩, ⟨~ grasp⟩, ⟨↔release\slip⟩ 양1

1084 **gripe** [그롸이프]: ⟨← gripan(seize)⟩, ⟨게르만어⟩, 꽉 쥐다, 괴롭히다, 복통, 불평하다, ⟨→grip→grab⟩, ⟨~ groan\moan\colic⟩, ⟨↔comfort\well-being⟩ 양2

1085 **grippe** [그륖]: ⟨프랑스어⟩, ⟨← grasp⟩, ⟨몸이 포획당한⟩ 독감, 유행성 감기, = influenza 양2

1086 **gris-gris** [그뤼스 그뤼스]: ⟨어원 불명의 서아프리카어⟩, (액운을 막아주는) 부적, 부호(mascot), ⟨~ talisman\juju⟩ 수2

1087 **gri·son** [그롸이슨 \ 그뤼즌]: ⟨프랑스어⟩, 중남미에 서식하는 ⟨'grey'(회색)⟩ 족제비의 일종, ⟨~ a carnivore resembling a weasel⟩ 우1

1088 **grist** [그뤼스트]: ⟨← grindan(grind)⟩, ⟨게르만어⟩, 빻은(찧은) 곡식, 제분용 곡식, 양조용 엿기름, 다량, ⟨~ granule\cereal\bulk⟩ 양1

1089 **gris·tle** [그뤼쓸]: ⟨← grist⟩, ⟨빻기 힘든⟩ 연골(cartilage), ⟨끈질긴⟩ 정신력(tenacious mind) 양2

1090 **grit** [그륃]: ⟨← greot(rough)⟩, ⟨게르만어⟩, 자갈, 모래, 거친 가루, 이를 갈다, 용기, 기개, ⟨~ gravel\groat⟩, ⟨~ courage\bravery⟩, ⟨↔cowardice\timidity⟩ 양2

1091 **grits** [그륃츠]: ⟨← grit⟩, ⟨게르만어⟩, 거칠게 빻은 곡물, (미국 남부에서 주로 아침 식사용으로 먹는) 굵게 간 옥수수, ⟨~ cereal\polenta⟩ 양1

1092 **grit-ty** [그뤼티]: ⟨게르만어→미국어⟩, 모래 같은(투성이의), 견실한, 단호한, ⟨~ granular\firm⟩, ⟨↔fine¹\mushy\cowardly⟩ 양2

1093 **griv·et** [그뤼빝]: gris(grey)+vert(green), ⟨프랑스어⟩, ⟨윗부분은 녹황색·아랫부분은 회백색 털을 가지고⟩ 동북 아프리카에 서식하는 긴꼬리원숭이의 일종, ⟨~ savanna (green or vervet) monkey⟩ 우1

1094 **griz·zly** [그뤼즐리]: ⟨← gris⟩, ⟨게르만어→영국어⟩, 회색⟨grey⟩의, 잿빛을 띤 양1

1095 **griz·zly bear** [그뤼즐리 베어]: ⟨← gris(grey)⟩, 회색의 큰곰, 북아메리카 서북부에서 사는 잿빛을 띤 거대한 곰, ⟨~ North-American brown bear⟩ 수2

1096 **groan** [그로운]: ⟨← granian(lament)⟩, ⟨게르만어⟩, 신음하다, 괴로워하다, ⟨~ grin\moan⟩, ⟨↔rejoicing\giggle\simper⟩ 양1

1097 **groat(s)** [그로욷]: ⟨← grote⟩, ⟨게르만어→영국어⟩, 'grit'(자갈) 모양의) (옛 영국의) 4펜스 은화, 푼돈, ⟨~ a large silver coin⟩ 우1 양2

1098 **gro·cery** [그로우서뤼]: ⟨← grossus(wholesaler)⟩, ⟨라틴어→프랑스어→영국어→미국어⟩, ⟨'gross'(다량)로 파는⟩ 식료품류, 식품점, ⟨~ bodega\food mart⟩ 가1

1099 *__grod-y__ [그로우디]: ⟨영국어→미국어⟩, ⟨← grotesque⟩, 불쾌한, 메스꺼운, 비열한, 열등한, ⟨1982년 미국 노래 가사로 떠오른 말⟩, ⟨~ horrid\disgusting⟩, ⟨↔wonderful\magnificent⟩ 양2

1100 **grog** [그롹]: 그로그, ⟨1745년경 수병에게 순한 럼주를 주라고 지시한 영국 해군제독의 별명(cloak)에서 연유한⟩ 물 탄 럼주, 독한 술, ⟨~ rum and water⟩ 우2

1101 **grog-gy** [그롸기 \ 그뤄기]: ⟨영국어⟩, ⟨grog을 마시고⟩ 비틀거리는, 불안정한, 피로에 지친, ⟨~ dazed\befuddled⟩, ⟨↔energetic\clear⟩ 양1

1102 **groin** [그뤄인]: ⟨← grundus(ground)⟩, ⟨게르만어→영국어⟩, ⟨움푹 파진(depressed) 곳⟩, 샅, 사타구니, 고간(두 다리 '사이'), ⟨~ inguinal (or iliac) region\pelvic girdle⟩, ⟨↔axilla\arm-pit⟩, ⟨↔buttock⟩ 양1

1103 *__grok__ [그롹]: ⟨1961년 과학 소설에서 조작된 미국 속어⟩, ⟨← grasp⟩, 완전히 이해하다, 공감하다, ⟨~ comprehend\appreciate⟩, ⟨↔misunderstand\dis-believe⟩ 양2

1104 *__grom·met__ [그롸밑]: ⟨← gourmer(curb)?⟩, ⟨어원 불명의 프랑스어⟩ ①덧테쇠, 밧줄 고리, ⟨~ eye-let\loop⟩ ②⟨파도탈 때 밧줄이 필요한⟩ 애송이, 신참, ⟨위험한⟩ 한계운동을 시작하는 젊은이, ⟨~ a beginner⟩ 양1

1105 **groom** [그루움]: ⟨← guma(man)⟩, ⟨어원 불명의 영국어⟩, '소년', 말구종, 신랑, 돌보다, 훈련하다, ⟨~ curry²\stable hand\new husband⟩, ⟨↔bride\damage⟩ 양1

1106 *__groom-ing__ [그루밍]: 몸치장, 몸단장에 광적인, 상위자가 하위자를 ⟨다듬어 주는⟩ 성폭행, ⟨~ preparing\styling\luring underaged for sex⟩ 미2

1107 **groom par·ty** [그루움 파아티]: (신랑 축하연이 아니라) 신랑측 일행(친지), ⟨~ groom's people⟩, ⟨~ guide(s) to the groom⟩, ⟨↔bridal party⟩ 양2

1108 **grooms-man** [그루움즈 먼]: 신랑 들러리, ⟨↔brides-maid⟩, ⇒ brides·man 양2

1109 **groove** [그루우브]: ⟨← groba(ditch)⟩, ⟨게르만어→네덜란드어⟩, ⟨← groef⟩, 홈, 바퀴 자국, 관례, 판에 박다, ⟨~ grave\cave⟩, ⟨~ furrow\hollow⟩, ⟨↔ridge\deviation⟩ 양1

1110 **groov-y** [그루우뷔]: ⟨축음판의 'groove'(홈)같이⟩ 매우 자극적인, 뛰어난, 멋진, 진부한, 구식의, ⟨~ fashionable\wonderful⟩, ⟨~ 반의적으로 worn-out\hackneyed⟩, ⟨↔atrocious\awful⟩ 양2

1111 **grope** [그로우프]: ⟨← gripan(seize)⟩, ⟨게르만어⟩, 더듬다, 모색하다, ⟨~ grab\grasp⟩, ⟨~ fumble\turn stones⟩, ⟨↔expose\seize⟩ 양1

1112 **gross** [그로우쓰]: ⟨← grossus(big)⟩, ⟨라틴어⟩, 큰, 총체적, 거친, 무딘, 고약한, ⟨~ coarse\great⟩, ⟨↔net\minor\decent⟩ 양2

1113 **gross do·mes·tic prod·uct \ GDP**: ⟨외국에서 번 돈을 제외한⟩ 국내총생산 미2

1114 **gross in·come** [그로우스 인컴]: 총소득, 총수입, ⟨~ gross margin⟩ 가1

1115 **gross mar·gin** [그로우스 마아진]: 매상 총이익, 총이문(gross profit) 양1

1116 **gross na·tion·al in-come \ GNI**: (국민총생산에 해외 거주자가 번 돈을 더한 것에서 외국인이 국내에서 번 돈을 뺀) 국민총소득 미2

1117 **gross na·tion-al prod·uct \ GNP**: (개인소비·정부지출·상업투자·순수출액 등을 망라한) 〈외국에서 번 돈을 포함한〉 국민총생산 미2

1118 **gross prof·it** [그로우스 프라아휠]: 총수익, 〈↔net profit〉 가1

1119 **gross score** [그로우스 스코어]: 핸디를 빼기 전의 총타수, 총점, 〈~ total number of strokes〉, 〈↔net score〉 양1

1120 **gro·tesque** [그로우테스크]: 〈이탈리아어·프랑스어〉, 〈← grotto〉, 기괴한, 괴상한(무늬), 〈동굴의 그림〉, 〈→ grody〉, 〈~ bizarre\fantastic〉, 〈↔ordinary\aesthetic〉 가2

1121 **grot·to** [그라토우]: 〈← kryptein(hide)〉, 〈그리스어〉, 〈← crypt〉, 작은 동굴, 석굴, 동굴 모양의 작은 방, 〈→ grotesque〉, 〈~ cave\hollow〉 양2

1122 **grouch** [그롸우취]: 〈← grouchier(murmur)〉, 〈어원 불명의 프랑스어〉, 〈의성어?〉, 불평가, 까다로운, 투덜대는, 〈~ grudge\grumble\grouse〉, 〈↔pleasant\easy-going〉 가1

1123 **ground** [그롸운드]: 〈← grund(bottom)〉, 〈게르만어〉 ①땅, 지면, 운동장, 기초, 〈바닥〉, 이유, 〈~ floor\reason〉, 〈↔air\sky\float〉 ②grind의 과거·과거분사 양1

1124 **ground beef** [그롸운드 비이후]: 잘게 썬 쇠고기, 다진 쇠고기, 〈↔steak〉 양1

1125 **ground break-ing** [그롸운드 브뤠이킹]: 기공, 착공, 〈↔completion\finish〉 가1

1126 **ground col·or** [그롸운드 컬러]: 바탕색, 애벌칠, 〈~ background (or base) color〉 양1

1127 **ground cov·er** [그롸운드 커붜]: 지피식물, 땅덮개, 〈~ ground flora\herbaceous layer〉 미1

1128 **ground el·der** [그롸운드 엘더]: 〈땅속 줄기로 뻗어나가는〉 점나도나물, 〈잎과 꽃이 비슷하다는 것 빼곤 딱총나무와 아무 상관 없는〉 (예전에 gout 치료제로도 쓰였던) '땅 딱총나무', 〈~ herb gerard\bishop's weed\gout wort〉, ⇒ snow·on·the·mountain 우2

1129 **ground floor** [그롸운드 훌로어]: 지면층, '1층', 가장 유리한 입장, 〈~ 1st floor\head-start〉, 〈↔upper floor\upper deck〉 양2

1130 **ground forces** [그롸운드 훠어시즈]: 지상군, 육상부대, 〈~ land forces\(land) army〉, 〈↔air force\navy〉 양1

1131 **ground-hog** [그롸운드 허어그]: '땅돼지', (북미 북부 등에 서식하며) 조그만 멧돼지를 닮은 땅속에서 동면하는 다람쥐, marmot, woodchuck, 'digger' 우1

1132 **Ground-hog's Day** [그롸운드 허그스 데이]: 성촉절(candle-mas), 2월 2일 또는 14일, 미국 경칩, 〈~ arrival of spring〉 미2

1133 **ground home-run** [그롸운드 호움 륀]: (공이 울타리를 넘지 않았으나 수비 측 혼란으로 타자가 본루에 들어오는) 지상 본루타, 〈~ inside-the-park home-run〉 우2

1134 **ground-ing** [그롸운딩]: 바탕, 기초공사, 좌초, 공을 지면에 꽉 누르는 일, 접지, 〈~ base\preparedness\construct\stranding〉, 〈↔float\salvage\take-off〉 양1

1135 **ground i·vy** [그롸운드 아이뷔]: 덩굴광대수염, 긴병꽃풀, 〈샐러드로도 먹는〉 박하과의 지표 덩굴식물, cat's-foot, run away robin 미2

1136 **ground lay-er** [그롸운드 레이어]: 접지층, ⇒ surface boundary layer 양2

1137 **ground-less** [그롸운들레스]: 근거 없는, 기초가 없는, 사실무근의, 〈~ base-less\un-founded〉 가1

1138 **ground lev·el** [그롸운드 레블]: 지상, 바닥상태, 〈~ first floor\bottom-most〉, 〈↔top level〉 양1

1139 **ground mail** [그롸운드 메일]: (주로 트럭을 이용해서 소포 등을 배달해 주는) 지상우편, surface mail, 〈↔air-mail〉 양2

1140 **ground rule** [그롸운드 루울]: 기본 원리, 행동 원칙, 〈~ standards\regulations〉 가1

1141 **ground·sel** [그라운 쓸]: gund(pus)+swelgan(swallow), 〈게르만어〉, ragwort, oldman in the spring, 〈예전에 찜질약으로 썼던〉 개쑥갓, 금불초, (전 세계에 퍼져 있으며) 노란 꽃이 늙은이의 머리털 같은 씨방으로 변하는 독초·약초, 〈~ stinking willie\tansy〉 미2

1142 **ground speed** [그롸운드 스피이드]: 지상 속도, 대지 속도, ⟨↔air speed⟩ 양1

1143 **ground squir·rel** [그라운드 스쿼어뤌]: (북미산) 얼룩 다람쥐, 땅(을 파고 사는) 다람쥐의 총칭, '땅다람쥐', spermophile 미2

1144 **ground sta·tion** [그롸운드 스테이션]: 지상국, 로켓을 추적하는 지상 시설, ⟨↔space station⟩ 미2

1145 *****ground-swell** [그롸운드 스웰]: 큰 파도, 여파, (여론의) 고조, ⟨~ big wave\up-surge⟩ 양2

1146 **ground-wa·ter** [그롸운드 워어터]: (지구가 함유하는 물의 약30%를 차지하는) 지하수, 갱내수, ⟨엄밀히 따지면 토양이 함유하는 수분만을 뜻하나 통상 under-ground water와 동의어로 쓰임⟩, ⟨↔surface water⟩ 가1

1147 **ground-work** [그롸운드 워얼크]: 기초공사, 토대, 바탕, ⟨~ foundation\sub(under) structure⟩, ⟨↔finish work⟩ 가1

1148 *****ground ze·ro** [그라운드 지어로우]: 폭심지, 폭탄의 낙하점, ⟨~ center of violent activity⟩ 미1

1149 **group** [그루우프]: ⟨← groupe(bunch)⟩, ⟨게르만어⟩, 떼, 집단, 회합, '덩어리', ⟨~ cluster\crop⟩, ⟨~ assemble\squad⟩, ⟨↔individual\disperse⟩ 양2

1150 **grou·per¹** [그룹퍼]: ⟨어원 불명의 남미 원주민어⟩, 능성어, (몸 색깔을 바꾸는) 농어⟨sea-bass⟩ 비슷한 바릿과의 열대산 바닷물고기, ⟨~ mero²⟩, ⟨~(←)jew-fish⟩ 수2

1151 **group-er²** [그루웊퍼]: ⟨게르만어⟩, 집단의 일원, 단체 지지자, ⟨~ team menber\collectivist⟩, ⟨↔individualist⟩ 양1

1152 *****group grope** [그루우프 그로우프]: ⟨1965년경 등장한 미국 속어⟩, 난교 파티, 집단 접촉, ⟨뜻과 운이 맞아 생긴 말⟩, ⟨~ orgy\sexual activity involving several people⟩ 양1

1153 **group home** [그루우프 호움]: 집단 수용소, 대체 가정, 단체 숙박소, ⟨~(↔)board and care⟩, ⟨↔private home⟩ 미2

1154 **group prac·tice** [그루우프 프랰티스]: 집단 치료, 합동 의료(제도), 연합 업무, ⟨~ joint practice\medical partner-ship⟩, ⟨↔private practice⟩ 미1

1155 **group ther·a·py** [그루우프 쎄뤄피]: (정신) 집단 요법, ⟨↔individual therapy⟩ 양1

1156 *****group-ware** [그루우프 웨어]: 집단 (연성)기재, 한 종류의 일을 하는 사람들에게 효율적인 작업환경을 제공하는 연성기기, ⟨~ collaborative software⟩ 우1

1157 **grouse** [그롸우스]: ①⟨gruta(crane)라는 라틴어 또는 grue(crane)라는 프랑스어가 어원이라 함⟩, 뇌조, 멧닭, 어미 닭만 한 들꿩과의 사냥감, ⟨~ ptarmigan⟩ ②⟨← grouchier(murmur)⟩, ⟨프랑스어⟩, ⟨의성어⟩, '투덜대다', 불평하다, ⟨~ crane⟩, ⟨~ grouch\grudge\grumble⟩ 미2 양2

1158 **grout** [그롸울]: ⟨← grut(coarse meal)⟩, ⟨게르만어에서 연유한 영어어⟩, ⟨거칠게 빻은(ground) 죽 같은⟩ 회반죽, 시멘트 풀, ⟨~ plaster\sealant⟩ 미1

1159 **grove** [그로우브]: ⟨← graf(small forest)⟩, ⟨게르만어⟩, '작은 숲', 과수원(orchard) 양1

1160 **grov·el** [그뤄블]: ⟨← grufa(crouch)⟩, ⟨영국어⟩, ⟨바이킹족이 피정복자들에게 배를 gravel(자갈)에 대고 기어가라고 명령한 데서 유래했다는?⟩ 기다, 굽실거리다, 비굴해지다, ⟨~ crawl\kow-tow⟩, ⟨↔soar\aspire⟩ 양2

1161 **grow** [그로우]: ⟨← growan(sprout)⟩, ⟨게르만어⟩, '커지다', 성장하다, 자라다, 기르다, 재배하다, ⟨~ grass\green⟩, ⟨~ increase\thrive⟩, ⟨↔shrink\destroy⟩ 가1

1162 **grow-er** [그로워]: 재배자, 사육자, 자라는 식물 양1

1163 **growl** [그롸울]: ⟨← grouler⟩, ⟨프랑스어→영국어⟩, ⟨의성어⟩, 곰의 울음소리, 으르렁 소리, 고함치다, 투덜대다, ⟨~ howl\snarl\gnarl⟩, ⟨↔delight\rejoice⟩ 양1

1164 **grown** [그로운]: grow의 과거분사 가1

1165 **grown-up** [그로운 엎]: 성장한, 어른(다운), 성인용, ⟨~ adult⟩, ⟨↔child⟩ 가1

1166 **growth** [그로우쓰]: 성장, 발육, 재배, 종양, ⟨~ development\expansion\tumor⟩, ⟨↔decline\withering⟩ 가1

1167 **growth curve** [그로우쓰 커어브]: 성장곡선, 성장의 시간적 변화 표시 표 양1

1168 **grow the beard**: 〈신조어〉, 괄목할 만한 발전, (Star Trek 제 2편에서 수염을 기르고 나온 주인공의 연기가 향상된 것에서 연유함) 재도약, 〈~ reform\rebound〉, 〈↔jump the shark〉 양2

1169 *__growth fund__ [그로우쓰 휜드]: 성장형 기금, 수익보다 주가 상승에 기대를 거는 신탁기금, 〈~ growth stock mutual fund〉 미2

1170 **growth ring** [그로우쓰 륑]: 나이테, 〈~ annual ring〉 가1

1171 *__GRP__(gross rate point): 종합 시청률, 광고 횟수를 실제 시청자 백분율로 곱한 것, 〈~ a standard measure in advertise-ment〉 양2

1172 **grub** [그륍]: 〈← grafan(dig)〉, 〈게르만어→영국어〉, 〈'grave'(무덤)을 만들려고 나무를〉 뿌리째 뽑다, 개간하다, 개간지에 남은 그루터기, 땅벌레, 굼벵이, 끼니, 〈~ remaining roots\maggot\food〉, 〈↔plant\bane〉 양2

1173 **grub-by** [그뤼비]: 땅벌레가 많은, 게으르고 구접스러운, 비열한, 더러운(dirty), 〈~ slovenly〉, 〈↔immaculate〉 양2

1174 **grudge** [그뤈쥐]: 〈← grouchier(murmur)〉, 〈어원 불명의 프랑스어〉, 싫어하다, 투덜대다, 유감, 원한, 뒤끝, 〈~ grouch\grumble〉, 〈~ grievance\resentment〉, 〈↔amity\forgiving〉 양1

1175 **gru·el** [그루우얼]: 〈← grutum(meal)〉, 〈게르만어〉 ①〈grain을 ground한〉 귀리죽, 〈~ oat-meal\polenta〉 ②〈grain을 grind하듯〉 혼내주다, 엄벌하다, 죽이다, 〈~ chastise\punish\chop up〉, 〈↔easy-going\enliven〉 양1

1176 **grue-some** [그루우 썸]: grue(horror)+some, 〈어원 불명의 북구어〉, 〈공포심으로〉 섬뜩한, 소름 끼치는, 〈~ ghastly\frightful\morbid〉, 〈↔pleasant\agreeable〉 가1

1177 **gruff** [그뤄후]: 〈← grof(coarse)〉, 〈게르만어→네덜란드어〉, 우락부락한, 난폭한, 탁한, 거친, 〈coarse grained〉, 〈~ hoarse\harsh〉, 〈↔kind\nice〉 양1

1178 **grum·ble** [그뤔블]: 〈← grumme(matter)〉, 〈게르만어→네덜란드어〉, 〈← rumble〉, 불평하다, 툴툴대다, 끙끙대다, 〈~ grudge\grunt〉, 〈~ groan\grouse²〉, 〈~ complain\moan〉, 〈↔compliment\praise〉 가1

1179 **Grum-man** [그뤔먼], Aer·o·space: 〈어원 불명의 독일계 이름〉, 그루먼사, 1929년 동명의 독일계 이민자 등이 세워 1994년 Northrop Grumman으로 변신한 미국의 〈군용〉 항공기 제작회사, 〈~ an American aircraft producer〉 수1

1180 **grump** [그뤔프]: 〈게르만어에서 연유한 영국어〉, 〈의성어·의태어〉, 〈grumbling하는〉 불평가, 심술가, 저기압, 〈~ grunt〉, 〈~ crab\complainer\curmudgeon〉, 〈↔delight\optimist\happy-camper〉 가1

1181 *__grun·dy-ism__ [그뤈디즘]: 〈1798년 영국에서 공연된 희곡 주인공〈Grundy〉의 이름에서 연유한〉 고상한 체하는 여자, 인습주의, '내숭', 〈~ excessive modesty\prudery〉 우2

1182 *__grunge__ [그뤈쥐]: 〈1965년에 등장한 미국 속어〉, 그런지 패션〈grubby+dingy?〉, 오물, 쓰레기, 넝마, 〈~ filth\dirt〉, 〈↔clean-ness\luminous-ness〉 미2

1183 **grun·ion** [그뤄니언]: 〈미국계 스페인어〉, 〈grunting 소리를 내는〉 색줄멸, 캘리포니아 연안에 서식하는 날치 비슷한 작은 생선, (색줄멸이 모래구멍에 정액을 뿌리듯 〈좆물을 짜내는〉) '쫄깃쫄깃한 여자', 〈~ silver-sides\little-smelt〉, 〈~ ginzakku〉 미2

1184 **grunt** [그뤈트]: 〈← grunnire〉, 〈라틴어→게르만어〉, 〈의성어〉, 〈~ grumble\grump〉, 꿀꿀거리다, 투덜대다, '돼지물고기', 미국 동쪽 해안에 사는 벤자리과의 식용 물고기, 〈~ gurnard〉, 〈~ pig-fish〉 양1 수2

1185 **grun·tle** [그뤈틀]: 〈라틴어→영국어〉 ①grunt ②〈grunt하지 않게〉 기쁘게 하다, 만족시키다, 〈~ appease\mollify〉, 〈↔disgrunt〉, 〈↔jubilation\exultation〉 양2

1186 **Gru·yere** [그루우예어]: 스위스 그뤼에르〈'crane'이 많이 사는〉 지방 원산의 향기가 좋고 탄력성이 있으며 조그만 구멍들이 있는 우유 더껑이, 〈~ a hard Swiss cheese〉, 〈~(↔)raclette\fondue〉 수2

1187 **grys-bok** [그롸이스 박]: grys(gray)+bok(male antelope), 〈원주민어〉, 〈남아프리카산〉 〈어쩌다 회색이 조금 있는〉 붉은색의 소형 영양, 〈← 'gray' buck〉, 〈~ a small reddish antelope〉 수2

1188 **GSA** (Gen·er·al Serv·ices Ad·min·is·tra·tion): (미) 총무청, 1949년에 설립되어 전국에 산재한 연방정부 기관들의 살림살이를 도와주는 대통령 직속의 독립기구, 〈~ an independent US federal agency〉 미2

1189 **GS Group** [쥐이 에스 그루우프]: 1947년부터 두 가문이 가졌던 Lucky-Goldstar(락희-금성)가 2005년에 갈라져서 허씨 가문이 차지한 Gold·star 상표의 동력·석유·건설·소매업 등을 총괄하는 한국의 재벌 지주회사, ⟨~ a Korean conglomerate\GS Global⟩ 수2

1190 ***GSOMIA** [쥐쏘미아]: General Security of Military Information Agreement, 포괄적 군사정보협정, (군사기밀 보호를 위해 미국이 시작해서 한국과 일본은 2016년에 조인한) 첨단기술의 판매에 대한 규약, ⟨~ intelligence sharing among allies⟩ 미2

1191 ***GTG \ g2g** (I've got to go) [같 투고우]: '가야만 해', '총총히', '그만!' 미2

1192 **G-Twen·ty** (20) [쥐이 투웬티]: 20국 회합, 20개 경제 대⟨great⟩국, G-7을 확장해 1999년 중국·러시아·한국 등을 끼워준 선진 19개국과 유럽 및 아프리카 연합의 경제장관이 회동하는 모임⟨~21 membership⟩ 미2

1193 **GTX** (Great Train ex·press): (수도권) 광역급행철도, 2019년에 시작되어 2025년 완공을 서두르고 있는 한국 경기도와 서울을 연결하는 3개의 ⟨출퇴근용⟩ 고속 지하철도, ⟨~ a Korean sub-way system⟩ 미2

1194 **Gu** [구], Kai·zhi: ⟨돌보아 주는(look after) 자⟩, 구 케이지, 고 개지, (344-406), 눈의 중요성을 강조하고 중국 화풍의 모체를 개발한 관료화가, ⟨~ a Chinese painter and politician⟩ 수1

1195 **gua·ba** [그와아버]: ⟨원주민어⟩, guayabo, guava, ⇒ ice·cream bean 우2

1196 **gua·ca·mo·le** [그와커모울리]: ⟨원주민어⟩, guac, 과카몰리, ⟨avocado sauce⟩, 아보카도·토마토·양파 등을 으깨어 만든 중남미 샐러드 수2

1197 **gua·cha·ro** [그와아춰로우]: ⟨원주민어⟩, ⟨의성어⟩, oil bird, 기름쏙독새, (중남미의 동굴에 서식하며) 예전에 삶아서 기름을 짜내던 ⟨찢어지는 (slickly moaning)울음 소리의⟩ 올빼미 비슷한 새 미2

1198 **gua·co** [그와아코우]: ⟨← guaca(yuck!)⟩, ⟨원주민어⟩, (열대 미주에 서식하며) 잎에서 ⟨역겨운 냄새가 나는⟩ 해독 물질을 채취하던 덩굴 국화, ⟨~ a birth-wort\a composite family⟩ 우2

1199 **Gua·da·la·ja·ra** [그와아덜러 하아뤄]: wadi al-hajarah, ⟨아랍어→스페인어⟩, valley of stone, ⟨돌이 많은 분지⟩, 과달라하라, ⟨정복자의 스페인 고향 이름을 딴⟩ 멕시코 중서부에 있는 ⟨제2의⟩ 도시, ⟨~ a city in western Mexico⟩ 수1

1200 **Gua·da-lupe** [과아덜 루우프]: waldi i lupum, ⟨아랍어→스페인어⟩, valley of the wolf, ⟨늑대가 많은 분지⟩, 과달루페, 16세기 멕시코에 출현했다는 성모 마리아, 스페인·중남미의 지명들, ⟨~ mother of Jesus⟩ 수1

1201 **Gua·da-lupe Hi·dal·go Trea·ty**: 멕·미 전쟁⟨Mexican-American War⟩에서 진 멕시코가 1848년 2월 2일 수도 근처 과달루페 히달고⟨hijo de algo; son of somebody-important person⟩시에서 (콜로라도·뉴멕시코 서쪽의 광대한 땅을) 미국에게 양도한 조약, ⟨~ relinquishment of 55% of Mexico's territory⟩ 수2

1202 **Gua·de-loupe** [과아덜 루우프]: ⟨아랍어→스페인어⟩, ⟨'늑대의 고향'(Guadalupe)란 말이 성모마리아와 맞지 않아 철자를 바꾼⟩ 과달루페, Puerto Rico 밑에 있는 프랑스(French)령 섬들 수1

1203 **gua·la** [구왈라]: ⟨의성어⟩, 스페인어로 떠드는 소리, 남미 티를 내는 사람, 큰 돈, ⟨~ Latin heritage\big money⟩ 우2

1204 **Guam** [그와암]: ⟨← guaham(place that has)⟩, ⟨'갖고 있다'라는 뜻의 원주민어⟩, 괌, 남태평양 북서부 마리아나 군도의 미국령 섬 ⟨군사기지⟩, ⟨~ a US territory in Micronesia⟩ 수1

1205 **guan** [그완]: ⟨원주민어⟩, 사구계, (열대 중남미의 삼림에 떼지어 서식하며) 칠면조⟨turkey⟩ 비슷한 봉관조과의 커다란 새, ⟨~ curassow⟩ 미2

1206 **Guan,** Yu [구안, 유]: ⟨관문(gate) 근처에 사는 자\문(bolt)지기⟩, 관우(운장), (AD 160-220), ⟨미염공⟩, ⟨중국 민족 신앙에서 신으로 추앙되며⟩ 유비를 도와 삼국 정립에 공을 세웠으나 의형제의 원수를 갚으려다 손권에 의해 죽임을 당한 '의리의 싸나이', ⟨~ a Chinese military general⟩ 미2

1207 **gua·na·co** [그와나아코우]: ⟨원주민어⟩, 과나코, 안데스산맥에 사는 ⟨혹이 없는 작은 낙타같이 생긴⟩ 야생 라마(wild llama), ⟨~ alpaca\vicuna⟩ 수2

1208 **gua·no** [과아노우]: ⟨← huanu(dung)⟩, ⟨'똥'이란 뜻의 남미 원주민어⟩, '새똥비료', 조분석, 새나 박쥐의 분비물 덩이, ⟨~ droppings of birds (or bats)⟩ 우1

1209 **Guan·ta·na·mo** [그와안타아너모우]: ⟨Taino어⟩, land between rivers, ⟨'강 사이에 있는'⟩ 관타나모, 1903년 미국이 쿠바로부터 ⟨빌린⟩ 쿠바 남쪽의 해군기지, ⟨~ a US naval station in Cuba⟩ 수1

1210 **guap** [구앞]: ⟨← guapo(handsome)⟩, ⟨스페인어⟩, ⟨'매력있는'⟩ 다량의 현찰, 큰돈, 거금, ⟨~ big buck⟩, ⟨↔feo(ugly란 뜻의 스페인어)\petty cash⟩ 양2

1211 **guar·an·tee** [개륀티이]: ⟨← garantir(pledge)⟩, ⟨프랑스어⟩, ⟨권리를 덮어주는⟩ 보증, 담보(물), 최저금액, 보증하다, 다짐하다, ⟨← warrant⟩, ⟨~ assurance\bond⟩, ⟨↔breach\doubt\deceit⟩ 가2

1212 **guar·an·ty** [개륀티]: ⟨← warjan(protect)⟩, ⟨게르만어⟩, 보증(물), 담보(인), ⟨~ warranty\security⟩, ⟨↔un-surety\in-certitude⟩ 가2

1213 **guard** [가아드]: ⟨← warten(watch)⟩, ⟨게르만어⟩, '망보기', 보초, 경호인, 방호물, ⟨← ward⟩, ⟨~ watch over\protect⟩, ⟨↔offensive\neglect\abandon⟩ 가1

1214 **guard-ed** [가아디드]: 감시받는, 신중한, 알 수 없는, ⟨~ cautious\circumspect⟩, ⟨↔revealing\obvious⟩ 미2

1215 **guard·i·an** [가아디언]: '지켜보는 사람', 감시인, 보호자, 후견인, ⟨~ warden\custodian⟩ 가1

1216 **Guard·i·ans** [가아디언즈], Cleve-land: ⟨클리브랜드시에 있는 교량 이름에서 연유한 '수호자들', '원주민들'이 2021년 후반기부터 탈바꿈한 미국 MLB소속 야구단, ⇒ Indians 수2

1217 **gua·ru·mo** [그와루우모]: ⟨← yaruma(a tree grape)⟩, ⟨원주민어⟩, 넓은 잎과 속 빈 줄기를 가지고 (중남미 습지⟨rainforests in Central and South America⟩에서 잘 자라며) 강낭콩 같은 열매를 맺는 침략성이 강한 낙엽 교목, trumpet tree 우1

1218 **Gua·te·ma·la** [그와터마알러]: ⟨원주민어⟩, place of many trees, '나무가 많은 곳', 과테말라, 1821년 스페인으로부터 독립을 선언한 인구밀도가 조밀한 멕시코 남쪽에 있는 농업국가, {Guatemalan-Sp-Quetzal-Guatemala City} 수1

1219 **gua·va** [그와아봐]: ⟨원주민어⟩, guaba, guayabo, 아메리카 열대지방⟨tropical America⟩ 원산의 물레나물과의 관목(과실), ⇒ ice·cream bean 수2

1220 **gua·ya·be·ra** [그와이어베라]: ('구아바를 따기 편한 옷' 이란 썰도 있으나) ⟨스페인 군복지 rayadillo에서 유래한⟩ (필리핀·쿠바 남성들이 여름에 즐겨 입는) 앞뒤로 세로 두 줄의 판 무늬가 찍힌 상의, ⟨~ Yucatan shirt⟩ 수2

1221 **gua·yu·le** [그와유울리]: ⟨← ulli(rubber)⟩, ⟨원주민어⟩, (중남미에서) '고무'를 채취하는 국화과의 관목, ⟨~ desert rubber\latex plant⟩ 수2

1222 **gu·ber·na·to·ri·al** [규우버너토어뤼얼]: ⟨← gubernare⟩, ⟨라틴어⟩, 주지사⟨governor⟩의, 지방 행정의, 지방 장관의, ⟨↔presidential\tributary⟩ 양1

1223 **Guc·ci** [구우취]: (1921년에 이탈리아의 Guccio 구치에 의해 창립되어 2003년부터는 프랑스 회사가 대주주가 된) 손가방 등 신체 부품류의 유행상품 명품 제조회사, ⟨~ an Italian luxury fashion house⟩, g~; 최상품, ⟨~ good⟩ 수1 양2

1224 ***guc·ci!** [구우취!]: 'good'의 변형어, 아주 좋아!, 짱!, ⟨↔awful\ugly⟩ 미2

1225 **gud·geon¹** [거쥔]: ⟨← kobios(a minnow)⟩, ⟨그리스어→라틴어⟩, 모샘치, 급류에 서식하며 (쉽게 잡아 미끼로 쓸 수 있는) 잉엇과의 작고 긴 민물고기, ⟨아무 미끼나 잘 먹는 gudgeon처럼⟩ 잘 속는 사람, ⟨~ an easily fooled person⟩, ⟨← goby⟩ 미2

1226 **gud·geon²** [거쥔]: ⟨← gouge(prostitute)⟩, ⟨프랑스어→영국어⟩, (돌쩌귀의) 암쇠, '굴대 꼭지', (배의) 키 축받이, ⟨~ a pivot\a socket⟩, ⟨편자가 섭렵한 중에 가장 재미있는 어원을 가진 말⟩ 미1

1227 **guel·der rose** [겔더 로우즈]: (네덜란드의 어원 불명의 도시 'Gelderland' 원산의) ⟨석가모니 머리 위에 난 것 같은 꽃을 피워서⟩ (부처 앞에 바치는) 불두화 나무, ⟨~ water elder\cramp bark⟩, ⇒ snow·ball² 우2

1228 **guer·don** [거얼든]: ⟨← donum(gift)⟩, ⟨라틴어→게르만어→프랑스어→영국어⟩, '갚다', 포상하다, 보수를 주다, ⟨~ bonus\reward⟩, ⟨↔claim\desert⟩ 양2

1229 **Guer·ni·ca** [게얼니이카]: 게르니카, ⟨피카소의 그림으로 유명해진⟩ 스페인의 북부 도시로 1937년 나치에 의해 궤멸되었음, ⟨~ a town in N. Spain⟩ 수1

1230 **guer·ril·la** [거뤼일라]: ⟨← guerra(war)⟩, ⟨스페인어⟩, 게릴라, 유격대, 비정규병, '작은 전쟁', ⟨~ partisan (or hit-and-run) warfare⟩, ⟨↔civilian\armed forces⟩ 우2

1231 **Guess** [게스]: ⟨창립자가 어떤 햄버거를 먹을까 고민하다 만들어 낸 상표명⟩, 1981년 LA에서 창립된 미국의 의류 및 장신구 제조업체, ⟨~ an American clothing company⟩ 수1

1232 **guess** [게스]: ⟨← gissen(conjecture)⟩, ⟨네덜란드어⟩, 추측, 어림짐작, 억측, 알아맞히다, '판단하다', ⟨← get?⟩, ⟨~ estimate\prediction⟩, ⟨↔fact\certainty⟩ 가2

1233 **guess-ti·mate** [게스티메이트]: guess+estimate, 어림짐작, 억측, ⟨↔certification\convict⟩ 양2

1234 **guest** [게스트]: ⟨← giest(visitor)⟩, ⟨게르만어⟩, '낯선 사람', 손님, 하숙인, 초빙된 귀빈, ⟨↔host¹⟩ 양2

1235 **guest book** [게스트 북]: 방명록 양2

1236 **guest room** [게스트 루움]: 객실, 손님용 방, 사랑방 양2

1237 **guest speak-er** [게스트 스피커]: 초청 연사, 초대 강사 양2

1238 **guest tow·el** [게스트 타우얼]: 손님용 수건 양2

1239 **guet-apens** [기이타펜스 \ 게타펭]: aguet(ambush)+apenser(conceive of), ⟨프랑스어⟩, 'ambush'(매복), 덫, 잠복, ⟨~ snare\stake-out⟩ 양2

1240 **Gue·va·ra** [거봐아뤄], Er·nes·to 'Che': ⟨← ebar(fernery)⟩, ⟨바스크어⟩, ⟨'고사리'가 많은 스페인 마을⟩, 게바라, (1928-1967), 아르헨티나의 의대를 졸업하고 공산주의에 매료되어 쿠바(Cuba) 혁명을 돕고 나서 계속 유격전을 벌이다가 미 CIA의 추적으로 볼리비아에서 사살된 ⟨혁명가⟩·시인, ⟨~ an Argentine Maxist revolutionary⟩ 수1

1241 **guff** [거후]: ⟨영국어⟩, ⟨의성어⟩, 허튼소리, '뻥', 건방진 말대꾸, ⟨~ bunk\balder-dash\clap-trap⟩ 양2

1242 *GUI: ⇒ graphical user interface 우1

1243 **Gui·a·na** [기애너 \ 기아너]: ⟨원주민어⟩, land of many waters, '물이 많은 땅', 기아나, 남아메리카 북동쪽 Guyana와 Suriname을 합친 지역 수1

1244 **guide** [가이드]: ⟨← witanan(know)⟩, ⟨게르만어⟩, 안내, '길잡이', 지침, 지도, ⟨~ lead\escort⟩, ⟨↔follow\deceive⟩ 양1

1245 **guide-board** [가이드 보어드]: (길) 안내판 양1

1246 **guide-book** [가이드 북]: (여행) 안내서 양1

1247 **guide dog** [가이드 더어그]: 안내견, 맹도견, 장님을 인도하는 개 양2

1248 **guide-line** [가이드 라인]: 인도 밧줄, 지침, 유도 지표, ⟨~ code\protocol⟩ 양2

1249 **guide-post** [가이드 포우스트]: 이정표, 길잡이, 정책 유도 목표, ⟨~ regulation\rule of thumb⟩ 양2

1250 **guild** \ gild [길드]: ⟨← gieldan(pay)⟩, ⟨게르만어⟩, 동업조합, 장인·상인의 협동조합, ⟨~ yield⟩, ⟨~ order\club⟩ 양2

1251 **guile** [가일]: ⟨← wigila(trick)⟩, ⟨게르만어→프랑스어⟩, 교활, 엉큼, 음흉, ⟨~ wile⟩, ⟨~ cunning\deceit⟩, ⟨↔honesty\candor⟩ 가1

1252 **guil·le·mot** [길러맡]: ⟨← Guillaume⟩, ⟨프랑스어⟩, ⟨'william'같이 생긴⟩, ⟨← gull⟩, '바다비둘기', 북대서양 연안에 서식하는 펭귄과 비둘기의 중간형 바다쇠오리, ⇒ sea pigeon 우1

1253 **guil·lo·tine** [길러티인 \ 기여티인]: 기요틴, 단두대, 절제기 ⟨전부터 있던 기구로 프랑스 혁명 때 지도자들 한사람의 의사 기요탱이 ⟨인도적⟩ 처형을 위해 사용을 권고한 후 동명이인인 의사 기요탱이 처형당한 적이 있는 사형 집행 장치⟩, ⟨~ be-head\decapitate⟩ 양2

1254 **guilt-y** [길티]: ⟨← gylt(culpable)⟩, ⟨어원 불명의 영국어⟩, 죄를 범한, 유죄의, 떳떳하지 못한, ⟨~ convicted\blame-worthy⟩, ⟨↔innocent\right\sin-less⟩ 양2

1255 *guilt-y con-science needs no ac-cu·ser: ⟨소크라테스가 했다는 말⟩, 도둑이 제 발이 저리다, ⟨~ unexamined life is not worth living⟩ 양2

1256 **guilt-y pleas·ure** [길티 플레줘]: ⟨1860년 NY Times에 등재된 말⟩, ⟨아내와 교접하면서 딴 여자를 상상하는 것 같은⟩ 떳떳치 못한 기쁨, '악취미', ⟨~ low-brow escapism\personal vice⟩ 우2

1257 **Guin·ea** [기니]: ⟨원주민어에서 연유한 포르투갈어⟩, ⟨← aginaw(black people)?⟩, '검둥이들', 기니, (1958년 프랑스로부터 독립된) 아프리카 서해안에 있고 경치가 수려한 조그만 공화국, {Guinean-Fr-(GN) Franc-Conakry} 수1

1258 **guin·ea** [기니]: ⟨Guinea 지방산 금⟩, 영국에서 1663~1813년간 발행한 (pound보다 1실링이 더 많은) '금'으로 된 화폐(=1.05 파운드·21 실링), ⟨~ a British gold coin⟩ 수2

1259 **Guin·ea-Bis·sau** [기니 비싸우 \ 기니 비쎄]: '검은 표범?', 기니 비사우, (1974년 포르투갈로부터 독립된) 기니 북쪽에 있는 〈여성이 남성을 간택하는 습관이 있는〉 조그만 공화국, 〈Bissau·Guinean-Port-(XO) Franc-Bissau〉 수1

1260 **guin·ea corn** [기니 코언]: 팥수수, 수수 같은 줄기에 팥 같은 열매가 열리는 열대성 식물, 〈~ a sorghum \ kaoliang \ durra〉 미2

1261 **guin·ea fowl** [기니 화울]: 뿔닭, (아프리카 원산으로 항상 고약한 소리를 내는) 회색에 흰 점이 박힌 꿩(pheasant) 비슷한 닭, 〈~ pet speckled hen〉 수2

1262 **guin·ea pig** [기니 피그]: '1기니짜리 돼지', 〈돼지 우는 소리를 내는〉 (안데스 원산의) 모르모트〈mormot(Japlish)〉, 실험 재료(대상), ⇒ cavy 미1

1263 **Guin·ness** [기니스]: aon(one)+gus(choice), 〈켈트어〉, '선택된 자', 기네스, 아일랜드산의 흑맥주(회사가 매년 펴내는 세계 기록집), 〈~ a dry black-beer〉, 〈~ a world record book〉 수1

1264 **guise** [가이즈]: 〈← wisa(way)〉, 〈게르만어→프랑스어〉, 외관, 겉치레, 변장, 가장, 〈~ wise \ way〉, 〈~ appearance \ artifice \ fakery〉, 〈↔frankness \ honesty〉 양1

1265 **gui·tar** [기타아]: 〈← kithara(lyre)〉, 〈그리스어〉, (5천 년 전 이집트에서 개발된 것으로 사료되는) 여섯 줄 공명 현〈string〉악기, 〈~ zither〉 우1

1266 **Gu·ja·ra·ti** [구쥐라아티이]: 〈← ubha(stand)?〉, 〈어원 불명의 산스크리트어〉, 〈훈족의 일파로 사료되는〉 구자라트, 인도 서북부(north-west India)의 주, 5천 5백여만 명이 사용하는 인도-유럽어, 〈~ an Indo-Aryan language〉 수1

1267 **guk** [국]: 〈어원이 gug(물에 풀어 불려 먹는것)이란 이집트어라고도 하나 '구슬려 개운하게 우려낸 것'이란 한국어가 더 솔깃함〉, (채소·생선·고기 등) 건더기를 넣고 물을 많이 부어 끓인 음식, soup, 〈~(↔)jji-gae〉 우2

1268 **guk-ppong** [국뽕]: nation+philopon, 〈한국어〉, 국가에 대한 자부심, 애국주의, 〈~ jingo-ism〉 양2

1269 **gulf** [결후]: 〈← kolpos(fold)〉, 〈그리스어〉, 만, 심연, 큰 간격, 소용돌이, 바다가 〈'유방' 모양으로〉 육지로 쑥 들어온 곳, 〈~ bay〉, 〈~ closure \ open-sea〉, 〈↔cape \ cave〉 미2

1270 **Gulf of Mex·i·co** [결후 어브 멕씨코우]: 멕시코만, 미국 플로리다와 멕시코 사이의 거대한 해안, 〈~ American Mediterranean Sea〉 수1

1271 **Gulf Stream** [결후 스트뤼임]: ①(미국 동부를 따뜻하게 해 주는) 멕시코 만류, 〈~ a warm and swift ocean current〉 ②1958년에 설립된 미국의 개인용 제트기 제조회사, 〈~ an aircraft manufacturer in California〉 수2

1272 **Gulf War** [결후 워어]: (이라크의 쿠웨이트 점령을 빌미로) 1991년부터 1992년에 걸쳐 (7백명 이상의 연합군·2만명 이상의 이라크인의 사망자를 내면서) 사막의 방패·사막의 폭풍으로 이어진 미국이 주도한 다국적군과 이라크 간의 〈Video Game War〉, ⇒ Desert Storm 수1

1273 **gulf-weed** [결후 위이드]: '해만해초', 모자반류의 식용해초, sargassum, ⇒ sea grape 우2

1274 **gull** [걸]: 〈← gwylan〉, 〈켈트어〉, mew, 〈아무거나 '삼키는(gullet)'〉 갈매기, 미 해군 상대의 매춘부, 속이다, 잘 속는 사람, 숙맥, 멍청이, 〈~ pigeon² \ dupe〉, 〈↔kite〉 양1

1275 **gul·let** [걸맅]: 〈← gula(throat)〉, 〈라틴어〉, esophagus, '목구멍', 식도, (수로의) 협곡 양2

1276 **gul·li·ble** [걸러블]: 〈← gull〉, 남을 잘 믿는, 속기 쉬운, 아둔한, 〈~ sucker¹〉, 〈~ credulous \ over-trusting〉, 〈↔suspicious \ astute〉, 〈→ Barnum effect〉 양2

1277 **gul·ly** [걸리]: gulley, 〈라틴어→프랑스어〉, 〈← gullet〉, 소협곡, 도랑, 배수구, 〈시궁창(gutter)에서 온〉 불량배, 고기 써는 큰 칼, 〈~ ravine \ trench \ gangsta \ big knife〉, 〈↔hill \ knoll \ bank〉 양1

1278 **gulp** [걸프]: 〈← gulpen(gob)〉, 〈네덜란드어〉, 〈의성어〉, 꿀꺽꿀꺽 마시다, 삼켜 버리다, (솟아오르는 감정을) 억제하다〈gulp back〉, 〈~ gobble \ swallow〉, 〈↔sip \ pick〉, 〈↔spit out〉 양1

1279 **gum** [검]: 〈← kemai(resin)〉, 〈이집트어〉, 껌, 고무질, 진, '수지'〈나무기름〉, 수액, 잇몸(gingiva) 우2

1280 **gum·bo** [검보우]: 〈서아프리카 원주민어〉, 닭고기나 해산물에 okra(콩과 식물) 깍지를 넣은 진한 수프(thick soup), lady's finger, bhindi, 〈이것은 국(soup)에 더 가깝고 jambalaya는 roux(죽)에 더 가까움〉 수2

1281 **gum-mie twist** [거미 트위스트]: Gummie(쫄깃쫄깃한 독일산 젤리의 상품명) 같은 신축성 rope를 가지고 뜀뛰기를 하는 '고무줄 놀이', 〈~ Chinese jump rope〉 미1

1282 **gum-my bear** [거미 베어]: 헝가리에서 노래를 만들어서 유명해진 〈독일산〉 '고무 곰돌이' (인형), 〈~ a German animated character〉 우2

1283 *****gump** [검프]: 〈1825년에 등장한 어원 불명의 미국 속어〉, (여자) 멍청이, (키 큰) 얼간이, 겁쟁이, 〈~ absurd\comic\goofy〉, 〈↔serious\wise\brave〉 양2

1284 **gun** [건]: gunnr(war)+hildr(war), 〈북구어〉, 〈전쟁에 쓰는 기관〉, 대포, 총, 분무기, 거물, 〈~ fire-arm\shooter\big shot〉, 〈↔knife\disarmament〉 양2

1285 **gun con·trol** [건 컨트로울]: 총포 규제, 총기 단속, 〈~ weapons reduction〉 가1

1286 **Gun-dam** [건 댐]: gun+dam, 〈영어→일본어〉, 총을 막는 인조인간, '총받이', 〈1979년 일본에서 출시된〉 무협 공상 과학 만화 동영상(의 제목·등장인물들·모형물·장난감), 〈~ a Japanese military sience fiction〉 수2

1287 **gun-down** [건 다운]: 총살, 총격, 〈~ shoot down\kill\end-hit〉 가2

1288 **gun-fight** [건 화잍]: 총격전, 총질하다 가2

1289 **gung-ho** [겅 호우]: gond(work)+ghe(together), 〈중국어〉, 충용무쌍한, 열혈한, 성공적인, 감정적인, '함께 일하는 〈공합〉 자', 〈~ intense\enthusiastic\keen〉, 〈↔indifferent\apathetic〉 양2

1290 **gun-ite** [거나이트]: 〈← gun〉, 〈1909년 상표로 등장한 영국어〉, 시공 면에 가압 주입기로 '쏘아 붙이는' 회반죽 모르타르(모래와 시멘트의 혼합물), 〈~ shot-crete (shooting concrete)〉 수2

1291 *****gunk** [겅크]: 〈미국어〉, (1932년에 출시된 '끈적끈적한' 비누 이름에서 따온) 오물, '찐드기', 놈, 화장품, 〈~ mucus\muck\garbage\smudge〉, 〈↔clean-ness\purity〉 양2

1292 **gun-man** [건 맨]: 총기 휴대자, 총잡이, 살인청부업자, 〈~ hit-man\assassin〉 양2

1293 **gun·ny** [거니]: 〈← goni(sack)〉, 〈산스크리트어〉, 올이 굵은 삼베, 마대('자루'), 〈~ coarse fabric\jute bag〉 우1

1294 **gun-point** [건 포인트]: 총부리, 총을 들이대고, 〈~ knife-point〉, 〈↔under duress(threat)〉 양2

1295 **guns be-fore but·ter**: (경제보다) 군사 우선의, 선군주의(military first principle) 양2

1296 *****gun·sel** [건설]: 〈1910년경에 등장한 유대계 미국 속어〉, 'young goose', 남색의 어린 짝, 교활한 놈, 젊은 얼간이, 배신자, 〈~ younger gay\goon\hoodlum〉 양2

1297 **gun-shot** [건 샅]: 사격, 발포, 발사된 탄알 가1

1298 *****gunt** [건트]: 〈영국 속어〉, (여성의) 뱃살, 삼겹살, 〈gut+cunt?〉, 〈~ (female) belly fat\sam-gyeop-sal〉 양2

1299 **gup** [겊]: 〈힌디어〉, ('gap'(틈)을 채우려는?) 허튼소리, 뻥, 추문, 〈~ non-sense\gossip〉, 〈↔truth\seriousness〉 양2

1300 *****Gup·pie** [거피]: 동성연애 yuppie, gay urban professional 〈도시에 사는 젊은 전문직 동성연애자〉 수2

1301 **gup·py** [거피]: 〈그 물고기를 영국 수족관으로 보낸 성직자의 이름(Guppy)을 딴〉 서인도제도산의 조그만 관상용 열대어, 〈무지개 고기〉, 〈공작어〉, 〈~ rainbow fish〉 우1

1302 **Gup·ta** [굪터]: 〈← goptr(protector)〉, 〈산스크리트어〉, '보호자', 굽타, 〈인도 문화의 황금기라 하는〉 서기 320~500년경까지 인도 북쪽을 지배했던 왕가, 〈~ an ancient empire on N. India〉 수1

1303 **gur·gle** [거어글]: 〈영국어〉, 〈의성어〉, 콸콸하다, 꿀딱꿀딱하는 소리, 〈~ bubble\gullet〉, 〈↔stream\geyser〉 양1

1304 *****gurl-friend** [구울 후렌드]: (여성끼리 또는 gay가 쓰는) 〈sex 없는〉 여자 친구, 〈~ sexless girlfriend〉 우2

1305 **gur·nard** [거어널드]: 〈← grunnire〉, 〈의성어〉, 〈라틴어에서 연유한 프랑스어〉, 〈'grunt'(꿀꿀) 소리를 내는〉 성대, 죽지성대, 매미성대, '날치', 난류 심해성 어족으로 긴 주둥이와 큰 지느러미를 가졌음, sea·cock, 〈~ sea-robin\a bottom-dwelling ray-finned fish〉 우1

1306 **gur·ney** [거어니]: ('small is land'란 뜻의 지명에서 연유한) 〈영국어→미국어〉, 〈1883년에 고안자의 이름(Gurney)을 딴〉 바퀴 달린 들것, 양쪽에 헝겊을 댄 소형 수레, 〈~ litter\pram〉, 〈~ stretcher는 바퀴가 없음〉 수2

1307 **gu·ru** [구루우]: 〈힌두교의〉 '교사〈teacher〉', 전문가, 권위자, 〈도사〉, 〈~ mahatma\rabbi〉, 〈↔disciple〉 양2

1308 **gush** [거쉬]: 〈← guysen〉, 〈네덜란드어→영국어〉, 〈의성어〉 분출, 복받침, 〈~ gust\rush〉, 〈↔ebb\sink〉 양1

1309 **gust** [거스트]: 〈← gjosa〉, 〈아이슬란드어→영국어〉, 〈← gush〉, 돌풍, 소나기, 격정, 〈~ blast\storm\squall\flurry〉, 〈↔calm\trickle〉, 〈↔breeze〉 양1

1310 **gus·ta·to·ry** [거스터토어뤼]: ⟨← gustare⟩, ⟨라틴어⟩, 맛(gusto)의, 미각의, ⟨~(↔)olfactory⟩, ⟨↔audio-visual⟩ 양2

1311 **Gus·ta·vus** [거스타아붜스 \ 거스테이붜스]: God's staff, '하느님의 신하', ⟨스웨덴어→라틴어⟩, 구스타브, (1496~1973까지) 스웨덴⟨Sweden⟩의 6명의 왕 수1

1312 **gus·to** [거스토우]: ⟨← gustare(taste)⟩, ⟨라틴어⟩, '맛', 즐김, 기호, 기품, 풍미, ⟨~ appetite\zest⟩, ⟨↔apathy\dis-taste⟩ 양2

1313 **gut¹** [겉]: ⟨← geotan(pour)⟩, ⟨게르만어→영국어⟩, '쏟아지는 것', ⟨부풀어 오른⟩ 창자, 내장, 배알, ⟨'간'⟩, 본질, 배짱, 직감, ⟨~ viscera⟩, ⟨↔cowardice\cold feet⟩ 양1

1314 **gut²** [굿]: ⟨어원 불명의 한국어⟩, '귀신'을 불러오는 의식, 무당(shaman)이 노래나 춤으로 치성을 드리는 행위, exorcism, sorcery 수2

1315 **Gu·ten·berg** [구우튼버얼그]: ⟨← gude(good)⟩, ⟨게르만어⟩, '착한 사람', ⟨Johannes⟩구텐베르크, (1400-1468), 독일의 활판 인쇄 발명가, ⟨~ a German inventor and craftsman⟩ 수1

1316 **gut·ta(gt.)** [거타] \ gut·tae(gtt.) [거티이]: ⟨라틴어⟩, ⟨나무 껍질에서 '떨어지는(drop)' 수지⟩ (물)방울, 점적(들) 양2

1317 **gut·ted** [거티드]: ⟨← gut⟩, gut의 과거·과거분사, ⟨영국 속어⟩, 극도로 지친, 매우 싫증난, 처참한, ⟨~ eviscerated\ruined\wiped out⟩, ⟨↔intact\re-stored⟩ 양2

1318 **gut·ter** [거터]: ⟨라틴어⟩, ⟨'gutta'(방울)이 모이는⟩ 낙수 홈통, 물받이, 도랑, 빈민굴, 여백, 행간, (볼링에서 레인 양쪽에 있는) 홈 ⟨허방⟩, ⟨~ drain\duct\ditch⟩, ⟨↔rise\decent\whole-some⟩ 양1

1319 **guy** [가이]: ①⟨Guido(guide)⟩, ⟨이탈리아어→영국어⟩, '녀석', 사내, 친구, ⟨1605년 영국 의사당을 폭파하려다 체포되어 처형된 Guy Fawkes에서 따온⟩ 밉살스러운 놈, ⟨~ fellow⟩, ⟨↔chick⟩ ② [구이]: ⟨프랑스어⟩, ⟨← guide⟩, 밧줄, ⟨~ rope⟩, ⟨↔snare⟩ 양1

1320 **Guy·a·na** [가이애너]: ⟨원주민어⟩, land of many waters, '물이 많은 땅', 가이아나, 남아메리카 북동부에 있고 1966년 영국에서 독립된 다양한 민족의 조그만 공화국, {Guyanese-Eng-(GY) Dollar-Georgetown}, ⟨세계에서 가장 발 빠르게 발전하는 나라⟩ 수1

1321 **guz·zle** [거즐]: ⟨← geusiae(cheeks)⟩, ⟨라틴어→프랑스어⟩, ⟨의성어⟩, 게걸스럽게 먹다, 폭음하다, ⟨~ gluttonous\pig³⟩, ⟨↔nibble⟩ 양1

1322 **Gwang-gae-to** [광개토], The Great: broad+open+land, ⟨중국어→한국어⟩, great emperor who broadened the territory, '영토를 넓게 개척한 자', 광개토 대왕, 영락대왕, 호태왕, (374-413), 서만주·내몽고·러시아의 해양주·한반도의 ⅔까지 영토를 확장하고 젊어서 병사한 고구려(Goguryeo)의 19대 왕 수2

1323 **Gwang-ju** [광주]: light+village, ⟨중국어→한국어⟩, sunshine village, '빛고을', 오랫동안 농산물의 집결지로 내려오다 차차 상업·산업도시로 개발되고 학생운동·민주화운동 등으로 유명한 한국 남서부의 광역도시, ⟨~ a city in south-west corner of Korea⟩ 수1

1324 **Gyeong-bok-gung** [경복궁]: ⟨중국어→한국어⟩, luck shining palace, '복이 내리쬐는 곳', 1395년 이태조에 의해 서울(Seoul)의 북악산 남쪽에 건립되어 한때 5백 개의 건물과 7천 개의 방을 가졌던 이씨 조선(Cho-sun)의 왕궁 수2

1325 **gyeong-dan** [경단]: qiong(reddish gem)+tuan(round mass), ⟨중국어→한국어⟩, 수수나 찹쌀가루 등으로 동글게 빚어 삶아 고물이나 꿀을 바른 떡, small (rice) dumpling, (rice) cake ball 수2

1326 **Gyeong-ju** [경주]: 'happy town', ⟨중국어→한국어⟩, 한국 동남부 해변에 인접한 인구 약 30만의 도시로 Shilla의 천년 수도여서 많은 유적을 가지고 있음, ⟨~ Seorabeol\a coastal city in south-east Korea⟩ 수1

1327 **gye-ran ma·ri** [계란 말이]: rolled egg(omelet), ⟨중국어+한국어⟩, 달걀말이, (얇게 썬 야채나 고기를 소를 넣고) 달걀을 넓적하게 부쳐서 돌돌말은 음식 수2

1328 **gye-reuk** [계륵]: chicken-ribs, ⟨중국어·한국어⟩, (작고 살점이 없어) 먹기 불편하고 영양가도 없지만 ⟨버리기 아까운 물건⟩, 애물단지, ⇒ white elephant 수2

1329 **gym**(·na·si·um) [쥠(네이지엄)]: ⟨← gymmos(naked)⟩, ⟨그리스어⟩, ⟨벌고벗고 단련하는⟩ 체육관, 연무장, 실내 체육장, ⟨~ sports(fitness) center⟩, ⟨↔library⟩, ⟨↔idleness\academy⟩ 가2

1330 **gymn~ \ gym·no~** [쥠~ \ 쥠노우~]: ⟨그리스어⟩, naked, ⟨'나체'·'조체~⟩'란 뜻의 결합사, ⟨↔inertia⟩ 양1

1331 **gym·nas·tic** [쥠내스틱]: ⟨그리스어⟩, 체조의, 체육(상)의, 단련, 곡예, ⟨~ athletic⟩, ⟨↔inactivity⟩ 양2

1332 **gym·ne·ma** [짐네머]: gymos(naked)+nema(thread), 〈그리스어〉, 〈껍질이 없는 끈 같은 줄기를 가진〉 짐네마, 〈혀에서 당분을 느끼지 못하게 한다는〉 당살초, (열대 아시아 원산의) 솜털이 붙은 타원형 잎에 자잘한 노란 몽우리 꽃을 피우는 덩굴식물, 〈~ sugar destroyer〉 우2

1333 **gyn~ \ gy·no~** [쥔~ \ 가인~ \ 좌이노~ \ 가이노~]: 〈← gyne(woman)〉, 〈그리스어〉, 〈여성·암컷~〉이란 뜻의 결합사, 〈→ queen〉, 〈↔andr(o)~〉 양1

1334 **gy·ne·col·o·gy** [가이니칼러쥐]: 〈그리스어〉, 부인과 의학, 〈~ care of female reproductive system〉, 〈~(↔)obstetrics〉 양1

1335 **gy·ne·co·mas·ti·a** [가이니코우 매스티어]: 〈남성의〉 여성의 유방, 남자의 유방 비대증, 〈~ moob〉, 〈~ enlarged breasts in male〉, 〈↔tit²〉 양2

1336 **gyong-geuk** [경극]: 〈jig-ju[징쥐]〉, 〈중국어→한국어〉, ⇒ Beijing opera 수2

1337 *__gyp·po__ \ gy·po [쥐포우]: 〈← gypsy〉, (집시 같은) 떠돌이 일꾼, 날품팔이꾼, 〈~ travelling laborer〉 양2

1338 **gyps** [쥡스]: gypsum, 깁스, 석고 가루를 굳혀서 단단하게 만든 붕대, 석고붕대 우1

1339 **gyp·sum** [쥡썸]: 〈← gypos(chalk)〉, 〈그리스어→라틴어〉, calcium sulfate, '석고', 석회질 광물, 〈→ gips\gyps〉, 〈~ parget\plaster〉 양1

1340 **Gyp·sy** \ Gip·sy [쥡씨]: 〈영국어〉, 집시, 〈처음 영국에 나타났을 때 'Egyptian'으로 착각했던〉 집시, 방랑자, 코카서스 유랑민족, 개인 영업, 〈~ Bohemian〉, 〈↔resident\inhabitant〉 수2

1341 *__gyp·sy cab__ [쥡씨 캡]: 떠돌이 택시, 〈면허가 없는〉 암택시, 〈~ cruiser〉 양1

1342 **gyp·sy moth** [쥡씨 머어쓰]: (활엽이나 침엽을 '가리지 않고' 갉아 먹는 애벌레를 까는) 매미나방, 〈~ gypy란 말이 나방님께 모욕적이라 2021년부터 spongy moth라 부르기로 하였다함〉 미2

1343 **gyp·sy rose** [쥡씨 로우즈]: 〈떠돌아 다니며 자생하는〉 체꽃, 망초, ⇒ scabiosa 미2

1344 *__gyp·sy schol·ar__ [쥡씨 스칼러]: 방랑학자, 〈박사학위를 가지고도 전임 자리를 찾아다니는〉 떠돌이 강사, 〈~ 인권은 무시해도 됨으로 아무때나 아무데나 부르면 가야하는 'go'라고 함〉 미2

1345 **gy·rate** [좌이어뤠이트]: 〈← gyros(circle)〉, 〈그리스어〉, '회전하다', 선회하다, 소용돌이, 〈~ veer〉, 〈~ revolve\spin〉, 〈↔steady\ride\un-wind〉 양2

1346 **gy·rus** [좌이뤄스] \ gy·ri [좌이뤼]: 〈← gyros(circle)〉, 〈그리스어〉, (뇌)회, (뇌)이랑, 뇌 생성 시 '회전'으로 인해 생기는 피질의 꾸불꾸불한 융기, 〈~ sulcus〉 미2

1. **H \ h** [에이취]: 이집트의 상형문자 울타리 모양을 딴 인쇄물에서 8번째 정도로 자주 쓰이는 알파벳의 여덟 번째 글자, hydrogen, hour, harbor·hard·height, hundred, husband 등의 약자 ㊅2

2. **Haa·gen-Dazs** [하아건대즈]: 〈무아미 언어〉, 하겐다즈, 1961년에 미국에서 창립된 덴마크풍(Danish)의 얼음과자 가게, 〈~ an American ice-cream brand〉 ㊅1

3. **Ha·bak·kuk** [허백컼 \ 해벅컼]: 〈← habaq(embrace)〉, '포용하는 자', (히브리의) 예언자, 〈정의는 하느님의 믿음에서 나온다〉 (구약성서의) 하박국서, 〈~ a Hebrew prophet〉 ㊅1

4. **ha·ba·ne·ra** [하아브네어뤄]: 하바네라, 〈Havana에서 유래한〉 탱고 비슷한 2박자의 춤(곡), 〈~ slow Cuban dance〉 ㊅2

5. **ha·be·as cor·pus** [헤이비어스 코얼퍼스]: 〈라틴어〉, 'you shall have the body', 〈몸을 나타내라는〉 출정(출두) 영장, 인신보호영장, H~ C~; 인신보호율, 1679년 영국 국회가 찰스 2세에게 강요한 (국왕은 아무 이유 없이 국민을 잡아들이거나 가두지 못한다)는 법령, 〈~ show me the body〉 ㊯2 ㊮2

6. **ha·bi·bi** [하비비]: 〈← habib(be-loved)〉, 〈그대·내 사랑〉을 뜻하는 아랍어, 〈~ my love(dear)\darling〉 ㊅2

7. **hab·ile** [해빌]: 〈← habere(have)〉, 〈라틴어→프랑스어→영어〉, 잘하는, 숙련된, 솜씨좋은, 〈~ able\skillful\adroit〉, 〈↔awkard\clumsy\incompetent\incapable〉 ㊯2

8. **ha·bil·i·tate** [허빌리테이트]: 〈라틴어〉, habit+ability, 옷을 입히다, 투자하다, 자격을 수여하다, 훈련시키다, 〈~ make fit(capable)\clothe〉, 〈↔dis-robe\degrade\subvert〉 ㊯2

9. **hab·it** [해빝]: 〈← habere(have)〉, 〈라틴어〉, 〈늘 가지고 있는〉 버릇, 습관, 기질, 〈← have〉, 〈~ pattern\custom〉, 〈↔occasion\disinclination〉 ㊀2

10. **hab·i·tat** [해비탵]: 〈라틴어〉, 〈영역을 가지고 있는〉 서식지, 산지, 거주지, 〈~ natural territory\home〉, 〈↔alien terrain\anti-biome\unnatural surroundings\foreign environment〉 ㊀2

11. *__hab·it is sec·ond¹ na·ture__: 습관은 제2의 천성이다, 세살 버릇 여든까지 간다, 제 버릇 개 못 준다, 〈~ we are all creature of habit\old habits die hard\automatic behavior〉, 〈↔calculated action〉 ㊯2

12. **ha·boob** [허부우브]: 〈← habub(blowing furiously)〉, 〈아랍어〉, (북아프리카·아라비아·인도 등에 부는) 모래 '폭풍', 〈~ violent sandstorm(dust storm)\shamal〉, 〈↔calm weather〉 ㊮2

13. **Habs-burg \ Haps-burg** [햅스버그]: habicht(hawk)+burg(castle), 〈게르만어〉, 〈'매의 성'이란 이름에서 유래한〉 합스부르크왕가, 〈현재의 스위스 땅에서 일어나 한때(1273-1918) 유럽에서 막강한 세력을 떨쳤던 오스트리아의 왕가〉, 〈~ a royal Austrian family〉 ㊅1

14. *__HACCP__ [하쎕] (haz·ard a·nal·y·sis and crit·i·cal con·trol point): 식품 유해 요소 중점 관리 기준, (원래 우주 비행사들의 음식물 안전성을 점검하기 위해 고안되었던) 음식물 유해 요소를 관리하는 국제적 기준, 〈~ a food-safety management system〉 ㊮2

15. **ha·ci·en·da** [하아씨엔다]: 〈← facere(do)〉, 〈라틴어〉, '작업장', (스페인계 국가의) 대농장, 농원 저택, 〈~ plantation\ranch\large estate"things to be done"〉, 〈↔wasteland\shack〉 ㊮2

16. **hack** [핵]: ①〈← haccian(hew)〉, 〈게르만어〉, '난도질하다', 난폭하게 다루다, 불법 침입하다, 〈~ cut with heavy blows〉, 〈↔yield\give up〉 ②〈영국어〉, hackney, 세놓는 말, 늙은 말, 품팔이 ③〈← hatch²〉, 〈게르만어〉, 〈큰 가지를 쳐서 만들었던〉 구유, 건조대, 〈~ manger〉 ④〈영국어〉, 마른 기침(소리), 〈~ dry-cough〉 ㊮2

17. *__hack-a·thon__ [핵어썬]: 〈신조어〉, hack+marathon, (전산기 도사들끼리) 정해진 시간 동안 전력을 다해 함께 작업하는 일, 전산망 폭주, 〈~ codefest\net-work congestion〉 ㊁2

18. **hack-ber·ry** [핵 베뤼]: (북미의) 팽나무, 〈열매는 새들이 따 먹고 줄기는 재목으로 쓰는〉 느릅나뭇과의 낙엽활엽교목, 〈← 쭈글쭈글한 나무 껍질을 가진 hag·berry〉, 〈~ enoki〉, 〈~ nettle tree〉, 〈~ Beaverwood\False Elm〉 ㊮2

19. *__hack-ing__ [해킹]: 〈← hack¹〉, 〈미국어〉, 전산 체계 무단침입, 광적인 전산망 조작, 〈~ chopping\slashing〉, 〈↔aid\fix〉 ㊁2

20. **hack·le** [해클]: 〈← hako(hook)〉, 〈게르만어〉, 〈가는 실을 빗질하는〉 참빗, 생사, '곤추 선 목털', 잘게 썰다, 〈~ erectile hairs(feathers) on back(neck)\comb\chop〉, 〈↔join\mend〉 ㊁1

21. **hack·ney** [해크니]: 〈← hacan ieg(Hook's island)〉, dry land in a marsh, 〈마구간이 많았던 동런던 지구의 이름에서 유래한〉 승용마, 삯말, 〈주로 흥행용으로 쓰는〉 말의 일종, 〈4륜 마차가 개량된〉 택시, 〈~ old horse\carriage\tired〉, 〈↔new\novel〉 ㊯2

22 **hack·neyed** [해크니드]: 삵말을 쓰다, 심하게 부리다, 진부하게 하다, 〈~ overused\trite〉, 〈↔original\fresh〉, 〈↔creative\innovative〉 양2

23 **hack-saw** [햅 써어]: 〈← hack¹〉, 〈게르만어〉, 〈거칠게 잘라지던〉 (금속 절단용) 쇠톱, 〈~ fine-toothed saw\bow saw〉 양2

24 **had** [해드 \ 허드]: have의 과거·과거분사, 〈~ possessed\owned〉, 〈↔lacked\denied〉 가1

25 **had·dock** [해덕]: 〈← hadot〉, 〈어원 불명의 프랑스어〉, 〈북대서양 깊은 바다에 살며 육식성인〉 대구〈cod〉의 일종, 〈~ a saltwater ray-finned fish〉 우2

26 **Ha·des** [헤이디이즈]: 〈← a+idein(see)?〉, 〈어원 불명의 그리스어〉, 〈보이지 않는?〉 하데스, 저승신, 〈원래는 나중 나왔으나 자식들이 자신을 거세시킬 것을 두려워 한 크로노스가 레아의 자궁 속으로 밀어 넣었다가 다시 나와 순서가 바뀐〉 제우스의 아우(형), 황천(의 지배자), 지옥, 〈~ Pluto\Adesius〉, 〈~ underworld\hell〉 수1

27 **Haeck·el** [헤컬], Ernst: 〈어원 불명의〉 헤켈, (1834-1919), 「사회적 진화론」을 주창해서 Marxism과 Nazism에 지대한 영향을 끼친 독일의 생물학자·철학자, 〈~ a German zoologist and philosopher〉 수1

28 **hae·eo·jil geol-sim** [헤어질 결심]: 〈2022년 한국에서 개봉된 낭만적 괴기영화 제목의 한국어〉, 〈~ a Korean movie title〉, decision to leave, 〈세계어로 떠오를 가능이 있는 말〉, ⇒ old flame 우2

29 **hae-jang-guk** [해장국]: release sober soup, 〈중국어+한국어〉, hang over broth, 〈전날의 술기운을 풀기 위해 먹는〉 야채를 육수에 삶은 걸쭉한 국 수2

30 **hae-mul pa-jeon** [해물 파전]: 〈중국어+한국어〉, seafood vegetable pancake, (비리지 않은) 해산물을 잘게 썰어 밀가루에 길쭉한 파를 얹어 번철에 지진 빈대떡 수2

31 **hag** [해그]: ①〈← hagatusjon(hedge-rider)〉, 〈게르만어〉, '쭈그렁' 할망구, (심술궂은) 노파, 추녀, 마녀, 〈~ crone\old bag〉, 〈↔angel\babe\young thing〉 ②〈← hogg(cleft)〉, 〈북구어→영국어〉, 늪, 소택지, 〈~ marsh\swamp〉, 〈↔high-land\soild ground〉 양2

32 **Ha-gar** [헤이걸 \ 헤이가알]: ha(the)+garar(drag out), 〈히브리어〉, '버림받은 자', 여자 이름, 하갈, 아브라함의 처 사라의 시녀로 아브라함의 아들 이스마엘을 낳음, 〈~ handmaiden of Sarah\mother of Ishmael〉 수1

33 **Hag·ga·da(h)** [허가아더]: 〈← higgidh(expound)〉, 〈히브리어〉, 〈선언한〉 핫가다, 유대교 전승 훈화적 해설집, 〈~ telling\Jewish liturgy book for Pass-over service〉 수1

34 **Hag·ga·i** [해기아이 \ 해가이]: 〈← chagag(festive)〉, '즐거운 자', 학개, (히브리의) 예언자, 〈아시리아로부터 이스라엘이 해방된다는〉 (구약성서의) 학개서, 〈~ Aggeus\a Hebrew prophet〉 수1

35 **hag-gard** [해거드]: 〈← hag¹〉, 〈게르만어에서 유래한 프랑스어〉, 야윈, 초췌한, 사나운, 〈~ looking exhausted\unwell〉, 〈↔burly\plump\beefy〉, 〈↔fresh\healthy〉 양2

36 **hag·gle** [해글]: 〈← hack¹〉, 〈북구어〉, 〈← hew〉, 끈질기게 깎다, 옥신각신하다, 마구 자르다, 〈~ horse trade〉, 〈~ barter\bargain〉, 〈↔keep\agree〉, 〈↔decline\refuse〉 양2

37 **Hague** [헤이그]: 〈백작의 'hedge'(울타리)였던〉 네덜란드 서부의 행정상 수도 (공식 수도는 Amsterdam), 국제사법 재판소 소재지, 〈~ a city in The Netherlands〉 수1

38 **Hague Con·ven·tion** [헤이그 컨벤션]: 헤이그 회의, 1899년과 1907년 두 차례에 걸쳐 전쟁에서의 '규칙'과 전범 처리에 대해 의론했으나 독일 등에 의해 거부된 평화 회담, 〈~ international treaties and declarations〉 수2

39 **ha(h)** [하아]: 허어, 어마(놀람을 나타냄), 〈~ surprise\joy〉 우1

40 **ha-ha¹** [하아 하아]: 하하(웃음소리), 어쭈, 그래(비꼼이나 의심을 나타냄), 〈~ laughter〉, 〈↔crying〉 우1

41 **ha-ha²** [하아 하아]: 〈프랑스어〉, 〈방목하는 양들이 접근하지 못하게 만들었으나 사슴들은 '하하~ 요까짓 것' 하면서 쉽게 뛰어넘을 수 있는〉 (땅의 경계를 나타내는) 도랑, 낮은 울타리, 〈~ sunken fence(wall)〉, 〈~(↔)trench\moat〉 우2

42 **ha-ha-ha** [하아 하아 하아]: 허허허, 으하하(기쁨을 나타냄), 〈~ laughter\amusement〉 우1

43 **haik \ haick** [하일]: 〈← haka(weave)〉, 〈아랍어〉, 아랍 사람들이 머리로부터 몸 전체를 가리는 직사각형 흰 천, 〈~ a North African white outer garment〉 수1

44 **hai-ku** [하이쿠]: byei(paralleled)+ko(line), 〈중국어→일본어〉, '평행구', 〈단시〉, 5-7-5 글자의 세 줄로 된 일본 전통의 짧은 정형시, 〈~ sonnet〉, 〈~(↔)si-jo〉 수2

45	**hail¹** [헤일]: ⟨← hagol(frozen rain drops)⟩, ⟨게르만어⟩, '싸락눈', 우박, 퍼붓다, ⟨~ hailstones⟩, ⟨↔drip\trickle⟩ 가2
46	**hail²** [헤일]: ⟨← heill(healthy)⟩, ⟨북구어⟩, '완전한', 만세!, 환호하며 맞이하다, ⟨~ applaud\acclaim\acknowledge\welcome\salute\toast²⟩, ⟨↔criticize\condemn\lash out\slap\ward off\wound⟩, ⟨↔say goodbye to\disparage⟩ 양2
47	**Hail Mar·y** [헤일 메리]: 아베 마리아, 성모송, '안녕! 마리아', 마지막 시도, ⟨미식축구에서 간절한 마음으로⟩ 높이 던지는 공, ⟨~ Angelical salutation⟩ 우2
48	**Hai-nan** [하이나안], Air-lines: southern island, 해남항공, 1993년에 ⟨중국의 특별 무역구이자 중국의 하와이로 불리는 조그만 해남섬에서⟩ 설립되어 국내선에 주력하는 중공의 ⟨민영⟩ 항공사 수2
49	**hair** [헤어]: ⟨← har(fur)⟩, ⟨게르만어⟩, ⟨솟아난⟩ 털, ⟨암컷이 놀다간 자리에 수북히 빠지는⟩ 머리카락, 간발, 일촉즉발, ⟨~ fur locks\tresses\whisker⟩, ⟨↔nail⟩ 가1 양2
50	**hair-brush** [헤어 브뤄쉬]: 머리솔 가1
51	**hair clip-per** [헤어 클리퍼]: bariquant, 바리캉, 이발기, ⟨~ shears\trimmer⟩ 양2
52	**hair-cut** [헤어 컽]: 이발, 머리형 가1
53	**hair-dress-er** [헤어 드뤠써]: 조발사, 미용사, 미장원, ⟨~ hairstylist\barber⟩, ⟨↔manicurist⟩ 가1
54	**hair dry-er(dri-er)** [헤어 드롸이어]: head dryer, 머리 말리개, 머리 건조기, 건발기 미1
55	**hair-dye** [헤어 다이]: 머리 염색제, ⟨~ hair color(tint)⟩ 양2
56	**hair-line** [헤어 라인]: 이마의 머리선, 털의 결, 가는 선, ⟨~ ultrathin\threadlike⟩, ⟨↔thick\broad⟩ 우1
57	**hair-net** [헤어 넽]: ⟨주방·수술실 등에서⟩ 머리에 쓰는 ⟨그물로 된⟩ 망, '머리망', ⟨~ hair-cover\snood⟩ 우2
58	***hair of the dog(that bit you)***: ⟨미친 개에게 물렸을 때 그 개의 털을 태워 상처에 바르면 낫는다는 스코틀랜드 미신에서 연유된 격언⟩, 해장술, 이열치열, 이이제이, ⟨~ fight fire with fire\meet evil with evil\like cures like\more alcohol to cure hangover⟩ 양2
59	**hair-pin** [헤어 핀]: 머리핀, 머리 장식의 바늘, ⟨~ hair clip\barrette⟩ 우1
60	***hair-rais-er** [헤어 뤠이저]: ⟨머리끝이 쭈뼛해지는·끔찍한⟩ 모골이 송연한 사건, 엽기물, ⟨~ thriller\spine-chiller⟩, ⟨~ scary experience\nail-biter⟩, ⟨↔mundane activity\ho-hum⟩, ⟨↔blow-out\yawn-er⟩ 우1
61	**hair spray** [헤어 스프뤠이]: '머리향수 뿌리개', 머리 분무기, ⟨~ hair lacquer or spritz⟩ 우1
62	**hair straight-en-er** [헤어 스트뤠이트너]: 머리털을 펴는 데 쓰는 전기기구, '직발기', ⟨~ flat-iron\hair iron⟩, ⟨↔curling iron\hair rollers⟩ 우1
63	**hair-style** [헤어 스타일]: 머리 모양, 머리 차림, ⟨~ hairdo\coiffure⟩, ⟨↔unkempt hair⟩ 우2
64	**hair-tail** [헤어 테일]: ⟨꼬리가 머털같이 가늘어지는⟩ 갈치, belt fish, cutlass fish, ⟨~ frost fish⟩, ⇒ scabbard 미2
65	**hair·y crab** [헤어뤼 크뢥]: '털게', 참게⟨동남아의 바다 근처 민물에 살며 검은색으로 등에는 H자의 홈이 파여있고 이마에 4개의 이가 있는 어린이 손만한 바위겟과의 게⟩, ⟨~ Chinese mitten crab⟩ 미2
66	**hair·y eye-ball** [헤어뤼 아이버얼]: ⟨1962년에 등장한 방송용어⟩, 눈총, ⟨눈에 쌍심지를 키고⟩ 째려보다, ⟨~ disapproving look\stink eye⟩, ⟨↔glad eye\fond look⟩, ⟨↔lovely eyeball⟩ 양2
67	**Hai·ti** [헤이티]: ay(land)+ti(mountains), ⟨원주민어⟩, '산이 많은 땅', 아이티, ⟨파란만장한 역사 후에⟩ 1934년 미국으로부터 독립된 히스파니올라섬의 도미니카 공화국 서쪽에 있는 다양한 문화를 가진 서인도제도의 공화국, {Haitian-Fr·Creole-Gourde-Port au Prince}, ⟨~ Ayiti\Hispaniola⟩ 수1
68	**ha·ji \ had·ji \ haj·ji** [해쥐]: ⟨← hajja(make the pilgrimage)⟩, ⟨아랍어⟩, 메카 '순례'를 마친 남자 이슬람교도, ⟨~ palmer\pilgrim⟩, ⟨~ traveler\visitor to a shrine⟩ 수2
69	**ha·ka** [하아카아]: ⟨'dance'란 뜻의 마오리어?⟩, 하카, Maori 족이 출전 전에 추던⟨발을 구르며 소리를 지르는⟩ 격렬한 춤, ⟨~ Māori ceremonial dance⟩ 수2
70	**hake** [헤이크]: ⟨불투명한 어원들의 영국어⟩ ①hook-fish, ⟨명태 비슷한⟩ 남방대구⟨민대구의 일종⟩, merluza⟨멕시코⟩, Pacific whiting⟨미국⟩, ⟨~ silver hake⟩ ②어슬렁어슬렁 걷다, ⟨~ loaf⟩ ③나무로 만든 건조대, ⟨~ wooden dryer rack⟩ 우2
71	**Hak-ka** [해커]: 하카, Kejia, guest people, '객가'⟨손님⟩, 중국 동남부 지방의 한족 ⟨언어⟩, ⟨~ southern Han Chinese⟩ 우2

72 ***ha·ku·na ma·ta·ta** [하쿠너 마타터]: hakuna(no)+matata(trouble), 〈괜찮아·걱정하지마〉란 뜻의 중앙아프리카 말, 〈~ no worries\all good〉 수2

73 **Ha·la·khah** \ ~chah [하알러커어 \ 하알러어처어]: 〈← halakh(walk)〉, 〈히브리어〉, the way to walk(behave), '도리', 할라카, 유대교 율법의 총칭, 〈중국어 tao와 비슷한 말〉 수1

74 **ha·lal** [해랠 \ 허롸일]: 〈종교적 '계율(religious law)'이란 뜻의 아랍어〉, 할랄, 이스람교 계율에 따라 도축된 (고기), 〈~ permissible for consumption\fit to eat〉, 〈↔harem\disallowed〉 우2

75 **hal·cy·on** [핼시언]: hals(sea)+kuon(conceiving), 〈그리스어〉, 할시온(동지 무렵 둥지를 바다에 띄워 파도를 가라앉혔다는 그리스 신화에 나오는 새), 청호반새(파란 물총새), 〈~ peaceful\calm〉, 〈~ king-fisher〉, 고요한, 풍요로운, 행복한, 〈미국에는 Halcion이라는 수면제가 있음〉, 〈↔stormy\agitated〉 우2 미2

76 **hale** [헤일]: 〈게르만어〉 ①〈← heil〉, 〈영국어〉, 〈← whole〉, 건강한, 노익장의, 정정한, 〈~ healthy\well\fit\strong〉 ②〈← holian〉, 〈바람에 의해〉 끌려나가다, 세게 당기다, haul away, 〈↔feeble\ailing\diseased〉 양2

77 **half** [해후]: 〈← healf(part)〉, 〈게르만어〉, 〈소인은 비었다고·대인은 찼다고 생각하는〉 반(쪽), 〈분할된 몫〉, 〈~ 50%\bisection〉, 〈↔whole\full\all\entire〉 가1

78 ***half add-er** [해후 애더]: 반덧셈기, 반가산기〈이진법의 한 자릿수 두 개를 더해 두 자릿수를 출력하는 이론 체계, 전산기의 기본 원리; 0+1=01, 1+0=10〉, 〈~ a combinational logic circuit〉 미2

79 ***half a loaf is bet·ter than none**: 빵 반쪽이라도 없는 것보다 낫다, 꿩 대신 닭이다, 이가 없으면 잇몸으로, 〈~ beggars can't be choosers〉, 〈↔whole nine yards〉, 〈↔my way or the highway〉 양2

80 **half-and-half** [해후 앤 해후]: 반반의, 같은 양으로, 얼치기의, 〈~ give and take〉, 〈~ 50-50\equally〉, 우유와 크림이 반씩 섞인 커피 첨가물, 〈~ half cream〉 양2 우2

81 **half-back** [해후 백]: 중간 위치, 반후방, 〈~ attacking football player〉 미1

82 **half-beak** [해후 비이크]: 공미리, 학꽁치 〈아래턱이 삐죽 나온 가늘고 긴 물고기로 많은 알을 가지고 있음〉, 〈~ spipe(pipe) fish〉 미1

83 **half-boiled** [해후 보일드]: 설익힌, 반숙의, 〈~ undercooked\half-raw〉, 〈~ soft boiled〉, 〈↔hard boiled〉 양2

84 **half broth·er** [해후 브뤄더]: 의붓(배다른) 형제, 〈~ one biological parent in common〉, 〈~(↔)step-brother; related only by the marriage of the parents〉, 〈↔full brother〉 가1

85 ***half-ie** [해휘이]: 혼혈아, 잡종, 〈~ hybrid\hapa〉, 〈~ mongrel·ainoko 등이 순화된 말〉 미2

86 **half-life** [해후 라이후]: 반감기, 물질의 반이 붕괴하는 데 필요한 시간, 〈~ half-time\time period for halfway reduction〉 가1

87 **half-moon** [해후 무운]: 반달, 속손톱, 〈~ semicircle\demilune〉, 〈↔full moon\crescent moon\new moon〉, 〈상현달은 first quater moon\하현달은 third quater moon〉, 〈half-moon rice-cake; song-pyeon〉 가1

88 **half-price** [해후 프라이스]: 반액, 반값, 〈~ 50% off〉 가2

89 **half-shot** [해후 샽]: 반타, 절반 회전 때리기, 〈~ partially drunk〉, 〈~ firearm with smaller bullet〉, 〈~ golf stroke that is less than a full shot〉 가1

90 **half sis·ter** [해후 씨스터]: 의붓(배다른) 자매, ⇒ half brother 가1

91 ***half-staff** [해후 스태후]: half-mast, 반기, 조기, mourning flag 양2

92 **half-tone** [해후 토운]: 반음, 반색조, 〈인쇄된 그림의 명암을 점의 숫자에 의해서만 나타내는〉 망판, 〈~ middle-tone〉, 〈~ intermediate value between light and dark〉 양2

93 **half-way** [해후 웨이]: 중간의, 거지반, 불충분한, 〈~ midway\midpoint〉, 〈↔completely\entirely〉, 〈↔fully\all the way〉 양1

94 **hal·i·but** [핼리벝]: haly+flounder, 〈영국어〉, 〈'성스러운' 가톨릭 축제일에 즐겨 먹던〉 'holy+butt', (북방해양산의) 큰 넙치, 광어, 가자미 〈보통 한쪽에만 눈과 색깔이 있음, 정면에서 볼 때 두 눈이 왼쪽에 몰려 있으면 광어이고 오른쪽에 몰려 있으면 가자미임〉, 〈~ flatfish\sole〉 미2

95 **hal·i·to·sis** [핼리토우시스]: 〈← halare(breathe)〉, 〈라틴어+영국어〉, 구취, 입 냄새, 악취 나는 '숨', 〈~ foul\(bad) breath〉, 〈↔fresh(clean) breath〉 양2

96 **hall** [허얼]: 〈← helan(conceal)〉, 〈게르만어〉, 현관, 〈지붕이 있는 넓은〉 집회장, 회관식당, 〈~ passage\corridor〉, 〈↔exit\office〉 미1

97 **hal·lah** \ chal·lah [하알러 \ 카알러]: halo around the moon, 〈페르시아어→유대어〉, 할라, 유대인들이 축제 때 먹던 몽우리들이 돋은 희고 부드러운 빵, 〈~ a Jewish bread〉 수2

98 **Hal·la** [할라], Mt.: 〈← 한울(하늘)〉, sky(?), 〈어원 불명의 한국어〉, 한라산, 한국 제주(Je-ju)도의 중심부에 있는 1,947m짜리 순상(방패 모양) 화산, 〈~ a shield volcano in Korea〉 수2

99 **Hal·le·lu·jah** [핼렐루우여]: halelu(praise)+Jah(Jehovah), 〈히브리어〉, 할렐루야, '하나님을 찬송하라', 〈→alleluiah\hooray〉, 〈~ praise the sun(God)〉, 〈↔boo\tsk\woe\so what〉 수2

100 **Hall-mark** [허얼 마아크]: 홀 마크, 1910년 개인이 세운 미국의 〈엽서를 비롯한 개인매체〉 전문회사, 〈~ greeting cards\TV channel〉, 〈~ an American stationery and media Co.〉 수1

101 **hall-mark** [허얼 마아크]: 〈금·은 제품의 순도를 보증하는 도장을 찍어주던 런던의 금방에서 유래한〉 검증 각인, 품질 증명, 특질, 〈~ ear (or style) mark〉, 〈~ authentification (or official) mark〉, 〈↔un-characteristic\generality〉 양1

102 **hal·lo(a)** [헐로우]: hollo, 〈의성어〉, 〈게르만어→프랑스어→영국어〉, 잠깐!, 여보세요, 이봐, 야, 외침, 〈→hello〉 가2

103 **Hall of Fame** [허얼 어브 휀임]: 명예의 전당, 특정 분야에 뛰어난 사람을 기리기위해 그와 관련된 물품을 전시하는 박물관의 일종, 〈~ best(top) of a class\cream of the crop〉, 〈↔bottom of the barrel\scum of the earth〉 양2

104 **hal·low** [핼로우]: 〈← halig〉, 〈게르만어〉, 〈← holy〉, 신성(거룩)하게 하다, 신에게 바치다, 〈~ consecrate\devote〉, 〈~ bless\sanctify〉, 〈↔un-hallow\de-secrate〉, 〈↔scorn\condemn〉 양1

105 **Hal·low-een** [핼로우윈]: 〈영국어〉, hallow(holy)+evening, 핼러윈, 10월 31일, 제 성도일 전야, 공포절, 〈~ All Hallow's Eve〉, ⇒ All Saint's Day 수1

106 * **hall pass** [허얼 패쓰]: '현관 통과', 혼외 정사를 위해 자리를 비켜 주는 일, 〈성 개방 행위〉, 〈~ permission\exemption〉, 〈↔refusal\denial〉 미2

107 **hal·lu·ci·na·tion** [할루우시네이션]: 〈← alucinari(wander in mind)〉, 〈라틴어〉, 환각, 환상, 〈have+illusion〉, 〈~ delusion〉, 〈~ concoction of the imagination〉, 〈↔reality\truth〉 가1

108 **hal·lux** [핼럭스]: 〈← allex(great toe)〉, 〈어원 불명의 라틴어〉, 엄지발가락, 〈~ big toe〉, 〈↔pinky(baby) toe〉 가1

109 **hall-way** [허얼 웨이]: 복도, 현관, 입구, 〈~ passageway〉, 〈↔field\chamber〉 가1

110 **hal-lyu** [할류]: 1999년 문화관광부가 〈편자에게 물어보지도 않고〉 생각 없이 도입한 일본말, 〈한국의 흐름〉이란 뜻의 '한류'가 동남아→중국→미국을 돌아다니다가 이민문화에 정착된 말, 〈한국에서 유행하는 (것)〉, 한국 바람, 한국 계열의, '한국풍', Korean wave, 〈~ Korean global popularity〉 우2

111 **ha·lo** [헤일로우]: 〈← halein(grind)〉, 〈그리스어〉, 후광, 〈원방의 주위를 둘러싼〉 무리, 광륜, 〈~ ring (crown) of light〉, 〈↔absence\degrade〉, 〈↔dullness\darkening〉 양2

112 **hal·o·gen** [핼러줸]: hals(salt)+gen, 〈그리스어+영국어〉, 할로겐, 금속과 섞이면 염〈salt〉을 생산하는 물질의 총칭(조염소), 〈~ salt maker〉 수2

113 **ha·lon** [헤일란]: 〈오존층을 파괴하여 사용이 금지된〉 할로겐(halogen) 계열 브롬 원소를 가진 소화제용 기체, 〈~ halocarbon\fire extinguisher〉 수2

114 **halt** [허얼트]: 〈← halten〉, 〈게르만어〉, 〈← hold〉, 멈춰서다, 중지하다, 망설이다, 멈춤, 〈~ stop\cease〉, 〈↔move\continue\ensue〉, 〈↔start\commence〉 양1

115 **halves** [해브즈 \ 하아브즈]: half의 복수 가1

116 **Ham** [햄], ra·di·o: '동호자 무선 방송', (1911년경 미국의 Hyman·Almy·Murray 등이 고안해서 FM 파장으로 25~300마일까지 통화할 수 있는) '아마추어 무선 통신'으로 송신자는 면허가 있어야 되나 수신은 아무나 할 수 있음, packet radio, 〈면허가 필요 없는 CB보다 고성능이고 사용자도 증가 추세임〉, 〈~ Amateur Radio Service〉, 〈~(↔)Citizens Band Radio Service〉 수2

117 **ham** [햄]: 〈← hamm(crooked)〉 ①〈게르만어〉, 〈무릎으로 구부러진〉 넓적다리, 돼지고기를 소금에 절여 훈제한 식품, 〈~ thigh〉, 〈~ gammon〉, 〈~(↔)drum-stick〉 ②〈미국어〉, 〈샴류 배우들이 화장을 지울 때 햄의 기름을 쓰던 데서 연유한〉 과장된, 야한, 서투른, 엉터리, 〈~ exhibitionist\show-off〉, 〈↔wallflower\introvert〉, 〈↔under-play〉 우2 양1

118	**ha·ma·chi** [하마치]: 〈일본산〉 〈어린〉 방어(young yellow tail), 잿방어(amberjack), 〈성숙한 방어는 buri라 함〉 미2
119	**Ha·mas** [하아마스]: 하마스(zeal), 1987년에 팔레스타인에서 결성된 이슬람 원칙주의를 신봉하는 과격 '저항 운동' 단체, 〈이스라엘과의 분쟁으로 수많은 사상자를 내고 있음〉, 〈~ Islamic Resistance Movement\strength\bravery〉 수2
120	**Ham·burg** [햄버어그]: 〈강의 오금(ham)에 세워진 요새〉, 함부르크, 독일 북부의 항구도시, (함부르크산) 닭, 검은 포도, 〈~ a port city in northern Germany〉 수1
121	**ham·burg-er** [햄버어거]: 다진 고기, 함부르크식 다진 고기〈ground beef〉 삽입 빵, 〈↔beef-steak〉, ⇒ sand·wich 우2 수2
122	**Ham·burg steak** [햄버어그 스테일]: 〈함부르크식〉 잘게 다진 고깃덩어리를 구운 요리〈~ ground beef patty〉 수2
123	**Ha·me·lin** [하아먼\하아멀른]: 하멜린(little home lover?), 요술 피리로 쥐를 몰아간 대가를 지불하지 않자 동네 애들을 몰아갔다는 전설이 있는 독일 북부의 도시, 〈~ a town in northern Germany〉, ⇒ Pied Piper 수1
124	**Ham·il·ton** [해밀턴], Al·ex·an·der: 〈← hamel dun(flat topped hill)〉, 〈영국어〉, '평평한 언덕에 사는 자', (1755?-1804), 강력한 중앙정부를 주장하다 〈정적과의 결투에서 사망한〉 미국의 초대 재무장관, 〈~ an American Founding Father\1st secretary of Treasury〉 수1
125	**Ham·let** [햄릿]: 햄릿, 셰익스피어 작 4대 비극의 하나 (그 주인공), 회의적 성격, 〈~ a play by William Shakespeare\an indecisive person〉, 〈↔Lothario〉 수1 양2
126	**ham·let** [햄릿]: 〈← ham(home)〉, 〈게르만어→프랑스어→영국어〉, 작은 마을, 촌락, 〈~ village\townlet\small settlement〉, 〈↔city\rural\metropolis〉 양2
127	**ham·mer** [해머]: 〈← hamor(stone head)〉, 〈게르만어〉, 〈처음에는 '돌'로 만들었다가 바뀐〉 (쇠)망치, 두드리개, 망치로 때리다, 못을 두들겨 박다, 〈~ mallet〉, 〈↔anvil〉 가2
128	**ham·mer and tongs** [해멀 앤 터엉즈]: 〈1780년경에 등장한 영국 속어〉, 망치와 부젓가락, 전심전력으로, all out, 죽기 살기로, 맹렬히, 격렬하게, 〈~ tooth and nail〉, 〈↔no attempt\leisurely\give-up〉 양2
129	**ham·mer-head** [해머 헤드]: 망치의 대가리, 귀상어 (앞지느러미가 유난히 크고 새끼를 많이 낳는 성깔 사나운 아열대성 중간 크기의 상어〈shark〉, 〈~ idiot\imbecile〉, 〈↔genius\sage〉 미2
130	**ham·mer-kop** [해머 캎]: hammer·head, '망치 황새', 검고 투박한 주둥이에 담갈색의 몸통을 가진 조그마한 황새, 〈~ an African wading bird〉, ⇒ umbrette 우1
131	**ham·mer-lock** [해머 락]: (레슬링에서) 팔을 등 뒤로 비틀어 꺾기, 〈~ armlock\strong hold〉 미2
132	*****ham·mer out** [해멀 아웉]: (망치로 두들겨서) 펴내다, 머리를 짜서 생각해 내다, 타결하다, 〈~ work out〉, 〈~ agree on\sort out〉, 〈↔demolish\tear down〉, 〈↔un-settle\destroy〉 양2
133	**ham·mer-toe** [해머 토우]: 갈고리 모양의 (기형적) 발가락, '망치 발가락', 〈~ claw toe(mallet toe or retracted) toe〉 우1
134	**ham·mock** [해멐]: 〈← hamaka(fish net)〉, 〈카르브어→스페인어〉, 〈공중침대〉, 기둥이나 나무에 달아맨 '그물' 모양의 침상, 〈~ swinging bed\hanging bed〉, 인기 프로그램 사이에 끼워 넣는 흥행물(un-popular program between popular programs) 수2
135	**Ham·mu·ra·bi** [해무롸아비]: ammu(paternal kinsman)+rapi(healer), 〈유대어〉, '치유자', 함무라비, BC 18세기경 바빌로니아의 왕(기록상 가장 오래된 법전의 제정자), 〈~ 6th King of Babylon〉 수1
136	**ham·per** [햄퍼]: ①〈← hanaperium(basket)〉, 〈라틴어→게르만어〉, 〈큰 잔을 싸는〉 바구니 ②〈← hamelian(mutilate)〉, 〈영국어〉, 방해하다, 어지럽히다, 〈~ obstruct\impede\hinder〉, 〈↔hasten\lubricate\facilitate\assist〉 양2
137	**Hamp·shire** [햄프쉬어]: 〈← ham(home)〉, '마을', 햄프셔, 영국 남해안의 주, (햄프셔산의 개량종) 돼지·양, 〈~ a non-metropolitan county in S. England\type of black pig\type of sheep〉 수1
138	**hams·ter** [햄스터]: 〈← hamaestar(oppressor)〉, 〈이란어→슬라브어〉, 비단털쥐, 동유럽·아시아 건조지방 원산의 통통하고 (뺨에 큰 주머니가 달렸으며) 꼬리가 짧은 애완용·실험용 쥐, 〈~ a small short-tailed rodent〉 수2
139	*****hams·ter an·gle** [햄스터 앵글]: 〈햄스터처럼 뺨이 부각되게〉 얼굴 앞쪽 가까이에서 찍은 자가 사진, 근거리 안면 자가 촬영, 〈~ cellphone camera angle that makes one look chubby〉 우2

140 **ham-string** [햄스트륑]: 〈넓적다리 끈〉, 슬와근, (뒷다리 관절뒤의) 오금줄, 슬건(을 끊어서 절름발이로 만들다), 〈~ muscles at the back of the thigh〉, 단속, 〈판지걸기〉, 〈~ cripple\disable〉, 〈↔invigorate\strengthen〉 양2

141 **Han** [하안]: 〈'아름다운 강(milky way)'?〉, 중국의 한 왕조 (BC206-AD220) 〈후대 중국 왕조의 전형이 됨〉, 〈~ a Chinese imperial dynasty〉, 중국의 한수이(양쯔강의 제일 큰 줄기), 〈~ a river in S-E China〉, 한국의 〈기적을 이룬〉 강(한강), 〈~ a river running thru Seoul, Korea〉 수1

142 **han** [한]: 〈← han(regret)〉, 〈중국어→한국어〉, 응어리져 맺힌 억울하고 원통한 마음, 〈~ resentment\regret〉, 〈↔affection\jung〉 미2

143 **Han**, Fei [하안, 훼이]: '한나라의 후예〈descendant of Han dynasty〉', 한비(자), (280?-233 BCE), 엄격한 법치주의를 주장했다 정적에게 몰려 자살한 중국 진나라의 사상가, 〈~ a Chinese philosopher〉 미2

144 **Han** [한], Kang: 〈중국어→한국어〉, Korean river, bright river, 한강, (1970-), 소설가의 딸로 태어나 2024년 노벨 문학상을 수상한 한국의 소설가, 〈~ a Korean novelist〉 수1

145 **Han**, Yu [하안, 유우]: 한유, (768-824), "고전으로 돌아가자"고 외치면서 학자 정치를 시도했던 중국 당나라의 문호, 〈~ Tuizhi(퇴지)\Wengong(한문공)〉, 〈~ a Chinese poet and politician〉 미2

146 **han-bok** [한복]: 〈한국어+중국어〉, '조선옷', 한국〈'큰 땅(big land)의 나라'〉 고유의 의복, 〈바지(·치마)·저고리·두루마기 등 낙낙한 옷으로 차려진〉 (traditonal) Korean dress, 〈~ chosun-ot(N. Korea)〉 수2

147 **Han-cock** [핸카악], John: 〈'cock'(수탉)같이 뽐내는 자〉, 핸콕, (1737-1793), 보스턴 차 사건을 유도했던 차 밀수업자, 〈대륙군 사령관 선거에서 조지 워싱턴에게 패배한〉 미국 독립선언의 첫 서명자, h~; 서명하다, 〈~ an American Founding Father〉 수1 양2

148 ***HAND** [핸드]: have a nice day, 좋은 하루 보내세요 미2

149 **hand** [핸드]: 〈← hinthan(seize)〉, 〈게르만어〉, 〈뇌기능 분포도에서 제일 넓은 영역을 차지하는〉 손, 앞발, 수공, 수단, 박수, 주다, 돕다, 잡다, '쥐다', 일꾼, 재주꾼, 숙련공, 〈~ paw\manus\pass\help\adroit〉, 〈↔foot〉 양1

150 **hand-bag** [핸드 배그]: 손가방, 〈~ shoulder bag\purse〉, 〈↔evening clutch〉 양2

151 **hand-ball** [핸드 버얼]: 송구, '벽치기 공놀이', 〈~ a team play〉, 〈~(↔)Tchouk ball〉, (축구에서) 공에 손이 닿는 반칙, 〈~ touching the ball with hand or arm in soccer〉 양1

152 **hand-bill** [핸드 빌]: (손으로 나누어 주는) 광고전단, 〈~ flyer\brochure〉 양2

153 **hand-book** [핸드 북]: 편람, 안내서, 〈~ manual\instruction booklet〉 가1

154 **hand-brake** [핸드 브뤠이크]: 수동 제동기, 〈~ parking (or emergency) brake〉 미2

155 **hand car·ri·er** [핸드 캐뤼어]: '손 운반자', 수하물, 소화물, 〈~ one who delivers by hand〉 미2

156 **hand-cart** [핸드 카아트]: 손수레, 〈~ pushcart\dolly〉 가1

157 **hand-craft** [핸드 크뢔후트]: 수세공, 수공예, 〈~ hand-work〉, 〈~ self-made(do-it-yourself) creation〉, 〈↔machinery\manufacture〉 가1

158 **hand-cuff** [핸드 커후]: 〈손에 채우는〉 수갑, 손족쇄, 수갑을 채우다, 〈~ shackle\handlock〉 가1

159 **hand cut-ter** [핸드 커터]: (손으로 쥐고 쓰는) 손 절단기, 〈~ a chopper\shearer〉 미2

160 **hand drill** [핸드 드륄]: 수동식 천공기, 수동식 송곳, 〈~ brace-and-bit or gear-driven drill\manual drill〉, 〈↔rotary hammer〉 미1

161 **Han·del** [핸들], George: 〈독일계 이름〉, '상인(trader)', 헨델, (1685-1759), 영국에 귀화한 독일 태생 후기 바로크 (가곡) 작곡가, 〈~ a German-British composer〉 수1

162 **hand fork** [핸드 훠얼크]: (흙을 팔 때 쓰는) 손 삼지창, 〈~ weeding (or garden) fork〉 미2

163 **hand·ful** [핸드 훌]: 한 줌, 한 움큼, 소량의, 〈~ small amount\few〉, 〈↔loads\a lot〉, 〈↔plenty〉 양2

164 **hand-full** [핸드 훌]: 〈손에 가득 찬〉, 감당키 어려운, 벅찬, 〈~ hands full\overwhelming〉, 〈↔comfortable\tolerable〉 양2

165 **hand gre·nade** [핸드 그뤄네이드]: 수류탄, 〈~ hand bomb\"pineapple"〉, 〈↔thermonuclear bomb〉 가1

166 **hand-gun** [핸드 건]: 권총, 〈~ pistol\revolver〉, 〈↔cannon gun〉 가1

167 **hand-held** [핸드 헬드]: 손바닥 크기의, 손에 들고 쓰는, 〈~ portable\mini\mobile〉, 〈↔fixed\immovable\cumbersome〉 양2

168 **hand-hold** [핸드 호울드]: 손으로 쥐기, 손잡이, 파악, 〈~ grip\grasp〉, 〈↔lack of support〉 양2

169 **hand-i-cap** [핸디캡]: 〈영국어〉, 〈손을 모자 안에 넣고 다투는〉 불이익, 장애, 불구, 〈~ impediment\hindrance〉, 〈↔help\assisance〉, 〈↔head-start〉 미2

170 **hand-i-cap point** [핸디캡 포인트]: 불이익 점수, 평균 타점, 〈~ disadvantage (or stable) score〉 미1

171 **hand in** [핸드 인]: 제출하다, 인계하다, 〈~ turn in\submit〉, 〈↔keep\hold〉, 〈↔receive\retain\hand out〉 가1

172 ***hand-in-hand** [핸딘 핸드]: 손에 손을 잡은, 친밀한, 알맞은, 〈~ related\together〉, 〈↔solely\individually〉, 〈↔alone\separately〉 양2

173 ***hand-job** [핸드 좝]: 수음, wank, jack-off, jerk-off, masturbation, 〈hand-play는 콩글리시〉, 〈↔head job\foot-job〉 양2

174 **hand-ker·chief** [행거칩]: hand+kerchief, 〈영국어〉, 손수건, 〈~ hankie〉, 〈~(↔)neck·er-chief\bandana(kerchief)〉 가1

175 **hand-ker·chief tree** [행거칩 트뤼이]: 손수건 나무, 늦봄에 커다란 흰 꽃턱잎이 나붇대는 중앙아시아 원산 층층나무의 일종, 〈~ dove tree\ghost tree〉 미2

176 **hand lan·guage** [핸드 랭귀지]: 수화, 손짓대화, 〈~ dactylology\sign(gestural) language\fingerspelling〉, 〈↔ventriloquy〉 양1

177 ***hand-le** [핸들]: 〈영국어〉, 〈손을 댈 수 있는〉 손잡이, 다루다, '다룸테', '지시표' (전산기의 화면 조작을 위한 화살표나 네모난 점), 〈~ hold\grasp\control〉, 〈↔fumble\mess up〉, 〈↔pedal\mis-handle\release〉 미1

178 **hand-ling** [핸들링]: 손대기, 취급, 조정, 핸들링(Konglish; 공에 손을 대는 축구의 반칙〈hand-ball〉), 〈~ picking up\operating〉, 〈↔fumbling\botching〉 미1

179 **hand-made** [핸드 메이드]: 수제, 손으로 만든, 〈~ hand-crafted\homemade〉, 〈↔machine-made〉, 〈↔factory-made\manufactured〉 양2

180 **hand mill** [핸드 밀]: 〈손으로 돌리는〉 맷돌, 〈~ quern\grinder〉, 〈↔manufacturing plant\milling machinery〉 가1

181 **hand mir·ror** [핸드 미뤄]: 손거울, 〈~ small portable mirror\hand glass〉 가1

182 ***hand mon·ey** [핸드 머니]: 계약금, 착수금, front money, ⇒ earnest money 가1

183 **hand(s)-off** [핸드(즈) 어후]: 손을 떼다, 손을 대지 않는, 자동의, 참견하지 않는, 불간섭의, 〈~ inactive\passive〉, 〈↔interactive\engaged〉, 〈↔hands on〉, 〈신혼여행에서 앞으로의 주도권을 두고 신부가 신랑에게 '자기가 나보다 단 한 가지만이라도 잘하는 게 있으면 내가 양보하겠다'고 했더니 신랑이 '그럼 누가 오줌발이 멀리 나가나 보자'고 해서 시합을 했는데 남자가 2m 여자가 20cm로 남편이 쾌재를 부르자 아내 왈 'hands-off!'〉 가1

184 ***hand(s)-on** [핸즈 어언]: 손을 댄, 직접해 보는, 실천하는, 실무의, 〈~ directly involved\active〉, 〈↔non-participating\unassertive〉, 〈↔hands-off〉 양2

185 **hand(s) on** [핸드(즈) 어언]: 손 대다, 손을 얹다, 붙잡다, 폭행하다, 인수하다, 〈~ grab\under-take〉, 〈↔hand(s) off〉 가1

186 **hand-out** [핸드 아웉]: 거지에게 주는 물건, 유인물, 발표 문서, 전단, 〈~ charity\leaf-let〉, 〈↔selfishness〉, 〈↔valuable\forfeit〉 양2

187 **hand out** [핸드 아웉]: 나눠주다, 배포하다, 〈~ distribute\give out〉, 〈↔withhold〉, 〈↔collect\retain\hand in〉 가1

188 **hand over** [핸드 오우붜]: 넘겨주다, 인계하다, 양도하다, 〈~ relinguish\give up〉, 〈↔hold\retain〉, 〈↔take\keep〉 양2

189 ***hand-phone** [핸드 호운]: 〈애인보다 더 소중한〉 '손 전화', '주머니 전화'〈북한어〉, 〈cellular phone\mobile phone의 인도네시아·말레이·싱가포르·한국어〉, 〈~ wireless phone〉, 〈↔land-line(main-line·fixed-line) phone〉 가1

190 **hand-play** [핸드 플레이]: 주먹다짐, 치고받기, 〈~ hand-fight〉, 손장난, '수음(hand·job)' 〈콩글리시〉 가1

H 563

191 **hand-print** [핸드 프륀트]: 손도장, 손바닥 도장, ⟨↔foot-print⟩ 양1

192 **hand-rail** [핸드 뤠일]: 난간, 손난간, '손울타리', '손가로대', ⟨~ baluster\banister⟩ 영1

193 **hand saw** [핸드 써어]: ⟨뭉뚝한⟩ 한손잡이 톱, ⟨~ panel saw⟩, ⟨~ back-saw⟩, ⟨↔chain saw\power saw⟩ 미2

194 *****hands-down** [핸즈 다운]: ⟨19세기 중반에 영국의 경마장에서 경쟁자들을 많이 앞선 한 기수가 결승선에 가까이 오자 고삐를 늦추고 손을 내렸다는 고사에서 연유한 말⟩, '손을 내리고 할 수 있는', 거뜬한, 용이한, 확실한, ⟨~ easily\effortlessly⟩, ⟨↔with difficulty\painfully⟩, ⟨↔arduous\hardly⟩ 양1

195 *****hand-set** [핸드 쎌]: ①손으로 조판한 ②(송)수화기, (손)전화기, 휴대전화, 원격조정기, ⟨~ French telephone⟩, ⟨↔headphones with microphone⟩, ⟨↔head-set⟩ 양1

196 **hands-free** [핸즈 후뤼이]: 손대지 않는, 손 없이 조작할 수 있는, 손이 자유로운, ⟨~ voice-controlled\remote⟩, ⟨↔attached\connected⟩, ⟨↔hands-on⟩ 미1

197 **hands full¹** [핸즈 훌]: 손이 비어 있지 않다, 짬이 없다, 아주 바쁘다, ⟨~ hand-full\having a lot to do\tied up⟩, ⟨↔un-engaged\not busy\idle\unoccupied⟩ 양1

198 *****hand-shake** [핸드 쉐이크]: 악수, '짱'⟨전산기끼리 정보교환이 이루어졌다는 신호⟩, ⟨~ handclasp\giving dap⟩, ⟨↔disapprove\reject⟩, ⟨↔dis-agreement\mis-understanding⟩, ⇒ fist bump\elbow bump 가1

199 **hands-off** [핸즈 어어후]: 손을 뗀, 참견하지 않는, 무간섭의, ⟨~ no hands\"don't touch"⟩, ⟨↔hands-on\budge⟩ 양2

200 **hand-some** [핸썸]: ⟨영국어⟩, '다루기 쉬운', 잘생긴, 단정한, 매력 있는(남성), 알맞은, ⟨~ good-looking\attractive⟩, ⟨↔meager\ugly\grotesque⟩ 가2

201 **hand-speak** [핸드 스피이크]: 수화, '손짓말', sign language, ⇒ hand language 양2

202 **hand-strap** [핸드 스트뢥]: 손잡이 가죽끈, ⟨~ carrying strap⟩ 양2

203 *****hand-to-mouth** [핸드 투 마우쓰]: 그날그날 살아가는, ⟨~ from day to day\scarce⟩, ⟨↔abundant\ample\plenty⟩ 양2

204 **hand tow·el** [핸드 타우얼]: 작은 수건, 손 닦는 수건, ⟨~ wash cloth⟩, ⟨↔bath towel⟩ 미1

205 **hand-work** [핸드 워얼크]: 수공, 수세공, ⟨~ hand-craft⟩, ⟨~ handiwork\handicraft⟩, ⟨↔machinery\manufactured product\factory-made item⟩ 양1

206 **hand-wo·ven** [핸드 우븐]: 수직, 손으로 짠, ⟨~ hand-loomed⟩, ⟨↔machine-woven⟩ 양1

207 **hand–writ-ing** [핸드 롸이팅]: 손으로 씀, 육필, 필사물, ⟨~ penmanship\longhand⟩, ⟨↔type-writing\printing⟩ 양1

208 **hand-y** [핸디]: 편리한, 능숙한, '손으로 잘하는', ⟨~ useful\convenient⟩, ⟨↔inept\inaccessible\pointless⟩ 양1

209 **hand-y–man** [핸디 맨]: 재주꾼, 잡역부, ⟨homo habilis⟩, ⟨~ repairman\serviceman⟩, ⟨↔blunderer\dumb⟩ 미1

210 **hang** [행]: ⟨← hangian(suspend)⟩, ⟨게르만어⟩, '매달다', 걸다, 늘어뜨리다, 목매달다, 공중에 뜨다, 기다리다, ⟨→ hinge⟩, ⟨~ dangle⟩, ⟨↔detach\release⟩, ⟨↔be propped up⟩ 양1

211 **han·gar** [행거]: ⟨어원 불명의 프랑스어⟩, ⟨집에 부속된⟩ 헛간, 오두막, 격납고, shed, ⟨~ aircraft garage⟩, ⟨↔mansion⟩ 양1

212 **Han-ga·wi** [한가위]: ⟨← 한가운데(right in the middle)⟩, ⟨한국어⟩, 음력 8월 15일, 8월 보름, 추석, Korean thanks-giving day, ⇒ Chu-seok 수2

213 *****hang a right(left)** [가다가 오른쪽(왼쪽)으로 꺾어 돌다, ⟨~ turn right(left)\make a right(left)⟩, ⟨↔go straight⟩ 양1

214 **hang-bird** [행 버어드]: '걸이둥지새', (찌르레기 등) 나뭇가지에 매달린 둥지를 짓는 새, ⟨~ Baltimore oriole\bird that builds hanging nest⟩ 우1

215 *****hang-down** [행 다운]: (늘어진) 자지, (고개 숙인) 좃, ⟨~ dangle\drop\fall⟩, ⟨↔be supported\lifted up⟩, ⟨↔rising⟩ 양2

216 **hang down** [행 다운]: 늘어지다, 매달리다, 부끄러워하다, ⟨↔ascending⟩ 양1

217 **hang glid-er** [행 글라이더]: ⟨공중을 미끄러져 나는⟩ 활공기, 활공사, ⟨~ unpowered aircraft⟩ 미1

218 **Hang-ing Gar·dens of Bab·y·lon**: 기원전 7세기경 바빌론의 한 왕이 그의 중전을 위해 만들었다는 세계 7대 기적의 하나인 '공중누각', 〈~ Hanging Gardens of Semiramis〉 수2

219 ***hang-ing in there**: 잘 버티다, 그럭저럭 지내다, 〈~ surviving〉, 〈~ enduring\persevering〉, 〈↔giving up〉, 〈↔succumb\serrender〉 양2

220 **hang in there** [행 인 데어]: 〈지랄 치지 말고 그대로 매달려 있어〉 곧 구해줄게, 참을성 있게 기다려봐, 〈~ hold on\carry on\persist\hang tight〉, 〈↔give up\quit〉 양2

221 ***hang-loose** [행 루우즈]: 느긋한, 긴장이 풀린, 〈~ relax\take it easy〉, 〈↔fastened\tense (up)〉 가2

222 **hang-nail** [행 네일]: agnail, 손거스러미, 표저(손·발톱에 나는 화농성 염증), 〈늘어진〉 '피부조각' 양2

223 ***hang-out** [행 아웃]: (예전에 손님을 끌기 위해 상점 앞에 '매달았던') 깃발, '단골집', 〈빈둥대며 소일하는〉 소굴, 외출, 회동, 〈~ dangle〉, 〈↔remain fixed〉, 〈↔dis-lodge\stay in place\break〉 미2

224 ***hang-o·ver** [행 오우붜]: 여파, 숙취〈①만취한 선원이 잠자는 허리에 매달린 밧줄 ②과음하고 몸을 굽혀 변기에 토하는 모습에서 연유했다는 그럴듯한 '썰'이 있음〉, 〈~ after effects\morning after〉, 〈↔advance\sobriety〉 양1

225 ***hang-o·ver one's head**: 〈← Damocles의 legend〉, 〈17세기에 도입된 영어〉, (걱정거리가) 머리에서 떠나지 않는다, 좌불안석, 〈~ menace\bothering\rest-less〉, ⇒ sword of Damocles 양2

226 ***han·gry** [행그뤼]: hunger+angry, 배가 고파서 짜증 난 상태, '배고파 죽겠다', 〈~ irritable from hunger〉, 〈↔satiated\full〉 우2

227 ***hang tight** [행 타잍]: (꼼짝말고) 기다려, 잠시만 참아, 〈~ hang in there\hold on〉, 〈↔hurry up〉 양2

228 **Hang-town fry** [행 타운 후롸이]: 튀긴 굴·베이컨·때로는 양파를 넣고 만든 오믈렛〈1850년대 금광 경기로 돈을 번 광부들이 캘리포니아의 'Hang-town'이란 곳에서 주문해 먹던 가장 비싼 요리〉, 〈~ fried oyster omelette with bacon〉 수2

229 **Han-gul** [한글]: 〈배달말〉, '한민족의 글〈Korean language〉', (1446년에 제정된) 24자모로 된 한국 고유의 글자, 훈민정음, 〈어렵지만 재미있는 언어〉, 〈~ a featured (or syllabic) alphabet〉, 〈~ official Korean writing system〉 수2

230 **Han-guk** [한국]: khan(big)+guo(nation), '큰 나라', 〈퉁구스어+중국어〉, Daehanminguk, Republic of Korea 수2

231 ***hang-up** [행 엎]: 〈허공에 매달린〉 약점, 정신적 혼란, 몰두함, 〈통화기를 벽에 달린 고정판에 매다는〉 단절, 〈~ cause to be suspended〉, 〈↔set down\place down〉, 〈↔take-down\pick-up〉 미2

232 **han-gwa** [한과]: 〈중국어→한국어〉, Korean confection, 찹쌀가루 반죽을 손가락 마디 만큼씩 잘라 기름에 튀기고 깨·잣·콩가루·송화가루 등에 꿀을 발라 굳힌 〈한국의 전통과자〉 수2

233 **Hang Zhou** [항 죠우]: Hangchow, '나룻 고을(ferry village)', 항주, 항저우만에 연한 중국 저장성의 성도, 〈미인이 많다기에 편자가 시내를 발가락이 빠지도록 걸어 다녔다가 헛탕을 친〉 상하이 서남쪽(S-W of Shanghai)에 있는 역사적인 문화·상업도시, 〈~ a city in China〉 미2

234 **Han-hwa** [한화] Group : 〈중국어→한국어〉, 1952년 '한국화약〈Korean Gunpowder〉'으로 출범해서 제조·건설·금융·관광사업 등을 벌이고 있는 한국의 재벌회사, 〈~ a Korean business conglomerate〉 수2

235 **Han-jin** [한진]: 〈중국어→한국어〉, 1945년에 〈'한국의 발전(advancement for Koreans)'을 위해〉 설립되어 한진해운과 대한항공(KAL)을 경영하며 "갑질"이란 신생어를 만들어 냈으나 근래에 휘청거리는 대한민국의 재벌, 〈~ a Korean business conglomerate〉 수1

236 **hank** [행크]: 〈← honk(coil)〉, 〈북구어〉, (실의) '타래', 다발, 자제력, H~; 'John〈Johan〉'의 변형, Henry\Harry의 애칭, 〈~ skein\bunch〉 양2

237 **Hanks** [행크스], Tom: (1956-): 'Hank〈영주〉의 아들', 행크스, 수더분한 아버지 역을 잘 소화해 낸 미국의 배우·영화 제작자, 〈~ an American actor and filmmaker〉 수1

238 ***hank·y-pank·y** [행키 팽키]: 〈1841년 만화잡지에 등장한 영국어〉, 〈무의미어〉, 속임수, 사기, 떳떳하지 못한, 간통, 〈~ mischief\bad behavior〉, 〈↔sincerity\fidelity〉, 〈↔honesty\devotion〉 가2

239 **Han·ni·bal** [해니벌]: 〈그리스어〉, '출산과 행운신〈Baal〉의 은총', 한니발, (BC247-183), 알프스산맥을 넘어 로마를 점령하였으나 본토에서 헛점을 찔려 패배하고 분해서 자살한 카르타고의 애꾸눈 장군, 〈~ "grace of Baal"〉, 〈~ a Carthaginian general〉 수1

240 **Ha-noi** [하너이]: ha(river)+noi(inside), 〈중국어→베트남어〉, '하내', 〈'굽은 강 안'에 위치한〉 하노이, 중국에 가까운 베트남의 수도 〈'시내에 강이 있는' 역사적 행정도시〉, 〈~ Capital of Vietnam\"city within the river"〉 수1

241 **Han-o·ver** [핸오우붜]: hoch(high)+over(edge), 〈게르만어〉, 〈높은 언덕에 있는〉 하노버 ①독일 북부의 도시(Hannover), 〈~ a port city in N. Germany〉 ②다트머스(Dartmouth) 대학이 있는 미국 뉴햄프셔주의 소도시, 〈~ a town in N.H.〉 ③독일 계통의 영국 왕실 (1714-1901), 〈~ a royal house of Britain〉 수1

242 **Han·sen's Dis-ease** [핸슨즈 디지이즈]: (1938년 병원균을 발견한 노르웨이 의사 Armauer Hansen〈Hans(John의 독일식 이름)의 아들〉의 이름을 딴) 한센병, 나병, 문둥병, 〈~ leprosy〉 미2

243 **han·som** [한섬]: 〈영국인 고안자의 이름(Hansom ← handsome)을 딴〉 마부석이 높은 2인승 2륜 마차, 〈~ 2 wheeled carriage\"Gondolas of London"〉 수2

244 **Han-son** [한슨], Nor-wood: 'Hans(John의 독일식 이름)의 아들', 한센, (1924-1967), ("논리 안에 없는 것은 지각 안에도 없다"고 외치며 관찰 정보를 주창하고 경비행기 사고로 죽은) 미국의 피아노 전공 과학적 분석 철학가, 〈~ an American philosopher〉 수1

245 **Ha·nuk·kah** [하아누커]: 〈← hanokh〉, 〈히브리어〉, dedicate, 〈'헌납'하는〉 하누카, 유대인 성전 헌당 기념일, 히브리 달력으로 키슬레브달 〈11월이나 12월〉 25일, 〈~ Feast of Dedication\Festival of Lights〉 수1

246 **Han-zi** [한지]: 〈중국어〉, 약 5천 년 전 갑골문자에서 진화된 '한나라'의 표의문자로 중국어·한국어·일본어·베트남어의 모체가 되는 〈한자〉, Chinese characters, 〈~ Chinese ideograms〉 수2

247 **hap** [햅]: ①〈← happe(luck)〉, 〈북구어〉, 기회, 우연, 행운, 〈~ chance〉, 〈↔purpose\design\misfortune〉, 〈↔intention\plan〉 ②〈← happen(wrap)〉, 〈스코틀랜드어〉, 감싸다, 입다, 〈~ occur\take place〉, 〈↔unpack\unwrap〉 양2

248 **ha·pa** [하퍼]: halfie, 〈'half'란 뜻의 하와이어〉, '튀기', mixed-blood, 특히 아시아인과 타인종 간의 혼혈아, 아시아계 미국인, hybrid, ainoko, 〈mongrel보다는 격이 높은 말〉, 〈~ part Asian or Pacific Islander〉 미1

249 **hap-haz·ard** [햅해져드]: 〈영국어〉, luck+risk, 우연(한 일), '우연한 인연이 있는 대로', 되는 대로, 함부로, 〈~ topsy-turvy\random〉, 〈~ unmethodical\unplanned〉, 〈↔regular\systematic〉, 〈↔deliberate\designed〉 양2

250 **hap-ki-do** [합키도우]: 〈중국어→한국어〉, coordinated+energy+way, 합기도, (2차 대전 후 한국인들이 개발한) 맨손이나 무기를 써서 관절이나 급소 찌르기를 특기로 하는 〈종합〉 호신술, 〈~ a Korean martial art〉 수2

251 **hap-less** [해플러스 \ 해플리스]: 〈← hap¹(luck)〉, '운이 없는' 불운한, 불행한, 〈~ unlucky\ill-fated〉, 〈↔fortunate\blessed\happy\gifted〉 양2

252 **hap-pen** [해펀]: 〈← hap¹(luck)〉, 〈북구어〉, 생기다, '우연히' 일어나다, 〈~ come about\transpire〉, 〈~ occur\take place〉, 〈↔stand-still\cease〉, 〈↔stop\come to an end〉 가2

253 **hap-pen–ing** [해프닝]: 사건, 사고, 즉흥 공연(즉석 연극), 우발사고, 〈~ occurrence\incident〉, 〈↔certainty\necessity\plan〉 가2

254 **hap-pen-stance** [해펀 스탠스]: happen+circumstance, 우연한 일, 생각지도 않던 일, 〈~ coincidence\chance event〉, 〈↔certainty\design\plan〉 양2

255 ***hap-pi-ness in-dex** [해피니스 인덱쓰]: 행복지수, (설문 조사에서) 행복한 자와 불행한 자의 비율에서 200을 더한 숫자, 〈~ survey that measures level of happiness〉, 〈↔misery index〉, 〈↔pathological sadness index〉 양2

256 **hap-py** [해피]: 〈← hap¹(luck)〉, '운이 좋은', 기쁜, 행복한, 만족한, 〈~ merry\joyful〉, 〈↔melancholy\depressed〉, 〈↔miserable\whiny〉 가1

257 **hap-py camp-er** [해피 캠퍼]: 만족하는 사람, 기분이 좋은 손님, 행복한 자, '낙천가', 〈~ contented person\jubilant individual〉, 〈↔grump\complainer〉, 〈↔grouch\irritable person〉 미2

258 **hap-py-go–luck-y** [해피 고우 럭키]: 낙천적인, 마음 편한, 〈~ carefree\easygoing〉, 〈↔uptight\serious〉, 〈↔anxious\troubled〉 양1

259 **hap-py hour** [해피 아우워]: 즐거운 시간, 할인 판매 시간, 비공식적 모임의 시간, 〈~ discount drinks〉, 〈~ cocktail hour\early bird specials〉 미2

260 **hap-py me·di·um** [해피 미디움]: 중도, 중용, '만족한 절충', 〈~ give and take\satisfactory compromise\middle ground〉, 〈↔disagreement\dead end\dispute\contention〉 양2

261 *hap-py trail [해피 트뤠일]: 〈구강성교에서〉 배꼽(navel)에서 음모(pubic hair)로 연결되는 '행복선' 우2

262 ha·ra·ki·ri [하아뤼키뤼]: belly+cutting, 하라키리, 〈수치심에서 배를 가르면 뒤에서 목을 쳐서 죽게 하는 일본식〉 할복(자살), 〈~ seppuku(절복:일본에서 쓰는 말)\ritual suicide by samurai〉 미2

263 *ha·rangue [허뢩]: 〈← hring(long ← ring)〉, 〈게르만어→라틴어→프랑스어〉, '긴' 연설, 장광설, 열변, 질책, 〈~ tirade\rant\bloviate〉, 〈~ diatribe\verbal onslaught〉, 〈↔commendation\encomium〉, 〈↔panegyric〉 양2

264 Ha·rap·pa [허뢔파]: 〈← Ravi river〉, 〈'강'을 뜻하는 타밀어?〉, 하라파, 인더스 문명의 중심지인 파키스탄 북서부의 고대 도시, 〈~ a village in N-W Pakistan\Indus civilization〉 수1

265 ha·rass·ment [허뢔스먼트]: 〈← hier(개를 부추기는 의성어)〉, '쉭! 쉭!', 〈게르만어+라틴어〉, 〈반복적으로〉 괴롭히기, 애먹이기, 희롱, 〈~ vex〉, 〈~ bothering\persecution〉, 〈↔aid\comfort\assistance\cooperation〉 가2

266 Har-bin [하얼빈]: 〈만주어〉, drying fishnets, '어망을 말리는 곳', 할빈, 만주 북부에 있는 소련풍이 강한 교통도시, 〈~ a city in northern Manchuria〉 수1

267 har·bin·ger [하알빈줘]: 〈← hebergeor(provide lodging)〉, 〈색손어→프랑스어→영국어〉, 〈군대가 'harbor'(주둔)할 곳을 찾아〉 먼저가다, 앞장서다, 전조, 선발자, 〈~ herald\sign\omen〉, 〈↔follower\back-up group〉 양2

268 har-bor \ har-bour [하아버]: herr(arm)+bjarga(save), 〈게르만어〉, 항구, 선착장, 〈군대의〉 피난처, 〈보호된〉 은신처, 〈→ haven〉, 〈~ (sea) port\dock\haven〉, 〈↔airport〉 가1

269 har-bor seal [하아버 씨일]: sea calf, (점박이) 바다표범, '귀 없는 물개', 북반구 전역에 걸쳐 사는 먹성이 좋은 물개, 〈~ common seal\hair seal〉 미2

270 hard [하아드]: 〈← heard(firm)〉, 〈게르만어〉, '단단한', 굳은, 〈남성(기)의 질을 좌우하는〉 딱딱한, 힘든, 맹렬한, 〈~ rigid\difficult〉, 〈↔light\gentle〉, 〈↔soft\easy〉 미1

271 *hard-ass [하아드 애쓰]: 융통성 없는 사람, 꼴통, 〈~ strong man\tough guy〉, 〈↔milk-sop\ponce〉, 〈↔sissy\pansy〉 가2

272 *hard-ball [하아드 버얼]: 경구, 정식 야구, 강경책, 〈~ aggressive\assertive〉, 〈↔soft-ball\back-less〉 미2

273 hard-board [하아드 보어드]: (종이로 만든) 강판, 목재 대용 판지, 합판, 경성 섬유판, '강판지', 〈~ high-density fiberboard(HDF)\chipboard〉, 〈↔soft-board〉 미1

274 *hard-boiled [하아드 보일드]: 단단하게 삶은, 완숙, 냉철한, 억센, 〈~ callous\tough〉, 〈↔sensitive\delicate〉, 〈↔tender\sentimental〉, 〈↔half-boiled\soft-boiled〉 미2

275 *hard-bound [하아드 바운드]: 두꺼운 표지의, 특제 장정의, 〈~ hardback\hardcover〉, 〈↔paper-back\soft-cover\softback〉 미1

276 hard-case [하아드 케이스]: 힘든 사항(사건), 치료하기 힘든 환자, 〈~ tough case\difficult matter〉, 〈↔easy-case\simple matter\straightforward case〉 미1

277 hard cash [하아드 캐쉬]: 경화, 현금, 〈~ ready money\cold cash〉, 〈↔check\money order\credit card\e money〉 양1

278 hard ci·der [하아드 사이더]: 〈1840년 미국 대선에서 명문 출신 해리슨을 서민으로 포장하는데 써먹었던〉 (주정농도 10% 이하의) 거친 사과주, '사과 막걸리', 〈~ fermented apple juice\apple wine〉, 〈↔soft cider\sweet cider〉 우2

279 hard coal [하아드 코울]: stone coal, 무연탄, 〈~ black coal〉, 〈↔brown (soft) coal〉, 〈↔crystal\ice〉, ⇒ anthracite 양2

280 *hard–cod-ed [하아드 코우디드]: '강 부호화된', 자료를 변경하지 못하게 단단히 짠, 〈~ embedded into program〉, 〈~ fixed coding\hard-wired〉, 〈↔soft-coded〉 우2

281 *hard cop·y [하아드 카피]: 종이에 복사한 글(문서), 복사본, 〈~ printed copy\permanent copy〉, 〈↔electronic version\digital copy〉, 〈↔soft copy〉 양1

282 *hard core [하아드 코어]: 핵심적, 강한, 고집 센, 〈~ strong\intense(porno)〉, 〈↔docile\soft-core〉 가1

283 hard-cov·er [하아드 커붜]: 두꺼운 표지, 특수 장정의, 〈~ hardback\hard-bound〉, 〈↔soft-cover\paper-back〉 미1

284 ***hard cur·ren·cy** [하아드 커어뤈씨]: '경통화', 각국의 화폐와 늘 바꿀 수 있는 화폐, 〈~ money from economically stable countries〉, 〈↔soft currency〉, 〈↔currency that is prone to fluctuating〉 미2

285 ***hard disk** [하아드 디스크]: 경성 저장판, 금속 원판으로 된 자기 저장반 〈전산기에 붙어 있어 뺄 수 없고 '바늘'이 공중에 뜬 전자파를 감지해서 작동함〉, 〈~ fixed disk\hard drive〉, 〈↔soft disk\floppy disk〉 미1

286 **hard drink** [하아드 드링크]: 도수 높은 술, 독주, 〈~ hard liquor\booze\short-drink〉, 〈↔soft drink\non-alcoholic beverage〉 가1

287 **hard drink-er** [하아드 드링커]: 주호, 술고래, 〈~ heavy drinker\alcoholic\drunkard〉, 〈↔teetotaler\nondrinker\abstainer〉 가1

288 ***hard drive** [하아드 드롸이브]: hard disc drive, 경성 저장판 구동장치, 〈↔soft disc drive〉 미1

289 **hard drug** [하아드 드뤄그]: '강성약품', (펜타닐·헤로인·코카인·LSD·엑스터시 등) 중독성이 강한 마약, 〈~ dangerous drug\controlled substance〉, 〈~(↔)getway drug〉, 〈↔soft drug〉 미1

290 ***hard edge** [하아드 엣쥐]: '또렷한 모서리', 선명한 윤곽을 가진 형상, 〈↔soft edge〉 우1

291 **hard-eyed** [하아드 아이드]: 날카로운 눈, 비판적인 안목을 가진, 〈~ cold\critical〉, 〈↔sympathetic\genial\friendly\warm〉 가1

292 **hard-faced** [하아드 훼이스트]: 철면피, 낯 두꺼운, 〈~ with stern or serious expression〉, 〈↔naive〉, 〈↔cheerful or good-natured expression〉 가1

293 **hard feel-ings** [하아드 휘일링스]: 악감정(억심), 원한, 적의, 〈~ animosity\resentment〉, 〈↔good-will〉, 〈↔cheerfulness〉 가1

294 **hard fern** [하아드 훠언]: (용이 날아가는 모양을 한) 새깃아재빗과 비룡양치속의 '딱딱한 고사리', deer fern(사슴 고사리), 〈사슴이나 먹을 수 있는〉 잎이 단단한 양치식물, 〈~ herringbone fern\northern fern\shake fern〉 우1

295 ***hard goods** [하아드 굳즈]: 내구재, 장기간 사용에 견디는 물건, 〈~ durable goods〉, 〈↔soft goods〉 가1

296 **hard-hack** [하아드 핵]: (꽃잎이 조 이삭 같고 줄기가 '난도질하기에는 너무' 단단한) 북미산 조팝나무속의 관목, meadow sweet, 〈~ Rose Spiraea〉, ⇒ streeple·bush 우2

297 ***hard hat** [하아드 햍]: 안전모, 보수주의자, 〈~ helmet\conservative〉, 〈↔open-mined\liberal〉 가1

298 **hard–head-ed** [하아드 헤디드]: 완고한, 빈틈없는, 〈~ stubborn\practical〉, 〈↔reasonable\soft headed\flexible\idealistic〉 가1

299 **hard–heart-ed** [하아드 하아티드]: 비정한, 냉혹한, 〈~ merciless\harsh〉, 〈↔compassionate\soft hearted〉 가1

300 **hard-hit** [하아드 힡]: 심한 타격을 입은, 〈~ profoundly stricken\reeling from〉, 〈↔un-affected\un-influenced〉 가1

301 ***hard hy·phen** [하아드 하이픈]: 〈단어처리기에서 단어에 원래부터 들어 있는-〉 고정된 연자부호, 〈~ printed (non-breaking) hyphen〉 우2

302 **Har·ding** [하아딩], War·ren: 〈← hard〉, 〈게르만어→영국어〉, tough guy, '굳센 자', 하딩, (1865-1923), 시골 신문의 편집자로 일하다 〈아이가 둘 딸린 은행가의 딸과 결혼하고 아내의 성화로 정치에 입문하여〉 부정부패가 심했던 공화당 정권을 이끌다 임기 중에 사망한 〈가장 평범했던〉 미국의 29대 대통령, {(줏대 없는)Wobbly Warren}, 〈~ 29th U.S. President〉 수1

303 **har·ding-grass** [하아딩 그래스]: 〈오스트레일리아의 식물학자 이름을 딴〉 '지중해 목초', 사료로 많이 쓰이는 볏과 갈풀속의 여러해살이풀, 〈~ bulbous canary-grass〉 우1

304 ***hard key** [하아드 키이]: '강성건', (전산기의 외부에 나타나 있어 손으로 조작할 수 있는) 자판 건반, 〈~ key-board key〉, 〈↔soft-key〉 우1

305 **hard la·bor** [하아드 레이버]: 중노동, 〈~ toil\grind〉, 〈↔laziness\sedentariness〉, 〈↔breeze\relaxation〉 가2

306 **hard land-ing** [하아드 랜딩]: 거친 착륙, 강착륙, 〈~ heavy(harsh) landing〉, 〈↔smooth(soft·benigh) landing〉 양1

307 ***hard launch-ing** [하아드 러언칭]: 〈미국 신조어〉, 강(어려운) 이륙, 홍행물을 대중의 이용을 위해 공개·출고하는 〈쉽지 않은〉 제품 출시, 〈~ fully release to the public〉, 〈↔soft launching〉, 〈↔soft opening\preview release to a limited audience〉 미2

308 **hard-line** [하아드 라인]: 강경 노선의, 〈~ uncompromising\strict〉, 〈↔flexible\moderate〉 가1

309 **hard liq·uor** [하아드 리커]: 독주, 증류주, 〈~ booze\spirits〉, 〈↔soft drink〉 가2

310 **hard luck** [하아드 럭]: 불운, 〈~ misfortune〉, 〈~ tough luck\bad break〉, 〈↔good luck〉, 〈↔serendipity\happy accident〉 가1

311 **hard·ly** [하아들리]: 거의 ~ (하지) 않다, 거의 없다, 맹렬히, 〈~ scarcely\barely〉, 〈↔completely\substantially〉, 〈↔fully\frequently〉 가1

312 **hard mon·ey** [하아드 머니]: 경화, 힘들여 번 돈, 고리대금, 〈~ hard cash\hard-earned money〉, 〈↔paper currency\soft money\easy money〉 미2

313 **hard-mouthed** [하아드 마우쓰드]: 말이 거친, 강변하는, 〈~ stubborn\obstinate〉, 〈↔mealy-mouthed〉, 〈↔compliant\yielding〉 양1

314 **hard-nosed** [하아드 노우즈드]: 콧대 센 놈, 고집통이, 〈~ no-nonsense\tough-minded〉, 〈↔amenable〉, 〈↔acquiescent\tender〉 가1

315 *__hard nut__ [하아드 넡]: 다루기 어려운 것(사람), 고집쟁이, '꼴통', 〈~ difficult person\unpleasant person〉, 〈↔molly-coddle〉, 〈↔affable person\good-natured person〉 양1

316 **hard of hear·ing** [하아드 어브 히어링]: 난청의, 〈~ hearing impaired〉 가1

317 *__hard-on__ [하아드 어언]: (남성 성기의) 발기, 〈~ erection〉, 〈↔weak\impotent〉 가1

318 **hard-pressed** [하아드 프레스트]: 궁지에 몰린, 쪼들리는, 〈~ closely pursued\under pressure〉, 〈↔easy going\untroubled\unfazed〉 양1

319 *__hard rock__ [하아드 롹]: 강한 흔들 음악, 〈~ punk rock〉, 〈~ heavy metal\acid rock〉, 〈↔bland(gentle) music\calm tune\delicate song〉 미2

320 **hard roll** [하아드 로울]: '딱딱한 빵', Vienna roll, 〈~ crusty roll〉, 〈↔soft roll〉, ⇒ Kaiser roll 미2

321 **hard sci·ence** [하아드 싸이언스]: 〈강한 증거를 요구하는〉 '강성과학', 자연 과학, 〈~ exact science\precise science〉, 〈↔soft science〉, 〈↔social science〉 가1

322 *__hard sec·tor·ed__ [하아드 쎅터드]: '강성 칸막이 방식', 플로피(floppies) 디스크의 섹터 공간을 눈에 보이게 광학적으로 분리한 것, 〈have a hole for each sector〉, 〈↔soft sectored〉 우2

323 **hard-ship** [하아드 쉽]: 곤경, 고난, 어려운 일, 〈~ adversity\difficulty〉, 〈↔ease\prosperity\comfort〉 가1

324 **hard-ship in·dex** [하아드 쉽 인덱스]: (경제적) 곤궁도 지수, 〈~ measure of hardship in a community〉, 〈↔prosperity index〉 가1

325 *__hard space__ [하아드 스페이스]: '사용불가 공간', 타자 조율에서 단순히 낱말이 끝나는 곳이 아니라 문자와 마찬가지로 취급되는 공간 - (" ") 등, fixed space 우2

326 **hard time** [하아드 타임]: 어려운 시기, 어려움, 괴롭힘, 〈~ rough patch\challenging period〉, 〈↔easy time〉, 〈↔good fortune\bed of roses〉 양2

327 *__hard times are soon for·got·ten__: 곤경은 곧 잊어버린다, 개구리 올챙이 적 생각 못하다, 〈~ danger past, God forgotten〉, 〈~ shake it off〉, 〈↔wallow in despair〉 양2

328 *__hard-ware__ [하아드 웨어]: 철물, 가시적 기계설비, '강성기기', 〈~ equipment\gear〉, 〈↔soft-ware\soft goods〉 양1

329 *__hard-ware cache__ [하아드 웨어 캐쉬]: '강성기기 저장물', 원반의 제어 단자 안에 있는 고속기억장치, 〈~ storage\collection〉, 〈↔unloading\discarding〉 우2

330 **hard wa·ter** [하아드 워어터]: 경수, 1L당 무기물 함량이 1백 mg 이상의 센물, '쓴 물', 〈~ salt-water〉, 〈~ calcareous water\high mineral content water〉, 〈↔drinking water\demineralized water〉, 〈↔soft water\fresh-water〉 미2

331 *__hard-wire__ [하아드 와이어]: '고정배선', 사용자가 바꿀 수 없게 짠 전산기 체계, 〈↔flexible-wire〉 우2

332 **hard-wired** [하아드 와이어드]: 바꾸기 힘든 배선, 〈차림표에 의지하지 않고〉 배선에 의한, 〈~ innate\inherent〉, 〈↔extrinsic\acquired〉 우2

333 *__hard work al·ways pays off__: 공든 탑이 무너지랴, 〈~ hard work is never wasted\keep the grind strong〉, 〈~ the fruits of hard work are always sweet〉, 〈↔luck never brings luxury to the lazy〉 양2

334 **Har·dy** [하아디], Thom·as: ⟨← hard⟩, ⟨게르만어→영국어⟩, tough guy, '굳센 자', 하디, (1840-1928), 영국의 ⟨향토⟩작가 (소설가·시인), ⟨~ an English novelist and poet⟩ 수1

335 **har·dy or·ange** [하아디 오어륀쥐]: '떫은 귤', 탱자, ⟨~ Japanese(Chinese) bitter orange⟩, ⇒ trifoliate orange 미2

336 **hare** [헤어]: ⟨← haswaz(grey)?⟩, ⟨게르만어⟩, ⟨← hara⟩, ⟨땅굴에 사는⟩ 산토끼, 소심한 자, 변덕쟁이, 경솔한 자, 질주하다, ⟨~ rabbit⟩, ⟨↔crawl\lag\drag⟩ 가1 양1

337 **hare-bell** [헤어 벨]: '토끼 무릇', 실잔대, blue·bell(청초롱), 잎이 가늘고 종 모양의 청 색꽃이 피는 백합과의 야생화, ⟨~ bellflower\lady's thimble⟩ 미2

338 **hare-lip** [헤어 륍]: 토끼 입술, 언청이, ⟨~ cleft-lip\cheiloschisis(lip+split)⟩ 가1

339 **har·em** [헤어륌]: ⟨← harama(forbid)⟩, ⟨아랍어⟩, ⟨금남의⟩ 하렘, 회교국의 후궁(처첩들), ⟨~ seraglio(lock-up)\gynaeceum(women's apartment)⟩, ⟨~ women's quarters\Forbidden City⟩ 수2

340 **har·em-pants** [헤어륌 팬츠]: 하렘바지, 발목 부분을 끈으로 묶은 헐렁한 여성용 바지, ⟨~ Aladdin pants\genie pants⟩, ⟨↔leggings⟩ 수2

341 **hare's foot** [헤어즈 훝]: '토끼 발가락', 잎이 토끼 발가락같이 생긴 토끼풀, ⟨~ rabbit foot clover\stone clover⟩ 우1

342 **hare's tail** [헤어즈 테일]: '토끼 꼬리', 황새풀, 토끼 꼬리 같은 꽃막대를 가진 일년생 관상초로 꽃꽂이에 쓰임, ⟨~ bunny(rabbit's) tail grass⟩ 미2

343 **har·is·sa** [허뤼이써]: ⟨← harasa(pound)⟩, ⟨아랍어⟩, 해리사, 각종 고추·토마토·마늘 등을 '으깨서' 식물성 기름에 섞은 북아프리카 지방의 반죽 음식, ⟨~ spicy N. African(Tunisian chili) paste⟩ 우1

344 **hark** [하알크]: ⟨← heorcinian(listen carefully)⟩, ⟨게르만어⟩, 귀를 기울이다, 경청하다, (사냥개에게) "잘 들어라", ⟨~ hear·ken⟩, ⟨~ pay attention\give heed⟩, ⟨↔ignore\neglect⟩ 양2

345 **hark back** [하알크 뱈]: (사냥개에게) '되돌아 와라', 거슬러 올라가다, (기억을) 상기시키다, ⟨~ recollect\remember⟩, ⟨↔ignore\forget⟩, ⟨↔fail to recall\let slip⟩ 양2

346 **Har-lem** [하알럼]: haar(height)+lem(silt), ⟨네덜란드어⟩, '침적토 언덕', 할렘, ⟨네덜란드의 Haarlem 지방에서 연유한⟩ 뉴욕시 맨해튼 북동부의 흑인 거주지역, ⟨~ Black Mecca\a district of Manhattan⟩ 수1

347 **har·le·quin** [하알러퀸]: ⟨← hellequin(demon)⟩, ⟨'악마'란 뜻의 프랑스어에서 유래한 이탈리아어⟩, 할리퀸, 가면을 쓰고 얼룩빼기 옷을 입고 나무칼을 갖고 연극에 나오는 어릿광대, ⟨King Herla⟩, ⟨~ scaramouch\buffoon\jester⟩ 수2

348 **har·le·quin bug** [하알러퀸 버그]: '잡색 방귀벌레', '얼룩벌레', 양배추의 해충으로 날개에 흑적색 얼룩무늬가 있고 공격을 받으면 항문에서 악취를 방출하는 딱정벌레의 일종, ⟨~ calico bug\fire bug⟩ 미1

349 **har·le·quin duck** [하알러퀸 덕]: 흰줄박이오리, 북양에 사는 흰 줄이 있는 펭귄 비슷한 잠수성 작은 오리, ⟨~ painted duck\totem pole duck⟩ 미2

350 **har·le·quin flow·er** [하알러퀸 훌라워]: '얼룩빼기 꽃', ⟨마술지팡이 꽃⟩, ⟨~ wandflower⟩, ⇒ sparaxis 우1

351 **har·lot** [하알럳]: ⟨← arlot(vagabond)⟩, ⟨프랑스어⟩, '부랑자' 매춘부, 창녀, ⟨~ prostitute\whore\hooker\tramp⟩, ⟨↔maiden\virgin\chaste woman\celibate woman⟩ 양2

352 **harm** [하앎]: ⟨← hearm(injury)⟩, ⟨게르만어⟩, 해, 손상, 위해, 상해, ⟨고통을 주는 것⟩, ⟨~ hurt\cause pain\suffering⟩, ⟨↔benefit\improve\help⟩ 가1

353 **Har·mo·ni·a** [하아모우니어]: (그리스 신화의) 아레스와 아프로디테의 딸, '조화'의 여신, (로마 신화의 Concordia) 수1

354 **har·mon·i·ca** [하아마니커]: ⟨← Harmonia⟩, ⟨그리스어⟩, 하모니카, 입에 대고 불거나 빨아들여 소리를 내는 악기의 하나, mouth harp, ⟨~ mouth organ\French harp⟩ 우1

355 **har·mo·ni·um** [하아모우니움]: 발풍금, American organ, ⟨~ reed organ\pump organ⟩ 미1

356 **har·mo·ny** [하아머니]: ⟨← harmos(fitting) ← Harmonia⟩, ⟨그리스어⟩, 조화, '화합', 일치, ⟨~ compatibility\accord⟩, ⟨↔dissonance\discord\conflict⟩ 가2

357 **har-ness** [하아니스]: herr(army)+nest²(provisions), ⟨북구어⟩, 마구, ⟨마차를 끌기 위한⟩ 장비, 견인줄, 직무, ⟨~ yoke\straps⟩ 양1

358 **harp** [하아프]: ⟨← hearpe(pluck)⟩, ⟨게르만어⟩, '거문고자리', 수금, 세모꼴 틀에 여러 개의 현을 세로로 걸어 ⟨손으로 퉁겨⟩ 연주하는 현악기의 하나, ⟨~ large stringed musical instrument⟩ 우1

359 **harp and lute** [하아프 앤 루우트]: 금슬, 밀접한 사이, ⟨~ needle and thread\salt and pepper\(some) husband and wife⟩ 양2

360 **har·poon** [하알푸운]: ⟨← harpage(hook)⟩, ⟨그리스어⟩, ⟨낫같이 생긴⟩ (고래잡이) 작살, 조직 채취기, ⟨~ barbed spear (or javelin)\tissue collector⟩ 미1

361 **harp seal** [하아프 씨일]: (등에 검은 하프 무늬가 박힌 주로 흰색의) 바다표범, ⟨~ saddleback seal\Greenland seal⟩ 우2

362 **harp·si·chord** [하앞시코어드]: ⟨라틴어⟩, harp+chorda, cembalo, (16~18세기에 쓰던) 건반악기, 피아노의 전신, ⟨~ virginal⟩ 수2

363 **har·ri·er** [해뤼어]: ⟨영국어⟩, 개구리매, ⟨hare를 쫓는⟩ 중형의 사냥개, 침략자, Harrier; 공격용 전투기 (상품명), ⟨~ oppressor\tormenter⟩, ⟨↔protector\caretaker⟩ 미2 수1

364 **Har·ri·son** [해뤼슨], Ben·ja·min: '가장의 아들', 해리슨, (1833-1901), 9대 대통령 William Harrison의 손자로 대중 투표에서는 졌으나 선거인단 투표로 당선된 변호사 출신으로 (퇴임 후 63세에 25년 연하와 재혼해서 딸까지 하나 낳은) ⟨숨은 재주가 많았던⟩ 공화당적 제23대 미국 대통령, {Human Iceberg}, ⟨~ 23rd U.S. President⟩ 수1

365 **Har·ri·son** [해뤼슨], Wil·liam: '가장의 아들', 해리슨, (1773-1841), 명문가에서 태어나 직업 정치인·티피카누 원주민 학살 대장으로 승승장구하다가 취임 31일 만에 장티푸스로 사망한 ⟨과대포장에 능했던⟩ 미국의 9대 대통령, {Old Granny(늙다리), Old Tippecanoe}, ⟨~ 9th U.S. President⟩ 수1

366 **Har·ris Poll** [해뤼스 포울]: 1956년 Louis Harris⟨'가장(home ruler)'⟩에 의해 창립된 미국의 ⟨정치⟩ 여론 조사 기관, ⟨~ a global market research and consulting firm⟩ 수1

367 **Har·row** [해로우]: 1571년에 창설된 런던 근교 해로우 언덕에 있는 명문 ⟨공립⟩학교, ⟨~ a public boarding school in Greater London⟩ 수1

368 **har·row** [해로우]: ⟨← hearge(harry)?⟩, ⟨어원 불명의 영국어⟩, ⟨추수용 갈퀴⟩, 써레, 쇄토기, 약탈하다, ⟨~ distress\trouble⟩, ⟨~ plow\till\besiege⟩, ⟨↔help\protect⟩, ⟨↔aid\assist⟩ 가1

369 **har·rumph** [허뤔후]: ⟨영국어⟩, ⟨의성어⟩, 헛기침하다, 불평하다, 항의하다, ⟨~ grunt of disdain\spoke up⟩, ⟨↔you're right\I believe you⟩ 양2

370 **har·ry** [해뤼]: ⟨← here(army)⟩, ⟨게르만어⟩, ⟨무력으로⟩ 약탈하다, 유린하다, 괴롭히다, ⟨~ harass⟩, ⟨~ army⟩, ⟨~ persistently attack\assault⟩, ⟨↔redeem\restore\recover⟩ 양2

371 **Har·ry Pot·ter** [해뤼 파터]: '도자기 공의 장남', 해리 포터, 1997년부터 2007년까지 영국의 J.K. Rowling이 출판한 7권의 공상·환상 소설, ⟨~ fantasy novel series⟩ 수1

372 **harsh** [하아쉬]: ⟨← harsk(rusty)⟩, ⟨게르만어⟩, ⟨'hair'(털)이 많아⟩ 거친, '껄껄한', 가혹한, 거슬리는, ⟨~ severe\rough⟩, ⟨↔soft\comfortable⟩, ⟨↔mild\lenient\mellow⟩ 양1

373 **hart** [하아트]: ⟨← heorot(stag)⟩, ⟨게르만어⟩, '수사슴', (다섯 살 이상이 되고 뿔이 무성한) 붉은 수사슴, ⟨~ red deer⟩, ⟨~ adult male deer⟩, ⟨↔hind⟩ 미2

374 **har·te·beest** [하알터 비이스트]: ⟨네덜란드어⟩, hart+beast, 사슴영양, 떼를 지어 다니는 남아프리카산의 늘씬한 큰 영양, ⟨~ sassaby\kongoni\kaama⟩, ⟨~ a large fawn-colored antelope⟩ 미2

375 **Harts-field–Jack-son** [하알츠휘일드 잭슨] Air-port : '사슴(hart) 농장에서 온 자'와 'Jack의 아들', 하츠필드 잭슨, ATL, 1926년 첫 출항해서 그동안 두 명의 애틀랜타(Atlanta) 시장의 이름을 넣어 개명된 미주에서 제일 바쁜 국제공항 수2

376 **hart-wort** [하아트 워얼트]: 사슴풀, (지중해⟨Mediterranean⟩ 근처 원산의) cicely(시슬리) 같은 잎에 자잘한 흰꽃이 뭉텅이로 피며 ⟨암사슴이 해산 후 즐겨 먹는다는⟩ 당근과(carrot family)의 일년생 초본, ⟨~ hart's tongue (or clover)⟩ 미2

377 **Ha·ru·ki** [하루키], Mu·ra·ka·mi: '청량휘'(신선한 기운), ⟨~ a Japanese writer⟩, ⇒ Murakami 수1

378 **Har-vard** [하아붜드]: here(army)+weard(guard), ⟨영국어⟩, 'army guard', 하버드, 1636년 매사추세츠주 케임브리지에 세워져 ⟨제일 돈을 많이 기부한 성직자의 이름을 딴⟩ 미국 최초의 사립대학, ⟨~ a private university in Massachusetts\the Crimson⟩ 수1

379 **har·vest** [하알뷔스트]: ⟨← haerfest(autumn)⟩, ⟨게르만어⟩, (작물의) 수확, '추수', 거두어들이다, ⟨~ gathering crops\reap⟩, ⟨↔sow\plant⟩, ⟨↔disperse\dissipate⟩ 양1

380 **har·vest bug \ ~ mite** [하알뷔스트 버그 \ ~ 마이트]: chigger, 양충, 가을 진드기⟨가을 벌판에 나타나는 조그만 진드기로 피부염을 일으킬 수 있음⟩, ⟨~ scrub-itch mite\jigger²\red bug⟩ 미2

381 **har·vest-er** [하알뷔스터]: 수확자(기), 거둬들이는 기계, '수확충'⟨추수 때 들판에 나타나는 각종 곤충- 부전나비·장님거미 등⟩, ⟨~ reaper\gatherer⟩, ⟨↔disperser\distributer⟩, ⟨↔scatterer\sower⟩ 미2

382 **har·vest fly** [하알뷔스트 훌라이]: ⟨늦여름에 기승을 떨치는⟩ 매미, (dog day) cicada 미2

383 **har·vest man** [하알뷔스트 맨]: 거둬들이는 사람, 장님거미⟨수확기에 들판에 나타나는 가늘고 긴 발을 가진 거미로 진짜 장님은 아님⟩, ⇒ daddy long legs 미2

384 **har·vest mouse** [하알뷔스트 마우스]: (우수리) 멧밭쥐⟨곡물줄기나 덤불에 집을 짓는 조그만 들쥐⟩, ⟨~ a small reddish-brown Eurasian mouse⟩ 미2

385 **Har-vey** [하알뷔], Wil·liam: haer(battle)+viu(worthy), ⟨켈트어⟩, '전사(warrior)', 하비, (1578-1657), ⟨혈관에 정령 따위는 없고 그 속을 흐르는 것은 혈액뿐이라는⟩ 혈액순환의 원리를 규명한 영국 의사, ⟨~ an English physician⟩ 수1

386 **has** [해즈 \ 허즈]: have의 3인칭 단수·직설법·현재형, ⟨~ possesses\owns\experiences⟩, ⟨↔abandon\lose\lacks\wants⟩ 가1

387 **hash** [해쉬]: ⟨← hacher(chop)⟩, ⟨프랑스어⟩, ⟨'hatchet'(자귀)으로⟩ 잘게 썬 고기요리, 뒤범벅, 불필요한 자료, 대마초(hashish·cannabis), ⟨~ chop(food)⟩, ⟨~ marijuana⟩ 우2

388 **hash-browns** [해쉬 브롸운스]: 얇은 감자구이, 찐 감자를 '잘게 썰어' 기름에 튀긴 요리, ⟨작은 통감자 튀김은 tater tots라 함⟩, ⟨~ shredded fried potatoes⟩ 우2

389 **Ha·shi·ma Is-land** [하쉬마 아일랜드]: 'bridge' island⟨교문도⟩, ⟨끝에 있는⟩ '단도', 일본 나가사키(Nagasaki, Japan) 근해에 있는 쥐똥만 한 섬으로 2차대전시 한국인을 징용해서 해저에 있는 석탄을 캐던 군함(battle ship)같이 생긴 ⟨군함도⟩로 불리다가 2015년 유네스코 문화유산으로 지정된 폐허인데 ⟨강제노동⟩ 문제로 한·일간 마찰이 있음, ⟨~ Gunkanjima⟩ 수2

390 ***hash-ing** [해슁]: ⟨인접전파와 뒤범벅된⟩ 혼신, '혼신분리', 간추려서 자료를 찾아내는 방법, ⟨~ shuffling\scrambling⟩, ⟨↔harmonizing\organizing\arranging⟩ 우2

391 **hash·ish** [해쉬이쉬]: ⟨← hasis(hay)⟩, ⟨아랍어⟩, 해시시, 인도 대마⟨그 잎으로 만든 마약⟩, ⟨~ marijuana\hemp⟩, ⟨~ resin of (concentrated) cannabis⟩ 양1

392 ***hash-tag** [해쉬 태그]: ⟨프랑스어+게르만어⟩, #, 우물 정자, 숫자 표시, 주제 표시, ⟨잡동사니 표⟩, ⟨~ octothorpe\pound key\number sign⟩, ⟨~(↔)star\☆⟩, ⟨↔array\order⟩ 우2

393 ***hash to·tal** [해쉬 토우틀]: '항목 합계', 계산 처리한 결과를 점검하기 위해 특정 항목을 누산한 합계 수치, ⟨~ numerical sum\combined value⟩ 우2

394 **hass** [해쓰]: ⟨← hadu(battle)⟩, ⟨게르만어⟩, '투사', ⟨~ hatred\fight⟩, ⟨1926년 남가주의 원예가 Randolph Hass가 편자가 살고 있는 마을에서 개발한⟩ 익으면 검은색으로 변하며 도톨도톨한 껍질을 가지고 비교적 씨가 큰 아보카도(avocado) 수2

395 **has·sle \ has·sel** [해쓸]: ⟨어원 불명의 영국어⟩, squabble, 말다툼, 옥신각신, 귀찮은 문제, 번거로운 일, ⟨~ hustle⟩, ⟨~ bother\inconvenience⟩, ⟨↔calm⟩, ⟨↔leave in peace\tranquility⟩ 양2

396 **haste** [헤이스트]: ⟨← haest(violence)⟩, ⟨게르만어⟩, '급함', 신속, 서두름, 허둥댐, ⟨~ speed\hurry⟩, ⟨↔hamper\hinder⟩, ⟨↔slowness\delay⟩ 양1

397 ***haste makes waste** [헤이스트 메이크스 웨이스트]: 급할수록 돌아가라, 급히 먹는 밥이 체한다, ⟨~ be careful\better safe than sorry⟩, ⟨~(↔)slow and steady wins the race\good and quickly seldom meet⟩, ⟨↔hurry up\chop chop⟩ 양2

398 ***hat** [햍]: ⟨← haetas(head-dress)⟩, ⟨게르만어⟩, (테가 있는) 모자, 제모, 직함, '모자표', ˆ (문자 위에 쓰는 부호), ⟨~ hood⟩, ⟨~ head covering\headpiece⟩, ⟨↔shoe\socks⟩, ⟨↔footwear\footgear⟩ 양1 우1

399 **hatch¹** [햍취]: ⟨← hacken(mate)⟩, ⟨어원 불명의 게르만계 영국어⟩, (알을) 까다, 부화시키다, 생각해내다, ⟨~ bring forth\breed⟩, ⟨↔ruin\finish⟩ 양1

400 **hatch²** [햍취]: ⟨← hecke(trap-door)⟩, ⟨네덜란드계 영국어⟩, '격자', 승강구, 창구, 쪽문, 통발, ⟨~ portal\gate⟩ 양1

401 **Hatch Act** [햇취 액트]: 해치법, 동명〈통발문이 있는 집에 사는 자〉의 연방상원이 발의해서 1939년부터 시행되고 있는 미국 국가 공무원들의 정치 활동 제한법, 〈~ Act to Prevent Pernicious Political Activities〉 수2

402 **hatch-back** [햇취 백]: 뒷부분에 위로 열리게 된 문을 가진 차, 위로 젖히는 뒷문, 〈~ two-box car\liftback〉, 〈~ convertible\roll-top〉, 〈↔sedan〉 우1

403 **hatch-ery** [햇취러리]: 〈← hatch¹〉, 부화장, 대규모 사육장, 〈~ nursery\breeding ground\natural habitat〉, 〈~ incubator\breeding place〉, 〈↔waste-land〉 양1

404 **hatch·et** [햇칕]: 〈← happa(sickle)〉, 〈게르만어〉, 자귀, 전투용 손도끼(전투), 〈→ hash〉, 〈~ fighting ax\tomahawk\adz\cleaver〉 양1

405 **hatch·et-fish** [햇쳍 휘쉬]: 자귀(도끼)고기, 볼록눈 매퉁이 (눈이 톡 튀어나오고 앞배가 불룩한 심해어나 담수어), 〈~ flying characins(tetra)〉 미2

406 **hate** [헤이트]: 〈← hatigian(dislike)〉, 〈게르만어〉, 〈← hate·red〉, 미워하다, 증오(혐오)하다, 〈→ heinous〉, 〈~ loathe\despise〉, 〈↔love〉, 〈↔like\enjoy〉 가1

407 **hate crime** [헤이트 크롸임]: 증오(혐오)범죄, 〈~ bias crime〉, 〈↔innocence\virtue〉 가1

408 *__hate mail__ [헤이트 메일]: 증오 우편, 매도성·협박성 서신, 〈~ flame-mail\abusive letter〉, 〈↔love letter\valentine〉 양1

409 *__hate watch__ [헤이트 워취]: '증오 시청', 욕하는 재미로 계속 보는 대중매체, 〈~ watching to mock or criticize〉 우2

410 **hat-rack** [햍 랙]: 모자걸이, 말라깽이, 〈~ hat stand\clothes tree\skinny person〉 양1

411 **ha·tred** [헤이트뤼드]: 〈영국어〉, '적개심', 증오, 미움, 원한, 〈→ hate〉, 〈~ abhorrence\detestation〉, 〈↔affection\fondness\favor\devotion〉 가1

412 *__hat-ter__ [해터]: 모자공(상), 〈예전에 모자를 만들 때 수은을 써서 그 중독으로 오는〉 '핏대쟁이', 〈~ hatmaker\milliner\eccentric hermit〉, 〈↔calm\sane〉 양2 미2

413 **hat-trick** [햍트뤽]: 〈원래는 cricket 경기에서 3번의 wicket(득점)을 한 자에게 동우회에서 새 모자를 준데서 연유한〉 3연승, 특정 경기에서 한 선수가 3점을 올리는 것, 〈한국에서는 'head-trick'으로 발음하기도 함〉, 〈~ threepeat\three wins\three goals〉 미2

414 **haugh-ty** [허어티]: 〈← altus〉, 〈라틴어〉, 〈'high'한데서 내려다보는〉 오만한, 건방진, 〈~ naughty〉, 〈~ arrogant\proud〉, 〈↔humble\low-ly〉, 〈↔modest\unpretentious〉 가1

415 **haul–a-way** [허얼 어웨이]: 〈영국어〉, 자동차 운반용 트럭, 견인 처분, 〈← hale²〉, 〈~ cart off\take away〉, 〈↔abandon\dump\leave there〉 양1

416 **haunch** [허언취]: 〈← encha(leg)〉, 〈게르만어〉, 둔부, '궁둥이'(엉덩이와 다리가 만나는 곳), 허리, 〈~ hip〉, 〈~ hindquarters\rump〉, 〈↔head\face〉 양1

417 **haunt** [허언트]: 〈← haunten(frequent)〉, 〈게르만어〉, '자주 가다', 무상출입하다, 출몰하다, 서식지, 소굴, 〈~ home〉, 〈~ plague\torment〉, 〈↔avoid\disregard〉, 〈↔in-frequent\un-common〉 양1

418 **haunt-ed** [허언티드]: 유령이 출몰하는, 도깨비가 나오는, 귀신 들린, 〈~ possessed\invaded〉, 〈↔undisturbed\peaceful〉, 〈↔settled〉, 〈↔un-haunted\un-troubled〉 양1

419 **Hau·sa** [하우서]: 〈어원 불명의 원주민어〉, 북나이지리아와 인접 지방에 사는 4천만 명 이상이 사용하는 〈비공식〉 언어, 〈~ people of N. Nigeria〉 수1

420 *__haute cou·ture__ [오우트 쿠우투어]: 〈프랑스어〉, 오트 쿠튀르, 'high sewing', 고급 재봉, 최신 유행의 고급 여성복(제조업), 〈~ designer fashion\high dressmaking〉, 〈↔dowdy\frumpy〉 양1

421 **Ha·va·na** [허배너]: 〈어원 불명의 원주민 추장 이름(Habaguanex)을 딴〉 아바나, 1514년에 세워진 고색창연한 쿠바의 수도·항구도시, 쿠바산 고급 여송연, 〈~ Capital of Cuba\a premier cigar〉 수1

422 **have** [해브]: 〈← habban(hold)〉, 〈게르만어〉, 소유하다, 〈움켜쥐어서〉 손에 넣다, 경험하다, ~을 당하다, 얻다, 〈~ possess\own〉, 〈~ experience\undergo〉, 〈↔abandon\lose〉, 〈↔be without\lack〉 가1

423 *__have a ball²__ [해브 어 버얼]: 유쾌한 시간을 가지다, 즐거운 시간을 보내다, 〈~ have a good time\have fun〉, 〈~ go to town\enjoy yourself〉, 〈↔go to hell\fuck you〉 양2

424 *__have a cow²__ [해브 어 카우]: 〈20세기 초에 미국에서 등장한 숙어〉, 놀라다, 갑자기 흥분하다, 몹시 화를 내다, 〈~ be very upset\freak out〉, 〈↔ease\relax〉, 〈↔get a grip\take a chill pill〉 양2

425	*have a lot on (one's) plate: '접시에 아주 많은 음식이 있다', 할 일이 아주 많다, 몹시 바쁘다, 〈~tied up\un-available〉, 〈~ have much to deal with\have one's hands full〉, 〈↔not busy\unoccupied〉 양2
426	*have had it: (지겹게 해서) 짜증 나다, 모처럼 발기가 되어 X-mas 전날 유곽에 간 90대 할아버지한테 아가씨가 (그동안) "실컷 했잖아요" 했더니 할아버지 왈 "그래, 그럼 얼마를 내야 하나?" 했다는 일화가 있음, 〈기존의 사전들이 너무 권위주의적이어서 편자가 일부러 쓴 말〉, 〈~ exhausted\fed up〉, 〈↔interested\engaged〉 양2
427	have it coming: (~이 오도록) 자초하다, (화를) 자초하다, 벌 받을 일을 저지르다, 〈~ given one's due punishment〉, 〈↔let off the hook\get away with it〉 양2
428	have it out [해브 잍 아웉]: (꽁하고 있다가) 뱉어내다, 언쟁하다, 싸우다, 〈~ confront\argue〉, 〈↔let it slide\drop it〉 양2
429	ha·ven [헤이번]: 〈← hofn〉, 〈북구어〉, 〈← harbor, 항구, 정박소, 안식처, 피난처, 〈~ shelter\refuge\sanctuary\retreat〉, 〈↔peril\hellhole\quagmire〉 양2
430	*have no stone un-turn-ed: 샅샅이 뒤지다, 이 잡듯이 하다, 〈~ in-depth\full scale〉, 〈~ exhaustive\intensive〉, 〈↔cursory\perfunctory〉, 〈편자가 어려서 가재 잡던 일을 서양 사람들이 어찌 알았을까〉 양2
431	hav·oc [해벅]: 〈← havot(loot)〉, 〈어원 불명의 프랑스어〉, 대황폐, 대파괴, '약탈하라!', 〈~ chaos\pandemonium〉, 〈~ devastation\destruction〉, 〈↔harmony\calm〉, 〈↔order\regimen〉 가
432	haw [하어] 〈영국어〉 ①저…(말이 막힐 때), 〈~ hesitation〉 ②이랴- (왼쪽으로-), 〈~ turn to the left〉, 〈↔gee²〉 ③산사나무(hawthorn), 〈~ mountain hawthorn\Chinese hawberry〉 ④〈← hawian(view)〉, (동물의) 셋째 눈꺼풀, 〈~ third eye-lid〉 양1
433	Ha·wai'i [하와이이]: HI, Aloha State, 〈태평양 중심에 제일 큰 섬을 발견한 어원 불명의 원주민 이름(Hawaiiloa)을 딴?〉 하와이섬을 비롯한 8개의 큰 섬과 수백 개의 작은 섬들로 구성된 미국의 〈천국〉, {Honolulu-2}, 《red hibiscus》, 〈~ the Snadwich Islands\the Kingdom of Hawaii〉 수1
434	Ha·wai·ian [하와이언], Air-lines: 1929년에 창립되어 하와이를 기점으로 미 본토와 태평양권을 취항하는 〈튼실한〉 항공사 수2
435	Ha·wai·ian gui·tar [하와이언 기타아]: '쇠 기타', 〈~ lap steel guitar\Dobro guitar〉, ⇒ steel guitar 수2
436	Ha·wai·ian shirt [하와이언 셔얼트]: 하와이안 셔츠, 깃이 달리고 반소매의 무늬가 많은 남방, 〈~ aloha shirt\luau shirt〉 수2
437	Ha·wai·i Five-O [하와이이 화이브 오우]: 〈50번째 주인〉 하와이 특수 경찰대, 1968년부터 간헐적으로 방영되는 탐정·수사극, 〈~ 0-0-7〉, 〈~ an American television series〉 미2
438	hawk [허억]: 〈게르만어〉, 〈의태어·의성어?〉 ①매, 〈~ falcon보다 크나 날개는 짧음〉, 탐욕가, 강경론자, 명외야수, 〈~ militant\jingo〉, 〈~ warmonger\fighter〉, 〈↔peacemaker\pacifist〉, 〈↔dove〉 ②외치며 돌아다니다, 행상하다, 〈~ sell\market〉, 〈↔buy\purchase\peddle〉, 〈↔appease〉 양1
439	hawk-bill [허억 빌] tur·tle: 대모, '매부리 거북', 〈모래에 100개 이상의 알을 낳는〉 매부리 같은 주둥이를 가진 바다거북, 〈~ Hawksbill sea turtle〉 미1
440	hawk-er [허억커]: ①매 사냥꾼 ②행상인, 〈~ trader\seller\huckster\monger〉, 〈↔customer\shopper〉 양1
441	hawk moth [허억 머어쓰]: '매나방', 스핑크스 나방, 벌새 나방, 박각시나방, 〈머리가 해골처럼 보이고 기동력이 민첩하며 잎을 갉아 먹는 애벌레를 가진〉 '해골나방', 〈~ tobacco horn-worm〉, 〈~ Sphinx Moth\hummingbird moth〉 미2
442	hawk (bill) nosed [허억 (빌) 노우즈드]: 매부리코의, 〈~ curved nose〉, 〈~ hook-nosed〉, 〈~(↔)bulbous nose\snub nose〉, 〈↔button nose〉 가1
443	hawk owl [허억 아울]: '매 올빼미(behaves like a hawk but looks like an owl)', 〈온대와 한대 중간에 서식하며 낮에 행동하는(active during the day)〉 긴꼬리올빼미, 〈~ Northern Hawk Owl〉 미2
444	hawk's eye [허억스 아이]: 매눈(예리한 눈), 〈~ keen sight〉, 아이오와 사람, 〈~ Iowa foot-ball team〉, 응안석, '매눈옥돌', 광채가 나는 수정이나 호박 등의 준보석, 〈~ blue variety of tigereye〉 미2
445	hawk-weed [허억 위이드]: '매풀', 조팝나물, 여러 가지 이름을 가진 민들레(dandelion) 비슷한 꽃이 피는 국화과(Asteraceae)의 잡초, 〈~ devil's paintbrush\golden\lungwort〉 미2

446 **haw-thorn** [허어쏘언]: haga(hedge)+thorn, 〈영국어〉, may bush, 산사나무, 아가위나무 (주로 산어귀에서 자라고 〈hedge용으로도 쓰이는〉 '줄기에 가시'가 있으며 여름에 흰 꽃이 피고 가을에 작은 사과 같은 빨간 열매를 맺는 장미과의 낙엽활엽관목), white·thorn, 〈~ May thorn\May Blossom〉 미2

447 **Haw-thorne** [허어쏘언], Na·tha·niel: 'Hawthorn 지방에서 온 자', 호손, (1804-1864), 「주홍글씨」 등을 써서 청교도 정신을 비판한 미국의 상징주의 〈풍유〉 소설가, 〈~ an American novelist〉 수1

448 **hay** [헤이]: 〈← hig(cut grass)〉, 〈게르만어〉, 건초(말린 풀), 〈'hew'된〉 꼴, 푼돈, 반 각성 상태, 대마초, 〈~ hedge〉, 〈~ dried grass\forage\chicken feed〉, 〈↔fresh grass\marijuana〉 양1

449 **Hay·dn** [하이든], Franz Jo·seph: 'heathen'(이방인), 하이든, (1732-1809), 오스트리아의 고전주의 작곡가, 〈~ an Austrian composer〉 수1

450 **Hayes** [헤이즈], Ruth·er·ford: descendant of Aodh(fire), 〈켈트어〉, 〈'불의 신'의 자손〉, (1822-1893), 오하이오 출신 변호사로 남북전쟁 때 열심히 싸워 소장까지 되고 한 표 차이지만 대통령으로 당선되어 도덕적 인도주의를 주창했으나 현실의 벽을 넘지 못한 미국의 공화당식 19대 대통령, 1876년 대선 때 대중 투표도 압도적으로 졌으나 개표에서 문제가 된 박빙의 3개 주의 대의원 수 19명을 공화당이 장악하고 있던 하원에서 몰표로 줘서 1표 차로 대통령이 됨 〈이제 왜 트럼프가 1월 6일에 기대를 걸었었는지 이해가 갑니까?〉, {His Fraudulency}, 〈~ 19th U.S. President〉 수1

451 **Hayes com-pat·i·ble** [헤이즈 컴패터블]: 헤이즈 호환의 변복조 장치 (PC 모뎀이 헤이즈사가 만든 smart 모뎀과 호환성이 있는 것), 〈~ modem that follows the Hayes Command Set〉 수2

452 **hay fe·ver** [헤이 휘이붜]: 건초열, 꽃가룻병, 〈~ allergic rhinitis\pollinosis〉 미2

453 **Hay-mar·ket** [헤이 마아킽]: 〈야채시장〉, 1886년 일일 8시간 노동을 주창하던 파업이 폭동으로 변해버려 많은 사상자를 낸 시카고의 상점가, 〈~ The Haymarket Affair/massacre〉 수2

454 *__hay-wire__ [헤이 와이어]: 〈20세기 초에 등장한 영국어〉, 건초를 동여매는 철사, 〈철사가 쉽게 망가져서 건초가〉 엉클어진, 미친, 〈~ berserk\erratic\out of control〉, 〈↔calm\in order\balanced〉 양2

455 **haz·ard** [해저드]: al(the)+zar(die²), 〈아랍어→프랑스어→영국어〉, '우연', 위험, 장애지역, 〈~ danger\risk〉, 〈↔shelter\safety\protection〉 가2

456 **haze** [헤이즈]: 〈← hasu(gray)〉, 〈영국어〉, 아지랑이, '안개', 흐릿함, 〈→ hazy〉, 〈~ fog\cloud〉, 〈↔clarity\clearness\accuracy〉 양1

457 **ha·zel-nut** [헤이즐 넡]: 〈← hasal(light brown)〉, 〈게르만어〉, 〈'엷은 갈색'의〉 개암, 〈모양은 도토리 비슷하고 맛은 밤과 비슷한〉 진자(개암나무의 열매), 〈~ filbert\cobnut〉 미2

458 *__haz·ing__ [헤이징]: 〈← haser(tease)〉, 〈프랑스어→미국어〉, 못살게 굴기, (신입생) 괴롭히기, 〈~ bullying〉, 〈~ initiation\rite of passage〉, 〈↔praise\sooth-ing\comforting\consoling〉 양2

459 *__haz-mat__ [해즈맽]: hazardous material, 위험 물질, 환경 파괴 물질, 〈~ toxic substances〉, 〈↔safe material\beneficial substances〉 양2

460 **HB** (hard black): 검고 단단한 (연필), 〈~ medium hard pencil〉, 〈↔9B\softest lead pencil〉 우2

461 **HbA1c**: 포도당에 부착되는 Hemoglobin(혈색소)의 일부를 측정해서 지난 2~3개월간의 평균 혈당량을 산출하는 〈당화 혈색소 지표〉, 〈~ glycated hemoglobin test\type 2 diabetes test〉 우2

462 *__HBM__ (high band-width mem·o·ry): (2013년 한국의 SK Hynix가 개발한) 폭이 넓고 속도가 빠른 기억소자, 대역폭 기억력, 〈앞으로 AI시장에서 각광을 받을〉 '차세대 반도체', 〈~ wide data channels\middle option memory〉 우2

463 **HBO** (Home Box Of·fice): 1972년 〈다락방〉에서 출시해서 현재 Warner Media가 운영하는 흥행 위주의 미국의 세계적 유료 케이블 TV 회사, 〈~ an American pay television network〉 수2

464 **HDL** (high den·si·ty lip·o·pro·tein) cho·les·ter·ol: 고밀도(비중)지단백, 〈혈류에서 저밀도 콜레스테롤을 제거해 주는〉 '좋은 콜레스테롤', 〈~ good cholesterol〉, 〈↔LDL\bad cholesterol〉 미2

465 *__HDTV__ [에이취 디이 티이비이]: high definition TV, 고품질(화질) 텔레비전, 〈~ more detail TV〉, 〈↔standard definition TV\traditional TV〉 미1

466 **he** [히이]: 〈← hi(this)〉, 〈게르만어〉, 그는(가), 〈내가 그를 얻을 때 행복해진다는〉 (그) 남자, 〈she에서 soft가 빠진〉 수컷, 남성적인 것을 나타내는 대명사, 〈↔she〉 가1

467 **head** [헤드]: ⟨← heafod(top)⟩, ⟨게르만어⟩, '꼭대기', 머리, 두뇌, 두부, 대가리, 꼭지, 단자, 접촉부, 마리(수), ⟨여자가 이것이 나쁘면 3대가 고생한다는⟩ 지능, ⟨~ front\controller⟩, ⟨↔bottom\tail⟩, ⟨↔back\subordinate\feet⟩ 가1

468 **head-ache** [헤데이크]: 두통, 골칫거리, '아내', ⟨~ sore head\pain in head⟩, ⟨↔relief\comfort⟩ 가1

469 ***head and shoul·ders** [헤드 앤 쇼울더즈]: (머리와 어깨만큼) 위에 우뚝선, 단연 뛰어난, 돋보이는, 군계일학, ⟨~ cream of the crop⟩, ⟨~ by far\definitely⟩, ⟨↔hardly\barely⟩ 양1

470 **head-band** [헤드 밴드]: 머리띠, ⟨~ head-wrap\hair-bond\circlet⟩ 가1

471 **head–bang-er** [헤드 뱅어]: 머리 박치기꾼, 감정을 억제 못하는 자, '또라이', ⟨~ heavy metla rock music lover\stupid person⟩, ⟨↔harmonizer\balanced person\surrender⟩ 미2

472 **head-board** [헤드 보어드]: 머리판(침대 머리 부분의 판자), ⟨~ head of bed\head end⟩, ⟨↔foot board\upright panel at foot of bed⟩ 미1

473 **head-butt** [헤드 벝]: ⟨레슬링 용어⟩, 머리(대갈통) 박치기, ⟨~ hit with head⟩, ⟨↔kick⟩ 미2

474 **head-cheese** [헤드 취이즈]: 돼지나 송아지의 머리나 발을 고아 치즈 모양으로 만든 식품, (영국에서는) brawn, ⟨~ potted heid\souse⟩ 우1

475 **head cold** [헤드 코울드]: '두통 감기', 코감기, ⟨~ common cold\upper respiratory tract infection⟩, ⟨~(↔)chest cold⟩, ⟨↔acute bronchitis⟩ 양1

476 **head count** [헤드 카운트]: 머릿수(세기), 인원수(조사), ⟨~ roll call\number of people⟩ 양2

477 ***head-desk** [헤드 데스크]: (너무 골치가 아파) 이마를 책상에 대는 일, 골 때리기, ⟨~ placing head on desk\expression of frustration⟩ 미2

478 **head–dry-er (dri-er)** [헤드 드라이어]: 머리 말리는 사람(기계), 건발기(hair·dryer), ⟨~ hooded dryer\blow-dryer⟩ 양1

479 **head-gear** [헤드 기어]: 쓸 것, 머리 보호구, 머리굴레, 머리쓰개, ⟨~ head wear\clothing for head⟩, ⟨↔footwear\shoes⟩ 미1

480 ***head–hunt-er** [헤드 헌터]: 사람 사냥꾼, 인재 발굴 담당자, ⟨~ talent scout\recruiter⟩ 양2

481 **head-ing** [헤딩]: 두부, 표제, 진로, (초목의) 순치기, 마구리를 밖으로 하여 벽돌 쌓기, 머리받기, ⟨~ title\description⟩, ⟨~ lead\lop off\end of brick outward\shoot with the head⟩ 가1 미1

482 ***head job** [헤드 좝]: 머리 디밀기, 구강성교, fellatio, ⟨↔hand-job⟩ 미2

483 **head-land** [헤드 랜드]: 돌출부, 밭두렁, 곶, 갑, ⟨~ cape\foreland\promontory⟩, ⟨~ unplowed land at field's edge⟩, ⟨↔gulf\cave\arroyo⟩, ⟨↔trench\abyss⟩ 양2

484 **head-light** [헤드 라잍]: '머릿불', 장등, 전조등, ⟨~ headlamp⟩, ⟨↔foot-light\rear light⟩ 우2

485 **head-line** [헤드 라인]: 표제, 주요 제목, ⟨~ header\heading⟩, ⟨~ caption\title⟩, ⟨↔foot-note⟩, ⟨↔comment\marginal note⟩ 가1

486 ***head-long** [헤드 러엉]: ⟨게르만어→영어⟩, 'head·ling', ⟨머리가 먼저 내려오는⟩ 곤두박이로, 신속하게, 무모하게, ⟨~ head first\rush\reckless⟩, ⟨~ diving\hurried⟩, ⟨↔careful\wary⟩, ⟨↔feet first\cautious⟩ 양2

487 **head-mas·ter** [헤드 매스터]: (남자) 교장, ⟨~ head teacher\principal⟩, ⟨↔employee\staff⟩ 가2

488 **head-mis·tress** [헤드 미스트뤼스]: (여자) 교장, 수석 여급(fore-woman), ⟨↔headmaster⟩ 가2

489 **head-on** [헤드 어언]: 정면의, 머리부터, 정면 충돌(의), ⟨~ direct\front-to-front⟩, ⟨↔indirect\out of the way⟩, ⟨↔avoidance⟩ 양2

490 **head on** [헤드 어언]: 정면으로, 머리를 앞으로 하고, 똑바로 (가다), ⟨~ directly⟩, ⟨↔in-directly⟩ 양2

491 ***head or·gasm** [헤드 오얼개즘]: '뇌 극치', '황홀경', '정신적 극치감', (명상이나 요가로 오는) 자율 감각 쾌락 반응, ⟨~ brain tingle\whisper porm⟩, ⇒ ASMR 미2

492 ***head o·ver heels** [헤드 오우붜 히일즈]: ⟨'heels over head'가 '곤두박질'된 말⟩, 곤두박이로, 거꾸로, 정신을 못 차리는, 강렬한, ⟨~ all the way\uncontrolledly⟩, ⟨↔detached\disinterested⟩, ⟨↔indifferent\apathetic⟩ 양2

493 **head-phone** [헤드 호운]: 머리전화, 머리에 거는 송·수신기, ⟨~ cans\head-set⟩, ⟨~(↔)ear-phone(bud·piece)⟩ 우2

494 **head-piece** [헤드 피이스]: 모자, 투구, 머리에 부착된 물건, 머리쓰개, 족두리, (책의 장이나 페이지) 첫머리의 장식 도안(beginning design), (안경의) 테와 다리를 연결시켜 주는 부분(bar of the glasses), 두뇌(intellect), 지성, 판단력, 〈~ headwear\hat〉, 〈↔footwear〉 양1 미1

495 **head-pin** [헤드 핀]: 볼링에서 첫 번째 목표물, 머리집게, 〈~ kingpin\front bowling pin〉 우1 우2

496 **head-quar·ters** [헤드 쿼어터즈]: 〈우두머리들이 모여있는〉 본부, 사령부, 본사, 〈~ main office\base〉, 〈↔annex\office〉, 〈↔offshoot\outskirts〉 가1

497 **head-rest** [헤드 뤠스트]: 머리받침, 〈~ head support\pillow〉, 〈↔foot-rest(stool·holder)〉 가1

498 **head-set** [헤드 쎌]: 머리(걸이) 송수신기, 〈~ headphones+microphone〉, 〈↔hand-set〉 우1

499 **head-shake** [헤드 쉐이크]: 머리 가로젓기, '아니요', '도리질', 〈~ moving head side to side〉, 〈↔moving head up and down〉, 〈↔nodding〉 양1

500 **head–shrink-er** [헤드 쉬링커]: 자른 머리(대가리)를 압축 보존하는 야만인, 〈욕망을 축소시키라는〉 정신병 치료자(의사), 〈~ psychiatrist\psychotherapist〉, 〈↔mental health patient〉 미2

501 **head-start** [헤드 스타아트]: 한발 앞선 출발, 지능 개발, 유치원, 〈~ advantage\boost〉, 〈↔handicap\hindrance\impediment〉 미2

502 **head-stone** [헤드 스토운]: 〈무덤의 앞부분에 세우는〉 묘석, 초석, 토대, 〈~ gravestone\tombstone〉, 〈↔foot stone〉 양2

503 *__head-storm__ [헤드 스토엄]: '두뇌 강타', '지적 격동(자극)', 〈~ 'spark'〉, 〈↔shit-storm〉 미2

504 **head-strong** [헤드 스트륑]: 〈의지를 꺾을 수 없는〉, 완고한, 억제할 수 없는, 〈~ stubbotn\willful\obstinate〉, 〈↔docile\obedient\submissive\compliant〉 가1

505 *__heads up__ [헤즈 업]: 〈머리 들어〉 조심해라, 〈고개를 쳐들어〉 빈틈없는, heads-up; 〈머리를 들게 하는〉 귀뜸, 〈~ alert\vigilant〉, 〈↔absent\distracted\inattentive\careless〉 양2

506 *__head-to-head__ [헫 투 헫]: 대접전의, 근접전의, 〈~ toe to toe\mano a mano\face to face\one on one〉, 〈↔indirect〉 양1

507 *__head-trip__ [헤드 트륍]: 심리 탐색, '짱구 굴리기', 〈~ mind-bender\egotrip\introspection〉, 〈↔ignore\neglect〉 미2

508 **head-way** [헤드 웨이]: 전진, 진행 속도, '머릿길', '선출발', 〈~ progress\make strides〉, 〈↔retrogress\stagnate\revert\relapse〉 양2

509 **heal** [히일]: 〈← hal(whole)〉, 〈게르만어〉, '완전하게 하다', 고치다, 낫게 하다, 무마하다, 〈~ make better\cure〉, 〈↔aggravate\wound\harm\damage〉 양2

510 **heal-ing** [히일링]: 아픔, 치료, 회복, 〈~ recovery\mending〉, 〈↔aggravation\deterioration\exacerbation\injury〉 가2

511 **health** [헬쓰]: 〈← hal(whole)〉, 〈게르만어〉, '완전한 상태', 건강, 위생, 번영, 〈~ well-being\soundness〉, 〈↔illness\sickness\disorder〉 가1

512 **health aid** [헬쓰 에이드]: 가정 보건사, 건강 보조원, 〈~ health care assistant〉, 〈↔patient\sufferer〉, ⇒ CNA 양1

513 **Health and Hu·man Ser·vices** [헬쓰 앤드 휴우먼 써어뷔시스], Dept of: 미 보건 사회 복지부, 1979년 교육부가 떨어져 나가 보건과 사회사업을 전담하게 된 연방정부의 내각부서, 〈~ a cabinet org.〉 양2

514 **health care** [헬쓰 케어]: 건강관리, 〈~ health maintenance\medical management〉, 〈↔health hazard〉 가1

515 **health cen·ter** [헬쓰 쎈터]: 보건소, 〈~ clinic\hospital〉 가1

516 **health club** [헬쓰 클럽]: 건강 도장, 건강 교실, 〈~ fitness center\sports center\gym\health spa〉, 〈↔academy〉 양1

517 **health food** [헬쓰 후우드]: 건강식품, 건강에 좋은 음식, 〈~ good(nutritious or nourishing) food〉, 〈↔junk(fast or processed) food〉 가1

518 **health in-spec-tor** [헬쓰 인스펙터]: 위생 검사관, 〈~ environmental health specialist\health official〉 가1

519 **health in-sur-ance** [헬쓰 인슈어륀스]: 건강보험, ⟨~ medical coverage\medical plan⟩, ⟨~(↔)life insurance⟩ 가1

520 **health man·age·ment** [헬쓰 매너쥐먼트]: 건강관리, ⟨~ health administration\hospital management⟩ 가1

521 **health spa** [헬쓰 스파아]: 건강 온천장, 건강관리 시설, ⟨~ jjim-jil-bang⟩, ⟨~ therapeutic facility\health resort⟩ 우2

522 *__health span__ [헬쓰 스팬]: '건강 기간', 일생 중 비교적 건강한 기간, ⟨~ healthy life years\duration of healthiness⟩, ⟨~(↔)life span⟩ 우2

523 *__health-tain-ment__ [헬쓰 테인먼트]: health+entertainment, 건강 위락, 건강을 염두에 둔 놀이, ⟨~(↔)edutainment⟩ 양2

524 **heap** [히이프]: ⟨게르만어⟩, pile, '더미', 퇴적, 다량, 쓸데없이 덩치만 큰 것, ⟨사상누각⟩, ⟨~ pile\mound⟩, ⟨↔bit'\a few\a little⟩ 양1

525 **hear** [히어]: ⟨← hieran⟩, ⟨게르만어⟩, ⟨주의를 끌기 위한 외침⟩, 듣다, 들리다, ⟨들어서⟩ 알다, 승낙하다, ⟨~ ear\here⟩, ⟨~ listen to\perceive⟩, ⟨↔miss\ignore⟩ 가1

526 *__heard it through the grape-vine__: 바람결에(풍문으로) 들었다, ⟨2015년 판 한국 T.V. 연속극 제목⟩, ⟨~ heard it as a rumor\over-hear⟩, ⟨~ the word on the street\a little bird told me⟩, ⟨↔tell you to your face⟩ 양2

527 *__heard too__ [허어드 투우]: '나도 들었어', 남의 비리를 폭로하지는 못하고 쉬쉬(hush-hush)하면서 옮기는 말, ⟨~(↔)me too(나도 당했어)⟩ 미1

528 **hear-ing aid** [히어륑 에이드]: (휴대용) 보청기, ⟨~ auditory amplifier\listening device⟩, ⟨↔eye glass\spectacles⟩ 가1

529 **hear·ken** [하알컨]: ⟨← hyrcnian⟩, ⟨게르만어⟩, ⟨← hark!(여기!)⟩, 귀를 귀울이다, 경청하다, ⟨~ heed\mind\listen to\auscultate⟩, ⟨↔ignore\dis-regard\neglect\be oblivious⟩ 양2

530 *__hear on the grape-vine__: (포도덩굴로 된 전신) ⟨풍문·미확인 정보·'카드라' 소식⟩으로 듣다, ⟨~ hear-say⟩, ⟨↔formal hearing⟩ 양2

531 *__hear-say__ [히어 쎄이]: 소문(에 의하면), '자고로', ⟨~ rumor\gossip\buzz⟩, ⟨↔fact\truth\proof\verified information⟩ 양2

532 **hearse** [허얼스]: ⟨← hirpex⟩, ⟨라틴어⟩, ⟨관위에 올려 놓았던 'harrow'(써래) 모양의 촛대에서 유래한⟩ 영구차, 장의용 마차, ⟨~ funeral car\conveyance for coffin⟩, ⟨↔disinter\display⟩ 양2

533 **Hearst** [허얼스트], Wil·liam: ⟨← hyrst(wooded hill)⟩, ⟨영국어⟩, '숲이 있는 언덕에 사는 자', 허스트, (1863-1951), 전쟁 통에 선정적 신문으로 돈을 벌어 ⟨캘리포니아 중부 해안에 스페인풍의 대저택을 지은⟩ 미국의 사업가, ⟨~ an American newspaper publisher and politician⟩ 수1

534 **heart** [하아트]: ⟨← heorte(core)⟩, ⟨게르만어⟩, ⟨순정이 머문다는⟩ 심장, ⟨털이 날 짬이 없는⟩ 염통, 마음, 심정, 가슴, 애정, 핵심, '고갱이', ⟨~ ticker\kindness⟩, ⟨← cord ← cor(azon) ← kardia⟩, ⟨↔heart-less⟩ 가2

535 **heart at-tack** [하아트 어탴]: 심장발작(마비), ⟨~ myocardial infarction⟩ 가1

536 **heart-bro·ken** [하아트 브로우큰]: 비탄에 잠긴, 가슴이 찢어지는, ⟨~ devastated\anguished⟩, ⟨↔delighted\joyous\ecstatic\jubilant⟩ 가2

537 **heart burn** [하아트 버언]: 생목오름, 위통, 질투, '속앓이', ⟨~ dyspepsia\indigestion⟩, ⇒ GERD 미2

538 **heart-felt** [하아트 휄트]: 마음에서 우러나오는, 진심어린, ⟨~ sincere\genuine\unfeigned⟩, ⟨↔pretended\phony\insincere\fake\skin-deep⟩ 양2

539 **heart-felt com·mit-ment** [하아트 휄트 커미트먼트]: ⟨1992년 한 침례교 목사겸 결혼상담가가 주창한⟩ 연애 언어(5가지), ⟨긍정적 단어·섬기는 행동·의미있는 시간·선물·신체 접촉⟩, ⟨~ wholehearted commitment⟩, ⟨↔apathy\uninterested⟩ 미2

540 **hearth** [하알쓰]: ⟨← heorth(fire-place)⟩, ⟨게르만어⟩, (집)난로, 화덕, 용광로, 가정(home), ⟨→ focus⟩, ⟨~ heat\grate\dwelling\fireside\furnace⟩ 양1

541 **heart-i-ly** [하알틸리]: 마음으로부터, 충심으로, 충분히, 실컷, 완전히, ⟨~ hearted-ly\enthusiastically\zealously⟩, ⟨↔half-heartedly\without interest⟩ 양2

542 **heart in one's mouth**: 가슴이 덜렁(뭉클)한, 몹시 놀란, 당황한, 〈~ apprehensive\frightened\excited\nervous〉, 〈↔calm\relaxed〉 양2

543 **heart-land** [하아트 랜드]: 심장지역, 핵심지대, 〈미국에서는 통상 국토의 중심지역인 '중서부'를 일컬음〉, 〈~ inland\upcountry〉, 〈↔exterior\periphery\boundary\border〉 양2

544 *****heart-strings** [하아트 스트링스]: 심장에 매달린, 심금(을 울리는), 깊은 감정, 〈~ feelings\pity〉, 〈↔malevolence\mercilessness\hardhearted\unsympathetic〉 양2

545 *****heart-throb** [하아트 쓰랍]: 심한 고동, 정열적 마음, 동경의 대상, (가슴 두근거리게 하는) 연인, 〈~ idol〉, 〈~ res-feber\pinup\dreamboat〉, 〈↔mediocrity\commoner\rogue\unattractive person\homely person〉 미2

546 **heart-to-heart** [하아트 투우 하아트]: 솔직한, 흉금을 터놓는, 이심전심, (heart-felt), 〈~ candid\frank〉, 〈↔artificial\feigned\guarded\insincere〉 양1

547 **hear you** [히어 유우]: 이해해, 그 마음 알지, 〈건성으로 대답하는 말〉, 〈~ I see〉, 〈~ I understand\I got it〉, 〈↔don't comprehend\confused〉 미2

548 **heat** [히이트]: 〈← hat〉, 〈게르만어〉, 〈← hot〉, 열, 더위, 〈여성이 배란기 전에 느끼는〉 열기, 예선(preliminary\warming up), 가열하다, 〈~ hearth〉, 〈~ thermo\warmth\hotness\high temperature〉, 〈↔cold\coolness\low temperature〉, 〈생각보다 아주 시적인(poetic) 단어〉 가1

549 *****heat dome** [히이트 도움]: '열 천장', 더운 고기압이 대기중에 자리잡고 지표면 상부의 열기를 가두는 〈폭염〉현상, 〈~ dog days\strong ridge of high pressure〉, 〈↔cold dome\a mass of cold air〉 미2

550 **heat-er** [히이터]: 가열기, 난방기, 〈~ warmer\furnace〉, 〈↔cool-er\air-con\cooling unit(system)〉 양1

551 **heat ex-haus-tion** [히이트 이그져어스쳔]: 열 탈진(피로), 〈~ heat stroke\sunstroke\heat prostration\overheating of the body〉, 〈↔hypothermia\freeze\frostbite〉 가1

552 **heat-fla-tion** [히이트 훌레이션]: 폭염성(식량) 가격급등, (다발성 이상 고온으로 인한 농작물 생산 저하로 오는) 농산물로 인한 통화팽창, 〈~ an inevitable inflation〉, 〈~(↔)climate-flation〉, 〈↔cold-flation〉, 〈편자로 하여금 인간은 참 따지기를 좋아하는 짐승이라 생각하면서 더 이상 inflation의 파생어를 쓰지 말것을 작심시킨 말〉 양2

553 **heath** [히이쓰]: 〈← heida(forest)〉, 〈게르만어〉, 황야, '황량초', 〈황야〉에 번성하는 낮은 키의 좁은 잎과 오래가는 자잘한 종 모양의 꽃송이를 가진 여러해살이 상록관목 (뱀눈석남·모래석남), 〈→ heather〉, 〈~ moore-wort\rose-bay〉, 〈~ moor\scrub〉, 〈↔woodland\mountain〉 우1

554 **heath as·ter** [히이쓰 애스터]: 〈황야에 자생하며 작은 별 모양의 국화꽃이 피는〉 미국 탱알, 끈끈이풀, tangle·foot, 〈~ White Heath Aster\frost aster〉 미2

555 **heath-ber·ry** [히이쓰 베리]: 〈진시황이 한라산에서 찾았다는〉 시로미, 넌출월귤, (건조한 토양에서 자라는 콩만 한 검정색 장과로 양주의 원료로 쓰이는) 들쭉딸기, crow·berry, 〈~ bilberry〉 미2

556 **heath-cock** [히이쓰 칵]: 멧닭의 수컷 (black cock), 수멧닭, 〈~ partridge\male black grouse〉, 〈↔heath-hen〉 미2

557 **heath-en** [히이던]: 〈게르만어〉, 〈'heath'(황야)에 사는 자〉, 이방인, 이교도, 불신자, 야만인, 〈~ pagan\gentle〉, 〈~ godless\irreligious〉, 〈↔believer\Christian〉, 〈↔Godly\religious〉 양2

558 **heath-er** [헤더]: 〈영국어〉, 얼룩무늬의, 히스 (heath; 특히 자주색의 '황량초'·〈모래 땅에 잘 자라는〉 모래석남), 〈~ ling²\broom²〉, H~; 〈황량초를 닮은〉 여자 이름, 〈~ a feminine given name〉 수1 미2

559 **heath-hen** [히이쓰 헨]: (검은) 멧닭의 암컷, 암멧닭, 〈~ grey hen\extinct prairie chicken〉, 〈↔heath-cock〉 미2

560 **Heath-row** [히이쓰로우]: '황량한 마을', 〈공항 건설로 없어진 런던 서쪽에 있던 마을의 이름을 딴〉 (히스로) 국제 공항, 〈~ an airport in London\a hamlet in England〉 수1

561 **heat in-dex** [히이트 인덱스]: 열지수, 〈딱 떨어지는 계산법이 없어 도표에 의존하는〉 체감온도, 〈~ apparent temperature\thermal discomfort index〉, 〈↔cooling effect of wind〉, 〈↔wind-chill(factor)〉 가1

562 **heat-ing pad** [히이팅 패드]: 가열방석, 〈~ hot(thermo or warm) pad〉, 〈↔ice(cold) pack〉 양1

563 **heat lamp** [히이트 램프]: (적외선등·태양등 등) 가열등〈~ infrared lamp\IR(Infra-red) bulb〉 가1

564 **heat-proof** [히이트 프루우프]: 내열성, 〈~ high temperature resistant〉, 〈~(↔)fire-proof\incombustible〉 가1

565 **heat rash** [히이트 래쉬]: 땀띠, miliaria, ⟨~ prickly heat\sweat rash⟩, ⟨↔frost-bite⟩ 가2

566 **heat-stroke** [히이트 스트로우크]: 열사병, hyperpyrexia, ⟨~ sun-stroke\heat exhaustion⟩, ⟨↔hypothermia⟩ 가1

567 **heat wave** [히이트 웨이브]: 열파(장), 장기에 걸친 혹서, 무더위, ⟨~ heat dome\hot spell\scorcher⟩, ⟨↔cold wave\wintertime⟩, ⇒ dog days 양1

568 **heave** [히이브]: ⟨← hebban(lift)⟩, ⟨게르만어⟩, '들어(치켜) 올리다', 부풀리다, 토하다, ⟨→ heaven\heavy⟩, ⟨~ pull\drag⟩, ⟨~ breathe\sigh⟩, ⟨~ keck\retch⟩, ⟨↔drop\lower\sink⟩ 양1

569 **heave-ho** [히이브 호우]: ⟨해양용어⟩, (닻줄을 감을 때나 물건을 던질 때 내는 소리), 영차, 옛다, 내쫓기, 퇴짜놓기, ⟨~ boot\firing⟩, ⟨↔re-call\re-hire⟩ 양2

570 **heav-en** [헤븐]: ⟨게르만어⟩, ⟨← heave(lift)⟩, ⟨치켜 올려진⟩ 하늘(나라), ⟨돈이 있으면(없어도) 갈 수 있는⟩ 천당, 천국, 낙원, 하느님, ⟨~ paradise\Shangri-la\utopia⟩, ⟨~ bliss\place of delight⟩, ⟨~ sky\upper atomosphere⟩, ⟨↔inferno\perdition⟩, ⟨↔hell⟩ 가2

571 **heav·en's sake** [헤븐스 쎄이크]: ⟨천리에 어긋나는⟩, 하느님 맙소사!, 원 세상에!, 제발!, ⟨~ deuce\God's sake⟩, ⟨~ for goodness sake\seriously⟩ 가2

572 **heav·y** [헤비]: ⟨← heave(lift)⟩, ⟨치켜 올리기⟩ 무거운, 속이 찬, 대량의, 힘든, 둔한, ⟨~ weighty\substantial⟩, ⟨↔light\thin\wispy⟩ 양1

573 **heav·y-du·ty** [헤비 듀티]: 매우 튼튼한, 높은 관세의, ⟨~ tough\strong⟩, ⟨↔weak\feeble\frail\fragile⟩ 양1

574 **heav·y in·dus·try** [헤비 인더스트리]: 중공업, ⟨~ more business oriented⟩, ⟨~ industry that uses large machines⟩, ⟨↔light industry⟩, ⟨↔more consumer-oriented\less environmental impact⟩ 가2

575 **heav·y traf·fic** [헤비 트래픽]: 교통 혼잡, ⟨~ traffic congestion\holdup⟩, ⟨↔empty roads⟩, ⟨↔light traffic⟩ 가2

576 **heav·y–weight** [헤비 웨잍]: ⟨체중 175파운드 이상의⟩ '중량급', ⟨~ considerable\big-time⟩, ⟨↔light-weight\fly weight⟩, ⟨↔little\insignificant⟩ 양2

577 **Hebe** [히이비]: 헤베, 제우스와 헤라의 딸, '청춘(youth)'의 여신, ⟨~ Greek goddess of youth and spring\wife of Hercules⟩, hebe; 여급(waitress) 수1 양2

578 **He·bra·ism** [히브뤠이이즘]: ⟨← Hebrew⟩, 헤브라이(히브리·유대) 문화, '종교적(감성적)인 사고방식', ⟨신을 중심으로 하는 생각⟩, ⟨~ Judaism⟩, ⟨~ things characteristic of Hebrews\Jewish religion⟩, ⟨↔Hellenism⟩, ⟨↔paganism⟩ 우2

579 **He·brew** [히이브루우]: ⟨← ibri(one from the other side)⟩, '강 건너 온 사람', 헤브라이⟨히브리⟩어 (사람), 유대인의, ⟨~ Jewish\Semitic⟩, 이해 못할 말 우2

580 **He·brews** [히이브루우스]: 히브리서, (핍박받는 예루살렘의 유대계 기독교인들에게) ⟨신조를 지킬것을 촉구하며⟩ 사도 바울이 썼다는 신약성서의 한 편, ⟨~ Israelites\Jews⟩, ⟨↔gentiles\not Jewish⟩ 수2

581 **he·chtia** [헼티어]: ⟨프러시아 학자 이름(Hechit⟨pike¹⟩)을 딴⟩ 파인애플(pineapple)과의 가늘고 긴 잎에 딱딱한 가시가 돋아난 선인장, ⟨~ a succulent⟩, ⟨~(↔)bromeliad⟩ 우1

582 **heck** [헼]: ①⟨스코틀랜드어⟩, ⟨← hatch²⟩, 통발(그물)⟨trap net⟩, 수문⟨swing door⟩, 시렁⟨rack⟩ ②⟨영국어⟩, hell(지옥)의 완곡한 표현, ⟨~ expression of annoyance or surprise\"fudge"⟩ 양1

583 **hect(o)** [헼트(오우)]: ⟨← hekaton(hundred)⟩, ⟨그리스어⟩, ⟨백·다수~⟩를 나타내는 결합사 양1

584 **hec·tare** [헼타알]: hekaton(hundred)+area, ⟨그리스어⟩, 헥타르, 1만 평방미터, 2.471에이커, ⟨~ 10,000 square meters⟩ 수2

585 *__hec·tic__ [헼틱]: ⟨← echein(have)⟩, ⟨그리스어⟩, ⟨지속적(habitual)으로⟩ 열이 있는, 흥분한, 매우 바쁜, ⟨~ frantic\frenzied⟩, ⟨↔serene\calm\peaceful⟩ 양1

586 **Hec·tor** [헼터]: ⟨← echein(have)⟩, ⟨손을 움켜쥐고⟩ '고함치는 자(bluster)', (아킬레우스가 죽인) 트로이의 왕자, ⟨~ Jesse⟩, ⟨~ bully\abuser⟩, ⟨↔victim⟩ 수1

587 **hedge** [헤쥐]: ⟨← hegga(fence)⟩, ⟨게르만어⟩, '울타리', 장벽, 손실 방지, ⟨~ hawthorn⟩, ⟨~ row of bushes\barrier⟩, ⟨↔expose to risk\entry\opening⟩ 양1

588 *__hedge fund__ [헤쥐 휀드]: (위험 방지용으로 다양한 상품에 분산 투자하는) 유한책임 신탁투자, ⟨~ managed future fund\retirement plan⟩, ⟨~(↔)mutual fund⟩ 미2

589 **hedge-hog** [헫쥐 허어그(하악)]: 고슴도치, 철조망, 심술쟁이, 〈~ urchin\hedge(fuzz)-pig〉 양1

590 **hedge trim-mer** [헫쥐 트뤼머]: 생울타리 손질기기, 〈~ garden clipper\hedge shears〉, 〈↔chainsaw〉 우1

591 **he·don·ism** [히이더니즘]: hedone(기쁨〈pleasure〉이란 그리스어)+ism, 쾌락(향락)주의, 〈~ libertinism\self-indulgence\debauchery〉, 〈↔an·hedonia\stoicism\self-restraint\asceticism〉 가2

592 **hee·bie jee·bies \ hee·by** [히이비쥐이비즈 \ 히비]: 〈미국 만화가가 주조한 의태어〉, 블루스풍의 춤, 초조감, 혐오감, 〈~ butterflies in stomach\anxiety\the creeps〉, 〈↔calm\peaceful〉 우1 양2

593 **heed** [히이드]: 〈← hedan(mind)〉, 〈게르만어〉, 조심('주의')하다, 유념(배려)하다, 〈~ attention\notice\listen\mind〉, 〈↔ignore\disregard\forget〉 양1

594 **hee·haw** [히이허어]: 히힝, 당나귀 울음소리, 너털웃음, 바보웃음, 〈~ laughter\chuckle〉, 〈↔roar\crying\sobbing〉 미2

595 **heel** [히일]: 〈← hela(back of the foot)〉, 〈게르만어〉, 뒤꿈치, 뒷굽, 뒷발, 말단, '말짜', 〈~ hock¹〉, 〈~ calcaneus\calx〉, 〈↔front\toe〉, 〈↔digits\phalanges〉 양1

596 **he·fe·wei·zen** [헤훼와이즌]: yeast+wheat, 〈독일어〉, 50% 이상의 맥아로 양조되고 바닐라 향이 나는 백맥주(white beer), 〈~ a German ale\unfiltered wheat beer〉, 〈↔filtered beer\brewery-conditioned beer〉 미2

597 **heft** [헤후트]: 〈← heavy〉, 〈미국 속어〉, 무게가 나가는, 뚱뚱한, 중요한, 영향력 있는, 〈~ massiveness\weightiness〉, 〈↔light-ness\slightness\levity〉 양1

598 **He·gel** [헤이걸], Ge·org: 〈'hail'(환호)하는 자〉, 헤겔, (1770-1831), (역사는 정·반·합의 반복이라는) 변증법을 주창한 독일의 이상주의 철학자, 〈~ a German philosopher〉 수1

599 **he·gem·o·ny** [헤줴모우니 \ 히줴머니]: 〈← hegeisthai(lead)〉, 〈그리스어〉, 헤게모니, 패권, 주도권, '지도자', 〈~ dominance\leadership\supremacy〉, 〈↔impotency\subordination\helplessness\weakness〉 가2

600 **He·gi·ra \ Hij·ra \ He·ji·ra** [헤좌이뤄 \ 히좌이뤄]: 〈← hajara(leave)〉, 〈아랍어〉, '도피', 헤지라, 서기 622년부터 시작되는 회교 기원, 마호메트가 메카에서 메디나로 도피한 일, 〈~ escape\evacuation〉, 〈↔arrival\influx〉 수2

601 **Hei·deg·ger** [하이데거], Mar·tin: 〈← heather field?〉, '황량초 초원에 사는 자?', 〈어원 불명의 독일계 이름〉, (1889-1976), ("인간은 시간이다"라며 모든 사물을 인간 존재의 입장에서 조명해 보려던) 독일의 실존주의 철학자, 〈~ a German philosopher〉 수1

602 **heif·er** [헤훠]: heah(high)+fearr(bullock), 〈게르만어→영국어〉, (아직 출산하지 않은) 3년생 미만의 암소, 계집애, 〈~ young female cow〉, 〈~(←)filly\colt〉, 〈↔steer\bull calf〉 미2

603 **height** [~하일]: 〈← heathu〉, 〈게르만어〉, 〈← high〉, 높이, 키, 고도, 고지, 언덕, 절정, 〈~ zenith\high point\elevation〉, 〈↔depth\bottom\base〉 양1

604 **~heim** [하임]: (게르만계 언어에서) 〈~의 home〉이란 뜻의 접미사, 〈~ abode\land〉 양1

605 **Hei·ne** [하이너], Hein·rich: 〈← Heinrich ← Henry〉, '부자', 하이네, (1797-1856), 〈역사는 스핑크스라고 말한〉 유대계 독일의 〈음유〉시인, 〈~ a German poet and writer〉 수1

606 **Hein·e·ken** [하이너킨]: 'Henry의 아들', 〈개발자의 이름을 딴〉 하이네켄, 〈맛이 상큼한〉 네덜란드 저장맥주(상표명), 〈~ a Dutch pale lager beer\Dutch surname〉 수1

607 **hei·nous** [헤이너스]: 〈← hair(hate)〉, 〈게르만어→프랑스어〉, 가증스러운, 꽤씸한, 흉악한, 〈~ wicked\horrendous\atrocious〉, 〈↔admirable\good\righteous〉 양2

608 **Heinz** [하인즈]: heim(home)+ric(ruler), '가장', 동명의 독일 이민자 아들이 1869년 설립해서 케첩으로 돈을 벌고 2015년 Kraft사와 합병한 미국의 세계적 식료품 가공업체, 〈~ home leader(German)\God is gracious(Hebrew)〉, 〈~ an American food processing co.〉 수1

609 **heir** [에어]: 〈← heres(successor)〉, 〈라틴어〉, '상속인', 후계자, 〈→ inherit〉, 〈~ heredity\heritage\next in line\descendant〉, 〈↔ancestor\forebear\predecessor\heiress〉 가2

610 **heir-ess** [에어뤼스]: '상속녀', 여자 상속인(후계자), 〈'돈 많은 과부' 등 남성들의 선망의 대상이라 함〉, 〈↔heir〉 가2

611 **heir-loom** [에어 루움]: 법정상속재산, 세습재산, 〈대대로 내려오는 'loom'(베틀) 같은〉 가보, 〈~ inheritance〉, 〈~ relic\antique\gift\birthright〉, 〈↔decrement\junk'\trash\scraps〉 양2

612 **Hei·sen·berg** [하이젠버어그], Wer·ner: '더운 산(hot mountain)에 사는 자?', 하이젠베르크, (1901-1976), 〈불확실의 원리에 근거한〉 양자역학을 창시한 독일의 이론 물리학자·독실한 기독교인, 〈~ a German theoretical physicist〉 수1

613 *****heist** [하이스트]: 〈1927년에 등장한 미국 속어〉, 〈← hoist(raise)〉, 강탈하다, 훔치다, shop·lifting, 〈범죄자의 입장에서는 'let's face it'〉, 〈~ holdup\stickup〉, 〈↔purchase\contribute\buy\give〉, ⇒ robbery 가1

614 *****he laughs best who laughs last**: 〈중국의 한신이 동네 깡패들 가랑이 사이를 기어가면서 한 말?〉, 나중에 웃는 자가 최후의 승자, 〈~ be patient\endure ridicule〉, 〈~ don't think you have won before you are sure〉, 〈↔assume you will win〉 양2

615 **held** [헬드]: hold의 과거·과거분사, 〈~ gripped\grasped〉, 〈↔released\let go〉 양1

616 **Hel·en** [헬런 \ 헬린]: 〈← helenos(bright one)?〉, 〈그리스어〉, 헬렌, '횃불', 제우스(Zeus)와 레다(Leda)의 딸, (절세 미녀로 트로이의 파리스 왕자에게 납치되어 트로이 전쟁〈Trojan War〉의 발단이 되었던) 스파르타 왕 메넬라오스의 아내, 〈~ torch\light〉, 〈↔darkness\gloom〉 수1

617 **hel·i·co-bac·ter** [헬리코 밝터]: 〈← helix(spiral)〉, (염증성 위궤양〈peptic ulcer〉의 주범으로 판명된) 〈수염이 달린〉 '나선형' 세균, 〈~ helicobacter(Campylobacter) pylori〉 미1

618 **Hel·i·con** [헬리칸]: 〈← helix(spiral)〉, 〈그리스어〉, '층층산', 아폴로와 음악의 신들이 살았다는 그리스 남부의 헬리콘산, 시상의 원천, 대형 취주악기의 일종, 〈~ bombardon\coiled tuba〉 수2

619 **Hel·i·co·ni·a** [힐러코우니어]: 〈← Helicon〉, 〈그리스어→라틴어〉, 헬리코니아, 〈앵무새 깃털〉, 층층이 피어나는 선명한 분홍과 노란색 꽃을 가진 파초과의 열대식물, 〈~ Lobster-claws\toucan beak\false bird-of paradise〉 수2

620 **he·li·cop·ter** [헬리캎터]: helix+pteron(wing), 〈그리스어〉, '나선형 날개', '잠자리 비행기', 공중에서 한 번 비틀기, 회전식 브레이크 댄스, 〈~ chopper\whirlybird〉 우1

621 **he·li·o-cen·tri·sm** [히일리오우 쎈트뤼즘]: 〈← Helios〉, 태양중심설, (태양을 중심으로 지구가 회전한다는) 지동설, Copernican system, 〈↔geo-centrism〉, 〈3세기에 태동해서 기독교의 교리 때문에 16세기에나 정립된 학설〉, 〈~ solar-centered\sun-based〉, 〈↔earth-centered\geocentric model〉 양2

622 **He·li·os** [히일리아스]: 〈그리스어〉, 헬리오스, 〈낮에는 사륜마차를 몰고 밤에는 큰 접시를 타고 다녔다는〉 태양(sun)의 신, Hyperion의 아들, 〈~ Greek sun god\Sol〉, 〈↔Selene\moon goddess〉 수2

623 **he·li·o-sis** [히일리아시스]: 일사병, sun·stroke, 〈~ overexposure to sun\sunburn〉, 〈↔frostbite\cryopathy〉 양2

624 **he·li·o-trope** [히일리어트로웊]: 헬리오트로프, 태양(sun)을 향하는, 잎이 빛을 굴절시키는, 양꽃마리 (물망초 비슷한 향기 좋은 자잘한 연보라색 꽃을 피우는 지칫과의 다년생 풀), 〈~ cherry pie(flower)\turning towads the sun〉, 〈↔aphtotrophism\turning away from the light〉 미2

625 **he·li·tank** [헬리탱크]: (물이 귀한 지역에서 화재가 났을 때 지상 소방 대원들에게 물을 공급하기 위해 고안된) 수조 잠자리 비행기, 〈~ helicopter that delivers water〉 미2

626 **he·li·um** [히일리엄]: 〈← Helios〉, 〈1868년 '태양(sun)'의 광관에서 최초로 검출된〉 헬륨, 〈끓는 온도가 가장 낮고 아주 가벼워서 냉각제·풍선용으로 쓰이는〉 비활성 기체 원소(기호 He·번호 2), 〈~ argonon\liquid helium〉, 〈~ a chemical element〉 수1

627 **he·lix** [히일맄스] \ **hel·i·ces** [헬러씨이즈]: 〈← helissein(turn round)〉, 〈그리스어〉, 〈← spiral〉, '나선'(형의 것), 귓바퀴, 〈~ coil\volute〉, 〈~ curl\twist〉, 〈↔anti-helix\line〉, 〈↔linear\straight〉 양2

628 **hell** [헬]: 〈← helan(cover)〉, 〈게르만어〉, '덮여진 곳', (죽어서 〈서민〉들이 가야 하는) 지옥, 저승, 마굴, 염병할, 〈~ inferno\perdition〉, 〈~ misery\Gehenna〉, 〈↔heaven\oasis〉, 〈↔hog heaven〉, 〈↔paradise\nirvana〉 가1

629 *****hel·la·cious** [헬레이셔스]: 뛰어난, 만만치 않은, 멋진, 〈hell+acious; 1929년에 등장한 대학생 은어〉, 〈~ awe-some\intense\fierce〉, 〈↔feeble\weak\soft\rotten〉 양2

630 *****hell and high wa·ter**: 산전수전, all sorts of hard-ships, 〈~ rain or shine\at any costs\by all means\certainly〉, 〈↔easy giving-up\not at all\doubtfully\not sure〉 양2

631 **hell-bend-er** [헬 벤더]: '지옥말이', (미국산) 장수도롱뇽, 〈건드리면 미친 듯-황홀한 듯 몸을 비비 꼬는〉 미꾸라지 비슷한 양서류의 일종, 망나니, 〈~ mud puppy\headstrong person〉 미2

632 **hell-div-er** [헬 다이버]: '자맥질쟁이', 비둘기만 한 크기에 오리같이 생겨서 〈급강하〉 잠수를 잘하는 논(농)병아리류의 물새, 〈~ dabchick\devil-diver〉 우1

633 **hel·le-bore** [헬러 버어]: 〈← helle boros〉, helein(injure)+bora(food)\hellos(fawn)+bora(food)〉, 〈그리스어〉, 〈마음의 상처를 씻어 준다는〉 헬레보레, 크리스마스 장미, 미나리아재빗과의 독초, 박새(하제·살충제로 썼던 백합과의 여러해살이풀), 〈~ Christmas rose\snow rose〉 미2

634 **hel·le-bo·rine** [헬러버라인 \ 헬레버륀]: 〈helle·bore 비슷한〉 헬레보린, 〈닭볏 모양의 작은 꽃이 층층이 매달린 난초과의 여러해살이 들풀-헬레보레보다 작은〉 닭의난초, 〈~ rattlesnake plantain\species of orchid〉 우1

635 **Hel·len-ism** [헬러니즘]: 헬레니즘, 'Hellas족의 문화', 그리스 문화, '과학적(이성적) 사고방식', 〈사람을 중심으로 하는 생각〉, 〈~ ancient Greek customs\spontaneity〉, 〈↔strictness of conscience\Jewish culture〉, 〈↔Hebraism〉 수2

636 **hell·gram-mite** [헬그뤄 마이트]: 〈1866년에 등장한 어원 불명의 미국어〉, dobsonfly, 〈낚시 미끼로 쓰이는〉 뱀잠자리류의 애벌레, 〈~ fish bait\crawlers〉 우1

637 **hel·lo** [헬로우]: 〈의성어〉, 〈게르만어→영국어→미국어〉, 〈← hallo〉, 여보(세요), 이봐~, 어이, 안녕하세요, 〈~ hola\hi\greetins〉, 〈↔goodbye\adios\farewell\bon voyage〉, ⇒ wotcha 가2

638 **helm** [헬름]: 〈← helma(rudder)〉, 〈게르만어〉, '키(자루), 조타장치, 꽉 쥐다, (초기의) 투구, 〈→ helmet〉, 〈~ steering gear\tiller\wheel〉, 〈↔push\un-dock\ranks\uncontrol〉 양1

639 **hel·met** [헬밑]: 〈← helm(covering)〉, 〈게르만어〉, 투구, 철모, 〈~ hard-hat\brain bucket〉, 〈~ protective headgear\armor〉, 〈↔jock-strap〉 가1

640 **hel·met shell** [헬밑 쉘]: '투구소라', 참점박이계란고둥(달걀 모양의 껍질에 투구 같은 돌기가 솟아난 나사형의 조개), 〈~ the king helmet\helmet snail〉 수2

641 **hel·met-shrike** [헬밑 슈롸이크]: 투구때까치 (앞으로 톡 튀어나온 볏을 가진 색깔이 아름다운 아프리카산 때까치), 〈~ a passerine bird\Asian broadbill〉 미2

642 **Helm-holtz** [헬름홀츠], Her-mann: helmet+wood, '나무 투구를 쓴 자', 헬름홀츠, (1821-1894), 〈열량은 생산할 수도 파괴할 수도 없고 오직 변환시킬 수만 있다는〉 열량보존법칙을 주창한 독일의 과학자, 〈~ a German physicist and physician〉 수1

643 **hel·minth** [헬민쓰]: 〈← helmins(worm)〉, 〈그리스어〉, 〈꿈틀대는〉 (장내) 기생충, 〈~ parasitic (or stomach) worm〉 양2

644 **help** [헬프]: 〈← helpan(aid)〉, 〈게르만어〉, '돕다', 거들다, 조력자, 도우미, 〈~ aid\assist\support〉, 〈↔hinder\hurt\abuse\harm〉 가1

645 **Help Scout** [헬프 스카웉]: '지원전표', 〈~ a help desk software company〉, ⇒ support ticket 우1

646 **help your-self** [헬프 유어쎌후]: 맘껏 드시오, 마음대로 하시오, 자조(직접 도움) 하시오, 〈~ suit your-self\be my guest\do as you like\go for it〉, 〈↔please don't\cease\abstain〉 양2

647 **Hel·sin·ki** [헬씽키]: 〈← hals(throat)〉, 〈북구어〉, '소용돌이 치는 강 어귀', 헬싱키, 남단에 붙어 있는 핀란드의 수도·항구·산업도시, 〈~ Capital and a seaport of Finland〉 수2

648 **hel·ter-skel·ter** [헬터 스켈터]: 〈← skelten(to hasten)?〉, 〈영국어〉, 〈의성어·의태어〉, 당황, 혼란, 나선형 미끄럼틀, 〈disarrayed\pell-mell\random\arbitrary〉, 〈↔organized\unhurried\carefully\methodical〉 양2

649 **Hel·ve·tia** [헬뷔이셔]: pelh(many)+elu(gain), 〈켈트어〉, '풍요한 땅', 헬베티아, 갈리아(Gaul) 족의 일파, 〈로마와 프랑스가 지배하고 있던〉 스위스의 지방 이름, 〈~ Switzerland(Latin name)〉 수1

650 **Hel·vet·ic·a** [헬붸티카]: 헬베티카, '스위스 체', 상하에 가는 선이 없는 〈명료한〉 인쇄체 〈문자·숫자·부호〉, 〈~ "Swiss" in Latin\sans serif typeface〉 수2

651 **hel·win·gi-a** [헬윙기아 \ 헬윈지어]: 〈프러시아 식물학자(Helwing; luck+war)의 이름을 딴〉 헬윙기아, 선상화(배 위의 꽃) 〈온대 동아시아에 서식하며 암·수가 따로 있고 잎 위에 2~3개의 콩알보다 작은 열매를 맺는 '요상한' 낙엽활엽관목〉, 〈~ deciduous dioecious shrub〉 미2

652 **hem** [헴]: ①〈영국어〉, 〈의성어〉, 에헴, 헛기침, 〈~ attention\slight throat-clearing sound〉 ②〈← ham(edge)〉, 〈게르만어〉, '가두리', 옷단, 치맛자락, 감침질, 〈~ border\fringe〉, 〈↔core\interior\inner part\center〉 양1

653 **hem(a·o)~** [히이 (마·모)~]: 〈그리스어〉, 〈← blood〉, 〈피~〉란 뜻의 결합사, 〈~ sanguine fluid\vital fluid〉 양1

654 **he·ma·tol·o·gy** [헤머탈러쥐 \ 히이머탈러쥐]: 혈액학, 〈~ study of blood\hematopathology〉 양2

655 **hem·i~** [헤미~]: 〈그리스어〉, 〈반(half)~〉이란 뜻의 결합사, 〈~ semi\demi\bisected\divided in 2〉, 〈↔whole\total\full\complete〉 양1

656 **Hem·ing·way** [헤밍웨이], Er·nest: 〈← '에워싸인 곳'이란 바이킹어〉, 〈← heim(home)〉, (1899-1961), 〈잊혀진 세대에〉 「노인과 바다」 등 〈필사적〉 소설을 썼으나 평생 양극성 장애에 시달렸던 미국의 〈남성〉 작가, 〈~ an American novelist〉 수1

657 **hem·i-sphere** [헤미 스휘어]: 〈그리스어〉, 반구(체), 〈결코 완전할 수 없는〉 영역, 〈~ half of a sphere〉, 〈↔whole\ball\globe\center〉 양2

658 **hem·lock** [헴락]: 〈← hymelic(poisonous plant)〉, 〈어원 불명의 영국어〉, 헴록, 〈소크라테스가 그 즙을 마시고 죽었다는〉 독미나리(당근), 〈재목과 펄프 또는 크리스마스 장식용으로 쓰는 향내가 좋은〉 솔송나무, 〈~ hop²〉, 〈~ fool's (or spotted) parsley〉 미2

659 **he·mo·di·al·y·sis** [히이모우 다이앨리시스]: 〈복강이나 기계로 하는〉 혈액 투석, 〈~ filtering (or cleaning) the blood〉 양2

660 **he·mo·glo·bin** [히이머 글로우빈]: Hb, Hgb, 헤모글로빈, 혈색소, 〈붉은빛을 내는〉 철분을 소유하고 있는 적혈구 내의 단백질, 〈~ blood hemoprotein\haemato-globulin〉 양2

661 **he·mo·phil·i·a** [히이머 휠리어]: hemo+philos(loving), 〈그리스어〉, 〈여자성에 의해 유전하는〉 (지혈이 곤란한) 혈우병, 〈~ a blood clotting disorder〉, 〈~ factor VIII deficiency\Christmas disease〉 양2

662 **hem·or-rhage** [헤머 뤼쥐]: haima(blood)+rhegynai(burst), 〈그리스어〉, 출혈, (거액) 자산 손실, 〈~ bleeding\blood loss〉, 〈↔blood transfusion\receiving blood through IV〉 양2

663 **hem·or-rhoids** [헤머 뤼이즈]: haima(blood)+rhein(flow), 〈그리스어〉, 〈항문에서 피가 나오는〉 치핵, 치질, piles, 〈~ swollen anal veins\inflamed recal veins〉 양2

664 **hemp** [헴프]: 〈← henep〉, 〈불투명한 어원의 게르만어〉, 삼, cannabis, 〈섬유와 마리화나를 추출하는〉 대마, 교수형 밧줄, 〈~ flax\linen〉, 〈~ hashish\marijuana\ganja\grass〉 양1

665 **hemp-en** [헴펀]: 대마로 만든, 목매는 밧줄의, 〈~ made from hemp\like hemp〉 양1

666 **hen** [헨]: 〈← henn(female bird)〉, 〈게르만어〉, '암탉', 암병아리, 암새, 암컷, 〈~ brooder\broiler(young chicken for frying)〉, 〈↔cock\rooster\capon〉 가1

667 **hen-and-chick·ens** [헨 앤 취큰즈]: '암탉과 병아리들', 〈꿩의비름·긴병꽃·덩굴광대수염·적설초 등〉 원포기 주위에 자라는 식물, 〈~ plant with shoots〉 우1

668 **hen-bane** [헨 베인]: '닭잡이(풀)', 〈가짓과의 약용 식물로 닭이 먹으면 마취가 되어 맥을 못추는〉 사리풀, 〈~ Devil's eyes\stinking hightshade〉 미2

669 **hen-bit** [헨 빝]: '닭쪼기(풀)', 〈꿀풀과의 약용·식용 식물로 닭이 쪼아 보고 먹지는 않는〉 광대나물, 〈~ Giraffe Head\Henbit Deadnettle〉 미2

670 **hence** [헨스]: 〈← heonan(away)〉, 〈게르만어〉, 그러므로, 지금부터, ~에서 유래하다, 〈away from 'here'〉, 〈~ therefore\consequently\so〉, 〈↔however\yet\despite this\otherwise〉 양2

671 *****hench-man** [헨취먼]: 〈← hengest(horse)〉, 〈영국어〉, '말구종', 심복, 추종자, 〈오른 팔〉, 〈~ assistant\supporter〉, 〈↔leader\foe\defector\traitor\boss〉 양1

672 *****hen-coop** [헨 쿠웊]: 닭장, 병아리집, 여학생 기숙사(girls' dorm), 〈~ henhouse\hennery〉, 〈↔rooster shed〉 가1 양2

673 **Hen·der·son** [헨더슨]: 〈← Henry〉, 1953년 연방상원의원의 이름을 따서 설립되어 근래에 급성장하고 있는 라스베이거스 동남부의 〈은퇴 도시〉, 〈~ a city in S-E Las Vegas〉 수1

674 **hen·e·quen** [헤너퀸]: 〈원주민어〉, 헤네켄, 질긴 섬유를 채취하는 칼 모양의 잎을 가진 중남미 원산의 용설란, '애니깡', 〈~ agave〉, 〈~ Mexican fiber〉 우1

675 **hen-har·ri-er (hawk)** [헨 해뤼어 (허얼)]: '닭 낚아채기(매)', 잿빛개구리매, ⟨~ skydancer\marsh hawk⟩ 미2

676 **hen·na** [헤너]: ⟨← hannay(anoint)?⟩, ⟨아랍어⟩, 헤나, ⟨이집트 쥐똥나무⟩, (가시 달린 잔가지에 쥐똥만 한 갈색 열매를 맺는) 부처꽃과의 관목, (머리 염색이나 문신에 쓰는) 적갈⟨reddish-brown⟩색의 염료, ⟨~ russet\auburn⟩ 영1

677 ***hen-par·ty** [헨 파아티]: '암탉 모임', 여자들만의 회합, ⟨~ bachelorette party\girls night out⟩, ⟨↔gander party\stag party\guys night out\bachelor party⟩ 미2

678 **hen-peck** [헨 펙]: '암탉이 쪼는', 내주장(공처가)의, ⟨~ nag\browbeat⟩, ⟨↔compliment\praise⟩, ⟨↔macho⟩, ⟨↔super-mom⟩ 미2

679 **Hen-ry** [헨뤼]: haima(home)+rik(ruler), ⟨게르만어⟩, '가장', 유럽 여러 나라의 제왕들의, ⟨~(↔)super-mom⟩, ⟨~(↔)macho⟩, 이름, ⟨~ "Lord"\estate ruler⟩ 수1

680 **Hen-ry** [헨뤼], O(l·i·ver): 헨리, William Sidney Porter의 필명, (1862-1910), ⟨촌철살인의 재주가 있었던⟩ 미국의 낭만주의 단편 소설가, ⟨~ an American writer⟩ 수1

681 **Hen-ry** [헨뤼], Pat·rick : 헨리, (1736-1799), 버지니아주 지사 당시 (영국의 인지 조례 반대 운동으로) "자유가 아니면 죽음을 달라"라는 연설을 해서 미국의 독립운동을 이끈 변호사 출신 웅변가·정치인, ⟨~ a U.S. Founding Father and politician⟩ 수1

682 **Hen-ry** [헨뤼] VIII: 헨리 8세, (1491-1547), 36년간 왕 노릇을 하면서 6번 결혼했고 성공회를 창립했으며 두 명의 아내를 참수시킨 영국의 왕·해군의 아버지, ⟨~ Father of the Navy\founder of Church of England and Royal navy⟩ 수1

683 **Hen-ry's law** [헨뤼스 러어]: 헨리의 법칙, 19세기 초 동명의 영국 화학자에 의해 주창된 (기체는 그것이 받는 부분 압력에 의해 액체로 바뀐다는) ⟨반대는 압축된 탄산음료가 병을 따면 거품이 일듯⟩ 기체 용해도에 대한 공식, ⟨~ a gas solubility law⟩ 수2

684 **Hen-ry Tu·dor** [헨뤼 튜우더]: 헨리 튜더, 헨리 7세, (1457-1509), 랭카스터 가문 어머니를 두고 태어나 30년의 장미 전쟁을 승리로 이끌고 요크 가문의 왕비를 맞아드려 강력한 튜더 왕조를 창건한 영국의 왕, ⟨~ founder of Tudor dynasty⟩ 수1

685 ***hep** [헾]: ①⟨영국어⟩, hip(허리)의 속어 ②⟨영국어⟩, 하나(구령소리), ⟨~ a marching cadence⟩ ③최신 정보에 밝은, 빠삭한, ⟨어원이 분분한 미국 지하세계의 은어⟩, ⟨~ a stylish (or fashionable) person⟩, ⟨~ hip²\coo\trendy⟩, ⟨↔nerdy\geeky\dorky\not liked⟩ 양2

686 **he·pat·i·ca** [히패티커]: 노루귀, 설앵초, '간엽' (잎이 간⟨liver⟩같이 생기고 아네모네(anemone) 비슷한 꽃을 피우는 미나리아재빗과(butter-cup family)의 여러해살이풀), ⟨~ liver leaf(wort)⟩ 미1

687 **hep·a·t(o)~** [헤퍼토(우)~]: ⟨← hepatos(liver)⟩, ⟨그리스어⟩, ⟨간(장)~⟩을 뜻하는 결합사 양1

688 **hep·a·ti·tis** [헤퍼타이티스]: 간염, ⟨~ inflammation of liver\liver infection⟩ 가1

689 **Hep-burn** [헾버언], Au·drey: heah(high)+byrgen(tumulus), ⟨스코틀랜드·북영국계 이름⟩, '언덕 위에 사는 자', 헵번, (1829-1893), 벨기에 태생의 ⟨깜찍한⟩ 영국 여배우, ⟨~ a British actress⟩ 수1

690 **Hep-burn** [헾버언], Kath·a·rine: 헵번, (1907-2003), 60년 이상 연기를 했고 (연상의 기혼남 Spencer Tracy를 열렬히 사랑했던) ⟨불같은 성격⟩의 미국 여배우, ⟨~ an American actress⟩ 수1

691 **He·phaes·tus** [헤페이스터스]: ⟨어원 불명의 그리스어⟩, 헤파이스토스, 제우스와 헤라의 절름발이 아들, 불⟨fire⟩과 대장장이⟨blacksmith⟩의 신, 아프로디테의 본 남편, ⟨~ Greek god of fire\Vulcan⟩ 수1

692 **hep·ta·gon** [헾터간]: ⟨그리스어⟩, 7각형, 7변형, ⟨~ septagon\7-sided polygon⟩ 가1

693 **her** [허얼 \ 허어]: she의 목적격 가1

694 **He·ra** [히어롸]: 헤라, 제우스의 누이·아내, 결혼과 결혼한 여성의 '수호(protect)'신, ⟨~ hero⟩, ⟨로마의 Juno⟩, ⟨~ Greek goddess of woman(marriage and childbirth)⟩ 수1

695 **Her·a·cles \ ~kles** [헤뤄클리이즈]: ⟨Hera의 미움으로 태어난⟩ 헤라클레스, 제우스와 알크메네 사이에서 나온 반신반인의 그리스 신화 최대의 영웅, (로마에선) Hercules, ⟨~ Greek god of strength and heroes\Gatekeeper of Olympus⟩ 수1

696 **Her·a·cli·tus** [헤뤼클라이터스]: 'Hera의 영광', 헤라클레이토스, (535?-475? BCE), 만물의 근원은 불이라고 주창한 그리스(에페서스)의 철학자, ⟨~ a Greek philosopher⟩ 수1

697 **her·ald** [헤뤌드]: heri(army)+waltan(rule), 〈게르만어→라틴어〉, 선구자, 사자, 보고자, 안내자, harry+wield, 〈'군대를 명령하는 자'〉, 〈~ advocate\messenger\indicator〉, 〈↔adversary\concealing\suppressing〉 양2

698 **her·ald·ry** [헤뤌드뤼]: 문장학, 가문, 전조, 전통적 상징, 〈← (선봉에 나오는) 군대의 문장 \ herald+y〉, 〈~ making "coats of arms"\heraldic symbols〉 미2

699 **herb** [어얼브]: 〈← herba(grass)〉, 〈라틴어〉, '풀', 초본, 목초, 약초, 마리화나, 〈~ arbor〉, 〈~ spice\aromatic plant〉, 〈~(↔)bane〉 양1

700 **her·ba·ceous** [허얼베이셔스]: 〈← herb〉, 풀의, 풀잎 모양의, 풀이 심어진, 〈~ not woody\of flowers〉, 〈↔of trees or shrubs〉 양2

701 **Her·cu·les bee·tle** [허얼퀼리이즈 비이틀]: 큰딱정벌레, 지상에서 가장 긴 곤충, (집게가 아주 크고 단단하고 머리에〈헤라클라스의〉 투구를 쓴 것 같은) '장수'풍뎅이, 〈~ Goliath beetle과 싸움을 붙여 볼까요〉, 〈~ rhinoceros (or unicorn) beetle〉 미2

702 **Her·cu·les-club** [허얼퀼리이즈 클럽]: '철퇴 나무' (〈헤라클레스가 쓰던 철퇴처럼 줄기에 단단하고 예리한 가시가 달린 운향과의 낙엽활엽관목), 산초나무, 호리병박, 〈~ prickly ash\toothache tree\pepperbark\Tickle Tongue〉 미2

703 **herd** [허어드]: 〈← heord(flock)〉, 〈게르만어〉, '짐승의 떼', 군중, 다수, 떼를 지어 가다, 〈→ herds·man(목동)〉, 〈~ troop\group\fold〉, 〈↔elite\elect\individual〉 양1

704 **here** [히어]: 〈← her(hear)〉, 〈게르만어〉, 〈달라붙어 있는〉 여기(에서), 〈저곳말고〉 이곳에, 자, 이봐, '내 말 들려?', 〈→ heither〉, 〈~ at this place\in this spot〉, 〈↔there〉, 〈↔elsewhere\another place〉 양1

705 **here-a·fter** [히어 애후터]: 이후에, 앞으로, 장차, 〈~ future\from now on\after this〉, 〈↔past\now〉, 〈↔there-after\earlier times\before〉 양1

706 **here-and-now** [히어뤈 나우]: 즉결을 요하는, 당장, 〈~ at the moment\at present〉, 〈↔sooner or later\future\past〉 양2

707 **he·red·i·tar·y** [허뤠디테뤼]: 〈← heres(heir)〉, 〈라틴어〉, 〈← heredity〉, 〈달라붙어 내려오는〉 세습의, 대대로, 유전(성)의, congenital, 〈~ heir\inherit\genetic\inborn〉, 〈↔acquired\extrinsic\transmitted〉 양2

708 **Her·e-ford** [헤뤠훠드]: 〈← here(army)〉〈영국어〉, 〈군대가 지나갈 수 있는 여울〉, 헤리퍼드, (개량종 소와 돼지가 유명한) 잉글랜드 서부지방, 택서스 북부의 소도시, 〈~ a cattle city in Texas\a cathedral city in England〉 수1

709 **here·sy** [헤뤄씨]: 〈← hairein(take)〉, 〈그리스어〉, 〈선택의 여지가 있는〉 이교, 이단, 이설, 〈→ heretic〉, 〈~ dissension\non-conformity〉, 〈~ contrary to truth\blasphemy〉, 〈↔orthodoxy\doctrine\dogma〉 양1

710 **her·e-tic** [헤뤄틱]: 〈← hairein (take)〉, 〈그리스어→라틴어〉, 이교도, 이단자, 반론자, 〈← heresy〉, 〈~ dissident\infidel\agnostic\dissenter\apostate〉, 〈↔conformist\believer\follower\adherent〉 양2

711 **here-with** [히어위드]: 이와 함께, 이로써, 여기 첨부하여, 〈~ with this\thus\bymeans of this\as a result〉, 〈↔in contrary\despite\in spite of\regardless of〉 양2

712 **here you go** [히어 유우 고우]: 자, 여기 (있어), 시작이다, 〈~ here you are\here it is\voila(브와알**라**아;French)〉, 〈↔where is it?〉 양2

713 **her·it·age** [헤뤼티쥐]: 〈← heres(heir)〉, 〈라틴어에서 연유한 프랑스어〉, 〈달라붙어 내려오는〉 세습재산, 유산, 전통, 선민, 〈← inherit〉, 〈~ tradition\custom\legacy\birthright〉, 〈↔acquisition〉, 〈↔purchase\addition〉 양1

714 **Her·it-age Foun·da·tion** [헤뤼티쥐 화운**데**이션]: 헤리티지 재단, '전통 재단', (1973년에 창립된) 미국의 보수파 정책 연구 단체, 〈~ an American conservative think tank〉 수2

715 **her·maph·ro·dite** [허얼매후뤄다이트]: 〈Hermes 와 Aphrodite의 아들-암만 아름답고 솜씨가 좋아도 괴물이 나올 수 있다는〉 자·웅동체, 남·녀추니, 어지·자지, 〈~ bisexual\AC/DC〉, 〈~ intersex\congenital eunuch\androgyne〉 양2

716 **Her·mes'** [허얼미이즈]: 〈← herm(square pillar of stone)?〉, 〈그리스어〉, '돌 무더기', 헤르메스, 제우스와 마이아의 아들, 신들의 사자, 과학·웅변·통행·상업·발명·흉계·도둑질의 신, 지구에 가장 가까운 소행성(수성·Mercury), 〈~ Greek god of commerce〉 수1

717 **Her·mes'²** [허얼미이즈]: '돌 무더기?', 에르메스, 1837년 동명의 독일계 프랑스인이 파리에서 마구용품을 팔기 시작하다 가죽제품·의류·장신구 등을 개발한 젊은 층에 인기 있는 세계적 유행 상품 업체, 〈~ a French luxury design house〉 수1

718 **her·mit** [허얼밑]: 〈← eremos(solitary)〉, 〈그리스어〉, 〈사막에 사는 자〉, 은자, 수행자, 속세를 버린 사람, 〈~ recluse\loner\solitary person〉, 〈↔socialite\social butterfly\mingler〉 양1

719 **her·mit crab** [허얼밑 크랩]: '숨은 게', 〈집 안에 사는〉 집게, 소라게(연한 몸통을 가져 죽은 소라나 고둥에 들어가서 사는 조그만 게), 〈~ decapod crustacean\soldier crab〉 미2

720 **her·mit thrush** [허얼밑 쓰뤄쉬]: '수줍은 지빠귀', 갈색 개똥지빠귀(숨어서 사는 예쁜 목소리의 중형 지빠귀), 〈~ North American thrush\American nightingale〉 미2

721 **her·ni·a** [허어니어]: 〈← hernos(sprout)〉, 〈그리스어→라틴어〉, 〈터져 나오다〉, 장기의 일부가 다른 곳으로 빠져나온 것, 탈장, 〈~ rupture\tear〉, 〈↔closure\obstruction\sealing\intact〉 양1

722 ***he·ro** [히어로우]: 〈← heros〉, 〈그리스어〉 ①〈수호자(protector)〉, 영웅, 위인, 주인공, 〈↔villain\chicken〉 ②〈남친이 매일 저녁 자신을 만나려고 개울을 헤엄쳐 오다 풍랑에 빠져 죽자 몸을 던져 따라 죽은 그리스의 전설에 나오는 Hero라는 여인의 이름에서 유래한〉 자살자(suicider), 〈~ brave man\great man〉 가2

723 **Her·od** [헤뤄드]: (BC73?-4), 〈← hero〉, 헤롯왕, 잔학하기로 유명했던 유대의 왕, 〈~ king of Judea〉 수1

724 **He·rod·o·tus** [허롸더터스]: 〈Hera가 인가한〉 헤로도토스, (BC484-425), 「역사」〈그리스와 페르시아 간의 전쟁 이야기〉를 쓴 그리스의 역사학자, 〈~ The Father of History\a Greek historian and geographer〉 수1

725 **her·o·in** [헤로우인]: 〈← heros(hero)〉, 〈그리스어〉, diamorphine, 강력한 아편(opium)으로 〈마치 '영웅'이 된 것 같은 기분을 느끼다〉 반감기가 짧아 중독성이 강한 마약, 〈~ dope\smack〉, 〈~(↔)methadone〉 우1

726 **her·o·in ba·by** [헤로우인 베이비]: 헤로인 중독의 어머니로부터 조산으로 태어난 아이, 〈~ crack baby〉, 〈~ Neonatal Abstinence Syndrome〉 우1

727 **her·o·ine** [헤로우인]: 〈그리스어〉, 〈← hero〉, 여걸, 여주인공, 〈~ brave woman\woman of courage〉, 〈↔coward\loser\villain\jerk〉 가2

728 **her·on** [헤뤈]: 〈← heigir〉, 〈게르만어〉, 〈의성어〉, 〈거무스름한 (청색 다리의) 왜가리, 해오라기 〈다리도 길고 목도 길고 부리도 기나 머시기는 그리 길지 않은 백로과의 새〉, 〈~ egret\aigret\bittern\a wading bird〉 미2

729 **her·ons-bill** [헤뤈즈 빌]: 양아욱, 〈~ Ground-needles\Musk clover〉, ⇒ storks·bill 미2

730 **he·ro–sand·wich** [히어로우 쌘드위치]: 〈호걸이 먹는〉 길쭉한 대형 삽입 빵, hoagy, 〈~ submarine〉, 〈~ sandwich for hungry workers〉, 〈↔open-faced sandwich〉 미2

731 **her·pes-zos·ter** [허얼피즈 쟈스터]: herpein(creep)+zoster(girdle), 〈그리스어〉, 〈기어다니는 허리띠〉, 대상 포진, '띠형 수포성 발진', 〈~ shingles〉, 〈~ varicella zoster virus\human alphaherpesvirus 3〉 양2

732 **her·ring** [헤링]: 〈← heri(host)?〉, 〈어원 불명의 게르만어〉, 〈〈떼를 지어 다니며〉 등은 암청색 배는 은백색이고 생선은 '비웃' 말린 것은 '과메기'로 불리는〉 청어, 〈→ red herring〉, 〈~ a small silver fish\an unimportant distraction〉 가1

733 ***her·ring-bone** [헤링 보운]: '청어가시'무늬, 오늬무늬(연속된 V자로 된 줄무늬), 스키에서 다리를 벌리고 비탈 오르기, 〈~ broken twill weave\V shaped skies〉 미2 우2

734 **her·ring-gull** [헤링 걸]: 재갈매기 (등은 회색·배는 백색·부리는 황색·다리는 분홍색을 한 바다 갈매기), 〈~ seagull\common large gull〉 미2

735 **Her·shey's** [허얼쉬즈]: 〈프랑스의 'Hercy' 지방에서 온 자〉, 허시즈, 1894년 동명의 제과업자가 초콜릿 공장으로 시작해서 세계적 식품 가공업체로 성장한 미국 회사, 〈~ a U.S. chocolate company〉 수1

736 **hertz \ Hz** [허얼츠]: 헤르츠파(진동수·주파수의 단위; 1초 간의 진동수=1Hz), 〈~ cycle per second(cps)\unit of frequency〉 수2

737 **Hertz** [허얼츠] **Cor·po·ra·tion**: 허츠사, 1923년 John Hertz가 사들여 2012년 Dollar와 Thrifty사도 흡수한 미국의 국제적 자동차 임대 회사, 〈~ an Ameican car rental company〉 수1

738 **Hertz** [허얼츠], **Hein-rich**: 〈게르만어〉, 〈← hardy(brave)〉, '용감한 자', 헤르츠, (1857-1894), 〈전·자기파도 빛과 열과 마찬가지로 진동·반사·굴절한다는〉 헤르츠파를 실증한 독일의 물리학자, 〈~ a German physicist〉 수1

739 ***hes·i·fla·tion** [헤지 훌레이션]: hesitation+inflation '정체성 통화팽창' (경제 성장은 정체하면서 통화팽창은 급격히 진행하는 것), 〈~ stag-flation〉 우1

740 **He·si·od** [히이시어드]: who emits the voice, '소리내는 자', 헤시오도스 (「신통기-Theogony」를 쓴 기원전 8세기경의 그리스 시인), 〈~ father of Greek didactic poetry\Greek myth maker〉 수1

741 **hes·i·ta·tion** [헤져테이션]: 〈← haerere(stay)〉, 〈라틴어〉, '머무적거림', 주저, 망설임, 말더듬, 〈~ reluctance\vacillation〉, 〈~ pausing\delay〉, 〈↔confidence\resolution〉, 〈↔certainty\decisveness〉 양1

742 **Hes·per·i·des** [헤스페뤼디이즈]: 'Hesperus'의 딸들', 헤스페리데스, 황금 사과밭을 지킨 네 자매 요정, 〈~ Greek nymph-goddesses of evening\"daughters of the Evening"〉 수1

743 **hes·per·is** [헤스퍼뤼스]: 〈← Hesperus〉, 꽃무 〈누굴 꼬시려고 그러는지 몰라도 밤(evening)에 향내가 더 진한 무꽃 비슷한 조촐한 자주 꽃이 뭉텅이로 피는 겨잣과 꽃무속의 2년생 잡초〉, 〈귀부인꽃〉, '저녁꽃', 〈~ singular form of Hesperides\evening〉, 〈~ 'dame's rocket (or violet)〉 미2

744 **Hes·per·us** [헤스퍼뤄스]: 〈'서쪽(western)'이란 뜻의 그리스어〉, 헤스페루스, 태백성, 〈개가 밥 줄 때가 지났는데 어쩐 일인가 하고 쳐다보는〉 개밥바라기 (저녁때 서쪽 하늘에 보이는 금성〈Venus〉), '저녁별(evening star)', 〈~ Greek god of evening\son of Aphrodite〉 미2

745 **Hes·se** [헤쎄], Her-mann: 〈Hessian 족〉 헤세, (1877-1962), 〈자아〉를 발견하려고 애쓴 독일 태생 스위스의 작가, 〈~ a German-Swiss poet and novelist〉 수1

746 **Hes·sian-fly** [헤션 훌라이]: 밀흑파리 〈미 독립전쟁 때 영국에 고용된 서부 독일 Hessen 지방 출신 용병처럼〉 (유충이 밀에 해를 끼치는 아시아 원산의 모기 비슷한 파리), 〈~ barley midge〉 미2

747 **hest** [헤스트]: 〈← hatan(order)〉, 〈게르만어〉, 분부, 명령, 〈~ command\precept〉, 〈↔answer\obey〉 가1

748 **Hes·ti·a** [헤스티어]: 헤스티아, '가정의 여신' (제우스의 누이로 화로〈hearth〉와 아궁이의 여신), 〈로마의 Vesta〉, 〈~ Greek goddess of home and hospitality〉 수1

749 **Hes-ton** [헤스턴], Charl-ton: hes(brush wood)+tun(enclosure), 〈영국어〉, '덤불 안에 사는 자', (1923-2008), 5년간 전미 총기연맹 회장을 역임하고 술 중독과 치매에 시달렸던 〈끈질긴 서민 배우〉, 〈~ an American actor and activist〉 수1

750 **het·er·(o)~** [헤터(로우)~]: 〈그리스어〉, another\different, 〈이종의~, 다른~, 남의~〉란 뜻의 결합사, 〈~ other〉, 〈↔homo\same〉 양1

751 **het·er·og·e·nous** [헤터뤄 쥐너스]: heteros(different)+genos(kind), 〈그리스어〉, 이종의, 이질의, 이성(다른 성분)의, 〈~ diverse\incongruous〉, 〈↔homogenous\alike\uniform〉 양2

752 **heu·che·ra** [휴우커뤄]: 휴케라, alum·root, coral bells, 〈북미 원산으로 원주민들이 만병통치제로 썼으나 독일 의사의 이름(Heucher)을 딴〉 쓴 맛이 나는 목질의 뿌리줄기에 손바닥 같은 잎과 기다란 잎꼭지 위에 자잘한 방울꽃이 피는 범의귓과의 상록 다년초, 〈~ coral bells\alum-root〉 우1

753 **Heung-seon** [흥선], Re·gent: rise+good, 〈중국어→한국어〉, 〈착하게 일어나는 (promoting goodness)〉 흥선대원군, 국태공, 이하응(Yi Ha-eung), (1820-1898), 인조의 9대손으로 태어나 현종의 어머니 풍양 조씨 집안을 등에 업고 아들을 왕으로 만든 후 쇄국정책을 펴나가다가 며느리와의 권력투쟁에 밀려 청나라에 3년간 잡혀가 있은 후 돌아와서 갖은 방법으로 재기를 꾀했으나 실패하고 병사한 권력욕이 대단했던 '대원위 대감(Daewongun)', 〈개인의 욕심으로 나라를 말아먹은 전형적인 사람〉, 〈~ father of King Go-jong²〉 수2

754 **hew** [휴우]: 〈← heawan(to chop)〉, 〈게르만어〉, 〈의성어?〉, 자르다, 토막 내다, 깎아 새기다, 〈→ haggle\hay\hoe〉, 〈~ cut with tool\hack〉, 〈↔un-cut\expand\mold¹\construct\build〉 양2

755 ***He who dances must pay the pip-er**: 춤춘자가 피리삯을 내야지, 네가 좋아서 한 짓은 네가 책임져라, 결자해지, 〈~ you made your bed you lie on it〉, 〈~ to bear the consequences\have no choice〉, 〈~ tort law〉 양2

756 **Hew·lett-Pack·ard** [휴울릿 패커드]: little Hugh+packer, 〈영국계 이름들〉, 휼렛 패커드, HP 〈동명의 동업자에 의해〉 1947년에 세워진 미국의 전자기기 회사, 〈~ an American information technology company〉 수1

757 **hex·a-gon** [헥써건]: 〈← hex(six)〉, 〈그리스어〉, 육모꼴, 육변형, 육각형, 〈~ 6-sided polygon〉 양2

758 **Hex·am·er·al trea·tises** [헥써메뤌 트뤼이티즈]: 육수 조약, 하느님이 창세기(Genesis)에 매일 다른 물건을 6일 동안 만든 것(6-day creation)에 대해 과학적 의미를 부여하려고 노력했던 초기 기독교 시대의 문학·신학 분야, 〈~ commentary on Hexameron〉 미2

759 **hey** [헤이]: 〈영국어〉, 〈의성어〉, 어이!, 저런, 어마나, 여보세요, 야, 〈~ olé〉, 〈~ gee\goodness gracious〉, 〈~ hi\hello〉 가1

760 *****hey-day** [헤이 데이]: high+day, 전성기, 한창때, 〈~ prime\peak〉, 〈↔down-fall\low point\decline〉 양1

761 *****hey·hey** [헤이 헤이]: 〈hey, hey, emo-boy란 노래 가사에서 연유한〉 18세 이상의 남성 동성연애자, 〈~ an adult male gay\someone who really likes you〉 우1

762 **hey·hey·hey** [헤이 헤이 헤이]: 〈영국어〉, 〈의성어〉 ①어서 와!, 신난다!, 〈~ goody-goody〉 ②그만둬!, 집어치워!, 〈~ cut it out〉, 〈~ way to get someone's attention〉 양2

763 **hey man!** [헤이 맨\헤이 맨]: ①여봐, 저기요 ②잘났어!, 이게 뭐야!, 웃기지마!, 〈~ a guy who is doing something drastic〉, 〈~ here\what!〉 양2

764 **Hez·bol·lah** [헤즈벌아]: hezb(party)+allah(God), 헤즈볼라, '신의 당', (1982년에 태동해서 1992년에 정립된) 레바논의 이슬람교 시아파의 과격한 단체, 〈~ Shia Islamic terrorist group\political party in Lebanese Parliament〉 수2

765 **HF**: hard firm(연필의 강도), high frequency(고주파), have fun(재미봐) 미2

766 **HH** (dou·ble hard) \ **HHH** (tre·ble hard): 연필(pencil)의 강도(더 단단한·아주 단단한) 미2

767 **HHS**: (미)보건사회복지부, ⇒ Health and Human Services 양2

768 **hi** [하이]: ①〈영국어〉, 〈의성어〉, 야, 이봐, 〈~ hello\greetings〉, 〈↔bye〉 ②〈게르만어〉, high의 약자, 〈↔low〉 가1

769 **hi·a·tus** [하이 에이터스]: 〈← hare(to gape)〉, 〈라틴어〉, (벌어진) 틈, (갈라진) 금, 중단, 공백, 모음 접속, 〈~ aperture\lacuna\pause\gap\interval〉, 〈↔continuance\closure\progression\uninterruption〉 양2

770 **hi-ba·chi** [히 바아취]: hi(fire)+bachi(bowl), 〈일본어〉, 숯불화로, 숯불구이, 〈~ 입으로 불을 지피는 pu-pu grill〉, 〈~(↔)tepanyaki는 grill 대신 plate를 쓰고 넓어서 여럿이 먹을 수 있음〉 우2

771 **hi·ber·na-tion** [하이버네이션]: 〈← hiems〉, 〈← winter의 라틴어〉, 동면, 휴면, 겨울잠, 〈~ dormancy\inertia\slumber\sleep〉, 〈↔awake\aestivation\activity\work〉 가1

772 **hi·bis·cus** [하이비스커스]: 〈marsh·mallow를 칭하는 어원 불명의 그리스어〉, 히비스커스, 무궁화 비슷한 목부용속의 식물, 〈~ rose mallow\shoeblack plant〉 우2

773 **hic·cup** [히컵]: 〈영국어〉, 〈의성어〉, 딸꾹질, 일시적 하락, 〈~ cough〉, 〈~ break in continuity\disruption〉 양1

774 **hick** [힉]: 〈영국어〉, 〈어떤 Rick이란 놈처럼〉 촌스러운, 어수룩한, 〈~ bumpkin\hillbilly\peasant\redneck〉, 〈↔cosmopolitan\sophisti-cate\slicker\suburbanites\urbanites〉 양2

775 **hick·ey** [히키]: 〈어원 불명의 영어들〉 ①(이름 모를) 장치, 연결기, gadget ②뾰루지, 흠집, 키스 자국〈love mark〉, 〈~ kiss mark\pimple\zit〉, 〈~ love bite\bruise〉 양2

776 **hick·o·ry** [히커뤼]: 〈북미 원주민어〉, 히커리 (목재가 단단하기로 유명한 북미산) 호두나무, 야구 방망이, 〈~ North American walnut tree\baseball bat〉, Old Hickory; 완고한 노인(Andrew Jackson의 별명) 미2 수2

777 **hid** [히드]: hide의 과거·과거분사, 〈~ concealed\covered〉, 〈↔exposed\revealed〉 양1

778 **hi·dal·go** [히댈고우]: hijo(son)+de+algo(something), 〈스페인어〉, '아무개의 아들', 히달고, 스페인의 하급귀족(신사), 〈~ lower nobility of Spain\person born into wealth〉, 〈↔peasant\commoner〉, H~; 태양에서 멀리 떨어진 소행성(a distant star), 멕시코의 중동부 지역(N of Mexico City) 수2 수1

779 **hid·den** [히든]: hide의 과거분사, 숨겨진, 비밀의, 희미한, 〈~ not visible\unseen〉, 〈↔obvious\displayed〉 양1

780 **hide¹** [하이드]: 〈← hydan(conceal)〉, 〈게르만어〉, 숨기다, '숨다', 덮다, 은신처, 자취, 〈~ keep secret\mask〉, 〈↔expose\display\exhibit\flaunt〉 양1

781 **hide²** [하이드]: 〈← hide¹〉, 〈몸을 숨기는〉 (큰 짐승의) 가죽, 몸의 안전, 뻔뻔스러움, 〈~ disguise\cloak〉, 〈↔lay bare\un-mask\unveil\discover〉 양1

782 **hide-and-seek** [하이드 앤 씨이크]: 숨바꼭질, 피하기, 속이기, 〈~ ghost in the graveyard〉, 〈~(↔)hooky²\tag〉 양2

783 **hide-a-way** [하이더 웨이]**hide away** [하이드 어웨이]: 은신처, 한적한 곳, 숨기다, 감추다, 잠복하다, 〈~ retreat\refuge〉, 〈↔stay in place\advance\coming out\emerging〉 양1

784 **hid·e·ous** [히디어스]: ⟨← hisda(horror)⟩, ⟨어원 불명의 프랑스어⟩, ⟨숨기고 싶게?⟩ 끔찍한, 섬뜻한, 고약한, ⟨~ ugly\unsightly⟩, ⟨~(↔)innocuous⟩, ⟨↔beautiful\gorgeous⟩ 양2

785 **Hi·de·yo·shi** [히데요시], To·yo·to·mi: '운수가 대통한 자', ⟨~ a Japanese samurai and feudal lord\Kinoshita Tokichiro⟩, ⇒ Toyotomi 수1

786 **hie** [하이]: ⟨← higian(fasten)⟩, ⟨어원 불명의 영국어⟩, 서두르다, 재촉하다, ⟨~ go quickly\hurry⟩, ⟨↔linger\drag\go slowly\amble⟩ 양2

787 **hi·er(o)~** [하이어(로우)~]: ⟨그리스어⟩, ⟨신성한·성직의(holy)~⟩를 뜻하는 결합사, ⟨~ sacred\priestly⟩, ⟨↔profane\secular⟩ 양1

788 **hi·er·ar·chy** [하이어라아키]: hieros(holy)+archos(ruler), 성직자 계급제도, 천사의 9계급, 분류체계, ⟨~ pecking order\ranking⟩, ⟨↔free for all\disordered⟩, ⟨↔heterarchy\ungraded⟩ 양2

789 **hi·er·o·glyph** [하이어뤄글리후]: hieros(holy) +glyphein(carve), ⟨신성한⟩ 상형(그림)문자, 비밀문자, ⟨~ image\likeness⟩, ⇒ Rosetta Stone 양1

790 **hi-fi** [하이 화이]: high fidelity(고충실도-원음 그대로), 고성능 음악 재생 장치, ⟨↔low-fi⟩ 우2

791 **high** [하이]: ⟨← heh(lofty)⟩, ⟨게르만어⟩, ⟨← hill?⟩, 높은, 고상한, 도취경, ⟨→ haughty\height⟩, ⟨~ tall\elevated⟩, ⟨↔low\short\flat⟩ 가1

792 ***high and dry** [하이 앤 드라이]: ⟨1727년에 등장한 영국 해양용어⟩ ①(배가) 물 밖에 나와있는, 곤경에 빠진, 버림받은 ②먹고 살 길이 막막한, 무일푼의 ③손에 물 묻히는 짓을 하지 않는, 설거지를 하지 않는 (얌체), ⟨~ stranded\abandoned⟩, ⟨↔powerful\efficient⟩, ⟨↔sitting pretty\doing well⟩ 양2

793 ***high and might·y** [하이 앤 마이티]: 콧대가 높다, 건방지다, 높은 양반, 난 척하는 놈, ⟨~ condescending\disdainful⟩, ⟨↔humble\modest⟩, ⟨↔unassuming\unpretentious⟩ 양2

794 ***high and tight** [하이 앤 타잍]: 바짝 치켜 깎는 머리, ⟨군인 머리⟩, 뒷머리는 (점점 약해지는) fade로 옆머리는 면도로 윗머리는 짧게 깎는 머리 모양, ⟨~ buzz cut(hair)\uptight(military term)⟩ 우1

795 ***high-ball** [하이 버얼]: 높은 잔, ⟨높은 잔으로 마시는⟩ 위스키에 소다수를 섞은 음료, (부동산 거래 등에서) 터무니없이 높은 가격⟨ridiculously high price⟩으로 입찰하는 짓, ⟨~ collins glass\chimney-style glass⟩, ⟨↔tumbler\low-glass\low-ball⟩ 미2

796 **high-beam** [하이 비임]: (멀리까지 밝게 비춰 주는) 상향등, ⟨~ full-beam\upper-beam⟩, ⟨↔low-beam\dimmed (or dipped) headlights⟩ 미1

797 ***high-boy** [하이 버이]: 높은 발이 달린 옷장, ⟨← tall bois(막대의 프랑스어)⟩, ⟨~ high-legged\tall chest of drawers\chest-on-stand⟩, ⟨↔low-boy\bureau\dresser⟩ 우1

798 ***high-brow** [하이 브라우]: 높은 이마, ⟨골상학에서 따지는⟩ 지식인(인 체하는 사람), ⟨~ intellectual\scholarly⟩, ⟨↔low-brow\uncivilized\unsophisticated⟩ 우1

799 **high-chair** [하이 췌어]: (식사 때) 어린이용 높은 의자, ⟨~ baby feeding chair\baby seat⟩, ⟨↔low-chair\chaise\lounge\wing chair⟩ 우2

800 **high-class** [하이 클래스]: 높은 신분, 고급의, 일류의, ⟨~ upper-class\superior⟩, ⟨↔low-class\proletarian\inferior⟩ 가2

801 ***high con-text** [하이 칸텍스트]: 고 문맥(문화), 대화에서 암시적인 말을 많이 쓰는 (사회), ⟨~ more implicit communication\less direct communication⟩, ⟨↔low context\more explicit communication\bluntness⟩ 미1

802 **high coun·try** [하이 컨트뤼]: 고지대, 구릉지대, ⟨~ forested mountain area\high elevation terrain⟩, ⟨↔low country\nether-land\low-lying region\coastal plains⟩ 양1

803 ***high-end** [하이 엔드]: 최고급의, 고급품 취향의, ⟨↔low-end\thrifty⟩ 양2

804 ***high-fa·lu·tin** [하이 휠루우튼]: ⟨1839년에 등장한 미국 속어⟩, ⟨높이 날아(flying) 피리(flute) 부는⟩, 허풍떠는, 거만한, 호언장담, ⟨~ high-toned\fancy pants\pompous\arrogant⟩, ⟨↔un-pretentious\simple\down-to-earth\modest⟩ 양2

805 **high fash·ion** [하이 홴션]: 상류 유행 양식, 최신 유행 상품, ⟨~ haute couture\high style⟩, ⟨↔low fashion\old fashion\frumpy\dowdy⟩ 양2

806 **high fi·del·i·ty** [하이 휘델러티]: hi-fi, 충실도가 높은, ⟨↔lo-fi⟩ 우2

807 ***high-five** [하이 화이브]: 〈5손가락을 높이 펴서〉 (기쁨을 나누기 위한) 손바닥 맞추기, 〈~ "give me five"\ gesture of celebration〉, 〈↔ignore\farewell\cold-shoulder\turn a blind eye to〉 미2

808 ***high-fli-er** [하이 훌라이어]: 높이 나는 것, 야심가, 오름세가 빠른 종목, 고급 매춘부, 〈~ dynamo\winner\ successful person\powerhouse〉, 〈↔crawler\loafer\idler\slacker〉 미2

809 **high ground** [하이 그롸운드]: 고지, 우위, 유리한 입장, 〈~ advantage\edge〉, 〈↔disadvantage\ handicap\pitfall\burden〉 양1

810 **high-hand** [하이 핸드]: 〈도박용어〉, 높은 패(king card), 고급품, 높은 놈, high-class, 〈~ arrogant attitude\dictatoria manner〉, 〈↔low-hand\low-class〉, 〈↔considerate\humble〉 양2

811 ***high-hat** [하이 햍]: 비단 모자, 거드름 피우는 자, 〈쇠 막대에 높이 매달린〉 심벌(악기)의 일종, 〈~ snobbish\ haughty\complacence\holier-than-thou〉, 〈~ foot cymbals〉, 〈↔humble\modest\respectful\ meek〉 미2

812 **high heels** [하이 히일스]: 굽 높은(구두), 〈~ pumps\stilettos〉, 〈↔low heels\flats\kitten heels〉 양1

813 **high-Jack \ hi-jack** [하이 쟄]: 강탈하다, (공중) 납치하다, 공중에서 하는 hi·jack, 〈~ sky-jack〉, 〈~ seize\ take over〉, 〈~(↔)car-jack〉, 〈↔surrender\letgo of〉 미2

814 ***high jinks (jinx)** [하이 쥥크스]: hi·jinks, 〈17세기 말에 스코틀랜드의 술 마시기 시합에서 나온 말〉, 신나게 떠들기, 흥청망청 놀기, 〈~ antics\frolicking〉, 〈↔labor\drudge\toil\work〉 미2

815 ***high-key** [하이 키이]: 〈높은음자리의〉 밝고 선명한, 고자세, 격렬함, 〈~ intense\out in the open〉, 〈↔low-key\restrained\secretive〉 양2

816 **High-land cat·tle** [하이런드 캐틀]: (담백한 고기 맛의) '고지소', 〈~ Highland coos\shaggy reddish brown cattle〉, ⇒ kyloe 수2

817 **High Latin** [하이 래틴]: ①(양반들이 쓰던) 고급 라틴어, 〈~ classical Latin〉, 〈↔low (or vulgar) Latin〉 ②(Medieval 이전의) 선라틴, 〈~ early Latin〉, 〈↔low (or late) Latin; 후라틴〉 양2

818 ***high-life** [하이 라이후]: 상류 생활, 사치스러운 생활, 〈~ extravagance\lavishness〉, 〈↔low-life\ proletarian\plebian〉 양2

819 **high-light** [하이 라잍]: 가장 밝은 (중요한) 부분, 요점, 강조하다, 〈~ best part\focus on〉, 〈↔tone(down)\ de-emphasize\least important part\minimize〉 양1

820 **high-low** [하이 로우]: 카드 놀이의 일종, 〈~ a poker game〉, '고저전', 〈~ hemline longer in back than front〉, 〈↔symmetrical hemline〉 우1

821 **high mag·ic** [하이 매쥑]: 〈고상한〉 마술, natural magic, ⇒ white magic, 〈~ ceremonial magic\cosmic magic〉, 〈↔low magic\black magic\folk magic\Earth magic〉 양2

822 **high-necked** [하이 넽트]: (목과 어깨선보다) 깃이 높은, 거만한, 〈~ clothing with high neckline\ turtleneck\arrogant〉, 〈↔low-necked\low-cut\revealing〉 우2

823 **High-ness** [하이 니스]: 전하 (왕족 등에 대한 경칭), 〈~ excellency\majesty〉, 〈↔coarseness\ crudeness〉 양2

824 ***high noon** [하이 누운]: 정오, 한낮, 전성기, 〈~ midday\high point〉, 〈↔mid-night\down-fall\decline\ decay〉 가1

825 **high-nosed** [하이 노우즈드]: 높은 코의, 콧대 높은, 〈~ arrogant\snobbish\supercilious〉, 〈↔humble\ modest\unpretentious〉 가2

826 **high point** [하이 포인트]: 중대한 시점, 정점, 장점, 〈~ acme\apex〉, 〈↔lower-most\base\rock bottom〉 가2

827 **high pro-file** [하이 프로우화일]: 고자세, 뚜렷한 태도(입장), 〈~ well-known\famous〉, 〈↔low profile\ anonymous\inconspicuous〉 가2

828 **high-proof** [하이 프루우후]: 알코올 도수(alcohol concentration)가 강한 〈60% 이상의〉 독주, 〈~(↔)hard liquor〉, 〈↔low-proof〉 양1

829 **high-rise** [하이 라이즈]: 고층 건물, 운전대가 높은(lifted), 〈~ skyscraper\tower〉, 〈↔low-rise\walk-up building\below 115 feet〉 가2 우1

830 **high school** [하이 스쿠울]: 〈미국에서는 보통 2년제 중학교 다음에 다니는〉 〈4년제〉 고등학교, 〈~ secondary school\preparatory school〉, 〈↔pre-school〉 양1

831 **high sea** [하이 씨이]: 높은 파도, 외양 (먼바다), 〈~ international waters\open ocean〉, 〈↔low sea\territorial waters〉 양1

832 **high sea·son** [하이 씨이즌]: 최성기, 대목 때, 〈~ peak season\highest prices of the year〉, 〈↔low season\off-season\minimal business activity〉 양1

833 ***high sky and plump¹ horses**: 천고마비, the great season of the year, 〈~ fine autumn weather\hope after hopelessness〉 양2

834 **high so·ci·e·ty** [하이 써싸이어티]: 상류사회, 사교계, 〈~ aristocracy\nobility〉, 〈↔low society\working class\common people〉 가2

835 **high spir·its** [하이 스피릳]: 진취적 기상, 기개 있는, 〈~ very happy\good mood〉, 〈↔low spirits\depression\despair〉 양1

836 **high-street** [하이 스트뤼이트]: 큰길, 번화가, 중심가, 〈~ commercial district\Main Street〉, 〈↔back-road\side-street\bylane\small street〉 양2

837 ***high-strung** [하이 스트륑]: 줄이 팽팽한, 흥분하기 쉬운, 강인한, 〈~ uptight\tense\nervous\excitable〉, 〈↔easy-going\calm\cool〉 미1

838 ***high-tail** [하이 테일]: 〈꼬리를 치켜 들고〉 급히 달리다, 바짝 뒤를 쫓다, 〈~ flee\leave rapidly〉, 〈↔remain\slink¹\dare\stay\wait〉 양2

839 **high-tech** [하이 텤]: 첨단 공업기술, 고도 과학기술, 〈~ advanced\modern〉, 〈↔low-tech\basic\elementary〉, 〈↔tech-lash〉 미2

840 **High Tide** [하이 타이드]: '하이타이', Proctor & Gamble사가 운영하는 세제 제조업체 Tide가 출시한 인기 세제의 상품명(band-name), Tide High Efficiency detergent 수2

841 **high tide** [하이 타이드]: 밀물, 만조, 고조, 절정, 〈~ peak tide\full tide〉, 〈↔ebb(low) tide\low-water\receding tide\falling tide〉 가1

842 **high-top** [하이 탚]: 목이 긴 운동화(양말), 〈~ shoes with upper part around ankles〉, 〈↔low-top\shoes with low collar height〉 우2

843 **high-way** [하이 웨이]: Hwy, '고속도로', 간선도로, 출세가도, 〈~ thru-way\free-way\parkway\expressway〉, 〈↔by-way\back-road\side street\bylane〉 가2

844 **high-way rob·ber–y** [하이 웨이 롸버뤼]: 노상강도, 날강도, 약탈, 폭리, 〈~ extortion\ripoff〉, 〈↔return\restore〉 양1

845 ***high wire** [하이 와이어]: 줄타기 곡예의 밧줄, 위험이 큰, 대담한, 〈~ tight rope\acrobat's rope〉, 〈↔risk free\safety net〉 양3

846 **hi·jab** [히좌압]: 〈'cover'란 뜻의 아랍어〉, (무슬림 여성들이 외출할 때 쓰는) 머리 가리개, 머리 수건, 〈~ head and neck covering\headscarf〉, 〈~(↔)이것은 여성용이고 turban은 남성용임〉, 〈~(↔)yashmak는 face-cover〉 미2

847 ***hi-jack** [하이 좩]: 〈영국어〉 ①'여보게!', 복면 강도가 마부를 불러 세울 때 쓰던 말, 〈~ confiscate〉 ②'멋쟁이!', 창녀들이 공짜로 줄테니까 배에서 물건 훔치는 것을 눈감아 달라고 선원을 꼬시던 말, 〈~ expropriate〉, ⇒ high·jack 미2

848 **hike** [하이크]: 〈← heik(walk vigorously)〉, 〈어원 불명의 영국어〉, 올라가다, 인상하다, 도보 여행하다, 〈~ rise\climb\walk〉, 〈~ back-packing\trek〉, 〈↔dive\descend〉, 〈↔drive\come down〉 양1

849 ***hi·ki·ko·mo·ri** [히키 코모뤼]: pulling in ward(shut-in), 〈Covid-19 이후 일본(Japan)에서 보고된〉 사회격리증후군, 6개월 이상 속세를 등지고 집에 칩거하는 '병', 〈~ severe socal withdrawal\being confined〉, 〈↔going out\hanging out〉 미2

850 **hik-ing** [하이킹]: 도보여행, 올라가기, 인상, 〈↔driving\drop-ping〉 미1

851 **hil·ar·i·ous** [힐뤠어뤼어스]: 〈← hilaros(cheerful)〉, 〈라틴어〉, 들뜬, '명쾌한', 유쾌한, 법석대는, 〈→ Hilary〉, 〈→ exhilarate〉, 〈~ very funny\extremely comical〉, 〈↔lame\sad\tragic〉 가2

852 **hill** [힐]: 〈← hyll(prominent)〉, 〈게르만어〉, 언덕, 구릉, 고개, 두덩, 〈~ knoll\high ground〉, 〈↔plain²\valley\lowland〉 가1

853 **hill-bil·ly** [힐 빌리]: 〈게르만어+미국어〉, 산사람, 두메인, 촌놈, 〈~ yokel\country boy〉, 〈↔urban\cosmopolitan\city man\sophisticate〉, ⇒ hick 미2

854 **hill my·na** [힐 마이너]: hill+myna(starling), 〈게르만어+힌디어〉, 구관조(남·동남아시아의 구릉 지대에 서식하며 검은 몸통에 노란 목을 하고 낭랑하게 짖어대는 찌르레기로 쉽게 길들일 수 있는 산새), 〈~ myna bird\common grackle〉 미2

855 **hill-ock** [힐럭]: 〈게르만어〉, small hill, 작은 언덕, 무덤, 〈~ mound\knoll〉, 〈↔vale\mountain\hollow\depression〉 우2

856 *****hill peep o'er hills, and Alps on Alps arise!** : 〈18세기 초 영국의 A. pope가 쓴 시의 마지막 구절〉, 갈수록 태산, 〈~ a little learning is a dangerous thing; 선 무당이 사람 잡는다〉 양2

857 **hill-side** [힐 싸이드]: 언덕의 중턱, 언덕배기, 〈~ ridge\slope〉, 〈~(↔)hill-top〉, 〈↔low-land〉 양2

858 **hill-top** [힐 탑]: '언덕' 꼭대기, 산봉우리, 〈→ high?〉, 〈~ peak\summit〉, 〈↔bottom\nadir〉 양2

859 **hilt** [힐트]: 〈북구어〉, handle, (칼이나 곡괭이의) 자루, (권총이나 단도 등의) 손잡이, 〈~ hand-grip\shaft〉, 〈↔head\blade〉 양2

860 **Hil-ton Ho·tel** [힐튼 호텔]: 〈언덕이 있는 마을(hill town)에 세워진 여관〉, 1919년에 Conrad H~에 의해 텍사스에서 창립되어 85개국에 지점을 둔 미국의 호텔 연쇄점, 〈~ an American hospitality co.〉 수1

861 **him** [힘]: he의 목적격 가1

862 **Him-a-la·ya** [히이멀레이어]: hima(snow)+a-laya(dwelling), 〈산스크리트어〉, '설산', 히말라야 (산맥), 〈세계의 지붕〉, 〈~ fold mountains〉, ⇒ Everest 수2

863 *****him-bo** [힘보우]: 〈영국어〉, him+bimbo, 멀쑥하게 생겼으나 골이 빈 남자, 천박한 미남, 〈~ attractive but vacuous man\toy-boy〉, 〈↔nerd\dweeb〉 미2

864 **Himm·ler** [힘러], Hein-rich: 〈← himel(sky)〉, 〈게르만어〉, '높은 곳에 사는 자', 히믈러, (1900-1945), 유대인 대량 학살에 앞장섰다 (연합군에 생포되어 자살한) 나치 독일의 비밀경찰 책임자, 〈~ a leading member of Nazi〉 수1

865 **Hi·na-ya·na** [히이너야아너]: 〈산스크리트어〉, little vehicle, '조그만 탈것', 히너야너, theravada, (수행을 통하여 개인의 해탈을 목표로 하는) 〈조금 먹고 가는 똥 싸는〉 소승 불교, 〈↔Mahayana〉 미2

866 **hind** [하인드]: 〈어원이 불투명한 게르만어들〉 ①behind의 생략어 ②〈← hinta〉, (세 살 이상의) 〈뿔이 없는〉 붉은 암사슴, 〈~(↔)red deer〉, 〈↔stag\hart〉 ③〈← hiwan(house hold member)〉, 머슴(farm-hand), 농성어(grouper) 가1 미1

867 **hin·der** [힌더]: 〈게르만어〉, 〈'hind'(엉덩이)를 잡다〉 방해하다, 늦게 하다, 〈~ be·hind〉, 〈~ hamper\impede〉, 〈↔hasten\trigger〉 양1

868 **Hin·di Cin·e·ma** [힌디 씨너머]: 1934년에 시작해서 연간 1천 편 이상의 영화를 제작하는 〈인도 영화산업〉, ⇒ Bollywood 수2

869 **hind·rance** [힌드뤈스]: 〈← hinder〉, 방해물, 장애물, 고장, 〈~ obstacle\barrier\remora²〉, 〈↔help\advantage\wind-fall〉 양1

870 **hind-sight** [하인드 싸일]: 뒤늦은 깨달음, 뒷궁리, 사후 약방문, 〈~ retrospection\reflection〉, 〈↔fore-sight〉 양2

871 *****hind-thought** [하인드 쏘어트]: after thought, 뒷궁리, 재고, 지혜, 염려, 골칫거리, 〈~ re-consideration\rumination〉, 〈↔fore-thought〉 양2

872 **Hin·du** [힌두우]: 〈← sindhu(river)〉, 〈산스크리트어〉, 〈'Indus' 강 유역에서 기원한〉 힌두, 아리아족에 속하는 인도 인종(말·종교), 4세기경에 확립된 범신론적 종교, 〈~ Sanatana Dharma〉 수1

873 **hinge** [힌쥐]: 〈← hangian〉, 〈영국어〉, 〈← hang〉, 돌쩌귀, 이음매, (쇳조각을 맞물려 만든) 경첩, 요점, 〈~ handle\hook〉, 〈~ joint\swivel〉, 〈↔sub-lux\slip〉 양1

874 **hinged door** [힌쥐드 도어]: 경첩(돌쩌귀)이 달린 문, 여닫이 문, 〈~ casement door〉, 〈↔sliding door〉 양2

875 *****hin·ky-pin·ky** [힝키 핑키]: 〈영국어〉, '수상한 새끼 손가락', 말의 음절을 맞추는 수수께끼 놀이, '수상한 짓〈연애놀이〉', 〈~ silly-filly\word association riddles〉, 〈↔seriousness\honesty〉 우2

876 **hin·nam·nor** [힌남놀]: 〈필리핀어〉, 〈← Henry〉, 힌 남노, 2022년 9월 초 한국·일본 등을 강타한 초강력 태풍, 〈~ Super Typhoon Henry〉, 〈태풍의 이름은 통상 근원지에 인접한 국가의 기상청에서 붙여 주는데 어원을 따져보면 재미있는 말들이 많다〉 수2

877 **hin·ny** [히니]: 〈← innos〉, 〈의성어?〉, 〈어원 불명의 그리스어〉, 〈← mule〉, 버새, 수말과 암나귀의 잡종, 히힝하고 웃는 소리, 말 울음 소리, 〈~ whinny\neigh〉, 〈↔cry\mourn\neigh〉 미2

878 **hint** [힌트]: 〈← hinten(grasp)〉, 〈게르만어〉, '붙잡다', 암시, 조언, 껌새, tip-off, 〈~ hunt〉, 〈~ clue\signal〉, 〈↔answer\solution〉 미2

879 **hip** [힢]: ①〈← hype(haunch)〉, 〈어원 불명의 게르만어〉, 〈브라질에서 얼굴보다 더 소중히 여기는〉'엉덩이', 허리, 추녀마루 ②〈← hepicat(open-eyed)?〉, 〈20세기 초에 서아프리카에서 도입된 미국어〉, informed, up to date, 정통한, 세련된, 〈~ hep\trendy\cool〉, 〈↔unknowing\outmoded\dowdy〉 양1

880 **hip-bath** [힢 배쓰]: (앉아서 하는) 좌욕, 반신욕, sitz bath 양2

881 **hip-hop** [히팝]: 〈게르만어→1970년도 말에 등장한 미국어〉, 음반의 같은 곡조를 반복·역회전시켜서 〈엉덩이를 추켜 올리며〉 추는 춤, 〈~(↔)rap\funk²〉, 〈↔classic\country music〉 수2

882 **hip·pie** [히피]: 〈1940년대에 등장한 미국어〉, 〈← hipster〉, 〈긴 머리에 이상한 복장을 하고 마약을 남용했던〉 월남전 전후의 우울한 세대, '진보적'인 젊은이들, 〈~ yippie\flower child\bohemian〉, 〈↔conformist\conservative〉 수2

883 **hip·po-cam·pus** [히퍼캠퍼스]: hippos(horse)+kampos(sea monster), sea-horse, 〈그리스어〉, '바다에 사는 말', 〈해신의 수레를 끌던 상반신은 말·하반신은 물고기인 괴물〉, 해마(회), (학습과 기억력을 관장하는) 측뇌실의 측두부에 있는 해마같이 생긴 자그만 육기, 〈~ memory center〉 미2

884 **Hip·poc·ra·tes** [히파크뤼티즈]: hippos(horse)+kratos(power), '말같이 힘이 좋은 자', 히포크라테스, (BC460?-377?) (질병을 신의 영역으로부터 자연의 영역으로 분리시켜) 〈현대의학의 아버지라 불리는〉 고대 그리스의 의사, 〈~ a Greek physician and philosopher〉 수1

885 **Hip·po-da·mi·a** [히포대미어]: hippos(horse)+damazein(tame), 〈그리스어〉, '여기사', 히포다미아, Pelops가 마차 경기에서 속임수를 써서 탈취한 Pisa의 무남독녀 공주, 〈~ a mistress of horses〉 수1

886 **Hip·pol·y·ta** [히팔리타]: hippos(horse)+lyein(loosen), '말을 풀어주는 여자', 히폴리타, Heracles한테 허리띠를 풀어주고도 (Hera의 간계에 빠져) 그에게 죽임을 당한 Amazon의 여왕(queen), 〈~ a daughter of Ares(war god)〉 수1

887 **Hip·pol·y·tus** [히팔리터스]: un-leasher of horses, '말을 풀어주는 남자', 히폴리터스, Hippolyta와 Theseus의 아들(son)로 의붓 아들을 꼬시려다 실패한 Paedra가 자살하면서 자신을 강간하려 했다고 핑계대는 통에 테세우스에 의해 죽임을 당한 사내, 〈~ a hunter killed by his own father〉 수1

888 **hip·po-pot·a·mus** [히퍼파터머스]: hippos(horse)+potamos(river), 〈그리스어〉, river horse, 하마, 3톤 정도 나가는 양서류의 야행성 초식 동물, '물을 뿜는 말', 뚱뚱하고 못생긴 여자, 〈~ fat and ugly〉, 〈↔deer〉 가2

889 *****hip-ster** [힢스터]: 〈영국어〉, 바지를 '엉덩이에 걸치고' 다니는 사람, 좀 삐딱한 사고방식을 가지고 노력하지 않은 것 같은 멋을 내는 젊은이들, (Webster 사전에 의하면 미국에서 금주령이 시행됐던 1920년에 몰래 바지 뒷주머니에다 hip flask〈조그만 납작한 술병〉을 차고 다녔던 사람이 어원이라 함), 〈~ beatnik\bohemian〉, 〈↔geezer\fossil\kkon-dae〉 우1

890 **hir·a-gan·a** [히루가나]: hira(simple)+kana(borrowed letter), 〈원래는 hi·ra·ga·na로 써야함〉, 〈한국의 '언문'에 해당하는〉 평반명, 히라가나, (구어체의) 일본 글자, 〈~ katakana〉, 〈~ Japanese syllabary writing system〉 미2

891 **hire** [하이어]: 〈← hyr(wages)〉, 〈게르만어〉, 〈임금을 주고〉 '고용'하다, 세내다, 〈~ employ\rent〉, 〈↔dismiss\fire〉 양1

892 **Hi·ro-hi·to** [히로히토]: 〈풍부한 인자심을 가진〉 속인, (1901-1989), 1926년부터 죽을 때까지 재위한 일본의 왕, 연호는 Sowa(소화), 〈~ an Emperor of Japan〉 수1

893 **Hi·ro-shi·ma** [히로쉬마]: 〈중국어→일본어〉, broad+island, 광도〈넓은 섬〉, 히로시마, 명치유신 후 산업단지·군항으로 발전되었다가 2차대전 말 최초로 원자탄 공세(atomic bombing)를 받고 나서 전후에 재개발된 일본 본주 서남부의 항구도시, 〈~ a city in Japanese Honshu〉, ⇒ Nagassaki 수2

894 **hir·sute** [허얼수웃]: 〈← hirsutus ← horrere(bristle)〉, 〈라틴어〉, 털이 곤두선, 털이 수북한, hairy, 〈~ bearded\shaggy〉, 〈↔bald\short-haired〉 양2

895 **his** [히즈]: he의 소유격 가1

896 **His·pan·ic** [히스패닉]: 〈← Hispanicus(Spanish)〉, 〈라틴어〉, 〈차세대에 세력을 떨칠 것으로 예상되는〉 스페인계의 (사람·말), 〈1980년 미국 정부에서 정립시킨 말〉, ⇒ Latina(o) 수2

897 **hiss** [히쓰]: 〈← hyssen〉, 〈영국어〉, 〈의성어〉, 쉿소리, 야유하다, 꾸짖다, 〈~ shush\wist²〉, 〈↔cheer\applause〉 양1

898 **his·to·gram** [히스터그램]: ⟨← histos(mast)⟩, ⟨그리스어+영국어⟩, ⟨막대가 많을수록 진하고 두껍게 보이는⟩ '막대' 그림표, ⟨~ bar chart⟩, ⟨↔pie chart⟩ 미2

899 **his·to·ry** [히스터뤼]: ⟨← eidenai(know)⟩, ⟨그리스어⟩, 역사, 경력, 옛일, 유래, '과거의 이야기', ⟨허구로 점철된 사실들⟩, ⟨→ story⟩, ⟨~ the past\record⟩, ⟨↔future\current⟩ 가2

900 **hit** [힡]: ⟨← hittan(strike)⟩, ⟨어원 불명의 북구어⟩, (겨누어) 때리다, 명중하다, 타격, 성공, ⟨~ knock\bang\damage\success⟩, ⟨↔fail\miss\stab⟩ 가1

901 **Hi·ta·chi** [히타치]: 'sun-rise', 일립제작소, 1910년 일본의 히타치 마을에서 발동기 제작소로 설립되어 군수산업·중장비 시대를 거쳐 전자 산업에 매진하고 있는 재벌회사, ⟨~ a Japanese conglomerate⟩ 미1

902 ***hit a lick** [힡 어 맄]: ⟨1991년 범죄사회에 등장한 은어⟩, 한탕하다, 한 밑천 잡다, ⟨~ make a mint\hit the jack-pot⟩, ⟨↔down the drain\come to nothing⟩ 양2

903 **hit-and-run** [힡 앤 뤈]: 치고 뺑소니, 치고 튀기(뛰기), ⟨~ an illegal departure⟩, ⟨↔attack\retreat\report⟩ 양1

904 **hitch** [히취]: ⟨← hytchen(move jerkily)⟩, ⟨의성어⟩, ⟨14세기에 등장한 어원 불명의 영국어⟩, (움직여) 매다, 걸다, 잡아당기다, 끌어 올리다, 결혼시키다, ⟨~ lift\fasten\yoke⟩, ⟨↔un-hitch\split⟩ 양1

905 **Hitch-cock** [히취칵], Al·fred: ⟨Rick→Nick→Hick의 아들⟩, 히치콕, (1899-1980), ⟨장난기 섞인 괴기물⟩로 유명한 영국 태생 미국 영화감독, ⟨~ an English-American film director and producer⟩ 수1

906 ***hitch-hike** [히취 하이크]: ⟨1923년에 등장한 영어⟩, ⟨잡아채서 올라타는⟩ '무임 편승', ⟨엄지를 치켜들면 잘 안 태워주지만 치마를 들어 올리면 어김없이⟩ 지나가는 차에 거저 편승하는 짓, 짧은 편승 광고, ⟨~ free-ride\piggy-back advertisement⟩, ⟨↔walk\drive⟩ 양2

907 **hith·er** [히더]: ⟨← higder⟩, ⟨게르만어⟩, ⟨← here⟩, 이리로, 여기에, ⟨~ whither⟩, ⟨↔thither⟩ 양2

908 **hith·er-to** [히더 투우]: 지금까지는, 아직은, ⟨~ earlier\so far⟩, ⟨↔hence-forth\here-after⟩ 양1

909 ***hit it off** [힡 잍 어어후]: 반하다, (금방) 죽이 맞다, 코드가 통하다, 일면상통, ⟨~ get along\amicable⟩, ⟨↔unfitting\antagonistic⟩ 양2

910 **Hit·ler** [히틀러], Ad·olf: 'hut(오두막)에 사는 자', (1889-1945), 미술학도 출신으로 ⟨독일 국가사회주의⟩를 외친 선동적 정치가로 무수한 사람을 죽이고 자신도 애인과 함께 권총 자살한 독재자, ⟨~ Chancellor of German Reich⟩ 수1

911 ***hit-man** [힡 맨]: 청부살인자, 난폭한 선수, ⟨~ hired gun\wiper⟩, ⟨↔appeaser\conciliator⟩ 양1

912 **hit song** [힡 쎠엉]: 대박노래, 인기가요, ⟨~ best hit\top song⟩ 미1

913 ***hit the books** [힡 더 붚스]: 책을 보다, 공부하다, ⟨~ read\study⟩ 양2

914 ***hit the ceil·ing** [힡 더 씨일링]: 머리 꼭대기까지 화가 나다, 화가 나서 펄펄 뛰다, ⟨~ blow the fuse\go crazy\flip(freak) out⟩, ⟨↔calm(down)\cool(off)⟩ 양2

915 ***hit the jack-pot** [힡 더 좩팥]: 땡잡다, 떼돈을 벌다, ⟨~ make a killing\break the bank⟩, ⟨↔go bust\down the drain⟩ 양2

916 ***hit the nail on the head**: 요점(핵심)을 찌르다, ⟨~ come to the point\hit the bulls-eye⟩, ⟨↔beat around the bush⟩ 양2

917 ***hit the road** [힡 더 로우드]: (길로) 출발하다, 자동차를 몰다, ⟨~ go away\leave⟩ 양2

918 ***hit the sack** [힡 더 쌬]: ⟨19세기 말에 등장한 미국어⟩, ⟨hay로 만들어진 침낭으로 들어가다⟩, 자다, 잠자리에 들다, ⟨~ go to bed⟩ 양2

919 ***hit the wall** [힡 더 워얼]: 난관에 부딪치다(봉착하다), 체력이 고갈되다, ⟨~ hit a dead-end\come to a stale-mate⟩, ⟨↔open up new horizons\get a second wind⟩ 양2

920 **HIV** (hu·man im·mu·no-de·fi·cien·cy vi·rus): 인류 면역 결핍 바이러스 미2

921 **hive** [하이브]: ⟨← hyfe(ship's hull)⟩, ⟨게르만어⟩, 꿀벌 통, 벌떼, 붐비는 곳, 축적하다, ⟨→ bee·hive⟩, ⟨~ colony\swarm⟩ 양1

922 **hive mind** [하이브 마인드]: (집단 생활을 하는 꿀벌들이 갖는) 공유개념, 집단지성, 군중심리, 획일적 사고 방식, ⟨~ collectivism⟩, ⟨한국적 사고 방식?⟩ 양2

923 **hives** [하이브즈]: ⟨1500년 경에 등장한 어원 불명의 스코틀랜드어⟩, 두드러기, 발진, urticaria, ⟨~ nettle⟩ 양1

924 **hi·ya·ka·shi** [히야까시]: 'cold play', 〈일본말〉, banter, (말) 희롱, 물건은 않사고 깐죽대는 짓, 연애를 해 보려고 찝쩍대는 〈불법 행위〉, tease, 〈~ josh〉 양2

925 **H-Mart** [에이취 마아트]: armful(of groceries), 〈한국어〉, '한아름', '한아룡'(중국이름), 1982년 뉴욕에서 세워져 미국·캐나다·런던 등에 60여 개 연쇄점을 가진 한국(Korean) 식료품점, 〈~ an American chain of Asian super-markets〉 수2

926 *****HMD** (head mount·ed dis·play): 〈1968년에 등장한〉 두부 착용 표시(장치), 안경같이 머리에 쓰고 대형 영상을 감상하는 〈가상 현실 체험의 일종〉, 〈~ a helmet mounted display〉, 〈~ FMD\VR headset〉 우2

927 **HMO** (health main·te·nance or·gan·i·za·tion): 건강관리 기관(업체), 건강 유지 기구, '사설 건강보험 집행 회사' 미2

928 **Hmong** [머엉]: 〈free men?〉, 〈원주민어〉, 〈황하지역에서 이주한 것으로 사료되는〉 인도차이나 반도 산악지방에 사는 3백7십여만 명의 Miao족이 사용하는 〈변형 중국어〉 수1

929 **Ho, Chi Minh** [호우, 취이 민]: Uncle Ho, 〈호나라(Ho country)에서 온 자〉, 호찌민, 호지명, (1890-1969), 미국을 이긴 월맹 대통령, 〈~ a Vietnamese communist revolutionary〉 수1

930 **ho \ hoa** [호우]: 〈영국어〉, 〈의성어〉, 호, 야, 저런!, 〈~ attention\wonder\contempt〉 양2

931 **HOA** (home own·ers as·so·ci·a·tion): 집 소유자 조합, (콘도나 아파트의 소유자들이 모여서) 주택단지의 관리를 감독하는 사설단체, ⇒ CC & R 미2

932 **hoa·gy \ hoa·gie** [호우기]: 〈1943년 필라델피아에 등장한 어원 불명의 미국어〉, 〈아마도 hog한테나 어울리는〉 대형 삽입 빵, hero·sandwich 미2

933 **hoard·ing** [호어딩]: 〈← hord(store)〉, 〈게르만어〉, '축적', 사재기, 모으기, 〈내용물을 보호하기 위해〉 임시로 쳐놓은 판자〈board〉나 울타리(temporary wooden fence), 〈~ storing (or stocking or heaping) up〉, 〈↔squander〉 양1

934 **hoar-frost** [호얼 후뤄어스트]: 〈게르만어〉, white frost, (흰)서리, 안개얼음(무빙), 〈~ rime〉 양1

935 **hoarse** [허어스]: 〈← has(rough)〉, 〈게르만어〉, '목쉰', 귀에 거슬리는, 〈~ harshy\croaky〉, 〈↔mellow\soft〉 양2

936 **hoar·y** [호어뤼]: 〈← har(grayish white)〉, 〈게르만어〉, ('늙어서') 흰〈pepper and salt〉, 회백색의, 고색창연한, 진부한, 〈~ aged\banal〉, 〈↔modern〉 양2

937 **hoar·y mar·mot** [호어뤼 마알멑]: '회색 다람쥐', ⇒ whistler 미1

938 **hoat·zin** [호우앹씬 \ 와앝씬]: 〈원주민어〉, 〈의성어?〉, 호아친, 올리브색 깃털과 노란 도가머리가 있고 나무에 기어오르는 재주가 있는 남미산 뻐꾸기류(cuckoos)의 잘 날지 못하는 새, 〈~ Canje pheasant\stink-bird〉 수2

939 **hoax** [호욱스]: 〈← hocus(mockery)〉, 〈영국어〉, 감쪽같이 '속이다', 골탕 먹이다, 짓궂은 장난, 〈~ prank¹\trick〉, 〈↔honest〉 양2

940 **hob** [합]: 〈다양한 어원의 영국어〉 ①벽난로, 요리판, 〈← hub?〉, 〈~ a burner〉②장난꾸러기 요정(goblin), 흰족제비의 수컷, 〈← Robin?〉, 〈~ male ferret〉 우2

941 **Hobbes** [합즈], Thom·as: 〈← Robert〉, '총명한 자', 홉스, (1588-1679), (귀납법뿐 아니라 연역법도 중시하였으며) 〈개인의 안녕을 위한 사회 계약설을 피력한〉 영국의 철학자, 〈~ an English philosopher〉 수1

942 **hob·ble** [하블]: 〈← hoppen(hop)〉, 〈네덜란드어→영국어〉, 〈의태어〉, 절뚝거리며 걷다, 더듬거리다, 〈~ limp¹\falter〉, 〈↔stride\well〉 양2

943 **hob·by** [하비]: ①〈1816년에 등장한 영국어〉, 〈← toy horse〉, 취미, 도락, 〈~ avocation\recreation\side-line〉, 〈↔work\albeit〉 ②〈← hobe〉, 〈15세기에 등장한 프랑스계 영국어〉, 〈아마도 학명(Hypotiorchis Boie)가 속명이 된 듯함〉 호비새, 새호리기 새 〈병아리 같은 작은 새를 잡아먹는 중형의 송골매〉, 〈~ sooty falcon〉 우2 미2

944 **hob-gob·lin** [합 가블린]: Hob(독일 전설의 꼬마 요정)+goblin(elf), 도깨비, 개구쟁이, 골칫거리, 〈~ bugbear〉, 〈↔pleasure\joy〉 미2

945 *****hob–knock·er** [합 나커]: 〈영국 속어〉, 〈건물을 부술 때 쓰는 망치〉, 〈~ jack-hammer〉 ①공중 변소에서 수음하는 사람 ②친구의 여자를 따먹는 놈 ③망종, 〈~ malefactor\pervert〉, 〈↔sage\saint〉 우2

946 *****hob·nob** [합납 \ 헙넙]: 〈영국 속어〉, 〈have or not·have〉, 권커니 잣거니, 허물없이 사귀다, 환담, 〈~ fraternize\mingle〉, 〈↔cold shoulder〉 양1

947 ***Hob-son's choice** [합슨즈 쵸이스]: ⟨← Robert의 아들⟩, ⟨영국의 말 대여업자가 고안해 낸 마굿간에서 제일 밖에 있는 말부터 빌려주는⟩ 선택이 없는 선택, "싫으면 관둬!"·⟨울며 겨자 먹기⟩식 선택, ⟨~ no choice⟩, ⟨↔option⟩ 양2

948 ***ho-cance** [호우컨쓰]: hotel+vacance, 호캉스, (Covid-19으로 인해 해외여행이 자유롭지 못해) 호텔에서 여유롭게 휴식을 취하며 보내는 휴가, ⟨콩글리시⟩, ⟨~ stay-cation⟩, ⟨~(↔)mall-cance⟩ 미2

949 **Ho-Chi-Minh Cit·y**: ⇒ Saigon 수1

950 **hock** [학]: ①⟨← hoh(ankle)⟩, ⟨영국어⟩, (닭의) 무릎, (다리의) 아랫관절, ⟨~ heel⟩ ②⟨← hok(jail)⟩, ⟨네덜란드어⟩, 전당(저당) 잡히다, ⟨~ pawn'⟩, ⟨↔outside\redeem⟩ 우2 양2

951 **hock-ey** [하키]: ⟨← hoc(hook)⟩, ⟨게르만어→프랑스어→영국어⟩, ⟨← hoquet⟩, '구부러진 지팡이', 얼음이나 땅으로 된 구장에서 막대기를 가지고 공을 상대방의 골에 넣는 경기, ⟨~ block and bunt⟩ 우1

952 **hock-ey mom** [하키 맘]: 하키 경기를 가르치려고 열심히 쫓아다니는 엄마, 극성모, ⟨~ an enthusiastic mother⟩, ⇒ soccer mom 우1

953 **ho·cus-po·cus** [호우커스 포우커스]: ⟨영국어⟩, (라틴말 비슷한) 주문, 요술, 속임수, 야바위, ⟨~ hokum\abraca-dabra\mumbo-jumbo⟩, ⟨→ hoax⟩, ⟨↔sense\honor\reality⟩ 양2

954 **hodge-podge** [하쥐 파쥐]: ⟨← hotche-pot(mingled mass)⟩, ⟨프랑스어→영국어⟩, 뒤범벅, 뒤죽박죽, 잡탕, ⟨꿀꿀이 죽⟩, hotch·potch, ⟨~ jumble\mish-mash⟩, ⟨↔calm\order⟩ 수1

955 **ho-du-gwa-ja** [호두과자]: ⟨← 호도(원나라에서 들어온 작은 복숭아)모양의 과일과 같은 음식⟩, ⟨중국어+일본어+한국어⟩, walnut comfit, 호두 알을 갈아서 밀가루와 섞은 다음 호두의 모양과 크기로 구워서 만든 ⟨방울 떡⟩, ⟨~ walnut pompon⟩ 수2

956 ***hoe** [호우]: ①⟨← houwan(cut)⟩, ⟨게르만어⟩, ⟨'hew'(깎아내릴) 때 쓰는⟩ ⟨자루가 긴⟩ 괭이, (괭이 모양의) 제초기, 긴 호미, ⟨~ digger\scraper⟩ ②⟨러시아 전산망 약어⟩, ho, 매춘부⟨whore⟩, ⟨의리없는⟩ '씹새끼' 미2

957 **Hoechst** [호엌스트]: high on a mountainside, ⟨게르만어⟩, '꼭대기에 사는 자', 획스트(Höchst), ⟨1863년 염료공장을 시작으로 Frankfurt시 Höchst구에 설립되어 2004년 프랑스의 Sanofi-Aventis에 흡수된⟩ 독일의 화학·의약품 회사, ⟨~ a German life sciences co.⟩ 수1

958 ***hoe-down** [호우 다운]: 괭이질 춤, ⇒ square dance 우1

959 **Hoff-man** [호후먼], Dus·tin: ⟨← hof(farmstead)⟩, ⟨'집사'라는 독일어⟩, 호프만, (1937-), 소시민의 갈등을 잘 연기한 미국의 직업배우·영화감독, ⟨~ an American actor and film-maker⟩ 수1

960 **hog** [허어그 \ 하악]: ⟨← hoch(sow)⟩, ⟨'pig'라는 켈트어⟩, (수)돼지, (어린) 가축, 욕심꾸러기, ⟨~ swine\glutton⟩, ⟨↔sheep\share⟩ 가1 양2

961 **Ho·gan** [호우거언]: ①호건⟨'젊은이(youth)'라는 아일랜드 말⟩, 사람의 성, ⟨~ an Irish surname⟩ ② hogan⟨원주민어⟩, (나바호 인디안이) 엮은 나뭇가지 위에 진흙을 덮은 무덤 같은 집, ⟨~ Navajo dwelling⟩, 여성의 붕긋한 젖 무덤, ⟨~ woman's breast⟩ 수1 수2

962 **Ho·garth** [호우가알쓰], Wil·liam: (1697-1764), hogg(hog)+hierde(herd), ⟨돼지 사육자⟩, 호가스, ⟨대조화⟩로 유명한 영국의 ⟨해학적 낭만주의⟩ 역사·인물화가, ⟨~ an English painter⟩ 수1

963 **hog-fish** [허어그 휘쉬]: '돼지 물고기', 양놀래기, ⟨서대서양의 난류성의 큰 물고기로 배가 뚱뚱하고 입이 돼지같이 삐죽 나와 다른 작은 물고기를 마구 잡아먹는⟩ 벤자리, ⟨~ a wrasse fish⟩ 미2

964 ***hog hea·ven** [허어그 헤븐]: ⟨1871년에 등장한 미국어⟩, 지상낙원, 아주 행복한 상태, ⟨~ cloud nine\easy street⟩, ⟨↔hell\agony⟩ 양2

965 **hog-let** [허어그 맅]: hedge-hog(고슴도치)의 새끼, '고슴도치도 제 새끼는 귀엽다'라는 말이 있음, ⟨~ porcupette\spiny pig-let⟩ 미2

966 **hog·ma·nay** [하그머네이]: ⟨← hoguinane⟩, (스코틀랜드의) 섣달그믐날, ⟨'축제(aguilan-neuf)'란 뜻의 프랑스어에서 유래한⟩ New Years Eve, ⟨~ Scottish celebration of the New Year⟩ 우2

967 **hog-nose snake** [허어그 노우즈 스네이크]: 돼지코뱀⟨북미주의 들판에서 서식하며 거의 독이 없고 건드리면 죽은 척하는(playing dead) 들창코를 가진 아주 귀여운 작은 뱀⟩, ⟨~ blow snake\puff adder⟩ 미2

968 **hog plum** [허어그 플럼]: '돼지 자두', ⟨열대지방에서 나는 작은 자두 모양의 과일로 주로 돼지의 사료로 쓰였던⟩ 야생 서양 자두, ⟨~ yellow mombin⟩ 미2

969 ***hog-tie** [허어그 타이]: 네 발을 묶다, 꼼짝 못 하게 하다, ⟨~ confine\constrain⟩, ⟨~(↔)hand-cuff⟩, ⟨↔un-strap\release⟩ 양2

970	***hog-wash** [허어그 워어쉬]: 돼지죽, 가치 없는 것, 헛소리, 졸작, ⟨~ pig-swill\belly-wash⟩, ⟨↔assets\jewel⟩ 양2
971	**hog weed** [허어그 위이드]: ⟨희고 작은 국화 모양의 꽃들이 뭉쳐 피는 큰 파슬리 비슷한 잡초로 사람에겐 피부병을 일으키나 예전에 돼지 먹이로 쓰였던⟩ 돼지풀, hogs-bane ⇒ rag·weed 미2
972	**ho-ho** [호우 호우]: ⟨의성어⟩, 워!, 서!, 호호, ⟨~ wait!\laugh⟩, ⟨~ feminine expression of ha-ha⟩ 양2
973	**ho-ho-ho** [호우 호우 호우]: ⟨의성어⟩, 허허허, 쯧쯧쯧, ⟨~ (sarcastic) laugh⟩ 양2
974	**ho-hum** [호우험]: ⟨영국어⟩, ⟨하품 소리⟩ 아함, 따분한, 싫증나는, ⟨~ yawn\boredom⟩, ⟨↔intriguing\spectacular⟩ 양2
975	**hoi pol·loi** [호이 펄로이]: ⟨그리스어⟩, 'the many', 대중, 서민, 어중이떠중이, 야단법석, ⟨~ crowd\mass\mob⟩, ⟨↔gentry⟩ 양2
976	**hoi·sin sauce** [허이진 써어스]: 해선(sea food)장, (초기에는 생선 가루도 들어 있었으나 지금은) 된장·마늘·식초·참기름·고추·설탕 등이 들어간 맛난이로 생선이 아니라 주로 오리고기에 찍어 먹는 ⟨중국식 바베큐 소스⟩, ⟨~ Chinese barbecue sauce⟩ 미2
977	**hoist** [호이스트]: ⟨← hissen(raise)⟩, ⟨게르만어→네덜란드어⟩, ⟨밧줄로⟩ (끌어) 올리다, 높이 달다, 상승시키다, shop·lifting, ⟨→ heist⟩, ⟨~ elevate\up-hold\pulley⟩, ⟨↔drop\lower⟩ 양2
978	**hoi·ty-toi·ty** [호이티 토이티]: ⟨어원 불명의 영국어⟩, haughty, 거만한, 거들먹거리는, 점잔빼는, hotsy·totsy, ⟨~ pompous\arrogant⟩, ⟨↔humble\low-ly⟩ 양2
979	**Ho-jo** [호조], Ma·sa·ko: north+ray, ⟨북쪽에서 빛나는⟩ 북조 정자, 호조 마사코, (1156-1225), 유배된 쇼군의 아들과 결혼하여 정권을 장악하고 중이 되어서까지 막부정권을 지킨 일본의 여걸, '비구니 장군', ⟨~ a Japanese heroic woman⟩ 수1
980	***ho·kum** [호우컴]: ⟨← hocus(mockery)⟩, ⟨어원 불명의 영국 속어⟩, (인기를 노린) 야바위 작품, 엉터리 수작, 아첨, ⟨~ bunk²\balloon juice\hooey⟩, ⟨↔honesty\sincerity⟩ 양2
981	**hold** [호울드]: ⟨← healdon(keep)⟩, ⟨게르만어⟩, '쥐다', 갖고있다, (손에) 들다, 잡다, 담다, 유지하다, 개최하다, ⟨→ halt⟩, ⟨~ grip\cling\carry⟩, ⟨↔release\let go\yawn⟩ 양1
982	**hold-back** [호울드 백]: ⟨말고삐를 뒤로 당기는⟩ 방해, 지체, 보류, 제동장치, ⟨~ hesitate\hinder⟩, ⟨↔carry on\facilitator⟩ 양1
983	**hold-er** [호울더]: 보유자, 버티는 물건, ~잡이, ⟨~ bearer\container\grip⟩, ⟨↔seller\releaser⟩ 양1
984	***hold fast¹** [호울드 홰스트]: 꼭쥐다, 고수하다, 견지하다, ⟨~ stick to your guns⟩, ⟨↔detach\loosen⟩ 양2
985	**hold in** [호울드 인]: 억누르다, 자제하다, ~라고 생각하다, ⟨~ repress\restrain⟩, ⟨↔spread\propagate⟩ 양2
986	**hold-ing** [호울딩]: 보유(권), 소유물, 껴안기, 방해 행위, ⟨~ equity\possession⟩, ⟨↔release\let go⟩ 양1 우1
987	**hold-ing com-pa·ny** [호울딩 컴퍼니]: ⟨타사 지배를 위한⟩ 지주회사, ⟨~ parent co.\conglomerate⟩, ⟨↔sister company\sole trader⟩ 양2
988	***hold-off** [호울드 어어후]: ⟨말고삐를 떼어내서⟩ 시작하지 않다, 미루다, 연기하다, ⟨~ resist\postpone⟩, ⟨↔embrace\proceed⟩ 양1
989	**hold on** [호울드 어언]: 기다리다, 참아내다, ~을 고정시키다, 움직이지 마, ⟨~ continue\wait\hang tight⟩, ⟨↔cease\give up⟩ 양2
990	***hold-out** [호울드 아웉]: 저항, 인내, ⟨달리기에서 빠져 나오는⟩ 거부자(행위), ⟨~ resist\with-stand⟩, ⟨↔give in\forsake⟩ 양1
991	***hold out an o·live branch**: 화해의 손길을 뻗다, 평화를 제의하다, ⟨~ make an apology (or a peace offering)⟩, ⟨↔rebuff\war-path⟩ 양2
992	**hold-o·ver** [호울드 오우붜]: 남은 것, 이월, 잔존물, 유임자, 체납자, 유급생, 계속 상영물, ⟨~ relic\remainder⟩ 양2
993	**hold o·ver** [호울드 오우붜]: 연기하다, 유임시키다, ⟨~ postpone\hold up⟩, ⟨↔bring forward\act on⟩ 양2
994	***hold-up** [호울덮]: ⟨손을 치켜 올려 멈추라는⟩ 권총 강도, 불법 억류, 강탈, 정체, ⟨~ freeze⟩, ⟨~ armed robbery\raid⟩, ⟨↔allow\fight\promote⟩ 양1

995 *hold up [호올드 엎]: 들다, 견디다, 지키다, 연기하다, 그치다, 〈~ delay\set-back〉, 〈↔speed up\facilitate〉 양2

996 *hold wa·ter [호올드 워어터]: 물을 보존하다, 이치에 맞다, 타당하다, 〈~ ring true\make sense〉, 〈↔absurd\fall down〉 양2

997 *hold your horses [호올드 유어 호얼시스]: 〈1939년에 미국에서 등장한 숙어〉, 〈껑충대기를 좋아하는 말고삐를 낚아채면서〉 잠깐만!, 침착해!, 흥분하지 말라, 〈미 남부의 어머니가 극성스러운 애들에게 즐겨쓰던 말〉, 〈~ wait a minute\hang back〉, 〈↔make a run for it〉 양2

998 hole [호올]: 〈게르만어〉, 〈움푹한〉 구멍, 함정, 동굴, (골프에서) T에서 cup까지의 여정, 〈→ hollow〉, 〈~ pit¹\cavity〉, 〈↔bulge\seal〉 미1

999 hole in [호올 인]: (구멍에 들어박혀) 겨울 잠을 자다, (방에 쳐 박혀서) 칩거하다, 〈~ refuse in a room〉, 〈간혹 '골프공을 구멍에 넣다'란 뜻으로도 쓰이나 보통은 'hold out'이라 함〉 양1

1000 hole-in-one [호올 인 원]: 단번에 공 넣기, '일타승', 〈~ an ace〉 우1

1001 hole out [호올 아웉]: 〈1867년에 등장한 말〉, 골프공을 구멍(cup)에 넣다, 〈~ 간혹 'hole in'이라고도 함〉 미2

1002 hole punch-er [호올 펀춰]: 구멍 뚫는 사무용품, 천공기, 〈~ perforator\paper puncher〉 우1

1003 *hole up [호올 엎]: holed up, 구멍에 들어가다, 숨겨주다, 숨어있다, 잠복하다, 〈~ hide\conceal〉, 〈↔come out\turn up〉 양2

1004 hol·i·day [하알리 데이]: 〈영국어〉, 'holy day', 〈성스러운〉 축일, 휴일, 휴가, 〈~ celebration\vacation〉, 〈↔work-day〉 양2

1005 Hol·i·day [하알리 데이], Bil·lie: 홀리데이, (1915-1959), 불우한 어린 시절을 지내고 밤무대에 출연하다 특이한 목소리 덕으로 발탁되어 한때 은반의 여왕으로 날리다가 술과 약물중독으로 요절한 미국의 재즈·스윙가수, 〈~ an American singer〉 수1

1006 Hol·i·day Inn [하알리데이 인]: 1942년에 나온 빙 크로스비 주연의 영화, 1952년에 창립되어 Atlanta에 있는 본부를 두고 있는 미국의 세계적 호텔 연쇄점, 〈~ an American hotel chain〉 수2

1007 Ho·li·ness Church [호울리니스 춰어취]: 성결교회, 19세기 감리교(Methodism)에 복음주의(Evangelism)를 가미한 기독교 종파 미2

1008 ho·lis·tic [호울리스틱]: 〈1920년대 남아프리카에서 주조된 영국어〉, 〈wholistic의 철학적 표현〉 전체론적, 전일론적, 〈→ holism〉, 〈~ all inclusive\comprehensive〉, 〈↔atomistic\vitalistic〉 양1

1009 *ho·li·sto-rex·i·a [호울리스터 렉시어]: holisto(wellness)+oregein(desire), 〈2018년에 그리스어에서 주조된 신조어〉, '평안갈구', 완전한 건강을 추구하는 〈병적〉 '안녕 강박증', 〈~ obsession with wellness〉 우2

1010 Hol-land [할런드]: 홀란드, 〈중남부 북해연안의〉 'wooden land', 네덜란드의 통속명 〈Dutch라고도 함〉, ⇒ Netherlands 수1

1011 Hol-land A·mer·i·ca [할런드 어메뤼커]: 1873년 네덜란드에서 창립되어 1989년 미국의 카니발(Carnival)사가 흡수한 세계적 여객선 업체, 〈~ a US owned cruise line〉 수2

1012 hol·ler [할러]: 〈영국어〉, 〈의성어〉 외치다, 투덜대다, 꾸짖다, 〈~ shout\yell〉, 〈↔whisper〉 양1

1013 *hol·ler-than-thou [할러 댄 다우]: '너보다 큰 목소리로', 제 잘난 척하기, 고고한 척하기, 〈~ sanctimonious\high-hat\virtue signaling〉, 〈↔humble\modest〉 양2

1014 hol·low [하알로우]: 〈← holg〉, 〈게르만어〉, 〈← hole〉, 속이 빈, 내실이 없는, 우묵한, 공복의, 〈~ empty\vacant〉, 〈↔solid\worth-while〉 양2

1015 hol·ly [하알리]: 〈← holegn(prick)〉, 〈게르만어〉, 〈뾰족한 잎을 가진〉 호랑'가시'나무, 〈holy하지는 않지만〉 주로 크리스마스 장식용으로 쓰는 녹색 잎에 적색 열매를 맺는 관목, 〈← holm〉, 〈~ ibex¹〉, 〈~ prickly Christmas\evergreen winter-berry〉 미2

1016 hol·ly-hock [하알리 하알]: 〈어원 불명의 영국어〉, (양아욱 같은 줄기에서 접시 비슷한 홍·백·자색의 꽃이 층층이 피어 올라가는) 접시꽃, 〈~ rose mallow〉 미2

1017 Hol·ly-wood [하알리 우드]: 〈미국어〉, 〈'holly'(호랑가시나무)의 숲?〉, 할리우드, 〈한때 영화 산업의 중심지였던〉 미국 캘리포니아주 로스앤젤레스 서북쪽(N-W of LA)에 있는 지역, 〈~ Tinsel-town〉 수1

1018 Hol·ly-wood Bowl [하알리우드 보울]: Hollywood의 한 계곡에 자연지형을 이용한 원형극장, 〈~ a natural amphi-theatre〉 수2

1019 **holm oak** [호움 오욱]: 〈어원 불명의 게르만어〉, 털가시나무, 잎이 윤택이 나는 너도밤나무류의 상록활엽관목, ilex, 〈→ holly〉, 〈~ an evergreen oak〉 미2

1020 **hol·o~** [할로우 \ 홀로우~]: 〈← holos(whole)〉, 〈그리스어〉, 〈완전·온전~〉이란 뜻의 결합사, 〈~ all\entire〉, 〈↔mero~(mere-ly)\partial〉 양1

1021 **hol·o-caust** [할러 커어스트]: holos(whole)+kaustos(burnt), 〈그리스어〉, 〈짐승을 통째 구워 바치는〉 유대교의 전번제, 대학살, '몽땅 타버린' 큰불, 〈~ sacrifice\massacre\inferno〉, 〈↔salvation\serenity〉 우2 미2

1022 **hol·o·do-mor** [허라아더몰]: holod(hunger)+mor(plague), 〈우크라이나(Ukraine)어〉, (스탈린의 집단농장 정책으로) 1932~33년간 약 4백만 명의 우크라이나인이 굶어 죽은 '공포의 대기근', 〈~ ukrainian Famine〉 수2

1023 **hol·o-phrase** [할러 후뤠이즈]: holos(whole)+phrazein(speak), 〈그리스어〉, (어린이가 말을 배울 때나 편자같이 성질이 급한 사람이 쓰는) 일어문, 한 낱말로 구·절의 기능을 하는 것, 〈~ code phrase\word gesture〉, 〈↔sentence\word group〉 미2

1024 **Hol-stein** [호울스타인]: holz(wood)+siedeln(settle), 〈게르만어〉, dwellers in the wood, '숲속에 사는 자', 독일의 북서쪽지방 홀스타인 지방산 얼룩젖소, 〈젖소부인〉, 〈~ a dairy cattle〉 수1 미2

1025 **hol·ster** [호울스터]: 〈어원 불명의 네델란드어〉, 허리에 찬 권총용 가죽 주머니, '권총주머니(pistol case)', 〈↔open carry〉 우1

1026 **Holt In·ter–na·tion-al** [호울트 인터내셔날]: 홀트〈grove〉 아동복지회, 1955년부터 미국의 홀트〈과수원집〉부부에 의해 시작된 빈곤 지역 고아들의 국제 입양을 주선하는 단체, 〈~ an adoption agency base in Oregon, USA〉 수2

1027 **ho·ly** [호울리]: 〈← halig(sacred)〉, 〈게르만어〉, 신성한, 거룩한, 청순한, 독실한, 〈~ whole〉, 〈~ divine\pious\hallowed〉, 〈↔un-holy\evil\cursed〉 양2

1028 **Ho·ly Com-mun·ion** [호울리 커뮤우니언]: 영성제, 성체성사, 성찬식, 〈~ Eucharist\The Lord's Supper〉 미2

1029 *****Ho·ly cow (mack·er·el \ Mo·ses)!** : 〈1905년 미국 미네소타 신문기자가 주조한 말로 야구 선수들이 쌍욕 대신 쓰던 말〉, 이런!, 아니 그럴 수가!, 젠장!, 〈~ my gosh!\jack-shit〉, 〈↔so what?〉 양2

1030 **Ho·ly Grail** [호울리 그뤠일]: 성배, 그리스도가 최후의 만찬에서 썼다는 술잔, (그 잔으로 술을 마시면 만병통치·불로장생 한다는 미신 때문에) 모든 사람이 추구하는 것, 〈Fisher King이 감춰뒀다가 현재 Valencia 성당에 안치되어 있다함〉, 〈~ Holy Chalice\Sangraal〉 수2 미2

1031 **Ho·ly In-no·cent's Day** [호울리 이너쎈츠 데이]: Childermas, 어린이 순교 축일(12월28일), 헤롯왕에 의해 무구한 어린이들이 살해된 날, 〈~ Massacre by the king of Judea(Herod)〉 우1

1032 *****Ho·ly Joe** [호울리 죠우]: 군목(military chaplain), 성직자, 경건한 체하는 녀석, 〈~ pretender〉, 〈~(↔)Sunday Saint〉 양1

1033 *****ho·ly-mo·ly** [호울리 모울리]: 〈1892년 만화에서 연유한 감탄사〉, 아유, 정말, 저런, 〈~ Holy cow (or smoke)〉, 〈↔so what\I don't care〉 양2

1034 *****Ho·ly Roll-er** [호울리 로울러]: 〈성령이 충만하여 마루를 구르는〉 특히 오순절파〈Pentecostal〉의 광신자, 〈~ Holy Jumper〉 양2

1035 **Ho·ly Scrip·ture** [호울리 스크륕춰]: 성서, 성경, ⇒ Bible 가1

1036 **Ho·ly See** [호울리 씨이]: Sancta(holy)+Sedes(seat), 〈라틴어〉, 성좌, 교황청, 교황의 직, Vatican City State의 공식명, 〈편자는 무식한 자들이 holy shit으로 발음할가봐 holy see로 변형했으리라 생각했는데 이런 것을 민속 어원이라 함〉 미2

1037 *****Ho·ly Wil·ly** [호울리 윌리]: 〈영국어〉, 독실한 체하는 위선자, 〈~ pious hypocrite〉, 〈↔honest\sincere〉, ⇒ Holy Joe 양1

1038 **hom-age** [하미쥐]: 〈← homo(man)〉, 〈라틴어〉, 존경, 공물, 신표, 충성, 〈한국에서는 프랑스식으로 '오마주'라고 함〉, 〈'man'이 갖아야 할 속성〉, 〈~ respect\obeisance〉, 〈↔condemnation\criticism〉 양1

1039 **ho·mard** [호머드 \ 오마흐]: 〈프랑스어〉, 오마르, 바닷가제, lobster 양2

1040 **home** [호움]: 〈← ham(dwelling)〉, 〈게르만어〉, '영혼이 모이는 곳', 가정, 집, 고향, 안식처, 결승점, 〈~ haunt〉, 〈~ house\residence\habitat〉, 〈↔evict\office〉 가1

1041 ***home-alone dad**: 〈미국 영화 제목에서 따온〉 집 지키기 아빠, '기러기 아빠(goose father)', single-man household 우2

1042 ***home bank-ing** [호움 뱅킹]: 〈전산기를 이용한〉 가내 은행(업무), 〈~ online banking〉 미2

1043 **home base** [호움 베이스]: 본거지, 기지, 〈~ home town (or plate)\headquarter\strong hold〉, 〈↔branch(dispatch) office〉 미2

1044 ***home-bod·y** [호움 바디]: '안방 군수', 집에서만 소일하는 사람, 〈~ hermit\recluse〉, 〈~(↔)couch potato〉, 〈↔social butterfly\socialite〉 미2

1045 **home-bound** [호움 바운드]: 귀향의, 귀가 중인, 집에 틀어박혀 있는 ('집콕'), 〈~ home-ward\house-bound〉, 〈↔leaving home\un-confined〉 양1

1046 ***home-boy** [호움 보이]: 'homey', 같은 마을 출신, 동향인, 고향 친구, 〈~(↔)buddy\chum〉, 〈↔stranger〉 미2

1047 **home-brewed** [호움 브루우드]: 자가 제품(의 술), 가내 양조의, 〈↔factory-brewed〉 양1

1048 ***home-cance** [호움 컨스]: home+vacance, 홈캉스, (Covid-19 이후에 유행하는) 집에서 보내는 휴가, 〈~ 집콕〉, 〈아직은 콩글리시〉, 〈~ stay-cation\ho-cance〉 양2

1049 **home care** [호움 케어]: 〈의료인이 방문하는〉 자택 치료(간호·요양), 〈~ domicilliary care\home health〉, 〈↔hospital care〉 가1

1050 **home-com-ing** [호움 커밍]: HOCO, 집에 돌아오는, 귀가, 모교로 돌아와서 하는 동창회, 〈~ return (home)〉, 〈~(↔)reunion〉, 〈↔departure〉 미2

1051 **home con-fine-ment** [호움 컨화인먼트]: 자택 구금, 가택 연금, 〈~ house arrest〉 가1

1052 **home cook-ing** [호움 쿠킹]: 가정 요리, 가내 취사, 〈↔eating out〉 가1

1053 **Home De-pot** [호움 디이포우]: 홈 디포, 1978년 미국의 애틀랜타에서 시작해서 〈대규모 사업으로〉 빠르게 성장한 집에 관한 모든 것을 한 군데서 파는 창고형 소매업체, 〈~ an American home-improvement retail corp.〉 수2

1054 ***home di·rec·to·ry** [호움 디렉터리]: '본 자료장', 여럿이 공용하는 자료철 중 특정인이 소유한 목록, 〈~ a personal file〉 우2

1055 **home ground** [호움 그라운드]: 구단 소재지, 친숙한 분야, '본거지', 〈~ home base\niche〉, 〈↔alien land\enemy territory〉 양2

1056 **home-grown** [호움 그로운]: 집에서 기른, 자가제의, 토착의, 〈↔industry-grown〉 양1

1057 **home health** [호움 헬쓰]: 가정 건강(보건), '출장치료', 〈~ home care〉, 〈↔hospital care〉 우2

1058 **home-keep-ing** [호움 키핑]: 집을 지키는, 집 안에만 틀어박혀 있는, 〈~ household management\stay in〉, 〈↔messing\stay away〉 양1

1059 **home-land** [호움 랜드]: 조국, 모국, 국토, 〈↔foreign country〉 양2

1060 **Home-land Se·cu·ri·ty** [호움 랜드 씨큐뤼티], Dept. of: (2001년 9.11테러에 대처하기 위해 2002년 11월에 설립된 미국의) 국토안보부, ⇒ DHS 미1

1061 **home-less** [호움 리스]: 〈집 없는〉 노숙자·거리 낭인, 가정이 없는 (아이), 〈~ destitute\on the streets〉, ⇒ unhoused 가1

1062 **home-ly** [호움리]: 가정적인, 수수한, 못생긴, 〈~ plain\cozy〉, 〈~(↔)ugly〉, 〈↔comely\attractive〉 가2

1063 **home-made** [호움 메이드]: 집에서 만든, 국산의, 검소한, 〈↔factory made\foreign made〉 양1

1064 **home-mak-er** [호움 메이커]: (가정)주부, 〈~ house-wife〉, 〈↔working woman\career woman〉 가2

1065 **ho·me(o)~** [호우미(오)~]: 〈← homos(same)〉, 〈그리스어〉, 〈동일·유사·일정한·불변성~〉을 〈동일·유사·일정한·불변성~〉을 나타내는 결합사, 〈↔heter(o)~〉 양1

1066 **home of-fice** [호움 어어휘스]: 본사, 본점, 집과 겸용으로 쓰는 사무실, 재택근무 사무실, 〈~ headquarter\hoffice\study (room)〉 양1

1067 **ho·me·op·a·thy** [호우미아패씨]: homoios(like)+pathos(suffering), 〈그리스어〉, '동종요법', 〈물탕요법〉, 질병과 비슷한 증상을 일으키는 물질을 희석시켜 소량 투여하여 질병 치료를 시도했던 〈맹물 치료〉, 〈~(↔)holistic healing〉, 〈↔allo-pathy〉 양2

1068 **ho·me·o-therm** [호우미오써엄]: 〈그리스어〉, same warmth, 상온동물, 온혈동물, 〈↔poikilo-therm〉 양2

1069 *****home pa·ge** [호움 페이지]: '모면', '초본', 정보 제공자가 전산망에 정보 내용을 간단히 소개하기 위해 꾸민 안내판, 〈~ welcome (or landing) page〉, 〈한국에서는 web-site와 혼동해서 쓰는 경향이 있음〉 우1

1070 **home-plate** [호움 플레이트]: 본루, (야구에서) 심판이 공이 날아오는 상태를 판독하고 〈득점하기 위해서〉 주자가 마지막으로 접해야 하는 오각형 판, home·base 미2

1071 **home port** [호움 포오트]: 모항, (선박의) 소속 항구, 〈~ port of registry〉, 〈↔port of call〉 양2

1072 **Ho·mer** [호우머]: 〈그리스어〉, hostage, '보증인', 호메로스, 기원전 10세기경의 정체가 불분명한 그리스의 서사 시인, 〈~ Iliad와 Odyssey를 썼다는 Greek poet〉 수1

1073 **home-room** [호움 루움]: (전원이 모이는) 생활 지도 교실, 〈~ form class\school-room〉 양1

1074 **home run** [호움 륀]: 본루타, 타자가 본루까지 살아서 돌아올 수 있도록 친 안타, 〈~ long ball\big fly〉, 〈↔strike-out〉 우2

1075 *****home serv-er** [호움 써어뷔]: 〈전산기의 Gopher program을 가동할 때 최초로 표시되는〉 '첫 시중꾼', 〈~ 다른 전산기에 정보를 제공하기 위한 central storage〉 우1

1076 **home shop-ping** [호움 쇼핑]: ①'집 사기 장보기' 〈사고 싶은 집을 고르는 일〉, 〈~ buying a house〉 ②〈시장에 가지 않고〉 (문명의 이기를 통해) 집에서 하는 장보기, 〈~ cyber-shopping\tele-ordering\e-commerce〉, 〈↔store shopping〉 우2

1077 **home-sick** [호움 씩]: 향수병에 걸린, 고향을 그리워하는, 〈~ nostalgia〉, 〈↔fern-weh(far-woe)〉 양1

1078 **home-spun** [호움 스펀]: 손으로 짠, 투박한, 소박한, 수직물, 〈~ home made (clothing)\un-polished〉, 〈↔factory spun\sophisticated〉 양2

1079 **home stay** [호움 스테이]: (외국 유학생이 일반 가정에 머무는) 가정 체류, 〈~ sojourns\hospitality exchange〉, 〈~(↔)au pair〉, 〈↔dorm stay〉 양2

1080 **home-stead** [호움 스테드]: 집과 대지, 농장이 딸린 농가, 대대의 가옥, 〈~ residence\estate〉, 〈↔annex\office〉 우2

1081 *****home-stretch** [호움 스트뤠취]: 〈경마에서 home으로 되돌아오는〉 최후의 〈무난한〉 과정, 마무리 단계, 종반, 〈~ final part\finishing lap〉, 〈↔beginning\opening〉, ⇒ back·stretch 양2

1082 **home-town** [호움 타운]: 고향, 출생지, 〈~ homeland\birth-place〉, 〈↔abroad\death-place〉 양2

1083 **Home-town Buf·fet** [호움 타운 버훼이]: '고향집 한 상', 1989년에 창립되어 한창 잘나가다가 점점 문을 닫는 집이 늘어나는 미국의 자기봉사 대중음식 연쇄점, 〈~ a privately held American resaurant chain〉 우2

1084 **home vis·it** [호움 뷔짙]: 가정 방문, 왕진, 〈~ house call〉, 〈↔office(clinic) appointment〉 양2

1085 **home-ward** [호움 워어드]: 집으로 (본국으로) 향하는, 귀로의, 〈~ home-bound〉, 〈↔de-parting〉 양2

1086 **home-work** [호움 워얼크]: 숙제, 가정학습, 부업, 〈~ assignment\task\side job〉, 〈↔class-work\main-job〉 양2

1087 **hom·i·cide** [하미 싸이드]: homo(man)+caedere(cut), 〈사람을 죽이는〉 살인(행위), 살인자(범), 〈~ murder〉, 〈↔natural death\suicide〉 가2

1088 **hom·i·ly** [하멀리]: 〈← homilos(crowd) ←homo(man)〉, 〈그리스어〉, (성경을 인용한) 설교, 훈계, 잔소리, sermon, 〈~ lecture\lesson〉, 〈↔profundity〉 양2

1089 **hom·i·ni(y)** [하머니]: 〈남미 원주민어〉, ground corn, 굵게 간 옥수수, 잿물에 담가 껍질을 제거한 옥수수, ⇒ pozole 수2

1090 **ho·mo~** [호우모우~]: 〈그리스어〉, the same\some one, 〈동종의 ~, 사람속의 ~, 인류의 ~〉란 뜻의 결합사, 〈↔hetero〉 양1

1091 **Ho·mo Co·quens** [호우모우 코쿠엔스]: 〈← coquo(cooking)〉, 〈라틴어〉, (약 20만년 전에 등장한) 요리하는 인간, 요리사, 〈아직은 콩클리시임〉 미2

1092 *****Ho·mo De·us** [호우모우 디이어스]: human+god, 호모 데우스, 신인, (2015년 이스라엘 작가가 쓴 책의 제목에서 유래한) 〈전지전능한〉 〈신과 같은〉 미래인간 미2

1093 **Ho·mo E-rec·tus** [호우모우 이뤡터스]: 호모 에렉투스, 직립원인 〈30~150만 년 전에 두 발로 걸어 다니며 살았던 인간의 조상〉, 〈~ the Upright Man〉 미2

1094 **ho·mog·e·nous** [허마쥐너스]: homos(the same)+genos(race), 〈그리스어〉, 동종(질)의, 균일의, 같은, 〈~ alike\uniform〉, 〈↔heterogenous\diverse\incongruous〉 가1

1095 **hom·o-graph** [하머그래후]: 동형이의어, 철자는 같으나 서로 다른 뜻을 가진 단어, 〈~ same spelling but different meaning〉, 〈↔homo-phone〉 양2

1096 **Ho·mo Ha·bil·lis** [호우모우 해빌리스]: 〈동남아프리카에서〉 (2백만 년 전) 최초로 원시적 도구를 만들어 쓰기 시작한 인류의 조상, '숙련인〈able man〉' 미2

1097 **Ho·mo Lu·dens** [호우모우 루우던스]: 호모 루덴스〈playing〉, 〈그리스어+라틴어〉, 〈1938년에 출판된 책 이름에서 따온〉 (인간은 놀기를 좋아한다는) 유희인, 〈~ worabal〉 미2

1098 **hom·o-nym** [하머님]: homos(the same)+onoma(name), 동음이의어, 발음은 같으나 서로 다른 뜻을 가진 단어, 〈~ same pronounciation but different meaning〉, 〈~(↔)homo-graph\homo-phone〉, 〈↔synonym\antonym\paronym〉 양2

1099 **hom·o-phone** [하머호운]: 동음이자, 발음은 같으나 철자와 뜻이 다른 단어, 〈~ same pronounciation but different spelling or meaning〉, 〈↔homo-graph〉 양2

1100 **Ho·mo Sa·pi·ens** [호우모우 쎄이피언스]: 호모 사피엔스, '현명한〈wise〉 자', 신인〈10~30만 년 전부터 살아온 도구를 사용할 줄 아는 '새로운' 인간〉, 〈~ man-kind〉 우2

1101 **Ho·mo Sa·pi·ens Sa·pi·ens** [호우모우 쎄이피언스 쎄이피언스]: '더 현명한 자', 〈현대인〉, 〈명확한 근거와 명분은 없지만 대충 5~10만 년 전부터 '모여' 살아온 '사회적' 인간〉, 〈~ social (or modern) man〉 우2

1102 **ho·mo-sex** [호우모 쎅스]: 동성애, 동성 성욕, 〈~ gay\queer〉, 〈↔hetero-sex〉 가2

1103 **Ho·mo Stu·dens Et·y·mol·o·giae** [호우모우 스튜우던스 에티말러쥐에]: 〈라틴어〉, 어원학을 공부하는 인간, 〈한 한국인이 조작한 자유분방한 말〉, 〈~ etymologist〉 우2

1104 **ho·mun·cu·lus** [허멍큘러스]: 〈← hominis(small man)〉, 〈라틴어〉, '작은 사람', 난쟁이, (연금술사가 만든) 소인, 해부 실험용 인체모형, 〈~ dwarf\midget〉, 〈↔giant\colossus〉 미2

1105 **hon-cho** [한쵸우]: '반장(중국에서 연유한 일본말)', team leader, 책임자, 지도자, 거물, 두목, 〈~ boss\chief\big-shot〉, 〈↔follower\inferior〉 미2

1106 **Hon-da** [혼다]: 〈중국어→일본어〉, original rice paddy〈못자리〉, 본전('텃밭'의 일본말), 1946년 내연기관 제작소로 시작한 세계 굴지의 일본의 자동차 회사로 혼성 자동차에 이어 무인 제트기 제작에도 박차를 가하고 있음, 〈~ a Japanese technology and industry co.〉 수1

1107 **Hon·du·ras** [한듀어뤄스]: 〈1524년 콜럼버스가 지어 준 스페인어〉, depths, '수심이 깊은 곳', 온두라스, 〈동쪽 해안이 '깊은'〉 1838년에 독립한 스페인풍이 강한 중앙아메리카의 공화국, {Honduran-Sp-Lempira-Tegucigalpa} 수1

1108 **hone** [호운]: ①〈← han(stone)〉, 〈영국어〉, (정밀) 숫돌, 숫돌(whet stone)로 갈다, 연마하다, 〈↔blunt〉 ②〈← hoigner(grumble)〉, 〈프랑스어〉, 불평하다, 열망(yearn)하다, 〈↔content²〉 양2

1109 **hon·es·ty** [아니스티]: 〈← honor〉, 〈라틴어〉 ①'명예', 정직, 충실, 〈~ truthful-ness\candor〉, 〈↔lying\deceit〉, 〈↔dis-honesty\hoax\hokum\hypocrisy〉 ② 합전초 〈투명한〉 종이 질의 작은 동전만한 씨주머니를 가지고 있어 꽃꽂이에 흔히 쓰이는 겨잣과(mustard family)의 식물-루나리아, 〈~ lunaria\satinpod〉 가2 미2

1110 **hon·ey** [허니]: 〈← hunig(melit)〉, 〈게르만어〉, '꿀', 벌꿀, 단것, 여보('자기'), 귀염둥이('꿀단지'), 〈~ nectar\sweet-heart\beau〉, 〈↔lemon\bag\turkey〉 양2

1111 **hon·ey ant** [허니 앤트]: 〈배에다 자기 몸의 몇 배나 되는 꿀물을 저장할 수 있는〉 꿀개미, 〈~ nectar (or sugar) ant〉 미2

1112 **hon·ey badg-er** [허니 밷줘]: 〈벌집을 마구 쑤셔놓는〉 벌꿀 오소리, 〈~ honey weasel\mustelid〉, ⇒ ratel 미2

1113 **hon·ey-bear** [허니 베어]: 〈달콤하고 포근한〉 '애인', 〈~ sweetie〉, 〈↔dog〉 미2

1114 **hon·ey bear** [허니 베어]: 〈과일을 좋아하는〉 '꿀 곰', 〈애인같이' 귀여운 곰', 〈상징적인〉 벌꿀 오소리, 늘보곰, kinkajou, night ape, sloth bear, 〈~ honey badger\carcajou〉 양1

1115 **hon·ey-bee** [허니 비이]: 꿀벌, 〈~ worker bee〉, 〈↔drone〉 가1

1116 **hon·ey bells** [허니 벨즈]: '꿀 초롱' (꿀향기가 나는 노란 초롱꽃이 달리는 바구니용 화초), 〈~ cigar plant\firecracker flower〉 우1

1117 **hon·ey bush** [허니 부쉬]: '꿀 덤불' 〈꿀 향기가 나는 적갈색의 방추형이나 노란 방울형의 꽃이 뭉치로 피어나는 관목〉, 〈~ honey scent flowers〉, 〈~ a legume family〉 영1

1118 **hon·ey buz·zard** [허니 버져드]: 벌매 (벌이나 그 유충을 잡아먹는 말똥가리), 〈~ a bird of preg〉 미2

1119 **hon·ey-comb** [허니 코옴]: (꿀) 벌집, 벌집망, 벌집무늬, 〈~ bee-hive〉 양2

1120 **hon·ey creep·er** [허니 크뤼이퍼]: 꿀새, sugar bird, 꿀먹이새 〈길고 뾰족한 부리를 가지고 꿀을 빨아 먹는 제비 비슷한 아름다운 색깔의 열대새〉, 〈~ a nectar feeder\a tanager〉 미2

1121 **hon·ey-dew** [허니 듀우]: 꿀물, 감로, '꿀수박' 〈얇은 껍질과 연초록 속살을 가진 수박과 참외의 중간형 과일〉, winter melon, 〈~ cantaloupe〉 양1 우2

1122 **hon·ey eat·er** [허니 이이터]: (남태평양산) 꿀빨이새 〈남태평양 지방에 서식하며 꿀을 빨아 먹는 형형색색의 참새 비슷한 새〉, 〈~ wattle²〉, 〈~ an oscine passerine〉 미2

1123 **hon·ey guide** [허니 가이드]: '꿀 안내새', indicator bird, 꿀잡이새, 〈동작이나 울음소리로 다른 동물을 벌집으로 인도하고 꿀이 없어지면 그 밀랍과 유충을 잡아먹는〉 두견새(cuckoo) 비슷한 새, 〈~ honey bird〉 미2

1124 **hon·ey lo·cust** [허니 로우커스트]: '꿀취엄나무', 수엽나무, 쥐엄나무, 소사나무 〈아카시아 비슷한 잎·줄기에 뭉친 가시가 달리고 〈밀랍이 포함된〉 꼬투리로 열매를 맺는 콩과(legume family)의 낙엽활엽교목〉, 〈~ thorny locust〉, 〈~ Kentucky coffee tree보다 작음〉 미2

1125 **hon·ey-moon** [허니 무운]: 밀월, 결혼 첫날, 신혼여행, 〈곧 이지러져 갈〉 행복한 시기, 〈~ wedding trip\romantic getaway〉, 〈↔calamity\nightmare\catastrophe〉, 〈↔hell-moon〉 양2

1126 *__hon·ey-moon hand-shake__ [허니 무운 핸드쉐이크]: 너무 지쳐서 손만 잡고 자는 첫날 밤, 〈~ no sex night〉, 〈너무 바빠〉 용건을 다음으로 미루는 우호적 만남, 〈~ introductory meeting〉, 〈↔bone-crusher〉 우2

1127 **hon·ey-pig** [허니 피그]: '꿀돼지', '꽃돼지', 매우 육감적이고 성적으로 문란한 한국계 미국 여성, 〈미국놈들의 '환상의 여인'〉, 〈~ name of (Korean) BBQ restaurant\a glamorous and promiscuous Korean girl〉 미2

1128 *__hon·ey-pot__ [허니 팥]: 〈틈입자를 즐겁게 해주는〉 꿀단지, '꿀함정' 〈전산기 틈입자를 잡아내는 장치〉, 〈~ a spy using sex to trap a target\a decoy to lure cyber attackers〉 양1 우2

1129 **hon·ey suck·le** [허니 써클]: '꿀빨이풀', 인동(덩굴) 〈밤 곤충이 수분하기 좋게 밤에 대롱꽃을 피는 겨우살이덩굴〉, 〈~ wood-bine〉 미2

1130 **Hon·ey Well** [허니 웰]: '벌집이 많은 우물 근처에 사는 자', 1885년 발동기 온도 조절 장치 제작사로 시작해서 1970년 GE의 전산기 부문을 사들인 미국의 전기기구 회사, 〈~ an American technology co.〉 수2

1131 **hon·ey-wort** [허니 워얼트]: 〈지중해 연안 원산으로 자랄한 노란색이나 보라색 꽃이 피는 지칫과의 여러해살이풀로 벌들이 좋아하는 화줍을 간직하고 있는〉 '밀원초', 〈~ wax flower\Blue Shrimp〉 우1

1132 **Hong, Xiu·quan** [홍, 쉬이 관]: 〈아량이 바다 같은(extensive) 자〉, 홍수전, (1812-1864), 자신을 예수의 동생이라 일컫고 태평천국(Taiping Heavenly Kingdom)의 난을 일으켜 14년간 중국 중남부를 지배하다 정부군에 밀려 남경에서 〈아마도〉 굶어 죽은 하카족의 지도자, 〈~ a Chinese revolutionary and religious leader〉 수1

1133 **Hong-Kong** [항 캉]: 〈중국어〉, fragrant harbor, 〈향료를 수입하던〉 향항, 홍콩(특별행정구역), 1898년 영국이 중국으로부터 99년간 임차했다가 돌려준 중국 남부의 230여 개의 섬과 구룡반도의 일부, '향료를 수입하던 항구', 〈~ Pearl of the Orient\Gourmet Paradise〉 수1

1134 **honk** [하앙크]: 〈미국어〉, 〈의성어〉, 경적, 기러기 울음소리(같은 소리), 〈~ Klaxon\cry of a goose〉, 〈↔quiet\well〉 양1

1135 **honk·er¹** [하앙커]: 〈중국어〉, 홍객(붉은 나그네), hacker(불법 침입자를 중국어로는 흑객〈검은 나그네〉라 함)의 중국식 영어 미2

1136 **honk·er²** [하앙커]: 〈미국어〉①경적을 울리는 자(one who honks) ②(항크·항크~하고 우는) 기러기〈wild goose〉 ③(Muppet 인형 같은) 유난히 큰 코〈large nose〉 ④(찌르면 여자가 놀라는) 젖가슴〈nipple〉 양2

1137 **honk·y-tonk** [하앙키 탕크]: 〈미국어〉, 〈의성어〉, honka tonk, 〈20세기 초 미국 남부에서 노동자들이 즐겨 찾던〉 떠들썩한 대폿집(극장, ~에서 연주하는 빠른 박자의 음악), 〈~ juke joint\barrel-house〉 미2

1138 **Hon·o·lu·lu** [하널루울루우]: hono(bay)+lulu(shelter), 〈원주민어〉, '보호된 항만', 호놀룰루, (1845년 왕국의 영구 수도로 채택된) 오아후섬에 있는 하와이 주도·관광도시, 〈~ Capital of Hawaii\the Big Pineapple〉 수1

1139 **hon·or** \ hon·our [아너]: ⟨← honos(esteem)⟩, ⟨라틴어⟩, ⟨존경할 만한 것⟩, 명예, 영광, 절개, 고위, ⟨→ honesty⟩, ⟨~ tribute\dignity\kudo⟩, ⟨↔dis-honor\shame\humiliation⟩ 양1

1140 **hon·o·rar·i·um** [아너뤠어뤼엄]: 사례금, (관례적) 보수, ⟨~ compensation⟩, ⟨↔penalty⟩ 양2

1141 **hon·or roll** [아너 로울]: 수상자 일람, 전사자 명부, ⟨~ tribute register⟩, ⟨↔black-list⟩ 양1

1142 **hon·or sys·tem** [아너 씨스템]: 자주 관리 제도, 무감독 시험 제도, ⟨~ trust system\ethical code⟩, ⟨↔'controlled system'⟩ 미2

1143 **hooch·ie-cooch·ie** [후우취 쿠우취]: ⟨미국어⟩, ⇒ hootchy·kootchy 우2

1144 **hood** [후드]: ⟨← hod(head-cover)⟩, ⟨게르만어⟩, ⟨~ hat⟩, 두건, 머리 쓰개, 덮개, 갓, (자동차의) bonnet, ⟨↔uncover\expose⟩ 양1

1145 **~hood** [~후드]: ⟨게르만어에서 유래한 영국어⟩, ness\ship, ⟨~시대·관계⟩를 나타내는 결합사, ⟨~ state\condition⟩ 양1

1146 **hood-ed crane** [후디드 크뤠인]: 흑두루미, 머리 정상에 검은 점이 있는 비교적 작은 갈색 두루미, ⟨~ nun crane\a small crane native to East Asia⟩ 미2

1147 **hood-ed crow** [후디드 크롸우]: hoodie, 뿔까마귀, 회색까마귀⟨몸통은 회색이고 머리·날개·꼬리는 검정색인 유럽산 까마귀⟩, ⟨~ scald-crow\grey crow⟩ 미2

1148 **hood-ed seal** [후디드 씨일]: (북대서양산) 코주머니물범, 두건바다표범⟨수컷은 코 위에 있는 주머니를 부풀려 암컷을 유혹함⟩, ⟨~ bladder nosed seal⟩ 미2

1149 **hood-ed shrimp** [후디드 쉬륌프]: '두건 새우', '짱구 새우'⟨가슴과 머리 부분이 기형적으로 팽창된 작은 새우⟩, ⟨~ comma shrimp⟩ 우1

1150 **hood-ie(~y)** [후디]: ①두건이 달린 상의(hooded sweat-shirt) ②회색 까마귀(hooded crow) 양1

1151 **hood·lum** [후우들럼]: ⟨← huddle?⟩, ⟨1866년에 등장한 어원 불명의 캘리포니아어⟩, 건달, 깡패, 신변 경호자, ⟨~ hooligan\ruffian⟩, ⟨↔hero⟩ 양2

1152 **hoo·doo** [후우두우]: ⟨19세기에 등장한 미국어⟩, ⟨← voodoo⟩, 재수없는 것(사람), 불운, 속이다, ⟨~ jinxes\spell³⟩, ⟨↔mascot\talisman⟩ 양2

1153 ***hood-wink** [후드 윙크]: ⟨두건으로 눈을 가려놓고 못된 짓을 하다⟩, 눈가리고 아웅하다, 속이다, 농락하다, ⟨~ cheat\swindle\rip-off⟩, ⟨~ trick\sakura²⟩, ⟨↔reveal\debunk⟩ 양2

1154 **hoo·ey** [후우이]: ⟨← horse-shit?⟩, ⟨1912년에 등장한 어원 불명의 미국 속어⟩, 허튼 소리, 뻥, non-sense, ⟨~ balloon juice\bunk²\hokum⟩ 양2

1155 **hoof** [후우후]: ⟨← hof(strike)⟩, ⟨게르만어⟩, '발굽', 말굽, 걷다, ⟨~ paw⟩, ⟨↔crest⟩ 양2

1156 **hook** [훅]: ⟨← hoc(angle)⟩, ⟨게르만어⟩, '갈고리', 결쇠, 작은따옴표(' '), 꺾인 공, hoek⟨호크-네덜란드어⟩, ⟨~ hockey⟩, ⟨~ catch\holder⟩, ⟨↔straight\un-hitch⟩ 양1 우1

1157 **hook·a(h)** [후커]: ⟨← huqqa(vase)⟩, ⟨아랍어⟩, ⟨연기가 물을 통과하게 된⟩ 조그만 항아리, 수연통, ⟨중동에서 유래된⟩ (가루담배를 담즙에 섞어 통에 넣고 불을 붙인 후 연기를 주스·기침약 등을 섞은 물에 통과시켜 피우는 물담배, ⟨~ water-pipe\hubble-bubble⟩ 미2

1158 **hook-er** [후커]: 갈고리로 걸어서 당기는 사람(배), 매춘부⟨prostitute⟩, 사기꾼, ⟨~ one who hooks\swindler⟩, ⟨↔detacher\virgin⟩ 양1

1159 **hook-nose** [훅 노우즈]: 매부리코, 유대인, ⟨~ hawk-nose\Romon nose⟩ 양2

1160 ***hook or crook** [훅 오어 크룩]: by~, by all means, 무슨 수를 써서라도, ⟨운에 맞춘 말⟩, ⟨~ one way or another⟩ 양2

1161 **hook-up** [훅 엎]: 중계, 방송망, 제휴, 접속장치, 조립, (sex partner) '짝짓기', ⟨~ liasion\ally\fling⟩, ⟨↔detach\abduct⟩ 양1

1162 ***hook (some-one) up with (some-one)**: 남녀를 소개시켜주다(붙여주다), ⟨~ mating⟩ 양2

1163 **hook-worm** [훅 워엄]: '갈고리충', 구충, 십이지장충, 사람이나 동물의 소장에 붙어서 갈고리 같은 입으로 피를 빨아 먹는 선충(tape-worm)류의 기생충, ⟨~ nematosis\helminthiases⟩ 미2

1164 ***hook-y** [후키]: ①⟨게르만어⟩, 갈고리 모양의, ⟨~ catchy⟩ ②⟨← hoekie(hide and seek)⟩, ⟨네덜란드어에서 연유한 뉴욕 속어⟩, (학교·직장을) 꾀부려 빼먹기, '땡땡이', ⟨~ AWOL\truancy⟩, ⟨↔attendance\engagement⟩ 양2

1165 **hoo·la \ hul·la** [훌라]: ⟨← 훌훌 털고나다?⟩, ⟨한국어⟩, (여러 명이 모여) 트럼프 카드 7장을 짝을 맞춰 털어버리는 Korean rummy game, ⟨~ nylon-ppong⟩ 수2

1166 **hoo·li·gan** [후울리건]: ⟨19세기 말에 런던에 살았던 난폭한 아일랜드계 가족 이름에서 연유한 영국어⟩, 무뢰한, 불량배, 난동꾼, 작은 빙어(eulachon), ⟨~ hoodlum\Vandal⟩, ⟨↔peace-maker⟩ 양1

1167 **hoop** [후우프]: ①⟨← hop(band)⟩, ⟨어원 불명의 게르만어⟩, '테', 굴렁쇠, 버팀테, (농구의) 득점 주머니⟨테두리⟩,⟨↔angle\mass⟩ ②⟨의성어⟩, 거친 숨소리, 와~, whoop, ⟨↔hush⟩ 양1

1168 **hoop·la** [후플라아]: ①⟨게르만어⟩, ⟨곡마단에서⟩ '고리' 던지기(놀이), ⟨~ a large roller⟩ ②⟨← oupla(upsy-daisy)⟩, ⟨프랑스어에서 연유한 미국어⟩, ⟨의성어⟩, 야단법석, 요란한 선전, ⟨~ hype\bally-hoo⟩, ⟨↔rest\quiet⟩ 우2 양2

1169 **hoo·poe \ hoo·poo** [후우 푸우]: ⟨프랑스어⟩, ⟨의성어⟩, 후투티, 오디새 (나무구멍에 둥지를 틀고 직립한 '오디 같은' 관모(crown of feathers)를 쓰고 있고 밑으로 처진 날카로운 부리를 갖고 있는 개똥지빠귀 같은 새), ⟨~ dupe⟩, ⟨~(↔)horn-bill⟩ 미2

1170 **hoop-skirt** [후우프 스커얼트]: '굴렁쇠' 치마, 18세기 유럽에서 유행했던 버팀 살대를 넣어 부풀려 펼친 스커트, ⟨~ cage (or extension) skirt⟩ 우1

1171 **hoot** [후우트]: ⟨영국어⟩, ⟨의성어⟩, 올빼미 우는 소리, 경적, 야유, ⟨~ howl\whoop\snort⟩, ⟨↔murmur\cheer⟩ 양1

1172 **hootch·y-kootch·y** [후우취 쿠우취]: ⟨1890년에 등장한 미국어⟩, ⟨무의미어⟩, 스트립식의 허리춤, '엉덩이 돌리기', 배꼽춤, ⟨바람부는 보지⟩, hoochie·coochie, ⟨~ hurly-burly\ricky-tick⟩ 우2

1173 **hoot·en·an·ny** [후우터내니]: ⟨무의미어⟩, ⟨'party'란 뜻의 스코틀랜드어→북미 원주민어→미국어⟩, '거시기 음악', thingummy, 민속음악(회), 비격식 노래, whatsit, ⟨흥타령⟩, ⟨~ a folk music⟩, ⟨↔formal music⟩ 우2

1174 **hoot owl** [후우트 아울]: '큰 부엉이', ⇒ barred owl 우2

1175 **Hoo·ver** [후우붜]: 1905년 영국에서 시작되어 1908년 미국의 William 후버가 특허권을 사들인 진공 전기 청소기⟨vacuum cleaner⟩(회사), an American home appliance co. 수2

1176 **Hoo·ver** [후우붜], Ed·gar: ⟨← Huber(land owner)⟩, ⟨게르만어⟩, '지주', 후버, (1895-1972), 밑바닥부터 올라와서 1924년부터 죽을 때까지 미 FBI 국장을 지낸 (못 건드리는 ⟨깡패⟩깡패 소탕가), ⟨~ The Chief\Speed⟩ 수1

1177 **Hoo·ver** [후우붜], Her·bert: '지주', 후버, (1874-1964), 퀘이커교도·광산 기술자 출신으로 관료로서는 유능했으나 ⟨대공황에 제대로 대처 못 했다는⟩ 평을 받는 미국의 31대 공화당적 대통령, {Great Engineer}, ⟨~ 31st US President⟩ 수1

1178 **hop¹** [핲]: ⟨게르만어⟩, ⟨의태어⟩, (한발로) 뛰다, 깡충거리다, 튀다, 뛰어넘다, ⟨~ hobble⟩, ⟨~ jump\bounce⟩, ⟨↔halt\trudge⟩ 양1

1179 **hop²** [핲]: ⟨← 인도어(kup)?⟩, a climbing vine, 홉(풀) ⟨대마과(hemp)의 풀로 그 열매는 쓴맛이 나서 오랫동안 술맛을 내는 데 써왔음⟩, 맥주, 마약, 허튼소리, ⟨~ seed cone\beer ingredient\narcotic\bs⟩ 우1 양1

1180 **hop-bush** [핲 부쉬]: 홉(덤불), a soap-berry, (오스트레일리아에서는 맥주 양조에 썼으며) 보잘것없는 꽃이 줄기 끝에 달리고 윤택이 나는 잎⟨broad-leaf⟩을 가진 ⟨모든 악귀를 물리친다는⟩ 무환자나무속의 (용도가 다양한) 작은 관목 우1

1181 **hope** [호우프]: ⟨← hopian(expectation)⟩, ⟨게르만어⟩, '희망', 기대, 판도라의 항아리에서 마지막까지 남은 ⟨악령⟩, ⟨~ aspiration\wish⟩, ⟨↔hope-less\despair⟩ 가2

1182 **Hope** [호우프], Bob: '기대되는 자', 호프, (1903-2003), 영국 태생 미국 ⟨권투선수 출신⟩ 배우·만담가·가수·무용가·작가·참전 장병 위문 공연자, ⟨~ a British American actor and comedian⟩ 수1

1183 **hope-ful** [호웊훌]: 희망이 있는, 유망한 사람, 촉망되는 사람, ⟨~ optimistic\promising⟩, ⟨↔hope-less\pessimistic\discourag-ing⟩ 양2

1184 **Ho·pi** [호우피]: ⟨원주민어⟩, 'civilized', '평화 민족', 호피, 애리조나 북동부를 중심으로 벽돌집을 짓고 살았던 ⟨농경·모계 사회의⟩ 푸에블로(Pueblo) 원주민 족, ⟨~ Hopi Trive of Arizona⟩ 수1

1185 **Hop-kins** [핲킨스], An·tho·ny: son of Hob(Robert), '유망한 자의 아들', 홉킨스, (1937-), 연극 수업을 제대로 받은 영국 출신 미국의 ⟨성격 배우⟩, ⟨~ an Welsh actor and producer⟩ 수1

1186 **Hop-kins** [홥킨스], Johns: Hob(Robert-'유망한 자')의 아들, 홉킨스, (1795-1873), 퀘이커교 집안 출신으로 여행도 안 하고 결혼도 안 하면서 자수성가해서 메릴랜드주에 동명의 대학과 병원(hospital)을 창립하도록 700만 불을 기증한 미국의 실업가, 〈~ an American merchant〉 수1

1187 **Hop-per** [하퍼], Grace: 〈영국계 이름〉, '깡충깡충 뛰는 자', (1906-1992), 수학자로 미 해군제독까지 된 여성 전산기 전문가, 〈~ an American computer scientist〉 수1

1188 *__hop to it__ [핲 투 잍]: 〈깡충 뛰어〉 빨리 해!, 서둘러!, 〈~ get going\move quickly!〉, 〈↔take it easy〉 양2

1189 **hop-tree** [핲 트뤼이]: 〈북미 원산의〉 홉(나무), a citrus, 쓴내가 심해 홉 대용으로 쓰였던 운향과의 관목, 〈~ wafer (or stinking) ash\skunk bush〉 우1

1190 **hor·cha·ta** [홀차타]: orxata, 〈← hordeato(barley drink)〉, 〈라틴어→스페인어〉, 오르차따, 기름골 뿌리 음료, (사초〈sedge〉 뿌리를 갈아 설탕을 듬뿍친) 북아프리카 원산의 스페인계(Spanish) 음료, 〈~ chilled and sweetened plant-milk based drink〉 우2

1191 **horde** [호얼드]: 〈← ordi(camp)〉, 〈터키어〉, '천막에 사는 터키 유목민', 〈야영지에 모인〉 떠돌이들, 유목민의 무리, 군중, 집단, (이동하는) 동물의 떼, 〈→ Urdu〉, 〈~ army\flock\crowd〉, 〈↔few〉 양1

1192 **hore-hound** \ hoar-hound [호얼 하운드]: 〈영국어〉, 쓴 박하, 〈밑으로 처진 'hoary'(회백색)한〉 넓고 두둘두둘한 둥근잎을 가지고 진한 향기를 뿜는 박하과(a mint)의 여러해살이 약초, 〈~ eye of the star\houndbane〉 미2

1193 **ho·ri·zon** [호어롸이즌]: 〈← horos(boundary)〉, 〈그리스어〉, '한계', 시야, 지(수)평선, sky·line, sea·line, 〈↔zenith\center〉 양2

1194 **ho·ri·zon-tal** [호어뤼쟌틀]: 〈한정된〉 수평의, 가로의, 평형의, 〈~ level\parallel〉, 〈~(↔)recumbent〉, 〈↔vertical〉 양2

1195 **hor·mone** [호얼모운]: 〈← horme(impulse)〉, 〈그리스어〉, 〈분출하는〉 호르몬, 내분비물, 〈~ endocrine chemical〉, 〈~(↔)neuro-transmitter〉 양2

1196 **horn** [호언]: 〈게르만어〉, 〈'head'에 난〉 뿔, 뿔피리, 각질, 취주(악기), 나팔, 첨봉, 영광, 〈~ corn〉, 〈~ clarion\trumpet〉, 〈↔butt\tail〉 양1

1197 **horn-beam** [호언 비임]: 〈서쪽(음지)에서 잘 자라는〉 서어나무, 〈북미산〉 자작나뭇과 서(어)나무속의 반드럽고 암회색 껍질에 〈뿔(horn)같이 단단한 목질을 가진〉 활엽낙엽교목, 〈~ white beech\iron (or muscle) wood〉 미2

1198 **horn-bill** [호언 빌]: (열대산) 코뿔새〈뿔 같은 투구 밑의 구부러진 커다란 부리와 넓은 날개·긴 꼬리를 가졌으며 수놈은 암놈을 새끼 까기까지 진흙을 발라 둥지에 가둬 둠〉, 〈toucan과 비슷하게 생겼으나 생물학적으로는 hoopoe에 더 가까움〉 미2

1199 **Horn-by** [호언비], Al-bert: horni(farmstead)+by(village), 〈북구어→영국어〉, '농장에 사는 자', 혼비, (1898-1978), 교육용 영어 사전을 편찬해서 푼돈을 번 〈편자가 따라 마시려고 하는〉 영국의 사전 편찬가, 〈~ an English lexicographer〉 수1

1200 **horned liz·ard(toad)** [호언드 리져드(토우드)]: 뿔도마뱀, (두꺼비같이 배를 불릴 수 있는) 사막이나 준사막의 북미 서부에 서식하는 머리에 단도 같은 뿔과 몸통에 가시 같은 융기가 솟은 작은 도마뱀, 〈~ horny frog〉, 〈~(↔)iguana〉 미2

1201 **horned owl** [호언드 아울]: 수리(뿔)부엉이, 북아메리카의 숲에 사는 머리 양쪽에 뿔 같은 깃털 다발을 가진 야행성 맹금, 〈~ tiger (or hoot) owl〉 미2

1202 **horned pop·py** [호언드 파피]: 노랑〈yellow〉뿔양귀비, '바다양귀비'(바닷가 모래땅에서 잘 자라는 노랑·주황색의 넓은 꽃잎을 가진 야생 양귀비), 〈~ sea poppy〉 미2

1203 **horned pout** [호언드 파웉]: (미국 동부 원산의) 주걱메기, brown bullhead, 〈~ a cat-fish〉 미2

1204 **horned vi·per** [호언드 봐이퍼]: 뿔뱀, 뿔북살모사 (유라시아와 아프리카의 고온지역에 서식하는 평평하고 세모난 머리 양쪽에 가시 같은 뿔과 짧은 꼬리를 가진 독사), 〈~ sand (or long-nosed) viper〉 미2

1205 **horn-et** [호어닡]: ('horn' 같은 더듬이를 가지고) 〈주로 나무통에 집을 짓고 사는 공격성이 강한〉 말벌, 〈wasp보다 크고 색이 옅음〉 미2

1206 **horn fish** [호언 휘쉬]: '혹부리(고기)', (은비늘치· 동갈치·실고기· 꽁치 아재비· 학꽁치 등으로 불리는) 머리에 큰 혹이 달린 복어목 은비늘칫과의 바닷물고기, 〈~ flower-horn(cichlid)\ornamental aquarium fish〉 우1

1207 **horn fly** [호언 훌라이]: 뿔(침)파리, 쇠파리, cattle fly, ⇒ beef fly 미2

1208 **horn-pipe** [호언 파이프]: 〈뿔이 달린〉 나무피리(담뱃대), 영국 선원 사이에 유행했던 활발한 춤, 〈~ a single-reed wind instrument\a sailers'(lively) dance〉 우1

1209 ***horn-swog·gle** [호언 스와글]: 〈어원 불명의 미국 속어〉, 〈소가 멍에에서 뿔을 빼려고 머리를 흔들기?〉, 속이다, 사기 치다, 〈~ swindle\bamboozle〉, 〈↔debunk\be honest〉 양2

1210 **horn-wort** [호언 워얼트]: 붕어마름, 고인 민물에 떠다니는(free floating) 끝이 뾰족한 잎을 가진 수초, 〈~ coon's tail〉 미2

1211 ***horn-y** [호어니]: 뿔의, 뿔로 만든, 딱딱한, (남성기)가 발기한, 〈~ hard\aroused\hot〉, 〈↔soften\turned off〉 양1

1212 **hor·o·scope** [호어뤄 스코우프]: 〈← hora(hour)〉, 〈그리스어〉, 〈별의 위치로 '시간을 관측'하는〉 점성, 점성용 천궁도, 탄생 시 별자리, 〈~ astrology\augury〉 양1

1213 **hor·ren·dous** [호어뤤더스]: 〈← horrere(bristle)〉, 〈라틴어〉, 〈머리털이 쭈뼛한〉 무서운, 끔찍한, 〈← horror〉, 〈~ abhorrent\dreadful〉, 〈↔pleasant\wonderful〉 양2

1214 **hor·ri·ble** [호어뤼블]: 〈← horrere(bristle)〉, 〈라틴어〉, 〈끔찍해서〉 '몸이 떨리는', 무서운, 소름 끼치는, 대단한, 〈~ abominable\frightful〉, 〈↔delightful\beautiful〉 양2

1215 **hor·rid** [호어뤼드]: 〈← horror〉, 무시무시한, 지독한, 지겨운, 〈~ ghastly\awful〉, 〈↔innocuous\nice〉 양2

1216 **hor·rip·i·la·tion** [호어뤼펄레이션]: horri(bristle)+pil(hair), 〈라틴어〉, 모발이 빳빳해짐, 모골이 송연함, 소름끼침, 닭살, 〈~ gooseflesh〉, 〈↔brave\attraction\ae-gyo〉 양2

1217 **hor·ror** [호어뤄]: 〈← horrere(bristle)〉, 〈라틴어〉, 〈몸을 떨게 하는〉 공포, 전율, 참사, 혐오, 〈→ horrendous\horrible\horrid\abhor〉, 〈~ fear\terror〉, 〈↔delightfulness\pleasantness〉 양1

1218 **hors d'oeu·vre** [어얼 더어브]: 〈프랑스어〉, outside of work, 〈주식과 다른〉 오르되브르, 전채(요리), 수프 전에 나오는 가벼운 요리, 〈~ appetizer\canape〉, 〈↔dessert\entree〉 양2

1219 **horse** [호얼스]: 〈← hors(to run)〉, 〈어원 불명의 게르만어〉, 〈잘 달리는〉 말, 〈초원의 계집애들이 남자 친구가 생기기 전까지 사랑하는〉 미끈하게 빠진 발굽동물, 〈~ equinus〉 가2

1220 **horse and bug-gy** [호얼스 앤 버기]: 말 한필이 끄는 마차, 구식, 낡은 것, 〈~ road wagon\old-fashioned\out-moded〉, 〈↔modern\up-to-date〉 양2

1221 **horse-bean** [호얼스 비인]: 잠두, (누에 모양의 콩으로 열매는 식용하고 깍지는 '말의' 사료로 쓰이는) 누에콩, fava bean, broad bean 미2

1222 **horse–chest-nut** [호얼스 췌스넛]: 〈밤나무 같은 잎을 가지고 nut를 말의 폐(chest)질환 치료제로 썼다는 설이 있는〉 서양'침엽수', conker tree, 마로니에(marronnier) 〈톱니 같은 각을 가진 활엽과 작은 가시가 돋친 송이 속에 작은 밤이 들어 있는 열매를 맺는 낙엽활엽교목〉, 〈~ buck-eye\conker〉 미2

1223 **horse-fly** [호얼스 훌라이]: 말파리, 〈암컷은 '말'이나 소의 피를 빨아 먹는〉 등에, 〈~ gad-fly\green fly〉 미2

1224 **horse-foot \ ~hoop** [호얼스 훝 \ ~후웊]: ①말발굽, 머위, 관동(여름에 노랑색·황백색의 갈라진 둥근 꽃을 피우는 국화과의 여러해살이풀), 〈~ colts-foot\foals-wort〉 ②말 발굽게, 투구게(얕은 연안에서 서식하는 협각류의 절지동물로 식용·낚시 미끼·비료 등으로 사용됨), 〈~ sauce-pan〉 미2

1225 **horse-head** [호얼스 헤드]: 마두 ①전갱잇과의 물고기, moon·fish, red head tile·fish; 옥돔 ②유전 펌프(oil-pump)위의 아치형 부분, 〈~ a steel girder〉 우2

1226 **horse jock-ey** [호얼스 쟈키]: 기수, '말몰이꾼', 〈~ horse-rider\equestrian〉, 〈~(↔)cow boy〉 가1

1227 **horse-leech** [호얼스 리이취]: 말거머리(큰거머리) 〈무논이나 연못에 서식하며 지상의 사체나 무척추동물에 기생하는 거머리·말의 코나 구강(horse's nasal cavity)에 기생하는 거머리〉, 착취자, 수의사, 〈~ blood-sucker\vet〉 우1

1228 **horse-mack·er·el** [호얼스 매커럴]: 〈'hors'(옅은 물)에서 부화하는〉 jack mackerel, saurel, 다랑어, 전갱이(등은 암청색 배는 은백색인 40cm 정도의 온대성 바닷물고기), 〈~ scad〉 미2

1229 **horse mush·room** [호얼스 머쉬루움]: 'horse'(coarse)+mushroom, 말버섯 (크림색 갓과 회분홍색 주름을 가진 담자균류의 커다란〈button shaped〉 식용버섯), 〈~ Agaricus arvenis〉 미2

1230 **horse-pow·er** [호얼스 파워]: H.P., 마력-1초에 75kg을 1m 높이로 올리는 힘, 〈~ unit of power〉, 〈~(↔)joule\watt〉 가1

1231 **horse-rad·ish** [호얼스 래디쉬]: 'horse'(coarse〈equinus의 상징적인 뜻이라 함〉)+radish, 〈뿌리를 다진 것은 톡 쏘는 맛이 있어 고기용 소스로 쓰는〉 양고추냉이, 〈~ moringa\drum-stick²〉 우2

1232 *****horse sense** [호얼스 쎈스]: 'horse'(coarse〈equinus의 상징적인 뜻이라 함〉)+sense, 상식, 〈common-sense보다 더 본능적인〉 직감, 〈~ intuition\native wit〉, 〈↔stupidity〉 양1

1233 *****horse shit** [호얼스 쉽]: 허풍, 실없는 소리, 〈~ bull·shit\crap〉, 〈↔sense\axiom〉 양2

1234 **horse-shoe** [호얼스 슈우]: 〈말〉 편자, U형, 말굽 미2

1235 **horse-shoe bat** [호얼스 슈우 뱁]: 관박쥐, 편자박쥐 (열대·온대에 걸쳐 서식하는 코에 말발굽 같은 융기〈nose-leafs〉를 가진 박쥐), 〈~ a micro-bat〉 미2

1236 **horse-shoe crab** [호얼스 슈우 크랩]: 투구게, '편자게' (둥근 말굽 모양의 딱지와 긴 가시로 된 꼬리를 가진 고생대부터 자라온 게), ⇒ horse-foot² 미2

1237 **horse-shoe shrimp** [호얼스 슈우 슈림프]: '말굽새우' (눈이 없고 말굽같이 생긴 등이 구부러진 작고 통통한 양성 생식의 원시 새우), 〈~ Cephalo-carida〉, 〈~(↔)tadpole (or shield) shrimp〉 우1

1238 **horse show** [호얼스 쑈우]: 마술 경연 가1

1239 **horse tail** [호얼스 테일]: mare's tail, pony-tail, 말꼬리, 뒤로 드리운 머리, 속새〈쇠꾸리·목적·필두채·뱀밥이라고도 하며 줄기는 속이 비고 말총 모양의 잎은 각 마디에 둘러 나는 50cm가량의 음지에 나는 여러해살이풀〉, 〈~ serpent grass\puzzle plant〉, ⇒ scouring rush 미2

1240 *****horse trade** [호얼스 트뤠이드]: 말 거래, 빈틈없는 흥정, 〈~ haggle\bargain〉, 〈↔unsuit\disarrange〉 양1

1241 **horse-weed** [호얼스 위이드]: 'horse'(coarse〈equinus의 상징적인 뜻이라 함〉)+weed, 〈쥐꼬리〉망초 (길고 곧은 줄기와 〈들쭉날쭉한〉 좁은 잎에 조그만 흰 망울 꽃이 피는 국화과의 일년생 잡초), ⇒ rag-weed 미2

1242 **horti-cul·ture** [호얼티 컬춰]: hortus(garden)+colere(till), 〈라틴어〉, '정원개발', 원예농업, 원예학(술), 〈↔pasture〉, 〈~ arbori (or flori)-culture〉, 〈↔agri-culture\silvi-culture〉 가1

1243 **ho·san·na** [호우재너]: '구원해 주소서'(히브리어), save, 호산나, 신을 찬미하는 말, 〈~ alleluia\hurray〉, 〈↔hissing\booing〉 우1

1244 **hose** [호우즈]: 〈← hosa(covering)〉, 〈게르만어〉, 호스, 〈다리를 감싸는〉 긴 양말, 〈→ hosiery〉, 〈긴 양말같이〉 자유롭게 휘어지도록 만든 고무(비닐)관, 〈물을 감싸는〉 (고무로 만든) 도관, 〈~(↔)pipe\tube〉 미2 우2

1245 **Ho·se·a** [호우지어]: Osee, 호세아, he saves, '구원자', 헤브라이의 예언자(Hebrew prophet), 〈죗값을 치른 후에야 구원을 받는다는〉 구약성서(Old Testament)의 한 편 수1

1246 *****hose-head** [호우즈 헤드]: hoser ①〈호스로 술을 마시는〉 주정 중독자, 〈~ beer-drinking alcoholic〉 ②〈맥주통에 도관을 연결해서 마셔대는〉 캐나다 얼간이(Canadian bumpkin) 양2

1247 **ho·sier** [호우줘 \ 호우지어]: hose+ier, 〈게르만어+프랑스어〉, 양말·메리야스류 (제조·판매) 업자, 양품점, 〈~ leg-wear (or boutique) shop〉, 〈~(↔)socks〉 미2

1248 **hos·pice** [하스피스]: 〈← hospes〉, 〈라틴어〉, 〈← host¹〉, 여행자 접대소, 안락원 〈말기 환자의 고통을 덜기 위한 요양원〉, 〈~ palliative medicine〉 미2

1249 **hos·pi·tal** [하스피틀]: 〈← hospes(guest)〉, 〈라틴어〉, '환자 접대소', 병원, 〈~ host¹〉, 〈~ medical(health) center〉, 〈~(↔)clinic〉 가1

1250 **hos·pi·tal-i·ty** [하스피탤러티]: 환대, 후대, 친절, 〈~ welcome\friendliness〉, 〈↔in-hospitality\hostilit〉 가2

1251 **host¹** [호우스트]: 〈← hospes(guest)〉, 〈라틴어〉, 〈손님을 맞는〉 주인, 사회자, 주최, 〈→ hostage?〉, 〈~ owner\entertainer〉, 〈↔guest(접대하기는 주인이나 손님이나 마찬가지?)〉, 〈↔hostess〉 가1

1252 **host²** [호우스트]: 〈← hostis(stranger)〉, 〈라틴어〉, 〈적의〉 무리, 떼, 다수, 군대, 〈~ herd\army〉, 〈↔few〉 양2

1253 **hos·ta** [호우스터 \ 하스터]: 비비추, 〈동북아시아 원산이나〉 오스트리아 의사·식물학자의 이름(Hosta)을 딴 옥잠화속의 각종 식물, 〈~ plantain lilies〉 미2

1254 **hos·tage** [하스티쥐]: ob(before)+sedere(sit), 〈라틴어〉, 〈← host¹?〉, 〈앞에 앉는 신세가 된〉 볼모의, 인질의, 담보, '붙잡힌 이방인', 〈~ captive〉, 〈↔captor〉 가2

1255 *****host bar** [호우스트 바아]: 주인접대(무료) 주보, 주인이 내는 술 판매대, 〈~ open bar〉, 〈↔cash bar〉 우2

1256 *host com·put·er [호우스트 컴퓨우터]: 〈여러 개의 개인용 전산기 또는 단말기가 연결된〉 중앙 전산기, 〈~ central(main) computer〉, 〈↔PC(personal computer)〉 가1

1257 host-el [하아스틀]: 〈라틴어〉, 호스텔, 〈손님을 받는〉 (청년용) 숙박소, '젊은이 여관', 〈~ lodge\pension²〉, 〈↔luxury hotel〉 우2

1258 host-ess [호우스티스]: 여주인, 여관의 안주인, 여급, 〈~ host(왠지 요즘 여성들은 -ess가 붙는 것을 싫어해요)〉, 〈↔host〉 가1

1259 hos·tile [하스타일]: 〈← hostis(stranger)〉, 〈라틴어〉, '이방인을 대하는', 적의 있는, 반대의, 냉담한, 〈~ antagonistic\aggressive〉, 〈↔friendly\hospitable\kind\pacific〉 가2

1260 hot [핱]: 〈← hat〉, 〈의성어?〉, 〈게르만어〉, '뜨거운', 〈남자가 사정할 때 여자가 느끼는〉 열띤, 매운, 갓 만든, 멋진, 위험한, 〈→ heat〉, 〈~ boiling\flaming\spicy〉, 〈한국에서는 cool(시원하다)이란 뜻으로도 쓰임〉, 〈↔cold〉 양1

1261 hot air [핱 에어]: 더운 공기, 실없는 소리, 허풍, 〈~ fib〉, 〈~ cajole\palaver〉, 〈↔truth\sense\AF〉, ⇒ balloon·juice 양2

1262 *hot ba·by [핱 베이비]: 화끈한 (매력 있고 정열적인) 여자, 〈~ fox\devil\sultry babe\nymphomania〉, 〈↔cold woman\anorgasmia〉 양2

1263 *hot bar [핱 바아]: '온식주보', (편의·간이 식품점에서) 〈꼬치·구이·튀김 등〉 뜨거운 음식을 파는 진열대, 〈~ blazing display\sizzling counter〉, 〈↔salad bar〉 우2

1264 *hot bed [핱 베드]: 〈퇴비를 섞어 열을 내게 하는〉 열압연용대, 〈~ formentation bed〉, 온상, 〈범죄의 소굴〉, 〈~ breeding ground〉, 근무 시간이 다른 두 사람이 번갈아 쓰는 침실, 〈무휴 침대〉, 〈~ on-going bed〉 미2 우2

1265 *hot but·ton [핱 버튼]: 사회적 관심사, 쟁점, 결정적 〈갈림길〉, 〈~ contentious\polemical〉, 〈↔uncontroversial〉 양1

1266 Hotch·kiss [하취키스], Ben·ja·min: 〈'Roger'의 노르만어〉, 호치키스, (1826-1885), 탄창식 기관총과 stapler〈철사기·제본기〉를 고안한 미국의 발명가, 〈~ an American ordnance engineer〉 수1

1267 hotch-potch [하취 파취]: 잡탕찜, 뒤범벅, 잡동사니, hodge·podge, 〈~ jumble\mish-mash〉, 〈↔calm\order〉 양1

1268 hot-dog [핱 더어그]: 핫도그, '뜨거운 소시지말이 빵', 묘기를 부리는 (선수), '매운 꼬추' 〈어원에 대해서는 각자 생각하기 바람〉, 〈~ weenie\frank\show-boat\red-hot〉 우1 양1

1269 ho·tel [호텔]: 〈프랑스어〉, 여관, 공공숙소, '손님을 접대하는 곳', 〈← hostel ← host'〉, 〈~ hostelry\accomodation\stay〉, 〈↔boot camp\cabin〉 우2

1270 ho·tel·ier [호텔리어]: 호텔 경영자(지배인), 〈~ hotel manager〉, 〈↔boarder\customer〉 양2

1271 *ho·tel·ling [호텔링]: (주로) 외근 직원들이 사무실의 공용 책상을 이용해서 사무를 보는 일, 근무 좌석 공동 이용, '숙박업', 〈~ desking\office sharing〉, 〈편자는 love-tel에서 하는 영업도 포함시켜야 한다고 봄〉, 〈↔separate office〉 우1

1272 *Ho·tel·ling's law [호텔링스 러어]: 1929년 미국의 수학자 H. 호텔링〈어원 불명의 미국 이름〉이 주창한 〈장사를 하려면 소비자가 제일 접근하기 좋은 곳에서·가짜를 만들려면 아주 진짜와 똑같은 것을 만들라는 등의〉 안전 경쟁성 경제이론, 〈~ principle of minimum differentiation-편자는 이에 전적으로 동의함〉 수2

1273 *ho·tep [하텦\호텦]: '평안하소서'를 뜻하는 이집트어, 〈~ God bless you〉, 〈~ at peace\be pleased〉, 〈↔fuck you〉 수2

1274 *hot fix [핱 휙스]: '즉시 수정', 연성기기 오류를 재빨리(without shutting down the system) 임시로 교체 수정하는 차림표, 〈↔cold fix〉 우1

1275 hot flash(flush) [핱 훌래쉬(훌러쉬)]: (폐경기의 일과성) 열감각, '얼굴 화끈증', 〈~ a menopausal vasomotor symptom〉 미2

1276 hot-house [핱 하우스]: 온상, 온실, green·house, 〈↔barren land〉 가1

1277 *hot house [핱 하우스]: 고온실, 증기탕, 갈보집(brothel), 〈↔cold storage\convent?〉 양2

1278 hot is·sue [핱 이슈]: (사회적) 관심사, 뜨거운 과제, 새로운 인기주, 〈~ burning question\hot potato〉, 〈↔circumstantial issue\trifling matter〉 양1

1279 *hot-key [핱 키이]: 핫키, 단축키(단자), 빠른 작동을 위해 누르는 단추, 〈~ short-cut〉 미2

1280 hot line [핱 라인]: 긴급(직통)전화, 〈~ emergency(direct) line〉, 〈↔switch-board\operator〉 가1

1281 *hot link [핱 링크]: '빠른 접속', 두 개의 처리기능 중 한쪽의 변화가 즉시 다른 쪽에도 작동하도록 연결하는 일, 〈~ direct(embedded) link〉 우1

1282 *hot list [핱 리스트]: 인기품(즐겨찾기) 명단, 취소명단, 〈~ want list〉 양1

1283 *hot mess [핱 메스]: 엉망, 난장판, 〈개판으로 사는〉 '화끈이', 뜨거운 음식, 〈~ catastrophe\disaster\hot meal〉, 〈↔calmness\order\cold meal〉 양2

1284 *hot mon·ey [핱 머니]: '뜨거운 돈', 〈금리변동을 노리고 이동하는〉 투기성 국제 단기 금융자금, 〈~ flight capital\a short-term currency invesment〉, 〈↔cold(hard) cash\soft money〉 우1

1285 *hot pants [핱 팬츠]: '화끈바지' 〈가랑이가 아주 짧은 여성용 바지〉, 〈~ short-cuts\cool pants\strong sexual desire〉, 〈↔long pants\jeans\longuette\bloomers〉 우1

1286 hot pep·per [핱 페퍼]: 〈매운〉 고추, 고춧가루, 〈~ chili〉, 〈↔green pepper\sweet bell〉 가2

1287 *hot-pot [핱 팥]: '뜨거운 냄비', ⇒ shabu·shabu 미1

1288 *hot po·ta·to [핱 퍼테이토우]: (껍질째 구운) 뜨거운 감자, (겉은 식었지만 속은 뜨거워서) 〈뱉을 수도 삼킬 수도 없는〉 곤란한 처지, 어려운 문제, 〈~ hot issue\controversy\dilemma〉, 〈↔cold potato\success\bigatelle〉 양2

1289 *hot rod [핱 롸아드]: ①'화끈차', (마력과 속도를 높이기 위해 개조한) 고속 자동차, 〈~ a re-built car for speed〉, 〈rat rod〉 ②'화끈막대', (남자 음경에 고추장을 바르고 하는) 매운 좆 빨기, 〈~ penis covered with hot sauce〉 우2

1290 *hot seat [핱 씨이트]: 전기의자, 증인석, 어려운 처지(입장), 〈응급 탈출 시 먼저 뛰어내려야 하는〉 (비행기의) 사출석, 〈~ electric chair\witness stand\difficult situation\ejection seat〉, 〈↔soft seat\advantage\boon〉 양1

1291 *hot shit [핱 쉩]: 대단한 것(놈), 허세꾼, 거물, 잘했군!, 〈~ hot stuff\big shot〉, 〈↔bum\black sheep〉 양1

1292 *hot shot [핱 샽]: 능수꾼, 거물, 급행편, 최신 정보, 〈~ big shot\hot news〉, 〈↔amateur\novice\lazy〉 양1

1293 *hot spot [핱 스팥]: 분쟁지대, 환락가, 궁지, 인기 웹사이트, 전산망 기지를 연결하기 위한 Wi-Fi, '열점' 〈마우스 조작에 의해 영향을 받는 화면상의 정확한 위치〉, 〈~ hell-hole\flash-point〉, 〈↔cold area\cool site〉 우1

1294 hot spring [핱 스프링]: 온천, 〈↔cold spring〉 가2

1295 *hot stuff [핱 스터후]: '열물'(뜨거운 물건), 멋진 것, 뜨거운 음식, 대단한 것(녀석), 〈~ hot shit\big shot〉, 〈↔humble\modest〉 양1

1296 *hot swap [핱 스왚]: '즉석 교체', 전기부품을 전원을 켠 채(power is turned on) 교체하는 것, 〈↔cold swap〉 우1

1297 *hot·sy-tot·sy [하취 타취]: 〈영국어〉, 〈의성어·의태어〉, 매우 좋은, 이를 데 없는, hoity·toity, 〈~ perfect\ok〉, 〈↔awful\disgusting〉 양1

1298 hot-teok [호떡]: ho(Mongol)+tteok(rice cake), 〈중국어+한국어〉, 오랑캐들이 먹는 떡, 밀가루나 찹쌀가루 반죽에 설탕과 견과를 넣고 둥글넓적하게 구워낸 중국식 떡, fried pancake with nuts 수2

1299 *hot un·der the col·lar: 목깃 아래가 뜨거운, 당황한, 화난, '핏대가 선', 〈~ angry\mad〉, 〈↔pleased〉 양2

1300 *hot wa·ter [핱 워어터]: 열탕, 곤경, 고생, 말썽거리, 〈~ boiling water\difficulty\trouble〉, 〈↔cold water\ease\comfort〉 양2

1301 *hot wife [핱 와이후]: 화냥년, 서방질하는 아내, cuckoldress, 〈~ adulteress\slut〉, 〈↔faithful wife〉 양2

1302 *hot zone [핱 죠운]: '고민대', 단어처리기에서 오른쪽 끝으로부터 7자 정도 왼쪽까지의 영역으로 붙임표(-)를 써서 다음 행으로 연결시키느냐 행을 바꾸느냐의 판단이 요구되는 구역, 〈~ dilemma zone〉, 〈↔secure zone〉 우1

1303 hound [하운드]: 〈← hund(dog)〉, 〈게르만어〉, 사냥개, '개', 비열한, 몰아세우다, 부추기다, 〈~ hunter\chaser\under-hand〉, 〈↔soothe\please〉 양2

1304 **hound-fish** [하운드 휘쉬]: ①dog fish, 돔발〈토막〉상어('개 떼'같이 무리 지어 다니며 방해받으면 해면으로 뛰어오르는 작은 상어류) ②needle fish, 동갈치(날카로운 이빨이 있는 가늘고 긴 주둥이를 가진 바닷물고기), 〈~ gar fish\long-tom〉 미2

1305 **hound's tongue** [하운즈 텅]: dog's tongue, 큰꽃말이풀, 큰유리풀, '개혓바닥풀'(솜털이 돋은 혀 모양의 잎에 작은 보라 꽃이 피고 쥐〈rats and mice〉 냄새가 나는 길가에 자라는 잡초), 〈~ gypsy flower〉 우1

1306 **hound's-tooth** [하운즈 투우쓰]: 새발격자무늬, '개 이빨' 모양의 격자무늬, 〈1893년에 나왔으나 1920년대 Coco Chanel·1950년도에 Audrey Hepburn 등에 의해 유명해진 의상 문양〉, 〈~ dog's tooth pattern(check)〉, 〈~(↔)shepherd's check〉 우1

1307 **hour** [아우어]: 〈← hora(time)〉, 〈그리스어〉, 한 시간, 시각, 때, 현재, 시간, '시기', 〈~ 60 minutes\moment\era\duration〉 가1

1308 **hour-glass** [아우어 글래스]: 한 시간짜리 모래(물)시계, 〈개미허리〉, 전산기가 너무 바빠 정보를 받아들일 수 없을 때 나타나는 표시〈'기다림 표'〉, 〈~ sand-glass\water-clock\'waiting' symbol〉 우2

1309 **house** [하우스]: 〈← hydan〉, 〈게르만어〉, 〈← hide〉, 〈몸을 감출 수 있는〉 집, 가정, 회관, 의회, 숙박, 〈~ home〉, 〈~ dwelling\accomodation〉, 〈↔office\out-side〉 가1

1310 **house ar-rest** [하우스 어뤠스트]: 가택연금, 〈~ home-confinement〉, 〈↔imprisonment\release〉 가2

1311 **house boy** [하우스 버이]: 잡일꾼, 시중꾼, 〈~ man-servant〉, 〈↔house maid\master〉 가1

1312 **house bug** [하우스 버그]: 〈사람 피를 좋아하여 집 밖에서는 살 수 없으며 납작한 반원형에 악취가 나는〉 빈대, 〈~ bed-bug\chinch〉 미2

1313 **house call** [하우스 커얼]: 왕진, 가정방문, 〈~ home visit〉, 〈↔video-call\tele-health〉, 〈↔office(clinic) appointment〉 가1

1314 ***house drink** [하우스 드링크]: '주방술', '기본주류', 〈~ basic drink〉, 〈↔call drink〉, ⇒ well drink 우1

1315 **house fly** [하우스 훌라이]: (방울눈에 투명한 날개를 가진 검은색 파리로 부식물을 빨아 먹으며 암컷은 한 번에 100개 이상을 알을 까고 각종 전염병을 매개하는) 집파리, 〈~(↔)blow-fly보다 작음〉 미2

1316 **house-hold** [하우스 호울드]: 가족, 세대, 가구, 〈~ family\kinship〉, 〈↔non-demestic\business〉 양1

1317 ***house–hus-band** [하우스 허즈번드]: (전업) 남편, 〈전지무능한 남자〉, (아내가 돈을 벌고) 집안 살림을 하는 가장, 〈~ stay-at-home(husband)〉, 〈↔house-wife〉 양2

1318 **house–keep-er** [하우스 키이퍼]: (가정)주부, 가정부, 가옥 관리인, 〈~ house-wife\maid\house manager〉, 〈↔working woman\home-owner〉 양1

1319 **house leek** [하우스 리이크]: '만년초', 낡은 집의 '지붕' 등에 나는 다즙의 장미형의 통통한 잎을 가지고 조그만 분홍색 꽃을 피우는 돌나물과 바위솔속의 낮은 풀, 〈~ a succulent perennial\live-forever〉 우2

1320 **house-maid** [하우스 메이드]: 가정부, 식모, 〈~ maid-servant\house girl〉, 〈↔male servant\house boy\mistress〉 가2

1321 **house mar·ten** [하우스 마알튼]: 〈겨울에 '건물'에도 들어와 사는〉 흰(가슴)담비, stone marten, ⇒ beech marten 미2

1322 **house mar·tin** [하우스 마알튼]: '집제비', 〈검은 등에 흰 배와 다리를 가지고 주로 집 벽에 진흙으로 집을 짓는〉 흰털발제비, 〈~ eaves swallow〉 미2

1323 **house-mate** [하우스 메이트]: (방은 같이 쓰지 않고 집만 같이 쓰는) 동거인, 〈room-mate가 house-mate가 되는 것은 시간 문제?〉 양1

1324 **house-mo·ther** [하우스 마더]: 보모, (기숙사의) 여 사감, 〈~ matron〉, 〈↔master\male superintendent〉 가1

1325 **house mouse** [하우스 마우스]: 집쥐, 생쥐, 실험용 쥐(laboratory mouse), 귀가 크고 꼬리가 긴 아주 작은 쥐, 〈~ 유식한 표현은 Mus musculus domesticus〉 가2

1326 **House of Com-mons** [하우스 어브 카먼스]: (650명의 선출직으로 구성된) 영국의 하원, 〈~ lower house〉, 〈↔House of Lords〉 미2

1327 **house of-fic-er** [하우스 어어휘써]: (병원의) 수련의, '붙박이 의사', 〈~ resident doctor〉, 〈↔attending〉 양2

1328 **House of Lords** [하우스 어브 로어즈]: (주로 귀족과 성직자 중에서 국왕이 임명한 대부분 종신직의 785명 정도로 구성된) 영국의 상원, 〈~ upper house〉, 〈↔House of Commons〉 미2

1329 **House of Rep·re·sen·ta·tives**: (미) 하원, 1789년에 창립되어 2년마다 선출된 (1921년에 고정된) 435명의 대의원이 모인 〈미국 제3의 권력기구〉, 〈↔Senate〉 미2

1330 *****house poor** [하우스 푸어]: '집거지', (집을 유지하는데 소득의 30% 이상을 써서 가난한) 주택 빈곤층, 〈~ property poor〉 미2

1331 *****house-seat** [하우스 씨이트]: 극장의 특별 초대석, 〈~ special seat〉, 〈↔ordinary seat〉 양1

1332 **house-sit** [하우스 씰]: (남의) 집을 지키다, 집 돌보기, 〈~ house watch〉, 〈~(↔)baby sit〉 양1

1333 **house snake** [하우스 스네이크]: '집구렁이', 〈우유뱀〉, 집 주위에 사는 독이 없는 뱀들의 총칭, 〈~(↔)milk snake〉, 〈한국에서는 터줏대감(patron snake)이라고 해서 일종의 수호신으로 여겼음〉 미2

1334 **house spar·row** [하우스 스패로우]: 참새, 집참새, 집의 지붕이나 처마에 집을 짓고 곡식을 먹고 살며 번식력이 강한 가장 흔한 참새, 〈~ common sparrow〉 가1

1335 **house-top** [하우스 탑]: (명) 지붕, 〈~ roof〉, 〈↔floor〉 양2

1336 **house-wife** [하우스 와이후]: (전업) 주부, 〈전지전능한 여인〉, 〈~ house-keeper〉, 〈↔house-husband〉 가1

1337 **house wine** [하우스 와인]: '집포도주', 집에서 담근 포도주, (식당의) 기본 포도주, 〈~ jug(table·bulk) wine〉, 〈↔brand wine〉 미2

1338 **Hous·ing and Ur·ban De·vel·op·ment,** De·part·ment of [하우징 앤드 어얼번 디벨롭먼트]: ⇒ HUD 양2

1339 **Hous·ton** [휴우스턴]: 'Hugh의 마을', 휴스턴, 〈1·3대 텍사스 공화국 대통령 Sam H~의 이름을 딴〉 텍사스 동남부(S-E Texas)에 있는 미국의 석유·우주산업 중심지, 〈~ Space City〉 수1

1340 **Hous·ton** [휴우스턴], Sam: 휴스턴, (1793-1863) 멕시코로부터 텍사스를 독립시키고 북부 연방 정부를 지지한 미국의 정치가, 〈~ an American general and statesman〉 수1

1341 **Hous·ton** [휴우스턴], Whit·ney: 휴스턴, (1963-2012), 가창력이 뛰어나서 많은 상을 받았으나 마약 중독에서 벗어나지 못한 미국의 흑인 여성가수, 〈~ an American singer〉 수1

1342 *****HOV** [허브] (high oc·cu·pan·cy ve·hi·cle): 다수인 이용 차량, 〈~ car-pool\diamond lane〉 미2

1343 **hov·el** [허블]: 〈← hof(house)〉, 〈15세기에 등장한 어원 불명의 영국어〉, '축사', 오두막집, 누옥(누추한 집), 헛간, 〈~ hut\shed\shack〉, 〈↔mansion\palace\villa〉 양1

1344 **hov·er** [허붜]: 〈← hoven(linger)〉, 〈1513년에 등장한 어원 불명의 영국어〉, 맴돌다, 공중에 떠 있다, 주저하다, 〈공중으로 뛰어오르는 (송어 등의) 떼, 〈~ drift\float〉, 〈↔rest\settle〉 양1

1345 *****hov·er-board** [허붜 보어드]: 공중 부양형 '발 지치개', 전동바퀴가 달린 유선형의 발판, 〈~ self-balancing scooter〉 우2

1346 *****hov·er-box(card)** [허붜 박스(카아드)]: 지침판을 표상 위에 갖다 대면 순간적으로 튀어나오는 '창', '맴돌이 칸(판)', 〈~ a pop-up window\mouse-over〉 우2

1347 **hov·er craft** [허붜 크래후트]: (아래로 분출되는 압축공기를 이용해서 지면이나 수면 바로 위를 나는) 공기 부양선, 〈~ an air-cushion vehicle\an amphibious craft〉 미2

1348 **hov·er fly** [허붜 훌라이]: '맴돌이 파리', 물결불적등에, 꽃에 〈몸통에 검은색의 띠를 가지고 꽃 즙을 빨아 먹으며 공중에서 정지할 수 있는 재주를 가진 벌 비슷하나 쏘지 못하는 파리〉, syrphid, 〈~ flower fly〉 미2

1349 *****hov·er train** [허붜 트뤠인]: '공중열차' 〈공기압으로 차체를 띄워 콘크리트 궤도를 달리는 고속열차〉, 〈~ maglev\tracked air-cushion vehicle〉 우1

1350 **HOV lane** [허브 레인]: 다인승 차량(high occupancy vehicle) 전용차선, 〈~ car pool lane\diamond lane〉 미1

1351 **how** [하우]: 〈← hu〉, 〈게르만어〉, 어떻게, 얼마나, 어째서, 〈좀 떫다는 말〉, 〈~ in what manner (or way)〉, 〈~(↔)who\why〉 가2

1352 **How·ard John·son's** [하우어드 존슨스]: 〈게르만어〉, 하워드〈'심장이 강한(brave heart) 자'〉 존슨, 1925년에 〈동명의 기업가에 의해〉 창설된 미국의 식당·모텔의 연쇄점, 〈~ an American hotel brand〉 수1

1353 **How-ard** [하우어드] U·ni·ver·si·ty: 1867년 흑인 해방 운동가 Olive 하워드 장군의 주선으로 흑인들을 위해 미국 수도에 세워진 대학이나 지금은 백인들도 많이 다니고 있음, 〈~ a private univ. in DC〉 수1

1354 *****how could (some-one) pass up op-por·tu·ni·y like that?**: 참새가 방앗간을 그냥 지나랴, 〈~ no one would want to miss a chance like that〉 양2

1355 *****how-dy** [하우디]: 〈영국어〉, how do you do, 야!, 어때!, 곤란한 입장 가2

1356 **how-ev·er** [하우 에붜] 그렇지만, 아무리 ~할지라도, 〈뚫긴 하지만〉, 〈~ nevertheless\in whatever way〉, 〈↔hence\therefore〉 가2

1357 **how is life** [하우스 이즈 라이후]?: 어떻게 지내?, 별 일 없니?, 〈~ what's the word?〉, 〈~ how are you?〉, 〈이 때 철학적으로 대답하면 절대 안됨〉 양2

1358 **how·itz·er** [하우쳐]: 〈← haufnice(sling)〉, 〈'투석기'의 체코말〉, 곡사포, 유탄포, 〈~ (trench) mortar\a high angle gun〉 미2

1359 **howl** [하울]: 〈영국어〉, 〈의성어〉, 짖다, 윙윙거리다, '아우성', '삐이' (주파수가 겹치면서 증폭기 속에서 일어나는 잡음), 〈~ growl\woof〉, 〈↔whisper\mutter\sniffle〉 양1

1360 **howl-ing mon·key** [하울링 멍키]: '짖는 원숭이', 성대가 발달해 우는 소리가 2~3마일까지도 들리는 수염이 많고 경사진 얼굴을 가진 거미원숭이과의 영장류, 〈~ a large New World monkey〉 미2

1361 *****how's by you** [하우즈 바이 유우]: 어떻게 지내?, 별 일 없지?, 〈~ how are you의 어줍잖은 표현〉 양2

1362 **hoy-a** [허이어]: 〈영국 정원사의 이름(Hoy)에서 연유한〉 옥첩매, 앵란, '꿀풀', 영롱한 꽃덩어리가 뭉쳐 피는 새박덩굴과의 상록 관상초, 〈~ wax plant\porcelain flower〉 미2

1363 **hs**: 〈라틴어〉, hora somni, 취침시(에), 〈~ bed time〉 양2

1364 **HSA** (health sav·ings ac·count): 건강 저축(예금) 계좌, (적절한 의료비를 충당하기 위해 저축하는) 〈세금 유보의〉 의료용 개인 퇴직 적립 계좌(IRA) 미2

1365 **HSBC** (Hong-Kong and Shang-hai Bank-ing Corp): 홍콩·상하이 은행, 1865년 홍콩에서 창점하여 1993년 런던으로 본사를 옮긴 영국의 세계적 '공룡' 은행·융자회사, 〈~ a British financial services group〉 수2

1366 *****HTML** (hy·per-text mark-up lan·guage): '초문본 표시 언어' (전산기에서 다차원 문본을 표현하기 위해 사용하는 기술 용어), 〈~ standard mark-up language for documents〉 우1

1367 *****HTTP** (hy·per-text trans-fer pro·to·col): '초문본 교환 규약' (전산기에서 하이퍼텍스트〈다차원 문본〉를 교환하기 위해 사용하는 통신규약), 〈~ an application layer protocol〉 우1

1368 **HUAC** [휴우액]: House Un-American Activities Committee, 비미 활동 조사 위원회, 1938년 '빨갱이 사냥 단체'로 시작해서 1969년 〈국내 안전 위원회〉로 바뀐 (미 하원의) 상임 위원회, 〈후악!〉 위원회, 〈~ an investigative committee〉 미2

1369 **Hua-wei** [화웨이]: Chinese+action, 〈중국어〉, '중화유위', 1987년에 세워져서 〈미국과의 무역전쟁을 겪으면서〉 5G 세대의 강자로 부상되는 '중화민족을 위한' 중공의 전자통신 회사, 〈~ a Chinese digital technology conglomerate〉 수2

1370 **hub** [허브]: 〈어원 불명의 영국어〉, center, '중심축', 바퀴통, 표적, 중추 (몇 개의 장치가 접속된 기구), 〈← hob¹?〉, 〈↔periphery〉 양2

1371 **hu·ba-hu·ba** [허버 허버]: 〈어원 불명의 미군 속어〉, 〈의성어·의태어〉, hubba·hubba, 좋아 좋아, 됐어 됐어, '한국 전쟁 때 미군을 호객하면서 하던 말', 〈'ni hao pu hao'란 중국어에서 유래했다는 썰이 있음〉, 〈~ approval\excitement〉, 〈↔denial\disfavor〉 양2

1372 **hub-cap** [허브 캡]: '중심 뚜껑', (자동차 바퀴의 중앙에 씌어진) '바퀴 모자', 〈~ wheel cover〉, 〈↔rim〉 우2

1373 **hu·bris** [휴우브뤼스]: 〈그리스 신화에 나오는 오만한 여신 Hybris에서 연유한〉 (신에 대한) 오만함, 〈파멸의 첩경인〉 자기 과신, 〈~ arrogance\conceit〉, 〈↔modesty〉, ⇒ Niobe 양2

1374 **huck·le·ber·ry** [허클 베리]: 〈영국어〉, 〈← hurtle·berry ← whortle·berry〉, '돌기딸기' (월귤나무류의 조그마하고 동글동글한 열매가 달린 청색 내지는 흑색 포도), 〈~ bilberry\blueberry〉 우1

1375 **huck-ster** [헉스터]: 〈← hoeken(peddle)〉, 〈네덜란드어〉, 〈← 'hawker'(욕심쟁이)〉, pedddler, 행상꾼, 광고업자, 강매하는 영업사원, 〈~ vendor\pusher〉, 〈↔consumer〉 양2

1376 **HUD** [허드] (Dept. of Hous·ing and Ur·ban De·vel·op·ment): (1965년 연방 정부의 각료급 기구로 창립된) 미국 주택도시개발부, 〈~ an executive department of US〉 양2

1377 **hud·dle** [허들]: ⟨← hoderen⟩, ⟨게르만어⟩, ⟨← hide⟩, 뒤죽박죽 주위 모으다, 몸을 '움츠리다', 붐비다, 작전회의, ⟨~ cluster\flock\strategy meeting⟩, ⟨↔disperse⟩ 양1

1378 **Hud-son** [허드슨], Hen-ry: 'Hudd(Hugh)의 아들', (1565-1611), 북극해를 지나 아시아로 가는 지름길을 탐험했던 영국의 항해가 ⟨그의 이름을 딴 강·해협·만이 북미 동부에 있음⟩, ⟨~ an English explorer⟩ 수1

1379 **hue** [휴우]: ⟨← heow(form)⟩, ⟨게르만어⟩, '모양', 색조, 특색, 외침 소리, ⟨~ color\tinge⟩, ⟨↔achromatism⟩ 가1

1380 ***hu·e·vo** [웨이보우 \ 우에보]: ⟨스페인어⟩, '달걀(egg)' 위를 걷는 것처럼 보이는 춤, ⟨~ a break-dance⟩, 불알(testicle) 우1

1381 **huff** [허후]: ⟨영국어⟩, ⟨의성어⟩, 화나게 하다, 고함치다, 격하게 숨 쉬다, 허세, ⟨~ blow\chuff\puff⟩, ⟨↔calm\be-little⟩ 양1

1382 **hug** [허그]: ⟨← hugga(comfort)⟩, ⟨어원 불명의 북구어⟩, 꼭 껴안다, 품다, '포옹', 축복하다, ⟨~ embrace\caress⟩, ⟨↔push\shove⟩ 양1

1383 **huge** [휴우쥐]: ⟨← ahuge(large)⟩, ⟨어원 불명의 프랑스어⟩, 거대한, 무한한, ⟨트럼프식 발음은 [유우즈]⟩, ⟨~ immense\tremendous⟩, ⟨↔tiny⟩ 가2

1384 **hug·ger-mug·ger** [허거 머거]: ⟨영국어⟩, ⟨의태어⟩, 난잡, 혼란, 쉬쉬하다, ⟨~ huddle\messy\hush-hush⟩, ⟨↔orderly\neat⟩ 양2

1385 ***hug·gy-wug·gy** [허기 워기]: (동영상 놀이에 나오는) 엽기적 등장 인물, 으스스한 악당, ⟨~ a terrifying character who hugs people to death⟩, ⟨~(↔)kissy-missy⟩ 미2

1386 **Hughes Air-craft** [휴즈 에어크래후트]: 1932년 하워드 휴즈가 남가주에 세운 미국의 전투용 항공기 제작 회사로 1997년 Raytheon에 매각되었다가 GM과 Boeing으로 흡수됨, ⟨~ an American aerospace contractor⟩ 수2

1387 **Hughes** [휴우즈], How-ard : ⟨켈트어⟩, '사려 깊은 자(Hugh)의 아들', 휴즈, (1905-1976), ⟨편집증과 여성 편력이 심했던 Cal Tech 출신⟩ 미국의 실업가·비행가·영화제작자, ⟨~ an American aerospace engineer and businessman⟩ 수1

1388 ***hug-me-tight** [허그 미이 타잍]: '껴안아 줘요!', ⟨소매 없이 몸에 꼭 끼는⟩ 깜찍한 여성용 상의, ⟨~ embrace\squeeze⟩, ⟨~ woman's sleeve-less close-fitting jacket⟩, ⟨↔touch-me-not⟩ 우1

1389 **Hu·go** [휴고우], Vic·tor: ⟨게르만어⟩, mind, '사려 깊은 자', 위고, (1802-1885), 나폴레옹주의에 반대했던 프랑스의 정열적 낭만주의 작가·정치가, ⟨~ a French romantic writer and politician⟩ 수1

1390 **Hu·gue·not** [휴우가낱 \ 위그노]: ⟨← eidgnosse(confederate)⟩, ⟨'연합'이란 뜻의 스위스계 독일어에서 유래한⟩ 위그노, 16~17세기에 프랑스에서 일어나서 가톨릭의 박해를 피해 영국으로 많이 건너간 칼빈 계통(Calvinist)의 신교도들, ⟨~ a religious group of French Protestants⟩ 수1

1391 **huh** [허]: ⟨영국어⟩, ⟨의성어⟩, 하!, 흥!, 정말!, ⟨~ hunh⟩, ⟨~ scorn\dis-belief\amusement⟩, ⟨↔nah⟩ 가2

1392 **hui·tre** [휘이터 \ 위이터]: ⟨← ostreon ← osteon(bone)⟩, ⟨그리스어→라틴어→프랑스어⟩, ⟨뼈같이 단단한⟩ 위트르, 굴, oyster 양2

1393 **Hu·la-Hoop** [후울러 후우프]: ⟨하와이어+영국어⟩, 훌라후프, 허리를 흔들어 돌리는 플라스틱 테⟨굴렁쇠⟩(상표명), ⟨→ hoop dance⟩, ⟨~ a large ring twirled around the body⟩ 수1

1394 **hulk** [헐크]: ⟨← holkas(towed ship)⟩, ⟨그리스어→게르만어→영국어⟩, ⟨짐 실는 배⟩, 덩치 큰 것, (배의) 잔해, 어슬렁거리며 나타나다, ⟨~ bulk\ship-wreck\loom⟩, ⟨↔bit\run⟩ 양2

1395 **hull** [헐]: ⟨← hulu(husk)⟩, ⟨게르만어⟩, '겉껍질', 꼬투리, (배·비행기의) 선체, ⟨~ shell\pod⟩, ⟨↔base\core⟩ 양2

1396 **hul·la·ba·loo** [헐러벌루우]: ⟨영국어⟩, ⟨의성어⟩, 왁자지껄하는 소리, 소란, ⟨~ fuss\commotion⟩, ⟨↔peace\hush⟩ 양2

1397 **hum** [험]: ⟨영국어⟩, ⟨의성어⟩, 윙윙거리다, 흠·흠, 콧노래, ⟨~ drone\hesitation\dissatisfaction\humming⟩ 양1

1398 **hu·man** [휴우먼]: ⟨← humus(soil)⟩, ⟨라틴어⟩, ⟨하늘이 아니고⟩ '땅에 사는 자', 사람, 인간, ⟨신의 걸작⟩, 말을 할 수 있는 동물⟨원숭이와 유일한 차이점⟩, ⟨~ anthropoid\person\mortal⟩, ⟨↔animal\divine⟩ 가2

1399 **hu·man·ism** [휴우머니즘]: (르네상스의 기초를 이루는) 인문주의, (그리스·로마의 고전으로 돌아가자는) 고전연구, (인간의 가치·존엄을 기초로 한) 인간주의, ⟨~ a naturalistic philosophy\altruism⟩, ⟨↔scholasticism⟩ 미2

1400 **hu·man-ist** [휴우머니스트]: 인문(인본)주의자, 인도주의자, 인간성 연구자, 〈~ human-centered\atheist who cares〉, 〈↔anti-humanist\blind theist〉 양2

1401 **hu·man·i·ties** [휴우머니티스]: 인문학, 〈이 책의 뼈대를 이루는〉 문학·역사·철학 따위를 연구하는 '인간적인' 학문, 〈~ people study\liberal arts〉, 〈↔in-humanities\sciences〉 양2

1402 ***hu·man na·ture is un-fath·om·a·ble**: 열 길 물 속은 알아도 한 길 사람 속은 모른다, 〈~ there is no human nature(only human condition exists)-J.P. Sartre〉, 〈↔every effect has causes ⇒ psychoanalysis〉 양2

1403 **hum·ble** [험블]: 〈라틴어〉, '땅〈humus〉처럼 낮은', 천한, 시시한, 겸손한, 조심성 있는, 〈→ humiliation〉, 〈~ meek\modest〉, 〈↔arrogant\haughty\high-nosed〉 양1

1404 ***hum·ble-brag** [험블 브래그]: '겸손한 허풍', '은근 자랑질', '내숭', 겸손한 척하면서 자기 자랑하는 것(사람), 〈~ superficially modest\100% self-promotion〉, 〈↔bashfulness\demureness〉 미2

1405 **hum·ble-pie** [험블 파이]: 〈라틴어+게르만어〉, 수수한 양과자, (서민들이 먹던) 〈'nombles'(내장이란 뜻의 게르만어)로 만든〉 '하바리 반죽과자', 굴욕(insult), 〈~ eat dirt(humiliation)〉 미2

1406 **Hum-boldt** [험보울트], Al·ex·an·der: hun(bear cub)+bald(bold\brave), 〈게르만어〉, brave little bear, '용감한 새끼 곰', 훔볼트, (1769-1859), 「Kosmos」라는 역작을 남긴 독일의 탐험가·자연과학자·지리학자, 〈~ a German polymath and geographer〉 수1

1407 **hum·bug** [험벅]: 〈1751년 영국 대학가에 등장한 어원 불명의 영국어〉, a trick, 거짓말, 속임수, 협잡군, 불법체포, 〈~ cheat\borax²〉, 〈↔original〉 양2

1408 **hum·drum** [험드럼]: 〈'험-험-'하는 의성어에서 온 영국어〉, 평범한, 단조로운, 지겨운, 〈~ boring\tedious\boiler plate〉, 〈↔remarkable\exciting〉 양2

1409 **Hume** [휴움], Da·vid: 〈← holmr(small island)〉, 〈북구어〉, island in the river, '물가에 사는 자', 흄, (1711-1776), 〈신을 의심하고 인간을 신뢰했던〉 스코틀랜드 태생의 〈비판적 실험주의〉 철학자·정치가, 〈~ a Scottish philosopher and historian〉, ⇒ Projectivism 수1

1410 **hu·mer·us** [휴우머뤼스]: 〈← umerus(shoulder)〉, 〈'어깨'의 라틴어〉, '윗팔뼈', 상완골, 상박골, 〈~ upper arm〉, 〈↔femur\thigh〉 양2

1411 **hu·mid** [휴우미드]: 〈← umere(moist)〉, 〈라틴어〉, '습기' 있는, 눅눅한, 〈↔arid\dry〉 가1

1412 **hu·mil·i·a·tion** [휴우밀리에이션]: 〈← humble〉, '땅〈humus〉으로 낮추기', 굴욕, 수치, 창피, 〈~ disgrace\shame〉, 〈↔honor〉 가2

1413 **hu·mil·i·ty** [휴우밀리티]: 〈← humus(soil)〉, 〈라틴어〉, '땅처럼 낮은', 비하한, 겸손한, 〈~ modesty\lowliness〉, 〈↔pride〉 양2

1414 **hum·ming-bird** [허밍 버어드]: 〈영국어〉, 〈의성어〉, 벌새, (1초에 80번이나 날개를 떨어) 윙윙 소리를 내는 깜찍한 새, 〈~ bee eater〉 미2

1415 **hum·mock** [허먹]: 〈← hummel〉, 〈게르만어→영국어〉, 〈← hump?〉, 흙 무더기, '작은 언덕(small height)', 얼음 언덕, 구릉, 〈~ hammock〉, 〈~ hillock\mound〉, 〈↔hollow\valley〉 양1

1416 **hum·mus** [허머스]: 〈아랍어〉, 후무스, chick-pea, '병아리콩'을 삶아 곱게 간 것을 참기름으로 조미한 중동지방의 〈식사 전〉 요리, 〈~ a Middle Eastern dip〉 우1

1417 ***hu-mon·gous** [휴우멍거스]: huge+monstrous, 〈1970년 경에 미국에서 조작된 말〉, 엄청나게 큰, 거대한, 〈~ ginormous\enormous〉, 〈↔tiny\bitty\litty〉 양2

1418 **hu·mor \ ~mour** [휴우머]: 〈← umere(moist)〉, 〈라틴어〉, 〈dry 한 것을 촉촉하게 해주는〉 '액체', 〈근심·걱정을 녹여주는〉 농담, 해학, 기분, 체액, 〈~ comedy\joke\mood\body fluid〉, 〈↔pathos〉 가1 양1

1419 **hump** [험프]: 〈← hemb(bend)?〉, 〈어원 불명의 게르만어〉, 군살, 혹, 둥근 언덕, 고비, 의기소침, 〈~ bump\lump\hummock〉, 〈~ upheaval\dumps〉, 〈↔straight\gaiety〉 양1

1420 **hump-back** [험프 백]: 꼽추, 곱사등이, kyphosis, ⇒ hunch-back 가2

1421 **hump-backed fly** [험프백트 홀라이]: '곱사파리', '관(coffin)파리' 〈썩은 생물에 꼬이는 곱사등을 가진 검은색의 작은 파리〉, 〈~ scuttle (or sewer) fly〉 미2

1422 **hump-back salm·on** [험프백 쌔먼]: 〈등에 혹이 달린〉 곱사연어, 분홍 연어, 〈~ pink salmon〉 미2

1423 **hump-back whale** [험프백 웨일]: 〈등지느러미 대신 혹을 가지고 있고 긴 물갈퀴(long pectoral fins)가 볼 만한 희귀종이 되어 가는〉 혹등고래, 〈~ 'big winged'〉 미2

1424 ***hump-day** [험프 데이]: 〈일주일의 '고비'인〉 Wednesday(수요일), 〈그래서 이날 오후에 골프장이 붐빔〉 양2

1425 **Hump·ty-Dump·ty** [험티 덤티]: 〈영국어〉, 〈의태어〉, 〈담장에서 떨어져 깨진〉 동화에 나오는 커다란 계란(egg) 모양의 인물, 낙선이 뻔한 후보자, 〈~ a short fat person\dead-beat〉 수1

1426 **hu·mus** [휴우머스]: 〈라틴어〉, 'earth (흙)'에서 나온, 부패한 식물, 부엽토, 〈유기물이 썩어서 생긴〉 부식토, 〈→ soil²〉, 〈~ top-soil〉, 〈↔sub-soil〉 양1

1427 **Hun** [헌]: 훈족 〈4~5세기경 유럽을 휩쓴 아시아의 유목민〉, 흉노, (Xiongnu)의 일족, 〈~ nomadic people in Central Asia〉 미2

1428 **hunch** [헌취]: ①〈15세기에 등장한 shove란 뜻의 스코틀랜드어에서 감을 잡아?〉〈1849년에 등장한 어원 불명의 미국어〉, 예감, 직감, inkling, 〈~ intuition〉, 〈~ gut feeling〉, 〈↔solution〉 ②〈1620년대에 등장한 'bunch'란 뜻의 영국어〉, 혹(hump), 군살, 둥글게 구부리다, 〈~ curve〉, 〈↔straighten〉 양2

1429 **hunch-back** [헌취 백]: 곱사등(이), 꼽추, 〈~ hump-back〉, 〈~ kyphosis〉, 〈↔lordosis(sway back)〉 가2

1430 **hun·dred** [헌드레드]: 〈아주 애매한 어원의 게르만어〉, 백, 100, 〈~ centum\kekaton〉 가1

1431 **hun·dred-proof** [헌드뤠드 프루우후]: 진짜의, (알코올 농도) 50도, 〈~ superb\outstanding〉, 〈↔poor\low〉 양1

1432 **Hun·dred Year's War** [헌드뤠드 이어스 워어]: 백년전쟁, 대략 1337~1453년 사이에 있었던 영국과 프랑스 간의 간헐적 전쟁 〈프랑스의 왕위 문제 등에 대한 시비로 영국이 수차례 프랑스를 침공했으나 결국은 영국이 유럽대륙에서 손을 떼게 됨〉, 〈~ Anglo-French War\English withdrawal from the continent〉 미2

1433 **hung** [헝]: hang의 과거·과거분사, 〈공중에 매달려〉 결론이 나지 않은, 짜증나는, 피곤한, 술취한, 반한, 열중한, 〈↔upright\comfort〉 양1

1434 **Hun·ga·ry** [헝거뤼]: 〈Hun 족의 나라란 썰도 있으나 어원 불명의 터키계 Ungri 족이 세운〉 헝가리, 1918년 합스부르크 왕가에서 독립해서 2014년 유럽연합에 가입하고 다뉴브강을 끼고 있는 낭만적 국민성을 가진 동부 유럽의 내륙 국가, {Hungarian-Hungarian-Forint-Budapest} 수1

1435 ***hun·ger is the best sauce**: 시장이 반찬이다, 〈~ a good appetite is a good sauce〉 양2

1436 **hun·gry** [헝그뤼]: 〈← hyngran〉, 〈게르만어〉, 〈← hunger〉, 〈속이 비어 아픈〉, 배고픈, 주린, 갈망하는, 메마른, 〈~ famished\starved〉, 〈↔satiated〉 양1

1437 **hunh** [헌]: 〈영국어〉, 〈의성어〉, 응!, 그래?, 〈~ huh〉 양1

1438 **hunk** [헝크]: 〈← hunke(large piece)〉, 〈어원 불명의 게르만어〉, 큰 덩어리, 덩치 큰 자, '떡대', 〈~ chunk\lump\hump〉, 〈~ buf\stud〉, 〈↔nerd\wimp\strand²〉 양2

1439 **hun·ker** [헝커]: 〈← hokra(crouch)〉, 〈어원 불명의 북구어→스코틀랜드어〉, 쭈그리고 앉다, 잠복하다, 버티다, 〈~ bend\stoop\squat〉, 〈↔straighten\stand〉 양2

1440 **hunk·y-do·ry** [헝키 도어뤼]: 〈네덜란드어〉, 훌륭한, 아주 좋은, '안성맞춤', 〈'home'같이 편안한〉, 〈~ copacetic〉, 〈~ right as rain\tip-top〉, 〈↔bad\inadequate〉 양2

1441 **hunt-ing** [헌팅]: 〈← hentan(seize)〉, 〈게르만어〉, blood sports, 사냥, 수색, 탐구, '추적', 〈~ hint〉, 〈~ stalking\coursing〉, 〈↔losing\fishing〉 가1

1442 **Hunt-ing-ton** [헌팅턴], Hen-ry: 〈← 사냥꾼(hunter)이 사는 언덕〉, (1850-1927), 미국의 철도왕·예술품 수집가, 〈~ an American rail-road magnate〉 수1

1443 **Hunt-ing-ton's cho·re·a** [헌팅턴스 커뤼어]: 헌팅턴 무도병, 1872년 동명의 미국 의사에 의해 우성 유전에 의해 발병된다는 것이 발표된 (사지가 제멋대로 놀아나는) 만성 중추 신경 질환, 〈~ Hereditary Chronic Progressive Chorea〉 수2

1444 ***hunt·y** [헌티]: 〈미국 속어〉, honey+cunt, '꿀 보지', '긴 자꾸〈조이는 주머니란 뜻의 일본어〉', 〈~ golden vagina\ginzakku〉 우2

1445 **hur·dle** [허어들]: 〈← hyrdel〉, 〈게르만어〉, 〈'herd'(짐승 떼)를 가둬두는〉 바자(울타리), 장애물, 곤란, 〈~ wattle¹〉, 〈~ fence\barrier〉, 〈↔opening\advantage〉 양1

1446 **hur·dy-gur·dy** [허얼디 거얼디]: 〈영국어〉, 〈의성어〉, 허디거디, 손돌림 풍금 (손잡이를 돌리는 옛날 풍금), 〈~ hand organ\grind (or street) organ〉 미2

1447 **hurl** [허얼]: 〈← hurllen(strike)〉, 〈게르만어〉, 〈의태어〉, 집어 던지다, 세게 던지다, 덤벼들다, 추방하다, 〈~ throw\yeet〉, 〈↔catch\hold〉 양1

1448 **Hu·ron** [휴어런]: ⟨← hure(unkempt head)⟩, ⟨어원 불명의 프랑스어⟩, '멧돼지 대가리', 휴런, ⟨뻣뻣한 머리털을 가진 북미 원주민 족이 살던⟩ 미국 미시간주 북동쪽(N-E Michigan)에 있는 큰 호수 수2

1449 **hur·rah \ hur·ray \ hooray** [허롸아 \ 허뤠이]: ⟨영국어⟩, ⟨배를 끌어올릴 때 외치던 소리⟩, 후레이, 만세!, 환성, ⟨~ yahoo\woohoo\cheer⟩, ⟨↔boo\hissing\tsk\ouch⟩ 가2

1450 **hur·ri·cane** [허어뤼케인]: ⟨카리브 원주민어⟩, 태풍, 싹쓸바람, 격풍, '소용돌이 혼합주 ⟨뉴올리언스의 명물⟩', ⟨~ cyclone\typhoon\white squall⟩, ⟨~(↔)tornado는 이보다 규모가 작음⟩, ⟨↔calm\breeze⟩ 양1 우1

1451 **hur·ri·cane bird** [허어뤼케인 버어드]: ⟨태풍을 예고해 준다는⟩ 태풍새, frigate bird, 군함새⟨검은 깃털의 넓은 날개·밑으로 구부러진 긴 부리·갈라진 꼬리를 가진 펠리컨 비슷한 열대지방 바닷새⟩, ⟨~ Sea Wonder\ white ibis⟩ 미2

1452 **hur·ry** [허어뤼]: ⟨← hurren(whirl round)⟩, ⟨영국어⟩, ⟨의태어⟩, 매우 급함, 서두름, 연타, ⟨→ scurry⟩, ⟨~ quick\fast⟩, ⟨↔linger⟩ 양1

1453 **hur·ry-bur·ry** [허어뤼 버어뤼]: hurly·burly, 허둥지둥, 소란법석, ⟨~ rush\hustle⟩, ⟨↔stay\rest⟩ 양2

1454 **hurt** [허얼트]: ⟨← hurten(collide\hit)⟩, ⟨게르만어⟩, ⟨때려서⟩ 상처 내다, 고통을 주다, 해치다, ⟨~ hinder⟩, ⟨~ injure\harm⟩, ⟨↔help\heal⟩ 양1

1455 **hurt-le** [허얼틀]: ⟨영국어⟩, ⟨← hurt⟩, ⟨때리며⟩ 돌진하다, 충돌하다, 울려 퍼지다, ⟨돌진하는⟩ (소·양 등의) 떼, ⟨~ scurry\bump\race⟩, ⟨↔crawl\linger⟩ 양2

1456 *__hurt lock-er__ [허얼트 라커]: (영화 제목에서 연유한) 극심한 고통을 받는 상태, 고문실, ⟨~ torture chamber⟩ 미2

1457 **hus-band** [허즈번드]: hus(house)+bunda(master), ⟨북구어⟩, '집에서 사는 사람', ⟨집을 차지한 자⟩, 남편, 절약하다, 재배하다, ⟨~ economize\cultivate⟩, ⟨↔wife⟩, ⟨↔squander\waste⟩ 양2

1458 **hus-band-ry** [허즈번드뤼]: 농업, 축산, 절약, '장붙이기', '교배', ⟨남편이 해야 할 일들이 꽤 많지요?⟩, ⟨~ farming\conservation\breeding⟩, ⟨↔wasteful-ness⟩ 양2

1459 **hus-band-ry ser·vice** [허즈번드뤼 써어뷔스]: '허드렛일', ⟨배가 정박할 때 하는⟩ 청소·보수·급수·용역 등의 온갖 잡일, ⟨~ household management\under-work²⟩ 미1

1460 **hush** [허쉬]: ⟨영국어⟩, ⟨의성어⟩, 쉿, 침묵, 입막음하다, ⟨~ quiet\silence⟩, ⟨↔bustle\noise\bally-hoo\ wind⟩ 양1

1461 *__hush cut__ [허쉬 컽]: '폭포 머리', 앞·옆머리에 비해 뒷머리가 물이 떨어지는 모양으로 길게 내려온 모양새, (한국에서 유행하는) ⟨이리 머리⟩, ⟨~ mullet\octopus cut\shag cut⟩ 미2

1462 *__hush mon·ey__ [허쉬 머니]: 입막음 돈(payment for silence) 양2

1463 **husk** [허스크]: ⟨← huske(sheath)⟩, ⟨게르만어⟩, '껍질', 깍지, 쌀겨, ⟨~ hull⟩, ⟨~ pod\seed vessel⟩, ⟨~ scale²⟩, ⟨↔core⟩ 양2

1464 **husk-y** [허스키]: ①⟨← husk⟩, 껍데기 ②⟨쌀겨같이 메마른⟩, 거친, 목쉰, ⟨~ hoarse\harsh\sexy⟩, ⟨↔shrill⟩ ③ ⟨순발력이 강한⟩ 'Huskimo'⟨Eskimo⟩의 개, 건장한 (남자), ⟨~ strong\muscular⟩, ⟨↔puny\lean⟩ 양1

1465 **hus·sar** [후자알]: ⟨← corsaro(pirate)⟩, ⟨이탈리아어→세르비아어→헝가리어⟩, '산적', (15세기 말 헝가리에서 위력을 떨쳤던) 경기병, ⟨~ cavalry\dragoons\light-horseman⟩ 미1

1466 **Hus·sein** [후쎄인], Sad·dam: ⟨← hassan(good\handsome)⟩, ⟨아랍어⟩, good, '착한 자\미남', 후세인, (1937-2006), ⟨중동의 강자가 되려고 발버둥치다 2003년 미국과의 전쟁 후 생포되어 사형당한 이라크의 독재자⟩, ⟨~ an Iraqi revolutionary and politician⟩ 수1

1467 **Hus·serl** [후써얼], Ed-mund: ⟨어원 불명의 게르만계 이름⟩, 후설, (1859-1938), 그동안 내려오던 합리론을 (모든 것을 주관과의 상관 관계로 이해하려는) 현상학으로 대처하려고 노력한 독일의 철학자, ⟨~ an Austrian-German philosopher and mathematician⟩ 수1

1468 **hus-sy** [허씨 \ 허지]: hus(house)+wife, ⟨영국어⟩, 말괄량이, 바람둥이 처녀, 여왈패, ⟨새벽 닭이 울 때 돌아오는 암캐 같은⟩ 계명워리, ⟨바가지 긁는⟩ house·wife, ⟨~ light-skirt\wench\doxy²⟩, ⟨↔maid\ dame⟩ 양2

1469 **hus·tle** [허쓸]: ⟨← hotsen(jolt)⟩, ⟨네덜란드어⟩, '흔들다', 떠밀다, 밀고 나아가다, 밀치락달치락(하는 춤), ⟨~ hassle\grind⟩, ⟨↔peace⟩ 양1 우1

1470 **hus·tler** [허쓸러]: 밀고 나아가는 자, 수완가, 승부사, 도박꾼, 사기꾼, ⟨~ wheeler-dealer⟩, ⟨↔idler\ slacker\sitting duck⟩ 양2

1471 **hut** [헡]: 〈← hutta(cottage)〉, 〈게르만어〉, 오두막, '임시' 막사, 〈~ shack\shed\cabin〉, 〈↔castle\mansion\palace\state-room〉 양1

1472 **hutch** [헡취]: 〈← hutica(chest)〉, 〈어원 불명의 라틴어〉, (작은 동물을 기르는) 장, 상자, 궤짝, 〈~ box\cupboard\cage\cottage〉, 〈↔pleasure dome\mansion〉 양2

1473 **hu·ti·a** [후티어]: 〈어원 불명의 원주민어〉, 대나무쥐 〈카리브해 지역에 서식하는 오소리(badger) 비슷한 멸종되어 가는 식용의 커다란 쥐〉, 〈~ hog-rat〉, 〈~(↔)cavy〉 미2

1474 **Hux·ley** [헉슬리], Al·dous: 〈어원에 다른 학설도 있으나〉 Hugh's meadow, 〈영국어〉, '사려 깊은 자의 여울', 헉슬리, (1894-1963), 유명한 생물학자의 손자로 태어나 초기에는 우아하고 냉소적 글을 썼으나 나중에는 〈동맹적 신비주의〉에 빠진 영국 태생 미국 작가, 〈~ an English American writer and philosopher〉 수1

1475 **hwa-byung** [화병]: 〈한국어〉, fire disease, 〈가슴에 불이 축적되어 생기는〉 울화병, (신체적으로는 별 이상이 없으나) 격한 감정으로 인한 순환기·소화기증상, '속앓이', 〈~ a Korean somatization disorder〉 수2

1476 **hwa-chae** [화채]: flower+vegetable, 〈중국어→한국어〉, 꿀이나 설탕을 탄 물 또는 오미자국에 과실을 썰어 넣고 잣을 띄운 음료, Korean fruit punch 수2

1477 **hwan-gab** [환갑]: hai(return)+jia(first), 〈중국어→한국어〉, (60 평생을 살고) 다시 십간의 첫째로 돌아가는 날, 예순 한 살 째 생일, 육순, (원래는 자녀들이 '회춘'하라고 기생까지 불러주는 큰 잔치였으나 평균 수명의 연장으로 유명무실해진) 61st B-day, 〈↔baek-il\dol〉 미2

1478 **Hwa-rang** [화랑]: 〈중국어→한국어〉, flower youth, 신라(Silla dynasty) 때 심신의 단련과 사회의 선도를 이념으로 했던 〈청소년 수양단체〉, 〈~ national dancer(국선)〉 수2

1479 **hwa-tu** [화투]: 〈중국어→일본어→한국어〉, hanafuda, flower cards, 화투, 1889년 일본에서 포르투갈에서 들어온 서양 화투를 개량해서 만들어 곧 한국으로 퍼진 48장으로 된 그림놀이 딱지 우2

1480 **hy·a·cinth** [하이어신쓰]: 〈← hyakinthos(a gem)〉, 〈그리스어〉, 〈아폴로가 좋아했으나 원반놀이 때 실수로 죽인 미소년의 이름에서 연유한〉 히아신스(혁대 같은 잎과 대롱 같은 꽃 뭉치를 가지고 여러 색의 꽃을 피우는 지중해 원산의 백합과〈lily〉의 구근), 보라색, 〈flower of death〉 수2

1481 **Hy·att** [하이엍], Re·gen·cy: heah(high)+geat(gate), 〈영국어〉, '높은 대문의 집에 사는 자', 하얏트, 1957년부터 성장하여 시카고에 본부를 둔 미국의 세계적 호텔 연쇄점, 〈~ an American hospitality co.〉 수1

1482 **hy·brid** [하이브뤼드]: 〈← hybrida(a mongrel)〉, 〈라틴어〉, 〈집돼지와 멧돼지의〉 잡종, 〈여종과의 사이에 난〉 튀기, 혼혈, 교배종, 〈~ ainiko\cur\mutt\pooch\ainoko\hapa〉, 〈↔pure-bred\thorough-bred〉 양2

1483 **hy·brid car** [하이브뤼드 카아]: (휘발유와 전기를 교대로 쓰는) 혼성차, 〈~ dual power (or mixed) car\green car〉 양2

1484 *****hy·brid com·put–er** [하이브뤼드 컴퓨우터]: (아날로그〈analog〉와 디지털〈digital〉 양쪽의 강성기기를 갖춘) 혼성 전산기, 〈~ blended computer〉 양2

1485 **hy·dra** [하이드뤄]: 〈그리스어〉, (H~; 히드라, 헤라클레스가 퇴치한 머리가 아홉인 뱀), 큰 재해, 바다뱀자리, '바다뱀(water snake)' 포자충 〈민물에 나는 길고 투명한 대롱에 여러 가닥의 움직이는 〈발〉이 달린 원생동물〉, 〈~ multi-headed serpent\a small fresh-water hydrozoa〉 수1 수2

1486 **hy·drant** [하이드륀트]: 소화전, 급수(수도) 마개, 〈~ fire hydrant\faucet〉 가1

1487 **hy·drau·lic** [하이드뤄얼릭]: hydor(water)+aulos(tube), 〈그리스어〉, 수력(수압)의, 물속에서 경화되는, 〈~ water powered\fluid mechanics〉, 〈↔non-pressurized\pneumatic〉 양2

1488 **hy·dril·la** [하이드륄러]: 〈← hydra〉, 〈학명에서 연유한〉 히드릴라, 검정말 〈어항용 식물로 제공되고 건강식품으로도 개발되나 자연에서는 침투성이 강한 녹갈색의 작은 수초〉, 〈~ water thyme\an invasive water-weed〉 미2

1489 **hy·dro~** [하이드로우~]: 〈그리스어〉, water, 〈물·수소~〉란 뜻의 결합사, 〈↔aero\pheumato〉 양1

1490 **hy·dro-gen** [하이드뤄줜]: 〈물을 발생시키는〉 수소 (기호 H·번호1), 우주의 75%를 구성하고 폭발력이 아주 강한 기체원소, 〈~ a chemical element〉 가2

1491 **hy·droid** [하이드뤄이드]: 히드로충, 히드라 비슷한 민물·짠물 포자충류, 〈~ hydra like creatures〉 수2

1492 **hy·dro-pho·bi·a** [하이드뤄 호우비어]: 공수병, 광견병, 물에 대한 병적인 공포, 〈~ rabies\fear of water〉, 〈↔aero-phobia〉 양2

1493 **hy·dro-plane** [하이드뤄 플레인]: 수상(비행기), (속도가 빨라지면 선체가 떠서 수면을 활주하는) 다단식 수상 활주정, ⟨~ speed boat⟩, ⟨↔aero-plane⟩ 미2

1494 **hy·dro-sphere** [하이드뤄 스휘어]: 수계, 수권, 물이 접하는 지구표면, ⟨~ aqua-sphere\Water-Worlds⟩, ⟨↔aero-sphere\terrestrial land⟩ 양2

1495 **hy·dro-the·ra·py** [하이드뤄 쎄뤄피]: 물 치료, ⟨물에 담그는⟩ 수치료법, ⟨~ thalasso-therapy\aqua-healing⟩, ⟨↔hyperbaric(oxygen) therapy⟩ 미2

1496 **hy·e·na** \ hy·ae·na [하이너 \ 하이이너]: ⟨← hyaina⟩, ⟨그리스어⟩, ⟨목덜미 털이 'hog'의 것과 닮은⟩ 하이에나, 썩은 고기를 먹는 억센 털을 가진 이리 비슷한 동물, 배신자, 잔인한 자, ⟨~ betrayer\merci-less person⟩, ⟨~(↔)dingo\jackal⟩, ⟨↔duck?⟩ 수2 양2

1497 **hyg·ge** [후거 \ 휘게]: ⟨← hugga(to comfort)⟩, ⟨노르웨이어→덴마크어⟩, (가까운 사람들과 함께하는) 안락함, 휴식, ⟨~ pleasant\content⟩, ⟨↔uhygge\dis-comfort⟩ 양2

1498 *** hy·giene** [하이쥐인]: ⟨← hygies(sound²)⟩, ⟨그리스 신화의 청결의 신 Hygeria에서 연유한⟩ 위생학(법), 위생 상태, 컴퓨터 바이러스에 대한 대항 수단, ⟨~ cleanliness\germ-free⟩, ⟨↔un-sanitary\filth⟩ 양2

1499 **hy·grom·e·ter** [하이그롸미터]: 습도계, ⟨~ humidity gauge\moisture sensor⟩, ⟨~(↔)anemo-meter\thermo-meter\baro-meter⟩ 양2

1500 **hy·la** [하일러]: ⟨← hyle(wood)⟩, ⟨그리스어⟩, 청개구리 (진초록색을 띠고 '나무'에 붙어사는 조그만 개구리), tree frog, ⟨~ green frog⟩ 미2

1501 **Hy·men** [하이먼]: ⟨'막(membrane)'이란 뜻의 그리스어⟩, 혼인의 신, 휘멘, hymen; 결혼 축가⟨남자들이 만들어 낸 고약한 노래⟩, 처녀막 ⟨의사들이 만들어낸 고약한 말⟩, ⟨~ maiden-head\vaginal membrane⟩, ⟨↔'spear⟩ 수2 양2

1502 **hymn** [힘]: ⟨← hymnos(ode)⟩, ⟨그리스어⟩, 찬송가, 성가, '찬가', ⟨~ religious song\song of praise⟩, ⟨↔indictment\condemnation⟩ 가2

1503 **hym·no·dist** [힘너디스트]: ⟨← hymn⟩, hyminist, 찬송가 작가(작사자·작곡가), ⟨~ hymn writer⟩ 양2

1504 **hy-nix** [하이닉스]: Hyndai-Electronics의 준말, ⟨한국어+영어⟩, 1983년에 '현대 전자'로 출범하여 2012년에 SK(선경) group에 주도권이 넘어간 한국의 ⟨세계적⟩ 반도체 회사, ⟨~ a Korean semiconductor vendor⟩ 수2

1505 **hyo** [효]: ⟨← xiao(filial piety)⟩, ⟨중국어→한국어⟩, 부모를 잘 섬기는 일, devotion to parents, ⟨~ a prime gist of Confucianism⟩, ⟨↔disobediance\filial impiety⟩ 미2

1506 **hyong** [형]: ⟨← xiong(elder brother)⟩, 자녀 중 나이가 많은 자, 동년배의 친구를 일컫는 말, ⟨↔dong-saeng⟩ 미2

1507 ***HYP** [힢]: ⟨Harvard·Yale·Prinston 대학⟩, (한국의 SKY에 해당하는) 미국의 '명문대학' 수2

1508 ***hype** [하이프]: ①피하⟨hypo·dermal⟩ 주사, 마약꾼(drug addict) ②⟨← hyper-bole?⟩, ⟨1920년대에 등장한 어원 불명의 미국어⟩, 과대 선전하다, 속이다, ⟨~ hoopla²\bally-hoo⟩, ⟨↔abate\play down⟩ 양2

1509 ***hype-beast** [하이프 비이스트]: 과대선전된 명품만 쫓아다니는 (짐승 같은) ⟨명품광⟩, ⟨~ trend pursuer\luxury fanatic⟩ 미2

1510 ***hyped** [하잎트]: 흥분된, 과장된, ⟨과대 선전에⟩ 속은, ⟨~ excited\hooked⟩, ⟨↔pathetic\play down⟩ 양2

1511 **hy·per~** [하이퍼~]: ⟨그리스어⟩, above\over\more\multi, ⟨위쪽·과도·비상한·다차원 ~⟩이란 뜻의 접두사, ⟨↔hypo~⟩ 양1

1512 **hy·per-bar·ic** [하이퍼 배뤽]: hyper(above)+barus(heavy), ⟨그리스어⟩, 고비중의, 고압 산소 요법의, ⟨~ pressurized(oxygen) chamber⟩, ⟨↔hydrotherapy⟩ 미2

1513 **hy·per-bole** [하이퍼 벌리]: hyper(above)+ballein(throw), ⟨그리스어⟩, 'throw over', 과장(법), '뻥까기', ⟨~ exageration\metaphor⟩, ⟨↔under-statemnet\litotes⟩ 양2

1514 **Hy·pe·ri·on** [하이피어뤼언]: ⟨← hyper(above)⟩, '위에서 내려다보는 자', 히페리온, ⟨그리스 신화의⟩ 태양신, 우라노스와 가이아의 아들⟨크로노스의 형⟩, Helios의 아버지, ⟨~ god of sun and fire⟩, 토성의 제7위성, ⟨~ the largest of Saturn's noons⟩ 수1

1515 ***hy·per-lo·cal** [하이퍼 로우컬]: 매우 국소적인, 아주 좁은 지역에 제한된, 동네 생활권, ⟨~ sub-local\village-scale⟩, ⟨↔glocal\global⟩ 양1

1516 ***hy·per-mar·ket** [하이퍼 마아킽]: (주로 교외에 위치한) 초대형 종합상점, ⟨~ soup to nuts⟩, ⟨~(↔)super-market보다 더 큼⟩, ⟨↔mini-market⟩ 미2

1517 **hy·per·me·di·a** [하이퍼 미이디어]: 다각(다양)한 정보 제공망, 〈~ extension of hyper-text\www〉, 〈~ multi-media+interaction〉 미2

1518 **hy·per·o·pi·a** [하이퍼 오우피어]: hypermetropia, 〈그리스어〉, (먼 데는 잘 보아도 가까운 데는 잘 못 보는) 원시, 멀리보기, 〈~ far-sightedness〉, 〈↔myopia〉 양2

1519 **hy·per·ten·sion** [하이퍼 텐션]: 고혈압(증), 긴장항진(증), 〈~ high blood pressure\high strain〉, 〈↔hypo-tension〉 가2

1520 ***hy·per-text** [하이퍼 텍스트]: 〈1965년에 주조된 말〉, 다차원(고차원) 전산기 문본, 총체적(다각) 표현, 〈~ hyper-media(document·links)\inter-connected text〉, 〈↔ordinary text〉 미2

1521 **hy·per-ther·mi·a** [하이퍼써얼미어]: above+heat, 〈그리스어〉, 고체온증, 〈~ pyrexia〉, 〈↔hypo-thermia〉 양2

1522 **hy·phen** [하이훤]: hypo(under)+heis(one), 〈그리스어〉, 〈'밑으로' 함께 가는〉 연자 부호(-), 짧은 휴식표, 〈~(↔)dash〉 우2

1523 **hyp·nic jerk** [히프닉 줘어크]: (잠이 들 때 일어나는) 수면경련, 〈여러가지 이유로 약 70%의 사람들한테 나타나는〉 수면전구발작, 〈~ sleep starts\sleep-witch〉, 〈~ myoclonus\muscle spasm〉 양2

1524 **Hyp·nos** [히프나스]: 〈그리스어〉, 히프노스, sleep, '잠(꿈)'의 신, 에레보스와 닉스의 아들, father of Morpheus, (로마 신화의 Somnus) 수1

1525 **hyp·no·sis** [히프노우시스]: hypnos+osis, 최면술(상태), 〈~ auto-suggestion\mesmerism〉, 〈↔exhilaration\animation〉 가2

1526 **hy·po~** [하이포우~]: 〈그리스어〉, under\below\less, 〈밑쪽·과소·가벼운~〉이란 뜻의 접두사, 〈↔hyper~〉 양2

1527 **hy·po-chon·dri·a** [하이포 카안드뤼어]: hypo(under)+chondrion(cartilage), 〈늑골 밑의 간·비장에서 발병하는〉 히포콘드리아, 건강염려증, 〈늑골 밑에서 우울한 담즙을 생산하는 '걱정 주머니(담낭)'들의 병으로 인한〉 심기증, 〈~ psycho-neurotic\factitious〉 양2

1528 **hy·poc·ri·sy** [히파아 크뤼시]: hypo(under)+krinesthai(contend), 〈그리스어〉, 〈무대에서 연기하는 듯한〉 위선(적 행위), 〈~ peck-sniff\tokenism〉, 〈↔honesty\pragmatism〉 가2

1529 **hy·po·ta·sis** [하이포파스터시스]: hypo(under)+histanai(to stand), 〈그리스어〉, 하위, 열위, 강하, 위격, 실체, 본질, 〈↔epi-stasis〉 양2

1530 **hy·po·tac·tic** [하이포 택틱]: hypo(under)+tassein(arrange), 〈그리스어〉, 종속적인, 문장의 한 부분이 다른 것에 종속되는 구문, 〈~ dependent\subordinate〉, 〈↔paratactic〉 양2

1531 **hy·po·ten·sion** [하이포 텐션]: 저혈압(증), 혈압강하(증), 〈~ low blood-pressure〉, 〈↔hyper-tension〉 가2

1532 **hy·pot·e·nuse** [하이파터니유우스]: hypo(under)+tinein(stretch), 〈그리스어〉, (직각 삼각형의) 빗변, 사변, 〈~ opposite line of the right angle〉 양2

1533 **hy·po-thal·a·mus** [하이포 쌜러머스]: hypo(under)+thalamus(nerve root), 〈그리스어〉, 〈내분비 기관을 통제하는〉 시상하부, 〈~ master gland\neuro-hypophysis〉, 〈~(↔)thalamus〉 양2

1534 **hy·poth·ec** [하이파씩]: hypo(under)+tithenai(put), 〈그리스어〉, '경고장', 저당권, 담보권, mortgage, 〈~ a right linked to property\encumbrance\claim〉, 〈↔ready money\denial〉 양2

1535 **hy·po-ther·mi·a** [하이포써얼미어]: under+heat, 〈그리스어〉, 저체온증, 〈↔hyper-thermia\heat exhaustion〉 양2

1536 **hy·poth·e·sis** [하이파아 써시스]: hypo(under)+tithenai(put), 〈그리스어〉, 〈밑으로 내려놓는〉 가설, 가정, 추측, 억측, (검증이 필요한) 학설, 〈~ assumption\speculation〉, 〈theory보다 증명이 덜 된 것〉, 〈↔fact〉 양2

1537 **hy·rax** [하이어랙스]: 〈그리스어〉, shrew, '작은 뒤쥐', 바위 너구리, ⇒ cony 미2

1538 **hys·te·ri·a** [히스테뤼어]: 〈← hystera(uterus)〉, 〈그리스어→라틴어〉, 히스테리, 병적 흥분, '자궁발작' 〈의사들이 만들어 낸 의미심장한 말〉, 〈~ frenzy\panic〉, 〈↔calmness〉 가2

1539 **Hyun-dai** [현대]: '현재시대', 현대자동차(상표), 현대기업 (소 한 마리를 끌고 남하한 소 장수가 1940년대 초 제철소를 시작으로 일으킨 대한민국의 다기업 〈재벌〉 회사), 〈~ Korean automotive manufacturer〉, h~; modern era 수1

1. **I \ i¹** [아이]: 이집트의 상형문자 손 모양에서 나온 알파벳의 9번째 글자, I 모양의 것, iodine·international·interstate·island·independant, incomplete 등의 약자 우1

2. **I \ i²** [아이]: 내가, 나는, 〈너가 아닌〉 '나', 〈결코 알 수 없는〉 자아, '소우주', 〈세상에서 가장 중요하나 항상 끝에 붙어야 하는〉 자신 가2

3. **IAAF** [이아후]: ⇒ International Association of Athletics Federations 우1

4. **IAEA**: ⇒ International Atomic Energy Agency 미2

5. **~i·al** [~이얼]: 〈라틴어〉, ~al 〈~성질의 뜻을 다 나타내는 접미사〉의 변형 양1

6. **~i·an** [~이언]: 〈라틴어〉, ~an 〈~의, ~사람이란 뜻을 나타내는 접미사〉의 변형 양1

7. **~i·an·a** [~이애너]: 〈라틴어〉, ~ana 〈〈인명·지명 뒤에 붙여〉 문헌을 나타내는 접미사〉의 변형 양1

8. ***IANAL** [이애늘] (I am not a law-yer): 난 변호사가 아닙니다만~ 미2

9. **IATA** [아이아아터](In·ter-na·tion-al Air-Trans-port As-so·ci·a-tion): 국제 항공 운송 협회(1945년에 창립되어 현재 몬트리올(Montreal)에 본부를 두고 있는 주로 항공료 합의를 위한 비행사들의 국제적 동업단체) 미2

10. **i·at·ric** [아이애트뤽 \ 이애트뤽]: 〈← iatreia(healing)〉, 〈어원이 불확실한 그리스어〉, 의사의, 치료(의료)의, 의약으로 인한, 〈~ curative\therapeutic〉, 〈↔harmful\hurting〉

11. **IB** (In·ter-na·tion-al Bac·ca-lau·re·ate): '국제 학사 학위 수업과정', 〈AP보다 운영하는 학교가 적지만〉 국제적으로 통하는 영재교육과정의 하나, 〈~ a leading international education program〉 미1

12. ***I-beam** [아이 비임]: 형강보, 〈골격을 더 튼튼히 해 주기 위한〉 I 모양의 철제(대들보), 〈전산기에서 문건 편집용으로 사용하는〉 I 모양의 마우스 포인터(mouse pointer) 우2

13. **I·be·ri·a** [아이비어뤼어]: 〈← iberos(river)?〉, 〈어원이 불확실한 그리스어〉, 이베리아 ①〈현재 스페인과 포르투갈이 차지하고 있는〉 유럽의 서남쪽으로 뻗어 나간 큰 땅덩어리, 〈~ a peninsula in S-W Europe〉 ②아프리카 원산으로 사료되는 키가 작고 가무잡잡한 남유럽 인종, 〈~ a Hispanic〉 ③~Airlines; ~항공사(the flag carrier of Spain) 수1

14. **I·be·ri·co** [이베뤼코]: 이베리아반도에서 나온 ①미술양식(arte Iberico) ②훈제 돼지고기, 〈~ Black Iberian pig〉 수2

15. **I·be·ris** [아이비어뤼스]: 〈그리스어〉, 〈Iberia에서 건너온〉 이베리스, 서양말냉이, ⇒ candy·tuft 우2

16. **i·bex** [아이벡스]: 〈← becerro(yearling) ← bezerro(bull)〉, 〈스페인어→라틴어〉, '어린 황소', 뒤로 구부러진 긴 뿔과 긴 수염·흰 등을 가지고 고산지대에서 사는 야생 염소(wild goat) 수2

17. **i·bid** [이브드] \ **i·bi·dem** [이비덤]: 〈라틴어〉, in the same place, 같은 장소에, 같은 〈쪽·구·장〉에, ib, 〈↔contrarily\conversely〉 미2

18. **i·bis** [아이비스]: 〈← hab〉, 〈이집트어→그리스어〉, 황새, (이집트에서 영조〈sacred bird〉로 여겨졌고 습지에 서식하며) 앞으로 굽어진 긴 부리와 긴 다리를 가진 〈따옥~ 따옥~ 우는〉 따오기 (섭금류), 'stork' 우1

19. **I·bi·zan** [이비이젼] hound: 이비전 하운드, 스페인 이비자(Ibiza Island) 지방산의 그레이하운드(gray-hound)보다 더 우아하게 생긴 희귀종의 사냥개·전시견 수2

20. **~i·ble** [~이블]: ~able, 〈라틴어에서 연유한 영국어〉, 〈~할 수 있는, ~에 적합한이란 뜻의 접미사〉의 변형 양1

21. **IBM**: ⇒ International Business Machines 수2

22. **I(C)BM**: ⇒ intercontinental ballistic missile 미2

23. **IBRD** (In·ter-na·tion-al Bank for Re-con-struc-tion and De-vel·op-ment): 국제 부흥 개발은행, World Bank(세계 은행)의 공식명 미2

24. **Ib·sen** [입슨], Hen·rik: 〈'Jacob'의 아들〉, 입센, (1828-1906), 사회의 인습적 편견을 고발한 노르웨이의 극작가, 〈현대 연극의 아버지〉, 〈~ a Norwegian play-wright〉 수1

25. **IBT me·di·a** [아이비티이 미이디어]: (2006년에 뉴욕에서 설립되어) 〈International Business Times 등을 출판하는〉 미국의 세계적 전산망 대중매개업체, 〈~ an American global digital news org.〉 수1

26. ***i-buy-er** [아이 바이어]: instant buyer, '즉시 구매자', (집을 보지도 않고) 전산망을 통해 즉시 〈현금〉으로 부동산을 구매하는 방식으로 여러 가지 장·단점이 있을 것으로 사료됨, 〈~ a real estate company〉 미1

27. ***IC¹** (I see): 알았어!, 그만해! 양2

28. ***IC²** (in char·ac·ter): 본론으로 돌아와서, (다시) 작품 속으로 들어가서 미2

29 **IC³** (in·te·grat·ed cir·cuit): 〈1950년도 후반부터 개발되기 시작한 한 반도체 내에 많은 트랜지스터와 회로를 집어넣은 방식으로 된〉 (직접) 통합 회로, ⇒ IC card 미2

30 **~ic \ ~i·cal** [~익 \ ~이컬]: 〈그리스어→라틴어→영국어〉, 〈~의, ~같은, ~으로 된〉이란 뜻의 접미사, 〈~ of\ relating to\resembling〉 양1

31 **ICANN** [아이캔]: ⇒ Internet Corporation for Assigned Names and Numbers 미2

32 **ICAO** [아이카오 \ 이카오]: ⇒ International Civil Aviation Organization 미2

33 **ICBL**: ⇒ International Campaign to Ban Landmines 미2

34 **ICC**: ⇒ International Chamber of Commerce 미2

35 ***IC Card** [아이 씨이 카아드]: integrated circuit card, (휴대용) 직접 통합 회로 카드, '통합 카드', 〈~ smart (or chip) card〉 미2

36 **ICE** [아이스] (Im·mi·gra·tion and Cus·toms En·force-ment): 미 이민 세관 단속국, 9·11 테러 후 이민·관세범죄를 총괄하기 위해 2003년에 창립된 〈종래의 이민국과 관세청을 합한〉 미국 국토안전부(DHS) 산하의 〈으스스한〉 단체 우2

37 ***ice** [아이스]: 〈게르만어〉, frozen water, '얼음', 빙판, 냉담, 결정 암페타민(환각제), 〈↔water\fire\hot〉 가1 미2

38 **ice age** [아이스 에이쥐]: (6억 년 전 이상에서 시작된 지구의 많은 부분이 얼음으로 덮였던 시대들로 마지막은 약 175만 년 전에 시작해서 1만 년 전에 끝난) 빙하시대 가1

39 **ice-berg** [아이스 버어그]: 빙산, 냉정한 사람, 불감증의 여자, 〈~ floating mass of ice〉, 〈~ cold fish〉, 〈↔sweetie\hottie〉 가1

40 **ice-berg let·tuce** [아이스 버어그 레터스]: '덩어리 상추', (북미에서 흔하며) 양배추같이 잎이 단단하고 층층이 말려있는 둥근 양상추, 〈~ crisp-head〉 우1

41 ***ice-berg the·o·ry** [아이스 버그 씨어뤼]: 빙산 이론, (전체 경험에서 확실하게 드러난 10% 정도만 활용하라는) 헤밍웨이(Hemingway)의 글쓰기 지침, 〈~ an omission technique〉 양2

42 **ice box** [아이스 박스]: '얼음통', 얼음 상자, 휴대 냉장고, 〈~ ice chest\cooler〉 미2

43 ***ice-break·er** [아이스 블뤠이커]: ①쇄빙기(선) ②어색함을 해소하는 사람(말), 교제에 능한 사람, 사교가, 〈~ opener\starter〉 양2

44 **ice-can·dy** [아이스 캔디]: (필리핀에서 인기있는) 얼음 사탕과자, (smoothie 같은 것을 얼려서 비닐로 싼) 원통형 '아이스 케키', 〈~ ice pop\ice lolly〉 미1

45 **ice chip** [아이스 췹]: 조각 얼음, '쇄빙(crushed ice)', 부순 얼음, 〈~(↔)ice cube〉 미2

46 **ice cof·fee** [아이스 커어휘]: iced coffee, 냉커피, 〈↔hot coffee〉 양2

47 **ice cream** [아이스 크뤼임]: '냉유피', 얼음과자, '냉우유 더껑이', '얼음보숭이', 〈~(↔)frozen yogurt\sherbet〉 우2

48 **ice cream bean** [아이스 크뤼임 비인]: 중남미 원산 미모사류의 나무에 열리는 깍지 속에 있는 〈바닐라 향이 나는〉 작은 콩, cachiri(남미 토속주)의 원료, guab(v)a 우2

49 **ice cube** [아이스 큐우브]: 각빙, '입방 얼음', '벽돌 얼음', 〈~(↔)ice chip〉 미1

50 **ice fish** [아이스 휘쉬]: 빙어, 바다빙어, 〈찬 물고기가 아니라 모양이 작은 얼음 조각같이 생기고 반투명한 각종 작은 물고기〉, 〈~ crocodile fish\white blooded fish〉 미2

51 **ice hock·ey** [아이스 하키]: hockey, 빙구, 19세기 후반에 캐나다에서 개발된 한편 6명의 얼음지치기들이 굽은 막대로 조그만 고무판을 상대편 득점 문에 넣으려는 신속한 근접 경기, 〈~ (ice) blading〉, 〈~(↔)field hockey〉 미1

52 **Ice-land** [아이슬런드]: 아이슬란드, 1944년 덴마크로부터 독립한 북대서양에 있는 빙하와 간헐온천이 많은 섬으로 된 〈고기잡이〉 공화국, 〈격리되어 있어서 북구어가 잘 보존된 나라〉, {Icelander·Icelandic-Icelandic-Kronan-Reykjavik} 수1

53 **Ice-land moss \ ~ (li·chen)** [아이슬런드 모어스 \ ~ (라이컨)]: 아이슬란드이끼, (아이슬란드의 습한 바위 땅에서 자라는 대실나무 이끼과의 지의식물, (죽을 쑤어 식용으로 썼던) 의란태 버섯, 〈~ reindeer moss\rock tripe〉 수2

54 **Ice-land pop·py** [아이슬런드 파피]: 시베리아 개양귀비, 북극지방 원산의 키가 큰 줄기에 선명한 희거나 노란 꽃이 피는 야생 양귀비, 〈~ arctic poppy〉 수2

55 **Ice-land spar** [아이슬런드 스파알]: (아이슬란드산) 빙해석, (얼음 끝이 무색투명하고 빛이 이중으로 굴절하는 '섬광성' 준보석으로 입방체나 기둥 꼴로 잘라서 상패·장식물로 쓰이는) 빙주석, 〈~ optical calcite〉 수2

56 **ice lol·ly** [아이스 랄리]: 막대 얼음과자, ice pop, pepsicle, 〈~ ice candy〉 우2

57 **ice pack** [아이스 팩]: (한랭요법용) 얼음주머니, 얼음찜질, 〈↔hot pack〉 미2

58 **ice pick** [아이스 픽]: 얼음 (깨는) 송곳, 빙벽 등반용 (작은) 얼음 곡괭이, 〈~ ice axe\pick axe〉 우2

59 **ice plant** [아이스 플랜트]: 사철 채송화, 수정 국화, 도톰한 잎에 짧은 줄기를 가지고 작은 국화 모양의 얼음가시〈frost〉 같은 꽃잎이 피는 지피식물, 〈~ a fig-marigold〉 미2

60 **ice pop** [아이스 팝]: 막대 얼음과자, ice lolly, pepsicle, 〈~ ice candy〉 우2

61 **ice pud·ding** [아이스 푸딩]: 얼음(죽)과자 우1

62 **ice rink** [아이스 륑크]: 빙상장, (실내) 스케이트장, 〈~ skating rink〉 미2

63 **ice show** [아이스 쑈우]: 빙상연기 양2

64 **ice skat·ing** [아이스 스케이팅]: (칼날) 얼음지치기 미2

65 **ice storm** [아이스 스토엄]: 진눈깨비(폭풍), 〈~ silver storm\a glaze event〉 양2

66 **ice tea** [아이스 티이]: iced tea, 냉차, 얼음차, '빙차', 〈↔hot tea〉 가2

67 **ice wa·ter** [아이스 워어터]: iced water, 얼음물, 냉수, 찬물, 〈↔hot water〉 가2

68 **ichi-mo·ku** [이치모꾸]: one look, 〈일본어〉, 일별(감식), (증권이나 환율의 추세를 그린 도표를) 한 번 흘깃 보고 판단하는 것, '첫 인상', 〈~ first glance〉 미2

69 **I Ching** [이이 칭]: yi(exchange)+jing(thread), 〈중국어〉, 역(경), ⇒ Book of Changes 양2

70 **ich·neu·mon** [이크뉴우먼]: 〈← ichnos(track)〉, 〈그리스어〉, '추적자', 이집트몽구스, 쥐·새·뱀 등을 잡아먹는 족제비 비슷한 육식동물, 〈악어알 사냥꾼〉, 〈~ mongoose〉 수2

71 **ich·neu·mon fly** [이크뉴우먼 훌라이]: 〈이집트 몽구스를 닮은〉 맵시벌, (알은 다른 벌레의 기생충으로 자라고) 성충은 커다란 모기 모양을 한 벌 종류로 각종 해충을 잡아먹는 유익한 곤충, 〈~ a parasitoid wasp〉 미2

72 **ich·thy~ \ ich·thy·o~** [잌씨~ \ 잌씨오우~]: 〈← itchys(fish)〉, 〈그리스어〉, 〈물고기~〉란 뜻의 결합사, 〈'Jesus Christ Son of God Savior'란 그리스어의 두문자〉 양1

73 **i·chu** [이츄]: 〈원주민어〉, 중·남미 고원 분지에 자라며 라마가 좋아하는 〈억센〉 곡초, 〈~ Peruvian feather-grass〉 수2

74 **~i·cian** [~이션]: 〈프랑스어→영국어〉, 〈~연구가, ~전문가〉란 뜻의 접미사, 〈~ skilled\specializing〉 양1

75 **i·ci·cle** [아이시클]: is(ice)+gicel(tapering), 〈게르만어〉, 고드름, 빙주, 냉정한 사람, 〈~ a spike of ice\cold person〉, 〈↔sweetie〉 가1

76 **ic·ing** [아이싱]: 얼리기, (과자 등에) 당의 입히기, (살얼음처럼) 얇게 바르기, 〈~ frosting\sugar paste\topping〉 우2

77 ***ic·ing(cher·ry) on the cake**: 좋은 것 위에 더 좋은 것, 금상첨화, 〈↔adding insult to injury〉 양2

78 **ICJ** (In·ter·na·tion·al Court of Jus·tice): 국제사법재판소, 국가 간의 법적 분쟁을 해결하기 위해 1945년 헤이그(Hague)에 설립된 9년 임기의 15명의 판사로 구성된 유엔(UN)의 산하 기구 미2

79 **ick·y** [이키]: 〈영국어〉, 끈적끈적한, 불쾌한, 너무 감상적인, 싫은, 〈sickly의 어린애 말〉, 〈~ bad\nasty〉, 〈↔good\nice〉 양2

80 **i·con** [아이칸]: 〈← eikon(image)〉, 〈그리스어〉, 아이콘, 상(모습), 〈실물보다 좋게 각색된〉 초상, 성상, 우상, 그림문자, 〈~ idol〉, 〈↔fact\no-body〉 양1

81 **i·con·o·clast** [아이카너클래스트]: eikono(image)+klastes(destroyer), 〈그리스어〉, 우상(성상) 파괴자, 인습 타파주의자, 〈~ critic\bomber〉, 〈↔iconodule\conformist〉 가1

82 **i·con·o·dule** [아이카너듈]: eikono(image)+doulos(slave), 〈그리스어〉, 우상(성상) 숭배자, 〈~ idolatry\idol worshipper〉, 〈↔iconoclast〉 양1

83 **ICPO** (In·ter·na·tion·al Crim·i·nal Po·lice Or·gan·i·za·tion = In·ter·pol): 국제(형사) 경찰(기구), 형사범 추적을 위해 1923년 창립되어 현재 190개의 회원국이 프랑스의 리옹(Lyon)에 본부를 두고 있는 국제 조직 미2

84 ***ICQ** (I seek you): '당신을 찾습니다', 사용자에게 특정 목록과 제목을 알려주기 위해 1996년 이스라엘 회사가 개발했다가 2010년 러시아의 Mail.Ru 그룹으로 넘어간 즉석 통신망 소통 기기, ⟨~ an instant messaging platform⟩ 수2

85 **ICRC** (In·ter·na·tion·al Com·mit·tee of the Red Cross): (1863년 사업가 앙리 뒤낭 등이 전쟁 피해자를 돕기 위해 만든 인도주의 민간단체로 제네바(Geneva)에 본부를 두고 1919년 IFRC로 개편되어 다양한 형태의 세계 각국 적십자사들과 연계사업도 하고 있는⟩ 국제 적십자 위원회 미2

86 **~ics** [~익스]: ⟨그리스어에서 연유한 영국어⟩, ⟨⟨현상을 중요시하는⟩~ 학, ~술, ~론⟩이란 뜻의 접미사, ⟨~ facts\knowledge\principle⟩ 양1

87 **ic·ter·us** [잌터뤄스]: ⟨← ikteros⟩, ⟨jaundice의 그리스·로마어⟩, 황달, 황화병 양2

88 **ICU** (in·ten·sive care u·nit): 집중치료실, 중환자(치료)실, ⟨~(↔)CCU⟩ 양2

89 ***ICYMI**: in case you missed it, 혹시 놓(지나)쳤으면 양2

90 **ID (card)** [아이 디이 (카아드)]: identification card, 신분증 가2

91 **id** [이드]: ⟨that의 라틴어⟩, 특수 원행질, 본능적 충동의 원천, ⟨→ identity⟩, ⟨~ instinct\desire⟩, ⟨↔ego\super-ego⟩ 양2

92 **Id.** [이드]: idem, 동일, the same, ⟨↔contrary\opposite⟩ 미2

93 **I'd** [아이드]: I had(would·should)의 단축형 양2

94 **IDA** (In·ter·na·tion·al De·vel·op·ment As·so·ci·a·tion): 국제 개발 협회, 개발도상국의 경제발전을 위해 1960년에 설립된 세계은행(World Bank)의 자매기구 미2

95 **I·da·ho** [아이더호우]: ID, Gem State, ⟨← idaahe(enemy)⟩, ⟨원주민어⟩, '적들이 사는 곳', 아이다호, (크고 맛 좋은 감자·천연 자원·관광 자원이 풍부한) 미 북서부의 ⟨'보석 같은'⟩ 주, {Boise-2}, ⟨⟨syringa⟩⟩ 수1

96 **IDE** [아이드] (in·te·grat-ed de·vice e·lec·tron·ics): 통합구동 전자공학, 대부분의 제어 회로가 내장되어 있는 강성 압축 원반, ⟨~ a software application⟩ 우1

97 **i·de·a** [아이디어]: ⟨← idein(see)⟩, ⟨그리스어⟩, '보고 떠오른 것', 생각, 개념, 인식, 의견, 착상, 느낌, ⟨~ thought\notion⟩, ⟨↔reality\fact⟩ 양1

98 **i·de·al** [아이디얼]: ⟨생각 속에나 존재하는⟩ 이상, 이념, 규범, 관념, ⟨~ paragon\standard⟩, ⟨↔real\unsuitable⟩ 양1

99 **i·de·al-ism** [아이디얼리즘]: (사람마다 꿈을 찾아 헤매는) 이상주의, 유심론, 관념주의, ⟨편자가 젊었을 때 뭣도 모르고 심취되었던 철학 사상⟩, ⟨~ wishful thinking\quixotism⟩, ⟨~(↔)utopianism\romanticism⟩, ⟨↔materialism\realism\formalism⟩ 양2

100 ***i·de·a-pad** [아이디어 패드]: ⟨일상생활용⟩ 휴대용 전산기 '개념 필기첩', ⟨~ a laptop⟩ 미1

101 **i·dem** [아이뎀 \ 이뎀]: ⟨라틴어⟩, id., the same, 앞서와 같은, 전거(의), ⟨→ identity⟩, ⟨↔contrary\opposite⟩ 미2

102 **i·den·ti·cal** [아이덴티컬]: ⟨← idem(the same)⟩, ⟨라틴어⟩, 동일한, 똑같은, ⟨↔different\unlike⟩ 가2

103 **i·den·ti·fi·er** [아이덴티화이어]: 확인자, 식별자, 자료의 항목과 성질을 표시하기 위해 사용하는 문자의 집합, ⟨~ marker⟩, ⟨~(↔)modifier⟩ 양1

104 **i·den·ti·fy** [아이덴티화이]: idem(the same)+facere(make), ⟨라틴어⟩, 확인하다, 인지하다, 동일시하다, ⟨~ recognize\equate with⟩, ⟨↔distinguish\differentiate⟩ 가1

105 **i·den·ti·ty** [아이덴티티]: ⟨라틴어⟩, 동일함, 일치, 본체, 주체성, ⟨← id⟩, ⟨~ sameness\self\existence⟩, ⟨↔difference\alterity⟩ 가1

106 ***i·den·ti·ty theft** [아이덴티티 쎄후트]: 개인정보 도난, 신분 도둑(도용), ⟨~ identity fraud(forgery)\catfishing⟩ 양2

107 **i·de·o-gram \ ~graph** [이디어 그램 \ ~그래후]: ideo+graphein(write), ⟨그리스어⟩, (단어의 발음보다 뜻을 나타내는 부호·기호 -, &, $ 등을) 표의 문자, ⟨~logo-gram⟩, ⟨↔phono-gram⟩ 가1

108 **i·de·ol·o·gy** [아이디알러쥐 \ 이디얼러쥐]: ⟨그리스어⟩, 이데올로기, 관념학, 공리, 공론, ⟨~ doctrine\creed⟩, ⟨↔dis-belief\mis-conception⟩ 미2

109 **i·de·o-mo·tor** [(아)이디어 모우터]: (심령술에서) ⟨생각의 힘으로 물체를 움직일 수 있다는⟩ 관념운동, 염력, ⟨~ involuntary movement caused by idea(말이 되건 말건 더 이상 설명할 수 없음)⟩, ⟨~ psycho (or tele) kinesis⟩, ⟨↔sensory-motor\reflex⟩ 양2

110 **id·i·o~** [이디어~]: ⟨← idios(one's own)⟩, ⟨그리스어⟩, ⟨특수한·특유한 ~⟩이란 뜻의 결합사, ⟨→ idiot⟩, ⟨~ proper\peculiar⟩, ⟨↔allo⟩ 양1

111 **id·i·oc·ra·cy** [이디아크뤄씨]: idiot(바보)+cracy(통치), ⟨1967년에 주조된 말⟩, 우민 정부, ⟨~ kakistocracy\mobocracy⟩, ⟨↔meritocracy\aristarchy\aristocracy⟩ 양2

112 **id·i·o-lect** [이디어 렉]: idio+dialect, (개인의 특성과 기질을 나타내는) 개인어, ⟨~(↔) neologism⟩ 양2

113 **id·i·om** [이디엄]: ⟨← idios⟩, ⟨그리스어⟩, 숙어, 관용구, 고유어, 말투, '개성적(peculiar)' 특질, ⟨~ dialect\jargon⟩, ⟨↔antiphrasis⟩, ⟨↔proverb보다 짧고 은유가 적음⟩ 가1

114 **id·i·o-path·ic** [이디어 패씩]: idios+pathos(feeling), ⟨어떤 개인에 특유한⟩ 특발성 (질환), 고유의, ⟨~ unknown\essential\primary⟩, ⟨↔functional\organic⟩ 양2

115 **id·i·o-syn-crat·ic** [이디어 씽크래틱]: idio+syn+kerannynai(mix), 특질의, 특유한, 색다른, ⟨~ distinctive\characteristic⟩, ⟨↔general\usual⟩ 양2

116 **id·i·ot** [이디얼]: ⟨← idiotes(ignorant)⟩, ⟨'상놈'이란 그리스어⟩, 천치, 바보, 백치(IQ 25 이하), ⟨~ moron\nitwit⟩, ⟨↔genius\brilliant⟩ 양2

117 *****id·i·ot box** [이디얼 밖스]: 바보 상자(텔레비전), ⟨~ boob tube\televison⟩ 양2

118 *****id·i·ot card** [이디얼 카아드]: '바보 판지', (방송 출연자가 대사를 잊었을 때를 위한) 대형 문자판, ⟨~ cue card⟩ 미2

119 **id·i·ot proof** [이디얼 프루우후]: 저능아(지적장애아)도 할 수 있는, ⟨~ sure-fire⟩ 양2

120 **i·dle** [아이들]: ⟨← idel(vain)⟩, ⟨게르만어⟩, '빈', 한가한, 태만한, 헛된, 정지상태(의), ⟨~ lazy\inactive⟩, ⟨↔industrious\diligent⟩ 양1

121 *****I do all the work and some-body else gets the cred·it**: 죽 쒀서 개 준다, 재주는 곰이 넘고 돈은 왕서방이 챙긴다, ⟨~ one man sows and an·oth·er man reaps⟩ 양2

122 **i·dol** [아이돌]: ⟨← idos(form)⟩, ⟨그리스어⟩, 우상, 신상, 숭배되는 대상, 실체가 없는 모습, '형상', ⟨~ hero\heart-throb⟩, ⟨~ icon\totem⟩, ⟨↔loser\rogue⟩, ⟨일본에서는 aidoru라 함⟩ 양2

123 **i·dol-a·try** [아이달 러트뤼]: ⟨← idos(form)⟩, 우상 숭배, 맹신, 심취, ⟨~ iconodule\idol worship⟩, ⟨↔aversion\condemnation⟩ 양2

124 **i·dyl(l)** [아이들]: idos(form)+yllion(a suffix), ⟨그리스어⟩, 전원시, 목가, 전원곡, 전원 풍경, '조그만 그림', ⟨~ picturesque\pastoral\rural poem⟩, ⟨↔urban\hell on earth⟩ 가1

125 **i.e.** [아이 이이]: ⟨라틴어⟩, id est, that is, 즉, 다시 말하면, ⟨~ viz\namely⟩ 양2

126 **IEA** [아이에이] (In·ter·na·tion·al En·er·gy A·gen·cy): 국제 열량 기구, 석유파동 이후 1974년 주로 석유 자원의 '효율적' 사용을 위해 파리(Paris)에서 결성된 31개 개발국 간의 협력기구 미2

127 **IEC** [이이크] (In·ter·na·tion·al E·lec·tro-tech·ni·cal Com·mis·sion): 국제 전기 표준 회의, 전기·전자 산업의 표준화를 위해 1906년 런던에서 창립되어 현재 제네바(Geneva)에 본부를 두고 89개국이 가담한 비영리 민간단체 미2

128 *****IEC Pow·er Con-nec·tor**: 개인 전산기에서 흔히 쓰이는 한 방향으로 전류가 흐르는 세 갈래의 접수구가 달린 전선 연결기, ⟨~ a 3 receptacles adapter⟩ 수2

129 **IEEE** [아이 트뤼플 이이]: Institute of Electrical and Electronics Engineers, 전기·전자 기술자 학회, 1963년 뉴욕(NYC)에서 조직된 국제적 전기·전자 공학 전문가 조직, fire·wire 미2

130 **if** [이후]: ⟨← gif⟩, ⟨게르만어⟩, 만약 ~이면, ~일 때는, ~인지 어떤지, 비록 ~일지라도, 그렇지 않으면 ~(의 자판용어), ⟨doubt가 어원이라 함⟩, ⟨~ in case\provided⟩, ⟨↔unless⟩ 가1 미2

131 **IFAD** (In·ter-na·tion-al Fund Ag·ri·cul·tur·al De·vel·op·ment): 국제 농업 개발 기금, 개도국의 식량문제를 해결하기 위해 1977년 로마(Rome)에서 창립되어 현재 177개국이 참여하고 있는 유엔(UN)의 특수기구 미2

132 **IFC** (In·ter·na·tion·al Fi·nance Cor·po·ra·tion): 국제 금융 공사, 1956년 개도국의 민간투자를 돕기 위해 세워져 현재 워싱턴(Washington DC)에 본부를 두고 186개국이 참가한 세계은행(Word Bank Group)의 부속기구 미2

133 **if-fy** [이휘]: 의심스러운, 불확실한, 조건부의, 'if가 많은', ⟨~ undecided\unreliable⟩, ⟨↔certain\sure⟩ 양2

134 **IFIP** (In·ter·na·tion·al Fed·er·a·tion for In·for·ma·tion Proc·ess·ing): 국제 정보처리 연맹, 정보·통신산업의 발전을 위해 1960년에 유네스코(UNESCO)의 후원으로 발족되어 오스트리아(Austria)에 본부를 두고 50만 명 이상의 회원을 가진 전문가 단체 미2

135 **IFJ** (In·ter·na·tion·al Fed·er·a·tion of Jour·nal·ist): 국제 저널리스트 연맹, 1926년에 창립되어 1952년 확대 재편성하고 벨기에 브뤼셀(Brussels)에 본부를 두고 있고 60만명의 회원을 가진 국제적 신문인 단체 미2

136 **IFRC** (In·ter·na·tion·al Fed·er·a·tion of Red Cross and Red Cres·cent So·ci·e·ties): '국제 적십자 및 적신월 연맹', 1919년 회교국가들을 포함하느라 Red Cross가 확대 개편되어 제네바(Geneva)에 본부를 두고있는 국제적 인도주의적 민간 봉사단체 우2

137 ***ifs and buts** [이후샌 벌츠]: '만약에와 그러나들', 구차한 변명, 〈~ doubt\excuse〉, 〈↔no ifs and buts〉, 〈↔certain\sure〉 양2

138 **if·tar** [이후타알]: 〈← futur(break-fast)〉, 〈1832년에 등장한 아랍어〉, 무슬림이 라마단 중 하루 한 번 먹는 가벼운 저녁 식사, '경식', 〈~ fast-breaking evening meal〉 우2

139 **~i·fy** [~어화이]: 〈라틴어→프랑스어→영국어〉, (자음 뒤에서) ~fy의 변형, 〈~하게 하다〉라는 뜻의 접미사, 〈~ to make (or become)\render〉 양1

140 ***if you can't a·void, en·joy it**: 피할 수 없으면 즐겨라, 〈~ when life gives you lemons, make lemonade〉, 〈~'좃 같아도 참아라〉를 돌려 표현한 거지-솔직히 개소리 아니냐\아싸 총알 맞어 뒤진다-우히히히힝; 댓글 중에서〉, 〈↔if you can't avoid, run away\if you can't beat them, join them〉 양2

141 ***if you can't stand the heat, get out of the kitch·en**: 〈미국의 H. Truman 대통령이 만든 말이라 함〉, 절이 싫으면 중이 떠나야 한다, 〈~(↔)if life gives you lemons, make lemonade〉, 〈↔good things come to those who wait〉 양2

142 ***if you don't have a dime, use two nick·els**: 이가 없으면 잇몸으로 살아라, 〈~ you have to do with what you got〉 양2

143 **ig~** [이그~]: 〈라틴어〉, (n 앞에서) 'in~'〈~ 아닌·~ 안에〉의 변형 양1

144 **Ig·bo \ i·bo** [이그보우 \ 이이보우]: 〈'우리 민족'이란 뜻의 히브리어?〉, 〈어원 불명의 원주민어〉, 이보, 나이지리아(Nigeria) 서남부에 사는 약 5천만 명이 사용하는 언어 수1

145 **ig·loo \ ig·lu** [이글루우]: 〈← igdlu(snow house)〉, 〈원주민어〉, 이글루, (눈덩이로 둥글게 만든) 에스키모〈Eskimo〉의 '집', 탄약 저장소, (반타원형) 항공수송용 용기〈~ dome shaped container〉 우1

146 **ig·nant** [이그넌트]: 〈흑인 영어〉①무식한 사람이 〈ignorant〉 말을 표현하는 것 ②(분수를 아는) 〈유식한〉 무식한 사람, 〈~ a dumb player〉 미2

147 **ig·nis fat·u·us** [이그니스 홰쳐스]: 〈라틴어〉, fire+foolish, (주로 늪지에 나타나는) 인화, 도깨비불, 환상, 〈~ jack-o-lantern\will-o-the-wisp〉 양2

148 **ig·ni·tion** [이그니션]: 〈← ignire(set on fire)〉, 〈라틴어〉, 〈← ignite〉, '불 지르기', 점화, 발화, 연소, 〈~ kindling\burning〉, 〈↔extinction\put out〉 양1

149 **ig·ni·tion key** [이그니션 키이]: 시동용 열쇠, 〈~ starter key〉 가1

150 **Ig No·bel Prize** [이그 노우벨 프라이즈]: 〈← ignoble〉, (노벨상에 대응해서 1991년 미국의 과학잡지 편집자가 제정한) '익살스러운 과학적 업적'을 기리는 〈무명 노벨상〉, '시시콜콜상', 〈편자가 한번 도전해 보고 싶은 제법 권위 있는 상〉, '짝퉁 노벨상', 〈~ a satiric prize〉, 〈↔Nobel Prize〉 수2

151 **ig·no·ble** [이그 노우블]: in+nobilis(known), 〈라틴어〉, 저열한, 비천한, 하찮은, 무명의, 〈~ low\plebeian\vulgar〉, 〈↔noble\aristocratic〉 가2

152 ***ig·no·rance is bliss** [이그너런스 이즈 블리쓰]: 〈1742년 영국 시인 Thomas Gray가 도입한 말〉, 모르는 게 축복(약)이다, 식자우환, knowledge brings worry, 〈~ 'tis folly to be wise〉, 〈↔why aren't more people happy?〉 양2

153 **ig·no·rant** [이그 너런트]: 〈← ignore〉, 무지한, 무식한, 모르는, 〈~ illiterate\be-nighted〉, 〈↔educated\knowlegeable〉 가2

154 **ig·nore** [이그 너어]: in+gnarus(knowing), 〈라틴어〉, 무시하다, 모른 체하다, 기각하다, '알아보지 못하다', 〈~ disregard\avoid\neglect〉, 〈↔discern\heed\recognize〉 가2

155 **i·gua·na** [이그와너]: 〈서인도제도 원주민어〉, 이구아나, (열대지방 물가의 수림 속에 살며) 수영을 잘하고 등가시가 달린 〈맛이 좋다는〉 큰 도마뱀, 〈~ chuck-walla〉, 〈~(↔)horned lizard〉 수2

156 **I·gu·as·su Falls** [이거쑤우 훠얼스]: y(water)+uasu(big), 〈← '큰 물'이란 Tupi어〉, (브라질〈Brazil〉과 아르헨티나〈Argentina〉 사이에 있는 최대 높이 72m 넓이 3km의) 이구아수 폭포들 수1

157 **IHSS**: In Home Supportive Services, 가정 보조 도우미, 〈캘리포니아주의 Medi·Cal 수혜자 중 환자가 하기 힘든 일상생활을 도와주는〉 간병인이나 도우미 역할을 하는 분들에게 주 정부가 그 대가를 대신 지불해 주는 제도 미2

158 **IIOP** [아이아이오우피이] (in·ter·net in·ter-ORB pro·to-col): (정보를 뭉텅이로 보낼 때 CORBA의 정보 전달 규약을 따르는) '전산망 동일 품목 취급 중계자 규약', 〈~ a message protpcol in distributed computing〉 우1

159 *****IIRC** [if I re-mem·ber cor-rect–ly]: '제 기억이 정확하다면' 미2

160 *****IIS** (in·ter·net in-for·ma–tion ser·vice): '전산망 정보 봉사', 전산기가 세계 전산망·서류철 송신기·전자 우편 제공 등을 할 수 있도록 조작한 마이크로소프트(Microsoft) 창의 구성요소 우1

161 *****ijbol** [이이즈 보울]: I just burst out laughing, 〈2009년 미국에서 등장했으나 2021년부터 한국의 K-pop 사회에서 LOL을 대체시킨 말〉, 아이구 배꼽이야, 요절복통 미2

162 **IKEA** [이케아 \ 아이키어]: 1943년 Ingvar Kamprad가 그의 고향 Elmtaryd와 성장지 Agunnaryd의 이름을 합성하여 창립하여 간편하고·싸고·현대감이 넘치는 (조립식) 가구를 제조·판매하는 스웨덴의 세계적 가구 연쇄점, 〈~ a Swedish ready-to assemble furniture company〉 수1

163 **il~** [일~]: 〈라틴어〉, l 앞에서 'in~' 〈~아닌·없는〉의 변형 양1

164 **il·e·um** [일리엄] \ il·e·a [일리어]: 〈← eilein(roll)〉, 〈그리스어〉, 〈'단단히 꼬인'〉 돌 창자, (소장의 말단에 있는) 회장, 〈~ posterior (or distal) small intestine〉 양2

165 **i·lex** [아일렉스]: 〈라틴어〉, 'holm oak' ①콩알만 한 빨간 열매가 맺히는 호랑가시나무(holly)류의 상록관목 ②(동청목·털가시나무·감탕나무·자갈참나무·좀꽝꽝나무로도 불리는) 크리스마스 장식용의 너도밤나무류(ornamentla beech\mochi tree) 우1

166 **Il·i·ad** [일리어드]: 〈← Ilus(the son of Tros)〉, 〈'Troy'의 그리스어〉, 일리아드, (기원전 7세기경 호머〈Homer〉의 작이라고 알려진) 기원전 1184년경 트로이 전쟁 막판을 읊조린 현존하는 그리스 최고의 서사시, 〈~ a Greek epic poem〉 수1

167 **il·i·um** [일리엄] \ il·i·a [일리어]: 〈라틴어〉, 〈ileum을 싸고있는〉 '엉덩이' 뼈, 장골, 〈~ bony pelvis의 윗부분-아래 부분은 ischium〉 양2

168 **ilk** [일크]: 〈← ilc〉, 〈게르만어〉, 〈← alike〉, 동류, 동족, 각각(의), 〈↔alien\un-alike〉 양2

169 **ill** [일]: 〈← illr(bad)〉, 〈어원 불명의 북구어〉, 병든, 나쁜, 틀린, 불쾌한, 고약한, 불길한, 서투른, 〈~ evil〉, 〈~ adverse\sick〉, 〈↔well\healthy〉 양2

170 **il-leg·al** [일 리이걸]: 〈라틴어〉, 불법(위법)의, 〈↔legal\lawful〉 가2

171 **il-le·gi·ti·mate** [일 리쥐티미트]: in+legitimus(lawful), 불법의, 서출의, 변칙적인, 〈↔legitimate\reasonable〉 양2

172 **il·lex** [일렉스]: 〈← illicio(entice)〉, 〈라틴어 학명〉, 일렉스, (짧은 지느러미를 가지고 당신을 유혹하는) 서양 오징어, short-fin squid 미2

173 **il-lib·er·al** [일 리버뤌]: 〈라틴어〉, 인색한, 옹졸한, 저속한, 〈↔liberal\generous〉 양2

174 **il-lic·it** [일 리싵]: in+licere(be allowed), 〈라틴어〉, 불법의, 부정한, 금지된, 〈↔licit\legal〉 양2

175 **il·lic·i·um** [일리시엄]: 〈← illicere(allure)〉, 〈라틴어〉, 〈라틴어〉, '꼬시기 꽃', 붓순나무, 대회향(자홍색을 띤 붓모양의 꽃잎이 성상체로 피고 향기가 좋은 열매를 맺는 관목), 〈~ star anise\anise-tree〉 미2

176 **Il·li·nois** [일리노이]: IL, 〈원주민어〉, 일리노이('우수한 자'), Prairie State, 대부분이 평지로 되어있고 농·상·공업이 모두 발달한 미국 '중서부'의 주, {Springfield-17}, 〈〈native violet〉〉 수1

177 **il-lit·er·ate** [일 리터뤼트]: in+litera(letter), 〈라틴어〉, 무식한, 문맹의, 교양이 없는, 〈↔literate\educated〉 가2

178 **il-lu·mi·nate** [일루우머네이트]: in(on)+luminis(light), 〈라틴어〉, 조명하다, 〈빛을〉 비추다, 계몽하다, 〈→illustrate〉, 〈~ brighten\enlighten〉, 〈↔darken\conceal〉 가1

179 **il-lu·sion** [일루우전]: in+ludere(play), 〈라틴어〉, 환영, 환상, 착각, '놀리기', '가상노름', 〈~(↔)delusion\hallucination〉, 〈↔realty\actuality〉 가1

180 **il·lus·trate** [일러스트뤠이트]: 〈← illustris(bright)〉, 〈라틴어〉, 〈빛을 비춰서〉 밝게 하다, 설명하다, 삽화(설명도)를 넣다, 〈← illuminate〉, 〈~ demonstrate\explain〉, 〈↔conceal\confuse〉 가1

181 **il·lus·tri·ous** [일러스트뤼어스]: ⟨← illustris(bright)⟩, ⟨라틴어⟩, 뛰어난, 이름난, 화려한, ⟨~ distinguished\famous⟩, ⟨↔unknown\obscure⟩ 가1

182 **Il·lyr·i·a** [이릴뤼어]: ⟨Ilir(free)+ia(land)란 아랍어에서 연유했다는 설도 있음⟩, ⟨그리스 신화에서⟩ Cadmus와 Harmonia의 아들, 일리리아, (BCE 2~5세기경에 융성했고) 아드리아해 동쪽(east of Adriatic sea)과 이탈리아 일부(part of Italy)를 지배했던 고대국가 수1

183 **ILO** [일로우] (In·ter·na·tion·al La·bor Or·gan·i·za·tion): 국제 노동 기구, 노동조건·사회적 보호·기회균등 등을 목표로 1919년에 창립되어 제네바(Geneva)에 본부를 두고 187개국이 참여하는 유엔(UN)의 산하 단체 미2

184 **I·lo·ca·no** [이일러카노우]: ⟨← luek+ano⟩, ⟨원주민어→스페인어⟩, ⟨내포지역('bay area')의⟩ 일리카노, 필리핀 Luzon 섬에 사는 9백여만 명이 사용하는 언어 수1

185 *__IM¹__ (in-stant mes·sage): IM me (즉시 답장 바람) 미2

186 **IM²** (in·tra–mus·cu·lar): 근육 (내로 찌르는) 주사, ⟨↔IV\PO⟩ 양2

187 **im~** [임~]: ⟨라틴어⟩, (b·m·p 앞에서) 'in~' ⟨~ 안에, ~ 아닌·없는⟩의 변형 양1

188 **i Mac** [아이 맥]: 아이맥, 1998년부터 애플(Apple)사가 제작하는 매킨토시형의 탁상용·휴대용 다목적 소형 전산기, ⟨~ a desk-top computer⟩ 수1

189 **im·age** [이미쥐]: ⟨← imago(copy)⟩, ⟨라틴어⟩, 이미지, '모습', 꼴, 상, 영상, 형상, 꼭 닮음, ⟨~ idol\icon\imitation⟩, ⟨↔fact\opposite⟩ 양1

190 *__im·age ad·ver·tis·ing__ [이미쥐 애드붜타이징]: '관념' 광고, '표상' 광고, 상품의 특성보다는 풍기는 분위기나 연계된 일화 등으로 소비자에게 접근하는 광고술, ⟨~ brand (or graphic) advertisement⟩ 미2

191 **im·age mak·er** [이미쥐 메이커]: 표상 창조자, 우상 창조자 양2

192 *__im·age map__ [이미쥐 맾]: '영상지도', 여러 가지 연결점(다른 정보로 연결되는 기점)이 내장된 그래픽 웹 페이지(graphic web page), ⟨별로 인기가 없어 폐기될 운명에 있음⟩ 우1

193 **im·age or·thi·con** [이미쥐 오얼씨칸]: (1946년부터 1968년까지 유행했던) ⟨촛불 아래서도 촬영이 가능한⟩ 고감도의 TV사진기 촬상관(video camera tube) 우1

194 *__im·age proc·ess·ing__ [이미쥐 프롸쎄씽]: 영상처리, 전산기를 써서 주로 점 단위로 표시된 영상을 조작하는 일, ⟨~ fixing (or improving) a picture⟩ 양2

195 *__im·age set·ter__ [이미쥐 쎄터]: '영상 감자', '영상 인출기', 레이저 인쇄기에서 고해상도의 작품을 출력하는 장치, ⟨~ high-resolution out-put device⟩ 우1

196 **i·ma·go** [이메이고\이마아고]: ⟨← image⟩, ⟨라틴어⟩, 이마고, (껍질을 깨고 태어난) 성충, (어렸을 때 사랑의 대상이 이상화된) 심상, ⟨~ winged(sexually mature) adult stage\unconscious idol⟩, ⟨↔egg\larva\pupa⟩ 양2

197 *__IMAP__ [아이맾] (in·ter-net mail ac·cess pro·to·col): 아이맵, 전송문 접근 규약, 주체제가 활동 중인 상태에서 부수로 전자우편을 볼 수 있는 장치 미2

198 **IMAX** [아이맥스] (im·age max·i·mum): 아이맥스, 초대형 영화 상영 기법, 1971년 캐나다의 온타리오에서 정기 상영하기 시작한 종래의 35mm짜리 필름보다 10배 정도의 크기와 해상도를 자랑하는 영상기술 수2

199 **im·be·cile** [임 버실]: in+baculum(staff), ⟨라틴어⟩, '줏대가 없는', 저능한, 우둔한, 치우(IQ 25~50), ⟨~ dolt\bird-brain⟩, ⟨↔precocious\egg-head⟩ 양2

200 **im-bro·glio** [임 브로울료우]: in+brogliare(tangle), ⟨이탈리아어⟩, ⟨안에서 끊는⟩ 'confusion', 복잡한 상태, 난국, 분규, 오해, ⟨~ embroil⟩, ⟨↔composure\harmony⟩ 양2

201 **im·bue** [임 뷰우]: ⟨← imbuere(moisten)⟩, ⟨라틴어⟩, 듬뿍 스며들게 하다, 불어넣다, 고취하다, ⟨~ leaven\permeate\ingrain⟩, ⟨↔deprive\season?⟩ 양2

202 **IMF** (In·ter·na·tion·al Mon·e·tar·y Fund): 국제 통화 기금, 유엔(UN)으로부터 국제 금융 체제를 감독하는 임무를 위탁받아 1945년에 창립되어 워싱턴 DC에 본부를 두고 190개국이 참여하고 있는 국제기구 미2

203 *__IMHO__ (in my hum·ble o·pin·ion): 소인의 생각으론~ 미2

204 **im·i·ta·tion** [이미테이션]: ⟨← imitari ← imago(copy)⟩, ⟨라틴어⟩, '흉내', 모방, 모조, 가짜, ⟨~ image\emulation\pantomine⟩, ⟨↔original\authentic⟩ 가2

205 **Im·jin War** [임진 워어]: 〈중국어→한국어〉, 임진〈a sexagenary year〉왜란(정유재란), 1592년(임진년)에 도요토미가 〈국내 다이묘들을 통솔하기 위한〉 일본의 명나라 침공의 일환으로 시작되어 1596년 잠시 정전 후 1597년(정유년)에 재침해서 1598년 히데요시의 사망으로 철수한 '7년 전쟁', 〈~ a Japanese invasion of Korea〉 수2

206 **im-mac·u-late** [이 매큘러트]: in+maculare(spot), 〈라틴어〉, '흠없는', 더러움을 타지 않은, 순결한, 〈~ un-touched\un-bloodied\pure\impeccable〉, 〈↔dirty\grubby〉 양2

207 **Im-man·u-el \ Em-man·u-el** [임매뉴얼]: im(with)+anus(us)+el(God), 〈히브리어〉, 임마누엘, '신과 함께', 남자 이름, 구세주, 예수, 이사야가 탄생을 예고한 구세주, 〈~ a Hebrew name〉 수1 미2

208 **im-me·di·ate** [이 미디어트]: in+medisus(middle), 〈라틴어〉, '중간에 끼어든 것이 없는', 직접의, 즉시의, 바로 옆의, 당면한, 〈~ instant\recent〉, 〈↔slow\delayed〉 가1

209 **im-mense** [이 멘스]: in+metiri(measure), 〈라틴어〉, 〈측량할 수 없이〉 막대한, 무한한, 굉장한, 훌륭한, 〈~ huge\colossal〉, 〈↔tiny\minute〉 가2

210 **im-merse** [이 머얼스]: in+mergere(plunge), 〈라틴어〉, '안에 빠지다', 잠그다, 가라앉히다, 빠져들게 하다, 〈~ absorb\sink〉, 〈↔relieve\discharge〉 가1

211 *__im-mer-sion school__ [이 머얼전 스쿠울]: '몰입 학교', (제2 외국어를 집중적으로 가르치는) 외국어 집중 교육 학교, intensive dual language program 우2

212 **im-mi·grant** [이 미그륀트]: in+migrare(go), 〈라틴어〉, (타국에서) 이주하는, (안으로 이동한) 이민, 〈~ in-comer〉, 〈↔emigrant〉 미1

213 **im-mi·nent** [이 미넌트]: in+minere(project), 〈라틴어〉, '투사하기 직전의', 절박한, 긴급한, 〈~ impending\fast approaching〉, 〈↔distant\remote〉 가2

214 **im-mu·ni·ty** [이뮤우니티]: in+munus(duty), 〈라틴어〉, 〈← immune〉, 면역(성), (소추의) '면제', 〈~ protection\exemption〉, 〈↔exposure\liability\susceptibility\vulnerability〉 가2

215 **im-mu·ta·ble** [임뮤우터블]: in+mutare(change), 〈라틴어〉, 변경되지 않는, 불변의, 〈~ fixed\set〉, 〈↔changeable\variable〉 양2

216 **im-mure** [이 뮤어]: in+murus(wall), 〈라틴어〉, 〈벽 안에〉 가두다, 제한하다, 투옥하다, 〈~ confine\incarcerate〉, 〈↔liberate\release〉 양2

217 *__IMO__ (in my o·pin·ion): 내 생각으론~ 미2

218 **imp** [임프]: 〈← emphuein〉, 〈그리스어〉, 꼬마 도깨비, 〈나쁜 짓이 'im·plant'된〉 마귀 새끼, '작은 악마', 개구쟁이, 〈~ little devil\goblin〉, 〈↔angel\cherub〉 양2

219 **im-pact** [임 팩트]: in+pangere(fasten), 〈라틴어〉, 〈꽉 누른〉 충돌, 충격, 영향(력), 〈~ im·pinge〉, 〈~ crash\affect〉, 〈↔avoidance\cause〉 가1

220 **im-pair** [임 페얼]: in+pejor(worse), 〈라틴어〉, '나쁘게 하다', 해치다, 손상하다, 결함, 장애, 〈~ injure\damage〉, 〈↔improve\enhance〉 가1

221 **im·pal·a** [임팰러\임팔라]: 〈Zulu어〉, 아프리카에서 떼 지어 다니는 뿔이 크고 매끈하게 빠진 중형의 '붉은 영양', 〈~(↔)뿔이 작은 것은 imbabala(bush-buck)라 함〉, Impala; 미국 쉐보레(chevolet)사에서 1957년부터 2020년까지 제조해 온 대형·중형 승용차 수2 수1

222 **im-pale** [임 페일]: in+palus(pole), 〈라틴어〉, 〈← pale²〉, 〈뾰족한 말뚝으로〉 찌르다, 꼼짝 못 하게 하다, 〈~ stab\pierce〉, 〈↔un-pin\un-fasten〉 양2

223 **im-part** [임 파아트]: in+partire(divide), 〈라틴어〉, (나누어) 주다, 전하다, 〈~ transmit\convey〉, 〈↔conceal\keep to oneself〉 양2

224 **im-passe** [임 패스]: 〈프랑스어〉, 〈im·pass·able〉 막다름, 막다른 골목, 난국, 〈~ dead-lock\check-mate〉, 〈↔deadlock\standstill〉, 〈↔solution\breakthrough〉 양2

225 **im-pas·si·ble** [임 패씨블]: in+pati(suffer), 〈라틴어〉, 아픔을 느끼지 않는, 무감각한, 〈im·passionate〉, 〈~ insensible\indifferent〉, 〈↔passible\emotional\penetrable〉 양2

226 **im-pas·sion** [임 패션]: in+passio(feeling), 〈라틴어〉, 깊이 감동(감격)하게 하다, intense+passion, 〈↔calm\subdue〉 양2

227 **im-pa·tient** [임 페이션트]: in+pati(suffer), 〈라틴어〉, 성급한, 참을성 없는, 안달하는, 갈망하는, 〈↔patient\calm\indifferent〉 가1

228 **im-peach** [임 피이취]: in+pedis(foot), 〈라틴어〉, 탄핵하다, 고소하다, 비난하다, 〈← im·pede〉, 〈~ accuse\charge〉, 〈↔acquit\confirm〉 가2

229 **im-pec·ca·ble** [임 페커블]: in+pecare(sin), 〈라틴어〉, 죄를 범하지 않는, 죄 없는, 나무랄 데 없는, 〈~ flaw-less\immaculate〉, 〈↔imperfect\sinful〉 양2

230 **im-ped-ance** [임 피이던스]: 〈← impede〉, '저항률', 교류회로에서 전압과 전류의 비, 교류가 전기회로를 통과하는 속도, 〈~ barrier\hindrance\electrical resistance〉, 〈↔aid\agreement〉 우1

231 **im-pede** [임 피이드]: in+pedis(foot), 〈라틴어〉, '안에 발을 가두다', 훼살놓다, 방해하다, 막다, 〈→ im·peach〉, 〈~ hinder\lade\interfere〉, 〈↔facilitate\invoke\wend〉 가1

232 **im-pel** [임 펠]: in+pellere(drive), 〈라틴어〉, '안으로 끌어들이다', 재촉하다, 억지로 시키다, 추진하다, 〈~ actuate\propel〉, 〈↔expel\let go〉, 〈↔turbine〉 가1

233 **im-pend-ing** [임 펜딩]: in+pendere(hang), 〈라틴어〉, 절박한, 박두한, '안으로 매달은', 〈~ imminent\up-coming〉, 〈↔gone\never〉 가2

234 **im-per·a-tive** [임 페뤄티브]: in+parare(prepare), 〈라틴어〉, 명령적인, 강제적인, 피할 수 없는, '안에서 돌아가는', 〈~ mandatory\required〉, 〈↔optional\submissive\suppliant〉 가1

235 **im-pe·ri-al** [임피어뤼얼]: 〈라틴어〉, 제국(empire)의, 황제의, 최고의, 특대의, 〈~ emperor〉, 〈~ monarchial\magnificent〉, 〈↔humble\unimposing〉 가2

236 **im-pe·ri-al ea·gle** [임피어뤼얼 이이글]: 황제수리, 흰죽지수리, 갈색 몸통에 회색 머리를 가지고 남유럽과 중앙아시아에 서식하는 희귀종 독수리, 〈~ a large migratory bird of prey〉 미2

237 **im-pe·ri-al-ism** [임피어뤼얼리즘]: 제정, 제국주의, 영토 확장주의, 〈~ colonialism\expansionism〉, 〈~(↔)manifest destiny〉, 〈↔anti-imperialism\pacifism〉 가1 미1

238 **im·pe·ri·al sys·tem** [임피어뤼얼 씨스템]: (1824년 영국에서 채택된) 제국 도량형 체제, (inch·yard·pound·ounce 등을 사용하는) 구식 측량체계, 〈~ American system〉, 〈↔metric system〉, 〈영국은 metric system이 우세하고 미국은 imperial system이 우세함〉 수2

239 **im·per·il** [임 페뤌]: 〈라틴어〉, 위태롭게(위험하게) 하다, 〈~ en·danger\threaten〉, 〈↔safeguard〉 가2

240 **im-pe·ri-ous** [임 피어뤼어스]: '황제같이' 전제적인, 오만한, 긴급한, 필수의, 〈← imperial〉, 〈~ authoritarian\commanding〉, 〈↔humble\meek〉 양2

241 **im-per·son-ate** [임 퍼어스네이트]: ~역을 하다, 흉내 내다, '인격화'하다, ~으로 분장하다, 의인화하다, 〈~ imitate\masquerade〉, 〈↔direct\unmask\be original〉 양2

242 **im-per-ti·nent** [임 퍼얼트넌트]: in+per+tenere(hold), 〈라틴어〉, 뻔뻔스러운, 건방진, 당치 않은, 〈not pertaining〉, 〈~ rude\impudent\in-appropriate〉, 〈↔pertinent\polite\relevent〉 가1

243 **im-pe·tiens** [임페이쉬엔즈]: 〈라틴어〉, 〈남편의 의심에 항거해서 자결한 봉선이의 무덤에서 피어났다는〉 봉선화, 〈꽃잎을 으깨서 손톱에 물을 들이는〉 정원용 한해살이풀, 여믄 포자낭이 ('impatient' 해서 손으로 건드리기만 해도 터져 버리는 "나를 건드리지 마세요"〈봉숭아〉), 〈~ touch-me-not\jewel-weed\balsam〉 미2

244 **im-pe·ti·go** [임퍼타이고우]: 〈← impetere(rush up)〉, 〈라틴어〉, (세균에 의해 농포가 생기는) 농가진, 〈~ petechia〉, 〈~ impetus〉 양2

245 **im-pet·u-ous** [임 페츄어스]: 〈← im·petus〉, 맹렬한, 열렬한, 충동적인, 〈~ ardent〉, 〈↔calm〉 양2

246 **im-pe·tus** [임 피터스]: in+petere(seek), 〈라틴어〉, 〈안으로 뻗는〉 추진력, 기동력, 관성, (움직이는) 힘, 〈→ im·petuous〉, 〈~ impetigo〉, 〈~ momentum\propulsion\thrust〉, 〈↔cautious\timid〉 양2

247 **im-pi·e-ty** [임 파이어티]: in+pius(devout), 〈라틴어〉, 불신앙, 불효, 불충실, 불경, 〈~ sin\vice²〉, 〈↔piety\faith〉 양2

248 **im-pinge** [임 핀쥐]: in+pingere(strike), 〈라틴어〉, 〈안으로〉 치다, 충돌하다, 침범하다, 〈~ im·pact〉, 〈~ collide\intrude〉, 〈↔refrain\graze〉 양2

249 **im-pi·ous** [임 파이어스]: in+pius(devout), 신앙심이 없는, 불경한, 사악한, 무례한, 〈~ faith-less〉, 〈↔devouted\cherubic〉 가1

250 **im-plac-a·ble** [임 플랙커블]: in+placere(appease), 〈라틴어〉, 달래기 어려운, 화해할 수 없는, 무자비한, '온화하지 않은', 〈~ stubborn\adamant\stone-fisted〉, 〈↔flexible\agreeable〉 양2

251 **im-plant** [임 플랜트]: 심다, 불어넣다, 끼워 넣다, 주입시키다, 이식하다, 〈~ install\embed\graft〉, 〈↔extract\eliminate〉 가1

252 **im-ple-ment** [임 플먼트]: in+plere(fill), 〈라틴어〉, 도구, 기구, 수단, 이행하다, 권한을 주다, '안을 채우다', 〈~ utilize\apply〉, 〈↔ignore\disregard〉 양1

253 **im-ple-men·ta-tion** [임 플러먼테이션]: 이행, 성취, (전산기 언어를 특정 전산기에 적합하게 하는) 수행, 〈~ execution\achievement〉, 〈↔disregard\abandon〉 양1 미2

254 **im-pli·ca-tion** [임 플리케이션]: in+plicare(fold), 〈라틴어〉, 〈안으로 접혀진〉 내포, 함축, 암시, 연계, 〈~ hint\innuendo〉, 〈↔reality\proof〉 양2

255 **im-plic·it** [임 플리싙]: 〈← im·ply〉, 은연 중의, 암시적인, 함축적인, 무조건의, 〈~ inferred\suggested\inherent〉, 〈↔ex·plicit\direct\obvious\univocal〉 양2

256 *****im-plic·it cost** [임 플리싙 코어스트]: (일련의 생산수단으로 현재 상품을 만들지 않고 다른 용도에 사용했을 때 생길 수 있는 이익을 염두에 둔) 잠재 비용, 〈~ imputed (or notional) cost〉, 〈↔explcit expense〉 양2

257 **im-plode** [임 플로우드]: in+plaudere(clap), 〈라틴어〉, 안쪽으로 파열(내파)하다, 집중하다, 통합하다, 〈~ collapsed\cave in〉, 〈↔erupt\ex-plode\go off\blast〉 양1

258 **im-plore** [임 플러어]: in+plorare(cry out), 탄원(애원)하다, 간청하다, '안에서 소리치다', 〈~ entreat\beg〉, 〈↔ex-plore\reject\spurn〉 가2

259 **im-ply** [임 플라이]: in+plicare(fold), 〈라틴어〉, 함축하다, 암시하다, 의미하다, 내포하다('안에 들어있다'), 〈→im·plicit〉, 〈~ employ〉, 〈~ indicate\allude〉, 〈↔explicit\direct\state\supplicate〉 양2

260 **im-port** [임 포오트]: '항구 안으로 들여오다', 수입하다, 가져오다, 내포하다, 의미하다, (자료를 다른 전산기나 연성기기에서 읽어오는) 불러들이기, 〈~ ship (or bring) in〉, 〈↔ex-port〉 가1 미2

261 **im-por·tant** [임 포얼턴트]: in+portare(bring), 〈라틴어〉, 중요한, 의미있는, 저명한, '결과를 가져오는', 〈~ prime\dominant〉, 〈↔un-important\paltry\trivial〉 가2

262 **im-por·tune** [임 포얼튜운]: in+portus(harbor), 〈라틴어〉, 〈정박할 장소를〉 끈덕지게 조르다, '귀찮게 하다', 협잡꾼, 〈~ beg\be-seech〉, 〈↔imply\please〉 양2

263 **im-pose** [임 포우즈]: in+ponere(place), 〈라틴어〉, 지우다, 부과하다, 강요하다, 참견하다, '설치하다', 〈~ levy\foist〉, 〈↔lessen\abate〉 양2

264 **im-pos-ing** [임 포우징]: 〈부과해서〉 인상적인, 당당한, 훌륭한, 〈~ impressive\distinguished〉, 〈↔humble\modest〉 양2

265 **im-po·si-tion** [임 퍼지션]: 부과, 과세, 부담, 안수, 조판, 사기, 〈~ burden\tax\fraud〉, 〈↔abandon\disregard〉 양1

266 **im-pos·ter** [임 파스터]: in+ponere(place), 〈라틴어〉, 〈설치된〉 가장 인물, 남의 행세를 하는 자, 사기꾼, 협잡꾼, 〈~ pretender\deceiver〉, 〈↔honesty\virtuoso〉 양2

267 **im-po·tent** [임 퍼턴트]: in+posse(be able), 〈라틴어〉, 무기력한, 능력이 없는, 효과가 없는, 허약한, 성교불능자(남자 impo-발기부전), 〈↔potent\strong\hard on\stamina〉 가1 양2

268 **im-pound** [임 파운드]: in+pound⁴(pen), 〈라틴어+영국어〉, 〈우리 안에〉 가두다, 구치하다, 채우다, 압수하다, 〈~ confiscate\seize〉, 〈↔release\unchain〉 양2

269 **im-pov·er-ished** [임 파붜뤼쉬트]: in+pauper, 〈라틴어〉, 가난〈'poor'〉해진, 힘을 잃은, 자극이 없는, 〈~ destitute\exhausted〉, 〈↔enriched\affluent\lucrative〉 양2

270 **im-pre·cate** [임 프뤼케이트]: in+prex(prayer), 〈라틴어〉, (불행이 있기를) 빌다〈'pray'〉, 〈마귀에 씌도록〉 저주하다, 〈~ abhor\curse〉, 〈↔bless\commend〉 양2

271 **im-pre·sa·ri·o** [임 프뤼싸아뤼오우]: in+prehendere(grasp), 〈라틴어→이탈리아어〉, 감독, 흥행자, 지휘자, 주최자, '기업가', 〈~ organizer\producer〉, 〈↔employee〉 양2

272 **im-pres-sion** [임 프뤠션]: in+primere(press), 〈안으로 눌러진〉 인상, 감상, 감명, 느낌, 효과, 날인, 판, 본, 흉내, 〈~ feeling\notion\imprint〉, 〈↔certainty\reality〉 양2

273 **im-pres-sion-ism** [임 프뤠셔니즘]: 인상파(주의), 〈사실주의에 대항해서 자연의 빛과 그림자를 중요시하여〉 (1874년 파리의 한 전시회에서 처음 쓰여지기 시작한 이름의) 순간적〈on the spot〉으로 보고 느낀 것을 표현하려는 예술(미술)의 일파, 〈~(↔)ex-pressionism〉, 〈↔realism〉 양2

274 **im-pri·ma·tur** [임 프뤼마아터]: 〈← in+primere(press)〉, 〈라틴어, let it be printed, 〈가톨릭 교회의〉 '출판 허가', (공식적인) 허가, 승인, 〈↔disapproval\rejection〉 양2

275 **im-print** [임 프륀트]: in+primere(press), 〈라틴어〉, 찍다, 누르다, 날인(인쇄)하다, 각인(감명)시키다, 〈~ engrave\stamp\impact〉, 〈↔erase\remove〉 양2

276 **im-pris·on** [임 프뤼즌]: in+prehendere(take), 〈라틴어〉, '감옥 안에 넣다', 투옥하다, 감금하다, 〈~ incarcerate\lock up〉, 〈↔free\release〉 가1

277 **im-promp·tu** [임 프람튜우]: in+promptus, 〈라틴어〉, 〈← prompt〉, 즉석에서, 즉흥적으로, 〈~ spur of the moment\extemporaneous\off-the-cuff〉, 〈↔prepared\rehearsed〉 양2

278 *****im-prop·er frac·tion** [임 프롸퍼 후랙션]: 가분수, (⅔같이) 분자가 분모보다 더 큰 분수, 대갈장군, 〈↔proper fraction〉 양2

279 **im-prove** [임 푸루우브]: in+probus(good), 〈라틴어→프랑스어〉, 향상하다, 개량하다, 활용하다, '이익〈profit〉으로', 〈~ enhance\upgrade〉, 〈↔worsen\deteriorate〉 가1

280 **im–pro-vise** [임 프뤄봐이즈]: in+providere(foresee), 〈라틴어〉, 〈예측하지 않고〉 즉석에서 하다 (짓다·연주하다·연설하다), 〈← prepare〉, 〈~ ad lib\vamp〉, 〈↔planned〉 양2

281 **im–pru·dent** [임 프루우던트]: in(not)+prudent(aware), 〈라틴어〉, 앞날을 예견치 못한, 무분별한, 경솔한, 〈~ in-cautious\heed-less\im-proper〉, 〈↔sensible\wise〉 양2

282 **im-pu·dent** [임 퓨던트]: in+providence(foresight), 〈라틴어→프랑스어→영국어〉, 〈겸손하지 않고〉 뻔뻔스러운, (앞날을 생각치 않고) 염치없는, 건방진, 〈~ effrontery\audacity\cheeky〉, 〈↔sensible\expedient〉, 〈↔play dumb〉 가2

283 **im-pugn** [임 퓨운]: in+pugnare(fight), 〈라틴어→프랑스어〉, 〈다투기 위해〉 이의를 제기하다, 논박하다, 비난하다, 〈~ challenge\attack〉, 〈↔advocate\support〉 양2

284 **im-pulse** [임 펄스]: in+pellere(strike), 〈라틴어〉, 〈안으로 끌어들이는〉 충돌, 자극, 추진력, 욕구, '밀다', 〈~ urge\inspiration〉, 〈↔non-chalance\aversion〉 가1

285 **im-pu·ni·ty** [임 퓨우니티]: in+punire, 〈라틴어〉, 'un·punished', 처벌되지 않음, 무사함, 〈↔conformity\liability〉 양2

286 **im·pute** [임 퓨우트]: in+putare(think), 〈라틴어→프랑스어→영국어〉, '안으로 생각하다', (불명예를) ~에게 돌리다, (죄를) 뒤집어 씌우다, 고발하다, 귀속시키다, 〈~ ascribe\attribute〉, 〈↔withdraw\defend〉 양1

287 **in** [인]: 〈그리스에서 연유한 게르만어〉, ~ '안'에, ~ 속에, ~하여, ~을 입고, ~ 도중에, 최신 유행의, 〈~ inside\present\fashionable〉, 〈↔out〉 미2

288 **in~** [인~]: 〈라틴어〉, 〈~'안'에, ~'아닌'·없는〉이란 뜻의 결합사, 〈~ within\not〉 양1

289 **in ab·sen·tia** [인 앱쎈취아]: 〈라틴어〉, in absence, 부재중에, 결석중에, 〈↔in-person〉 양2

290 **in-ac·tion** [인 액션]: 활동하지 않음, 무위, 무대책, 나태, 〈~ idleness\laziness〉 양2

291 **in–ad-vert–ent** [인 어드붜얼튼트]: in+ad+vertere(turn), 〈라틴어〉, 소홀한, '부주의한', 우연한, 〈~ careless\accidental〉, 〈↔careful\mindful\intentional〉 가1

292 **in·ane** [이네인]: 〈← inanis(empty)〉, 〈라틴어〉, '빈', 공허한, 어리석은, 무한한, 〈~ vain〉, 〈↔significant\intelligent〉 양2

293 **in-apt** [이냅트]: in+aptus(fit), 〈라틴어〉, inept, 부적당한, 어울리지 않는, 서툰, '맞지 않는', 〈~ awkward\clumsy〉, 〈↔capable\competent〉 가1

294 **in-au·gu·ra-tion** [이너어규뤠이션]: in+augur(avis+gar), 〈라틴어〉, 〈길조를 점치는〉 취임(식), 시업, 개업, 〈~ initiation\launch〉, 〈↔demise\closure〉 양2

295 **in-be-tween** [인 비튀인]: 〈게르만어〉, 중간의, 중개자, 〈↔extreme\outermost〉 가1

296 **in-born** [인 보언]: in+boren(birth), 〈게르만어〉, 〈안에서〉 타고난, 천부의, 〈↔acquired\learned〉 가2

297 *****in-box** [인 박스]: 〈열어보지 않은〉 미결 서류함, 전자우편 수신함, 〈~ not open\received〉, 〈↔sent〉 미2

298 **Inc.** [잉크]: incorporated, 주식회사(joint stock company), 법인회사(corporate company) 미2

299 **In·ca** [잉카]: 〈← ynca(king)〉, '왕족', 1438년경부터 1532년까지 페루(Peru)를 중심으로 한 서부 남미에서 세력을 뻗쳤던 무문자의 원주민들 수1

300 **in-cam·er·a** [인 캐머뤄]: 〈그리스어→라틴어〉, in chambers, 판사 사무실에서, 은밀히, 비공개로, 〈~ closed\covert〉, 〈↔openly\publicly〉 양2

301. **in·can·des–cent** [인 컨데스흔트]: in+candescere, ⟨← candidus(white)⟩, ⟨라틴어⟩, 백열의, 눈부신, ⟨안에서⟩ 빛나는, ⟨~ white-hot\luminous⟩, ⟨↔fluorescent⟩ 가2

302. **in·can·ta·tion** [인캔테이션]: in+cantare(sing), ⟨라틴어⟩, 주문을 외는 (enchanting) 기술, 요술, 상투적인 말, ⟨~ talisman\sorcery⟩, ⟨↔reality\revocation⟩ 양2

303. **in·car·cer–ate** [인 카알서뤠이트]: in+carcer(prison), ⟨라틴어⟩, ⟨모든 것을 cancel하고⟩ '감옥으로 들어가다', 투옥하다, 유폐하다, ⟨~ captivity\confinement⟩, ⟨↔free\release⟩ 가2

304. **in·car·nate** [인 카아네이트]: in+carnis(flesh), ⟨라틴어⟩, 화신하다, 육체를 갖게 하다, '육화'하다, 구현하다, 대표하다, ⟨~ personified\manifested⟩, ⟨↔dis-embody\dis-incarnate\immaterial⟩ 양1

305. ***in-cel** [인 쎌]: involuntary celibate(celibacy), ⟨라틴어⟩, 타의에 의한 금욕생활자, 성관계를 원하지만 응하는 사람이 없어서 순결을 지키는 사람, ⟨~ femoid(female humanoid)⟩, ⟨~ FA(forever alone)⟩ 우2

306. **in·cen·di·ar·y** [인 쎈디에뤼]: in+candere(burn), ⟨라틴어⟩, '불을 지르는', 선동적인, 소이탄(fire-bomb), ⟨~ fire-producing\agitator⟩, ⟨↔peacemaker\reconciler⟩ 양1

307. **in-cense** [인 쎈스]: in+candere(burn), ⟨라틴어⟩, '태우다', 향(냄새), 방향, 분향, 아첨, 열화, ⟨~ aroma\anger⟩, ⟨↔stench\please⟩ 가1

308. **in-cen·tive** [인 쎈티브]: in+canere(sing), ⟨라틴어⟩, 고무적인, ⟨축가를 불러⟩ 장려하는, 자극적인, ⟨~ inducement\motive\stimulus⟩, ⟨↔dis(counter)-incentive\deterrent\dis-couraging⟩ 양2

309. **in-cen·tiv–ize** [인 쎈티봐이즈]: (보상금을 주어) 장려하다, ⟨↔deter\discourage⟩ 양2

310. **in-cep·tion** [인 쎕션]: in+capere(take), ⟨라틴어⟩, 처음, ⟨안으로 쥔⟩ 시작, 발단, 학위 취득, ⟨~ commencement\liminality⟩, ⟨↔end\conclusion⟩ 양2

311. **in-ces·sant** [인 쎄스흔트]: in+cesare(cease), ⟨라틴어⟩, 끊임없는, 그칠 새 없는, ⟨~ constant\continual⟩, ⟨↔intermittent\occasional⟩ 가1

312. **in-cest** [인 쎄스트]: in+castus(chaste), ⟨라틴어⟩, ⟨불순한⟩ 근친상간, 상피, ⟨~ in-breed\endogamy⟩, ⟨↔heterosis\outbreeding⟩ 가1

313. **inch** [인취]: ⟨← uncia⟩, ⟨라틴어⟩, 2.54cm, '1/12피트', 1/36야드, 소량, 신장(키), 조금씩 움직이(게 하)다, 암호화폐의 단위, ⟨~ ounce⟩ 수2 양2

314. **In-cheon** [인천]: ⟨중국어→한국어⟩, '인자한 강(gentle river)', ⟨아마도 고려시대 인천이란 내가 흘렸던⟩ 일본에 의해 항구로 키워졌고 1950년 인천상륙작전이 감행되었으며 2001년 국제공항(international airport)이 개통된 서울 서쪽(west of Seoul)의 광역시 수1

315. ***inches** [인취스]: 외환거래에서 (중계상 없이) 최고의 환율을 찾아 결제하는 전자화폐의 기능, ⟨~ a currency converter\Ethereum token⟩ 우2

316. **in-cho·ate** [인 코우에이트]: in+cohun(strap), ⟨라틴어⟩, '고삐를 잡다', 방금 시작한, 불완전한, 어설픈, ⟨~ beginning\im-perfect⟩, ⟨↔developed\mature⟩ 양2

317. **inch-worm** [인취 워엄]: 자벌레, measuring worm, looper, 고리를 만들 것 같은 자세로 전진하며 뽕나무 배춧잎을 갉아먹는 자벌레나방의 유충, ⟨~ canker(span) worm⟩ 가1

318. **in-ci·dence** [인씨든스]: in+cadere(fall), ⟨라틴어⟩, ~의 범위, 발생(병)률, 빈도, (일정 기간 내에) 새로 발생하는 사건·환자의 인구 대비 숫자, '안에 떨어진 것', ⟨~ occurrence⟩, ⟨~(↔)prevalance; 의료 통계에서 매우 중요한 개념임⟩, ⟨↔infrequency\standstill⟩ 양2

319. **in-ci·dent** [인씨든트]: in+cadere(fall), ⟨라틴어⟩, ⟨계획되지 않은⟩ 사건, 삽화, 부수 조건, ⟨~ occasion\episode⟩, ⟨↔in-action\non-event⟩ 양2

320. **in-cin·er–ate** [인 씨너뤠이트]: in+cinis(ashes), ⟨라틴어⟩, '재가 되게 하다', 소각하다, 태워 없애다, ⟨~ burn\consume⟩, ⟨↔extinguish\put out⟩ 가2

321. **in-cip·i–ent** [인 씨피언트]: in+capere(take), ⟨라틴어⟩, '착수하다', 시초의, 발단의, ⟨~ beginning\developing\impending⟩, ⟨↔ultima\established\last²⟩ 가2

322. **in-ci·sion** [인 씨젼]: in+cedere(cut), ⟨라틴어⟩, ⟨안으로⟩ 베기, 째기, 절개, 칼자국, ⟨~ carving\resection⟩, ⟨↔blocking\closing⟩ 양2

323. **in-ci·sor** [인 싸이져]: in+cedere(cut), ⟨라틴어⟩, 앞니(fore-tooth), (끊을 때 쓰는) 절치⟨cutting tooth⟩, ⟨~(↔)canine\fang⟩, ⟨~(↔)cuspid⟩, ⟨↔molar⟩ 양2

324 **in-cite** [인 싸이트]: in+citare(urge), ⟨라틴어⟩, ⟨안으로부터⟩ 자극하다, 부추기다, 불러일으키다, ⟨~ agitate\whip-up⟩, ⟨↔suppress\deter\quell⟩ 가2

325 **in-clem·ent** [인 클레먼트]: in+clemens(kind), ⟨라틴어⟩, 온화하지 않은, 혹독한, 사나운, ⟨~ cold\bitter\brutal⟩, ⟨↔de-crement\reduction⟩ 양2

326 **in-cline** [인 클라인]: in+clinare(lean), ⟨라틴어⟩, ⟨안으로⟩ 기울이다, 경사지게 하다, 내키게 하다, (산)비탈, ⟨~ tend¹\prone⟩, ⟨↔de-cline\un-likely⟩ 양2

327 **in-clude** [인 클루우드]: in+claudere(close), ⟨라틴어⟩, 포함하다(시키다), 넣다, '안으로 넣고 닫다', ⟨~ incorporate\embrace⟩, ⟨↔ex-clude\leave out⟩ 양2

328 **in-cog·ni·ta(o)** [인 카그니이타(토)]: in+cognoscere(know), ⟨라틴어→이탈리아어⟩, (여·남) 익명자, ⟨알려져 있지 않은⟩ 암행자, ⟨~ unrecognized\disguised⟩, ⟨↔known\exposed⟩ 양2

329 **in-come** [인 컴]: ⟨북구어⟩, ⟨안으로 들어오는⟩ 수입, 소득, ⟨~ earning\gain⟩, ⟨↔expenditure\outgoings⟩ 가2

330 **in-come tax** [인 컴 택스]: (개인이나 사업체가 수입에 따라 미 연방·⟨대부분의⟩ 주정부에 내는) 소득세, ⟨~(↔)sales tax\property tax⟩ 가2

331 **in–con·ti·nent** [인 칸티넌트]: in+com+tenere(hold), ⟨라틴어⟩, 자제할 수 없는, 지키지 못하는, ⟨~ uncontrolled\reckless⟩, ⟨↔continent\abstinent\restrained⟩ 양2

332 **in-cor·po–rate** [인 코얼퍼레이트]: 통합(합동·합병·편입)시키다, 구체화하다, 섞다, 짜 넣다, 법인(주식회사)으로 조직하다, '안으로 들여 한 몸이 되게 하다', ⟨~ embrace\embody⟩, ⟨↔dis-integrate\separate⟩ 양2

333 **in-crease** [인 크뤼이스]: in+crescere(grow), ⟨라틴어⟩, '안에서 자라다', 늘리다, 불리다, 강화하다, 증식하다, ⟨→ in·crement⟩, ⟨↔decrease\reduce⟩ 가1

334 **in-cred·i-ble** [인 크뤠더블]: in+credere(believe), ⟨라틴어⟩, 믿을 수 없는, 거짓말 같은, 엄청난, ⟨↔believable\reasonable⟩ 양2

335 **in-cre–ment** [인 크뤠먼트 \ 잉 크뤠먼트]: in+crescere(grow), ⟨라틴어⟩, 증대, 증강, 증액, 이득, 증분, ⟨← in·crease⟩, ⟨↔decrement\reduction⟩ 양2

336 *__in-cre-men-tal back-up__ [인 크뤠멘틀 백엎]: 증분 보완, 마지막 예비 복사본에서 고친 서류철만 복사하는 작업, ⟨~ copying only modified data⟩ 미2

337 *__in-cre-men-tal com-pil-er__ [인 크뤠멘틀 컴파일러]: 증분 편찬기, 전산기에 새로 타자된 부분만 편찬하는 편찬기, ⟨~ gradual compilation⟩ 미2

338 *__in-cre-men-tal plot-ter__ [인 크뤠멘틀 플라터]: 증분 도형기, 전산기의 출력을 문자와 함께 곡선과 점으로 나타내는 제어장치, ⟨~ gradational schemer⟩ 미2

339 *__in-cre-men-tal re-cord-er__ [인 크뤠멘틀 뤼코어더]: 증분식 기록기, 자료를 1열마다 입력하는 자기 테이프, ⟨~ recording data as it is generated⟩ 미2

340 **in-crim·i·nate** [인 크뤼미네이트]: in+crimen(crime), ⟨라틴어⟩, 죄를 씌우다, 연루시키다, 원인으로 간주하다, ⟨~ accuse\blame⟩, ⟨~ implicate⟩, ⟨↔clear\acquit⟩ 양2

341 **in-cu·bate** [인 큐베이트]: in+cubare(lie), ⟨라틴어⟩, ⟨눕혀⟩ 부화하다, 배양하다, 숙고하다, (조산아) 보육기로 양육하다, (병균이) 잠복하다, ⟨~ brood\hatch\set in⟩, ⟨↔inhibit\hinder⟩ 양2

342 **in-cu·bus** [잉 큐버스] \ **in-cu·bi** [잉큐바이]: in+cubare(lie), ⟨라틴어⟩, ⟨아래에 눕힌⟩ succubus, (잠자는 여인을 덮친다는) 몽마, ⟨가위 눌리는⟩ 악몽, 큰 걱정거리, night-mare 양2

343 **in-cul·cate** [인 컬케이트]: in+calcis(heel), ⟨라틴어⟩, ⟨발뒤꿈치로 짓밟아⟩ 주입시키다, 가르치다, 타이르다, ⟨~ infuse\instill⟩, ⟨↔deprive\denounce⟩ 양2

344 **in-cum·bent** [인 컴번트]: in+cubare(lie), ⟨라틴어⟩, '기대서 누워있는', 임무가 주어진, 현직의, ⟨~ occupant\office-holder⟩, ⟨↔candidate\elective⟩ 양2

345 **in-cum·brance** \ **en-cum·brance** [인 컴브뤈스]: in+cumulus(hill), ⟨라틴어→프랑스어⟩, ⟨언덕으로 막힌⟩ 장애물, ⟨문제를 껴안은⟩ 두통거리, 저당권, ⟨~ hindrance\imposition⟩, ⟨↔incentive\advantage⟩ 가1

346 **in-cur** [인 커얼]: in+currere(run), ⟨라틴어⟩, '달리게 되다', 당하다, 초래하다, ~에 부딪치다, ⟨~ arouse\contract⟩, ⟨↔avoid\shun⟩ 양1

347 **in-cur-sion** [인 커얼쥔]: 〈← in·cur〉, 습격, 〈갑작스러운〉 침략, 유입, 〈~ attack\foray\infiltration〉, 〈↔defend\retreat〉 가1

348 **in-curve** [인 커어브]: in+curvare(bent), 〈라틴어〉, 안으로 굽은, 만곡, 〈↔straighten\unbend\out-curve〉 양2

349 **in-de·cen-cy** [인 디이슨씨]: in+decens(fit), 〈라틴어〉, 결례, 〈부적절한〉 외설, 속악, (인쇄출판·유선방송·인터넷 등에서 제약을 받는) 저속물, 〈~ obscenity\vulgarity〉, 〈↔decency\prudery〉 양2

350 **in-deed** [인 디이드]: 〈영국어〉, 'in+deed(증서에 있는)' 실로, 참으로, 정말로, 과연, 〈~ absolutely\certainly〉, 〈↔doubtful\questionable〉 가1

351 **in-de·fat·i·ga·ble** [인 디홰티거블]: in+fatiguer(fatigue)+able, 〈라틴어〉, 지치지 않는, 끈기있는, 〈↔idle\tired〉 양2

352 **in-def·i·nite** [인 데휘니트]: in+de+finire(bound), 〈라틴어〉, 불분명한, 막연한, 무기한, 〈~ broad\endless〉, 〈↔definite\fixed\limited〉 가1

353 **in-dem·ni·ty** [인 뎀니티]: in+damnun(damage), 〈라틴어〉, 〈손상되지 않게 하는〉 보호, 보장, 사면, 배상(금), 〈~ reward\insurance〉, 〈↔fine²\penalty〉 양2

354 *__in-dent__ [인 덴트]: in+dentis(tooth), 〈라틴어〉, '이로 깨물다', 톱니 모양으로 (움푹 들어가게) 만들다, 발주하다, (첫 행을) 약간 안으로 들이켜서 짜다〈들이켜 쓰기〉, 〈~ cut\notch\chip〉, 〈↔out-dent\fill〉 미2

355 **in-de-pend-ent** [인 디펜던트]: in+de+pendere(hang), 〈의존하지 않고〉 독립한, 자주의, 독자적인, 무소속의, 〈↔dependent\subservient\unfree〉 가1

356 **in-depth** [인 뎊쓰]: 〈라틴어+영국어〉, 면밀한, 철저한, 심도 깊은, 〈↔superficial\deficient〉 가1

357 **in-dex** [인덱쓰] \ in-di·ces [인디시이즈]: in+dicare(declare), 〈라틴어〉, 찾아보기, 색인, 목록, 지침, 지수, 손가락표, 집게 손가락, 〈~ in·dicate〉, 〈~ guide\pointer〉, 〈↔disarrange\delete〉 양1 미2

358 *__in-dex file__ [인덱쓰 화일]: 색인 기록철, 색인에 나오는 항목을 용도에 따라 다시 분류해 놓은 서류철, 〈~ specialized data file〉 미2

359 **in-dex fin·ger** [인덱쓰 휭거]: 〈위치를 가리키는〉 검지, 집게손가락, fore·finger 가1

360 *__in-dex fund__ [인덱쓰 훤드]: (증권) 지표채, 정해진 법칙에 따라 추적할 수 있는 상장·상호 기금, 〈~ passive investing〉, 〈~(↔)mutual fund〉 미2

361 **In·di·a** [인디어]: 〈← sindhu(river)〉, 〈산스크리트어→그리스어→라틴어〉, 'Indus〈← Hindu〉 강가의 땅', 인도, 천축, 1947년 영국으로부터 독립한 넓고 다양한 지형과 다양한 민족으로 구성된 많은 인구를 가진 〈힌두교가 80%가 되는〉 남부 아시아의 개발도상 공화국), {Indian-Hindi·Eng-Rupee-New Delhi} 수1

362 **In·di·an** [인디언]: 〈그리스어→라틴어→스페인어→영국어〉, 인도사람(어), 〈콜럼버스가 인도에 왔는 줄 알고 잘못 부친〉 미주 원주민(어), 〈~ citizen of India〉, 〈~ Native American〉 수2

363 **In·di·an-a** [인디애너]: '인디언들의 거주지', 인디애나, IN, Hoosier(시골뜨기) State, 1816년에 합중국의 일원이 된 농업과 제조업이 발달한 미국 '중서부'의 주, {Indianapolis-9}, 〈〈peony〉〉 수1

364 **In·di·an·ap·o·lis** [인디어내펄리스]: Indy, 인디애나폴리스, (매년 현충일 주말 500마일 자동차 경기가 열리는) 인디애나주 중심부에 위치한 제조·통상·교통·행정도시, 〈~ Circle City〉 수1

365 **In·di·an Af-fairs** [인디언 어훼어쓰], Bu·reau of: BIA, 인디언 업무국, 1849년 전쟁부로부터 인수받아 1970년대부터 자율적으로 원주민들의 복지 향상을 위해 주로 22만 5천km²에 달하는 인디언 보호구역을 관리하는 미 내무부(Dept of Interior)의 부속기관 수2

366 **In·di·an bean** [인디언 비인]: catalpa, 미국 개오동나무(열매), 심장형 넓은 잎·조그만 종 모양의 흰 꽃·기다란 꼬투리에 담긴 열매를 이뇨제로 썼던 오동나무(Paulownia) 비슷한 관상수 미2

367 **In·di·an bread** [인디언 브뤠드]: tuckahoe(미주 원주민들이 식용으로 하는 토란〈taro〉과의 식물), 복령, 옥수수빵(corn cake) 수2 미2

368 **In·di·an club** [인디언 클럽]: 〈인도인들이 운동용으로 쓰던〉 병 모양(elongnated bottle)의 체조용 곤봉, meels, 〈~ Gada club〉 수2

369 **In·di·an co·bra** [인디언 코우브뤄]: spectacled cobra(안경 낀 코브라, 우산 모양의 목에 안경 같은 커다란 눈이 두 개 박힌 맹독을 가진 인도 지방에 서식하는 코브라〉 수2

370 **In·di·an corn** [인디언 코언]: maize, 〈북미 원산의 한냉성이 강한〉 인디언 옥수수(색깔이 있는 큰 옥수수), calico corn, flint corn 미2

371 **In·di·an cress** [인디언 크뤠스]: 〈남미의 '건조'한 지방에서 잘 자라는〉 한련, 금련화, 건조한 땅에서 잘 자라고 고추 모양의 잎에 다섯 잎의 황·적색 꽃이 피는 관상용 넝쿨 식물, 〈~ monk's cress\nasturtium〉 미2

372 **In·di·an cur·lew** [인디언 커얼류우]: 마도요, 밑으로 굽어진 뾰족한 긴 부리를 가지고 빨리 달리는 재주가 있는 큰 물떼새, 〈인도대륙에도 찾아가는 철새〉, 〈~ Indian thick-knee〉 미2

373 **In·di·an de·sert** [인디언 데져트]: 인도 사막, 타르(Thar) 사막, 인도와 파키스탄 사이에 있는 광대한 사막 수2

374 **In·di·an fig** [인디언 휘그]: 〈까마귀가 다닥다닥한 황금 모자를 쓴 것 같은〉 금오모자, 〈멕시코 원주민들이 새순과 열매를 쪄 먹는〉 부채꼴 선인장의 과즙이 많은 가시 달린 식용 열매, 〈~ tuna²〉, 〈~ prickly pear\fig opuntia〉 미2

375 *****In·di·an file** [인디언 화일]: 〈사격하기 좋게〉 (북미 원주민들이 이동할 때 취하는) 한 줄, (행군 시) 〈바보 같은〉 일렬종대, 〈~ single file\row¹〉, 〈↔zig-zag〉 미2

376 *****In·di·an gift** [인디언 기후트]: 답례(대가)를 바라고 주는 선물, 〈네놈들도 원주민 찜 쪄 먹을 것이어!〉, 〈~ quid pro quo〉, 〈↔self-less gift\sincere gift〉 우1

377 **In·di·an gin·seng** [인디언 쥔셍]: 〈북미 원주민들이 수면제 등으로 썼고 현재 건강식품으로 선전되고 있는 인삼 비슷한 냄새가 나나 밋밋한 뿌리를 가진〉 '인디언 인삼', ⇒ winter·cherry 우1

378 **In·di·an hemp** [인디언 헴프]: ①인도산 대마(삼), sun·hemp ②북미산 개정향풀속의 여러해살이초본, 〈~ dog-bane\amy root\wild cotton〉 미2

379 **In·di·an mal·low** [인디언 맬로우]: stamp weed, 어저귀, '우단 잎', '도장풀', 당아욱, 청마(중국 황마), (별 모양의 꽃몽오리를 수제 치즈에 도장 대신 찍었던) 원형의 부드러운 잎에 매혹적인 다섯 잎 노란 꽃이 피는 인도 원산 아욱과의 한해살이풀, 〈~ flowering maple²\velvet-leaf\abutilon〉 미2

380 **In·di·an mil·let** [인디언 밀릿]: 기장, 수수와 비슷한 볏과의 한해살이풀, 〈~ durra\sorghum〉 미2

381 **In·di·an mul·ber·ry** [인디언 멀베뤼]: (인도)오디, cheese fruit, ⇒ noni 우1

382 **In·di·an O·cean** [인디언 오우션]: 인도양, 오스트레일리아와 아프리카 사이에 있고 북쪽은 예부터 무역이 발달했던 지구에서 3번째로 큰 바다, 〈~ Afro-Asian Ocean〉 수2

383 **In·di·an paint-brush** [인디언 페인트브뤄쉬]: castilleja, '색칠한 종지', 조그만 흰·초록 꽃을 붓 모양의 현란한 꽃 떡잎들이 둘러싸고 있는 북미 원산 현삼과 조팝나물(hawk-weed)속의 다년초, 〈~ prairie-fire〉 수2

384 **In·di·an pa·per** [인디어 페이퍼]: bible paper, 인도지(얇고 질긴 인쇄용지) 미2

385 **In·di·an pipe** [인디언 파이프]: 엽록소가 없어 흰 줄기에 흰색의 종 모양의 꽃이 북미 원주민의 담뱃대처럼 늘어져 피는 음지의 낙엽 속에서 곰팡이로부터 양분을 섭취하는 노루발과 구상난풀속의 부생식물, 수정란풀(수정같이 생긴 난초), 〈~ corpse plant\ghost plant\Monotropa uniflora〉 수2

386 **In·di·an red** [인디언 뤠드]: 〈인도대륙의 홍토처럼〉 누르스름한 적색 안료, 벽돌 색깔, 〈~ iron oxide red〉 수2

387 **In·di·an red-wood** [인디언 뤠드 우드]: 인도 삼나무, 다목, 소방목, ⇒ sap(p)an 미2

388 **In·di·an rice** [인디언 롸이스]: 줄, 줄풀, '물귀리', '야생미(쌀)', 얕은 물에서 잘 자라는 길쭉하고 뾰족한 모양의 자·흑색의 쌀로 미원주민(Native American)들이 즐겨 먹었던 곡식, 〈~ a long-grain rice〉, 〈basmati 하고는 다른 것임〉 미2

389 **In·di·an run·ner** [인디언 뤄너]: (인도 원산인지는 잘 모르겠으나) 〈굼뜬 인도사람처럼〉 똑바로 서서 뒤뚱뒤뚱 걸어다니는 산란용 집오리, 〈~ penguin duck\Baly Soldier〉 미2

390 **In·di·ans** [인디언스], Cleve-land: '원주민들', 1894년 미시간에서 창단되어 1900년에 클리블랜드 이전 1914년 현재명으로 개칭·1946년부터 주요 구단으로 등장했으며 어감이 나빠서 2021년 말부터 〈Guardians〉로 다시 개명한 MLB 소속 미국의 야구단 수2

391 **In·di·an shot** [인디언 샽]: (북미 원주민 화살촉 모양의 현란한 꽃이 피는) 칸나, 〈~ edible canna\purple arrowroot〉 수2

392 **In·di·an silk** [인디언 씰크]: 〈중국보다 조금 늦게 인더스(Indus) 분지에서 개발된〉 부드럽고 얇은 비단, 〈~ a mulberry silk〉 수2

393 *****In·di·an sum·mer** [인디언 써머]: 〈북미 원주민들이 사냥을 즐겼던〉 늦가을의 봄날 같은 화창한 날씨, 평온한 만년, 늦가을에 무더운 날씨, 영국에서는 St. Martin's summer라 함, 〈↔last cold snap〉 수2

394 **In·di·an to·bac·co** [인디언 터배코우]: lobelia, puke weed, 북미(인디언) 담배, 북미 원주민들이 담배 또는 설사약으로 이용했던 도라지과의 약초, 숫잔대 꽃 수2 미2

395 **In·di·an tur·nip** [인디언 터어닢]: jack in the pulpit, 〈북미 원주민들이 피임용 등 약재로 썼던〉 인디언 순무, 천남성(빵) 뿌리 미2

396 *****In·di·an wres·tling** [인디언 뤠슬링]: 〈인도들이 즐겨하던〉 팔씨름, 누워서 하는 발씨름, 〈~ heroic wrestling\kushti〉 양2

397 **In·dia print** [인디어 프뤤트]: 인도산 사라사(목판으로 날염한 화려하고 정교한 다색 무늬의 평직 무명), 〈~ Indian pattern design〉 수2

398 **In·dia rub·ber** [인디어 뤄버]: 〈서인도 제도에서 들여온〉 탄성고무, 고무지우개, 〈~ latex\gum-rubber\eraser〉 가1

399 **In·dic** [인딕]: 인도 반도의, 인도어파의, 〈~ indo-(Aryan)〉 수2

400 **in·di·cate** [인 디케이트]: in+decare(declare), 〈라틴어〉, 〈← index〉, 〈선언하기 위해〉 가리키다, 지시하다, 나타내다, 직(접)설(명)하다, 〈~ show\signify〉, 〈↔conceal\misdirect〉 가1

401 **In·di·ca·tive** [인디커티브]: (성적 매력 등을) 나타내는, 지시하는, (특성을 직접적으로 설명하는) 직설법의, 〈~ expressive\reflective〉, 〈↔subjunctive〉 양2

402 **in-dict-ment** [인다이트먼트]: 〈라틴어〉, 〈← in·dite(accuse)〉, 〈말로 선언하는〉 기소, 고발, 〈~ suit'\litigation〉, 〈↔acquittal\sentence〉 가2

403 **In·dies** [인디즈]: 〈동〉인도(제국), 〈~ indian sub-continent〉, 〈서〉인도제도, 〈~ caribbean Islands〉 수1

404 **in-dif·fer-ent** [인 디풔뤈트]: 〈라틴어〉, 무관심한, 냉담한, 중요치 않은, 평범한, 공평한〈차이를 두지 않는〉, 〈~ aloof\reserved\mediocre〉, 〈↔eager〉 가2

405 **in-dig·e-nous** [인 디줘너스]: in+gignere(bear), 〈라틴어〉, 토착의, 고유한, 자생의, 〈유전 속에서〉 타고난, 〈~ autochthonous\native\ab-original〉, 〈↔introduced\foreign〉 가1

406 **in-di·gent** [인 디줸트]: in+egere(need), 〈라틴어〉, 가난한, 곤궁한, '필요로 하는', 〈~ impoverished〉, 〈~ public charge〉, 〈↔rich〉 가1

407 **in-di·ges·tion** [인 디줴스춴 \ 인 다이줴스춴]: in+dis+gerere(carry), 〈라틴어〉, 소화불량, 위약, 〈~ dys-pepsia〉, 〈↔digestion〉 가2

408 **in-dig·nant** [인 디그넌트]: in+dignus(worth), 〈라틴어〉, '가치 없다고 보는', 성난, 분개한, 〈~ resentful\angry〉, 〈↔content\pleased〉 가2

409 **in-dig·ni·ty** [인 디그니티]: 〈남의 dignity를 낮추는〉 모욕, 경멸, 무례, 〈~ insult\offence〉, 〈↔honor\glory〉 가2

410 **in·di·go** [인디고우]: 〈← India〉, '인도의 염료', 남색, 쪽(물감), 작은 소시지 같은 꼬투리가 주렁주렁 달리고 인도에서 많이 재배되었던 콩과의 한해살이 식물, 〈~ pastel²\woad〉 미2

411 **in·di·go bun·ting** [인디고우 번팅]: inbu, '남색멧새', 숫놈이 남청색의 머리를 가진 북미산 피리새의 일종, 〈~ a small seed-eating finch〉 수2

412 **in·di·go snake** [인디고우 스네이크]: (미국 동남부에 서식하고) 〈무독이며 몸통이 '암청색'인〉 쥐잡이 뱀, gopher snake, ⇒ bull·snake 우1

413 **In·di·o** [인디오우]: 〈Indian의 스페이너〉, 인디오, 옛 스페인·포르투갈령이었던 중남미 동남 아시아의 원주민들, 〈Spanish term for native Americans·Austronesian·Philippinos〉 수2

414 *****in-di·rect ad-dress** [인 디뤡트(인 다이뤡트) 어드뤠스]: 간접 번지, (자료가 어디 들어있는지를 알려주는) 기억장치 번지, 〈~ a location that contains another address〉, 〈↔direct address〉 미2

415 **in-dis-creet** [인 디스크뤼이트]: in+dis+cernere(separate), '신중하지 못한', 무분별한, 경솔한, 〈→ in·discretion〉, 〈~ careless\hasty〉, 〈↔wise\prudent〉 가2

416 **in-dis-crete** [인 디스크뤼트]: 〈라틴어〉, 〈← in·discreet〉, 연속한, 밀착한, 〈분리되지 않은〉, 〈~ not separated〉, 〈~ connected\continous〉 가2

417 **in-dis-cre·tion** [인 디스크뤠션]: 〈← in·discreet〉, 무분별, 경솔, 철없음, 〈~ imprudence\folly〉, 〈↔wisdom\sagacity〉 가2

418 **in-dis-posed** [인 디스포우즈드]: in+dis+ponere(place), 마음이 내키지 않는, 기분이 언짢은, 몸이 좀 아픈, 〈정리되지 않은〉, 〈~ reluctant\ill〉, 〈↔well\willing〉 양2

419 **in–dite** [인 다이트]: in+dicere(say), 〈라틴어〉, 문자화하다, (글을) 짓다, 초안하다, 기소(하다), 〈~ compose\write〉, 〈↔delete\erase〉 양2

420 **in·di·vid·u·al** [인 디뷔쥬얼]: in+dividere, 〈라틴어〉, 〈분할할 수 없는〉 개개의, 개인적인, 독특한, 개인, 개체, 〈~ single\sole\person〉, 〈↔multiple\collective\public〉 가2

421 **in·di·vid·u·al med·ley** [인 디뷔쥬얼 메들리] \ IM: (한 번에 4가지 형의 수영을 하는) 개인 혼합 경영, 〈~ 4 different swimming styles〉 미2

422 **In·do-chi·na** [인도우 촤이나]: 〈벵골만과 남중국해 사이의〉 인도차이나, 19세기 후반부터 20세기 중반까지 프랑스가 지배했던 동남아시아의 베트남·라오스·캄보디아 지역, 〈~ French colonies in Mainland SE Asia〉 수2

423 **in-doc·tri·nate** [인닥 트뤼네이트]: in+docere(teach), 〈라틴어〉, (사상 등을) 주입하다, (교의를) 가르치다, 세뇌시키다, 〈~ imbue\brain-wash〉, 〈↔mislead\confuse〉 양2

424 **in-do·lent** [인 덜런트]: in+dolens(pain), 〈라틴어〉, 나태한, 무활동의, '무통'(성)의, 〈~ dull\lazy\idle〉, 〈↔sore\dolent\deligent\industrious〉 양1

425 **in-dom·i·ta·ble** [인 다미터블]: in+domere(tame), 〈라틴어〉, '길들여지지 않은', 굴복하지 않는, 지지 않으려는, 〈~ un-conquerable\invincible〉, 〈↔vulnerable\surmountable〉 양2

426 **In·do·ne·sia** [인더 니이저]: Indos(Indian)+nesos(islands), 〈그리스어〉, 인도네시아, '인도의 섬' (오랫동안 네덜란드의 지배하에 있었고 1945년 일본으로부터 독립한) 인도양과 태평양 사이에 13,600개 이상의 섬으로 구성된 개발도상 회교 공화국, {Indonesian-Indonesian-Rupiah-Jakarta} 수1

427 **in-door** [인 도어]: 〈라틴어+영국어〉, '문안에', 실내(옥내)의, 〈~ interior\enclosed〉, 〈↔out-deer〉 가2

428 **in·dri** [인드뤼]: 〈'저길 보라!'라는 원주민어에서 연유했다는 설이 있는〉 〈Madagascar산의〉 (흰 몸통에 검은색 머리·꼬리를 가진) 여우원숭이, 〈~ a large lemur\babakoto〉 우1

429 **in-duce** [인 듀우스]: in+ducere(lead), 〈라틴어〉, 〈앞장서서〉 권유하다, 꾀다, 일으키다, 유도하다, '안으로 이끌다', 〈~ activate\cause\bring about〉, 〈↔dissuade\prevent〉 양1

430 **in-duc·tion** [인 덕션]: 〈← induce〉, 유도, 도입, 유발, 취임, 귀납추리, 머리말, 〈~ inauguration\introduction〉, 〈↔parting\separation\deduction\closing〉 양1

431 **in·dulge** [인 덜쥐]: 〈← indulgere(yield)〉, 〈라틴어〉, 〈고삐를 풀어〉 만족시키다, 탐닉하다, 버릇을 잘못 들이다, 〈~ wallow in\yield to〉, 〈↔stifle〉 가1

432 **in-du·ra·tion** [인 듀뤠이션]: in+durus(hard), 〈라틴어〉, '단단하게 하다', 경화, 완고, 몰인정, 〈~ hardening\obduracy〉, 〈↔soft\caring〉 가2

433 **In·dus** [인더스]: 〈← sindhu(river)〉, 〈산스크리트어〉, '왕강', 티베트에서 시작해서 파키스탄을 거쳐 아랍해로 들어가는 고대 인더스 문명의 젖줄이었고 현대 관개시설이 발달된 강, 〈~ a trans-Himalayan river〉 수1

434 **in·du·si·um** [인듀우지엄]: 〈← endyein(put on)〉, 〈그리스어→라틴어〉, '자라는 외막에 입힌 옷', (고사리에서) 포자낭들을 둘러싼 엽상체, 〈씨가 빠져나가는 것을 방지하는〉 포피(층), 포막(층), (뇌의) 회백층, 〈~ protective flap of tissue〉, 〈↔sorus〉 양2

435 **in·dus·tri·al arts** [인 더스트뤼얼 아알츠]: 공예, 공업기술, 〈~(↔)commercial arts〉, 〈↔fine arts〉 가1

436 **in·dus·tri·al re·la·tions** [인 더스트뤼얼 륄레이션스]: (기업의) 노사관계, 노무관리, 산업과 지역사회 간의 관계, 〈~ labor relations〉 가1

437 **In·dus·tri·al Rev·o·lu·tion** [인 더스티뤼얼 뤠뷜루션]: 산업혁명, 〈1760~1840년간〉 서유럽에서 영국을 중심으로 일어난 산업의 기계화로 인한 사회조직의 대변혁, 〈~ rise of mechanized factory system〉 양2

438 **in·dus·try** [인 더스트뤼]: endo+struere(build), 〈라틴어〉, 산업, 제조공업, 근면, 〈쉬지 않고〉 서 있는 상태, 〈← diligence〉, 〈~ manufactory\hard-work〉, 〈↔agri-culture\indolence〉 가2

439 **~ine** [~인 \ ~아인]: 〈라틴어〉, 〈~에 속하는, ~성질의, ~염기의〉란 뜻의 접미사, 〈~ in\en〉 양1

440 **in-ef·fa·ble** [인 에풔블]: in+effari(utter), 〈라틴어〉, 말로 표현할 수 없는, 입에 올리기도 황송한, 〈~ incredible\inexpressible〉, 〈↔effable〉, 〈↔communicable\speakable〉 양2

441 **in-e·luc·ta·ble** [인 일럭터블]: in+eluctari(struggle), 〈라틴어〉, 불가피한, 면할 수 없는, 〈몸부림칠 수 없는〉, 〈~ inevitable\in-escapable〉, 〈↔evitable\avertable〉 양2

442 **in-ept** [이넾트]: in+aptus(fit), 〈라틴어〉, inapt, 부적당한, 부조리한, 어리석은, 서투른, '맞추지 못하는', 〈~ incompetent\all thumbs〉, 〈↔apt\proficient〉 가1

443 **in-ert** [이너얼트]: in+artis(skill), 〈라틴어〉, '기술이 없는', 자동력이 없는, 비활성의, 둔한, 〈~ passive\quiescent〉, 〈↔active\featly〉 양2

444 **in·er·tia** [이너얼셔]: 〈← in·ert〉, 불활동, 관성, 타성, 무력증, 〈~ hibernation〉, 〈↔activity\energy\organ〉 양2

445 **in-ev·i·ta·ble** [이네뷔터블]: in+evitare, 〈un·avoidable〉, 피할 수 없는, 부득이한, 지당한, 〈~ ineluctable〉, 〈↔avertable〉 양2

446 **in-ex·o·ra·ble** [이넥써뤄블]: in+exorare(persuade), 냉혹한, 엄연한, 용서할 수 없는, '설득할 수 없는', 〈~ relentless\severe\merciless〉, 〈↔kind\movable〉 양2

447 **in-ex·pi·a·ble** [이넥스피어블]: in+expirare(atone), 속죄할 수 없는, 죄 많은, 〈~ un-forgivable\blame-worthy〉, 〈↔pardonable\excusable〉 가2

448 **in–ex·pli·ca·ble** [이넥스플리커블]: in+explicare(explain), 불가해한, 납득이 안가는, 〈↔understandable〉 가2

449 **in-fal·li·ble** [인 횔러블]: in+fallere(err), 〈라틴어〉, 결코 잘못이 없는, 확실한, 〈실수할 수 없는〉, 〈~ faultless\fool-proof〉, 〈↔defective\error-prone〉 가2

450 **in-fa·mous** [인 훠머스]: in+fama(fame), 〈라틴어〉, '좋지 않게 유명한', 수치스러운, 악명 높은, 공민권을 박탈당한, 〈~ notorious〉, 〈~(↔)famous〉, 〈↔reputable\honorable〉 양2

451 **in-fant** [인 휀트]: in+fari(speak), 〈라틴어〉, (7세 미만의) '말을 못 하는' 유아, 유치한, 〈~ toddler\young(little) child〉, 〈↔adult\elder〉 가2

452 **in-fan·try** [인 휀트뤼]: 〈← infans(child)〉, 〈라틴어〉, '젊은이', 보병(대), 〈~ foot soldier〉, 〈↔artillery\cavalry〉 가2

453 **in-farc–tion** [인 화악션]: in+fareire(to stuff), 〈라틴어〉, '물건으로 만들다', 경색, 막힘, 〈~ closure\thrombosis〉, 〈↔opening\clearance〉 가1

454 **in-fat·u·ate** [인 홰츄에이트]: in+fatuus(foolish), '바보로 만들다', 얼빠지게 만들다, 호리다, 열중케 하다, 〈~ limerence\beguile〉, 〈↔repulse\dislike〉 양2

455 **in-fec–tion** [인 휄션]: in+facere(make), 〈라틴어〉, '안으로 만들다', 전염, 감염, 〈~ inflamation\septicity〉, 〈↔non-contagious\cure〉 가2

456 **in-fer** [인 휘어]: in+ferre(carry), 〈라틴어〉, 안으로 운반하여 들여오다, 추측하다, 암시하다, 〈~ ascertain\derive〉, 〈↔misconceive\declare\univcocal〉 양2

457 **in-fer–ence** [인 훠뤈스]: 추리, 추정, 추론, 〈~ assumption\conjecture〉, 〈↔fact\indecision〉 가1

458 *__in-fer–ence en·gine__ [인 훠뤈스 엔쥔]: 추론기구, 정보로부터 논리적인 절차를 통해 결론을 이끌어내는 인공지능(AI) 체계, 〈~ intelligent system that applies logical rules〉 양2

459 **in·fe·ri·or** [인 휘어뤼얼]: 〈← infra(below)〉, 〈라틴어〉, 아래쪽의, 열등한, 낮은, 조악한, 〈↔superior〉 가1

460 *__in·fe·ri·or cha·rac·ter__ [인 휘어뤼얼 캐뤽터]: '하급 문자', 수학 공식을 쓸 때처럼 기본선 밑으로 타자하는 조그만 글자나 숫자들, 〈~ sub-script〉 우1

461 **in·fer·no** [인 훠어노우]: 〈← infernus(below)〉, 〈라틴어〉, 지옥, 고통의 장소(상태), '아래에 있는 곳', 〈~ abyss\abaddon〉, 〈↔heaven\asylum\oasis〉 가2

462 **in-fest** [인 훼스트]: in+festus(seize), 〈라틴어〉, 만연하다, 떼 지어 몰려들다, ~에 기생하다, 〈안으로 들어와서〉 '못살게 굴다', 〈~ spread through\swarm over〉, 〈↔clean\defend\idle〉 가1

463 **in-fi·del·i·ty** [인 휘델리티]: in+fidelis(faith), 〈라틴어〉, 불신(앙), 불의의, 간통, 〈↔faithfulness\allegiance〉 양2

464 **in-field** [인 휘일드]: 〈라틴어+게르만어〉, 내야, 농가 주위의 경지, '안뜰', 〈↔out-field\right-field〉 양1

465 *__INF file__ [아이 앤 에프 화일]: 인프, (대개 서류철 끝에 ·inf라고 쓰여있는) 강성기기나 연성기기의 특정 부품을 설치하는 방법을 적은 '부록철', setup information file 수2

466 **in-fil·tra–tion** [인 휠트뤠이션]: in+filter(felt), 〈라틴어+게르만어〉, 침투, 〈안으로〉 스며듦, 침윤, 〈~ incursion\intrusion〉, 〈↔retreat\surrender〉 가1

467 **in-fi·nite** [인 휘니트]: in+finire(limit), 무한한, 막대한, 부정형의, 무궁한, 〈~ absolute\complete〉, 〈↔small\bounded〉 가1

468 ***in-fi·nite loop** [인 휘니트 루우프]: 무한 순환 회로, 종료시킬 수 없이 한 체계 안에서 계속 반복되는 명령어의 집합, 〈~ computer program that will repeat indefinitely〉, 〈↔quick cycle〉 양2

469 **in-fi·ni·tes·i·mal** [인 휘니테서멀]: 〈라틴어〉, 〈← infinite〉, 미소한, 극미한, 무한소의, 〈~ tiny\minuscule〉, 〈↔huge\enormous〉 양2

470 **In-fin·i–ti** [인 휘니티]: 일본의 닛산(Nissan) 자동차가 미국 시장 공략을 목적으로 1989년부터 출하한 고급 승용차(luxury vehicle), '무궁한 차' 수1

471 **in-fin·i–tive** [인 휘니티브]: in+finire(limit), 무한의, 한정되지 않은, 부정사, 〈~(↔)gerund〉, 〈↔finite〉 양2

472 **in-fir·mi·ty** [인 훠어미티]: in+firmus(strong), 〈라틴어〉, 〈단단하지 않은〉 허약, 병, 의지박약, 약점, 〈~ ailment\disease\frailty〉, 〈↔strength\certainty〉 양2

473 **in-fix** [인 휙스]: in+figere(fasten), 〈라틴어〉, 끼워 넣다, 고정시키다, 삽입하다, 〈~ insert\instill〉, 〈↔disjoin\detach〉 양2

474 **INFJ**: (MBTI 성격지표에서) introvesion(내향성)·intuition(직감력)·feeling(감수성)·judging(판단력) 성향이 강한 자, idealist(이상가)와 doer(실천가)를 겸하고 있다고 함 양2

475 ***in·fla-ces·sion** [인훌러 쎄션]: inflation+recession 인플레세션, '팽창 후퇴'(통화팽창을 억제하지 못해 발생하는 경기 후퇴) 우1

476 **in-flame** [인 훌레임]: in+flamma, 〈라틴어〉, 불을 붙이다, 붉게 물들이다, 부추기다, 흥분시키다, 염증을 일으키다, 〈~ incite\stir up〉, 〈↔dampen\placate〉 양1

477 **in-flam·ma–tion** [인 훌러메이션]: 〈← in·flame〉, 〈안에서 불이 붙은〉 염증, 점화, 흥분, 〈~ swelling\infection\irritation〉, 〈↔soothing\ease〉 양2

478 **in-fla-tion** [인 훌레이션]: in+flare(blow), 〈라틴어〉, 〈불어넣어〉 부풀림, 팽창, 통화팽창, 폭등, 〈↔deflation〉 양2

479 ***in·fla-tion-ar·y gap** [인 훌레이셔네뤼 갮]: 통화팽창 간격(총지출이 순국민생산을 상회했을 때 그 차이), 〈~ actual GDP is greater than potential GDP〉, 〈↔recessionary gap〉 양2

480 ***in·fla-tion-ar·y hedge** [인 훌레이셔너뤼 헤쥐]: 통화팽창 방지책(화폐가치 하락에 따른 손실을 막기 위해 부동산·귀금속 등에 투자하는 것), 〈~ protection against decreased value of a currency〉 양2

481 ***in·fla-tion-ar·y spi·ral** [인 훌레이셔너뤼 스파이어뤌]: 통화팽창 악순환(물가와 임금이 모두 상승하여 통화 팽창이 점점 더 심해지는 현상), 〈~ cost-push\vicious cycle〉 양2

482 **in-flec-tion** [인 훌렉션]: in+flectere(bend), 〈라틴어〉, '안으로 구부리다', 굴곡, 만곡, (어형) 변화, 활용, 억양, 〈~ curvature\change\sound〉, 〈↔straight\quiet\monotone〉 양2

483 **in-flict** [인 훌릭트]: in+fligere(strike), 〈라틴어〉, '안으로 때리다', 주다, 가하다, 폐를 끼치다, 〈~ impose\apply\extort〉, 〈↔hold\remove〉 가2

484 **in-flu·ence** [인 훌루언스]: in+fluere(flow), 〈안으로 흘러 들어온〉 영향(력), 작용, 세력, 감응(력), 〈~ impact\leverage\power〉, 〈↔disregard\immunity\inconsequence〉 가1

485 ***in-flu·en-cer mar·ket-ing** [인 훌루언서 마아킽팅]: 유력자 판매술, (사회 전산망에서) 영향력이 많은 사람을 이용해서 상품을 광고하는 일, 〈~ brand ambassador(marketing)〉 미2

486 **in-flu·en-za** [인 훌루엔저]: in+fluere(flow), 〈라틴어→이탈리아어〉, flu, 〈안으로 흘러들어온〉 독감, 유행성 감기, 〈~ grippe〉, 〈~(↔)common cold〉 가2

487 **.in·fo** [닽 인호우]: 〈← in·for·ma·tion〉, (아무 나라에서나 아무 개인이나 단체에 두루 사용할 수 있는) 웹이나 전자우편 주소로의 하나, 〈~ a domain name〉 수2

488 ***In·fo-bahn** [인호우 바안]: information+autobahn, information superhighway, 초고속 정보 통신망 양2

489 ***in·fo-bit** [인호우 빝]: 정보 단위, 자료철에 넣기 위한 조건을 갖춘 정보 항목, 〈~ 'atom'\the smallest semantic unit in the content model〉 미2

490 ***in·fo-dem·ic** [인호우 데믹]: information+epidemic, 정보 감염병, 〈해결책을 더 힘들게 만드는〉 검증되지 않은 정보(disinformation)가 빠르게 확산되는(viral) 상황 미2

491 ***in·fo-mer·cial** [인훠 머어셜]: information+commercial, 정보 광고, (새로운) 상품을 소개하는 광고, 〈~ advertorial〉 양2

492	*in·fo-naut [인호우 너어트]: 정보 검색 숙달자('도사'), 〈~ inter-naut\cyber-naut〉 미2	
493	*in·fo-pre·neur [인호우 프뤄너얼]: information+entrepreneur, 정보통신산업 기업가 양2	
494	in-form [인 훠엄]: in+formare(shape), 〈라틴어〉, '형태를 부여하다', 알리다, 정보를 주다, 통지하다, 〈~ tell\notify〉, 〈↔conceal\obscure〉 양2	
495	in-for·mant [인 훠얼먼트]: 정보 제공자, 밀고자, 〈~ tell-tale\tipster〉, 〈↔source\listener〉 가1	
496	*in-for-mat-ics [인 훠매틱스]: 정보 과학, '(유럽의) 정보 전산 과학', 〈~ information science〉 양2	
497	in-for·ma-tion desk [인 훠메이션 데스크]: 안내소, 접수처, 〈~ front(reception) desk〉 가1	
498	*in-for·ma-tion hid-ing [인 훠메이션 하이딩]: 정보 감추기, 걸리적대는 쓸데없는 정보를 젖혀 놓은 구조적 장치, 〈~ encapsulation〉 양2	
499	in-formed con-sent [인 훠엄드 컨쎈트]: 고지 동의, (환자가) 내용을 설명받은 뒤에 내리는 승락, 〈~ au fait〉 양2	
500	*in·fo-tain·ment [인호우 테인먼트]: information+entertainment, 정보·오락물, 오락 보도 프로그램 미2	
501	in·fra~ [인후뤄~]: 〈라틴어〉, below, 〈밑에·하부에~〉란 뜻의 결합사, 〈↔supra〉 양1	
502	in-frac-tion [인 후뤡션]: in+frangere(break), 〈라틴어〉, '안으로 깨기', 위반, 침해, 불완전 골절, 〈~ breach\violation〉, 〈↔observance\compliance〉 가1	
503	in·fra-red [인후뤄 뤠드]: (햇빛에 많이 포함되어있는 파장이 조금 긴 일종의 방사선으로 TV 리모컨·단거리 무선통신기 등에 쓰이나 장벽을 통과할 수는 없는) 적외선, 〈~ heat wave〉, 〈ultra-violet보다 파장이 김〉 가1	
504	*in·fra-red port [인후뤄 뤠드 포오트]: 적외선 단자, 가까이 있는(5m) 전산기끼리 적외선을 이용해서 정보를 교환하기 위한 출입구, 〈~ 현재는 240m까지 전달되는 Bluetooth가 대세임〉 양2	
505	in·fra-sound [인후뤄 싸운드]: 초저음, (주파수 20Hz 이하의) 〈인간이 겨우 들을 수 있는〉 초 저주파음파, 〈~ lower limit of human audibility〉, 〈↔ultra-sound〉 양2	
506	*in·fra-struc·ture [인후뤄 스트뤽춰]: 하부구조(조직), 기반, 토대, (사회의) 기간 시설, (산업) 기반 시설, 〈~ foundation\frame-work〉, 〈↔disorder\disarray〉 양2	
507	in-fringe [인 후륀쥐]: in+frangere(break), '안으로 깨다', 어기다, 위반하다, 침해하다, 〈~ transgress\violate〉, 〈↔fair-use\observance\treaty〉 가1	
508	in-fus-er [인 휴우져]: in+fundere(pour), 〈라틴어〉, 〈안으로 붓는〉 주입기, 우려내는 기구, 국물 내는 망, (사기를) 고무시키는 자, 〈~ steeper²\tea-maker〉, 〈↔depriver\eliminater〉 우2	
509	in-fu-sion [인 휴우젼]: in+fundere(pour), 〈라틴어〉, '안으로 붓기', 주입, 불어넣음, 우려냄, 주입액, 〈~(↔)transfusion\suffusion〉, 〈↔effusion〉, 〈↔removal\dispersion\distill〉 양1	
510	~ing [~잉]: 〈게르만어→영어〉, 현재분사(present participle), 동명사(gerund)를 만드는 어미 양1	
511	in-gen-ious [인 쥐이니어스]: in+gignere(produce), 〈라틴어〉, '안으로 타고난', 독창적인, 교묘한, 정교한, 창의력이 풍부한, 〈→ engine〉, 〈~ innovative\adroit〉, 〈↔uncreative\unimaginative〉 양2	
512	in-ge·nue [엔 줴뉴우]: 〈← ingenuus(free born)〉, 〈라틴어〉, 〈타고난 대로의〉 천진난만한 소녀, 순정 소녀(역), 〈~ innocent\angel〉, 〈↔rascal\femme fatale〉 양2	
513	in-gest [인줴스트]: in(into)+gerere(carry), 〈라틴어〉, (음식을) 섭취하다, (정보를) 수집하다, 〈~ eat\consume〉, 〈↔vomit\eject〉 가1	
514	in-grained [인 그뤠인드]: 〈낱알('grain')에 염료가〉 깊이 스며든, 본래부터의, 상습적인, 〈~ embedded\deep seated〉, 〈↔transient\superficial〉 가1	
515	in-grate [인 그뤠이트]: un-grateful, 은혜를 모르는, 배은망덕한 (사람), 〈~ persona non grata\flea\wretch〉 양2	
516	in-gre·di-ent [인 그뤼디언트]: in+gradi(go), 〈라틴어〉, 성분, 〈안으로 들어간〉 재료, 구성 요소, 요인, 〈~ component\constituent〉, 〈↔whole\aggregate〉 가1	
517	in-gress [인 그뤠스]: in+gradi(go), 〈라틴어〉, 들어감 〈enter〉, 진입, 입구, 침입, 〈↔egress\exit〉 가1	
518	in-grown [인 그로운]: 안으로 성장한, (살로) 파고든, 타고난, 〈~ impacted\in-born〉, 〈↔out-grown\acquired〉 양1	
519	in-hab·it-ant [인 해비턴트]: in+habere(have), 〈라틴어〉, 〈안을 가진〉 주민, 거주자, 서식 동물, 〈~ resident\dweller〉, 〈↔visitor\outsider〉 가1	

520 **in-hale** [인 헤일]: in+halare(breathe), 〈라틴어〉, 〈안으로〉 빨아들이다, 흡입하다, 빨다, 〈↔exhale〉 가1

521 **in-her-ent** [인 히어륀트]: in+haerere(stick), 〈라틴어〉, '안에 붙어있는', 고유의, 타고난, 선천적인, 〈~ intrinsic\in-born〉, 〈↔alien\acquired〉 가1

522 **in-her·it-ance** [인 헤뤼턴스]: in+heres(heir), 〈라틴어〉, 〈안으로 물려받은〉 유산, 상속(재산), 계승물, 유전성, 〈~ legacy\estate\bequest〉, 〈↔forfeit\loss\acquisition〉 가2

523 **in-her·it-ance tax** [인 헤뤼턴스 택스]: 〈피상속인에게 부과되는〉 상속세, 〈~(↔)gift tax〉 가1

524 **in-hi·bi-tion** [인 히비션]: in+habere(hold), 〈라틴어〉, 금지, 〈속으로 꾹 참는〉 억제, 정지명령, 〈~ impediment\obstacle〉, 〈↔dis-inhibition\promotion〉 가1

525 *__INI file__ [아이앤아이 화일]: 이니, (대개 서류철 끝에 ·ini라고 쓰여 있는) 연성기기에서 '초기화'한 정보를 저장하는 부록철 수2

526 **in-iq·ui-ty** [이니쿼티]: in+aequus, 〈← not equal(fair)〉, 〈라틴어〉, 부정(불법)행위, 사악, 〈~ evil\immoral〉, 〈↔good-ness\virtue〉 가2

527 **in-i·tial** [이니셜]: in+ire(go), 〈라틴어〉, 〈일하러〉 '안으로 들어가기', 처음의, 초기의, 머리글자의, 어두 서명, 〈~ beginning\fore-most\sign〉, 〈~(↔)acronym〉, 〈↔final\last\terminal〉 양1

528 *__in-i·tial-ize__ [이니셜라이즈]: (테이프에 있는 자료를 지워서 다시 쓸 수 있게) 초기화하다, 초깃값을 정하다(변수를 최초로 저장하는 일-변수를 초기화하지 않은 자료는 임의로 변하므로 결과를 믿을 수 없음), 〈~ start\turn on〉, 〈↔finalize\turn off〉 미2

529 **in-jec-tion** [인 쥌션]: in+jacere(throw), 〈라틴어〉, 〈안으로 던져 넣는〉 주입, 주사, 투입, 충혈, 〈~ jab\shot\insertion\infusion〉, 〈↔elimination\extract〉 가1

530 **in-jeol-mi** [인절미]: 〈← 임절미〉, 〈중국어+한국어〉, 〈인조가 공주산성으로 피난 갔을 때 임씨 성을 가진 백성이 진상한〉 기가막힌 떡, (찹쌀을 시루에 쪄내어 떡메로 쳐서 만든 것에 콩가루 등을 묻혀 먹는) glutinous rice cake, 〈떡메로 '떡 치는 소리'가 방사 때 나는 소리와 비슷함〉, 〈~ chap·ssal-tteok〉 수2

531 **in-junc-tion** [인 쥥션]: in+jungere(join), 〈라틴어〉, 〈안에서 합쳐진〉 명령, 지령, 금지명령, 〈~ inter-diction\order\admontion\ban〉, 〈↔request\breach\allowance〉 가1

532 **in-ju·ry** [인 쥐뤼]: in+juris(right), 〈라틴어〉, 〈정당하지 않은〉 상해, 부상, 손해, 훼손, 〈~ harm\damage〉, 〈↔health\benefit〉 가2

533 **ink** [잉크]: en+kaiein(burn), 〈그리스어〉, (로마 황제들이 서명할 때) 〈'숯가루'를 개서 썼던〉 먹, 먹물, 〈~ black dye(water)〉, 〈↔clear\fire〉 우2

534 **ink-ber·ry** [잉크 베뤼]: 미국 자리공('콩'), 잉크 같은 즙을 가진 콩만 한 열매를 맺는 감탕나무속의 상록관목, 〈~ winter-berry\poke-root〉 우1

535 **ink-blot** [잉크 블랕]: 먹물의 번짐으로 이루어진 무늬, 잉크 얼룩, 〈→ Rorschach test〉 양1

536 **ink-fish** [잉크 휘쉬]: 〈300여 종에 달하는〉 '먹물고기', cuttle·fish, 오징어 양1

537 *__ink-jet__ [잉크 쥍]: '먹물 분사', 종이에 정전기로 미세한 점을 뿌려 인쇄하는 기술로 빠르고 선명하고 조용한 것이 특징임, 〈~(↔)laser (print)〉, 〈↔cartridge (print)〉 우1

538 **ink·ling** [잉클링]: 〈← inclen〉, 〈어원 불명의 영국어〉, 어렴풋이 알고 있음, 넌지시 비춤, 암시, 〈입속에서 중얼대다〉, 〈~ vague idea\whisper〉, 〈↔certainty\proof\over-tone〉 양1

539 **ink-pad** [잉크 패드]: '먹물 받침', 도장판, 인주갑, stamp-pad 미2

540 **ink-stone** [잉크 스토운]: 벼루, 벼룻돌, 〈~ a stone mortar〉, 〈↔paper\writing brush〉 가1

541 **in-laid** [인 레이드]: 〈← lay¹〉, 〈라틴어+게르만어〉, 〈← inlay〉, 아로새긴, 〈안으로〉 박아 넣은, 상감 세공을 한, 〈~ inserted\installed〉, 〈↔plain\un-adorned\eliminated〉 양1

542 **in-land** [인 런드 \ 인 랜드]: 〈라틴어+게르만어〉, 내륙의, 오지의, 국내의, 〈~ interior〉, 〈↔coastal〉 가1

543 **in-law** [인 러어]: 〈라틴어+게르만어〉, (법률상의) 인척관계, 배우자 쪽의, 〈~ relative by marriage〉, 〈↔non-relative〉 양1

544 **in-lay** [인 레이]: 〈← lay¹〉, 박아넣다, 상감하다, 아로새기다, 〈→ inlaid〉, 〈~ cut in\fit into〉, 〈↔extract\eliminate〉 양1

545 **in-let** [인 렡]: 〈라틴어+게르만어〉, 〈안으로 가게 허락하는〉 입구, 후미, 박아 넣기, 상감물, 〈~ entry\bay\inlaid work〉, 〈↔out·let〉 양1

546 **in-line** [인 라인]: 〈라틴어〉, ~와 일직선을 이루는, 직렬의, 그때마다 즉시 처리하는, 〈~ lineal\continuous\like an arrow〉, 〈↔un-aligned\un-even\linger〉 양1 미1

547 ***in-lin-ing** [인 라이닝]: 즉시 처리, 다른 기능을 불러오지 않고 주어진 과정 자체 내에서 정보를 처리하는 기술, 〈~ non-stop\consecutive\coordinated〉, 〈↔linger〉 양1

548 **in loco pa·ren·tis** [인 로코우 퍼렌티스]: 〈라틴어〉, 'in place of parent', 부모 대신의 (지도 감독), 〈parens patriae보다 제한적이고 잠정적임〉 양2

549 **in-mate** [인 메이트]: 〈라틴어+게르만어〉, 〈← inn mate(동숙자)〉, 피수용자, 수감자, 입원자, 〈~ occupant\prisoner\inpatient〉, 〈↔outsider\non-resident〉 양2

550 **in me·di·as res** [인 미이디애스 뤠이스(뤼이즈)]: 〈라틴어〉, 'in the midst of things', 이야기의 한가운데에, 거두절미하고 양2

551 **inn** [인]: 〈게르만어〉, 〈여행객을 위한〉 '여인숙', 〈in(안)에 머무는〉 여관, 주막, 〈~(↔)lodge\hostel\motel\hotel\tavern〉 양1

552 **in-nards** [이널즈]: 〈← in·wards〉, 내장, 내부구조, 위장관, 〈~ viscera\entrails〉, 〈↔exterior\skin\crust〉 양2

553 **in-nate** [이 네이트 \ 인 에이트]: in+nasci(be born), 〈라틴어〉, 〈안에 지니고〉 타고난, 천부의, 내재적인, 본유적인, 선천적인, 〈~ congenital\hereditary〉, 〈↔un-natural\processed〉 가2

554 **in·nate re·flex** [이네이트 뤼이훌렉스]: 선천적(고유) 반사, 무조건 반응, (경험에 의하지 않은) 타고난 반사작용, 〈~ instinctive(in-born) reflex〉, 〈↔conditional reflex〉 가1

555 **In-nat–ism** [이네이티즘]: 〈← in·nate〉, 본유주의, (인간은 기초 지식을 타고난다는) 생득주의, Nativism, 〈↔empiricism〉, 〈~ 정치적으로는 extreme nationalism과 동의어임〉 미2

556 **in-ner cir·cle** [이너 써어클]: 〈게르만어+그리스어〉, (권력 중심부의) 측근들, 내부 집단, 〈~ cohort\coterie〉, 〈↔outer circle〉 양2

557 **in·ning** [이 닝]: 〈← innian(put in)〉, 〈게르만어〉, (공을) 칠 차례, 회, 집권 (재직) 기간, 행운 시대, 활동기, 토지개량, (받아들이기), 〈~ rounds\period\play\turn〉, 〈↔inactivity\rest\cessation〉 양2

558 **In-no·cent** [이 너쎈트]: in+nocere(wrong doing), 〈라틴어〉, '해치지 않는 자', 인노첸시오, 401~1724년간의 13명의 교황(Pope) 이름 수1

559 **in-no·cent** [이 너쎈트]: in+nocere(do wrong), 〈라틴어〉, '상처가 없는', 무구한, 결백한, 순진한, 무지한, 〈~ pure\white-handed〉, 〈↔guilty\fault\sinful\street smart〉 양1

560 **in-noc·u–ous** [이 낚큐어스]: in+nocere(harm), 〈라틴어〉, 독이 없는, 악의 없는, 재미없는, 〈~ benign\safe〉, 〈↔hideous\awful\horrid〉 양2

561 ***in·no-pre·neur·ship** [인 노 프뤄너쉽]: innovative idea+entrepreneurship, 혁신적 가치 창출, 획기적 기업 전략 미2

562 **in no time** [인 노우 타임]: 곧, 금방, immediately, 〈↔slowly〉 양2

563 **In N Out** [인 앤 아웃]: 인 앤 아웃, 〈반대로 높게 들어가서 낮게 나오는 화살표를 가지고도 여전히 장사가 잘될까? 갸우뚱하는 명패를 가지고〉 1948년에 창립되어 미국 서부(western US)에 3백여 개의 연쇄점을 가지고 있는 햄버거(hamburger) 위주의 인기 있는 간이식당 수1

564 **in-no·va-tion** [이너붸이션]: in+novus(new), 〈라틴어〉, 〈안에서부터 새롭게 하는〉 혁신, 개혁, 개조, 〈~ alteration\upheaval〉, 〈↔stagnation\idle-ness〉 양2

565 **in·nu·en·do** [이 뉴엔도우]: 〈← innuere(nod)〉, 〈라틴어〉, 〈고개를 갸우뚱하는〉 풍자, 비꼼, 주석구, 〈안으로 끄덕이는〉 진의 설명, 〈~ implication\intimation〉, 〈↔accuracy\veracity〉 양2

566 **in-oc·u·la-tion** [이나큘레이션]: in+oculus(eye·bud), 〈라틴어〉, 〈새 눈이 나게 하는〉 접목, 접종, 주입, 〈~ injection\vaccination〉, 〈↔deprivation\removal〉 양2

567 ***in one ear and out the other**: 한 귀로 들어가서 다른 귀로 나오다, 쇠귀에 경읽기(우이독경), 마이동풍, 〈~ talking to a wall〉 양2

568 **in-op·por·tune** [인 아펄튜운]: 〈라틴어〉, 〈← opportunity〉, 〈기회가 좋지 않은〉, 악재의, 시기가 나쁜, 부적절한, 〈~ un-favorable\in-appropriate〉, 〈↔advantageous\convenient〉 양2

569 **in-or·di·nate** [인 오어디너트]: in+ordinare(arrange), 〈라틴어〉, 과도한, 터무니없는, 무절제한, 〈not in order〉, 〈~ excessive\un-due〉, 〈↔moderate\limited〉 가2

570 **in-pa·tient** [인 페이션트]: 입원 환자, ⟨↔out-patient⟩ 가2

571 **in-per·son** [인 퍼얼슨]: (본인이) 직접 나오는, 있는 그대로의, ⟨↔in absentia⟩ 양2

572 **in pet·to** [인 페토우]: ⟨라틴어→이탈리아어⟩, in+breast, 은밀한, (교황의) 의중에 있는, ⟨~ in private\secretly⟩, ⟨↔disclosed\open⟩ 양2

573 **In-prise Cor·po·ra·tion**: ⟨Internet Enterprise⟩, 1983년 Borland International로 개칭 창립되었다가 2015년에 Micro Focus에 병합된 (파스칼 편찬기로 인기를 끌었던) 미국 오스틴에 본부를 둔 연성기기 개발 회사, ⟨~ an American soft-ware company⟩ 수1

574 **in-put** [인 풀]: (자본의) 투입, 입력(하다), 갖고 있는 자료, ⟨~ feed in\store⟩, ⟨↔out-put⟩ 가2

575 **in-quest** [인 퀘스트]: in+querere(seek), ⟨라틴어⟩, ⟨배심원 앞에서 하는⟩ 심리, 사문, 검시, 평결, ⟨~ investigation\trial⟩, ⟨↔findings\answer⟩ 가2

576 **in-quire** [인 콰이어]: in+querere(seek), ⟨라틴어⟩, ⟨← query⟩, ⟨안에 뭐가 있냐고⟩ 묻다, 조회하다, 찾다, ⟨~ ask\probe⟩, ⟨↔answer\hide⟩ 가2

577 *__in-quir-y sta·tion__ [인 콰이어뤼 스테이션]: 조회 단말기, 조회 체계에서 중앙 전산기에 연결된 말단(연결)부, ⟨~ computer terminal for inquiry-based learning⟩ 양1

578 **in-qui·si·tion** [인 퀴지션]: ⟨← in·quire⟩, 조사, 탐색, 심문, 문초, the I ~ ; (가톨릭의) 이단자 규문소, ⟨~ interrogation\cross-examination⟩, ⟨↔answer\finding⟩ 가1 수2

579 **in-road** [인 로우드]: ⟨길 안으로의⟩ 진출, 침투, 잠식, ⟨~ encroachment\incursion⟩, ⟨↔blockade\roadblock⟩ 양2

580 *__INS__ (Im·mi·gra–tion and Nat·u·ral·i·za·tion Ser·vice): (1933년 법무부 산하기관으로 창립되어 2003년 국토 안전부(DHS)로 흡수된) 미 이민 귀화국 미2

581 *__INS__ (in·for·ma·tion net·work sys·tem): (고도) 정보통신체계 양2

582 *__ins and outs__ [인스 앤드 아울츠]: ~의 모든 것, 상세한 것, ⟨~ nuts and bolts⟩, ⟨↔bits and pieces\brass tacks⟩ 양2

583 **in-sane** [인 쎄인]: in+sanus(sound²), ⟨라틴어⟩, 미친, 광기의, 정신이상의, 비정상적인, ⟨~ crazy\psychotic⟩, ⟨↔rational\resonable⟩ 가2

584 **in·sa·tem** [인싸템]: insider item의 콩글리시, (영어로는) hot item 양2

585 **in-sa·tia·ble** [인 쎄이셔블]: in+satiare(satisfy), ⟨라틴어⟩, 만족을 모르는, 탐욕스러운, ⟨~ rapacious\ravenous⟩, ⟨↔sated\satisfied⟩ 가1

586 **in-scribe** [인 스크라이브]: in+scribere(write), 새기다, 파다, 적다, 헌정하다, '안에 쓰다', ⟨~ engrave⟩, ⟨↔expulsion\refusal⟩ 가2

587 **in-seam** [인 씨임]: ⟨라틴어+게르만어⟩, 안쪽 솔기, ⟨가랑이 아래쪽부터 발목 아래까지의⟩ 바지의 안쪽 길이, ⟨~ inside of a garment (or trouser leg)⟩, ⟨↔out-seam⟩ 미2

588 **in-sect** [인 쎅트]: in+secare(cut), ⟨라틴어⟩, 곤충, 벌레, 벌레 같은 인간, '몸을 자르는' 마디가 있는 벌레, ⟨~ bug⟩, ⟨↔reptile\superstar⟩ 가2

589 **in-sem·i·na·tion** [인 쎄미네이션]: in+semen(seed), ⟨라틴어⟩, '정액주입', 파종, 수정, 수태, ⟨~ fertilization⟩, ⟨↔onanism⟩ 가1

590 **in-sert** [인 써얼트]: in+serere(join), ⟨라틴어⟩, ⟨안으로⟩ 끼워 넣다, 삽입하다, 적어 넣다, 끼우기, ⟨~ infix\instill⟩, ⟨↔extract\excise\exsert⟩ 가1

591 *__in-ser–tion sort__ [인 써얼션 쏘얼트]: 삽입 정렬(법), 품목을 위·아래로 움직여서 배열하는 연산법, ⟨~ card player sort⟩, ⟨↔selection sort⟩ 미2

592 *__in-sert shot__[인 써얼트 샷]: '삽입촬영', ⟨관심을 끌기 위해⟩ 본 화면을 다른 각도나 초점으로 촬영해서 집어 넣는 장면, ⟨~ close-up⟩, ⟨~(↔)reacion shot⟩ 우2

593 **in-ser·vice** [인 써어뷔스]: 근무 중인, 현직의, ⟨~ functioning\working⟩, ⟨↔decommissioned\down⟩ 가1

594 **in-side** [인 싸이드]: 안쪽, 내부, 내측, 내심, 속사정, 내밀한, ⟨↔out-side⟩ 가1

595 **in-side**(r) **i·tem** [인 싸이드(더) 아이템]: ⟨내부 인사만 살 수 있는⟩ 인기 품목, hot item, ⟨insatem은 콩글리시⟩ 양2

596 **in-side job** [인 싸이드 촵]: 내부 범죄, 내부 사람이 저지른 일, 〈~ betrayal from within〉, 〈↔external crime\outside job〉 양2

597 *****in-side track** [인 싸이드 트랙]: 안쪽 주로, 남보다 유리한 위치(입장), 상위, 〈~ advantage\flying start〉, 〈↔drawback\handicap〉 양2

598 **in-sid·i·ous** [인 씨디어스]: in+sedere(sit), 〈라틴어〉, 〈앉아서 사냥할〉 틈을 엿보는, 잠행성의, 교활한, 〈~ stealthy\sneaking〉, 〈↔straightforward\open〉 양2

599 **in-sight** [인 싸잍]: 〈안으로 보는〉 통찰(력), 간파, 〈~ in·tuit〉, 〈↔ignorance\stupidity〉 가2

600 **in-sig·ni·a** [인 씨그니어]: in+signum(sign), 〈라틴어〉, 〈안에 의미가 들어있는〉 기장, 훈장, ('다른 것과 구별하기 위한') 표지, 〈~ symbol\emblem〉 가2

601 **in-sin·u·ate** [인 씨뉴에이트]: in+sinus(fold), 〈라틴어〉, 은근히 심어주다, 서서히 주입시키다, 넌지시 비추다, 빗대어 말하다, '몸을 굽히고 들어가다', 〈~ hint\imply〉, 〈↔declare\explicate〉 양2

602 **in-sip·id** [인 씨피드]: in+sapere(taste), 〈라틴어〉, '맛없는', 싱거운, 활기 없는, 〈~ stale\vapid〉, 〈↔palatable\delicious\robust\scrumptious\spicy〉 가2

603 **in-sist** [인 씨스트]: in+sistere(stand), 〈라틴어〉, 우기다, 고집하다, 강요하다, '(신념이) 안에 서 있다', 〈~ assert\demand〉, 〈↔abandon\give up〉 가2

604 **In·si·ti·ti·a** [인스티티어]: 〈라틴어〉, 〈학명〉, prunus insititia(정통 자두) ⇒ damson (plum) 수2

605 **in si·tu** [인 싸이튜우]: 〈라틴어〉, in place, 원위치에, 본래의 장소에, 〈↔ex situ〉 양2

606 **in-so·lence** [인 썰런스]: in+solere(be accustomed), 〈라틴어〉, 오만, 무례, 건방짐, '익숙하지 않음', 〈~ rude-ness\back-talk〉, 〈↔politeness\carefulness\obeisance\savoir faire〉 가2

607 **in-sol·vent** [인 쌀븐트]: in+solvere(dissolve), 〈라틴어〉, 지급 불능의, 파산의, 부실한, 〈해결책이 없는〉, 〈~ bankrupt\default〉, 〈↔prosperous\affluence〉 양2

608 **in-som·ni–a** [인 쌈니어]: in+somnus(sleep), 〈라틴어〉, 불면증, 〈~ inability to sleep〉, 〈↔hyper-somnia〉 가2

609 **in-sou·ci·ant** [인 쑤우시언트]: in+souci(care), 〈프랑스어〉, 무관심한, '걱정 없는', 태평한, 〈~ nonchalant\heed-less〉, 〈↔concern\attitude〉 양2

610 *****in-sour·cing** [인 쏘어싱]: 내주, 내부 조달, 부품을 내부에서 조달함, 〈~ in-house sourcing〉, 〈↔out-sourcing〉 가1

611 **in-spec·tion** [인 스펙션]: in+specre(look), 검사, 점검, 시찰, '안을 살펴보기', 〈~ examination\check up〉, 〈↔ignore\neglect〉 가2

612 **in-spi·ra·tion** [인 스피뤠이션]: in+spirare(breathe), 〈라틴어〉, 영감, 착상, 〈안으로 호흡을 불어 넣는〉 고취, 감화력, 암시, 〈~ inhalation\impetus\encouragement〉, 〈↔ex-piration\hindrance\dis-incentive〉 양2

613 *****In·sta-cart** [인스타 카아트]: 'instant cart(즉석 수레)', 2012년에 세워져서 〈Covid-19 이후에 잘나가는〉 미국의 식품 전문 배달업체, 〈~ an American delivery company〉 수2

614 *****In·sta-gram** [인스타 그램]: instant camera+telegram, 인스타 그램, '즉석 사진', 2010년기 출범하여 (2012년부터 미국의 FaceBook이 운영하고 있는) 전산망으로 사진이나 동영상을 주고받을 수 있는 〈공짜〉 연성기기, 〈~ a photo and video sharing SNS〉, ⇒ grammable 수2

615 **in-stall** [인 스터얼]: 〈라틴어+게르만어〉, '안에 세우다', '~에 놓다', 설치하다, 취임시키다, 〈~ build in\set up〉, 〈↔remove\extract\yank〉 가2

616 **in-stall–ment** [인 스터얼 먼트]: 할부(지급), 연속물의 1회분, 〈~ part\portion〉, 〈↔lump-sum\whole〉 양1

617 **in-stance** [인 스턴스]: in+stare(stand), 〈라틴어〉, '눈앞의 사태', 실증, 실례, 보기, 경우, 요구, 소송, 〈~ occasion\occurrence〉, 〈↔obscure\dis-regard〉 양1

618 **in-stant** [인 스턴트]: in+stare(stand), 〈라틴어〉, '가까이에 서다', 즉시의, 즉석의, 당장의, 급박한, 순간, 시점, 〈~ immediate\moment〉, 〈↔delayed\eternity〉 가1

619 **in-stan·ti·ate** [인 스탠쉬에이트]: 〈가까이에 서서〉 예시하다, 〈구체적인〉 예를 들어 설명하다, 〈~ manifest\express〉, 〈↔withhold\ignore〉 양2

620 **in-state** [인 스테이트]: in+stare(stand), 〈1603년 영국어화된 라틴어〉, '안에 세우다', 두다, 확립하다, 임명하다, 〈~ install\enlist〉, 〈↔oust\discharge〉 양2

621 **in-stead** [인 스테드]: in+stede(place), 〈라틴어+게르만어〉, 〈장소 안에서〉 그 대신에, 그보다도, ~는커녕, 〈~ rather\contrary〉, 〈↔as well〉 가2

622 **in-step** [인 스텝]: 〈15세기에 등장한 영국어〉 ①보조 맞추기, 〈~ in accord〉, 〈↔disagreeable〉 ②〈어원이 갈라진, 즉 step-in 할 수 있는〉 〈발·양말·구두 등의〉 등, dorsum of foot, 〈~ arch〉 양2

623 **in-sti·gate** [인 스티게이트]: in+stigare(incite), 〈라틴어〉, 〈안에서 자극해서〉 부추기다, 선동하다, 〈~ agitate\foment〉, 〈↔halt\discourage〉 가2

624 **in-still** [인 스틸]: in+stilla(drop), 〈라틴어〉, 〈조금씩〉 스며들게 하다, 〈서서히〉 주입시키다, 〈~ infuse\inculcate〉, 〈↔dis-lodge\up-root〉 가2

625 **in-stinct** [인 스팅트]: in+stigare(incite), 〈라틴어〉, 본능, 〈마음속을 찌르는〉 직감, 천성, '자극하는 것', 〈~ intuition\hunch\aptitude〉, 〈↔knowledge\reason〉 가2

626 **in-stitch·es** [인 스티치즈]: 〈1602년에 셰익스피어가 정립한 말〉, 배꼽을 쥐고 (터지지 않게 꿰매고) 웃는, 포복절도하여, 요절복통, 〈~ lol〉, 〈↔crying out loud〉 양2

627 **in-sti·tute** [인 스티튜우트]: in+statuere(set up), 〈라틴어〉, '〈안에〉 세우다', 만들다, 설치하다, 시작하다, 임명하다, 협회, 연구소, 대학, 〈~ set in motion\establishment〉, 〈↔disorganize\dismiss〉, 〈↔arcade〉 가1

628 **in-struc–tion** [인 스트뤽션]: in+struere(build), 〈라틴어〉, 훈련, 지시, 교훈, 명령(어), '쌓아 올리기', 〈이념을〉 '안에 세우기', 〈~ education\teaching〉, 〈↔misdirection\confusion〉 가2

629 **in-stru–ment** [인 스트뤄먼트]: in+struere(build), 〈라틴어〉, 〈안으로 쌓는〉 기계, 도구, 악기, 수단, 〈~ apparatus\tool\device〉, 〈↔disarrange\disorder\blockage\end〉 가2

630 **in-stru–men·tal** [인스트뤼멘틀]: 수단이 되는, 도움이 되는, 악기용(의), 〈~ influential\contributory\play a part〉, 〈↔un-involved\obstructive\minor〉 양2

631 **In-style** [인 스타일]: 1994년 미국에서 창간된 '유행'과 세상사를 다룬 여성용 월간잡지, 〈~ an American monthly woman's fashion magazine〉 수2

632 **in·su·la** [인 썰러]: 〈라틴어〉, island, 섬, 도, 집단 주택, 〈→ insulin〉 가2

633 **in·su·late** [인 썰레이트]: 〈← insula〉, 격리하다, 절연하다, '섬으로 만들다', 〈~ isolate\separate〉, 〈↔integrate\de-segregate\connect〉 가1

634 **in·su·lin** [인 썰린]: 〈← insula〉, 췌장에서 분비되는 호르몬, 당뇨병 치료제, '작은 섬으로 된 장기에서 나오는 분비물', 〈~ hypoglycemic agent〉, 〈↔glucagon〉 우2

635 **in-sult** [인 썰트]: in+salire(leap), 〈라틴어〉, 〈마음 안으로 뛰어오르는〉 모욕, 무례, 상해, '덤벼들다', 〈~ jeer\taunt〉, 〈↔compliment\polite〉 가2

636 **in-su·per·a·ble** [인쑤우펄너블]: in(not)+super(over-come)+abils(able), 〈라틴어〉, 극복하기 어려운, 무적의, 〈~ in-surmountable\in-conquerable〉, 〈↔possible\vulnerable〉 양2

637 **in-sur–ance** [인 슈어뢴스]: en+seur(sure), 〈라틴어〉, 〈안전을 위한〉 보험(계약), 보험업, 〈~ indemnity\protection〉, 〈↔breach\endangerment〉 가2

638 **in-sur–ance pre·mi-um** [인 슈어뢴스 프뤼미엄]: 보험료, 〈↔insurance coverage〉 가2

639 **in-sur·gence** [인 써얼쥔스]: in+surgere(rise), 〈라틴어〉, 〈봉기를 향한〉 모반, 폭동, 반란, 〈강력한 surge〉, 〈~ revolt\dissident〉, 〈↔calm\submission〉 가2

640 **in-sur·rec-tion** [인 써뤡션]: in+surgere(rise), 〈라틴어〉, 〈안에서 일어나는〉 반란, 폭동, 봉기, 〈~ rebellion\coup〉, 〈↔peace\surrender〉 가2

641 **in·tact** [인 택트]: in+tangere(touch), 〈라틴어〉, '손대지 않은', 본래대로의, 완전한, 처녀의, 〈~ whole\undamaged\virgin〉, 〈↔broken\injured〉 양2

642 **in-take** [인 테이크]: 〈안으로 받아들이는〉 입구, 끌어 들인 분량, 수입, 〈~ in-let\absorption\gain〉, 〈↔out-put\release〉 가1

643 **in-te·ger** [인 티져]: in+tangere(touch), 〈라틴어〉, 〈손대지 않은〉 완전체, 정수(우수리 없는 수), 0과 자연수〈양수·음수〉, 〈분수는 기능성이 있으나 정수는 기능성이 없음〉, 〈~ cardinal number〉, 〈↔deimal number〉 양2

644 **in·te·gral** [인 티그뤌]: in+tangere(touch), ⟨손대지 않은⟩ 완전한, 전체의, 통합적인, 필수의, 정수의, 적분의, ⟨~ fundamental\intrinsic⟩, ⟨↔incidental\peripheral⟩ 양2

645 ***in·te·grat-ed ap·pli·ca·tions pack·age** [인 테그뤠이티드 애플리케이션스 패키쥐]: 통합 응용 꾸러미(흔히 쓰는 연성기기 체제를 한 개로 묶어 놓은 것), ⟨~ soft-ware suite⟩ 미2

646 ***in·te·grat-ed cir·cuit** [인 테그뤠이티드 써얼킽]: IC, 직접회로, 통합회로(한 개의 반도체 조각에 여러 가지 전자회로를 집어 넣은 것), ⟨~ a chip⟩ 미2

647 ***in·te·grat-ed da·ta proc·ess·ing** [인 티그뤠이티드 데이터 프롸쎄씽]: IDP, 통합자료처리(공통언어를 사용해서 자동·체계적으로 전산기의 자료를 처리하는 방법), ⟨~ data integration⟩ 미2

648 ***in·te·grat-ed soft-ware** [인 티그뤠이티드 쏘후트웨어]: 통합 연성기기(다수의 응용프로그램 사이에 자료 교환과 특정 임무를 병행해 실행할 수 있는 연성기기), ⟨~ combining soft-ware⟩ 미2

649 **in·teg·ri·ty** [인 테그뤼티]: ⟨라틴어⟩, ⟨← integer⟩, 성실, 융합, 통합, 완전무결, 보전, ⟨~ honesty\unity\soundness⟩, ⟨↔division\hypocrisy\deceit⟩ 양2 미2

650 **In·tel** [인텔]: Integrated Electronics, 1968년에 창립되어 문어발식 팽창으로 말썽이 많았던 미국의 반도체·미세처리장치 제조회사, ⟨~ an American tchnology company⟩ 수1

651 **in·tel·lect** [인털렉트]: inter+legere(gather), ⟨라틴어⟩, 지력, 지능, 지식인(층), 이해력, ⟨instinct에 반대되는⟩ '식별력', ⟨~ brain\thinker\wiz⟩, ⟨↔emotion\dodo\idiot⟩ 가1

652 **in·tel·li·gence** [인텔리줜스]: inter+legere(gather), 지성, 이지, 정보, 첩보, ⟨여자가 이것이 높으면 남자가 괴롭다는 말도 있는⟩ 지능, ⟨~ samrt\clever⟩, ⟨↔ignorance\stupidity⟩ 가2

653 ***in·tel·li·gent print-er** [인텔리줜트 프륀터]: (편집·연산 등 전산기 기능도 대신할 수 있는) 지능형 인쇄기, ⟨~ smart printer⟩ 미2

654 ***in·tel·li·gent ro·bot** [인텔리줜트 로우봍]: (시·청·촉각을 갖춰 생산공정과 품종 변화에 대응할 수 있는) 지능형 인조인간, ⟨~ humanoid (or AI) robot⟩ 미2

655 ***in·tel·li·gent ter·mi·nal** [인텔리줜트 터어미널]: (편집·연산·제어 처리 능력도 가지고 있는) 지능형 단말기, ⟨~ smart (or advanced) terminal⟩ 미2

656 **in·tel·li·gi·ble** [인텔리져블]: 이해할 수 있는, 알기 쉬운, 지성적인, ⟨~ understandable\apprehensible⟩, ⟨↔un-intelligible\incomprehensible\incoherent⟩ 양2

657 ***in·tel·li·phone** [인텔리호운]: artificial intelligence+smart-phone, AI-phone, 인공지능 전화, ⟨2024년 한국의 Sam-Sung전자와 미국의 Apple사가 선보인⟩ voice-command driven cellular-phone(음성명령 주도형 분할 중계식 휴대전화) 미2

658 **In·tel·sat** [인텔 쎝] (In·ter·na·tion·al Te·le·com·mu·ni·ca·tions Sa·tel·lite Or·gan·i·za·tion): 인텔샛, 국제 무선 통신 위성 기구(1964년 11개국이 시작해서 2001년에 민영화된 통신용 인공위성들을 관리하는 기구), ⟨~ an inter-governmental satellite communications system⟩ 미2

659 **in·tem·per·ate** [인 템퍼뤝]: 온화하지 않은, 절제하지 않은, 지랄맞은, ⟨~ excessive\un-curbed\wild⟩, ⟨↔controlled\moderate⟩ 양2

660 **in·tend** [인 텐드]: in+tendere(stretch), ⟨라틴어⟩, 의도하다, ~할 작정이다, 의미하다, '안으로 늘이다', ⟨~ mean'\plan⟩, ⟨↔disbelieve\disregard⟩ 가1

661 **in·tense** [인 텐스]: in+tendere(stretch), ⟨라틴어⟩, 심한, 진한, 진지한, 격렬한, '팽팽하게 친', ⟨~ acute\vigorous⟩, ⟨↔mild\apathetic⟩ 가2

662 **in·ten·sive care u·nit** [인 텐시브 케어 유우닡]: ICU, 집중치료실, 중환자 치료실, ⟨~ CCU⟩ 양2

663 **in·ten·siv·ist** [인 텐시뷔스트]: 중환자 전문 치료(의)사, ⟨~ critical care specialist⟩, ⟨↔generalist⟩ 양2

664 **in·tent** [인텐트]: ⟨← intend⟩ ①의지, 취지, 계획, ⟨~ goal⟩, ⟨↔undecided⟩ ②'집중'된, 열심인, ⟨~ determined⟩, ⟨↔reluctant⟩ 양1

665 **in·ten·tion·al** [인텐셔널]: ⟨← intend⟩, 계획적인, 고의의, 일부러의, ⟨~ deliberate\wilful⟩, ⟨↔accidental\inadvertent⟩ 양2

666 **in·ter~** [인터~]: ⟨산스크리트어→라틴어→프랑스어→영국어⟩, ⟨속·사이·상호~⟩란 뜻의 결합사, ⟨~ between\among⟩ 양2

667 **in·ter·ac·tion** [인터 액션]: '서로 주고받기', 상호(교호) 작용, 대화, ⟨~ relation\collaboration\communication⟩, ⟨↔dissociation\disconnection⟩ 가1 양2

668 ***in·ter-ac·tive sys·tem** [인터랙티브 씨스템]: 쌍방향 체계, (사용자가 자판과 화면을 통해 전산기와 '대화'할 수 있는) 대화식 체제, 〈~ bilateral (or collective) system〉, 〈↔solitary system〉 양2

669 ***in·ter-caps** [인터 캡스]: '사이 대문자', (Post·Script 같이) 〈강조하기 위해〉 단어의 중간에 있는 대문자들, 〈~ internal capitalization〉, ⇒ studly caps 미2

670 **in·ter-cede** [인터 씨이드]: inter+cedere(go), 〈라틴어〉, 중재하다, 조종하다, '사이로 가다', 〈~ mediate\arbitrate〉, 〈↔stand by\avoid〉 가2

671 **in·ter-cept** [인터 쎕트]: inter+capere(take), 〈라틴어〉, 가로채다, 도중에서 빼앗다, 차단하다, 〈~ capture\seize〉, '중간에서 잡다', 〈↔abet\allow〉 가2

672 **in·ter-ces·sion** [인터 쎄션]: 〈라틴어〉, 〈← inter·cede〉, 중재, 조정, 알선, 〈~ negotiation\conciliation〉, 〈↔non-involvement\provocation〉 양2

673 **in·ter-change** [인터 췌인쥐]: 〈라틴어〉, '맞바꾸다', 교환하다, 교체하다, 교차점(로), 〈~ trade\junction〉, 〈↔incompatible\thoroughway〉 가2

674 ***in·ter-char·ac·ter spac·ing** [인터 캐뤽터 스페이싱]: 문자 중간 간격, letter spacing, tracking(단어 안에서 문자 간의 사이 띄기) 미2

675 **in·ter-com** [인터 캄]: inter communication system, 상호통신체계, (각방 간의) 소통장치, 〈~ walkie-talkie\inter-phone〉 미2

676 **in·ter-con-ti-nen-tal bal-lis-tic mis·sile**: ICBM, 대륙간탄도(유도)탄, (자동 조정식) 장거리 초음속 포물선 포탄 미2

677 **in·ter-course** [인터 코오스]: inter+currere(run), 〈라틴어〉, 교제, 교류, 성교, 합환, '사이로 감', 〈~ relation\sex\coitus\frig²〉, 〈↔separation\after-play\outer-course〉 가1

678 ***in·ter-cut** [인터 컽]: 교차 삽입(영상의 두 장면 사이에 다른 장면을 집어넣는 일), 〈~ inter-sect\cross-cut〉 양2

679 **in·ter-dict** [인터 딕트]: inter+dicere(speak), 〈라틴어〉, 〈말을 못하게〉 막다, 금지하다, 방해하다, 금치산 선고하다, 〈~ prohibit\ban〉, 〈↔permit\assist〉 양2

680 **in·ter-dic·tion** [인터 딕션]: '말대꾸', 금제, 저지, 금치산 선고, 〈~ prohibition\injunction〉, 〈~ prohibition\injunction〉, 〈↔prescription\approval〉 양2

681 **in·ter-est** [인터뤠스트]: inter+esse(exist), 〈라틴어〉, 관심, 흥미, 중요성, 권익, 이자, '사이에 존재하다', 〈~ concern\stake²〉, 〈↔indifference\boredom〉 가2

682 ***in·ter-face** [인터 훼이스]: 중간면, 접촉면, 접속(정보 교환을 위해 두 매체를 연결하는 일), 〈~ boundary\connection〉, 〈↔separate\un-mix〉 양2

683 **in·ter-fere** [인터 휘어]: inter+ferire(strike), 〈라틴어〉, 간섭하다, 방해하다, 〈서로〉 충돌하다, 중재하다, 〈~ impede\butt in\intervene〉, 〈↔advance\facilitate〉 가1

684 **in·ter-fer-on** [인터 휘어뢴]: 〈라틴어→영국어〉, inter·fere+on, 인터페론, (바이러스가 침입한 세포에서 생성되는) 바이러스 억제 단백질, 〈~ an anti-viral protein〉, 〈↔advance\facilitate〉 우2

685 **in·ter-field** [인터 휘일드]: 중간 영역, 상호 겹치는 분야, 〈Webster 사전에도 없는 말〉, 〈~ intermediate (or interlaid) area〉, 〈↔separate area\extremes〉 양1

686 ***in·ter-girl** [인터 거얼]: 〈낮에는 간호사로 일하고 밤에는 외국 손님을 상대하는 소련 영화에서 유래한〉 외국인(상대) 매춘부, 〈~ international prostitute〉 양2

687 **in·ter-im** [인터륌]: 〈라틴어〉, 〈사이에 끼어 있는〉, 중간의, 임시의, 잠정적, 〈~ short-term\temporary〉, 〈↔fixed\permanent〉 가2

688 **in·te·ri·or** [인 티어뤼어]: 〈라틴어〉, 〈더〉 안쪽, 내부의, 내모(안 모습), 실내, 내륙, 〈~ inside\inland〉, 〈↔ex·terior〉 가1

689 **In·te·ri·or** [인티어뤼얼], Dept of: 미 내무부, 1849년 자연자원의 보존과 관리를 위해 창설된 〈경찰력이 거의 없는〉 연방정부의 내각부서, 〈~ a cabinet Dept. of USA〉 양2

690 **in·ter-jec·tion** [인터 췍션]: inter+jacere(throw), 〈라틴어〉, 감탄, 감탄사, 〈말 사이에〉 저절로 나오는 외침, 〈~ cry\exclamation〉, 〈↔keep quiet〉 가2

691 *in·ter-lac·ing [인터 레이싱]: inter+lace, 〈라틴어〉, 섞어 짜기, 엇갈려 짜기, 비월주사(영상을 두 개의 나란한 집단으로 분류해서 한 줄씩 번갈아 주사시키는 방법으로 TV에서는 잘 먹혀들어가나 전산기에서는 신통치 않음), 〈~ inter-weaving\inter-twining〉, 〈↔divide\un-twisting〉 미2

692 *in·ter·lock [인터 락]: 맞물리다, 양면 짜기, 연동장치(진행 중인 동작이 끝날 때까지 다음 동작의 시작을 미루는 장치), 〈~ inter-link\inter-mesh〉, 〈↔dis-engage〉 미2

693 in·ter·loc·u·tor [인터 라큐터]: inter+loqui(speak), 〈라틴어〉, 〈말 사이에 끼어드는〉 대담자, 질문자, 중재자, 〈~ conversational partner\interrogator〉, 〈↔listener\eaves-dropper\spectator〉 양2

694 in·ter·lop·er [인터 로우퍼]: entre+loopen(run), 〈프랑스어+네덜란드어〉, 〈뛰어들어〉 (남의 일에) 참견하는 자, (불법) 침입자, 무면허 상인, 〈~ intruder\invader〉, 〈↔insider\designated〉 양2

695 in·ter·lude [인터 루우드]: inter+ludus, 〈라틴어→프랑스어→영국어〉, 'inter·play', 〈원래는 의상이나 장치를 바꾸기 위해 단막극을 공연했으나 나중에 그냥 화장실이나 다녀오라고 폐지된〉 막간, 중간 참, 쉬는 참, 〈~ intermission\pause\inter-mezzo〉, 〈↔continuance\protraction〉 양2

696 in·ter·me·di·ate [인터 미이디어트]: inter+medius(middle), 〈라틴어〉, 〈둘 사이〉 중간의, 중등의, 중개물(자), 〈~ in-between\average\mediator〉, 〈↔disonter\extreme\agitator〉 가2

697 in-ter-ment [인터어 먼트]: in+terra(earth), 〈라틴어→프랑스어→영국어〉, 〈시체를 흙 사이에 끼어 넣는〉 토장, 매장, 〈~ grave\tomb〉, 〈↔disinter\exhumation\cremation〉 양2

698 in·ter·mez·zo [인터 메쵸우]: inter+medius(middle), 〈라틴어→이탈리아어→영국어〉, 막간 연예(극), 간주곡, 〈~ inter-lude〉, 〈↔prelude\finale〉 양2

699 in·ter·min·gle [인터 밍글]: 〈라틴어+영국어〉, 혼합하다, 섞다, 〈~ amalgamate\combine〉, 〈↔disconnect\separate〉 가1

700 in·ter·mis·sion [인터 미션]: inter+mittere(send), 〈라틴어〉, 중지, 〈진행 중에 보내는〉 휴식 시간, 막간, 〈~ pause\break〉, 〈↔continuation\run〉 가2

701 in·ter·mit·tent [인터 미턴트]: inter+mittere(send), 〈라틴어〉, 때때로(중단되는), 간헐적인, 〈~ sporadic\irregular〉, 〈↔contineous\steady〉 가2

702 in·tern¹ [인터언]: 〈← internus(within)〉, 〈라틴어〉, 〈안으로〉 억류하다, 강제수용하다, 〈~ confine\incarcerate〉, 〈↔discharge\liberate〉 가2

703 in·tern(e)² [인터언]: 〈라틴어→프랑스어→1879년에 도입된 미국어〉, 〈면허가 없어서 밖에서 일을 못하는〉 인턴, 수련의, 견습생, 수습사원, 〈~ clerk-ship\resident〉 미2

704 in·ter·nal [인터어늘]: 〈← internus(within)〉, 안의, 내부의, 내면적인, 국내의, 체내의, 〈↔external〉 가2

705 *in·ter·nal font [인터어늘 환트]: 내부 활자체(〈연성기기에 나타나는 것과는 다른〉 인쇄기에 영구적으로 박힌 활자체), 〈~ stored font〉 양2

706 In·ter·nal Rev·e·nue Ser·vice [인터어늘 뤠버뉴 써어뷔스] \ IRS: 미 국세청, (남북 전쟁 비용을 대기 위해) 1862년에 창설된 미 재무부(US Dept. of Treasury) 산하의 세금을 거둬들이는 〈무서운〉 기관 양2

707 in·ter·na·tion·al [인터내셔널]: '나라와 나라 사이의', 국제적인, 만국의, 국제간에 정해진, 〈~ world-wide\global〉, 〈↔national\local〉 가1

708 In·ter-na·tion·al As-so·ci-ation of Ath·let·ics Fed·er·a·tions \ IAAF: 국제육상경기연맹(1912년부터 스웨덴의 Stockholm에서 시작되어 주로 육상경기의 규칙을 통괄하기 위해 214국이 참가하는 국제적 민간기구), 〈~ International Amateur Athletic Federation\World Athletics〉 우1

709 In·ter-na·tion·al A·tom·ic En·er·gy A·gen·cy \ IAEA: 국제 원자력기구(원자력의 평화적 이용을 위해 1957년 오스트리아의 비엔나(Vienna)에서 창립되어 현재 178개국이 가맹한 국제기구), 〈~ an inter-governmental org.〉 미2

710 In·ter-na·tion·al Busi-ness Ma·chines \ IBM: Big Blue, '국제 사무용 기기 회사', 1911년 계산기기 회사로 출발해서 1924년 현재 이름으로 개칭했고 1981년부터 개인 전산기 생산에 박차를 가한 미국의 세계적 전산기기 제조회사, 〈~ an American technology co.〉 수2

711 In·ter-na·tion·al Cam·paign to Ban Land-mines \ ICBL: (1992년 대인지뢰와 〈작은 알갱이 폭탄들이 들어있는〉 집속탄이 없는 지구를 위해 미국에서 창립되어 제네바(Geneva)에 본부를 둔 국제적 민간 연합체로 120여 국이 참여하고 있으나 강대국들의 지지를 받지 못하는) 국제 지뢰 금지 운동, 〈~ a non-governmental org.〉 미2

712 **In·ter–na·tion·al Cham·ber of Com·merce \ ICC**: The World Business Organization, 국제 상공회의소, 상공업의 규제·분쟁해결·권익옹호를 목표로 1919년 미국에서 창립되어 프랑스 Paris에 본부를 둔 국제 사업체의 연합 기구 미2

713 **In·ter–na·tion·al Civ·il A·vi·a·tion Or·gan·i·za·tion \ ICAO**: 국제 민간 항공 기구, 항공운송의 기술과 안전을 위해 캐나다 몬트리올(Montreal)에 본부를 두고 1947년에 발족한 유엔(UN) 산하 기구 미2

714 **In·ter–na·tion·al O·lym·pic Com–mit·tee \ IOC**: 국제 올림픽 위원회(1894년 인류의 체력 증진을 위해 쿠베르탱(Coubertin) 등이 조직하여 현재 Swiss에 본부를 두고있고 2009년에 세계 평화도 도모하라고 유엔의 협력기구(Permanent Observer of UN)가 된 국제적 체육 연맹) 미2

715 *__in·ter–naut__ [인터 너우트]: 전산망 통(숙달자·'귀신'), ⟨~ info-naut\cyber-naut⟩ 미2

716 **in·ter-net** [인터 넽]: net, 인터넷, 상호 통신망, (국제적) 전산망, (세계적) 전자 통신망, ⟨~ cyber-space\www⟩, ⟨↔ethernet\off line\wired network⟩ 우2

717 *__in·ter–net cam·er·a__ [인터 넽 캐머뤄]: 전산망 사진기, ⟨~ web cam⟩, ⇒ net cam 미2

718 **In·ter–net Cor·po·ra·tion for As–signed Names and Num·bers \ ICANN**: (국제) 전산망 주소 관리 기구, 전산망의 소유명 및 주소(domain name and protocol number)의 지정을 통괄하기 위해 1998년에 미국의 LA에서 설립된 비영리 단체 미2

719 *__In·ter–net-2__ [인터 넽 투우]: I2, 1997년 창립되어 미시간주 앤아버(Ann Arbor)에 본부를 두고 기업 또는 정부 단체와 연계해서 고성능 전산기 개발을 위해 연구하는 대학 연구 단체 연합, ⟨~ a research and test network⟩ 수2

720 **in·ter·nist** [인터어니스트]: ⟨1894년에 라틴어에서 파생된 영국어⟩, 내과 의사, ⟨~ doctor of internal medicine⟩, ⟨~(↔)physician⟩, ⟨↔surgeon⟩ 가2

721 **in·ter–op·er·a·ble** [인터 아퍼뤄블]: 공통으로 이용할 수 있는, 상호운용이 가능한, ⟨~ concordant\matching⟩, ⟨↔intra-operable\in-compatible⟩ 우1

722 **in·ter-o·cep·tion** [인터로쎕션]: (체내에서 일어나는 자극이나 변화를 감지하는) 내부 수용 감각, ⟨~ somatic(internal) sensation⟩, ⟨~(↔)proprio-ception⟩ 양2

723 **in·ter·pel·la·tion** [인터 펄레이션]: inter+pellere(drive), ⟨라틴어⟩, (의회에서) 장관에 대한 질문, ⟨진행을 저지시키는⟩ 대정부 질문, ⟨~ interrogation\a parlamentary summon⟩, ⟨~(↔)왠지 모르지만 한국에서는 impeachment와 동일어로 쓰이고 있음⟩, ⟨↔promotion\prosecution⟩ 양2

724 **in·ter-phone** [인터 호운]: 내부(구내) 전화, ⟨~ inter-com\walkie-talkie⟩ 양2

725 **in·ter-play** [인터 플레이]: 상호작용, 작용과 반작용, ⟨~ inter-action\reciprocation\give and take⟩, ⟨↔isolation\antagonism⟩ 가1

726 **in·ter-po·late** [인터어 펄레이트]: inter+polire, ⟨라틴어⟩, ⟨사이에서 'polish'하다⟩, 개찬하다, 끼워 써넣다, 보간하다, 내삽하다, 삽입하여 보충하다, 확대된 영상의 화소를 고르게 하다, ⟨~ insert\addition\inter-pose⟩, ⟨↔extra-polate\eliminate⟩ 양2 미2

727 **in·ter-pose** [인터 포우즈]: inter+ponere(place), ⟨라틴어⟩, '사이에 놓다', 삽입하다, 끼우다, 간섭하다, 화면을 겹쳐지게 바꾸다, ⟨~ insert\interpolate⟩, ⟨↔erase\subtract⟩ 양2 미2

728 *__in·ter-pret__ [인터어 프륕]: inter+per(sell), ⟨라틴어⟩, ⟨← interpres(agent)⟩, '중개인이 되다', 해석하다, 설명하다, 통역하다, (프로그램을) 기계언어로 해독하여 곧 실행하다, ⟨~ un-fold\make clear\translate⟩, ⟨↔defer\confuse⟩ 가1 미2

729 **in·ter·punct** [인터 펑트]: 가운뎃점, mid-dot 양2

730 *__in·ter–ro·bang__ [인테뤄 뱅]: ⟨영국어⟩, 감탄 의문 부호(!? 또는 ?!), ⟨← inter·rogation⟩ 미2

731 **in·ter·ro·ga·tion** [인테 뤄게이션]: inter+rogare(ask), ⟨라틴어⟩, 질문, ⟨꼬치꼬치 캐묻는⟩ 심문, 의문, 호출 신호, 정보 추구, ⟨~ questioning\cross-examination⟩, ⟨~(↔)body searching⟩, ⟨↔reply\retort⟩ 가1 미2

732 **in·ter·rupt** [인터 뤞트]: inter+rumpere(break), ⟨라틴어⟩, '사이에서 깨다', 가로막다, 저지하다, 차단하다, 가로채기(새 프로그램을 위해 진행 중인 프로그램을 중지시키는 일), ⟨~ intrude\interfere⟩, ⟨↔advance\continue⟩ 양2

733 **in·ter-sec–tion** [인터 쎅션]: inter+secare(cut), ⟨라틴어⟩, '중간에 잘린 지점', 교차(점), 횡단, 가로지름, 공통부분, ⟨~ crossing\junction⟩, ⟨↔connection\fork⟩ 양1

734 **in·ter-sex** [인터 쎅쓰]: 간성, 〈생리학적으로〉 암·수 중간의 성징을 나타내는 개체, unisex, 〈~ hermaphrodite\congenital eunuch〉, 〈↔endo-sex〉 양2

735 **in·ter-sperse** [인터 스퍼얼스]: inter+spargere(scatter), 〈라틴어〉, '사이에 흩뿌리다', 산재시키다, 점철하다, 〈~ spread\disperse〉, 〈↔un-sheathe\un-cover\collect〉 가1

736 **in·ter-twine** [인터 트와인]: 〈14세기 말에 등장한 라틴어+게르만어〉, 〈중간에서 휘감기다〉, 뒤얽히다, 한데 꼬이다, 〈~ convolute\coil\mesh〉, 〈↔un-tangle\un-twist〉 양2

737 **in·ter·val** [인터 붤]: inter+vallum(wall), 〈라틴어〉, '〈성벽〉사이', 간격, 틈, 음정, 〈~ hiatus\gap〉, 〈↔continuity〉 가1

738 **in·ter·vene** [인터 뷔인]: inter+venire(come), 〈라틴어〉, '사이에 오다', 끼어들다, 개입하다, 〈~ interfere\step in〉, 〈↔leave alone\disregard〉 가1

739 **in·ter·ven–tion** [인터 뷀션]: 중재, 방해, 간섭, '사이에 낌', 〈~ inter-cession\arbitration〉, 〈↔non-involvement\withdrawl〉 가2

740 **in·ter-view** [인터 뷔우]: inter+videre(see), 〈라틴어→프랑스어〉, 인터뷰, '서로 보다', 면접, 회견, 〈~ meeting\conversation\examination〉, 〈↔silence\briefing\reply〉 가1

741 **in·ter-word spac·ing** [인터 워어드 스페이싱]: word spacing, 단어 간의 간격 양2

742 **in·tes·tine** [인 테스틴]: 〈← intus(within)〉, 〈라틴어〉, '속에 들어 있는 (것)', 내부의, 국내의, 장(창자), 〈~ guts\innards〉, 〈↔exterior〉 가1

743 **in the long run**: 오랜 후에, 마침내, 〈~ finally\at last〉, 〈↔immediately\never〉 양2

744 **in·ti·mate** [인 티미트]: 〈← intimus(in most)〉, 〈라틴어〉, '가장 내면의', 친밀한, 은밀한, 은근한, 깊은, 〈~ close\affectionate\inner-most〉, 〈↔distant\aloof〉 양2

745 **in·ti·ma·tion** [인티메이션]: 〈← intimus(in most)〉, 〈라틴어〉, 〈← intimare(announce)〉 넌지시 비춤(hint), 암시, 통고, 〈~ innuendo\implication〉, 〈↔silence\information〉 양2

746 **in-tim·i·date** [인 티미데이트]: in+timidus(fearful), 〈라틴어〉, 〈'timid'하도록(겁나게)〉 위협(협박)하다, 겁주다, 〈~ threat\black-mail〉, 〈↔assist\comfort〉 가2

747 **INTJ**: 〈MBTI 성격지표에서〉 intimidating(협박성)·narcissistic(자기애성)·turbulent(난폭성)·jack-ass(똥고집) 성향이 강한 자, 자존심과 독립성이 강한 부류하고 함 양2

748 **in-to** [인투(우)]: 〈게르만어〉, ~안(속)으로, ~으로 (되다·바꾸다), ~에 푹 빠진(관심있는), 〈~ enter\within〉, 〈↔out of〉 양1

749 **In–tol·er·a·ble Acts** [인 탈러뤄블 앸츠]: 〈미 식민지인들이〉 '참을 수 없는 법들', 보스턴차사건 후 식민지인들을 억압하기 위해 1774년 영국 의회에서 제정한 일련의 응징 조치(punitive action), 〈영국에서는 Coercive Acts라고 함〉 수2

750 **in-to·na–tion** [인 토우네이션]: in+tonus(sound), 〈라틴어〉, '안에서 나오는 소리', 억양, 음조, 영창, 발성법, 〈~ accent\pitch\tone〉, 〈↔mute-ness\in-articulacy〉 가1

751 **in to-to** [인 토우토우]: 〈라틴어〉, 몽땅, 전부, 〈~ entirely\completely〉, 〈↔partial\exclusive〉 양2

752 **in-tox·i·ca–tion** [인 탁시케이션]: in+toxicum, 〈라틴어〉, 취함, 도취, (급성) 중독, 〈'toxin'(독)으로 빨려 들어가기〉, 〈~ drunken-ness\delirium〉, 〈↔sobriety\de-toxification〉 가1

753 **in·tra~** [인트뤄~]: 〈라틴어〉, intro, 〈안에·내부에~〉란 뜻의 결합사, 〈↔extra〉 양1

754 **in-trac·ta·ble** [인 트뢕터블]: in+tractare(handle), 〈라틴어〉, 〈당길 수 없이〉 고집 센, 제어할 수 없는, 난치의, 〈~ rigid〉, 〈↔pliable〉 가1

755 *****in·tra-frame** [인트뤄 후뤠임]: '내부 화판', (영상 원반을 만들 때) 〈내용을 안으로 쑤셔 넣는〉 압축 화판, 〈~ key-frame〉, 〈~(↔)inter-frame〉 우1

756 *****in·tra-net** [인트뤄 넽]: 내부 전산망(한 단체에서 자기들끼리만 정보를 교환하는 배타적 종합통신망), 〈~ company (or private) net-work〉, 〈↔www\extra-net〉 양1

757 **in-tran·si–gent(~geant)** [인 트뢘시줜트]: in+trans+ago(do), 〈라틴어〉, 비타협적인, 완고한, 〈이해심이 없는〉, 〈~ adamant\stubborn〉, 〈↔compliant\flexible〉 양2

758 **in-tran·si-tive** [인 트뢘서티브]: in+trans+ire(go), 〈라틴어〉, 〈변하지 않는〉 비이행성의, 〈목적어를 동반하지 않는〉 자동사(의), 〈~ self-contained\not requiring a direct object〉, 〈↔transitive\ergative〉 양2

759 **in·trep·id** [인 트뤠피드]: in+trepidus(trembling), 〈라틴어〉, '벌벌 떨지 않는', 무서움을 모르는, 용감한, 대담한, 〈~ brave\valiant〉, 〈↔fearful\cowardly〉 양2

760 **in·tri·cate** [인 트뤼커트]: in+tricare(entangle), 〈라틴어〉, 〈실타래처럼〉 뒤얽힌, 복잡한, 〈~ complicated\difficult〉, 〈↔simple\straight-forward〉 가2

761 **in·trigue** [인 트뤼이그]: in+tricare(entangle), 〈라틴어〉, 흥미를 끌게 하다, ~써서 달성하다, 난처하게 하다, 음모를 꾸미다, '얽히게 하다', 〈← in·tricate〉, 〈~ plot\conspiracy〉, 〈↔bore\dull\stodgy〉 양2

762 **in·trin·sic** [인 트륀씩]: intra+secus(along), 〈라틴어〉, '안으로 향하는', 본질적인, 고유한, 내인성, 〈~ in-born\inherent〉, 〈↔ex·trinsic〉 양2

763 **in·tro·duce** [인트뤄 듀우스]: intro+ducere(lead), 〈라틴어〉, 소개하다, 안내하다, 받아들이다, 〈안으로〉 끌어들이다, 〈~ announce\present〉, 〈↔abolish\remove〉 가2

764 **in·tro·spect** [인트뤄 스펙트]: intro+spicere(look), 〈라틴어〉, '안을 보다', 내성하다, 자기 분석하다, 〈~ self-examination\contemplation〉, 〈↔extro-spect\care-less\mind-less〉 가1

765 **in·tro·vert** [인트뤄 붜얼트]: intro+vertere(turn), 〈라틴어〉, 〈안으로 돌리는〉 내향적인 (사람), 안으로 옮기다, 〈~ shy\recluse〉, 〈↔extro-vert〉 양2

766 **in-trude** [인 트루우드]: in+trudere(thrust), 〈라틴어〉, 강요하다, 침입하다, 방해하다, '(안으로) 밀어넣다', 〈~ invade\trespass〉, 〈↔ex-trude\respect〉 가1

767 **in-tru·sion** [인 트루우줜]: 〈← intrude〉, 참해, 난입, (바퀴벌레 등의) 떼, 〈~ attack\infiltration〉, 〈↔withdrawl\exodus〉 양2

768 **In-tu·it** [인 튜우이트]: 1983년에 세워진 재정·세금 전문의 미국 연성기기 회사, 〈~ am American business software co.〉 수1

769 **In-tu·i–tion** [인 튜우이션]: 1985년에 창립되어 Dublin에 본사를 두고 있는 세계적 '지식 해결사'·전산망 교육업체, 〈~ a global knowledge solutions co.〉 수2

770 **in-tu·i–tion** [인 튜우이션]: in+tueri(look), 〈라틴어〉, 〈안으로 보는〉 직관(력), 직감, '망보기', 〈~ in·sight\instinct\hunch〉, 〈↔knowledge\reason〉 가2

771 **In·(n)u·it** [이뉴우이트]: 〈← inuk(person)〉, 〈'사람'이란 원주민어〉, 이뉴잇, 북극권 에스키모족에 대한 공식 호칭 〈누군가 '날고기를 먹는 야만인'이란 뜻의 Eskimo 대신 이 말을 추천했겠으나 실은 '곰과는 다른'이란 뜻의 Inuit란 말은 더 비하적인 호칭이라 사료됨〉 수1

772 **in-un·date** [이넌데이트]: in+unda(wave), 〈라틴어〉, '속으로 넘치다', 〈파도로〉 범람(침수)시키다, 충만시키다, 쇄도하다, 〈~ flood\over-whelm\sub-merge〉, 〈↔drain\remove\sear'〉 양2

773 **in-vade** [인 붸이드]: in+vadere(come\go), 〈라틴어〉, 침입(침략)하다, 범하다, 퍼지다, '안으로 들어가다', 〈~ infiltrate\intrude\raid\attack〉, 〈↔withdraw\surrender〉 가2

774 **in-va·lid¹** [인 뷜리드]: in+valere(strong), 〈라틴어〉, 병약한, 망가진, 폐질자, 지체부자유자, '강하지 않은', 〈~ ill\weak〉, 〈↔healthy〉 가1

775 **in-val·id²** [인 뷀리드]: in+valere(strong), 〈라틴어〉, '무가치한', 빈약한, 무효의, 〈~ void\null〉, 〈↔valid\good〉 가1

776 **in-val·u·a·ble** [인 뷀류어블]: in+valere(strong), 〈라틴어〉, 값을 헤아릴 수 없는, 매우 소중한, 〈~ valuable\price-less〉, 〈↔worthless\dispensable〉 양2

777 **in-var·i·a·bly** [인 붸어뤼어블리]: in+variare(change), 변함없이, 항상, 반드시, 〈~ always\regularly〉, 〈↔sometimes\never〉 가1

778 **in-vec–tive** [인 붹티브]: in+vehere(carry), 〈라틴어〉, 〈← in·veigh〉 비난, 욕설, 독설(의), 〈~ accusation\be-rating\billingsgate〉, 〈↔praise\applause〉 양2

779 **in-veigh** [인 붸이]: in+vehere(carry), 〈라틴어〉, '가로 막다', 통렬히 비난하다, 욕하다, 〈→ in·vective〉, 〈~ protest\complain\denounce〉, 〈↔support\accept〉 양2

780 **in·vei·gle** [인 붸이글]: ab+oculus(eye), 〈라틴어→프랑스어〉, 〈← aveugler(blind)〉, 꾀다, 속이다, 유인하다, 〈눈멀게 하다〉, 〈~ cajole\coax⁸\fool〉, 〈↔drive off\turn away〉 양2

781 **in-vent** [인 붼트]: in+venire(come), 〈라틴어〉, 〈안에서 생각이 나와서〉 발명하다, 고안하다, 조작하다, 꾸며내다, '찾아내다', 〈~ create\originate〉, 〈↔destroy\copy〉 가1

782　**in·ven·to·ry** [인 붼토어뤼]: 〈← invent〉, 〈유산을 찾아내기 위한〉 물품 목록, 재고품(조사), 명세서, 〈~ repertoire\list\back-log〉, 〈↔debt\deficit〉 양2

783　**in·ver·sion** [인 붜얼전]: in+vertere(turn), 〈라틴어〉, 〈안으로 뒤집는〉 반대, 역, 도치, 역환, 역전, 자리바꿈, 반전, 역연산, 역립, 성도착증, 〈~ antimetabole\reversal\contradiction〉, 〈↔upright\approval\summary〉 양1

784　**in·vert–er** [인 붜얼터]: in+vertere(turn), 〈라틴어〉, 변환장치, 〈입력된 숫자를 거꾸로 바꾸는〉 역변환기, 〈~ converter\transformer〉, 〈↔rectifier〉 미2

785　**in·ves·ti·gate** [인 붸스티게이트]: in+vestigium(track), 〈라틴어〉, 조사하다, 연구하다, '안에서 흔적을 더듬다', 〈~ examine\explore〉, 〈↔ignore\over-look〉 가2

786　**in·vest–ment** [인 붸스트먼트]: in+vestis(clothing), 〈라틴어〉, 투자(액), 서임, 포위, 외피, 〈안에〉 '옷 입히기', 〈~ funding\backing\out-lay〉, 〈↔di-vestment\stripping\draining〉 양2

787　*****in·vest–ment bond** [인 붸스트먼트 반드]: 〈생명보험료 중 일부가 증권 등에 투자되어 절세·투자 효과를 노리는〉 투자증권, 〈~ fixed-income securities〉 가1

788　**in·vet·er·ate** [인 붸터뤠이트]: in+vetus(old), 〈라틴어〉, 오래된, 뿌리 깊은, 만성의, 상습적인, 〈~ chronic\habitual\addicted〉, 〈↔acute\flexible\pliant〉 양2

789　**In·vid·i·a** [인 뷔디어]: in+videre(see), 〈라틴어〉, 〈← envy〉, 질투·보복·천벌의 여신, 〈기독교에서도 칠지옥의 하나〉, ⇒ Nemesis 수2

790　**in·vid·i·ous** [인 뷔디어스]: in+videre(see), 〈라틴어〉, 기분 나쁘게 만드는, 미움(envy)을 살 만한, 부당한, 〈~ abominable\jealous〉, 〈↔pleasant\desirable〉 양2

791　**in·vig·or·ate** [인뷔거뤠이트]: in+vigor(strength), 〈라틴어〉, 기운나게 하다, 고무하다, 상쾌하게 하다, 〈~ ameriotate\re-juvenate〉, 〈↔exhaust\tiring〉 양2

792　**in·vin·ci·ble** [인 뷘저블]: in+vincere(conquer), 〈라틴어〉, '정복할 수 없는', 불굴의, 완강한, 〈~ impassable\un-beatable\bullet-proof〉, 〈↔vulnerable\defense-less〉 양2

793　**In·vin·ci·ble Ar·ma·da** [인 뷘저블 아알마아더]: 〈그때까지 전투에서 패배한 적 없던 130척의 스페인 함대〈Spanish fleet〉였으나 1588년 영국과의 전투에서 크게 패한〉 '무적' 함대, 〈영국에서는 Enterprise of England라 하고 Spain에서는 Great and Most Fortunate navy라고 함〉 양2

794　*****in·vis·i·ble hand** [인 뷔저블 핸드]: in+videre(see), 〈라틴어〉, '보이지 않는 손', 〈원래는 아담 스미스(Adam Smith)가 「국부론」에서 개인의 욕구(self-interest)를 추구하는 일이 궁극적으로 경제 발전에 공헌한다는〉 '신의 손', '자연의 섭리', 〈~ self-correcting free market〉 우1

795　*****in·vis·i·ble wa·ter-mark** [인 뷔저블 워어터마아크]: steganography(암호전달문), 눈에 안 보이는 물 흔적〈눈에 보이지 않게 그림에 새겨 넣는 저작권 등 비밀정보〉, 〈~ blink (or digital) image watermark〉 우1

796　**in·vite** [인봐이트]: 〈← invitare(ask with vigor)?〉, 〈어원 불명의 라틴어〉, 〈기꺼이〉 초대하다, 권유하다, 유인하다, 초래하다, 요청하다, 〈~ propose\request〉, 〈↔reject\repudiate〉 양2

797　**in·vo·ca·tion** [인 붜케이션]: in+vocare(call), 〈라틴어〉, 기원, 탄원, 초사, 〈← in·voke〉, 〈~ litany\rogation〉, 〈↔revocation\concession〉 가1

798　**in·voice** [인보이스]: en+via(way), 〈라틴어→프랑스어〉, 〈← envoy〉, 송장, 청구서, 〈~ bill\IOU〉, 〈↔pay\settle〉 가1

799　**in·voke** [인 보우크]: in+vocare(call), 〈라틴어〉, 빌다, 기원하다, 호소하다, 실시하다, 〈안으로〉 '부르다', 〈~ beg\adjure〉, 〈↔waive\impede〉 양2

800　**in–vo·lute** [인 뷜루우트]: in+volvere(roll), 〈라틴어〉, 뒤얽힌, '안으로 감긴', 퇴축된, 퇴행성, 〈~ coiled\shrinking\curled〉, 〈↔linear\straight〉 양2

801　**in·vo·lu·tion** [인 뷔루우션]: 〈안으로〉 밀어넣기, 복잡, 혼란, 퇴화, 거듭, 제곱법, 〈~ inrolling\intricacy\retro-gression〉, 〈↔straightening\evolution〉 양2

802　**in·volve** [인 봐알브]: in+volvere(roll), 〈라틴어〉, 말아 넣다, 연루시키다, 몰두시키다, 수반하다, '안으로 끌어들이다', 〈~ entail\include〉, 〈↔abandon\exclude〉 양2

803　**in–ward** [인 워어드]: in+weard, 〈게르만어〉, 안의, 내적인, 영적인, 본질적인, 〈~ inside\internal〉, 〈↔out-ward\external〉 양1

804　**I/O** (in-put / out-put): 입출력 미2

805 **I·o** [아이오 \ 이오우]: 〈어원 불명〉이오, 헤라의 질투로 암소(heifer)로 변한 제우스의 애인, 〈~ a mortal lover of Zeus〉, 〈갈릴레오가 Jupiter의 첫째 첩으로 지명한〉 목성의 제1위성 수1

806 **IOC**: ⇒ International Olympic Committee 미2

807 **i·o·din(e)** [아이오딘 \ 아이어다인]: ion(violet)+eidos(form)+ine, 〈그리스어〉, 〈보라색을 띤〉 요오드, 옥소, 비금속원소(기호 I·번호53), 1811년 해초(sea-weed)에서 처음 추출되었고 갑상선(thyroid) 대사에 필요한 화학물질, 〈~ a chemical element〉 미2

808 **IOE** (In·ter·na·tion·al Or·gan·i·za·tion of Em·ploy·ers): 국제 경영자 단체 연맹(노사분규에서 경영자의 권익을 옹호하기 위해 1920년에 조직되어 제네바(Geneva)에 본부를 둔 국제적 민간기구), 〈~ a private advocate for employers and business community〉 미2

809 **IOJ** (In·ter·na·tion·al Or·gan·i·za·tion of Jour·nal·ist): (1946년 체코의 프라그〈Prague〉에서 조직된 세계 신문인 조직이었으나 소련의 영향이 커서 1952년 많은 회원이 빠져나간) 국제 저널리스트 기구 미2

810 **I-o-lite** [아이어 라이트]: ion(violet)+lithos(stone), 〈그리스어〉, '자주색 돌', 푸른 자주 색깔의 수정, (준보석으로 쳐주는) 근청석, 〈~ water-saphire〉 미2

811 **I·o·me·ga** [아이 오메가]: 〈Input / Output-mega; 기똥차게 잘 지은 이름〉, 1980년에 세워져서 Zip드라이브·Jazz드라이브 등 휴대용 기억력 장치를 만들다가 2008년 중국의 Lenovo사에 합병된 미국의 반도체 회사, 〈~ a computer data storage co.〉 수1

812 **i·on** [아이언]: 〈← ienai〉, 〈그리스어〉, 〈'going'하는〉 이온, 양극 원자단(전자를 얻거나 잃을 때 흥분하는 원자나 분자), 〈~ an atom or group of atoms〉, 〈↔neutral atom\uncharged molecule〉 우1

813 **~ion** [~연]: 〈라틴어〉, 〈~상태·동작 등〉을 뜻하는 접미사, 〈~ action\condition〉 양1

814 **I-one**(1) **vi·sa**: 〈방송·대중 매체 등에서 활동할 사람에게 잠정적으로 주는〉 언론인(media representative) 사증 우2

815 **I·o·ni·a** [아이오우니어]: 〈어원불명의 그리스어〉, 〈자궁을 숭배했던〉(그리스계) 이오니아족들이 도리아족에게 쫓겨 가서 사는 터키 서남부의 해안 지방, 〈~ Western Turkey의 Ephesus가 있는 곳〉 수1

816 **I·o·ni·an Is-lands** [아이오니언 아일랜드]: 그리스 서쪽(west of Greece) 이오니아 바다 연해에 있는 여섯 개의 큰 섬과 수많은 작은 섬들 수1

817 **I·o·ni·an Sea** [아이오니언 씨이]: 그리스(Greece)와 이탈리아(Italy) 사이에 있는 비교적 수심이 깊은 바다 수1

818 *****IOT** (in·ter·net of things): 사물 전산망, 감지기가 부착된 사물과 사물이 처리기를 갖춘 전산망을 통해 서로 통화하는 일, 〈~ machine-to-machine communication\cyber-physical system\web of things\smart system〉 미2

819 *****IOU** (I owe you): '내가 당신께 진 빚', 약식 차용증서, 〈~ invoice〉, 〈↔pay\settle〉 미2

820 **~ious** [~이어스 \ ~여스]: 〈라틴어〉, 〈~의 특징(qualities)을 가진, ~에 찬〉을 뜻하는 접미사, 〈~ ous\ose\eux〉 양1

821 *****IOW** (in oth·er words): 바꿔 말하면 미2

822 **I·o·wa** [아이어워 \ 아이오우어]: 〈어원 불명의 원주민어〉, (북미 원주민 부족명에서 따온) '매 눈〈hawk-eye?〉의 주', 아이오아, (옥수수의 주), 콩·옥수수 등 농작물과 목축업이 발달한 미 '중서부'의 평평한 주, {Des Moines-4}, 〈〈Carolina rose〉〉 수1

823 *****IP**[1] (in·ter·net pro·to·col): 전산망(통신)규약(자료 뭉치를 한 전산기에서 다른 전산기로 옮길 때 사용하는 표준 〈통제〉 양식), 〈~ data transfer protocol〉 미2

824 *****IP**[2] (in·tel·lectu·al prop·er·ty): 지적 재산(특허품·저작권·상표 등) 가2

825 **IPA**[1]: independent practice association, '독립 개업의 연합', 〈미국(USA)에서 1990년대부터 유행한〉 (보험기관과의 협상·경비 절감을 위한) 개업의들의 사업 연합체, 〈~ a managed health-care org.〉 우2

826 **IPA**[2]: India Pale Ale, (동인도 회사 때문에 유명해진) 맛이 텁텁하고 색깔이 연한 영국 원산의 맥주, 〈~ a British hoppy bear made for the East India Company〉 우2

827 *****IP**(in·ter·net pro·to·col) **ad-dress** (num·ber): 전산망 규약에 의해 정해진 전산기기의 고유 주소(번호), 〈~ internet (or net·work) address〉 우1

828　**IPCC** (In·ter-gov·ern-men·tal Pa·nel on Cli·mate Change): 기후 변화에 대한 정부 간 협의체, 기후변화로 인한 재앙의 방지를 위해 1988년에 창설되어 Geneva에 본부를 두고 있는 UN 및 WHO(세계기상기구)의 연계단체 미2

829　**ip·e·cac** [이피캑]: ipe(small)+kaa(leaves)+guene(vomit), 〈'토하게 하는 작은 잎새'란 뜻의 원주민어〉, (방추형의 잎에 별 모양의 작은 꽃이 피는 남미 원산 꼭두서닛과의 관목으로 그 뿌리(토근)는 음식을 토하게〈emetic〉 하거나 설사시키는 약〈laxative〉으로 쓰였던) 토근 나무 미2

830　**Iph·i·ge·n(e)i·a** [이휘제네이어]: strong-born, '튼튼한 자식을 낳는 여자', 이피게네이아, Troy 전쟁 출정 때 바람을 재우기 위해 제물로 바쳐진 Agamemnon의 딸 수1

831　**i-Phone** [아이 호운]: 아이폰, 2007년부터 Apple이 출시하기 시작한 〈individual·instruct·inform·inspire·Jesus를 뜻하는〉 고성능·다목적 internet (국제 전산망) 폴폴이 전화기〈smart-phone〉 수2

832　*****IPO** (in·i·tial pub·lic of-fer-ing): (주식의) 신규 상장, 〈~(↔)merger\take-over〉 양2

833　**i-Pod** [아이 팓]: 아이팟, 2001년 애플사가 출시했다 i-Phone으로 대체된 휴대용 대중매체 재생기 우1

834　**IPS** (inches per sec·ond): 테이프 리코더의 속도를 측정하는 단위 미2

835　**ip·si~** [잎씨~]: 〈'self'란 뜻의 라틴어〉, 〈'동일'~〉이란 뜻의 결합사, 〈~ iso~〉, 〈↔contra(~)〉 양1

836　*****ip·so fac·to** [잎소우 홱토우]: 〈라틴어〉, 'by that very fact', 사실 그 자체에 의해, 결과적으로, 〈↔ipso jure〉 양2

837　*****ip·so ju·re** [잎소우 쥬어뤼]: 〈라틴어〉, 'by the law itself', 법률 자체에 의하여, 법률상, 〈↔ipso facto〉 양2

838　**IPU** (In·ter-Par·lia-men·ta·ry Un·ion): 국제 의회 연맹(1889년 영국과 프랑스가 시작해서 Geneva에 본부를 두고 있고 2019년 현재 180여 개국이 참가하고 있으며 2002년부터 유엔의 참관 자격이 주어진 국회들의 모임), 〈~ a permanent observer of UN〉 미2

839　**IQ** (in·tel·li·gence quo·tient): 〈연령과 언어·작업·성장·주위 환경을 고려치 못했다는 논란이 있는〉 지능지수, 〈↔EQ〉 미2

840　*****IR** (in-for·ma·tion re·triev·al): 정보 검색(점검) 양2

841　**ir~** [이(ㄹ)~]: 〈라틴어〉, r 앞에 올 때 'in'~〈~없는·~아닌〉의 변형(접두사) 양1

842　**IRA**¹ (I·rish Re·pub·li·can Ar·my): 〈북아일랜드를 영국으로부터 찾아오려는 무장 지하조직으로 21세기에 들어와서 많이 잠잠해진〉 아일랜드 공화국(독립)군 미2

843　**IRA**² (in·di·vid·u·al re·tire-ment ac·count): (미) 개인 퇴직 적립금, 근로자가 매년 일정액까지 적립하여 세금공제를 받으나 70.5세부터는 매년 일정액을 찾아가야 하는 '세금 연기 구좌', 〈~ a pension plan of US〉 미2

844　*****IRA**³ (in·fla·tion re·duc·tion act): (2022년 8월부터 시행된) 〈적자감소·처방약 가격하락·청정 열자원을 골자로 하는〉 미국의 통화팽창 감축법, 〈~ a change of US tax law〉 미2

845　**I·ran** [이랜 \ 아이뢘 \ 아이롼]: 'Aryan족의 땅', 이란, 한때 페르시아 제국의 요람이었으나 1979년 1400년 내려오던 군주제가 무너지고 〈종교 지도자들이 나라를 좌지우지하는〉 서남아시아의 인구가 많은 이슬람 공화국, Persia, {Iranian·Persian-Persian-Rial-Tehran}, 〈이란 사람들은 Iranian 대신 Persian이라고 해야 좋아함〉 수1

846　**I·ran Con·tra Scan·dal**: '이란 역 추문', (1985~1987년간에 일어났던) 이란에 무기를 몰래 팔아 니카라과 반란을 지원했던 레이건(Reagan) 행정부의 추태 수2

847　**I·ran I·raq War** [아이뢘 이뢥 워어]: 1980~1988년간 아랍의 패자를 꿈꾸는 사담 후세인(Saddam Hussein)의 이란 침공으로 시작되어 약 50만명의 사망자를 내고 유명무실하게 끝난 〈영토 전쟁〉, 〈~ the First Gulf War〉 수2

848　**I·raq \ I·rak** [이뢥 \ 이롹]: 〈← araqa(well-watered)?〉, 〈아랍어〉, '축축한 땅?', 이라크, 메소포타미아('두 강 사이'), 1932년 영국으로부터 독립되어 1958년 쿠데타로 왕정을 종식시키고 1979~2003년간 사담 후세인이 통치했던 서남아시아의 공화국, {Iraqi-Arab·Kurdish-Dinar-Baghdad} 수1

849　**I·raq War** [이뢥 워어]: 2003년 미국(USA)이 후세인 정권이 대량 살상무기를 보유하고 있다는 명목으로 침공하여 2011년까지 오랜 기간 '연합군'과 이락(Iraq) 간에 벌어진 전쟁으로 최소 15만 명의 사망자와 사담 후세인의 죽음을 초래함 수2

850　**i·ras·ci·ble** [이래서블]: 〈← ira(anger)〉, 〈라틴어〉, 성마른, 노한, '화를 잘 내는', 〈~ ir ate〉, 〈↔calm\even-tempered〉 양2

851　**i·rate** [아이뤠이트]: 〈← ira(anger)〉, 〈라틴어〉, '노한', 성난, 〈~ irascible\annoying〉, 〈↔calm\composed〉 양2

852　***IRC** (in·ter·net re-lay chat): 전산망 중계 현시 교대 통화〈"대화방 수다 떨기"를 고상하게 표시한 말〉 미2

853　**ire** [아이어]: 〈← ira(anger)〉, 〈라틴어〉, 〈불같이 치밀어 오르는〉 화, 분노, 〈~ wrath〉, 〈↔calmness\pleasure〉 양2

854　**Ire-land** [아이얼런드]: 〈토지의 여신 'Erin'에서연유한〉 '풍족한 땅', 아일랜드, 1921년 영국으로부터 독립하여 섬의 남쪽 5/6를 차지한 농업 위주의 유럽연합 공화국, {Irish-Eng-Euro-Dublin} 수1

855　**I·re·ne** [아이뤼인]: 〈그리스어〉, 아이린(여자 이름), a female given name, 이레네('평화〈peace〉'의 여신) 수1

856　**i·ren·ic** [아이뤠닉]: 〈평화의 여신 Irene같은〉 평화적인, 협조적인, 〈~ peaceful\pacific〉, 〈↔martial\violent〉 수2

857　**i·rid·i·um** [이뤼디엄]: 〈바닷물에 담그면 '무지개' 색깔이 나고 단단한 합금(alloy)용으로 쓰이는〉 이리듐, 금속(metal)원소(기호 Ir·번호77) 수1

858　**ir·i·dol·o·gy** [이뤼달러쥐 \ 아이뤼달러쥐]: 〈← iris(무지개)〉, 홍채학, (17세기 중반에 유럽에서 태동해서 19세기 말에 인기 있었던) 〈눈동자의 색깔과 형태를 보고 모든 질병을 가려낼 수 있다는〉 홍채 진단법(irido-diagnosis), 〈~ a pseudo-science〉 양2

859　**I·ris** [아이뤼스]: 〈그리스어〉, 여자 이름, a female given name, 이리스('무지개〈rainbow〉'의 여신) 수1

860　**i·ris**¹ [아이뤼스]: '무지개꽃'(난초 비슷한 줄기에 여러 색깔을 가진 3개의 꽃잎이 밑으로 처지면서 피는 붓꽃속의 관상초), 〈→ orris?〉, 〈~ blue flag〉 우1

861　**i·ris**² [아이뤼스]: 무지개〈rainbow〉 광채가 나는 수정, (안구의) 홍채, 조리개, 〈~ the colored part of the front eye〉, 〈~(↔)uvea〉 우1 양2

862　**i·ris**³ [아이뤼스] (in·fra-red in·trud–er sys·tem): (침입자가 적외선을 차단하면 경보가 울리는) 적외선 경보 체계, 〈~ an intrusion detector〉 미2

863　***I·rish cof·fee** [아이뤼쉬 커어휘]: 위스키(whiskey)를 치고 거품 낸 크림을 띄운 설탕을 탄 〈Ireland 풍의〉 뜨거운 커피(hot coffee) 수2

864　**I·rish dai·sy** [아이뤼쉬 데이지]: 〈전 세계에 서식하나 아일랜드 들판에 많은〉 '그냥' 민들레, 〈~ dandelion〉 양2

865　***I·rish good-bye** [아이뤼쉬 굳 바이]: '아일랜드 사람처럼' 〈술이 너무 취해서(drunken)〉 모임에서 슬며시 사라지는 일, 〈~(↔)French leave〉 우2

866　***I·rish joke** [아이뤼쉬 죠우크]: 〈'미련한(stupid)' 아일랜드 사람이 하는〉 어리석은 농담 양2

867　**I·rish moss** [아이뤼쉬 모어스]: carrageen [캐뤄기인], 〈1800년대 아일랜드에 기근이 들었을 때 뜯어 먹던〉 돌가사리, 진두발(산호같이 생긴 식용 바다말의 일종), 〈~ a pearl-wort〉 미2

868　**I·rish po·ta·to** [아이뤼쉬 퍼테이토우]: (아일랜드에서 잘 자라는) 〈단 감자가 아닌〉 '그냥' 감자, white potato 양2

869　**I·rish stew** [아이뤼쉬 스투우]: 양고기(쇠고기)·감자·당근·양파 등을 넣고 찌개같이 끓인 요리, 1800년경에 개발된 아일랜드의 대표적 요리, 〈~ Stobhach〉 수2

870　**I·rish ter·ri·er** [아이뤼쉬 테뤼어]: 〈아일랜드 Cork 지방에서 개발된〉 붉은색의 억세고 곱슬곱슬한 털(harsh red coat)을 가진 테리어 수2

871　**I·rish tweed** [아이뤼쉬 트위이드]: (북아일랜드 원산의) 엷은 색 날실과 짙은 색 씨실로 짠 두터운 혼방 (직물), 〈~ a sturdy woolen fabric〉 수2

872　***I·rish twin(s)** [아이뤼쉬 트윈(즈)]: (아일랜드의 가난한 가톨릭 집안에 많았던) 나이 터울이 18개월 이내의 아이(들), 연년생 형제(들), 〈~ Catholic twins〉 우2

873　**I·rish whis·key** [아이뤼쉬 위스키]: 〈위스키의 원조로 사료되는 북아일랜드 원산〉 보리(barley)로 만든 증류주 수2

874　**I·rish wolf-hound** [아이뤼쉬 울후하운드]: (1210년경 아일랜드에서 개발되어 영국에서 늑대 사냥에 썼던) 덩치가 사람만 하고 철사 같은 털을 가진 흰색 내지는 검은색의 사냥개, 〈~ a large sight-hound〉 수2

875 **irk** [어얼크]: ⟨← yrk⟩, ⟨북구어⟩, ⟨'work'(일)하기처럼⟩ 지겹게 (짜증스럽게) 하다, 괴롭히다, ⟨~ irritate\annoy⟩, ⟨↔appease\pacify⟩ 양2

876 ***IRL** (in real life): 현실로 돌아가서~ 미2

877 **Ir·ma** [어얼마]: ⟨← irmin(world)⟩, ⟨게르만어⟩, Erma, 얼머, a feminine given name, 여자 이름, (독일의) 전쟁의 여신, ⟨German god of war⟩ 수1

878 **i·ron** [아이언]: ⟨← isern⟩, ⟨게르만어⟩, '강한⟨strong⟩ 금속', 아이론, ⟨순수한 상태에서는 은백색을 띠는⟩ 철, 금속원소(기호 Fe·번호26), 다리미, 쇠머리 달린 골프채, 낙인, 철제, 강한, 냉혹한, ⟨~ ferrum\steel\toughness⟩, ⟨↔wood⟩ 가1 우2

879 **I·ron Age** [아이언 에이쥐]: (쇠로 만든 병장기와 문자가 개발되기 시작했던) ⟨500~332 BCE년간의⟩ 철기시대 양2

880 **i·ron-bark** [아이언 바아크]: eucalyptus, ⟨단단해서 좋은 재목이 되는⟩ 유칼립투스 나무 우1

881 **i·ron-clad** [아이언 클래드]: 철판을 입힌, 깨뜨릴 수 없는, ⟨~ steel-plated\indestructable⟩ 양2

882 **i·ron cur·tain** [아이언 커어튼]: 철의 장막(냉전시대 소련 측 동유럽 국가들의 서쪽 경계선), ⟨~(↔)bamboo curtain⟩, ⟨~ a barrier between Soviet and Western influence⟩ 양2

883 **I·ron Dome** [아이언 도움]: '철 천장', 단거리 로켓·포탄 공격을 방어하기 위해 이스라엘이 2011년부터 생산하는 요격 탄도탄, ⟨~ an Israeli mobile defence system⟩ 우2

884 **i·ron found·ry** [아이언 화운드뤼]: 주철소, 제철소, '대장간', ⟨~ steel mill⟩ 양2

885 **i·ron·ic** [아이롸닉]: ⟨← eironeia(dissimulation)⟩, ⟨그리스어⟩, 비꼬는, 빈정대는, 반어의, 풍자적인, '모른 체하는', ⟨~ sarcastic\paradoxical\wry⟩, ⟨↔sincere\straight⟩ 양2

886 **i·ron-mon·ger** [아이언 멍거]: 철물상, 철물점 주인, ⟨~ black (or iron) smith⟩ 양2

887 **I·ron-Sides** [아이언 싸이드]: ①(크롬웰이 지휘했던) 영국의 철기병대 ②(아직도 보스턴 항에 떠 있는) 미국 독립 전쟁 때 영국의 18 파운드짜리 함포가 튕겨 나갈 정도로 단단한 ⟨참나무로 만든⟩ 돛단 전투함의 별명, i~s~; 강철 같은 사람(배), ⟨~ strong person(troopers·ship)⟩ 우2 양2

888 **i·ron-smith** [아이언 스미쓰]: 제철공, 대장장이, black·smith, ⟨~ iron-monger⟩, ⟨~(↔)silver smith\gold smith⟩ 가1

889 **i·ron-weed** [아이언 위이드]: 섬꼬리풀, 버들잎엉경퀴(⟨강인하고⟩ 기다란 줄기·잔가시가 달린 잎과 적·보라색의 여러 갈래의 대롱꽃이 피는 국화과 베로니카속⟨veronica⟩의 잡초), ⟨~ an Asteraceae⟩ 미2

890 **i·ron-wood** [아이언 우드]: 경질 목재, 강철 나무(자작나무·서(어)나무 등 목재가 단단한 나무의 총칭), ⟨~ lignum vitae\beef-wood\horn-beam⟩ 양1

891 **i·ron·y**¹ [아이어니]: 철의, 쇠 같은, ⟨~ strong\iron-like⟩, ⟨↔weak\soft⟩ 가2

892 **i·ro·ny**² [아이뤄니]: ⟨그리스 희극의 주인공 이름(Eiron)에서 연유한⟩ 풍자, 비꼬기, 빗댐, ⟨~ sarcasm\contradiction⟩, ⟨↔sincerity\praise⟩ 양2

893 ***IRQ** (in·ter·rupt re·quest): 중지 요구(개인 전산기에서 중앙 처리기에 입·출력을 중지해 달라는 신호로 고유번호가 부여되어 있음), ⟨~ request to stop a running program temporarily⟩ 미2

894 **ir·ra·di·ate** [이 뤠이디에이트]: in+radiare(beam), ⟨라틴어⟩, '화창하게 빛나다', 비추다, 밝히다, 방사선을 쪼이다, ⟨~ brighten\illuminate\expose to radiation⟩, ⟨↔darken\depress⟩ 양2

895 **ir·ra·tion·al num·ber** [이 뢔셔늘 넘버]: 무리수, ⟨pi(약 3.1416)같이⟩ 자연수의 '비율'로 나타낼 수 없는 수, ⟨~ a real number that cannot be written as a ratio of two integers (or a fraction)⟩, ⟨↔rational number⟩ 양2

896 **ir·re·gard·less** [이 뤼가알리스]: =regardless; 무관심한, 개의치 않고, 여하튼, ⟨~ any-way\what-ever\never-the-less⟩, ⟨↔attentive\suitable\proper⟩ 가2

897 **ir-rel·e·vant** [이 뤨러뷘트]: in+re·levare(re-lift), ⟨라틴어⟩, 무관한, 부적절한, 당치 않은, ⟨~ un-connected\impertinent\immaterial⟩, ⟨↔related\appropriate\meaningful⟩ 가1

898 **ir·res·o·lute** [이 뤠절루우트]: in+re·solvere(re·solve), ⟨라틴어⟩, 결단력이 없는, 우유부단한, ⟨~ indecisive\hesitant\changing⟩, ⟨↔pertinacious\persistent\stead fast⟩ 양2

899 **ir-rev·er·ent** [이 뤠붜뤈트]: in+re·vereri(fear), ⟨라틴어⟩, 불경한, 불손한, 무례한, ⟨~ disdainful\impudent⟩, ⟨↔respectful\religious⟩ 가2

900 **ir·ri·ga–tion** [이 뤼게이션]: in+rigare(moisten), 〈라틴어〉, '물을 댐', 관개, 씻음, 〈~ watering\sprinkling\washing〉, 〈↔drainage\over-flow〉 가1

901 **ir·ri·ta·ble** [이 뤼터블]: 〈쉽게 흥분되는〉, 성마른, 민감한, 신경질적인, 〈~ annoyed\prickly〉, 〈~ cranky\quick tempered〉, 〈↔good-humored\easy-going〉 가1

902 **ir·ri·ta–tion** [이 뤼테이션]: 〈← irritare(excite)〉, 〈라틴어〉, 안달, 초조, 노여움, 자극, 흥분, 〈~ irate\agitation〉, 〈↔emolloent\delight〉 가1

903 **IRS**: ⇒ Internal Revenue Service, 'income removal service' 미2

904 **Ir·vine** [어얼빈 \ 어얼봐인]: ir(green)+afon(water), 〈켈트어〉 ①'녹색 강가에 사는 자', 남자 이름, 〈~ a male given name〉 ②지주의 이름을 따 1971년에 계획된 도시로 설립되어 〈한국인들한테 인기 있는〉 LA 동남부의 신흥도시, 〈~ a city in Orange County〉 수1

905 **Ir·ving** [어얼빙], Wash·ing·ton: 〈← Irvine〉, 어빙, (1783-1859), 네덜란드계 이민의 〈남가일몽〉을 그린 「Rip Van Winkle」 등으로 미국 문학을 개척한 풍자작가·사업가·변호사·외교관, 〈~ an American writer and diplomat〉 수1

906 **IS** [아이에스]: Islam State, 이슬람 국가, (알카에다의 명령을 받으며 1999년부터 활동을 시작해서 2014년 현 이름으로 바꾸고 이라크와 시리아의 일부를 장악하고 국가를 자처하는 이슬람 과격 무장 단체), 〈~ a transnational Sunni insurgent group〉, 〈2015년 130명 이상의 사망자를 낸 Paris의 terror attack의 주범〉 수1

907 **is** [이즈]: 〈게르만어〉, be (이다)의 3인칭·단수·직설법·현재형, 〈~ estar〉 가1

908 **is / ought gap** [이즈 / 어우트 갭]: '존재와 당연의 간격', David Hume이 주창한 〈사실과 가치는 다르다는〉 인식론, 〈~ Hume's guillotine〉 우2

909 **Is·a·bel·la** [이저벨러]: 〈히브리어〉, God is my oath, '신에 맹세한 자', 이사벨라(여자 이름), 〈~ a feminine given name〉, 이사벨라 Ⅰ세; (1451-1504), 페르난도 5세와 결혼함으로써 스페인(Spain)의 국토를 두 배로 늘리고 콜롬버스를 지원한 선견지명이 있던 여왕 수1

910 **I·sa·iah** [아이제이어]: 〈히브리어〉, God saves, '구세주의 자손', 이사야, 기원전 7백 년경에 살았던 히브리의 대예언자, 〈바빌론으로부터 이스라엘을 탈환하기 위해 쓴〉 (가장 긴) 구약성서의 한 편, 〈~ an Israelite prophet\a Book in the Old Testment〉 수1

911 **ISAM** (in-dexed se·quen·tial ac·cess meth·od): 색인 순차 접근 방식(필요한 부분을 빨리 검색하기 위해 IBM에서 개발한 기록철에서 뽑은 중요 항목을 순차적으로 정리하는 방법) 미2

912 *****ISBN** (In·ter·na·tion·al Stand·ard Book Num·ber): 국제 표준 도서 번호(2007년부터 13자리로 정립된 책에 붙이는 고유한 국제적 식별자) 미2

913 **is·che·mi·a** [이스키미어]: ischein(hold)+haima(blood), 〈그리스어〉, 〈'피의 흐름이 억제된'〉 허혈, (국소)빈혈, 국부적인 혈액 부족, 〈~ impaired perfusion\local anemia〉, 〈~(↔)hemorrnage〉, 〈↔plethora〉 양2

914 **is·chi·um** [읶키엄]: 〈← ischion(hip joint)〉, 〈그리스어〉, 궁둥뼈, 좌골, 〈~ bony pelvis의 아랫부분-윗부분은 ilium〉 양2

915 *****ISDN** (in·te·grat·ed ser·vices dig·i·tal net·work): 종합 정보 통신망, (문자·그림·음성·영상 등 모든 정보를 숫자형 신호로 바꾸고 전화·팩시밀리 등의 기능도 합쳐서 한 통신망으로 봉사할 수 있는-영상회의 등에서 요긴하게 쓰이는) '종합봉사 숫자형 통신망' 우1

916 **~ise** [~아이즈]: ~ize, 〈라틴어〉, 〈~성질·조건·기능〉이란 뜻의 동사를 만드는 결합사, 〈~ quality\condition\function〉 양1

917 **ISFP**: MBTI 성격 분류에서 〈introverted·sensing·feeling·perceiving 성향의〉 내향적이고 이타적인 유형, 은둔자·관찰자 양2

918 **~ish** [~이쉬]: 〈그리스어→게르만어→영국어〉, 〈~의·속하는·다운·쯤 되는〉이란 뜻의 결합사, 〈~ of\belonging\like\about〉 양1

919 **I·shi-ba** [이쉬바], Shi·ge·ru: 〈중국어→일본어〉, rock-breaker(석수), 석파무, 이시바 시게루, (1957-), 정치가 가문에서 태어난 자민당 소속 직업 정치인, 〈~ Japan's Prime Minister since Oct 1 '24〉 수1

920 **I·shi-da** [이쉬다], Ba·i·gan: 〈중국어→일본어〉, 석전매암, 〈'자갈논(rocky rice paddy)'을 가진 자〉, 이시다 바이간, (1685-1744), '이익이 없더라도 〈인격 수양을 위해〉 노동하라'라고 외친 일본 석문학파의 철학자, {편자가 막무가내로 사전을 쓰는 이유}, 〈~ a Japanese philosopher〉 수1

921 **Ish·ma·el** [이슈미얼 \ 이슈메이얼]: shama(hear)+el(God), 〈히브리어〉, God hears, 〈신이 들어주는 자〉, 이스마엘(아브라함의 아들), 첩의 아들, 추방인, 뜨내기, 사회에서 버림받은 자, 〈~ 1st son of Abraham\a prophet\an out cast〉 수1 양2

922 **i·sin-glass** [아이징글래스]: huizen(sturgeon)+blas(bladder), 〈네덜란드어〉, 〈← glass〉 ①물고기의 부레로 만든 반투명의 아교질, 〈~ agar\gelatin〉 ②〈유리같은〉 운모(돌비늘) 미2

923 **I·sis** [아이시스]: 〈'왕관(throne)'이란 뜻의 이집트어〉, 이시스(농사와 수태를 관장하는 이집트의 여신), 풍요의 여신, 〈~ Egyptian goddess of fertility and healing〉 수1

924 **Is·lam** [이슬라암 \ 이즐라암]: 〈아랍어〉, '순종자(obedience)', 이슬람, 무슬림, 회교, 마호메트교(서기 600년경 아라비아의 예언자 마호메트가 시작하여 한 손에 코란과 다른 손에는 칼을 들고 세력을 팽창하여 온 세계에서 두 번째로 큰 종교), 〈~ muslim〉 미2

925 **Is·lam·ic cal·en·dar** [이슬래믹 캘린더]: 히즈라력(AH로 표시), 모하메드가 메카에서 메디나로 옮긴 AD 622년을 원년으로 하고 일 년을 354~355일·12개월로 나눈 태음력, 〈~ a lunar calendar〉 수2

926 **is-land** [아일런드]: ig(aqua)+land, 〈라틴어+게르만어에서 연유한 영국어〉, 섬, 도, '물에 둘러 싸인 땅', 부엌의 중간에 있는 조리대, 〈~ a body of land smaller than a continent〉, 〈~ an isolated cook-top〉, 〈↔main-land\open sea〉 가2

927 **isle** [아일]: 〈라틴어→프랑스어→영국어〉, 작은(smaller) 섬 가2

928 **is·let** [아일릴]: 〈← isle〉, 아주 작은(very small) 섬, 동떨어진 곳(retreat) 가1

929 **~ism** [~이즘]: 〈그리스어→라틴어→프랑스어〉, 〈~행동·상태·작용·학설〉을 나타내는 결합사, 〈~ act\practice\process〉 양1

930 **ISO¹** (In·ter·na·tion·al Or·gan·i·za·tion for Stand·ard·i·za·tion): 국제 표준 기구(모든 생산품에 국제 규격을 적용하기 위해 1947년 제네바(Geneva)에 본부를 두고 창설되어 170개국이 참여하고 있는 유엔 자문 기구), 'International Standard Development Organization', 〈~ a UN advisory org.〉 미2

931 ***ISO²** (in search of): 찾고 있는 중~ 미2

932 **i·so~** [아이소~]: 〈그리스어〉, 〈같은·동일한·유사한~〉이란 뜻의 결합사, 〈~ syn\ipsi〉, 〈↔hetero~\contra〉 양1

933 **i·so-co·lon** [아이써 코울런]: '동위 대구', 유사한 구절을 반복해서 강도를 높이는 구문, 〈~ a parallelism〉 우2

934 **i·so-gen·i·c** [아이써쮀닉]: 동일 유전자형의, 동종동계의, 〈~ syn-genic〉, 〈↔hetero-genic〉 양2

935 **i·so·late** [아이쏠레이트]: 〈← insula(island)〉, 〈라틴어→영국어〉, '섬으로 보내다', 〈섬처럼〉 고립시키다, 분리하다, 격리하다, 〈~ seclude\quarantine〉, 〈↔integrate\unite〉 가1

936 **i·so-mer** [아이서머]: isos(equal)+meros(part), 〈그리스어〉, (형태는 같으나 속성이 다른) 한 쌍의 이성(질)체, 이성핵, 〈~ same chemical formula but different structure〉, 〈↔epi-mer〉 미2

937 **i·so-tope** [아이써 토우프]: iso+topos(place), 〈그리스어〉, 동위원소, (양성자의 숫자는 같으나 중성자의 숫자가 다른) 핵종, 〈~ same atomic number but different mass numbers\nuclide〉 가1

938 ***ISP** (in·ter·net ser·vice pro·vid-er): 전산망(접속) 봉사 제공자(사용자가 전산망을 쓸 수 있는 계좌를 제공하는 회사) 미2

939 **Is·ra·el** [이즈뤼얼 \ 이즈레이얼]: 〈히브리어〉, God contended, '신이 힘을 실어 주신 자', 이스라엘(야곱의 별명), 신의 선민, (수세기에 걸친 로마와 아랍의 박해로 세계 각처에 흩어졌던 유대인들이 19세기 말부터 팔레스타인으로 돌아와서 1948년 독립을 선포한) 이스라엘 공화국, {Israeli-Hebrew-New Shekel-Jerusalem} 수1

940 **Is·sac** [아이젝]: 〈히브리어〉, he laughs, 〈인자한 웃음을 띠는〉 아이작(남자 이름), 이삭 (〈한번 웃어보는 '일소'〉, 아브라함의 아들, 에서와 야곱의 아버지), 〈~ an Israellite patriarch〉, issac; 다재다능하고 다정다감한 남자(rejoicer) 수1 우1

941 ***#IStand With** [아이 스탠드 위드]: 〈사회 전산망에서 자신의 주장을 알리는 구호〉, (~을) 굳건히 지키다·지지하다(support) 미2

942 **is·sue** [이슈우]: ex+ire(go), 〈라틴어〉, '밖으로 나가다', 내다, 발행하다, 발포하다, 지급하다, 유출물, 발행물, 논쟁(점), 결과, 지급품, 자손, 〈~ publish\matter\off-spring〉, 〈↔withdraw\agreement〉 양1

943 **~ist** [~이스트]: 〈그리스어→라틴어→프랑스어〉, 〈~하는 사람·~주의자〉란 뜻의 결합사, 〈~ a person(character)〉 양1

944 **Is·tan·bul** [이스탄불]: eis(to)+ten(the)+polin(city), 〈'도심'이란 그리스 언어에서 유래한〉 이스탄불(330~1453년까지 비잔틴 제국의 수도, 1453~1922년까지 오토만 제국의 수도, 〈소가 헤엄쳐 건널 수 있다는〉 보스포루스 해협의 동서로 발달된 터키 제1의 도시, 1930년에 Constantinople이 개칭된 이름 수1

945 **isth·mus** [이쓰머스]: 〈← isthmos(neck)〉, 〈그리스어〉, 〈두 육지를 연결하는〉 지협, 협부('좁은 곳'), 〈~ narrow strip of land〉, 〈↔strait〉 양1

946 *ISTR (I seem to re-call): 이제 생각났는데~ 미2

947 *ISV (in·de·pen·dent soft-ware ven·dor): 독자적 연성기기 판매상(강성기기하고는 관계없이 연성기기만 개발·판매하는 장사꾼) 미2

948 *IT (in·for·ma·tion tech·nol·o·gy): 정보공학(기술) 양2

949 **it** [잍]: 〈← hit〉, 〈게르만어〉, 〈← he의 중성형〉, 그것, 그와 관계되는 것, 술래, 중요 인물, 그 짓(성행위), 〈~ the object (or act)〉 가2

950 **I-tae-won** [이태원]: 〈중국어→한국어〉, station with many pear trees, '배나무가 많은 역', (2018년까지 미군 사령부가 있던) 한국 서울(Seoul)시 중간쯤 한강 북쪽에 자리잡은 관광특구로 2022년 할로윈 축제때 경사진 좁은 골목에서 150명 이상이 압사 당한 곳 수1

951 **I·tal·ian dress·ing** [이탤리언 드뤠씽]: 〈이탈리아 사람들은 별로 좋아하지 않는〉 (미국 원산의) 식초·올리브유·마늘·박하 등으로 맛을 낸 자극성 샐러드 드레싱, 〈~ vinaigrette salad sauce〉, 〈~ Italy에서는 French (or American) dressing이라고 함〉 수2

952 **I·tal·ian grey-hound** [이탤리언 그뤠이하운드]: 뾰죡한 머리와 잘록한 허리를 가지고 우아하게 걷는 〈로마 귀족들이 좋아하던〉 조그만 애완견, 〈~ a small sight-hound〉 수2

953 **I·tal·ian ice-cream** [이탤리언 아이스 크뤼임]: 〈이탈리아 이민들이 미국에 들여온〉 Italian sherbet, ⇒ gelato 수2

954 **I·tal·ian sand-witch** [이탤리언 쌘드위치]: 〈이탈리아 이민들이 미국에서 개발한〉 submarine(긴 롤빵에 냉육·치즈·야채를 끼운 큰 샌드위치) 수2

955 **I·tal·ian west-ern** [이탤리언 웨스턴]: '이탈리아 서부극', ⇒ spaghetti western 수2

956 **I·tal·ian writ·ing** [이탤리언 롸이팅]: 〈이탈리아에서 개발된〉 표준 육필 초서체(알파벳을 손으로 흘려 쓰는 보통 펜맨십), 〈~ Italian orthography\standard pen-man-ship〉 미2

957 **i·ta·lic** [이탤릭]:(〈좀 뛰라고〉 곱상스러운 글체를 오른쪽으로 약간 삐딱하게 눕혀 쓴) 이탤릭체(italic type)의 글자, 〈~ a cursive font\slanted lines〉, 〈~(↔)Roman type〉 수2

958 **It·a·ly** [이털리]: 〈← viteliu〉, 〈고대 남부 이탈리아어→그리스어〉, 이탈리아, 이태리, land of young bulls, '방목의 땅', 유럽 대륙에서 아프리카를 향해 장화 모양으로 튀어나온 반도, 찬란한 역사와 아름다운 국토를 가진 남유럽의 중심국가, {Italian-Italian -Euro-Rome} 수1

959 **It·a·ly tow·el** [이털리 타우얼]: 이태리 타월, 〈한국어〉, 〈그것을 만드는 천을 이탈리아에서 수입한데서 유래한 상품명〉, 〈1962년 부산에서 제조되어 동남아로 수출된〉 깔깔이 수건, '때밀이' 수건, ⇒ wash-cloth 수2

960 **itch** [이취]: 〈← giccan(restless desire)〉, 〈게르만어〉, '가려움', 옴, 참을 수 없는 욕망, 〈~ tingling\irritation〉, 〈↔soothing\frigid〉 가1

961 *itch-y feet [이취이 휘이트]: 떠나고 싶은 욕망, 여행하고 싶은 욕구, 역마살, 〈~ fern-weh〉, 〈↔nostalgia\home-sickness〉 양2

962 **itch mite** [이취 마이트]: scabies, 옴벌레, 개선충(연한 피부를 파고들어 가서 심한 가려움증을 유발하는 미세 기생충) 가1

963 **~ite** [~아이트]: 〈그리스어→라틴어→프랑스어〉 ①〈~의 사람(person)·~을 대표하는(representing)〉이란 뜻의 결합사 ②〈~ 화석(fossile)·상품(product)〉이란 뜻의 결합사 양1

964 **i·tem** [아이텀]: id(it)+tem(same), 〈라틴어〉, 항목, 품목, 조목, 이야깃거리, '마찬가지로', 〈~ a thing(article·object)〉, 〈↔whole\heedless-ness〉 양2

965 **it·er·a·tive** [이터뤠이티브]: 〈← iterum(again)〉, 〈라틴어〉, 곱씹는, 반복하는, 〈← repeat〉, 〈~ recursive\echoing〉, 〈↔varied\incremental〉 가2

966 **it·er·o–par·i·ty** [이터뤄 패뤼티]: iderum(again)+pario(produce), 〈라틴어〉, 반복 생식성, (사람을 비롯한 고등동물이 즐기는) 〈생식기간이 죽었다가 살아나는 것을 되풀이 하는〉 다회성 번식체, 〈그러니 분발해서 출산율을 높여야 할 것임〉, 〈~ repeated reproduction\poly-carpy〉, 〈↔semel-parity〉 양2

967 **Ith·a·ca** [이써커]: 〈i는 페니키아어 island 같으나 어원 불명의 그리스어〉, 이타카 ①그리스 서쪽의 섬으로 오디세우스의 고향, 본향, 〈~ a Greek island in Ionian Sea〉 ②코넬(Cornell) 대학이 있는 뉴욕주 중남부(mid-south NY state)의 중소 도시 수1

968 **i·tin·er·ar·y** [아이티너뤠뤼 \ 이티너뤠뤼]: 〈← iter(going)〉, 〈라틴어〉, 순방(순회)하는 여정(표), 여행계획서, '가는 길', 〈~ plan\journal〉, 〈↔immobility\disorganization〉 양2

969 **~i·tion** [~이션]: ~ion, 〈라틴어→프랑스어〉, 〈~ 동작·상태〉를 나타내는 결합사, 〈~ action\situation〉 양1

970 **~i·tious** [~이셔스]: ~ious, 〈라틴어〉, 〈~의 성질이 있는〉이란 뜻의 결합사, 〈~ character〉 양1

971 **~i·tis** [~아이티스]: 〈그리스어〉, 〈~ 염증·광〉이란 뜻의 결합사, 〈~ inflamation〉 양1

972 **it is what it is**: 원래 그런 걸 어쩌겠어요, 사필귀정(a natural result), 〈'I don't care'의 또 다른 표현〉 양2

973 **~i·tive** [~이티브]: 라틴어계의 형용사·명사를 만드는 어미, 〈~ quality of〉 양1

974 **I·to** [이토], Hi·ro·bu·mi: 〈지명에서 연유한〉 이토 히로부미, 이등박문, (1841-1909), 런던 유학 후 명치유신에 앞장서서 한국 침투에 지대한 역할을 하다 안중근 의사의 탄알에 숨진 일본의 공작·초대수상, 〈~ the 1st Prime Minister of Japan〉 수1

975 *****it's a·bout time** [잍츠 어바웉 타임]: 때가 되었다, (~할 때가) 〈이미〉 지났다, 그러면 그렇지, 〈~ after all\at last〉 양2

976 *****it's all looks and no sub·stance**: 속 빈 강정, 〈~ it's a lemon〉 양2

977 *****it's all yours**: 그거 모두 네꺼야, 네 마음대로 써(해), 나는 상관하지 않을께, 〈~ at your command (disposal)\I am done with it〉, 〈~ pass the buck\it's your baby〉 양2

978 *****it's a mat·ter of how you see it**: 제 눈에 안경, 이현령비현령(귀에 걸면 귀걸이 코에 걸면 코걸이), 〈~ perception is reality〉 양2

979 **it-self** [잍 쎌후]: 그것 자체, 바로 그것, 〈~ alone\as such〉 가2

980 *****it's none of your busi·ness**: 당신이 상관할 바 아냐, 남의 잔치에 감 놓아라 배 놓아라 하지 말어, 〈~ mind your own business\stay out of my business〉 양2

981 *****it's not my day**: 일진이 사납군, 재수 옴 붙었군, 〈~(↔)it's one of those days〉 양2

982 *****it's not o·ver un-till that fat la·dy sings**: 〈원래는 opera의 마지막 곡을 부르는 소프라노가 대개 뚱뚱한 여자였던 데서 연유했으나 1978년 미국의 한 야구단이 첫 승리를 했을 때 한 기자가 '앞으로 갈 길이 멀다'란 뜻으로 쓰기 시작했음〉, 길고 짧은 것은 대어(재어) 보아야 안다, 좀 더 두고 보자, 〈~ wait and see\it's not over untill it's over〉, 〈↔jump the gun〉 양2

983 **ITT** (In·ter·na·tion·al Tel·e-phone and Tel·e-graph): (미) 국제 전화·전신 회사(1920년에 설립되어 국방 산업 및 국제 정치에도 관여했던 정치성과 이합집산이 심했던 통신회사), 〈~ an American manufacturing company〉 미2

984 *****it takes one to know one**: 너도 마찬가지다, 너 자신을 알라, 사돈 남 말한다, 도둑은 도둑이 제일 잘 안다, 누가 할 소리를!, 〈~ look who is talking〉, 〈~(↔)pot calling the kettle blak〉 양2

985 *****it takes two to tan·go**: 〈도둑질도〉 꿍짝(손·발)이 맞아야 한다, 둘 다 잘못이다, 〈유식한 말로는 고장난명(외손뼉은 울리기 어렵다)라 함〉, 〈~ both are responsible〉, 〈↔one is enough〉 양2

986 **it·ty-bit·ty** [이티 비티]: 〈영국어〉, little+bit, 조그마한, 하찮은, 〈↔giant\huge〉 양2

987 **ITU** (In·ter·na·tion·al Tel·e-com·mu·ni·ca·tion Un·ion): 국제 전기 통신 연맹(정보·통신 기술에 관한 국제적 문제를 해결하기 위해 1865년에 설립되어 Geneva에 본부를 두고 1947년에 유엔의 특수기구로 편입된 반관·반민 단체), 〈~ a specialized agency of UN〉 미2

988 *****it was just blind luck**: 소 뒷걸음치다 쥐잡기, 〈~ the net of sleeper catches fish〉 양2

989 **i2¹** [아이 투우]: ⇒ Internet 2(two) 수2

990 **i2²** [아이 투우] Group(Lim-it·ed): 1990년 영국에서 창립되어 주로 군사·경찰·경제 정보 분석을 취급하다 2011년 IBM에 흡수된 전산기 연성기기 회사(software company) 수2

991 **~i·ty** [~이티 \ ~어티]: 〈라틴어〉, 〈~상태·성질·정도〉를 나타내는 결합사, 〈~ condition\character\state〉 양1

992 **IUD** (in·tra·u·ter·ine de·vice): loop, (부작용과 불편함으로 더 이상 쓰지 않는) 피임 고리, 〈↔condom\rubber〉 양2

993 *****IUL** :(equity) indexed universal life insurance, (저축성) 지수형 포괄적 생명보험, 현금 가치가 증식될 수 있는 종신보험, 〈~ growing cash value+whole life〉 미2

994 **~i·um** [~이엄]: 라틴어계의 명사(noun)를 만드는 어미 양1

995 **IV** (in·tra·ve·nous): 정맥 내(로), 정맥주사, 〈↔IM\PO〉 가1

996 **I·van** [아이뷘]: 〈영어의 John에 해당하는〉 이반, 남자 이름, 수명의 러시아 황제(czar)의 이름 수1

997 **~ive** [~이브]: 〈라틴어〉, 〈~한 경향·성질〉을 나타내는 결합사, 〈~ tending to\being〉 양1

998 **I've been bet·ter** [아이브 비인 베터]: (내가) 좀 안 좋아졌어, 몸이 아프다, 최상은 아냐, 〈~ worse\no good>의 완곡한 표현〉, 〈↔I'm better〉 양2

999 **IVF** (in-vi·tro fer·ti·li·za·tion): 체외 수정, 시험관(test tube) 수정, 〈↔in-vivo fertilization〉 양2

1000 **i·vo·ry** [아이붜뤼]: 〈← ab(elephant)〉, 〈이집트어→라틴어〉, 〈← eboris〉, '상아', 상앗빛 (제품), 상아탑, (코끼리의) 엄니, 〈~ creamy\ivory tower\tusk of elephant〉 양2

1001 **I·vo·ry Coast** [아이붜뤼 코우스트]: 아이보리 코스트, (1986년 이후는) Cote d'Ivoire [코우트 디봐아르]; 1960년 프랑스로부터 독립한 서아프리카(West Africa) 적도 바로 위 대서양 연안의 커피가 주산인 공화국 수1

1002 **i·vo·ry palm** [아이붜뤼 파암]: 상아야자(짧은 줄기에 타조 날개 같은 잎이 옆으로 퍼지며 서서히 자라는 남미 원산의 야자수로 커다란 열매 속에 들어있는 씨들(nuts)이 마르면 상아(ivory)같이 단단하게 되어 조각용이나 단추 등을 만드는 데 쓰임) 미2

1003 **i·vo·ry tow·er** [아이붜뤼 타우어]: 〈원래는 상아 빛 같이 '우아한' 뜻으로 쓰였던〉 상아탑, 대학(1830년경부터 사용되는 상아로 만든 탑처럼 '비현실적인' 속세와 떨어진 사색의 세계), 예전에 한국에서는 시골서 소를 팔아 학자금을 조달했다는 뜻의 '우골탑'이란 말이 있었음), 〈~ academia〉 가2

1004 **i·vy** [아이비]: 〈← ifegn(vine)〉, 〈게르만어〉, 〈끈질긴〉 담쟁이덩굴, 〈담쟁이덩굴로 덮인 건물을 가진〉 명문교의, 학구적인, 〈~ a climbing vine\brainery〉 가1

1005 **I·vy League** [아이뷔 리이그]: 미 북동부 8개의 〈유서깊은〉 명문 사립대학팀(하버드·예일·프린스턴·컬럼비아·펜실베이니아·브라운·코넬·다트머스), 〈group of 8 prestigious private universities in N-E USA〉 수2

1006 *****i-way** (in-for·ma·tion su·per–high-way): Infobahn, 정보 초고속 도로 미2

1007 *****I will eat my hat**: 〈1837년 C. Dickens의 소설에 나오는 말〉, 절대 그럴리가 없어, 내 손가락에 장을 지지겠다, 〈~ I will swal·low the buck·le whole〉, 〈~ it won't happen\can't be true〉 양2

1008 **ix·i·a** [읶씨어]: 〈← ixos(bird·lime)〉, 〈그리스어〉, '침엽 엉겅퀴', 〈끈적끈적한 수액을 가진〉 익시아, 참붓꽃(칼 같은 잎에 붓 모양의 꽃잎이 층층이 피어나는 남아프리카 원산 나리과의 관상초), corn lily 미2

1009 *****iydkidkwd**: if you don't know·I don't know who does, 네가 모르면 누가 아는지 모르겠다 미2

1010 **i-za·ka·ya** [이쟈카야]: iru(stay)+sakaya(sake-shop), 〈일본어〉, 〈sake를 마시며 머무는〉 '거주옥', 숙식을 제공하는 일본식 술집 수2

1011 **~i·za·tion** [~이제이션 \ ~아이제이션]: ~ation, 〈라틴어〉, 〈~만듦〉이란 뜻의 결합사, 〈~ making\becoming〉 양1

1012 **iz·ard** [이져드]: 〈어원 불명의 이베리아어〉 이절드, 유럽의 피레네산맥에 사는 귀여운 영양(chamois) 수2

1013 **~ize** [~아이즈]: ~ise, 〈라틴어〉, 〈~으로 만들다·~으로 변화시키다〉란 뜻의 결합사, 〈~ cause to be\resemble〉 양1

1014 **Iz·ves·ti·a** [이즈붸스티어]: '소식', 이즈베스티아(1917년 공산당 기관지로 창설되어 1992년 민영화된 러시아의 일간 신문), 〈~ a Russian daily newspaper〉 수1

1. **J \ j** [줴이]: 10번째, J 모양, 손 모양을 본뜬 이집트의 상형문자에서 나온 〈I(i)와 사촌 간인 문자〉, Jake·James·journal·judge·justice·joule 등의 약자 수2

2. **ja·al goat** [줴이얼 고욷]: 〈← yael(wild goat)〉, 〈히브리어〉, 얄(산양), 북아프리카·중동지방의 산악지대에 사는 뿔이 가늘고 긴 〈'야생'〉 염소, 〈~ a domesticated goat〉 수2

3. **jab** [좹]: 〈← jobben(poke)〉, 〈스코틀랜드어〉, 〈의태어〉, 푹 찌르다, 잽싸게 일격을 가하다, 〈~ poke\inject〉, 〈~(↔)jolt\upper-cut〉, 〈↔pull\dodge〉 미2

4. **jab·ber** [좨버]: 〈영국어〉, 〈의성어〉, 재잘거리다, 꽥꽥거리다, 〈~ babble\prattle〉, 〈↔be quiet\speak clearly〉 양2

5. **jab·i·ru** [좨버루우]: 〈← yabiru(swollen neck)〉, 〈'부풀은 목'이란 Tupi어〉, wood ibis, 검은머리황새 (흰 몸통에 검은 머리·커다란 부리를 가진 열대지방의 큰 무수리), 〈~ a large black-and-white stork〉 미2

6. **jab·o·ran·di** [좨버랜디 \ 좨버랜디]: 〈Tupi어〉, a person who spits, 〈침을 뱉게하는〉 야보란디, 이뇨·발한제로 쓰였던 길쭉한 잎에 자잘한 꽃 열매를 맺는 남미산 운향과의 관목, 〈~ a South American ruta〉 수2

7. **ja·bot** [좨보우]: 〈프랑스어〉, crop of a bird, 〈새의 모이주머니〉, 윗도리 앞가슴에 있는 주름 장식, 〈~ frill〉 수2

8. **ja·cal** [헤카알]: xamitl calli(hut), 〈아즈텍어〉, 〈아도베로 지은〉 하칼, (미 남서부·멕시코의) 토벽 초가집, 〈~ shack\shed\hut\hovel〉, 〈↔palace\castle〉 우2

9. **jac·a·mar** [좨커말]: 〈Tupi어→포르투갈어→프랑스어〉, (열대 중남미 삼림에 서식하며) 길고 날카로운 부리로 벌레를 잡아먹는 청록색의 참새류, 〈~ a tropical American insectivorous bird〉 수2

10. **ja·ca·na** [줘카아나 \ 좌써나아 \ 좨카나]: 〈← jasana〉, 〈Tupi어〉, 연각, 넓은 잎을 걸어 다닐 수 있는 아주 긴 발가락을 가진 도요(snipe)목 물꿩속의 조그만 새, 〈~ Jesus bird\lily trotter〉 미2

11. **jac·a·ran·da** [좨커랜더]: 〈← jakarana(fragrant)〉, 〈Tupi어〉, 자카란다, 고사리 같은 잎이 나오기 전부터 남·보라색의 자잘스러운 꽃이 뭉텅이로 피는 미주 원산 능소화 과의 수목, 〈화사한 행복〉, 〈~ Brazillian rose-wood\a mimosi-folia〉 수2

12. **Jack \ jack** [잭]: 잭, John·James·Jacob의 애칭, (모르는) 놈, 수컷, 젊은이, 밀어 올리는 기계, 전기꽂이 (구멍), (배에 다는) 선수기, 가죽조끼, 동인도산 빵나무, 놀이 카드의 한패, 〈~ man\guy\Jack-fruit\Knave〉, 〈↔Jill\jill〉 수2 미2

13. **jack** [잭]: 〈← yaaqob(Jacob)〉, 〈히브리어→그리스어→라틴어→프랑스어→영국어〉, 〈영국어〉, 놈, 친구, 선원, 인부, 수컷, 돈, 개뿔, 조끼, 송어 새끼, 방어류, 꼬치 돌리는 기구, 무거운 것을 들어 올리는 기구, 전기 기구를 연결하는 장치, 〈뭐라고 불려져 될지 모를 때 아무 데나 쓰는〉 '거시기', 〈…money\flag\sailor\jacket\lift\plug…〉 양2

14. ***jack·al** [좨클]: 〈← shagal(howler)〉, 〈페르시아어→터키어〉, '울부짖는 짐승', 〈동물의 사체를 치워주는 신세가 처량하여 밤마다 목놓아 우는〉 자칼, 여우같이 생긴 갯과의 작은 동물, 남의 앞잡이로 일하는 사람, 〈~ brush wolf\dingo〉 수2 미2

15. **Jack & Jill** [좹 엔 쥘]: 잭과 질, 총각과 처녀, 젊은 남녀, 갑돌이와 갑순이, (두 사람이 같이 쓰도록) 침실과 침실 사이에 있는 화장실, 〈~ stag and doe\double vanity bath-room〉 양2 우1

16. **jack-a·roo** [좨커루우]: 수총각 캥거루, 어린 캥거루, male newbie kangaroo, 〈↔jillaroo〉 수2

17. ***jack-ass** [좹 애쓰]: 〈1727년에 등장한 영국어〉, '수 똥꾸멍', 수탕나귀(male ass), 얼간이, 고집쟁이, 〈~ block-head\dolt〉, 〈↔sage\wizard〉 미2

18. ***jack-boot** [좹 부우트]: (기병이나 나치 군인이 신던) 목이 무릎까지 오는 긴 장화, 〈~ Hessian (or Wellingoton) boot〉, 〈~(↔)chukka〉, 강압적인 행위〈↔fine touch〉 미2

19. **Jack Dan·iels** [좹 대니얼즈]: 잭 다니엘스, (1875년경) 동명의 증류 업자가 고안한 미국 테네시산 버번위스키, 〈팬티 벗기는 액체〉, 〈~ Tennessee Whiskey〉 수2

20. **jack-daw** [좹 더어]: 〈게르만어〉, '도둑까마귀', '작은 까마귀', 갈까마귀, 밝은 물체를 감추려는 본능이 있고 야단스럽게 울어대는 비둘기 비슷한 북아프리카·유럽산 까마귀, 수다쟁이, grackle, 〈~ a small black scavenger bird〉 미2

21. **jack·et** [좨킽]: 〈← jaquet(short coat)〉, 〈불분명한 어원의 프랑스어〉, (짧은) 웃옷, 외피, 껍질, 〈↔strip\trousers〉 양1

22 **jack-fish** [좩 휘쉬]: (대서양의 난류 해안에 서식하며) '먹성이 아주 좋은' 창꼬치 물고기, 〈~ horse mackerel〉 우1

23 ★**Jack Frost** [좩 후뤄스트]: 서리, 엄동, 동'장군', 〈~ Boreas〉, 〈↔red hot〉 양2

24 **jack-fruit** [좩 후루우트]: 〈인도 남부에서 'chakka'라고 부르던〉 바라밀, (인도·동남아의 뽕나무 비슷한 나무에) 삶거나 볶아서 먹는 씨앗을 가진 〈늙은이 불알처럼 축 늘어진〉 어린이 대갈통만 한 과실, 〈~ a mulberry〉, 〈~(↔)bread-fruit〉 우2

25 **jack-ham·mer** [좩 해머]: 〈왜 jack이라는 말이 붙었는지 모르나〉 (콘크리트 등을 부수는) 가압 천공기, 〈~ pneumatic drill〉 미2

26 **Jack in the Box** [좩 인 더 박스]: ①단추를 누르면 속에서 광대가 튀어나오는 상자 ②1951년 San Diego에서 창립되어 미 서부에서 햄버거류의 간이음식을 〈창밖에 단추를 누르면 맛난이가 '즉시' 튀어나오게 해서〉 파는 연쇄점, 〈~ an American fast-food restaurant chain〉 수2

27 **jack in the box** [좩 인 더 박스]: 도깨비 상자, 기계장치, 소라게(꼬리를 조개류의 빈 껍데기에 박고 사는 새우와 게의 중간 모양을 한 갑각류), 〈~ pop-out (or goblin) box\hermit crab〉 미2

28 **jack in the pul·pit** [좩 인 더 펄핏]: '연단초', 습지에서 교회 연단같이 올라온 줄기에 넓은 잎이 꽃망울(jack)을 보호하려고 처지면서 자라는 북미 원산 점박이천남성류의 야생화초, Indian turnip, 〈~ wake-robin\arum〉 우1

29 **jack-knife** [좩 나이후]: 〈왜 jack이라는 말이 붙었는지 모르나〉 '접개 주머니칼', 큰 접칼, 90도나 180도로 펼 수 있는 칼날을 갑에 집어넣을 수 있는 주머니칼(pocket-knife), 굽히기형 잠수(다이빙), 〈~ belly flop〉 미2

30 **jack mack·er·el** [좩 매커뤌]: (북미 태평양 연안에서 아주 흔한) 전갱이속의 물고기, horse mackerel, saurel 우1

31 **jack of all trades** [좨커붜얼 트뤠이즈]: 무엇이든 할 수 있는 사람, 만물박사, 팔방미인, 〈~ factotum〉, 〈↔master of none\one trick pony\fachidiot〉 양2

32 ★**jack-off** [좩 어어후]: 〈Jack이 jack(좃)을 jack up(치켜들면)해서 흔들면 jack(거시기)이 나오는〉 용두질('딸딸이'), hand-job, jerk-off, wank, masturbation, 얼간이, 〈↔stifle〉 양2

33 **jack-o-lan·tern** [좨커 랜턴]: 〈17세기에 등장한 영국어〉, 〈천국과 지옥에서 모두 쫓겨난 Jack이 들고 영혼의 안식처를 찾아 헤맨다는 호박 등 (속 빈 큰 호박에 넣는 불), 도깨비불(귀린), friar's lantern, will·o·the·wisp, 〈~ spook (or ghost) light\hinky-punk〉 미2

34 ★**jack pot** [좩 팟]: 〈1881년에 등장한 미국어〉, 포커에서 승부 패가 나올 때까지 거는 돈, (뜻밖의) 대성공, '장땡', 〈~ bonanza〉, 〈↔big loss\misfortune〉 미2

35 **jack-rab·bit** [좩 래빝]: '당나귀 멧토끼', 'jack·ass' 같은 큰 귀에 튼튼한 뒷다리를 가진 북미산 대형 산토끼, 갑자기 출발하다, 〈~ American desert hare\sudden rapid start〉, 〈↔drop out〉 미2

36 **jacks** [좩쓰]: jackstones, 서양 공기(놀이), 〈← chackstones(공기돌의 그리스어)〉 미2

37 ★**jack-shit** [좩 쉩]: '똥 같은 놈', 아둔패기, 전혀~, '개뿔', 〈~ holy cow(mackerel)〉 미2

38 **jack-smelt** [좩 스멜트]: silverside, (북미 태평양 연안산) '대형' 색줄멸 우2

39 **jack-snipe** [좩 스나이프]: 〈작고 통통한〉 '꼬마'도요(새), half snipe 미2

40 **Jack-son** [좩슨]: ①'Jack'의 아들 ②앤드루 잭슨 장군의 이름을 딴 미시시피의 주도·상·공업·교통도시, 〈남부의 교차로〉, 〈~ Capital of Mississippi〉 수1

41 **Jack-son** [좩슨], An·drew: (1767-1845), 자수성가해서 변호사·국회의원 노릇을 하다가 전쟁 영웅이 되어 대통령에 두 번 당선된 민중에 의한 정치를 외친 고집이 셌던 미국의 7대 대통령, 유부녀와 결혼한 후 그녀의 명예를 더럽힌 자와 결투해서 자신은 폐에 총알이 박히고 상대방을 쏘아 죽인 〈어머!〉 '잭 짱', 반대파들이 'Jack·ass'라 불렀으나 오히려 별명을 민주당 표상으로 삼은 'Old Hickory', {Sharp Knife}, 〈~ 7th President of USA〉 수1

42 **Jack-son** [좩슨], Jes·se: (1941-), 탁월한 웅변술을 가진 미국의 흑인 민권 운동가·침례교 목사·정치가, 〈~ an American Baptist minister and civil right's activist〉 수1

43 **Jack-son** [좩슨], Ma·ha·li·a: (1911-1972), 재즈풍의 장엄하고 엄숙한 성가곡을 불렀던 뉴올리언스 출신 흑인 여가수, 〈~ an American gospel singer〉 수1

44 **Jack-son** [잭슨], Mi·chael: (1958-2009), 성격적으로 문제가 있었고 주치의에 의한 약물중독 과실치사(?)로 사망했으나 중성적 음색과 다양한 음률·밴드·무용·조명·음향효과를 최대한 이용했던 미국 대중가요의 왕자(king of pop), 〈~ an American singer〉 수1

45 **Jack-son** [잭슨], Stone-wall: (1824-1863), 정찰 중 부하가 실수로 쏜 총에 맞아 사망한 신망이 높았던 미 남부군의 장군, 〈~ a Confederate general〉 수1

46 **Jack·son-ville** [잭슨빌]: 1822년 당시 임시 지사였던 앤드루 잭슨의 이름을 따서 세워진 플로리다 북동부의 상업·교역 도시, 〈~ a city in N-E Florida〉 수1

47 *****jack stand** [잭 스탠드]: (잭으로 올려진 차를 '받치는') 차 받침대, axle stand 미2

48 **jack-up** [잭 엎]: 증가, 인상, 〈jack으로 들어 올리는〉 갑판 승강형 장치, 〈~ raise\hike up〉, 〈↔halt\drop〉 양1

49 **Ja·cob** [줴이컵]: 〈← yaaqobh(supplanter)〉, 〈히브리어〉, 〈팥죽 한그릇으로 형 Esau의 지위를 가로챈〉 '찬탈자', 야곱, 아브라함의 손자, 〈12명의 아들을 낳아 각각 이스라엘 12 종족의 시조가 되게 했다는〉 이삭(Issac)의 둘째 아들, 〈~ a prophet and patriarch of Israel\a usurper〉 수1

50 **Jac·o·bin** [좨커빈]: 자코뱅 ①(프랑스 혁명 때 Jacques 거리에 본부를 둔 중산층으로 구성된) 과격 공화주의자들, ⇒ Robespierre ②(Jacques 성당에 본부를 두었던) 도미니크파(Dominican)의 수도사들 ③ (목털이 머리를 뒤덮은) 성깔 사나운 집비둘기, 〈~ a fancy domesticated pigeon〉 수1

51 **Ja·cob's lad·der** [줴이컵스 래더]: ①(야곱이 꿈에 본) 하늘에 닿는〈leading to heaven〉 사닥다리 ②(잎이 사다리 모양의 병렬로 난) 꽃고비, 〈~ polemonium〉 수2 미2

52 **Jacque·rie** [자아커뤼이]: 자크리, 〈Jacques(프랑스의 흔한 이름)의 난〉, 농민 폭동, 〈~ revolt by peasants〉 양2

53 **Ja·cuz·zi** [쥐쿠우지 \ 좨쿠우지]: 〈어원 불명의 이탈리아계 이름〉, 〈~ an Italian surname〉, 자쿠지, 발동선에 쓰는 분류식 펌프를 고안한 Jacuzzi 형제의 이름을 따서 1915년 남가주에 설립되어 Irvine에 본부를 둔 미국의 연관 제조업체의 hydrotherapy〈물치료〉 제품, jacuzzi; 기포(거품) 욕조, 분류식 기포가 나오는 욕탕, 〈~ whirl-pool〉 수1

54 **jade** [줴이드]: 〈← piedra de yjada(side); 복통에 효험이 있는 돌〉, 〈1560년대에 등장한 스페인어〉, 비취, 옥(기원전 1400년경부터 중국에서 조각용으로 썼고 서양에서는 배에 대면 복통이 멈춘다고 믿었던 준보석), 녹색(경옥색), 〈~ jadeite\nephrite〉 양1

55 **Jade Em-per·or** [줴이드 엠페뤄]: 옥황상제, (도교에서) 〈하늘을 통제하는〉 최고의 신, ruler of the Daoist pantheon 미2

56 **jade plant** [줴이드 플랜트]: '보석 선인장', 염좌, 〈실내 관상용으로 인기있는〉 (남아프리카 원산의) 비취 모양을 한 뭉치잎을 가진 꿩의 비름과의 초본, money plant, lucky plant 미2

57 **jae-bol** [재벌]: wealth+lineage, 〈중국어→일본어→한국어〉, 대가족이 경영하는 (거대) 복합 기업, 〈돈을 싹쓸이하는 가문〉, conglomerate, 〈↔mom-and-pop〉 미2

58 **jae·ger** [예이거 \ 줴이거]: 〈← jagen(to hunt)〉, 〈게르만어〉, '사냥꾼', 저격병, 〈약한 자의 먹이를 가로채는〉 도둑(강도) 갈매기, skua, 〈~ hunts-man\snip-er\predator〉 양2 미2

59 **jaf·fa** [좨퐈]: ①(이스라엘 서부 야파 지방산) 알이 크고 껍질이 질겨서 수출하기 좋고 씨가 별로 없어서 먹기 좋은 밀감, 〈~ Shamouti orange〉 ②〈생식력이 없는(seedless)〉 '고자', 〈↔fertile\productive〉 수2

60 **jag** [좨그]: ①〈영국어〉, 〈의태어〉, 뾰족한 끝, 〈~ barb\thorn〉 ②〈어원 불명의 미국어〉, 〈← rag?〉, 취함, 탐닉, 한바탕 ~하기, 〈~ binge\spree〉, 〈↔slump\doldrums〉 양2

61 *****jag·gies** [좨기즈]: '톱니 영상', 점화상 표시의 오류로 영상이 들쭉날쭉하게 무너진 것, 〈~ artifacts in raster images〉 우1

62 *****jag-off** [좨거후]: 〈1931년 경에 등장한 미국 속어〉, 만취한, 망나니, 고약한, 〈~ jerk\stupid〉, 〈↔good person\smart ass〉 양2

63 **Jag·uar** [재그와 \ 재규어]: 재규어, 1922년 영국에서 설립되어 1945년 현 이름으로 바뀌고 포드사가 한때 매수했다가 2008년 인도의 타타 자동차(Tata Motors) 회사가 인수하여 Jaguar Land Rover로 출시하는 고급 승용차 브랜드(sports and luxury vehicle) 수1

64 **jag·uar** [좨그와 \ 좨규어]: 〈← yaguara〉, 〈Tupi어〉, (마야 원주민이 신으로 숭배했던) 아메리카표범, American leopard(tiger) 수2

65 **jag·uar·un·di** [좨그와룬디]: 〈← jaguar〉, (미남부·중남미에 서식하며) 짧은 다리에 긴 몸통을 가진 중형 야생 고양이, 〈~ am American wild cat〉 수2

66 **jai-a·lai** [하이 얼라이]: jai(celebration)+aldi(merry), 〈'즐거운 축제'란 바스크어〉, 버들가지로 만든 좁다란 바구니를 사용해서 야구공만 한 단단한 공을 상대방 벽에 던지는 스페니쉬 계통이 좋아하는 racquet-ball 비슷한 아주 빠르고 상당히 위험한 실내 구기, 〈~ pelota vasca(Spanish)〉 수2

67 **jail** [줴일]: 〈cavea→gaole→gaile〉, 〈라틴어→프랑스어→영국어〉, '우리〈cage〉', 감옥, 구치소, 교도소, 〈~ penitentiary\big house\prison〉, 〈↔outside\free〉 가2

68 **jail-bird** [줴일 버어드]: 죄수, 상습범, 전과자, 〈~ con\thug〉, 〈↔goody-goody〉 양2

69 **Jai·na** [좌이너\좌인]: 'Karma'(업보)를 〈정복한 자〉, 자이나, (채식주의를 지키고) 불교와 힌두교의 공통 교의를 가진 인도의 종교, 〈~ Jainism\a classical religion of India〉 수1

70 **j(j)a-jang—myeon** [자(짜)장면]: 차오장몐(초장면), 〈중국어→한국어〉, 볶은 중국 된장에 (돼지)고기와 다진 야채를 넣고 국수에 비빈 한국식 중화요리, black bean sauce noodle, 〈~(↔)jjamp·pong〉 수2

71 **Ja·kar·ta** \ Dja~ [줘카알터]: 〈네덜란드의 Batavia 족에서 연유한〉 자카르타, 자바섬의 서북쪽에 위치한 인도네시아의 수도·상업·교역 도시, 〈~ Capital of Indonesia〉 수1

72 **Jake** [줴이크]: 제이크, Jacob의 애칭, jake; 훌륭한, 착실한, 시골뜨기, 밀조주, 〈~ fine\hunky-dory\bumpkin\moonshine〉 수2 양2

73 **JAL** [쟐] (Ja·pan Air-Lines): 잘, 일본 항공, 1951년 국책 항공회사로 출발해서 1987년 완전히 민영화된 일본에서 세 번째로 큰 항공회사, 〈~ flag carrier of Japan〉 미2

74 **jal·ap** \ jal·op [챌럽\좌알럽]: xalli(sand)+atl(water)+pan(place), 〈원주민어〉, '물가의 모래 땅', 할라파, 얄라파(우엉 같은 뿌리를 하제로 쓰는 멕시코 Jalapa 지방 원산의 덩굴풀), turpeth, 〈~ a climbing plant with tuberous roots〉 수2

75 **ja·la·pe·no** [할러페이뇨우]: 할라페뇨, 멕시코 중동부 Jalapa 지방산의 작고 아주 매운(very hot) 고추, 〈~ a small chili pepper〉 수2

76 **jal-fre·zi** [좌알후뤠이지]: 〈뱅갈어〉, hot+fry, 고기·생선·야채 등을 고추·토마토·양파 등에 버무려 튀겨서 카레를 쳐서 먹는 '매운' 인도 음식, 〈~ a stir-fried curry dish〉 수2

77 **jal·(l)op·y** [쥘라피]: 〈1924년에 등장한 어원 불명의 미국어〉, 구식기계, 고물 자동차, 〈멕시코의 Jalapeno로 보내지는 '똥차'?〉, 〈~ flivver\nag〉, 〈↔good quality〉 양2

78 **jal·ou·sie** [챌러씨이]: 〈이탈리아어에서 연유한 프랑스어〉, 〈왕비가 새로온 궁녀를 'jealous'하게 내다보던〉 미늘살 창문, 〈~ louvered(horizontal slats) window〉, ⇒ Venetian blind 우2

79 **jam¹** [쳄]: 〈← champ?〉, 〈1706년에 등장한 어원 불명의 영국어〉 쑤셔 넣다, 채워 넣다, 끼우다, 밀어붙이다, 몰려들다, 혼잡, 고장, 엉킴, 궁지, 〈~ shove\mess〉, 〈↔free\ease〉 양1

80 **jam²** [쳄]: 〈← jam¹?〉, 쨈, 으깬 과일과 설탕을 끓여 〈압축시켜〉 만든 반고형물, 단조림, 유쾌한 것, 〈~ preserve\jelly〉 우1

81 **Ja·mai·ca** [줘메이커]: 〈← xaymaca(isle of springs)〉, 〈원주민어〉, '샘이 많은 섬', 자메이카(1962년 영국으로부터 독립된 광공업·농업·관광업이 발달한 서인도제도의 섬나라), {Jamaican-Eng-(JM) Dollar-Kingston} 수1

82 **Ja·mai·ca pep·per** [줘메이커 페퍼]: all spice, 피망(작은 흰 꽃과 혼합 향이 나는 열매를 맺는 열대산 상록관목) 수2

83 **Ja·mai·ca rum** [줘메이커 륌]: 향기가 짙은 자메이카산 고급 사탕수수 술, 〈~ a heavy pungent rum〉 수2

84 **ja·mais** [좌아메이]: iam(once)+megis(more), 〈라틴어〉, 〈'ever'의 프랑스어〉, 쟈메, 미경험을, 절대로(못해), 〈ever나 'never'나 그게 그말〉 양2

85 **ja·mais vu** [좌아메이 뷔유]: never seen, 〈프랑스어〉, 미시감(경험했으면서도 첫 경험처럼 느끼는 일), 〈↔dejavu〉 미2

86 **jam·ba·lay·a** [쥠벌라이어\챔벌라이어]: 〈← jambalaia(mish mash)〉, 〈프랑스 동남부 지역의 방언〉, '뒤범벅', 잡탕밥(새우·굴·닭고기·소시지·토마토·양파·향신료 등을 넣고 지은 루이지애나식〈Louisiana〉 밥), 〈~ 이것은 죽(roux)에 가깝고 gumbo는 국(soup)에 더 가까움〉 미2

87 **jam·bon** [쥠보엄\얌보어어]: 잠봉, 햄(ham)의 프랑스어, (훈제된) 돼지다릿고기, 〈~ gammon〉 양2

88 **jam·bo·ree** [쨈버뤼이]: ⟨← jam¹?⟩, ⟨← shivaree(noisy celebration이란 뜻의 북미 원주민어)?⟩, ⟨1860년대에 등장한 어원 불명의 미국어⟩, 보이 스카우트(Scout) 대회, 떠들썩한 모임, ⟨~ rally\festival⟩ 우1

89 **James** [쮀임즈]: ⟨← Jacob(히브리어; 찬탈자)⟩, 제임스, ⟨~ an English male given name⟩ ①야고보(예수의 제자 2명), 야고보가 흩어진 이스라엘 12종족에게 ⟨신념과 인내를 촉구하면서⟩ 쓴 훈화를 엮은 신약성서의 한 편, ⟨~ Epistle of James⟩ ②스튜어트 가문(Stewart family)의 2명의 영국·5명의 스코틀랜드 왕들(kings)의 이름 수1 수2

90 **James** [쮀임즈], Hen·ry: (1843-1916), 유럽에 살면서 구대륙이 신대륙에 미친 영향을 주제로 소설을 쓴 미국의 작가, ⟨~ an American-British author⟩ 수1

91 **James-Lange the·o·ry** [쮀임즈 랭 씨이어뤼]: 제임스 랑게(long) 정서이론, ⟨1884년 미국의 심리학자 제임스와 1885년 덴마크의 의사 랑게가 독자적으로 주창한⟩ (자율신경의 반응에서) 신체적 반응이 정신적 반응보다 먼저 일어난다는 학설, ⟨~ emotion is result of arousal⟩, ⟨이원택 박사는 미녀를 상상하면 그것이 발기된다는 데 착상해서 정신적 반응이 신체적 반응에 앞선다는 학설을 주창했으나 아무도 받아들이지 않았음⟩, ⟨↔Cannon-Bard theory⟩ 수2

92 **James-town** [쮀임즈 타운]: (영국의 제임스 1세를 기려) 1607년에 도착한 제1차 식민지 개척단이 이룬 미국 버지니아주 동부의 마을·유적지, ⟨~ a historic site in E. Virginia\Williamsburg부터 4km 남서쪽⟩ 수1

93 **James-town weed** [쮀임즈 타운 위이드]: ⟨James·town에 주둔한 영국 군인들이 먹고 혼쭐이 났던⟩ 흰독말풀, ⇒ jimson weed 미2

J 94 **jam-my** [쨔미]: ⟨영국어⟩, jam²같이 진득진득한, 쉬운, 편안한, ⟨~ favored\lucky⟩, ⟨↔angry\dejected⟩ 양2

95 **Jane** [쮀인]: ⟨영국어⟩, 여자 이름, Johanna의 약로, John의 여성형 수1

96 *****jane** [쮀인]: ⟨미국어⟩, 처녀, 아가씨, 여자 화장실, ⟨~ a woman⟩, ⟨↔john⟩ 양2

97 **Jane Doe** [쮀인 도우]: '처자', 무명녀(이름을 모르는 여자에게 쓰는 명칭), ⟨~ a certain female⟩, ⟨↔John Doe⟩ 우1

98 **JANET** [쵀닡] (joint ac·a·dem·ic net·work): (영국의 학생들 간에 유행했던) 공동 학습 전산망, ⟨~ a high-speed UK research and education network⟩ 수2

99 **jang-ga** [장가]: ⟨중국어→한국어⟩, ⟨'장인의 집'에 가서 색시를 데려오는 일⟩, man's marriage, ⟨↔si-jib⟩ 수2

100 **jang-gi** [장기]: ⟨중국어→한국어⟩, '장수바둑(general's go)', Xiangqi, Chiness chess, 약 2천 년 전에 중국에서 시작되어 약 400년 전에 한국에 들어온 ⟨Korean⟩ chess, 장기 우2

101 **jan·gle** [쨍글]: ⟨← gangler⟩, ⟨프랑스어⟩, ⟨의성어⟩, 땡땡 울리다, 소란스러움, 말다툼, ⟨~ clank\rattle⟩ 양2

102 **Jang·lish** [쨍글리쉬]: Japlish, 일본식 영어 미2

103 **jan·i·tor** [쮀니터]: ⟨← janua(door)⟩, ⟨라틴어⟩, '문지기', 청소부, 잡역부, 관리인, ⟨~ Janus⟩, ⟨~ attendant\care-taker⟩, ⟨↔master\owner⟩ 가1

104 *****jank-y** [쨍키]: ⟨미국 흑인 속어⟩, junk(쓰레기)보다 더 나쁜, 조악한, 싸구려, ⟨↔valuable\precious⟩ 양2

105 **jan·nock** [쵀 넉]: ⟨1828년에 등장한 어원불명의 영국어⟩, 공평한, 솔직한, 정직한, ⟨~ fair\honest⟩, ⟨↔deceiful, shifty⟩ 양2

106 *****Jan Sport** [쨴 스포올츠]: 쟌 스포츠, 1967년 창립자 마누라의 이름을 따서 설립되어 견고한 제품으로 세계시장을 석권하고 있는 미국의 두 줄 멜빵 배낭, ⟨~ an American backpacks and student apparel com.⟩ 수2

107 **Jan·u·ar·y** [쵀뉴에뤼]: ⟨← Janus(god of doorway)⟩, 재뉴어리, 1월, ⟨마음을 바로잡는⟩ 정월, '출입구'의 수호신 야누스에게 헌납된 달, ⟨늑대의 달(wolf month)⟩ 가1

108 **Ja·nus** [쮀이너스]: ⟨라틴어⟩, ⟨← 'door'⟩, ⟨송구영신하는⟩ 야누스, (두 개의 얼굴⟨two faced⟩을 가진) 양면신, 토성의 한 위성, ⟨~ a Saturn's moon⟩ 미2

109 **Jap** [쨒]: ⟨1860년에 등장한 미국어⟩, ⟨← Japan⟩, 일본놈, 왜놈, ⟨나막신을 신는⟩ 쪽발이 양2

110 **jap** [쨒]: ⟨아마도 겉과 속이 다른 'Japanese'처럼이란 뜻에서 연유한 미국어⟩, ⟨cleave(①조개다 ②결합하다)같이 두 개의 정반대의 뜻을 가진⟩ '양면어', ⟨~ two-faced word⟩, ⟨↔synonym\antonym⟩ 우2

111 **Ja·pan** [쮀팬]: 일본(태양의 본거지, 나쁜→취팡고→좌팬⟨중국식 발음⟩), 유사 이래 천황의 가계가 한 번도 바뀐 적이 없는 나라, 근면하고 충성스러운 국민으로 구성된 '아마도' 동양에서 제일 문명이 발달한 입헌군주 섬나라, {Japanese-Japanese-Yen-Tokyo} 수1

112 **Jap·a·nese ap·ri·cot** [좨퍼니즈 애프리캍]: 동양자두, 매실, ⇒ ume 양2

113 **Jap·a·nese bee·tle** [좨퍼니즈 비이틀]: 알풍뎅이(1915-20년경 일본에서 미 동부로 우발적으로 들어온 알을 많이 까는 농작물의 해충), ⟨~ a scarab beetle⟩, ⟨일본에서는 새나 설치류 등 천적이 많아 피해가 없으나 미국에서는 invasive pest로 balance를 유지하는 오묘한 섭리에 의한 것이라 사료됨-아니면 오랜 진화의 결과이든가⟩ 양2

114 **Jap·a·nese i·sin·glass** [좨퍼니즈 아이징글래스]: Chinese isinglass, (물고기의 부레로 만든) 우무, 한천, ⟨~ agar\gelatin⟩ 가1

115 **Jap·a·nese pump·kin** [좨퍼니즈 펌프킨]: butter·cup squash, 단호박, ⇒ kabocha 미2

116 **Jap·a·nese quince** [좨퍼니즈 퀸스]: (풀) 명자꽃 (나무), 비파나무, 모과(일본 원산의 진홍색 꽃에 돌배 같은 열매를 맺는 장미과의 관목), ⟨~ loquat\medlar⟩ 미2

117 **jap-chae** [잡채]: ⟨중국어→한국어⟩, 'mixed vegetable', 여러 나물에 잘게 썬 고기를 넣고 양념하여 볶은 것에 삶은 당면을 버무린 음식, glass noodle stir fry, ⟨~(↔)chop suey⟩ 수2

118 **Jap·lish** [좨플리쉬]: Janglish, 일본식 영어 미2

119 **jar¹** [좌알]: ⟨← jarrah(vessel)⟩, ⟨아랍어⟩, 항아리, 단지, 병, '토기', ⟨~ jug\pot⟩ 가1

120 **jar²** [좌알]: ⟨프랑스어⟩, ⟨의성어⟩, 잡음, 충격, 불협화음, 삐걱거리다, '좌알 ~ 좌알거리다', ⟨→ jargon?⟩, ⟨~ cacophony\harsh sound\jangle\rattle⟩, ⟨↔get along\concur\whisper⟩ 양1

121 **jar·gon** [좌알건]: ⟨← gergon⟩, ⟨어원 불명의 프랑스어⟩, 허튼소리, 모를 소리, 특수(전문)용어, 혼합 방언, ⟨~ argot⟩, ⟨← jar²?⟩, ⟨~ buzz-word\terminology⟩, ⟨↔standard\sense⟩ 미2

122 *****Jar·gon File** [좌알건 화일]: '전문어 서류철', 1975년에 시작되어 2003년까지 몇 번 개정된 전산기 언어 해설서, ⟨'좋은 의도로 출발했으나, 'hacker culture'를 조장한다는 비난 속에 역사의 뒤안길로 사라짐⟩, ⟨~ Hacker's Dictionary⟩ 수2

123 **jar·rah** [좨뤄]: ⟨원주민어⟩, (오스트레일리아 원산) ⟨끈끈한 액체를 분비하나 주로 가구용 목재로 쓰이는 '암적색'의 마호가니 고무나무, ~ Eucalyptus marginata\Swan River mahogany⟩ 우2

124 **jas·min(e)** [좨즈민]: ⟨← yasmin⟩, ⟨페르시아어⟩, '신의 선물', 재스민, 향기(fragrance)가 좋은 흰색 내지는 붉은색의 조그만 꽃이 피고 잎에 진한 흰 액체를 가진 관목(shrub)이나 덩쿨(vine) 식물, ⟨~ an olive family⟩ 수2

125 **jas·mine rice** [좨즈민 롸이스]: '태국 향미', '안남미', (인도차이나반도에서 경작하는) 가볍고 길쭉하고 재스민 향이 나는 쌀, ⟨~ basmati⟩, ⟨한국의 쌀밥은 Japanese rice의 일종임⟩ 우2

126 **Ja·son** [줴이슨]: ⟨← Iason(healer)⟩, '치유자', 이아손, 희랍신화에서 금 양털을 획득한 영웅, ⟨~ leader of the Argonauts⟩ 수1

127 **jas·per** [좨스퍼]: ⟨← yashpeh(jewel)⟩, ⟨히브리어→그리스어→프랑스어⟩, '재산가', 재스퍼, 벽옥(다양한 색깔이 있는 수정⟨quartz⟩과 산화철⟨iron axide⟩이 섞인 준보석), ⟨~ a semiprecious stone⟩ 미2

128 **Jas·pers** [야스퍼스], Karl: ⟨← Jasper⟩, (1883-1969), 정신병에서 내용보다 형태를 중요시했으며 인간의 구원을 해탈한 후에 발견하는 '자명한 실존'에서 찾으려 했던 독일의 ⟨자서전적⟩ 정신과 의사·⟨경험주의⟩ 철학자, ⟨~ a German-Swiss psychiatrist and philosopher⟩ 수1

129 **ja·ti** [야티 \ 쟈티]: ⟨인도말⟩, 태생, 씨족, 신분제도(caste) 우2

130 **jaun·dice** [줘언디스]: ⟨← jaune(yellow)⟩, ⟨프랑스어⟩ ①'노랑', 황달(icterus) ②⟨색깔이 든⟩ 편견, 삐뚤어짐, ⟨~ bias⟩ 양2

131 **jaun·ty** [줘언티]: ⟨← gentil(geenteel)⟩, ⟨프랑스어⟩, '유쾌한', 명랑한, 말쑥한, 멋진, ⟨← gentle⟩, ⟨~ pert\spruce'⟩, ⟨↔depressed\serious⟩ 양2

132 **Ja·va¹** [좌아붜]: ⟨어원 불명의 산스크리트어⟩, 자바, (약 백만 년 전 원시인 화석과 커피로 유명한) 인도네시아의 중심이 되는 섬, ⟨~ a volcano-dotted island in Indonesia⟩ 수1

133 *****Ja·va²** [좌아붜]: 자료뿐만 아니라 계산한 결과를 서로 교환하기 위해 1990년대 중반에 선마이크로사 ⟨자바커피를 마시면서⟩ 개발한 프로그램 언어, ⟨~ a general-purpose programming language⟩ 수2

134 **Ja·va Beans** [좌아붜 비인스]: '커피콩', (자바 언어로) 수많은 정보를 '콩알' 하나에 축적해서 다시 써먹을 수 있게 쓴 연성 기제, ⟨~ a re-usable soft-ware component of Java data⟩ 수2

135 **Ja·va mar·ket** [좌아붜 마아킽]: ⟨어원을 잘 모르겠으나⟩ 미국 LA 한복판 자바같이 후진 곳에 한국 이민(Korean immigrants)들이 많이 운영하는 의류 도매상 거리, ⟨~ a clothing wholesale district⟩ 수2

136 ***Ja·va Script** [좌아붜 스크륖트]: 〈실수를 방지하기 위해〉 사용자가 나중에 시킬 일〈client code〉을 미리 써 놓은 언어, '자바 대본', 〈~ a high-level multi-paradigm program language〉, 〈texting할 때 사용자가 쓸 것으로 예상되는 말이 찍혀나오는데 귀찮을 때도 많아요〉 수2

137 **Ja·va spar·row** [좌아붜 스패로우]: 문조(담홍색의 큰 부리·청회색의 등·흰 배를 가진 자바 원산의 품위 있는 참새류), 〈~ Java rice bird\a small passerine〉 미2

138 **jav·e·lin** [좨블린]: 〈← javelot(forked stick)〉, 〈켈트어〉, 〈가볍게〉 던지는 창, 창 던지기(경기), 〈~ dart\lance〉 수2

139 **jaw** [줘어]: 〈← joue(check)〉, 〈어원 불명의 프랑스어〉, (아래) 턱, 주둥이, 좁은 입구, 지껄이다, 구라까다, 〈~ mandible\chin bone\babble〉 가2

140 **jaw-drop·ping** [줘어 드롸핑]: (놀라서) 입이 떡 벌어지는, 어처구니없는, 〈~ amazing\astounding〉, 〈↔common\ordinary〉 양2

141 **jaw-fish** [줘어 휘쉬]: 돗돔, 아구통이 몸통에 비해 훨씬 큰(big mouth) 베도라치류의 바닷물고기, ⇒ jew·fish 미2

142 ***jawn** [줜]: 〈미국 뉴욕 지방 속어〉, 〈← jaw?〉, 〈← joint?〉, 〈턱을 마주치며 하는 말〉, 거시기, 머시기, 〈흑인들이 잘 모를 때 얼버무리는 말〉, 〈~ anything〉 양2

143 **jay** [줴이]: 〈← gaius〉, 〈라틴어〉, 〈짧고 경쾌한 울음소리에서 연유한듯한〉 제이, 어치, 언치새(각종 색깔을 가지고 시끄러운 소리를 내며 숲속의 열매나 씨앗을 먹고 사는 까마귀보다 좀 작은 새들), 〈~ blue-jay\a passerine〉, 떠벌이 촌놈, rube, 〈~ easy mark\fall guy〉 미2

144 **Jay** [줴이], John: 〈← Gaius(rejoyce)〉, '명랑한 자', 제이, (1745-1829), 〈1783년 영국과 'Jay 조약'을 맺고 초대 대법원장을 지낸〉 미국 건국 초기의 탁월한 정치가, 〈~ the first Chief Justice of US〉 수1

145 ***jay walk** [줴이 워어크]: 〈1917년에 등장한 미국 속어〉, 〈'jay'(촌놈)처럼〉(교통 규칙을 무시한) 무단 횡단, 〈~ illegal street-crossing〉 가2

146 **jazz** [좨즈]: 〈← jizz(찍 싸다란 뜻의 한국어?)〉, 〈아마도 '씹하다(screw)'란 뜻의 콩고어에서 연유한 말〉, 〈1895년에 뉴올리언스에서 등장한 미국 속어〉, 흥분, 소란, '활기', 다채로운, 재즈 음악 (서아프리카와 유럽풍의 음률이 합쳐져서 19세기 후반에 미국 남부를 중심으로 태동한 민간 음악), 〈어원학자들이 제일 공들여서 탐구한 '20세기의 단어'〉, 〈~ ding-bat\fandango〉, 〈↔miss²〉 미1 수2

147 **Jazz Age** [좨즈 에이쥐]: ⇒ Dollar Decade, ⇒ roaring twenties 수2

148 ***jazz-ball** [좨즈 버얼]: (야구에서) 던진 공이 비틀거려 타수를 당황하게 하는 것, 〈~ a curve ball〉 수2

149 ***jazz-funk** [좨즈 훵크]: 1960~1980년대에 유행했던 재즈와 펑크를 합친 음악, 〈~ capetown jazz〉 수2

150 ***jazz-fu·sion** [좨즈 휘우전]: 1970년대 발달한 재즈와 록의 혼합 형식, jazz·rock 수2

151 ***jazz-up** [좨즈 엎]: 활기 있게 하다, 다채롭게 하다, 〈~ zhuzh〉, 〈↔kill\dull〉 양2

152 ***J/C** [줴이 씨이]: ①just checking, 그냥, 별일 없어?, 어떻게 됐지? ②just chilling, (잠시) 쉬고 있는 중이야 미2

153 ***JCL** (job con·trol lan·guage): 작업 제어 언어, (일괄) 배열식 작업에서 전산기에 어떻게 하라고 내리는 명령, 〈~ a job describing operating system〉 미2

154 **JC Pen·ny** [줴이씨이 페니]: 제이씨 페니 〈← Penelope〉, 1902년 동명의 사업가에 의해 세워져서 한때 잘나가다가 2000년대부터 하향길을 가고 있는 미국의 백화점, 〈~ an American department store chain〉 수2

155 **JD** [줴이디이]: Juris Doctor, 법학 박사 양2

156 **JDK** (Ja·va de·vel·op·ment kit): 자바 개발 맞춤 짝(Oracle)에서 자바 프로그램에 이용하라고 공짜로 주는 연성기기 체제〉, 〈~ a distribution soft-ware of Java technology〉 수2

157 **jeal·ou·sy** [쥉러씨]: 〈← zelos〉, 〈그리스어→라틴어〉, 〈← zeal〉, 〈열이 나는〉 시샘, 〈끓어오르는〉 질투, 경계심, 〈~ envy\resentment〉, 〈↔admiration\appreciation〉, ⇒ Indivia 가2

158 **jean** [쥔 \ 쥐인]: 〈프랑스어〉, 진, 올이 가늘고 질긴 능직(건너 짜기) 무명, 〈denim이 처음 제조된 이탈리아 Genoa의 이름을 딴〉 바지, '면포', 〈~ blue jean\dungaree trousers〉, 〈↔bloomers\hot pants〉 미1

159 **Jed·dah** [줴더]: 〈← jaddah(grand mother)〉, 〈아랍어〉, 〈인간의 '할머니'(Eva)의 무덤이 있는〉 제다, 사우디아라비아 서쪽 홍해 연안에 있는 항구·상업 도시, 〈외국인이 반 이상을 차지하는〉 '메카로 가는 관문', 〈~ a Saudi Arabian port city〉 수1

160 ***jed·gar** [줴드거]: 〈미국어〉, 〈미국의 연방 수사 국장 J. Edgar Hoover의 이름을 딴〉 역 스파이 프로그램(자기 단말의 자료가 타인에게 읽히고 있음을 알리는 체계), 〈~ an incompatible time-sharing program〉 미2

161 ***Je·di** [줴다이]: 〈영화 Star Wars에 나오는 신비로운 기사〉, jedi; 특출한 자, 초능력자, 〈~ ninja\star-fighter〉 수2 양2

162 ***jee·bus** [쥐이버스]: 〈미국어〉, 〈연속물에서 연유한〉 Jesus(예수)를 풍자하는 말 양2

163 **Jeep¹** [쥐이프]: 〈1941년에 등장한 미국어〉, 지프, 'general purpose', 1941년부터 미국의 크라이슬러(Chrysler)에서 군사용으로 만들기 시작해서 현재 다국적 기업 Stellantis가 운영하는 사륜구동의 경자동차, 〈~ land-rover〉 수2

164 ***Jeep²** [쥐이프]: 〈미국 속어〉 ①〈의성어·의태어〉, (혓바닥을) 낼름, 〈~ nay〉 ②(성행위를 위해) 짝을 맞추는 일, 〈~ coupling〉 양2

165 ***jee·pers-(cree·pers)** [쥐이퍼스-(크뤼퍼스)]: 〈미국어〉, 〈← Jesus Christ〉, 〈공포 영화에서 연유한〉 어머나, 맙소사, 엽기적인 일 우2

166 **jeep-ney** [쥐이프니]: (필리핀〈Philippines〉에서 인기 있는) 지프를 개조한 10인승 합승 버스, 〈~ auto calesa(horse-drawn buggy란 뜻의 스페인어)〉 수2

167 **jeer** [쥐어]: 〈어원 불명의 영국어〉, 조소, 야유, 놀리다, 〈~ cheer?〉, 〈~ scoff\raspberry〉, 〈↔bravo\flatter〉 가2

168 ***jeez** [쥐즈]: 〈영국어〉, geez, Jesus의 속어, 이런, 제기랄, 쳇, 〈~ gosh\goodness〉 양2

169 **Jef·fer·son** [줴훠슨], Thom·as: 〈← Jeffrey(pledge of peace)의 아들〉, '평화의 수호자', 제퍼슨, (1743-1826), 흑인 여성과의 사이에 자녀까지 둔 정치가·문필가·예술가·발명가·교육자·외교관이며 작은 정부를 주창한 민주당의 '원조'로 (경제 파탄을 몰고 와 원성을 샀으나) 한국의 세종대왕에 버금가는 미국의 3대 대통령, {Apostle of Democracy, Long Tom(키다리)}, 〈~ 3rd US President〉 수1

170 ***jeg·gings** [줴깅즈]: jeans+leggings, 두꺼운 무명으로 된 꼭 끼는 다리바지, 면(포) 다리바지 미2

171 **je·gi·cha·gi** [제기차기]: 축국〈중국어〉+차기〈한국어〉, shuttle-cock+kick, 엽전을 종이로 싼 다음 나머지 부분을 구멍으로 내밀어 갈기갈기 찢어서 이를 설날(Korean New Year's Day)에 발로 차는 민속놀이〈folk game〉 수2

172 **Je·ho·vah** [쥐호우붜]: 〈← Yahweh(my Lord)〉, 〈히브리 어원의〉 '나의 주인', 야훼, 여호와, 전지전능한 신, 〈~ God\Creator〉 수2

173 **Je·ho·vah's Wit·ness** [쥐호우붜스 위트니스]: 여호와의 증인, 1872년 미국에서 창립되어 예수의 신성을 부정하고 성경에 집착하는 개신교의 일파, 〈~ 지들은 Bible Students라 하고 남들은 Watch Tower Society라 함〉 미2

174 **Je·hu** [쥐 휴우]: 〈히브리어〉, he is god, '그는 신', 예후〈신출귀몰하게 말을 몰았던 이스라엘 왕〉, 〈~ charioteer〉, j~: 난폭한 마부(운전사), 〈~ reckless driver〉 수1 양2

175 **Je·ju** [제주]: 〈중국어→한국어〉, cross+country, '바다 건너에 있는 섬', 예로부터 양·고·부의 씨족이 살았으며 화산·곶자왈·오름에 펼쳐져 도둑·거지·대문이 없고 돌·바람·여자가 많아 세계적 관광지가 된 한국 서남부의 특별자치도, Quel·part, 〈~ an island on S-W Korean Strait〉, ⇒ Halla Mountain 수1

176 **je·june** [쥐쥬운]: 〈← jejunus(empty)〉, 〈라틴어〉, 영양분이 적은, 메마른, 무미건조한, 미숙한, 〈~ jelly-bean〉, 〈~ naive\simplistic\superficial〉, 〈↔sophisticated\mature\fascinating〉 양2

177 **Jell-O** [젤로우]: 〈original jell의 약어라는 썰이 있는〉 (1897년에 개발된) 과일의 맛·색깔·향기를 낸 후식용 젤리(상표명), 〈~ an American brand of powdered gelatin dessert〉 수2

178 **jel·ly** [젤리]: 〈← gelare(freeze)〉, 〈라틴어〉, 한천, 우무, 육류·곡식·과일 등을 끓여 설탕과 섞은 흐물흐물한 음식, '얼리다', 〈~ gel\agar〉, 〈↔liquid\solid〉 양1 우1

179 **jel·ly-bean** [젤리 비인]: '콩사탕', 겉은 딱딱하고 속은 쫀득쫀득한 여러 색깔을 칠한 콩만 한 사탕(과자), 풋내기(jejune), 뚜쟁이, 암페타민 정제, 〈~ jelly egg\gum drop〉, 〈~ pimp\amphetamine crystal〉 우1

180 **jel·ly-fish** [젤리 휘쉬]: ephyra, medusa, sea blubber, 해파리(우산 모양의 머리에 밑에 입이 있고 머리에서 늘어진 4개의 손과 수많은 촉수가 있어서 쏘기도 하는 다양한 크기의 강장동물), 기개가 없는 사람(spine-less), 〈~ a free-swimming marine animal〉, 〈~(↔)sea nettle〉 양2

181 ***jel·ly shoes (san·dals)** [젤리 슈우즈 (샌들즈)]: (1980년대 유행했던) 우무 같은 PVC로 만든 편한 신발, jellies 우1

182 ***je ne sais quoi** [쥐너 세이 크와아]: 〈프랑스어〉, 'I don't know what', 말로 나타낼 수 없는 일, 말로 할 수 없이 좋은 것, 〈~ allure\charm〉 양2

183 **Jen·ghis (Jen ghiz)-Khan** [젱 기스 카안]: 칭기즈칸, (1162-1227), 몽골제국의 시조, 몽골인들이 신으로 숭배하는 〈인간신〉, ⇒ Gen·ghis Khan 수1

184 **Jen·klns** [젱킨즈]: 〈영국계 이름〉, little John, 존의 자손 수1

185 **Jen·ner** [줴너], Ed-ward: 〈← engigneor(engineer)〉, 〈프랑스어→영국어〉, '고안자', 제너, (1749-1823), 종두법을 발견(발명이 더 낫지 않을까?)한 영국의 의사, 〈~ an English physician〉 수1

186 **jeo·go·ri** [저고리]: 〈어원 불명의 한국어〉, 앞을 고름으로 묶는 헐렁한 겉 웃옷, Korean traditional jacket, 〈↔baji\chima〉 수2

187 **jeon·gol** [전골]: 〈중국어+한국어〉, '전립투(벙거지) 모양의 냄비' 〈casserole〉에 고은 음식, 육류·해산물·채소를 양념과 함께 육수에 넣고 끓인 즉석찌개요리, hot pot 수2

188 **jeon-se** [전세]: zhuan(only)+shi(hire), 〈중국어→한국어〉, 일정기간 한 개체에만 빌려주고 보증금을 받는 계약, exclusive lease, 〈↔wal-se〉 미2

189 **jeop·ard·y** [줴펄디]: jocus(joke)+partire(divide), 〈라틴어→프랑스어〉, 위험, 위기, 〈똑같이 분할되어〉 승부를 알 수 없는 경기, 〈~ danger\peril〉, 〈↔safety\security〉 양1 우1

190 **jer·bo·a** [쥐어보우어]: 〈← yarbu(descending muscle)〉, 〈아랍어〉, (팔짝팔짝 뛰는) 날쥐, 아프리카·중동 아시아에 사는 〈작은 캥거루 모양의〉 뒷다리가 아주 긴 쥐, 〈→ gerbil〉, 〈~ jumping mouse〉 미2

191 **Jer·e·mi·ah** [줴뤄마이어]: 〈← yirmya(Yahweh exalt)〉, 〈히브리어〉, '(하느님이)~ 끌어올리는 자', 예레미야, (ca. BC626-586), 〈신과의 개인적 관계를 중요시한〉 헤브라이〈Hebrew〉의 비관적 예언자, 구약의 예레미야서, 〈잔소리꾼〉, 비관론자, 〈~ Cassandra\weeping prophet〉, 〈↔optimist〉 수1 양2

192 **jerk** [쥐어크]: ①〈영국어〉, 〈의태어〉, 반사운동, 경련, 갑작스러운 움직임, 얼간이, 위선자, 용두 치는 자, 〈~ dolt\dope\dunce〉, 〈↔calm\sage\super-woman〉 ②〈← charqui(dried meat), 〈스페인어〉, 육포, 포를 뜨다, 〈~ jerky\cut up〉 미2

193 **jerk-off** [쥐어크 어어후]: 수음, 자위행위, 용두질, jack-off, wank, hand-job, masturbation 양2

194 **jer·kin** [쥐어킨]: 〈어원 불명의 영국어〉, 소매 없는 짧은 남자용 상의, 여성용 짧은 조끼, 〈~ waist-coat\vest〉 우1

195 **jerk-y** [쥐얼키]: ①〈영국어〉, 갑자기 움직이는, 경련하는, 변덕스러운, 〈~ paroxysmal〉, 〈↔smooth〉 ②'마른 고기'(남미 원주민어), 포를 뜬 고기 (육포), 〈~ strips of dried meat〉, 〈↔fresh meat〉 양1 미2

196 **Je·rome** [줘로움], St.: hieros(sacred)+onoma(name), 〈그리스어→히브리어〉, '신성한 이름', 제롬, (ca. 340-420), 항상 사자(lion)를 데리고 다녔다는 발칸반도 출신의 성서학자, 〈~ an early Christian priest of Stridon〉 수1

197 ***jer·ry-build** [줴리빌드]: 〈영국어〉, 〈Jerry 같은 '얼간이'가〉 아무렇게나 만들다, 날림으로 짓다, 〈~ cheap\defective〉, 〈↔perfect\refined〉 양2

198 **Jer·sey** [쥐어지]: Geirr's(Viking name) island?〉, 〈어원 불명의〉 영국 해협에 있는 섬, 〈~ the largest of Channel Islands'〉, 그곳 원산의 젖소(milk cow)·혼합 모직(mixed woolen fabric)의 일종 수1

199 **Jer·sey Cit·y** [쥐어지 씨티]: 저지시, 1838년 철도 종점으로 창립되어 뉴욕시를 등에 업고 발달한 허드슨강(Hudson river) 입구의 상업·항구도시 수1

200 **Jer·sey Mike** [쥐어지 마이크]: 1956년 Mike란 친구가 미국의 뉴저지주에서 창업한 미국인들이 좋아하는 〈시큼털털한〉 샌드위치를 주종으로 하는 간이식품 연쇄점〈편자의 사무실 아래에도 하나 있지요〉, 〈~ an American submarine sandwich chain〉 수2

201 ***Jer·sey thing** [쥐어지 씽]: ①뉴저지 사람들만 이해할 수 있는 풍물, 〈~ pride of NJ state〉 ②〈연속물에서 연유한〉 이러저도 저러도 못하는 상황, 진퇴양난, 〈~ dilemma〉 우2

202 **Je·ru·sa·lem** [줘루우설럼]: yry(found)+Shalem(shalom), 〈히브리어→그리스어〉, '평화의 초석'이란 어원에서 많이 빗나간〉 예루살렘, 유대인 최초의 성전을 건립한 곳, 예수가 처형된 곳, 모하메드가 승천한 곳, 팔레스타인의 옛 수도였으나 1948년 이스라엘(Israel)의 역공으로 서쪽은 이스라엘 동쪽은 요르단이 관리하게 되었는데 1967년 6일 전쟁으로 이스라엘 동쪽까지 차지해서 국제적 분쟁이 심한 곳 수1

203 **Je·ru·sa·lem ar·ti·choke** [줘루우설럼 아알티쵸우크]: 뚱딴지, 돼지감자, (이탈리아 말 '기라솔'을 잘못 발음해서 생긴 말로 사료되는) 〈예루살렘하고는 거리가 먼〉 북미 동북부에서 야생하는 해바라기(sunflower)과의 구근 식물, sunroot 미2

204 **Je‧ru‧sa‧lem po‧ny** [줘루우설럼 포우니]: 〈ass란 말 대신에 예루살렘에서는 pony라고 불렸던〉 당나귀 양2

205 **Jes‧se** [줴씨]: 〈← yishay(God's gift)〉, 〈히브리어〉, a gender-neutral given name, '신의 선물', 이새(다윗의 아버지), 〈~ father of King David〉, jesse; 몹시 꾸짖음, 〈~ Hector〉 양1 양2

206 **Jes‧se tree** [줴씨 트뤼이]: (이새에서 예수까지의 가계도를 나뭇가지로 나타낸) 이새의 나무, lineage of Christ 수2

207 **jest** [줴스트]: 〈← gerere(carry out)〉, 〈라틴어〉, 〈뽐내는〉 농담, 익살, 희롱, 〈→ jewel〉, 〈~ joke\juggle〉, 〈~ gag \ wise-erack〉, 〈↔serious-ness\earnest〉 가1

208 **jest-er** [줴스터]: 농담꾼, (왕이 거느린) 어릿광대, 〈~ pierrot\clown〉, 〈↔tragedian\wise-man〉 양1

209 **Je‧su‧it** [줴쥬잍]: Jesus+ite, 예수회 수사, 1534년에 창립된 교육을 중요시하는 〈현재 4천 개 이상의 학교를 운영하는〉 가톨릭의 일파(수사), 책략가, 궤변가, 〈~ Society of Jesus\God's soldier\Sophist〉 수1 양2

210 **Je‧sus** [쥐이져스]: yah(Jehovah)+hoshia(help), 〈히브리어〉, '구세주', (ca. BC6-AD30) 〈세상에서 제일 명언을 많이 남긴〉 예수, (평범한 인간으로 태어나 상당한 'healing power'를 가지고) 〈인간주의와 민주주의의 토대를 쌓은〉 기독교의 창시자, 〈~ Christ\Emmanuel\Messiah〉, jesus; 제기랄, 우라질, 〈~ darn\damn〉, 〈그리스도가 30대에 알면 얼마나 많이 알았겠습니까? 다 후세에 각색을 한 탓이지요-하고 썼더니 아무도 type해주지 않아서 편자가 맨 나중에 type한 말〉 수1 가2

211 **Je‧sus bug** [쥐이져스 버그]: pond strider, water bug, water strider, 〈예수처럼 물 위를 걸을 수 있는〉 소금쟁이 미2

212 **Je‧sus liz‧ard** [쥐이져스 리져드]: 〈예수처럼 강을 건너갈 수 있는〉 등지느러미도마뱀, ⇒ basilisk² 미2

213 **jet¹** [젵]: 〈← jacere(throw)〉, 〈라틴어〉, 분출(구), 사출, 분사 촉진의, 뿜어져 나오다, 급히 움직이다, '던지다', 〈~ surge\burst〉, 〈↔drip\linger〉 우2

214 **jet²** [젵]: 〈← gagates〉, 〈그리스어〉, 〈'Gagae' 마을에서 처음 발견된〉 흑옥, 패갈탄, 흑석(치밀한 검은 석탄), (새까만) 칠흑, 〈~ ebony\black〉, 〈↔white〉 양2

215 **Jet Blue** [젵 블루우], Air-ways: 제트블루, 1998년에 창립된 미국 국내 및 중남미에 취항하는 염가 항공사, 〈~ a major US air-line〉 수2

216 **jet lag** [젵 래그]: 〈1965년에 등장한 말〉, 〈라틴어+북구어〉, jet syndrome, 시차증, 비행기 여행에 따른 시차에 적응 못 해 오는 신체·정신 증세, time zone change syndrome 미2

217 **jet pro‧pul‧sion** [젵 프뤄펄션]: 〈라틴어〉, (반동력을 이용해서 앞으로 나가는) '분사' 추진, 〈~ jet power〉 미2

218 **jet-sa(o)m** [젵 썸]: 〈← jactare(throw)〉, 〈라틴어→프랑스어〉, 투하, 폐기물, (선박 조난때) 바다에 버리는 화물, 〈↔jettison〉 양2

219 **Jet Ski** [젵 스키이]: 1972년 일본의 가와사키사가 출품한 소형 쾌속 보트의 상품명, 〈~ water-skiing\water scooter〉 수1

220 **jet stream** [젵 스트뤼임]: 제트 기류(지구로부터 16~24km 상공에 나타나는 빠른 소용돌이 기류), upper-atmosphere wind, 로켓 엔진의 배기류(white trails\contrails) 우1

221 ***jet-ted off** [젵티드 어어후]: 〈제트기에서〉 방출되다(내려지다), 〈비행기로〉 날아가다 (여행하다), 〈~ ejecting\flying〉 양2

222 **jet‧ti‧son** [줴티슨]: 〈← jactare(throw)〉, 〈라틴어→프랑스어→영국어〉, 〈← jet¹〉, (배나 비행기의 무게를 줄이기 위해) 불필요한 물건을 '던져' 버리다, 내던지다, 〈~ jet-sa(o)m\auction\discard\dumping〉, 〈↔recovery\retrieval〉 양2

223 **jeung-pyeon** [증편]: zheng('steam'이란 뜻의 중국어)+pyeon('병(떡; rice cake)'이란 뜻의 중국어에서 온 한국어), 술을 조금 탄 멥쌀가루를 반죽해서 더운 방에 두어 부풀린 다음 틀에 담아 고명을 뿌려 찐 〈술(alcohol) 떡〉, fluffy rice cake 수2

224 **Jew** [쥬우]: 〈히브리어〉, 〈Yehudhah(Judah) 왕국에서 온〉 유대인(교도), 이스라엘 백성 〈오스만 제국의 핍박으로 세계 각처에 흩어져 6백만 명 이상의 희생자를 내고 일부가 돌아온 생활력이 강하고 이재에 밝은 민족〉, 〈~ Semite\Israelite〉, 〈all Jews are Hebrews but not all Hebrews are Jews〉 양1

225 ***jew** [쥬우]: 고리대금업자, 〈유대인 같은〉 수전노, 간상배, 〈~ loan-shark\miser\skin-flint〉, 〈↔gentile\pagan〉 양2

226 **jew·el** [쥬우얼]: ⟨← jocus(joke)⟩, ⟨라틴어⟩, ⟨뽐내어 자랑('jest') 할 만큼⟩ 보석, 보옥, 귀중품, ⟨~ gem\treasure⟩, ⟨↔scrap\trinket⟩ 가2

227 **jew·el case** [쥬우얼 케이스]: ⟨고안자가 붙인 이름⟩, '보석 덮개', 압축 원반을 보호하는 단단하고 투명한 플라스틱 '널개'(용기), ⟨~ CD case⟩ 우1

228 **jew·el-weed** [쥬우얼 위이드]: 물봉선화, 봉숭아 (이슬방울이 맺힌 잎사귀 위에 '보석 같은' 여러 색깔의 영롱한 꽃이 피는 습지에서 잘 자라는 한해살이풀), ⟨~ touch-me-not\impetiens⟩ 미2

229 **jew-fish** [쥬우 휘쉬]: Atlantic goliath grouper, ⟨아마도 jawfish가 변음된⟩ (난해성) 돗돔 등 농어과 참바리속의 큰 물고기, 큰 돗돔, ⟨~ goliath grouper⟩ 미2

230 **Jew·ish Cal·en·dar** [쥬우이쉬 캘런더]: (천지창조를 기원전 3761년으로 하고 1년이 354일인) 유대력, ⟨~ Hebrew calendar\a lumi-solar calender⟩ 미2

231 **Jew's ear** [쥬우즈 이어]: tree-ear, woodear, (가을에 죽은 나무에 나는 사람 귀와 비슷한 버섯으로 말려서 중국요리에 많이 쓰는) 목이버섯, ⟨Judas's ear-가롯 유다가 딱총나무에 목을 매고 걸려 있는 모습과 비슷하다는⟩ 기생 곰팡이(prasitic fungus) 미2

232 **Jew's harp** [쥬우즈 하아프]: mouth harp, 구금(주로 어린이가 민요를 부를 때 입에 물고 손가락으로 타는 말굽 모양의 쇠로 만든 단순한 악기), ⟨유대인에 의해 영국에 전파되지 않았나 생각되는⟩ 기원전 4세기부터 중국에서 개발된 쇠 대로 만든 피리의 일종, ⟨~ jaw (or juice) harp⟩ 미2

233 **Jez·e·bel** [줴저벨]: ⟨어원 불명의 히브리어⟩, ⟨이교를 전파하다가 군중들에 의해 창밖으로 던져져 "왕자는 어데 있는가"라고 외치며 죽은⟩ 이세벨(이스라엘 왕 아합의 사악한⟨?⟩ 왕비), ⟨~ wife of Ahab⟩, jezebel; 요부, 독부, ⟨~ harlot\she-devil⟩, ⟨↔diva\angel⟩ 수1 양2

234 **JFK** (John Fitz·ger·ald Ken·ne·dy): 아버지에 의해 대통령으로 키워졌으나 얼마 못 가서 암살당한 미국의 인기 높은 '바람둥이' 대통령, ⇒ Kennedy 수1

235 **Jiang, Jie-Shi** [쟝 지에 쉬]: water-oat, ⟨'돗자리' 짜는 자⟩, Chiang Kai-Shek의 만다린 발음, 장제스, (1887-1975), 장개석, 호; 중정, 별명; 땅콩, 상해의 비밀결사 녹방에서 키워주어 국민당 총사령관이 되었으나 중공에 밀려서 대만으로 쫓겨난 중국의 군인·정치가·중화민국의 총통(~ Generalissimo of the Republic of China) 수1

236 **jib·ber-jab·ber** [쥐벌-좨벌]: ⟨영국어⟩, ⟨의성어·의태어⟩, 횡설수설, 수다(쟁이), ⟨~ babble\non-sense⟩, ⟨↔speak clearly⟩ 양2

237 **jibe** [좌이브]: ⟨← gipen(shift over)⟩, ⟨네덜란드어⟩ ①(삼각형의) 세로 돛, (바람부는) 반대 뱃전으로 이동하다, 일치하다, ⟨~ fore-and-aft sail⟩, ⟨~ agree\harmony⟩ ②조롱하다, gibe, ⟨~ jeer\mock⟩, ⟨↔differ\clash⟩ 양2

238 **jiff** [쥐후] \ **jif·fy** [쥐휘]: ⟨영국어⟩, ⟨의성어·의태어⟩, 순간, 잠깐, 당장, ⟨~ instant\moment\second²⟩, ⟨↔forever\eternity⟩ 양2

239 **jig** [쥐그]: ⟨영국어⟩, ⟨의태어?⟩, 지그(3/4 박자의 빠르고 경쾌한 춤), 격한 상하(좌우) 운동, 채낚시, 낚싯봉에 달린 낚시, 농담, 장난, ⟨~ jump up and down\fly-fishing\trick⟩, ⟨↔rest\honesty⟩, ⇒ tap dance 우1 양2

240 **jig-a·boo** [쥐거부우]: jig+aboo, ⟨전부터 있었으나 1909년부터 흑인을 비하하는 뜻으로 쓰여진 영국어⟩, ⟨껍적거리기 잘하는⟩ 검둥이, '깜 씨', '연탄', ⟨~ nigger⟩ 양2

241 **jig-a·ma·ree** [쥐거머뤼이]: ⟨영국어⟩, ⟨조작어⟩, 새로 고안된 물건, 묘한 물건, '거시기', '머시기', ⟨~ thingumbob⟩ 양2

242 **jig-ger¹** [쥐걸]: ⟨다양한 어원의 영국어·미국어⟩, 지그 춤을 추는 사람, 보조돛, 칵테일용 계량컵, (광물을 분류하는) 선광기, 낚싯봉 달린 낚시, 작은 쇠머리 달린 골프채, 부당하게 변경하다, 방해하다, ⟨~ measure\gadget\device⟩, ⟨~ manipulate\interfere⟩ 우2

243 **jig·ger²** [쥐걸]: ⟨카리브어에서 유래한 영국어⟩, chigger(털진드기), chigoe(모래벼룩), ⟨~ harvest bug\scrub-itch mite⟩ 미2

244 **jig-saw** [쥐그 써어]: ⟨영국어⟩, 실톱(톱날이 '위아래로 움직이는' 전기톱), 복잡한 문제, 조각 그림, ⟨~ saber saw\puzzle⟩, ⟨↔mend\join⟩ 미2

245 **ji·had** [쥐하아드]: effort, '노력', (이슬람교의) 성전, 정신적 투쟁, 목숨을 건 공격, ⟨~ majahedeen\holy war⟩, ⟨↔qu, ud(sitting)⟩ 우2

246 **jik-ji** [직지]: 〈중국어→한국어〉, 'direct pierce', 〈참선으로 인간의 마음을 꿰뚫어 보라는 고승들의 가르침을 모은〉 직지심체요절(구텐베르크 성서보다 78년 먼저 1377년에 세계 최초로 금속활자〈the world's oldest movable metal type〉로 인쇄되어 2001년 유네스코 세계 문화유산에 등재되었으나 현존하는 것은 마지막 권 뿐이며 그것도 프랑스의 한 국립도서관에 소장되어 있음), 〈~ a Korean Buddhist document〉 수2

247 **Jill** [질]: 〈여자이름〉, Juliana의 애칭, jill; 소녀, 젊은 여자, 〈~ a girl〉, 〈↔jack〉 수1 미2

248 **jill-a·roo** [질러루우]: 암 어린 캥거루, female newbie kangaroo, 처녀 캥거루, 〈↔jackaroo〉, 〈사전을 쓰다 보면 이런 재미있는 말도 만나게 됩니다〉 수2

249 *****jill-strap** [질 스트뢥]: 〈'jill'(처녀)이 사용하는〉 여성 국부 보호대, '보지 감싸개', 〈~ pelvic protector〉, 〈↔jock-strap〉 미2

250 *****Jilt** [질트]: 〈← 바람난 여자 Jill처럼〉 사내를 걷어차는 년, 남자를 쉽게 버리는 여자, 애인을 dump하는 사람, 〈고무신을 거꾸로 신는 자〉, 〈~ rejecter\betrayer〉, 〈↔chaste woman〉, ⇒ YODO 미2

251 **Jim-mu Ten-no** [짐무 테노우]: '신들린 무사', god empowered heavenly emperor, 신무천황, 기원전 600년에 일본의 왕이 되었다는 〈태양의 아들〉, 〈~ the 1st emperor of Japan〉 수1

252 **jim·son weed** [짐슨 위이드]: 〈미국어〉, Jamestown weed, devil's snare, 흰독말풀, '가시 사과', '천사의 나팔' (거친 모난 잎과 훤칠한 가는 줄기 위에 희거나 보라색의 초롱꽃이 피고 가시가 달린 둥근 꼬투리를 맺는 냄새가 고약하고 독성이 강한 일년생 잡초), 〈↔thorn apple〉, ⇒ stramonium 미2

253 **jin·gle** [찡글]: 〈영국어〉, 〈의성어〉, 짤랑짤랑, 딸랑딸랑, 반복음, 후렴, 경쾌한 곡조, 주제곡, 〈~ clink\chime\jangle\chorus〉, 〈↔broken\de-voice〉 미2

254 *****jin·go** [찡고우]: '엇·얏', 〈러시아를 쳐부수자는 영국 노래에서 연유한〉 강경론자, 맹목적 애국자, 〈~ hawk\flag waver\guk-ppong〉, 〈↔neutralist\internationalist〉 양1

255 **jink** [찡크]: 〈어원 불명의 스코틀랜드어〉, 날쎄게 몸을 피하라(dodge), 속이다(trick), 요란하게 떠들다(noisy), 〈↔stand\drudgery〉 양1

256 *****jinx** [찡크스]: 〈← iynx〉, 〈그리스어→영국어〉1911년에 등장한 미국 야구 속어〉, 〈'jynx'(wry·neck)처럼〉 재수 없는 (불길한) 사람(물건), 불운, 〈~ whammy\hoodoo\spell³〉, 〈↔amulet\mascot〉 미2

257 **ji·pi·ja·pa** [히피하파]: 〈남미 원주민어〉, 파나마에서 나는 야자수의 일종, 〈~ a palm like plant〉, (그 잎으로 만든) 〈둥근 고깔에 비교적 챙이 짧은〉 파나마모자(panama hat) 수2

258 **ji·ri** [쥐뤼]: 〈일본어〉, 〈의성어〉, 〈냄비에서 '치리치리' 오그라들며 익는〉 지리나베, 생선·두부·채소 등을 넣어 맑게 끓인 냄비요리, 맑은 탕, '싱건 탕(soup)', 〈~ mild stew〉 미2

259 **Ji·ri** [지리], Mt.: 〈어원 불명의 한국어〉, (산이 끝없이 연결되어) 〈지루한 산?〉, 〈공산 유격대의 근거지 역할을 했던〉 한국의 서남쪽(south-western)에 있는 1,915m 짜리 〈깊은 산〉, 〈~ the 2nd tallest mountain in Korea〉 수2

260 *****JIT** [쥣] (just in time) com·pil·er: '즉시 편찬기' (나중에 빨리 쓰기 위해) 정보가 들어오자마자 자체 언어로 바꿔 놓는 편찬기 우2

261 **jit·ter** [쥐터]: 〈영국어에서 연유한 미국어〉, 〈의태어〉, 불안감, 신경과민, 안절부절, 요동, 〈~ up-tight\high-strung〉, 〈↔calmness\serenity〉 양2

262 **jit·ter-bug** [쥐터 버그]: 〈1937년에 등장한 미국어〉, 지르박, 신경질적인 사람, '요동치는 춤' 〈날래게 몸을 놀려 남녀가 붙었다 떨어졌다 하는 4/4 박자의 경쾌한 춤〉, 〈~ a swing dance〉 우2

263 *****jive** [좌이브]: 〈← jibe?〉, 〈어원 불명의 미국어〉, (1950년대에 유행했던) 강한 박자의 빠른 춤 곡, 허튼소리, 흑인영어, 얼짜, 마리화나, 〈~ a swing dance\jazz jargon\joker\marijuana〉, 〈↔genuine\sincere〉 우1 양2

264 *****jizz** [쥐즈]: ①〈어원 불명의 영국어〉, 〈첫인상〉, 〈조류 관찰자가 새를 보고 느끼는〉 외모, 〈~ 'come'\spunk〉 ②〈미국어〉, 〈의태어〉, '좆물'(을 찍 싸다), 〈~ ejaculate\sperm〉 양2

265 **jjamp·pong** [짬뽕]: 표준 외국어 표기는 jjam-bbong ①〈종을 치면 '짠' 소리가 나고 북을 치면 '뽕' 소리가 난다는 일본어에서 연유한?〉 〈한국어〉, 섞임(mixture), 혼성곡(medley), 혼합주 ②〈'차오마멘'이라는 중국 요리에서 연유한?〉 〈한국어〉, 국수에 각종 해물과 야채를 섞어 볶아 (돼지) 뼈를 우린 국물을 부은 한국식 중국요리, 〈~(↔)j(j)ajang-myeon〉 수2

266 **jji·gae** [찌개]: 〈한국어〉, 〈여러가지 설이 있으나 편자는 '더운 김으로 뜨겁게 찐 음식'이란 설에 동의 함〉, 고기나 채소를 고추장·된장에 섞어 바특하게 끓인 (한국식) 걸쭉한 국, boiling spcicy stew , 〈~(↔)guk〉 우2

267 **jjim** [찜]: ⟨← 찌다(braise)⟩, ⟨한국어⟩, ①육류·해산물·채소에 양념을 하여 약간의 물을 부어 푹 삶아(졸여) 만든 음식, braised stew ②냄비에 물을 끓여서 올라오는 수증기로 만두나 해산물 같은 원재료의 맛을 가장 잘 느낄 수 있도록 가열하여 익히는 요리, steamed food 수2

268 **jjim-jil-bang** [찜질방]: braising room, ⟨한국어+중국어⟩, (증기탕을 중심으로 영화관·식당·숙소·오락실 등 다양한 기능을 갖춘 한국식) sauna complex, ⟨~ spa⟩ 수2

269 **jjon** [쩐]: ⟨← 엽전(coin)⟩, ⟨중국어→한국어⟩, 돈(money)의 속어 수2

270 *****J/K** [줴이 케이]: just kidding, 농담이야, 아무것도 아니야, 잊어버려 양2

271 *****Jo** [죠우]: Joel·John·Joseph·Josephine의 애칭, jo; 기쁨(joy)을 주는 사람, 애인, ⟨↔agonizer⟩ 수2 양2

272 **Joan of Arc** [죠운 어브 아알크]: (1412-1431), Jeanne d'Arc, 잔 다르크, '올레앙스의 소녀', (백년전쟁 때 하느님의 명령을 받들어 영국군과 싸워 5번 이겼으나 파리 공략 때 생포되어 화형당한 여 영웅으로 정신병적 소양이 있었으나 정치적인 배려로 나중에 성녀의 대열에 오름), ⟨~ a patron saint of France⟩ 수2

273 **Job** [죠웁]: ⟨히브리어⟩, persecuted, '핍박받은 자', 욥(인내심과 신앙심이 대단했던 히브리의 족장), 구약성서의 욥기, ⟨~ a Hebrew prophet⟩ 수1

274 **job** [잡]: ⟨← gop(mouth)⟩, ⟨켈트어→영국어⟩, '밥벌이', ⟨단편적인⟩ 일, 직무, 직업, 제품, 작업, ⟨~ work\occupation\trade⟩, ⟨↔avocation\hobby⟩ 가1

275 **job hunt-ing** [잡 헌팅]: 구직, 직업 찾기 가1

276 **Jobs** [잡스], Steve: ⟨히브리어⟩, '핍박받은 자(들)', 잡스, (1955-2011), 대학을 1년 만에 때려치우고 인도에 가서 '선'을 터득한 후 1976년 개인전산기 판매를 시작으로 우여곡절 끝에 1997년 Apple사를 재장악했으나 56세에 췌장암으로 죽은 미국의 개인전산기 개척자·투자가·거물 기업가, ⟨~ an American inventor and enterpreneur⟩ 수1

277 **Job's com-fort-er** [죠우브즈 컴훠터]: 욥의 위안자(위로하는 체하면서 고통을 더해주는 자), ⟨~ pessimist\Debbie-Downer⟩, 종기(boil), ⟨↔optimist\motivator⟩ 우1 양2

278 **Job's tears** [죠우브즈 티이어즈]: '욥의 눈물', adlay, 율무, (동남아 원산의 거칠고) 염주 씨 같은 열매를 맺는 키 큰 곡초, ⟨~ 'Chinese pearl barley'⟩ 미2

279 **Jo·cas·ta** [죠우캐스터]: ⟨← kaustikos(burning\shining)⟩, ⟨그리스어⟩, '빛나는 달', 이오카스테, Oedipus의 어머니, 모르고 오이디푸스와 결혼하여 Antigone를 낳고 그녀가 사실을 알게 되자 목매달아 죽은 Laios의 아내, ⟨~ locaste\Epicaste⟩ 수1

280 **jock-ey** [좌아키]: ⟨← Jack⟩, ⟨영국어⟩, '(경마) '기수', 조종자, 졸개, ⟨~ horse-man\pilot\boy servant⟩, ⟨↔bungle\goof⟩ 미2

281 *****jock-strap** [좤 스트뢥]: ⟨← 'jock'ey⟩, 남성 국부 보호대, ⟨운동 선수들의⟩ '불알 감싸개', ⟨~ (athletic) supporter⟩, ⟨↔jill-strap\helmet⟩ 미2

282 **joc·u-lar** [좌큐럴]: ⟨← jocus⟩, ⟨라틴어⟩, 익살맞은, 우스꽝스러운, ⟨~ joke\comic⟩, ⟨↔solemn\serious⟩ 양2

283 **jo·cund** [좌컨드]: ⟨← juvare(help)⟩, ⟨라틴어→프랑스어→영국어⟩, ⟨← joke⟩, 명랑한, 쾌활한, ⟨~ cheerful\merry⟩, ⟨↔sad\blue⟩ 양2

284 *****Joe** [죠우]: 조, Joseph의 애칭, 여보게, 형씨, '녀석', 미국 병사, 커피(← java?), ⟨~ guy\fella⟩ 수2 양2

285 **Jo-el** [죠우얼]: ⟨히브리어⟩, Yahweh is God, '주님은 나의 신', 요엘(히브리의 예언자), ⟨예수의 출현을 예언했다는⟩ 구약성서의 요엘서, ⟨~ a Jewish prophetic text⟩ 수1

286 **jo·ey** [죠우이]: ⟨어원 불명의 오스트레일리아어⟩, small animal, 새끼 캥거루, 어린이, 잡역부, 3펜스 동전, ⟨↔sire\elder⟩ 양1

287 **jog** [좌그]: ⟨← gogi(shake)⟩, ⟨웨일즈어→영국어⟩, ⟨의태어⟩, 살짝 밀다(당기다), 천천히 달리다, '무거운 물건을 흔들다', ⟨~ nudge'\run slowly⟩, ⟨↔drag\stroll⟩ 미2

288 **jog-gle** [좌글]: ⟨← jog⟩, ⟨의태어⟩, 흔들다, 휘청거리다, ⟨~ bobble\waggle⟩, ⟨↔laze\placate⟩ 양1

289 **Jo·han·nes-burg** [죠우해니스버어그]: ⟨← John⟩, ⟨주어진 이름이 같은 두 개척자의 이름을 딴⟩ 요하네스버그, 금·다이아몬드가 많이 나는 남아 공화국 북동부의 상·공업 도시 수1

290 **Jo·han·nis-berg·er** [죠우해니스버어거]: ⟨← John⟩, 독일에 있는 고급 백포도주 산지 수1

291 *****john** [좐]: ①John; ⟨← Yohanan(Yahweh is gracious)⟩, ⟨히브리어→영국어⟩, ⟨신은 우아하다⟩, '신이 총애하는 자' ②창녀의 손님, 사내, 놈, 신병, 자지, (남자용) 변소, ⟨~ a man⟩, ⟨↔jane⟩ 양2

292 **John** [좐], El-ton: 존, 본명은 Reginald Dwight, (1947-), 〈천재적〉인 선율로 세계 음반계를 주름잡았고 에이즈 퇴치 등 자선사업으로 1998년 기사 훈작을 받은 영국의 동성연애자 대중 가수, 〈~ a British singer〉 ㉮1

293 **John** [좐], King of Eng-land: 존 왕, 〈봉토가 없었던〉 John Lackland, (1166-1216), 아버지를 배반했고 프랑스와 전쟁에서도 져서 왕의 체통을 지키지 못해 끝내 1215년 (권리의) 대헌장〈Magna Carta〉에 서명을 하고만 '밥맛없는 왕', ㉮1

294 **John** [좐], St: Yohanan, (야훼의 은총을 받은) 세례 요한, 〈예수를 위해 길을 닦고 땅을 골랐으나 천국에서 말석밖에 차지하지 못한〉 사도 요한, ⇒ St. John ㉮1

295 **John** [좐], The E·pis·tle of: '요한 훈화', 〈사도 요한과는 동명이인이 쓴 것으로 사료되는〉 교인들에게 진실한 목회자를 선별하는 충고를 담은 신약성서의 3편, 〈~ 3 of the catholic epistles of the New Testament〉 ㉮2

296 **John** [좐], The Gos·pel: 요한복음, (예수의 행적을 '신격화'시킨) 〈작자 미상의〉 신약성서의 4번째 편, 〈~ a canonical gospel in the New Testament〉 ㉮2

297 **John Birch So·ci·e·ty** [좐 버얼취 쏘싸이어티]: JBS, 〈중국 공산당에 의해 살해된 동명의 미국인 이름을 따〉 1958년에 창설되어 아직도 명맥을 유지하고 있는 미국의 극우 반공 단체, 〈~ an American right-wing political advocacy group〉 ㉮1

298 *****John Bull** [좐 불]: (황소 같은) 전형적인 영국인, 〈~ Briton\typical English man〉, 〈~(↔)Uncle Sam〉 ㉮2

299 **John Deere** [좐 디어]: 1837년 동명의 대장장이가 시카고에 세운 농기구 제작 회사로 현재 각종 중장비를 생산하고 있음, 〈~ an American heavy-equipment manufacturer〉 ㉮2

300 **John Doe** [좐 도우]: 모 씨, 성명 불명의 남자, 무명남, 아무개 씨, 〈~ a certain male〉, 〈↔Jane Doe〉 ㉮1

301 **John Do·ry** [좐 도어뤼]: 〈어원에 대해 여러가지 '썰'이 있는〉 달고기(금빛을 띠고 양쪽에 동전만 한 점이 있는 달을 닮은 동글납작하고 오동통한 넙치류〈flat-fish〉의 작은 물고기), dory, St.Peter's fish ㉮2

302 **John-nie Ap·ple-seed** [좌니 애플 씨이드]: John Chapman, (1974-1845), 미국 개척시대 각지에 사과 씨를 뿌리고 다녔다는 전설적인 인물, 〈~ an American missionary〉 ㉮1

303 **John-nie Walk-er** [좌니 워어커]: 조니 워커, 1865년 스코틀랜드의 John Walker에 의해 개발되어 London에 본부를 두고 세계적으로 연간 1억 6천만 리터를 팔고 있는 위스키, 〈~ a brand of Scotch whisky〉 ㉮1

304 *****John-ny \ -nie** [좌니]: John의 애칭, 놈, 녀석, 멋쟁이, 환자용 웃옷, 난봉꾼, 남자 변소, 콘돔 ㉮1

305 *****John-ny–come–late-ly** [좌니 컴 레이틀리]: 〈1839년에 나온 영국의 해학소설에 등장하는 인물〉, 신출내기, 풋내기, (시대에) 뒤떨어진 자, (우쭐대는) 신참, 〈~ beginner\green-horn〉, 〈↔bell-wether\ veteran〉 ㉮2

306 **John-ny–jump-up** [좌니 점펖]: '달려와 안아줘!', 〈선정적인〉 야생 제비꽃, 〈~ kiss-me-quick〉, 〈~ wild pansy〉 ㉮1

307 **John Paul** [좐 펄] II: 요한 바오로 2세, (1920-2005), 재직 27년간 아주 활동적이었던 폴란드 출신 로마 교황, 〈~ a Polish Pope〉 ㉮1

308 *****John Q Pub·lic** [좐 큐우 퍼블릭]: 〈1930년 만화에서 연유한 미국어〉, (세금을 잘 내는) 평범한 시민, '민초', 〈~ average Joe〉, 〈↔blue bloods〉 ㉮2

309 **Johns Hop-kins** [좐스 핲킨스] U·niv.: 존스 홉킨스〈'Hob'(Robert)의 아들〉, 1876년 동명의 볼티모어 상인에 의해 창설된 〈의과 대학이 유명한〉 대학원 위주의 사립대학, 〈~ America's first reserch university〉 ㉮1

310 *****john-son** [좐슨]: 'John의 아들', 방랑자, 포주, 거시기, 자지(penis), 〈~ prick\pecker〉, 〈↔fanny〉 ㉮2

311 **John-son** [좐슨], An·drew: 존슨, (1808-1875), 링컨의 대를 이어 남부 반군을 가볍게 처리하려다 공화당의 거센 반발로 탄핵당했던 〈술을 좋아했던〉 민주당 출신 미국의 17대 대통령, {Tennessee Tailor, Sir Veto}, 〈~ 17th US President〉 ㉮1

312 **John-son** [좐슨], (Al·ex·an·der) Bo·ris: 보리스 존슨, (1964-), 2019년 7월부터 3년간 영국 수상을 하다 거짓말을 한 죄로 불명예 퇴직을 했고 재임 중 2021년 24세 연하의 〈동료〉와 3번째로 결혼한 기자 출신 보수파 정치인, 〈~ a British politician〉 ㉮1

313 **John-son** [좐슨], Ear·vin 'Mag·ic': 매직 존슨, (1959-), 1991년 에이즈 감염을 공표한 미국 LA 레이커스 소속이었던 흑인 농구 선수, 현재 LA 다저스 공동 구단주(2012~), LA 스팍스 구단주(2014~), 〈~ an American Businessman and former basket-ball player〉 ㉮1

314 **John-son** [좐슨], Lyn·don: 존슨, (1908-1973), LBJ, 텍사스 출신으로 케네디의 암살로 대통령을 승계받고 선거로 한 임기를 더하면서 〈위대한 사회〉를 외치며 메디케어 제도를 창설하고 첫 패전 대통령이란 오명을 듣지 않으려고 베트남에 50만의 병력까지 파병하는 등 〈회오리바람〉을 일으켰으나 〈내정에는 대포·외교에는 물총이란 소리를 들었던〉 미국의 36대 대통령, ((쓸데없이 불 켜두는 것을 못 참는) Light Bulb〉, 〈~ 36th US President〉 수1

315 **John-son** [좐슨], Sam·u·el: 존슨, (1709-1784), 책 장사의 아들로 태어나 기인에 가까운 행적 및 로마풍의 재치와 긍지를 가지고 글을 썼던 〈박학다식했던〉 영국의 문학가·사전 편찬자, 〈~ an English writer〉 수1

316 **John-son and John-son** [좐슨 앤드 좐슨]: 존슨 앤 존슨, 〈존슨 형제에 의해〉 1886년 뉴저지에 설립된 미국의 소비자용 보건·의료품 제조회사, 〈~ an American pharmaceutical co.〉 수1

317 *****joie de vi·vre** [쥬와 더 뷔이브뤼]: 〈프랑스어〉, 'zest for life', 삶의 기쁨, 긍정적 삶, 〈↔depression\melancholy〉 양2

318 **join** [죠인]: 〈← jungere(yoke)〉, 〈라틴어〉, '연결하다', 합류하다, 가입하다, 만나다, 〈~ junction\juncture\junta\juxta\adjunct〉, 〈~ connect\unite〉, 〈↔separate\withdraw〉 가1

319 *****join-ed at the hip**: 한마음 한 몸(일심동체), 굳은 결합, 〈~ on a par\be in the same boat〉 양2

320 **join-er** [죠이너]: 결합자, 참가자, 단체가입을 좋아하는 자, 소목장이(가구류 조제업자), 〈~ accomplice\furniture maker〉, 〈↔separtator〉, 〈↔foe\stranger〉 양2

321 **joint** [죠인트]: 〈← jungere(yoke)〉, 〈라틴어〉, 이음매, 접속 부분, 관절〈한국 군대에서는 '정강이'〉, 사람이 모이는 곳, 〈내용물을 종이로 말아 이은〉 마리화나, 공동의, 합동의, 연대의, 〈~ junction\linkage〉, 〈↔divided\individual〉 가1 양2

322 **joint cus·to·dy** [죠인트 커스터디]: (양쪽 부모의) 공동 친권, 〈~ co-parenting〉, 〈↔sole custody〉 가2

323 **Joint Force** [죠인트 훠어스]: '통합군'(2011년에 폐지된 미군의 대형 군사체제), 〈~ unified combatant command〉 수2

324 **joint ten·an·cy** [죠인트 테넌시]: 〈소유권이 분할되지 않은〉 (부동산) 공동 소유권, 연합 임차, 〈~ joint ownership〉, 〈↔community tenancy(property)〉 양2

325 **joint ven·ture** [죠인트 벤쳐]: 합작 투자(사업), 합동 시공, 〈~ (strategic) partnership〉, 〈↔non-collaborative(competitive) venture〉 가2

326 **joint-worm** [죠인트 워엄]: '마디 벌레', (주로 볏과 식물 줄기의 첫 번째 마디를 갉아 먹는) 〈causing a gall near the 1st joint〉 좀벌들의 유충, 〈~ chalcid〉 우2

327 **joist** [쥐이스트]: 〈← jacere(lie)〉, 〈라틴어〉, (마루나 천장을 받치는) 장선, 〈기둥 사이에 '가로 눕힌'〉 들보, 〈~ stud²\beam〉 미2

328 **jo·jo·ba** [호우호우버]: 〈멕시코어〉, 북미의 남서부에서 자라는 회양목과의 작은 상록관목으로 씨에서 화장용품 기름을 짜서 씀, 〈~ witch-hazel〉 수2

329 **jok-bal** [족발]: 〈중국어+한국어〉, (pig's) trotter, (돼지의) 발을 양념장에 푹 쪄서 썰어 먹는 〈술안주 요리〉〈~ a Korean street-food〉 수2

330 **joke** [죠우크]: 〈← jocus(jest)〉, 〈라틴어〉, 농담, 익살, 하찮은 일, 웃음거리, 〈~ jest〉, 〈→ jocund〉, 〈~ funny story\wise-crack〉, 〈↔dullness\solemnity〉 양1

331 **jok-er** [죠우커]: 농담하는 사람, 놈, 녀석, 똑똑한 놈, 무능한 놈, 예기치 않았던 난점, 카드의 '만능패', 〈~ zany\comedian\clown\wild card〉, 〈↔kill-joy\nud-nik〉 양2

332 **Jo·lie** [죠올리], An·ge·li·na: 〈프랑스계 이름〉, '예쁜이〈pretty〉', 졸리, (1975-), 아카데미 수상자인 아버지의 후광을 받고 〈야성적인 미모를 자랑하며〉 한때 미국에서 출연료를 제일 많이 받은 여배우·영화 제작자, 〈~ an American actress and film-maker〉 수1

333 **jol·lof rice** [좔러후 롸이스]: 〈← Wolof(세네갈의 고대 왕국 이름)〉, 〈세네갈에서 개발되어〉 (서남아프리카에서 먹는) 쌀·칠리·생선 또는 고기를 섞은 잡탕밥, 〈~ West African hot rice dish〉 우1

334 **jol·ly** [좔리]: 〈← jol(yule)〉, 〈북구어→프랑스어〉, 명랑한, 즐거운, 거나한, 엄청난, 잔치 소동, 〈→ jovial〉, 〈~ cheery\merry〉, 〈↔gloomy\miserable〉 양1

335 *****Jol·ly Rog·er** [좔리 롸져]: 〈어원이 분명치 않으나〉 검은 바탕에 흰색으로 해골과 두 대의 뼈를 엇걸어 그린 '해적기', 〈~ skull and cross-bones〉 수2

336 **jolt** [죠울트]: ⟨← jowl⟩, ⟨영국어⟩, ⟨의태어?⟩, 덜렁거리다, 난폭하게 흔들다, 충격, 예기치 않은 실패, 한 모금, 1회분 피하주사, ⟨~ jostle\thrust\collison\shot⟩, ⟨~ (↔) jab\upper-cut⟩, ⟨↔calm\tug⟩ 양2

337 *****JOMO** [죠우모우] syn-drome: joy of missing out, ⟨FOMO에 대항해서 쓰는⟩ (귀찮게 하지 않아서 얻는) 소외의 기쁨, '혼자 최고' 미2

338 **Jo·nah** [죠우너]: ⟨← yonah(dove)⟩, '비둘기', 요나, ⟨불길한 소식을 전했던⟩ 히브리의 예언자, 구약 성서의 한 편, ⟨~ jinxed⟩, ⟨↔amulet\charm⟩, ⟨~ a Jewish prophet⟩ 수1

339 **Jones** [죠운스]: ⟨히브리어에서 연유한 영국어⟩, ⟨신이 총애하는⟩ 'John의 아들', 존스, 남자 이름, (평범한) 동네 사람들, 강한 흥미, 마약 사용, ⟨~ a man\craving⟩, ⟨↔indifference⟩ 수1 우2

340 **jon·quil** [쟝퀼]: ⟨← juncus(a rush)⟩, ⟨라틴어⟩, ⟨가늘고 긴 '골풀' 같은 잎에 향기로운 노랑 또는 흰색의 꽃이 피는⟩ 노랑 수선화, ⟨~ Narcissus jonquilla\daffodil⟩ 미2

341 **Jor·dan** [죠어든]: ⟨← yarden(go down)⟩, ⟨히브리어⟩, ⟨흘러 내리는⟩ 요단강, 요르단(1946년 영국으로부터 독립한 이스라엘 동쪽의 ⟨전제⟩ 입헌 군주국), {Jordanian-Arab-Diner-Amman} 수1

342 **Jor·dan** [죠어든], Mi·chael: '대대로 내려온 자', 조던, (1963-), 'Air Jordan', '농구의 황제', NBA 농구선수로 활약하다 Nike 광고로 큰돈을 벌어 NBA 구단주가 된 흑인 중 2번째로 돈이 많은 미국의 농구선수, ⟨~ an American businessman and former basket-ball player⟩ 수1

343 **Jor·dan al·mond** [죠어든 아알먼드]: 요르단 아몬드, 스페인 원산이나 ⟨요르단 강가에서도 잘 자라는⟩ 커다란 편도, 그것으로 착색 당의 해서 만든 사탕, ⟨~ sugared almond⟩ 수2

344 **jorts** [죨츠]: 조트, jean+shorts, (주로 어린이가 입는) 반 청바지, (청)반바지, cut-off's 미1

345 **Jo-seon** [조선]: ⟨중국어→한국어⟩, Chosun, land of morning calm, (1392-1910) 친명파 이성계가 무력으로 고려를 뒤엎고 세워 일본에 합병되기까지 이씨가 왕을 했으며 유교 문화가 융성했던 한반도의 왕조, ⟨~ Yi Dynasty⟩, ⇒ Korea 수1

346 **Jo·seph** [죠우제후 \ 죠우세후]: ⟨← Yosef(God will give)⟩, ⟨히브리어⟩, '더하는 자', 조셉, 남자 이름, 요셉(이집트의 재상이 된 제이콥의 아들, 성모 마리아의 남편), 품행이 단정한 남자, ⟨~ a faithful and righteous man⟩, ⟨↔bad person\inferior⟩, ⟨~ non-biological father of Jesus\non-sexual husband of Virgin Mary; 아유 복잡해라!⟩ 수1 양2

347 **Jo·se·phine** [죠우제휜 \ 죠우세휜]: de Beauharnais⟩, ⟨← Joseph⟩, 여자 이름, '더하는 여자', 조세핀(1763-1814) ⟨슬기로웠으나 아들을 못 낳은 나폴레옹 1세의 첫 부인⟩, ⟨~ 1st wife of Napolein I\Queen of Italy⟩ 수1

348 **josh** [죠아쉬]: ⟨← Joshua?⟩, ⟨1845년에 등장한 어원 불명의 미국 속어⟩, 가볍게 놀리다, 농담하다, 조롱하다, tease, ⟨~ hiyakashi⟩, ⟨↔buoy up\encourage⟩ 양2

349 **Josh·ua** [죠슈어]: ⟨← Yehoshua(God is deliverence)⟩, ⟨히브리어⟩, 조슈아, 남자 이름, ⟨낮을 늘리려고 태양을 정지시켰다는⟩ '구원자' 여호수아(모세의 후계자), ⟨그의 행적을 담은⟩ 구약성서의 한 편, ⟨~ Mose's assistant\a sincere and humble man⟩, ⟨↔satan\fuck-boy⟩ 수1

350 **Josh·ua tree** [좌슈어 트뤼이]: ⟨여호수아가 손을 하늘로 뻗히고 탄원하는 모양을 닮았다는⟩ 북미 남서부 사막지대에 자라는 유카(나무 모양의 실난초)의 일종, ⟨~ yucca palm⟩ 수2

351 **joss** [좌스]: ⟨라틴어⟩, ⟨← dejos ← deus(God)⟩, '신', (중국인이 섬기는) 우상, 신상, 우두머리, Joss; '기쁜 자⟨the merry one⟩'란 뜻의 영국계 이름, ⟨~ dignitary\big-wig⟩, ⟨↔inferior\junior⟩ 양2 수1

352 **jos·tle** [좌슬]: ⟨← justle(hustle)⟩, ⟨원래는 '씹하다'란 뜻의 영국어⟩, ⟨의태어?⟩, 확 떠밀다, 팔꿈치로 밀다, 서로 다투다, ⟨~ jolt\joust⟩, ⟨↔pull\agree⟩ 양1

353 **jot** [좥]: ⟨그리스어⟩, ⟨의태어⟩, ⟨가장 작은 알파벳 'i'(iota)에서 유래한⟩ 조금, 약간, 약기하다, 적어두다, 비망록, ⟨~ little\write down⟩, ⟨~ monograph⟩, ⟨↔whole\erase⟩, ⟨↔treatise⟩ 양1

354 **jo·ta** [호우터]: ⟨jump하는⟩ 3/4박자의 스페인 민속 음악, ⟨~ bolero⟩ 수2

355 **joule** [쥬울 \ 좌울]: J, ⟨← Joel⟩, ⟨영국계 이름⟩, '자비로운 주인', 줄, (영국의 물리학자 J. P. Joule의 이름에서 따온 열량의 절대 단위), 1J=107에르그, 1와트=1줄/1초, ⟨~ unit of energy⟩, ⟨~(↔)watt\horse-power⟩ 수1

356 **jour·nal** [줘어늘]: ⟨← diurnalis ← dies(day)⟩, ⟨라틴어⟩, 일지, 신문, ⟨정기간행⟩ 잡지, 의사록, 분개장, ⟨~ daily record\periodical⟩, ⟨↔mess\disarray\fiction⟩ 가1

357 **jour·nal-ism** [줘어늘리즘]: 신문 잡지 방송업, '소식 매체⟨중계업⟩', ⟨~ the press\news media\the fourth estate⟩, ⟨↔creative writing⟩ 우2

358 **jour·ney** [쥐어니]: 〈라틴어〉, 〈← diurnal(daily)〉, 〈하루의〉 여행, 여정, 행로, 편력, 〈~ travel\expedition〉, 〈↔stay\retreat〉 가1

359 *__jour·ney-man__ [쥐어니 먼]: 수습을 끝낸 장인, 날품팔이(떠돌이) 일꾼, 〈~ trained crafts-man\traveling worker〉, 〈↔master\veteran〉 양1

360 **joust** [좌우스트]: 〈← juxta(near)〉, 〈라틴어〉, 〈맞붙어서〉 창 시합을 하다, 참전하다, 〈~ jostle\fight〉, 〈↔surrender\truce〉 양2

361 **Jove** [죠우브]: 〈← dyeu(shine)〉, 〈라틴어〉, '빛나는 자', 〈유쾌한 기분을 감음시킨다는〉 목성, Jupiter의 전 이름, (신에) 맹세코, 정말로, 어이쿠, 〈~ by God〉 수2

362 **jo·vi·al** [죠우뷔얼]: 〈라틴어〉, 〈← jove〉, 즐거운, 명랑한, 쾌활한, 〈~ mirthful\pick-wickian〉, 〈↔gloomy\miserable〉 가1

363 **joy** [죠이]: 〈← joie〉, 〈라틴어〉, '기쁨', 환희, 행복, 〈→ re·joice〉, 〈← Jove; 점성가들에 의하면 쾌활한 성격을 가진 Jupiter가 어원이라는 설이 있음〉, 〈↔ennui\misery\pity〉 가2

364 *__joy boy__ [죠이 버이]: 호모의 젊은 사내, 〈~ younger gay-man〉, 〈모르긴 몰라도 joygirl은 amateur prostitute를 칭하는 것 같음〉 미2

365 *__joy but·ton__ [죠이 버튼]: 〈레즈비언 용어〉, 음핵, 클리토리스(clitoris), 〈↔penis\phallus\joy stick〉 양2

366 **Joyce** [죠이스], James: 〈← ludocus(lord)〉, 〈라틴어→영국어〉, '주인', 〈← judoc〉, 조이스, (1882-1941), 〈자기가 쓴 책은 후학들이 수백 년을 연구해도 이해할 수 없다며〉 소설의 구성과 성격화에 새바람을 불어넣고 (안과 질환으로 평생 고생했던) 〈편자보다 더 콧대가 높았던〉 아일랜드의 작가, 〈~ an Irish novelist and poet〉 수1

367 *__joy-ride__ [죠이 롸이드]: (난폭한) 재미 운전, 무모한 행동, 〈~ speeding\excursion〉, 〈↔walk\sulk\sorrow〉 양2

368 *__joy-stick__ [죠이 스틱]: '기쁨 막대', 비행기 조종간, 음경(자지), 아편용 파이프, (여러 방향으로 가게 할 수 있어서) 전자 놀이에 도움이 되는 전산기 입력 장치, 〈~ controller\penis\game-pad〉, 〈↔joy button〉 양2 우1

369 *__JPEG__ [쥐이패그] (joint pho·to·graph·ic ex·perts group): '합동 사진 전문가 단체' 〈자료를 빨리 전송하기 위해 정지 화상 자료를 압축하는 방식의 하나〉, 〈~ loss-y compression for digital images〉 우1

370 *__JPG__, for·mat: =JPEG, (주로 인쇄·편집에서 사용하는) 수천개의 화상을 조그만 공간에 압축시킨 〈압축 전자 서류철〉 우2

371 **JP Mor·gan Chase** [쥐이피 모얼건 췌이스]: 모건 체이스, 1996년부터 Morgan사와 Chase 은행 등이 합쳐져서 만든 미국의 세계적 〈공룡〉 종합 금융업체, 〈~ an American finance company〉 수2

372 **Juan Car·los** [후완 카아를러스]: '신이 내려준 자', 〈영어의 John Charles에 상당하는 스페인어〉, 후안 카를로스, (1938-), 프랑코 총독에 의해 키워져서 1975년부터 2014년 '개인 사정'으로 아들에게 양위할 때까지 스페인의 '민주주의적' 입헌군주, 〈~ a king of Spain〉 수1

373 **ju·ba** [쥬우버]: 〈← jubilee?〉, 〈어원 불명의 미국어〉 미국 흑인 노예들이 장단에 맞춰 손뼉을 치면서 추던 아이티의 토속 춤 비슷한 경쾌한 춤, 〈~ an over-acting African American dance〉 수2

374 **ju·bi·lee** [쥬우빌리이]: 〈← yobel(blast of a trumpet)〉, 〈히브리어〉, 희년(환희의 해), 요벨(안식의 해), 가절(아름다운 계절), 〈숫양의 뿔 나팔을 불어대는〉 축제, 대사(면)의 해, (25나 50주년) 기념일, 〈~ anniversary\celebration\festival〉, 〈↔mourning\penitence\blues'〉 양3

375 **Ju-che year** [주체 이어]: 주체년, 〈김일성(Kim, Il-Sung)이 출생한 해를 원년으로 하는〉 북한(N. Korea)의 연호, 〈~(↔)anno Domini\Hegirae\Dan-gi〉 미1

376 **Ju·dah** [쥬우더]: 〈← yehudah(praise)〉, 〈히브리어〉, '찬양 받은 자', 유다, 남자 이름, 야곱의 넷째 아들, 팔레스타인의 고대 왕국, 〈~ founder of Judah tribe\kingdom of Judah〉 수1

377 **Ju·da·ism** [쥬우디즘 \ 쥬우데이즘]: 유대교(주의), 〈~ Hebraism〉 미2

378 **Ju·das** [쥬우더스]: Judas Iscariot, (가룟) 유다 〈예수를 배반한 열두 제자의 하나〉, 배반자, 〈~ betrayer〉, 〈↔confidant〉 수1 양2

379 *__Ju·das kiss__ [쥬우더스 키쓰]: 겉치레만의 호의, 〈군중 속에 있던 예수에게 키스하여 드러나게 한〉 배신행위, 〈~ deception(signal)\double-crossing〉, 〈↔faithfulness\honesty〉 양2

380 **Ju·das tree** [쥬우더스 트뤼이]: 유다나무, 개소방목, 〈~ red-bud〉, (유다가 목을 매달았다는) 박태기나무 〈홍자색의 꽃(deep-pink flower)이 잎보다 먼저 피는 콩과(fabaceae)의 낙엽활엽관목〉, 〈~ love tree〉 미2

381 **jud·der** [줘더]: 〈1931년에 등장한 영국어〉, 〈의성어〉, 몹시 흔들리다, 요동치다, 이상 진동, 〈~ shudder\shake〉 가1

382 **Jude** [쥬우드], St.: 〈← yehudah(praise)〉, 〈히브리어〉, 쥬드, Jude the Apostle, Judas Thaddaeus or Lebbaeus, 성 유다(예수의 하인-12제자의 하나), 〈→ Yiddish〉, 〈~ patron saint of hope〉 수1

383 **Jude** [쥬우드], the E·pis·tle [이피슬]: 유다서, (성 유다가 기독 신앙의 〈온고지신〉을 강조하며 쓴) 신약성서의 한 편, 〈~ the penultimate(second to last) book of the New Testament〉 수2

384 **judge** [줘쥐]: jus(law)+dicere(say), 〈라틴어〉, 〈바른말만 해야 하는〉 재판관, 판사, 감정가, 심판자, 사사(신탁을 받은 지도자), 신, 〈~ referee\umpire〉, 〈↔mistake\guess〉 가2

385 ***Judge a book by its cov·er**: 겉모습(만)으로 판단하다, 수박 겉핥기, 장맛보다 뚝배기, 〈~ beauty is only skin-deep\appearances are often deceptive\all flash and no substance〉 양2

386 ***judg(e)-ment call** [줘쥐먼트 커얼]: 심판의 결정, 주관적 판단, 개인의 의견, 〈~ conception\conviction〉, 〈↔doubt\over-turning〉 양2

387 **Judg(e)-ment Day** [줘쥐먼트 데이]: dooms·day (운명의 날), (기독교 뿐만 아니라 Islam 등 다른 종교에서도 믿는) 최후 심판의 날, 〈~ 2nd coming of Jesus Christ〉, 〈~ Final Jndgement\The Day of the Lord〉 양2

388 **Judges** [쥬쥐스], Book of: 사사기, 기원전 1100~900년경의 이스라엘의 사사 〈신탁을 받은 지도자〉들에 대한 이야기를 쓴 구약성서(Old Testament)의 일부 미2

389 **ju·di·cial** [쥬우디셜]: 〈라틴어〉, 〈← judge〉, 사법의, 재판의, 분별력 있는, 천벌의, 〈~ legal\administrative\impartial〉, 〈↔un-lawful\pre-judiced〉 양2

390 **Ju·dith** [쥬우디쓰]: 'Judah의 여인', 주디스, 여자 이름, 유디트, 유다의 '논개', 아시리아의 장군 홀로페르네스를 죽여 유대를 구한 과부, 〈~ a Jewish widow who murdered an Assyrian general〉, 구약 경외서(Apocrypha)의 한 편 수1

391 **ju-do** [쥬도우]: 〈일본어〉, gentle way, '부드러운 방식', 유도, 몸으로 상대방을 누르거나 던지는 무술, 〈~ ju-jitsu〉, 〈~(↔)tae-kwon-do\karate〉 미2

392 **Ju·dy** [쥬우디]: 주디, Judith의 애칭, judy; 여자, 계집애, 아가씨, 〈~ a girl\jane〉 수1 양2

393 **jug** [줘그]: 〈← Joan(하녀의 이름)?〉, 〈1938년에 등장한 어원 불명의 영국어〉, 주전자, 항아리, 맥주를 담는 손잡이가 달린 큰 유리잔(mug), '조끼', 교도소(prison), 금고(lock-up), 유방(creamer), 〈~ jar'\pitcher〉 양1 우1

394 ***jug band** [줘그 밴드]: juke band, (주전자 등) 악기 대용품으로 연주하는 악단, '풍물패', '젓가락 장단', 〈~ skiffle (or spasm) band〉, 〈~ samul-nori〉 우2

395 ***jug·ga·lo** [쥬갈로]: 〈라틴어→영국어→미국어〉, 〈← juggle〉, (2000년도 초반에) 얼굴 색칠·미친 차림을 하고 반사회적 음악에 몰입했던 〈괴상한 청년들〉, 〈~ fan of the rap duo〉, '열렬한 지지자'를 뜻하는 랩 음악의 가사〉, 〈~ whoop whoop〉 우1

396 ***jug·ger-naut** [줘걸너어트]: 〈← Jagannatha(lord of the world)〉, 〈'우주 대왕'이란 힌두어에서 연유한〉 거대한 힘, 〈사람을 희생으로 요구하는〉 염라대왕, 〈시끄러운 소리를 내며 다니는〉 대형버스나 트럭, 〈~ massive inexorable force\a large heavy truck〉, 〈↔elf〉 우2

397 **jug·gle** [줘글]: 〈← jocus(joke)〉, 〈라틴어〉, 곡예를 하다, 솜씨 있게 다루다, 조작하다, 〈~ manipulate\jest\ruse〉, 〈↔neglect\de-bunk〉 양1

398 **jug wine** [줘그 와인]: 큰 병에 넣어 파는 싸구려 포도주, 〈~ bulk (or table) wine〉, 〈↔brand wine〉 미2

399 **juice** [쥬우스]: 〈← jus(broth)〉, 〈라틴어〉, 〈약초를 끓여 생긴〉 즙, 액, 분비액, 본질, 실속, 동력, 매력, 기운, 술, 마약, 판돈, 〈~ liquid\secretion\energy〉, 〈↔solid\gas\lethargy〉 양2

400 **juic-y** [쥬우시]: 즙이 많은, 윤기가 도는, 흥미 있는, 기운찬, 육감적인, 〈~ moist\lush〉, 〈↔dry\desiccated〉 양2

401 ***juic·y in-for·ma-tion** [쥬우시 인훠메이션]: '촉촉한 정보', 〈주로 타인의 사생활에 대해 씹어대는〉 재미난 소문, 〈~ juicy gossip〉 미2

402 **ju·jit·su \ jiu-jit·su** [쥬우 쥘 쑤우]: ju(soft)+jutsu(art), 〈일본어〉, '유술'〈부드러운 기술〉, 유도의 원형을 브라질에서 도입한 주로 붙잡는 것에 중점을 두는 유도 기술, 〈~ ju-do〉 미①

403 **ju·ju** [쥬우쥬우]: 〈어원이 애매한 원주민어〉, (서아프리카 원주민의) 부적·주물, 서아프리카풍의 율동에 전기 음성 효과를 가한 음악, 〈~ mascot\talisman\gris-gris〉 수②

404 **ju·jube** [쥬우쥬우브]: 〈← zao(대추)라는 중국어에서 유래된 것으로 사료되는〉 (red date), 〈꽃이 피면 반드시 열매를 맺고 씨가 땅에 묻히면 반드시 새싹이 돋아나서 폐백 때 신부에게 던져주는〉 대추(나무), 〈~ Chinese date〉 양②

405 **juke** [쥬우크]: 〈1933년에 등장한 어원 불명의 Creole 미국어〉, 〈'duck'(오리)처럼?〉 상대를 속이는 몸놀림, 흔들며 춤추다, 〈한바탕〉 신나게 놀다, 〈~ wicked\disorderly〉, 〈↔calm\placate〉 우①

406 **juke box** [쥬우크 박스]: 〈1939년에 등장한 미국어〉, (돈을 넣고 곡을 선택하는) 자동 전축, 자동 원반 선택기, 〈~ nickelodeon\automatic phonograph\music box〉 우②

407 **juke joint** [쥬우크 죠인트]: 〈1935년에 등장한 미국어〉, 자동 전축기가 있는 싸구려 술집, 갈보집, 〈~ roadhouse\honky-tonk〉 우②

408 **ju·ku** [쥬쿠]: 〈← gakushu juku(학습숙)〉, 〈← juku(school)〉, 〈일본어〉, 대학입시를 위해 과외공부를 하는 〈사립〉학원, cram school 우②

409 **j(j)u·ku·mi** [주꾸미]: 쭈꾸미, 〈죽순(bamboo sprouts)이 나오는 봄철에 잘 잡히는 '죽금어'란 중국어에서 연유한 한국어〉, 직검발, web-foot(small-arm) octopus 수②

410 **ju·lep** [쥬울맆 \ 쥬울렢]: gul(rese)+ab(water), '장미즙'〈페르시아어〉, 술이나 약이 든 청량음료, 박하술(mint liquor), 물약 우②

411 **Jul·ian Cal·en·dar** [쥬울리언 캘런더]: 율리우스 달력(기원전 46년에 율리우스 시저의 명령으로 만든) 1년을 12달 / 365.25날로 쪼갠 〈태양력보다 11분 14초가 더 긴〉 달력, 〈↔Roman\Gregorian Calendar〉 수①

412 **Jul·ian date** [쥬울리언 데이트]: 1582년에 (고대 달력의 혼란을 막기 위해) 기원전 4713년을 원년으로 해서 계산한 날짜, 〈~ continous count of days〉, 〈오늘이 이것으로 어떻게 표시되나는 google에 들어가서 찾아보세요〉 수①

413 **ju·li·enne** [쥬울리엔]: 잘게 썰다, 채치다, 〈Julien이란 프랑스 요리사가 고깃국물에 당근을 길고 얇게(long and thin) 썰어 넣은 음식〉, 〈~ allumette\French cut〉, 〈↔thicken\inflate〉 양②

414 **Ju·li·et cap** [쥬울리엩 캪]: (로미오와 줄리엣 〈Jove's child〉 연극에 등장하는) 테 없는 여성용 소형 그물 모자, meshed skull-cap 수②

415 **Ju·lius** [쥬울리어스]: 〈라틴어〉, 〈'수염이 부드러운 자(ioulus)'라는 그리스어에서 유래했다는 설도 있으나 'Jove's child'란 뜻의 라틴어에서 유래했다는 설이 더 신빙성이 있음〉, 줄리어스, 남자 이름(musculine given name), 율리우스; (337~1555년간에 있었던) 세 명의 교황(Pope) 이름 수①

416 **Ju·ly** [쥬울라이]: 줄라이, 7월(원래는 'Julius' 시저가 태어난 5번째 달이었으나 계절에 맞지 않아 그가 BC 46년 3월 1일을 1월 1일로 만드는 바람에 생겨난 달), 〈수사슴(buck)의 달〉 가①

417 **Ju·ly Rev·o·lu·tion** [쥬울라이 뤠뷜루우션]: 7월 혁명, (프랑스의) 제2차 혁명 〈샤를 10세가 절대 군주제로 되돌아가려고 하자 1830년 중산층이 폭동을 일으켜 그를 쫓아내고 루이 필리프 왕을 세워 제한적 군주제로 바꾼 시민혁명〉, 〈~ Three Glorious Days〉 가①

418 **jum·ble** [쥠블]: 〈1529년경에 등장한 영국어〉, 〈의태어〉, 뒤범벅으로 해놓다, 난잡하게 하다, 〈~ tumble\mishmash〉, 〈↔order\system\grid〉 양②

419 **jum·bo** [쥠보우]: 〈서아프리카어?〉, 〈코끼리의 이름에서 따온〉 거대한, 엄청나게 큰, 크고 볼품없는, 〈→mumbo·jumbo〉, 〈~ huge\colossal〉, 〈↔tiny\micro〉 양②

420 ***jum·bo loan** [쥠보우 로운]: 초대형 융자, (융자액이 과다해서) 〈국책주택융자기관이 보증하지 않는〉 미보증 대부, 〈↔confirming loan〉 양②

421 **jump** [쥠프]: 〈게르만어〉, 〈의성어?〉, 뛰어오르다(내리다), 도약하다, 급등하다, 충전하다, 뛰어넘다, 건너뛰다, 〈~ jerk〉, 〈~ spring\vault〉, 〈↔fall\plummet\crawl〉 양①

422 ***jump blues** [쥠프 블루우즈]: 〈진동음이 사람을 놀래게 하는〉 록·스윙이 가미된 빠른 템포의 블루스 음악, 〈~ boogie woogie〉 우①

423 **jump down** [쥠프 다운]: 〈뛰어 내리며〉 짓밟다, 억누르다, (가차없이) 내리치다, 〈↔jump up〉 양②

424 **jump-er¹** [점퍼]: 도약하는 사람, 뛰는 벌레, '이동 전기 접속기'(회로판이나 통신 회선을 연결시킬 때 쓰는 도선), 〈~ bouncer\booster cable〉, 〈↔withholder〉 양2 미2

425 **jump-er²** [점퍼]: 잠바, 작업용(운동용) 상의, 소매 없는 원피스, 〈~ sweater\pull-over〉, jacket의 콩글리시 우2

426 **jump-er ca‧ble** [점퍼 케이블]: 〈건너뛰어 연결하는〉 충전 강삭(충전용 피복 전선), 〈~ battery cable〉 미2

427 **jump-ing bean** [점핑 비인]: 뜀콩(콩깍지 안에 든 나방의 애벌레가 〈새를 쫓느라고〉 요동칠 때 콩이 튀어나오는 멕시코 원산 등대풀과의 식물), 〈~ brincador(hopper)〉 미2

428 *****jump-ing jack** [점핑 잭]: 뛰는 인형(꼭두각시), (제자리에서 벌리기 뛰기를 하면서 머리 위로 손뼉을 마주치는) 거수 도약 운동, 〈~ star jump는 더 과장된 운동〉 미2

429 **jump-ing mouse** [점핑 마우스]: '뜀쥐', 주로 습지에 사는 튼튼한 뒷다리와 높이 뛸 때 균형을 잡아주기 위한 아주 긴 꼬리를 가진 작은 쥐, 〈~ jerboa〉 미2

430 **jump-leads** [점프 리즈]: 〈건너뛰어 연결하는〉 충전도선, ⇒ jumper·cable 미2

431 **jump-line** [점프 라인]: 비약선, (신문기사나 text의) page가 분리될 때〈separation〉 지시하는 선, 점프행 미2

432 *****jump list** [점프 리스트]: '접속 목록', 〈건너뛰어〉 다른 웹 페이지로 연결되는 목록을 수록한 웹 페이지, 〈~ collection of links〉 우1

433 **jump off** [점프 어후]: 〈발을 구르며〉 나서다, 시작하다, 〈~ commence\launch〉, 〈↔end\finish〉 양2

434 **jump on** [점프 어언]: 〈뛰어들며〉 덤벼들다, 공격하다, 〈~ attack\raid〉, 〈↔get off\hop out〉 양2

435 *****jump on the (band) wa‧gon** [ ]: 시세에 편승하다, 우세한 편을 따르다, 기회를 얻다, 〈~ seize the day〉, 〈↔miss the boat〉 양2

436 **jump out** [점프 아웃]: 펄쩍 뛰다, 놀라자빠지다, 〈~ leap out\frightened〉, 〈↔retreat\vanish〉 양2

437 **jump rope** [점프 로우프]: 〈깡충깡충 뛰어 넘는〉 줄넘기 줄, 〈~ skipping rope〉 가1

438 *****jump scare** [점프 스케어]: '도약위협', 깜짝 쇼, (공포영화나 게임 등에서) 〈영상의 급격한 변화로 관객을 놀라게 하는〉 '움찔' 접주기, 〈~ startle\screamer〉 우2

439 *****jump ship** [점프 쉽]: 배에서 뛰어내리다, 빠져나오다, 파기하다, 〈~ desert\defect〉, 〈↔embark\remain〉 양2

440 **jump-start** [점프 스타아트]: 충전해서 시동 걸기, '도약 시동', 〈~(↔)kick-start〉, 〈↔push-start〉 우1

441 *****jump the gun** [점프 더 건]: 속단하다, 경거망동, 〈육상경기에서 신호탄이 터지기 전에 출발하는 짓〉, 우물에 가 숭늉 찾는다, 〈~ go off half-cocked〉, 〈~ rashy¹ act\count chickens before hatched〉, 〈↔cautious\planned〉 양2

442 *****jump the line** [점프 더 라인]: 순서를 뛰어넘다, 새치기하다, 〈~ cut (in) the line\jump the queue〉 양2

443 *****jump the shark** [점프 더 샤아크]: (죽기 전에 펄쩍 뛰는 상어처럼) 기진맥진한, 단말마(의), 〈~ nuke the fridge\culmination〉, 〈↔grow the beard〉 양2

444 **jump-up** [점프 엎]: 급한 용무, 즐거운 축제, 야단 법석, 〈~ over-bearing\wild merry-making〉, 〈↔relax\boring〉 양2

445 **jump up** [점프 엎]: 뛰어 오르다, 벌떡 일어서다, 활기를 불어넣다, 〈~ climb\up-rise〉, 〈↔jump down〉 양2

446 **jun‧co** [쥥코우]: 〈← juncus(rush³)〉, 〈라틴어〉, (북미산) 검은 방울새, 겨울에 나타나는 회색의 등과 흰 배를 가진 오동통한 작은 피리새, '갈대밭 참새', 〈~ finch〉 미2

447 **junc-tion** [쥥션]: 〈← jungere〉, 〈라틴어〉, 〈← join〉, 연합, '접합점', 교차점, 접기, 〈~ intersection\connection〉, 〈↔gap\division〉 양2

448 **junc-ture** [쥥춰]: 〈라틴어〉, 〈← join〉, '접합점', 이음매, 중요한 때, 전기, 위기, 〈~ meeting point\moment of truth\crisis〉, 〈↔disconnection\advantage〉 양2

449 **June** [쥬운]: 〈라틴어〉, 준, 여자 이름(6월 태생), 〈~ feminine given name〉, 유월, 6월(혹자는 결혼의 여신 Juno에서 따왔다고 하고 혹자는 청춘이라는 뜻의 juniores에서 따왔다고도 하나 좌우간 젊은 여성이 결혼식으로 제일 선호하는 달), {딸기(strawberry)의 달} 가1

450 **Ju‧neau** [쥬노우]: 〈프랑스어〉, 주노, 금 탐색가 Joe Juneau('젊은이')의 이름을 딴 금광촌으로 1905년 알래스카의 주도로 지정된 깎아지른 산 벽 밑의 조그만 도시이나 공식적 넓이는 미국에서 제일 넓은 행정·관광 도시, 〈~ Capital of Alaska〉 수1

J 683

451 **June bee·tle(bug)** [쥬운 비이틀(버그)]: 왕풍뎅이, '유월충', 또는 '오월충', (5~6월에 어린 나뭇잎을 갉아 먹으며 밤에 불빛에 꾀어드는 커다란 풍뎅이), 〈~ a scarab〉, ⇒ May beetle 미

452 **June-ber·ry** [쥬운 베리]: '유월 머루', (북반구 온대에 서식하며) 〈6월에 적·자색의 콩알만 한 식용 열매를 맺는〉 장미과 채진목속의 관목, shad·bush, service·berry 우2

453 ***June-teenth** [쥬운 티인쓰]: 〈2021년 12번째 미연방 공휴일로 지정된〉 (흑인) 노예해방 기념일, 남부연맹에서 마지막으로 텍사스가 노예 해방을 공포했던 1865년 6월 19일, 〈~ Black Independence Day\Freedom Day〉 수2

454 **jung** [정]: 〈← qing(feelings)〉, 〈중국어→한국어〉, 사물에 느끼어 일어나는 감정, 타인에 대한 사랑이나 친밀감, 〈~ love\affection〉, 〈↔resentment\han〉 미2

455 **Jung** [융], Carl: (1875-1961), 'young'(젊은이), 성욕보다도(내향성·외향성 등) 집합적 무의식을 강조한 스위스의 정신과 의사·심리 분석가, 〈~ a Swiss psychiatrist〉 수1

456 **Jung-frau** [융후라우]: 〈'maiden saddle'이란 뜻의 독일어〉, 융프라우, 〈스위스 알프스의 험준한 고봉으로 스키 휴양지로 유명한〉 '처녀봉', 〈~ a summit of the Bernese Alps〉 수1

457 **jun·gle** [졍글]: 〈← jangala(dry)〉, 〈산스크리트어〉, '미개의 삼림', 총림(지), 밀림 습지(대), 혼란, 미궁, 〈~ rain(tropical) forest〉, 〈↔civility\order〉 미2

458 **jun·gle cat** [졍글 캩]: '갈대 고양이', 남부 아시아(South Asia)의 밀림지대에 사는 살쾡이, 〈~ jungle lynx〉 우1

459 **jun·gle fowl** [졍글 화울]: '산 닭' 〈열대 동남아(Southeast Asia)의 산림에 사는 잘 날고 잘 뛰는 적·흑색의 짙은 색깔을 가진 야생 닭으로 수탉은 한 암탉만 골라서 정을 주는 '짱! 닭'〉, 〈~ wild chicken〉 우1

460 **jun·ior** [쥬우니어]: 〈← juvenis(young)〉, 〈라틴어〉, '젊은', 손 아래의, 연소한, 하급의, 소형의, 〈↔senior〉 양2

461 **ju·ni·per** [쥬우니퍼]: juvenis(young)+parere(produce), 〈라틴어〉, 노간주나무, 향나무, 산록의 양지에서 잘 자라는 향기가 좋은 측백나뭇과의 상록침엽교목·관목, 〈youth(젊음)을 유지하는 나무〉, 〈~ cypress〉 미2

462 **junk¹** [정크]: 〈← jonke〉, 〈14세기에 등장한 어원 불명의 영국어〉, 〈오래되었거나 동강난 밧줄〉, 쓰레기, 잡동사니, 고물, 마약, 〈~ trash\litter〉, 〈↔treasure\asset〉 양2

463 **junk²** [정크]: 〈때로는 주거용으로도 쓰이는〉 (중국의) 밑이 평평한 범선, 〈'배'란 뜻의 chuan[쵱]에서 유래한듯함〉, 〈~ a flat-bottomed Chinese sailing ship〉, 〈↔yacht\cruise ship〉 우1

464 **junk bond** [졍크 반드]: 배당률은 높으나 위험 부담이 큰 채권, 가격 하락으로 쓸모없게 된 채권, 〈~ high yield (or risk) bond〉, 〈↔secured bond〉 우1

465 **jun·ket** [정길]: 〈← juncus(rush² basket)〉, 〈라틴어〉①골풀 바구니에 담아 두던〉 과일을 섞은 우유 덩어리(응유), 〈~ a milk-based dessert〉 ②골풀 바구니로 음식을 나르던〉 잔치, 〈공금으로 하는〉 호화 유람 여행(1886년에 등장한 미국어), 〈~ party\luxury trip at public expense〉 우2

466 **junk food** [졍크 후우드]: '쓰레기 음식', 건강에 좋지 않은 식품, 비건강 식품, 〈~ fast food\finger food〉, 〈↔ good food〉 미2

467 **junk mail** [졍크 메일]: 쓰레기 (쓸모없는·귀찮은·사기성) 우편물, 〈~ un-welcome (or marketing) mail〉, 〈↔useful mail\special mail〉 양2

468 **Ju·no** [쥬우노우]: 〈← iuvenis(young)〉, 〈라틴어〉, '젊은 여자', 주노, 주피터의 누이 아내, 결혼(marriage)의 신, 제3 소행성, 품위 있는 여자, 〈~ 그리스 신화의 Hera〉, 〈~ Queen of gods〉 수1 양2

469 **Ju·no-esque** [쥬우노우 에스크]: 〈← Juno〉, 〈라틴어〉, 주노처럼 품위있고 아름다운, 〈~ dignified\statuesque〉 수2

470 **jun·ta** [훈터 \ 줜터]: 〈← jungere〉, 〈라틴어〉, 〈← join〉, (혁명 후 임시) 지도자 집단, (잠정) 군사 정권, 평의회, 〈~ military council\mobs〉, 〈↔civil council\democratic assembly〉 미2

471 **Ju·pi·ter** [쥬우피터]: Jovis(Jove)+pater(father), '하늘의 아버지', 주피터, (그리스의 제우스에 해당하는) 로마 최고의 신, 목성(별들의 우두머리), 〈~ the supreme deity〉, 〈~ Zeus〉 수1

472 **Ju·ras·sic** [쥬어래싟]: 쥐라기 〈그 시대의 화석이 많이 발견된 Jura 산맥의 이름을 딴〉 (약 1억 7천5백만 년 전 공룡〈dinosaur〉이 설치던 중기 중생대〈2nd Mesozoic era〉), 〈~ Age of Cycads〉 수1

473 **ju·rat** [쥬어렡]: 〈← jurare(swear)〉, 〈라틴어〉, 시정 참여관, 치안판사, 〈본인이 공증인에게 사실을 말했다는〉 진술서의 결구, 〈← jury〉, 〈~ justice\affidavit〉 양2

474 **Jur·chen** [져얼첸]: 〈'사람'이란 뜻의 만주어에서 유래한 한자 이두 문자〉, 여진(족), 동만주와 연해주 지방에 살던 반농·반수렵의 퉁구스계 부족, 〈~ East Asian Tungusic speaking people〉 미2

475 **ju·ris·dic·tion** [쥬어뤼스딕션]: jus(law)+dicere(say), 〈라틴어〉, 재판권, 권한, 사법 관할권, 〈← jury〉, 〈~ authority\territory〉, 〈↔incapacity\subordination〉 가1

476 **ju·ris·pru·dence** [쥬어뤼스프루든스]: jus+prudentia(foreseeing), 〈라틴어〉, 법률학, 법학 이론, 법률 체제, 판결 기록, 〈~ law\decree〉 양2

477 **ju·rist** [쥬어뤼스트]: 법학자, 변호사, 판사, 〈← jury〉, 〈~ lawyer\judge〉 양2

478 **ju·ry** [쥬어뤼]: 〈← jus(law)〉, 〈라틴어〉, 배심(원) 〈공리주의에 입각해서 영·미 계통이 채택한 '전근대적인' 제도로 법정에서 사실의 심리·평정을 해서 재판장에게 답신하는 평범한 시민으로 구성된 협의체〉, '선서하다', 〈→ jurat\juror\jurist\abjuration〉, 〈~ adjudicators\tribunal〉 양2

479 **just** [쥐스트]: 〈← jus(law)〉, 〈라틴어〉, 〈법률상〉 '올바른', 당연한, 정확한, 막, 겨우, 다만, 〈→ justice〉, 〈~ barrister\attorney〉, 〈~ exact\a moment ago\barely〉, 〈↔un-just\un-fair〉, 〈↔vague\enough〉 양2

480 **just a·bout** [쥐스트 어바웉]: '곧 근처에', 거의 대부분, 대충 다, 〈~ nearly\almost〉, 〈↔entirely\completely〉 양2

481 **jus·tice** [쥐스티스]: 〈라틴어〉, 〈← just〉, 정의, 공평, 타당성, 사법, 판사, 〈~ fairness\judge〉, 〈↔in-justice\un-fairness\lawlessness〉 양2

482 **Jus·tice** [쥐스티스], Dept of: 미 법무부, 1870년 개편되어 검찰총장을 수장으로 사법 업무를 총괄하는 연방정부의 내각부서, 〈~ a US cabinet org.〉 양2

483 ***jus·tice be·gins next door**: 〈찰스 디킨즈가 한 말〉, 정의는 (가족은 제쳐놓고) 옆집부터 시작된다, 가정은 사법을 초월한다, 〈~ blood is thicker than water\charity begins at home〉 양2

484 ***jus·tice will pre·vail** [쥐스티스 윌 프뤼웨일]: 결국은 정의가 이긴다, 사필귀정, 〈~ legitimacy\rectitude〉, 〈↔chaos\law-less〉 양2

485 **jus·ti·fi·ca·tion** [쥐스티휘케이션]: 정당화, 변명, 조정, 정판(화면·타자 용지의 좌우 모서리가 여유 있고 매끈하게 정리되는 체계), (인쇄되는 문본의) 행의 끝을 나란히 맞추기, 〈~ excuse\rationale\pretext〉, 〈↔disproof\contradiction〉 양2 미2

486 **Jus·tin·i·an** [쥐스티니언]: 〈← just〉, '올바른 자', 유스티니아누스 1세, (483-565), 예전 로마의 민사법을 발췌해서 동명의 법전을 편찬하고 영토를 넓혔으며 비기독교도들을 박해한 동로마 제국의 황제, 〈~ an Emperor of Byzantine Empire〉 수1

487 **just in time** [쥐스트 인 타임]: '즉시', '방금 체계', 원료를 제작 직전에 납품해 재고 비용을 최소화하는 경영 방식, 〈~ on the dot\timely(administration)〉, 〈↔late\delayed〉 우1

488 **jut** [쥘]: 〈영국어〉, 〈← jet(project)〉, 돌출하다, 불룩 나오다, 불쑥 내밀다, 튀어나오다, 첨단, 〈~ stick (or bulge) out\cutting edge〉, 〈↔pit\hollow〉 양2

489 **jute** [쥬우트]: 〈← jata(matted hair)〉, 〈산스크리트어〉, '꼬인 머리털'〈뱅갈어〉, 황마, 삼베, (거칠고 질긴 섬유로 꼬아서 마대·밧줄 등을 만드는) 마포, 〈~ abaca\flax\gunny〉 양1

490 **ju·ve·nile** [쥬우붜늘 \ 쥬우붜나일]: 〈← iuvenis(young)〉, 〈라틴어〉, '젊은', 어린, 초생의, 아동의, 18세 미만의, 〈~ immature\adolescent〉, 〈↔presby~〉, 〈↔senile〉 양2

491 **jux·ta** [쥑스터]: 〈라틴어〉, near, 가까운, ~ 곁에, '~옆에', 〈← join\joust〉, 〈~ proximity\vicinity〉, 〈↔distance\separate〉 가2

492 **jux·ta-po·si·tion** [쥑스터 퍼지션]: 병렬, 나란히 놓기, 〈~ col·ligation\side by side〉, 〈↔distance\separation〉 가2

493 **JVC** (Ja·pan Vic·tor Com·pa·ny): 1927년에 일본에서 창립되어 소비자 시청각 전자제품(VHS)으로 한참 잘나가다가 2011년 일본의 Kenwood에 병합된 회사, 〈JVC Kenwood〉 수2

494 **J-vi·sa**: 〈미국 정부에서 인정하는〉 (문화 교류를 위한) 교환 방문〈exchange visitor〉 사증 우2

495 **JVM** (Ja·va vir·tu·al ma·chine): 자바 가상기기(기억용량의 부호 자료를 해석하기 위해 Sun사가 개발한 연성기기), 〈~ a soft-ware platform〉 수2

1. **K \ k** [케이]: kaph, 펼쳐진 손바닥 모양인 이집트의 상형문자에서 따온 21번째 정도로 자주 쓰이는 영어 알파벳의 11번째 글자, 로마숫자 250, kilo(1000)·kalium(potassium)·karat(carat)·king·kappa·okay 등의 약자 수2

2. ***"k'*** [케이]: 'fuck you'의 〈점잖은〉 전상망 문자 우2

3. **Ka** [카아]: soul, (고대 이집트 인들이 믿었던) 영·혼, 〈~ gi\ki〉, 〈↔shen〉 양2

4. **ka**(a)·**ba** [카아버]: Caaba, 〈← kab〉, 〈아랍어〉, 〈'cube'(입방체) 모양을 한〉 카바, (Mecca에 있는) 이슬람교도가 가장 신성시하는 신전, 〈~ House of God\Masjid al-Haram〉 수1

5. **ka·bob \ ke·bab** [커밥]: cabob, 〈← kabbaba(burn)〉, 〈불에 구운 고기'란 뜻의 아랍어〉, 카보브, (고기와 채소를 꼬치에 꿰어 구운) 산적 요리, 〈터키식〉 꼬치구이, 〈~ kefta\roasted meat〉 미2

6. **ka·bo·cha** [카보우촤 \ 카바챠]: 〈캄보디아어+포르투갈어〉, 겨울호박〈포르투갈 선원들이 Cambodia에서 일본으로 들여온 abobora(호박)〉, Japanese pumpkin, butter·cup squash, 〈일본에서는 주로 튀겨 먹고 한국에서는 주로 쪄 먹는〉 단호박 미2

7. **ka·bu·ki** [카아부우키]: kabu(music)+ki(spirit), 카부키, '가무극', 〈원래 서민층 남성만 공연할 수 있었고〉 (17세기부터 유래된) 진한 분장을 하고 나오는 일본의 전통 가무극, 〈~ a classical Japanese drama〉, 〈~(↔)Beijing opera〉 수2

8. **Ka·bul** [카아불 \ 커불]: 〈← qabul(acceptance)〉, 〈아랍어〉, '환영하는 곳?', 카불, 1776년 아프가니스탄의 수도로 지정되었고 그 나라 동쪽 고산지대에 자리 잡은 오래된 상업 도시, 〈~ Capital of Afghanistan〉 수1

9. **kaf·fi·yeh** [커휘이어]: 〈이라크의 Kufa 지방산〉 카피에, (아랍 남성들이 쓰는) 끈으로 두른 '두건(head dress)', 〈~ a square scarf for Arab man〉 수2

10. **Kaf·ka** [카아후카], Franz: 〈슬라브어→게르만어〉, '갈까마귀(jackdaw)', 카프카, (1883-1924), 체코에서 유대인 부모를 두고 태어나 오스트리아에서 보험 변호사 노릇을 하면서 독일어로 악몽에 찬 부조리의 세계를 작품화하다가 폐병으로 죽은 소설가, 〈~ a German-language writer from Prague〉 수1

11. ***kaf·ka-esque** [카아후커에스크]: 〈카프카의 작품같이〉 부조리하고 절망적인, 암울한, 옴붙은, 〈근래에 전산망에 자주 등장하는 말〉, 〈~ surreal\unusual〉, 〈↔sane\enlightened〉 양2

12. **kai·ros** [카이뤄스]: 〈그리스어〉, 선천적 직관, 기지, 〈chronos에 대해〉 (질적인) 시간, Kairos; 그리스 신화에 나오는 "기회(opportune)의 신"으로 제우스의 아들 양2 수1

13. **Kai·ser** [카이져]: 카이저, '황제'(Caesar·Czar·Emperor의 독일식 표현), 사람 이름, 〈~ a Germanic sur (or given)-name〉 미1 수1

14. **Kai·ser Per·ma·nèn·te** [카이져 퍼어머넨테]: 카이져 퍼머넨테, 1945년 실업가 Henry Kaiser 등에 의해 설립되어 2020년부터 학비 없는 의과대학도 창립된 미국의 통합 의료 관리체제, 〈~ an American integrated managed health-care consortium〉 수2

15. **Kai·ser roll** [카이져 로울]: 〈18세기에 빵 값을 오르지 못하게 법으로 정한 오스트리아 황제를 칭송하기 위해 붙여진 이름〉, Vienna roll, hard roll, 오스트리아 원산의 겉이 딱딱한 대형 둥근 빵, 〈~ a round bread roll〉 수2

16. **KAIST** [카이스트] (Ko·rea Ad·vanced In·sti·tute of Sci·ence and Tech·nol·o·gy): 한국 과학 기술원(1971년에 서울에서 KAIS로 탄생되어 1981년 KIST와 결혼했다가 이혼하고 1989년 KIT와 재혼해서 대전(Dae-jeon)으로 이사한 국립대학원), 〈~ a national research university〉 미2

17. **ka ka** [카 카]: 〈카~ 카~ 하고 우는〉 뉴질랜드산의 회갈색 앵무새(parrot), 지겨운 놈, 응가(poo), 〈~ kakapo〉, 〈~ poop〉 미2

18. **Ka·ka·o** [카카오]: 〈한국어〉, (편자는 의성어로 알았으나 〈'cacao'(초콜릿 원료)같이 달콤한 통화〉란 뜻이라 함), 카톡, 2010년에 창립되어 2015년 Daum Kakao를 병합한 대한민국의 〈인기 있는〉 이동통신 전산망 회사, 〈~ a Korean internet conglomerate head-quartered in Jeju City〉 수1

19. **ka·ka·po** [카커포우]: 〈'까~ 까~' 대며 우는〉 카카포, owl parrot, 올빼미앵무새, (뉴질랜드 원산의) 〈멸종 위기에 처해진〉 날지 못하는 커다란 야행성 앵무새, 〈~ kaka〉 미2

20. **ka·ki** [카키이]: 〈← xaki(earth color)〉, 〈페르시아어→일본어〉, 감, '가을 과일', 〈~ persimmon\Sharon fruit〉 미2

21. **kak·is·toc·ra·cy** [캐키스타크뤄씨]: kakistos(worst)+kratos(rule), 〈그리스어〉, 〈최악의 시민에 의한〉 악인 정치, 악덕 정치, 극악 정치, 〈~ idiocracy\mobocracy〉, 〈↔merito cracy\aristarchy〉 양2

22　**KAL** [칼] (Ko·re·an Air-Lines), 현재 Ko·re·an Air \ KE: 대한항공, Sky Team의 일원, 1946년 국적기로 출발해서 2020년 11월 아시아나를 합병하고 현재 한진(Han-jin) 그룹이 운영하고 있으나 점점 정부의 입김이 세어지는 대한민국의 민간 항공회사, 〈1983년 소련기에 의해 피격되어 269명이 사망한 사건은 UN의 안전보장이사회에서 진지하게 토론 되었어야 한다고 사료됨〉, 〈~ flag carrier of Korea〉 미2

23　**ka·lan-choe** [캘런코우이]: 〈← gaa(temple)+laam(basket)+coi(plant)〉, 가람채(〈바구니에 넣어 절에 두는 꽃〉이란 뜻의 〈중국어〉), 만자천홍(만개의 자색과 천개의 분홍색을 띤 수많은 꽃잎을 가졌다는 뜻의 〈중국어〉), 칼랑코에, (열대 아프리카 원산으로) 자잘한 분홍 겹꽃이 피는 바위솔과의 관상용 다육식물, 〈~ flaming Katy \ widow's thrill〉 우1

24　**kale** \ kail [케일]: 〈스코틀랜드어→영국어〉, cole, 평지(두텁고 곱슬곱슬한 줄기와 잎을 가진 석탄 덩어리 모양의 양배추), 〈~ leaf cabbage\bore-cole〉 미2

25　**ka·lei·do-scope** [컬라이더 스코우프]: kalos(beautiful)+eidos(form)+skopein(view), 〈그리스어〉, 〈아름다운 형상으로 보이는〉 만화경, 변화무쌍한 것(빛의 굴절을 이용해서 형형색색의 모양을 보게 만든 원통 쌍안경), 〈~ phantasmagoria〉 가2

26　**kal-guk·su** [칼국수]: 〈한국어〉, knife cut noodle soup, 밀가루를 반죽해서 방망이로 얇게 민 다음 칼로 가늘고 길게 썰어 만든 국수에 닭고기나 해물을 섞어 끓인 걸쭉한 국 수2

27　**Ka·li** [카알리]: 〈kalah(black)의 여성형〉, 〈드라비다어→산스크리트어〉, '암흑', 칼리, 쉬바의 첩, 시간·창조·파괴·힘을 상징하고 〈악령을 물리치는〉 힌두교의 검은 여신, 〈~ remover of darkness〉 수1

28　**ka·li** [캘리 \ 칼리]: 〈← qaliy〉, 〈아랍어→그리스어〉, 〈'alkali' 토양에서 잘 자라는〉 칼리, beach·wort, salt·wort, 수송나물, 퉁퉁마디, 솔장다리(소금기가 있는 땅에서 자라는 통통하고도 뾰족한 잎을 가진 덩굴 식물), 미2

29　**ka·li-um** [케일리엄]: 〈아랍어에서 연유한 라틴어〉, 칼륨, alkali (잿물), 포타슘, 〈세포의 삼투압을 조정해 주고 비료의 원료 등으로 쓰이는〉 금속원소(기호 K·번호19) ⇒ potassium 수2

30　**kal·mi-a** [캘미어]: 〈그 꽃을 채집했던 스웨덴 식물학자의 이름(Kalm)을 딴〉 칼미아, 섬세한 꽃이 피는 쿠바·북미산 진달랫(rhododendron)과의 상록관목, 〈~ mountain laurel\sheep laurel (or poison)〉 수2

31　**ka·long** [카알렁]: 〈자바어〉, (동남아산) 왕 박쥐, '과일박쥐', '나르는 여우(flying fox)' 미2

32　**kal·pa** [컬퍼]: klp(form)+a, 〈산스크리트어〉, 겁(43억 2천만 년), 가로·세로·높이가 각각 13km 정도의 바위에 100년에 한 번씩 비단옷을 입은 선녀가 내려앉아서 다 닳아 없어지는 시간, 〈재창조에 걸리는 장구한 시간〉, 〈인간에게는 영겁이나 Brahma에게는 한 낮(12시간)〉, 〈~ aeon〉, 〈↔moment\split-second〉 가1

33　**Ka·ma** [카아머]: ①〈산스크리트어〉, 카마, (힌두교의) '정욕(love)'의 신, 즐거움 ②〈일본어〉, k~; 낫(무기·농기구), 〈~ sickle〉 수1 미2

34　**Ka·ma-su·tra** [카아머 쑤우트롸]: love+text, 〈산스크리트어〉, 카마수트라, 3세기경에 쓰인 힌두교의 '성행위 교본', 〈~ a Hindu text on sexuality〉 수1

35　**Kam·chat·ka** [캠챁커]: 〈← konchachal(men of the far-end)〉, 〈원주민어→러시아어〉, '머나먼 곳', (시베리아의 동쪽에 붙은 어업과 산림자원이 풍부한) 캄차카반도, 〈~ 1,250 k-m long peninsula in the Russian Far East〉 수1

36　**ka·meez** [커미이즈 \ 캐미]: 〈아랍어〉, shirt, '긴 상의', (인도 반도에서) 주로 shalwar(헐렁한 바지)와 같이 입는 길게 늘어진 윗도리 수2

37　**ka·mi·ka·ze** [카미카아지]: 〈일본어〉, 〈몽고의 침입을 두 차례나 막아준〉 '신의 바람(divine wind)', 가미카제, 제2차 세계 대전 때 일본의 '신풍' 〈자살〉 특공기(대원), 〈~ a suicidal attack unit〉 수2

38　**kam·pa·chi** [캄파취]: kanpachi(八 shaped eyebrow), 〈일본어〉, almaco jack, 〈눈위에 여덟 八자 무늬가 있는〉 간 팔, 심해에 서식하는 둥글 넓적한 방어류, 〈~ Hawaiian yellow-tail〉 우1

39　**Kam·pu·che·a** [캠프취어]: 〈← kambuja(sacred family)〉, 〈산스크리트어〉, (인도 북부에서 내려온) '신성한 왕족', 캄푸치아, 1976년 Cambodia에서 고친 이름이나 1989년 다시 Cambodia로 돌아감 ⇒ Cambodia 수1

40　**ka·na** [카아너]: 〈한자의 음을 빌려온〉 차용문자('가명〈borrowed syllables〉'), 가나(음성〈phonetics〉에 따른 일본의 문체), 〈~(↔)kanji〉 수2

41　**Kan·din-sky** [캔딘스키], Was·sil·y: 〈어원 불명의 러시아계 이름〉, 칸딘스키, (1866-1944), 강한 색깔과 기하학적 구성으로 정신적인 반응과 청각적 표상을 시각적으로 표현하려고 했던 러시아 태생 독일의 초기 '표현주의' 추상파 화가, 〈~ a Russian abstractionist painter〉 수1

42 **kan·ga** \ **khan·ga** [캥거 \ 캉가]: 〈원주민어〉, 동아프리카〈African Great Lakes region〉 여성들이 치마처럼 두르거나 머리에 쓰는 화려한 무늬의 크고 가벼운 면포〈gaily garment〉 수2

43 **kan·ga·roo** [캥거루]: 〈원주민어〉, (암컷은 육아낭을 달고 다니며) 뒷다리가 발달한 호주 지방에만 무리 지어 서식하는 유대목의 초식 동물, '뛰는〈leap〉 것?', 〈~ wallaby\wallaroo〉 수2

44 **kan·ga·roo a·ca·cia** [캥거루 어케이셔]: kangaroo thorn, 바늘아카시아, 노란 꽃이 피고 바늘 잎을 가진 호주 원산의 관목 수2

45 *****kan·ga·roo court** [캥거루 코어트]: 〈어디로 튈지 모르는〉 사적 재판, 인민 재판(감정에 치우쳐서 불규칙하고 비약적인 재판), 〈~ monkey trial〉, 〈↔fair justice〉 양2

46 **kan·ga·roo rat** [캥거루 뢥]: 캥거루쥐(큰 눈과 긴 꼬리·튼튼한 뒷다리를 가지고 팔짝팔짝 뛰어다니면서 먹이를 뺨 옆에 붙어있는 먹이 주머니에 저장하는 작은 야행성 들쥐), 〈~ a small leaping rodent in desert region〉 수2

47 **kan·ji** [카안지]: kan(chinese)+ji(character), '한자'의 일본어, 간지(한자에서 따온 일본의 문체), 〈~(↔)kana〉 수2

48 **Kan·na·da** [카나더]: Canarese의 새로운 표기, 〈드라비다어〉, 인도 남서부 Karnataka 지방에서 약 4천 4백만이 사용하는 언어, 〈~ a Dravidian language〉 수1

49 **kan-pa·ku** [간바쿠]: kan(entrust)+haku(say), 〈왕을 대신해서 말할 수 있는〉 관백, 왕족이 아니라도 할 수 있는 섭정, 884년부터 메이지 유신까지 일본 정부를 요리해 온 (수상보다 더 높은) 영외 대신, 〈~ regent〉 미2

50 **Kan·sas** [캔져스]: 〈원주민어〉, south-wind people, '남풍족', 캔자스, KS, 〈밀의 주〉, 〈미국의 빵 바구니〉, 〈미국의 중간지점〉, 밀 농사와 목축업으로 일어나서 소 기구 제조업으로 눈을 돌리고 있는 구릉 지대와 대평원으로 된 주, {Wichita-4}, 《〈sunflower〉》 수1

51 **Kan·sas Cit·y** [캔져스 씨티]: 강을 사이에 두고 있는 캔자스와 미주리주에 있는 양대 도시(미주리 쪽이 더 큼), 〈~ Heart of America\Paris of Plains〉 수1

52 **Kan·sas-Ne·bra·ska Act**: (스티븐 더글러스가 내놓아 1854년에 체결된) 오하이오 서부 지역이 연방 가입 신청을 했을 때 노예제 여부를 주민투표로 결정하자는 법, Nebraska Bill, 〈~ annulled Missouri Compromise but brought bleeding Kansas〉 수1

53 **Kant** [칸트 \ 캔트], Im-man·u-el: 〈← cant(corner)〉, 〈프랑스어→독일어〉, '모퉁이에 사는 자', 칸트, (1724-1804), (객관이 주관을 구성한다는 재래식 사고를 깨고 주관이 객관을 구성한다고 주창하며) 인간 지식의 본질과 한계에 대해 연구한 독일의 〈이상주의〉 철학자, 〈~ a German philosopher〉 수1

54 **kan·te·le** [카안털러]: 〈← kantla〉, 〈발틱어〉, 〈원래는 물고기의 턱뼈와 처녀의 머리카락으로 만들었던〉 칸텔레, (널빤지에 현을 박아 손으로 뜯는) 발틱해 연안의 전통적 하프, 〈핀란드의 국민 악기〉, Finnish zither, 〈~ a plucked string instrument〉 수2

55 **Kan-to Earth-quake** [캔토 어얼쓰퀘이크]: 간토 대지진, 1923년 (동경을 포함한) 일본의 관동〈east of the border〉지방에서 일어나 10만여 명의 사망자를 내고 6천여 명의 〈조센징〉이 학살된 (8도 정도의) 큰 지진 우2

56 **kan·zu** [캔쥬우]: 〈원주민어〉, '아프리카 tunic', 동아프리카에서 남자들이 걸치는 길고 헐렁한 흰옷 수2

57 **ka·o·li·ang** [카울리앵]: kao(tall)+liang(grain), 〈중국어〉, '높이 달린 기장', 고량, 수수〈sorghum〉, 〈~ great millet\guinea corn\durra〉 양2

58 **ka·o·line** [케이올린]: kao(high)+ling(hill), 〈중국의 '고령'(높은 언덕) 산에서 처음 발견된〉 고령토, 도토(도자기를 만드는 하얀 점토), 함수 규산 알루미늄, 〈~ potter's clay\China clay〉 미2

59 **ka·pok** \ **ca·pok** [케이팍]: 〈← capoc(silky fibber)〉, 〈말레이어〉, '자바나무', ceiba, 판야(짧고 굵은 줄기에 수많은 긴 가지를 가진 열대 지방산 케이폭나무 열매에서 뽑아낸 섬유〈cotton-like fluff(fiber)〉로 베개·이불·침대·구명대의 속에 넣음〉 우1

60 **ka·put** [카푸트]: dead, 〈유대어→프랑스어→독일 군대 속어〉, capot, 두들겨 맞은, 결판난, 구식의, 〈~ broken\use-less〉, 〈↔un-damaged\new〉 양2

61 **Ka·ra·chi** [커롸아취]: 〈자식들을 악어에게 잡혀 먹히면서까지 마을을 세운 사람, 이름(Kolachi)에서 연유한〉 카라치, 파키스탄의 남쪽 해안에 있는 상·공업·항구도시(전 수도), 〈~ Capital of Pakistan〉 수1

62 **Ka·ra·jan** [카아뤄야안 \ 캐뤄전], Her-bert: 〈← kara(dark)〉, 〈터키어→그리스어→게르만어〉, '피부가 검은 자', 카라얀, (1908-1989), 정확한 통솔력을 발휘했던 오스트리아의 지휘자, 〈~ an Austrian conductor〉 수1

63 **kar·a·kul \ car·a·cul** [캐뤄컬]: kara(black)+kul(lake), 〈터키어〉, 〈카라클(검은 호수) 지방 원산의〉 페르시아 양, 꼬리가 통통하고 양질의 길게 늘어진 털이 무성한 양, 〈~ Persian lamb〉 수2

64 **kar·a·o·ke** [캐뤼오우키]: kara(empty)+oke(orchestra), 〈일본어+그리스어〉, 가라오케, (1967년에 일본에서 선보인) 미리 녹음된 반주곡에 따라 노래할 수 있는 음향 장치, '가짜 오케스트라', 〈~ sing-along\ videoke〉 수2

65 **Kar·at \ car·at** [캐뤹]: 〈← qirat(pod)〉, 〈아랍어→그리스어〉, 〈자잘한 씨를 맺는 'carob'(구주콩)의 무게를 기준으로 한〉 캐럿, 금의 순수도(순금=24k), 다이아몬드(보석)의 크기, 보석류의 무게(200mg), 〈~ a unit of mass〉 우1

66 **ka·ra·te** [커롸아티]: kara(empty)+te(hand), 〈중국어→일본어〉, 〈빈손으로 하는〉 가라테, 공수, 〈당나라에서 들어온〉 당수(손으로 급소를 공격하는 일본식 무술), 〈~(↔)ju-do〉, 〈taekwondo는 발도 사용함〉, 〈kung fu도 손과 발을 사용하나 공격적인 karate에 비해 방어용 호신술임〉 양2

67 ***Ka·ren** [캐뤤]: 〈← Katherine〉, 캐런 ①여자 이름, 〈~ a feminine given name〉 ②〈동영상에 등장하는 인물에서 유래한〉 심술쟁이 백인 아줌마, '뺑덕어멈', 〈~ a demanding white woman〉, 〈~(↔)Becky〉 수1 우1

68 **kar·ma** [카알머]: 〈산스크리트어〉, '행위(act)', 갈마, 업(보), 숙명, 인과 업보, 직감적 통찰력, 〈~ lot\destiny\ providence〉, 〈↔autonomy\choice〉 우1

69 **kar·tell** [카알텔]: 〈게르만어〉, 〈← 'carta'(종이장)〉, 기업연합 ⇒ cartel 미2

70 **ka·sha** [카아셔]: 〈← kasa(porridge)〉, 〈러시아어〉, (동유럽에서 유래한) 거칠게 탄 메밀가루〈buckwheat-flour〉로 만든 '죽', 껍질을 벗겨 빻은 곡물가루 우1

71 **Kash·mir \ Cash·mere** [캐쉬미어 \ 캐즈미어]: ka(water)+shimira(desiccate), 〈산스크리트어→힌디어〉, '호수가 마른 땅', 카슈미르, (파키스탄과 분쟁이 심한) 인도의 서북부(N-W India)지방으로 그곳에서 자라는 염소가 고급 모직물〈fine downy wool〉을 제공함 수1

72 **kat·a·kan·a** [캐터카아너]: kata(side)+kana(borrowed letter), 〈원래는 ka·ta-ka·na로 표기해야 됨〉, '변가명', 가타카나, 외국어 표기용으로 '옆집에서 빌려온' 일본 문자, 〈~ hiragana〉, 〈~(↔)kana\kanji〉 수2

73 **Kat-man·du \ Kath~** [카앝마안두우]: kath(wooden)+mandu(temple), 〈산스크리트어〉, 카트만두, '나무로 만든 사원'이 많은 네팔의 고도·수도, 〈~ Capital of Nepal〉 수1

74 **KATUSA** [커투우써] (Ko·re·an Aug-men·ta–tion to the U·nit·ed States Ar·my): 미 육군 파견 한국군 지원단, 카투사(1950년부터 지금까지 계속되어 주한 미8군에 파견되는 대한민국 육군 인사 사령부 소속의 〈한때 특권층의 자제들이 선호하던〉 대대 규모의 소수병력), 〈2024년 현재 약 2,800명〉 미2

75 **ka·ty·did** [케이티디드]: 〈미국어〉, 〈의성어〉, 철써기, 〈철썩~철썩~하고 우는〉 덤불귀뚜라미(주로 초록색을 한 6,400여 종의 여치의 총칭), 〈~ long-horned grass-hopper\cricket\locust'〉 미2

76 **kau-ri \ ~rie \ ~ry** [카우뤼]: kau(tree)+quli(black), 〈원주민어〉, 껍질에서 니스 제조용 수지를 채취하는 뉴질랜드(New Zealand) 원산의 커다란 소나무(conifer) 수2

77 **Kaut-sky** [카우츠키], Karl: 〈편자가 추적을 포기한 어원은〉 카우츠키, (1854-1938), 2차 대전 후 폭력과 독재에 뿌리를 둔 공산주의를 비판하여 〈21세기에 각광을 받고 있는〉 체코 출신 독일의 '민주주의적' 사회주의자, 〈~ a Czech philosopher and journalist〉 수1

78 **ka·va** [카아붜] \ Ka·va-Ka·va: 〈← kawa(bitter)〉, 〈원주민어〉, 〈쓴맛이 나는〉 카바, 〈마취 후추〉(뿌리에 마취성분〈intoxicant〉이 들어 있는 폴리네시아 원산 후추나무속의 대형 초본), 〈~ ashwagandha〉, 〈간에 유해하다는 설이 있음〉, 〈~(↔)kratom〉 수2

79 **Ka-wai** [카와이]: ka(river)+wai(meet), 〈중국어→일본어〉, 〈두 강이 합치는 곳에 사는 자〉, '하합', Yamaha의 제자 가와이가 1927년에 설립한 일본의 세계적 피아노·악기 제조회사, 〈~ a Japanese musical instruments manufacturer〉 수1

80 **ka·ya** [카야]: 〈여러가지 어원을 가진〉 ①〈← ka(fragrance)〉, 〈일본어〉, 육두구(nut·meg) 나무의 일종 ②〈'rich'란 뜻의 말레이어〉, (말레시아 원산의) 코코넛·계란 등을 섞어 만든 양과자(coconut jam) ③〈'dope'란 뜻의 자메이카어 속어〉, 마리화나(marijuana) 우1 양2

81 **kay·ak \ kai·ak** [카이앸]: 〈← qayaq(small boat of skin)〉, 〈그린랜드 원주민어〉, 에스키모인이 사용하던 '가죽 배', 캔버스를 입힌 카누형 작은 배, 〈~(↔)canoe\piragua〉 수2

82 ***kay-fabe** [케이 훼이브]: 〈1980년대 미국 레슬링계에 등장한 용어〉, k(code 이름)+fake(?), pro-wrestling에서 선수들 간의 싸움을 진짜인 것처럼 연기하는 것, '연기씨름', 〈~ staged event〉, 〈↔shoot〉, 〈말만 들어봐도 pro-wrestling이 얼마나 복마전인지 짐작이 안 가는가〉 수2

83 **Ka·zakh-stan** [카아쟈악스타안]: ⟨← qaz(wander)⟩, ⟨터키어⟩, '방랑자의 땅', 카자흐스탄(1991년 소련으로부터 독립한 용감한 국민성과 광물질 매장이 많은 중앙아시아의 회교도가 많은 공화국), {Kazakhstani-Kazakh·Russ-Tenge-Nur Sultan}, ⇒ Qazaqstan 수1

84 **ka·zoo** [커쥬우]: ⟨영국어·미국어⟩, ⟨의성어⟩, wazoo, 'toy trumpet', (변음·변성을 할 수 있는) 간단한 피리 우1

85 **kbps** (ki·lo bits per sec·ond): 일 초에 처리할 수 있는 킬로비트 우1

86 **KBS** (Ko·re·an Broad-casting Sys·tem): 한국 방송 공사(1927년 경성방송사로 시작하여 대한민국의 라디오·텔레비전·무선통신을 장악하고 있는 '관영' 통신 회사), ⟨~ the national broadcaster of Korea⟩ 미2

87 **K-clas·sic** [케이 클래씩]: Korean classic-music ①한국인이 공연하는 (서양⟨western⟩) 고전음악 ②(북한에서는) ⟨조선 고유 음악⟩, ⟨~ Korean traditional music⟩ 미1

88 **K-con-tent** [케이 칸텐트]: Korean(한국적) 내용, ⟨~ K-culture⟩, 한국 냄새가 나는 품목, ⟨~ web contents in Korea⟩, ⟨이것은 porno와 같이 아무도 정확히 정의 할 수 없으나 누구나 무엇을 지칭하는지 감이 잡히는 말임⟩ 미1

89 *****K-cup** [케이 컵]: ①⟨C-cup에 비해⟩ 무지하게 큰 젖 덮개 ②⟨'커피' 등을 끓여 먹게⟩ 특수 뚜껑을 갖춘 플라스틱 컵 미1

90 **KDI** (Ko·re·a De·vel·op·ment In·sti·tute): 한국 개발(연구)원 (대한민국의 사회·경제 분야 종합정책을 연구하기 위해 1971년에 설립되어 현재 세종시(Sejong-si)에 본부를 두고 있는 국무총리 직속의 두뇌 집단), ⟨~ a governmental research org.⟩ 미2

91 **kea** [케이어]: (뉴질랜드 고산지대에 서식하며) 'kee aaa' 하고 외치며 양도 잡아먹는 ⟨멸종 위기의⟩ 녹·회색의 커다란 앵무새, ⟨~ Newzealand parrot⟩ 우1

92 **Keats** [키이츠], John: ⟨← cyta(herdsman)⟩, animal shed(외양간)에서 일하는 자, ⟨영국어⟩, '목동', 키츠, (1795-1821), 의사 자격을 땄지만 시 쓰기에 전념하다 폐결핵으로 숨지면서 ⟨물로 쓴 이름의 사나이⟩란 묘비명을 남기고 간 낭만주의 시대 영국의 시인, ⟨~ an English poet⟩ 수1

93 **ke·ba·ya** [케바아여]: (인도네시아·동남아 여성들이 입는) 한 벌로 된 낙낙한 겉옷, 동남아식 abaya⟨blouse의 아랍어⟩, ⟨~ batik\sarong⟩ 수2

94 **Keck** [켁]: ⟨← kec(lively)⟩, ⟨게르만어⟩, ⟨참신한 자⟩란 뜻의 성명, ⟨~ a German surname⟩ 수1

95 **keck** [켁]: ⟨게르만어⟩, ⟨의성어⟩, 왝왝하다, 욕지가 나다, 메스껍다, ⟨~ retch\heave⟩, ⟨↔swallow\adore⟩ 미2

96 **ked·ge·ree** [케쥐뤼이]: ⟨← khicca(mixed dal)⟩, ⟨산스크리트어⟩, 쌀·렌즈콩·생선·달걀·향신료 넣어 만든 인도식 '혼합 볶음밥', ⟨~ mixture of rice·egg·fish·curry etc⟩, ⟨~(↔)pilaf⟩ 수2

97 **keek** [키이크]: ⟨스코틀랜드어⟩, ⟨의태어⟩, 들여다 보다, 엿보다, 산업스파이, 치한, ⟨~ peep⟩, ⟨↔gaze\stare\view⟩ 양2

98 **keel** [키일]: ⟨← kiel(ship)⟩, ⟨게르만어⟩, '배의 가슴판', ⟨용의 뼈 모양을 한⟩ 용골, (평형을 잡기 위해) 배의 바닥에 댄 판대, 전복하다, ⟨~ bottom-side\capsize⟩, ⟨↔straighten⟩ 양2

99 **keen** [키인]: ⟨← cunnan(can+know)⟩, ⟨게르만어⟩, ⟨칼처럼⟩ 날카로운, 예리한, 강력한, '영리한', ⟨~ acute\sharp⟩, ⟨↔blunt\defective\weak⟩ 가1

100 **keep** [키이프]: ⟨← kipen(observe)⟩, ⟨어원이 복잡한 영국어⟩, 계속하다, 유지하다, 간직하다, 지키다, 사육하다, ⟨~ continue\retain⟩, ⟨↔lose\break\give⟩ 가1

101 *****keep-ing–up with the Jone-ses**: 옆집 사람들과 보조 맞추기, 상식적(보편적)인 생활, ⟨~ rivalry\FOMO⟩, ⟨↔stand alone\opt out\swim against the tide⟩ 양2

102 *****keep it 100** [키이핕 원 헌드뤠드]: 그대로 해, 더할 나위 없어, 어련할라구, ⟨~ perfect!⟩ 양1

103 *****keep one's head a-bove wa·ter**: (물 위로 머리만 내놓고 힘들게 숨쉬다, (어려운 상황에서) 버텨 내고 있다, ⟨~ hold your own\persevere⟩, ⟨↔hinder\hurt⟩ 양2

104 *****keep (some-one) post³-ed**: (~에게) 계속 알려주다, 최신 정보를 전하다, 사정에 정통케 하다, ⟨~ keep up to date⟩, ⟨↔ignore\mislead⟩ 양2

105 **keep-sake** [키이프 쎄이크]: 유품, 기념품, 선물용 장식 책, ⟨~ souvenir\token'\sentimental value⟩ 양2

106 *****keep the grind strong**: 고된 일을 계속하다, 힘내, 조금만 더, ⟨~ keep the hustle going⟩, ⟨↔give up\quit⟩ 양2

107 **keep to one-self**: ①자기만 알고 숨겨두다, ⟨~ conceal⟩, ⟨↔release⟩ ②남과 어울리지 않다, ⟨~ withhold⟩, ⟨↔share⟩ 양2

108 **keep up** [키이프 엎]: 계속되다, 유지하다, 따라가다, ⟨~ continue\maintain⟩, ⟨↔abandon\give up⟩ 양2

109 **kees-hond** [케이스헌드 \ 케이샨드]: ⟨애국자의 이름(Kees de Gyselaer)에서 연유한⟩ 두 겹의 긴 흑·은색의 털과 치켜 올라간 꼬리를 가진 네덜란드 원산 중형 애완견·군견, ⟨~ wolf-spitz⟩ 수2

110 **ke·fir** [커휘어 \ 케휘]: ⟨← kopurmak(milk froth)⟩, ⟨터키어→코카서스어⟩, (러시아인⟨Russian⟩)들이 즐겨 먹는) 효모나 유산균으로 발효시킨 우유나 양젖, ⟨오래 살게 하는 음식⟩, ⟨~ butter-milk\a fermented milk drink⟩ 수2

111 **kef·ta** [케후터]: ⟨← koftan(grind)⟩, ⟨페르시아어⟩, 코프타, ⟨잘게 다진 양·쇠고기로 만든⟩ 중동식 '고기 완자', ⟨~ kabab⟩ 우1

112 **keg** [켁]: ⟨어원 불명의 북구어⟩, (용량 5~10갤런짜리) 작은 나무통, 100파운드, 나무통에 든 생맥주, ⟨~ cask⟩, ⟨~ draft beer⟩ 우2

113 ***kek** [켁]: ①⟨'킥~ 킥~' 대고 웃는 한국의 의성어에서 연유한⟩ 전산기의 암호 단자, ⟨~ an encryption key⟩ ②⟨만국 공통의⟩ 켁~켁~하고 웃는 소리, ⟨~ ha-ha\lol⟩ ③Kek; ⟨이집트어⟩, ⟨개구리 앉은 모양의⟩ (고대) 암흑⟨dark-ness⟩의 신 우2 수1

114 **Kel·ler** [켈러], Hel·en: ⟨'cellar'(포도주 저장실) 관리인⟩, 켈러, (1880-1968), 농·맹·아(귀머거리·장님·벙어리)의 삼중고를 극복한 미국의 여류 저술가·사회사업가, ⟨~ an American auther and educator⟩ 수1

115 **Kel·logg's** [켈러어그즈]: 'kill hog'(돼지 도살자), 켈로그, 1906년 Will Kellogg가 세운 미국의 세계적 식물성 식품 가공업체, ⟨~ an American food manufacturing co.⟩ 수1

116 **Kel·ly** [켈리], Grace: ⟨← Ceallach(bright headed)⟩, ⟨켈트어⟩, '명석한 자', 켈리, (1929-1982), 잘나가던 영화배우로 1956년 모나코의 왕비가 되었다가 교통사고로 사망한 미국의 여배우, ⟨~ an American actress⟩ 수1

117 **ke·loid** [키일로이드]: chele+oid, ⟨그리스어⟩, ⟨crab claw(게 발톱)같은⟩ '반흔종', 과민성 피부에 상처나 수술 후 돋아 오르는 딱딱한 반흔 조직, ⟨~ extra scar⟩ 미2

118 **kelp** [켈프]: ⟨← culpe⟩, ⟨어원 불명의 영국어⟩, 미역·다시마 등 대형 갈조(해초)의 총칭, ⟨~ sea-weed⟩ 우1

119 **Kelt** [켈트]: 켈트, ⇒ Celt 수1

120 **Ke·mal** [케마알], Mus·ta·fa(Pa·sha)-Ata·turk: ⟨← kamal(fullness)⟩, ⟨아랍어⟩, '완전한 자', 케말 무스타파 아타튀르크(터키의 국부 케말 파샤), 터키의 군인·작가·초대 대통령, ⟨~ the founding father of the Republic of Turkey⟩ 수1

121 **kempt** [켐프트]: ⟨영국어⟩, ⟨← comb⟩, 빗질한, 말끔한, 깨끗한, ⟨~ tidy\neat\clean⟩, ⟨↔un-kempt\shabby\foul⟩ 가1

122 **ken** [켄]: ⟨← cunnan⟩, ⟨게르만어⟩, ⟨can+know⟩, 시야, (지식의) 범위, 이해, ⟨~ apprehension\understanding⟩, ⟨↔blindness\ignorance⟩ 양2

123 **Ken·ne·dy** [케네디], Ed·ward(Ted): ceann(chieftain)+eidigh(helmet), ⟨켈트어⟩, '두령의 투구', (1932-2009), 대통령의 막냇동생으로 1962년부터 죽을 때까지 연방상원을 지낸 미국의 정치가, ⟨~ an American lawyer and politician⟩ 수1

124 **Ken·ne·dy** [케네디], John: JKF, (1917-1963), ⟨새로운 개척자 정신⟩으로 대통령에 당선되어 베트남 전을 미국 전쟁으로 확대시키고 쿠바 문제로 소련과 ⟨맞짱⟩도 불사하다가 ⟨아마도 미 CIA의⟩ 총격으로 사망한 (이미지가 과대 포장된) 민주당 미국의 35대 대통령, ⟨~ 35th US President⟩ 수1

125 **Ken·ne·dy** [케네디], Rob·ert: RFK, (1925-1968), 대통령 형에 의해 검찰총장⟨한국의 법무장관겸 검찰총장⟩으로 지명되었고 뉴욕주 상원의원으로 민주당 대통령 지명 유세를 하다가 ⟨아마도 미 CIA의⟩ 총격으로 사망한 미국의 변호사 출신 정치가, ⟨~ an American lawyer and politician⟩ 수1

126 **Ken·ne·dy Cen·ter** [케네디 쎈터]: 정부 지원 아래 1971년에 수도(DC)의 포토맥강 변에 완공된 예술 공연장, ⟨~ a performing arts theater⟩ 수2

127 **Ken·ne·dy In·ter–na·tion·al Air-port**: 케네디 국제공항(1963년 현재명으로 개칭된 뉴욕시(NYC) 퀸즈구에 있는 미국의 최대 상업용 공항) 수2

128 **Ken·ne·dy Space Cen·ter**: 케네디 우주 센터(1962년 개발이 시작된 플로리다⟨Florida⟩주 카나베럴곶에 있는 NASA 산하의 우주선 발사 시설 및 발사 통제 기관) 수2

129 **ken·nel** [케늘]: 〈라틴어〉, 〈← 'canis' (dog)〉, 개집, 개 사육장, 굴, 〈~ dog house\den〉, 〈↔citadel\fortress〉 가1

130 **ke·no** [키이노우]: 〈라틴어→프랑스어→영국어〉, 〈← 'quine' (5)〉, 키노, '다섯 패 노름', 〈중국에서 유래한〉 (도박꾼이 고른 번호와 뺑뺑이로 나온 번호를 맞춰 점수를 따는) 빙고 비슷한 도박의 일종, 〈~ baige piao(white dove tickets)〉 양1

131 **ken-sho** [켄쇼우]: seeing+essence, 〈일본어〉, 〈불교용어〉, 견성, 사물을 꿰뚫음, (깊은) 통찰력, 〈~ satori\enlighten-ment〉, 〈~ buddahood\true face〉, 〈편자가 섭렵한 것 중에 제일 어려운 단어〉 미2

132 **ken·speck·le** [켄스펙클]: kenna(know)+spek(wise), 〈스코틀랜드어〉, 눈에 띄는, 명백한, 〈~ conspicuous〉, 〈↔hidden\obscure〉 양2

133 **Ken·tuck·y** [켄터키]: KY, Bluegrass State, 〈← kentake(meadow land)〉, 〈원주민어〉, '푸른 목초의 주', 미국 〈남부〉의 북쪽에 위치한 농업·목축업·광공업이 발달했으며 역사의 소용돌이에 휘말렸다가 평화를 되찾은 주, {Frankfort-6}, 《golden-rod》 수1

134 **Ken·tuck·y cof·fee tree**: 예전에 〈독이 있는〉 씨를 볶아서 커피 대용으로 쓰던 미 '중서부' 원산의 우아한 나무로 목질이 부드럽고 잎이 무성해서 가구를 만들거나 정원수로 쓰이는 콩과(legume family)의 낙엽활엽교목, 〈honey-locust보다 큼〉, 〈~ American coffee-berry\Kentucky mahogany〉 수2

135 **Ken·tuck·y Der·by** [켄터키 더얼비]: 1875년부터 미국 켄터키주 루이빌(Louisville)에서 매년 5월 첫째 토요일에 열리는 〈3년생 Thoroughbred들이 2km를 달리는〉 경마 행사, 〈~ an American Grade 1 stakes race〉 수2

136 **Ken·tuck·y Fried Chick·en**: KFC, '닭고기 튀김', 닭고기에 밀가루·양겨잣가루·소금·후추 등을 묻혀 튀긴 요리(상표)로 1930년 샌더스(Sanders) '대령'에 의해 창립된 즉석요리 연쇄점, 〈~ an American fried chicken restaurant chain〉 양2

137 **Ken·ya** [케냐]: 〈← kerenyaga(white mountain)〉, 〈원주민어〉, 〈'설산'의 나라〉, 1963년 영국으로부터 독립한 적도가 관통하는 인도양 연안 동아프리카의 〈야생동물 공화국〉, {Kenyan-Swahil·Eng-(KE) Shilling-Nairobi} 수1

138 **Ken-wood** [켄우드]: 〈Kenmore+Hollywood?〉, 1946년에 세워져서 2011년 JVC와 합쳐진 일본의 가전 전자제품제조업체, 〈~ a Japanese brand of consumer electronics〉 수2

139 **Ke·ogh plan** [키오우 플랜]: 연방하원의원 Eugene Keogh〈'기수(horseman)'〉가 입법한 자영업자를 위한 〈세금유보〉 퇴직 기금 제도로 현재는 (회사나 개인이나 차가 없기 때문에) SEP(simplified employee pension)이란 말을 더 많이 씀 수2

140 **kep-i** [케이피]: 'cap', (원통형의 갓〈round flat top〉에 짧은 챙〈short visor〉을 가진) 프랑스의 군모, 〈~ a French military cap〉, 〈~(↔)beret〉 수2

141 **Kep-ler** [케플러], Jo·hann: 〈'cap' 제조자〉, (1571-1630), 〈뉴턴의 만유인력설에 지대한 영향을 끼친〉 3가지 행성 운동에 관한 법칙을 발견한 독일의 수학자·천문학자, 〈~ a German mathmatician and astronomer〉 수1

142 **kept** [켑트]: keep의 과거·과거분사, 유지된, 손질된, 〈~ maintained〉, 〈↔broken〉 가2

143 **kept up** [켑트 엎]: 깨어 있었다, 잠을 못잤다, 〈~ awoke〉, 〈↔slept〉 가1

144 **ke·ra·t(o)~** [케뤄토(우)~]: 〈← keratos(horn)〉, 〈그리스어〉, 〈각·각질·각막~〉이란 뜻의 결합사, 〈~ callus\cornea〉 양1

145 **Ker·ber·os** [커베뤄스]: 〈그리스어〉, having a heavy head, 〈무거운 머리를 가진〉 커베로스, Cer·ber·us, 저승문을 지키는 3개의 머리를 가진 개, 미국 MIT에서 개발한 (한시의 은폐된 비밀 부호를 발행하는) 사용자 인증용 전산기 보안체계, 〈~ a computer-network authentication protocol〉 수1 수2

146 **ker-chief** [커얼취후]: covrir(cover)+chef(head), 〈프랑스어〉, (여자의) 머릿수건, '머리 싸개', 〈~ babushka\scarf〉, 〈~ bandana(Hindi word)〉 양2

147 **ker-fuf·fle** [커얼훠흘]: car(wrong)+fulle(ruffle), 〈스코틀랜드어〉, 〈꼬아 던져진〉 공연한 소동, 요란법석, 대소동, 〈~ commotion\fuss〉, 〈↔order\calm〉 양2

148 **Ke·ring** [케륑]: 〈← ker(home)〉, 〈게르만어→프랑스어·영국어〉, 1963년에 파리에 세워져서 2013년 현 명칭으로 바뀐 Gucci 등 유명 상품의 〈상표를 팔아먹는 회사〉, 〈~ caring〉, 〈~ a French based luxury goods management co.〉 수1

149 **ker·mes** [커얼미즈]: krimi(worm)+jan(produce), 〈산스크리트어 어원의 아랍어에서 나온〉 케르메스(상록수), 암연지참나무(oak), 그곳에서 기생하는 연지벌레로 만든 적색(chrry-red) 염료, 〈~ red dye produced by scale insects〉 수2

150 *****Ker·mit** [컬밑]: 〈← 'Dermit'(질투하지 않는 자)의 아들〉, 1955년에 도입된 만화에 나오는 붉은 혀의 초록 개구리 꼭두각시 인형, 변복조장치를 통해 한 전산기에서 다른 전산기로 서류철을 이송하는 통신규약, 〈~ a muppet frog\a computer file transfer and management protocol〉 수2 우1

151 **ker·nel** [커어늘]: 〈← cynel〉, 〈게르만어〉, 〈← corn〉, '씨', 인, 심, 낟알, 요점, 알맹이, 핵심(이것만이 강성기기에 즉시 접근할 수 있는 전산기 운영체제에서 가장 중요한 기억장치〈core component of OS²〉), 〈~ caryo\core〉, 〈↔exterior\periphery〉 양2

152 *****kern·ing** [커어닝]: 〈프랑스어〉, 〈원래는 글자의 돌출부('corner')를 다듬기 위해 썼던〉 문자 간격의 조정(빈 공간을 메우기 위해 글자 간의 간격을 좁히는 인쇄술·타자술), 〈~ spacing between letters〉, 〈~(↔)track-ing〉 우1

153 **ker·o·sene** \ ~sine [케뤄씨인]: keros(wax)+ene, 〈그리스어+영국어〉, coal oil, paraffin oil, 등유, 등불용 석유, 〈~ wax〉 양1

154 **Ker·ry** [케리], John: 〈← ciar(dark)〉, 〈켈트어〉, '머리털이 검은 자', 케리, (1943-), 연방상원의원을 하다 2004년 민주당 대통령 후보로 나와 낙선 후 오바마 정권 후기의 국무장관직을 맡은 미국의 정치인, 〈~ an American lawyer and politician〉 수1

155 **Ker·ry** (I·rish) **Blue Ter·ri·er** [케뤼 (아이뤼쉬) 블루우 테뤼어]: 푸른색이 도는 양털 모양의 털을 가지고 양을 지키거나 쥐를 잡아먹는 케리주 원산의 이상하게 생긴 〈머리가 작고 발이 두꺼운〉 중형 개 (2004년 민주당 대통령 후보였던 존 케리 상원의원도 좀 이상하게 생겼음), 〈~ a general working dog〉 수2

156 **kes·trel** [케스트릴]: 〈← querquedula〉, 〈라틴어에서 연유한 프랑스어〉, 〈의성어〉, 황조롱이, 공중에서 갈색 날개를 파닥거리며 먹이를 노리는 작은 매, 〈~ a predatory bird〉, 〈~(↔)sparrow hawk〉, ⇒ wind·hover 미2

157 **ke·ta·mine** [키이터미인]: ketone+amine, (1962년 속효성 전신마취제로 등장한 후 마약으로 쓰이기도 하다가 근래에는 우울증 치료에 신속한 효과를 나타내는 것으로 알려진) 케타민, 〈~ an anesthetic·antidepressant〉 우1

158 **ketch·up** [케첩] \ catch·up \ cats·up: ke(salted fish)+chiap(sap), 〈'생선 국물'이란 중국어에서 연유한 말레이어〉, '토마토 맛난이', 케첩(토마토 으깬 것에다 식초·양파·마늘·소금·설탕·겨자·후추를 넣어 끓여 만든 것), 〈~ tomato sauce〉, 〈~(↔)salsa는 매콤한 것〉 우2

159 **ke·to·gen·ic di·et** [키이트 제닉 다이얻]: 케톤체 생성의 식이요법, 다량의 지방·적당한 단백질·소량의 탄수화물로 짜여져 체중 감량에 효과가 있다고 하나 아직까지 효과나 안전성이 검증되지 않은 식이요법, 〈~ Atkins diet〉 수2

160 **ke·tone** [키이토운]: 〈← aketon〉, 〈'aceton'의 변형 독일어〉, 케톤, 지방이 분해될 때 생기는 부산물의 하나, 탄수화물이 모자랄 때 지방이 간에서 열 자원으로 변형되는 산성 물질 수2

161 **ket·tle** [케틀]: 〈← catinus(deep vessel)〉, 〈라틴어〉, '깊은 그릇', 솥, 주전자, 탕관, (경찰이 시위 군중을) 좁은 곳으로 몰아 넣는 것, (매 등의) 떼, 〈~ boiler\cauldron〉, 〈~ flock of hawks〉, 〈~(↔)pot〉 가1 미2

162 **ket·tle bell** [케틀 벨]: (투박한) 〈쇠주전자 모양의〉 아령, 손에 쥐고 주로 상하로 움직이는 역기, 〈~ American bar-bell〉, 〈~(↔)dumb-bell〉 우1

163 **ket·tle drum** [케틀 드럼]: '솥북', 솥 모양의 세워놓은 큰 북, 〈~ timpani\vessel drum〉 우1

164 **Kev·lar** [케블라알]: 〈미국 Du Pont사에서 일하던 화학자의 이름(Kwolek)을 딴〉 케블러 섬유, 나일론보다 가벼우나 강철의 5배나 강한 〈타이어·코트·벨트·방탄복 등으로 쓰이는〉 합성섬유(상표명), 〈~ aramid fiber〉, 〈~ a strong heat-resistant fiber〉 수2

165 **Kew·pie** [큐우피]: '어린 큐피드(cupid)', 1912년 독일에서 개발되어 미국으로 들어온 큰 머리·큰 눈·토실토실한 뺨·통통한 배·조그만 상투를 가진 아기 인형(상품명), 〈~ baby cupid doll〉 수2

166 **key** [키이]: 〈← keie(lance)?〉, 〈어원 불명의 영국어〉, 〈비틀어 여는〉 열쇠, '열대', '열개', 관문, 비결, 실마리, 기조, 음조, 나사, 쐐기 못, 단자, 자판, 음판, 〈~ answer\tone\main〉, 중요한, 〈↔minor\trivial〉 미2

167 **ke·ya·ki** [키야키]: 〈← ke(oak)〉, 〈중국말→일본말〉, 느티나무, (톱니가 난 달걀꼴의 잎을 가지고) 목재가 단단해서 절을 짓는 데 많이 사용되는 느릅나무(elm)의 일종, zelkova serrata 미2

168 **key-board** [키이 보어드]: 건반(악기), 자판, 〈~ key-pad〉, 〈~(↔)organ〉 가1

169 **key card** [키이 카아드]: '전자 열쇠', 문을 열거나 현금 지급기 등을 조작할 때 쓰는 자기카드, 〈~ swipe card\prox card〉 우1

170 *****key-disk** [키이 디스크]: '열쇠 원반', (불법 복사 등을 방지하기 위해) 특정 차림표를 실행하기 전에 삽입하는 특수원반, 〈~ disk-key\crytographic key〉 우1

171 *****keyed** [키이드]: 건반이 있는, 쐐기가 있는, 분위기에 맞춘, 긴장한, 〈~ entered\key-boarded〉, 〈~ attuned\coordinated〉, 〈↔confused\disturbed〉 양1

172 *****keyed ad·ver·tise—ment** [키이드 애드뷜타이즈먼트]: 기호 첨부 광고(광고주가 어느 매체로부터 광고 반응이 왔는가를 알아볼 수 있도록 기호를 첨부한 광고), 〈~ advertiser to know where a respondent saw it〉 양2

173 *****key-frame** [키이 후뤠임]: '근간 화판'(동영상 활동사진을 만들 때 화가가 보여주는 첫 토막과 마지막 토막), 〈~ intra-frame\reference frame〉, 〈~ a drawing that defines starting and ending points〉 우1

174 **key fruit** [키이 후루웉]: samara, 〈바람에 날려 흩어지는〉 시과, 익과(바람에 날아가라고 날개가 달린 단일 씨를 가진 단풍이나 느릅나무의 비열개성〈여물어도 열리지 않는 즉, key가 필요한〉 열매), 〈~ a winged fruit〉 양2

175 **Key lime pie** [키이 라임 파이]: 연유〈condensed milk〉와 라임〈lime juice〉을 섞어 만든 미국 플로리다주 키웨스트(Key West)의 명물 파이 수1

176 *****key mon·ey** [키이 머니]: 〈거래의 key 역할을 하는〉 선불, 보증금, 권리금, security deposit, 〈↔full payment〉 미2

177 **Keynes** [케인즈], John: (1883-1946), 〈노르망디의 지명〈Cahagnes〉에서 유래한〉 케인즈, 경기 부양을 위해선 국가의 지출을 늘려야 한다고 주장한 영국의 서훈(남작) 경제학자, 〈~ an English economist〉 수1

178 *****key-note** [키이 노우트]: 으뜸음, 바탕음, 기조, 요지, 기본 방침, 〈~ theme\kernel〉, 〈↔exterior\periphery〉 양2

179 *****key-pad** [키이 패드]: '누르개', '누름판', 전산기나 TV에 수동으로 정보를 입력하게 하는 작은 상자 모양의 강성기기, 〈~ key-board〉 우1

180 *****key-punch** [키이 펀취]: 천공기, '구멍 뚫기', '자료 입력', 〈~ card punch〉 미2

181 **key sig·na·ture** [키이 씨그니춰]: (악보의) 조표, 〈높은음자리표는 treble clef\낮은음자리표는 bass clef〉, 〈~(↔)time signature〉 양1

182 **key-smith** [키이 스미쓰]: 열쇠 제조자, 열쇠 복제공, 〈~ lock-smith〉 양2

183 *****key-stone** [키이 스토운]: 쐐기돌, 이맛돌, 핵심, 중추, 〈~ foundation\corner-stone〉, 〈↔un-fasten\un-important〉 양2

184 *****key-stroke** [키이 스토로우크]: 글쇠(자판) 누름, 타자 치기, 〈~ click〉, 〈↔relaxed〉 미2

185 **Key West** [키이 웨스트]: cayo(bone)+hueso(island), 〈'뼈로 된〈bleached〉 암초'란 스페인어에서 유래한〉 키웨스트, 미국 플로리다주 남단〈southern tip of Florida〉에 쿠바 쪽으로 뻗어내린 160km의 산호섬들이 연결된 조그만 반도로 해 지는 정경을 보려고 많이 찾아감(편자가 마이애미 학회를 땡땡이 까고 놀러 갔던 곳) 수1

186 **key-word** [키이 워어드]: 핵심어, 보기 말, 실마리 말, 〈~ catch-phrase\buzz-word\pass-word〉, 〈↔trivial word〉 양2

187 **KGB**: (구소련의) 국가보안 위원회, 1954년 창설되어 1991년 외국 정보국(FSK)과 연방 안전국(FSB)으로 갈라진 소련〈Soviet〉의 정보·보안·비밀 경찰업무를 담당했던 준군사조직, 〈~ Committee for State Security〉 수1

188 **khak-i** [캐키 \ 카아키]: 〈← khak(earth)〉, '흙색'〈인도어〉, 황갈색(군복), 〈~ light brown〉 미2

189 **khan** [카안 \ 캔]: 〈← kan(lord)〉, 〈터키어〉, '호령하는 자', 몽골·중국·중앙아시아의 주권자 호칭, 〈~ king〉, 〈↔commoner〉 수2

190 **Khi·tan** [키이튼]: 〈'China'란 뜻의 몽골어〉, '거란'족, 동북 아시아에 거주했던 몽고계의 유목민족, 〈~ nomadic people from N-E Asia〉, 〈→ Cathay〉 미2

191 **Khmer** [크메어]: 〈'wholesome'이란 뜻의 원주민어에서 연유한 산스크리트어〉, '완전한 자', (중세에 번영했던) 크메르족, Kampuchea ⇒ Cambodia 수2

192 **Khmer Rouge** [크메어 루우즈]: 크메르 루주, '붉은 캄보디아', 1975~79년의 집권 기간에 150만 명의 국민을 학살한 캄보디아의 급진주의 공산혁명 세력, 〈~ Communist Party of Kampuchea〉 수1

193 **Kho·mei·ni** [코우메이니 \ 호우메이니], A·ya·tol·lah: 〈'gift of God'이란 뜻의 아랍어에서 연유한?〉 '알라의 그림자', 호메이니, (1900-89), 왕정이 무너진 1979년부터 이란 이슬람 공화국을 좌지우지했던 시아〈Shia〉파의 최고 지도자, 〈~ former Supreme Leader of Iran〉 수1

194 **Khru-shchev** [크루쉬쵀후], Ni·ki·ta: 〈러시아어〉, 〈'왕풍뎅이(cockchafer)'의 아들〉, 흐루시초프, (1894-1971), 스탈린을 배격하고 서방과의 평화공존을 외치다 중·소 분쟁으로 실각한 농노계급 출신 소련의 정치가, 〈~ former Premier of the Soviet Union〉 수1

195 **khur·ta \ kur·** [커얼터]: 〈인도 이슬람어〉, 쿠르타, collarless shirt, 소매가 길고 느슨하며 '칼라(목)가 없는' 인도의 겉옷 수2

196 **ki** [키이]: 〈중국어〉, 기(운), 〈~ ka\chi\vim〉, ⇒ qi, 〈↔shen〉 미2

197 **Ki·a** [기아]: ki(arise)+a(Asia), 〈중국어→한국어〉, 〈아세아를 일으킨다는 원대한 포부를 가지고〉 1944년 설립되어 (1951년에 자전거·1957년에 오토바이·1962년에 트럭·1974년에 자동차를 출시하고) 1998년 현대〈Hyun-dai〉에 흡수된 대한민국의 자동차 회사, 〈~ a Korean automobile manufacturer〉 수1

198 **Ki·a Fo·rum** [키아 훠어럼]: 기아 공회장, 1967년에 완공되어 그동안 축구장 등으로 쓰였다가 2022년 4월부터 현 이름으로 바뀌어 자동차 홍보관과 충전소를 겸하게 되는 LA 근교 잉글우드(Ingle-wood)에 있는 다목적 실내경기장, 〈The Forum의 새 명칭〉 수2

199 *****kib·ble** [키블]: 〈1902년에 등장한 어원 불명의 영어〉 ①(광산용) 두레박, well bucket ②(곡식을) 굵게 갈다, 굵게 탄 곡식, (알갱이로 된) 애완동물용 건조식품(dried pellets), 〈~ coarsely ground grain〉 미2

200 **ki·bit-ka** [키빝커]: 〈← kubbat(dome)〉, Russian wagon, 〈아랍어→러시아어〉, 〈(타타르인의) '원형 천막', (러시아의 귀족을 추방할 때 쓰던) 포장마차, Russian Wagon 우2

201 **ki·bitz** [키비츠]: 〈← kibetsen(to look on)〉, 〈유대계 독일어〉, 〈(들고 있는 패를 어깨너머로 들여다 보며)〉 쓸데없는 조언을 하다, 참견하다, (뒷북나게) 훈수하다, 〈~ blab\chin〉, 〈↔dissuade\praise〉 양2

202 **ki·bosh** [카이바쉬 \ 키바쉬]: 〈어원 불명의 영국어〉, 끝(장), 결정타, 마지막 말, 파국, 〈여러 학설 중에 편자는 caidhp bhais(사형수를 목매달기 전에 씌우는 death cap)에서 유래했다는 설을 지지함〉, 〈~ stop\destroy〉 양2

203 **kick** [킥]: 〈← kiken(bend at the knee)〉, 〈영국어〉, 차다, 속도를 올리다, 반동을 주다, '무릎을 구부리다', 발길질, 쾌감, 〈~ strike with the foot\propel\spring back\boot²\thrill〉, 〈↔drag\remain\boredom〉 가1

204 *****kick-ass** [킥 애스]: 〈1970년경에 등장한 미국 속어〉, (궁둥이를 쌀짝 찰만한) 아주 좋은, 훌륭한, 강렬한, 공격적인, 〈~ hard-ass\bad-ass〉, 〈~ excell\triumph\cowabunga〉, 〈↔milk-sop\ponce〉 양2

205 *****kick ass** [킥 애쓰]: (궁둥이를 세게 차서) 벌주다, 쳐부수다, 이러쿵저러쿵하지 못하게 하다, 〈~ blow\defeat\kick butt〉 양2

206 *****kick-back** [킥 백]: 반동, 환불, 중개료, 뻥금, 〈~ rebound\bribe〉, 〈↔gain\gift〉 양2

207 **kick back** [킥 백]: 되차다, 돌려주다, 상납하다, 쉬다, 긴장을 풀다, 〈~ recoil\relax〉, 〈↔plod\hustle〉 양2

208 **kick-board** [킥 보어드]: flutter board, 물차기 널빤지, 수영 발들림 연습 시 붙잡는 판, 물장구용 부판, 〈한국에서는 의역을 해서 '반사작용'이란 뜻으로도 쓰임〉, 〈~ skirting board\toe-board〉 우2

209 **kick-board scoot-er** [킥 보어드 스쿠우터]: 외발 차기 굴림판, '씽씽 지치개', '전동 지치개', 〈~ micro kickboard\motor scooter\foot scooter〉 우2

210 **kick box-ing** [킥 밖싱]: '차기 싸움', 팔과 다리를 모두 사용하는 태국 지방 유래의 변형 '권투', 〈~ full contact karate\Muay Thai〉 우1

211 **kick in** [킥 인]: '안으로 걸어차다', 시작하다, 효과가 나타나다, 기부하다, 〈~ get started\come into effect\contribute〉, 〈↔kick out〉 양2

212 **kick-off** [킥 어어프]: 시작, 첫 단계, 〈~ start\launch〉, 〈↔conclude\finish〉 가1

213 **kick out** [킥 아웉]: (밖으로) 걸어차다, 쫓아내다, 추방하다, 〈~ eject\expel〉, 〈↔kick in〉 양2

214 **kick-start** [킥 스타아트]: (오토바이에서) 발로 차서 거는 시동, 〈~(↔)jump start〉 미2

215 *****kick the buck·et** [킥 더 버킽]: 〈'목을 매고 나서 들통을 차버리기'라는 그럴듯한 어원을 가진〉 죽다, 뒈지다, 〈~ die〉, 〈~ bite the dust〉 미2

216 **kid** [킫]: 〈← chitzi(young goat)〉, 〈게르만어〉, '새끼 염소', 짐승의 새끼, 아이, 미숙한, 농하다, 조롱하다, 〈~ little one\baby\tease〉, 〈↔adult\experienced\respect〉 양1

217 *****kid-ding** [키딩]: ①(염소의) 분만, 〈~ birth giving〉 ②(아이들처럼) 장난치다, 농담하다, 〈~ joking\pulling the leg〉 양2

218 **kid-nap** [킨 냅]: kid+nab(snatch), 〈어린이를 잠들여〉 꾀어내다, 납치(유괴)하다, 〈~ abduct\hijack〉, 〈↔protect\release〉 가2

219 **kid·ney** [키드니]: 〈cwid(womb)+ey(egg)?〉, 〈어원이 모호한 영국어〉, 콩팥, 신장, 기질, 〈~ renal\nephro〉 가1

220 **kid·ney bean** [키드니 비인]: 〈강남땅에서 들어온〉 (사람의 콩팥같이 생긴) 강낭콩, 〈중국에서 들어온〉 당콩, 〈~ borlotti bean〉 양2

221 *__kid(d)-o__ [키도우]: 〈1905년에 kid에서 파생된 말〉, 야, 임마, 너, 〈~ buddy\babe〉, 〈↔sir\mam〉 양2

222 *__kid-ult__ [키덜트]: 〈1950년대에 TV계에 등장한 말〉, kid+adult, 어린이·어른용 모험 영화, 어린이 같은 취미를 가진 성인, 〈~ adult-escent(adult+adolescent)〉 우1

223 *__kid-vid__ [킨 뷔]: 〈1970년대 초에 등장한 미국어〉, kid+video, 어린이용 TV·비디오, 〈~ junk video〉 우1

224 **kiel·ba·sa** [킬바아써]: kel·ba·sa, 〈'sausage'란 뜻의 폴란드어〉, 〈손으로 짜서 만든 소시지〉, 킬바사, 마늘을 넣은 동유럽 전통의 긴 훈제 소시지, 커다란 자지('대좆'), 〈~ brat-wurst\banger〉 우1 양2

225 **Kier·ke-gaard** [키얼커가알드], So·ren: 〈church yard→grave-yard〉, 〈덴마크어〉, '무덤지기', 키르케고르, (1813-1855), 〈타고난 죄의식과 불안을〉 무조건적 '절대' 기독 신앙으로 극복하려 했으며 독신을 고수한 덴마크의 신학자·철학자, 〈~ a Danish theologian and philosopher〉 수1

226 **Ki·ev** \ Ky·iv [키에후 \ 키브]: 〈그 도시를 세운 Kyia라는 인명에서 연유한 슬라브어〉\〈'언덕진 요새(kiovi; mountain)'란 뜻의 이란어〉, 키예프, 러시아의 남서부에 위치한 우크라이나 공화국의 고색창연한 수도·산업·교통도시, 〈~ Capital of Ukraine〉 수1

227 **ki·ki** [키이키이]: 〈만국 공통어〉 ①〈의성어〉, 잡담하며 '킥~킥~대는' 모임, 수다 떨기, 〈~ chit-chat〉 ②〈의태어〉, 뾰족한 모양, 〈~ sharp〉, 〈↔dull〉 우2

228 **ki·koi** [키이코이]: loin-cloth, 〈'허리 옷'이란 스와힐리어〉, (동아프리카 주민〈East African〉이 몸에 걸치는) 강렬한 색 줄무늬의 면포, 〈~ wrap\sarong〉 수2

229 **ki·lim** [킬리임]: 〈← gelim(blanket)〉, 〈페르시아어〉, (터키·페르시아 등지 생산의) 색실로 짠 '보풀이 없는' 융단, 〈~ pile-less rug〉 수2

230 **Kil·i·man·ja·ro** [킬리먼쟈아로우]: kilima(mountain)+njaro(white), 〈원주민어〉, '항상 눈으로 덮여있는' 킬리만자로, 5,895m짜리 아프리카의 최고봉, 〈~ a volcano in Tanzania〉 수1

231 **kill** [킬]: 〈← quellan(torment)〉, 〈게르만어〉, 〈때려〉 죽이다, 없애다, 끄다, 삭제, 〈~ murder\destroy〉, 〈↔save\revive〉 가2

232 **kill·dee(r)** [킬디(어)]: "킬디~킬디~" 하고 우는 북미산 물떼새의 일종, 〈~ noisy plover〉 수2

233 *__kill-er ap-p(li·ca-tion)__ [킬러 앺]: '살인적 응용기기', 살인적 인기가 있는 연성기기, 〈~ must-have(indispensable) app〉 우1

234 **kill-er whale** [킬러 웨일]: 범고래, 흰줄박이돌고래(물돼지)〈광범위하게 서식하며 검은 등과 흰 배를 가진 민첩하고 공격적인 커다란 고래로 사람을 해치지는 않음〉, orca 미2

235 *__kill-file__ [킬 화일]: '살상 목록', 반갑지 않은 전달문을 보내는 자들을 삭제시키는 목록, bozo list, 〈~ black-list〉, 〈↔white list〉 우1

236 **kill-fish** [킬 휘쉬]: 피라미, 송사리, ⇒ top·minnow 미2

237 *__kill-ing the dog af·ter hunt·ing__: 토사구팽, 사냥이 끝나면 개를 삶아 먹는다, 〈~ thrown away like an old shoe〉 양2

238 *__kill two birds with one stone__: 일석이조, 일거양득, 꿩 먹고 알 먹기, 님도 보고 뽕도 딴다, 도랑 치고 가재 잡는다, 〈~ two for one\the best of both worlds〉, 〈~ catch two pigeons with one bean〉 양2

239 *__kill with kind-ness__ [킬 위드 카인드니스]: ①(셰익스피어는) '지나친 친절은 부담스럽다'란 뜻으로 썼고, 〈~ over-indulge〉 ②(성경에서는) '미운 놈 떡 하나 더 준다'란 뜻으로 썼음, 〈~ love enemies〉 양2

240 **kiln** [킬 \ 키른]: 〈← culina(kitchen)〉, 〈라틴어〉, '가마', 건조로(화로), 〈~ kitchen\cooking〉, 〈~ stove\tandoor〉 가2

241 **ki·lo** [키일로우 \ 킬로우]: 〈← chilioi(thousand)〉, 〈그리스어〉, 1,000을 나타내는 결합사, 〈~(↔)millenium〉 우2

242 **kilt** [킬트]: ⟨← kilta(skirt)⟩, ⟨북구어→영국어⟩, (전통적으로 스코틀랜드 남자들이 입던) 세로 '주름이 잡힌' 격자무늬의 두껍고 짧은 치마, ⟨~ a wrap-around knee-length skirt\a Scottish high-land dress for men⟩ 수2

243 **Kim** [김], Dae Jung: '빛나는 자(golden)', 김대중, (1925-2009), 목포의 상업학교 출신으로 좌익성향이 있어 군사정권으로부터 많은 박해를 받았으나 평생의 숙적 김영삼 씨를 이기려고 그랬는지 ⟨노벨 평화상을 염두에 두었는지⟩ 집권 후 별로 정치 보복을 하지 않았던 한국의 '준비되었던' 대통령, ⟨~ 8th President of Korea⟩ 수1

244 **Kim** [김], Il Sung: 김일성 (김성주), (1912-1994), 소련군 장교 출신으로 1948년부터 죽을 때까지 조선인민공화국(DPRK)을 통치한 공산주의 혁명가·독재자, ⟨~ founder of N. Korea⟩ 수1

245 **Kim** [김], Jong Il: 김정일, (1941-2011), 예술에 관심이 많았던 조선인민공화국의 제2대 세습 독재자, ⟨~ son of Kim, Il Sung⟩ 수1

246 **Kim** [김], Jong Un: 김정은, (1984-), 27세에 권력을 인수 받아 공포정치를 자행하고 있는 조선인민공화국의 제3대 세습 독재자, ⟨~ son of Kim, Jong Il⟩ 수1

247 **Kim** [김], Young Sam: 김영삼, (1927-2015), 경남 멸치업자의 장남으로 태어나 어릴 때부터 대통령이 되고 싶은 꿈을 민주화 투쟁-3당 야합으로 연결시켜 달성했으며 ⟨국내에서는 '정치 9단'이란 소리를 들었으나 국제 정서에는 좀 어두웠던⟩ 직업 정치가, ⟨~ 7th President of Korea⟩ 수1

248 **kim-chi** \ kim-chee [김치]: ⟨중국어→한국어⟩, salted vegetable, 침채⟨담근 채소⟩ (야채에 소금·고춧가루·마늘·생강·젓 등을 넣고 절여 발효시킨 반찬으로 재료와 요리 방식에 따라 10가지 이상이 있음), ⟨1898년 OED에 등재된⟩ 한국의 대표적 반찬, 'ghimchi', ⟨~(↔) kkakdugi⟩ 수2

249 **ki·mo·no** [키모우너]: ki(wearing)+mono(thing), 기모노, '덧옷', 긴소매·긴치마에 등덮개를 허리띠로 묶는 일본 여성의 전통의상, ⟨~ smock⟩, ⟨↔yukata⟩ 수2

250 **kin** [킨]: ⟨← cyn(family)⟩, ⟨게르만어⟩, '종족', 친족, 일가, 동류, 동질, ⟨→ kind\king\akin⟩, ⟨~ clan\relative⟩, ⟨↔alien\out-sider⟩ 가2

251 **kind¹** [카인드]: ⟨← cynd(native)⟩, ⟨게르만어⟩, ⟨← kin⟩, '같은 태생의', 종류, 종족, 본질, ⟨~ quality⟩, ⟨~ sort\class\character⟩, ⟨↔dis-agreeable\different\un-natural⟩ 가2

252 **kind²** [카인드]: ⟨← cynde(natural)⟩, ⟨게르만어⟩, ⟨← kind¹⟩, '본성에 따라', 친절한, 정성 어린, 고분고분한, ⟨~ tender\caring⟩, ⟨↔mean\cruel⟩ 가2

253 **kind-a** [카인더]: kind of, 약간, 어느정도 양2

254 **kin·der-garten** [킨더가아튼]: ⟨게르만어⟩, ⟨태어난 애들이 노는⟩ 유치원, '어린이의 정원', ⟨children's garden⟩, ⟨~ pre (or play) school⟩ 가2

255 **Kin·dle** [킨들], Am·a·zon: 2007년에 출시된 전자책(on-line books) 독자를 위한 연성기기, ⟨~ tinder⟩, ⟨← candle⟩ 수2

256 **kin·dling** [킨들링]: ⟨북구어⟩ ①⟨← candle⟩ 점화, 발화, 선동, ⟨~ ignite⟩ ②⟨'kin'(일가)을 이루는⟩ (토끼의) 출산, ⟨~ rouse⟩, ⟨↔douse\extinguish\put out⟩ 가1

257 **kin·dred** [킨 드뤠드]: cynn(kin)+rede(state), ⟨영국어⟩, '친족 상태', 친척, 혈연, 유사한, 일치한, ⟨~ relative\affinity\connected⟩, ⟨↔unrelated\different\other⟩ 양2

258 **ki·ne·si·ol·o·gy** [키니시알러쥐]: ⟨← kinein(move)⟩, ⟨그리스어⟩, 신체'운동'학, 신체요법, ⟨~ physiology\physical therapy⟩, ⟨↔psychology\chemotherapy⟩ 양2

259 **kin·es·thet·ic** [키너쎄틱 \ 카이너쎄틱]: kinein(move)+aisthesis(perception), ⟨그리스어⟩, 운동감각(성)의, 움직일 필요가 있는, ⟨~ body wareness\proprioception⟩ 양2

260 **ki·net·ic** [키네틱 \ 카이네틱]: ⟨← kinein(move)⟩, ⟨그리스어⟩, '운동'의, 활동적인, ⟨~ energetic\animated⟩, ⟨↔dead\inactive⟩ 양2

261 **king** [킹]: ⟨게르만어⟩, ⟨'kin'의 우두머리⟩, 왕, 군주, 거물, 최상품, ⟨~ ruler\super-star\rex⟩, ⟨↔subordinate\lowly\queen⟩ 가2

262 **King** [킹], Bil·lie Jean: (1943-), 39번이나 ⟨강타 상⟩을 타고 1981년에 동성연애자임을 인정한 미국의 직업 정구선수·여성 운동가, ⟨~ an American tennis player⟩ 수1

263 **King** [킹], Lar·ry: 래리 킹, (1933-2021), 유대계 재봉사의 아들로 태어나 일찌감치 방송에 투신해서 멜빵을 맨 채 소매를 걷어붙이고 투덜대는 말투로 인기를 끌었던 미국의 대중매체 사회자, ⟨~ an American media-host⟩ 수1

264 **King** [킹], Mar·tin: 마틴 루터 킹, (1929-1968), 백인 탈주범에 의해 사살된 〈인종차별에는 민감했으나 여성차별에는 둔감했던〉 미국의 흑인 '비폭력 반항주의' 민권운동가·웅변가·침례교 목사, 〈~ an American Baptist minister and activist〉 수1

265 **King** [킹], Ste·phen: (1947-), 〈글을 재미로 써야 한다는 편자와 같은 신조를 지니고〉 주로 공상·괴기 소설을 써서 〈편자는 한 권도 못 팔았으나〉 3억 5천만 부를 판 미국의 대중 작가, 〈~ an American author〉 수1

266 **King Ar·thur** [킹 아알써]: 아서 왕, 색슨족의 침입을 물리쳤다는 6세기경의 전설적인 영국 왕, 〈~ a legendary British king〉 수1

267 **king-bird** [킹 버어드]: bee martin, '왕딱새', '벌 제비', 새끼를 지키려고 맹렬하게 짖어대며 까마귀나 매를 쫓아내고 바람 따라 날아다니면서 벌·파리·각종 벌레를 잡아먹는 들새, 〈~ tyrant fly-catcher\bee-bird〉 미2

268 **King Charles span·iel**: 흑갈색의 늘어진 귀를 가진 〈찰스 왕을 닮은〉 영국 원산의 장난감 같은 작은 스패니얼 개, 〈~ toy spaniel〉 수2

269 **king co·bra** [킹 코우브뤄]: 동남아시아(S-E Asia)에 서식하는 (공격 시 독으로 목을 부풀리는) 코브라 비슷한 기다란 독사, 〈~ the world's longest venomous snake〉, 〈↔천적은 mongoose임〉 수2

270 **king crab¹** [킹 크랩]: 투구게(말발굽게-둥근 투구 속에 발과 내장을 숨기고 주로 길고 단단한 꼬리로 활동하는 전갈 비슷한 원시 동물), 〈~ horse shoe crab〉 미2

271 **king crab²** [킹 크랩]: (붉은) 대왕게(Alaska hand; 가시 돋친 커다란 게), 〈~ stone crab〉, 〈~(↔)Dungeness〉, 〈이원택 박사는 거금 80불을 투자해서 king crab 세 마리와 Dungeness 두 마리를 사서 비교해 본 결과 우선 그 모양이 천지 차이이고 맛은 Dungeness는 무르고 sweet한 반면 king crab은 짭짤하고 쫄깃쫄깃한 것이 Dungeness를 'queen crab'이라고 새로이 명명해야 한다고 보나 여성 운동가 제위에 눌려 찍소리 못하고 있음-한국의 영덕게(a snow crab)는 돈이 없어서 못 사먹어 봤음〉 미2

272 **king-cup** [킹 컵]: butter·cup, 모간, 동의나물, 왜젓가락나물, (미나리 비슷한 식물에서 다섯 잎의 노랑 꽃이 피는) 미나리아재비, 〈~ marsh marigold\cow-slip\crow-foot〉 미2

273 **king-dom** [킹 덤]: 왕국, 신국, 왕정, 영역, 〈균·원생동물·동물·식물 등으로 나눠진〉 분야, 계(생물 분류의 두 번째 단위-역 아래·문 위), 〈~ realm\domain〉 양2

274 **king-dom hall** [킹 덤 허얼]: '신국 회관', 여호와의 증인들(Jehovah's Witness)의 교회 미1

275 **king fern** [킹 훠언]: royal fern, 왕고비(남태평양 일대에 서식하는 아주 크고 우아한 모습을 한 고비), flowering fern, 〈~ giant (or elephant) fern〉 미2

276 **king-fish** [킹 휘쉬]: cobia, '병장고기', (작은 물고기를 잡아먹는) 민어과의 바닷물고기, 큰 물고기, 거물, 〈~ king mackerel\big-wig〉 우1 양2

277 **king-fish-er** [킹 휘셔]: 물총새(민물이나 바닷고기를 잡아먹고 사는 큰 머리·길고 뾰족한 부리·짧은 꼬리·짧은 다리를 가진 여러 색깔의 소형·중형 조류), 〈king-fish를 잡아 먹지는 못하는데 아마도 어떤 왕이 이 새를 좋아했던 것 같음〉, 〈~ halcyon\kookaburra〉, 〈~(↔)laughing jack-ass\shovel bill〉 미2

278 **King George's War** [킹 죠얼쥐스 워어]: 조지 왕의 전쟁, 3번째로 북미에서 (1744~1748년간) 영국 대 프랑스·원주민 연합군이 싸워 어정쩡하게 끝난 전투, 〈~ 3rd Intercolonial War〉 수2

279 **King James Bi·ble** [킹 제임스 바이블]: 흠정 영역 성서(영국 성공회의 포교를 위해 제임스 1세의 명령으로 1611년에 완성된 영역 성경으로 문체가 우아해서 영어의 귀감이 되었음), 〈~ the Authorized Version〉 수2

280 **King Kong** [킹 콩]: 〈발음이 거창해서 만들어진 말〉, king komodo, (1932년부터 소설이나 영화에 등장하는) 거대한 고릴라〈giant gorilla〉, 〈~(↔)Godzilla〉, 거한, 싸구려 독주(straight rye whiskey) 수2 양2

281 **king-let** [킹릿]: ①작은 나라의 왕(little king) ②상모솔새(청색의 몸통에 수컷은 〈조그만 왕관 같은〉 주황색 볏을 달고 침엽수림에 사는 박새), 〈~ warbler\wren〉 미2

282 **king-mak-er** [킹 메이커]: 〈영국의 헨리 6세와 에드워드 4세를 만든 워릭 백작에서 유래한〉 국왕(수반) 옹립자, 정계 실력자, 〈~ log-roller\power-broker〉 미2

283 **king pen·guin** [킹 펭귄]: 왕펭귄(황제펭귄〈emperor penguin〉보다 좀 작은 펭귄류) 우1

284 **king-pin** [킹 핀]: 〈1801년에 등장한 영국어〉, 볼링의 중앙(5번) 핀, 중추, 중심인물, 두령, 〈~ chieftain\big-wig〉, 〈↔nobody\rookie〉 미2 양2

285 **Kings Eng·lish** [킹즈 잉글리쉬]: 정통(표준)영어, 1906~1931년 사이에 발간되었던 바른 영어 사용법에 관한 책, 〈~ standard English〉 양2 수2

286 **king-sized** [킹 싸이즈드]: 특대형(침대는 76×80인치), 〈~(↔)queen-sized〉, 〈↔twin (sized) bed〉 양2

287 **king snake** [킹 스네이크]: 왕뱀(들에 살며 작은 뱀·쥐 종류를 잡아먹고 사는 무독의 미국산 구렁이), 율모깃과의 큰 뱀, milk snake, 〈편자는 이것이 유독의 rattle-snake를 잡아먹는 것을 봤음〉, 〈인간 세계에서도 깡패가 목사님 앞에서 무릎을 꿇음〉 미2

288 **Kings-ton** [킹스턴]: 'king's town' ①1872년 수도로 선포되고 자연재해를 많이 겪은 자메이카(Jamaica) 공화국의 남동해안에 있는 영어권 항구·상업·산업도시 ②뉴욕시(NYC) 북쪽에 있는 첫 번째 주도·산업도시 ③캐나다 온타리오(Ontario)주 남동부의 항구도시 ④1987년에 세워진 미국의 전산기기 회사(American technology corp.) 수1

289 **Kings-Town** [킹스 타운]: 서인도제도 세인트빈센트섬의 남서해안에 있는 세인트빈센트 및 그레나딘의 수도·항구·상업·관광도시, 〈~ Capital of Saint Vincent and the Grenadines〉 수1

290 **kink** [킹크]: 〈네덜란드어〉, curl, 〈밧줄의〉 꼬임, 비틀림, 경련, 변태, 〈~ twist\cramp\pervert〉, 〈↔line\constancy\easiness\normality〉 양1

291 **kin·ka·jou** [킹커쥬우]: 〈honey bear(wolverine)의 원주민어〉, 늘보곰, 긴 꼬리를 나뭇가지에 감고 거꾸로 매달릴 수 있는 중·남미산 작은 야행성 너구리, sloth bear, night ape, 〈~ carcajou〉 수2

292 *****kink-o** [킹코우]: 〈네덜란드어→미국어〉, 곱슬(curl)머리, '비틀린 자'(1830), 변태 성욕자(1965), 〈~ deviant\eccentric\freak〉, 〈↔straight\normal〉 양2

293 **Kink-o's** [킹코우스]: 〈'kinko'(곱슬머리)란 창립자의 별명을 딴〉 Fedex office, (1970~2004년까지 사용했던) Fedex의 고객 봉사 연쇄점 이름 수2

294 **ki·no** [키이노우]: ①〈← cano (인도어)〉, red gum, 인도 원산 콩과의 큰 열대 수, 그 나무에서 채취되는 적갈색의 고무수지(적묵) ②〈← kinemato-graph(motion picture projector)〉, 〈독일어〉, 〈← 'kinetic'〉, 영화(활동사진)관, 〈~ a cinema〉 수2 양2

295 **Kin·sey** [킨지], Al·fred: cyne(royal)+sige(victory), 〈영국어〉, '고귀한 승자', 킨제이, (1894-1956), 인간의 성행동에 관심이 많았던 미국의 동물학자, 〈~ an American biologist and sexologist〉 수1

296 **Kin·sha·sa** [킨샤아서]: ki(store)+nshasa(salt), 〈원주민어〉, '소금 시장', 킨샤사, Leopoldville의 새 명칭, 콩고 민주공화국 서쪽 끝 콩고강 연안에 있는 〈인구가 많은〉 항구도시·수도, 〈~ Capital of the Democratic Republic of the Congo〉 수1

297 **kins-man** [킨즈 먼]: 동족인 사람, (남자)의 일가 친척, 〈~ family\kinfolk〉, 〈↔non-relative\stranger〉 미2

298 **kion·do** [키아안도]: 〈원주민어〉, ('케냐〈Kenya〉' 지방 특산의) 용설란〈agave〉의 일종인 사이잘삼으로 엮고 가죽으로 테를 댄 헐렁한 손가방, 〈~ sisal bag〉 수2

299 *****ki·osk \ ki·osque** [키이아스크]: 〈← kushk(palace)〉, 〈페르시아어〉, (터키풍의) 벽 없는 '정자〈pavillion〉', 가도에 있는 간이매점, 전산기 탑(이용대)〈공공장소에 소비자가 사용하라고 안내용 전산기를 올려놓는 곳〉, 〈~ gazebo\pavillion〉, 〈↔mansion\castle〉 우1

300 **kip·per** [키퍼]: 〈← cypera〉, 〈게르만어→영국어〉, 〈다른 물고기와 싸우라고 아랫턱에 kip(아가미뼈)가 난〉 (산란기 후의) 수컷 연어나 송어, 훈제 청어(smoked herring), (성인식 후의) 젊은 녀석, bloater, buckling 우2

301 **kip·per tie** [키퍼 타이]: (고안자의 별명〈Michael Fish〉에서 딴) 1960~70년대 영국에서 유행했던 화려한 색깔의 폭넓은 넥타이, 〈~ wide tie〉 수2

302 **Ki·ri·ba·ti** [키뤼바아티]: 〈1788년 그곳에 착륙한 Gilbert 선장에서 유래한〉 키리바시, 1979년 영국으로부터 독립한 태평양 중서부의 여러 섬으로 구성된 인구가 적은 공화국, 'Gilberts Island', {Kiribatian-Gilbertese·Eng-(AU) Daller-Tarawa} 수1

303 **kirk** [커얼크]: 〈'church'의 스코틀랜드어〉, 스코틀랜드 장로교회, 〈~ Church of Scotland〉 수2

304 **Kirk-land** [커얼클랜드]: '교회 땅에 사는 자', 커클랜드 ①사람 이름, 〈~ a gender-neutral surname〉 ②Costco의 상점 상표(subsidiary) ③미국의 실내 장식품 연쇄 매장, 〈~ an American home decoration company-not related to Costco〉 수1

305 **kirsch-(was·ser)** [키얼쉬 (와아썰)]: 〈라틴어에서 연유한 독일어〉, 〈cherry+water〉, 키르시바서, 으깬 버찌로 만든 향기 높은 투명한 발효 증류주, '버찌 주', 〈~(↔)cherry liqueur보다 달지 않음〉 우1

306 *****KIS, S** [키이쓰]: keep it simple, stupid: 간단히 해, 멍청아! 미2

307 **Ki·shi·da** [키쉬다], Fu·mi·o: 〈중국어→일본어〉, 〈kish(beach)+da(rice paddy), '해변의 논', fumio(writer)〉, 기시다, 〈안전문웅〉, (1957-), 정치 집안에서 태어나 어려서 미국물도 맛보고 법학을 한 후 정계에 투신해 2021년 10월부터 2024년 9월까지 수상을 역임한 일본의 보수파 정치인, 〈~ a former Prime Minister of Japan〉 수1

308 **kis·met** [키즈멭]: 〈← quisma(lot)〉, 〈아랍어〉, 알라의 뜻, 숙명, 운명, 행운, 〈~ fate\destiny〉, 〈~(↔)이것은 수동적이고 karma는 능동적임〉 양2

309 *__KISS__ [키쓰]: keep it short and simple, 간단명료하게 미2

310 **kiss** [키쓰]: 〈← coss〉, 〈게르만어〉, '입맞춤', 접문, (가벼운) 접촉, 〈~ touch (or brush) of lips\osculate〉, 〈↔strike\bump\smash〉 우2

311 *__kiss and cry__ [키쓰 앤 크롸이]: 〈2017년 개봉된 캐나다 영화 제목에서 연유한 말〉, 〈figure skater들이 점수가 발표될 때 나타내는〉 감상적인 장면, 〈~ waiting area for the marks〉 미2

312 *__kiss and punch__¹ [키쓰 앤 펀취]: 병 주고 약 준다, 〈~ carry fire in one hand and wa·ter in the oth·er\love and hate〉 양2

313 *__kiss and tell__ [키쓰 앤 텔]: (유명인과 과거에 있었던 성관계를) 〈돈을 바라고〉 공개하는 짓, 〈입 맞출 때는 언제고 폭로할 때는 언제인가?〉, '야비한 누설', 〈~ recount one's sexual exploits (to media)\(mean) divulging〉, ⇒ Me Too 미2

314 *__kiss-ass__ [키쓰 애쓰]: 아첨, 아첨꾼, 〈~ toady\flatterer〉, 〈↔abuse\defy〉 가1

315 **kiss-er** [키 써]: 입맞춤하는 자, 입, 입술, 〈~ countenance\mouth〉, 〈↔disparage〉 양2

316 **kiss·ing bug** [키씽 버그]: ①키스광(kiss-mania) ②침노린재류의 흡혈 곤충(동물이나 사람의 눈·입 주위나 목덜미에 붙어 피를 빨아먹는 곤충), 〈~ chinch〉 양2 미2

317 **kiss·ing dis·ease** [키씽 디지이즈]: 키스병, 〈침으로 전파되는 virus에 의한〉 전염성 단핵증(mono·nucleosis) 양2

318 **Kis·sin·ger** [키씬져], Hen·ry: 〈독일어〉, '자갈〈kisil〉 깨는 일꾼', 키신저, (1923-2023), 베트남 전쟁을 종식시키고 중공과의 물꼬를 트는 데 중요한 역할을 한 독일 태생 유대계 미국의 정치학자·외교관, 〈~ an American political scientist and diplomat〉 수1

319 *__kiss·ing un·der the mis·tle·toe__ [ ]: 〈규율이 엄격했던 빅토리아 시대에 영국 하인들이 하던 버릇에서 비롯된〉 '허가된 입맞춤', 〈~ Christmas kiss〉 양2

320 *__kiss-me-quick__ [키쓰 미 퀵]: ①입술연지 색깔의 조그만 다섯잎꽃이 피는 제비꽃, 〈~ pansy\love-in-idleness〉 ②앞이마에 내려뜨리는 애교머리, 〈~ spit curl〉 ③(쇼걸들이 쓰던) 챙을 말아 올린 살짝 쓰는 모자, 〈~ bonnet〉 ④노래 제목, 〈~ Johnny-jump-up〉 수2

321 *__kiss-off__ [키써 어어후]: 작별, 해고, 사직, 죽음, 〈~ leaving\dumping\resign\dying〉, 〈↔embrace\engage\start〉 양2

322 *__kis·sy-mis·sy__ [키씨 미씨]: (동영상 놀이에 나오는) 나긋나긋한 소녀, '예쁜이', 〈~ an affectionate girl〉, 〈~ kissy-huggy〉, 〈~(↔)huggy-wuggy〉 미2

323 **KIST** [키스트] (Ko·re·a In·sti·tute of Sci·ence and Tech·nol·o·gy): 한국 과학 기술 연구원, 1966년 서울에서 태어나서 1981년 KAIS와 결혼했다가 1989년 이혼한 서울(Seoul)에 본부를 두고 있는 국립 연구소 미2

324 **Ki-swa·hi·li** [키이스와아힐리]: 스와힐리 말, Swahili, 중동 아프리카의 스와힐리 족들이 쓰는 프랑스어(French)가 섞인 원주민 언어, 〈~ a Bantu language〉 수2

325 **kit** [킽]: ①〈← kitte(beaker)〉, 〈어원 불명의 네덜란드어〉, 연장통, 도구(일습), 나무통, 배낭, 맞춤 짝, 〈~ tools〉, 〈↔un-fit〉 ②〈← kid〉, (토끼·족제비·여우 등의) 어린 짐승, 〈~ kitten〉, 〈↔un-muzzle〉 양1 미2

326 **kitch·en** [키췬]: 〈← coquere〉, 〈라틴어〉, '요리〈cook〉 하는 장소', 부엌, 취사장, 주방, 천한, 〈~ cookery〉, 〈↔bath-room\bed-room〉 가1

327 **Kitch·en-Aid** [키췬 에이드]: 1919년에 설립되어 현재 Whirlpool사가 소유하고 있는 미국의 세계적 주방기구 제조업체, 〈~ an American home appliance brand〉 수2

328 **kite** [카이트]: 〈← cyta〉, 〈영국어〉, 〈의성어·의태어?〉, 연, 사기꾼, 솔개(교차된 꼬리와 길고 가는 날개를 가지고 공중을 맴돌다 들쥐나 개구리 등을 번개같이 낚아채는 수릿과에 속하는 중형 새), 〈~ fly like a kite (a hawk family)\predator\swindle〉, 〈↔prey\gull〉 가1 미2

329 **kitsch** [키취]: ⟨← kitschen(smear)⟩, ⟨게르만어⟩, 저질의 물건, 저속한 작품, 잡동사니, ⟨~ tacky\cheap⟩, ⟨↔refined\tasteful\authentic⟩ 양1

330 **kit·ten** [키튼]: kitty, ⟨프랑스어⟩, 새끼 고양이 ⟨cat⟩, (작은) 동물의 새끼, 말괄량이, ⟨~ puss\tabby⟩, ⟨↔parent\adult⟩ 양1

331 **Ki·wa·nis** [키와니스]: ⟨북미 원주민어⟩, '교역자들⟨traders⟩', 1915년 미국·캐나다 실업인들이 만든 국제적 민간 사교·자선·봉사 단체, ⟨~ an international service club⟩ 수1

332 **ki·wi¹** [키이위]: ⟨마오리어⟩, ⟨의성어⟩, 키위 ①⟨1차대전 때 뉴질랜드에서 온 군인을 일컫던 별명에서 퍼져 나간⟩ '뉴질랜드 사람'⟨~ Newzealander⟩ ②⟨키위~ 키위~하고 우는⟩ 무익조(날개 없는 새), ⟨작고 쓸데없는 날개·콧구멍이 있는 구부릴 수 있는 부리·텁수룩한 갈색 털을 가지고 숲에 사는 닭만 한 수줍은 야행성 새⟩, ⟨~(↔)do-do⟩ 미2

333 **ki·wi²** [키이위]: ⟨← kiwi¹⟩, ⟨날지 못하는⟩ (항공 관계의) 지상 근무원, ⟨~ ground personnel of air fleet⟩, ⟨~ ground-hog⟩ 양2

334 **ki·wi³** [키이위]: ⟨← kiwi¹⟩, 양다래(남중 중국 원산이나 '뉴질랜드'에서 많이 기르는 갈색 솜털로 둘러싸인 안에 까만 씨까지 먹는 vit C가 풍부한 계란 모양의 과실), ⟨~ Chinese goose-berry\yangtao⟩ 미2

335 **k·k** [크크]: ㅎ·ㅎ, ㅋ·ㅋ, 하·하, 크·크, ⟨~ ki-ki⟩ 양1

336 **kkak·du·gi** [깍두기]: ⟨의성어⟩, ⟨한국어⟩, cubed radish kimchi, 무를 ⟨깍둑깍둑⟩ 모나게 썰어서 고춧가루와 함께 양념에 버무려 담근 김치, ⟨학생들 간에는 '양쪽 편을 다 드는 사람'이란 뜻으로도 쓰임⟩, ⟨~(↔)cabbage kimchi⟩ 수2

337 **KKK**: ⇒ Ku Klux Klan 양1

338 **kko·chi·gu·i** [꼬치구이]: skewer+grilled, ⟨한국어⟩, 고기·생선·채소 등을 잘라서 꼬챙이에 꿰어 구운 음식, ⟨~ yaki-tori⟩ 수2

339 **kkol·ttu·gi** [꼴뚜기]: ⟨어원 불명의 한국어⟩, 10개의 짧은 발에 약 20cm의 몸길이를 가진 작은 오징어류, 한치, small-arm squid 양2

340 **kkon-dae** [꼰대]: ⟨한국어⟩, stubborn old man, 항상 자기만 옳다고 믿는 나이 먹은 사람 (주름 많은 번데기에서 또는 불어 conte에서 유래했다고도 하나) ⟨세파에 시달려서 배배 꼬인 어른이 더 그럴듯함⟩, ⟨~ geezer\fossil⟩, ⟨↔hipster\new-bie⟩ 미2

341 **kkwa·bae·gi** [꽈배기]: ⟨한국어⟩, twisted pretzel, 찹쌀이나 밀가루를 반죽하여 가늘고 길게 늘여 두 가닥으로 꽈서 기름에 튀긴 과자, (멕시코의) churro 비슷하나 배배 꼬인 것이 특징임, 사물을 비비 꼬아서 말하는 자(고등학교 때 필자의 별명) 양2

342 **Klax·on** [클랙선]: ⟨← klazein(roar)⟩, ⟨그리스어→라틴어(clang)→미국어⟩, ⟨1908년에 자동차의 horn 제조사가 조작한 상표명⟩, 경적(warning horn), ⟨~ shriek\scream⟩, ⟨~ honk⟩, ⟨↔well\quiet⟩ 수2

343 **Kleen-ex** [클리이넥스]: ⟨화장을 clean하는 데 쓰던⟩ 클리넥스, 1924부터 출시된 미국의 킴벌리클라크사⟨Kimberly Clark⟩의 화장지(상품명), ⟨~ (facial) tissue⟩ 수2

344 **Klein** [클라인], Cal·vin: ⟨유대어·게르만어⟩, small, '꼬마', 클라인, (1942-), 1968년 의류·향수·장신구 회사를 차린 미국의 의상 디자이너, ⟨~ an American fashion designer⟩ 수1

345 **klep·to·ma·ni·a** [클렙토메이니어]: ⟨← kleptes(thief)⟩, ⟨그리스어⟩, ⟨광적으로 훔치는 버릇⟩, 도벽, 절도광, ⟨~ sticky fingers⟩, ⟨~(↔) shop-lifter⟩ 양2

346 **klip–spring-er** [클맆 스프링어]: ⟨← cliff⟩, ⟨남아프리카 네델란드어⟩, '바위 뛰기 영양', (남서·동남·아프리카산) 두꺼운 털·작은 뿔·통통한 몸매를 가지고 바위를 잘 타는 작은 영양, ⟨~ klip-bok⟩, ⟨~ a small sturdy antelope⟩ 우1

347 **KLM** [케이 엘 엠]: Royal Dutch Airline, 1919년 세계 최초의 항공사로 출발해서 2004년 에어프랑스(Air France)에 합병된 네델란드 국적기, (Sky Team의 일원), '왕립 비행회사'란 네델란드어의 약자 수2

348 ***kluge** [클루우쥐]: ⟨toilet를 뜻하는 스코틀랜드어에서 연유한⟩ 너저분한 구성으로 된 전산기 장치나 프로그램, ⟨~ clumsy\stop gap⟩, ⟨↔complete\immaculate⟩ 우1

349 **K-mart** [케이 마아트]: 1899년 미시간주에서 ⟨창립자 Kresge의 두 문자를 따서⟩ 창립되어 한때 호황을 누리다 Sears와 합병했으나 계속 내리막길을 가고 있는 미국의 일용품 할인 연쇄점, ⟨~ an American department store⟩ 수2

350 **knack** [낵]: 〈영국어〉, 〈의성어〉, (똑부러지는 소리), '똑똑한', 숙련된 기술, 요령, 성향, 〈~ talent\gift\flair〉, 〈↔inability\incapacity\disinclination〉 가2

351 **knack·er** [낵 커]: 〈hnakkur(saddle)+hur(horse)?〉, 〈1812년에 등장한 어원 불명의 영국어〉, 〈한방에 척살하는〉 폐마 도축업자, 폐선 해체업자, 망가지다, 기진맥진하다, 〈~ horse slaughter\dead-beat\bone-tired〉, 〈↔animate\fix\energize〉 양2

352 **knai·del** [나아들 \ (크)네이들]: 〈← kneydl(dumpling)〉, 〈어원 불명의 독일식 유대어〉, 나이델, 〈유월절(Pass-over) 때 먹는〉 (효모를 쓰지 않은 밀가루 반죽으로 만든) "유대식"〈Jewish〉 만두, 〈~(↔)knish\matzo〉 수2

353 **knap-sack** [냎 색]: knappen(bite)+zak(sack), 〈게르만어〉, 〈← knob〉, (군인들이 식량을 짊어지고 다니던) 〈툭 튀어나온〉 배낭, 바랑, 등짐 주머니(가방), ruck·sack, back·pack 양2

354 **knap-weed** [냎 위이드]: 〈영국어〉, 〈← knob〉, 〈툭 튀어나온 꽃받침을 가진〉 수레(달구지)국화 (가는 가시가 달린 갈라진 잎과 줄기를 가지고 여러 색깔의 수레바퀴 모양의 갈래꽃을 피우는 한해·두해살이 풀), 〈~ Turestan thistle\Russian cornflower\mountain bluet〉 미2

355 **knave** [네이브]: 〈← cnafa(boy)〉, 〈게르만어〉, '악동', 악한, (카드의) Jack, 〈~ bastard\villain〉, 〈↔peace-maker\placater〉 양2

356 **knead** [니이드]: 〈← cnedan(press into)〉, 〈게르만어〉, 〈쥐어짜서〉 반죽하다, 개다, 주무르다, 〈~ squeeze\mold'\massage〉, 〈↔destroy\idle\pull〉 양2

357 **knee** [니이]: 〈← cneow〉, 〈라틴어→게르만어〉, 〈← genu〉, 무릎(관절), 굴곡부, 〈↔elbow〉 가1

358 **knee-cap** [니이 캪]: 슬개골, 종지뼈, 무릎받이, patella, 〈↔olecranon〉 가1

359 **knee-cap–ping** [니이 캐핑]: 무릎쏘기, 슬개골을 빼내는 형벌, 불구로 만들기, '다리 몸둥이' 부수기, 〈~ whacking\smacking〉 미2

360 **knee-jerk** [니이 줘얼크]: 무릎 반사, 자동적인 반응, 〈~ patellar reflex〉 양2

361 **kneel** [니일]: 〈게르만어〉, 〈← knee〉, 무릎을 꿇다, 굴복하다, 간절히 바라다, 〈~ genu-flect\kow-tow〉, 〈↔straighen\rise〉 가1

362 **knee socks** [니이 쌐스]: '무릎양말', (윗부분이 무릎까지 올라오는) 긴 양말, 〈~(↔)crew socks〉, 〈↔footies\anklets〉 양1

363 **knell** [넬]: 〈← cnyllan〉, 〈게르만어〉, 〈의성어〉, 종소리, 조종(passing bell), 곡하는 소리, 종을 치다, 〈↔silence\detach〉 양2

364 **knelt** [넬트]: kneel의 과거·과거분사 가1

365 **knew** [뉴우]: know의 과거 가2

366 **knick·er·bock·er** [니컬 바컬]: 〈1820년에 등장한 네덜란드계 미국어〉, 소설에 나오는 네덜란드계 뉴욕 사람 이름, 무릎 아래에서 졸라매는 낙낙한 짧은 바지, 〈~ knee breeches〉 수2

367 **knick·ers** [니컬스]: 〈← knicker-bocker〉, 〈네덜란드계 미국어〉, 무릎 아래까지 내려오는 낙낙한 반바지, (니커보커형) 여성 속옷, panties의 영국식 표현, 〈~ pantaloon〉, 〈~ bloomers보다는 통이 좁고 아랫단에 단추가 달렸음〉 수2

368 **knick-knack** \ nick-knack [닠 낵]: 〈영국어〉, 자질구레한 장식, 패물, 〈~ bric-a-brac\trinket〉, 〈↔necessity\essential〉 가1

369 **knife** [나이후]: 〈← cnif〉, 〈어원 불명의 게르만어〉, '칼', 식칼, 검, 날, 찌르다, 〈~ a cutting tool\stab〉, 〈↔gun\heal〉 가2

370 **knife grind·er** [나이후 그롸인더]: 칼 가는 사람(기구) 가1

371 **knight** [나잍]: 〈← cniht(attendent)〉, 〈게르만어〉, '하인', 기사, (준남작 밑의 세습권이 없는) 훈작사, 무사, 용사, 〈~ banneret(기수)\chevalier〉, 〈↔adversary\antagonist〉 가2

372 **knish** [크니쉬]: 〈← knysh(a bun)〉, 〈러시아어에서 유래한 유대어〉, 크니시(감자·쇠고기 등을 밀가루 반죽 피로 싸서 구운 유대 요리), 〈~(↔)dumpling\matzo-ball〉 수2

373 **knit** [닡]: 〈← cnotta(knot)〉, 〈게르만어〉, '매듭을 만들다', 뜨다, 짜다, 뜨개질하다, 찌푸리다, 〈~ inter-twine\weave〉, 〈~(↔)crochet\quilt〉, 〈↔detach\loosen〉 가1

374 **knives** [나이브즈]: knife의 복수 가2

375 **knob** [나압 \ 넙]: ⟨← knobbe(knot)⟩, ⟨게르만어⟩, 혹, 마디, 손잡이, 둥근 장식, ⟨~ lump\handle\bulge⟩ 가1

376 ***knob-ber** [너버]: ①⟨뿔이 나기 시작하는⟩ 두살짜리 수사슴(2 year-old male deer) ②⟨'손잡이'를 입에 넣는⟩ 구강성교, ⟨~ blow job\fellatio⟩, ⟨↔cunnilingus⟩ 양1

377 **knob-by** [나비]: 혹이 많은, 우툴두툴한, 곤란한, ⟨~ lumpy\bumpy⟩, ⟨↔smooth\comfortable⟩ 양1

378 **knock** [낰 \ 넄]: ⟨← cnucian(beat)⟩, ⟨영국어⟩, ⟨의성어⟩, 치다, 두드리다, 부딪치다, 때려눕히다, '손 기척', ⟨~ bang\slam⟩, ⟨↔praise\compliment⟩ 가1

379 ***knock back** [낰 백]: ⟨1931년에 등장한 속어⟩, toss(gulp) down, (술을) 꿀꺽꿀꺽 마시다, 과음하다, ⟨~ swallow\drink quickly⟩ 양2

380 **knock-down** [낰 다운]: '압도적' 때려눕히기, 값이 싼, ⟨~ win\demolish\price-cut⟩, ⟨↔lost\built\paid⟩ 양2

381 **knock-in** [낰 인]: 때려 넣다, 박다, (문을 두드려) 들어가다, ⟨~ hammer down\run-in⟩, ⟨↔knock out⟩ 양1

382 **knock-knee** [낰 니이]: (무릎이 서로 부딪치는 소리가 나는?) 외반슬, 안짱다리, ⟨~ buck-knee\genu valgum(together)⟩, ⟨↔bow-leg⟩ 양2

383 ***knock-knock joke** [낰 낰 죠우크]: (두드리기로 시작하는) 문답식 농담, '문 열어라 수수께끼', ⟨~ pun-ning joke⟩ 우2

384 ***knock-off** [낰 어후]: 중지(해), 때려치워!, 모조품, ⟨~ stop\cut it out\replica⟩, ⟨↔keep on\revived⟩ 양2

385 ***knock on wood** [낰 어언 우드]: ⟨여러 학설이 있으나 편자같이 목신을 믿었던 겔트족의 미신에서 연유한 듯한 말⟩, 행운을 빌다, 부정타지 않게 기원하다, ⟨~ fingers crossed\hope for the best⟩, ⟨↔abandon\distrust⟩ 양2

386 ***knock-out** [낰 아웉]: KO, '압도적' 때려 혼 빼기, 결정타, 두 조씩 경기를 하면서 한 번이라도 지면 탈락하는 경기 방식, ⟨~ coup de grace\final blow⟩, ⟨↔knock-in (option)⟩ 미2

387 **knoll** [노울]: ⟨← cnoll(hill)⟩, ⟨게르만어⟩, '작은 산', 둥근 언덕, 둔덕, ⟨← clot(덩어리란 독일어)⟩, ⟨~ mound⟩, ⟨↔gully⟩ 양2

388 **knot**¹ [낱 \ 넡]: ⟨← cnotta⟩, ⟨게르만어⟩, ⟨← knit⟩, 매듭, 연분, 결절, '옹이', 요점, 무리, (두꺼비 등의) 떼, ⟨→ knob⟩, ⟨→ node\noose⟩, ⟨~ tie\gnarl\cluster⟩ 가1 양1

389 **knot**² [낱 \ 넡]: ⟨게르만어⟩, ⟨← knot¹⟩, ⟨밧줄에 매듭을 달아 운항거리를 측정하던 데서 연유한⟩ 노트, 1시간에 1해리(1,852m)를 달리는 속도, ⟨~ one nautical mile per hour⟩, ⟨↔ground speed\air-speed⟩ 수2

390 **knot**³ [낱 \ 넡]: ⟨영국어⟩, ⟨넡~ 넡~하고 울며⟩ (추운 지방에 사는) 붉은어깨도요새, ⟨~ robin sand-piper⟩ 수2

391 **knot grass** [낱 그래스]: 마디풀(2백여 종이 넘는 메밀과의 줄기에 마디가 있는 일년초), ⟨~ turf-grass⟩ 미1

392 **Knott's Ber·ry Farm** [낱츠 베뤼 화암]: 'Knott⟨바위 언덕(knoll)에 사는 자⟩씨의 딸기 농장', 1920년대 초에 딸기 노점으로 출발해서 1968년부터 입장료를 받기 시작했고 현재 Six Flags가 운영하며 미국 LA 동남부 Buena Park에 있는 ⟨서부 미국 역사를 주제로 한⟩ 위락 공원, ⟨~ a theme park⟩ 수2

393 **know** [노우]: ⟨← jna⟩, ⟨산스크리트어→그리스어→라틴어→게르만어⟩, ⟨← gnosis⟩, '인식하다', 알다, 면식이 있다, 정통하다, 경험이 있다, 구별할 수 있다, ⟨~ cognition\knowledge\quantity⟩, ⟨→ notion\notorious⟩, ⟨↔confuse\misunderstand⟩ 가1

394 ***know-bot** [노우 밭]: knowledge+robot (지식 기계 인간), 사용자가 명령하면 자동적으로 전산망을 검색해서 정보를 가져오는 '지적 머슴', '똘똘이', ⟨~ hot-bot\android⟩ 우2

395 ***know-how** [노우 하우]: 실제적 지식(정보), 요령, 능력, ⟨~ knowledge\skill⟩, ⟨↔ignorance\incompetent⟩ 양2

396 **know-ing smile** [노우잉 스마일]: 알고 있는 듯한 미소, 빙긋한 웃음, 상황을 파악하고 있을 때 나타내는 표정, ⟨~ knowing glance⟩ 양1

397 **know it all** [노우 이터얼]: 무엇이나 아는 체하는, 콧방귀 뀌는, ⟨~ walking dictionary⟩, ⟨~ smart-arse\smarty pants⟩, ⟨↔humble\over-modest\know-nothing⟩ 양2

398 **knowl·edge** [날리쥐]: knowen+leche, ⟨영국어⟩, ⟨← know⟩, 지식, 학식, 견문, 인식, 소식, ⟨~ cognition\understanding⟩, ⟨↔ignorance\iliteracy⟩ 가2

399 **knowl·edge base** [날리쥐 베이스]: 지식 기준(필요 지식을 일정 체계로 정리·축적한 것), ⟨~ data base\domain⟩ 양2

400 *****knowl·edge en·gi·neer–ing** [날리쥐 엔쥐니어륑]: 지식 공학(인공지능⟨AI⟩의 응용체계를 개발하는 분야), ⟨~ machine learning⟩ 양2

401 *****knowl·edge mod·ule** [날리쥐 마쥬울]: 학습 접속기(전산기 학습에서 전화기와 전산기의 접속 장치), ⟨~ an educational program⟩ 양2

402 **known** [노운]: know의 과거분사 가2

403 **know-noth·ing** [노우 낫씽]: 아무것도 모르는(무식한) 사람, 불가지론자, ⟨~ illiterate\air-head\agnostic⟩, ⟨↔cognizant\intelligent\know it all⟩ 양2

404 **Knox** [낙쓰], Hen·ry: ⟨← cnoc(hillock)⟩, ⟨켈트어⟩, '둥근 언덕 위에 사는 자', 녹스, (1750-1806), 포병장교 출신으로 워싱톤과 친해 초대 전쟁 장관을 지낸 군인, ⟨~ the first Secretary of War and a Founding Father of US⟩ 수1

405 **knuck·le** [너클]: ⟨← knokil(joint)⟩, ⟨게르만어⟩, '조그만 관절', 손가락 관절, 무릎도가니, 돌쩌귀, ⟨~ finger joint\hinge⟩ 가1

406 **knuck·le ball** [너클 버얼]: '손가락 공'(타자 근처에 떨어뜨리려고 손가락 끝을 공 표면에 세워서 던지는 야구공), ⟨~ flutter(butterfly) ball⟩ 우1

407 *****knuck·le down** [너클 다운]: (~을) 열심히 하기 시작하다, (~에) 본격적으로 착수하다, ⟨~ buckle down⟩, ⟨↔ease up\slacken⟩ 미2

408 **Knut** [크뉴우트 \ 넡]: Cnut, ⟨북구어⟩, 'knot(매듭)', 크누트, Knud, (그중 두 명은 영국 왕도 겸했던) 수명의 중세 덴마크(Denmark)의 왕들, k~; 멋쟁이(showy man) 수1 양2

409 *****KO** (knock out): 타도, 때려 기절시키기, 녹초로 만들다, ⟨~(↔)TKO⟩, ⟨↔knock-in⟩ 미2

410 **KOA** (Camp-grounds of A·mer·i·ca): '미국 야영지', 1962년에 창설된 미국의 사설 야영지 임대업 특약점들, ⟨~ privately owned campgrounds⟩ 수2

411 **koa** [코우어]: ⟨원주민어⟩, '투사(warrior)', '강철(strong)나무', 하와이산 아카시아(결이 고와 고급 가구나 악기를 만드는 붉은 재목), ⟨~ black larch⟩ 수2

412 **ko·a·la** [코우아알러]: ⟨'no water'란 뜻의 원주민어⟩, 6개월은 아기 주머니에 6개월은 등에 업어 새끼를 기르며 나무에서 사는 장난감 곰 비슷한 작은 야행성 유대 동물, '물 없이도 오래사는' ⟨주머니곰⟩, ⟨~ possum bear⟩ 수2

413 **Ko-be** [코베]: ⟨중국어→일본어⟩, 고베, ko(god)+he(house), 신호 (신전이 있는 마을), ⟨양질의 쇠고기(Wagyu beef) 생산지로 유명한⟩ 일본 본섬 중남부 오사카만(Osaka Bay)에 있는 상공업·항구 도시 수2

414 **KOC** (Ko·re·an O·lym·pic Com·mit·tee): 대한체육회(1920년 조선체육회로 창설되어 대한 올림픽위원회·대한체육회로 혼선을 빚다가 2009년 문화관광부⟨Ministry of Culture and Tourism⟩ 소속 특수단체로 통합된 대한민국 아마추어 선수 지원단체) 미2

415 **Koch** [카취], Rob·ert: ⟨← kochen(cook)⟩, ⟨게르만어⟩, '요리사', 코흐, (1843-1910), 결핵균을 발견한 독일의 세균학자, ⟨~ a German physician and micro biologist⟩ 수1

416 **Koch In·dus·tries** [카취 인더스트뤼스]: 카치 산업, 1940년 Fred Koch가 캔자스주 위치타에 세운 미국의 ⟨거대⟩ 종합 석유산업 (제품) 재벌 회사, ⟨~ an American conglomerate⟩ 수1

417 **Ko·dak** [코우댘]: 코닥, 미국의 ⟨사진 왕⟩ 조지 이스트먼이 만들어낸 아무 뜻도 없는 소형 사진기 상표명·회사명, ⇒ Eastman Kodak 수1

418 **Ko·di·ak bear** [코우디앸 베어]: 코디액 불곰(알래스카 '코디앸'⟨'섬(island)'이란 에스키모어⟩ 군도에 서식하는 지상 최대의 육식동물), ⟨~ Alaskan brown bear⟩ 수2

419 **ko·el \ ko·il** [코우얼 \ 코우일]: ⟨← kokila(cuckoo)⟩, ⟨산스크리트어⟩, 긴꼬리뻐꾸기(인도·오스트레일리아 등지에 서식하며 '코우얼~ 코우얼~' 하며 우는 청색·회색·검은색 뻐꾸기), ⟨~ a large sexually dimorphic cuckoo⟩ 미2

420 **koh·ler** [코올러], Co: 콜러 ⟨'coal burner'⟩회사, 1873년 동명의 오스트리아 이민자가 위스콘신주에 설립하여 발전기 제작까지 손을 뻗치고 있는 미국의 세계적 ⟨응접용⟩ 가구제조회사, ⟨~ an American manufacturing co.⟩ 수1

421 **kohl·ra·bi** [코오울롸아비]: 〈게르만어〉, kale turnip, German turnip, 구경양'배추', 〈중·동유럽 원산의〉 양배추 같은 잎·둥글 납작한 뿌리줄기를 가진 순무 미2

422 **Kohl's** [코울스]: 〈← cholo(cabbage)〉, 〈게르만어〉, '배추장수', 콜스, 1962년 폴란드 이민자 Maxwell Kohl에 의해 세워져서 2017년 Amazon과 동업 관계를 맺은 미국의 할인 백화점, 〈~ an American department store〉 수2

423 **koi** [코이]: nishikigoi, carp, (일본산) '비단잉어', 흔히 연못에 넣어 키우는 〈한 마리에 1만 불짜리도 있는〉 호화롭고 수명이 긴 큰 잉어, 〈~ Japanese carp〉 미2

424 **koi·no·ni·a** [코이너네어]: 〈← koinos(common)〉, 〈'동지애'라는 뜻의 그리스어〉, 교우, (기독교의) 형제애, 종파, 〈~ communion〉 양2

425 **ko·la \ co·la** [코울러]: 〈원주민어〉, 서아프리카 원산 상록수로 개암 같은 열매(cola nut)는 약한 자극성이 있어 씹어 먹거나 청량음료(carbonated drink)로 쓰임, ⇒ cola¹ 수2

426 **ko·lin·sky \ ~ski** [컬린스키]: 〈지명에서 유래한〉 시베리아담비, 대륙족제비(그 담황색 모피·붓의 재료), 〈~ red sable〉, 〈~(↔)ermine\stoat〉, 〈~(↔)sable\zibeline〉 미2

427 **Kol·ka·ta** [콜카아터]: ⇒ Calcutta의 2001년부터 바뀐 이름 수1

428 **kom·bu·cha** [캄부차]: kelp tea, 〈중국어→한국어?→일본어〉, 〈신라의 김무란 사람이 일본으로 가져가 왕의 병을 치료했다는 썰이 있는〉 '곤포차', (홍차균으로) 달콤하게 발효시킨 차, 〈유자차〉, 〈해초차〉, (불로장생한다는) 〈만주 버섯차〉, 〈~ Manchurian mushroom tea〉 우1

429 **ko·mo·do drag-on** [커모우도우 드뢔건]: (인도네시아 코모도섬에 서식하며) 주로 동물의 사체를 먹는 〈사람보다 큰〉 멸종 위기의 왕도마뱀, 〈~ land crocodile\giant monitor〉 수2

430 *__kom·pro·mat__ [캄프뤄맡]: 〈러시아어〉, compromising material, 약점(포획)정보, 상대방의 약점을 파고드는 공작, 〈~ black-mail material〉 미2

431 **K-one(1)**: (미 국세청 별행 K-1에 따라) 세금을 전위할 수 있는 업체에서 소유주에게 보내는 이익·손해 배당 명세서, 〈~ an IRS form to report business partnership finances〉 수2

432 **Kong·lish** [캉글리쉬]: Korean+English, 〈잘 쓰면 미래가 밝은〉 한국식 영어 미2

433 **Kong-zi** [커엉지이]: son of large-hole, 공자, 공구, (551-479 BC), 〈제자들을 잘 둔 덕으로 명성을 떨친〉 춘추시대 중국의 교육자·철학자·정치가, ⇒ Confucius 미2

434 **Kon-jak** [콘잭]: 〈일본어〉, earthen anther, 곤약, 구약나물, ⇒ devil's tongue 미2

435 **Kon·zern** [칸체어른]: 콘체른〈독일어〉, concern, 재벌, (지주회사가 총괄하는) 기업합동체, 〈~ business group〉, 〈~(↔)conglomerate〉 양2

436 **kook** [쿠우크]: 〈← cuckoo〉, 〈1960년에 등장한 미국 속어〉, 괴짜, 기인, 미치광이, 〈~ wa(h)cko\screw-ball\geezer〉, 〈↔sane\sound〉 양2

437 **kook·a·bur·ra** [쿠커버뤄]: 〈오스트레일리아어〉, 〈의성어〉, laughing jackass, 웃는물총새(나무 위에 서식하며 키득키득 짖어 대는 호주산 지상의 물총새), 〈~ a king-fisher〉, 〈~(↔)shovel-bill〉 미2

438 *__kook-y \ kook-ie__ [쿠우키]: 〈영국어→미국 속어〉, 〈← 'cuckoo' (얼간이)〉, 머리가 좀 돈, 괴짜인, 〈↔normal\conventional〉 양2

439 **Kool-Aid** [쿨 에이드]: 〈1927년에 조작된 미국어〉, 1927년에 〈저장·운반하기 좋게 액체를 뺀 과일즙으로〉 출시되어 현재 미국의 Kraft Heinz사가 판매하는 과일 냄새가 나는 청량음료 분말, 〈~ an American brand of flavored drink mix〉 수2

440 **ko·pi lu·wak** [코피 루왝]: coffee+luwak(civet), 〈인도네시아말〉, 사향고양이 커피, ⇒ weasel coffee 우2

441 **ko·ra** [코어뤄]: 〈원주민어〉, 코라(통기타〈guitar〉 비슷한 현이 21개로 되어있는 서아프리카〈West Africa〉의 전통 현악기), 〈~ lute\a prucked string instrument〉 수2

442 **Ko·ran** [커롸안]: 〈← qaraa(recite)〉, 〈아랍어〉, Quran, 코란, written article, '암송해야 할 것', 〈사실상 진화론과 우상숭배를 금하는〉 이슬람교의 경전, (609~632년에 쓰인) 하느님 말씀, 〈~ the central religious text of Islam〉 수2

443 **Ko·re·a** [코뤼이어]: 〈← Go-ryeo〉, 〈한국어→중국어→포르투갈어→네덜란드어→영국어〉, 〈고구려의 준말〉, '고려', 한국(1945년 외세에 의해 남·북으로 갈라져서 북쪽은 세습 독재로 도탄에 빠지고 남쪽은 경제개발로 〈한강의 기적〉을 이룬 동북아의 삼면이 바다인 금수강산의 나라), {Korean-Korean-Won-Seoul}, ⇒ Jo-seon 미2

444 *__Ko·re·a dis-count__ [코뤼이어 디스카운트]: '한국 할인', 〈한국 주식시장의 40%를 점유하는 외국 투자자들이〉 회계분실·가족경영 등을 이유로 한국 주식값을 깎아내리는 일, 〈~ lower valuation of Korean stocks and products〉, 〈↔이 책이 Korea premium에 일조하기를 바라는 마음〉 미2

445 **Ko·re·a dy·nas·ty(king-dom)** [코뤼이어 다이너스티(킹덤)]: 고려왕국, ⇒ Go-ryeo 수2

446 **Ko·re·a-gate** [코뤼이어 게이트]: 한국의 정치 거간 박동선이 1976년 닉슨의 주한 미군 철수 결정을 번복시키려고 10명의 미 하원 의원에게 뇌물을 준 사건, 〈~ alleged bribery to reverse Jimmy Carter's pledge to withdraw American forces from Korea〉 수2

447 **Ko·re·an** [코뤼이언]: 한국의, 한국인, (삼국사기·삼국유사에 근거해서 약 2,100년의 역사를 가진) 한국어, 〈~ 2021년에 시행된 대규모 유전자 조사에 의하면 한국인은 중국인보다 일본인에 더 가깝다 함=일본인은 중국인보다 한국인에 더 가까움〉 미2

448 **Ko·re·an a·zal·ea** [코뤼이언 어제일리어]: '한국 철쭉', 진달래, 산철쭉, 〈~ a rhododendron〉 미2

449 **Ko·re·an box(-wood)** [코뤼이언 박스(우드)]: Japanese box, 회양목, 〈도장이나 지팡이 재료로 쓰고 (동아시아 원산의) 도톰한 달걀 모양의 잎을 가진 상록활엽관목, 〈~ little-leaf box〉 미2

450 **Ko·re·an chess** [코뤼이언 췌스]: ⇒ janggi(장기) 우2

451 **Ko·re·an corn cheese balls**: 한국식 옥수수 유지 뭉치, (일본의 cheese-yaki에서 감을 잡아 한국인들이 개발한) 옥수수에 치즈와 설탕을 묻혀 튀긴 요리, 콘 치즈 우2

452 **Ko·re·an grass** [코뤼이언 그래스]: ①Korean lawn grass; '한국 금잔디'(가을에 금빛으로 변하는 비교적 억센 질감을 가진 강인한 볏과의 여러해살이 잔디용 풀) ②Korean velvet grass; '한국 융단 잔디' (물결 모양의 봉오리가 올라오는 부드러우나 생명력이 강한 지표 식물) 수2

453 **Ko·re·an les·pe·de·za** [코뤼이언 레스퍼디이저]: 싸리나무, (예전에 빗자루를 만들던) 아무 토양에서나 잘 자라는 콩과의 낙엽활엽관목, 〈~ shrub of legume family〉 미2

454 **Ko·re·an pine** [코뤼이언 파인]: Chinese pine nut, 잣나무, (동북아시아에 서식하며) 해송자를 맺는 소나무, 〈~ Korean nut pine〉 미2

455 **Ko·re·an spice·vi·bur·num** [코뤼이언 스파이스 봐이버어넘]: 분꽃나무, 향기 나는 꽃에 까만 열매를 맺는 인동과 가막살나무속의 낙엽활엽관목, 〈~ an arrow-wood〉 미2

456 **Ko·re·an war** [코뤼이언 워어]: 한국 전쟁, forgotten war, '잊혀진 전쟁'〈1950. 6. 25.~1953. 7. 27. 사이에 북한의 남침(North Korean invasion)으로 시작되어 3백만 이상의 사상자(3 million fatalities)를 내고 제자리로 돌아온 한반도를 무대로 일어났던 공산·자유 진영 간의 이념·영토전쟁〉, 〈북한에서는-조국 해방 전쟁〉, 〈~ 625 War〉, 〈그러나 편자는 '모든 전쟁과 마찬가지로' 한낱 '밥그릇 싸움'이었다는 생각을 떨쳐 버릴 수 없다〉 수2

457 **Ko·re·a-sky** [카레이 스키]: Kope-capam, 〈한국어→러시아어〉, 고려 사람, 1800년대부터 러시아를 비롯한 구 소련 영역으로 이주한 약 50만 명으로 추산되는 〈재러한국인〉, 〈~ Korean-Russian〉 미2

458 **Ko·re·a Dae-hak-kyo(u·ni·ver·si·ty)** [고려대학교]: 1905년에 이용익이 세운 보성전문학교를 1932년 김성수가 인수해서 1946년 현 명칭의 종합대학으로 승격하고 (호랑이 문장을 쓰는) 〈민족대학〉, 〈~ a private univ. in Korea〉 수2

459 **kor·ma** [코얼마]: 〈← qorma(braise)〉, 〈터키어에서 연유한 힌디어〉, 코르마, 크림이나 요구르트에 담근 고기를 향신료·채소와 함께 '푹 끓인' 인도식 요리, 〈~(↔)curry'\masala〉 수2

460 **ko·rok·ke** [커락크\ 코우룩]: 고로케, 으깬 감자튀김, 〈고기나 생선 소를 넣은〉 croquette의 일본식 표현 우2

461 **KOSDAQ** [커어스댁]: Korea Securities Dealers Automated Quotations, 코스닥, 〈미국의 NASDAQ에 해당하는〉 한국 장외 주식 시장, (1996년부터) 한국 증권업 협회가 운영하는 시세 정보 체계 우2

462 **ko·sher** \ ka·sher [코우셔 \ 카우셔]: 〈← kasher(proper)〉, '정결한', (유대인 율법에 따라 만든) '율식', 상품 유대 요리, 목을 따서 피를 완전히 제거한 육류, 〈~ pure\clean〉 미2

463 **ko-sk** [코스크]: 〈한국어〉, nose+mask, (Covid-19 이후) 〈께름칙한 사람과 식사나 키스를 할 때 쓰는〉 코 가리개, 〈영어로는 nosk라 함〉 미2

464 **Ko·so·vo** [커어서보우]: 〈세르비아어〉, kos(black bird)+polie(field), '검은 새가 사는 들판', 코소보, 유고슬라비아 남동 내륙부의 평원에 있는 〈독립국 대 세르비아의 자치주 간의〉 분쟁지역·준 국가, {Kosovar(n)-Albanian·Serbian-Euro-Pristina} 수1

465 **KOSPI** [커어스피] (Ko·re·a Com-pos-ite Stock Price In-dex): 코스피, 〈1983년에 시작된 미국의 S&P 500 비슷한〉 한국 종합 주가 지수 미2

466 **Ko-tex** [코우텍스]: 코텍스, 1920년 미국의 킴벌리클라크 회사가 출시하기 시작한 〈cotton like texture를 가진〉 일회용 생리대 상품명, 〈~ sanitary\feminine pad〉 수1

467 **KOTRA** (Ko·re·a Trade-In·vest-ment Pro-mo-tion A·gen·cy): 코트라, 대한 무역 투자 진흥 공사 (1962년 대한무역진흥공사로 발족하여 1995년 현 이름으로 바뀐 대한민국의 무역진흥과 국내외 기업 간의 협력을 위해 일하는 산업 통상 자원부〈Ministry of Trade·Industry and Energy〉의 위탁 기관), 미2

468 **kou·miss** [쿠우미스]: 〈터키계의 Kumyk족에서 유래한〉 쿠미스, 〈하루 종일 저어서 하루 안에 마셔야 하는〉 마유주, 중앙아시아 유목민들이 말·낙타 젖으로 만든 약한 술, 〈~ fermented horse milk〉 미1

469 **kou·prey** [쿠우프뤠이]: 〈코메르어〉, forest ox, '안남 산소', 회색들소(1937년부터 학계에 알려진 희귀종 캄보디아〈Cambodia〉 지방산 '야생 소') 미2

470 **Kow-tow** [카우타우]: kow(knock)+tow(head), 〈중국어〉, 고두, (무릎을 꿇고) 머리를 땅에 대다, 굽실거리다, 〈~ bend the knee\bow and scrape〉 〈↔rose\snook'\straighten\ignore〉 양2

471 **K-pop** [케이 팦]: Korean pop·music, 한국 대중음악 (외국에서 한국의 대중음악을 일컫는 말), 〈그러면 한국에서는 무어라 불러야 할까?; 신세대 음악?\첨단 음악?〉, 〈~(↔)gayo〉 미1

472 **Kraft** [크래후트]: 〈스웨덴어〉, '힘이 센 자', 크래프트, 2012년에 James Kraft에 의해 재편성되어 2015년 Heinz와 병합된 미국의 식료품 제조업체(상표), 〈~ an American food manufacturer〉 수1

473 **kraft** [크래후트 \ 크라후트]: 〈스웨덴어→독일어〉, strength, '힘이 센' (종이), 우편용·시멘트 포장용 등으로 쓰이는 두껍고 질긴 종이, 〈~ paper (or card) board〉 우1

474 **krait** [크라잍]: 〈← kala(black)〉, 〈산스크리트어→힌디어〉, 벵갈(Bengal)산 코브라과의 맹독(highly venomous)을 가진 '검은' 우산뱀, 〈~ Indian krait〉 수2

475 **Kra·kow** [크롸아쿠우후 \ 크롸코우]: 〈도시를 개척한 왕자의 이름(Krakus)을 딴〉 크라쿠프(폴란드 남부에 위치한 역사적 문화·교역·공업 도시), 〈~ a city in southern Poland〉 수1

476 **kra·tom** [크뤠이텀 \ 크뤠덤]: 〈타이어〉, (동남아 지역에 자생하는 커피나무(coffee tree) 비슷한 상록관목의 잎을 말려 빻은 분말로) 아편(opioid) 성분이 들어있어 금단 증세 치료제로 썼으나 최근 중독 문제가 대두되고 있는 '마약', 〈~(↔)kava〉 수2

477 **Krem·lin** [크렘린]: 〈← kreml(citadel)〉, 크렘린, '요새', 모스크바(Moscow)에 있는 독특한 양식의 궁전, 구소련 정부, 러시아 정부(Government of the Russian Federation), 〈~(↔)Red square〉 수2

478 **krill** [크륄]: 〈노르웨이어〉, young fry, '새끼 새우'(배에서 빛을 발사하면서 떼를 지어 다니는 1~15cm 길이의 새우 비슷한 반디곤쟁이과의 '고래 먹이' 갑각류), 〈~ a small shrimp-like animal〉 우1

479 **Krish·na** [크뤼쉬너]: 〈← Krsna(black)〉, 〈산스크리트어〉, '암흑의 신', 크리슈나, 8명의 부인과 〈'어드케' 계산했는지는 모르나〉 16,100명 이상의 첩을 가졌던 비슈누(Vishnu; 보존신)의 8번째 화신 수1

480 **Kri·stall-nacht** [크뤼스타알 낙트]: 〈독일어〉, 크리스탈 나흐트, 'night of broken glass', 1938년 11월 9일 나치 당원들이 유태인들의 교회·상점의 유리창을 부수고 들어가 파괴·학살(100여 명?)을 자행한 날 밤, 〈~ a massacre against Jews by the Nazi〉 수2

481 **Kro·ger** [크로우거]: 〈게르만어〉, '여관 주인', inn-keeper, 크로거, 1883년 Bernard Kroger에 의해 오하이오주 신시내티(Cincinnati)에 식료품 가게로 세워져서 식품 가공업·보석상까지 손을 뻗은 미국 굴지의 종합상품점, 〈~ an American retail co.〉 수1

482 **krum-kake** [크룸케이크 \ 크루움카카]: 〈노르웨이어〉, curved cake, 크룸케이크, 각종 문양을 찍고 얇게 구워 둥글거나 원추형으로 말아 속에 크림을 넣어 먹기도 하는 과자(waffle) 우1

483 **KRW**: Korean Won, 〈한국〉 원, 한화, Korean Dollar 미2

484 **kryp·ton** [크륖탄]: 〈← kryptein(hide)〉, 〈그리스어〉, 크립톤, '숨겨진 것', (대기 중에 아주 소량 존재하며) 〈형광등이나 사진 찍을 때 '번쩍이' 재료로 쓰이는〉 '자동력이 없는' 불활성 희귀 기체 원소(기호 Kr·번호36), 〈~ a chemical element\a rare gas〉 수2

485 **Kryp·ton·i·ans** [크륖타니언스]: (미국 DC에서 1938년부터 발간되는 행동 만화에 등장하는) 〈태양광을 먹고사는〉 초능력 외계인종, '숨겨진 별나라 사람들', 〈~ a fictional extra-terrestrial race〉 수2

486 *****K shaped re·cov·er–y**: K형 회복, (불황 후 어떤 분야는 상승하고 어떤 분야는 하락하는) 선택적·점진적 경제회복, '양방 회복', 〈~ different parts of economy recover at different rates〉, 〈↔uni-form recovery〉 우1

487 **Kshat·ri·ya** [크섀트뤼어]: 〈← ksatra(rule)〉, 〈산스크리트어〉, '지배자', 〈선량한 사람을 보호하는〉 크샤트리아, 인도 4성의 제2계급(귀족·무사), 〈~ upper class〉, 〈~(↔)Brahmin\Vaisya\Shudra〉 수2

488 **KS mark**: ①Korean (Industry) Standard mark (한국 산업 규격 합격증) ②〈한때 한국을 주름잡았던〉 Kyung·gi-Seoul mark (경기고·서울 대학 출신 징표) 양2

489 **KT** [케이티이] **Cor·po·ra·tion**: Korea Telecom (한국 전기 통신공사), 1885년 한성 전보국으로 창립되어 정부가 운영하다가 2002년 '민영화'된 한국 제일의 전화·전신·전자 통신업체, 〈~ a Korean conglomerate〉 수2

490 **K-Talk** [케이 터어크]: Korean(Kakao) talk, 한국인 (전산망) 통화, (다른 것을 지칭하기도 하나) 〈단연코〉 2010년에 한국에서 한국인을 위해 한국인이 창설한 '카톡'이 대표적인 명칭임 수2

491 **KTX** (**Ko·re·an Train eX-press**): 한국 고속철도, (한국 철도 공사가 2004년에 시작해서 시속 300km까지 달릴 수 있는) 한국의 '초'고속 철도망〈high-speed rail system〉 미1

492 **Kua·la Lum·pur** [쿠와알러 룸푸얼]: estuary+mud, 〈말레이어〉, 〈두 강이 만나는 '진창'〉, 콸라 룸프르, 말레이반도 남쪽의 조그만 어항이었다가 19세기 말 주석의 발견으로 중국인들이 모여들어 말레이시아의 제일 큰 도시가 된 수도·상·공업 도시, 〈~ Capital of Malaysia〉 수1

493 **Ku·blai Khan** [쿠우블라이 카안]: 〈어원 불명의 몽골어〉, '빛나는 하늘(bright sky)?', 쿠빌라이 칸, 홀필열, 원세조, (1215-1294), 1260년 고려를 침공하고 1271년 원나라를 세운 칭기즈칸의 손자, 〈~ founder of Yuan dynasty〉 수1

494 **ku·chen** [쿠우켄]: 〈게르만어→독일어〉, 〈← cake〉, 쿠헨, '독일 양과자'(견과·과일을 넣고 설탕을 뿌려 만든 빵이나 케이크), 〈~ tart\fondant〉 수2

495 **ku·do** [쿠우도우]: 〈← kydos(fame)〉, 〈'유명한'이란 뜻의 그리스어〉, 명예, 위신, 칭찬, 〈~ praise\extol\honor〉, 〈↔criticism\denunciation〉 양2

496 **ku·du** [쿠우두우]: 〈원주민어〉, 얼룩영양(몸에 흰 띠들이 있고 수놈은 '나선형 뿔'을 가진 동·남아프리카 원산의 큰 영양), 〈~ bush-buck〉 수2

497 **kud·zu** [쿠우쥬우]: 〈← kuzu(arrow root)〉, 〈일본어〉, 칡, '일본 화살촉', '갈'(일본어; 동남아 원산의 번식력이 강한 콩과〈legume family〉의 다년생 덩굴 식물로 미 동남부의 자연환경 파괴범〈environmental hazard〉으로 지목됨) 미2

498 **Ku Klux Klan** [쿠우 클럭스 클랜]: 〈← kyklos(circle)〉, 〈그리스어에서 유래한 미국어〉, 큐 클럭스 클랜, KKK, '수월래 단', 1865년경 미 남군 패잔병들이 조직하여 현재 추종자는 5천 명 미만이나 배후세력이 만만치 않은 (반 〈가톨릭·유태인·유색인종〉) 백인 우월주의 사이비 폭력 종교단체, 〈~ American supremacist group〉 수1

499 **ku·ku·i** [쿠쿠이]: 〈하와이어〉, lamp, '촛불 딸기', '인디언 호두'(가지와 잎이 무성하며 높고 넓게 자라나는 하와이주 주목으로 포도만 한 열매에서 짠 기름은 화장품 원료로 쓰임), candle·nut tree 수2

500 **ku·ma·ra** [쿠우머뤄]: 고구마(sweet potato)의 뉴질랜드 말 수2

501 *****Kum·ba·ya** [쿰바야]: come by here, 1926년경부터 불려오는 미국 흑인 영가 중의 하나 수2

502 **kum·mel** [키멀 \ 쿠멀]: 〈← kumel(cumin)〉, 〈아랍어→그리스어→라틴어→게르만어→독일어〉, 〈caraway·cumin 등〉 회향풀의 열매로 조미한 발트해 지방의 술, 〈~ a sweet color-less liqueur〉 수2

503 **kum-quat** \ cum~ [컴 콰앝]: chin+chu, 〈중국어〉, (golden orange) 금귤, 낑깡(씨와 껍질째 씹어먹는 포도만 한 〈작은〉 귤) 미2

504 **Kun·de·ra** [컨더뤄], Mi·lan: 〈← kindle?〉, '친구?', 쿤데라, (1929-2023), 〈공산주의 사회에서〉 인생의 모순을 묘사하고 프랑스로 망명한 체코의 작가, 〈~ a Czech-French novelist〉 수1

505 **kung fu** [쿵 후우]: gong(work)+fu(merit), 〈중국어〉, '공부', 주먹(fist)과 발(foot)을 쓰는 중국의 〈방어용〉 무술, 〈~ taekwondo〉, 〈~(↔)judo\karate〉 수2

506 **Kung Pao** [쿵 파오], dish: 〈중국어〉, 궁보 요리, 〈그 음식을 창안해 냈다는 청나라 관리의 직책(궁직이〈palatial guard〉)에서 연유된〉 육류나 생선을 고추·야채·땅콩 등과 섞어 참기름을 탄 매콤한 국물에 넣고 고온에 볶아 만든 〈stir-fried〉 중국요리 우2

507 **Kurd** [쿠얼드 \ 커얼드]: 〈어원 불명의 터키어〉, 〈tent-dweller?〉, 〈천막을 치고 사는〉 '유목인', 쿠르드(터키와 이란 사이의 쿠르디스탄〈Kurdistan〉 지방에 사는 호전적 회교 유목민〉, 〈~ an Iranian ethnic group dwelling in mountainous region of Western Asia〉 수1

508 **Kush** [커쉬]: 〈← Hindu killer; 터키로 끌려가던 인도 노예들이 험난한 기후로 인해 몰사당한〉 (Hindu) 쿠시산맥, (고급 마리화나〈marijuana Indica〉 재배지로 유명한) 파키스탄 북부·아프카니스탄 동북부의 산맥, Gandhara 미술이 융성했던 지방 수1

509 **ku·vasz** [쿠봐즈]: 〈← qawwas(guard)〉, 〈아랍어→터키어→헝가리어〉, 쿠바스 개, 티베트 원산이나 헝가리(Hungary)에서 개량된 백색의 중형 호위견·애완견, 〈~ a flock guardian dog〉 수2

510 **Ku·wait** [쿠웨읻 \ 쿠윝]: 〈← kut(fortress)〉, 〈아랍어〉, fortress near water, '물가의 요새', 쿠웨이트, 1961년 영국으로부터 독립한 이라크 남단에 붙어 있는 석유 매장량이 많은 토후국, {Kuwaiti-Arab-Dinar-Kuwait City} 수1

511 **kvass** [크봐쓰]: 〈← kvasu(leaven)〉, 〈슬라브어〉, '발효된 물', 크바스, 호밀 등으로 만드는 러시아의 약한 술(맥주), 〈~ a fermented cereal-based low-alcoholic beverage〉 수2

512 **kvetch** [크붸취]: 〈← quetschen(squeeze)〉, 〈게르만어〉, '쥐어짜다', 불평하다, 트집 잡다, 불평분자, 〈~ nagging complainer〉, 〈← crush〉 양2

513 **kwan·zaa** [크와안줘]: matunda ya kwanza(first fruits), 〈스와힐리어〉, '첫번째 열매들', 관자, (X-mas 후) 12월 26일부터 1월 1일까지 미국 흑인들이 벌이는 축제, 〈~ an African-American festival〉 수2

514 *****KWIC** (key-word in con-text): '내 문맥 표제어', 표제어가 문맥에 포함된 채 배열된 색인 미2

515 *****KWOC** (key-word out of con-text): '외 문맥 표제어', 표제어가 문맥 앞에 나와 배열된 색인 미2

516 **Kwon** [권], Bo-ah: 〈중국어→한국어〉, '형평한 자(power)', BoA, 보아, (1986-), 한국에서 태어나고 자라서 일본에서는 성공했으나 미국에는 진취하지 못한 〈K-pop의 여왕〉 수1

517 **Ky·iv** [키이브]: ⇒ Kiev의 공식명 수1

518 **ky·lix** [킬릭스 \ 카일릭스]: 〈'cup'이란 그리스어〉, cylix, (고대 그리스의) 다리가 있는 얕은 술잔, 〈~ a shallow drinking cup with two handles〉 수2

519 **ky·loe** [카일로우]: 〈'sky'란 로마어에서 유래된〉 Highland cattle, 스코틀랜드 Kyloe 지방 (N-W Scotland) 원산의 뿔이 길고 붉은 털을 가진 '담백한' 고기를 제공하는 비교적 작은 소(그 소의 고기) 수2

520 **Kyo-to** [쿄우토우]: 〈'수도(capital city)'의 일본어〉, 교토, 경도(혼슈의 중부에 있는 유서 깊은 일본의 옛 수도·문화산업도시〉, 〈~ old capital of Japan〉 미2

521 **ky·pho-sis** [카이호우시스]: 〈← kyphos〉, 〈그리스어〉, humpback, (척추) 후만증, 뒤 굽음증, '곱사등', 〈↔lordosis〉 양2

522 **Kyr·gyz-stan** [키얼기이스탠]: 〈터키어〉, we are forty, '40개의 부족이 합친 나라', 〈아시아의 스위스〉, 키르기스스탄(1991년 소련으로부터 독립한 터키와 중국의 통로상에 있는 중앙아시아의 내륙 국가), {Kyrgyzstani·Kyrgyz-Kyrgyz·Russ-Som-Bishkek} 수1

1. **L \ l** [엘]: 이집트의 상형문자(가축을 모는 막대기)에서 따온 인쇄물에서 9번째 정도로 자주 쓰이는 영어 알파벳의 12번째 글자, 로마숫자의 50, libra(pound-돈의 단위), L자형, large· liter·length·left·Latin 등의 약자 수2

2. **LA**: Latin America, Los Angeles, La; Louisiana 미2

3. **la** [라]: ⟨← labii(lip)⟩, ⟨라틴어⟩, '하나님의 말씀', 라, 장음계의 6번째 음, ⟨~ 6th tone of the major scale⟩ 수2

4. **la·la** [랄 라]: ⟨만국 공통어⟩, ⟨의성어⟩, 비현실적인, 꿈속의, 날라리의, ⟨→ lala land⟩, ⟨~ lu-lu⟩, ⟨↔real\actual⟩ 미2

5. **lab** [랩]: ⇒ labor, laboratory 미2

6. **la·bel** [레이블]: ⟨← lappa(rag)⟩, ⟨게르만어⟩, 레테르(letter의 네덜란드식 발음과 label이 주로 문자로 표시된 것을 혼동한 일본인들이 만든 말), '자투리', 라벨, 쪽지, 꼬리표, 상표, 이름표, 표어, 표제(를 붙이다), ⟨~ tag\sticker⟩, ⟨↔un-labeled\un-tagged⟩ 양1

7. **la·bile** [레이빌 \ 레이바일]: ⟨← labi(slip)⟩, ⟨라틴어⟩, 변하기 쉬운, 불안정한, ⟨'fall'하기 쉬운⟩, ⟨~ changing\un-steady⟩, ⟨↔stable\fixed⟩ 가1

8. **la·bi·um** [레이비엄] \ la·bi·a [레이비어]: ⟨라틴어⟩, 입술(들), 아랫입술, 음순, ⟨~ lip⟩, ⟨동양이나 서양이나 생각하는 것은 비슷함⟩, ⟨~ vulva⟩, ⟨↔testicle(태생학적으로는 scrotum이 반대말임)⟩ 가1

9. **la·bor** \ la·bour [레이버]: ⟨라틴어⟩, '일', toil, 노동, 근로, 노력, 고역, 산고⟨분만의 고통⟩, (두더지 등의) 떼, ⟨~ work\child-birth⟩, ⟨~ work\child-birth⟩, ⟨↔lazy\rest⟩, ⟨↔hobby\sport⟩ 가2 양2

10. **La·bor**, Dept of: 미 노동부, 1913년에 독립부서로 개편되어 노동자의 권익을 옹호하는 연방정부의 내각부서, ⟨~ an executive dept. of US⟩ 양2

11. **lab·o·ra·to·ry** [래버뤄터뤼]: ⟨← laborare(strive)⟩, ⟨라틴어⟩, '일하는 장소', 실험실, 연구소, 제조소, ⟨~ work-room\research center⟩, ⟨↔salvage yard\scrap yard⟩ 가2

12. **la·bor camp** [레이버 캠프]: 강제 노동 수용소, 노동자 숙소, ⟨~ corvee\concentration camp.⟩, ⟨↔play ground⟩ 가1

13. **La·bor Day** [레이버 데이]: (미) 노동절⟨9월 첫째 월요일⟩ 노동자를 기리기 위해 1894년부터 지켜온 연방 공휴일, 여름이 끝나고 가을이 시작되는 날, ⟨~ Worker's Day⟩ 양2

14. **Lab·ra·dor** [래브뤄도어]: 'laborer'⟨farmer⟩, 래브라도, ⟨1498~99년 그 곳을 항해한 포르투갈 탐험가의 이름(Labrador)을 딴⟩ (어업이 성한) 캐나다 북동부의 큰 반도, ⟨~ a peninsula in N-E Canada⟩ 수1

15. **Lab·ra·dor re·triev·er** [래브뤄도어 뤼트뤼이붜]: 뉴펀들랜드 원산의 털이 짧은 방수 외피와 몽땅 꼬리를 갖고 있으며 미국에서 인기 있는 중형의 사냥감 회수견·애완견, ⟨~ a British breed of a gun dog⟩ 수2

16. **Lab·ra·dor tea** [래브뤄도어 티이]: 북극지방의 습지에서 자라는 진달래(rhododendron) 비슷한 관목의 잎에서 추출한 차(자잘한 흰 꽃을 뭉텅이로 피우고 잎은 씁쓸하고 마취성이 있어서 원주민들이 차로 만들어 마셨음), ⟨~ Muskeg (or marsh) tea⟩ 수2

17. **La Brea Pits** [라 브뤠어 피츠]: ⟨스페인어⟩, 라 브레아 ⟨tar⟩ 갱, '타르 구덩이', 빙하시대의 화석이 무더기로 발견된 미국 LA의 행콕팍 일대, ⟨~ asphalt pits in Hancock Park⟩ 수2

18. **la·bur·num** [러버어넘]: ⟨어원 불명의 라틴어⟩, 나도싸리, '금타래'⟨샛노란 꽃송이가 늘어지게 피는 콩과(pea family)의 작은 관목으로 씨는 유독하나 꽃은 부활절 장식으로 쓰이는 금련화류⟩, ⟨~ golden chain(rain)⟩ 미2

19. **lab·y·rinth** [래버륀쓰]: ⟨← labra(alley)⟩, ⟨그리스 신화에서 유래한⟩ 미로, 미궁, 내이, 뒤얽혀진 것, maze, ⟨↔line\order\simplicity⟩ 가1

20. **lac** [랙]: ⟨← laksha(red dye)⟩, ⟨어원 불명의 산스크리트어⟩, 랙깍지 진디의 분비물, 니스(varnish)의 원료, ⟨~ lacquer\gloss⟩ 우1

21. **lace** [레이스]: ⟨← laqueus(string)⟩, ⟨라틴어⟩, 끈 끈, 가장자리 장식, '올가미', ⟨~ lasso⟩, ⟨~ band\tie⟩, ⟨↔un-wined\strengthen⟩ 양1

22. **lac·er·ate** [래써뤠이트]: ⟨← lacer(mangle)⟩, ⟨라틴어⟩, (잡아) '찢다', 난도질하다, 괴롭게 하다, ⟨~ tear\slash⟩, ⟨↔fix\help⟩ 양2

23. **lace-ups** [레이스 엎스]: (구두를 끈으로 매는) 편상화, ⟨~ oxford (or derby) shoes⟩, ⟨↔slippers\scuffs⟩ 양1

24	**lace-wings** [레이스 윙스]: 풀잠자리(투명한 망사 같은 날개를 갖고 이슬과 곤충알을 먹고 사는 모기 모양의 작은 잠자리), 명주 잠자리, 〈ant-lion의 성충〉, 〈~ golden-eyed (or stink) fly〉 미2
25	**lach·ry(lac·ri)·mal** [래크뤼멀]: 〈← lacrima(tear)〉, 〈라틴어〉, 눈물의, 눈물을 흘리는, 울것 같은, 눈물 단지(tear bottle), 〈~ discharge\grieving〉, 〈↔dry\cheerful〉 양2
26	**lac in·sect** [랙 인섹트]: 〈산스크리트어+라틴어〉, 랙깍지진디, 암컷은 랙(천연염료로 쓰는 끈끈한 적색 분비물)을 분비하는 나무에 붙어 사는 진드기, 〈~ a scale insect〉 미2
27	**lack** [랙]: 〈← lac(defect)〉, 〈어원 불명의 영국어〉, 부족, 결핍, 모자람, 〈~ abscence\want〉, 〈↔abundance\possess〉 가2
28	**lack-a-dai·si·cal** [래커데이지컬]: 〈영국어〉, 기력이 없는, 열의 없는, 게으른, 〈← lack a day〉, 〈~ careless\lazy〉, 〈↔priss\enthusiastic\excited\all out〉 양2
29	**lack·ey** [래키]: 〈← luka(footman)〉, 〈'보병'이란 터키어?〉, 하인, 추종자, 아첨가, 〈~ servant\flunkey〉, 〈↔master\leader〉 양2
30	**lack-lus·ter** [랙 러스터]: 〈영국어〉, 광택이 없는, 활기 없는, 흐리멍텅한, 〈~ dull\obscure〉, 〈↔inspired\brilliant\spiritoso〉 양2
31	**la·con·ic** [러카닉]: (Laconia 지방의 스파르타 사람같이) 말수가 적은, 간명한, '촌철살인'의, 〈~ concise\terse〉, 〈↔verbose\blabber\be-dazzle\logorrhea\tirade〉 양2
32	**lac-quer** \ lac-ker [래컬]: 〈포르투갈어〉, 〈lac insect에서 추출한〉 (옻)칠, 도료, 칠기, 〈~ varnish\enamel〉 양2
33	**la-crosse** [러크뤼어스]: la+crosse(crutch), 〈프랑스어〉, 〈그물 모양의 갈고리가 달린〉 막대기를 이용해서 고무공을 상대방 특정 구멍에 넣는 하키(hockey) 비슷한 구기로 캐나다의 국기임 수2
34	**lac·to~** [랙토우~]: 〈← lactis(milk)〉, 〈라틴어〉, 〈젖·우유~〉를 뜻하는 결합사 양2
35	**la·cu·na** [러큐우너]: 〈← lacus(hollow)〉, 〈라틴어〉, 빈틈, 공백, 작은 구멍, 〈→ lagoon〉, 〈~ lack\hiatus〉, 〈↔closure\continuity〉 양1
36	**lad** [래드]: 〈← leod(man)〉, 〈불투명한 어원의 영국어〉, (결혼 안 한) 젊은이, 청년, 사나이, 녀석, 〈~ muchacho\boy〉, 〈↔lass〉 양2
37	**lad·der** [래더]: 〈← haeder(steps)〉, 〈게르만어〉, 〈밟고 올라가는〉 사닥다리, 사회적 지위, 〈~ rate\hierarchy〉, 〈↔stitch\closure〉 가1
38	**lade** [래이드]: 〈← hladan(load)〉, 〈게르만어〉, (짐을) 싣다, (책임을) 지우다, 괴롭히다, 떠내다, 〈~ burden\impede〉, 〈↔un-lade\un-load\relieve〉 양2
39	**lad-en** [레이든]: lade의 과거분사, 짐을 실은, 충분히 지닌, 괴로워하는, 〈~ load〉, 〈~ full\burdened〉, 〈↔empty\light〉 양2
40	**lad-ing** [레이딩]: 짐 싣기, 적재, 선적, 〈~ cargo\load〉, 〈↔discharge\empt-ing〉 양2
41	**la·dle** [레이들]: 〈← hladan(draw water)〉, 〈영국어〉, '떠내는 것', 주걱, 국자, (야금용) 쇳물 바가지, 〈~ dipper\spoon〉 양2
42	**la·dy** [레이디]: half(loaf)+dige(knead), 〈영국어〉, 〈빵을 반죽하는〉 여성, 여자분, 숙녀, 부인, 마님, 〈한국에 있던 다방의〉 '아가씨', 〈~ woman\signora〉, 〈↔lord\gentle-man〉 가2
43	**la·dy-bug** (bird) [레이디 버그 (버어드)]: 〈채소에 진드기가 끼어 성모 마리아에게 기도를 했더니 이것이 나타나서 해결해 주었다는 데서 연유한 이름이라 함〉, 〈무당처럼 화려한 색을 한〉 무당벌레(콩알 반쪽만 한 등에 많은 흑색 무늬가 있고 진딧물을 잡아먹는 작은 딱정벌레), 〈beetle이나 bug로 부르기에는 너무 고상하고 유익해서 영국에서는 Virgin Mary를 상징하는 bird로 부름〉, 〈~ lady cow〉 미2
44	**La·dy Day** [레이디 데이]: 성모 영보 대축일(3월 25일)〈천사 가브리엘이 예수의 잉태(conception of Jesus)를 성모 마리아에게 고한 날〉, ⇒ Annunciation 미2
45	**la·dy fern** [레이디 훠언]: 참새발고사리, '숙녀 고사리', '개고사리'(참새 발가락 모양의 잎을 가지고 습지에서 낮게 자라는 〈숙녀같이〉 우아하게 생겼으나 먹지 못하는 〈개〉고사리), 〈~ crow foot (or female) fern〉 미2
46	**la·dy fish** [레이디 휘쉬]: 당멸치, 여울멸, 커다란 멸치 비슷하고 (반짝이는 구슬 비늘을 가지고 〈lady처럼〉 봐달라고 팔짝팔짝 뛰어오르는) 열대성 근해 식용어, bone-fish 미2

47 **la·dy-of-the-night** [레이디 어브 더 나일]: '매춘부', 30m 밖에서도 향기를 맡을 수 있는 크림색의 작은 별꽃으로 나방이를 끌어들이는 열대 미주 원산 선인장과의 초본, 〈~ night orchid〉, 〈~ Dutchman's pipe cactus\queen (or princess) of the night〉 미2

48 **la·dy's-fin·ger** [레이디즈 휭거]: okra, bhindi, gumbo, '숙녀의 손가락'(고추 같은 열매 속에 잔잔한 흰 씨가 들어 있는 아욱(mallow)속의 식물) 우1

49 **la·dy's–slip·per** [레이디즈 슬리퍼]: 개불알꽃(난), '숙녀의 실내화'(암만 들여다봐도 덧신보다는 개불알 같고 개불알보다는 사람 불알을 더 닮은 분홍색의 꽃봉오리〈주머니〉가 맺히는 난초과 개불알꽃속의 희귀종 관상초), moccasin flower 미2

50 **la·dy's-smock** [레이디즈 스막]: cuckoo flower, 꽃황새냉이, 〈'여성 작업복'하고는 무관한〉 (격통 치료에 썼던) 뻐꾸기가 우는 4~5월경 시냇가에 자라며 한 뼘 정도 높이에 20개 정도의 조그만 흰 꽃이 총상으로 피는 십자화과의 두해살이풀, 〈~ may flower\milk-maids〉 미2

51 **la·dy's-thumb** [레이디즈 썸]: smart weed, 말(개)여뀌, 마료, 지문 모양이 새겨진 피침형의 잎에 메밀 같은 조그만 연두·자주색의 꽃이 총상으로 피는 메밀과(buck-wheat family)의 한해살이풀, 〈~ red-shank^2〉 미2

52 **La·fa·yette** [래휘에트], Mar·quis: beech tree, '너도밤나무 숲에 사는 자', 라파에트, (1757-1834), 프랑스혁명의 지도자며 미 육군 소장으로 미국의 독립을 위해 영국과 싸운 프랑스의 군인·정치가, 〈~ a French military officer〉 수1

53 **lag** [래그]: 〈← lagga(go slowly)〉, 〈북구어〉, 〈last로〉 처지다, 뒤떨어지다, 지연, 지체, 〈~ linger\drag〉, 〈↔keep up\hurry〉 가1

54 **la·ger** [라거]: 〈← laager(camp)〉, 〈게르만어〉, 〈lair된〉 저장맥주(저온〈35-50°F〉에서 6주~6개월 저장한 것), 〈~ pilsner〉, 〈~(↔)ale은 lager보다 고온(60-70°F)에서 1달 정도 숙성시킨 것〉 미2

55 **lag-gard** [래걸드]: 〈← lag〉, 느린, 느림보, 더딘, 굼벵이, 〈~ dawdler\sluggard\trailer〉, 〈↔rapid\lead〉 양2

56 **la·gniappe** [랜얲 \ 랜얲]: 〈루이지애나 프랑스어〉, la napa, (조그만) 경품, 덤, 행하, 〈~ bonus\tip〉, 〈↔loan\advance\offering〉 양2

57 **la·goon** \ la·gune [러구운]: 〈← lacus(lake)〉, 〈라틴어〉, 개펄, '작은 늪', 〈← lacuna〉, 〈~ marsh\shallows〉, 〈↔sea\hill〉 양1

58 **La Guar·di·a** [라 구왈디어], Air-port: 〈이탈리아·스페인어〉, 라 과디어〈guard(초소)〉, 개혁 성향의 뉴욕시장 이름을 딴 플러싱 만에 있는 뉴욕 제2(2nd largest in NYC)의 국제·국내 공항 수1

59 **La Ha·bra** [라 하브라]: 〈← abra(pass)〉, 〈스페인어〉, '언덕위의 오솔길', '앞이 보이는 길', 〈이름이 좋아서〉 (편자가 20년 이상 살고있는) LA 동남부(S-E)의 군소도시 수2

60 **Lahn·da** [라안더]: 〈'서쪽(west)'이란 뜻의 펀자브어〉, 란다, 안도 서북부와 인접 파키스탄에 사는 1억 이상이 사용하는 언어, 〈~ a Punjabi language〉 수1

61 **La·hore** [러호얼]: 〈그 도시를 세운 전설적 왕자 이름(Lava)을 딴〉 라호르 ①파키스탄 동북부 펀자브주의 〈역사적이고도 진취적인〉 주도, 〈~ Capital of Punjab province〉 ②〈이란→라호르→독일로 전해진〉 흑백 깃털의 관상용 대형 비둘기, 〈~ a fancy domesticated pigeon〉 수2

62 **laid** [레이드]: lay의 과거·과거분사, 눕혔다, 눕힌, 가로놓인, 〈~ put\set〉, 〈↔removed\replaced〉 양1

63 **laid back** [레이드 백]: 뒤로 누운, 느긋한, 편안한, 〈~ lax^1\easy〉, 〈↔urgent\tense\uncomfortable\touchy\testy\snowed under〉 양2

64 **laid up** [레이드 엎]: ①(아파서) 누워있는, 〈~ bed-ridden〉, 〈↔flung〉 ②모아둔, 〈~ stored〉 ③매달아진, 〈~ declining\down with〉, 〈↔cast〉 양2

65 **lain** [레인]: lie의 과거분사, 눕힌, 〈↔stand〉 가1

66 **lair** [레어]: 〈← licgan(lie)〉, 〈게르만어〉 ①〈드러눕는〉 은신처, 소굴, 〈~ den〉, 〈↔mansion〉 ②〈물건을 가라앉히는〉 진창, 〈~ mire〉, 〈↔mound〉 ③짐승의 깔개, 〈여자를 눕히려는〉 멋 부린 남자, 〈~ bed\lothario〉, 〈↔menace〉 ④〈효모를 가라앉힌〉 lager 양2

67 **lais·sez-faire** [레쎄이 훼어]: 〈프랑스어〉, 'let you do', (정부가 간섭하지 않을수록 상업이 발달한다는) 자유방임·무간섭주의, 《〈자녀 교육에도 적용되는〉 미국의 경제 대공황을 가져온 요인 중 하나로 꼽히는 'leave us alone' 정책, 〈~ free enterprise〉, 〈↔command economy\planned economy〉 양2

68 **La·iu(o)s** [라이어스]: ⟨black?⟩, ⟨어원 불명의 그리스어⟩, 아들이 아비를 죽이고 어미와 결혼하리라는 신탁으로 갓 태어난 Oedipus를 강보에 싸서 숲속에 버렸다가 살아난 아들에 의해 우연히 죽임을 당한 테베의 왕(king of Thebes), ⟨~ a self-fulfilling prophecy(?)-I don't think so⟩ 수1

69 **lake** [레이크]: ⟨← lacus(hollow)⟩, ⟨라틴어⟩, ⟨강물이 leak된⟩ '호수', 못, 연못, ⟨↔land\sea⟩, ⟨pond보다 큰 water-basin⟩ 가1

70 **Lake Dis·trict** [레이크 디스트뤽트]: (잉글랜드 북서부의) 호수지역, ⟨~ vacation place in N-W England⟩ 수1

71 **Lake-land ter·ri·er** [레이클랜드 테뤼어]: 영국 호수지역 원산의 용감한 사냥·애완견, ⟨~ a small harsh-coated terrier⟩ 수1

72 **Lak·ers** [레이커스], LA: '호수들', 1947년 미니애폴리스에서 창단되어 1960년 LA로 옮긴 미국 NBA 소속 직업 농구단(basket-ball team) 수1

73 **Lakh·ta cen·ter** [라흐타 쎈터]: ⟨상트페테르부르크 해안 라호타 마을에⟩ 2012~2018년에 건설된 유럽 최고의 (사무실용·조경용) 462m짜리 마천루, ⟨러시아가 현대지향적·친환경적이라고 자랑하나 사진으로 보니 로켓같이 생겼음⟩, ⟨~ a skyscraper in St. Petersbug, Russia⟩ 수1

74 **lak-sa** [랙사아]: ⟨← let-sa(spicy sand)⟩, ⟨중국어⟩, (말레이시아·싱가포르·인도네시아 등에서 즐기는) ⟨매콤한⟩ 쌀국수, ⟨~ a spicy noodle soup⟩, ⟨~(↔)pho⟩ 미1

75 **lal·dy** [랄디]: ⟨thrash?⟩, ⟨19세기 말에 등장한 어원 불명의 스코틀랜드어⟩, 정력적인, ⟨채찍질하는 것처럼⟩ 박력있는, ⟨~ yaldi⟩, ⟨~ energetic\beating⟩, ⟨↔lose\surrender⟩ 양2

76 **la·ma** [라아머]: ⟨← blama(chief)⟩, ⟨티베트어⟩, '탁월한 자', 라마(승), 티베트·몽골지역에 퍼진 불교의 일파(의 지도자), ⟨~(↔)monk\friar⟩ 수1

77 **La·marck** [러마알크], Jean: ⟨어원 불명의 프랑스계 이름⟩, 라마르크, (1744-1829), 생물은 환경에 적응하기 위해 변하고 그 변화는 세습된다는 용불용설을 주장한 프랑스의 생물학자, ⟨~ a French naturalist⟩ 수1

78 **La·maze birth** [러마아즈 버얼쓰]: (1950년대 프랑스의 산과의사 Fernand L.에 의해 고안된 조건 반사의 원칙에 의거해) 호흡 조정으로 분만을 유도하는 ⟨자연 무통 분만법⟩, ⟨~ a natural delivery⟩ 수2

79 **lamb** [램]: ⟨← lomb(young sheep)⟩, ⟨게르만어⟩, 어린양(의 고기), 어린 신도, 유순한 사람, 잘 속는 사람, ⟨~ gentle (or simple) soul⟩, ⟨↔wolf\bully⟩ 양2

80 **Lamb** [램], Charles: ⟨게르만어⟩, ⟨'양같이 순한 자' \ land(home)+beraht(bright), '밝은 땅에 사는 자(Lambert)'⟩, (1775-1834), 글에 인간적인 옷을 입힌 영국의 수필가·문학평론가, ⟨~ an English essayist⟩ 수1

81 **lam·ba·da** [램바아더]: ⟨← lambar(beat)⟩, ⟨포르투갈어⟩, 람바다(남녀가 밀착하여 관능적으로 추는 속도가 빠른 춤·음악), ⟨~(↔)allemande\bolero⟩ 수2

82 **lam-baste** [램베이스트]: lam(heavy blow)+baste(thrash), ⟨1620년에 등장한 영국어⟩, 몹시 때리다, 깎아내리다, 꾸짖다, ⟨~ bust\walk over\scathe⟩, ⟨↔approve\endorse⟩ 양2

83 **lamb's quar·ters** [램즈 쿼어터즈]: pig weed, goose foot, 명아주(길가에 자라며 조그만 초록색 꽃들을 다양한 크기의 줄기 위에 피우는 근대·시금치 비슷한 1년생 잡초), ⟨영국에서 가을 축제때 양고기와 곁들여 전채로 썼던 채소⟩, ⟨~ wild spinach\fat hen\goose-foot\pig-weed⟩ 미2

84 **lame** [레임]: ⟨← lama(crippled)⟩, ⟨게르만어⟩, ⟨다리가 부러져서⟩ 절름발이의, 불구의, 무능력한, 서투른, ⟨→lamo⟩, ⟨~ limp\impaired⟩, ⟨↔hilarious⟩ 양1

85 *__lame duck__ [레임 덕]: ⟨1761년 런던의 증권시장에서 주조된 말⟩, 불구자, 무능자, 폐물, 임기 말기의 정치인, ⟨~ loser\weakling⟩, ⟨↔conqueror\super-star⟩ 양2

86 **la·ment** [러멘트]: ⟨← lamentum(mourning)⟩, ⟨라틴어⟩, ⟨흐느껴 울며⟩ 슬퍼하다, 애도하다, 비탄, 만가, ⟨~ wail\grieve⟩, ⟨↔celebrate\rejoice⟩ 가1

87 **La·men·ta·tions** [러멘테이션스]: (BC 586년 예루살렘 함락 후 유대인들이 겪은 고난을 적은) ⟨예레미야의⟩ 애가, 구약성서의 한편, ⟨~ collection of poetic laments\a book in Old Testament⟩ 미1

88 **lame-stream** [레임 스트뤼임]: 점점 말라가는 강, 무력해지는 풍조, ⟨~ declining\old fashioned(media)⟩, ⟨↔roaring river\prevailing⟩ 미2

89 **lam·i·nate** [래미네이트]: ⟨← lamina(thin plate)⟩, ⟨라틴어에서 연유한 영국어⟩, ⟨쪼개서⟩ 얇은 판(조각)으로 만들다, 박판을 씌우다, ⟨~ coat\over-lay⟩, ⟨↔combine\uncover⟩ 양1

90	***la·mo** [라모 \ 레이모]: lame-o, 〈1977년경에 등장한 미국 속어〉, 무능력자, 무지렁이, 폐인, 〈~ disabled\dunce〉, 〈↔able\agile〉 양2	
91	**lamp** [램프]: 〈← lampein(shine)〉, 〈그리스어〉, 남포, 등불, 광명, 횃불, 〈~ lantern\illuminant〉, 〈↔darkness\shade〉 양1	
92	**lam·poon** [램푸운]: 〈← lamper(drink)〉, 〈프랑스어〉, 풍자하다, 〈술 마시며〉 비방하다, 〈~ ridicule\harsh satire〉, 〈↔praise\flattery〉 양2	
93	**lam·prey** [램 프뤼]: lambere(lick)+petra(rock), '흡석장어', 〈라틴어〉, 〈흡혈 장어〉, 칠성장어(아가미구멍이 한쪽에 7개씩 나 있고) 입의 빨판이 발달하여 큰 고기도 잡아먹는 뱀장어 비슷한 민물·바닷물고기, 〈~ moray\blood sucker\seven-eyed cat〉 미2	
94	**lamp-shade** [램프 쉐이드]: 등피, 조명기구의 갓, 〈~ light-shade(cover)〉 가1	
95	***LAN** (lo·cal ar·e·a net-work): 근거리 통신망(근거리에 있는 여러 개의 전산기를 묶어 자료나 기기를 공통으로 사용함), 〈MAE〉, 〈↔WAN(wide area network)〉 미2	
96	**La·na·i** [러나이]: 〈'veranda(창마루)'란 뜻의' 하와이어〉, 라나이, 〈전설의 소녀 이름에서 연유한〉 파인애플로 유명한 하와이 군도의 작은 섬, 〈~ an island in Maui County〉 수1	
97	**la·na·i** [라아나아이]: 거실로 같이 쓰는 하와이풍의 베란다, 〈~ portico\balcony〉 수2	
98	**La na·pa** [라 나파]: 〈← yapay(add)〉, 〈남미 원주민어에서 연유한 스페인어〉, 덤, ⇒ lagniappe 양2	
99	**Lan·ca-shire hot pot** [랭커셔 핱 팥]: 양고기·양파·저민 감자 등을 넣고 끓인 랭커셔(Lancaster) 지방의 찌개(stew) 수2	
100	**Lan-cas·ter** [랭커스터]: Lune(pure?)+ceaster(town) ①'깨끗한 강가의 요새', 1399~1461년간 영국을 통치했던 왕가, 〈적장미〉, 〈~ a Plantagenet〉 ②영국 북서부 랭커셔주의 주도, 〈~ a city in N-W England〉 ③하루 동안 미국의 수도였던 펜실베이니아(Pennsylvania) 동남부에 있는 산업도시 ④LA 북쪽(northern)에 있는 소도시(city) 수1	
101	**lance** [랜스]: 〈← lancea(light spear)〉, 〈라틴어〉, 〈주로 기마병이 쓰는〉 창, 작살, 〈→ launch〉, 〈~ dart\javelin〉, 〈↔sew\close〉 양1	
102	**lan·cet** [랜싵]: 〈← lance〉, 〈라틴어에서 연유한 프랑스어〉, 작은 창, 바소, 끝이 뾰족한 작은 칼, 수술칼, 〈~ a sharp pointed double edged surgical instrument〉, L~; 1823년 영국(English)의 외과의사가 창간한 〈권위있는〉 의사 주간지·의료 학술지, 〈~ a weekly general medical journal〉 우2 수2	
103	**land¹** [랜드]: 〈← landa(ground)〉, 〈게르만어〉, 땅, 물, 육지, 토지, 소유지, 지역, 국토, 〈~ terra firma〉, 〈↔sea〉 양1	
104	**land²** [랜드]: 〈← land¹〉, 상륙(착륙)시키다, 끌어 올리다, 〈~ come in to land\touch down〉, 〈↔take off\fly off\sail〉 양1	
105	**land crab** [랜드 크랩]: '땅게', 참게(강어귀 및 바닷가에 서식하며 번식할 때 민물에 들어가고 디스토마의 숙주임), 〈~ terrestrial crab〉, 〈↔aquatic crab〉 미2	
106	**land-ed** [랜디드]: ①토지의, 토지를 가지고 있는, 〈→ land-lord〉, 〈↔poor〉 ②상륙된, 궁지에 빠진, 〈~ docked〉, 〈↔launched〉 양1	
107	**land-ing** [랜딩]: 상륙, 착륙, 착수, 〈~ arrival〉, 〈↔departure〉 양1	
108	**land-fall** [랜드 훠얼]: 〈긴 항해 후에 땅에 떨어지는〉 상륙, 착륙, 사태, 대승리, 횡재, 〈~ touch down\windfall〉, 〈↔leaving\withdrawl〉 양1	
109	**land-fill** [랜드 휠]: 쓰레기 매립지(방법), 〈~ the dump\waste-yard〉, 〈↔collect\incineration〉 양1	
110	**land-grant** [랜드 그랜트]: 무상 토지 불하, 〈~ head-rights\allotment〉, 〈↔land confiscation〉 양1	
111	**land-la·dy** [랜드 레이디]: 여자 집주인, 여관집 안주인, 〈↔land-lord\tenant〉 양1	
112	***land-line** [랜드 라인]: ①지평선, 〈~ horizon〉 ②〈공중 〈무선〉통신에 대한〉 지상 유선통신, 유선전화, 〈~ telephone (or fixed) line〉, 〈↔hand-phone\mobile phone〉 미2	
113	**land-lo·per** [랜드 로우퍼]: 〈땅을 터벅터벅 걷는〉 떠돌이, 방랑자, 모험가, 〈~ vagabond\rover¹〉 양2	
114	**land-lord** [랜드 로어드]: 남자 집주인, 여관집 바깥주인, 지주, 〈~ proprietor\lessor〉, 〈↔land-lady\tenant〉 양1	

115 **land-mark** [랜드 마아크]: 경계표, 획기적인 사건, ⟨~ indicator\turning point⟩, ⟨↔insignificant\unhistoric⟩ 양2

116 **land mine** [랜드 마인]: '땅 우레', 지뢰, ⟨~ a hidden danger⟩, ⟨~(↔)booby-trap⟩, ⟨↔torpedo\missile⟩ 가2

117 **land rail** [랜드 뤠일]: corn·crake, ⟨뭍에 사는⟩ 흰눈썹뜸부기, ⟨~(↔)water rail은 꽁지가 올라가고 발의 물갈퀴가 발달했음⟩ 미2

118 **land-scape** [랜드 스케이프]: 풍경, 조망, 조경, 가로 방향(이 긴 종이), ⟨~ scenery\terrain⟩, ⟨↔sky-scape\sea-scape\perpendicular⟩ 양1 미2

119 **land-slide** [랜드 슬라이드]: (산)사태, 압도적 (승리), ⟨~ grand slam\vole²⟩, ⟨~(↔)avalanche⟩, ⟨↔drips\narrow victory⟩ 양2

120 **lane** [레인]: Ln, ⟨← laan(narrow way)⟩, ⟨어원 불명의 네덜란드어⟩, 좁은 길, 골목, 통로, 차선, ⟨~ path\track⟩, ⟨↔blockage\detour⟩ 양1 미2

121 **lan·gouste** [라앙구우스트]: ⟨← locusta(locust)⟩, ⟨라틴어에서 유래한 프랑스어⟩, ⟨바닷가재와 대하의 중간 모습을 한⟩ 닭새우, spiny lobster, ~ rock lobster⟩ 미2

122 **lan·guage** [랭귀쥐]: ⟨라틴어⟩, '혀⟨lingua⟩를 움직이는 일', 말, 언어, 어법, 용어, 정보전달 수단, ⟨→ lingo⟩, ⟨~ speech\words⟩, ⟨↔silence\writing⟩, ⟨인간이 원숭이를 능가하는 유일한 능력⟩, ⟨재미 극작가 장소현씨에 의하면 '정신과 영혼을 담는 그릇'-필자가 사전을 쓰는 당위성⟩ 가1 미2

123 **lan·guid** [랭귀드]: ⟨← languere(faint)⟩, 나른한, 노곤한, 맥이 없는, 음울한, ⟨→ languish⟩, ⟨~ lethargic\sickly⟩, ⟨↔energetic\vigorous⟩ 양1

124 **lan·guish** [랭귀쉬]: ⟨라틴어⟩, ⟨← languid⟩, 약해지다, 괴롭게 살다, 무시되다, 꾸물대다, 그리워하다, ⟨~ fade\weaken⟩, ⟨↔thrive\flourish⟩ 양1

125 **lan·guor** [랭거]: ⟨← languere(faint)⟩, ⟨라틴어⟩, 나른함, 권태, 무기력, 음울함, 침체, ⟨~ lassitude\stillness⟩, ⟨↔vigor\vitality⟩, ⟨↔a tempo⟩ 양2

126 **La Ni·na** [라 니냐]: ⟨스페인어⟩, little girl, '여아', ⟨'대체로' 미국의 북쪽은 비가 많이 오고 남쪽은 적게 오며⟩ (적도 근처 태평양의 수온이 평소보다 낮아지는) 반엘리뇨 현상, ⟨↔El Nino⟩ 수2

127 **lank** [랭크]: ⟨← hlane(slim)⟩, ⟨게르만어⟩, '여윈', 호리호리한, 길고 부드러운, ⟨~ link\lean⟩, ⟨↔rigid\tense\thick⟩ 양2

128 **lan·ner** [래너]: ⟨← lanius(butcher)⟩, ⟨라틴어→프랑스어⟩, ⟨← lanier⟩, ⟨겁이 많은⟩ 유럽산 사냥용 (암)매, ⟨~ a falcon⟩ 수2

129 **lan·o·lin** [래널린]: lana+oleum, ⟨'wool oil'의 라틴어⟩, 라놀린, 양모지(양의 털에서 추출하는 기름으로 화장품의 원료로 쓰임), ⟨~ wool fat(wax)⟩ 우2

130 **lan·ta·na** [랜태너]: ⟨라틴어 학명⟩, viburnum, ⟨길가에 흔한⟩ 란타나(향기로운 여러 색의 자잘한 꽃들이 뭉텅이로 피는 마편초과의 열대성관상초), ⟨~ verbena⟩ 수2

131 **lan·tern** [랜턴]: ⟨← lampein(shine)⟩, ⟨그리스어⟩, ⟨빛이 나는⟩ 호롱등, 초롱, 등롱, ⟨~ luminaria\lamp⟩, ⟨↔darkness\electric bulb⟩ 양1

132 **lan·tern fish** [랜턴 휘쉬]: '호롱어', '발광어', 눈과 대가리가 크고 배에서 불빛을 발사하는 샛비늘칫과의 손가락만 한 심해성 물고기, ⟨~ a small deep-sea fish\glow fish⟩ 미2

133 **lan·tern fly** [랜턴 훌라이]: '발광별구', '반디', (주로 열대지방에 서식하며 머리나 배에서 빛을 발하는 상투벌레과의) 꽃매미의 일종, ⟨~ fire-fly\candle fly\glow-worm⟩, ⟨농작물의 해충임⟩ 미2

134 **lan·tha·num** [랜써넘]: 란탄, 'cerium에 의해 감춰진 것', 1838년에 발견되어 한때 lantern 용으로도 쓰였으나 현재 축전지나 합금용으로 쓰이는 은백색의 무른 희토류의 금속 원소(기호 La·번호57), ⟨~ a chemical element⟩ 수2

135 **La·oc·o·on** [레이아콘]: laos(people)+koeo(perceive), ⟨그리스어⟩, '감지하는 자', 라오콘(그리스군의 술수를 예언했다가 아테네의 노여움을 사서 두 아들과 함께 뱀에 졸려 죽은 트로이의 아폴로 신전의 사제), ⟨~ a priest of Apollo at Troy⟩ 수1

136 **la·od·i·ce·an** [레이아디씨이언]: ⟨그리스어⟩, ⟨기독교에 미온적이었던 시리아의 왕비 Laodice에서 연유한 지명에서 유래한⟩ 열의가 없는, 무관심한, ⟨~ apathetic\indifferent⟩, ⟨↔interested in\passionate⟩ 양2

137 **La·os** [라오우스 \ 라우즈]: lan xang(million elephants), 〈불확실한 어원의〉 라오스, 1949년 프랑스로부터 독립되었으나 1975년에야 공산주의 인민공화국을 수립한 인도차이나반도 북동쪽 내륙 산간지방에 있는 낙후된 나라, {Lao·Laotian-Lao-Kip-Vientiane} 수1

138 **Lao-tse \ ~tzu** [라우쩌]: old man, 〈중국어〉, '늙은이', 노자, (604-531 BC), 허무를 우주의 근본으로 삼은 중국의 사상가·Taoism(도교)의 시조, 〈~ a Chinese philosopher〉 수1

139 **lap¹** [랩]: 〈← lappen(rag)〉, 〈게르만어〉, '내려뜨린 부분', 무릎, 책임, 옷자락, 주로의 한 바퀴, 〈→ lapel\overolap〉, 〈~ knee〉, 〈↔expose\bare〉 양1

140 **lap²** [랩]: 〈← laptein〉, 〈그리스어→영국어〉, 〈의성어·의태어〉, '마시다', 핥아 먹음(그 소리), 철썩철썩 밀려오다, 〈~ lick〉, 〈↔pour\stream〉 우1

141 **lap·a·ros·co·py** [래퍼롸스커피]: lapara(loins)+scope, 〈그리스어→영국어〉, '옆구리 검사', 복강경(검사), 복강경을 쓰는 수술, 〈~ bandaid (key hole) surgery〉, 〈↔open operation〉 양2

142 **La Paz** [라패즈 \ 라파스]: 'peace〈평화〉', 고산지대에 위치한 볼리비아의 실질적 수도·상업 도시, 〈~ Capital of Bolivia〉 수1

143 *****LAP-B** [랩-비]: (link access procedure-balanced), 평형 접속 접근 절차(정보전달 시 일어날 수 있는 오류를 발견하여 고치는 절차), 〈~ error-free and correct sequenced frame〉 미1

144 **lap dance** [랩 댄스]: 누드 댄서가 손님 무릎에 앉아서 추는 춤, 〈편자는 Mexico 여행 때 한번 맛본 적이 있음〉 우1

145 **la·pel** [러펠]: 〈← lap¹〉, 〈영국어〉, (접은) '옷깃', (양복의) 앞접개, 〈~ flap\strip〉, 〈↔line\smoothness〉 미1

146 **lap·i·dar·y** [래피데뤼]: 〈← lapis(stone)〉, 〈라틴어〉, 보석 세공(인·술), '돌 세공'〈~ jeweler\gemonologist〉 가1

147 **la·pis laz·u·li** [래피스 래쥴리]: 〈페르시아어〉, 청금석, 고운 남청색을 띠는 준보석, 〈stone of a zule〉, 〈~ sapphire〉, 〈→ azure〉 미2

148 **Lap-land** [래플랜드]: 중앙아시아에서 이주한 랩〈Lapp〉인들이 사는 스칸디나비아의 최북부, 〈~ northern Scandinavia\a sub-arctic wilderness〉 수1

149 **lap-pet** [래핕]: 〈← lap¹〉, 〈영국어〉, 래핏, (의복 등의) 단, 주름, 드림, 늘어진 살, 귓불, 장식용 천, 〈~ fold\flap\wattle¹〉, 〈↔base\spread〉 양1

150 **lap-pet moth** [래핕 머어쓰]: 〈천을 접어놓은 듯한〉 '주름나방', 솔나무, 소나무 등에 붙어사는 황갈색의 작은 나방, 〈~ oak lappet\tent caterpiller〉 미2

151 **La Prai·rie** [라 프뤠뤼]: 〈라틴어에서 연유한 프랑스어〉, 라 프레리, 〈meadow〉, 1882년에 설립된 독일의 Beisersdorf사가 출품하는 명품 화장품 상표, 〈~ a luxury make-up brand〉 수2

152 **lapse** [랩스]: 〈← labi(slip)〉, 〈라틴어〉, 경과, 짧은 시간, 실책, 감소, 소멸, '미끄러져 떨어지다', 〈~ interval\failing〉, 〈↔current\improve〉 가1

153 *****lap-top** [랩 탚]: 〈desk-top에 대항해서 1983년에 주조된 말〉, (무릎 위에 올려놓을 만한) 휴대용 개인 전산기, 〈~ mini-computer\notebook\idea-pad〉, 〈↔main computer〉 미1

154 **lap-wing** [랩 윙]: 〈영국어〉, 〈의태어〉, pewit, (댕기가 달린 볏을 가지고 삐익삐익 울며 날개를 어색하게 푸득이며 날아가는 서유럽 원산의) 댕기물떼새, 〈~ 이것은 넓적한 날개를 가진 반면 plover는 뾰족한 날개를 가졌음〉 미2

155 **lar·ce·ny** [라알써니]: 〈← latro(robber)〉, 〈그리스어〉, (비폭력) 절도죄, 〈← 'mercenary' soldier(용병)〉, 〈~ theft〉, 〈↔compensation\donation〉 가2

156 **larch** [라알취]: 〈← larix(a tamarack)〉, 〈어원 불명의 라틴어〉, '낙엽송'(가을에 잎이 떨어지는 목재용 긴 소나무 종류), 〈~ a deciduous pine〉 미2

157 **lard** [라알드]: 〈← larinos(fat)〉, 〈그리스어에서 연유한 영국어〉, '지방' 돼지기름, 퉁돼지, 〈기름으로 닦아〉 윤색하다, 〈~ grease\tallow〉, 〈↔lean\extract〉 가2

158 **lard-er** [라아더]: 〈육류를 보존하기 위해 lard(돼지기름)을 칠해 저장해 두던〉 고기 저장소, 식료품실, 저장식품, 식품 담당자, 〈~ pantry\food room\buttery〉 양2

159 **Lar-es** [레어뤼이즈]: 〈← lar(lord)〉, 〈'주님'이란 뜻의 에트루리아어에서 연유한〉 라르신, (로마 신화에서) 가정의 수호신, 〈~ house-hold gods〉 수2

160 **large** [라아쥐]: ⟨← largus(abundant)⟩, ⟨라틴어⟩, 큰, 넓은, '풍부한', 과장된, ⟨~ big\wide⟩, ⟨↔small⟩ 가1

161 **lar·gess**(e) [라알쥐스]: ⟨← largus(abundent)⟩, ⟨라틴어에서 유래한 프랑스어⟩, 많은 부조, 아낌없는 후원, ⟨~ bounty\generosity⟩, ⟨↔meanness\stinginess⟩ 양2

162 **lar·ghe·tto** [라알게토우]: ⟨← largus(abundent)⟩, ⟨라틴어→이탈리아어⟩, ⟨← largo⟩ 조금 느리게, ⟨~ slower⟩, ⟨↔faster⟩ 미2

163 **larg·ish** [라알쥐시]: ⟨← largus(abundant)⟩, ⟨1200년경에 등장한 라틴어에서 연유한 영국어⟩, 약간 큰, 큰 것 같은, ⟨~ biggish\goodly⟩, ⟨↔small-ish⟩ 양2

164 **lar·go** [라알고우]: ⟨← largus(abundant)⟩, ⟨라틴어⟩, 장엄하고 느리게, ⟨→ larghetto \ allargando⟩, ⟨~ slowly\steadily⟩, ⟨↔breve\fast⟩ 미2

165 **lar·i·at** [래뤼엍]: la+reata(rope), ⟨스페인어⟩, (짐승을 잡을때 쓰는) 올가미 밧줄, lasso, ⟨~(↔)net⟩ 우2

166 **LA riots, 1992**: 1992년 ⟨4·29⟩ LA폭동, (4/29~5/4), 1991년 한국 가게주가 흑인 여성 절도범을 쏴죽인 일·1992년 흑인 청년 과속 운전사 폭력 진압에 대한 백인 경관을 무죄 선언 등으로 주로 LA 남부 흑인들이 한국계 상점 등을 약탈하는 과정에서 63명이 죽은 ⟨인종갈등⟩ 사건, ⟨~ South Cental (or Rodney King) riots⟩ 미2

167 **lark¹** [라알크]: ⟨← laferce(a small song-bird)⟩, ⟨어원 불명의 영국어⟩, 종다리(뒷발가락의 발톱이 아주 길고 수직으로 비행하며 낭낭한 목소리로 우는 참새보다 좀 큰 새), sky-lark, ⟨↔owl?⟩ 미2

168 **lark²** [라알크]: ⟨영국 속어⟩, ⟨종달새 같이 지저귀는⟩ 시인, 가수, 희롱거림, 장난, ⟨~ songster\prank¹⟩, ⟨↔pout\sulk⟩ 양2

169 **lark-spur** [라알크 스퍼]: 종다리 발 모양의 각종 색깔의 조그만 꽃들이 층층이 피어나는 미나리아재빗과 참제비고깔속의 식물, ⟨~ delphinium⟩ 우1

170 *****LARP** [라알프]: live action role-play, 실연 역할극, 참가자가 특정 인물의 역할을 맡아 여러 상황을 연기해보는 역할극 양2

171 *****lar·ry sty·lin·son** [래뤼 스타일린슨]: ⟨영국의 대중가요 악단원 Harry Styles와 Louis Tomlinson 간의⟩ '수상스러운 형제 관계', ⟨~ a secret romantic relationship⟩ 수2

172 **lar·va** [라아붜], lar·vae [라아뷔이]: ⟨'ghost(유령)'란 뜻의 라틴어⟩, ⟨탈을 벗은⟩ 애벌레, 유충, ⟨~ pupa\nymph²⟩, ⟨↔adult\matured⟩ 가2

173 **lar·ynx** [래륑쓰]: ⟨← laryngos(upper windpipe)⟩, ⟨그리스어⟩ 후두, 상기도 안에 연골로 된 발성기관(voice box), ⟨~ vocal cords⟩ 양2

174 **la·sa·gna** [라쟈아녀]: ⟨← lasanon(pot)⟩, ⟨그리스어⟩, 라자냐, 치즈·토마토소스·국수·저민 고기를 넣어 ⟨항아리로 쪄서⟩ 만든 파스타, ⟨~ an Italian pasta⟩ 수2

175 **La Salle** [러 쌀], Sieur: ⟨프랑스어⟩, 라 살⟨hall(큰 방에 사는 자)⟩, (1643-1687), 미시시피강을 탐험하다 부하들에게 살해된 프랑스의 탐험가, ⟨~ a French explorer and fur trader⟩ 수1

176 **La·schamps e·vent** [라샹 이붼트]: 1969년 프랑스의 라샹 호수의 용암으로부터 추정한 약 41,400년 전 지구의 자극이 완전히 바뀌면서 초래한 기후 변화로 네안데르탈인의 멸종을 초래했다 함, ⟨~ a geomagnetic excursion⟩ 수2

177 **las·civ·i·ous** [러씨뷔어스]: ⟨← laxus(wanton)⟩, ⟨라틴어⟩, 'lustful', 선정적인, 호색의, 음탕한, ⟨~ lewd⟩, ⟨↔puritanical\ascetic⟩ 양2

178 **la·ser** [레이져] (light am·pli·fi·ca·tion by stim·u·la·ted e·mis·sion of ra·di·a·tion): laser beams, 자극된 방사선 방출로 인한 광선 증폭(분자의 고유진동을 이용하여 ⟨정확한 파장의⟩ 전자파를 방출하는 장치), ⟨~ intense electro-magnetic energy⟩ 수2

179 **La·ser Disc** [레이져 디스크]: 미국의 Disco-Vision사가 1978년 출시한 광학 압축 원반(상표명) 수2

180 *****la·ser mem·o·ry** [레이져 메머뤼]: 레저 광선을 이용해서 빛에 예민한 표면에 있는 물체를 기억·저장·판독하는 전산기 연성기기, ⟨~ used to improve short-term memory⟩ 우1

181 *****la·ser mouse** [레이져 마우스]: 레저 지침패(표면의 움직임을 탐색할 때 기계적 형태가 아닌 레저 광선을 이용하는 '깜빡이'⟩, ⟨~(↔)optical mouse⟩ 우2

182 **lash** [래쉬]: ①⟨← lassche⟩, ⟨영국어⟩, ⟨의태어⟩, 후려치다⟨↔lick⟩, 챗열(채찍의 휘는 부분), 매도⟨↔praise⟩, 꼬리 치기, 속눈썹(eye·lash) ②⟨← lachier⟩, ⟨프랑스어⟩, ⟨lace로⟩ 묶다(매다), ⟨~ strap⟩, ⟨↔lose⟩ 양1

183 *lash out [래쉬 아웉]: (매우) 혼내다, (통렬히) 비난하다, ⟨~ roar\yell⟩, ⟨↔laud\hail²⟩ 미2

184 LASIK [레이식](la·ser as·sist·ed in-situ ker·a·to·mil·eu-sis): 라식, (자극 방사선) 각막 회복 수술, 레이저를 이용한 각막 절삭 가공 성형술, ⟨~ a micro-keratome⟩ 미1

185 lass [래쓰]: ⟨← laskwa(unmarried)⟩, ⟨불투명한 어원의 북구어⟩, 처녀, (미혼의) 젊은 여자, ⟨~ muchacha\girl\miss⟩, ⟨↔lad⟩ 양2

186 las·si·tude [래씨튜우드]: ⟨← lassus(faint)⟩, ⟨라틴어⟩, 지침, 권태, 피로, 무기력, ⟨~ languor\a·las⟩⟨↔vigor\energy\sparkle⟩ 가1

187 *las·so [래쏘우]: ⟨← laqueus(noose)⟩, ⟨라틴어⟩, (카우보이들이 쓰던) '올가미' 밧줄, 전산기 도형물에서 손보아야 할 곳을 잡아내는 '올가미 표시', ⟨~ lace⟩, ⟨~ lariat\noose⟩, ⟨↔net⟩ 우2

188 last¹ [래스트 \ 라스트]: ⟨← laggost⟩, ⟨게르만어⟩, ⟨← late⟩, 맨 마지막의, 끝의, 바로 전의, 최근의, ⟨~ rearmost\most recent⟩, ⟨↔first\next⟩ 가1

189 last² [래스트 \ 라스트]: ⟨← laistjan(endure)⟩, ⟨게르만어⟩, 지속하다, ⟨궤도를 따라⟩ 끌다, 오래 견디다, ⟨~ continue\endure⟩, ⟨↔short-lived\ephemeral⟩ 가1

190 last call [래스트 커얼]: (마감 전) 마지막 주문, ⟨~ final(closing) call⟩, ⟨↔first call⟩ 양2

191 last cold snap [래스트 코울드 스냎]: 꽃샘추위, 이른 봄 꽃이 피는 것을 시샘하는 추운 날씨, ⟨~ last cold spell(wave)⟩, ⟨↔Indian summer\St Martin's summer⟩ 양2

192 last dance [래스트 댄스]: ①결별의 춤, ⟨~ adieu⟩ ②(춤 공연에서) 마지막을 장식하는 ⟨마지막 무용⟩, ⟨~ climax⟩, ⟨↔first dance⟩ 양2

193 last legs [래스트 레그스]: 기진맥진하여, 거의 망가져, 거덜나서, 다 죽게 되어, ⟨~ last stretch⟩, ⟨↔first phase\early stage⟩ 양2

194 *last mile [래스트 마일]: ⟨경제 용어⟩, '마지막 거리', 물품이 고객에게 배송되기 직전의 ⟨마지막 손질⟩, ⟨~ final push⟩, ⟨↔first mile⟩ 미2

195 last-min·ute [래스트 미니트]: 최종 순간, 막바지, ⟨~ final⟩, ⟨↔beginning\interim⟩ 양2

196 last name [래스트 네임]: 성, 가계명, family name, surname, ⟨↔first name\given name⟩ 가2

197 *last re-sort² [래스트 뤼져어트]: '마지막으로 찾는 방편', 궁여지책, desperate measure, ⟨↔first chance(option)⟩ 양2

198 *last straw [래스트 스트뤄어]: '마지막 지푸라기', 인내의 한계, ⟨~ limit\end⟩, ⟨↔first step\unextended⟩ 양2

199 *last straw that broke the cam·el's back: 낙타의 등을 부러뜨린 마지막 얹은 지푸라기 하나, 갈때까지 가다, 조금만 건드려도 폭발할 지경, ⟨~ breaking point\coup de grace⟩ 양2

200 last word [래스트 워어드]: ⟨여성들이 양보하지 않는⟩ 마지막 말, 결정적인 말, ⟨~ final saying⟩, ⟨↔first word⟩ 양2

201 Las Ve·gas [래스 붸이거스 \ 라스 붸이거스]: ⟨스페인어⟩, the meadows, '목초지', 라스 베이거스, ⟨미녀의 도시⟩, ⟨죄악의 도시⟩, ⟨돈만 있으면 처녀 불알도 살 수 있는⟩ 급격히 팽창하고 있는 미국 네바다주의 유락·휴양 도시, ⟨~ Sin City\City of Lost Wages⟩, ⟨~ Gambling (or Entertainment) Capital⟩ 수1

202 latch [래취]: ⟨← lakkijanan(fasten)⟩, ⟨게르만어⟩, ⟨붙잡아 매는⟩ 걸쇠, 빗장, ⟨~ clasp\lock⟩, ⟨↔split\dissociate⟩ 가1

203 late [레이트]: ⟨← lata(slow)⟩, ⟨게르만어⟩, 늦은, 더딘, 후기의, 전의, 작고한, ⟨← let(놓아준)⟩, ⟨→ last⟩, ⟨~ behind time\tardy\deceased⟩, ⟨↔early⟩ 가1

204 *late bloom-er [레이트 블루우머]: 늦게 피는 꽃(이 오래간다), 대기만성, ⟨~ Rome was not built in a day⟩, ⟨↔soon ripe, soon rotten⟩ 양2

205 la·teen [래티인]: ⟨← latino(Latin)⟩, ⟨이탈리아어⟩, (고대 지중해를 오가던) ⟨큰 삼각 돛을 단⟩ 삼각범선, ⟨~ a triangular sail-set⟩, ⟨~ dhow\latin rig⟩ 우2

206 la·tent [레이튼트]: ⟨← latere⟩, ⟨라틴어⟩, ⟨'lie'(누워)⟩ 숨어있는, 잠재적인, 대기하는, ⟨~ dormant\potential\quiescent⟩, ⟨↔active\obvious⟩ 양2

207 la·ter·al [래터뤌]: ⟨← latus(side)⟩, ⟨라틴어⟩, 옆(측면)의, 바깥쪽의, '정중선에서 옆으로 떨어진', ⟨↔medial⟩ 양2

208 **lat·er·ite** [래터롸이트]: 〈← later(tile)〉, 〈라틴어+영국어〉, 라테라이트, 홍토(붉은 색깔을 띤 흙), '벽돌색깔', 〈~ red soil\latoso〉, ⇒ Indian red 미2

209 ***La-TeX \ LA-TEX** [라텔(스) \ 레이텍(스)]: 〈Lamport가 Tex차림표를 개선한〉 라텍스, 작가의 수고를 덜어주기 위해 출판도안자가 고안해낸 고성능 과학·기술 타자체제, 〈~ a software for type setting documents〉 수2

210 **la·tex** [레이텍스]: 〈← latax(drop)〉, 〈그리스어→라틴어〉, 〈← liquid〉, 라텍스(원래는 사포딜라 고무나무에서 추출한 유액이나 지금은 합성고무의 작은 분자와 물과의 유탁액으로 각종 고무 제품의 원료로 쓰임), 유액, 〈~(↔)rubber\gum\sap〉 미2

211 **lath** [래쓰]: 〈← lade(plank)〉, 〈게르만어〉, 〈lattice를 만드는〉 외, 윗가지(지붕이나 벽에 엮어 넣는 가는 나무 막대기), 마른 사람, 〈~ narrow strip\pillar〉, 〈↔demolish\fatty〉 양1

212 **lathe** [레이스]: 〈← lade(plank)〉, 〈게르만어〉, 선반, 나무나 쇠붙이 절단기〈돌리개〉, 〈~ machine tool\drill〉, 〈↔drill\grinder〉 양1

213 **Lat·in** [래틴]: 〈← latus(wide)〉, 〈라틴어〉, 〈기원전 10세기경부터 이탈리아 중부 Latium(flat area) 지방에 살았던〉 라틴 계통(의 언어를 하는 사람들), (이탈리아·스페인·포르투갈 등) 옛 로마 계통의 로마 문자, 〈~ Romantic〉 수1

214 **Lat·in A·mer·i·ca** [래틴 어메뤼커]: 중·남미의 모든 나라, 〈~ Iberian America〉 우2

215 **Lat·in dance** [래틴 댄스]: '남미 춤', (15세기부터 싹튼) 남미 원주민·유럽·아프리카 등지의 춤을 혼합해서 만든 〈선정적인〉 여러 가지 춤, 〈~ passionate dance〉 미1

216 **La·tina(o)** [라티이나(노)]: 〈1850년대 미국이 멕시코와의 전쟁에서 승리하고 나서 사용하기 시작한 말〉, 남미 계통의 여자(남자), ⇒ Hispanic 우2

217 ***La·tine** [래틴]: = Latinx(중남미인), Latino(a)란 말이 어감이 좋지 않다고 바꾸어진 철자 미2

218 **Lat·inx** [래팅스 \ 래틴엑스]: (남·여) 중남미인의 후손, 〈~ Latin American descent〉 미2

219 **lat·i·tude** [래티튜우드]: 〈← latitudo(width)〉, 〈라틴어〉, '가로로 긴 선', 위도, 씨줄, 폭, 범위, 〈← length〉, 〈~ breadth\parallel〉, 〈↔meridian\longitude\altitude〉 가1

220 **lat·ke** [라아트케]: 〈← latka(pastry)〉, 〈러시아어→유대어〉, 〈기름에 튀긴〉 라트카, 으깬 감자·양파·계란·밀가루 등을 섞어 구운 유대요리, 〈~ griddle (or batter) cake〉 우1

221 **la·trine** [러트륀]: 〈← lavare(wash)〉, 〈라틴어〉, (원래는 로마 병사들이 사용하던 물로 씻어내는) 〈야외 변소〉를 칭했으나 차차 수도가 없는 '똥구덩이'로 변질된 말, 임시 변소, 〈~ loo\out-house\privy〉, 〈한국의 재래식 변소〉, 양2

222 ***lat·te pa·pa** [라떼 파파]: 〈출산율을 높이려는 스웨덴에서 생긴 말〉, (우유병을 들고 유모차를 모는) 유아에 적극적인 아빠, 〈~ an attentive young father〉 미1

223 **Lat·ter-Day Saint** [래터 데이 쎄인트]: 후기(말일) 성도, 모르몬교도의 자칭, 1830년 미국의 조셉 스미스 등이 초기 교회의 교리와 조직을 회복하는 것을 목표로 설립하여 한때 〈다다익선〉으로 일부다처제를 찬양하기도 했던 독자적 기독교 종파, 〈~ Mormonism〉 미2

224 **lat·tice** [래티스]: 〈← latta(plank)〉, 〈게르만어〉, 격자(바둑판이나 석쇠 모양의 물건·창·문짝), 〈→ lath〉, 〈~ trellis\grid〉, 〈↔solid\mish-mash〉 미1

225 **Lat·vi·a** [래트뷔어 \ 라트뷔아]: 〈어원 불명의 발틱어〉, 라트비아, 1940년 구소련에 병합되었다가 1991년에 독립된 발트해 동안에 있는 비교적 개인 소득이 높은 조그만 공화국, {Latvian-Latvian-Euro-Riga} 수1

226 **laud** [로어드]: 〈← laudis(praise)〉, 〈라틴어〉, 칭송하다, 찬미하다, 새벽기도, 〈→ cum laude〉, 〈~ applaud\hail²〉, 〈↔lash out\condem〉 양2

227 **laugh** [래후 \ 라후]: 〈← hlihhan(rejoice)〉, 〈게르만어〉, (소리 내어) 웃다, 흥겨워하다, 비웃다, 〈→ laughter〉, 〈↔cry\whimper\whine〉 가1

228 ***laugh and the world laughs with you**: 〈1883년 미국 시인이 등장시킨 말〉, 웃어야 복이 온다(소문만복래), 웃는 낯에 침 뱉으랴, 〈~ weep and you weep alone〉 양2

229 **laugh-ing gas** [래힝 개스]: 웃음가스, 이산화 질소(마취제로 쓰이며 정신을 황홀하게 해서 웃음을 유발하기도 하는), 〈~ nitrous oxide〉 미1

230 **laugh-ing gull** [래힝 걸]: '웃는 갈매기', 붉은부리갈매기(붉은 부리를 가지고 웃음소리같이 우는 미주산 중형 갈매기), 〈~ black cap\sea crow〉, 〈~(↔)peewit〉 미2

231　**laugh-ing hy·e·na** [래휭 하이에나]: 얼룩(점박이)하이에나(몸통에 많은 점을 가지고 기분 나쁜 웃음소리를 내는 아프리카산 하이에나), ⟨~ spotted hyena⟩, ⟨포유동물 중 유일하게 vagina가 없음⟩, ⇒ psedo-penis 미2

232　**laugh-ing jack-ass** [래휭 잭애스]: kookaburra, 웃음물총새(울음소리가 웃음소리같이 들리는 오스트레일리아산 물총새), ⟨~ a large robust kingfisher⟩ 미2

233　**laugh-line** [래후 라인]: ①눈가의 잔주름, ⟨~ crow's feet⟩ ②⟨짧은⟩ 웃기는 대사(말), ⟨~ punch-line⟩ 양1

234　*****laugh on Fri·day, cry on Sun·day**: 호사다마, ⟨~ lights are followed by shadows\after the feast comes the reckoning⟩ 양2

235　**launce** [랜스\란스]: ⟨← lancea⟩, ⟨라틴어에서 유래한 영국어⟩, ⟨창 모양의⟩'모래 장어', sand lance, 까나리(은빛의 배를 가지고 모래 속에 숨어 사는 가늘고 긴 양미리 비슷한 바닷물고기), ⟨~ sand eels⟩ 미2

236　**launch** [러언취]: ①⟨← lancea⟩, ⟨라틴어에서 유래한 프랑스어⟩, '창⟨lance⟩을 던지다', 진수(발전)시키다, 발사하다, 내보내다, 실시하다, ⟨~ cast\embark⟩, ⟨↔conclude\discontinue⟩ ②⟨← lancar(quick)⟩, 큰 발동선(말레이어에서 연유함? 포르투갈어), ⟨~ a large motor-boat⟩ 가1

237　**launch win·dow** [러언취 윈도우]: 발사창(최적 시간), 지구 궤도상 발사 지점과 목표 지점이 가장 가까워지는 때, ⟨⟨연애할 때⟩ 서로 땅기고·땡기는 힘이 제일 커서 합환할 기회가 있는 기간⟩, ⟨~ launch period⟩ 미2

238　**Laun·dro-mat** [러언드뤄 맽]: 런드로 맽, 자동 빨래방, Westinghouse 전기회사가 만든 자동 세탁기 상품명 수1

239　**laun·dro-mat** [러언드뤄 맽]: laundry+automatic, 자동 세탁기(미국에선 1947년부터 시작된 것으로 사료되는 동전을 사용한 자급식 전기세탁기), 자동 세탁소(설치소), 빨래방, ⟨~ coin laundry⟩ 양2

240　**laun·dry** [러언드뤼]: ⟨← lavare(wash)⟩, ⟨라틴어→프랑스어⟩, 세탁소, 빨랫감, '씻는 것', 세척, ⟨~ cleaning\lavage⟩, ⟨↔dirty\hand-wash⟩ 가1

241　**lau·re·ate** [러어뤼어트]: ⟨라틴어⟩, ⟨← laurel⟩, 월계관을 쓴(계관), 월계수로 만든, ⟨~ acclaimed\glorious⟩, ⟨↔disgrace\shame⟩ 양2

242　**lau·rel** [러어뤨]: ⟨← laurus(bay tree)⟩, ⟨라틴어⟩, 서양 만병초, 계수나무, 월계수, 월계관, 명예, ⟨→ Lawrence\laureate⟩, ⟨~ accolade\award⟩ 가1

243　**la·va** [라아봐]: ⟨← lavare(wash)⟩, ⟨라틴어⟩, 용암, 화산암, '씻겨 내린 바위', ⟨~ magma\pumice⟩, ⟨↔glacier\ashes⟩ 가1

244　**la·va·bo** [러봐아보우\러붸이보우]: ⟨← lavare(wash)⟩, ⟨라틴어⟩, ⟨신부가 손을 씻는⟩ 세수실, 세수통, ⟨~ laver⟩ 양2

245　**lav·a·to·ry** [래붜터어뤼]: ⟨← lavare(wash)⟩, ⟨라틴어⟩, '씻는 장소', 세면소, 화장실, 변소, ⟨~ WC\loo\toilet⟩, ⟨↔예전에는 basket에다 똥을 싸서 내다 버렸음⟩ 양2

246　**lave** [레이브]: ⟨← lavare(wash)⟩, ⟨라틴어⟩, 씻다, 물에 담그다, 붓다, ⟨→ lotion⟩, ⟨~ clean\bath⟩, ⟨↔dirty\dry⟩, ⇒ laundry 가1

247　**lav·en·der** [래붠더]: ⟨← lavare(wash)⟩, ⟨라틴어⟩, ⟨잎을 '우려내서' 향료로 쓰는⟩ 가늘고 긴 잎을 가지고 쑥 냄새 비슷한 향이 나는 연보라색 꽃이 연달아 피는 꿀풀과의 식물(그 향기·향수), ⟨어원이 라틴어 livere(bluish)라는 설도 있음⟩, ⟨~⟨↔⟩violet\periwinkle⟩ 수2

248　**la·ver** [레이붜]: ⟨라틴어⟩, ⟨← lave ← lavare(wash)⟩ ①세례용의 납작한 대야, ⟨~ lavabo⟩ ②파래·김·바닷말 등 넓적한 엽상체를 가진 바닷말, ⟨~ sea lettuce⟩ 미1

249　**lav·ish** [래뷔쉬]: ⟨← lavare(wash)⟩, ⟨라틴어⟩, 아낌없는, 남아도는, 사치하는, 낭비하는, ⟨몽땅 '씻어내리는'⟩ '폭우', ⟨~ luxurious\deluge⟩, ⟨↔economy\meager\spare⟩ 양2

250　**law** [러어]: ⟨← licgan(lie)⟩, ⟨게르만어⟩, ⟨← lay⟩, ⟨결코 공평할 수 없는⟩ 법, ⟨진짜 코에 걸면 코걸이 귀에 걸면 귀걸이인⟩ 법률, 법학, 규칙, '놓인 것', '악법도 법이다', ⟨→ legal/loyal⟩, ⟨~ right⟩, ⟨~ rule\regulation⟩, ⟨↔anarchy⟩ 가1

251　**law firm** [러어 훠엄]: (대형) 법률 사무소, ⟨~⟨↔⟩barrister's chambers\Magic Circle⟩ 양2

252　**lawn** [러언]: ⟨← llan(glade)⟩, ⟨켈트어⟩, 잔디(밭), ⟨~ grass\green⟩, ⟨↔street\building⟩ 가2

253　**lawn mow-er** [러언 모우어]: 잔디 깎는 기계, ⟨~ grass cutter⟩ 미1

254 **Law·rence** [러어뢴스], Da·vid Her·bert: 'laurel 나무 숲에 사는 자', 로렌스, (1885-1930), 사랑과 독립심 간에 고민하는 남녀상열지사를 쓰다 폐결핵으로 사망한 영국의 소설가, 〈~ an English novelist〉 수1

255 **Law·rence** [러어뢴스], Jen·ni·fer: 로렌스, (1990-), 고등학교를 중퇴하고 연기에 몰두해서 2015~2016년에 걸쳐 세계에서 돈을 제일 많이 번 미국의 〈행아파〉 여배우, 〈~ an American actress〉 수1

256 **Law·rence** [러어뢴스], Thom·as Ed·ward: (1888-1935), '아라비아의 로렌스', 터키에 대항하여 아랍 민족과 같이 싸운 후 나중에 자동자전거 사고로 숨진 모험심이 많았던 영국의 고고학자·작가·군인, 〈~ a British archaeologist and army officer〉 수1

257 **law-suit** [러어 쑤우트]: 소송, 고소, 〈~ legal action(proceeding)〉, 〈↔duel〉 가2

258 **law-yer** [러이어]: 〈← law〉, 변호사, 법률가, 〈턱수염이 난〉 모캐(민물의 밑바닥에 살면서 미끌미끌하고 〈lawyer처럼〉 냄새가 고약하며 아무거나 입에 넣는 대구과의 물고기, burbot〉, 〈~ attorney\counsel〉, 〈↔plaintiff\defendant\judge〉 양2

259 **LAX** [엘 에이 엑스 \ 랙스]: Los Angeles International Airport의 코드명, 1929년부터 신축·증축을 계속해 왔으나 아직도 도떼기시장 같은 '환태평양의 관문' 수1

260 **lax**¹ [랙스]: 〈← laxus〉, 〈라틴어〉, 〈← loose〉, 느슨한, 해이한, 애매한, 〈~ easy\casual〉, 〈↔stern¹\rigor\careful〉 가2

261 **lax**² [라악스]: 〈← lox(salmon)〉, 〈원래는 유대어에서 온 북구어〉, 스칸디나비아산 훈제 '연어', 〈~ fillet of brined salmon〉 수2

262 **lax·a·tive** [랙서티브]: 〈← laxus(loose)〉, 〈라틴어〉, (대변을 〈lax하게〉 나오게 하는) 하제, 설사약, 〈~ purgative\cathartic〉, 〈↔costive(costic)〉 가1

263 ***lay**¹ [레이]: 〈← licgan(lie¹)〉, 〈게르만어〉, 누이다, 두다, 놓다, 깔다, 쌓다, 씌우다, (알을) 낳다〈영국어〉, 〈눕혀놓고〉 성교하다〈미국어〉, 〈~ put down\place〉, 〈↔pick up\remove〉 양2

264 **lay**² [레이]: lie(누이다)의 과거, 눕혔다, 〈↔stood up〉 양1

265 **lay**³ [레이]: 〈← laos(people)〉, 〈그리스어〉, 인민, 성직자(전문가)가 아닌, 보통패, 〈→ laical\laity〉, 〈~ ordinary\common〉, 〈↔professional\ordained〉 양2

266 **lay–a–way** [레이 어웨이]: (대금 완불 때 인도하는) 할부판매 유치상품, 〈~ lock up\reserve〉, 〈↔prepaid〉 미2

267 **lay bare** [레이 베어]: 벌거 벗기다, 털어 놓다, 폭로하다, 〈~ reveal\disclose〉, 〈↔conceal\cover〉 양2

268 **lay-by** [레이 바이]: 간선도로의 대피소, pull-off(미국), 〈~ turn-out\rest stop〉 미2

269 **lay-er** [레이어]: 〈← lay¹〉, 〈차곡차곡 쌓는〉 층, 켜, 바르기, 알 낳는 새, 휘묻이(가지 묻어 뿌리 내리기), 〈~ level\tier〉, 〈↔over-head\un-cover〉 가1

270 **lay-man** [레이 먼]: 〈← lay³〉, 속인, 평신도, 문외한, 〈~ commoner\amateur〉, 〈↔clergy\expert〉 양2

271 **lay-off** [레이 어후]: 일시 해고, 자택 대기, 활동 중지, 〈~ cut back\dismiss〉, 〈↔re-open\re-employment〉 미2

272 **lay on the line**: ①솔직하게 말하다, 〈~ speak frankly〉 ②위태롭게 하다, 〈~ hazard\risk〉, 〈↔shilly-shally\equivocate〉 양2

273 ***lay-out** [레이 아울]: 배치, 설계, 판짜기, 얼개 짓기, 〈~ array\blue-print〉, 〈↔hoard\save\neglect〉 양2

274 **lay-o·ver** [레이 오우붜]: 도중하차, 단기체류, stop·over, 〈~ break\pause〉, 〈↔advance\continue\further〉 양2

275 **lay pipe** [레이 파이프]: 도관을 놓다, 자지를 씌우다, 씹하다, 〈~ get busy\have sex〉 양2

276 **lay-up** [레이 엎]: 휴식, 짜맞추기, (농구의) 바구니 가까이서 한 손으로 하는 공 넣기, 〈~ assemble\slam dunk〉, 〈↔reverse lay-up〉 양2

277 **lay up** [레이 엎]: 모으다, 설계하다, 제쳐두다, 드러눕게 하다, 퇴역시키다, 〈~ collect\stash〉, 〈↔throw away\cast\use up〉 양1

278 ***lay up for a rain-y day**: 궂은 날을 위해 비축하다, 유비무환, 〈~ forewarned is forearmed\an once of prevention is worth a pound of cure〉 양2

279 **La·zard** [라쟈알드]: 〈히브리어→프랑스어〉, God has helped, '신이 돕는 자', 라자드, 1848년 동명의 유대계 프랑스 이민 3형제가 미국의 New Orleans에서 시작해서 뉴욕·파리·런던에 집행부를 두고 있는 세계적 투자·자산 관리 금융회사, 〈~ a financial advisory and asset management firm〉 수2

280 **Laz·a·rus** [래져뤄스]: 〈← elazar〉, 〈히브리어〉, 나사로, God has helped, '하느님이 도우신 자', 나병으로 죽었다가 예수에 의해 부활된 거지, 〈~ friend of Christ\four-days dead〉 수1

281 **La-Z-Boy** [레이 즈 버이]: 레이지 보이, 1927년 〈자연스럽게 휴식을 취할 수 있는〉 안락의자(recliner)를 목표로 설립된 미국의 세계적 가구 제조업체, 〈~ an American furniture manufacturer〉 수2

282 **la·zy** [레이지]: 〈어원 불명의 게르만어〉, sloth-ful, 게으른, 나태한, 나른한, 굼뜬, 〈~ lacka-daisical〉, 〈↔labor〉, 〈↔industrious\hard-working〉 가1

283 **la·zy-bones** [레이지 보운스]: 〈타고난〉 게으름뱅이, 늘보, '굼벵이', 〈~ loafer\shirker〉, 〈↔achiever\hustler〉 가2

284 **lb** \ lbs (li·bra \ li·brae) [라이브뤄 \ 리브뤄 (라이브뤼 \ 리브롸이)]: 파운드, 5,053grains, 16온스, 약 453.6g 수2

285 *****L band** [엘 밴드]: long band, (위성통신·이동전화 등에 쓰이는 390~1,550M〈mega〉Hz의) 〈극 초단파의〉 L(군대 암호 문자) 주파대, 〈↔C(conventional) band\S(short) band〉 우2

286 *****LBO** (lev·er·aged buy-out): 차입합병, (매수 예정 회사의 자산을 담보로 한) 차입금에 의한 기업 매수, 〈~ hostile take-over〉 우2

287 *****LCD** (liq·uid crys·tal dis·play): 액정 소자 표시(자장에 의해 조정되는 양극성 빛에 반응하는 액체성 소립자로 섬세한 것까지 나타낼 수 있는 화면), 〈~ a flat-panel display〉 미2

288 **LDL**: low density lipoprotein(cholesterol), 저비중(밀도) 진단백(콜레스테롤), 〈동맥 내에 축적되는〉 '나쁜 콜레스테롤', 〈↔HDL〉 미2

289 **leach** [리이취]: 〈← leccan(moisten)〉, 〈게르만어〉, (액체를) '거르다', 침출되다, 여과수에 담그다, (치료 목적으로) 피를 뽑다, 〈~ leak〉, 〈~ drain\filter〉, 〈↔dilute\thin〉 양1

290 **lead¹** [리이드]: 〈← lidhan(guide)〉, 〈게르만어〉, '이끌다', 인도하다, 거느리다, 유인하다, 지내다, 송전선, 〈~ load〉, 〈~ power-line〉, 〈↔follow〉 양1

291 **lead²** [레드]: 〈← lot(weight)〉, 〈어원 불명의 게르만어〉, liquid silver, 납, 〈다루기 쉬우나 독성이 있는〉 연(금속원소; 기호 Pb·번호 82), plumbum(라틴어), 〈~ a heavy metal〉 가1

292 **lead-ing¹** [리이딩]: 지도, 선도, 유력한, 이끄는, 〈~ guiding\dominant〉 가1

293 **lead-ing²** [레딩]: 납 씌움, 행간 잡기(타자 칠 때 행간에 여유를 두는 일)〈예전 인쇄공들이 납으로 한 문구를 싸 입힌 데서 연유〉, 〈~ covering with lead²〉 미2

294 **lead-man** [리이드 먼]: 〈← lead¹〉, 십장, 작업반장, 〈~ boss\fore-man〉 가1

295 *****lead-time** [리이드 타임]: 〈← lead¹〉, '인도 기간', 제품의 고안에서 완성까지의 시간, 계획에서 실시까지의 준비 기간, 〈~ interval\time-span〉 우1

296 **lead-up** [리이드 엎]: 앞서가는 것, 사전 준비가 되는 것, 〈~ build(set)-up〉, 〈↔lose〉 양2

297 **lead up** [리이드 엎]: 앞지르다, 선수를 치다, 〈~ prepare\advance〉, 〈↔miss\pass〉 양2

298 **leaf** \ leaves [리이후 \ 리이브즈]: 〈← loub(foliage)〉, 〈게르만어〉, '잎'(들), 낙엽, 한 장, 한 쪽, 〈~(↔)blade\sheet〉 양1

299 **leaf-let** [리이후릿]: 작은 잎, 어린잎, (낱장의) 전단 광고, 〈~ pamphlet\flier〉 양2

300 **leaf-hop-per** [리이후 하퍼]: 멸구, 매미충(수목의 진을 빨아 먹고 사는 매미 비슷한 작은 곤충), 〈~ glassy-winged sharp-shooter〉 미2

301 **leaf bee·tle** [리이후 비이틀]: 잎벌레과 딱정벌레의 총칭, 〈~ green leaf insect〉 미2

302 **leaf but·ter-fly** [리이후 버터훌라이]: 가랑잎나비(더운 지방에 살며 날개를 접으면 낙엽과 구별하기 힘든 네발나빗과의 나비), 〈~ nymphalid butterfly〉 미2

303 **leaf-in-sect** [리이후 인섹트]: 나뭇잎벌레(날개가 나뭇잎같이 생긴 남아시아의 작은 곤충), ⇒ walking leaf 미2

304 **leaf mus·tard** [리이후 머스터드]: Indian mustard, Chinese mustard, mustard green, 갓, 개채(줄기와 잎은 채소로 먹고 씨에서 매운 향기의 기름을 뽑아내는 겨자과의 상추 비슷한 두해살이풀) 미2

305 **league** [리그]: ⟨← ligare(bind)⟩, ⟨라틴어⟩, 리그, ⟨함께 묶인⟩ 연맹, 동맹, 한패, ⟨~ ally\band⟩, ⟨↔dissociation\division⟩ 가2

306 **League of Na·tions** [리그 오브 네이션스]: (1차 대전이 끝난 후 미국의 윌슨 대통령 주동으로 1920년에 창설되었으나 의회의 반대에 부닥친 미국의 불참으로 힘을 못 쓰다가 1946년 UN으로 확대 개편된) 국제 연맹 미2

307 **lea·guer** [리거]: ①⟨← ligare(bind)⟩, ⟨라틴어⟩, 연맹가입자, ⟨~ accomplice⟩ ②⟨← leger(couch)⟩, ⟨네덜란드어⟩, 포위(하다), ⟨~ siege⟩, ⟨↔release\rescue⟩ 가1

308 *****leak** [리잌]: ⟨← leccan(to drip)⟩, ⟨게르만어⟩, '방울져 떨어지다', 샘, 새는 곳, 소변, 누출, 누설, 누전, 누손(전력이 약해질 때 정보의 일부가 소멸되는 일), ⟨~ leach\exude⟩, ⟨~ lack\loss⟩, ⟨↔influx\blockage⟩ 가1 미2

309 **lean¹** [리인]: ⟨← hlinen(recline)⟩, ⟨게르만어⟩, '기대다', 경사지다, 쏠리다, ⟨~ slope\tilt⟩, ⟨~ depend\rely⟩, ⟨↔straighten\shun\level⟩ 가1

310 **lean²** [리인]: ⟨← hleonian(deficient)⟩, ⟨게르만어⟩, '야윈', 깡마른, 메마른, 기름을 뺀, ⟨~ lank\thin⟩, ⟨~ lean year(흉년)⟩, ⟨↔fat\thick⟩ 가1

311 **lean burn** [리인 버언]: 연비가 좋은, 연료가 적게 드는, (연소가 잘 돼서 유해물 배출량이 적은) 희박 연소, ⟨~ efficient combustion⟩, ⟨↔rich burn⟩ 우2

312 **leant** [렌트]: lean의 과거·과거분사 가1

313 **lean-to** [리인 투우]: ⟨← lean¹⟩, ⟨매다는⟩ 달개, 기대어 지은 집(지붕), ⟨~ tend\incline⟩ 우2

314 **leap** [리잎]: ⟨← hleapan(jump)⟩, ⟨게르만어→영국어⟩, (껑충) 뛰다, '도약하다', (표범 등의) 떼, ⟨~ elope⟩, ⟨~ jump\spring\vault⟩, ⟨↔fall\stay⟩ 가2

315 **leap-frog** [리잎 후뤄그]: '도약하는 개구리', (구부린 아이의 등을 짚고 뛰어넘는) 등 넘기, (번갈아 등급을 뛰어넘는) 교대약진, ⟨편자가 어렸을 때 하던 '말좆박기'보다는 여성적인 놀이임⟩, ⟨~ hop over\vault⟩ 미2

316 **leapt** [리잎트\렢트]: leap(도약하다)의 과거·과거분사 가2

317 **leap year** [리잎 이어]: ⟨정통이 아닌⟩ 윤년(⟨건너뛰어⟩ 4년마다 한 번 오는 2월이 29일인 해), ⟨~ bissextile year⟩, ⟨~(↔)gap year⟩, ⟨↔common year⟩ 가2

318 **learn** [러언]: ⟨← leornian(gain knowledge)⟩, ⟨게르만어⟩, '배우다', 익히다, 알다, ⟨~ lore\study⟩, ⟨↔ignore\neglect⟩ 가1

319 *****learn and earn** [러언 앤 어언]: 아는 것이 힘, 알아야 연장, 배워서 남주나, ⟨~ knowledge is power⟩, ⟨~(↔)요놈들아⟩ 양2

320 **learn-ed** [러어니드]: 학식이 있는, 학문적인, 박식한, ⟨~ knowledged\erudite⟩, ⟨↔ignorant\uneducated⟩ 양2

321 *****learn from other's mis·takes**: 남의 실수를 보고 배워라, 타산지석, ⟨~ let his failure be a lesson to you⟩ 양2

322 *****learn-ing cur·ve** [러어닝 커어브]: 학습(숙달) 곡선⟨일정 시간에 대한 숙달도로 대개 초기에 급상승하고 후로 갈수록 완만함⟩, ⟨~ rapid increase, then slow down⟩ 가2

323 **learnt** [러언트]: learn의 과거·과거분사 가1

324 *****learn to walk be·fore you run**: 기초부터 배워라, 뱁새가 황새 쫓아가다 가랑이 찢어진다, ⟨~ tailor your ambitions to the measure of your abilities⟩ 양2

325 **lease** [리스]: ⟨← laxus(let go)⟩, ⟨라틴어⟩, '토지를 풀어 놓다', 차용 계약, 임차권, 임대 기간, ⟨~ lax\let loose⟩, ⟨→ leash\lessee\lessor⟩, ⟨~(↔)rent⟩, ⟨↔ownership\freehold⟩ 양2

326 **lease-back** [리스 백]: '역임대' (매도인이 매수인으로부터 부동산을 임차하는 일), ⟨~ re-rent⟩, ⟨~(↔)sale⟩, ⟨↔evict⟩ 미1

327 **lease-hold** [리스 호울드]: (토지에 부착된 것에 임차료를 내는) ⟨부동산의⟩ 임대 보유권, 토지 보유권, ⟨~ tenancy\occupancy⟩, ⟨↔free-hold⟩ 양2

328 **leash** [리이쉬]: ⟨← laxus(loose)⟩, ⟨라틴어→프랑스어⟩, 사슬, 가죽끈, 제어, 속박, ⟨← lease⟩, ⟨~ rein\chain⟩, ⟨↔un-tie\liberation⟩ 양1

329 **least** [리이스트]: little의 최상급, 가장 작은(적은), ⟨↔most\sufficient⟩ 가2

330 **leath·er** [레더]: ⟨← lether(tanned animal skin)⟩, ⟨게르만어⟩, (무두질한-가공한) 가죽, 피혁(제품) 가1

331 **leath·er-back** [레더 백]: 등가죽, 장수거북(등딱지가 가죽보다 더 딱딱하고 몸집이 아주 큰 바다거북), ⟨~ lute(wood) turtle⟩ 미2

332 **leath·er-jack·et** [레더 좨킽]: ①file·fish, 쥐치, ⟨~ trigger-fish⟩ ②꾸정모기(각다귀)의 애벌레, ⟨~ larvae of crane-fly⟩ 미2

333 **leath·er jack·et** [레더 좨킽]: 가죽 상의, 가죽 저고리 가1

334 **leath·er-leaf** [레더 리이후]: 진퍼리꽃나무(질기고 두터운 잎을 가지고 봉오리 꽃을 피우며 한랭지방 ⟨질퍽한 땅⟩에 서식하는 진달랫과의 관목), ⟨~ ground laurel\cassandra⟩ 미2

335 **leath·er wed·ding** [레더 웨딩]: 혁혼식(결혼 4주년 기념식), ⟨~ 원래는 commercial term이었으나 long-lasting marriage라는 symbolic term으로 쓰여지고 있음⟩ 양2

336 **leath·er-wood** [레더 우드]: '가죽나무', 작은 흰 꽃이 피고 나무껍질이 가죽같이 질긴 미주산 팥꽃나뭇과의 관목, ⟨~ moose-wood\striped maple⟩ 우1

337 **leave¹** [리이브]: ⟨← laf(remain)⟩, ⟨게르만어⟩, 남기다, ⟨나를 버리고⟩ '가버리다', 그만두다, 방치하다, 맡기다, ⟨~ depart\go⟩, ⟨↔arrive\come⟩ 양1

338 **leave²** [리이브]: ⟨← leaf(permission)⟩, ⟨게르만어⟩, '허가', 휴가, 작별, ⟨~ waive\for-sake\cease⟩, ⟨↔denial\work-day\start⟩ 양2

339 **leave-in** [리이브 인]: 안에 남기다, 있는 그대로 두다, (브릿지 놀음에서) '자기패의 으뜸패 선언을' 그대로 지나가게 하다, ⟨~ abandon\renounce⟩, ⟨↔get into\move into⟩ 양2

340 **leav·en** [레븐]: ⟨← levare(relieve)⟩, ⟨라틴어⟩, '들어 올리다', 효모, 발효소, 이스트, 스며들게 하다, 숙성시키다, ⟨~ raise\forment⟩, ⟨↔deprive\remove⟩ 양1

341 **leave off** [리이브 어어후]: 멈추다, 중단하다, 벗다, 걷어 치우다, ⟨~ stop\give up⟩ 양2

342 **leave of ab·sence** [리이브 어브 앱슨스]: 휴가, 휴학, ⟨허가된·유급의⟩ 휴직, ⟨~ break\time off⟩, ⟨↔stay\work-day⟩ 가1

343 **leave out** [리이브 아욷]: 빼다, 생략하다, 무시하다, 따돌리다, ⟨~ omit\pass-over⟩, ⟨↔take in\include⟩ 양2

344 **leaves** [리이브즈]: leaf의 복수 양1

345 **leave-tak·ing** [리이브 테이킹]: 작별, 고별, fare-well, ⟨~ parting⟩, ⟨↔arrival\appearance⟩ 양2

346 *****leave well e·nough a·lone**: 잘하면 내버려 두어라, 뛰는 말에 채찍질(하지 말라), 긁어 부스럼 내지 말라, ⟨~ don't fix what's not broken\more is not always better⟩ 양2

347 **Leb·a·non** [레버넌]: ⟨← lbn(white)⟩, ⟨페니키아어⟩, '백두산의 나라', 레바논, 지중해 동단 시리아와 이스라엘 사이에 끼어 있어 여러 민족들이 세계로 뻗어 나가는 징검다리가 되었으며 1943년 프랑스로부터 독립을 선언한 ⟨회교와 기독교가 반반인⟩ 유서 깊은 민주공화국, {Lebanese-Arab-(LB) Pound-Beirut} 수1

348 **Leb·a·non ce·dar** [레버넌 씨더]: 레바논산맥에 서식하는 윗부분이 팽팽한 큰 삼목, ⟨~ a large ever-green conifer⟩ 수2

349 **le·che** [레췌\레췌이]: ⟨← lac(milk)⟩, ⟨라틴어⟩, ⟨우유⟩의 스페인어 수2

350 **le·chon** [레촌\레촤안]: ⟨← lechona(suckling pig)⟩, 스페인에서 개발되어 필리핀에서 인기 있는 '새끼돼지' 숯불 통구이, ⟨~ roasted piglet⟩ 우2

351 **lec·tern** [렠턴]: ⟨← lektron⟩, ⟨그리스어→라틴어⟩, ⟨← lectus⟩, ⟨lecture하는⟩ 성서대, 강의(연설)대, ⟨~ rostrum\podium⟩ 양2

352 **lec·tor** [렠터]: ⟨← legere(read)⟩, ⟨라틴어⟩, 성구를 읽는 사람, 강사, ⟨~ reciter\orator⟩, ⟨↔pupil\listener⟩ 양2

353 **lec·ture** [렠취]: ⟨← legere(read)⟩, ⟨라틴어⟩, ⟨선택하여 읽어주는⟩ 강의, 설교, 잔소리, ⟨→ lectern⟩, ⟨~ lesson⟩, ⟨~ speech\address'⟩, ⟨↔silence\listening\compliment⟩ 가1

354 *****LED** (light e·mit·ting di·ode): 발광 2극관(전류가 통과할 때 빛을 발산하는 반도체로 열량의 손실이 미세함), ⟨↔OLED⟩, ⟨~ TV는 plasma보다 크기와 선명도가 떨어지나 얇아서 값이 비싸다 함⟩ 미1

355 **led** [레드]: lead의 과거·과거분사형 양1

356 **Le·da** [리이더 \ 레이더]: 〈그리스어〉, '행복한〈happy〉 여인', 레다, 백조로 변신한 제우스와 합환하여 Helen과 Clytemnestra가 될 2개의 알을 깐 스파르타의 왕비(Spartan queen) 수1

357 **ledge** [렏쥐]: 〈← licgan(lie)〉, 〈게르만어→영국어〉, 〈문을 'lay'(가로 지르는)하는〉 턱, 선반, 가로대, 암층, 광맥, 〈→ ledger〉, 〈~ shelf\mantel〉, ↔cavity\recess〉 양2

358 **led·ger** [레쥐]: 〈← licgan(lie)〉, 〈게르만어→영국어〉, 〈← ledge〉, 〈선반에 놓아두던〉 원장, 원부, 대장, 〈~ log\register〉, 〈↔punch out\detach〉 가1

359 **lee** [리이]: 〈← hly(shelter)〉, 〈스칸디나비아어에서 연유한 영국어〉, 바람 불어 가는 쪽, 바람을 받지 않은 쪽, 가려진 곳, 〈보호된 곳〉, 〈~ cover\protection〉, 〈~ down-wind〉, 〈↔windward〉 미2

360 **Lee** [리], Myung Bak: plum, '오얏(자두나무)숲에 사는 자', 이명박, (1941-), 일본에서 노동자의 아들로 태어나서 해방 후 한국에서 고학으로 상과대학을 졸업했으며 현대건설에 취직하여 '월급쟁이의 신화'를 창조해 냈으나 대통령 재직 시 비리로 퇴임 후 고령에 실형을 산 '장사꾼 출신' 정치인, 〈~ 10th President of Korea〉 수1

361 **Lee** [리], Rob·ert: 〈← leah(clearing)〉, 〈영국어〉, '청소부\개간자', (1807-1870), 알링턴 국립묘지 터에 살았던 '귀족' 출신 미남으로 평정과 위엄을 잃지 않았고(패전 후 고소는 당했으나 처벌 받지 않은) 미국 남북전쟁 때 남군의 총지휘관, 〈~ a Confederate general〉 수1

362 **leech** [리이취]: 〈← lyce(blood sucker)〉, 〈어원 불명의 영국어〉, '착취하다', 거머리, 흡혈귀, 고리대금업자, 〈'의사'의 고어〉, 〈~ taker\usurer〉, 〈↔supporter\benefactor〉 가2 양2

363 **leek** [리잌]: 〈← leac(garlic)〉, 〈게르만어〉, (푸른 녹색의 줄기가 두껍고 잎이 질기며 웨일스 사람들이 좋아하는) 〈마늘과 사촌쯤 되는〉 서양 '부추'(파), 〈~ chive\scallion〉 미2

364 **leer·y** [리어뤼]: 〈1718년에 등장한 어원 불명의 영국어〉, 의심 많은, '곁눈질'하는, 교활한, 〈~ cautious\suspicious〉, 〈↔heed-less\trustful〉 가1

365 **lees** [리이즈]: 〈← legya(lay)〉, 〈갈리아어→라틴어〉, (술 등의) '앙금', 찌꺼기, 〈← lie¹〉, 〈~ dregs\sediment〉, 〈↔centers\interiors〉 양2

366 ***lee-way** [리이웨이]: 〈영국어〉, 〈← lee〉, (바람이 불어가는 쪽에 생기는) 여유, 여지, 시간적 손실, 〈~ scope¹\room to maneuver〉, 〈↔tightness\disadvantage〉 가1

367 **left¹** [레후트]: leave의 과거·과거분사, 〈↔stayed\arrived〉 가2

368 **left²** [레후트]: 〈← lyft(weak)〉, 〈게르만어〉, '약한', 왼쪽, 좌측, 좌파, 좌익, 〈~ sinister\liberalism〉, 〈↔right\dexter〉 가2

369 ***left-click** [레후트 클맄]: '좌측 선택'(마우스의 왼쪽을 누름), 〈↔right-click〉 미1

370 **left face** [레후트 훼이스]: 왼쪽을 바라보라, '좌향좌!', 〈~ turn 90° to the left〉, 〈~ a military command〉, 〈↔right face〉 양1

371 **left-field** [레후트 휘일드]: 좌익, 동떨어진, 의외의, 〈~ improper\incorrect〉, 〈↔suitable\appropriate\right field\out-field〉 양2

372 ***left¹(out) in the cold**: 무시되다, 찬밥 신세가 되다, 잊혀지다, 돌림쟁이, 〈~ cold shoulder\black-balled〉, 〈↔cherished\red carpet〉 양2

373 ***left–jus·ti-fy** [레후트 쥐스티화이]: '좌측 정돈'(왼쪽으로 가지런히 한 타자·인쇄), 〈~ aligned to the left〉, 〈↔right-justify〉 미2

374 ***left on read** [레후트 어언 뤼이드]: 전산망 전문을 읽었지만 대답하지 않는 일, '읽고 무시하기', 〈~ ignored〉, 〈↔reply\forward〉 우2

375 **left-o·ver** [레후트 오우붜]: 나머지, 잔존물, 찌꺼기, 〈~ remaining\residue〉, 〈↔whole\shortage〉 가2

376 **left-y** [레후티]: 왼손잡이, 왼쪽용, 진보주의자, 공산주의자, 〈~ sinistral\socialist〉, 〈↔righty〉 양2

377 **leg** [레그]: 〈← lagiaz(calf)〉, 〈게르만어〉, '다리', 정강이, 버팀대, 〈여인의 신체 부분 중 제일 볼만한 곳〉, 〈~ lower limb\support〉, 〈↔arm\body〉 가1

378 **leg·a·cy** [레거시]: 〈← legare(bequest)〉, 〈라틴어〉, 〈법적으로 인정된〉 유산, 물려받은 것, 기존의, 유품(돈이 없거나 귀찮아서 아직도 쓰고 있는 구닥다리 전산기 기기), 〈← legate\deligate〉, 〈~ bequest\bestowal〉, 〈↔discard\castaway〉 가2 미2

379 **leg·a·cy ad-mis-sion** [레거시 어드미션]: '대물림 입학', 우대 입학, 특혜 선발, (부모의 학력·재력 등이 고려되는) 〈불공정 입학 사정 제도〉, 〈~ legacy preference\privileged admission〉, 〈~(↔)affirmative action〉 양2

380 ***leg·a·cy-free** [레거시 후뤼이]: '면유품'(유품 방지용)〈신형이 나와도 계속 호환·개선해서 쓸 수 있는 기기〉, 〈~ not comparable〉, 〈~(↔)compatible〉 미2

381 **le·gal** [리이걸]: 〈← legis〉, 〈라틴어〉, 〈← law〉, 법률(상)의, 합법적인, 〈→ loyal〉, 〈~ legitimate\licit〉, 〈↔illegal\criminal〉 가1

382 **le·gal aide** [리이걸 에이드]: '법률 조무사', 저렴한 비용의 '법률 도우미', 〈~ para-legal〉 미2

383 **le·gal size** [리이걸 싸이즈]: 법정 크기의 (종이)〈8½×14인치〉, 〈↔letter size〉 미2

384 **le·gate¹** [레거트]: 〈← legare ← legis〉, 〈라틴어〉, 교황특사, 사절, (로마의) 장군 보좌관, 〈~ envoy\delegate\deputy〉, 〈↔antagonist〉 양2

385 **le·gate²** [리게이트]: 〈← legare(bequest)〉, 〈라틴어〉, 유증하다, 후세에 남기다, 〈~ allot\bestow〉, 〈↔disown〉 양2

386 **le·ga-tion** [리게이션]: 〈← legare(appoint)〉, 〈라틴어〉, 공사(관), 사절단, 〈→ delegate〉, 〈~ embassy\mission〉, 〈↔dis-arrange\dis-allowance〉 양2

387 **le·ga-to** [리가아토우]: 〈← legare(bind)〉, 〈라틴어에서 연유한 이탈리아어〉, 레가토, 부드럽게, 음을 끊지 않고, 〈~ tenuto〉, 〈↔staccato\fragmented〉 미2

388 **leg·end** [레줸드]: 〈← legare(read)〉, 〈라틴어〉, 〈읽혀야 할〉 전설, 설화, 범례, 설명문, 〈~ folk tale\icon\rubric〉, 〈↔non-fiction\narrative〉 가1

389 **leg-gings** \ leg-gins [레깅즈 \ 레긴즈]: 각반, 행전, '다리 바지'〈다리에 꼭 끼는 바지〉, 〈~ stockings〉 가1 미2

390 **leg-horn** [레그 호언]: 'Liverno〈이탈리아어〉'의 영국식 표현, L~; 이탈리아 중서부의 항구, (그곳 원산의) 닭, 〈~ layer hen〉, (그곳 원산의) 밀짚모자, 〈~ panama hat〉 수1 수2

391 **leg·i-ble** [레쥐블]: 〈← legere(read)〉, 읽기 쉬운, 명료한, 〈~ readable\clear〉, 〈↔illegible\un-intelligible\obscure〉 가1

392 **le·gion** [리이줜]: 〈← lagere(bequest)〉, (로마의) 군단〈레지옹〉, 〈골라낸〉 군대, 군세, 전면전, 다수, 재향군인회, (프랑스) 외인부대〈레지옹〉, (분류상의) 속〈genus〉, 〈~ small groups〉, 〈~ brigade\company〉, 〈↔phalanx\individual〉 양1

393 **leg·is-la·tion** [레쥐슬레이션]: legis(law)+latio(propose), 〈라틴어〉, 입법, 법률, '법을 제안함', 〈~ bill\law-making〉, 〈↔repeal\lawlessness〉 가1

394 **le·git** [리쥩]: legitimate, 정통의, 합법적인, 당당한 양2

395 **le·git·i-mate** [리쥐티미트]: 〈← legis(law)〉, 〈라틴어〉, fixed by law, '법이 허락하는', 합법의, 옳은, 정통의, 합리적인, 〈~ legal\licit〉, 〈↔illegitimate\illegal〉 양1

396 **leg-man** [레그먼]: 취재기자, 외판원, 심부름꾼, '마당발', 〈~ aide\rep\correspondent〉, ⇒ district man 양2

397 **Leg·o** [레고우]: 〈← lege(play)〉, 〈덴마크어〉, '놀이', 레고, 1949년에 설립된 덴마크의 토막완구 제조회사(상품명), 〈~ a Danish construction toy production co.〉 수1

398 ***Leg·o League** [레고우 리그]: '짜맞추기 연맹', 1998년 미국에서 개발된 〈내가〉 (기계인간을 이용해서) 작업을 완성시키는 전산기 경기(집단), 〈~ robotics-related games〉 우1

399 **le·gong** [레이공]: 〈← agong(Balinese traditional music)〉, 〈발리어〉, 두 소녀가 짝지어 추는 발리섬의 〈섬세하고 우아한〉 전통 무용, 〈~ an Indonesian traditional dance〉 수2

400 ***leg-pull** [레그 풀]: 못된 장난, 속여 넘기기, 〈~ caper¹\prank¹〉, 〈↔revealing\de-bunking〉 양2

401 **leg·ume** [레규움]: 〈← legere(gather)〉, 〈라틴어〉, 콩(pea)과 식물의 총칭, 〈손톱으로 까야하는〉 (콩)꼬투리, 〈~ clover\pulse²〉 우2

402 **le·hu·a** [레이휴우아]: 〈← ohia(warrior heart\sweet-heart)〉, 〈원주민어〉, 바늘 같은 다홍색의 꽃잎이 사방으로 〈둥글게 흩어지며〉 피는 하와이 제도 레후아 섬 원산의 상록수, 〈~ a mytle〉 수2

403 **lei** [레이]: 〈하와이어〉, (목에 걸어주는) 화환, 〈~ wreath\garland\festoon〉 미2

404 **Leib·niz** \ **~nitz** [라이브니츠], Gott·fried: 〈'영광된(glorious) 자'?〉, 라이프니츠, (1646-1716), "모든 실재란 정신적인 생명을 지닌 단자로 되어 있고 하느님이 주신 운명은 바꿀 수 없다"고 주장한 독일의 범심리주의 철학자·미적분학을 발견한 수학자, 〈~ a German polymath〉 수1

405 **Lei·ca** [라이커]: 〈발명가의 이름(Leitz)에서 유래한〉1949년에 설립된 독일의 사진기 제조사·광학기기 회사, 〈~ a German camera manufacturer〉 수1

406 **Leigh** [리], Viv·i·en: 〈Lee의 변형어〉, (1913-1967), 본명은 Hartley였으나 첫 남편의 중간 이름을 딴 예명, 영국 사업가의 딸로 인도에서 태어나 제대로 연극 수업을 받고 나중에 남편이 된 로렌스 올리비에 감독의 후원으로 〈바람과 함께 사라지다〉 등에서 열연해서 명성을 떨쳤으나 조울증에 시달렸고 폐결핵으로 사망한 미녀 배우, 〈~ a British actress〉 수1

407 *****L8R** (lat·er): later의 웃기는 표현, 나중에…, 총총히… 미2

408 **Leip·zig** [라잎시그 \ ~지그]: 〈슬라브어→독일어〉, '참피나무〈linden tree〉 숲', 라이프히치, 2차 대전 때 대파된 동부 독일의 교통·상공업·문화 중심지, 〈~ a city in eastern Germany〉 수1

409 **Leip·zig** [라잎시그], Bat·tle of: 라이프히치 전투, (1813년 10월 16일~19일간) 프로이센·오스트리아·러시아·스웨덴의 연합군이 나폴레옹군을 격파하여 〈그의 몰락을 재촉한〉 싸움, 〈~ Battle of the Nations\Napoleonic fall〉 수2

410 **lei·sure** [리이져 \ 레져]: 〈← licere(be allowed)〉, 〈라틴어〉, 〈← license〉, 〈허락된〉 틈, 여가, 무위, 느긋한, 〈~ free(spare) time〉, 〈↔work\toil〉 가1

411 **leit-mo·tif** [라이트 모우티이후]: 〈독일어〉, 'leading motive', 시도동기, 중심사상, 되풀이해서 나타나는 주제, 〈~ recurrent theme〉 양2

412 **Le Mans** [러 망]: 〈'정인(sweet heart)'이란 뜻의 프랑스어〉, 〈갈리아의 한 부족이 세운〉 르망(24시간〈24hours〉 자동차 내구경기가 열리는 프랑스 북서부의 도시), 〈~ a city in N-W France〉 수1

413 **lem·ming** [레밍]: 〈노르웨이어〉, sudden mass migration, 나그네쥐(먹이를 따라 집단으로 이동해 다니다 떼거지로 바다에 빠져 죽기도 하는 스칸디나비아 서식의 털이 길고 오동통한 들쥐), 〈~ a small rodent\blind follower〉, ⇒ band-wagon effect 미2

414 *****lem·on** [레먼]: 〈← laimon(citrus)〉, 〈아랍어〉, 레몬(일 년에 최고 10번까지 수확할 수 있는 인도 원산 운향과의 상록관목), 담황색, 맛이 없는 것〈시큼털털한 것〉, 〈결함을 발견하고 레몬을 씹은 떫은 표정을 짓는다는〉 불량품(차), 〈~ defective product〉, 〈~(↔)lime〉, 〈↔prize〉 우1

415 **lem·on-ade** [레머네이드]: 레몬수(레몬+물+설탕), 〈~ citron juice〉, 〈~(↔)orange juice〉 우1

416 **lem·on-balm** [레먼 바암]: 〈아로마 치료용으로 쓰이는〉 향수 박하, 〈~(↔)sweet-balm〉 미2

417 **lem·on-grass** [레먼 그래스]: (동남아에서 채소로 먹는) 레몬향이 나는 볏과의 〈파 비슷한〉 다년초, 〈~ barbed-wire grass\silky heads〉 우1

418 *****lem·on law** [레먼 러어]: 〈교환·환불을 요구할 수 있는〉 (자동차) 불량품법, 〈~ a consumer warranty act〉 미2

419 **lem·on sole** [레먼 쏘울]: 〈← lime(file)〉, 〈프랑스어〉, sole limande, 줄 같은 거친 피부를 가진 쥐치 비슷한 바닷 물고기〉, 서대기, 유럽산 가자미, 〈~ a flat-fish〉 미2

420 **le·mur** [리이머]: 〈← lemures(spirits of the dead)〉, 〈라틴어〉, 여우원숭이(아프리카의 마다가스카르섬에만 서식하는 긴 꼬리를 가진 다람쥐 비슷한 희귀종 원숭이), '야행성 저승사자', macaco, 〈~ potto\bush-baby〉 미2

421 **lend** [렌드]: 〈← lan(loan)〉, 〈게르만어〉, '빌려주다', 제공하다, 〈~(↔)advance\rent〉, 〈↔borrow\withhold\detract〉 가1

422 **lend a hand** [렌드 어 핸드]: 손을 빌리다, 도움을 주다, 거들다, 곁들다, 〈~ assist\help-out〉, 〈↔deter\hinder〉 양2

423 **lend an ear**: 귀를 빌리다, 들어 주다, 경청하다, listen, 〈↔ignore\neglect〉 양2

424 **lend col·or** [렌드 컬러]: 색깔을 빌려주다, 윤색하다, 빛을 더해주다, 〈~ amplify\exaggerate〉, 〈↔reduce\refrain〉 양2

425 **length** [렝쓰]: 〈← lengthu〉, 〈게르만어〉, 〈← long〉, 길이, 세로, 한도, 〈→ latitude〉, 〈~ extent\distance〉, 〈↔width\breadth〉 가1

426 **le·ni·ent** [리니언트]: 〈← lenis(soft)〉, 〈라틴어〉, '순환', 관대한, 가벼운, 〈~ allowing\forgiving〉, 〈↔polar\severe\stiff\strict〉 가2

427 **Le·nin** [레닌], Ni·ko·lai: Vladimir Lenin, 〈시베리아의 강 이름에서 따온 가명〉, (1870-1924), 계급사회와 자유기업 타도를 외치면서 1917년 10월 혁명을 일으켜서 죽을 때까지 러시아를 쥐고 흔든 공산주의 혁명가·독재자, 〈~ a Russian revolutionary and political theorist〉 수1

428 **Le·nin-grad** [레닌그래드]: 레닌그라드, 상트페테르부르크의 구소련 이름(발트해에 붙어있는 러시아의 역사적 상공업·문화도시) 〈1703년 피터 대제에 의해 세워져서 레닌 사망 후 1924년부터 이 이름으로 불리다가 1991년 주민투표로 원래 이름을 회복함〉, ⇒ St. Petersburg 수1

429 **Len·non** [레넌], John: 〈켈트어〉, lover, '사랑하는 자', 레논, (1940-80), 1970년 비틀즈를 떠나 홀로 서려다 팬에 의해 암살당한 〈변태성 경향이 있었던〉 영국 출신 록 가수·작곡가, 〈~ an English singer〉 수1

430 ***Le-no·vo** [레노보]: 〈new legend(새로운 전설)〉, '연상유한공사', 1984년에 설립된 중국의 세계적 전산기 계통 기술회사, 〈~ a Chinese-American technology co.〉 수2

431 **lens** [렌즈]: 〈라틴어〉, 〈lentil 모양의〉 수정체, 곡선을 가진 투명한 물체, 〈~ pupil〉, 〈↔blindfold\diverge\ retina〉 미2

432 **Lens–Craft-ers** [렌즈 크래후터스]: 렌즈 크래프터, 1983년 미국에서 창립되어 1995년 이탈리아의 세계적 안경회사 Luxottica에 팔려나간 〈즉석〉 '안경알 세공업' 연쇄점, 〈~ an international eye-wear retailer〉 우1

433 **Lent** [렌트]: 〈← lang(long)〉, 〈게르만어〉, 〈해가 점점 '길어지는'〉 '봄철', 사순절(단식과 참회를 행하는 부활절 전 40일), 〈~ fast\abstain〉, 〈~ spiritual journey for 40 days〉 미2

434 **lent** [렌트]: lend의 과거·과거분사 가1

435 **~lent** [~렌트]: 〈라틴어〉, 〈~이 풍부한·~으로 가득찬〉이란 뜻의 결합사, 〈→ ulent〉, 〈~ full of〉 양1

436 **len·tan·do** [렌타안도우]: 〈← lentus(slow)〉, 〈라틴어→이탈리아어〉, 차차 느리게, 〈~ slower〉 미2

437 **len·ti·go** [렌타이고우] \ len·tig·i·nes [렌티쥐니이즈](복수): 〈라틴어〉, 〈lentil 모양의〉 (노인성) 검은 사마귀, 검버섯, 흑색점, age spot 양2

438 **len·til** [렌틀]: 〈← lenticula(freckle)〉, 〈라틴어〉, 편두(동글 납작한 모양을 한 다양한 색깔의 콩으로 기원전 22세기부터 재배됨), 〈→ lens〉, 〈~ legume\pulse²〉 미2

439 **len·tis-si·mo** [렌티시모우]: 〈← lentus(slow)〉, 〈라틴어에서 연유한 이탈리아어〉, 아주 느리게, 〈~ slowest〉, 〈↔fast\sudden〉 미2

440 **Le·o** [리이오우]: 〈← leon(lion)〉, 〈그리스어→라틴어〉, 레오, 남자 이름(a masculine given name), '사자'자리(a constellation), 사자 띠(7/23~8/22일 태생)〈a zodiac sign〉 수1 미2

441 **le·o·nine** [리이어나인]: 〈← leon(lion)〉, 〈그리스어〉, 사자의, 사자같은, 용맹한, 당당한, 〈~ distinguished\ out-standing〉, 〈↔insignificant\ordinary〉 양2

442 **leop·ard** [레퍼드]: leon+pardos, 〈그리스어〉, 표범(사냥에 도가 트고 표피에 수많은 검은 반점을 가진 고양잇과의 큰 육식동물), lion+panther, 〈~ a big cat〉, 〈~(↔)cheetah〉 미2

443 ***leop·ard can't change its spots**: 세 살 버릇 여든까지 간다, 제 버릇 개 못 주는 법, what's learned in the cradle is carried to the tomb 양2

444 **Le·o·pold** [리어포올드]: liut(people)+balt(brave), 〈게르만어〉, 레오폴드, '대담한 자' ①남자이름(masculine given name) ②두명의 신성로마제국(Holy Roman Empire)·세명의 벨기에(Belgium) 왕들의 이름 수1

445 **lep·er** [레퍼]: 〈← lepein(peel)〉, 〈그리스어〉, 나병환자, 문둥이 〈← leprosy〉, 〈~ un-touchable\out- cast〉 양2

446 **Lep-i·dus** [레피더스], Mar·cus: 〈← lep(pleasant)〉, 〈라틴어〉, '유쾌한 자', 레피두스, (89-13 BCE), 카이사르의 부관으로 삼두정치의 일원이 되었으나 선수를 쳤다가 옥타비안에게 패해 스스로 권력투쟁에서 물러났던 로마의 장군, 〈~ a Roman general and statesman〉 수1

447 **le-ports** [레포츠]: 〈Japlish\Konglish〉, leisure sports, 여가 시간에 기분 전환이나 심신 훈련을 목적으로 즐기는 운동, recreational sports 양2

448 **lep·re·chaun** [레프뤄커언]: lu(little)+corpus(body), 〈라틴어에서 유래한 아일랜드 말〉, 장난을 좋아하는 작은 요정, 〈~ elf\pixie〉 수1

449 **lep·ro·sy** [레프러시]: 〈← lepein(to peel)〉, 〈그리스어〉, 〈손·발가락이 '문드러지는'〉 문둥병(피부와 말초신경을 침범하는 저강도의 전염병), 〈피부가 두꺼비 같이 변하는〉 나병, 〈발견자의 이름을 딴〉 한센(Hansen)병, 〈비늘이 벗겨지는〉 부패, 〈→ leper〉 가1

450 **lep·to-derm** [렢토더엄]: leptos(thin)+derma(skin), 〈그리스어〉, 〈가죽이 얇은〉 박피동물, 수줍어(shy)하는 자, 〈↔pachy-derm〉 양2

451 **les·bi·an** [레즈비언]: 〈여성 찬미 그리스 시인이 태어난 섬 이름(Lesbos)에서 연유한〉 여성 동성애의, 호색적인, 〈~ gay woman\queer\butch\dike〉, 〈↔gay man〉 양1

452 **le·sion** [리이젼]: 〈← laedere(injure)〉, 〈라틴어〉, '손상'(부위), 병소, 〈~ wound\damage〉, 〈↔recovery\healing〉 양2

453 **les jeux sont faits** [레스 쥬우 싼 훼이]: 〈사르트르의 희곡 제목에서 유래한 프랑스어〉, the bets are made, 주사위는 이미 던져졌다 〈the chips are down〉 양2

454 **Le-so·tho** [러쑤투 \ 러쏘우토우]: 레소토, '소토〈Basotho〉족의 나라'(1966년 영국으로부터 독립한 남아프리카 공화국 북쪽의 가난한 입헌군주국), {Lesothan·Lesothonian-Sesotho·Eng-Loti-Maseru} 수1

455 **les·pe·de·za** [레스퍼디이져]: 〈동 플로리다의 탐색을 허가한 스페인의 행정관(Zespedes〈farmer〉)의 이름에서 연유한〉 싸리나무, 덤불 토끼풀(목초나 퇴비로 쓰이는 콩과의 관목), 〈~ bush clover〉 미2

456 **less** [레스]: little의 비교급, 더 적은(작은), 더 적게(작게), 〈~ fewer\smaller〉, 〈↔more\greater〉 가1

457 **~less** [~리스]: 〈게르만어에서 연유한 영국어〉, 〈~이 없는〉이란 뜻의 결합사, 〈~ without\lacking〉 양1

458 **les-see** [레씨이]: 〈← laxare(loosen)〉, 〈라틴어〉, 세 든 사람, 임차인, tenant, 〈← lease〉, 〈↔lessor\proprietor〉 양2

459 **less-en** [레슨]: 적게(작게) 하다, 줄이다, 경시하다, 〈~ decrease\reduce〉, 〈↔increase\magnify〉 가1

460 **less-er** [레서]: little의 이중 비교급, 더욱 적은(작은), 〈~ minor\smaller〉, 〈↔major\greater〉 가1

461 **les·son** [레슨]: 〈← legere(read)〉, 〈라틴어〉, 학과, 〈소리내어 읽는〉 수업, 교훈, 〈~ lecture\session〉, 〈↔mislead\ignorance〉 가2

462 **les·sor** [레써얼]: 〈← laxare(loosen)〉, 〈라틴어〉, 세 준 사람, 임대인, landlord, 〈← lease〉, 〈~ proprietor〉, 〈↔lessee\tenant〉 양2

463 **lest** [레스트]: 〈← leste〉, 〈영국어〉, 〈← less that〉, ~하지 않도록, ~은 아닐까 하고, 〈~ in case\un-less〉, 〈↔so that\in order to〉 양1

464 **let** [렡]: 〈← leatan〉, 〈게르만어〉, 〈← leave〉, let alone (be), ~시키다, 놓아주다, 내버려 두다, 〈→ late〉, 〈~ allow\permit〉, 〈↔prohibit\prevent〉 양1

465 **~let** [~렡]: 〈라틴어〉, 〈~소·작은〉을 뜻하는 명사 어미, 〈~ small〉 양1

466 **let-down** [렡 다운]: 감소, 실망, 강하, 〈~ fail\disappoint〉, 〈↔take up\gratify\support〉 양2

467 **let down** [렡 다운]: 낮추다, 내리다, 실망시키다, 〈~ come down\set back〉, 〈↔raise\content〉 양1

468 **le·thal** [리이썰]: 〈← letum(death)〉, 〈라틴어〉, 치사의, 치명적인, 〈~ fatal\virulent〉, 〈↔safe\healthy〉 가1

469 **leth-ar·gy** [레썰쥐]: lethe(forgetfulness)+algos(pain), 〈그리스어〉, 무기력, 혼미(상태), 〈~ apathy\inertia\listless〉, 〈↔dynamics\energy〉 양1

470 **Le·the** [리이씨이]: 〈그리스어〉, 레테, forgetfulness, (그물을 마시면 전에 있던 일을 잊어버린다는) 저승에 있는 '망각'의 강, 〈→ lethargy〉, 〈~ oblibion\concealment〉, 〈~ river of un-mindfulness〉 수2

471 **Le·to** [리이토우]: 〈← lada(wife)\lethe(forgotten)〉, 〈그리스어〉, '아내 또는 잊혀진 여인'〈IQ가 130 정도는 되어야 그 연관성을 이해할 수 있음〉, 레토, 아폴로와 아르테미스의 어머니, 헤라의 질투로 방황했던 제우스의 첩, 〈~ mother of Apollo and Artemis〉 수1

472 **let-off** [렡 어어후]: 방면, 발사, 넘치는 기운, 〈~ pardon\discharge〉, 〈↔incarcerate\hold\retention〉 양2

473 **let off steam** [렡 어어후 스티임]: 김을 빼다, 울분을 발산하다, 화풀이하다, 기분을 풀다, 〈~ release\vent〉, 〈↔restrain\suppress〉 양2

474 **let's** [레츠]: let us, ~ 합시다, 〈~ suggestion\request〉 가2

475 ***let sleep-ing dogs lie**: 〈프랑스 격언을 초서가 도입한 말〉, 긁어 부스럼 만들지 말라, 〈~ leave it alone〉 양2

476 **let·ter** [레터]: 〈← littera(written character)〉, 〈라틴어〉, '글자', 문자, 편지, 자구, 문학, 〈마음의 무늬〉, '레떼르(label)', 〈~ literature\epistolary〉, 〈↔speech\voice mail\number〉 양1

477 **let·ter-head** [레터 헤드]: 편지지 윗부분의 인쇄 문구, '문두', 〈~ heading〉 우1

478 **let·ter-size** [레터 싸이즈]: 편지지 크기의 (8½×11인치), 〈~(↔)A4\paper size〉, 〈↔legal size〉 미2

479 **let·ter–spac·ing** [레터 스페이싱]: 글자 사이의 간격, tracking 미2

480 *let the cat out of the bag: (무심코) 기밀을 누설하다, 비밀이 샜다, 〈~ spill the beans〉, 〈↔conceal\hide〉 양2

481 let·tuce [레티스]: 〈← lac〉, 〈라틴어〉, 〈'latte(우유)' 같은 액즙이 나오는〉 (양)상추(칼슘·철분·비타민A를 많이 포함하고 있고 주로 날로 먹는 채소), 〈~ a leaf vegetable〉 가1

482 let-up [렡 엎]: 〈걷어치움〉, 정지, 완화, 감소, 〈~ pause\lull\respite〉, 〈↔continuation\acceleration〉 양2

483 leu·ce·mi·a \ leu·ke·mi·a [루우씨이미어 \ 류키이미어]: 백혈병(백혈구가 통제할 수 없이 증식하는 혈액암), 〈white blood란 그리스어〉, 〈~ a blood cancer\abnormal proliferation of leucocytes〉, 〈↔anemia〉, 〈↔leukopenia〉 가1

484 leu·co-cyte [류우코우 싸이트]: 백혈구, ⇒ WBC (white blood cell), 〈↔erythro-cyte〉 양2

485 leu·co \ leu·ko [루우코우 \ 류우커]: 〈그리스어〉, white, 흰, 백질의 가1

486 leu·ko-pe·ni·a [류우코커피이니어]: leuko(white)+penia(poverty), 〈그리스어〉, 백혈구 감소(증), 〈~(↔)neutropenia\agranulocytosis〉, 〈↔leucemia〉 양2

487 Le·vant [리밴트]: 〈← levare(raise)〉, 〈라틴어〉, 레반트 ①'해가 뜨는 곳'(지중해 동해안 지역), 〈~ the east (of Mediterranean)〉 ②l~; 〈레반트 지역에서도 생산되는〉 (제본용) 염소가죽제 모로코 피혁〈Moroco leather〉, (빚을 갚지 않고) 도망치다, 〈~ lift-up\run-away〉 수2

488 le·vee¹ [레비 \ 레붸이]: 〈← levare(raise)〉, 〈라틴어〉, 영국군주의 알현식, 미국 대통령의 접견회, 〈~ morning reception〉 양2

489 lev·ee² [레뷔]: 〈← lever(raise)〉, 〈1718년경 프랑스어에서 도입한 New Orleans식 미국어〉, 둑, 제방, 충적제, 〈~ dike\dam〉 양1

490 lev·el [레블]: 〈← libra(balance)〉, 〈라틴어〉, '수준기', 수평, 평원, 동위, 표준, 〈~ flat\equal〉, 〈↔un-even\bumpy\tilt〉 가1

491 lev·er [레붜 \ 리붜]: 〈← levare(raise)〉, 〈라틴어→프랑스어〉, '위로 올리는 도구', 지레, 방편, 〈~ bar\lifter〉, 〈↔attach\bind〉 가1

492 *lev·er-age [레붜뤼쥐 \ 리붜뤼쥐]: 지레 작용, 수단, 세력, 차입 자본 이용〈기업이 타인의 자본을 지렛대처럼 이용해서 자기 자본의 이익률을 높이는 짓〉, 〈~ advantage\credit〉 양2

493 Le·vi [리이봐이 \ 레이뷔]: 〈← lewi(joining)〉, 〈히브리어〉, united in harmony, '화합하는 자', 레비, 남자 이름, 레위(레위 족속의 시조, 야곱과 레아의 아들), 〈~ 3rd son of Jacob\founder of Levi Tribe〉 수1

494 le·vi·a·than [리봐이어쎈]: 〈← livyatan(twisted)〉, 〈히브리어〉, (전설적인) 거대한 바다짐승(whale), 〈~ a sea monster〉, 〈~(↔)behemoth〉, L~; 전체주의 국가(totalitarian state) 수2

495 Le·vi-Strauss [뤠뷔 스트롸우스]: 레비 스트로스, 1853년에 동명의 독일 이민자가 설립한 미국의 데님(denim)(두꺼운 무명) 의류 제조업체, 〈~ an American clothing company〉 수1

496 Le·vit·i·cus [리뷔티커스]: descendants of Levi, 〈히브리어〉, '사제의 규율', (하느님이 모세를 통해 사제들에게 공양법을 계시한) 구약성서의 제3장, 레위기, 〈~ the 3rd Book of the Old Testament〉 수2

497 lev·i·ty [레뷔티]: 〈← levis(light°)〉, 〈라틴어〉, 가벼움, 경쾌함, 경솔, 경거망동, 〈~ frivolity\giddiness〉, 〈↔gravity〉 양1

498 lev·y [레뷔]: 〈← livare(raise)〉, 〈라틴어→프랑스어〉, '들어 올리다', 거두어들이다, 압류하다, 시작하다, 〈~ impose\tariff〉, 〈↔discharge\diminish\abate〉 양1

499 lewd [루우드]: 〈← leawede(non clerical)〉, 〈영국어〉, 〈← lay?〉, 추잡한, 음란한, 〈~ lascivious\obscene\vulgar〉, 〈↔decent\clean〉 가2

500 Lew·is [루우이스], C. S.: 〈← loup(wolf)〉, 〈프랑스어→영국어〉, '늑대', 루이스, (1898-1963), 〈다윈·프로이트로 점철된 연대학의 속물근성을 타파하고〉 하느님의 섭리에 의한 도덕적 교훈을 쓴 영국의 저술가·신학자, 〈~ a British writer and Anglican theologian〉 수1

501 Lew·is [루우이스], Carl: '늑대(wolf)', 루이스, (1961-), 〈은퇴 후에 발표된 약물 남용으로 문제가 되기도 했으나〉 올림픽 경기에서 9개의 금메달을 획득하고 1997년 은퇴 후 배우·가수·사업가로 뛰고 있는 미국의 '완전 채식주의' 흑인 육상선수, 〈~ an American track and field athlete〉 수1

502 Lew·is [루우이스], Sin·clair: '늑대(wolf)', 루이스, (1885-1951), 미국 사회의 단점을 냉소적 필치로 고발한 소설가, 〈~ an American novelist\the 1st US author to receive the Nobel Prize in Literature〉 수1

503 *lewk [룩]: 〈2010년경에 등장한 미국 속어〉, look의 변형어, unique look, 개성적인 몸치장(장식) 미2

504 lex·i·cog·ra·phy [렉시카그뤄휘]: lexikon(words)+graphein(write), 〈그리스어〉, 사전편집법, '단어도표', 〈~ thesaurus\word-book〉 가1

505 lex·i·col·o·gy [렉시칼러쥐]: 〈← lexicon(words)〉, 〈그리스어〉, 어의(말의 뜻을 연구하는)학, 〈~ philology\onomatology〉, 〈↔descriptive linguistics〉 가1

506 Lex·ing·ton [렉싱턴]: 〈← leaxa(new law)〉, 〈아마도 영국의 고대 장원 이름에서 유래한〉 ①(1775년 4월 영국군과 소규모 충돌로 독립전쟁이 발발했던) 미국 매사추세츠주(Massachusetts) 동부의 소도시 ②1782년부터 개발되어 '말 사육의 중심지'로 이름을 떨쳤던 미국 켄터키주(Kentucky) 중북부의 산업도시 수1

507 Lex·us [렉서스]: 〈← luxury〉, 렉서스, 〈일본 냄새를 빼고 luxury export형으로〉 1989년부터 출시된 일본 토요타 회사의 고급 승용차 상품명, 〈luxury+elegance \ luxury export to us라는 '썰'이 있음〉, 〈~ a division of the Japanese Toyota Motor Corp.〉 수1

508 LF: ledger folio(원장쪽), left forward(왼쪽으로), low frequency(저주파), lousy fuck(?) 미2

509 LG (Luck·y Gold·star) Cor·po·ra·tion: 럭키 금성 법인, 1947년 합성수지 제품을 만드는 '낙희' 산업으로 출범해서 1958년 '금성' 전자 회사를 창립하고 1983년 합쳤다가 2005년 GS가 분리된 후 화공·전자 통신·정보 산업·기계·동력 산업 등을 벌이고 있는 〈Life is Good을 외치는〉 한국의 재벌 회사, 〈~ a Korean conglomerate〉 미1

510 *LGA (land grid ar·ray): '접촉 밑바닥 격자 배열', 회로판의 단자전극을 납땜으로 연결한 통합 회로 배열 방식, 〈~ an integrated circuit packaging〉, 〈↔PGA²(pin grid array)〉 우1

511 *LGBT<Q> (les·bi·an-gay-bi·sex·u·al-trans·gen·der <queer-ques·tion·a·ble>): 성적 소수자, '성적 괴짜'〈gender-queer〉 양2

512 LH (Ko·re·a 'Land and Hous·ing' Cor·po·ra·tion): 그냥 '토주공'이라 불러도 되는데 〈준 정부 기관을〉 굳이 영어로 부른다는 것은 좀 너무하지 않나 하는 감이 드는 2009년 개편된 〈거의 100% 정부 투자액으로 운영되는〉 '대한민국 최대의 빚쟁이 시한폭탄' 한국 토지 주택공사, 〈~ a government owned corp.〉 가2

513 Lha·sa [라아사]: lha(god)+sa(place), 〈티베트어〉, '신전', 라사 ①중국 티베트 자치국의 수도, 〈~ forbidden city〉, 〈~ Capital of Tibet〉 ②'털이 많고' 사자 비슷한 〈티베트 원산의〉 작은 테리어종 개, 〈~ billy goat\bark guard〉 수1

514 Li [리]이, Shi·min : '오얏〈plum〉숲에 사는 자', 리쉬민, 이세민, (597-649), 아버지를 도와 수나라를 물리치고 형제들을 죽여가면서까지 왕권을 강화하여 '정관의 치'를 이뤘으나 색을 너무 밝힌 나머지 왕조를 말아 먹을 뻔한 〈편자와는 종씨가 되는〉 중국의 당태종, 〈~ Emperor Tai-zong of Tang' dynasty〉 수1

515 Li, Po [리이, 포우]: Li Bo, Li Bai, Li Tai Po, '오얏〈plum〉숲에 사는 자', 이(태)백, (701-762), 1천 편 정도의 시를 쓰고 〈'ㄹ' 자를 너무 좋아하다〉 술에 취해 배에서 달을 끌어안으려다 물에 빠져 죽었다는 중국 당나라 때의 시인, 〈~ a Chinese poet〉 수1

516 li·a·bil·i·ty [라이어빌리티]: 〈← ligare(bind)〉, 〈라틴어〉, 빠지기 쉬움, 책임, 채무, 〈책임을 '묶을 수' 있는〉 불리한 일, 〈~ accountability\legal responsibility〉, 〈↔asset\immunity〉 양2

517 li·ai·son [리에이졍 \ 리어쟌]: 〈← ligare(bind)〉, 〈라틴어→프랑스어〉, '묶음', 연락, 섭외, 밀통, 〈~ cooperation\connection〉, 〈↔disconnection\separation〉 양2

518 Lian·court Rocks [리아앙코어트 롹스]: 〈← 어원 불명의 프랑스계 이름〉, (1849년 근처에서 난파된 프랑스 고래잡이 배의 이름에서 유래한) 〈청해상에〉 2개의 바위섬과 32개의 암초로 구성된 리앙쿠르 바위들, ⇒ Dok·do 수2

519 Liao [리아우]: 〈'만남'이란 뜻의 중국어?〉①리오허, 중국 북동부를 흘러 요동만으로 들어가는 강, 〈~ a river in N-E China〉②요나라, (916~1125년간) 중국 북부와 북동부를 지배했던 거란족이 세운 나라, 〈~ the Khitan Empire〉 수2

520 li·ar [라이어]: 〈← leogan〉, 〈게르만어〉, 〈← lie〉, 거짓말쟁이, 〈~ deceiver\perjurer〉, 〈↔truth-teller\honest person〉 가2

521 li·bel [라이블]: 〈← liber(book)〉, 〈라틴어〉, 〈로마시대 '조그만 책자'를 제출해서 상대방을 헐뜯던 데서 여유한〉 모욕, 명예훼손(죄), 〈~ defamation\calumny〉, 〈↔compliment\flatter〉 양2

522 lib·er·al [리버뤌]: 〈← liber(free)〉, 자유주의의, 진보적인, 관대한, 풍부한, 〈~ un-bigoted\progressive〉, 〈↔conservative\narrow minded〉 양1

523 **lib·er·al arts** [리버뤌 아알츠]: 교양과목, 학예, 자유인이 되기 위한 필수 학문, 〈~ humanities〉, 〈↔vocational technique〉 양2

524 **lib·er·al–ism** [리버뤌리즘]: 자유주의, 진보주의, 편견 없음, 관대함, 〈~ free-thinking\progressivism〉, 〈↔conservatism〉 양2

525 **lib·er·a·tion** [리버뤠이션]: '자유롭게 하기', 해방, 석방, 〈~ abolition\emancipation〉, 〈↔confinement\slavery〉 가2

526 **Li·be·ri·a** [라이비어뤼어]: 라이베리아, free land, '자유의 땅', 1847년에 귀국한 해방 노예들이 미국의 도움으로 세운 아프리카 서해안의 조그만 기독교 국가, {Liberian-Eng-(LR) Dollar-Monrovia} 수1

527 **lib·er·tine** [리벌틴]: 〈라틴어〉, 자유 사상가, 방탕자, 난봉꾼, 〈~ free-thinker\decadent\Don Juan〉, 〈↔prude\puritan〉 양2

528 **Lib·er·tin·ism** [리벌티이니즘]: (17-19세기에 프랑스와 영국에서 유행했던) 방종〈자유〉주의, extreme hedonism, 〈↔Stoicism〉 우2

529 **lib·er·ty** [리벌티]: 〈라틴어〉, 자유, 자립, 해방, 멋대로 함, 〈~ freedom\autonomy〉, 〈↔dependence\restraint〉 가2

530 **li·bi·do** [리비이도우]: 성욕, 성적 충동, 〈1894년경 Freud가 desire+lust를 합쳐 개발시킨 말〉, 〈↔chastity\abstinence〉 양2

531 **Li·bra** [라이브뤄\리브뤄]: 〈라틴어〉, '평형(balance), 리브라, 천칭, 저울자리(7번째의 천궁: 9월 23일에서 10월 22일 사이에 태어난 사람), 〈~ 7th astrological sign〉 수1

532 **li·bra** [라이브뤄\리브뤄], **li·brae** [리브뤼이]: pound, 〈시실리아 지방의 동전 이름에서 연유한? 라틴어〉, 리브라, 파운드(lb, £) 수1

533 **li·brar·y** [라이브뤠뤼\라이브뤄뤼]: 〈← liber(book)〉, 〈라틴어〉, 〈'책'을 모아놓은〉 도서관, 서재, 장서, 수집물, 자료실, 〈~ book room〉, 〈↔gym〉 가1

534 **Li·brar·y of Con·gress** [라이브뤄뤼 어브 캉그뤠스]: (미) 의회 도서관, 1800년에 〈미국에서 출판되는 모든 책들을 소장하도록〉 세워져 1억 7천만 이상의 작품을 보유하고 있는 (세계 최대의) 〈비공개〉 국립 도서관, 〈~ a US cultural institution〉 미2

535 **li·bret·to** [리브뤠토우]: 〈← liber(book)〉, 〈라틴어에서 연유한 이탈리아어〉, 〈'책'으로 된〉 가극의 가사(대본), 〈~ lines〉, 〈~ manuscript\scenario〉 양2

536 *****lib-tard** [립타아드\라입타아드]: 〈영국어〉, liberal+retard, 어리석은 진보주의자, 분별없는 자유주의자, 〈~ moon-bat〉, 〈↔ultra-conservative〉 미2

537 **Lib·y·a** [리비이어]: 〈어원 불명의 이집트어〉, 리비아, 아프리카 북단 중앙부 지중해에 연한 사하라사막이 대부분인 산유국으로 2차 대전 후 이탈리아의 영향에서 벗어나 1969~2011년간 카다피의 독재에 시달렸던 사회주의 아랍 공화국, {Libyan-Arab-Dinar-Tripoli}, 〈2023년 9월 동부지방을 강타한 폭풍우로 인해 최고 1만 명까지의 사망자를 냄〉 수1

538 **lice** [라이스]: louse(이)의 복수 가1

539 **lice-bane** [라이스 베인]: 참제비고깔, '종다리 발톱', ⇒ staves·acre 미2

540 **li·cense \ ~cence** [라이슨스]: 〈← licere(be allowed)〉, 〈라틴어〉, 〈속박된 자유〉, 〈'법'에 따라 권리와 책임이 공존하는〉 면허(증), 멋대로 함, 〈~ permit\certificate〉, 〈↔ban\forbid〉 가1

541 **li·cense tax** [라이슨스 택스]: 〈사업이나 판매를 허가하는〉 면허세 가1

542 **li·cen·tious** [라이쎈셔스]: '허가 받은', 방자한, 방탕한, 음탕한, 〈~ promiscuous\wonton〉, 〈↔moral\virtuous〉 양2

543 **li·chen** [라이컨]: 〈← lick의 그리스어〉, 이끼(1만 8천여 종의 지의식물), 〈〈물을 빨아들이기는 하나 영양분은 만들 수 없는〉 곰팡이와 〈영양분은 만들 수 있으나 물을 빨아들일 수 없는〉 말의 공생체〉, 〈~ moss\fungus+algae〉 가1

544 **lic·it** [리시트]: 〈← licitus(allowed)〉, 〈라틴어〉, 합법적인, 정당한, 〈~ legal\legitimate〉, 〈↔il-licit\il-legal〉 양2

545 **lick** [릭]: 〈← liccian(lap²)〉, 〈게르만어〉, '핥다', 널름거리다, 〈짭잘하게〉 한탕하다, 〈곰이 새끼를 핥아 모양을 만들 듯〉 해내다, 〈~ taste\over-come〉, 〈↔peck¹\lash〉 가1

546 ***lick-ing the wounds**: 상처를 핥으며 재기를 노리다, 와신상담, 절치부심, ⟨~ gnash one's teeth in rage⟩ 양2

547 **lick-spit·tle** [립 스피틀]: ⟨가래를 핥아먹는⟩ 알랑쇠, 아첨꾼, ⟨~ ass-kisser\adulater⟩ 양2

548 **lic·o·rice** [리커뤼쉬 \ 리커러스]: glykys(sweet)+rhiza(root), ⟨그리스어⟩, 감초(뿌리·사탕), ⟨~ 50 times sweeter than sugat⟩ 가1

549 **lid** [리드]: ⟨← hlidan(cover)⟩, ⟨게르만어⟩, '뚜껑', 딱지, 눈꺼풀, ⟨↔uncover\center⟩ 가1

550 **lie¹** [라이]: ⟨← lektron(bed)⟩, ⟨그리스어에서 유래한 게르만어⟩, '눕다', 기대다, 위치하다, ⟨→ lying⟩, ⟨↔stand⟩ 가1

551 **lie²** [라이]: ⟨← leogan(deceive)⟩, ⟨게르만어⟩, '속이다', 거짓말(하다), 사기, ⟨→ liar⟩, ⟨→ lying⟩, ⟨↔truth⟩ 가2

552 **Liech·ten-stein** [리크턴 스타인]: licht(light)+stein(stone), '빛나는 돌', 리히텐슈타인 공국(1866년 독일에서 떨어져 나온 오스트리아와 스위스 사이의 아주 조그만 영구중립 입헌군주국으로 세율이 낮아 수많은 외국회사들이 근거를 두고 있음), {Liechtensteiner-German-Swiss Franc-Vaduz} 수1

553 **lied** [라이드]: lie²의 과거·과거분사, 속였다, 거짓말했다, 속인 가2

554 **Lie·der-kranz** [리덜 크랜츠]: 리더크란츠, (벨기에의 Limburger⟨linden tree+fort⟩ 치즈를 개량해서 만든) 향기가 진하고 말랑말랑한 미국산 치즈(상표명), ⟨~ an American re-creation of Limburger cheese⟩ 수1

555 **lie·ge** [리이쥐]: ⟨← laetus(serf)⟩, ⟨라틴어→게르만어⟩, '섬겨야 하는 자', (봉건제도의) 주군, 영주, 군왕, ⟨~ lord⟩, ⟨↔follower\dis-loyal⟩ 양2

556 **lien** [리인]: ⟨← ligare(bind)⟩, ⟨라틴어⟩, ⟨묶어진⟩ 선취득권, 담보권, ⟨~ claim\encumberance⟩, ⟨↔arrear\debt⟩ 가1

557 ***lie through one's teeth**: 새빨간 거짓말을 하다, 입에 침도 안바르고 거짓말을 하다, ⟨~ lie through a smile⟩, ⟨↔tell the truth⟩ 양2

558 **lieu-ten·ant** [루우테넌트 \ 레후테넌트]: locus(place)+tenens(hold), ⟨라틴어→프랑스어⟩, ⟨자리를 지키는 자⟩, 중위, 부관, 차석, ⟨~ locum tennens⟩, ⟨~ adjunt\deputy⟩, ⟨↔adversary\leader⟩ 양2

559 **lieu-ten·ant colo·nel** [루우테넌트 커어늘]: 중령, ⟨~ (battalion) commander⟩, ⟨~ between major and colonel⟩ 양2

560 **lieu-ten·ant gen·er·al** [루우테넌트 줴너뤌]: 중장, ⟨~ 3 stars\equivalent to vice admiral in navy⟩ 가1

561 **life** [라이후]: ⟨← lif(body)⟩, ⟨'신체'란 뜻의 게르만어⟩, ⟨동물적인⟩ 생명, ⟨인생은 미완성-그래도 살아야만 하는⟩ 삶, ⟨돈과도 바꿀 수 없는⟩ 수명, ⟨반드시 'leave'(떠남) 해야 하는 생애, ⟨흙에서 생겨 흙으로 돌아가는⟩ 생물, 생활, 실물, '움직임', ⟨희비와 영욕의 쌍곡선⟩, ⟨~ live⟩, ⟨~ existance\being⟩, ⟨~(↔)time\money⟩, ⟨↔death\nonexistence\mortal⟩ 양1

562 ***life and death are in the hands of prov·i·dence**: 인명은 재천, ⟨~ one's life is one's fate⟩ 양2

563 **life cy·cle** [라이후 싸이클]: 생명(활)주기, 수명, ⟨~ life span보다 종교적인 말⟩ 양2

564 **life ex·pect-an·cy** [라이후 익스펙턴시]: 기대 수명, ⟨~ longevity⟩ 가2

565 **life-form** [라이후 훠엄]: 생물(생존) 형태, 성숙한 종(species)의 신체적 특성, ⟨~ morphology of an organism⟩ 양2

566 **life-guard** [라이후 가아드]: 구조원, 호위병, 친위대⟨~ life saver\rescuer⟩ 가1

567 ***life hack** [라이후 핵]: (인생문제의) '간편한 해결책', 용단, 기지, '단칼', ⟨~ short-cuts\tips and tricks⟩, ⟨↔complexity\timidity\vacilation⟩ 양2

568 **life in-sur-ance** [라이후 인슈어뤈스]: 생명보험, ⟨death-insurance의 완곡한 표현⟩, ⟨~(↔)health insurance⟩ 가1

569 ***life is but a dream**: 일장춘몽, 남가일몽, ⟨~ a fleeting glory⟩ 양2

570 ***life is full of ups and downs**: 양지가 음지되고 음지가 양지된다, 쥐구멍에도 볕들 날 있다, ⟨~ turns and twists⟩, ⟨~ fortune knocks at every door⟩ 양2

571 ***life is half spent be-fore we know what it is**: 철들자 망령이라, ⟨~ grow up with wraiths⟩, ⟨편자가 70이 돼서 깨달은 말⟩ 양2

| 572 | ***life is just a bowl of cher·ries**: 인생은 즐겁다, 〈~ YOLO〉, 〈↔YODO〉 양2
| 573 | **life jack·et** [라이후 쟤킽]: 구명조끼, 구명동의, 〈~ life vest\cork jacket〉 가1
| 574 | **life-sav-er** [라이후 쎄이붜]: 인명 구조자, (원형의) 구명부대, L~; 미국산 원형의 딱딱한 사탕(상표명), 〈~ life guard\rescuer〉, 〈~ an American brand of ring-shaped candy〉 양1
| 575 | **life-sen·tence** [라이후 쎈텐스]: 종신형, 무기징역, 〈~ jail for life\life in jail〉, 〈↔acquital\capital punishment〉 가2
| 576 | **life-size** [라이후 싸이즈]: 실물대의, 실제 크기의, 〈~ actual size〉, 〈↔enlarged(reduced) size〉 가1
| 577 | **life-span** [라이후 스팬]: 수명, 〈~ life-time〉, 〈~ life cycle보다 과학적인 말〉 가1
| 578 | **life-style** [라이후 스타일]: 생활양식, 사는 방식, 〈~ way of living〉 양2
| 579 | **life-sup-port** [라이후 써포오트]: 생명 유지(장치), 〈~ survivorship〉 가1
| 580 | **life-time** [라이후 타임]: 일생, 생애, 수명, 〈~ life-span〉 가2
| 581 | ***LIFO** [라이호우] (last in first out): 후입선출, 나중 먼저 내기(나중에 입력한 자료가 먼저 출력되는 장치), 〈= FILO〉 양2
| 582 | **lift** [리후트]: 〈← lopt(air)〉, 〈게르만어〉, 〈공중으로〉 (들어) '올리다', 향상시키다, 제거하다, 승강기, 편승, 〈~ loft〉, 〈~ heave\boost\raise〉, 〈↔drop\put down〉 양1
| 583 | **lig·a·ment** [리거먼트]: 〈← ligare(bind)〉, 〈라틴어〉, 〈묶는〉 줄, 끈, 띠, 인대, 〈↔detached\unfastened〉, 〈이것은 뼈와 뼈를 연결시켜 주고 tendon은 근육과 뼈를 연결시켜 줌〉 양1
| 584 | **li·gand** [라이건드]: 〈← ligare(bind)〉, 〈라틴어〉, 리간드, '묶는 것', '결합체', 배위자, 수용체에 결합하는 화학물의 분자, 〈~ complexing agent〉 미2
| 585 | **lig·a·ture** [리거철]: 〈← ligare(bind)〉, 〈라틴어〉, 끈, 띠, 이음줄, 합자(합쳐 쓴 문장), 〈~ thread\train of thoughts〉, 〈↔detaching\separation〉 양1
| 586 | **light¹** [라잍]: 〈← leukos(brightness)〉, 〈그리스어〉, 빛, 광선, 낮, 광명, 불꽃, 밝은, 불을 붙이다, 밝게 하다, 〈← lux〉, 〈~ white\lucid〉, 〈↔darkness\ignorance〉, 〈↔extinguish\put out〉 양1
| 587 | **light²** [라잍]: 〈← elachys(small)〉, 〈그리스어〉, 옅은, 가벼운, 경쾌한, 수월한, 약한, 경솔한, 〈~ little weight\slight〉, 〈↔heavy〉, 〈↔taxing〉 양1
| 588 | **light-bulb mo·ment** [라잍 벌브 모우먼트]: '딩동!', '전구순간', (생각이) 번쩍이는 순간, 불현듯 좋은 생각이 떠오르는 찰나, 〈~aha moment〉, 〈↔absurdity〉 우2
| 589 | **light-en** [라이튼]: ①〈← light¹〉, 밝게 하다, 비추다, 점화하다, 〈~ illume〉, 〈↔darken〉 ②〈← light²〉, 가볍게 하다, 엷게 하다, 〈~ lessen〉, 〈↔intensify〉 양1
| 590 | **light-er** [라이터]: ①불을 켜는 사람(기기), 점화(등)기, 쏘시개, 〈~ igniter〉, 〈↔extinguisher〉 ②light²의 비교급, 〈~ slighter〉 양1
| 591 | **light-face** [라잍 훼이스]: 가는 활자, 〈~ thin print〉, 〈↔bold-face〉 가1
| 592 | ***light-fast** [라잍 홰스트]: 내광성의, 바래지 않는, 〈~ sun-fast\fade-resistant〉 양2
| 593 | **light fly-weight** [라잍 훌라이 웨잍]: '경 도약 체중'(아마추어 권투의 48kg 이하) 우1
| 594 | **light gun** [라잍 건]: 광전총(전산기 놀이에서 사격 신호를 입력하는 총 모양의 기구), 〈~ flare pistol〉 가1
| 595 | **light-head-ed** [라잍 헤디드]: 어찔어찔한, 몽롱한, 경솔한, 〈~ weak-headed\giddy〉, 〈↔clear-headed\serious〉 가1
| 596 | **light heavy-weight** [라잍 헤뷔 웨잍]: 경중량 체중(권투에서는 74~80kg·레슬링에서는 80~87kg) 미2
| 597 | **light-house** [라잍 하우스]: 등대, 〈~ beacon\leading light〉 가2
| 598 | **light in·dus·try** [라잍 인더스트뤼]: 경공업, 〈~ more consumer oriented〉, 〈↔heavy industry〉 가2
| 599 | **light-ing** [라이팅]: 채광, 조명, 점화, 〈~ illume\ignite〉, 〈↔darkness\extinguish〉 가1
| 600 | **light mid·dle-weight** [라잍 미들 웨잍]: 경중급 체중(아마추어 권투의 67~71kg) 미2
| 601 | **light-ning** [라이트닝]: light¹+en+ing, 번개, 전광, 싸구려 양주, '폭탄주', 〈~ bolt\flash〉, 〈↔slow\leisurely〉 가1
| 602 | **light-ning bee·tle(~ bug)** [라이트닝 비이틀(~ 버그)]: 반딧불이, 〈~ lantern fly\fire-bug〉 가2
| 603 | **light-ning rod** [라이트닝 롸드]: 피뢰침, 〈~ lightning arrest〉 가1

604 ***light pen** [라잍 펜]: 광전 펜(필)〈화면에 신호를 그려 넣는 펜 모양의 입력장치〉, 바코드 판독기, 〈~ electronic stylus〉 미2

605 ***light-proof** [라잍 프루우후]: 차광, 빛을 통과시키지 않는, 〈~ light-tight\opaque〉, 〈↔light permeable(porous)〉 미2

606 **light-sec·ond** [라잍 쎄컨드]: 광초(빛이 1초간 나가는 거리; 약 30만km), 〈~ a speed of light distance〉, 〈~(↔)light-year〉 가1

607 ***light-skirts** [라잍 스커얼스]: 허튼계집, 계명워리〈닭이 우는 소리에도 뛰어오는 강아지〉, 〈~ lax woman\hussy〉, 〈↔tight-skirt\chaste〉 양2

608 **light-struck** [라잍 스트뤅]: 광선이 새어 들어간, 빛이 내려친, 〈~ light exposed\sun-struck〉 양1

609 **light verb** [라잍 붜어브]: 경동사, 〈do·give·have 등 같이〉 목적어에 더 큰 의미가 내포되어 있는 광범위한 일반적 동사, 〈~ a verb that has little semantic content of it's own〉, 〈~ weak(thin) verb〉, 〈~(↔)strong(powerful) verb〉 미2

610 **light-weight** [라잍 웨잍]: 표준 무게 이하의, 경량급(권투의 체중 57~61kg), 가벼운, 〈~ fly-weight\between feather and welter weight〉 미2

611 **light wel·ter-weight** [라잍 웰터 웨잍]: '경 뒹굴체중', 표준 무게 이상의(아마추어 권투의 체중 60~63.5kg) 미2

612 **light-year** [라잍 이어]: 광년(빛이 1년간 나가는 거리; 9.46×10¹⁵m), 〈~ a speed of light distance〉, 〈~(↔)light-second〉 가1

613 **lig·nite** [리그나이트]: 〈← lignum(wood)〉, 〈라틴어〉, brown coal, 갈탄, (탄화작용이 불충분한) 유연탄, 〈'목질'이 그대로 남아있는〉 아탄, 〈↔black (hard) coal\anthracite〉 양2

614 **lig·num vi·tae** [리그넘 봐이티 \ ~ 뷔이타이]: 〈라틴어〉, wood for life, '생명목', 유창목(치우의 나무; 관절염·콧물감기·피부병 등), 〈너무 단단해서 물에 가라앉는〉 중·남미 원산의 참나무, 〈~ iron-wood〉 미2

615 **like¹** [라이크]: ge(together)+lic(body), 〈게르만어〉, 〈자신과 닮아서〉 좋아하다, 바라다, 맞다, 〈꼭 맞아서〉 마음에 들다, 〈~ enjoy\want〉, 〈↔dis-like\hate〉 양1

616 **like²** [라이크]: ge+lic, 〈게르만어〉, similar, (형체가) ~닮은, 〈alike〉, ~같은, ~다운, ~처럼, 있잖아!, 말이야!, 〈~ ly〉, 〈~ similar\much the same〉, 〈↔un-like\different〉 양1

617 ***like a cat on a hot tin roof(bricks)**: 뜨거운 양철 지붕 위의 고양이(같이), 안절부절못하다, 어쩔 바를 모르다, 노심초사하다, 〈~ on pins and needles〉, 〈↔at ease\relex〉 양2

618 ***like a trea·tise on light and col·ors by a blind man**: 맹인이 빛과 색에 대해 논문 쓰듯이, 선무당이 사람잡듯, 〈~ like a blind man describing an elephant〉 양2

619 ***like at-tracts like** [라이크 어트랙스 라이크]: 유유상종, 초록은 동색, 〈~ birds of a feather flock together\like father like son〉 양2

620 ***like fa·ther, like son** 부전자전, 〈~ like master, like man〉, 〈~(↔)mother and daughter〉, 〈↔completely different〉 양2

621 ***like hell** [라이크 헬]: 죽어라하고, 악착같이, 〈~ like the devil\a lot〉, 〈↔piece of cake〉 양2

622 ***like-like** [라이크 라이크]: 아주 좋아하는, (좋아서) 사랑하는, 〈~ crush\dig〉, 〈↔hate-hate〉 미2

623 **like-ly** [라이클리]: 있음 직한, ~할 것 같은, 십중팔구, 〈~ believeable\attainable〉, 〈↔un-likely\im-possible\im-probable〉 양2

624 ***like mas·ter like man**: 용장 밑에 약졸이 없다, 윗물이 맑아야 아랫물이 맑다, 부전자전, 〈~ like father, like son〉 양2

625 ***like–mind·ed** [라이크 마인디드]: 같은 생각의, 한 마음의, 동지의, 〈~ agreeable\harmonious〉, 〈↔different\at odds〉 양1

626 **like-wise** [라이크 와이즈]: 똑같이, 마찬가지로, 〈~ similarly\also〉, 〈↔differently\contrarily〉 양2

627 **li·lac** [라일락]: 〈← nilak(bluish)〉, 〈'푸른색'이란 페르시아어〉, 자정향(봄에 진한 향기의 연보라(lavender) 방울꽃을 층층이 피우는 낙엽활엽관목), 〈~ an olive family〉, ⇒ syringa 미2

628 **Li·li·u·o·ka·la·ni** [릴리이우 오 컬라아니], Lyd·i·a: 〈출생 때 섭정이던 대고모가 '눈에 욱신거리는 통증'을 겪은데서 유래한 이름〉, 'smarting pain in the eyes', 릴리우오칼라니, (1838-1917), 어려서 기독교로 개종하고 미국인과 결혼했으나 미국에 의해 퇴위당한 하와이의 마지막 여왕, 〈뭣 주고 뺨 맞은 여인〉, 〈~ last queen of Hawaii〉 수1

629 **Lil·li·pu·tian** [릴리퓨우션]: 릴리퍼트(tiny)인, 《걸리버 여행기》에 나오는 소인국 사람, l~; 왜소인, 난장이, 〈~(↔)bantam〉 수1 양2

630 **Lil·ly** [릴리], E·li: '꽃 같은 자', 미 남북전쟁 때 동명의 북군의 약무 장교가 1876년에 창립하여 그의 서명이 회사의 로고가 된 세계 굴지의 제약회사(Eli[일라이] Lilly and Company), 〈~ an American pharmaceutical co.〉 수1

631 *__LILO__ [라이로우] (last in last out): 후입·후출, '나중들이·나중내기'('천리에 따른' 입·출력 장치), 〈= FIFO〉 양2

632 **lil·y** [릴리]: 〈← leirion(pure)〉, 〈그리스어〉, (약 4천 종의) 나리, '백합', 순백의, (여러 색의) 은방울꽃, 〈~ bulbar plant with large prominent flowers〉 가1

633 **Li·ma** [리이머]: 〈← rima(to speak)〉, 〈잉카의 신 이름을 딴〉 리마, (스페인의 프란시스코 피사로가 1535년에 세운) 서쪽 해안 근처에 있는 페루의 상·공업·문화도시·수도, 〈~ Capital of Peru〉 수1

634 **li·ma bean** [리이머 비인\라이머 비인]: (연녹색의 동글 납작한) 리마콩, habas, 〈~ butter bean\double bean〉, 〈~(↔)fava bean\broad bean〉 수2

635 **limb¹** [림]: 〈← limbus(fringe)〉, 〈라틴어에서 유래한 게르만어〉, 수족, 손발, 갈라진 '가지', 자손, 부하, 〈→ member〉, 〈~ extremity\appendage〉, 〈↔whole\trunk〉 양1

636 **limb²** [림]: 〈← limbus(fringe)〉, 〈라틴어〉, (해·달의) '가장자리', 언저리, 〈~ border\edge〉, 〈→ membrane〉, 〈↔core\hub〉 양2

637 **lim·bic sys·tem** [림빅 씨스텀]: 〈← limb²〉 (뇌간을 싸고 있는) 변연계, 〈인간의 기본적인 욕구·감정을 관장하는 굉장히 중요한 부분〉, 〈~ visceral brain〉 양2

638 **lim·bo¹** [림보우]: 〈← limb¹(fringe)〉, 〈라틴어〉, 지옥의 '변방', 중간지역, 구치소, 〈~ purgatory〉, 〈~ un-determined〉, 〈↔certainty〉 양2

639 **lim·bo²** [림보우]: 〈← limber(bend)〉, 〈'굽히다'란 자메이카어에서 연유한 듯함〉 다양한 높이의 막대기를 걸쳐놓고 그 아래로 몸을 젖히고 빠져나가며 추는 춤, 〈~ flicker〉, 〈~ a West Indian dance to pass a low bar that gets lowered each time〉 수2

640 **Lim-burg·er** [림버거]: '참피나무(linden) 숲', 림버거, 벨기에 근처 림부르크 지방 원산의 〈발꼬랑내〉가 나는 연한 치즈, ⇒ Lieder-kranz 수2

641 **lime¹** [라임]: 〈← lim(sticky substance)〉, 〈게르만어〉, 〈탄산칼슘이 주성분인〉 (생) 석회, 끈끈이, 〈~ slime〉, 〈↔loose\non-stick〉 가1

642 **lime²** [라임]: 〈← limun(citrus)〉, 〈아랍어〉, 낮은 감귤류의 나무에 뭉텅이로 열리는 레몬보다 작고·푸르고·향기가 짙은 과일, 〈~(↔)lemon〉 수2

643 **lime³** [라임]: 〈← lind〉, 〈영국어〉, linden(키가 크고 양쪽 균형이 잘 잡힌 참피나무·보리수), 〈~ teil〉 수2

644 **lime¹-light** [라임 라일]: 석회광, 강렬한 백광, 각광, 〈~ focus of attention〉, 〈↔dim\obscurity〉 양2

645 **lim·er·ick** [리머륄]: 〈아일랜드의 지명에서 유래한〉 5행 희시, (일본의 하이쿠〈hai-ku〉 비슷하나) 〈해학적인 내용을 담은〉 5줄로 된 정형시, 〈~ si-jo〉 수2

646 *__lim·er·ence__ [리머런스]: 〈← limer ← liemier(leash)?〉, 〈프랑스어→영국어〉, 〈1979년 미국 심리학자가 주조한 말〉, 사랑받고 싶은 마음, 사랑 강박(집착)증, 〈~ infatuation\adoration〉, 〈↔indifference\repulsion〉 양2

647 **lime-stone** [라임 스토운]: 석회암(석), 〈~ chalk〉, 〈↔granite\sand-stone〉 가1

648 **lim·i·nal** [리미늘]: 〈← limen(threshold)〉, 〈라틴어〉, 문턱의, 입구의, 발단의, 한계의, 〈→ sub-liminal〉, 〈~ inceptive\transitional〉, 〈↔central\constant〉 양2

649 **lim·it** [리밑]: 〈← limitare(to bound)〉, 〈라틴어〉, 한계, 경계, 제한하다, 〈~ ceiling\maximum\restrict〉, 〈↔infinitude\minimum\increase〉 가2

650 **lim·o** [리모우]: 〈프랑스어〉, limousine, 대형 고급 승용차, 〈~ large comfortable car\long chauffeur-driven luxury car〉, 〈↔buggy\pickup truck\moped\road-ster〉 미1

651　**lim·ou·sine** [림머쥐인]: ⟨1902년 프랑스의 Limousin 지방에 등장한 '외투'를 입고 눈이 오나 비가 오나 (고귀하신 승객들이 농땅 칠 공간을 주기 위해⟩ 자신은 차 밖에 부착된 운전석에 앉아 차를 모는 기다란 승용차, 여객 수송용 공항버스, ⇒ limo 수2

652　**limp¹** [림프]: ⟨← limpan⟩, ⟨게르만어⟩, ⟨의태어?⟩, 절뚝거리다, 지지부진하다, ⟨~ lame\hobble⟩, ⟨↔lively\active⟩ 가1

653　**limp²** [림프]: ⟨영국어⟩, ⟨← limp¹⟩, ⟨미끄러지듯⟩ 나긋나긋한, 생기 없는, 얇은 표지의, ⟨~ floppy\soft⟩, ⟨↔firm\stiff⟩ 가2

654　**lim·pet** [림핏]: ⟨← lampreda(lamprey)⟩, ⟨라틴어⟩, 삿갓조개, 꽃양산조개(한쪽에만 껍데기가 있고 배면은 바위에 '붙어 사는' 조그만 조개로 레몬과 식초를 발라 생으로 또는 버터에 구워 먹음), ⟨~ a sea snail⟩, ⟨~(↔)cockle\whelk⟩ 미2

655　**lim·pid** [림피드]: ⟨← limpidus(bright)⟩, ⟨라틴어⟩, 맑은, 투명한, 명쾌한, 평온한, ⟨~ clear⟩, ⟨↔smog⟩ 양2

656　**limp noo·dle** [림프 누우들]: 축 늘어진 국수, 힘이 빠진 (거시기), 허약한 (자), ⟨~ languid\lethargic⟩, ⟨~ strong\vigorous⟩ 양2

657　**limp-wort** [림프 워어트]: ⟨벵갈어→영국어⟩, limp(navel)+wort, ⟨견과 조가리가 배꼽을 닮은⟩ 개불알꽃, ⟨~ lady's slipper\moccasin flower⟩, ⇒ brook·lime 미1

658　**Lin, Yu Tang** [린 위 탕]: '숲(wood) 속에 사는 자', 임어당, (1895-1976), 끽연을 즐겼으며 중국을 미국에 소개하고 중국 타자기를 발명한 하버드대 석사 출신 중국의 저술가·학자, ⟨~ a Chinese inventor and writer⟩, ⟨그는 무슨 일에 달인이 되려면 1만 시간을 소비해야 된다고 했으나 이원택군은 사전 쓰기에 1만 시간을 소비했는데도 아직 달인 되지 못한 것은 무슨 이치인가?-내가 말했잖아, 담배는 피워도 되지만 술은 마시지 말라구⟩ 수1

659　**linch** [린취]: ⟨← hlinc(ledge)⟩, ⟨영국어⟩, 가로대, 선반, 봉우리, 둔덕, ⟨→ ledger⟩, ⟨~ projection\ridge⟩, ⟨↔cavity\recess⟩ 양1

660　**linch-pin** [린취 핀]: ⟨영국어⟩, (차의 '축대'에 꽂는) 바퀴 고정핀, (부채의) 사북, (결합에) 필수적인 것, ⟨~ anchor\backbone\brace\fore-lock⟩ 미1

661　**Lin·coln** [링컨]: ⟨← lindo(lake)⟩, ⟨영국어⟩, '호수' ①남자 이름, ⟨~ a surname and masculine given name ②양의 한 종류, ⟨~ an English breed of sheep⟩ ③1869년에 개명된 미국 네브래스카 동부에 위치한 주도·상업도시, ⟨~ Capital of Nebraska⟩ 수1

662　**Lin·coln** [링컨], A·bra·ham: (1809-1865), 흑인의 경제적 평등에 대한 신념은 투철했으나 정치적 평등에 대해서는 회의적이었고 ⟨평생 우울증에 시달렸던⟩ 미국의 16대 대통령, {The Ancient One(고물), The Original Gorilla(원조 고릴라), (젊어서 선수였던) Grand Wrestler}, ⟨~ 16th US President⟩ 수1

663　**Lin·coln Cen·ter** [링컨 쎈터]: (1962년부터 건립된) 뉴욕시 맨해튼섬 서쪽⟨W of Manhattan⟩에 있는 각종 연주예술의 전당, ⟨~ a center for performing arts⟩ 수1

664　**Lin·coln Con·ti·nen·tal** [링컨 칸티낸틀]: 포드사가 1939년부터 출시하기 시작해서 2020년에 중단된 미국의 고급 승용차 상품명, ⟨~ a full-size premium sedan⟩ 수1

665　**Lin·coln Me·mo·ri·al** [링컨 메머뤼얼]: 링컨 대통령을 기리기 위해 1922년 미국 수도의 '산책로' 서쪽에 세워진 대리석 기념관, ⟨~ a monument in western DC⟩ 수1

666　**lin·den** [린던]: ⟨← lind⟩, ⟨영국어⟩, lime (wood), 무성한 잎·가지가 대칭으로 자라 올라가며 연한 목질을 제공하는 참피나무속의 식물, ⟨~ teil⟩ 우1

667　**line¹** [라인]: ⟨← linum(flax)⟩, ⟨라틴어⟩, '리넨 밧줄', 줄, 선, 금, 행, 열, 끈, 궤도, 방침, ⟨→ lineal\align⟩, ⟨~ row\course\border\file\track\policy⟩, ⟨↔blank\dot\curved\disorder\disarrange⟩ 양1

668　**line²** [라인]: ⟨← linum(flax)⟩, ⟨라틴어→영국어⟩, ⟨리넨으로⟩ 안을 대다(바르다), ⟨~ cover on the inside⟩, ⟨↔un-line\rumple⟩ 가2

669　**lin·e·age** [리니쥐]: ⟨← line¹⟩, 혈통, 계통, ⟨~ stirps⟩, ⟨~ breed\descendant⟩, ⟨↔ancestor\progeny⟩ 양2

670　**lin·ear e·qua·tion** [리니어 이퀘이젼]: 1차 방정식, ⟨← line⟩, ⟨~ first degree polynomial⟩, ⟨↔quadratic(cubic) equation⟩ 가1

671　*****lin·ear fill** [리니어 휠]: '점진적 메우기'(공간의 색깔이 서서히 고르게 바뀌는 기법), ⟨~ linear patterns⟩ 미2

672 ***lin·ear pro·gram–ming** [리니어 프로우그래밍]: 선행 계획(법), '1차 차례표'〈1차 부등식으로 나타내는 제한 조건 중에서 어떤 목적을 최대화하는 가장 적합한 방법을 찾아내는 수학적 기법〉, 〈~ linear optimization〉 미2

673 **line–back·er** [라인 백커]: 〈미식축구에서〉 상대방 전위 선수들에게 몸싸움을 걸어 방어하는 수비수, 〈~(↔)line-man〉 우1

674 ***line cap** [라인 캪]: 선모, '선 끝 모양새', 〈인쇄에서 굵은 선의 시작과 끝이 생긴 모양〉, 〈~ style of end cap〉 우1

675 **line dance** [라인 댄스]: '줄춤'〈여럿이 줄지어 같은 동작으로 추는 춤〉, 〈~ a choreographed dance〉 미1

676 ***line draw·ing** [라인 드뤄잉]: 선화〈흰 배경에 가는 선들을 사용해서 그리는 그림〉, 〈~ line art〉 미2

677 ***line feed** [라인 휘이드]: LF, 줄 바꿈〈첫 글자를 다음 행의 같은 위치에 이동시키라는 명령〉, 〈~ new-line\carriage return〉 미2

678 **line graph** [라인 그래후]: 선도표, 〈점을 연결한〉 선으로 크기를 나타내는 그림표, 〈~ linear diagram〉, 〈↔bar(\pie) graph〉 양1

679 **line le·vel** [라인 레블]: 선 회선 수위〈청각 신호의 강도가 약한 회로〉, 〈~ strength of an audio-signal〉, 〈~(↔)speaker level〉 미2

680 **line-man** [라인 먼]: ①〈전기의〉〈electrical〉 가선공 ②〈철로의〉〈rail-road〉 선로공 ③〈축구의〉 전위, 〈~(↔)line-backer〉 미2

681 **lin·en** [리닌]: 〈← linon(flax)〉, 〈그리스→라틴어→영국어〉, 리넨, 아마포, 아마 줄기에서 뽑아낸 질긴 실(천), 〈→ line〉, 〈~ a textile〉, 〈~ yarn\hemp〉 미1

682 **line of cred·it** [라인 어브 크뤠딭]: 차관, 신용 대부, 〈~ fiduciary loan〉 양2

683 **line of du·ty** [라인 어브 듀우티]: 직무상, 직무 중, 〈~ assignment〉 양2

684 **line of sight** [라인 어브 싸잍]: 조준선, 시선, 가시선〈눈으로 볼 수 있는 거리〉, 〈~ unobstructed view〉 양2

685 ***line print·er** [라인 프륀터]: 행 단위 인쇄기〈한 번에 한 줄 전체를 인쇄하는-최고 1분에 2,500행까지 인쇄할 수 있음〉, 〈~(↔)band printer〉, 〈↔ball printer〉 미2

686 **lin-er¹** [라이너]: 정기선〈항공기〉, 〈~ passenger vessel〉, 〈↔disarrange〉 가1

687 **lin-er²** [라이너]: 안을 대는 사람, 안에 대는 것, 〈~ filling\padding〉, 〈↔rumple〉 양1

688 **lines-man** [라인즈 먼]: ①선심〈referee's assistant〉 ②〈영국어〉, 〈전선·전화선 등을 관리하는〉 가선공, 〈~ wire-man〉 ③〈줄을 지어 싸우는〉 전열병사, 〈~ front row〉 ④선심, 〈~ assistant referee〉 양1

689 **line spac·ing** [라인 스페이싱]: 줄 띄기, 행간, 〈~ (lead² strips를 이용하던) leading〉, 〈~ space between lines〉 양1

690 **line-up** [라인 엎]: 열, 진용, 정렬, 〈차곡차곡 쌓아두는〉 재고품, 〈~ queue up\roster〉, 〈↔disturb\disorder〉 양2

691 **ling** [링]: 〈← lang〉, 〈네덜란드어〉 ①〈북유럽산의 길고〈long〉 커다란〉 수염대구, 〈~ a cod〉 ②황야에 나는 황량초의 긴(long) 줄기 위에 피는 작은 야생화, 〈~ heather〉 미2

692 **~ling** [~링]: 〈영국어〉 ①~에 속하는 것, ~의 작은 것, 〈~ diminutive〉 ②〈~의 방향·상태〉를 뜻하는 결합사, 〈~ directional〉 양1

693 **lin·ger** [링거]: 〈← lang〉, 〈게르만어〉, 〈← long〉, 〈길게〉 오래 끌다, 서성거리다, 남아있다 〈→ loiter〉, 〈~ amble\wamble〉, 〈↔hurry\hie\fly\sashay\skeet〉 가1

694 **lin·ge·rie** [랜줘뤼이 \ 라인줘뤠이]: 〈← linum(flax)〉, 〈라틴어→프랑스어〉, 〈linen으로 만든〉 란제리, 여성의 속옷류, 〈~ women's under-wear〉 미1

695 **lin·go** [링고우]: 〈← lingua(tongue)〉, 〈라틴어〉, 뜻 모를 말, 전문어, 〈language의 해학적 표현〉, 〈~ argot\jargon〉, 〈~ terminology〉, 〈↔standard(formal) language〉 양2

696 **lin·gua fran·ca** [링구워 후랭커]: 프랑크 말〈중동지방에서 쓰는 '프랑스인 혓바닥', '교량어', 〈이탈리아 말이 주종이 되는〉 라틴계열의 혼합어〉, 〈~ Frankish language〉, 〈현대의 lingua franca는 English임〉 수2

697 **lin·gui·ni(e)** [링귀니]: 〈← lingua(tongue)〉, 〈라틴어〉, 〈작은 '혓바닥'같이 생기고〉 〈손으로 친〉 가느다랗고 납작한 이탈리아의 국수, 〈~(↔)fettuccine\spaghetti〉 수2

698 **lin·guis·tics** [링귀스틱스]: ⟨← lingua(tongue)⟩, ⟨라틴어⟩, ⟨← language⟩ 어학, 언어학, ⟨~ scientific study of language⟩, ⟨~(↔)philology⟩, ⟨↔non-lexical\non-verbal⟩ 양2

699 **lin-ing** [라이닝]: 안 대기, 안감, 내면, ⟨~ liner²\filling⟩, ⟨↔exterior\rumpling⟩ 양1

700 **link** [링크]: ⟨← khlink(joint)⟩, ⟨게르만어⟩, (사슬의) 고리, '연결'된 것, 연결부(로), ⟨~ lank⟩, ⟨~ connection\association⟩, ⟨↔disengage\separate⟩ 양2

701 **link-age** [링키쥐]: 결합, 연계(여러 가지 프로그램을 연결하여 하나의 프로그램으로 만드는 일), ⟨~ relation\affinity⟩ 양2

702 *****linked list** [링크트 리스트]: 연결 목록(각 항목이 자료와 그 인접 항목의 지침표를 갖고 있는 목록), ⟨~ a fundamental data structure in computer science⟩, ⟨↔separate list⟩ 양2

703 *****link-er** [링커]: 연결어, 연계기(따로따로 편찬된 프로그램을 통합해서 하나의 완전한 기능성 프로그램을 만드는 기기), ⟨~ a crucial compiler⟩ 미2

704 **links** [링크스]: ①⟨← hlinc(ridge)⟩, ⟨영국어⟩, ⟨둔덕이 있는⟩ 골프장, 해변의 모래땅, ⟨~ stretch of slope⟩ ②⟨게르만어⟩, 연결고리들, ⟨~ connectors⟩ 미2 가1

705 **Lin·nae·us** [러니이어스], Car·o·lus: Carl Linne, '참피나무⟨linden⟩ 숲에 사는 자', 린네, (1707-1778), 생물의 체계적인 분류에 대한 책을 라틴어로 쓴 스웨덴의 의사 출신 박물학자, ⟨~ a Swedish biologist and physician⟩ 수1

706 **lin·net** [리닡]: ⟨프랑스어⟩, Linaria, ⟨'linen씨'를 좋아하는 새⟩, 홍방울새⟨red-cap⟩, 붉은가슴방울새(교미 때가 되면 수컷의 이마와 가슴이 붉게 변하는 영롱한 목소리를 가진 피리새·⟨새장에서 기를 수 있는⟩ '조롱새'), ⟨~ a finch⟩ 미2

707 **li·no·le·um** [리노울리엄]: linum(flax)+oleum(oil), ⟨라틴어⟩, 리놀륨(원래 아마⟨linen⟩의 씨에서 짠 기름을 원료로 만든 매끈하고 탄력성 있는 마루 깔개), ⟨~ lino\sheet vinyl flooring⟩, ⟨↔tile\wood⟩ 수2

708 *****lin·o·type** [라이너 타이프]: ⟨영국어⟩, 'line casting', 주조 식자기, 묶인 글자들로 된 형판으로 찍어내는 구식 인쇄술, ⟨~ hot metal type-set⟩, ⟨↔cold metal type-set\phototype (or computer) type-set⟩ 우2

709 **lin-sang** [린생]: ⟨일본어⟩, ⟨숲에서 사는⟩ 린상, 사향고양이(꼬리가 길고 검은 점이나 무늬가 박힌 족제비 비슷한 열대성·육식성·방향 동물), ⟨~ musk cat\civet⟩ 미2

710 **lin-seed** [린씨이드]: ⟨← linum(flax)⟩, ⟨라틴어→영국어⟩, 아마인(아마의 씨), ⟨~ flax-seed⟩ 가1

711 **lint** [린트]: ⟨← linum(flax)⟩, ⟨라틴어→프랑스어⟩, 실 보푸라기, 아마, 조면, 면화의 건섬유, '천먼지', ⟨~ fluff\brush down⟩ 미2

712 **Li·nux** [리넉스 \ 라이넉스]: ⟨어원 불명의 스칸디나비아계 이름⟩, 리눅스, (핀란드의 연성기기 개발자의 이름을 땄으며 대개 공짜로 나눠 주는) 개인 전산기용 UNIX 호환 운영 체제, ⟨~ an operating system⟩ 수1

713 **li·on** [라이언]: ⟨← leon⟩, ⟨그리스어⟩, 사자, '대왕 고양이', '만수의 왕', 용맹한 자, 사자궁, 영국 왕실의 문장, ⟨~ big cat\king of the beasts⟩ 가1 미2

714 **li·on-ess** [라이어네스]: ⟨실제로 모든 일을 떠맡아서 하는⟩ 암사자, ⟨~ a predatory woman\queen of the beasts⟩ 미2

715 **li·on-fish** [라이언 휘쉬]: 쏠배감펭, (인도·태평양 원산으로) 수많은 독침 지느러미를 가진 ⟨정신없이 생긴⟩ 조그만 관상어, ⟨~ devil fish\scorpion fish⟩ 우2

716 **Li·ons Club In·ter·na·tion·al** [라이언스 클럽 인터내셔늘]: ⟨liberty·intelligence·our nation's safety을 표어로⟩ 1917년 미국에서 창설되어 140만의 회원을 가진 국제적 사회 봉사단체, ⟨~ a service organization⟩ 수2

717 **Li·ons-gate** [라이언스 게이트]: 1997년 캐나다에서 창립된 미국의 세계적 대중 매체 흥행 회사, ⟨~ a Canadian-American entertainment co.⟩ 수2

718 *****li·on's share** [라이언즈 쉐어]: 대부분, 가장 큰 배당, ⟨~ the majority⟩, ⟨↔handful\minimum⟩ 양2

719 **lip** [맆]: ⟨← lepjan(droop)⟩, ⟨게르만어⟩, '입술', 가장자리, 입 모양의 물건, '꽃 입', 암술, ⟨~ labium⟩, ⟨~(↔)brim\rim⟩ 가1

720 **lip-balm** [맆 바암]: (균열 방지용) 입술 연고, ⟨~ chap-stick⟩ 양1

721 **lip gloss** [맆 글러스]: '입술 광택제', 입술이 윤이 나게 해주는 화장품, ⟨~ lip conditioner⟩ 미2

722 **li·pid** [리피드]: ⟨← lipos(fat)⟩, ⟨그리스어⟩, 지방, 지질, ⟨↔protein\carbohydrate⟩ 가2

723 **lip lin-er** [립 라이너]: (윤곽을 그리는) '입술 연필', ⟨~ lip pencil⟩ 미2

724 **lip·o·suc·tion** [라이퍼 썩션]: ⟨미용을 위해⟩ (지방을 분해해서 빨아내는) 지방흡입술, ⟨~ suction lipectomy⟩ 양2

725 **Lipp-mann** [리프만], Wal·ter: liep(beloved)+man, ⟨독일어⟩, '사랑 받는 자', (1889-1974), 사람들이 충동이 아닌 이성에 의해 행동할 때만 문명사회가 가능하다고 주장한 유대계 미국의 정치사상가·저술가, ⟨~ an American reporter and writer⟩ 수1

726 **lip print** [립 프륀트]: 순문, 입술(표면의) 무늬, ⟨~ lip trace⟩ 가1

727 **lip-read-ing** [립 뤼이딩]: 독순술(입이 움직이는 모양을 읽는 기술), 시화(눈 대화), ⟨~ speech-read⟩ 가1

728 *****Lips** [립스]: logical inferences per second, 립스, 초당 추론 연산 회수(문제해결의 속도를 나타내는 척도), ⟨~ the number of successful unification operations per second⟩ 미2

729 *****lip ser·vice** [립 써어뷔스]: '입 접대', 입에 발린 말, 말뿐인 칭찬, 공치사, ⟨~ empty talk\hollow words\hypocrisy⟩, ⟷earnest words\frankness⟩ 양2

730 **lip-stick** [립 스틱]: (막대 모양의) 입술연지, '순봉', ⟨~ lip rouge⟩ 미1

731 *****lip sync** [립 씽크]: lip+synchronization (miming), '입 맞추기', '입 흉내', ⟨병신 육갑 친다고 2005년 투르크메니스탄에서는 법으로 금지됨⟩→녹음에 맞추어 말 (노래)하기, ⟨~ lip syncing⟩ 우2

732 **Lip-ton** [립턴], Thom·as: ⟨←leap(steep) place에 사는 자?⟩, ⟨어원 불명의⟩ 립턴, (1850-1931), 자수성가하여 1890년 홍차(tea) 사업을 벌인 스코틀랜드 출신 상인·요트 경기자·자선사업가, ⟨~ a Scottish merchant⟩ 수1

733 **li·queur** [리커\리큐어]: ⟨liquor의 프랑스어⟩, 달고 향기 있는 (20도가 넘는) 독한 술, ⟨~ spirit⟩, ⟷soda⟩ 수2

734 **liq·uid** [리퀴드]: ⟨←liquere(be fluid)⟩, ⟨라틴어⟩, '액체의', 유동하는, 흐르는 듯하는, 맑은, ⟨→liquor⟩, ⟨~ elixir\solution⟩, ⟷solid\gas\firm⟩ 수1

735 **liq·uid air** [리쿼드 에어]: 액체공기(공기를 섭씨-190도 정도로 얼리면 액체가 되어 냉각제로 쓰임), ⟨~ (dry) air⟩ 가1

736 **liq·ui-date** [리퀴데이트]: ⟨깨끗하게⟩ 청산하다, 정리하다, 파산하다, ⟨~ clearance\settle\wind up⟩, ⟷establish\preserve⟩ 양2

737 *****li·quid-i·ty pref·er·ence** [리퀴디티 프뤠훠뤈스]: 유동 재산 선호(재산을 부동산보다 동산⟨movable assets⟩으로 소유하려는 경향), ⟷property preference⟩ 양2

738 **liq·uor** [리커]: ⟨←liquere(be fluid)⟩, ⟨라틴어⟩, ⟨←liquid⟩ 술, 독주, 독한 증류주, 액체, 용액, ⟨~ alcohol\strong drink⟩, ⟷solid⟩, ⟷soda\soft drink⟩ 가1

739 **Lis·bon** [리즈번]: ⟨←allis(safe)+ubbo(harbor)란 뜻의 페니키아어?⟩, ⟨어원에 대해 의견이 분분한⟩ 리스본, 13세기 후반부터 수도 노릇을 한 포르투갈의 경제·문화도시, ⟨~ Capital of Portugal⟩ 수1

740 *****LISP** [리슾]: list processor, 목록처리 틀(복잡한 자료들을 괄호를 사용해서 재정리해 줌으로써 자신이 원하는 '길'을 찾아가는 방법으로 인공지능 개발·글쓰기·자연과학 탐구 등에서 유용하게 쓰이는 함수형 언어), ⟨~ a family of programming languages⟩ 미2

741 **lisp** [리슾]: ⟨←wlisp⟩, ⟨게르만어→영국어⟩, ⟨의성어·의태어⟩, 's의 발음이 껄끄러운' 혀짤배기소리, 혀 꼬부라진 소리, ⟨~ sputter\stutter⟩ 가1

742 **list¹** [리스트]: ⟨←liste(strip)⟩, ⟨게르만어⟩, '좁은 종이 쪽지', 표, 목록, 명세서, 명부, 등재, ⟨→roster⟩, ⟨~ catalog\record⟩, ⟷dis-organization\delete⟩ 가2

743 **list²** [리스트]: ⟨←list¹⟩, ⟨게르만어⟩, (직물의) 가장자리, 가늘고 긴 조각, (밭) 이랑, 울짱, ⟨~ strip\ribbon⟩ 양1

744 **list³** [리스트]: ⟨←lysten⟩, ⟨어원 불명의 영국어⟩, 기울다, 경사지다, ⟨~ list⁴⟩, ⟨~ tilt\tip⟩, ⟷level\straighten⟩ 양2

745 **list⁴** [리스트]: ⟨←lusten(desire)⟩, ⟨게르만어⟩, ~의 마음에 들다, ~하고 싶어하다, ⟨~ lust⟩, ⟨~ inclination\enroll⟩, ⟷withhold\reject⟩ 양1

746 *****list box** [리스트 박스]: '목록 상자'(⟨많은⟩ 목록을 정리해 놓은 화상 대화상자의 일부), ⟨~ drop down box⟩, ⟨여기다 편집할 수 있는 text box를 더한 것을 combo-box라 함⟩ 미2

747 **lis·ten** [리슨]: 〈← hyst(hear)〉, 〈게르만어〉, 〈주의 깊게〉 듣다, 따르다, 경청하다, 〈↔mis-hear\dis-regard〉, 〈이것은 active한 것이고 hear는 passive한 것임〉 가①

748 **list-less** [리스틀리스]: 〈영국어〉, 〈← list⁴〉, '의욕이 없는', 힘없는, 무관심한, 게으른, 〈~ lethargic\lackadaisical〉, 〈↔lively\energetic\vital〉 가①

749 *__LIST SERV__ [리스트 써어브]: 1986년 L-Soft 회사에서 개발한 전자우편 우송목록 관리체계, 〈~ an electronic mailing-list app.〉 수①

750 **Liszt** [리스트], Franz: 〈'flour'(밀가루)란 헝가리어〉, (1811-1886), 어려서부터 〈피아노의 천재〉로 인정받아 유럽 각지를 섭렵하며 광시곡(rhapsody)를 승화시킨 헝가리 출신 작곡가·음악가 후원자, 〈~ a Hungarian composer and pianist〉 수①

751 **lit** [릳]: light의 과거·과거분사, 〈↔un-lit\darkened〉 양①

752 *"**lit**" [릳]: 〈← light〉, 〈영국어〉 ①〈알딸딸하게〉 술 취한, 〈~ intoxicated〉, 〈↔sober〉 ②〈불이 켜진 것처럼〉 "와!", "짱"이다, 〈~ exciting\excellent〉, 〈↔extinguished\put out\quiet\bored〉 양②

753 **lit·a·ny** [리터니]: 〈← lite(prayer)〉, 〈그리스어〉, 호칭 기도(사제가 선창하면 신자들이 대답하는 형태로 이루어지는 일종의 〈'탄원' 기도〉), 장황한 설명, 〈~ invocation\rogation〉, 〈↔anathema\curse〉 미②

754 **~ lite \ lyte** [~라이트]: 〈← lithos(stone)〉, 〈그리스어〉, 〈~ 광물(mineral)·화석(fossil)의〉란 뜻의 접미사 양①

755 **li-tchi \ ly-chee** [리이취이 \ 라이취]: lai(balsam-pear)+zi(branch), 〈중국어〉, 〈향내나는 가지를 가진〉 여지(도돌도돌한 빨간 딸기 모양의 껍질 속에 달고 향기로운 포도알만 한 흰 속살이 들어 있는 동남아 원산의 과일로 양귀비가 좋아했다 함), 〈~ a soap-berry〉 미②

756 **li·ter \ li·tre** [리터]: 〈← litra(a pound)〉, 〈그리스어〉, 〈곡물의 양을 재는〉 정, l, 1,000cc, 0.2642갤런(미), 0.22갤런(영) 미①

757 **lit·er·a·cy** [리터뤄시]: 〈← litera〉, 〈라틴어〉, 〈'letter'를〉 읽고 쓰는 능력, 교양, '문력', 〈~ literature〉, 〈~ erudition\culture〉, 〈↔il-literacy\ignorance〉 양①

758 **lit·er·al** [리터뤌]: 문자(상)의, 글자 그대로의, 상수, 〈~ verbatim〉, 〈↔figurative〉 양① 미②

759 **lit·er·ar·y** [리터뤄뤼]: 〈← litera(letter)〉, 〈라틴어〉, 문학의, 학문의, 〈~ written\formal〉, 〈↔non-literary\informal\colloquial〉 가①

760 **lit·er·ate** [리터뤼트]: 글자를 아는, 읽고 쓸 줄 아는, 박식한, 〈~ educated\scholarly〉, 〈↔il-literate\ignorant〉 양②

761 **lit·er·a-ture** [리터뤄춰]: 〈라틴어〉, 문학, 문예, 문헌, 논문, '글자로 된 작품', 〈~ letter〉, 〈~ written works〉, 〈↔fact\reality〉 가①

762 **lithe** [라이드]: 〈게르만어〉, 뼈가 연한, '유연한(soft)', 나긋나긋한, 〈~ gentle\meek\svelt〉, 〈↔stiff\clumsy〉 양②

763 **lith·i-um** [리씨엄]: 〈← lithos(stone)〉, 〈그리스어〉, '돌', 리튬, (건전지·조울증 치료제 등으로 쓰이는) 〈가장 가벼운〉 알카리성 금속원소(기호 Li·번호 3), 〈~ the least dense metal〉 수②

764 **lith·o-graph** [리써 그래후]: 석판 인쇄, 석판화, 〈~ stone carving〉 가①

765 **Lith·u·a·ni·a** [리쑤에니어]: 〈← lieti(pour)〉, 〈발틱어〉, '비가 많이 오는 지방(?)', 리투아니아, 1991년 소련의 해체로 독립하여 발 빠르게 성장하고 있는 발틱해 동안의 조그만 공화국, {Lithuanian-Lithuanian-Euro-Vilnius} 수①

766 **lit·i·gate** [리티게이트]: 〈← legis(law)〉, 〈라틴어〉, 〈← litigare〉, 제소하다, 소송〈law suit〉하다, 〈~ contest\appeal〉, 〈↔agree\defend〉 가①

767 **lit·mus** [리트머스]: 〈북구어〉, dye+moss, '염색 이끼', 산과 염기를 구별하는 시험물(산은 푸른 시험지를 붉게 염기는 붉은 시험지를 푸르게 변화시킴), 〈~ acid test\trial〉 수②

768 **li·to-tes** [라이터티이즈]: 〈← lis(smooth)〉, 〈그리스어〉, '순수한', 꾸밈없는, 완서법, 내숭, (억제된 표현으로 강한 인상을 주는) 곡언법, 〈~ under-statement〉, 〈↔antiphrasis\hyperbole〉 양②

769 **lit·ter** [리터]: 〈← lectus(couch)〉, 〈라틴어〉, '침대', 들것, stretcher, (짐승의) 깔짚, 찌꺼기, 쓰레기, 한배 새끼, 〈~ junk¹\brood〉, 〈↔clean\purify〉, 〈↔parent〉 양①

770 **lit·tle** [리틀]: 〈← lyt(small)〉, 〈게르만어〉, '적은', 작은, 어린, 사소한, 짧은, 거의 없는, 〈~ tiny\a bit〉, 〈↔big\large〉 가②

771 **Lit·tle Boy** [리틀 버이]: '꼬마 소년', FDR 때부터 은밀히 개발되어 트루먼이 일본의 Hiroshima에 투하한 원자폭탄의 암호, 〈~(↔)Nagasaki에 투여한 것은 Fat Man〉 수2

772 *****lit·tle-end·ian** [리틀 엔디언]: '작은 끝편'(삶은 계란을 까먹을 때 끝이 작은 곳부터 깨뜨려야 한다는 사람들), (여러 비트의 기억을 저장할 때 후반·하위부터 수록하는 〈big-endian보다 간편한〉 기억력 체계), 〈~ a data storage order〉, 〈↔big-endian〉 우1

773 **lit·tle fin·ger** [리틀 휭거]: 새끼 손가락, 〈~ pinkie〉, 〈~(↔)thumb〉 양1

774 **Lit·tle Foot** [리틀 훝]: 1994년 남아공(South Africa)의 한 동굴에서 발견된 약 367만 전 전에 살았던 것으로 추정되는 〈발이 작은〉 유인원, 〈~ the most complete skeleton of the early hominin〉 우2

775 **Lit·tle League** [리틀 리그]: '아동 야구(Baseball and Softball)연맹', 1939년 미 동부에서 시작된 8~12세의 아동을 위한 소규모 야구경기의 대규모(1만 개 이상) 연합체, 〈~ the world's largest organized youth sports program〉 수2

776 **lit·tle-neck clam** [리틀 넥 클램]: 새끼 대합조개, 바지락, 〈~ short-necked clam\rock cockle〉 미2

777 *****lit·tle strokes fell great oaks**: 〈Ben. Franklin이 써서 유명해진 말〉, 열 번 찍어 안 넘어가는 나무 없다, 〈~ assiduity overcomes all difficulty〉, 〈편자가 사전을 쓰면서 실감한 말〉 양2

778 **lit·tle toe** [리틀 토우]: 새끼 발가락, 〈~ baby toe\pinky toe〉, 〈↔big toe〉 양1

779 **lit·to·ral** [리터뤌]: 〈← litor(shore)〉, 〈라틴어〉, 물가에 사는, 해안(연안)의, 연해지방, 〈~ sea-coast\sands〉, 〈~(↔)riparian〉, 〈↔deep water\in-land〉, 〈이것은 강어귀 등을 포함해서 내륙까지 일컫지만 coastal은 그 범위가 좁음〉 양2

780 *****lit·ty** [리티]: 〈2010년대의 노래 가사들에서 연유함〉 ①〈← little〉, 아주 작은(적은), '쬐끔(쪼끔)', 〈~ tiny〉, 〈↔humongous〉 ②〈← lit〉, 화려한, 휘황찬란한, 〈~ amazing\exciting〉, 〈↔shabby\tacky〉 양2

781 **li·tur·gic** [리터얼쥑]: litos(public)+ergon(work), 〈그리스어〉, '공적인 의무', (규정에 의한) 성찬식의, 예배의, 〈~ sacramental\ceremonial〉 양2

782 **Liu, Bang** [류우, 뱅]: '버드나무(willow)가에 사는 자', 유방, (247-195 BCE), 하급 관리로 진나라에 봉기해서 항우를 누르고 한나라를 세운 '한 고조', 〈~ Emperor Gao-Zu of Han〉 미2

783 **Liu, Bei** [류우, 베이]: 유비, (162-223 CE), 한 왕조의 몰락한 자손으로 제갈량을 등용해서 촉나라를 세운 '한중왕', 〈~ the founding emperor of Shu Han〉 미2

784 **live¹** [리브]: 〈← libban(be alive)〉, 〈게르만어〉, (life가 leave 할 때까지)〈계속해서〉 살다, 〈왠지 모르면서 그냥〉 생존하다, 거주하다, 생활하다, 〈~ reside\dwell〉, 〈↔die\expire〉〉 가2

785 **live²** [라이브]: 〈영국어〉, a·live, 〈← live¹〉, 〈살아있는, 생기 있는, 유효한, 실제의, 현장의, 〈~ active\charged\current〉, 〈↔dead\inactive\mortal〉 양2

786 **live-bear·er** [라이브 베어뤄]: 〈관상어에서 많은〉 (알이 체내에서 부활하여 자라나는) 태생어, '임신어', 〈~ inside hatcher'〉 양2

787 **live-in** [리브 인]: 동거(동숙)하는, 〈~ inhabit\occupy〉, 〈↔live-out\separated〉 가1

788 *****Live Jour·nal** [라이브 줘어늘]: 라이브 저널, '생 일지'(온라인으로 항상 무료로 사용할 수 있는 웹사이트), 〈~ a blog platform〉 수2

789 **live-li-hood** [라이블리 후드]: 생계, 살림, 〈~ means of support〉, 〈↔hobby\pastime〉 가1

790 **live oak** [라이브 오움]: '사철 떡갈나무', 우아하게 옆으로 넓게 퍼지는 미국 남부산 참나무속의 상록활엽교목, 〈~ an ever-green oak〉 수2

791 **live-out** [리브 아웉]: 밖에 사는, 통근하는, 〈~ live away from work〉, 〈↔live-in\cohabit〉 가1

792 **liv·er¹** [리붜]: 〈게르만어〉, 〈← live〉, 거주자, ~식으로 생활하는 사람, 〈~ resident〉 가2

793 **liv·er²** [리붜]: 〈← lifer〉, 〈게르만어〉, 〈'lift'해서 (들어올려) 살피는 간(장), 적갈색, 〈~ hepatic organ〉 가1

794 **liv·er spot** [리붜 스팥]: 〈간이 나쁠 때 생긴다는 것은 근거가 없으며〉 (노령과 자외선이 주범인) 피부에 생기는 간 색깔의 반점, 검버섯, 〈~ age spot\pigment〉 양2

795 **liv·er-wort** [리붜 워얼트]: 우산이끼, '간이끼'(음지에서 자라며 간엽 같은 우산형 잎을 가진 하등식물), 〈~ liver-like small plant\agrimony〉, 〈↔(↔)scale moss〉 미2

796 **liv·e·ry** [리붜뤼]: 〈← liberare〉, 〈라틴어〉, 〈귀족이 하인들에게 'deliver' 해 주던〉 제복, 차림새, (마차) 대여업, 〈~ uniform\horse stable〉, 〈↔freedom\insubservience〉 양2

797 **lives** [라이브즈]: life의 복수 양1

798 **live-stock** [라이브 스탁]: 목축, 가축류, ⟨~ cattle\farm animals⟩, ⟨↔wild animals\homo sapiens(children)⟩ 양2

799 *__live-stream__ [라이브 스트뤼임]: (전산망의) 실시간 방송, 생방송, ⟨~ simul(taneous)-cast⟩, ⟨↔recorded⟩ 양2

800 *__live-ware__ [라이브 웨어]: 인간 기기, 전산기 조작자(종사자), ⟨~ meat-ware\personnel⟩ 미2

801 **liv·id** [리뷔드]: ⟨← lividus(black and blue)⟩, ⟨라틴어⟩, '납빛', 흙빛의, 검푸른, 격노한, ⟨~ grayish blue\furious⟩, ⟨↔rosy\florid\delighted⟩ 양2

802 **liv·ing room** [리빙 루움]: 생활 공간, 거실, 안방, ⟨~ sitting room\lounge⟩, ⟨↔(↔)family room은 more informal⟩, ⟨↔utility room⟩ 양2

803 **Liv·ing-stone** [리빙스턴], Da·vid: ⟨'Levin'(친우)의 자손⟩, 리빙스턴, (1813-1873), 나일강의 발원지를 찾아 헤매다 풍토병으로 죽은 스코틀랜드 출신 의사·선교사·탐험가, ⟨~ a Scottish physician and pioneer⟩ 수1

804 *__liv·ing un·der a rock__ [리빙 언더 어 롹]: (동굴에 살아서) 세상 물정을 모르다, 원시시대에 살다, ⟨~ living in isolation (or a bubble)⟩, ⟨↔up-to-date⟩ 양2

805 **liv-ing will** [리빙 윌]: 생명 유언, 생전 유언(사망 전에 집행할 수 있는 생명에 관한 유언), ⟨~(↔)will\living trust⟩, ⟨↔probate\DNR⟩ 미2

806 **liz·ard** [리져드]: ⟨라틴어⟩, ⟨← lacertus(a reptile)⟩, ⟨바다에서 기어 나온 괴물⟩, 도마뱀(가죽), 뱀과 악어를 다 닮은 3천여 종이나 되는 파충류(기어 다니는 동물), ⟨~ skink⟩ 가1

807 **liz·ard fish** [리져드 휘쉬]: 매퉁이, (전 세계적으로 온·난류에 서식하며) 날카로운 이빨을 가진 큰 입에 도마뱀 같은 머리를 가진 가늘고 긴 바닷물고기, ⟨~ sand pike⟩ 미2

808 **lla·ma** \ la·ma [라아마]: ⟨스페인어를 못 알아듣고 반문해서 생겨난 원주민어⟩, 라마, 야마('name'이란 뜻의 스페인어), 미주 낙타, (털이 유용하게 쓰이는) 남미 산악지대에 사는 반추 발굽 동물, ⟨~(↔)guanaco\vicuna\alpaca⟩ 우2

809 **LLC** (lim·it·ed li·a·bil·i·ty com·pa·ny): 유한 책임 회사, 소유주의 책임을 줄여주는 ⟨미국 특유의⟩ 주식회사와 동업자 회사의 중간형 사업체, LLP(limited liability partnership), ⟨↔corporation⟩ 미2

810 **LLDC** (least less de·vel·oped coun·try): 후발 개발 도상국, ⟨↔developed country\far advanced country\first world⟩ 양2

811 *__LLM__ (large lan·guage mod·el): '광역언어전형', (한국의 SK 텔레콤과 미국의 Anthropic사가 6억불 이상의 돈을 들여 추진하고 있는) AI를 이용한 다국어 세계화 전자사전, ⟨~ an artificial neural net-work⟩, ⟨~(↔)이원택의 영·한 [Glocall] 사전⟩ 우2

812 **Lloyd** [로이드], Hen·ry D: (1847-1903), ⟨← llwyd(gray-haired)⟩, ⟨웨일즈어⟩, 스탠더드 석유회사의 비리를 까발려 ⟨공영재산을 좀먹는 축재⟩란 글을 쓴 미국의 추문 폭로자(muck-raker), ⟨~ an American journalist⟩ 수1

813 **Lloyd's** [로이즈]: '머리털이 흰 자(현명한 자)', 1688년경에 영국 London의 로이드 커피점에서 시작된 해상 보험협회로 점차로 어떤 위험이든지 보상해주는 세계적으로 신망 있는 전천후 (재) 보험회사로 발전됨, ⟨~ an insurance and re-insurance market⟩ 수1

814 **LLP** (lim·it·ed li·a·bil·i·ty part·ner–ship): ⇒ LLC 미2

815 *__llp__ (live long and pros·per): 만수무강, '구구팔팔' 양2

816 *__LMAO__ (laughing my ass off): (1990년에 등장한 전산망 속어), 배꼽빠지게 웃기, ⟨~ LMB(butt)O⟩ 양2

817 *__LMIRL__ (let's meet in real life): (화면으로만 보지 말고) 대면해서 만나자, 한번 보자 양2

818 *__LN__ (like new): '신품과 같은' 미2

819 **Ln** (nat·u·ral log·a·rithm): 자연(상용)대수⟨전산기에서 그 표현 방법에 관계없이 항상 기본 의미를 나타내는 언어⟩, ⟨~ common logarithm⟩, ⟨↔ex(natural exponential)⟩ 미2

820 *__LN-__ (like new mi·nus): '거의 신품과 같은' 미2

821 **LNG** (liq·ue·fied nat·u·ral gas): (1/600 정도로 압축된) 액화 천연 가스 미2

822 *__LNIB__ (like new in box): (원래 포장에 든) '조금 사용한' 미2

823 **lo** [로우]: ⟨← la⟩, ⟨영국어⟩, ⟨의성어⟩, 'look!', 보라!, 자!, ⟨'놀랄 '로' 자⟩ 양2

824 **load** [로우드]: ⟨← lad(carry)⟩, ⟨게르만어⟩, (무거운) '짐', 적하, 부담, 하중, 장전, 적재, 싣기, 올리기, ⟨~ laden\fill⟩, ⟨~ lead\charge⟩, ⟨~ cargo\burden⟩, ⟨↔un-load\discharge\lighten⟩ 양1

825 **load-er** [로우더]: 짐을 싣는 사람, 장전기, 적재기(외부 매체로부터 차림표를 들여와서 그 전산기가 통제할 수 있게 해주는 기능을 가진 상설 기기), ⟨~ docker\jack⟩ 미2

826 **load-stone** [로우드 스토운]: ⟨← lad(carry), lodestone, (철분이 많은) 자연자석, '흡인력'이 있는 물건(사람)⟩, ⟨~ magnet\attraction⟩ 양2

827 **loaf** [로우후]: ①⟨← hlaf(bread)⟩, ⟨게르만어⟩, 덩어리, ⟨형태를 갖춘⟩ 빵 한 덩어리, ⟨↔stick⟩ ②⟨← loafer⟩, ⟨미국어⟩, 어슬렁거리다, 빈둥빈둥하다, ⟨~ roam\hake²⟩, ⟨↔work\toil⟩ 양1

828 **Loaf·er** [로우훠]: 로퍼, (굽이 납작하고 끈이 없는) '간편화'(상품명), ⟨~ slipper\pumps⟩ 미2

829 **loaf·er** [로우훠]: ⟨1830년 아마도 게르만어에서 연유한 영국어⟩, ⟨← land·loper?⟩, 빈둥쟁이, 게으름뱅이, 짐지기를 피하는 병사, ⟨~ bummer\lazy-bones\shirker⟩, ⟨↔hustler\achiever\go-getter\workaholic⟩ 가1

830 **loan** [로운]: ⟨← lan(grant)⟩, ⟨게르만어⟩, 빌려주기, 대부, 융자, 대차물, 차용, ⟨~ lend\advance⟩, ⟨↔gift\donation\borrow⟩ 가1

831 ***loan shark** [로운 샤아크]: 고리대금업자, ⟨~ shylock\skin-flint⟩, ⟨↔donator\bestower⟩ 양2

832 **loath**(e) [로우쓰 \ 로우드]: ⟨← lath(hateful)⟩, ⟨게르만어⟩, '싫어하는', 마음에 내키지 않은, 혐오하는, ⟨~ disgust\yucky⟩, ⟨↔love\enjoy\adore\win-some\worship⟩ 가1

833 **loaves** [로우브즈]: loaf의 복수형 가1

834 **lob·by** [라비]: ⟨← lobia(portico)⟩, ⟨라틴어⟩, 로비, '현관', 넓은 방, 대기실, 압력(청원)단체, ⟨~ entrance hall\interest group⟩, ⟨↔exit\out-door\dissuade⟩ 가1

835 **lob·by-ist** [라비스트]: 로비스트, '대기실 상주자', 의안 통과 운동가, (원외) 정책 압력 단체, ⟨정치거간⟩, ⟨~ advocate\mover and shaker⟩, ⟨↔dissuader\antagonist⟩ 미1

836 **lobe** [로우브]: ⟨← lobos(globe)⟩, ⟨그리스어⟩, 둥근 돌출부, 갈라진 조각, 열편(찢어진 조각), 엽(잎 모양의 물건), 귓불(귀의 불알), ⟨~ flap\protuberance⟩, ⟨↔whole\depression⟩ 미2

837 **lo·bel·ia** [로우빌리어]: ⟨플란더스 식물학자 이름(Lobel)에서 연유한⟩ 숫잔대꽃(작은 청·적·백색의 꽃이 피는 도라지과 수염가래꽃속의 덩굴식물·관상초), puke·weed, ⇒ Indian tobacco 미2

838 **lo·bo** [로우보우]: ⟨← lupus(wolf)⟩, ⟨라틴어→스페인어⟩, (미 서부산) 큰 회색 '이리', 약탈자, ⟨~ Mexican wolf\predator⟩, ⟨↔cat\good person⟩ 미2 양2

839 **lo-bok** [로우복]: luo(ivy)+bo(radish), ⟨중국어⟩, '중국 무', 나복, ⟨뿌리가 큰⟩ 흰 무, 왜무, ⇒ daikon 미2

840 **lob·ster** [랍스터]: ⟨← locusta⟩, ⟨라틴어⟩, '거미', 바닷가재, 대하(대서양과 태평양의 해안바닥에 서식하는 ⟨'locust'(메뚜기)같이 생긴⟩ 큰 가재), ⟨~(↔)langouste는 prawn에 더 가깝고 craw-fish는 작고 민물에 서식함⟩ 양2

841 **lob-worm** [랍워엄]: ⟨영국어⟩, lug·worm, 갯지렁이(낚시 미끼로 쓰이는 커다란 지렁이) 미2

842 **lo·cal** [로우컬]: ⟨← locus(place)⟩, ⟨라틴어⟩, '장소에 관한', 공간의, 장소의, 지방의, 국소의, 근거리의, 역마다 정차하는, 울안의, ⟨~ regional\limited⟩, ⟨↔national\global\outsider\mondial⟩ 양1

843 ***lo·cal bus** [로우컬 버스]: '마을버스'(특정 기기에 접근하기 위해 공용회로를 통하지 않고 직접 중앙처리기와 연결된 고속⟨fast⟩선로⟩, ⟨~ direct connection to CPU⟩, ⟨↔long distance (or expansion) bus⟩ 우1

844 ***lo·cal·i·za·tion** [로우컬리제이션]: 국한, 지방분권, 지역화(외국어에 맞춰 연성기기를 개편하는 일), ⟨~ adaptation to the end-user⟩, ⟨↔generalization\globalization⟩ 양1 미2

845 ***lo·cal var·i·a·ble** [로우컬 붸어뤼어블]: 국부적 변수(특정 프로그램⟨specific sub-program⟩내에서만 의미를 갖는 변수), ⟨~ local scope⟩ 양2

846 **lo·ca-tion** [로우케이션]: ⟨← locus(place)⟩, ⟨라틴어⟩, '놓은 자리', 장소, 위치, 지역, 야외 촬영(지), (기억) 자리, ⟨→ allocation⟩, ⟨~ position\site⟩, ⟨↔space\time⟩ 양1 미2

847 **loc cit** [락 씰]: ⟨라틴어⟩, loco citato, place+cited, 인용한⟨quotation⟩ 곳에, (위의) 인용문 중에 양2

848 **lock** [락]: ①⟨← lucan(fasten)⟩, ⟨게르만어⟩, ⟨구멍 안에⟩ 가두다, 잠그다, 자물쇠, 잠금, 고정장치, 안전장치, ⟨~ latch\bolt⟩ ②⟨어원 불명의 게르만어⟩, 머리채(타래), ⟨~ entwine⟩ 양2 미2

849 **lock box** [락 박스]: 특별 사서함, 잠금 상자, 〈보통 복덕방들이 설치해 놓는〉 〈안에 열쇠나 카드가 들어 있는〉 자물쇠가 달린 궤, 〈~ safety\secure) box〉 미2

850 **lock-down** [락 다운]: 엄중한 감금, 행동제재, 폐쇄, 〈~ isolation\detention〉, 〈↔open-up\release〉 양2

851 **Locke** [라크], John: 〈← loc(lock)〉, 〈켈트어〉, '열쇠장이 \ 요새에 사는 자', 로크, (1632-1704), 오렌지공의 총신으로 경험적 자유주의에 입각한 사회계약설을 주창한 영국의 의사 출신 〈계몽주의〉 철학자, 〈~ an English physician and philosopher〉 수1

852 **locked-in** [락트 인]: 고정된, 안에 잠가진, 〈~ immured\bound〉, 〈↔unfastened\locked-out〉 가1

853 **lock-er** [라커]: (자물쇠가 달린) 장, 함, 칸, 〈~ cabinet\storage〉, 〈↔disingager\releaser〉 가1

854 **lock-er room** [라커 루움]: (자물쇠가 달린) 갱의실, '소품 보관소', 〈~ changing (or baggage room)〉, 〈↔studio〉 가1

855 **lock-er room talk** [라커 루움 터크]: 상스러운 잡담, 음담패설, 〈~ impure talk\double entendre〉 미2

856 **Lock-heed** [락히드]: 〈호수의 머리 부분(lough-head)에 사는 자란 뜻(?)의 켈트어〉, 록히드, Allan L~에 의해 1912년에 설립되어 1995년 L-Martin사에 병합된 미국의 항공 분야 군수 산업회사, 〈~ an American aerospace technology co.〉 수1

857 *****lock-ing** [락킹]: 잠금, (1960년대 후반에 미국의 Don Campbell이 고안한) 괴상한 동작을 일시적으로 멈추는 펑크〈funk〉 스타일의 브레이크 댄스〈break-dance〉 가1 우1

858 **lock-out** [락 아웉]: (공장) 폐쇄, (노사분규 때) 내어쫓음, 〈~ stoppage\lay-off〉, 〈↔allowance\admittance〉 양2

859 **lock-smith** [락 스미쓰]: 자물쇠 제조공, 열쇠장이, 〈~ key-smith〉 양1

860 **lock-step** [락 스텦]: 밀집 행진, 좁은 보폭, 융통성이 없는, 〈~ close file\rigid〉, 〈↔easy\flexible\yielding〉 양1

861 *****lock-ti-cian** [락 티션]: locks+beautician, dread-locks, 〈레게머리〉를 전문으로 하는 조발 미용사(hair-dresser) 우2

862 **lock-up** [락 엎]: 폐쇄, 구치(소), 고정, 〈~ confine\restrain\jail〉, 〈↔disperse\release〉 양1

863 **lo·co·motive** [로우커모우티브]: 기관차, 〈locus에서 locus로〉 '이동'하는, 〈힘이 앞으로 나가는〉 추진 운동, 〈~ self-propelled〉, 〈↔fixed\immobile〉 양2

864 **lo·co-weed** [로우코 위이드]: 〈← locus(place)〉, '미치개풀'(미국 남서부 건조지대에 자라는 잡초로 가축에게 〈마음이 왔다 갔다 하는〉 신경증세를 일으키는 독초), crazy·weed 우1

865 **locs** [랍스]: 레게머리, ⇒ dread-locks 우1

866 **lo·cum te·nens** [로우컴 티이넌즈]: locus(place)+tenens(hold), 〈라틴어〉, 〈자리를 지키기 위한〉 임시 대리인, 대리 목사(의사), 〈~ lieutenant〉, 〈~ back-up\fill-in〉, 〈↔permanent\per diem〉 양2

867 **lo·cus** [로우커스] \ lo·ci [로싸이 \ 로키]: 〈라틴어〉, place, 장소, 현장, 자리, 중심, 지점, 〈→ local〉, 〈~ position\cite\center〉, 〈↔no place\border\axis〉 가1

868 **lo·cust**¹ [로우커스트]: 〈← locusta(grass-hopper)〉, 〈라틴어〉, 〈먹성이 아주 강한〉 ①메뚜기, 누리, 매미, 〈~ lobster〉, 〈~ katydid〉 ②탐욕적인 사람, 파괴적인 인물, 〈~ rapacious person\destroyer〉, 〈↔contender\constructer〉 양2

869 **lo·cust**² [로우커스트]: 〈← locust¹〉, 〈'메뚜기' 모양의 열매를 맺는〉 ①미국산 아카시아, 〈~ false acacia〉 ②구주 콩나무, 서양 쥐엄나무(꼬투리열매를 맺는 콩과의 낙엽활엽교목), locust bean; 열매를 갈아 식품의 접착제로 쓰는 메뚜기 콩, carob 미2

870 **lo·cust lob·ster** [로우커스트 랍스터]: 꼬마매미새우, (지중해와 동대서양에 서식하며) 보통 바닷가재에서 머리 부분이 잘려 나간 것 같은 모양을 한 갑각류의 식용 절지동물, 〈~ slipper lobster〉 미2

871 **lo·cu-tion** [로우큐우션]: 〈← loqui(speak)〉, 〈라틴어〉, 어법, 말투, 표현법, 관용어법, 〈~ diction〉, 〈↔circum-locution\eu(dys)-phemism〉 양1

872 **lod(e)-star** [로우드 스타아]: lad(arry)+steorra(star), 〈14세기 초서의 시에 등장한 영국어〉, 길잡이(lead)가 되는 별, 북극성, 지표, 지침, 〈~ pole-star\guiding star\role model〉 양2

873 **lode-stone** [로우드 스토운]: 〈영국어〉, 자연자석 ⇒ load·stone 양2

874 **lodge** [랔쥐]: ⟨← lobia(gallery)⟩, ⟨라틴어→게르만어⟩, ⟨오다가다 쉬는⟩ '오두막집', 산막, 수위실, 집회소, 숙박소, 묵다, 머무르다, ⟨~ cottage\cabin⟩, ⟨↔mansion\hotel⟩, ⟨↔dis-lodge\evict⟩ 양1

875 **lo-fi** [로우 화이]: low fidelity, 충실도가 낮은(재생장치), ⟨↔hi-fi⟩ 우2

876 **loft¹** [러어후트]: ⟨게르만어⟩, ⟨← air⟩, (고미) 다락, 더그매, 위층, ⟨'공중에' 높이 매달린⟩ 비둘기장, ⟨~ lift\aloft⟩, ⟨~ tower\attic⟩, ⟨↔basement⟩ 양1

877 **loft²** [러어후트]: ⟨← loft¹⟩, 골프채 두부의 경사, ⟨~ angel between the club face and the ground⟩, (공을) ⟨공중으로⟩ '올려(lift) 치기, 파울라인을 넘어 레인에 떨어지는 볼링 ⟨한글로 풀어 쓰기엔 너무 벅찬 말⟩ 우1

878 **loft-y** [러어후티]: 매우 높은, 우뚝 솟은, 거만한, ⟨~ sky-high\grandiose⟩, ⟨↔low\short⟩ 양2

879 *__log__ [러어그 \ 라그]: ⟨← logge(quadrant of wood)⟩, ⟨어원 불명의 영국어⟩, 통나무, 원목⟨통나무 판에 적어 놓던⟩ (항해), 일지, 경과 기록, 배의 항해 거리를 재는 장치, 전산기 조작, ⟨~ ledger\register⟩, ⟨↔branch\delete⟩ 양1 우1

880 **Lo·gan** [로우건] Air-port: ⟨lag(hollow)란 뜻의 켈트어⟩, BOS(Boston), 1923년 육군 비행장으로 출범해서 1943년 미·멕시코 전쟁 영웅 로건⟨'움푹한 곳에 사는 자'⟩ 중장의 이름을 따 개명한 보스턴의 국제공항 수2

881 **lo·gan-ber·ry** [로우건 베뤼]: ⟨개량자의 이름을 딴⟩ 라즈베리(빨간 딸기)와 블랙베리(검은 딸기)의 잡종, ⟨~ dark-red berry⟩ 우1

882 **log·a·rithm** [러어거뤼덤]: ⟨그리스어⟩, 'logos+arithmos'(숫자의 논리학), 대수(복잡한 곱하기·나누기를 더하기·빼기로 나타내는 수학적 방식으로 $2^3=8$에서 8을 수 2를 기수 3을 지수라 하면 $3=\log_2 8$에서 3을 2에 대한 8의 대수라 함), ⟨~ geometry⟩ 양2

883 **log-ger-head¹** [러어거 헤드]: '벌목꾼 대가리', 멍텅구리, 통나무 대가리, 작살 밧줄을 감는 둥근 기둥, 끝이 둥근 철봉, 치고 받기, ⟨~ idiot\dolt\block-head⟩ 우1

884 **log-ger-head²** [러어거 헤드]: ⟨머리통이 통나무같이 큰⟩ ①붉은바다거북, ⟨~ a marine turtle⟩ ②미국 큰재개구마리(때까치의 일종), ⟨~ a shrike⟩ 미2

885 *__log-ging__ [러어깅]: 벌목, 벌채 반출, (전산기의) '출항', ⟨~ cutting down trees\register⟩ 양1 우1

886 **log·ic** [라쥑]: ⟨← logos(reason)⟩, ⟨그리스어⟩, 논리(학), 이치로 따지기, 기본 원칙, ⟨~ deduction\inference\principle⟩, ⟨↔absurdity\nonsense⟩ 양2

887 **log·i·cal** [라쥐컬]: 논리적인, 분석적인, 분리적, 연성 기기의 관점에서, ⟨~ cogent\sound⟩, ⟨↔irrational\unreasonable⟩ 양1 우1

888 *__log·i·cal de-sign__ [라쥐컬 디쟈인]: 논리적 설계(자료를 같은 특성의 항목으로 묶어 차림표를 짜는 일), ⟨~ relational schema\user friendly⟩, ⟨~(↔)physical design⟩ 미2

889 *__log·i·cal drive__ [라쥐컬 드라이브]: 논리적(분리적) '주행대'(한 원반에 여러 가지 독립적 차림표가 수록되었을 때 각자 다른 드라이브로 취급함), ⟨~ virtual drive⟩, ⟨~ a partition of a physical storage device⟩, ⟨~(↔)physical drive⟩ 미2

890 *__log·i·cal op·er·a·tion__ [라쥐컬 아퍼뤠이션]: 논리연산(2분법 논리를 따라 결과를 유도하려는 운영방식), ⟨~ binary truth function\propositional operation⟩, ⟨~ logical connective (or constant)⟩ 미2

891 *__log·ic an·a·lyz·er__ [라쥑 애널라이져]: 논리회로가 제대로 작동하나를 조사하는 분석 장치, ⟨~ streaming multiple logic signals⟩ 우1

892 *__log·ic ar-ray__ [라쥑 어뤠이]: 논리 배열(대량생산된 반도체 위에 출·입구의 전자회로를 구성한 것), ⟨~ configurable digital circuit⟩ 미2

893 *__log·ic bomb__ [라쥑 밤]: slag(scum of metal) code, 논리 폭탄, ⟨일정 조건하에서 실행되도록 몰래 장치된 명령군-해고당했을 때 분풀이로도 써먹을 수 있는⟩ '폭탄 부호', ⟨~ code (or cyber)-bomb⟩ 미2

894 *__log·ic cir·cuit__ [라쥑 써얼킽]: 논리회로(2가지 정보를 받아 지정된 법칙에 따라 1가지 정보로 만들어 내보내는 전자회로), ⟨~ microelectronics\computer-chip⟩ 미2

895 *__log·ic di·a-gram__ [라쥑 다이어그램]: 논리 도표(논리적 신호에 영향을 미치는 요소들을 표시한 그림 부호들), ⟨~ multidimensional language⟩ 미2

896 *__log·ic gate__ [라쥑 게이트]: '논리 관문', (and·or·not·nor 등의) 논리회로가 출입할 수 있는 '문', ⟨~ computer circuit⟩, ⟨↔negator⟩ 미2

897 *__log·ic pro-gram-ming__ [라쥑 프로우그래밍]: 논리적 과정표 짜기(수학적 논리에 따라 전산기 프로그램을 쓰는 방법), ⟨~ computer programming⟩ 미2

898 *log-in \ log-on [러어그 인 \ 러어그 어언]: 〈항해 일지에〉 접속하다, 〈짱구 굴리기를〉 시작하다, 작동개시, 〈~ start\boot up〉, 〈↔log-out\log-off〉 미1

899 lo·gis·tics [로우쥐스틱스]: 〈← logos(reason)〉, 〈그리스어〉, 〈합리적인 사고방식이 필요한〉 물류, 병참 업무(술), 조달계획, 수송계획(관리), 계산법, 기호논리학, 〈~ coordination\planning〉, 〈↔disorganization\mismanagement〉 양2

900 *log-line [라그 라인]: ①측정선(배에서 거리를 잴 때 사용하는 밧줄), 〈~ a measuring line〉 ②(영화나 소설 등의 내용을) 한 줄로 축소시킨 '줄거리 줄', 요약선, 〈~ hook\pitching\summary〉 미2

901 LO·GO [로우고우]: 로고, (단순하고 재미있는) 거북이를 사용해서 그림이나 재귀 명령을 내리는 과정표 짜기 언어로 주로 교육이나 인공지능 개발용으로 쓰임, 〈~ AI free logo maker〉 수2

902 *lo·go [로우고우]: logotype, '명판', 상표나 집단의 의장 문자나 그림, 〈~ symbol\emblem\trade-mark〉, 〈↔reality\fact\un-brand〉 우1

903 log-off \ log-out [러어그 어후 \ 러어그 아웉]: 작동 끝, 사용 종료, 〈~ exit\turn off〉, 〈↔log-on\log-in〉 미1

904 *log·o-gram [러어거 그램]: 〈글자를 기호로 표시하는〉 어표(dollar= $), 약호(pound=lb), 〈~ idio-gram〉, 〈↔letter\alphabet\numeral〉 가1

905 log·o-phile [러어거 휘일(화일)]: 언어(단어) 애호가, wordie 양2

906 log·or·rhea [러어거 뤼이얼]: logos(word)+rhoia(flow), 〈그리스어〉, oral diarrhea(입설사), 어루증, 병적 다변증, '수다증', 〈~ verbosity〉, 〈↔brevity\terseness\laconic〉 양2

907 lo·gos [로우가스 \ 라가스 \ 러거스]: 〈← legein(speak)〉, 〈그리스어〉, 이성, 이법, 논리(성), 〈말하는 기술〉, 〈~ universal ego\world principle〉, 〈↔ethos\pathos〉 가2

908 log-roll [러어그 로울]: (협력해서) 통나무 굴리기, 서로 칭찬하기, (정치적) 결탁, 흥정, 협력, 〈~ back-scratch\pork barrel〉, 〈↔hindrance\discord〉 양2

909 log-wood [러어그 우드]: 목재의 가운데서 붉은 염료(red dye)를 추출하는 꼬투리 달린 열매를 맺는 아열대·열대산 콩과의 작은 교목, 〈~ a legume tree\'blood wood'〉 우1

910 ~lo·gy [~러쥐]: 〈← legein(speak)〉, 〈그리스어에서 연유한 영국어〉 ①〈~말·담화〉란 뜻의 어미, 〈~ doctrine〉 ②〈~론·학문〉이란 뜻의 접미사, 〈~ science〉 양1

911 *LOHAS [로하스]: lifestyles of health and sustainability, 〈~ marketing 용어〉, 건강하고 지속적인 생활양식, (오래 살려고)환경문제에 예민한 〈미국인의 약 13%에 달하는〉 부유층, 〈~ 'green consumers'〉 양2

912 loin [로인]: 〈← lumbus(waist)〉, 〈라틴어〉, '허리'(고기), 요부, 〈~ lumbar\lower back (or abdomen)〉 양2

913 Loire [르와아]: 〈← liger(mud water)〉, 〈라틴어〉, '흙탕물', 루아르, 남동부에서 발원하여 중부의 포도밭을 적시면서 대서양으로 빠져나가는 수량은 적으나 길이는 프랑스에서 제일 긴 1,006km짜리 강, 〈~ the longest river in France〉 수1

914 loi·ter [로이터]: 〈← loteren(linger)〉, 〈네덜란드어〉, '빈둥거리다', 늑장 부리다, 서성거리다, 〈경찰이 심문할 수도 있는〉 배회하다, 〈~ drag\idle〉, 〈↔hurry up\keep up〉 양2

915 *LOL: League of Legends, '전설적 연합군', (2009년에 개발된) 자기편 주장을 동원해서 적군을 타파하는 전산망 전쟁 놀음, 〈~ an American on-line battle arena video game〉 수2

916 lol·ly-gag [랄리 객]: lally-gag, 〈← lala(의성어)〉, 〈미국 속어〉, 빈둥거리다(loaf), (남들이 보는데서) 껴안고 애무하다〈cuddling〉, 〈~ fool around\dawdle〉 양1

917 *lol: ①laughing out loud (아이구 배꼽이야), 〈~ in-stiched〉, 〈↔crying out loud〉 ②lots of love (많이 사랑해) 미2

918 lol·li(y)-pop [랄리팦 \ 럴리펖]: 〈영국 어린이어〉, 막대사탕, (혀로 빨아 먹기 좋게) 막대기 끝에 붙인 〈매달린〉 사탕, 〈~ sucker〉 우1

919 Lom·bard·y [람벌디]: 롬 바르디아, 6세기경 이탈리아를 정복한 게르만의 〈long beard〉를 한 롬바르드족이 많이 살고 상공업·문화가 발달해서 콧대가 높은 이탈리아의 북부지방(northern Italy) 수1

920 Lon·don [런던]: 〈← londinyom(place that floods)?〉, 〈켈트어〉, 〈어원불명의 라틴어〉, 잉글랜드 동남쪽 템스강 어귀에서 발달한 2천 년의 역사를 가진 영국의 행정·상업·문화·관광도시, 〈~ Capital of England〉 수1

921 Lon·don [런던], Jack: John Griffith Chaney, (1876-1916), 적자생존의 작품세계를 펼쳐 나갔으나 가난한 자(약한 자)에게 강한 연민의 정을 품었던 미국의 작가, 〈~ an American novelist〉 수1

922 **Lon·don, U·ni·ver·si·ty of**: 1836년에 세워진 (영국에서 3번째 오래되고·두 번째 학생 수가 많은) 연구 중심의 종합 공립대학, 〈~ federation of 17 higher education institutions〉 수1

923 **Lon·don broil** [런던 브로일]: 〈런던에서 기원되지도·런던에서 인기가 있지도 않고·미국 필라델피아에서 첫선을 보였다는〉 런던 갈비구이(옆으로 비스듬히 얇게 잘라서 먹는 소의 갈빗살을 구운 스테이크), 〈한국 사람들이 '싸고 맛있는 갈비'를 'LA갈비'라 하는 것과 일맥상통함〉, 〈~ a grilling marinated beef〉 수2

924 **Lon·don pride** [런던 프라이드]: ①바위취(〈왜 런던이란 이름이 붙었는지 잘 모르겠으나〉 아일랜드 원산의 그늘 범의귀), 〈~ an evergreen perennial〉 ②1950년대부터 출하된 런던산 진한 호박색의 약한 맥주, 〈~ amber ale〉 미2 수1

925 **lone** [로운]: 〈영국어〉, 〈← alone〉, 혼자의, 외딴, 쓸쓸한, 〈→ lone-some〉, 〈↔accompanied\crowded\sociable〉 가2

926 *****L1 Cache** (lev·el 1 Cache): (중앙처리기구에 부속되어 있는) 1차 고속 기억장치, 〈~ primary cache〉 미2

927 **L1 in·ter·fer·ence** : (외국어를 배울 때) 모국어〈mother-tongue〉의 개입 미2

928 **lone pi·per** [로운 파이퍼]: 〈한국의 나환자 방랑시인 한하운의 시에서 연유한? 스코틀랜드어〉, 피리 독주자, (군대의식·장례식 등에서 부는) 〈쓸쓸한〉 피리 부는 사람, 〈~ military (or funeral) flutist〉 양2

929 **long¹** [로엉]: 〈← lang ← langien(lengthen)〉, 〈게르만어〉, '긴', 오랜, 큰, 〈좋을 때도 있고 나쁠 때도 있는〉 길이, 〈→ length〉, 〈~ extended\protracted〉, 〈~(↔)along〉, 〈↔short\brief\bikini〉 가2

930 **long²** [로엉]: 〈← long¹〉, 〈게르만어→영국어〉, 갈망하다, 동경하다, 〈목을 길게〈long〉 빼고〉 기다리다, 〈~ yearn\pine²〉, 〈↔dismiss\ignore〉 가2

931 *****long¹ ab·sent, soon for·got·en**: 몸이 떠나면 마음도 떠난다, 〈~ our of sight, out of mind〉, 〈↔absence makes the heart grow fonder〉 양2

932 **lon-gan** [랑건]: long(dragon)+yan(eye), 〈중국어〉, 용안(용의 눈알), lychee(여지)와 비슷하나 돌기가 없는 주황색의 탁구공만 한 열매속에 향이 진하지 않은 반투명의 흰 과육이 있는 남아시아 원산의 열대성 과실, 〈~ a soap-berry〉 미1

933 **long arm** [로엉 아앎]: 긴 보조봉, 멀리까지 미치는 힘, 〈끝내 잡아내고 마는〉 경찰력, 〈~ far reaching power〉 양2

934 **Long Beach** [로엉 비이취]: 〈아직도 5.2마일의 모래사장이 남아있는〉 롱 비치, 매년 4월 도요타 그랑프리가 열리며 로스앤젤레스 남쪽에 있는 항구도시로 〈편자가 40여년간 밥 벌어 먹은〉 국제적 교역도시, 〈~ a coastal city in S-E LA county〉 수1

935 **long bill¹** [로엉 빌]: (도요새〈curlew〉 등) 부리가 긴 새, 〈~ a bird〉 양2

936 **long bill²** [로엉 빌]: 많이 밀린 계산서, (가짓수가 많아서) 긴 청구서, 장기 어음, 〈~ a bill of exchange or appropriation〉 양1

937 **long-cross** [로엉 크뤄어스]: 〈가로보다 세로가 긴〉 단검표, dagger, obelisk, †(각주를 나타내는 부호〉 양1

938 **long-day** [로엉 데이]: (꽃이 피는데) 긴 일조시간이 필요한, 장일식물의, 〈~ a long photoperiod\a flowering plant〉 양2

939 **long day** [로엉 데이]: 긴 하루, 힘든 하루, 지겨운 하루, 〈~ long work hours〉 양2

940 **long-di (cou·ple)** [로엉디 (커플)]: long distance couple, 멀리 떨어져 살아서 자주 못 만나는 한쌍(연인), '기러기 부부', '머나먼 짝', '콩글리시'〉 양2

941 **lon·gev·i·ty** [란줴비티]: longus(long)+aevum(age), 〈라틴어〉, 〈긴〉 수명, 장수, 장기근속, 〈~ continuation\durability〉, 〈↔cessation\fragility\impermanence〉 가1

942 **long faced** [로엉 훼이스트]: 얼굴이 긴, 우거지상을 한, 슬픈, 엄숙한, 〈~ chap-fallen\dejected〉, 〈↔cheer face\amusing face〉 가1

943 **Long-fel·low** [롱휄로우], Hen·ry: '꺽다리', 롱펠로, (1807-1882), 명문가에서 태어나 하버드 교수를 하면서 쉽고 '들척지근한' 시를 써서 인기가 높았던 미국의 시인, 〈~ an American poet〉 수1

944 **long-hand** [로엉 핸드]: 손으로 쓰는 글씨(체), 〈~ calligraphy\penmanship〉, 〈↔short-hand\stenography〉 양2

945 **long-horn** [로엉 호언]: ①스페인 원산의 뿔이 긴 소, 〈~ cattle〉 ②텍사스 사람, 〈~ a Texan〉 ③원통형 습성 체다치즈, 〈~ Colby cheese〉 ④긴뿔딱정벌레(하늘소), 〈~ longicorn〉 미2

946 **long-hours** [로엉 아워스]: '긴 시간', (시계가 종을 오래치는) 밤 11~12시, ⟨~ long period\late hours⟩, ⟨↔brief moment⟩, ⟨↔early hours\before dawn⟩ 미2

947 **lon·gi-corn** [란쥐 코어언]: longus(long)+cornu(horn), ⟨라틴어⟩, (촉각이 긴) 풍뎅이, 하늘소, ⟨~ wood-boring insect with long antenna\sawyer³⟩ 미2

948 **Long Is-land** [로엉 아일랜드]: 롱 아일랜드, 뉴욕주 남동쪽에 있는 기다란 섬으로 주인구의 40%가 살고 있음, ⟨~ a densely populated island stretching east from NYC⟩ 수2

949 **Long Is-land tea(cock-tail)**: ⟨1972년 롱아일랜드의 한 식당에서 개발되었다는⟩ 보드카·진·테킬라·럼·오렌지 소다·콜라를 섞어 홍차 색깔을 낸 진짜 혼합주, ⟨high alcohol content라 역설적으로 iced tea라고 부름⟩ 수2

950 **lon·gi-tude** [라안쥐튜우드]: ⟨← longus(long)⟩, ⟨라틴어⟩, ⟨← length⟩, '세로로 긴 선', 경도, 경선, 세로, 길이, ⟨~ meridian⟩, ⟨↔latitude⟩ 양2

951 **long johns** [로엉 좐스]: (발목까지 내려오는 아랫도리) 긴 내복, ⟨~ long underwear⟩, ⟨↔short underwear⟩ 미2

952 **long-ribs** [로엉 륍스]: back-ribs, ⟨갈비뼈의 뒷쪽에 붙어있는 살과 뼈를 그대로 길게 잘라서 만든⟩ '만곡갈비(살)', ⟨↔short-ribs⟩ 미1

953 **Long March** [로엉 마알취]: 대장정, (1934~35년간 1년에 걸쳐) ⟨국민당군의 추격을 피해 중국 남동부에서 북서부까지 험난한 길을 따라⟩ 11만 5천의 공산당군이 퇴각해서 1만 5천 명이 살아남은 '기다란 피난길', ⟨~ a military retreat by the Chinese Red Army⟩ 수2

954 **long pad-ding** [로엉 패딩]: bench coat, 운동 선수가 대기석에서 입는 두껍고 긴 외투(의 콩글리시), '긴 두툼 옷' 우2

955 **long-run** [로엉 륀]: 장기간, 장기 흥행, ⟨~ elongated\extentive⟩, ⟨↔short-run\short-time⟩ 양2

956 **long-shore** [로엉 쇼어]: 'along a shore', 연안(항만)의, 항만에서 일하는, ⟨~ steve-dore⟩ 양2

957 *****long-shot** [로엉 샽]: 원경 촬영, 대담한, ⟨과녁이 너무 멀어 맞힐⟩ 가망 없는, ⟨~ chance hit\little chance⟩, ⟨↔certain\factual⟩, ⟨↔slam dunk⟩ 양2

958 **long-sight** [로엉 싸잍]: 멀리 내다봄, 선견지명, ⟨~ fore-sight⟩, ⟨↔short-sight⟩ 양2

959 **long sight** [로엉 싸잍]: 원시(먼 데는 잘 보고 가까운 데는 잘 못 보는 눈), hyperopia, ⟨↔myopia⟩ 양2

960 **long-term** [로엉 터엄] care: 장기 요양, 장기 수발, ⟨~ continuing care⟩, ⟨↔short-term(care)⟩ 양2

961 **long-time, no-see**: ⟨1894년 미국 신문에 등장한 Chinese pidgin⟩, '오랜만이야(haojiu bujian)', 지들이 이보다 더한 엉터리 영어를 쓰면서도 동양인들이 쓰면 비웃는 챙글리시, ⟨~ it's been ages⟩ 미1

962 **lon·guette** [롱게트]: ⟨← longus(long)?⟩, ⟨어원 불명의 프랑스어⟩ (무릎 밑으로 내려오는) 미디⟨medi⟩스커트, ⟨↔mini-skirt\hot pants⟩ 우1

963 **loo** [루우]: ①⟨아마도 place를 뜻하는 프랑스어 lieu에서 연유하지 않았나 하는 어원 불명의 영국어⟩, 화장실, ⟨~ latrine\lavatory⟩ ②⟨← lanturelu⟩, ⟨프랑스어에서 연유한 영국어⟩, (벌금을 판돈에 합치는) 카드놀이⟨card game⟩의 일종 미2

964 **loo·fa(h)** [루훠]: ⟨← lufah⟩, ⟨이집트어⟩, luffa, 수세미, ⟨~ sponge⟩ 양1

965 **look** [룩]: ⟨← locian(see)⟩, ⟨어원 불명의 영국어⟩, (바라)보다, 주시하다, 검토하다, 조심하다, ⟨~ gaze⟩, ⟨↔disregard\ignore⟩, ⟨이것은 focused\see는 un-focused⟩, ⟨여자를 볼 때는 절대 see하면 안됨⟩, ⟨↔hear⟩ 가1

966 *****L@@K**: '보라!', '여기 좀 봐'(광고물을 띄우기 위한 문자), ⟨~ attention!⟩ 미2

967 *****look be-fore you leap**: 뛰기 전에 살펴라, 돌다리도 두들겨 보고 건너라, 누울 자리 봐가며 발을 뻗어라, ⟨~ better be safe than sorry⟩, ⟨↔skate on thin ice\ride a tiger⟩ 양2

968 **look-er** [루커]: 보는 사람, 잘생긴 사람, ⟨~ a person who looks\a very attractive person⟩ 양2

969 *****look-ism** [루키즘]: 외모 지상주의. 얼굴 생김새로 사람을 판단하는 일, ⟨~ prejudice toward un-attractive person⟩ 양1

970 **look-out** [룩 아웉]: 감시, 조심, 조망, 가망, ⟨~ watch\panorama⟩, ⟨↔neglect⟩ 가1

971 *****look out for one-self (num·ber one)**: 자기만 알다, 염불에는 맘이 없고 잿밥에만 맘이 있다, 제논에 물대기, ⟨~ self-centered\egotistical⟩, ⟨↔altruistic⟩ 양2

972 **look passed** [룩 파쓰트](something): 못 본 체하다, 묵과하다, (~을) 긍정적으로 보다, 〈~ get over\ignore\accustomed〉 양

973 **look-up** [룩 엎]: 조사, 검사, 〈~ seek\search〉, 〈↔hide\lose〉 가1

974 *****look who is talk·ing**: 누가 할 소리를!, 사돈 남 말한다, 너 자신을 알라, 〈~ pot calling the kettle black〉, 〈~(↔)it takes one to know one〉 양

975 **loom** [루움]: 〈어원 불명의 영국어들〉①〈← geloma(implement)〉, 베틀, 직기, 〈~ textile machine〉 ②〈← loam(appear)〉, 어렴풋이 나타나다, 불쑥 나타나다, 몽롱함, 〈~ emerge〉, 〈↔disappear\wane〉 가1

976 **loon** [루운]: 〈영국어〉, '얼간이' ①〈← lomer〉, 〈의성어〉, 〈북구어〉, 아비(북반부에 서식하는 갈매기만 한 물새로 도망갈 때 바보 같은 '웃음'소리를 냄), 〈~ great nothern diver〉 ②〈← loen(lout)〉, 〈네덜란드어〉, 바보, 미친놈, 게으름뱅이, 〈~ fool\nut〉, 〈↔sage\intellect〉 미2

977 **loon-pants** [루운 팬츠]: '바보바지', (상단부가 몸에 꼭 끼는) 나팔바지, 〈~ pantaloon〉 우1

978 *****loop** [루우프] [루우프]: 〈어원 불명의 영국어〉, fold, 고리, 피임고리(IUD), 만곡선, 도심, 폐(환상)회로, 순환(프로그램 중 반복 사용되는 명령군), 〈~ curve\recursion〉, 〈↔un-loop\straighten out\line〉 양

979 **loop-er** [루우퍼]: inch worm, measuring worm, 〈고리 모양으로 기어가는〉 자벌레 양

980 *****loop-hole** [루우프 호울]: (성벽 등의) 총구멍, 공기 빼는 구멍, 빠져나가는〈peep〉 구멍, 허점, 〈~ gap\means of escape〉, 〈↔blockage\closure\strength〉 양

981 **loose** [루우스]: 〈← los(free)〉, 〈게르만어〉, 〈매여 있지 않은〉, 풀린, 벗어진, 헐거운, 엉성한, 느슨한, 해방된, 행실이 나쁜, 〈→ lax〉, 〈~ not secure\baggy\floppy〉, 〈↔tense\tight〉 양1

982 **loose-end** [루우스 엔드]: 묶지 않은 끝, 미결 부분, 〈~ not completed\un-resolved〉, 〈↔settled\closed〉 양2

983 **loose-liver** [루우스 리붜]: '느슨한 간', 쓸개 빠진 놈, 덜 떨어진 자, 〈~ dissolute\libertine〉, 〈↔ascetic〉 양2

984 **loose sen·tence** [루우스 쎈텐스]: (주절이 문장의 첫 부분에 나오는) 산열문, 〈~(↔)complex sentence〉, 〈↔periodic sentence〉 양2

985 **loot** [루우트]: 〈← lunt(rob)〉, 〈산스크리트어〉, '약탈'(행위·물), 전리품, 부정 이득, 〈~ havoc〉, 〈~ plunder\spoliate〉, 〈↔protect\receive〉 가1

986 **lop** [랖 \ 렆]: 〈어원 불명의 영국어〉①loppen(trim), (가지를) 치다, 정리하다, 삭제하다, 〈↔grow〉 ②(축) 늘어지다, 빈둥대다, 〈~ dawdle〉, 〈←run〉 ③〈← leap〉, 껑충껑충 뛰다, 벼룩(flea), 〈↔fall〉 ④잔물결, 〈~ ripple〉, 〈↔tide〉 양1

987 **Lo·pez** [로우페즈], Jen·ni·fer: J. Lo, 〈← lupus(wolf)〉, 〈라틴어→스페인어〉, '늑대의 자식', 로페즈, (1969-), 푸에르토리코 가정에서 태어나 어려서부터 예능계에 뛰어들어 선정적인 염문을 피우고 다니는 미국의 무용가·가수·배우, 〈~ an American actress and singer〉 수1

988 **lop-sid·ed** [랖 싸이디드]: 〈← lop³〉, 〈1711년 해양용어로 등장한 영국어〉, 한쪽으로 기울어진, 균형을 잃은, 압도적인, 일방적인, 〈~ asymmetrical\un-balanced〉, 〈↔even\level〉 양2

989 **lo·qua·cious** [로우퀘이셔스]: 〈← loqui〉, 〈'talkative'의 라틴어〉, 말 많은, 수다스러운, 〈~ voluble\verbose〉, 〈↔reticent\taciturn\laconic〉 가1

990 **lo-quat** [로우쿼트]: lu(rush+ju(orange), 〈중국어〉, 노귤(갈대 밀감), 비파(나무·열매)〈배꼽이 달린 메추리 알만 한 귤 속에 커다란 씨들이 있고 텁터름한 맛이 나는 과일〉, 〈~ medlar\nase-berry\sapodilla〉, 〈~ Japanese quince〉 미2

991 **lord** [로어드]: 〈← hlaford〉, 〈게르만어〉, 지배자, 영주, 주인, 경, 주, 하느님, 〈가족을 위해 빵(loaf)을 확보하는 자〉, 〈~ ruler\master〉, 〈↔lady\follower〉 양2

992 **lor·do·sis** [로얼도우씨스]: 〈← lordos(bent back)〉, 〈그리스어〉, 〈척추가 앞으로 굽는〉 척추전만, 앞 곱사등, 〈~(↔)scoliosis〉, 〈↔kyphosis\hunch-back〉 양2

993 **lore** [로어]: 〈← lar(teaching)〉, 〈게르만어〉, '가르침', (전승된) 지식, 교훈, 〈~ learn〉, 〈↔ignorance\illiteracy〉 양2

994 **Lor·e·al** [로뤠알]: 〈← lorun(thong)〉, 〈라틴어에서 연유한 프랑스어〉, 〈화려한 장식의〉 로레알, 1909년 파리에 독일계 화학자가 머리 염색약 업체로 설립해서 연구 개발에 투자를 많이 한 프랑스의 세계적 화장품 회사, 〈~ a French personal care company〉 수2

995 **Lor·e·lei** [로뤌라이]: lureln(murmuring)+ley(rock), 〈게르만어+켈트어〉, '중얼대는 바위', 로렐라이, 뱃사람을 유혹해서 파멸시키는 라인강의 요정, 〈~ a siren of the Rhine River〉 수1

996 **Lo·ren** [로어뤈], So·phi·a: 〈← laurel(월계수;명예) \ Lawrence〉, 로렌, (1934-), 미스 이탈리아 출신으로 한때 Cary Grant와 염문이 있었으나 21년 연상의 의사와 결혼해서 일부종사한 이목구비가 뚜렷한 여배우·가수, 〈~ an Italian actress〉 수1

997 **Lo·rentz** [로뤤츠], Kon·rad: 〈← Lawrence〉, 로렌츠, (1903-1989), 각인설을 주창하여 나치 정권에 이론적 근거를 제공한 오스트리아의 동물 생태학자, 〈~ an Austrian zoologist〉 수1

998 **lor·gnette** [로녜트]: 〈← lorgnon ← lorgner(peep)〉, 〈프랑스어〉, 〈곁눈질용〉 (오페라 감상용) 손잡이 달린 안경, 〈~(↔)spectacles〉 우1

999 **lor·gnon** [로르냠]: 〈← lorgner(peep)〉, 〈어원 불명의 프랑스어〉, 〈독서용〉〈다리 없는〉 코안경, 〈~(↔)monocle〉 우1

1000 **lo·ris** [로어뤼스]: 〈← '바보(booby)'라는 네덜란드 말?〉, 로리스, 늘보원숭이(인도·동남아에 서식하는 발이 손같이 생겨 낮에는 나뭇가지를 붙잡고 잠만 자다 밤에 행동하는 귀여운 원숭이), 〈~ a small slow-moving lemur〉 미2

1001 **lorn** [로언]: 〈← leosan(perish)〉, 〈영국어〉, 〈lost 되어〉 고독한, 의지할 데 없는, 〈~ lonesome\desolate〉, 〈↔accompanied\attended〉 양2

1002 **Lor·raine** [러뤠인]: 〈Lothar(샤를 마뉴 대제의 증손자)의 영지〉, 로렌, Lothringen 〈독일어〉 ①여자 이름, Lorrie ②왔다 갔다 하다가 1차대전 후 프랑스가 차지한 〈철광석으로 유명한〉 프랑스 북동부 독일과의 접경지대, 〈~ a historical region in N-E France〉 수1

1003 **lor·ry** [로어뤼]: 〈← lug(drag)?〉, 〈영국어〉, 화물자동차, 무개화차, 짐차, 〈~ trolley〉 양1

1004 **lo·ry** [로어뤼]: 〈말레이어〉, 진홍잉꼬(어딘가 진홍색을 띤 부분이 있고 전체적으로 영롱한 색깔을 한 열대성 앵무새), 〈~ a small-medium sized parrot〉 미2

1005 **Los An·gel·es** [로스 앤절러스]: LA, 〈스페인어〉, 로스앤젤레스, the City of Angels, '천사의 도시', 나성, 지진이 나도 폭동이 나도 여전히 매력적인 미국 내의 가장 미국적인 '도시 같지 않은 도시', 〈~ a city in So. California〉 수1

1006 **lose** [루우즈]: 〈← leosan(perish)〉, 〈게르만어→영국어〉, 〈← loss〉, 잃다, 지다, 놓치다, 〈~ defeated\deprived of\fail to grasp〉, 〈↔win\find\keep\regain〉 양1

1007 ***lose one's touch** [루우즈 원즈 터취]: 감촉(솜씨)을 잃다, 무뎌지다, 예전같지 않다, 〈~ out of touch(control)〉, 〈↔still in touch〉 양2

1008 **lose out** [루우즈 아웃]: 빼앗기다, 얻지 못하다, 〈~ abort\miss〉, 〈↔accomplish\achieve〉 양1

1009 **loss** [로어스 \ 러스]: 〈← leosan(perish)〉, 〈게르만어〉, 〈← loose〉, 〈군대의 대열이 흩어지는〉 분실, 손실, 실패, 감소, 〈→ lose〉, 〈~ deprivation\forfeiture\mislaying〉, 〈↔gain\profit\recovery〉 양1

1010 **lost** [로스트]: lose의 과거·과거분사, 잃어버린, 빼앗긴, 죽은, 길을 잃은, 헤매는, 〈~ missing\strayed\by gone〉, 〈↔gained\found〉 양1

1011 ***lost clus·ter** [로스트 클러스터]: '파손 단말군'(저장장치에서 자료를 보관해주는 부분들이 외부 손상으로 망가진 것), 〈~ damaged batch〉 우1

1012 **Lot** [랕]: 〈히브리어〉, hidden, '숨겨진 자', 롯, 아브라함의 조카, 호기심과 불순종의 아내를 가졌던 가엾은 남자, 〈~ a man who regretted his choice to live in Sodom〉 수1

1013 **lot** [랕]: 〈← hlot(share)〉, 〈게르만어〉, 제비뽑기, '몫', 한 구획의 토지, 다량, 다수, 한 떼, 운명, 배당, 〈→ lottery\lotto〉, 〈~ bunch\deal\plot〉, 〈~ portion\destiny\fate〉, 〈↔bit\choice\whole〉 양1

1014 **lo·thar·i·o** [로우쎄뤼오우]: lut(loud)+heri(army), 〈게르만어〉, '우렁찬 투사', 〈1703년에 공연된 영국 비극의 등장 인물에서 연유한〉 난봉꾼, 건달, 탕아, 〈~ gigolo〉, 〈↔Hamlet〉 양2

1015 **lo·tion** [로우션]: 〈← lavare(wash)〉, 〈라틴어〉, 〈← lave〉, 바르는 물약, 화장수(액), 〈~ cream\moisturiser〉, 〈↔irritant〉 미1

1016 **Lot·te** [롯떼] Cor·po·ra·tion: 1948년 재일교포가 일본의 동경에서 괴테의 소설에 나오는 Charlotte에서 딴 이름으로 창립한 껌 제조회사가 1967년에 한국에 '롯데 제과'로 상륙해서 '구강의 연인'이란 표어로 식품업계를 장악하고 주로 소비자 산업(consumer industry)에 90여 개의 자회사를 거느린 〈한국의〉 재벌회사, 〈~ a Korean conglomerate corp.〉 수2

1017 **lot-tery** [라터뤼 \ 로터뤼]: lotto, 〈네덜란드어〉, 〈← lot(share)〉, 복권 뽑기, 추첨, 재수, 〈~ raffle\sweepstake〉, 〈↔guarantee\certainty〉 양1

1018 **Lot·te World Tow·er**: 2009년에 착공해서 2016년에 완공된 서울 동남부(south-eastern Seoul)의 지하 6층 지상 123층 555m 짜리 세계 6위의 고층 건물로 한국의 상업성을 대표하는 작품임 수2

1019 **lot-to** [라토우 \ 로토]: 〈이탈리아어〉, 〈← lot(share)〉, 숫자를 맞추는 카드놀이, 복권, 〈~ lottery\draw\raffle〉 미1

1020 **Lo·tus** [로우터스]: 〈어원에 대해 이견이 있는〉 로터스, 1952년부터 출시한 영국의 스포츠카, 〈~ a British sports cars and electric vehicles maker〉 수1

1021 **lo·tus** \ lo·tos [로우터스]: 〈지방마다 지칭하는 식물이 달랐던 유래어〉 ①망우수(그 열매를 먹으면 속세의 시름을 잊는다는 나무), 〈~ a legendary tree〉 ②연꽃(더러운 물에서 잘 자라나 우아하고 큰 덩어리 꽃을 피우는 콩과 별노랑이속의 식물), 〈~ water lily〉 양2

1022 *****Lo·tus 1-2-3** [로우터스 원-투우-쓰뤼이]: 〈2002년에 폐기된〉 자료를 짜기와 도표 만들기 기능이 통합되어 있는 IBM 개인전산기의 전표식 연성기기, 〈~ the first spreadsheet program〉 수2

1023 **lo·tus lan·tern pa·rade** [로우터스 랜턴 퍼뤠이드]: 연등회(행렬), 부처님 탄신일(Buddha's Birthday)에 불을 밝힌 등을 들고 시가를 행진하는 문화 행사, 〈~ a Korean cultural festival〉 미2

1024 **lo·tus po·si·tion** [로우터스 퍼지션]: 연화좌, 결가부좌(따리를 틀고 앉아있는 자세), 〈~ meditation position〉, 〈↔standing position〉 양1

1025 **loud** [라우드]: 〈← hlud〉, 〈게르만어〉, 〈뚜렷하게〉 소리가 큰, 시끄러운, 〈→ aloud〉, 〈~ blare\roar〉, 〈↔quiet\soft〉 가1

1026 **Lou Geh·rig's dis·ease** [루우 게릭스 디지이즈]: 루게릭병, 〈동명의 독일계 미국 야구선수가 1939년에 발병해서 유명해진〉 (원인불명의) 근위축성측색경화증, ALS(amyotropic lateral sclerosis) 미2

1027 **Lou·is** [루이 \ 루이스]: 〈← hluodowig(famous in war)〉, 〈게르만어〉, a mascline name, '명장', 샤를마뉴대제 이후 18명의 프랑스 국왕(French kings)의 이름 수1

1028 **Lou·i·si·an·a** [루이지애너]: 루이지애나, LA, Pelican State, 〈프랑스의 개척자가 조국의 루이 14세에게 헌납한다는〉 '루이의 땅', 〈펠리컨 주〉, 〈늪지대 주〉, 미시시피 강 하구에 자리 잡은 프랑스와 흑인문화가 혼합된 〈느슨한〉 주, {Baton Rouge-6}, 《magnolia grandiflora》 수1

1029 **Lou·i·si·an·a Pur-chase** [루이지애너 퍼얼췌스]: 1803년 토마스 제퍼슨이 보나파트 나폴레옹으로부터 1천5백만 불에 사들인 미시시피와 로키산맥 사이의 〈나중에 15개 주가 갈라져 나간〉 거대한 땅덩어리, 〈~ US acquisition of 'Middle America' from Napoleon〉 수2

1030 **Lou·is-ville** [루이빌]: 〈독립전쟁 때 많은 도움을 준 프랑스의 루이 16세를 기리기 위한〉 루이빌, 켄터키주 상단에 있는 미국의 남부와 북부를 가르는 산업·교통 도시로 매년 5월 첫 토요일 켄터키 더비(K.Derby) 승마대회가 열림, 〈~ Kentucky's largest city〉 수1

1031 **Lou·is Vuit·ton** [루이 뷔통]: Louis+Vuitton(creative life?), '용맹한 안내자', 루이비통, 1854년 동명의 가방 장수가 파리에 세운 장신구 전문 고급 유행상품 제조·판매업체, 〈~ a French luxury fashion house〉 수1

1032 **Lou·is XIV**: 루이 14세, Sun King("짐은 하늘에 떠 있는 태양이니라"라고 외친 태양왕), (1638~1715), 유럽 최초로 귀족들의 세력을 누르고 72년 반이나 왕 노릇한 프랑스 부르봉가의 강력한 군주, 〈~ a French king of Bourbon House〉 수1

1033 **Lou·is XVI**: 루이 16세, (1754-93), (마리 앙투아네트의 남편이며) 프랑스 혁명으로 콩코드 광장에서 단두대의 핏방울로 사라진 비운의 사나이, 〈~ the last king of Freance before the Revolution〉 수1

1034 **lounge** [라운쥐]: 〈← longus〉, 〈라틴어→프랑스어〉, 〈long하게 lay해서〉 빈둥거리다, 안락의자(lounger), 휴게실, 〈~ parlor\salon〉, 〈↔work-shop〉 양2

1035 *****lounge liz·ard** [라운쥐 리져드]: '사교실 도마뱀', 제비족, 건달, 〈~ gigolo\scrounger〉, 〈↔busy bee\slob〉 양2

1036 **louse** [라우스] \ lice [라이스]: 〈← lus〉, 〈게르만어〉, '이'(들), 기생충, 인간쓰레기, 〈~ cootie〉 가1

1037 **louse-wort** [라우스 워얼트]: '이풀', 달걀꼴 마주나는 잎에 이 모양의 길쭉·통통한 꽃이 피는 현삼과의 여러해살이풀, 〈~ wood betony\bishop's wort〉 우1

1038 **lous-y** [라우지]: 이투성이의, 천한, 나쁜, 불편한, 서투른, 〈~ miserable\rotten〉, 〈↔fumigated\clean\good\competent〉 양2

1039 **lout** [라웉]: ⟨← lutan(stoop)⟩, ⟨게르만어⟩, ⟨엉거주춤 허리를 굽힌⟩ 촌놈, 무지렁이, 우둔한, 야비한, ⟨~ loon\boor⟩, ⟨~ clot\cretin⟩, ⟨↔gentleman\smoothie\wizard⟩ 양2

1040 **Lou·vre** [루우브뤄\루우뷔]: ⟨← lobby?⟩, ⟨어원에 대해 의견이 분분한⟩ 루브르, 센강 북안의 40에이커에 달하는 궁전터에 1850년대부터 짓기 시작한 프랑스의 세계적 박물관, ⟨~ an art museum in Paris⟩ 수1

1041 **lov·age** [러뷔쥐]: ⟨그것이 많이 재배되던 북부 이탈리아의 지명(Liguria)에서 유래한⟩ 로바지, 'love-ache', 고본(straw-root), (한방에서 뿌리를 부인병에 썼던) 당귀, 승검초, ⟨~ smellage\Maggi plant\mountain celery⟩ 미2

1042 **love** [러브]: ⟨← lubhyati(desire)⟩, ⟨산스크리트어→라틴어→게르만어→영국어⟩, ⟨← 'lubido'(욕망)⟩, ⟨같이 live하거나 아니면 leave해야 하는⟩ '인력', ⟨철학적인 것에서 화학적인 것으로 개념이 바뀌어 가는⟩ 사랑·애정·연애·호의·성교·여보·당신 등 감은 잡히나 정의하기 힘든 ⟨군맹무상의⟩ 단어, ⟨~ affection\fondness\lust\devotion\sweet\agape⟩, ⟨↔hate\loathe\indifference\venom\poison⟩ 양2

1043 **love–af-fair** [러브 어훼어]: 연애사건, 정사, ⟨~ adultery⟩, ⟨↔platonic love⟩ 가1

1044 **love-bird** [러브 버어드]: 모란잉꼬(유난히 티를 내는 색깔이 선명한 열대성 앵무새), ⟨~ African parrots⟩ 미2

1045 *****love-boat** [러브 보웉]: '사랑선' ①남녀 혼성의 해군함정, ⟨~ naval ship with mixed-sex crew⟩ ②유람선⟨cruise ship⟩의 점잖은 말 미2

1046 **love call** [러브 커얼]: '구애', (원래는 1968년에 출시된 미국 재즈음반의 명칭이었으나 그후 노래 제목·영화 제목 등으로 사용되다가) ⟨언젠가부터 한국에서⟩ '상대방의 사랑을 원한다·당신에게 호감을 가졌다·달콤한 제안' 등으로 쓰이는 Konglish, ⟨영어로는 sweet offer라 함⟩ 미2

1047 **love-child** [러브 차일드]: 사생아, ⟨~ illegitimate child⟩, ⟨~ natural child⟩ 양2

1048 *****love-hole** [러브 호울]: '기쁨 구멍', 질, 보지, ⟨~ vagina⟩ 양2

1049 **love-in-a-mist** [러버너 미스트]: 니겔라, 니겔라, 흑종초, '덤불 속 악마', '누더기 숙녀', 끝이 뾰족한 꽃잎을 가진 둥근 꽃이 피는 미나리아재빗과의 한해살이풀, ⟨~ nigella\fennel-flower⟩ 미2

1050 **love-in-a-puff** [러버너 퍼후]: ⟨사랑처럼 터지기 쉬운 꽈리 열매를 맺는⟩ 풍선초, ⇒ balloon vine 미2

1051 **love-in-idle-ness** [러븐 아이들니스]: 팬지, 삼색제비꽃, '안심꽃', ⟨~ pansy\kiss-me-quick⟩ 미2

1052 *****love lan·guage** [러브 랭귀지]: ⟨1992년 미국의 침례교 목사이며 결혼 상담가가 쓴 책 제목에서 유래한⟩ '연애 언어', (긍정적 단어·헌신적 행동·선물·의미있는 시간·신체 접촉의 5가지) 사랑의 말, ⟨~ 5 heart-felt commitments⟩, ⟨편지같이 실연을 되풀이 하는 사람을 위해 등재 했음⟩ 양2

1053 **love-lies–bleed-ing** [러브 라이즈 블리딩]: '거짓말 사랑은 가슴을 도려요', (다발로 밑으로 길게 내려진 새빨간 혀 모양의 꽃을 가진) 줄맨드라미, ⟨~ (red) tassel flower\'fox-tail'\amaranth⟩ 미2

1054 *****love life** [러브 라이후]: 연애 인생, ⟨미국 영화 제목에도 있듯이⟩ 연애에 골몰하는 인생살이, ⟨↔no life⟩ 미2

1055 **love-lorn** [러브 로언]: 사랑에 우는, '실연'한, 상사병의, ⟨~ love-sick\spurned⟩, ⟨↔loved⟩ 양2

1056 *****love me, love my dog**: 나를 사랑하려면 나의 모든 것을 사랑하시오, 아내가 예쁘면 처갓집 말뚝 보고도 절한다, ⟨~ love me, accept my flaws⟩, ⟨↔hate me, hate my dog⟩ 양2

1057 **love-rat** [러브 퉷]: 바람둥이, 난봉꾼, ⟨사랑의 배신자⟩, ⟨들쥐는 일부다처·집쥐는 일부일처이므로 집쥐에 대해서는 모욕적인 표현임⟩, ⟨~ adulterer\cheater⟩, ⟨↔chaste man⟩ 양2

1058 *****lov·ers quar·rel so they can make up**: 부부싸움은 칼로 물베기, ⟨~ don't worry, it's healthy⟩ 양2

1059 **love-scene** [러브 씨인]: 정사 장면, ⟨~ armorous interlude⟩ 가1

1060 **love-seat** [러브 씨이트]: 2인용 거실 의자, '사랑 석', ⟨영국 양반들은 'settee'라 함⟩, ⟨~ courting bench\tete-a-tete⟩, ⟨~(↔)sofa보다 짧음⟩ 미1

1061 **love shot** [러브 샽]: '사랑 폭탄', 2018년 한국의 EXO 흥행사가 출시한 K-pop 음반명, ⟨한국에서는 love call보다 더 강한 감정을 나타낼 때 쓰이는 말 같음⟩, 서로 팔을 꼬아서 마시는 건배⟨drink with arms entwined⟩, ⟨또한 한국에서는 골프칠 때 공이 구멍으로 매끈하게 들어가는 것을 뜻하기도 하나 미국에서는 shooter glass(독주잔)에 tequila rose를 붓고 위에 Irish cream을 얹은 칵테일을 일컫는 말임⟩, ⟨~ tainted love shot cocktail⟩

1062 *****love-y–dove-y** [러뷔 더뷔]: (비둘기같이) 공개적으로 사랑 행위를 하는 짓, ⟨바이든 대통령이 공개석상에서 부인 대할 때와 비슷한 태도⟩, ⟨~ besotted\infatuated⟩ 우2

1063 **low** [로우]: ⟨← lah(lay)⟩, ⟨게르만어⟩, ⟨lie해서⟩ 낮은, 저급의, 적은, 느린, 침울한, ⟨~ short\small\cheap\nadir⟩, ⟨↔high⟩ 가2

1064 ***low-ball** [로우 버얼]: 가장 적은 패를 가진 이가 이기는 카드 게임, (부동산 거래 등에서) 터무니없이 낮은 가격으로 입찰하는 짓, ⟨~ under-estimate⟩, ⟨↔High-ball⟩ 우1

1065 **low-beam** [로우 비임]: (근거리용) 하향 광선, ⟨~ dipped head-light⟩, ⟨↔high-beam⟩ 미1

1066 **low-blow** [로우 블로우]: 허리띠 아래를 치는 반칙, 비열한 짓, ⟨~ vulgar\crude⟩, ⟨↔dignity⟩ 미1

1067 **low-boy** [로우 버이]: 다리가 짧은 옷장, ⟨~ low legged⟩, ⟨↔high-boy\tall-boy⟩ 미1

1068 **low-brow** [로우 브라우]: 교양이 낮은(사람), ⟨~ boorish\uncouth⟩, ⟨↔high-brow⟩ 양1

1069 ***low-cash-ism** [로우 캐쉬즘]: ⟨affluenza에 대항해서 2016년에 조작된 미국어⟩, 빈곤, 가난병, ⟨빈민굴에서 자란 아이들이 지속적으로 범죄에 빠져 버리는⟩ '돈부족'증, ⟨~ poverty syndrome⟩ 미1

1070 ***low con-text** [로우 칸텍스트]: 저 맥락(문화), 대화에서 직접적인 말을 많이 쓰는 사회, ⟨~ lack of context⟩, ⟨↔high-context⟩ 미1

1071 ***low cut top** [로우 컽 탚]: ⟨유방 사이의 골짜기가 보이도록 아래로 자른⟩ 가슴 노출형 여자 윗옷, ⟨~ low-necked⟩ 우2

1072 **Low·ell** [로우얼], Rob·ert: lou(wolf)+el(little), ⟨게르만어→프랑스어→영국어⟩, '젊은 늑대', 로웰, (1917-1977), 메이플라워로 온 영국인의 후손으로 뉴잉글랜드의 개척자 정신을 비롯해서 주로 개인적인 시를 쓴 미국의 시인, ⟨~ an American poet⟩ 수1

1073 **low-er-case** [로우얼 케이스]: '아랫상자', (과거 인쇄소에서) '소문자' 등을 넣어 두었던 활자 상자, ⟨~ container for small letters⟩, ⟨↔upper-case⟩ 양2

1074 **low-er house** [로우얼 하우스]: 하원, ⟨~ House of Representative⟩, ⟨↔upper house⟩ 양2

1075 **Lowe's** [로우스]: ⟨게르만계 이름⟩, '저⟨low⟩지대에 사는 자', 1921년 Lucius Lowe에 의해 철물점으로 시작해서 소규모를 고수하며 주택 개량을 위한 각종 물건을 팔고 있다가 대규모의 Home Depot에게 밀린 북미주의 집 관계 소매상, ⟨~ an American home-inprovement retailer⟩ 수2

1076 **low fi** [로우 화이]: lo-fi, low fidelity(저충실도-다듬지 않은), 저성능 음악 재생 장치, ⟨~ un-polished\rough⟩, ⟨~ hi-fi⟩ 우2

1077 **low-hand** [로우 핸드]: ⟨도박 용어⟩, 낮은 신분, 천한 놈(물건), 하바리, low class, ⟨↔high-hand⟩ 양2

1078 ***low-key** [로우 키이]: ⟨낮은 음자리의⟩ 옅고 흐린, 저자세의, 삼가는 투의, ⟨~ restrained\modest\low-profile⟩, ⟨↔high·key⟩ 양2

1079 **Low La·tin** [로우 래틴]: ①(상놈들이 쓰던) 저라틴어, ⟨~ vulgar Latin⟩, ⟨↔양반들이 쓰던 classical Latin⟩, ⟨↔High Latin⟩ ②(Medieval 이후의) 후라틴, ⟨~ late Latin⟩, ⟨↔Medieval 이전의 early Latin(선라틴)⟩, ⟨↔High Latin⟩ 양2

1080 **low-life** [로우 라이후]: 하층민, 저속한 인생, ⟨~ bum\crumb⟩, ⟨↔high-life⟩ 가1

1081 **low-ly** [로우리]: 낮은, 초라한, 천한, 겸손한, ⟨~ inferior\humble⟩, ⟨↔high-ly\king-ly⟩ 양2

1082 **low–pro-file** [로우 프로우화일]: 저자세, 겸손한 태도, ⟨~ low-key⟩, ⟨↔high-profile⟩ 양2

1083 **low-proof** [로우 프루우후]: 알코올 도수⟨alcohol concentration⟩가 약한(20-25% 이하), ⟨↔high-proof⟩ 양1

1084 **low-rise** [로우 롸이즈]: 저층, 층수가 적은 건물, ⟨~ less than 115 feet (or 5 floors) tall⟩, ⟨↔high-rise⟩ 양2

1085 **low-sea·son** [로우 씨이즌]: 한산기, 불경기, ⟨~ slow(down) season⟩, ⟨↔high-season⟩ 양1

1086 **low-tech**(nol·o·gy) [로우 텤(~ 테크날러쥐)]: 저기술 공업(산업), ⟨↔hi-tech⟩ 양2

1087 **low-wa·ter** [로우 워어터]: 간조, 썰물, ⟨~ ebb tide⟩, ⟨↔high-water\high-tide⟩ 가1

1088 **loy·al** [로이얼]: ⟨← lex(law)⟩, ⟨라틴어⟩, ⟨← legal ← law⟩, ⟨법률에 따라⟩ 충성스러운, 성실한, 정직한, ⟨~ faithful\devoted⟩, ⟨↔unreliable\treacherous⟩ 가2

1089 **loy·al-ty** [로이얼티]: ⟨← legal⟩, 충성, 충절, (부동산) 배당금, ⟨~ allegiance\fealty\chung⟩, ⟨↔dis-loyal\faith-less\treacherous\treason\whistle-blow⟩ 가1 미2

1090 **loy·al-ty card** [로이얼티 카아드]: 고객(누적·배당)증, ⟨~ membership (or rewards) card⟩ 미2

1091 **Loy·o·la** [로이욜러], Ig·na·tius: loi(mud)+ola(place), 〈바스크어〉, '진창에 사는 자', 로욜라, (1491-1556), 전쟁에서 부상 당한 후 명예와 쾌락을 떠나 영적 수양에 정진한 스페인 출신 성인으로 제수이트(Jesuit)파의 창시자, 〈~ a Spanish Catholic priest and theologian〉 수1

1092 **loz·enge** [라진쥐]: 〈프랑스어〉, (목구멍을 화하게 해 주는) 〈'마름모꼴'(rhombus)〉 박하사탕, 〈~ a peppermint candy〉, 〈~ diamond\parallelogram〉 미1

1093 **LP** (long play): 분당 33회전을 하여 한 면을 틀 때 25분이 걸리는 옛날 '장기 방영' 레코드판, 〈~ thirty-three〉, 〈↔SP〉, 〈absolete(한물간)한 말이나 향수를 달래는 차원에서 게재함〉 우1

1094 **LPG** (liq·ue·fied pe·tro·leum gas): 액화 석유가스, 〈~ butane\profane〉 미2

1095 **LPGA** (la·dies pro·fes·sion·al golf as·so·ci·a·tion): 여자 프로 골프 협회(여성을 위해 1950년에 출범하여 근래 한국 선수들이 맹활약을 하고 있는 국제적 시합), 〈~ an American org. for female golfers〉 미2

1096 **LPI** (lines per inch): 인치당 행 수(인쇄 시 반색조 망판의 해상도를 측정하는 단위), 〈~ a measurement of printing resolution〉 미2

1097 **LPM** (lines per min·utes): 분당 행 수(프린터나 스캐너가 일 분당 인쇄할 수 있는 행 수), 〈~ a measurement of printing capability〉 미2

1098 **LSD** (lys·er·gic ac·id di·eth·yl·a·mide): 정신병적 증상을 일으키는 환각제, 'acid', 〈~ a potent hallucinogenic drug〉 수2

1099 **LST** (land·ing ship tank): '상륙용 군함', 군인·전차·장비 등의 상륙에 쓰이는 함정, 〈~ tank landing ship〉 미1

1100 **Lt** [루우테넌트]: lieutenant, 부관, 중위 양2

1101 **Ltd** (lim·it·ed): 유한회사, ⇒ LLC 미1

1102 *__L2 Cache__ (lev·el 2 Cache): (중앙처리기구 밖의 반도체에 저장되어 있는) 2차 고속 기억장치, 〈~ secondary (or external) cache〉 미2

1103 *__L3 \ L4 Cache__: 3차 \ 4차 고속기억 장치(L1 \ L2을 순차적으로 보완해주기 위한 〈외부〉 연성기기 체제), 〈~ higher levels of memory storage device〉 미2

1104 **Lu·an·da** [루앤더]: 〈'melody'란 뜻의 반투어〉, '화목한 자', 루안다, 남부 아프리카 서해안에 1576년 포르투갈인들이 세운 항구·산업도시로 앙골라(Angola)의 수도 수1

1105 **lub·ber** [러버]: 〈← lob(clumsy)〉, 〈프랑스어〉, (덩치 큰) 미련퉁이, 느림보, 풋내기 선원, 〈~ lump\goon〉, 〈↔sage\wizard〉 양2

1106 **lu·bri·cate** [루우브뤼케이트]: 〈← lubricus(smooth)〉, 〈라틴어〉, 기름을 치다, '미끄럽게' 하다, 〈~ anoint\grease〉, 〈↔obstruct\hamper〉 가1

1107 **luce** [루우스]: 〈← lucius(pike)〉, 〈라틴어〉, 강꼬치고기, 창꼬치(긴 몸통에 뾰족한 입을 가지고 작은 물고기들을 잡아먹는 대형 민물고기), 〈~ Northern pike〉 미2

1108 **Luce** [루우스], Hen·ry: 〈← lux(light)〉, 〈라틴어→프랑스어→영국어〉, '빛나는 자', 루스, (1898-1967), 타임과 뉴스위크 등 많은 잡지를 창간했으며 아주 활발한 마누라를 뒀던 미국의 편집인·출판업자, 〈~ an American magazine magnate〉 수1

1109 **lu·cent** [루우슨트]: 〈← lucere(shine)〉, 〈라틴어〉, 〈← light〉, 빛나는, (반)투명한, 〈~ beaming\transparent〉, 〈↔cloudy\opaque〉 양1

1110 **lu·cerne** [루우써언]: 〈← lucent〉, 〈빛나는 씨를 가진〉 자주개자리, 알팔파(목초로 널리 재배되는 콩과의 여러해살이풀), 〈~ alfalfa〉 미2

1111 **lu·cid** [루우시드]: 〈← lucere(shine)〉, 〈라틴어〉, '밝게 빛나는', 맑은, 투명한, 명료한, 윤이 나는, 〈~ light〉, 〈~ bright\cogent〉, 〈↔unclear\dark〉 양1

1112 **Lu·ci·fer** [루우시풔]: 〈← lux(light)〉, 〈라틴어〉, 샛별, 금성, 마왕, 사탄, 〈~ the morning-star\the devil\Belial〉 수2

1113 **Lu·ci·na** [루우싸이너]: 〈라틴어〉, 〈'light(빛)'을 가져오는 자〉, 루키나, (로마 신화에서) 출산의 여신, 〈그리스 신화의 Eileithyia〉, lucina; 산파(mid-wife) 수1

1114 **luck** [럭]: 〈← lucke(good fortune)〉, 〈게르만어〉, 운(수), '행운', 〈chance가 올 때 lock 해야 하는〉 요행, 〈↔mis-fortune\mis-chance〉 가2

1115 *__luck out__ [럭 아웉]: 운이 좋다, 운에 뽑히다, 〈~ hit\pass〉, 〈↔un-lucky\deliberate〉 가1

1116 **lu·cra·tive** [루우크뤄티브]: ⟨← lucari(gain)⟩, ⟨라틴어⟩, '소득을 가져오는', 유리한, 돈벌이가 잘되는, 호화로운, ⟨~ juicy⟩, ⟨~ extra-vagant\well-paying⟩, ⟨↔un-profitable\im-poverished⟩ 양2

1117 **Lud-dite** [러다이트]: ⟨다른 어원도 있으나 방직기를 부순 노동자의 이름(Lud)에서 연유한⟩ 1811년 새로 들어오는 기계를 파괴하기 위해 모인 영국의 수공업자들, (컴퓨터 등) 기계화·자동화에 반대하는 ⟨편자 같은⟩ 반진보주의자·기계 공포증 환자, ⟨~ techno-phobe\troglo-dyte⟩ 수2 미3

1118 **lu·di·crous** [루우디크뤄스]: ⟨← ludere(play)⟩, ⟨라틴어⟩, 익살맞은, 바보 같은, 터무니없는, ⟨놀기 위한 도구같이⟩ 우스꽝스러운, ⟨~ allude\de·lude\elude⟩, ⟨~ absurd\laugh-able⟩, ⟨↔sensible\serious⟩ 양2

1119 **luff** [러후]: ⟨← loef(lee board)⟩, ⟨네델란드어⟩, 뱃머리를 바람이 불어오는 쪽으로 돌리다, '한 발짝 물러서다', 이물의 만곡부, ⟨~ sea-faring⟩, ⟨↔bearing off\straight line⟩ 미2

1120 **luf·fa** [루훠]: ⟨← lufa⟩, ⟨이집트어⟩, 수세미, loofa(h) 양1

1121 **Luft-han·sa** [루후타안져], Air-lines: luft(air)+Hanseatic League, ⟨독일어⟩, '항공사 조합', 루프트한자, 1955년에 출항하기 시작한 Star Alliance 제휴의 세계적 독일 국적기, ⟨~ flag carrier of Germany⟩ 수2

1122 **lug** [러그]: ①⟨← lugg(forelock)⟩, ⟨북구어⟩, 세게 당기다, 질질 끌다, 느림보, ⟨~ carry⟩ ②⟨← lugg(forelock)⟩, ⟨스코틀랜드어⟩, 돌기, 손잡이, 귓불, 얼간이, ⟨~ lobe⟩ 양1

1123 **lu-gaw** [루가우]: ⟨중국어에서 나온 타갈로그 말⟩, 소 내장이나 닭과 함께 끓인 필리핀식 ⟨congee 보다 된⟩ 쌀죽(rice gruel) 수2

1124 **luge** [루우쥐]: ⟨← sludia(sled)⟩, ⟨라틴어→스위스어⟩, '작은 썰매', (한 사람이 타는) 활강용 썰매, ⟨~ a racing sleigh⟩ 우1

1125 **lug-gage** [러기쥐]: ⟨← lug¹⟩, ⟨lug할 수 있는⟩ 수화물, 여행용 휴대품, baggage 가1

1126 **lu·gu·bri·ous** [루규우브뤼어스]: ⟨← lugere(mourn)⟩, ⟨라틴어→영국어⟩, 애처로운, 가련한, 불쌍한, ⟨~ sorrowful\sad⟩, ⟨↔cheerful\joyous⟩ 양2

1127 **lug-worm** [러그 워엄]: ⟨← lug¹⟩, 갯지렁이, lobworm 양1

1128 **Lu·ing** [루잉]: ⟨← lyng(heather)?⟩, ⟨어원 불명의 켈트어⟩, 스코틀랜드(Scotland) 루잉섬 원산의 육우, ⟨~ a beef cattle⟩ 수1

1129 **Luke** [루우크]: ⟨히브리어⟩, light giver, '빛을 가져오는 자', 루크 ①남자 이름(masculine given name) ②성 누가(사도바울의 친구였던 의사), ⟨~ the Evangelist⟩ ③누가복음(예수의 일대기를 '구세주'라는 안목으로 그린) ⟨작자 미상의⟩ 신약성서의 제일 긴 편, ⟨~ Gospel of Luke⟩ 수2

1130 **luke-warm** [루우크 워엄]: ⟨← leuk(weak)?⟩, ⟨어원 불명의 영국어⟩, 미지근한, 미온의, ⟨~ tepid⟩, ⟨↔chilled\cold⟩, ⟨↔avid\eager⟩ 가1

1131 **lull** [럴]: ⟨← lullen⟩, ⟨만국 공통어⟩, ⟨의성어·의태어⟩, 'lu~ lu~', 잠잠함, 뜸함, 달래다, ⟨let up\respite⟩, ⟨↔echo\bay³⟩ 가2

1132 **lull·a-by** [럴러바이]: ⟨영국어⟩, ⟨의성어⟩, 'lu~ lu~'+'bye~ bye~', 자장가(craddle song), 살랑살랑 부는 바람, ⟨↔agitate\dis-compose⟩ 미1

1133 *****LULU** [루울루우](lo·cal·ly un·de·sir·a·ble land use): (화장장·쓰레기 처리장·교도소·무기 설치 등) 지역적으로 바람직하지 않은 토지 이용, lulu; ⟨어원 불명의 미국 속어⟩, 대단한 (여)자, 일품, 특별수당, ⟨~ out-standing person (or thing)⟩ 미2

1134 **lum·ba·go** [럼베이고우]: ⟨← lumbar⟩, 요통, 아래 허리 통증, ⟨~ low-back pain⟩ 미2

1135 **lum·bar** [럼바알]: ⟨← lumbus(waist)⟩, ⟨라틴어⟩, 허리 부분의, 요부의, ⟨~ lower back\loin⟩ 가1

1136 **lum·ber** [럼버]: ⟨영국어⟩, 재목, ⟨Lombard 전당포 주인이 모았던⟩ 잡동사니, ⟨~ timber\pile⟩ 가1

1137 **lum·ber·ing** [럼버링]: 벌목(업)⟨logging⟩, 제재업⟨sawing⟩, 볼품없는, 육중하고 어색하게 움직이는, ⟨~ clumsy\awkword⟩ 양2

1138 **lum·ber-jack** [럼버 잭]: 벌채 노동자, ⟨~ logger⟩ 가1

1139 **lum·ber-yard** [럼버 야아드]: 재목 저장소, ⟨~ timber yard⟩ 가1

1140 **Lum·bi·ni** [룸비니\룸비니]: 남비니, ⟨lovely란 뜻의 산스크리트어⟩, ⟨한 왕비의 이름을 딴⟩ 인도와 국경을 이루는 네팔 남부(S-W Nepal)지방, 석가모니(Buddha)의 탄생지⟨birth-place⟩ 수2

1141 **lu·men** [루우먼] \ **lu·mi·na** [루우미너]: ⟨'light'의 라틴어⟩ ①광속의 단위, ⟨~ velocity of light⟩, ⟨↔watt⟩ ②내강, 관상 기관의 안 공간, ⟨~ cavity⟩, ⟨↔solid⟩ 우1 양1

1142 **lu·mi·nant** [루우미넌트]: 〈라틴어〉, 빛나는, 발광체, 〈→ lynx〉, 〈~ glisten\glow〉, 〈↔dim\dull〉 가1

1143 **lu·mi·nar·i·a** [루우미네어뤼아]: 〈← lumen(light)〉, 〈라틴어→스페인어〉, '빛나는 물건', 멕시코의 크리스마스 장식용 등, 〈~ little lantern〉 우2

1144 **lu·mi·nes-cence** [루우미네슨스]: lumen(light)+escence(off), 〈라틴어〉, 〈열이 없는〉 냉광, 〈반사로 빛을 내는〉 발광, 〈~ glare\gleam〉, 〈↔darkness\dusk〉 양2

1145 **lu·mi·nous** [루우미너스]: 〈← lumen(light)〉, 〈라틴어〉, 빛이 가득찬, 반짝이는, 밝은, (시계 등이) 야광의, 총명한, 명쾌한, 〈~ bright\shinning〉, 〈↔dark\dull\grunge〉 양2

1146 **lump** [럼프]: 〈← lumpe(mass)〉, 〈영국어〉, 〈형태가 없는〉 덩어리, 혹, 무더기, 〈~ chunk\tumor〉, 〈↔cavity\ditch〉 가1

1147 **lum·pen** [럼펀]: 룸펜, lump('누더기(rag)'의 독일어)를 걸친, 사회적 지위를 잃은 (사람), 부평초 인생, 〈~ low-life\plebeian〉, 〈↔aristocratic\upper crust\smart〉, ⇒ NEET 미2

1148 **lump-fish** [럼프 휘쉬]: (등에 혹이 달린) 성대류〈sea-robin〉 바닷물고기, 도치, 〈~ lump-sucker\hen-fish〉 미2

1149 **lum·pi·a** [럼피어]: lun(moist)+pia(pastry)〈중국어〉, '윤병'(촉촉한 만두), 롬피아, (중국에서 개발되어 동남아에서 인기 있는) '얇게 구운 밀전병'에 야채와 고기 등을 넣고 기름에 튀긴 만두, 춘권(spring-roll), 〈~(↔)egg roll〉 우2

1150 **lump-sum** [럼프 썸]: 일괄적, 일괄 환불, 〈~ whole amount〉, 〈↔installment\annuity〉 양2

1151 **Lu·na** [루우너]: 루나, moon, 달, 〈로마의〉 달의 여신, 〈내숭 떠는 여자〉, 〈~ 그리스 신화의 Selene〉, 〈↔Sol〉 미2

1152 **lu·na moth** [루우너 머어쓰]: 대형 산누에나방, 긴꼬리산누에나방(넓은 날개와 〈초승달 같은〉 갈라진 긴 꼬리를 가진 북미산 초록색 나방), 〈~ giant silk-moth〉 미2

1153 **lu·nar** [루우널]: 달의, 태음의, 달 모양의, 〈↔solar〉 가1

1154 **lu·nar cal·en·dar** [루우널 캘런더]: 〈달의 한 삭망을 기초로 하여 만든〉 (태)음력, 〈↔solar calendar〉 가2

1155 **lu·nar e·clipse** [루우널 이클맆스]: 월식, '달가림'(달이 지구의 그림자에 들어갈 때 생기는 현상), 〈~ moon moving into the Earth's shadow〉, 〈↔solar eclipse〉 가1

1156 **lu·nar month** [루우널 먼쓰]: 태음월(약 29일 12시간 44분), 〈초승달 주기의 평균치〉, 〈↔solar month〉 양2

1157 **lu·nar year** [루우널 이어]: 태음년(약 354일), 〈↔solar year〉 양2

1158 **lu·na·tic** [루우너틱]: 〈라틴어〉, 〈월경 때〉 미친, 발광한, 괴짜, 〈~ maniac\cuckoo〉, 〈↔sane\rational〉 양2

1159 **lunch** [런취]: 〈← lump?〉, 〈영국어〉, 〈← luncheon〉, 〈안 먹자니 헛헛해서 점을 찍고 가듯 먹는〉 점심, 경식사, 〈~ nooning\day-meal〉, 〈↔dinner\breakfast〉 가2

1160 **lunch-eon** [런춴]: 〈영국어〉, 〈'noon'에 먹는〉 점심, 오찬(회), 〈→ lunch〉 양2

1161 ***lunch–fla·tion** [런취 훌레이션]: 〈신조어〉, (Covid-19 이후에 온 물가상승으로 인한) 점심값 폭등 양2

1162 **lu·nette** [루우넽]: little moon, 초승달 모양의 물건(해광창), 반원공간, (말의) 눈 가리개, 〈↔sky-light〉 양1

1163 **lung** [렁]: 〈← lungen〉, 〈게르만어〉, 〈← light〉, 폐, 〈바람이 들어 있어서 '가벼운'〉 허파, 〈~ pulmonic(respiratory) organ〉 가1

1164 **lunge** [런쥐]: a+longus, 〈라틴어→프랑스어〉, 〈'length'(길게)〉 찌르기, 돌진, 돌입, (갑자기) 튀어나오다, 〈~ thrust\spring〉, 〈↔retreat\reverse lunge\glide〉 양1

1165 **lung-fish** [렁 휘쉬]: 폐어(4억 년 전부터 살아온 부레가 발달되어 육지에 나와서도 장시간 버틸 수 있는 미꾸라지〈mud-fish〉 비슷한 민물고기들의 총칭), 〈~ air-breathing fush〉 가1

1166 **lun·go** [런고]: 〈long의 이탈리아어〉, 룽고, 에스프레소보다 추출시간이 긴 쓴맛의 〈찐한 커피〉, 〈~ short-black with more water〉 우1

1167 **lung-wort** [렁 워얼트]: (폐병에 효능이 있다고 했던) 미국산 갯지치〈한 뼘 높이에 두꺼운 원통형 잎과 자잘한 꽃들이 피는 여러해살이 들풀〉, 〈~ pulmonaria〉, 〈~(↔)blue-weed\buglass〉 미2

1168 **lu·pine** [루우핀]: 〈라틴어〉, 〈'lupus'(늑대)처럼 가축을 죽이는 독초〉, 층층이부채꽃, 뾰족하게 올라가면서 각종 색깔의 꽃을 피우는 정원용 화초, 〈~ a legume〉, 〈~(↔)blue-bonnet〉 미2

1169 **lu·pus** [루우퍼스]: 〈라틴어〉, 〈'이리(wolf)'가 뜯어 먹은 것 같은 모양의〉 낭창, SLE(systemic lupus erythematosus-전신홍반낭창); 전신에 걸쳐 관절염·홍반 등 다양한 증세를 간헐적으로 나타내는 치유 불능의 자가 면역성 질환, 〈~ an auto-immune disease〉 미2

1170 **lurch** [러얼취]: 〈← lee-latch?〉, 〈어원 불명의 영국어〉, 갑자기 기울어짐, 흔들거림, 불리한 입장, 〈~ stagger\flounder¹〉, 〈↔steady\tip-toe〉 양2

1171 **lure** [루어]: 〈← luoder(bait)〉, 〈게르만어〉, 유혹물, '미끼', 매력, 〈→ allure〉, 〈~ tempt\coax〉, 〈↔deter\repulse〉 가1

1172 **lu·rid** [루어뤼드]: 〈← luridus(ghastly)〉, 〈라틴어〉, 소름이 끼치는, 으스스한, 창백한, 선정적인, 〈~ horrifying\gruesome〉, 〈↔pleasant\bland〉 양2

1173 **lurk** [러얼크]: 〈← lurken〉, 〈영국어〉, 〈'lower'(아래로)〉 숨다, 남몰래 가다, 잠행(전산기 소식 모임에 선뜻 가입하지 않고 추세를 살펴보는 일), 〈~ hide\skulk\sneak\stealthy〉, 〈↔reveal\bolt〉 양1

1174 *****lurk-er** [러얼커]: '잠행자', (전산망에서) 글을 읽지만 댓글을 달지 않는 '눈팅'족, 〈~ sneaker\skulker〉, 〈↔hustler\eager-beaver〉 우2

1175 **lush** [러쉬]: 〈← laxare(loosen)〉, 〈라틴어에서 연유한 프랑스어〉 ①'푹 퍼진', 〈~ lax〉, 〈↔stern¹〉 ②푸르게 우거진, 무성한, 관능적인, 〈~ luxuriant\juicy〉, 〈↔barren\austere〉 양2

1176 **lust** [러스트]: 〈← lascivus(wanton)〉, 〈라틴어에서 유래한 게르만어〉, '욕망', 갈망, 색욕, 〈→ lascivious〉, 〈~ sexual desire\passion〉, 〈↔chastity\apathy〉 가1

1177 **lus·ter** \ **lus·tre** [러스터]: 〈← lustrare(to light)〉, 〈라틴어〉, 〈← illuminate〉, 광택, 영광, 유약, 〈~ gloss\sheen〉, 〈↔darkness\matte〉 가1

1178 **lust-y** [러스티]: 튼튼한, 풍부한, 〈'lust'(욕망)에 찬〉, 왕성한, 〈~ strong\robust〉, 〈↔feeble\faint〉 가1

1179 **lute** [루우트]: 〈← alud〉, 〈'wood'(나무)란 뜻의 아랍어에서 유래한〉 중세에 유럽에서 유행했던 기타(guitar) 비슷한 현악기, 〈~ kora\a prucked string instrument〉 수2

1180 **Lu·ther** [루우썰], Mar·tin: liut(people)+heri(army), 〈독일어〉 \ lute player〈영국어〉, '인민의 군인', 'lute 연주자', 루터, (1483-1546), 기독교를 평민의 종교로 끌어 〈내린〉 독일의 신학자·번역가·종교음악가, 〈~ a German seminal figure of the Protestant Reformation〉 수1

1181 **Lutz** [러츠]: 〈← Ludwig(승전자)〉, 〈1913년 오스트리아의 알로이스 러츠가 창안한〉한쪽 스케이트의 바깥날로 뛰어올라 공중에서 한 바퀴 돌고 다른 쪽 스케이트의 바깥날로 착빙하는 모양새 얼음지치기, 〈~ a figure skating jump〉 수2

1182 **Lux·em·b(o)urg** [럼썸버어그]: luzil(little)+bury(castle), 〈게르만어〉, '조그만 요새', 룩셈부르크(1867년에 독립국으로 인정된 북서유럽의 산업이 발달된 조그만 입헌군주국), {Luxembourgian-Luxembourgish-Euro-Luxembourg} 수1

1183 **Lux·or** [럼쏘어]: 〈← qasr(castle)〉, 〈아랍어〉, 룩소르, '궁전', '성채', 고대 유물이 많은 나일강 가의 도시, 〈~ a city in S. Egypt〉, 〈~(↔)Thebes²〉, Las Vegas의 casino hotel 수1

1184 **lux·u·ri-ant** [럼쥬뤼언트]: 〈← luxus(excess)〉, 〈라틴어〉, 〈← luxury〉, 번성한, '풍부한', 화려한, 〈~ lush\rich〉, 〈~ meager\sparse〉 양2

1185 **Lu·zon** [루우쟌]: 〈타갈로그어〉, 루손, 〈쌀겨를 벗겨내는 절구(wooden mortar)같이 생긴〉 (북쪽에 있는) 필리핀 군도의 주도, 〈~ the main island of the Philippines〉 수2

1186 **L-vi·sa**: 〈지사나 회사 간 직원 교류를 위한〉 주재원(correspondent) 사증 우2

1187 **LVMH**: 1987년 Louis Vuitton과 Moet Hennessey사가 합작하여 파리에 설립한 후 현재 Christian Dior사가 주도권을 쥐고 있는 세계적인 유명상품의 〈상표를 팔아먹는 회사〉, 〈~ a French holding co. for luxury brands〉 수1

1188 **LVN** (li·censed vo·ca·tion-al nurse): 준간호사(면허받은 직업 간호사), 〈~ practical nurse〉, 〈~ RN\CNA〉 미2

1189 **~ly** [~리]: 〈게르만어에서 연유한 영국어〉, 〈~다운·성질을 가진·방식의〉란 뜻을 가진 결합사, 〈~ like\manner〉 양1

1190 **ly·can·thro·py** [라이캔쓰뤄피]: lykos(wolf)+anthropos(man), 〈그리스어〉, 인간이 마법에 의해 이리로 변한다는 전설, 자신을 이라라고 믿는 정신병(랑광), 〈~ were-wolf\shape-shift into a wolf〉 미2

1191 **Ly·ca·on** [라이케이안]: ⟨← lykos(wolf)⟩, '늑대 사냥꾼', 리카온, (제우스의 전지를 시험하기 위해 자신의 아들 고기를 주다가 발각되어 늑대로 변해진) 아르카디아의 왕, ⟨~ a king of Arcadia⟩ 수1

1192 **ly·cee** [리세이]: ⟨← lyceum⟩, 프랑스의 국립 고등학교(대학교 예비교), ⟨~ high-school⟩ 미1

1193 **ly·ce·um** [라이씨이엄]: 리세움, ⟨원래는 아리스토텔레스가 '늑대(wolf) 사냥'을 위한 체육 단련을 목표로 세웠던 학교 이름에서 연유한⟩ 학원, 문화회관, 공회당, ⟨~ auditorium\theater⟩, ⟨~ college\seminary⟩ 우2

1194 **Ly·cos** [라이카스]: 라이코스, '늑대(wolf)', 1994년에 창립된 자판어로 정보·서류철을 검색할 수 있는 웹사이트를 제공하는 미국의 전산기 업체, ⟨~ an American internet services co.⟩ 수2

1195 **lye** [라이]: ⟨게르만어⟩, ⟨나무에서 'leach'(여과)한⟩ 잿물, 가성소다, ⟨~ sodium hydroxide⟩ 미2

1196 ***Lyft** [리후트]: ⟨lift의 Zimbabwe식 표현⟩, 2012년에 출범한 미국의 ⟨주문형⟩ 운송망 매개 업체, ⟨~ an American internet mobility co.⟩, ⟨~(↔)Uber⟩ 수2

1197 **ly·ing** [라잉]: lie의 현재분사 ①드러누워 있는, ⟨~ recline⟩ ②거짓말을 하는, ⟨~ deceitful⟩ 양1

1198 **Lyme dis·ease** [라임 디지이즈]: (1975년 미국 코네티컷주 Old Lyme⟨물이 소용돌이 치는 곳⟩ 지방에서 처음 발견된) 진드기⟨ticks⟩가 옮기는 세균으로 발병하는 뇌·관절 등이 손상되며 때로는 사망에도 이르는 전염병, ⟨~ bacterial infection by black-legged tick⟩ 수2

1199 **lyme grass** [라임 그래스]: bird lime+grass, ⟨학명 Elymus에서 유래한⟩ 갯보리, 개보리(들판·모래땅에 서식하는 야생 보리·귀리류의 풀), ⟨~ sand rye-grass⟩, ⟨~(↔)oat⟩ 미2

1200 **lymph** [림프]: ⟨← nymphe(water Goddess)⟩, ⟨그리스어→라틴어⟩, ⟨'물'과 비슷한⟩ 진물, 임파(액), '반고형 면역체는', ⟨~ humor\rheum⟩ 우1

1201 **lynch** [린취]: L~;사람이름(영국 계통은 '언덕⟨hlinc⟩에 사는 자'·아일랜드 계통은 '선원⟨Loingseach⟩'), 사적 폭행, ⟨미국 독립전쟁 때 치안판사 William Lynch에서 유래한 것 같음⟩ 법적 절차를 밟지 않고 행해지는 형벌 (교수형), ⟨~ mob killing⟩, ⟨↔protect\defend⟩ 수1 미2

1202 **lynx** [링크스]: ⟨← leuk(shine)⟩, ⟨그리스어⟩, 살쾡이자리, ⟨눈이 'luminant'한⟩ 스라소니(뾰족한 귀·탄탄한 다리·윤나는 모피를 가지고 쥐나 토끼를 잡아먹는 야행성 산고양이), wild cat, ⟨→ ounce²⟩, ⟨~ caracal\feline\tiger cat⟩ 미2

1203 **Lyon** [리용 \ 리안] \ **Ly·ons** [리용 \ 라이언스]: ⟨← Lugus(Mercury에 상당하는 켈트의 신)⟩, ⟨← Lugdunon(fortress of Lugus)⟩, '용사들이 사는 곳', 리용, 프랑스 남동부에 있는 2천 년 이상의 역사를 가진 상·공업·문화도시, ⟨~ student city in S-E France⟩ 수1

1204 **Ly·ra** [라이어뤄]: ⟨그리스어⟩, 리라, 거문고자리(직녀성이 있는 거문고 모양의 조그만 별자리), ⟨~ the Harp⟩, ⇒ Vega 수1

1205 **lyre** [라이어]: ⟨← Lyra⟩, ⟨그리스어⟩, lute, 수금, 칠현금, (서양) 거문고, ⟨~ harp guitar⟩, 서정시(lyric) 양1

1206 **lyre-bird** [라이어 버어드]: 금조(교미 때가 되면 수컷이 긴 꼬리를 마치 칠현금⟨lyre⟩같이 펴면서 연가를 지저귀는 호주산 공작새⟨peacock⟩류) 미2

1207 **lyre-flow·er** [라이어 훌라워]: '욕탕의 여인', bleeding heart, 금낭화(여름에 영롱한 담홍색의 꽃이 ⟨거문고(lyre)의 현처럼 줄을 맞춰⟩ 피는 현호색과의 여러해살이풀), ⟨~ Dutchman's breeches⟩ 미2

1208 **lyr·ic** [리륔]: 서정시, ⟨수금(lyre)에 맞춰서 노래 부르는⟩ 음유문, 노래 가사, ⟨~ choral\libretto⟩, ⟨↔dissonant\cacophonous⟩ 양2

1209 **~ly·sis** [~러시스]: ⟨그리스어⟩, loosening, ⟨~분해·용해·파괴⟩란 뜻의 결합사, ⟨~ dissolution⟩, ⟨↔binding\tightening⟩ 양1

1210 **Ly-sol** [라이솔]: ⟨~ lysis+ol⟩, 리졸(소독약·방부제), 1889년부터 출품된 미국의 '만능' 살균 소독제 상표명, ⟨~ American cleaning and disinfection brands⟩ 수2

1 **M \ m** [엠]: 이집트의 상형문자 물결 모양에서 따온 인쇄물에서 13번째 정도로 자주 쓰이는 영어 자모의 13번째 글자, 남성(male)·기혼(married)·미터(meter), M(1백만)·m(1천분의 1)·중간 치수(medium) 등의 약자 수2

2 **MA** (mas·ter of arts): (인)문학 석사, 문학사 취득 후 2~3년간의 인문·사회 계통 대학원 과정을 거친 자에게 주는 학위, 〈↔MS(master of science)〉 양1

3 **ma** [마아]: mama(엄마), mouth(입·식욕) 양2

4 **ma'am** [맴 \ 맘]: 〈madam의 축소어〉, 마님, 아주머니, (여) 선생님, 〈미국 북동부에서는 듣기 싫어하는 호칭〉, 〈↔sir\miss〉 양2

5 **Mac~** [맥]: (스코틀랜드·아일랜드 계통의) 〈~의 아들(son)〉이란 뜻의 접두사 수2

6 **ma·ca·bre** [머카아브뤄]: 〈엽기물의 살인자 이름(Macabe)에서 연유한 말〉, '죽음의 춤(dance of death)'이란 프랑스어〉, 무시무시한, 소름끼치는, 〈↔appealing\delightful〉 양2

7 **ma·ca·co** [머카코우]: 〈'monkey'란 뜻의 포르투갈어〉, 여우'원숭이', 〈작은 악마〉, 〈~ potto〉, ⇒ lemur 미2

8 **mac·a·da·mi·a** [매커데이미어]: 〈오스트레일리아 화학자 Macadam(Adam의 자손)의 이름을 딴 라틴어〉, 마카다미아, '호주 호두' 1800년대부터 하와이에서 재배하기 시작한 가죽 같은 진초록색 잎의 상록교목에서 열리는 기름지고 달콤한 맛의 손톱만 한 희고 둥근 견과, 〈~ Hawaii (or Queensland) nut\bush nut〉 수2

9 **mac·ad·am·ize** [머캐더마이즈]: 〈스코틀랜드 도로 기사의 이름(Macadam)에서 유래한〉 (도로에) 자갈을 깔다, 자갈을 박다, 〈~ compact into a solid mass〉, 〈↔dig up\strip〉 수2

10 *****MAC ad-dress** (me·di·a ac-cess con·trol ad-dress): 대중매체 통제번지(전산망 접속기에 부여된 12자리 고유 숫자), 〈~ hard ware (or wi-fi) address〉 미2

11 **Ma-cao \ Ma-cau** [머카우]: 〈중국어〉, '아마'(선원의 수호자〈patron goddess of sailors〉)항, 마카오, 포르투갈(Portugal)의 영토로 있다가 1999년 반환된 중국 남동해안의 경공업·도박 도시, 〈~ an autonomous region on the south coast of China〉 수1

12 **ma-caque** [머캐크 \ 머캄]: ma+kaku(monkey), 〈반투어에서 연유한 포르투갈어〉, 짧은꼬리'원숭이'(힘이 세고 지능이 발달한 〈선수권 종의〉 동남아시안 원숭이), toque, bonnet monkey 미2

13 **mac·(c)·a·ro·ni** [매커로우니]: 〈← makaria(food made from barley)〉, 〈어원 불명의 그리스어에서 연유한 이탈리아어〉, 〈4천 년 전 중국에서 silk road를 통해 전래된〉 '보리로 만든 음식', 마카로니, 작은 대롱같이 생긴 짧은 국수, 이탈리아 국수(파스타), 이탈리아인, 〈~ spaghetti보다 shorter and thicker〉 우1

14 *****mac·a·ron·ic** [매커롸닉]: (라틴어를 현대어에 섞은) 혼효체, (두 가지 이상의 언어가) 섞인, 〈~ amphigory\balder-dash〉, 〈↔formal\truthful〉 양2

15 *****mac·a·ro·ni wes·tern** [매커로우니 웨스턴]: 이탈리식 서부극, ⇒ spaghetti western 우1

16 **mac·a·roon** [매커로운]: (이탈리아 출신 왕비가 데려온 요리사가 〈macaroni의 원료를 사용해서〉 프랑스에서 개발했다는) 마카롱, 달걀 흰자·설탕·아몬드 가루 등을 섞어 만든 달콤한 〈고급〉 과자, 〈이것은 drop 모양이고 macaron은 sandwich 모양임〉 수2

17 **Mac-Ar·thur** [머카아써], Doug·las: 〈스코틀랜드계 이름〉, son of noble strength, '용맹한 자(?)'의 아들, 맥아더, (1880-1964), 군인 집안에 태어나 결단력과 '쇼맨십'이 강했던 미국의 육군 원수〈US general and field-marshal of the Philippine Army〉 수1

18 **ma·caw** [머커어]: 〈어원 미상의 Tupi어〉 ①미주의 열대우림에서 서식하는 시끄럽고 색상이 화려한 긴꼬리 앵무새, 〈~ long-tailed parrots〉 ②남미산 야자수의 일종, 〈~ grugru palm〉 수2

19 **Mac-Don·ald** [먹다널드]: son of world ruler, '세계 지배자의 아들', 맥도널드, 사람 이름, 〈~ a Scottish and Irish surname〉 수1

20 **mace** [메이스]: ①〈← mateola(mallet)〉, 〈라틴어에서 연유한 프랑스어〉, '커다란 망치', 철퇴, 곤봉 모양의 권표(직권의 상징), 〈→ mashie\masse〉, 〈~ a bludgeon〉 ②〈← maker〉, 〈그리스어에서 연유한 프랑스어〉, 육두구(nut·meg)의 씨껍질을 말린 향료, Mace; 최루가스(상표명), 〈~ a pepper spray〉 우2 수2

21 **Mac·e·do·ni·a¹** [매서도우니어]: (North) 마케도니아〈'고지'〉, 1991년 유고로부터 독립했으나 국경·국호 분쟁이 끊이지 않고 있고 〈고대 마케도니아 왕국의 전통을 이은〉 발칸반도 중부의 산간 내륙 공화국, {Macedonian-Macedonian·Albanian-Denar-Skopje} 수1

22 **Mac·e·do·ni·a²** [매서도우니어]: '고지에 사는 사람', highlanders, 마케도니아, 〈남쪽에 올림푸스산이 있고 알렉산더 대왕을 배출한〉 고대 그리스 북방에 있던 왕국, 〈~ a kingdom on N-E Greece〉 수1

23 **Mac–Guf·fin ef-fect** [맥거휜 이훽트]: 맥거핀 효과, 〈MacPhail이란 영국 극작가가 조작한 말〉, 〈앨프레드 히치콕이 자주 써먹은〉 줄거리와 관계없는 어떤 사실이나 사건이 중요한 것처럼 꾸며 관객의 주의를 엉뚱한 곳으로 돌리게 하는 속임수, 〈~(↔)red herring은 apparent함〉, 〈~(↔)Chekhov's gun〉 수2

24 **Mac–Gy·ver** [맥가이붜]: 〈미국 방송극의 주인공 이름에서 연유한〉 무엇이든 아주 창의적인 방법으로 고안·개정하는 자, 〈~ improvised\inventive〉 수2

25 **mach** [마아크]: 마하, (오스트리아의 물리학자 이름에서 따온) 속도와 매체속 음속의 비율, 〈~ local speed of sound〉 수2

26 **Mach** [마아크 \ 맥], Ernst: 〈~ Matthew〉, 마하, (1838-1916), 〈그의 이름을 따서 소리가 0°C에서 1초간에 가는 속도를 '마하'로 정한〉 오스트리아의 물리학자·철학자, 〈~ an Austrian physicist and philisopher〉 수1

27 **ma·chet·e** [머쉐티 \ 머췌티]: 〈스페인어〉, 〈← macho(힘이 센)①(남미 원주민이 사용하던) 날이 넓은 큰 칼, 〈~ bolo〉②'색줄멸', ⇒ ten·pounder 우1

28 **Ma-chi·a·vel·li** [매키어뷀리], Nic·co·lo: mal+chiavo(nail), '손톱으로 할퀴는 자', 마키아벨리, (1469-1527), 국가를 통치하기 위해서는 수단과 방법을 가리지 말아야 한다고 주장하여 박정희라는 수제자를 길러낸 이탈리아의 현실파 정치사상가, 〈~ a Florentine author and political philosopher〉 수1

29 **ma·chin·a mun·di** [머쉬나 먼디]: 〈라틴어〉, 'machine of the world', '기계세상', (17세기에 기승을 떨쳤던) 우주는 거대한 기계처럼 예측할 수 있는 질서에 의해 운영된다는 '기계학설', 〈~(↔)deus ex machina(divine intervention)〉 양2

30 **mach·i-nate** [매커네이트]: 〈기계를 조작하듯〉 (음모를) 꾸미다, 모의하다, 〈정치가가 하는 일〉, 〈~ cogitate\conspire〉, 〈↔mess (up)\fumble\leave alone〉 양2

31 **ma·chine** [머쉬인]: 〈← magush(be able)〉, 〈페르시아어→그리스어〉, 기계('장치'), 기구, 기관, 조직, 재봉틀(미싱), 〈→ magic\mechanic〉, 〈~ apparatus\tool\organization〉, 〈↔human\organ\nature〉 가1

32 ***ma·chine code** [머쉬인 코우드]: =machine language, machine word, 기계어(부호), 〈~ object code〉 양2

33 ***ma·chine–de·pend-ent pro·gram**: 특정 기계에 의존하는 차림표, '기계 의존적 차림표', 〈~ soft-ware that runs only on a specific computer〉 우1

34 **ma·chine gun** [머쉬인 건]: (1분에 300~1,800발을 발사할 수 있는) 기관총, 〈~ Gatling gun〉, 〈~(↔)submachine gun\revolver〉 가1

35 ***ma·chine–in-de·pend-ent pro·gram**: 특정 기계에 의존하지 않는 차림표, '기계 독립적 차림표', (널리 사용되는 기계어를 사용해서 여러 전산기에 두루 사용할 수 있게 만든 차림표), 〈~ soft-ware that can be used on many types of computers〉 우1

36 ***ma·chine lan·guage** [머쉬인 랭귀쥐]: 기계어, (2분법 기호로 쓰인) 직접 기계를 조작하는 명령, 〈~ machine code〉, 〈~(↔)assembly language〉, 〈↔human learning〉 양2

37 ***ma·chine learn·ing** [머쉬인 러어닝]: 기계 학습(과거의 경험을 통해 전산기가 자신의 지식을 개선할 수 있는 능력), 〈~ knowledge engineering〉, 〈↔human stupidity?〉, ⇒ artificial intelligence 양2

38 ***ma·chine–me·di·ated learn·ing**: '기계 중재 학습', 기계를 이용한 학습(사람이 전산기 같은 기계 매체를 사용해서 지식을 습득하는 일), 〈~ computer mediated learning〉 미2

39 **ma·chine read-a·ble** [머쉬인 뤼더블]: 기계로 처리(판독)할 수 있는, 〈↔human readable〉 미2

40 **ma·chine shop**(~ shed) [머쉬인 샾(~ 쉐드)]: 공장, 기계 작업장, 〈~ foundry\manufactory〉, 〈↔farm〉 양2

41 **ma·cho** [마쵸우]: 〈멕시코계 스페인어〉, 〈manly〉, 건장한(늠름한) 남자, 힘이 센, '싸나이', 〈~ he-man\stud〉, 〈↔hen-pecked\mama's boy\molly-coddle〉 양2

42 **Ma·chu Pic·chu** [마아츄우 피익츄우]: 〈원주민어〉, old+pyramid, '오래된 산', 마추픽추, (1572년에 폐기되었다가 1911년 재발견된) 페루 중남부의 잉카 요새 유적지, 〈~ 15th-century Inca citadel in Peru〉 수1

43 **Mac-in·tosh** [매킨타쉬]: son of the leader, '지도자의 아들', 〈~ a Gaelic surname〉, 매킨토시, 미국의 애플사가 〈Mcintosh 사과 이름을 따서〉 1984년부터 출시하기 시작한 열련의 개인 전산기(상표명), 〈~ Apple PC's〉 수1

44 **Mac·ken·zie** [머켄지]: son of the bright one, '영명한 자의 자손', 〈~ a Gaelic surname〉, 매켄지 ①캐나다 서북부에서 북극해로 흐르는 강 또는 그곳의 산맥〈최고봉-2,971m〉, 〈~ a Canadian mountain range in Yukon〉 ②수명의 캐나다(Canadian) 유명 인사의 이름 수1

45 **mack·er·el** [매커뤌]: 〈← macarellus〉, 〈어원 불명의 라틴어에서 유래한 프랑스어〉, 〈검은 점(macula)이 박힌?〉〈생선의 특질을 골로루 갖추고 있는〉 (북대서양산) 고등어, 〈~ saba〉, 〈~(↔)saury〉 가1

46 **mack·er·el gull** [매커뤌 걸]: tern, sea swallow, 제비갈매기, 붉은부리갈매기(제비 모양을 한 고등어 색깔의 몸통을 가진 조그만 갈매기로 새끼고등어는 잡아먹을 수 있을지도 모름) 미2

47 **mack·er·el pike** [매커뤌 파이크]: pacific saury, '참고등어', 꽁치〈편자가 고등학생 때 상업 선생님의 별명〉 가2

48 **Mack·i·nac** [매커너 \ 매커낵]: 〈← mitchimakinak(big turtle)〉, 〈원주민어→프랑스어→영국어〉, '큰 거북', 맥키낵, 미국 미시간주 상·하 반도 사이의 〈'거북이 떼'는 간데없고 왕모기만 들끓는〉 수로·섬·다리, 〈~ island (or bridge) between Michigan's upper and lower peninsula〉 수1

49 **mack·i·naw** [매커너어]: mackinac의 변형어 ①도시이름 ②(1812년 전쟁때 맥키낵 주둔군에 배포되었던) 바둑판 무늬의 담요나 그것으로 만든 두꺼운 짧은 상의, 〈~ heavy and dense woolen cloth〉 수2

50 *****Mac OS** (Mac-in·tosh op·er·at·ing sys·tem): 1984년부터 시작된 (도안자를 위한 접속기까지 포함하여) 한 항목을 찾으면 자동으로 다음 동작이 연결되는 애플사의 연성기기로 그 후 Unix 체계를 병합한 Max OSX(10판)이 나왔음 수2

51 **mac·r(o)~** [매크로우~]: 〈그리스어〉, 〈긴·큰(long·large)~〉의 뜻을 가진 결합사, 〈↔micro〉 미2

52 *****mac·ro** [매크로우]: macro instruction, 대규모 (차림표), 여러 개의 반복적인 명령을 단추 한번 눌러서 시행하게 해주는 〈폭주 명령〉, 〈dru-king같이 조회수나 댓글의 공감 수를 늘리는 데 써먹을 수 있는〉 '뻥튀기' 차림표 언어, 〈~ commands to run automatic repetitive tasks〉 우2

53 *****Mac·ro As·sem·bler** [매크로우 어쎔블러]: 〈Micro soft사에서 나온〉 모둠 짜맞추기(어떤 기호언어로 쓰인 차림표든지 기계어로 변환시킬 수 있는 체제), 〈~ adding high-level language features〉 미2

54 *****mac·ro-code (~ in·struc·tion)** [매크로우 코우드 (~ 인스트뤅션)]: 모둠 부호(명령), 사용자가 한 방에 일을 처리할 수 있도록 만든 명령체제, 〈~ macro〉 미2

55 **mac·ro·cosm** [매크로우 카즘]: 대우주, 천체, 총체, 확대모형, 〈~ cosmos〉, 〈↔microcosm\nothingness〉 양2

56 **Mac·ro·me·di·a** [매크로우 미이디어]: 매크로 미디어, 1992년에 창립되어 2005년 어도비사(Adobe Systems)에 병합된 미국의 연성기기 회사, 〈~ an American web development soft-ware co.〉 수1

57 **Mac·ron** [매크뤈], Em·man·u·el: 〈← macros(long)〉, '영구한 자〈그리스어〉', 마크롱, (1977-), 〈24세 연상의 자신의 고등학교 선생님과 결혼했으며〉 39세인 2017년 5월부터 프랑스의 대통령 노릇을 하고 있는 중도 성향의 정치인, 〈~ a French politician〉 수1

58 **mac·ro·nu·tri·ent** [매크로우 뉴우트뤼언트]: 대량 영양소, 생명을 유지하는데 〈다량으로〉 필요한 원소, (동물에서는 탄수화물·단백질·지방·섬유질·물, 식물에서는 N·P·K·Ca·S·Mg·C·O·H), 〈~ nutrients in need of large amounts〉, 〈↔micronutrient〉 양2

59 **mac·ro·scop·ic** [매크뤄스카픽]: 육안(naked eye)의, 거시적인(broad perspective), 〈↔microscopic〉 가1

60 *****mac·ro vi·rus** [매크로우 봐이뤄스]: '모둠 바이러스', 〈초장부터〉 모둠 명령을 삐딱하게 조작하는 행태 (전산기 운영체제), 〈~ imbedded program language〉 우1

61 **mac·u·la** [매큘러]: 〈라틴어〉, '얼룩 (spot)', 흠, 반점, 기미, 흑점, (단파장의 빛을 흡수하는) 망막의 황반〈yellow spot; central retina〉, 〈↔cleanliness\decoration〉 양2 미2

62 **Ma·cy's** [메이시즈]: 〈← Matthew〉, 메이시, 1858년에 창립된 미국의 중·상류층 백화점 연쇄점, 〈~ an American department store chain〉 수1

63 **MAD** [매드]: mutually assured destruction : 〈미사일 기술의 발달로〉 〈핵전쟁을 하면 양쪽 다 확실하게 파괴된다는〉 상호 확증 파괴, 〈~ reciprocal deterrence〉 미1

64 **mad** [매드]: 〈← gemad(senseless)〉, 〈게르만어〉, '제정신이 아닌', 미친, 실성한, 열광적인, 〈~ angry\furious〉, 〈↔calm\sane〉 가1

65 **Mad·a·gas·car** [매더개스컬]: ⟨← 원래는 Malagasy였으나 Mogadishu란 나라로 잘못 알고 그곳에 가본 적도 없는 마르코폴로가 부친 이름⟩, ⟨아랍어→이탈리아어⟩, '만만디의 섬(?)', 마다가스카르⟨지구에서 가장 오래된 섬⟩, 1960년 프랑스로부터 독립한 아프리카의 남동쪽 인도양 남서부에 있는 고구마와 같이 생긴 섬나라로 희귀종이 많고 한때 해적들의 본거지였던 가난한 민주공화국, {Malagasy-Malagasy·Fr-Ariary-Antananarivo} 수1

66 **mad·am** [매덤]: ⟨프랑스어⟩, 'my lady', 마님, 부인, 아주머니, ⟨귀부인에서 포주에 이르기까지 다양한 의미를 가진⟩ 주로 기혼 여성에 대한 호칭, ⟨→ ma'am⟩, ⟨~ dame\señora⟩, ⟨↔monsieur\mademoiselle⟩ 가1

67 **mad·ame est ser·vi** [매덤 에스트 써우얼뷔]: ⟨프랑스어⟩, madam you are served, 마담 에 세르비!, '마님! 대접 받으십시오!', 식사준비가 다 되었습니다, ⟨~ dinner is ready⟩, ⟨↔dessert⟩ 양2

68 **Mad·ame Tus·sauds** [매덤 투쏘우즈]: ⟨편자의 능력으로 어원을 찾아내지 못한⟩ 튀소 부인, 1835년 런던에 유명인사들의 밀랍 인형관을 개설한 프랑스 출신 밀랍 세공사, ⟨~ a French artist⟩, 밀랍 인형관(wax museum) 수1

69 **mad ap·ple** [매드 애플]: eggplant, ⟨한때 미친증을 비롯해서 각종 질병을 일으킨다고 생각했던⟩ 가지, ⟨~ aubergine\brinjal(인도 가지)⟩ 가1

70 **mad-cow dis·ease** [매드 카우 디지즈]: 광우병, 해면양 뇌질환(육류의 프라이온으로 전염되며 뇌 조직에 스펀지 모양의 구멍이 뚫리는 준급성 뇌질환), bovine spongiform encephalits 가1

71 **MADD** [매드]: (mothers against drunk drivers) 반음주운전자 어머니회(음주운전으로 자녀를 잃은 어머니들이 주축이 되어 1980년에 조직된 미국과 캐나다의 반음주운전 압력·봉사 단체) 미2

72 **mad·der** [매더]: ⟨← maeddre(dye plant)⟩, ⟨게르만어⟩, '염료초', 꼭두서니, 천초(가을에 노란 꽃이 피고 뿌리에서 심홍색 물감을 뽑는 여러해살이 덩굴풀), ⟨~ perennial climbing herbs⟩ 양2

73 **Ma·dei·ra** [머디어뤄]: ⟨포르투갈어⟩, ⟨'숲(wood)'이 우거졌던⟩ 마데이라(아프리카 북서쪽 대서양에 있는 포르투갈령의 섬들·그곳에서 나는 백포도주), ⟨~ a fortified wine⟩, ⟨~ malmsey⟩ 수1

74 **Mad·e·leine** [매들린]: ⟨히브리어⟩, Magdala(tower), '탁월한 자', feminine name of Hebrew origin, 매들린, 여자 이름, m~; ⟨조개 모양의⟩ 작은 카스텔라, ⟨~ a small shell-shaped sponge cake⟩ 수1 우1

75 **mad·e·moi·selle** [매더머젤]: ⟨프랑스어⟩, 'my damsel(청순한 처녀)', ~ 양, 아가씨, ⟨~ miss\senorita⟩, ⟨↔monsieur\madame⟩ 양2

76 **ma·di·a** [마디어]: ⟨칠레 원주민어⟩, 미주산 작은 해바라기류의 식물, ⟨~ tarweed\aromatic herb with yellow flowers⟩ 수2

77 **Mad·i·son** [매디슨]: ⟨4대 대통령의 이름을 따서⟩ 두 호수 사이에 자라난 미국 위스콘신주의 주도·관광·행정·교육·교역 도시, ⟨~ Capital of Wisconsin⟩ 수1

78 **Mad·i·son** [매디슨], James: 'Mattew \ Maude(장사)의 아들', 매디슨, (1751-1836), '미국 헌법의 아버지', 직업 정치가로 주·연방정부의 관계를 정립하고 친구 제퍼슨의 뒤를 이어 당선되었으나 ⟨사교적인 아내 덕으로 자리를 유지했던⟩ 미국의 4대 대통령, {(단구의) Little Majesty}, ⟨~ 4th US President⟩ 수1

79 **Mad·i·son Av·e·nue** [매디슨 애붜뉴어]: ⟨미 대통령 이름에서 연유한⟩ 한때 유수한 광고회사(American advertising industry)들이 진을 쳤던 뉴욕 맨해튼(Manhattan)의 길 이름, ⟨~ Madison Square⟩ 수1

80 **Mad·i·son's War** [매디슨즈 워어]: '매디슨씨 전쟁', 친불반영 성향의 매디슨 대통령이 일으켰다가 초장에 친영반불의 공화파의 협조를 받지 못했으나 결국 뉴올리언스 전투로 승리하게 된 영국과의 '마지막' 전쟁, ⟨~ an Anglo-American war⟩, ⇒ War of 1812 수1

81 *****mad mon·ey** [매드 머니]: 여자의 소액 비상금(남자 친구와 싸워 혼자 귀가할 때의 택시비 따위), ⟨~ pocket money⟩ 우1

82 **Ma·don·na** [머더너]: ⟨이탈리아어+라틴어⟩, 'my lady', 마돈나 ①성모 마리아(상), ⟨~ Virgin Mary⟩ ②M~ Ciccone; 한때 '성적 우상'으로 떠올랐던 1958년도생 미국의 가수·배우·사업가·천만장자·카발라 신도, ⟨~ an American singer and actress\Queen of Pop⟩ 수1

83 **Ma·don·na lil·y** [머다너 릴리]: 흰 백합, (큰) 흰 나리⟨처녀의 상징⟩, ⟨~ white lily\purity⟩ 미2

84 **Ma·dras** [머드래스 \ 머드롸아스]: 새 명칭은 Chennai, ⟨기원전 2세기경 Tamil의 왕 이름에서 연유한⟩ 마드라스, 인도 동남부(S-E India)의 지명, m~; (보통) 줄무늬가 있는 무명(cotton fabric), 카레(curry) 요리의 일종 수1 수2

85 **Ma·drid** [머드뤼드]: ⟨← majrit⟩, ⟨아랍어⟩, '강가의 요새', 마드리드, 16세기 중반부터 수도로 지정된 스페인 중심의 고원지대에 자리 잡은 역사적 행정·문화·산업 도시, ⟨~ Capital of Spain⟩ 수1

86 **mad·ri·gal** [매드뤼걸]: 〈라틴어→이탈리아어〉, 〈'matrix'(모체)만으로 된〉 마드리갈, 소곡, 서정 단시, 짧은 연가, 무반주 합창곡, 〈~ ballad\canzone〉 미2

87 **ma·dri·lene** [매드륄렌]: 〈프랑스어〉, 마드릴렌, 닭고기·쇠고기를 삶아낸 국물에 토마토를 넣어 차게 먹는 '마드리드'풍의 수프, 〈~ a consomme〉 수2

88 **ma·drone tree** [매드로운 트뤼이]: 〈스페인어〉, '어머니 나무', 마드론, 〈정원수로 인기 있는〉 북미 서해안에 자생하는 히스류의 상록교목, 〈~ straw-berry tree\tick tree\arbutus〉 우2

89 **ma·du·ro** [머듀어로우]: 〈← maturus(mature)〉, 〈라틴어→스페인어〉, 마두로, 스패니시 계통이 즐겨 피는 암갈색의 독한 〈여문〉 엽궐련, strong cigar 수2

90 **mad-wort** [매드 워얼트]: '미치개풀', alyssum, 백·분홍색의 자잘한 꽃들이 덩어리로 피는 겨잣과(bitter cress)의 냉이나 꼭두서니류 미2

91 *__MAE__ [메이] (Met·ro·pol·i·tan A·re·a Ex·change): '대지역 교환대'(전산기 접속을 위한 주요 연결점으로 미국에는 워싱턴 DC·댈러스·산호세에 있음), 〈~ WAN〉, 〈↔LAN〉 미2

92 **mael-strom** [메일스트륌]: 〈← Moskstraumen〉, 〈노르웨이어→네덜란드어〉, malen+stroom, 'grind stream', (무엇이든 삼키는) 소용돌이, 대혼란, 격동, 〈~ whirl-wind\vortex〉, 〈↔calm\harmony〉 양2

93 **mae·stro** [마이스트로우]: 〈라틴어→이탈리아어〉, 'master', 마에스트로, 대음악가(작곡가·지휘자), 거장, 〈↔tyro\beginner〉 미2

94 *__Ma·fa__ [마퐈]: 〈2010년도에 등장한 미국어〉, 마파, (인형 이름에서 연유한) 각종 여성용 무료 전산망 놀이, 〈~ an online doll game\baby game〉 수2

95 *__ma·fa__ [마풔]: 〈1960년대에 등장한 미국 흑인 속어〉, mofo, 'mother fucker(씨발놈)'의 준말, 〈~ SOB〉, 〈↔smart-ass\wise-ass〉 양2

96 **Ma·f(f)i·a** [마아퓌어]: 〈← mafius(swagger)〉, 마피아, 〈1875년 이탈리아 경찰이 쓰기 시작한 말〉, 19세기 중반에 시칠리아에서 시작해서 이탈리아·미국으로 활동 무대를 옮겨 20세기 중반까지 세를 떨쳤던 국제적 비밀결사·범죄조직 유력자 집단, 〈~ 지들끼리는 Cosa Nostra(우리들의 몫)이라 부름〉, 〈~(↔)yakuza〉 수1 미2

97 *__MAGA__ [마가]: 'make America great again' (트럼프 대통령의 구호), 〈↔Dark Brandon〉 미2

98 **mag·a·zine** [매거지인]: 〈← makhzan〉, 〈아랍어〉, '저장고', 잡지, 탄창, 보고, 〈~ storage\journal〉, 〈↔non-depository\junk-pile〉 양2

99 **Mag·da·lene** [매그덜리인], Mar·y: 〈← Maghdela(tower) ← gadal(be great)〉, 〈히브리어→그리스어〉, '탁월한 자', 막달라 마리아, 창녀였다가 그리스도의 감화로 회개하고 추종자가 되었다는 '막달라의 여인', 〈→Madeleine〉, 〈~ a reformed prostitute〉 수1

100 **Mag·el·lan** [머젤런], Fer·di·nan·do: 〈← Magalhaes(devoted?)〉, 〈어원 불명의 포르투갈계 이름〉, 마젤란, (1480?-1521), 스페인의 힘을 빌려 〈향료 군도〉를 찾기 위해 대서양·태평양을 탐험하고 필리핀 쪽과의 싸움에서 전사한 포르투갈 귀족 출신의 항해가, 〈~ a Portuguese explorer〉 수1

101 **ma·gen·ta** [머젠터]: 〈1859년 이태리·프랑스 연합군이 오스트리아를 격퇴한 Magenta(로마 황제 Marcus A, Maxentius의 군막이 있던 지명) 전투 때 발견된〉 자홍색〈deep purplish red〉(물감), 〈~ grenadine〉 미2

102 **mag·got** [매겉]: 〈← mathek(flesh worm)〉, 〈게르만어〉, '구더기', 〈구더기가 뇌에 들어가 생기는〉 망상, 〈구더기 모양을 한〉 담배꽁초, 〈~ larva\worm〉, 〈↔reality\celebrity〉 가1

103 **Ma·gi** [메이좌이]: 〈'점성가(astrologer)'란 페르시아어〉, 마기승(조로아스터교의 승려), 동방박사들, 〈~ 3 wise-men〉, m~; 마술사(magician)들 수2 양2

104 **mag·ic** [매쥑]: 〈← Magi〉, 〈페르시아어→그리스어〉, 〈← magikos〉, 마법, 요술, 매력, '당신이 갖고 있는 기대와 가정이 당신을 배반하게 만드는 것', 〈← machine〉, 〈~ sorcery\enchantment〉, 〈↔nature\science〉 가1

105 **mag·ic car·pet** [매쥑 카아핕]: (하늘을 나는) 마법 융단, 〈~ flying carpet〉 가1

106 **Mag·ic Eye** [매쥑 아이]: '요술눈', 동조 지시판(1979부터 사용된 점으로 뿌려 놓은 평면 상을 입체상으로 느끼게 하는 비법〈상표명〉), 〈~ auto-stereogram〉 미2

107 **Mag·ic Mark-er** [매쥑 마아커]: 매직펜, '요술 표지 연필', 1910년부터 개발되어 1953년 현 이름으로 정착된 유성·속건성 필기 기구(상표명), 〈~ sharpie\high-lighter〉 수2

108 **mag·ic num·ber** [매쥑 넘버]: 마법 수, 뜻밖의 일을 해낼 수 있는 숫자, 큰 영향을 미칠 수 있는 숫자(magic figure), 〈~ key (or mysterious) number〉, 〈↔known knowledge\common ground〉 양2

109 **mag·ic wand** [매직 완드]: 요술 지팡이, 화상에서 특정 색깔을 한 전 영역을 골라주는 편찬 기제, ⟨~ enchanting rod\wizard's stick\a selection tool⟩ 미2

110 **Ma·gi·not** [매쥐노우]: ⟨← Dominicus(belonging to God)⟩, ⟨라틴어→프랑스어⟩, '주님에 예속된 자', ⟨프랑스 전쟁 장관의 이름을 딴⟩ 마지노, 프랑스 동쪽 국경에 있던 요새, ⟨~ a fortress in eastern France⟩, ~ line; 2차대전 때 프랑스가 '마지막 방어선'으로 믿었으나 독일군이 우회 작전으로 3주 만에 점령한 '절대적이라고 맹신되고 있는 방어선', ⟨~ an expensive effort that offers false sense of security⟩ 수1 미2

111 **mag·is·trate** [매쥐스트레이트]: ⟨← magister⟩, ⟨라틴어⟩, ⟨← master⟩, 행정 장관, 지사, 치안 판사, ⟨~ bailiff\sheriff⟩, ⟨↔commoner⟩ 가1

112 *****mag-lev** [매그렙]: magnetic levitation, 자기 부상(식), 자력의 힘으로 물체를 공중에 뜨게 하는 일, ⟨~ hover train\tracked air-cushion vehicle⟩ 미2

113 **mag·ma** [매그머]: ⟨← massein(knead)⟩, ⟨라틴어⟩, '앙금', 용암, 지구 내부에서 녹아난 고온의 광물·유기물의 혼합체, 유제(과즙을 짜고 난 찌꺼기), ⟨~ lava\pumice⟩, ⟨↔glacier\core⟩ 미2

114 **Mag·na C(h)ar·ta** [매그너 카아터]: ⟨라틴어⟩, 마그나 카르타, 'Great Charter', 대헌장, 1215년 영국의 존왕이 귀족들의 압력에 의해 국민의 권리와 자유를 인정한 ⟨왕의 사법권과 징세권을 대폭 제한한⟩ 문서, ⟨~ a royal charter of civil rights⟩ 수2

115 **mag·na cum lau·de** [매그너 쿰 라우데이]: ⟨라틴어⟩, 마그나 쿰 로데, 'with great praise', 최우수 성적으로, 2등으로, 우등으로, ⟨↔un-worthy⟩ 양2

116 **mag·nan·i·mous** [매그내너머스]: magnus+animus(mind), ⟨라틴어⟩, 관대한, 도량⟨animus⟩이 넓은, ⟨~ generous\benevolent⟩, ⟨↔mean-spirited\selfish⟩ 가1

117 **mag·nate** [매그네이트]: ⟨← magnus⟩, ⟨라틴어⟩, 'great man', 거물, 실력자, ⟨~ mogul'\tycoon⟩, ⟨↔pawn\lowly⟩ 가1

118 **mag·ne·si·um** [매그니지엄]: ⟨그리스의 Magnesia(meander;curved river) 지방에서 발견된⟩ ⟨인체조직에 필요하고 설사약 등으로 쓰이는⟩ 금속원소(기호 Mg·번호12), ⟨~ a metallic element⟩ 수2

119 *****mag·net fish·ing** [매그넽 휘싱]: 자석 낚시, 물 속에 있는 자성 물질을 자석으로 낚는 일, ⟨미국에서는 불법이나 편자가 군대 생활을 할 때 구급차의 배터리를 뽑아서 시내를 막고 잡은 물고기로 매운탕을 끓여 쏘주 한 잔 하던 맛이라니!⟩ 양2

120 **mag·net·ic** [매그네틱]: ⟨Magnesia 지방에서 발견된 돌⟩, ⟨그리스어⟩, '자석'의, 자기의, 매력 있는, ⟨~ alluring\fascinating⟩, ⟨↔repellant⟩ 가1

121 **mag·ne·tism** [매그너티즘]: 자기, 자력(공기에 떠다니는 서로 밀고 당기는 힘), ⟨~ attraction⟩, ⟨↔repulsion⟩ 가1

122 **mag·ne·tom·e·ter** [매그너타미터]: 자기(자력) 탐지기, 자기(자력) 측정기, ⟨~ gauss-meter는 고강도 자력 특정기⟩ 양2

123 *****mag·net school** [매그넽 스쿠울]: ⟨특별히 이끌어주는⟩ 특수학교, 영재학교, 실력·특기가 뛰어난 학생을 선발하여 특수교육을 하는 (공립)학교, ⟨~ school for the gifted⟩, ⟨↔regular school⟩, ⟨미국 교육부는 교육 자체를 '자석'에 비유해서 모든 초등·중등학교를 magnet school이라 정의하고 있음-한국에서도 '특목교'를 폐지해야 할 것임⟩ 양2

124 **Mag·nif·i·cat** [매그니휘캩]: ⟨← magnify⟩, ⟨라틴어⟩, ⟨누가복음에서 연유한⟩ (저녁기도 때 부르는) 성모마리아 송가, ⟨~ a Marian hymn⟩, m~; 송가, ⟨~ vesper⟩ 수2 양2

125 **mag·nif·i·cent** [매그니휘슨트]: ⟨← magnify⟩, ⟨라틴어⟩, 장대한, 당당한, 엄청난, '크게 만든', ⟨~ splendid\majestic⟩, ⟨↔modest\feeble⟩ 양2

126 **mag·ni·fy** [매그너화이]: magnus(great)+facere(make), '크게 키우다', 확대하다, 증대시키다, ⟨~ enlarge\maximize⟩, ⟨↔reduce\lessen⟩ 가1

127 **mag·ni·tude** [매그너튜우드]: ⟨← magnus(great)⟩, ⟨라틴어⟩, '키가 큰 정도', 크기, 양, 중요성, 진도, ⟨~ immensity\extent⟩, ⟨↔small-ness\insignificance⟩ 양1

128 **mag·no·lia** [매그노울리어]: ⟨프랑스 식물학자의 이름(Magnol; magnus)에서 따온 말⟩, saddle tree, tulip tree, yellow poplar, 목련(큰 잎에 커다란 흰·자주색의 꽃잎과 작은 도토리 모양의 열매를 맺는 낙엽활엽교목) 미2

129 **mag·num** [매그넘]: ⟨← magnus(great)⟩, ⟨라틴어⟩, '큰' 포도주병(1.5~2liter), 강력한 화약이 든 총포, ⟨~ huge\gigantic⟩, ⟨↔failure\fiasco⟩ 미2

130 **mag·num o·pus** [매그넘 오우퍼스]: 'great work', 대작, 대표작, 〈~ master piece〉, 〈↔triviality〉 양2

131 **mag·pie** [매그 파이]: 〈영국어〉, 〈'Margaret'(수다쟁이) 같은 딱다구리〉, 까치(긴 꼬리에 흰 무늬가 있는 날개를 가지고 시끄럽게 짖어대며 아무거나 잘 먹는 까마귀 사촌으로 한국에서는 길조 미국에서는 흉조로 취급됨), 〈~ pie\pica\blabber-mouth〉 가1

132 **Mag-say·say** [마악싸이사이], Ra·mon: 〈'great person'이란 뜻의 산스크리트어?〉, '강력한 자', 막사이사이, (1907-1957), 일본군에 유격전을 벌리고 미군 진주를 유도하여 필립핀 독립에 기여한 공으로 3대 대통령이 되었다가 비행기 사고로 사망한 농부의 아들, 〈~ a Filipine statesman〉 수1

133 **ma·guey** [매그웨이]: 〈← mawei(water giving plant)〉, 〈카리브어〉, 용설란, 즙으로 테킬라를 만드는 〈용의 혀〉 같은 갈래 줄기를 가진 선인장, 〈~ agave〉, 〈~ century plant〉 미2

134 **ma·ha·ri·sh** [마아허뤼이쉬이]: maha(great)+rshi(sage), 〈산스크리트어〉, '위대한 성자', 힌두교의 지도자, 〈~ master\teacher〉 수2

135 **ma·hat·ma** [머하아트머]: maha(great)+atmon(soul), 〈산스크리트어〉, '위대한 영혼', 힌두교의 성자(성인), 〈~ guru\rabbi〉 수2

136 **Ma·ha·ya·na** [마아허야너]: 〈산스크리트어〉, great+vehicle, '커다란 탈 것', 마하야나, 대승(불교), 적극적으로 인류 전체의 행복을 추구하는 후기 불교의 유파, 〈~(↔)theravada〉, 〈↔Hinayana〉 수1

137 **Ma·hi·can¹** [머히이컨]: Mohican, 〈원주민어〉, people of the tidal estuary, '강 어귀에 사는 자', 모히칸, 미 북동부(N-E America)에서 주로 모피를 생산해서 먹고살던 원주민들, 〈~ River Indians〉 수1

138 **Ma·hi·can²** [머히이컨]: 〈영국어〉, 모히칸, 소설에 나오는 '가상' 인디언 부족, 〈~ a native American〉 수1

139 **ma·hi-ma·hi** [마아히 마아히]: 〈'아주 힘 센(very strong)'이란 하와이어 \ '씹히다'란 뜻의 마오리어〉, 〈멕시코만·코스타리카 특히 하와이에서 식용으로 하는〉 줄기 등지느러미를 가진 농어목 만새깃과에 속한 바닷물고기, 〈~ fuck〉, 〈~ dorado\sword-fish〉 수2

140 **Mah Jongg** [마아쥐엉 \ 마아좌앙]: ma(hemp)+chiang(little birds), 〈'참새(sparrow)'란 뜻의 중국어〉, 마작, 기원전 5세기부터 중국 사람들이 즐겨 하는 문자·숫자·그림이 새긴 골패(Chinese dominoes)로 하는 복잡한 노름 가1

141 **Mah·ler** [마알러], Gus·tav: 〈← malen(paint)〉, 〈게르만어〉, '화가', 말러, (1860-1911), 〈우주를 담을 수 있는〉 대형 교향곡을 지향한 보헤미안 태생 오스트리아의 작곡가·지휘자, 〈~ an Austro-Bohemian romantic composer〉 수1

142 **ma·hoe** [머호우]: 〈카리브어〉, 마자구아(majagua), 푸른 줄이 있는 목재를 가구용으로 쓰는 중남미 원산의 팥꽃나무과 부용속의 낙엽활엽관목, 〈~ hibiscus elatus\majo azul〉 우1

143 **ma·hog·a·ny** [머하거니]: 〈어원 불명의 스페인어〉, 마호가니(단단하고 윤기가 있으며 내수성이 강해 각종 가구로 인기가 있는 열대림), 〈~ a tropical hard-wood〉 수2

144 **maid** [메이드]: 〈← maged(virgin)〉, 〈게르만어→영국어〉, 〈← maiden〉, 소녀, 하녀, 여급, 신부의 들러리, '처녀'〈잘못 번역하면 오해를 살 여지가 있는 말〉, 〈~ damsel\female-servant〉, 〈↔bachelor\man-servant〉 양1

145 **maid-en** [메이든]: 〈← maid〉, 처녀, 우승 경험이 없는 경주마〈편자가 섭렵한 정의 중에 제일 쌉쌀한 말〉, 점령된 적이 없는, 교미의 경험이 없는, 〈~ virgin〉, 〈↔de·flowered\married\dirty\drab〉, 〈↔lad\guy\wench〉 양1

146 **maid-en–hair fern** [메이든 헤어 훠언]: adiantum, 공작고사리(〈처녀의 머리털 같은 검은 뿌리 털을 가지고〉 물기를 떨어내리는 부드러운 잎이 밑으로 늘어진 관상용 고사리·고비), 〈~ walking fern〉 미2

147 **maid-en–hair tree** [메이든 헤어 트뤼이]: gingko, (정성 들여 딴 소녀의 갈라진 단발머리 모양의 잎을 가지고 더 많은 정성을 들여야 까먹을 수 있는 열매를 제공하는) 은행나무 미2

148 **maid-en name** [메이든 네임]: (여성의) 결혼 전 성, 〈~ surname\family name〉, 〈↔married name〉 미1

149 **maid-en pink** [메이든 핑크]: 각시패랭이꽃, 톱니 모양을 한 분홍색의 꽃 떡잎을 가진 〈처녀같이〉 '새침한' 꽃이 뭉텅이로 피어나는 석류과의 여러해살이풀, 〈~ dianthus deltoides〉 미2

150 **mail** [메일]: 〈← male(wallet)〉, 〈게르만어〉, 우편(물), 우송하다, '부대(자루)', 〈~ dispatch\parcel〉, 〈↔retain\discard〉 가2

151 ***mail bomb-ing** [메일 밤잉]: (전자) 우편 폭탄 공격〈꼴보기 싫은 사람에게 단시간에 대량의 전자우편을 보내 접주는 일〉, 〈~ e-mail flooding〉 미2

152 **mail box** [메일 박스]: 우체통, 개인 우편함, 우편함(전자 우편물을 일시 저장해두는 전산기 내의 기억 영역), ⟨~ mail-drop\post-box\drop-box⟩ 가1

153 **mail drop** [메일 드롺]: 우체통, (거처와 다른) 수취인의 주소, ⟨~ post-box⟩ 가1

154 **mai·le** [마일리]: (하와이 등에서 화환으로 쓰는) 협죽도과⟨dog-bane family⟩의 덩굴식물 ⇒ pikake 미2

155 **mail·lard re·ac·tion** [메이야드 뤼액션]: '강력한 자(big⟨mallet⟩)', ⟨프랑스 화학자의 이름을 딴⟩ 단백질이 고열을 만나면 훨씬 풍부하고 다양한 맛을 내는 반응, ⟨~ non-enzymatic browning⟩ 수2

156 *__mail-merge__ [메일 머얼쥐]: 우편 융합(같은 내용을 수취인만 달리하여 여러 명에게 보내는 방법), ⟨~ bulk(mass)-mail⟩, ⟨↔private mail\direct mail⟩ 양2

157 **Mail-Ru** [메일 루우]: Russian e-mail, 메일 루, 1998년에 창립된 러시아의 세계 전산망 업체 수2

158 *__mail ser·ver__ [메일 써어붜]: mail transfer agent, 전자우편, 배송을 관리하는 주 전산기의 연성기기 체제, '우편 봉사기' 미2

159 **maim** [메임]: ⟨← mehain(to injure)⟩, ⟨어원 불명의 프랑스어⟩, ⟨← mayhem⟩, 불구로 만들다, 손상하다, ⟨~ mangle⟩, ⟨~ mutilate⟩, ⟨↔restore\mend⟩ 양2

160 **main** [메인]: ⟨← magnus(great)⟩, ⟨라틴어→북구어⟩, '힘', 주된, 중요한, 최대의, ⟨~ major\principal⟩, ⟨↔minor\subsidiary⟩ 가1

161 **Maine** [메인]: ME, Pine Tree State, ⟨어원 불명의 프랑스의 지명을 땄다⟩ 경치 좋고 바닷가재로 유명하고 (노예주인 미주리의 연방 가입으로 균형을 잡기 위해 반노예주 매사추세츠를 쪼개서 만든) 미국 동북부 끄트머리⟨tip of N-E US⟩의 조그만 주, {Augusta-2}, ⟪pine cone⟫ 수1

162 **Maine mass shoot·ing** [메인 매쓰 슈우팅]: 2023년 10월 25일 미국 메인주 남쪽 해안의 소도시에서 한 예비군이 볼링장에서 무차별 사격을 가해 18명이 사망한 사건 수2

163 **main frame com·put·er** [메인 후뤠임 컴퓨우터]: 본체 전산기(큰 공간을 차지하고 많은 사람이 동시에 사용할 수 있게 만든 대형 전산기), ⟨~ big iron⟩, ⟨↔pc\lap-top⟩ 가1

164 **Mai·ni·chi** [마이니치]: 1872년에 창간되어 하루 5백만 부 이상을 찍어내는 ⟨하루에 두 번 발간되는⟩ 일본의 '매일(every day) 신문', ⟨~ a major 'shimbun' in Japan⟩ 수2

165 **main-land** [메인 랜드]: 대륙, 본토, ⟨~ heart-land⟩, ⟨↔periphery⟩ 가2

166 **main-line** [메인 라인]: 본선, 간선, ⟨~ main-stream\route⟩, ⟨↔secondary line\minor-line⟩ 가1

167 **main-stream** [메인 스트뤼임]: 본류, 주류, 대세, ⟨~ dominant\prevailing⟩, ⟨↔minor-stream\tributary⟩ 가2

168 **main-tain** [메인테인]: manus(hand)+tenere(hold), ⟨라틴어⟩, '손으로 잡고 있다', 지속하다, 유지하다, 보유하다, 주장하다, ⟨~ sustain⟩, ⟨↔abandon\alternate⟩ 양1

169 **main·te·nance** [메인터넌스]: 유지, 지속, 보존, 부양, 주장, ⟨~ preservation\continuance\support⟩, ⟨↔break-down\neglect⟩ 양1

170 **mai tai** [마이 타이]: ⟨'아주 좋다(the best)'라는 타히티어⟩, 럼주·큐라소·레몬 따위를 섞은 타히티풍(Tiki culture)의 혼합주, ⟨~ a cocktail\Jamaican rum⟩ 수2

171 **mai·tre d'** [메이트루 디이]: ⟨프랑스어⟩, master of the house, 집사장, (호텔·식당의) 지배인, head-waiter, ⟨~ major-domo\bell-captain⟩ 양2

172 **Mai·tre·ya** [마이트뤠이여]: ⟨← mitra(friend)⟩, ⟨'친구'란 뜻의 산스크리트어⟩, 미륵(보살), 미래의 부처, ⟨~ Bodhisattva\future Buddha⟩ 양2

173 **maize** [메이즈]: ⟨카리브 원주민어⟩, Indian corn, 옥수수, 황색 가1

174 **ma·ja·gua** [머하아궈]: ⟨카리브어⟩, 마자구아 ⇒ mahoe 우1

175 **maj·es·ty** [매쥐스티]: ⟨← magnus(great)⟩, ⟨라틴어⟩, ⟨← major⟩, 위엄, 권위, 왕, ⟨~ sovereignty\stateliness⟩, ⟨↔subservience\triviality⟩ 양2

176 **ma·jol·i·ca** [머촬리커]: ⟨스페인령 Majorca(larger island) 섬에서 유래한⟩ 마욜리카, 이탈리아산 칠보 도자기, ⟨~ a tin-glazed pottery⟩ 수2

177 **ma·jor** [메이줘]: ⟨← magnum(great)⟩, ⟨라틴어⟩, '위대한', 큰 쪽의, 보다 중요한, 성년의, 장음계, 전공, 소령, ⟨→ majesty⟩, ⟨~ crucial\vital\main\arch-\army officer above captain⟩, ⟨↔minor⟩ 양1

178　**ma·jor-do·mo** [메이철도우모우]: 〈집안 일을 하는 자들의 우두머리〉, '집사장, maitre d', 청지기(전자 우편 주소를 관리하는 공짜의 열린 문 자동 운용 연성기기 꾸러미), 〈~ butler\steward〉 양2 미2

179　**ma·jor gen·er·al** [메이줘 줴너럴]: 소장, 별 두 개, 〈~ 2 stars\equvalen to rear admiral in navy〉 가1

180　**ma·jor·i·ty whip** [머줘어리티 윞]: 다수당 원내 부총무(등원 독려가), 〈~ majority leader〉 우1

181　**Ma·jor League** [메이줘 리그]: '대 경기연맹', 미국의 2대 프로 야구(내셔널 또는 아메리칸 리그)의 하나, 〈~ National Association of Baseball players〉 우2

182　**ma·jus·cule** [매줘스큐울]: 〈← major(more)〉, 〈라틴어〉, 큰, 많은, 대단한, 대문자(의), 〈↔minuscule〉 양2

183　**ma·kai** [마카이]: 〈하와이어〉, toward the sea, sea-ward, 바다쪽으로, 바다를 향해, 〈↔in-coming\wind-ward〉 양2

184　**make** [메이크]: 〈← macian〉, 〈게르만어〉, 〈match²되게〉 만들다, 짓다, 얻다, 마련하다, ~이 되다, 낳게 하다, '편성'(기계어나 연산법을 단계적으로 창조하라는 명령), 〈~ construct\force\brand〉, 〈↔lose\destroy〉 양1 우1

185　**make a day** [메이크 어 데이]: 기분 좋은 날(이 되다), 만족스럽게 되다, 〈~ happy(cheerful) day〉, 〈↔ruin the day〉 양2

186　*__make a face__ [메이크 어 훼이스]: 얼굴을 찌푸리다, 인상쓰다, 〈~ express dislike or disgust〉, 〈↔smile\grin from ear to ear〉 양2

187　*__make a killing__ [메이크 어 킬링]:〈19세기 말에 등장한 사냥 용어〉, 한 몫 잡다, 횡재하다, 〈~ hit the jackpot〉, 〈↔go bankrupt〉 양2

188　*__make a mint²__ [메이크 어 민트]: 떼 돈을 벌다, 한탕하다, 〈~ hit jack pot\hit a lick〉, 〈↔down the drain〉 양2

189　*__make a moun·tain out of a mole-hill__: 사소한 문제를 크게 만들다, 침소봉대하다, 〈~ exaggerate\amplify〉, 〈↔abridge\lessen〉 양2

190　*__make and break__ [메이크 언 브뤠익]: 〈초인종처럼 전류가 자동으로 켜졌다가 꺼지는〉 (개폐식) 회로 단속기의, 〈~ on and off\open and close〉 우1

191　**make-be·lieve** [메이크 빌리이브]: 가장, 흉내, 가공의, 〈~ pretense\fantasy〉, 〈↔real\actual〉 양2

192　*__make (both) ends meet__: 〈1639년 프랑스어에서 차입한 영국어〉, 수입과 지출의 균형(수지타산)을 맞추다, 입에 풀칠하고 산다, 〈~ get by\manage〉, 〈↔fall short\collapse〉 양2

193　*__make eyes__ [메이크 아이즈]: 곁눈주다, 추파를 던지다, 〈~ flirt〉, 〈↔be shy〉 양2

194　**make off** [메이크 어어후]: 급히 떠나다, 달아나다, 〈~ flee\run away〉, 〈↔stay\turn up〉 미2

195　**make for** [메이크 훠어]: 향하다, 기여하다, 〈~ aim\dispose〉, 〈↔remain\arrive〉 미2

196　*__make hay while the sun shines__: 쇠뿔도 단김에 빼라, 〈~ strike while the iron is hot\seize the moment〉 양2

197　**make means** [메이크 미인즈]: 수단을 강구하다, 계획을 세우다, 〈~ make plans〉 양2

198　**make or break** [메이크 오어 브뤠익]: 성·패 양단간에, 〈~ life or death〉, 〈↔trivial\inconsequential〉 미2

199　**make-o·ver** [메이크 오우붜]: 고쳐 만들기, 단장, 변모, 양도, 〈~ restoration\renovation〉, 〈↔maintain\demolish〉 양2

200　*__make-shift__ [메이크 쉬후트]: 임시 변통(수단), 미봉책, 〈~ temporary\provisional〉, 〈↔permanent〉 양2

201　**make shift** [메이크 쉬후트]: 교대하다, 둘러대다, 그럭저럭 꾸려 나가다, 〈~ band-aid\stop-gap〉, 〈~ replace\substitute〉, 〈~ 하기위해〉 최대의 노력을 하다, 〈↔last³\complete〉 양2

202　**make-up** [메이크 엎]: 조립, 마무리, 화장, 분장, 조판, 허구, 〈~ composition\cosmetics〉, 〈↔impromptu\real〉 양1

203　**make up** [메이크 엎]: 만들어내다, 메우다, 수선하다, 보완하다, 만회하다, 결정하다, 화해하다, 〈~ compose\assemble〉, 〈↔dis-agree\dis-assemble〉 양2

204　*__make waves__ [메이크 웨이브즈]: 물결을 일게 하다, 풍파(소동)를 일으키다, cause trouble, 〈↔don't rock the boat〉 양2

205 **mak-geo·li** [막걸리]: 〈한국어〉, 탁주(muddy liquor), 아무렇게나 거른 쌀술(coarse rice-wine), 〈농사일하면서 새참으로 힘을 돋우기 위한〉 농주, 〈~(↔)sa-ke\yak-ju〉, 〈↔so-ju〉 우2

206 **mak·ha·ni** [마카하니]: 〈'butter'란 뜻의 펀자브어〉, 편두·강낭콩·버터·치즈를 섞어 끓인 인도의 걸쭉한 죽, 〈~ butter chicken\a North Indian Dal〉 수2

207 **mak-nae** [막내]: 〈편자의 소견으로는 '자궁의 문을 막아 그만 낳겠다'가 어원이라고 봄〉, 〈한국어〉, 막둥이, 맨 나중에 난, 꼴찌, youngest, 〈↔mat²〉 미2

208 **ma·ko** [메이코우 \ 마아코우]: 〈'상어'의 Maori어〉, 청상아리(지느러미가 짧으나 빨리 달리는 푸른색을 띤 꽁치같이 생긴 상어), 〈~ large mackerel shark\blue pointer〉 미2

209 **mal~** [맬~ \ 멀~]: 〈← malus(bad)〉, 〈라틴어〉, 〈나쁜~, 아닌~〉이란 뜻을 가진 접두사, 〈~ ill\wrong〉, 〈↔bon~〉 양1

210 **ma·la** [말러]: ①malum〈← melon(apple)〉의 복수형, 〈'턱'이란 뜻의 라틴어〉, 어금니(molar) ②〈산스크리트어〉, garland, 묵주, 〈108개의 구슬로 된〉 염주 양2

211 **Mal·a·chi** [맬러카이]: 〈히브리어〉, my messenger, '전달자', 말라기, 히브리의 예언자(Hebrew prophet), 〈유대 사제들의 해이해진 품행에 경종을 울려주는〉 구약성서의 마지막 편(last section of the Old Testament) 수2

212 **mal·a·chite** [맬러카이트]: 〈'mallow'의 그리스어〉, 공작석, (청록색이 나는) 결정체로 된 준보석, 〈~ green jade〉 미2

213 **ma·la·ci·a** [멀레쉬어]: 〈← malakos(soft)〉, 〈그리스어〉, 〈조직이 병적으로 '말랑말랑'해지는〉 연화증, 〈~ softening of a tissue〉, 〈↔sclerosis〉 양2

214 **mal–a-droit** [맬 어드뤄잍]: 〈프랑스어〉, bad skill, '재주 없는', 서투른, 요령 없는, 재치 없는, 〈~ awkward\inept〉, 〈↔adroit\skillful〉 양2

215 **mal·a·dy** [맬러디]: mal(bad)+habere(hold), 〈라틴어→프랑스어〉, '나쁜 것을 가지고 있는 상태', 병, 질병, 병폐, 〈~ illness\disease〉, 〈↔health\wellness〉 가2

216 **ma·la fi·de** [메일러 화이디]: 〈라틴어〉, 'bad faith', 악의의, 불성실의, 〈↔bona fide〉 양2

217 **Ma·la·ga** [맬러거]: 〈← malha(salt)〉, 〈페니키아어→스페인어〉, 〈예전에 생선을 '소금'에 저리던 공장이 많았던〉 말라가(스페인 남부 항구 도시·그곳 원산의 '백'포도주), 〈~ a port city in southern Spain〉, 〈~ a fortified sweet wine〉 수1

218 **mal-aise** [멀 레이즈 \ 말 레이즈]: 〈← malus(bad)〉, 〈라틴어→프랑스어〉, mal+aise(ease), (육체적) '불쾌', 불안, 침체, 〈~ doldrums\weakness〉, 〈↔comfort\well-being〉 양2

219 **mal·a·mute** [맬러뮤우트]: 〈Malimiut라는 Inuit 족이 개발한〉 알래스카산의 썰매 끄는 (허스키 비슷한) 개, 〈~ an Alaskan dog-breed〉, 〈이것은 무거운 짐을 단거리로 끄는데 능하고 husky는 가벼운 짐을 장거리로 끄는데 능하다고 함〉 수2

220 **mal–a·prop-ism** [맬 어프롸아피즘]: 〈영국어〉, '부적절함', 〈말의 오용으로 유명한 작중 인명(Malaprop)에서 유래한〉 우습게 잘못 쓰인 말, 발음은 비슷하나 뜻이 다른 말, 〈~ mis-application\infelicity〉, 〈↔accuracy\spoonerism〉 양2

221 **ma·lar·i·a** [멀레어뤼어]: mal+aria, 〈'bad air'의 이탈리아어〉, (처음에는 늪지에서 나오는 나쁜 공기에 의해 발생한다고 믿었던) 말라리아, 학질(암모기에 기생하는 원생동물에 의해 사람의 혈액이 감염되고 아직도 열대지방에서 기승을 떨치며 치사율이 최고 20%에 육박하는 전염병), 〈~ jungle fever〉 미2

222 **Mal·a·thi·on** [맬러싸이안]: 〈maleic acid가 주성분인〉 말라티온, 1956년부터 미국에서 사용하기 시작한 인체에 비교적 독성이 약하다는 황색 액체 살충제(상표명), 〈~ a prescription insecticide〉 수2

223 **Ma·la·wi** [멀라아위]: 〈'불꽃(flames)'이란 반투어〉, 말라위, 1964년 영국으로부터 독립한 동남아프리카 내륙의 경치가 좋은 농업 국가, {Malawian-Eng·Chichewa-Kwacha-Lilongwe} 수1

224 **Ma·lay badg-er** [멀레이 밷줘]: 말레이오소리, Sunda badger, ⇒ teledu 수2

225 **Ma·lay-sia** [멀레이져]: 〈어원이 석연치 않은〉 말레이시아, 1957년 영국으로부터 독립해서 말레이반도 남쪽과 보르네오섬 북쪽을 차지하고 있는 자원이 풍부한 동남아의 개발도상 입헌군주국, {Malaysian-Malay-Ringgit-Kuala Lumpur} 수1

226 **Mal-colm X** [말컴 엑스]: mael(servant)+Coluim(Columba), 〈아일랜드어〉, 〈St. Columba의 추종자〉, 맬컴 엑스, 〈~ an Irish surname〉, M~ Little, (1925-1965), 고아로 자라나 강도죄로 징역을 산 후 '흑인 회교 국가'를 세우려다 자기 패거리들에 의해 암살당한 미국의 〈극단적〉흑인 민권운동가, 〈~ an African-American revolutionary〉 수1

227 **Mal-dives** [맬다이브즈\멀디이브즈]: 〈'섬들의 화환(garland of island)'이란 산스크리트어〉, 몰디브, 1965년 영국으로부터 독립한 스리랑카 남서부의 2천여 개의 산호 군도로 된 물고기를 잡아먹고 사는 조그만 수니파 이슬람 공화국, {Maldivian-Dhivehi-Rufiyaa-Male} 수1

228 **male** [메일]: 〈← mas〉, 〈라틴어〉, 〈muscle이 있는〉 남성, 수컷, 〈→ masculine〉, 〈~ boy\guy\dude〉, 〈↔female〉 가2

229 **mal·e·dic·tion** [맬 어딕션]: male(badly)+dicere(speak), 〈라틴어〉, 〈악마를 끌어들여 하는〉 욕, 저주, 비방, 〈~ anathema\curse〉, 〈↔benediction\blessing〉 양2

230 **mal·e·fac·tor** [맬 어휄터]: male(badly)+facere(do), 〈라틴어〉, '잘못을 저지르는 자', 악인, 범인, 불한당, 〈~ criminal\villain〉, 〈↔hero\police〉 양2

231 **male fern** [메일 훠언]: 〈lady fern보다 장하고 억세게 생긴〉 ('커다란 무리'〈~ (봄에 땅에서 솟아나는 모양에서 연유한) dead-man's fist〉로 자라는) 관중, 면마, 음지에서 무성하게 자라는 보통 고사리로 근경은 회충 구충제로 쓰였음, 〈~ (봄에 땅에서 솟아나는 모양에서 연유한) dead-man's fist〉 미2

232 **ma·lef·i·cent** [멀 에휘쎈트]: male+facere(do), 〈라틴어〉, '나쁜 짓을 만드는', 나쁜, 해로운, 〈~ malicious\malevolent〉, 〈↔beneficient\benevolent〉 가1

233 *****mal-en-tine** [말렌타인]: male+valentine(남성 정인)이 축하하는 2월 12일 〈친한 남자 친구들이 모이는 날〉, 동성애를 하지 않는 남성끼리 부르는 '애인', 〈galentine day에 대항새서 장사속으로 만들어 낸 말〉, 〈~ a commercial term〉 우2

234 **ma·lev·o·lent** [멀레뷰런트]: male+velle(wish), '악의 있는', 심술궂은, 〈~ malicious\wonton〉, 〈↔benevolent\gemut-lichkeit\mercy〉 가2

235 **mal-fea·sance** [맬 휘이즌스]: mal+facere(do), 〈라틴어〉, 불법, 비리, (공무원의) '부정행위', 〈~ mischief\misconduct〉, 〈↔honesty\sincerity〉 양2

236 **Ma·li** [마알리]: 〈← mal(wealth)〉, 〈아랍어→스와힐리어〉, '왕이 사는 곳', 말리, 1960년에 프랑스로부터 독립한 서북 아프리카 내륙에 자리 잡은 열악한 환경의 개발 도상 국가, {Malian-Fr-(XO)Franc-Bamako} 수1

237 **mal·lic** [매릭]: 〈← melon(apple)〉, 〈그리스어〉, 사과(모양)의, 사과에서 채취한 양2

238 **mal·ice** [맬리스]: 〈← malus(bad)〉, 〈라틴어〉, 악의, 원한, 범죄 의욕, 〈vicious\vindictive〉, 〈↔benevolence\good-will〉 가1

239 **ma·lign** [멀라인]: male+genus(kind), 〈라틴어〉, 해로운, 악성의, 〈~ harmful〉, 〈↔beneficial〉 가1

240 **ma·lig·nant** [멀리그넌트]: male+genus(birth), 〈라틴어〉, '태생이 나쁜', 악의 있는, 악성의, 〈~ virulent\cancerous〉, 〈↔benign〉 가1

241 **ma·lin·ger** [멀링거]: mal(ill)+haingre(weak), 〈19세기 초에 등장한 프랑스어〉, 꾀병을 부리다, 〈~ fake\pretend\sham〉, 〈↔face\work〉 가1

242 **mall** [머얼]: 〈영국어〉, 〈'ball-mallet'이란 놀이를 하던 골목 이름에서 연유한〉 pall-mall, (나무 그늘이 있는) 산책로, (보행자 전용) 상점가, 〈~ shopping center\arcade〉, 〈↔drive-in〉 미1

243 **mal·lard** [맬러드]: male+ard, 〈프랑스어〉, 청둥오리, 물오리 '수컷'〈male〉의 머리 부분이 광택 있는 녹색인 야생의 철(계절)오리, 〈~ wild-duck〉, 〈~ widgeon보다 훨씬 큼〉 미2

244 *****mall-cance** [머얼 캉스]: mall+vacance, '상점가 휴가', 쇼핑몰에서 식사나 장보기를 하며 보내는 휴가, 〈↔stay-cation\ho-cance〉 우2

245 **mal·le·a·ble** [맬리어블]: 〈← malleus(hammer)〉, 〈라틴어〉, 〈'mallet'(망치)로〉 펴 늘릴 수 있는, 순응성이 있는, 〈~ pliable\flexible〉, 〈↔hard\brittle〉 가1

246 **mal·lee** [맬리]: 〈원주민어〉, 남호주산 유칼립투스의 일종, 〈~ small multi-stemmed eucalyptus〉 가2

247 **mal·let** [맬릴]: 〈← malleus(hammer)〉, 〈라틴어→프랑스어〉, 나무매, 작은 나무'망치', 타구봉 양1

248 **mal·low** [맬로우]: 〈← malva〉, 〈어원 불명의 라틴어〉, 〈'청록색'의 잎을 가진〉 1천여 종이나 되는 당아욱속의 각종 풀이나 관목의 총칭, 〈~ group of herbacious worts〉 우1

249 **Mal-mai·son** [맬머져엉]: ill fated mansion, '불운한 자의 저택', 말메종 ①〈예전에 피란처로 썼던 장원을 조세핀(Josephine)이 사서 증·개축한 한〉 파리 서쪽 약 10km에 있는 나폴레옹의 〈서민적〉 궁전으로 조세핀이 죽고 나서 보나파트가 세인트 헬레나 섬으로 귀양 가기 전 1년간 머무른 곳, 〈조세핀은 이혼을 예견하고 저택을 사들였고 나폴레옹은 갈 데가 없어 그곳으로 갔다니 이만하면 왜 편자가 어원에 집착하는지 이해가 가는가?- 참고로 말메종이란 이름은 9세기 이전에 붙여졌고 편자도 한번 가본 적이 있음〉 ②〈①의 정원에서 개발된〉 원예용 카네이션(carnation) 수❶ 수❷

250 **malm·sey** [마암지]: 〈원산지는 그리스의 'Monembasia'(작은 둑길)지방〉, 마므지, 포르투갈령 Madeira섬산의 독하고 단 백포도주, 〈~ a sweet fortified wine〉 수❷

251 **mal-prac·tice** [맬 프랙티스]: 〈라틴어+그리스어〉, (전문가의) 위법 행위, 의료 과실, 〈~ wrong-doing\dereliction〉, 〈↔compliance\vigilance〉 양❷

252 **Mal·raux** [맬로우], An·dre: 〈어원 불명의 프랑스계 이름〉, 말로, (1901-1976), 자유를 위한 투쟁을 몸과 마음으로 실현하고 10년간 프랑스의 문화부장관을 지낸 소설가 겸 정치가, 〈~ a French novelist and politician〉 수❶

253 **malt** [멀트]: 〈← mealt(melt)〉, 〈게르만어〉, 맥아(보리의 싹), 〈낟알을 '부드럽게' 만든〉 엿기름, 〈~ grain steeped in water\germ barley〉 가❶

254 **Mal·ta** [멀터]: 〈meli(honey)가 많이 생산된다는 그리스어가 어원이란 설도 있으나 melita(place of refuge)라는 페니키아어에서 유래된 라틴어 Melite가 어원이란 설이 더 신빙성이 있음〉, 몰타, '피신처?', 1964년 영국으로부터 독립한 시칠리아 남쪽 지중해에 있는 전략적으로 중요한 조그만 섬나라, {Maltese-Maltese·Eng-Euro-Valletta} 수❶

255 *****mal-ware** [맬 웨어]: malicious software, 〈컴퓨터 바이러스 등〉 〈전산기·전산망을 손상시키려고 고안된〉 악성 연성기기, 〈~ malicious soft-ware〉, 〈↔safe soft-ware\EDR〉 미❷

256 **ma·ma's boy** [마마즈 버이]: '치마 속 아들', 어머니에 쥐여사는 남자, 응석꾸러기, 여자 같은 아이, 〈~ molly-coddle\namby-pamby〉, 〈↔dady's girl〉 우❶

257 **mam·ba** [마암바]: 〈← imamba(snake)〉, 〈'뱀'이란 뜻의 원주민어〉, 긴 채찍같이 미끈하게 빠져서 잽싸게 움직이며 맹독을 가진 중·남 아프리카산 뱀, 〈나무 독사〉, 〈냉혹하고 잔인한 자〉, 〈~ the death kisser〉, 〈~ cobra 비슷하나 dilatable hood이 없음〉 수❷

258 **mam·bo** [마암보우]: 〈원주민어→남미계 스페인어〉, riff, 〈하이티의 '여자 주술사(voodoo priestess)'가 추었던〉 남미에서 전파된 경쾌한 음악(춤), 〈~ a Cuban dance〉, 〈~(↔)rumba\cha-cha-cha〉 수❷

259 **mam·ma** [마아머 \ 머마아]: 〈라틴어〉, 엄마, 유방, 〈↔papa〉 가❷

260 **mam·mal** [매멀]: 〈← mamma(breast)〉, 〈라틴어〉, 포유(breast-feeding)동물 가❷

261 **mam·mee** [마메이 \ 매미이]: 〈원주민어〉, 살구(apricot) 비슷한 열매가 맺히는 남미 원산 물레나뭇과의 교목, 〈~ mammee apple (or sapote)〉 수❷

262 **mam·mil-la** [매밀러]: 〈← mamma(breast)〉, 〈라틴어〉, 젖꼭지(nipple), 유두, 〈~ teat〉 양❷

263 **Mam·mon** [매먼]: 〈'부자(riches)'란 뜻의 유대어〉, 마몬, 물욕의 신, 〈~ god (or demon) of money〉, m~; 부·황금 숭배(자) 수❶ 양❷

264 **mam·moth** [맴머쓰]: 〈← mansi(earth horn)〉, 〈시베리아어〉, 4백만 년 전부터 1만 년 전까지 살았던 〈'땅'을 갈라놓는 뿔을 가진〉 거대한 코끼리, 거대한, 〈~ mastodon〉, 〈↔tiny〉 수❷ 양❷

265 *****MAN** [맨]: metropolitan area network, 광역 도시 지역 통신망, 〈~ MAE〉, 〈↔LAN〉 미❷

266 **man** [맨]: 〈← manu(human kind)〉, 〈산스크리트어→게르만어→영국어〉, '사람', 남자, 사내, 인간, 하인, ~어이, 〈이 조시로 나가다간 사장되어 버릴지도 모르는 말〉, 〈~ male\person〉, 〈↔woman\beast〉, 〈그러나 woman과 beast가 동의어라는 말은 아님〉 가❶

267 **man·a·cle** [매너클]: 〈←'manus'(손이란 뜻의 라틴어)〉 수갑을 채우다, 속박(제약)하다, 〈~ handcuff\restraints〉, 〈↔help\freedom〉 양❷

268 **man·age** [매니쥐]: 〈라틴어〉, 〈손(manus)으로 만져서〉 잘 다루다, 관리하다, 해내다, 〈~ cope\direct〉, 〈↔mis-manage\bungle〉 가❶

269 **man·ag·er** [매니줘]: 〈손(manus) 으로 조종하는〉 지배인, 관리자, 감독, 부장, 〈~ boss\supervisor〉, 〈↔subordinate\aide〉 양❶

270 **man·a·kin** [매너킨]: ⟨← manneken(little man)⟩, ⟨네덜란드어⟩, '꼬마 새', 중남미에 서식하는 제비보다 더 통통하고 색깔이 아름다운 산새, ⟨~ small stubby sub-oscine passerine⟩ 수2

271 **ma·ña·na** [머어냐아너어]: ⟨← maneana(early)⟩, ⟨'일찍이'라는 라틴어에서 유래한 스페인어⟩, 내일, 언젠가⟨어원을 잘 이해하면 스페인계 사람들을 덜 원망할 것임⟩, ⟨~ time to come\tomorrow⟩, ⟨↔past\present⟩ 양2

272 **man·a·tee** [매너티이]: ⟨카리브어⟩, 매너티, sea cow, 해우(바다소), 열대성 얕은 해역에 살며 ⟨손 같은 앞 지느러미를 가지고⟩ 무지하게 먹어대는 못생긴 인어 같은 커다란 초식 포유동물, ⟨~ a large herbivorous marine mammal⟩ 미2

273 **man-bulge** [맨벌쥐]: '남성(기) 팽창', 불끈 솟은 음경, (꼭끼는 내의를 입어서) 자지가 볼록 튀어나온 꼴, ⟨~ pitching a tent\moose-knuckle⟩ 양2

274 ***man-cel·la-tion** [맨설레이션]: man+cancellation, (남자 친구를 만나기 위해) 여자 친구와의 약속을 취소하는 일, '남바람' 우2

275 **man·che·go** [맨치이고]: 만체고, 스페인(Spain)의 Mancha(어원 불명의 지명)지방 양젖으로 만든 희고 단단한 우유 더껑이, ⟨~ a semi-hard sheep cheese⟩ 수2

276 **Man-ches·ter** [맨췌스터]: ⟨← mamm(breast)+ceaster(town)⟩, ⟨라틴어→영국어⟩, '젖 무덤 같은 언덕에 사는 자', 맨체스터, 영국 중부 북서쪽에 있는 방직업이 발달했던 상·공업·내항 도시, ⟨~ a major city in N-W England⟩ 수1

277 **Man-ches·ter ter·ri·er** [맨체스터 테뤼어]: black and tan 테리어(쥐잡이 놀이에 썼던 검은 바탕에 다갈색 무늬의 미끈한 털을 가진 애완견) 수2

278 **man·chi·neel** [맨취니일]: ⟨← manzana(apple)⟩, ⟨'작은 사과'란 뜻의 스페인어⟩, ⟨죽음의 사과⟩, 두꺼운 잎에 독성이 있는(poisoncus) 조그만 풋사과 같은 열매를 맺는 열대 아메리카산 대극과(spurge family)의 나무, ⟨~ beach apple⟩, ⟨→ 열매가 manzanilla grape와 비슷함⟩ 수2

279 **Man·chu·ri·a** [맨츄어뤼어]: ⟨중국어⟩, 옛날 고구려 땅이었던 천연자원이 많은 중국 동북 공정의 요지, ⟨아마도 Manjusri(문주보살)에서 연유한⟩ 만주, ⟨~ North-east China⟩ 수1

280 ***M and A**: ①management and administration(관리와 경영) ②mergers and acquisitions(기업 인수 합병) 미2

281 **man·da·la** [먼덜러]: ⟨산스크리트어⟩, 만다라, disk, 우주 범계의 모든 덕을 나타내는 둥근 그림, '윤형(circle)' 군신상, ⟨~ (힌두교의) religious emblem\microcosm⟩, ⟨↔proof⟩ 우1

282 **Man·da·lay** [맨덜레이]: ⟨← mandala(circle)⟩, ⟨산스크리트어⟩, '윤회의 언덕', 만달레이, ⟨~ ag-glomeration⟩ ①(옛 왕궁이 있는) 미얀마 중부(mid-Myanmar)의 강변 도시 ②M~ Bay; 미국 라스베이거스에 있는 카지노, ⟨~ a resort and casino in Las Vegas⟩ 수2

283 **Man·da·rin** [맨더륀]: ⟨← mantrin(counselor)⟩, ⟨산스크리트어→말래어→포르투갈어→중국어⟩, 만다린, '관료' ①(청나라 관료들이 쓰던) 표준 중국어, ⟨~ standard (or northern) Chinese⟩ ②(과거로 뽑힌) 중국 청나라의 상급 관리⟨bureaucrat scholar⟩ 수2

284 **man·da·rin(e)** [맨더륀]: ⟨등황색을 한 중국 원산의⟩ 밀감(더 알차고 달콤한 오렌지류), 등황색(청나라의 최고 관리를 표시하는 색깔), ⟨~ deep reddish orange color\official⟩, ⟨~(↔)tangerine⟩, ⟨↔achromatic\unoffical⟩ 미2

285 **man·da·rin col·lar** [맨더륀 칼러]: 청나라 관복처럼 목둘레를 딱 맞게 올려세운 것, ⟨~ standing(band\choker) collar⟩ 수2

286 **man·da·rin duck** [맨더륀 덕]: yuan-yang, 중국산 원앙새(수컷의 색깔이 화려한 오릿과의 작은 물새), ⟨~ a perching(ready to perch high in trees) duck⟩ 수2

287 **man-date** [맨데이트]: manus(hand)+dare(give), ⟨라틴어⟩, '명령', 지령⟨손으로 지시하는 명령⟩, 요구, 위임 통치, ⟨~ command\authorization⟩, ⟨↔breach\allowance\liberty⟩ 양1

288 **man-date of heav·en** [맨데이트 어브 헤븐]: 천명⟨tian-ming⟩, (거역할 수 없는) 하늘의 명령, ⟨중국에서 역성혁명을 일으킬 때 써먹던 말⟩, ⟨~ destiny\celestial mandate⟩, ⟨↔choice\volition⟩ 양2

289 **Man·de·la** [맨델러], Nel·son: ⟨'말썽꾸러기(trouble-maker)'란 원주민어⟩, 만델라, (1917-2013), 27년간 옥고를 치르고 1994년 남아공의 첫 흑인 대통령이 된 민권 운동가, ⟨~ a South African politician⟩ 수1

290 **Man·de·la ef·fect** [맨델러 이휄트]: (실제로는 2013년에 죽었으나 많은 사람들이 만델라가 1980년도에 옥중에서 죽었다고 착각하는) 가짜 기억력 현상, ⟨~ false memory⟩ 수2

291 **Man·del·brot set** [맨들브롵 쎌]: 망델브로 집합, (프랑스 출신 유대계 미국 수학자의 이름을 딴 수학적 시각 처리를 하는) 나선형 차원 분열 조합, 〈~ a two-dmensional set〉 수1

292 **man-dem** [맨뎀]: 〈카리브계 영국어〉, 남성 단체, (남자) 깡패 조직, '싸나이들', 〈~ bunch of boys〉, 〈↔singleton〉 양1

293 **man·de·vil·la** [맨더빌라]: rock·trumpet('바위 능소화'), 〈영국 외교관·원예가의 이름(Mandeville)을 딴〉 중남미 원산의 가시 없는 부겐빌리아 비슷한 개정향과의 관목, 〈~ a tropical flowering vine〉 수2

294 **man·di·ble** [맨더블]: 〈← mandere(chew)〉, 〈라틴어〉, 큰 턱, 아랫턱(하악), (조류의) 아랫부리, 〈~ jaw〉 양2

295 **man·di·na** [맨다이너 \ 맨디너]: 〈← '난텐'(남쪽 하늘)이란 일본어〉, 남천, (중국원산) 매자나뭇과〈barberry family〉의 상록관목, ⇒ sacred bamboo 미2

296 **man·do·lin(e)** [맨덜린]: 〈← pandura(a lute)〉, 〈라틴어〉, 만돌린, 4백여 년간 스페인 계통에서 즐겨 사용하는 기타(guitar) 비슷한 조그만 '현악기'〈string instrument〉 우1

297 **man-drake** [맨드뤠이크]: 〈← mandragora(man+dragon; 영국식 민속어원), 〈그리스어〉, 〈'용을 닮은 사람' 모양의 지상 뿌리를 가진〉 mandragora, May·apple, 포도필룸(podophyllum), 흰독말풀, 넓은 잎에 도라지 같은 곧은 뿌리가 깊게 자라는 가짓과(night-shade family)의 환각성 독초〈hallucinogenic herb〉 우1

298 **man-drill** [맨드릴]: 〈원주민어에서 각색된 영국어〉, man+drill⁴, 〈'털가죽'을 가진 사람같은〉 (서아프리카산) 큰 비비〈baboon〉, 〈흥분하면 그곳은 물론 수컷의 코가 새빨갛게 변하는〉 개코원숭이, 〈~ a large colorful monkey〉 미2

299 **man-du** [만두]: dumpling+head, 〈중국어→한국어〉, 밀가루 등을 반죽하여 소를 넣고 〈사람머리 모양으로〉 얇게 말아 찌거나 삶거나 지겨먹는 음식, 〈~ dumpling¹〉 수2

300 **mane** [메인]: 〈← manya(nape)〉, 〈산스크리트어→게르만어→영국어〉, 〈사자 따위의〉 '갈기'(목이나 머리털), 〈~ long and thick hair on the nape〉, 〈↔bottom\baldness〉 가1

301 **Ma·net** [매네이], Ed·ouard: 〈라틴어에서 연유한 프랑스어〉, '생존자', he remains, 마네, (1832-1883), 〈그림의 내용보다 시각적 효과를 더 중요시한〉 프랑스의 인상파 화가, 〈~ a French painter〉 수1

302 **ma·neu·ver** \ ma·noeu·vre [머누우붜]: manus(hand)+opera(work), 〈라틴어〉, 〈손을 써서 일하는〉 작동, 기동작전, 기술을 요하는 조작, 책략, 연습, 〈~ manure〉, 〈~ operation\steer〉, 〈↔inactivity\openness〉 양1

303 **man-ga** [맹거]: whimsical picture, 〈1950년대에 등장한 일본어〉, 〈폭력·성적 내용이 판치는〉 (일본) 만화, 〈~(↔)man-hwa〉 미2

304 **man·ga·nese** [맹거니이즈]: 〈'magnet'(자력)이 있는〉 망간, 〈생체의 효소나 합금 등에 쓰이는〉 금속원소(기호 Mn·번호25), 〈~ a metallic element〉 수2

305 **man·ger** [멘줘]: 〈← mandere(chew)〉, 〈← '씹다'라는 뜻의 라틴어〉, 여물통, 구유, (배 앞쪽의) 파도막이, 〈~ crib\trough\hack³〉 양1

306 **mange-tout** [마안즈투우 \ 모우슈투]: eat+all, 〈'몽땅 먹는'이란 뜻의 프랑스어〉, 〈껍질째 먹는〉 깍지완두, snow pea 양2

307 *****man·gi·na** [망기너 \ 맨좌이너]: man's vagina, 남성 동성애자의 항문, 여권운동에 동조하는 '쓸개' 빠진 놈, '좃삐리', 〈~ feminist〉, 〈↔chauvinist〉, 〈↔joy-stick\love-pistol〉 우2

308 **man·gle** [맹글]: 〈← mehaigner〉, 〈프랑스어〉, 〈← mayhem〉, 난도질하다, 망가뜨리다, 〈두들겨서 하다가 요즈음은 압축으로 하는〉 주름 펴는 기계, 〈~ maim〉, 〈~ damage\hack¹〉, 〈↔repair\build〉 양1

309 **man-go** [맹고우]: 〈← mangga(man+kay)〉, 〈← Tamil어〉, 망고, (주먹만 한 과일이 황색의 달고 수분이 많은 육질로 되어 있는) 동남아 원산 상록교목, 〈~ the king of fruits〉 우1

310 **man·go·steen** [맹거스티인]: 〈← mangustan ← manggis〉, 〈말레이어〉, 〈망고하고는 전혀 다르나 한국 아줌마들이 '망고스틱'이라고 해도 동남아에서는 다 통하는〉 망고스틴, 말레이 원산의 과수(달걀만 한 과실에 자주색의 딱딱한 껍질을 쪼개면 달고 수분이 많은 흰색의 분리된 과육이 들어 있는 '열대과일의 여왕'), 〈~ the queen of fruits〉 우1

311 **man-han·dle** [맨핸들]: 인력으로 움직이다, 손으로 취급하다, 거칠게 다루다, 〈~ mal-treat\rough up〉, 〈↔nurture\graze〉 양1

312 **man·grove** [맹그로브]: 〈← mangue(tree)〉, 〈Taino어→스페인어→영국어〉, '붉은 뿌리 나무', 홍수림, 습지나 해안에서 붉은색의 많은 뿌리가 지상으로 뻗어나는 열대성 관목·교목, 〈~ swamp forest〉 미2

313 **Man·hat·tan¹** [맨해튼]: 〈어원 불명의 원주민어〉, '숲(thicket)이 많은 섬 \ 구름이 많은 섬?', 맨해튼, 뉴욕시의 (금융·문화의) 중심부, 〈~ center of NYC〉 미1

314 **Man·hat·tan²** [맨해튼]: 〈여러가지 '썰'이 있으나 좌우간 맨해튼에서 개발된〉 맨해튼 칵테일, 위스키·베르무트·비터스·체리 등을 넣은 예쁜 색깔의 술을 예쁜 잔에 넣어 마시는 혼합주, 〈~ a cocktail〉 미2

315 **Man·hat·tan Pro·ject** [맨해튼 프라젝트]: 〈미육군 공병대 M~지대에서 시작된〉 1942~47년간의 원자폭탄(atomic bomb) 제조 계획 미2

316 **man-hole** [맨 호울]: 〈짐승이 아니라〉 '사람이 사람을 위해 만든' 잠입구, 대피소, 승강구, 〈~ access (or service) hole〉, 〈↔closure\solid〉 양1

317 **man-hood** [맨 후드]: 남자다움, 인간성, 성인(남자), 〈~ masculinity\virility〉, 〈↔woman-hood〉 양2

318 **man-hwa** [만화]: man(spreading)+hua(draw), 〈중국어→한국어〉, '펼쳐진 그림', 이야기 따위를 간결하고 익살스럽게 그린 그림, cartoon, 〈~ comic\manga〉 미1

319 **ma·ni·a** [메이니어]: 〈← mainesthai(rage)〉, 〈그리스어〉, 'madness', 조증, 열광, 발광, 〈~ elation\hyper-activity\grandiosity〉, 〈↔melancholia\depression〉, 〈↔calm\apathy〉 양1

320 **Man·i·ch(a)e·ism** [매너키즘]: 〈시리아의 예수교 사도 Mani(Emanuel의 단축형)가 제창한〉 마니교, 세상은 광명과 암흑으로 구성되었다는 기독교와 조로아스터교의 혼합 종교(서기 215년경 페르시아에서 시작해서 900년대까지 명맥을 유지함), 〈~ a syncretistic religious dualism〉 미1

321 **man·i·cure** [매너큐어]: 〈라틴어〉, manus(hand)+cura(care), 미조술(손·발톱 손질 기술), 〈~(↔)pedicure〉, 〈↔barber〉 미1

322 **man·i·fest** [매너훼스트]: manus+fendere(strike), 〈라틴어〉, 〈손에 잡히듯〉 명백한, 〈~ obvious\display〉, 나타나다, 적하 목록, 〈↔hidden\secret〉 양2

323 **Man·i·fest Des·ti·ny** [매너훼스트 데스티니]: 〈신이 주었다는〉 '명백한 운명', 미국이 북미 전체를 지배할 권리를 갖고 있다는 영토 확장론, 〈~ colonialism\expansionism〉, 〈~(↔)imperialism〉 미1

324 **man·i·fold** [매너호울드]: 〈영국어〉, many+fold, 다양한, 용도가 넓은, 사본, 〈~ multiplex〉, 〈↔few\limited\monolithic〉 양1

325 **Ma·nil·a** [머닐러]: 〈타갈로그어〉, 'indigo 염료가 풍부한 곳', 마닐라, 〈동양의 진주〉, 4세기 전에 스페인인들이 세운 필리핀의 수도·항구·문화·사회·상업 도시, 〈~ Capital of the Philippines〉 수1

326 **Ma·nil·a ci·gar** [머닐러 씨가아]: 담뱃잎을 만 것을 다시 커다란 담뱃잎으로 싸서 만든 엽권연(궐련), 〈~(↔)Havana cigar〉 수2

327 **Ma·nil·a hemp** [머닐러 헴프]: 아바카〈abaca〉 잎에서 뽑은 섬유, 바나나 나무의 일종, 〈~ Cebu (or Davao) hemp〉 수2

328 **Ma·nil·a pa·per** [머닐러 페이퍼]: 마닐라삼으로 만든 두껍고 질긴 누런 종이, 〈→ Manila envelope (or file folder)〉 수2

329 **man·i·oc** [매니악]: 〈Tupi어〉, ⇒ cassava(의 뿌리) 수2

330 **ma·nip·u·late** [머니퓰레이트]: manus+plere(fill), 〈라틴어〉, 〈손으로 잡아〉 조종하다, 다루다, 처리하다, 조작하다, 속이다, 〈→ maneuver〉, 〈~ handle\control\juggle〉, 〈↔fumble\open-ness〉 양2

331 **Man·i·to·ba** [매니토우버]: 〈원주민어〉, '가운데가 잘록한(narrowed in the middle) 호수', 매니토바, 북쪽에 많은 호수가 있고 남쪽은 밀경작과 목축업이 발달한 캐나다 중부의 주, 〈~ a province in central Canada〉 수1

332 **Man·jus(h)-ri** [만주쉬리 \ 만유스뤼]: manju(glory)+sri(radiant), 〈산스크리트어〉, 문주보살, 대승불교에서 문화와 예술을 관장하는 〈지혜의〉 (남)보살, 〈~ a bodhisattva〉 미2

333 **man-kind** [맨 카인드]: 인류, 인간, 〈~ Homo Sapiens〉, 〈↔wild-life〉 가1

334 **man made** [맨 메이드]: 인조의, 합성의, 〈~ artificial〉, 〈↔natural\real〉 가1

335 **Mann** [만 \ 맨], Thom·as: 'man', 만, (1875-1955), 〈정신세계와 물질세계에서 방황했던〉 독일 태생으로 나중에 스위스와 미국을 방황했던 〈풍자적 모방 작가〉, 〈~ a German novelist〉 수1

336 **man·na** [매너]: 〈히브리어〉, 〈tamarisk 나무에서 추출한〉 만나꿀, (이스라엘 백성이 광야를 헤맬 때 신이 내려주신) 맛난 음식, 〈~ feast\blessing〉 미1

337 **man·na ash** [매너 애쉬]: 〈히브리어+게르만어〉, tamarisk tree, 만나 물푸레나무, 달콤한 나무즙을 가지고 자잘한 흰 꽃이 피는 지중해 연안 원산 낙엽활엽교목 수2

338 **man·ne·quin** [매니킨]: 〈← mannekijn(little man)〉, 〈네덜란드어→프랑스어〉, '소인', (장신구를 걸어 놓기 위한) 모형 인체, 〈~ dummy〉, 〈↔original〉 우1

339 **man·ner** [매너]: 〈← manus(hand)〉, 〈라틴어〉, '손버릇', 투, 방식, 태도, 예절, 풍습, 〈~ skill\mode\attitude〉, 〈↔absence\rudeness〉 양1

340 **man·ner-ism** [매너뤼즘]: 틀에 박힌 수법, 구태의연한 방법, 〈~ idiosyncrasy\oddity〉, 〈↔sameness\conformity〉 양2

341 **ma·no a ma·no** [마아노우 어 마아노우]: 〈스페인어〉, hand to hamd, 1:1의, 정면 대결, 〈~ one on one〉, 〈~(↔)toe to toe\back to back〉 양2

342 *****ma·no-job** [마너 좝]: hand·job, (타인에 의한) 수음, 〈~ masturbation\wank〉, 〈↔head job\foot-job〉 양2

343 **man of war** [맨 어브 워어]: (돛이 달린) 군함, 고깔(전기)해파리, 관해파리, 〈↔skiff〉, ⇒ Portuguese man-o-war 미2

344 **man·or** [매너]: 〈← manere(remain)〉, 〈라틴어〉, '거류지', 장원, 영지, 소유지, 〈~ mansion〉, 〈↔cabin\cell〉 양2

345 *****man-o-sphere** [마너 스휘어]: 〈영국어〉, '남성 영역', 남성의 권익을 옹호하는 전산망 기지들, 〈당신의 인생을 망치려면 가입하세요-편자의 말이 아님〉, 〈~ anti-feminists〉, 〈↔soy boy〉 우2

346 **man pow·er** [맨 파워]: 인력, 인적 지원, 유효 노동력, 〈~ work(labor) force〉, 〈↔mechanical power\unemployment〉 양2

347 *****man pro-poses, God dis-poses**: 인간은 청원하고 하늘이 처분한다, 운명재천, 〈~ one's life is one's fate\man plans but God determines〉 양2

348 **man·sard** [맨사아드]: 〈어원 불명의 프랑스계 이름〉, 〈17세기 프랑스 건축가의 이름(Mansard)에서 연유한〉 2단 경사지붕, curb roof, French roof 우2

349 **Mans-field** [맨스휘일드], Mike: 〈영국계 이름〉, '젖 무덤(mamme) 같은 초원에서 사는 자', 맨스필드, (1903-2001), 광부·사병 출신으로 34년간 국회의원을 한 미국의 정치가·외교가, 〈~ an American Denocratic Party senator〉 수1

350 *****man show·er** [맨 샤워]: 예비 아빠 축하회, 〈곧 아빠가 될 사람을 위해 (주로 친구들이 주선해서) 벌이는〉 '술판', 〈~ dad-chelor party\baby stag\diaper shower〉, 〈↔baby shower〉 미1

351 **man·sion** [맨션]: 〈← manere〉, 〈라틴어〉, 〈오래 'remain'할 수 있는〉 대저택, 고급 주택, 〈~ manor〉, 〈↔hovel\hut〉 가2

352 **man slaught·er** [맨 슬러어터]: 〈14세기 초에 등장한 영국어〉, 교살, 우발적 살인, (살의 없는) 살인, 〈~ homicide〉, 〈~(↔)first degree murder〉 양2

353 *****man-splain** [맨스플레인]: 〈21세기 초에 등장한 영국어〉, man+explain, 남자의 해명, 남자가 〈잘난 체하며〉 여자를 가르치려 드는 짓, '남꼴값', 〈~ patronising〉, 〈↔woman-splain(큰 소리로 말하면 안되는 말)〉 우2

354 *****man–spread-ing** [맨 스프뤠딩]: 〈2013년 N.Y.시 지하철에서 묘사된 미국어〉, (사람 다리를) 쫙 벌리고 앉아있는 자세, 푹 퍼진 자세, 〈↔woman-spreading(실제로 존재하지 않는 말)-여자가 가랑이를 쫙 벌리고 앉아 있는 자세는 'heavenly posture'라고 함; 이것도 편자의 말이 아님〉 미2

355 **man·ta** [맨터]: 〈남미계 스페인어〉, '큰 담요(blanket) 같은' ①큰(쥐) 가오리, devil fish ②스페인 계통에서 쓰는 네모난 투박한 천(어깨걸이), 〈~ cotton crudo〉 수2

356 **man·teau** [맨토우]: 〈← mantel(cloak)〉, 〈1671년에 등장한 '덮개'란 뜻의 프랑스어〉, 망토, 외투, mantle, 〈↔under-wear〉 가1

357 **Man·te·ca·das** [만테 카다스]: 〈← manteca(lard)〉, 〈'short·cake'에 상당하는 스페인어〉, 만테카다, (스페인 원산의) 〈돼지기름에 튀긴〉 머핀보다 조금 얇은 부풀린 빵 수2

358 **Man·te·ca·dos** [만테 카도스]: 〈← manteca(lard)〉, 만테카도, (스페인 원산의) 편도를 밀가루 반죽에 넣어 돼지기름에 튀긴 동글납작한 양과자, 〈~ Spanish crumble cookies〉 수2

359 **man·tel** [맨틀]: 〈← mantiltre(mantle tree)〉, 〈15세기에 등장한 영국어〉, 〈← mantle(덮개)〉, 벽난로 선반, 벽난로의 앞 장식, 〈~ ledge\shelf〉, 〈↔exposure〉 가1

360 *man·ther [맨더]: 〈영국어〉, panther의 대칭어, 영계(젊은 여자)를 쫓아 다니는 중년 남자, '치한', 〈~ dirty old man〉, 〈↔knight\gentleman〉 양2

361 man·tid [맨티드] \ man·tis [맨티스]: 〈그리스어〉, prophet, 〈먹이를 보면 '예언자(기원자)'의 자세를 취하는〉 버마재비, 당랑, 사마귀, 〈기도하는 독부〉(가늘고 긴 몸통에 앞다리 끝이 낫같이 생긴 여러 가지 일화가 많은 풀벌레), 〈~ carnivorous grass-hopper〉 미2

362 man·til·la [맨틸러]: 스페인 계통 여성이 쓰는 머리·어깨 덮개〈mantle〉, 〈~ capote〉 수2

363 man·tis [맨티스]: 〈그리스어〉, mantid의 한 종류, a grass hopper, 사마귀, 버마재비, ⇒ sooth sayer 양2

364 man·tle [맨틀]: 〈← mantelum(cloak)〉, 〈라틴어〉, manteau, 망토, 외투, 덮개, 뚜껑, 〈↔display\exhibit〉 가2

365 man to man [맨 투 맨]: ①남자끼리의, 솔직한, 〈~ eye to eye〉, 〈↔cowardly\crooked〉 ②one to (on) one ③〈1:1의 콩글리시〉 ④crew-neck(높고 둥근 목깃의 윗옷)의 콩글리시 양2

366 man to man de·fence [맨 투 맨 디훼스]: 1:1 방어, 〈~(↔)zone defence〉 가2

367 man·tra [맨트뤄 \ 만트롸]: 〈← man(think)〉, 〈산스크리트어〉, 〈사려깊은〉 만트라, 진언, 힌두교 기도에 외는 주문, 〈~ mind〉, 〈~ TM\dhyana〉, 〈~(↔)yoga〉, 〈↔action〉, 〈shloka보다 짧은〉 미2

368 man·tua [맨츄어]: 〈← mantle(manteau)〉, 만투아, 만토바 ①M~; 〈외투 봉제업이 유명했던〉 이탈리아 북부의 도시(city in northern Italy) ②〈영국어〉, 여성용 헐렁한 윗옷, 〈~ a loose gown〉 수1 수2

369 Ma·nu [매누우]: 〈산스크리트어〉, 마누, mankind, (마누법전〈Code of Manu〉을 만들었다는) 힌두교〈Hinduism〉에서 말하는 인류의 시조〈the first man〉 수1

370 man·u·al [매뉴얼]: 〈← manus(hand)〉, 〈라틴어〉, '손으로 하는', 손의, 인력의, 소책자, 교법, (수동) 안내, 〈~ physical\hand-book〉, 〈↔automatic\mechanical〉 양2

371 Ma·nu Code [매뉴 코우드]: 마누법전, ⇒ Code of Manu 수1

372 man·u·code [매뉴코우드]: manuk(bird)+dewata(god's), 〈자바어〉, '신의 새', 풍조, 뉴기니 지방에 서식하는 검은 몸통에 진청색 날개를 가진 극락조의 일종, 〈~ bird of paradise〉 미2

373 man·u·fac·ture [매뉴홱쳐]: manus(hand)+facere(make), 〈라틴어〉, 〈← manufactum〉, 〈손으로〉 제조(생산)하다, 꾸며내다, 가공하다, 〈~ produce\fabricate〉, 〈↔break\destroy〉 가1

374 man·u·mit [매뉴밑]: manus(hand)+mittere(send), 〈라틴어〉, '손아귀에서 풀어주다', (노예를) 해방하다, 〈~ emancipate\liberate〉, 〈↔restrain\confine〉 양2

375 man up [맨 엎]: 〈미국어〉, 남자답게 행동하는 짓, 〈사내다운·씩씩한〉 남성적 행동, 〈~ brave\stand up〉, 〈↔play the woman\sissy\chicken-shit〉 미2

376 ma·nure [머뉴얼]: 〈← manuoperare(hand operate)〉, 〈라틴어〉, 〈손으로 주는〉 거름, 비료, 〈~ maneuver〉, 〈~ compost\muck〉, 〈↔exhaust\impoverish〉 가2

377 man·u·script [매뉴스크륖트]: manus(hand)+scribere(write), 〈라틴어〉, 〈손으로 쓴〉 원고, 필사본, 〈~ libretto\scenario〉, 〈↔type\print\publication〉 가1

378 Manx cat [맹크스 캩]: 맹크스 고양이, 잉글랜드와 아일랜드 사이에 있는 Man〈← Manannan(Celtic sea god)〉섬에 서식하는 꼬리 없는 고양이, 〈~ tail-less cat\rumpy〉 수1

379 man·y [매니]: 〈← manig(numerous)〉, 〈게르만어〉, 〈← multi〉, (수가) 많은, 여러, 〈세기 귀찮은〉, 〈↔few〉 가2

380 *man·y a lit·tle (pick·le) makes a mick·le: 티끌 모아 태산, 적소성대, 십시일반, 〈~ little by little〉 양2

381 *man·y hands make light work: 백지장도 맞들면 가볍다, 〈~ two heads are better than one〉, 〈↔too many cooks spoil the broth〉 양2

382 man·za·nil·la [맨져니일랴]: 〈'camomile'의 스페인어〉, 만사닐랴, 만자니야, 스페인산의 쌉쌀한 백포도주, 〈~ a fortified wine〉 수2

383 man·za·ni·ta [맨져니이터]: 〈스페인어〉, '꼬마 manzana(사과)', 희거나 분홍색의 초롱꽃이 피고 솜털 같은 잎에 콩알 같은 열매가 뭉쳐 맺는 북미 서부 원산 상록활엽관목, 〈~ tejocote\Mexican hawthorn〉 수2

384 **Mao,** Tse-Tung \ ~Ze-Dong [마우, 처 퉁 \ 마우, 져 동]: Chairman Mao, 〈Henan 성 Mao 지방에서 유래한 중국계 성〉, 모택동 (1893-1976), 〈신식 교육을 받지 못해 여러 가지 우를 범했고 미신을 믿어 뺨에 난 사마귀의 털을 뽑지 않았던〉 중공의 창립 회원·유격 전술가·우상숭배 조작자·시인·'붉은 황제', 〈타인의 생명을 별로 중요치 않게 생각한 사람〉, 〈~ a Chinese revolutionary and Founder of PRC〉 수1

385 **Ma·o·ri** [마어뤼]: '보통 사람〈normal〉', 마오리, 뉴질랜드(New Zealand)의 폴리네시안(Polynesian)계 원주민 수1

386 **mao-tai** [마우 타이]: '모태주', 마오타이, (중국 귀주 마오타이〈bent grass+high ground〉 지방산) 밀과 수수를 원료로 한 독한 술, ⇒ Moutai 수2

387 **map** [맾]: 〈← mappa(napkin)〉, 〈라틴어〉, '천(헝겊)', 지도, 설명도, (기억장치의 각 부분이 어떻게 사용되는지를 보여주는) 사상, 〈~ chart\plot〉, 〈↔letter\unlink\disorder\mess〉 양1 미2

388 **ma·ple** [메이플]: 〈← mapel(acer)〉, 〈영국어〉, '잎이 뾰족한' 단풍(나무), 〈당분과 목재를 제공하는 1백여 종이 넘는 냉·온대산 낙엽활엽교목〉, 〈~ a soap-berry〉 양1

389 **ma·ple syr·up** [메이플 씨뤞]: (당단풍나무에서 추출한) 단풍 당밀, 〈~ liquid gold〉, 〈~(↔)이것의 당도는 54이고 honey의 당도는 58임〉 미1

390 **mar** [마알]: 〈← amyrran(dissipate)〉, 〈게르만어〉, '손상'시키다, 망쳐놓다, 〈~ spoil\un-do\deface〉, 〈↔improve\enhance〉 가1

391 **mar·a·bou(t)** [매뤄부우]: 〈← murabit(hermit)〉, 〈아랍어〉, '조용한 새', 무수리(대머리에 뾰족하고 긴 부리를 가지고 썩은 고기를 즐겨 먹는 열대성 황새〈stork〉과의 물새), 〈~ under-taker bird\greater adjutant²\argala〉 미2

392 **ma·ra·ca(s)** [머롸아커(스)]: 〈Tupi〉, 마라카스, 〈'호리병 박'이나 둥근 곤봉 같은 통에 파편을 넣어 손에 쥐고 흔들어〈rattle〉 소리를 내는 중남미풍의 리듬악기, 유방(breasts), 〈~ shaker\chac-chac〉, 〈~ a gourd-shaped percussion instrument〉 수1 양2

393 **ma·ras·ca** [머랫스커]: 〈← amarus(bitter)〉, 〈라틴어〉, (오스트리아산) 〈'쓴 맛'이 나는〉 야생 버찌〈앵두〉, 〈~ sour chrry〉 미2

394 **mar·a·schi·no** [매뤄스키이노우]: 〈← amarus〉, 〈라틴어→이탈리아어〉, marasca를 시럽에 절여서 만든 단맛이 나는 독한 술, 〈~ a distilled liqueur〉 우1

395 **Ma·ra·thi** [머롸아티]: 〈← Maharastra(great country)〉, 〈산스크리트어〉, 마라티, 인도 중서부(mid-west India) 마하라 슈트라 지방에서 사용하는 언어, 〈~ an Indic language〉 수1

396 **mar·a·thon** [매뤄싼]: 〈'fennel'의 그리스어〉, 마라톤, M~ (아테네 동북쪽의 옛 전쟁터), 〈~ a town in Greece〉, 〈전령이 뛰어다녔던 마라톤과 아테네 간 약 22마일의 거리〉, 장거리(42.195km)달리기, 지구전, 〈~ long runnung〉, 〈↔sprinting\track〉 수2 양2

397 **ma·raud** [머뤄어드]: 〈← maraud(vagabond)〉, 〈'악한'이란 프랑스어에서 유래〉 약탈하다, 습격하다, 〈~ plunder\raid〉, 〈↔aid\protect\behave〉 양2

398 **mar·ble** [마아블]: 〈← marmairein(shine)〉, 〈그리스어〉, '빛나는 돌', 대리석, 공깃돌, 단단한, 냉혹한, 〈~ crystalline lime stone\statue〉, 〈↔soft\warm〉 양1

399 **mar·ble cake** [마아블 케이크]: (짙고 옅은 얼룩무늬가 있는 두 가지 재료로 만든) '대리석 무늬 양과자', 〈~ a coffee cake\zebra cake〉 우1

400 **mar·bling** [마아블링]: 대리석 무늬 넣기(염색), 차돌박이, (소의 근육 사이에 지방이 침착된) 근내 지방도, 〈~ marbled cloth (or meat)〉 양2

401 ***MARC** [마알크] (ma·chine read-a·ble cat·a·log): 기계 가독 목록(전산기 처리가 가능한 출판물 자료철), 〈~ standard in net-work development〉 미2

402 **marc** [마알크]: 〈← emarcus(middle quality)〉, 〈라틴어→영어→프랑스어의〉 '포도'를 짜고 남은 '찌끼'(로 만든 독한 술), 〈이태리; grappa〉, 〈스페인; orujo〉 우1

403 **mar·ca·to** [마알카아토우]: 〈← marcare(mark)〉, 〈이탈리아어〉, 마르카토, '강세'가 붙은(악보 위에 ^로 표시) 미2

404 **mar·cel** [마알셀]: 〈프랑스 조발사의 이름(Marcel ← Mars)을 딴〉 마르셀식(물결 모양) 머리 차림새, 〈~ curl\wave〉 수2

405 **March** [마알취]: 〈라틴어〉, 마치, 3월, '군신 Mars의 달', 〈사자같이 다가와서 양같이 지나가는 달〉, 〈청춘의 달〉, 춘분이 있는 달, {애벌레의 달(month of caterpillars)} 가1

406 **march** [마알취]: 〈← marcher(to walk)〉, 〈어원 불명의 프랑스어〉, 행군, 전진, 행로, 행진곡, 〈~ stride\tramp〉, 〈↔halt\linger〉 양1

407 **March-First Move-ment**: 삼일운동, 윌슨의 민족 자결론과 고종황제 독살설 등으로 흥분한 2백만의 군중들이 한국의 방방곡곡에서 '대한독립'을 외치면서 봉기했다가 7천 5백 명의 사망자를 내고 일본군에 의해 진압된 〈비폭력〉 만세운동, 〈~ demonstrations for Korean independence from Japan〉 미2

408 **March of Dimes** [마알취 어브 다임즈]: '소아마비' 환자였던 FDR에 의해 1938년에 창립된 미국의 '출산장애' 구제 자선단체〈십 전짜리 행진〉, 〈~ advocacy for birth-defects〉 수2

409 **marc ja·cobs** [마알크 줴이컵스]: 루이비통에 근무하던 동명의 미국인(American)이 2013년 독립해서 창립하여 가방·신발 등 신체 부품에 주력하는 대중적 명품회사, 〈a fashion caompany〉 수1

410 **Mar·co·ni** [마알코우니], Gug·liel·mo: 'Marcus'(군신)의 가족, 마르코니, (1874-1937), 라디오 방송의 원조인 무선 전산기를 발명한 이탈리아의 전기학자, 〈~ an Italian electrical engineer〉 수1

411 **Mar·cos** [마알코스], 'Bongbong', Ferdinand Jr.: 〈← Marcus(war-god)〉, 〈스페인어〉, (1957-), 국외로 추방된 독재자와 사치벽이 심했던 여장부 사이에 태어나 2022년 6월에 대통령이 된 필리핀의 정치가, 〈~ a Filipino politician〉 수1

412 **Mar·cus & Mil·li·chap** [마알커스 앤 밀리챕]: '군신의 자손과 방앗간 집 자손', 말커스와 밀리챕, 1971년 G. Marcus가 설립해서 1976년 판촉원 W. Millichap(← wind will)를 동업자로 끌어들인 북미 최대의 상업용 부동산 전문 투자·자문·중개업 회사, 〈~ an American commercial property realtor〉 수1

413 **Mar·di Gras** [마알디 그롸아]: 〈프랑스어〉, 'fat Tuesday', '기름진 음식을 마음껏 먹는 화요일', 마디 그라, 참회 화요일, 사육제의 마지막 날, 사순절(단식기간)이 시작되기 전날, 프랑스인들이 살찐 황소를 끌고 다니던 풍습을 이어받아 미국 동남부 지역에서 먹고 마시고 춤추는 축제, 〈~ Shrove Tuesday〉 수2

414 **mare** [메어]: 〈← mere(horse)〉, 〈게르만어〉, 〈성숙한〉 '암말', (당나귀·노새 따위의) 암컷, 〈~(↔)mule\donkey〉, 〈↔stallion〉, 〈↔filly\colt〉 양1

415 **ma·ren·go** [머렝고우]: 〈어원 불명의 이탈리아어〉, 마렝고 ①M~: (나폴레옹이 오스트리아 군을 격파한) 이탈리아 북서쪽 마을 이름, 〈~ a town in N-W Italy〉 ②〈마렝고 전투 후 나폴레옹을 위해 만들어졌다는〉 버섯·토마토·올리브·포도주 등을 섞어 만든 맛난이, 〈~ a seasoning for sauteed chiken〉 수2

416 *****mare's nest** [메어즈 네스트]: 〈노새는 보금자리를 만들지 않고 우리를 온통 흩뜨리고 사는데서 연유한 숙어〉 ①대단해 보이지만 별 볼일이 없는 것, 〈~ illusion〉 ②대혼란(엉망징창인) 상태, 〈~ clutter\muddle〉, 〈↔order\system〉 양2

417 **mare's-tail** [메어즈 테일]: 속새, 쇠뜨기말, 음지에 서식하며 말꼬리 모양의 줄기를 가진 마디풀 식물, 〈~ scouring rush〉, ⇒ horse tail 미2

418 **mar·ga·rin(e)** [마아줘륀]: 마가린, 〈1869년 프랑스의 Mege-Mouries가 처음 만든〉 (주로 식물성〈vegetable〉 지방으로 만든) '진주색의' 인조버터, 〈이것은 butter보다 unsaturated fat이 더 많음, 〈~(↔)cheese〉 수2

419 **mar·ga·ri·ta** [마아거뤼이터]: 〈1948년 텍사스의 주조사가 가수 Margaret Lee를 위해 만들었다는〉 마르가리타, 테킬라(tequila)에 레몬즙(lemon juice) 등을 섞은 혼합주, 〈~ a cocktail〉 수2

420 **mar·gay** [마알게이]: 〈← marakaia(a feline)〉, 〈Tupi어〉, 마게이, 얼룩 살쾡이, (긴 꼬리·당나귀 귀에 표범 무늬를 가진) 중남미산 살쾡이, 〈~ a small wild-cat〉 미2

421 **mar·gin** [마아쥔]: 〈← margo(edge)〉, 〈라틴어〉, '가장자리', 변두리, 여유, 한계, 이문, 여백, 〈~ mark〉, 〈~ edge\brim〉, 〈↔center\core〉 양1

422 **mar·gin-al** [마아쥐널]: 변경의, 한계의, 약간의, 최저한의, 〈~ minimal\insignificant〉, 〈↔major\gross\inner\superior〉 양1

423 *****mar·gin-al cost** [마아쥐널 코어스트]: 〈첩 살림을 차려줄 때 같이〉 (기존 생산체계에서 한 단위를 늘리는데 드는) 한계비용, 〈~ expense of creating one more item for sale〉, 〈↔marginal revenue(한계소득)〉 미2

424 *****mar·gin-al prof·it** [마아쥐널 프롸휠]: ((첩이 아들을 낳았을 때처럼) 추가 투자로 얻는) 한계수익, 〈~ profit from the sale of one additional item〉, 〈↔gross profit〉 미2

425 *mar·gin·al pro·pen·si·ty [마아쥐널 프로펜시티] to con-sume: (처분 가능한 소득이 증가해야 소비가 촉진된다는) 한계소비성향, ⟨~ more income, more spending⟩, ⟷marginal propensity to save⟩ 미2

426 mar·gin·al sea [마아쥐널 씨이]: 연안 영해(해안선에서 3.5 법정 마일 이내의 해역), ⟨~ territorial waters⟩, ⟨⟷open sea\international waters⟩ 양1

427 *mar·gin·al u·til·i·ty [마아쥐널 유우틸리티]: (좋은 것도 자꾸 쓰다 보면 쾌감이 떨어지는) 한계효용 ⟨연애도 마찬가지!⟩, ⟨~ added (dis)satisfaction from one more item; 사람에 따라 두명 이상의 애인을 갖는 것이 고역이 되기도 함⟩, ⟨⟷negative marginal utility⟩ 미2

428 mar·go·sa [마알고우서]: ⟨←amarus(bitter)⟩, ⟨라틴어→포르투갈어⟩, (수액은 고무원료·'쓴맛이 나는 수피'는 강장재로·씨는 살충제의 원료로 쓰는) 인도 동부지방 원산의 ⟨먹구슬나무⟩, neem, ⟨~ Indian lilac\a mahogany⟩ 미2

429 Mar·gue·rite [마알거뤼이트]: ⟨←margarites(pearl)⟩, ⟨라틴어→프랑스어⟩, ⟨← Margarita⟩, '진주', 마거리트⟨→ Margaret⟩ ①여자 이름(feminine given name) ②m~; 데이지 비슷하게 생긴 국화과의 꽃, ⟨~ moon daisy\ox-eye daisy\white daisy⟩ 수1 우2

430 ma·ri·a·chi [마뤼아아취]: ⟨멕시코계 스페인어⟩, ⟨'marriage'때 연주하던⟩ 마리아치, (멕시코) 거리의 악대, ⟨~ small Mexican musical ensemble⟩ 수2

431 Ma·ri·an·a Is·lands [메어뤼애너 아일랜즈]: 마리아나 제도, ⟨스페인 여왕의 이름을 딴⟩ 현재 대부분 미국이 지배하고 있는(American territory) 필립핀·일본·하와이 사이에 사이판(Sai-pan)을 포함한 15개 정도의 섬들, ⟨~ archipelago in N-W Pacific Ocean⟩ 수1

432 Ma·ri·a The·re·sa [머뤼어 터뤼이서]: 마리아 테레지아, (1717-1780), 신성 로마 제국(합스부르크 왕가)의 여제 겸 오스트리아 대공비, ⟨20세부터 39세까지 16명의 자녀를 출산하고 말년에 극심한 우울증에 빠져 체중이 95kg이나 되었음⟩, ⟨나이가 드니까 이해가 감⟩, ⟨~ a ruler of the Habsburg dominions⟩ 수1

433 Ma·rie An·toi·nette [머뤼이 앤트워네트]: 마리 앙투아네트, 마리아 테레지아의 끝에서 두 번째 딸, ⇒ Antoinette 수1

434 Mar·i·gold [매뤼 고울드]: 마리골드, 여자 이름(feminine given name), m~; 금잔화, 금송화, 천수국(황색·주황색의 겹꽃이 피는 카네이션 비슷한 국화과⟨Asteraceae⟩ 전륜속화속의 식물⟩, calendula, ⟨~ Holli-gold\herd of the sun⟩ 미2

435 mar·i·jua·na \ ~hua·na [매뤼와아너]: ⟨1874년에 등장한 어원 불명의 남미계 스페인어⟩, 마리화나, 삼, 대마초(잎이나 꽃몽우리를 말려서 피우면 환각증세가 나타나기도 하는 ⟨입문⟩ 마약), (Mary Jane 의 스페인식 발음에서 따왔다는 설이 있는) ⟨행복초⟩, ⟨~ hemp\hashish⟩, ⟨~ bhang\cannabis\grass\weed\dope\pot\joint⟩ 미1

436 ma·rim·ba [머륌버]: ⟨Bantu어⟩, 마림바, 실로폰(xylophone) 비슷한 목금의 일종 수2

437 ma·ri·na [머뤼이너]: ⟨← marinus(sea coast)⟩, ⟨라틴어⟩, ⟨← marine⟩, (해안의) 산책길, (소형 선박의) 계류장, ⟨~ berth\pier⟩, ⟨⟷un-dock\embarkation⟩ 미1

438 mar·i·nade [매뤼네이드]: ⟨← marinus(sea coast)⟩, ⟨라틴어→스페인어⟩, 매리네이드, 초·포도주·식용유·조미료·향신료·술 등을 섞어서 만든 맛난이, ⟨~ a sauce⟩, (고기나 생선⟨'marine' fish⟩ 등을 부드럽게 하는) 양념장, ⟨~ adobo⟩ 미1

439 mar·i·na·ra [매뤼내롸]: ⟨이탈리아어⟩, ⟨'mariner'(선원)을 위해 만든⟩ 마리나라, (주로 파스타에 쳐 먹는) 토마토·양파·마늘·향신료 등으로 만든 맛난이 소스, ⟨~ a tomato sauce⟩ 우1

440 ma·rine [머뤼인]: ⟨← mare(sea)⟩, ⟨라틴어⟩, ⟨← marinus⟩, '바다'의, 해양성의, 선박의, 해상 무역의, ⟨→ marina\maritime⟩, ⟨⟷land\air\fresh-water⟩ 양2

441 Ma·rine Corps [머뤼인 코어]: (미) 해병대, 1775에 태동하여 1798년 재편되고 1834년 해군성(Dept. of the Navy)에 소속되어진 약 18만의 병력을 가진 수륙양용 전투부대, ⟨~ mari-time land force⟩, ⟨~(⟷)navy\merchant marine⟩ 양2

442 mar·i·ner [매뤼너]: 선원, '뱃놈', sea-man, sailor, ⟨⟷air-man\aviator⟩ 가1

443 mar·i·o·nette [매뤼어네트]: 'little Mary', ⟨프랑스어⟩, (줄에 달린) 인형, 꼭두각시, ⟨~ doll\puppet⟩ 미1

444 mar·i·po·sa lil·y(tu·lip) [매뤼포우져 릴리(튤립)]: ⟨← mariposa(butterfly)⟩, ⟨스페인어+그리스어(페르시아어)⟩, ⟨Virgin Mary가 내려 앉는 듯한⟩ 나비나리, '요정의 등', '둥근 튤립', 넓은 잔디잎과 3개의 꽃잎이 물잔 모양으로 피는 미서부 지역 원산의 구근 식물, ⟨~ elegant cat's ears\sego⟩ 미2

445 **mar·i·tal** [매뤼틀]: 〈← maritus(husband)〉, 〈← marriage〉, 남편의, 혼인의, 부부간의, 〈냄편에게 복종하는 것이 결혼이라는 뜻이어!〉, 〈아농 Virgin Mary님께 '지두 순결을 지키겟다'는 맹세랑께!〉, 〈↔non-marital\divorced〉 양2

446 **mar·i·time** [매뤼타임]: 〈← mare(sea)〉, 〈← marine〉, 바다의, 해변의, 해운의, 〈↔land\terrestrial〉 양2

447 **mar·i·to·ri·ous** [매뤼토어뤼어스]: 〈← maritus(husband)〉, 〈라틴어〉, 남편을 받드는, 남편을 경외하며 순종하는, 〈요즘 사전에서는 찾아볼 수 없는 말〉, 〈~ excessive fond of husband〉, 〈↔uxorious〉 양2

448 **mar·jo·ram** [마아쥐럼]: 〈← amarakon〉, 〈어원 불명의 그리스어〉, 마조람, 꽃박하, 박하(mint) 비슷한 꿀풀과의 약초(향신료), 마요라나(majorana), origan 수2

449 **Mark** [마아크]: ①'군신(Mars)의 자손', 사람 이름(masculine given name) ②〈St. Mark가 썼다고도 하는〉 마가복음, 예수의 세례부터 죽음을 거쳐 빈 무덤이 발견될 때까지의 행적을 (평범하게) 서술한 〈작자 미상의〉 신약성서의 두 번째 편, 〈~ a gospel〉 수2

450 **mark** [마아크]: 〈← margo(margin)〉, 〈라틴어→게르만어→영국어〉, '경계 표시', 표, 기호, 표시, 각인, 흔적, 특징, 평점, 표적, 〈~ spot\symbol〉, 〈↔blank\un-importance〉 양1

451 *****mark card** [마아크 카아드]: '각인 딱지', 광학 판독기로 읽을 수 있는 자료가 입력된 판지, 〈~ an optically readable card〉 우1

452 **mar·ket** [마아킽]: 〈← mercis(wares)〉, 〈라틴어〉, 〈← merchant〉, 장, 시장, '거래(처)', 가게, 경기, 출시, 〈~ mart〉, 〈~ store\bazaar〉, 〈↔factory\farm〉 가1

453 **mar·ket·ing** [마아킽팅]: 매매, 거래, 장보기, 제조에서 판매까지의 과정, 판매 전략, 상품의 홍보, 〈~ retail\vend\sales promotion〉, 〈↔non-commercial〉 양1 미1

454 **mar·ket share** [마아킽 쉐어]: 시장 점유율 가1

455 **mar·ket val·ue** [마아킽 뷀류]: market price, 시장(에서 거래되는) 가치, 〈~ cash value〉, 〈↔face value〉 가1

456 **mark-ing pen** [마아킹 펜]: '표시 붓', 표시용 필기도구 우1

457 **marks·man** [마아크스 먼]: 사격의 명수, 저격병, 〈~ straight shooter〉 양2

458 **mark-time, march** [마아크 타임, 마알취]: (기다리는) 예비전진, 제자리 걸음!, 〈~ march in place〉, 〈↔forward, march〉 양1

459 **Mark Twain** [마아크 트웨인]: 〈'two'로 표시하라; 작가가 21살 때 증기선의 안전 수심 12 feet를 점검하는 풋나기 선원이 된 것을 기념하기 위해 붙여진 이름이라는 '썰'도 있으나 사실은 나중에 은광을 찾아온 네바다의 술집에서 위스키 다블을 마시면서 '두 잔으로 표시하게' 하던 말버릇에서 유래〉 Samuel L. Clemens의 필명, (1835-1910), 〈귀족적인 영어를 서민적인 미국어로 끌어 '내린'〉, '신토불이' 글을 써서 번 돈을 발명 사업에 탕진한 미국의 골초 소설가·풍자가·출판업자·발명가, 〈~ an American writer and humorist〉 수1

460 **mark up(down)** [마아크 엎(다운)]: 가격(price)을 인상(인하)하다 양2

461 **mark-up lan·guage** [마아크엎 랭귀쥐]: 표지 언어(밑줄·이탤릭체·괄호 등등 특정한 표지 기능을 나타내는 전산기 언어), 〈~ a text en-coding system〉 미1

462 **Marl·bo·ro** [마알버로우]: 말보로, 1924년부터 필립 모리스사(Philip Morris)가 시판한 세계에서 제일 많이 팔리는 담배(영국 런던의 PM사가 있는 거리 이름 Marlborough에서 따온 상표명), 〈~ an AMerican brand of cigarettes〉 수2

463 **Marl·bor·ough** [마알버어로우]: 〈영국어〉, mere(lake)+burh(fort), '호숫가의 요새' \ 〈marl(chalk)+beorg(mound)〉, '진흙 구릉' ①잉글랜드 남부의 지명, 〈~ a town in southern England〉 ②M~ House; 원래는 말버러 공작 부부를 위해 런던(London)에 지었던 왕실의 별저로 1962년 이후 영연방 사무국(headquarter of the Commonwealth)이 들어감 수1

464 **Marl·bor·ough** [마알버어로우], Duke of: 말버러, (1650-1722), 본명 존 처칠(John Churchill), 제임스 2세를 배반하고 오렌지공에 붙어 영국의 병권을 움켜쥐었던 군사적 천재로 윈스턴 처칠의 조상임, 〈~ an English general〉 수1

465 **mar·lin** [마알린]: 〈← marline-spike〉, 〈영국어〉, '창고기', 청새치, 뾰족한 창같은 주둥이·낫 같은 등 지느러미·반달 모양의 꼬리를 가지고 낚시꾼들을 약 올리는 커다란 바닷물고기, 〈~ spear-fish〉, 〈~ black marlin은 4, 5m가 넘는 것도 흔함〉 미2

466 **mar·line spike** [마알린 스파이크]: ⟨← marren(tie+line)⟩, ⟨네덜란드어→영국어⟩, ⟨청새치의 주둥이를 닮고⟩ 밧줄의 꼬임(boat knot)을 푸는 데 쓰는 끝이 뾰족한 쇠막대, ⟨~ a tool\a hitch⟩ 우1

467 **mar·ma·lade** [마알멀레이드]: ⟨← meli-melon⟩, ⟨그리스어⟩, '꿀 사과(marmelo)', 마멀레이드, ⟨보통 아침 식사 때 먹는⟩ 오렌지·레몬 등의 껍질로 만든 잼, ⟨~ a fruit preserve⟩ 우1

468 **mar-me·lo** [마멜로]: meli(honey)+melon, sweet+apple, ⟨그리스어⟩, 마마엘로(마르멜로), 모과, 서양배와 사과의 중간 과일, ⟨~ quince⟩ 미2

469 **mar-mite** [말마이트]: marmotter(murmur)+mite(cat), ⟨프랑스어⟩, ⟨고양이 울음같이 속을 알 수 없는⟩ 큰 요리 냄비, ⟨~ a casserole⟩, M~; 1902년부터 영국에서 출시한 고기·수프의 조미료로 쓰이는 짭짤한 효모(상표명), ⟨~ spreadable yeast extracts⟩, ⟨~(↔)여기에다 vegetable juice를 추가한 vegemite는 맛이 더 진함⟩, ⟨~(↔)marmalade보다 맛이 '고약'함⟩ 수2

470 **mar·mo·set** [마알머젤]: ⟨어원 불명의 프랑스어⟩, ⟨징그럽게 생긴⟩ 명주원숭이(긴 꼬리를 가지고 사자 모양을 한 열대성의 아주 작은 원숭이), squirrel monkey, ⟨~ tamarin⟩ 수2

471 **mar-mot** [마알멑]: mus+montanus, ⟨라틴어에서 연유한 프랑스어⟩, 'mountain mouse', 마멋, 동면하는 커다란 산다람쥐, ⟨모르모트; guinea pig의 Japlish⟩ (일본식 영어), ⟨~ prairie dog⟩ 우1

472 **mar·o·caine** [매뤄케인]: ⟨프랑스어⟩, ⟨Morocco에서 들어온⟩ ⟨비교적 두터운⟩ 주름진 (비단이나 무명) 옷감, ⟨~ traditional Moroccan cloth⟩ 우2

473 **ma·roon** [머루운]: ⟨← marron⟩, ⟨'밤(chestnut)'이란 뜻의 프랑스어⟩ ①서인도제도의 산중에 사는 흑인⟨black people⟩ ②밤색, 고동색(reddish-brown), ⟨↔teal⟩ 우1 미2

474 **mar·quee** [마알키이]: ⟨← marquise(wife of marquis)⟩, ⟨프랑스어⟩, ⟨선봉장 부인용⟩ 대형 천막, ⟨광고를 달아두는⟩ 차양, 차일, ⟨~ tent\awning\canopy\pavillion⟩ 미2

475 **mar·quis** [마알퀴스]: ⟨← marchensis(frontier)⟩, ⟨라틴어에서 파생된 말⟩ ①⟨프랑스어⟩, ⟨march하는⟩ '선봉장', 후작(영국에서는 marquess, 공작 아래·백작위), ⟨~ spear-head vanguard⟩, ⟨~(↔)marchioness [마알쉬니스]: 후작 부인 ②(스페인 후작의 후손이 칠레에서 개발한 ⟨역사와 전통에 빛나는⟩)적포도주의 일종, ⟨~ berry flavored red-wine⟩ 양2 수2

476 **mar·riage** [매뤼쥐]: ⟨← maritus(husband)⟩, ⟨라틴어⟩, ⟨(남자가) Virgin Mary에 '서약'하는⟩ ⟨이밥 같은⟩ 결혼, ⟨송아지와 망아지를 묶어 놓는⟩ 결합, ⟨끝없는 양보⟩, ⟨금 자물쇠⟩, ⟨→ marital \ mariachi⟩, ⟨~ wedding⟩, ⟨↔divorce⟩ 가1

477 **Mar·ri·ott** [매뤼어트] In·ter·na·tion·al: ⟨← Mary⟩, 메리어트, 1927년 동명의 부부가 수도에 설립해서 약 7,500개의 업소를 운영하고 있는 미국의 세계적 숙박·위락업체 연쇄점, ⟨~ an American hotel brand⟩ 가1

478 **mar·ron·ni·er** [마로우니어]: ⟨프랑스어⟩, '원시 밤(maroon)나무', 마로니에, 서양 ⟨침엽수⟩, conker tree, ⇒ horse chestnut 미2

479 **mar·row** [매로우]: ⟨← mearg(core)⟩, ⟨게르만어⟩, 뼛골, '골수', 알짜, 페포호박, ⟨~ medulla⟩, ⟨↔exterior\cortex⟩ 가1

480 **mar·ry** [매뤼]: ⟨← marius(husband)⟩, ⟨라틴어⟩, ~와 결혼하다, 결혼시키다, ⟨~ wed\join⟩, ⟨↔divorce\split⟩ 가2

481 **Mars** [마알즈]: ⟨어원 불명의 라틴어⟩, 마르스, war, ⟨그리스의 Ares에 상당하는⟩ 로마의 군신, ⟨불같이 빨간⟩ 화성, ⟨~ 4th planet from the Sun⟩, ⟨전쟁하면 연상되는 'blood' 색깔을 한 위성⟩, ⟨~(↔)Thor⟩ 양2

482 **Mar·sa·la** [마알싸알러]: ⟨← marsa(harbor)⟩, ⟨'신의 항구'란 뜻의 아랍어⟩, 시실리섬 서부의 마르살라산 포도주, ⟨~ a fortified wine⟩ 수2

483 **mar·seil-laise** [마알설레이즈]: 마르세예즈, ⟨프랑스 혁명 때 마르세유의 혁명군이 파리로 진격하면서 불렀던⟩ 프랑스 국가(national anthem of France) 수1

484 **Mar·seilles** [마알세이]: ⟨← massalia ← mas⟩, ⟨그리스어⟩, '샘(spring)이 솟는 곳', 마르세유, 프랑스(남동부 지중해 연안)의 항구도시·가장 오래된 도시·제2의 도시, ⟨~ a port city in southern France⟩ 수1

485 **marsh** [마알쉬]: ⟨← mere(lake)⟩, ⟨게르만어⟩, ⟨'호수' 비스름한⟩ 늪, 습지, fen, ⟨~ mire\bog\slew²⟩, ⟨↔solid ground\desert⟩ 가1

486 **mar·shal** [마아셜]: marah(horse)+scalh(servant), ⟨라틴어→프랑스어→영국어⟩, 육군 원수, 최고 사령관, 연방 보안관, 사법관, '말 구종', ⟨~ 5-star general\sheriff⟩, ⟨↔pfc\civilian⟩ 양1

487 **Mar·shall** [마아셜], George: ⟨← marshal⟩, 마샬, (1880-1959), 2차 대전 시 미 육군 참모총장과 그 후 국무장관·국방장관을 지낸 직업 군인, ⟨~ an American Army general and statesman⟩ 수①

488 **Mar·shall Is-lands** [마아셜 아일랜드]: 마샬 군도, 1979년 미국의 신탁통치 자치령(Free Associate of US)이 된 하와이와 필리핀 중간에 있는 산호섬들로 1788년 그곳을 방문한 영국의 탐험가 존 마셜의 이름을 땀, {Marshallese-Marshallese·Eng-(US) Dollar-Majuro} 수①

489 **Mar·shall plan** [마아셜 플랜]: 미 국무장관 G.Marshall이 2차 대전 후 유럽의 복구를 위해 내놓은 원조계획 (1948년부터 1952년까지 $13억 소요), ⟨← Truman doctrine⟩, ⟨~ Economic Recovery Act⟩ 수②

490 **Mar·shalls** [마아셜스]: 마샬스, 1956년에 창립되어 TJX회사가 소유하고 있는 미국과 캐나다의 할인 연쇄 백화점, ⟨~ an American chain of off-price department stores⟩ 수①

491 **marsh har·ri·er** [마알쉬 해뤼어]: ⟨영국어⟩, 개구리매(넓은 날개를 가지고 늪지에서 서식하는 중간 크기의 매), ⟨~ marsh hawk⟩ 미②

492 **marsh hawk** [마알쉬 허어크]: (미국산) 회색개구리매, ⟨~ marsh harrier⟩ 미②

493 ***marsh-mal·low** [마알쉬 맬로우]: ⟨영국어⟩, ⟨← mallow⟩ ①'늪아욱', 마시멜로, 양아욱('습지에서 잘 자라며 흰 당근 같은 뿌리를 가진 접시꽃류의 다년생 식물), ⟨~ white mallow⟩ ②녹말(양아욱 뿌리)·설탕·시럽 등으로 만든 (불에 구워 먹는) ⟨쫄깃쫄깃한⟩ ⟨부푼⟩ 양과자, ⟨~ a soft confectionery⟩ ③전기가 작동하지 않을 때 느끼는 ⟨허무한⟩ 좌절감, ⟨~ sense of futility⟩ 양① 미②

494 **mar·su·pi·al** [마알쑤우피얼]: ⟨← marsupion(pouch)⟩, ⟨그리스어⟩, (새끼'주머니'에 핏덩어리 태아를 낳아 기르는) 유대동물, ⟨↔placental mammal⟩, ⟨~ kangaroo\wallaroo⟩ 가②

495 **mart** [마아트]: ⟨← markt⟩, ⟨네덜란드어⟩, ⟨← market⟩ 시장, 경매실, 상업 중심지, ⟨~ boutique\bodega\bazaar⟩ 양②

496 **mar·ten** [마알튼]: ⟨← mearth(weasel)⟩, ⟨게르만어⟩, ⟨털을 제공하는⟩ 담비(모피), 산달(산림에 살며 다람쥐를 잡아먹는 족제빗과의 동물), ⟨~ fisher\pole-cat⟩ 미②

497 **mar·tial** [마아셜]: ⟨← Mars⟩, ⟨라틴어⟩, 전쟁의, 군사의, ⟨~ war-like\hostile⟩, ⟨↔non-military\civilian⟩ 가①

498 **mar·tial art** [마아셜 아알트]: 무술, 무도, ⟨~ fighting art⟩, ⟨↔(non-martial) art⟩ 가①

499 **mar·tial law** [마아셜 러어]: 계엄령, '군인정치', 교전 법규, ⟨~ army rule⟩, ⟨↔common law⟩ 양②

500 **Mar·tin** [마알튼]: ⟨← Mars⟩, '군신의 자손', 마틴 ①남자 이름⟨masculine given name⟩ ②St. M~; 성 마르탱, 마르티누스(로마 황제들)⟨Roman Emperors⟩ ③콜럼버스가 1493년 St. Martin 축제일에 발견한⟩ 서인도제도에 있는 섬, ⟨~ an island in the Caribbean Sea⟩ 수①

501 **mar·tin** [마알튼]: ⟨프랑스어→영국어⟩, ⟨St. Martin 축제일(11월일)쯤 월동을 위해 떠난다는?⟩ 흰털발제비, 각종 제비류, ⟨~(↔)swallow는 tail이 longer and more deeply forked⟩ 미②

502 **Mar·tin** [마알튼], Dean: '군신⟨Mars⟩의 자손', 마틴, (1917-1995), '주지육림'의 대명사로 불렸던 미국의 가수·영화배우·영화제작자, ⟨~ an American singer and actor⟩ 수①

503 **Mar·tin** [마알튼], Lu·ther: 마틴, (1748-1826), 원래 열렬한 반 연방주의자였으나 제퍼슨에 대한 앙심으로 연방주의자로 전향한 변호사 출신 미국 건국의 아버지 중 하나, ⟨~ one of America's Founding Fathers⟩ 수①

504 **mar·ti·net** [마알티넽]: ⟨17세기 프랑스의 육군장교 Jean Martinet(Mars의 자손)에서 연유한 말⟩, 규율에 엄한 군인, 아주 엄격한 사람, 까다로운 사람, ⟨~ despot\bully⟩, ⟨↔spfty\baller⟩ 수②

505 **mar·ti·ni** [마알티이니]: ⟨어원이 무성한 말⟩, ⟨동명의 이탈리아 포도주 회사 이름(Martini and Rossi)을 딴⟩ 진·베르무트(gin·vermouth)를 섞은 것에 레몬이나 올리브를 곁들인 혼합주(cocktail) 수②

506 **mar·tyr** [마알터]: ⟨← martys(witness)⟩, ⟨그리스어⟩, '증인', 순교자(인 척하는 사람), 희생자, ⟨~ sufferer\victim⟩, ⟨↔apostate\culprit⟩ 양②

507 **ma·ru·la \ ma·roo·la** [마룰라]: ⟨원주민어⟩, ⟨열매를 코끼리가 취하려고 먹고 씨에서 짠 기름은 피부 미용제의 원료로 쓰이는⟩ 아프리카 중남부 초원의 옻나뭇과의 나무, ⟨~ a deciduous fruit(hard-nut)-bearing tree⟩ 우①

508 **mar·vel of Pe·ru** [마알블 어브 퍼루우]: '페루의 경이', 분꽃(four o'clock) 양②

509 **mar·vel-ous** \ ·vel·lous [마알뷜러스]: ⟨← mirari(wonder)⟩, ⟨라틴어→프랑스어⟩, '놀라운', 불가사의한, 굉장한, ⟨~ amazing\awesome⟩, ⟨↔ordinary\bad⟩ 가①

510 **Marx** [마알크스], Carl: '군신〈Mars〉의 자손', 마르크스, (1818-1883), 〈평생 가난과 우울증에 시달렸던〉 유대계 독일의 사회·공산주의 사상가·혁명운동가, 〈~ a German philosopher and political theorist〉 수1

511 **Mar·y** [메어뤼]: 〈히브리어→영국어〉, 〈Miriam→Maria→Mary〉, 〈다양한 어원의〉 메리 ①Mary Stuart: (1542-1587), 사촌 엘리자베스 1세와 경쟁하다 죽임을 당한 스코틀랜드의 여왕(Queen of Scotland) ②Queen Mary I: (1516-1558), 'bloody Mary', 신교도들을 무참히 처형한 헨리 8세의 딸·엘리자베스 1세의 언니, 〈~ queen of England·Ireland·Spain〉 ③북대서양을 항해했던 영국 여객선, 〈~ a British ocean liner retired in Long Beach, Ca.〉 수1

512 **Mar·y·land** [메릴랜드]: 메릴랜드, MD, Old Line State, Free State, 〈영국 왕 찰스 1세의 프랑스 아내 마리아(Maria)의 이름을 딴〉 미국 수도 북부의 상공업과 운송업이 발달한 주, {Annapolis-8}, 〈black-eyed susan〉〉 수1

513 **mar·zi·pan** [마알져팬]: 〈← martius(March)+panis(bread)?〉, 〈어원이 불확실한 이탈리아어에서 연유한 게르만어〉, 마지팬, 아몬드·설탕·달걀을 섞은 당제로 양과자를 만들 때 사용함, 〈~ sweet almond paste〉 우1

514 **ma·sa** [마싸아]: 〈스페인어〉, dough, (멕시코 요리 재료로 쓰이는) 옥수숫가루와 돼지 기름의 '반죽', 〈~ mash〉 수2

515 **ma·sa·la** [머싸알러]: 〈← masalih(ingredients)〉, 〈아랍어〉, 남부 아시아·인도 지역 요리에 사용하는 혼합 '향신료', 〈~(↔)curry\korma〉, M~; 시실리 마르살라 〈신의 항구〉 지방 원산의 백포도주, 〈~ a fortified wine〉 수2

516 **mas·car·a** [매스캐뤄]: 〈← maskara(buffon)〉, 〈'어릿광대'란 뜻의 아랍어〉, 마스카라, 속눈썹에 칠하는 물감, 〈~ an eye-lash cosmetic〉 우1

517 **mas·cot** [매스캍]: 〈← masco(witch)〉, 〈'집안의 요정'이란 뜻의 프랑스어〉, 마스코트, 행운의 신(부적·상징), 〈한국에서는 character라고도 함〉, 〈~ amulet\idol\juju〉, 〈↔jinxes\spells³\hoodoo〉 양2

518 **mas·cu·line** [매스큘린]: 〈← mas〉, 〈라틴어〉, 〈← male〉, 남성의, 힘센, 용감한, 〈~ macho\virile〉, 〈↔feminine〉 가2

519 **MASH** [매쉬]: mobile army surgical hospital, 육군 이동 외과 병원 미2

520 **mash** [매쉬]: 〈← maisk〉, 〈게르만어〉, 〈더운 물에 'mix'해서〉 짓이긴 것, 으깬 것, 뒤범벅, 〈→ mushy〉, 〈~ crushed\masa〉, 〈↔de-compress\un-clasp〉 양1

521 **mash-er** [매셔]: (감자 등을) 으깨는 기구, 〈~ mashing utensil〉, 엽색가, 치한, 〈~ lady-killer\womanizer〉, 〈↔gentle-man\family man〉 양1

522 **mash·ie** [매쉬]: 〈← mateola(a mallet)〉, 〈라틴어에서 연유한 프랑스어〉, 쳐올리기·중거리용으로 쓰이는 머리가 쇠로 된 (5번) 골프채, 〈~ mace\masse〉, 〈~ 5-iron club〉 우1

523 *****mash-up** [매쉬 엎]: 혼합물, 여러 내용을 모아 만든 전산망 기지, 여러가지 자료에서 요소를 따와 새로운 노래·영상·서류철 등을 만드는 일, 〈~ mixture\medley〉 양1

524 **mash up** [매쉬 엎]: (감자 등을) 충분히 으깨다, 엉망진창으로 부수어 뜨리다, 〈~ jumble\muddle〉, 〈↔un-compress\ex-pound〉 양1

525 **mas·jid** [머스쥐드]: ma(place)+sajada(worship), 〈아랍어〉, '절 하는(prostrate) 곳', 수니의 규율을 따르는 이슬람 사원, 〈~ mosque〉 수2

526 **mask** [매스크 \ 마아스크]: 〈← maskara(buffon)〉, 〈아랍어→라틴어〉, 〈'어릿광대'가 쓰는〉 탈, 가면, 복면, 낯짝, 차폐(다른 2분법의 숫자를 더해 어떤 2분법 숫자의 일부를 분리하는 일), 보호막(그리는 기구의 흔적으로부터 보호된 영역), 변장(어떤 물체에 구멍을 뚫어 그 속의 내용을 조작하는 일), 〈→ masquerade〉, 〈~ cover up\conceal〉, 〈↔un-mask\expose〉 양1 미2

527 *****mask brace** [매스크 브뤠이스]: 〈Covid-19 이후에 등장한〉 마스크 덧대, mask fitter, mask tape, double mask 우2

528 *****mask-fish** [매스크 휘쉬]: 〈신조어〉, mask catfish, 복면을 쓰면 봐줄만 하나 실제로는 메기같이 못생긴 얼굴, 〈Covid-19이후에 생겨난 말〉 미2

529 *****mask-ne** [메스크네]: mask+acne, '복면 여드름', 장시간의 마스크 착용으로 오는 안면 좌창 미2

530 **Mas·low's hi·er·ar·chy of needs**: 〈미국의 심리학자 A. 마슬로우가 19세기 중반에 주창한〉 욕구 계층 이론, (인간의 행동을 지배하는 동기를 5단계로 나눠서) ①생리적 욕구 ②안전의 욕구 ③사랑과 소속의 욕구 ④승인과 존경의 욕구 그리고 ⑤자기 실현의 욕구를 pyramid형으로 표시한 〈부문적 사고방식〉, 〈~ stages of basic needs〉 수2

531 **mas·och·ism** [매서키즘]: 〈영국어〉, 〈이를 묘사한 오스트리아 소설가 이름(Mosoch; 'precious'란 뜻의 히브리어?)에서 따온〉 피학대 음란증(고통을 받을 때 성욕이 항진하는 정신 상태), 〈~ deriving pleasure from receiving pain or humiliation〉, 〈↔sadism〉 양2

532 **ma·son** [메이슨]: 〈← macio(brick layer)〉, 〈라틴어→게르만어→프랑스어〉, 〈돌로 물건을 'make'하는〉 석수, 벽돌공, 〈~ brick-layer〉, 〈↔miner\wreker\black-smith\carpenter〉 가1

533 **ma·son bee** [메이슨 비이]: '석수벌', '진흙벌'(진흙으로 집을 짓고 외롭게 사는 벌) 미2

534 **ma·son·ry** [메이슨리]: 석공술, 벽돌 쌓기, 〈↔wood-work\carpentry〉 가1

535 **mas·quer·ade** [매스커뤠이드]: 〈← maskara(buffon)〉, 〈아랍어→라틴어→이탈리아어→프랑스어〉, 〈← mask〉, 〈'어릿광대'가 쓰는〉 허구, 가장(무도회), 〈~ costume party\harlequinade〉, 〈↔reveal\reality〉 양2

536 **mass¹** [매쓰]: 〈← maza(barley cake)〉, 〈그리스어〉, 〈섞어 '반죽'한〉 덩어리, 모임, 다량(자료), 대중, 질량, 〈↔ amass\molecule〉, 〈↔individual\fraction〉 양2

537 **mass²** [매쓰]: 〈라틴어〉, 〈예식이 끝나고 'dis·miss'할 때 드리는〉 미사(missa), 성체성사〈인간의 죄를 사하기 위해 육신으로 나타난 성령을 찬양하는 의식〉, 〈~ Holy Communion\Eucharist〉, 천주께 드리는 〈엄숙한〉 음악, 〈~ mission〉, 〈↔disperse\disband〉 우2

538 **Mas·sa·chu·setts** [매써츄우시츠]: MA, Old Colony, Bay State, 매사추세츠, at the large hill, '대구릉부위'〈원주민어〉, 1620년 〈순례자〉들이 도착한 미 동북부 대서양 연안의 역사적인 상공업·문화·교육의 중심주, {Boston-9}, 〈〈trailing arbutus(strawberry)〉〉 수1

539 **mas·sa·cre** [매써컬]: 〈← macecle(butchery)〉, 〈어원 불명의 프랑스어〉, 몰살, 대량 학살, 도살, 〈~ mass slaughter\indiscriminate killing\fubar〉, 〈↔spare\rescue〉 가2

540 **mas·sage** [머싸아쥐]: 〈← massa(touch)〉, 〈아랍어→포르투갈어→프랑스어〉, 안마, 주무르다, 부추기다, '반죽하다', 〈← mass〉, 〈~ rub\knead〉, 〈↔disparage\detract〉 가1

541 **mas·sage par·lor** [머싸아쥐 팔러]: 〈reflexology가 원칙이나 간혹 매춘도 하는〉 안마 시술소 가1

542 **mass com**(-mu·ni·ca·tion) [매쓰 캄]: 대량 전달(수단), 대중 소통, 〈~ mass media〉, 〈↔personal communication〉 양2

543 *****mass cus·tom·i·za·tion** [매쓰 커스터머제이션 (~ 커스터마이제이션)]: 다품종 (주문) 소량 생산, 〈~(↔)individualized manufacturing〉 양2

544 **mas·se** [매쎄이]: 〈프랑스어〉, 〈'mace'(철퇴)처럼〉 당구에서 큐를 세워 치는 행위, 〈~ mashie〉 우1

545 **mas·seur** [매써얼] \ **mas·seuse** [머쑤우스]: 〈프랑스어〉, 〈← massage〉, 안마사(남·여) 가2

546 **mass hys·te·ri·a** [매쓰 히스테뤼어]: 집단 흥분〈발작〉, 〈~ crowd panic\epidemic (or collective) hysteria〉, 〈↔individual fit〉 가1

547 **mas·sive** [매씨브]: 〈← massa(lump)〉, 〈라틴어〉, (부피가) 큰, 무거운, 대량의, 힘찬, 〈~ huge\enormous〉, 〈↔tiny〉 가2

548 **mass mar·ket** [매쓰 마아킽]: 대량 판매 시장, 〈~ large scale production for large number of customers〉, 〈↔mom and pop\niche market〉 가1

549 **mass me·di·a** [매쓰 미디어]: 대량(대중) 매체, 〈~ mass com〉, 〈↔individual (private) media〉 양2

550 **mass noun** [매쓰 나운]: (air 같은 물질명사나 happiness 같은 추상명사를 포함하는) 질량 명사, (bread나 coffee같이 〈때로는〉 셀 수 없는) 불가산명사, 〈~ un-countable noun〉, 〈↔countable noun〉 미2

551 **mass tort** [매쓰 토얼트]: 집단 피해 불법행위, 집단 소송, 〈~ class action〉 양2

552 **mass tran·sit** [매쓰 트랜짙]: 대량 수송 수단, 〈~ public transport〉, 〈↔personal transport〉 가1

553 **mast** [매스트]: 〈게르만어〉 ①〈← maest(stem of a tree)〉, 돛대, 기둥, 깃대, 〈~ post\support〉, 〈↔dislodge\suppress〉 ②〈← maest(acorn)〉, 〈동물 사료용〉 각종 도토리 가2

554 **mas·tec·to·my** [매스텍터미]: 유방(breast) 절제(술), 〈'mastos'(젖통의 그리스어) 자르기〉, 〈~ removal of the breast〉 가1

555 **mas·ter¹** [매스터]: 〈← magnus(great)〉, 〈라틴어〉, '지배자', 주인, 장, 대가, 승리자, 석사, 〈~ ruler\expert〉, 〈↔servant\novice〉 양1

556 **mas·ter²** [매스터]: 〈← master'〉, 〈라틴어〉, 정복(지배)하다, ~에 숙달하다, 〈~ conquer\control〉, 〈↔subordinate\delinquent〉 양1

557 **mas·ter bath** [매스터 배쓰]: 안방에 딸린 욕실, '주탕', ⟨~ primary(main) bath⟩ 미

558 **Mas·ter Card** [매스터 카아드]: 1979년부터 현 상표를 쓰기 시작한 미국의 국제적 신용(거래) '명판', ⟨~(↔)Visa Card\American Express⟩ 수1

559 **mas·ter piece** [매스터 피이스]: 걸작, 명작, ⟨~ magnum opus⟩, ⟨↔disaster\failure⟩ 가2

560 **mas·ter plan** [매스터 플랜]: 종합(기본) 계획, 전체 계획, ⟨~ strategy\blue print⟩, ⟨↔disarray\mess⟩ 가1

561 **Mas·ters and John·son** [매스터즈 앤드 쟌슨]: 매스터스 앤 존슨, 20세기 중반에 인간의 성생활을 연구·치료하다가 서로 결혼한 미국의 산부인과 의사와 그의 조수, ⟨~ human sexuality reserch team⟩ 수1

562 **mas·ter ser·geant** [매스터 싸아줜트]: 상사(육군·해병대), 1등 중사(공군), ⟨~ first sergeant⟩ 가1

563 **mas·tic** [매스틱]: ⟨← mastizein(chew)⟩, ⟨그리스어⟩, ⟨'masticate'하면 (씹으면) 수지가 나오는⟩ 유향수(열대성 옻나무로 나무껍질에서 추출한 수지는 광택제·방수제로 쓰임), ⟨~ a plant resin⟩, 유향주(포도주의 일종), ⟨~ a liquor⟩, 회반죽, ⟨~ pasty cement⟩, 담황색, ⟨~ beige⟩ 미2

564 **mas·ti·cate** [매스티케이트]: ⟨← mastic (chewing)⟩, ⟨그리스어⟩, 씹다, 저작하다, 곤죽으로 만들다, ⟨~ chomp\munch⟩, ⟨↔spit\gobble⟩ 양1

565 **mas·tiff** [매스티후]: ⟨← miscere(mix)⟩, ⟨라틴어⟩, 기원전부터 영국에서 개발한 ⟨혼합종의⟩ 털이 짧고 인상이 험악한 커다란 맹견, ⟨~ boxer⟩ 수2

566 **mas·to~** [매스토우~]: ⟨그리스어⟩, breast, ⟨유방·유두~⟩란 뜻의 결합사 양1

567 **mas·to·don** [매스터단]: mastos(breast)+odontos(tooth), ⟨그리스어⟩, ⟨어금니가 '유두'같이 튀어나온⟩ 약 4천만 년 전부터 8천 년 전까지 살았던 장비(삼국지에 나오는 인물이 아니라 '코가 긴') 목에 속하는 1백여 종의 거대한 코끼리, ⟨~ mammoth⟩ 수2

568 **mas·tur·ba·tion** [매스터배이션]: ⟨manus(hand)+stupere(stupid)?⟩, ⟨어원 불명의 라틴어⟩, '손장난', 용두질, 수음, 자위 (행위), onanism, hand-job, wank, jack off, jerk off, ⟨~ finger fuck\frig³\number three⟩ 가2

569 **mat¹** [맽]: ⟨← matta(bed)⟩, ⟨페니키아어→라틴어→게르만어⟩, ⟨거칠거칠한⟩ 멍석, 돗자리, 깔개, 받침, 포대, ⟨carpet은 대개 부드러운 것임⟩, ⟨~ floor cover\pad⟩, ⟨↔un-cover\fold⟩ 양1

570 **mat²** [맡]: ⟨편자의 소견으로는 '오는 사람을 기다려 맞다'가 어원이라 봄⟩, ⟨한국어⟩, 맏이, '그해에 처음 나온', 맨 먼저 난, 첫째, eldest, ⟨↔mak-nae⟩ 미1

571 **mat-a·dor** [매터도얼]: ⟨← mat(dead)⟩, ⟨페르시아어→스페인어⟩, '죽이는 자', ⟨마지막 숨통을 끊는⟩ 투우사, 으뜸패, '흑색선전', ⟨~ killer\picador⟩, ⟨↔pacifier\victim⟩ 양2

572 **Ma·ta Ha·ri** [마아터 하아뤼], Zelle: ⟨← matahari(sun)⟩, ⟨'태양'이란 뜻의 말레이어⟩, 마타 하리, (1876-1917), ⟨젖은 작았으나⟩ 매력적인 몸매를 가진 네덜란드 출신의 무희로 사소한 정보를 팔다가 프랑스군에 의해 독일을 위한 ⟨거물 이중간첩⟩이란 덤터기를 쓰고 총살당한 '여명의 눈동자', ⟨~ a Dutch exotic dancer and courtesan⟩ 수1

573 **match¹** [매취]: ⟨← myxa(nozzle)⟩, ⟨그리스어→라틴어→프랑스어⟩, 성냥, 도화선, '초의 심지', ⟨~ scratcher\igniter\wick⟩, ⟨↔(gas) lighter⟩ 가2

574 **match²** [매취]: ⟨← gemaca(companion)⟩, ⟨게르만어⟩, 경기, 적수, 어울리다, 짝짓다, ⟨~ make\marriage⟩, ⟨~ contest\tournament\rival⟩, ⟨↔mis-match\opposite\separation⟩ 가1

575 **match-ing fund** [매칭 훤드]: '상응 출자금', '반반 투자', ⟨~ cost sharing⟩, ⟨↔non-matching fund\full funding⟩ 양2

576 **match-lock** [매취 락]: 성냥으로 불을 붙이는 발화장치, 화승총, ⟨~ fire-lock\a historical fire-arm⟩, ⟨↔auto-ignite\automatic rifle⟩ 양2

577 *****match made in heav·en**: 천생연분(의), 천정배필, pre-ordained, ⟨~ bashert\destined⟩ 양2

578 **match–mak·er** [매취 메이커]: 중신아비(어미), 결혼 중매인, 경기 대전표 작성자, ⟨~ marriage broker\matcher\pander⟩ 양2

579 *****match-making has risks**: 중매는 잘하면 술이 석잔이고 못하면 뺨이 세 대야, ⟨~ match-making is dumb as hell\don't jump the gun⟩ 양2

580 *****match play** [매취 플레이]: 득점 경기(이긴 홀의 수대로 점수를 계산하는 것), ⟨~ scratch⟩ 가1

581 **match stick** [매취 스틱]: 성냥개비, ⟨~ stick of the friction match⟩ 가2

582 **match-wood** [매취 우드]: 지저깨비, 성냥개비나무, 성냥개비나 합판을 만들기 좋은 열대성 나무들, 〈~ aspen\poplar〉 양2

583 **mate**¹ [메이트]: ge(together)+mat(food), 〈게르만어〉, 상대, 짝, 〈'meat'를 같이 먹는〉 동료, 배우자, 〈짝을 찾아〉 교미하다, 〈~ partner\copulate〉, 〈↔enemy\foe〉, 〈↔de-couple\un-link〉 양1

584 **mate**² [메이트]: 〈프랑스어〉, check mate, 외통장군(을 부르다), (장기에서) 지게 하다, 〈↔go\forward〉 미2

585 **mate**³ [마아테이 \ 매테이]: 〈← mati(a calabash gourd)〉, 〈페루 원주민어〉, 마테나무, (남미에서 즐겨 드는) 〈다년생 덩굴식물인〉 yerba의 잎으로 만든 씁쓸한 맛의 전통차, 〈~ a caffeinated drink(tea)〉 수2

586 **mate·lot** [맽로우]: 〈프랑스어〉, matroos, 마도로스, sailor, 선원, '뱃놈' 미1

587 **ma·te·lote** [매털로우트]: 〈← matelot〉, 〈네덜란드어→프랑스어〉, '뱃년', female sailor, '선원의 마누라', sailor's wife, 〈마도로스를 위해 만든〉 마틀로트, 포도주·양파·향료를 넣고 끓인 생선 전골, 〈~ a highly spicy fish stew with wine〉 수2

588 **ma·te·ri·al** [머티어뤼얼]: 〈← mater(mother)〉, 〈라틴어〉, '모태의', 물질의, 실질적인, 세속적인, 〈~ matter〉, 〈~ physical\substantial〉, 〈↔spiritual\un-important〉 가1

589 **ma·ter·nal** [머터어늘]: 〈라틴어〉, 어머니〈mother〉의, 모성의, 임신부의, 보살피는, 〈↔paternal〉 가1

590 **ma·ter·ni·ty leave** [머터어니티 리이브]: 〈산모〉 출산 휴가, 〈~ 요즈음은 pregnancy leave란 말을 쓰면 안되고 family (or parental) leave라고 해야 함〉, 〈↔paternity leave〉 가2

591 **math·e·mat·ics** [매써매틱스]: 〈← manthanein(learn)〉, 〈그리스어〉, '배우는 기술', 〈학문에 적합한〉 수학, 〈모든 학문의 기초가 되는〉 수리학, 〈~ the science and study of quality·structure·space and change〉, 〈↔inability\un-learn-ing〉 가2

592 **ma·ti·co** [머티이코우]: 〈← Mathew(gift of God)〉, 〈히브리어→스페인어〉, 〈부상당한 동명의 스페인 병사가 발견해서〉 지혈용으로 쓰던 깻잎(perilla leaf) 비슷한 잎을 가진 열대 아메리카산 후추속의 초본, 〈~ spiked pepper〉 수2

593 **Ma·til·da \ Ma·thil·da** [머틸더]: 〈게르만어〉, maht(might)+hild(battle), '위대한 용사', 마틸다, 여자 이름(feminine given name), m~; 오지 여행자, 오지인들이 휴대하는 짐 보따리, 〈~ swag³〉 수1

594 **mat·i·nee** [맽네이 \ 매터네이]: 〈← martin〉, 〈프랑스어〉, 'morning', 마티네 ①낮 흥행, 〈~ day time performance〉, 〈↔soiree〉 ②〈낮에 입는〉 여성 실내복의 일종, 〈~ woman's day-time dress〉 미1

595 **Ma·tisse** [마티스], Hen·ri: 〈← Mathew(gift of God)〉, 〈히브리어→프랑스어〉, '신의 선물', 마티스, (1869-1954), 야수파를 이끈 프랑스의 화가·조각가, 〈~ a French visual artist〉 수1

596 **ma·tri~** [매트뤼~]: 〈라틴어〉, mother, 〈어머니(혼인)~〉란 뜻의 결합사, 〈↔patri~〉 양1

597 **ma·tric·u·late** [머트뤼큘레이트]: 〈← matrix〉, 〈라틴어〉, 등록하다, 입학을 허가하다, 입학시키다, 〈~ public register\enroll\admitted〉, 〈~ exclude\reject〉 양2

598 **mat·ri·mo·ny** [매트뤄 모우니]: 〈라틴어〉, 결혼(생활), 부부(관계), 짝짓기, 〈~ marriage\wed-lock〉, 〈↔divorce〉 가1

599 **ma·trix** [매트뤽스 \ 메이트뤽스]: 〈← mater〉, 〈라틴어〉, 〈← mother〉, '모체', 자궁, 모형, 행렬(입력도선과 출력도선의 회로망), 〈→ madrigal\matter〉, 〈~ essence\womb\pattern〉, 〈↔artifact\result〉 양1 미1

600 **ma·tron** [메이트뤈]: 〈← mater(mother)〉, 〈라틴어〉, '기혼 부인', 여사, 점잖은 부인, 가정부, 여간수, 〈~ dame\head-mistress〉, 〈~(↔)patron〉 양2

601 **ma·troos** [매트루우스]: matelot(sailor), 〈프랑스어→네덜란드어〉, 마도로스, 유능한 선원, 〈~ mariner\sea-man〉 미2

602 **Mat·su·shi·ta** [마쯔씨타], Ko·no·su·ke: pine+below, 〈소나무 아래에 사는 자〉, '송하', 마쯔시타 고노스케, (1894-1989), 지주의 아들로 태어나 초등학교 중퇴후 사업에 뛰어들어 Panasonic 회사를 설립하고 〈종신고용제와 연공서열제〉를 주창한 일본의 〈경영의 귀재〉, 〈~ a Japanese industrialist〉 수1

603 **mat-tang** [맛탕]: 맛(delicious)+당(sugar), 〈한국어+중국어〉, (고구마·감자·당근·옥수수 등에) 물엿〈taffy〉을 끼얹어 튀긴 후식용 요리, deep fried delicouse, 〈~ roastie〉 수2

604 **matte** [맽]: 〈← mat(faded)〉, 〈고대 프랑스어〉, 윤이 없는, 무광의 (광택이 안나는) matt, 〈~ dull\luster-less〉, 〈↔glossy\sparkling〉 양2

605 **mat·ter** [매터]: 〈← mater(mother)〉, 〈라틴어〉, 〈← matrix〉, 〈어머니 같은〉 물질, 구성체, 제재, 문제, 사태, 중요한 일, 〈~ material〉, 〈~ substance\problem\importance〉, 〈↔nothing\void〉 양1

606 **Mat·thew** [매쓔우]: ⟨← mattithyah⟩, ⟨히브리어⟩, 'Yahweh'(야훼)의 선물(gift), 매튜, 남자 이름, ⟨~ masculine name of Hebrew origin⟩, 마태(마태복음을 지었다는 예수의 12제자의 하나), ⟨~ one of 12 Apostles⟩ 수1

607 **Mat·thew** [매씨유], Book of: 마태복음, (이스라엘의 구세주를 죽게한 유대 백성을 심판하고 그리스도 교도의 구원을 예시한) ⟨작자 미상의⟩ 신약성서의 첫 편, ⟨~ a Gospel\the first book of the New Testament⟩ 수2

608 **Mat·thi·as** [머싸이어스]: ⟨← Matthew⟩, '신의 선물', 마티아스, 남자 이름, 맛디아(가룟 유다를 대체해서 12제자의 하나로 뽑힌 남자), ⟨~ one of 12 Apostles⟩ 수1

609 **mat·tock** [매턱]: ⟨← mattoc⟩, ⟨어원 불명의 영국어⟩, (한쪽 또는 양쪽에 넓은 날이 달린) 곡괭이, '넓적'곡괭이, ⟨~ pickax⟩, ⟨~(↔)ax\hatchet⟩ 우2

610 **mat·tress** [매트뤼스]: ⟨← matrah(foundation)⟩, ⟨아랍어⟩, 침대 요, 침상, '물건을 두는 곳', ⟨~ bed\box-spring⟩ 미1

611 **ma·ture** [머츄얼] : ⟨← maturus(ripe)⟩, ⟨라틴어⟩, '익은', 성숙한, 신중한, ⟨~ fully grown\thorough⟩, ⟨↔unripe\young\immature⟩ 가1

612 **mat·zo \ ~zoh** [마아쩌]: ⟨← malstsah(unleavened)⟩, ⟨히브리어⟩, ⟨효모를 넣지 않은⟩ 무교병⟨유대인이 유월절(Pass·over)에 빵 대신 먹는 무미건조한 납작 과자⟩, ⟨~(↔)knish\knaidel⟩ 미2

613 **maud** [머어드]: ⟨Maud란 자가 입고 다니던?⟩, ⟨어원 불명의⟩ 스코틀랜드의 양치기들이 걸치던 회색 줄무늬의 어깨걸이, plaid, ⟨~ tartan⟩ 수2

614 **maud·lin** [머어를린]: ⟨성경의 Mary Magdalene에서 유래⟩ 잘 우는, 감상적인, ⟨~ emotional\romantic⟩, ⟨↔unsentimental\cynical⟩ 양2

615 **Maugham** [머엄], So·mer·set: ⟨← maligr(gravelly place)⟩, ⟨스웨덴어→영국어⟩, '자갈밭에 사는 자', 몸, (1874-1965), 의과대학을 나와 명료하고 해학에 찬 글을 쓴 영국의 '현실주의'소설가·극작가·동성 연애자⟨지옥으로 불쌍한 인간을 위협하는 쩨쩨한 신을 믿을 수 없다는⟩ 무신론자, ⟨~ an English writer⟩ 수1

616 **Mau·i** [마우이]: ⟨인간을 위해 지하에서 불을 훔쳐 왔다는 반신의 이름에서 연유함⟩ 하와이 제도 북서쪽의 화산섬(관광지), ⟨2023년 8월 산불로 인해 100명 정도가 사망함⟩, ⟨~ an island in Hawaii⟩ 수1

617 **maul** [머얼]: ⟨← malleus(hammer)⟩, ⟨라틴어⟩, 큰 나무'망치', 메, 세게치다, 상처내다, ⟨~ beat up\damage\mutilate⟩, ⟨↔protect\assist⟩ 양2

618 **maun·der** [머언덜]: ⟨← maund(beg)⟩, ⟨영국어⟩, ⟨의태어?⟩, ⟨구걸하듯⟩ 두서없는 말을 하다, 배회하다, ⟨~ ramble\wander⟩, ⟨↔keep quiet\go direct⟩ 양2

619 **Maun-dy** [머언디] Thurs-day: 세족 목요일(부활절 직전 목요일, 서로 사랑을 나누려고 빈민의 발을 씻겨⟨washing of the feet⟩ 주던 날), (예수가 "내가 너를 사랑했듯 너도 사랑하라"라는 ⟨계명; 'command'⟩을 시행하는 날), ⟨~ Holy Thursday⟩, ⟨~(↔)Last Supper of Jesus Christ⟩ 미2

620 **Mau·pas·sant** [모우퍼사안트], Guy de: (1850-1893), ⟨어원을 알 수 없는⟩ 모파상, 출세 지상주의에 바탕을 둔 궁정문학을 구가하다가 매독으로 죽은 프랑스의 ⟨자연주의⟩ 소설가, ⟨~ a French author and playwright⟩ 수1

621 **Mau·ri·ta·ni·a** [모어뤼테이니어]: ⟨← Mauros ← Moors(black)⟩, ⟨종족 이름에서 연유한⟩ 모리타니아, 1960년 프랑스로부터 독립한 후 무력정변이 난무했던 아프리카 서북부 대서양 연안·사하라 사막 남쪽의 ⟨신을 믿지 않으면 사형에 처하고 아직도 풍풍한 여자가 인기 있는⟩ 이슬람교(Islamic) 공화국, {Mauritanian-Arab-Ougui'ya-Nouakchott} 수1

622 **Mau·ri·tius** [모어뤼쉬어스]: ⟨← Maurits(Maurice)⟩, ⟨발견 당시 네덜란드 왕자의 이름에서 연유한⟩ 모리셔스, 1968년 영국으로부터 독립한 아프리카 마다가스카르섬 동쪽 인도양(Indian Ocean)에 위치한 인구 밀도가 조밀한 힌두교가 우세한 섬나라(island nation), {Mauritian-(Creole)-Rupee-Port Louis} 수1

623 **Mau·rya** [마우뤼여]: ⟨어원에 대한 학설이 무성한 산스크리트어⟩, (321~185 BC 경에) 인도의 대부분을 지배했던 최초의 통일국가, ⟨~ India's first empire⟩ 수1

624 **Mau·ser** [마우절]: ⟨← maus⟩, ⟨게르만어⟩, 모제르총, 모제르 ⟨'mouse'를 잡는 자⟩ 형제에 의해 1874년부터 출시되어 2000년에 SIGARMS사에 인수된 독일의 사냥총(제작사) 상표명, ⟨~ a German arms manufacturer⟩ 수1

625 **mau·so·le·um** [모어설리이엄]: 〈그리스어〉, (고대 7대 불가사의로 꼽히는) 〈터키땅에 묻혀있는 페르시아 총독의 이름(Mausolus)에서 연유한〉 영묘, 능, '장려한 무덤', 〈~ grave\tomb\memorial〉, 〈↔house\residence〉 양2

626 **ma·ven** \ ma·vin [메이븐]: 〈← mevin(one who understands)〉, 〈'전문가'란 뜻의 유대어〉, 숙달한 사람, 명수, 만물박사, 〈~ connoisseur\expert〉, 〈↔beginner\novice〉 양2

627 **mav·er·ick** [매뤼릭]: 〈자신의 가축에게 명표 찍기를 거부한 텍사스 농장주의 이름(Marverick; 'brilliant'란 뜻의 히브리어)에서 연유한〉 낙인 찍히지 않은 송아지, 독불장군, 독자적 인물, 이단자, 〈~ free spirit\dissident〉, 〈↔conformist\moderate〉 양2

628 **ma·vis** [메이뷔스]: 〈← mauvis〉, 〈어원 불명의 프랑스어〉, 노래지빠귀(개똥지빠귀의 일종), throstle, ⇒ song thrush 미2

629 *****maw** [머어]: ① 〈← maga(stomach)〉, 〈게르만어〉, '밥통', 반추동물의 넷째 위〈abomasum〉, 새의 멀떠구니(모이주머니), 게걸스러운 동물, 〈~ trap〉 ② 엄마〈'mom'〉의 어눌한 발음 ③ '네미자지'란 뜻의 스코틀란드 비속어, 〈~ fuck〉 양1

630 **maw·kish** [머어키쉬]: 〈← mawk〉, 〈게르만어〉, 〈구더기('maggot')같이〉 역겨운, 감상적인, 〈~ banal\corny\sentimental〉, 〈↔cool\dry〉 양2

631 **maw-seed** [머어 씨이드]: 〈영국어〉, 〈'meconium'(태아의 똥)+seed〉, 〈새까만 깨알 모양의〉 앵속자(양귀비의 씨), 〈~ seed of opium poppy〉 가1

632 **maw worm** [머어 워엄]: 〈← maw¹〉, 〈영국어〉, '위장'에 기생하는 회충류, 악한, 위선자, 〈~ ascaris(roundworm)\ruffian〉 미2

633 **max·i** [맥씨]: maxi·skirt(긴 치마), maxi·coat(긴 윗옷), 〈↔mini-skirt\midi〉 양2

634 **max·i~** [맥씨~]: 〈라틴어〉, largest / longest, 〈최대(최장)~〉이란 뜻의 결합사, 〈↔mini~〉 양1

635 **max·im** [맥씸]: 〈← maxima(axiom)〉, '가장 큰 말씀', 격언, 금언, 좌우명, 공리, 〈~ adage\proverb〉 양1

636 **max·i-mal·ism** [맥씨멀리즘]: 최대주의, 'more is more', ①화려하고 과장된 형태의 문화 예술(arts)적 경향 ②(인생살이〈life style〉에서) 가능한 한 많은 것을 성취하려는 생활 태도, 〈인류 발전의 원동력이 되는 사고방식〉, 〈↔minimalism〉 양2

637 **max·i-mum** [맥써멈]: 〈라틴어〉, '가장 큰', 최대(한도), 최고의, 극대값, 〈~ utmost\extreme〉, 〈↔minimum〉 양2

638 **max·i-mum se·cu·ri·ty** [맥써멈 씨큐어뤼티]: 가장 경계가 엄한, 최고 안전도, 〈↔no security〉 양2

639 **Max Ma·ra** [맥스 머롸아]: 맥스마라, 1951년 두사람의 이름을 따서 설립한 (가족 경영의) 이탈리아의 〈기성복〉 명품 의류 회사, 〈~ an Italian fashion company〉 수1

640 **max-well** [맥쓰웰]: 'Mack's well', 맥의 우물, (영국 물리학자의 이름을 딴) 자기 속도의 단위, 1gauss의 자력이 1cm² 통과하는 자속, 〈~ speed of electro magnetic wave〉 수2

641 **Max-well House** [맥쓰웰 하우스]: 〈Nashville에 있는 호텔 이름을 딴〉 1892년부터 시판된 미국 Kraft사의 즉석커피 상표명, 〈~ an American brand of coffee〉 수1

642 **May** [메이]: 〈라틴어에서 연유한 영국어〉, 〈성장의 여신 Maia에서 유래한〉 5월, '계절의 여왕', '생산의 달', '가정의 달', (월석; 에메랄드, 월화; 은방울 꽃), {꽃(flower)의 달} 가1

643 **may** [메이]: 〈← magh(be able)〉, 〈게르만어에서 연유한 영국어〉, ~일지도 모른다, ~해도 좋다, 바라건대, 〈상관없다는 말〉, 〈흠·허물이 없을 때는 can을 써도 됨〉, 〈~ might\could〉, 〈↔may not\shall not〉 양1

644 **Ma·ya** [마아야]: 〈← mayab(flat)〉, 〈원주민어〉, 〈'평지에 사는 자'?〉, 마야, 서기 250~900년경까지 중앙아메리카(meso-american)에서 번성했던 수학은 강했으나 문자문화가 약했던 원주민 문명(civilization) 수1

645 **ma·ya** [마아여]: 〈← ma(create)〉, 〈산스크리트어→힌디어〉, 〈불교 용어〉, 마야, 〈불변하는 사물이 있다고 믿게 하는〉 환상의 세계를 만드는 보이지 않는 힘, 환상의 산물, '영구망상', 〈~ miraculous conception〉, 〈↔debt\poverty〉, Maya; 석가모니의 생모(Budda's mother) 우2

646 **Ma·ya nut** [마아여 넏]: '중남미 호두', ⇒ bread·nut 우2

647 **May ap·ple** [메이 애플]: mandrake, 윤기 나는 갈래잎에 여러 꽃잎의 흰 꽃이 피고 5월에 호두만 한 열매를 맺으며 뿌리는 사마귀를 제거하는 데 썼던 미 동부의 산림지대에 서식하는 매자나뭇과 포도필룸(podophyllum)속의 다년생 약초 수2

648 **may-be** [메이비이]: 〈게르만어→영어어〉, 아마, 어쩌면, 〈자신 없다는 말〉, 〈~ perhaps\possibly〉, 〈↔absolutely\surely〉 가2

649 **May bee·tle (~ bug)** [메이 비이틀 (~ 버그)]: June beetle, cockchafer, 왕풍뎅이, 5~6월에 왕성하게 나뭇잎을 갉아 먹는 윤이 나는 각질의 딱정벌레, 〈~(↔)scarab〉 미2

650 **may bush** [메이 부쉬]: 'hawthorn', 산사나무, 5월경에 화사한 흰 꽃을 피우는 중국 동남부 원산의 관상수, 〈~ white-thorn〉 미2

651 **May Day** [메이 데이]: 5월제(5월 1일 봄을 찬양하는 축제), (일부 공산국가의) 노동절, 〈~ International Worker's Day〉 미2

652 **may day** [메이 데이], call: 〈← maidez(help me)〉, 〈프랑스어〉, 1920년대 초에 영국의 한 공항 관제탑에서 항공 조난 사고 시 〈영어를 잘 못하는 프랑스인을 배려해서 또는 편하해서 그랬는지는 잘 모르겠으나 그들도 알아 들으라고 만들어 낸〉의 구조 요청 무선 신호로 나중에는 선박 조난 시에도 사용하게 됨, 〈~ an international distress signal〉, ⇒ SOS 우2

653 **May-flow·er** [메이 훌라워]: ①arbutus, 5월에 피는 꽃(영국에서는 산사나무꽃 미국에서는 노루귀〈산철쭉·아네모네 등〉류), 〈~ lady's slipper\cuckoo flower\milk-maids〉 ②1620년 영국의 청교도들이 신대륙을 향해 떠나 65일만에 케이프 코드에 도착한 범선 수2

654 **may fly** [메이 훌라이]: willow fly, 5월경 습지에서 기승을 떨치는 모기 비슷한 하루살이, 제물낚시(바늘), 〈~ shad (or fish)-fly〉 미3

655 **may·hem** [메이헴]: 〈← mehain(to injure)〉, 〈프랑스어〉, 〈← maim〉, '대혼란', 파괴, 신체 상해, 〈→ mangle〉, 〈~ chaos\havoc〉, 〈↔calm\harmony〉 양2

656 **may'nt** [메인트]: may not, 될까요 \ 안 될까요, 〈~ slightly possible이란 뜻보다 absolutely prohibited란 뜻으로 더 많이 쓰임〉 가1

657 **may·o** [메이요]: ①mayonnaise의 줄임말 ②〈미국 흑인 속어〉, 〈마요네즈 같은〉 흰둥이(white people) 양2

658 **May·o Clinic** [메이요 클리닉]: 1889년 메이요〈5월에 탄생한 자〉 가문이 미국 미네소타주 로체스터시에서 설립하여 3개의 지소를 둔 세계적 진료소·종합병원·연구기관, 〈~ an American academic medical center〉 수1

659 **may·on-naise** [메이여네이즈]: 마요네즈, (지중해의 Mahon〈한니발의 동생 Mago Barca가 피난 갔던 섬〉 항구에서 시작 되었다는 설이 있는) 〈19세기 초에 등장한 어원 불명의 프랑스어〉, 기름·소금·'계란 노른자'·설탕·식초·레몬·향신료 등〈부부 싸움의 소재가 될 요소들이 너무 많이 들어 있는〉을 섞어 만들어 차게 먹는 걸쭉한 조미료 혼합물, 〈~ a thick, creamy sauce〉 우1

660 **may·or** [메이여]: 〈← magnus〉, 〈라틴어〉, 시장, 읍장, 〈어른〉, 〈~ major〉, 〈~ burgo-master\provost〉, 〈↔mayoress〉 가2

661 **may pop** [메이 팝]: 〈maracock(원주민어?)의 변형어〉, 꽃시계덩굴풀(열매), 활짝 피면 자주색의 시계판 모양이 되는 미 남부지방의 다년생 속성초, 〈~ passion-flower(vine)\wild apricot〉 미2

662 **Maz·da** [매즈더 \ 마즈다]: ①〈← mens-dhe(set the mind)〉, (조로아스터〈Zoroasta〉 교의) 광명의 신/지혜의 신〈Wise Lord〉 ②1920년부터 출시된 일본의 Matsuda사의 자동차 상품명, 〈~ a Japanese automotive manufacturer〉 수1

663 **maze** [메이즈]: 〈← masian(confuse)〉, 〈영국어〉, 〈← amaze〉, 미로, 혼란, 당황, 〈~ labyrinth\qugmire〉, 〈↔clarity\simplicity\calm〉 가1

664 **ma·zu·ma** [머쥬우머]: 〈← zimmen(prepare)〉, 〈유대어〉, 돈, 〈당장 쓸 수 있는〉 현금, 〈~ cash〉 양2

665 **ma·zur(zour)·ka** [머져얼커]: 〈'Mazovia' 지방에서 유래한〉 마주르카, 4~8명이 추는 약간 빠른 3박자의 경쾌한 폴란드 춤(곡), 〈~ Polish folk-dance in lively tempo〉 수2

666 **MBA** (mas·ter of busi·ness ad·min·is·tra·tion): 경영관리학 석사 양2

667 **mbi·ra** [엠비이뤄]: 므비라, 나무판에 부착된 금속 빗살을 손가락으로 튀겨 올리게 하는 아프리카 Zimbabwe지방 고유의 악기, thumb piano, 〈~ finger harp\gourd piano〉 수2

668 *****MBO** (man·age·ment buy-out): 경영 합병, (기업의 경영진이 소속 기업의 지분을 인수하여 기업을 사들이는) 경영인에 의한 기업 매수, 〈~ acquisition by the management team〉 우2

669 **MBTI** (My·ers-Briggs Type In·di·ca·tor): MB(성격)유형지표, 칼 융의 심리유형론을 토대로 미국의 모녀가 1962년에 초판을 낸 16가지의 〈주관적〉 성격 분류법(personality type)으로 큰 신빙성은 없으나 Covid-19 이후 한국에서 떠오르고 있음 수2

670 **MC**: (master of ceremony; 사회자, 〈~ toast master〉), (member of congress; 국회〈하원〉의원) 양2

671 **Mc-Car·ran** [맥커런] Air-port: 'Carr'(늪〈swamp〉지대에 사는 자)의 아들, 매커런, (미연방 상원의원의 이름을 따서) 1948년에 개장한 라스베이거스〈Las Vegas〉의 군용·민간용 국제 공항 수2

672 **Mc-Car·thy** [머카알씨], Jo·seph: 〈← Carthach(loving)〉, 〈켈트어〉, '사랑하는 자'의 아들, 매카시, (1908-1957), 1950년 2월부터 미국 내의 공산주의자들을 색출하라고 설레발을 쳤다 1954년 12월 의원직을 박탈당한 위스콘신 출신 초선 공화당 상원의원, 〈~ an American polotician〉 수1

673 **Mc-Cart·ney** [머카알트니], Paul: 〈← artan(bear)〉, 〈켈트어〉, '곰의 자손', 매카트니, (1942-), 비틀스의 일원으로 출세해서 많은 돈을 벌고 한때 마약에도 손을 대었으나 현재 명상·채식주의로 건강을 지키고 있는 영국의 록 가수·작곡가, 〈~ an English singer and musician〉 수2

674 **Mc-Col·lough ef-fect** [맥컬라(우) 이훼트]: 〈← cullach(boar)〉, 〈켈트어〉, 맥컬로 〈멧돼지의 자손〉 효과, (1965년 미국 심리학자가 발견한) 한 색깔만 뚫어지게 보다 옆의 백지를 보면 반대색이 보인다는 〈청개구리 심보의〉 착시 현상, 〈~ a visual illusion〉 수2

675 **Mc-Don·ald's** [맥다널즈]: 〈← domhnall; domo(world)+val(rule)〉, 〈켈트어〉, 〈1940년 미국의 캘리포니아주 샌버나디노에서 맥도널드 〈세계를 지배하는 자의 아들〉 부부가 시작해서 세계적으로 하루에 6천8백만 명을 먹이는 햄버거(hamburger) 중심 속성·간이음식 연쇄점, '진궁면(금색의 궁형 문)', 〈~ the world's largest fast food restaurant chain〉 수2

676 **Mc-gurk ef-fect** [맥거얼크 이훼트]: 〈켈트어〉, 맥구르크 〈Corc(heart)라는 족장의 자손〉 효과, 소리를 들을 때 청각 이외에 시각이 미치는 영향, 〈~ an audio-visual illusion〉 수2

677 **MCI** (Mi·cro-wave Com·mu·ni·ca·tions Inc.): '63년에 출범해서 '98년 World·Com을 거쳐 '06년 Verizon에 인수된 미국의 장거리 전화회사, 〈~ an American tele-communications co.〉 수1

678 **Mc-In·tosh** [맥킨타쉬]: 〈← toisich(leader)〉, 〈켈트어〉, '지도자의 아들' ①초가을에 익는 빨간 고급 사과(그 사과를 개발한 농부 이름), 〈~ an all purpose apple〉 ②1949년 미국의 프랭크 매킨토시가 창설한 청각기기 전문회사〈Fine Sounds Group〉로 국제적 합병·인수를 하면서 전축·확성기 사업을 하다 i-phone, i-pad로 눈을 돌린 전자기기 회사, 〈~ an American holding co.〉 수1

679 ***Mc-job** [맥좝]: (맥도널드 식당 종업원같이) 단조롭고 급료가 낮고 장래성이 없는 직업〈그러나 만족도는 높은 것으로 나와 있음〉, 〈~ low-paying, low prestige, dead-end job〉, 〈↔executives\professionals〉 수2

680 **Mc-Kin·ley** [머킨리], Moun·tain: 매킨리산, Denali산, 알래스카(Alaska)에 있는 6,194m짜리 산봉우리로 한 금점꾼이 1896년 대통령 후보 Wm.매킨리를 기념하고자 부친 이름이나 1975년 알래스카주 의회에서 원주민이 부르던 Denali('최고봉')로 고치기를 요구해서 2015년 오바마 정부의 내무장관이 허락했지만, 트럼프 대통령은 매킨리를 지지하고 있음, 〈~ the highest mountain peak in N. America〉 수1

681 **Mc-Kin·ley** [머킨리], Wil·liam: 〈← fionn(fair-haired)+laigh(warrior)〉, 〈Viking을 지칭하는 켈트어〉, '머리털이 고운 용사의 아들', 매킨리, (1843-1901), 스페인과의 전쟁에 이겨 미 제국주의의 깃대를 세운 25대 대통령으로 활약하다 한 '과대망상증' 환자의 총탄에 숨진 오하이오 출신 공화당 직업 정치인, {(높은 보호 관세를 매긴) Napoleon of Protection}, 〈~ 25th US Presudent〉 수1

682 **Mc-kin·ley Act** [머킨리 앸트]: William M~의원이 제안해서 1890년에 통과된 (하와이 설탕 관세 특혜를 철폐하고 수입 상품의 관세율을 50%까지 올려 1893년부터 공황을 불러왔다는 비난을 받는) 보호 무역법, 〈~ the Tariff Act of 1890〉 수2

683 **Mc-Kin·sey and Com-pa·ny** [머킨지 앤드 컴퍼니]: 〈← coinneach(Kenneth)〉, 맥킨지〈잘생긴(handsome) 자의 아들〉사, 1926년 창업자의 이름을 따서 설립된 미국의 세계적 경영 자문 회사, 〈~ an American management consulting firm〉 수2

684 ***Mc-Man·sion** [맥맨션]: 〈맥도널드 햄버거처럼〉 ①대량 건설된 조립식 주택, 〈~ mass-produced, low-quality house〉 ②노숙자들이 수도와 전기 등을 도용해서 문화시설을 갖춘 '호화천막(sumptuous tent)', 〈↔nanor\castle〉 수2

685 ***m**(mo·bile)**-com·merce**: '이동 상업', 무선 전자 상거래, 〈~ e-commerce〉 양2

686 ***Mc-Pa·per** [맥 페이퍼]: 〈맥도널드 햄버거같이 대충 제작한〉 '저급지'(미국 전국지 USA Today의 별명), 대충 작성한 보고서(논문)〈rough report〉 양2

687 **MD**: Maryland, managing director(감독), medicinae doctor(의사) 수1 미2

688 ***MDL**: mobile driver's license, 〈휴대화에 QR 코드를 삽입한〉 (신분 확인용) 이동 운전면허증, 〈~ MFA〉 미2

689 **MDMA**: methylene dioxymethamphetamine, (흥분·환각제) ecstacy의 화학명 미2

690 **me** [미이]: 〈← ma〉, 〈산스크리트어에서 연유한 게르만어〉, 나에게, 나를, 접니다(요), 〈~ objective case of I〉, 〈↔you〉 가2 양2

691 ***me·a cul·pa** [메이어 컬퍼]: 〈라틴어〉, through 'my fault', 나의 과실로, 내 탓으로, 〈~ I am to blame(guilty)〉, 〈↔impenitence\reject〉 양2

692 **mead** [미이드]: 〈← madhu(honey)〉, 〈산스크리트어〉, 〈발효된 꿀물〉, 벌꿀술, 봉밀주〈honey wine〉 양2

693 **Mead** [미이드], Lake: 미드호, 후버댐을 막아 만든 미국의 최대 인공 호수로 당시 개발국장의 이름을 땄음, 〈~ a reservoir formed by the Hoover Dam〉 수1

694 **Mead** [미이드], Mar·ga·ret: ①'meadow'에 사는 자 ②벌꿀술 제조자 ③미드, (1901-1978), 태평양 군도와 미 본토 청소년을 비교해서 문화가 성격 형성에 미치는 영향을 연구한 미국의 인류학자, 〈~ an American cultural anthropologist〉 수1

695 **mead·ow** [메도우]: 〈← mow(hay)〉, 〈게르만어〉, 풀밭, 목초지, 강변의 초원, 〈~ pasture\grass-land〉, 〈↔sky\sea〉 양1

696 **mead·ow clo·ver** [메도우 클로우붜]: 붉은토끼풀〈red clover〉 미2

697 **mead·ow fox-tail** [메도우 홧스테일]: 큰뚝새풀(독새풀), 여우 꼬리 같은 갈대 꽃을 피우며 습지에서 잘 자라는 다년생 목초, 〈~ a stout erect perennial grass〉 미2

698 **mead·ow grass** [메도우 그래스]: 왕포아(poa)풀, 가늘고 긴 꽃자루가 달린 온습지에서 잘 자라는 볏과의 다년생 목초, 〈~ blue-grass\spear-grass\tussock〉 미2

699 **mead·ow lark** [메도우 라알크]: 들종다리, 흑·갈색의 등에 적·황색의 배를 가지고 초원에서 벌레를 잡아먹는 북미산 찌르레기, 〈~ a chunky, short-tailed grass-land song-bird〉 미2

700 **mead·ow mouse** [메도우 마우스]: meadow vole, field mouse, 들쥐, 북미대륙의 초원에 살며 팔짝팔짝 뛰는〈very active〉 재주가 있는 생쥐 미2

701 **mead·ow mush·room** [메도우 머쉬루움]: (식용) 주름버섯, 미국 느타리, 흰색의 갓에 연두색의 속살을 가진 미국에서 가장 많이 (구워) 먹는 양송이, 〈~ field mushroom\pink-bottom〉 미2

702 **mead·ow saf·fron** [메도우 쌔후뤈]: naked ladies('나부들'), naked flower(나화), 잎보다 꽃이 먼저 땅에서 올라오는 관상용 구근식물, 〈~ colchicum〉 우1

703 **mead·ow sweet** [메도우 스위이트]: mead wort, 일본조팝나무, 단풍터리풀, 단풍 모양의 잎과 조팝같은 흰 꽃을 피우며 습지에서 잘 자라는 다년생 목초·약초, hard·hack, ⇒ steeple bush 미2

704 **mead-wort** [미이드 워얼트 \ 메드 워얼트]: meadow·wort, 단풍터리풀, ⇒ meadow sweet 미2

705 **mea·ger** \ ~gre [미이걸]: 〈← macer(lean)〉, 〈라틴어〉, 빈약한, '야윈', 불충분한, 〈~ partly\negligible〉, 〈↔ample\sufficient〉 양1

706 **meal¹** [미일]: 〈← mela(fixed time)〉, 〈게르만어〉, 〈정해진 시간에 먹는〉 식사(시간), 한 끼(분), 〈~ measure〉, 〈~ dinner\food〉, 〈~(↔)snack〉 가2

707 **meal²** [미일]: 〈← melwan(grind)〉, 〈게르만어〉, 〈'mill'(맷돌)로 (거칠게 간) 곡식, 거친 가루, 〈~ grain\flour\bran〉, 〈↔inedibles\vegetable\fruit\meat〉 가1

708 **meal kit** [미일 킽]: 〈콩글리시〉, '식사 도구', 금방 요리할 수 있도록 다듬어 놓은 식품 재료들, 손질된 재료와 양념·조리법 등이 함께 포장되어 있어서 간단하게 조리해 먹을 수 있는 제품, 포장식품, 〈kit라는 말은 연장을 뜻함으로 ready meal(간편식)이 맞는 말임〉, 〈HRM(home-made ready meal)도 콩글리시임〉, 〈~ TV dinner〉 양2

709 **meals-on-wheels** [미일즈 언 위일즈]: '수레 식사', 급식 택배 봉사, 〈~ delivery (or mobile) meals〉 미2

710 **meal-y–bug** [미일리 버그]: 벚나무깍지벌레, 가루깍지벌레, 쥐똥나무벌레, 밀가루(flour) 같은 분말로 몸을 보호하며 과일 나뭇잎을 갉아 먹는 노린재 모양의 곤충, 〈~ a small soft-bodied insect〉, 〈~(↔)aphid\scale bug〉 미2

711 **meal-y-mouthed** [미일리 마우쓰드]: '말을 맷돌로 갈아하는', 에둘러 말하는, 말을 빙빙 돌리는, 듣기 좋게 말하는, 솔직히 말하지 않는, 〈~ devious\deceptive〉, 〈↔straight-forward\hard-mouthed〉 양1

712 **mean¹** [미인]: 〈← meino(intent)〉, 〈게르만어〉, 〈← mind〉, 의미하다, 뜻하다, 〈~ signify\plan〉, 〈↔disbelieve\dismiss〉 가1

713 **mean²** [미인]: 〈← mein(false)〉, 〈게르만어〉, 〈영국 양반이 아니라 미국 상놈(저질)이나 하는〉 비열한, 인색한, 〈인류 공통의〉 하잘 것 없는, 〈~ malicious\miserly\nasty〉, 〈↔kind\generous\nice〉 가1

714 **mean³** [미인]: 〈← medius〉, 〈라틴어〉, 〈← middle〉 중간의, 평균의, 보통의, 〈~ central\average〉, 〈↔exceptional〉 가1

715 **me·an·der** [맨더]: 〈그리스어→라틴어→영국어〉, (인생은) 꼬부랑길, 정처 없는 거닒, 〈소아시아에 있는 Menderes강처럼〉 굽이쳐 흐르다, 〈~ zig-zag\twist and turn\coddi-womple〉, 〈↔straight〉 양1

716 *__mean-ing-ol·o·gy__ [미닝갈러쥐]: 〈2020년에 등장한 신조어〉, 〈삶에서 사고 방식이 중요하다는〉 의미론(학), 〈앞으로 떠오를지도 모르는 말〉, 〈~ study and practice of meaning in life〉, 〈~(↔)phraseology〉 양2

717 *__mean–mug-ging__ [미인 머깅]: '인색한 낯짝을 짓다', 노려보다, 째려보다, 〈~ dirty look〉, 〈↔smiling〉 양2

718 **means** [미인즈]: 〈일의 'mean³(도중)'에 사용할 수 있는〉 수단, 방법, 재력, 〈~ method\resources〉, 〈↔purpose\poor-ness〉 가2

719 **meant** [멘트]: mean의 과거·과거분사 가1

720 *__mean-time(while)__ [미인 타임(와일)]: '사건이 벌어지는 중간에', 그동안, 당분간, 한편, 동시에, 〈~ for now\concurrently\temporarily〉, 〈↔continuity\permanent〉 양1

721 **mea·sles** [미이즐즈]: 〈← maseren(little spots)〉, 〈네덜란드어〉, 홍역, 〈수많은 조그만 반점이 생기는〉 마진, 풍진, 공기로 전염되는 바이러스에 의한 호흡기·피부 질환으로 미국에서는 2016년에 박멸된 것으로 발표되었으나 해외에서 반입되고 있음, 〈~ rubeola\an airborne viral disease〉 양2

722 **meas·ure** [메져]: 〈← metiri(correct understanding)〉, 〈라틴어〉, 재다, 평가하다, ~의 척도가 되다, 치수, (악보의) 마디〈bar〉, 도량형기, 척도, 방책, 〈~ meal\meter〉, 〈~ count\scale\action〉, 〈↔guess\estimate〉 양1

723 **meas·ure-ment** [메져먼트]: 측량, 도량형법, 치수, 〈~ quantification\assessment〉 양1

724 **meas·ur·ing worm** [메져링 워엄]: 자벌레, ⇒ looper, inch worm 가1

725 **meat** [미이트]: 〈← mete(food)〉, 〈게르만어〉, '음식', 고기, 속살, 내용, 좋아하는 것, 〈~ flesh\substance\game〉, 〈↔drink\vegetable〉, 〈↔skin\bone\fat〉 양1

726 *__meat ball__ [미이트 버얼]: 〈동그란〉 고기완자, 지겨운 놈, 〈~ meat dumpling\dork〉, 〈↔steak\smarty pants〉 미2 양2

727 **meat fly** [미이트 홀라이]: 쉬파리, ⇒ flesh fly 가2

728 **meat loaf** [미이트 로우후]: '고깃덩이' ①다진 고기·양파·계란·우유·빵 부스러기를 섞어 덩어리 모양으로 구운 요리, 〈~ meat ball (or roll)〉 ②개인이 여러 사람에게 보낸 일방적·비상업적 전자 우편물, 〈~ bulk e-mail〉 우1

729 *__meat-space__ [미이트 스페이스]: 〈meta-space에 대항해서 생겨난 말〉, 실체(생활) 공간, 가상(공상) 세계가 아닌 현실(실재) 세계, 〈~ physical world〉, 〈↔cyber-space\virtual environment〉 미2

730 *__meat-ware__ [미이트 웨어]: 신체기기, 〈강성·연성기기를 조작하는 인간(human)기기지만 '간혹' 명청한 짓도 하는〉 '고깃덩이리', 〈~ wet (or live)-ware〉, 〈↔soft-ware\hard-ware〉 미2

731 **Mec·ca** [메커]: 〈← mahrab(sanctuary)〉, 〈아랍어〉, 메카, 마호메트가 탄생한 사우디아라비아 서쪽의 황량한 계곡지대에 생긴 '성지'·교역 도시, 동경의 땅, 발상지, 〈~ a desert valley in W. Soudi Arabia〉 수1 양1

732 **Mec·ca bal·sam** [메커 버얼썸]: 길레아드(Gilead: 중동지방 지명) 발삼나무〈Arabian balsam tree〉에서 채취한 방향성 수지, 〈~ Commiphora gileadensis〉 수2

733 **me·chan·ic** [머캐닉]: 〈← mekhane(device)〉, 〈그리스어〉, 기계공, 정비사, 장인, '기계와 관련된', 〈~ machine〉, 〈~ technician\engineer\service-man〉, 〈↔manual\apprentice\non-mechanic〉 가1

734 **mech·a·nism** [메커니즘]: 〈그리스어〉, '기계 구조', 기계 장치, 기구, 기법, 과정, 〈~ procedure\technology〉, 〈↔failure\goal〉 양1

735 **Mech·lin** \ Me·che·len [메클린], lace: 벨기에(Belgium) 메클린 지방산 무늬가 든 수 장식, 〈~ an old bobbin lace〉 수2

736 **med·al** [메들]: 〈← metallum〉, 〈라틴어〉, 〈← metal〉, 상패, 훈장, 〈→ medallion〉, 〈~ badge\decoration〉, 〈↔ribbon〉 가1

737 **med·al·ist** [메덜리스트]: 한 주로에서 타수가 가장 적은 자, 우승자, 〈~ prize-winner\champion〉, 〈↔challenger\loser〉 우2

738 **me·dal-lion** [머댈리연]: 〈← medal〉, (둥그런) 대형 훈장, 원형 기장, (미국의) 택시 면허증, 〈~ plaque\roundel\taxi (driver's) licence〉, 〈↔dis-honor\refuse〉 우2

739 **med·dle** [메들]: 〈← miscere〉, 〈라틴어〉, 〈← mix〉, (쓸데없이) 참견하다, 간섭하다, 뒤섞다, 〈→ medley〉, 〈~ butt in\interfere〉, 〈↔leave alone\erase〉 가1

740 **Me·de·a** [미디이어]: 〈← medeia(cunning)〉, 〈그리스어〉, '교활한 자', 메데아, 제이슨에게 황금 양털을 손에 넣게 한 여자 마술사(sorceress)로 나중에 Jason이 시앗을 두었을 때 그녀를 비롯해서 자신이 낳은 자식들까지 죽이고 아테네로 도망간 '간녀', 〈~ princess of Colchis〉 수1

741 **Me·de·cins Sans Fron·tieres** (Doc·tors With·out Bor·ders): 〈프랑스어〉, 국경없는 의사회, 1971년 프랑스 의사·기자들이 주축이 되어 (풍토병을 치료하기 위해) 구성된 세계적 의료 봉사 단체, 〈~ a charity org. providing humanitarian medical care〉 미2

742 **Med-ex** [메딕스]: medical extension offiicer(의정장교), 위생병 양성 계획 우2

743 **Med-fly** [멛 홀라이]: Mediterranean fruit fly, 지중해광대파리(집파리보다 약간 작으며 전파가 빠른 열대성 과일의 해충) 수2

744 **me·di·a** [미이디어]: 〈라틴어〉, 미디어, medium의 복수, 매체(들), 〈~ means of communication〉 양2

745 **me·di·al** [미이디얼]: 〈라틴어〉, 중간의, 안쪽(내측)의, 〈~ central\inner-most〉, 〈↔lateral〉 양2

746 ***me·di·a lit·er·a·cy** [미이디어 리터뤼시]: 〈점점 중요해지는〉 (대중)매체 문해력, 대중매체로 전달되는 정보를 확인·이해·활용할 수 있는 능력, 〈↔media illiteracy〉, 〈캘리포니아에서는 2024년부터 유치원부터 고등학교까지 필수과목으로 채택했는데 근본적으로 가짜 뉴스를 만들어 유포하는 놈들을 잡아서 처벌해야지 눈 가리고 아웅하는 정책이라고 사료됨〉 양2

747 **me·di·an** [미이디언]: 〈← medius(middle)〉, 〈라틴어〉, 중앙(중간)의, 〈→ mezzanine\mezzo〉, 〈~ average\central〉, 〈↔extreme\peripheral〉 가1

748 **me·di·as** [메디아스]: 〈← mallas(tights)〉, 〈스페인어〉, '메리야스', 〈막대소가 있는〉 양말(socks) 가1

749 **me·di·a shy** [미이디어 샤이]: 대중매체를 꺼리는(무서워하는), 〈↔media brave〉 미2

750 **me·di·a-tion** [미디에이션]: 〈중간에 자리 잡고 하는〉 중재, 〈중재자의 결정을 안 받아들여도 되는〉 조정, 화해, 알선, 〈~ conciliation〉, 〈~(↔)arbitration은 강제성이 있음〉 가1

751 **med·ic¹** [메딕]: 〈← mederi(heal)〉, 〈라틴어〉, '의무사', 의사·수련의·간호사·위생병 등 의업에 종사하는 사람들의 총칭, 〈~ health-care worker〉 미2

752 **med·ic²** [메딕]: 〈'Medtterranean' 원산〉 거여목속의 식물(콩과의 목초), 개자리속의 각종 다년초(토끼풀 종류), 〈~ hop clover〉 미2

753 **Med·i-caid** [메디케이드]: medical+aid, 주 정부(state government)가 관장하는 미국의 저소득자 의료 보조 제도 수2

754 **Med·i-Cal** [메디 캘]: 캘리포니아(California) 주 정부의 Medicaid 제도 수2

755 **med·i-cal** [메디컬]: 〈← mederi(heal)〉, 〈라틴어〉, 의학(의료)의, 내과의, 〈~ pertaining to medicine〉 가1

756 **med·i-cal at-ten·dant** [메디컬 어텐던트]: 의료 시중꾼, 시의, 담당 의사, 주치의, 〈~ medical worker〉 양1

757 **Med·i-care** [메디케어]: medical+care, (미국의) 연방정부〈federal government〉가 관장하는 65세 이상이나 심신장애자를 위한 의료 보조 제도 수2

758 **Med·i-care Part A**: 입원 치료비 항목, 〈~ in-patient cost〉 수2

759 **Med·i-care Part B**: 외래 치료비 항목, 〈~ out-patient cost〉 수2

760 **Med·i-care Part C**: ~ alternative plan, 정부에서 하청을 준 업체에서 관할하는 'commercial(상업적)' 제도 수2

761　**Med·i-care Part D**: 처방약(drug) 항목 수2

762　**med·i·ca·tion** [메디케이션]: 약물(치료), 투약(법), 〈~ pharmaceutical drug\medicine〉, 〈↔poison〉 가1

763　**Med·i-ci** [메디취], House: '의사 집안', medical doctors, 메디치, 14~16세기에 세 명의 교황과 두 명의 프랑스 왕비를 배출하고 많은 예술가를 후원한 이탈리아 플로렌스(florence) 지방의 영주 가문·고리대금업자, 〈~ an Italian banking and political dynasty〉 수1

764　**med·i-cide** [메디싸이드]: 의사의 도움으로 하는 안락사(assisted suicide), 의료 사고에 의한 살인(iatrical man-slaughter) 미2

765　**med·i·cine** [메디슨]: 〈← mederi(heal)〉, 〈'의사'라는 뜻의 라틴어〉, (내복)약, 〈병을 고치기 위한〉 의학, 〈적절한 방침을 취하는〉 의술, 내과, 주술, 〈~ therapeutics\medication〉, 〈↔disease〉, 〈↔surgery〉 가1 양1

766　**me·di·e·val** [미이디이벌]: medium+aevum(age), 〈라틴어〉, '중간에 있는 시대의', 중세(풍)의, 구식의, 〈~ Middle (or Dark) Age〉, 〈↔ancient\modern〉 양2

767　**me·di-gap** [메디 갭]: (미국에서) Medicare나 Medicaid로 보조받지 못하는 의료비의 부족분을 채워주는 민간 의료보험, '의료간격', 〈~ secondary insurance〉 우1

768　**Me·di·na** [머디이너]: 〈아랍어〉, '마을〈town〉', 메디나, 마호메트의 무덤(tomb of Muhammad)이 있는 사우디아라비아 북서부의 성지·농경 도시, 〈~ City of the Prophet〉, 〈~ a city in W. Saudi Arabia, m~〉; 구지구, 원주민 거주지역, 〈~ city〉 수1 미2

769　**me·di·o·cre** [미이디오우컬]: 〈← medius(middle)〉, 〈라틴어〉, 〈울퉁불퉁한 산의 '가운데'〉, 보통의, 평범한, 이류의, 시시한, 〈~ ordinary\average〉, 〈↔big time\exceptional〉 가2

770　**med·i·tate** [메디테이트]: 〈← meditari(think)〉, 〈라틴어〉, 명상하다, 숙고하다, 계획하다, 〈~ mete\measure〉, 〈~ contemplate\cogitate〉, 〈↔disregard\dismiss〉 가1

771　**Med·i·ter·ra·ne·an** [메더터뤠이니언]: medius(middle)+terra(land), 〈라틴어〉, 메디테라니언, 〈육지의 '중간'에 있는〉 지중해(연안)의, 〈~ Sea of the Philistines〉 양2

772　**me·di·um** [미이디엄]: media(복수형), 〈라틴어〉, '중간', 매체, 생활환경, 용액, 〈~ moderate\commonplace〉, 〈↔extreme\biased〉 양1

773　＊**me·di·um scale in·te·gra·tion** (MSI): 중규모 집적 회로(10~100개의 논리 기능을 가진 통합 회로), 〈~ a category of integrated circuits\moderate number of electronic components〉 미2

774　**med·lar** [메드러]: 〈← mespilon(a quince)〉, 〈어원 불명의 그리스어〉, 작은 석류같은 열매가 맺히는 장미과의 상록관목, 〈썩기 시작할 때가 제일 맛있는〉 (서양)모과·비파, 〈~ nase-berry\sapodilla〉, 〈~ loquat\Japanese quince〉 미2

775　**med·ley** [메들리]: 〈← miscerex(mix)〉, 〈라틴어〉, 〈← meddle〉, 잡동사니, 접속곡, 혼성곡, 잡탕, 뒤범벅, 〈→ melee〉, 〈~ mix\assortment〉, 〈↔singularity〉 가1 미1

776　**Med-line** [메들라인]: 의학 문헌 검색 체계, Medlars(medical literature analysis and retrieval systems)+online, 1879년 의학 문헌 검색체제로 시작되어 나중에 전산화된 미국 의학 도서관 발행의 공용 종합 의학지식 정보창구로 Medline plus· Pub Med 등이 나왔음 수2

777　**Me·doc** [메이닥]: 〈어원 불명의 켈트족 부족 이름(Medulli)에서 연유한〉 프랑스 남서부 메도크 지방산 적포도주, 〈~ a Bordeaux wine〉 수1

778　**Med-tron·ic** [메드롸닉]: medical electronics, 메드트로닉, 1949년 맥박조정기를 시작으로 각종 의료장비를 만들어 팔고 있다가 2015년 세금 때문에 아일랜드 국적을 취득한 미국의 세계적 의료공학 회사, 〈~ an American-Irish medical device co.〉 수1

779　**me·dul·la** [메덜러]: 〈← medius(middle)〉, 〈라틴어〉, 결체질, 응고물, 골수, 정수, 척수, 뇌와 척수가 연결되는 〈중간〉 부위의 골조직, 〈~ marrow\essence〉, 〈↔cortex\exterior〉 양2

780　**Me·du·sa** [머듀우서]: 〈← medein(protect)〉, 〈그리스어〉, '보호자', 메두사, 아름다운 머리털을 자랑하다 아테나에 의해 사람들이 보기만 해도 돌로 변하는 추녀로 변한 골곤(Gorgon)의 3자매 중의 하나, 〈~ a monstrous woman〉, 〈↔Aphrodite〉 수1

781　**me·du·sa** [머듀우서]: 〈그리스어에서 연유한 영국어〉, ephyra, jelly fish, 해파리('Medusa'같이 산발한 머리 모양의 촉수를 가진 강장동물) 미2

782　**meek** [미이크]: 〈← miukr(soft)〉, 〈북구어〉, '온화한', 순한, 용기가 없는, 〈~ muck〉, 〈~ un-assuming\modest〉, 〈↔arrogant\aggressive〉 가1

783 **meer-kat** [미어캩]: 〈네덜란드어〉, sea cat, '바다 고양이', (남아프리카산) 족제비류의 작은 육식동물, 〈~ a mongoose〉 우1

784 **meet** [미이트]: 〈← metan(encounter)〉, 〈게르만어〉, 만나다, '마주치다', 맞서다, 응하다, 〈~ moot〉, 〈~ greet\confront〉, 〈↔avoid\separate\wince〉 가1

785 ***meet e·vil with e·vil**: 악에는 악, 악마를 퇴치하려면 악한 수단을 써야한다, 이이제이, 이열치열, 〈~ fight fire with fire\set a thief to catch a thief〉 양2

786 **meet-up** [미이트 엎]: (조촐한) 〈비격식〉 모임, meeting 미1

787 **meet up** [미이트 엎]: ~와 만나다, 마주치다, 모이다, 〈~ convene\gather〉, 〈↔disperse\separate〉 양2

788 **meg·a** [메가]: 〈그리스어〉, large(great), '엄청나게 큰', 거대한, 최고의, 10^6 (백만), 〈~ enormous\gigantic〉, 〈↔mini\bitty〉 미2

789 ***meg·a-bit** [메거 빝]: Mb, 10^6비츠(전산기 기억용량 단위) 우1

790 ***meg·a-byte** [메거 바이트]: MB, 10^6바이츠(전산기 기억용량 단위) 우1

791 ***meg·a-cap** [메거 캪]: mega+capitalization, '거대한 모자', (Apple·MS·Alpha-bet 등) 시가 총액이 '2천억불' 이상의 상장주〈large-cap은 1천억불 내외〉 우2

792 ***meg·a-chip** [메거 칲]: 단일소자에 1백만 비트(mega-bit)의 정보량을 소장할 수 있는 반도체, 〈~(↔)micro-chip〉 우1

793 ***meg·a-flop** [메거 훌랖]: 1초당 1백만 번의 떠돌이 소수점 연산, 완전한 실패, 〈~ one million floating point\complete failure〉, 〈↔jack-pot〉 우1

794 **meg·a·lop·o·lis** [메걸라펄리스]: 거대 도시(2개 이상의 대도시가 인접된 지역), 〈~(↔)metropolis보다는 크고 cosmopolis보다는 작음〉, 〈↔village\townlet〉 양2

795 **meg·a-phone** [메거 호운]: 〈엄청나게 큰 소리를 내는〉 확성기, 〈~ loud speaker〉, 〈~(↔)micro-phone〉, 〈↔whisper\head-phone〉 가1

796 **meg·a-pode** [메거 파드]: '큰 발'(large feet)로 굴을 파고 사는 무덤새, 〈~ incubator bird〉, ⇒ mound bird 미2

797 **Me·gid·do** [머기도우]: 〈히브리어〉, place of crowds, '혼잡한 장소', 메기도, (성경의) Armageddon, (전쟁터로 유명한) 이스라엘 북부〈northern Israel〉의 고대 도시 수1

798 *****MEGO** [미이고우]: my eyes glaze over, 지겨운 것, 잘 이해가 안 되는 것, 〈~ bored\confused〉 미2

799 **mehn·di** [멘디이]: 〈← mendhika(henna plant)〉, 〈산스크리트어〉, 이집트 쥐똥나무에서 채취한 염료로 정교한 문신을 새기는 기술, 〈~ a body art〉 우1

800 **Mei-ji** [메이쥐]: Mutsuhito, 〈중국어→일본어〉, 목인, 〈'밝은 치세(enlighten-ed rule)'의〉 명치(천황), 1852년생으로 재위 1867~1912년 동안 서양문물을 받아들여 혼잡했던 나라를 산업·군사 강국으로 키운 일본왕, 〈~ 122nd emperor of Japan〉 수1

801 **mei·o·sis** [마이오우시스]: 〈← meion (less)〉, 〈그리스어〉, reductive division, 감수분열, (성염색체와 같이) 〈분열시 염색체가 다시 갈라지는〉 환원분열, 〈↔mitosis〉 미2

802 **Me·ir** [메이어 \ 마이어], Gol·da: 〈히브리어〉, '빛나는 자(bright one)', 마이어, (1898-1978), 노동당의 지도자로 본국으로의 이민 정책을 추진하다 아랍전에 패해 실각한 러시아 태생 이스라엘 여성 정치 지도자, 〈~ former prime minister of Israel〉 수1

803 *****me-ism** [미이이즘]: 〈2001년에 등장한 영국어〉, me+ism, 자기중심주의, 〈~ egotism\solipsism〉, 〈↔altruism\sonder〉 양2

804 **Me-kong** [메이캉]: 〈타이어〉, mother+river, '어머니 강', 메콩, 티베트(Tibet)에서 시작해 삼각주를 이루면서 동남쪽으로 인도차이나(Indo-China)반도를 관통하는 4,180km짜리 강, 〈~ Cambodia River\a transboundary river〉 수1

805 **mel·an·cho·li·a** [멜런코울리어]: melas(black)+chole(bile), 〈그리스어→라틴어〉, '검은 담즙증', 우울(증), 〈~ depression\black dog〉, 〈↔mirth\mania〉 양2

806 **mé-lange** [메이라앙쥐]: 〈← méler(to mix)〉, 〈프랑스어〉, 그러모은 것, 뒤범벅, 혼합물, 잡록, 〈~ medley\hodge-podge〉, 〈↔homogeneity\singularity〉 양2

807 **mel·a·nin** [멜러닌]: 〈← melas(black)〉, 〈그리스어+영국어〉, 검은 색소, 〈↔albino〉 가1

808 **me·las·ma** [밀래즈머]: 〈← melas(black)〉, 〈그리스어〉, 기미, 흑피증, liver spot 양2

809 **mel·a·to·nin** [멜러토우닌]: melano+tonic, 〈그리스어+영국어〉, black serotonin, 멜라토닌, '흑색내분비물', (빛의 양에 반비례해서) 생체 주기〈circadian rhythm〉 조절에 중요한 역할을 하는 송과선의 분비물, 비처방 불면 치료제〈sleep-aid〉 우1

810 **Mel·bourne** [멜번]: 〈영국어〉, '방앗간이 있는 시내〈mill stream〉', 멜버른, 1835년경부터 세워져 1837년 영국 수상의 이름을 딴 오스트레일리아 남동부의 항구·산업·상업 도시, 〈~ a coastal city in S-E Australia〉 수1

811 **meld** [멜드]: ①〈← melden(announce)〉, 〈게르만어〉, '패를 내보이다', 득점을 선언하다, 〈~ declare〉, 〈↔conceal〉 ②〈영국어〉, 혼합(융합)시키다, 〈melt+weld〉, 〈~ blend\merge〉, 〈↔separate〉 양1

812 **me·lee** [메이레이]: 〈← meslee(mixture)〉, 〈프랑스어〉, 〈← medley〉, 혼란, 난투, 아수라장, 〈~ tumult\commotion〉, 〈↔calm\peace〉 양2

813 **mel·i·lot** [멜러랕]: meli(sweet)+lotos(lotus), 〈그리스어〉, 멜리로트, 서양 전동싸리, ⇒ sweet clover 우2

814 **me·lis·ma** [밀리즈머]: 〈그리스어〉, 〈← melody〉, cadenza, (한 음절에 다수의 음표를 붙이는) 화려하고 아름다운 음악 양식, 〈~ vocal run〉, 〈↔syllabic singing〉 우1

815 **me·lis·so·pho·bi·a** [멜리쏘우 호우비어]: melissa(bee)+phobia(fear), 〈그리스어〉, 〈극심한〉 '꿀벌' 공포증, 〈~ api·phobia〉 양2

816 **Mel·len** [멜런], An·drew: 〈아일리시계 이름〉, '명랑한 아이', small pleasant one, 멜런, (1855-1937), 금융업자의 아들로 태어나 각종 산업에 투자하여 떼돈을 벌고 나중에 11년간 재무장관 노릇을 한 미국의 보수파 공화당적 정치인, 〈~ an American banker and politician〉 수1

817 **mel·lif·lu·ous** [멜리홀루이스]: mellis(honey)+fluere(flow), 〈라틴어〉, 달콤한, 감미로운, 〈~ melodious\sweet-toned〉, 〈↔cacophonous\strident〉 양2

818 **mel·lo-phone** [멜러호운]: mellow+phone, (군악대·협주곡 등에서 중간 음을 다 잡아 주는) trumpet보다 비교적 단순한 금관 취주악기, 〈~ a valved brass instrument〉 우1

819 **Mel·lo-tron** [멜러트란]: 멜로트론, mellow+electronic, 전산기로 편찬·합성한 건반악기(상표명), 〈~ an electronic key-board instrument〉 수2

820 **mel·low** [멜로우]: 〈← melu(soft)〉, 〈영국어〉, '부드러운', 달콤한, 원만한, 거나한, 〈← meal²?〉, 〈~ sweet-sounding\easy-going〉, 〈↔harsh\hoarse〉 양1

821 **me·lo·de·on** [멀로우디언]: 〈그리스어〉, 〈← melody〉, 소형 건반악기, 리드〈피리〉 오르간·아코디언, 〈~ American (or reed) organ\diatonic button accordion〉 우2

822 **me·lod·i·ca** [멀라디커]: 〈그리스어→영국어〉, melody+harmonica, (하모니카같이) 입으로 불면서 연주할 수 있는 건반악기, 〈~ a hand-held free-reed instrument〉 우2

823 **mel·o·drama** [멜러 드라아머]: 〈그리스어→프랑스어〉, music+drama, '음악극', 신파극, (주로 경사로 끝나는) 달콤하고 감상적인 통속극, tear jerker, 〈~ soap opera\romance\transpontine〉, 〈↔monotonous\boring\whodunit\tech-noir〉 양2

824 **mel·o·dy** [멜러디]: 〈← melos(song)〉, 〈'노래'란 그리스어에서 연유함〉 가락, 선율, 아름다운 곡조, 〈→ melisma〉, 〈~ music\tune〉, 〈↔cacophony\dissonance〉 가1

825 **mel·on** [멜런]: 〈← melo-pepon〉, 〈그리스어〉, '사과〈apple〉 모양의 박', 참외(musk melon), 수박(water melon), 특별 배당 가2 양2

826 ***mel·on-head** [멜런 헤드]: ①돌대가리, '형광등', 〈~ dim-wit\fool〉 ②흰돌고래, beluga, white whale, ⇒ sea canary 미2

827 **melt** [멜트]: 〈← meltan(dissolve)〉, 〈게르만어〉, '녹다', 누그러지다, 서서히 사라지다, 〈~ malt\smelt〉, 〈↔coagulate\emerge〉 양1

828 ***melt-down** [멜트 다운]: 붕괴, (고체가 액체로 되는) 용융, (주가나 물가의) 폭락, 〈~ break down\fall apart〉, 〈↔melt-up〉 양1

829 **melt·ing pot** [멜팅 팥]: 도가니, 각종 인종·문화가 뒤섞여 있는 나라 〈즉, 미국〉, 〈~ cultural amalgamation〉, 〈↔closed (homogenous) society〉 가1 미2

830 ***melt-up** [멜트 엎]: ①용융(melt-dowm) ②(주가나 물가의) 폭등, (엄청난 가격상승을 초래하는) 시장 과열 상태, 〈~ sudden rise〉, 〈↔melt-down〉 양2

831 **Mel-ville** [멜빌], Her-man: mala(bad)+ville(settlement), 〈라틴어→게르만어〉, '척박한 땅에 정착한 자', 멜빌, (1819-1891), 「Moby Dick(백경)」등 뱃사람의 경험과 심실한 상상력을 살려 모험적이고 역동적인 글을 쓴 미국의 소설가·문장가, 〈~ an American novelist〉 수1

832 **mem·ber** [멤버]: 〈← membrum(portion)〉, 〈라틴어〉, 〈← limb¹〉, 일원, 회원, 〈팔과 다리 같은〉 구성 요소, 동인, 〈한국 술집에서 아가씨들을 거느리던〉 조장, 〈~ constituent\affiliate〉, 〈↔entity\out-sider〉 양1

833 **mem·brane** [멤브뤠인]: 〈← membrana(thin skin)〉, 〈라틴어〉, 〈← limb²〉, (얇은) 막, (문서의) 한 장, 〈→ meninx〉, 〈~ layer\sheet〉, 〈↔medulla\cortex〉 가1

834 *****meme** [미임]: 〈← mimoumai(imitate)〉, 〈그리스어〉, mimeme, (비유적) 문화 구성 요소, 농담이나 장난이 모방〈'mimic'〉·확산되는 현상, (대중매체로) 모양을 반복해서 이어지는 사회 관습, '풍자복제', 〈~ imitation\mime〉, 〈↔speaking\non-imitative〉 우2

835 *****me·men·to mori** [머멘토우 모어뤼]: 〈라틴어〉, 죽음을 상기하다, 오만하지 말라, 인생무상, 〈~ remind the inevitability of death〉, 〈↔memento vivere (remember to live)〉 양2

836 **meme-pho·bi·a** [미임 호우비어]: '풍자복제 공포증', 〈자신을 비꼬는 기사가 대중매체를 통해 확산 되는 것에 대한〉 입소문 두려움증, 〈~ fear of rumor〉 양2

837 *****meme stock** [미임 스탁]: (전산망에서) '입소문〈word of mouth〉'을 타고 투자자가 몰리는 주식, 〈구전주식〉, 〈~ tendies\FOMO〉, 〈↔paper hand\diamond hand〉 미2

838 *****meme vi·rus** [미임 봐이러스]: 어떤 문화·사회적 현상이 진위를 떠나 선풍적(viral)으로 전산기 사용자에게 전파되는 일, 〈~ spread of rumor〉, 〈↔meme-phobia〉 우1

839 **mem·o** [메모우]: 〈← memory〉, memorandum, 비망록, 규약, 회보, 〈~ remember〉, 〈~ jotting\note\record〉, 〈↔omission\exclusion〉 양1

840 **mem·oir** [메므와아]: 〈← memoria(remembering)〉, 〈라틴어→프랑스어〉, 회고록, 전기, 자서전, 논문집, 〈~ reminiscence\biography\journal〉, 〈↔ignorance\forgotten〉 양1

841 **me·mo·ri·al** [머모뤼얼]: 기념의, 추도의, 기념물, 각서, 〈~ reminder\monument〉, 〈↔oblivation\obliteration〉 양1

842 **Me·mo·ri·al Day** [머모어뤼얼 데이]: 미 현충일, 전몰 장병 기념일, 1971년 연방 공휴일로 지정된 5월의 마지막 월요일, 〈~ Remembrance (or Decoration) Day〉 미2

843 **mem·o·ry** [메머뤼]: 〈← memoria〉, 〈라틴어〉, 기억(력), 〈마음('mind')에 새겨진〉 추억, 기억장치(용량), '잊지 않고 있음', 〈~ recollection\remembrance〉, 〈↔forgetfulness\block out〉 가1

844 *****mem·o·ry bank** [메머뤼 뱅크]: (전산기의) 기억장치, '자료 은행' 미2

845 *****mem·o·ry chip** [메머뤼 칲]: 기억력을 저장하는 반도체 조각, '기억 소자' 우2

846 *****mem·o·ry foam** [메머뤼 호움]: '기억포말', 1966년 미국 NASA에서 온도에 민감한 방석(mattress)으로 개발되어 〈체온을 기억해서〉 신축성이 강화된 polyurethane제품, 〈~ visco-elastic foam〉 우2

847 *****mem·o·ry lane** [메머뤼 레인]: (과거로) 더듬어가는 기억, '추억의 뒤안길', 〈~ by-past\flash-back〉 우2

848 *****mem·o·ry map-ping** [메머뤼 매핑]: '기억력 지도 제작', 주변 장치를 주 기억장치의 일부처럼 주소로 호출하는 일, 〈~ translation of virtual memory address to physical address〉 우1

849 *****Mem·o·ry Stick** [메머뤼 스틱]: '기억력 꽂개', 1998년 Sony사가 개발한 〈전원이 끊어져도 자료를 상실치 않는〉 뺐다 꼈다 할 수 있는 길쭉한 막대 모양의 기억력 저장 장치(memory storage device), 〈~ flash (or thumb) drive〉 수2

850 **Mem·phis** [멤휘스]: men(his)+nefer(beauty), 〈이집트어→그리스어〉, '아름다움을 간직한', 멤피스 ①카이로 남쪽에 있던 BC3100년부터 BC330년경까지의 고대 이집트의 수도〈first Capital of Ancient Egypt〉 ②미국 테네시주 남서부(S-W Tennessee) 미시시피강 강가의 산업·상업·교통도시 수1

851 **men** [멘]: man의 복수, 〈↔women〉 가1

852 *****MENA** [메나]: Middle East and North Africa, 중동 및 북아프리카, 아시아와 아프리카의 접근지역, (아랍〈Arab〉어와 이슬람〈Islam〉의 영향권에 있는) 사막성〈desert〉 기후의 약 20개의 국가군 우1

853 **men·ace** [메니스]: 〈← minari(threaten)〉, 〈라틴어〉, 위협('협박)하다, 공갈치다, 〈~ intimidate\cow²〉, 〈↔friendly\protection〉 가1

854 **me·nag·er·ie** [머네줘뤼]: ⟨← menage(house hold)⟩, ⟨프랑스어⟩, ⟨야생동물을 집에 가둬두는⟩ '가정의', (작은) 동물원, 동물 떼, 별난 사람들, ⟨~ management⟩, ⟨~ zoological garden\assortment⟩, ⟨~(↔)safari\aquarium⟩ 양2

855 **men·ar·che** [메나알키]: men(menses)+arch(first), ⟨그리스어⟩, 초경, ⟨점점 빨라지는⟩ 월경 개시기, ⟨~ puberty⟩, ⟨↔menopause⟩ 가1

856 **Men·ci·us** [멘쉬어스]: Mengzi, Meng-tzu, first son, '맏아들', 맹자, Master Meng, (372?-289?), 성선설과 왕도 정치를 주창한 중국의 유교의 중시조, ⟨~ a Chinese Confucian philosopher⟩ 수1

857 **Men-bung** [멘붕]: mental ⟨영어⟩ + 붕괴⟨중국어-collapse⟩, ⟨2000년대 초에 등장한 한국어⟩, 실성(하다), 신경 파탄, 기절 초풍, ⟨~treak out⟩, ⟨~(↔) nervous breakdown⟩ 양2

858 **mend** [멘드]: ⟨← mendum⟩, ⟨라틴어에서 연유한 영국어⟩, ⟨← amend⟩, 고치다, 수선하다, 호전되다, ⟨~ repair\fix\renovate⟩, ⟨↔break\tear\smash⟩ 양1

859 **men·da·cious** [멘데이셔스]: mendax(lying)+ious, ⟨라틴어+영국어⟩, 거짓말하는, 허위의, 잘못된, ⟨~ deceitful\faulty⟩ 양2

860 **Men·del** [멘들], Gre·gor: ⟨← menachem(comforter)⟩, ⟨히브리어⟩, '편안하게 하는 자', 멘델, (1822-1884), (사후에 인정받은) 유전의 기본 법칙을 발견한 오스트리아의 사제·생물학자, ⟨~ an Austrian biologist and monk⟩ 수1

861 **Men·dels-sohn** [멘들손 \ 멘델스존], Fe·lix: '편안하게 하는 자의 아들', 멘델스존, (1809-1847), 유대 가정에서 신동으로 태어나 음악의 품위를 올려놓은 독일의 피아니스트·작곡가·지휘자, ⟨~ a German composer and pianist⟩ 수1

862 **men·di·cancy** [멘디컨시]: ⟨← mendicus(poor)⟩, ⟨라틴어⟩, '구걸', ⟨잘못된⟩ 거지생활, ⟨~ asking for money⟩, ⟨↔wealth\abundance⟩ 양2

863 **Men·e·la·us** [메넬레이어스]: menos(vigor)+laos(people), ⟨그리스어⟩, '국민을 억압하는 자', 메넬라오스, 스파르타의 왕, 아가멤논의 동생(younger brother of Agamemnon), 헬렌의 남편(husband of Helen) 수1

864 **men·ha·den** [멘헤이든]: ⟨← munnawhateaug(they fertilize)⟩, ⟨원주민어⟩, '비료 고기', 미국 동해안산 청어(herring)의 일종으로 비료나 채유용으로 쓰임, fat·back 우1

865 **men-hir** [멘히어]: ⟨프랑스어→영국어⟩, stone+long, '긴 돌', 멘히르, 선돌, ⟨서유럽에 많은⟩ 거석을 수직⟨vertical⟩으로 세운 선사시대의 유물, ⟨↔dolman⟩ 수2

866 **me·ni·al** [미이니얼]: ⟨← mansio(mansion)⟩, ⟨라틴어→프랑스어⟩, ⟨가정에서 일어나는⟩ 시시한, 천한, 비굴한, ⟨~ lowly\dull⟩, ⟨↔noble\skilled⟩ 양2

867 **men·i-nism** [메니니즘]: ⟨영국어⟩, 남권주의, 남성 보호주의, feminism의 반대어 가1

868 **me·ninx** [미이닝쓰] \ me·nin·ges [미닌쥐이즈](복수): ⟨그리스어⟩, ⟨← membrane⟩, (두개골 안에서 뇌를 싸고 있는) 뇌막, 수막, ⟨~ 3 layers protective cover⟩, ⟨↔matrix⟩ 양2

869 **me·nis·cus** [미니스커스]: ⟨← mene(moon)⟩, ⟨그리스어⟩, 초승'달' 모양, 요철(凹凸)렌즈, (관절의) 반월판, ⟨~ crescent\semi-lunar⟩, ⟨~(↔)concave\convex⟩ 양2

870 **Men·ning·er Foun·da·tion** [메닝거 화운데이션]: 미국의 정신과 의사 메닝거⟨독일 남부의 지명(Menningen)에서 유래한 이름⟩ 집안이 1919년 캔자스주 토피카에 설립했다가 2003년 텍사스주 휴스턴(Houston)으로 옮긴 정신의학 치료·재활·연구기관, ⟨~ a psychiatric institution⟩ 수1

871 **me·nol·o·gy** [미날뤄쥐]: meno(month)+logos, ⟨그리스어⟩, (달력에 표시해두는) 성인⟨St.⟩ 축일표, ⟨~ an ecclesiastical calendar⟩ 양2

872 **Men·no·nite** [메너나이트]: 메노파 신도, 16세기에 가톨릭 신부 Menno Simons 등에 의해 네덜란드에서 일어나서 교회의 자치·단순한 생활과 병역거부 따위를 특징으로 하는 Amish를 포함하는 신교의 일파, ⟨~ ana-baptist⟩ 수1

873 **men·o-pause** [메너퍼어즈]: meno(month)+pausis(cessation), ⟨그리스어⟩, '달 거르기', 폐경(기), 갱년기, ⟨↔menarche\puberty⟩, ⟨↔meta-pause⟩ 가1

874 **me·no·rah** [머노어뤄]: ⟨히브리어⟩, ⟨유대교 의식에서 쓰는⟩ '등(lamp)', 메노라, 7개나 9개의 가지가 있는 장식 촛대, ⟨~ candelabrum with multiple branches⟩ 수2

875 **men·or·rhea** \ ~rhoea [메너뤼어]: menos(month)+rhegnynai(flow), ⟨그리스어⟩, period, 월경, 생리, 달거리, ⟨~ normal menstrual flow⟩, ⟨~(↔)월경과다증; menorrhagia\(heavy) menses⟩, ⟨↔amenorrhea⟩ 가1

876 **Men·sa** [멘사], In·ter·na·tion·al: 〈라틴어〉, '책상(table)', 1946년 영국의 호사가들이 창립해서 IQ가 대중의 98% 이상 되는 약 134,000명의 회원을 둔 국제적 친목 단체, 〈~ a high IQ society〉 수2

877 **mensch** [멘쉬 \ 멘취]: 〈유대계 독일어〉, person, '인간적인', (친절한·훌륭한·고귀한) 군자, 〈진국〉, 〈~ gentle (or noble)-man〉, 〈↔bad-egg\wimp\nebbish〉 양2

878 **men·ses** [멘시이즈]: 〈그리스어→라틴어〉, menstruation, 〈달('month')마다 방출하기〉, 달거리, 월경(기간·분비물), 〈~ menorrhea〉 가1

879 **Men's Health** [멘즈 헬쓰]: 1986년 미국에서 창간된 건강과 유행을 다룬 세계적 남성 월간 잡지, 〈~ an American magazing covering men's life style〉 수2

880 **mens re·a** [멘즈 뤼이어]: 〈라틴어〉, 'guilty mind', 죄의식, 범의, 〈↔actus reus〉 양2

881 **men's room** \ **~ John** [멘즈 루움 \ ~ 쟌]: 남자 변소, 〈~ gents〉, 〈↔ladies' room〉 양2

882 **~ment** [~먼트]: ~ mentum, 〈라틴어〉, 〈~동작·수단·상태·결과〉 등을 나타내는 결합사, 〈~ action\agent\object\result〉 양1

883 **men·tal** [멘틀]: 〈← mentis〉, 〈라틴어〉, 마음('mind')의, 정신의, 지능의, 정신병의, 〈~ intellectual\psychological〉, 〈↔physical〉 양1

884 **men·tal·i·ty** [멘탤러티]: 정신력, 지성, 심성, 심리(구조), 〈~ brain-power\frame of mind〉, 〈↔physique\idiocy〉 양1

885 **men-thol** [멘써얼]: mint+oleum(oil), 〈1861년 그리스어에서 주조된 화학명〉, 맨톨, 박하유, 박하향 담배 미2

886 **men·tion** [멘션]: 〈← mentis(mind)〉, 〈라틴어〉, 〈생각나게〉 말하다, 언급하다, 기재, 진술, 〈~ state\declare〉, 〈↔conceal\disavow〉 양1

887 **men·tor** [멘토얼]: 〈← man-tar(one who thinks)〉, 〈산스크리트어에서 연유한 그리스어〉, '생각하는 자', 멘토르, 은사, 스승, (오디세우스가 출병 전 아들을 맡긴 친구의 이름〈Mentor〉에서 딴) 좋은 조언자, 〈~ rabbi\adviser〉, 〈↔fool\follower〉 양2

888 **men·u** [메뉴우]: menus(복수형), 〈← minor〉, 〈very small이란 라틴어에서 유래한〉 '명세서', 식단, 차림표, 요리, 예정표, 〈~ bill of fare\list\table〉, 〈~(↔)a la carte〉 미1

889 **me·nu·do** [메뉴우도우]: 〈← minor(less)〉, mole de panza, 〈small이란 라틴어에서 유래한 스페인어〉, 조무라기 요리, 〈belly란 라틴어에서 유래한〉 pancita, 소 내장과 붉은 고추·양념을 넣고 끓인 멕시코식 '내장탕' 수2

890 *****men·u-driv·en** [메뉴우 드뤼븐]: 차림표 구동의, 연성기기가 차림표에 따라 조작되는 구조를 한, 〈~ operated by making choices〉 미1

891 **meow** [미아우]: 야옹, 고양이 울음소리, 〈~ mew〉 미1

892 **Meph·i·stoph·e·les** [메휘스타휠리이즈]: 〈그리스어〉, no love for light, '빛을 피하는 자', 메피스토펠레스, 독일의 전설 파우스트에 나오는 악마, 〈~ Belial\Prince of Darkness〉, 〈~(↔)Lucifer〉 수1

893 **mer·can·tile** [머얼컨티일 \ 머얼컨타일]: 〈← mercans〉, 〈라틴어〉, 〈← merchant〉, 상인의, 상업의, 중상주의, 〈↔non-commercial\not-for-profit〉 양2

894 **Mer·ce·dez-Benz** [멀쎄이디이즈-벤츠]: 메르세데스 벤츠, 1926년 Daimler-Benz 〈용감한 사람〉사의 투자가가 자기딸 Mercedez〈고마운 사람〉의 이름을 넣어 상표화한 독일의 고급 자동차, 〈~ a German automotive brand〉, ⇒ Benz 수1

895 **mer·ce·nar·y** [머얼써네뤼]: 〈← merces(pay)〉, 〈라틴어〉, 돈을 위한, 장사 목적의, 고용된, '임금이 지불된', 〈~ avaricious\greedy\hire-ling〉, 〈↔generous\charitable\altruistic〉 양2

896 **mer·chan·dise** [머얼쳔다이즈]: 〈← mercans(merchant)〉, 〈라틴어〉, 상품, 제품, '거래'하다, 〈~ goods\deal〉, 〈↔capital\services〉 가1

897 **mer·chant** [머얼쳔트]: 〈← merces(pay)〉, 〈라틴어〉, '거래꾼', 상인, 무역 상인, 〈→ market〉, 〈~ trader\dealer〉, 〈↔consumer\customer〉 가2

898 **mer·chant ma·rine** [머얼쳔트 머뤼인]: 상선, 해상, '무역수병단', (일국의) 전 상선대, 〈~ sea merchant〉, 〈~(↔)navy\marine corps〉 양2

899 **mer·ci** [메얼씨이]: 〈감탄사〉, 〈라틴어→프랑스어〉, 고맙습니다, 〈~ gracias\danke〉, 〈↔merci-less〉 양2

900 **mer·ci beau·coup** [메얼씨이 보우쿠웁]: 〈프랑스어〉, 대단히 (beaucoup)고맙습니다, 〈~ many thanks〉, 〈↔my pleasure\fuck off〉 양2

901 **Merck** [머얼크]: 'Mark'의 변형, 머크, Merk Sharp & Dohme, 1891년 George Merck에 의해 독일의 자회사로 출발하여 1차 대전 때 폐쇄되었다가 다시 일어난 〈한때 공짜 약품 사전도 출판했던〉 미국의 세계적 제약 회사, 〈~ an American pharmaceutical co.〉 수1

902 **mer·cu·ri·al** [머얼큐어뤼얼]: 〈라틴어〉, 수은의, 재치 있는, 쾌활한, 변덕스러운, 〈~ changeable\capricious〉, 〈↔constant\certain〉 양2

903 **Mer·cu·ry** [머얼큐뤼]: 〈← merchant?〉, 머큐리 ①1961년에 세워진 미국의 종합 보험(insurance) 회사 ②〈Hermes에 상당하는·로마의〉 웅변가·상인·장인·도둑의 수호신, 신들의 사자(messenger of gods) ③〈Mercury 신같이 빨리 움직이는〉 수성(Hermes), 〈~ first planet from the Sun〉 수2

904 **mer·cu·ry** [머얼큐뤼]: 〈라틴어〉, quick silver, 〈Mercury 신같이 '빨리 움직이는'〉 수은, 〈뇌·폐·신장에 유독한〉 금속원소(기호 Hg·번호80), 수은주(온도계), 〈~ a naturally occuring chemical element〉 가1

905 **Mer·cu·ry** [머얼큐뤼], Fred·die : '상인?', 머큐리, (1946-1991), 현란한 무대 연출로 인기를 끌었으나 AIDS로 요절한 탄자니아 출신 영국의 록 가수, 〈~ a British singer〉 수1

906 **mer·cy** [머얼시]: 〈← merces(pay)〉, 〈라틴어〉, '감사', 자비, 인정, 〈~ mercedez〉, 〈~ grace\pity〉, 〈↔disdain\malevolent〉 가2

907 **mere** [미어]: 〈← merus(unmixed)〉, 〈라틴어〉, 단지, 단순한, 전적인, 〈호숫물같이 pure한〉, 〈~ simple\partial〉, 〈↔plenty\whole〉 가1

908 **Mer·e·dith** [메레디쓰] Cor·po·ra·tion: 〈웨일즈어〉, great ruler, '위대한 지배자', 메레디스, 1902년 Edwin M~가 농업 잡지로 시작해서 튼실하게 자라온 미국의 〈거대한〉 대중 매개 업체, 〈~ an American digital and print publisher〉 수2

909 **mer·e·tri·cious** [메뤼트뤼셔스]: 〈← meretrix(prostitute)〉, 〈라틴어〉, 불성실한, 〈'창녀'처럼〉 저속한, 야한, 〈~ pretentious\trashy\bogus〉, 〈↔sincere\honest\elegant〉 양2

910 **mer·gan·ser** [머얼갠서]: 〈← mergus(diver)〉, 〈라틴어〉, '잠수하는 오리', 비오리, 톱니오리(물고기를 잡아먹으며 철 따라 이동하는 아름다운 큰 오리), 〈~ sheldrake\saw-bill\smew\goosander〉 미2

911 **merge** [머얼쥐]: 〈← mergere(dip)〉, 〈라틴어〉, 합병하다, 서서히 ~로 바꾸다, '잠기게 하다', 〈→ emerge〉, 〈~ join\assimilate\converge〉, 〈↔separate\diverge〉 가1

912 *__merge sort__ [머얼쥐 쏘얼트]: 합병 정렬, (1945년 Von Neumann에 의해 고안된) 전산기 자료를 부분으로 나눠서 정리하고 나중에 합쳐서 정렬하는 방식, 〈~(↔)quick sort〉 미2

913 **me·rid·i·an** [머뤼디언]: medius+dies, 〈라틴어〉, middle+day, '정오', 자오선, 경선, 정점, 경락, 〈~ longitude〉, 〈↔latitude〉, 〈↔bottom\anti-meridian〉 가1

914 **me·ringue** [머랭]: 〈스위스의 마을 이름(Meiringen)에서 연유한 프랑스어〉, 계란 흰자위(egg-white)와 설탕(sugar)을 섞어 살짝 구운 것, ⇒ pavlova 수2

915 **me·ri·no** [머뤼이노우]: 〈← major〉, 〈라틴어→스페인어〉 〈양치기 마을의 촌장(mayor)이 살던〉 스페인(Spain) 메리노 원산의 털이 길고 고운 양의 품종, 〈~ a domestic sheep breed〉 수2

916 **Mer·it** [메륕]: 메리트, 〈소련을 따라잡으려고〉 〈1955년에 창립되어 주로 고등학생에게 필요보다는 능력 위주로 주는〉 '전미 우수 장학생 제도', 〈~ financial aid based on achievement〉 수2

917 **mer·it** [메륕]: 〈← merere(to earn)〉, 〈라틴어〉, 〈애써 번〉 '보수', 우수함, 장점, 공로, 평점, 〈~ asset\goodness\honor〉, 〈↔deficiency\fault\inferiority〉 가1

918 **mer·it goods** [메륕 굳즈]: 가치재(정부가 소비를 촉진하기 위해 봉사하는 의무교육·건강보험 따위), 〈~ capital goods〉, 〈↔consumer goods〉 양2

919 **mer·it sys·tem** [메륕 씨스텀]: 실적(능력) 본위제, 〈~ system of rules〉, 〈↔spoils system〉 양2

920 **mer·i·toc·ra·cy** [메뤼타크뤄시]: merit+aristocracy, 수재 교육제, 실력사회, 능력 위주 제도, 〈↔idiocracy\nepotism〉 양2

921 **mer·i·to·ri·ous** [메뤼터어뤼어스]: 〈라틴어〉, 가치있는, 칭찬할 만한, 기특한, 〈~ creditable\admirable〉, 〈↔worthless\dis-creditable〉 양2

922 **Mer·kel** [머어클], An·ge·la: 'Mark'의 독일식 표현, 메르켈, (1954-), 동독에서 태어나서 물리학을 전공하고 〈개방주의·자유무역주의〉를 유지하며 2005년부터 16년간 수상을 역임한 기독 민주당 출신 정치가, 〈~ a German politician〉 수1

923 **mer·lot** [멀로우]: ⟨← merle(black-bird)⟩, ⟨프랑스어⟩, '검은 새', 메를로, 감청색의 쌉쌀한 적포도주, ⟨~ a red wine⟩ 수2

924 **mer-maid** [머얼메이드]: ⟨영국어⟩, mer(바다)+maid, (암) 인어, 수영 잘하는 여자, ⟨~ triton⟩, ⟨~ Nereid\Oceanid⟩, ⟨↔mer-man(수 인어)⟩ 가1

925 **mer-maid div-er** [머얼메이드 다이붜]: ⟨전설 속으로 사라지는 한국 제주도의⟩ 해녀⟨sea-woman⟩, ⟨잠수 장비 없이 심해에서 해산물을 채취하는⟩ 보자기, ⟨~ free-diver⟩ 가1

926 **me·ro** [메로]: ①메로(스페인어에서 연유한 일본어), 한국에서는 '이빨고기(tooth-fish)'라 함, ⇒ snow·fish ②⟨어원 불명의 스페인어⟩, 능성어, ⇒ grouper 우2

927 **mer·o~** [메로~]: ⟨← meros(part)⟩, ⟨그리스어⟩, mere, 불완전·부분적~이란 뜻의 접두어, ⟨↔holo~⟩ 양1

928 **Mer·rill Lynch** [메릴 린취]: ⟨켈트어→영국어⟩, sea-bright mariner, '반짝이는 바다의 선원', 메릴 린치, 1914~1915년에 두 명의 친구에 의해 창립되어 잘나가다가 금융사기 등으로 파산하고 2008년 Bank of America로 넘어간 미국의 세계적 투자 은행, ⟨~ an American investment management co.⟩ 수1

929 **mer·ry** [메뤼]: ⟨← merige(pleasant)⟩, ⟨게르만어⟩, 명랑한, '유쾌한, 떠들썩한, ⟨~ mirth⟩, ⟨~ cheery\joyful⟩, ⟨↔miserable\gloomy⟩ 가2

930 **mer·ry-go-round** [메뤼 고우 롸운드]: 회전목마, 급선회, ⟨~ carousel\whirling⟩, ⟨↔chore\boredom⟩ 가1

931 **MERS** [머얼즈](Mid·dle East Re·spi·ra·tory Syn·drome): 메르스, 중동호흡기증후군, 2012년 사우디 아라비아에서 시작해서 여행객들에 의해 전파되어 기승을 떨치다 곧 수그러진 Corona Virus(환상미세병원체)에 의한 급성 호흡기 전염병 수2

932 **Me·sa** [메이서]: 메사, 1878년 몰몬교도들에 의해 세워져서 근래에 교육·은퇴 도시로 떠오르고 있는 미국 페닉스시 동쪽에 있는 ⟨교외 도시⟩, ⟨~ a city just E. of Phoenix⟩ 수2

933 **me·sa** [메이서]: ⟨← mensa⟩, ⟨'table'이란 뜻의 라틴어⟩, (우뚝 솟은) 대지, 암석대지, ⟨~ high (up)-land⟩, ⟨↔low-land⟩ 양1

934 **mes·cal** [메스캘]: ⟨← mexcalli(baked agave)⟩, ⟨원주민어⟩, agave+stew 용설란액을 발효시켜 만든 멕시코의 증류주, ⟨~ tequila⟩ 수2

935 **me·sem·bry·an·the·mum** [머젬브뤼앤써멈]: ⟨그리스어⟩, mid-day flower, '정오에 피는 꽃', 선인장국화, 사철채송화, ⟨~ crystalline\ice-plant⟩ 미2

936 **mes-en·ter·y** [메선테뤼]: mesos(middle)+enteron(intestine), ⟨그리스어⟩, '가운데 창자', 장(창자)간막, 장을 후복벽에 붙여주는 결합 조직, ⟨~ dorsal mesogastrium⟩, ⟨~(↔)이것은 내장의 뒷쪽을 덮어주고 omentum은 앞쪽을 덮어줌⟩ 양2

937 **mesh** [메쉬]: ⟨← masc(net)⟩, ⟨게르만어⟩, '그물눈', 망사, 올가미, 맞물림, 엉킴, ⟨~ tangle\intertwine⟩, ⟨↔line\order⟩ 양1

938 **mes·mer-ize** [메즈머라이즈]: ⟨← Mesmer⟩, ⟨게르만어⟩, ⟨비엔나 의사·점성가의 이름('knife maker')에서 연유한⟩ 최면술(hypnosis)을 걸다, 매혹시키다, ⟨~ fascinate\enthral⟩, ⟨↔dis-enchant\turn off⟩, ⇒ animal magnetism 양2

939 **mes·o~** [메죠우~ \ 메져~ \ 메소우~]: ⟨그리스어⟩, middle, ⟨중앙·중간~⟩이란 뜻의 결합사 양1

940 **Mes·o·po·ta·mi·a** [메소퍼테이미어]: mesos(middle)+potamos(river), ⟨그리스어⟩, 메소포타미아, (티그리스와 유프라테스) '두 강 사이'에 끼인 지역, 이라크(Iraq)의 옛 이름 수2

941 **mes·quite** [메스키이트]: ⟨← mizquiti⟩, ⟨어원 불명의 원주민어⟩, 미모사(mimosa') 같은 잎에 깍지콩 같은 열매를 사료로 쓰는 미 서남부·멕시코지방에서 자라는 콩과의 관목, ⟨~ a small leguminous tree⟩ 우1

942 **mess** [메쓰]: ⟨← mittere(send)⟩, ⟨라틴어⟩, 지저분한 모양, 혼란한 상태, 회식, 혼합식, '음식을 먹고 난 자리', (이구아나 등의) 떼, ⟨~ chaos\disarray⟩, ⟨↔tidiness\order⟩ 양1

943 **mes·sage** [메씨쥐]: ⟨← mittere(send)⟩, ⟨라틴어⟩, 전갈, 전언, 서신, 축신, 교훈, ⟨~ communication\piece of information⟩, ⟨↔silence\headless-ness⟩ 가2

944 *****mes·sage board** [메씨쥐 보어드]: '서신판', 전자우편의 글을 올리는 기판 미1

945 *****mes·sage box** [메씨쥐 박스]: '전갈칸', 사용자에게 전달사항을 지시하는 조그만 창 미1

946 *****mes·sage switch-ing** [메씨쥐 스윝칭]: '전갈전환', 한 단말장치에서 보낸 전달을 지정된 다른 단말장치로 보내는 방식 미1

947 **mes·seng·er** [메씐줘]: 〈라틴어〉, 사자, 심부름꾼, 전달자, 〈~ courier\page\Jesus〉, 〈↔sender\receiver〉 가1

948 **Mes·si** [메씨], Li·o·nel: 〈어원 불명의 스페인계 이름〉, '신이 총애하는 자?', 메시, (1987-), 아르헨티나의 축구 집안에서 태어나 4살 때 축구를 시작했고 13살 때 그의 내분비장애를 치료해준다는 조건으로 스페인의 Barcelona 축구단에 합류해서 아직까지 그 구단을 위해 34개의 커다란 우승컵을 안겨준 '의리의 싸나이', 〈~ an Argentine soccer player〉 수1

949 **Mes·si·ah** [미싸이어]: 〈← mashach(anoint)〉, 〈히브리어〉, '기름'을 부은 자', 메시아, 구세주, 해방자, Christ, 〈~ saviour\redeemer〉, 〈↔oppressor\enslaver〉 수1

950 **mess room** [메쓰 루움]: (공동·대단위) 구내식당, 〈~ canteen\dining hall〉, 〈↔private dining room〉 양2

951 **mes·ti·zo** [메스티이조우]: 〈← miscere〉, 〈'mixed'라는 뜻의 라틴어에서 유래함〉 (스페인 사람과 미주 원주민의) '혼혈아', 〈~ hybrid\hapa\cholo〉, 〈↔pure(full)-blooded〉 미2

952 **met** [멭]: meet의 과거·과거분사 가1

953 **met·a~** [메터~]: 〈그리스어〉, 〈후·초·변형~〉 따위를 나타내는 접두사, 〈~ after\beyond〉, 〈↔pre~\infra~〉 양1

954 **me·tab·o·lism** [머태 벌리즘]: meta(beyond)+ballein(throw), 〈그리스어〉, 물질(신진)대사, 기능, 작용, 〈~ change of energy〉, 〈~(↔)anabolism\catabolism〉 양2

955 *****met·a-bus** [메터 버스]: 〈신조어〉, '통합(공용) 탐색로', (전산망에) 그동안 쌓아왔던 과학적 자료를 총망라해서 정리해 놓은 〈전자구름〉, 〈차세대의 전산망 탐색창〉, 〈~ a cloud based soft-ware〉 우2

956 *****met·a–com·mu·ni·ca·tion** [메터 커뮤우니케이션]: '초통화'(말이 아닌 시선·동작·몸짓·태도 등에 의한 대화), 〈~ non-verbal communication〉 우1

957 *****met·a crawl·er** [메터 크뤄얼러]: '후속 탐색기', 많은 자료를 가지고 있는 대형 검색대에 질문을 던져 그들로 하여금 요점정리를 하게끔 하는 응용프로그램, 〈~ a meta-search engine〉, 〈~(↔)Google보다 더 포괄적임〉 우1

958 *****met·a·da·ta** [메터 데이터]: 다른 정보에 정보를 제공하는 정보군, '후속 자료', '연계 자료', 〈~ data about data〉, 〈↔infra-data〉 미1

959 *****met·a·fic·tion** [메터 휙션]: '초비구상', 구성(narrative structure) 자체를 중요시하는 소설, 〈~ self-reflective fiction〉 우1

960 *****met·a·file** [메터 화일]: '중간 서류철', 본 자료를 만들기 전에 임시로 만드는 여러 체계에서 두루 사용할 수 있는 중간자료철, 〈~ intermediate file〉, 〈↔final file〉 우1

961 **met·al** [메틀]: 〈← metallon(mineral)〉, 〈그리스어〉, '광물', 금속, 금속원소, 〈→ medal\mettle〉, 〈~(↔)mineral\ore〉, 〈↔non-metal\organic〉 가1

962 *****met·a·lan·guage** [메터 랭귀쥐]: 분석용 언어, 초언어(언어에 대해 말하거나 언어를 기술하는 데 쓰는 문자나 기호), 〈~ language used to describe another language〉, 〈↔natural language〉 양2

963 **met·al·lu·rgy** [메털러쥐]: metallon+ergon, 〈그리스어〉, metal work, 금속공학, 야금술 가1

964 **met·a–mor·pho·sis** [메터 모올휘시스]: meta(beyond)+morphe(form), 〈그리스어〉, 변태, 변성, 변형, 〈~ conversion\transform〉, 〈↔stagnation\regression〉 양2

965 **met·a·nal·y·sis** [메터 낼러시스]: 이분석, 종합적 분석(여러 개의 과학적 연구를 합계해서 통계적으로 분석한 것), 〈~ systemic review〉 미2

966 **met·a-pause** [메터 퍼어즈]: 남성 갱년기, 〈~ male climacterium〉, 〈↔meno-pause〉 양2

967 **met·a-phor** [메터 훠어]: meta(beyond)+pherein(bear), 〈그리스어〉, 〈옮겨 바꾼〉 은유, 〈allegory보다 폭이 좁은〉 암유, 〈~ figurative expression〉, 〈~(↔)allegory\simile〉, 〈↔literal〉 양2

968 **met·a·phys·ics** [메터 휘직스]: 〈물리학 뒤의〉 형이상학, 순수철학, 추상론, 〈~ philosophy\abstract〉, 〈↔natural\physical〉 양2

969 **met·a·psy·chol·o·gy** [메터 싸이칼러쥐]: 〈Freud가 주조한 말〉, 〈무의식(unconscious)을 연구하는〉 초심리학, 〈~ speculative super-structure of psycho-analysis〉 양2

970 *****met·a sa·pi·ens** [메터 쎄이피언스]: 〈신조어〉, '초인간', 전산기 기술과 인간의 상상력이 결합되어 만들어진 세상에서 살아가야 할 〈차세대 인류〉, 〈~ 'super-human'〉 미2

971 *met·a-space [메터 스페이스]: '초 공간', 가상공간, 가상 물체들에 의해 점거된 공간, 〈~ cyber·space〉, 〈↔meat·space〉 미2

972 me·tas·ta·sis [머태 스터씨스]: meta(beyond)+histanai(place), 〈그리스어〉, 전이, 변질, 〈~ spread\transformation〉, 〈↔stagnation\remission〉 양2

973 *met·a-verse [메터 붜얼스]: meta+universe, 변형 세계, (Covid-19 이후로 가속도로 달리고 있는 전산거래·화상회의 등) 〈만져볼 수 없는〉 무한한 '가상'세계를 뜻하나 편자는 meta·bus(meta+omnibus)라고 해서 〈만인을 위한 '전산망 승합차'라고 하는 것이 더 적절한 표현이라고 봄 미2

974 mete [미이트]: 〈← metiri〉, 〈라틴어〉, 〈~ measure〉 ①할당(배당)하다, 계량, 〈~ allot〉, 〈↔mis-apportion〉 ②경계표, 한계, 〈~ limit〉, 〈↔un-bound〉 양2

975 me·te·or [미이티어]: meta+aeirein(lift up), 〈'하늘에 나타나는 현상'이란 뜻의 그리스어〉, 〈떨어지는〉 유성, 〈하늘 높이 올려진〉 운석, 별똥별, 대기 현상, 〈~ shooting star〉, 〈↔planet\star〉 양1

976 me·te·or·ic rise [미이티어뤽 롸이즈]: (천문학적인) 급상승, 혜성처럼 나타나다, '개천에서 용나다', 〈~ rapid rise\dramatic success〉, 〈↔gradual rise〉 양2

977 me·te·o·rol·o·gy [미이티어롸러쥐]: 〈← meteoron(atmospheric phenomenon)〉, 〈그리스어〉, 기상학, 기상 상태, 〈↔oceanology〉 양2

978 me·ter¹ \ me·tre [미이터]: 〈그리스어→프랑스어〉, 1m=100cm=39.37인치, 빛이 진공 속을 1초의 2억 997만 2,458분의 1시간에 달리는 거리 수2

979 me·ter² [미이터]: 〈← metron(measure)〉, 〈그리스어〉, 계량기, 측정기, 박자, 〈~ rhythm〉 양1

980 meth·a·done [메써도운]: methyl·amino·di·one, 메타돈, 〈아편 중독치료제로 쓰이는〉 (완만하게 지속되는) 합성 마약, 〈~ a synthetic opioid〉, 〈~(↔)heroin〉 우2

981 meth·ane [메쎄인]: methyl·ane, CH4, 메탄, (천연가스의 주성분인) 무색·무취·무미의기체, 〈~ bio (or morsh)-gas〉 수2

982 meth·a·nol [메써너얼]: CH3OH, methyl alcohol, 메탄올, 메탄이 산소에 반응해서 생성되는 독성주정, 〈1992년에 대체연료로 지정되었으나 상업성이 없는 것으로 판명됨〉, 〈~ wood alcohol〉, 〈↔ethanol〉 미1

983 meth·od [메써드]: 〈그리스어〉, meta(beyond)+hodos(way), '뒤따름', 방법, 방식, 순서, 분류법, 〈~ procedure\design\system〉, 〈↔derangement\goal〉 가1

984 Meth·od·ist [메써디스트]: 메서디스트, 감리교도, 18세기 초에 John Wesley 등이 영국교회를 개선한 엄격한 규율의 〈구원파〉 신교, '새로운 방법을 믿는 자', 〈~ practical divinity〉 수1

985 meth·od-ist [메써디스트]: 〈그리스어에서 연유한 영국어〉, 계통적 분류가, 형식 존중가, 〈~ adherent to method〉 양1

986 *Meth·od to some·one's mad·ness: 〈셰익스피어의 [Hemlet]에 나오는 말〉, (~의) 이상한 행동에는 이유가 있다, 엉뚱해 보이지만 나름대로 방법이 있다, 〈~ canny\counter-intuitive〉, 〈↔common\orderliness〉 양2

987 Me·thu·se·lah [머쑤우절러]: 〈히브리어〉, man of the dart, '창잡이', 므두셀라, 노아의 홍수 이전에 969년을 살았다는 유대의 족장, 〈~ grand-father of Noah〉 수1

988 *Me·thu·se·lah Syn-drome [머쑤우절러 씬드로움]: 〈자신도 므두셀라같이 장수할 것으로 믿는 등〉 과거를 좋은 쪽으로 생각하려는 심리상태, 〈~ fantasy of having a very long life-span〉 수2

989 me·tic·u·lous [머티큘러스]: 〈← metus(fear)〉, 〈라틴어〉, 세심한, 엄밀한, 소심한, '두려움에 찬', 〈~ fastidious\scrupulous〉, 〈↔careless\sloppy〉 양2

990 mé·tier [메티에이]: 〈← ministerium(service)〉, 〈라틴어→프랑스어〉, 일, 직업, 특기, 전문분야, 〈~ ocupation〉, 〈↔avocation\hobby〉 양2

991 Me·tis [미이티스 \ 메이티이스]: 'mixed', 메티스 ①지혜의 여신, goddess of wisdom, 제우스의 첫 아내, 〈남편에게 잡혀먹힌〉 Athena의 어머니 ②m~; 프랑스계 캐나다인과 북미 원주민과의 혼혈아, 〈~ mixed French and Cree〉 수1 수2

992 Met-Life [멭 라이후]: 메트 라이프, Metropolitan Life Insurance, 1868년에 세워진 미국의 세계적 생명보험·은퇴 연금 관리 회사, 〈~ an American financial service co.〉 수2

993 me·ton·y·my [미타너미]: meta(after)+onoma(name), 〈그리스어〉, 〈1:1로〉 '이름 바꾸기', 환유, 대유(바꿔 말함), 〈~ (total) substitution of words〉, 〈~(↔)synecdoche〉 양2

994 **Me Too** [미이 투우]: '저도요', 2006년 인도에서 시작해서 2017년 할리우드에서 불붙기 시작한 성적 학대 폭로 운동, 〈~ heard too〉, 〈~ a social movement against sexual abuse〉, 〈⇒ kiss and tell〉 미1

995 **me-too** [미이 투우]: 흉내 내는, 추종하는, 〈~ the same〉, 〈↔not me〉 양2

996 **met·ric sys·tem** [메트릭 씨스템]: metre법, 1200년경 영국에서 개발된 'm' 기본의 도량형 표시법으로 1975년 미 의회에서 채택했으나 '왠지' 아직도 잘 지켜지지 않는 제도, 〈↔imperial system〉 수2

997 **Met·ro \ met·ro** [메트로우]: 〈← meter(mother)〉, 〈그리스어에서 연유한 프랑스어〉, 도시권, 지하철, '모체가 되는', 〈~ metropolitan\sub-way〉 미1

998 **met·ro·nome** [메트뤄노움]: 〈← metron〉, 〈그리스어〉, 박절기, 〈일 분 동안 나타나는 소리의 숫자를 재는〉 '박자시계', 〈~ measure\timer\chronometer〉 양2

999 **met·ro·pol·i·tan** [메트뤄팔리턴]: '모체가 되는 도시의', 수도권의, 대도시의, 중앙지, 본산의, 대주교 교구의, 〈~(↔)cosmopolitan은 국제적인 도시임〉, 〈↔rural〉 양1

1000 ***met·ro·sex·u·al** [매트뤼 쎅슈얼]: '동성애자 같은 도시 거주 이성애자', 도시에 살면서 유행·외모 등에 관심이 많은 이성애 남자, 〈~ sporno-sexual〉, 〈↔contra-sexual\macho-sexual〉 우1

1001 **Mets** [메츠], New York: '도회인들', 브루클린의 '촌뜨기 (Dodgers)'들이 LA로 이전한 후 1962년 퀸스에서 창단되어 청색 바탕에 주황색 글씨를 쓴 모자를 쓴 MLB 소속의 미국 야구단 수2

1002 **met·tle** [메틀]: 〈영국어〉, 'metal의 변형', 원기, 용기, 정열, 기질, 성미, 〈~ courage\spirit〉, 〈↔apathy\timidity〉 양2

1003 **metz·ger** [메츠거]: 〈독일의 성〉, 메츠거, butcher(정육점 주인) 수1

1004 **meu·niere** [머니에어]: 〈'Miller'(제분업자)의 아내란 프랑스어〉, 뫼니에르, '밀가루 묻힘', (생선에) 밀가루를 발라 버터로 구운 요리, 〈~ a French sauce or cooking style〉 우1

1005 **mew** [뮤우]: 〈영국어〉, 〈의성어〉 ①야옹(고양이 소리), 〈~ meow〉 ②은둔처(hiding place) ③갈매기, gull 양1

1006 **Mex·i·can hair-less** [멕시컨 헤어리스]: 1300년대에 중국에서 멕시코로 건너간 것 같은 머리 위와 꼬리 밑에만 털이 있는 〈징그러운〉 조그만 애완견, 〈~ xolo\national dog of Mexico〉 수2

1007 **Mex·i·can stand-off** [멕시컨 스탠드 어어후]: (1876에 미국에서 등장한 말〉, 〈양보 없는〉 대결, 무승부, 막다름, '너 죽고 나 죽기', 〈~ stale-mate\dead-lock\Mexican draw〉 수2

1008 **Mex·i·can War** [멕시컨 워어]: (1846-1848), Mexican-American War, (미국과) 멕시코 전쟁, 텍사스의 경계선 분쟁으로 시작해서 미군이 멕시코시를 점령하고 멕시코로부터 캘리포니아·네바다·유타·아리조나 지역을 양보받은 일방적 〈침략〉 전쟁, 〈~ invasion of Mexico by US Army〉 수2

1009 **Mex·i·co** [멕시코우]: 〈일설에는 metztli(moon)+xictli(center)+co(place)〉 〈Aztec의 한 부족의 이름에서 연유한〉 멕시코, 1821년 스페인 정권을 타도하고 나서도 오랫동안의 혼란기를 거쳐 1968년 하계올림픽을 치르고 나서야 정권이 안정되어가는 인구와 자원이 풍부한 중미의 중심국가, {Mexican-(Sp)-Peso-Mexico City} 수1

1010 **Mex·i·co Cit·y** [멕시코우 씨티]: 1325년경부터 아즈텍문명이 들어선 멕시코 남부 고원지대에 위치한 수도·상공업·교통·교육·관광도시, 〈~ Capital of Mexico〉 수1

1011 **me·ze** [메제이]: 〈페르시아어〉, 메제, 주식 전에 나오는 중동지방(Middle East)의 〈잡다한〉 '맛보기(relish)' 음식물, 〈~ an appetiser〉 우1

1012 **mez·za·lu·na** [메저루우너]: mezzo(half)+luna(moon), 〈라틴어→이탈리아어〉, 〈반달 모양의〉 깎아치기 칼, 〈~ herb chopper\knife with curved blade〉 우2

1013 **mez·za·nine** [메저니인]: 〈← medianus〉, 〈라틴어에서 연유한 프랑스어〉, 〈← median〉, 메자닌, 1층과 2층 사이, 중(간) 2층, 2층 정면 좌석, en·tresol, 〈~ inter-mediate floor〉, 〈~(↔)balcony\patio〉 미1

1014 **mez·zo** [메쪼우]: 〈라틴어에서 연유한 이탈리아어〉, 〈← median(middle)〉, 반(의), 중간의, 알맞은, 〈↔extreme〉 미1

1015 **mez·zo-so·pra·no** [메쪼우 쏘프라노우]: 〈소프라노보다 조금 낮은〉 차고음(의), 〈~ between soprano and contralto〉, 〈↔falsetto〉 미1

1016 ***MFA**(mul·ti-factor au·then·ti·ca·tion): 다중요소인증, (얼굴·지문 등 생체 인식 기능을 포함한) 〈휴대용 전화를 이용한〉 다요소 신원 확인, 〈~ MDL〉 미2

1017 **M-4** car·bine: M16A2보다 짧고 가볍게 만들어서 1998년 코소보 전쟁부터 쓰기 시작한 미군의 최신 자동소총, 〈~ an American assault rifle〉 수2

1018 **M-14**: 1959년 M-1을 개량한 조준력이 뛰어난 완전 자동소총, 〈~ an American battle rifle〉 수2

1019 **MGM** (Met·ro-Gold-wyn-May·er): 1924년 영화 제작사로 시작해서 현재 MGM UA(United Artists)로 활약하고 있는 미국의 대중매체 회사, 〈~ an American media co.〉 수1

1020 **MGM Grand** [엠 쥐 엠 그랜드]: 1975년 라스베이거스에 설립된 5,044 객실의 초대형 호텔·카지노, 〈~ a casino-hotel in Las Vegas〉 수1

1021 **MI** (my·o·car·di·al in-farc·tion): 심근경색, '심장마비', 〈~ heart attack〉 양2

1022 **mi** [미이]: 〈← miraculum(miracle)〉, 〈라틴어〉, '하나님의 기적', 미(전 음계적 장음계의 세 번째 소리), 〈~ 3rd note in diatonic scale〉 수1

1023 **MIA** [미이어\엠 아이 에이] (mis·sing in ac·tion): (전투 중) 행방불명 양1

1024 **Mi·am·i** [마이애미]: 〈← mayaimi(big water)〉, 〈원주민어〉, '큰 호수가에 사는 사람들', 1896년 철도 종점 마을로 창설된 미국 플로리다주 남동부(S-E Florida)의 피한지·관광지·항구도시 수1

1025 **mi·ca** [마이커]: 〈'조각(particle)'이란 뜻의 라틴어〉, 운모, 돌비늘, 〈~ talc〉 양1

1026 **Mi·cah** [마이커]: '야훼를 닮았는가(who is like God?)', 미가, 히브리의 예언자, 〈사회 정의를 구현하려는〉 구약성서의 한 편, 〈~ a Hebrew prophet\a Book in the Old Testament〉 수2

1027 **mice** [마이스]: mouse(생쥐)의 복수형 양1

1028 **Mi·chael** [마이컬]: 〈← Micah(who is like God?)〉, '신의 선물', 마이클, 남자 이름, 〈~ a male name of Hebrew origin〉, 미가엘, (구약성서에서 용감한 군인으로 묘사된) 7명 〈대천사〉 중의 하나, 〈~ an arch-angel〉 수1

1029 **Mi·chaels** [마이컬스]: 마이클스, 2013년에 창립된 미국의 수공예품 도매·소매 연쇄점, 〈~ American and Canadian arts and crafts stores〉 수2

1030 **Mi·che·lan·ge·lo** [마이컬랜절로우], Buo·nar·ro·ti: 〈히브리어+그리스어〉, Michael Angelo, '신의 전령', 미켈란젤로, (1475-1564), 작품에 혼과 백을 불어넣은 이탈리아의 조각가·화가·건축가·시인, 〈~ an Italian sculptor and painter〉 수1

1031 **Mich·el·in** [미슐랭]: 〈← Michael〉, '신의 선물', 미쉐린, 1889년 프랑스에서 동명의 창업자들에 의해 탄생하여 1946년 radial tire를 생산하고 2020년부터 공기를 주입하지 않는 타이어를 내놓겠다는 세계적 자동차 바퀴 제조회사, 〈~ a French tyre manufacturing co.〉 수1

1032 **Mich·el·in guides** [미슐랭 가이드]: 미쉐린 tire 회사가 1900년부터 해마다 특정지역의 일부 식당들을 선정해서 별 세개까지 등급을 매겨놓은 안내서, 〈~ a restaurant guide book〉 수2

1033 **Mich·i·gan** [미쉬건]: 〈← mishigami(large water)〉, 〈원주민어〉, 미시간, MI, Great Lakes State, Wolverine (오소리) State, 〈'거대한 물'을 담은〉 미시간호 동쪽에 벙어리장갑 모양으로 뻗어 나온 반도와 덮개로 이루어진 공업·농업·광업·관광업이 발달한 주, {Lansing-13}, 《apple blossom》 수1

1034 **Mich·i·gan-der** [미쉬갠더] \ Mich·i·gan-ite [미쉬거나이트]: 미시간주 사람 양2

1035 *__Mich·i·gan left turn__ [미쉬건 레푸트 터언]: (1960년도 말에 미국의 미시간 주에서 시행되어 세계 여러 나라에서 채택된) 〈연결로가 있는 쌍방도로에서 우회전 다음 U-turn을 하는〉 180도 방향 전환, 거꾸로 돌기, 〈~ P-turn\U-turn〉 미1

1036 **mick·ey-mouse** [미키 마우스]: 〈← Michael〉, 〈'신의 조그만 선물'이란 뜻의 미국어〉, 싸구려, 푼돈, 시시한 것, 배경음악을 넣다, 〈~ peanut\trivial\back-ground music〉, 〈↔important\major\theme music〉 양2 미2

1037 **Mick·ey Mouse** [미키 마우스]: 1928년부터 나타난 디즈니만화의 주인공, 〈~ a cartoon character〉 수1

1038 **mick·le** [미클]: 〈← mikel(much)〉, 〈게르만어〉, (물고기를 때려 죽이는) 몽둥이, '큰', 많은, muckle, 〈↔handful\negligible〉 양2

1039 **mi·cro~** [마이크로우~]: 〈그리스어〉, minute, 〈소·극소·미세~〉 등의 뜻을 담은 결합사, 〈↔macro〉 양1

1040 *__mi·cro-ag-gres-sion__ [마이크로우 어그뤠션]: 미세한 공격, 미묘한 (인종) 차별, 〈~ subtle prejudice〉 미2

1041 **mi·crobe** [마이크로우브]: 〈그리스어〉, 세균, 미생물〈small life〉, 〈~ micro-organism〉, 〈↔host cell〉 가1

1042 *__mi·cro-beam__ [마이크로우 비임]: 미세 선속(흐름), 미세 전자 방사선, 〈~ narrow beam of radiation〉 양2

1043 **mi·cro-bi·ol·o·gy** [마이크로우 바이알러쥐]: 미생물학, 세균학, 〈~ study of microscopic organisms〉 가1

1044 **mi·cro-bi-ome** [마이크로우 바이옴]: 〈세균을 포함한〉 (인체에 서식하는 모든) 미생물 군집, 〈~ micro-ecosystem\normal flora〉 양2

1045 **mi·cro-bus** [마이크로우 버스]: (폭스바겐사 제품이 유명한) 소형 승합차, 〈~ mini-bus\mini-coach〉 미2

1046 **mi·cro-cam·er·a** [마이크로우 캐머뤄]: 현미경 사진용 사진기, 〈~ microscopic camera〉 양2

1047 *****mi·cro-chip** [마이크로우 췹]: 극미 박편, 미세 반도체(전자회로의 구성요소가 되는 미소한 기능 회로), 〈~ computer (or semi-conductor) chip〉, 〈~(↔)mega-chip〉 미2

1048 *****mi·cro-cir·cuit** [마이크로우 써얼킽]: 초소형회로, 통합(집적)회로, 〈~ micro-processor\integrated circuit〉 미2

1049 **mi·cro-cosm** [마이크로우 카아즘]: 소우주, 인간세계, 〈~ little world\small society〉, 〈↔macro-cosm\planet〉 양2

1050 *****mi·cro-cred·it** [마이크로우 크뤠딭]: 소액대부, 영세민들이 소규모의 자영업을 창업하도록 도와주는 단기 자금 대출, 〈~ small loan〉, 〈↔large loan〉 양2

1051 **mi·cro-film** [마이크로우 휢]: (보통 1/25로 줄인) 축소 복사 피막, 〈~ roll film〉 미2

1052 **Mi·cro-Fo·cus** [마이크로우 호우커스]: 1976년에 창립된 영국의 세계적 전산망 연성기기 및 정보산업업체, 〈~ a British IT company〉 수2

1053 **mi·cro–man·ag·er** [마이크로우 매니줘]: 〈자잘한 일을 처리하는〉 소 지배인, (감독의 지시를 받는) 부감독, 〈~ nit-picker\task-man (or woman)〉, 〈↔macro-manager\supervisor〉 양2

1054 **mi·cro-moon** [마이크로우 무운]: 꼬마 보름달, 소만월, 〈눈빛 때문에 작게 보인다는 썰도 있으나 음력 2월 보름에 달이 지구에서 가장 멀리 떨어진 apogee(원지점)때 보이는 제일 작은 보름달, 〈~ snow moon〉, 〈↔super-moon〉 미2

1055 **mi·cron** [마이크롼]: μ, 〈그리스어〉, 1m의 1백만분의 1, 〈1 millionth of a meter〉 우1

1056 **Mi·cro-ne·sia** [마이크뤄 니이지어]: micros(small)+nesos(island), 〈그리스어〉, 미크로네시아, 필리핀제도 동쪽·적도 북쪽에 있는 서태평양(W. Pacific)의 2,100여 개의 '작은 섬들'로 6개의 나라로 나누어져 있음(연합국), {Micronesian-Eng-(US)-Dollar-Palikir} 수1

1057 **mi·cro-nu·tri·ent** [마이크로우 뉴우트뤼언트]: 소량 영양소, 〈미량이나마〉 생명을 유지하는데 필요한 원소, (동물에서는 각종 무기물과 비타민, 식물에서는 Zn·boron·mangan·iron·copper·Mo·Cl), 〈~ nutrients in need of small amounts〉, 〈↔macro-nutrient〉 양2

1058 **mi·cro–or·gan-ism** [마이크로우 오가니즘]: (현미경으로나 볼 수 있는) 미생물, 〈~ microbe〉, 〈↔host cell〉 가2

1059 **mi·cro-pho·bi·a** [마이크로우 호우비어]: 미생물(미소물) 공포증, 〈~ myso-phobia\germa-phobia〉 가2

1060 **mi·cro-phone** [마이크로우 호운]: mic(마이크), 〈작은 소리를 전달하는〉 (미세) 송화기, 〈~ bug\mike\transmitter\mouth-piece〉, 〈~(↔)mega-phone〉 미1

1061 **mi·cro-plas·tic** [마이크로우 플래스틱]: 〈해양 오염에 문제가 되는〉 (5mm 이내의) 미세 합성수지 조각, 〈~ plastic particle\micro-bead〉, 〈↔macro-plastic〉 양2

1062 **mi·crop·o·lis** [마이크롸 펄리스]: (도시시설을 갖춘) 소형도시, 〈~ minor city〉, 〈↔metro·polis〉 양2

1063 *****mi·cro–proc·es-sor** [마이크로우 프롸쎄서]: 소형전산기의 중앙처리장치, 〈~ computer processor〉 양2

1064 **mi·cro-scope** [마이크로우 스코우프]: 현미경, 현미경(별)자리, 〈~ magnifier〉, 〈↔telescope\eye glasses〉 양2

1065 **Mi·cro-soft** [마이크로우 써어후트]: 마이크로 소프트, '초소형 연성기기', '마소', 1975년 미국 Bill Gates와 Paul Allen이 세운 세계적으로 잘나가는 전자기기 회사, 〈~ an American technology co.〉 수2

1066 **mi·cro-surg·er·y** [마이크로우 써어줘뤼]: 정밀 수술, 현미 수술, 〈1921년경부터 유럽에서 시작된〉 (현미경을 이용해서 하는) 미세 수술, 〈~ precision surgery〉 양2

1067 *****mi·cro–trans-action** [마이크로우 트랜잭션]: (특히 video-game에서) 전산망으로 하는 〈통상 1,000불 이하의〉 소액 거래, 〈~ on-line transaction of small currency〉 미2

1068 **mi·cro-wave** [마이크로우 웨이브]: 극초단파, 파장이 1mm~30cm짜리 직선형의 전기 기파로 2차대전 중 레이다에 쓰기 시작해서 현재는 통신 및 가열 장치에도 사용됨, 〈~ non-ionizing electro-magnetic radiation〉 미2

1069 **mi·cro-wave ov·en(range)** [마이크로우 웨이브 어븐(뤠인쥐)]: 〈방사물질이 식품에 오염되지는 않는〉 극초단파 화덕(가열통)/(가열판), 〈~ micro-cook\nuke\zap〉 우2

1070 **mic·tu-rate** [밐츄뤠이트]: 〈← micturire(urinate)〉, 〈라틴어〉, 소변보다, 배뇨하다, 〈~ pee\take a leak〉, 〈~(↔)defecate〉 양2

1071 **mid** [미드]: 〈← medius〉, 〈라틴어→게르만어〉, 중앙의, 가운데, 〈근래에는 mediocre(시시한)란 뜻으로 쓰이는 경향이 있음〉, 〈~ intermediate\half-way〉, 〈↔extreme\farthest〉 양1

1072 *****MIDAS** [마이더스]: 마이다스, (missile defence alarm system), 탄도탄 경보 방어 체계 미2

1073 **Mi·das** [마이더스]: 〈어원 불명의 소아시아어〉, 미다스, 손에 닿는 모든 것을 황금으로〈golden touch〉 변하게 했다는 소아시아(Asia Minor) 고대국가의 왕, 큰 부자〈the rich; 영국어〉, 〈~ stroke of luck\rain-maker〉, 〈그렇다면 아마 며칠 못 살걸!〉 수1 양2

1074 **mid·dle** [미들]: 〈라틴어→게르만어〉, 〈← mid〉, '중간'의, 중류의, 중세의, 중간 부분, 〈~ (a)mid\milieu〉, 〈~ center\half-way〉, 〈↔side\border〉 가2

1075 **mid·dle age** [미들 에이쥐]: 중년(대개 40~60세), 〈↔youth\elder〉 가2

1076 **Mid·dle Ages** [미들 에이쥐즈]: 중세(대략 AD500~1450), medieval period, 서양사에서 서로마 제국의 멸망(AD476)부터 '신대륙과 신교에 눈을 돌리게 된' 15세기 중반까지의 (종교 이외에는 아무것도 보이지 않았던) 〈암흑시대〉, 〈~ Dark Ages〉 미2

1077 **mid·dle class** [미들 클래스]: 중류계급, 중산층, 〈유산층·교외 거주자·전문 직업층·자수성가군·근검절약인들·실제보다 더 잘산다고 생각하는 사람들〉, 〈~ bourgeois\hoi polloi〉, 〈↔upper\lower class〉 가1

1078 **Mid·dle East** [미들 이스트]: 〈영국의 입장에서 본〉 중동(리비아에서 아프가니스탄 사이의 지역), 〈~ Near East\South-west Asia〉 가2

1079 **Mid·dle Eng·lish** [미들 잉글리쉬]: 〈1066년 노르만족의 영국 점령(Norman Conquest) 후 프랑스풍의 모음 변화를 가져온 1150년부터 인쇄술의 발달로 출판이 보편화되었던 1500년까지의〉 중세영어, 〈초서(Chaucer)의 전성시대〉, 〈↔Old English\Modern English〉 가1

1080 **mid·dle fin·ger** [미들 휭거]: 가운데 손가락, 〈18세기 초부터〉, '좆'이란 뜻으로 쓰임, 〈~ long finger\phallus〉 양2

1081 **mid·dle man** [미들 맨]: 중간 상인, 매개자, 중매인, 〈~ broker\mediator〉 가1

1082 **mid·dle school** [미들 스쿠울]: junior high school, 중등학교(미국에서는 보통 초등학교와 고등학교 사이의 6·7·8학년짜리 '춘기 발동기' 학생을 대상으로 '개별적 학습'에 중점을 둠) 가1

1083 *****mid·dle-ware** [미들 웨어]: '중간기기', 제어프로그램과 응용프로그램의 중간적 기능을 가진 연성기기, 서로 다른 여러 응용프로그램의 중간적 기능을 가진 연성기기, 서로 다른 여러 프로그램을 함께 운용할 수 있는 연성기기, 〈~ connector\adapter〉 우2

1084 **Mid·dle West** [미들 웨스트]: (미)중서부지방, 중북지방, 1984년 미 통계국이 정해준 오하이오에서 다코타에 이르는 12개의 주로 '대호수주·대평원주·루이지애나 매입주'를 포함함, 〈~ Old North-west\Heartland〉 양2

1085 **mid·dy** [미디]: 〈영국어〉 ①〈아직 '뱃놈'이 못 된〉 mid·shipman, 해군사관학교 생도 ②중간 크기 맥주잔(0.5파인트짜리), 〈~ medium sized beer-glass〉 ③~ blouse: 영국 해군 사관 생도들이 입던 옷과 비슷한 느슨(loose)하고 길게 늘어진 여성용 덧옷 우1

1086 **midge** [밋쥐]: 〈← mycg(very small)〉, 〈게르만어〉, (모기·각다귀 등의) '작은 날벌레', 꼬마, 〈~ gnat\tiny〉, 〈↔big\chunk〉 양1

1087 **midg·et** [미쥗]: 〈영국어〉, 〈← midge〉, dwarf, 난쟁이, 꼬마(둥이), 초소형의 물건, 〈~ homunculus〉, 〈~ runt\wee〉, 〈↔giant\colossus〉 양1

1088 *****MIDI** [미디]: (musical instrument digital interface), 전자악기·전산기 연결장치, 전산기가 여러 가지 악기를 통합해서 연주하는 것 우2

1089 **mid·i** [미디]: middle, 중형의, 중간 길이의 치마, 〈↔mini\maxi〉 양1 미2

1090 **mid-land** [미들런드]: 중부지방, 내륙지방(inland), 〈↔border\coastal〉 가1

1091 **mid-line** [미드 라인]: (가운데를 가로·세로로 가르는) 정중선 양1

1092 **mid-mash·ie** [미드 매쉬]: 〈두부의 경사가 중간쯤 되는〉 (골프의) 3번 철제 타봉, 〈~ 3 iron〉 미1

1093 **mid-night** [미드 나잍]: '밤의 중간지점', 한밤중, 밤 12시, 암흑, 〈~ 12 o'clock at night\dark-ness〉, 〈↔high-noon〉 가2

1094 **mid-riff** [미드 뤼후]: mid+hrif(belly), 〈게르만어〉, 〈배의 중간에 있는〉 횡경막(횡격막), 〈~ diaphragm〉, 상복부, 복부가 노출된 짧은 상의, 배꼽티, crop top 미2

1095 **midst** [미드스트]: on+middan, 〈게르만어→영국어〉, 중앙, (한)가운데, 한참, 〈~ (a)mid \ middle〉, 〈~ center\deep〉, 〈↔exterior\periphery〉 가2

1096 **Mid-way Is-lands** [미드웨이 아일런즈]: 〈원래는 Middle·brook이였다가 19세기 후반에 미국과 아시아의 중간 지점이란 뜻의 현재명으로 바꿈〉 미 해군이 관장하고 있는 하와이 북서쪽(N-W of Hawaii)의 2개의 작은 섬들, 〈~ atoll in the N. Pacific Ocean〉 수1

1097 **mid-wife** [미드 와이후]: 조산사, 산파, 〈~ delivery nurse〉, 〈~(↔)obstetrician〉 가1

1098 **mid-wife toad** [미드 와이후 토우드]: '산파 두꺼비', 암놈이 까놓은 알을 수놈이 부화할 때까지 등에 지고 다니는 중·서 유럽에 사는 두꺼비, 〈~ obstetric frog〉 우1

1099 **mien** [미인]: 〈← minari(threaten)〉, 〈라틴어→프랑스어〉, 풍채, 모습, 태도, 〈→ demean〉, 〈~ appearance\countenance〉, 〈↔character\disposition\temperament〉 양2

1100 **Mig** [미그]: 소련의 Mikoyan과 Gurevich가 설계한 전투기(fighter aircraft) 수2

1101 **Might** [마읻]: 마이트, 1960년대 한국에서 유행했던 5명이 하는 카드놀이의 일종, 〈주로 대학생들이 하던 '짱구 굴리기'로 편자는 머리가 나빠 '닭대가리'란 소리를 도맡아 들었는데 송충이는 nylon-ppong 정도로 만족했었어야 했음음-이것도 5명을 모을 수가 없어서 역사의 뒤안길로 사라졌음〉, 〈~ a Korean playing card〉 수2

1102 **might** [마읻]: ①〈← magan(be able)〉, 〈게르만어〉, '힘(strength)', 권력, 우세, 〈→ all·mighty〉, 〈↔weakness〉 ②〈← mihte〉, 〈영국어〉, may의 과거형〈may는 긍정적·might는 부정적〉, 〈~(↔)possible〉 가1 양1

1103 **mi·gnon-ette** [미녀네트]: 〈← mignon(dainty)〉, 〈프랑스어〉, '귀염둥이' ①목서초(회·녹색을 띤 막대 꽃이 피는 물푸레나무속의 풀), 〈~ a fragrant herb〉, 〈~ roseda〉 ②다진 골파·으깬 고추·식초를 섞어 만들어 굴에 찍어 먹는 맛난이, 〈~ sauce for oysters〉 미2 우1

1104 **mi·graine** [마이그뤠인]: hemi(half)+kranion(ache), 〈그리스어→프랑스어〉, 〈'한쪽 옆머리'에 오는〉 편두통 가2

1105 **mi·grate** [마이그뤠이트]: 〈← ameibein(change)〉, 〈그리스어에서 연유한 라틴어〉, 〈← migrare(move)〉, '장소를 바꾸다', 이주(이동)하다, 퍼지다, 〈~ relocate\itinerate〉, 〈↔remain\stay〉 가1

1106 *****mi·gro-naut** [마이그뤄너어트]: (받아줄 나라가 없는) '유랑' 난민〈wandering refugee〉 양2

1107 **mi·ka·do** [미카아도우]: mi(honorable)+kado(gate), '어문'(왕만 출입할 수 있는 문), '제'(일본 왕에 대한 옛 호칭), 〈~ an emperor of Japan\suzerain〉 수1

1108 **mike** [마이크]: 〈1924년에 등장한 약어〉, microphone, 송화기, 〈~(↔)mega-phone〉 미1

1109 **Mi·lan** [밀랜 \ 밀란]: mediolanum 밀라노('중간 벌판〈middle+plain〉'), 서기 100년경부터 알프스의 통상·관문 역할을 한 이탈리아 북부 Lombardy주의 주도·상·공업·문화·관광도시, 〈~ a metropolis in N. Italy〉 수1

1110 **mild** [마일드]: 〈← milde(gentle)〉, 〈게르만어〉, '자비스러운', 온순한, 따뜻한, 순한, 관대한, 완만한, 〈~ bland\mellow〉, 〈↔harsh〉 양1

1111 **mil·dew** [밀듀우]: 〈← mildeaw ← mold²(earth)〉, 〈게르만어〉, 'mealdew' (honey-dew 같이 빨리 상한 음식), 흰가루병 곰팡이, 〈~ mold\fungus\must²〉 미2

1112 **mile** [마일]: 〈← milia passuum(thousand places)〉, mi, 〈라틴어〉, '천 걸음', 약 1,609km, 5,280피트, 상당한 거리 수2

1113 **mile-age** [마일리쥐]: 마일수(에 따른), 〈~ travelled distance〉 수2

1114 *****mile a min·ute** [마일 어 미니트]: 아주 빠르게, 속사포로, 〈~ fast\quick〉, 〈↔slowly\leisurely〉 양2

1115 *****mile-high club** [마일 하이 클럽]: '고공구락부', (자가용 비행사들이 즐겼으나 여객기의 일등석 손님들도 가끔 이용한다는) 비행기 내 성교를 위한 〈실제로 존재하는〉 친선단체, 〈~ people having sex on the air-plane〉 우2

1116 **Mi·le·sian** [밀리젼\마일리이쥐언]: ①그리스의 Miletus 지방 출신 Thales를 시조로 하는 '자연철학' 학파, 〈~ materialism〉 ②Miletus같이 '먼 곳'에서 와서 아일랜드를 세운 겔트족, 〈~ Irish people〉 수2

1117 **mile-stone** [마일 스토운]: 이정표, 중대 시점, 〈~ land-mark\turning point〉, 〈↔nix\zip〉 양2

1118 **mil-foil** [밀훠일]: mille(thousand)+folium(leaf), 〈라틴어〉, 서양톱풀, 가새풀, 톱니가 있는 〈'million'(수많은〉타원형 잎을 가진 국화과(daisy family)의 여러해살이풀, 〈~ yarrow\a fresh water aquatic plant〉 미2

1119 **mil·i·ar·y** [밀리에뤼]: 〈← milium〉, 〈라틴어〉, 〈← millet〉, 좁쌀 모양의, 속립성의(병소), 〈~ heat rash(miliaria)\lesion(miliary tuberculosis)〉 양2

1120 **mi·lieu** [미일유 \ 미일려]: 〈프랑스어〉, 〈middle place의〉 주위 환경, 생활 환경, 〈~ environment\setting〉, 〈↔no place\mess〉 양2

1121 **mil·i·tar·y** [밀리테뤼]: 〈← miles(soldier)〉, 〈라틴어〉, 군대의, 전투적인, 〈~ combatant\fighting〉, 〈↔civilian〉 가1

1122 **mil·i·tar·y cut** [밀리테뤼 컽]: 군대머리, 상고머리, brush cut, ⇒ buzz cut 미2

1123 **mil·i·tar·y po·lice** [밀리테뤼 펄리스] \ MP: 헌병(대) 가1

1124 **mi·li·tia** [밀리셔]: 〈← miles(soldier)〉, 〈라틴어〉, '병사', 민병대, 국민군, 비정규군, 〈~ battalion\armed forces〉, 〈↔civilian〉 양2

1125 **milk** [밀크]: 〈← amelgein(to draw)〉, 〈그리스어에서 연유한 게르만어〉, '젖', 우유, 젖을 짜다, 착취하다, 〈~ emulsion〉, 〈~ extract\extort〉, 〈↔vegan\vinegar〉, 〈↔save\give\help〉 가1

1126 *****milk-er bill** [밀커 빌]: 후원금을 모집할 수 있는 〈젖 짜는〉 법안, 〈~ fund-raising bill〉 미1

1127 **milk-flow·er** [밀크 훌라워]: '우유꽃', 잎에 우유빛 엽맥을 가진 커다란 엉겅퀴, ⇒ milk thistle 우1

1128 **milk loaf** [밀크 로우후]: 우유빵, 우유를 섞은 빵 덩어리, 〈~ (일본 사람들이 좋아하는) white bread made with milk and flour〉 미1

1129 **milk-maid** [밀크 메이드]: ①젖 짜는 여자, 〈↔milk-man〉 ②~s; 북미 서해안 지방의 음지에서 이른 봄 아침에 우윳빛의 영롱한 작은 갈래꽃을 피우는 야생초, 〈~ lady's smok\cuckoo (or may) flower〉 양2 우1

1130 **milk-man** [밀크 맨]: 우유 배달원, 우유 장수, 젖 짜는 남자, 〈↔milk-maid〉 가1

1131 **milk shake** [밀크 쉐이크]: 우유·얼음과자·향신료·설탕 등을 섞어 흔들어 마시는 냉각 음료, 〈~ a cold and sweet beverage〉 우1

1132 *****milk shake duck** [밀크 쉐이크 덕]: 처음에는 좋게 평가받다가 곧 결함이 밝혀져 대중으로부터 외면 당하는 자, '거품오리', 〈똑 떨어지는 반대말을 제시하는 자에게 상금이 걸려 있는 말〉, 〈~(↔)cancel culture〉 우1

1133 **milk snake** [밀크 스네이크]: '우유뱀', 〈농가 주변에서 우유를 빨아 먹고 자랐다고 믿었던〉 (희거나 노란 띠를 두른) 무독의 왕뱀(king snake), 〈~(↔)house snake〉 우1

1134 **milk-sop** [밀크 솦]: 우유에 적신 빵 조각, 나약한 남자, 졸장부, 〈~ wimp\ponce\milk-toast〉, 〈↔stud\hard-ass\manly\gladiator〉 양2

1135 **milk-tea** [밀크 티이]: 〈영국 사람들이 즐겨 마시는〉 (차에다 우유를 탄) 우유차 가1

1136 **milk-this·tle** [밀크 씨슬]: '우유 엉겅퀴', 방가지똥, 독성이 있는 녹색 잎에 뚜렷한 우윳빛 엽맥을 가진 커다란 엉겅퀴, milk flower 우1

1137 **milk-toast** [밀크 토우스트]: 〈미국어〉, 우유에 적신 구운 빵, 유순한, 나약한, milk·sop ⇒ milque·toast, 〈↔hard-ass\gladiator〉 양2

1138 **milk tooth** [밀크 투우스]: 젖니, 유치, 〈~ baby tooth〉, 〈↔second tooth\adult (permanent) tooth〉 가1

1139 **milk-weed** [밀크 위이드]: '우유풀', 유액(milky sap)을 분비하는 대극(spurge)과의 초본 우1

1140 **milk-wood** [밀크 우드]: '우유나무', 유액을 분비하는 각종 열대성 나무, 〈~ trees having abundant latex〉 우1

1141 **milk wort** [밀크 워얼트]: 등대풀, 원지, 〈소의 젖을 많이 나오게 한다는〉 애기풀속의 목초들, 〈~ a spurge〉 미1

1142 **Milk·y Way** [밀키 웨이]: 〈Hera가 하늘에 milk를 뿌려 만들었다는〉 은하(수), 소우주, 〈~ galaxy\silver river(중국어)〉 양2

1143 **mill** [밀]: ⟨← molere(grind)⟩, ⟨라틴어⟩, '물방앗간', 맷돌, 제분기, 공장, 제작소, ⟨~ meal²⟩, ⟨~ factory\plant⟩, ⟨↔farm⟩ 양1

1144 **Mill** [밀], John Stu·art: ⟨← miller⟩, (1806-1873), 전적으로 아버지에게 교육받고 ⟨"머리 좋고 덕성을 갖춘자는 무신론자가 된다"는 말을 남긴⟩ 영국의 공리(실용)주의 철학자·경제학자, ⟨~ an English philosopher and political economist⟩ 수1

1145 **Mil·len·ni·al gen·er·a·tion** [밀레니얼 줴너뤠이션]: 새천년(2000년) 세대, Y세대, 1985~1995년에 태어나서 texting을 통한 소통에 능하고 이상주의적이면서도 현실적인 이율배반의 가치를 가진 ⟨어정쩡한⟩ 세대, ⟨~ Y generation⟩ 미1

1146 **mil·len·ni·um** [밀레니엄]: mille(thousand)+annus(year), ⟨라틴어⟩, 천 년간, '천년'왕국(기), ⟨~(↔)kilo⟩, ⟨↔moment\dark age\hell⟩ 양 수2

1147 **mil·len·ni·um bug** [밀레니엄 버그]: '천년 오류', ⟨약자 사용으로 인해⟩ 전산기가 2000년을 1900년으로 잘못 인식했던 현상, ⇒ Y2K 우1

1148 **mill-er** [밀러]: 방앗간 주인, 제분업자, 날개에 가루가 있는 나방, ⟨~ mill operator\army (cut) worm⟩ 양2

1149 **Mill-er** [밀러], Ar·thur: (1915-2005), 개인과 사회의 갈등을 파헤친 미국의 소설가·극작가, ⟨~ an American writer⟩ 수1

1150 **Mill-er** [밀러], High Life: 1855년에 설립되어 2015년 Anheuser Busch에 합병된 미국의 맥주회사(상표명), ⟨~ an American-style lager beer⟩ 수1

1151 **mill-er's thumb** [밀러즈 썸]: ⟨엄지손가락으로 저울을 눌러 바가지를 씌우는 제분소 주인같이 생긴⟩ bull head, 둑중개, ⟨방앗간 주인같이 넓적한 엄지 모양의 대가리를 가진⟩ 메기의 일종, ⟨~ a sculpin⟩ 미2

1152 **mil·let** [밀릿]: ⟨← milla(a grain)⟩, ⟨아랍어→라틴어⟩, ⟨← millium⟩, '조', 기장, 황실(노랗고 자디잔 열매를 맺는 5곡의 하나), ⟨→ miliary⟩, ⟨~ kaoliang⟩, ⟨~ panic grass⟩ 양1

1153 **Mil·let** [밀레이], Jean: '조 농삿꾼', 밀레, (1814-75), 「만종」등을 그리고 바비존 유파(Barbizon school)를 창시한 프랑스의 사실주의 ⟨농부⟩화가, ⟨~ a French artist⟩ 수1

1154 **mil·li~** [밀리~]: m~, ⟨← mille(thousand)⟩, ⟨라틴어⟩, ⟨천 분의 1 ~⟩이란 뜻의 결합사, ⟨~ one thousandth⟩ 양1

1155 **mil·liard** [밀려드 \ 밀라아드]: ⟨프랑스어⟩, 1억(미국), 10억(프랑스·영국), ⟨~ one thousand million\'billion'⟩ 양2

1156 **mil·lion** [밀리언]: ⟨← mille(thousand)⟩, ⟨라틴어에서 연유한 이탈리아어⟩, 백만, 다수, '천의 천', ⟨~ thousand times thousand⟩, ⟨↔bit\handful⟩ 가1

1157 **mil·lion-aire** [밀리어네어]: ⟨라틴어→이탈리아어→프랑스어⟩, 백만장자, 대부호, ⟨~ billionaire\man of wealth⟩, ⟨↔beggar\have-not⟩ 가1

1158 **mil·li-pede** [밀러피이드]: 노래기, '수많은' 털 모양의 '발'을 가지고 ⟨고약한 노린내가 나는⟩ 지렁이 같은 마디 동물, ⟨~(↔)thousand legger\centi-pede⟩ 미2

1159 **mill-stone** [밀 스토운]: 맷돌, 무거운 짐, ⟨~ grind-stone\heavy burden⟩, ⟨↔edge\advantage⟩ 양2

1160 *****milque-toast** [밀크 토우스트]: ⟨미국어⟩, ⟨1920년대 미국 만화의 주인공 이름에서 유래한⟩ 대가 약한 남자, 소심한 사람, 겁쟁이, ⟨~ milk·toast⟩, ⟨~ molly-coddle\namby-pamby⟩ 수2

1161 **Mil·ton** [밀튼], John: '방앗간집(mill-town) 주인', 밀턴, (1608-1674), 35세 때 16살짜리 소녀와 잠시 결혼했다 실패한 후 44세에 장님이 되어 구술로 사랑과 정치와 종교에 관한 강렬한 글을 썼으며 도덕심이 강한 청교도였지만 3번 결혼했고 이혼에 대해 긍정적 생각을 가졌던 영국의 작가, ⟨~ an English writer⟩ 수1

1162 **Mil·wau·kee** [밀워어키]: ⟨원주민어⟩, '좋은 땅(good-land)', 밀워키, ⟨맥주의 수도⟩, ⟨~ Brew City⟩, 미국 위스콘신주 남동부 미시간호반의 공업도시, ⟨~ a city of Wisconsin on Lake Michigan⟩ 수1

1163 *****MIME** [미임] (mul·ti·pur·pose in·ter·net mail ex·ten·sions): 다목적 전산망 전자우편 확장(전자우편을 보낼 때 ASCII 이외의 시청각·영상·응용프로그램도 포함시키는 광범위한 전달체제), ⟨~ an extension of SMTP⟩ 미2

1164 **mime** [미임]: ⟨← mimos(imitator)⟩, ⟨그리스어⟩, ⟨← mimic⟩, pantomime, 무언극, 몸짓 익살극, 흉내쟁이, ⟨~ meme⟩, ⟨↔speaking\non-imitative⟩ 가1

1165 **mim·ic** [미믹]: ⟨← mimos(imitator)⟩, ⟨그리스어⟩, 흉내 내는, 모방의, 거짓의, ⟨~ mock⟩, ⟨↔originate\contradict⟩ 가1

1166 **mi·mo·sa¹** [미모우써]: ⟨← mimos(imitator)⟩, ⟨그리스어→라틴어⟩, ⟨← mime⟩, '흉내쟁이', 미모사, ⟨간지럼 나무⟩, 감응초, 함수초, 깃털 모양의 잎을 건드리면 오므리며 아래로 늘어지는 아카시아 비슷한 아열대성 관목, ⟨~ sensitive (or shame) plant\touch-and-die⟩ 미2

1167 **mi·mo·sa²** [미모우써]: ⟨런던에 있는 식당 이름에서 딴⟩ Buck's Fizz, ⟨미모사의 노란 꽃잎 색깔을 닮은⟩ 샴페인과 오렌지주스를 섞은 혼합주, ⟨2 parts of champagne+1 part of orange juice⟩ 우1

1168 **min·a·ret** [미너뤹]: ⟨← minar(candle-stick)⟩, ⟨아랍어⟩, '등대', ⟨꼭대기에 올라가서 아잔을 외치는⟩ (이슬람 사원의) 뾰족한 첨탑, ⟨← menorah\turret⟩ 수2

1169 **mi·na·ri** [미나리]: 물(water)+나리(parsley), ⟨한국어⟩, water-cress, (습지에서 자라고) 어긋나는 달걀꽃의 잎과 긴 줄기를 가지고 노릿한 향을 내는 채소, M~; 아칸소주에 이주해서 농장을 가꾸는 한인 가정을 주제로 한 2020년도 미국 영화, ⟨~ an American film depicting a Korean-American family⟩ 수2

1170 **mince** [민스]: ⟨← minutus(small)⟩, ⟨라틴어⟩, '작게 하다', 다지다, 잘게 썰다, 조심스레 말하다, ⟨~ chop up\grind\talk carefully⟩, ⟨↔develop\enlarge⟩ 양1

1171 **mind** [마인드]: ⟨← manas(to think)⟩, ⟨산스크리트어→라틴어→게르만어⟩, '사고력', 마음, 정신, 지성, 유의하다, 꺼리다, ⟨→ mean¹\mental\mood⟩, ⟨↔body⟩, ⟨↔care-less⟩ 양1

1172 **Min·da·na·o** [민더나오우]: maguindanao(people of marshy), ⟨'늪지대인'이란 원주민 부족명에서 유래한⟩ 민다나오, (약 20%가 이슬람교인) 남쪽에 있는 필리핀 제2의 섬, ⟨~ islands in S. Philippines⟩ 수1

1173 **mind-bend·ing** [마인드 벤딩]: ⟨게르만어⟩, 정신 착란을 일으키는, 깜짝 놀라는, 굉장히 어려운, ⟨~ mind-boggling⟩, ⟨↔tedious\boring⟩ 양2

1174 **mind-bog·gling** [마인드 바글링]: ⟨게르만어+영국어⟩, 믿어지지 않는, 매우 난해한, ⟨~ mind-bending⟩, ⟨↔tire-some\monotonous⟩ 양2

1175 ***MIND diet** [마인드 다이엍]: Mediterranean-intervention for neuro degenerative delay, 뇌기능 저하 방지용 지중해 식품·저지방 단백질·씨앗·견과류·올리브유로 구성된 ⟨뇌기능 퇴보 지연⟩ 식이요법 미2

1176 **mind games** [마인드 게임즈]: 심리 조작, 심리전, ⟨~ manipulation\brain-washing⟩, ⟨↔unconsciousness\affirmation⟩ 양2

1177 ***mind your own busi·ness**: 네일에나 신경써, 참견(상관)마, ⟨~ it's none of your business\butt out⟩ 양2

1178 **mind-set** [마인드 쎋]: 사고 방식, 심리 상태, 버릇, 태도, ⟨~ frame of mind\demeanor\attitude⟩, ⟨↔unbelief\mis-conception\indifference⟩ 양2

1179 **mine¹** [마인]: ⟨← min⟩, ⟨게르만어⟩, ⟨← me⟩, 나의 것, ⟨네~껏이 내 것이고 내 껏도 네 것⟩, ⟨~ that which belong to me⟩, ⟨↔yours⟩ 가1

1180 **mine²** [마인]: ⟨← minera(ore)⟩, ⟨라틴어→프랑스어⟩, 광산, 갱도, 지뢰, 채굴하다, ⟨~ mineral⟩, ⟨~ quarry\excavate⟩, ⟨↔bury\entomb⟩ 가1

1181 **min·e·ral** [미너뤌]: ⟨← minera(ore)⟩, ⟨라틴어⟩, 광물, '광석', 무기물, ⟨~ mine⟩, ⟨~ metal⟩, ⟨↔organic⟩ 가1

1182 **min·er·al oil** [미너뤌 오일]: (석유를 316~399℃에서 끓여 정제한) 액체 석유, 광물성 기름, ⟨↔organic oil\synthetic oil⟩ 양1

1183 **min·er·al wa·ter** [미너뤌 워어터]: 광천수, 탄산수, ⟨~ tonic water⟩, ⟨↔pure water⟩ 가1

1184 **Mi·ner·va** [미너붜]: ⟨← manas(mind)⟩, ⟨산스크리트어⟩, '지혜로운 자(full of mind)', 미너바, 여자 이름, 미네르바, (아테나⟨Athena⟩에 상응하는) 로마 신화의 지혜·예술·전쟁의 여신, ⟨~ goddess of wisdom·art·war⟩ 수1

1185 **Ming** [밍]: ⟨'bright'란 뜻의 중국어⟩, 명나라, 한족이 세워 (1368~1644)년간 중국을 통치했던 '공명정대'하고 문화가 발달했던 절대 왕정, ⟨~ an imperial dynasty of China⟩ 수1

1186 **min·gle** [밍글]: ⟨← mengan(mix)⟩, ⟨영국어⟩, 섞다, 첨가하다, 사귀다, ⟨→ mongrel⟩, ⟨~ among⟩, ⟨~ blend\integrate⟩, ⟨↔divide\separate⟩ 양2

1187 **min·i** [미니]: ⟨← miniature(smaller)⟩, ⟨라틴어⟩, 소형의, 짧은, 약간의, ⟨~ minute\petite⟩, ⟨↔maxi~⟩ 양2

1188 **min·i·a·ture** [미니어춰]: ⟨← miniare(paint in minimum)⟩, ⟨라틴어⟩, 소형 모형, 꼬마, 축소(된), ⟨~ small-scale\scaled-down⟩, ⟨↔massive\giant⟩ 양1

1189 **min·i-bar** [미니 바아]: (호텔 방에 있는) 주류 비치용 소형 냉장고, 〈~ cellaret\cocktail cabinet〉 우2

1190 **min·im** [미님]: 〈← minimus(least)〉, 〈라틴어〉, 미량, 드램의 ¹⁄₆₀, 시시한 것, (펜글씨의) 아래로 내리긋는 선, 2분음표(half note), 〈~ minimum〉 양2

1191 **min·i·mal·ism** [미니멀리즘]: 최소주의, 'less is more' ①최소한의 요소로 최대 효과를 올리려는 문화 예술적(arts) 경향 ②인생살이〈life style〉에서) 번거로운 일을 피하고 필요불가결한 일만 하려는 생활 태도, 〈게으름뱅이의 철학적 표현〉, 〈↔maximalism〉 양2

1192 **min·i·mal pair** [미니멀 페어]: 최소 대립쌍, (bad와 bat같이) 〈외국어 학습에서 필요한〉 한가지 요소에서만 차이가 나는 한 쌍의 단어나 음, 〈~ small (or token) pair〉 양2

1193 **min·i·mum** [미니멈]: 〈← minimus(least)〉, 〈라틴어〉, 최소(한도), 극소(점), 〈↔maximum〉 가2

1194 **min·ion** [미년]: 〈← mignon(dainty)이란 프랑스어〉, 〈총애하는〉 앞잡이, 추종자, 7포인트 활자, 우아한, 〈예쁘장한〉 말괄량이, 〈~ filet·mignon〉, 〈~ underling\yes-girl〉, 〈↔master\bug-bear\bête noir(e)〉 양2

1195 **min·i-skirt** [미니 스커어트]: 〈라틴어+북구어〉, 〈최소한 가린〉 '짧은' 치마, '동강 치마', 〈↔maxi\midi〉 미1

1196 **min·is·ter** [미니스터]: 〈← minus(less)〉, 〈라틴어〉, '더 작은 사람', 목사, 성직자, 장관, 공사, 대행자, 〈~ administer\clergy-person〉, 〈↔layman\pawn\follwer〉 양2

1197 **min·is·ter with-out port-fo·li·o** [미니스터 위드아웃 포얼트호울리오우]: 무임소 장관, 〈~ minister at large〉 가2

1198 **min·is·try** [미니스트뤼]: 〈← ministrare(administer)〉, 〈라틴어〉, 내각, 부, 성, 목회, 봉사, '근무', 〈~ government department\priest-hood〉, 〈↔disassembly\malfunction〉 양1

1199 *****min·i-suit** [미니 쑤우트]: 〈라틴어〉 ①동일한 직물의 (여성용) 짧은 정장 한 벌 ②호환성이 높은 조그만 전자용품 부속품들, 〈~ small pairs〉 우1

1200 **min·i-suite** [미니 스위이트]: 〈주로 유람선에 있는〉 작은 모듬방, 〈~ junior suite〉, 〈↔full suite〉 미1

1201 **min·i-van** [미니 밴]: 3열을 이루는 8~9인승의 승합차, 〈~ a multi-purpose vehicle\people carrier〉, 〈↔sports-car\dump truck〉 우1

1202 **mink** [밍크]: 〈← minke〉, 〈스웨덴어〉, stinking animal in Finland, '냄새나는 짐승', 부드러운 모피를 자랑하는 수륙 양서의 족제빗(weasel)과의 잽싼 육식동물, 매력적인 여자(sexy girl), 〈↔bête noir〉 우2

1203 **Min·ne·ap·o·lis** [미니애펄리스]: 〈← minne(water)〉, 〈원주민어에서 유래한〉 미니애폴리스, '물의 도시', '호반도시', 미네소타(Minnesota)주 남동쪽의 쌍둥이 도시(Twin Cities) St.Paul의 서쪽에 있는 미국 중북부의 상공업·교통도시, 〈~ City of Lakes〉 수1

1204 **Min·ne·so·ta** [미너쏘우터]: MN, North Star State, Gopher(뒤쥐) State, 〈원주민어에서 유래한〉 미네소타, '하늘색의 물(sky tinted water)', 〈빵과 버터의 주〉, 면적의 1/5 이상이 호수로 된 밀농사와 낙농업이 발달한 미국 중북부의 주, {St. Paul-8}, 《showy lady-slipper》〉 수1

1205 **Min·ne·so·ta Pro·ject** [미너쏘우터 프롸젝트]: 전후 한국의 재건을 위해 1955~61년까지 주정부 차원에서 서울대에 교육 원조를 제공한 〈아주 고마운〉 사업 계획, 〈~ partnership between Univ. of Minnesota and Seoul National University〉 수2

1206 **min·now** [미노우]: 〈← myne(small)〉, 〈게르만어〉, 황어, 황·백색이 반짝이는 피라미류, 1천여 종이 넘는 잉엇과의 작은 물고기, 송사리, '잔챙이', 〈~ gudgeon〉 미2

1207 **Mi·no·an** [미노우언]: 〈← Minos〉, 기원전 3000~1100년에 번영한 크레타〈Crete〉섬의 문명(종족) 수1

1208 **mi·nor** [마이너]: 〈라틴어〉, less, 보다 작은, 중요치 않은, 부전공, 단조, 소, 미성년자, 〈~ slight\trivial\child〉, 〈↔major\prime\principal〉 양1

1209 **Mi·nor·ca** [미노얼커]: 〈라틴어〉, 〈← minor〉 ①'작은 섬', (1802년 영국으로부터 양보받은) 스페인 동쪽 지중해상 Majorca 북동쪽에 있는 해변이 좋은 관광지, 〈~ a Spanish island in the Mediterranean Sea〉 ②미노르카 섬 원산의 산란율이 좋은 닭, 〈~ a domestic chiken〉 수1 수2

1210 **Mi·nor League** [마이너 리이그]: '소연맹', 1901년에 창단되어 현재 244개의 팀을 가지고 있는 '대연맹'보다 소규모의 북미주 야구단체들의 연합체, 〈↔Major League〉 수2

1211 **Mi·nos** [마이너스 \ 미노스]: 〈← monos(sole)〉, 〈크레타어〉, 제우스(Zeus)와 Europa의 아들, Crete섬의 '왕'(king) 수1

1212 **Mi·no·taur** [미너토어]: 'Minos의 황소', 미노타우로스, 〈미노스 왕비가 황소와 교접해서 낳은 사람을 잡아먹는〉 인신 우두(사람의 몸에 소의 머리를 한)의 괴물, 〈~ a monster with bull's head and man's body〉 수1

1213 ***Min·sky mo·ment** [민스키 모우먼트]: 〈미국 경제학자('Minsk에서 온 자)의 이름에서 연유한〉 지속적인 투자수익의 증가로, 사람들이 돈을 빌려 투자하기 때문에〉〈현금 부족으로〉 갑자기 오는 주가나 시장 경제의 폭락, 〈~ market collapse due to speculative activities〉 수2

1214 **min·ster** [민스터]: 〈←monasterion(monastery)〉, 〈그리스어→라틴어→영국어〉, 수도원 부속 교회당, 대성당, 〈~(↔)이것은 teaching이 주목적이고 cathedral은 worship이 주목적임〉, 〈↔chapel\town-hall〉 양1

1215 **min·strel** [민스트럴]: 〈← minister(servant)〉, 〈라틴어〉, '하인', 음유시인, 가수, 〈가장 흑인〉 '백인 광대', 〈~ entertainer\troubadour〉, 〈↔amateur\stranger〉 양2

1216 **mint¹** [민트]: 〈← Mentha(naiad nymph)〉, 〈그리스 신화에 나오는 요정의 이름에서 연유한〉 박하, 습지에서 잘 자라고 담자색·백색의 봉우리 꽃이 피고 방향이 짙은 윤기나는 쌍떡잎을 가진 3,200여 종의 꿀풀과의 여러해살이 약초, 〈→ menthol\pepper-mint〉 미2

1217 **mint²** [민트]: 〈← Moneta(coin)〉, 〈로마의 '돈의 여신' 이름에서 연유한〉 화폐 주조소, 조폐국, 거액, 보고, 갓 나온, 〈따끈따끈한〉, 아주 새로운, 〈~ coin\brand new\cherry〉, 〈↔stale\ancient〉 가1 양2

1218 ***mint con·di·tion** [민트 컨디션]: 〈신선한 냄새가 나는〉 제조직후의 상태인, 양호한 상태, cherry condition, 〈↔broken\damaged〉 양2

1219 **mint·y** [민티]: 'mint² 비슷한', 거의 새로운, 얼마 쓰지 않은, 〈~ fresh\pristine〉, 〈↔used\old〉 양2

1220 **min·u·et** [미뉴엣]: 〈'small steps'라는 프랑스어〉, 3박자〈triple time〉의 느린 곡〈춤〉 우1

1221 **mi·nus** [마이너스]: 〈← minor(less)〉, 〈라틴어〉, '보다 작은', ~을 뺀, 뒤떨어진, 음(수), 부족, 영하, 〈↔plus〉 미2

1222 **mi·nus·cule** \ mi·nis·cule [미너스큐울]: 〈← minor(less)〉, 〈라틴어〉, 아주 작은, 하찮은, 소문자체, 〈↔enormous\ginormous\gargantuan\tremendous\majuscule〉 양2

1223 **mi·nute¹** [마이뉴웃]: 〈← minuere(lessen)〉, 〈라틴어〉, 미세한, 사소한, 정밀한, '작게 한', 〈~ very small\tiny〉, 〈↔huge\giant〉 가1

1224 **min·ute²** [미니트]: 〈← minuere(lessen)〉, 〈라틴어〉, '작은 부분', 분(기호·'), 1/60, 잠깐, 현재, 초고, 의사록, 〈~ moment\menu〉, 〈↔eternity\major\summary〉, 〈↔second\hour〉 양2

1225 ***MIPS** [밎스](mil·lion in-struc-tions per sec·ond): 1초간에 1백만 개의 명령을 내릴 수 있는(전산기 연산 속도의 단위), 〈~measure of a computer's raw processing power〉 우2

1226 **mir·a·belle** [미러벨]: myron(perfume)+balanos(acorn), 〈그리스어〉, 〈황녹 자두즙(plum)을 넣은〉 프랑스산 〈경이스러운〉 쌉쌀한 혼합주, 〈~ a sparkling wine〉 수2

1227 **mir·a·cle** [미러클]: 〈← mirus(wonder)〉, 〈라틴어〉, 기적, 경이, 불가사의한 일, '놀라운 일', 〈~ walking on water〉, 〈↔normalcy\disaster\misfortune〉 가2

1228 **mir·a·cle fruit** [미러클 후루우트]: 기적의 과일, 〈땅콩만 한 붉은 타원형 쓴 열매를 먹고 신 것을 먹으면 단맛이 나는〉 적철과의 관목, 〈~ sweet berry〉 미2

1229 **Mir·a·cle Mile** [미러클 마일]: 미라클 마일, '기적의 거리', LA와 Las Vegas에 있는 고급 상점가, 〈~ shopping malls〉 수2

1230 **Mi·rage** [미롸아쥐]: 미라주 ①프랑스(French) 공군의 전투기, 〈~ super-sonic fighters〉 ②미쓰비시사(Mitsubishi)의 연료 절약형 소형 자동차(compact car) ③Las Vegas의 MGM 계통 호텔, 〈2024년 7월에 문을 닫고 2027년에 Hard Rock으로 다시 태어난다고 함〉 수1

1231 **mi·rage** [미롸아쥐]: 〈← mirare(look at)〉, 〈라틴어〉, 〈거울로 본〉 신기루, 아지랑이, 망상, 〈~ illusion\distorted images〉, 〈↔actuality\reality〉 가1

1232 **Mi·ran·da rights** [미랜더 롸이츠]: 〈라틴어〉, wondrous, '경이스러운 자', 〈동명의 미국 청년이 한 자백만으로 중형을 선고한 재판부에 대한 경종으로 1966년에 채택된〉 미랜더 권리, 미국에서 경찰에 체포당했을 때 묵비권(silence)과 변호사 위임(attorney advice)을 요구할 수 있는 권리, 〈묵비 및 변호사 위임권〉, 〈~ protection from self-incrimination〉 수2

1233 **mire** [마이어]: 〈← myrr(bog)〉, 〈게르만어〉, 〈moss(이끼) 천지인〉 늪, 진창, 수렁, 궁지, 〈→ quagmire〉, 〈~ marsh\morass〉, 〈↔desert\solution〉 가2

1234 **mir·ror** [미뤄]: ⟨← mirari(wonder at)⟩, ⟨라틴어⟩, ⟨보면서 신기해하는⟩ '거울', 반사경, 본보기, ⟨~ speculum\reflector⟩, ⟨↔dis-embody\conceal⟩ 가

1235 **mir·ror neu·ron** [미뤄 뉴어런]: ⟨라틴어+그리스어⟩, (관심을 가지고) ⟨다른 객체의 행동을 보았을 때 활성화하는⟩ 거울 신경원, ⟨~ brain cells that fire simultaneously\monkey-see, monkey-do cells⟩ 양2

1236 **mirth** [머얼쓰]: ⟨← myrig(joy)⟩, ⟨게르만어⟩, '환희', 희희낙락, 흥청망청, ⟨~ merry⟩, ⟨~ jovial\pick-wickian⟩, ⟨↔melancholia\gloom⟩ 양1

1237 ***MIS** [미스\엠 아이 에스] (man·age·ment in·for·ma·tion sys·tem): 경영정보체계(어떤 조직 내에서 정보의 효율적인 개발과 사용을 연구하는 분야), ⟨~ a decision making system⟩ 미2

1238 **mis~** [미스~]: ⟨게르만어⟩, ⟨잘못된·그릇된·나쁜⟩이란 뜻의 결합사, ⟨~ dis·un·im~⟩ 양1

1239 **mis·an·thrope** [미썬쓰로우프]: misein(hate)+anthropos(man), ⟨그리스어⟩, '인간을 싫어하는' 사람, 염세가, ⟨↔philanthrope⟩ 양2

1240 **mis·ap·pro·pri·a·tion** [미써프로우프뤼에이션]: ⟨배당을 잘못하는⟩ 남용, ⟨남의 재물을 차지하는⟩ 착복, ⟨남의 재물을 가로채는⟩ 횡령, ⟨~ mis-application\embezzlement⟩, ⟨↔goodness\fairness⟩ 양2

1241 **mis·car·riage** [미스 캐뤼쥐]: ⟨수송을 잘 못하는⟩ 실패, 불착, 유산, ⟨~ still birth⟩, ⟨↔live birth⟩ 가1

1242 **mis·ce·ge·na·tion** [미씨줘네이션]: miscere(mix)+genus(race), ⟨라틴어⟩, ⟨gene을 mix하는⟩ 잡혼, (백인과 흑인과의) 혼혈, 이종족혼교, ⟨~ inter-marriage⟩, ⟨↔homogenous marriage⟩ 양2

1243 **mis·cel·la·neous** [미셀레이니어스]: ⟨← miscere⟩, ⟨라틴어⟩, 잡다한, 혼합('mix')의, 시시한, 다방면에 걸친, ⟨~ varied\diverse⟩, ⟨↔homogeneous\uniform⟩ 가2

1244 **mis·chief** [미스 취이후]: minus(less)+caput(head), ⟨라틴어→프랑스어⟩, ⟨나쁜 결과에 도달한⟩ 해악, 손해, 고장, 장난, (쥐 등의) 떼, ⟨~ naughtiness\misconduct⟩, ⟨↔good behavior\advantage\seriousness⟩ 가1 양1

1245 **mis-cue** [미스 큐우]: ⟨라틴어+영국어⟩, (당구에서) 공을 잘못치기, 실책, 실수, ⟨~ mistake\error⟩, ⟨↔accuracy\achievement⟩ 양2

1246 **mis–de·mean·or** \ ~our [미스디**미**이너]: ⟨라틴어+영국어⟩, ⟨부적절한 행동⟩, 경범, 비행, 'bad conduct', ⟨~(↔)felony⟩ 가1

1247 **mise–en–scéne** [미이쟈안**쎈**]: ⟨프랑스어⟩, setting on the stage, 무대장치, 연출, 배경, 상황, ⟨~ background\environment\milieu⟩ 양2

1248 **mi·ser** [마이저]: ⟨라틴어⟩, ⟨가련한⟩ 구두쇠, 노랑이, ⟨~ miserable⟩, ⟨~ penny-pincher\Scrooge⟩, ⟨↔spend-thrift\extravagant⟩ 가1

1249 **mis·er·a·ble** [미져뤄블]: ⟨← miserari(pity)⟩, ⟨라틴어⟩, ⟨올 데·갈 데가 없어서⟩ 불쌍한, 비참한, 초라한, 야비한, ⟨~ sad\desolate⟩, ⟨↔happy\contended⟩ 가1

1250 **mi·ser·ly** [마이절리]: 인색한, 야비한, 쩨쩨한, ⟨~ parsimonious\cheap-skate⟩, ⟨↔spendthrift\generous⟩ 가1

1251 **mis·er·y** [미져뤼]: 불행, 고통, 빈곤, ⟨~ agony\woe⟩, ⟨↔bliss\joy\ecstacy\pleasure⟩ 가2

1252 ***mis·er·y in-dex** [미져뤼 인덱스]: ⟨1970년대에 주조된 말⟩, 궁핍 지수, 실업률+통화팽창률⟨일반 서민들의 경제상황을 알아보는 지표⟩, ⟨~ discomfort index(과학용어)⟩, ⟨↔happiness index⟩ 양2

1253 ***mi·ser·y loves com·pa·ny** [미져뤼 러브스 컴퍼니]: 불행은 패거리를 부른다, 동병상련, ⟨~ birds of a feather⟩, ⟨↔홀아비 사정 과부는 모른다⟩ 양2

1254 **mis·fea·ture** [미스 휘이춰]: ⟨라틴어⟩, 잘못된 명세서, 불충분한 기능, 사양, ⟨~ bad (or distorted) feature⟩, ⟨↔correct feature⟩ 미2

1255 **mis·for·tune** [미스 호어츈]: 불운, 불행, 재난, ⟨~ adversity\mis-hap⟩, ⟨↔advantage\blessing⟩ 가1

1256 ***mis·for·tune on top of mis-take**: 실수에다 불운, 설상가상, ⟨~ add insult to injury⟩, ⟨↔icing on the cake⟩ 양2

1257 **mis·giv·ing** [미스 기빙]: ⟨잘 배려하지 못해서 오는⟩ 불안, 걱정, 의심, ⟨~ qualm\worry⟩, ⟨↔confidence\ease⟩ 양2

1258 **mis-hap** [미스 햅]: ⟨← mescheance(mis-chance)⟩, ⟨프랑스어→영국어⟩, '잘못된 우연', 재난, 불운(한 일), ⟨~ trouble\problem⟩, ⟨↔fortune\luck⟩ 가2

1259 **mish-mash** [미쉬 매쉬]: ⟨← mash(mix)⟩, ⟨게르만어→영국어·독일어·유대어⟩, mix-up, 뒤범벅, 잡동사니, ⟨~ mess\medley⟩, ⟨↔order\grid⟩ 양2

1260 *****mis·in·for·ma·tion** [미스 인훠메이션]: ⟨잘못인 줄 모르는⟩ 잘못된 정보, ⟨비고의적⟩ 오보, ⟨낭설⟩, ⟨~ false information⟩, ⟨disinformation 보다는 순진한 잘못⟩ 양2

1261 **mis-lead** [미스 리이드]: 잘못 인도하다, 현혹시키다, ⟨~ mis-guide\deceive⟩⟨↔be honest\support⟩ 가1

1262 **mis·no·mer** [미스 노우머]: mis+nomen(name), ⟨라틴어⟩, 틀린 이름, 명칭 오기, ⟨~ wrong label⟩, ⟨↔accurate (correct) name⟩ 가1

1263 **mis·o** [미소우]: ⟨원래는 mi·so로 써야함⟩, ⟨← 메주 ← 미순(soybean paste)?⟩, (중국에서 한국을 통해 일본으로 건너간⟩ ⟨미숫가루 된장국⟩, 발효된 콩·소금·멸치 가루·해초 등을 섞어 끓인 ⟨일본식⟩ 된장국, ⟨~ bean-paste soup⟩ 수2

1264 **mis·o~** [미소우~]: ⟨← misein(hate)⟩, ⟨그리스어⟩, ⟨혐오하는·싫은 ~이란 뜻의 결합사⟩, ⟨↔philo~⟩ 양1

1265 **mi·sog·a·my** [미싸거미]: misein(hate)+gamos(marriage), 결혼 혐오(회피)증, ⟨↔philogamy⟩ 가2

1266 **mi·sog·y·ny** [미싸쥐니]: misein(hate)+gyne(woman), 여성 혐오증, ⟨~ sexism\chauvinism⟩, ⟨↔philogyny\feminism\misandry⟩ 가1

1267 **mi·sol·o·gy** [미쌀러쥐]: ⟨← misein(hate)⟩, ⟨그리스어⟩, 이론 혐오증, 따지기 싫어하기, ⟨~ anti-intellectualism⟩, ⟨↔philology\feminism\misandry⟩ 가1

1268 **mis·o-ne-ism** [미소니이즘]: miso+neos(new), 새것을 싫어하기, 보수주의, ⟨~ neo-phobia⟩, ⟨↔philoneism\neophilism⟩ 가1

1269 **mis-pri·son** [미스 프뤼즌]: mes(wrong)+prehendere(take), ⟨라틴어⟩, ⟨잘못 붙잡는⟩ 직무 태만, 부정행위, 범죄(범인) 은닉, ⟨~ deficiency\negligence⟩, ⟨↔respect\compliance⟩ 양2

1270 **miss**¹ [미쓰]: ⟨영국어⟩, ⟨← mistress ← magister(master)⟩, 양, 처녀, 아가씨, ⟨놓친 여자⟩, ⟨~ young lady⟩, ⟨↔maam\Mrs.⟩ 미1

1271 **miss**² [미쓰]: ⟨← missan(fail to hit)⟩, ⟨게르만어⟩, 놓치다, 못 맞히다, 빼먹다, ⟨→ a·miss⟩, ⟨~ slip\error\loss⟩, ⟨↔notice\attend\hit\jazz⟩ 가2

1272 **mis·sel** [미쓸]: ⟨← mistletoe⟩, ⟨게르만어⟩, thrush, 열매를 좋아한다는 유럽산 큰 개똥지빠귀 우1

1273 **mis·sile** [미썰 \ 미싸일]: ⟨← mittere(send)⟩, ⟨라틴어⟩, 미사일, 날아가는 무기, ⟨폭탄을 적에게 '보내기 위한'⟩ 탄도탄, 유도탄, ⟨~ projectile\rocket⟩, ⟨~(↔)archery\artillery⟩, ⟨↔linger\fall⟩, ⟨↔land mine\torpedo⟩ 가2

1274 **mis·sion** [미션]: ⟨← mittere(send)⟩, ⟨라틴어⟩, 임무, 사명, 사절(단), 전도(사업), 선교(회), ⟨신의 뜻으로⟩ '보내진 것', ⟨~ mass²⟩, ⟨~ assignment\vocation⟩, ⟨↔avocation\idleness⟩ 양2

1275 **Mis·sion Im-pos·si·ble** [미션 임파써블]: 불가능한 임무, '스파이 대작전', 1966년부터 영화와 TV에서 상연되는 첩자·활동 연속물, ⟨series of American action spy films⟩ 수2

1276 **mis·sis** [미씨즈 \ 미씨스]: ⟨영국어⟩, missus, ⟨← mistress⟩, 마님, 아씨, 마누라(wife), ⟨~ Mrs.⟩ 양2

1277 **Mis·sis-sip·pi** [미씨씨피]: ⟨원주민어⟩, 미시시피, MS, Magnolia(목련) State, '대하⟨great river⟩'라는 뜻을 가진 동명의 강을 서쪽 경계로 하고 농업에서 공업으로 탈바꿈한 미국의 ⟨깊숙한⟩ 남부 주, {Jackson-4}, ⟨⟨magnolia⟩⟩ 수1

1278 **mis·sive** [미씨브]: ⟨← mittere(send)⟩, ⟨라틴어⟩, 서한, 편지, 공문(서), '보내진', ⟨~ message\letter⟩, ⟨↔silence\speech⟩ 양2

1279 **Mis-sou-ri** [미쥬어뤼]: ⟨원주민어⟩, 미주리, MO, Show Me State, people of dug-out canoes, '큰 마상이의 마을', 미주리강이 관통하여 동쪽 경계의 미시시피강으로 흘러가는 미국 중부 내륙의 기름진 땅과 경치 좋은 구릉을 가진 주, {Jefferson City-8}, ⟨⟨hawthorn⟩⟩ 수1

1280 **Mis·sou·ri Com-pro·mise** [미쥬어뤼 캄프뤄마이즈]: 미주리 대타협, 1820년 미 의회를 통과한 미주리주를 지나는 북위 36도 30분을 경계로 남·북의 노예제도 인정·불허를 규정한 협정, ⟨~ a measure to prevent spread of slavery to northern states⟩ 수2

1281 *****miss the boat** [미쓰 더 보웉]: 배(기회)를 놓치다, 실패하다, ⟨~ blow the chance (or opportunity)⟩, ⟨↔jump on the wagon\ achieve a goal\seize the day⟩ 양2

1282 **miss-y** [미씨]: ⟨주로 하인들이 쓰던 miss¹의 변형어⟩, 아가씨, 소녀, ⟨↔big brother⟩ 양2

1283 **mist** [미스트]: ⟨게르만어⟩, darkness, ⟨엷은⟩ '안개', 흐릿함, 분무, ⟨~ fog⟩ 가1

1284 **mis-take** [미스 테이크]: mis(wrong)+taka(take), 〈라틴어+북구어〉, 잘못, 착오, 실수, '잘못 받아들이다', '오해하다', 〈~ error\fault〉, 〈↔accuracy\success〉 가2

1285 **mis·ter \ Mr.** [미스터]: 〈라틴어→영국어〉, 'master의 변형', 군, 씨, 선생, 나리, 〈~ sir\man\señor〉, 〈↔mistress\Mrs.〉 미1

1286 **mis·tle thrush** [미쓸 쓰뤼쉬]: 〈← mistel(bird-lime)〉, 〈게르만어〉, 〈mistle·toe 씨를 즐겨 먹는〉 들지빠귀, 하루살이 지빠귀, missel, ⇒ storm·cock 미2

1287 **mis·tle-toe** [미쓸토우]: mistel+tan(twig), 〈게르만어〉, 〈새의 똥에서 발아한다고 믿었던〉 겨우살이, 주로 사과나무에 기생(parasite)하면서 사과의 어린 열매 대신 새 먹이가 되어주는 사람에게는 유독한 조그만 열매를 크리스마스 장식으로 쓰는 덩굴식물(새의 창자를 통과한 씨에서 나와 고대부터 생산과 장수를 상징하는 식물로 여겨져서 X-mas 장식용으로 쓰였으며 한국의 〈개똥쑥〉에 상당하는 수많은 일화를 간직한 식물임), 〈~ all-heal\golden bough〉 미2

1288 **mis·tress** [미스트뤼스]: 〈← magister〉, 〈라틴어→프랑스어→영국어〉, 〈master의 여성형〉, 여주인, 주부, 여선생, (여자)정부, 첩, 〈→ miss〉, 〈~ matron\other woman\concubine〉, 〈그렇다고 other woman=concubine이라는 말은 아님〉, 〈↔mister\Mr.〉 양1

1289 **mi·su·ga·ru** [미숫가루]: 〈어원 불명의 한국어〉, 찹쌀·보리 등의 곡식을 볶거나 쪄서 간 가루(로 만든 음료), grain powder drink 수2

1290 **MIT** (Mas·sa·chu·setts In·sti·tute of Tech·nol-o·gy): 1861년 주 정부의 도움으로 세워졌다가 나중에 민영화된 미국 매사추세츠 케임브리지시에 있는 85명의 노벨상 수상자를 낸 연구 위주의 공과대학, 〈~ a private research university〉 수1

1291 **Mitch·ell** [미첼], Mar·ga·ret: 〈← Michael〉, '신을 닮은 자', 미첼, (1900-1949), 10년 이상 걸려서 쓴 한 편의 소설로 부와 인기를 끌었던 미국 애틀랜타(Atlanta) 출신의 여류 소설가, 〈~ an American novelist〉 수1

1292 **mite** [마이트]: 〈게르만어〉, '쪼끄만(tiny)' ①작은 (아이·기부), 약간, 〈↔giant〉 ②(작은) 진드기, 〈~ tick〉 양1

1293 **mi·ter \ mi·tre** [마이터]: 〈← mitra(belt)〉, 〈그리스어〉, '비스듬히 맞춤' ①주교관, 사제관(의식 때 쓰는 높고 끝이 뾰족한 벙거지 모양의 갓), 〈~ bishop's head-dress〉 ②연귀 맞춤(모서리를 잇는 목공법), 〈~ a kind of joint〉 미2

1294 **mit·i·gate** [미티게이트]: mitis(soft)+agere(drive), 〈라틴어〉, 〈'mild'하게〉 누그러뜨리다, 완화하다, 경감하다, 〈~ modulate\tone down〉, 〈↔aggravate\intensify〉 가1

1295 **mi·to-chon·dri·on** [마이터칸드뤼언] \ ~ria: mitos(thread)+khondrion(granule), 〈그리스어〉, '실 같은 낱알', 미토콘드리아, 사립체, 독자적인 DNA를 가지고 세포질 속의 호흡(respiration)을 맡는 소기관, 〈~ chondriosome\sarcosome〉, 〈↔ribo-some〉 미2

1296 **mi·to-sis** [마이토우시스]: 〈← mitos(thread)〉, 〈그리스어〉, 〈실이 뒤틀려지는〉 유사분열, (상염색체같이) 〈분열시 동수의 염색체로 갈라지는〉 간접핵분열, 〈~ an equational division〉, 〈↔meiosis〉 미2

1297 **Mit·su·bi·shi** [미쯔비시]: mitsu(three)+hishi(rhombi), 〈일본어〉, 〈세개의 마름모가 합쳐진〉 삼릉상사, 명치유신 때 태동해서 1918년 광산업·2차대전 때 군수산업·1954년 금융업 등을 거쳐 자동차·소비재까지 생산하는 일본의 재벌회사, 〈~ a group of autonomous Japanese companies〉 미1

1298 **Mit·su·i** [미쓰이]: mitsu(three)+i(well), 〈일본어〉, 〈세개의 우물을 가진〉 삼정상사, 동명의 상인이 1673년 포목점으로 시작해서 〈차별화 상술로〉 돈을 벌어 1876년 일본 최초 은행을 설립한 일본 최고의 종합상사·재벌, 〈~ a Japanese corporate group〉 미1

1299 **mit·ten** [미튼]: 〈← medietana〉, 〈라틴어→프랑스어〉, mitt, 〈'middle'(중간)에서 갈라진 장갑〉, 벙어리 장갑, 권투 장갑, 주먹, 〈~ muff〉, 〈~(↔)glove〉, 〈↔sock\shoe〉 가1

1300 **Mit·ter·rand** [미터랑], Fran·cois: 〈편자가 어원을 찾지 못한〉 미테랑, (1916-1996), 1981~95년간 프랑스의 대통령을 하고 전립선암으로 사망한 프랑스의 사회주의 정치가, 〈~ a French politician〉 수1

1301 **mix** [믹스]: 〈← micra(mingle)〉, 〈산스크리트어→그리스어→라틴어〉, 〈← miscere〉, '섞다', 혼합하다, 첨가하다, 교배시키다, 〈→ mash\meddle\miscellaneous〉, 〈~ blend\mingle〉, 〈↔detach\separate〉 가1

1302 ***mix and match** [믹스 앤 매취]: 〈운이 맞아서 만들어진 말〉, (목적에 따라 다르게) 짜 맞추다, (어울리지 않는 것끼리) 짜 맞추다, 〈~ fuse\combine〉, 〈↔contrast\differ〉 양2

1303 **mixed sig·nal** [믹스트 씨그널]: '혼합 신호기기', 〈여관까지 따라와서 옷을 안 벗는 따위의〉 엇갈린 신호, '유사형'과 숫자형 신호 모두를 관리할 수 있는 장치, 〈~ conflicting message〉, 〈↔clear message〉 미2

1304 **mix-er** [믹서]: ①(요리용) 혼합기 ②첨가제 ③음량 조정기 ④(전산기의) 혼합기〈둘 이상의 입력신호를 한 출력신호로 하는 장치〉, 〈~ blender\stirrer〉, 〈↔divider\separater〉 미2

1305 **mix-ie** [믹씨]: 뒷머리는 mullet같이 조금 길게·앞머리는 pixie같이 짧게 〈혼합형으로〉 깎아 친 머리모양, 〈~ a hair-style〉 미2

1306 **mix-ture** [믹스춰]: 혼합(물), 혼방(직물), 착잡한 상태, 〈~ amalgam\concoction〉, 〈↔uniformity\consistency〉 양2

1307 **miz·zle** [미즐]: ①〈← misten(mist)〉, 〈영국어〉, 가랑비, 이슬비, 〈~ drizzle〉, 〈↔down pour\rainshower〉 ②〈어원 불명의 영국어〉, 슬며시 사라지다, 도망치다, 〈~ disappear〉, 〈↔appear〉 가1

1308 **MLB** (ma·jor league base-ball): (1903년에 창립된) 북미 직업 야구 대연맹 미2

1309 *__mlem__ [멤]: 〈전산망 속어〉, 〈의성어〉, 혀를 내밀었다 들여보낼 때 나는 소리, 혀로 무엇을 핥을 때 나는 소리, '쩝', 〈~(↔)blep은 혀 끝만 보이는 것〉 우1

1310 **MLS** (ma·jor league soc·cer): 1996년 첫 경기를 시작한 북미 (남성) 직업 축구 대연맹 미2

1311 *__MMC__ (mul·ti·me·di·a card): 기억력 저장 장치, 1997년부터 출시된 우표딱지만 한 '다중 매체 명판', 〈~ a memory card used for solid-state storage〉 우2

1312 **MMPI** (Min·ne·so·ta mul·ti·phas·ic per·son·al·i·ty in·ven·to·ry): 미네소타 다면 성격 검사, 2차 대전 중 미네소타 대학에서 개발한 원래 567개로 된 질문에 따라 성인의 성격 병리를 분류하는 심리 측정법이었으나 여러 가지 논란이 많아 근래에는 잘 쓰이지 않음, 〈~ a psychometric test〉 수2

1313 *__MMX__ (mul·ti·me·di·a ex·ten·sions): '다매체 연장선', 동영상과 음성의 빠른 전달을 위해 Intel사가 개발한 추가 지침들, 〈~ processors to enhance multimedia soft-ware〉 미2

1314 **mne·mon·ic** [니마아닉]: 〈← masthai(remember)〉, 〈그리스어〉, 'mind·ful', 기억을 돕는(방법), 연상기호, 〈~ reminder\cue〉, 〈↔forgetful\oblivious〉 미2

1315 **Mne·mos·y·ne** [니이마서니이]: 〈그리스어〉, 므네모시네, '기억'의 여신, 뮤즈(Muse) 신의 어머니, 〈→memory〉, 〈~ Greek goddess of memory〉 수1

1316 *__MNP¹__ (mo·bile num·ber port-a·bil·i·ty): 번호 이식 가능(성), 이동통신 중계 회사를 바꾸더라도 옛 전화번호를 그대로 유지할 수 있는 제도, 〈~ system to keep old phone numbers when switching network providers〉 미2

1317 *__MNP²__ (mi·cro-com net-work–ing pro·to-col): '축소 전산망 규약', 자료 전송 시 나타날 수 있는 오류를 미리 탐지해서 교정하는 방법, 〈~ an error correcting protocol〉 미2

1318 **moan** [모운]: 〈← mone(groan)〉, 〈영국어〉, 〈의성어?〉, 신음 소리, 비탄, 불평, 〈~ mourn〉, 〈↔exultation\rejoicing\simper〉 가1

1319 *__moar__ [모아]: 〈전산망 속어〉, more+roar, 아주 많이, '빨리 많이', 〈~ much more\very fast〉 미2

1320 **moat** [모읕]: 〈← mota(mound)〉, 〈라틴어〉, 해자, 외호(도시나 성곽의 둘레를 판 못), 〈~ trench\deep and wide ditch〉, 〈~(↔)haha²〉, 〈↔welcome mat〉 양1

1321 **mob** [마아브]: 〈17세기 말에 등장한 말〉, 〈라틴어→영국어〉, 〈'mobile'(변하기 쉬운)〉 군중(vulgus), 폭도, 큰 무리, (캥거루 등의) 짐승떼, 〈~ crowd\horde〉, 〈↔noble-men\aristocrats〉 가1

1322 **Mo·bil** [모우빌]: 모빌, 1911년 Standard Oil Co.로 시작해서 1963년부터 Mobil로 불리다가 1999년 Exxon사와 병합한 미국의 국제적 석유제품 제조회사, 〈~ an American petroleum brand〉 수1

1323 **mo·bile** [모우벌 \ 모우바일]: 〈← movere〉, 〈라틴어〉, 〈← move〉, 움직이기 쉬운, 이동하는, 변하기 쉬운, 〈~ ambulant\flexible〉, 〈↔im-mobile\static\fixed〉 양2

1324 **mo·bile com-put–er** [모우바일 컴퓨우터]: 이동식 전산기, 〈↔fixed computer〉 양2

1325 **mo·bile health** [모우바일 헬쓰]: 이동 의료, 이동통신을 이용한 진료 행위, 〈~ tele-health(medicine)〉, 〈↔stationary health〉 양2

1326 **mo·bile home** [모우빌 호움]: trailer, 이동식 주택, 〈~(↔)motor home〉, 〈↔site-built home〉 양2

1327 **mo·bile phone** [모우바일 호운]: 이동 전화, 휴대 전화, 〈~ cell(digital) phone〉, 〈↔land-phone(line)〉 양2

1328 *__mo·bile wal·let__ [모우바일 왈맅]: '이동 지갑', 전자지갑, (Apple pay·Google pay 등) 이동통신을 통해 상거래를 할 수 있는 장치, 〈~ digital(electronic) wallet〉 미2

1329 **mo·bi·li·za·tion of bi·as** [모우빌리제이션 어브 바이어스]: 편향성의 동원, 〈근래 한국 정치판을 풍미하는〉 정치꾼들이 인위적으로 갈등구조를 부풀리는 여론몰이, 〈~ manipulation by using information selectively〉 양2

1330 **mo·bi·lize** [모우벌라이즈]: 동원하다, 발휘하다, 유통시키다, 〈~ generate\deploy〉, 〈↔disrupt\inactivate〉 가1

1331 ***mo·bo** [머우버우]: 〈전산기 용어〉, mother board, 전산기체계의 주요 구성 부품을 넣은 주회로 기판, 〈↔daughter board〉 우1

1332 **mob·oc·ra·cy** [마바크뤄시]: 폭민정치, 우민정치, 〈우왕좌왕하는〉 중우정치, 〈~ kakistocracy\idiocracy〉, 〈~(↔)democracy〉, 〈↔meritocracy\aristocracy〉 양2

1333 **mob-ster** [맙스터]: 폭력배, 깡패, 갱 단원, 〈~ gangster\hoodlum〉, 〈↔nobles\police〉 양1

1334 **mo·ca·ra·be** [모카롸베\머커뤠이비]: 〈페르시아어→스페인어→영국어〉, 벌집천장, ⇒ muqarnas 미2

1335 **moc·ca·sin** [마커신]: 〈← makasin(shoe)〉, 〈원주민어〉, 모카신 ①〈북미 원주민이 신던〉 뒤축 없는 부드럽고 가벼운 가죽신, 〈~ heel-less shoe\slipper〉 ②〈미남부산〉늪살무사, 〈흰 테의 입을 가진〉 cotton mouthed snake 수2

1336 **moc·ca·sin flow·er** [마커신 훌라워]: (pink) lady's slipper, '숙녀의 실내화', 참개불알꽃〈미동부산 다년생 난초로 뉴햄프셔·미네소타의 주화〉, 〈~ brook-lime\limp-wort〉 미2

1337 **mo·cha** [모우커]: 〈홍해 연안 예멘의 항구 이름〉, 모카 ①아라비아 원산의〈양질〉 커피〈coffee arabica〉②초콜릿을 탄 커피(chocolate coffee) ③아라비아산 염소가죽, 〈~ a chocolate colored leather〉 수2

1338 **mo·chi** [모우치]: 〈← martu(glutinous rice)〉, 〈중국어→일본어〉, 모찌, 〈중국에서 전래된〉 대개 앙꼬(팥소)가 들어있고 엄마의 젖가슴같이 말랑말랑한 〈일본식〉 '찹쌀떡(chappsal-tteok)' 미2

1339 **mo·chi skin** [모우치 스킨]: 〈일본어+북구어〉, (말랑말랑한) 찹쌀떡 피부, 〈~ baby skin〉, 〈↔coarse skin〉 미2

1340 **mo·chi tree** [모우치 트뤼이]: 〈일본어〉, 감탕나무(ilex), 〈모찌같이 부드러운 흰 꽃잎을 가진〉 아열대성 호랑가시나무의 일종, 〈~ an ornamental tree of the holly genus〉 미2

1341 **mock** [막]: 〈← mocquer(mimic)〉, 〈프랑스어〉, '조롱하다', 놀리다, 흉내내다, 가짜의, 〈~ imitate〉, 〈~ gibe\trifle\taunt\twit〉, 〈↔respect\genuine〉 양1

1342 **mock·er-nut** [마커 넡]: 〈미국어〉, '가짜 호두', 모커 넛, '구지 호두나무', 아주 작은 둥근 호두 모양의 열매를 맺으며 목재를 각종 연장의 손잡이로 쓰는 미국 동남부산 야생 호두나무, 〈~ white hickory\hog-nut〉 미2

1343 **mock-er·y** [마커뤼]: 비웃음, 놀림감, 모조품, 〈~ ridicule\imitation〉, 〈~ cavil\deception〉, 〈↔tribute\genuine〉 양2

1344 **mock-ing–bird** [막킹 버어드]: 입내새, 흉내지빠귀, 미주 대륙에만 서식하는 긴 꼬리에 날씬한 몸매를 가진 조그만 산새로 〈왜 그런지 모르겠으나〉 다른 새의 울음소리를 기똥차게 흉내(mimic)냄, 〈~ a New World passerine〉 미2

1345 **mock-neck** [막 넥]: mock turtleneck, 유사자라목 (셔츠), 〈위에 접는 부분이 없는〉 polo-neck, 〈목의 반 정도만 가리는〉 자라목 셔츠, 〈↔V-neck〉 우1

1346 ***mod** [마드]: 모드, 1960년대 보헤미안적 옷차림으로 오토바이를 즐기던 영국의 십대, 최신 유행의, 〈← mode〉, 〈~ contemporary\modern〉, 〈↔old-fashioned\archaic〉 수2 양2

1347 **mod·al** [모우들]: 〈← modus(manner)〉, 〈라틴어〉, 〈← mode〉, 양식의, 형태(형식)상의, 서법(mood)의, 음계의, 실행방법이 지정된, 〈~ formal\procedural〉, 〈↔mode-less〉 양1

1348 **mod·al di·a-log box** [모우들 다이얼러그 박스]: '집행 대화상자', 〈주로 전산기기의 문제를 알려주는 난으로 이것부터 해결해야 다음번으로 넘어갈 수 있음〉, 〈~ a window that requires some interaction from the user〉, 〈이것 때문에 편자는 전산기 혐오자가 되었음〉 우1

1349 **mod·al verb** [모우들 뷔어브]: 〈가능성〈can〉·허락〈may〉·의도〈will〉 등을 나타내는) 법조동사, 〈~ modal auxiliary〉 미2

1350 **mode** [모우드]: 〈← modus(measure)〉, 〈라틴어〉, 〈← mete(척도)〉, '방법', 양식, 형식, 음계, 유행(형), 〈~ mood〉, 〈~ manner\fashion〉, 〈↔confusion\derangement\disorder\deformity〉 양1

1351 **mod·el** [마들]: 〈← modus(form)〉, 〈라틴어〉, 〈← mold〉, 본, 모형, 본보기, 전형, 〈~ prototype\sample〉, 〈↔deviation\divergence〉 가1 미2

1352 ***mo·dem** [모우덤]: ⟨1950년대에 주조된 전산기 용어⟩, 모뎀, modulator-demodulator, 변복조 장치(통신회선을 통해 전산기의 상호 정보 전달을 가능케 하는 장치), ⟨~ CPU⟩, ⟨↔router⟩ 미2

1353 ***mo·dem e-lim·i·na–tor** [모우덤 일리머네이터]: null modem, 변복조 장치 제거기, 모뎀을 통하지 않고 2전산기를 연결하는 장치 미2

1354 **mod·er·ate** [마아더뤼트]: ⟨← modus(measure)⟩, ⟨라틴어⟩, 삼가는, ⟨척도를 벗어나지 않은⟩ 중간 정도의, 알맞은, 온건한, 보통의, '척도(mode)에 맞는', ⟨~ modest⟩, ⟨~ temperate\modulate⟩, ⟨↔extreme\unreasonable⟩ 양1

1355 **mo·der·a·to** [마더롸아토우]: 알맞은, 중간 속도로, ⟨↔fast\slow⟩ 미2

1356 **mod·er·a·tor** [마더뤠이터]: 의장, 사회자, '중재자', ⟨~ chair-person\mediator⟩, ⟨↔disturber\agitator⟩ 양1

1357 **mod·ern** [마아던]: ⟨← modus(measure)⟩, ⟨라틴어⟩, '지금 수준의', 현대의, 신식의, 중세 이후의, 세로선이 굵고 가로선이 가는 활자체, ⟨~ contemporary\advanced⟩, ⟨↔archaic\past\hoary⟩ 가1 우1

1358 **Mod·er·na** [머더너]: ⟨Covid-19 백신 개발로 한참 떠오르는⟩ 2010년 수명의 투자가들이 하버드 대학 근처에 설립한 미국의 생명공학·의약업체, ⟨~ an American pharmaceutical and biotechnology co.⟩ 수2

1359 **mod·ern dance** [마아던 댄스]: 현대 무용(자연스러운 동작으로 내면을 표현하려는 20세기 초에 생긴 무용), ⟨↔classical dance\post-modern dance⟩ 가1

1360 **Mod·ern Eng·lish** [마아던 잉글리쉬]: 근대 영어, 새 영어, 14세기 말에 시작해서 1500년경에 끝난 '모음 변혁' 이후의 영어, ⟨셰익스피어와 King James Bible의 영향으로 영어의 규격화와 대중화가 시작된 17세기부터 현재까지⟩, ⟨↔Old English\Middle English⟩ 양2

1361 **mod·ern-ism** [마아더니즘]: 현대주의, 현대적 사상(전통주의에 대립해서 19세기 말부터 20세기 초에 새로운 형식을 추구하는 철학·예술·종교계의 움직임), ⟨↔post-modernism⟩ 양2

1362 **mod·ern jazz** [마아던 재즈]: 현대 재즈, progressive jazz(진보적 재즈) 1944년경부터 시작된 가락보다는 박자와 조화에 중점을 둔 발전적 광란 음악 미2

1363 **mod·est** [마아디스트]: ⟨← modus⟩, ⟨라틴어⟩, '척도⟨measure⟩에 맞는', 겸손한, 삼가는, 온당한, 간소한, ⟨~ moderate\un-assuming⟩, ⟨↔im-modest\excessive\hubris⟩ 양1

1364 ***mod·es·ty pan·el** [마아디스티 패늘]: (앉은 사람의 다리가 보이지 않게⟨cover the legs⟩ 책상 앞면에 댄)가림판, ⟨~ modesty board(screen)⟩ 미2

1365 **mo·di·cum** [마디컴]: ⟨← modus⟩, ⟨라틴어⟩, ⟨measure 할 수 있는⟩ 소량, 다소, 어느 정도, ⟨~ little bit\small amount⟩, ⟨↔plenty\whole⟩ 양2

1366 **mod·i·fy** [마아디화이]: modus(measure)+facere(make), ⟨라틴어⟩, ⟨← mode⟩, ⟨척도에 맞게⟩ 수정(변경)하다, 개조하다, 수식하다, ⟨~ adjust\retro-fit⟩, ⟨↔preserve\continue⟩ 가1

1367 **Mo·di·glia·ni** [모우딜리아니], A·me·de·o: ⟨어원 불명의 스페인 계통의 유대어에서 유래한⟩ 모딜리아니, (1884-1920), 파리에 살면서 길쭉하고 무표정한 인물화를 그리다 알코올과 약물중독에 의한 결핵성 뇌막염으로 숨진 유대계 이탈리아 출신의 ⟨무소속⟩ 화가, ⟨~ an Italian painter⟩ 수1

1368 **mod·u·lar so·fa** [마쥴러 쏘우풔]: 조립식 긴 의자, ⟨여러개의 개별 단위로 되어있는⟩ 부품을 용도에 따라 바꿔 놓을 수 있는 '다목적 안락의자', ⟨~ sectional sofa⟩ 우2

1369 **mod·u·late** [마쥴레이트]: ⟨← modus(measure)⟩, ⟨라틴어⟩, ⟨척도에 맞게⟩ 조절하다, 완화하다, 변조하다, ⟨~ adjust\mitigate⟩, ⟨↔leave alone\impair\damage⟩ 양2

1370 ***mod·ule** [마쥬울 \ 머듈]: ⟨← modus(measure)⟩, ⟨라틴어⟩, ⟨← model⟩, 단위, 기준(치수), 규격, 조립 부품, 구성단위, 특정 기능을 하는 전산기 차림표의 하나, ⟨~ width\caliber\section⟩, ⟨↔whole\unity\monolithic⟩ 양2 미2

1371 **mo·dus o·pe·ran·di** [모우더스 아퍼랜디]: ⟨라틴어⟩, method of operation, 절차, 방법, 수단, ⟨~ rule of thumb⟩, ⟨↔chaos\dis-array\ignorance⟩ 양2

1372 **mo·fon·go** [모홍고]: ⟨← mfwenge(great amount of anything)⟩, ⟨중아아프리카어→스페인어⟩, (질경이⟨plantain⟩·마늘·올리브유·돼지고기 등을 으깨 뭉친) 푸에르토리코 요리, ⟨~ a traditional Puerto Rican dish⟩ 우1

1373 **Mo·gul**[1] [모우걸]: ⟨← Moghul(Mongol)⟩, ⟨몽골어→페르시아어⟩, 무굴(족), 16세기에 인도를 정복하던 '몽고'계 사람 및 자손, Mughal, m~: 거물, 중요 인물, ⟨~ magnate\tycoon⟩, ⟨↔nobody\subordinate⟩ 수1 양2

1374 **mo·gul**[2] [모우걸]: ⟨← mugel(heap)⟩, ⟨게르만어→영국어⟩, ⟨← mound⟩, 스키장에 높게 다져놓은 눈덩이, ⟨↔depression\ditch⟩ 위1

1375 **Mo·ham·med** [무해미드]: ⇒ Muhammad, 마호메트(이슬람)교 수1

1376 **Mo·ha·ve** [모우하뷔]: ⟨← hamakhaave(beside the water)⟩, mojave, 모하비, 북미 콜로라도'강 연안에' 살던 원주민, ⟨~ Native Americans indigenous to the Colorado River in the Mojave Desert⟩ 수1

1377 **Mo·hawk** [모우허어크]: 모호크 ①⟨← mauquauog(carnibals)⟩, '날고기를 먹는 사람', 북미 뉴욕주 모호크강 가에 살던 원주민, ⟨~ Native Americans around Lake Ontario⟩ ②m~: 머리의 가운데만 띠 모양⟨strip of longer hair in the center)으로 모발을 남겨두는 머리 모양⟨hair-style⟩ ③묘기 얼음지치기에서 잽싸게 발을 바꾸는 것, ⟨~ a change of skating foot⟩ 수2

1378 **Mo·he·gan** [모우히건]: people of the wolf, '늑대를 닮은 사람들', 모히간, 북동미주에 살던 원주민들, ⟨~ Native Americans lived around Connecticut⟩ 수1

1379 **Mo·hi·can** [모우히컨]: Mahican, ⟨← mahikan(people of tidal estuary)⟩, '조숫가에 사는 자', 모히간, 북동 미주에 살던 (Mohegan과는 사촌쯤 되는) 원주민들, ⟨~ Native Americans lived around the upper Hudson River Valley⟩ 수1

1380 **moil** [머어일]: ⟨← mollis(soft)⟩, ⟨라틴어⟩, ⟨← moisten⟩, (뼈가 녹신녹신해지도록) 열심히 일하다, ⟨~ working hard\toil⟩, ⟨↔rest\peace⟩ 양2

1381 **Moi·ra** [모이뤄]: ⟨← meros(lot)⟩, ⟨그리스어⟩, 모이라, 여자 이름, '운명'(fate)의 여신, ⟨~ the personification of destiny⟩ 수1

1382 **moire** [므와아 \ 므와뤠이]: ⟨← khayyara(choose)⟩, ⟨아랍어→라틴어→영국어→프랑스어⟩, ⟨← mohair⟩, '물결'무늬, 구름무늬, 겹친 도안, ⟨↔solid\un-spotted⟩, ⟨~ wavy (or rainbow) pattern⟩ 미2

1383 **moist** [모이스트]: ⟨← mucus(damp)⟩, ⟨라틴어⟩, 축축한, 습기 있는, '젖은', ⟨↔dry\arid⟩ 가1

1384 **mois·ture** [모이스춰]: ⟨← mucus(damp)⟩, 습기, 수분, 수증기, ⟨~ humidity\wetness\vapor⟩, ⟨↔dehydration\water-less⟩, ⟨moisturizer; 영양크림⟩ 가1

1385 **Mo·ja·ve** (Mo·ha·ve) [모우하아뷔]: ⟨← hamakhaave(beside the water)⟩, ⟨'물가'란 원주민어⟩, 모하비, 한때 태평양이 덮었던 미국 캘리포니아 동남부의 거대한 사막, ⟨~ a desert in S-E California⟩ 수1

1386 **mo·ksha** \ mo·ksa [모욱셔]: ⟨← muc(free)⟩, ⟨산스크리트어⟩, 해탈, 열반, '자유', ⟨~ nirvana⟩, ⟨↔dukkha\samsara⟩ 양2

1387 **mo·la** [모울러]: ⟨라틴어⟩, 개복치, ⟨mill-stone같이 생긴⟩ '맷돌'고기, ⇒ sun·fish 미2

1388 **mo·lar** [모우럴]: ⟨← mola(mill-stone)⟩, ⟨라틴어⟩, ⟨맷돌같이⟩ 씹어 부수는, 어금니, 대구치, ⟨~ cuspid\grinder⟩, ⟨↔incisor⟩ 양1

1389 **mo·las·ses** [멀래씨즈]: ⟨← mellis(honey)⟩, ⟨라틴어⟩, 당밀, '꿀', (손님을 끌기 위한) 전시용 차, treacle 양2

1390 **Mo·las·ses Act** [멀래씨즈 액트]: ⟨미 식민지에서 프랑스령 서인도 제도에서 싸게 사탕수수를 사들여 람주를 밀조하는 것을 방지하기 위해⟩ 1733년 영국 의회가 (프랑스·네덜란드로 수입하는 사탕수수에 세금을 때리는 것을 제정한) 당밀조례 미2

1391 **mold**[1] \ **mould**[1] [모울드]: ⟨← modulus(measure)⟩, ⟨라틴어⟩, ⟨← module⟩, (주)형, (규범에 따른) 틀, 형판, 특성, 거푸집, ⟨→ model⟩, ⟨~ cast\die\form⟩, ⟨↔deform\hew⟩ 양1

1392 **mold**[2] \ **mould**[2] [모울드]: ⟨← mildeaw ← molde(earth)⟩, ⟨게르만어⟩, ⟨고운 흙 같은⟩ 곰팡이, 사상균, 부식토, ⟨~ mildew\fungi⟩, ⟨↔preserved\be freshy⟩ 가1

1393 **Mol·do·va** [머얼더어붜]: ⟨어원 불명의 슬라브어⟩, ⟨'검푸른(melano?) 강'이 흐르는⟩ 몰도바, 1991년 소련의 해체로 독립한 흑해 서쪽 루마니아와 우크라이나 사이에 낀 ⟨아직도 정정이 불안한⟩ 내륙 국가, {Moldovan·Romanian (Moldovan)-Leu-Chisinau} 수1

1394 **mole**[1] [모울]: ①⟨← mol(spot)⟩, ⟨게르만어⟩, 사마귀, '점', 모반, ⟨~ wart\nodule⟩ ②⟨← moles(mass)⟩, ⟨라틴어⟩, molecule, 질량의 단위(gram 분자) 가1

1395 **mole²** [모울]: ⟨← molle ← mold-warp(earth-thrower)?⟩, ⟨어원 불명의 게르만어⟩, ⟨굴을 파는⟩ 두더지, 우리가 보통 gopher라고 잘못 부르는 뾰족한 주둥이와 갈라진 부삽 같은 손에 퇴화한 눈을 가진 작은 족제비 모양을 한 짙은 회색 모피에 진한 피를 가진 동물, (잠복해 있는) 첩보원, '두더쥐'(사투리), ⟨gopher는 부채모양의 흙무덤을 파고 mole은 gopher보다 훨씬 작으며 화산모양의 흙무덤을 남김⟩ 양2

1396 **mole crick·et** [모울 크뤼켙]: '땅귀뚜라미', '버뷔지', 땅강아지, 날개가 짧고 앞다리는 땅파기에 적합하게 생긴 4cm 정도의 곤충으로 벼과 식물의 해충, ⟨~ a short-winged burrowing cricket⟩ 미2

1397 **mol·e·cule** [말러큐울]: ⟨← moles(mass)⟩, ⟨라틴어⟩, 분자, 미분자, 독립성을 가진 화학물질의 최소 단위, ⟨~ microscopic particle(corpuscle)⟩, ⟨~(↔)atom⟩, ⟨↔whole\lot⟩ 가1

1398 **mole-hill** [모울 힐]: 두더지가 파놓은 흙 두둑(두덩), ⟨~ hillock\hump⟩ 양1

1399 **mo·lest** [멀레스트]: ⟨← moles(trouble)⟩, ⟨라틴어⟩, '괴롭히다', 간섭하다, (성적으로·신체적으로) 추행하다, ⟨~ harass\(sexual) assault⟩, ⟨↔soothe\molify⟩ 양2

1400 **Mo·liere** [모울리예어]: ⟨광대가 됐을 때 가문의 명예를 더럽히지 않으려고 그가 좋아했던 조그만 마을의 이름을 딴⟩ 몰리에르, Jean-Baptiste Poquelin의 예명, (1622-1673), 부잣집에 태어나 왕의 총애를 받으며 서로 상충하는 인간상을 쓴 프랑스의 희극작가·배우·감독, ⟨~ a French play-wright⟩ 수1

1401 **mol·li·fy** [말러화이]: mollis(soft)+facere(make), ⟨라틴어⟩, '부드럽게 하다', 누그러뜨리다, 달래다, 진정시키다, ⟨~ relent\thaw⟩, ⟨↔en-rage\molest\vex⟩ 양2

1402 **mol·lusk** [말러스크]: ⟨← mollis(soft)⟩, ⟨라틴어⟩, ⟨부드러운⟩ 연체동물, 대개 물에서 사는 뼈가 없고 근육이 발달한 동물, ⟨~ clam\gastropod⟩ 가1

1403 ***Mol·ly** [말리]: ①Mary의 애칭 ②⟨← molecule⟩, 흥분제 MDMA의 속어 수2

1404 **mol·ly-cod·dle** [말리 카들]: ⟨영국어⟩, ⟨Mary같이⟩ 나약한 남자, 겁쟁이, 오냐오냐하다, ⟨~ pamper\baby⟩, ⟨↔macho\hard-nut\restrain⟩ 양2

1405 **mo·lon la·be** [몰론 라베]: 'come and get it'의 그리스어, ⟨스파르타왕이 페르시아왕에게 한⟩ '와서 가져가봐', ⟨~ no way⟩, ⟨↔welcome\yes way⟩ 우2

1406 **Mo·lo·tov Cock-tail** [말러터우 칵테일]: 몰로토프 ⟨'장도리(hammer)'⟩ 화염병, ⟨동명의 소련 외상을 빗대어서 명명한⟩ (조잡한) 화염병·폭탄, ⟨~ a hand-thrown incendiary weapon⟩ 수2

1407 **molt** \ **moult** [모울트]: ⟨← mutare(change)⟩, ⟨라틴어⟩, (허물을) 벗다, (털을) 갈다, ⟨← mutate⟩, ⟨slough²\shed¹⟩, ⟨↔grow\cover\fill⟩ 가2

1408 **mol·ten** [모울튼]: melt의 과거분사, 녹은(liquefied) 양1

1409 **mo·ly** [모울리]: ①⟨어원 불명의 그리스어⟩, 물루, 흰 꽃과 검은 뿌리를 가진 ⟨Circe의 요술을 풀었다는⟩ 마법의 풀, 노란꽃산마늘(남유럽산), ⟨~ golden garlic\a magical herb⟩ ②⟨영국어⟩, Holy-Moly; 정말, 저런, ⟨↔so what\who cares⟩ 수2 미2

1410 **mo·lyb·de·num** [멀리브더넘]: ⟨그리스어⟩, ⟨'납(molybdos)'과 비슷한⟩ 몰리브덴, 휘수연, ⟨단단하고 열에 강한⟩ 금속원소 (기호 Mo·번호42), ⟨~ a metallic element⟩ 우2

1411 **mom-and-pop** [마먼팦]: 부부 경영의, 영세 자영업의, ⟨~ grocery store\small business⟩, ⟨↔conglomerate\jae-bol⟩, ⟨↔super-market\mass-market⟩ 미2

1412 **mom·bin** [맘빈]: ⟨카리브어⟩, 몸빈, hog plum, '돼지 자두', 야생 살구가 열리는 중남미 원산의 옻나뭇과의 열대성 관목 우1

1413 **mo·ment** [모우먼트]: ⟨← movere(move)⟩, ⟨라틴어⟩, ⟨← momentum⟩, ⟨움직이는⟩ 순간, 찰나, 기회, 요소, 계기, ⟨~ split second\short time⟩, ⟨↔aeon\eternity\halpa⟩ 양1

1414 **mo·men·tum** [모우멘텀]: ⟨← movere(move)⟩, ⟨라틴어⟩, 운동량, 추진력, 계기, ⟨→ moment⟩, ⟨~ impetus\incentive⟩, ⟨↔inertia\dis-incentive\continuance⟩ 양2

1415 ***mom-flu·ence** [맘 훌루우언스]: ⟨Instagram 등 전산망으로 돈을 벌어 자녀교육을 시키는⟩ 엄마 영향, ⟨~ dad-fluence⟩, ⟨콩글리시 mother-chance를 대체시킬 말로 편자가 일부러 이 사전에 쑤셔 넣는 말⟩ 미2

1416 **Mo·mus** \ **Mo·mos** [모우머스]: ⟨어원 불명의 그리스어⟩, 모무스, 냉소와 비난의 신, ⟨~ Greek god of satire⟩, m~; 트집쟁이, 혹평가, ⟨~ blame\criticism⟩ 수1 양2

1417 **mon·(o)~** [만~ \ 마노우~ \ 모노우~]: ⟨그리스어⟩, single, ⟨단일의·한 개의~·한 원자를 가진~⟩이란 뜻의 접두사, ⟨↔poly~⟩ 양1

1418 **Mon·a·co** [마너코우]: monos(single)+oikos(house), 〈그리스어〉, '한 채의 집', 모나코 공국, 1814년 프랑스로부터 독립한 지중해 연안의 〈연간 개인 소득 168,000불의〉 아주 작은 나라로 자동차 경기·요트 선착장·도박·관광산업이 유명함, {Monacan·Monegasque-Fr-Euro-Monaco} 수1

1419 **mo·nad** [마내드 \ 모우내드]: 〈← monos(sole)〉, 〈그리스어〉, 단일체, 개체, 단자, 단일가, 〈~ one\atom〉, 〈↔abstract\mass〉 양2

1420 **mon-ami** [머나미]: 〈프랑스어 mon·amie의 일본식 표현〉, 자네, 당신, '내 친구', 〈~ my friend〉, 〈↔enemy\foe〉 양2

1421 **mon-arch** [마너크]: monos(sole)+archein(rule), 〈그리스어〉 ①〈혼자 지배하는〉 군주, 주권자, 제왕, 〈~ sovereign\king〉, 〈↔subordinate〉 ②'제왕나비', 제주왕나비과의 나비, (남태평양·북미주산) 가장자리에 점이 촘촘히 박힌 날개를 가진 커다란 주행성 나비, 〈~ milk-weed butterfly\common tiger\wanderer〉 가1 미2

1422 **mon-ar·chy** [마널키]: 군주정체(정치), 군주제, 〈↔oligarchy\democracy〉 가1

1423 **mon·as·ter·y** [마너스테뤼]: 〈← monos(sole)〉, 〈그리스어〉, (주로 카톨릭계통의 남자) 수도원, '혼자서 생활하는 곳', 〈~ abbey\religious house〉, 〈↔convent\minster〉 가1

1424 **Mon-day** [먼 데이]: 〈라틴어에서 연유한 영국어〉, '달(moon)의 날', 월요일, 일주일의 2번째 날 가1

1425 **Mon-day morn·ing quar·ter-back** [먼데이 모어닝 쿼터백]: '월요일 아침 공격수', 축구경기가 끝난 뒤 잘난 체하는 비평가, 뒷북치는 자, 〈~ hind-sight critic〉, 〈~(↔)back-seat driver\arm-chair general〉 우2

1426 *****Mon-daze** [먼데이즈]: Monday+daze, 월요 졸음증, 월요 짜증, 〈~ stupor-some〉 미2

1427 **Mon-del·ez** [모운덜리즈] In·ter·na·tion·al: mundus(world)+delicious, 〈라틴어〉, 〈1,700개의 응모명에서 뽑힌〉 '맛난세상', 몬델레즈, 2012년 Kraft Foods에서 갈라져 나온 미국의 세계적 식품가공업체, 〈~ an American confectionary〉 수2

1428 **mond·i·al** [만디얼]: 〈← mundus(world)+ialis〉, 〈라틴어→프랑스어〉, 전 선계의, 범세계적인, 〈원래는 material이란 뜻이 강했던 말〉, 〈~ earthly\global〉, 〈↔spiritual\local〉 양2

1429 **Mon-do point sys·tem** [만도우 포인트 씨스텀]: wan(ten tuousand)+du(city), 만도〈'온세상'이란 중국어〉치수, 〈아시아 지역에서 개발되어〉 1991년 신발 치수를 '국제' 표준화된 (발 길이의 중간을 기점으로) mm을 사용해서 길이/넓이를 표시한 체계, 〈~ measuring foot in millimeters〉 수2

1430 **M-1**: '군대용(military) 소총 1호', 1936년 미국의 John Garand가 도안한 살상용 반자동 소총, 〈~ a semi-automatic rifle〉 수2

1431 **Mo·net** [모우네이], Claude: 〈히브리어 Simon의 프랑스식 이름〉, God has heard, '신이 들어 주신 자', 모네, (1840-1926), 야외에서 섬세한 빛의 감각을 살린 프랑스의 초기 인상파 화가, 〈~ a French painter〉, m~; '먼 발치 미녀' 수1 미2

1432 **mon·e·tar·y** [마니터뤼]: 〈← moneta(mint)〉, 〈라틴어〉, 화폐의, 금융의, 〈~ financial\pecuniary〉, 〈↔non-commercial〉 가1

1433 **mon·ey** [머니]: 〈← monere(admonish)〉, 〈라틴어〉, 〈충고의 여신 Juno Moneta의 신전에서 주조된〉 돈, 금전, 화폐, 금액, 재산, 〈~ don^a\okane〉, 〈~(↔)time\life〉, 〈↔debt\poverty\loss〉, 〈편자의 개통철학을 더 보태면 money=food〉 가2

1434 **mon·ey back** [머니 백]: 환불이 가능한, (조건부) 환불 양2

1435 *****mon·ey doesn't grow on trees**: 돈이 하늘에서 떨어지는 줄 아니, 감나무 밑에 누워 감 떨어지기를 기다려라, 땅을 아무리 파봐라 돈이 나오나, 〈~ a penny saved is a penny earned〉 양2

1436 **mon·ey-ism** [머니이즘]: 황금 만능주의 양2

1437 **mon·ey laun·der·ing** [머니 러언더륑]: money washing, 〈1960년대부터 쓰기 시작한〉 돈세탁(불법 거래로 번 돈의 출처를 모르게 하는 일), 〈~ smurfing〉 가2

1438 *****mon·ey makes the mare go**: 돈만 있으면 처녀 불알도 산다, 〈~ money talks\money is everything〉 양2

1439 *****mon·ey mar·ket fund** [머니 마아킽 훤드]: 금리연동제(단기) 투자신탁, 금융시장에 1년 이내로 투자하는 (개방형) 상호기금, 〈~ an open-end mutual fund〉 미2

1440 *****mon·ey on the back**: (한번 붙으면 떨어지지 않는) 찐득이, 거치장스러운 것, 성가신 것, 애물단지, 〈연애할 때 조심해야 할 상대〉, 〈~ white elephant〉, 〈↔indifference\neccessity〉 양2

1441 ***mon·ey-or·der** [머니 오더]: 〈보통 1000불 이하의〉 송금환, (은행이나 우체국이 보증하는) 환, 〈~(↔)cashier's check는 은행만이 발권할 수 있고 고액도 가능함〉 양2

1442 ***mon·ey or peo·ple, that's the ques·tion**: 사람나고 돈 났지 돈 났고 사람 났나, 〈~ to be or not to be, that's the question(자본주의 사회에서의 동의어)〉 양2

1443 **mon·ey wort** [머니 워얼트]: wandering jenny, 좀가지풀류의 덩굴풀, 금좁쌀풀, 동전 같은 노란 꽃을 피며 습지에서 잘 자라는 앵초과의 〈약초용〉 여러해살이풀, 〈~ herb of grace\a perennial creeping herb〉 미2

1444 **mon·ger** [멍거]: 〈← mangonis(merchant)〉, 〈라틴어→게르만어〉, ~장이, ~쟁이, ~장수, 상인, 시시한 일에 바쁜 사람, 〈장삿꾼〉, 〈~ vendor\hawker〉, 〈↔customer〉 양2

1445 **Mon·go·li·a** [망고울리어]: 〈← mong(brave)〉, 〈몽골어〉, '용맹한 자', 몽골, 한때 구대륙을 호령했다가 1691년 청나라에 망하고 1991년 소련으로부터 완전 독립한 중국 북쪽의 척박한 땅을 가진 자본주의 민주 공화국,{Mongolian-Mongolian-Tugrik-Ulaanbaatar} 수1

1446 **mon·go·li·an spot** [망고울리언 스팥]: 몽고반, 황색 인종이나 흑인 유아의 엉덩이에서 볼 수 있는 시퍼런 반점, congenital dermal melanocytosis 가1

1447 **mon·gol-ism** [망고울리즘]: ⇒ Down's Syndrome 수2

1448 **mon·goose** [망구우스]: 〈← mangus(a ferret)〉, 〈인도어〉, 아프리카와 남아시아 원산의 새·쥐·독사 등을 잡아먹는 족제비 비슷한 동물, 〈~ fossaᵃ\ichneumon\meerkat〉, 〈↔king-cobra를 잡아먹음〉 우1

1449 **mon·grel** [멍그뤌]: 〈← mengan(mix)〉, 〈영국어〉, 〈← mingle〉, mutt, 혼혈아, 잡종(개), 똥개, pooch, 〈~ cur\hybrid\ainoko\hapa〉, 〈↔pure (full)-blooded〉 양1

1450 **mon·i·ker** [마아니커]: 〈영국어〉, 별명, 〈익살스러운〉 이름, (수도승〈monk〉이 속세를 떠나면서 바꾸는) 법명, 〈~ sobriquet\by-name〉, 〈↔birth-name〉 양2

1451 **mon·i·tor** [마니터]: 〈← monere(warn)〉, 〈라틴어〉, '경고자', 감독자, (학급의) 반장, 감시(조정) 장치, 화면, 〈~ detector\over-seer\screen〉, 〈↔miss\ignore\swindler〉 양2

1452 **monk** [멍크]: 〈← monos(sole)〉, 〈그리스어〉, 수(도)사, 중, '혼자 다니는 사람', 〈~ friar\lama〉, 〈↔nun〉 가1

1453 **mon·key** [멍키]: 〈게르만어〉, 〈ape가 독일 동화에서 둔갑을 한 말?〉, (꼬리 있는) 원숭이, 〈ape는 꼬리가 없거나 아주 짧음〉, 흉내쟁이, 장난꾸러기, 직공, 〈~ baboon\fool around\mimic〉, 〈monk와 monkey는 사촌 간이라는 학설도 있음〉 양1

1454 **mon·key bread** [멍키 브뤠드]: ①baobab 나무의 열매 ②〈원숭이처럼 손으로 집어먹는〉 동글동글하게 뭉쳐진 시나몬 빵(cinnamon bun) 우1

1455 **mon·key busi·ness** [멍키 비즈니스]: 기만, 사기, 수상한 행위, badrami, 〈↔fair-play〉 양2

1456 **mon·key cup** [멍키 컵]: pitcher plant, 줄기의 일부가 원숭이 불알(monkey testicle) 또는 맥주잔같이 변해 그 속으로 떨어진 벌레를 잡아먹는 열대성 식충식물, 〈~ a carnivorous plant〉 우1

1457 **mon·key-faced owl** [멍키 풰이스트 아울]: barn owl, 가면올빼미, 외양간올빼미, 밀랍으로 만든 원숭이 얼굴 모양의 얼굴을 가지고 주로 헛간의 모서리에 붙어사는 흔한 올빼미 미2

1458 **mon·key flow·er** [멍키 훌라워]: musk flower(사향꽃), 물꽈리아재비, 원숭이 얼굴을 닮아 축 처지고 노루 향이 나는 꽃잎을 가진 북미 서부 원산 현삼과의 초본, 〈~ a rhizomatous perennial plant〉 미2

1459 *****mon·key on the back**: (한번 붙으면 떨어지지 않는) 찐득이, 거추장스러운 것, 성가신 것, 애물단지, 〈연애할 때 조심해야 할 상대〉, 〈~ white elephant〉, 〈↔indifference\neccessity〉 양2

1460 **mon·key-pod(pot)** [멍키 파드(팟)]: 〈꼬투리가 원숭이 귀를 닮았다는〉 미국 소귀나무, (우산 모양으로 자라는) 열대성 콩과의 낙엽활엽교목, 〈~ saman\rain-tree\cream-nut〉 미2

1461 **mon·key-pox** [멍키 팍스]: 원두(원숭이 두창), (1958년 실험실 원숭이에서 처음 발견되어) 아프리카의 설치류·영장류에 서식하다가 2022년 세계적으로 확산된 천연두보다 조금 경미한 접촉성 바이러스 질환, 〈~ an infectious viral disease〉 미2

1462 **mon·key puz·zle** [멍키 퍼즐]: 칠레삼나무, 원숭이도 잘 못 올라가게 가지없이 곧바로 올라가는 줄기에 우산형으로 선인장 비슷한 침엽이 뻗어 나가는 단단하고 오래 사는 소나무의 일종, 〈~ a large ever-green conifer〉 미2

1463 *****mon·key see, mon·key do**: 원숭이는 보는 것마다 흉내낸다, 아이 보는 데는 숭늉도 못 마신다, 〈~ kids learn by mimicking their parents〉 양2

1464 **mon·key tri·al** [멍키 트롸이얼]: 원숭이 재판, 1925년 미국의 테네시주에서 인간은 원숭이에서 전화했다는 진화론과 신이 창조했다는 창조론이 한판 붙었다가 흐지부지 끝난 재판, 〈~ Scopes Trial\kangaroo court〉, 〈↔fair justice〉 수1

1465 **mon·key wrench** [멍키 뤤취]: '원숭이 비틀개', '원숭이 죔쇠', 자재 조정 나사돌리개, 〈원숭이처럼 고치는 손재주가 뛰어난〉'머리'를 돌려서 '다리'의 넓이를 조정할 수 있는 다양한 크기의 나사를 돌릴 수 있는 공구, 〈~ adjustable spanner〉 우1

1466 **monk-fish** [멍크 휘쉬]: 〈중의 고깔을 닮은 머리를 가진〉 아귀, 전자리상어, frog·fish, star·gazer, 〈~ angel shark〉, ⇒ angler 미2

1467 **monk-fruit** [멍크 후루우트]: 나한과, (남중국·부탄이 원산의) 〈핵과를 빻아 감미료로 쓰는〉 '중대가리 같이' 반질반질한 머루 크기의 암자색 견과, 〈~ Swingle fruit\a herbaceous perennial vine of gourd family〉 미2

1468 **monks-hood** [멍크스 후드]: 〈수도사의 벙거지같이 생긴〉 투구꽃 무리, 미나리아재빗과 바곳속의 유독식물, 백부자, 진돌쩌귀, ⇒ wolfs-bane 미2

1469 **mon·o~** [모노~]: 〈← monos(single)〉, 〈그리스어〉, one, 〈하나~, 홀로~〉란 뜻의 접두사, 〈↔poly\multi〉 양1

1470 **mon·o·cle** [마너클]: monos(single)+oculus(eye), 〈그리스어+라틴어〉, 외알 안경, 〈↔binocle〉 양2

1471 **mon·o·crat** [모노 크뢥]: monos+kratein(rule), 〈그리스어〉, auto·crat, 독재(주의)자, 〈~ totalism\dictatorship〉, 〈↔democrat〉 가1

1472 **mo·noe·cious** [머니이셔스]: mono(one)+oikos(house), 〈그리스어〉, stamen(sperm)과 pistil(ovum)이 같은 개체에서 생산되는, 자웅동주(체)의, 암수 한 그루의, 자웅동체의, 〈~ bisexual〉, 〈~(↔)hermaphrodite〉, 〈↔di-oecious〉 양2

1473 **mo·nog·a·my** [머나 거미]: monos(single)+gamos(marriage), 단혼, 일부일처제(주의), 〈↔bigamy\polygamy〉 가1

1474 **mo·nog·e·nism** [머나 줴니즘]: monos+genesis(produce), (인류는 단일 조상에서 기원했다는) 인류일조설, 〈~ common descent for all human races〉, 〈↔polygenism〉 양2

1475 **mon·o·gram** [모노 그뢤]: monos+graphein(write), 〈그리스어〉, 첫 글자를 도안화하여 짜 맞춘 것, 〈~ initial\symbol〉, 〈↔un-sign\mess〉 우1

1476 **mon·o·graph** [모노 그래후]: 특정 논문, 전공 논문, 〈~ article\treatise〉, 〈↔proof\fact〉 양2

1477 **mon·o·ki·ni** [마너 키이니]: 〈1964년에 주조한 말〉, (남성용) 아주 짧은 바지, (여성용) 등과 옆구리를 깊이 판 비키니(bikini)에 가까운 원피스 수영복, 〈~ string bikini〉 우1

1478 **mon·o·lith·ic** [마너리씩]: monos+lithos(stone), 〈그리스어〉, 하나의 암석으로 된, 한 덩어리로 뭉친, 단일체의, 결정으로 된, 획일체의, 〈~ rigid\consistent\uniform〉, 〈↔manifold\heterogeneous\module〉 양2

1479 **mon·o·log** \ ~logue [마널러그]: soliloquy, 독백, 혼자 하는 대사, 〈↔dialog\stichomythia〉 양2

1480 **mon·o·nu·cle·o–sis** [마너 뉴우클리오우시스]: (전염성)단핵세포증, ⇒ kissing disease 양2

1481 **mo·nop·o·ly** [머나 펄리]: monos+polein(sell), 〈그리스어〉, 〈혼자서 파는〉 독점, 전매, 주사위를 사용하는 탁상놀이, 〈~ cartel\a multi-player economics-themed board game〉, 〈↔monopsony〉 가2 우1

1482 **mon·o·rail** [모노 뤠일]: 단궤철도, 단선철도, 〈↔double-rail〉 미2

1483 **mo·nop·so·ny** [머낲서니]: monos(single)+opsonia(purchase), 〈그리스어〉, 수요독점, (구애자가 하나인) 구매자 독점, 〈~ buyer's monopoly〉, 〈↔monopoly〉 양2

1484 **mo·not·o·ny** [머나 아터니]: monos+tonos(tone), 〈그리스어〉, '한 가지 소리', 단음, 단조로움, 지루함, 〈~ tedious-ness\bore-dom〉, 〈↔variety〉 가1

1485 **Mon-roe** [먼로우], James: 〈켈트어〉, mouth of river Roe, '강 하구에 사는 자', 먼로, (1758-1831), 18세 때 독립전쟁 참전을 시작으로 40년간의 공직생활 끝에 5대 미국 대통령이 된 토마스 제퍼슨의 〈수제자〉, {Good Feelings President}, 〈~ 5th US President〉 수1

1486 **Mon-roe** [먼로우], Mar·i·lyn: 먼로, (1926-1962), '만인의 여인'으로 뭇 남성들의 사랑을 받다가 수면제 과용으로 사망한 미국의 영화배우, 〈링컨을 제쳐 놓고 그리스도 다음으로〉 '세계 역사상 두 번째로 유명한 인물', 〈~ an American actress〉 수1

1487 **Mon-roe Doc·trine** [먼로우 닥트륀]: 1823년 먼로 대통령이 제창한 (미주 대륙에 식민지를 심지 말라는) 미주·유럽 양 대륙의 정치적 불간섭주의, ⟨1840년에 슬그머니 서방 한계선은 하와이라고 했으나 처음에는 그냥 대서양 서쪽이라 했는데 이는 중국·인도 등도 포함되기 때문에⟩ 사실상 '미국의 세계 독식주의'를 선포한 것임, ⟨~ opposition of European colonialism in Western Hemisphere⟩ 수1

1488 **Mon-ro—vi·a** [먼로우뷔어]: 몬로비아, 먼로 대통령 때 미국에서 해방된 노예들이 건너가 세운 아프리카 대서양변 Liberia의 수도·항만도시 수1

1489 **mon·sieur** [머씨어얼]: ⟨프랑스어⟩, 'my lord', 씨, 님, 선생, ~ 귀하, ⟨~ Mr.\sir⟩, ⟨↔madame\mademoiselle⟩ 양2

1490 **mon·soon** [만 쑤운]: ⟨← mausim(season)⟩, ⟨'계절풍'이란 아랍어⟩, ⟨항해하기 좋을 때⟩, (동남아시아의) 여름철 장맛비, 인도양에서 여름에는 남서·겨울에는 북동쪽에서 불어오는 바람, ⟨~ seasonal changes in atnospheric circulation and precipitation⟩, ⟨↔calm\breeze⟩ 수2

1491 **mon·ster** [만스터]: ⟨← monstrum ← monere(admonish)⟩, ⟨라틴어⟩, '불행의 경고자', 괴물, 요괴, 거대한 생물, 극악무도한 사람, ⟨~ brute\gargoyle\chimera⟩, ⟨↔angel⟩ 가1

1492 *****mon·ster jam** [만스터 잼]: 1992년 미국의 한 흥행업체가 개발된 '괴물 트럭(monster truck)', 달리기·장애물 넘기·상대방 부수기 등의 묘기를 보여주는 ⟨신나는⟩ 경기, ⟨~ an action packed motor-sport⟩ 우2

1493 **mon·tage** [마타아쥐]: ⟨← monter(mount)⟩, ⟨프랑스어⟩, 몽타주, 합성화, 다른 요소가 모여서 통일적으로 느껴지는 것, 화면(연결)편집, 박아넣기(mounting), ⟨판 조립⟩, ⟨~ collage\paste up⟩, ⟨↔separate\disentangle⟩ 미1

1494 **Mon·taigne** [만테인], Mi·chel: ⟨산(mountain) 골짜기에 사는 자⟩, 몽테뉴, (1533-1592), ⟨부잣집에서 태어나서 평생 여행을 다니면서⟩ 풍부한 경험과 지식으로 '개인적' 수필을 쓴 프랑스의 사상가·수필가, ⟨~ a French philosopher and essayist⟩ 수1

1495 **Mon·ta·na** [만태너]: ⟨스페인어⟩, '산악(mountain) 지대', 몬태나, MT, Treasure (Bonanza) State, ⟨귀금속의 주⟩, 서부에는 광업·동부에는 목축업이 발달한 미국의 중서북부(north mid-western US)에 있는 광활한 주, {Helena-2}, ⟨⟨bitter-root⟩⟩ 수1

1496 **Mon·tand** [멍타아], Y·ves: ⟨어원 불명의 프랑스어⟩, 몽탕, (1921-1991), 많은 염문을 뿌리고 다녔던 이탈리아 출신 프랑스의 가수·영화배우, ⟨~ an Italian-French singer and actor⟩ 수1

1497 **Mont Blanc** [머엉 블라앙]: ⟨프랑스어⟩, 몽블랑 ①'백설봉'(white mountain), 4,807m 높이의 알프스산맥 최고봉, ⟨~ the highest mountain in the Alps⟩ ②~ Simplo Co; 1906년에 세워진 독일의 필기구·장신구 회사로 현재 남아프리카의 Richemont 회사가 소유함, ⟨~ a German manufacturer of luxury goods⟩ 수1

1498 **Mon·te Car·lo** [만티 카알로우]: mountain of Charles, '찰스의 산', 몬테 카를로 ①모나코(Monaco)의 영주 Charles 3세의 이름을 딴 공영 도박장 ②미국 라스베이거스(Las Vegas)에 있는 호텔·카지노 ③미국 쉐보레(Chevrolet)사가 출시해서 2007년에 중단된 승용차(상품명) 수1

1499 **Mon·te Car·lo sim·u·la·tion** [만티 카알로우 씨뮬레이션]: ⟨도박장 이름에서 연유한⟩ '모의하중 발생법', '도박성 모의실험', 복잡한 확률을 예측하기 위해 무작위 숫자를 사용하는 위험도 측정 방법, ⟨~ a broad class of computational algorithms⟩ 우1

1500 **Mon·te·ne·gro** [만터니그로우]: ⟨상록수로 덮인⟩ '검은 산(black-mountain)', 몬테네그로, 2006년 유고슬라비아 연방의 해체로 독립한 발칸(Balkans)반도 아드리아해 연안의 ⟨오랜 왕국이었던⟩ 공화국, {Montenegrin-Montenegrin·Serbian-Euro-Podgorica} 수1

1501 **Mon·te·rey** [만터뤠이]: monte(mountain)+rei(king), ⟨스페인어⟩, '산악지방의 왕자', 몬테레이 ①캘리포니아 총독을 지낸 스페인의 백작, ⟨~ a governor of Mexican California⟩ ②미국 캘리포니아 중서부의 경관이 수려한 해안 도시, ⟨~ city on California's rugged central coast⟩ ③텍사스 근처에 있는 멕시코 제3의 도시, ⟨~ city in N-E Mexico⟩ 수1

1502 **Mon·te·rey cheese \ ~ jack**: 크림 같은 모양과 엉성한 조직을 지닌 순하고 촉촉한 맛을 내는 반연질 치즈, ⟨~ a semi-hard cheese originated from Monterey county, Ca⟩ 수2

1503 **Mon·tes·so·ri school** [만터쏘어뤼 스쿠울]: 몬테소리⟨산악(mountain) 지방에 사는 자⟩ 교육, 1900년대 초 이탈리아의 의사·교육자 Maria M~에 의해 창시된 ⟨0세에서 18세까지 한 교사가 3년씩 지도하는⟩ 단계별·지속적 교육제도, ⟨~ an individualized pedagogy⟩ 수2

1504 **Mon·te·ver·di** [만터붸얼디], Clau·di·o: '초록색 산(green mountain) 에 사는 자', 몬테베르디, (1567-1643), 딱딱한 르네상스 음악을 부드러운 바로크 음악으로 바꾼 이탈리아의 교회음악·가극 작곡가, 〈~ an Italian composer〉 수1

1505 **Mon·te·vi·de·o** [만터뷔데이오우]: 〈포르투갈어〉, monte vide eu(I saw a mountain?), 〈어원에 대해 여러 학설이 있는〉 몬테비데오, 우루과이 남쪽 대서양 연안의 수도·항구도시, 〈~ Capital of Uruguay〉 수1

1506 **Mon·te·zu·ma** [만터쥬우머] II: 〈← moteuczoma(he frowns like a lord)〉, 〈아즈텍어〉, '근엄하게 찡그리는 자', 몬테수마, (1480?-1520), 스페인의 침략자를 아즈텍의 '하얀신'으로 믿고 환대하다가 나라를 빼앗긴 멕시코의 왕, 〈~ a superstitious emperor of the Aztec Empire〉 수1

1507 **Mont-gom·er·y** [만트거머뤼]: mont(mountain)+guamo(man)+riks(ruler), 〈게르만어→영국어〉, '산에 사는 힘센 자', 몽고메리 ①남자 이름, 〈~ a masculine first or last name〉 ②남부 동맹의 요람이었던 미국 앨라배마주의 주도·농산물 집산지, 〈~ Capital of Alabama〉 수1

1508 **Mont-gom·er·y** [만트거머뤼], Ber·nard: 'Monty', 몽고메리, (1887-1976), 2차대전 때 북아프리카와 유럽에서 세운 전공으로 자작(viscount) 작위를 받은 영국의 육군 원수, 〈~ a British Army officer\the Spartan General〉 수1

1509 **Mont-gom·er·y Ward** [만트거머뤼 워어드]: 몽고메리 워드, 'Monkey Wards', 1872~2001년간 종합백화점(department store)으로 그 후로는 Ward란 이름으로 전산망 주문 판매만 하는 미국의 기업, 〈~ an American on-line retailer〉 수2

1510 **month** [먼쓰]: 〈← mona ← metri(measure)〉, 〈라틴어→게르만어〉, 달, 월, 1개월(달〈'moon'〉이 지구를 한 바퀴 도는 기간〉, 〈↔age\generation〉, 〈↔day\year〉 가2

1511 **month of Sundays** [먼쓰 어브 썬데이즈]: 280일, (아주) 긴 시간, (진저리날 만큼) 오랫동안, 평생, 백날, 〈~ 30 (or 31) Sundays\ages\blue moon〉, 〈~ a poetic expression〉, 〈↔moment\short period〉 양2

1512 **Mon·ti·cel·lo** [만티쎌로우]: 〈이탈리아어〉, little mountain, '작은 산', 몬티셀로, 토머스 제퍼슨(Thomas Jefferson)이 말년을 위해 손수 설계하고 이탈리아 마을 이름을 따다 붙인 미국 버지니아 중부(mid-Virginia)에 있는 유네스코 지정 문화유산, 미국 5전짜리 동전의 뒷면에 새겨진 건물〉 수1

1513 **Mont-mar·tre** [머엉마알트뤼]: 'martyr'(순교자)의 산, 몽마르트르, 예술가들이 많이 살았던 프랑스 파리 북쪽의 구릉 지대, 〈~ a large hill in N. Paris〉, 〈편자의 친구가 hotel업을 하던 곳〉 수1

1514 **Mont-re·al** [만트뤼얼]: 'royal mount', 몬트리올, 프랑스풍(French)이 강한 캐나다 퀘벡(Québec)주 남부의 내항·상공업·문화교육 도시〉 수1

1515 **mon·u·ment** [마아뉴먼트]: 〈← monere(warn)〉, 〈라틴어〉, 〈← remind〉, 〈마음에 떠올려 주는〉기념물(비), 무덤, 유례가 없는 것, 〈~ memorial\statue〉, 〈↔forgotten\failure〉 가1

1516 **~mo·ny** [~머니 \ 모우니]: 〈← monia(state)〉, 〈라틴어→프랑스어〉, 〈~결과·상태·동작〉등을 나타내는 명사 어미, 〈~ result\state\movement〉 양1

1517 **moo** [무우]: 음매, 소의 울음소리, 어리석은 사람, 〈~ a lowing sound\bellow\fool〉 미2

1518 ***moob** [무우브]: 〈21세기 초에 등장한 신조어〉, man+boob, (비만이나 운동 부족으로) 지나치게 커진 남자의 유방, '남빨통', 〈~ gynecomastia〉, 〈↔tit²〉 양2

1519 **mood** [무우드]: 〈← moda(courage)〉, 〈게르만어〉, 〈← mind〉, 〈좋거나 나쁜〉 기분, 분위기, 마음가짐, 서법, 논식, 음계, 〈~ feeling\spirit\temper〉, 〈↔apathy\indifference\tense²〉 양1

1520 **Moo·dy's** [무우디스], In·ves·tors Ser·vice: '기분파', 무디스, 1909년 John Moody가 세운 미국의 국제적 금융정보(평가)회사, 〈~ an American financial services co.〉 수1

1521 **moon** [무운]: 〈← men ← mati(measure)〉, 〈그리스어→산스크리트어〉, 〈물·생명·공기·바람이 없는 지구 직경의 1/4짜리 흙덩어리〉 달, 태음월, 위성, 〈지구를 짝사랑하는 미친년〉, 〈→ month〉, 〈~ luna\satellite〉, 〈↔earth\sun〉 가1

1522 **Moon** [문], Jae In: 문재인, (1952-), 〈← wen(literature)〉, 〈중국어→한국어〉, '글을 좋아하는 자', 실향민의 가난한 가정에 태어나 자수성가로 변호사가 되어 노무현과 합동 사무소를 운영하다가 정치에 투신해서 그의 지지층을 기반으로 그의 노선을 좇아갔으며 〈편자가 더 보탤 말이 없기를 바라마지 않는〉 한국의 12대 대통령, 〈~ 12th Korean President〉 수1

1523 **moon-bat** [무운 뱉]: '달밤의 박쥐', 미친놈, 광적 진보주의자, 〈~ lib-tard\far-left〉, 〈↔calm\ultra-conservative〉 양2

1524 **moon bear** [무운 베어]: Asiatic black bear, 〈동양인과 무게가 비슷하고 검은 몸통과〉 〈가슴에 녹황색의 반달 무늬를 가진〉 반달곰, 〈~ Indian black bear\white-chested bear〉 미2

1525 **moon-cake** [무운 케이크]: 〈중국어→한국어〉, 유에빙, 월병, 달떡, (추석에 먹는) 〈속에 팟소가 들어있는〉 조그만 둥근 밀가루 과자, 〈~ Chinese bakery for Mid-Autumn Festival〉, 〈~(↔)song-pyeon〉 미2

1526 **moon-crick·et** [무운 크뤼킽]: '달밤의 귀뚜라미', (고된 일과 후에) 달밤에 나와 노래를 부르는 흑인 노예, 〈~ black slave〉, 〈↔white-trash〉 우2

1527 **moon dai·sy** [무운 데이지]: ox·eye daisy, 중간에 '황소 눈만 한' 씨받이를 가진 가장 흔한 데이지, 〈~ marguerite\white daisy〉 우1

1528 **moon-eye** [무운 아이]: ①월맹증(달빛을 보면 눈이 안 보이는 말의 질병, 〈~ moon blindness\recurrent uveitis〉 ②눈이 큰 북미 북부산 청어(shad) 비슷한 은색의 민물고기, 〈~ a ray-finned fish〉 양1 우1

1529 **moon-fish** [무운 휘쉬]: '월어', 하와이 근처에서 많이 잡히는 통통한 몸집을 가진 전갱잇과의 은빛 바닷물고기, 〈~ opah\sun-fish\red-fin ocean pan〉, ⇒ cusk 우1

1530 **moon-flow·er** [무운 훌라워]: 밤꽃, 밤에 5각형의 향기로운 둥근 흰 꽃이 피는 열대 아메리카산 덩굴풀, 〈~ moon-vine\tropical white morning glory〉 미2

1531 **Moon-ie** [무우니]: 무니, 한국 문선명(Moon, Sun Myung)의 통일교〈Unification Church〉 추종자 수2

1532 **moon–light-ing** [무운 라이팅]: ①달빛 ②야습(야간에 하는 기습)〈night raid〉 ③야간의 부업, 〈~ night-time side-job〉, 〈↔day-time work〉 양1

1533 **moon-rock** [무운 롴]: 달에 있는 암석(lunar stone), 〈마치 달에서 걷는 것처럼 황홀감을 주는〉 덩어리로 된 마리화나 정제품(concentrated marijuana) 우2

1534 ***moon-shine** [무운 샤인]: 달빛, 〈달빛 아래서 몰래 만든〉 밀주조, 〈~ home-brew\jake〉, 〈↔legitimate liquor〉 양2

1535 **moon-stone** [무운 스토운]: 월장석, 특정한 방향으로 푸른 빛을 내는 알카리 장석(준보석), 〈~ a gemstone〉 미2

1536 **Moor(s)** [무어(스)]: 〈← mauros(black)〉, 〈그리스어〉, 〈지명에서 연유한〉 8세기에 스페인을 점령했던 아프리카 북서부(N-W Africa)의 〈피부가 검은〉 이슬람교도들, 〈~ muslim〉 수1

1537 **moor** [무어]: 〈어원이 아리송한 게르만어들〉 ①〈← mor(waste-land)〉, 황무지, 광야, 〈~ steppe\plain〉, 〈↔forest\low-land〉 ②잡아매다, 정박시키다, 〈~ tie-up\dock〉, 〈↔loosen\unfasten〉 양2

1538 **Moore's Law** [무어즈 러우]: 무어의 법칙, (1967년 Intel의 공동설립자 Gordon Moore가 주창한) 한 통합회로에 담을 수 있는 트랜지스터 〈변환기억소〉의 숫자가 매 2년마다 2배로 증가할 것이라는 〈예측〉, 〈~ i.e. the growth of microprocessors is exponential〉 수2

1539 **moor-fowl** [무어 화울]: 〈황야에 서식하는〉 붉은 뇌조(들꿩), ⇒ red grouse 미2

1540 **moor-hen** [무어 헨]: 쇠물닭, 붉은 뇌조의 암컷(female red grouse) 미2

1541 **moose** [무우스]: 〈← mos(bark stripper)〉, 〈원주민어〉, '나무껍질을 벗겨 먹는 자', 말코손바닥사슴, 북반구의 축축한 산림지대에 서식하는 〈나무껍질을 벗겨 먹고 사는 희귀종〉 큰사슴, 〈~ wapiti〉, 〈~ 유럽인들은 elk라고도 하나 다른 종이라 함〉 양1

1542 **moose-knuck·le** [무우스 너클]: '큰 사슴 발목', (남자가 너무 꼭 낀 팬티를 입어서) 생식기가 볼록 튀어나온 꼴, 〈~ man-bulge\pitching a tent〉 우2

1543 **moose-wood** [무우스 우드]: 사슴 나무, 〈북미 동부지역에 서식하며〉 〈세로 흰 줄이 있는 매끈한 나무껍질을 무스가 즐겨 먹는〉 단풍나무의 일종, 〈~ striped maple\leather-wood〉 미2

1544 **moot** [무우트]: 〈← gemot(assemble)〉, 〈게르만어〉, 〈확실하지 않아서〉 meeting을 해야 할 여지가 있는, 〈meet 하는 대신〉 'mute' 하는 편이 더 좋은, 비현실적인, 모의재판, 〈~ meet〉, 〈~ debatable\problematic〉, 〈↔certain\non-controversial\in-contestable〉 양2

1545 **mop** [맢]: 〈← mappa(cloth)〉, 〈라틴어〉, '자루걸레', 걸레질하다, 닦다, 찌푸린 얼굴, '우거지상', 〈~ napkin〉, 〈~ floor scrubber\sweep\squeeze〉, 〈↔be-smirch\contaminate〉, 〈↔simil-ing face〉 가1 양2

1546 **mope** [모우프]: 〈← moppen(pout)〉, 〈게르만어〉, 〈의성어?〉, 우울해하다, 느릿느릿 돌아다니다, 〈~ mop〉, 〈~ sulk\brood〉, 〈↔race\frisk〉 양2

1547 **mo-ped** [모우페드]: 〈스웨덴어〉, pedal이 달린 motor cycle, 〈북한에서 인기 있는〉 페달이 같이 붙어있어 유사시 사람이 발판을 밟아 가기도 하는 소형 이륜자동차, 〈~ chopper\motor-bike〉, 〈↔limo〉 우1

1548 **mor·al** [머어뤌]: ⟨← moris(manner)⟩, ⟨라틴어⟩, ⟨관습에 의한⟩ 도덕(윤리)의, 교훈적인, '양심'적인, ⟨~ morose⟩, ⟨~ ethical\virtuous⟩, ⟨↔im-moral\pravitious⟩ 가2

1549 **mo·rale** [머뢬]: ⟨프랑스어⟩, 사기, 의욕, 도의, ⟨~ confidence\spirits⟩, ⟨↔diffidence\dread⟩ 가2

1550 **mo·rass** [머래쓰]: ⟨← maresc(marsh)⟩, ⟨프랑스어→영국어⟩, 소택지, 저습지, 곤경, 난국, ⟨~ fen\swamp\quag-mire⟩, ⟨↔solid ground\solution⟩ 양2

1551 **mor·a·to·ri·um** [머어뤄토어뤼엄]: ⟨← morari(delay)⟩, ⟨라틴어⟩, '지연', 지급정지(연기), 일시적 중지, 유예, 합의, ⟨~ ban\respite\settlement⟩, ⟨↔continuance\permission\conflict⟩ 양2

1552 **Mo·ra·vi·a** [머뤠이뷔어]: 'Morava'(March) 강이 흐르는 곳, 모라비아, ⟨독특한 언어와 고유의 개신교를 믿는⟩ 체코의 동부지방(eastern Czech) 수1

1553 **mo·ray** [모어뤠이]: ⟨← muraina⟩, ⟨그리스어⟩, '바다장어(sea eel)', (열대산) 곰치, 누리끼리한 색깔을 띤 ⟨뱀장어보다 두꺼운⟩ 바닷물고기, ⟨~ lamprey⟩ 미2

1554 **mor·bid** [모얼비드]: ⟨← morbus(disease)⟩, ⟨라틴어⟩, '병적인', 불건전한, 음침한, ⟨~ grue-some\pathological⟩, ⟨↔whole-some\healthy⟩ 양2

1555 **mor·dant** [모얼던트]: ⟨← mordere(bite)⟩, ⟨라틴어⟩, ⟨깨물듯이⟩ 신랄한, 찌르는 듯한, 부식성이 있는, 착색제, 부식제, ⟨~ acrid\costic⟩, ⟨↔vague\un-critical\bland⟩ 양1

1556 **Mor·do·vi·a** [몰도뷔어]: ⟨← mard(man)⟩, ⟨'사람'이란 뜻의 이란어에서 유래한⟩ 모르도바, Mordovinia, ⟨소련 해체 후에도 잔류한⟩ 러시아 연방 서부(western Russia)의 내륙에 있는 조그만 자치공화국 수1

1557 **more** [모어]: ⟨← magnus(great)⟩, ⟨라틴어→게르만어⟩, 더 많은, 더 큰, 더 높은, 한층 더, (many·much의 비교급), ⟨↔less\fewer⟩ 가2

1558 **More** [모어], Thom·as: ⟨← moor(swarthy)⟩, ⟨켈트어⟩, '피부가 검은 자', 무어, (1478-1535), 헨리 8세에 의해 참수당하고 가톨릭교로부터 성인(Catholic saint)으로 추대된 영국의 '인문주의' 학자·정치가·작가, ⟨~ an English social philosopher⟩ 수1

1559 **Mo·reau** [모로우], Gus·tave: ⟨← moor(swarthy)⟩, ⟨프랑스어⟩, '피부가 검은 자', 모로, (1826-1898), 8천여 점의 신화와 종교적 그림으로 유명한 프랑스의 대표적 상징주의 화가, ⟨~ a French artist⟩ 수1

1560 **mo·reen** [모뤼인]: ⟨← moire(watered silk)+een⟩, ⟨프랑스어⟩, 커튼 따위에 쓰이는 무늬를 넣은 양모 또는 면모 교직의 두꺼운 천, ⟨~ a strong fabric of wool and or cotton⟩ 우1

1561 ***more is not al·ways bet·ter**: 많다고 다 좋은 것은 아니다, 과유불급, ⟨~ leave well enough alone⟩, ⟨↔the more, the better⟩ 양2

1562 **mo·rel¹** [모뤨]: ⟨← morchel(fungus)⟩, ⟨어원 불명의 게르만어⟩, 곰보버섯(귀두에 망사 같은 구멍이 뚫린 검은 갓이 남근같이 솟아오르는 향이 좋은 육질의 버섯), ⟨~ an edible sac mushroom⟩ 미2

1563 **mo·rel²** [모뤨]: ⟨← mourus(brown)⟩, ⟨라틴어→프랑스어→영국어⟩, 까마중(까마종이-아릿한 맛의 콩알만 한 열매를 맺는 가짓과의 한해살이풀), ⟨~ deadly nightshade\solanum nigrum⟩ 미2

1564 **more or less** [모어 오어 레스]: 다소, 어느정도, 대략, 그만저만, approximate, ⟨~ give or take⟩, ⟨↔exact\accurate⟩ 양2

1565 **more-o·ver** [모어로우붜]: 그 위에, 또한, 더욱, ⟨~ further-more\in addition⟩, ⟨↔however\without\less⟩ 양2

1566 **Mor·gan** [모얼건]: mor(sea)+gen(chief), ⟨웨일즈어⟩, '선장', 모건, ⟨~ a gender neutral name⟩ ①1909년부터 손으로 만들어온 영국의 스포츠카(British sports-car) ②⟨최초로 종마를 소유했던 사람 이름을 딴⟩ 미주 원산 조그만 마차용·승용 말, ⟨~ an American horse breed⟩ 수2

1567 **Mor·gan** [모얼건], J.P.: 모건, (1837-1913), 유대계 로스차일드 가문의 심복으로 공공사업에 투자해서 떼돈을 번 미국의 금융사업가·예술품 수집가·자선사업가, ⟨~ an American financier and investment banker⟩ 수1

1568 **Mor·gan Stan·ley** [모얼건 스탠리]: '돌이 많은 여울을 잘 건너는 자', 모건 스탠리, 1935년 J.P. Morgan의 손자 Henry Morgan과 Harold Stanley⟨stony meadow⟩가 합자해서 만든 미국의 세계적 투자 관리 회사, ⟨~ an American investment bank⟩ 수1

1569 **morgue** [모얼그]: ⟨← murricare(pout)⟩, ⟨라틴어→프랑스어⟩, ⟨주인이 나타날 때까지 변사체를 보관하던 파리의⟩ 시체 보관소, ⟨입을 토라지게 하는⟩ 음침한 곳, 출판사 편집부, ⟨~ mortuary\funeral parlor⟩, ⟨↔recovery room\maternity ward⟩ 양2

1570 **mor·i·bund** [모어뤄번드]: 〈라틴어〉, 'mortality bound', 다 죽어 가는, 소멸해 가는, 〈↔thriving\recovering〉 양2

1571 **mo·rin·ga** [모링거]: 〈말레이어〉, drum stick, 〈근래에 영양식으로 떠오르고 있는〉기다란 '비틀린 꼬투리'열매를 그냥 씹어 먹기도 하고 짧게 썰어 국도 끓여 먹는 십자화과의 열대성 나무, 〈~(↔)horse-raddish tree〉 우1

1572 **Mor·mon** [모얼먼]: mon(more)+mon(good), 〈이집트어→라틴어〉, 〈5세기경 성경의 일부를 썼다는 유대계 예언자 이름에서 유래한〉 모르몬교도, 후기성도교〈Later-day Saints〉, 1830년 조셉 스미스가 '몰몬서'에 기초를 두고 창립한 한때 일부다처제를 옹호했던 미국 '근본주의' 신교도들 수1

1573 **Mor·mon crick·et** [모얼먼 크뤼킽]: 날지는 못하나 튼튼한 다리로 기동성이 강한 여칫과의 해충으로 미국의 모르몬교도들이 정착할 때 기승을 부리다 기도를 한 결과 갈매기들이 날아와서 모두 잡아먹었다 함, 〈~ a large, shield-backed, short-winged katydid〉 수2

1574 **Mor·mon un·der·wear** [모얼먼 언더웨어]: (모든 재앙을 막아준다고) 〈기부금을 낸〉 모르몬 교도들에게 주는 흰색의 기다란 속옷, 〈~ white temple garment〉 수2

1575 **morn·ing** [모어닝]: 〈← morgen(first part)〉, 〈게르만어에서 연유한 영국어〉, [거시기가 딱딱해(horn)지는?] '아침', 오전, 여명, 〈~ dawn\fore-noon〉, 〈↔evening\night〉 가1

1576 **morn·ing af·ter pill** [모어닝 애후터 필]: '다음 날 아침 알약', 〈응급 피임약〉, 성교 후 72시간 내에 복용하는 〈대량의〉 피임약, '앗차 피임약', 〈~ Levo-norgestrel emergency contra ceptive\plan B〉 미2

1577 **morn·ing call** [모어닝 커얼]: '기상경보', 잠 깨우기 전화, ⇒ wake·up call 미1

1578 **morn·ing glo·ry** [모어닝 글로뤼]: 나팔꽃, 심장 모양의 잎과 아침 햇살에 폈다 오후에 닫히는 깔때기 모양의 여러 색깔의 꽃을 가지고 빨리 자라는 메꽃과의 덩굴식물, 〈~ a convolvulus binding-weed〉 미2

1579 **morn·ing sick·ness** [모어닝 씩니스]: 입덧, 임신 구토증, 호르몬의 변화에 의해 임신 초기에 〈또는 아무 때나〉 나타나는 구역질, 〈~ emesis gravidarum〉, 〈~(↔)motion sickness〉 가1

1580 **morn·ing star** [모어닝 스타아]: 샛별, 동틀녘 동녘에 보이는 행성, '금성'(Venus, evening star; 저녁때 서쪽 하늘에서도 보임) 미2

1581 **Mo·roc·co** [모롸코우]: maghrib-al-aqsa(extreme west), 〈아랍어〉, '서쪽나라', (혼외성교가 불법인) 모로코, 1956년 스페인과 프랑스로부터 독립한 스페인으로부터 14km 떨어진 아프리카 북서안(N-W Africa)의 산간 사막지대에 있는 인구가 많은 회교 입헌 군주국, {Moroccan-Arab·Berber-Dirham-Rabat}, 〈2023년 9월에 일어난 6.8 진도의 강진으로 약 3000명이 사망함〉 수1

1582 **mo·roc·co leath·er** [모롸코우 레더]: 무두질한 부드러운 염소가죽, 〈~ a soft and pliable leather〉, 〈~(↔)Levant〉 수2

1583 **mo·ron** [모어롼]: 〈← moros(foolish)〉, 〈어원 불명의 그리스어〉, 노둔(지능 8~12세 정도), 얼간이, 〈→ sopho·more〉, 〈~ half-wit\idiot〉, 〈↔genius\wizard〉 양2

1584 **mo·rose** [머로우스]: 〈← morosus(peevish)〉, 〈← 라틴어〉, 까다로운, 침울한, 〈~ moral〉, 〈~ sullen\gloomy〉, 〈↔cheerful\friendly\bright〉 가2

1585 **mor·pheme** [모얼휘임]: 〈← Morpheus〉, 〈그리스어〉, 뜻을 가진 최소의 언어 단위, '형태소', 〈~ mono-syllable\linguistic form〉, 〈↔sentence\phrase〉 우2

1586 **Mor·phe·us** [모얼휘어스]: 〈← morphe(form)〉, '형태'(그리스어), 모르페우스, 꿈의 신(god of dreams), 잠의 신 히프노스의 아들(son fo Hypnos) 수1

1587 **mor·phine** [모얼휘인]: 〈그리스어에서 연유한 게르만어〉, 〈← Morpheus〉, 모르핀, 아편에서 만든 습관성이 있는 진통제, 정신을 〈꿈을 꾸듯〉 '몽롱'하게 하는 약, 〈~ a non synthetic opium〉 우1

1588 ***morph-ing** [모얼휭]: 〈전산기 용어〉, 모핑, '형태 변환', 전산기 동영상을 이용해서 한 형상이 전혀 다른 형상으로 자연스럽게 변하게 하는 기법, 〈~ changing\transforming〉, 〈↔sustain\stagnate〉 미2

1589 **mor·phol·o·gy** [모얼활러쥐]: 〈← morphe(form)〉, 〈그리스어→영국어〉, 형태학, 지형학, 어형론, 생물의 생김새를 연구하는 학문, 〈~ structure\frame〉, 〈↔physiology〉, 〈↔phonology〉 양2

1590 **Morse** [모얼스], Sam·u·el: 〈← Mauritus(dark person)〉, 〈라틴어→영국어〉, '피부가 검은 자', 모스, (1791-1872), 천신만고 끝에 부와 명성을 획득한 미국 예일대학 출신 화가·전신기 발명가, 〈~ an American inventor and painter〉 수1

1591 **mor·sel** [모어쎌]: 〈← morsum(bit)〉, 〈라틴어〉, 〈깨물어 낸〉 한 입(조각), 소량, 맛있는 음식, 〈~ mouthful\small piece〉, 〈↔chunk\dullness〉 가2

1592 **mor·tal** [모어틀]: 〈← mortis(death)〉, 〈라틴어〉, 죽을 운명의, 인간의, 치명적인, '죽음을 면할 수 없는', 〈~ perishable\corporeal〉, 〈↔im-mortal\venial〉 양1

1593 **mor·tal·i·ty** [모얼탤리티]: (피할 수 없는) 죽음, 사망자(율), 〈~ ephemerality\death〉, 〈↔living\life〉 양2

1594 **mor·tar¹** [모어털]: 〈← mortarium(pounding bowl)〉, 〈라틴어〉, 〈으깨놓은〉 모르타르, 회반죽, 석조결합제, 〈~ a paste〉, 〈~(↔)cement〉 양2

1595 **mor·tar²** [모어털]: 〈← mortarium(pounding bowl)〉, 〈라틴어〉 ①절구, 막자사발(마늘·생강·알약 등을 '빻거나' 갈아서 가루나 조각으로 만들 때 쓰는 그릇), 〈~ a cooking tool〉, 〈↔pestle〉 ②박격포〈짧은 대포〉, 〈~ howitzer〉 가1

1596 **mor·tar-board** [모어털 보어드]: ①(회) 반죽판, 흙받기, 〈~ a tool〉 ②〈①과 모양이 비슷한〉 (대학의 예식용) 사각모, trencher, 〈~ graduate cap〉 양2

1597 **mort-gage** [모얼기쥐]: mort(death)+gaige(pledge), 〈라틴어→프랑스어〉, '죽음과의 약속', 저당, 담보, (주택) 융자금, hypothic, 〈~ property loan (or lien)〉, 〈↔advanced (cash) payment〉 양2

1598 **mor·ti·cian** [모얼티션]: 장의사, 장의업자, 〈~ uunder-taker〉, 〈↔mid-wife〉 가1

1599 **mor·ti·fy** [모얼터화이]: mort(death)+facere(make), 〈라틴어〉, '죽게 만들다', 억제하다, (기분을) 상하게 하다, 고행하다, 〈~ suppress\horrify〉, 〈↔build up\soothe〉 양1

1600 **Mor-ton** [모얼튼]: town near the moor, 〈영국어〉, '황야에 사는 자', 모턴, (남자)이름 ①1848년 미국의 Joe Morton이 시카고에서 설립해서 2009년 독일의 K+S 회사에 합병된 소금회사(salt co.) ②1978년 시카고에서 Arnie Morton 등이 창설한 70여 개의 지점을 가진 미국의 고급 스테이크 요리점(streakhouse) 수1

1601 **mor·tu·ar·y** [모얼츄에리]: 〈라틴어〉, 〈죽은 교인이 교구목사에게 남긴 선물〉, 영안실, 시체 임시 안치소, 〈~ morgue\funeral home〉, 〈↔recovery room\birth-bed〉 가1

1602 **mo·sa·ic** [모우제이익]: 〈← Muse〉, 〈그리스어〉, '뮤즈의 세공', 모자이크, 쪽매붙임, 매목세공, 〈쪼가리 맞추기〉, 〈~ collage\composite〉, 〈↔plain\homogeneous〉 우2

1603 **Mos·cow** [마스코우]: 〈어원 불명의 슬라브어〉, 모스크바(Moskva), 1156년 모스크바('늪〈dark water?〉') 강가에 세워진 요새로부터 발전된 러시아 공화국의 정치·경제·문화·과학의 중심지, 〈~ Capital of Russia〉 수1

1604 **Mo·selle** [모우젤]: little Meuse(name of a river), 프랑스 모젤강 유역산 백포도주, 〈~(↔)Riesling〉 수1

1605 **Mo·ses** [모우지즈(스)]: 〈히브리어〉, pull out (of water), '물에서 건진 아이', 모세, (BC1400-1201??), 〈약속된 땅〉에 도착해서 십계명을 전했다는 전설적인 인물, 〈~ a Hebrew prophet〉 수1

1606 **mos·que** [마스크 \ 머스크]: 〈이집트어〉, masjid(꿇어 엎드려 경배하는 곳), '예배당', 이슬람교 사원, 이슬람 성원(절), 〈~ masjid〉, 〈~ chapel\temple〉 미1

1607 **mos·qui·to** [머스키이토우]: 〈← musca(fly)〉, 〈라틴어〉, '작은 파리', 모기, 〈암컷만〉 바늘로 피를 빨아먹는 2,500여 종의 곤충, 〈~ culex\gnat〉 가1

1608 **moss** [모어스]: 〈← mos(swamp)〉, 〈게르만어〉, '습지', 이끼, 지의(땅의 옷)류에 속하는 잎과 줄기의 구별이 분명하지 않은 은화 (꽃이 숨겨진) 식물, 〈~ mush·room〉, 〈~ alga\lichen〉 가1

1609 **Mos·sad** [모우싸드]: 〈'institute'란 뜻의 히브리어〉, 모사드, 1947년에 창립된 수상 직속의 이스라엘 비밀정보 '기관', 〈~ Israeli intelligence agency〉 수1

1610 **moss-back** [모어스 백]: (등에 이끼가 낀) 늙은 거북이나 조개, 시대에 뒤진 사람, '보수꼴통', 큰 들소, 시골뜨기, 〈~ geezer\kkon-dae\fuddy-duddy〉, 〈↔modern\trendy〉 양2

1611 **moss rose** [모어스 로우즈]: 이끼 장미, 선명한 색깔의 작은 겹 장미 비슷한 꽃이 피는 열대지방의 일년생 초본, 〈~ rock (or sun) rose〉, 〈~ Mexican (or table) rose〉 미2

1612 **most** [모우스트]: 〈← magnus(great)〉, 〈라틴어→게르만어〉, 가장 큰(많은), 대부분, 거의, (many·much의 최상급), 〈~ biggest\largest\highest〉, 〈↔least\minimum〉 가2

1613 **mo·tel** [모우텔]: 〈영국어〉, motor+hotel (자동차 여행자 숙박소), 〈편자가 애용하는〉 '차인숙', 〈↔boot camp\luxury hotel〉 우2

1614 **moth** [머어쓰]: 〈← moththe(midge)〉, 〈게르만어〉, '나방', 통통한 배를 가지고 털과 가루로 범벅이 된 나비 비슷한 곤충, 〈~ 4 winged night flying insect〉, 〈~(↔)butterfly〉 가2

1615 **moth-ball** [머어쓰 버얼]: '나방 탄알', (나프탈렌〈naphthalene〉 등이 들어있는) 옷좀나방 퇴치용 동그란 사탕 모양의 방충제, 〈~ small ball of pesticide and deodorant〉 수1

1616 **moth·er** [머더]: 〈← meter〉, 〈그리스어→라틴어→게르만어〉, 〈의성어?〉, 〈마구 대할 수 있는〉 어머니, 모성, 근원, 생산자, 수녀원장, 'ma', 〈암꼰대〉, 〈~ mom\female parent\originator〉, 〈↔father\boy\destroyer〉 가1

1617 *****moth·er-board** [머더 보어드]: mobo, 주기판, 기억과 중앙처리장치를 가지고 있는 전산기의 기본 회로판, 〈~ main printed circuit board\base (or system) board〉, 〈↔daughter-board〉 미2

1618 **Moth·er Car·ey** [머더 케어뤼]: 영국 선원들이 믿었던 바다의 성령, '대자대비한 어머니 바다', 〈~ All Mighty Mother〉 수2

1619 **Moth·er Car·ey's chick·en(goose)**: 배의 상공을 선회하면서 태풍을 예고한다는 작고(큰) 제비들, 〈~ storm petrel〉, 〈~ harbinger\omen〉 수2

1620 **moth·er fig·ure** [머더 휘귀어]: 〈믿을 수 있는〉 (전형적인) 어머니상, 〈~ nurturing\comforting etc〉, 〈↔father figure〉 양2

1621 **moth·er–fuck·er** [머더 훠커]: 〈1918년에 등장한 말〉, 쌍놈, 오라질 놈, 염병할 놈, 제미(제어미와) 씹할놈, mutha fucka, mafa, 〈↔father-fucker; 원래는 없는 말이나 동성애자들의 표를 얻기 위해 편자가 만든 말〉, 〈~ son of a bitch\bumba clot〉, 〈↔darling\smart (wise) ass〉 양2

1622 **Moth·er Goose** [머더 구우스]: '어미 거위', 영국 고래의 민간 동화·동요를 들려주는 전설적 할망구(설화 전수자), 〈~ imaginary author of fairy-tales〉 수2

1623 **moth·er-in-law** [머더 인 러어]: 법적 어머니, 시어머니, 장모, 〈~ mother by marriage〉, 〈↔father-in-law〉 가2

1624 **moth·er-land** [머더 랜드]: 모국, 발상지, 〈~ birth place\home town〉, 〈~(↔)father-land〉 가2

1625 **Moth·er Na·ture** [머더 네이춰]: 대자연, 자연세계, 〈~ Gaea\Magna Mater〉, 〈↔Father Time (큰 낫과 모래시계를 든 '시간의 할아버지')〉 양2

1626 **moth·er of pearl** [머더러브 퍼얼]: '진주의 찌끼', 진주모(조개), 껍데기가 여러 색깔로 층층이 자라나는 갑각류, 자개(조개류의 안쪽에 형성된 윤이 나는 각질층), nacre 미2

1627 **Moth·er's Day** [머더즈 데이]: 어머니날, 미국에서는 1914년부터 5월 두 번째 일요일 〈카네이션을 달고〉 어머니를 기리는 연방 기념일 (한국에서는 5월 8일 어버이날로 부모를 같이 기림), 〈↔Father's Day〉 양2

1628 **Moth·er Te·re·sa** [머더 테뤠사]: 마더 테레사, (1910-1997), 알바니아 출신으로 주로 인도에서 빈민구제에 헌신한 가톨릭 수녀(성녀), 〈~ an Albanian-Indian Catholic nun〉 수1

1629 **moth·er wort** [머더 워얼트]: 익모초(어머니에게 유익한 약초), 예전부터 임신부나 성인 여인의 질환을 치료하던 박하(mint) 비슷한 꿀풀과의 초본, 〈~ an herbaceous perennial plant\throw-wort\lion's ear〉 미2

1630 **mo·tif** [모우티이후]: 〈← movere(move)〉, 〈라틴어→프랑스어〉, 〈인도하는〉 주제, 특색, 동기, 옷의 가슴 무늬, 〈→ motive〉, 〈~ concept\pattern〉, 〈↔tangent\excursion〉 양1

1631 **mo·tion** [모우션]: 〈← motio ← movere〉, 〈라틴어〉, 〈← move〉, '움직임', 운동, 이동, 발의, 제안, 시늉, 〈~ shift\proposal\gesture〉, 〈↔still-ness\paralysis〉 양1

1632 **Mo·tion-gate** [모우션 게이트]: 모션 게이트, 2016년 Dubai에 설립된 Hollywood style 유락 공원, 〈~ a Theme park in the Middle East〉 수2

1633 **mo·tion pic·ture** [모우션 픽춰]: 영화, 동영상, movie 가1

1634 **mo·tion sick·ness** [모우션 씩니스]: (흔들림) 멀미, (탈것으로 인한) 구역질, 현기증, 동요병, 〈~ travel sickness〉, 〈~(↔)morning sickness〉 양2

1635 **mo·tive** [모우티브]: 〈라틴어〉, 〈← move〉, 〈움직이게 하는〉 동기, 목적, 주제, 속마음, 〈~ cause\reason\aim〉, 〈↔aside\digression〉 양1

1636 **mot juste** [모우 쥬우스트]: 〈프랑스어〉, 'just right word', 적절한 말, 명언, 〈~ winged words\rationality〉, 〈↔swear word\baloney\b s〉 양2

1637 **mot·ley** [맡리]: 〈← mot(speck)?〉, 〈어원 불명의 영국어〉, 잡색의, 얼룩얼룩한, 다양한, 뒤범벅의, 〈→ mottle〉, 〈~ miscellaneous\diverse〉, 〈↔homogeneous\uniform〉 양2

1638 **mot·mot** [맡맡 \ 멑멑]: ⟨남미계 스페인어⟩, ⟨의성어⟩, 모모투스, 푸른머리벌잡이사촌, 끝이 갈라진 긴 꼬리에 톱니 달린 부리를 가지고 ⟨'모트~ 모트~' 하면서⟩ 곤충이나 열매를 쪼아 먹는 중남미 서식의 예쁜 새, ⟨~(↔)king-fisher\bee-eater\roller⟩ 수1

1639 **mo·tor** [모우터]: ⟨라틴어⟩, ⟨← move⟩, 발동기, 자동차, '움직이게 하는' 원동력, ⟨~ rotor\turbine⟩, ⟨↔drag\tarry⟩ 양1

1640 **mo·tor-boat** [모우터 보우트]: 발동선, 자동단정, ⟨~ power (or speed) boat⟩, ⟨↔row-boat⟩ 우2

1641 **mo·tor coach** [모우터 코우취]: ⟨화장실이 있고 편안하게 고안된⟩ 장거리용 대형 버스, ⟨~ auto-bus passenger vehicle⟩, ⟨↔chariot⟩, ⟨~ 한국에서는 'limousine'이라고 하기도 함⟩ 미1

1642 **mo·tor-cycle** [모우터 싸이클]: 자동 자전거, 오토바이, '이륜자동차', 운동차, ⟨~ motor-bike\scooter⟩, ⟨↔walker\car\bi-cycle⟩, ⟨~ 한국에서는 'autobi'라고도 함⟩ 우2

1643 **mo·tor-home** [모우터 호움]: 이동 주택(차), 뒤쪽에 주택 시설이 되어있는 대형 차량, 여가용 자동차, ⟨~ recreational vehicle\caravan house⟩, ⟨~(↔)mobile home⟩, ⟨↔bi-cycle\sedan⟩ 우2

1644 **mo·tor-ist** [모우터뤼스트]: 자동차 운전자(여행자), ⟨~ driver(car tourist)⟩, ⟨↔passenger\pedestrian⟩ 양2

1645 **mo·tor-mouth** [모우터 마우쓰]: 수다쟁이, 떠버리, '따발총', ⟨~ babbler\chatter-box⟩, ⟨↔silent\laconic⟩ 양2

1646 **Mo·tor-o·la** [모우터로울라]: motor+victrola, 모토롤라, 1928년에 통신기재 회사로 출발해서 1983년 무선전화시장을 개척했으나 기술에 뒤져 2011년 분산되었다가 잠시 Google을 거쳐 2014년 중국의 Lenovo사로 넘어간 미국의 전화회사, ⟨~ a former American telecommunications co.⟩ 수1

1647 **mo·tor show** [모우터 쑈우]: 자동차 전시회, ⟨↔boat show⟩ 양2

1648 **mo·tor ve·hi·cle** [모우터 뷔이클]: 자동차, 차량, ⟨~ auto-mobile⟩, ⟨↔horse?⟩ 양2

1649 **mot·tle** [마틀]: ⟨영국어⟩, ⟨← motley⟩, '얼룩', 반점(무늬), ⟨~ pinto\spotted⟩, ⟨~(↔)streak⟩, ⟨↔plain\homogeneous⟩ 양2

1650 **mot-to** [마토우]: ⟨← motus(motion)⟩, ⟨라틴어→이탈리아어⟩, '말', 표어, 좌우명, 금언, ⟨~ adage\maxim⟩, ⟨↔action\enigma⟩ 가1

1651 **MOU** (mem·o·ran·dum of un·der·stand·ing): ⟨법적 구속력은 없으나⟩ ⟨상호간에 신뢰에 바탕을 둔 협력체제를 구축한다는⟩ 양해 각서, ⟨~ letter of intent (or agreement)⟩ 미2

1652 ***mouf** [모우후]: ⟨미국 흑인 속어⟩, ⟨노래 가사에서 연유한⟩ 성행위나 게걸스럽게 먹을 때의 입(mouth), 주둥이, 아가리, ⟨~ kisser\pie-hole⟩, ⟨↔politeness\refrain⟩ 양2

1653 **mouf·(f)lon** [무우후란]: ⟨← mufro(a wild sheep)⟩, ⟨라틴어→이탈리아어⟩, (크고 둥근 뿔을 가진) 지중해 연안의 산양, ⟨~ rams having large curling horns⟩ 우1

1654 **mould** [모울드]: ⇒ mold¹ 양1

1655 **mound** [마운드]: ⟨← montis⟩, ⟨라틴어→영국어⟩, ⟨← mount⟩, ⟨살짝 올라온⟩ 둑, 제방, 흙무덤, 작은 언덕, 투수판, ⟨→ mogul⟩, ⟨~ pile\heap⟩, ⟨↔plain\glen⟩ 양1

1656 **mound bird** [마운드 버어드]: mound builder, megapode, '부화새', '무덤새', 조그만 머리에 큰 발을 가지고 흙에 굴을 파고 그 속에 퇴비를 만들어서 알을 부화시키는 남인도양 제도 서식의 중닭만 한 새, ⟨~ a stocky, medium-large, chicken-like bird⟩ 미2

1657 **Mound Build-ers** [마운드 빌더즈]: '흙더미 건축가들', 흙으로 무덤이나 둑을 쌓았던 유사 이전의 북미 동부의 원주민들, ⟨~ pre-historic N-E Native Americans⟩ 수1

1658 **mount** [마운트]: ⟨← montis⟩, ⟨라틴어⟩, 산, 언덕, '올라가다(타다)', 박아넣다, 장치하다, 끼워넣다, 늘어나다, 탈것, ⟨기어 올라가는⟩ 거미발, ⟨~ mound⟩, ⟨→ amount⟩, ⟨~ ascend\set up⟩, ⟨↔descend\decrease⟩ 양1

1659 **moun·tain** [마운튼]: ⟨← montis⟩, ⟨라틴어⟩, ⟨꽃이 없을 수도 있는⟩ 산, 산악, 산맥, 더미, 다량, ⟨~ peak\a lot⟩, ⟨↔low-land\bit⟩ 가1

1660 **moun·tain ash** [마운튼 애쉬]: '산 재나무' ①rowan, 마가목(첫 여름에 흰 꽃이 피고 새빨간 동그란 열매가 맺히는 장미과의 활엽낙엽교목), (한국산) ⟨팥색 야생배가 열리는⟩ 팥배나무(red-bean pear tree) ②오스트레일리아 원산의 유칼립투스(eucalyptus)속의 키가 큰 나무, ⟨~ giant ash\swamp gum⟩ 미2 우1

1661 **moun·tain av·ens** [마운튼 애빈즈]: ⟨북반구 추운 지방에 서식하는⟩ 담자리 꽃, (산에 나는) 뱀무, ⟨~ white dryyard\an Artic-alpine flowering plant⟩ 미2

1662 **moun·tain bea·ver** [마운튼 비이붜]: sewellel('털옷'), giant mole, mountain boomer, '산해리', 미 북서부 태평양 연안 산악지대에 6천만 년 전부터 살아오는 설치류, 〈~ whistler\mountain rat〉 유1

1663 **moun·tain cat** [마운튼 캩]: bobcat, cougar, puma, '산고양이', 살쾡이 양1

1664 **Moun·tain Dew** [마운튼 듀우]: 1940년에 생산되어 1964년 펩시(Pepsi)콜라사가 인수했으나 독성이 있다하여 많은 나라에서 판매 금지된 미국의 청량음료(상표명), Bartle Skeet, 〈~ a soft drink〉 수1

1665 **moun·tain dew** [마운튼 듀우]: (밀조) 위스키, 〈moonshine〉 양2

1666 **moun·tain finch** [마운튼 휜취]: 되새, ⇒ brambling 미2

1667 **moun·tain goat** [마운튼 고우트]: (흰바위) 산양, 염소 영양, 북쪽 로키산맥 암벽에 서식하는 흰색의 염소 비슷한 커다란 영양, 〈~ Rocky Mountain goat〉 미2

1668 **moun·tain lau·rel** [마운튼 러룔]: '산월계수', kalmia, calico bush, spoon wood, 흰색에서 분홍색의 5각형 꽃들이 뭉쳐서 피는 미주 동부산의 진달래과의 상록관목, 〈~ Kalmia latifolia〉 유1

1669 **moun·tain li·on** [마운튼 라이언]: '두메 사자', '산사자', cougar, puma, mountain cat 유1

1670 **moun·tain sheep** [마운튼 쉬이프]: '산양', big horn(큰뿔양; 미서부 산악지대에 서식하는 커다란 뿔과 커다란 몸통을 가진 영양) 미2

1671 **moun·tain sick·ness** [마운튼 앀니스]: 고산병, 산악병(8천 피트 이상을 갑자기 올라갈 때 산소압의 강하로 나타나는 증세), 〈~ altitude sickness〉, 〈~(↔)air-sickness\sea-sick〉 가1

1672 **moun·te-bank** [마운터뱅크]: 〈이탈리아어〉, 〈광장에 있는 bench에 올라가서〉 약을 파는 돌팔이 의사, 사기꾼, 협잡꾼, 〈~ charlatan\quack\swindler〉, 〈↔virtuoso\expert〉 양2

1673 **Mount Ver·non** [마운트 뷔어넌]: '오리나무 동산', 마운트 버논 ①뉴욕시 북쪽에 있는 위성도시(inner suburb of NYC) ②포토맥강(Potomac River) 변에 있는 조지워싱턴(G. Washington)의 대농장 저택·매장지 수1

1674 **mourn** [모언]: 〈← mauran(grieve)〉, 〈게르만어〉, 〈죽음을〉 슬퍼하다, 애도하다, 한탄하다, 〈~ moan〉, 〈↔delight\joy〉, 〈↔hinny\whinny〉 가1

1675 **mourn-ing badge(band)** [모어닝 뱁쥐(밴드)]: 상장, '애도 표(띠)' 가2

1676 **mourn-ing cloak** [모어닝 클로욱]: '상복나비', 신부나비(주로 온대지방에 서식하며 노란 테를 한 검거나 암자색의 날개를 가진 커다란 나비〈large butter-fly〉로 장례식 때 가톨릭 신부의 복장 비슷함), 〈~ 영국에서는 Camberwell beauty〉 미2

1677 **mourn-ing dove** [모어닝 더브]: 우는 소리가 구슬픈 북미·중미산의 작은 야생 산비둘기, 〈~ rain (or turtle)-dove〉 유1

1678 **mourn-ing flag** [모어닝 훌래그]: 조기, 반기, half·mast, half·staff 양2

1679 *****mouse** \ mice [마우스 \ 마이스]: 〈← mushika(rat)〉, 〈산스크리트어→페르시아어→그리스어→라틴어→게르만어〉, 〈음식을 훔치는〉 생쥐(들), 겁쟁이, 예쁜이, (전산기) 이동간·지침패·깜빡이, 〈→ muscle〉, 〈~ gnawer\track ball〉, 〈~(↔)pointer〉, 〈↔cat\man〉, 〈~ rat보다 작음〉 양1 유1

1680 **mouse ear** [마우스 이어]: chick weed, star weed, (조팝나물·물망초 등) 솜털이 난 쥐의 귀 모양의 잎이 대칭으로 자라는 식물의 총칭 유1

1681 *****mouse-o·ver** [마우스 오우붜]: roll over, 누르지 않고 마우스를 갖다 대기만 해도 설명문이 나오는 것으로 광고 따위가 뜨는 일이 비일비재함, 〈~ hover box〉 유1

1682 *****mouse pad** [마우스 패드]: 마우스(지침패)를 올려놓고 움직이는 판, 〈~ track (or touch) pad\mouse mat〉 유1

1683 *****mouse point-er** [마우스 포인터]: (전산기) '지침표', 마우스를 움직일 때 화면에 나타나는 화살표 모양의 표시, mouse cursor 유1

1684 *****mouse po·ta·to** [마우스 퍼테이토우]: 컴퓨터광, 전산기 중독자, 〈~ computer nik〉, 〈~(↔)couch potato〉, 〈↔computer illiterate〉 양2

1685 *****mouse trap** [마우스 트뢮]: 쥐덫, 후림수, 속임수, 함정에 빠뜨리기, 후진(되돌아가기)을 못하게 짜 놓은 웹 페이지로 이것을 이용해서 광고 등을 하는 행위는 불법임, 〈~ snare\set-up〉, 〈↔reject\release〉 양2

1686 **mous·sa·ka** [무우싸아커]: ⟨← musaqqaa(pounded)⟩, ⟨'분쇄'란 뜻의 아랍어에서 유래한⟩ 무사카, 얇게 썬 가지(egg-plant)와 다진 고기(ground-meat)를 켜켜이 놓고 위에 치즈(cheese)를 얹은 그리스 요리 수2

1687 **mousse** [무쓰]: ⟨18세기에 등장한 프랑스어⟩, '거품(foam)', 무스 ①크림·계란·과일·초콜릿 등을 섞어 차게 한 부드러운 후식(soft dessert) ② 머리카락에 발라서 모양을 내는 거품 모양의 제품(styling foam) 수2

1688 **mous·tache \ mus·tache** [머스태쉬]: ⟨← mastax(mouth)⟩, ⟨그리스어→프랑스어⟩, '윗 입술에 난 털', 코 밑 수염, ⟨~ hair grown above the upper lip⟩, ⟨~(↔)beard\whisker⟩ 양2

1689 **Mou-tai** [마우타이 \ 무우테]: (중국 구이저우성 마오타이⟨굽은 강가에 세워진⟩ 마을 원산의) 수수를 원료로 만든 알콜농도 38~53%의 증류주⟨고량주·배갈⟩, mao tai, ⟨~ kaoliang spirits\baijiu⟩ 수2

1690 **mouth** [마우쓰]: ⟨← muth(opening)⟩, ⟨게르만어⟩, ⟨여러 가지 일을 하려고 모든 동물의 '맨 앞에' 튀어나온⟩ 입, 구강, 아가리, 출입구, 식솔, 소문, 말, ⟨~ entrance\opening⟩, ⟨↔anus\vagina⟩, ⟨↔conceal polite⟩ 양1

1691 **mouth-piece** [마우쓰 피이스]: 부는 구멍(embouchure), 입에 대는 부분(mouth contactor), 대변자(spokers-man), 변호사(lawyer), 재갈(mouth guard) 양1

1692 **mouth harp** [마우쓰 하아프]: 구금, ⇒ Jew's harp 미2

1693 **mouth-wash** [마우쓰 워쉬]: 양치질 액(약), 구세액, 구강청결제, ⟨↔douche⟩ 양2

1694 *****MOV** (met·al ox·ide va·ris·tor): 금속 산화물 반도체 저항소자(전자 기구의 순간적 전압이 올라가는 것을 보호하는 장치), ⟨~ a safe-guard device⟩ 미2

1695 **mov·a·ble**(move-a·ble) **feast** [무우붜블 휘이스트]: (해에 따라 날짜가 변하는) ⟨different days in different years⟩ 이동 축제일 가2

1696 **move** [무우브]: ⟨← movere⟩, ⟨라틴어⟩, '움직이다', 옮기다, 감동시키다, 제안하다, ⟨→ motive\re·move\motion\emotion⟩, ⟨→ mobile⟩, ⟨→ moment\motor⟩, ⟨~ progress\transfer\act⟩, ⟨↔cease\stop\regress⟩ 양1

1697 *****mov-er and shak-er** [무우붜 언 쉐이커]: 유력자, 거물, ⟨~ wheeler and dealer⟩, ⟨↔bum\with-holder\slacker⟩ 양2

1698 **mov-ie** [무우뷔]: ⟨미국어⟩, motion picture, 영화(관), ⟨↔music\book⟩ 가2

1699 **mov·ing vi·o·la·tion** [무우빙 봐이얼레이션]: 주행 중(driving) 교통 위반, ⟨↔parking violation⟩ 양2

1700 **mov·ing walk-way(side-walk)**: 움직이는 보도, 자동 진행로(auto-walk), ⟨~ travelator⟩ 양1

1701 **mow¹** [모우]: ⟨← muha(pile of hay)⟩, ⟨게르만어⟩, (풀을) '베다', (잔디를) 깎다, ⟨→ meadow⟩, ⟨~ cutdown\shear⟩, ⟨↔thicken\lengthen⟩ 가1

1702 **mow(e)²** [모우]: ⟨← mawwo(muff)⟩, ⟨게르만어⟩, 입술을 ⟨토시 모양으로⟩ 삐죽거리다, 얼굴을 찡그리다, grimace, ⟨~ frown\scowl⟩, ⟨↔smile\laugh⟩, ⇒ mop 양2

1703 **mow-er** [모우어]: 풀 베는 사람(기계), 잔디 깎는 사람(기계), ⟨~ grass cutter\weed whacker⟩ 가1

1704 **mox·i·bus·tion** [막써버스춴]: ⟨일본어+라틴어⟩, 뜸(질), moxa(약쑥의 일본어) 태우기(combustion), ⟨↔acupuncture\chiropractice⟩, ⟨↔poultice\cataplasm⟩ 양2

1705 **mox·ie** [막씨]: ⟨'검은 물(dark water)'이란 북미 원주민어⟩, ⟨19세기 말 강장 음료 이름에서 연유한⟩ 정력, 배짱, 투지, 기술, ⟨~ courage\bravery\daring⟩, ⟨↔cowardice\timidity\fear⟩ 양2

1706 **Mo·zam·bique** [모우잼비이크]: 'Musa' 왕의 나라, 모잠비크, 10여 년간의 투쟁 끝에 1975년 포르투갈로부터 독립한 아프리카 남동부(S-E Africa) 인도양 연안의 인구가 많고 가난한 나라, {Mozambican-Port-Metical-Maputo} 수2

1707 **Mo·zart** [모우짜알트], Wolf·gang: ⟨← mosz(bog)⟩, ⟨게르만어⟩, '늪에 사는 자', 모차르트, (1756-1791), 3살 때부터 음악적 소양을 보여 35세까지 600여 곡의 작품을 남겼으나 가난에 시달리다 간 오스트리아의 ⟨고전시대⟩ 작곡가, ⟨~ an Austrian composer⟩ 수1

1708 **Mo·zart ef-fect** [모우짜알트 이휄트]: 모차르트 효과, 태아 때 고전 음악을 들려주면 나중에 똑똑한 아이가 된다는 '썰', ⟨a prenatal care?⟩ 수2

1709 **Mo-zi** [모우저]: Mo Tzu, Mo Di, (470-391 BCE), '먹물⟨ink⟩에 절어있는 자', 묵자, ⟨공자의 가족 중심 사상에 반해⟩ 우주 중심 사상을 외친 중국의 철학자, ⟨~ a Chinese philosopher⟩ 수1

1710 *****Mo·zil·la** [모질러]: mosaic+godzilla, 모질라, ⟨만화에 나오는⟩ 도마뱀의 일종, ⟨~ a navigator browser⟩, 1998년 Netscape가 사회공용을 위해 개발한 광범위한 자료를 무료로 도색할 수 있는 기기⟨Mosaic Killer⟩, ⟨~ a free soft-ware community⟩ 수2

1711 **moz·za·rel·la** [마춰뤨러]: ⟨← mutilus(maimed)⟩, ⟨라틴어→이탈리아어⟩, 모차렐라, ⟨EU에서 공식 인정한⟩ (이탈리아 남부 원산의) 소젖을 '다져서' 만든 흰색의 말랑말랑한⟨semi-soft⟩ 우유 더껑이, ⟨~ 'flower of the milk'⟩ 수2

1712 **moz·zet·ta** [모우제터]: ⟨← mozzo(cut off)⟩, ⟨이탈리아어⟩, 고위 가톨릭 성직자(Catholic high priest)가 착용하는 두건이 달린 ⟨잘라낸⟩ 작은 어깨걸이, ⟨~ a short elbow-length sartorial vestment⟩ 수2

1713 **MP** [엠 피이]: ①member of parliament (국회의원·하원의원) ②military police (헌병) 양2

1714 ***MPC** (mul·ti·me·di·a per·son·al com·put-er): (혼합매체를 소화할 수 있는) 다중매체용 개인 전산기 미2

1715 **MPEG** [엠페그] (mo·tion pic·ture ex·perts group): 1988년 동영상 압축방식에 대한 기준(digital video standard for compression)을 정하기 위해 모인 국제적 전문가 단체 수2

1716 **Mr.** [미스터]: mister, 'master', 씨, 님, 선생, 군, ~귀하, ⟨↔Mrs.\miss⟩ 양2

1717 **MRI** (mag·net·ic res·o·nance im·ag·ing): 자기 공명 영상, (1970년대부터 개발되어 방사선 대신 강한 자장을 이용해서 장기를 단층 촬영하는 방법으로 연조직의 병변을 진단하는데 CT보다 나은) 자기 공명 단층 촬영법, ⟨~ a non-invasive imaging technology⟩ 미1

1718 **Mrs.** [미시즈]: misses, mistress, (기혼)부인, 여사, 주부 양2

1719 **MS** [엠 에스]: ①master of science (이학석사·과학석사), ⟨↔MA⟩ ②multiple sclerosis (다발성 경화증) 양1 양2

1720 **Ms.** [미즈] \ **Mses** [미저스]: ~씨(결혼 상태를 구별하지 않은 여성의 호칭), ⟨~ unknown marital status⟩, ⟨~(↔)Miss\Mrs.⟩ 양2

1721 **MS-DOS** [에메스 다스] (Mi·cro·soft disk op·er·a·ting sys·tem): MS원반 운영체제, MS사가 1981~2000년 사이에 사용했던 개인 전산기(PC) 운영체제 수2

1722 **MSG** (mon·o·so·di·um glu·ta·mate): 화학조미료, 미원, 미소, ⟨~ a flaver enhancer⟩ 미2

1723 ***msg** (mes·sage): 전언, 서신, 문구 미2

1724 **M-16**: 1964년에 출품되어 1994년 M4 carbine이 나올 때까지 미군의 대표적 개인 휴대용 무기(20개의 총알을 가진 탄창을 갈아낄 수 있는 연발 자동소총), ⟨~ a military assault rifle⟩ 수2

1725 ***MSRP** (man·u·fac·tur·er's sug·gest-ed re·tail price): (생산업자에 의한) 소비자 권장 가격, ⟨~ list price⟩, ⟨~(↔)sticker price⟩ 미2

1726 **Mt.** [마운트]: mount, mountain, 산 양2

1727 ***MTBF** (mean time be·tween fail·ure) \ **MTTF** (mean time to fail·ure): 평균 고장 시간(간격), 한 기기의 구입 순간부터 최초 수리 작업까지의 평균 시간 미2

1728 **M-10**: MAC-10, 1964년에 개발되어 1986년도 이후 제품은 민간 사용이 금지된 자동 연발 소총, ⟨~ a compact sub-machine gun⟩ 수2

1729 **Mu·bar·ak** [무바아뤅], Hos·ni: ⟨아랍어⟩, '축복받은⟨blessed⟩ 자', 무바라크, (1929-2020), 공군장교 출신 부통령으로 사다트 암살 후 1981년부터 2011년 민중봉기로 실각하여 무기수가 될 때까지 대이스라엘 온건 정책을 폈던 이집트의 4대 대통령, ⟨~ an Egyptian military officer and politician⟩ 수1

1730 **much** [머취]: ⟨← mahat ← megas⟩, ⟨산스크리트어→그리스어→라틴어→게르만어⟩, ⟨← magnus⟩, (양이) 많은(것), 다량(의), 매우, 대단한, ⟨~ a lot\plenty of⟩, ⟨↔little\small⟩ 가1

1731 **mu·cha-cha** [무 촤 춰]: ⟨스페인어⟩, ⟨← Chicano⟩, 젊은 여자, 식모, ⟨~ lass⟩ 양2

1732 **mu·cha-cho** [무 촤 초우]: ⟨(남미) 스페인어⟩, ⟨← Chicano⟩, 젊은 남자, 하인, ⟨~ lad⟩ 양2

1733 ***much a-do a-bout noth·ing**: 쓸데없는 야단법석, 소문난 잔치에 먹을 것 없다, ⟨~ all noise and no substance\great cry and little wool⟩ 양2

1734 **mu·cho** [무우쵸우]: ⟨← multum(much\many)⟩, ⟨스페인어⟩, 많은, 대단한, ⟨↔poco\few⟩ 양2

1735 **Mu·ci-nex DM** [뮤씨넥쓰 디엠]: 영국의 소비품 제조업체 RB Group 등에서 만드는 (guaifenesin·dextromorphan이 주성분인) ⟨mucus를 제거하는⟩ 진해·거담제, ⟨~ a cough suppressant and expectorant⟩ 수2

1736 ***muck** [먹]: ⟨← myki(dung)⟩, ⟨북구어⟩, '똥', 거름, 퇴비, 쓰레기, 오물, ⟨~ meek⟩, ⟨~ feces\filth\manure⟩, ⟨↔cleanness⟩ 가1

1737 ***muck-a-muck** [머커 멐]: 〈1912년에 '많은 음식'이란 북미 원주민어에서 유래한 미국어〉, 높은 양반, 거물, 〈~ big-wig〉, 〈↔no-body\loser\small fry〉 양2

1738 **muck·le** [머클]: 〈← mikel(much)〉, 〈게르만어〉, (물고기를 때려잡는) 몽둥이, '큰', 많은, mickle(보다 더 큰), 〈↔handful\negligible〉 양2

1739 ***muck-rak-er** [멐 뤠이커]: 〈1906년 T. Roosevelt가 '악덕기자'란 뜻으로 써서 유명해진 말〉, muck+raca(갈퀴), 추문(부정부패) 들추어내기, 추문 적발(폭로)자, 〈~ investigative journalist\scandal-monger\un-masker〉 양2

1740 **muck-worm** [머쿼엄]: 구더기, 똥벌레, 〈~ larva living in mud or manure〉 양2

1741 **mu·cus** [뮤우커스]: 〈muncati(release)〉, 〈산스크리트어→그리스어→라틴어〉, '점액', (코에서 나오는) 분비물, 〈~ goo¹\gunk〉, 〈↔crust〉 가1

1742 ***MUD** [머드]: (multi-user domain; 다중 사용자 영역), (multi·user dimension; 다중 사용자 차원), (multi-user dungeon; 다중 사용자 토굴), 머드게임(진흙탕 놀음), 여러 사람이 참여해서 대리 연출을 하는 현실적 가상세계, 〈~ a role-playing game〉 미2

1743 **mud** [머드]: 〈← mod(mire)〉, 〈게르만어〉, '진흙', 진창, 찌꺼기, 욕설, 〈~ muddle〉, 〈~ sludge\slush〉, 〈↔sand\purity〉 가1

1744 **mu-dang** [무당]: mu(witch)+tang(yard), 〈중국어→한국어〉, 'witch-craft', 귀신을 불러 점치고 굿을 하는 주술사, exorcist, shaman, sorceress 수2

1745 **mud bug** [머드 버그]: cray fish, 가재 가1

1746 **mud cat** [머드 캩]: cat fish, (미국산) 큰 메기 가1

1747 **mud daub-er** [머드 더버]: dirt dauber, 나나니벌, 진흙으로 집을 짓고 사는 길고 허리가 잘룩한 벌, 〈~ organ-pipe (or potter) wasp〉 미2

1748 **mud-dle** [머들]: 〈네덜란드어〉, 혼합하다, 혼란시키다, 망쳐놓다, 〈~ mud〉, 〈~ clutter\mare's nest〉, 〈↔arrange\clear\ease〉 양1

1749 **mud-fish** [머드 휘쉬]: 이어, (미꾸라지·모래무지 등) 진창 물고기, 〈~ a small eel-like fresh-water fish〉 미2

1750 **mud-flat** [머드 훌랱]: 진흙 바닥, 개펄(갯벌), 뻘밭, 〈~ tidal-flat\slob〉, 〈↔desert〉 양2

1751 **mud-guard** [머드 가아드]: (자동차·오토바이 등의) 흙받기, fender 양2

1752 **mud-hen** [머드 헨]: '이조', (쇠물닭·흰눈썹뜸부기 등) 늪지에 사는 뜸부깃과의 새, 〈~ American coot\pouldeau〉 우1

1753 ***mu·di·ta** [무우디이타]: 〈산스크리트어〉, (남을 기쁘게 하는데서 오는) 행복, 〈상호 행복〉, sympathetic joy, 〈~ freuden-freude〉, 〈↔shaden-freude〉 양2

1754 **mud-ji-ma** [묻지 마]: wen(문; ask)→묻다, 〈중국어→한국어〉, ask+ma(not), don't ask, 〈뭔가 뒤가 좀 구린데가 있을 때(fishy) 쓰는 말〉, 〈편자가 이 사전의 제목을 '묻지마 사전'이라고 하려다 포기했음〉 미2

1755 **mud-pack** [머드 팩]: 진흙 도포, 진흙같이 바르는 (얼굴) 피부 미용 재료, 〈~ a cosmetic restorative〉 미2

1756 **mud-pie** [머드 파이]: (어린이 놀이용) 진흙 만두, 〈~ a play material〉 미2

1757 **mud pike** [머드 파이크]: 진흙 창꼬치, ⇒ bow·fin 우2

1758 **mud-pup·py** [머드 퍼피]: 영원, 〈미꾸라지 같은 몸통으로 재빨리 움직이는〉 (미국산) 큰 도롱뇽, mud salamander 미2

1759 **mud-shark** [머드 샤아크]: '진흙 상어', 〈성적 만족을 위해〉 흑인 남자와 자는 백인 여성, 〈~ a white woman who sleeps with black men〉 양2

1760 **mud-slide** [머드 슬라이드]: 진흙 사태, 산사태, 이류, 〈↔avalanche〉 가1

1761 **mud-snail** [머드 스네일]: '진흙 달팽이', 우렁이, 〈~ a very small fresh-water snail〉 미2

1762 **Muen·ster** [먼스터], cheese: '성당이 있는 곳〈minster〉', 뮝스테르, 독일의 Munster지방 출신 미국 이민들에 의해 전수된 달고 부드러운 황백색의 전유치즈, 〈~ a semi-soft, pale-yellow cheese〉 수2

1763 **mues·li** [뮤우즐리]: 〈스위스풍 독일어〉, 곡물가루·건과 견과·꿀 따위에 우유를 섞어 아침에 먹는 〈'mushy'(흐물흐물한)〉 독일·스위스풍의 식품, 〈~ a European breakfast cereal〉 수2

1764 ***muff¹** [머후]: 〈← muffula(fur-lined glove)〉, 〈어원 불명의 라틴어〉, 〈손을 마주 끼워 넣는〉 (여성용·방한용) 원통형 '토시', 〈남성기의 보온용 토시-'보지'(cabbage)〉, 〈~ mitten〉 우1

1765 **muff²** [머후]: 〈1837년에 라틴어에서 끌어온 영국어〉, 바보, 얼뜨기, 〈mitten(muff)을 낀 것같이〉 운동신경이 둔한 (실수하는) 사람, 서툰 야구선수, 〈~ muck〉, 〈~ fumble\mess-up〉, 〈↔clever\skilled〉 양2

1766 ***muff cab·bage** [머후 캐비쥐]: 〈2010년 미국 TV 쇼에서 떠오른 말〉, 'vagina', 음문과 질을 싸잡아 부르는 〈음갱〉, '씹 구멍' 우2

1767 **muf·fin** [머휜]: 〈← moufflet(soft bread)〉, 〈'부드러운'이란 프랑스어?〉 ①(밀을 종이로 싼) 옥수숫가루 등을 넣어 살짝 구운 종지 모양의 작고 둥근빵, 〈~(↔)scone〉 ②(젊은 여자의) 젖퉁이, 〈~ bosom〉 우1 양2

1768 **muf·fle** [머훌]: 〈← muff¹〉, (감)싸다, (소리를) 약하게 하다, 〈~ deaden\mute〉, 〈↔clear\loud\bright〉 양1

1769 **muf·fler** [머훌러]: 〈'두터운 장갑'-프랑스어〉 ①목도리(scarf) ②(소리를 제거하는) 소음기〈silencer〉 ③권투장갑(boxing glove) 양1

1770 ***mu-fo** [뮤우호우]: 〈전산망 용어〉, mutual follower, '상호 추종자', 사회 전산망에서 전문을 '주고받는 사람' 우2

1771 **mug¹** [머그]: 〈1560년대에 등장한 어원 불명의 게르만어〉, earthern cup, 원통형 찻잔, jug(조끼), 손잡이 있는 잔, 〈찻잔에 그려 넣은 우스꽝스러운〉 낯짝, 〈우거지상, 과장된 표현을 하다, 〈~ face\visage〉, 〈↔glass\smile〉 미1 양2

1772 ***mug²** [머그]: 〈1818년에 등장한 영국 속어〉, 〈mug(얼굴)를〉 습격하다, 강탈하다, 〈입에 쑤셔 넣듯〉 벼락치기 하다, 〈~ attack\rob\cram〉, 〈↔retreat\protect〉 가1

1773 **mug-gle** [머글]: 〈소설「Harry Potter」에 등장하는〉 마법을 가지지 못한 인간, 'mug 같은' 평범한 인간, '봉', '밥', 〈~ normie\novice〉, 〈↔conjurer\enchanter〉 양2

1774 **Mu·ghal** [무우걸]: 무골족, ⇒ Mogul 수1

1775 ***mug shot** [머그 샷]: 〈1873년에 등장한 경찰용어〉, 범인의 얼굴 사진, 〈~ close-up\head shot〉 미2

1776 **mu-gung-hwa** [무궁화]: long lasting flower, 〈중국어→한국어〉, 일설에는 중국의 '목근화'가 어원이라고 하나 '꽃이 오랫동안 피고 지고를 반복하는' 〈지지않는 꽃〉이 더 솔깃함, 아욱과의 낙엽활엽관목, 〈Hibiscus Syriacus\Rose of Sharon〉, 〈~ national flower of Korea〉 미2

1777 **mug-wort** [머그 워얼트]: cross wort, worm·wood, 쑥, 독특한 향기가 있어 예로부터 차로 달여 'mug'에 담아 먹던 국화과 갈퀴덩굴속의 한·두해살이풀 미2

1778 ***mug·wump** [머그 웜프]: 〈'대장(chief)'이란 뜻의 북미 원주민어에서 유래한 미국어〉, 〈당파를 초월한〉 '거물(great)', 중도 정치가, 〈머리는 이쪽·엉덩이는 저쪽으로 담에 앉아 있는 새처럼〉 우유부단한 사람, 〈~ fence-sitter\influencer〉, 〈↔nobody\determinator〉 양2

1779 ***muh** [머]: me·my의 〈고의적인〉 어눌한 오타, 〈~ intentional error〉 양2

1780 **Mu·ham·mad** \ Mo·ham·med [무해머드]: 〈← hammada(praise)〉, 〈아랍어〉, Mahomet, '찬양된 자', 마호메트, (570-632), 13명의 부인을 거느리고 유일신·평등·공존 사상을 외치면서 이슬람교를 창시한 아라비아의 〈마지막〉 예언자, 〈~ the founder of Islam〉 수1

1781 **Muir** [뮤어], John: '황야(moor-land)에 사는 자', 뮤어, (1838-1914), 산림보호에 앞장섰던 스코틀랜드 출신 미국의 탐험가·식물학자, 〈~ a Scottish-born American naturalist and mountaineer〉 수1

1782 **mu-ja·he·deen** [무우쟈헤디인]: 〈아랍어〉, 〈← jihad(effort)〉, 이슬람의 〈신성한〉 전사, 〈~ Islamic militant\Muslim guerrilla〉 수2

1783 **muk** [묵]: 〈어원 불명의 한국어〉, (도토리·메밀·녹두 등) 녹말의 앙금을 되게 쑤어 굳힌 음식, Korean 〈starch〉 jelly 수2

1784 **muk-bang** [먹 방]: 〈한국어〉, (앞으로 뜨길 뜰 것 같은데) 〈미국놈들이 뭐라고 번역하나 주시하고 있는〉 '한국의' 먹는 방송, 〈우선은 'eatery channel'이라 하기로 함〉 우1

1785 **muk·luk** [머클럭]: 〈← maklak(bearded seal)〉, 〈'수염난 물개'란 원주민어〉, (에스키모가 신는) 물개 모피 장화, 〈~ Eskimo boot\soft footwear made of seal (or reindeer) skin〉 수2

1786 ***mu·la** [뮬러]: 〈1930년대에 등장한 미국 속어〉, ('mule'이란 뜻의 스페인어에서 연유한) money의 속어, 〈노새처럼 일해서 번 돈?〉 양2

1787 **mul-ber·ry** [멀베뤼]: 〈← morum(black-berry)〉, 〈라틴어+영국어〉, 뽕나무, 오디〈검은 딸기〉, 열매는 식용·잎은 누에(silk-worm)치기·껍질은 제지·나무는 가구제로 쓰이는 다용도의 온대지방의 낙엽활엽관목 가1

1788 **mulch** [멀취]: 〈← molsh(soft)〉, 〈영국어〉, 〈부드러운 것〉, 까는 짚, 뿌리덮개, 나무뿌리를 보호하거나 잡초 방지용 또는 수분증발 방지용으로 흙 위에 까는 자잘한 나뭇조각들, 〈~ decaying plant material〉 미1

1789 **mule** [뮤울]: ①⟨← mulus(~ hinny)⟩, ⟨라틴어⟩, ⟨생식력이 없는⟩ '노새'(수나귀와 암말 간의 잡종), (동·식물의) 잡종, 바보, 고집쟁이, (피리새와) 잡종 카나리아, 마약 운반자, ⟨~ ass\hybrid\drug trafficker⟩, ⟨↔thoroughbred⟩ ②⟨← mullus(mullet)⟩, ⟨라틴어⟩, 뒤축 없는 실내화(slipper) 가1 양1

1790 **mule deer** [뮤울 디어]: (서부 북미산) 검은꼬리사슴, '뜀뛰기 사슴', (노새같이) 귀가 긴 사슴, ⟨~ a large-eared deer\black-tailed deer⟩ 미2

1791 **mull** [멀]: ⟨어원이 다양한 말⟩ ①⟨← molere(grind)⟩, ⟨라틴어⟩, 뒤죽박죽, 실수하다, ⟨~ crumble⟩, ⟨↔resolve\hit the mark⟩ ②⟨← myl(dust)⟩, ⟨영국어⟩, 혼합하여 데우다, 심사숙고하다, ⟨~ ponder⟩, ⟨↔ignore⟩ ③⟨← malmai⟩, ⟨힌디어⟩, 면사, ⟨~ cotton yarn⟩ 양1

1792 **mulled wine** [멀드 와인]: '혼합 포도주', 포도주에 설탕·향료를 넣어 데운 술로 크리스마스 때 주로 마심, ⟨~ a hot spiced wine⟩ 우1

1793 **mul·lein** \ mul·len [멀런]: ⟨← melyn(yellow)⟩, ⟨'노란색'이란 켈트어⟩, 줄기가 곧게 올라가서 조그만 흰·노랑·분홍 꽃이 층층이 피는 현삼과의 한·두해살이풀, ⟨~ Aaron's rod\candle-wick³⟩ 우1

1794 **Mul·ler** [뮐러]: ⟨독일계 이름⟩, 뮐러, Miller(방앗간 주인), m~; 분쇄기, (물건을 으깨는) 공이, 술 데우는 기구, ⟨~ grinder\wine warmer⟩ 수1 양1

1795 **mul·let** [멀릿]: ⟨← myllos⟩, ⟨뒤죽박죽(mixed up)이란 뜻의 그리스어⟩ ①숭어류(회·청색의 통통한 열대·온대성 연해 물고기), ⟨~ a spindle-shaped ray-finned fish⟩ ②별 모양의 표시, ⟨~ star shaped charge⟩ ③⟨1994년 노래 가사에서 연유한 미국어⟩, 앞·옆이 짧고 뒷 머리털이 긴 머리 모양(longer hair in the back) 미2

1796 **mul·li·gan** [멀리건]: mael(bald)+one, ⟨켈트계 이름⟩ ①⟨아마도 사람 이름에서 연유한⟩ 먹다 남은 고기·야채로 만든 찌개, ⟨~ an odds and ends stew⟩ ②⟨골프선수 이름에서 연유한⟩ 실수했을 때 계산에 넣지 않고 다시 한번 치는 공, ⟨~ a free extra-stroke⟩, ⟨서양놈들이 "공짜 좋아하면 대머리 까진다"란 한국 속담을 어떻게 알았을까?⟩ 우1

1797 **mul·lion** [멀리언]: ⟨← medianus⟩, ⟨라틴어→프랑스어⟩, (창문의) '중간(mean)' 문설주, 세로 중간틀, ⟨~ vertical devider⟩ 미2

1798 **mulm** [뭄 \ 멈]: ⟨어원 불명의 영국어⟩, ⟨물고기의 밥·똥이 가라앉은⟩ 어항(수족관) 찌꺼기, ⟨~ organic sediment in an aquarium⟩ 미2

1799 **mul·ti~** [멀트~ \ 멀티~]: ⟨라틴어⟩, many\much, ⟨많은·여러 가지~⟩란 뜻의 결합사, ⟨~ poly⟩, ⟨↔mono\soli~⟩ 양1

1800 **mul·ti-dis·ci·pli·nar·y** [멀티 디써플러네뤼]: 많은 전문 분야의, ⟨~ cross-functional\versatile⟩ 양2

1801 **mul·ti-far·i·ous** [멀티 훼어뤼어스]: multi+fariam(fold), ⟨라틴어⟩, 가지각색의, 잡다한, ⟨~ multi-faceted\diverse⟩ 양2

1802 *****mul·ti-ho·ming** [멀티 호우밍]: (사용자가) 동시에 여러 전산망 기지를 사용하는 일, '다중 기지', ⟨~ platform\net-working⟩ 미2

1803 **mul·ti-me·di·a** [멀티 미이디어]: (다양한 전달 수단을 갖춘) 다중매체, ⟨~ hyper-media⟩ 가1

1804 *****mul·ti-play-er** [멀티 플레이어]: ①다수가 참여하는 놀이, ⟨~ an on-line game⟩ ②다중매체를 상연(재생)할 수 있는 기기, ⟨~ device to play multi-media⟩ ③다수의 원반을 장전할 수 있는 기기, ⟨~ storage of multiple discs⟩ 미2

1805 **mul·ti·ple** [멀티플]: multus(many)+plus(fold), ⟨라틴어⟩, 복합의, 다수의, 다양한, '여러 번 접힌', ⟨~ numerous\myriad⟩, ⟨↔singular\exclusive⟩ 가1

1806 **mul·ti·ple choice** [멀티플 쵸이스]: 선다형, 다항 선택, ⟨↔open-ended⟩, ⟨↔essay\dissertation⟩ 가1

1807 **mul·ti·ple my·e·lo·ma** [멀티플 마이얼로우머]: 다발성골수종, 골수에서 생산되는 원형질 세포의 변이로 인해 나중에 신장 장애를 몰고 오는 ⟨원인불명·치유불능의⟩ 혈액암(blood cancer), ⟨~ medullary plasmacytoma⟩ 양2

1808 **mul·ti·ple scle·ro·sis** [멀티플 스클레로우시스]: 다발성 경화증, 뇌와 척수의 수초(myelin)를 침범하는 원인불명의 질환, ⟨~ an auto-immune disease⟩ 양2

1809 *****mul·ti·plex** [멀티 플렉스]: multus(many)+plicare(fold), 다중 (송신 방식), 입체 지도 작성 (방식), 영화관 센터(집합소), ⟨~ collective\diverse⟩, ⟨↔single\simple⟩ 미2

1810 **mul·ti-ply** [멀티 플라이]: multus(many)+plicare(fold), 〈라틴어〉, 늘리다, 곱하다, 번식시키다, 〈~ reproduce\proliferate〉, 〈↔divide\originate〉 가2

1811 *__mul·ti-point__ [멀티 포인트]: (여러 대의 단말기를 하나의 통신 회로같이 연결하는) 다지점 방식, 〈~ multi-spiked (or directional)〉 양1

1812 *__mul·ti-scan__ [멀티 스캔]: 다중주사, 여러 번 훑기, (화면을 여러 속도로 훑어내는) 다중 검색, 〈~ multi-sync monitor〉 양1

1813 *__mul·ti-ses·sion__ [멀티 쎄션]: '다중녹취'(한 개의 원반에 여러 차례로 나누어 녹음·녹화하는 일), 〈~ recording a CD more than one session〉 우1

1814 *__mul·ti-task·ing__ [멀티 태스킹]: (하나의 중앙처리기구로 동시에 여러 가지 작업을 하는) 다중작업, 〈~ juggle duties\cross-function〉 양1

1815 *__mul·ti-thread·ed__ [멀티 쓰뤠디드]: '다중방직'된, 전산기 중앙처리기가 한 과정을 여러 흐름으로 나누어 제어(작동)할 수 있는 짜임새, 〈~ executing multiple threads at once〉 우1

1816 *__mul·ti-track__ [멀티 트랙]: '다중통로(녹음)', 1955년부터 개발된 여러 가지 음대를 서로 다른 주행로에 녹음해서 화합(동조화)시키는 장치, 〈~ recording different tracks simultaneously〉 우1

1817 **mul·ti-tude** [멀티튜우드]: '다수', 군집, 대중, 〈~ a lot\crowd\host〉, 〈↔lack\some\individual〉 가1

1818 **mul·ti-ver·si·ty** [멀티 붜어시티]: 다원 대학(교사가 여러 곳에 있는 종합대학), 〈~ poly (or omni)-versity\mega-verse〉, 〈~(↔)university〉 양2

1819 **mul·ti-vi·ta·min** [멀티 봐이터민]: 종합 비타민, 다중'원기소' 가1

1820 *__mul·ti-win·dow__ [멀티 윈도우]: (화면을 분할해서 동시에 여러 가지 문본을 표시할 수 있는) '다중창' 우1

1821 **mum** [멈]: ①〈영국어〉, 〈의성어〉, 엄마(mom) ②〈라틴어〉, 〈의태어〉, 침묵, 무언의, 〈~ silence〉, 〈↔talking〉 ③국화(chrysanthe'mum') ④〈독일어〉, 독일 Brunswick의 Mumme이란 자가 만들었다는 도수가 높은 맥주, 〈~ a strong beer〉 양1 수2

1822 **Mum·bai** [멈바이]: the local mother goddess, 〈그곳 수호신의 이름에서 연유한〉 뭄바이, Bombay의 새 명칭, 1924년 영국인들이 개척한 인도 서부의 주거 환경이 열악한 〈거대한〉 상업·항구 도시, 〈~ a city on India's west coast〉 수1

1823 **mum·ble** [멈블]: 〈영국어〉, 〈← mum\murmur〉, 중얼거리다, 우물대다, 〈~ gibber〉, 〈↔enunciation\yak-yak〉 가1

1824 *__mum·ble-core__ [멈블 코어]: '우물쭈물 만든 물건', 〈무명 배우를 기용하고 즉흥성을 가미한〉 저예산 (영화) 제작, 〈~ a low budget, dialogue oriented film\bed-head cinema〉 미2

1825 **Mum·bo-Jum·bo** [멈보우 줨보우]: 서아프리카 수단지방의 흑인이 숭배하는 수호신, m~ j~; 우상, 주술, 알아들을 수 없는 말, 허튼소리, 〈~ hocus-pocus〉, 〈↔sense\honor〉 수1 양2

1826 **mum·my**[1] [머미]: 〈← mum(wax)〉, 〈아랍어〉, 미라(mirra-포르투갈 말), '밀랍인', 목내이, 썩지 않고 굳어진 오래된 시체, 바싹 마른 사람, 〈~ skeleton〉 우2

1827 **mum·my**[2] [머미]: mamma, 엄마 양1

1828 **mumps** [멈프스]: 〈영국어〉, 〈그것에 걸리면 'mumble'거리게 되는〉 (유행성 바이러스) 이하선(salivary gland)염, 볼거리, 〈얼굴이 항아리처럼 변하는〉 항아리손님, 〈~ parotitis\an easily preventable viral infection〉 양2

1829 **munch** [먼취]: 〈영국어〉, 〈의성어〉, 우적우적 씹어먹다, 오독오독 먹다, 간단한 식사(snack), 〈~ crunch\eat〉, 〈↔silence\empty〉 양2

1830 **Munch** [먼취 \ 뭉크], Ed-vard: 'monk'(중), 뭉크, (1863-1944), 인간의 격한 감정을 그린 노르웨이 출신 초기 표현주의 화가, 〈~ a Norwegian painter〉 수1

1831 **Mun·chau·sen** [먼촤우즌 \ 먼취어즌]: 뮌 하우젠, (황당무계한) 소설의 주인공 이름(a fictional character), 허풍선이, 거짓말쟁이, 〈~ malingering\factitious〉, 〈모호한 병명이라 더이상 사용되지 않음〉 수1 양2

1832 **munch-ies** [먼취즈]: 〈미국어〉, munch의 복수형, 간단한 식사(과자), 공복감 양1

1833 **Munch·kin** [먼취킨]: 먼치킨, 〈Wizard of Oz에 등장하는〉 난장이족, m~, 어린애, 〈~ dwarf\midget〉, 〈↔behemoth\colossus〉 수1 양1

1834 **mun·dane** [먼데인]: 〈← mundus(world)〉, 〈라틴어〉, 세속적인, 현세의, 보통의, 〈~ boring\monotonous〉, 〈↔imaginative\extraordinary〉 양1

1835 **mun-eo** [문어]: mun(ink)+eo(fish), 〈중국어→한국어〉, 8개의 발을 가지고 약 3m의 몸길이를 가진 연체동물, (대왕) 문어, (large) octopus 수2

1836 **mung¹** [멍]: 〈← mudga(bean)〉, 〈산스크리트어〉, 녹두, 팥보다 작은 녹색의 곡식을 맺는 콩과의 한해살이풀, 〈~ green gram\moong〉 가1

1837 **mung²** [멍]: mash until no good, 〈1945~50년에 등장한 전산기 속어〉, 개조하다, 망가뜨리다, 더럽히다, 오물(muck), 〈↔order\clear〉 미2

1838 **mung bean sprouts** [멍 비인 스프롸우츠]: 숙주나물 미2

1839 **Mu·nich** [뮤우닉]: 뮌헨, '중(monk)들의 거주지', 유리공업·맥주산업보다 나치 정권의 아성으로 더 유명한 독일 남부의 중심도시, 〈~ a metropolis in S. Germmany〉 수1

1840 **Mu·nich Pact** [뮤우닉 팩트]: 1938년 영국·프랑스·이탈리아가 '먹고 떨어지라고' 독일의 히틀러에게 체코슬로바키아의 1/5을 떼어준 〈굴욕적〉 타협적 조약, 〈~ German annexation of part of Czech〉 수2

1841 **mu·nic·i·pal** [뮤우니시펄]: munia(official duty)+capere(take), 〈라틴어〉, 시의, '자치도시'의, 지방자치의, 〈~ civic\urban〉, 〈↔rural〉 양2

1842 **mu·ni·tion** [뮤우니션]: 〈← munire(fortify)〉, 〈라틴어〉, 〈군대를 '강화'하기 위한〉 군수품, 탄약, 〈→ ammunition〉, 〈↔disarm〉 가1

1843 **munt·jac(k)** [먼잭]: 〈원주민어〉, 문자크, barking deer, '짖는 사슴', 동남아시아에 서식하는 매우 〈작은 사슴〉 우2

1844 **mu·on** [뮤우안]: 〈그리스어〉, 뮤(μ)입자, '중간'자, 전자보다 질량이 많은 경입자, 우주 광선에 포함되어 있는 미립자, 〈~ a fundamental sub-atomic particle〉 수2

1845 **Mup·pet** [머핏]: marionette(little Mary)+puppet, 머펫, 1955년에 고안되어 디즈니사로 넘어간 팔과 손가락으로 조작하는 청개구리(hyla) 모양의 어릿광대, 〈~ an American musical ensemble cast〉 수1

1846 **mu·qar·nas** [무카르나스]: 〈← qarnasi(intricate work)?〉, 〈페르시아어〉, mocarabe, 'honey-comb vaulting', (정교하게 세공한) 벌집 천장, (이슬람 건축물의) 장식용 둥근 보꾹 미2

1847 **mu·ral** [뮤어뤌]: 〈← murus(wall)〉, 〈라틴어〉, '벽(속)의, 벽화, 〈↔canvas(painting)〉 가1

1848 **Mu·ra·ka·mi** [무라카미], Ha·ru·ki: 〈중국어→일본어〉, 상촌〈upper town〉, (윗마을에 사는 자), (1949-), 〈비일본적인〉 작품으로 인기를 끈 전후세대 일본의 작가·번역가, 〈~ a Japanese writer〉 수1

1849 **mur·der** [머어더]: 〈← mori(death)〉, 〈산스크리트어의 '죽음'이란 말에서 유래한 라틴어〉, 살인, (살의가 수반된) 모살, 〈~ homicide\killing〉, 〈↔save〉, (까마귀의) 떼〈flock (of crows)〉 가1

1850 **mure** [뮤어]: 〈← murus(wall)〉, 〈라틴어〉, '벽'으로 둘러싸다, 유폐하다, 〈→ immure〉, 〈~ confine\incarcerate〉, 〈↔face\release〉 양2

1851 **mu·rex** [뮤어뤡스]: 〈← muax(purple fish)〉, 〈그리스어 'sea mussel'에서 유래한〉 소라고둥, 뿔소라, 나팔고둥, '바위우렁', 〈~ rock snail\a carnivorous marine gastropod〉 미2

1852 *****Mur·i·ca** [뮤어뤼커]: 〈19세기 초에 등장한 미국어〉, 국수주의자(fervent patriots)들이 외치는 〈위대한〉 America(미국) 수2

1853 **murk-y** [머얼키]: 〈← mirce(dark)〉, 〈게르만어〉, '어두운', 음산한, 애매한, 〈~ hazy\gloomy〉, 〈↔bright\sunny〉 가1

1854 **mur·mur** [머어머]: 〈라틴어〉, 〈의성어〉, 중얼거림, 속삭임, 불평, 잡음, 〈~ mum\mumble\whisper〉, 〈↔shout\yell\whoop\yelp〉 양1

1855 **mur·mur·a·tion** [머어머뤠이션]: 졸졸거림, 투덜거림, 〈~ utterance\complaining〉, (찌르레기 등의) 떼〈flock of starlings〉 양2

1856 **Mur·phy's law** [머얼휘즈 러어]: muir(sea)+cath(warrior), 〈켈트어〉, 머피〈바다의 용사〉의 법칙, 〈잘못된 전극으로 신체검사를 받은 미 공군 대위 머피의 예와 같이〉 〈잘못될 가능성이 있는 것은 꼭 잘못된다는〉 〈비관적〉 명제, 〈~ if anything can go wrong, it will〉, 〈↔Sally's law〉 수2

1857 **mur·ray-a** [머뤼어]: 〈스웨덴 식물학자 이름(Murray)을 딴〉 마리아, 카레(curry)나무, (열대 아시아와 오스트레일리아 등에 서식하며) 울타리용이나 열매를 향료로 쓰는 감귤류의 관목, orange jessamine 미2

1858 **murre** [머얼]: 〈영국어〉, 〈의성어?〉, 바다오리, razor·bill(뾰족부리), 북반구 한랭지대의 서식하는 커다란 바다쇠오리, 〈~ auk〉 미2

1859 **mu·sal·la** [무살라]: mu+salla(pray), 〈아랍어〉, 〈'기도'를 드리기 위한〉 이슬람 사원 밖의 공터, 〈~ a prayer space apart from a mosque〉 수1

1860 **mus·cat** [머스캩]: 〈← muscus〉, 〈라틴어→프랑스어〉, 〈'musk'(사향) 냄새가 나는〉 뮈스까, 도수가 강한 단맛이 나는 포도주, 〈~ an intensely aromatic fortified wine〉 수2

1861 **mus·cle** [머쓸]: 〈← mus〉, 〈라틴어〉, 〈← mouse〉, 근육, 힘줄, 완력, 진수, '작은 쥐의 동작', 〈→ mussel〉, 〈→ male〉, 〈~ strength\power〉, 〈↔weakness\debility〉, 〈↔bone\blood\nerve〉 양1

1862 **mus·co·va·do** [머스커붸이도 \ 머스커봐이도]: 〈← menoscabar(despise)〉, 〈포르투갈어〉, 조당('조잡한' 설탕), (당밀을 제거한 뒤의 흑설탕), 〈~ un-refined cane sugar\'raw' sugar〉, 〈~(↔)brown sugar는 semi-refined〉 미2

1863 **Muse** [뮤우즈]: 〈← men(think)〈그리스어〉, 뮤즈, 제우스와 기억의 여신 사이에 낳은 딸, 시·음악·학예를 주관하는 여신, 〈→ music〉, 〈~ goddess of arts and sciences〉, ⇒ Parnassus 수1

1864 **muse** [뮤우즈]: 〈그리스 신화의 Muse에서 연유한〉 심취하다, 명상하다, 숙고하다, 생각에 잠기다, 〈→ a·muse〉, 〈~ brood\consider〉, 〈↔disregard\overlook〉 양2

1865 **mu·se·um** [뮤우지엄]: 'Muse의 좌석', 〈그리스어〉, 박물관, 미술관, 기념관, 〈~ gallery〉 가2

1866 **.mu·se·um** [닫 뮤우지엄]: 박물관을 표시하는 전산망 주소의 접미사 미2

1867 **mush·room** [머쉬 루움]: 〈← mussirio ← mouse(moss)〉, 〈라틴어→프랑스어〉, '버섯', 양송이, 갑자기 출세한, 〈환각 유발 물질을 함유하고 있는〉 '마법 버섯', 〈~ fungi\swell〉 가2 양2

1868 **mush-y** [머쉬]: 〈← mash(mixture)〉, 〈게르만어에서 연유한 영국어〉, 죽 같은, 흐물흐물한, 감상적인, 〈~ muesli〉, 〈~ semi-liquid\sentimental〉, 〈↔hard\gritty〉 양1

1869 **mu·sic** [뮤우짘]: 〈← Muse〉, 〈그리스어〉, 음악, 악곡, 음향, 악보, 〈~ harmony\melody〉, 〈↔book\movie〉 가1

1870 **mu·si·cal** [뮤지컬]: 음악의, 소리가 고른, 음악극(영화), 〈~ chiming\euphonious\orchestral〉 가1 미2

1871 ***mu·si·cal chairs** [뮤지컬 췌어스]: ①〈음악이 끝나면〉 의자에 먼저 앉기 놀이, 〈~ Trip to Jerusalem〉 ②이동이 심한 상황, 〈성교 상대를 돌려가며 바꾸는〉 '돌림빵', 〈~ group sex〉 미2

1872 **musk** [머스크]: 〈← mushka(testicle)〉, 〈'불알'이라는 산스크리트어〉, 사향〈노리치근하고 고약하나 '신비하게' 정욕을 자극하기도 하는 냄새〉(가 나는 동식물), 〈~ civet〉 가1

1873 **Musk** [머스크], Elon: (1971-), 사우스 아프리카에서 태어나 캐나다를 거쳐 미국에서 성공한 기업가·테슬라 최고 경영자, 〈씨? \ 불알(testicle)같이 생긴자?〉, 〈~ CEO of Tesla〉 수1

1874 **mus·kel·lunge** [머스컬런쥐]: maazh+kinoozhe, great pike, 〈'대어'라는 원주민어〉, (북미산) 강늉치고기, 길이가 2m에 달하는 창꼬치류의 식용 민물고기 미2

1875 **mus·ket** [머스킽]: 〈← musca(fly)〉, 〈'날파리'란 뜻의 라틴어〉 ①〈모기 모양을 한〉 총강(총알 통로)에 선조(꼬임줄)가 없는 〈구식〉 보병총, 활강총, smooth·bore, carbine, 〈~ 총구에서 불이 뿜어 나온다고 'dragon(dragoon)'이라고도 함〉, 〈~(↔)rifle〉 ②새매의 수컷(male sparrow-hawk) 미1

1876 **musk-mel·on** [머스크 멜론]: 사향참외, cantaloupe·honeydew 등 사향 비슷한 냄새가 나는 참외의 총칭 미2

1877 **musk-ox** [머스크 앜스]: 사향소, (북극지방에 살며) 〈두터운 털과 진한 사향 냄새를 풍기는〉 염소와 비슷한 커다란 소, 〈~ ugly moose (or bison)\a large shaggy-coated bovid mammal of the Arctic〉 미2

1878 **musk-rat** [머스크 랱]: musquash, water rat, musk beaver, 사향뒤쥐, 모피는 부드러우나 악취를 내는 습지에 사는 해리 비슷한 쥐, 〈~ rakali〉 미2

1879 **musk-root** [머스크 루우트]: 〈주로 유럽에서 진통제·환각제로 쓰였던〉 감송(향), ⇒ nard 미1

1880 **musk plant** [머스크 플랜트]: musk flower, musk mallow(사향아욱), 사향물꽈리아제비, 5꽃잎의 사향내가 나는 각색의 조그만 꽃을 피우는 아욱 비슷한 현삼과의 한해살이풀, monkey flower 미2

1881 **musk-wood** [머스크 우드]: 사향목, 열대 아메리카·오스트레일리아산의 향이 좋고 결이 아름다운 적다색의 재목, 〈~ a tropical tree having musky-ordered and straight-grained wood like mahogany〉 미2

1882 **Mus·lim** \ ~lem [머즐림]: 〈← aslama(he submitted)〉, 〈아랍어〉, 무슬림, '복종하는 자', 이슬람교도(의), 6세기경 '하느님의 말씀(Quran)'에 기초해서 아라비아의 예언자 무함마드가 일으킨 종교로 현재 세계 인구의 1/4이 추종하고 있음, 〈~ Islam〉 수1

1883 **mus·lin** [머즐린]: 머슬린, 옥양목, 〈이라크의 지명(Mawsil)에서 유래한〉 부드럽고 올이 느슨해서 속이 거의 다 보이는 면직물, 〈~ a plain weaved cotton\nainsook〉, 〈~(↔)calico보다 섬세함〉 우1

1884 **muss** [머쓰]: 〈1830년에 등장한 미국 속어〉, 〈← mess?〉, 혼란, 난잡, 엉망으로 만들다, 구겨놓다, 〈~ clutter〉, 〈↔tidy\file〉 양2

1885 **mus·sel** [머쓸]: 〈← musculus〉, 〈라틴어〉, ('muscle'이 단단한〉 홍합, 털격판담치, 늪말조개, 〈~ a bivalve mollusk〉 미2

1886 **Mus·so·li·ni** [무쏠리이니], Be·ni·to: 〈이라크 지명(Mawsil)에서 유래한 이탈리아어〉, 무솔리니, (1883-1945), 교사 출신 신문 발행인으로 '국수주의'를 외치며 사회정권을 창립했다가 2차대전 패망 후 비밀경찰에 잡혀 애인과 함께 총살당한 선동에 능했던 이탈리아의 독재자, 〈~ leader of the Italian Fascist Party〉 수1

1887 **must**[1] [머스트]: 〈← moste(had to)〉, 〈게르만어〉, ~해야 한다, ~이 틀림없다, 〈부담이 가는 말〉, 〈~ ought to\need to〉, 〈↔mustn't\shouldn't\may not〉 가2

1888 **must**[2] [머스트]: 〈← mustus(new)〉, 〈라틴어〉, (발효 전의) 포도액, 새 포도주, 곰팡이가 나다, 〈~ mold\mildew〉 양2

1889 **mus·tache** \ mous~ [머스태쉬]: 〈← mastax(jaw)〉, 〈그리스어→이탈리아어·프랑스어〉, 콧(코 밑)수염, 〈윗 입술에 난 털〉, 〈~(↔)beard\goatee\whisker〉 가2

1890 **Mus·tang** [머스탱]: 무스탕 ①1962년부터 출시된 미국의 포드(Ford)사의 소형 자동차〈compact car〉 ②2차대전 시 미공군의 전투기, 〈~ an American long-range, single-seat fighter〉 수1

1891 **mus·tang** [머스탱]: 〈← mesteno(master-less)〉, 〈스페인어〉, '주인 없는 가축', 무스탕, 중·북 미주의 평원에 서식하는 스페인 원산의 작은(반) 야생마, 〈~ a feral horse〉 미2

1892 **mus·tard** [머스터드]: 〈← mustus(must[3])〉, 〈라틴어〉, 〈곰팡내가 나는〉 겨자, (쭈글쭈글한 상추 같은 잎(갓)을 가진 십자화과의 한해·두해살이 약초로 좁쌀만한 씨에서 매콤한 향신 양념을 추출함), 자극, 〈~ a condiment (or relish)〉, 〈~(↔)garlic〉 가2

1893 **mus·tard green** [머스터드 그뤼인]: 갓, ⇒ leaf mustard 미1

1894 **mus·te·lid** [머스터리드]: 〈← mustela(weasel)〉, 〈라틴어〉, (담비·오소리·스컹크 등) 족제비과의 동물, 〈~ ratel\honey badger〉 양2

1895 **mus·ter** [머스터]: 〈← monstrare(show)〉, 〈라틴어〉, 소집, 검열, 점호, '나타내기', (공작새 등의) 떼, 〈~ congregate\roll call〉, 〈↔disperse\dismiss〉 가1 양2

1896 **mu·ta·tion** [뮤우테이션]: 〈← mutare(change)〉, 〈라틴어〉, 변화, 변이, '바꿈', 〈→ molt〉, 〈~ alteration\variation〉, 〈↔stagnation\constancy〉 가1

1897 **mute** [뮤우트]: 〈← mutus(dumb)〉, 〈라틴어〉, 말이 없는, 병어리의, 묵음, 묵비권, 〈~ silence\quiet〉, 〈↔talkative\vocal〉 가1

1898 **mu·ti·late** [뮤우틸레이트]: 〈← mutilare(maim)〉, 〈라틴어〉, 절단하다, 훼손하다, 〈~ mangle\maul〉, 〈↔intact\flourishing〉 가1

1899 **mu·ti·ny** [뮤우티니]: 〈← movere(move)〉, 〈라틴어〉, 〈← move〉, 폭동, 반란, 하극상, 〈~ insurrection\rebellion〉, 〈↔surrender\submission〉 가1

1900 **mutt** [멑]: 〈영국어〉, mongrel, (잡종)개, 똥개, 얼간이 〈← mutten·head(어리석은) '양대가리'〉, 〈~ dingo〉, 〈↔genius\sage〉 양2

1901 **mut·ter** [머터]: 〈의성어〉, 중얼거림, 투덜거림, 〈~ mumble\groan〉, 〈↔speak out\rejoice〉 가1

1902 **mut·ton** [머튼]: 〈← multo(old sheep)〉, 〈켈트어〉, 양고기, '숫양', 〈→ mutt〉, 〈lamb은 young sheep〉 가1

1903 **mut·ton chops** [머튼 촪스]: (양의 갈비 모양의) 위는 좁고 밑으로 퍼진 구레나룻, 〈~(↔)side-burn에 비해 이것은 mostache와 연결되어야 함〉 우1

1904 **mut·ton fish** [머튼 휘쉬]: (맛이 양고기 비슷한) 대서양산의 물퉁돔, 〈~ king (or virgin) snapper〉 우1

1905 **mu·tu·al** [뮤우츄얼]: 〈← mutare(exchange)〉, 〈라틴어〉, 서로의, 공동의, '서로 바꾸는', 〈~ reciprocal\communal〉, 〈↔exclusive\individual〉 가1

1906 **mu·tu·al fund** [뮤우츄얼 훤드]: 상호기금, 회사형 투자신탁, 개방형 투자신탁(다양한 분야에 투자를 알선해주는 투자 자문 회사), 〈~ fund house\open-end fund〉, 〈~(↔)index fund\hedge fund〉 미1

1907 **muu·muu** [무우무우]: 〈하와이어〉, 〈어깻죽지를 '잘라낸(cut off)'〉 화려한 무늬의 헐렁한 하와이풍의 여성 겉옷, 〈~ a Hawaiian loose dress〉 수2

1908 **muz·zle** [머즐]: 〈← morsus(bite)〉, 〈라틴어〉, 주둥이, 부리, 입마개, 총구, 〈~ maw\snout〉, 〈↔expose\unmask〉 양1

1909 **my** [마이]: 〈← min(mine)〉, 〈게르만어→영국어〉, 나의, 아이고, 저런, 〈소중한〉, 〈~ nobody-else's〉, 〈~(↔)our〉, 〈↔your\their〉 가2 양2

1910 **my~ \ my·o~** [마이~ \ 마이오~]: 〈그리스어〉, muscle, 〈근육~〉이란 뜻의 결합사 양1

1911 **my–al·gi·a** [마이알쥐어]: mys(muscle)+algos(pain), 〈그리스어〉, 근육통, 〈↔neuralgia\arthralgia〉 양2

1912 **Myan·mar** [미앤마]: 〈어원 불명의 버마어〉, 〈← min(strong)?〉, '힘이 센 자?', 미얀마, 19859년부터 바뀐 버마의 국명, 1948년 영국으로부터 독립한 동남아 벵골만(Bay of Bengal)에 연한 〈이름만 있고 성이 없는〉 미얀마족과 불교가 다수인 비교적 가난한 나라, {Burmese·Myanmar-Burmese-Kyat-Yangon} 수1

1913 **My·ce·nae** [마이씨이니이]: 〈← mykes(fungus)〉, '버섯이 많은 고장', 미케네, 기원전 1600-1100년경에 번성했던 그리스 남서부(S-W Greece)의 도시국가 수1

1914 **~my·cin** [~마이슨]: 〈← mykes (fungus)〉, 〈그리스어에서 연유한 영국어〉, 균에서 채취한 항생물질(antibiotic)이란 뜻의 결합사 양1

1915 **my·co~** [마이코우~]: 〈← mykes(fungus)〉, 〈그리스어〉, 〈곰팡이~〉란 뜻의 결합사 양1

1916 **my·e·lin(e)** [마이얼린]: 〈← myelos(marrow)〉, 〈그리스어〉, 초, (신경조직의 덮개를 형성하는) 수초, 〈~ protective sheath of a nerve cell〉 양2

1917 **my·e·lo~** [마이얼로우~]: 〈어원 불명의 그리스어〉, 〈← marrow〉, 〈골수·척수~〉라는 뜻의 결합사 양1

1918 **Myeong-seong** [명성], Em·press: bright+accomplishment, 〈중국어→한국어〉, 〈'민(염려하는 자)'씨의 성을 가진〉 Myung Sung 왕후, 민비, 민자영, (1851-1895), 문벌이 없는 가문에서 태어나서 16세 때 한 살 어린 고종과 결혼한 후 시아버지와 권력 투쟁을 하다가 친로 정책으로 인해 일본 정부에 의해 참살당한 풍운의 여걸, 〈~ official wife(망할 놈들 같으니-) of Emperor Go-jong, Joseon〉 수2

1919 **my·na(h)** [마이너]: 〈산스크리트어〉, 〈'낭랑한' 소리로 우는〉 (중국인 '구관'이 일본으로 전파한) 구관조, 사람 목소리를 앵무새보다 더 잘 흉내(mimic) 내는 인도원산의 찌르레기류〈starling〉, 〈~(↔)grackle〉 미2

1920 *****My num·ber Card**: (일본이 2016년부터 많은 예산을 들여 시행하고 있는) 나의 고유번호 신분증, 〈주민등록증·운전면허증·의료보험증 등을 일원화한〉 '인간 번호', 〈~ Japanese individual ID card〉, 〈좀 정내미 떨어지는 말같지 않나요〉 양2

1921 **my·oc·lo·nus** [마이아크뤄너스]: muscle+contraction, 〈그리스어〉, 〈여러가지 원인으로 대부분의 사람이 겪는〉 간대성근경련증, 〈~ muscle spasm\hiccups\hypnic jerk〉 양2

1922 **my·o·pi·a** [마이오우피어]: 〈← myops(short sighted)〉, 〈그리스어〉, (가까운 데는 잘 보아도 먼 데는 잘 못 보는) 근시, 단견, 〈↔hyperopia〉 양2

1923 **myr·i·a~** [미뤼어~]: 〈그리스어〉, ten thousand, 〈1만·무수~〉란 뜻의 결합사 양1

1924 **myr·i·ad** [미뤼어드]: 1만의, 무수한, 막대한, 〈~ multiple\count-less〉, 〈↔smidgen\skerrick〉, 〈↔one\few〉, 〈↔countable\enumerable\suigeneris〉 양2

1925 **myr·tle** [머어틀]: 〈← murd(sprig)〉, 〈페르시아어→그리스어〉, 도금양, 은매화, (관상수·가로수로 쓰이는) 반짝이는 잎에 희거나 분홍색의 〈거품 같은〉 작은 꽃이 피며 암청색의 열매가 달리는 온대·아열대성 관목〈벌거벗고 놀던 아프로디테가 갑자기 대중 앞에 나타나야 했을 때 그 꽃으로 음부를 가려 '행운과 사랑'을 상징한다 함〉, 〈~(↔)bay (or candle) berry〉 미2

1926 **my-self** [마이 쎌후]: 짐, 과인, 소인, 나 자신, 나 스스로, 〈↔your-self\him-self\her-self\them-selves〉 가2

1927 **mys·ter·y** [미스터뤼]: 〈← myein(shut the eyes)〉, 〈그리스어〉, 〈← mystic〉, 신비, 〈솜씨 좋은〉 비결, 요술, 수수께끼, 기적, 추리(괴기)소설, '비밀의 의식', 〈~ puzzle\enigma\thriller\who-dun-it〉, 〈↔blatancy\obviousness〉 양2

1928 **mys·tique** [미스티이크]: 〈그리스어→라틴어→프랑스어〉, 〈← myth〉, 신비감, 불가사의 함, 비법, 〈~ charisma\awe\spell〉, 〈↔simplicity\brightness〉 양2

1929 **myth** [미쓰]: 〈← mythos(legend)〉, 〈그리스어〉, 신화, 전설, 꾸며낸, 근거 없는 (이야기), 〈→ mystic\mystery〉, 〈↔truth\fact〉 양1

1930 *****MZ gen·er·a·tion**: 〈영어→한국어〉, millennials+Z generation, (옛날로 돌아가려는 경향이 있는) 〈한국의〉 1980년 이후에 출생한 '구천년 신세대', 〈~ 2030세대\digital natives〉 미1

1. **N \ n** [엔]: 이집트의 상형문자 snake의 모양과 발음을 딴 영어에서 7번째 정도로 자주 쓰이는 알파벳, N(n)자 모양의 물건, 부정 정수, (직경이) AAA보다 크고 AA보다 적으며 짧은 건전지, nano·nomal·noun·nitrogen·north·neutron·negro 등의 약자 수2

2. **'n** [엔]: and·than의 단축형 미2

3. **N/A** [엔 에이]: not applicable(적용 안 됨), not available(통용 안 됨) 미2

4. **NAACP** (Na·tion·al As·so·ci·a·tion for the Ad·vance·ment of Col·ored Peo·ple): 전미 흑인 지위 향상 협회, 1909년 흑인의 인권 향상을 위해 세워진 전국적 단체이나 근래에 활동이 미미해짐, 〈~ an American civil rights org.〉 미2

5. **naan** [나아안]: 〈'빵'이란 페르시아어〉, nan·bread, (중동·인도·동남아에서 즐겨 먹는) 살짝 구운 크고 납작한 밀가루 음식, 〈~ pita\flat-bread〉 수2

6. **nab** [냅]: 〈← nap(seize)?〉, 〈1686년에 등장한 어원 불명의 영국어〉, 움켜쥐다, 훔치다, (현행범을) 체포하다, 〈~ kidnap\arrest〉 양2

7. **na·bag gim·chi** [나박 김치]: 〈← 나복(lo·bok)〉, 〈중국어+한국어〉, 〈'나박나박' 썰어서 만든 김치〉, sliced radish water kimchi, 무를 얇고 네모지게 썰어 소금에 절인 후 고추·파·마늘 등을 넣고 국물을 부어 담근 김치, pink water radish, 〈'처녀김치'〉, 〈↔chong·gag gimchi〉 수2

8. **Na-bis-co** [너비스코우]: 나비스코, National Biscuit Co. 1898년에 세워져서 이합집산을 거듭하다 현재 Mondelez 회사에 속해 있는 미국의 과자류 제조회사, 〈~ an American manufacturer of cookies and snacks〉 수1

9. **Na·both** [네이바쓰 \ 네이보우쓰]: 〈← nubh(sprout)〉, 〈히브리어〉, '새싹', 나봇, 풍요로운 포도밭(vineyard)을 가졌다가 이스라엘의 아합왕한테 죽임을 당함, 〈~ a citizen of Jezreel〉 수1

10. **na·cho** [나아초우]: 〈그것을 처음 만들었다는 Ignacio의 별명에서 유래한〉 나초, 치즈를 섞은 옥수수튀김 과자(tortolla chips)에 매운 맛남이를 얹어 먹는 멕시코 음식, 〈~ a Tex-Mex culinary dish〉 수2

11. **na·cre** [네이커]: 〈← naqqarah(small kettle-drum)〉, 〈아랍어〉, 〈'솥 북' 모양의〉 진주층, 자개, 나전, ⇒ mother of pearl 미2

12. **na·da** [나아다 \ 나아더]: 〈스페인어〉, nothing, 무, 아무것도 없음 양2

13. **Na·der** [네이더], Ralph: (1934-), 〈← nadir(extra-ordinary)〉, 〈아랍어〉, '특출한 자수가', 네이더, 레바논 이민자의 아들로 태어나 정치 개혁·소비자 보호 운동을 전개하고 군소정당 대통령 후보도 역임한 미국의 변호사 출신 정치가, 〈~ an American political activist〉 수1

14. **na·dir** [네이더]: 〈← nazir〉, 〈아랍어〉, (하늘의) 밑바닥, 천저, 최악의 상황, 〈~ the bottom〉, 〈zenith의 '반대(apposite)'〉 양2

15. **naeng-myeon** [냉면]: 〈중국어→한국어〉, (메밀)국수를 찬 국물에 말거나 양념에 비벼서 먹는 음식, cold noodle, 〈↔on-myeon〉 미2

16. **nae·ro·nam·bul** [내로 남불]: 〈한국어〉, 'my romance-your adultery, 내가 하면 로맨스나 남이 하면 불륜, 내게는 관대하게 하고 남에게는 엄격한 이중잣대, (특권층의) 위선적 관행, double standard 미2

17. **NAFTA** [내후터] (North A·mer·i·can Free Trade A·gree·ment): 북미 자유 무역 협정, 1994년 클린턴 행정부 때 미국·캐나다·멕시코 간의 관세 철폐를 주제로 맺은 조약으로 트럼프 대통령이 증오했었음, 〈~ an agreement among US·Canada·Mexico〉 미2

18. **nag** [내그]: 〈북구어〉, 〈의성어〉, 잔소리(꾼), 바가지 긁기, 괴롭히기, 늙은 말(hack), 낡은 자동차(jallopy), 〈~ gnaw\harass〉 양2

19. **na·ga·i·mo** [나가이모]: 〈구세대는 [나가이모]로 발음함〉 〈일본어〉, long yam, 장저〈긴 고구마〉, Chinese yam, cinnamon vine, 마, 〈코같이 끈적끈적한 무미의 과육을 가진〉 야생종 고구마 미2

20. **Na·ga·sa·ki** [나가사키]: 〈일본어〉, long cape, 장기〈긴 곶〉, 1568년 최초로 서양에 개항했고 1945년 8월 9일 미국의 원폭(atomic bombing)으로 8만여 사상자를 낸 일본 규슈 서안의 항구도시, 〈~ a city in Japanese Kyushu〉, ⇒ Hiroshima 수1

21. **Na·go·ya** [나고야]: 〈일본어〉, famous old house, '유명한 오래된 집', 명고옥, 한때 오와리 대묘의 근거지였던 일본 혼슈 동해의 산업도시·무역성, 〈~ a city in central Honshu〉 수1

22. ***nag-ware** [내그 웨어]: '찐득이 기기', 사용자 등록이 될 때(돈을 낼 때)까지 매회 경고를 발하는 할당기기(share·ware), 〈~ beg (or annoy)-ware〉 우1

23. **nah** [나아]: 〈게르만어〉, = no, 아니, 〈~ naw〉, 〈~(↔)eh〉, 〈↔shizzle\yas\huh〉 양2

24 **Na·hum** [네이험]: ⟨← nakhum(consolator)⟩, ⟨히브리어⟩, '위안자', 나훔, 기원전 7세기경의 헤브라이의 예언자, 아시리아의 멸망을 예언한 (구약성서의) 나훔서, ⟨~ the poet laureate among the Minor Prophets⟩ 수1

25 **nai·ad** [네이애드 \ 나이애드]: ⟨← naein(flow)⟩, ⟨그리스어⟩, 여자 수영 선수, N~; 강(흐르는 물)의 요정, ⟨~ a nymph of fresh-water bodies⟩ 미2 수1

26 **nail** [네일]: ⟨← nagel(spike)⟩, ⟨게르만어⟩, ⟨고정시키는 것⟩, ⟨여자 및 하급 동물들이 공격용 무기로 사용하는⟩ 손(발)톱, 못, 고정하다, ⟨~ panel pin\claw\talon⟩, ⟨~ fasten\affix⟩ 가1

27 **nail clip·pers** [네일 클리퍼스]: 손(발)톱깎이 가2

28 **nail pol·ish** (var·nish) [네일 팔리쉬 (봐아니쉬)]: 손톱·발톱 광(윤) 내기, 손·발톱 손질 미2

29 **nain·sook** [네인숙]: ⟨← nainsukh(eye's delight)⟩, ⟨힌디어⟩, '경이로운 직물', 인도 원산의 부드럽고 촘촘한 무명으로 여성용 내의나 아동복용으로 쓰임, ⟨~ a soft light-weight muslin⟩ 수2

30 **Nai·ro·bi** [나이로우비]: ⟨원주민어⟩, cool water, '찬물의 강', 나이로비, 동아프리카 케냐의 수도·상업·교통도시로 근처 국립(동물)공원의 관문임, ⟨~ Capital of Kenya⟩ 수1

31 **na·ive** [나이브]: ⟨← nativus(in-born)⟩, ⟨라틴어⟩, ⟨← native⟩, ⟨자연스럽게⟩ 천진난만한, 순수한, 경험이 없는, ⟨~ natural⟩, ⟨~ simple\innocent⟩, ⟨↔artful\wily⟩ 양2

32 **na·ive·te** [나아이브테이]: ⟨← naive⟩, ⟨프랑스어⟩, 소박함, 순진한 말 (행동), 단순함, ⟨~ ingenous-ness\child-like-ness⟩, ⟨↔sophistication\acumen⟩ 양2

33 **Nak-dong** [낙동], River: ⟨낙양(상주)의 동쪽을 흐르는 강⟩, ⟨중국어→한국어⟩, (한국전쟁 때 마지노 역할을 했던) 한국 동남부(S-E Korea)에 있는 ⟨유역이 넓은⟩ 510km 짜리 강 수2

34 **na·ked** [네이키드]: ⟨← nacod(bare)⟩, ⟨게르만어⟩, '벌거벗은', 드러난, 무담보의, ⟨~ nude⟩ 가1

35 **na·ked bike** [네이키드 바이크]: '간편한 오토바이', ⇒ roadster 우1

36 **na·ked eye** [네이키드 아이]: (아무 보조 장치가 없는) 육안 가2

37 **na·ked flow·er** [네이키드 플라워]: naked lady, meadow saffron, 나화, 무엽화, 봄에 잎이 나오기 전 피는 꽃, 특히 부활절 때 피는 '봄나리'를 지칭함, ⟨~ colchicum⟩ 미1

38 **na·ked ot·ter** [네이키드 아터]: '벌거벗은 수달', 추잡하게 생긴 남성 동성연애자, ⟨~ a slim, hairy gay-man⟩ 양2

39 **nak-ji** [낙지]: ⟨'낙제(얽힌 발)'이란 중국어에서 연유한 한국어⟩, (전세계에 분포하며) 8개의 발에 70cm 정도의 몸길이를 가진 작은 문어(small octopus), ⟨발이 10개인 오징어(squid)하고는 다른 종류임⟩ 수2

40 **~nal** [~널]: ⟨그리스어⟩, ~al, belonging to, ⟨~의 (성질·상태·결과)⟩를 나타내는 접미사 양1

41 **nal·la·ri** [날라리]: ⟨한국어⟩ ①⟨의성어⟩, 태평소(피리의 일종) ②⟨← 날다(fly)⟩, 인생을 '날림'으로 사는 자, 어설프고 들떠서 미덥지 못한 사람, 건달, 낚시의 찌고리, ⟨~ delinquent\punk⟩, ⟨↔nerd\sage⟩ 양2

42 **na·mas·te** \ **na·mas·kar** [나머스테이 \ 너머스칼]: namas(bowing)+te(to you), ⟨유대의 salaam에 해당하는⟩ (힌두교도들이) 합장하면서 머리를 약간 숙이는 인사, '복종합니다', ⟨~ salute\greeting⟩, ⟨~ au revoir\an-nyeong⟩ 수1

43 **nam·by-pam·by** [냄비 팸비]: ⟨영국어⟩, ⟨어린이 같은 시를 쓴 Ambrose Philip를 조롱하는 말에서 연유한⟩ 좀스러운, 연약한, 감상적인, ⟨~ molly-coddle\milque-toast⟩ 양2

44 **name** [네임]: ⟨← onoma⟩, ⟨그리스어→라틴어→게르만어⟩, ⟨← nama⟩, '이름', 성명, 명성, 명칭, 명명하다, ~s; 악명, 욕, ⟨→ nominal\noun⟩, ⟨~ title\call\(bad) reputation⟩ 양1

45 ***.name** [닽 네임]: 전산망 주소가 개인에 속한다는 접속어, ⟨~ an individual domain⟩ 미2

46 ***name and na·ture do of·ten a·gree**: 이름이 밥 먹여준다, 보기 좋은 떡이 먹기도 좋다, ⟨~ what looks good also tastes good⟩ PG15

47 **name brand** [네임 브랜드]: 유명⟨famous⟩ 상표(의) 양2

48 ***name call·ing** [네임 커얼링]: 욕설(퍼붓기), 매도, 비난, ⟨~ calumny\derogating⟩ 양2

49 ***name drop·ping** [네임 드뢉핑]: '이름 점적(떨이)', 유명 인사를 친구인 양 떠벌리고 다니는 일, ⟨~ social climber\status seeker⟩ 우1

50 **name-ly** [네임리]: 즉, 다시 말하면, ⟨~ i.e.\specifically⟩ 가2

51 **name-plate** [네임 플레이트]: 명찰, 명판, 표찰 양1

52 **name-sake** [네임 쎄이크]: 이름이 같은, 동명의, 〈~ same name〉, 〈~(↔)eponym〉 양1

53 ***names are debts** [네임즈 아알 뎁츠]: 〈편자가 '사람은 죽어서 이름을 남기고 호랑이는 죽어서 가죽을 남긴다'를 어떻게 번역할까 하고 전산망 검색을 하다 어렵게 찾아낸 말〉, 이름은 빚이다(사람은 자기 이름에 책임을 져야 한다; 맞습니까?), 〈서양 사람들은 '이 몸이 죽고 죽어 백골이 진토되더라도 내 이름에 ×칠은 안 하리다'란 말을 잘 이해하지 못할 겁니다〉, 〈~ something owed to the world〉 양2

54 ***name ser·ver** [네임 써어붜]: '이름 도우미', 다른 전산기를 위해 이름을 전산망 규약에 따라 바꿔주는 기기, 〈~ translating domain names into IP addresses\domain (or address) server〉 우1

55 ***name-space** [네임 스페이스]: name scope, 명칭 공간, 같은 이름의 세부 항목을 위해 여분으로 남겨놓는 공간, 〈~ an abstract container to hold group of names〉 우1

56 **name tag** [네임 태그]: 명찰, 가2

57 **Na·mib·i·a** [너미비어]: 〈← namib(vast place)〉, 〈원주민어〉, '광대한 사막', 나미비아, 1990년 남아공화국으로부터 독립한 '남서 아프리카'(S-W Africa) 대서양 연안의 대부분 사막으로 된 나라, {Namibian-Eng-(NA) Dollar-Windhoek} 수1

58 **Nam·i Is-land** [남이 아일런드]: 〈중국어→한국어〉, 남이섬, (조선 초기 역모로 몰려 처형당한 남이 장군의 돌무덤이 있었다는) 북한강 상의 조그만 섬으로 근래 외국 관광객이 제일 많이 찾는 곳이라 함, 〈가상 공화국 Naminara가 있는 유원지〉, 〈~ a river island in N-E Seoul〉 수2

59 ***NAND** [낸드]: not AND, 부정 논리곱, 양쪽이 참(1)인 경우에만 거짓(0)이 되며 다른 모든 조합은 참(1)이 되는 논리연산, 〈~ yielding a high out-put only when its input is low〉 미1

60 **Nan·do's** [난도스]: 〈설립자 Fernando의 애칭을 따서〉 1987년 남아공에서 창립된 닭고기 중심의 〈세계적〉 간이 음식점, 〈~ a South African fast casual chain specializing Peri-Peri style chicken〉 수2

61 **Nan-jing** \ Nan-ching \ Nan-king [난징 \ 난칭 \ 난킹]: 〈중국어〉, '남쪽 서울', 남경, 가끔 수도였고 1937년 일본이 30만 명을 학살했던 중국 중동부(mid-eastern China) 양자강 유역의 산업·교통·행정도시 수1

62 **nan·ny** [내니]: 〈← Anna?〉, 〈다양한 어원을 가진 영국어〉, 유모(wet·nurse), 늙은 하녀, 할머니, 암염소, 〈~ granny\she-goat〉 양2

63 **nan·ny-ber·ry** [내니 베뤼]: 〈nanny-goat가 좋아하는〉 goat berry, ⇒ '미국 가막살나무', sheep·berry 우1

64 **nan·(n)o** [내너 \ 네이너]: 〈그리스어〉, dwarf, '난쟁이', n, 10의 -9승, 10억분의 1, 미소(한), 분자 반도체, 〈~ tiny\micro〉 미2

65 **nan·o a-part–ment** [내너 어파트먼트]: 나노 아파트, (홍콩에서 유행하는) 〈보통 면적이 20m² 이내의〉 최소 단위 주택, 〈미국에서는 studio·한국에서는 'one room'이라 함〉 미2

66 **nan·o–plas·tic** [내너 플래스틱]: (환경오염의 주범으로 떠오르고 있는) 미세 합성수지, 〈micro-plastic보다 더 작은〉 합성수지 입자 미2

67 **nan·o–tech·nol·o·gy** [네이너 테크날러쥐]: (반도체 등) 미세 가공 기술, 〈~ nano-science (or engineering)〉 미2

68 **Nan-sen** [낸슨], Frid·tjof: son of Nancy, 〈스웨덴계 이름〉, '자비로운 자의 아들', 난센, (1861-1930), 노르웨이의 생물학 교수, 북극탐험가, 스웨덴으로부터 독립하는 데 큰 역할을 한 정치가, 노벨평화상을 받은 국제연맹의 고등판무관, 〈~ a Norwegian Arctic explorer〉 수1

69 **Nantes** [낸츠]: 〈← nant(river)\nanto(valley)?〉, 〈어원 불명의 갈리아 부족 이름(Namnetes)에서 연유한〉 낭트, 〈1598년 왕이 신교를 공식 인정한〉 프랑스 서부 Loire(르와르) 강 입구의 문화·항구 도시, 〈~ a city in western France〉 수1

70 ***NAP** [냎] (net-work ac-cess point): 통신망 접근점, 인터넷 업자가 상호 통화를 위해 기간 전산망에 연결해 주는 장치, MAE(metropolitan area exchange)와 같은 개념, 〈~ a device that connects wire-less devices to a wired network〉 미2

71 **nap¹** [냎]: 〈← hnappian(slumber)〉, 〈어원 불명의 게르만어〉, 곁잠, 낮잠, 졸기, 〈~ siesta\cat sleep\snooze〉 가2

72 ***nap²** [냎]: not a problem의 채팅 용어, 문제없어-, 〈한국에서는 '넵'으로 써서 'yes sir'란 뜻을 추가시켜 사용함〉 미2

73 **Nap·a** [내퍼 \ 나파]: 〈어원 불명이 원주민어〉, '고향(mother-land)?', 나파, 포도주 산지로 유명한 미국 캘리포니아주의 중서부에 있는 도시, 〈~ wine country in mid-western California〉 수1

74 **nap·a cab·bage** [나파 캐비쥐]: 〈일본어+프랑스어〉, 잎배추 〈napa는 일본어로 잎(leaf)이라는 뜻〉, '한국배추', (대)백채, ⇒ Chinese cabbage 양2

75 **nape** [네이프 \ 냎]: 〈← hanap(goblet)?〉, 〈어원 불명의 영국어〉, 목덜미, 위 뒷목(목 뒤의 위쪽), 〈~ back of the neck〉 양2

76 **na·per·y** [네이퍼뤼]: 〈← mappa(napkin)〉, 〈라틴어〉, 식탁보, 〈~ table cloth(linen)〉, 〈↔bed spread〉 가1

77 **naph·tha·lene \ ~line** [내후썰리인]: 〈← neft(petroleum)〉, 〈'석유'라는 아랍어에서 연유한 영국어〉, 나프탈렌, 석유에서 추출한 방부제·살충제, 〈~ main ingredient of moth-balls〉 수2

78 **nap·kin** [냎킨]: 〈← mappa(cloth)〉, 〈라틴어→프랑스어→영국어〉, '식탁용 수건', 손수건, (헝겊이나 종이로 된) 작은 수건, sanitary napkin(생리대)〈영국에서는 식당에서 napkin을 달라 하면 절대 안 됨〉, 〈→ nappy〉, 〈~ apron〉 양2

79 **Na·ples \ Na·po·li** [네이플즈 \ 나폴리]: 〈← Neapolis〉, 〈그리스어〉, new city, '신도시', 기원전 600년경 그리스인들이 세운 이탈리아 남부(S-W Italy)의 경치 좋은 산업·항구도시 수1

80 **nap·py** [내피]: 〈영국어〉, 〈← napkin〉, '보풀'로 덮친, 〈일부 흑인의 머리털같이〉 곱슬거리는, 기저귀 양1

81 **Na·po·le·on I** [너포울리언], Bo·na·parte: 〈← Nevoleone〉, 〈어원 불명의 이탈리아어〉, 나폴레옹, (1769-1821), 〈'lion of Napoli'는 민속어원〉, 〈꼬마하사관(little sergeant)〉, 적의 약점을 찌르는 군사적 천재로 스스로 왕관을 썼다가 자기 약점을 못 본 자만심과 여러 사람을 배신한 탓으로 몰락한 프랑스의 황제 수1

82 **Na·po·le·on III** [너포리언], Louis Bo·na·parte: (1808-1873), 나폴레옹 1세의 동생의 아들(nephew)로 태어나 2차 혁명 후 대통령에 당선되었다가 황제로 탈바꿈하여 유화정책을 쓰다가 프러시아의 비스마르크에게 패해 영국으로 귀양 갔다 죽음 수1

83 **Na·po·le·on Code** [너포울리언 코우드]: 나폴레옹 법전, 나폴레옹 1세가 서명하여 1804년 3월 21일부터 발효한 (옛 법을 폐기하고 새로운 모든 법은 성문화될 것과 재판관이 법의 미비로 재판을 회피하는 것을 금하며 가부장의 권리와 국민교육의 의무 등을 제정한) 〈현대적·과학적〉 프랑스 민사법, 〈~ the civil code of France〉 수2

84 **Na·po·le·on com·plex** [너포울리언 캄플렉스]: (왜소한 체구에 대한 반작용으로 오는) 과도한 성취·정복욕, 〈~ short-man syndrome〉 수2

85 **Nap-ster** [냎스터]: 〈곱슬머리(nappy hair)를 가졌던 창업자의 별명을 딴〉 냎스터, 1999년에 창립되어 개인 간 MP3 음반의 녹음을 허용하다 저작권 파동으로 인한 파산으로 2011년 Rhapsody사에 병합된 미국의 전산망 봉사업체, 〈~ an American P2P file sharing app〉 수1

86 **na·pu** [나아푸우]: 〈말레이어〉, deer-let, 궁노루, 말레이아기사슴, 거대한 쥐사슴(쥐 모양을 한 작은 사슴), 〈~ greater mouse-deer〉 미2

87 **NARA** [나라] (Na·tion·al Ar·chives and Re·cords Ad·mi·ni·str·a·tion): 나라, (미) 국립 기록·자료 보관소, 1934년에 창립되어 1774년부터 내려온 미국의 역사적 기록물을 보관하고 있는 수도에 위치한 연방정부 직속의 관청, 〈~ an agency of US federal government〉 미1

88 **narc \ nar·co** [나알크 \ 나알코우]: 〈← narke(stupor)〉, 〈그리스어〉, 〈혼미·마취〉란 뜻의 결합사 양1

89 **nar·cis·sism** [나알씨씨즘]: 〈← narke(stupor)〉, 〈그리스어〉, 자기'도취'증, 자기중심주의, 〈~ self-love \ egotism〉 양2

90 **Nar·cis·sus** [나알씨써스]: 〈← narke(stupor)〉, '자신에 도취된 자' ① 나르키소스, 물에 비친 자기 모습을 연모하다 빠져 죽어 수선화가 된 미소년, 〈~ an impossibly handsome boy〉 ②n~; 나르시스, 수선화, daffodil, 기다란 줄기에서 향긋한 희거나 노란 5~6개의 꽃잎이 피는 온대성 습지식물, 〈~ jonquil〉 수1 미2

91 **nar·co·lep·sy** [나알컬렢씨]: 〈그리스어〉, 기면 '발작', 발작성 수면, 졸음병(아무 때나 잠이 쏟아지는 유전성이 강한 병), 〈~ idiopathic (or paroxysmal) hypersomnia〉 미2

92 **nar·cot·ic** [나알카틱]: 〈← narke(stupor)〉, 〈그리스어〉, 마취성(의), 최면약, 마약, 〈~ anesthetic \ analgesic \ hypnotic〉 양1

93 **nard** [나알드]: 〈산스크리트어〉, musk·root, 감송(향), 〈가시 줄기를 가지고〉 히말라야산에 서식하는 향이 진한 약초(진통제·연고의 원료로 쓰였음), more grass 미2

94 **nar·es** [네어뤼이즈]: 〈라틴어〉, 콧구멍, 비공, nostril 양2

95 **nark(c)** [나알크]: ⟨← nak(nose)?⟩, ⟨1859년에 등장한 영국 속어⟩, 밀고자, 경찰 앞잡이(ㄲ나풀), nark it!(집어치워!), ⟨~ rat\spy\fink⟩, ⟨↔ally⟩ 양2

96 **nar·rate** [내뤠이트]: ⟨← narrare(relate)⟩, ⟨라틴어⟩, ⟨아는 것을⟩ 말하다, 서술하다, 해설하다, ⟨~ tell\describe⟩ 가1

97 ***nar·ra·tive e·con·o·my** [네뤄티브 이카너미]: 서술경제, ⟨2019년 노벨 경제학상 수상자가 쓴 책에서 연유한⟩ (수치보다 대중이 믿는 이야기가 현실이 된다는) '입소문' 경제이론, ⟨~ economy is influenced by stories⟩ 양2

98 **nar·row** [내로우]: ⟨← nearu(little breadth)⟩, ⟨게르만어⟩, 폭이 '좁은', 옹색한, 부족한, 정밀한, ⟨~ tapered\limited\precise⟩, ⟨↔wide⟩ 양1

99 ***nar·row gath·er·ed, wide·ly spent**: 개같이 벌어서 정승같이 쓴다, ⟨~ work like a dog, live like a king⟩ 양2

100 **Na·ru·hi·to** [나루히토]: virtue+compassion, ⟨중국어→일본어⟩, ⟨인자한 덕을 가진⟩ 덕인, (1960-), 2019년 5월 1일 승계한 일본의 126대 왕, 연호는 Reiwa (영화), ⟨~ 126th monarch of Japan⟩ 수1

101 **nar·w(h)al** \ nar·whale [나알월 \ 나알웨일]: nar(corpse)+hvair(whale)⟨북구어⟩, ⟨시체같이 창백한 피부를 가진⟩ 일각고래, 수컷이 뾰족하고 기다란 어금니를 내밀고 다니는 북극 바다의 중치고래, ⟨~ 'single tooth-single horn'\the unicorn of the sea⟩ 미2

102 **nar·y** [네어뤼]: ⟨영어⟩, 하나도 (조금도) 없는, ⟨'never'의 축소형⟩ 양2

103 **NASA** [내서 \ 나사] (Na·tion·al Aer·o·naut·ics and Space Ad·mi·ni·str·a·tion): ⟨미⟩ 항공 우주국, ⟨소련의 인공위성 개발로 겁먹은 아이젠하워 대통령이⟩ 1958년 서명하여 설치된 수도에 본부를 둔 우주개발을 위한 미국 행정부의 독립기관, ⟨~ an independent agency of US federal government⟩ 미2

104 **na·sal** [네이즐]: ⟨← nasus⟩, ⟨라틴어⟩, 코(nose)의, 비음의 가1

105 **na·sal hair** [네이즐 헤어]: 코 안 수염, 비강모, (나이가 들면 자라는 속도가 빨라지는) 콧구멍 안에 나는 털, '콧털', ⟨~nose beard⟩ 양2

106 **NASCAR** [내스컬] (Na·tion-al As·so·ci·a·tion for Stock Car Au·to Rac·ing): 내스카, ⟨미⟩ 전국(개조) 자동차 경기연맹, 1948년에 설립된 가족경영의 미국의 '재고품' 자동차 경기 흥행회사, ⇒ auto race 미2

107 **nas·cent** [내슨트]: ⟨← nasci(to be born)⟩, ⟨라틴어⟩, '태어나려는', 발생하려고 하는, 초기의, 기원하는, ⟨~ embryonic\budding⟩ 양2

108 **NASDAQ** [내즈댁] (Na·tion–al As·so·ci·a·tion of Se·cu·ri·ties Deal·ers Au·to·ma·ted Quo·ta·tions): 나스닥, 미 증권업 협회 자동정보 제공제도, 거래장소에서 고객에게 증권거래 시세를 알려주는 전산기 정보체제(회사명), ⟨~ American (or New York) Stock Exchange⟩ 미2

109 **nase-ber·ry** [네이즈 베뤼]: ⟨← mespilus(medlar)⟩, ⟨라틴어에서 유래한 스페인어⟩, ⟨← nispero(chicle)⟩, 중남아메리카산 상록관목인 사포딜라의 땅콩만 한 열매로 씹는 껌 등의 향료로 쓰임, sapodilla, (~ loquat) 우1

110 **Nash** [내쉬], John: by the ash tree, '물푸레나무 숲에 사는 자', 내시, (1928-2015), 젊어서 경기이론을 내세웠으나 오랫동안 정신병에 시달리다가 1994년 노벨 경제학상을 받고 자동차 사고로 사망한 미국의 수학자·경제학자, ⟨~ an American mathematician⟩ 수1

111 **Nash-ville** [내쉬빌]: ⟨미 독립전쟁 영웅 Francis Nash의 이름을 딴⟩ 내슈빌, ⟨남부의 아테네⟩, ⟨음악의 도시⟩, 남북전쟁의 격전지이며 컨트리음악의 중심지인 미국 중남부 테네시의 주도(Capital of Tennessee) 수1

112 **na·sion** [네이자안]: ⟨← nasus⟩, ⟨라틴어⟩, 코 뿌리(점), 비근(점), 미간과 콧등 사이의 우묵한 곳, ⟨~ depreased area between the eyes⟩ 양2

113 **Nas·ser** [나아썰], Ga·mal: ⟨아랍어⟩, winner, '승리자', 나세르, (1918-1970), 1952년 쿠데타로 왕정을 종식시키고 갑자기 사망할 때까지 미·소와 줄다리기를 하면서 이집트를 통치했던 군인·정치가, ⟨~ an Egyptian military officer and politician⟩ 수1

114 **nas·tur·tium** [내스터얼섬]: nasus(nose)+torquere(twist), ⟨라틴어에서 유래한 영국어⟩, '코비틀기 꽃', 한련, 금련화, 건조한 땅에서 잘 자라며 적황색의 5꽃잎을 피우는 한련과의 일년초로 잎과 열매에서 겨자같이 톡 쏘는 향기가 남, ⟨~ Indian cress⟩ 미2

115 **nas·ty** [내스티]: ⟨← nestig(dirty)⟩, ⟨네덜란드어→영국어⟩, 불쾌한, 싫은, '더러운', 역한, 추잡한, ⟨~ hateful\disgusting⟩, ⟨↔kind\pleasant⟩ 양1

116 ***nas·ty-nice** [내스티 나이스]: 은근무례한, 겉으로만 친절한, ⟨~ phony(condescending) nice⟩ 양2

117 **na·tal** [네이틀]: ⟨← natus ← nasci(to be born)⟩, ⟨라틴어⟩, '출생'(출산·분만)의, 타고난, ⟨~ indigenous\inherent⟩ 양1

118 **Na·than** [네이썬]: ⟨히브리어⟩, gift of God, '신이 주신 자' ①네이선(남자 이름), ⟨~ a Hebrew masculine name⟩ ②나단(다윗왕을 질책한 예언자), ⟨~ a Hebrew prophet⟩ 수1

119 **Na·than·a·el** [너쌔니얼]: ⟨← Nathan(신이 주신 자)⟩ ①너새니얼(남자 이름) ②나다니엘(갈릴리 출신의 예수 제자), ⟨~ Bartholomew⟩ 수1

120 **na·tion** [네이션]: ⟨← natus ← nasci(to be born)⟩, ⟨라틴어⟩, 국민, 국가, ⟨합법적으로 살인을 할 수 있는 유일한 기관⟩, 민족, 종족, '태어난 곳', ⟨~ nature⟩, ⟨~ country\state\land⟩ 양1

121 **na·tion·al an·them** [내셔널 앤썸]: 국가, 애국가(Ae-guk-ga), 영국에서는 1745년경부터 내려오던 음악에 1825년에 'God save the king'이란 가사를 붙인 것을 미국에서는 1773년부터 내려오던 음악에 1814년 (Star Spangled Banner)란 가사를 붙인 것을 1931년 공인한 것을 씀 가2

122 **Na·tion·al As·sem·bly** [내셔널 어쎔블리]: (약 253명의 다수 대표와 47명의 비례 대표로 구성된 임기 4년의) 대한민국⟨Korean⟩ 국회 미2

123 **na·tion·al char·ac·ter** [내셔널 캐릭터]: ①국민성(~ common personality traits) ②($·£·¥등) 국가 고유부호, ⟨~ national symbol⟩ 가1

124 **Na·tion·al For·est** [내셔널 훠뤠스트]: (미) 국유림('나라산'), 1891년 법령으로 정해진 769,000km²에 달하는 155개의 연방정부 농림부(Dept of Agriculture) 관할의 보호림, ⟨~ protected and managed federal woodland⟩ 미2

125 **Na·tion·al Ge·og·ra·phic So·cie·ty**: (미) 지질학 협회, 1888년 수도에 본부를 두고 비영리 교육단체로 출발하여 동명의 잡지를 발간하여 인기를 끌고 2015년 21st Century Fox사의 케이블 TV와 제휴해서 영리단체로 탈바꿈하고 있는 미국의 (자연)과학단체, ⟨~ a charitable organization⟩ 미2

126 **Na·tion·al Guard** [내셔널 가아드]: 연방 방위군, (미) 국민 방위군, '주' 방위군, 1933년부터 틀이 잡힌 평시에는 주지사·전시에는 연방군에 편입되는 1백4십만의 병력을 가진 미 육·공군의 ⟨예비⟩ 민병 조직, ⟨총사령관의 임명권이 대통령에 있고 주로 연방 정부 예산으로 운영되므로 실제로는 주시자보다 대통령이 입김이 더 셈⟩, ⟨~ reserved army (or militia)⟩ 미2

127 **na·tion·al·ism** [내셔널리즘]: 국가주의, 국수주의, 민족주의, ⟨~ patriotism\jingoism⟩, ⟨~ anti (or inter)-nationalism⟩ 가1 미2

128 **na·tion·al·i·ty** [내셔낼리티]: 국적, 국민, 민족, ⟨~ allegiance\ethnicity⟩ 가1

129 **na·tion·al·i·za·tion** [내셔널라이제이션]: 전국화, 국유화, 귀화, ⟨~ communization⟩, ⟨↔privatization⟩ 양1

130 **Na·tion·al Lake-shores and Sea-shores**: (미) 국립 호안 및 해안 보호지역(미국 국회가 1937년부터 지정하기 시작한 내무부⟨Dept of Interior⟩ 관할의 10개의 해안과 4개의 호안) 미2

131 **Na·tion·al League** [내셔널 리그]: (미) 전국 야구연맹, '선배조합', 1876년 (American League보다 25년 먼저) 창립된 미국의 2대 직업 야구⟨base-ball⟩ 단체 연합회 미2

132 **Na·tion·al Mon·u·ment** [내셔널 마뉴먼트]: (미) 국정 기념물(1906년부터 대통령이 지정한 124개의 미국 내의 명승지·역사유적·천연기념물), ⟨~ structure or land-mark of historic interest⟩ 미2

133 **Na·tion·al Mot-to** [내셔널 마토우]: (미) 국가 표어, 1956년에 공식화된 「In God We Trust」('하나님 안에서 서로 믿음'), ⟨~ Korean; Hong Ik In Gan(Devotion to the Welfare of Humanity)⟩ 미2

134 **Na·tion·al Park** [내셔널 파아크]: (미) 국립공원(1872년부터 시작해서 1916년 법으로 정해진 미국 국회가 정하고 내무부⟨Dept of Interior⟩가 관장하는 63개의 명승지·자연보호지역) 미2

135 **Na·tion·al Ri·fle As·so·ci·a·tion** [내셔널 롸이플 어쏘우쉬에이션] \ NRA: 전미 총기 협회, 1871년에 창립되어 5백5십만 회원을 자랑하는 미국 시민의 총기 소유를 옹호하는 ⟨정치⟩ 단체, ⟨~ an American civil rights advocacy group⟩ 양2

136 **na·tion·al sym·bol** [내셔널 씸벌]: 국가의 표상, (국기·문장·돈·국가 등) 한 국가를 상징하는 유형·무형의 품목, ⟨~ national character²⟩ 가1

137 **na·tive** [네이티브]: ⟨← nasci(to be born)⟩, ⟨라틴어⟩, '태어난 그대로의', 출생의, 본국의, 토산의, 토착의, 원주민의, 기본적, 바꿀 수 없는, 타고난, 선천적인, ⟨→ naive\nation⟩, ⟨~ autochthonous\indigenous⟩, ⟨↔acquired\immigrant⟩ 양1

138 *na·tive ad·ver·tis–ing [네이티브 애드붜타이징]: 자연(천연)스러운 광고, 영상물의 기조 장비에 어울리는(blending) 상품을 사용해서 판매를 촉진시키는 일, 〈야한 말로는 spon·con이라고도 함〉 미2

139 na·tive cat [네이티브 캩]: quoll, 주머니(유대)고양이, '토산고양이'(오스트레일리아 지방 원산의 쥐같이 생긴 야생고양이로 미숙한 새끼를 젖에 붙어있는 유낭에서 기르고 있음), 〈~ a medium-sized carnivorous marsupial〉 미2

140 *na·tive file for·mat: 고유 서류철 형식, (서류나 도표를 보존하는) 응용프로그램 위에 군림하는 서류철 형식, (서류철을 조작·편집할 때도 지워지지 않는) 기본 서류철 형식, 〈~ a default soft-ware program to create, save or open a file〉 미2

141 *na·tive meth·od [네이티브 메써드]: '고유 방법', '고정 방식'(사용하고 있는 전산기의 기계언어로 편찬된 차림표), 우선 Java class로 declare(진술)하고 다른 program language(차림표 언어)로 implement(수행)하는 일, 〈~ normal(common) method〉 미2

142 Na·tiv-ism [네이트뷔즘]: ①원주민 보호주의 ②이민 배척주의 ③토착문화주의〈신토불이〉, 〈~ nationalism〉 ④선천론, (정신적 역량은 경험에 의해 쌓인 것이 아니라 선천적으로 타고난 재량에서 발달하는 것이라는) 생득주의〈Innativism〉, 〈↔multi (or cross)-culturalism\acquired theory〉 미2

143 na·tiv-i·ty [네이티뷔티]: 출생(birth), (예수·성모의) 탄생, 팔자(destiny), (탄생시의) 천궁 〈horoscope〉 양1

144 NATO [네이토우] (North At·lan·tic Trea·ty Or·ga·ni·za·tion): 나토, 북대서양 조약기구, 1949년 공산세력의 팽창을 막기 위해 미국이 주도해서 창립한 북미·서유럽 국가들의 국제적 군사동맹으로 각국의 군사적 위협에 공동으로 대처하자는 취지로 28개국이 참여하고 있음, 〈~ a political and military alliance of N. America and some European countries〉 미2

145 na·tri·um [네이트뤼엄]: 〈← natrun〉, 〈아랍어〉, 〈고대 이집트에서 시체 보존용으로 썼던〉 나트륨, sodium의 구칭, 금속원소(기호 Na·번호11), ⇒ sodium 수2

146 nat·ter-jack [내터 젴]: 〈영국어〉, 〈의성어?〉, '재잘 두꺼비', 등에 가운데로 노란 세로줄(yellow line on the back)이 있으며 잘 뛰지 못하는 서유럽산 작은 두꺼비(W.European toad) 우1

147 nat-to [낱토]: 〈부처님께 바치는 콩〉, offerting bean, 〈중국어→일본어〉, '납두', 〈건강식품으로 떠오르고 있는〉 콩을 발효시켜 끈적한 액체와 강한 냄새를 가진 물기 뺀 청국장 같은 일본 식품, 〈~ formented soybeans with powerful smell and sticky, slimy texture〉 수2

148 nat·u·ral [내춰뤌]: 〈← natura(birth)〉, 〈라틴어〉, 〈← nature〉, 자연(계)의, 가공하지 않은, 타고난, 당연한, 고유의, 친, (악보의) 제자리표 〈♮〉, 〈~ congenital\real\un-processed〉, 〈↔artificial\foreign\developed〉 양1

149 nat·u·ral child [내춰뤌 촤일드]: 사생아, 서자, 〈~ love-child〉 양2

150 nat·u·ral en-e·my [내춰뤌 에너미]: 천적, 〈~ born enemy〉 가2

151 nat·u·ral gas [내춰뤌 개스]: 천연가스, 땅에서 분출되는 자연성 기체 연료, 〈~ fossil fuel〉 가2

152 nat·u·ral guard-i·an [내춰뤌 가아디언]: 혈연(친족) 후견인, 〈↔legal guardian〉 가1

153 nat·u·ral-ism [내춰뤌리즘]: 자연(사실·실증)주의 (20세기 전후에 기승을 떨쳤던 영적인 면을 배제하고 오로지 물질적인 면만 부각시키려던 예술의 한 분파), 〈~(↔)realism〉, 〈↔super-naturalism〉 양2

154 nat·u·ral-ist [내춰뤌리스트]: 자연주의자, 박물학자, 〈~(↔)biologist〉 양1

155 nat·u·ral-ize [내춰뤌라이즈]: 귀화시키다, 자연을 따르게 하다, 〈~ make a citizen\assimilate〉, 〈↔abandon\forsake〉 양1

156 *nat·u·ral lan·guage proc·ess·ing: 자연(인간)어로 처리하기(기계어가 아닌 인간의 언어로 전산기를 작동하는 일, 〈~ a machine learning technology\a field of AI〉 미2

157 nat·u·ral law [내춰뤌 러어]: 자연법, 천리, 자연율〈그동안 기라성 같은 수많은 사람들이 '썰'을 깠으나 아직까지 어학적·과학적·철학적·법률적 정의를 내릴 수 없는 용어〉, 〈~ ethical code〉, 〈↔divine law\legal positivism〉 양2

158 nat·u·ral mag·ic [내춰뤌 매쥑]: 〈black magic에 대항한〉 '자연적' 마술, white magic, ⇒ high magic 양2

159 nat·u·ral me·di·a [내춰뤌 미디어]: ①자연배지(세균을 기를 때 쓰는 자연물로 된 배양 재료), 〈~ biological fluids〉, 〈↔synthetic media〉 ②'자연 매체(도구)'〈전산기로 모조된 흙·물·모래·눈·잔디 따위의 재료〉, 〈~ natural computing〉, 〈↔digital media〉 미2

160 **nat·u·ral moth·er** [내춰뤌 머더]: 생모, (자신의 난자와 남자의 정자를 수정시킨 후 자신의 자궁에서 아이를 길러낸 여성), 〈~ biological mother〉, 〈≠ birth mother〉, 〈↔aboptive mother\step-mother〉 가2

161 **nat·u·ral num·ber** [내춰뤌 넘버]: 자연수, '양 정수', 완전수, '통수'〈0을 포함해서 셀 수 있는 숫자〉, 〈~ positive whole number (or integer)〉, 〈↔negative integer〉 양2

162 **nat·u·ral the·ol·o·gy** [내춰뤌 씨알러쥐]: 자연신학(신의 계시에 의하지 않고 인간의 이성에 따른 신학 이론), 〈~ physico-theology〉, 〈↔revealed theology\supernatural theology〉 가2

163 **nat·u·ral vir·tues** [내춰뤌 붜얼츄우스]: 자연의 덕, '인간미'(하느님으로부터가 아니라) 인간 자신이 갖출 수 있는 정의·절제·분별·인내 등의 덕성, 〈~ human virtues\in-born moral value〉, 〈↔theological virtue〉 가1

164 **na·ture** [네이춰]: 〈← natura(birth)〉, 〈라틴어〉, '타고난 성질', (대)자연, 천성, 인간성, 본성, 본능, 〈→ nation〉, 〈~ creation\wilder-ness\essence〉, 〈~(↔)tabula rasa〉, 〈↔nurture〉 가1

165 **na·ture's call** [네이춰스 커얼]: 생리적 욕구, 〈~ physical needs〉 양2

166 **Na·tu·zzi** [나투우찌]: 〈어원 불명의 이탈리아어〉, 나주지, 동명의 19세 소년이 1959년에 설립하여 가죽으로 만든 〈대중적〉 안락의자로 성공한 이탈리아의 세계적 가구 제조업체, 〈~ an Italian furniture co.〉 수1

167 **naught \ nought** [너어트]: ne+a+wiht(thing), 〈영국어〉, nothing, 영, 무, 존재치 않음, 파멸, 〈~ nil\zero〉, 〈↔all\whole\everything〉 수1 양1

168 **naugh·ty** [너어티]: naught+y, 〈쥐뿔도 없이 까부는〉, 장난의, 버릇없는, 되지 못한, 〈~ haughty\indecent〉, 〈↔behaving\obedient〉 양2

169 **Na·u·ru** [나우우루]: 〈← anaorero〉, 〈'해변으로 가요(go to the beach)'란 뜻의 원주민어?〉, 나우루, 〈쾌적한 섬〉, 열강에 시달렸다가 1968년에 독립한 오스트레일리아 동북방 적도 하의 아주 〈쬐그만〉 섬나라, {Nauruan-Nauruan·Eng-(AU) Dollar- Yaren}, 〈~ a tiny island country in Micronesia〉 수1

170 **nau·se·a** [너어지어]: 〈← naus(ship)〉, 〈그리스어〉, 〈'배'를 타면 나타나는〉 메스꺼움, 욕지기, 멀미, 오심, 〈~ bilious-ness\queasi-ness\sick-ness〉 양1

171 **~naut** [~너어트]: 〈← naus(ship)〉, 〈그리스어〉, sailor, 〈~항행자·추진자〉란 뜻의 결합사, 〈~ voyager\navigater〉 양1

172 **nau·ti·cal** [너어티컬]: 〈← naus(ship)〉, 〈'배'라는 그리스어에서 유래함〉 해상의, 뱃사람의, 〈~ maritime\oceanic〉, 〈↔terrestrial\aerial〉 양2

173 **nau·ti·cal mile** [너어티컬 마일]: 〈해도를 보기 편한〉 해리(약 1,852m), 1.1508 육상마일(land mile), 〈↔air mile은 1,854m〉 양2

174 **nau·ti·lus** [너어틸러스]: 〈← naus(ship)〉, 〈그리스어〉, 〈수영을 잘하는〉 앵무조개(인도·태평양에만 서식하는 조개 안에 주꾸미가 들어 있는 것 같은 주먹만 한 갑각·연체동물), 〈~ a cephalo-pod mollusk〉 미2

175 **Nav·a·jo \ ~ho** [내붜호우]: 〈← navahu(fields near the valley)〉, '계곡에 있는 농장', 나바호, 북미 남서부에서 세력을 떨쳤다가 1864년 미군에 의해 패망한 원주민족, 〈~ Native Americans of the S-W US〉 수1

176 **na·val** [네이뷜]: 〈← navis(ship)〉, 〈라틴어〉, 〈← navy〉, 해군의, 해군에 의한 가1

177 **na·vel** [네이블]: 〈← nafela〉, 〈게르만어〉, tummy button, belly button, '배꼽', 중앙, 〈~ umbilicus〉 양2

178 ***Na·ver** [네이붜]: 네이버, 'navigate하는 자', 1999년에 세워져서 자율 주행차 개발에도 박차를 가하고 있는 대한민국의 전산망 봉사 단체 〈사업체〉, 〈~ a Korean online platform〉 수1

179 **Nav·i·ga·tor¹** [내뷔게이터]: 내비게이터, 1998년부터 Lincoln-Ford가 출시한 문이 5개짜리 고급 SUV 수2

180 ***Nav·i·ga·tor²** [내뷔게이터]: 내비게이터, 1994년 미국의 Netscape사가 개발해서 2008년에 사라진 세계 전산망 검색기(상품명), 〈~ a discontinued American web browser〉 수2

181 **nav·i·ga·tor** [내뷔게이터]: 〈← navigare(navigate)〉, 〈배를 운전하는〉 항해사, 항공(조종)사, 자동주행 조종 장치, 〈~ sailor\pilot〉, 〈~(↔)aero-naut〉 양1 미2

182 **NAVSTAR** [내브스타]: navigation satellite, 1878년 미 국방성이 시작해서 1995년에 완성시킨 항행위성(현재 33)을 통한 전 지구 위치 파악체제로 1983년 KAL 사고로 민간에게도 문호가 개방됨, GPS 수1

183 **na·vy** [네이뷔]: 〈← naus(ship)〉, 〈그리스어→라틴어〉, 〈← navis〉, 〈배를 타는〉 해군, 〈바다 색깔 같은〉 남색, 〈~(↔)marine corps\merchant marine〉, 〈↔army\air force〉 가1

184 **na·vy bean** [네이뷔 비인]: (미 해군 깡통 비상식품의 주종을 이뤘던) 흰강낭콩, 〈~ white pea bean〉 양2

185 **na·vy blue** [네이뷔 블루우]: 짙은 감색(영국 해군복의 빛깔), 〈~ dark (or ink) blue〉 양2

186 **Na·vy SEALs** [네이뷔 씨일즈]: (US Navy) Sea·Air and Land Teams, (미 해군) 육·해·공 부대, '바다표범들', 1962년 출범해서 1983년 UDT를 흡수·재편성한 미 해군의 〈정예〉 특수공작부대, 〈~ the US Navy's primary special operations force〉 우2

187 *****naw** [너어]: 〈영국어→미국어〉, = no, 아니, 〈~ nah〉, 〈↔shizzle〉 양2

188 *****nawf** [나후]: 〈미국어〉, 〈일부 흑인들이 쓰는〉 north(북쪽)의 속어 양2

189 *****nay** [네이]: 〈북구어〉, not+ever, 아니, 거절, 반대, 글쎄…, 〈↔aye\yea(h)〉 양2

190 **Naz·a·reth** [내져뤄쓰]: 〈← netzer(shoot)?〉, 〈어원 불명의 히브리어〉, 〈'초소'\'싹이 트는 곳'?〉, 나사렛, 팔레스타인 북부 갈릴리주에 있는 예수의 성장지, 〈~ historic city in N.Israel\'the Arab Capital of Israel'〉 수1

191 **Naz·ca** [나스카]: 〈← nannian(suffering)?〉, 〈어원 불명의 원주민어〉, 페루 남서부의 소도시로 근처에 잉카전의 유적이 있음, 〈~ system of valleys on the southern coast of Peru〉 수1

192 **Na·zi** [나아치]: 〈독일어〉, 나치, National Sozialist, (독일의) 국가사회당, 히틀러가 일으켜서 1933~45년간 정권을 잡은 사유재산은 인정하나 개인의 자유를 극도로 제한했던 국수주의 정당, 〈~ the Third (or Thousand-Year) Reich\Greater German Reich〉 미2

193 *****NB¹** (new, in box): (상자도 뜯지 않은) 신품 가1

194 *****NB²** (no·ta be·ne): 〈라틴어〉, note carefully, 주의(사항), 중요한 정보 앞에 붙이는 표시 양2

195 **NBA¹** (Na·tion·al Bas·ket·ball As·so·ci·a·tion): (미) 프로 농구연맹, 1946년에 창단된 29개의 미국팀과 1개의 캐나다팀으로 구성된 '북미' 남자 직업농구단 연합체 미1

196 **NBA²** (Na·tion·al Box·ing As·so·ci·a·tion): (미) 권투연맹, 1921년 미국의 13개 주 대표들이 모여 선수권 제패를 목적으로 창단했다가 1962년 세계 권투연맹에 흡수된 단체 미2

197 **NBC** (Na·tion·al Broad·cast·ing Com·pa·ny): 미국 방송 회사, peacock 문양을 가진 〈공작새 통신망〉, 1926년 RCA(Radio Corporation of America)로 시작해서 2011년 Comcast사에 흡수된 미국의 상업 TV·radio 방송 수1

198 **NCAA** (Na·tion·al Col·le·giate Ath·le·tic As·so·ci·a·tion): (1960년에 창립된) 전미 대학 체육 연합체, 〈약 1,100개의 미국과 캐나다 대학이 참여하고 있음〉 미2

199 **NCI** (Na·tion·al Can·cer In·sti·tute): (미) 국립 암 연구소, 암의 기초적 연구와 치료법 개발을 위해 1937년에 설립된 미국의 보건사회복지부 국립위생연구소(NIH) 산하의 단체 미2

200 **NCNA** (New Chi·na News A·gen·cy): Xinhuashe, 신화사, 1931년에 공산당 기관지로 출발해서 1937년 현 이름으로 바꾼 중화인민공화국의 정부 독점 통신사, 〈~ the official state news agency of PRC〉 양2

201 **NC-17** (no child·ren un·der 17): 17세 미만 미성년자 관람불가, 〈~(↔)G\PG\PG-13\R〉 미2

202 **NEACP** (Na·tion·al E·mer·gen–cy Air-borne Com·mand Post): (미) 국가 긴급 공중 지휘소(기), 1974년부터 Boeing 747을 개조해서 만든 4대의 비행기로 유지비가 많이 들어 한때 폐쇄도 고려되었으나 아직도 건재한 비상시 미 대통령의 작전 지휘소, 〈~ an airborne strategic command and control post〉 미2

203 **Ne·an·der·thal** [니앤덜털]: cave of Neander〈new man이라는 그리스어〉 valley, 〈현대인과는 다른 종으로 사료되는-현대인으로부터 옮겨진 전염병에 전멸된 것으로 사료되는〉 네안데르탈(인), 구석기 시대 (약 3만 5천~10만 년 전) 원시인류(archaic human)의 유골이 처음 발견된 독일 서부(western Germany)의 골짜기 수1

204 **Ne·a·pol·i·tan** [네아팔리탄]: 나폴리(Naples) 〈사람〉의, 나폴리적인 수2

205 **near** [니어]: 〈← naer(close)〉, 〈북구어〉, '가까이', 곁에, 거의, 비슷한, 밀접한, 〈→ neighbour〉, 〈~ adjacent〉, 〈↔far〉 양1

206 **near-by** [니어 바이]: 가까운, 곁에(으로), 〈↔far-away〉 양1

207 **Near East** [니어 이이스트]: 근동(영국에서 극동지방보다 더 가까운 거리에 있는 서남아시아지방-'중동'과 비슷함), 〈~ Middle East〉 양2

208 **near sight** [니어 싸읻]: 근시(가까운 데는 잘 보고 먼 데는 잘 못 보는 눈), myopia, 〈~ short-sight〉, 〈↔hyper-opia\far sight〉 양2

209 **neat** [니이트]: 〈← nitere(shine)〉, 〈라틴어〉, '빛나는', 산뜻한, 단정한, 솜씨 좋은, 적절한, 멋진, 독주를 아무것도 섞지 않고 진액으로 단숨에 마시는 〈원 샷〉(shooter), 〈~ net³〉, 〈~ tidy\orderly〉, 〈↔disheveled\sleaze-core〉 양1 우1

210 *neat-nik [니이트닉]: 〈라틴어→프랑스어→영국어〉, 옷차림이 단정한 사람, 〈~ compulsively neat person\old maid〉, 〈↔slob\litter bug〉 양2

211 neb [넵]: 〈← nef(beak)〉, 〈스코틀랜드어〉, 부리, 코, 주둥이, 선단(tip), 〈~ bill\nib〉 양2

212 neb·bish [네비쉬]: 〈← ne-bogu(un-endowed)〉, 〈슬라브어→유대어〉, 박력이 없는, 시원찮은 (사람), 〈~ chicken\coward〉, 〈↔stalwart\mensch〉 양2

213 Ne·bo [니이보우]: 〈비밀론 '지혜(art & vegetation)의 신'〉, 〈prophet〉, 느보, 모세가 약속의 땅을 바라본 산, 〈~ an elevated ridge in Jordan〉 수1

214 Ne·bras·ka [니브래스커]: 〈원주민어〉, flat river, '평평한 강', 네브래스카, NE, Cornhusker State, 〈옥수수(껍질)밭〉, 농업·목축업이 발달한 미국 중서부의 주, {lincoln-3}, 〈〈golden-rod〉〉, 〈~ a mid-western US state〉 수1

215 neb·u·la [네뷸러]: 〈라틴어〉, mist, '구름', '안개', 성운, 흐린 눈, 분무제, 〈~ fog\haze〉, 〈→ Neptune〉 양1

216 neb·u-lous [네뷸러스]: 성운 (모양)의, 흐린, 불투명한, 애매한, 〈~ cloudy\vague〉, 〈↔clear〉 양1

217 NEC¹ (Nip-pon E·lec·tric<Den-ki> Com-pa·ny): 일본 전기 주식회사, 1899년 전기회사로 시작해서 전자·정보산업으로 팽창한 국제적 기업, 〈~ a Japanese IT and electronics corp.〉 양2

218 NEC² (Na·tion-al E·lec·tri·cal Code): 미국 전기부호(책자), 안전한 전기 가설을 위해 전미 화재방지 협회의 산하 민간단체에서 1897년부터 통일된 부호목록을 매 3년마다 출판함, 〈~ standards for safe installation of electrical systems〉 미3

219 nec·es·sary [네서쎄리]: 〈← necesse(unavoidable)〉, 〈라틴어〉, 필요한, '없으면 안 되는', 필수의, 〈~ need〉, 〈~ obligatory\required〉, 〈↔non-essential\additional〉 가1

220 *ne·ces·si·ty is the moth·er of in·ven·tion: 〈플라톤이 'need is the real creator'라 함〉, 필요는 발명의 어머니, 궁하면 통한다, 〈~ want makes wit〉 양2

221 *ne·ces·si·ty knows no law: 필요성은 법도 모른다, 사흘 굶어 담 아니 넘을 놈 없다, 〈~ needs must when the devil drives〉 양2

222 neck [넥]: 〈← hnecca(collar)〉, 〈게르만어〉, '목'(부분·모양), 잘룩한 부분, 경부, cervix, 〈~(↔)nape〉 가1

223 *neck and neck [넥 엔 넥]: 〈경마에서 먼저 결승점에 들어가려고 머리부터 내미는 모습에서 유래한 말〉, 막상막하, 근접전의, 〈~ head to head\back to back\nip and tuck\side by side〉 양2

224 neck band [넥 밴드]: 목깃, collar의 뒷부분, 〈~ a neck-lace\chocker〉 양2

225 neck-beard [넥 비어드]: 목 털, 〈수염을 덥수룩하게 기르고 난 체하는〉 사회적 무능력자, 〈~ un-kempt man\lazy bum〉, 〈↔socialite\achiever〉 미2

226 neck·er-chief [네커 취이후] \ neck piece [넥 피이스]: 목도리, 〈~(↔)hand-ker·chief〉 양2

227 neck-hold [넥 호울드]: 목 조르기, 교기, choke·hold 미1

228 *neck-ing [네킹]: ①기둥 목도리(원주 목 부분의 쇠시리〈잘룩하게 만든〉 장식), 〈~ pillar-necked collar〉 ②'목키스', 〈기린처럼〉서로 목을 껴안고(비비며) 하는 애무, 〈~ canoodle〉, 〈미국에서는 skin-ship보다 더 찐한 애정의 표시로 쓰임〉 우1

229 neck-lace [네클리스]: 목걸이, 교수형용 밧줄, 〈~ neck-let\choker〉 가1 양2

230 neck-line [넥 라인]: 웃옷의 목을 판 '목선', 뒷머리가 목과 만나는 '목선', 〈~ cleavage\cut out〉 우2

231 *neck of the woods: 〈1555년부터 사용되던 영국어〉, 〈원래는 목같이 돌출된 산림(땅)을 일컬었으나 현재는 '주거지'라는 뜻으로 쓰임〉, 거주지, 본거지, 〈~ neighborhood\home-stead〉, 〈↔whole world\entire region〉 양1

232 neck-tie [넥 타이]: '목고리', '목꼬리', '목댕기', 교수형용 밧줄, 〈~ tie〉 우1

233 necr~ \ nec·ro~ [네클~ \ 네크로우~]: 〈그리스어〉, death\corpse, 〈시체·죽음~〉이란 뜻의 접두사 양1

234 nec·tar [넥터]: necros(dead)+tar(over-come), 〈그리스어〉, 감미로운 음료, 감로, 신들이 마시던 〈죽지 않는〉 과즙, 〈~ ambrosia\drink of gods〉 양1

235 nec·tar-ine [넥터륀인]: 〈그리스어에서 연유한 영국어〉, 승도〈중대가리〉복숭아, 표면에 털이 없는 작은 복숭아, 〈~ shaved (or fuzz-less) peach〉 미1

236 need [니이드]: 〈← nyd(compulsion)〉, 〈게르만어〉, 필요, '요구', 결핍, 빈곤, 〈~ necessary〉, 〈~ require\have to〉, 〈~(↔)want〉, 〈↔abundance\optional〉 양1

237 **nee·dle** [니이들]: 〈← nema(thread)〉, 〈그리스어→게르만어〉, stylus, '바늘', 주사, 뾰족한 물건, 〈~ pointer\goad〉 양1

238 **nee·dle and thread**: 바늘과실, 뗄 수 없는 (관계), 〈~ salt and pepper\harp and lute\husband and wife?〉 양2

239 **nee·dle-fish** [니이들 휘쉬]: gar, 실고기, 동갈치, 길고 뾰족한 부리에 날카로운 이빨을 가진 갈치, 〈~ gar-pike\javelin-fish\sea needle〉 미2

240 **nee·dle ju·ni·per** [니이들 쥬우니퍼]: 노간주나무, 바늘잎을 가지고 진한 향기를 풍기며 산록 양지에서 잘 자라는 측백나무과의 상록 침엽교목·관목, 〈~ temple juniper〉 미2

241 **nee·dle-point** [니이들 포인트]: 바늘끝, 침선, 두터운 천에 바늘로 뜨는 자수법, 〈~ acumen\a canvas work\embroidery〉 양1

242 **need-less** [니이들 리스]: 필요 없는, 쓸데없는, 군, 〈~ excessive\useless〉, 〈↔necessary\essential〉 양1

243 **nee·dle-work** [니이들 워얼크]: 바느(뜨개)질, 침선, 〈~ needle-point〉 양2

244 *****need makes the na·ked man run**: (마가복음에서는 '황급히 도망가다'란 뜻으로 쓰였으나) 〈목마른 놈이 우물 판다〉로 변질된 말, 〈~ thirsty man digs the well\one that would have the fruit must climb the tree\want makes wit〉 양2

245 *****needs must when the dev·il drives**: 필요에 몰리면 악마가 된다, 사흘 굶어 담 아니 넘을 놈 없다, 〈~ necessity knows no laws〉 양2

246 **need-y** [니이디]: 가난한, 궁핍한, 딱한, 〈~ poor\deprived〉, 〈↔wealthy\affluent〉 양1

247 **neem** [니임]: 〈← nimba(margosa)〉, 〈산스크리트어〉, 인도멀구슬나무, 속성하는 마호가니과(mahogany family)의 상록활엽교목으로 씨에서 짠 기름은 살충제의 원료로 쓰임, 〈~ nimtree\Indian lilac〉 미2

248 *****NEET** [니이트]: not employed nor in education or training, '빈둥이', 직장과 학업에 종사하지 않는 젊은이, lumpen(독일어), 〈↔upper-crust〉 우2

249 **ne–far·i·ous** [니훼어뤼어스]: ne(not)+fas(law), 〈라틴어〉, '신의 율법에 따르지 않는', 사악한, 불손한, 버릇 없는, 〈~ wicked\evil〉, 〈↔admirable\good〉 양2

250 **ne·gate** [니게이트]: 〈← negare(deny)〉, 〈라틴어〉, 부정(부인)하다, 무효로 하다, 〈→ negative〉, 〈~ invalidate\nullify〉, 〈↔confirm\support〉 양2

251 **neg·a·tive** [네거티브]: 〈라틴어〉, 〈← negate〉, '아닌', 부정의, 거부의, 반대의, 음성, 음화, 〈~ antagonistic\pessimistic〉, 〈↔positive\affirmative〉 양2

252 **neg·a·tive cam·paign** [네거티브 캠페인]: '음성유세', 부정적 작전, 상대 후보의 인신공격이 중점인 선거운동, 〈~ character assassination\malicious defamation〉 미2

253 *****neg·ging** [네깅]: 〈전산망어〉, negative feedback(부정적 되먹이기), 〈여자를 꼬실 때 효과가 있다는〉 상대방의 콧대를 '살짝' 깎아내리는 전술, 〈~ jeering〉, 〈↔pozzing〉 미2

254 **ne·glect** [니글렉트]: nec(not)+legere(together), 〈라틴어〉, 게을리하다, 경시하다, 방치하다, '간택하지 않다', 〈~ fail to care\derelict〉, 〈~ care\attend〉 가1

255 **neg·li·gee \ neg·li·ge** [네글리쥐 \ 네글리쮀이]: 〈← neglegere(neglect)〉, 〈라틴어→프랑스어〉, 〈아무렇게나 입는〉 실내복, 화장복, 〈~ camisole\dishabille〉 미1

256 **neg·li·gence** [네글리쥔스]: 〈라틴어〉, 태만, 무관심, 과실, 부주의, '고르지 않은', 〈~ disregard\laxity〉, 〈↔care\compliance〉 양2

257 **neg·li·gi·ble** [네글리쥐블]: 〈라틴어〉, 무시해도 좋은, 하찮은, 사소한, 〈~ meager\paltry〉, 〈↔important\considerable〉 양2

258 **ne·go·ti·ate** [니고우쉬에이트]: 〈← negotium(business)〉, 〈라틴어〉, 〈놀지 않고 꾸준히〉 협상(협의)하다, 양도(매도)하다, 교섭(절충)하다, 〈~ arrange\transact〉, 〈↔confuse\disagree〉 양1

259 **ne·gro** [니이그로우]: 〈← niger〉, 〈'검정(black)'이란 라틴어〉, 니그로, 흑인, '깜둥이' 가1

260 **ne·gro ant** [니이그로우 앤트]: 반불개미, 흑개미, 〈~ black garden ant〉 미2

261 **ne·gro-ni** [니그로우니]: 〈← negri(black)〉, 〈이탈리아어〉, 진·베르무트·캄파리를 섞은 단맛이 도는 '흑·적색'의 혼합주, 〈~ an aperitiff〉 수2

262 **ne·gus** [니이거스]: 〈18세기에 그것을 제조한 영국 장교의 이름(Negus)에서 연유한〉 포도주·설탕·레몬즙·끓는 물을 섞어 만든 술 〈원래는 '왕(ruler)'이라는 에티오피아 말〉, 〈~ a hot booze〉 수2

263 **Ne·he·mi·ah** [니이어마이어]: ⟨← Nehemyah(Yah comforts)⟩, ⟨히브리어⟩, 네헤미아(기원전 5세기 헤브라이의 지도자), '평온한 자', ⟨예루살렘의 복구작업에 관한⟩ 느헤미야서(구약성서의 한 편), ⟨~ a governor of Persian Judea⟩ 수1

264 **Neh·ru** [네이루우 \ 네루우], Ja·wa·har·lal: ⟨← nehar(canal)⟩, ⟨힌디어⟩, '운하 곁에 사는 자', 네루, (1889-1964), 명문의 가정에서 태어나 영국에서 교육을 받고 간디를 도와 인도가 독립된 후 1947년부터 죽을 때까지 수상을 하면서 중립노선을 걸은 인도의 정치가, ⟨~ an Indian statesman⟩ 수1

265 **neigh** [네이]: ⟨영국어⟩, ⟨의성어⟩, 니히, (말의) 울음, ⟨~(↔)hinny\whinny⟩ 양2

266 **neigh·bor** \ ~bour [네이버]: neah+gebur, ⟨영국어⟩, near dweller, 이웃(사람·집), 옆, 동료, ⟨~ adjacent\close⟩, ⟨↔distant/stranger⟩ 양1

267 **neigh·bor-hood** [네이버 후드]: 근처, ⟨부동산 구입시 제일 중요한⟩ 인근지역, 지역 주민, 이웃사촌, ⟨~ locality\vicinity⟩, ⟨↔remote-ness⟩ 양2

268 **nei·ther** [니더 \ 나이더]: ne+dwther, ⟨영국어⟩, not either, ~어느 쪽도 아니다, ~도 또한 아니다, 둘 다 아닌, ⟨~ none of the two\not anyone⟩, ⟨↔each\every⟩ 가1

269 **Nel·lie, Nel·ly** [넬리]: Nelson의 여성형, Ellen·Helen의 애칭, nelly; 연약한 녀석(호모), 나이든 암소, 바보 수1 양1

270 **Nel-son** [넬슨], Ho·ra·ti·o: son of Niall(champion), ⟨켈트어⟩, '승자의 아들', 넬슨, (1758-1805), 1805년 트라팔가르 해전에서 몸을 바쳐 프랑스·스페인의 연합함대를 격파했고 바다와 부하를 무척이나 사랑했던 영국의 해군 제독·자작, ⟨~ a British flag officer⟩ 수1

271 **nem·a·tode** [네머토우드]: ⟨← nematos(thread)⟩, ⟨그리스어→라틴어⟩, ⟨실 같이 생긴⟩ 선충('실벌레'), 회충, 길이가 1mm에서 90cm까지 되는 길고 가늘고 둥근 무밀충의 총칭, ⟨~ round-worm⟩, ⇒ vinegar eel 미2

272 **Nem·e·sis** [네머씨스]: ⟨← nemein(retribute)⟩, ⟨'분배'라는 뜻의 그리스어⟩, 네메시스, 인과응보·천벌·보복의 여신, ⟨~ arch-rival\foe⟩, ⟨↔redeamer\vindicator⟩, ⟨로마의 Invidia⟩ 수1

273 **ne·ne** [네이네이]: ⟨의성어⟩, 하와이기러기, 갈색 몸통에 목이 길고 울음소리가 부드러운 하와이 원산의 희귀종 야생 기러기, ⟨~ Hawaiian goose⟩ 수2

274 **ne·o~** [니이오우 \ 니어~]: ⟨← neos(new)⟩, ⟨그리스어⟩, 네오~, ⟨새로운·근대~⟩란 뜻의 접두사, ⟨↔paleo~⟩ 양1

275 **ne·o-ad·ju·vant** [니이오우 애쥬븐트]: neo+ad+juvare(help), ⟨그리스어+라틴어⟩, 신보강, (주치료 전에 하는) 보조치료, ⟨~ before the main treatment\induction therapy⟩ 양2

276 **Ne·o-Cap·i·tal·ism** [니이오우 캐피탈리즘]: (2차 대전 후에 대두된) 신자본주의, 사회복지를 위한 정부의 간섭을 허용하는 ⟨수정자본주의⟩, ⟨~ a modified capitalism⟩ 미2

277 **Ne·o Clas·si·cal** [니이오우 클래씨컬]: 신고전주의(의), (고전주의의 여파로 18세기에 일어난) ⟨그리스·로마시대의 고전작품을⟩ 직관적으로·있는 그대로 재창조하자는 예술운동, ⟨~ revival of earlier classical style⟩, ⟨↔rococo⟩ 미2

278 **Ne·o-Con** [니이오우 칸]: new·conservative, 신보수주의, 1960년대에 태동해서 부시 정권 때 머리를 들고 트럼프 정권에서 박차를 가한 미국의 '국수주의적' 정치사상, ⟨~ ultra-right\jingoism⟩ 미2

279 **ne·o-dym·i·um** [니이오우 디미엄]: ⟨그리스어⟩, '새로 태어난 쌍둥이⟨didymium⟩', 네오디뮴, (중국에서 예전에 비료나 유리 착색용으로 썼던 것을 1885년 오스트리아 화학자가 재발견해서 자석이나 레이저에 쓰고 있는) ⟨별로 희귀하지 않은⟩ 희토류 금속원소(기호 Nd·번호60), ⟨~ an earth metal⟩ 수2

280 **ne·o-lith·ic** [니이어 리씩]: neo(new)+lith(stone)+ic, (농경문화가 정착하면서 항아리를 만들어 쓰기 시작한) ⟨10,000~4,500 BCE년 간의⟩ 신석기 시대의, ⟨↔paleo-lithic⟩ 양2

281 **ne·ol·o·gism** [니이알러쥐즘]: neos(new)+logos(word), 신조어 (사용), 새로운 말 만들기, ⟨편자가 앓고 있는⟩ 신어조작증(정신병의 증세), ⟨~ idio-lect⟩, ⟨→ fapusation⟩ 양2

282 **ne·on** [니이안 \ 니이언]: ⟨← neos(new)⟩, ⟨그리스어⟩, 네온, 비활성기체 원소(기호 Ne·번호10), '새로운 기체', 대기 중 1백만분의 18 정도로 존재하는 소립자로 전류가 흐르면 강한 빛을 발산해서 간판·광고에 유용하게 쓰임, ⟨~ a noble gas⟩ 우1

283 **ne·o-phil·i·a** [니이어 휠리어]: (병적으로) 새것을 동경하는 자, 최신유행에 사로잡힌 자, 영계취향, ⟨~ philo-neism\fashionista⟩, ⟨↔miso-neism\neo-phobia⟩ 가1

284 **ne·o·phyte** [니어 화이트]: 〈그리스어〉, neos(new)+phytos〈← phyesthai(grow)〉, 초심자, 수련자, 신출내기, 〈~ novice\recruit〉, 〈↔experienced\veteran〉 양2

285 **ne·o·plasm** [니어 플래즘]: new formation, 신생물, 종양, 〈~ tumor〉, 〈↔degeneration〉 양2

286 **Ne·o·spo·rin** [니오스포륀]: neomycin+polymixin B+bacitracin 복합제, triple antibiotics, 〈Johnson&Johnson사 등이 만드는〉 세 가지 항생제가 든 비처방 연고제(ointment) 수2

287 **Ne·pal** [니퍼얼 \ 니파얼]: 〈어원 불명의 힌디어〉, 〈힌디 현자의 이름(Ne)에서 연유한?〉 네팔, 1768년 힌두 왕국으로 탄생해서 2008년 공화국으로 탈바꿈한 히말라야산맥(Himalayas) 내의 후진 개발도상국가, {Nepali·Nepalese-Nepali-Rupee-Kathmandu} 수1

288 **neph·ew** [네퓨우]: 〈← nepos〉, 〈라틴어〉, 〈원래는 손자(grandson)를 일컫던 말〉, '조카', 생질, 〈가족에게 충성을 해야 할 자〉, 성직자의 사생아, 〈~ son of siblings〉, 〈~(↔)niece〉 가1 양2

289 **nephr~ \ neph·ro~** [네홀~ \ 네후뤄~]: 〈그리스어〉, kidney, 〈신(장)~〉이란 뜻의 결합사 양1

290 *****nep·o·ba·by** [네퍼베이비]: nepotism baby, '조카 아이', 〈실력은 별로지만〉 유명한 부모의 가업을 이어받아 성공한 자, 〈~ celebrity with a famous parent〉, 〈↔self-made man〉 우1

291 **nep·o·tism** [네퍼티즘]: 〈← nepos(nephew)〉, 〈라틴어에서 연유한 이탈리아어〉, '조카 등용', 친척 등용, 동족 등용, 〈~ patronage\favoritism\cronyism〉, 〈~(↔)spoils system〉, 〈↔fairness\impartiality〉 양2

292 **Nep·tune** [넵튜운]: 〈← Neptunus〉, 〈라틴어〉, 〈← nebula〉, 넵튠 ①바다의 신(Saturn과 Ops의 아들·Triton의 아버지), Roman god of the sea and fresh water, 〈~ Oceanus\Pontus〉, 〈~ Poseidon(Greek)〉 ②〈바다같이 푸른 색깔을 띤〉 해왕성(지구의 약 60배에 달하는 태양계를 회전하는 8번째의 행성), 〈~ the 8th planet from the sun〉 수1

293 **nep·tu·ni·um** [넵튜우니엄]: 〈← Neptune〉, 〈원자의 주기목록에서 Uranus 다음에 자리한〉 넵투늄, (우라늄과 비슷한) 방사성〈인공〉원소 (기호 Np·번호93), 〈~ a radioactive actinide metal〉 수2

294 *****nerd** \ nurd [너얼드]: 〈1951년에 Dr. Seuss가 소개한 어원 불명의 미국어〉, 〈← nut〉, 얼짜, 촌놈, 공부벌레, 모범생, 〈~ geek\dweeb\fachidiot\otaku〉, 〈↔punk\hep\nallari〉, ⇒ Poin·dex·ter 양2

295 *****Nerd Chic** [너얼드 쉬잌]: 〈← nerd〉, 너드 식, '바보 차림', (1980년대에 유행했던) 일부러 어벙하고 촌티 나게 해서 관심을 끌려는 복장, 〈~ nerdy fashion\geeky trend\dorky cool〉 우1

296 **Ne·re·id(s)** [니어뤼이즈]: Nereus의 딸(들), 네레이스 ①바다의 〈인어〉 요정(인자한 해신 네레우스와 도리스 사이에 태어난 50명의 딸), 〈~ Oceanid\mermaid〉 ②해왕성의 제2 위성, 〈~ a moon of Neptune〉 수1

297 **Ne·re·us** [니어뤼어스]: 〈← neros(water)〉, 〈그리스 신화의〉 네레우스, '바다의 노인'(Pontus와 Gaea의 아들), 〈~ a sea god〉 수1

298 **nerf** [널후]: 〈의성어〉, 〈1948년 drag race에서 다른 차와 충돌할 때 바퀴를 보호하는 강철제 범퍼에서 연유한 말〉, nerf bar, (가볍게) 부딪치다, 부딪쳐 진로에서 몰아내다, 약화시키다, 〈~ cripple〉, 〈↔buff〉 우2

299 **Ne·ro** [니어로우]: 〈'strong' 또는 'black'이란 뜻의 라틴어〉, '강자 \ 검둥이', 네로, (37-68), 〈율리우스 시저의 마지막 친척〉, 대화재 때는 로마에 없었으나 〈피해망상〉으로 스승 세네카·친어머니·아내 및 수많은 기독교인을 죽였고 〈자기애〉에 빠져 결국 반군에 쫓겨 자살로 생을 끝마친 로마의 황제·시인·음악가, 〈~ a Roman Emperor〉 수1

300 **nerve** [너얼브]: 〈← nervus(tendon)〉, 〈라틴어〉, 〈← neuron〉, 신경(조직), 불안감(anxiety), 용기, 뻔뻔스러움, 〈~ confidence\assurance〉, 〈↔calmness\timidity〉 양1

301 **nerve–rack·ing(wrack·ing)** [너얼브 뢱킹]: 신경을 건드리는(괴롭히는), 〈~ nail-biting\stressful〉, 〈↔easy\comfortable〉 양2

302 **nerv·ous break-down** [너얼버스 브뤠읶다운]: 신경쇠약(파탄), 〈~ mental collapse\crack-up〉, 〈↔composure\tranquility〉 양2

303 **Nes-ca·fe** [네스캐풰이]: 네스카페, 1938년부터 출시된 스위스(Swiss) Nestle사의 즉석커피(상표명), 〈~ a brand of instant coffee〉 수1

304 **~ness** [~니스]: 〈게르만어〉, quality\state, 〈~성질·상태〉 등을 나타내는 접미사 양1

305 **Nes·sel·rode** [네썰로우드]: 〈어원 불명의 독일계 이름〉, (러시아 외상 네슬로드의 요리사가 개발한) 푸딩·아이스크림에 쓰는 설탕 졸임 과일, 〈~ a nostalgic NY dessert〉 수2

306 **Nes·sus** [네써스]: 〈어원 불명의 그리스어〉, 네소스 ①헤라클레스의 아내를 범하려다가 그의 독화살에 맞아 죽은 반인반마의 괴물(centauer) ②1998년부터 개발된 〈안전한 원격조정용〉 취사(선택)성 주사기(scanner)의 상품명 수1

307 **Nest** [네스트]: 2010년부터 출시된 (온도계·매연탐지기·와이파이 등) 가정용 전기기구 자동 조정 장치의 상품명, 〈~ Goodle home automation〉 수1

308 **nest¹** [네스트]: 〈← nidah〉, 〈산스크리트어→라틴어〉, 〈← nidus〉, 〈내려앉아〉 보금자리, 둥우리, 안식처, 소굴, (보금자리 속에 있는 알이나 새끼들의) 떼, 〈→ nestle\niche〉, 〈~ roost\den〉 양1

309 **nest²** [네스트]: 〈← nest¹〉, 겹끼운 물건(탁자·찬합·쟁반·안경 등), '겹끼기 고리'(서로 다른 크기의 같은 구조물을 차곡차곡 〈내려쌓아〉 끼워 넣은 구조물), 〈~ cluster\set〉 우1

310 *****nest egg** [네스트 에그]: 저축금, 비상금, 밑알, 〈~ reserve\cache〉, 〈↔waste\trash〉 양2

311 **Nes·tle** [네슬]: 〈← nest〉, 〈게르만계 이름〉, '둥지를 만드는 자', 네슬레, 1866~67년에 스위스(Swiss)의 Henri Nestle 등이 창업한 「good food, good life」를 표어로 하는 세계적 식품 제조·가공회사, 〈~ a food and beverage company〉 수1

312 **nes·tle** [네슬]: 〈영국어〉, 〈nest(둥지)에〉 깃들이다, 편히 눕다, 반쯤 덮이다, 〈~ snuggle\cuddle\curl up〉, 〈↔shrink\flinch\recoil〉 양1

313 **nest-ling** [네슬링]: (둥지를 떠날 때가 안 된) 새 새끼, 유아, 〈~ chick\baby (bird)〉 양1

314 **Nes·tor** [네스터]: 〈← nostos(home-coming)〉, 〈그리스어〉, '돌아온 자', 네스토르(트로이 전쟁 때 그리스군의 현명한 노장), 〈~ a Greek warrior〉 수1

315 **net¹** [넬]: 〈← nett(mesh)〉, 〈게르만어〉, '그물', 조직, 어망, 올가미, 거미줄, 통신망, 〈~ web\lace\net work〉, 〈↔lose\un-tangle〉 양1

316 **net²** [넬]: 〈← nitidus(clear)〉, 〈라틴어〉, '깨끗한', 에누리 없는, 순수한, 최종적인, 〈~ neat〉, 〈~ bottom line〉, 〈↔gross〉 양2

317 *****.net** [닽 넬]: 원래 일정 전산망에 속한 전자우편 번호를 지칭했으나 요즘은 .com과 함께 〈아무 데나 쓰이는〉 접속어 우1

318 **net as-set** [넬 애쎌]: 순자산(총자산−총부채), 〈~ net worth〉, 〈↔deficit net worth〉 양2

319 **net-ball** [넬 버얼]: (주로 영국권의 여자들이 하는) 7명이 한 조가 되어 하는 농구〈basket ball〉 비슷한 경기 우1

320 *****Net BEUI** [넬 뷰이] (Net BIOS ex-tend-ed us-er in·ter-face): 넷 뷰이, 전산망 기본 입출력체계 확장 사용자 접속기(1985년 IBM이 개발한 Net BIOS보다 좀 더 세밀한 자료 전송 규범이나 같은 전산망체계에 속하지 않은 전산기와는 접속이 불가능함), 〈~ an early operating system〉 미2

321 *****Net BIOS** [넬 바이오스] (net-work ba·sic in-put / out-put sys·tem): 넷 바이오스, 전산망 기본 입출력체계(1983년 Sytek사가 개발한 지역 전산망끼리 서로 소통할 수 있는 연성기기), 〈~ an operating system-level API〉 미2

322 *****net ca·fe** [넬 캐풰]: internet cafe, 전산망 '휴게소' 우1

323 *****net cam** [넬 캠]: internet camera, web cam, 전산망 사진기(화상회의 등을 할 때 전산기에 연결할 수 있는 사진기로 실시간으로 화상을 전송할 수 있음) 미2

324 *****net-cast** [넬 캐스트]: 휴대용 수신기로 원하는 차림표를 하재해서 볼 수 있는 〈전산망 송신〉, ⇒ pod-casting 우2

325 *****Net-flix** [넬 훌릭스]: internet+flicks(한 편의 영화), 넷플릭스, 1997년에 세워진 미국의 동영상 유통회사 〈동영상물은 무엇이나 즉시 찾아주는 연성기기 제조·판매·배달업자〉, 〈~ an American streaming media co.〉 수1

326 *****net-flix and chill** [넬 훌릭스 앤드 췰]: '라면 먹고 갈래요?', 영화 보고 '놀다' 가세요, (그런데 왜 그런진 모르겠으나 영화만 보거나 라면만 먹고 그냥가면 〈개새끼!!〉 소리를 듣는다 함), 〈~ a casual sex〉 양2

327 *****.NET Frame work** [닽 넬 후뤠임 워얼크]: '전산망 기본 틀', 2001년 마이크로소프트사가 개발한 간편하고 이송 가능한 '새로운' 응용 차림표 접속기, 〈~ a proprietary software framework of MS〉 수2

328 **neth·er** [네더]: 〈← neothor(lower)〉, 〈게르만어〉, '아래'쪽의, 지하의, 아래 세상(하계)의, 저승의, 〈~ under〉, 〈↔upper〉, 〈~ nether hair; pubic hair〉 양1

329 **Neth·er-lands** [네덜런즈]: Holland, 네덜란드, '(바다) 아래의 땅', Dutch인들이 북해의 물을 퍼낸 간척지가 국토의 2/5를 차지하고 있는 낙농업이 발달한 유럽 북서부(N-W Europe)의 신교도들이 많은 입헌군주국(kingdom), {Dutch-Dutch-Euro-Amsterdam} 수1

330 *****net·i-quette** [네티케트]: 〈영국어〉, network+etiquette 전산망 예의(전산기로 정보를 교환할 때 지켜야 할 예의), 〈~ internet (or on-line) etiquette〉 미2

331 ***net·i·zen** [네티즌]: 〈영국어〉, network+citizen, 전산망 시민(전산망 사회에 참여하는 사람), 전산망 애용자, 〈~ internet user\cyber-naut〉 미1

332 **net neu·tral·i·ty** [넽 뉴우츄랠리티]: 전산망 통신의 중립성 미2

333 **Net-scape** [넽스케이프]: 넷스케이프, 1994년에 창립되어 1999년에 AOL에 병합된 미국의 탐색기기 전문 국제 통신망 통신업체, internet+landscape, 〈~ an American computer services co.〉 수1

334 **ne·tsu·ke** [네 츄케]: ne(root)+tsukeru(attach), 〈일본어〉, 네츠케, 근촌, (도꾸가와 시대 사무라이 계급 이하의 옷에 보석을 다는 것을 금했기 때문에) 〈서민들의 옷에 비녀장으로 쓰였던 나무나 상아로 만든〉 장식 단추(막대), 〈~ ornamental toggle-like piece〉 우1

335 ***net–surf-ing** [넽 써얼휭]: '전산망 훑어보기', 〈심심풀이로〉 웹 사이트들을 여기저기 검색해 보는 일, 〈~ perusing\cruising〉 우1

336 **net·tle¹** [네틀]: 〈← netle〉, 〈어원 불명의 게르만어〉, '쐐기풀'(대부분 잎과 줄기에 가는 가시가 붙어있는 깨 비슷한 식물로 삶거나 말리면 쓴맛이 없어지고 약간 매운맛이 나며 끓여 마시거나 식용이나 〈만병통치〉의 약용으로 쓰임), 〈~ ramie\stinger〉 미2

337 **net·tle²** [네틀]: 〈← nettle¹〉, 초조하게 하는 것, 짜증 나게 하다, '쐐기풀로 찌르다', 〈~ irritate\irk\vex〉, 〈↔placate\appease\pacify〉 양2

338 **net·tle creep-er** [네틀 크뤼퍼]: 쐐기풀에 달라붙은 곤충을 잡아먹는다는 조그만 꾀꼬리 모양의 휘파람새, 〈~ white-throat\beardie\hay jack〉 우1

339 **net·tle rash** [네틀 뢔쉬]: 쐐기풀에 '쏘여서' 생긴 두드러기, 〈~ hives\ulticaria〉 우1

340 **net·tle tree** [네틀 트뤼이]: (지중해) 팽나무, 향기 나는 쐐기풀 모양의 잎을 가진 그리스인들이 '망우수'〈열매를 먹으면 근심이 없어진다는 나무〉라 불렀던 느릅나무(elm)과의 아열대성 활엽낙엽교목, 〈~ hack-berry〉 미2

341 ***net-work** [넽 워얼크]: 망, 그물 세공, 연락망, 회로망, 방송망, 전산망(형성), 알짜일, (작업 순서를 기호로 표시한) 망상도, 〈~ web\complex system〉, 〈↔dis-organization\separation〉 양1

342 **Net-work So·lu·tions**, Inc: 1979년 창립되어 미정부와의 계약하에 .com, .net, .org 등 주요 전산망 주소를 독점하다가 1998년에 분산되어 2011년 Web·com사에 인수된 미국의 전산망 주소 등록회사, 〈~ an American technology co.〉 수1

343 **Neuf-cha·tel** [뉴우셔텔 \ 누셔텔]: nuef(new)+chatel(castle), 〈프랑스어〉, 〈지명에서 연유한〉 뇌샤텔, 프랑스 노르망디 원산의 부드럽고 맛이 진한 흰 생치즈, 〈~ a soft, creamy, spreadable cheese〉 수1

344 **neur~ \ neu·ro~** [뉴어~ \ 뉴어로우~]: 〈그리스어〉, nerve, 〈신경계(조직)~〉이란 뜻의 결합사, 〈↔mus(cular)\vas(cular)〉 양1

345 **neu·ral·gia** [뉴어랠줘]: neur(nerve)+algia(pain), 〈그리스어〉, 신경통, 〈↔myalgia\arthralgia〉 양2

346 ***neu·ral net-work** [뉴어뤌 넽워얼크]: 신경(통신)망, 인간 두뇌의 신경조직처럼 다수의 신경원의 결합으로 복잡한 업무를 처리할 수 있는 전산망, 〈~ AI\robotics〉 양2

347 **neur·as·the·ni·a** [뉴어뤄스씨이니어]: neur(nerve)+asthenia(weakness), 〈그리스어〉, 신경 쇠약(증), 〈~ fatigue reaction〉 양2

348 ***neu·ro-com·put-er** [뉴어로우 컴퓨우터]: '신경 전산기', 인간의 뇌 신경의 작용을 모방해서 만든 전산기, 〈~ cybernetics\semantic net〉 우1

349 **neu·rol·o·gy** [뉴어롸러쥐]: 신경(병)학, 신경내과, 〈~ brain science〉, 〈~(↔)psychiatry〉 양2

350 **neu·ron** [뉴어롼]: 〈그리스어〉, '힘줄', 뉴런, 신경원(단위), 〈→ nerve〉, 〈~ fundamental unit of nervous system〉, 〈↔glia〉 양2

351 **neu·ro·sis** [뉴어로우시스]: 〈그리스어〉, 노이로제, 〈현실 감각을 보유하고 있는〉 신경(과민)증, 〈~ anxiety disorder〉, 〈↔psychosis〉 양2

352 **neu·ro–trans-mit-ter** [뉴어로우 트랜스미터]: 신경 전달 물질(신경세포 사이를 흐르는 내분비 화학물질), 〈~ a chemical messenger〉, 〈~(↔)hormone〉 양2

353 **neu·tral** [뉴우추뤌]: ne(not)+uter(either), 〈라틴어〉, 중립의, 공평한, 중심의, 애매한, '둘 다 아닌', 〈~ even-handed\fair-minded〉, 〈↔allied\biased〉 양1

354 **neu·tro~** [뉴우트로우~]: 〈라틴어〉, neither, not taking part, 〈중립~〉이란 뜻의 결합사, 〈~ intermedio〉 양1

355 **neu·tron bomb** [뉴우트론 밤]: 중성자탄, 고방사능 무기, 1950년부터 미국에서 개발하려던 열·폭발이 없이 다량의 살상용 중성자를 방출하는 '깨끗한' 폭탄이지만 그 '은근성'을 우려한 유럽 지도자들의 반대로 레이건 대통령도 포기한 핵무기, 〈~ an enhanced radiation weapon〉 양2

356 **Ne·va·da** [너봬더 \ 너봐아더]: 〈스페인어〉, '눈 덮인〈snow covered〉 산봉오리', 네바다, NV, Silver State, Sagebrush State, 〈남북전쟁 중에 탄생한〉 Battle Born State, 〈은과 산쑥의 주〉, 대부분이 고지대 (준)사막으로 된 미 서부 내륙에 있는 관광산업이 발달한 주, {Carson City-4} 〈〈sage-brush〉〉, 〈~ a land-locked state in W. US〉 수1

357 **nev·er** [네붜]: 〈영국어〉, not+ever, 한 번도 ~한 적이 없다, 결코 ~하지 않다, 〈→ nary〉, 〈~ at no time\not at all〉, 〈↔ever\always\for-ever〉 양2

358 **nev·er-mind** [네붜 마인드]: 상관하지 마라, 네가 알 바 아니다, 〈~ don't bother\it's up to you\god damn it〉 양2

359 *__nev·er say nev·er__ [네붜 쎄이 네붜]: 결코 단언하지 말라, 설마가 사람 잡는다, 〈~ things can be changed〉, 〈~(↔)nothing is impossible\anything can happen〉 양2

360 **nev·er-the-less** [네붜덜레스]: 그럼에도 불구하고, 그렇지만, non·the·less, 〈~ although\however〉, 〈↔there-fore\further-more〉, 〈요즘 한국에서는 이 말을 자주 써야 유식하다는 소리를 듣는다 함〉 양2

361 *__nev·er too old to learn__: 배움에는 나이가 없다, 〈↔you can't teach an old dog new tricks〉 양2

362 *__nev·er un·der·es·ti·mate the lit·tle man__: 작은 고추가 맵다, 〈~ David and Goliath〉, 〈~(↔)Napoleon Complex〉 양2

363 **ne·vus** [니이붜스] \ ne·vi [니이바이]: 〈birth mark'의 라틴어〉, 모반, 선척적 반점 양2

364 **new** [뉴우]: 〈← navas(never existed before)〉, 〈산스크리트어→그리스어→게르만어→영국어〉, '새로운', 싱싱한, 낯선, 갱생한, 현대의, 〈미국인들이 제일 좋아하는 단어〉, 〈→ now〉, 〈~ up to date\contemporary\fresh〉, 〈↔old\past〉 양1

365 **New Age** [뉴우 에이쥐]: 신세계, 〈1960년도에 미국·서유럽에서 태동해서 2000년에는 많이 수그러진〉 현대문명에 대치해서 전체적인 초자연을 신봉하는 중·상류 사회의 조류, 〈~ truth is relative〉 미2

366 *__New Age mu·sic__: 신세대 음악, 〈신세대 운동에 발맞추어 나타난〉 고전·민속·록·재즈의 혼성음악에다 동양·남미계통의 신비주의적 요소를 가미한 듣기 편한 음악, 〈~ a method of stress management〉 미2

367 **New-ark** [뉴우얼크]: niewe(new)+weorc(work), 〈영국어〉, '새 건물', 뉴어크, 〈목사가 영국에서 유세하던 마을 이름에서 유래한〉 1665년 청교도 정착지로 출발하여 뉴저지(New Jersey)주의 최대 도시로 성장한 뉴욕시와 허드슨강을 사이에 두고 있는 상업·교통도시, 〈~ a city of the NY metro〉 수1

368 **New-ber·y A-ward** [뉴우베뤼 어워드]: 18세기 영국의 아동도서 출판업가 John Newbery〈새로운 강자〉를 기념하기 위해 미 도서관 협회가 1922년부터 매년 미국의 최우수 아동 도서 저술가에게 주는 상, 〈~ a tribution to American literature for children〉 수1

369 *__new-bie__ [뉴우비]: 〈영국어·미국어〉, new boy, 신출내기, 미숙자, (전산기 사용의) 초보자, 풋내기, noob, novice, 〈~ avatar〉, 〈↔veteran\geezer\kkon-dae〉 미2

370 **New Bruns-wick** [뉴우 브뤈즈위크]: 뉴 브런즈윅, 경치가 수려하고 농림업이 발달한 캐나다 동부 북대서양 연안의 영·불 공용어의 주, 〈~ a Canadian province in NE America〉 수1

371 **New Cal·e·do·ni·a** [뉴우 캘러도우니어]: 새로운 Scotland, 뉴 칼레도니아, 오스트레일리아 동쪽에 있는 19세기 후반에 프랑스 죄수 수용소였던 (니켈이 많이 나는) 해외 자치령 군도, 〈~ a French territory in S. Pacific〉 수1

372 **New Deal** [뉴우 디일]: 뉴딜, 〈recovery·reform·relief로 요약되는〉 '혁신적 정책', F.D. 루즈벨트 대통령이 대공황을 극복하기 위해 1933-39년에 실시한 사회보장·경제 부흥정책, 〈~ economic program to combat Great Depression〉 우2

373 **New Del·hi** [뉴우 델리]: 20세기 초에 영국이 주도해서 델리 남방에 세운 1931년부터의 인도의 새로운 수도, 〈~ Capital of India〉 수1

374 *__new e·con·o·my__ [뉴우 이카너미]: 신경제 ①제조업 위주에서 봉사업〈service industry〉 위주로 바뀐 경제체제, 〈↔classical economy〉 ②(전산망 사용 이후의) 첨단기술·정보통신 산업〈IT industry〉이 주도하는 경제, 〈↔old economy〉 양2

375 **New Eng·land** [뉴우 잉글랜드]: '새 영국', 미 북동부〈N-E U.S.〉에 있는 6개 주의 총칭, 〈~ Yankee-land〉 수2

376 **New Found-land** [뉴우 훤들랜드]: 뉴 펀들랜드 ①캐나다 동부 북대서양상의 섬('돌섬'), 래브라도 지역과 함께 영·불 합작의 주, 〈~ easterly edge of Canada〉 ②그 지방 원산의 물에 빠진 사람 구조용 흑색의 큰 개, 〈~ a large breed of working dog〉 수2

377 **New France** [뉴우 후랜스]: '새 프랑스', 1763년 7년 전쟁에서 영국에 지기까지 약 150년간 프랑스의 영향에 있었던 북미의 캐나다·아카디아·루이지애나 지역, 〈~ territory colonized by France in N. America〉 수2

378 **new-fan·gled** [뉴우 횅글드]: 〈영국어〉, 최신(유행)의, 신기한 (새)것을 좋아하는, 〈~ modern\novel〉, 〈↔antiquated〉 양2

379 **New Fron·tier** [뉴우 후륀티어]: 뉴 프런티어, 신 개척자 정신 ①1893년 위스콘신대학의 32세 교수 프레드릭 터너가 외친 미국의 〈해외 영토 확장 정책〉으로 〈미 제국주의〉의 표상이 됨, 미개척지〈un-chartered land〉 ②1960년 J.F 케네디가 내세운 주택·최저임금 향상을 위한 사회개량 정책으로 케네디 자신이 실패를 인정했음, 〈~ a poitical catch phrase〉 우2

380 **New Guin·ea** [뉴우 기니]: 〈아프리카 기니인들 비슷한 사람들이 사는〉 오스트레일리아 북쪽에 있는 세계에서 2번째로 큰 섬으로 서부는 인도네시아(Indonesia)의 한 주고 동부는 1975년 오스트레일리아로부터 독립된 공화국(Papua New Guinea)이나 주민들의 〈자급자족 의식이 강해〉 개발이 안 되고 있음 수2

381 **New Hamp-shire¹** [뉴우 햄프셔]: 〈새로운 Hampshire(영국 남쪽에 있는 군)〉, NH, Granite State, 〈화강암의 고장〉, 경치가 좋고 낙농업과 경공업이 발달한 미국 북동부(N-E US) 내륙에 위치한 주〈정치 1번지〉, {Concord-2}, 〈〈purple lilac〉〉 수1

382 **New Hamp-shire²** [뉴우 햄프셔]: 뉴햄프셔 원산의 붉은 색깔을 하고 피둥피둥 살이 쪘으며 연평균 280개의 갈색 달걀을 낳는 우량종 닭, 〈~ a red chicken〉 수2

383 **New Ha·ven** [뉴우 헤이븐]: '새로운 harbor(항구)', 예일(Yale) 대학이 있고 느릅나무 가로수가 많은 미국 코네티컷주의 상공업이 발달한 항구도시, 〈~ a coastal city in Connecticut〉 수1

384 **New Jer·sey** [뉴우 줘어지]: 〈새로운 Jersey(프랑스와 사이에 있는 영국령 섬)〉, NJ, Garden State, 〈채마밭 도시〉, 〈독립의 전투지〉, 뉴욕과 필라델피아에 끼어있어 미국에서 가장 인구밀도가 조밀한 주, {Trenton-12}, 〈〈bogbice violet〉〉 수1

385 *****New Left** [뉴우 레후트]: 신좌익, 1960~70년대 초기에 미국의 대학생들 중심으로 일어났던 반자본·반제도·국수주의 운동으로 〈편자가 언젠가는 되돌아 올 것으로 내다보는〉 비폭력적이나 과격한 정치·사회 개혁자들, 〈~ radical Marxist movement〉, 〈↔New Right〉 우2

386 **New-man** [뉴우먼], Paul: 〈게르만계 이름〉, '새로 온 자', 뉴먼, (1925-2008), 자동차 경기를 즐겼으며 많은 자선사업을 하고 폐암으로 죽은 미국의 '푸른 눈의 미남 배우', 〈~ an American actor〉 수1

387 *****new me·di·a** [뉴우 미이디어]: '신매체', 신문과 TV 대신 등장한 인터넷을 통한 웹사이트의 정보 전달 수단, 〈~ computational (or digital) media〉 우2

388 **New Mex·i·co** [뉴우 멕씨코우]: 〈멕시코가 탄생하기 250여 년 전에 아즈텍의 한 계곡 이름에서 연유한 지방 이름〉, NM, Land of Enchantment, 〈마음을 호리는 땅〉, 250년의 통치 후 1848년 멕시코가 전쟁에서 져서 양도한 석유를 비롯한 광업·목축업·농업·관광업이 발달한 미국의 서남부(S-W US) 내륙에 있는 주, {Santa Fe-3}, 〈〈yucca〉〉 수1

389 **new nor·mal** [뉴우 노어멀]: 〈2008년에 등극했으나 Covid-19 이후에 유행된 말〉, '새 정상', 새로운 기준, 시대 변화에 따라 새롭게 바뀌는 생활풍조, 〈~ strange routine〉, 〈↔old normal〉, 〈'nothing lasts forever'의 역사적 표현〉 미2

390 **New Or·le·ans** [뉴우 오얼리언즈]: 뉴 올리언스, 1718년 프랑스의 섭정 오를레앙공작의 이름을 따서 미시시피강 하구 걸프만에 만나는 곳에 세워진 미국에서 제일 〈재미있는〉 도시, 〈~ a Louisiana city on the Mississippi river〉 수1

391 *****New Right** [뉴우 롸잍]: 신우익, 1970년대부터 세계 각처에서 일어난 자유주의 경제체제와 전통적인 도덕관을 강조하는 정치·사회운동으로 한국에서는 이명박 정부의 성향을 나타낸 것으로 간주됨, 〈~ right-wing political groups in different countries〉, 〈↔New Left〉 우2

392 **news** [뉴우스]: 〈산스크리트어→그리스어→라틴어→영국어〉, 소식, 기사, 보도, 통신, 신문, 〈← new〉, 〈~ info\rumor\buzz〉 양1

393 **news-break** [뉴우스 브뤠읶]: 보도 가치가 있는 사건, (막간의) 짧은 보도 시간, 〈~ a news-worthy event〉 미1

394 **news-cast** [뉴우스 캐스트]: (소식) 보도, 소식 방송(방영), 〈~ broad-casting〉 미1

395 **news group** [뉴스 그루우프]: '소식 조', 전산자 가입자 사이에 관심이 있는 주제에 대해 정보를 교환할 수 있는 집단, 〈~ chat-room\use-net〉 미2

396 **news-me·di·a** [뉴스 미이디어]: 소식 매체, 기사 중계업, 〈~ journalism\press〉 미2

397 **news-mon·ger** [뉴스 멍거]: '소문 장수', 소문 퍼뜨리기를 좋아하는 사람, 수다꾼, 떠벌이, 〈~ rumor(gossip)-monger〉, 〈↔informant〉 양2

398 **news-pa·per** [뉴스 페이퍼]: 신문(지), 신문업, 〈~ paper\print\rag〉 가2

399 **news–re-lease** [뉴스 륄리이스]: 기사 발표, 소식 방출, 〈~ announcement\press release〉 미2

400 **news-stand** [뉴스 스탠드]: 〈가두〉 신문 판매대(통), 〈~ booth\stall〉 양2

401 **News-week** [뉴스 위이크]: 1933년 창간되어 현재 IBT Media가 관리하는 미국의 3대 시사주간지·전산기 매체, 〈~ an American weekly news magazine〉 수2

402 **newt** [뉴우트]: an(a)+ewte(lizard), 〈영국어〉, 〈물과 뭍에서 살 수 있는〉 영원, ('소형 도롱뇽'), 얼간이, 〈~ salamander\triton\idiot〉, 〈↔canny person〉 양2

403 **New Tes·ta·ment** [뉴 테스터먼트]: 신약 성서, 서기 150년경부터 예수의 추종자들이 그리스어로 쓰기 시작해서 400년까지 골자가 잡힌 예수 및 그의 제자들의 경험적 가르침이 들어 있는 27권으로 되어있는 기독교의 2번째 교범, 〈~ New Covenant〉, 〈↔Old Testament〉 양2

404 **New The·ol·o·gy** [뉴 씨알러쥐]: 신신학, 19세기 말 유럽의 카톨릭계에서 일어난 근대 과학의 개념과 융합을 시도한 신학의 일파로 아직도 논란이 많은, 〈~ resource-ment\an intellectual movement in Catholic theology〉 가1

405 *****New Thoughts** [뉴 써어츠]: 신사상, 19세기 미국에서 태동한 인간의 신성에 따른 올바른 사상이 질병과 죄악을 막을 수 있다고 생각하는 종교철학(religious philosophy)의 일파, 〈~ Higher Thoughts〉 우2

406 **new-ton** [뉴우튼]: N, 〈← Isaac Newton〉, 질량 1kg에 작용하여 1m의 가속도를 만드는 힘, 〈~ a unit of force〉 수2

407 **New-ton** [뉴우튼], apps: 뉴턴, 애플사가 개발한 전자우편 관리(e-mail management)기기 수2

408 **New-ton** [뉴우튼], I·saac: 〈영국계 이름〉, new+town, '개척지에 사는 자', 뉴턴, (1642-1727), 떨어지는 사과를 보고 만유인력(질량을 가진 모든 물체 사이에 서로 끌어당기는 힘)의 법칙을 발견한 영국의 물리학자·수학자·천문학자, 〈~ an English poly-math〉 수1

409 *****new-tro** [뉴우트로]: new+retro, 〈2018년 한국(Korea)에서 등장한 말〉, 신복고, 새로운 복고(풍), 예전에 유행했던 것들을 현대 감각으로 각색한 것, (좁은 의미로는) modern+〈1980-1990 era(돈벌이에 바빠서 잊혀진 문화)〉, (개량 한복·개량 한식 등) 〈앞으로 다가올 복고주의에 대비해서 한국에서 개척해야 할 분야〉, 〈~ modernized retro〉, 〈~(↔)ultra-modern〉 미2

410 *****new wave** [뉴 웨이브]: '새 물결' ①예술·사상의 새로운 경향 ②N~ W~; 1970년대 말에 유행했던 단순한 리듬·하모니·비트 등을 특징으로 하는 록·펑크록의 음악, 〈~ synth-pop〉 양1 수2

411 **New World** [뉴 워얼드]: (남·북아메리카의) 신대륙, (1492년 콜롬버스가 발견했다는) 신세계, 미주, 〈~ Western Hemisphere\Americas〉, 〈↔Old World〉 양2

412 **New York** [뉴 요얼크], Cit·y: 1664년 영국이 네덜란드로부터 빼앗고 (황태자였던 요크대공의 이름을 따서) 개명한 도시, 뉴욕시(2001년 9.11 사태로 〈미국의 자존심〉에 상처를 받았으나 아직까지 〈세계의 수도〉로 특히 경제·문화 분야에서 〈큰 사과〉를 딸 수 있는 자유와 기회의 도시), 〈~ the Big Apple\the city that never sleeps〉 수1

413 **New York** [뉴 요얼크], State: NY, Empire State, 뉴욕주 〈제왕 주〉, 〈떠오르는 주〉, 도시·농촌·강·산·바다·호수·하다못해 폭포까지 있는 미국 동북부(N-E US)의 〈맹주〉, {Albany-26}, 〈〈rose〉〉 수1

414 **New York cut(steak)** [뉴우욜 캍(스테잌)]: (등심살이 붙어있고 뼈가 없는) 뉴욕식 쇠고기 저밈(살), 〈~ strip (or top) loin\club (or ambassador) steak〉 우2

415 **New York Times** [뉴우 요얼크 타임즈] \ NYT: 〈The Gray Lady〉, 1891년에 창간되어 117명의 퓰리처상 수상자를 낸 미국의 대표적 일간지, 〈~ an American daily news-paper〉 수2

416 **New York U·ni·ver·si·ty** [뉴 요얼크 유우니붜어시티] \ NYU: 1831년 뉴욕의 상인들이 주축이 되어 세운 다양하고 거대한 〈세계적〉 종합대학, 뉴욕대학, 〈~ a private research univ.〉 수2

417 **New Zea-land** [뉴 지일런드]: 〈네덜란드 함대가 발견하여 고향이름 Zeoland를 딴〉 뉴질랜드, 1852년 영국으로부터 자치권을 부여받고 1893년 세계 최초로 여성의 참정권이 허락된 오스트레일리아 남동쪽 남·북의 두 섬과 부속 군도로 된 〈양치기의 나라〉, {New Zealander·Kiwi-Eng·Maori-(NZ) Dollar-Wellington}, 〈~ the land of the long white cloud〉 수1

418 **Nex·is** [넥시스]: Lexis Nexis, 1977년부터 시작된 전산기를 통한 법률·공공문서 탐색을 도와주는 미국의 연성기기 제공회사, 〈~ an American data analytics co.〉 수1

419 **next** [넥스트]: 〈← neah(nigh)〉, 〈영국어〉, 다음의, 이웃의, '가장 가까운', 〈~ near\then\following〉, 〈↔far\remote〉 가1

420 **next of kin** [넥스트 어브 킨]: 최근친(제일 가까운 친척), 〈~ closest relative〉, 〈↔stranger〉 가1

421 **nex·us** [넥서스]: 〈← nectere(bind)〉, 〈라틴어〉, 〈함께 묶인〉 연계, 집합체, 핵심, 〈~ chain\sequence\hub〉, 〈↔dis-connection line〉 양1

422 **NFL** (Na·tion·al Foot-ball League): 미 프로(미식)축구연맹, 1920년에 창단되어 각각 16개의 NFC(National Football Conference)와 AFC(American Football Conference) 팀으로 구성된 직업연합 미2

423 *****NFS**¹ (net-work file sys·tem): 전산망 자료철 체제, 1984년 Sun사가 개발한 전산기 간의 구동 원반을 공유할 수 있는 운영체제, 〈~ net-work-attached storage〉 미2

424 *****NFS**² (not for sale): 비매품, 팔지 않음 미2

425 *****NFT** (non-fun·gi·ble-token): intangible token, 대체불가(징)표, (주로 예술품 시장에서 사용하는) 대상에 고유한 암호를 부여한 〈전자자산〉, 〈~ a unique digital identifier\a block-chain-based token〉 우2

426 *****NG** (no good): 나쁨, 실패(작), blooper 양2

427 *****ngl** (not go-ing to lie): 거짓없이 (말하자면), 똑바로 얘기하면, 〈↔lying²\joking〉 양2

428 *****NGO** (non–gov·ern-men-tal or·gan·i·za·tion): 비정부 기구, 〈한국에서 막강한 권력을 행사하고 있는〉 민간 공익단체, 〈~ civil society org.(CSO)〉 양2

429 **Nguyen** [누엔\옹우옌\윈]: 〈← ruan(a stringed musical instrument)〉, 〈중국어→베트남어〉, 완(악기 이름) ①1802부터 1945년까지 지속된 베트남의 마지막 왕조, 〈~ the last Vietnamese dynasty〉 ②왕의 명령으로 성을 간 사람들이 많아 베트남 인구의 40%가 가지고 있는 성 ③〈세상에서 가장 발음하기 힘드나 적당히 불러도 모두 알아듣는 이름〉, 〈~ the most common Vietnamese surname〉 수1

430 **NHK** (Nip-pon Ho-so Kyo-kai): 1998년에 세워져서 전 세계를 향해 일본어·영어로 방영하는 〈공영의〉 '일본방송 협회', 〈~ a Japanese public broad-caster〉 미2

431 **NHL** (Na·tion·al Hock-ey League): (1917년 캐나다에서 창립되어 미국 뉴욕에 본부를 두고 있는) 북미 직업 아이스하키 연맹, 〈~ a professional ice-hockey league in N. America〉 미2

432 **Ni·ag·a·ra** [나이애거뤄]: 〈← onguiaahra(strait)〉, 〈원주민어〉, 나이아가라, '좁은 강' \ '물벼락', torrent, 미국과 캐나다 국경에 이리호와 온타리오호를 연결하는 강·폭포·도시 이름, 〈~ the narrow water-way from Lake Erie to Lake Ontario〉 수1

433 **Ni·an·tic** [나이앤틱\니앤틱]: 〈← Nehantick(inducing great fear)?〉, 〈북미 원주민어〉, 〈포경선의 이름을 따〉 2010년에 설립된 미국의 증강현실 놀이전문 연성기기 회사, 〈~ an American software development co. in SF〉 수1

434 **nib** [닙]: 〈← neb(beak)〉, 〈영국어〉, 부리, 끝, 첨단(tip), (펜이나 화살의) 촉, 〈~ bill\pen-point〉 양2

435 *****nib·ba** [니바]: 〈전산망어〉, nigga, nigger, 깜둥이('깜씨') 양2

436 **nib·ble**¹ [니블]: nip+le, 〈게르만어〉, 〈의성어·의태어?〉, 조금씩 물어뜯다, 입질하다, 트집 잡다, 〈~ morsel\small bite\peck〉, 〈↔engorge\gobble\guzzle〉 양1

437 **nib·ble**² [니블]: 〈← nibble¹〉, 〈조금씩 물어 뜯는 기간〉, 4비트(four-bit), 1/2바이트(half-byte), 〈~ tetrade〉 미2

438 **nib·lick** [니블릭]: 〈← nibbe(nose)?〉, 〈스코틀랜드어〉, 수제로 골프채를 만들 시절의 〈끝이 '짧은 부리' 모양을 한〉 아이언 9번에 상당하는(9-iron or wedge) 골프채, 〈~ an antique golf club〉 우1

439 *****NIC** (net-work in·ter·face card \ ~ con·trol·ler): 전산망 접속판, 전산기를 전산망에 연결시켜 주는 전산기 내의 강성 회로, 〈~ network adapter\physical network interface〉 미2

440 **ni-cad \ NiCd** [나이캐드\엔 아이 씨이디이]: nickel-cadmium, 보통 축전지에 쓰는 리튬보다 싼 건전지의 원료나 인체에 독성(toxic)이 있음, 〈~ a rechargeable storage battery〉 수2

441 **Ni·cae·a** [나이씨이어]: 〈← Nike(victory)〉, '승리', 니케아, 325년 콘스탄티누스 황제가 소집하여 〈예수가 하느님의 외아들〉이라고 정의한 종교회의(council of Christian bishops)가 열린 터키 북서부(N-W Turkey)의 고대도시 수1

442 ***NICAM** [나이캠]: near instantaneous companded audio multiplex, 거의 즉각적으로 압축·확장된 다중 음향 송신, 고품질의 입체 음향과 함께 시각 신호를 보내는 TV의 수치형 전송방식, 〈~ an audio compression technique〉 미1

443 **Nic·a·ra·gua** [니커롸아구어]: 〈← nic-atl-nahuac(surrounded by water)?〉, 니카라과, '니카라오〈Nicarao〉 부족의 나라', 1821년 스페인의 영향력을 벗어나 1838년 독립했으나 오랫동안 정치적 불안정을 겪다가 1990년부터 안정을 되찾은 중앙아메리카(Central America)의 잘 못사는 나라, {Nicaraguan-Sp-Cordoba-Managua}, 〈~ land of lakes and volcanoes〉 수1

444 **Nice** [니스]: 〈← Nike(victory)〉, 〈그리스어에서 연유한 프랑스어〉, '승리', 니스, 프랑스 남부 이탈리아 쪽 지중해 연안에 있는 항구·관광·예술 도시, 〈~ a city on French Riviera〉 수1

445 **nice** [나이스]: ne+scire(know), 좋은, 기쁜, 친절한, 미묘한, 훌륭한, 〈원래는 '알지 못하는(no science)'의 라틴어가 둔갑되어진 말〉, 〈~ fine\enjoyable〉, 〈↔mean\un-pleasant〉 양1

446 **niche** [니취]: 〈← nidus〉, 〈라틴어〉, 〈← nest〉, 벽감(벽의 움푹 들어간 부분), 아주 편한 자리, 적합한 환경, 활동 범위, 틈새, 새장의 '구멍', 〈~ recess\ideal position\opening〉, 〈↔filled position\remove〉 양1

447 *****niche mar·ket·ing** [니취 마아키팅]: 특정 시장 분야에의 판매, 틈새시장 공략, 〈~ specific (or segment) marketing〉, 〈↔mass marketing〉 미2

448 **Nich·o·las** [니컬러스]: nike(victory)+laos(people), 〈그리스어〉, '민중의 승리', 니콜라스, 남자 이름(Nick), 〈~ a male name〉, 교황·러시아 황제(Pope·Czar)들의 이름 수1

449 **Nich·o·las** [니컬러스], Saint: 성 니콜라스, 4세기경 소아시아에 살았던 선원·여행자·상인·어린이의 수호성자로 러시아와 그리스의 수호신으로 추대되었으며 지참금이 없어 시집을 못 간 3처녀에게 금을 주었다는 '산타클로스'의 원조, ⇒ Santa Claus 수1

450 **nick** [닉]: 〈← niche?〉, 〈어원 불명의 영국어들〉, 새김눈, 자른 자리, 철창(감방), 훔치다, 〈→ snick〉, 〈~ scratch\jail\thieve〉, 〈↔outside\disorder\buy〉 양1

451 **nick·el** [니클]: koppar(copper)-nickel(demon), 〈독일어〉, '악마의 구리' ①니켈, 〈잘 부식되지 않아 합금용으로 많이 쓰이는〉 약간 금빛이 도는 은백색의 '구리 비슷하면서도 구리를 포함하지 않은' 금속원소 (기호 Ni·번호28), 〈~ a metallic element〉 ②백통 돈, 잔돈, 미국의 5센트짜리 동전, 〈~ 5 cent coin〉 수2

452 *****nick·el and dime** [니클 언 다임]: 인색한, 하찮은, 알뜰한, 〈~ cheap\petty〉, 〈↔major\important〉 양2

453 **nick·el sil·ver** [니클 씰붜]: German silver, 양은(구리·아연·니켈을 합금하여 만든 쇠), 〈~ copper alloy with nickel (or zink)〉 양2

454 **nick-name** [닉 네임]: 〈영국어〉, 'eke(additional) name', 별명, 애칭, 약칭, 〈~ by-name〉 양2

455 **Ni·com·a·che·an** [나이카머키이언], Eth·ics: nike(victory)+makhe(fight)+os(man), 〈그리스어〉, 「니코마코스」('승리의 전사', 아리스토텔레스의 아버지와 아들 이름)의 윤리, 누가 편찬했는지는 모르나 〈잘 먹고 잘사는 것〉이 최상의 선이라는 아리스토텔레스의 훈화를 엮어놓은 10권의 윤리학 책, 〈~ Aristole's works on ethics〉 수1

456 **Ni·co·rette** [니커뤨]: 니코렛, 여자이름, 니코틴이 들어 있는 금연용 씹는 껌(상표명), 〈~ a smoking cessation gum〉 수2

457 **nic·o·tine** [니커티인]: 〈1560년 프랑스로 씨를 보낸 포르투갈 주재 대사의 이름(Nicot; Nicholas)을 딴〉 담뱃잎에서 추출되는 강력한 부교감 신경 촉진제(자극성 신경전달 물질), 〈~ a stimulating neuro-transmitter〉 수2

458 **nide** [나이드]: 〈← nidus(nest)〉, 〈라틴어→영국어〉, (꿩 등의) 둥지 속 새끼들, (꿩 등의) 떼, 〈~ a brood (or nest) of pheasants〉 양2

459 **nid·i·fi·cate** [니디휘케이트]: nidus(nest)+ficare(build), 〈라틴어〉, (새가) 둥지를 틀다, 보금자리를 짓다 양2

460 **ni·dus** [나이더스]: 〈라틴어〉, breeding place, 둥지, (곤충이 알을 스는) 알집, 병소, 〈→ nest〉, 〈~ center\seed-bed〉, 〈↔exterior\border〉 양2

461 **niece** [니스]: 〈← neplis〉, 〈라틴어〉, 〈원래는 손녀(grand-daughter)를 일컫던 말〉, '조카딸', 질녀, 〈당신에게 'nice'하게 대해 주는 여자〉, 〈~ daughter of siblings〉, 〈~(↔)nephew〉 가1

462 **Niel-son** [니일슨], rat-ing: 〈← niall(champion)〉, 〈켈트어〉, 미국인 닐슨〈승리자의 자손〉이 1923년 설립한 시장조사 회사가 측정하는 TV 시청률, 〈~ measurement of media audiences〉 수2

463 **NIES** [니이즈 \ 나이즈] (new·ly in·dus·tri·al·i·zing e·con·o·mies): 신흥공업 경제지역, 1988년부터 쓰기 시작한 아시아(Asia)의 〈한국·대만·홍콩·싱가포르 등〉 신흥공업 국가를 일컫는 말 미2

464 **Nie·tzsche** [니취], Fried-rich: 〈Nicolaus의 슬라브계 이름〉, '승리자', 니체, (1844-1900), (천재성을 가지고 〈편자와 같이 어원학에 심취한 나머지〉 정신병에 시달렸으나) 모든 가치를 재평가하려고 시도해서 (실존주의·정신분석·나치에 지대한 영향을 끼친) 독일의 〈괴짜〉 시인·언어학자·철학자, 〈~ a German philosopher〉 수1

465 ***niff** [니후]: ①〈영국어〉, 〈의태어?〉, 노여움, 반감, 〈~ nasty remark〉, 〈↔absorb〉 ②〈영국어〉, 〈의성어?〉, 악취가 나다, 〈~ pong\stink〉, 〈↔ordorless〉 양2

466 ***nif·ty** [니후티]: 〈Magnificat의 줄임말이라는 설도 있으나〉 〈1868년에 등장한 어원 불명의 미국어〉, 멋진, 재치 있는, 솜씨 좋은, 〈~ cool\skillful〉, 〈↔un-pleasant\clumsy〉 양2

467 **ni·gel·la** [나이젤러]: 〈← niger(black)〉, 〈라틴어〉, '검은' 씨를 가진 식물, fennel·flower, 미나리 아재빗과의 각종 초본, 〈~ love-in-a-mist\cockle〉 우1

468 **Ni·ger** [나이쥐]: 〈원주민어〉, gher n-gheren, river among rivers, '강 중의 강', 니제르, 1960년 프랑스로부터 독립한 서북아프리카(N-W Africa) 내륙에 니제르강을 남서부에 두고 북동부는 광대한 사막으로 된 잘 못사는 회교도의 나라, {Nigerian-Fr-(XO)Franc-Niamey} 수1

469 **Ni·ge·ri·a** [나이쥐이어뤼어]: 'Niger 강이 흐르는 땅', 나이지리아, 〈아프리카의 거인〉, 1960년 영국으로부터 독립된 니제르 남쪽(S of Niger) 기니아만 연안의 인구가 많고 천연자원이 풍부한 나라, {Nigerian-Eng-Naira-Abuja} 수1

470 **nig·gard** [니걸드]: 〈← njugga(hoard)〉, 〈스칸디나비아어〉, 구두쇠, 인색한, 쩨쩨하게 굴다, 〈~ miserly\stingy〉, 〈↔liberal\generous〉 양2

471 **nig·ger** [니거]: 〈1786년에 라틴어에서 변형된 영국어〉, 검둥이(negro의 천대 말), '깜씨', nigga, nibba, 〈~ jigaboo〉, 〈~(↔)wigger\white nigger〉 양2

472 **nig·ger toe** [니거 토우]: '검둥이 발가락' 같은 알맹이를 가진 호두 ⇒ Brazil nut 우2

473 **nigh**[나이]: 〈← neah(near)〉, 〈12세기 이전에 등장한 고상한 영국어〉, 거의, 가까이(next), 〈~ almost\adjacent\not quite〉, 〈↔far\distant〉, 〈↔high〉 양2

474 **night** [나잍]: 〈← nakti(dark)〉, 〈산스크리트어→그리스어→라틴어→게르만어〉, 〈중요한 역사가 이루어지는〉 '밤', 야간, 어둠, 죽음, 〈~ darkness\bed-time〉, 〈↔light\day〉 가1

475 **night blind·ness** [나잍 블라인드니스]: nyctalopia, 야맹(증), 밤소경(근시·백내장·Vit.A 결핍 등으로 밤눈이 어두운 증세), 〈↔day blindness〉 양2

476 **night-cap** [나잍 캪]: ①잠잘 때 쓰는 모자(sleep-cap) ②잠자기 직전에 마시는 술, '취침주', '밤술', 〈~ sleep promoter〉 우2

477 **night club** [나잍 클럽]: '야간 사교장', '밤 사교 구락부', '야회소', 밤에 남녀가 어울려서 마시고 춤추는 곳, 〈~ room-salon\cabaret〉 우2

478 **night coach** [나잍 코우취]: (항공 요금이 싼) 야간 일반석, 〈~ red-eye flight〉 양2

479 **night crawl·er** [나잍 크뤌러]: 〈민물고기 낚싯밥으로 많이 쓰는〉 (밤에 기어 다니는) 큰 지렁이, 〈~ earth (or fish) worm〉 양2

480 **night-fall** [나잍 훠얼]: twilight, 해 질 녘, 황혼, 땅거미, 〈~ dusk〉, 〈↔dawn〉 양1

481 **night-gown**(robe) [나잍 가운(로우브)]: (여성·어린이용) 잠옷, 〈~ night-robe(dress)\nightie〉, 〈↔work-wear\smock〉 양2

482 **night-hawk** [나잍 허어크]: bullbat(쏙독새), '모기매', 바람개비, 날개가 커서 매와 비슷하게 날아다니며 주로 산림에 살면서 밤에 나와 벌레를 잡아먹는 조그만 새, 〈~(↔)night-jar〉 미2

483 **night-her·on** [나잍 헤런]: night raven, '밤 해오라기', 푸른 백로, 녹흑색 등에 흰색의 배를 가지고 산림에 살면서 밤에 활동하는 백로 비슷한 중형의 새, 〈~ black-crowned night-heron〉 미2

484 ***night-ie** [나이티]: '잠옷'의 신세대어, 〈~ night-gown〉 양2

485 **night·in-gale** [나이팅게일]: niht(night)+galan(sing), 〈게르만어〉, '밤에 우는 새', 수컷의 울음소리가 낭랑하고 나르는 방법이 특이하며 숲에서 밤에 벌레를 잡아먹고 사는 유럽산 지빠귀과의 작은 새, 〈~ oriole\a small passerine〉 수2

486 **Night·in-gale** [나이팅게일], Flor·ence: (1820-1910), 〈등불을 든 여인〉, 평생을 독신으로 지내면서 부상병 치료에 현대적 소독법을 도입하였으며 통계에 의한 사회개혁에도 관심이 많았던 이태리 태생 영국의 간호사, 〈~ an English nurse and social reformer〉 수1

487 **night-jar** [나잍 좌알]: (밤에 수놈이 '좌알~ 좌알~'하고 우는) fern owl, goat sucker('염소 피빨이'), 주로 밤나방을 잡아먹고 사는 night·hawk보다 조금 더 큰 쑥독새, ⟨~ whippoorwill⟩, ⟨~(↔)oil-bird⟩ 우1

488 **night-light** [나잍 라잍]: 야간등, 철야등, 밤에 켜두는 작고 희미한 전등, ⟨~ tea-light\safety-light⟩ 양1

489 **night-mare** [나잍 메어]: niht(night)+mare(demon), ⟨게르만어⟩, 악몽, 가위눌림, 공포감, ⟨암말하고는 관계가 없는 in·cubus⟩, ⟨~ bad dream⟩, ⟨~(↔)night-terror⟩, ⟨↔tranquility\honeymoon⟩ 양2

490 **night owl** [나잍 아울]: 밤 올빼미(①밤샘하는 사람, 밤잠 없는 사람, ⟨~ moonlighter\star-gazer⟩, ⟨~(↔)early bird⟩ ②쏙독새의 총칭), ⟨~ night-jar\whippoorwill⟩ 미2

491 **night-shade** [나잍 쉐이드]: 아마도 잎이 '전등갓' 모양을 닮았다고 해서 따온 말 같은 가짓과의 알칼로이드 식물의 총칭(가지·토마토·감자·담배·까마중·배풍등 등 2천여 종이 있다 함), ⟨~ solanum⟩ 우1

492 **night-shift** [나잍 쉬후트]: graveyard·shift, 야간 근무(자), ⟨↔day-shift⟩ 양2

493 **night-shirt** [나잍 셔얼트]: 긴 잠옷, ⟨~ night-robe (or dress)⟩ 양3

494 **night-stand** [나잍 스탠드]: night·table, bed stand, '야간 책상', 침대 곁 탁자 미1

495 **night-ter·ror** [나잍 테뤄]: 야경증, 야간 공포(증), ⟨~ nocturnal panic⟩, ⟨~(↔)night-mare⟩ 양2

496 **night–walk-er** [나잍 워어커]: 야행 동물, 몽유병자, 자객, 매춘부, ⟨~ night-rider\somnambulist\thug\prostitute⟩ 양1

497 **ni·gi·ri** [니기뤼]: ⟨'gripping'이란 뜻의 일본어⟩, 니기리, ⟨손으로 눌러 만든⟩ 초밥, 주먹밥 위에 약간의 와사비와 얇게 썬 회를 올려놓은 스시, ⟨~ slice of raw-fish on top of hand-pressed rice\original sushi⟩, ⟨~(↔)gim-bap⟩ 미2

498 **NIH** (Na·tion·al In·sti·tutes of Health): (미) 국립 보건원, 미 국립 위생 연구소, 1887년에 수도에서 위생 연구소로 출발해서 현재 27개의 연구단체를 거느리고 있는 미 보건 복지부(DHHS) 산하의 생명과학 연구기관 미1

499 **ni·hil-ism** [나일리즘 \ 니힐리즘]: ne(not)+hilum(little thing), ⟨라틴어⟩, ⟨← nothing⟩, 허무주의(니체가 자신을 지칭한 말), 무정부주의(19세기 중반에 러시아에서 일어났던 운동), ⟨→ annihilate⟩, ⟨~(↔)agnosticism\pessimism\anarchism⟩, ⟨↔existentialism⟩ 양2

500 **Ni·ke** [나이키]: ⟨그리스어⟩ ①니케('승리⟨victory⟩'의 여신) ②미 육군의 지대공 유도탄(surface to air missile)의 일종 ③1964년에 세워진 미국의 운동화를 비롯한 스포츠용품 제조회사로 ⟨미국의 여대생이 고안한⟩ 힘차고 단순한 의장이 한몫을 함, ⟨~ an American athletic footwear and apparel co.⟩ 수1

501 **Nik-kei** [니케이], In-dex: ⟨1876년에 세워져서 3백만 부가 팔리는⟩ Nihon Keizai (일본 경제 신문)가 1950년부터 발표하는 도쿄 주식시장(Tokyo Stock Exchange)의 주가지수 수2

502 **Ni-kon** [니콘 \ 나이카온]: Nippon(Japan)+kogaku(optical), 1917년 일본 광학공업 주식회사로 설립되어 사진기 등 광학기계·전자제품을 생산하는 세계적 재벌회사, ⟨~ a Japanese optics and photographic equipment manufacturer⟩ 우2

503 **nil** [닐]: ⟨라틴어⟩, nothing, 무, 영, 없음, ⟨→ nihilism⟩, ⟨↔all\many⟩ 양2

504 **Nile** [나일]: ⟨← neilos(river valley)⟩, ⟨그리스어⟩, '거대한 강⟨nile iteru⟩', 아프리카 중동부의 빅토리아 호수 등에서 시작해서 지중해의 남·동쪽으로 흘러 들어가는 다양한 형태의 6,671km짜리 강, ⟨~ a major north-flowing river in N-E Africa⟩ 수1

505 **Nile blue** [나일 블루우]: 녹색을 띤 담청색(pale greenish blue) 미1

506 **Nile green** [나일 그뤼인]: 청색을 띤 담녹색(pale yellow green) 미1

507 **nil-gai** \ ~ghai [닐가이]: nil(blue)+gaw(cow), ⟨힌디어⟩, blue bull('청색 황소'), 인도에만 서식하는 푸른 색깔이 도는 소만큼 큰 영양(large antelope) 수2

508 **nil-nil draw** [닐-닐 드뤄어]: ⟨1870년대에 등장한 영국 축구 용어⟩, 0:0의 경기에서 승자를 제비뽑기, 무득점 추첨, ⟨~ score-less draw⟩ 미2

509 **nim·ble** [님블]: ⟨← niman(take)⟩, ⟨게르만어⟩, '재빠른', 영리한, 빈틈없는, ⟨~ agile\astute⟩, ⟨↔stiff\clumsy⟩ 양1

510 ***NIMBY** [님비] (not in my back-yard): '내 뒤뜰은 안 돼', ⟨자연환경에 좋지 않은 시설물의 설치에 반대하는⟩ 지역 이기주의, ⟨~(↔)YIMBY(yes in my back-yard)⟩ 양1

511 **nin·com·poop** [닌컴푸우프]: ⟨'non compo mentis'란 라틴어에서 연유한 영국어⟩, 바보, 얼간이, ⟨~ idiot\block-head⟩, ⟨↔sage\genius⟩ 양2

512 **nine** [나인]: ⟨← nigon⟩, ⟨게르만어⟩, 9, '아홉' 가1

513 **nine-eight-eight** [나인 에잍 에잍]: 9·8·8, 2020년 7월부터 9·1·1 대신 시행되는 미전국 〈자살방지〉 긴급전화, ⟨~ suicide and crisis life-line⟩ 수2

514 **Nine E·lev·en** [나인 일레븐]: 9.11, 2001년 알퀘다(Al-Qaeda)가 미국의 민간 항공기 4대를 납치해서 세계무역 센터(World Trade Center) 등의 건물을 폭파하고 약 3천 명의 사망자를 낸 날 수2

515 **nine-holes** [나인 호울즈]: 골프(18홀짜리)의 반 코스 우1

516 **nine-one-one** [나인 원 원]: 9·1·1, 1960년대부터 공식화된 미국의 (공공안전응답) 응급 전화, ⟨~ emergency telephone number for 39 countries⟩, ⟨in Korea-119; foreigner는 112⟩ 수2

517 ***nine out of ten**: 십중팔구, 거의 다, ⟨~ most of the time\almost always⟩, ⟨↔exactly\rarely⟩ 양2

518 **Nine-teenth A·mend·ment** [나인틴쓰 어멘드먼트]: (1920년에 여성에게 선거권⟨voting rights for women⟩을 부여한) (미) 수정헌법 19조 양2

519 **nine-teenth hole** [나인틴쓰 호울]: 골프를 끝내고 한잔 빨러 가는 술집 〈또는 그 이상〉, ⟨~ bar\hotel?⟩ 우2

520 **Nine-ty Nine** [나인티 나인]: '99' cents store, 1982년 99.99센트짜리 물품으로 시작해서 지금은 2달러 이상 값이 나가는 물건도 파는 미국의 잡동사니 소매점·도매점, ⟨~ discount (thrift) store⟩, ⟨~ an American price-point retailer⟩ 수2

521 **nin-ja** [닌줘]: nin(endurance)+sha(person), ⟨일본어⟩, 닌자⟨참을성이 많은 사람⟩, (둔갑술을 잘 부렸던) 중세 일본의 첩보단체, ⟨~ jedi\star-fighter⟩, ⟨↔samurai⟩ 수2

522 **nin-ja mos·qui·to** [닌줘 머스키이토우]: ⟨일본어+스페인어⟩, aedes, 각다귀, 숲모기, (2018년부터 남가주에서 극성을 부리는) 주로 아랫다리를 잽싸게 여러 번 찌르는 호전적 작은 모기 미2

523 **nin·ny(~ ham·mer)** [니니(~ 해머)]: ⟨← innocent?⟩, ⟨1593년에 등장한 영국어⟩, simpleton, 바보, 멍청이, ⟨↔brain\thinker⟩ 양2

524 **Ni·o·be** [나이오우비]: ⟨그리스어⟩, fern, '고사리', 니오베, 자식 자랑을 하다 14명을 모두 잃고 비탄에 빠져 돌로 변한 여자, 테베왕 암피온의 아내, ⟨~ Amphion's wife, punished for the hubris⟩ 수1

525 **ni·o·bi·um** [나이오우비엄]: 니오브, ⟨Niobe의 아버지 Tantalus의 이름을 딴⟩ tantalium과 매우 유사한 (gas pipe 등 강한 합금용·MRI 등의 고성능 전도체 등으로 쓰이는) 연회색의 금속원소(기호 Cb·번호41), ⟨~ a metallic element⟩ 수2

526 **nip¹** [닢]: ⟨게르만어⟩, ⟨의성어·의태어⟩ 물다, 꼬집다, 잘라내다, 저지하다, ⟨~ snip\pinch\squeeze⟩, ⟨↔un-clip\thicken⟩ 양1

527 **nip²** [닢]: ⟨← nip¹⟩, 한 모금(잔), 소량⟨의 독주⟩, ⟨~ drop\lack⟩, ⟨↔lot⟩ 가1

528 **ni·pa** [니퍼 \ 나이파]: ⟨말레이어⟩, 동인도제도 열대지방의 물가에서 자라는 갈대 모양의 퍼진 야자수로 잎으로는 지붕을 엮고 열매로는 ⟨이탈리아⟩ 술을 담가 먹음, ⟨~ mangrove palm⟩ 수2

529 ***nip¹ and tuck¹** [닢 앤 텈]: ①막상막하(neck and neck) ②주름살 제거 수술(face lift) 양2

530 ***nip in the bud**: (~의) 싹을 없애다, 미연에 방지하다, ⟨~ cut off\curtail⟩, ⟨↔advance\allow\assist⟩ 양2

531 **nip·ple** [니플]: ⟨← neble(bill²)⟩, ⟨영국어⟩, ⟨톡 튀어나온⟩ 젖꼭지, 유두, teat, ⟨~ honker²⟩ 가2

532 **nip·ple wort** [니플 워얼트]: 박조가리나물, 개보리뺑이, 젖꼭지만 한 노란 데이지(daisy) 비슷한 꽃이 피는 해바라기과의 초본, ⟨~ dock (or swine's) cress\ox-tongue⟩ 미2

533 **Nip-pon** [니뽄 \ 니판]: '일본'의 일본식 발음, '일본'의 일본식 발음의 미국식 발음, ⟨~ Japan⟩ 미2

534 **nips** [닢스]: ⟨일본어→미국어⟩①Nippon의 속어, 왜놈(년), 쪽발이 ②⟨2차 대전 후 일본에 주둔한 미군들이 만든 비하어⟩, Nippon+nipple(젖꼭지), 너무 작아서 별로 빨아 먹을 것이 없는 일본 여인의 젖통(Japanese women's teat), (너무 작아서 재활용이 어려운 나머지 여기저기 버려지는) ⟨소형 양주병⟩, ⟨~ small liquor bottle⟩ 양2

535 **nir·va·na** [니얼봐아너]: nis(out)+va(blow), ⟨윤회의 사슬로부터 '풀려난다'는 뜻의 산스크리트어⟩, 열반, 해탈, 꿈, 소원, ⟨~ moksha⟩, ⟨~ paradise\heaven⟩, ⟨~ paradise\heaven⟩, ⟨↔dukkha\samsara⟩ 양1

536 **Nis·san** [니싼]: 닛산, ni(sun)+ssan(product), '일산 자동차', 1933년 설립된 '일본의' 자동차 회사로 인피니티·닛산 등의 차를 만들고 2023년 현재 닛산과 프랑스의 레놀트(Renault)가 각각 15%의 주식을 소유함, ⟨~ a Japanese automobile manufacturer⟩ 수2

537 ***nit** [닡]: ①⟨← hnitu(egg of louse)⟩, ⟨게르만어⟩, 이의 알, 서캐, 가랑니 ②⟨영국어·전산기 용어⟩, 정보량의 단위(= 1,44 bits) 양2 우1

538 ***nit-pick** [닡픽]: ⟨머리털에 있는 '서캐'를 집어내듯⟩ (하찮은 일로) 흠을 잡다, (시시한 일을) 문제 삼다, ⟨~ quibble\fuss⟩, ⟨↔approve\praise⟩ 양1

539 **ni·tro·gen** [나이트뤄첀]: ⟨'초석(salt-peter)'이란 이집트어에서 유래한 그리스어⟩, 질소, ⟨대기의 78%를 점유하며 비료·화약·냉각제 등으로 쓰이는⟩ 기체 원소(기호 N·번호7), ⟨~ a chemical element⟩ 양2

540 **ni·trous ox·ide** [나이트뤘 앜싸이드](N2O): 이산화질소, 원래 마취제로 개발되었으나 한때 영국의 젊은이들이 마약으로 사용했던 ⟨laughing gas⟩ 양2

541 ***nit·ty-grit·ty** [니티 그뤼티]: ⟨1934년에 등장한 어원 불명의 미국어⟩, 사물의 핵심, 엄연한 현실, 평범한, 일상적인, 미주알 고주알, ⟨~ basics\mundane\nuts and bolts⟩, ⟨↔exterior\atypical⟩ 양2

542 ***nit-wit** [닡윝]: ⟨1914년에 등장한 미국 속어⟩, ⟨지혜없는⟩ 바보, ⟨wit가 nothing인⟩ 멍청이, ⟨~ idiot\pin-head⟩, ⟨↔brain\genius⟩ 양2

543 **Ni·ven** [나이븐], Da·vid: ⟨스코틀랜드계 이름⟩, little saint, '꼬마 성자', 니븐, (1909-1983), ⟨영국 신사 역할을 잘 소화해 낸 배우·작가, ⟨~ a British actor and novelist⟩ 수1

544 ***nix** [닉스]: ⟨← nichts⟩, ⟨게르만어⟩, nothing(없음), 금지, 거절, 취소, 조심, 퇴짜 놓다, ⟨~ zip\veto⟩, ⟨↔mile-stone\countenence⟩ 양2

545 **Nix·on** [닉슨], Rich·ard: ;⟨영국계 이름⟩, son of Nicholas, '승리자의 아들', 닉슨, (1913-1994), 자수성가와 7전8기로 공화당 출신 미국의 37대 대통령이 되어 중국과의 수교·석유가의 달러화 등 외교적 업적을 이루었으나 거짓말을 한 죄로 탄핵되기 전에 사임함, {Tricky(교활한) Dick}, ⟨~ 37th President of US⟩ 수1

546 **Nix·on doc·trine** [닉슨 닥트륀]: 1969년 ⟨월남전에 진이 빠진⟩ 닉슨 미국 대통령이 발표한 동맹국에 대하여 (국제분쟁에는 미국이 개입하지 않겠으니) 국가건설·방위 등에서 자립하기를 바란다는 정책, ⟨~ US would supply arms but not military forces⟩ 수2

547 ***niz·zle** [니즐]: ⟨to shizzle my nizzle⟩, ⟨1990년도에 노래 가사로 등장한 미국 흑인 속어⟩ ①nigga(깜씨) ②틀림없어! '쨔샤', ⟨'for sure-nigger'란 말의 힙합 은어⟩ 양2

548 **NLL** (north·ern lim·it line): ⟨UN은 확고한 입장이나 남·북 간에 쟁점이 되고 있는⟩ (한국 서해의) 북방한계선, ⟨~ maritime boundary between N and S Korea⟩ 양2

549 **NLRB** (Na·tion·al La·bor Re·la·tions Board): (미) 전국 노동관계 위원회, 1935년 노동자의 권익 보호와 노사분규 조정을 위해 5명의 위원과 1명의 총괄행정관으로 구성된 대통령 직속 기구, ⟨~ an independent US federal agency⟩ 미2

550 ***n/m \ n/t** (no mes·sage \ no text): 끝, 종료 미2

551 **NMB** (Na·tion·al Me·di·a·tion Board): (미) 국가 조정위원회, 철도(railroads)·항공(airlines) 분야의 노사문제(labor disputes)를 조정하기 위해 1934년 창설된 3명의 위원과 1명의 행정관으로 구성된 대통령 직속 기구 미2

552 **NMD** (na·tion·al mis·sile de·fence): 국가 탄도탄 방위 ⟨일반적 개념⟩ 양2

553 **no** [노우]: ⟨게르만어⟩, ne(not)+a(ever), ~도 없는(아닌, 않는), 금지, 반대, ⟨남·녀 간 쓴쓴이의 어감이 다르다⟩ 설마, ⟨~ not\none⟩, ⟨↔yes\however⟩ 양1

554 **NO.** [넘버]: number의 약자, 제~번(호) 미2

555 **NOAA** [노우어]: National Oceanic and Atmospheric Admnistration, (미) 해양 대국, 1970년에 창설된 기상 관측·해양 오염 등을 관장하는 상무부(Dept of Commerce) 산하의 연방기구, ⟨~ a scientific and regulatory agency⟩ 미2

556 **No·ah** [노우어]: ⟨← nukhu(repose)⟩, ⟨히브리어⟩, '편안한 자', 노아, 그 당시에 유일하게 하느님을 두려워하던 아담의 직계 10대손이라는 헤브라이의 족장, ⟨~ the last Abrahamic patriarch⟩ 수1

557 **nob·by** [나비]: ⟨← noble⟩, ⟨18세기에 등장한 영국어⟩, (원래는 '귀족다운'이란 뜻으로 쓰였으나) 멋진·말쑥한·화려한·최상란 뜻으로 변질된 말, ⟨~ chick\smart\neat⟩ 양2

558 **No·bel** [노우벨], Al·fred: ⟨← nobillis(noble birth)⟩, ⟨라틴어→스웨덴어⟩, '고귀한 자', 노벨, (1833-1896), 다이너마이트를 발명하여 떼돈을 벌었으나 죄책감에 시달려 인류평화에 이바지한 사람들을 위해 9백만 불을 내놓고 간 스웨덴의 화학자, ⟨~ a Swedish chemist and inventor⟩ 수1

559 **No·bel Prize** [노우벨 프롸이즈]: 노벨의 유언에 따라 1901년부터 물리학·화학·생리의학·문학·경제학·평화의 6개 부문에 걸쳐 매년 12월 10일(노벨의 기일)에 수여하는 〈정치성이 강한〉 '상 중의 상', 〈↔Ig Nobel Prize〉 수2

560 **no·ble** [노우블]: 〈← gnoscere(know)〉,〈라틴어〉, 귀족의, 고귀한, 숭고한, 훌륭한, 희귀한, '잘 알려진', 〈~ aristocratic\honorable〉, 〈↔ig-noble\plebeian\vulgar\snob〉 양1

561 **no·ble fir** [노우블 휘어]: 향기가 좋고 아담한 원추형으로 자라 흔히 크리스마스 트리(X-mas tree)로 쓰이는 미 서부 산 전나무의 일종, 〈~ red fir〉 우1

562 **No·ble Or·der of the Knights of La·bor**: '고귀한 노동 기사단', 1869년 필라델피아의 재단사(tailors)들이 결성해서 1890년에 슬그머니 사라진 〈이상주의적〉 노동자 연합단체, 〈~ an American labor federation〉 미2

563 *****no·blesse o·blige** [노우블레쓰 오블리쥐]: 〈프랑스어〉, 노블리스 오블리제, '귀족의 의무', 신분이 높은 사람이 낮은 사람을 도와야 한다는 〈거만한〉 생각, 〈~ nobility extends beyond mere entitle-ment〉 우1

564 **no-bod·y(one)** [노우 바디(원)]: 아무도, 누구도, 보잘 것 없는 사람, 〈↔some-body〉 가1

565 *****no-brain-er** [노우 브뤠이너]: 멍텅구리, 생각할 여지가 없는 것, 당연한 것, 간단한 것, 식은 죽, 〈~ cinch\piece of cake〉, 〈↔toughie\(real) brainer〉 양2

566 *****no cause, no ef·fect**: 원인없이 결과 없다, 아니땐 굴뚝에 연기나랴, 처녀가 아이를 배도 이유가 있다, 〈~ where there's smoke, there's fire\no root, no fruit〉, 〈~ smoking gun〉 양2

567 **no-ce·bo** [노우 췌이보우], ef-fect: 〈← pla-cebo〉, '부작용 효력', 노세보 효과, 〈의사가 약을 처방하면서 이런저런 부작용이 있다고 하면〉 (상상으로 인해) 부작용이 나타나는 효력, 〈이만하면 왜 의사들이 부작용에 대해서 자세히 설명하지 않는지 이해가 갑니까?〉, 〈~ negative expectations〉 양2

568 *****no chil·dren, no prob·lems**: 무자식이 상팔자, 가지 많은 나무가 바람 잘 날 없다, 〈~ a mother with a large brood never has a peaceful day〉 양2

569 **no·ci·cep·tive** [노우시쎕티브]: 〈라틴어+영국어〉, 〈noxious한〉 아픔을 주는 (자극), 상처로 인한 감각, 〈~ sensation of pain〉, 〈↔in-sensitive\un-responsive〉 양1

570 **noc·ti\noct** [낙터\넉]: 〈← nox(night)〉, 〈라틴어〉, 〈밤~〉이란 뜻의 결합사, 〈↔day〉 가1

571 **noc·tur·nal** [낙터어늘]: 〈← nocturnus ← nox(night)〉, 〈밤〉의, 야행성의, 〈↔diurnal〉 가1

572 **noc·tur·nal e·mis·sion** [낙터어늘 에미션]: 〈라틴어〉, wet dream, 〈편자가 박사학위 논문을 쓰려다 포기한〉 몽정. 양2

573 **Nod** [나드\너드]: 〈히브리어〉, vagabond, '방황자', 놋, (카인이 쫓겨난) 에덴의 동쪽에 있는 〈유형의 땅〉, 〈~ land on the E. of Eden〉 수2

574 **nod** [나드\너드]: 〈← nodden(to shake)〉, 〈게르만어〉, 〈의태어〉, 끄덕이다(인사하다·승낙하다·졸다), 흔들리다, 〈~ incline\signal〉, 〈↔shrug\disagree\quash〉 양1

575 **nod-dy** [나디\너디]: 〈영국어〉 ①'얼간이'(stupid) ②〈쉽게 잡히는 \ 교미 때 고개를 끄덕이는〉 (열대 지방산) 검은제비갈매기〈black-tern〉 ③〈여종과 급히 교미할 때 상투(top-knot)가 끄덕이는〉 한국 양반(Korean nobleman) 미2

576 **node** [노우드]: 〈← nodus〉,〈라틴어〉, 〈← knot〉, 마디, 결절, 혹, 맺힘 점, 전산망의 분기점이나 단말장치의 접속점, 〈~ protuberence\junction〉, 〈↔disjoin\detach〉, 〈↔anti-node〉 양1 미2

577 **nod off** [너드 어어후]: 잠들다, (꾸벅꾸벅) 졸다, 〈~ fall asleep〉, 〈↔stay awake〉 양2

578 **No·el** [노우엘]: 〈← natus(born)〉, 〈'출산'이란 라틴어에서 연유한 프랑스어〉, 노엘, 크리스마스, 성탄절(축가·축제·엽서), 〈~ Christmas〉 양2

579 *****no ex·cuse to of·fer**: 변명할 말이 없네, 유구무언, 〈~ no word in excuse〉, 〈↔give the devil his due〉 양2

580 *****no face, no case**: 〈노래 가사에서 연유한〉 얼굴을 안 보곤 말할 수 없어, 〈맛을 봐야 맛을 알지〉, 〈~ face is important〉, 〈원래는 법정용어였으나 연애할 때 상대방의 모습이 중요하다는 뜻으로 변질된 말〉 양2

581 *****no frills** [노우 후륄즈]: 〈1870년에 의상용어로 등장해서 1957년에 미국에서 의미가 확대된 말〉, 첨가물 없음, 순수함, 소박함, '장식 없음', 〈~ un-decorated\plain\straight-forward〉, 〈↔auxiliary\extra〉 미2

582 **nog\nogg** [나그\너그]: 〈어원 불명의 영국어〉, 독한 맥주(strong ale), 달걀술(egg·nog) 미1

583 **no hands** [노우 핸즈]: 손을 쓰지 않는, 〈오줌발 시합시 여자가 남자한테 하는 말〉, 〈~ hands-off〉 양2

584 **no(o)ice** [노이스(누이스)]: 〈영국 방언〉, nice(멋진)의 어눌한 표현, '근사한' 양2

585 **noir** [느왈]: 〈← nigrum(black)〉, 〈라틴어→프랑스어〉, '검은색', 느와르, 〈암흑유형〉, 범죄와 폭력을 다루는 냉엄한 (영화)예술의 한 분야, 〈~ dark\dread〉 우2

586 **noise** [노이즈]: 〈← noxia(injury)〉, 〈라틴어〉, 〈nausea(구역질)할 때 나오는?〉 소리, 소음, 잡음, 수다, 〈~ loud sound\cacophony〉, 〈↔silence〉 가1

587 **noise fac·tor(fig·ure)** [너이즈 홱터(휘거어)]: 소음지수, 확성기 자체에서 만들어 내는 소음(데시벨로 표시한 수), 〈~ noiseness of the amplifier〉 양2

588 *****noise mar·ket·ing** [노이즈 마아케팅]: '시끄러운 영업술', 소동을 일으켜서 광고 효과를 보는 일, ⇒ problematic fave 미1

589 **noi·sette** [느와젤]: 〈← noix〉, 〈프랑스어〉, 느와제트, 〈← nut〉 ①개암나무의 열매(hazelnut) ②양고기를 〈호두 모양으로〉 둥글게 저민 것, 〈~ small round piece of lamb meat〉 ③개암이 든 초콜릿(chocolate) ④〈몽우리에서 짙은 향이 나는 노랑·흰·분홍꽃이 피는〉 잡종의 덩굴성 장미, 〈~ a climbing plant with larger blooms〉 우2

590 **noi-some** [노이썸]: noy(annoy)+some, 〈영국어〉, (구역질〈nausea〉을 일으키는) 악취의, 불쾌한, 해로운, 〈~ stinking\fetid\putrid〉, 〈↔fragrant\healthy〉 양2

591 *****no kid·ding** [노우 키딩]: 정말!, 맞아!, 설마!, 그럴 리가, 동감이야, 〈~ really?\you don't say!〉, 〈↔just kidding〉 미1

592 *****no·li me tan·ge·re** [노울라이 미 탠줘리]: 〈라틴어〉, do not touch me, 놀리메 탕게레 ①'나를 부정하지 마라'(부활한 예수가 메리 막달레나한테 한 말), 〈해석이 구구한 말〉 ②'나를 만지지 마라'(접촉을 금하는 경고), 〈~ touch me not〉 ③낭창(lupus) ④봉선화(garden balsam) 양2

593 *****no load** [노우 로우드]: 무부하, 부담이 없는, 판매 수수료 없이 팔아주는 투자신탁, 〈~ mutual funds charging no commissions on sales〉 양1

594 *****no·lo con·ten·de·re** [노우로우 컨텐더뤼]: 〈라틴어〉, 'unwilling to contend', 〈다른 경우의 불리를 막기 위한〉 불항쟁의 답변, 죄를 인정하지 않고 형을 받아들이는 행위, 〈~ no contest〉 우2

595 **no·mad**(e) [노우매드]: 〈← nemlin(distribute)〉, 〈그리스어〉, (초원을 찾아 헤매는) 유목민, 방랑자, 〈선구자〉, 〈탐구자〉, 〈~ migrant\roamer〉, 〈↔native\settled〉 양2

596 *****no ma·mes** [노우 마메스]: 〈no way〉를 뜻하는 스페인어, (절대) 안 돼, 웃기지마, 까불지마 미1

597 **no-man** [노우 맨]: 동조하지 않는 사람, 아첨하지 않는 사람, 〈~ independent man〉, 〈↔yes-man〉 양2

598 *****no man is an is·land**: 〈1624년에 등장한 영국의 시구〉, 사람은 사회적 동물이다, 독불장군은 없다, 〈~ every-one relies on others〉, 〈↔every man is a piece of the continent〉 양2

599 *****no man is in–fal·li·ble**: 잘못이 없는 사람은 없다, 털어서 먼지 안나는 사람은 없다, 〈~ everyone got dirt laundry〉 양2

600 **no mans land** [노우 맨즈 랜드]: 무인지대, 황무지, 위험지역, 여군(여학생) 막사, 〈~ waste-land\forbidden ground(for men)〉 양2

601 *****no mat·ter how bad things get, one al·ways man·ages to get by some·how**: 궁하면 통한다, 산 입에 거미줄 치랴, 〈~ there is always a way out〉 양2

602 **no·men·cla·ture** [노우먼클레이춰 \ 노우멘클러춰]: nomen(name)+calare(call), 〈라틴어〉, 〈이름을 호출하는〉 (조직적) 명명법, 명칭, 학명, 〈~ terminology\glossology〉 양1

603 **~nom·ics** [~나믹스]: 〈← nomos(usage)〉, 〈그리스어〉, 〈~경제 정책〉이란 뜻의 접미사, 〈~ custom\law〉 양1

604 **nom·i·nal** [나미늘]: 〈← nomen〉, 〈라틴어〉, 이름〈name〉의, 명목상의, 보잘것없는, 〈~ title only\token〉, 〈↔real\substantial〉 양2

605 **Nom·i·nal-ism** [나미널리즘]: ①(추상적인 관념을 배척하는) 유명론 ②(보편타당성을 배척하는) 명목론, 〈~ terminism²〉, 〈↔Realism〉 미1

606 *****nom·i·nal val·ue** [나미늘 밸류]: 〈통화 변동을 계산하지 않은〉 명목(숫자)상의 가치, 〈~ face (or par) value〉, 〈↔real value〉 양2

607 **nom·i·nate** [나미네이트]: 〈← nominare(to name)〉, 〈라틴어〉, '이름을 부르다', 지명(임명)하다, 추천하다, 〈~ appoint\designate〉, 〈↔dismiss\oust〉 가1

608 **no-mon·ey, no-hon·ey**: '돈 없으면 거시기도 없다', 원래는 미국 창녀들이 쓰는 말인데 동양인들이 '돈 없으면 애정도 없다'로 확대 사용하는 〈징글〉리시, 〈~ no sexual intercourse with-out payment〉 미1

609 **no-mo-pho·bi·a** [노모 호우비어]: 〈영국어+그리스어〉, no mobile phone phobia, 이동전화 부재 공포증, 휴대전화기가 없을 때 오는 불편함 내지는 불안감, 〈~ smart-phone addiction〉 미2

610 **~no·my** [~너미]: 〈← nomos(law)〉, 〈그리스어〉, 〈~학·법〉이란 뜻의 접미사, 〈~ systematized knowledge〉 양1

611 **non** [난 \ 넌]: 〈라틴어〉, not, 〈부정·결여〉란 뜻의 결합사 양1

612 **nonce** [난스]: 〈영국어〉, then once, 당장, 우선, 임시로, 〈한국에 NONCE라는 공유주택이 있는 모양이나 이는 '소아성애자'라는 은어도 있으므로 조심해야 할 말〉, 〈~ here and now\one-shot〉, 〈↔past\future〉 양2

613 **nonce word** [난스 워어드]: (그 자리에서만 통용되는) 임시어, 조어, 〈유식한 말로는 hapax legomenon이라 함〉, 〈~ occasionalism\new word〉 양2

614 **non-cha·lant** [난 셔라안트]: non+chaloir(care for), 〈프랑스어〉, not challenging, 무관심한, 태연한(척), 아랑곳하지 않는, 〈~ calm\collected\airy〉, 〈↔anxious\concerned\astound\flabergast\urge〉 양2

615 **non-com-mis·sioned** [난 커미션드]: 위임장이 없는, (장교로) 임관되지 않은, 〈~ enlisted〉 양2

616 **non com·pos men·tis** [난 캄퍼스 멘티스]: 〈라틴어〉, not having control of one's mind, 제정신이 아닌 심신 상실의, (재산 관리 능력이 없는) 정신 이상의, 〈~ nincompoop\unsound mind〉, 〈↔sane\sound〉 양2

617 **non-con-sum·mated** (mar·rige) [난 컨서메이티드(매뤼쥐)]: 첫날 밤을 공친 결혼, 성행위 없는 (결혼), 〈깨끗한 걸레〉, 〈~ un-accomplished\deficient〉 우1

618 **non-de-nom·i·na·tion-al** [난 디노미네이셔널]: 특정 종파에 관계가 없는, 〈~ ecumenical\non-sectarian〉 양1

619 ***non-doc·u·ment mode** [난 다큐먼트 모우드]: 정확지 않은 문서화, 세세한 지침 없이 대충 문본만 쳐주는 단어처리기 방식, 〈~ word processing mode that contains only text and no proprietary headers or codes〉 우1

620 **none** [넌]: 〈게르만어〉, 〈← no〉, 아무것도 ~없다(않다), 〈~ not\null〉, 〈↔all〉 양1

621 ***none are so blind as those who wan't see**: 〈마태복음에 나오는 말〉, 보고자 하지 않는 자가 정말 장님이다, 배우지 않고자 하는 자만큼 무식한 자는 없다, 〈~ none are so deaf as those who won't hear〉, 〈~ ignoring evidence is as impaired as the blind〉 양2

622 ***none of my fu·ner·al** [넌 어브 마이 휴우너럴]: 내가 알 바 아니다, 〈~ none of my business〉 양2

623 ***none of your busi-ness**: 네 일이 아니다, 당신이 상관할 바가 아니다, '관심 꺼!', 〈~ mind your own business\butt out〉, 〈↔(please) help me〉 양2

624 **nones** [넌스]: ①〈← novem(nine)〉, (고대 로마 달력에서) 9일 전의 날, 9시과(가톨릭에서 정오에 드리는 기도), 〈~ mid-afternoon prayer〉 ②none+s, 〈아무 종교에도 소속되지 않은〉 무종교인, 〈~ non-religious person〉 양2

625 **none-the-less** [넌더레스]: nevertheless, 그럼에도 불구하고, 그렇지만, 〈↔there-fore\consequently〉 양2

626 ***no news is good news**: 무소식이 희소식이다, 〈~ bad news travels fast〉, 〈↔no news is bad news〉 양2

627 **non-fic·tion** [난휙션]: 〈허구가 없는〉 비구상, 소설이 아닌 산문문학, 〈~ factual\documentary〉 양2

628 **no·ni** [노니]: 〈하와이어〉, Indian mulberry, cheese fruit, 커다란 오디 같은 과실 속에 잔씨가 박히고 썩은 치즈 냄새가 나는 과육을 가진 열대성 식물 우1

629 **Non-in·ter-course Act** [난 인터컬스 액트]: 불 교섭법, 〈성교를 하지 말라는 법이 아니라〉 1809년 국회를 통과했다 〈이름이 나빠서?〉 금방 폐기된 미상선과 영국 및 프랑스 상선과의 거래를 금지하는 법, 〈~ interdiction of US trading with British or French ships〉 미2

630 ***non-in·ter-laced** [난 인터레이스드]: 비 비월주사의, 섞어 짜지 않은 비혼합성, 흔들림을 최소화하기 위한 면을 한방에 주사하는 방법, 〈~ progressive scanning〉 우1

631 ***non-mem·o·ry** [난 메머뤼]: 비(휘발성) 기억력, non volatile memory, 전원이 꺼져도 지워지지 않는 기억력(반도체), 〈~ static(permanent) memory〉 미2

632 **non-pa·reil** [난 퍼뤨]: 〈← pareil(equal)〉, 〈라틴어+프랑스어〉, '같지 않은', 비할 데 없는, 둘도 없는, 일품, 〈~ incomparable\best〉 양2

633 ***non-play-er char·ac·ter** [난 플레이어 캐릭터]: NPC, 〈영상 놀이에서〉 시행자가 마음대로 조정할 수 없는〉 조정불가 등장인물, 〈~ un-controllable character〉, 〈↔player character〉 양1

634 **non-plus** [난 풀러스]: 〈'no more'란 뜻의 라틴어〉, 어찌할 바를 모름, 진퇴양난, 당혹, 궁지, 난처, 〈~ perplexed\quandry〉, 〈↔calm\comfort〉 양2

635 **non pro-se·qui·tur** [난 프로우세퀴털]: non pros., (소추〈prosecute〉인의) 궐석재판에 의한 패소 판결, 〈~ a judgement against a plaintiff for failure to pursue〉 우1

636 **non-re-course** [난 뤼컬스]: 상환청구권이 없는(소구배제), 〈~ borrower is not personally liable〉 양2

637 **non-re-foule·ment** [난 뤼 화울먼트]: 〈프랑스어〉, 농 르풀르망, (1933년부터 태동한) (망명자의) 〈강제〉 송환금지, non-rejection, 〈~ prohibits return of refugees to countries where they may face persecution〉 미2

638 **non-sense** [난 쎈스]: 무의미, 터무니없는 생각, 허튼 말, 〈~ folderol\trifle〉, 〈~ baloney\bull³\bunk²〉 미1

639 **non-sense quiz** [난 쎈스 퀴즈]: 엉터리 질문(시험), '우문현답', 〈~ a wacky word play\a riddle〉 미1

640 **non se·qui·tur** [난 세퀴털]: non seq., 불합리한 추론, 앞뒤〈sequence〉가 안 맞는 이야기, 〈~ irrelevant reason\invalid inference〉 양2

641 **non-vol·a·tile** [난 뷜러타일]: 비휘발성의, 비소멸성의, 〈~ persistent\stable〉 우1

642 *** non-vol·a·tile(disk)** [난 뷜러타일 (디스크)]: 전원이 꺼져도 정보가 지워지지 않는 (원반·연성기기), 〈~ hard (or solid) disc drives〉 미2

643 **noob** [누우브]: 〈영국어〉, 신출내기, 초짜, novice, ⇒ newbie 미2

644 **noo·dle** [누우들]: ①〈← nudel(macaroni)〉, 〈어원 불명의 게르만어〉, 국수(사리), 면, 〈~ spaghetti〉 ②〈영국어〉, 〈중세의 가발 모양에서 연유한?〉 머리, 〈~ brain〉 ③〈← noddy〉, 〈영국어〉, 멍청이, 〈~ bean-head〉 양2

645 **nook** [눅]: 〈← noc(corner)〉, 〈어원 불명의 영국어〉, 구석, 모퉁이, 쑥 들어간 곳, 은신처, 〈↔large room〉 양1

646 ***NOOMP** [눔프]: not out of my pocket, 필요하다고 하지만 자기 돈은 내지 않는 부류(콩글리시), '꽁꽁이' 우2

647 ***noomp** [눔프]: 〈← non compos mentis〉, 〈2014년에 등장한 노래 가사에서 연유한 신조어〉, 얼간이, 진실하고 열렬한 (여자)친구, 〈~ nut\crazy(girl-friend)〉 미2

648 **noon** [누운]: nona+hora, 〈라틴어→영국어〉, 〈해가 뜨는 'ninth' hour에 오는〉 정오, 한낮, 낮 12시, 전성기, 〈→ lunch〉, 〈↔mid-night〉 가1

649 **noo·na** [누나]: 〈← 누이 ← 눕다?〉, 〈한국어〉 ①(남자가 부르는) 손위 누이, 〈같이 누워 자도 상관없는 여자〉 ②〈여차하면 '눕힐' 수도 있는〉 연상의 여인, 〈최근에 한국에서 떠오르는 말〉, boy's older sister, 〈~(↔)eon-ni〉, 〈↔oppa〉 수2

650 **noon flow·er** [누운 훌라워]: mid-day flower, 국화 비슷한 연보라의 작은 꽃이 한낮에 활짝 피는 번행초과(tetragonia)의 식물, 〈~ Scarlet Mallow\pig-face〉 우1

651 **noose** [누우스]: 〈← nodus〉, 〈라틴어〉, 〈← knot〉, 올가미, 올가미를 씌워 죽이기, 얽매임, 〈~ lariat\lasso〉, 〈↔un-fasten\free〉 양1

652 ***noo-tro·pic** [누우트뤄픽]: noos+trope, 〈'mind turning'이란 그리스어〉, (검증되지 않았으나 정신 활동을 증진시킨다는) 인지촉진제, smart drug 미2

653 ***no-pain, no-gain**: 고통없이는 얻는 게 없다, 뭔가 얻으려면 고생을 해야 한다, 고진감래, 〈~ nothing ventured, nothing gained\the best fish swims near the bottom〉 양2

654 **no par(~val·ue)** [노우 팔(~밸류)]: 무액면, 액면가격을 명기하지 않은, 〈~ no nominal (or guaranteed) value〉 미2

655 **nope** [노우프]: 〈영국어〉, no, 아니, 아니고 말고, 절대 아니지, 천만에, 〈↔yep〉 양2

656 **nor** [노얼\노어]: 〈영국어〉 ① 〈neither와 같이〉 ~도(또한) 아니다, 그뿐만이 아니라, 〈~ not either〉, 〈↔or\and〉 ②〈게르만어〉, = north 양1

657 **NORAD** [노어래드] (North A·me·ri·can Aer·o·space De·fence Com·mand): 북미 대공 방위 사령부, 1957년에 창설되어 미국 콜로라도주에 기지를 두고 있는 미국(US)과 캐나다(Canada)의 공동 항공·우주 방위기구, 〈~ a combined air-defence system〉 미2

658 **Nor-dic** [노얼딕]: 〈← nord(north)〉, 〈프랑스어〉, 노르딕, 북방인종, 북유럽(스칸디나비아) 사람, 〈~ Germanic people from N. Europe〉 수1

659 **Nord-strom** [노올스트뤔]: nord(north)+strom(stream), 〈북구어〉, '북쪽 시내가에 사는 자', 노스트롬, 1901년 스웨덴 이민자 John N~ 등이 시작한 신발가게가 번창해서 생긴 북미주의 고급 지향성 백화점, 〈~ an American luxury department store chain〉 수1

660 **no re-turn** [노우 뤼터언]: 돌아올 수 없는, 쓰고 버리는, 회수 불가의, '앞장 서!'〈한국 군인이 하룻밤 외박 후 여자에게 듣던 말〉, 〈~ no choice〉, ⇒ Rubicon 양1

661 **Nor-folk** [노얼훸]: nord(north)+folc(people), 〈영국어〉, '북방인', 노퍽 ①영국 동부의 주, 〈~ a ceremonial county in E. England〉 ②〈개척자의 고향 이름을 딴〉 미국과 나토의 중요 해군기지가 있는 버지니아주 동남부에 있는 심해의 항만도시, 〈~ a water-front city in S-E Virginia〉 수1

662 **Nor-folk dump-ling** [노얼훸 덤플링]: 〈영국 노퍽지방 원산의〉 기름기 없는 밀가루를 써서 국물 위에 띄워 먹는 〈가벼운〉 경단, 〈~ a boild round dumpling〉 수2

663 **Nor-folk jack·et(coat)** [노얼훸 쟈킽(코우트)]: 〈영국 노퍽공작이 주문해서 만들었다는〉 허리에 띠가 달리고 앞 위에 세로로 두 개씩의 띠가 달린 헐렁한 남자 상의, 〈~ a loose, belted, single-breasted tweed jacket〉 수2

664 **Nor-folk ter·ri·er** [노얼훸 테뤼어]: 영국 노퍽지방 원산의 눈깔이 영롱하고 색깔이 짙고 털이 무성한 깜찍한 조그만 애완견·사냥견, 〈~ 이것은 drop ears를 가지고 있고 Norwich terrier는 prick ear를 가지고 있음〉 수2

665 *** NOR gate** [노얼 게이트]: 부정논리합 문, 입력에 1이 포함되면 출력이 0이 되는 회로, OR gate가 아닌 것, 〈~ negation of OR operator〉, 〈~ NOT gate〉 미2

666 **No·ri·e·ga** [노뤼에가], Ma·nu·el: 〈← naora(deep well)〉, 〈아랍어〉, 〈'물레방앗간 집 자식'이라는 스페인어?〉, 노리에가, (1934-2017), 미국 CIA의 앞잡이로 일하다 미국의 마약 소탕 작전으로 체포되어 1992년부터 죽을 때까지 감옥살이를 한 파나마의 장군·실권자, 〈~ a Panamian politician〉 수1

667 **no·ri·ma·ki** [노리마키]: nori(seaweed)+maki-zushi(rolled sushi), 〈일본어〉, '김말이', 해태권, 쌀밥 속에 생선 조각을 섞어 김으로 둘러싼 일본식 초밥, 〈~ maki zushi〉 미1

668 **norm** [노엄]: 〈← norma(carpenter's square)〉, 〈라틴어〉, 표준, 기준, 일반적인 것, 모범, '목수의 직각자', 〈~ standard\average〉, 〈↔exception〉 양1

669 **nor·mal** [노어멀]: 〈라틴어〉, rule, 정상의, 보통의, 표준적인, 정규직, 〈~ usual\common〉, 〈↔ab-normal\ab-errant〉 양1

670 **Nor-man** [노얼먼]: 〈북구어〉, north-man, '북쪽 사람', 노르만, 10세기경 북부 프랑스 등을 침공한 스칸디나비아(Scandinavia) 종족, 〈~ people arised from medieval Duchy of Normandy〉 수1

671 **Nor-man ar·chi·tec·ture** [노얼먼 아키텍춰]: Normanesque, 노르만식 건축, 12세기에 영국에서 유행했던 로마네스크(Romanesque)풍의 노르만식 변종으로 연속되거나 층층이 올라간 짧고 탄탄한 기둥이 반원형의 홍예를 받치고 있는 장엄한(majestic) 건축양식 수2

672 **Nor-man Con-quest** [노얼먼 캉퀘스트]: 〈영어에 불어 접목의 계기를 마련한〉 1066년 정복왕 윌리엄(William)의 인솔로 된 노르만 민족의 영국 정복, 〈~ Norman invasion of England〉 수2

673 **Nor-man–dy** [노얼먼디]: 노르망디, (1944년 연합군이 상륙했던) 영국해협에 면한 노르만족이 터를 닦아놓은 프랑스 북서부〈N-W France〉 지방 수1

674 **nor·ma·tive** [노어멀머티브]: 〈← norma(rule)〉, 〈라틴어〉, 기준을 정한, 표준의, 규범적인, 〈~ routine\conventional〉, 〈↔different\crazy〉 양2

675 ***norm-core** [노엄 코어]: 수수한 차림새, 인기없는 평범한 옷을 승화한 치장, 'bland style of fashion' 양2

676 **norse** [노얼스]: 〈← nord(north)〉, 노르웨이(사람·어)의, 북유럽의 수1

677 **north** [노얼쓰]: N, n, 〈← ner(left)〉, 〈게르만어〉, 〈해가 뜨는 쪽의〉 '왼쪽', 북방, 〈해가 '옅은'〉 북쪽, (the N~; 북풍·북극), 〈↔south〉 가1

678 **North Car·o·li·na** [노얼쓰 캐롤라이너]: 노스 캐롤라이나, NC, Tar Heel State, Old North State, Carolina 1세에 의해 명명되었으며 도망간 다른 남부군의 발꿈치에 콜타르를 발라둬야겠다고 한 한때 담배·목화·가구 산업으로 잘나갔다가 한동안의 침체기를 극복하고 금융업·전자산업 등으로 재도약하고 있는 미국 동중부(S-E US) 대서양 연안의 주, {Raleigh-14}, 〈〈dog-wood〉〉 수1

679 **North Da·ko·ta** [노얼쓰 더코우터]: 노스 다코타 〈'친구들(ally)'〉, ND, Peace Garden State, 〈꼬리치기 다람쥐의 땅〉, 밀 농사·목축업이 발달되고 석유 매장량도 제법 많은 미국 중북부(N-W US)의 주, {Bismarck-1}, 〈〈wild prairie rose〉〉 수1

680 **North-ern Cross** [노어던 크뤄스]: 북십자성, 백조(swan)자리, 북반구에서 여름밤에 하늘을 보면 바로 이마 위에 떠 있는 십자 모양의 별, 〈~ Cygnus constellation〉 우2

681 **North-ern Ire-land** [노어던 아이어런드]: 노던 아일랜드, Ulster, 1920년 아일랜드 공화국에서 떨어져 나와 영국의 일부가 된 신교도 우세의 아일랜드섬 북부의 1/6 지역, 〈~ a part of UK〉 수2

682 **North-ern Spy** [노어던 스파이]: 〈소설의 제목에서 연유한〉 1800년경 미국 뉴욕주 북부에서 개량된 늦가을에 수확하는 초록 바탕에 붉은 줄무늬가 있는 사과 품종으로 오랫동안 저장할 수 있음, 〈~ Northern Pie Apple\Red Spy\King's Apple〉 수2

683 **North-ern Ter·ri·to·ries** [노어던 테뤼토뤼즈]: 서아프리카의 옛 영국 보호령(현 가이아나의 일부), 〈~ the Gold Coast and N. Africa〉 수2

684 **North-ern Ter·ri·to·ry** [노어던 테뤼토뤼]: 오스트레일리아의 중북부 연방 직할지, 〈~ a vast federal territory of central northern Australia〉 수2

685 **North Ko·re·a** [노얼쓰 코뤼어]: Democratic People's Republic of Korea, 북한, 조선(Cho-sun) 민주주의 인민 공화국, 동북아시아 한반도의 북쪽에 1948년 공산당이 세운 세습독재의 핵 보유국, 〈~ N. half of Korea〉 미2

686 **North Pole** [노얼쓰 포울]: (자석·하늘의) 북극, 〈다른 곳보다 4배나 빠르게 온난화하고 있는〉 지구의 북극(위도 90·경도 0-360, 자신 위에 남쪽 없고 자신 밑에 북쪽이 없는 지점, 아무도 소유하지 않는 곳, 영원한 깃대를 꽂을 수 없는 곳), 〈~ center of Arctic Circle〉, 〈↔South Pole〉 미2

687 **Nor-throp** [놀쓰뢉]: nothern+farm-stead, 〈영국계 이름〉, '북쪽 마을에 사는 자', 노스럽, 〈~ an English surname〉, 1939년 Jack Northrop이 설립해서 한때 잘나가다가 1994년 Grumman사와 병합된 미국의 전투기 전문 우주항공업체, 〈~ an American aerospace and defence co.〉 수1

688 **North Sea** [노얼쓰 씨이]: 북해, 영국과 유럽 대륙 사이에 7개국으로 둘러싸인 바다로 석유·천연가스·물고기가 풍부하고 해상 교역이 활발한 곳, 〈~ body of salt-water between Scandinavia and British Isles〉 미2

689 **north, south, east and west**: 동서남북, 방방곡곡, 〈~ every-where〉 양2

690 **North Star** [노얼쓰 스타아]: Polaris, 북극성, 북극의 바로 위에 보이는 작은곰자리의 〈움직이지 않는〉 (커다란) 별 미2

691 **North–west-ern** [놀쓰웨스턴], Air-lines: 노스 웨스턴, NWA, 서북 항공사, 1926년에 설립되어 한때 잘나가다가 〈기수를 잘못 잡아〉 2010년 델타(Delta)에 흡수된 미국의 항공사 수2

692 **North–west-ern** [놀쓰웨스턴], U·niv.: 노스 웨스턴, 1851년 시카고지방에 설립된 미국의 사립 남녀 공학 종합 대학, 〈~ a private research univ. in Evanston, Ill.〉 수2

693 **North-west Pas·sage** [놀쓰웨스트 패시쥐]: 북서항로, 캐나다의 북극해를 통해 북대서양과 북태평양을 연결하는 항로, 〈~ the sea-line thru the Arctic Ocean〉 미1

694 **North-west Ter·ri·to·ries** [놀쓰웨스트 테리토뤼즈]: 캐나다 북서부(N-W Canada)의 북극해에 있는 광대한 연방 직할지로 광물의 매장량이 많음 수2

695 **North-west Ter·ri·to·ry** [놀쓰웨스트 테뤼토뤼]: 독립전쟁 당시 미국이 영국과 인디언들로부터 빼앗은 오하이오강 북서쪽의 광대한 지역으로 1787년 국회를 통과한 조례에 의해 5개의 주와 미네소타의 일부로 갈라짐, 〈~ the Territory N-W of the River Ohio〉 수2

696 **Nor-ton U·til·i·ties** [놀튼 유틸리티즈]: 1982년 Peter Norton〈북쪽마을(north-town) 거주자〉이 개발한 지워진 서류철을 재발굴하는 전산기의 연성 지원체계, 〈~ a utility soft-ware suite to maintain a computer〉 수2

697 **Nor-way** [놀웨이]: 노르웨이, '북으로 가는 길', 〈자정에 해가 있는 고장〉, 1905년 스웨덴으로부터 독립한 스칸디나비아 반도의 서쪽(W. Scandinavia)에 기다랗게 뻗은 수산업과 수력발전이 발달한 입헌군주국, {Norwegian-Norwegian-Krone-Oslo} 수2

698 **Nor·we·gian elk-hound** [놀위쥔 엘크하운드]: 노르웨이산 큰사슴 사냥개, 5km 밖에서도 사슴 냄새를 맡고 주인이 올 때까지 사슴을 도망가지 못하게 하는 짧은 다리에 다부진 몸매를 가진 허스키 비슷한 중형개, 〈~ a medium-sized muscular and compact dog〉 수2

699 **Nor-wich ter·ri·er** [노리취 테뤼어]: 1880년경 영국 노퍽의 노리치〈north-farm〉 지방에서 개발된 애완·사냥견으로 Norfolk 테리어와 비슷하나 귀가 쫑긋한(prick ears) 것이 다름, 〈~ smallest working terrier〉 수2

700 ***nos** [나스]: ①(not otherwise specified) 불특정의, 분류되지 않은 ②(network operating system) 전산망 운영체계 ③(new old stock) 새 재고품 〈양2〉

701 **nose** [노우즈]: 〈← nasa(a snout)〉, 〈산스크리트어→라틴어→게르만어→영국어〉, '코', 돌출부, 뱃머리, 기수, 탄두, 냄새(맡다), 〈→ nasal\nostril\nozzle〉, 〈~ snout\proboscis〉 〈양1〉

702 **nose ape \ ~ mon·key** [노우즈 에이프 \ 노우즈 멍키]: 〈큰 코에 붉은 얼굴을 한 네덜랜드인(orang belanda)을 닮은〉 'Dutch monkey', 긴코원숭이(말레이시아·인도네시아에 떼를 지어 서식하는 코가 큰 커다란 원숭이), probosis monkey 〈미2〉

703 **nose bridge²** [노우즈 브뤼지]: 콧등, 콧대, 콧날, 〈~ bridge of the nose〉 〈양2〉

704 **nose-dive** [노우즈 다이브]: 급 강하, 폭락, 〈~ drop\plunge〉 〈양2〉

705 **nose drops** [노우즈 드랖스]: 점 비약, 코안에 떨어뜨리는 물약, 〈~ liquid medicine to drop into the nostril〉 〈양1〉

706 ***nose job** [노우즈 좝]: 코의 미용 성형, rhinoplasty 〈미2〉

707 **nose pad** [노우즈 패드]: (안경의) 코 받침, 〈코와 안경 사이의 완충물〉, 〈~ part of glasses that sits on the nose〉 〈미2〉

708 **nose–thumb-ing** [노우즈 써밍]: (엄지손가락을 코끝에 대고 하는) 조롱하는 몸짓, '용용 죽겠지!', 〈~ defy\ridicule〉, 〈↔praise\respect〉 〈미1〉

709 **no-shave No·vem·ber** [노우 쉐이브 노우벰버]: (연말에 항암 단체에 기부하기 위해) 11월에 몸치장을 삼가하는 일, 〈~ awareness of men's health issues〉 〈수1〉

710 ***nosk** [노우스크]: 〈신조어〉, nose+mask, '코 덮개', (미세먼지 등을 막아주는) 코 가리개, 〈~ kosk〉 〈미2〉

711 **no·sol·o·gy** [노우쌀러쥐]: nosos(disease)+logy, 〈그리스어에서 연유한〉 질병분류학(표), '병'에 대한 지식, 〈~ classification of diseases〉 〈양2〉

712 **nos·tal·gi·a** [나스탤쥐어]: nostos(return)+algos(grief), 〈그리스어〉, 집으로 돌아가고 싶은 고통, 향수(병), 회고의 정, 〈~ home-sick〉, 〈↔fern-weh〉 〈양2〉

713 **No·stra·da·mus** [나스트뤄 데이머스]: 〈← Notre Dame〉, '성모', 〈노트르담에 거주하는 자〉, 노스트라다무스, (1503-1566), 중요한 사건들을 두리뭉실하게 예언해서 더러는 맞춘 프랑스의 점성가·어의, 프랑스의 토정 선생, 〈~ a French physician and astrologer〉, n~; 말을 애두르는 사람, 〈~ a sooth-sayer〉 〈수1〉〈수2〉

714 **nos·tril** [나스트륄]: nosu(nose)+thyrl(hole), 〈영국어〉, 〈← nose〉, '콧구멍', nares 〈가2〉

715 **nos·trum** [나스트럼]: 〈← noster(ours)〉, 〈라틴어〉, 〈우리끼리만 먹는〉 (가짜) 특효약, 만병통치약, 묘약, 비책, quack remedy, 〈~ snake-oil〉, 〈~(↔)panacea는 이것에 비해 사기성이 덜함〉 〈양2〉

716 ***no sweat** [노우 스웰]: 별 거 아냐, 문제 없어, 누워서 떡 먹기, 땅 짚고 헤엄치기, 〈~ piece of cake〉 〈양2〉

717 **nos·y \ nos·ey** [노우지]: 코가 큰, 〈코를 디밀며〉 참견을 좋아하는, 냄새나는, 〈~ prying'\neb-by〉, 〈↔discreet\indifferent〉 〈양1〉

718 **not** [낱]: 〈영국어〉, 〈← no〉, ~않다, ~아니다, 〈~ none\nought〉, 〈↔yes〉 〈가2〉

719 **not a bit** [낱 어 빝]: 손톱(눈꼽) 만큼도 아니다, 전혀 아니다, 〈~ not at all\don't mention it〉, 〈↔by all means\beyond a doubt〉 〈양2〉

720 **no·ta·ble** [노우터블]: 〈← nota(mark)〉, 〈라틴어〉, 〈← note〉, 주목할 만한, 현저한, 〈~ remarkable\outstanding〉, 〈↔common\infamous〉 〈가1〉

721 **no·ta·ry pub·lic** [노우터리 퍼블릭]: public notary, 〈← note〉, (미국에서는 주 정부의 승인이 필요한) 공증인, 〈~ endorser\signatory〉 〈양2〉

722 **no·ta·tion** [노우테이션]: 〈라틴어〉, 〈← note〉, 표시법, 주석, 〈~ system of symbols\jotting〉, 〈↔ignore\denotation〉 〈양2〉

723 **notch** [낱취]: 〈← oche(small cut)〉, 〈어원 불명의 프랑스어〉, 새김눈, V자 모양, 골짜기, 단, 급, 〈~ nick\slit\gap\mark〉, 〈↔raise\out-dent〉 〈양1〉

724 **note** [노우트]: 〈← nota(mark)〉, 〈라틴어〉, '표시', 각서, 기록, 문안, 주, 주목, 짧은 편지(쪽지), 표, 어음, 지폐, (악보의) 음표, 어조, 〈→ annotation〉, 〈~ record\message〉, 〈↔ignore\disregard〉 〈양2〉

725 ***note-book** [노우트 북]: 공책, 수첩, 비망록, (공책만한) 전산기, 필기장, '전자수첩', 〈~ sketch-book\lap-top〉 〈가1〉〈우1〉

726 **not·ed** [노우티드]: 이름난, 저명한, 주목할 만한, 〈~ famed\eminent〉, 〈↔unknown\obscure〉 양1

727 ***NOT gate** [낱 게이트]: 부정(반전)문, 입력이 1이면 출력이 0·입력이 0이면 출력이 1이 되는 논리연산 회로, 〈~ NOR gate〉 미2

728 **noth·ing** [너씽]: 〈영국어〉, not+one+thing, 아무것(일)도~아님, 무가치, 무의미, 영, nought, 〈↔(some)thing〉 양2

729 ***noth·ing is com-plete un-less you put it in fi·nal shape**: 마무리 손질이 관건이다, 구슬이 서 말이라도 꿰어야 보배, 부뚜막의 소금도 집어 넣어야 짜다, 〈~ a bead is useless if one doesn't thread it〉 양2

730 ***noth·ing es-capes time** [너씽 이스케이프스 타임]: 시간을 초월하는 것은 없다, 시간만큼 무서운 것은 없다, 〈~ nothing lasts forever\all mighty Cronos〉 양2

731 **no·tice** [노우티스]: 〈← noscere(know)〉, 〈라틴어〉, 〈알아차리게 하는〉 주의, 주목, 통지, 예고, 〈~ attention\observation〉, 〈↔over-look\dis-regard〉 양1

732 **no·ti·fy** [노우티화이]: notus(known)+facere(make), 〈라틴어〉, 〈알게〉 통지하다, 공고하다, 〈~ announce\inform〉, 〈↔conceal\with-hold〉 가1

733 **no time** [노우 타임]: 시간이 없는, 짧은 시간(에), 곧, 어느새, 결코 아니다(never), 〈~ very soon\moment〉, 〈↔slowly\later\whole〉 양2

734 **no·tion** [노우션]: 〈← noscere〉, 〈라틴어〉, 〈← known〉, 관념, 생각, 이해력, '잘 아는 것', 〈~idea\thought〉, 〈↔article\reality\objct〉 가1

735 ***not know-ing A from B**: 낫 놓고 기역자도 모른다, totally illiterate, 〈~ ignoramus〉, 〈↔walking dictionary〉 양2

736 ***not my cup of tea**: 나의 취향(적성)은 아님, 〈상놈들은 그냥 'not my style'이라고 함〉, 〈↔favorite\preference〉 양2

737 **no·to·ri·ous** [노우터뤼어스]: 〈← noscere〉, 〈라틴어〉, 〈← known〉, '잘 알려진', 악명 높은, 평판이 나쁜, 소문난, 유명한, 뛰어난, 〈~ infamous〉, 〈↔reputable\venerable〉 양2

738 **No·tre Dame** [노우트뤄 데임 \ ~ 다암], Ca·the·dral: 〈프랑스어〉, 노트르담, 'our lady', the Virgin Mary, 성모성당, 여러 개가 있으나 프랑스 파리(Paris) 세느강 상의 섬에 1163-1250년간에 세워진 고딕 양식의 건물이 제일 유명함, 〈~ a medieval Catholic cathedral〉 미1

739 **No·tre Dame** [노우트뤄 데임 \ ~ 다암], U·ni·ver·si·ty: 노트르담, 1842년 미국 인디애나(Indiana)주 북쪽에 세워진 미식축구·도서관 건물로 유명한 가톨릭 계통의 사립대학이나 종교에 관계없이 다닐 수 있음, 〈~ a private Catholic research univ.〉 수1

740 **not–with-stand-ing** [낱 위쓰 스탠딩]: in spite of, ~에도 불구하고, 그래도, 역시, 〈↔because of\consequently〉 가2

741 **nou·gat** [누우겉 \ 누우 가아]: 〈← nux〉, 〈라틴어→프랑스어〉, 〈← nut〉, 누가, (견과·엿 등으로 만든) 말랑말랑한 견과, 〈~ a chewy candy\caramel〉 우1

742 **nought** [너어트]: ne+owiht(aught), 〈영국어〉, naught, nothing, 영, 무, 〈~ nil\zero〉, 〈↔all\some-thing〉 양1

743 **noun** [나운]: 〈← nomen〉, 〈라틴어〉, 〈← name〉, 명사(의), 이름씨, 사물의 이름을 나타내는 품사, 〈~ name-word\substantive〉, 〈↔pronoun\verb〉 가1

744 **nour·ish** [너어뤼쉬]: 〈← nutrire(feed)〉, 〈라틴어〉, 자양분을 주다, 기르다, 육성하다, 〈→ nurse〉, 〈~ nutrify\foster〉, 〈↔starve\repress〉 양1

745 **nou·veau** [누우보우]: 〈← novus〉, 〈라틴어→프랑스어〉, 'new', 갓 나온, 새로 출현한 양1

746 ***nou·veau riche** [누우보우 뤼취(뤼이쉬)]: 벼락부자, 졸부, 〈~ par-venu\up-start〉 양2

747 **no·va \ no·vae** [노우붜 \ 노우뷔]: 〈← novus(new)〉, 〈라틴어〉, 신성(들), '새로운' 별(들), 크고 작은 두 개의 별들이 접근하면서 수소폭탄 같은 폭발을 하여 강력한 빛을 발산하는 현상, 〈~ quasar\neutron star〉 우1

748 **No·var·tis** [노봐알티스] In·ter·na·tion·al AG: 'new arts', 노바티스, 1996년 Ciba-Geigy와 Sandoz가 합병해서 스위스에 본부를 두고 있으나 미국인들이 더 많은 주식을 소유하고 있는 세계적 제약회사, 〈~ a Swiss pharmaceutical corp.〉 수1

749 **No·va Sco·tia** [노우붜 스코우셔]: 'new Scotland', 노바 스코샤, 〈대서양의 선체 묘지〉, 온통 바다로 둘러싸인 캐나다 동쪽 끝의 경치 좋은 주(반도), 〈~ a Canadian province on it's east coast〉 수1

750 **nov·el** [나아블]: ⟨← novus(new)⟩, ⟨라틴어⟩, '새로운', 신기한, (장편) 소설, ⟨~ modern\fiction⟩, ⟨↔traditional\reality⟩ 양1

751 **no·vel-ette** [나아블렡]: 중·단편소설, (자유형의) 피아노 소곡, ⟨~(↔)novella보다 더 짧음⟩ 양2

752 *****no·vel food** [나아블 후우드]: 'new food', 유전자 조작 식품, ⟨~ Franken food\GMO⟩, ⟨↔natural food⟩ 미2

753 **no·vel-ist** [나아블리스트]: 소설가(작가), ⟨~ fictioneer\fabulist⟩, ⟨~(↔)poet⟩ 가2

754 **no·vel-la** [노우뻴러]: ⟨라틴어⟩, 단편 소설, 중편 소설, ⟨~(↔)novelette보다 김⟩ 양2

755 **No·vem-ber** [노우뻼버]: ⟨← novem⟩, ⟨'nine'이란 라틴어에서 온⟩ 노뻼버, 11월, 동짓달, 로마력으로 '9월', ⟨바람(wind)의 달⟩, ⟨피(도살; butchery)의 달⟩, ⟨황옥(topaz)의 달⟩, ⟨국화(mum²)의 달⟩, ⟨비버(beaver)의 달⟩ 가1

756 *****no ven·ture, no gains**: nothing ventured, nothing gained, ⟨초서가 프랑스 격언을 번역한 말⟩, 모험없이는 얻는 것도 없다, 대범하게 행동하라, 호랑이 굴에 가야 호랑이 새끼를 잡는다, ⟨~ you can't make an omelet without breaking eggs⟩ 양2

757 **nov·ice** [나아뷔스]: ⟨← novus(new)⟩, ⟨라틴어⟩, 초심, 풋내기, '새로운 사람', newbie, noob, ⟨~ green-horn\tender-foot⟩, ⟨↔veteran\expert⟩ 가1

758 **now** [나우]: ⟨← nu⟩, ⟨게르만어⟩, ⟨← new⟩, 지금, 현재, 바로, 당장, 바야흐로, 우선, 자-, ⟨~ at the moment\nowadays\here⟩, ⟨↔then\later⟩ 양1

759 **NOW** [나우], ac-count: (negotiable order of withdrawal), (이자도 붙고 아무 때나 쓸 수 있는) 유통 가능 저축예금, ⟨~(↔)checking account에 비해 이자가 붙으나 통상 1주일 전에 인출을 알려주어야 함⟩ 미2

760 **NOW** [나우], org: National Organization for Women, 전미여성연맹, 1966년에 결성된 미국 여권 확장 단체, ⟨~ a US feminist org.⟩ 미2

761 **now-a-days** [나우어데이즈]: 오늘날, 현재에는, ⟨~ these days\for the time being⟩, ⟨~(↔)now보다는 느러터진 말⟩, ⟨↔once\before\far⟩ 가1

762 **now and then** [나우 앤 덴]: 때때로, (어쩌다) 가끔, ⟨↔always\regularly⟩, ⟨~ occasionally\sporadically⟩ 양2

763 **no way** [노우 웨이]: 절대 안 된다, 천만의 말씀!, '내 배 째!', ⟨~ molon labe\absolutely not⟩, ⟨↔yes way\welcome\of course⟩, ⇒ no mames(Spanish) 양2

764 *****(now)-now-ism** [(나우)나우이즘]: (경제에서) 눈앞의 일⟨immediate gratification⟩만 생각하는 사고방식, ⟨~ presentism⟩, ⟨~(↔)idiotism⟩, ⟨↔Cinderella Complex⟩ 우1

765 *****now you're talking** [나우 유아 터어킹]: 이제야 말하네, 그거 좋은 생각이야, ⟨~ finally\great\you said it⟩ 양2

766 **nox·ious** [낙셔스]: ⟨← nocere(hurt)⟩, ⟨라틴어⟩, 유해한, 유독한, 상한, ⟨~ toxic\virulent⟩, ⟨↔healthy\whole-some⟩ 양2

767 *****no young-er broth·er matches his old-er broth·er**: 형만한 아우 없다, 구관이 명관, ⟨~ you don't know what you've got until you've lost it⟩, ⟨↔blue comes from indigo⟩ 양2

768 **noz·zle** [나즐]: ⟨영국어⟩, ⟨← nose⟩, (가는) 주둥이, 대롱, ⟨~ nuzzle⟩, ⟨~ spout\out-let⟩ 양1

769 **NPO** (nil per os): ⟨라틴어⟩, nothing by mouth, ⟨아무것도⟩ 입에 넣지 말 것, 절식 미2

770 *****NPS** (net pro·mot·er score): 순 판촉점수, 순 추천 고객 지수, ⟨"이 상품(기업)을 친구에게 추천하겠습니까"에 대한 대답을 토대로 산출해낸⟩ 응답형 고객관리, ⟨~(↔)customer satisfaction score⟩ 미2

771 **NPT** (Nu·cle·ar Non–Pro·lif·er·a·tion Trea·ty): 핵 확산금지조약(1970년부터 발효된 인도·파키스탄·이스라엘·북한⟨2003년 탈퇴⟩을 제외한 190개국의 '약속'), ⟨~ Treaty on the Non-Proliferation of Nuclear Weapons⟩ 양2

772 *****NQ** (net-work-ing quo·tient): 전산망 지수, 사회 전산망을 통해 원만한 대인관계를 유지할 수 있는 능력, '공존지수' ⟨추상적 개념⟩, ⟨~ net-working intelligence⟩ 미2

773 **NRA**: ⇒ National Rifle Association 양2

774 **NRC** (Nu·cle·ar Reg·u·la·to·ry Com·mis·sion): (미) 원자력 국제위원회, 원자력의 안전한 이용을 위해 1975년에 창설된 미 행정부의 ⟨예산을 많이 잡아먹는⟩ 독립부서, ⟨~ an independent agency of US government⟩ 양2

775 ***NRFB** (nev·er re-moved from box): (포장도 뜯지 않은) 신품 미2

776 **NSA** (Na·tion·al Se·cu·ri·ty A·gen·cy): (미) 국가 안보국, 1952년에 창립되어 전세계에 정보·통신망을 깔아놓고 자료를 수집하여 행동 부대에 넘겨주는 미국방부(Dept of Defence)소속 '정보부대' 미2

777 **NSAID** [앤쎄이드]: non·steroidal anti·inflammatory drug, 비스테로이드성 항염증약(제), 세계적으로 제일 많이 팔리는 '대중' 해열·소염·진통제 미2

778 **NSC** (Na·tion·al Se·cu·ri·ty Coun·cil): (미) 국가 안전 보장 회의(1947년에 창립되어 주요 각료와 안보 보좌관이 참여하고 대통령이 주재하는 미국의 국가안전과 외교정책을 토의하는 모임), 〈~ the President's principal forum of national security and foreign policy〉 미2

779 ***NSFW** (not safe for work): 직장에 가지고 다니기에 부적절한 〈전산망〉 '음란' 내용물, 〈~ inappropriate adult content〉 우2

780 **nu·ance** [뉴우안스]: 〈← nubes(cloud)〉, 〈'구름'이란 라틴어에서 유래한 프랑스어〉, 색조, 미묘한 차이, '뜻 빛갈', 〈~ subtle distinction\shade〉, 〈↔rough-ness\vulgarity〉 미1

781 **nu·cle·ar** [뉴클리어]: 〈라틴어에서 연유한 영국어〉, 〈← nucleus〉, 핵(중심)의, 핵무기의, 원자력의, 〈~ central\atomic〉, 〈↔auxiliary\extra〉 가1

782 **nu·cle·ar fam·i·ly** [뉴클리어 홰밀리]: (부모와 미혼 자녀만으로 구성된)핵가족, 〈~ elementary (or conjugal) family〉, 〈↔extended family〉 가2

783 **nu·cle·ar fu·sion** [뉴클레어 휴우젼]: (태양의 중심부에서 일어나는 핵반응을 모방해서 동력을 얻어내는) 핵융합 발전장치, 'artificial sun (인공태양)' 양2

784 **nu·cle·ar plant** [뉴클리어 플랜트]: 원자력 발전소, 〈~ atomic furnace〉 가1

785 **Nu·cle·ar Test-Ban Trea·ty** [뉴클리어 테스트-밴 트뤼이티]: (부분적) 핵실험 금지조약, 1963년 소련에서 조인되어 현재 126개국이 참여하는 지하 이외의 핵폭탄 실험을 금지하는 약속이나 잘 지켜지고 있지 않음, 〈~ Limited Test Ban Treaty〉 양2

786 **nu·cle·us** [뉴클리어스]: 〈← nux〉, 〈라틴어〉, 〈← nut〉, 핵(심), 중심, 요점, 〈~ core\focus〉, 〈↔edge\periphery〉 양1

787 **nude** [누우드 \ 뉴우드]: 〈← nudus(bare)〉, 〈라틴어〉, 발가벗은, 나체의, 노출된, 〈~ naked〉, 〈↔dressed\covered〉 가2

788 **nude mouse** [누우드 마우스]: 털 없는(실험용) 쥐, 〈~ athymic mouse〉 가1

789 **nudge¹** [넡쥐]: 〈1670년대에 등장한 어원 불명의 영국어〉, 팔꿈치(elbow)로 슬쩍 찌르기, 조금 움직이다, 소폭 이동, 〈~ poke\prod\jog〉, 〈↔pull\repress〉 양1

790 **nudge² \ nudzh** [눋쥐]: 〈1960년대에 등장한 말〉, 〈슬라브어→유대어〉, 귀찮게 말하다, 불평하다, 〈~ nudnik\complain〉, 〈↔discourage\dissuade〉 양1

791 **nud-ism** [누디즘]: 나체주의(건강이나 종교상의 이유로 벌거벗고 일상생활이나 성생활을 하는 행위), 〈~ naturism〉, 〈↔clothist〉 가2

792 **nud-ni(c)k** [누드닠]: 〈러시아어〉, 따분한 사람, 귀찮은 놈, 〈~ nudge²〉, 〈~ nuisance\pain in the ass〉, 〈↔joker〉 양2

793 **nu·ga·to·ry** [뉴우거토뤼]: 〈← nugatorius(trifling)〉, 〈'농담'이란 라틴어에서 유래한〉 무가치한, 쓸모없는, 무효의, 〈~ worthless\vain〉, 〈↔valuable\important〉 양2

794 **nug-get** [너깉]: 〈← nug(lump)〉, 〈어원 불명의 영국어〉, 금덩어리, 뭉치, 한입으로 먹을 수 있는 음식 덩어리, 〈~ bullion\morsel〉, 〈↔slab\chunk〉 가1

795 **nug-gy** [너기]: 〈chicken nugget 같이〉 맛있는, 육감적인, 친밀한, 〈~ yummy\juicy〉 양2

796 **nui·sance** [뉴우슨스]: 〈← nocere(annoy)〉, 〈'해치다'라는 라틴어에서 유래한〉 폐, 귀찮음, 불법 방해, 〈~ nudnik\pain in the ass〉, 〈↔help\blessing〉 양1

797 **nuke** [뉴우크]: nuclear의 약자, 핵무기(의), 원자력 발전소(의), 전자레인지(조리대)로 요리하다, 때려 눕히다, 〈~ bomb\micro-waving\annihilate〉, 〈↔build\repair\raise〉 양2

798 ***nuke the fridge** [뉴우크 더 후뤼쥐]: 〈영화 Indiana Jones에서 주인공이 핵 공격을 피하기 위해 납으로 둘러싸인 냉장고에 몸을 숨기듯〉 기진맥진한, 단말마의, 최후의 몸부림, 〈~ jump the shark〉, 〈↔grow the beard〉 양2

799 **null** [널]: ⟨← nullus⟩, ⟨라틴어⟩, 'none', 효력이 없는, 존재하지 않는, 영, 빈, 공백, ⟨~ empty\void⟩, ⟨→ annulment⟩ 양2

800 **null hy·poth·e·sis** [널 하이**파**써시스]: 영(틀린) 가설, (추론 통계에서) ⟨편차는 상황에 따른 오류일 뿐 실제적 차이가 없다(no difference)고 보는⟩ 귀무가설, ⟨~ statistical hypothesis⟩, ⟨↔alternative hypothesis⟩ 양2

801 **nul·li·fy** [널리화이]: nullus(none)+facere(make), ⟨라틴어⟩, 없던 일로 하다, 무효로 하다, 파기하다, ⟨~ abolish\void⟩, ⟨↔ratify\validate⟩ 양2

802 *****null mo·dem** [널 모우뎀]: 무변복조 장치 통신선(모뎀 없이 두 전산기를 연결시키는 강삭), modem eliminator, cross-over cables 미2

803 **numb** [넘]: ⟨← niman(take)⟩, ⟨영국어⟩, '빼앗긴', 감각을 잃은, 저린, 언, 마비된, 곱은, ⟨~ un-feeling\dull\asleep⟩, ⟨↔sensitive\responsive⟩ 양1

804 **num·bat** [넘뱉]: ⟨원주민어⟩, (오스트레일리아산) 주머니개미핥기, ⟨~(↔)wombat보다 작음⟩ 미2

805 **num·ber** [넘버]: ⟨← numerus(quantity)⟩, ⟨라틴어⟩, 수, 숫자, 번호, 다수, 총수, 운수, ⟨~ numeral\integer\digit\lot⟩, ⟨↔letter⟩ 가1

806 *****num·ber crunch-er** [넘버 크뤈취]: '숫자 분쇄기', (복잡한 계산을 하는) 대형 전산기, ⟨~ super-computer⟩ 미2

807 *****num·ber one** [넘버 원]: ①자기 자신(one-self) ②제1급(the first) ③소변(urine) 양2

808 **Num·bers** [넘버즈]: ⟨하느님이 이스라엘 12부족의 인구조사를 실시한⟩ (구약의) 민수기, 탈 애급 후 이스라엘 사람들의 경험을 담은 성경의 4번째 책, ⟨~ the fourth book of the Hebrew Bible⟩ 미2

809 **Num·ber Ten** [넘버 텐]: 영국 수상 관저(다우닝가 10번지), ⟨~ the residence of British Prime Minister⟩ 양2

810 **num·ber ten** [넘버 텐]: 꼴찌, 최악의, ⟨~ the last\the bottom⟩ 양2

811 *****num·ber three** [넘버 쓰뤼이]: ⟨소변→대변 다음으로 중요한⟩ 성교(sex), 수음(masturbation) 양2

812 *****num·ber two** [넘버 투우]: ①제2의 실력자(second in command) ②대변(feces) 양2

813 **numb-fish** [넘 휘쉬]: cramp fish, electric ray, 시끈가오리(8~220볼트의 전력을 방출하는 '어뢰 홍어') 미2

814 **nu·mer·al** [뉴우머뤌]: ⟨← numerus(quantity)⟩, ⟨라틴어⟩, ⟨← number⟩, 수(숫자)의, 수사(숫자를 나타내는 품사), ⟨~ digit\integer⟩ 가1

815 **nu·mer·a·tor** [뉴우머뤠이터]: ⟨← numerare(count)⟩, 분자(nominator\coordinate term), 계산기(enumerator) 양2

816 *****nu·mer·i·cal in·te·gra·tion** [뉴우메뤼컬 인터그뤠이션]: quadrature(네모꼴 만들기), 수치 적분법, 곡선을 수많은 사각형으로 쪼개서 그 높이에 평균 길이를 곱한 것으로 곡선 아래의 면적을 알아내는 계산법⟨손으로 하면 1일 걸릴 것을 전산기는 1분에 해냄⟩, ⟨~ approximate computation of an integral⟩ 양2

817 *****nu·mer·ic key·pad** [뉴우메뤽 키이패드]: '숫자 글 쇠판', 숫자판(숫자나 연산부호를 따로 집합 배치한 별개의 자판이나 한 구획), ⟨~ number pad\ten key⟩ 양2

818 **nu·mer·ous** [뉴우머뤄스]: ⟨← numerus(quantity)⟩, ⟨라틴어⟩, 수많은, 다수의, ⟨~ very many\a lot of⟩, ⟨↔few\rare⟩ 가1

819 **nu·mi·nous** [뉴우머너스]: ⟨← numen(divine will)⟩, ⟨라틴어⟩, 신의 존재를 느끼게 하는, 초자연적인, 신비한, ⟨~ sacred\spiritual⟩, ⟨↔ordinary\usual⟩ 양2

820 *****Num Lock** [넘 락]: '숫자⟨number⟩ 고정틀', 숫자판을 사용할 때 누르는 건반, ⟨~ numeric lock key⟩ 우2

821 *****num·quam con·ce·de·re** [넘쾀 컨쎄드뤠]: ⟨라틴어⟩, 'never concede', 결코 시인하지 못함, 인정불가, ⟨트럼프 대통령 가문의 문장 구호⟩ 양2

822 **nun** [넌]: ①⟨← nana(mother)⟩, ⟨산스크리트어→그리스어→라틴어⟩, 'monk'의 여성형, 수녀, 여승, 비구니(Buddhist nun), ⟨~(↔)religious sister는 less strict함⟩ ②⟨← monos⟩, ⟨'홀로 다니는'이란 뜻의 그리스어에서 유래함, 독일산 흰집비둘기(Dutch Shell Pigeon), 유럽산 파랑박새(puff bird\blue tit), 흰비오리(smew), 얼룩(붉은)매미⟨독⟩나방⟨black arches⟩ 양2 미2

823 **nun·a·tak** [너너택]: ⟨← nunataq(hill)⟩, ⟨그린랜드 원주민 말⟩, 누나탁, 빙하로 둘러싸인 암봉(돌 언덕), ⟨~ glacial island⟩ 우1

824 **nuoc mam** [눠얼 마암]: 〈베트남어〉, 넉 맘, salted fish sauce, 생선 젓국을 원료로 한 몹시 짠 베트남의 맛난이 수2

825 **nu-plex** [뉴우플렉스]: 〈1968년 미국 정부가 주조한 말〉, nuclear powered complex, 원자력 공업단지 양2

826 **nup·tial** [넢셜]: 〈← nubere(to marry)〉, 〈라틴어〉, 결혼(식)의, 혼인의, 〈~ conjugal\wedding〉, 〈↔non-marital\divorce〉 가2

827 **nup·tial flight** [넢셜 훌라잍]: 혼인비행〈수천·수만 마리의 흰개미·벌 등의 암수가 교미하려고 어지러이 공중을 나는 일〉, 〈~ mating flight\swarming〉 양2

828 **nur·dle** [너어들]: 〈← nodule?〉, 〈1990년대에 미국 치과협회에서 주조한 말〉, (상품의 원료가 되는) 플라스틱 알갱이, plastic pallet, 〈→microplastic→nanoplastic 순서로 작아짐〉 미1

829 **Nur·ha·ci** [눌하치]: 〈만주어〉, '멧돼지 가죽〈skin of a wild boar〉?', 누르하치, (1559-1626), 여진족(Jurchen)의 족장으로 명으로부터 만주를 빼앗아 후금을 세우고 나중에 청나라의 초석이 된 '천명제', 〈~ founding khan of the later Qing dynasty〉 수2

830 **nurse** [너얼스]: 〈← nutrire(feed)〉, 〈라틴어〉, '돌보는 자', 유모, 보모, 간호사, 보호수, 보모충, 〈~ nourish\nurture〉, 〈~ care-giver〉, 〈~(↔)doctor〉 양2

831 **nurse-hound** [너얼스하운드]: 돔발상어, 대서양 동쪽 해안의 바다에 서식하는 큰 점이 박히고 〈두툼한 머리를 가진〉 두툽상어속의 메기 비슷한 중형 상어, 〈어린 친족들을 '돌봐주는' 경향이 있으며 예전에는 너무 흔해서 개한테 던져 주었던〉 dog-fish, 〈~ a cat-shark\bull huss\sea dog〉 미2

832 **nurse prac·ti·tion·er** [너얼스 프랰티셔너] \ NP: nurse clinician, 임상 간호사, 전문 간호사, 의사가 하는 많은 일들을 할 수 있도록 훈련·면허를 받은 간호사, 〈~ physician's assistant〉 양2

833 **nurs·er·y** [너얼써리]: 아기방, 육아실, 탁아소, 보육원, 신생아실, 온상, 종묘장, 양어장, 동물 사육장, 훈련소, 양성소, 〈~ hatchery〉, 〈↔slaughter-house〉 양1

834 ***nurs·er·y sta·tion** [너얼써리 스테이션]: '어린이 정거장', (주로 전철 근처에) 〈부모가 직장에 가 있는 동안 아이들을 돌보아 주는〉 역전 탁아소, 〈~ day-care center〉 미2

835 **nurse's aide** [너얼시즈 에이드]: 간호보조원, 보조 간호원, 〈~ CNA〉, 〈~(↔)LVN〉 양2

836 **nurs·ing home** [너얼싱 호움]: 〈간호사가 상주하는〉 요양소(병원), 양로원(병원), 〈SNF[1]〉 양2

837 **nur·ture** [너얼춰]: 〈← nutrire(feed)〉, 〈라틴어〉, '돌보아 기르는' 양육, 훈육, 영양(물), 생육환경, 〈~ nurse\nourish〉, 〈↔nature\tabula rasa〉 양1

838 **nu·rung·ji** [누룽지]: 눌은 밥, 〈한국어〉, 솥 바닥에 눌어 붙은 밥, 〈숭늉(sung-nyung)이나 눌은 밥의 원료로 쓰이는〉 scorched rice 수2

839 **nut** [넡]: 〈← hnyt(kernel)〉, 〈게르만어〉, '딱딱한 씨', 견과(dry fruit), 어려운 일, 괴짜(eccentric), 광인, 불알(testis), 고정 나사, 암나사, 〈↔bolt\washer〉, 〈민간어원이 무성한 말〉, 〈→ nerd\nougat\nucleus〉 양1

840 **nut-cake** [넡 케이크]: 견과를 넣은 양과자, 〈~(↔)fruit cake〉, 미친놈(crazy person) 미2

841 **Nut-crack·er** [넡 크래커]: 너트 크래커, 「호두까기 인형」, 차이콥스키(Tchaikovsky)가 듀마의 소설을 모태로 1892년 작곡한 경래한 곡조의 무용음악, 〈~ a two-act classical ballet〉 양2

842 **nut–crack·er** [넡 크래커]: ①호두 까는 기구(device) ②〈호두는 못깨고 잣 정도는 까먹는〉 산갈가마귀, 〈~ wood-pecker crow〉 양2

843 **nut-gall** [넡 거얼]: 오배자, 몰식자, 도토나무 껍질에 곤충의 분비물이 뭉쳐 생긴 〈작은 호두 모양의〉 혹으로 약재·염료로 쓰임, 〈~ oak gall (or apple)〉 미2

844 **nut-hatch** [넡 핱치]: ①nut house ②동고비〈작은 견과를 나무껍질 사이에 넣고 쪼아 먹는 참새 비슷한 새〉, 〈~ 'upside down'\a small tree-climbing song-bird〉, 〈~(↔)tit-mouse는 이것보다 꼬리가 김〉 미2

845 **nut house** [넡 하우스]: 정신병원, 〈~ mad house\bedlam〉 양2

846 **nut-meg** [넡 메그]: nut+muscus(musk), 〈라틴어→영국어〉, 육두구(열대 아시아 원산의 상록교목 또는 식용·약용·향료(spice)로 쓰이는 〈회갈색〉의 도토리만 한 열매), 〈~ Myristica fragrans〉 미2

847 **nu·tra·ceu·ti·cal** [뉴우트뤄 슈우티컬]: 〈상업용어〉, nutrition+pharmancentical, 영양식품(의), 기능식품, 건강증진용 식품을 첨가한 약품, 〈~ super (or functional) food〉 미2

848 **Nu·tra-Sweet** [뉴우트뤄 스위트]: nutritional sweetner, 뉴트러 스위트, 1985년부터 출시된 aspartame를 주성분으로 하는 미국산 인공 감미료(상품명), 〈~ an American artificial sweetner〉 수1

849 **nu·tri·a** [뉴우트뤼어]: 〈← lutra(otter)〉, 〈'수달'이란 라틴어에서 연유한 스페인어〉, coypu, 남미물쥐(민물가에 사는 거친 털과 긴 꼬리를 가진 beaver 같이 통통한 큰 쥐로 제방에 구멍을 내고 농작물에 피해를 줌), 〈~ a large semi-aquatic rodent〉 미2

850 **nu·tri·tion** [뉴우트뤼션]: 〈← nutrire(feed)〉, 〈라틴어〉, 〈← nourish〉, 영양, 양분, 음식물, 〈~ food〉, 〈↔starvation\deprivation〉 가1

851 **nu·tri·tion-al psy·chol-o-gy** [뉴우트뤼셔늘 싸이칼러쥐]: 영양 심리학, 음식과 정신 건강 관계를 연구한다는 〈포괄적이고도 어정쩡한〉 학문 양2

852 *****nuts** [너츠]: 〈1785년에 '맛있는 것'으로 등장했으나 1908년 만화에서 '깨기 힘든 것'으로 변질된 말〉, 쯧쯧, 제기랄, 미친 지랄, 〈대갈통이 견과들로 차 있는〉 또라이, 광(미친놈), 〈~ crazy〉, 〈↔sane〉 양2

853 *****nuts and bolts** [너츠 앤드 보울츠]: (기계의) 짜임새, 〈암나사와 수나사로 된〉 기본 구조, 요체, 〈결국은 음·양의 법칙으로 수렴된다는〉 요점, 〈~(↔)ins and outs\bits and pieces\brass tacks〉 양2

854 *****nut-shell** [넛쉘]: 견과의 껍질, 아주 작은 것, 요점, 요약하다, 〈~ brief\compact〉, 〈↔big\large〉 양2

855 **nut-ty** [너티]: 견과 같은, 머리가 돈, 홀딱 반한, 〈~ crazy〉, 〈↔sane〉 양1

856 **nux vom·i·ca** [넉스 봐미커]: 〈라틴어〉, 〈구토를 유발하는〉 마전(자), strychnine tree, 동인도 원산의 작은 귤 같은 열매를 맺는 낙엽활엽관목 또는 그 속에 있는 강력한 독성〈신경흥분제〉을 가진 동전 같은 씨(nut), 〈~ poison fruit\quaker buttons〉 미2

857 **nuz·zle** [너즐]: 〈영국어〉, 〈← nose〉, 코로 파다(비비다), 코를 디밀다, 〈~ nozzle\snout〉, 〈~ nudge\cuddle〉 양2

858 *****Nvidia** [엔뷔디어]: 엔비디어, 〈← invidia(envy)〉, 〈라틴어〉, (1993년 어려서 대만에서 이민온 Jensen Huang 등이 미국 Santa Clara에 세운) computer회사로 GPU와 AI 전문임, 〈~ a fabless American software co.〉 수1

859 *****NVRAM** (non-vol·a·tile ran·dom–ac·cess mem·o·ry): 비휘발성 무작위 접근 기억장치, (전원이 꺼져도 지워지지 않는) 전산기의 구성에 관한 정보가 담겨있는 기억력 단자, 〈↔traditional RAM은 전원을 끄면 memory가 소실됨〉 미2

860 **NWS** (Na·tion·al Weath·er Ser·vice): (미) 국립 기상국(주로 일기예보를 목적으로 1870년부터 존속해온 미 상무부 산하 대기·해양청의 부속기관) 수2

861 **nyc·ta·lo·pi·a** [닉털로우피어]: nyx(night)+alaos(blind)+ops(eye), 〈그리스어〉, 야맹증, ⇒ night blindness 양2

862 **nyc·ti·nas·ty** [닉티내스티]: nykt(night)+nastisch(display), 〈그리스어+독일어〉, 수면운동(sleeping movement), 주야운동, (밤낮의 변화에 따라 일어나는) 잎의 상하 운동이나 꽃잎의 개폐 운동, 〈~(↔)photo-nasty〉 양2

863 **ny·lon** [나일란]: 〈NY와 London을 잇는?〉 'cotton rayon', 나일론, 1920년대 후반부터 듀퐁사의 Wallace Carothers 등이 개발을 시작해서 1937년 양말로 만들어진 합성섬유로 질기고 변하지 않고 신축성이 좋으나 열에는 약한 편임, 〈~ a synthetic fabric〉, 〈rayon보다 더 강하고 더 질김〉, 〈↔cotton\pongee〉 수2

864 **ny·lon-ppong** [나일롱 뽕]: 〈← 월남'뽕' ← 방귀 뀌는 소리?〉, 〈한국어〉 ①2-5명이 5장의 패를 가져와 숫자나 모양이 같으면 두장씩 버리다 마지막에 '뽕'하고 손을 터는 〈간단한〉 화투놀이, 〈~ a Korean card game〉, 〈편자가 고등학생 때 시골 가서 '국수 털이' 내기로 밤새는 줄 모르던 도락이었으나 지금은 성원이 안돼 역사의 뒤안길로 사라짐〉, ⇒ hoola, 〈편자가 대학생 때는 Might란 놀이에 심취했다가 군대 생활할 때는 Go-Stop 치느라고 기합깨나 받았음〉 ② 거저먹는 일, 불로소득(un-earned income) 수2

865 **nym·pho-ma·ni·a** [님훠메이니어]: nymphe(bride)+mania(madness), 〈그리스어〉, 여자 색정광, 음부, 지나치게 '색을 쓰는' 여자, '어우동', 〈~ hot baby\femme fatale〉, 〈↔frigidity\austerity anorgasmia〉 양2

866 **nymph** [님후]: '신부(bride)'라는 그리스어 ①요정(자연물의 정령으로 여러 가지 마력을 가진 아름다운 처녀), 〈↔guy〉 ②애벌레, 번데기, 〈~ pupa\larva〉, 〈↔adult〉 가1

867 **Ny·Quil** [나이퀼 \ 니퀴일]: night·time tranquility, 〈Procter & Gamble 등에서 만드는〉 (acetaminophen·doxylamine·dextromethorhan이 주성분인) 진통·진해·항히스타민 제제, 〈~ a night-time cold medicine〉 수2

868 **NYSE** (New York Stock Ex·change): 'The Big Board', 뉴욕증권거래소, 1792년에 조직되어 뉴욕시 맨해튼에 자리 잡은 세계 제1의 증권거래소 수2

869 **nys·tag·mus** [니스태그머스]: 〈← nystazein(nod)〉, 〈그리스어〉, 〈눈알이 끄덕이는〉 안구진탕(떨림)증, dancing eyes 양2

1. **O \ o¹** [오우]: 이집트의 상형 문자 눈 모양에서 따온 영어에서 4번째로 연쇄물에 자주 쓰이는 문자, O자형(원형), 혈액형의 일종, 〈그리스에서 작다는 뜻의 글자〉, oxygen·ohm·zero 등의 약자 수2

2. **o²**: 〈만국 공통의 의성어〉, 오, 앗, 아, 저런, 〈~ surprise\wonder\fear\pain〉 양2

3. **o~** [어~ \ 오우~]: 〈라틴어〉, (m 앞에서) ~ob의 단축형 양1

4. **o~ \ oo~** [오우~ \ 오우어~]: 〈그리스어〉, 〈난자(egg)~〉란 뜻의 접두사 우2

5. **~o** [~오우]: 〈영국어〉, 〈구어·속어·사람·물건·감탄사를 만드는 어미〉, 〈~ colloquial\a thing\a person\interjection〉 양1

6. **·o·** [-오우- \ -어-]: 〈그리스어〉, 복합어에서 동격을 나타내는 연결문자〈inter-connection〉 우1

7. **O'**: 아일랜드 사람의 성 앞에 붙이는 〈아들〉이란 뜻의 접두사, 〈~ son〉 우2

8. **o'** [어 \ 오우]: of의 단축형 양1

9. **oaf** [오우후]: 북구어, 〈← elf〉, (요정이 뒤바꾸어 놓은) 못생긴 아이, 기형아, 멍청이, 〈~ block-head\baboon\simpleton〉, 〈↔genius\wizard〉 양2

10. **O-a·hu** [오우아아후우]: 〈원주민어〉, 〈의성어?〉, '모이는(gather) 장소', 오아후, 하와이 제도 중 인구가 제일 많은 섬 수1

11. **oak** [오욱]: 〈← ac(a typical tree)〉, 〈어원 불명의 게르만어〉, 〈나무의 특성을 골고루 갖추고 있는〉 오크, 참나무, 굴참나무·졸참나무·떡갈나무·가시나무·너도밤나무·상수리나무 등 북반구에 서식하고 들쭉날쭉한 잎에 도토리(acorn)가 열리며 단단한 목질을 가진 600여 종의 낙엽활엽교목·관목, 〈~(↔)pine〉 미2

12. **oak ap·ple**(gall) [오욱 애플(거얼)]: 몰식자, 오배자(참나무에 생기는 곤충의 분비물로 생기는 둥그런 혹), 〈~ oak cone(nut)〉 미2

13. **Oak-land** [오우클런드]: '떡갈나무 숲', 오클랜드, 미국 샌프란시스코 동쪽(E of SF)에 있는 〈자유분방한〉 항구도시 수1

14. **oak lap·pet** [오욱 래핕]: 〈영국어〉, 배버들나방, 떡갈나무 잎새 모양을 한 나방, 〈~ lappet moth〉 미2

15. **oak-moss** [오욱 모어스]: 참나무 이끼(향료용 수지), 〈~ oak lichen〉 미2

16. **oak-wood mush·room** [오욱 우드 머쉬루움]: '참나무버섯', 표고버섯, ⇒ shitaki 미2

17. **OAPEC** [오우에이펰] (Or·gan·i·za·tion of Ar·ab Pe·tro·leum Ex·port–ing Coun·tries): 아랍 석유 수출국 기구, 1968년에 창립되어 쿠웨이트(Kuwait)에 본부를 두고 11개의 아랍 산유국이 모여 석유의 개발·수출 사업을 협조하는 지역기구, 〈~(↔)OPEC〉 미1

18. **oar** [오얼]: 〈← ar(a wooden lever)〉, 〈어원 불명의 게르만어〉, 노, 노 젓는 사람(기구), 젓는 배, 〈~ row〉, 〈~ 이것은 배의 안과 밖에서 움직이고 paddle은 밖에서만 움직임〉 양1

19. **oar-fish** [오얼 휘쉬]: 〈산갈이 거대한〉 산갈치, 북양의 심해에 사는 7~10m 길이의 〈노를 닮은〉 띠 모양의 납작한 물고기, 〈~ king of herrings〉 미2

20. **oar-lock** [오얼 락]: row lock, 놋좆, 노받이(걸이), 노를 고정시켜 두는 장치 양1

21. **oar-weed** [오얼 위이드]: (다시마 등) 〈노에 잘 걸리는〉 대형 갈조식물, 〈~ large brown kelp〉 미2

22. **o·a·sis** [오우에이씨스]: 〈← ouih(fertile spot)〉, 〈이집트어〉, '주거지', 오아시스, 사막 가운데의 녹지, 휴식처, 안식처, 〈~ spring\haven〉, 〈↔inferno\hell-hole〉 미1

23. **oat** [오옽]: 〈← ate〉, 〈어원 불명의 영국어〉, 오트, (메)귀리, 〈영국에서는 가축 사료로 스코틀랜드에서는 사람 사료로 썼던〉 영양분과 섬유질이 풍부한 보리보다 억센 곡물, 〈~ avena; 스페인어〉, 〈~ a cereal grass〉 양2

24. **Oates** [오우츠], Joyce: 〈← Ode〉, 〈게르만계 이름〉, '부자〈rich〉', 오츠, (1938-), 억압된 여성의 감정을 글로써 터트린 미국의 작가·문학자, 〈~ an American writer〉 수1

25. **oat flakes** [오옽 홀레잌스]: 귀리 조각들(시리얼의 주 식품), 〈~ rolled oat〉 미1

26. **oath** [오우쓰]: 〈← ath(judicial swearing)〉, 〈게르만어〉, 맹세, 서약, 욕설, 〈~ vow\pledge〉, 〈↔betrayal\deceit〉 가1

27. **oat-meal** [오옽 미일]: (빻은) 귀리죽, 〈oat porridge〉, 〈~ gruel¹\polenta〉 미1

28. ***oat milk** [오옽 밀크]: (건강 식품으로 떠오르는) 귀리 우유, 귀리 알갱이에서 추출한 식물성 우유, 〈~(↔)soy milk〉 미2

29 **OB**: obstetrics(산과학), Old Boy('늙은 청년', '노년', 교우), oblique(빗나감), Oriental Beer('동양 맥주') 등의 약자 미1

30 **ob¹~** [아브~ \ 어브~]: 〈라틴어〉, towards·before·over·against, 〈노출·반대 ~〉의 뜻을 가진 접두사 양1

31 *****ob²~** [아브]: 'obligatory', (그만) 본론으로 돌아가자-, 〈~ revert to the subject〉 미2

32 **O·ba·di·ah** [오우버다이여]: abada(he served)+Yah, 〈아랍어+히브리어〉, '야훼의 종', 오바댜(헤브라이의 예언자), 〈~ a Hebrew prophet〉, 〈신의 심판으로 적국이 멸망하고 이스라엘이 재생한다는 가장 짧은〉 구약성서의 한 편 수1

33 **Oba·ma** [오바아마], Ba·rack: 〈← obam(crooked)〉, 〈케냐어〉, '궁둥이가 먼저 나온 자?', 오바마, (1961-), 하버드 법대를 나온 인권 변호사 출신으로 의료 개혁을 시도했으나 흐지부지됐고 임기 중에 빈 라덴과 카다피가 죽임을 당한 미국의 민주적 44대 흑인 대통령, 《(차분하게 연설하는) No Drama Obama》, 〈~ 44th President of US〉 수1

34 **Oba·ma Care** [오바아머 케어]: (환자 보호 및 감당할 수 있는) 건강 보험 개혁 법안, 2010년부터 시행되었으나 트럼프 정부의 저항을 받았던 〈저소득층 보조·고용인에 의한 피고용인의 의무 가입·기존 질환의 차별금지 등을 골자로 하는〉 건강 보험 제도, 〈~ Affordable Care Act〉 수2

35 **ob·du·rate** [압듀뤄트]: ob(in)+durus(hard), 〈라틴어〉, 완고한, 고집센, 냉혹한, 쉽게 뉘우치지 않는, 〈~ stubborn\un-yielding〉 양2

36 **o·be·di·ent** [오우비이디언트]: 〈← obedire〉, 〈라틴어〉, 〈← obey〉, 고분고분한, 순종하는, 유순한, 〈~ acquiescent\compliant〉, 〈↔rebellious〉 가1

37 **o·bei·sance** [오우베이썬스]: 〈← obedire〉, 〈라틴어〉, 〈← obey〉, 절, 경례, 복종, 〈~ bow\homage〉, 〈↔disrespect\insolence〉 가1

38 **ob·e·lisk** [아벌리스크]: 〈← obelos(spit²)〉, 〈그리스어〉, (끝이 뾰족한) 방첨탑, 단검표(†, 칼표, 의심이나 주의를 나타내는 기호), dagger, long·cross, 〈~ steeple〉, 〈 ~(↔)tower〉 양2

39 **ob·e·lize** [아벌라이즈]: obelos(spit)+izein(~ ize), 〈그리스어〉, 〈뜻을 강조하기 위해〉 단검표(의구표)를 붙이다, 〈~ obelisk〉 미2

40 **o·bese** [오우비이스]: 〈← obesus(stout)〉, 〈라틴어〉, 〈너무 먹어서〉 살찐, 뚱뚱한, 〈~ fat\plump¹〉, 〈↔thin\skinny〉 가1

41 **o·bey** [오우베이]: ob(before)+audire(hear), 〈라틴어〉, 복종하다, 따르다, '~에 귀를 기울이다', 〈~ abide\follow〉, 〈↔defy\contravene\talaq〉 가1

42 **ob-fus·cate** [압 훠스케이트]: ob(over)+fuscus(dark), 〈라틴어〉, 어둡게 하다, 흐리게 하다, 난처하게 하다, 〈~ obscure〉, 〈↔clarify\illuminate〉 양2

43 **ob-gyn** [오우비 쥐와이엔]: 〈라틴어+그리스어〉, obsterician-gynecologist, 산부인과 의사, 〈~(↔)pediatrics〉 양2

44 **o·bit·u·ar·y** [오우비츄어뤼]: 〈← obitus(death)〉, 〈라틴어〉, 사망(기록), 사망자의, 기일표, 〈~(↔)memorial\epitaph\necrologue〉, 〈↔birth annoucement〉 양2

45 **ob-ject¹** [아브줵트]: ob(towards)+jacere(throw), 〈라틴어〉, 〈중간에 걸려있는〉 물건, 대상, 목표, 객관, 객체, 목적(어), 〈~ thing\article\target〉, 〈↔sub·ject\notion〉 양1

46 **ob-ject²** [업줵트]: ob(towards)+jacere(throw), 〈라틴어〉, 〈← object¹〉, 〈대상을 던져〉 반대(항의)하다, 이의를 말하다, 〈~ oppose\protest〉, 〈↔approve\accept〉 양2

47 *****ob-ject code** [아브줵트 코우드]: 목적 약호, (인간어가 아니라) 실행 가능한 기계어로 출력된 편찬기의 기호, 〈~ machine code〉, 〈↔disarrange\disconnect〉 미2

48 *****ob-ject file** [아브줵트 화일]: '목적 서류철', 목적 부호만을 보관하고 있는 서류철, 〈~ computer code〉 미2

49 **ob-jec·tiv·ism** [아브줵티뷔즘]: 객관주의, 실재나 진리는 주관과는 독립하여(초월하여) 존재한다고 보는 철학, 〈~ neutralism〉, 〈~ 누구 맘대로?〉, 〈↔subjectivism〉 양2

50 *****ob-ject lan·guage** [아브줵트 랭귀쥐]: 대상언어, 목적언어(편찬기나 조립기에 의해 기계어로 번역되는 언어), 〈~ target language〉 미2

51 *****ob-ject mod·ule** [아브줵트 마쥴]: '목적 뜸틀', 이동시킬 수 있는 목적 서류철 방식, 〈~ function call〉 미2

52 *ob·ject pro·gram [아브젝트 프로우그램]: '목적 차림표', 즉시 사용할 수 있도록 기계어로 번역된 차림표, ⟨~ target program⟩, ⟨↔source program⟩ 미2

53 ob·li·gate [아블리게이트]: ob(before)+ligare(bind), ⟨라틴어⟩, ⟨← oblige⟩, ⟨법에 따라⟩ '결합하다', 의무를 지우다, 무조건의, 필수적인, ⟨~ compel\require⟩, ⟨↔free\release⟩ 양2

54 o·blige [어블라이즈]: ob(before)+ligare(bind), ⟨라틴어⟩, '~쪽으로 묶다', 어쩔 수 없이 하게 하다, 은혜를 베풀다, ⟨~ force\appease⟩, ⟨↔release\mistreat⟩ 양2

55 ob·lique [어블리크]: ob(before)+liquis(awry), ⟨라틴어⟩, 비스듬한, 빗나간, 바르지 못한, ⟨~ slanted\diagonal\crooked⟩, ⟨↔direct\right\straight⟩ 양2

56 ob·lit·er·ate [어블리터뤠이트]: ob(over)+litera, ⟨라틴어⟩, ⟨'letter'를⟩ 지우다, 감추다, 말살하다, ⟨~ annihilate\wipe out\draw a blank⟩, ⟨↔establish\preserve\etch\memorize⟩ 양2

57 ob·liv·i·on [어블리뷔언]: ob(over)+livere(become black), ⟨그리스 신화의 '망각(forgetfulness)의 강'에서 연유한 라틴어⟩, 잊기 쉬움, 인사불성, 특별사면, ⟨~ coma\nullity⟩, ⟨↔consciousness\awareness⟩, ⇒ Lethe 양2

58 *ob·liv·i·o-naire [어블리뷔어네어]: ⟨신조어⟩, oblivious+billionaire, 타인의 고통에 무감각한 억만장자, ⟨~ blind billionaire⟩ 우2

59 ob·liv·i·ous [어블리뷔어스]: ob(over)+livere(become black), ⟨라틴어⟩, 잘 잊는, 염두에 없는, 못 알아차린, ⟨~ un-aware\heed-less⟩, ⟨↔fore-warn\memorial⟩ 양2

60 ob·long [아블렁]: ob(over)+longus, ⟨라틴어⟩, (옆으로 긴) 직사각형의, 타원형의, ⟨~ elongated\ovoid⟩, ⟨↔short\non-spherical⟩ 가1

61 ob·lo·quy [아블러퀴]: ob(against)+loqui(speak), ⟨라틴어⟩, '반대로 말하다', ⟨타인에 대한⟩ 비방, 매도, 험담, 오명, ⟨~ disparagement\castigation⟩, ⟨↔praise\acclaim⟩ 양2

62 ob·nox·ious [어브낙셔스]: ob(against)+nocere(hurt), ⟨라틴어⟩, ⟨독에 노출되어⟩ 불쾌한, 싫은, 구역질 나는, ⟨~ dis-agreeable\nasty⟩, ⟨↔delightful\pleasant⟩ 양2

63 *OBO [오어보](or best of·fer): 또는 최고로 부르는 값 미2

64 o·boe [오우보우]: ⟨← hautbois⟩, ⟨프랑스어⟩, 오보에, '높은 나무', 작지만 아주 높은 음을 낼 수 있는 기다란 목관 악기(피리), ⟨~ double reed⟩ 우1

65 *O-bomb [오우 밤]: ①Bacardi O를 섞은 독한 혼합주 ②snap·chat(즉석환담)에 응답하지 않기, obombanation 우1

66 *o·bom·ba·na·tion [오우밤버네이션]: a nostalgic reminiscence, ⟨어느 누군가의 회고록에서 따온⟩ '향수에 젖은 추억 만들기', ⟨감상적인 문구에 식상해서⟩ 대꾸하지 않기, 폐단, ⟨~ negative effect⟩ 우1

67 o-bon [오 본]: ⟨← ullambana(tray)⟩, ⟨산스크리트어→일본어⟩, 공물을 '제기'에 담아 조상에게 바치는 날, 양력 8월 15일, ghost festival, ⟨한국의 '추석'과 비슷한 일본 명절⟩ 수2

68 ob·scen·i·ty [업쎄니티]: ob(over)+caenum(filth), ⟨라틴어⟩, ⟨'오물'을 노출시키는?⟩ 외설, 음란(물), (1973년 미 대법원이 내린 정의에 의하면) 평민이 현 사회의 잣대로 재서 볼 때 색욕을 일으키는 것을 1차적 목적으로 하는 사물·말·행위, ⟨~ lewdness\vulgarity⟩, ⟨↔decency\refined⟩ 가2

69 ob·scure [업스큐어]: ob(over)+scurus(covered), ⟨라틴어⟩, '뒤덮여 있는', ⟨← obscurus(dark)⟩, 어두운, 흐린, 모호한, 눈에 띄지 않는, ⟨~ unclear\dubious⟩, ⟨↔distinguished\famous\evident\prominent⟩ 양2

70 ob·se·qui·ous [업씨퀴어스]: ob(over)+sequi(follow), ⟨라틴어⟩, '따르다', ⟨← obsequi(comply with)⟩, ⟨순종하는⟩, 아첨하는, 알랑대는, ⟨~ subservient\fawning²⟩, ⟨↔domineering\mutinous⟩ 양2

71 ob·ser·va·tion [압저붸이션]: ob(before)+servare(keep), ⟨라틴어⟩, '한쪽 지키기', 관찰, 주시, 준수, 거행, ⟨~monitoring\watch⟩, ⟨↔inattention\disregard\violation⟩ 양1

72 ob·serv·a·to·ry [업져어붜토어뤼]: ⟨라틴어⟩, 관측소, 전망대, 관상대, ⟨~ look-out station⟩ 양2

73 ob·ses·sion [업쎄션]: ob(over)+sedere(sit), ⟨라틴어⟩, ⟨한곳에만 앉아 있는⟩ 집착, ⟨← obsidere(besiege)⟩, 사로잡힘, 강박관념, 망상, ⟨~ pre-occupation\fixation⟩, ⟨↔apathy\indifference⟩ 양1

74 ob·so·lete [압설리이트]: ob(over)+solere(use), ⟨라틴어⟩, ⟨너무 써서⟩ 못 쓰게 된, 쇠퇴한, 진부한, ⟨~ antiquated\out-dated⟩, ⟨↔contemporary\modern\prosperous⟩ 양2

75 **ob-sta·cle** [압스터클]: ob(against)+stare(stand), 〈라틴어〉, 〈반대로 서 있는〉 장애(물), 방해(물), 〈~ block\barrier〉, 〈↔clearance\advantage〉 가2

76 **ob-stet·rics** [업스테트뤽스]: ob(against)+stare(stand), 〈라틴어〉, 산과학, 〈반대쪽에 서 있는 자〉, 〈~ care of pregnancy and birth〉, 〈~(↔)gynecology〉 양2

77 **ob-sti·nate** [압스터너트]: ob(against)+stare(stand), 〈라틴어〉, '고집하는', 완고한, 끈질긴, 〈~ pervicacious\refractory\stubborn\head-strong\contumacious〉, 〈↔agreeable\compliant〉 가1

78 **ob-sti·pa-tion** [압스터페이션]: ob(against)+stipare(crowd), 〈라틴어〉, 〈꽉 막힌〉 심한 변비〈constipation〉, 〈↔diarrhea〉 양2

79 **ob-strep·er-ous** [어브스트뤠퍼러스]: ob(against)+strepere(make a noise), 〈라틴어〉, 시끄러운, 소란한, 날뛰는, 난폭한, 〈~ unruly\dis-orderly〉 양2

80 **ob-struct** [업스트뤽트]: ob(against)+struere(pile up), 〈라틴어〉, '대항하여 세우다', 막다, 차단하다, 방해하다, 〈~ close\impede\hinder〉, 〈↔open\facilitate\lubricate〉 가1

81 **ob-tain** [업테인]: ob(before)+tenere(hold), 〈라틴어〉, '앞으로 가서 잡다', 얻다, 손에 넣다, 달성하다, 〈~ grasp\acquire〉, 〈↔lose\relinquish〉 가1

82 **ob-trude** [업트루우드]: ob(before)+trudere(thrust), 〈라틴어〉, 강요하다, 억지 쓰다, '앞으로 밀어내다', 〈~ impose\push out〉, 〈↔avoid\shun〉 가1

83 **ob-tund** [압턴드]: ob(towards)+tundere(strike), 〈라틴어〉, 〈몽둥이로 때려〉 둔화시키다, 약화시키다, 〈~ obtuse〉, 〈~ dampen\stupefy〉, 〈↔intensify\sharpen〉 양2

84 **ob-tuse** [업튜우스]: ob(towards)+tundere(strike), 〈라틴어〉, 무딘, 뭉뚝한, (90도 이상의) 둔각의, 〈~ obtund〉, 〈~ blunt\dull〉, 〈↔acute\sharp〉 양2

85 **ob-vi·ous** [압뷔어스]: ob(against)+viam(way), 〈라틴어〉, '길에서 마주 보는', 명백한, 빤한, 쉬운, 〈~ clear\plain〉, 〈↔obscure\fuzzy〉 가1

86 **oc·a·ri·na** [아커뤼이너]: 〈← auca(goose)〉, 〈라틴어→이탈리아어〉, 오카리나, 〈흙〉피리, (동양·이탈리아·중남미 등에서 쓰던) 도자기나 금속으로 만든 '거위' 또는 〈고구마〉 모양의 피리, 〈~ little goose〉, 〈~ sweet potato\a wind instrument〉 우1

87 **oc-ca·sion** [어케이젼]: 〈ob(towards)+cadere(fall)〉, 〈라틴어〉, 〈툭 떨어진〉 상황, 경우, 때, 일, 기회, 행사, 근거, 〈~ event\time\cause〉, 〈↔issue\development\result\aftermath〉 양1

88 **oc-ca·sion-al-ly** [어케이져널리]: 이따금, 가끔, 〈~ sometimes\from time to time〉, 〈↔often\frequently〉 가1

89 **oc-ci·dent** [악시던트]: ob(before)+cadere(fall), 〈라틴어〉, 〈태양이 떨어지는〉 서양, 서반구, 구미, 〈~ west〉, 〈↔orient〉 양1

90 **oc·ci·put** [악씨퍼트]: ab(over)+caput(head), 〈라틴어〉, back part of the head, 뒤통수, 뒷머리, 후두부, 〈↔front〉 양2

91 **oc-clude** [어클루우드]: ob(before)+claudere(shut), 〈라틴어〉, 막다, 폐색하다, 방해하다, 〈~ block\close〉, 〈↔open\clear〉 양1

92 **oc-cult** [어컬트]: ob(over)+clare(conceal), 〈라틴어〉, '숨겨진', 신비로운, 심오한, 육안으로 안 보이는, 〈~ mystic\obscure\invisible〉, 〈↔exposed\exoteric\plain〉 양1

93 **oc-cu·pa-tion** [아큐페이션]: ob(before)+capere(seize), 〈라틴어〉, 〈← occupy〉, 직업, 〈시간을 차지하는〉 업무, 〈장소를 차지하는〉 점유, 종사, 거주, 〈~ job\work〉, 〈↔avocation\recreation〉 양1

94 **oc-cu·pa-tion-al ther·a·py** [아큐페이셔널 쎼뤄피]: 직업 요법, '작업' 요법(간단한 일을 숙련시켜 장애의 극복을 꾀하는 치료법), 〈~ rehabilitation〉, 〈↔physical therapy〉 양2

95 **oc-cu·py** [아큐파이]: ob(before)+capere(seize), '손에 넣다', 차지하다, 점령하다, 사로잡다, 〈~ occupation〉, 〈~ involve\engage〉, 〈↔free\empty\abandon〉 양1

96 **oc-cur** [어커얼]: ob(before)+currere(run), 〈라틴어〉, 일어나다, 생기다, 나타나다, '나를 향해 달려 오다', 〈~ be-fall\happen\take place〉, 〈↔disappear\diminish\stop〉 양1

97 **oc-cur-rence** [어커어런스]: 사건, 발생, 산출, 〈~ incident\event〉, 〈↔absence\disappearance\demise〉 양1

98 **OCD** (ob·ses–sive com·pul–sive dis-order): 강박(성)장애 양2

99 **o·cean** [오우션]: ⟨← okeanos(sea)⟩, ⟨그리스어⟩, (지구 표면의 70%를 차지하는) 대양, 해양, 바다⟨무궁무진한 생명·식량의 보고⟩, ⟨← Oceanus⟩, ⟨~ waters\brine\the deep⟩, ⟨↔land\sky\welkin⟩ 가1

100 **O·ce·an·i·a** [오우쉬애니아]: 오세아니아, 대양주(오스트레일리아·뉴질랜드와 그 주위의 섬들로 지구 표면의 약 6%를 차지함), ⟨~ Pacific Islands⟩ 미1

101 **O·ce·a·nid** [오우씨이어니드]: 대양의 요정, 오케아노스의 딸, ⟨~ Nereid\mermaid⟩ 양2

102 **o·ce·an perch** [오우션 퍼어취]: '대서양 농어', red fish, ⇒ rose fish 미1

103 **O·ce·a·nus** [오우씨이어너스]: ⟨그리스어⟩, 오케아노스, 대양의 신, 우라노스와 가이아의 아들, ⟨→ ocean⟩, ⟨~ Neptune\Pontus⟩ 양2

104 **oc·e·lot** [아서랕 / 아서랄]: ⟨원주민어→프랑스어⟩, '난쟁이 표범(jaguar)', ⟨눈이 작고⟩ 모피가 부드러운 (미남부·중남미에 서식하는) 재규어와 비슷한 야생 스라소니, ⟨~ panther cat⟩ 우1

105 **o·cher(e) \ o·chre** [오우커]: ⟨← ochros(pale)⟩, ⟨그리스어⟩, 황토(색), 황갈색, ⟨~ earth color⟩ 미2

106 **o'clock** [어클랔]: ⟨라틴어에서 유래한 영국어⟩, 시, 시계방향, of the clock의 단축형 가1

107 **o·co·til·lo** [오우커티요]: ⟨← ocote(torch)⟩, ⟨'횃불'이란 원주민어에서 유래한⟩ candle wood(양초나무), coach whip(말 채찍), vine cactus(덩굴 선인장), 멕시코·미 남서부의 준사막에 서식하는 꼬챙이 같은 여러 개의 줄기 위에 봄에 조그만 빨간 꽃이 피는 선인장의 일종 우1

108 *****OCR** (op·ti·cal char·ac·ter read·er \ ~re·cog·ni·tion): 광학 문자 판독기, (전산기로 다시 타자할 필요 없이) 종이에 쓰인 문자를 ⟨어림잡아⟩ 판독해서 주사기로 보내주는 연성기기로 정확하지 못한 경우가 많음, ⟨~ optical scanner⟩ 미2

109 **oct~ \ oc·ta(o)~** [알트~ \ 알터(토)~]: ⟨그리스어⟩, ⟨8~⟩이란 뜻의 접두사 양1

110 **oc·ta-gon** [알터간]: 8변(각)형, 팔각정(당), ⟨~ eight-sided⟩ 양2

111 **oc·ta-he·dron** [알터히이드륀]: okto(eight)+hedra(base), ⟨그리스어⟩, 8면체, 정팔면 결정체 양2

112 **oc·tal** [알틀]: 8행, 8진(법), 기수가 8인 수 체계, ⟨~ a numeral system with eight as the base⟩, ⟨~(↔)decimal; 10진법⟩ 양1

113 **oc·tane** [알테인]: ⟨8개의 탄소가 든⟩ 옥탄, 석유 중의 무색 액체 탄화수소(hydro-carbon)로 이것이 많을수록 내연기관의 이상 폭발이 적게 일어남, ⟨~ petroleum spirit⟩ 수2

114 **oc·tave** [알티브]: ⟨그리스어→라틴어→프랑스어⟩, 옥타브, 8개 한 벌의 물건, 8도 음정, 8일간의 축제, ⟨~ octet\octad⟩ 미1

115 **Oc·ta·vi·a** [알테이뷔어]: '8번째 낳은 자', 옥타비아, (65?-9BC), 아우구스투스의 손위 누이로 안토니우스와 정략결혼했다 소박맞은 ⟨현모양처⟩의 여인, ⟨~ elder sister of Emperor Augustus⟩ 수1

116 **oc·tet**(te) [알텥]: 8중창(주), 8행시, 8비트로 구성된 바이트와 같은 단위, ⟨~ group of eight⟩ 양2 미2

117 **Oc·to-ber** [알토우버]: 로마력으로 '8월', 옥토버, ⟨나중에 1·2월이 추가되어 된⟩ 10월, 시월, ⟨독일 사람들과 참새가 제일 좋아하는 달⟩, {사냥꾼(hunter)의 달}, ⟨~ harvest month⟩ 가1

118 **oc·to-ge·nar·i·an** [알토줴네어뤼언]: 80대(세)의 사람, ⟨~ 80-89yrs old⟩, 앞으로 ⟨뜨는⟩ 세대 양2

119 **oc·to-pus** [알터퍼스]: okto+podos(foot), 8각 해물, (작은 것은) 낙지, (큰 것은) 문어, ⟨먹물고기⟩, 양쪽 북태평양 연안의 바닥에 서식하는 연체동물, ⟨~ octopod⟩ 가1

120 *****oc·to-pus hair-style** [알터퍼스 헤어스타일]: '낙지발 머리', ⟨2022년에 유행할 것으로 예상되는⟩ 앞·옆이 짧고 긴 뒷머리 털이 낙지발처럼 흩어진 머리 모양새, ⟨~ mullet의 일종⟩, ⟨한국에서는 hush cut이라 함⟩ 미2

121 **oc·to-thorp(e)** [알터써얼프]: okto+thorpe(small village), ⟨그리스어+영국어⟩, 번호 기호, #, 누름표, '8개의 취락으로 둘러싸인 거리', 우물 정자, ⟨~ hash-tag\pound sign⟩ 미2

122 **oc·ul~ \ oc·u·lo~** [아큘~ \ 아큘로우~]: ⟨라틴어⟩, eye, ⟨눈~⟩이란 뜻의 접두사 양1

123 **OD** (oc·u·lus dex·ter): right eye(오른쪽 눈), ⟨↔OL⟩, Doctor of Optometry(검안 의사), (drug) over dose(약물 과량) 양2

124 **O/D** [오우 디이]: on demand(요구불), over draft(초과 인출), over dose(약물 과용) 양2

125 **od** [아드]: ⟨북구의 최고신 Odin에서 유래한⟩ 자연계에 두루 존재한다고 믿는 '생명력', '기', ⟨~ ka\qi\spirit⟩, ⟨↔shen⟩ 우2

126 **ODA** [오우디]: 오다, Official Development Assistance, 공적 개발 원조, OECD에서 회원국 GDP의 0.7% 이상을 개발도상국(developing countries)에 지원하라고 권고하는 정부 차원의 원조금 미2

127 **O·da** [오다], No·bu·na·ga: 〈small〉 mulberry field, '뽕 밭을 가진 자', 오다 노부나가, 직전신장, (1534-1582), 전국시대의 일본을 통일했으나 부하에게 피살당한 〈영특했으나 성질이 급했던〉 다이묘, 〈~ a Japanese Daimyo〉 수1

128 **odd** [아드]: 〈'모서리(triangle)'라는 뜻의 북구어〉, '하나가 남는', 기수(홀수)의, ~ 남짓의, 짝이 모자라는, 〈신발을 한 짝만 신은 것같이〉 기묘한, 우연한, 〈~ strange\un-even〉, 〈↔normal\usual\regular〉 양1

129 *****odd-ball** [아드 버얼]: 별난 사람, 괴짜, 〈~ eccentric\weirdo〉, 〈↔conformist\follower〉 양2

130 *****odds** [아즈]: 차이, 불균등, 다툼, 승산, 유리한 조건, 확률, 〈~ disparity\in conflict〉, 〈↔equality\disadvantage\impossibility〉 양1

131 *****odds and ends** [아즈 앤 앤즈]: 잡동사니, 자질구레한 것들, 끄트러기, ends and sods, bits and ends, 〈↔most\mass〉 양2

132 **ode** [오우드]: 〈← aeidein(sing)〉, 〈'노래'라는 뜻의 그리스어〉, 송시, 부(특정 인물이나 사물을 읊은 시), 시경, 〈~ hymn〉, 〈↔prose〉 양1

133 **~ode** [오우드]: 〈그리스어〉, like, 〈~와 같은〉 뜻을 가진 접미사 양1

134 **o-den** [오우덴]: 〈일본어〉, o(royal)+dengaku(skewered tofu), '어전', 〈왕이 밖에서 떨고 있는 신하들에게 하사하던?〉 오뎅, 계란·짠지·어묵·간장 등을 섞어 냄비에 넣고 끓인 일본의 〈겨울철〉 국, 〈~ a fish-cake soup〉, 〈~(↔)udon은 어묵대신 thick noodle을 넣고 끓인것임〉 우1

135 **O·di·a** [오디어]: Oriya의 새로운 표기, 〈산스크리트어〉, Odisha(Orissa; 인도의 중동부 지명) 지방에서 약 3천 7백만이 쓰는 Indic언어 수1

136 **O·din** [오우딘]: 오딘, (북유럽 신화에서) 지식·문화·군사를 관장하는 최고 신〈supreme deity〉, 〈~ a Norse god〉 수1

137 **o·di·ous** [오우디어스]: 〈← odium(hatred)〉, 〈'미워하는' 이란 뜻의 라틴어〉, 싫은, 얄미운, 가증스러운, 〈~ aedes〉, 〈~ detestable\repellent〉, 〈↔delightful\charming〉 가2

138 **Odo·a·cer** [오우도우에이서], Fla·vi·us: Odovacar, 〈어원 불명의 게르만계 성〉, 오도아케르, (434?-493), 서로마 제국을 멸망시킨 게르만(German)의 용병 대장, 〈~ a 'barbarian' soldier〉 수1

139 **o·dom·e·ter** [오우다미터]: hodos(way)+metron(measure), 〈그리스어〉, (자동차 등의) '주행'거리 (측정)계, 〈~ mileage counter〉, 〈↔speedometer〉 미2

140 **o·dont~ \ o·don·to~** [오우단트~ \ 오우단토우~]: 〈그리스어〉, tooth, 〈이(치아)~〉란 뜻의 접두사 양1

141 **o·dor \ o·dour** [오우덜]: 〈라틴어〉, scent, 냄새, 향기, 악취, 껌새, 평판, 〈~ smell\aroma\flavor〉, 〈↔blandness\dullness\disgrace〉 양1

142 **o·dor-ant** [오우더런트]: 향내를 풍기는 기체, 취기제, 방취제, 〈↔deodorant〉 양1

143 **O·dys·se·us** [오우디씨어스]: 〈어원 불명의 그리스어〉, '원한〈odyssasthai〉의 희생자'(호머에 따르면), 오디세우스, Ulysses〈라틴어〉, 고대 그리스 이타카의 전설적 왕으로 호머의 작이라는 서사시「오디세이」와 「일리아드」의 주인공, 〈~ a Greek hero in Trojan War〉 수1

144 **Od·ys·sey** [아더씨]: 오디세이, 트로이 전쟁 후반부부터 오디세우스의 행적을 읊은 호머의 작이라는 대서사시, 〈~ a Greek epic poem〉, o~; 긴 방랑(여행), 〈~ a long journey〉 수2

145 **OECD** (Or·gan·i·za·tion for Ec·o·nom·ic Cor·po·ra·tion and De·vel·op·ment): 경제 협력 개발기구, 경제발전·교류증진을 위해 1948년에 태동하여 1960년에 정립된 자유 경쟁 시장체제(market economy)의 38개의 비교적 잘사는 나라들의 모임〈inter-governmental organization〉 미2

146 **OED** (Ox-ford Eng·lish Dic·tion-ar·y): 1884년 옥스포드 대학 출판부에서 처음 발간되어 1988년부터 전산화된 60만 개의 영어단어를 수록한 서술형 사전, 〈~ a historical dictionary〉 수1

147 **Oed·i·pus** [에더퍼스]: oidan(swell)+pous(foot), 〈그리스어〉, '발이 부은 자', 오이디푸스, 기구한 운명으로 아비를 죽이고 어미와 결혼한 것을 알고 자신의 눈을 뽑아 장님이 된 테베의 왕, 〈~ a tragic Greek hero〉 수1

148 **Oed·i·pus Com·plex** [에더퍼스 캄플렉스]: 아들의 어머니에 대한 성적 사모 (복합 심리), 〈~ son's love toward mother〉, 〈~ attachment theory〉, 〈↔Electra Complex〉 수2

149 **OEM** [오이엠](o·rig·i·nal e·quip-ment man·u·fac·tur–er): '본자재 생산자', 주문자 상표 제품 제작(주문에 의해 진짜로 된 여러 부품을 모아 완전한 제품으로 조립해주는 회사), '원조 장비 제작자'(IBM 등이 자기 회사를 선전하려고 쓰는 완곡한 표현), 〈~ component manufacturer〉 우1

150 **Oe·ne·us** [이이니어스]: 〈← oineus(wine-man)〉, '포도술 도가', 오이네우스, (고대 그리스의 왕으로) 포도 재배·포도주 제조의 시조, 〈Dionysus가 그를 방문했을 때 자기 마누라와 동침하라고 일부러 집을 떠난 대가로 포도나무와 재배술을 전수 받았다고 함〉 수1

151 **oe·no·phile** [이이너화일]: 〈그리스어〉, wine lover, 〈← Oeneus〉, 포도주 애호가 (감정가) 미2

152 **oeu·vre** [어어브뤼]: 〈← opera(work)〉, 〈라틴어→프랑스어〉, (한 작가의) 일생의 작품, (개개의) 예술 작품, 〈~ out-put〉, 〈↔idle\fail〉 양2

153 **of** [어브]: 〈← apa(from)〉, 〈산스크리트어→그리스어→라틴어→게르만어〉, ~의, ~로부터, ~로 인해, ~에 관해서, 〈~ before\towards〉, 〈↔after\against〉 양1

154 **of course**[어브 코어스]: 물론, 그럼(요), 당연히, 응, 〈~ certainly\sure thing〉, 〈↔no way\never〉 양2

155 **o·fay** [오우훼이]: 〈white person을 폄하해서 부르는 어원 불명의 미국 흑인 방언〉, 흰둥이, 〈OED는 foe(enemy)라는 라틴어에서 유래했을지도 모른다고 하나 이는 정치적으로 매우 민감한 해석임〉 양2

156 **off** [어어후]: 〈게르만어〉, 〈← of〉, 〈분리된〉, 떨어져, 나누어, 쉬어, 빼어, 끊기어, 벗어나, 내리어, 나쁜, 〈~ after〉, 〈~ away\apart\out\bad〉, 〈↔on\near\lodge\fine〉 양1

157 **~off** [~어어후]: ~ov, 〈슬라브어〉, (게르만어의) ~son에 해당하는 인명에서 온 어미 수2

158 *__off-base__ [어어후 베이스]: (군사) 기지 밖의, 기습당한, 완전히 틀린, 엉뚱한, 〈~ mistaken\erroneous〉, 〈↔accurate\appropriate〉 양2

159 *__off-beat__ [어어후 비이트]: 박자가 맞지 않은, 비정상적인, 색다른, 〈~ odd\unusual〉, 〈↔ordinary\run of the mill〉 양1

160 *__off-board trans-ac·tion__ [어어후 보어드 트랜잭션]: (주식의) 장외거래, 〈~ over-the-counter transaction〉, 〈↔pit trading\transaction on exchange〉 양2

161 *__off-by-one er·ror__ [어어후 바이 원 에뤄]: 한 끗 차이 실수, 간발의 실수, 하나가 더 많거나 적은 숫자 때문에 오는 잘못, 〈~ fence (or lamp)-post error\a logic error〉, 〈↔accurate\perfect〉 미2

162 **of-fend** [어휀드]: ob(against)+fendere(hit), 〈라틴어〉, (해)치다, 성나게 하다, 상처 입히다, 거스르다, 범하다, 〈~ hurt\insult〉, 〈↔de·fend〉 양1

163 **of-fense** \ ~ce [어휀스]: ob(against)+fendere(hit), 〈라틴어〉, 위반, 범죄, 기분 상함, 무례, 공격, '맞서 때리기', 〈~ violation\misconduct〉, 〈↔defense\obedience〉 양1

164 **of-fer** [어어훠]: ob(towards)+ferre(bring), 〈라틴어〉, 권하다, 제공하다, 제의하다, 바치다, 〈→ proffer〉, 〈~ provide\present〉, 〈↔withdraw\refuse〉 양1

165 *__of-fer an o·live branch__: 〈그리스 신화에서 유래한 말〉, 화해를 제안하다, 〈~ truce〉, 〈↔war-path〉 양2

166 *__off-hand__ [어어후 핸드]: 손으로 만든, 즉석의, 준비 없이, 냉담한, 〈~ casual\sketch\cool〉, 〈↔calculated\careful\considered〉 양1

167 **of-fice** [어어휘스 \ 어휘스]: opus(work)+facere(make), 〈라틴어〉, '일하는 장소', 임무, 관청, 사무소, 직장, 공직, 〈~ work-place\post〉, 〈↔home\avocation〉 양1

168 **Of-fice** [어어휘스], Mi·cro-soft: 오피스, '사무실', 마이크로소프트사가 1989년부터 출시하기 시작한 Word·Excel·Acess·Powerpoint 등을 포함한 한 벌의 사무용 전산기 응용 연성기기, 〈~ Office 365〉 수2

169 **of-fice boy(girl)** [어어휘스 버이(거얼)]: 남(여) 사무원(사환·급사), 〈~ office helper (or assistant)〉 양1

170 **Of-fice De-pot** [어어휘스 디이포우]: 오피스 디포, 1986년에 세워져서 2013년 Office Max를 흡수한 미국의 대형 문방구·사무용품 판매점, 〈~ an American office supply retailer〉 수2

171 **of-fice hours** [어어휘스 아워즈]: 근무(영업)시간, 〈~ business (or work) hours〉, 〈↔time-off\break〉 가2

172 **of-fice park** [어어휘스 파아크]: '사무실 단지'(사무실 및 편의시설이 들어선 공원), 〈~(↔)office building〉 양2

173 **of-fic–er** [어어휘써]: 장교, 공무원, 경관, 임원, 〈~ law-man\committee member\commissioned soldier〉, 〈↔employee\civilian〉 양1

174 **of-fice–tel** [오피스텔]: 〈한국어〉, office+hotel, 간단한 주거 시설을 겸한 사무실, 〈~ studio\efficiency\apart-tel〉 미2

175 **of-fi·cial** [어휘셜]: '일과 관련된', 공무상의, 공적인, 〈~ judicial\authorized〉, 〈↔personal\informal〉 양1

176 **of-fi·ci·ant** [어휘쉬언트]: 〈← officiare(perform)〉, 사제, 당회 목사, (종교적) 결혼식 주례, 〈~ minister\celebrant〉, 〈↔lay-person〉 양2

177 **of-fi·ci·ate** [어휘쉬에이트]: 〈← officiare(perform)〉, 집행하다, 집전하다, 사회하다, 〈~ chair\preside〉, 〈↔mismanage\disjoin\reserve〉 가1

178 **of-fi·cious** [어휘셔스]: 〈← officium(service)〉, 〈service가 solicit로 변질된 말〉, '타이르는', 주제넘게 나서는, 참견하기 좋아하는, 〈~ impertinent\intrusive〉, 〈↔detached\indifferent〉 양2

179 *__off-key__ [어어후 키이]: (곡조가) 고르지 못한, 불규칙한, 비정상의, 〈~ un-melodic\in-congruous〉, 〈↔on-key\concordant〉 양2

180 *__off-line__ [어어후 라인]: ①정기노선 외의 ②자유 프로그램 체제의 ③(전산기의 중앙처리 장치에서 독립되었거나 직접 연결 않고 작동하는) 따로 잇기 ④연결이 안 된, 작동이 끊긴, 〈↔on-line〉 미2

181 **off-load** [어어후 로우드]: 짐을 내리다, 빼내다, 떠넘기다, 〈~ un-load〉 양1

182 **off one's trol·ley** [어어후 원즈 트롤리]: 〈1890년대에 등장한 영국 속어〉, 〈전차의 촉륜이 빠져 버린〉, 제정신이 아닌, 미친, 〈~ crazy\nuts〉, 〈↔connected\collected〉 양2

183 **off-peak** [어어후 피이크]: 한산할 때의, 비수기의, 〈~ low season〉, 〈↔peak demand〉 양2

184 *__off–put-ting__ [어어후 푸팅]: 좋아하기 힘든, 정 떨어지는, '밥맛'인, 〈~ unpleasant\repellent〉 양2

185 **off-ramp** [어어후 램프]: '진출(경사)로', 고속도로에서 일반도로로 나오는 차로, 〈~ exit ramp\off-slip〉, 〈↔on-ramp\ingress\enterance〉 미2

186 **off-road** [어어후 로우드]: 일반(포장)도로를 벗어난, '길 밖의', 〈↔on-road〉 우1

187 **off-sea·son** [어어후 씨이즌]: 한산기(비수기)의, 철이 지난, 〈~ low season\off cycle〉, 〈↔peak season〉 양2

188 **off-set**¹ [어어후 쎌]: 상쇄하다, 대조하다, 파생하다, 〈~ cancel out\counter-act〉, 〈↔disproportion\unbalance〉 양1

189 *__off-set__² [어어후 쎌]: '차감 거리'(전산기 기억력의 두 점 사이의 거리), 〈~ distance between two points〉, 〈↔continuance〉 미2

190 *__off-set print-ing__ [어어후 쎌 프륀팅]: (따로 잉크를 묻힌 원통을 사용해서 용지에 대량 복사를 할 수 있는) '분지식 인쇄', 〈~ plano-graphy\mass production printing〉, 〈↔digital printing\thermal printing〉 우1

191 *__off-shoot__ [어어후 슈우트]: 갈래, 나뭇가지, 파생물, 분파, 〈~ tendril\branch\scion〉, 〈↔trunk\origin〉 양2

192 **off-shore** [어어후 쇼어]: 앞바다의, 근해의, 해외의, 〈~ coastal\over-seas\foreign〉, 〈↔in-shore\domestic\re-shore〉 가1

193 *__off-shore fund__ [어어후 쇼어 훤드]: 해외 투자신탁(세부담이나 법규제가 엄하지 않은 외국에서의 투자금융), 〈↔domestic fund〉 양2

194 *__off-shor-ing__ [어어후 쇼어륑]: 해외 이전, (여러 이유로) 사업 거점을 해외로 옮기는 일, 〈~ out-sourcing\globalization〉, 〈↔in-shoring〉 양2

195 **off-side** [어어후 싸이드]: ①(마차의) 오른쪽, (자동차 도로의) 중앙 쪽, 〈↔on-side〉 ②(축구나 하키에서) 상대방 득점대 근처에서 자기편의 득점을 위해 '재랄'을 떠는 자세(반칙), 〈~ flop-over〉 미2 우1

196 **off-spring** [어어후 스프륑]: 자식, 후손, 소산, 결과, 〈~ descendant\progeny〉, 〈↔ancester\fore-runner〉 양1

197 **off-stage** [어어후 스테이쥐]: 무대 뒤의, 비공식의, 사생활의, 〈~ personal\hidden〉, 〈↔public\open〉 양2

198 *__off-the-chest__ [어어후 더 췌스트]: (흉금을) 털어놓다, 속시원히 말해버리다, 〈↔conceal\protest〉, 〈~ open up\relieve〉 양2

199 *__off-the-cuff__ [어어후 더 커후]: 〈연설문 없이 소맷부리에 적어 놓은 것을 보고〉 준비 없이 하는, 즉흥적인, 〈~ off the top of one's head\extemporaneous〉, 〈↔prepared\planned〉 양2

200 ***off-the-grid** [어어후 더 그뤼드]: 〈아수라장으로부터〉 사라진, 세상을 등진, 〈~ secluse\self-sufficient〉, 〈↔closely connected\dependant〉 양2

201 ***off-the-hand·le** [어어후 더 핸들]: 손잡이가 빠진, 성 난, 자제력을 잃은, 흥분한, 발끈한, 〈보통 fly가 앞에 붙어 쓰여지는 숙어〉, 〈~ lose one's temper\explode〉, 〈↔calm\cool〉 양2

202 ***off-the-hook** [어어후 더 훅]: 갈고리를 벗어난, 책임을 면한, 피한, 〈~ free\cleared〉, 〈↔convict\condemn〉 양2

203 ***off–the–re-cord** [어어후 더 뤠코어드]: 비공개의, 비공식적, 기록에 남기지 않는, 〈~ cinfidential\private〉, 〈↔official\public〉 양2

204 ***off–the–rock-er** [어어후 더 롸커]: 흔들의자에서 튀어나온, 미친, 꼭지가 돌아버린, 〈~ off the wall〉, 〈↔sound\sane〉 양2

205 ***off-the-shelf** [어어후 더 쉘후]: 〈창고의 선반에서 꺼내오는〉 재고품인, 〈가로대에 맞춰 만든〉 기성품의, 〈~ store-bought\ready-made〉, 〈↔customized\tailored〉 양2

206 ***off the top of one's head**: 〈사실 확인 없이〉 즉석에서 (말하다), 당장 머리에 떠오르는대로, 〈~ spontaneous\un-rehearsed〉, 〈↔cautious\discreet〉 양2

207 ***off-the-track** [어어후 더 트뤡]: 탈선하여, 궤도를 벗어나서, 〈~ astray\erroneous〉, 〈↔correct\true〉 양2

208 ***off-the-wall** [어어후 더 워얼]: 〈공이 벽에서 튀어 나올 때 어디로 갈지 모르듯〉 엉뚱한, 즉석의, 흔치 않은, 약간 미친, (~ off-the-rocker), 〈↔usual\conventional〉 양2

209 ***off to** [어어후 투우]: (~로) 떠나다, 갈 예정이다, (~을) 하러가다, 〈~ departing\leaving〉, 〈↔come\get in〉 양2

210 *__O 4(for) O__ [오우 훠어 오우]: online for offline, 매장에서 살펴보고 전산망으로 사는 일 〈중국에서 만들어져 한국에서 멋으로 쓰는 '끔찍한' 단어〉, 〈~ shop at the shop, buy on-line〉 양2

211 **of·ten** [어어훈]: 〈어원 불명의 영국어〉, oft, frequent, 자주, 종종, 왕왕, 대체로, 〈~ many a time\a lot〉, 〈↔seldom\rarely〉 가1

212 **Ogg Vor·bis** [오그 붤비스]: 〈음성 녹음 체제 용어에서 따온 말〉, 오그 보비스, 특허권이 없는 음성 압축 원반을 부호화하는 방법으로 MP3 방식보다 음질이 좋음, '돌풍 왕자', 〈~ an open-source compression format〉 수2

213 **o·gle** [오우글]: 〈← oog(eye)〉, 〈'쳐다보다'란 게르만어〉, 〈눈〉의 속어, 추파를 던지다, 눈알을 굴리다, 〈~ stare at\goggle〉, 〈↔ignore\look away\side-eye〉 양2

214 **oh** [오우]: 〈만국 공통의 의성어〉, 오~, 아~, 아이고, 어머나, 참, 응, 〈~ disappointment\suprise\annoyance\sadness〉 양1

215 **O'Hare** [오우 헤어]: 〈'토끼(hare)'같이 생긴 조상을 둔?〉 오헤어, ORD, 1944년에 개항하고 2차 대전의 공군 영웅 Edward O'Hare의 이름을 딴 시카고 북서쪽에 있는 미국 굴지의 국제공항, 〈~ an international airport serving Chicago area〉 수1

216 **O·hi·o** [오우하이오]: 〈원주민어〉, great river, '거대한 강', 오하이오, OH, Buckeye State, 〈말밤나무의 주〉, 〈출입구의 주〉, 〈대통령의 산실〉, 공업과 농업이 골고루 발달한 미 중동 북부(Mid-western USA)의 주, {Columbus-15}, 〈〈scarlet carnation〉〉 수1

217 **O·hi·o riv·er** [오우하이오 뤼붜]: 피츠버그(Pittsburgh) 근처에서 시작하여 일리노이주 남쪽에서 미시시피강(Mississippi river)으로 합쳐지는 1,579km짜리 상업·농업용 수로 수1

218 **ohm** [오옴]: 옴, 전류의 흐름에 대한 물체의 저항을 측정하는 단위, 즉 volts로 나타낸 전력의 세기를 amperes로 나타낸 전력의 흐름으로 나눈 값, 〈~ unit of electrical resistance〉 수2

219 **Ohm** [오옴], Geog.: 〈게르만어〉, '외삼촌(uncle)', 옴, (1787-1854), 1827년에 전류저항의 법칙을 발견한 독일의 물리학자, 〈~ a German physicist and mathematician〉 수1

220 **oh my good-ness** [오우 마이 굳니스]: 어머나, 아이고, 맙소사, 〈~ holy cow\good heavens〉, 〈↔so what\who cares〉 양1

221 *__oh-no-sec·ond__ [오우-노우-쎄컨드]: 저런!, 제기랄!, 단추를 순간적으로 잘못 누른 따위의 실수(mistake)를 깨닫는 순간, 〈~ oops!\fuck!〉, 〈~(↔)good grief\what the heck〉 양2

222 *__oh-shit han·dle__ [오우 쉩 핸들]: 〈급정거했을 때 '염병할' 하면서 잡는〉 승용차 창문 위의 손잡이, 〈따지고 보면 말이 별거 아니깔께!〉, 〈~ Jesus (or grab) handle〉 미2

223 **~oid** [~어이드]: 〈그리스어〉, like, 〈~같은〉의 뜻을 가진 접미사 양1

224 **oil** [오일]: 〈← elaia(olive)〉, 〈그리스어→라틴어→프랑스어→영국어〉, 기름, 석유, 윤활유, 물에는 녹지 않으나 에테르에 녹는 동·식·광물성의 미끄러운 액체, 〈~ petroleum\lube\grease〉, 〈~(↔)gas\fuel〉 양1

225 **oil-berg** [오일 버그]: 〈← ice-berg〉, 대형 유조선, 〈~ super-tanker〉 양2

226 **oil-bird** [오일 버어드]: guacharo, tayo, 기름쏙독새, 남미 북부의 원주민들이 기름기가 많은 그들의 병아리를 잡아 등잔 기름이나 식용으로 썼던 〈괴로운〉 소리를 내는 박쥐 비슷한 야행성 새, 〈~(↔)night-jar〉 미2

227 **oil-bomb** [오일 밤]: 유지 소이탄, (불을 지를 목적으로) 유지로 만든 〈'몰로토프 칵테일' 같은〉 '폭탄', 〈~ fire bottle\poor man's grenade〉 미2

228 **oil-cloth** [오일 클러어쓰]: 유포, (기름을 먹인) 방수포, 〈~ enameled cloth〉 양2

229 **oil cri·sis** [오일 크롸이시스]: ~crunch, ~shock; 석유 파동, 석유 위기 양2

230 **oil field** [오일 휘일드]: 유전, 〈~ gusher〉 가2

231 **oil–paint·ing** [오일 페인팅]: 유화, 유성 물감 그림, 〈↔water painting〉 가1

232 **oil shale** [오일 쉐일]: (석유)혈암, 석유·케로진(kerosene)·천연가스를 내포하고 있는 주로 수초가 굳어서 된 갈색의 부석부석한 침전암(sedimentary rock)으로 만주 등에 매장량이 많으나 증류하는 경비가 많이 들어 '아직까지' 상품화되지 못하고 있음, 〈~ gas coal〉, 〈~(↔)shale oil(혈암유)〉 미2

233 **oil well** [오일 웰]: 기름 우물, (석유를 빨아올리기 위해 판) 유정, 〈~ gas well〉, 〈↔coal mine〉 양2

234 **oink-oink** [오인크-오인크]: 꿀꿀, 돼지(pig) 울음소리, 〈~ snort-snort〉 미2

235 **oint·ment** [오인트먼트]: 〈← unguere〉, 〈라틴어〉, 〈← anoint〉, 연고, 고약, 〈~(↔)lotion\cream〉, 〈↔liquid\solid〉 양2

236 **o·jing-eo** [오징어]: (죽은 듯이 수면에 떠 있다가 까마귀가 쪼아 먹으러 오면 낚아채서 바닷속으로 끌고 들어가 잡아먹는 '오적어'에서 연유했다는 설이 있으나) 〈어원 불명의 한국어+중국어〉, 한 쌍의 아주 긴 발과 네 쌍의 긴 발에 약 17cm의 몸통 길이를 가진 연체동물, squid, cuttle-fish, calamari 수2

237 **oji·rap-per** [오지라퍼]: 〈순수한 한국말〉, 오지랖(겉옷의 앞자락; lapels of an outergarment)이 넓은 사람, 남의 일에 참견하는 사람, 〈영어로는 back-seat driver로 번역해 놨는데 편자는 '통이 큰 사람'이란 원뜻을 살려 오쟁이를 지고도 너그러히 봐주는 'cuck-old'가 더 정확한 표현이라고 봄〉 양2

238 **OK** [오우케이]: 〈1839년에 미국 신문에 등장한 약어〉, 좋아, 알았어, 됐어, 'Oll Korrect', 〈all correct의 빼딱한 철자〉, 'Okay', 'Okey', 'Old Kinderhook(반 뷰렌 대통령의 별명)', 〈↔no\wrong\bad〉 양1

239 **o·ka·ne** [오까네]: precious metal, '금님', '쇳가루', 〈일본어〉, 쇠푼, 돈(don²), 〈~ money\buck〉 우1

240 **o·ka·pi** [오우카아피]: 〈← oapi〉, 〈콩고어〉, 중앙아프리카 깊은 산중에 서식하는 기린보다 작고 다리에 줄무늬가 있으며 목이 짧은 반추 발굽 동물, zebra giraffe 수2

241 **OK boom-er** [오우케이 부우머]: '노털', 2차 대전 후 20년간 고 출산 시대에 태어나서 꼰대가 된 사람들을 따돌리는 말, 〈이제는〉 별 볼 일 없게 된 세대, 〈~ baby boomer\OK wallet〉 양2

242 **OK Cor·ral** [오우케이 커뤨]: 오케이 코랄, 1881년 10월 26일 오후 3시 보안관들과 깡패들이 싸워 30초 만에 3명의 깡패가 사살된 미국 애리조나〈Arizona〉주에 있는 마을(목장) 수1

243 **o·key-do·ke(y)** [오우키 도우키(이)]: 〈미국어〉, okie-dokie, 오냐 오냐, ⇒ OK, 〈↔no way\wrong〉 양2

244 **O·ki·na·wa** [오키나와]: oki(off-sea)+nawa(rope), 〈일본어〉, '바다위의 밧줄', 오키나와, 1972년 일본에 반환했으나 아직도 미국의 공군기지가 있는 일본과 대만 사이의 작은 섬, 〈~ a Japanese prefecture in the East China Sea〉 수1

245 **O·kla·ho·ma** [오우클러호우머]: okla(people)+humnia(red), 〈북미 원주민어〉, '붉은 사람이 사는 곳', 오클라호마, OK, Okla, Sooner State, 〈선착지〉, 석유와 농작물 생산으로 미국 경제를 받쳐주는 중남부(South Central)의 광활한 내륙 주, {Oklahoma City-5}, 〈〈mistle-toe〉〉 수1

246 **O·kla-ho·ma Cit·y** [오우클러호우머 씨티]: 1889년에 오클라호마 남동부에 주도(Capital)를 목표로 설립되어 착실히 성장해온 목축·석유 산업도시 수1

247 **O·klo phe·nom·e-non** [오우클로우 휘나미넌]: 1972년 중부 아프리카에 있는 오클로 마을의 우라늄 탄광에서 발견된 2billion년 전에 자연적인 핵분열이 일어나서 그 영향이 수십만 년 지속되었다는 현상, 〈~ a natural nuclear fission reactor〉 수2

248 **o·kra** [오우크뤄]: 〈어원 불명의 원주민어〉, 오크라, okro, gumbo 〈숙녀의 손가락〉같이 생긴 (깍지)열매를 맺은 아프리카 원산 아욱과의 관목, ⇒ lady's finger 수2

249 **Ok·to·ber–fest** [악토우버 훼스트]: '10월 축제', 옥토버 페스트, 1810년 10월 바이에른의 왕세자 결혼식을 축하하는 피로연에서 기원한 〈맥주 축제〉, 〈~ a beer festival and travelling carnival〉 미2

250 *****OK wal·let** [오우케이 월릿]: 오케이 월렛 ①전산망 금융회사 이름 ②돈만 버는 남자〈돈 삐리〉, 돈 잘 쓰는 사람〈봉〉, 〈~ OK boomer〉 양2

251 **OL** (oc·u·lus lae·vus): 〈old Latin(75 BCE 전의 고대 라틴어)〉, left eye(왼쪽 눈), 〈↔OD〉 양2

252 **~ol** [~올]: 〈라틴어〉, alcohol, 〈~수산기를 함유한〉뜻을 가진 접미사 양1

253 **old** [오울드]: 〈← eald(long time)〉, 〈게르만어〉, 나이 먹은, 늙은, 오래된, 낡은, 원래의, 노년의, 나이 든, 노련한, 〈~ aged\by-gone\mature〉, 〈↔young\modern\recent\new〉 양1

254 **old age** [오울드 에이쥐]: 노년(기), (대체로) 65세 이상을 칭하나 '어느새' 70세로 늘어남, 〈~ advanced (or declining) years〉, 〈↔youth\childhood〉 가1

255 *****old bag** [오울드 배그]: 할멈, 노파, 〈~ hag〉, 〈↔diva〉 양2

256 **old boy** [오울드 버이]: 동창생, 오랜 친구, 고용주, '젊은 노인', 〈~ ex-classmate\chum\senior〉, 〈↔youngster\antagonist\snolly-goster〉 양2

257 **Old Coun·try Buf·fet** [오울드 컨트뤼 버훼이]: 2005년에 세워져서 근근이 명맥을 유지해 가고 있는 미국의 자기 봉사 대중음식 연쇄점 우2

258 *****old e·con·o·my** [오울드 이카너미]: (전산망 사용 이전의) 구 경제, 〈~ traditional (or legacy) economy〉, 〈↔new economy〉 가1

259 **Old Eng·lish** [오울드 잉글리쉬]: 〈게르만족의 일파인 앵글로 색슨족이 영국섬으로 들여온〉 고대(450~1150) 영어, 〈↔Middle English\Modern English〉 가1

260 **Old Eng·lish sheep-dog** [오울드 잉글리쉬 쉬이프더어그]: 영국산 목양견, 털이 길고 꼬리가 짧은 중형의 양 지키기 개, 〈~ bob-tailed sheep-dog〉 수2

261 **old-fash·ioned** [오울드 홰션드]: '구식 술', 위스키·설탕·탄산수·비터스·레몬·체리를 넣은 〈느긋한〉 혼합주, 시대(유형)에 뒤떨어진, 고풍의, 〈~ antique\vintage〉, 〈↔fresh\current\modern〉 우2

262 *****old flame** [오울드 홀레임]: 〈영국어〉, 지나간 정염, 옛사랑, 〈뱀이 벗어 놓은 허물같은 것〉, '노래 제목', 〈~ ex-lover〉, 〈↔new flame〉, ⇒ hae-eo-jil geol-sim 양2

263 *****old hab·its die hard**: 세 살 버릇 여든까지 간다, 제 버릇 개 못 준다, 〈~ we are all creature of habits\a leopard doesn't change its spots〉 양2

264 *****old-hand** [오울드 핸드]: 노련한 자, 능숙한 사람, 〈~ long-timer\expert〉, 〈↔new-comer\novice〉 양2

265 **Old Har·ry(Nick \ Scratch)** [오울드 해뤼(닉 \ 스크뢥취)]: 악마, 마귀, 〈~ evil\satan〉, 〈↔saint\angel〉 양2

266 *****old king clan·cy** [오울드 킹 클랜시]: 〈캐나다의 연속물에서 연유한〉 여성의 질에 꿀물을 부어 넣고 (넘쳐흐르는 것을) 핥아먹는 성행위, 〈~ a filthy sex act〉 우2

267 **old la·dy** [오울드 레이디]: 마누라, 여자 친구, 어머니, 잔소리꾼〈앞 단어들의 공통·함축어〉, 〈~ dear\nagger〉, 〈↔old man\fiancée〉 양2

268 **old maid** [오울드 메이드]: 노처녀, 늙은 가정부, 〈~ spinster〉, 〈↔bachelor\young lady〉 가1

269 **old man** [오울드 맨]: 부친, 고용주, 두목, 선배, 남편, 지배인〈앞 단어들의 공통·확대어〉, 〈~ elder\boss〉, 〈↔young man\old lady〉 양2

270 **old man in the spring** [오울드 맨 인 더 스프링]: 〈봄에 회백색의 털을 가진 방울꽃이 피는〉 rag·wort, 금불초, ⇒ ground·sel 미2

271 **old miss** [오울드 미쓰]: spinster(노처녀)의 〈발랄한〉 콩글리시 양2

272 *****old school** [오울드 스쿠울]: 모교, 보수파, 구닥다리, 〈~ alma mater\orthodox〉, 〈↔new school〉 양1

273 **Olds-mo·bile** [오울즈모우빌]: 올즈모빌, 1897년 Ransom Olds〈노회한 자〉가 설립해서 1908년 GM에 매수된 후 한창 잘나가다가 1975년 편자도 한 대 사주었으나 2004년 역사의 뒤안길로 사라진 미국의 자동차 회사 수1

274 **old sto·ry** [오울드 스토어뤼]: 흔한 일, 진부한 이야기, 〈~ boiler plate²\cliché〉, 〈↔breaking news\new story〉 양2

275 **Old Tes·ta·ment** [오울드 테스터먼트]: 구약성서(경), BC1100년부터 AD100년 사이에 예언자들의 '증언'을 바탕으로 여러 사람에 의해 쓰인 신과 인간과의 '서약', 기독교 성서의 제1편, 헤브라이 성서(Hebrew Bible)의 전권, 〈↔New Testament〉 양1

276 ***old tim·er** [오울드 타이머]: 고참, 선배, 꼰대, 〈~ senior\kkon-dae〉, 〈↔new-comer\freshman〉 양1

277 **old wife** [오울드 와이후]: 잡혔을 때 〈늙은 마누라같이〉 '이 가는 소리'를 내며 검은 세로줄이 있는 오스트레일리아 연해 원산의 청어류의 관상용 물고기, 〈~ bastard dory\zebra-fish〉 우1

278 **Old World** [오울드 워얼드]: 구세계(유럽·아프리카·아시아), 〈영국에서 본〉 동반구, 〈~ Afro-Eurasia〉, 〈↔New World〉 양2

279 ***OLE** (ob·ject link·ing and em·bed·ding): 객체 연결과 삽입(정보를 공유하기 위해 여러 가지 응용차림표에서 들어오는 정보를 통합해서 언어처리기로 〈기계어로〉 출력시키는 방법), 〈~ a proprietary technology〉 미2

280 **ole** [올레이]: 〈← hola〉, 〈스페인식 의성어〉, 좋아, 됐어!, 이봐, 여봐!, 〈~ hey〉 양2

281 **~ole** [~오울]: 〈← oleum(oil)〉, 〈라틴어〉, 〈~수산기를 함유하지 않은〉뜻의 접미사, 〈~ a closed-chain compound〉 양1

282 **o·le·an·der** [오울리앤더]: 〈← rhododendron?〉, 〈어원 불명의 라틴어〉, 서양 협죽도, 유도화, 좁고 두꺼운 잎에 다섯 잎의 빨강·분홍·흰색의 꽃이 피고 식물 전체에 독성(toxin)이 있는 아열대성 관상용 상록관목, rose·bay 미2

283 **o·le·as·ter** [오울리애스터]: 〈← olea(olive)〉, 〈라틴어〉, '야생 올리브', 〈은땅기〉, 올리브 비슷한 열매가 맺히는 남유럽 원산 가는잎보리수나무, 〈~ wild olive\silver-berry〉 우1

284 **o·lec·ra·non** [오울레크뤄난]: olene(ulna)+kranion(head), 〈그리스어〉, 주두, '팔꿈치 머리', 척골 상단의 돌기, 〈~ elbow head〉, 〈↔elbow pit\cubital fossa〉, 〈↔knee-cap\patella〉 양2

285 ***OLED** (or·gan·ic light e·mit·ting di·ode): 유기물(자연산) 발광 2주관, (눈에 유해한 푸른색을 줄이기 위해) 〈광물성 미세판 대신 유기물(organic compound)로 된 판막을 사용하는〉 '차세대' 발광 반도체, 〈~ a self-luminous diode〉, 〈~(↔)LED〉 미1

286 **ol·fac·to·ry** [알홱터뤼]: olere(smell)+facere(make), 〈라틴어〉, 후각의, 냄새의, 〈↔gustatory〉 양2

287 **o·li·gar·chy** [알리가알키]: oligos(few)+archein(rule), 〈그리스어〉, 소수 독재 정치, 과두정치, 〈↔monarchy\democracy〉 양2

288 **ol·i·go~** [알리고우~]: 〈그리스어〉, few, 〈소수·부족~〉이란 뜻의 접두사, 〈↔poly~〉 양1

289 **ol·i·gop·o·ly** [알리가 펄리]: oligo+monopoly, 과점, 소수독점, (소수의 매매자나 매수자에 의한) 시장독점, 〈~(↔)cartel\syndicate〉, 〈↔oligopsony〉 양2

290 **ol·i·gop·so·ny** [알리갚쏘니]: oligo(few)+opsonia(purchase), 〈그리스어〉, 매주과점, 〈소수의 구매자에 의한〉 구매과점, 〈~ limited pool of buyers〉, 〈~(↔)oligopoly〉 양2

291 **o·li·o** [오울리오우]: 〈← olla(pot)〉, 〈'우묵한 접시'라는 라틴어에서 유래한 스페인어〉, 잡탕찜, 뒤섞은 것, 잡곡집, 접속곡, 시문집, 〈~ miscellaneous mixture\hodge-podge〉, 〈↔orderliness\organization〉 양1

292 **o·live** [알리브]: 〈← elaia〉, 〈그리스어〉, 〈← oil〉, 올리브, 감람나무, 지중해(Mediterranean) 지방 원산의 옹이가 많은 줄기·가늘고 긴 잎·〈그리고〉 반 이상이 기름으로 된 땅콩만 한 흑자색의 열매를 맺고 척박한 땅에서도 잘 자라고 고온에도 강하고 오래 사는 "신이 내려준" 나무라고 그리스인들이 〈아직도〉 감지덕지하고 있는 물푸레나뭇과(rock-rose)의 상록교목, 〈~ blue-green〉 우2

293 ***o·live branch** [알리브 블랜취]: 〈성서에 나오는 말〉, 화해의 말(행동), 평화의 상징, 〈~ peace pipe〉, 〈↔out-bid\refrain〉 양2

294 **Ol·i·ver sal·ad** [오울리뷔어 쌜러드]: 올리버 전채, ⇒ Russian salad 수2

295 **Ol·ives** [알리브즈]: 감람산, (예수가 승천했다는) 예루살렘 동쪽의 작은 산, 〈~ a mount in the east of Jerusalem〉 수2

296 **Oliv·i·er** [오울리뷔어], Lau·rence: alf(elf)+hari(warrior), 〈게르만어〉, 〈프랑스계 이름〉, '전사', 올리비에, (1907-1989), 셰익스피어의 작품을 잘 소화해낸 영국의 배우·연출가·남작, 〈~ an English and director〉 수1

297 **ol·i·vine** [알리뷔인]: 〈← oliva(olive)〉, 〈라틴어〉, olive-green, 감람석, 산화 마그네슘이 들어 있어 녹색을 띠는 준보석, 〈~ peridot\green garnet〉 미1

298 **~ol·o·gy** [~알러쥐]: 〈← logos(reason)〉, 〈그리스어〉, 〈~학·론〉이란 뜻의 접미사, 〈~ theory\science〉 양1

299 *****OLTP** (on-line trans·ac·tion proc·ess·ing): 실시간 전산망 거래처리, 전산망을 통한 상거래를 보좌하는 연성기기 체제, 〈~ executing multiple transactions concurrently〉 미2

300 **O·lym·pi·a** [올림피어]: 올림피아 ①여자 이름(feminine name) ②그리스 펠로폰네소스반도 서부의 평원, 〈~ a small town on Peloponnese peninsula〉 ③미국 워싱턴주 남서쪽 올림픽 반도에 있는 주도·상항, 〈~ Capital of Washington state〉 수1

301 **O·lym·pi·ad** [올림피애드]: 올림픽 대회 ①제우스신을 기리기 위해 4년마다 올림피아에서 열렸던 고대 그리스(Greece)의 거국적 경기 ②세계평화를 기원하면서 1896년부터 4년마다 개최되는 인류 최대의 비직업적 운동 경기대회, 〈~ a quadrennial celebration of Olympic Games〉 수1

302 **O·lym·pic Moun·tains** [올림픽 마운튼스]: 〈그리스 출신 탐험가를 기리기 위해 명명한〉 미 북서부 태평양 연안의 워싱턴 주에 있는 국립공원 산맥, 〈~ a mountain range on the Pacific N-W US〉 수2

303 **O·lym·pus** [올림퍼스]: 〈산(mountain)'이라는 고대 그리스어〉, 올림포스, 그리스의 (12신들이 살았다는) 중동부〈mid-eastern Greece〉의 2,910m짜리 산이나 나중에는 신들이 살기에는 너무 초라다 해서 하늘나라 그 어디인가로 옮겨졌음 수1

304 **~o·ma** [~오우머]: 〈그리스어〉, tumor, 〈~종(양)〉을 나타내는 결합사 양1

305 **O·ma·ha** [오우머허]: 〈원주민어〉, upstream people, '강의 상류에 사는 자', 오마하, 1854년 미국이 동명의 인디언 부족으로부터 빼앗은 땅 위에 세워진 네브래스카주 동남부 미주리강 변의 목축업 집산지, 〈~ a city in S-E Nebraska〉 수1

306 **o·ma·ka·se** [오마카세]: entrust, I'll leave up to you, 〈'맡긴다'란 뜻의 일본어에서 유래한〉 오마키, 요리사의 선택, 초밥집 주방장이 그날 신선한 재료로 만들어 주는 특별 요리, 〈~ chef's special〉 미2

307 **O·man** [오우마안]: 〈어원 불명의 원주민어〉, 〈← aamen(settled people)?〉, 오만, 아라비아반도 동남쪽(S-E of Arabian peninsula) 사막지대에서 석유를 퍼내 '잘' 먹고사는 회교왕국(Sultanate), {Omani-Arab-Rial-Muscat} 수1

308 **OMB** (Of·fice of Man·age·ment and Bud·get): (미) 관리예산국, 1970년에 개편된 대통령 직속의 대통령실 예산 설정·집행기구, 〈~ a Presidential Executive Office〉 미2

309 **om·buds·man** [암버즈맨]: umboth(commission)+mathr(man), 〈스웨덴어〉, 〈법적〉 '대변자', 고충처리원, 상담역, 행정감찰관, 암행어사, 감찰사(국가마다 역할과 권한이 다름), 〈~ regulator\watch-dog〉, 〈↔be-littler\antagonist〉 양2

310 **o-me·ga** [오우미거]: 오메가, Ω, 그리스 알파벳의 24번째(마지막) 글자, 끝, 최후, 〈대단원〉, 〈~ ending\bottom-line〉, 〈↔alpha\beginning〉 수2 미2

311 **o-me·ga 3** [오우미거 쓰뤼이]: 사람이 체내에서 못 만드는 불포화 지방산(poly-unsaturated fatty acids)으로 암·중풍·심장병·노화 방지 등에 〈좋다〉함, 〈~ EPA³\DHA〉 수2

312 *****o-me·ga wolf** [오우미거 울후]: 천덕꾸러기 늑대, 〈~ the lowest wolf pack〉, 〈개천에서 용 나듯〉 어렵게 출세한 싸나이, 〈~ a self-made man〉, 〈↔alpha wolf〉 미2

313 **om·e·let(te)** [암릿]: 〈← lamella(small plate)〉, 〈라틴어→프랑스어〉, 오믈렛, 치즈·고기·야채 등을 넣고 달걀을 '얇게' 휘저어 구운 판에 싸서 먹는 요리, 〈~ egg foo young〉 우1

314 **o·men** [오우먼]: 〈어원 불명의 라틴어〉, augury, 전조, 예언, 조짐, 징조, 예감, 〈→ ominous\abominable〉, 〈~ bode\fore-tell\presage〉, 〈↔luck\fortune\doom〉 가1

315 **o·men·tum** [오우멘텀]: 〈← omenta(apron)〉, 〈라틴어〉, 망, 장막(내장을 덮어주는 복막의 주름), 〈~ epiploon〉, 〈~(↔)이것은 내장의 앞을 덮어주고 mesenetery는 내장의 윗쪽을 덮어줌〉 양2

316 *****OMG** (ob·ject man·age·ment group): 객체 관리 협의체, (1997년부터 활성화되어) 서로 소통하기 위해 연성기기의 표준화를 개발하고 있는 여러 전산기 회사들의 모임, 〈~ an international technology standards consortium〉 미2

317 *****OMG!** (Oh my god! , oh-mi-god): '하느님 맙소사!', 어머나!, 세상에!, 〈~ good greif!\golly\holy-cow!〉 미2

318 **om·i·cron** [아머크롼 \ 오우마이크뤈]: o+mikron(small o) ①〈그리스 알파벳의 15번째 글자〉, 오미크론, omega보다 작은 것 ②2021년 후반에 발생한 (전염성이 강하나 비교적 증세가 심하지 않은) 변형 Corona-virus(19) 수2

319 *****o-mi-god** [오미가앋]: oh my god, 맙소사, 세상에, 〈~ OMG!〉 미2

320 **om·i·nous** [아머너스]: 〈← ominari(pressage)〉, 〈라틴어〉, 〈← omen〉, 불길한, 나쁜 징조(의), 〈~ doomed〉, 〈↔auspicious〉 가1

321 **o·mis·sion** [오우미션]: 〈라틴어〉, 〈← omit〉, 생략, 〈밑으로 떨어뜨리는〉 탈락, 소홀, 태만, 〈~ deletion\exclusion〉, 〈↔addition\inclusion〉 가1

322 **o·mit** [오우밑]: ob(before)+mittere(send), 〈라틴어〉, 〈완전히〉 빼다, 생략하다, 게을리하다, 〈~ leave out\neglect〉, 〈↔add\include〉 가1

323 **om·ni~** [아암니~]: 〈라틴어〉, all, 〈총·범~〉이란 뜻의 접두사, 〈↔pars(part)~〉 양1

324 *****om·ni-bus** [아암니 버스]: 〈모든 사람을 위한〉 승합(마차·자동차), 총칙, 총괄적, 〈~ multiple\general〉, 〈↔limited\specific〉 양2

325 **om·ni-po·tent** [아암니퍼턴트]: 전능한, 절대권력을 가진, '노상서', 〈~ almighty\un-limited〉, 〈↔im-potent\power-less〉 양2

326 **om·ni-pre·sent** [암니 프뤠젼트]: 어디에나 있는, 편재하는, 〈~ ubiquitous\wall-to-wall〉, 〈↔absent\rare〉 양2

327 **om·nis·cient** [암니션트]: omni+scientia, 〈라틴어〉, 'all science', 모든 것을 다 아는, 전지의, 박식한, 〈~ all-knowing\all-wise〉, 〈↔ignorant\unaware〉 양2

328 **om·niv·or·ous** [아암니붜뤄스]: omni(all)+vorare(devour), 〈라틴어〉, 무엇이나 먹는 (탐하는), 잡식성의, 남독하는, 〈~ eat anything\indiscriminating〉, 〈↔vegan\pescatarian\picky eater〉 양2

329 *****OMR** (op·ti·cal mark read·er \ ~re·cog·ni·tion): 광학표지 판독(인지), 광학적 방법〈레이져 광선〉으로 특정한 자료를 읽는 장치, 〈~ optical character recognition〉 미2

330 **Omsk** [옴스크]: 〈Om('고요한〈quiet〉') 강 하구에 세워진〉 러시아 연방 시베리아 서남부(S-W Siberia)의 교통·항구 도시, 〈시베리아의 시카고〉 수1

331 **on** [어언 \ 아안]: 〈← an(above position)〉, 〈게르만어〉, ~위에, ~에 붙여, ~에 접하여, ~로, 앞쪽으로, ~몸에 지니고, ~계속해서, 떼지 않고, 즉시, 켜다, 더하다, ~에게 달려있다(~의 책임이다), 〈~ upon〉, 〈↔off〉 양1

332 **on·a·ger** [아너줘] \ on·a·gri [아너그라이]: anos(ass)+agrios(wild), 〈그리스어〉, 오나거, '발 빠른 나귀'(들), (성경에도 나오는) 서남 아시아(S-W Asia)에 서식하는 〈야생 노새〉, 〈~ hemi-one〉, 〈~(↔)donkey〉, 〈오나거 같이 힘차게 튀어나오는〉 고대 투석기, 〈~ a catapult with a bowl at the end〉 우2

333 **on all fours** [어언 어얼 훠어즈]: 네 발로 (기는), 기는 자세, 꼭 들어맞는, 〈~ crawl\in conformity with〉 양2

334 **O·nan** [오우넌]: 〈어원 불명의 히브리어〉, 오난, 유다의 둘째 아들로 죽은 형의 아내와 성교는 했으나 정액을 땅에 흘려(spilled semen on the ground) 〈자손을 퍼뜨리지 못한 죄로〉 하느님에 의해 죽임을 당함 수1

335 **o·nan-ism** [오우너니즘]: 성교 중절, 수음(masturbation), 〈이것이 죄가 아니라는 것은 교회에서도 인정하고 있음〉, 〈~ coitus interruptus〉, 〈↔insemination〉 양2

336 *****on a par** [어언 어 파아]: 동등한, 똑같은, 〈~ be on the same boat〉, 〈↔different\seperate〉 양2

337 *****on a roll** [어언 어(에이) 로울]: 운을 타다, ~세를 타다, 〈~ prosperous\successful〉, 〈↔unlucky\unfortunate〉 양2

338 **O·na·sis** [오나아시스], Ar·is·tot·le: 〈어원 불명의 그리스어〉, 오나시스, (1906-1975), 터키에서 태어나서 〈「저 바다가 없었다면~」이란 노래를 제일 싫어하면서〉 그리스·아르헨티나·모나코·뉴욕 등지를 전전하며 돈을 벌고 〈싸나이답게〉 유명한 젊은 여자들을 〈싸랑〉했던 그리스의 선박왕, 〈~ a Greek shipping magnate〉 수1

339 **O·na·sis** [오나아시스], Jac·que·line Ken·ne·dy: 오나시스, (1929-1994), 사진기자로 일하다 하원의원 케네디를 만나 2년 반 동안 미국의 영부인 노릇을 하다가 선박왕과 재혼해서 2천6백만 불의 유산을 받아 사교활동을 하면서 동갑의 보석상과 죽을 때까지 14년간 동거 생활을 했던 〈현실적 여자〉, 〈~ an American journalist and socialite〉 수1

340 *****on (one's) back**: 괴롭히다, 못살게 굴다, 〈~ annoy\harass〉, 〈↔aid\soothe〉 양2

341 **on-board** [어언 보어드]: 〈갑판 위에〉 실은, 탑재한, (회로 기반상에) 내장된, 〈~ loaded\present〉, 〈↔off-board\missing〉 양2

342 **on-brand** [어언 브랜드]: 품질에 맞는, 걸맞은, 전형적인, ⟨~ appropriate\typical⟩, ⟨↔off-brand\distorted⟩ 양2

343 ***on-call** [어언 커얼]: 대기하고 있는, 요구대로, ⟨부르면 일해야 하는⟩ 당직, ⟨~ on duty\ready⟩, ⟨↔off-call\un-available⟩ 미2

344 **once** [원스]: ⟨← anes⟩, ⟨영국어⟩, ⟨← one⟩, ⟨일생을 좌우 할 수도 있는⟩ 한 번, 일 회, 한 번도~, 일단~, 일찍이, ⟨~ one single time\in the past\immediately⟩, ⟨↔twice\always\nowadays⟩ 양1

345 ***once a thief, al-ways a thief**: 제 버릇 개 못 준다, 세 살 버릇 여든까지 간다, ⟨~ a leopard can't change its spots⟩ 양2

346 ***once bitten, twice shy**: 한번 혼나면 두번째는 겁낸다, 자라 보고 놀란 가슴 솥뚜껑 보고 놀란다, ⟨~ a burnt child dreads the fire⟩, ⟨↔dare-devil\fool-hardy⟩ 양2

347 ***once (and) for all**: 단 한번만, 이번만, 최종적으로, ⟨~ after all\finally⟩, ⟨↔never\any time⟩ 양2

348 ***once in a great while**: 아주 오랫만에, 가뭄에 콩 나듯, ⟨~ once in a blue moon⟩ 양2

349 ***once on shore, we pray no more**: 똥 누러 갈 적 마음 다르고 올 적 다르다, ⟨~ the danger past and God forgotten⟩ 양2

350 **once up-on a time**: 옛날 옛적에, 호랑이 담배 피우던 시절, ⟨~ a long time ago⟩ 양2

351 **on·col·o·gy** [앙칼러쥐]: onkos(tumor)+logy, ⟨그리스어⟩, ⟨혹을 연구하는⟩ 종양학, '암의학', ⟨~ cancer study⟩, ⟨~(↔)hematology⟩, ⟨oncology와 hematology의 관계는 obstetrics와 gynecology의 관계와 비슷함⟩ 가1

352 **on-de·mand** [어언 디맨드]: 맞춤, 주문형, 요구에 따라(언제든지 제공하는), ⟨~ desired\required⟩, ⟨↔un-tailored\un-popular⟩ 양2

353 **on-dol** [온돌]: ⟨중국어→한국어⟩, 'warmth+collide', warm fire·box, '따뜻한 아궁이', ⟨한국 등에서 사용하는⟩ 아궁이에서 탄 열기가 진흙과 얇은 돌로 만든 방구들 밑의 고래를 통과하면서 방을 덥게 하는 장치, ⟨~ Korean traditional under-floor heating system⟩, ⟨↔stove⟩ 수2

354 **one** [원]: ⟨← on⟩, ⟨게르만어⟩, 하나의, 어떤, 같은, 1, ⟨'어떤'이 '같은'이 되는⟩ 사람, 것, One; 하나님, ⟨→ only\any\once⟩, ⟨~ single\sole\a certain⟩, ⟨↔myriad\named⟩ 양1

355 ***one-armed ban·dit** [원 아암드 밴딛]: ⟨1934년에 등장한 말⟩, '외팔이 강도', ⟨한 손으로 잡아당기는⟩ 도박용 슬롯머신(자동 도박기기), ⟨~ slot machine⟩ 양2

356 ***one bad ap·ple spoils the bar·rel**: 한 썩은 사과가 궤짝 전체를 망친다, 어물전 망신은 꼴뚜기가 시킨다, ⟨목사들이 설교때 단골로 써먹던 말⟩, ⟨~ bad person influences everyone⟩, ⟨↔best of the bunch⟩ 양2

357 ***one beats the bush and an-other catches the birds**: 재주는 곰이 넘고 돈은 되놈이 받는다, ⟨~ one sows and another reaps⟩ 양2

358 ***one hand washes the oth·er**: 한 손은 다른 손을 씻는다, 누이 좋고 매부 좋다, ⟨~ what's good for the goose is good for the gander⟩ 양2

359 ***one has to be full be·fore feed·ing oth·ers**: 제 배가 차야 남을 먹인다(어머니 빼고), 광에서 인심난다, ⟨~ charity begins at home⟩, ⟨~(↔)justice begins next door⟩ 양2

360 ***one-horse race** [원 호얼스 뤠이스]: '독주', 일방적 승리, 무경쟁 선거, ⟨~ cinch\piece of cake\walk-over⟩, ⟨↔challenge\complex task⟩ 양2

361 **O'Neill** [오우닐], Eu·gene: ua(grandson)+niall(champion), ⟨아일랜드어⟩, '승리자의 손자', 오닐, (1888-1953), 유명 배우의 아들로 태어나서 젊어서는 결핵에 늙어서는 파킨슨병에 시달렸던 미국의 ⟨본격적⟩ 비극 희곡 작가, ⟨~ an American play-wright⟩ 수1

362 ***one ill weed mars the whole pot of pot-tage(por·ridge)**: 검불 하나가 귀리죽 한 그릇을 다 망쳐 놓는다, 미꾸라지 한 마리가 온 웅덩이를 흐려 놓는다, ⟨one rotten apple spoils the whole bar·rel(bunch)⟩ 양2

363 **o·nei·ric** [오우나이뤽]: ⟨← oneinos(dream)⟩, ⟨그리스어⟩, 꿈의(에 관한), 몽상적인, ⟨~ surreal⟩, ⟨↔actual⟩ 양2

364 ***one is blind to one's own faults**: 제 밑 구린 줄 모른다, 똥 묻은 개가 겨 묻은 개 나무란다, ⟨~ the pot calls the kettle black⟩ 양2

O 895

365 *one man sows and an·oth·er man reaps: 재주는 곰이 넘고 돈은 왕서방이 챙긴다, 죽 쒀서 개 준다, 〈~ one does all the work and some-boby else gets the credit〉 양2

366 *one night stand [원 나잍 스탠드]: 하룻밤만의 흥행(정사), '일회용 남자(여자)', 〈~ casual hook-up\hit and run〉, 〈↔eternal stand〉 양2

367 one-of-a-kind: unique, 단 하나뿐인 것, 유일한, 특별한, 〈~ exclusive\full-fashioned〉, 〈↔common\similar〉 양2

368 *one-off [원 어어후]: 일시, 단 한 번 있는 것(일), 1회용, 〈한 번 쓰고 버리는〉 밑닦개, 〈~ single\one-time\disposable〉, 〈↔repeater\regular〉 양2

369 one on one [원 어언 원]: one to one, man to man, 1대1, 〈~ mano a mano〉, 〈↔back to back〉 가2

370 one-piece [원 피이스]: 하나로 된, 위·아래가 붙은 옷, '외동 옷', 〈~ whole\uni-partite〉, 〈↔two-piece〉 미1

371 *one rot·ten ap·ple spoils the (whole) bar·rel (bunch): 미꾸라지 한 마리가 온 웅덩이를 흐려 놓는다, 〈~ one ill weed mars the whole pot of pottage(porridge)〉 양2

372 on·er·ous [아이너뤄스]: 〈← onus(load)〉, 〈라틴어〉, '짐이 되는', 번거로운, 성가신, 부담이 있는, 〈~ burdensome\taxing\arduous〉, 〈↔easy\effortless〉 가1

373 one-self [원 쎌후]: 자기 자신을(에게), 스스로, 〈~ ego\nano-cosm〉, 〈↔other〉 양2

374 one-shot [원 샽]: 1회의, 단발로, '단숨에', 〈~ once only\one-off〉, 〈bottom-up의 콩글리시〉, 〈~ single injection〉, 〈↔regular\periodic〉 미1

375 one-sid·ed [원 싸이디드]: 일방적인, 한쪽으로 치우친, 〈~ biased\partial〉, 〈↔neutral\equal〉 가2

376 one-stop shop·ping [원 스탚 샤핑]: '한번 멈춰 여러 시장 보기', 한 매장에서 여러 가지 물건을 살 수 있는 장 보기, 〈~ soup to nuts〉 우1

377 *one's true col·ors will al·ways show through: 안에서 새는 바가지 밖에서도 샌다, 될성부른 나무는 떡잎부터 알아본다, 안봐도 비디오, 〈~ as the twig is bent, so grows the tree〉 양2

378 *one that would have the fruit must climb the tree: 목마른 놈이 우물 판다, 〈~ necessity is the mother of invention\want makes wit〉 양2

379 one to one [원 투 원]: one on one의 동양어, 1대1 가2

380 *one top [원 탑]: '단두' ①(app을 사용해서 용도를 조정하는) 하나의 조리판을 가진 〈자동〉 가열 요리판, 〈~ an app-controlled induction burner〉 ②(축구나 또는 정치판에서) 최전방 공격수를 한 명 두는 일, 〈~ 1 striker strategy〉 미2

381 *one-trick po·ny [원 트뤽 포우니]: 한 가지만 잘하는 사람, '외패', 〈~ single skilled specialist〉, 〈↔jack of all trades〉 미2

382 one-way [원 웨이]: 일방통행의, 편도의, 〈~ uni-directional〉, 〈↔two-way〉 양2

383 *one-way func·tion [원 웨이 휭션]: 일방적 기능, 반대로 계산하기가 아주 힘든 함수(기능)〈그러나 남들이 해독하기 힘들므로 '비밀' 부호 매김을 할 때 유용하게 쓰임〉, 〈~ easy to compute but hard to invert〉 미1

384 one-way mir·ror [원 웨이 미뤄]: 일방 거울, '투명 거울', '요술 거울', '쌍방 거울'(아주 얇은 알루미늄 칠을 해놔서 어두운 쪽에서만 상대 쪽을 볼 수 있음), 〈~ a reciprocal mirror\semi-transparent mirror〉, 〈~(↔)two-way mirror〉 양2

385 One-world [원 워얼드]: '하나의 세계', 1999년에 창립되어 뉴욕(NYC)에 본부를 두고 15개의 정회원을 가진 세계적 항공사 제휴체계, 〈~ a global airline alliance〉, 〈~(↔)Sky Team\Star Alliance〉 수2

386 on–go·ing [어언 고우잉]: 진행(전진)하는, 계속되는, 〈~ advancing\continuing〉, 〈↔finished\abandoned\intermittent〉 가1

387 on-hand [어언 핸드]: 수중에, 그 자리에, 준비된, 임박한, 〈~ handy\ready〉, 〈↔un-available\late〉 양2

388 on·ion [어니언]: 〈← unus〉, 〈라틴어〉, 〈← one〉, '양'파, 둥근 파, 옥총, 다마네기, 줄기는 골파(green onion) 비슷하나 냄새가 더 고약하고 땅속으로 자라는 비늘이 〈하나로 뭉쳐진〉 공 같은 줄기를 가진 몽골 원산으로 사료되는 백합과의 두해살이 실파, 〈~ shallot보다 더 크고 동글〉 가2

389 on·ion ring [어니언 륑]: 고리 모양의 '양파 튀김', 〈~ fried onions〉 우1

390 *on·ion skin [어니언 스킨]: 양파 껍질, 얇은 반투명지, 추적을 위해 화상 위에 까는 투명한 아주 얇은 층(동영상 연성기기), 〈~ membrane〉 가1 우1

391 ***on-line** [어언 라인]: (직접) 연결된, 작동 중인, 통신 회로(전산망)를 통한, ⟨~ connected\linked⟩, ⟨↔off-line⟩ 미1

392 ***on-line ser·vice** [어언 라인 써어뷔스]: '전산망〈을 통한〉 용역' (~ banking·gambling·trading 등), ⟨↔off-line service⟩ 미2

393 **on·ly** [오운리]: ⟨← anlic⟩, ⟨영국어⟩, ⟨← one⟩, ~뿐의, 유일한, 최상의, 다만, 결국은, ⟨상대가치는 높으나 절대가치는 별로 없는⟩, ⟨~ alone\solely\just⟩, ⟨↔all\many\together⟩ 양1

394 **o·no** [오노]: ⟨'맛있다(delicious)'라는 하와이 말⟩, 꼬치삼치, peto, ⇒ wa·hoo¹ 미1

395 **on·o·mas·tics** [아너매스틱스]: ⟨← onoma⟩, ⟨'name'이란 뜻의 그리스어에서 유래한⟩ 용어 연구, 고유명사학, 어휘 체계, ⟨~ terminology\lexicon⟩, ⟨↔standard⟩ 양2

396 **on·o·mat·o·poe·ia** [아너매터피이어]: onomatos(name)+poiein(make), ⟨그리스어→라틴어⟩, ⟨소리를 따라서 이름을 지을 때 쓰는⟩ 의성어, 성유법, ⟨~ echoic⟩, ⟨↔non-imitative⟩ 양2

397 ***on pins and nee·dles**: 바늘 방석에 앉은 것 같다, 안절부절 못하다, 노심초사하다, ⟨~ like a cat on a hot tin roof⟩ 양2

398 **on-ramp** [어언 램프]: '진입(경사)로', 일반도로에서 고속도로로 들어가는 차로, ⟨~ ingress\entrance⟩, ⟨↔off-ramp\egress\exit⟩ 미2

399 **on–re-cord** [어언 뤠코어드]: 공개의, 공식의, 보도를 전제로 한, ⟨~ listed\published⟩, ⟨↔off-record⟩ 양2

400 **on-sea·son** [어언 씨이즌]: 성수기의, 철을 만난, 한창때, ⟨~ peak season⟩, ⟨↔off-season⟩ 양2

401 **on-set** [어언 쎋]: 개시, 시작, 초기, ⟨~ start\beginning\out-set⟩, ⟨↔end\termination⟩ 가1

402 **on-site** [어언 싸이트]: 현지(현장)에서, ⟨~ on the spot (or scene)\local⟩, ⟨↔off-site\out-side⟩ 가1

403 **on-slaught** [어언 슬러어트]: 맹습, 맹공격, 대학살, ⟨~ fierce attack\assault⟩, ⟨↔retreat\defense⟩ 양2

404 **on-tact** [어언 택트]: online+contact, (Covid-19 이후에 인기 있는) 전산망 접촉 여가·오락 활동 ⟨아직은 콩글리시임⟩ 미2

405 **On·tar·i·o** [언테어뤼오우]: ⟨← kanadario(sparkling)⟩, ⟨원주민어⟩, ⟨미국 뉴욕주 북동부의⟩ '아름다운 호수', ⟨~ US-Canadian border⟩, ⟨나라의 작업장⟩, 캐나다 남부(S. Canada) 온타리오호 서북쪽의 여러모로 제일 잘나가는 주(province), LA 동쪽의 위성도시, ⟨~ a city E of LA⟩ 수1

406 ***on-the-air** [어언 더 에어]: 방송 전파를 타다, 방송에 나오다, ⟨~ broadcasting⟩, 항공편으로, ⟨~ via airplane⟩ 양2

407 ***on-the-ball** [어언 더 버얼]: 정확하다, 감이 잡혀있다, 만반의 준비가 되어있다, ⟨~ alive\alert\attentive⟩, ⟨↔asleep\un-fit⟩ 미2

408 ***on-the–high-ropes** [어언 더 하이 로우프스]: 높은 밧줄에 매달려, 의기양양하여, 신이 나서, ⟨~ elated\exicited⟩, ⟨↔depressed\low spirited⟩ 양2

409 ***on-the-house** [어언 더 하우스]: 가게에서 내는, 무료의, 공짜의, ⟨~ complimentary\free⟩, ⟨↔payable\charged⟩ 미2

410 ***on the loose** [어언 더 루우스]: 갇히지 않은, 잡히지 않은(탈주 중인), 바쁘지 않은, 행실이 나쁜, ⟨~ at large\un-restrained⟩, ⟨↔on-the-run\tight⟩ 양2

411 **on the oth·er hand**: 다른 한편으로는, 반면에, ⟨~ but⟩, ⟨↔like-wise\futher-more⟩ 양1

412 ***on-the-rocks** [어언 더 롹스]: (배가 암석에 얹히듯) 곤경에 처함, 궁지, ⟨배가 바위 위에 좌초돼도 아랑곳하지 않고⟩ 독주나 포도주를 얼음덩어리에 직접 부어 마시는 '막가파 술 마시기', ⟨~ disaster\predicament⟩, ⟨~ served with ice⟩, ⟨↔secure\safe⟩ 우1

413 ***on-the-ropes** [어언 더 로우프스]: 밧줄에 매달려, 패배하기 직전의, 궁지에 몰려, ⟨~ under-mined\help-less⟩, ⟨↔activated\strong⟩ 양2

414 ***on-the-run** [어언 더 륀]: 총망중, 분주한, 심부름 중, ⟨~ busy\hurried⟩, ⟨↔at large\on the loose\escaping⟩ 양2

415 **on the run** [어언 더 륀]: 계속 돌아다니는, 도주중인, ⟨~ at large\at loose\escaping⟩, ⟨↔busy\tight\on-the run⟩ 양2

416 ***on-the-spot** [어언 더 스팥]: 즉석의, 현장의, ⟨~ immediately\there and then⟩, ⟨↔tardy\miss⟩ 양2

417 ***on the wag·on** [어언 더 왜건]: 〈금주운동을 위해 행진하는〉 수레차에 동승하다, (술이나 마약 등을) 끊다, 〈~ abstaining\drying out〉, 〈↔fall off the wagon〉 양2

418 **on-time** [어언 타임]: 시간에 맞춰, 정기적인, 〈~ punctual\prompt\on schedule〉, 〈↔late\tardy〉 양2

419 **on-to** [어언 투우]: ~위에, ~에 꽉 달라붙어서, 〈~ upon\towards〉, 〈↔below\away〉 양2

420 **on·tog·e·ny** [안타쥐니]: 〈← einai(to be)+genesis(produce), 〈그리스어〉, '존재발생', (개별화에 따른) 개체발생, 〈~ individual development〉, 〈↔phylogeny〉 양2

421 **on·tol·o·gy** [언털러쥐]: einai(being)+logos(reason), 〈그리스어〉, '존재'론, 본체론(사물이 존재하는 이유를 파헤치려는 철학의 일파), 〈~ theory of essence\science of reasonong〉, 〈~(↔)cosmology〉, 〈↔phenomenology〉 가1

422 **o·nus** [오우너스]: 〈라틴어〉, load, '짐', 책임, 의무, 오명, 〈→ onerous〉, 〈↔advantage\irresponsibility〉 가1

423 ***o·nus pro·ban·di** [오우너스 프로우밴다이]: onus(load)+provare(prove), 〈라틴어〉, burden of proof, 〈원칙적으로 원고에게 책임이 있는〉 입증의 의무 양2

424 **on-ward** [어언 워어드]: 앞으로, 나아가서, 〈~ forward\forth〉, 〈↔back-ward\behind〉 가1

425 **o·ny·mous** [아니머스]: 〈← onoma〉, 〈'name'이란 뜻의 그리스어에서 유래한〉 익명이 아닌, 이름을 밝힌, 〈~ known\designated〉, 〈↔anonymous\un-named〉 양2

426 **on·yx** [아닉스]: 〈그리스어〉, 〈← nail〉, '손(발)톱', 〈손톱 색깔 비슷한〉 얼룩마노, 줄마노〈줄무늬 대리석〉, 칠흑색〈어원하고는 거리가 머나 마노의 흔한 색깔임〉, alabaster, 〈~ sillicate mineral〉, 〈~(↔)agate〉 미1

427 ***OOBE** [우우비] (out of box ex·pe·ri·ence): (판매에 지대한 영향을 끼친다는) 포장을 뜯었을 때 느끼는 〈말로 표현할 수 없는〉 첫 기분, 〈↔OOBF(out of box failure)〉 우1

428 ***oo·bleck** [우우블랙]: 〈1949년 Dr. Seus가 출판한 동화에 나오는 말〉, (옥수수 녹말(corn-starch)과 물(water)을 섞어 만든) 액체 상태로 있다가 만지면 굳어지는 혼합물로 놀이용·완충용으로 쓰임, 〈~ a non-Newtonian fluid having properties of both liquids and solids〉 우1

429 ***OOC** [우우크](out of char·ac·ter): 안 어울려, ~답지 않아, 본론을 떠나서, 옆길로 빠져서, 〈↔matched\proper〉, 〈↔BIC(back in character)〉 우1

430 ***oo·gle** [우우글]: 〈1990년대에 등장한 어원 불명의 펑크 용어〉, 거지, (거리의) 불량배, 〈~ thug\hoodlum〉, 〈↔moble man〉 양2

431 **ooh-eeh** [오오 이이]: 오이~, 〈의성어〉, 원숭이(monkey) 울음소리, 〈~ an exclamation; 무슨 뜻인지는 시간이 없어서 연구를 못했음〉 미2

432 **oo-long** [우우렁]: 〈중국어〉, black dragon(오룡) tea, 남중국인들이 즐기는 (햇볕에 말려 산화시킨) 우롱차 미2

433 **oops** [우우프스]: 〈영국어〉, 〈의성어〉, 아이쿠, 아뿔싸, 〈~ whoops\oh-no-second〉 가2

434 **0-0-7(seven)** [더블 오우 쎄븐]: 〈살인 면허를 가진 7번째 사나이-영국 첩보원 James Bond의 암호명〉, 〈1953년 소설로 출판된 후 1961년부터 간헐적으로 영화로 제작됨〉, 〈~ Hawai·i-Five-O〉 미2

435 **ooze** [우우즈]: 〈← wos(sap)〉, 〈게르만어〉, 〈물이〉 스며 나오다, 누설하다, 분비물, 〈~ woozy〉, 〈transude\exude〉, 〈↔pour\rush\disgorge〉 가1

436 **OP**: ①out of print, 절판 ②observation post, 관측소 양2

437 **o·pac·i·ty** [오우패시티]: 〈← opacus(shady)〉, 〈'어두워진'이란 뜻의 라틴어〉, 〈← opaque〉, 불투명(도), 통하지 않음, 〈~ cloudiness\darkness〉, 〈↔transparency\clarity〉 양1

438 **o·pah** [오우퍼]: 〈어원 불명의 서아프리카 원주민어〉, 달고기, 대왕 고기, '붉은 지느러미 바다 냄비〈한국인이 붙인 기똥찬 이름〉', 붉은개복치(난대의 심해에 사는 아주 크고 통통한 넙치 모양의 물고기), 〈~ sun-fish\moon-fish\red-fin ocean pan〉 미2

439 **o·pal** [오우펄]: 〈← upala(precious stone)〉, 〈산스크리트어→라틴어〉, 오팔, 〈알의 흰자위를 닮은〉 단백석, (광선이 산란되는) 함수규산의 광물, 〈~ opaque gem〉 미1

440 **o·paque** [오우페이크]: 〈← opacus(shady)〉, 〈라틴어〉, 불투명한, 분명치 않은, 부전도성의, 〈→ opacity〉, 〈~blurred\hazy\light-proof〉, 〈↔clear\lucent\transparent〉 가1

441 ***op-ed** [옾 에드]: opposite the editorial page, (사설 반대쪽) 논평 기사면, 기명 논설면, 〈~ opinion editorial〉 미2

442 **OPEC** [오우펙] (Or·gan·i·za·tion of Pe·tro·leum Ex·port·ing Coun·tries): 오펙, 석유 수출국 기구(1960년에 산유국들이 자신들의 이권을 보호하려 만든 현재 세계 탐색된 매장량의 73%·생산량의 42%를 차지하는 13개국의 모임으로 Austria에 본부를 둠), 〈~(↔)OAPEC〉 미1

443 **o·pen** [오우픈]: 〈게르만어〉, 〈← up〉, 열린, 노출된, 펼친, 트인, 비어있는, 공개된, 열다, 켜다, 시작하다, 전개하다, 통하다, 〈~ over·ture\overt〉, 〈~ clear\vacant\free\wide\begin〉, 〈↔shut\close\cork〉 가2

444 **o·pen ac-count** [오우픈 어카운트]: 당좌계정, 〈기간을 정하지 않고 예금자가 아무 때나 맘대로 꺼내 쓸 수 있는〉 현시(수의) 계정, 〈~ account payable〉, 〈↔limited account〉 가1

445 **o·pen-air** [오우픈 에어]: 야외, 노천, 옥외, 〈~ out-door\al fresco〉, 〈↔inside\indoor〉 가1

446 **o·pen-and-shut** [오우픈 앤드 셧]: 명백한, 간단한, 쩨고 그냥 꿰맨, 〈~ simple\straight-forward\obvious〉, 〈↔obscure\unclear〉 양2

447 ***o·pen ar·chi·tec·ture** [오우픈 아알키텍춰]: 개방형 구조(전산기의 세부 구조를 공개해서 다른 회사에서 호환성 기재를 만들 수 있게 하는 설계 방식), 〈~ open system (or source)〉, 〈↔closed architecture〉 가1

448 **o·pen bal·lot** [오우픈 밸럿]: 공개(기명)투표, 〈~ known choices〉, 〈↔secret ballot〉 가1

449 **o·pen bar** [오우픈 바아]: 무료로 음료를 제공하는 (주류) 판매대, 〈~ host bar〉, 〈↔cash bar〉 우1

450 **o·pen-book ex·am·i·na·tion** [오우픈 북 이그재미네이션]: '개방식 시험'(참고서·사전·전산기? 등을 봐도 되는 〈어른들이 보는〉 시험), 〈↔closed book examination〉 우1

451 ***o·pen bus** [오우픈 버스]: '개방식 승합차', 전산기에서 외부기기를 〈돈 안 내고〉 자유로 접속할 수 있는 공통회로, 〈~ free data-bus〉, 〈↔pay bus〉 미2

452 **o·pen call** [오우픈 커얼]: '열린 재능 심사회'(아무나 참가할 수 있는 재능 경시 대회), 〈~ open door〉, 〈↔closed call; close call은 narrow margin이란 뜻임〉 우1

453 ***o·pen cap·tion** [오우픈 캡션]: 개방(공개형) 자막, 〈↔closed caption〉, 〈closed caption은 시청자가 조작할 수 있으나 open caption은 붙박이임〉 양1

454 **o·pen cham·pi·on·ship** [오우픈 챔피언쉽]: (프로·아마에 관계없이 참가하는) 포괄적 선수권, 〈~ direct (or clear) competition〉, 〈↔limited championship〉 미2

455 ***o·pen cir·cuit** [오우픈 써얼킽]: 개(방)회로, (청취자가 조작할 수 없는) 일반 수신자용 TV회로, 〈~ imcomplete circuit〉, 〈↔closed circuit〉 양1

456 **o·pen-door** [오우픈 도어]: 문호 개방의, 기회균등의, 〈~ access\pass〉, 〈↔closed door〉 양2

457 **o·pen-end(·ed)** [오우픈 엔드(디드)]: 제한 없는, 무작정 제공하는, 변경이 가능한, 자유 해답식의, 〈~ flexible\un-determined〉, 〈↔fixed\strict〉 양1

458 **o·pen-heart** [오우픈 하아트]: 심장 절개의, 〈~ sternotomy〉, 〈↔cardiac stent〉 양2

459 **o·pen-heart-ed** [오우픈 하아티드]: 숨기지 않는, 너그러운, 〈~ benevolent\charitable〉, 〈↔reserved\restrained〉 가1

460 **o·pen house** [오우픈 하우스]: 집 공개(잔치), 시설 공개 행사, 〈~ show-case\exhibition〉, 〈↔moving away\closing down〉 미1

461 **o·pen hous·ing** [오우픈 하우징]: 주택 개방 정책(주택매매·임차에 있어 인종·종교에 대한 차별 금지), equal~, 〈↔un-fair housing〉 양2

462 ***o·pen·ing cred·it** [오우프닝 크레딭]: '참여자 소개', (영화 등을 시작할 때) 〈제작자·출연진·감독 등을 소개하는〉 '만든 사람들', 〈~ opening title〉, 〈~ list of the most important members of the product〉, 〈↔closing credit〉 우2

463 ***o·pen loop** [오우픈 루우프]: 개방(순환) 회로(되먹이기나 자동 수정장치가 있는 전산기의 제어체계), 〈~ non-feedback controller〉, 〈↔closed loop〉 미2

464 **o·pen mar·riage** [오우픈 매뤼쥐]: 개방(자유) 혼인, 서로 사회적·성적으로 독립적 생활을 하는 결혼 형태, 〈~ non-monogamy〉, 〈↔closed marriage〉 양2

465 **o·pen-ness** [오우픈 니스]: 개방(성·상태), 솔직, 공개, 〈~ broad-mindedness\receptibility〉, 〈↔inhibition\secretiveness\closure〉 가1

466 *o·pen of·fer [오우픈 어어훠]: 공개 제의(제안), 회사가 주주들에게 정가보다 낮은 가격으로 새로운 주식을 매입하라는 회유, 〈~ an entitlement issue〉, 〈↔tender offer〉 우2

467 o·pen or·der [오우픈 오어더]: 개방 주문, 무조건·무기한 주문, 산개(펼쳐진) 대형, 〈~ still on it's way to the customer〉, 〈↔conditioned order〉 양2

468 *o·pen plan [오우픈 플랜]: 개방식 설계, 〈근래에 유행하는〉 (쉽게 고칠 수 있고) 다양한 용도를 위해 낮은 칸막이로 막은 다인용 사무실, 〈~ flexible(navigable) plan〉, 〈↔enclosed plan〉 양2

469 o·pen pri·ma·ry [오우픈 프롸이머리]: 공개 예선 대회(당원 자격에 관계없이 투표할 수 있는 직접 예비 선거), 〈~ non-partisan vote〉, 〈↔closed primary〉 미2

470 *o·pen ses·a·me [오우픈 쎄서미]: '열려라 참깨', (난국) 해결의 열쇠, 〈~ Ali Baba〉, 〈~ pass-word〉 양2

471 *o·pen source [오우픈 쏘어스]: 공개 정보원(공개된 부호로 차림표를 작성하는 일), 〈~ release of copy-right〉, 〈↔closed source〉 미2

472 o·pen stance [오우픈 스탠스]: '열린 자세', 타자가 한발을 뒤로 뺀 자세, 〈~ opportunity position〉, 〈↔closed stance〉 우2

473 Op·er·a [아프뤄]: 오페라, 1995년경 유럽의 Oslo에서 출시되어 2016년 홍콩의 Golden Brick 투자관리 회사가 인수한 〈인기 좋은〉 전산망 탐색기기(상품명), 〈~ a soft-ware company〉 수2

474 op·er·a [아프뤄]: 〈← operis(work)〉, 〈라틴어〉, '작품', 오페라, 가극, 말 대신 노래로 하는 연극, 〈구시대의 종합 예술〉, 〈부수음악〉, 〈← operate〉, 〈~ creation\composition〉, 〈↔silence\art work〉 양2

475 op·er·and [아퍼랜드]: 〈← operis(work)〉, 〈라틴어〉, 〈작동하여 얻은〉 셈 숫자, 피연산자(연산의 대상이 되는 수), 〈~ addend\summand(a part)〉, 〈↔standard\non-standard〉 미2

476 op·er·ant [아퍼뤈트]: 〈← operis(work)〉, 〈라틴어〉, 움직이는, 작동하는, 조작할 수 있는, 〈~ operation〉, 〈~ beneficial\successful〉, 〈↔ineffective\inefficient〉 양2

477 *op·er·at·ing sys·tem [아퍼레이팅 씨스템] \ OS: 운영체제, 자료의 입·출력을 조정하여 전산기를 이용할 수 있게 하는 기본 체계, 〈~ control system〉, 〈↔Oracle〉 미2

478 op·er·a·tion [아퍼뤠이션]: 〈← operis(work)〉, 〈라틴어→영국어〉, 작동, 운영, 시행, 수술, 작전, 연산, 〈~ operand\operant〉, 〈~ maneuver\steer〉, 〈↔in-action\idle-ness〉 양2

479 *op·er·a·tion–al re·search [아퍼뤠이셔널 뤼써어취] \ OR: '운영연구', 〈전산망을 통한 다중 모의실험 등〉 과학적 연구에 의한 경영분석이나 작전계획, 〈~ management study〉 미2

480 op·er·a·tor [아퍼뤠이터]: 〈← operis(work)〉, 〈라틴어〉, '일하는 자', 조작자, (전화) 교환수, 수술자, 경영자, 운전자, (전산기의) 조작 지시기기, 〈~ handler\driver〉, 〈↔adversary\destroyer〉 양1

481 op·er·a win·dow [아프뤄 윈도우]: '곁창', 승용차 뒷좌석 양옆의 열 수 없는 작은 창, 〈뒷좌석에 반쯤 누워서 바깥 풍경을 오페라 구경하듯 보라는 뜻으로 만들었다고 하나 실용적인 면보다 장식용임〉, 〈~ a small fixed window behind the rear side-window of certain cars〉 우2

482 o·per·cu·lum [오우퍼얼큘럼]: 〈← operire(close)〉, 〈라틴어〉, '덮개', 구멍을 닫는 물건, 숨은 뚜껑, 아가미 딱지, 〈~ lid\cap〉, 〈↔un-cover\tubercle〉 양2

483 op·er·et·ta [아퍼뤠터]: 〈라틴어→이탈리아어〉, 〈← opera〉, 희가극, 경가극, 노래와 '대사'가 합쳐진 〈소규모의〉 가극, 〈~ light opera〉 양2

484 oph·i·ol·o·gy [아휘알러쥐]: 〈← ophis(serpent)〉, 〈그리스어〉, 사(류)학, '뱀'만 연구하는 전문 분야, study of snakes 양2

485 O·phir [오우훠]: 〈어원 불명의 히브리어〉, 오빌, 솔로몬이 금·보석들을 얻은 곳, '금'의 산지, valuable place 수1

486 oph·thal·mol·o·gy [아아후쌜마알러쥐]: 〈← ophthalmos(eye)〉, 〈그리스어〉, 안과학('눈'의 질환을 연구하는 의학의 전문분야), 〈~ oculism〉, 〈~(↔)optometry〉, 〈↔audiology〉 양2

487 ~o·pi·a [~오우피어]: 〈← opos(eye)〉, 〈그리스어〉, 〈~시력, 시각기관〉이란 뜻의 결합사 양1

488 o·pin·ion [어피니언]: 〈← opinari(think)〉, 〈라틴어〉, 〈눈에 보이는〉 '관점', 의견, 견해, 평판, 소견, 〈~ point of view\perspective〉, 〈↔ambiguity\disbelief〉 가1

489 o·pin·ion-at·ed [어피니여네이티드]: 자기주장이 센, 독신적인, 완고한, 〈~ biased〉, 〈↔open-minded〉 가1

490 **o·pin·ion poll \ ~sur·vey** [어피니언 포울 \ ~써어웨이]: 여론조사, 〈straw poll보다 과학적임〉 가2

491 **o·pi·um** [오우피엄]: 〈← opos(vegetable juice)〉, 〈'액즙'이란 뜻의 그리스어〉, 아편, 약 6천 년경부터 중동 지방에서부터 앵속의 덜 익은 씨의 즙을 짜서 쓰기 시작한 진통제 생약, 〈~ heroin\morphine〉 가1

492 **o·pi·um pop·py** [오우피엄 파피]: 양귀비(꽃), 앵속화, 아부용, 〈겉으로는 우아하나 속에는 몽혼약을 품은〉 타원형의 어긋난 잎에 백색에서부터 자주색에 이르는 여러 색깔의 예쁜 네잎꽃이 피는 한해·두해살이풀, 〈~ bread-seed poppy〉, 〈~ adormidera(스페인어)〉 양2

493 **O·pi·um War** [오우피엄 워어]: 아편 전쟁, 1839년 영국 상선으로부터 2만 상자의 밀수 아편을 포착해서 발발한 중·영 전쟁으로 영국의 일방적 승리(British victory)로 끝나 1842년 난징조약으로 홍콩을 강제 임차케 하고(Hong Kong ceded to Britain) 구미 각국에 강제 문호개방을 하는 계기가 됨 양2

494 **OPM** (Of·fice of Per·son·al Man·age·ment): (미) 인사관리처, 1979년에 창립되어 연방 공무원의 인력 자원 개발 및 후생사업을 관장하는 대통령 직속 기구, 〈~ US civil service commission〉 미2

495 **o·pos·sum** [어파섬]: wap(white)+athemw(small animal), 〈원주민어〉, cuscus, '흰 짐승', 주머니쥐, 북미주에 사는 유일한 유대류로 강낭콩만 한 새끼들을 애기 주머니에서 2달 이상 기르고 흰 얼굴·털이 없는 긴 꼬리·날카로운 이와 발톱을 가졌으며 적이 오면 죽은 척을 하는 커다란 쥐 모양의 동물, 〈~(↔)possum은 이것보다 주둥이가 덜 뾰족함〉 미2

496 **op·pa** [오빠]: 올(어린)+아바(아버지), 〈한국어〉, '남자형', 오라버니, 나이 많은 남자 친구, 연상의 남자(한국어), 〈~ girl's elder brother〉, 〈↔noona〉 우2

497 **op·pai** [오빠이]: wo wo umai(delicious), '아 아 맛있어', 〈일본어〉, 젖통, 〈~ boob\tit〉 양2

498 **Op·pen·hei·mer** [앞펜하이머], Rob·ert: 〈← marshy home?〉, 〈유대인이 많이 살았던 독일의 도시 이름〉, 오펜하이머, (1904-1967), 원자탄 개발의 핵심 인물이었으나 수소탄 개발에는 반대한 미국의 물리학자, 〈~ an American theoretical physicist〉 수1

499 **op·po·nent** [어포우넌트]: ob(against)+ponere(put), 〈라틴어〉, 〈← oppose〉, 반대하는, 대립하는, 적대하는, 〈~ rival\adversary〉, 〈↔proppoinent\friend\partner\exponent〉 양2

500 **op·por·tu·ni·ty** [아퍼튜니티]: 〈← ob(towards)+portus(port)〉, 〈라틴어〉, '항구를 향해 부는 바람', 〈항해하기 좋은〉 기회, 호기, 가망, 〈~ lucky chance\favorable circumstances〉, 〈↔adversity\disadvantage〉 양2

501 *****op·por·tu·ni·ty cost** [아퍼튜니티 코어스트]: 기회비용, 한 가지 목적으로 투입된 생산수단이 다른 목적으로 사용되었을 때 얻을 수 있으나 포기된 가치, 〈~ sacrifice〉, 〈↔sunk-cost〉 양2

502 *****op·por·tu·ni·ty did not knock un·till I built a door**: 기회는 내가 문을 만들 때까지 두드리지 않았다, 〈~ God helps those who help themselves〉 양2

503 *****op·por·tu·ni·ty makes a thief**: (누구나) 기회가 닿으면 도둑질을 하게 마련이다, 〈~ seeing is wanting〉 양2

504 **op-pose** [어포우즈]: ob(against)+ponere(put), 〈라틴어〉, 반대(대항)하다, 겨루다, 맞대다, '반대로 놓다', 〈→ opponent〉, 〈~ resist\combat〉, 〈↔agree\surrender〉 양2

505 **op-press** [어프뤠스]: ob(against)+primere(press), 〈라틴어〉, 〈← oppose〉 압박(탄압)하다, 학대하다, '대항하여 누르다', 〈~ brutal\cruel〉, 〈↔liberate\emancipate〉 양2

506 **op·pro·bri·um** [어프로우브뤼엄]: 〈← opprobrare(reproach)〉, 〈라틴어〉, 오명, 치욕, 비난, 〈~ abuse\contempt\scorn〉, 〈↔praise〉 양2

507 **Ops** [앞스]: 옵스, (로마 신화의) '풍요〈abundance〉'의 여신, (그리스 신화의) Rhea, 〈→ copious〉 수1

508 **opt** [아앞트]: 〈← optare(choose)〉, 〈라틴어〉, 선택하다, (한쪽을) 고르다, 〈→ option〉, 〈↔abstain\reject〉 양2

509 *****Op-ta-con** [앞타칸]: 옵타콘, optical·to·tactile converter 시각을 촉각으로 바꾸는 기기, 맹인용 점자 해독기(상표명), 특수 인쇄된 문자를 진동으로 변환시켜 손끝으로 감지할 수 있게 하는 장치, 〈~ an electronic aid for blind people〉 수2

510 **op·tic** [아앞틱]: 〈← opos(eye)〉, 〈그리스어〉, 눈의, 시력(시각)의, 광학의, '보이는', 〈~ ocular\visual〉, 〈↔otic〉 가1

511 *****op·ti·cal com·put–er** [아앞티컬 컴퓨우터]: 광 전산기, (전자 대신) 빛을 이용하여 정보를 기억·처리하는 〈차세대〉 전산기, 〈~ photonic computer〉 가1

512 *op·ti·cal disc [아앞티컬 디스크]: 광 원반, 플라스틱 원반에 레이저로 미세한 홈을 파서 정보를 저장하는 고밀도 저장장치〈아직까지 흔히 쓰이나 점점 USB 등으로 대체되어 가는 경향이 있음〉, 〈~ CD\DVD〉 미2

513 *op·ti·cal fi·ber [아앞티컬 화이버]: fiber optic, 광학섬유(TV·전화·전산기 등의 전기신호를 빛에 실어 보내는 유리로 만든 섬유), 〈~ glass fiber〉,〈편자가 1999년 집을 지을 때 앞으로 실내 배선이 이것으로 바뀐다고 해서 거금을 들여 설치했으나 10년 후에 전부 무선으로 바뀌어 무용지물이 되었음; 참, 세상 빠르게 변하네!〉 미2

514 *op·ti·cal mem·o·ry [아앞티컬 메머뤼]: 광 기억장치(광학적 수단을 써서 정보를 〈광 원반에〉 기록·출력하는 장치), 〈~ optical storage(disc)〉, 〈~(↔)laser memory〉 미2

515 *op·ti·cal mouse [아앞티컬 마우스]: 광 지침패(표면의 움직임을 탐지할 때 기계적 형태가 아닌 빛〈LED〉의 굴절을 이용하는 '깜빡이'로 기계 지침패와 일장일단이 있음), 〈~(↔)laser mouse〉 미2

516 *op·ti·cal scan·ner [아앞티컬 스캐너]: 광 주사기(빛을 사용하여 문자·기호·숫자를 판독하는 기기), 〈~ optical reader\image scanner〉, 〈~ barcode\matrix code〉 미2

517 *op·ti·cal zoom [아앞티컬 쥬움]: '광 급속 초점 맞추기', (숫자로 화상을 조정하는 대신) 실제로 조리개의 초점거리(focal length)를 바꿈으로써 해상도〈선명도〉를 높여 주려는 사진 촬영 방식, 〈~(↔)digital zoom〉 우1

518 op·ti·cian [아앞티션]: 안경상, 안경 제작자, 〈~ optometrist〉 양2

519 op·ti·mal [아앞티멀]: 〈← optimus(best)〉,〈라틴어〉, 최선(최적)의, 〈~ desirable\most favorable〉, 〈↔sub-optimal\un-ideal〉 양2

520 op·ti·mism [아앞티미즘]: 〈← optimus(best)〉,〈라틴어〉,〈최선을 바라는〉 낙관(천)주의, 무사태평, '상향주의', 〈~ positivism〉, 〈↔pessimism〉 가1

521 *opt-in [아앞트 인]: '자진가입',〈자발적으로〉 기어들어 오다, 'e-mail 참여권', 〈~ go for〉, 〈↔opt-out〉 양2

522 op·tion [아앞션]: 〈← optare(choose)〉,〈라틴어〉,〈← opt〉, 선택권, 별도, 추가, 〈~ opportunity\alternative〉, 〈↔necessity\Hobson's choice〉 양2

523 *op·tion but·tons [아앞션 버튼즈]: '선택 단추' (대화상자에 표시된 까만 점으로 한 번에 한 개씩만 누르게 되어있음), 〈~ radio buttons〉, 〈↔check boxes〉 양2

524 *Op·tion key [아앞션 키이]: 옵션 키, '선택 단자'〈측정 기호들을 빨리 치기 위해 마련된〉 애플 전산기의 '변형 자판'으로 다른 전산기의 ALT나 Shift의 역할을 함 수2

525 op·tom·e·trist [앞타머트뤼스트]: optikos(seeing)+metron(measure),〈그리스어〉, 검안의사, 시력 측정자, 〈~ ophthalmologist\optician〉 가1

526 *opt-out [아앞트 아웉]: '자진 퇴출',〈자발적으로〉 관계를 끊고 나가다, 'e-mail 거부권', 〈~ leave〉, 〈↔opt-in〉 양2

527 op·u·lent [아퓰런트]: 〈← opes(wealth)〉,〈라틴어〉, '부유한', 풍부한, 화려한, 〈~ luxurious\lavish〉, 〈↔poor\sparse〉 양2

528 o·pus [오우퍼스]: opera의 단수형,〈라틴어〉, 일, 작품 (번호), 저작, 〈→ operate〉, 〈~ work of art\creation〉, 〈↔idleness\destruction〉 양2

529 OR: (operating room); 수술실, (operations research); 운용 연구 양2

530 or [어 \ 오어]: 〈← oththe(either)〉,〈어원 불명의 영국어〉, 혹은, 또는, ~이나, ~든, 즉, 아니면, 〈~ but〉, 〈↔and〉, 〈↔nor\neither〉 가2

531 ~or \ our [~오어]: 〈라틴어→프랑스어→영국어〉, 〈~하는 동작(상태·성질·사람)〉을 나타내는 접미사, 〈~ condition\quality\thing\person〉 양1

532 Or·a·cle [오어뤄클]: 오라클, 1977년에 설립된 미국 굴지의 (전산기) 기본자료 관리회사, 〈~ an American computer technology co.〉 수1

533 or·a·cle [오어뤄클]: 〈← orare → oris(mouth)〉,〈라틴어〉, 〈← oral〉, 신탁, 계시, 예언, 〈~ divination\augur〉, 〈↔dabbler\dilettante〉 가1

534 or·a·cle bone script [오어뤄클 보운 스크륖트]: 갑골문자, (기원전 2000년경에 중국에서) 소의 쇄골이나 거북이의 복각 등에 상나라 임금들의 예언을 적어놓은 약 5만 자의 고대 한문, 〈~ shell and bone script〉 우2

535 o·ral [오어뤌]: 〈← oris(mouth)〉,〈라틴어〉, 구두의, 구술의, 입을 통한(경구), 〈→ po〉, 〈→ oracle \ orifice〉, 〈↔written\parenteral〉 가1

536 or·ange [오어륀지]: 〈← naranga(a citrus)〉,〈산스크리트어→페르시아어→라틴어→프랑스어〉, 등자, 감귤, 귤, 주황색, 〈↔blue〉 양1

537 **Or·ange Book** [오어륀쥐 북]: 오렌지 서 ①1985년 미국 정부가 전산기의 안전기준을 정한 전산기 안전성(computer security) 평가 기준 ②1980년 FDA가 펴낸 약품의 평가서 수2

538 **Or·ange Bowl** [오어륀쥐 보울]: 오렌지 볼, 1935년부터 마이애미(Miami)에 있는 동명의 경기장에서 매년 겨울철에 열리는 최우수 대학팀 간의 미식축구 경기, 〈~ an annual American college football game〉 수2

539 **Or·an·gese** [오어륀쥐이스]: 오렌지족, 1990년대 말 미국 유학생들을 주축으로 한 서울 강남(Gang-nam)의 소비 지향적이고 개방적 성을 즐기는 부유층을 일컫는 말, 〈~(↔)banananian〉 우1

540 **or·ange tip** [오어륀쥐 팁]: 갈고리나비(앞날개 모서리에 오렌지색 반점이 있는 흰나빗과의 작은 나비), 〈~ small white butterflies with orange pigmented front wings〉 미2

541 **o·rang-(o)u·tan** [오어랭우탠]: orang(man)+utan(forest), 〈말레이어〉, 오랑우탄, '숲속 사람', 성성이(수마트라와 보르네오에만 서식하는 덩치가 크고 힘이 세며 온순하고 가장 지능이 발달된 멸종 위기의 원숭이), 〈~ great ape\pongo〉 미2

542 **or·a·tor** [오어뤄터]: 〈← orare(speak)〉, 〈라틴어〉, 〈← oral〉, 연설자, 웅변가, 〈~ rhetoric〉, 〈↔listener〉 가1

543 **or·a·to·ri·o** [오어뤄토뤼오우]: 〈이탈리아어〉, 오라토리오, 성담곡, 성가극(무대장치나 분장 없이 웅장한 목소리로 대사를 읊는 대형〈종교적〉 악극), 〈~ aria\carol\cantata〉, 〈↔bellow\yell〉 미2

544 ***ORB** [오얼브](ob·ject re·quest bro·ker): 객체 요구 매개자(전산망을 통해서 한 객체와 다른 객체의 연결을 중매하는 연성기기), 〈~ a middle-ware〉 미2

545 **orb** [오얼브]: 〈← orbis(circle)〉, 〈라틴어〉, 원, 고리, 구(체), 전체, 〈~ sphere\globe〉, 〈↔cube\square〉 양2

546 **or·bit** [오얼빝]: 〈← orbis(circle)〉, 〈라틴어〉, 궤도, 행로, 안와(eye socket), 〈~ circle\sphere〉, 〈↔stagnation\bee-line\de-orbit〉 가1

547 **Or·bitz** [올빝츠]: 오비츠, 2001년에 출범한 미국의 전산망 여행사〈internet travel services〉 Expedia의 자회사 수2

548 **orc(a)** [오얼커]: 〈'바다괴물(sea monster)'이란 뜻의 라틴어〉, 범고래, ⇒ killer·whale 미2

549 **or·chard** [오얼춰드]: wyrt(wort)+geard(garden), 〈라틴어+영국어〉, garden+yard, 과수(원), 〈~ fruit garden\grove〉, 〈↔waste-land\pasture〉 가1

550 **or·chard grass** [오얼춰드 그뢔스]: cock's foot, 오리새(풀), 새발풀(닭발 모양의 이삭을 맺는 볏과의 목초) 미2

551 **or·ches·tra** [오어키스트뤄]: 〈← orcheisthai(dance)〉, 〈그리스어〉, 오케스트라, 관현악(단), 관악기·현악기·타악기로 구성된 중·대형 연주회, 아래층 무대 전면 좌석, 〈~ ensemble\band〉, 〈↔dissonant\discordant\soloist\balcony〉 양2 우1

552 **or·ches·trate** [오어키스트래이트]: 〈'춤(dance)'이란 뜻의 그리스어에서 연유함〉 관현악곡으로 편곡하다, 조직적으로 편성하다, 획책하다, 〈~ arrange\adapt〉, 〈↔disperse\disorganize〉 양2

553 **or·chid** [오얼키드]: 〈그리스어〉, 〈뿌리가 '불알'(orchis) 모양을 닮은〉 〈6천여 종의〉 난초(꽃), 연자주색, 〈~ ballok-wort(testicle plant)〉 가1 양1

554 **or·dain** [오어데인]: 〈← ordo(row¹)〉, 〈라틴어〉, 질서(order)를 바르게 하다, 정하다, 명하다, 서품하다, 〈~ anoint〉, 〈↔lay³〉 양2

555 **or·deal** [오어디일]: 〈← ordal(judgement)〉, 〈게르만어〉, 〈신에 의해 배당된〉 호된 시련, 고된 시련, 〈~ crucible\trial\torment〉, 〈↔comfort\joy\sine-cure〉 양2

556 **or·der** [오어더]: 〈← ordo(row¹)〉, 〈'순서'란 뜻의 라틴어〉, 명령, 지시, 질서, 서열, 주문, 서품, 조합, 교단, 제도, 목(생물 분류의 5번째 단위-강 아래·과 위), 〈~ ordain〉, 〈~ rule\dominion〉, 〈↔disorder\chaos\affray〉 양1

557 **or·der-ly** [오어덜리]: 순서 바른, 순종하는, 전령, (병원) 잡역부, 〈~ neat\attendant〉, 〈↔chaotic\boss〉 양1

558 **or·der of mag·ni·tude** [오어더 어브 매그니튜드]: 자리(수), 어떤 수치에서 그 10배까지의 범위, 〈~ place value\dimension〉 양2

559 **or·di·nal num·ber** [오어디널 넘버]: 〈← order〉, (순서를 나타내는) 서수, 〈~ positioning (or ranking) number〉, 〈↔cardnal number〉 가1

560 **or·di·nance** [오어디넌스]: 〈라틴어〉, 〈← order〉, 〈순서가 있는〉 법령, 조례, 의식, 성찬식, 〈~ edict\decree〉, 〈↔lawlessness\laity〉 양2

561 **or·di·nar·y** [오어디네뤼]: 〈라틴어〉, 〈← order〉, 보통의, 평범한, 정규의, '순서대로 일어나는', 〈~ usual\quotidian〉, 〈↔abnormal\uncommon\unique〉 가1

562 **ord·nance** [오어드넌스]: 〈라틴어→영국어〉, 〈← ordinance ← order〉, 〈체계적인〉 화기, 병기, 〈명령이 있어야 쓸 수 있는〉 군수품(military materials), 〈~ armament〉 가1

563 **ore** [오어]: 〈← ora(un-wroght metal)〉, 〈게르만어〉, '놋쇠', 광석, 원광, 〈~ parent rock〉, 〈~(↔)mineral\metal〉, 〈↔abstract〉 가1

564 **o·reg·a·no** [어뤠가노우]: 〈← Oreias(mountain nymph)〉, 〈그리스어→라틴어→스페인어〉, (말린 잎을 이탈리아 요리에서 향신료로 쓰는) 꽃박하, 〈~ marjoram〉 미2

565 **Or·e·gon** [오어뤼건]: 〈← wauregan(beautiful)?〉, 〈어원에 대해 말이 많은 원주민어〉, '서쪽에 있는 강?', 오리건, Ore, OR, Beaver State, 〈해리의 주〉, 〈태평양의 이상향〉, 미 북서부 태평양(Pacific N-W US) 연안의 산림이 울창한 주, {Salem-6}, 〈〈Oregon grape〉〉 수1

566 **Or·e·gon Trail** [오어뤼건 트뤠일]: 오리건 트레일, 19세기 중반에 개척자들이 많이 이용했던 미주리(Missouri)주에서 오리건주에 이르는 3,200km의 산길, 〈~ US East-West wagon route〉 수1

567 **O·re·o** [오어뤼오우]: 〈어원에 대해 말이 많은 미국어〉, 〈발음하기 좋아서 만들어진 무의미어?〉, 오레오 ①1912년 출시된 초콜릿 샌드위치 과자, Creme Sandwich ②〈겉은 검고 속은 흰〉 백인에 영합하는 흑인, 〈~ Uncle Tom〉 수1 수2

568 **O·res·tes** [오어뤠스티즈]: 〈← oros(mountain)〉, 〈그리스어〉, '산악가', 오레스테스, (아버지를 죽인 어머니를 살해한) 아가멤논과 클리타임네스트라의 아들, 〈~ a Greek hero〉 수1

569 ***.org** [닽 오얼그]: 〈← organization〉, 1985년에 도입되어 원래는 비영리 단체를 나타내는 전산망 주소로 쓰였으나 지금은 〈아무〉 단체나 다 나타냄 수2

570 **or·gan** [오얼건]: 〈← organon(instrument)〉, 〈그리스어〉, '연장', 〈일하는〉 기관, 장기, 오르간(풍금; 자판을 눌러 관을 울리는 크고 작은 악기), 〈~ vital part〉, 〈~ a key-board instrument〉, 〈↔inertia〉 가1 미1

571 **or·gan-elle** [오얼거넬]: 〈← organ〉, 〈그리스어→라틴어〉, little organs, 세포를 구성하는 요소, 세포기관, 〈~ cell organ〉, 〈↔absence\effector〉 양2

572 **or·gan-ic** [오얼개닉]: '장기의', 기질적인, 유기체(물)의, 조직적인, 고유의, 자연산의, 화학제품을 쓰지 않은, 〈~ biotic\natural〉, 〈↔in-organic\accessory\man-made〉 양1

573 **or·gan-ism** [오얼거니즘]: 〈기관으로 이루어진〉 유기체(물), 생체(물), 조직체, 〈~ living thing\creature〉, 〈↔abstract\inanimate〉 가1

574 **or·gan-i·za–tion** [오얼거니제이션]: 조직(체), 단체, 조합, 〈~ association\company〉, 〈↔discord\conflict〉 가1

575 **or·gan-o~** [오얼거노우~ \ 오얼개노~]: 〈그리스어〉, organ\organic, 〈기관·유기적~〉이란 뜻의 접두사 양1

576 **or·gasm** [오얼개즘]: 〈← organ(swell)〉, 〈그리스어〉, 〈부풀어 오르는〉 격렬한 흥분, 성 쾌감의 절정, 〈자기! 구름 위로 떠가는 기분이야?〉, 〈아니! 그냥 좀 짜릿했어〉, 〈~ sexual climax\coming〉, 〈↔anticlimax\failure〉 가1

577 ***or gate** [오어 게이트]: 긍정 논리합 문, 입력에 하나라도 1이 포함되면 출력이 1이 되는 논리회로, 〈~ a logical disjunction〉, 〈↔and gate〉 미2

578 **or·gy** \ or·gie [오얼쥐]: 〈← orge(wrath)〉, 〈그리스어〉, 〈비밀스러운〉 주연, 유흥, 방탕, 탐닉, 난교파티, '주지육림', '궁정동 회식', 〈~ debauch\gang bang〉, 〈↔sober\moderation〉 양2

579 **o·ri·el** [오어뤼얼]: 〈← oriolum(gallery)〉, 〈'회랑'이란 라틴어에서 유래한 프랑스어〉, 퇴창, 벽에서 튀어나온 창문, bay window 미2

580 **o·ri·ent** [오어뤼엔트]: 〈← oriri(rise)〉, 〈라틴어〉, '태양이 떠오르는 곳', 동양, 동방, 빛나는, 향하다, 적응하다, 〈~ east〉, 〈↔occident〉 가1

581 **o·ri·en·ta·tion** [오어뤼엔테이션]: 방위, 방침, 태도, 성향, 적응, 진로(지도), 예비(교육), 〈~ direction\alignment\adaptation〉, 〈↔dis-orienation\mix-up〉 양2

582 **or·i·fice** [오어뤼휘스]: oris(mouth)+facere(make), 〈라틴어〉, 〈← oral〉, 구멍, 뚫린 데, 〈~ hole\opening〉, 〈↔seal\closing〉 양2

583 **ori·ga·mi** [오어뤼가미]: ori(fold)+kami(paper), 〈일본어〉, 오리가미, 종이접기(예술), ⇒ cootie catcher 우2

584 **or·i·gan** [오어뤼건]: 〈라틴어〉, oreganum, 야생 마요라나(marjoram), 박하 비슷한 꿀풀과의 약초 우1

585 **or·i·gin** [오어뤼쥔]: 〈← oriri(rise)〉, 〈라틴어〉, '떠오름', 기원, 발단, 태생, 가문, 원점, 〈~ beginning\birth\start〉, 〈↔end\effect〉 양1

586 **o·rig·i·nal gum** [오어뤼쥐늘 검]: 우표 뒤에 발라 놓은 풀, 〈~ goo\glue〉 우1

587 **o·ri·ole** [오어뤼오울]: 〈← aureus(golden)〉, 〈라틴어〉, (북미산) 찌르레기, (유럽산) 꾀꼬리, (배면이) 〈붉은·'금빛'〉 색깔이 예쁘고 우는 소리가 낭랑한 찌르레깃과의 작은 새, 〈~ nightingale〉 미2

588 **O·ri·on** [어롸이언]: 〈← uru-anna(heaven's light)?〉, 〈어원 불명의 그리스어〉 ①아르테미스가 연모한 늠름한 사냥꾼, 〈~ a giant huntsman〉 ②천체의 적도(celestial equator) 부근에 빛나는 오리온 별자리, 〈↔Scorpion〉 수1

589 **Or·lan·do** [오얼랜도우]: 〈Roland(fame of the land)의 이탈리아식 이름〉, '지방유지', 올란도 ①남자 이름(male name) ②〈원주민과 전투에서 전사한 군인의 이름에서 유래한?〉 1971년 디즈니월드가 개장된 플로리다 중부(central Florida)의 피한·위락 도시 ③O~, Tony; (1944-), 일찌감치 흥행업에 뛰어든 미국의 민요 가수, 〈~ an American pop/rock singer〉 수1

590 **Or·le·ans** [오얼리언즈]: 〈라틴어 Aurelian 황제에서 연유한 프랑스어〉 ①〈아우렐리우스 황제가 재건한〉 오를레앙(잔 다르크가 해방시킨 프랑스 중북부의 도시), 〈굽이치는 강〉가에 세워진 도시, 〈~ a city in north-central France〉 ②중세기 프랑스 왕가의 하나〈a French Royal House〉 ③올리언스; 1972년 창립되어 한참 쉬다가 2001년 활동을 재개한 미국의 록·민요 합창단(악단), 〈~ an American pop/rock band〉 수1

591 **or·mer** [오얼머]: auris(ear)+maris(sea), 〈라틴어〉, green o~, '바다의 귀', (북동 대서양·지중해에 서식하는) 맛이 좋은 전복, 〈~ abalone\ear shell〉 수2

592 **or·na·ment** [오어너먼트]: 〈← ornare(adorn)〉, 〈라틴어〉, 〈← ornate〉, 꾸임, 장식(품), 훈장, 〈~ accessory\decoration〉, 〈↔scar\blemish〉 가1

593 **or·nate** [오어네이트]: 〈← ornare(adorn)〉, 〈라틴어〉, 잘 꾸민, 화려한, 〈→ ornament〉, 〈~ baroque\elaborate〉, 〈↔plain\ugly〉 양1

594 **or·ner·y** [오어너뤼]: 〈영국어〉, 〈'oridinary' person은 다 가지고 있는〉 성질이 고약한, 완고한, 야비한, 〈~ grouchy\cantankerous〉, 〈↔pleasant\kind〉 양2

595 **or·ni·thol·o·gy** [오어니쌀러쥐]: 〈← ornithos(bird)〉, 〈그리스어〉, '조류'학(미국에서는 1883년에 〈별난 취미를 가진 사람들이〉 조류학자 조합을 창설함), 〈~(↔)bird watching〉, ⇒ birder 가2

596 **O·ro·mo** [오어로우모우]: 〈원주민서〉, '이방인의 자손', 아프리카·에티오피아·케냐지방에서 약 3천7백만이 사용하는 언어, 〈~ a language of the Horn of Africa〉 우1

597 **o-ro·tund** [오어뤄 턴드]: oris(mouth)+rotundus(round), 〈라틴어〉, 〈← oral〉, rounded mouth, 성량이 풍부한, 낭랑한, 구변 좋은, 〈~ sonorous\full toned〉, 〈↔soft\humble〉 양2

598 *****or·phan** [오얼훤]: 〈← orphanos(be-reaved)〉, 〈그리스어〉, 〈근친을 잃은〉 고아, (언어처리기의 발달로 거의 없어진) 마지막 문장이 잘려서 다음 장의 맨 위에 나타나는 현상, 제조자에 의해 후속봉사가 되지 않은 전산기 제품, 〈~ parents-less\abondoned\forsaken〉, 〈↔support\adopt\parented〉 양2

599 **Or·ph·eus** [오얼피어스]: '고아(orphan)?', 오르페우스, (무생물도 감동시킬 만큼) 수금〈lyre〉을 잘 탔으며 사랑하는 아내 우리디케(유리디스)를 저승으로부터 데려오다 성급히 쳐다본 죄로 그녀를 잃어버린 아폴로의 서자, 〈~ an anti-love story〉 수1

600 **Or·phism** [오얼피즘]: 〈← Orpheus〉, (윤회·응보 등을 믿는) 밀교, 〈불가사의한〉 신비적 종교, 〈~ mysticism\cabala〉 수2

601 **Or·ping·ton** [오얼핑튼], chicken: 〈Orped('bold')에게 하사된 땅〉, 오핑턴, 영국 오핑턴 지역에서 개발된 대형 닭, 〈알과 살이 풍만하나 요즈음은 주로 전시용(show bird)으로 기름〉, 〈~ a British chicken breed〉 수2

602 **or·ris** \ or·rice [오어뤼스]: 〈라틴어〉, 〈'iris'의 변형어?〉, '향붓꽃', 뿌리에서 향료를 추출하는 흰색·남색의 붓꽃, 〈~ German(or Florentine) iris〉 우1

603 **or·thi·con** [오얼씨칸]: orth(straight)+icono(image)-scope(to see), 〈1939년에 등장한 국제 과학용어〉, 오르시콘, 개량찰상관(영상을 촬영하는 원통), 〈~ TV camera tube〉 미2

604 **or·tho~** [오얼쏘우~]: 〈그리스어〉, right\correct\straight, 〈정·직~〉의 뜻을 가진 접두사, 〈↔hetero\para\meta~〉 양❶

605 **or·tho·don·tics** [오얼쎠 단틱스]: ortho(straight)+odon(tooth), 치과 교정학(술), 〈~ dental orthopedics〉 가❶

606 **or·tho·dox** [오얼쎠 닥스]: ortho(right)+doxa(opinion), (원형을 존중하고 변형이나 예외를 극히 꺼리는) 정교, 정통파의, 정설의, 〈~ according to the book〉, 〈~ conformist\conservative〉, 〈↔heresy〉 가❶

607 **or·thog·o·nal** [오얼싸 거늘]: ortho(right)+gonia(angle), 〈그리스어〉, 직각의, 직교하는, '올바른', 모든 조합에 두루 쓸 수 있는 〈모든 전산기 차림표 언어의 지상 목표〉, 〈~ equal-sided\box-like\ortho-graphic〉, 〈↔parallel\aligned〉 양❷ 미❷

608 **or·thog·ra·phy** [오얼싸 그뤄휘]: ortho(right)+graphe(writing), 바른 철자법(맞춤법), (똑바로 비추는) 정사투영, 〈~ ideo-graphy\standardized writing system〉, 〈↔cacograph\bad wrighting〉 양❷

609 **or·tho·pe·dics** [오얼쎠 피딕스]: ortho(correct)+paidos(child), 〈그리스어→프랑스어〉, 〈주로 어린이의 기형을 치료하던〉 정형외과(의사), 〈~ care of skeletal system〉 가❶

610 **or·tho·stat·ic** [오얼쎠 스태틱]: ortho(straight)+statos(standing), 기립성의, 똑바로 일어설 때의, 〈~ vertical\up-right〉, 〈↔horizontal\incline〉 가❶

611 **Or-well** [오어웰], George: ord(corner)+wella(spring?), '냇가에 사는 자', 오웰, (1903-1950), Eric Blair, 「동물농장」에서 욕심꾸러기 돼지를 빗대어서 〈전체주의〉 사회의 부조리를 파헤친 인도 태생 영국의 작가, 〈~ a British novelist and poet〉 수❶

612 **~o·ry** [~오뤼]: 〈라틴어〉, of, 〈~의 성질·기능, ~하는 곳〉이란 뜻의 접미사, 〈~ nature\thing\place〉 양❶

613 **o·ryx** [오어뤽스]: 〈← oryssein(dig)〉, 〈그리스어〉, '땅파기 양', '석수의 곡괭이같이' 길고 곧고 뾰족한 뿔을 가진 아프리카산의 대형 영양, 〈~ gemsbok\eland〉 수❶

614 **or·zo** [오얼조우]: 〈← hordeum(barley)〉, 〈'보리'라는 라틴어에서 연유한 이탈리아어〉, 오르소, 〈보통 흰 밀가루로 만드는〉 스프에 넣는 〈구더기 같은〉 짧은 파스타, risoni, 〈~ pastina〉 우❶

615 **OS** ¹ (oc·u·lus sin·is·ter): 〈라틴어〉, left eye, 왼쪽 눈, 〈~ OL〉, 〈↔OD〉 양❶

616 **OS** ² (op·er·a·ting sys·tem): 운영체제, 〈~ control system〉 미❷

617 **OS** ³ (old sys·tem): 구체제, 〈↔new system〉 양❷

618 **os(s)** [아스\오스]: ossa, 〈bone이란 뜻의 라틴어〉, 뼈, 골, 〈↔mus\hemo〉 양❷

619 **O·sage or·ange** [오우세이쥐 오어륀쥐]: 〈원주민 부족명(Wazhazhe)에서 연유한〉〈미국 탱자〉, 미국 중남부 오세이지강 가에 많이 서식하던 가시 달린 줄기에 귤 비슷한 조그만 쓴 열매를 맺는 울타리용 뽕나무과의 상록관목, 〈~ mock orange〉 수❶

620 **O·sa·ka** [오사카]: large slope, 〈일본어〉, '큰 언덕', 대판, 도요토미 히데요시가 쌓은 성이 있는 일본 혼슈 남쪽의 항구·상공업 도시, 〈~ a port and commercial center in southern Honshu〉 수❶

621 **Os-car** [아스커]: os(god)+gar(spear), 〈고대 영어〉, '신의 창', 오스카, 아카데미상 수상자에게 주는 금으로 만든 〈조그만 창을 쥐고 있는〉 사람의 모형, 「아카데미 영화상」의 다른 표현, = Academy Award (of Merit); 공식이름 수❶

622 **os·cil·la·tion** [아씰레이션]: 〈← oscillum(swing)〉, 〈라틴어〉, '흔들림', 진동, 요동, 잡음, 〈~ vibration〉, 〈↔stillness\inactivity〉 가❶

623 **os·cil·lo·scope** [아씰러스코우프]: 역전류 검출기, 전류·음향·빛 등의 진동상태를 가시 곡선으로 나타내는 탐지·기록장치, 〈줄여서 o-scope라고도 함〉, 〈~(↔)harmono-graph〉 미❷

624 **os-cine** [아쓴\아싸인]: ob(before)+canere(sing), 〈라틴어〉, '노래새', 전 세계에 걸쳐 4천 종이 넘는 참새목의 명금류, 〈~ song bird\wall creeper〉, 〈~(↔)bower-bird\cat-bird〉 우❶

625 **os·cu·late** [아스큘레이트]: 〈← osculari(kiss)〉, 〈라틴어〉, 입 맞추다, 상접하다, 결합하다, 〈~ contact\touch〉, 〈↔punch\disperse\withdraw〉 양❷

626 **~ose** [~오우스]: 〈영국어〉, like, 〈~이 있는·~성의〉란 뜻의 접미사, 〈~ full of\containing〉 양❶

627 **OSHA** [오우셔] (Oc·cu·pa·tion–al Safe·ty and Health Ad·min·is·tra–tion): (미)노동 안전 위생국, 노동자들의 안전하고 건강한 작업 조건을 위해 1971년에 창설된 노동부(US Dept of Labor)의 산하 기구 미❷

628 ***OSI** (o·pen sys·tems in·ter·con·nec·tion): 개방형 체계 상호 접속(전산기 간에 자유로운 정보 교환을 위해 국제적으로 표준화된 접속 장치), 〈~ a theoretical (not practical) frame-work\a reference model〉 미2

629 **o·sier** [오우져]: 〈← ausaria(bed of willows)〉, 〈라틴어→프랑스어〉, (길고 가는 가지로 바구니 엮기에 안성맞춤인) 고리버들, 〈~ basket willow〉, 〈~ catkin willow\pussy willow〉 미2

630 **~o·sis** [~오시스]: 〈그리스어→영국어〉, state, 〈~상태·증세〉를 나타내는 결합사 양1

631 **~os·i·ty** [~아시티]: 〈라틴어→영국어〉, like, (~ose\~ous로 끝나는) 형용사를 명사로 만드는 접미사 양1

632 **Os·lo** [아즐로우 \ 오슬로]: 〈어원 불명의 북구어〉, 〈← os(estuary)?〉, '강어귀', (1048년에 세워진) 노르웨이 남해안(southern coast)에 위치한 항구·수도·상공업·문화도시, 〈~ Capital of Norway〉 수1

633 **Os·man** [아즈먼] I: 〈← uthman(wiseman)〉, 〈아랍어〉, '현명한 자', 오스만, Ottoman, (1259-1326) 〈사료가 분명치 않은〉 터키 태생 오스만 제국의 시조, 〈~ founder of Ottoman Empire〉 수1

634 **os·mi·um** [아즈미엄]: 〈← osme(odor)〉, 〈라틴어〉, 오스뮴, (전에 펜촉 끝이나 전축 바늘로 쓰여졌던) 백금 광석에 붙어 있는〈'냄새나는'〉청회색의 희귀 금속원소(기호 Os·번호76), 〈~ a bluish-white metallic element〉 수2

635 **os·mo·sis** [아즈모우씨스]: 〈← othein(push)〉, 〈그리스어〉, 삼투, 침투, 서서히 흡수됨, 〈'밀다'라는 뜻의 그리스어에서 주조된 말〉, 〈~ diffusion\wick〉, 〈↔dispersion\reverse osmosis〉 가1

636 **Os·mund** [아즈먼드]: ①〈게르만계 이름〉, os(god)+mund(protect), '신이 보호하는 자', 오스문드, 〈~ a male name〉 ②o~; 〈라틴어〉, 고비, 꽃고사리(옆으로 퍼지며 꽃몽우리 같은 포자가 올라오는 양치식물), 〈~ royal fern〉 수1 미1

637 **os·prey** \ ~pray [아스프레이]: ossi(bone)+fraga(break), 〈라틴어〉, 〈잡아먹는 새〉, 물수리, 〈생선 매〉, 전 세계에 걸쳐 서식하며 민물고기·바닷고기를 가리지 않고 억센 발톱으로 낚아채는 '뼈를 부수는' 힘찬 새, fish eagle, 〈~ sea eagle\ern〉 미2

638 **Os·si** [아씨]: 〈← osten(east)〉, 〈게르만어〉, '동쪽에 사는 자', 〈이마가 넓적하고 귀가 앞으로 벌어진 모양의〉 오씨 ①(네덜란드 북동부) 동 프리스란츠에 사는 바보 ②동독 촌놈, 〈~ East German\dummy〉 수2

639 **os·su·ar·y** [아쉬에뤼]: 〈← oss(bone)〉, 〈라틴어〉, 유골당, 납골당, 유골단지, 〈~ catacombs\bone vault〉, 〈↔grave\tomb〉 양2

640 **os·ten·si·ble** [아스텐서블]: 〈← ostendere(show)〉, 〈라틴어〉, 표면상의, 겉치레의, 〈~ superficial〉, 〈↔real\genuine〉 양2

641 **os·ten·sive** [아스텐시브]: 〈← ostendere(show)〉, 〈라틴어〉, '보여주기 위해 펼쳐진', 명시하는, 구체적인, 〈~ virtual〉, 〈↔hidden\obscure〉 양2

642 **os·ten·ta·tious** [아스텐테이셔스]: 〈← ostentare(show off)〉, 〈라틴어〉, 과시하는, 겉을 꾸미는, 야한, 〈~ decorative\frippery〉, 〈↔plain\modest〉 양2

643 **os·te·o·~** [아스티오우~]: 〈그리스어〉, bone, 〈뼈~〉를 뜻하는 접두사 양1

644 **os·te·op·a·thy** [아스티아퍼씨]: osteo(bone)+pathos(suffering), 〈그리스어〉, 접골요법, 정골의학, 1874년 미국의 Andrew Still이 창시한 근육 및 골의 기능을 중요시하는 의학의 한파로 정규 의과대학에 상당하는 대학과 전문의 제도를 갖추고 있음, 〈~ doctor of osteopathy(DO)〉, 〈~(↔)chiropractic〉 우1

645 **os·te·o·po·ro·sis** [아스티오우 퍼로우씨스]: osteo(bone)+poros(passage), 〈그리스어〉, 골다공증, (여러 가지 원인에 의해) 골조직이 감소하는 질병, 〈~ weak bones〉 가1

646 **os·te·o·scle·ro·sis** [아스티오우 스클리로우씨스]: osteo(bone)+skleroun(harden), 〈그리스어〉, 골경화증, (여러 가지 원인에 의해) 골조직의 밀도가 높아지는 질병, 〈~ hyper-ostosis〉 가1

647 **os·tra·cize** [아스트뤄싸이즈]: 〈← ostrakon(shell)〉, 〈그리스어〉, 〈위험인물을 '조개 껍질'에 써내는 비밀투표로〉 도편 추방하다, 배척하다, 매장시키다, 〈~ exclude\reject〉, 〈↔welcome\endorse〉 양2

648 **os·trich** [오스트뤼취]: avis(bird)+strouthion(sparrow), 〈그리스어〉, '큰 참새', 타조, 예리한 눈과 두 갈래의 발가락을 가지고 말보다 더 잘 달리는 세상에서 제일 크고 제일 세고(력력과 발길질) 제일 오래 사는 일부다처제의 〈낙타 비슷한〉 새, 〈~ emu보다 3배 정도 큼〉, 〈~(↔)camel〉 가1

649 ***os·trich gen·er·a·tion** [오스트뤼취 쥐너뤠이션]: 타조 세대, 현실도피 세대〈타조는 맹수가 다가오면 모래 땅에 머리를 박지 않고 발 빠르게 도망가거나 지치면 발길질을 하므로 이 말은 잘못된 말임〉, 〈주로 X-generation을 지칭하는 말〉 양2

650 **Os·wald** [아즈워얼드], Lee: os(god)+peald(rule), ⟨앵글로 색슨계 이름⟩, '신의 힘', 오스왈드, (1939-63), 미 해병대 출신으로 소련에 망명한 경력이 있으나 JFK의 암살에서 범인으로 판명되기 전에 전 CIA의 끄나풀의 총에 숨진 '저격수', ⟨~ a US Marine veteran⟩ 수1

651 **OT** (oc·cu·pa·tion·al ther·a·py): 작업요법, 특정 작업(과제)을 반복시켜 정신적·육체적 장애를 극복하게 하는 치료법, ⟨~ rehabilitation⟩, ⟨↔physical therary⟩ 양2

652 ***o·ta·ku** [오타쿠]: ⟨1992년에 등장한 말⟩, o(honorific)+taku(house), palace, '어택'(중국어→일본어), ⟨'이 안에서는 내가 왕이다'란 뜻에서 연유한⟩ 동영상이나 만화에 미친 일본의 젊은 세대, ⟨~ geek\nerd⟩ 우2

653 ***O-ta·ni syn-drome** [오타니 씬드로움]: ⟨← kotani(small valley)⟩, ⟨일본어⟩, ⟨소곡→대곡(otani)⟩, 욕심 많은 일본의 야구선수 오타니⟨넓은 계곡에 사는 자⟩처럼 투수와 타수를 겸업할 때 생기는 정신적·신체적 이상현상, ⟨~ hero syndrome⟩ 수2

654 **OTC** (o·ver the coun·ter): 약장 위에 놓인 물건, '비처방약', 의사처방 없이 ⟨아무나⟩ 직접 살 수 있는 약품, ⟨~ off the chart⟩, ⟨↔prescription drug⟩, ⟨↔listed\registered⟩ 양2

655 ***OTC mar·ket** : 장외시장, 증권 거래소를 이용하지 않고 고객 상호 간에 매매가 개별적으로 이루어지는 '제3시장', ⟨~ pink(street) market⟩, ⟨↔exchange trading⟩ 미2

656 **oth·er** [어더]: ⟨← anyatara(different)⟩, ⟨산스크리트어→게르만어⟩, ⟨← alter⟩, '다른', ~이외의, 딴, 이전의, 다른 하나, 나머지, ⟨~ another\altruism⟩, ⟨↔same\like-wise⟩ 양1

657 ***oth·er fish in the sea**: 기회는 얼마든지 있다, 선택의 여지가 많다, ⟨실연당한 사람한테 쓰는 위로의 말⟩, ⟨편자가 젊은이들한테 꼭 하고 싶은 말⟩, ⟨~ option\opportunity⟩, ⟨↔rejection\obligation⟩ 양2

658 ***oth·er half** [어더 해후]: 반대(상대)편, ⟨자신의 반쪽인⟩ 배우자, ⟨~ spouse⟩, ⟨↔self⟩ 가1

659 **oth·er par·ty** [어더 파아티]: 상대방, ⟨~ partner⟩, ⟨↔self⟩ 가1

660 **oth·er-wise** [어더 와이즈]: '딴 방법으로', 그렇지 않으면, ⟨↔like-wise\similarly⟩ 가2

661 **o·tic** [오우틱\아틱]: ⟨← otos(ear)⟩, ⟨그리스어⟩, 귀의, 청각의, ⟨↔optic⟩ 가1

662 ***OTL** [오우 티이 엘]: ①out to lunch, 점심 먹으러 나감 ②⟨사람이 땅에 팔을 대고 무릎을 꿇은 자세⟩를 문자로 표현한 것, 얼빠진 모습, 허탈한, 젠장할!, ⟨~ desperation\disappointment⟩ 미2

663 **o·to~** [오우토우~]: ⟨그리스어⟩, ear, ⟨귀~⟩란 뜻의 접두사 양1

664 **o·to·met·ry** [오우토우 메트뤼]: 청력 검사, 검이, 청력계, ⟨~(↔)otology\audiology⟩ 양2

665 ***O 2(to) O** [오우 투우 오우]: online to offline (전산망으로 살펴보고 매장에서 사는 일), offline to online ('한국의 모루밍족 같이' 매장에서 살펴보고 전산망으로 사는 일) ⟨중국에서 만들어 낸 '기똥찬' 영어⟩ 양2

666 **o·to-rhi·no-lar·yn·gol-o·gy** [오우토우 롸잉노우 래륑갈러쥐]: ear+nose+throat, 이비인후과학, ⟨~ ENT⟩ 가1

667 ***OTT** (o·ver the top): '상정목록', 전산망을 통해 흘러나오는 모든 내용물, ⟨~ excessive\inordinate⟩, ⟨↔under-stated⟩ 미2

668 **Ot·ta·wa** [아터워\오타와]: ⟨← adawe(trade)⟩, ⟨원주민어⟩, '교역처', (1857년 빅토리아 여왕이 캐나다의 수도로 정한) 온타리오주 동남부 오타와강 남안 오타와족들이 살던 깨끗하고 우아한 행정·문화·관광도시, ⟨~ Capital of Canada⟩ 수1

669 **ot·ter** [아터]: ⟨← hydra(water snake)⟩, ⟨그리스어⟩, '물뱀', 수달, 광범위하게 서식하는 야행성 족제비과의 모피가 부드러운 육식 양서동물로 바다에 사는 것은 ⟨해달⟩이라고 함, ⟨~ water weasel⟩ 가1

670 **ot·ter hound** [아터 하운드]: 수달사냥개, 영국에서 수달 사냥을 위해 개발한 긴 기름기 나는 털과 갈퀴발을 가져 수영을 썩 잘하는 중형의 사냥개, ⟨~ water dog⟩ 미2

671 **Ot·to** [아토]: ⟨← aud(wealth)⟩, ⟨영어의 Edward에 상응하는 독일어⟩, '부자' ①남자 이름 ②~ the Great; 오토대제 (912-973), ⟨교회와 손을 잡고⟩ (신성 로마 제국의 초대 황제가 된) 독일의 왕, ⟨~ Otto of Saxony\first Emperor of Holy Roman Empire⟩ 수1

672 **Ot·to·man Em·pire** [아터먼 엠파이어]: ⟨'Osman'의 영국식 철자⟩, 오트만 제국, 1299년경 '오스만' 1세가 터키 북서쪽에서 시작해서 1922까지 중동지방을 호령했던 회교왕정, ⟨~ the Turkish Empire⟩ 수1

673 **ot·to·man** [아터먼]: ⟨터키에서 많이 사용하는⟩ ①팔걸이와 등받이 없이 걸 천을 씌운 나지막한 의자·발받침용 가구, ⟨~ foot-stool⟩ ②줄무늬를 골지에 짠 직물, ⟨~ a widthways-ribbed textile⟩ 수2

674 **OU** (oc·u·lus u·ter·que\oculi unita): 〈라틴어〉, one eye(한쪽 눈)\both eyes(양쪽눈들), 〈어원은 다르나 실제로는 같은 용도로 쓰임〉 양2

675 **oua·ka·ri** [와카아뤼]: 〈어원 불명의 원주민어〉, uakari, (긴 비단털을 가진) 남미산 꼬리말이원숭이, 〈~ a short-tailed S. American monkey〉, 〈학명은 cacajao〉 우1

676 **ouch** [아우취]: 〈영국어〉, 〈의성어〉, 아야, 아이쿠, 〈~ ach\darn〉, 〈~ pain〉, 〈↔hurrah〉 가2

677 **ought** [어어트]: 〈← agan(possess)〉, 〈영국어〉, 〈← owe〉, 해야만 한다, 하기로 되어있다, 〈↔must not\should not〉 가1

678 **oui-ja board** [위이줘 보오드]: 〈yes라는 불어와 독일어를 합성한〉 우이자판, (심령술에서) '쪽집게'를 갖다 대면 신통하게도 자기 마음을 읽어내는〉 문자와 숫자가 쓰여진 나무판, 〈↔exit-board〉 우1

679 **ounce¹** [아운스]: 〈← uncia(twelfth part)〉, 〈라틴어〉, oz, 온스('1/12') ①무게; 보통 28.3495g이나 금·약제를 잴 때는 31.1035g ②부피; 미국에서는 29.6cc·영국에서는 28.4cc, 〈~(↔)inch〉 수2

680 **ounce²** [아운스]: 〈← leuk(shine)〉, 〈그리스어→라틴어→프랑스어〉, 〈← lynx〉, 흰표범, 애엽표(중앙아시아의 산악지대에 서식하며 〈눈동자가 빛나고〉 흰 바탕에 검은 점들이 박힌 스라소니), snow leopard 미2

681 **our** [아우어]: 〈← unsar(we)〉, 〈게르만어〉, 우리(들)의, 짐(과인)의, 〈↔my\your\their〉 가2

682 **ours** [아우얼즈]: we의 소유대명사, 우리의 것, 〈↔mine\yours\theirs〉 가2

683 **our-selves** [아우어쎌브즈]: we의 복합인칭대명사, 우리 스스로, 우리들 자신(을·에게), 〈↔myself\yourself\themselves〉, 〈↔other〉 가2

684 **~ous** [~어스]: 〈라틴어〉, having, 〈~ 비슷한·특성을 가진〉이란 뜻의 접미사 양1

685 **oust** [아우스트]: 〈← haurire(expel)〉, 〈라틴어〉, 내쫓다, 빼앗다, 〈↔accept\give〉 가2

686 **out** [아웃]: 〈← ud(away)〉, 〈산스크리트어→그리스어→게르만어〉, 밖에(으로), 내밀어, 꺼내어, 나와, 벗어나, 없어져, 끝까지, 바깥쪽, 잘못, 탈락, 〈~ abroad\absent\gone〉, 〈↔in〉 양2

687 **out~** [아웃~]: 〈바깥쪽·능가하여~〉란 뜻의 접두사, 〈~ out-side\exceed〉 양1

688 **out-age** [아웃 티쥐]: 운영정지, 사용불능, 정전, 고갈, 〈~ blow-out\interruption〉, 〈↔up-time\operable time〉 양1

689 **out-bid** [아웃 비드]: (경매 등에서) 더 비싼 값을 부르다, '위로 치기', 〈~ bid higher〉, 〈↔out bid\under-bid〉 미2

690 **out bid** [아웃 비드]: (경매 등에서) 상대방보다 싸게 입찰하다, '깎아치기', 〈~ beat down〉, 〈↔out-bid〉 미2

691 **out-board** [아웃 보오드]: 배 밖의, 기관을 외부에 장치한, 〈~ out-side of the hull〉, 〈↔in-board〉 양1

692 **out-break** [아웃 브레잌]: 〈깨져서 밖으로 나가는〉 발발, 분출, 폭동, 〈~ break-out\eruption〉, 〈↔stagnation\suppression〉 가1

693 **out-burst** [아웃 버어스트]: 〈밖으로 터지는〉 폭발, 파열, 격발, 〈~ blow-up\gush〉, 〈↔calm\implosion〉 가1

694 *__out-call__ [아웃 커얼]: 방문, 출장, 왕진, 방문 매춘, 〈~ visit〉, 〈↔not moving\do nothing〉 가1

695 *__out-cast__ [아웃 캐스트]: 내쫓긴, 폐기된, 폐물, 쫓겨다 놓은 보릿자루, '왕따', 〈개밥에 도토리〉, 〈~ reject\persona non grata〉, 〈↔insider〉 가1

696 **out-come** [아웃 컴]: '밖으로 나온 것', 결과, 과정, 성과, 〈~ result〉, 〈~ effect\up-shot〉, 〈↔cause〉 가1

697 **out-cor·ner** [아웃 코어너]: 외각 ①야구장의 바깥 모서리 ②공간의 모서리에 놓는 가구, 〈~ edge〉, 〈↔center〉 양1

698 *__out-crop__ [아웃 크롶]: 〈고갱이를 들춰내는〉 노출, 표면이 나타난 것, 돌발사건, 〈~ bulge\jut〉, 〈↔clear\dissolve〉 양2

699 **out-cry** [아웃 크라이]: 부르짖음, 강렬한 항의, 야유, 〈~ scream\yell〉, 〈↔quiet\acceptance〉 가1

700 **out-cur·ve** [아웃 커어브]: 외곡구(밖으로 굽어 날아가는 야구공), 〈~ curving out〉, 〈↔in-curve〉 양1

701 **out-dat·ed** [아웃 데이티드]: 구식의, 시대에 뒤떨어진, 〈↔contemporary\up-to-date〉 양2

702 *__out-dent__ [아웃 덴트]: '밖으로 내기', 문장의 첫 줄을 왼쪽 끝머리로 끌어내는 타자 기법, 〈~ de-dent\align left〉, 〈↔notch\in-dent〉 미1

703 **out-do** [아웃 두우]: '뛰어나게 하다', 능가하다, 이기다, 〈~ surpass\exceed〉, 〈↔lose\worsen〉 양2

704 **out-door** [아웉 도어]: '문밖의', 집 밖의, 야외의, 옥외의, 〈↔in-door〉 양2

705 **out-er cir·cle** [아우터 써어클]: 〈게르만어+그리스어〉, (권력의 외부에서 지원해 주는) 외곽집단, 외부지지층, 〈~ out-skirts\alien circle〉, 〈↔inner circle〉 양2

706 *****out-er–course** [아우터 코어스]: '바깥 애무', (성교전에 하는) 전희, heavy petting, dry humping, 〈~(↔)inter-course\after-play〉 양2

707 **out-er–space** [아우터 스페이스]: 우주, 대기권의, 〈~ universe\celestial (or cosmic) space〉, 〈↔earth\terra firma〉 양2

708 **out-field** [아웉 휘일드]: 변경, 외야, 〈~ periphery\left field〉, 〈↔in-field\right-field〉 양2

709 **out-fit** [아웉 휕]: 의상, 장비(한벌), 도구(일습), 소양, 집단, 〈~ costume\equip\organization〉, 〈↔bare\divest\individual〉 양2

710 *****out-flank** [아웉 후랭크]: (적의) 옆구리를 찌르다, 허점을 노리다, 계책으로 누르다, 〈~ beat\defeat\out-play〉, 〈↔aid\lose〉 양2

711 **out-flow** [아웉 후로우]: 〈밖으로 흐르는〉 유출(물), 폭발, 〈~ discharge\out-rush〉, 〈↔inflow\influx〉 양2

712 **out–go-ing** [아웉 고잉]: 〈밖으로〉 나가는, 사교적인, 떠나는, 〈~ going out\extrovert〉, 〈↔in-coming\reserved〉 양2

713 **out-grow** [아웉 그로우]: 더 커지다, 벗어나다, 〈~ grow beyond\leave behind\relinquish〉, 〈↔worsen\shrink\in-grow〉 양2

714 *****out-guess** [아웉 게스]: 미리 짐작하다, 꿰뚫어 보다, 〈~ baffle\out-wit〉, 〈↔encourage\abet〉 양2

715 **out-house** [아웉 하우스]: 딴 채, 헛간, 야외 변소, 〈~ out-building\hut\latrine〉, 〈↔in-house\bath-room〉 양2

716 **out-ing** [아우팅]: 소풍, 행락, 유람, 나들이, 〈~ trip\excursion〉, 〈↔hiding\staying〉 양2

717 **out in the cold**: 한데에 버려진, 무시(따돌림)당한, 왕따된, 개밥에 도토리, 처량한 (신세), 〈~ shunned\black-balled〉 양2

718 **out-land** [아웉 랜드]: 멀리 떨어진 땅, 변두리, 외지, 이국, 〈~ country-side\foreign land〉, 〈↔in-land\urband(편자가 만든 신조어)\home-land〉 양2

719 **out-law** [아웉 러어]: 무법자, 불법 선언, 법익 박탈, 다루기 힘든 사람(동물), 〈~ ban\bandit\criminalize\mobster〉, 〈↔legalize\permit\police〉 양1

720 *****out-lay** [아웉 레이]: 경비, 지출, 〈펼쳐 눕힌〉 배치, 〈~ expenditure\disbursement〉, 〈↔income\collection〉 양1

721 **out-let** [아웉 렡]: 〈게르만어〉, 〈밖으로 나가는〉 배출구, 판로, 직판점, (화풀이) 발산구, 〈~ exit\vent\blow-off〉, 〈↔inlet〉 양2

722 **out-li·er** [아웉 라이어]: 집 밖에서 〈누워〉 자는 사람, 영외 거주자, 분리물, 국외자, 문외한, 〈~ out-sider\dissenter\eccentric〉, 〈↔normalcy\in-lier\ally〉 양1

723 *****out-line** [아웉 라인]: '바깥 선', 윤곽, 테두리, 개요, 대충 그리기(쓰기), 〈~ silhouette\profile\sketch out〉, 〈↔center\entirety\details〉 양2

724 **out-live** [아웉 리브]: ~보다 오래 살다(가다), 〈~ out-last\survive〉, 〈↔die\perish〉 양2

725 **Out-look** [아웉 뤀]: 1997년부터 단계적으로 출시되는 마이크로소프트사의 전자우편 운영 연성기기, 〈~ part of Microsoft 365\a personal information manager〉 수2

726 *****out-look** [아웉 뤀]: 〈밖으로 보는〉 조망, 전망, 예측, 견해, 일기예보, 〈~ view-point\prospect〉, 〈↔blindness\certainty〉 양1

727 **out-match**[1] [아웉 매취]: ~보다 낫다(우세하다), 〈~ beat\out-do〉, 〈↔lose〉 양2

728 **out-match**[2] [아웉 매취]: 원정경기, 〈~ out-going match〉, 〈↔in-coming match〉 양2

729 **out–mod-ed** [아웉 모우디드]: 유행에 뒤떨어진, 구식의, 〈~ obsolete\archaic〉, 〈↔fashionable\modern〉 양2

730 **out-num·ber** [아웉 넘버]: 수가 많다(우세하다), 〈~ prevail\dominate〉, 〈↔out number-ed\far behind〉 양2

731 **out of~** [아울 어브~]: ~의 밖으로, ~중에서, ~이 다 떨어지다, 〈~ off\absent〉, 〈↔through\among〉 양2

732 **out of bod·y** [아울 어브 바디]: 체외 유리의, 자신의 육체를 벗어난(자신을 바깥쪽에서 보는 심리현상), 〈~ apparition\depersonalization〉, 〈↔intro-spect〉 양2

733 **out of date** [아우터브 데이트]: 구식의, 낡은, 〈~ out-moded〉, 〈↔modern\fashionable〉 양2

734 *__out of fry-ing pan in-to the fire__: 갈수록 태산, 〈~ get worse and worse\from bad to worse〉 양2

735 *__out of sight, out of mind__: 눈에서 멀어지면 마음에서도 멀어진다, 〈long absent, soon forgotten\good neighbors are better than distant cousins〉, 〈~(↔)the squeaky wheel get, the grease〉, 〈↔absence makes the heart grow fonder〉 양2

736 *__out of the blue__: 〈창공에서 튀어 나오듯〉 불쑥, 느닷없이, 돌연, 뜬금없이 〈~ out of no-where〉, 〈↔as expected\little by little〉 양2

737 *__out of the woods__: 곤란한 처지를 벗어나다, (위기를 벗어나) 희망이 보인다, 〈~ over the hump\improving〉, 〈↔deteriorate\fail〉 미2

738 **out-pace** [아울 페이스]: 앞지르다, 앞서다, 능가하다, 〈~ out-strip\surpass〉, 〈↔fall behind\fail〉 양2

739 **out-pa·tient** [아울 페이션트]: 외래환자, 〈↔in-patient〉 가1

740 **out-post** [아울 포우스트]: 전초(기지), 변경거류지, 〈~ camp\territory〉, 〈↔head-quarter\center〉 양2

741 **out-put** [아울 풑]: 산출(량), 생산, 출력, 〈~ product\yield〉, 〈↔in-put〉 양2

742 **out-rage** [아울 뤠이쥐]: 〈게르만어→프랑스어→영국어〉, 침범, 난폭, 격분, 능욕, 〈~ fury\anger〉, 〈↔glee\blessing〉 양1

743 **out-reach** [아울 뤼취]: 원조 계획, 구제 활동, 도움의 손길, 〈~ fetch\seek\exceed〉, 〈↔retract\fall behind〉 양2

744 *__out-right__ [아울 롸잍]: 철저하게, 솔직히, 명백한, 당장, 〈~ completely\absolutely\instantly〉, 〈↔imperfect\uncertain\in part〉 양2

745 *__out-run__ [아울 뤈]: 앞질러 달리다, 초과하다, 〈~ out-strip\defeat〉, 〈↔lose\surrender〉 양2

746 **out-seam** [아울 씨임]: 바깥 솔기, 〈허리춤부터 단의 끝까지의〉 바지의 바깥쪽 길이, 〈~ outer trouser length〉, 〈↔in-seam〉 미2

747 *__out-set__ [아울 쎝]: 착수, 시작, 〈~ start\begining\on-set〉, 〈↔end\conclusion〉 양2

748 **out-side** [아울 싸이드]: 밖, 외부, 외관, 표면, 〈~ exterior\surface〉, 〈↔in-side〉 양1

749 **out-sid·er** [아울 싸이더]: 한패가 아닌 자, 문외한, 승산이 없는 말, 〈~ non-member\stranger〉, 〈↔in-sider〉 양2

750 *__out-skirts__ [아울 스커어츠]: 변두리, 교외, 〈'치마 밖'-별 볼 일이 없는 곳〉, 〈~ fringes\borders〉, 〈↔center\middle〉 가1

751 *__out-smart__ [아울 스마아트]: ~보다 약다(똑똑하다), 한 수 높다, 〈~ out-wit\thwart〉, 〈↔help\surrender〉 양2

752 *__out-sour·cing__ [아울 쏘얼싱]: 하청, 용역 외주, 부품을 외부에서 조달함, 〈~ sub-contracting\delegating〉, 〈↔in-sourcing〉 가1

753 **out-spo·ken** [아울 스포우큰]: 솔직한(말), 거리낌 없이 말하는, 〈~ forth-right\candid〉, 〈↔reticent\reserved〉 양2

754 **out–stand·ing** [아울 스탠딩]: '밖에 서 있는', 걸출한, 돌출한, 미해결의, 〈~ excellent\superb\un-done〉, 〈↔mediocre\settled〉 양2

755 *__out-strip__ [아울 스트륖]: 〈행동을〉 앞지르다, 능가하다, 〈여자가〉 '먼저 벗다', 〈~ transcend\exceed\out-pace〉, 〈↔fail\lose\'surrender'〉 양2

756 *__out-take__ [아울 테이크]: 〈밖으로 꺼내내는〉 통기구멍, 촬영 후 자른 장면〈한국에서는 NG라 함〉, 인용(발췌)문, 〈~ portion\clip\excerpt〉, 〈↔advent\fill\whole〉 양1

757 **out-talk** [아울 터어크]: 큰소리로 지껄이다, 말로 이기다, 〈~ shout\prevail〉, 〈↔avert\dampen〉 양2

758 **out-ward** [아울 워어드]: 밖을 향한, 외관의, 물질적인, 〈~ external\superficial〉, 〈↔in-ward〉 양2

759 **out-weigh** [아울 웨이]: 보다 무겁다, 〈능력이〉 보다 낫다, 〈~ over-weigh\exceed\over-shadow〉, 〈↔under-weigh\lose\fall behind〉 양2

760 ***out-wit** [아웉 윝]: 선수 치다, 의표를 찌르다, 〈~ out-smart\beat〉, 〈↔succumb\encourage〉 양2

761 **out-worn** [아웉 워언]: 입어서 해진, 케케 묵은, 진부한, 〈~ out-dated\old fashioned〉, 〈↔fresh\up-to-date〉 양2

762 **Ouyang,** Xiu [우양 시우]: 〈지명(Ou-yang)에서 연유한 중국 이름〉, 구양수, (1007-1072), 유교에 입각한 〈선비군자〉를 바람직한 정치인으로 꼽았던 중국 북송시대의 〈학자관료〉, 〈~ a Chinese historian〉 미2

763 **ou·zel** [우우즐]: 〈← osle(black bird)〉, 〈영국어〉, 검은 노래 지빠귀, ⇒ black·bird 미2

764 **ou·zo** [우쬬우]: 〈'포도(ozum)'란 터키어에서 유래한?〉 아니스 열매로 맛을 낸 그리스의 비교적 독한 증류주, 〈~ dry anise〉, 〈~(↔) Pernod〉 우1

765 **o·val** [오우뷜]: 〈← ovum(egg)〉, 〈라틴어〉, 달걀 모양의, 타원형의, 〈~ elliptic\oblong〉, 〈↔square\diamond〉 가1

766 **O·val Of·fice** [오우뷜 어어휘스]: '알집(사무실)', 달걀형 사무실, 〈백악관 West Wing 1층 귀퉁이에 있는〉 미 대통령 집무실, 〈윤석열씨가 '용산'에 만듬직도 한〉 '대통령실', 〈~ The President〉 수2

767 **o·va·ry** [오우붜뤼]: 〈← ovum(egg)〉, 〈라틴어〉, '달걀', 씨방, 알집, 난소, 〈~ female gonad〉, 〈↔testicle〉 양2

768 **o·va-tion** [오우붸이션]: 〈← 'euoi'(감탄사)〉, 〈그리스어→라틴어〉, 〈← ovare(celebrate a triumph)〉, 대인기, 큰 갈채, (고대 로마의) 소 개선식, 〈~ standing ovation〉, 〈↔insult\booing〉 양2

769 **ov·en** [어븐]: 〈← auhns(furnace)〉, 〈게르만어〉, 오븐, 솥, 화덕, 가마, 〈~ stove〉 양1

770 **ov·en-bird** [어븐 버어드]: 〈티취-티취 하며 울며〉 화덕 모양의 보금자리를 숲 밑바닥에 짓는 북미산 조그만 휘파람새, 〈~ furnarids(학명)〉, 〈~ a small migratory song-bird〉 우1

771 **o·ver** [오우붜]: 〈← upari(above)〉, 〈산스크리트어→그리스어→라틴어→게르만어〉, 위(의), 온통, ~을 넘어, 저편의, ~동안, 걸쳐, 초과된, 거꾸로, 완전히, 건너서, 끝나, 〈~ atop\above\finished〉, 〈↔under\bellow〉 양1

772 **o·ver-all** [오우붜뤄얼]: '모든 것 위의', 전반적으로, 어느 곳이나, 끝에서 끝까지, 〈~ general\all inclusive〉, [오우붜뤄얼]: (보통 가슴받이가 달리고 소매가 짧은) 작업복, 〈cover-all은 소매가 김〉, (영국에서는) boiler suit or dungaree, 〈↔partial\incomplete〉 양2 미1

773 **o·ver-awe** [오우붜 어어]: 위압하다, 겁을 주어 ~하게 하다, 〈~ intimidate\cow²〉, 〈↔reassure\encourage〉 양2

774 **o·ver-bear-ing** [오우붜 베어륑]: 거만한, 횡포한, 압도적인, 〈~ tyrannical\domineering〉, 〈↔kind\modest〉 양2

775 ***o·ver-board** [오우붜 보오드]: '갑판 너머로', 배 밖으로, 극단적으로, 능력 밖의, 〈~ super-fluous\extravagant〉, 〈↔necessary\reasonable〉 양1

776 ***o·ver-cast** [오우붜 캐스트]: 구름으로 덮다, 흐린, 휘갑친(가를 얽어서 둘러 감아 꿰맨), 〈~ cloudy\darkened\lowering〉, 〈↔bright\clear〉, 〈↔under-cast〉 양2

777 **o·ver-charge** [오우붜 촤아쥐]: 바가지 씌우다, 너무 많이 충전하다, 지나치게 싣다, '과잉 청구(과잉 충전·과잉 적하)', 〈~ over-burden\short-change〉, 〈↔under-charge\lighten〉 양2

778 **o·ver-coat** [오우붜 코웉]: 외투, 보호막, 〈~ jacket\parka\top (or frock) coat〉, 〈↔under-coat(wear)〉 양2

779 **o·ver-come** [오우붜 컴]: 〈난관을〉 '넘어오다', 이겨내다, 극복하다, 압도하다, 〈~ over-whelm\conquer〉, 〈↔lose to\defeated by〉 양2

780 **o·ver-cook** [오우붜 쿡]: 너무 익히다(삶다·굽다), 〈~ burned\spoiled〉, 〈↔under-cook〉 양2

781 **o·ver-do** [오우붜 두우]: 도를 지나치다, 무리하다, 과장하다, 〈~ amplify\exaggerate〉, 〈↔play-down\under-state〉 양2

782 **o·ver-dose** [오우붜 도우스]: 너무 많이 복용하다, [오우버 도우스]: 과다 복용(음독), 〈~ over-kill\lethal dose〉, 〈↔under-dose〉 양2

783 **o·ver-draft** [오우붜 드래후트]: 초과인출, 당좌 대월 계정(은행이 잔고 이상 대출을 해주는 우대계좌), 〈~ bounced check\advancing account〉, 〈↔over-deposit\positive balance〉 가1 양1

784 **o·ver-due** [오우붜 듀우]: '예정된 기한을 넘은', 늦은, 기한이 지난, 과도한, 이미 준비된, 〈~ late\delinquent〉, 〈↔early\on time〉 양1

785 ***o·ver-eas·y** [오우붜 이이지]: 달걀을 한쪽은 튀기고 한쪽은 뒤집어 살짝 익힌, 〈~ sunny-side up〉, 〈~(↔)soft boil\poach〉, 〈↔raw\hard broiled〉 우1

786 **o·ver-flow** [오우붜 홀로우]: 넘치다, 넘쳐흐르다, 〈~ flood〉, 〈↔ebb〉 [오우붜 홀로우]; 범람(연산 결과가 전산기 용량보다 커지는 것), 〈~ rush〉, 〈↔sink〉 양2 미2

787 **o·ver-hand** [오우붜 핸드]: 손을 위로 뻗는, 휘갑치는, 위에서 내려치는 타구, 〈~ over-arm\upper hand〉, 〈↔under-hand(arm)〉 우1

788 ***o·ver-hang** [오우붜 행]: 쭉 내밀다, 돌출하다, 위협하다, 통화과잉, 예산초과, 〈~ extend\surpass〉, 〈↔depress\recess〉 양1

789 ***o·ver-haul** [오우붜 하울]: 〈배에서 위에 매단 밧줄을 늦춰 놓고〉 정밀 검사하다, 분해 수리하다, 〈~ameliorate\reconstruct〉, 〈↔neglect\destroy〉 양2

790 ***o·ver-head** [오우붜 헤드]: 머리 위에, 고가식의, 경상비, 총경비, 간접비용, 〈~ running cost〉, 〈↔under-gound\under-head\variable cost〉 양2 미2

791 **o·ver-hear** [오우붜 히어]: '벽 너머로 듣다', 어쩌다 듣다, 엿듣다, 〈~ hear it through the grape-vine\eaves-dropping〉, 〈↔attentive listen\miss〉 양2

792 **o·ver-kill** [오우붜 킬]: 과잉살육, (불필요한) 과잉대책, 〈~ over-dose\excessive〉, 〈↔under-kill〉 양2

793 ***o·ver-laid win·dows** [오우붜레이드 윈도우즈]: (전산기의) 〈층계형 화면 중 제일 간단한〉 겹쳐진 화면, 〈~ cascading windows〉, 〈↔task window〉 미2

794 ***o·ver-lap** [오우붜 랩]: 〈무릎〉 '위에 겹쳐 놓다', (부분적으로) 덮다, 겹치다, 중복되다, [오우버 랩]; 병행, 겹치기, 〈~double\fold〉, 〈↔separate\differ〉 양1

795 ***o·ver-lay** [오우붜 레이]: ~에 들씌우다, 압제하다, (고르게) 통바르기를 하다, 도표 등에 겹쳐 쓰는 (반)투명 피복지, 〈~ over-lap\over-spread〉, 〈↔under-lay\un-cover〉 양1 미2

796 **o·ver-load** [오우붜 로우드]: 과적재하다(너무 많이 싣다), [오우붜 로우드]; 과부하(너무 많이 부담을 주는 일), 〈~ over-burden\oppress〉, 〈↔under-load\dis-burden〉 양2

797 **o·ver-look** [오우붜 룩]: 〈위에서〉 내려다보다, 빠뜨리고 보다, 감독하다, 못 본 체하다, 〈~ dis-regard\omit\miss〉, 〈↔regard\foresee\investigate〉 양2

798 **o·ver-lord** [오우붜 로어드]: 대군주, 지배자, 권력자, 〈~ chief\ruler\despot〉, 〈↔butt-boy\slave〉 양2

799 **o·ver-match** [오우붜 매취]: 압도하다, 우열의 차가 심한 시합, 〈~ conquer\match with a stronger opponent〉, 〈↔lose\retreat\surrender〉 양2

800 **o·ver my dead bod·y**: (내가 죽기 전에는) 절대 안 돼, 결사반대, 〈~ 한국에는 '내 눈에 흙이 들어가기 전에는'이라는 더 세련된 표현이 있음〉, 〈~ no way\not on your life〉, 〈↔of course\all right〉 양2

801 **o·ver-night** [오우붜 나잍]: '밤을 넘어가는', 밤을 새우는, 하룻밤, 전날 밤, 〈~ nightly\all night\speedy〉, 〈↔daily\slow〉 양2

802 **o·ver-pass** [오우붜 패스]: ~을 넘다, 통과하다, 육교, 구름다리, 고가도로, 〈~ sky-bridge〉, 〈↔heed\attend〉, 〈↔under-pass\tunnel\via-duct〉 양2

803 **o·ver–pow·er·ing** [오우붜 파워링]: 저항할 수 없는, 강렬한, 압도적인, 막대한, 〈~ over-whelming\prevail over〉, 〈↔weak\feeble〉 양2

804 ***o·ver-print** [오우붜 프린트]: (문자반에 없는 기호를 만들기 위해 하는) 덧인쇄, (다른 판을 겹친) 겹인쇄, 너무 진한 인쇄, 너무 많은 인쇄, (위조를 막기 위한) 거듭 인쇄, 〈~ sur-printing\super-imposing〉, 〈↔light-print〉 양1

805 **o·ver-reach** [오우붜 뤼이취]: 너무 뻗다, 지나가다, 무리하다, 한 수 앞지르다, 속이다, 〈~ beat\out-samrt〉, 〈↔lose\defend〉 양1

806 ***o·ver-ride** [오우붜 롸이드]: (말을 타고) 넘다, 무시하다, 뒤엎다, 우선하다, 떼다, 〈~ over-rule\veto\abrogate〉, 〈↔allow\accept〉 양2

807 **o·ver-run** [오우붜 뤈]: 지나쳐 달리다, 초과하다, 들끓다, 압도하다, 범람하다, 〈~ invade\over-flow〉, 〈↔lose\evacuate〉 양1

808 ***o·ver-sea(s)** [오우붜 씨이(즈)]: 해외(외국)의, '바다 너머의', 〈~ abroad\foreign〉, 〈↔native\domestic〉 가1

809 **o·ver-see** [오우붜 씨이]: 바라보다, 〈위에서〉 내려다보다, 감독하다, 〈~ supervise\command〉, 〈↔follow\ignore〉 가1

810 **o·ver-sha·dow** [오우붜 쇄도우]: 그늘지게 하다, 가리다, 짓누르다, 빛을 잃게 하다, 〈~ darken\block-out\out-weigh〉, 〈↔brighten\illuminate〉 양2

811 **o·ver-shoe** [오우붜 슈이]: (방수·방한용) 덧신, galosh 가1

812 **o·ver-shirt(skirt)** [오우붜 셔얼트(스커얼트)]: (옷단이 바지나 치마 밖으로 나오는) 헐렁한 웃옷, 〈~ shirt jacket\shacket〉, 〈↔under-wear〉 우1

813 ***o·ver-shoot** [오우붜 슈우트]: 초과 사격, (화살을) 지나치게 쏘다, 씨를 말리다, 도를 넘다, 지나친 욕심으로 인한 실패, 물가의 경직성으로 인해 환율이 단기적으로 과도하게 변동하는 현상, 〈~ skeet\pass over〉, 〈↔under-shoot\linger〉 양1

814 ***o·ver-sight** [오우붜 싸일트]: 빠뜨림, 못 봄, 단속, 감시, 〈~ error\mistake〉, 〈↔accuracy\attention〉 양2

815 **o·ver-strung** [오우붜 스트륑]: 너무 긴장한, 줄을 교차시켜 팽팽하게 한, 〈~ uptight\skittish〉, 〈↔calm\relaxed〉 양2

816 **o·ver-swing** [오우붜 스윙]: '과다 진폭', 골프채를 너무 크게 휘두르다, 〈~ excessive swing〉, 〈↔under-swing〉 우1

817 **o·ver-take** [오우붜 테이크]: '앞선 것을 잡아넣다', 따라잡다, 추월하다, 압도하다, 현혹시키다, 〈~ catch up with\pass\beat〉, 〈↔miss\lose〉 양1

818 ***o·ver-the-coun·ter** [오우붜 더 카운터]: 〈손쉽게 진열장 위의 시렁에서 꺼내 파는 매매〉, 장외거래, 비처방약, 〈~ non-prescription〉, 〈↔listed\registered〉, ⇒ OTC 양2

819 ***o·ver-the-hill** [오우붜 더 힐]: 한창때를 지난, 내리막길인, 늙은, 〈~ pass one's prime\doddery〉, 〈↔youthful\youngish〉 양2

820 ***o·ver-the-moon** [오우붜 더 무운]: (달 위에 떠 있듯이) 아주 기분 좋다, 대만족, 〈~ cloud nine〉, 〈↔sad\sorrowful〉 양2

821 ***o·ver-the-top** [오우붜 더 탚]: 지나친, 과장된, 초고급(의), 성적 극치에 도달한, 〈~ over the limit\excessive\extravagant〉, 〈↔reasonable\restrained〉 양2

822 **o·ver-throw** [오우붜 쓰로우]: 〈과도하게〉 높이 던지다, 너무 멀리 던지다, 뒤집어엎다, 타도하다, 전복시키다, [오우붜 쓰로우]; 전복, 타도, 〈~ bring down\topple\demolish〉, 〈~(↔)victory\win\establish〉, 〈↔retreat\surrender〉 양1

823 **o·ver-time** [오우붜 타임]: '정해진 시간을 넘어가는', 시간 외 노동, 초과근무, 연장전, 〈~ late hours\extra-pay\extended game〉, 〈↔already\earlier\regular time〉 양2

824 **o·ver-tone** [오우붜 토운]: (딴 음을 압도하는) 상음, (의미심장한) 부대적 의미, 너무 진하게 인쇄하기, 〈~ higher tone\connotation〉, 〈↔under-tone\achromatic〉 양2

825 **o·ver·ture** [오우붜 춰]: 〈← ovrir, 〈라틴어〉, 'open', 신청, 예비교섭, 건의, 서곡, 전주곡, 서장, 〈~ prelude\introduction〉, 〈↔coda\conclusion〉 양1

826 **o·ver-turn** [오우붜 터언]: 뒤집어엎다, 타도하다, 전복하다, 부결하다, 역전시키다, 〈~ reverse\revoke\upend〉, 〈↔allow\accept〉 양2

827 **o·ver-view** [오우붜 뷰유]: 〈위에서 전체적으로 보는〉 개관, 개략, 〈~ run-through\out-line〉, 〈↔details\enlargement〉 가1

828 **o·ver-vote** [오우붜 보우트]: 초과투표, 투표자가 허용된 수보다 더 많은 표를 행사한 경우, 〈~ a spoiled vote〉, 〈~(↔)under-vote〉, 〈↔valid vote〉 양2

829 **o·ver–ween-ing** [오우붜 위이닝]: over+wenen(think), 〈영국어〉, think too highly, 자부심이 강한, 과장된, 오만한(over-pride), 〈↔humble\modest〉 양2

830 **o·ver-whelm** [오우붜 웰름]: over+whelmen(turn), 〈영국어〉, 〈위에서 내리누르듯〉 압도하다, 기를 꺾다, 〈~ swamp\inundate〉, 〈↔under-whelm\encourage\surrender〉 양2

831 ***o·ver-write** [오우붜 롸이트]: 너무(많이) 쓰다, 다시 쓰다, 겹쳐 쓰기(동명의 서류철 위에 다른 정보를 입력할 때 이전의 정보는 소멸되는 것이 원칙임), 〈~ edit\revise〉, 〈↔under-write\erase〉 양2 미2

832 **Ov·id** [아비드]: ⟨← obis(sheep)⟩, ⟨라틴어⟩, '양치기', 오비디우스, (BC43-AD17 or 18), 고대로부터 내려오던 전설과 신화 200여 개를 뽑아 재치 있고 해학적으로 각색시킨「변형」이란 시집을 낸 로마의 '연애 시인', ⟨~ a Roman poet⟩ 수1

833 **O-vi·sa**: (과학·예술·교육·사업·체육에 특출한 외국인이) ⟨잠정적으로 일할 수 있는⟩ 특기자 사증, ⟨~ an employer specific visa⟩ 우2

834 **o·vum** [오우붐] \ o·va [오우붜]: ⟨라틴어⟩, egg(s), 알, 난자, 알세포, ⟨→ ovary⟩, female gamete, ⟨↔sperm\somatic cell⟩ 가2

835 **owe** [오우]: ⟨← agan(own)⟩, ⟨게르만어⟩, 빚지고 있다, 신세를 입고 있다, 의무를 지고 있다, 기인하고 있다, ⟨~ ought⟩, ⟨~ be in debt\due⟩, ⟨↔incur\settled⟩ 양1

836 **Ow·ens** [오우언즈], Jes·se: ⟨← owain(noble)⟩, ⟨켈트어⟩, '귀족 출신', 오언즈, (1913-80), ⟨남부 흑인 특유의 발음으로 말한⟩ 그의 약자 이름 J.C.를 잘못 알아들은 오하이오 선생이 Jesse로 등록해서 그 후부터 그의 애칭으로 썼으며 1936년 올림픽에서 4개의 금기장을 딴 미국의 육상선수, ⟨~ an American track and field athlete⟩ 수1

837 **owl** [아울]: ⟨← ulula(howl)⟩, ⟨라틴어→게르만어⟩, ⟨의성어⟩, 올빼미(전 세계에 퍼져 서식하며 밤에 홀로 다니며 쥐를 잡아먹는 부엉이 비슷하나 귀 모양의 깃털이 없는 매보다는 쏙독새⟨night-jar⟩에 더 가까운 새), 밤을 새우는 사람, ⟨~ night bird⟩, ⟨↔lark¹?⟩, ⟨↔diurnal⟩ 양2

838 **owl par·rot** [아울 패뤌]: 올빼미앵무새, ⇒ kakapo 미2

839 **own** [오운]: ⟨← agan(possess)⟩, ⟨영국어⟩, '자신에게 빚진', 자기 자신의, 고유한, 친, 소유하다, 자인하다, ⟨~ have\hold⟩, ⟨↔disclaim\deny⟩ 양2

840 **own·er** [오우너]: 임자, 소유권자, 주인, ⟨~ posessor\holder⟩, ⟨↔employee\tenant⟩ 양1

841 **own-er car·ry** [오우너 캐뤼]: 소유주 (보유) 담보, 소유주융자, 전소유주가 상품을 담보로 하고 돈을 꾸어 주는 일, ⟨~ seller financing\carry back⟩, ⟨↔conventional loan\bank carry⟩ 미1

842 **ox** [악스] \ ox·en [악슨]: ⟨← uksa(bull)⟩, ⟨산스크리트어→게르만어⟩, ⟨← oxa⟩, (거세한) 수소, 소, 소 같은 사람, ⟨↔cow⟩ 가2

843 **ox-eye dai·sy** [악스 아이 데이지]: '황소눈 데이지', ⟨~ marguerite\white daisy⟩, ⇒ moon daisy 우1

844 **Ox-fam** [악스햄]: Oxford Committe for Famine Relief, 옥스팜, 1942년 영국 옥스퍼드에서 비영리 단체들이 모여 구성된 후 현재 Nairobi에 분부를 두고 21개의 단체가 참여하고 있는 세계적 빈민 구제 자선 단체 수2

845 **Ox-ford** [악스훠드]: 'ox가 건널 수 있는 ford(여울)', 옥스포드, 런던 북서쪽(N-W London) 80km 정도 떨어진 템스(Thames)강 가의 소도시 수1

846 **ox-ford** [악스훠드]: ⟨조그만 연줄이 있으면 다 끌어다 쓰려는 단어⟩ ①~bag; 대형 여행용 손가방 ②~clothes; 두껍고 광택이 나며 세로줄 무늬가 있는 천 ③~blue; 짙은 감청색 ④~shoes; ⟨한때 Oxford 대학에서 인기 있었던⟩ 발등 쪽에 끈을 매는 신사화, ⟨~ derby\lace-ups⟩ ⑤O~Down; 19세기에 영국의 O~ 군에서 Southdown 종의 피가 섞인 양을 개량해서 덩치를 불린 뿔 없는 영국산 양, ⟨~ a large horn-less sheep breed⟩ 수2

847 **Ox-ford** [악스훠드], U·niv: 옥스포드, 1167년 프랑스와의 불화로 파리에서 쫓겨온 학생·선생들이 모여 하나둘씩 세워나간 영국 유수의 사립대학 연합체, ⟨~ a collegiate research 'public' university⟩ 수1

848 **ox·ide** [악싸이드]: oxys(sour)+acide(acid), ⟨그리스어+프랑스어⟩, ⟨산소가 기본 물질로 추가된⟩ 산화물, ⟨~ an oxygen compound⟩ 양1

849 **ox–peck·er** [악스 페커]: 소 찌르레기, ani, ⇒ tick·bird 미2

850 **ox·y~** [악시]: ⟨그리스어⟩ ①sharp, ⟨날카로운·예리한~⟩이란 뜻의 결합사 ②acid, ⟨산소를 함유한·수산기~⟩란 뜻의 결합사 양1

851 **ox·y-cot·ton** [악시 카튼]: oxy·codone(아편성 진통제)의 속어 수2

852 **ox·y-gen** [악시줜]: oxys(acid)+gennan(generate), ⟨그리스어⟩, '예리한 (신)맛'이 나는 산소, ⟨8개의 양성자를 가지고 삶과 죽음에 결정적 역할을 하는⟩ 비금속원소 (기호 O·번호8), ⟨~ a vital gas element⟩ 양2

853 **ox·y-mo·ron** [악시 모어뢴]: oxys(sharp)+moros(dull), ⟨그리스어⟩, '예리한 바보', 모순 어법, 대립되는 어구를 사용하여 새로운 효과를 노리는 것, ⟨~ paradox\contradiction⟩, ⟨↔tautology\pleonasm⟩ 양2

854 **oys·ter** [오이스터]: 〈← ostrakon(hard-shell)〉, 〈그리스어〉, '뼈조개', 굴, (온·난대의 얕은 해안 바닥에 서식하는 두 개의 껍데기 속에 부드러운 살을 가진 연체동물), 〈~ huitre〉 가1

855 **oys·ter-bird(catch-er)** [오이스터 버어드(캐춰)]: sea crow, sea pie 검은머리물떼새(유라시아에 서식하는 부리가 길고 민첩한 소수찰) 미2

856 **oys·ter-crab** [오이스터 크랩]: (굴 껍데기 속에서 굴과 같이 공생하는 투명하고 작은) 속살이게, 〈~ pea crab〉 미2

857 **oys·ter mush·room** [오이스터 머쉬룸]: 느타리버섯, 썩은 느티나무 등에 기생하며 통통한 줄기에 굴같이 생긴 갓을 가지고 굴 향내를 내며 〈썰어서 전채에도 섞어 먹는〉 송이버섯과의 곰팡이, 〈~ oyster agaric〉 미2

858 **oy vey** [오이 붸이]: 〈유대어〉, oh woe, 이런, 아이고, 어쩌나, 〈↔bravo\yahoo〉 양2

859 **oz** [아즈]: ⇒ ounce¹(의 필기체 약어) 수2

860 **O·zark** [오우쟈아크], Moun·tains: 〈Arkansas의 프랑스어 Aux(with) Arcs(bows)에서 연유한 영국어〉, '활을 가진 자', 오자크 산지, 미국 중부 내륙에 있는 약 10만 평방 km의 광물 매장량이 많은 구릉 지대, 〈~ a plateau in mid-US〉 수1

861 **o·zone** [오우죠운]: 〈← ozein(smell)〉, 〈그리스어〉, 〈'냄새'나는〉 오존, O_3(3개의 산소가 단단히 뭉친 기체로) 상큼한 기분을 주며 오물을 청소해주는 신선한 공기지만 너무 많으면 눈에 손상을 주고 식물을 죽임, 〈~ tri-oxygen〉, 〈Janus 같은 gas〉 수2

1. **P \ p¹** [피이]: 이집트의 상형문자 입의 모양을 딴 인쇄물에서 13번째 정도로 자주 쓰이는 알파벳, P자 모양의 물건, piano·power·phosphorus·penny·peso·park·pint·page·pretty 등의 약자 수2

2. **p²** [피이]: p value, (두 가지 표본의 차이를 우연에 의한 것으로 하는) 귀무가설이 옳다고 할 때 관측값 이상의 값이 얻어지는 확률, 응용률, 〈~ probability of a type 1 error〉 우1

3. **PA**: ①Pennsylvania의 우편 약자 ②(1991년에 도산한) Pan American World Airways의 항공 부호 ③physician's assistant(의사 보조자) ④power of attorney(법률 대리인) 수2 미1

4. **pa** [파아]: 〈영국어〉, papa, 아빠 가1

5. **pab·lum** [패블럼]: 〈← pabulum〉, 〈유아용 빵류에서 유래한〉 시시한 책, 유치한 속임수, 〈~ pap¹\ rubbish〉 양2

6. **pab·u·lum** [패불럼]: 〈← pabulari(feed)〉, 〈라틴어〉, '음식물', 영양물, 〈마음의〉 양식, 연료, 〈~ food-stuff\nourish-ment\fuel〉 양2

7. **PAC** [팩]: ⇒ Political Action Committe 미2

8. **pa·ca** [파아커 \ 패커]: 〈Tupi어〉, 꼬리가 거의 없고 줄무늬가 있는 중·남미산 토끼만 한 식용 설치류, 〈~ agouti〉 우1

9. **pace** [페이스]: 〈← pandere(stretch out)〉, 〈'펴다'라는 뜻의 라틴어〉, 한 걸음(보폭-약 2½ft), 걸음걸이(속도), (일상생활·행위의) 속도, 고르게 천천히 걷다, 〈→ pass〉, 〈~ speed\tempo〉, 〈~ halt\rest〉 양2

10. **pace–mak·er** [페이스 메이커]: (속도) 조정자, 선두자, 맥박 조정기(심장 박동 조절을 위해 피부 밑에 심은 전극), 〈~ leader\pacing device〉, 〈↔imitator\follower〉 양2

11. **pa·chin·ko** [퍼췬코우]: 〈'빠찡~ 빠찡~' 하는 소리를 내는〉 빠찡꼬, 〈pin ball machine 비슷한〉 일본식 자동 '놀음'(도박) 기구, P~;(한국 태생 미국 작가가 20세기에 제일 한국인의 삶을 그린) 2017년판 소설의 제목 우1

12. **pa·chu·co** [펕츄우코우]: 〈스페인어〉, 〈← Chuco Town(El Paso)?〉, 1920~40년대 성행했던 '현란하게 차려입은' 남미 계통 젊은이들의 〈건달패 모임〉, 〈~ cholo〉 우1

13. **pach·y–derm** [패키 더엄]: pachys(thick)+derma(skin), 〈그리스어〉, ('가죽이 두꺼운') 후피동물, 둔한 사람, 후안무치한 사람, 코끼리, 〈~(↔)rhino-ceros〉, 〈↔lepto-derm〉 양2

14. **pa·cif·ic** [퍼씨휘]: pax(peace)+ficere(make), 〈라틴어〉, 〈← peace〉, 평화로운, 잔잔한, P~ Ocean; 태평양(구대륙의 동쪽·신대륙의 서쪽 사이에 있는 간혹 잔잔한 곳도 있는 지표수의 46%를 차지하는 큰 바다), 〈↔fierce\hostile〉 양2

15. **Pa·cif·ic Coast** [퍼씨휘 코우스트]: (미국의) 태평양 연안지방, ⇒ West Coast 미1

16. **Pa·cif·ic Is·lands** [퍼씨휘 아일런즈]: 퍼시픽 아일랜즈, 태평양 도서군, (넓게는 태평양상에 있는 〈약 3만 개의〉 모든 섬을 일컬으나 통상 오스트레일리아 동쪽의 뉴질랜드를 포함해서 '남태평양'에 있는 섬들을 가리킴), 〈~ Oceania〉 미2

17. **Pa·cif·ic mack·er·el** [퍼씨휘 매커뤌]: 망치고등어, slimy mackerel, goma saba, ⇒ blue mackerel 미1

18. **Pa·cif·ic Rim** [퍼씨휘 륌]: 퍼시픽 림, 환태평양(국가), 〈넓게는 태평양을 끼고 있는 모든 국가를 일컬으나 통상 태평양 연안의 중북부 아시아 국가들을 가리킴〉, 〈~ Asia-America〉 미2

19. **Pa·cif·ic sau·ry** [퍼씨휘 써어뤼]: mackerel pike, 꽁치 미1

20. **pac·i·fy** [패써화이]: 〈라틴어〉, 〈← peace〉, '평화롭게 하다', 달래다, 진정시키다, 〈~ placate\calm down〉, 〈↔provoke\enrage\nettle²〉 가1

21. **Pa·ci·no** [파씨노우], Al: 〈← pax(peace)〉, 〈라틴어 → 이탈리아어〉, '평화로운 자', 알 파치노, (1940-), 이탈리아 계통 거리의 소년으로 자라나 갱 역할을 잘 해낸 미국의 남자 배우, 〈~ an American actor〉 수1

22. **pack** [팩]: 〈← pakken(bundle up)〉, 〈게르만어〉, '타래', 꾸러미, 보따리, 한 떼(벌·갑), 습포, 얼음주머니, 채우다, 꾸리다, 싸다, 찜질하다, 모으다, (자료를) 압축하다, 〈~ package\packet\carton\herd〉, 〈↔un-box\un-wrap〉 양1

23. ***pack-age** [팩키쥐]: (짐) 꾸러미, 소포, 포장품(비), 일괄(거래), 반도체 소자를 봉입하는 용기, (단체 교섭에서 획득한) 범용 차림표, 〈~ bundle\parcel〉, 〈↔un-wrap\individual〉 양2 미2

24. **pack-age deal** [팩키쥐 디일]: 일괄 거래(교섭), 〈↔separate deal〉 양2

25. **pack-age tour** [팩키쥐 투어]: 일괄 여행, 여행사 주관의 단체 여행, 〈↔individual tour〉 미1

26 ***pack-ed like sar·dines** [팩트 라이크 사알디인즈]: 〈러시아 숙어에서 변조된 영어〉, 빽빽이 들어찬, (통에) 꽉 채워진, '콩나물 시루', 〈~ packed like herrings in a barrel〉, 〈↔open\un-compressed\release〉 양2

27 **Pack-ers** [팩커스], Green Bay: '포장자들', 위스콘신(Wisconsin)주 중동부의 조그만 항만에서 1919년 Indian 포장회사의 종업원이 주인으로부터 빌린 돈으로 창단한 유일한 지역사회가 운영하는 NFL 소속의 〈비영리〉 미식 축구단 수2

28 ***pack-et** [패킽]: 소포, 한 묶음, 다발(통신에서 전산망을 통해 한 번에 보내는 정보의 묶음), 〈~ card-board box\collection〉, 〈↔peanuts\pittance〉 양1 미2

29 ***pack-et ra·di·o** [패킽 뢔디오우]: 다발 무선 통신, 공중파를 통해 소리나 문자 묶음을 주고받는 전산망, 〈~ ham radio〉, 〈CB보다 훨씬 많은 전력을 소비함〉 미2

30 ***pack-et switch-ing net-work** [패킽 스위칭 넽워얼크]: '다발교환망', 통신할 자료를 중계국에 모아 다발로 묶은 후 단말기에 전송하는 전산망 통신체계, 〈~ amateur radio〉 미2

31 **pack-ing pea-nut** [팩킹 피이넡]: (물건 포장 시 깨지지 말라고 끼워 넣는) 플라스틱으로 만든 땅콩만 한 완충 포말, '포장용 땅콩', 〈~ foam popcorn〉 우1

32 ***pack jour·nal-ism** [팩 줘어늘리즘]: (동일 사건을 같이 취재해서 같이 보도하는) 합동 취재 보도, 〈~ standardized news coverage〉 양2

33 **pack rat¹** [팩 뢭]: wood rat, 숲쥐, 산림쥐, '교역쥐'(중·북미의 숲에 서식하며 호기심이 많아 이상한 물건 조각을 집으로 운반하는데 중간에 더 좋은 것이 있으면 〈누구 닮았는지는 몰라도〉 바꿔치기도 하는 집쥐보다 조금 크고 털이 더 많고 비교적 깨끗한 쥐〉, 〈~ trade rat〉 미2

34 ***pack rat²** [팩 뢭]: '수집광', 무엇이든 모아 두는 사람, 좀도둑, 〈~ hoarder〉 양2

35 **Pac-Man** [팩 맨]: 〈← paku(chomp)〉, 〈일본어〉, 1980년 일본〈Japan〉의 남코사가 출시한 커다란 공 같은 얼굴에 눈·혀·입이 특징인 주인공이 나오는 비디오 게임(video-game) 수2

36 **Pa·co** [페이코 \ 파코]: 〈스페인어〉, Francisco의 별칭, paco; alpaca(라마)의 준말 수1 수2

37 **pact** [팩트]: 〈← pacisci(agreement)〉, 〈'동의'한다는 라틴어에서 유래함〉 계약, 협정, 조약, 〈~ deal\treaty〉, 〈↔dis-enfranchise〉 가1

38 **pad** [패드]: 〈'발바닥(sole of the foot)'이란 게르만어에서 유래〉 받침, 덧대는 것, 메워 넣는 것, 완충물, 종이철, 〈~ mat\cushion\bolster〉 양1

39 **pa·dauk \ pa·douk** [퍼다욱]: 〈버마어〉, 인도 자단, 악기의 재료로 많이 쓰이는 흑갈·자주 색깔의 단단한 목재를 제공하는 열대성 모과나무, bar-wood 미2

40 ***pad·a·wan** [파다완]: 〈← padwar(Martian junior officer)〉, 〈1930년에 등장해서 1999년 Star Wars에서 떠오른 말〉, 견습생, 풋내기, 〈~ apprentice〉, 〈↔master\expert\veteran〉 양2

41 **pad-ding** [패딩]: padded coat, (완충물을 넣은 외투)의 콩글리시, '두툼 옷' 우1

42 **pad·dle** [패들]: 〈1620년대에 등장한 어원 불명의 영국어〉, '주걱노', 짧고 폭넓은 노, 주걱〈spade〉 모양의 물건, 물갈퀴, (물속에서) 철벅거리며 놀다, 〈~ 이것은 배의 밖에서 움직이고 oar는 배의 안과 밖에서 움직임〉 양1

43 **pad·dle-fish** [패들 휘쉬]: '주걱 주둥이 메기', '주둥이'가 노(긴 주걱) 같은 탐지기로 된 양질의 캐비어(알 절임)를 제공하는 철갑상어 비슷한 큰 민물고기로 미시시피강과 양쯔강 등에 서식함, 〈~ spoon-bill cat-fish〉 우1

44 **pad·dock** [패덕]: ①〈← pearroc(enclosure)〉, 〈1620년대에 등장한 어원 불명의 영국어〉, (울타리 두른) 방목장, 〈~ corral\pasture〉, (경마장) 말 대기소, 〈~ park\pen〉 ②pad+ock, 〈14세기 말에 어원 불명의 게르만어에서 연유한 영국어〉, 두꺼비, 〈← toad?〉 미2

45 ***pa·del** [빠델\패들]: 〈← paddle(tennis)〉, 〈영국어 → 스페인어〉, (아직 올림픽 종목은 아니나 1969년 멕시코에서 시작되어 전 세계로 번지고 있는) 〈반쯤되는 정구장에서 치는〉 테니스와 squash³를 통합한 듯한 (복식)정구 우2

46 **pad·e·mel·on** [패디멜런]: 〈←badimaliyan(pouched weasel)〉, 〈원주민어〉, '주머니 족제비', 덤불왈라비, (오스트레일리아·뉴질랜드산) 숲속에 사는 작은 캥거루, quoll, 〈왈라비보다 작으나 더 두툼한 꼬리를 가졌다 함〉, 〈~ bush kangaroo〉 우1

47 **pad lock** [패드 락]: 〈← padde(toad)?〉, 〈어원 불명의 영국어〉, 통(맹꽁이) 자물쇠, 〈맹꽁이 모양을 했던〉〈붙박이가 아닌〉 제거할 수 있는 간이 자물쇠, 〈~(↔)combination lock〉 양2

48 **pa·dre** [파드뤠이]: 〈← pater〉, 〈라틴어〉, 〈← father〉, 신부, 목사, 군목, 〈~ chaplain\pastor〉 가1

49 **pa·dro·ne** [퍼드로우니]: 〈← patronus(patron)〉, 〈라틴어 → 이탈리아어〉, 주인, 우두머리, 왕초, 〈~ master\boss〉 가1

50 **pae·an** [피이언]: 〈← Paion〉, 〈그리스어〉, 〈그리스 신들을 찬미한 노래에서 연유한〉 찬가, 승리의 노래, 〈→ peony〉, 〈~ hymn\anthem〉 양2

51 **paed~ \ ped~** [피이드~ \ 페드~]: 〈그리스어〉, child, 〈소아·유아~〉란 뜻의 결합사 양1

52 **pae·o·ny \ pe·o·ny** [피이어니]: 〈← Paion〉, 〈'신들의 의사'란 그리스어에서 유래한〉 ①모란(목단; 미나리아재빗과의 낙엽활엽관목), 〈~ mudan\moutan〉 ②작약(자약, 장미가 들어오기 전까지 동양에서 제일 인기 있던 미나리아재빗과의 다년생 화초), 〈~ king of the flowers〉 가1

53 **pa·gan** [페이건]: 〈← pagus(country)〉, 〈라틴어〉, '소작 농민', 이교도, 우상 숭배자, 다신교도, 〈~ heathen\infidel\gentile〉 양2

54 **Pa·ga·ni·ni** [패거니이니], Nic·col·ò: 〈← pagus(country)〉, 〈라틴어 → 이탈리아어〉, '시골 사람', 파가니니, (1782-1840), 〈악마가 낀 활〉로 다양한 곡을 잘 소화시켰던 이탈리아의 〈천재〉 바이올린 연주가·작곡가, 〈~ an Italian violinist and composer〉 수1

55 *__page__¹ [페이쥐]: 〈← pangere(fasten)〉, 〈라틴어〉, 페이지, p, 쪽, 면, 기록, 연대기, (한 번에 접근 가능한) 기억 영역의 한 구획(이나 그것을 채우는 정보), '단단히 죄다', 〈~ folio\sheet〉 양2 우1

56 **page**² [페이쥐]: 〈← paidos(boy)〉, 〈그리스어〉, 페이지, '소년', 급사, 사환, 호출(방송), 〈~ ring\order〉 양2

57 **pag·eant** [패줜트]: 〈← pangere(fasten)?〉, 〈라틴어 → 영국어〉, (무대가 있는) 야외극, 화려한 행렬, 가장 행렬, 〈~ parade\celebration〉 우2

58 **page boy** [페이쥐 버이]: ①(남자) 급사, 시동, 〈~ errand (bell) boy〉 ②끄트머리 부분을 안으로 감아 넣는 단발머리, 〈~ bowl cut〉 양2 우1

59 *__page down(up) key__: 쪽 내림(올림) 자판, 깜빡이를 정해진 행수만큼 내리(올리)는 누름단추, 〈PgUp\PgDn으로 표시된 것〉 미2

60 *__page fault__ [페이쥐 휘얼트]: PF, 기록 결함(찾고 싶은 정보가 원반에서 떨어져 나간 경우), 〈~ hard fault〉 미2

61 *__page frame__ [페이쥐 후뤠임]: 쪽틀, 전산기로 나타낼 수 있는 〈쓰기 공간〉 모서리를 둘러싼 테 미2

62 *__page head·er__ [페이쥐 헤더]: (각 page의 상단에 나타나는) 쪽 표제, 〈~ running head〉 미2

63 *__page lay-out__ [페이쥐 레이아웉]: 쪽 배정, 전산기 화면의 전부나 일부를 〈근사하게〉 배열해서 시각적 효과를 노리는 일로 이것만 전문으로 하는 연성기기가 있음 미2

64 *__page view__ [페이쥐 뷔유]: '쪽 탐색', (사용자가) 전산망 기지내 특정면을 조회한 횟수, 조회면 미2

65 **pag·i·na·tion** [패쥐네이션]: 〈← page¹〉, 조판, 쪽 매김, 쪽 나누기(인쇄하기 전에 쪽에 맞게 자료를 분리하는 일) 미2

66 *__pag·ing__ [페이칭]: ①〈← page²〉, 호출 ②〈← page¹〉, 조판 ③〈← page〉, '기록교환', 차림표를 몇 개로 나누어 주기억장치와 보조기억장치 사이에서 주고받을 수 있게 하는 기억관리 방법 양2 우1

67 **pa·go·da** [퍼고우더]: but(idol)+kaddh(temple), 〈페르시아어〉, 파고다, 탑, 〈팔각정〉, 〈기원 단〉, 〈~ gazebo\tower〉 가1

68 **pa·go·da tree** [퍼고우더 트뤼이]: ①회화나무, 괴목, 홰나무, 둥그스름한 삼각형 모양으로 자라나는 〈전설이 많은〉 콩과의 낙엽활엽교목, 〈~ Chinese scholar tree〉 ②돈이 열린다는 〈상상의〉 나무, 〈~ honey tree〉 미2

69 **paid** [페이드]: pay의 과거·과거분사, 유급의, 지불이 끝난 양1

70 **pai gow** [파이 고우]: 〈중국어〉, 패구, make nine, '아홉 패 노름', '아홉 끗 노름', 32짝의 골패를 가지고 9패를 맞춰 짓고 9를 만드는 〈중국식〉 노름 수2

71 **pail** [페일]: 〈← patere(lie open이란 뜻의 라틴어)?〉, 〈14세기에 등장한 어원 불명의 영국어〉, 들통, (손잡이가 달린) 들 수 있는 원통형 용기, cylindrical bucket, 〈~ pan〉 가1

72 **pain** [페인]: 〈← poena(penalty)〉, 〈라틴어〉, '형벌', 아픔, 고통, 노고, 통증, 〈↔ease\pleasure〉 가1

73 **Paine** [페인], Thom·as: ⟨← pagus(country)⟩, ⟨라틴어 → 영어⟩, '시골 사람', 페인, (1737-1809), 「상식」이란 소책자를 써서 미국의 독립을 위해 일하고 프랑스 혁명에도 참여했다 쫓겨난 ⟨열정적인⟩ 영국 태생 미국의 정치 선동가·종교 평론가, ⟨~ an American author⟩ 수1

74 ***pain in the ass(neck)**: 골칫거리, 귀찮은 사람, 눈엣가시, ⟨~ nudnik\nuisance⟩ 양2

75 **pains-tak·ing** [페인즈테이킹]: 수고를 아끼지 않는, 정성을 들인, ⟨~ assiduous⟩ 가1

76 **paint** [페인트]: ⟨← pingere(stain)⟩, ⟨라틴어⟩, 그림물감, 도료, 그리다, '채색'하다, 바르다, ⟨→ pigment⟩, ⟨~ chroma\coloring⟩ 우2 양2

77 **paint-ed bun·ting(finch)** [페인티드 번팅(휜취)]: 되새, 오색멧새, 북미 남부에 서식하는 색깔이 영롱한 참새만 한 피리새, ⟨~ brilliant warbler⟩ 미2

78 **paint-ed cup** [페인티드 컵]: Indian paintbrush, 카스텔레아, 갈라진 붓 모양의 현란한 꽃이 피는 현삼과 조밥나무속의 다년초, '오색나리' 우1

79 **Paint-ed Des·ert** [페인티드 데절트]: '오색 사막', 미국 애리조나(Arizona)주 중북부에 있는 오색찬란한 암석으로 된 고원지대 수1

80 **paint-ed lady** [페인티드 레이디]: 작은멋쟁이나비(전 세계적으로 서식하는 오색찬란한 무늬를 가진 나비류), ⟨~ vanessa cardui\cosmopolitan⟩ 미2

81 **paint-ed tongue** [페인티드 텅]: '오색 혓바닥', 벌려진 나팔 모양의 형형색색의 부드러운 꽃이 피는 칠레 원산 가짓과의 일년초, ⟨~ salpi-glossis⟩ 우1

82 **paint-er** [페인터]: ①칠장이, 화가, ⟨~ dauber⟩ ②(얼룩무늬)표범, ⟨~ cougar⟩ 가1 미2

83 ***paint pro·gram** [페인트 프로우그램]: 회화용 연성기기 ⟨나중에 사진 편집용으로 발전해서 어도비의 '뽀샵'(Photoshop) 등이 생겨남⟩, ⟨~ drawing program⟩ 미2

84 ***paint the town(red)**: ⟨로마 병사들이 정복된 주민들의 피를 벽에 바르면서 승리를 자축했던 데서 연유한⟩ 술집을 순례하며 호기를 부리다, 광란의 밤, ⟨~ reckless debauch⟩, ⟨↔grieve\pray⟩ 양2

85 **Pai·on** [파이온]: ⟨어원 불명의 고대 그리스어⟩, Paean, 파에안, (그리스 신화에서) 신들의 의사, Apollo의 별칭, ⟨→ peony⟩ 수1

86 **pair** [페어]: ⟨← par(equal)⟩, ⟨라틴어⟩, '동등한 것', 한 쌍(벌), 한 짝(패), ⟨~ match\couple⟩, ⟨↔single⟩ 가1

87 **pais·ley** [페이즐리]: ⟨아일리시어⟩, '교회(church)', P~; 스코틀랜드 남서쪽에 있는 마을 이름 ①(P~ 지방 원산의) 부드러운 모직물(soft wool) ②다채롭고 섬세한 곡선 무늬, ⟨~ cachemire⟩ 수1 수2

88 **pa·ja·ma par·ty** [파좌아머 파아티]: 10대 소녀들이 친구 집에 모여 잠옷 차림으로 밤새워 노는 모임, '잠옷 밤샘', slumber party 우1

89 **pa·ja·mas** [파좌아머즈]: pay(leg)+jama(clothing), ⟨페르시아어⟩, 파자마, ⟨발이 노출되는 헐렁한⟩ 잠옷, ⟨~ lounge-wear\nightie⟩ 우1

90 **pa-jeon** [파전]: ⟨한국어+중국어⟩, scallion(green onion) pancake, 파산적, 계란을 섞은 밀가루에 길게 썬 파를 주재로 고기·굴·조갯살·김치 등을 얹어 번철에 넓적하게 지진 부침개 수2

91 **pak choy** [팩 춰이]: ⟨중국어⟩, white vegetable, (소)백채, ⇒ bok choy 미2

92 **Pa·ki·stan** [패키스탠]: pak(pure)+stan(land), ⟨인도 이슬람어⟩, '정결한 땅', 파키스탄, 1947년 영국으로부터 독립되어 1971년 내전으로 동쪽으로 방글라데시로 떨어져 나간 인도 북서쪽의 기후가 건조하고 인구가 많은 핵 보유 회교 공화국, {Pakistiani-Eng·Urdu-(PK) Rupee-Islamabad} 수1

93 *****PAL¹** [팰]: ①peripheral availability list(이용 가능한 주변 장치 목록) ②phase alternation line(위상 교체선); 구미에서 개발된 연속형 천연색 TV 송신 신호로 화면에 625개의 뒤섞인 선을 1/25초 만에 보낼 수 있음 미2

94 **PAL²** [팰]: Philippine Airlines, 1941년에 출항하기 시작하여 아직도 고군분투하고 있는 필리핀의 국적 항공기(회사) 수1

95 **pal** [팰]: ⟨← bhratar(brother)⟩, ⟨산스크리트어⟩, '형제', 단짝, 동료, 자네, ⟨~ amigo\chum⟩, ⟨↔enemy\foe⟩ 양2

96 **pal·ace** [팰리스]: ⟨← palatium⟩, ⟨라틴어⟩, ⟨Palatine Hill에 세워진⟩ 궁전, 대저택, ⟨~ royal residence\castle⟩, ⟨↔hut\shed⟩ 양2

97 **pal·an·quin \ pal·an·keen** [팰런키인]: ⟨← palyanka(bed)⟩, ⟨산스크리트어 → 자바어 → 프랑스어⟩, '침대', 탈것, 1인승 가마, ⟨~ buggy⟩ 미2

98 **pal·at·a·ble** [팰러터블]: ⟨← palatum(palate)⟩, ⟨라틴어⟩, '입천장에 짝짝 붙는', 입맛을 돋우는, 맛 좋은, ⟨숙녀한테 쓰면 뺨 맞아요⟩, ⟨~ tasty\appetizing⟩, ⟨↔insipid\tasteless⟩ 양2

99 **pal·ate** [팰러트]: ⟨← palatum(roof of the mouth)⟩, ⟨라틴어⟩, 입천장, 구개, 미각, 기호, ⟨~ sense of taste⟩ 양1

100 **Pal·a·tine Hill** [팰러타인 힐]: 팔라틴 언덕, 로마 최초의 중전 터가 있던 ⟨palate(입천장)같이 생긴?⟩ 7개 구릉의 중심부, ⟨→ palace⟩, ⟨~ center of seven hills of Rome⟩ 수1

101 **Pa·lau** [펄라우]: ⇒ Belau 수1

102 **pa·lav·er** [펄래붜]: ⟨← palavra(word)⟩, ⟨포르투갈어⟩, '말', 재잘거리기, (장시간의) 교섭, 수다, 아첨, ⟨~ parable\babble\cajole\pow·pow⟩ 양2

103 **pa·laz·zo pants** [펄라쵸우 팬츠]: ⟨이탈리아어⟩, '궁전⟨palace⟩ 바지', 가랑이가 헐렁한 여성용 약식 예복 바지, ⟨~ bell-bottoms⟩ 우1

104 **pale** [페일]: ⟨라틴어들⟩ ①⟨← pallere(wan)⟩, 창백한, 핼쑥한, 희미한, ⟨~ light\feeble⟩, ⟨↔tanned\dark⟩ ②pangere(fix), ⟨끝이 뾰족한⟩ 말뚝, 울짱, ⟨~ fence\barrier⟩, ⟨→ im·pale⟩ 가1 양2

105 **pa·le·o~** \ pa·lae·o~ [페일리어~ \ 페일리오우~]: ⟨그리스어⟩, ancient, ⟨고·구·원시~⟩라는 뜻의 접두사, ⟨~ archeo~⟩, ⟨↔neo~⟩ 양1

106 **pa·le·o·lith·ic e·ra(pe·ri·od)** [페일리얼릭 에뤄(피어뤼어드)]: old stone age, 구석기 시대(아담부터 농사짓기가 시작된 기원전 8000년까지), ⟨↔neolithic era⟩ 양2

107 **Pal·es·tine** [팰러스타인]: ⟨그리스어⟩, 팔레스타인, 'The land of Philistines', 유대교와 기독교의 발원지이며 회교의 성지로 인구가 밀집되어 분쟁이 그치지 않는 지중해 동쪽 끝에 붙어있는 손바닥만 한 ⟨쓸모없는 땅⟩, ⟨~ Canaan\the Promised Land\the Holy Land⟩ 수1

108 **pa·le·ta** [팔레타]: ⟨'작은 막대(small stick)'란 스페인어⟩, (각종 과일을 넣은) ⟨멕시코식⟩ 막대 얼음과자, ⟨~ popsicle⟩ 수2

109 **pal·ette** [팰릿]: ⟨← pala(spade)⟩, ⟨라틴어→프랑스어⟩, 팔레트, '작은 삽', 조색판, (한 벌의) 그림물감, ⟨~ painting board\color scheme⟩ 우2

110 **pal·i·mo·ny** [팰리머니]: ⟨영국어⟩, pal(mate)+alimony, 동거인 별거 수당, (오래) 동거하다 헤어진 상대에게 주는 위자료, ⟨~ partner support⟩, ⟨~(↔)alimony⟩ 양2

111 **pal·in·drome** [팰린드로움]: palin(again)+dromos(running), ⟨그리스어⟩, ⟨back+run⟩, '뛰어 돌아오기', 회문(noon같이 앞뒤로 읽어도 동일한 말), 4각수(숫자), ⟨~ anagram⟩ 양2

112 **pal·i·sade** [팰러세이드]: ⟨← palus(stake)⟩, ⟨라틴어⟩, '말뚝', 벼랑, (강·바닷가의) 암벽, ⟨~ bar\cliff\scarp⟩, ⟨~ picketing⟩ 양2

113 **pall** [퍼얼]: ⟨← pallium(cover)⟩, ⟨라틴어⟩, '외투', 관 덮는 보, (음침한) 휘장, (시체가 든) 관, 야마포, ⟨~ (coffin) covering⟩ 양2

114 **pal·la·di·um** [펄레이디엄]: ⟨← Pallas('maiden'이란 뜻의 Athena의 별명)⟩, ⟨그리스어→라틴어⟩, ⟨별같이 반짝이는⟩ 팔라듐, 금속원소(기호 Pa·번호46), 플래티늄(platinum) 비슷하나 더 싸고 가벼운 ⟨백금⟩의 원료 수2

115 **pall–bear·ers** [퍼얼 베어뤌스]: (보통 6명의 남자 친척이나 친구로 구성된) 운구인, 관 곁에 따르는 사람, ⟨~ coffin carrier\mourner⟩ 양2

116 **pal·let¹** [팰릿]: ⟨라틴어에서 유래한⟩ ①⟨← pala(spade)⟩, 주걱, 흙손(trowel), 배합칼, palette(조색판) ②⟨← palea(chaff)⟩, 짚 요, 화물의 깔판, ⟨~ mattress⟩ 우2

117 *****pal·let²** [팰릿]: ⟨← pallette(a plate)⟩, ⟨프랑스어⟩ ①(여러 개 중에서) 가려낸 색상들, 조색판, ⟨~ a color plate⟩ ②측정 도구나 제어 부호를 나타내며 흘러가는 전산기의 화면, ⟨~ a skid⟩ 우1

118 **pal·li·ate** [팰리에이트]: ⟨← pallium(cover)⟩, ⟨라틴어⟩, (cloak으로 덮어서) ⟨임시로⟩ 완화하다, 참작하다, (병을 치료 않고) 증상만 완화시키다, ⟨~ alleviate\diminish⟩, ⟨↔aggravate⟩ 양1

119 **pal·li·a·tive care u·nit**: '고식치료 병동', 말기치료 병동, ⟨~ hospice⟩ 미2

120 **pal·lid** [팰리드]: ⟨← pallere(wan)⟩, ⟨라틴어⟩, ⟨← pale⟩, 핏기없는, 창백한, ⟨~ anemic\feeble⟩, ⟨↔blushed\cherubic\tickled pink⟩ 양2

121 **Pall Mall** [팰 멜]: 'ball mallet', 펠 멜 ①런던의 사교 구락부 중심지, ⟨~ St. James area⟩ ②영국 육군성, ⟨~ the old War Office⟩ ③1899년 영국에서 출시되어 1907년 미국 회사가 인수하고 현재 미국의 Reynold사가 운영하는 담배(cigarette)의 상품명 수1

122 **pal·lor** [팰러]: 〈라틴어〉, 〈← pale〉, 창백, 핼쑥함, 윤기 없음, 〈~ colorlessness\wanness〉, 〈↔blush\glow〉 가1

123 **palm¹** [파암]: 〈← palame(open hand)〉, 〈그리스어→라틴어〉, '손바닥', 한 뼘, 손금, 손에 쥐다, 장악하다, 속이다, 〈~ paw\hook〉, 〈↔sole¹〉, 〈↔defeat\loss〉 양1

124 **palm²** [파암]: 〈← palm¹〉, 야자, 〈바람이 불면 치마폭을 팔랑대는〉 종려, 잎이 '손가락' 비슷(?)한 약 2,600여 종의 열대 지방산 식용·의류·건축용의 관목·교목, 〈스페인어로는 palmera〉, 〈→ palmetto\palmyra〉 미2

125 **pal·ma Chris·ti** [팰머 크뤼스티]: 〈라틴어〉, palm of Christ('약손'), castor oil plant, 피마자, 〈예전에는 만병통치약으로 쓰였던〉 아주까리 미2

126 **Palm Beach** [파암 비이취]: 〈난파선 'Providencia'가 표류한〉 팜 비치, 미국 플로리다(Florida) 동남부 해안에 있는 피한 도시, 〈~ Lake Worth〉 수1

127 **Palm civ·et** [파암 씨벹]: (인도·동남아 등지에서) '야자수'등의 나무 위에 사는 작은 사향고양이, 〈~ toddy cat〉 우2

128 **palm-er** [파알머]: ①〈기념으로 종려잎을 가지고 돌아가던〉 성지 순례자, 〈~ pilgrim\haji〉 ②(palmer-worm〈순례자처럼 떼 지어 방황하며 특히 과일 잎을 갉아 먹는 각종 나방의 유충〉을 미끼로 쓰는) 제물낚시, 〈~ fly-fishing〉 미2

129 **Palm-er** [파알머], Ar·nold: '성지순례를 마친 자', 파머, (1929-2016), 골프의 대중화와 상업화에 지대한 공헌을 한 미국의 골프'왕', 〈~ an American pro-golfer〉 수1

130 **pal·met·to** [팰메토우]: 〈← palma(palm)〉, 〈라틴어→스페인어〉, (미국 남부산) 작은 종려나무, 〈~ small palm\palmyra〉 우2

131 **Palm Pi·lot** [파암 파일럳]: '손바닥 조종사', 1997년 미국의 Palm사가 출시한 최소형 개인 전산기로 2014년 중국의 TCL사가 상표권을 인수함, 〈~ a palm PDA〉 수2

132 **Palm Springs** [파암 스프링스]: '야자수가 있는 샘'(편자가 가서 확인했지요), 팜 스프링스, LA 동쪽 사막에 겨울에 〈인간철새〉들이 모이는 피한·휴양도시, 〈스페인어로는 Agua Caliente(hot water)〉, 〈~ a city in Southern California〉 수1

133 **Palm Sun·day** [파암 썬데이]: 종려 주일, 부활절 직전 일요일, 숭배자들이 종려잎을 깔아 놓은 길로 예수가 예루살렘에 입성한 날, 〈~ Passion Sunday〉 수2

134 *****palm-top**(com·put–er) [파암 탚(컴퓨우터)]: 손바닥에 올려놓을 수 있는 초소형(전산기), 〈~ micro-computer〉 우1

135 **palm wine** [파암 와인]: 야자주(술), 야자나무의 수액을 발효·증류시킨 술로 지방마다 다른 이름을 가짐, 〈~ toddy〉 가1

136 **palm-y** [파아미]: 〈14세기 말에 초서가 palm을 '승리'란 뜻으로 썼고 그 후 셰익스피어가 햄릿에서 '번성하는'이란 뜻으로 썼음〉, 종려 같은, 의기양양한, 영광스러운, 〈~ triumphant〉, 〈↔un-successful\in-auspicious〉 양2

137 **pal·my·ra** [팰마이어뤄]: 〈← palm²〉, 팔미라야자나무, 인도·말레이 원산의 〈조경용〉 야자나무, 〈~ fan palm\palmetto〉 수2

138 **pal·pate** [팰페이트]: 〈← palpare(touch)〉, 〈라틴어〉, 손으로 만져보다, 촉진하다, 〈~(↔)percussion〉, 〈↔auscultate〉 양2

139 **pal·sy** [퍼얼지]: 〈그리스어〉, 〈← paralysis〉, 중풍, 마비, 무기력 양1

140 **pal·sy-wal·sy** [팰지 왤지]: 〈영국어〉, (의성어·의태어), 사근사근한, 사이 좋은, 친한, 〈← pal〉, 〈~ buddy-buddy〉 양2

141 *****pal·try** [퍼얼트뤼]: 〈← palte(rag)〉, 〈게르만어〉, 얼마 안 되는, 보잘것없는, 싸구려의, 〈~ meager\negligible\exiguous〉, 〈↔important\trivial〉 양2

142 **pal·y·nol·o·gy** [팰리날러쥐]: 〈← palunein(sprinkle)〉, 〈1944년 그리스어에서 주조된 말〉, 화분(꽃가루) 분석학, 포자 화석학(화석화된 포자를 연구하여 지구의 변화를 연구하는 〈고고학〉 학문), 〈~ pollen〉 양2

143 **pam·pas** [팸퍼즈]: 〈'plain'이란 뜻의 잉카어에서 연유한 스페인어〉, (남미의) 나무 없는 대초원, 〈~ steppel\savannah〉, 〈~(↔)prairie〉, 〈↔mountain\desert〉 우2

144 **pam·per** [팸퍼]: 〈← pamperen(feed too much)〉, 〈게르만어〉, 하고 싶은 대로 하게 하다, '실컷 먹이다', 응석을 다 받아주다, 〈~ spoil\molly-coddle〉, 〈↔restrain〉 양1

145 **pam·phlet** [팸흘릿]: ⟨← Pamphilus('friend of every-one'이란 뜻의 그리스어)⟩, ⟨'만인의 연인'이란 로마의 통속시에서 연유한⟩ 작은 책자, 소논문, ⟨~ leaf-let\flyer⟩ 양1

146 **Pan¹** [팬]: ⟨← pusan('nourisher'란 뜻의 산스크리트어)?⟩, ⟨그리스 신화의⟩ 목양신 (목동·산야의 신) 미2

147 ***pan²** [팬]: ⟨← patane(dish)⟩, ⟨그리스어⟩, 납작한 냄비, 접시 모양의 물건, 얼굴, '냄비질'(전산기 화면을 좌우로 일구어 보는 일, 혹평), 요리하다, 진행되다, ⟨~ plate⟩, ⟨~ skillet\criticism⟩ 미2

148 **pan~** [팬~]: ⟨그리스어⟩, all, ⟨전·범·총⟩이란 뜻의 접두사, ⟨↔non~⟩ 양1

149 **pan·a·ce·a** [패너씨이어]: pan(all)+akeisthai(cure), ⟨모든 병을 치유할 수 있었다는 그리스 신화의 Panakes에서 연유한⟩ 만병통치약, ⟨~(↔)nostrum은 이것에 비해 사기성이 더함⟩, ⟨↔aggravate\disease\Pandora's box⟩ 가1

150 **pa·nache** [퍼내쉬]: ⟨← pinnaculum(feather)⟩, ⟨라틴어→프랑스어⟩, (투구의) '깃털', 당당한 태도, 허세, flamboyant confidence 양1

151 **pa·na·da** [퍼나아더]: ⟨← panis(bread)⟩, ⟨라틴어→스페인어⟩, '빵', (밀)가루 반죽 우1

152 **Pan-Am** [팬 앰]: 팬 암, Pan American World Airways, 범미주 항공회사, 1927년 창립되어 한창 잘나가다가 방만한 경영으로 1991년에 파산한 미국의 준국적기 수2

153 **Pan·a·ma** [패너마아]: ⟨어원 불명의 원주민어⟩, '물고기가 풍부한 곳⟨(abundance of fish)?⟩', 파나마, ⟨세계의 교차로⟩, 미국의 도움으로 1903년 콜롬비아로부터 독립되어 1914년 운하를 완성했다가 1999년 운하관리권을 인수받은 북·미 대륙 간에 태평양과 대서양이 48km 밖에 떨어져 있는 ⟨독립⟩ 공화국, {Panamanian-Spa-Balboa·(US) Dallar-Panama City} 수1

154 **Pan·a·ma hat** [패너마아 햍]: ⟨한 세기 전에 유행했던⟩ 파나마 풀잎을 엮어 만든 중절모, ⟨~ straw hat(밀짚모자)⟩ 수2

155 **Pan·a·ma rub·ber** [패너마아 뤄버]: 파나마 고무나무, 중남미에 서식하며 예전에 껍질에서 고무를 채취했던 뽕나무과의 상록 교목, ⟨~ Mexican rubber⟩ 수2

156 **Pan·a·ma tree** [패너마아 트뤼이]: 중남미 습지에서 잘 자라며 넓은 갈래잎이 정원·가로수로 좋은 코코아(cocoa)과의 낙엽활엽교목, ⟨파나마의 national tree⟩ 수2

157 **Pan-A·mer·i·can High-way**: 범미주 고속도로, 알래스카의 페어뱅크스에서 아르헨티나 남단 푸에고섬에 이르는 미주 대륙 서부를 종단하는 27,000km의 명목상의 ⟨고속도로⟩, ⟨~ Inter-American⟩ 미2

158 **pan and tilt head**: (전산기 조작도 가능해진) 수평·상하로 움직일 수 있도록 사진기 삼각대 위에 장치한 회전판, ⟨~ tripod (camera) head⟩ 우1

159 **Pan·a·son·ic** [패너소닉]: ⟨일본에서 주조한 말⟩, ⟨'모든 소리(all sound)'를 내는⟩ 파나소닉, 1918년 전등 접속구 제조회사로 출발해서 가전제품으로 돈을 벌고 전자제품 생산에 박차를 가하고 있는 일본의 세계적 재벌회사, ⟨~ a Japanese electronics company⟩ 수2

160 **pan·a·tel·(l)a** [패너텔러]: ⟨스페인어⟩, '가늘고 긴 엽궐련(여송연), ⟨원래는 가늘고 긴 pane(빵)을 일컫던 말⟩, ⟨~ cigarillo⟩ 우1

161 **Pan·a·vi·sion** [패너뷔젼]: panorama+vision, 파나비전, 1953년에 설립되어 한때 70mm 대형 입체음향 영화로 재미를 본 후 근래에는 사진기 용품 임대를 주업으로 하는 미국의 영화기기 회사 수1

162 **pan-cake** [팬케잌]: 전병⟨젬병⟩, 양빈대떡, 밀가루·달걀·우유를 섞어 ⟨냄비에 넣어⟩ 얇게 지진 둥글넓적한 빵, '무쪽'⟨얼굴이 젬병인 여자⟩, ⟨~ galette\crepe\bin-dae-tteok⟩ 우2

163 **pan-cake butt** [팬케이크 벝]: '빈대떡 엉덩이', ⟨볼품없는⟩ 넓적한 궁둥이, ⟨↔apple hip⟩, ⟨편자는 homely fanny란 신조어를 제안함⟩ 미2

164 **Pan-cake Day** [팬케이크 데이]: ⟨Lent(Ash Wednesday) 전날⟩ 고회성사 후 전병을 먹는 날, = Shrove Day 미2

165 **pan-cake land·ing** [팬케이크 랜딩]: 수평 낙하 착륙, 동체 비상 착륙, ⟨~ belly(crash) landing⟩ 양2

166 ***pan-cake make-up** [팬케이크 메이컵]: ⟨무대 분장용⟩ Pan·Cake 화장품을 쓴 화장, 짙은 화장, ⟨~ theatrical make-up⟩ 수2 양2

167 **pan-cake roll** [팬케이크 로울]: spring roll, 춘권채, 계란·고기·봄에 나오는 채소(표고·부추) 등을 넣고 빚어 튀긴 ⟨길쭉한⟩ 중국식 만두 미2

168 **pan-cit** [팬씰]: convenience food, 〈'편(한)(음)식'이란 중국어에서 연유한〉 빤싯, (양배추·양파·마늘·피망·고기·해산물을 볶다가) 가는 면을 넣고 더 볶아 내는 필리핀식 국수 요리 수2

169 **pan·ci·ta** [판취이타]: 〈← panza(belly)〉, menudo, 〈'복부'라는 뜻의 스페인어에서 유래한〉 '쇠 내장탕', 붉은 고춧가루와 소의 내장을 섞어 끓인 멕시칸 요리 수2

170 **pan·cre·as** [팬크뤼어스]: pan(all)+kreas(flesh), 〈그리스어〉, 〈'살'로만 된〉 췌장, 이자(각종 소화 효소를 만드는 장기), 〈~ digestive gland〉 가1

171 **pan·da** [팬더]: 〈← ponya(bamboo eater)〉, 〈네팔어〉, 중국 서·서남부 고산지대에서 '대나무를 먹고 사는' ①대 판다(흑·백 색깔을 띤 곰 비슷한 큰 너구리) ②소 판다(적갈색의 몸통에 두껍고 긴 꼬리를 가진 족제비 비슷한 너구리) 수2

172 **pan-dem·ic** [팬데믹]: pan(all)+demos(people), 〈그리스어〉, 〈모든 사람에게 영향을 미치는〉 대(광역·거국적)유행, 〈~ epidemic〉, 〈↔endemic〉 양2

173 **pan-de·mo·ni·um** [팬더모우니엄]: pan(all)+daimon(demon), 〈그리스어〉, 대혼란, 〈모든 마귀들이 사는〉 복마전, 지옥, 〈~ bedlam\havoc〉 양2

174 **pan·der** [팬덜]: 〈영국어〉, 〈초서의 소설에 등장하는 인명(Pandarus)에서 유래한〉 뚜쟁이, 포주, 조방꾼, (남의 약점을) 이용하다, 〈~ match-maker\cajor〉 양1

175 **Pan-do·ra** [팬도뤄]: pan(all)+doran(gift), 판도라, 프로메테우스가 불을 훔쳐 인간에게 준 죄로 〈남자들을 이간시키기 위해〉 제우스가 그의 아우 에피메테우스에게 모든 신들의 '축복'을 담아 '선물'로 준 인류 최초의 여자 〈골칫덩어리〉, 〈'모든 남자가 사랑하는'과 '모든 남자를 사랑하는'의 차이를 아는 사람-손들어 보세요〉, 〈~ the first human woman〉 수1

176 **pan·do·ra** \ pan·dore [팬도뤄 \ 팬도어]: 〈← pandoura(a lute)〉, 〈그리스어〉, pandura, bandore, 기타 비슷한 3현의 발현 악기, ⇒ banjo 수2

177 **Pan-do·ra's box** [팬도어뤄스 박스]: '재앙의 씨', '희망의 상자', 판도라가 참지 못해 열어 온갖 죄악이 세상으로 튀어나오고 오직 희망만 남아있는 상자, 잘못 건드려 여러 가지 문제를 야기시킴, 〈~ can of worms〉, 〈↔solution\panacea〉 수2

178 **pan-dulce** [판더얼스]: 〈남미계 스페인어〉, bread+sweet, '단 빵', 〈설탕을 많이 넣은〉 가루 반죽을 구워서 만든 멕시코풍의 각종 과자 수2

179 **pane** [페인]: 〈← pannus(piece of cloth)〉, 〈라틴어〉, '헝겊', 창유리(한 장), 한 구획, (미닫이의) 틀, 〈~ sheet\panel〉 양2

180 **pan·eer** \ pan·ir [패니얼]: 〈'cheese'란 뜻의 인도어·페르시아어〉, (인도 요리에 쓰이는) 〈두부같이〉 부드러운 우유 더껑이, Indian cottage cheese 수2

181 **pan-e·gy·ric** [패너쥐릭]: pan(all)+ageirein(bring together), 〈그리스어〉, 〈광장에서 하는〉 찬양 연설, 〈대중 앞에서 하는〉 찬사, 〈~ accolade\commendation〉, 〈↔harangue〉 양2

182 **pan·el** [패늘]: 〈라틴어〉, 〈← pane〉, 머름(구별된 널 조각), (창)틀, 화판, 토론자 모임, 계기반, 〈~ board\group〉 양2

183 **pan·el dis-cus·sion** [패늘 디스커션]: 공개 토론회, 전문가 토론회, 〈~ round-table symposium〉 양2

184 **Pan·er·a** [패네뤄]: 〈← panis(bread)〉, 〈라틴어〉, '빵 바구니', 파네라; 1987년 세워져서 〈청결함을 자랑하는〉 북미주의 빵집 수2

185 **pan·et-to·ne** [패너토우니]: 〈← panis(bread)〉, 〈라틴어→이탈리아어〉, pane di Toni, 파네토네, (성탄절에 먹는 관습이 있는) 〈건포도나 설탕에 절인 과피 등을 넣고 효모로 발효시킨〉 이탈리아의 과자빵, 〈스페인어로는 panetón\pan dulce〉 우1

186 **pang** [팽]: 〈영국어〉, 〈prong으로 찔리듯?〉 격심한 통증, 고민, 〈~ agony\sharp pain\cramp〉 가1

187 **pan-go·lin** [팽걸린 \ 팬고울린]: peng(complete)+guling(roll), 〈말레이어〉, '굴렁쇠', scaly anteater, 천산갑〈땅을 파는 갑충〉, 개미핥기와 아르마딜로의 '잡종 같이' 이빨은 없으나 철갑으로 둘러싸여 공처럼 몸을 감아 자신을 보호하는 열대산의 도룡뇽 무리의 동물 미2

188 **pan-han·dler** [팬 핸들러]: '냄비 흔들이', 거지, 〈~ beggar\mendicant〉 양2

189 **pan-ic** [패닉]: '목양신 Pan이 낮잠에서 깨어나서 지른 소리', 공포, 공황, 당황, 낭패, 〈~ fear\alarm〉, 〈↔calm\relax〉 양2

190 **pan·ic at·tack** [패닉 어택]: 공황 발작 양2

191 **pan·ic but·ton** [패닉 버튼]: 비상 단추, 누르면 경적이 울리는 단추 양2

192 **pan·ic grass** [패닉 그래스]: 〈← panicum〉, 〈라틴어〉, 기장, 피, 수수 비슷한 열매를 맺는 풀; 〈아마도 panicle(원추형 꽃차례)에서 유래된 듯함〉, 〈~ millet〉 가1

193 **pan·i·cle** [패니클]: 〈← penos(thread wound on the bobbin)〉, 〈그리스어〉, ear of millet, 원추 꽃차례, 엉성하고 불규칙한 꽃뭉치 양1

194 **pa·no·cha \ pe·nu·che** [퍼노우취 \ 퍼뉴우취]: brown sugar, 〈1847년에 등장한 멕시코계 스페인어〉, '정제되지 않은 (막)설탕' ①멕시코산 호두가 들어있는 과자, 〈~ a nut-cake〉 ②'보지 죽'(밀기울과 사탕수수 찌꺼기를 섞어 쑨 거칠고 들척지근한 갈색의 죽), 〈~ a fudge〉 수2

195 **pan·o·ply** [패너플리]: pan(all)+hopla(armor), 〈그리스어〉, 완전한 장비, 갑주 한벌, 성장, 화려한 위용, 〈~ array\impressive display〉 양2

196 **pan-op·ti·con** [패높티칸]: pan(all)+optikos(seeing), 〈그리스어〉, (누군가 감시한다는 두려움 때문에 법규를 지키는) 거대한 감옥, (한 곳에서 내부가 '훤히 보이는') 원형 교도소, 〈~ circular prison〉 양2

197 **pan·o·ram·a** [패너뢔머]: pan(all)+horan(see), 〈그리스어〉, 파노라마, 회전 그림, '전경', 연속적으로 변해가는 광경, 사건의 전개, 〈~ wide view\spectacle\vista〉 미1

198 **pan-pipe** [팬 파이프]: 〈목양신 Pan이 붙었다던〉 관을 길이 순서대로 묶은 피리(목관악기), 〈~ pan flute〉 수2

199 **pan-so·ri** [판소리]: 〈한국어〉, 가수와 고수가 판(set)을 짜서 부르는 노래, 서사적인 이야기를 장단에 맞춰 극적으로 표현하는 '타령', 'sit(uation)-song', 〈~ dramatic song\parlando〉, ⇒ samul-nori 수2

200 **pan·sy¹** [팬지]: 〈← penser(think)〉, 〈'회상'이란 꽃말을 가진 프랑스어〉, 삼색제비꽃, '안면화', '사색화', '정심화', 물만 주면 아무 데서나 잘 자라며 다양한 색깔의 풍성한 꽃을 피우는 '오랑캐꽃', 〈~ viola\pansy²〉, 〈~ Johnny-jump-up\kiss-me-quick〉 미2

201 ***pan·sy²** [팬지]: 〈← pendere(weigh)〉, 〈라틴어에서 유래한 프랑스어〉, 〈너무 '생각'을 많이 해서〉 우유부단한 자, 곱상스럽고 간들거리는 〈동성애의〉 남자, 〈~ milksop\sissy〉 우1

202 **pant¹** [팬트]: 〈← phantasia(nightmare)〉, 〈그리스어〉, 헐떡거리다, 숨차다, 갈망하다, (연기를) 팍팍 뿜어내다, 〈~ fantacy〉, 〈~ gasp\wheeze〉, 〈↔relief〉 양1

203 **pant²** [팬트]: 〈이탈리아어→영국어〉, pantaloon의 약자, 바지, ⇒ pants 미2

204 **pant~ \ pan·to~** [팬트~ \ 팬토우~]: 〈그리스어〉, all, 〈전·총~〉을 뜻하는 결합사 양1

205 **Pan·ta·loon** [팬털루운]: 판탈롱, 이탈리아 무언극(pantomime)에서 허름한 복장을 하고 어릿광대 역할을 하는 늙은이 수1

206 **pan·ta·loon** [팬털루운]: 〈← Pantaloon〉, 〈이탈리아어〉, 판탈롱, (무릎 부위에서 묶은) 홀태바지, 〈→ pants〉, 〈~ knickers\slacks〉 수2

207 **pant-dress** [팬트 드뤠스]: pan(all)+dress, (위·아래가 딸린) 바지 모양의 여성용 겉옷, 〈~ culottes\divided skirt〉 우1

208 **Pan·the·on** [팬씨안]: ①팡테옹; 1790년에 파리(Paris)의 라틴 구역에 세워져서 프랑스(France)의 위인들을 봉안하고 있는 영묘, 〈~ 'The Temple of the Nation'〉 ②판테온; 서기 126년에 고대 로마의 7신을 모시기 위해 Rome에 건립되어 그 후 기독교 사원·이탈리아(Italia) 건국자·위인들의 영묘로 쓰이고 있는 코린트식 건물, 〈~ Basillica of St Mary and the Martyrs〉 수1

209 **pan·the·on** [팬씨안]: pan+theos, 〈그리스어〉, all+god, 만신전(temple of all gods), 모든 신을 모신 사원 미2

210 **pan·ther** [팬썰]: pan(all)+ther(beast), 〈그리스어→라틴어→프랑스어〉 팬서, 표범, 산사자, 퓨마, 쿠거, 재규어 등의 총칭, 〈늙은 남자를 호리는〉 젊은 여성, 〈꽃뱀〉, 〈~ cougar\leopard〉, 〈↔sugar daddy\boy-toy〉 양1 양2

211 **pant-ies** [팬티즈]: (여성·소아용) 속바지, 〈~ undies〉 미2

212 **pan·to·mime** [팬터마임]: pan+minos(mimic), 〈그리스어〉, all+imitator, 〈모든 것을 흉내내는〉 무언극, (몸짓 손짓으로) 시늉하는 연극, mime, 〈~ play-act〉 가1

213 **pan·try** [팬트뤼]: 〈← panis(bread)〉, 〈라틴어〉, '빵을 두는 장소', 식료품(저장)실, 찬방, 〈~ larder\cupboard〉 미1

214 **pants** [팬츠]: 〈← pantaloon〉, 〈영국어〉, (속)바지, 아래옷, '허리 밑 가리개', 〈~ trousers〉 미2

215 **pant-shoes** [팬트 슈우즈]: 모호한 글귀지만 pant가 pantaloon의 약자로 보면 가랑이가 넓은 바지에 신는 '굽이 높은 구두'라고 정의하면 어떨까 함, 판탈롱 구두 (판탈롱 바지에 맞추어 신는 구두), 〈~ bottoms-shoes〉 우1

216 **pant-skirt** [팬트 스커얼트]: 치마바지(치마같이 벌어진 바지), culottes(퀼로트; 통이 넓은 여성용 반바지) 양2

217 **pant-suit** [팬트 쑤우트 \ 팬 쑤우트]: 바지 정장, 〈힐러리 클린턴이 즐겨 입었던〉 헐거운 바지와 그와 어울리는 소매 있는 웃옷 한 벌, 〈~ trouser suit〉 양1

218 **pant·y hose** [팬티 호우즈]: tights, '꼭 끼는 얇은 긴 양말 속바지', '바지 양말', 양쪽 다리를 끼는 하나로 된 여성용 얇은 속바지, 허리까지 오는 긴 양말 우1

219 **pant·y lin-er** [팬티 라이너]: 생리대, 위생대, 월경대, 〈~ vaginal cover\tampon〉 양2

220 **pant·y raid** [팬티 뢔이드]: '속바지 습격', 남자들이 여자 기숙사에 침입하여 팬티를 빼앗는 장난, 〈~ an American college prank〉 우1

221 **pant·y stock-ing** [팬티 스타킹]: panty hose의 잘못된 표현 가2

222 **pant·y waist** [팬티 웨이스트]: ①짧은 바지가 달린 유아복, 〈~ children's garment〉 ②허리까지 올라오는 여성용 속바지, 〈~ waist shaper corset〉 ③유약한 남자, 〈~ sissy〉 우1

223 **pao cai** [파오 카이]: 〈중국어〉, soaked vegetable, 파오카이, 포채, 배추 등 각종 야채를 절인 중국 서안지방 음식 우2

224 **pap** [팦]: ①〈← pappa(food)〉, 〈라틴어→게르만어〉, 빵죽, 걸쭉한 것, 저속한 것, 〈← pulp〉, 과일의 연한 '속살', 뇌물, 〈~ publum〉 ②〈← papilla〉, 〈라틴어〉, nipple, 젖꼭지 양2

225 **pa·pa** [파아퍼 \ 퍼파아]: 〈← papas(father)〉, 〈그리스어〉, 아빠, (연상의) 남자 애인 가2

226 **pa·pa-katz** [파아퍼 카츠]: 〈아마도 papa란 그리스어와 cat이라는 독일어에서 연유한 일본어라고 사료됨〉, 원조 교제, 일본의 여고생들이 아버지뻘 사내들과 벌이는 성매매 〈과외 활동〉, 〈~ sugar daddy〉 미1

227 **pa·pal** [페이펄]: 〈← Pope〉, 교황의, 가톨릭교회의 양2

228 **Pa·pal States** [페이펄 스테이츠]: 교황령(755년부터 1870년까지 교황이 지배했던 로마를 포함한 중부 이탈리아(mid-Italia) 지역), 〈~ the State of the Church〉 양2

229 *****Pa·pan·dreou** [파아판 드뤼모우], pledge: 'bishop Andreas의 자손', 〈근래 한국 정치판을 풍미하는〉 파판드레우 공약, 1981년 "국민이 원하는 것은 다 주겠다"면서 〈퍼주기식 정책으로〉 그리스(Greece) 총리를 11년간 했으나 결국은 국가 부도 위기를 몰고 온 〈선심공세〉, 〈먹튀전술〉, 〈~ populism〉 수2

230 *****pa·pa·raz·zo** [파퍼롸쵸우]: 파파라치(복수형), 〈장삿속으로〉 (유명인사를 쫓아다니는) 독자적인 사진사 〈이탈리아 영화에 나오는 어원 불명의 사진사 이름〉, 〈~ shooter-bug〉 수2

231 **pa·paw** [파퍼어 \ 퍼퍼어]: ① ⇒ paw·paw ② papaya의 잘못된 표기 우1

232 **pa·pa·ya** [퍼파이여]: 〈어원 불명의 원주민어〉, 파파야, 주먹만 한 노란 열매 속에 즙이 많은 과육과 고소한 자잘한 씨앗이 들어 있는 중남미 원산의 열대성 과일, 〈~ paw paw〉 우1

233 **pa·per** [페이퍼]: 〈그리스어→라틴어→영국어〉, 〈papyrus로 만든〉 종이, 신문(지), 벽지, 논문, 증명서, 시험지, 포장지, (종이)돈, sand·paper의 한국식 줄임말, 〈~ writing(news·wall·wrapping) paper\note\essay\document〉 양1

234 **pa·per-back** [페이퍼 백]: 종이 표지의, 염가본, 보급판, 〈~ soft-cover〉, 〈↔hard-cover\luxury edition〉 미2

235 **pa·per-bag** [페이퍼 배그]: 종이 봉지, 1865년경에 '발명'되어 두루두루 요긴하게 쓰이는 종이로 만든 가방, 〈↔vinyl bag〉 가1

236 **pa·per birch** [페이퍼 버얼취]: white birch, canoe birch(종이같이 쉽게 벗겨지는 흰 껍질을 가진 아름다우나 단명한) 북미산 한대성 자작나무 우1

237 **pa·per-board** [페이퍼 보어드]: card board, 판지, 마분지, 두꺼운 종이 가1

238 **pa·per-clamp** [페이퍼 클램프]: 종이 끼우개, 종이 죔쇠, 〈~ paper clip(fastener)〉 미2

239 **pa·per-clip** [페이퍼 클맆]: 종이 물리개, 종이 집게, 〈~ paper pin(binder)〉 미2

240 **pa·per-cut** [페이퍼 컽]: 종이에 베인 상처 우1

241 **pa·per-feed** [페이퍼 휘이드]: 종이 먹임, 용지 공급, 〈~ paper advance(supply)〉 양2

242 *pa·per hand [페이퍼 핸드]: 손 닦는 종이(수건), 보유주식을 소폭의 변동만 있어도 빨리 팔아버리는 〈성급한 투자가〉, 단기 투자가, 〈~ day-to-day trader〉, 〈↔diamond hand\meme stock〉 미2

243 pa·per-hang·er [페이퍼 행어]: 표구사, 도배공, 수표 사기꾼(plagiarist) 양2

244 pa·per-knife [페이퍼 나이후]: 종이(를 쩨는)칼, 〈~ letter opener〉 양1

245 *pa·per loss [페이퍼 러스]: (소유물의 시장 가격 인하에 의한) 장부상의 손실, 지상 손해, (미현실의) 가공 손실, 〈~ notional(accounting) loss〉, 〈↔paper profit〉 양2

246 pa·per-ma·che [페이퍼 머쉐이]: 〈라틴어〉, mashed paper, 〈중국에서 시작한〉 혼응지(펄프에 아교를 섞어 만든 재질로 습기에 무르고 마르면 아주 단단해지기 때문에 흔히 종이 공작용으로 쓰임) 양2

247 pa·per mill [페이퍼 밀]: 제지 공장, 〈~ paper factory〉 가1

248 pa·per mul·ber·ry [페이퍼 멀베뤼]: 꾸지나무, 닥나무, '종이 뽕나무', 나무껍질을 종이(특히 한지) 원료로 쓰는 아시아 원산 뽕나무과의 낙엽활엽관목, 〈~ tapa cloth tree〉 양2

249 pa·per plant(reed \ rush) [페이퍼 플랜트(뤼이드 \ 뤄쉬)]: '종이나무(갈대·골풀)', ⇒ papyrus 양2

250 *pa·per prof·it [페이퍼 프롸휕]: (실현성이 별로 없는) 장부상의 이익, 지상이익, 가공이익, 〈~ notional(accounting) loss〉, 〈↔paper loss〉 양2

251 *pa·per-rock-scis·sors: rock paper scissors, 가위-바위-보, '짱-깨미-뽕' 양2

252 pa·per round(route) [페이퍼 롸운드(롸우트 \ 루우트)]: 신문 배달(구역) 양2

253 *pa·per tape [페이퍼 테이프]: ①종이(로 만든) 반창고 ②(perforated) paper tape\punched tape; 천공된 종이줄(전산기 기억장치의 출·입력 매체) 미2

254 pa·per tow·el [페이퍼 타우얼]: 종이 수건, kitchen towel(부엌용 휴지) 양2

255 pa·per war [페이퍼 워어]: 필전, 논전, 〈~ polemics〉 양2

256 pa·per-ware [페이퍼 웨어]: 종이 제품(그릇) 가1

257 pa·per wasp [페이퍼 와숲]: 종이벌, (전 세계적으로 집 근처 등에 서식하며) 나무 껍질 등을 씹어 종이처럼 집을 짓는 군거성 말벌, 〈~ umbrella wasp〉 양2

258 pa·per wed·ding [페이퍼 웨딩]: 지혼식, 결혼 1주년 기념식 양2

259 pa·per-work [페이퍼 워얼크]: ①종이 장식(술), 〈~ paper decoration〉 ②문서 업무, 탁상 업무, 〈~ book-keeping\desk work\clerical work〉 양2

260 pa·pi [파피]: 〈스페인어〉, 아빠, '옵빠'(나이든 남친), daddy 미2

261 pa·pil·lon [패필란]: 〈라틴어→프랑스어〉, '빠삐용', '나비(butterfly)' 모양의 귀와 등을 덮는 무성한 꼬리를 가진 스페인산 스패니얼, 〈~ continental toy spaniel〉 수2

262 pap·py [패피]: ①〈게르만어〉, 빵죽〈pap〉 같은, 걸쭉한, 부드러운, 〈~ pulpy\mushy〉 ②〈미국어〉, papa의 어린이 말 양1

263 pa·pri·ka [패프뤼커]: 〈← peperi(pepper)〉, 〈그리스어→헝가리어〉, 파프리카, 단맛이 나는 고추(그것을 빻아 만든 조미료·향료), 〈~ chili powder〉 우1

264 Pap smear(test) [팦 스미어(테스트)]: 도말 표본(검사), 그리스 의사 Papanikolau〈Nikolaos의 아들〉가 고안한 자궁암 조기 검사법, 〈~ cervical cytology〉 수2

265 Pap·u·a New Guin·ea [파푸어 뉴우 기니]: 파푸아〈'곱슬머리(curly hair)'라는 말레이어〉 뉴기니, 잠시 일본의 점령하에 있다가 1975년 오스트레일리아로부터 독립한 뉴기니섬 동반부와 인근 섬으로 이루어진 〈아직도〉 관습에 젖어 사는 나라, {Papua New Guinean-Eng·Hiri Motu·Tok Pisin-(PK) Kina-Port Moresby} 수1

266 pap·ule [패퓨울]: 〈← papilla(nipple)〉, 〈라틴어〉, 여드름, 뾰루지, 작은 혹, 〈→ pinple〉, 〈~ pustule〉 양2

267 Pa·py·rus [퍼파이뤄스]: 파피루스, 1950년에 세워진 고급 엽서 제작을 주로 하는 미국의 문방구 연쇄점 수1

268 pa·py·rus [퍼파이뤄스]: 〈그리스어〉, 나일 강가 원산의 종이의 원료로 쓰였던 키가 크고 줄기가 두꺼운 갈대(reed) 비슷한 식물, 〈→ paper〉 양2

269 par [파아]: 〈라틴어〉, equal, 동위(가), 액면(가), 평균, 〈매 홀마다 정해진 횟수를 치는〉 기준 타수, 〈→ pair\parity\peer〉 양2

270 par·a [패뤄]: ①paragraph(단락) ②paratrooper(낙하산 부대원) ③〈← parere(give birth)〉, 〈라틴어〉, 여성의 출산 상태, 출산 횟수, 〈~(↔)gravida〉 양2

271 **par·a~** [패뤄~]: 〈그리스어〉, against\beside\by\beyond\aside\amiss, 〈측면·근접·초월·이상·의사·피난·낙하~ 등〉의 뜻을 가진 접두사 양1

272 **par·a·ble** [패뤄블]: para(beside)+ballein(throw), 〈그리스어〉, 우화, '비유'(담), 속담, 〈~ allegory\moral story〉, 〈→ parabola〉 양1

273 **pa·rab·o·la** [퍼뢔 벌러]: 〈← parable〉, 포물선, 원뿔 곡선, 〈빙 둘러 말하는〉 비유담, 〈→ parlance〉, 〈~ curve\metaphor\hyper-bole〉, 〈↔line\straight〉 가1

274 **par·a·bol·ic an·ten·na** [퍼뢔 발릭 앤테너]: 〈← parable〉, 파라볼라(포물형) 수신기, ⇒ satellite dish 미1

275 **par·a·chute** [패뤄 슈우트]: 〈프랑스어〉, against+fall, 낙하산, '추락 방지기', 〈천막 지붕〉, 〈~ seat-pack\sky-dive〉 가1

276 **par·a·chute ap·point–ment** [패뤄 슈우트 어포인트먼트]: 낙하산 인사(Konglish), spoils system(엽관제도) 양2

277 **pa·rade** [퍼뤠이드]: 〈← parare(set)〉, 〈라틴어→프랑스어〉, 〈← prepare〉, 퍼레이드, 열병식, 〈준비된〉 행렬, 과시, 〈개선식〉, 〈~ promenade\march〉 가1

278 **pa·rade rest¹** [퍼뤠이드 뤠스트]: 행렬중지, '열중 쉬어', 〈↔mark time, march〉 양1

279 **par·a·digm** [패뤄 딤 \ 패뤄 다임]: para(beside)+deiknynai(show), 〈그리스어〉, 〈옆으로 놓고 보여주기〉, 보기, 범례, 계열 변화, 어형 변화, 〈~ model\prototype〉 양2

280 **par·a·dise** [패뤄다이스]: 〈← pairidaeza(enclosure)〉, '둘러싸인 정원'이란 뜻의 페르시아어에서 연유한 그리스어〉, 파라다이스, 천국, 낙원, 극락, 〈왕들의 유원지〉, 〈~ heaven\Shangri-la\utopia〉 가1

281 **par·a·dise crane** [패뤄다이스 크뤠인]: '낙원 두루미', 청두루미, ⇒ blue crane 미2

282 **par·a·dise fish** [패뤄다이스 휘쉬]: 극락어, 대만금붕어, (한국) 버들붕어, 싸우기를 좋아하고 열대로 갈수록 색깔이 영롱한 동아시아 원산의 조그만 민물 등목어, 〈~ Chinese fighting fish〉 미2

283 **par·a·dox** [패뤄 닥스]: para(beyond)+dokein(think), 〈그리스어〉, 〈동 떨어진 의견〉, 패러독스, 〈정설을 거역한〉 역설, 불합리한 일(말), 틀린 것 같으면서도 옳은 이론, 〈~ contra-diction〉 양2

284 *****par·a·dox of thrift(sav-ing)** [패뤄 닥스 어브 쓰뤼후트(쎄이빙)]: 〈케인즈가 주장한〉 〈저축을 많이 하면 생산성이 감소되어 결국은 소득이 줄어들게 된다는〉 절약의 역설, 〈~ making money by spending money〉 미2

285 **par·af·fin** \ ~fine [패뤄휜]: parum+affinis, 〈라틴어〉, 〈'low affinity'의 (접착성이 적은)〉 파라핀, 석랍, 석유를 고온에서 증류시켜 만든 찌꺼기로 흰색의 무미·무취한 방수용품, 〈~ kerosene〉 미1

286 **par·af·fin wax** [패뤄휜 왝스]: (식물 첨가물·세정제·윤활유 등을 섞어) 고열로 공급하는 〈손 미용〉 석랍 처방, 〈~ petroleum wax〉 미2

287 **par·a·glid·ing** [패뤄 글라이딩]: 날개 같은 낙하산으로 비행기에서 강하하여 착지장까지 활공하는 모험, 활공 놀이, 〈~ sky-diving〉 우2

288 **par·a·gon** [패뤄간]: para(against)+akone(whet·stone), 〈그리스어〉, 본보기, 모범, 고급보석, 20포인트 활자, 〈~ ideal\standard〉 양2 미1

289 **par·a·graph** [패뤄 그래후]: para(beyond)+graphein(write), 〈그리스어〉, 〈단락 기호를 찍고 옆에 쓰는〉 문단, (문장이 모인) 단락, 단문, 단평, 〈→ pilcrow〉, 〈~ section〉, 〈↔clause〉 양2

290 **Par·a·guay** [패뤄그와이 \ 패뤄그웨이]: para(crown)+guay(river), 〈'강들의 왕관'이란 원주민어〉, 파라과이, 1811년 스페인으로부터 독립되어 혼란한 정국이 계속되어 왔던 남미 중부 내륙지방의 개발 도상국, {Paraguayan·Guarani-Spa·Guarani-Guarani-Asuncion} 수1

291 **Par·a·guay tea** [패뤄그와이 티이]: mate, 마테차, yerba, 마테 나뭇잎을 갈아서 만든 카페인이 많이 들어 있는 걸쭉한 음료 수2

292 **par·(r)a·keet** [패뤄키이트]: 〈프랑스어〉, paroquet, 〈긴 꼬리를 가진 parrot〉, 작은 잉꼬, 소형 앵무새, 긴 꼬리·예쁜 색깔에 장난기가 많은 애완조, 〈~ budgerigar〉 미2

293 **par·a·le·gal** [패륄 리이글 \ 패륄 리이걸]: '준 법률사', '보조 변호사', 변호사 보조원, 법무사, 〈대체로 법률적 지식은 있으나 자격증·면허증은 없는〉 법률 보조원, 〈~ legal assistant〉 미2

294 **par·al·lax** [패륄랙스]: para(beyond)+allassein(change), 〈'다른 것으로 바꾸기'란 뜻의 그리스어〉, 시각 차이, 관측 위치에 따른 대상물의 위치나 방향의 차이, 〈~ deviation〉 미2

295 **par·al·lel** [패뤌렐]: para(beside)+allelon(another), 〈그리스어〉, 〈옆에 있는 당신같이〉 '항상 옆에 있지만 서로 부딪치지 않는', 평행의, 대등한, 나란한, 병렬의, 동시에 복수처리를 하는, 〈~ collateral〉, 〈↔convergent\divergent\trans-verse\perpendicular〉 양1 미2

296 *__par·al·lel cir·cuit(con-nec-tion)__ [패뤌렐 써얼킽(커넼션)]: 병렬회로(접속), 동시에 한 개 이상의 전류가 흐르는 것, 〈~ shunt circuit\current dividers〉, 〈↔series circuit〉 양2

297 *__par·al·lel col·umns__ [패뤌렐 칼럼스]: 병렬 열, 〈영어는 왼쪽 한국어 번역은 오른쪽에 나타내는 등〉 오른쪽에 대조해 보도록 다른 언어를 기록하는 배열, 〈~ side-by-side compare〉, 〈↔perpendicular columns〉 양2

298 *__par·al·lel com-put-er__ [패뤌렐 컴퓨우터]: 병렬 전산기, (동시에 한 개 이상의 중앙처리기를 이용해서) 한 번에 한 개 이상의 명령을 내리는 전산기, 〈~ simultaneous processing〉, 〈↔sequential computer〉 양2

299 *__par·al·lel im-port__ [패뤌렐 임포얼트]: 병렬 수입, 제조사가 승인한 판매 경로 이외의 경로를 통한 수입, 〈~ direct import\counter-trade\gray market〉, 〈↔regular import\serial import〉 양2

300 *__par·al·lel in·ter-face__ [패뤌렐 인터훼이스]: 병렬 접속기, 동시에 한 개 이상의 자료값을 전송하는 접속장치, 〈~ multiple streams〉, 〈↔serial interface〉 양2

301 **par·al·lel-o-gram** [패뤌렐러 그램]: 평행4변형, 맞변이 평행인 사각형, 〈~ lozenge\diamond\rhombus〉, 〈~(↔)rectangle〉 양2

302 **par·al·lel park·ing** [패뤌렐 파아킹]: 평행 주차, 차를 도로의 연석과 나란히 주차하는 일, 〈~ curb-side parking〉 양2

303 *__par·al·lel port__ [패뤌렐 포오트]: 병렬 나들목, 병렬 접속구, 둘 이상의 자료를 동시에 주고받을 수 있도록 접속시키는 출입구, 〈~ centronic port〉, 〈↔serial port〉 양2

304 **Par·a·lym·pics** [패뤌림픽스]: Paraplegia+Olympics, 장애인 올림픽, 1948년에 창립되어 1988년 서울 올림픽부터는 하계·동계 모두 본경기 직후에 거행되는 신체·정신 장애자들을 위한 올림픽 경기, Parallel Olympics, 〈~(↔)이것은 주로 physical disabilities를 가진 선수들을 위한 것이고 Special Olympics는 주로 intellectual disabilities를 위한 것임〉 양2

305 **pa·ral·y·sis** [퍼뤨러시스]: para(beside)+lyein(loose), 〈그리스어〉, 〈측면이 약해지는〉 (완전)마비, 무기력, 불수, 불능, 〈→ palsy〉, 〈~ im-mobility〉 가1

306 **par·a·me·ci·um** [패뤄 미이쉬엄]: 〈← paramekes(oval)〉, 〈'불규칙한 장방형'이란 뜻의 그리스어〉, 짚신벌레, 민물에 사는 아메바보다 더 발달한 섬모충류의 단세포 동물, 〈~ slipper animalcule〉 가1

307 **par·a-med·ic** [패뤄 메딬]: 준의료사, 진료 보조원, 위생병, 〈EMT보다 더 숙련된〉 양2

308 **pa·ram·e·ter** [퍼뢔 미터]: para(beside)+metron(measure), 매개변수, 한도, 특질, 인수, 모수, 응용의 실천이나 체계 설정 때 지정할 기본적 사항, 〈~ boundary\frame-work〉, 〈~(↔)perimeter〉 양1 미2

309 **par-a-mount** [패뤄 마운트]: par(by)+a+mont(mountain), 〈그리스어→라틴어〉, '완전히 꼭대기에 올라간', 최고의, 지상의, 탁월한, 〈~ dominant\cardinal〉, 〈↔minor\trivial〉 가1

310 **Par-a-mount** [패뤄 마운트], Pic·tures: 파라 마운트, 1912년에 창립되어 할리우드에 본부를 두고 있는 미국의 세계적 영화 제작사, 〈~ the 6th oldest film studio in the world〉 수1

311 *__par-a·mour__ [패뤄무어]: par(by)+amor(love), 〈'곁사랑'이란 프랑스어〉, 애인, (기혼자의) 정인, 〈새참〉, 〈~ sweet heart\secret lover〉 양2

312 **par·a-noi·a** [패뤄 너이어]: para(beyond)+nous(mind), 〈그리스어〉, irregular mind, 편집증, 근거 없이 지나치게 의심하는 병, 〈~ para-phrenia〉 양2

313 **par·a-pet** [패뤄핕]: parare(guard)+pectus(breast), 〈라틴어〉, 〈'가슴'을 보호하는〉 (다리·옥상 등의) 난간, 흉장, 〈~ barrier\fence\baluster〉 양2

314 **par·a-pher·na·lia** [패뤄 훠네이리어]: para(beyond)+pherein(bring), 〈그리스어〉, (부수) 장비, (여러) 도구, (자잘한) 소지품, 아내의 소유물, 〈~ accouterment\equipment\apparatus〉, 〈↔detachment〉 양2

315 **par·a-phrase** [패뤄 후레이즈]: para(beyond)+phrasis(phrase), 〈그리스어〉, 바꿔 쓰기(말하기), 의역, 부연, 다시 말하기, '비슷한 말', 〈~ re-state〉, 〈↔original〉 양1

316 **par·a-ple·gia** [패뤄 플리이쥐어]: para(beyond)+plessein(smite), 〈'반신불수'의 그리스어〉, (하반신) 쌍마비, 양측 하지 마비, 〈~ paralysis of lower extremities〉, 〈~(↔)quadriplegia〉, 〈~(↔)hemiplegia는 paralysis of one side〉 양2

317 **par·a-pro·fes·sion–al** [패뤄 프로훼셔늘]: 전문직 보조원, 〈~ aid〉, 〈↔pro\adversary〉 양2

318 **par·a-site** [패뤄 싸이트]: para(beside)+sitos(food), 〈그리스어〉, 기생물(충), 〈'타인의 식탁'에서 밥을 먹는〉 기식자, 〈~ leech\sponge〉, 〈↔host\altruist〉 가1

319 **par·a-si·tol–o·gy** [패뤄 싸이탈러쥐]: 〈← parasite〉, 기생충(물)학 가1

320 *__par·a-so·cial__ [패뤄 쏘우셜]: '의사연계', '근접사교', 준 사회적인, 유명 인물에 대해 fan이 일방적으로 느끼는 친밀감(의), 〈~ one sided love(짝사랑)〉 양2

321 **par·a-sol** [패뤄 쏘얼]: parare(ward off)+sol(sun), 〈라틴어→프랑스어〉, 양산, '해 가리개', 〈~ umbrella〉 가1

322 **par·a-sym-pa·thet·ic** [패뤄 씸퍼쎄틱]: 〈교감신경과 길항적인〉 부교감 신경계(의), 〈~ relaxing system〉, 〈↔sympathetic〉 양2

323 **par·a-tac·tic** [패뤄 택틱]: para(beside)+tassein(place), 〈'병렬 배열'이란 뜻의 그리스어〉, 병렬적인, 접속사 없이 글을 나열한, 〈~ additive style〉, 〈↔hypotactic〉 양2

324 **par·a-thi·on** [패뤄싸이안]: para(aside)+thio(surfer)-phosphate, 〈유황 비슷한〉 파라티온, 1940년대부터 쓰여온 살충제로 인체를 비롯한 다른 생물에 대한 (신경 계통) 독성이 강해 사용금지 운동이 일어나고 있음, 〈미국에서는 2003년에 전면 금지됨〉 수2

325 **par·a-troops** [패뤄 트루웊스]: 낙하산 부대, 공수단, 〈~ parachute jumpers\sky-divers〉 가1

326 **par·cel** [파아슬]: 〈← partis(part)〉, 〈라틴어〉, 〈작게 나눈〉 꾸러미, 소포, 소화물, 〈~ package〉 가1

327 **par·cel post** [파아슬 포우스트]: 소포 우편 〈미국에서는 2016년부터 「USPS retail ground」로 부름〉 가1

328 **parch** [파아취]: 〈← perischen(perish)〉, 〈어원 불명의 영국어〉, 볶다, 바싹 말리다, 굽다, 〈~ dry\desiccate〉, 〈↔wet\soak〉 가1

329 **parch·ment** [파아취먼트]: 양피지, 서기 190년경 소아시아의 Pergamum이란 도시에서 동물의 가죽을 가공해서 만들기 시작한 '질긴 종이', 〈~ sheep(goat)-skin〉 가1

330 *__par-course__ [파아 코어스]: 〈← percurrere(move through)〉, 〈'장애물이 있는 행로'라는 라틴어에서 유래한 프랑스어〉, fitness trail, 건강 산책로, (공원 내에) 운동시설이 배치된 산책로 양2

331 **par·don** [파아든]: per(through)+donare(give), 〈라틴어〉, 용서, 허용, 은사, 관용, 〈'전적으로 풀어주는'〉 사면, 죄송하오나, 실례지만, 〈~ clemency\absolution〉, 〈↔blame\punish\penance〉 양1

332 **pare** [페어]: 〈← parare〉, 〈라틴어〉, 〈'prepare' 하기 위해〉 껍질을 벗기다, 깎다, 잘라내다, 〈~ peel〉, 〈↔extend\elongate〉 양1

333 **pa·rei·dol·i·a** [페레이도울리어]: para(beside)+eidolon(image), 〈그리스어→독일어〉, 〈실상 이상을 보는〉 착시, 환시, 〈구름이 그대 모습으로 바뀌는〉 환영, 〈~ apophenia〉 양2

334 **pa·rens pa·tri·ae** [페어뤈스 페이트뤼]: 〈라틴어〉, parent of the country, 국가 후견제도, (국가의) 가부장적 온정주의, 〈in loco parentis보다 장기적이고 포괄적임〉 양2

335 **par·ent** [페어뤈트]: 〈← parere(beget)〉, 〈라틴어〉, '태어나게 하는 자', 어버이, 부(모), 조상, 후견인, 근원〈어버이가 바뀌면 자식이 바뀌나 자식이 바뀌어도 어버이는 바뀌지 않는다〉, 〈~ begetter\creator〉, 〈↔child\filial〉 양1

336 *__par-en·tal love of·ten goes un–re·quit·ed__: 내리 사랑은 있어도 치사랑은 없다, 사랑은 내리 사랑, 〈~ even if you know a tenth of your parent's hearts, you are filial〉 양2

337 **par-en·ter·al** [패뤤터뤌]: para(beside)+enteron, 〈그리스어〉, 〈intestine 이외의〉 비경구적인, 소화기를 거치지 않는, 〈~ IM\IV〉, 〈↔enteral\oral〉 양2

338 **pa·ren·the·sis** [퍼뤤써시스]: para(beside)+entithenai(insert), 〈그리스어〉, (영국에서는) round brackets, 〈안으로 끼워 넣는〉 괄호, 소괄호, 삽입구, 삽화, 틈, 짬 가1

339 **Par·ents With-out Part·ners**: '홀어버이 모임', 1957년에 미국 수도(DC)에서 세워져 수많은 지부를 두고 있는 배우자가 없는 부모들의 친선 모임 미2

340 **pa·re·sis** [퍼뤼이시스]: 〈← parienai(relax)〉, 〈그리스어〉, incomplete paralysis, 부전(경도)마비, 진행마비 양2

341 *__Pa·re·to op·ti·mal·i·ty__ [파뤠토 아앞티말리티]: 파레토 (교환의) 최적성, 〈이탈리아의 경제학자 P~(어원 불명의 이탈리아계 이름)가 주장한〉 모든 시장이 각기 안정을 찾았을 때 자원이 가장 효율적으로 분배된다는 이론, 〈~ a redistribution scheme〉 수2

342 **par ex·cel·lence** [파아 엑썰라앙스]: 〈라틴어→프랑스어〉, 'by excellence', best of all, 우수한, 탁월한 양2

343 **par-get** [파아쥍]: par(all over)+jeter(throw), 〈프랑스어〉, 〈내 던져 바르는〉 석고, 회반죽, 〈~ gypsum\plaster\stucco〉 가1

344 **Pa·ri·ah** [퍼롸이어]: 〈Tamil어〉, '북 치는 자', 파리아, (인도〈India〉 남부의) 최하층민, 천민, (사회에서) 버림받은 자, Un·touchable, 〈~ out-cast\persona non-grata〉 수2

345 *****pa·ri·ah cap·i·tal·ism** [퍼롸이어 캐피털리즘]: (Max Weber가 사용했고) 〈한국이 지향하고 있는〉 천민 자본주의, (품위 없는) 황금 만능주의, 〈~ mammonism〉 수2

346 **pa·ri·e·tal** [퍼롸이어틀]: 〈← parietis(wall)〉, 〈라틴어〉, '벽'(쪽)의, 두정(머리 꼭대기)의, 마루(뼈)의, 〈~ outer-surface〉, 〈↔frantal\occipital〉 양2

347 **par-ing** [페어륑]: 〈라틴어〉, 〈← pare(peel)〉, 껍질 벗기기, 깎기, (벗긴) 껍질 양1

348 **Par·is¹** [패뤼스]: 〈어원이 분명치 않은 그리스어〉, 파리스, 권력과 명성을 제치고 미색을 선택해 스파르타의 왕비(Helen)를 빼앗았다가 패가망신한 트로이(Troy)의 왕자 수1

349 **Par·is²** [패뤼스]: 〈아마도 'baris'(barge-거룻배)란 그리스어에서 유래한 듯한〉 파리, 〈불빛의 도시〉, 프랑스(France) 북부에 자리 잡은 수도·문화·예술·교육·산업·관광도시 수1

350 **Par·is** [패뤼스], U·niv: 파리 대학교, 1100년도부터 파리를 중심으로 정부가 주선해서 조직된 13개 대학의 거대한 연합체로 그중 소르본 대학이 제일 유명함 수1

351 **par·ish** [패뤼쉬]: para(beside)+oikos(dwelling), 〈그리스어〉, 교회 주위의 땅, 교구, 지역교회, 담당구역, 〈신도들이 하룻밤 묵어가던 곳〉, 〈→ parochial〉, 〈~ assembly\congregation〉, 〈↔out-cast\crew〉 가1

352 **Pa·ri·sian** [퍼뤼젼]: 파리식(사람·말)의 수2

353 **Par·is Peace Con·fer·ence**: 파리 평화 회의(강화 회담), Treaty of Versailles, (2019~2020년에 걸쳐), 일차대전에서 승리한 연합국이 주축이 되어 32개국이 베르사유에 모여 독일 등 동맹국에게 피해 보상을 물게 한 '상담' 수2

354 **Par·is Trea·ty** [패뤼스 트뤼이티]: (1983년에 체결된) 파리조약, ⇒ Treaty of Paris 수2

355 *****par·i·ty** [패뤼티]: 〈라틴어〉, 〈← par(equal)〉, 동등, 평형, 등가, (반대 방향으로 바뀌는) 반전성, '등가처리'(정보량의 소립자를 홀수나 짝수로 처리해서 오류를 막는 방법), 〈~ sameness\match〉, 〈↔disparity\divergence〉, 〈↔gravity〉 미2

356 **park** [파아크]: 〈← pearroc(enclosed land)〉, 〈게르만어〉, 파크, 〈울로 막은〉 공원, 유원지, 자연 보호 지역, 〈사냥감이나 마차를 가둬두던〉 평지, 주차(장), 〈대기시켜〉 두다, 〈~ public garden\put down〉, 〈↔building\street〉, 〈↔depart\move〉 양2

357 **Park** [박], Chung Hee: '후박나무(silver magnolia) 숲에 사는 자', 박정희, (1917-1979), 1961년에 무력으로 정권을 장악하고 "내 무덤에 침을 뱉어라"라고 〈악바리 정치를 하다가〉 자신의 심복에게 살해당한 〈공·과가 엇갈리는〉 한국의 군인·독재자·제3대 대통령, 〈같이 주색을 좋아했고 선견지명이 있었으나 모두들 편자를 우습게 아는 이유는; "짜슥아! 너는 깡다구가 없잖아"-그리고 또 "연기를 못하잖아"이다〉, 〈~ the 3rd President of Korea〉 수1

358 **Park** [박], Geun Hye: 박근혜, (1952-), 일찌감치 〈제왕학〉에 길들여졌으나 포용력이 부족해서 그런지 외곬으로 빠졌다가 재직 시의 집권 남용 등으로 2016년에 국회에서 탄핵당한 후 25년의 징역형을 선고받고 4년 9개월 만에 특별사면으로 풀려난 한국의 〈처녀 대통령〉, 〈~ the 11th President of Korea〉 수1

359 **par·ka** [파아커]: 〈'짐승의 가죽(animal skin)'이란 뜻의 러시아어〉, 파카, (에스키모인들이 입던) 두건 달린 긴 웃옷, 〈~ anorak\wind-breaker〉 미1

360 *****park and ride** [파아크 앤 롸이드]: 환승 주차(장), (자가용과) 대중교통 연계체계, 〈~ inter-modal transportation〉 미2

361 **Park Av·e·nue** [파아크 애붜뉴우]: 뉴욕 맨해탄(Manhattan)의 Bowery와 14 동서가 사이의 4번 남북로로 한때 유행의 중심지였음 수2

362 **park-ing brake** [파아킹 브뤠이크]: 주차 제동기, 보조 제동기, 〈~ emergency brake\hand-brake〉 양2

363 **park-ing lot** [파아킹 랕]: 주차장, '차 마당', 〈~ car space\car park〉 가2

364 **park-ing me·ter** [파아킹 미이터]: 주차 시간 표시기, 주차 요금(판매) 징수기, 〈~ parking bay(clamp)〉 양2

365 **park·ing tick·et** [파아킹 티킽]: 주차 위반 소환장, 주차 위반 딱지, 〈~ parking citation(violation)〉 양2

366 **Par·kin·son** [파아킨슨], James: 'Peter의 자손', 파킨슨, (1755-1824), 1817년 〈진전마비〉를 기술한 〈다방면에 관심이 많았던〉 영국의 의사, 〈~ an English surgeon〉 수1

367 **Par·kin·son's dis·ease** [파아킨슨스 디지이즈]: 파킨슨씨병, 진전마비, 신경전달물질 도파민의 결핍으로 오는 뇌의 퇴행성 질환, 〈~ paralysis agitans〉 수2

368 **Par·kin·son's law** [파아킨슨스 러어]: 파킨슨씨 법칙, 1957년 Northcote 파킨슨이 주창한 공무원의 수는 사무량에 관계없이 증가한다는 〈별로 신빙성이 없는〉 경제이론, 〈~ productivity is independent of work-force〉 수2

369 ***park-let** [파아클렡]: 〈미국 신조어〉, 파크렛, (2005년 샌프란시스코에서 선보인) 〈임시로〉 주차로를 개조하여 누구나 편히 앉을 수 있도록 마련된 실외 공간, '주차로 쉼터', 〈~ small recreational area〉 미2

370 **park rang·er** [파아크 뤠인줘]: 공원 순찰, 공원 관리인, 〈~ park keeper(warden)〉 양2

371 **Parks** [파아크스], Ro·sa: '공원(park) 근처에 사는 자', 파크스, (1913-2005), 버스 승차 거부 운동 등 인종격리 정책을 세차게 저항하여 '자유 운동의 어머니'로 불렸던 미국의 원주민 피가 섞인 흑인 민권 운동가, 〈~ an American civil rights activist〉 수1

372 **park·way** [파아크 웨이]: Pkwy, '공원도로', 중앙에 가로수나 조경 공사를 한 큰길, 〈~ a land-scaped thoroughfare〉 양2

373 **par·lance** [파알런스]: 〈← parler(speak)〉, 〈라틴어→프랑스어〉, 〈← parabola〉, 〈서로 비교가 되는〉 말투, 어조(paler), 회담, 〈~ jargon\talk〉 양2

374 **par·lan·do** [파알라안도우]: 〈← parler(speak)〉, 〈라틴어→이탈리아어〉, 이야기하듯이 (부르는 노래), 〈~ pansori\chattering〉 미2

375 **par·ley** [파알리]: 〈← parler(speak)〉, 〈라틴어→프랑스어〉, '이야기하기', 회담, 교섭, 협상, 〈→ parole〉, 〈~ negotiation\conference\pow·pow〉 가1

376 **par·lia·ment** [파알러먼트]: 〈← parler(speak)〉, 〈라틴어→프랑스어→영국어〉, '서로 이야기하는 장소', (영국의) 의회, 하원, 국회, 회합, (올빼미 등의) 떼, 〈~ congress\Diet〉 양2

377 **par·lor** \ ~lour [파알러]: 〈← parler(speak)〉, 〈라틴어→프랑스어→영국어〉, 〈이야기하는〉 객실, 거실, 응접실, 휴게실, 가게, 〈~ lounge\salon〉 양2

378 **Par·men·i·des** [파알메니디이즈]: para(beside)+meno(stay), 〈그리스어〉, '버티는 자', 파르메니데스, (BC513-445?), "사유와 존재는 동일·없는 것은 없다"라고 말한 이탈리아 태생 그리스 철학자, 〈~ a Greek philosopher〉 수1

379 **Par·me·san** [파아머잔]: 파르마산, 이탈리아(Italia) 북부 Parma('둥근 방패'란 뜻의 에트루리아어) 지방 원산의 냄새가 강한 단단한 치즈, 〈a granular hard cheese〉, 〈~ Parmigiano Reggiano〉 수1

380 **Par·mi·gia·no Reg·gia·no** [파아미기아노 뤠기아노]: 파르미지아노 레지아노, '치즈의 왕', 풀만 먹고 자란 암소 젖을 14개월 이상 숙성시킨 파머잔 치즈(Parmesan cheese) 수2

381 **Par·nas·sus** [파아내써스]: 〈'신전이 있는 산'?〉, 파르나소스, 그리스(Greece) 중부의 높은 영산, 아폴로와 뮤즈(Muse)의 영지로 그곳의 카스탈리아 샘물을 마시면 시를 쓸 수 있고 또한 델피의 신탁소가 있는 곳, 문단, 예술의 전당, 〈~ poetry\arts museum〉 수1

382 **pa·ro·chi·al** [퍼로우키얼]: 〈← paroikos(restricted area)〉, 〈그리스어→라틴어〉, 〈← parish〉, 교구의, 지방의, 편협한, 〈~ local〉, 〈↔cosmopolitan〉 가1

383 **pa·ro·chi·al school** [퍼로우키얼 스쿠울]: (대개 천주교의) 교구 부속학교, 종교 기관에서 종교 이념으로 설립한 학교, 〈~ church(convent) school〉 미1

384 **par·o·dy** [패뤄디]: para(beyond)+ode(song), 〈그리스어〉, 패러디, 모방 시문, 풍자적으로 고친 시(노래), 〈웃기는 시〉, 〈~ amphigory\burlesque\balder-dash〉, 〈↔formal\honesty〉 미1

385 **pa·role** [퍼로울]: 〈← parabola ← parable(speech)〉, 〈라틴어→프랑스어〉, 〈← parley〉, 〈서약을 하고 풀어주는〉 가석방, 집행유예, 선서, 〈~ amnesty\exoneration〉, 〈↔hold\incarceration〉, 〈probation보다 엄한 형량〉 양2

386 **par·o·nym** [패뤄님]: para+onoma, 〈그리스어〉, side name, 동근(같은 어원의)어, 동음어, 외국어에서 차용한 신조어, 〈↔homonym〉 양2

387 **pa·rot·id gland** [퍼롸티드 글랜드]: par(near)+otos(ear), 〈귀 밑'을 뜻하는 그리스어〉, 이하선, (귀 부근에서 침을 분비하는 커다란) 귀밑샘, 〈~ major salivary gland〉 양2

388 **par·ox·ysm** [패뤅씨즘]: para(beyond)+oxunein(sharpen), 〈그리스어〉, exasperate, 격발, 발작, 격노, 〈~ spasm\jerk\sudden attack\fit〉, 〈↔calm\peace\serene〉 양2

389 **par·quet** [파아케이]: 〈'small park'란 프랑스어〉, 나무쪽으로 세공한 마루, 쪽매 마루, 〈~ floor-boards〉 미2

390 **parr** [파아알]: 〈영국어〉, 〈옆에 검은 점(parren)이 있는〉 파아, (연어·대구 등의) 어린〈fry보다는 크고 smolt보다는 작은〉 물고기 미2

391 **par·ri·cide** [패뤼싸이드]: pater+caedere, 〈라틴어〉, 'parent killing', 부모 살해, 존속살인자, 시역자 양2

392 **par·rot** [패뤗]: 〈어원 불명의 프랑스어〉, 〈'Peter'를 닮은?〉 패롯, 〈뜻도 모르고 말을 따라하는〉 앵무새, 열대·아열대에 서식하며 굵고 두껍고 끝이 굽은 부리에 발가락이 전후 두 개로 된 다양한 색깔·다양한 크기의 〈사람을 비롯한〉 짐승의 흉내를 잘 내는 시끄러운 새, 〈~ parakeet\popinjay〉 양2

393 **par·rot fish** [패뤗 휘쉬]: 비늘돔, 앵무새 비슷한 주둥이를 가진 색깔이 영롱한 열대지방의 도미류, 〈~ wrasse〉 미2

394 **par·ry** [패뤼]: 〈← parare(ward off)〉, 〈라틴어〉, 받아넘기다, 슬쩍 '피하다', 핑계 대다, 〈~ evade\turn aside〉, 〈↔face\take〉 양2

395 ***parse** [파아스 \ 파아즈]: 〈← pars(part)〉, 〈라틴어→프랑스어〉, 〈'part'로〉 (글을) 분석하다, 뼈를 발라내다, 구문해석(전산기로 자연어나 인공어의 구조를 분석하는 일), 〈~ dissect\analyze〉, 〈↔serialize〉 양2 미2

396 ***par·ser** [파아서]: 〈← parse(part)〉, 분석계, 해석계(전산기에 입력된 문장을 분석해서 오류를 점검하는 연성기기), 〈~ analyzer〉 미2

397 **Par·si**(see) [파알시]: 〈페르시아어〉 ①파시(경전에 쓰이는 Persia 말) ②8세기에 인도로 피신한 조로아스터 교도(Zoroastrian) 수2

398 **par·si·mo·ny** [파알씨모우니]: 〈← parcere(spare)〉, 〈'아끼다'란 라틴어에서 유래한〉 인색, 극도의 절약, 〈~ miserly〉, 〈↔generosity〉 가1

399 **pars·ley** [파아슬리]: petros(rock)+selinum(celery), 〈그리스어〉, 〈뿌리가 '돌같이 딱딱한' 셀러리〉, 파슬리, 줄기에서 많은 갈래잎을 만들어 내는 향기가 짙은 남부 이탈리아 원산 미나릿과의 두해살이 식용풀, 〈~ anise\dill〉, 〈~(↔)cicely와는 냄새가 다름〉, ⇒ celery 우1

400 **pars·nip** [파아스닢]: 〈← pastinum(two pronged fork)〉, 〈라틴어〉, 서양 방풍나물, 당근 꽁댕이, 미나리 같은 잎에 배추 꽁댕이 같은 뿌리가 달린 두해살이 초본으로 뿌리를 찌거나 굽거나 날로 먹음 〈parsley와 turnip이 합쳐진 말이 아니라 로마의 삼지창 pastinum에서 연유했다 함〉, 〈~ a strong-scented root vegetable〉 우1

401 **par·son** [파아슨]: 〈← persona+ecclesiae(church)〉, 〈라틴어〉, 〈교회를 지키는〉 교구 목사, 〈person이 되게 가르치는〉 성직자, (성공회의) 목사, 〈~ chaplain\pastor〉 양1

402 **part** [파아트]: 〈← pars(portion)〉, 〈라틴어〉, 〈전체에 대한〉 '부분', 부품, 일부, 조각, 성분, 부, 편, 역(할), 약수, 품사, 떼어내다, 갈라지다, 〈→ parse\partner\party〉, 〈↔total\full\whole〉 양1

403 **par·take** [파아테이크]: 〈← particeps(participant)〉, 〈라틴어〉, 참여하다, 몫을 받다, ~한 성질이 있다, 〈~ engage\join〉, 〈↔abstain〉 양1

404 ***Part 15 de·vice**: 연방통신위원회의 47 CFT 15 조항에 의해 면허 없이도 사용할 수 있는 라디오 주파(를 사용하는 기구-무선 전화기·무선 통화기 등), 〈~ amateur band〉 수2

405 **Par·the·non** [파아써난]: 〈← parthenos(virgin)〉, 〈그리스어〉, '처녀의 거처', 파르테논, 수호신 아테나신(Athene)을 기리기 위해 기원전 432년에 아테네의 아크로폴리스 언덕에 건립된 신전 수1

406 **Par·thi·a** [파알씨어]: 〈'경건한 자(pious)'란 뜻의 페르시아어?〉, 파르티아, (247 BC~224 AD 동안) 이란의 북동부를 지배했던 봉건왕조, 〈~ Persia〉 수1

407 ***Par·thi·an shot** [파알씨언 샽]: 〈파르티아 기병들이 후퇴하면서 등을 돌려 쓰는〉 마지막 화살, 떠나면서 내뱉는 독설, 〈~ parting shot〉 수2

408 **par·tial** [파아셜]: 〈← pars(portion)〉, 〈라틴어〉, 부분적인, 불완전한, 불공평한, 〈~ incomplete\biased〉, 〈↔entire\total〉 가1

409 **par·tic·i·pate** [파아티써페이트]: partis(part)+capare(take), 참가하다, 관여하다, '일부를 차지하다', 〈~ par-take〉, 〈↔abstain〉 가1

410	**par·ti·ci·ple** [파아티씨플]: partis(part)+capare(take), 〈라틴어〉, 분사(동사의 형용사적 변형), 〈~ a non-finite verb form〉 가1
411	**par·ti·cle** [파아티클]: 〈← partis(part)〉, 〈부분을 쪼갠 아주 작은〉 미립자, 극소(량), 조항, (어형 변화가 없는) 불변화사, 〈~ fragment\article〉, 〈↔anti-particle〉 미1
412	**par·tic·u·lar** [퍼티큘럴]: 〈← particularis(small part)〉, 〈라틴어〉, 특별한, 특정한, 상세한, '작은 부분만 선호하는', 〈~ specific\exceptional〉, 〈↔general\ordinary〉 가1
413	**par·tic·u·late mat·ter** [퍼티큘레이트 매터]: 입자성 물질, 부유층 고형물, 미세먼지, 〈↔non-particulate matter〉 양2
414	**part-ing** [파아팅]: 작별, 분할, 분기점, 사별, (머리의) 가르마 타기, 〈~ fare-well\separation〉, 〈↔re-union\join-ing〉 양1
415	**par·ti·san \ ~zan** [파아티즌 \ 파티잰]: 〈← partis(part)〉, 〈라틴어〉, '분파', 한 동아리, 도당, 열성 지지자, 유격병, '빨치산', 〈~ one-sided\zealot〉 양1
416	**par·ti·ta** [파알티이타]: 〈← partire(divide)〉, 〈라틴어→이탈리아어〉, 파르티타, 〈본 곡에서 '갈라져 나온'〉 일련의 변주곡으로 이뤄진 모음곡, 〈~ variation\suite〉, 〈~(↔)sonata〉 우1
417	**par·ti·tion** [파아티션]: 분할, 구획, 칸막이, 전산기가 분리(독립)된 원반 돌리개로 취급하는 강성 원반의 일부, 〈~ division\split〉, 〈↔whole\coalition〉 양1 미1
418	**part-ner** [파아트너]: 〈← part〉, 파트너, 〈같이 참여하는〉 한 동아리, 패거리, 상대, 동무, 〈일부를 공유하는〉 동업자, 조합원, 배우자, 〈~ ally\companion〉, 〈↔foe\opponent〉 양1
419	**par·tridge** [파아트뤼쥐]: 〈← perdix(break wind)〉, 〈'공기를 가르는' 뜻의 그리스어〉, 〈날개로 헤치는 소리에서 연유한〉 파트리지, 반시, 자고, 메추라기, 목도리뇌조, 들꿩, 구대륙에 서식하는 잘 날지 못하는 중형의 사냥감 새, 〈~ quail\grouse\pheasant〉 미1
420	**par·tridge ber·ry** [파아트뤼쥐 베뤼]: 호자 덩굴, 둥글 도톰한 잎·향기가 강한 조그만 별 모양의 흰 꽃·〈메추라기가 좋아한다는〉 새빨간 콩알만 한 열매를 가진 북미 원산 꼭두서닛과의 상록관목·덩굴식물, 〈~ deer berry\squaw vine〉 미1
421	**part-time** [파아트 타임]: 부분 근무, 비상근 근무, 시간제 근무, '쪽일', 불완전 고용, 〈↔full-time〉 미1
422	***part ways** [파아트 웨이즈]: 각자의 길을 가다, 헤어지다, 〈~ break up\separate〉, 〈↔merge\join〉 양2
423	**part-with** [파아트 위드]: (~와) 헤어지다, (~을) 내놓다, 처분하다, 〈~ relinquish\discard〉, 〈↔with-hold〉 양2
424	**par·ty** [파아티]: 〈라틴어〉, 〈← part〉, 〈일부만 참석하는〉 모임, (연)회, 당(파), 〈패를 나누어 몰려다니는〉 일행, 당사자, 〈~ social gathering\faction〉, 〈↔individual\solitude〉 양2
425	**par·ty an·i·mal** [파아티 애니멀]: '연회광', 파티를 좋아하는 사람, 〈~ roisterer\carouser〉 미2
426	**par·ty hat** [파아티 햍]: ①연회용 모자, 〈~ event hat〉 ②연회 때 쓰고 버리는 종이 모자, 〈~ paper hat〉 ③(남자들이 연회에 갈 때 지참하는) 콘돔, 〈~ condom〉 우2
427	**par·ty poop-er** [파아티 푸우퍼]: 연회 파괴자(초〈똥〉 치는 놈), 파티의 흥을 깨는 사람, 〈~ wet blanket〉 미1
428	**par-ve·nu** [파알붜뉴우]: per(through)+venire(come), 〈라틴어→프랑스어〉, '도달하다', 갑자기 출세하다, 벼락부자, 졸부, 〈~ nouveau riche\pippie\up-start〉 양2
429	**pas** [파스]: patch의 콩글리시 가2
430	**Pas·a·de·na** [패서디이너]: 〈원주민어〉, crown of the valley, '골짜기의 꼭대기', 파사데나 ①1886년에 세워진 LA 북동쪽에 있는 〈문화도시〉 ②1893년에 세워진 Houston 동남쪽에 있는 산업도시 수1
431	***Pas·cal** [파스칼]: Niklaus Wirth가 ALGOL(과학기술 계산용 연산법 언어)을 1970년대 초에 개선한 〈특정 항목을 부각시키기 위한〉 고급 전산기 차림표 언어, 〈~ a programming language〉 수1
432	**Pas·cal** [패스클 \ 파스칼], Blaise: 'Passover 때 낳은 자', 파스칼, (1623-1662), '용기에 담은 액체는 모든 방향으로 동일한 압력을 준다'는 원칙과 기계 계산기를 발명한 신심이 돈독했던 프랑스의 수학자·철학자, 〈~ a French mathematician and philosopher〉 수1
433	***Pas·cal no·ta·tion** [파스칼 노우테이션]: 파스칼 표기법, (파스칼 차림표에서 흔히 사용하는) 단어를 모두 대문자로 쓰고 함께 붙여 쓰는 표기법, 〈~(↔)camel notation〉 수2

434 **pa·se·o** [파쎄이오우]: ⟨← passus(step)⟩, ⟨'발걸음'이란 뜻의 라틴어에서 유래한 스페인어⟩, 산책, 넓은 가로수 길, 투우사의 입장 행진, ⟨~ parade\march⟩ 양2

435 **pash·mi·na** [퍼쉬미이너]: ⟨← pasm(wool)⟩, ⟨'양털'이란 뜻의 페르시아어⟩, 파시미나, 티베트 염소의 아랫배 털로 짠 아주 보드라운 고급 모직물, ⟨~ cashmere wool⟩ 수2

436 **Pash·to** [퍼쉬토우]: ⟨← parsua(borderland)⟩, ⟨변방이란 뜻의 페르시아어⟩, 파슈토어, (약 5천 3백만 명이 쓰는) 아프가니스탄⟨Afghanistan⟩의 공용어 수2

437 **Pa·siph·a·e** [퍼씨이훠이이]: pasi(for all)+phaos(light), ⟨그리스어⟩, '넓게 빛나는 자', 파시파에, Minos의 아내로 수소와 정을 통해 Minotaur라는 괴물을 낳은 요녀 수1

438 **pa·so do·ble** 파아소오우 도우블 레이]: step+double, ⟨스페인어⟩, (군대 행진이나 투우사의 입장때 연주되는) 활발한 행진곡⟨춤⟩, ⟨~ a dramatic Latin dance⟩ 미2

439 **pasque** [패스크]: ⟨← pasach(pass over)⟩, ⟨히브리어⟩, ⟨꽃이 만발하면 할미 허리같이 줄기가 굽는다⟩ 할미꽃(초원이나 습지에서 봄에 주로 청·보라색의 종 모양의 꽃이 피는 바람꽃 종류), 구미에서는 부활절('Passover') 때쯤 피는 Easter flower·시냇가에서 꽃잎이 바람에 휘날린다고 meadow anemone 등으로 불림 미2

440 **pass** [패쓰 \ 파쓰]: ⟨← passus(step)⟩, ⟨라틴어⟩, ⟨← pace⟩, 지나다, 건너다, 추월하다, 양도하다, 허가하다, 통과하다, 없어지다, 산길, 고갯길, 수로, 과정(자료처리의 한 주기), ⟨~ go\permit⟩, ⟨↔halt\fail⟩ 양1

441 **pas·sage** [패씨쥐]: ⟨라틴어→프랑스어⟩, 통행, 경과, 수송, 통로, 한 줄, ⟨~ through route\thorough-fare⟩, ⟨↔stoppage\retreat⟩ 양1

442 **pass a-way** [패쓰 어웨이]: 사망하다, 없어지다, ⟨~ die⟩, ⟨↔live\survive⟩ 가1

443 **pas·sen·ger** [패쓴져]: ⟨라틴어→프랑스어⟩, 승객, 여객, '통과하는 사람', ⟨~ fare\rider⟩, ⟨↔driver⟩ 가1

444 **pas·sen·ger car** [패쓴져 카아]: 승용차, 객차, ⟨~ carriage for fewer than 10 people⟩, ⟨↔truck⟩ 가1

445 **pas·sen·ger seat** [패쓴져 씨이트]: (자동차의) 조수석, 손님석(운전자 옆자리), ⟨~ first chair\shot-gun⟩, ⟨↔driver seat⟩ 가1

446 **pass·er-by** [패써 바이]: 지나는 사람, 통행인, ⟨~ bystander\onlooker⟩, ⟨↔inhabitant\accompanyist⟩ 가1

447 **pas·ser·ine** [패써륀 \ ~라인]: ⟨← passer(sparrow)⟩, ⟨어원 불명의 라틴어⟩, '앉아있는 새', (전체 새의 반 이상을 차지하며) 발가락이 세 개는 앞으로 한 개는 뒤로 뻗은 참새목 연작류의 새, ⟨~ perching' bird⟩ 우2

448 **pass-ing** [패씽]: ①통과, 전달, ⟨~ passage⟩ ②⟨미국인들은 안심하나 한국인(Korean)들은 괘씸하게 생각하는⟩ 건너 뜀, ⟨~ skipping\jump⟩, ⟨↔halt\fail⟩ 양1

449 **pass-ing bell** [패씽 벨]: 조종, 죽음을 알리는 종, ⟨~ death knell⟩ 가1

450 **pass-ing lane** [패씽 레인]: 추월차선, (농구선수들이) 공을 주고받는 공간, ⟨~ over-taking lane⟩ 가1 미2

451 **pas·sion** [패션]: ⟨← pati(endure)⟩, ⟨라틴어⟩, ⟨'고통'을 감내하는⟩ 열정, 격정, 열애, 격분, 열망, 수난, ⟨~ crucifixion\devotion⟩, ⟨↔apathy\calm⟩ 가2

452 **Pas·sion-ist** [패셔니스트]: 예수 수난회 수도사, 18세기 초 이탈리아에서 창시된 예수의 수난과 죽음을 중시하는 가톨릭의 한 종파, ⟨~ Congregation of the Passion of Jesus Christ⟩ 수2

453 **pas·sion flow·er** [패션 훌라워]: 시계꽃, (예수의 죽음을 연상시킨다는) '수난초', 여러 가지 색깔의 꽃잎과 암·수술의 배열이 시계판을 닮은 남미 원산의 덩굴식물, ⟨~ passi-flora\clock flower⟩ 미2

454 **pas·sive** [패씨브]: ⟨← pati(endure)⟩, ⟨라틴어⟩, '고통을 겪는', 소극적인, 수동의, 무저항의, 활기 없는, 비활성의, ⟨~ submissive\yielding⟩, ⟨↔active⟩ 가1

455 *****pas·sive FTP**(file trans·fer pro·to·col): 수동적 전송 교범, ⟨보안 유지를 위해⟩ 모든 연결을 서버('도우미') 대신 사용자가 직접 조정하는 서류철 전송 방법, ⟨이것은 client command\active FTP는 server command⟩ 미2

456 *****pas·sive mat·rix** [패씨브 매트뤽스]: 수동적 모형, 단순 모형, 능동적 모형보다 명암의 대조가 덜 뚜렷한 ⟨구식의⟩ LCD(액정표시장치), ⟨↔active matrix는 clearer and wider⟩ 미2

457 **pas·sive smok·ing** [패씨브 스모우킹]: 간접흡연, ⟨~ indirect smoking⟩, ⟨↔smoking⟩ 가1

458 *****pass-key** [패쓰 키이]: 곁쇠, 여벌쇠, 맞쇠(master key), '통괄 열쇠', ⟨이 말의 용도가 점점 넓어져서 website나 app을 열거나 출입국 통관대를 빠져나갈 수 있는 지문이나 안면 인식을 사용한 암호나 문자가 필요없는 '통과인증'이란 뜻으로 쓰이고 있음⟩ 미2

P 935

459 **pass mark** [패쓰 마아크]: (최저) 합격점, 급제점, 〈~ passing score〉, 〈↔failing grade〉 양2

460 **pass on** [패쓰 어언]: 경과하다, 전달하다, ~을 사양하다, 죽다, 〈~ impart\give\leave〉 양2

461 **pass out** [패쓰 아웉]: 기절하다, 곯아떨어지다, 내놓다, 〈~ faint\collapse\keel over〉 가1

462 **Pass·o·ver** [패쓰 오우버]: 〈재앙이 넘어가는〉 '과월절', 유월절〈누락 축제〉, 하느님이 이집트의 장자들은 죽이고 유대의 아들들은 살려준 것을 기념해서 3~4월에 어린 양을 제물로 바치고 약 1주일간 거친 빵을 먹는 기간, 〈~ Pesa(c)h〉 미2

463 **pass-port** [패쓰포오트]: (국적을 가진 나라에서 발급하는) 여권, 〈'항구를 통과'할 때 필요한〉 허가증, 수단, 〈~ travel permit〉, 〈visa는 방문국에 머물 수 있는 체류 허가증임〉 가1 양2

464 **pass-port ba·by** [패쓰포오트 베이비]: 원정 출산아, 〈~ anchor baby〉 양2

465 **pass-port con·trol** [패쓰포오트 컨트로울]: 여권 통제국, 여권 검사대 양2

466 *****pass the buck** [패쓰 더 벅]: 〈buck는 포커에서 패를 돌릴 사람 앞에 놓는 표시물로 예전에는 목숨 걸고 책임지라는 뜻으로 Buck-knife를 꽂았다 함〉, 책임을 전가하다, 〈~ blame own mistakes on others\dump the shame\it's all yours〉 양2

467 *****pass-word** [패쓰 워어드]: 군호, 암호, 통과 문자, 〈~ open sesame〉 양2

468 **past** [패스트]: 〈영국어〉, 'passed', 지나간, 이미 없어진, 과거(의), 지나친, 〈~ old〉, 〈↔future\new〉 가1

469 **pas·ta** [파스터]: 〈그리스어→라틴어〉, 〈← paste ← passein(sprinkle)〉, 1970년대부터 〈널리 쓰여진 말〉, 파스타, 〈4천 년 전에 실크로드를 통해 중국으로부터 그리스로 전래된〉 '밀가루 반죽', 밀가루·달걀·물을 섞어 만든 100가지 이상의 모양과 크기를 가진 이탈리아의 요리(재료), dough of wheat 수2

470 *****paste** [페이스트]: 〈← passein(sprinkle)〉, 〈'풀 뿌리다'의 그리스어〉, 풀, dough, 〈빵〉 반죽, 연고, 점토, 붙이기, '땜질', 보관소에 있던 자료를 사용자가 편찬하는 문안으로 이송하는 일, 〈~ mush\blend\putty〉 가1 미2

471 **pas·tel¹** [패스텔 \ 패스틀]: 〈그리스어→라틴어→프랑스어〉, 〈← paste〉, 파스텔, '빵 반죽에 색을 넣은 것', 색분필, 색깔이 있는 가루를 굳혀 만든 길쭉한 막대, 만필(짧은 산문), 섬세한, 부드러운, 〈~ soft〉, 〈~ chalk\coloring pencil〉 우2

472 **pas·tel²** [패스텔 \ 패스틀]: 〈← pastel¹〉, 파스텔, 대청(엷은 청색 염료를 공급하는 십자화과의 두해살이풀·숭람), 〈~ pale〉, 〈~ indigo\woad〉 미2

473 **Pas·ter·nak** [패스터낵], Bo·ris: 〈← pastinaca(grower of parships)〉, 〈라틴어→슬라브어〉, 'parsnip' 재배자, 파스테르나크, (1890-1960), 「의사 지바고」의 저자로 노벨상을 수락했다가 소련 정부의 압력으로 철회한 시인·소설가, 〈~ a Russian poet and novelist〉 수1

474 **Pas·teur** [패스퇼], Louis: 'pastor'(양치기), 파스퇴르, (1822-1895), 생물은 오직 생물에서만 나온다는 신념으로 우유의 저온 살균법과 광견병 예방 접종을 〈발명〉하여 프랑스에 큰 부를 안겨준 화학자·세균학자, 〈~ a French chemist and micro-biologist〉 수1

475 **pas·tiche** [패스티이쉬]: 〈'pasta'에서 연유한 프랑스어〉, 혼성곡, 모조화, 모방 작품, 〈~ mixture\imitation〉 양2

476 **pas-time** [패스타임]: 〈영국어〉, pass+time, '시간 보내기', 심심풀이, 유희, 소일거리, 〈↔livelihood〉 가1

477 **pas·tor¹** [패스터 \ 파스터]: 〈← pascere(feed)〉, 〈라틴어〉, 〈← pasture〉, shepherd('양치기'), 목사, (영국의) 비국교파의 주임, 〈~ chaplain\minister〉 가2

478 **pas·tor²** [패스터]: 〈← pastor¹〉, 〈목사의 설교같이 긴 울음소리를 내는〉 (근동·유럽에 서식하는) 장미색 찌르레기, rose-colored starling 미2

479 **pas·to·ral** [패스터럴]: 〈← pastor¹〉, 목가, 전원곡(시), 목사의, 전원적인, 〈~ idyl〉, 〈↔urban〉 양2

480 **past par·ti·ci·ple** [패스트 파아티씨플]: 과거분사, 또는, 동사의 형용사적 과거형, 형용사의 성질을 띤 동사의 과거형, 〈~ perfect and passive tense〉 양2

481 **past per·fect** [패스트 퍼어휔트]: (과거에 동작이 끝난) 과거완료, 〈~ pluperfect: had+past participle〉 양2

482 **pas·tra·mi** [퍼스트라미]: 〈로마니아어〉, pressed and cured, 〈조리해서 압축한〉 파스트라미, (등심살로 만든 향기 짙은) 훈제 쇠고기, 훈제 또는 소금에 절인 소의 어깨살, 〈~ beef brisket\corned beef〉 양2

483 **pas·try** [페이스트뤼]: 〈영국어〉, 〈← paste〉, 가루반죽(과자), (밀가루·기름·계란·우유·물 등을 섞어) 구워서 만든 밀가루 과자, 〈~ confectionary〉 미2

484 **pas·ture** [패스춰 \ 파스춰]: ⟨← pacere(feed)⟩, ⟨라틴어⟩, ⟨풀을 뜯어 먹게 놔두는⟩ (방)목장, 목초지, 목초, ⟨~ grazing land\ranch⟩, ⟨↔horticulture⟩, ⟨↔waste-land\orchard⟩ 가1

485 **pas·ture work-er** [패스춰 워어커]: 농부(farmer), 외야수(out-fielder) 양2

486 **pat** [퍁]: ⟨영국어⟩, ⟨의성어·의태어⟩, 가볍게 두드리기, 작은 덩어리, 안성맞춤인, ⟨~ pet⟩ 양1

487 **pat-a-cake** [패터케이크]: (어린이들이 노래 부르며) 상대방의 손바닥을 치는 놀이, ⟨~ clap and rhyme⟩ 우1

488 **Pat·a·go·ni·a** [패터고우니어]: ⟨← pata(paw)⟩, ⟨스페인어⟩, 파타고니아 ①'큰 짚신'을 신고 산 원주민들이 있었던 남미(South America) 아르헨티나 남서부의 황량한 고원지대, ⟨~ semi-arid scrub² plateau⟩ ②1973년에 미국 캘리포니아(California)에서 창업되어 70%를 재활용품 원료로 야외 활동용품을 제조·판매라는 친환경업체, ⟨~ an outdoor sports-wear retailor⟩ 수1

489 **pa·tas** [패터스]: ①⟨세네갈어⟩, (아프리카의 땅 위에서 서식하는) 긴꼬리원숭이, hussar monkey ②feet(발)의 스페인어 미1 양2

490 *__patch__ [패취]: ⟨'piece'란 뜻의 프랑스어⟩, 헝겊 '조각, 판자 조각, 고약, 안대, 반점, 애교점, '땜질', '임시 교정'(차림표나 자료의 오류를 부분적·일시적 교체·수정하는 일), ⟨~ speck\repair⟩, ⟨↔puncture⟩ 양1

491 **patch cord** [패취 코어드]: '임시 연결선', 양쪽에 끼우개가 있는 임시 연결 전선, ⟨~ fiber jumper⟩ 양1

492 **patch test** [패취 테스트]: 첩포 시험(항원을 바른 천을 피부에 붙여 과민성 반응을 알아보는 검사), ⟨~ scratch test⟩ 양2

493 **patch work** [패취 워얼크]: 쪽모이 세공, 여러 조각들로 이뤄진 것, 미봉, 날림일, ⟨~ jumble\quick fix⟩ 가1

494 *__pat-down (search)__ [퍁 다운 (써어취)]: frisking '더듬어 내리기(소지품 검사)', 몸수색, ⟨~ body searching⟩ 양1

495 **pa·te¹** [파테이]: ⟨프랑스어⟩, ⟨작은 pastry⟩, (고기·생선·닭고기 따위가 든) ⟨빵에 발라 먹는⟩ 고기 반죽, 진흙, 점토, ⟨~ dough\clay⟩ 양2

496 **pate²** [페이트]: ⟨어원 불명의 영국어⟩, (특히 머리털이 없는) 정수리, '속알머리', ⟨~ brain\crown⟩, ⟨한국에서 속이 빈 머리를 대갈통이라 하고 얼굴이 못생긴 여자를 빈대떡이라 하는데 이것도 pie같이 볼품없는 머리를 뜻하는 완곡어법이라 사료됨⟩ 양2

497 **pa·tel·la** [퍼텔러]: ⟨← patere(to be open)⟩, ⟨라틴어⟩, 슬개골, 종지뼈, 무릎받이, (무릎) '도가니', knee cap, ⟨↔olecranon⟩ 양2

498 **pat·ent** [패튼트 \ 페이튼트]: ⟨← patere(to be open)⟩, ⟨라틴어⟩, ⟨공개할 수 있는⟩ '백지장', ⟨미국에서는 17년간 유효한⟩ 특허(권·품), 독특한 (생각을 보호하는), 빤한, ⟨~ right\permit⟩ 가1

499 **pa·ter·nal** [퍼터어늘]: ⟨← pater⟩, ⟨라틴어⟩, ⟨← pa⟩, 아버지(의), 세습의, 참견하는, ⟨↔maternal⟩ 가1

500 **pa·ter·nal·is·tic** [퍼터어늘리스틱]: 가부장적인, 보호주의적인, ⟨↔maternalistic⟩ 가1

501 **pa·ter·ni·ty leave** [퍼터어너티 리이브]: (맞벌이 부부의) 남편의 출산·육아 휴가, ⟨~ 법률용어는 family and medical leave임⟩, ⟨↔maternity leave⟩ 양1

502 **pa·ter·ni·ty test** [퍼터어너티 테스트]: 친부 확인 검사, ⟨~ conform a genetic father⟩, ⟨↔maternity test⟩ 가1

503 *__path__ [패쓰 \ 파쓰]: ⟨어원 불명의 게르만어⟩, ⟨← pathos(suffering)?⟩, ⟨「인생은 나그네 길」이란 한국 노래에서 연유한?⟩ (작은) 길, 보도, 통로, 궤도, 경로(한 개 이상의 목록이 있는 원반에서 어떻게 특정 서류철을 찾아내는지 가르쳐 주는 지침), ⟨~ track\trail⟩ 가1 미2

504 **path~ \ path·o~** [패쓰~ \ 패쓰오우~]: ⟨← pathein(suffering)⟩, ⟨그리스어⟩, ⟨고통·병·감정~⟩이란 뜻의 결합사 양1

505 **pa·thet-ic** [퍼쎄틱]: ⟨← pathos(suffer)⟩, '감정적인', 애처로운, 슬픈, 감동적인, 아주 적은, 우스꽝스러운, ⟨~ pitful\lamentable⟩, ⟨↔cheerful\whimsical⟩ 양2

506 **pa·thet-ic fal·lacy** [퍼쎄틱 휄러시]: 감성적 허위(무생물에도 감정이 있다고 생각하는 ⟨예술적⟩ 사고방식), ⟨~ personification\humanization⟩ 양2

507 **Pa·thet Lao** [파쎄트 라오우]: ⟨← pathet(country)⟩, ⟨라오스어⟩, '라오스 땅', 1950년 조직되어 월맹의 후원을 받은 오랜 내전 끝에 미국 CIA가 후원한 왕정을 누르고 1975년 공산 정권을 수립한 라오스 애국전선(Lao People's Liberation Army) 수1

508 **path–find-er** [패쓰 화인더]: 개척자, 탐험가, (공격 목표를 선발하는) 선도기, 밀정, ⟨~ guide\scout⟩, ⟨↔follower\loser⟩ 양2

509 **pa·thol·o·gy** [퍼쌀러쥐]: ⟨← pathos(suffering)⟩, ⟨그리스어⟩, 병리학, 병상, ⟨~ study of disease⟩, ⟨↔health\activity⟩ 양2

510 **pa·thos** [페이싸스]: ⟨'고통(suffering)'이란 뜻의 그리스어⟩, 파토스, ⟨고민⟩, 연민의 정, 비애감, 감성, ⟨~ emotion\sorrow⟩, ⟨↔humor\glee⟩, ⟨↔ethos\logos⟩ 양2

511 *****path trac·ing** [패쓰 트뤠이싱]: 경로 추적, (1980년대 중반에 개발된) 실제 광원에서 나오는 수많은 광선 다발을 추적하여 각 모양의 형성 과정을 알아보는 ⟨포괄적이고 신속한⟩ 방법, ⟨~(↔)ray tracing⟩ 미2

512 **path-way** [패쓰 웨이]: 통로, 작은 길, 경로, ⟨~ course\route⟩, ⟨↔barrier\blockade⟩ 양2

513 **pa·tience** [페이션스]: ⟨← pati(suffer)⟩, ⟨그리스어⟩, 참을성, 인내심, 끈기, '겪어냄', ⟨~ pathos⟩, ⟨~ forbearance\composure⟩, ⟨↔intolerence\restlessness⟩ 가1

514 *****pa·tience can con·quer des·ti·ny**: 참을 인 자 셋이면 살인도 피한다, ⟨~ patience is a virtue\all things come to him who waits⟩ 양2

515 *****pa·tience is a vir·tue**: ⟨성경에도 나오는 말⟩, 인내는 미덕이다, 참는 자에게 복이 있다, ⟨~ good-things come to those who wait⟩, ⟨↔impatience is a vice?⟩ 양2

516 *****pa·tience is bit·ter but its fruit is sweet**: ⟨루소가 한 말⟩, 인내는 쓰고 열매는 달다, 고진감래, ⟨~ no pain, no gain⟩ 양2

517 **pa·tient** [페이션트]: 인내(력)심이 강한, 끈질긴, ⟨무조건 참아야 하는⟩ 환자, ⟨~ pathos⟩, ⟨~ tolerant\sick person⟩, ⟨↔im-patient\agitated\wrath⟩, ⟨↔doctor⟩ 가1

518 *****pa·tient ze·ro** [페이션트 지어로우]: '원조환자', 특정 전염병을 처음 진단받은 환자, ⟨~ index case⟩ 우2

519 **pat·i·na** [패티나\ 퍼티이너]: ⟨← petere(to be open)⟩, ⟨라틴어→이탈리아어→영국어⟩, ⟨← patent⟩, (구리로 된) 큰 접시⟨에 오래된 녹⟩, 녹청의, 고색창연한, ⟨~ aura\verdi-gris⟩, ⟨↔dull\stripper⟩ 양2

520 **pa·ti·o** [패티오우]: ⟨← patere(to be open)⟩, ⟨라틴어⟩, (스페인풍의) 안뜰, '야외 거실', '누대', '횟간', 집에 딸린 야외 휴식처, ⟨~ terrace\balcony⟩, ⟨~(↔)court\gallery⟩ 우2

521 **pat-juk** [팥죽]: ⟨한국어+중국어⟩, red-bean (and rice) porridge, ⟨액운(evil spirits)을 피하려고 동지(winter solstice)에 먹는⟩ 팥을 푹 삶아 으깨어 쌀과 물을 넣고 쑨 죽 수2

522 **pat·ri~** [패트뤼~]: ⟨그리스어⟩, father, ⟨아버지·가부장~⟩이란 뜻의 결합사, ⟨↔matri~⟩ 양1

523 **pat·ri-arch** [페이트뤼 아아크]: 가부장, 족장, 교황, 주교, 원조, 원로, ⟨~ rule of the father⟩, ⟨↔matriarch\follower⟩ 양2

524 **Pa·tri·cia** [퍼트뤼셔]: Pat. Pattie, ⟨Patrick의 여성형⟩, 여자 이름, '고귀한 여자'⟨noble woman⟩ 수1

525 **pa·tri·cian** [퍼트뤼션]: ⟨← patricus(noble man)⟩, ⟨라틴어⟩, 귀족, 명문자, 양반, 고귀한 양1

526 **pat·ri-cide** [패트뤼 싸이드]: patris(father)+caedere(kill), 살부, 아버지 살해(범), ⟨↔matri-cide⟩ 양2

527 **Pat·rick** [패트뤽]: ⟨← patricus(noble man)⟩, ⟨라틴어→영국어⟩, '고귀한 자', 패트릭 ①남자 이름 ②St. P~; (389?-461?), 6년간의 노예생활을 바탕으로 많은 아일랜드 주민을 기독교로 개종시킨 영국 출신 수도사, ⟨~ Apostle of Ireland⟩ 수1

528 **pa·tri·ot** [패트뤼얻 \ 페이트뤼얻]: ⟨← patris(father)⟩, ⟨그리스어⟩, ⟨아버지의 나라를 위하는⟩ 애국자, ⟨~ lover of one's country⟩, ⟨↔traitor⟩, P~; (1976년부터 만 개 이상 만들어진) 미 육군의 지대공 미사일, ⟨~(↔)THAAD는 이보다 길고 넓은 영역을 cover 할 수 있음⟩ 양2 수2

529 **Pa·tri·ots** [페이트뤼어츠], New Eng·land: 패트리어츠, '애국자들', 1959년 공모된 이름으로 창단되어 보스턴 근교에 근거지를 둔 NFL 소속 미식 축구단 수2

530 **pa·tris-tic** [퍼트뤼스틱]: (초기 기독교에서) 교부의, 교부학의, ⟨~ church fathers⟩ 양2

531 **pa·trol** [퍼트로울]: ⟨← patte(paw)⟩, ⟨프랑스어⟩, ⟨진창길을 걷는(paddle)⟩ 순찰, 정찰, 순경, ⟨그러나 요즘 경찰님들은 진창에 발을 담그기를 싫어하세요⟩, ⟨~ beat-pounding\keep-guarding⟩, ⟨↔ignore\neglect⟩ 가1

532 **pa·tron** [페이트뤈]: ⟨← pater(father)⟩, ⟨그리스어→라틴어⟩, ⟨아버지 같은⟩ 보호자, 후원자, 고객, ⟨~ sponser\subsidizer⟩, ⟨↔matron\antagonist\recipient⟩ 양2

533 **pat·ro·nym·ic** [패트뤼 니믹]: pater(father)+onoma(name), ⟨그리스어⟩, 아버지(조상)의 이름을 딴, 성, ⟨~ surname\family name⟩, ⟨↔matro-nymic⟩ 양2

534 **pat-ter** [패터]: ⟨영국어⟩, ⟨'pat'의 강세어⟩, 후두둑 떨어지다, 후다닥 달리다, 재잘거리다, ⟨~ clatter\rattle\chatter⟩ 가1

535 **pat·tern** [패턴]: ⟨← patron⟩, ⟨프랑스어⟩, ⟨아버지가 보여주는⟩ 모범, 모형, 양식, 도안, 도형, ⟨~ model\design⟩, ⟨↔plain¹\misadjust⟩ 양2

536 **Pat-ton** [패튼], George: son of Patrick, ⟨스코틀랜드계 이름⟩, '고귀한 자의 아들', 패튼, (1885-1945), 2차 대전시 미국 전차군단을 지휘해서 무공을 세웠으나 교통사고 후유증으로 사망한 ⟨무대 체질⟩의 4성 장군, ⟨~ an American general⟩ 수1

537 **pat·ty** [패티]: ①⟨영국어⟩, P~; 여자 이름, Patrick의 애칭 ②⟨프랑스어⟩, 작은 묽은 양과자, ⟨~ pastry⟩ ③⟨프랑스어⟩, 간·고기 등을 얇게 원형으로 만든 요리, ⟨~ pete¹⟩ 수1 우1

538 **pat·ty melt** [패티 멜트]: 부드러운 고기를 치즈에 녹여 삽입한 빵, ⟨~ burger melt⟩ 우1

539 **pat·ty pan** [패티 팬]: ①과자 냄비(파이를 굽는 냄비) ②'냄비 호박'(껍질에 세로 홈이 있고 냄비 뚜껑같이 생긴 조그만 호박으로 찌거나 날로 먹음), ⟨~ round suash⟩ 미1

540 **pau·ci·ty** [퍼시티]: ⟨← paucus(few)⟩, ⟨라틴어⟩, 소수, 소량, 결핍, ⟨↔abundance\premium⟩ 가1

541 **Paul** [포얼]: ⟨← Paulus(humble)⟩, ⟨라틴어⟩, '겸손한 자', 폴 ①남자 이름 ②757~1978년까지의 6명의 로마 교황(Pope) 이름 수1

542 **Paul** [포얼], St.: 사도 바울, (?-67?), 열두 제자 중 하나는 아니나 학식이 풍부해서 신약성서의 여러 서간의 필자로 알려진 기독교의 개척자·철학자, ⟨~ Saul of Tarsus (in Italy)⟩ 수1

543 **Paul Bun·yan** [포얼 버니연]: ⟨← bugne(lump)?⟩, ⟨라틴어+프랑스어⟩, '겸손한 빵 굽는 자?', 폴 버니언, 미국 개척 시 힘이 장사였다는 전설상의 거인 나무꾼, ⟨~ a North American giant lumber-jack⟩ 수1

544 **pau·low·ni·a** [퍼얼로우니어]: ⟨라틴어 학명⟩, ⟨네덜란드에 시집온 러시아 Pavlovna 공주를 환영하기 위한⟩ ⟨참⟩오동나무, 가볍고 부드러운 재목을 제공하는 현삼과의 낙엽활엽교목, ⟨~ fox-glove tree⟩, ⟨~(↔)catalpa\Indian bean⟩ 미2

545 **paunch** [퍼언취]: ⟨← panticis(bowels)⟩, ⟨'복강'이란 뜻의 라틴어⟩, 배, (반추동물의) 첫째 위, 올챙이 배, ⟨~ belly⟩ 양2

546 **pause** [퍼어즈]: ⟨← pauein(stop)⟩, ⟨그리스어⟩, '멈춤', 중지, 쉼, 늘림, 정지, ⟨→ pose \ position⟩, ⟨↔continue\persist⟩ 가1

547 **Pa·va·rot·ti** [패붜롸티], Lu·ci·a·no: ⟨← pavo ← pavire(ram)?⟩, ⟨라틴어→이탈리아어⟩, ⟨어린 거위 같은 '뒤뚱발이'⟩, 파바로티, (1935-2007), 악보를 읽을 줄도 몰랐지만 ⟨기똥차게⟩ 감정을 불어넣은 이탈리아의 ⟨서정적⟩ 테너 가수, ⟨~ an Italian operatic tenor⟩ 수1

548 **pave** [페이브]: ⟨← pavire(ram)⟩, ⟨라틴어⟩, '내려치다', 포장하다, 덮다, ~을 쉽게 하다, ⟨~ cover\facilitate⟩, ⟨↔un-pave\dig up⟩ 양1

549 **pave-ment** [페이브먼트]: 포장면(바닥), 포장도로, 인도, ⟨~ 미국에서는 side-walk라 함⟩, ⟨↔main-road⟩ 양2

550 ***pave the way** [페이브 더 웨이]: 길을 닦다(내다), 상황을 조성하다, (~을) 용이하게 하다, ⟨~ break the ice⟩, ⟨↔hinder\complicate⟩ 양2

551 **pa·vil·ion** [퍼빌리언]: ⟨← papilio(butterfly)⟩, ⟨라틴어⟩, 파빌리언, ⟨'나비' 같은⟩ 큰 천막, 임시 막사, 누각, 별관, 전시관, ⟨~ gazebo\marquee⟩ 양1

552 **Pav·lov** [패블러흐], I·van: 'Paul'의 슬라브어, 파블로프, (1849-1936), 「조건반사」를 발견해서 노벨상을 탄 러시아의 생리학자, ⟨~ a Russian physiologist⟩ 수1

553 **pav·lo·va** [패블로우붜]: (1926년 뉴질랜드 호텔의 주방장이 그곳을 순회공연하던 안나 파블로바를 위해 만들었다는) 크림·계란 흰자위·설탕·과일을 섞어 만든 ⟨질퍽질퍽한⟩ 양과자, ⟨~ a meringue-based dessert⟩ 수2

554 **Pav·lo·va** [패블로우붜], An·na: 파블로바, (1881-1931), 32세 때 영국에 정착한 ⟨깜찍하고도 우아한⟩ 춤을 췄던 러시아의 무용수, ⟨~ a Russian prima ballerina⟩ 수1

555 **paw** [퍼어]: ⟨← patin(clog)이란 프랑스어?⟩, ⟨어원 불명의 게르만어⟩, (짐승의) 발, 거친 손, 앞발로 할퀴다, ⟨~ claw\talon\hand⟩ 가1

556 **pawn** [퍼언]: ⟨라틴어⟩ ①⟨pledge하는⟩ 전당(물), 인질, ⟨~ bond⟩ ②⟨ped(발)로 걷는⟩ 보병, (장기의) 졸, ⟨~ pioneer⟩, ⟨~ foot soldier⟩ 가1

557 **pawn-bro·ker** [퍼언 브로우커]: 전당포 주인, 전당업자, ⟨~ shylock⟩ 가1

558 **pawn-shop** [퍼언 샵]: 전당포, ⟨~ hock-shop⟩ 가1

559 **paw·paw** [퍼어퍼어]: 〈어원 불명의 카리브어〉, papaya, 포포나무(열매), 미동부 온대지방에 서식하는 작은 파파야 같은 과일을 맺는 활엽관목 우2

560 **Pax** [펙스]: 〈라틴어〉, 팍스, 평화의 여신, (특정국이 주도하는) 태평성대, p~; 화해, 성상패(예수나 성모상), 〈→ peace\pacific\pay〉, 〈↔chaos\war〉 수1 미2

561 **Pax Si·ni·ca** [펙스 씨니커]: pax(peace)+Sino(China), 〈라틴어+프랑스어〉, 중국 주도의 태평성대, 17세기 말부터 18세기까지 청나라의 강희·건륭제 치하의 전성기를 일컬으나 조만간 제2의 전성기가 오리라 예상되는 '중국 천하' 우2

562 **pay** [페이]: 〈← pax(peace)〉, 〈라틴어〉, 〈'평화'롭게〉 갚다, 치르다, 지불하다, 표하다, 받다, 급료, 보상, 〈→ pension¹〉, 〈~ reward\penalty〉, 〈↔repudiate\earn〉 양1

563 **pay-able** [페이어블]: 지불할 수 있는, 지급해야 할 양2

564 **pay-back** [페이 백]: 환불(의), 자금 회수, 보상 양2

565 **pay-check** [페이 쳌]: 봉급(지급) 수표, 임금 양2

566 **pay-ee** [페이 이]: 수취인, 피지급인, 〈↔pay-er〉 가1

567 **pay-er** [페이어]: payor, 지급인, 지불인, 납부자, 〈↔payee〉 가1

568 **pay-load** [페이 로우드]: 유료(수익)하중, 유효 탑재량, 유도탄 탄두의 폭발력, 급료 지급용 경비 부담, 〈~ cargo\freight〉 양2

569 **pay-mas·ter** [페이 매스터]: 회계 주임, 지급 담당자, 재무관, 〈~ controller\purser〉 양2

570 **pay-ment** [페이 먼트]: 지불, 납부, 보상, 〈~ remittance〉, 〈↔non-payment〉 가1

571 **pay-off** [페이 어후]: 청산, 분배, 완전히 갚다, 성공하다, 〈~ pay in full〉 양2

572 **pay-o·la** [페이 올러]: pay+Victrola(LP음반의 상표), 〈1959년 미 상원에서 사용한 말〉, (음반회사가 선전용으로 DJ에게 주는) 사례금, 수회, 뇌물, 〈~ kick-back\bribery〉 미2

573 **pay-out** [페이 아웉]: 지불금, 배당금, 〈~ recompense〉, 〈↔squander〉 양2

574 *****Pay-Pal** [페이팰]: 페이팔, 1998년에 송금을 목적으로 출발해서 안전·신속하〈친구에게 지불하듯〉신용거래를 위해 〈세계 화폐를〉 목표로 하는 전산망 금융회사, 〈~ on-line money transfer〉, 〈~ an American financial technology company〉 수2

575 **pay-phone** [페이 호운]: 유료 전화, 공중전화, 〈~ public telephone〉 가1

576 **pay-roll** [페이 로울]: 임금 대장, 종업원 명부, 급료 총액, 〈~ salary\emolument〉 양1

577 **pay-roll tax** [페이 로울 탴스]: (미) 급여 소득세, 급여를 받을 때 고용주가 미리 징수하여 연방·주정부에 바치는 〈원천 소득세〉, with holding tax, ⇒ FICA 양2

578 **pay-stub** [페이 스터브]: 급료 명세표, 〈~ pay statement〉 양2

579 *****PAYT** [페잍](pay as you throw): (버리는 쓰레기의 양에 따라 요금이 부과되는) 종량제, trash metering 양2

580 *****pay-wall** [페이 워얼]: '유료 벽', 전산망 기지의 화면을 유료로 지정하는 것, 돈을 내야 들어가 볼 수 있는 전산망 기지, 〈~ payment gate-way\access control〉, 〈↔public\free〉 우2

581 **PBS** (Pub·lic Broad-cast-ing Ser·vice): (미)공공 방송망, 1970년에 교육과 공보를 위해 세워져 350개 이상의 회원 방송국을 가지고 있는 비영리 민간 TV 방송망 미2

582 *****PBX** (pri·vate branch ex-change): 〈내부와 외부 통화가 가능한〉 사설 구내(자동)전화 교환대 미2

583 **PC¹**: personal computer(개인용 전산기), Peace Corps(평화봉사단) 미2

584 **PC²**: postcard(우편 엽서), petty cash(소액 현금), post cibum(식후), percent(백분율) 양1

585 *****PCB¹** (please call me back): 다시 전화해 미2

586 *****PCB²** (print-ed cir·cuit board): (같은 계통의 회로판을 인쇄하듯이 찍어내서 층으로 조립하는) 인쇄 배선 회로기판 미2

587 *****PC bang** [피씨방]: 〈한국어〉, personal computer room, 개인 전산기 방, 각종 LAN(근거리통신망) 놀음을 하러 가는 곳, internet cafe 수2

588 *****PC card** (par·al·lel com·mu·ni·ca·tion card\per·son·al com·put·er mem·o·ry card): 병렬 소통 주변 접속판, 개인 전산기 기억력 카드, 1990년경부터 출시된 보조 기억력 장치를 초소형 전산기에 연결시키는 조그만 카드, PCMCIA 확장카드의 새로운 이름 우2

589 ***PC com·pat·i·bil·i·ty** (per·son·al com·put·er com·pat·i·bil·i·ty): 개인 전산기 호환성, 한 개인 전산기가 IBM 제품과 차표나 부속품을 서로 바꿔 쓸 수 있는 능력 미2

590 ***PCE** (per·son·al con·sump–tion ex·pen·di·tures) price in·dex: 개인 소비 지출 가격지수, (연방 정부가 각종 자료를 이용해서) 개인의 국내 소비가 증감되는 평균율로 물가의 흐름을 예측하는 종합지표 미2

591 ***PCI** (pe·riph·er·al com·po·nent in·ter·face): '주변 부품 접속기', 1992년 Intel이 출시한 개인용 전산기 간의 호환성을 높이기 위한 공통로 우1

592 ***PCMCIA** (per·son·al com·put·er mem·o·ry card in·ter·na·tion·al as·so·ci·a·tion): 개인 전산기 기억력 카드 규격 국제 협회, 초소형 전산기의 주변 접속판의 규격 통일을 위해 1989년에서 2009년까지 활동했던 전산기 강성기기 제조자들의 국제적 모임 우2

593 **PCP¹** (pri·ma·ry care phy·si·cian): 기초(초기) 치료의사, 일차 진료의사, 〈일반의·내과·소아청소년과·산부인과 등〉 환자를 처음 대하는 의사 양2

594 **PCP²** (phen·cy·cli·dine pill): angel dust〈천사의 분말〉, 1926년에 마취제로 개발된 강력한 해리성 환각제(마약) 수2

595 *****PCR** (pol·y·mer·ase chain re·ac·tion): 중합효소 연쇄반응, 아주 적은 양의 DNA를 확대해서 정보를 얻어내는 방법, Covid-19 감염 검사 때 주로 비강을 면봉으로 훔쳐서 판독하는데 경제적이고 무증상 초기 감염도 잡아낼 수 있으나 정확도는 약 80-85% 정도임 미2

596 **PD**: ①producer(제작자·감독·연출가)의 한국식 표현 ②police department(경찰서) ③post·doctoral(박사학위를 받고 나서) ④postal district(우편 구역) ⑤program director('종목 편성자'·'과정 감독') ⑥per diem(per day·하루치) 양1

597 *****PDA¹** (per·son·al dig·i·tal as·sis·tant): 개인용 휴대 정보 단말기, 스마트폰이 나오기 전에 쓰였던 손바닥에 들어오는 작은 정보처리기 미2

598 **PDA²** (pub·lic dis·play of af·fec–tion): '애정 공개 행각', 〈바이든 대통령의 장기인〉 공개된 장소에서 하는 애정 행위 양2

599 *****PDF** (port·a·ble doc·u·ment file \ for·mat): 이동식 서류철 체제, 1993년 어도비사가 개발한 강성·연성·운용기기에 관계없이 온전한(틀림없는) 정보를 보내는 서류철 전송방식 우2

600 *****PDP** (plas·ma dis·play pan·el): 전리 기체 전광판(화면 표시판), 1936년 유럽에서 개발되어 1983~2014년간 세계적으로 쓰였던 전극을 띤 기체를 사용한 〈납작한〉 벽걸이용 TV 영상장치 미2

601 *****PDQ** (pret·ty damn quick): 아주 빨리, 즉각 양2

602 **PDR** (phy·si·cians' desk re·fer–ence): 1982년에 출판되기 시작해서 근래에는 전산화된 〈엉성하게 편집된 제약회사 위주의〉 의사용 탁상(약품) 편람 미1

603 **PE** (phys·i·cal ed·u·ca·tion): 체육(교육) 가2

604 **pea** [피이]: 〈← pison(legume)〉, 〈어원 불명의 그리스어〉, 완두(콩), 지중해 연안 원산으로 사료되는 백색·자색의 나비 모양의 꽃이 피고 길쭉한 깍지에 4~9개의 알이 들어있는 콩과의 한해살이 덩굴식물, 〈~ pease〉, 〈bean은 잠두콩〉 가2

605 **peace** [피이스]: 〈← pax〉, 〈라틴어〉, 평화, 안녕, 화해, 평정, 〈→ pacific\appease〉, 〈~ tranquility\law and order〉, 〈↔discord\hustle\war〉 가2

606 **Peace Corps** [피이스 커어]: 피스 코, 평화 봉사단, 개발도상국의 교육·보건·과학·문화·농업 개발을 위해 1961년 미국정부(US government)의 후원 아래 창설된 〈꿍꿍이 속이 많은〉 민간 원조단체 양2

607 **peace lil·y** [피이스 릴리]: '평화 백합', 〈빛이 적어도 잘 자라는〉 숟가락같이 생긴 흰 꽃이 피는 실내 식물, 〈~ arum lily〉 우1

608 *****peace mon·ger** [피이스 멍거]: '평화 맹신자', (굴욕적) 평화 주창자, 〈~ peacenik\conchie〉, 〈↔warrior〉 양1

609 *****peace-nik** [피이스 닉]: 평화 운동가, 반전 운동가, 〈~ bohemian\pacifist\dove〉, 〈↔war-hawk〉 양1

610 **peace of·fic–er** [피이스 어휫써]: 보안관, 치안관, 경찰관, 〈~ law enforcement agent〉, 〈↔civilian〉 양2

611 **peace pipe** [피이스 파이프]: Calumet, (북미 인디언들이 화친의 상징으로 돌려가며 피웠던) 〈장식이 달린 긴〉 평화의 담뱃대, 〈~ olive branch〉 양1

612 **peach** [피이취]: 〈← persica〉, 〈라틴어〉, 〈Persian apple〉, 복숭아, 즙이 많고 부드러운 과육을 얇은 껍질이 싸고 있고 돌 같은 커다란 씨를 가지고 있는 온대성 과일, 노란빛이 도는 분홍색, 예쁜 소녀, 〈~ a drupe(stone-fruit)〉, 〈~(↔)이것은 껍질이 fuzzy하고 nectarine은 smooth함〉 가1 미2

613 **peach moth** [피이취 머어쓰]: 복숭아나방, 〈동양 과실나방〉, 회·갈색의 변식력이 강한 조그만 나방으로 애벌레는 복숭아 등 각종 과일의 〈골치 아픈〉 해충임, 〈~ oriental fruit moth〉 미2

614 **pea coat** [피이 코읕]: 〈← pije(coarse wool)로 만든〉 짧은 외투, (19세기에 네덜란드 해군들이 입던) 두툼한 반코트, 〈~ pea jacket〉 우2

615 **pea-cock** [피칵]: pavo(의성어?)+cok, 〈라틴어〉, '무조', (수)공작, 수컷이 눈알 같은 반점이 달린 '꽁지깃'을 부채 모양으로 펴고 으스대는 인도 원산 꿩과의 칠면조만 한 새, 〈암·수를 함께 말할 때는 pea·fowl〉 미2

616 **pea crab** [피이 크랩]: 속살이게, 조개나 굴 속에 곁방살이하는 '콩만 한' 조그만 게, 〈~ oyster crab〉 미2

617 **peak** [피이크]: 〈영국어〉, 〈← pike〉, 끝, 산꼭대기, 정상, 돌출부, 절정 하중, (군모 등의) 챙, 〈~ point\project〉, 〈↔bottom\valley〉 양1

618 **peal** [피일]: 〈라틴어〉, appeal의 두음 소실, 울림, 주명악, 떨치다, 〈~ ring\chime〉 양2

619 **pea-nut¹** [피이넡]: 〈라틴어〉, 〈pea도 아니고 nut도 아니지만 둘의 공통점을 두루가진〉 땅콩, 낙화생, 수정 후 꽃이 지면 씨방이 밑으로 내려와 〈땅속에서 열매를 맺는〉 온난한 지방의 모래땅에서 잘 자라는 브라질 원산 콩과의 한해살이 식물, 〈~ ground nut〉, 〈~(↔)wal-nut〉 가1

620 **pea-nut²** [피이넡]: 〈미국 속어〉, 〈땅콩같이〉 하찮은 것(사람), 푼돈, 〈~ Mickey Mouse\chicken feed\nickels and dimes〉 양2

621 **pear** [페어]: 〈← pirum(a fleshy fruit)〉, 〈어원 불명의 라틴어→게르만어〉, 배, 얇고 누런 껍질에 희고 수분이 많은 속살을 가진 과일로 서양 배(common ~ European ~)는 표주박 모양\동양 배(Asian ~·oriental ~)는 둥근 모양을 하고 있음 가1

622 **pearl¹** [퍼얼]: 〈← perla(little bag)\perna(upper leg)?〉, 〈어원 불명의 라틴어에서 유래한〉 '진기한 구슬', 진주(굴이나 조개에 들어간 이물질을 둘러싸고 층층으로 쌓아 올린 분비물 덩어리로 다른 보석보다 연하고 빛을 흡수하기도 하는 성질이 있음), 〈~ nacre seed〉 가1

623 **pearl²** [퍼얼]: 〈← pearl¹〉, 귀중품, 일품, 작은 알맹이, 젖빛(색), 〈~ gem〉, 〈↔lemon〉 양2

624 **Pearl Har·bor** [퍼얼 하아버]: 〈진주 조개가 많았던〉 펄 하버, 진주만, 1941년 12월 7일 새벽 일본의 기습으로 18척의 배·170기의 비행기·3,700명의 인명 손상을 본 하와이의 오하우섬 남쪽에 있는 군항, 〈~ a lagoon harbor in Oahu, Hawaii〉 미2

625 **pearl-ware** [퍼얼 웨어]: '진주자기', 18세기 후반에 유행했던 흰 바탕에 광택이 나는 도자기 제품, 〈~ pearl white\China glaze〉 미2

626 **pearl wed·ding** [퍼얼 웨딩]: 진주혼(식), 결혼 30주년 기념 양2

627 **pearl-wort** [퍼얼 워얼트]: 개미자리, 가는 잎·긴 줄기·별 모양의 작은 〈진주 모양의〉 흰 꽃이 피는 '거치적거리는' 석류과의 두해살이 잡초, 〈~ ground pearl〉 미2

628 **pear shape** [페어 쉐이프]: (둥근 밑에서 꼭지 쪽으로 가늘어지는) 표주박 모양 양1

629 **Pear-son** [피어슨] Air-port: 〈석공(Peter)의 자손〉, 1939년에 개장되어 1984년 토론토(Toronto) 출신 14대 캐나다 수상 이름으로 개칭된 캐나다 제1의 국제공항 수2

630 **Pea·ry** [피어뤼], Rob-ert: 〈석공(Peter)의 하인〉, 피어리, (1856-1920), 국회가 '북극의 발견자'로 공인한 미국의 탐험가·토목기사 출신 해군제독(admiral), 〈~ an American naval officer〉 수1

631 **peas·ant** [페즌트]: 〈← pagus(country)〉, 〈라틴어〉, '시골에 사는 자', 농부, 소작농, 농민, 촌사람, 〈~ tenant farmer\boor〉, 〈↔aristocrat〉 가1

632 **pease** [피이즈]: 'pea'의 복수형, 완두의 (굵은) 가루, 완두콩 양2

633 **peat** [피이트]: 〈← peta(piece of turf)〉, 〈어원 불명의 켈트어〉, 토탄, 이탄, 주로 늪지대의 식물이 썩어서 된 석탄의 전 단계 물질로 연료나 비료로 쓰임, 〈~ dirt turf〉 가1

634 **peat moss** [피이트 모오스]: 초탄, 선태(이끼)이탄, 이끼 등 지의식물이 썩어서 굳어진 물질로 토탄보다 탄화도가 낮아 연료보다 주로 수분을 잡아두는 원예용으로 쓰임, bog moss 미2

635 **pea tree** [피이 트뤼이]: 완두 나무, 완두콩 같은 꽃과 열매를 맺는 각종 관목류, 〈~ leguminous plant〉 미2

636 **pea wee·vil** [피이 위이블]: 콩바구미, 애벌레와 성충이 주로 완두콩에 해를 끼치는 딱정벌레, 〈~ pea beetle〉 미2

637　**peb·ble** [페블]: ⟨← papol(small\smooth stone)⟩, ⟨어원 불명의 영국어⟩, 조약돌, ⟨cobble보다 적은⟩ 자갈, 수정, 마노, ⟨↔boulder⟩ 가1

638　***PEBKAC** [페브캑]: problem exists between keyboard and chair, '멍청이 사용자', 자판기와 의자 사이에 있는 '물건'이 문제 즉 기계가 문제가 아니라 사용자의 잘못이라는 뜻 미2

639　**pe·can** [피칸 \ 피칸]: ⟨북미 원주민어⟩, hard-shelled nut, ⟨'돌로 깨야하는'⟩ 타원형의 호두와 가구용 목제를 제공하는 북미 남부 원산의 가래나무 수2

640　**pec·ca·ble** [페커블]: ⟨← peccare(sin)⟩, ⟨라틴어⟩, '죄를 짓기 쉬운', 과오를 범하기 쉬운, ⟨~ capable of sinning⟩, ⟨↔im-peccable\perfect⟩ 양2

641　**pec·ca·ry** [페커뤼]: ⟨카르브어⟩, musk hog, skunk pig, 주로 쌍둥이를 낳는 열대 아메리카산 중형 '멧돼지(wild boar)' 수2

642　**peche**(peach) **Mel·ba** [피(이)취 멜버]: ⟨프랑스어⟩, 런던 사보이 호텔의 프랑스인 주방장이 오스트레일리아 소프라노 Nellie Melba를 위해 만든 얼음과자(vanilla ice-cream)에 복숭아(peach and raspberry)를 얹어 만든 후식 수2

643　**peck¹** [펙]: ⟨← picken(pick)⟩, ⟨어원 불명의 영국어⟩, (beak로) 쪼다, 쪼아먹다, 흠을 잡다, 들볶다, ⟨~ bite\jab⟩, ⟨↔lick\dig⟩ 양1

644　**peck²** [펙]: ⟨← pek(allowance)?⟩, ⟨어원 불명의 영국어⟩, (말에게 주던) 건조물의 부피를 재는 단위, 0.0088입방미터, 8쿼트, 1/4부셀, 8.81리터, 다량(plenty) 수2

645　**Peck** [펙], Greg·o·ry: ⟨영국계 이름⟩, '산등성이⟨foot of a peak⟩에 사는 자'\'부피⟨peck²⟩를 재는 자', 펙, (1916-2003), 진보적인 사고방식을 가졌던 미국의 ⟨신사⟩ 영화배우, ⟨~ an American actor⟩ 수1

646　**peck-er** [펙커]: 쪼는 새, 딱따구리, 곡괭이, 코, 부리, 자지, ⟨~ beak\neb\penis⟩ 양1

647　**peck-ish** [페키쉬]: '쪼아 먹고 싶은', (약간) 배고픈, 짜증 난, 성마른, ⟨~ hungry⟩, ⟨↔satisfied⟩ 양2

648　**Peck-sniff** [펙스니후]: 펙스니프, 디킨스(C.Dickens)의 소설에 나오는 '미꾸라지' 같은 놈, p~; 위선자(hypocrit) 양2

649　**pec·tin** [펙틴]: ⟨← pegnynai(fix)⟩, ⟨그리스어⟩, 익은 과일에 들어있으며 ⟨고체를 만드는⟩ 시큼달콤한 탄수화물, ⟨~ galacturonic acid⟩ 우1

650　**pec·to·ral** [펙터뤌]: ⟨← pectus(breast)⟩, ⟨라틴어⟩, 가슴의, 흉근의⟨~ chest\thoracic⟩ 가1

651　**pe·cu·liar** [피큐울리어]: ⟨← pecus(cattle)⟩, ⟨라틴어⟩, '사유 재산', 독특한, 고유의, 두드러진, 별난, ⟨~ distinctive\unusual⟩, ⟨↔common\ordinary⟩ 가2

652　**pe·cu·ni·ar·y** [피큐우니에뤼]: ⟨← pecus(cattle)⟩, ⟨라틴어⟩, '자산', 금전(재정)상의, 벌금을 내야 할, ⟨~ monetary⟩, ⟨↔non-financial⟩ 가2

653　**ped¹~** [페드~ \ 피드~], ped·i [페디~ \ 피디~]: ⟨그리스어에서 연유한 라틴어⟩, foot, ⟨발~⟩이란 뜻의 결합사 양1

654　**ped²~** [페드~ \ 피드~]: ⟨그리스어⟩, child, ⟨토양·소아·유아~⟩란 뜻의 결합사, paed~ 양1

655　**ped-a·gogue** (~gog) [페더가아그]: ⟨← pedagogy⟩, 교육자, 가르치기 좋아하는 사람, (학자티를 내는) 현학자, ⟨~ teacher⟩, ⟨↔pupil\student⟩ 양2

656　**ped-a·go·gy** [페더고우쥐]: paidos(child)+agein(lead), ⟨그리스어⟩, '어린이 안내자', 교직, 교육학, 교수법, ⟨~ education⟩, ⟨↔gerontology⟩ 양2

657　**ped-al** [페들]: ⟨← pedis(foot)⟩, ⟨그리스어⟩, 발판, 발틀, 발의, '발로 밟는' 건반, ⟨~ foot lever⟩, ⟨↔handle⟩ 양1

658　**ped-al bin** [페들 빈]: '족동 쓰레기통', 발로 밟아 뚜껑을 여는 쓰레기통, ⟨~ pedal garbage can⟩ 우1

659　**ped-a·l(l)o** [페덜로우]: '족동식 단정', 발로 젓는 놀잇배, 수상 자전거, ⟨~ pedal boat⟩ 우1

660　**ped-al push-er** [페들 푸셔]: 자전거 타는 사람, 발판을 밟는 사람, '밟아라 삼천리' 우1

661　**ped-al push-ers** [페들 푸셔즈]: '발판 밟기 바지', 자전거 탈 때 입는 (여성용) 반바지, ⟨~ capris⟩ 우1

662　***ped·an·tic** [피댄틱]: ⟨그리스어→라틴어→프랑스어⟩, ⟨← pedagogue⟩, 아는 체하는, 현학적인, 학자라고 뽐내는, 탁상공론의, ⟨~ didactic\over-scrupulous⟩, ⟨↔plain\ignorant⟩ 가1

663　**ped-dler \ ped-lar** [페들러]: ①노를 젓는 자(rower) ②⟨발품을 파는⟩ 행상, 도부꾼, 마약 판매인, ⟨~ traveling salesman⟩ 양2

664 **ped·es·tal** [페더스틀]: pedis(foot)+stallo(place), 〈그리스어+이탈리아어〉, 〈발이 서 있는〉 대좌, 주각, 받침대, 기초, 〈~ platform\podium〉 양1

665 **pe·des·tri·an** [퍼데스트뤼언]: 〈← ped¹〉, going on foot, 도보의, 〈발로 다니는〉 보행자, 단조로운, 〈~ walker\tedious〉, 〈↔driver\motorist\exciting〉 양2

666 **pe·di·at·rics** [피이디 애트뤽스]: 〈← ped²〉, 〈그리스어〉, 소아과(학), 소아청소년과(학), 〈~ pedology〉, 〈↔geriatry〉 가1

667 **ped·i·cure** [페디큐어]: 〈그리스어→라틴어〉, pedis(foot)+cura(care)(발에 대한 관리), 발 치료, 발톱 가꾸기, 〈~(↔)manicure〉 가1

668 **ped·i·gree** [페더그뤼이]: ped(foot)+grus(crane), 〈그리스어→라틴어→프랑스어〉, 〈두루미 발 같은〉 계도, 혈통, 가계, 족보, 〈~ lineage\family tree〉 양1

669 **pe·do·don·tics** [피이더 단틱스]: ped(child)+odont(tooth), 〈그리스어〉, 소아치과(학) 가1

670 **pe·dol·o·gy** [피달러쥐]: 〈← pedon(ground)〉, 〈그리스어〉, 토양학(study of soil), 육아학, 아동학, 〈~ pediatrics〉 가1

671 **pe·dom·e·ter** [퍼다미터]: pedis(foot)+metron(measure), 〈그리스어→라틴어→프랑스어〉, 보도계, 계보기, 걸음 측정기, 〈~ step counter〉 가1

672 **pe·do·phil·i·a** [피이도우휠리어]: 〈그리스어〉, child+love, 소아애증(환자), 어린이에 대한 이상성욕(자), 〈~ child predator〉, 〈↔geronto-philia〉 가1

673 **pe·dun·cle** [피덩클]: pedicle, 〈← ped¹(foot)〉, 〈그리스어→라틴어〉, (받침)다리, (꽃)자루, (버섯의) 줄기, 세포 뿌리, 〈~ stalk¹\stem〉 양1

674 **pee** [피이]: 〈영국어〉, 〈의성어〉, 〈~ piss〉, 오줌 누다, 쉬하다, 〈~ urinate〉 가2

675 **peek** [피이크]: 〈← piken(peer² quickly)〉, 〈어원 불명의 영국어〉, 엿보다, 살짝 들여다보다, 전산망 번지 훑어보기, 〈~ peep〉, 〈~ keek〉, 〈↔examine\stare〉 양2 미2

676 **peek-a-boo** [피이커 부우]: 〈영국어〉, '훤히 보임' ①아웅, 까꿍(놀이) ②〈사람들이 엿보라고〉 가슴이나 겨드랑이에 구멍을 뚫은 여성복 ③특정 위치에 뚫린 구멍을 통해 정보를 탐색하는 체계, 〈~ see-through〉 양2 미2

677 **peel** [피일]: 〈← pilare ← pilus(hair)〉, 〈라틴어〉, 껍질(을 벗기다), (옷을) 벗다, 〈→ pillage〉, 〈'눈을 예리하게 하다'·'계란 속 껍질을 까듯 형식에 구애되다'·'편대에서 이탈하다'·'타이어가 벗겨지도록 가속하다' 등 여러 용도로 쓰이는 말이나 '팬티를 벗기다'라는 뜻으로도 쓰이는지는 잘 모르겠음〉, 〈~ pare\rind〉, 〈↔cover\put on〉 가1 양2

678 **pee·nie** [피이니]: 〈penis의 어린이 용어〉, 고추잠지(little penis), 〈~ weenie\shrov〉 양2

679 **peep¹** [피이프]: 〈← pepen(look narrow)〉, 〈의태어〉, 〈영국어〉, 엿보다, 흘끗 보다, 드러나다, 〈~ peek〉, 〈~ keek〉, 〈↔gaze\stare〉 양2

680 **peep²** [피이프]: 〈영국어〉, 〈의성어〉, 찍찍, 삐삐, 삐악삐악, 잔소리, 〈~ cheep〉 가1

681 **pee-pee** [피이 피이]: 〈유럽어〉, 〈의성어·의태어〉, 병아리(chick), (어린애의) 잠지〈baby's penis〉, 오줌(piss) 양2

682 **peep-hole** [피이프 호울]: 들여다보는 구멍, 검사창, 옹이구멍〈~ eye-hole\knot-hole〉 양1

683 ***Peep-ing Tom** [피이핑 탐]: 나체로 말 타고 가는 귀부인을 훔쳐보다 눈이 먼 친구, p~ T~; 관음증 환자, 엿보기를 즐기는 사람, 〈~ peeper\voyeur〉 수2 양2

684 **peep show** [피이프 쑈우]: 들여다보는 구경거리, '나체 눈요기', '구멍 볼거리', 요지경 보기, 〈~ strip show〉 양1

685 **peer¹** [피어]: 〈← par(equal)〉, 〈라틴어〉, 동료, 대등한 사람, 귀족〈이 자기들끼리 부르는 말〉, (영) 상원의원, 〈~ colleague\noblemen〉, 〈↔foe〉 가1

686 **peer²** [피어]: 〈← appear?〉, 〈영국어〉, 자세히 보다, 응시하다, 보이기 시작하다, 〈~ pry〉, 〈↔glance〉 가1

687 **peer-age** [피어뤼쥐]: 〈라틴어→프랑스어→영국어〉, 귀족의 지위(신분), 귀족사회, 〈nobility가 아니면 동료가 아니라는 뜻〉, 〈~ gentry\nobility〉 가1

688 **peer group** [피어 그루우프]: 동류(또래) 집단, 〈~ colleagues\fellowship〉, 〈↔adversary〉 가1

689 **peer pres·sure** [피어 프뤠셔]: 동료(또래) 압력, 〈~ group pressure〉 가1

690 **pee·vish** [피뷔쉬]: 〈어원 불명의 영국어〉, petulant, 성마른, 안달하는, 까다로운, 〈~ contrary\morose〉, 〈~ perverse\thrawn〉 가1

691 **pee·wee \ pe·wee** [피이위이]: 〈영국어들〉①〈의성어〉, 딱새류의 작은 새〈신대륙 종달새〉, 〈~ magpie lark〉 ②〈← wee(small marble)〉, '조약돌', 아주 작은 사람(동물), 꼬마, 〈~ midget〉 미2 양2

692 **peg** [페그]: 〈← pegge(stake)?〉, 〈어원 불명의 게르만어〉, 쐐기, 나무못, 말뚝, 걸이 못, 마개 다리, 집게, 자지, 〈~ spike\secure〉, 〈↔jumble\scramble〉 양1

693 ***PEG**(price/earn-ings to growth), ra·tio: ①(주가·배당금·성장기대액을 고려한) 연계주가 ②(연계)고정환율제도, fixed exchange rate 우2

694 ***pe·gan** [페건]: 〈신조어〉, paleo(ancient)+vegan(vegetarian), 원시 채식, 〈구석기 시대 인류가 먹었다던?〉 75%의 채소에 25%의 (기름기 없는) 육류로 구성된 '융합 채식주의', 〈~ a combined diet〉 우2

695 ***peg·a·sis·ter** [페거 씨스터]: Pegasus+sister, (연속극 my little sister를 좋아하는) 천진난만한 여자, 〈↔brony〉 우2

696 **Peg·a·sus** [페거서스]: 페가수스, '천마', winged horse, 날개 달린 말〈하늘로 올라가서 별자리가 되었다는 설과 발굽을 굴려 시의 원천을 만들었다는 설이 있음〉, 〈스위스의 안락사 단체·미국의 말 보호 단체 등 여러 단체들의 이름〉 수2

697 **peg-board** [페그 보어드]: ①(연장을 걸어두기 위해) 못걸이를 꽂는 구멍 뚫린 판, 〈~ craft board〉 ②나무못 말판(말을 구멍에 옮겨 꽂으며 노는 놀이 도구), 〈~ checker board〉 우1

698 **Peg·gy** [페기]: 〈M이 어떻게 P로 둔갑했는지를 연구하느라고 밤잠을 설치기는 했지만 좌우간〉 여자 이름, Margaret(Meggy)의 애칭, 〈수다쟁이 Margaret가 딱다구리 mag-pie(까치)로 된 다음 줄임말 pie가 Peggy로 되었다는 것을 아는 분은 편자를 성님으로 모시겠음〉 수1

699 **peg top** [페그 탑]: 'pear shaped' ①서양배 모양의 나무 팽이, 〈~ spinning top〉 ②위가 넓고 아래가 좁은 팽이 모양의 바지, 〈~ tapered leg〉 우2

700 **pe·jo·ra·tive** [피줘어뤄티브]: 〈← pejor〉, 〈'worse'란 뜻의 라틴어〉, 타락하는, 퇴화적인, 경멸적인, 〈~ disapproved〉, 〈↔complimentary〉 양2

701 **pek·an** [페컨]: 〈← apanakes〉, 〈북미 원주민어〉, '소나무 담비', fisher cat, 물고기보다는 다른 작은 동물을 잡아먹고 살며 캐나다 내륙 산림지대에 서식하는 커다란 족제비 수2

702 **Pe-kin** [피이킨]: 〈← Pe-king〉 ①북경 오리(duck) ②북경 비단(공단)〈silk〉 수2

703 **Pe-king** [페이킹 \ 피킹 \ 피이킹]: Beijing의 옛 이름, '북쪽 서울〈northern capital〉', 베이징, 북경, 기원전 2천 년경에 교역지로 시작해서 가장 오랫동안 수도 역할을 해온 중국 북부 만리장성 남쪽에 서서히 사막화해 가는 행정·문화·산업도시, 〈~ Capital of China〉, ⇒ Beijing 수1

704 **Pe-king-ese** [피이키니이즈]: Pekinese, 북경의 (사람·언어), 북경 발발이(서태후가 사랑했던 털이 길고 다리가 짧으며 코가 납작한 사자를 닮은 소매 속에 들어가는 아주 작은 애완견), 〈~ a toy dog〉 수2

705 **Pe-king man** [페이킹 맨]: 북경 원인, 1920년대에 북경 근처에서 발견된 68~78만 년 전에 살았던 직립원인으로 그 유골들은 대부분 1941년 일본과 미국이 자기들 나라로 가져가는 와중에서 〈중국인들이 한약재로 달여 마셨다는 소문과 함께〉 소실됨, 〈~ Homo Erectus Pekinensis〉 수2

706 **pe-koe** [피코우]: 〈중국어〉, white down, 〈흰 솜털이 나는 어린 잎을 따서 쓰는〉 '백호', 인도산 고급 홍차, 〈~ high quality tea〉 수2

707 ***pel** [펠]: pix element, 화소, 회소, 화상정보를 분석했을 때의 최소 단위 미2

708 **pe·lar·go·ni·um** [펠라고우니엄]: 〈그리스어〉, 속칭 geranium, 〈씨 꼬투리가 geranos(crane)의 부리를 닮은〉 쥐손이풀과 양아욱속의 총칭, 꽃아욱 미2

709 **Pe·le** [페일레이]: 〈'기적(miracle)'이란 뜻의 히브리어〉, 펠레, (1940-2022), 〈흑진주〉, 〈축구의 왕〉, 1363번 경기에서 1281번 공을 넣고 브라질에 3번의 월드컵 우승을 안겨다 준 〈국보〉, 〈본명은 몰라도 됨〉, 〈~ a Brazilian professional foot-baller〉 수1

710 **pel·er·ine** [펠러뤼인]: 〈프랑스어〉, 모피로 만든 좁고 긴 어깨걸이(pilgrim이 즐겨 입었던 소매 없는 여성용 외투), 〈~ shoulder cover〉 우1

711 **pel·i·can** [펠리컨]: 〈← pelekys(hatchet)〉, 〈그리스어〉, 〈'도끼' 주둥이〉, 〈항아리〉, 〈많이 쑤셔 넣는〉 사다새, 가람조, 앞 끝이 구부러진 긴 부리 밑에 달린 턱주머니에 물고기를 잡아 넣어두면 새끼가 꺼내 먹는 왜가리(heron) 비슷한 큰 물새, 비꼬기(sarcastic) 잘하는 여자, 루이지애나(Louisiana) 사람, 먹보(glutton), 〈~ gannet보다 부리가 길고 통통함〉 미2

712 **pel·i·can** (pe·des·tri·an light con·trolled) **cross-ing**: 누름단추식 횡단보도, 보행자가 신호등을 조작하는 횡단보도 미2

713 **pel·i·can flow·er** [펠리컨 플라워]: '사대새 꽃', 〈펠리컨 같기도 한〉 보라색 얼룩점이 있는 긴 나팔꽃 모양의 꽃이 커다란 나비처럼 접혀지는 열대 지방산 쥐방울속의 덩굴성 식물, 〈~ birthwort\Dutchman's pipe〉, 〈학명은 Aristolochia Gigantea〉 우1

714 **pe·lisse** [펄리스]: 〈← pellis(skin)〉, 〈'껍질'이란 라틴어에서 유래한 프랑스어〉, (털로 안을 댄) 여성의 긴 외투 또는 용기병의 전투복, 〈~ a cloak〉 수2

715 **pel·la·gra** [펄래그뤄 \ 펄레이그뤄]: pellis(skin)+agra(hard), 〈라틴어→이탈리아어〉, 펠라그라, '거친 피부', 옥수수〈육류 없이 옥수수만 먹어서 생기는〉 홍반, 니코틴산(니아신·Vit B3) 부족으로 생기는 설사·혼미·발진을 특징으로 하는 병 우2

716 **pel·let** [펠릿]: 〈← pila(ball)〉, 〈라틴어〉, '쇠로 된 작은 공', 알갱이, 둥글게 뭉친 것, (작은) 돌멩이, 총알, (아주 작은) 공, 알약, 산탄, (토끼 똥 같은) 똥 덩어리, 〈~ small ball〉 양1

717 **pel·let gun** [펠릿 건]: 공기총, 납이나 황동 합금으로 만든 둥글지 않은 탄알을 화약을 쓰지 않고 공기압력으로 쏘아 대는 '비살상용'총, 〈~ BB gun보다 크고 무거움〉 양2

718 **pell-mell** [펠 멜]: pesle(product)+mesle(mixture), 〈← mesler(mix)〉, 〈'섞다'라는 프랑스어에서 유래한〉 엉망진창으로, 허둥지둥, 난잡한, 〈~ disorganized\helter-skelter〉 양2

719 **Pel·o·pon·ne·sian War** [펠러퍼니션 워어]: 펠로폰네소스 전쟁, 그리스 남쪽 〈Pelop가 살았던〉 펠로폰네소스 반도에서 (BC 431~404년간) 스파르타(Sparta)의 침공으로 시작되어 옥신각신하다 아테네(Athens)의 항복으로 끝난 전쟁 수2

720 **Pe·lops** [필랖스 \ 펠랖스]: pelos(dark)+ops(eye), 〈그리스어〉, '얼굴(눈)이 검은 자', 펠롭스, 아버지 탄탈로스에 의해 신들에게 제물(고기)로 바쳐졌다가 신들에 의해 환생되어 올림픽경기(Olympics)의 원조가 된 피사의 왕, 〈~ a king of Pisa〉 수1

721 **pelt** [펠트]: ①〈← pultare(strike)〉, 〈라틴어→영국어〉, 내던지다, 쳐붓다, 질주하다, 〈~ bombard〉, 〈↔drag\linger〉 ②〈← pellis(skin)〉, 〈'껍질'이란 라틴어에서 유래한〉 날가죽, 털가죽, 〈~ raw-hide\leather〉, 〈~(↔)felt〉 양2

722 **pel·vis** [펠뷔스]: 〈라틴어〉, 골반, 하복부를 받치고 있는 '대야(basin)' 비슷한 골격, 하복부(아랫배), 〈~(↔)ilium\ischium〉 가1

723 **Pem-broke** [펨부루크]: 〈웨일즈어〉, land's head, '땅끝', 펨부룩, 영국 웨일스에 있는 지방 이름으로 그곳 원산의 귀가 쫑긋하고 몸통이 길고 다리와 꼬리가 짧은 corgi(난쟁이 양치기 개)가 유명함, 〈~ Welsh corgi〉 수1

724 **pem·mi·can** [페미컨]: 〈← pimiy(fat)〉, 〈북미 원주민어〉, '말린 지방', 비상용 말린 고기, 북미 원주민들이 만들어 먹던 것을 백인들이 본떠 만든 쇠고기에 지방·과일을 섞어 굳힌 휴대용 보존식품(나중에 jerkey로 상품화됨) 수2

725 **pem·phi·gus** [펨휘거스]: 〈← pemphix〉, 〈'거품(bubble)'이란 그리스어에서 유래한〉 천포창, 수포창, 피부에 수포가 생기는 자가면역성 질환, 〈~ an anto-immune disease〉 양2

726 **PEN** [펜]: International Association of Poets·Playwriters·Editors·Essayists and Novelists, 국제 펜클럽, 문학을 장려하고 표현의 자유를 옹호하기 위해 1921년 런던에서 결성된 세계에서 가장 오래된 민간 문학단체·인권옹호단체 수2

727 **pen**¹ [펜]: 〈← pet(fly)〉, 〈산스크리트어→그리스어→라틴어〉, 뾰족한 끝, 깃촉(feather), '쓰개', '줄 긋개', (잉크를 사용한) 필기 기구, 필력, 문사, 〈~ pin〉 우2

728 **pen**² [펜]: 〈← penn(small enclosure)〉, 〈어원 불명의 영국어〉, 우리, 어리(닭장), 축사, 저장실, 농원, 가두다 가1

729 **pe·nal** [피이널]: 〈← poine(blood-money)〉, 〈그리스어→라틴어〉, 〈'pain'을 주는〉 형벌의, 형법상의, 형을 받을 만한 양2

730 **pen·al·ty** [페널티]: 〈← poena(punishment)〉, 〈라틴어〉, '벌 받음', 형(벌), 처벌, 벌금, 불리한 조건, 〈→ pain\penology〉, 〈↔reward〉 양2

731 **pen·ance** [페넌스]: 〈← paenitere(sorry)〉, 〈라틴어〉, 참회, 회개, 속죄, 고백성사, 〈~ re·pent〉, 〈↔absolution\pardon〉 가1

732 **Pe·na·tes** [퍼네이티즈]: 〈← penitus(within)〉, '가내(집안)', 페나테스, (로마신화에서) 가정·사회의 수호신, 〈~ house-hold gods〉 수2

733 **pence** [펜스]: (금액을 말하는) penny의 복수 수2

734 **pen·chant** [펜션트]: 〈← pendere(hang)〉, 〈라틴어→프랑스어〉, 〈← pencher(incline)〉, 애호, 기호, 취미, 경향, 〈~ fondness\taste〉, 〈↔anti-pathy\hate〉 가2

735 **pen·cil** [펜슬]: 〈← pen〉, 〈라틴어〉, 〈가는 'penis' 모양을 한〉 연필, 석필, 눈썹먹, 입술연지, '그리개', (연필을 이용한) 필기 기구, 묶음, 기입하다, 〈~ write\note\black lead〉, 〈↔read\erase\crayon〉 양1

736 **pen·cil(pen) push·er** [펜슬(펜) 푸셔]: 필생, 쓰기를 업으로 하는 사람, clerical worker 양2

737 **pen·cil squid** [펜슬 스퀴드]: beka squid, 꼴뚜기(기다란 소형 오징어) 미2

738 **pen·dant** [펜던트]: 〈← pendere(hang)〉, 〈라틴어〉, 늘어져 있는 물건(장식), '매달이', 부속(물), 〈~ suspended\dangling〉 우2

739 **pen·de·loque** [펜델라이크]: 〈프랑스어〉, 〈← pendant〉, 펜데라크, 서양배 모양으로 깎은 '매달이 보석', 〈~ a hanging jewelry〉 우1

740 **pend·ing** [펜딩]: 〈← pendere(hang)〉, 〈라틴어〉, '매달린', 미결의, 계류 중인, 절박한, ~할 때까지는, 〈~ un-resolved\waiting for〉, 〈↔decided\settled〉 양2

741 **Pen·dle·ton Act** [펜들턴 액트]: 〈← pendle(hill)〉, 〈영국어〉, (미국 상원의 공무원 개혁 위원장 G.H. 펜들턴〈언덕에 사는 자〉이 상정하고 1883년 아서 대통령이 서명한) 계파·인맥·협상·거래에 의해 관직이 오가는 것을 금지한 공무원 법, 〈~ a US civil service act〉 수2

742 *****pen·do·la·re** [펜도라아뤠]: 〈이탈리아어〉, 〈'pendulum'같이 왔다·갔다 하다〉, 출·퇴근하다, 통근자(commuter) 양2

743 **pen(pen-cil)–driv-er** [펜(펜슬) 드라이버]: 서기, 문필가, 기자, 작가, 〈~ pen-pusher\desk jockey〉 양2

744 **pen·du·lum** [펜쥴럼]: 〈← pendere(hang)〉, 〈라틴어〉, '매달린 것', 흔들이, 추, 진자, 〈왔다리 갔다리 하는 사람〉, 〈~ counter-poise\bob〉 양2

745 **Pe·nel·o·pe** [퍼넬러피]: 〈그리스어〉, 〈베 짜는 여자(weaver)〉①퍼넬러피, 여자 이름 ②페넬로페, 20년간 요 핑계 조 핑계 대면서 정조를 지켰던 오디세우스(Odysseus)의 〈정숙한 아내〉, 〈~ a faithful wife〉 수1

746 *****pen·e·trate** [페너트뤠이트]: penes(within)+tra(enter), 〈라틴어〉, '들어가다', 꿰뚫다, 관통하다, 삽입하다, 간파하다, 침투하다, (전산기에) 부당한 정보를 넣다, 〈미국인들이 열 번째 쯤 좋아하는 말〉, 〈~ pierce\perforate〉, 〈↔leave\yield〉 양2

747 **Pe·ne·us** [퍼니어스]: 〈← pene(tale)〉, 〈고대 그리스어〉, 〈'전설이 많은' 강의 이름〉, 페네우스, a river god, (그리스 신화에서) 강의 신, Oceanus와 Tethys의 아들, Daphne의 아버지 수1

748 **pen-guin** [펭귄]: pen(head)+gwyn(white), 〈웨일즈어〉 ①'흰 머리'를 가지고 남반구의 한류에서 무리를 지어 살며 똑바로 서서 걷고 날지 못하는 〈지느러미〉 날개와 물갈퀴 발로 수영을 잘하는 〈바다쇠오리〉류, 〈~ fat goose〉 ②공군의 지상 근무원, 〈~ flight-simulator〉 우1 양2

749 **Pen-guin Books** [펭귄 북스]: 1935년 영국에서 시작해서 2013년 미국의 랜덤하우스(Random House)와 합친 염가보급판 위주의 출판사 수2

750 **pen-guin suit** [펭귄 쑤우트]: (검은색과 흰색이 조화를 이룬) 야회복 또는 우주복, 〈~ tuxedo\monkey suit〉 우1

751 **pen·i·cil·lin** [페니씰린]: 〈라틴어〉, 페니실린, 1941년부터 치료제로 쓰기 시작한 푸른곰팡이로부터 추출된 '붓끝〈pen〉 모양의' 강력한 항세균 물질, 〈~ an antibiotic〉 수2

752 **pen·in·su·la** [퍼닌쉴러]: pene(almost)+insula(isle), 〈라틴어〉, '거의 섬이나 다름없는 땅', 반도, 삼면이 바다로 둘러싸인 땅, 〈~ cape\head-land〉 가2

753 **pe·nis** [피이니스]: 〈라틴어〉, 〈pen을 닮은?; 그러나 pen보다 penis가 더 먼저 생겨났을 걸요?!〉페니스, '작은 꼬리〈tail〉', 음경, 〈영어로 292개의 동의어가 있는〉 남근, 자지〈흥분되면 피가 몰려드는 뼈도 아니고 근육도 아닌 해면체 조직〉, 〈~ cock〉, 〈~ phallus〉, 〈~ bacon bazooka\joy-stick\love-pistol\one eye snake\pink torpedo\purple-headed warrior\yoghurt slinger\wang\willy〉, 〈↔vulva〉, 〈↔brain?〉 가2

754 **pe·nis plant** [피이니스 플랜트]: '자지초', ⇒ Titan arum 미2

755 **pen·i·tent** [페너턴트]: 〈← poena(punishment)〉, 〈라틴어〉, 죄를 뉘우치는, 참회하는, 통회자, 〈~ re·pent〉, 〈↔im-penitent\remorse-less〉 가1

756 **pen·i·ten·tia·ry** [페니텐셔뤼]: 〈← poena(punishment)〉, 〈라틴어〉, 고해 신부, 고해소, 감화원, 고행소, 교도소, 회개의, 징벌의, 〈~ jail\big house\prison〉, 〈↔outside\free〉 가2

757 **pen-knife** [펜 나이후]: (깃펜을 깎는 데 썼던) 외날의 〈접는〉 작은 주머니칼, 〈~ pocket knife〉 우1

758 **pen-man-ship** [펜먼쉽]: 서체, 서법, 서도, 습자, 글씨 쓰기 연습, 〈~ calligraphy〉, 〈↔type\print〉 양1

759 **Penn** [펜], Wil·liam: '축사〈pen〉지기', 〈영국어〉\ '땅딸보〈tree stump〉', 〈게르만어〉, 펜, (1644-1718), 해군 제독의 아들로 태어나 정치적·종교적 박해를 받으며 영국에서 소외되었던 퀘이커 교도를 이끌고 미국에 와서 펜실베이니아주를 개척한 종교 지도자, 〈~ a US religious leader〉 수1

760 **pen name** [펜 네임]: 필명, 아호, 〈~ assumed (or professional) name〉, 〈↔real name〉 양2

761 **pen·nant** [페넌트]: 〈영국어〉, pendant〈suspended rope〉+pennon〈long narrow flag〉 (창에 달린 깃발), (중세에 기사가 전쟁에 나갈 때 긴 창끝에 달았던) 길고 좁은 삼각기, 기치, 우승기, 〈~ banner\en-sign〉 양1

762 **Penn-syl·va·ni·a** [펜실베이니어]: Penn's woods, '펜〈그 곳을 개척한 William Penn〉의 삼림', 펜실베이니아, Pa, Penn, Keystone State, (미국 건국 초기에 이맛돌 역할을 했던) 〈이마돌 주〉, 미국 북동부 내륙에 자리 잡은 광업과 농업으로 한때 잘나갔던 역사적인 주, {Harrisburg-17}, 《mountain laurel》 수1

763 **Penn-syl·va·ni·a** [펜실베이니어], U·ni·ver·si·ty: 펜실베이니아 대학, 1740년에 시작해서 1791년에 미국 최초로 종합대학이 된 사립대학 〈트럼프 대통령의 모교임〉 수2

764 **pen·ny** [페니]: 〈← pfenning(coin)〉, pence의 단수형, 〈게르만어〉, ①영국의 청동화('1/100'파운드) ②미국의 1센트 '동전' ③잔돈, 푼돈, 금전 수2 양2

765 *****pen·ny for your thoughts**: (500년 전에 영국의 Thomas More가 도입한 말), 〈무슨 꿍꿍이 속인지〉 네 생각을 털어 놓으면 1센트 줄게, 〈~ what's on your mind?〉, 〈↔give my two cents(내 생각을 말해주마!)〉 양2

766 *****pen·ny-pinch·ing** [페니 핀칭]: 인색한, 구두쇠의, 긴축 재정의, 〈↔generous〉 양2

767 **pen·ny-roy·al** [페니 뤄이얼]: 〈← pulex(flea)〉, 〈라틴어→프랑스어→미국어〉, squaw mint, 털이 달린 조그만 공 모양의 자주 꽃이 피는 향내가 짙은 박하류의 식물로 그 기름을 짜서 방향 치료제로 씀〈원래는 벼룩(flea)을 쫓아 내는데 썼다 함〉 우1

768 *****pen·ny-wise** [페니 와이즈]: 푼돈을 아끼는, 소탐, 〈~ poound-foolish(대실)〉 양2

769 **pen·ny-wort** [페니 워얼트]: '동전풀', 전 세계에 걸쳐 습지에서 잘 자라며 동전 모양의 얇은 잎을 가지고 옆으로 퍼지는 피막이속의 자반풀, centella(병풀) 우1

770 **pe·nol·o·gy** [피날러쥐]: 〈← poena〉, 〈라틴어〉, 〈'punishment'를 연구하는〉 행형학, 교도소 관리학 양2

771 **pen pal** [펜 팰]: 〈1919년에 나온 pen-friend가 1931년에 변형된 말〉, 편지(를 통해 사귀는) 친구 양1

772 **pen·see** [판쎄이]: 〈← pendere(weigh)〉, 〈라틴어→프랑스어〉, 「팡세」, '생각', 회상, 금언, 수상록, 〈~ esprit\after-thought〉 양2

773 **pen·sion¹** [펜션]: 〈← pendere(weigh)〉, 〈라틴어→프랑스어→영국어〉, 〈← pay〉, 연금, 장려금, 보호금, 〈소금을 매달아 주는〉 수당, 〈~ annuity\retirement fund〉, 〈↔dis-enfranchise〉 양1

774 **pen·sion²** [펜션]: 〈주로 pension을 받는 사람이 거처하던〉 하숙집, 기숙사, 작은 호텔, '여가용 작은 주택', 〈미국에서는 주로 노후에 거처하는 곳이란 뜻이나 한국·일본·필리핀에서는 '호텔식 별장'이란 뜻으로 쓰임, 〈~ hostel\lodge〉, 〈↔mansion〉 양1

775 **pen·sion plan** [펜션 플랜]: 〈분할해서 지급하는〉 연금제도, 〈~(↔)four-o-one K〉 가1

776 **pen·sive** [펜시브]: 〈← pendere(weigh ← hang)〉, 〈라틴어〉, 생각에 잠긴, 곰곰이 생각하는, 시름에 젖은, 〈~ preoccupied\absorbed〉, 〈↔absent-minded\negligent〉 양2

777 **pen(t)-ste·mon** [펜(트)스티이먼]: pent(five)+stemon(stamen), 〈그리스어〉, 〈넓은 혓바닥〉, '다섯 개의 긴 수술' 끝의 각종 초롱꽃이 만개할 때 혀 모양의 꽃잎이 피는 현삼과의 식물, 〈~ fox-glove\beard-tongue〉 우1

778 **pent** [펜트]: pen²의 과거·과거분사, 갇혀, 감금된 가1

779 **pent \ pen·ta~** [펜트 \ 펜터~]: 〈그리스어〉, five, 〈다섯~〉이란 뜻의 결합사 양1

780 **pen·ta·gon** [펜터건]: penta(five)+gonia(corner), 〈그리스어〉, 펜타곤, 5각형, 5변형, P~; (미)국방부, 1943년에 완공된 포토맥강 변의 대지 29에이커·평평 3백7십만 5천 평방피트·1만 대의 주차장을 가진 대형 건물로 2001년 9월 11일 알카에다의 공격을 받음, 〈~ US Dept. of Defence〉 양2 수2

781 **Pen·te·cost** [펜티코어스트]: fiftieth, 펜티코스트 ①유대의 수확절(passover의 첫째 날부터 50일째 오는 '추수감사절') ②기독교의 5순절(성령강림일·부활절 후의 7번째 일요일~약 50일 후), Shavuot, 〈~ Whit Sunday〉 수2

782 **Pen·te·cost·al** [펜티코어스틀], Church: 오순절파 교회, 20세기 초 미국에서 시작해서 사하라 사막 남쪽 아프리카 등지에서 기승을 떨치는 성령이 충만하면 저절로 '방언'이 나온다는 근본주의 개신교의 일파, 〈~ Apostolic〉 수2

783 **Pen-tel** [펜 텔]: pen+tell, felt pen의 발명가가 1946년에 창설한 일본의〈Japanese〉 펜 전문 문방구(stationery) 제조업체 수2

784 **pent-house** [펜트하우스]: 〈← pentice(appendage)〉, 〈라틴어→프랑스어→영국어〉, 〈← appendix〉, 차양, 처마, 벽에 붙여 내단 지붕, 옥탑, 옥상의 고급 주택(거실), 꼭대기층〈경치 좋은〉 특실, 〈~ roof-top apartment〉, 〈↔basement\lower deck〉, 〈↔studio apartment〉 양1

785 **Pent·i-um** [펜티엄]: 1993년부터 Intel사가 출시하여 2023년에 중단된 '5자리 숫자'의 일련의 소형전산기 중앙처리장치의 상품명 수2

786 **pent-up** [펜트 엎]: 〈← pen²〉, 갇힌, 억압된, 억눌렸던, 울적한, 〈~ repressed\smothered〉, 〈↔released〉 양2

787 **pe·nu·che** [퍼뉴우취]: 〈멕시코풍 스페인어〉, 페누치, 막설탕(raw sugar), ⇒ panocha 수2

788 **pen-ul·ti·mate** [피널티밑]: pene(almost)+ultimus(last), 〈라틴어〉, '거의 끝', last but one, 끝에서 두 번째의, 〈↔ultimate(last)\anti-penultimate(third from last)〉 양2

789 **pen-um·bra** [피넘브뤄]: pene+umbra, 〈라틴어〉, almost+shadow, 반음영, 주연부, 명암의 경계 부분, 어느 편도 아닌 부분, 미묘한 분위기, 〈~ gray-area\obscurity〉, 〈↔bright-ness\illumination〉 양1

790 **pe·on** [피이언]: 〈← pedis〉, 〈라틴어〉, 〈발(ped)품팔이〉, (중남미의) 날품팔이, 농장 일꾼(farm-hand), 잡역부, 종, 졸, 〈~ pawn〉 양1

791 **pe·o·ny** [피이오니]: 〈← Paion〉, 〈그리스어〉, 〈신들의 병을 치료해주었다는〉 작약, 〈중국 남자들이 제일 좋아하는〉 모란, 〈~ paean〉 미2

792 **peo·ple** [피이플]: plebs(common)+polys(many), 〈라틴어+그리스어〉, (흔히) '보통사람', 상사람(놈), 사람들, 세인, 백성, 국민, 주민, 〈→ popular\public〉, 〈~ person〉, 〈↔animal\plants\elite〉 가1

793 **Peo·ple** [피이플], mag·a·zine: 1974년 미국에서 창간된 유명 인사와 세상사의 호기심을 다루는 대중 주간지 수2

794 **peo·ple jour·nal-ism** [피이플 줘널리즘]: 인물(사진) 중심의 잡지 양2

795 *__peo·ple me·ter__ [피이플 미이터]: 시청률(viewer rating) 조사를 위해 TV에 부착한 측정장치 우1

796 **peo·ple per·son** [피이플 퍼어슨]: 사람을 좋아하는 사람, 사교적인 사람, 〈~ mixer\joiner〉, 〈↔shy person\hermit〉 양2

797 **Peo·ple's Dai·ly** [피이플즈 데일리]: 인민일보, 1948년에 출간되어 3~4백만 부를 찍어내는 중국 공산당(Chiness Coummunist Party)의 일간지 수2

798 **Peo·ple's Lib·er·a·tion Ar·my** [피이플즈 리버뤠이션 아아미]: (중국) 인민 해방군, 1927년에 창립되어 2백30만 명의 병사를 가진 중국공산당 및 중국정부의 종합 정규군, 〈~ armed wing of CCP〉 양2

799 *__pep__ [펲]: 〈← pepper〉, 〈영국어〉, 원기, 기력, 〈~ energy\spirit〉, 〈↔lethargy\subdue〉 가2

800 **Pep Boys** [펲 버이즈]: 〈예전에 호롱불로 된 전조등이 꺼진차를 야간에 운전하면 경관이 세워 놓고 Pep store에 있는 boys를 가서 보라는데서 연유한〉 펩 보이즈, 1921년에 창립되어 1923년 개명된 미국의 자동차 부속품·타이어 연쇄 판매점, 〈~ an auto-parts and service〉 수2

801 **Pep·cid** [펲씨드]: 〈← peptide〉, 펩시드, famotidine (H2 antagonist), 〈Merck & Co 등에서 만드는〉 항히스타민 제산제 수2

802 **pep·los \ ~lus** [페플러스]: a large shawl, '겉옷', (고대 그리스 여성들이 입었던) 몸통을 감싸고 어깨에 장식 바늘로 고정시킨 직사각형 모양의 주름〈frill〉 잡힌 긴 겉옷 우1

803 **pep·lum** [페플럼]: 〈peplos의 로마식 변형어〉, 허리만 두르는 짧은 장식 치마 우1

804 **pep·per** [페퍼]: 〈← pippala(a capsicum)〉, 〈산스크리트어〉 ①후추('tree pepper'; 후추나무의 열매를 갈아 만든 향신료로 검은 것과 흰 것이 있음) ②고추('garden pepper'; 가짓과에 속한 한해살이풀로 열매는 주로 매운맛을 내는 양념으로 쓰임), 〈~ hot pepper\chili〉 가1

805 *__pep·per-and-salt__ [페퍼 런 썰트]: ①희고 검은 점이 뒤섞인 옷감, 〈~ black and white〉 ②희끗희끗한 머리, 〈~ hoary〉 우1

806 **pep·per-grass(wort)** [페퍼 그래스(워얼트)]: 겨잣과(십자화과) 다닥냉이속의 향신료 식물의 총칭, 〈~ garden-cress〉 우1

807 **pep·per-mint** [페퍼 민트]: 박하, 온대 지방 습지에서 잘 자라는 꿀풀과의 여러해살이풀로 잎과 씨에서 '입을 화하게 해주는' 향료를 추출함, ⟨~(↔)red gum\eucalypt⟩ 가1

808 **pep·per-oni** [페퍼로우니]: ⟨이탈리아어→미국어⟩, 페퍼로니, ⟨잘게 썰어 피자에 올려놓는⟩ 쇠고기·돼지고기·'매운 고추'·향신료 등을 섞어 만든 맛이 강한 (미국식) 소시지, ⟨~ salami⟩ 우1

809 **Pep·si Co·la** [펩시 코울러]: ⟨← Pep Kola⟩, 펩시 콜라, 1893년에 N. Carolina에서 시작되어 카페인·설탕·바닐라·탄산수를 섞어 만들어 팔며 ⟨소화불량(dyspepsia)를 치료한다는 등⟩ 수많은 선전문구를 만들어 낸 미국의 청량음료 제조회사 수1

810 *__pep talk__ [펩 터어크]: 격려 연설, '부추기는' 말, ⟨~ boost\encouragement⟩, ⟨↔criticism\curse⟩ 가1

811 **pep·tic ul·cer** [펩틱 얼서]: (위·십이지장의) 소화성 궤양, ⟨~ gastric\duodenal\esophageal ulcer⟩ 양1

812 **pep·tide** [펩타이드]: ⟨← peptein(digest)⟩, ⟨그리스어⟩, ⟨소화성⟩ '융해물', '분해물', 두 개 이상의 아미노산 분자로 이루어진 화학물질, ⟨~ short amino acid chain⟩ 우1

813 **Pep·to-Bis·mol** [펩토 비스멀]: 펩토 비스몰, 'pink bismuth', bismuth subsalicylate, ⟨Procter & Gamble사 등이 만드는⟩ 위산제거제 수2

814 **per** [퍼]: ⟨← 그리스어⟩, through, ~에 의하여(의하면), ~에 대해, ~마다 양1

815 **per~** [퍼]: ⟨← 라틴어⟩, thorough, ⟨완전히·매우~⟩란 뜻의 결합사 양1

816 **per-am·bu·la–tor** [퍼램뷸레이터]: per+ambulare(walk), ⟨라틴어⟩, pram, ⟨배회하는⟩ 유모차, 순시차, ⟨~ stroller\buggy⟩ 양2

817 **perc** [퍼얼크]: perchloroethylene, 1930년대부터 널리 쓰여 왔으나 발암 등 유독성으로 분리되어 캘리포니아에서는 2023년부터 사용이 금지된 세탁용매 수2

818 **per-ceive** [펄씨이브]: per(thorough)+capere(take), ⟨라틴어⟩, 감지하다, 인식하다, 파악하다, '완전히 감을 잡다'⟨per seize⟩, ⟨~ sense\notice⟩, ⟨↔lose\miss⟩ 양1

819 **per-cent** [퍼 쎈트]: %, 100분의 1, 백분율, percentage point, ⟨~(↔)bp\basis point⟩ 미2

820 **per-cent–age point** [퍼쎈티쥐 포인트]: ⟨상대적⟩ '백분 점', 백분율의 차이를 나타낸 숫자, ⟨~ difference between percentages⟩ 우2

821 **per-cep-tion** [펄쎕션]: per(thorough)+capere(take), ⟨라틴어⟩, 지각, 인지, 직관, 견해, ⟨~ acumen\apprehension⟩, ⟨↔im-perception\mis-conception⟩ 양1

822 **perch**[1] [퍼어취]: ⟨← pertica(pole)⟩, ⟨'막대기'라는 라틴어에서 연유함⟩ (새의) 횃대, (야구장의) 좌석, 편한 자리, 높은 지위, ⟨~ resting place\roost⟩ 양1

823 **perch**[2] [퍼어취]: ⟨← perknos(dark colored)⟩, ⟨그리스어→라틴어⟩, (전 세계에 서식하며 '검은 색깔'에 지느러미에 가시가 있고 거친 비늘을 가진) 농어류(bass)의 식용 민물고기 우1

824 **per·ci-form** [펄시훰]: perch를 닮은, 농어목의 양2

825 **Per·co-cet** [펄코쎌]: 퍼코세트, 합성 아편 oxycodone과 (aspirin을 섞은 Percodan에서 아스피린 대신) acetaminophen을 섞은 마약성 진통제의 상품명 수2

826 **per-co·late** [퍼어컬레이트]: per(through)+colare(strain), ⟨라틴어⟩, 거르다, 여과하다, 스며 나오다, '~을 통하여 잡아 당기다', ⟨~ trickle\exude⟩, ⟨↔pour\gush⟩ 가1

827 **per-cus·sion** [펄커션]: per(through) +quatere(strike), ⟨라틴어⟩, 충격, 진동, 타진, 타악기, 격발(장치), '~을 통하여 흔들다', ⟨~ tapping⟩, ⟨~(↔)palpate⟩ 양1

828 **per-den·te** [퍼덴테]: ⟨← perdere(lose)⟩, ⟨라틴어에서 유래한 이탈리아어⟩, ⟨← perdition⟩, 손실, 패배(자), ⟨↔win(ner)⟩ 양2

829 **per di·em** [퍼얼 디이엄]: ⟨라틴어⟩, per day, 하루에 대해, 일당 양2

830 **per-di-tion** [펄디션]: per(thorough)+dare(give), ⟨라틴어⟩, '완전한 파괴', 파멸, 영원한 죽음, 지옥, ⟨~ damnation\hell⟩, ⟨↔bliss\paradise⟩ 양2

831 **per-e·gri–na** [퍼뤠그뤼너]: per(through)+ager(country), ⟨'방랑녀'라는 라틴어에서 유래한⟩, ⟨이방에서 온⟩ 페레그리나 문주초 나무, ⟨중남미에 서식하며 선홍색의 자잘한 꽃을 자랑하는 등대풀 속의 관상수, ⟨← pilgrim⟩, ⟨~ spicy jatropha\a spurge⟩ 미2

832 **per-en·ni–al** [퍼뤠니얼]: per(through)+annus(year), ⟨라틴어⟩, '일년 내내', 연중 끊이지 않는, 다년생의, ⟨↔annual⟩ 양1

833 **Pe·re·stroi·ka** [페레스트뤄이커]: 페레스트로이카, re-construction, 〈시장경제 개념을 도입해서 소련의 붕괴를 재촉한〉 고르바초프의 경제 '재건정책' 수2

834 **per-fect** [퍼휃트]: per(thorough)+facere(make), 〈라틴어〉, '완전히 만들다', 완전한, 정확한, 우수한, 더할 나위 없는, '안성맞춤', 〈~ absolute\ideal〉, 〈↔im-perfect\defective〉 가2

835 *****per-fect storm** [퍼어휃트 스토어엄]: '완벽한 폭풍', 최악의 상황, 초대형 종합위기 Franken-storm 양2

836 **per-fid·i–ous** [펄휘디어스]: per(through)+fidem(faith), 〈라틴어〉, '신뢰의 범위를 지난', 불성실한, 속이는, 배반의, 〈~ treacherous\deceitful〉, 〈↔faithful\loyal〉 양2

837 **per-fo·rate** [퍼어휘뤠이트]: per(through)+forare(bore), 〈라틴어〉, 구멍을 내다, 꿰뚫다, 천공하다, 〈~ pierce\riddle²〉, 〈↔closure\patch〉 가1

838 **per-force** [퍼얼 훠얼스]: 〈라틴어〉, 부득이, 필연적으로, 〈~ inevitably\unavoidably〉, 〈↔unnecessarily\ optionally〉 양2

839 **per-form** [펄휨]: per(thorough)+furnir(furnish), 〈라틴어〉, '완전하게 제공하다', 실행(수행)하다, 공연(연주)하다, 〈~ carry out\en-act〉, 〈↔fail\omit〉 가1

840 **per-for·mance** [펄휘어먼스]: 실행, 작업, 성과, 상연, 흥행, 성능, 〈~ carry-ing out\production〉 가1

841 *****per-form–a·ti·vi·ty** [펄휘어머티뷔티]: (두각을 나타내기 위한) 수행성, (동영상 등에서) 〈돋보이기 위해 행하는〉 과장된 연기, 〈~ show〉 미1

842 **per-form–ing arts** [펄휘어밍 아알츠]: 공연(무대)예술, 〈~ stage-craft\theatricals〉 가1

843 **per-fume** [퍼얼휴움 \ 퍼얼휴움]: per(through)+fumus(smoke), 〈라틴어〉, 〈주위에서 연기나는〉 향료, 향수, 향기, 방향, 〈~ scent\fragrance〉, 〈↔mal-odor\stink〉 가1

844 **per-func·to·ry** [펄휑크터뤼]: per(through)+functus(perform), 〈라틴어〉, '부주의한', 형식적인, 겉치레인, 마지못한, 〈~ desultory\superficial〉, 〈↔careful\sincere\umbrella〉 가2

845 **per-fuse** [펄휴우즈]: per(thorough)+fundere(pour), 〈라틴어〉, '완전히 쏟아' 흩뿌리다, 살포하다, 관류하다, 〈~ flush\suffuse〉, 〈↔stay〉 양1

846 **per-go·la** [퍼얼걸러]: 〈← pergere(proceed)〉, 〈라틴어→이탈리아어〉, 페르골라, 덩굴시렁(주랑), 덩굴식물이 타고 '올라가도록' 만든 〈정자나 주랑〉, 〈~ trellis〉 우1

847 **per-haps** [펄햎스]: 〈by chance란 뜻의 영국 영어〉, 아마 〈일어날지(happen)도 모르는〉, 어쩌면, 〈역시나가 더 많은〉 혹시나, 〈~ may(could) be\possibly\probably〉, 〈↔certainly〉 가2

848 **per·i~** [페뤼~]: 〈그리스어〉, around, 〈주변·근처~〉란 뜻의 결합사, 〈↔centri~〉 양1

849 **Per·i-cles** [페뤼클리이즈]: peri(around)+kleos(glory), 〈그리스어〉, '명성이 자자한 자', 페리클레스, (BC490?-429), 명문에서 태어나 그리스 전성기에 30년 이상 아테네의 〈민주적 지도자〉 역할을 한 웅변가·장군·〈이상형 정치가〉, 〈~ an Athenian statesman〉 수1

850 **per·i·dot** [페뤼닽]: 〈← faridat(gem)〉, 〈'보석'이란 뜻의 아랍어에서 유래한 프랑스어〉, (짙은 녹색의) 투명 감람석, 8월의 탄생석, 〈~ chrysolite\an olivine〉, period(끝!)의 강조말 미1

851 **per·i·gee** [페리쥐이]: peri(around)+ge(earth), 〈그리스어〉, 〈지구 주위의〉 근점, (지구를 도는 위성이 궤도상 지구에서 가장 '가까워지는') 근지점, 〈~ the least distance〉, 〈↔apo·gee〉 미2

852 **per·i·gon** [페뤼 간]: 〈그리스어〉, 주각, 360도, round angle, 〈↔right angle\oblique angle〉 양2

853 **per·il** [페뤌]: 〈← experiri(try)〉, 〈라틴어〉, 〈시도하는 것에 따르는〉 위험, 모험, 위난, 〈~ risk\danger\ experiment〉, 〈↔protection\security〉 가1

854 **pe·ril·la** [퍼륄러]: 〈Ovid의 시에 등장하는 어원 불명의 라틴어〉, 들깨, (씨에서는 기름을 짜고 잎은 채소로 먹는) 〈아마도 인도 원산의〉 박하과 페릴라속의 일년초, 〈~ beef steak plant\wild basil〉, 〈~(↔)sesame〉 미1

855 **pe·rim·e·ter** [퍼륌미터]: peri(around)+metron(measure), 〈그리스어〉, 둘레, 주변(의 길이), 경계선, 〈~(↔)parameter〉, 〈↔core\within〉 양1

856 **per·i·na·tal** [페뤼 네이틀]: peri(around)+nasci(beborn), 〈그리스어〉, 분만 전후의, 주산기(임신 20주부터 분만 후 28일 사이), 〈~(↔)ante(pre)natal〉, 〈↔post-partum〉 양2

857 **per·i·ne·um** [페뤼니이엄]: peri(around)+inan(to empty), 〈그리스어〉, '배출구 주변', 회음부, 샅(항문과 성기 사이), 〈~ taint area〉 양2

858 **pe·ri·od** [피어뤼어드]: peri(around)+hodos(way), 〈그리스어〉, 피어리어드, '한 바퀴 돌기', 기간, 주기, 시대, 교시, 마침표, 〈~ term\menstruation〉, 〈↔beginning\end〉, 〈↔question mark(?)〉 가2

859 **pe·ri·od–ic sen·tence** [피어뤼아딕 쎈텐스]: 도미문(주절이 문미〈end〉에 있는 글), 〈↔loose sentence〉 양2

860 **pe·ri·od–ic ta·ble** (of el·e·ments): '원자주기목록', 〈돌고 도는〉 원자의 속성에 따라 숫자로 분류한 차림표, 〈~ chemical table〉 미2

861 **per·i·o·don·tics** [페리오 단틱스]: peri+odontos(tooth), 〈그리스어〉, 치주병학(치근막에 일어나는 병을 치료하는 의학), 〈~ gum disease〉 양2

862 **Per·i·pa·tet·i·cism** [페뤄 퍼테터시즘]: peri+patein(walk), 〈그리스어〉, 소요(산책)학파, 아리스토텔레스(Aristotle)가 숲속을 '오르락 내리락' (거닐면서) 가르친 〈학구적 철학〉 양2

863 **per·i -per·i** [페뤼 페뤼]: pili·pili, 〈'pepper'라는 원주민어〉, 아프리카 원산의 아주 매운 작고 긴 고추, 〈~ African Birds-Eye chilli〉 양2 수2

864 **per·i·pe·tei·a** [페뤼퍼타이어]: peri(around)+piptein(fall), 〈그리스어〉, 사태의 급변, 운명의 격변, 〈~ sudden change\twist〉, 〈↔denouement\anagnorisis〉 양2

865 **pe·riph·er·al** [퍼뤼훠뤌]: peri+pherein(bear), 〈그리스어〉, 주위의, 말초적인, 〈주위를 포용하는〉 주변장치(전산기의 중앙처리장치에 연결된 각종 입출력·보조기억장치), 〈~ exterior\ fringe\minor〉, 〈↔central〉 양2

866 **pe·riph·er·y** [퍼뤼훠뤼]: peri(around)+pherein(bear), 〈그리스어〉, 주위, 바깥 둘레, 주변, 표면, 말초, 〈~ edge\border〉, 〈↔center\hub〉, 〈↔heart-land〉 양1

867 **pe·riph·ra·sis** [퍼뤼후뤄시스]: 완곡어법, peri+phrase, 우언법, (넌지시 돌려서 하는) 에두르기 표현, 〈~ diffusion\circumlocution〉, 〈~(↔)euphemism〉, 〈↔direct phrase\brevity〉 양2

868 **per·i·scope** [페뤼스코우프]: 〈주위를 살펴보는〉 잠망경(잠수함에서 물 위에 돌출된 관측 망원경), (참호용) 전망경, P~; 2015년 미국의 트위터사가 개발한 영상편성·사교망 용역체제, 〈~ view-finder〉 양2 수2

869 **per-ish** [페뤼쉬]: per(thorough)+ire(go), 〈라틴어〉, '완전히 사라지다', 멸망하다, 사라지다, 죽다, 〈~ cease\die〉, 〈↔exist\live〉 양2

870 **per·i·stal·sis** [페뤼스터얼시스]: peri+stellein(place), 〈그리스어〉, 〈주위를 싸고 도는〉 (소화관의) 연동운동, 근육의 수축이 천천히 파급되어 옮겨가는 운동, 〈~ vermiculation〉, 〈↔ana(up)-stalsis\retro-peristalsis〉 양2

871 **per·i·to·ne·um** [페뤼터니엄]: peri+teinein(stretch), 〈주위에 펼쳐진〉 복막, 내장과 복벽 사이의 얇은 막, 〈~ abdominal〉 양2

872 **per·i-wig** [페뤼 위그]: 〈← perruque(peruke)〉, 〈프랑스어〉, (법률가 등이 쓰는) 〈과시용〉 가발, 〈~(↔)toupee〉 양2

873 **per·i·win·kle** [페뤼윙클]: ①pina(mussel)+wincel(spiral shell), 〈라틴어〉, 〈← pervinca〉, 자잘한 연분홍·청자색의 〈뭉치〉 꽃이 피는 협죽도과 vinca속의 〈일일초〉, 〈~(↔)lavender\violet〉 ②pinna(mussel)+wincle, 〈라틴어+게르만어〉, 경단고둥(해안 바위에 붙어 사는 총알고둥과의 〈굽은 등딱지를 가진〉 식용 연체동물로 수주고둥·대수리고둥·두드럭고둥으로도 불림), 〈~ cockle〉 미2

874 **per·ju·ry** [퍼어쥬뤼]: per(through)+jurare(swear), 〈라틴어〉 위증(죄), '거짓 맹세', 〈~ lying under oath\falsification〉, 〈↔honesty〉 양2

875 **perk¹** [퍼얼크]: 〈← perquer(perch')〉, 〈프랑스어〉, 활기(생기)가 나다, 멋을 내다, 거드름 피다, 〈~ cheer(brighten) up〉, 〈↔despair\washed-out〉 양1

876 **perk²** [퍼얼크]: 〈라틴어→영국어〉, perquisite의 약어, 부수혜택, 임시수입, 행하, 촌지, 〈~ bonus\gratuity〉 양2

877 ***Perl** [펄]: practical extraction and report language〈후성어〉, 실질적 추출과 보고언어, 1987년부터 개발된 일련의 일반용 통합성 역동적 고급 차림표 언어 수2

878 ***perm** [퍼엄]: 파마, permanent(wave)의 약어, 머리를 물결처럼 곱슬곱슬하게 지지는 일, 〈~ hair curling〉 우2

879 ***per·ma-cri·sis** [퍼어머 크라이시스]: 〈영국의 Collins 사전이 선정한 2022년도 단어〉, 영구적(permanent) 위기, 총체적 난국, 〈~ extended catastrophe〉 양2

880 **per·ma·cul·ture** [퍼어머 컬춰]: 〈1970년도에 오스트레일리아에서 태어난 말〉, permanent agriculture, 영속 농업(자연환경을 파괴시키지 않고 생태계의 습성을 이용해서 돌려가면서 영속적으로 하는 농업), 자연에 순응하는 문화, 〈~ regenerative farming〉 우1

881 **per·ma-frost** [퍼어머 후뤄어스트]: (지구의 1/4을 차지하는) 영구〈permanent〉 동토층(frozen ground) 가1

882 **per·mal·loy** [퍼어멀러이 \ 퍼어맬러이]: (자장이 통과하는 속도가 빠른) 80% 니켈과 20% 철의 합금, '침투성 합금'〈permeable alloy〉 우1

883 **per·ma·nent** [퍼어머넌트]: per(thorough)+manere(remain), 〈라틴어〉, '완전히 남아있는', 영구한, 불변의, 상설의, 〈~ perpetual\indefinite〉, 〈↔temporary\ephemeral\transient〉 가1

884 ***Per·ma·nent Vir·tu·al Cir·cuit** \ PVC: 영구가상회선, 자주 소통하는 두 개 이상의 단말장치를 〈기계적뿐만 아니라 논리적으로도〉 영원히 연결시켜 주는 회로, 〈↔switched virtual circuit(SVC)〉 미1

885 **per·me·a·ble** [퍼어미어블]: per(through)+meare(glide), 〈라틴어〉, '통과할 수 있는', 침투(투과)할 수 있는, 〈~ porous\pervious〉, 〈↔im-permeable\water tight〉 가1

886 **per-mil·lage** [퍼밀리쥐]: 〈라틴어〉, 〈← per mill〉, 1000분의 1, 천분율 가1

887 **per-mis·sion** [퍼어미션]: 〈라틴어〉, 〈← permit〉, 허가, 인가, 면허, 〈~ allowance\authorization〉, 〈↔denial\prohibition\refusal〉 가1

888 **per-mit** [퍼어밑 \ 퍼어밑]: per(through)+mittere(send), 〈라틴어〉, 퍼밋, '통과시키다', 허가하다, 허락, 허가(증), 〈~ let\pass\grant〉, 〈↔ban\veto〉 가1

889 **per-mu·ta–tion** [퍼어뮤테이션]: per(thorough)+mutare(change), 〈라틴어〉, 〈완전히 바꾸는〉 교환, 변경, 치환, 순열, 〈~ arrangement\modification\sorting〉, 〈↔combination\inverse permutation〉 가1

890 **per-ni·cious** [퍼어니셔스]: per(through)+necis(death), 〈라틴어〉, 〈죽음을 초래하는〉 유해한, 파괴적인, 악성의, 〈~ fatal\malignant〉, 〈↔benign\favorable〉 가1

891 **Per·nod** [페어르노우]: 페르노, (어원 불명의 사람 이름을 딴) 프랑스 원산의 아니스 냄새가 나는 증류주, 〈~ a pungent strong anise liqueur〉 수2

892 **Pe·ron** [퍼로우 \ 페이로운], E·va: 〈← petra(stone)〉, 〈그리스어〉, '돌멩이', 페론, Evita P~, (1919-1952), 가난한 집안에서 태어나 25살 때 정치장군 Juan P~을 만나 둘째 부인으로 한때 아르헨티나를 〈좌지〉했다가 젊어서 자궁경부암으로 죽은 배우·정치가, 〈~ a former first lady of Argentina〉 수1

893 **per-pen·dic·u–lar** [퍼어펀디큘럴]: per(thorough)+pendere(hang), 〈라틴어〉, 〈매달린〉, 수직의, 직각을 이루는, 〈~ right angle〉, 〈~(↔)square〉, 〈↔horizontal\flat\diagonal\radial\parallel〉 가1

894 **per-pe·trate** [퍼얼퍼트뤠이트]: per(through)+patrare(effect), 〈라틴어〉, 〈목적을 성취하다〉, (죄를) 범하다, 나쁜 짓을 하다, 〈~ carry out\commit〉, 〈↔prevent\abstain〉 가1

895 **per-pet·u–al** [펄페츄얼]: per(through)+petere(seek), 〈라틴어〉, 영구의, 종신의, '끊임없는', 〈~ ever-lasting\eternal\end-less〉, 〈↔temporary\periodic\transient〉 가1

896 **per-plex** [펄플렉스]: per(thorough)+plectere(twist), 〈라틴어〉, 〈← plexus〉, 〈당혹(난처)게 하다, 혼란에 빠드리다, '완전히 꼬이다', 〈~ baffle\puzzle〉, 〈↔calm\un-perplexed〉 가1

897 **per-qui·site** [퍼어쿼지트]: per(thorough)+quirere(search), 〈라틴어〉, 〈철저히 찾아내야 하는〉 임시 수당, 부수입, 행하, 촌지, 특권, 〈~ dividend\privilege〉, 〈↔dis-advantage\in-pediment〉 양2

898 **per-qui·si–tion** [퍼어쿼지션]: 〈라틴어〉, (영장에 의한) 철저한 수사, 〈~ examination\exploration〉, 〈↔dis-regard\crude-ness〉 양2

899 **Per·rier** [페뤼얼]: stone rock, '석수(돌을 다루는 자)', 페리에, 프랑스 의사 Louis P~가 1892년에 개발한 발포성 천연 온천수, 〈~ a natural bottled mineral water〉 수1

900 **per·ry** [페뤼]: 〈← pirum(pear)〉, 〈라틴어→프랑스어→영국어〉, 페리주, pear(배)를 발효시킨 술, 배술, 〈~ pear liquor〉 미2

901 **Per·ry** [페뤼], Mat·hew: '배나무〈pirum〉 숲에 사는 자 \ 가장〈harry〉의 아들', 페리, (1794-1858), 일본의 개항을 이끌어낸 〈품생품사〉의 미국 해군 제독, 〈~ an American naval officer〉 수1

902 **per quod** [퍼얼 콰드]: 〈라틴어〉, where-by, 무엇에 의하여, 어떻게, 부수적으로(는), 〈↔per se〉 양2

903 **per se** [퍼얼 쎄이]: 〈라틴어〉, by itself, 그 자체로(는), 본질적으로(는), 〈↔per quod〉 양2

904	**perse** [퍼얼스]: 〈프랑스어〉, 〈Persia 풍의?〉 짙은 회청색(의 옷감), 〈~ dark greyish-blue〉 가2
905	**per·se·cute** [퍼얼시큐우트]: per(thorough)+sequi(follow), 〈라틴어〉, 박해(학대)하다, 성가시게 요구하다, '끝까지 뒤쫓다', 〈~ harass\oppress〉, 〈↔abet\relieve〉 가1
906	**Per·seph·o·ne** [퍼얼쎄훠니]: parsa(sheaf of corn)+gwhen(strike), 〈산스크리트어?〉, '곡식을 터는 자〈corn thresher〉', 페르세포네, 명부의 신 하데스가 납치해서 아내로 삼은 제우스와 농업의 신 데메테르의 딸로 겨울에는 지하에 있어서 〈죽음의 신〉·봄에는 지상으로 올라와서 〈봄의 신〉으로 불림, 〈로마신화의 Proserpina〉, 〈Queen of the underworld\Goddess of spring〉 수1
907	**Per·se·us** [퍼얼시어스]: 〈← perthein(ravage)〉, 〈그리스어〉, '파괴자', 페르세우스 ①제우스의 아들로 여괴 메두사의 목을 벤 그리스의 영웅 ②서로 명멸하는 쌍둥이별 알골을 가진 북반구의 별자리, 〈~ a son of Zeus〉 수1
908	**per·se·ver–ance** [퍼얼서뷔어뤈스]: per(thorough)+severus(severe), 〈라틴어〉, 〈가혹할 정도의〉 인내심, 참을성, 버팀, 〈Covid-19을 참아낸〉 (캠브리지 사전의 2021년 단어), (Steve Jobs에 의하면) 〈성공한 사람과 그렇지 않은 사람과의 '단 한 가지 차이점'〉, 〈~ dedication\endurance〉, 〈↔impatience\indolence〉 가1
909	**Per·shing** [퍼얼슁], John: 〈게르만계 이름〉, 'peach 재배자', 퍼싱 ①'Black Jack' (1860-1948), 1차대전 때 유럽에 파견된 미국의 사령관, 〈~ an American Army officer〉 ②1956~1988년에 미 육군에서 ①의 이름을 따서 개발·사용되었던 2단계 화력 지원형 탄도탄, 〈~ a ballistic missile〉 수1 수2
910	**Per·sia** [퍼얼져 \ 퍼얼셔]: 〈어원이 모호한 아랍어〉, 페르시아 ①BC 900년경부터 러시아 남부에서 내려와 BC 500년경 중동의 대부분을 차지했던 고대왕국 ②1935년까지 이란의 명칭, 〈~ Parthia〉, ⇒ Iran 수1
911	**Per·sian blinds** [퍼얼젼 블라인즈]: persiennes, (널빤지로 엮은 발 모양의 차양 덧문), 〈~(↔)Venetian blind〉 수2
912	**Per·sian car·pet(rug)** [퍼얼젼 카아핕(뤄그)]: 중동지방 원산의 화려한 무늬를 주로 손으로 정교하게 짠 두꺼운 고급 양탄자, 〈~ a hand-woven luxurious carpet〉 수2
913	**Per·sian cat** [퍼얼젼 캩]: 길고 부드러운 털과 짧은 다리·둥글 넓적한 얼굴에 온순한 성격을 가진 중동지방 원산의 고양이, 〈~ Persian long-hair〉 수2
914	**Per·sian Grey-hound** [퍼얼젼 그뤠이하운드]: '이란 사냥개', Tazi, saluki, ⇒ Afghan hound 수2
915	**Per·sian Gulf** [퍼얼젼 걸후]: Arabian Gulf, 이란과 아라비아반도 사이의 수심이 낮은 콩팥 모양을 한 만으로 오만만을 통해 인도양으로 연결됨, 〈~ Gulf of Iran〉 수2
916	**Per·sian lamb** [퍼얼젼 램]: Karakul sheep, 생명력이 강하고 질긴 모피를 제공하는 중앙아시아 원산의 양(새끼) 수2
917	**Per·sian li·lac** [퍼얼젼 라일락]: 멀구슬나무, China berry, Pride of India, bead·tree, 향기로운 연분홍 내지 자색의 자잘한 다발 꽃이 피고 콩알만 한 열매를 맺는 관상수 수2
918	**Per·sian mel·on** [퍼얼젼 멜런]: Odessa melon, 푸른 껍질에 그물코 무늬가 있고 향기 나는 진노란색의 과육을 가진 중동 원산의 참외 수2
919	**Per·sian wal·nut** [퍼얼젼 워얼넡]: English walnut, common walnut, 호두, '오랑캐 견과', 중앙아시아 원산으로 구대륙에 널리 퍼진 〈보통 호두〉 양2
920	**per·sim·mon** [퍼얼씨먼]: 〈미주 동북부 원주민어〉, '마른 과일', 감, 젊어서는 텁텁한 맛을 내다가 늙어지면 달착지근한 맛을 내는 〈신성한〉 과일, dried p~; 〈곶감〉, 〈이스라엘에서는 Sharon fruit\일본에서는 kaki\한국에서는 gam이라 함〉 미2
921	**per·sist** [퍼얼씨스트]: per(through)+sistere(stand), 〈라틴어〉, '확고히 서다', 고집(집착)하다, 지속하다, 주장하다, 〈~ abide\persevere〉, 〈↔abandon\quit〉 가1
922	**per·son** [퍼얼슨]: 〈← persona(face mask)〉, 〈라틴어〉, 〈소통하는〉 사람, 〈항상 가면을 써야 하는〉 인간, 개인, 이성적 존재, 인칭, 〈~ human\soul〉, 〈↔no body\beast〉 가2
923	**per·so·na** [펄쏘우너]: per(through)+sonare(sound), 〈라틴어〉, '배우의 가면', 등장인물, (가면을 쓴) 외적 인격, 〈~ character\role〉 양2
924	**per·son·a·ble** [퍼얼스너블]: 사람 좋은, 매력적인, 사귀고 싶은, 〈~ amiable\agreeable〉, 〈↔un-personable\un-pleasant\monstrous〉 양2
925	**per·son·al foul** [퍼얼스늘 화울]: (신체상) 접촉 반칙, 〈~ physical contact〉 양2

926 **per·son·al hy·giene** [퍼얼스늘 하이쥐인]: 개인위생, 스스로 몸 가꾸기, 〈~ cleanliness\sanitation〉 양2

927 **per·son·al·i·ty** [퍼얼스낼리티]: 성격, 개성, 인격, 〈동물에게도 있는〉 인간성, 〈~ character보다 형이상학적 표현〉 가1

928 ***per·so·na non gra·ta** [펄쏘우너 난 그롸아터]: 〈라틴어〉, '기쁘지 않은 자', 불청객, 기피 인물, non pleasing person, 〈~ pariah\out-cast〉, 〈↔persona grata〉 양2

929 **per·son·i·fi·ca·tion** [퍼얼사니휘케이션]: 의인화, 인격화, 구현, 〈~ incarnation\manifestation〉, 〈↔reverse personification\de-humanization\fact〉 양2

930 **per·son·nel** [퍼얼스넬]: 전직원, 요원, 인원, 인사과, 〈~ staff\work fork〉 양2

931 **per-spec–tive** [펄스펙티브]: per+spicere(look), 〈라틴어〉, 〈자세히 내다보는〉 원근법, 투시화, 전망, 시각, 〈~ point of view\opinion〉, 〈↔perspect-less\clue-less〉 양2

932 **per-spi·ca·cious** [퍼얼스피케이셔스]: per(through)+spicere(look), 〈라틴어〉, 〈정확히 꿰뚫어 보는〉, 이해가 빠른, 총명한, 통찰력이 있는, 〈↔in-attentive\dull〉 가1

933 **per-spic·u·ous** [펄스피큐어스]: per(through)+spicere(look), 〈라틴어〉, 〈가까이서 살펴본〉, 명쾌한, 명료한, 〈~ discerning\perceptive\clear-sighted〉, 〈↔abscure\indistinct〉 가1

934 **per-spire** [펄스파이어]: per(through)+spirare(breathe), 〈라틴어〉, 땀을 흘리다, 증발하다(시키다), '통하여 호흡하다', 〈~ sweat〉, 〈↔inhale〉 가1

935 **per-suade** [펄스웨이드]: per(thorough)+suadere(urge), 〈라틴어〉, 〈끝까지〉 설득하다, 납득시키다, 〈~ dissuade\convince\talk into〉, 〈↔dis-suade\dis-courage〉 가1

936 ***PERT** [퍼얼트] (pro-gram e·val·u·a–tion and re·view tech·nique): 차림표 평가 및 재검토 방식, 각 과정에 소요되는 시간을 분석해서 차림표를 계획·통제·관리하는 방식 미3

937 **pert** [퍼얼트]: 〈← opertus(open)〉, 〈라틴어〉, 〈개방된〉, 기운찬, 멋진, 활발한, 세련된, 주제넘은, 까부는, 〈~ animated\jaunty〉, 〈↔life-less\vapid\insipid〉 양2

938 **per-tain** [펄테인]: per(thorough)+tenere(hold), 〈라틴어〉, '완전히 잡혀 있다', 속하다, 관계하다, 적합하다, 〈→ pertinent\appertain〉, 〈~ relate(relevant) to\belong〉, 〈↔exclude\irrelevent〉 가1

939 **per·ti·na·cious** [퍼어티네이셔스]: per(thorough)+tenere(hold), 〈라틴어〉, 집요한, 완고한, 지독한, 〈~ stubborn〉, 〈↔irresolute\tentative〉 가1

940 **per·ti·nent** [퍼얼티넌트]: 〈라틴어〉, 〈← pertain〉 타당한, 적절한, ~에 관한, 〈~ right on\trenchant〉, 〈↔irrelevant\inappropriate〉 가1

941 **per-turb** [퍼터얼브]: per(thorough)+turba(turmoil), 〈라틴어〉, 교란하다, 불안하게 하다, '완전히 소용돌이치게 하다', 〈~ disturb〉, 〈↔composed\reassure〉 가1

942 **per-tus·sis** [펄터시스]: per(thorough)+tussis(cough), 〈라틴어〉, '심한 기침', whooping cough, 백일해(백일 동안 하는 기침), 세균으로 전염되는 심한 감기 증세의 호흡기 질환 양2

943 **Pe·ru** [퍼루우]: 〈pelu(river)라는 잉카어 또는 족장의 이름(Biru)에서 연유한?〉 페루, 13~16세기에 잉카제국의 요람이었으나 1530년경 스페인에게 점령당한 후 1821년에 독립된 남미 서북부 태평양 연안의 지형과 기후가 다양하고 아직도 원주민들이 많이 살고 있는 나라, {Peruvian-Spa-Sol-Lima} 수1

944 **pe·ruke** [퍼루우크]: 〈← perruca(wig)〉, 〈어원 불명의 이탈리아어〉, 17~18세기 서구에서 유행했던 옆·뒤 머리가 길게 늘어진 남자 가발, 〈~ false hair〉 수2

945 **pe·ruse** [퍼루우즈]: per(thorough)+use, 〈라틴어→영국어〉, 숙독(정독)하다, 음미하다, '죄다 써 버리다', 〈~ analize\inspect〉, 〈~(↔)browse\skim〉, 〈↔neglect\over-look〉 가1

946 **Pe·ru·vi·an lil·y** [퍼루우뷔언 릴리]: lily of the Incas, 비교적 오래가는 호화로운 갈래꽃을 피우는 '백합' 수2

947 **per-vade** [퍼붸이드]: per(thorough)+vadere(go), 〈라틴어〉, 〈몽땅 보내다〉, 널리 퍼지다, 보급하다, 스며들다, 〈~ Vishnu〉, 〈~ infuse\permeate〉, 〈↔deplete\drain〉 가1

948 **per-verse** [퍼붜얼스]: per(thorough)+vertere(turn), 〈라틴어→영국어〉, 외고집의, 비꼬인, 잘못된, 불법의, 〈~ peevish\thrawn〉, 〈↔agreeable\genial〉 양1

949 **per-vert** [퍼붤트 \ 펄뷔어트]: per(thorough)+vertere, 〈라틴어〉, '완전히 돌려지다', 비뚤어지게 하다, 상도에서 벗어남, 타락자, 변절자, 변태, 〈또라이〉, 〈~ distort\twist〉, 〈↔normal\saint\genial〉 양2

950 **per‑vi‧ca‑cious** [펄뷔케이셔스]: per(thorough)+vincere(conquer), 〈라틴어〉, 완고한, 고집불통의, 끈질긴, 〈~ obstinate\head-strong〉, 〈↔obscure\feeble-minded〉 가1

951 **per‑vi‑ous** [퍼얼뷔어스]: per(through)+via(way), 〈라틴어〉, 통과〈via〉시키는, 받아들이는, 따르는, 〈~ permeable\porous〉, 〈↔im-pervious\im-passable〉 양2

952 **Pe‧sa(c)h** [페이솨]: 〈skip하다란 뜻의 히브리어〉, (유대교의) 유월절, ⇒ Pass-over 미2

953 **pes‧ca‧do** [페스카아도]: 〈← piscis(fish)〉, 〈생선·어류〉를 뜻하는 라틴어에서 연유한 스페인어 수2

954 *****pes‧ca‧tar‧i‑an** [페스커테뤼언]: pescetarian, 〈1991년 신조어〉, piscis(fish)+vegetarian, 〈라틴어+영어〉, 부분채식주의자, 해산물 채식주의자, 채식주의자지만 생선은 먹는 자, 〈↔vegan\omnivore〉 미2

955 **pe‧se‧ta** [퍼쎄타 \ 페쎄이터]: 〈← pendere(weigh)〉, 〈라틴어〉, '무게', 스페인·Andorra 공국의 화폐단위=100 centimos 수2

956 **pe‧so** [페이소우]: 〈← pensum(something weighed)〉, 〈라틴어→스페인어〉, 페소, '무게', (스페인에서 유래된) 필리핀·중남미 여러 나라들의 화폐단위(monetary unit) 수2

957 **pes‧sa‧ry** [페서뤼]: 〈← pessos(oval pebble)〉, 〈그리스어〉, '작은 타원형 돌', 페서리 ①자궁전(자궁 전위를 고치려는 여러 가지 모양의 작은 고무제품), 〈~ uterine support〉 ②(염증 치료나 피임용으로 쓰는) 질 좌약, 〈~ vaginal suppository〉 양2

958 **pes‧si‧mism** [페씨미즘]: 〈← pessimus(worst)〉, 〈라틴어〉, 〈최악의 경우만 생각하는〉 비관(론), 염세(주의), (물잔의 반이 〈비었다고 생각하는〉) '하향주의', 〈~ negativity\defeatism〉, 〈↔optimism〉 가1

959 **pest** [페스트]: 〈← pestis(plague)〉, 〈라틴어→프랑스어〉, 유해물, 해충, 골칫거리, '찐드기', 흑사병, pestilence, plague, Black Death, 〈~ plague〉, 〈→ pestilence〉 양2

960 **Pes‧ta‧loz‧zi** [페스탈랒치], Jo‧hann: 〈어원 불명의 이탈리아어〉, 페스탈로치, (1746-1827), 〈성선설에 기초를 둔〉 스위스의 〈낭만적〉 교육 개혁자, 〈~ a Swiss pedagogue〉 수1

961 **pest‧er** [페스터]: 〈← empestrer(encumber)〉, 〈프랑스어→영어〉, 괴롭히다, 고통을 주다, 졸라대다, 〈~ pest\plague〉, 〈~ dun²\annoy\harass〉, 〈↔aid\appease〉 가1

962 **pes‧ti‑cide** [페스티 싸이드]: 살충제, 구충제, 농약, 〈~ insecti-cide\bug spray〉 가1

963 **pes‧ti‑lence** [페스털런스]: 〈← pestis〉, 〈라틴어〉, 〈← pest〉, 역병, 해독, 폐해, 〈~ contagion\plague〉, 〈↔blessing〉 양2

964 **pes‧tle** [페슬]: 〈← pistus(pound)〉, 〈라틴어〉, 막자(사기로 만든 작은 방망이), '빻는' 기계, (절구) 공이, 〈~ piston〉, 〈~ pistil〉, 〈↔mortar²〉 양2

965 **PET** (pos‧i‑tron e‑mis‧sion to‧mo‧gra‧phy): 펫 스캔, 양전자 방사 단층 촬영법, (개념은 1950년대부터 싹텄으나 실제로는 1975년부터 미국의 유수 대학들에 의해 개발되어) 〈양전자를 (암)세포의 분자에 결합시켜 그 이동을 추적함으로써〉 촬영 시점의 장기활동을 볼 수 있는 방사선 촬영방식, 〈~ SPECT〉 미2

966 **pet** [펱]: 〈편자가 보기에는 petit(small)란 프랑스어가 어원인 것 같으나 왠지 어원 불명의 영국어라 함〉, 애완동물, 귀염둥이, 귀여워하다, 애무하다, 〈~ pat〉, 〈↔estray〉 양2

967 **PET** (pol‧y‑eth‧yl‧ene ter‧eph‧thal‧ate), bot‧tle: 〈재활용할 수 있는〉 플라스틱 병 수2

968 **PETA** [페터] (peo‧ple for the eth‧i‑cal treat‑ment of an‧i‧mals): 1980년 미국에서 창립된 세계적 동물 애호 단체 미1

969 **pe‧ta** [페터]: 〈그리스어〉, =10의 15승, '나는 숫자', 〈~ penta〉 수2

970 **Pe‧tain** [페탱], Hen‧ri: 〈아랍계 이름으로 사료되는〉 페탱, (1856-1951), 1차대전의 영웅이었으나 2차대전 때 나치에 연합하여 수상직을 하다 1945년 반역죄로 투옥되어 옥중 사망한 프랑스의 원수(군인), 〈~ a French general〉 수1

971 **pet‧al** [페틀]: 〈← petalon(leaf)〉, 〈그리스어〉, 〈펼쳐진〉 꽃잎, 화단, 음순, 〈~ leaf-let\corolla\labia〉 가1

972 **pet‧al skirt** [페틀 스커어트]: '다래 치마', 꽃잎처럼 천을 겹쳐서 만든 치마, 〈~ pleated skirt〉 우1

973 **pet‧a‧sos \ ~sus** [페터서스]: 〈← petannynai(spread out)〉, 〈그리스어〉 ①(고대 그리스·로마의 여행자·사냥꾼이 쓴) 차양이 〈넓고〉 운두(테높이)가 낮은 모자 ②헤르메스신의 날개 달린 모자, 〈~ broad-brimmed hat〉 수2

974 *****pet‑dom** [펱 덤]: '애완동물의 세계', 애완동물 기르기(한국), 〈~ pet-care〉, 애완동물 취급소(미국), 〈~ pet supply〉 우2

975 **pe·te·chi·a** [피티이키어]: ⟨← petigo(scab)⟩, ⟨라틴어⟩, 점상출혈, 일혈점, 피부 안의 모세관이 터져 생기는 직경 3mm 이내의 반점, ⟨~ impetigo⟩ 양2

976 **Peter** [피이터]: ⟨← petros(stone)⟩, ⟨그리스어⟩, '돌멩이' ①피터, 남자 이름, ⟨~ a musculine given name⟩ ②베드로서(⟨베드로가 핍박받는 소아시아 교인들을 위해 쓴⟩ 두 편으로 이루어진 신약성경의 한 권), ⟨~ an Epistle written by Peter the Apostle⟩ 수1

977 **pe·ter** [피이터]: ⟨어원이 분명한 영국어⟩ ①점차 가늘어지다, 없어지다, 지치다, ⟨~ fade away⟩ ②자지, 독방, 금고, ⟨~ cell\prick⟩ 양2

978 **Pe·ter** [피이터], St.: 베드로(Simon Peter), (?~AD 64); (예수가 천당과 지옥의 열쇠를 주었다는 열두 제자 중의 하나로 예수를 3번 부인하였으나 초기 기독교의 지도자가 되어 네로의 박해로 순교했다 함), ⟨~ leader of 12 Apostles⟩ 수1

979 **Pe·ter** [피이터], The Great: 표트르 대제(1672-1725), 러시아가 바다로 나가는 길을 개척하고 서유럽의 문화를 들여온 강력한 군주, ⟨~ first Emperor of all Russia⟩ 수1

980 **Peter Pan** [피이터 팬]: 스코틀랜드 동화 작가 배리의 작중 인물로 모험심이 많아 소년의 우상이 됨, ⟨~ a free-spirited and mischievous young boy⟩ 수1

981 **pe·ter pan col·lar** [피이터 팬 칼러]: (여성·아동복의) 푹 파인 목둘레선에 둥그스름하게 재봉된 목깃, ⟨~ a flat collar⟩ 수2

982 ***Pe·ter Pan Syn·drome** [피이터 팬 씬드로움]: ⟨자유분방하게 살면서⟩ 사회적으로 자립하지 않으려는 현대 남성의 병적 증세, ⟨~ man-boy⟩, ⟨↔Wendy Syndrome⟩ 수2

983 ***Pe·ter prin·ci·ple** [피이터 프륀시플]: ⟨동명의 미국 교육가가 주창한⟩ 계층사회의 구성원은 각자 능력 이상의 수준까지 출세한다는 원리, ⟨~ Dunning-Kruger effect⟩, ⟨↔Dilbert principle⟩ 수2

984 **Pe·ter-sham** [피이터섐]: 피터샴, 18세기 영국의 자작으로 그의 이름을 딴 ①두꺼운 골무늬 나사로 만든 외투(coat) ②골무늬 진 천으로 짠 끈(ribbon) ③여러 곳의 마을 이름(place name) 수2

985 ***pet·i·quette** [페티키트]: pet+etiquette, 애완동물을 기르는 데 필요한 예절 우1

986 **pet·it** [페티]: ⟨프랑스어⟩, 작은, 시시한, 사소한, ⟨~ petty⟩, ⟨↔enormous\massive⟩ 양2

987 **pe·tite** [퍼티이트]: ⟨프랑스어⟩, (몸집이) 작은 여성, petit의 여성형 양2

988 **pe·ti·tion** [퍼티션]: ⟨← petere(seek)⟩, ⟨라틴어⟩, 청원, 탄원(서), (공)소장, '목표를 추구하기', ⟨~ appear\request⟩, ⟨↔accept\reject⟩ 가1

989 **Pe·ti·tion of Rights** [퍼티션 어브 롸읻츠]: 권리의 청원, 1628년 영국의 국회가 찰스 1세의 횡포를 막기 위해 통과시켜 재가를 받은 ⟨국민의 사유재산보호 및 법에 의한 처벌을 강조한⟩ 권리'회복'법령, ⟨~ to curb monarch's power⟩ 미2

990 ***pet-nap·(p)ing** [펟 내핑]: (개·고양이 등) 애완동물 유괴, ⟨~ kidnapping of a pet⟩ 양2

991 **pe·to** [페토]: ⟨perch 비슷한⟩ 꼬치참치, ono, ⇒ wa·hoo'(의 스페인말) 미2

992 **pet·rel** [페트뤌]: ⟨영국어⟩, ⟨St. Peter 같이 물위를 사뿐히 걷는?⟩ 슴새⟨섬새⟩, 바다제비과의 작은 새, ⟨~ fulmar⟩, stormy petrel; 액운(bad luck)을 불러오는 사람 미2 양2

993 ***pet·ri·chor** [페트뤼 컬]: petra(stone)+ichor(golden fluid), ⟨1964년 그리스어에서 조작된 영어⟩, 첫 비가 와서 ⟨돌에서 스며 나오는⟩ 상큼한 냄새, ⟨~ earthy smell⟩, '돌 냄새', ⟨~(↔)velli-chor⟩, ⟨저는 코가 무뎌서 그런지 좋은내가 안나요⟩ 양2

994 **pet·ri·fy** [페트뤼화이]: 돌이 되게 하다, 경직시키다, 깜짝 놀라게 하다, ⟨~ ossify\terrify\stun⟩, ⟨↔vitalize\tranquilize⟩ 양2

995 **pet·ro~** [페트로~]: ⟨← petra(rock)⟩, ⟨그리스어⟩, ⟨~돌멩이의⟩란 뜻의 결합사 양1

996 **pe·tro·leum** [퍼트로울리엄]: petra(stone)+oleum(oil), ⟨그리스어→라틴어⟩, 석유(돌에서 나온 기름), 원유, 중유 가1

997 **pe·trol·o·gy** [피트롸러쥐]: ⟨← petra(stone)⟩, 암석학, 바위에 대해 연구하는 지질학의 한 분과, ⟨~ lithology⟩, ⟨~(↔)mineralogy⟩ 양2

998 **pet sit·ter** [펟 씨터]: 애완동물 지킴이, 애완동물 '돌보미' 미2

999 **pet·ti·coat** [페티코읕]: petty+coat, '속치마', 치마 속에 입는 여성복, ⟨~ slip\under-skirt⟩ 미2

1000 **pet·ti-coat af·fair** [페티코웉 어풰어]: 정사, 염문, P~ A~; A. Jackson 대통령의 측근들이 벌인 '정치적' 연애행각, 〈~ a political scandal〉 양2

1001 **pet·ti-coat gov·ern·ment** [페티코웉 거붠먼트]: 여성 정권, 여인천하, 내주장, 〈~ gyn-archy〉, 〈↔patri-archy〉 양2

1002 **pet·ti-pants** [페티 팬츠]: 무릎까지 내려오는 여자용 긴 속옷, 〈~ bloomers〉 우1

1003 **pet·ty** [페티]: 〈← petit〉, 〈프랑스어→영국어〉, 사소한, 시시한, 쩨쩨한, 소규모의, 〈→ petulant〉, 〈~ minor\trivial〉, 〈↔major\serious〉 양2

1004 **pet·ty cash** [페티 캐쉬]: 잔돈, 소액 자금, 용돈, 〈~ pretty cash\throw-money〉, 〈↔pretty penny\big bucks\guap〉 양2

1005 **pet·ty ju·ry** [페티 쥬어뤼]: (보통 12명으로 구성된) 소배심, 〈~ struck jury〉, 〈↔grand jury〉 양2

1006 **pet·ty lar·ce·ny** [페티 라알서니]: petty theft, 좀도둑질, 경절도(죄), 〈↔grand larceny〉 양2

1007 **pet·ty of·fic–er** [페티 어휘써]: (해군의) 부사관, (상선의) 하급선원, 〈~ master sergeant\warrant officer〉, 〈↔commissioned officer〉 양2

1008 **pet·u·lant** [페쵤런트]: 〈← petere(attack)〉, 〈라틴어〉, peevish, 화 잘 내는, 까다로운, 〈~ pettish\irritable\querulous\snarky〉, 〈↔affable\easy-going〉 가1

1009 **pe·tu·ni·a** [퍼튜우니어 \ 피튜우니어]: 〈← petun(tobacco)〉, 〈브라질 원주민어에서 유래한 프랑스어〉, '담배꽃', 백색·분홍·자주색의 둥근 별 모양의 꽃이 피는 남미 원산의 화초, 〈~ a night-shade〉 우1

1010 **Peu·geot** [퍼어죠우 \ 푸어죠우]: 〈어원 불명의 프랑스계 이름〉, 푸조, 1810년 프랑스의 푸조가가 자전거 가게로 시작해서 1890년부터 자동차 생산에 들어갔고 2014년에 Groupe PSA로 구조 조정되어 '사자 같이' 튼튼한 차를 만들고 있는 회사, 〈~ a French brand of automobiles〉 수1

1011 **pew** [퓨우]: ①〈← podos(foot)〉, 〈그리스어→라틴어〉, (교회의) 길게 나무로 된 좌석, 〈~ long bench〉 ②〈영국어〉, 〈의성어〉, 좋지 않은 냄새를 맡았을 때 내는 소리, 〈~ digust〉 우1

1012 **pe·wee** [피위]: 〈영국어〉, "피아위-"라고 우는 진회색의 등에 회백색의 배를 가진 북미산 딱새류의 작은 새, 〈~ magpie-lark\fly-catcher〉 우1

1013 **pe(e)·wit** [피이 윝]: 〈영국어〉, 〈의성어〉, 댕기물떼새, '피윗~'라고 우는 머리에 곧게 뻗은 깃털 다발이 있는 구대륙에 서식하는 갈매기의 일종, 〈~(↔)laughing gull〉, ⇒ lap·wing 미2

1014 **pew·ter** [퓨우터]: 〈← peltrum〉, 〈어원 불명의 라틴어에서 유래한 프랑스어〉, 〈← peutre(an alloy)〉, 백랍(제품), 90% 이상의 '주석'과 납·놋쇠·구리 등의 합금으로 은보다 단단하고 광택이 더함, 〈~ a solder\a malleable metal〉 양2

1015 **pex**(pic·ture ex·change): '화상교환철', 1985~1991년에 사용되었던 영상 저장 형식 수2

1016 **pey·o·te** \ ~y·o·tle [페이오우티 \ 페이요티 \ ~틀]: 〈원주민어〉, 미 남서부·멕시코에 서식하는 환각제 메스칼린을 함유하는 줄기가 단호박같이 동글납작한 선인장, 〈~ mescal button〉 우1

1017 ***PFAS**(pol·y-flu·o·ro-al·kyl sub·stance): (물·기름·열에 강한) 내구성 화학물질, ⇒ forever chemical 수2

1018 **pfc**(pri·vate first class): (미 육군의) 일병, 〈↔marshal\top-kick〉 양2

1019 **Pfi·zer** [화이져]: 〈← pfister(baker)〉, 〈독일어〉, '빵 굽는 자', 파이저, 1849년에 NYC에서 찰스 파이저 등이 설립하여 2020년 7월 독일의 BioNTech과 제휴한 미국의(American) 세계적 의약품·화장품 제조회사(pharmaceutical co.) 수1

1020 ***PG** (pa·ren·tal guid·ance): (부모의 지도를 요구하는) 미성년 단독 관람 불가, ⇒ bowdlerize, 〈~(↔)G\PG-13\R\NC-17〉 미2

1021 ***PGA¹** (pro·fes·sion–al golfer's as·so·ci·a·tion): 직업 골프 선수 연합, 1916년에 설립되어 1968년 PGA Tour가 떨어져 나간 미국의 남성 직업 골프 선수 연합체 우2

1022 ***PGA²** (pin grid ar·ray): '접속 바늘 격자 배열', 회로판에 촘촘히 붙은 바늘이 있는 통합회로 배열방식, 〈~ an integrated circuit packaging〉, 〈↔LGA(land grid ar·ray〉 우2

1023 **PGA Tour**: 1968년 〈돈을 잘 버는〉 선수권대회 직업 골프 선수들이 PGA로부터 독립되어 만든 단체, 〈~ a tour players association〉 우1

1024 ***PGP** (pret·ty good pri·va·cy): 1991년에 출시한 자료 교환 시 비밀보장을 위해 암호를 매기는 전산기 차림표, 〈~ an encryption program〉 우1

1025 **PH** [피이 에이취] (po·ten·tial of hy·dro·gen): 페하, 〈0에서 14까지 있는〉 수소이온 농도지수(용액 1리터 내의 수소의 그램 분자량을 재서 순수한 물을 7로 하고 그 이상은 알칼리 그 미만은 산성으로 정함), 〈~ hydrogen ion concentration〉 우2

1026 **Phae·dra** [휘이드뤄]: 〈← phaidros(bright)〉, 〈그리스어〉, '똑똑한 자', 파이드라, Theseus의 후처로 의붓아들 Hippolytus를 덮치려다 거절 당하자 자살하면서 아들이 저를 강간하려 했다는 유서를 남겨 Hippolytus가 말에 찢겨 죽게 만든 〈오뉴월에 서릿발 내리는〉 요녀, 〈~ a Cretan princess〉 수1

1027 **Pha·e·thon** [훼이어썬]: 〈← phaethein(shine)〉, '빛나는 자', 파에톤, 〈만용으로〉 말리는 아비의 마차를 지구쪽으로 잘못 몰아 제우스의 번갯불에 맞아 죽은 태양신 헬리오스(Helios)의 아들 수1

1028 **Pha·e·ton** [훼이어튼]: 페이튼, 폭스바겐사(FW)가 2002년부터 2016년까지 출시한 대형 고급승용차로 향후 완전 전기차로 바꾸겠다 함, 〈그러나 2024년 현재까지 실현되지 않고 있음〉 수2

1029 **pha·e·ton** [훼이어튼]: 〈그리스어〉, 〈← Phaethon〉, 쌍두 4륜마차, (마차형) 포장 자동차, 〈~ carriage〉 양2

1030 **pha·jaan** [파쟈안]: 〈태국어〉, crushing, 파잔, 코끼리(elephant) 진압법, 〈야생 코끼리를 잡아다가〉 기둥에 묶어놓고 매로 때려 순하게 길들이는 〈혹독한 단련법〉 수2

1031 **pha·lan·ger** [휠랜줘]: 〈← phalanx(compact battle array)〉, 〈그리스어〉, '물갈퀴' 같은 손발을 가진 호주 원산의 주머니쥐, cuscuses, 주머니〈여우〉 우1

1032 **pha·lanx** [훼일랭크스]: phalanges(복수형), 〈'통나무(log)'란 뜻의 그리스어〉, 손가락뼈, 수술 다발, (창병을 네모꼴로 배치한) 방진, 밀집대형(close array), 〈↔legion〉 미2

1033 **phal·a·rope** [휄러로우프]: phalaris(coot)+pous(foot), 〈그리스어〉, '걸어다니는 물 닭', 깝작도요, 지느러미발도요, 오리 모양의 발과 날씬한 목을 가지고 해변에 서식하는 도요새류, 〈~ a small wading bird〉 미2

1034 **phal·lus** [휄러스]: 〈← phallos(swell)〉, 〈그리스어〉, '부푸는 것', 〈생식력을 상징하는〉 남근, 〈whale같이 힘찬〉 음경, 자지, 좆, 〈~ cock\penis〉, 〈↔vulva(태생학적으로 정확한 반대어는 아님)〉, 〈↔clitoris\joy button〉 가1

1035 **phan·tas·ma·go·i·a** [훼태즈머 고어뤼어]: phantasma(fantasy)+agoria(assembly), 〈그리스어〉, 주마등같이 변하는 광경, 환각, 착시, 요술 환등, 〈~ kaleido-scope〉 가2

1036 **phan·tom** [훼텀]: 〈← phantazein(display)〉, 〈그리스어〉, 팬텀, 〈볼 수 있으나 실체가 없는〉 허깨비, 환영, 영상, 모형, 환상, 유령, 〈~ apparition\ghost〉, 〈↔existing\real〉 양2

1037 **phan·tom pain** [훼텀 페인]: 환상 통증, 〈절단된 부분에서 통증이 느껴지는〉 환지통, 헛통증, 〈~(↔)referred pain〉 양2

1038 **Phar·aoh** [훼어로우]: 〈← Pir-aa(great house)〉, 〈이집트어〉, 파라오, '대저택', (고대 이집트의) 왕, 전제군주, 〈~ emperor\monarch〉 수2

1039 **Phar·aoh hound** [훼어로우 하운드]: 기원전 2300년 벽화에도 나타난 윤기가 짜르르하고 날씬하게 생긴 이집트(Egypt) 원산의 재빠른 중형 사냥개, 〈~ rabbit (hunting) dog〉 수2

1040 **Phar·aoh's ser·pent** [훼어로우스 써얼펀트]: 수은제의 흰 분말을 태우면 구불구불한 뱀 모양의 잔해가 남으나 독성이 심해 금지된 불꽃놀이의 일종, 〈~ black snake(firework)〉 수2

1041 **Phar·i·see** [홰뤼씨이]: 〈← parash(divide)〉, 〈고대 아랍어〉, '분파주의자', 바리새인, 신앙보다 의식·관습을 존중하는 고대 유대인의 일파, p~; 형식주의, 위선, 경건한 척하는, 〈~ a Jewish sect〉, 〈↔Sadducee〉 수2 양2

1042 **phar·ma·ceu·tic** [화아머쑤우틱]: 약사(약제)의, 조제약, 〈~ drug making〉 양2

1043 **phar·ma·cog·no·sy** [화아머카그너시]: pharmakon(drug)+gnosis(knowledge), 생약학, (동·식물에서 약물을 추출해 내는) 천연 약물학 양2

1044 **phar·ma·col·o·gy** [화아머칼러쥐]: pharmakon(drug)+legein(speak), 〈그리스어〉, 약리학, 약물학, 〈~ therapeutics\study of medicines〉 가1

1045 ***phar·ma·co·vig·i·lance** [화아머코우 뷔쥘런스]: 약품에 대한 경계심, 약물감시, 〈~ drug safety〉 양2

1046 **phar·ma·cy** [화아머시]: 〈pharmakon(drug)〉, 〈그리스어〉, 약학, 제약업, 약국, 〈~ chemist's\dispensary〉 가1

1047 **Pha·ros** [훼어라스]: 〈'등대〈lighthouse〉'란 그리스어〉, 파로스, BC 280년경 이집트의 알렉산드리아(Alexandria) 연안 파로스섬에 세워진 높다란 등대(light-house)로 현재는 폐허만 남았으나 세계 7대 불가사의의 하나라 함 수1

1048 **phar·ynx** [홰륑크스]: 〈'목구멍(throat)'이란 그리스어〉, 인두, 목젖 가1

1049 **phase** [훼이즈]: 〈← phainesthai(appear)〉, 〈그리스어〉, '보여진 모습', 단계, 국면, 위상, (단계적으로) 실행하다, 〈~ stage\aspect\carry out〉, 〈↔mis-adjustment〉 가1

1050 *__phase-down__ [훼이즈 다운]: 단계적 삭감(축소), 〈~ curtail\diminish〉 가1

1051 *__phase-in__ [훼이즈 인]: 단계적 도입(채용), 〈~ slow introduction\gradual use〉 가1

1052 *__phase-out__ [훼이즈 아웉]: 단계적 제거(철퇴), 〈~ gradual elimination\close-down〉 가1

1053 *__phase ze·ro__ [훼이즈 지어로우]: 준비 단계, 실행 전 단계, 〈~ un-released yet\ready to go〉 양2

1054 **phat·ic** [홰틱]: 〈← phatos ← phanai(speak)〉, 〈그리스어〉, 〈1923년에 주조된 말〉, 〈말로 친하는〉 사교적인, 교감적인, 의례적인, 〈~ emphatic〉, 〈~ agglutinative\social〉 양2

1055 *__phat-ass__ [홷 애스]: 'fat ass', 'perfect ass', 〈몽실몽실·오동통한〉 완전한 궁둥이 우2

1056 **Ph D** (phil-o-soph·i-ac doc·tor): doctor of philosophy, (신학·법학·의학 이외 분야에서 철학자의 경지에 도달한 분에게 드리는) 박사학위 미2

1057 **pheas·ant** [훼즌트]: 〈그리스어〉, 〈그것이 기원했다는 코카서스 지방의 강 이름(Phasis)에서 연유한〉 꿩, 〈산닭〉, 목도리 뇌조, 아시아 원산으로 세계적으로 270여 종이 퍼져있는 자그마하고 날씬한 닭 모양의 새로 고기가 새큼달콤함, 〈~ partridge\quail〉, 〈grouse보다 목과 꼬리가 김〉 가2

1058 **Ph(o)e·ni·cia** [휘니셔]: 〈← phoinix(purple-red dye)?〉, 페니키아, 〈어원 불명의 그리스어〉, 기원전 12세기 경에 지중해 동해안에서 교역으로 흥했던 고대 해양국가, 〈~ a Semitic thalassocratic country〉 수1

1059 **phe·no~** [휘이노]: ①〈← phainein(shine\show)〉, 〈그리스어〉, 〈빛나는·나타나는~〉 ②〈그리스어에서 연유한 학명〉, 〈phenol기~〉라는 뜻의 결합사 양1

1060 **phe·nol** [휘이노울]: 〈프랑스어〉, 페놀, 석탄산, 물에 녹여 소독제·방부제 등으로 쓰는 유독성 화학 물질, 〈~ benzene〉, 〈~ creosol〉 미1

1061 **phe·nom·e·nol·o·gy** [휘나미널러쥐]: (겉으로 나타난 인생살이가 인생의 가치와 의미를 부여한다는) 현상철학, 현상론, 〈~ a philosophy of experience〉, 〈↔ontology〉 양2

1062 **phe·nom·e·non** [휘나 미넌] \ ~m·e·na: 〈← phainein(show)〉, 〈그리스어〉, '볼 만한 것'(들), 현상, 밖에 나타난 형상, (놀라운) 사건, 〈~ occurrence\marvel〉, 〈↔inactivity\usual-ness〉 양2

1063 **phe·no·type** [휘이너 타이프]: 〈← phainein(show)〉, 형태, (유전자와 환경에 의해 형성되는) 표현형, 〈↔genotype〉 미2

1064 **pher·o·mone** [훼뤄모운]: pherein(convoy)+hormone, 〈그리스어+영국어〉, 페로몬, 동종유인 내분비물, (곤충 등 동물의 체외로 분비되어 같은 종족의 개체에 생리적·행동적 반응을 유도하는) 일종의 체취, 〈beauty is in the nose of the scenter〉, '숫내\암내', 〈~ body (or essence) odor〉 우2

1065 **phi·al** [화이얼]: 〈← phiale(small glass bottle)〉, 〈그리스어→라틴어→프랑스어→영국어〉, 작은 병, 약병, 〈~ vial〉 양2

1066 **Phil-a·del·phi·a** [휠러델휘어]: philo(love)+adelphos(brother), 〈그리스어〉, 필라델피아, '친애하는 형제들이 사는 곳', 1776년 미국이 독립선언을 한 펜실베이니아주(Pennsylvania) 동쪽 끝에 있는 유서 깊은 주도·상업·산업도시 수1

1067 **phi·lan·der** [휠랜더]: philos(love)+andros(man), 〈그리스어〉, 〈인류를 사랑하는 자〉, (남자가) 여자를 건드리다, 장난삼아 연애하다, 엽색하다, 〈~ womanizer〉, 〈~(↔)cock-teaser〉 양2

1068 **phi·lan·thro·py** [휠랜쓰뤄피]: philos(love)+andros(man), 〈그리스어〉, 인류애, 박애주의, 자선, 〈~ benevolence\humanitarianism〉, 〈↔apanthropy\misanthropy\barbarity〉 양2

1069 **Phi·lat·e·list** [휠래털리스트]: philos(love)+a+telos(tax), 〈그리스어〉, 〈인지세가 면제된〉 우표 수집(연구)가, 〈~ stamp collector〉 양2

1070 **Phi·le·mon** [휠리이먼]: 〈← philein(to love)〉, 〈그리스어〉, '다정한 자', 빌레몬, 사도 바울과 디모데가 같이 쓴 (골로새 지방의 부유한 목회자 빌레몬에게 용서와 화해를 촉구하는 편지를 엮은) 신약성서의 한 편, 〈~ an Epistle in the New Testament〉 수2

1071 **phil-har·mon·ic** [휠 하아마닉]: philos(love)+harmonia(harmony), 〈그리스어〉, 음악 애호의, 교향악단, 〈~ symphony〉 미2

1072 **~phil·i·a** [~휠리어]: 〈그리스어〉, love, 〈~의 경향 (애호)이 있는〉이란 뜻의 결합사, 〈↔~phobia〉 양1

1073 **~phil·i·ac** [~휠리액]: 〈← philos(love)〉, 〈그리스어〉, 〈~에 과도한 경향(애호)이 있는〉이란 뜻의 결합사 양1

1074 **Phil·(l)ip** [휠맆]: philos+hippos(horse), 〈그리스어〉, '말을 사랑하는 자', 필립 ①남자이름, 〈~ a male name〉 ②사도 빌립, 〈~ an Apostle〉 ③마케도니아·그리스·유럽 여러나라 특히 스페인·포르투갈 왕들의 이름, 〈~ name of kings〉 수1

1075 **Phil·ip** [휠맆], Prince: (1921-2021), 그리스의 왕자로 영국의 엘리자베스 2세(Elizabeth II)의 남편이 된 Duke of Edinburgh 수1

1076 **Phil·ip Mor·ris** [휠맆 모어뤼스]: philos+hippos(horse), 〈그리스어〉, '말을 사랑하는 검은 피부를 한 자', 필립 모리스, 1847년 동명의 담배장수가 런던에서 시작해서 1919년 미국에 진출하여 Marlboro 등으로 많은 돈을 벌고 〈소송이 무서워서〉 2008년 미국 시장에서 빠져나가 180여 개국에서 영업을 하는 미국의 담배 회사, 〈~ an American tobacco company〉 수2

1077 **Phi·lip·pi·ans** [휠맆피언즈]: 〈말을 사랑하는 종족의〉 빌립보서, 〈빌립보(Philippi) 지방의 교회에 보내는 사도 바울의 훈화를 받아 쓴〉 신약성서의 한 편, 〈~ the Epistle of Joy\a Pauline epistle of the New Testament〉 수2

1078 **phi·lip·pic** [휠맆픽]: 〈데모스테네스가 필립 왕을 공격한 데서 연유한〉 격렬한 비난, 〈~ reproach\denunciation〉, 〈↔compliment\praise〉 양2

1079 **Phil·ip·pines** [휠리피인즈]: 필리핀 제도, 〈스페인 왕의 이름(Philip II)을 딴 후〉 스페인·미국의 식민지를 걸쳐 1946년에 독립한 서태평양의 7,641개의 섬으로 된 인적·천연자원이 풍부한 나라, {Filipino(a)-Filipino·Eng-Peso-Manila} 수1

1080 **Phi·lis·tine** [휠리스틴 \ 휠리스타인]: 〈Palestine〉, 필리스틴, (이스라엘과 오랫동안 싸웠던) 지중해 동안 지방 사람들, 블레셋인, p~; 〈원래는 이웃(neighbor)이란 뜻이었으나 차차 불신자(enemy of God's word)란 뜻으로 변질된 히브리어〉, 속물, 교양이 없는 사람, 실리주의자, 〈~ snob\gradgrindian〉, 〈↔intellectual\idealist〉 수1 양2

1081 **Phil·lips** [휠맆스]: Philip의 변형어 ①남자이름, 〈~ a male name〉 ②1891년에 세워진 네덜란드의 전기·전자기기 제조업체로 근래에 지적 재산 관리 사업도 하고 있음, 〈~ a Dutch conglomerate〉 수1

1082 *****Phil·lips cur·ve** [휠맆스 커어브]: 필립스 곡선, (1958년 William P~의 논문에 근거한) 실업률과 통화팽창이 반비례한다는 도표, Phillips trade·off(상쇄) 수2

1083 **Phil·lips head** [휠맆스 헤드]: (미국의 실업가 Henry Phillips가 1935년경에 개량해서 만든) 십자 홈 나사못 대가리, 〈~ cross-head〉 수2

1084 **phil·o~** [휠로우~]: 〈그리스어〉, loving, 〈사랑하는~〉란 뜻의 결합사, 〈↔miso~〉 양1

1085 **phil·o·den·dron** [휠러 덴드뤈]: philo(love)+dendron(tree), 〈그리스어〉, '애수초', (근 500종이 되는) 열대 아메리카 원산 토란과의 상록덩굴〈관상〉식물, 〈나무에 붙어 사는 식물〉, 〈~ climbing plants with showy leaves〉 우1

1086 **phi·log·y·ny** [휠라쥐니]: philo(love)+gyne(woman), 〈그리스어〉, 여자를 좋아함, 여성 숭배〈그렇지 않은 남자도 있을까?〉, 〈~ admiration for woman〉, 〈↔misogyne란 괴물도 있다고 함〉 양2

1087 **phi·lol·o·gy** [휠랄러쥐]: philo(love)+logos(word), 〈그리스어〉, 〈배움을 사랑하는〉 문헌학, 언어학, 〈~ lexicology〉, 〈~ historical linguistics〉, 〈↔misology〉 양2

1088 **phi·lo·ne·ism** [휠러네이즘]: love+new, 〈그리스어〉, (새것을 좋아하는) 극단적 진보주의, 〈병적으로〉 새 유행을 따라가는 자, 〈~ neo-phillism〉, 〈↔miso-neism〉 가1

1089 **Phi·lo·pap·pos Hill** [휠러파포스 힐]: 그리스 출신 로마왕자 P~의 기념탑·음악의 전당·소크라테스의 감옥 등이 있는 아테네(Athens)의 관광명소, 〈↔Acropolis〉 수1

1090 **phi·lo·pon** [휠러펀]: 〈그리스어+일본어〉, (love+work), 히로뽕, methamphetamine, 〈이것을 먹으면 일을 잘 할 수 있다는〉 1941년 일본에서 출시된 (마약성) '각성제', 〈~ speed〉 수2

1091 **phi·los·o·pher** [휠라서퍼]: 〈← philosophy〉, 지혜를 사랑하는 자, 철학자, 윤리학자, 현인, 달관자, 〈~ the strong-hold〉, 〈~ you can't beat him〉, 〈most philosopher's make living but not most lunatics〉, 〈뭔가 할 말이 더 있는 것 같은데 본전도 못 찾을 것 같아 함구하겠음〉 양2

1092 **phi·los·o·phers' stone** [휠라서휘즈 스토운]: 현자의 돌, (중세의 연금술사들이) 〈모든 금속을 황금으로 만들고 영생을 가져다 준다고 믿었던〉 요술석, 〈~ cintamani〉 양1

1093 **phi·los·o·phy** [휠라서휘]: philos(love)+sophos(wise), 〈그리스어〉, '지혜를 사랑하는 학문', 철학, 원리, 개념, 달관, 인생관, 〈~ meta-physics〉, 〈~(↔)theology〉, 〈↔fact\reality〉, 〈모든 학문의 출발점이자 도착점〉 가1

1094 **phil·trum** [휠트럼]: 〈← philtron(love charm)〉, 〈그리스어〉, 〈고대 그리스인들이 인체 중에 제일 성적 매력이 있다고 느꼈던〉 인중, (윗입술과 코 사이에) 세로 골이 진 곳, 〈~ infra-nasal depression〉, 〈~(↔)love potion(미약)〉 양2

1095 ***phi·shing** [휘슁]: 〈영국어〉, private data+fishing, '전산망 낚시', 전산망을 통해 개인정보를 알아내어 사기 치는 행위, 〈~ phreak〉, ⇒ smishing\vishing 우2

1096 **PH lamp** [피이 에이취 램프]: 1926년부터 덴마크의 유형 고안가 Poul Henningsen이 개발한 여러 개의 갓을 사용해서 눈부심을 방지하고 현대 감각을 살린 명품 조명 등 수2

1097 **phleb~ \ phleb·o~** [훌렙~ \ 훌레보우~]: 〈어원 불명의 그리스어〉, vein, 〈정맥~〉이란 뜻의 결합사 양1

1098 **phlegm** [훌렘]: 〈← phlegein(burn)〉, 〈그리스어〉, 〈염증에 의한〉 가래, 담, 점액(질), 고대 서양의학에서 말하는 4가지 체액 중의 하나로 이것이 많으면 사람이 냉담·침착·차분·무기력하다 함, 〈~ mucus\aloof-ness〉 양2

1099 **phlox** [훌락스]: 〈← phlegein(burn)〉, 〈그리스어〉, '불꽃', 〈땅을 기는〉 지면패랭이꽃, 풀협죽도, 주로 북미대륙 야산에 서식하며 향기롭고 선명한 색깔의 뭉치꽃이 피는 꽃창포과의 초본, 〈~ ground pink\fringed pink〉 미2

1100 **Phnom Penh \ Pnom Penh** [프놈펜 \ 퍼넘펜]: phnom(hill)+penh(full), 〈크메르어〉, '언덕위의 사원', 프놈펜, 14세기에 교역과 산업도시로 출발하여 1865년에 수도가 된 캄보디아 중남부에 위치한 크멜루즈 패망 후에 발 빠르게 성장하는 도시, 〈~ capital of Cambodia〉 수1

1101 **pho** [훠어]: 〈'납작한 쌀국수'란 뜻의 중국어〉, 포(대 옥편에도 없는 산·나무·껍질·조개가 합쳐진 아주 복잡한 한자), 베트남식 쌀국수, 고기·쌀국수·향료 등을 넣고 끓인 국, 〈~ beef with noodles〉, 〈~(↔)laksa〉 미1

1102 **pho·bi·a** [호우비어]: 〈← phobos(fear)〉, 〈그리스어〉, 공포증, 병적혐오 양2

1103 **~pho·bi·a** [~호우비어]: 〈~공포·혐오〉란 뜻의 결합사, 〈↔~philia〉 양1

1104 **Pho·bos** [호우바스]: 〈그리스어〉, 포보스 ①(의인화된) 공포〈fear〉를 상징하는 전쟁 신〈Mars〉의 아들 ②〈Mars의 아들인〉 화성의 제1 위성 수1

1105 **Phoe·be** [휘이비]: ①〈← phoibos(bight one)〉, 〈그리스어〉, '똑똑한 자', 포이베, 달(Diana)의 여신 ②〈미국 개척자들이 붙인 의성어〉, p~~; '휘이비~ 휘이비~' 하고 우는 북미산 딱새의 일종, 〈~ a tyrant flycatcher〉 수1

1106 **Phoe·nix** [휘닉스]: 〈← phoinix〉, 〈그리스어〉, 〈검붉은 색깔(redish purple)의?〉 피닉스, 〈화염에 둘러싸여 사는 불사조〉, 〈~ fire bird\immortality〉 ①봉황새자리, 〈~ a minor constellation in the southern sky〉 ②'태양의 계곡', 청명하고 따뜻한 기후로 급성장하는 애리조나(Arizona) 중남부의 주도·관광·위락·산업도시 수1

1107 **Phoe·nix flow·er** [휘닉스 흘라워]: '태양꽃', '불사화', 〈영원한 애정을 표시하며 가로수로도 인기 있는〉 여름에 불꽃같은 작은 뭉텅이 꽃을 피우는 콩과의 관목, ⇒ flamboyant tree 우2

1108 **phon(o)~** [호운~ \ 호우노~]: 〈그리스어〉, sound \ voice, 〈소리·음성~〉의 뜻을 가진 결합사 양1

1109 **phone** [호운]: 전화(기), 수화(기), 전화를 걸다, 〈~ telephone〉, 〈~ call\ring〉, 〈↔avoid\shun〉 가1

1110 **phone booth(box)** [호운 부우쓰(박스)]: 공중 전화소, '전화방', 〈~ call box\phone koisk〉 미2

1111 **phone card** [호운 카아드]: '전화증', 〈~ call card〉 ①공중전화용 삽입증 ②(요금선납) 전화 신용증 우2

1112 **pho·neme** [호우니임]: 〈← phone(voice)〉, 〈그리스어〉, 뚜렷하게 들리는 일련의 소리, 음소(조직), 음운, 〈~ unit of sound〉, 〈↔grapheme〉 미2

1113 **phone plug** [호운 플러그]: '전화 마개', 음향장치를 연결하는 '꽂임쇠', 〈~ telephone jack\audio-connector〉 우1

1114 **pho·net-ics** [호우네틱스]: 〈← phone(sound)〉, 〈그리스어〉, 음성학, 발음학, 〈phonology보다 구체적임〉, 〈~ pronounciation〉, 〈↔graphics〉 가1

1115 **pho·no-gram** [호우너 그램]: 표음문자, 전화전보, 동음철자, 〈~ a grapheme〉, 〈↔ideo-gram〉 양2

1116 **pho·no-graph** [호우너 그래후]: 축음기, 전축, gramo·phone, 〈~ record player〉 가1

1117 **pho·nol·o·gy** [호우날러쥐]: 음성학, 음운론, 〈phonetics보다 추상적임〉, 〈~ articulation〉, 〈↔morphology〉 가1

1118 **pho·ny** [호우니]: ⟨← Forney(name of faked ring maker)⟩, ⟨1889년 '도금한 금반지'란 뜻의 영국어에서 유래한⟩ 가짜의, 엉터리의, 속이다, 사기꾼, ⟨~ bogus\sham⟩, ⟨↔real\genuine⟩ 양2

1119 **pho·rop·ter** [호우뢉터]: ⟨그리스어에서 연유한 미국어(상품명)⟩, refractor, ⟨'phoria'(사시)를 측정하기 위해⟩ 눈이 받아들이는 빛의 굴절 이상 상태를 검사하여 안경 도수를 처방하는 외계인의 가면처럼 보이는, '안경 도수 측정기', ⟨~ an ophthalmic testing device⟩ 우1

1120 **pho·ros** [호우로스]: ⟨← phero(bear)⟩, ⟨'떠맡다'란 뜻의 그리스어⟩, ⟨고대 그리스에서 주변 도시 국가들이 적으로부터의 보호를 위해 아테네에게 지불했던 돈에서 유래한⟩ 분담금, 상관관계, ⟨~ allotment⟩ 양2

1121 **phos-pho·rus** [화스훠뤄스]: phos(light)+pherein(bring), ⟨그리스어⟩, '빛을 나르는 것', 포스포러스, 인, ⟨유전자의 구성요소·성냥 등 화공품에 요긴한⟩ 비금속원소(기호 P·번호15) 양2

1122 **pho·to** [호우토우]: ⟨← phos(light)⟩, ⟨그리스어⟩, 포토, 사진, '빛'(광), 광전자 가1

1123 *__pho·to-bomb__ [호우토우 밤]: 다른 사람들의 사진에 끼어들어 사진을 망치는 일, ⟨~ spoiled immage⟩ 우2

1124 **Pho·to CD** [호우토우 씨이 디이]: 1992년 코닥사가 출시했다가 ⟨반도체 주사물에 밀려⟩ 나중에 생산을 포기한 숫자형 고품질 사진 저장 압축원반, ⟨~ a photographic storage disc⟩ 수2

1125 **pho·to-chro·mic** [호우토우 크로우믹]: photo(light)+chroma(color), 광색성의, 태양광의 변화에 맞춰 유리나 안경알의 색깔을 변화시키는, ⟨~ transition lens⟩ 미2

1126 **pho·to-copy** [호우토우 카피]: 사진 복사(하다), ⟨~ reprodiction\mimeograph⟩, ⇒ fax 가1

1127 **pho·to-graph** [호우토우 그래후]: 사진(을 찍다), '빛으로 그리다', ⟨~ picture\camera⟩ 가1

1128 *__pho·to-op__ [호우토우 앞]: photograph oppertunity의 준말, 사진 촬영 기회, 기념 촬영 미2

1129 *__pho·to paint__ [호우토우 페인트]: '광학그림', 사진이나 그림을 특수 기구·여과기로 조작하는 ⟨배우기가 쉽지 않은⟩ 점상 화면 표시 체계, ⟨~ image editing⟩, ⟨↔original paint⟩ 우1

1130 **pho·to pa·per** [호우토우 페이퍼]: (사진 전용) 인화지, ⟨~ glossy paper⟩ 가1

1131 *__Pho·to Shop__ [호우토우 샾]: '뽀샵', 1990년 어도비(Adobe)사가 출시한 전산기용 사진 편집·화상처리 연성기기의 등록상표, ⟨~ a graphic editor\photo-manipulation⟩ 수2

1132 *__pho·to-stat__ [호우터 스탵]: (건판을 사용하지 않고 직접 감광지에 찍는) 직접 복사 사진, ⟨~ capture on film⟩ 양2

1133 **pho·to-syn·the·sis** [호우토우 씬씨시스]: photo(light)+syn(together)+tithenai(put), ⟨그리스어⟩, ⟨모든 유기물이 만들어지는 근본이 되는⟩ 광합성, ⟨~ carbon fixation\conversion of solar energy into chemical energy⟩, ⟨↔photolysis\cellular respiration⟩ 가2

1134 **pho·to vol·ta·ic** [호우토우 볼테일]: photo electric, 광전지의, 광발전의, 광전 변화의, ⟨~ solar cell(panel)⟩ 양2

1135 *__PHP__: ①personal home page tools; '개인 모본 기구', 전산망에 자기 소개란을 만들 때 쓰는 서술언어 ②hypertext pre·processor; '다중 문본(사전) 처리기', 여러 가지 전산망 체계에 사용할 수 있는 서술언어 ③partial hospitalization program; (부분 입원제, 집에서 자고 낮에 병원에 있는) 주간 치료소 우1

1136 **phra-sal verb** [후뤠이절 붜어브]: ⟨문구로 이루어진⟩ 구동사, ⟨동사와 전치사·부사가 합쳐진⟩ 관용구적 동사(예를 들면, pass-away·look down on 등), ⟨~(↔)prepositional verb보다 한단계 높은 말⟩ 양2

1137 **phrase** [후뤠이즈]: ⟨← phrazein(speak)⟩, ⟨그리스어⟩, 구, 문구, 한 낱말과 같은 구실을 하는 어군, ⟨횡경막('phrenum')에서 울리는⟩ 말씨, (작은) 악절, (춤의) 한 동작, ⟨~ expression\group of words⟩, ⟨↔word\morpheme⟩, ⟨clause보다 한단계 낮음⟩ 양2

1138 **phra·se·ol·o·gy** [후뤠이즈알러쥐]: 말투, 문체, 어법, ⟨~ choice of words\diction\style of writing⟩, ⟨~(↔)meaningology⟩ 양2

1139 *__phreak__ [후뤼이크]: ⟨1972년에 등장한 미국 속어⟩, phone freak, 음성신호 조작, 전화 불법 침입, ⟨~ phone hijack⟩ 미2

1140 **phre·net·ic** [후뤼네틱]: phren(mind)+itis(inflamation), ⟨고대 그리스에서 마음의 고향이라 믿었던 횡경막(diaphragm)에서 연유한⟩ '마음의 염증', 정신착란의, 열광적인, ⟨~ fanatic\frenzy⟩, = frenetic 가2

1141 **phre·nol·o·gy** [후뤼날러쥐]: phren(mind)+logos(discourse), ⟨그리스어⟩, ⟨정신력을 연구하는⟩ 골상학, 관상학, ⟨~ craniometry\phyiognomy⟩ 가1

1142 **phthal·ate** [쎌레이트]: ⟨← naphtha(purification)⟩, ⟨페르시아어⟩, ⟨정화시키는⟩ 프탈산, (주로) PVC를 연하게 만들어 주는 물질 수2

1143 **phy·log·e·ny** [화이라줘니]: phyle(tribe)+genesis(produce), 〈그리스어〉, '종족발생', (진화의 축에 따른) 계통발생, 〈~ systemic development〉, 〈↔ontogeny〉 양2

1144 **phy·lum** [화일럼]: 〈← phyle(tribe)〉, 〈그리스어〉, '종족', 문, 생물 분류의 두 번째로 큰 부분(계〈kingdom〉의 아래·강〈class〉의 위), 대 어(말)족 가2

1145 **phys·i·(o)~** [휘지(오우)~]: 〈← physis(nature)〉, 〈그리스어〉, 〈천연·신체·물리·생리~〉란 뜻의 결합사, 〈↔psycho~〉 양1

1146 **phys·i·at·rics** [휘지애트뤽스]: 물리요법(치료), 자연요법, 〈~ PM&R〉 가2

1147 **phys·i·cal** [휘지컬]: 육체의, 물질의, 자연의, 눈에 보이는, 〈→ physique〉, 〈~ bodily\material〉, 〈↔mental〉 가1

1148 **phy·si·cian** [휘지션]: 〈← physis(nature)〉, 〈그리스어〉, 〈칼을 대지 않는〉 치료자, 〈'체외 조작으로' 자연적으로 낫게 하는〉 (내과) 의사, 〈~ doctor of medicine〉, 〈↔surgeon〉 가2

1149 **phy·si·cian's as·sis·tant** [휘지션스 어씨스턴트]: PA, 의사 보조원, (의과 대학에 부속된 석사 과정과 실습을 마치고 국가 시험에 합격한 자에게 수여되는) 보조 의사, 〈~ nurse practioner〉, 〈한국에서는 '보조'란 말 대신 진료 '지원' 간호사라고 부름〉 양2

1150 **phys·i·cist** [휘지시스트]: 물리학자, 유물론자(materialist), 〈~(↔)biologist\chemist〉, 〈↔philosopher\theist〉 가1

1151 **phys·ics** [휘직스]: 〈'자연(nature)'이란 뜻의 그리스에서 유래한〉 피직스, 물리학, 물리적 특성(현상), 〈~ the fundamental science〉, 〈~(↔)physiology\biology〉, 〈↔philosophy\social science〉 가2

1152 **phys·i·og·no·my** [휘지아그너미]: physis(nature)+gnomon(know), 얼굴, 관상, 인(골)상학, 지형, 〈~ phrenology〉 양2

1153 **phys·i·ol·o·gy** [휘지알러쥐]: 〈그리스어〉, '자연철학', 생리학, 생리 기능(현상), 〈~ life-lore〉, 〈↔psychology〉, 〈↔morphology\anatomy〉 가1

1154 **phy·sique** [휘지이크]: 〈← physical〉, 체격, 체형, 지형, 〈~ anatomy\body〉, 〈↔mentality\soul〉 가2

1155 **phyt~ \ phy·to~** [화이트~ \ 화이토우~]: 〈← phyton(plant)〉, 〈그리스어〉, 〈자라나는 식물~〉이란 뜻의 결합사 양2

1156 **phy·to·re·me·di·a·tion** [화이토 뤠미디에이션]: 식물 복원, 오염물질을 식물로 흡수시키는 토양 정화, 〈~ vegetation-enhanced remediation〉, 〈~(↔)bio-remediation〉 양2

1157 **PI**: ①professional indemnity(직업보호) ②personal injury(신체적 상해) 미2

1158 **pi** [파이]: 〈'p'(작은 입)의 그리스 문자〉, π, 원주율(지름에 대한 원의 둘레의 비율), 약 3.1416, 〈~ periphery〉 우2

1159 **pi·a·ce·re(mi·o)** [피아췌뤠(미오)]: 〈이탈리아어〉, my pleasure, 안녕하세요?, 〈~ hi\hellow\ciao〉 미2

1160 **Pi·a·get** [피아제이], Jean: 〈어원 불명의 프랑스계 이름〉, 피아제, (1896-1980), 어린이의 사고력 발달 과정을 연구한 〈호떡방 주인같이 생긴〉 스위스의 심리학자, 〈~ a Swiss psychologist〉 수1

1161 **pi·a·nette \ pi·a·ni·no** [피어네트 \ 피어니노우]: 〈영국어 \ 이탈리아어〉, 직립형 피아노, 〈~ small upright piano〉 양2

1162 **pi·a·nis·si·mo** [피어니씨모우]: pp, 〈이탈리아어〉, 매우 약하게, 〈~ very softly〉, 〈↔fortissimo〉 양2

1163 **pi·an·o** [피애노우]: 〈← piano-forte(soft and loud)〉, p, 〈'약하고 강한'이란 라틴어에서 유래한 이탈리아어〉, 피아노, 부드럽게, 넓은 폭의 음정을 나타낼 수 있는 커다란 나무통에 든 건반〈현〉악기, 〈~(↔)key-board〉 양2 우2

1164 **pi·a·no·la** [피어노울러]: player piano, 1895년 미국 디트로이트에서 출시되어 (1929년에 자취를 감춘 천공판을 이용한) 자동 연주 피아노 우2

1165 **pi·an·o play·er** [피애노우 플레이어]: (pianist〈피아노쟁이〉보다 좀 격이 떨어지는) 피아노 연주자, 자동 피아노를 작동시키는 장치(천공판) 우2

1166 **pi·az·za** [피애쩌 \ 피아짜]: 〈← platys(broad)〉, 〈그리스어→라틴어→이탈리아어〉, 피아짜, 광장, 시장, 화랑, 복도, 현관, plaza, 〈~ square\mall〉 양2

1167 **pi·ca¹** [파이커]: 〈라틴어〉, 〈색깔과 문양이 mag·pie를 닮은〉 (예전에 교회 규칙을 인쇄하던) 12포인트 크기의 활자, 1/6인치 수2

1168 **pi·ca²** [파이커 \ 피카]: ⟨라틴어⟩, 이식증, ⟨'mag·pie(까치)같이'⟩ 음식이 아닌 것을 먹는 식욕도착증, ⟨~ an eating disorder⟩ 미2

1169 **pi·ca·dor** [피커도어]: ⟨← pica(pike)⟩, ⟨스페인어⟩, '찌르는 자', 기마 투우사, 창잡이, ⟨~ piercer⟩, ⟨~(↔)matador⟩ 양2

1170 **pic·a·resque** [피커퀘스크]: ⟨← picaro(rogue)⟩, ⟨스페인어⟩, 피카레스크, 17세기 스페인에서 유래한 '악당'문학, 범죄문학, ⟨~ prankish\devilish⟩ 미2

1171 **pic·a·roon** [피커루운]: ⟨← picaro(rogue)⟩, ⟨스페인어⟩, 악한, 도둑, 해적, 산적, ⟨~ free-booter⟩, ⟨↔hero⟩ 양2

1172 **Pi·cas·so** [피카소우], Pab·lo: ⟨mag·pie란 뜻의 이탈리아어에서 연유한⟩ '깍깍대는 자', 피카소, (1881-1973), 주로 프랑스에 살면서 인간의 무의식 세계를 파헤친 2만여 점의 작품을 남긴 스페인 태생의 반나치주의 화가·조각가, ⟨~ a Spanish painter and sculptor⟩ 수1

1173 **Pic·ca·dil·ly** [피커딜리]: ⟨영국어⟩, ⟨'pickadil'(목깃이 높은 양복) 재단사의 집이 있던 언덕에서 연유한⟩ 피카딜리, ⟨'문화의 거리', '마약의 거리'를 거쳐 '장보기 거리'로 탈바꿈한 런던 중심부의 번화가⟩, ⟨~ a street in London's West End⟩ 수1

1174 **pic·ca·lil·li** [피컬릴리]: ⟨영국어⟩, ⟨pickle+chili⟩, Indian pickle, '오이겨자절임', 동인도산 향료가 든 야채절임 우1

1175 **pic·co·lo** [피컬로우]: ⟨← pikk(little)?⟩, ⟨라틴어?→이탈리아어⟩, small flute, 고음을 낼 수 있는 작은 피리 우2

1176 **pich·i·ci·a·go** [피취시아고우]: pichey(amadillo)+caecus(blind), ⟨원주민어+라틴어⟩, 남미 남부산 작은 아르마딜로, ⟨~ pink fairy armadillo⟩ 수2

1177 **pick** [픽]: ⟨← pycan(pierce)⟩, ⟨어원 불명의 영국어⟩, 따다, 뜯다, 쪼다, 잡아 뽑다, 골라잡다, 훔치다, '뾰족한 것으로 찌르다', 곡괭이, 이쑤시개, ⟨~ pluck\choose\collect⟩, ⟨~ pick-ax\tooth-pick⟩, ⟨↔discard\reject⟩ 양1

1178 **pick-axe** [픽 앥스]: '뾰족' 곡괭이, ⟨↔mattock⟩ 미2

1179 **pick-el** [피컬]: ⟨영국어⟩, ⟨← pike¹⟩, 피켈, 얼음을 찍는 등산용 도끼, ⟨~ ice ax⟩ 우1

1180 **pick-er–el** [피커뤌]: ⟨영국어⟩, ⟨← pike¹⟩, 새끼 창꼬치, 새끼 강꼬치, 낚싯바늘을 물면 요동을 쳐서 당기는 맛이 있는 길고 가느다란 민물고기, ⟨pike보다 아가리가 덜 찢어짐⟩ 미2

1181 **pick·et** [피킽]: ⟨← pique(a spike)⟩, ⟨프랑스어⟩, 피켓, (긴) 말뚝, '뾰족한' 막대, 경계초소, 보초, 감시원, 시위용 구호판(막대), ⟨~ pike¹ \ prick⟩ 양1 미1

1182 **pick·et–ing** [피킽팅]: ①감시원 배치, ⟨~ palisading⟩ ②구호판을 들고 시위하기, ⟨~ demonstration⟩ 미1

1183 **pick·ing** [피킹]: 고르기, 따기, 선발, 채집, 뽑기, 찌르기, 훔치기, ⟨~ gather\pluck\choose⟩ 양1

1184 **pick·le** [피클]: ①⟨← pekel(brine)⟩, ⟨네덜란드어⟩, '톡 쏘는 것', (소금물·식초 등으로) 절인 것, (야채 등을 절이는) 간수, 오이절임, 곤경, '파김치', 술고래, ⟨~ plight¹\preserve⟩ ②⟨스코틀랜드어⟩, ⟨← trifle?⟩, 소량, 소액, ⟨~ grain⟩ 미1 양2

1185 *****pick·le-ball** [피클 버얼]: ⟨Pickles라는 애완견 이름에서 연유했다는 설이 더 유력한⟩ 피클볼, ⟨1965년에 미국에서 고안되어 최근에 인기 있는⟩ 비교적 짧은 채를 사용하는 정구와 탁구의 중간쯤 되는 공이나 경기, ⟨whiffle-ball은 연습용 야구공⟩, ⟨~ a racket (or paddle) sport⟩ 우1

1186 *****pick me girl** [픽 미이 거얼]: (사회 전산망에서) ⟨남자들이 관심을 끌기 위해⟩ 난체하거나 재랄떠는 여자, 뽑히고 싶은 여인, ⟨~ attention seeking girl⟩, ⟨↔cool girl⟩ 미1

1187 *****pick-pock·et** [픽 파킽]: 소매치기(하다), '주머니털이', ⟨~ sneak thief⟩ 양2

1188 **pick tool** [픽 투울]: picking device, '선택도구', 화면상의 한 점을 선택하기 위해 사용하는 화살촉 모양의 깜빡이 우1

1189 **pick-up** [픽 엎]: 습득물, 횡재, 진보, 정보, 즉석요리, 오다가다 만난 상대, 자동차 편승, (자동차) 가속 기능, ⟨~ lift\collect\take up⟩ 양1

1190 *****pick-up line** [픽 엎 라인]: 상대방에게 말을 붙일 때 상투적으로 꺼내는 어구, (진부한) 대화 개시 말, ⟨~ flirting line⟩ 미2

1191 **pick-wick-i·an** [픽위키언]: short wick, ⟨영국어⟩, ⟨다킨스의 소설에 등장하는 착하고 익살스러운 노인에서 유래한⟩ 단순한, 너그러운, 특수한, ⟨~ jovial\mirthful⟩ 우2

1192 **pic-nic** [피크닉]: pique(pick)-nique(trifle), 〈어원 불명의 프랑스어〉, 소풍, (각자 먹을 것을 가지고 가는) 야유회, 즐거운 일, 쉬운 일, 〈비교적 값이 싼〉 돼지의 어깨살 살코기, 〈~ excursion\outing\pleasant experience〉, 〈~ pork shoulder〉 양2 우1

1193 **pi·co** [피이코우 \ 파이코우]: 〈스페인어〉, little bit, 피코, 1조분의 1, 10의 -12승, 미소량 수2

1194 **pi·co·lo** [피컬로우]: 〈이탈리아어〉, 높은 음이 나는 '작은(small)' 피리, 〈~ baby flute〉 수2

1195 **pic·to-graph** [픽터그래후]: picto(paint)+graphein(wirte), 〈라틴어+그리스어〉, 〈← picture〉, 〈~ picture symbols〉, 그림문자, 상형문자, 그림도표 양2

1196 **pic·to·ri·al** [픽터뤼얼]: 〈← pictor(painter)〉, 〈라틴어〉, 〈← picture〉, 그림의, 그림으로 나타낸, 화보, 〈~ illustrated\art book〉 가1

1197 **pic·ture** [픽쳐]: 〈← pingere(paint)〉, 〈라틴어〉, '색칠한 것', 그림, 회화, 사진, 미관, 꼭 닮은 것, 영상, 화상, 사태, 묘사, 영화, 〈~ painting\photograph〉 양2

1198 **pic·tur·esque** [픽쳐뤠스크]: 〈라틴어→프랑스어→영국어〉, 그림과 같은, 아름다운, 생생한, 〈~ beautiful\scenic〉 양2

1199 **pid·dle** [피들]: 〈영국어〉, 〈piss(urine)+puddle(ditch)이라는 썰이 있는〉 (어정버정) 시간을 낭비하다, 오줌누다, 〈~ bum around\pittle〉 양2

1200 **pid·gin** [피쥔]: business의 중국식 발음, 〈장사용〉 언어, 혼합어, 두 가지 이상의 말이 섞여진 〈엉터리〉 언어, 〈~ argot\lingo〉, 〈↔standard language〉, ⇒ Chinglish 양2

1201 **pie¹** [파이]: 〈영국어〉, 〈magpai가 수집하듯〉 밀가루·크림·설탕·버터 등을 섞어 반죽하여 과실·고기 등을 넣고 구워서 만든 양과자, '반죽과자', 〈~ tartlet〉 우1

1202 *****pie²** [파이]: 〈← pie¹〉, 〈양과자같이〉 아주 좋은 것, 지극히 쉬운 것, (부정)이득, 총계, 코카인 1kg, 〈~ sweet-pie〉 양2

1203 **pie³** [파이]: 〈라틴어〉, magpai(까치)의 준말 가1

1204 **piece** [피이스]: 〈← pecia(part)〉, 〈라틴어→프랑스어〉, 조각, 단편, 부분, 작은 물건, 한 개, 견본, 〈~ bit\item\sample〉, 〈↔whole\pool〉 양1

1205 *****piece de re·sis·tance** [피에스 디 뤼지스타안스]: 〈프랑스어〉, piece+resistance, (쉽게 지나칠 수 없는) 주요한 사건, 주요 작품, 주요리, 〈~ magnum opus\tour de force〉, 〈↔minor\trivial〉, 〈↔worst〉 양2

1206 **piece frac·tion** [피이스 후뢕션]: '대 등분표', 분수를 표시할 때 기호가 숫자보다 큰 활자체, larger division sign(/), 〈숫자와 기호와 같은 활자체는 그냥 fraction symbol 또는 division sign이라 함〉 우1

1207 **piece-meal** [피이스 미일]: 찔끔찔끔 주는 (음식), 조금씩 하는, 단편적인, 〈~ a little at a time\bit by bit〉, 〈↔sudden\together〉 양2

1208 *****piece of cake** [피이스 어브 케이크]: 식은 죽 (먹기), 아주 하찮은 것, 〈~ easy task\no brainer\cinch\riding a bike〉, 〈↔difficult\like hell\challenging〉 양2

1209 *****piece of shit** [피이스 어브 쉿]: 똥 덩어리, 후진 것, 치사한 놈, 〈~ junk\SOB〉, 〈↔smart ass\gem〉 양2

1210 *****piece of work** [피이스 어브 워얼크]: 까다로운 친구, 골칫거리, 귀찮은 것(일), 〈~ difficult task(person)\chore\task〉, 〈↔milk-sop\piece of cake〉 양2

1211 *****piece rate** [피이스 뤠이트]: ①생산 단가, 〈~ unit price〉 ②청부율, (시간에 관계없이 생산품의 숫자에 따라 지급받는 일, 〈~ piece work〉 양1

1212 *****piece work** [피이스 워얼크]: 삯일, 일한 분량대로 지급받는 일, 청부일, 도급, 〈~ piece (or fixed) rate〉 양1

1213 **pie chart(graph)** [파이 촤아트(그래후)]: 원형 도표, 원 그림표, 각 부분의 크기를 360등분 비율로 표시하는 도표, 〈~ circle graph〉, 〈↔bar chart\histo-gram\line graph〉 양2

1214 *****Pied Pip·er** [파이드 파이퍼]: 〈게르만어→영국어〉, '까치〈mag·pie〉 피리꾼' ①마을 안의 쥐를 퇴치한 사례금을 받지 못한 앙갚음으로 아이들을 피리(pipe)로 꾀어 내어 산속에 버렸다는 독일의 전설 속 인물, 〈~ a rat-catcher〉 ②p~ p~; 사람들을 선동하여 몰고 다니는 사람, 무책임한 약속을 하는 지도자, 〈~ a leader who entices〉, ⇒ Hamelin 수1 양2

1215 *****pie-eyed** [파이 아이드]: 〈동공이 파이만큼 크게 개풀린〉 술 취한, 비현실적인, 놀란, 〈~ wide-eyed〉 양1

1216 *****pie-faced** [파이 훼이스드]: 멍청한 얼굴의, 얼빠진, 〈~ flat face〉 양1

1217 *****pie-hole** [파이 호울]: 목구멍, 아가리, cake·hole 양2

1218 ***pie-in-the-sky** [파이 인 더 스카이]: 그림의 떡(화중지병), 헛된 기대, 극락 같은, ⟨~ castle in the air⟩ 양2

1219 **pieol·o·gy** [파이 알러쥐]: '양과자⟨pie¹⟩ 연구(학)', P~; 2011년 중국계 미국인 등이 남가주에서 출범한 피자(pizza) 가게 양2 수2

1220 **pie-plant** [파이 플랜트]: 파이의 재료로 쓰이는 샐러리 비슷한 식용 대황 ⇒ rhubarb 우1

1221 **pier** [피어]: ⟨← pera(pillar)⟩, ⟨어원 불명의 라틴어⟩, '높이 돋은 대', 부두, 잔교, 방파제, 교각, 창 사이의 벽, ⟨~ pile\dock²⟩, ⟨~ berth\quay⟩, ⟨↔air terminal⟩ 양1

1222 **Pier-1 Im-ports** [피어 원 임포얼스]: 1962년 텍사스에 세워진 미국의 수입 가구·장식소품(home furnishings) 전문 판매 회사, ⟨2020년부터 on-line business만 함⟩ 수2

1223 **pierce** [피어스]: per(thorough)+tundere(thrust), ⟨라틴어⟩, 꿰찌르다(뚫다), 간파하다, ~에 스며들다, ⟨~ perforate\penetrate⟩, ⟨↔fill\seal⟩ 가1

1224 **Pierce** [피어스], Frank·lin: ⟨← Piers ← Peter(rock)⟩, '돌멩이', 피어스, (1804-1869), ⟨노예에 대한⟩ 타협안의 강력한 지지자로 48세에 14대 대통령이 된 미국의 민주당 출신 ⟨미남⟩ 정치가, ⟨피어빠⟩, {⟨돈 많은⟩ purse}, ⟨~ 14th US President⟩ 수1

1225 **pier glass** [피어 글래스]: ⟨라틴어+게르만어⟩, trumeau⟨central pillar란 뜻의 프랑스어⟩ mirror, 체경, 창 사이의 벽⟨pillar⟩에 거는 큰 거울, ⟨~ cheval glass⟩ 미2

1226 **Pierre Car·din** [피엘 카아댕]: 'Peter Richard', 피에르 가르댕, 1950년 동명의 이탈리아 출신 유행 고안자가 파리에 세운 전위적 색채가 짙은 명품 의류·장신구·화장품·(생산)·판매점, ⟨~ a warld renowned fashion brand⟩ 수1

1227 **Pi·er·rot** [피이어로우]: 'Peter의 애칭', 피에로, 전통 프랑스(French) 극에 나오는 ⟨어슴푸레⟩ 슬픈 표정을 한 광대, p~; 어릿광대, 가장무도자, ⟨~ clown\jester⟩ 수1 미2

1228 **pi·e·ty** [파이어티]: ⟨← pius⟩, ⟨라틴어⟩, ⟨← pious⟩, 경건, 신앙심, 충성심, ⟨~ devotion\reverence⟩, ⟨→ pity\pittance⟩, ⟨↔im-piety\un-faith⟩ 가1

1229 ***PIF** [피후] (pro-gram in-for·ma·tion file): 차림표 정보 서류철, 초기 마이크로소프트 윈도우에서 원반 작동체제를 운용하기 위한 (.pif로 끝나는) 서류철 형식 미2

1230 **pig¹** [피그]: ⟨← pigge(young hog)⟩, ⟨게르만어→영국어⟩, (집)돼지⟨저는 몸과 마음을 바쳐 인간을 사랑하나 대부분의 인간들은 그 고기만 좋아하는 애교가 많고 영리한 짐승⟩, ⟨~ pork\hog\sow\swine⟩, ⟨돼지의 명칭을 정확히 아는 분은 이 사전을 읽을 필요가 없음⟩ 가1

1231 ***pig²** [피그]: 탐욕스러운 사람, 불결한 사람, 미련한 사람, 먹보, 뚱보, ⟨여러모로⟩ 나쁜 여자, ⟨심술궂은⟩ 경관, ⟨~ slob\glutton\bad person⟩ 양2

1232 **pi·geon¹** [피쥔]: ⟨← pipire⟩, ⟨라틴어⟩, ⟨의성어?⟩, '재잘대는 어린 새', 비둘기, 조그만 머리·탄탄한 흉근·매끄러운 깃털을 가지고 장거리 비행을 할 수 있는 일부일처제의 ⟨말 잘 듣는⟩ 새, ⟨~ colombo\dove⟩ 가1

1233 ***pi·geon²** [피쥔]: ⟨← pigeon¹⟩, 젊은 처녀⟨chick⟩, 풋나기, 잘 속는 사람, '봉', ⟨~ gull\sucker⟩ 양2

1234 **pi·geon blood** [피쥔 블러드]: 암적색, 간장, ⟨~ superative ruby color⟩ 가1

1235 **pi·geon breast(chest)** [피쥔 브뤠스트(췌스트)]: 새가슴(가슴뼈가 튀어나온 기형), ⟨~ chicken breast⟩ 가1

1236 **pi·geon hawk** [피쥔 허어크]: merlin(gerfalcon), 송골매, 쇠황조롱이, (비둘기같이) 매끄러운 깃털을 가진 작은 매, ⟨~ a peregrine(wanderer)⟩ 미2

1237 ***pi·geon-hole** [피쥔 호울]: 비둘기장의 출입 구멍, 정리함, 분류(정리)용 칸막이 선반, 협소한 방, ⟨예전에 사전을 쓰시던 어른들이 모든 자료를 분리해서 보관하던⟩ 구획장, ⟨~ compartment⟩ 미2

1238 ***pi·geon's milk** [피쥔스 밀크]: 비둘기가 새끼에게 먹이기 위해 토해내는 젖 모양의 액체, ⟨~ crop milk⟩, 만우절에 애당초 있지도 않은 것을 아이를 속여 가지러 보내는 것(an imaginary liquid) 우1

1239 **pi·geon toed** [피쥔 토우드]: 발(가락)이 안으로 굽은, 안짱다리의, ⟨~ in-toe⟩ 양2

1240 **pi·geon-wing** [피쥔 윙]: '구익형 무도', 뛰어올라 양발을 마주치는 춤(jump and strike legs together) 우1

1241 **pig-eyed** [피그 아이드]: 눈이 작고 쑥 들어간(small and deep-set eye) 미2

1242 **pig-fish** [피그 휘쉬]: grunt, 벤자리, (미남부 대서양 연안에 서식하며) 물에서 나오면 꿀꿀 소리를 내는 잡식성의 작은 도미류 미2

1243 **pig·gy-back** [피기 백]: 〈영국어〉, 'pick-back', 업기, 목말 타기, 편승, 〈~ carry\lift〉 양2

1244 ***pig·gy-back pro·mo·tion** [피기 백 프로모우션]: (경품이 별도로 포장된) 경품부 판매촉진, 〈~ bundle offer〉 미2

1245 **pig-gy bank** [피기 뱅크]: 돼지 저금통, 유료 도로의 (무인) 요금 징수함, 〈~ money box〉 양2

1246 ***pig-head·ed** [피그 헤디드]: 고집이 센, 성질이 비뚤어진, 〈~ bull-headed\sturbborn〉, 〈↔obedient\flexible〉 가1

1247 **pig i·ron** [피그 아이언]: 〈'pig'(쇳통)으로 만든〉 선철, 무쇠, 싸구려 위스키, 〈~ crude iron\cheap whiskey〉 양2

1248 **pig-let** [피글릿] \ pig-ling [피글링]: 돼지 새끼, 작은 돼지, 〈~ a young pig〉 가1

1249 **pig·ment** [피그먼트]: 〈← pingere〉, 〈라틴어〉, 〈← paint〉, 그림물감, 안료, 색소, 검버섯, 〈~ age spot\liver spot〉 가1

1250 **pig-nut** [피그 넛]: ①(돼지가 좋아하는) 유럽산 땅콩의 일종 ②(돼지 사료로 쓰였던) 씁쓸름한 맛이 나는 북미산 호두의 일종, bitter·nut, ⇒ swamp hickory 미2

1251 ***pig out** [피그 아웃]: 〈1977년에 등장한 숙어〉, 돼지처럼 처먹다, 게걸스럽게 먹다, 〈~ gorge〉, 〈↔fast\taste〉 양2

1252 **pig-pen** [피그 펜]: 돼지우리, 더러운 곳, 〈~ sty(e)〉 양2

1253 **pig's feet** [피그스 휘이트]: 돼지족발(요리), 〈왠지 모르지만 한국의 미녀들이 좋아하는 street food〉 가1

1254 **pig-swill** [피그 스윌]: 꿀꿀이죽, (돼지에게 주는) 멀겋고 맛없는 국물, 〈~ hog-wash〉 양2

1255 ***pig-tail** [피그 테일]: 돼지 꼬리, 땋아 늘인 머리, (옛 중국인의) 변발, 가늘게 꼰 담배, 접속용 구리줄, 〈~ queue\pony-tail〉 양2 미2

1256 **pig-weed** [피그 위이드]: (예전에는 그 열매를 아즈텍인들이 먹었으나 요즈음은 돼지 사료로 쓰는) 명아주·개비름류의 초본, goose·foot, lamb's quarters, 〈~ fat hen\wild spinach〉 미2

1257 **pi·ka** [파이커]: 〈Tungus어〉, rat hare, 새앙(생쥐)토끼, (북반구 고산지대에 서식하며) 적이 오면 찢어지는 소리를 내는 털이 많고 꼬리가 짧은 모르모트 닮은 작은 산토끼 미2

1258 **pi·ka·ke** [피이커케이]: 〈하와이 공주가 peacock과 함께 좋아했다는 일화에서 연유한〉 피카케, maile(마일리), 동남아·하와이인들이 좋아하는 향기롭고 청초한 흰 꽃을 피우는 자스민류의 상록관목, 〈~ Arabian (or Sambac) jasmine〉 미2

1259 **pike¹** [파이크]: 〈← piic(spike)〉, 〈영국어〉, (끝이 2~3가닥으로 갈라진) 미늘창, 17세기까지 보병이 쓰던 자루가 길고 끝이 뾰족한 창, 〈→ peak\pickel\pickerel〉 미2

1260 **pike²** [파이크]: 〈← pike¹〉, 〈창꼬치, 강꼬치, 격렬한 싸움으로 낚시꾼들에게 인기가 있는 먹성이 좋고 길쭉한 민물고기, 〈pickerel보다 아가리가 더 길게 찢어짐〉 미2

1261 ***pike³** [파이크]: 〈영국어〉, turnpike(유료 고속도로)에 설치된 요금 징수소 미2

1262 **pike-min·now** [파이크 미노우]: 〈미국 북서부의 강에 서식하며 연어 새끼들을 잡아먹는 한 뼘 길이의〉 창꼬치 황어, ⇒ squaw·fish의 1999년부터의 새로운 명칭 우2

1263 **pi·laf(f)** [필라후]: 〈← pelar(rice)〉, 〈'쌀'이란 뜻의 페르시아어〉, 중동식 볶음밥, 볶은 밥을 고기·야채 국물과 함께 찐 중동의 요리, 〈~ Mid-eastern fried rice〉, 〈~(↔)kedgeree〉 미2

1264 **Pi·late** [파일러트], Pon·ti·us: 〈← pilum(javelin)〉, 〈라틴어〉, '창잡이', 빌라도, 자신은 책임이 없다고 했지만 복음 제자 4명 모두 예수를 처형했다고 단정한 유대 지방의 로마 총독, 〈~ Roman governor of Judaea province〉, p~; 도덕적 책임을 회피하는 사람, 〈~ evader〉 수1 양2

1265 **Pi·la·tes** [필라아티즈]: 〈← pilum(javelin)〉, 〈라틴어〉, '창잡이', 필라테스, (1920년경) 독일 태생 미국인 Joseph Pilates에 의해 개발된 요가와 춤을 혼합한 신체 단련 운동, 〈~ fitness yoga〉 수2

1266 **pil·chard** [필춰드]: 〈← pilchen(perch²)〉, 〈켈트어〉, 정어리(서유럽·태평양에 서식하는 청어과의 기름진 작은 물고기), 〈~ a sardine〉 미2

1267 **pil·crow** [필크로우]: 〈그리스에서 연유한 영국어〉, ¶, 〈← para·graph〉, (문장의 처음이나 끝에 썼던) 단락 기호 우1

1268 **pile** [파일]: 〈← pila(ball\column)〉, 〈라틴어〉, 더미, 쌓아 올린 것, 대량, 큰 재산, 말뚝, 보풀, 〈동글동글한〉 치질, 〈~ pier\pillar〉, 〈~ hemorrhoids〉, 〈↔un-pile\hand-ful〉 양1

1269 **pi·le·at·ed wood-peck·er** [파일리에이티드 우드페커]: 〈← pileus(cap)〉, 〈라틴어에서 연유한 미국어〉, 북미산 (갓이 있는) 붉은도가머리딱따구리, 〈~ red-headed wood-pecker〉 미2

1270 **pile of mon·ey** [파일 어브 머니]: 무더기 돈, 돈더미, 돈방석, 〈~ ton(heaps) of money〉, 〈↔mickey mouse\peanuts〉 양2

1271 **pile-up** [파일 엎]: 산적, 밀림, 겹침, 연쇄 충돌, 〈~ gather\amass\crash〉 양1

1272 **pile-wort** [파일 워얼트]: (불탄 자리에서 잘 자라는) fire weed, 치질(pile) 치료제로 쓰였던 미나리아재빗과의 초본('치질풀') 우1

1273 **pil·grim** [필그림]: per(through)+ager(land), 〈라틴어〉, 필그림, 순례자, 성지 참배자, 신참자, '멀리서 온 사람', 〈~ peregrina〉, 〈~ haji\palmer〉 양1

1274 **Pil·grim Fa·thers** [필그림 화아더즈]: 1620년 메이플라워호로 미국에 건너가 플리모스에 주거를 정한 102명의 영국 청교도단, 〈~(↔)Founding Fathers〉 수2

1275 **Pil·i·pi·no** [필러피이노우]: 필리피노, Tagalog를 기초로 한 필리핀의 표준어 수2

1276 **pill** [필]: 〈← pila(ball)〉, 〈라틴어〉, '작은 공', 환약, 알약(tablet), 공 모양의 것, 경구피임약 양2

1277 **pil·lage** [필리쥐]: 〈← piliare(plunder)〉, 〈라틴어에서 연유한 프랑스어〉, 약탈(물), (전쟁 중) 강탈, 〈← peel〉, 〈~ loot\ransack\reave〉, 〈↔defend\guard〉 양2

1278 **pil·lar** [필러]: 〈← pila(column)〉, 〈라틴어〉, 기둥, 대각, 주석, 지주, 중심, 요점, 〈~ pier\pile〉, 〈~ post\shaft\main-stay〉, 〈↔branch\hindrance〉 양1

1279 **pill bug** [필 버그]: wood louse, 공벌레, 쥐며느리, 쓰레기나 마루 밑에 살고 공처럼 몸을 말 수 있는 1cm 내외의 절지동물 미2

1280 **pil·lion** [필리언]: 〈← pellis(skin)〉, 〈라틴어〉, 〈예전에는 '가죽' 한장을 깔았던〉 뒤 안장, (오토바이의) 뒷좌석, 〈~ cushion\back-seat〉 양2

1281 **pil·lo·ry** [필러리]: 〈← espilori(peep-hole)〉, 〈'옹이구멍'이란 프로방스어에서 유래한?〉 '칼', 17세기 영국에서 (경범) 죄인의 목과 양손을 끼워 사람들한테 보이게 한 판자로 된 형구, 질타, 오명, 웃음거리, 〈~ condemmnation〉, 〈↔commendation〉 우1 양2

1282 **pil·low** [필로우]: 〈← pulvinus(cushion)〉, 〈어원 불명의 라틴어〉, '방석', 베개, 머리 받침대, 권투용 장갑, 〈~ head-rest\pad〉, 〈이것은 soft하고 bolster는 hard함〉 가1

1283 *****pil·low bit·er** [필로우 바이터]: 〈아픔을 참느라 베개를 악무는〉 여자 역의 남성 동성 연애자, 〈~ passive homosexual〉 우1

1284 **pil·low case** [필로우 케이스]: 베갯잇, 베개의 겉을 덧싸는 천, '베개 싸개', 〈~ pillow slip〉 가1

1285 **pil·low fight** [필로우 화잍]: (어린이의) 베개 던지기 놀음, 모의전, 시시한 싸움(논쟁), 〈~ play-fight〉 양2

1286 *****pil·low mon·ey** [필로우 머니]: (여관에서) 베개 밑에 넣어 두는 행하, 〈~ tip for the roommaid〉 우1

1287 *****pil·low prin·cess** [필로우 프륀쎄스]: '베개 공주', 잠자리에서 손가락 하나 까닥 않으면서 남자가 다 해주기를 바라는 '통나무', '산 시체', '통녀', 〈~ star-fish〉 우2

1288 **pil·low sham** [필로우 샘]: 〈베개를 가리는〉 장식용 베갯잇, 〈pillow case는 보통 한쪽이 터져 있음〉 양2

1289 *****pil·low talk** [필로우 터어크]: 베개 밑 정담, 잠자리에서 부부간의 다정한 이야기, 〈한국에서 쓰는 베게밑 송사는 내 주장으로 남편을 조정하는 뜻으로 쓰임〉, 〈~ intimate conversation\endearment〉, 〈~(↔)curtain lecture〉 양2

1290 **pi·lo·e·rec·tion** [파일로 일렉션]: 〈라틴어〉, 털 세우기, 오골이 송연함, 섬뜩함, goose bumps〈닭살〉 양2

1291 **pi·lot** [파일럳]: 〈← pedon(oar)〉, 〈그리스어〉, '키'(노)잡이, 수로 안내인, 조종사, 안내인, 지표, 〈~ aeronaut\exploratory〉, 〈↔mislead\sucker〉 양2

1292 **pi·lot burn·er** [파일럳 버어너]: (항상 점화시켜 두는) 점화용 불씨, 점화용 보조 연소기, 〈~ pilot light〉 미2

1293 **pi·lot fish** [파일럳 휘쉬]: 동갈방어, 〈상어를 먹이가 많은 곳으로 안내하는〉 농어목 전갱이과의 작은 바닷물고기, 〈~ companion fish〉, 〈remora는 상어에 붙어 기생충 역할을 함〉 미2

1294 **pi·lot whale** [파일럳 웨일]: black fish, 검은 고래, (큰)둥근머리돌고래, 안내자를 따라 몰려다니다 가끔 해안에 좌초하기도 하는 〈방향 감각이 둔한〉 커다란 돌고래 미2

1295 **pil·sner \ ~sen·er** [필즈너]: 〈← plz(damp)〉, 〈체코어〉 ①홉의 풍미를 살린 체코 공화국 '필젠' 지방 원산의 호박색의 약한 라거 맥주, pale lager ②〈①을 담아 마시던〉 바닥 쪽으로 좁고 발이 달린 맥주잔, 〈~ goblet은 밑에 막대 같은 손잡이가 있음〉 수2

1296 *****PIM** (per·son·al in·for·ma·tion man·ag·er): 개인정보 관리자, (메모·전화번호부·예정표 등) 개인정보 관리를 도와주는 연성기기 미2

1297 **Pi·ma** [피머]: 〈← pi mac(I don't know)〉, 〈'강가에 사는 자'라는 원주민어를 스페인 개척자들이 '난 몰라'란 뜻으로 잘못 알아 듣고 붙여진 이름〉 ①〈백인들을 도와주고 배신당한〉 미국 남서부의 원주민족, 〈~ an indigenous people〉 ②(피마족들이) 올이 긴 목화를 고강도 섬유로 개량한 면, 〈~ a tree cotton〉 수1

1298 **pi·ment** [피멘]: 〈← pigmentum(plant juice)〉, 〈라틴어〉, 향료를 섞은 포도주, 〈매콤한 맛의〉 피망, ⇒ chili(pepper) 수2

1299 **pi·men·to \ pi·mien·to** [피멘토우 \ 피미엔토우]: 〈'pigment'(식물성 액즙)라는 라틴어에서 유래한 스페인어〉, 피망 ①cherry pepper, 스페인 원산 심장 모양의 향기가 좋은 붉은 고추, 사자고추 ②allspice, 서인도제도 원산 상록관목('종합 향나무')의 열매에서 채취하는 향신료 수2

1300 **pim-o·la** [피모울러]: 〈1915년에 등장한 영국어〉, pimento+olive, 피망을 다져 넣은 올리브 열매 수2

1301 **pimp** [핌프]: 〈← pimpant(seductive dress란 뜻의 프랑스어?)〉, 〈1607년 연극에 등장한 어원 불명의 영국어〉, 포주, 갈봇집주인, 뚜쟁이, 남창, 악당, ponce, chulo 양1

1302 **pim·ple** [핌플]: 〈← piplian〉, 〈영국어〉, 〈← papule〉, 여드름, 뾰루지, 작은 돌기. 〈~ pustule〉 가1

1303 *****PIN** (per·son·al i·den·ti·fi·ca·tion num·ber): (전산기 등에서 통과 암호로 쓰이는) 개인 식별 번호, '비밀번호', 〈~ numeric pass-code〉 미2

1304 **pin** [핀]: 〈← pinna(feather)〉, 〈'깃털'이란 라틴어에서 유래한〉 옷바늘, 장식 바늘, 안전 바늘, 압정, 쐐기, 빗장, '꽂개', 표적, (볼링의) 표주, 〈한국에서는 golf hole에 꽂는 flag-stick을 일컬음〉, 〈한국에서는 golf hole에 꽂는 flag-stick을 일컬음〉, 〈→ pine〉, 〈→ pen〉, 〈~ tack\nail〉, 〈~ affix\staple〉 미1

1305 **pi·ña cloth** [피녀 클러어쓰]: 〈스페인어〉, (속옷이나 탁상보 등으로 쓰이는) 파인애플〈pine-apple〉 잎의 섬유로 짠 얇은 천 수2

1306 **pi·ña co·la·da** [피녀 코울라더]: 〈스페인어〉, pine-apple+strained, 파인애플〈pine-apple〉 과즙·코코넛 밀크·럼주를 섞어 만든 달콤한 혼합주, 〈~ island delight\tropical cocktail〉 수2

1307 **pin–a·fore** [피너훠얼]: 〈영국어〉, pin+afore, 〈원래는 속옷의 앞에 핀으로 꽂았던〉 장식용 가슴받이가 달린 주름 잡힌 긴 앞치마, 〈~ smock\apron〉 우1

1308 **pi·nas·ter** [파이내스터]: 〈라틴어〉, pine+aster(cluster), 남유럽·지중해 연안에 서식하며 〈뭉치 침엽을 가진〉 해송, 〈~ maritime (or cluster) pine〉 우1

1309 **pin-ball** [핀 버얼]: 〈영국어〉, '둥근 쐐기', (기계로 하는) 회전 당구, 〈~ flipper〉 미1

1310 **pince-nez** [팬스 네이]: 〈프랑스어〉, 〈nose를 pinch하는〉 코안경, 〈~ eye-glasses clipped to the nose〉 양2

1311 **pin·cers** [핀썰즈]: 〈프랑스어〉, 〈← pinch〉, 펜치, nipper, 못뽑이, 집게발, 〈~ pliers\forceps〉 양2

1312 *****pin·cette** [팬셑 \ 핀셑]: 〈프랑스어〉, 〈← pinch〉, 핀셋, tweezers, forceps, 족집게, 겸자, 군대에서 의무병을 가리키는 속어, 〈~ tongs〉 양2

1313 **pinch** [핀취]: 〈← pincier(pierce?)〉, 〈프랑스어〉, 꼬집다, 집다, 끼다, 죄다, 위축시키다, 인색하게 굴다, 절박, 조금, 〈→ pincers\pincette〉, 〈~ nip\squeeze\drop〉, 〈↔release〉 양1

1314 **pinch bar** [핀취 바아]: 뾰족한 돌기가 달린 지렛대, 노루발 지레, ⇒ ripping bar 미2

1315 **pinch-beck** [핀취벸]: 금색동, (18세기 영국의 시계공 핀취백〈minnow stream 곁에 사는 자〉이 만든) 구리와 아연의 합금, 가짜금, 값싼 보석류, 〈~ feigned\forged〉 양2

1316 **pinch-bot·tle** [핀취 바틀]: 한 부분이 잘록한 술병, 〈~ indented bottle〉 우1

1317 **pinch-cock** [핀취 칵]: 죔쇠, 액체의 유입량을 조절하기 위해 고무관 등을 죄는 기구, 〈~ pinch clamp〉 양2

1318 *****pinch hit·ter** [핀취 힡터]: 〈절박한 상태에서의〉 대리 타자, 대역, 〈~ take it with caution〉, 〈~ back-up\stand-by〉, 〈~(↔)pinch runner〉 양2

1319 *****pinch of salt** [핀취 오브 쎠얼트]: 가감하여, 에누리하여, grain of salt, 〈~ take it with caution〉 양2

1320 **pinch run·ner** [핀취 뤄너]: (야구에서) 〈절박한 상황에서의〉 대리주자, 대주자, 〈~ replacement\substitute〉, 〈~(↔)base runner\pinch hitter〉 양2

1321 **pin curl** [핀 커얼]: 핀을 꽂아 만드는 곱슬머리, 〈~ clip hair〉 양1

1322 **pin cush·ion** [핀 쿠션]: 바늘겨레, 바늘꽂이, 바늘을 꽂아 두는 작은 방석, 〈~ pin-holder\needle cushion〉 양2

1323 **pin-down** [핀 다운]: 못 박다, 꼼짝 못 하게 하다, 속박하다, 파악하다, 〈~ constrain\nail down〉 양2

1324 **pine¹** [파인]: 〈← pinus〉,〈라틴어〉,〈잎이 pin 같은〉 솔, 소나무, 방울과 바늘 같은 잎을 가지고 주로 북반구에서 자라는 100여 종의 상록침엽교목·관목, 〈~(↔)oak〉 가1

1325 **pine²** [파인]: 〈← poena(punishment)〉,〈라틴어→영국어〉, '고통〈pain〉을 발생시키다', 연모하다, 몹시 슬퍼하다, 수척해지다, 〈~ yearn\sad〉 가2

1326 **pine-ap·ple** [파이내플]: 〈영국어〉, '솔사과', 열매가 솔방울을 닮고 과육이 시큼털털한 열대산 과일, 〈~ ananas〉 우1

1327 **pine mar·ten** [파인 마알튼]: 솔담비, 소나무를 잘 타며 부드러운 털을 가지고 북반구에 서식하는 족제빗과의 동물, 〈~ tree (or sweet) marten〉 미2

1328 **pine mush·room** [파인 머쉬루움]: 송이버섯, (소나무 등 각종 나무의 밑에서) 송이처럼 솟아나는 포자식물, 〈~ matsu-take\armillaria ponderosa〉 미2

1329 **pine nut** [파인 넡]: '솔씨', 잣, 송자, 〈~ pine seed(kernel)〉 양1

1330 **pine sis·kin** [파인 씨스킨]: 검은방울새, 솔씨를 쪼아 먹는 검은 바탕에 노란 무늬가 있는 북미산 피리새(finch) 미2

1331 **pin-fish** [핀 휘쉬]: '바늘고기', 여러 개의 바늘이 달린 등지느러미를 가지고 멕시코 연안·남대서양 연안에 서식하는 도밋과의 작은 물고기, 〈~ squirrel-fish〉 우1

1332 *__PING__ [핑] (Pac·ket In·ter·net Gro·pher): 다발 정보 탐색기, 다른 전산기와의 접속을 확인하기 위해 실험용 자료를 보내고 반응을 기다리는 연성기기, 〈~ a net-work administration software〉 미2

1333 **Ping** [핑]: 1959년에 설립된 미국의 골프 도구〈핑 소리가 나는 골프채 등〉제조회사, 〈~ an American sports equipment manufacturing company〉 수1

1334 **ping** [핑]: 핑~, 땡~ 하는 소리, 〈~ clink\knock〉 가2

1335 *__ping-ers__ [핑거즈]: ping(bottle)+er(child),〈'병'아(작은 병)'란 중국어를 오스트레일리아에서 차용한 말〉, MDMA(흥분제), ecstacy의 다른 말 우1

1336 *__ping flood-ing__ [핑 훌러딩]: '다발 정보 범람', smurfing('교란작전'), 실험용 다발 정보를 연속 보냄으로 전산기 작동을 방해하려는 행위 우1

1337 **ping-pong** [핑 팡]: 〈의성어〉,〈중국어〉, table tennis, 탁구, 주거니 받거니 가1

1338 *__ping-pong par·ents__ [핑 팡 페어륀스]: '왔다리 갔다리 부모', 이혼 후 자녀들이 탁구공처럼 자기들 사이를 오가게 하는 부모, 〈~ back and forth parents〉 우1

1339 *__pin-head__ [핀 헤드]: 바늘 대가리, 사소한 물건, 멍청이, '새 대가리', 〈~ idiot\nit-wit〉 양2

1340 **pin-hole** [핀 호울]: 작은 (바늘) 구멍, 〈~ aperture\perforation〉 가1

1341 *__pink¹__ [핑크]: 〈1566년에 'little eye'란 뜻의 꽃이름으로 등장한 어원 불명의 영국어〉, 분홍색, 멋있는, 선정적인, 좌파 쪽, 동성애의, 〈~ pale red〉 양1

1342 **pink²** [핑크]: ①〈프랑스어→영국어〉, 패랭이꽃(주로 분홍 색깔의 석죽·카네이션 등의 총칭), 〈~ dianthus〉 ②〈영국어〉, 황어, (분홍빛이 도는) 피라미, 연어 새끼, 〈~ chub〉 미2

1343 **pink³** [핑크]: 〈1200년 경에 등장한 어원 불명의 영국어〉, puncture, 찌르다, 꿰뚫다, 구멍을 뚫어 장식하다, 〈~ pierce〉 양2

1344 **pink boll-worm** [핑크 보울워엄]: (목화씨를 갉아 먹는) 솜패나방, 애벌레 등에 분홍색 띠를 가지고 몸을 마는 재주가 있는 아시아 원산 목화의 해충(나방), 〈~ pinky\a cotton pest〉 미2

1345 *__pink cloud__ [핑크 클라우드]: '분홍 구름' ①중독성 물질을 끊고 나서 잠시 오는 기분 좋은 상태 ②(실제로는 괴로우나) 기쁜 척하는 연막전술, 〈~ false(faked) exhilaration〉 우2

1346 *__pink el·e·phant__ [핑크 엘리훤트]: 〈실재할 수 없는〉 환상(의 물건),〈술 취한 사람의〉 환각, 〈~ phantasma\hallucination〉 양2

1347 **Pink·er·ton** [핑컬턴], Al·len: (1819-1884), 〈어원 불명의 지명에서 유래한〉 핑커턴, 스코틀랜드의 첩자 출신으로 대통령 당선자 링컨의 암살계획을 좌절시켰다고 주장해 대통령 경호원이 된 후 기업들의 돈을 받고 폭력배를 동원해서 노조원들을 탄압했으나 아직도 명맥을 유지하고 있는 사설 탐정 회사(detective agency)의 창시자, 〈~ an American cooper and spy〉 수1

1348 **pink eye** [핑크 아이]: 삼눈, 홍안병, 바이러스·세균·과민성 반응으로 인해 결막이 충혈되는 안과 질환, 〈~ conjunctivitis〉 양2

1349 **Pink House** [핑크 하우스]: ①아르헨티나(Argentina)의 대통령 궁, 〈↔Blue House\White House〉 ②(아직도 있는지 편자가 확인하지 못한) 라스베가스 근교의 갈보집〈brothel〉 촌 ③노래·영화 제목, 〈~ titles of song\movie〉 수2

1350 **pink·ie \ pink·y** [핑키]: 〈← pinkje〉, 새끼('애끼') 손가락, 〈분홍이 아니라 작다는 뜻의 네덜란드 말에서 나온〉 little finger, 〈~(↔)thumb〉, 〈↔little toe〉 양2

1351 *****pink la·dy** [핑크 레이디]: ①진·브랜디·레몬주스·달걀 흰자위 등에 분홍색의 석류즙을 섞어 만든 오랜 전통의 혼합주, 〈~ a cocktail〉 ②분홍색 꽃이 피는 조경용 상록관목, 〈~ an ever-green shrub〉 ③창녀(prostitute) 우1 양2

1352 **pink salm·on** [핑크 쌔먼]: 홍연어, 곱사연어, 등에 돌기가 있으며 수컷은 산란기에 분홍색을 띠는 태평양 연안에서 가장 흔하고 가장 작은 연어, 〈~ the smallest of the Pacific salmon\hump back salmon〉 미2

1353 *****pink slip** [핑크 슬립]: 〈눈에 잘 보이는 색종이에 인쇄한〉 ①해고 통지, 〈~ termination notice〉 ②자동차 소유 증서, 〈~ certification of title〉 양2

1354 **Pink Tide** [핑크 타이드]: 21세기 초에 중남미에 대두한 신 자유 경제체계, 중도좌파, 〈불그죽죽한〉 좌파 성향, 〈한국에도 몰려오고 있음〉, 〈~ the turn to the left〉 우1

1355 **pin·na·cle** [피너클]: 〈← pinna(feather)〉, 〈라틴어〉, 뾰족탑, 정점, 절정, 〈~ peak\point〉 양2

1356 **Pi·noc·chio** [피노우키오우]: 〈pino(pine)+occhio(eye\nut)〉, 피노키오, (이탈리아 동화의 주인공 나무 인형〈wooden puppet〉에서 따온) 1940년 디즈니사가 만든 환상 음악 영화의 이름, 〈~ an animated Disney movie〉 수2

1357 **pi·noc(h)·le** [피너클]: 〈어원 불명의 프랑스어〉, be-zique, (한때 미국에서 가장 인기 있었던) 4패의 12장짜리를 가지고 노는 카드놀이의 일종, 〈~ a trick taking card game〉 수2

1358 **pi·no·le** [피노울리]: 〈← pinolli(ground maize)〉, 〈남미 원주민어〉, 볶은〈roasted〉 옥수숫가루(로 만든 요리) 수2

1359 **pi·non** [피년]: 〈← pinus(pine)〉, 〈라틴어〉, pine+cone, nut pine, 잣, 멕시코·미 남서부에 서식하는 작은 소나무로 잣 같은 열매를 맺음 미2

1360 **Pi·no Noir** [피이노우 누아알]: 삐노느와, Pinot 종의 포도로 담근 적(dark)포도주, 〈~ a dry wine〉 수1

1361 **Pi·not** [피이노우 \ 피이**노**우]: 〈프랑스어〉, 피노, (포도 덩어리가 솔방울〈pine cone〉을 닮은) 포도주 양조용 포도(grape)의 품종, 〈이것으로는 적·백 포도주를 다 만들 수 있음〉 수2

1362 *****pin pe obi** [핀 페 오비]: 〈북미 원주민 Tewa어〉, (어려움에 처했을 때) '저 산꼭대기를 보라', 〈태산이 높다 하되 하늘 아래 뫼이로다〉, 〈~ look to the mountain-top〉 수2

1363 **pin-point** [핀 포인트]: 바늘 끝, 소량, 아주 작은 물건(표적), 〈~ tiny dot\precise〉, 〈↔rough\round〉 양2

1364 **pin-prick** [핀 프릭]: 핀으로 콕 찌름, 아주 작은 구멍, 따끔한 맛(말), 〈~ poke\thrust〉, 〈~ puncture\perforation〉 양1

1365 *****PINS** [핀즈] (per·sons in need of su·per·vi·sion): 감독이 필요한 자들, 문제아들 양2

1366 **pins and nee·dles** [핀즈 앤 니이들즈]: 압정과 바늘(들), 따끔따끔한, 바늘 방석에 앉은 듯, 안달복달, 〈~ angst\jitters〉, 〈↔calm\easy〉 양2

1367 **pin·scher** [핀셔]: 〈게르만어〉, 귀가 쫑긋〈pinched〉하고 도베르만 비슷한 크기나 작은 개, 〈~ affen-pinscher\Doberman pinscher〉 우1

1368 **pin-skin mar·ket·ing** [핀스킨 마아킽팅]: pincette+skinship marketing, '부드러운 족집게 매매', 상품의 특성에 맞는 고객을 선별한 후 부드럽게 다가가는 판매 전략 〈한국어〉 미2

1369 **pin-stripe** [핀 스트라이프]: 〈영국어〉, (전통적으로 실업가들이 입는) 가는〈pin〉 '세로줄 무늬'가 있는 정장, 부자(rich-man), 〈~ gangster suit〉 미2

1370 **pint** [파인트]: 〈← pinte〉, 〈어원 불명의 프랑스어〉, pt., 1/2쿼트, 1/8갤런, 액량·건량의 단위, 〈~ a measure of capacity〉 수2

1371 **pin-tail** [핀테일]: '뾰족꼬리', 고방오리, 북반구에서 철에 따라 이동하는 꽁지깃이 길게 나온 큰오리, 〈~ a long necked river duck〉 미2

1372 **Pin-ter-est** [핀터뤠스트]: pin(바늘)+interest(관심), 핀터레스트, (2010년 미국 샌프란시스코에서 창업된) 각종 영상을 수집·공유하는 것을 〈쪽집게로 집어내듯〉 도와주는 사회 전산망 기지, 〈~ an American image sharing and social media service〉 수2

1373 **Pin·to** [핀토우]: 핀토, 1970~1980년에 미국의 포드(Ford)사가 출시했던 소형자동차, 〈~ a subcompact car〉 수2

1374 **pin·to** [핀토우]: 〈← pinctus〉, 〈'painted'란 뜻의 라틴어〉, 얼룩빼기(mottled) ①흰 반문이 있는 '얼룩말', 〈~ particolored horse〉 ②껍질에 얼룩덜룩한 반점이 있으나 요리하면 분홍색으로 변하는 강낭콩, 〈~ dappled bean〉 미2

1375 *****pin-up** [핀 엎]: 벽에 꽂는(거는) 〈미인들의 사진〉, 〈~ sex-pot〉, 〈↔bag\hag〉 우1

1376 **pin-up board** [핀엎 보어드]: 핀으로 서류 등을 꽂아 두는 게시판, 〈~ bulletin (bill) board〉 우1

1377 **pin-wheel** [핀 위일]: 팔랑개비(장난감), 회전 불꽃, 〈~ whirligig〉 양2

1378 **pin-worm** [핀 워엄]: 요충, 항문 부위에 기생하는 작은 선충, thread·worm 양2

1379 **pin-wrench** [핀 뤤취]: 게눈 스패너(나사돌리개), 대가리에 구멍이 있어 나사를 쉽게 돌릴 수 있는 공구, 〈~ pin-spanner〉 우1

1380 **pinx-ter(pink-ster) flow·er** [핑크스터 훌라워]: 〈네덜란드어〉, '담홍철쭉', 연분홍 꽃이 피는 미 동북부 원산의 진달래, 〈~ pink rhododendron(azalea)〉 우1

1381 **pi·o·neer** [파이어니어]: 〈← pedon(foot)〉, 〈라틴어〉, 〈발로 탐색하는〉 개척자, 선구자, 선도자, 주창자, '보병'(pawn), 〈~ innovator\trail-blazer〉, 〈↔follower\inheritor〉 양2

1382 **pi·ous** [파이어스]: 〈← pius(devout)〉, 〈라틴어〉, 신앙심이 깊은, 경건한, 훌륭한, 위선적인, 〈→ piety〉, 〈→ pitty〉, 〈~ dedicated\reverent〉, 〈↔im-pious\fath-less〉 가1

1383 **pi·pal** [파이펄 \ 피이펄]: 〈← pippala(bo tree)〉, 〈산스크리트어〉, 인도의 보리수나무(무화과나무), 〈~ sacred fig〉 수2

1384 *****pipe** [파이프]: 〈← pipare(peef')〉, 〈라틴어〉, (도)관, 통, 피리, 줄기, 담뱃대, '연결통'(전산기의 표준입력을 다른 처리기의 표준출력과 연결시킨 것), 〈~ tube\duct\line〉, 〈~(↔)hose〉 양1 우1

1385 *****pipe down** [파이프 다운]: 시끄러워! 입 닥쳐!, 〈~ be quiet〉, 〈↔clap-back〉 양2

1386 *****pipe dream** [파이프 드뤼임]: (아연 등을 흡입하면서 생기는) 허황된 공상, '도관몽', 〈~ fantasy\day-dream〉 우1

1387 **pipe-fish** [파이프 휘쉬]: 실고기, 가는 뱀 같은 몸통에 기다란 관 모양의 주둥이를 가지고 수컷이 알 주머니를 차고 다니는 난대성 바닷물고기, 〈~ a type of sea-horse〉 미2

1388 **pipe-fit-ter** [파이프 휘터]: 배관공, 도관 기술자, 〈~ a plumber〉 가1

1389 *****pipe-line** [파이프 라인]: 도관, 수송관, 유통경로, '배관계', 〈정체를 방지하기 위해〉 여러 개의 연산장치를 설치해서 명령이 떨어지자마자 다음 명령을 가져다주는 전산기 중앙처리부의 일부, 〈~ canal\conduit\channel〉 양1 우1

1390 **pipe or·gan** [파이프 오얼건]: '도관 풍금', 옛 교회 등에서 썼던 건반을 쳐서 압축된 공기를 음관으로 보내는 악기, 〈~ wind organ〉 우1

1391 *****Pip-er** [파이퍼]: 아카데미 최우수 동영상 상을 수상한 2016년 작 6분짜리 전산기 조작 영화로 배고픈 깝작도요새(sandpiper)가 물에 대한 공포를 극복한다는 내용이라 함 수2

1392 **pip-er** [파이퍼]: ①피리 부는 사람, 〈~ flutist〉, (대중) 선동가, 〈~ provocateur〉 ②중요한 인물, 〈~ big-shot〉 ③성대류의 물고기, 〈~ a gunard〉 ④〈숨이 차서〉 헐떡이는 말, 〈~ hoarse(old) horse〉 양1

1393 **pi·pet(te)** [파이펱\피펱]: 〈← pipe〉, 〈라틴어〉, little pipe, (소량의 액체를 재거나 옮기는) 작은 관, 〈~ cannula\conduit\catheter〉 양2

1394 **pipe-vine** [파이프 봐인]: '도관 덩굴', 탄생초, ⇒ birth·wort 미2

1395 **pipe wrench** [파이프 뤤취]: '도관 비틀개', ⇒ Stillson wrench 우1

1396 **pi-pi** [피이 피]: 〈유럽어〉, 〈의성어〉, 쉬, 오줌(urine) 가2

1397 **pip·ing** [파이핑]: 피리 불기, 피리 소리, (배)관, 가두리 장식, 〈~ shrill\pipe laying\trimming along edges〉 양1

1398 **pip·is·trel(le)** [피퍼스트렐]: 〈← vespertilio ← vesper(evening)〉, '저녁'이란 뜻의 라틴어에서 유래한 집박쥐(전 세계에 퍼져 서식하는 벌레를 먹는 작은갈색박쥐), 〈~ a bat〉, P~; 1987년에 설립된 슬로베니아의 경비행기 제작회사, 〈~ a Slovenian light aircraft manufacturer〉 미2 수2

1399 **pip·it** [피핕]: 〈의성어〉, (미국산) 할미새, 논종다리〈물가에 살고 꼬리를 치며 우아하게 걷는 종달새〉, 〈~ tit-lark〉 미2

1400 ***pip·pie** [피 피]: 〈← pipi?〉, 〈아리송한 어원의 영국어?〉, 삐삐, 〈오줌을 받아 내듯?〉 유산상속으로 부자가 된 사람, '졸부〈벼락 부자〉', 〈~ par-venu〉 양2

1401 **pi·quant** [피이컨트]: 〈← piquer〉, 〈프랑스어〉, '찌르다'〈prick〉, 톡 쏘다, 입맛을 돋우는, 〈~ pickle\salty〉, 〈~ zest〉 양2

1402 **pi·que¹** [피이케이]: 〈← piquer(prick)〉, 〈프랑스어〉, 〈뒤로 박음질한〉 피케, 골무늬지게 짠 무명천, 〈~ a tightly woven fabric〉 우2

1403 **pique²** [피이크]: 〈프랑스어들〉 ①〈← piquer(prick)〉, 불쾌, 화, 성나게 하다, 〈~ irritate〉 ②〈← piquet〉, 피켓놀이에서 30점 따기 가1 수2

1404 **pi·quet** [피켙 \ 피케이]: 〈← pic(pick-axe)〉, 두 사람이 32패로 하는 (프랑스의) 화투놀이, 〈~ a two-handed card game〉 우1

1405 **pi·ra·gua** [피라아구워]: ①〈카리브어〉, dug out, 〈통나무를 '파내서' 만든〉 마상이, 통나무배, 두대박이 너벅선, 〈~(↔)canoe\kayak〉 ②pyramid+aqua, 〈스페인어〉, 피라미드 모양의 푸에르토리코식 얼음과자, 〈~ shaved ice cream〉 미2 우1

1406 **Pi·ra·nha** [피롸어너]: pira(fish)+aia(teeth), 〈Tupi어〉, caribe(커리비), '깨무는 고기', 크기는 어른 손만 하나 면도칼 같은 이빨을 가지고 떼 지어 사람이나 짐승을 뜯어 먹는 상어보다 더 무서운 아마존강에 서식하는 담수어 수2

1407 **pi·ra·ru·cu** [피롸아뤄쿠어]: pira(fish)+urucum(red), 〈Tupi어〉, '붉은 고기', 머리는 뾰족하고 꼬리는 뭉툭하며 아마존강에 서식하는 길이 5m 무게 400kg짜리 세계 최대의 식용 담수어, 〈~ an obligate air breather〉 수2

1408 **pi·rate** [파이어뤁트]: 〈← peiran(attempt)〉, 〈그리스어〉, '공격하는 자', 해적(선), 약탈자, 표절자, 〈~ plagiarism〉, 〈↔bandit\brigand〉, 〈↔protector〉 가1

1409 **pir·ou·ette** [피루에트]: 〈어원 불명의 프랑스어〉, 〈팽이(spinning top)〉, 급선회, 발끝 맴돌기, 〈~ top-spin〉 가1

1410 **Pi·sa** [피이저]: 〈에트루리아어〉, '늪지〈marshy place〉?', 〈그래서 탑이 기울어진〉 피사, 〈~ leanning tower〉, 사탑·대학·갈릴레오 출생지로 유명한 이탈리아 중부에 있는 도시, 〈~ a city in Italy's Tuscany region〉 수1

1411 **Pis·ces** [피씨즈 \ 파이씨이즈]: 〈'fish'의 라틴어〉, 피시스, 물고기자리, (2월 20일~3월 20일) 쌍어궁 태생 미2

1412 **pis·ci~** [피씨~ \ 파이씨~]: 〈라틴어〉, fish, 〈물고기~〉란 뜻의 결합사 양1

1413 **Pis·gah** [피즈거]: 〈히브리어〉, 피스가, 모세가 '정상〈summit〉'에 올라가서 가나안(Canaan)을 내려다보았다는 사해 북동쪽에 있는 산, p~; 앞길을 바라볼 수 있는 지점, 〈~ view point〉 수1 양1

1414 **pish** [피쉬]: 〈영국어〉, 〈의성어〉, 피, 체, 콧방귀, 〈~ disgust〉 양2

1415 **pi·shogue** [피쇼우그]: 〈← piseoc(spell)〉, 〈어원 불명의 아일랜드어〉, 마술, 주술, 〈~ charm\incantation〉 양2

1416 ***piss** [피스]: 〈라틴어→프랑스어→영국어〉, 〈의성어〉, 소변보다, 흠뻑 적시다, 짜증 나다, 화가 나다, 〈→ pee〉, 〈~ urinate\micturate〉, 〈~ annoy\irritate〉 양2

1417 **Pis·sar·ro** [피싸아로우], Ca·mille: 〈← pizarra(slate)〉, '석판공?', 〈어원 불명의 포르투갈계 이름〉, 피사로, (1830-1903), 초기 인상파의 좌장 격인 프랑스의 화가, 〈~ a Danish-French impressionist〉 수1

1418 ***piss off** [피스 어후]: 짜증나게 하다, 화나게 하다, 꺼져, 〈~ go away〉, ⇒ emmerder 미2

1419 **piss-pot** [피스 팥]: 요강, 실내 변기, 비열한 놈, 〈~ chamber pot\urinal〉 양2

1420 **pis·tach·io** [피스태쉬오우]: 〈페르시아어→그리스어〉, 〈← pistake(a cashew)〉, green almond, 지중해 연안 원산의 옻나무과의 낙엽활엽관목으로 은행같이 암·수가 근처에 있어야 포도송이 같은 뭉텅이 열매를 맺고 향기로운 담황록색의 씨는 주로 볶아서 먹음 수2

1421 **piste** [피이스트]: 〈← pisere(to pound)〉, 〈라틴어→프랑스어〉, (스키에서) 눈을 다져놓은 활강 주로, (펜싱에서) 시합하는 바닥면, 〈~ ski slope〉, 〈~ fencing court〉 우2

1422 **pis·til** [피스틀]: 〈← pistillum('pestle'의 라틴어)〉, (식물의) 암술, 꽃의 중간에서 돋아난 〈절굿공이(pestle) 모양의〉 '난자관', 〈~ receptacle〉, 〈↔stamen〉 양2

1423 **pis·tol** [피스틀]: 〈← pistal〉, 〈'휘파람'이라는 체코어〉, 피스톨, 〈'피스~' 소리를 내며 나가는〉 권총(handgun), 개머리 안에 탄환을 장전하며 한 손으로 쥘 수 있는 짧고 가벼운 총, 〈~(↔)revolver〉, 예측 불가한 사람(versatile person) 가1 양2

1424 **pis·ton** [피스턴]: 〈← pisere(to pound)〉, 〈라틴어→이탈리아어〉, 〈← pestle〉, 피스톤, '연타', 원통 안에서 위·아래로 움직여서 압축된 힘을 생산하는 기구, 〈~ pistil〉, 〈~(↔)cylinder〉 우1

1425 **pit¹** [핕]: 〈← puteus(well)〉, 〈'우물'이란 라틴어에서 유래함〉 구덩이, 구멍, 갱, 움푹 들어간 곳, 동물의 우리, 지저분한 곳, 무대 바로 앞 좌석, 묘혈, 함정, 구멍을 내다, 흠집을 내다, 경쟁시키다, 〈~ ditch\hole\match against〉 양1

1426 **pit²** [핕]: 〈← pitle(kernel)〉, 〈네덜란드어〉, 〈← pitch²〉, 씨, 과일의 핵 가1

1427 ***PITA** [피터 \ 피아이티에이] (pain in the ass): 골칫거리, 찌르는 듯한 고통 양2

1428 **pi·ta** [피이타아]: ①〈'pie'의 중동어〉, (잘라서 다른 재료를 싸 먹을 수 있는) 중동의 둥글넓적한 빵, 〈~ pizza\naan\flat-bread〉 ②원주민에서 유래한 스페인어〉, fine thread, 용설난·실유카 등의 섬유, 〈~ arghan〉 수2

1429 **pit-a-pat** [피터 팥 \ 피터 퍁]: 〈영국어〉, 〈의성어〉, 팔딱팔딱, 두근두근, 〈~ flutter〉, 〈↔calm〉 가2

1430 **pi·ta·ya** [피타야]: 〈카리브어〉, 타원형의 열매가 열리는 선인장의 일종, ⇒ dragon·fruit(용과) 미1

1431 ***pit bull** [핕 불]: 〈구덩이 속에서 싸우게 훈련 시키려고 개량된〉 불도그와 테리어의 잡종인) 투견, (공격적이고) 무자비한 사람, 〈~ pibble\rustler〉 양1

1432 **pitch¹** [피취]: 〈← pick(strike)?〉, 〈어원 불명의 영국어〉, '박다', 던지다, 높이를 조정하다, 설치하다, 내어놓다, (골프에서) 곤두박이치다, 이탈, 가락, 정점, (간격) 1인치에 인자할 수 있는 글자수, 발췌문, 〈~ throw\tone〉 양1

1433 **pitch²** [피취]: 〈← picis(tar\resin)〉, 〈라틴어에서 연유한 영국어〉, (증류시키고 남은) 찌꺼기, 역청물질, 송진, 수지 가1

1434 **pitch·er¹** [피쳐]: 〈← bikos(wine jar)〉, 〈그리스어→라틴어〉, 'beaker', jug, (귀 모양의 손잡이와 움푹 파진 주둥이가 있는) 〈약 1.89리터가 들어가는〉 '항아리'〈pot〉·물 주전자 우1

1435 **pitch-er²** [피쳐]: 투수, 던지는 사람, pitching wedge; (보통 아이언 9번 다음으로 쓰는) '퍼 던지기' 쇠 골프채, 〈↔catcher〉 가1 우1

1436 **pitch·er plant** [피쳐 플랜트]: monkey cup, 낭상엽 식물(주머니 같은 잎에 물을 모아 벌레를 잡아먹는 식충식물의 총칭) 미2

1437 **pitch-fork** [피취 훠얼크]: 〈곡식의 다발을 던지는데 쓰는〉 쇠스랑, 삼지창, (발음체의 진동수를 계산하는) 소리굽쇠, 〈~ hay\three-tined\header fork〉 양1

1438 ***pitch in** [피취 인]: 〈pitch-fork로 비료를 묻어주다〉, 나서다, 추렴하다, (같이) 기부하다, 〈~ chip in〉, 〈↔take away〉 양1 미2

1439 **pitch-ing a tent**: 〈← pitch¹〉, 천막을 치다, 자지가 서다, 팬티가 꼭 끼어서 생식기가 튀어 나온 것, 〈~ man-bulge\moose-knuckle〉 양2

1440 **pit·e·ous** [피티어스]: 〈← pietas〉, 〈라틴어〉, 〈← pity〉, 불쌍한, 비참한, 〈~ piety〉, 〈~ pathetic\miserable〉, 〈↔joyous〉 가1

1441 ***pit fall** [핕 훠얼]: 함정, 〈구멍에 빠질 수 있는〉 위험, 마수, 〈~ danger\quick-sand〉, 〈↔safe-guard\shield〉 가1

1442 **pith** [피쓰]: 〈← pitha(kernel)〉, 〈게르만어〉, (골)수, 힘, 요점, 중과피(귤 등의 껍질 안쪽 흰 조직·속껍질), 〈~ essence\marrow〉 우1

1443 **pith hel·met** [피쓰 헬밑]: (더운 지방에서 머리 보호용으로 쓰는) 자귀풀 심〈pith〉 등 가볍고 단단한 재료로 만든 차양 모자, 〈~ sun helmet\topee〉 수2

1444 ***pit-hole** [핕 호울]: 작은 구멍, 갱, 화갱(불 피는 구덩이), 무덤, 〈~ pot-hole〉 가1

1445 **pith-y** [피씨]: '고갱이(kernel)의', 골수의, 핵심을 찌른, 간단 명료한, 〈~ concise\laconic〉 양2

1446 **pit·i·ful** [피티훨]: 〈← pity〉, 비참한, 딱한, 경멸할 만한, 〈↔cheerful〉 양2

1447 ***pit-mas·ter** [핕 매스터]: 〈화갱을 잘 조작하는〉 바베큐 도사, 통구이에 숙달된 사람, 〈~ pit boss〉 미2

1448 **Pitt** [핕], Brad: 〈← pytt(pit)〉, 〈영국어〉, '우묵한 곳에 사는 자', 피트, (1963-), 곱상한 얼굴로 여러 명의 여배우들과 염문을 뿌리고 다닌 미국의 배우, 〈~ an American actor〉 수1

1449 **Pitt** [핕], Wil·liam: 피트, 〈수상직을 역임하면서 프랑스와 끈질기게 싸웠음〉 18세기 영국을 주름 잡았던 귀족 출신 아버지·아들 정치가, 〈~ British statesmen〉 수1

1450 **pit·ta** [피터]: ①〈Telugu어〉, 〈남아시아·오스트레일리아의 숲속에 서식하며 거의 울지 않고 깃털이 현란한〉 팔색조(새), 〈~ a passerine〉 ②〈가운데를 갈라서 다른 재료를 끼워 넣는〉 중동지방의 커다란 타원형 빵, pita, 〈~ roti\Arabic bread〉 수2

1451 **pit·tance** [피튼스]: 〈← pietas(piety)〉, 〈라틴어→프랑스어〉, 〈수도승에게 주던 한줌의 음식〉, 소량, 약간의 수당, (작은) 성금, 〈~ bit\chicken-feed\dime〉, 〈↔excess\big bucks\guap\pretty penny〉 양2

1452 **pit·tle** [피틀]: 〈영국어〉, 〈의성어?〉, 오줌누다, 쓸데 없는 짓을 하다, 허튼소리(를 지껄이다), 〈~ piddle〉, 〈~ urinate\waste time〉 양2

1453 ***pit trad·ing** [핕 트뤠이딩]: (주식 시장의) 지정된 장소에서 행하는 주식 거래, 장내 시장, 〈~ transaction on exchange〉, 〈↔off-board(over-the-counter) transaction〉 양2

1454 **Pitts-burgh** [피츠버얼그]: 〈영국의 Pitt 수상을 추앙한〉 피츠버그, 〈세계의 병기고〉, 미 식민지에 우호적이었던 영국의 피트 수상 이름을 따 펜실베이니아(Pennsylvania) 남서부 강들이 합쳐지는 곳에 세워져 한때 잘나가던 철공업 도시 수1

1455 **pi·tu·i·tar·y** [피튜어테뤼]: 〈← pituita(phlegm)〉, 〈라틴어〉, 〈점액을 분비하는〉 뇌하수체, 〈~ hypo- physeal stalk〉 양2

1456 **pit vi·per** [핕 봐이퍼]: 살무사(위턱 양쪽에 온도를 감지하는 〈오목한 기관〉이 있는 독사의 총칭), 〈~ pit adder\rattle-snake\fer de lance〉 미2

1457 **pit·y** [피티]: 〈← pius〉, 〈라틴어〉, 〈← piety〉, 긍휼, 동정, 불쌍히 여김, 유감, 애석한 일, 〈~ pious〉, 〈~ compassion\shame〉, 〈↔indifference\joy〉 가1

1458 **pit·y·ing** [피팅]: 동정하는, (비둘기의) 떼, 〈~ sympathetic\merciful〉 양2

1459 **Pi·us** [파이어스]: 〈← pious〉, '신앙심이 깊은 자', 피오, AD 40년경부터 1958년에 걸친 12명의 로마 교황(Pope)들의 이름 수1

1460 **piv·ot** [피붤]: 〈14세기에 등장한 어원 불명의 프랑스어〉, hinge pin, 선회축, 중심점, 허리 틀기, (대열이 선회할 때 기준이 되는) 향도, 사업전환, (중앙은행의) 금리가 오르락 내리락하는 현상, 〈~ central shaft\ rotate〉, 〈↔stay\untwist〉 양1

1461 ***piv·ot ta·ble** [피붤 테이블]: '요점(focal point) 정리표', 수많은 자료 중에서 필요한 부분만 뽑아 쓰도록 만든 Excel의 전산기 차림표, 〈~ cross tabulation〉 우1

1462 **Pix-ar** [픽싸알], an·i·ma·tion: 〈Pixer+radar〉, 픽사, 1979년에 설립되어 디즈니사가 소유하고 있는 미국의 세계적 동영상 제작회사, 〈~ an American animation studio〉 수1

1463 ***pix-el** [픽쎌]: 〈영국어〉, 픽셀, pix(picture)+element, 화소, 영상에서 독립적으로 처리할 수 있는 화상의 최소점 미2

1464 ***pix-el·ize** [픽쎌라이즈]: pixelate, 화소화, '흐리게 하기', (신분 노출을 방지하기 위해) 화상을 사각형 모양의 화소로 나누어 보여주는 일, 〈~ blurring an image〉 미2

1465 **pix·ie \ pix·y** [픽씨]: 〈← pisky(elf)〉, 〈어원 불명의 영국어〉, (장난을 좋아하는) 작은 요정, 장난꾸러기, 〈~ romp\tom-boy〉, 〈~ fairy\sprite〉, 〈~ goblin\leprechaun〉 양2

1466 **pix·ie hat** [픽씨 햍]: (요정이 쓰는) 뾰족모자, 〈~ top hat〉 양2

1467 ***pix·ie mul·let** [픽씨 멀맅]: 〈신조어〉, '뒤범벅 요정머리', 〈전체적으로 헝클어지고〉 앞·옆이 짧고 뒷머리가 약간 긴 깜찍한 머리 모양, 〈~ mixie〉 우2

1468 ***pix·i-lat·ed** [픽써레이티드]: 〈← pixie〉, 〈미국어〉, 머리가 좀 이상한, 머리가 돈, 술취한, 〈~ prankish[1]\ dazed〉 양2

1469 **Pi·zar·ro** [피쟈아로우], Fran·cis·co: ⟨← pizarra(slate)⟩, '채석장 근처에 사는 자', 피사로, (1478?-1541), 고아 비슷하게 자라나 남미 서쪽의 잉카 제국을 멸망시키고 세력을 떨치다 정적의 부하들에게 살해된 ⟨무식하고 비열한⟩ 스페인의 '정복자', ⟨~ a Spanish conquistador⟩ 수1

1470 **piz·(z)elle** [피이젤]: ⟨← pizze(round)⟩, ⟨이탈리아어⟩, 다양한 무늬를 찍은 둥근 모양의 얇은 구운 과자(waffle) 우1

1471 **piz·za** [피이쩌]: ⟨'pie'의 이탈리아어⟩, 피자, ⟨먹다 남은⟩ 고기·야채·치즈 등을 밀가루 반죽에 넣고 구운 이탈리아 원산의 크고 둥글 넓적한 양과자, ⟨깨물어 먹는⟩ '이태리 빈대떡', ⟨~ flat-bread⟩ 우1

1472 **Piz·za Hut** [피이쩌 헛]: 피자 헛, 1958년에 창립되어 미국의 펩시콜라사의 Yum! Brands가 경영하는 세계적 피자 전문 음식 연쇄점, ⟨~ an American pizza restaurant chain⟩ 수2

1473 **piz·ze·ria** [피이쩌뤼어]: pizza parlor, 피자 가게 우1

1474 **piz·zi·ca·to** [피치카토우]: ⟨← pizzicare(pluck)⟩, ⟨이탈리아어⟩, 활을 쓰지 않고 손가락으로 현을 꼬집는⟨pinch⟩ 연주법 우1

1475 *****PKCS** (pub·lic key cryp·tog·ra·phy stand·ards): 공개열쇠 암호화체계, 비밀 보장을 위해 1990년도부터 미국의 RSA사가 개발한 ⟨공개된⟩ 암호문 해독 연성기기 미1

1476 *****PKzip** [피이케이쥡]: 1989년 Phil Katz가 개발한 원반운용체제용의 서류철 압축 보관 연성기기, ⟨~ a file archiving computer program⟩ 수2

1477 **plac·ard** [플래카아드]: ⟨← placken(plaster)⟩, ⟨네덜란드어⟩, 플래카드, ⟨평평하게 놓은⟩ 간판, 게시(판), 전단, 꼬리표, 현수막, ⟨~ plaque\poster⟩, ⟨~(↔)bill-board⟩, ⟨↔conceal⟩ 미1

1478 **pla·cate** [플레이케이트]: ⟨← placatus(appease)⟩, ⟨라틴어⟩, 달래다, 위로하다, 진정시키다, ⟨~ please⟩, ⟨~ calm down\pacify⟩, ⟨↔provoke\bristle\inflame\joggle\nettle²⟩ 양2

1479 **place** [플레이스]: ⟨← platys(broad)⟩, ⟨그리스어⟩, '넓은 길', 장소, 곳, 부분, 지역, 지위, 위치, 순서, pl; 국소도로, 토막길, ⟨~ plaza⟩, ⟨~ location\site\position⟩ 양1 우2

1480 **pla·ce·bo¹** [플라아췌이보우]: ⟨라틴어⟩, ⟨주님을 'please' 시키려는⟩ (가톨릭교의) 죽은 이를 위한 저녁 기도, ⟨시편 114장의 응답송가에서 따온 말⟩, ⟨~ vesper hymn for the dead⟩ 수2

1481 **pla·ce·bo²** [플러씨보우]: ⟨라틴어⟩, ⟨← please⟩, ⟨약 20%의 효과가 있는⟩ 위(가짜)약, 밀가루약(sugar pill), ⟨↔nocebo⟩ 양2

1482 *****place–hold·er** [플레이스 호울더]: '장소 보유자', ⟨~ surrogate\proxy⟩ ①(0.06같이) 십진법에서 의미 있는 0 ②책 page 모서리에 접어둔 ear-mark ③(전산망에서) 빠져있는 다른 것을 대신하는 기호나 문본의 일부⟨text할 때 앞에 나오는 기호⟩ ④가주어·가목적어(It is a pity that she left에서 It나 pity는 군더더기 말이고 she left가 요점임), ⟨이 말은 아주 형이상학적인 말이기 때문에 철학을 하는 분들이 더 자세히 설명하기를 바람⟩ 우1

1483 **place mat** [플레이스 맽]: (식탁용) 접시 받침, 식기 밑 깔개, ⟨~ table mat⟩ 양2

1484 **place-ment** [플레이스 먼트]: 설치, 배치, 취업 알선, ⟨~ arrangement\positioning⟩ 가1

1485 **pla·cen·ta** [플러쎈터]: ⟨← plax(flat plate)⟩, flat cake, ⟨그리스어⟩, '쟁반', (아이의 먹이를 공급하는) 태반, 태좌⟨아기방석⟩, ⟨~ after-birth(출산후 떨어져 나오는 것)⟩, ⟨~(↔)amnion\chorion⟩ 양2

1486 **plac·id** [플래시드]: ⟨← placere⟩, ⟨라틴어⟩, ⟨please 시키기 위해⟩ 평온한, 침착한, 매우 만족한, ⟨~ calm\tranquil⟩, ⟨↔temperamental\ballistic⟩ 가1

1487 **pla·gi·a·rism** [플레이줘뤼즘]: ⟨'plagion(납치)'라는 그리스어에서 유래한⟩ 표절, ⟨영혼을 훔치는⟩ 도작, (의도적) 베끼기, ⟨~ pirate⟩, ⟨~ infringement of copy-right⟩ 가2

1488 **plague** [플레이그]: ⟨← plege(blow)⟩, ⟨라틴어⟩, 역병, 전염병, 재앙, 천벌, '타격', (메뚜기 등의) 떼, pest, Black Death 양2

1489 **plaice** [플레이스]: ⟨← platys(broad)⟩, ⟨그리스어⟩, ⟨'넓은'⟩ (유럽산) 가자미, ⟨~ right-eyed flounder⟩ 미2

1490 **plaid** [플래드]: ⟨← plaide(blanket)⟩, ⟨어원 불명의 켈트어⟩, '담요', (스코틀랜드 전통의) 격자무늬 어깨걸이 천, ⟨~ tartan⟩ 우1

1491 **plain¹** [플레인]: ⟨← planus(flat)⟩, ⟨라틴어⟩, '평평한', ⟨막힐 것 없이⟩ 분명한, ⟨꾸밈없이⟩ 간단한, 알기 쉬운, 솔직한, 보통의, ⟨얼굴이 평퍼짐해서⟩ 못생긴, ⟨~ pampas⟩, ⟨~ average\ordinary⟩, ⟨↔fancy\ornate\pattern⟩ 가1

1492 **plain²** [플레인]: ⟨← planus(flat)⟩, ⟨라틴어⟩, 평원, 광야, 평지, ⟨~ open country\prairie⟩, ⟨↔hilly\valley⟩ 가1

1493 ***plain-text** [플레인 텍스트]: 평문, 보통 말로 쓰여진 암호문의 원문, ⟨~ unencrypted text\readable text⟩ 가1 미2

1494 **plain-tiff** [플레인티후]: ⟨← plangere(lament)⟩, ⟨라틴어→프랑스어⟩, ⟨← plaintive⟩, 원고, 고소인, ⟨~ accuser\petitioner⟩, ⟨↔defendant⟩ 가1

1495 **plain·tive** [플레인티브]: ⟨← plangere(lament)⟩, ⟨라틴어→프랑스어⟩, 푸념하는(complaining), 애처로운, ⟨↔joyful⟩ 양2

1496 **plait** [플레잍\플랱]: ⟨← plicare(fold)⟩, ⟨라틴어⟩, '접은', braid, 땋아 늘인 머리, 엮은 밀짚, (천의) 주름, pleat, ⟨~ ply²⟩, ⟨↔unravel⟩ 미1

1497 **plan** [플랜]: ⟨라틴어⟩, ⟨← plane⟩, 계획, 안, ⟨'평면'상에 그린⟩ 도면, 모형, ⟨~ scheme\intention⟩, ⟨↔impulse\disorder⟩ 가1

1498 ***pla·nar** [플레이너]: ⟨← planus(flat)⟩, ⟨라틴어⟩, 평면의, 2차원의, 전산기의 본체기관, ⟨~ two-dimensional\tabular⟩ 양2 미1

1499 **pla·nar·ian** [플러네어뤼언]: ⟨← planus(flat)⟩, ⟨라틴어⟩, '편형 재생충', 습지에 서식하는 1cm 정도 길이의 자르면 새 개체로 자라나고 ⟨훈련시킬 수 있는⟩ 와충류의 원시동물, ⟨~ tri-clad⟩ 우1

1500 **plan·chette** [플랜쉐트]: ⟨프랑스어⟩, small plank, 플랑셰트, ⟨심령술(psychics)에서 잠재의식이나 심령현상을 읽어내는 데 쓰이는⟩ (심장 모양의) 작은 판, '쪽집게', ⟨~ flan\blanks\ouija\coin dies⟩ 우1

1501 **plane** [플레인]: ⟨← planus(flat)⟩, ⟨라틴어⟩, '길이와 넓이는 있으나 두께가 없는 점들의 집합체', 평면, 수준, 비행기, 날개, 대패, 판(겹쳐져서 입체적 영상을 만드는 평면도), ⟨→ plan\planar⟩, ⟨~ level\even\air-craft⟩ 양1

1502 **plan·er** [플레이너]: ⟨← plane⟩, 평삭반, 전동 대패, 대패질하는 사람, ⟨~ smoother\shaper⟩ 양1

1503 **plan·et** [플래닡]: ⟨← planan(wander)⟩, ⟨그리스어⟩, '방랑하는 것', 행성, 항성의 주위를 도는 대형 천체, 세계, ⟨→ plankton⟩, ⟨~(↔)solar system\cosmos⟩, ⟨↔extra-planet⟩ 양2

1504 **plan·e·tar·i·um** [플래너테어뤼엄]: planet+arium(place), ⟨그리스어+라틴어⟩, 별자리 투영기, 천문관(대), ⟨~ astronomical observatory⟩ 양2

1505 **plane tree** [플레인 트뤼이]: sycamore, 버즘나무, 백선이 낀 것 같은 ⟨넓은⟩ 잎을 가진 플라타너스 나무의 일종 미2

1506 **plane·gent** [플랜줸트]: ⟨← plangere(pound\lament)⟩, ⟨라틴어⟩, (파도 등이) 밀려와 부딪치는, 울려 퍼지는, 구슬프게 울리는, (가슴을 치며) 통곡하는, ⟨~plaintive\mournful⟩ 양2

1507 **plank** [플랭크]: ⟨← planca(board)⟩, ⟨라틴어⟩, ⟨발이 넓은⟩ 널, 두꺼운 판자, 정당강령, 요리판, 바닥에 팔과 발을 대고 복부를 단련시키는 등척성 수축운동, ⟨~ board\policy\flat body⟩ 양1

1508 **plank·ton** [플랭크턴]: ⟨← plazesthai(wander)⟩, ⟨그리스어⟩, ⟨← planet⟩, '방황물', 부유생물, 물속에 떠돌아다니는 미소한 동·식물의 총칭, ⟨~ microscopic organisms⟩, ⟨~ alga\diatom⟩ 양2

1509 **plan-ner** [플래너]: ⟨라틴어+영국어⟩, 계획자, 입안자, ⟨~ organizer\master-mind⟩ 가1

1510 **plan on** [플랜 언]: 계획하다, 예상하다, ⟨~ arrange\contrive⟩ 가1

1511 **plant** [플랜트\플라안트]: ⟨← planta(sole)⟩, ⟨라틴어⟩, ⟨발로 심는⟩ 식물, ⟨씨로 퍼지는⟩ 초목, 풀, ⟨제품을 키우는⟩ 공장, 설비, 심다, ⟨~ botany\greenery\sow\factory⟩, ⟨↔animal\harvest⟩ 양1

1512 **Plan·tag·e·net** [플랜태줘넽]: planta(sprig)+genista(broom), ⟨yellow broom flower⟩를 장식으로 썼던 플랜태저넷가, (1154~1399년간) 영국을 지배했던 ⟨4가문의 피가 섞인⟩ 왕가, ⟨~ a French originated English royal dynasty⟩ 수1

1513 **plan·tain** [플랜턴]: ①⟨← planta(sole)⟩, ⟨'발바닥'이란 라틴어에서 연유한⟩ 질경이, ⟨~ white-man's foot-print⟩ ②⟨'plane tree'란 뜻의 프랑스어에서 연유한⟩ 요리용 바나나(banana) 미2

1514 **plan·tain lil·y** [플랜턴 릴리]: day lily, 비비추, 옥잠화, 음지에서 잘 자라고 잎끝이 뾰족한 백합과의 초본 미2

1515 **plan·ta·tion** [플랜테이션]: ⟨← plantare⟩, ⟨라틴어⟩, ⟨← plant⟩, 재배지, (대)농원, 식민(지), ⟨~ hacienda⟩, ⟨↔wilderness⟩ 양2

1516 *plant-based [플랜트 베이스드]: 식물에 기초한, 대부분 식물성 재료를 쓴 식품, 〈채식주의자들을 겨냥한 상업용 언어〉, 〈~ non-meat\vegetarian〉 양2

1517 plant louse [플랜트 라우스]: 나무이, 〈튀기도 잘하나 정조도 깊은〉 진디(aphid)의 일종 양1

1518 plaque [플라크]: 〈프랑스어〉, metal plate, 장식판, 기념 명판, 상패, 치석, 혈전, 〈~ placard\panel〉, 〈~ tablet\clot〉 양1

1519 plash [플래쉬]: 〈영국어〉, 〈의성어〉, 절벽절벽, 첨벙첨벙, 웅덩이, 얼룩, 〈→ splash〉, 〈~ ripple\bubble〉 양1

1520 ~pla·sia [~플레이쥐어]: 〈← plassein(form)〉, 〈그리스어〉, 〈~형성·생장·발달〉이란 뜻의 결합사, 〈↔~dys-plasia〉 양1

1521 plas·ma [플래즈머]: 〈← plassein(form)〉, 〈그리스어〉, '형태', 혈장, 원형질(vital fluid), 전리기체(원자핵과 전자가 분리된 기체상태) 양2 미2

1522 plas·ma dis·play [플래즈머 디스플레이]: 전리기체 화면표시, 기체 방전에 의한 빛으로 화상을 나타내는 방식, 〈~ TV는 LED보다 선명하나 두꺼워서 값이 싸다고 함〉 미2

1523 plas·ter [플래스터]: en+plassein(form), 〈그리스어〉, 〈바르는〉 회반죽, 분말석고, 고약, 〈~ gypsum\parget\putty\stucco〉 가1

1524 plas·tic [플래스틱]: 〈← plassein(form)〉, 〈그리스어〉, 빚어(이겨서) 만든, 유연한, 성형의, 가짜의, 잘 적응하는, 다루기 쉬운, '주물', (1907년에 등장한) 합성수지, 〈~ flexible\malleable〉, 〈↔rigid〉 양1

1525 *plas·tic mon·ey [플래스틱 머니]: credit card, 신용판 통화, 〈↔cash\check〉 우2

1526 plas·tic sur·ger·y [플래스틱 써어쥐뤼]: 성형외과, 〈~ cosmetic surgery〉 가1

1527 plas·tic wrap [플래스틱 뢥]: (얇은) 합성수지 포장지, cling film 미2

1528 plas·tron [플래스트뤈]: 〈← emplastrum(a plaster)〉, 〈라틴어→이탈리아어〉, breast·plate, 가슴 장식, 가슴받이, (거북의) 복갑 양1

1529 ~plas·ty [~플래스티]: 〈← plassein(form)〉, 〈그리스어〉, 〈~형성·성형〉이란 뜻의 결합사 양1

1530 plat [플랱]: 〈← platel(plot)〉, 〈프랑스어→영국어〉, (칸 막은) 토지, 작은 땅, 한 떼기의 땅, 도면, 토지 측량도, 〈~ flat\stripe\plan\map〉 양1

1531 plat(·y)~ [플렡~\플레이티~]: 〈← platys(broad\flat)〉, 〈그리스어〉, 〈넓은·평평한~〉이란 뜻의 결합사 양1

1532 plat·a·nus [플래터너스]: 〈← platys(broad)〉, 〈라틴어〉, 플라타너스, plane tree, 북미 원산의 가로수로 애용되는 버즘나무과의 〈잎이 넓고〉 키가 큰 활엽낙엽교목 우2

1533 plate [플레이트]: 〈← platys(broad)〉, 〈그리스어〉, 접시, 1인분 요리, 판, 표찰, 〈갈비 밑의〉 얇은 고기, 패, 늘인 쇠, 〈~ pan\dish〉, 〈~ flat\platter〉, 〈~ template\tray〉 양1

1534 pla·teau [플래토우]: 〈프랑스어〉, 〈← plat(level)〉, 〈평평한〉 고원, 대지, 쟁반, 정체기, 위가 평평한 모자, 〈~ elevated plain\quiescent period\tray\flat hat〉 양2 미2

1535 plate-let [플레이트 맅]: 〈그리스어→영국어〉, 〈1895년에 형성된 말〉, 작은 판, 혈소판 (혈액 응고를 촉진하는 세포 조각), 전구, thrombocyte, 〈↔serum〉 양2

1536 plat-form [플랱훠엄]: plate-forme, 〈1535년 그리스어에서 형성된 프랑스어〉, 단, 연단, 강연, 강령, 기반, 토론장, '기조장비'(전산기체제의 기본이 되는 강·연성기기), (평갑판) 너벅선, 〈~ podium\policy\scafford〉 양1

1537 *plat-form busi·ness [플랱훠엄 비즈니스]: 2개 이상의 독립된 집단 간의 이익을 동시에 추구하는 기업형태, '집단 기업', 〈~ business group〉 우2

1538 *plat-form em·pire [플랱훠엄 엠파이어]: 〈Google·Apple·Facebook·Amazon 등〉 집단 기업 왕국, 거대 기업 집단, 〈~ conglomerate〉 우2

1539 plat-ing [플레이팅]: 〈← plate〉, 도금, 금속 입히기, 〈~ coating〉 가1

1540 plat·i·num¹ [플래티넘]: 〈← plata(silver)〉, 〈'은'이란 스페인어〉, 플라티나, 〈'은보다 못한'〉 백금, 〈아무하고나 붙어먹지 않는 '고귀한'〉 금속원소(기호 Pt·번호78), 〈~ white gold〉 양2

1541 *plat·i·num² [플래티넘]: 최시상급의, 금강석보다 나은(유연한), 음악 원반이 1백만 장 이상 팔린, 〈~ premium\prized〉 우2

1542 *plat·i·num hand·shake [플래티넘 핸드쉐이크]: '백금 악수', 고액의 퇴직금을 받고 (정년 전에) 하는 명예퇴직, 〈~ golden hand cuffs\retirement pay-out〉 우2

1543 **plat·i·tude** [플래티튜우드]: ⟨← plat⟩, ⟨그리스어→프랑스어⟩, ⟨← flat⟩, 단조로움, 진부함, 상투적인 것, ⟨~ cliche\stereotyped⟩, ⟨↔profundity⟩ 가1

1544 *****PLATO** [플레이토우] (pro-grammed log·ic for au·to·mat·ic teach-ing o·per·a-tions): 자동학습 운영을 위한 계획된 논리, 전산기를 이용한 개인 교육체제 미2

1545 **Pla·to** [플레이토우]: ⟨← platus(broad)⟩, 플라톤, '어깨가 넓은 자', 본명은 Aristocles, (BC427?-347?), 아테네의 명문에서 태어나 연애와 정치에 실망하고 ⟨이상적인⟩ '학원'을 세운 소크라테스의 제자·아리스토텔레스의 선생, ⟨~ an ancient Greek philosopher⟩ 수1

1546 **pla·ton·ic** [플러타닉]: 플라토닉, 이상주의적인, 관념적인, ⟨~ chaste\spiritual⟩, ⟨↔romantic⟩ 미2

1547 **pla·ton·ic love** [플라타닉 러브]: ⟨실제로는 있을 수 없는⟩ 관념적 사랑, (남·녀간의) '비육체적 사랑', ⟨↔physical (romantic) love⟩ 미2

1548 **pla·toon** [플러투운]: ⟨← pelote(ball)⟩, ⟨'작은 공'이란 뜻의 프랑스어⟩, ⟨일제 사격을 할 수 있는 규모⟩ 소대, 일단, ⟨squad보다 크고 company보다 작은 military unit⟩, ⟨~(↔)battalion⟩, ⟨↔civilian⟩ 양2

1549 **plat-ter** [플래터]: ⟨← plat(flat)⟩, ⟨프랑스어⟩, ⟨← plate⟩, '큰 접시', 본루, 음반, 자료 기록 부분을 도금한 강성원반, ⟨~ disc\tray⟩, 능력이 열등한 경주마, ⟨1941년생 경주마로 우량종이었으나 그 지자 말발굽(plate)이 너무 가벼워서였다고 해명한데서 유래한 말⟩ 양1

1550 **plat·y·pus** [플래티퍼스]: ⟨← platys(broad)⟩, ⟨그리스어⟩, ⟨발(pous)이 넓은⟩ 오리너구리, 오스트레일리아의 시냇가에 서식하는 주둥이와 손·발이 오리를 닮고 알을 낳는 포유동물, ⟨~ duck-mole\duck-bill⟩ 미2

1551 **plau·dits** [플러어디츠]: ⟨← plaudere(appruase)⟩, ⟨라틴어⟩, 갈채, 박수, 칭찬, ⟨~ applaud\praise⟩, ⟨~ criticism\condemnation⟩ 양2

1552 **plau·si·ble** [플러어져블]: ⟨라틴어⟩, ⟨← applaud⟩, 그럴듯한, 말재주가 좋은, '칭찬할 만한', ⟨~ reasonable\credible⟩, ⟨↔im(un)-plausible\absurd\doubtful⟩ 가1

1553 **play¹** [플레이]: ⟨← plegian(move)⟩, ⟨영국어⟩, 놀다, 장난치다, ~한 체한다, 연극하다, 출연하다, 대전하다, 움직이다, 행하다, ⟨~ enjoy\entertain⟩, ⟨↔relax⟩ 양2

1554 **play²** [플레이]: ⟨'운동(game)'이란 뜻의 영국어⟩, 놀이, 장난, 노름, 활동, 연극, 솜씨, ⟨~ fun\recreation\drama⟩, ⟨↔work⟩ 양1

1555 *****play-act** [플레이 액트]: 연기하다, 가장하다, 과장하다, ⟨↔(real) act⟩ 가1

1556 **play-back** [플레이 백]: 재생(하다), '되틀기', ⟨~ re-play⟩ 양2

1557 **play-book** [플레이 북]: 각본, 전술, 계획, ⟨~ master plan\road map⟩ 양2

1558 **play-boy** [플레이 버이]: 바람둥이, 한량, ⟨~ Tom-cat\Don Juan⟩, ⟨↔play-girl⟩, ⟨↔saint⟩ 양2

1559 *****play by ear** [플레이 바이 이어]: ⟨악보없이⟩ (귀로 듣고 하는) 비격식 연주, ⟨잘 따져보지 않고⟩ (즉흥적으로 하는) 어림치기, ⟨~ think on your feet⟩ 양2

1560 *****play cat and mouse** [플레이 캩 앤드 마우스]: 변화무쌍한, 양면 작전, ⟨~ hide and seek⟩, ⇒ gas-lighting 양2

1561 **play-dough** [플레이 도우]: 공작용 점토, '놀이 반죽', ⟨~ modeling clay⟩ 미2

1562 **play-down** [플레이 다운]: ⟨영국 영어⟩, 결승 경기, 결승전, ⟨~ paly-off⟩ 미2

1563 **play down** [플레이 다운]: 작게 취급하다, 경시하다, 폄하다, ⟨~ down play⟩, ⟨↔exagerate\play up\stress⟩ 양2

1564 **play dumb** [플레이 덤]: 바보(벙어리)인 체하다, 모르는 척하다, 시치미 떼다, 속(똥구멍)으로 호박씨 까다, ⟨~ play innocent⟩, ⟨↔impudent\dish the dirt⟩ 양2

1565 **play-er pi·an·o** [플레이어 피애노우]: ⟨청공판을 이용한⟩ 자동 피아노, pianola 양2

1566 **play-girl** [플레이 거얼]: '쾌락녀', 논다니, 놀기 좋아하는 여자, ⟨~ coquette\hussy⟩, ⟨↔play-boy⟩, ⟨↔angel⟩ 미2

1567 **play-ground** [플레이 그롸운드]: 운동장, 놀이터, 행락지, ⟨~ recreation ground⟩, ⟨↔seminar⟩ 가1

1568 **play-house** [플레이 하우스]: 극장, 어린이 오락관, '놀이집', ⟨~ theater⟩, ⟨↔no place⟩ 가1

1569 **play house** [플레이 하우스]: (주로 남·녀 어린이가) ⟨장차 결혼해서 오밀조밀 가정을 꾸미는 꿈을 실현하는⟩ '소꿉놀이', ⟨~ mockery of a marrital life⟩ 미2

1570 **play-ing card** [플레잉 카아드]: 놀이패, '화투', 〈~ deck〉 미2

1571 **play-ing catch** [플레잉 캐취]: (구기나 야구공을) 던져서 주고 받는 일, 〈한국에서는 'catch ball'이라고 함〉 우2

1572 ***play in·no·cent** [플레이 이너쎈트]: 순진한 척 하다, 내숭떨다, 시치미를 떼다, 닭 잡아먹고 오리발 내민다, (속으로) 호박씨 까다, 〈~ play dumb〉, 〈↔honest\virtuous〉, 〈제일 다루기 힘든 상대〉 양2

1573 ***play it by ear**: 〈1839년에 등장한 영국 속어〉, 그때 그때 (사정 봐 가면서) 처리하다, 눈치껏 시행하다, 임기응변, 〈~ ad-lib\think on one's feet〉, 〈↔prepare\rehearse〉 양2

1574 **play-mate** [플레이 메이트]: 놀이 친구, 연애 상대, 〈~ partner〉 미2

1575 ***play-off** [플레이 어어후]: (동점인 경우) '끝' 결승전, (철이 지난 후) '마무리' 경기, 연장전, 〈~ championship〉, 〈~ play-down〉 우1

1576 **play-pen** [플레이 펜]: 놀이 울, 행락지, 차림표 작성자의 작업방, 〈~ play-room〉 우2

1577 ***play pos·sum** [플레이 파썸]: 〈주머니쥐처럼〉 자는 척하다, 죽은 체하다, 〈~ pretend\trick〉 양2

1578 **play-ther·a·py** [플레이 쎄뤄피]: 놀이요법, 유희요법, 〈~ behavioral modification〉 양2

1579 **play-thing** [플레이 씽]: 장난감, 노리개, 희롱물, 〈~ toy〉 양2

1580 **play up** [플레이 엎]: 크게 취급하다, 강조하다, 과대평가하다, 선전하다, 분투하다, 말썽을 부리다, 〈~ accentuate\emphasize〉, 〈↔play down〉 양2

1581 **play–writ-er** [플레이 롸이터]: play-wright, 극작가, 각본가, 〈~ dramatist〉 양2

1582 **pla·za** [플라아져]: 〈← platys(broad)〉, 〈그리스어→라틴어→스페인어〉, 'place', 플라자, 광장, 네거리, 거리, 시장, piazza, 〈~ square\mall〉 양2

1583 **plea** [플리이]: 〈← placere〉, 〈라틴어〉, 〈← please〉, '기쁘게 하는 것', 탄원, 청원, 변명, 항변, 〈→ plead〉, 〈~ appeal\request〉, 〈↔rebuttal\denial〉 양2

1584 ***plea bar·gain** [플리이 바아건]: 유죄 인정 거래, 유죄를 인정하는 대가로 형량을 낮춰주는 흥정, 〈~ plead guilty\compromise〉 양2

1585 **plead** [플리이드]: 〈← plaidier〉, 〈라틴어→프랑스어〉, 〈← plea〉, '고소하다', 변호하다, 주장하다, 간청하다, 〈~ beseech\beg〉, 〈↔dis-claim〉 가1

1586 ***plead the fifth** [플리이드 더 휖쓰]: (미 수정 헌법 제5조를 수용해서) 답변을 거부하다, 묵비권 행사, right to silence 우2

1587 **pleas·ant** [플레전트]: 〈← plaisir〉, 〈프랑스어〉, 유쾌한, 즐거운, 호감이 가는, 〈~ please〉, 〈~ amiable\delightful〉, 〈↔un-pleasant\horrendous\whiny〉 가1

1588 **please** [플리이즈]: 〈← placere〉, 〈라틴어〉, 만족시키다, 제발, 실례지만, 〈→ plea\placebo\placid〉, 〈~ placade〉, 〈~ nice\kindly〉 가1

1589 **pleas·ure** [플레줘]: 〈라틴어→프랑스어→영국어〉, 〈← please〉, 기쁨, 만족, 쾌락, 욕구, 〈~ happiness\joy〉, 〈↔dis-pleasure\misery\wrath〉 가1

1590 **pleas·ure boat** [플레줘 보웉]: 유람선, 놀잇배, 〈~ sedan cruiser〉 가1

1591 **pleas·ure dome** [플레줘 도움]: 호화 저택, 환락궁, 아방궁, 놀이시설, 〈↔hut(ch)〉, 〈~ resort\mansion\harem〉, 〈↔state-room〉 양2

1592 **pleat** [플리이트]: 〈← plicare(fold)〉, 〈라틴어에서 연유한 영국어〉, 주름, plait의 변형, 〈~ ruffle\tuck'〉 가1

1593 **pleb** [플렙] \ **plebe** [플리이브]: 〈← plebis(common people)〉, plebeian의 준말, 평민, 하급의, 하급생, 천박한 양1

1594 **ple·be·ian** [플리비이언]: 〈← plebis(common people)〉, (로마의) 평민, 대중(의), 천한, 〈↔aristocrat\noble\gentry\blue blood\royal〉 양2

1595 **pleb-i-scite** [플레버싸이트]: plebis(common people)+scire(to know), 〈라틴어〉, 국민의 의견 표현, 국민(주민) 투표, 〈~ referendum〉 양2

1596 **plec·trum** [플렉트뤔]: 〈← plessein(strike)〉, 〈'치다'라는 뜻의 그리스어〉, '리라(현악기)를 퉁기는 기구', 채, pick(뜯개) 양1

1597 **pledge** [플레쥐]: 〈← plebium(proffer)〉, 〈라틴어〉, 서약, 언질, '보증', 축배, 〈~ pawn¹\plight²\promise〉, 〈↔dis-avow〉 가1

1598 **Pledge of Al·le·giance** [플레쥐 어브 얼리이줜스]: (1892년부터 사용된) 미국인의 국가에 대한 충성서약, 〈~ American loyalty\commitment〉 수2

1599 **~ple·gi·a** [~플리이쥐어]: 〈← plege(stroke)〉, 〈그리스어〉, 〈~마비(paralysis)〉란 뜻의 접미사 양1

1600 **Ple·ia·des** [플리어디즈]: 〈← peleias(dove)〉, 〈그리스어〉, 플레이아데스, 묘성, '비둘기자리', 제우스가 별로 바꾸어 놓은 아틀라스와 플레이오네 사이의 7명의 딸, 〈~ Subaru\Seven Sisters〉 양1 수1

1601 **ple·na·ry** [플리너뤼]: 〈← plenus(full)〉, 〈라틴어〉, 〈← plenty〉, 충분한, 절대적인, 정식의, 전권을 쥔, 〈~ absolute\complete〉, 〈↔deficient\im-perfect〉 양2

1602 **plen·ty** [플렌티]: 〈← plenus(full)〉, 〈라틴어〉, '가득' 찬, 많은, 충분히, 〈→ plenary〉, 〈~ enough\plethora〉, 〈↔privation〉 가2

1603 **ple·num** [플리넘]: 〈← plenus(full)〉, 〈라틴어〉, 충만한 공간, (건물의) 통풍 공간, 총회, 〈~ plenty〉, 〈~ saturation\whole-ness〉 가1

1604 ***ple·num ca·ble** [플리넘 케이블]: '환기 강삭', 기류가 있는 곳에서 쓸 수 있는 내화·내연성(fire-proof) 전기줄, 〈↔(폐쇄된 공간에 설치된) riser cable〉 우1

1605 **ple·o·nasm** [플리어나즘]: 〈← pleonazein(excessive)〉, 〈그리스어〉, '과다(중복)어', 〈강조나 수사를 위한〉 용어(여분의 말), 〈tautology는 쓸데없이 지겨운 되풀이〉, 〈↔oxymoron〉 양2

1606 **ple·o·nex·i·a** [플러어넼시어]: 〈← pleonazein(excessive)〉, 〈그리스어〉, 탐욕, 허욕, 〈~ avarice〉, 〈↔generosity\frugality〉 양2

1607 **pleth·o·ra** [플레써롸]: 〈← plethos(fullness)〉, 〈그리스어〉, 과다, 과잉, 다혈증, 〈~ enough\plenary〉, 〈↔dearth\lack\ischemia〉 양2

1608 **pleu·ri·sy** [플루어뤼시]: 〈← pleura(side)〉, 〈'옆구리'란 뜻의 그리스어에서 유래한〉 늑막(흉막)염, 〈~ pleuritis〉 양2

1609 **Plex·i·glas** [플뤡시글래스]: 아크릴 수지〈plastic〉로 만든 깨지지 않는 '유리'(상품명) 수1

1610 **plex·us** [플렉서스]: 〈← plectere(twine)〉, 〈라틴어〉, 총, 망, 엉킴, 망상조직, 〈→ perplex〉, 〈~ web\network〉 가1

1611 **pli·a·ble** [플라이어블]: 〈← plicare(fold)〉, 〈라틴어→프랑스어〉, 〈← ply¹〉, 휘기 쉬운, 유연한, 적응성 있는, 〈~ flexible\yudori〉, 〈↔in-tractable\rigid〉 가1

1612 **pli·er** [플라이어]: 〈← plicare(fold)〉, 〈라틴어〉, 〈← ply²〉, 휘는 사람(것), ~s; 집게, '구부리게', 〈끝에 절단기가 있는 것은 cutting pliers〉, 〈~ pincers〉 미2

1613 **plight** [플라잍]: ①〈← pleat(plait)〉, 〈인생의 '굽이'〉, 곤경, 궁기, 〈~ pickle\predicament〉, 〈↔advantage\benefit〉 ②〈← pledge(promise)〉, 맹세, 약혼, 〈↔disengagement\break〉 가2

1614 **plim-soll** [플림설]: 고무창과 범포 사이에 〈Plimsoll mark로〉 테를 두른 운동화, pumps, slip on, court shoes 우1

1615 **Plim-soll mark** [플림설 마아크]: 만재 흘수선표, (샘 프림설〈어원 불명의 영국계 이름〉이 고안한) 안전하게 화물을 실을 수 있는 수위를 표시하려고 선체에 그은 금, 〈~ load line〉 수2

1616 **Pliny** [플리니], Gai·us: 〈← plenus(full)〉, '충만한 자', 플리니우스, 1~2세기에 살았던 숙·질간의 두 명의 로마 정치가·저술가, 〈~ Roman statesmen〉 수1

1617 **Pli·o film** [플라이어 휨]: pliable+film, (비옷 등에 쓰는) 투명한 고무 방수막(상표명) 수2

1618 *PLL (phase-lock-ed loop): 위상고정고리, (자료의 훼손을 막기 위해) 발신기의 출력신호 위상과 기준신호 위상을 일치시키는(synchronous) 전자회로 미2

1619 **PLO** (Pal·es·tine Li·ber·a·tion Or·gan·i·za·tion): 팔레스타인 해방기구, 1964년 아랍 정상들이 모여 무력투쟁으로 〈이스라엘로부터〉 팔레스타인 민족을 해방시키기 위해 조직한 준정부단체 수1

1620 **plod** [플라드]: 〈영국어〉, 〈의태어〉, (지쳐서) '터벅터벅' 걷다, 끈기 있게 일하다, 〈~ trudge\tread\toil〉, 〈↔slacken\frisk〉 양1

1621 *PL 1 [피이엘 원]: program language 1, 1964년부터 IBM사가 출시하는 처리과정이 '강압적'인 차림표 언어의 하나 우1

1622 **plop** [플랖]: 〈영국어〉, 〈의성어〉, 풍덩하고 물에 떨어지다, 펑·쿵·풍당하는 소리, 〈~ drop\plump²〉 가1

1623 **plot** [플랕]: 〈프랑스어〉 ①음모, 계획, 줄거리, 〈~ plan〉 ②소구획, 도면, 〈~ plat〉 양1

1624 ***plot-ter** [플라터]: 음모자, 작성자, 자료를 도면화하는 전산기의 출력장치, 〈~ planner\intriguer〉 영1 미2

1625 **plov·er** [플러붜\플로우붜]: 〈← pluere(rain)〉, pewit, 〈라틴어〉, 〈'우기'에 찾아오는〉 물떼새, 전 세계적으로 분포된 물가에 떼를 지어 몰려다니는 부리가 짧고 몸이 통통한 작은 철새류, 〈~(↔)sand-piper보다 부리가 짧고 단단하며 더 통통하게 생겼음〉, 〈~(↔)이것은 날개가 뾰족하고 lap-wing은 넓적함〉 미2

1626 **plow \ plough** [플라우]: 〈← plowghe〉, 〈'땅을 덮는 도구'란 뜻의 게르만어〉 ①쟁기(류), 제설기, 〈~ harrow\till〉 ②경작(지), 〈~ cultivate〉 ③〈쟁기의 손잡이같이 생긴〉 북두칠성, 큰곰자리, 〈~ Big Dipper〉 영1

1627 **plow-beam** [플라우 비임]: plow+beme, 쟁기의 손잡이, 자부지, 잡대, 〈~ plow-boy〉 가1

1628 **plow-share** [플라우 쉐어]: 쟁기날, 보습, 〈~ plow-wedge〉 가1

1629 **plow tail** [플라우 테일]: 잡좆(쟁깃술의 중간에 박아서 손으로 잡아 쳐들게 된 좆같이 생긴 막대기), 쟁기자루, 〈~ plow-handle〉 가1

1630 *****plox** [플락스]: 〈전산망어〉, 'please'로 끝마칠 때 쓰는 줄임말, 〈pls→plz→plx로 변형됨〉 영2

1631 **ploy** [플러이]: 〈'소일(play)'한다는 뜻의 스코틀랜드어〉, 일, 흥정, 쾌락, 〈~ ruse\gambit〉 영2

1632 **pluck** [플럭]: 〈← plucian(tug)〉, 〈게르만어〉, '끄집어 내다' 뜯다, 잡아뽑다, 빼앗다, 〈~ pull out〉 영1

1633 **plug** [플러그]: 〈어원 불명의 게르만어〉, bung, 나무못, 마개, '막개', '꽂개', '끼우개', 〈이빨대〉, 막힘 덩어리, 〈~(↔)socket\drill〉, 〈↔opening\mouth〉 영1

1634 *****plug and play** [플러그 앤드 플레이] \ PnP: ①접속과 작동, 주변기기를 본체에 접속하기만 하면 바로 사용할 수 있는 강성기기 ②뛰어난 신입사원, 수련시킬 필요 없이 바로 써먹을 수 있는 신입사원, 〈~ ready(suitable) to use〉 미2

1635 **plug-board** [플러그 보어드]: 배선반, (전화) 교환대, 〈~ patch(switch) board〉 미2

1636 *****plug–com-pat·i·ble** [플러그 컴패터블]: 끼우개가 다른 기계와 공통으로 사용할 수 있는, 호환성 마개(의), 〈~ plug-incompatible〉 미2

1637 *****plug·ged-in** [플러그드 인]: 끼우개로 접속된, 통신망으로 연결된, 흥분된, 유행에 앞선, 〈↔disconnected\un-plugged〉 미2

1638 *****plug-in** [플러긴]: 추가(부수) 접속(물), 끼우개로 연결시켜 부수적으로 사용할 수 있는 전기제품·연성기기, 〈↔un-linked\detached〉 미2

1639 **plum** [플럼]: 〈← prounon〉, 〈그리스어→라틴어〉, 〈← prune〉, (서양) 자두, 크고 딱딱한 씨와 두껍고 즙이 많은 과육을 여러 가지 색깔의 껍질이 둘러싼 새콤달콤한 과일, 〈~ testicle\pearl²〉 가1

1640 **plum·age** [플루우미쥐]: 〈← plume(feather)〉, 〈프랑스어〉, '깃(털)', 우모, 아름다운 옷, 〈~ down²\quill〉 영1

1641 **plumb** [플럼]: 〈← plumbum(lead)〉, 〈라틴어〉, 추, 연추(끈에 달린 '납'덩어리), 수직, 정연한, 추로 재다, 배관하다, 납땜하여 봉하다, 〈→ plumber\plummet〉, 〈~ straight\vertical〉 영1

1642 **plumb-ago** [플럼베이고우]: 〈← plumbum(lead)〉 ①흑연(검은 아연), 석묵, 〈~ black lead〉 ②leadwort(납풀), 〈납색뿐 아니라〉 여러 색깔의 다섯 꽃잎을 가진 갯질경잇과의 초본 영2 미1

1643 **plumb-er** [플러머]: 〈← plumb〉, 배관공, '납땜장이', 일을 망치는 자, 비밀정보의 누설을 막는 사람, 〈~ pipe fitter\pipey〉, 〈~ stop-leaks〉 영1 영2

1644 **plumb-er's crack** [플러머즈 크랙]: '배관공의 틈새', 〈배관공이 일할 때 바지가 흘러내려 노출된〉 허리와 엉덩이 사이 부분, 〈~ buttock cleavage〉 우2

1645 **plumb-er's snake** [플러머즈 스네이크]: '배관공의 뱀', (막힌 관을 뚫는) 뱀 모양의 기다란 강삭, 〈~ drain auger〉 미2

1646 *****plum book** [플럼 북]: '자주색〈purple〉책', (약 5천 명에 달하는) 미국 대통령이 임명권을 갖는 연방정부 관직 일람, 〈~ presidentially appointed position list〉 우1

1647 **plumb the depth** [플럼 더 뎊스]: 〈예전에 수심을 잴 때 납 덩어리를 단 끈을 밑바닥까지 떨어뜨리던데서 연유한 말〉, 측심, 깊이를 재다, 〈~ measure the depth〉, 헤아리다, 상세히 조사하다, 갈데까지 가다, 〈~ delve\reach the nadir〉 영2

1648 **plum·bum** [플럼 범]: pb, 납, 연, lead의 라틴어 가1

1649 **plum cake** [플럼 케이크]: 건포도 등 마른 과일이 든 양과자, 〈~ black cake〉 미2

1650 **plume** [플루움]: ⟨← pluma(soft feather)⟩, ⟨라틴어⟩, 깃털(장식), 관모, ⟨→ plumage⟩, ⟨~ calamus\quill\crest⟩ 가1

1651 **plum·met** [플럼밑]: ⟨라틴어⟩, ⟨← plumb⟩, ⟨납으로 만든⟩ 다림추, 가늠추, 낚싯봉, 수직으로 떨어지다, ⟨~ sudden drop\drop-ride⟩, ⟨↔rise\jump\rocket⟩ 양2

1652 **plump¹** [플럼프]: ⟨게르만어⟩, ⟨자두(plum)같이?⟩ 부푼, 불룩한, 포동포동한, 풍만한, ⟨~ fat\obese\chubb⟩, ⟨↔skinny\gaunt⟩ 양2

1653 **plump²** [플럼프]: ⟨게르만어⟩, ⟨'납(plumb)'덩이처럼⟩ 털썩 떨어지다, 노골적인, 느닷없이, ⟨~ plop\thump⟩, ⟨↔block\conceal⟩ 가1

1654 **plum to·ma·to** [플럼 터메이토우]: (이탈리아 원산) 자두같이 약간 길쭉하고 작은 ⟨요리용⟩ 토마토, ⟨~(↔)cherry tomato⟩ 미2

1655 **plum yew** [플럼 유우]: 개비자나무, ⟨정원용으로도 쓰이며⟩ 조그만 자두같은 열매를 맺는 침엽관목, ⟨~ cow-tail pine⟩ 미2

1656 **plun·der** [플런더]: ⟨게르만어⟩, ⟨집기(household goods)를⟩ 약탈하다, 훔치다, 횡령하다, ⟨~ strip'⟩, ⟨~ ransack\rob⟩, ⟨~ loot\spoliate⟩, ⟨↔protect\receive⟩ 양2

1657 **plunge** [플런쥐]: ⟨라틴어⟩, ⟨plummet를⟩ 던져넣다, 찌르다, 뛰어들다, 감소하다, 떨어지다, ⟨~ dip\ram⟩, ⟨↔ascent\blare\surge⟩ 가1

1658 **plunge neck-line** [플런쥐 넥라인]: (여성복에서) 앞이나 뒤가 V자로 깊이 파인 목둘레선, '터진 목선', ⟨~ low neck-line⟩ 우1

1659 **plung-er** [플런쥐]: (막힌 배수관을 뚫는) 고무 흡입기, (변기나 도관에 든 찌꺼기를 뽑아내는) 흡입 청소기, ⟨~ force cup⟩, ⟨한국에서는 '뚫어 뻥', 일본에서는 'rubber cup'이라 함⟩, 뛰어드는 사람, 잠수부, ⟨~ risk-taker⟩ 우2

1660 **plu·ral** [플루어뤌]: ⟨라틴어⟩, ⟨← plus⟩, 복수의, 두 개 이상의, 다원적인, ⟨↔singular⟩ 가1

1661 **plus** [플러스]: ⟨라틴어⟩, more, 더한, 덧붙여서, 더하기의, 양수, 양극, ⟨↔minus⟩ 가2

1662 **plus al·pha** [플러스 알퐈]: ⟨덤·보탬·추가⟩란 뜻의 일본식 표현, ⟨~ extra\bonus⟩ 양2

1663 **plus fours** [플러스 훠어즈]: (예전에 남자용 골프바지로 입었던) 무릎에서 4인치 내려간 곳에서 졸라맨 낙낙한 반바지, ⟨~ knickers⟩ 우1

1664 **plush** [플러쉬]: ⟨← pilus(hair)⟩, ⟨라틴어⟩, ⟨털을 제거(pluck)한⟩ 견면, 비단이나 면직물을 우단보다 털이 좀 더 길게 뽑아(pluck) 두툼하게 짠 것, 호화로운, ⟨~ deluxe\lavish⟩, ⟨↔barren\destitute⟩ 미2 양2

1665 **plus-size** [플러스 싸이즈]: 규격 이상의 (옷), 거인 치수, ⟨~ big and tall⟩, ⟨↔petite size\size zero⟩ 양2

1666 **plus twos** [플러스 투우즈]: 무릎에서 2인치 내려간 곳에 졸라맨 plus fours보다 짧고 좁은 반바지, ⟨~(↔)plus fours⟩ 우1

1667 **Plu·tarch** [플루우타아크]: ploutos(riches)+arkhos(ruler), ⟨그리스어⟩, '부자', 플루타르크, (46?~120?), (대등한 위치의 그리스·로마인을 짝지어 쓴) 저명한 그리스와 로마인들의 평행인생-일명「영웅전」으로 유명한 그리스의 전기작가, ⟨~ a Greek philosopher and historian⟩ 수1

1668 **Plu·to** [플루토우]: ⟨← Plouton(rich)⟩, ⟨그리스어→라틴어⟩, ⟨← Plutus⟩ ①⟨돈이 넘치는 자-죽고나면 소용없으니 생전에 쓰라는 말⟩, 플루토, 명부의 신 하데스의 로마식 표현 ②명왕성, 1930년에 발견되어 ⟨발견자의 두문자(PL)를 따서 11세의 소녀에 의해 명명되었다가⟩ 2006년 태양계 행성의 지위가 박탈된 지구로부터 약 70억km 떨어진 조그만 별, ⟨~ a dwarf planet⟩ ③Mickey Mouse에 나오는 개(dog) 이름, ⟨그냥 어감이 맞아서 지어진 이름⟩ 수2

1669 **plu·toc·ra·cy** [플루우타크뤄시]: ploutos(wealth)+kratein(rule), 금권정치(주의), 부호계급, ⟨~ argento (or dollaro)-cracy⟩ 양2

1670 **plu·to·ni·um** [플루토우니엄]: ⟨Uranium→Neptunium 다음의 질량을 가진⟩ 플루토늄, '명왕자', 방사성원소(기호 Pu·번호94), 열량과 폭발력이 강해 원자탄(로)의 원료로 쓰이는 가장 무거운 질량을 가진 원소, ⟨~ a radio-active element⟩ 수2

1671 **Plu·to TV** [플루토우 티이뷔이]: 2013년에 ⟨'지하에서 나온' 광천수를 팔아 먹던 회사에 의해⟩ 창립되어 2019년 Viacom에 흡수된 미국의 ⟨공짜⟩분야별 영상물 공급 회사, ⟨~ a free streaming service⟩ 수2

1672 **Plu·tus** [플루우터스]: ⟨← ploutos(wealth)⟩, ⟨그리스어⟩, 플루토스, 농업의 신 데메테르의 아들, 부(재물)의 신, ⟨→ Pluto⟩ 수1

1673 **ply¹** [플라이]: ⟨← applicare(ad+plicare)⟩, ⟨라틴어에서 연유한 영국어⟩, (ap)ply, (물건을) 부지런히 쓰다, 열심히 일하다, 다루다, 왔다 갔다 하다, ⟨→ pliable⟩, ⟨~ dispense\exercise\shuttle⟩ 양1

1674 **ply²** [플라이]: ⟨← plicare(fold)⟩, ⟨라틴어⟩, 주름, 가닥, 겹, 성향, 꼬다, ⟨→ plier⟩, ⟨~ pleat\layer⟩ 양1

1675 **Plym-outh** [플리머쓰]: 'plum 나무가 많은 강 하구(mouth)', 플리머스 ①잉글랜드 남서부의 역사적인 군항 (Mayflower의 출항) ②미국 매사추세츠주(Massachusetts) 동남부의 항구도시, '미국의 본적지' ③1928~2001년 사이에 시판된 미국 크라이슬러사(Chrysler)의 자동차 상품명 수1

1676 **Plym-outh Rock** [플리머쓰 롹]: 매사추세츠 플리머스 해안의 '신전'에 모셔둔 1920년 청교도들이 첫발을 디뎠다는 '썰'이 있는 대리석 돌덩어리, ⟨→ Pilgrims' voyage⟩ 수2

1677 **ply-wood** [플라이 우드]: ⟨← ply²⟩, 합판, 베니어판, 넓고 얇은 나무층을 엇갈리게 겹쳐서 단단히 풀칠한 건축 자재, ⟨~ engineered wood⟩ 양2

1678 **PM \ p.m.** [피이 엠]: ①prime minister(수상) ②private message(사신) ③post meridiem; (정오를 지난) 오후, ⟨↔a.m.⟩ 미2

1679 **PM & R** (phys·i·cal med·i·cine and re-ha·bil·i·ta-tion): 물리의학과 재활(전문의), 재활을 위한 물리 치료를 담당하는 physiatrist 양2

1680 *****PMJI** (par·don me for jump-ing in): 끼어들어 미안해 미2

1681 *****PMS¹**: ①Pantone Matching System: 미국의 Pantone(현재 X-Rite)사가 2001년경부터 개발한 Trumatch와 쌍벽을 이루는 ⟨숫자형⟩ '색 배합 방식' ②patch management system: 임시교체 수정관리체계(전산기 차림표의 임시 변통을 위한 각종 연성기기) 수1 미2

1682 **PMS²**: premenstrual syndrome, 월경 전 증후군, (주로 여성 호르몬·신경 전달물질의 이상에 따른) 월경 전에 나타나는 신체적·심리적 병적 증세 양2

1683 **pneu·ma** [뉴머]: ⟨← pnein(breathe)⟩, ⟨그리스어⟩, 프네우마, 정신, 영혼, 성령, ⟨~ soul\spirit⟩ 양2

1684 **pneu·ma·t(o)~** [뉴우멑(토우)~]: ⟨그리스어⟩, ⟨공기(air)·호흡(breathe)·정신(spirit)~⟩ 이란 뜻의 결합사 양1

1685 **pneu·ma·tic** [뉴매틱]: 공기가든, 압축 공기를 넣은, 기체의, ⟨~ air\gas⟩, ⟨↔hydraulic⟩, ⟨↔liquid\solid\vacuum⟩ 양1

1686 **pneu·ma·tol·o·gy** [뉴머탈러쥐]: 영물학, 성령론, ⟨~ study of Holy Spirit⟩ 양2

1687 **pneu·mo~** [뉴우모우~]: ⟨그리스어⟩, breathe, ⟨폐·호흡·공기~⟩란 뜻의 결합사 양1

1688 **pneu·mo·nia** [뉴우모우니어]: ⟨허파의 기낭(air-sac)에 염증이 오는⟩ 폐렴, pneumonitis, ⟨~(↔)bronchitis는 기도(air-way)에 염증이 오는 것⟩ 양2

1689 **pneu·mo·no·ul·tra·mi·cro·scop·ics·sil·i·co·vol·ca·no·co·ni·o·sis**: 화산 폭발 시 초현미경적 미세 실리콘을 마셔서 생기는 폐 질환, ⟨영어에서 아주 긴 단어도 어원을 알면 쉽게 이해할 수 있다는 예⟩, ⟨~ a lung disease⟩ 양2

1690 *****PNG** (port-a·ble graph·ics for·mat): (배경을 투명하게 처리할 수 있게) GIF를 개선한 ⟨간편한 도안 틀 잡기⟩, ⟨↔installed graphic format⟩ 우2

1691 **p o** (per os): ⟨라틴어⟩, by mouth, 경구의, 입을 통한, ⟨~ enteral⟩, ⟨↔parenteral⟩, ⟨↔IM(intra-muscular)\IV(intra-vascular)⟩, ⟨↔TPN⟩ 양2

1692 **po** [포우]: ⟨← pot⟩, ⟨라틴어에서 연유한 영국어⟩, 요강, 실내 변기, ⟨침 뱉는⟩ 타구, ⟨~ chamber pot\spittoon⟩ 양2

1693 **Po** [포우], riv·er: ⟨← bodincus(bottomless)⟩, ⟨고대 라틴어⟩, ⟨바닥이 없는⟩ 포, 알프스에서 동쪽으로 흘러 아드리아해로 나가는 이탈리아(Italia) 북부의 수량이 많은 652km짜리 강 수1

1694 **POA** (pow·er of at·tor·ney): (판단 능력이 있었을 때 작성하는) ⟨대리⟩ 위임장(자), ⟨conservator(보호인)는 무능력자를 관리하라고 법원이 지정해 주는 자임⟩ 양2

1695 **poa** [포우어]: ⟨'일년초'란 뜻의 그리스어⟩, grass, fodder, annual blue grass, 볏과의 목초, ⇒ meadow grass 미2

1696 **poach** [포우취]: ⟨← puchen⟩, ⟨게르만어→프랑스어⟩, ⟨← pocket⟩, ⟨에워싸서⟩ 침입하다, 도용하다, 짓밟다, 밀렵하다, (달걀을) ⟨노른자를 '에워싼' 흰자만 삶아서⟩ 반숙하다, ⟨~ plunder\illegal hunt\soft boil⟩, ⟨~(↔)over-easy\sunny-side up⟩ 양2

1697 **PO Box** (post of-fice box): (우편)사서함 양2

1698 **Po·ca·hon·tas** [포우커혼터스]: 〈원주민어〉, playful one, 〈장난끼가 있는〉 '개구쟁이', 포카혼타스(1596-1617), 버지니아 원주민 추장의 딸로 백인을 친절하게 맞도록 주선해주고 영국인의 아내가 된 여성, 〈~ a Native American woman〉 수1

1699 **po-cha** [포차]: (한국의) 포장마차〈covered wagon〉, '야외 식당', 〈~ an out-door eatery〉, Covid-19 후에 떠오르는 말 수2

1700 **po·chard** [포우철드]: 〈← pouch\poke¹?〉, 〈어원 불명의 영국어〉, 흰죽지(오리), (사냥감으로 인기가 있는) 수컷은 흰·암컷은 갈색 몸통을 한 구대륙에서 철에 따라 이동하는 중형의 야생 오리, 〈~ bay-duck\red-head³\scaup〉 미2

1701 **po·cho·te** [퍼초테]: 〈← pochotl〉, 〈원주민어→스페인어〉, '비단 목화(silk cotton)나무', (중남미에 서식하며) 줄기에 날카로운 가시가 붙어있고 씨를 싸고 있는 솜으로 이불을 만들어 썼던 판야나무〈ceiba〉 우1

1702 **pock** [팝]: 〈← pocc(vesicle)〉, 〈게르만어〉, '농포', 천연두, 마마 자국, 곰보, 작은 구멍, 〈~ pox〉 가1

1703 **pock·et** [파킽]: 〈← poque(pouch)〉, 〈프랑스어〉, 호주머니, (작은) 주머니, 지갑, 쌈지, 오목한 곳, 광석 덩어리, 〈→ poach〉, 〈~ receptacle\compartment\marsupium〉 양2

1704 **pock·et e-di·tion** [파킽 에디션]: '주머니판', 문고판, 보급판, 소형 책자, 〈~ compact (or portable) edition〉, 〈↔delux edition〉 양2

1705 *__pock·et fi__ [파킽 화이]: pocket wi-fi, Mi-fi, mobile hot-spot, internet dangle, 유심칩(핵심 단자), 휴대용 무선 변복조 장치 우2

1706 **pock·et go·pher** [파킽 고우훠]: (북미산) 뒤쥐, 땅다람쥐, 뺨에 털로 덮인 '주머니'를 단 20개월밖에 못 사는 〈땅굴 파기 선수〉, 〈~ pocket rat\pouched rat〉 미2

1707 *__pock·et-ing__ [파킽팅]: ①(금품을) 몰래 주머니에 넣는 짓, 횡령, 〈~ steal\purloin〉 ②(연애에서) 애인을 공개하지 않는 짓, '꼬불치기', '꿍치기', 〈~ conceal〉 양2

1708 *__pock·et list·ing__ [파킽 리스팅]: '쌈지 등재', (구매자가 많은 주택시장에서) 파는 사람이 연줄을 통해 〈비공개적으로〉 집을 내놓는 일로 사생활 보호는 되지만 공정거래법에 저촉될 수도 있는 Covid-19 이후에 유행하는 판매 전략, 〈~ non-public listing〉 미2

1709 **pock·et mon·ey** [파킽 머니]: '쌈짓돈', 용돈, 〈~ mad money〉 양2

1710 **Po·clain** [포클린]: poque a lin(flax pond), 〈프랑스어〉, 〈설립자 농장 근처의 연못 이름〉, 포클레인, 1927년에 설립되어 1977년 미국의 Case사와 연합한 프랑스의 세계적 중장비 제조 업체, p~; 삽차, 수압 굴착기, 〈~ back-hoe\excavator〉 수1 미2

1711 **po·co** [포우코우]: 〈이탈리아어〉, a little, 조금(의), 서서히, 약간 느리게 미2

1712 **po·co-cu·ran·te** [포우코우 큐랜티]: 〈이탈리아어→프랑스어〉, 무관심한, 태평한, 'little caring' 양2

1713 **POD** : ①pay on death(사망 시 지급) ②pay on delivery(현물 상환불) 양2

1714 **pod** [파드]: 〈← pad?〉, 〈어원 불명의 영국어〉, 꼬투리, 고치, 유선형 공간, 세로 홈, (돌고래·물개 등의) 작은 떼, 〈~ husk\seed-vessel\hull〉 양1

1715 **~pod** [~파드]: 〈← podos(foot)〉, 〈그리스어〉, 〈~발이 있는〉이란 뜻의 결합사 양1

1716 *__pod-cast·ing__ [파드 캐스팅]: i-pod+broad·casting, 아이팟 등 휴대용 수신기로 하재할 수 있도록 방송물을 송신하는 일, '휴대 수신기용 방송', 〈~ net-cast\web-cast〉 우2

1717 **po·di·a·try** [퍼다이어트뤼]: podos(foot)+iatry, 발 치료, 족병학, 발의 질병을 진단·치료하는 의학의 한 분야로 통상 2년의 학부와 4년의 대학과정을 거침, 〈↔chiropractic〉 미2

1718 **po·di·um** [포우디엄]: 〈← podos(foot)〉, 〈그리스어〉, 〈발을 올려놓는〉 포디엄, 토대석, 연단, 다리, 잎꼭지, 〈~ lectern\rostrum〉, 〈~(↔)platform\soap-box〉 양1

1719 **pod·o-carp** [포도카프]: podos(foot)+karpos(fruit), 〈그리스어〉, 〈씨가 열매에 둘려 싸여 있지 않고 꼭지(foot)에 있는〉 꼭지 식물, 젖꼭지 나무, 잎이 비늘같이 생긴 침엽수, 나한송(Buddhist pine), 〈~ yellow-wood〉 양2

1720 **pod·o-phyl·lum** [파더휠럼]: podos(foot)+phyllon(leaf), 〈그리스어〉, 〈'발'을 닮은 잎을 가진〉 포도필룸, 〈설사약으로 썼던〉 흰 독말풀, 매자나뭇과의 다년생 풀, may·apple, ⇒ mandrake 우2

1721 **Poe** [포우], Ed·gar: 〈북구어〉, 'peacock' 같이 잘 차려 입은 자', 포, (1809-1849), 「The Raven(큰까마귀)」 등 상징적인 시·재기 발랄한 탐정소설을 쓰고 의문사를 한 미국의 작가, 〈~ an Amesican writer and poet〉 수1

1722 **po·em** [포우엄]: 〈← poiein(make)〉, 〈그리스어〉, '만들어진 것', 시, 운문, 〈감동을 주어야 하는 글〉, 〈~ verse〉, 〈↔prose\essay〉 가1

1723 **Poe's law** [포우스 러어]: (2005년 Nathan Poe가 주장한) 전산망 상의 종교적·정치적 풍자는 나쁜 쪽으로 해석하기 쉽다는 '법칙', 〈~ an adage of internet culture〉 수2

1724 **po·e·sy** [포우어지]: 〈← poiein(make)〉, 〈그리스어〉, 〈창작된〉 (한 편의) 시, 시가, 시적 영감, 〈~ ballard\creation\poem〉 가1

1725 **po·et** [포우잍]: 〈← poiein(make)〉, 〈그리스어〉, '만드는 사람', 시인, 〈상상력이 풍부해야 하는 글쟁이〉, 〈~ versifier\rhymer〉 가1

1726 **po·et·ic li·cense** [포우에틱 라이슨스]: 시적 허용, (상식·문법 등을 위반할 수 있는) 시적 특권, 〈~ artistic freedom\fabrication?〉 양2

1727 **po·et lau·re·ate** [포우잍 로어뤼어트]: 계관 시인, 왕실 시인, 〈국위 선양을 위해〉 국가기관이 지명한 '뛰어난' 시인, '국민 시인' 〈북한에는 있으나 남한에는 없는 제도〉, 〈~ major poet\Consultant in Poetry〉 양2

1728 **po·et·ry** [포우이트뤼]: 〈← poiein(make)〉, 〈그리스어〉, 시, 운문, 말의 운과 뜻을 결합해서 생각과 감정을 '창조'하는 문학의 한 부문, 〈~ verse\rhyme〉 가2

1729 **po·go** [포우고]: 〈어원 불명의 독일어〉, 깡충깡충 뛸 수 있는 용수철이 달린 '죽마', pogo stick, 〈~ stilt〉 수2

1730 **po·go·ni·a** [퍼고우니어]: 〈← pogon(beard)〉, 〈그리스어〉, 〈수염 모양의 암술을 가진〉 큰방울새난초, 북미의 습지대에 서식하는 뱀의 혓바닥 같은 연분홍색 갈래꽃을 가진 난초, 〈~ funnel-crest\rose-bud orchid〉 미2

1731 *****po·go stick** [포우고우 스틱]: 〈상품명에서 따온〉 기다란 막대기 아래 부분에 용수철이 달린 발판이 있어 콩콩거리며 타고 다닐 수 있는 기구, '스카이 콩콩', 〈~ spring (or jumping) stick〉 우1

1732 **poi** [포우이 \ 퍼이]: 〈원주민어〉, 〈하와이산〉 토란〈taro〉으로 만든 걸쭉한 죽(puree) 수2

1733 **poign·ant** [포이니언트]: 〈← pungere(prick)〉, 〈라틴어〉, 〈찌르는 듯이〉 가슴 아픈, 매서운, 신랄한, 〈~ bitter\touching〉, 〈↔dull\un-emotional〉 가1

1734 **poi·ki·lo·therm** [포이킬로 써엄]: 〈그리스어〉, variegated warmth, 변온동물, 냉혈동물, 〈~ reptile〉, 〈↔homeo-therm〉 양1

1735 *****Poin-dex·ter** [포인 덱스터]: ①〈영국어〉, right fist, '오른손(잡이)' ②〈1980년 미국 만화에서 연유한 속어〉, 책벌레, 얼짜, 순진빵, ⇒ nerd 수2

1736 **poin·set·tia** [포인쎄티어]: 성탄목, 홍성초, (그것을 미국으로 들여온 초대 멕시코 주재 미국 공사의 이름〈Poinsett〉을 딴) 주로 화분에 넣어 크리스마스 장식으로 쓰이는 초록 잎에 빨간 '화상엽'을 가진 관상용 식물, 〈~ Christmas star\painted leaf〉 미2

1737 **point** [포인트]: 〈← pungere(prick)〉, 〈라틴어〉, 뾰족한 끝, 반점, 도, 점수, 요점, 취지, 점(①그림 정보의 가장 작은 단위 ②← punctum〉, 활자 크기의 단위로 약 1/72인치), 뾰족하게 하다, 겨냥하다, 가리키다, 〈~ tip\spot〉 양1

1738 *****point-blank** [포인트 블랭크]: (목표물에) 바로 대고 쏜, 정면으로의, 단도직입적인, 〈~ frank\straightforward〉 양1

1739 **point by point** [포인트 바이 포인트]: 하나하나, 조목조목, 일일이, 〈~ accurate\comprehensive〉, 〈↔careless\imprecise〉 양2

1740 **pointe** [포인트 \ 푸앙]: 〈← puncta(point)〉, 〈라틴어→프랑스어〉, 푸앵트, tiptoe, '발끝서기', 발가락 끝으로 몸의 평행을 유지하는 자세 우1

1741 *****point-er**[1] [포인터]: 지시하는 사람(물건), 지시봉, 바늘, 암시, 지표, 원하는 자료를 찾아주는 '주소록', 위치를 가리키는 화살표, 〈~ indicator\needle〉, 〈~(↔)track-ball〉 양1 미2

1742 **point-er**[2] [포인터]: ①'지침견', 사냥감을 향해 똑바로 서 있는 귀가 처지고 털이 짧고 늘씬하게 빠진 개량품종의 중·대형 사냥개, 〈~ bird dog〉 ②(북극성의 위치를 지시해 주는) 지극성, 큰곰자리의 α, β의 두 별, 〈~ pointer dog star〉 우1 미2

1743 **poin·til·lism** [포인틸리즘]: 〈← pointiller(mark with dots)〉, (1880년대 프랑스의 인상파 화가들이 사용했던) 〈다양한 색깔의 점들로 물체를 나타내는〉 점묘법 미2

1744 **point-ing de·vice** [포인팅 디봐이스]: 지시기기, (마우스·라이팅펜 등) 위치지시장치, 〈~ a human interface device〉 미2

1745 ***point of pres·ence** [포인트 어브 프뤠즌스]: 전산망 접속 거점, 상호 접속 위치, 전산망에 접속하기 위해 전산기가 사용하는 전화번호, 〈이것들이 모인 곳을 edge location이라 함〉 미2

1746 ***point of sale** [포인트 어브 쎄일]: 점두(매장)의, 판매 촉진용의, 판매 시점, 전산기로 판매한 시점에서 현금 출납기처럼 판매 활동을 관리하는 체계, '판매지표(전략)', 〈~ check-out〉 미2

1747 **point of view** [포인트 어브 뷰우]: 관점, 입장, 견해, 〈~ opinion\perspective〉 양2

1748 ***point re-lease** [포인트 륄리이스]: '점 발매', '소폭개선', 연성기기의 극히 일부를 개선한 상품, 〈연성기기의 내용이 바뀔 때마다 개선되는 것을 rolling release라 함〉 우1

1749 **point sys·tem** [포인트 씨스텀]: 점수제, 학점제, (맹인용) 점자법, 활자분류법, 〈~ credit (or unit) system〉, 〈↔grade system〉, 〈~ a scoring method〉 양1

1750 **point tak·en** [포인트 테이큰]: 네 말대로다, 맞다, 알긋다, 명심하겠다, 〈~ duly noted\got it〉, 〈↔contrary\well,〉 양2

1751 **point to point** [포인트 투우 포인트]: 지점 간, 두 개의 단말기만을 접속하는, 〈교회의 첨탑간을 달리는〉 cross-country hors race 양2

1752 ***point-y haired boss**: (만화 인물에서 따온) 멍청한 상관, (업무파악을 못하는) 돌대가리 주인, 〈~ a micro-managed office drone\bad boss〉 수2

1753 **poise** [포이즈]: 〈← pendere(weigh)〉, 〈라틴어→프랑스어〉, '무게를 재다', 평형되게 하다, 자세를 취하다, 준비하다, 〈~ aplomb〉, 〈↔im(un)-balance〉 양2

1754 **poi·son** [포이즌]: 〈← potare(drink)〉, 〈라틴어〉, '마실 것', 독(물), 폐해, 망치다, 〈~ potion〉, 〈~ toxin\venom〉, 〈↔anti-dote\food\ambrosia〉 가1

1755 **poi·son hem·lock** [포이즌 헴락]: 〈소크라테스가 그 추출물을 마시고 죽었다는〉 (잔잔한 흰 꽃이 덩어리로 피는) 독 당근, 〈~ fool's parsley〉 미2

1756 **poi·son i·vy** [포이즌 아이뷔]: 덩굴옻나무, 극심한 피부염을 일으키는 세 잎짜리 담쟁이, 〈~ an allergenic plant\a cashew〉 미2

1757 **poi·son oak** [포이즌 오욱]: 덤불 옻나무, 덤불로 자라는 옻나무, 〈poison ivy보다 잎이 크고 둥글게 생겼음〉 미2

1758 ***poi·son pill** [포이즌 필]: 독약, 〈기업을 매입하려고 주식을 사들이는 경우〉 (나머지 주주들에게 싼 가격으로 신주를 발행하여) 기업을 살리는 전략, 〈~ counter-attack to prevent hostile take-over〉 우2

1759 **poi·son su·mac(dog-wood)** [포이즌 쑤맥(더그우드)]: 거양옻나무, 북나무, 북미 남동부 소택지에서 관목으로 자라는 옻나무 미2

1760 **pois·son** [푸와쏘운]: 〈← piscis(fish)〉, 〈라틴어→프랑스어〉, 푸아송, 생선, 물고기, fish 양2

1761 **Poit-i·er** [프와티에], Sid·ney: 〈프랑스어〉, 'pot'을 만드는 자, 포이티어, (1927-), 인종 갈등을 주제로 한 여러 영화에 출연하여 1964년 흑인 최초의 아카데미 남우주연상을 받은 바하마 출신 미국의 영화배우, 〈~ a Bahamian-American actor〉 수1

1762 **po-ke¹** [포키 \ 포케이]: 〈'slice'란 뜻의 하와이어〉, '포키'(일본식 발음은 뽀키), '잘게 자른 생선'(으로 만든 하와이식 생채요리), 〈한국의 '회덮밥' 같은 것으로 'sashimi rice bowl'이 유사어임〉 수2

1763 **poke²** [포우크]: 〈← poken(jab)〉, 〈어원 불명의 게르만어〉, (콕콕) 찌르다, 쪼다, 쑥 넣다, 쑤시다, 굼벵이, 챙이 쑥 나온 여성모자, (자료를) 어느 번지에 입력하다, 찝쩍거리다, 〈~ prod\jab〉, 〈↔depress\shrink〉 양1 미2

1764 ***Poke·mon Go** [포키몬 고우]: 포켓몬 고, 1996년부터 태동되어 2016년 일본의 닌텐도사와 미국의 Niantic사가 공동 출시해서 돌풍을 일으킨 위성위치 확인체계를 이용해서 가상세계와 현실세계를 여행하는 pocket monster(포켓몬)를 잡으러 쫓아다니는 놀음, ⇒ Squirtle 수2

1765 *poke (stick) one's nose in-to oth·er's busi-ness**: 남의 잔치(제사)에 감 놓아라 배 놓아라 한다, 남의 일에 나서지 마라, 〈~(↔)mind your own business〉 양2

1766 **pok·er** [포우커]: ①〈← poke¹〉, 찌르는 사람(물건), ②〈← pochen(brag)〉, 〈게르만어〉, 〈허풍을 떨며〉 패 내기를 거는 여러 가지 서양 화투놀이, 〈~ a card game〉 양1 우1

1767 *pok·er face** [포우커 풰이스]: 무표정한, 무관심한 척하는 (얼굴 표정), 〈~ expression-less(blank) face〉, 〈↔all-over face〉 양2

1768 **poke·root (~weed)** [포우크 루우트 (~위이드)]: ⟨← puccoon(stain)?⟩, ⟨원주민어에서 유래한⟩ (미국) 자리공, ⟨미국뿐 아니라 세계 각처의 민가 부근 등에 서식하는⟩ 타원형 잎·흰 무판화(꽃받침이 없는) 꽃·주로 새가 먹는 독이 있는 자흑색의 콩만 한 열매·이뇨제로 쓰이던 뿌리를 가진 1m 남짓한 여러해살이풀, ⟨~ poke-berry\ink-berry⟩ 미2

1769 **Po·lack** [포울라악]: 폴란드 사람(Polish)을 낮춰 부르는 말 수1

1770 **Po·land** [포울런드]: pole(plain)+land, 폴란드, '평원', 독일과 러시아에 시달리다가 1918년 독립되어 1945~89년간 공산주의 시대를 거친 후 2004년 유럽연합에 가입한 발틱해 남쪽의 덩치가 큰 나라, {Polish·Pole-Polish-Zloty-Warsaw} 수1

1771 **Po·land Chi·na** [포울런드 촤이너]: (1816년 미국에서 개량된) 흑백 얼룩의 ⟨집채만 한⟩ 큰 돼지, 'Polack같이 미련하고 Chinese같이 지저분한' 돼지, ⟨~ an American breed of domestic pig⟩ 수2

1772 **po·lar** [포울럴]: ⟨라틴어⟩, ⟨← pole²⟩, 극지의, 전극의, 정반대의, 중추의, ⟨~ opposite\contrary⟩, ⟨↔lenient\equatorial⟩ 양1

1773 **po·lar bear** [포울럴 베어]: 북극곰, 흰곰, 부드러운 흰 털을 가지고 북극지방에서 사는 약 2만 5천 마리의 수영을 잘하는 잡식성 큰곰, ⟨~ arctic animal\ice bear⟩, ⇒ White bear 미2

1774 **Po·lar·is¹** [펄레어뤼스]: ⟨라틴어⟩, ⟨← pole²⟩, 폴라리스, 북극성, 밤하늘을 보면 북극 근처의 작은곰자리 별들 중 가장 반짝이는 별, ⇒ North Star 미2

1775 **Po·lar·is²** [펄레어뤼스]: ⟨← plar star⟩, 폴라리스, 1954년에 설립된 미국의 눈 자동차·군수품·자동차부품 제조회사, ⟨~ an American off-road automotive manufacturer⟩ 수1

1776 **po·lar·ize** [포울러라이즈]: 극성을 주다, 양극화하다, ⟨~ divide\separate⟩, ⟨↔unite\consolidate⟩ 양2

1777 **po·lar·ized lens** [포울러라이즈드 렌즈]: 분극 안경알, 편광 렌즈, (특히 수중에서 빛을 반사하며 눈이 부시지 않게 하는) '보호 안경', ⟨~ anti-glare⟩ 미2

1778 *__Po·lar·oid__ [포울러뤄이드]: 폴라로이드, 1937년에 세워져 한때 ⟨즉석 사진기⟩로 재미를 보다 2001년에 ⟨갱생⟩ 파산한 후 ⟨숫자형 사진기⟩로 재기를 기도하고 있는 미국의 사진기·전자제품 제조회사, ⟨~ an American instant-camera maker⟩ 수1

1779 **po·lar·oid** [포울러뤄이드]: ⟨← pole²⟩, ⟨미국어⟩, 인조 편광판, 빛이 쪼이면 신속한 평면 '분극화' 현상이 일어나는 사진 인화기, ⟨~ instant camera⟩ 양2

1780 **pole¹** [포울]: ⟨← palus(stake)⟩, ⟨라틴어⟩, '말뚝', 장대, 막대기, 기둥, 돛대, 낚싯대, ⟨~ post\stick⟩ 가1

1781 **pole²** [포울]: ⟨← polos(end of axis)⟩, ⟨그리스어→라틴어⟩, '축', 극(지), 북극성, 극단, 정반대, ⟨→ polar⟩, ⟨~ extreme\opposite⟩, ⟨↔base\center⟩ 가1

1782 **pole bean** [포울 비인]: ⟨← pole¹⟩, runner bean, ⟨막대기로 받쳐 기르는⟩ 덩굴성 완두콩(강낭콩·제비콩), ⟨~(↔)키가 낮은 것은 bush-bean⟩ 미2

1783 **pole-cat** [포울 캩]: ⟨닭(poultry)을 잡아먹는 고양이⟩, fitch ①긴털족제비(유럽산), foumart ②스컹크(미국산), ⟨~ wood pussy\foul-marten⟩ ③시시한 사람, bum 미2 우1

1784 **po·lem·ics** [펄레믹스]: ⟨← polemos(war)⟩, ⟨'전쟁'이란 뜻의 그리스어에서 연유함⟩ 논쟁술, 논쟁법, 논의법, ⟨~ critics\altercation⟩, ⟨~ paper war⟩, ⟨↔praise\encomium⟩ 양2

1785 **pol·e·mo·ni·um** [팔러모우니엄]: ⟨어원 불명의 그리스어⟩, Jacob's ladder, (한랭한 지대에서 자라는) 꽃고비속의 각종 초본 우1

1786 **po·len·ta** [펄렌타]: ⟨'보리 찌꺼기(crushed barley)'란 뜻의 라틴어⟩, (이태리 요리에 쓰이는) 옥수수·보리·밤가루 등을 ⟨곱게 갈아서⟩ 만든 죽으로 고기·야채와 곁들여 먹음, ⟨~ gruel¹\oat-meal\grits⟩ 우1

1787 **pole-star** [포울 스타아]: ⇒ Polaris, 북극성, 길잡이, ⟨~ guide (or lode)-star⟩ 양2

1788 **pole-vault** [포울 뷔얼트]: ⟨← pole¹⟩, pole·jump, 봉고도, 장대 높이뛰기, 뛰어가다 장대를 집고 둥근 천장 모양으로 하강하는 육상경기로 올림픽 종목의 하나 미2

1789 **po·lice** [펄리스]: ⟨← polis(city)⟩, ⟨그리스어→라틴어⟩, ⟨미국에서는 시에 소속된⟩ 경찰(관), 치안, 단속, 정돈, ⟨도시의⟩ '질서유지', ⟨~ cop⟩, ⟨~ control\dandori⟩, ⟨~(↔)sheriff\marshal⟩ 양2

1790 **pol·i·cy** [팔러시]: ⟨← polis(city)⟩, ⟨그리스어⟩, '도시 행정', 정책, 방침, 수단, 보험증권, 규정, ⟨~ procedure\rule⟩ 양1

1791 *__po·li·fes·sor__ [팔리훼써]: politics+professor, '정치교수', (학문보다) 출세 지향주의 교수, 곡학아세하는 교수 미2

1792 **po·lio**(-my·e·li·tis) [포울리오우(마이얼라이티스)]: polios(gray)+myelos(marrow), 〈그리스어〉, 폴리오, 소아마비, (급성) '회백척수'염, 입으로 들어간 바이러스가 주로 척추의 운동신경 세포를 파괴해서 생기는 병, 〈~ palsy〉, 〈↔mobility〉 양2

1793 **~po·lis** [~펄리스]: 〈그리스어〉, city, 〈~ 도시〉란 뜻의 접미사 양1

1794 **Po-lish** [포울리쉬]: 폴란드 사람, (세계적으로 5천5백만이 사용하는 인도·유럽어계의 서슬라브족의) 폴란드어 수2

1795 **pol·ish** [팔리쉬]: 〈← polire(refine)〉, 〈라틴어〉, '매끄럽게 하다', 〈손으로〉 닦다, 윤을 내다, 다듬다, 세련되게 하다, 〈→ polite〉, 〈~ burnish〉, 〈~ shine\varnish〉, 〈↔ruffling\roughing〉 가1

1796 *****Po-lish no·ta·tion** [포울리쉬 노우테이션]: 폴란드식 표기법, 〈영어로 발음하기 힘든 Lukasiewicz란 사람이 발명한〉 (괄호를 쓰지 않고) 모든 연산기호를 모든 변수보다 뒤에 위치하도록 표시하는 Boolean algebra의 일종 수2

1797 **Po·lit-bu·ro \ ~bu·reau** [팔리트 뷰어로우]: (구소련의 공산당) 정치국, (중국·북한·라오스·베트남·쿠바의) 공산당 중앙위원회 정치국, 〈~ a committee of communist leaders〉 미2

1798 **po·lite** [펄라이트]: 〈← polire〉, 〈라틴어〉, 〈← polisn〉, '닦인', 공손한, 예의 바른, 세련된, 교양 있는, 〈~ civil\courteous〉, 〈↔im-polite\rude〉 가1

1799 **Po·lit·i·cal Ac·tion Com·mit·tee** [팔리티컬 액션 커미티] \ PAC: (미)정치 활동 위원회, 1943년부터 태동되어 각종 선거 자금 운영을 관장하는 정부 및 민간단체, 〈~ a US Election Campaign Org.〉 미2

1800 **po·lit·i·cal cor·rect·ness** [팔리티컬 커뤡트니스]: 〈1930년도에 등장해서 1970~80년대에 기승을 부리다가 21세기에 들어와서 논란이 되고 있는〉 정치적 정당성, (Black을 African American으로 부르듯) 〈차별적인 언어나 행동을 피하는〉 배려문화, 〈~ a culture of consideration〉, 〈편자는 언어에 대한 '정치적 탄압'이라고 봄〉 양2

1801 **pol·i·ti·cian** [팔리티션]: 〈어원이 'polis'에서 'polish'로 바뀌어야 마땅한〉 정치쟁이, 〈악을 선으로 바꿀 수 있는 재주가 있어야 하는〉 연기자(actor), 〈~ manipulator〉, 〈~ statesman\office-seeker〉 양2

1802 **pol·i·tics** [팔리틱스]: 〈그리스어〉, 〈도시(polis) 국가를 경영하는〉 정치(학), 정무, 정략, 책략, 행정, 힘 겨루기, 〈명분을 내세워〉 사리를 꾀하기, 〈양육강식이 철저히 지켜지는 현상〉, 〈~ goverment\jungle〉, ⇒ drama 가1

1803 **Polk** [포욱], James: 〈← pollag(little pool)〉, 〈켈트어〉, '연못 근처에 사는 자', 포크, (1795-1849), 〈본인의 진심은 잘 모르겠지만〉 재선에 관심 없이 4년간 열심히 일해 미국의 영토를 크게 확장했으나 여러 가지 사회적 불안 요소를 남겨둔 변호사 출신 미국의 11대 대통령, 〈~ the 11th President of US〉 수1

1804 **pol·ka** [포울커]: 〈← pulka(half step)〉, 폴카 ①〈½ 란 체코어에서 유래한〉 (19세기에 유행했던) 보헤미안풍의 2박자의 빠른 춤, 〈~ with squats\on the heel〉 ②〈폴카가 유행했을 때 동시에 유행했던〉 물방울 무늬가 있는 (여성)옷, 〈~ polka(speckled) dot〉 우1

1805 **poll¹** [포울]: 〈← polle(head)〉, 〈게르만어〉, '머릿수', 투표(집계), 여론 조사, 정기적 조사, 〈~ straw vote\ballot〉 양2

1806 **poll²** [팔 \ 펄]: 〈← pollen(cut short)〉, 〈'짧게 자른'이란 게르만어〉, 뿔 없는 소(cattle), 앵무새(parrot), 매춘부(prostitute) 양2

1807 **pol·la(o)ck** [팔럭]: 〈← podlok(cod)〉, 〈켈트어〉, (별로 맛이 없는) 북대서양산 대구류, P~; 〈← pollag(little pool)〉, 폴란드인 성의 하나, '연못가에 사는 자', 미2 수1

1808 **pol·len** [팔런]: 〈← pollis(flour)〉, 〈라틴어〉, '분말', 꽃가루, 화분, 〈~ micro-spores〉, 〈~ palynology〉 가1

1809 **pol·lero** [포우예로우]: 〈스페인어〉, '닭(pollo)장사', coyotage〈인간 승냥이〉, (중·남미에서 미국으로) 밀입국 안내인, 〈~ people smuggler〉 우1

1810 **pol·li·nate** [팔러네이트]: 〈라틴어〉, 〈← pollen〉, 수분(꽃가루받이)하다, 〈~ fertilize\inseminate〉 가1

1811 **pol·li-wog** [팔리왁]: 〈영국어〉①(머리를 흔들어대는) 〈poll을 wiggle하는〉 올챙이, tadpole ②배로 적도를 넘어 적도제를 겪은 사람〈올챙이 선원〉, 〈~ cadet〉 양2 우1

1812 **pol·lo** [폴로 \ 뽀요우]: 〈← pullus(young animal)〉, 〈라틴어→스페인어·이탈리아어〉, 〈닭(고기)〉란 뜻의 스페인어, 〈~ poultry\chiken〉 수2

1813 **pol·lu·tion** [펄루우션]: pro+luere(wash), 〈라틴어〉, 오염, 불결, 공해, 모독, 〈~ adulteration\contamination〉, 〈↔purification\distillation〉 가1

1814 **Po·lo** [포울로우]: 폴로, 미국의 랄프 로렌(Ralph Lauren)사가 1967년부터 출시하는 운동복·부품의 상표명(brand-name) 수2

1815 **po·lo** [포울로우]: 〈← pulu(ball)〉, 〈티베트어→파키스탄어〉, '공치기', 4명씩 조가 되어 말을 타고 막대기로 공을 쳐서 상대방의 득점대에 몰아넣는 중동→인도→영국으로 전파된 '귀족적' 경기, 〈~ 'horseback field-hockey'〉, ⇒ chukka 우1

1816 **Po·lo** [포울로우], Mar·co: 'Paul', 폴로, (1254?-1324?), 아버지와 삼촌의 뒤를 이어 〈모르긴 몰라도〉 육로로 중국을 여행하고 쿠빌라이 칸으로부터 많은 선물을 받아 해로로 베니스로 돌아와서 〈'세계' 견문록〉을 쓴 이탈리아의 장사꾼, 〈~ a Venetian merchant and explorer〉 수1

1817 **pol·o·naise** [팔러네이즈]: 19세기에 유행한 (우아하고도 느린 3박자의) 폴란드식 유보(산책) 음악·무도, 〈~ amble〉, 〈~ a Polish slow dance〉 수2

1818 *****po·lo-neck** [포울로우 넥]: 〈나왔다 들어갔다(polo) 하는〉 turtle neck(의 '고상한' 영국식 영어), 자라목깃(긴 목 부분을 접게 되어있는 스웨터), 〈↔mock-neck\V-neck〉 미2

1819 **po·lo·ni·um** [펄로우니엄]: 〈'Poland 출신' Marie Curie가 발견한〉 폴로늄, 〈우라늄 붕괴물질의 하나인〉 방사성원소(기호 Po·번호84), 〈~ a radio-active element〉 수2

1820 **po·lo·ny** [펄로우니]: 〈영국어〉, baloney, Bologna 돼지고기의 훈제 소시지(saussage) 수2

1821 **Pol Pot** [팔 팥]: 폴 포트, 'original Cambodian', (1928-1998), (지식인) 대량 학살을 자행한 캄보디아의 교사 출신 공산주의 정치가, 〈~ a Cambodian revolutionary〉 수1

1822 **pol·y~** [팔리~ \ 폴리~]: 〈그리스어〉, many\much, 〈많음·반복~〉이란 뜻의 결합사, 〈~ multi~〉, 〈↔mon(o)~\oligo~〉, 〈↔soli~〉 양1

1823 **pol·y-am·o·ry** [폴리 아모뤼 \ 팔라머뤼]: poly+amor(love), (독점하지 않는) 다자간 사랑, 다애, 〈↔mon·o-am·o·ry〉 양2

1824 **pol·y-an·dry** [팔리 앤드뤼]: polys+andros(man), 일처다부(제), 일자다웅, 〈↔poly-gyny〉, 〈↔mon·o-an·dry\mo·nog·a·my〉 가1

1825 **pol·y-car·bon·ate** [팔리 카아버네이트]: 다중 탄산에스테르, 충격을 이겨내고 자외선을 차단하는 성질이 있어 건축 자재·원반·안경알 제조 등에 쓰이는 합성수지, 〈trivex보다 질적으로 떨어지는 lens〉 우1

1826 **pol·y-cy·the·mi·a** [팔리 싸이씨이미어]: poly+kytos(cavity)+haima(blood), 〈그리스어〉, 적혈구 증가(증), 〈~ erythro-cytosis〉, 〈↔anemia〉 양2

1827 **pol·y-es·ter** [팔리 에스터]: 다가 알코올과 다염기산을 압축 배합한 고분자 '합성수지'로 주로 옷감이나 천으로 쓰임, 〈~ a synthetic fabric〉 우1

1828 **pol·y-eth·yl-ene** [팔리 에썰리인]: 주로 포장용으로 사용하는 에틸렌 중합체로 된 〈가장 흔한〉 '합성수지', 〈~ a synthetic fiber〉 우1

1829 **po·lyg·a·my** [펄리 거미]: poly+gamos(marriage), 복혼, '자웅혼주' ①〈빈부 차가 심한 곳에 있었던〉 일부다처(제), 일웅다자, 〈~(↔)poly-gyny〉 ②〈여성 수가 적은 곳에 있었던〉 일처다부(제), 일자다웅, 〈~(↔)poly-andry〉, 〈↔monogamy\bigamy〉 가1

1830 **po·lyg·e·nism** [펄리 쥐니즘]: poly+genos(kind), (인류는 복수 형태의 조상에서 기원했다는) 인류다조설, 〈~ multiple origins of humanity〉, 〈↔mono-genism〉 양2

1831 **pol·y-glot** [팔리 글랕]: poly+glotta(tongue), 수개 국어에 통하는, 수개 국어로 쓴, 〈~ multi-lingual〉, 〈↔mono-lingual〉 양2

1832 **pol·y-gon** [팔리 간]: poly+gonia(angle), 다각형, 다변형, 〈↔non-polygon〉 가1

1833 *****pol·y-graph** [팔리 그래후]: 등사기, (동시)복합기록장치, (부담되는 질문을 하면서) 〈혈압·맥박·호흡수·피부반응 등 다중 생체지표를 측정하는〉 거짓말 탐지기, 〈~ lie detector〉 양2

1834 **pol·y-his·tor** [팔리 히스터]: poly+historian, 박식한 사람, 박학자, 〈~ poly-math\intellect〉, 〈↔dope\idiot〉 양2

1835 **pol·y-math** [팔리 매쓰]: poly+mathein(learn), 많이 알고있는, 박학다식한, 〈~ erudite\walkapedia〉, 〈~ poly-histor\virtuoso〉, 〈↔ignoramus\moron〉, 〈~ 편자가 한번 들어보고 싶은 이름; 다음 단계는 philosopher임〉 양2

1836 **pol·y-mer** [팔리 머]: poly+meros(part), 중합체, 작은 분자들이 연결되어 만들어진 크고 긴 사슬 모양의 분자군, 〈~ compound\composite〉 양2

1837 **po·lym·er·i·za·tion** [팔리머뤼 졔이션]: (화학적으로 〈인공〉합성제품을 만드는 데 아주 중요한) 중합반응, 〈↔de-polymerization〉 양2

1838 **pol·y·mor·phism** [팔리 머얼휘즘]: poly+morphe(shape), 다형(현상), (질료는 같으나 모양이 다른) 동질이상, (이름은 같으나 여러 가지 용도로 쓰이는) '동명다용', 〈↔mono-morphism〉 양1

1839 **Pol·y·ne·sia** [팔러 니이저]: poly+nesos(island), 폴리네시아, '다도', (하와이·사모아·프렌치폴리네시아·뉴질랜드 등이 포함된) 태평양 중남부에 흩어져있는 1,000여 개의 섬들, 〈~ Pacific Islands〉 수2

1840 **pol·y·no·mi·al** [팔리노우미얼]: ①(두가지 이상의 용어로 된) 다명의, 〈~ multiple names〉 ②(대수에서 두가지 이상의 상수와 변수로 된) 다항식, 〈~ multinominal expression(equation)〉 미2

1841 **pol·y·o·pi·a** [팔리 오우피어]: poly+opos(eye), 〈그리스어〉, 다시증, 〈후두골의 손상으로〉 하나의 물체가 여러 개로 보이는 증세, 〈~ sensation of multiple images〉 양2

1842 **pol·yp** [팔맆]: poly+pous(foot), 〈그리스어〉, '많은 발' ①(산호 등) 군체의 객체 ②용종, (점막 등) 외피에 돌출한 종같이 생긴 조그만 혹, 계실, 〈속이 꽉 차 있으면 tumor\액체로 차있으면 cyst〉 우1 양2

1843 **pol·y·po·dy** [팔리 포우디]: poly+podos(foot), '다족류 양치식물', 전 세계에서 흔히 볼 수 있는 (바위틈에서도 자라는) 덩굴 고사리, 털미역고사리, 다시마일엽초, 〈~ rock-cap fern\cabbage palm fern〉 미2

1844 **pol·yp·to·ton** [팔맆토튼]: poly+ptosis, 〈'many case'란 뜻의 그리스어〉, '어간반복', 같은 뿌리를 가진 말을 되풀이하는 구문, 〈~ figura etymologica〉 우2

1845 **pol·y·se·my** [팔리 씨이미]: poly+semantikos(significant meaning), 〈그리스어〉, 〈하나의 말이 몇개의 뜻을 가지고 있는〉 다의어, 〈↔mono-semy〉 양2

1846 **pol·y·sty·rene** [팔리 스타이륀] 〈비교적 싸게 만들 수 있는〉 여러 styrene을 뭉쳐 만든 무색투명하나 깨지기 쉽고 냄새나는 합성수지, ⇒ Styro-foam 우1

1847 **pol·y·vi·nyl** [팔리 봐이늘]: 비닐 중합체, (에틸렌에서 수소원자 하나를 뗀) 비닐기를 함유한 〈3번째로 흔히 쓰이는〉 합성수지, ⇒ PVC 우1

1848 **Po·lyx·e·na** [펄릭시너]: poly+xenos(guest), 〈그리스어〉, '많은 손님을 접대하는 자', 폴릭세네, Achilles가 홀딱 반해 그녀를 미끼로 한 정전 협상에 갔다가 그녀의 오빠 Paris가 쏜 독화살에 맞고 사망해서 Troy 함락 후 아킬레스의 영정에 바쳐진 Priam 왕의 막내딸 수2

1849 **po·made** \ **po·ma·tum** [퍼메이드 \ 포우메이텀]: 〈← pomum(apple)〉, '사과'란 뜻의 라틴어에서 유래한 포마드, '사과연고', 〈사과향이 나는〉 머릿기름, 머리를 돋보이기 위해 바르는 〈다소 끈끈하고 마르지 않는〉 향유, 〈~ hair-dressing grease〉 미1

1850 **po·ma·to** [퍼메이토우]: 〈영국어〉, 포마토, 땅속에서는 potato(감자)가 나고 땅 위에서는 방울 tomato가 나게 접목시킨 식물〈둘 다 가지속 식물〉 우1

1851 **pome·gran·ate** [파머그래네트]: pomum(apple)+granatum(grained), 〈라틴어〉, 석류, '씨 많은 사과', 길쭉한 선홍색 꽃이 피는 가시 달린 싸리나무 비슷한 관목에 딱딱한 껍질·핏빛 액즙을 담은 수많은 콩알만 한 씨앗을 가진 정구공만 한 과일, 〈→ Granada\grenade〉, 〈~ wine-apple\fruit of heaven〉 가1

1852 **pom·e·lo** [파멀로우]: 〈Pomona에서 유래했다는 설이 있는 네덜란드어〉, 포멜로, 왕귤, 자몽(grape fruit)보다 더 단맛이 나는 커다란 귤, shaddok 가1

1853 **Pom·er·a·ni·an** [파머뤠이니언]: po(by)+morze(sea), 〈폴란드어〉, '해변', (독일 동북부·폴란드 서북부의) 포메라니아〈~ southern shore of Baltic Sea〉 사람, ~개(땅딸막하고 목덜미와 꼬리에 털이 무성한 작은 스피츠, 〈~ a dog-breed of spitz type〉 수2

1854 **pom·fret** [팜후륕]: 〈← pombo(butter-fish)〉, 〈포르투갈어〉, 〈주둥이가 병 입구같이 작은〉 병어, 〈구워 먹지 말고 졸여 먹어야 제맛이 나는〉 새다래, 둥글납작한 마름모꼴 몸통에 갈라진 꼬리지느러미를 가진 난해성 외양 물고기, 〈~ Indian Butter-fish〉 미2

1855 **pom·mel** [퍼멀]: 〈← pomum(apple)〉, 〈라틴어〉, 〈'사과'같이 동그란〉 안장 앞머리, (칼의) 자루 끝, 칼자루 끝으로 치다, 주먹으로 연달아 때리다, pummel, 〈~ saddle horn\grip\strike〉 양1

1856 **po·mol·o·gy** [포우말러쥐]: 〈라틴어〉, 〈← Pomona〉, 과실 재배학(법), 〈~ study of fruits〉 양2

1857 **Po·mo·na** [퍼모우너]: 〈← pomum(apple)〉, 〈'사과'란 뜻의 라틴어〉, 포모나 ① 과수의 여신, (노파로 변장한 계절의 신 베르툼누스의 꼬임에 빠져 순결을 바친) 전원신, 〈~ goddess of orchards〉 ②LA 동쪽의 외곽도시, 〈~ a city in the east of LA〉 수2

1858 **pomp** [팜프]: ⟨← pempein(send)⟩, ⟨'보내다'란 뜻의 그리스어에서 연유함⟩ 화려, 장관, 허세, '엄숙한 행렬', ⟨→ pompous⟩, ⟨~ grandeur\ceremonial\splendor⟩ 가1

1859 **pom·pa·dour** [팜퍼더얼]: ⟨← pomp?⟩, ⟨풍파두르 여 후작이 유행시킨⟩ ①높이 빗어 올린 남·녀의 머리 모양, ⟨~ duck-tail\jelly-roll⟩ ②깃을 낮추어 네모지게 자른 여성용 속옷(lingerie) 우1

1860 **Pom·pa·dour** [팜퍼더얼], Mar·quise de: ⟨← pomp(stately display)?⟩, '심홍색', 풍파두르 여 후작, (1721-1746), 막강한 정치력을 행사했던 프랑스(France) 왕 루이 15세의 총희(mistress) 수1

1861 **pom·pa·no** [팜퍼노우 \ 폼퍼나우]: ⟨← pampinus(vine leaf)⟩, ⟨라틴어→스페인어⟩, ⟨포도 잎새같이 생긴⟩ 빨판매가리, ⟨입질을 안 해 그물로 잡아야 하는⟩ (미주 대서양 연안에 서식하는) 꼬리가 깊이 갈라지고 둥글넓적한 몸통을 가진 전갱이, ⟨~ cobbler-fish\butter-fish⟩ 미2

1862 **Pom·peii** [팜페이이]: ⟨← pumpe(five)⟩, ⟨고대 라틴어⟩, ⟨'다섯' 지구를 가졌던⟩ 폼페이, 서기 79년 베수비오 화산의 폭발로 매몰된 이탈리아(Italia) 나폴리 근처의 도시 수1

1863 **Pom·pey** [팜피]: ⟨← pumpe(five)⟩, (BC106-48), '다섯번째 자식?', 폼페이우스, 삼두정치 후 시저에 밀려 이집트로 도망갔다 처형된 로마의 장군, ⟨~ a Roman general⟩ 수1

1864 **Pom·pi·du** [팜피두우], Georges: ⟨← pompidor(hill with flat top)⟩, ⟨고대 프랑스어⟩, '넓은 언덕의 촌락에 사는 자?', 퐁피드, (1911-1974), 드골을 계승한 프랑스의 문학교수 출신 정치가·수상·대통령, ⟨~ a French President⟩ 수1

1865 **pom·pom** [팜 팜]: ⟨영국 군대 속어⟩, ⟨의성어⟩, 자동 기관총, 대공 속사포, ⟨~ quick firer⟩ 가1

1866 **pom·pon** [팜 판]: pompom, ⟨← pomper(exhibit)⟩, ⟨프랑스어⟩ ①방울 술, (군모의) 꼬꼬마 ②(둥근 꽃봉오리를 맺는) 퐁퐁달리아·국화, ⟨~ bobble⟩ 양2

1867 **pom·po·so** [팜포우소우]: ⟨← pomp⟩, ⟨라틴어→이탈리아어⟩, 장중하게, 성대하게, ⟨~ grandiose\flamboyant⟩ 미2

1868 **pomp-ous** [팜퍼스]: ⟨← pempein(send)⟩, ⟨그리스어→라틴어⟩, ⟨← pomp⟩, 거만한, 과장된, 호화로운, ⟨~ showy\boujee⟩, ⟨↔restrained\modest⟩ 가1

1869 **ponce** [판스]: ⟨영국 속어⟩, pimp, 기둥서방, 간들거리는 남자, ⟨~ milk-sop⟩, ⟨↔hard-ass\bully\rooster⟩ 양2

1870 **pon·cho** [판쵸우]: ⟨원주민어⟩, 판초, (남미 원주민들이 입던) 한 장의 천으로 된 ⟨중앙에 머리 구멍이 있는⟩ 외투·우의, ⟨~ mantle\rain-coat⟩ 우2

1871 **pond** [파안드]: ⟨영국어⟩, ⟨← pound⁴⟩, ⟨im·pound된(가둬진)⟩못, 샘물, 늪, 양어지, ⟨~ lake와 pool의 중간⟩ 가1

1872 **pon·der** [파안더]: ⟨← pendere(weigh)⟩, ⟨라틴어⟩, ⟨← pound¹⟩, 깊이 생각(숙고)하다, ⟨저울에 매달아보듯⟩ 신중히 고려하다, ⟨~ reflect on\mull over⟩, ⟨↔discard\ignore⟩ 가1

1873 **pon·der·o·sa** [판더로우서]: ⟨라틴어⟩, '무거운 소나무', '노랑 소나무', 북미 서부에 서식하는 누런 목재를 제공하는 장엄하게 생긴 큰 소나무, ⟨~ bull\(black-jack) pine⟩ 우1

1874 **Pon·der·o·sa & Bo·nan·za** [판더로우서 앤 버낸저] Steak-house: (폰데로사 목장에서 일어났던 보난자 연속극의 이름에서 따온) 같은 회사의 다른 상호를 쓰는 숫자가 점점 줄어드는 '미국식' 쇠고기 등심요리 전문연쇄점, ⟨~ an American chain of buffet and steak restaurants⟩ 수1

1875 **pon·der·ous** [판더뤄스]: 크고 무거운, 육중한, 다루기 힘든, 장황한, ⟨~ heavy\clumsy⟩, ⟨↔light\elegant⟩ 양2

1876 **pond lil·y** [파안드 릴리]: water lily, 수련, 세계적으로 온·열대지방의 ⟨더러운 물에서 잘 자라는⟩ 약 70여종의 뿌리는 밑바닥에 박히고 잎과 꽃은 물 위에 뜨는 여러해살이 수초 가1

1877 **pond scum** [파안드 스컴]: '연못 버캐', 수면, 해감, (별)해감, 고인 물 위에 뿌리 없이 막을 이루고 있는 각종 녹조의 무리, ⟨~ filamentous algae⟩ 미2

1878 **pond skat·er** [파안드 스케이터]: water fly, Jesus bug, 소금쟁이, ⇒ water strider 미2

1879 **pond snail** [파안드 스네일]: 우렁이, 민물에 사는 커다란 ⟨식용⟩ 달팽이, ⟨~ fresh-water snail⟩ 미2

1880 **pond-weed** [파안드 위이드]: 가래, 고였거나 서서히 흐르는 물에 가래·손가락 또는 머리카락 모양으로 떠있는 각종 수초, ⟨~ ditch-moss⟩ 미2

1881 **pone¹** [포운]: ⟨← ponere(to put)⟩, ⟨라틴어⟩, 물주(banker), (물주의 오른쪽에 앉는) '바람잡이'(steerer) 양2

1882 **pone²** [포운]: 〈← apan(baked)〉, 〈북미 원주민어〉, 옥수수 빵(corn bread) 미2

1883 **Pong** [팡]: 〈탁구 경기를 본떠서〉 (Atari사가 개발하여) 1970년대에 유행했던 초기 TV나 오락실 화상놀이 상표명, 〈~ an Amesican arcade game〉 수1

1884 **pong** [팡 \ 퐁]: 〈의성어〉, 〈만국 공통어〉, '방귀 뀌다〈fart〉', 악취(를 내다), 중국(동양)인, 〈한국 방귀는 '뽕'〉 양2

1885 **pon-gee** [판쥐이]: ben(own)+ji(loom), 〈'집에서 짠'이란 뜻의 중국어〉, 폰지, 〈중국 산동지방 원산의〉 산동주, 생사〈raw silk〉를 사용한 (황갈색) 견직물, 〈↔polyester\nylon〉 미1

1886 **pon·gid** [판쥐드]: 〈← pongo〉, 〈반투어→라틴어〉, pongidae, 성성이속의 (고릴라·침팬지·오랑우탄·긴팔원숭이 등) 유인원의 총칭, 〈~ hominid〉 미1

1887 ***pon·go** [팡고우]: 〈Bantu어〉, 오랑우탄〈orangutang〉, (아프리카산) 유인원, 해군이 '해병대원'〈marine〉을 비하해서 부르는 말(영국 군대 속어) 양2

1888 **pons** [파안즈]: 〈라틴어〉, bridge, '다리 (교량)', 접합부, (중뇌·대뇌 등을 연결하는) 뇌교, 〈~ a part of brain-stem〉 양2

1889 **Pon·ti·ac** [판티액]: 〈← obwandiyag(어원 불명의 원주민어)〉, 폰티액 ①1760년대 프랑스 편에 서서 영국인들에게 저항한 오타와 원주민 추장, 〈~ a Native American war chief〉 ②1921~2010년에 출시된 GM의 승용차(상표명) 수1

1890 **pon·tic** [판틱]: 〈← pons(bridge)〉, 〈라틴어〉, 치아 사이에 끼어 넣는 인공 가공치(dummy) 양1

1891 **pon·tiff** [판티후]: pons(bridge)+facere(make), 〈라틴어〉, 〈하느님과 인간을 연결시켜 주는〉 로마 교황, 주교, 제사장, 권위, 〈~ Bishop of Rome〉 양2

1892 **pon·tif·i·cate** [판티휘케이트]: 주교의 역할, 권위있는 행동, 거창한 말, 〈~ lay down the law\admonish〉 양1

1893 **pon·til** [판틸]: 〈← punto(point)〉, 〈라틴어에서 연유한 프랑스어〉, 연한 유리를 다루던 용수철이 달린 쇠막대(iron rod), punty 우2

1894 **pon·toon** [판투운]: 〈← pons(bridge)〉, 〈'교량'이란 뜻의 라틴어〉, (바닥이 넙적한) 너벅선, 거룻배, 부교, 주교(배 다리), 〈~ punt〉 미1

1895 **Pon·tus** [판터스]: 〈← pontos(sea)〉, 〈그리스어〉, 폰투스 ①'해변에 사는 자', 남자 이름, 〈~ a male name〉 ②〈흑해에 연한〉 소아시아 북동부에 있던 고대왕국(BC281-BC63), 〈~ a Hellenistic kingdom〉 ③Nereus의 아버지, '바다'의 의인화, 〈~ god of the seas〉, 〈~ Neptune\Oceanus〉 수1

1896 **po·ny** [포우니]: 〈← pullus(young animal)〉, 〈라틴어〉, '작은 동물', 조랑(작은)말, 작은 물건(여자), 〈~ full grown small horse〉 양1

1897 ***po·ny-tail** [포우니 테일]: '망아지 꼬리', 드리운 머리, 뒤에서 묶어 늘어뜨린 머리 모양, 〈~ pig-tail\queue\horse-tail〉 미2

1898 ***po·ny up** [포우니 엎]: 〈어원에 대한 여러 가설 중 편자가 선호하는 것은 성경 시편에 나오는 'legem pone'(first payday of the year)가 퇴화된 말〉, 지불하다, 결제하다, 〈~ pay out\settle up〉, 〈↔remove\repudiate〉 양2

1899 ***Pon·zi** [판지]: 〈어원 불명의 이탈리아계 이름〉 ①1920년대 소설에 나오는 허구를 현실화시킨 이탈리아계 미국의 실업가, 〈~ an Italian swindler〉 ②~ scheme; 다단계식 투자사기, 〈자산은 투자하나 물품은 사지 않아도 되고〉 먼저 투자한 사람이 나중에 투자하는 사람의 자금으로 이익을 보는 방식(pyramid scheme) 수1 미1

1900 **poo** [푸우]: 〈영국어〉, 〈의성어〉, 똥, 응가, 헛소리, 〈~ dung\turd〉, 〈~ shit〉 가2

1901 **pooch** [푸우취]: 〈← pouch?〉, 〈1917년에 등장한 어원 불명의 미국어〉, 똥개, mongrel, (잡종)개, 도박에서 진 사람〈under-dog〉, 부풀리다(bulge) 가1

1902 **poo·dle** [푸우들]: 〈← pudein(splash)〉, 〈게르만어→독일어〉, 〈물을 튀겨 흩어지게 하는〉 복슬개, 곱슬곱슬한 긴털을 가진 작고 영리한 애완견, 〈~ water-dog〉, 〈~(↔)shock dog〉 미1

1903 **poo·dle cut** [푸우들 컽]: (1950년대 유행했던) 머리를 치켜올려 곱슬하게 한 여성의 머리 모양, 〈puppy cut보다 길고 풍성함〉 우1

1904 ***poo·dle-fak·er** [푸우들 훼이커]: 〈장교로 갓 임명되어 숙녀 앞에서 아양을 떠는〉 '제비', '양의 탈을 쓴 남자', 여자의 비위를 잘 맞추는 남자, 여자를 이용하려는 남자, 〈~ gigolo〉 우1

1905 ***poof** [푸우후]: 〈← puff(braggart)〉, 〈영국어〉, 〈의성어〉, 휙, 휙, 훅, 푸, 〈머리·가슴 등을 부풀리는〉 계집애 같은 남자(동성연애자), 〈~ pansy²\gay bob〉 가1 양2

1906 **pool¹** [푸울]: 〈← pol(small pond)〉, 〈영국어〉, 물 웅덩이, 저수지, 수영장 양2

1907 **pool²** [푸울]: 〈← pulla(hen)〉, 〈라틴어→프랑스어〉, 〈'pullet'(영계)을〉 추려내다, 합동하다, 공동출자, 합동관리, (내기)당구〈옆에 주머니가 달려 있는 billiards〉, 〈~ collect\contribute〉 양1

1908 **poon** [푸운]: ①〈말레이어〉, 하라보 (야라보)나무, 주로 선재로 쓰이는 가볍고 단단한 목재의 동인도산 상록활엽교목, 〈~ mast-wood〉 ②〈← puttus(girl)〉, 〈라틴어→프랑스어?〉, 〈← putain(whore)〉, 〈양의 보지 같은〉 얼간이, 〈~ vagina\wimp〉 ③〈스코틀랜드어〉, 〈← pound³〉, 〈요란하게〉 몸치장을 하다, 〈~ gaudily dressed〉 우1

1909 **poon·tang** [푸운 탱]: 〈← putain(whore)〉, 〈prostitute라는 프랑스어〉, 〈어원에 대해 말이 많은〉 성교, '깔치', '씨발년', 〈어원이 한국말 '분탕'이라는 썰도 있는〉 '씹', '분탕질' 양2

1910 ***poop¹** [푸우프]: ①〈← puppis(stern of a ship)〉, 〈라틴어〉, 고물(배의 뒤쪽), 선미루 ②〈어원 불명의 미군 속어〉, 내막, 최신정보, 〈~ secret〉 ③〈의성어?〉, (개)똥, 〈~ shit〉 ④〈← nincompoop〉, 얼간이 양2

1911 **poop²** [푸우프]: 〈영국어〉, 〈의성어〉, 숨을 헐떡이다, 지쳐서 그만두다, 똥을 싸다, 〈~ sweat\defecate〉 양2

1912 ***pooped** [푸웊트]: 〈미국 속어〉, (숨이 차서) 지치다, 녹초(똥)가 되다, 〈~ exhausted\collapsed〉 미2

1913 **poor** [푸어]: 〈← pauper(lacking)〉, 〈라틴어〉, 가난한, 불쌍한, 부족한, 서투른, 적은, 〈→ poverty〉, 〈~ meager〉, 〈↔rich〉 가2

1914 ***poor-boy** [푸어 보이]: ①〈가난한 소년에 제격인〉 대형 샌드위치, 〈~ sub-marine〉 ②몸에 꼭 끼는 골이 지게 판 스웨터, 〈~ snug-fitting〉 미1

1915 ***POP**: ①post office protocol; '우체국 규범', 개인전산기로 전자우편을 보내는 표준규범 ②point of purchase; 구매시점 ③point of presence; 전산망 접속점, 전산망 접속을 위해 거는 전화번호 미2

1916 ***pop¹** [팦]: 〈popular한〉 대중(가요·문화) 미2

1917 **pop²** [팦]: 〈영국어〉, 〈의성어〉, 펑, 뻥, 탕 ①〈마개를 따면 펑 소리가 나는〉 탄산음료, 〈~ carbonated drink〉 ②발포, 권총, 〈~ explode〉 ③불쑥 나타나다(pop up) ④기억력 더미에서 맨 위에 있는 것을 제거하기(pop·off) 미1

1918 **pop art** [팦 아알트]: 대중미술, 1962년경부터 뉴욕을 중심으로 일어난 〈비격식·상업적〉 전위 미술 운동, 〈~ contemporary art〉, 〈↔classical art〉 미2

1919 **pop-corn** [팦 코언]: (뻥튀긴) 옥수수, 평범한(하찮은) 사람, 〈~ corn-pop\light-weight〉 미1 양2

1920 ***Pop-corn-flix** [팦 코언 훌릭스]: 2010년에 창립된 미국의 〈무료〉 분야별 영상물 제공업체, 〈~ a free on-line streaming service〉 수2

1921 **pope** [포우프]: 〈그리스어(papas)〉, father, '눈에 보이는 예수님', 총주교, P~; 로마 교황(pontiff) 양2

1922 **Pope** [포우프], Al·ex·an·der: '주교의 자손', 포프, (1688-1744), 음률과 형식을 중요시한 영국의 재기발랄한 풍자시인, 〈~ an English poet and translator〉 수1

1923 ***pop·er·a** [파프뤄]: pop+opera, operatic pop·songs, 20세기 초반 이태리계 미국 이민자들이 시작한 〈대중가극〉, 〈~ classical cross-over〉 양2

1924 **Pop-eye** [파파이]: 뽀빠이, 미국에서 1929~1994년에 걸쳐 연재된 〈시금치(spinach)를 먹어 앞팔이 대갈통보다 더 큰〉 (보는 사람의 눈이 튀어나오게 하는) 만화의 주인공 선원, 〈~ the Sailor Man〉 수1

1925 **pop-eye** [팦 아이]: 퉁방울눈, 휘둥그레진 눈, 〈~ surprised\excited〉 양2

1926 **pop-gun** [팦 건]: (코르크나 종이 등을 총알로 하는) 장난감 총, 〈~ toy-gun〉 양1

1927 **pop-hole** [팦 호울]: 개구멍, 조그만 동물이 나다니는 통로, 〈~ pop entry〉 양2

1928 **pop·in·jay** [파핀줴이]: 〈← babgha〉, 〈'parrot'이란 페르시아어에서 유래한 프랑스어〉, 청딱따구리(green wood-pecker), 수다스럽고 잘난 체하는 사람(empty chatter), 멋쟁이(beau), 앵무새 미2

1929 **pop·lar** [파플러]: 〈← populus(common)〉, 〈라틴어〉, '흔한 나무', 포플러, 백양, 사시나무, 미루나무, 부드러운 목재를 가진 북반구산 키가 크고 가늘며 성장이 빠른 낙엽활엽교목 〈북미에는 aspen·cottonwood·balsam poplar가 자생하고 있음〉 미2

1930 **pop·lin** [파플린]: 〈프랑스의 주교(papal) 마을에서 만들었던〉 포플린, 골 지게 짠 부드러운 견·면직물, 〈~ a strong fabric with silky surface〉 우1

1931 **pop-mu·sic(song)** [팦 뮤우직(쏘엉)]: 〈그 정의를 놓고 말들이 많은〉 (한 시대를 풍미하는) 대중음악·가요, 〈~ commercial music〉 가2

1932 **pop-off** [팦 어어후]: 터뜨리다, (갑자기) 사라지다, 급사하다, (말을) 툭툭 내뱉다, 〈~ burst out\drop-dead\croak〉, 〈↔revive\breathe〉 양1

1933 **pop-o·ver¹** [팦 오우붜]: ①(불고기와 같이 먹는) 요크셔푸딩, 〈~ pie〉 ②가벼운 머핀(밀가루·계란·우유·버터 등을 넣고 부풀려 구운 빵), 〈~ muffin〉 우1

1934 *__pop-o·ver²__ [팦 오우붜]: 머리로부터 입는 헐렁한 평상복, 〈~ pull-over〉 우1

1935 **pop·pa·dom \ ~dum** [파퍼덤]: 〈← parpata(round disc)〉, 〈산스크리트어〉, (인도·동남아에서 보통 카레와 같이 먹는) 기름에 튀긴 얇고 둥글넓적한 빵, 〈~ Indian wafer〉 수2

1936 **pop·pet** [파핕]: 〈← puppa(doll)〉, 〈라틴어〉, 〈← puppet〉, 아가, 귀염둥이, 〈→ popsy〉 양2

1937 **pop·py** [파피]: 〈← papaver(to swell)〉, 〈라틴어〉, '마음을 부풀리는 꽃', 양귀비속의 총칭, 아편(덜 익은 씨방 막에서 짜낸 액즙을 말린 것), 앵속, 〈~ opium\corn-rose〉 가1

1938 *__pop·py-cock__ [파피 칵]: pap(soft)+kak(dung), 〈네덜란드어〉, '물찌똥', 허튼소리, 당치 않은 말, 흰소리, 〈~ non-sense\foolish-ness〉 양2

1939 **Pop·si·cle** [팦씨클]: (1905년 'Epperson'이라는 11살 난 미국 소년이 우연히 발명했다는) 가는 막대기에 달린 얼음과자, ice pop, ice lolly, freezer pop, 〈~ paleta〉 수2 우1

1940 *__pop·sy__ [팦씨]: 〈영국어〉, 〈← poppet〉, 선정적인 젊은 여자, 여(자)친(구), 〈~ nymphet\damsel〉 미2

1941 *__pop the ques·tion__ [팦 더 퀘스쳔]: '질문을 터뜨리다', 구혼(청혼)하다, 〈~ propose marriage〉 양2

1942 **pop·u·lar** [파퓰럴]: 〈라틴어〉, 〈← people〉, 민중의, 대중적인, 인기 있는, 통속적인, 〈~ liked\trendy〉, 〈↔detested\unknown〉 가1

1943 **pop·u·lar e-lec-tion** [파퓰럴 일렉션]: 보통(대중)선거, 직접선거, 자신이 원하는 후보를 직접 뽑는 선거, 〈~ common election〉, 〈↔electoral college〉 가1

1944 **pop·u·lar sov·er·eign·ty** [파퓰럴 싸붜륀티]: 대중 주권, 주권재민주의, (스티븐 더글러스가 주창한) 각 지역의 주민들 자신이 노예제도를 결정해야 한다는 원리, 〈~ rule of the people〉, 〈↔feudalism〉 미2

1945 **pop·u·la-tion** [파퓰레이션]: 〈라틴어〉, 인구, 주민, 집단, 〈~ inhabitants〉 가1

1946 **pop·u·lism** [파퓰리즘]: 인민주의, 인민평등주의, '인기우선주의', 풀뿌리 민주주의, 〈~ social democrat\leveller〉, ⇒ Papandreou pledge 양2

1947 *__pop-un·der ad__ [팦 언더 애드]: 전산망 문서 아래에 따로 떠오르는 '불청객 광고물', 〈~(↔)pop-up ad〉 미2

1948 *__pop-up ad__ [팦 엎 애드]: 전산망 문서 위에 따로 떠오르는 '신경질 나는' 광고물, 〈~(↔)pop-under ad〉 미2

1949 *__pop-up men·u__ [팦 엎 메뉴우]: (단추를 누르면 짤까닥 튀어나오는) 즉시 작업 차림표, 〈~(↔)pull-down menu〉 미2

1950 *__pop-up store__ [팦 엎 스토어]: (튀어나온) 임시 매장, (주로 본 상점에 덧붙여서) 빈 상업공간에 일시적으로 운영되는 상점, pop-up retailer 미2

1951 **pop-up trail-er** [팦엎 트뤠일러]: '튀어나오는 간이 주택', 커다란 천막을 간이 주택 위로 접었다 폈다 할 수 있는 연결 차, 〈~ camper (or tent) trailer〉 우2

1952 **pop-wine** [팦 와인]: (주로 탄산수가 들어있고) 인공 과일향을 넣은 약한 싸구려 포도주, 〈~ sparkling wine〉 우1

1953 **POR** (pay-a·ble on re-ceipt): 화물 상환불, '맞전치기', 〈~ spot payment〉 양2

1954 **por-bea·gle** [퍼얼비이글]: 〈영국어〉, porpoise(pig fish)+beagle(a dog), 악상어, 3개의 이빨이 돌출된 커다란 고등어 비슷한 중·대형 상어, 〈~ a mackerel shark〉 우2

1955 **por·ce·lain** [퍼얼설린]: 〈← porcellana〉, 〈'cowrie shell(별보배 고둥)'의 이탈리아어〉, china-ware, 〈조개 껍질같이 윤이 나는〉 (도)자기, 사기그릇(제품)〈열과 전기를 차단하나 빛이 통과하고 깨지기 쉬움〉, 〈~ pottery\earthen-ware\ceramics〉 양2

1956 **por·ce·lain clay** [퍼얼설린 클레이]: kaolin, 고령토, 도토, (산화알루미늄과 규산무수물과의 함수화합물로) 자기를 만드는 찰흙, 〈~ slime(진흙)보다 수분이 적음〉 양2

1957 **por·ce·lain e·nam·el** [퍼얼설린 이내멀]: (자기에 바르는) 법랑(광물을 원료로 하여 만든 유약·광택제), 〈~ a vitreous enamel〉 양2

1958 **Porch** [포얼취]: 포치, 〈스토아학파의 시조인〉 제논(Zeno)이 제자들에게 강의하던 회당의 복도, stoa, 극기주의(학파) 수2

1959 **porch** [포얼취]: 〈← porta(gate)〉, 〈라틴어〉, 〈← portal〉, veranda, (돌출)현관, 문간, 차 대는 곳, 〈~ portico\foyer\lanai〉, 〈↔exit\egress〉 양1

1960 **por·cine** [포얼사인]: 〈← porcus(pig)〉, 〈라틴어〉, 돼지 같은, 탐욕스러운, 불결한, 〈~ swinish\rapacious〉, 〈↔decent\refined〉 양1

1961 **por·cu·pine** [포얼큐파인]: porcus+spina, 〈라틴어〉, pig+spine, 〈가시가 있는〉 호저(호주 돼지), 방어할 때 수많은 길고 날카로운 깃촉 가시를 세우는 신·구대륙에 두루 사는 고슴도치 비슷한 중형 설치류, 〈~ quill-pig\hedge-hog〉 미2

1962 **por·cu·pine ant–eat·er** [포얼큐파인 앤트 이이터]: echidna, 가시 돋친 개미핥기, 바늘(가시)두더지, 오스트레일리아·뉴기니아에만 남아있는 알을 까는 희귀한 포유동물 미2

1963 *__por·cu·pine di·lem·ma__ [포얼큐파인 딜레마]: '고슴도치(hedge-hog) 양면', (가까워지고 싶으나) 서로 가까워질수록(이기심으로 인해) 상처를 받는 현상, 〈~ Schopenhauer's challenges of human intimacy〉 우1

1964 **por·cu·pine fish** [포얼큐파인 휘쉬]: 가시복, 강남복, 이빨이 같이 자라 부리를 이루고 온몸이 빳빳한 가시로 뒤덮인 (배가 볼록한) 열대지방산 복어, 〈~ blow(balloon\globe) fish〉 미2

1965 **pore**[1] [포어]: 〈← pouren(gaze intently)〉, 〈영국어〉, 곰곰이 생각하다, 열심히 연구하다, 〈~ peruse\examine〉, 〈↔skim\ignore〉 가1

1966 **pore**[2] [포어]: 〈← peran(pierce)〉, 〈그리스어〉, '통로', 털구멍, 공기구멍, 〈→ port[2]〉, 〈~ passage\orifice\aperture〉 가1

1967 **por·gy** [포얼기]: 〈← phagros(sea bream)〉, 〈그리스어〉, pogy, 〈숫돌고기〉, 포지, 붉은 몸통에 푸른 점들이 있는 지중해·북대서양산 (타원형의) 도미류, scup, 〈~ snapper\sea bream〉 우1

1968 **pork** [포얼크]: 〈← porc ← porcus〉, 〈'pig'란 뜻의 라틴어에서 유래한 프랑스어〉, 〈pig는 그것을 기르는 영국인이 쓰는 말이고 pork는 그것을 먹는 프랑스인이 쓰는 말임〉, 돼지고기〈세계적으로 가장 많이 소비되는 육류〉, 〈~ bacon\ham〉, 〈↔beef〉 가2

1969 *__pork bar·rel__ [포얼크 배럴]: 〈노예들에게 나눠 주기 위한〉 돼지고기 보관통, 특정 선거구만 이롭게 하는 정부 사업, 〈~ log-roll\back-scratch〉 양1 우1

1970 **pork bel·ly** [포얼크 벨리]: 돼지 배(살), 〈지방층 중간에 검붉은 식육이 있는〉 삼겹살(sam-gyeop-sal) 양1

1971 *__pork–chop·per__ [포얼크 촤퍼]: '돼지고기 재단사', (돼지고기를 썰듯) 쉬운 일만 하는 사람, 일도 안 하고 보수를 받는 조합 간부·정상배, 〈~ pork chop gang〉 우1

1972 **pork cut·let** [포얼크 커틀릿]: 튀긴 돼지고기, ⇒ tonkatsu 우2

1973 **pork law** [포얼크 러어]: '돼지법', ⇒ bacon law 우2

1974 **pork-pie** [포얼크 파이]: ①돼지고기 파이 ②(19세기에 유행했던) 〈포크 파이를 닮은〉 꼭대기가 납작한 중절모, 〈fedora보다 높이가 낮음〉 미1 우1

1975 **pork rinds** [포얼크 롸인즈]: (기름에 튀긴) 돼지껍데기, 〈~ roasted pig-skins〉 가1

1976 *__porn-hub__ [포언 허브]: 2007년에 창설된 춘화 전문 세계 전산망, 〈~ you-jizz\dirty-time〉 수2

1977 *__porn-name__ [포언 네임]: '춘화명', 도색물 배우들이 짓는 (보통 자신의 중간명과 출생지 거리 이름을 합친) 예명, 〈~ smut name〉 우2

1978 **por·no** [포어르노우]: 〈← porne ← pornai(working women)〉, 〈그리스어〉, 〈'일하는 여자'란 뜻에서 연유한〉 포르노, 도색, 외설, 꼭 집어 뭐라고 할 수는 없으나 누구나 무슨 짓을 하는지 다 아는 것(미국 대법원의 정의), 〈~ prostitute\obscene\lewd\salacious〉, 〈↔chaste\decency〉 양2

1979 *__por·noc·chio__ [포어나키오]: porno+Pinnocchio, '외설광대', 자신의 외설적 행동을 미화시키는 놈, 〈~ an embellisher of his sexcapades〉 우2

1980 **por·nog·ra·phy** [포어나그뤄휘]: porne+graphein, 〈그리스어〉, 춘화, 호색문학, 외설 책, 도색영화, 〈~ erotica\smut〉 양1

1981 *__porn-stache__ [포언 스태쉬]: 도색물에 나오는 남배우의 〈전형적인〉 (짧고 두툼한) 〈구강성교용〉 코 밑 수염, 〈~ mole[2]-stach〉 우2

1982 **po·rous** [포어뤄스]: 〈그리스어→라틴어〉, 〈← pore[3]〉, 작은 구멍이 많은, 다공성의, 투과성의, 〈↔im-permeable\sealed\solid〉 양2

1983 **por·poise** [포얼퍼스]: porcus+piscis, 〈라틴어〉, 'pig fish', 알락돌고래, 쇠물돼지, 참돌고래, 북반구의 비교적 얕은 물에 사는 살코기가 비싼 희귀종 작은 고래, 뚱뚱보, 〈→ porbeagle〉, 〈~ dolphin보다는 narwhal이나 beluga에 더 가까움〉 미1 양2

1984 **por·ridge** [포얼리쥐]: 〈← porrum(leek)〉, 〈영국어〉, 〈← pottage〉, 귀리죽(귀리에 우유나 물을 부어 걸쭉하게 끓인 음식으로 예전에는 교도소용으로 쓰였으나 현대에는 아침 건강식으로 쓰임), 〈~ oat-meal\cereal〉 양2

1985 **Por·sche** [포얼쉬]: 〈'offering'이란 뜻의 독일어〉, '헌납한 자', 〈히틀러의 추종자〉, 1931년 Ferdinand 포르셰가 설립해서 현재 폭스바겐사가 운영하는 경주용 자동차로 유명한 독일의 자동차 회사, 〈~ a German automobile manufacturer〉 수1

1986 **port¹** [포오트]: 〈← portare(carry)〉, 〈라틴어〉, 항구(도시), 공항, 휴식소, '운반하는 곳', 〈→ portable〉, 〈~ anchorage\harbor\haven〉, 〈↔star-board〉 가1

1987 ***port²** [포오트]: 〈← poros ← peran(pierce)〉, 〈그리스어〉, 〈← pore²〉, 포문, 창구, 배출구, 단자(전산기의 본체와 주변기기·외부회선의 자료를 주고받기 위한 본체의 접합부), 〈~ portico\foyer\jack\connector〉 양1

1988 **port·a·ble** [포오터블]: 〈라틴어〉, 〈← port¹〉, 휴대용의, 운반할 수 있는, (다른 종류의 전산기들로 전환해서 쓸 수 있는) 이식 가능한, 〈~ transportable\easily carried〉, 〈↔im-mobile\in-convenient〉 양2 미2

1989 ***por·tal** [포오틀]: 〈그리스어〉, 〈← port²〉, 정문, 문맥(의) 입구, 다른(전산망) 거점으로 연결할 때 찾아보는 전산망 거점, 〈→ porch〉, 〈~ entrance\ingress〉, 〈~ a web-based plat-form〉, 〈↔exit\egress〉 양2 미1

1990 ***por·tal site** [포오틀 싸이트]: 입문 통신망 기지, 전산망 접속 시 맨 처음 나오는 장면, 〈~ web portal\a specifically designed web-site〉 우2

1991 **por·ta·men·to** [포오터멘토우]: 〈← portare(carry)〉, 〈라틴어→이탈리아어〉, 〈← port¹〉, (다음 음으로) 부드럽게 넘어가기, 〈~(↔)glissando〉, 〈~ a pitch sliding〉 미2

1992 **por·tend** [포오텐드]: pro(forth)+tendere(stretch), 〈라틴어〉, 전조가 되다, 예시하다, 〈~ augur\fore-tell〉, 〈↔describe\relate〉 양2

1993 **por·tent** [포오텐트]: 〈← portend〉, 불길한 징조, 경이적인 물건(사람), 〈~ omen\presage〉, 〈↔un-prophetic\in-significant〉 가1

1994 **por·ter** [포오터]: ①〈← port¹〉, 운반인, 짐꾼, 사환, 잡역부, 〈~ carrier〉 ②〈← port²〉, 문지기, 수위, 〈~ gate-keeper〉 양1

1995 **por·ter-house** [포오터 하우스]: 〈1841년 뉴욕에서 개점한 Porter House란 식당 이름에서 연유한?〉 갈비와 허리 위 사이에 있는 최상의 〈두툼하게 저민〉 T-bone 쇠고기(구이) 우1

1996 **port-fo·lio** [포오트호올리오우]: portare(carry)+folium(leaf), 〈라틴어〉, 종이집게, 〈서류〈folio〉를 '운반〈port〉하는'〉 손가방, 장관의 직위, (유가증권) 명세표, (서류) 목록, 〈~ album\registry〉 미1

1997 **por·tia tree** [포어쉬 트뤼이]: 포티아 나무, 「베니스의 상인」에서 남자들을 꼬여 들이는 Portia라는 여인처럼 밤낮으로 곤충을 끌어드리는 노란 겹나팔꽃을 피우며〉 열대지방 해변가에 서식하는 무궁화 무속의 가구용 목재, 〈~ a mallow〉 수2

1998 **por·ti·co** [포얼티코우]: 〈← porticus〉, 〈라틴어〉, 〈← porch〉, (기둥들이 있는) 주랑 현관, 〈~ lobby\veranda\lanai〉 양1

1999 **por·tion** [포오션]: 〈← partiri(divide)〉, 〈라틴어〉 〈나눈 것의〉 한 조각, 일부, 몫, 지참금, 운명, 〈→ proportion〉, 〈~ bit\lot\part〉, 〈↔whole\total〉 양1

2000 **Port-land** [포오틀런드]: 〈항구 주위의 땅〉, 포틀랜드, 메인주의 포틀랜드에서 온 두 개발업자가 1845년 오리건주 북서부에 세운 항구·상공업도시, '장미의 도시', 〈~ Oregon's largest city〉 수1

2001 **port-man·teau** [포오트맨토우]: porter+manteau(cloak), 〈프랑스어〉, 〈뚜껑이 있는 운반기구〉, (이등분되며 열리는) 대형 여행가방(suit-case), 〈~ Gladstone bag〉, 두 가지 이상의 용도(성질)를 가진, 혼성어(blend) 양1

2002 ***port num·ber** [포오트 넘버]: '거점 번호', 전산망에서 응용 차림표의 자료 입출력 통로를 지정한 번호, 〈~ net-work ID number〉 미1

2003 ***port of call** [포오트 어브 커얼]: 기항지, 자주 들르는 곳, 〈~ landing place\stop-off〉, 〈↔home port〉 양1

2004 **Por·to's** [포올토스], Bakery: 쿠바에서 이민온 Porto〈항구(port)에서 온 자〉 가족에 의해 1976년 LA의 조그만 동네 빵집으로 출범하더 남가주의 대형 연쇄점으로 성장한 제과점, 〈~ a pastry chain〉 수2

2005 **por·trait** [포오트륕 \ ~뤠잍]: 〈← portraire〉, 〈프랑스어〉, 〈← portray〉, '그려낸 것', 초상(화), 유사물, 세로 배치, (초상화같이) 가로보다 세로가 더 긴 지면(화면), 〈2021부터 portrate로 철자를 바꾸기로 함〉, 〈~ depiction\image〉, 〈↔profile\landscape\sculpture〉 양1 미1

2006 **por-tray** [포오트뤠이]: pro(forth)+trahere(draw), 〈라틴어〉, '앞으로 꺼내다', (초상을) 그리다, 극적으로 표현하다, 〈~ draw\paint〉, 〈↔distort\forsify〉 양1

2007 **port side** [포오트 싸이드]: 항구 쪽, 〈여객선을 예약할 때 신경 써야 할〉 (배가 접안하는) 왼쪽, 〈~ left-ward\sinister〉, 〈↔star-board〉 미1

2008 **Ports-mouth** [포올츠 머쓰]: 〈라틴어에서 유래한 영국어〉, '항구의 입구', 포츠머스 ①영국 남부의 군항, 〈~ a port city in English south-coast〉 ②미국 뉴햄프셔주의 군항, 〈~ a port city in New Hampshire〉 수1

2009 **Ports-mouth Peace Con·fer–ence**: 포츠머스 강화조약, 미 T.루스벨트 대통령의 주선으로 1904~05년간의 러·일 전쟁을 종료하고 1905년 9월 5일 미국의 군항에서 체결한 '평화조약'으로 러시아는 만주 등 많은 영토를 뺏겼고 일본은 내각이 무너졌으나 루스벨트는 노벨평화상을 탓음, 〈~ conclusion of Russo-Japanese war〉 수2

2010 **Por·tu·gal** [포얼츄걸]: 〈켈트족의 항구(Portus Cali; 북서쪽에 있는 초기 정착지)에서 연유한〉 포르투갈, 포도아, 오랫동안의 왕정과 독재정권을 거쳐 1976년 공화정으로 바뀐 이베리아반도 서남부에 있는 생선과 포도주가 유명한 유럽 연합국의 하나, {Portuguese-Portuguese-Euro-Lisbon} 수1

2011 **Por·tu·guese man of war** [포얼츄기이즈 맨 어브 워어]: blue bottle, floating terror, 고깔(전기)해파리, (포르투갈 군함같이 생겼다는) 기다란 청색 촉수로부터 독액을 뿜어내는 〈세계적으로 서식하는〉 관해파리 수2

2012 **Por·tu·guese wa·ter dog** [포얼츄기이즈 워어터 더그]: 수영을 잘해 (포르투갈) 어부들의 심부름을 하던 긴 꼬리에 갈퀴발을 가진 땅딸막한 〈오바마 대통령이 딸들한테 사준〉 애완견, 〈~ cao de agua〉 수2

2013 **por·tu·lac·a** [포올츌래커]: porta(little door)+ula, 〈'조그만 문'이란 뜻의 라틴어〉, rose moss, sun rose, rock rose, 11 o'clock, 채송화, 오전 11시경에 영롱한 색깔의 조그만 장미 같은 꽃이 활짝 피는 남미 원산의 쇠비름과의 한해살이풀, '문열이 꽃' 미2

2014 **port wine** [포오트 와인]: 포르투갈 북서쪽 Porto 지방 원산의 단맛이 나는 (적색) 포도주, 〈~ a sweet red-wine〉 수2

2015 *****POS¹** [파스 \ 피이오우에스]: ①⇒ point of sale ②programmable option select; '차려진 선택', 전산기의 재작동을 위해 전산기 구성을 미리 입력해 둔 장치 ③product of sums; = sum of products, '합산', 불의 대수(Boolean algebra)에서 최대항의 논리곱 미1

2016 *****POS²** [파스 \ 피이오우에스]: ①piece of shit, 똥 덩어리 ②parents over shoulder, 감시하는 부모 양2

2017 **POSCO** [포스코우]: 포스코, Pohang Steel Company, 1968년 한국 정부 주도하에 설립되어 세계 굴지의 제철업체로 발전한 포항 종합 제철 주식회사가 2002년에 바꾼 이름, 〈~ the world's most competitive steel-marker〉 수2

2018 **pose** [포우즈]: 〈← ponere(place)〉, 〈라틴어〉, 〈← pause〉, 자세, 마음가짐, 겉치레, 도미노에서 첫패 내놓기, 〈→ position〉, 〈~ act\model\present〉 양1 미1

2019 **Po·sei·don** [포우싸이든]: 〈그리스어〉, lord of the earth, '지구의 어버이', 포세이돈, 〈로마의 Neptune에 상당하는〉 바다(말·지진·폭풍)의 신, 제우스의 형(동생), 크로노스와 레아의 아들, 암피트리테의 남편, (수많은 자식을 두었으며) 삼지창(trident)을 들고 사륜차(horse carriage)를 모는 근엄한 얼굴을 가진 신 수1

2020 *****pos·er \ po·seur** [포우저]: 〈← ponere(place)〉, 〈라틴어→프랑스어〉, 〈← pose〉, 허식가, 젠체하는 사람, 거들먹거리는 자, 〈폼 잡는 자〉, 〈~ exhibitionist\attention-seeker〉, 〈↔non-actor〉 양1

2021 **pos·it** [파짙]: 〈라틴어〉, 〈← pose〉, '놓은 자리', 위치, 처지, 지위, 입장, 상태, 배치, 〈~ place〉 양1

2022 **po·si·tion** [퍼지션]: 〈← ponere(place)〉, 〈라틴어〉, '놓은 자리', 위치, 처지, 지위, 입장, 상태, 배치, 〈~ location\situation〉, 〈↔dis-place\avocation〉 양1

2023 **pos·i·tive** [파지티브]: 〈← ponere(place)〉, 〈라틴어〉, '자리〈place〉가 확실한', 자신 있는, 단정적인, 긍정적인, 실재하는, 완전한, 양성, 양화, 양수, 양극, 원급, 〈~ definite\constructive〉, 〈↔negative〉 양1

2024 **pos·i·tiv-ism** [파지티뷔즘]: 실증철학(주의), 모든 지식은 경험에 의한 것이라는 학설, 적극성, 명확성, 확신, 〈~ empiricism\optimism〉, 〈↔negativism\pessimism〉 양2

2025 **pos·i·tron** [파지트런]: 포지트론, positive electron, 양전자, 전자와 같은 질량이나 양극을 가진 원자의 구성체로 이 둘이 충돌하면 감마선 광자들을 방출함, 〈↔electron〉 양2

2026 *POSIX [포우식스]: 포식스, portable operating system interface, 휴대용 작동 체제 접속기, 다른 기기와 호환되게 만든 UNIX의 접속 체제 양2

2027 pos·se [파시]: 〈power란 뜻의 라틴어〉, 가능성, 잠재적 집단, (유사시에 소집하는) 민병대〈posse comitatus; authority of county〉, 불량배 집단, 〈~ cortege\entourage〉 양2

2028 pos·sess [퍼줴쓰]: port(toward)+sedere(sit), 〈라틴어〉, 소유하다, 갖추다, 자제하다, 점유하다, '앉을 권한이 있다', 〈~ own\retain\acquire〉, 〈↔release\relinquish\yield〉 가1

2029 pos·si·ble [파써블]: 〈← posse(able)〉, 〈라틴어〉, '해낼 힘이 있는', 할 수 있는, 가능한, 있음 직한, 〈~ potent〉, 〈~ feasible\probable〉, 〈↔im-possible\un-likely〉 양2

2030 *POSSLQ [파쓸큐]: person of opposite sex sharing living quarters, 〈이성의〉 동거인(동서인·동숙인), 〈미국제 조사국의 용어〉 양2

2031 pos·sum [파썸]: 쿠스쿠스(cuscus), 주머니쥐, 〈~(↔)opossum은 이것보다 주둥이가 더 뾰족함〉, ⇒ opossum 미2

2032 *POST¹ [포우스트]: 포스트, point of sales terminal: 판매시점 단말기, 판매 당시 매장의 등록기와 본사의 전산기를 연결해서 자료를 관리하는 방식 미2

2033 *POST² [포우스트]: 포스트, power on self-test: 작동 시 자체진단, (전산기의) 전원을 켜는 순간 자동적으로 기계의 고장 여부를 검사하는 것 미2

2034 post¹ [포우스트]: 〈← ponere(place)〉, 〈라틴어〉, 〈앞에 서는〉 기둥, 말뚝, 푯말, 붙이다, 게시하다, 〈~ pole\announce〉 가1 양1

2035 post² [포우스트]: 〈← ponere〉, 〈라틴어〉, 〈← place〉, 〈놓은〉 지위, 초소, 주둔지, 교역소, 〈~ station\position〉 양2

2036 post³ [포우스트]: 〈← ponere(place)〉, 〈라틴어〉, 〈말이 서는 곳〉, '역의 파발꾼', 우편(물), 우체국(통), 우송하다, 기입하다, 〈~ affix\attach〉 양1

2037 post~ [포우스트~]: 〈라틴어〉, behind\after, 〈뒤에·후에~〉란 뜻의 접두어, 〈↔ante~\pre~〉 양2

2038 post-age [포우스티쥐]: 우편요금, 송료, 〈~ stamp price\delivery fee〉 양1

2039 Post-al Serv·ice [포우스털 써어뷔스], U·nit-ed States: USPS (미) 우정공사, 1971년 the Post Office를 개편한 〈점점 신용도가 떨어져 가는〉 미국의 우편업무를 관장하는 연방정부의 독립기관 미2

2040 *post ba·by show·er [포우스트 베이비 샤워]: 후 출산 축하회, (보통 산후 1주일 후에) 〈새로 탄생한 아이를〉 친지들에게 소개하는 다과회, ⇒ sip-and-see 미1

2041 post-bel·lum [포우스트 뷀럼]: 〈라틴어〉, after the war, 전후의, 〈↔ante-bellum〉 양2

2042 post-card [포우스트 카아드]: 우편엽서, 봉투 없이 보내는 간단한 편지, 〈~ mailing message card-board〉 가1

2043 post-code [포우스트 코우드]: (엽) 우편번호, (미) zip code 가1

2044 *post-cred·its scene [포우스트 크뤠디츠 씨인]: 'cookie scene', (영화 끝의 참여자 명단 뒤에 나오는) 짧은 예고편 자막, stinger 양2

2045 post-date [포우스트 데이트]: 사후 일부, 실제보다 늦추어 날짜를 쓰다, ~의 뒤에 오다, 〈~ assign (or occur at) a later date〉, 〈↔ante-date\pre-date〉 미1

2046 post-en·try [포우스트 엔트뤼]: 추가 기장, 서류 작성 후 나중에 덧붙여 쓰기, 수입(입국) 후 검역 격리기간, 마감 뒤 추가 신청, 〈~ subsequent (or late) entry〉, 〈↔pre-entry〉 미1

2047 post-er [포우스터]: (큰) 전단, 광고 전단, 벽보, 〈~ placard\bill-board\banner〉, 〈↔conceal〉 양1

2048 pos·te·ri·or [파스티어뤼어]: 〈라틴어〉, ~뒤에, 다음의, 후부, 미부, 〈~ rear\hind¹〉, 〈↔anterior〉 가1

2049 pos·ter·i·ty [파스테뤼티]: 자손, 후세, 〈~ descendant\heir〉, 〈↔ancestor\fore-bear\progeny〉 가1

2050 Post Ex-change [포우스트 익스췌인지]: PX, 군(부대) 매점, '주둔지' 매점, 〈~ a store at a military base〉 미2

2051 post–grad·u-ate [포우스트 그래쥬에이트]: 대학 졸업 직후의, 대학원의, 〈↔under-graduate〉 양2

2052 *post-hoc [포우스트 학]: 'after this', 이 이후에, 이 때문에, 그러므로, 전후인과의, 〈먼저 있었던 일을 이유로 드는 말〉, 〈~ prepared\provisional〉, 〈↔before-hand\ad hoc〉 양2

2053 **post hoc** [포우스트 핰]: '나중 일', 〈먼저 있었던 사건을 이유로 드는〉 (시간의 전후관계를 인과관계와 혼동하는) 허위 논법, 〈~ fallacy of false cause〉, 〈↔antecedent\impromptu〉 우1

2054 **post-hu·mous** [파스츄머스]: 〈라틴어〉, 사후의, 유복자로 태어난, 〈~ post-mortem〉, 〈↔ante-mortem〉 가1

2055 **post–im-pres·sion-ism** [포우스트 임프뤠셔니즘]: 후기 인상주의, 대충 1886년에 시작하여 1905년 야수파가 나올 때까지 인상주의의 자연적 묘사를 넘어서 기하학적 묘사를 가미한 프랑스(France) 중심의 미술운동, 〈이것의 극단주의가 1900년대 Germany의 expressionism으로 진전됨〉 가1

2056 **post-ing** [포우스팅]: 전기, 등기, 배치, 전산망 토론방에 올리는 글(등재), 〈~ insertion\registration〉 양1 미1

2057 **Post-it** [포우스트 잍]: 1977년 미국의 회사가 출시하기 시작한 뒤가 끈적끈적한 노란색의 작은 부전지의 상표명, p~; 붙이는 메모지, 풀 묻힌 종이쪽지, 〈~ a sticking piece of paper〉 수2 미1

2058 **post-lude** [포우스트 루우드]: post+ludus(play), 〈라틴어〉, 후주곡, 결미, 〈~ post-script\coda〉, 〈↔pre-face\pro-log〉 양2

2059 **post-man** [포우스트 먼]: mail man, 우체부, 우편물 집배인 가1

2060 **post-mark** [포우스트 마아크]: 소인, 지우는 표시로 찍는 인장, 〈~ stamp〉 가1

2061 *__post-mas·ter__ [포우스트 매스터]: 우체국장, 전자우편 총괄자(전산망에서 e-mail을 발송·접수·보관하는 자), 〈~(↔)post-mistress〉 가1 미1

2062 *__Post-mates__ [포우스트 메이츠]: 포스트 메이츠, 2011년 SF에서 설립되고 2020년에 Uber에 병합되어 북미 3천여 개 도시 주민에게 식품을 포함한 각종 상품을 배달해 주는 택배회사, '뒷짝', 〈~ an American logistics〉 수2

2063 **post-mil·len·ni-al–ism** [포우스트 밀레니얼리즘]: 후천년 왕국설, 일련의 신교도들이 요한계시록 20장을 해석하여 '천년' 후에 예수가 재림하여 악한 자를 징벌하고 새로운 천국을 건설한다는 주장, 〈~ the 2nd coming of Christ〉 가1

2064 **post–mod·ern-ism** [포우스트 마더니즘]: 후현대주의, (전통주의에 질려서 생겨난) 현대주의에 대항하여 다시 〈비판적으로〉 전통주의로 복귀하려는 20세기 중·후반에 일어난 '어정쩡한' 철학·문화·예술운동, 〈~ relativism(there is no real truth)〉, 〈↔modernism〉 양2

2065 **post-mor·tem** [포우스트 모얼텀]: post+morse(death), 〈라틴어〉, 사후의, 시체해부, 검시, 사후검토, 〈~ post-humous〉, 〈↔ante-mortem〉 양1

2066 **post of-fice** [포우스트 어어휘스]: 우체국, 우정국, the P~ O~; 1971년 the Postal Service로 개편되기 전까지 미국의 우정청 가1 미1

2067 **post-par·tum** [포우스트 파알텀]: post+partus(birth), 산후의(에), 〈↔ante-partum〉 가1

2068 **post-par·tum de-pres–sion** [포우스트 파알텀 디프뤠션]: 산후 우울증, 〈~ baby blues〉, 〈편자가 학교 다닐 때는 어머니의 체내에서 변하는 내분비물 때문이라 했는데 요즈음 아버지에서도 산후 우울증이 발병한다고 하니 정신과란 정말 골치 아픈 과목이라 아니할 수 없음〉 양2

2069 **post-pone** [포우스트 포운]: post+ponere(place), 〈라틴어〉, 연기하다, 미루다, '뒤에 놓다', 〈~ delay\defer\put off〉, 〈↔pre-pone\advance\stat〉 가1

2070 *__post–proc·es-sor__ [포우스트 프롸쎄써]: 후처리기, 다음에 연결되는 기계에 맞게 차림표를 바꿔주는 연성기기, 〈~ after-treatment〉 미2

2071 *__Post Script__ [포우스트 스크륖트]: '추백', 1997부터 사용되어 온 Adobe 체계의 도안용·인쇄용 기억영역을 설명하는 언어, 〈~ a page description language〉 우1

2072 **post-script** [포우스트 스크륖트]: P.S., '나중에 적은 것', 추신, 단서, 발문, 〈~ addition\supplement〉, 〈↔pre-face\introduction〉 양2

2073 *__post-truth__ [포우스트 트루우쓰]: 〈1992년 미국 극작가가 도입한 말이라고 하고 2016년 트럼프가 대통령에 당선된 후 부상한 말〉, 탈 진실, 〈객관적 사실보다 개인의 감정이나 신념이 여론 형성에 더 큰 영향을 미치는〉 〈왜곡된 진실〉, 〈~ shameful truth〉, 〈2024년 한국의 총선에서도 증명되었음〉 미1

2074 **pos·tu-late** [파스쳘레이트]: 〈← poscere(demand)〉, 〈라틴어〉, 상정하다, 가정하다, 간주하다, '요구하다', 〈~ put forward\hypothesize\assert〉, 〈↔prove\collect\agree〉 양1

2075 **pos·ture** [파스춰]: 〈← ponere(place)〉, 〈라틴어〉, 〈← position〉, '놓인 상태', 자세, 자태, 태도, 사태, 〈~ attitude\pose\stance〉, 〈↔conceal\non-chalance\voice〉 양2

P

P 1001

2076 **po·sy** [포우지]: ⟨← poesy ← poiein(make)⟩, ⟨그리스어→영국어⟩, 꽃, 꽃다발, ⟨'꽃 말'을 뜻하다가 나중에 의미가 확대·변질된 말⟩, ⟨~ bouquet⟩ 가1

2077 ***pot** [팥]: ⟨← pott⟩, ⟨어원 불명의 영국어⟩, 단지, 항아리, 원통형 그릇, 요강, 도가니, 대갈통, ⟨깊고 불룩한 항아리에 꽉찬⟩ 큰돈, ⟨potiguaya(대마초 잎을 적셔 먹던 스페인산 포도주)에서 유래한⟩ 대마초⟨스페인어(potijuaya)⟩, ⟨→ putty⟩, ⟨~(↔)kettle\tobacco⟩ 양1

2078 **pot-(t)age** [포우타아쥐]: ⟨프랑스어⟩, 진한 고기 국물, 죽, '단지⟨pot⟩에 담은 음식', ⟨→ porridge⟩, ⟨~(↔)이것은 soup보다 진함, 즉 soup와 stew의 중간치기임⟩ 미2

2079 **pot·a·mol·o·gy** [파터말러쥐]: ⟨← potamos(river)⟩, ⟨그리스어⟩, 하천학(강의 지리를 연구하는 학문) 양2

2080 **pot-ash** [파아태쉬]: ⟨라틴어에서 연유한 네덜란드어⟩, pot+ash, 잿물, 세제나 비료로 쓰이는 수용성 K가 주성분인 물질 양1

2081 **po·tas·si·um** [퍼태시엄]: ⟨영국어⟩, ⟨← potash⟩, kalium, ⟨재를 pot에 넣어 증류시켜 나온 가볍고 연한⟩ (세포의 삼투압을 조정해 주는) 금속원소(기호 K·번호19) 수2

2082 **po·ta·to** [퍼테이토우]: ⟨batata(sweet potato)라는 카리브어에서 유래한 스페인어⟩, 감자, 세계에서 가장 널리 재배되는 가짓과의 덩이줄기로 ⟨아마도⟩ 가장 많은 요리 방법이 있는 식품임, ⟨일설에는 프랑스어 pommes(apple) de(from) terre(earth)의 준말이라고도 함⟩, ⟨~ tater\tuber⟩ 가1

2083 **po·ta·to bee·tle(bug)** [퍼테이토우 비이틀(버그)]: 감자(딱정)벌레, 감자잎벌레, (애벌레가 감자잎을 갉아 먹는) 날개 표면에 5개씩의 검정줄을 가진 노란 색깔의 손톱만 한 딱정벌레, ⟨~ Colorado beetle⟩ 양1

2084 **po·ta·to fam·i·ly** [퍼테이토우 훼밀리]: night shade, 가짓과, 가지·감자·토마토 등이 속하는 식물군 미2

2085 **Po·ta·to Fam·ine** [퍼테이토우 훼민]: '감자(병)기근', 1845~1852년간 아일랜드(Ireland)에서 기승을 떨친 감자의 마름병으로 인해 1백만 명이 아사하고 1백만 명이 고국을 떠난 ⟨Great Famine(Hunger)⟩ 미2

2086 ***po·ta·to-po·tah·to** [퍼테이토우 퍼타아토우]: 무시할 만한 차이, '그게 그거', ⟨~ negligible\trivial⟩ 양2

2087 **pot-bel·ly** [팥 밸리]: 배불뚝이, 올챙이배, ⟨~ beer belly\spare tire\paunch\food-baby⟩ 양2

2088 ***pot call·ing the ket·tle black** [팥 콜링 더 케틀 블랙]: 숯이 검정 나무란다, 똥 묻은 개가 겨 묻은 개 나무라기, 적반하장, ⟨~ vinegar calling lemon-juice sour⟩ 양2

2089 **po·tent** [포우튼트]: potis(able)+esse(be), ⟨라틴어⟩, ⟨성교를 할 수 있게⟩ 힘센, 효능 있는, 설득력 있는, ⟨~ possible⟩, ⟨~ powerful\vigorous⟩, ⟨↔im-potent\weak⟩ 가1

2090 **po·ten·tial** [퍼텐셜]: '힘이 있는', 가능한, 잠재적인, 위치의, 전위의, 가능법의 (문법), ⟨~ likely\conceivable⟩, ⟨↔actual\im-probable⟩ 양1

2091 **pot hat** [팥 햍]: bowler, Derby, 중산모, 중앙이 항아리같이 생긴 모자, ⟨~ a hat with stiff crown⟩ 양2

2092 **pot-hole** [팥 호울]: (도로에) 움푹 패인 곳, (침식작용으로 암반에 생기는) 구혈, ⟨~ pit-hole⟩ 미2

2093 **pot-hole pol·i·ti·cian** [팥 호울 팔리티션]: (도로 보수 따위의) 지역구 사업으로 표를 얻으려는 ⟨구혈 정치인⟩, ⟨~ pork barrel⟩ 미2

2094 **pot house** [팥 하우스]: ⟨항아리에서 술을 퍼서 팔던⟩ 싸구려 선술집, tavern 미2

2095 **po·tion** [포우션]: ⟨← potare(drink)⟩, ⟨라틴어⟩, (마력이 있는) 마시는 약, 한 잔, 한 포, (물약·독약의) 1회분의 분량, ⟨~ poison⟩, ⟨~ elixir\tincture\dose⟩ 양2

2096 **pot-luck** [팥 럭]: ⟨1592년에 등장한 영국어⟩, '추렴식사', 각자가 음식을 가지고 와서 나눠 먹는 식사, '무작위 식사', ⟨음식의 양과 질이 여분의 단지(pot)에 의해 결정되는⟩ (불청객에게 주던) 있는 것으로만 내놓는 음식, ⟨~ pitch-in⟩ 우1

2097 **Po·to·mac** [퍼토우맥]: ⟨원주민어⟩, river of swans(?), '백조들이 노는 강?', 포토맥, 미국 수도(DC) 옆으로 흐르는 하구가 넓은 아름다운 462km짜리 역사적인 강 수1

2098 **pot-pie** [팥 파이]: ①고기나 야채를 넣어 냄비에 구운 대형 양과자, ⟨~ pottage⟩ ②닭고기·만두 등을 넣은 찌개(stew) 우1

2099 **pot-pour·ri** [포우푸뤼 \ 포우퓨어뤼]: ⟨프랑스어⟩, 'rotten pot', 포푸리, 말린 꽃·나뭇잎 등을 섞은 방향제, (여러 가지를) 혼합한 것, 접속곡, ⟨~ assortment\medley⟩ 우2

2100 **pot-roast** [팥 로우스트]: 냄비에 찜을 한 쇠고기 덩이, '갈비찜', '장조림', ⟨~ braise\fricassee⟩ 우1

2101 ***POTS** [팥츠]: plain old telephone service, ⟨두루 사용할 수 있었던⟩ (유사형 음성 신호를 전달하는) 간단한 재래식 전화 시설 미2

2102 **Pots·dam** [팥츠댐]: pod(beneath)+dub(oak), 〈슬라브어〉, '떡갈나무 밑에 있는 강', 포츠담, 2차대전 종전 직전에 4개국 연합국 정상이 모여 전후 처리를 논의한 독일 동북부의 〈꽃 재배〉 도시, 〈~ a city in Germany〉 수1

2103 *****pot-shot** [팥 샽]: 〈영국어〉, 〈보여주려는 것이 아니고 그냥 냄비에 넣어 끓여 먹을 사냥감을 향한〉 무분별한 총질(사냥), 무책임한 비평, 〈~ salvo¹\bombardment〉 양1

2104 **pot-stick-er** [팥 스틱커]: '냄비붙이', 군만두, (튀긴) 교자, 〈~ fried dumpling\pan-fried mandu〉 양2

2105 **pot-ter** [파터]: 도공, 옹기장이(ceramist), putter(경타채〈인〉) 양1

2106 **pot-ter's field** [파터즈 휘일드]: '진흙 벌판', 무연고 공동묘지(common grave), 예수를 배반한 유다가 도로 내놓은 은 30냥으로 사서 불쌍한 사람들을 묻어줬던 땅 미1

2107 **pot-tery** [파터뤼]: 도기(제조법)(제조소), 오지그릇, ceramic, crockery 가1

2108 **pot-ting com-post (soil)** [파팅 캄포우스트 (쏘일)]: 화분용 부식토 양2

2109 **pot·to** [파토우]: 〈그리스어〉, a lemur, 서아프리카산 다람쥐만 한 야행성 '꼬리없는 원숭이', 〈~ macaco〉 수1

2110 *****pot-ty** [파티]: ①유아용 변기(toilet) ②〈술을 항아리째 마셔서?〉 어리석은, 정신 나간, 교만한, 〈~ insane\deranged〉 양2

2111 **pot-ty–train** [파티 트뤠인]: (어린이에게) 용변을 가리게 하다, 용변훈련, 〈~ house-breaking\toilet training〉 양2

2112 *****POTUS** [포우터스]: President of the United States, 미합중국 대통령, 〈~(↔)FLOTUS\SCOTUS〉 양2

2113 **pouch** [파우취]: 〈← poque(poke-sack)〉, 〈프랑스어〉, 작은 주머니, 쌈지, 눈밑의 처진 살, 육아낭, 〈~ poke¹\purse〉 양1

2114 **pouf \ pouff(e)** [푸우후]: 〈프랑스어〉, 〈← puff〉, (18세기 후반에 유행했던) 높게 부풀린 여성의 머리형, 볼록한 물건(부분), 〈~ toque(thick cushion)〉 우2

2115 **poulpe** [푸울프]: 〈← poly-pus〉, 〈라틴어에서 연유한 (조리용) octopus의 프랑스어〉, 뿔쁘, 낙지, 문어 가1

2116 **poult** [푸울트]: 〈← pullus(young animal)〉, 〈라틴어→프랑스어→영국어〉, 〈← pullet〉, (칠면조·집오리·꿩 등의) 새끼, 새 새끼 미2

2117 **poult-de-soie** [푸우더스와아]: 〈프랑스어〉, 푸드스와, 〈병아리같이 '애띤' 모양을 주는〉 골이 지게 짠 비단, 〈~ silk poult〉 수2

2118 **poul·tice** [포울티스]: 〈← pultis(thic pap)〉, 〈라틴어〉, 습포제, (약초·밀가루 등을 헝겊에 바른) 찜질약, 습포를 붙이다, 〈~ cataplasm〉, 〈↔moxibustion〉 양2

2119 **poul·try** [포울트뤼]: 〈← pulla(hen)〉, 〈라틴어→프랑스어→영국어〉, 〈← pullet〉, 가금, 닭(새)고기, 고기와 알을 식용으로 제공하는 새 종류 양2

2120 **pounce** [파운스]: 〈← pungere(pierce)〉, 〈라틴어→영국어〉, 달려들다, 와락 움켜쥐다, 갈고리발톱, (고양이) 떼, 〈→ punch〉, 〈→ pumice〉, 〈~ leap at\take by surprise〉 양1

2121 **pound¹** [파운드] \ lb : 〈← pondus(weight)〉, 〈'무게'라는 뜻의 라틴어〉, 체중 따위는 약 453g(16온스), 제약 등에서는 약 373g(12온스), 〈→ ponder〉 수1

2122 **pound²** [파운드] \ £ : 〈은으로 만든〉 영국(UK)의 화폐단위(=100펜스·종전의 20실링), 〈~ quid(pro quo)〉 수2

2123 **pound³** [파운드]: 〈영국어〉, 〈의성어·의태어〉, heavy blow, 탕탕 두드리다, 때려 부수다, 힘차게 나가다, 〈~ thump\punch〉, 〈↔tip-toe\dawdle〉 양1

2124 **pound⁴** [파운드]: 〈← pund(enclosure)〉, 〈영국어〉, pen², 울타리, 유치소, 짐승 우리, 〈→ pond〉, 〈~ depot\trap〉 양1

2125 *****pound–fool-ish** [파운드 후울리쉬]: 큰돈을 쓸 줄 모르는, 〈~ penny-wise〉 양2

2126 *****pound key** [파운드 키이]: (보통 종료를 나타내는)자판에 #표가 있는 누름단추, 〈~ hash-tag\number sign〉, 〈~(↔)star key〉 미2

2127 *****pound the pave-ment** [파운드 더 페이브먼트]: 〈포장도로를 터벅터벅 걸어 다니며〉 일자리를 찾아다니다, 직장을 구걸하다, 〈~ looking for a job〉 양2

2128 **pour** [포얼]: 〈← pouren(emit)〉, 〈어원 불명의 영국어〉, 따르다, 쏟다, 붓다, 퍼붓다, 쇄도하다, 〈~ discharge\gush〉, 〈↔ebb\recede〉 양1

2129 *pour-ing wa·ter in a sieve: 밑 빠진 독에 물 붓기, 헛 일(하기), 〈~ it won't change a thing〉 양2

2130 *pour oil on (the) trou·bled wa·ters: 거친 바다에 기름을 부어 파도를 진정시키다, 분쟁을 가라앉히다, (언쟁 후) 노여움을 달래다, 〈↔add fuel to the fire〉 양2

2131 pousse-ca·fé [푸우스 캐훼이]: 〈프랑스어〉, 〈커피를 계속 마시게 하는〉 'coffee pusher', 커피와 같이 나오는 소량의 독주, 오색주(비중이 다른 술로 만든 혼합주), 〈~ a digestif〉 수2

2132 pous·sette [푸우쎄트]: 〈프랑스어〉, 〈← push〉, 푸셋 ①손을 맞잡고 반원형으로 늘어서 추는 〈시골〉 춤(a swing dance) ②P~; 〈출렁거리게 만든〉 유모차의 상품명(a stroller) 수2

2133 pout [파울]: 〈← puta(be inflated)〉, '부풀리다'란 뜻의 스웨덴어 ①입을 삐죽거리다, 토라지다, 〈~ petulent〉, 〈↔lark³〉 ②(메기·베도라치·대구 등의) 삐죽 주둥이 물고기, 〈~ protruded〉 양1

2134 pout·er [파우터]: 〈멀떠구니를 부풀려〉 앵돌아지는(grumpy) 사람, (모이주머니를 부풀려서 우는) '불룩 가슴(puffed-up breast) 비둘기' 양1

2135 pov·er·ty [파뷜티]: 〈← pauper(lacking)〉, 〈라틴어〉, 〈← poor〉, 가난, 빈곤, 결핍, 빈약, 열등, 〈↔wealth〉 가1

2136 POW [포우 \ 피이오우더블유우] (pris·on-er of war): 전쟁포로 가1

2137 pow [파우]: 〈영국어〉, 〈의성어〉, 팡, 탕, 찰깍, 박력, 영향력, 〈~ bang\whack〉 양1

2138 pow·der [파우더]: 〈← pulvis(dust)〉, 〈라틴어〉, 가루, 분말, 분, 가루약, 화약, 흙'먼지' 양1

2139 pow·der-puff [파우더 퍼후]: ①분첩(분을 바를 때 쓰는 솜털 뭉치), 〈~ soft pad〉 ②분첩 나무, 〈현란한 선홍색의 털로 된 분첩 모양의 꽃을 피우는〉 미모사(mimosa)류의 관목 미2

2140 *pow·der room [파우더 루움]: 숙녀들이 머리에 향분을 뿌릴 때 사용하던 (욕조·샤워가 없는) 화장실, 〈~ lady's lavatory〉 미2

2141 Pow·ell [파우얼], Ba·den: 〈웨일즈어〉, son of Hywel(eminent), '출중한 자의 아들', 파웰, (1857-1941), 〈33세 연하의 여인과 결혼해서 침실공포증이 있었던〉 케냐에서 영민한 영국의 육군 중장 출신 '소년 탐색단' 창설자, 〈~ a British Army officer and founder of Scouts〉 수1

2142 Pow·ell [파우얼], Co·lin: 파웰, (1937- 2021), 자메이카 이민의 아들로 뉴욕의 빈민가에서 태어나 자수성가한 미국의 장군·최초의 흑인 국무장관, 〈~ a US Army officer and diplomat〉 수1

2143 Pow·ell [파우얼], Lake: 파웰호, 미국의 지리학자·외판잡이 상이군인 John 파웰의 이름을 딴 콜로라도강(Colorado River)을 막아 만든 유타와 애리조나주 사이의 저수지, 〈~ a reservoir〉 수2

2144 pow·er [파우어]: potis(able)+esse(be), 〈라틴어〉, 〈← potent〉, 〈할 수 있는〉 힘, 능력, 효력, 동력, 정력, 권력, 전원, 〈편자는 여자가 아니어서 잘 모르겠으나 여성에게 '제일 강력한 최음제'라 함, 맞습니까?〉, 〈~ ability\strength〉, 〈↔im-potence\weak-ness〉 가1

2145 *pow·er-ball [파우어 버얼]: '강타(구)', 두개의 짝패가 맞아 떨어지면 엄청난 상금을 타는 미국의 복권 당첨 제도, 〈~ jack-pot\might-ball〉 우2

2146 *pow·er cy·cle [파우어 싸이클]: 동력 순환, 전기기구의 동력을 껐다가 〈자료 소실을 방지하려면 수 초 기다렸다〉 다시 켜야 하는 응급처방, 〈~ turning hardware off and then on〉, 〈↔automatic reboot〉 양2

2147 pow·er drill [파우어 드륄]: 동력(전기로 작동하는) 천공기, 〈~ electric drill〉 양1

2148 pow·er e-lite [파우어 엘리트]: 권력의 핵심들, 〈~ Cabal〉 양2

2149 pow·er line [파우어 라인]: 송전선, 전력선, 〈~ high-voltage line\lead'〉 가1

2150 pow·er line pro·tec·tion [파우어 라인 프로텍션]: 전력선 보호(장치), 번개나 정전 등으로부터 예민한 전기기구를 보호하는 장치, 〈~ electrical conduit〉 가1

2151 Pow·er Mac·in·tosh: 1994년에 출시되어 2006년에 은퇴한 Apple사의 전자 출판용 차림표와 도안 처리용 전산기, 〈~ a historical personal computer〉 수2

2152 pow·er of at·tor·ney \ POA: 〈대리〉 위임장(자), 〈~ empowerment〉, 〈↔conservator〉, 〈이것은 당사자가 mentally competent할 때 delegate 하는 것이고 conservatorship은 mentally in-competent할 때 하는 것임〉 양2

2153 Pow·er Pack: 1984년에 출시된 미국 만화의 용감한 4형제들, 〈~ a super-hero team〉 수1

2154 *pow·er pack [파우어 팩]: 전지, 전원함(전원에서 기기로 전력을 보낼 때 전압을 적절히 변환하는 장치), 〈~ power-supply unit〉 양1

2155 **Pow·er PC** (pow·er per-for·mance com·put–ing): 강성능 전산술, 1991년 IBM 등이 개인전산기를 위해 출시한 고성능 미세 처리기기지만 그 후로 쇠퇴의 길을 걸어옴, 〈~ a family of CPU chips〉 수2

2156 **pow·er plant** [파우어 플랜트]: 발전소, 동력장치, 〈~ power station〉 가1

2157 *****pow·er play** [파우어 플레이]: 실력 행사, 힘의 정책, 공을 가진 선수 앞에 방해자를 보내는 작전, 〈~ gambit\maneuver〉 양1 미1

2158 *****Pow·er Point** [파우어 포인트]: 미국의 마이크로소프트사가 1990년부터 출시하기 시작한 발표용 도표 따위를 작성하는 연성기기, 〈~ a presentation device〉 수2

2159 *****pow·er point** [파우어 포인트]: (전기의) 접속기, 동력 접선 장치, 〈~ jack\outlet〉 양1

2160 **pow·er sta·tion** [파우어 스테이션]: 발전소, 〈~ power plant〉 가1

2161 **pow·er sup-ply** [파우어 써플라이]: 전력공급, 전원장치, 전력변환기, 〈~ power source〉 양1

2162 *****pow·er trip** [파우어 트륖]: 힘의 과시, 위세, 〈~ power harassment〉 양2

2163 **pow·pow** [파우 파우]: (북미 원주민들의) 축제, 〈떠들썩한〉 집회, 회의, 회담, 〈~ parley\palaver〉 미2

2164 **pox** [팍스]: 〈← pocc(vesicle)〉, 〈pock의 복수형〉, 〈게르만어→영국어〉, 두창, 마마, 곰보, 발진하는 병, 매독, 지긋지긋함, 〈~ pustule〉 양1

2165 *****poz** [포오즈]: positive의 속어, 특히 HIV+를 일컫는 말 양2

2166 **po·zole** [포죠올]: 〈← pozolli(stew of maiz kernels)〉, 〈원주민어〉, hominy, '옥수수죽', 옥수숫가루·고기·야채·고추·마늘 등을 섞어 끓인 멕시칸 요리 수2

2167 *****poz-zing** [포오징]: ①의도적으로 HIV를 감염시키는 짓, 〈~ bug-chasing〉 ②(호감을 사기 위해) 상대방의 콧대를 '살짝' 올려주는 전술, 〈~ intermittent positive remarks〉, 〈↔negging〉 미2

2168 **PPE** (per·son·al pro·tect–ive e·quip-ment): 〈Covid-19이후 수요가 증가된〉 (위험물로부터 개인을 보호하기 위한) 개인용 보호기구 미2

2169 *****PPL** (prod·uct place-ment): 제품 배치(광고), 영화나 흥행에 소도구로 제품을 끼워 넣는 방식으로 하는 광고, 〈~ an embedded marketing strategy〉 미2

2170 **ppm**: ①parts per million(백만 불의~) ②pulse per minute(1분간 맥박수) ③paper per minute(인쇄기에서 1분간 출력 속도) 미2

2171 **PPO** (pre-fer–red pro·vid–er or·gan·i·za·tion): 선택적 공급자 단체, 우선적 진료자 기관, 〈의료수가 절감을 위해〉 계약된 의료인만 사용하는 보험 미2

2172 *****PPP¹**: People Power Party(국민의 힘), 〈다른 나라들에도 있으나〉 2020년 9월부터 개칭된 (한국의 보수정당) 미래통합당의 새 이름, 〈as of 2024, it controls Korean Presidency but a minority party in National Assembly〉 미2

2173 *****PPP²**: paycheck protection program(급여보호정책), Covid-19으로 인해 월급 지불이 어려운 중소기업에게 단기용자를 해주는 Cares법의 일부 미2

2174 *****PPP³**: 구매력 평가지수, ⇒ purchasing power parity(구매력 등가성) 미2

2175 **ppt** (pre-cip·i-tate): 침전(물), 침강물, (응결되어 가라앉은) 침사 양2

2176 **PR** [피이 아알]: public relations, 여론 조성, 선전, 홍보 미1

2177 **prac·ti·cal** [프랙티컬]: 〈← prassein(do)〉, 〈그리스어〉, 실제의, 실용적인, 경험이 많은, 〈~ empirical\pragmatic〉, 〈↔im-practical\theoretical〉 가1

2178 **prac·ti·cal joke** [프랙티컬 죠우크]: (행동으로 나타난) 못된 장난, 〈~ leg-pull\prank¹〉 양1

2179 **prac·ti·cal nurse** [프랙티컬 너얼스]: 준(보조)간호사, 〈~ LVN\CNA〉, 〈↔RN〉 양1

2180 **prac·tice** \ **prac·tise** [프랙티스]: 〈← prassein(do)〉, 〈그리스어〉, 실행, 연습, 버릇, 영업, 의식, 〈~ application\exercise\perform〉 양2

2181 *****prac·tice makes per-fect** [프랙티스 메이크스 퍼어휄트]: 연습하면 완벽해진다, 〈~ practice is the key to success〉 양2

2182 **prac·ti·tion–er** [프랙티셔너]: 개업자, 종업자, 〈~ expert\professional〉 양2

2183 **Pra·da** [프라다]: 〈← pratum(meadow)〉, 〈라틴어→스페인·이탈리아어〉, '시냇가에 사는 자', 프라다, 1913년 이탈리아의 마리오 프라다가 설립한 세계적 명품 의류·화장품·신체부품 제조회사, 〈~ an Italian luxury fashion house〉 수1

2184 **prae~** [프뤠이~]: 〈라틴어〉, = pre~, 〈전·앞·미리~〉란 뜻의 결합사, 〈↔post~〉 양1

2185 **prag·mat·ic** [프뢔그매틱]: 〈← prassein(do)〉, 〈'실천하다'라는 뜻의 그리스어에서 연유한〉 분주한, 실용적인, 〈너무 잘난 체해서〉 독단적인, 〈~ practical\realistic〉, 〈↔dogmatic〉, 〈↔blue sky〉 양1

2186 *****prag·mat·ic com·pe·ten·cy** [프뢔그매틱 캄피턴시]: 화용능력, 대화에서 사전적 의미보다 문맥상의 의미를 파악하는 〈응용〉 능력, 〈~ practical (or adaptive) skills〉 미2

2187 **prag·mat·ic sanc·tion** [프뢔그매틱 쌩션]: 〈신성 로마 제국 황제에게 부여되었던〉 실용적 국사 조칙(칙령), 〈~ a fundamental law by a sovereign〉 양1

2188 **prag·ma·tism** [프뢔그머티즘]: 〈20세기 초부터 과학을 철학에 접목시키기 시작한 가장 미국적인〉 실용주의, 실제적인 사고방식, 〈~ realism\utilitarianism〉, 〈↔dogmatism\fanaticism\tokenism〉 양1

2189 **Prague** [프롸그] \ **Praha** [프롸하]: 〈← prah(rapid)\praziti(land cleared by burning)〉, 〈체코어〉, '빠른 강' \ '숲을 태워 만든 땅', 프라하, 〈백 개의 뾰족탑이 있는 도시〉, 보헤미아 분지 중앙의 블타바강 가에 자리 잡은 역사 깊은 체코(Czech)의 수도·문화·교육·관광·공업도시 수1

2190 **prai·rie** [프뤠뤼]: 〈← pratum(meadow)〉, 〈라틴어〉, 프레리, 대초원, 〈특히 북미 중부의〉 대목초지, 〈~ flat-land\grass-land\plain²〉, 〈↔high-land\low-land〉 양2

2191 **prai·rie chick·en** [프뤠뤼 취킨]: 〈멸종되어 가는〉 북미 대초원에 서식하는 들꿩, 〈~ pinnated grouse〉 우1

2192 **prai·rie dog** [프뤠뤼 더어그]: 〈개 짖는 소리를 내는〉 미시시피강 서쪽 대초원에 군거하는 (점점 숫자가 줄어드는) 마르모트〈marmot〉 비슷하게 생긴 들다람쥐, 〈~ pispiza; 원주민어〉, 〈~(↔)chipmunk〉 우1

2193 **prai·rie oys·ter** [프뤠뤼 오이스터]: '초원의 굴' ①〈숙취에 좋다는〉 날달걀·소금·후추·식초·브랜디를 섞은 혼합주, 〈~ egg-yolk cocktail〉 ②〈정력에 좋다는〉 송아지 불알(calf testicle), meat ball 우1 양2

2194 **Prai·rie Prov·inces** [프뤠뤼 프롸뷘시즈]: '초원의 제주', 캐나다의 곡창·유전지대인 매니토바·서스캐처원·앨버타 3개 주, 〈~ the Canadian portion of the Great Plains〉 수2

2195 **Prai·rie State** [프뤠뤼 스테이트]: 미국 일리노이(Illinois)주의 속칭 수2

2196 **prai·rie tur·nip** [프뤠이즈 터어닙]: 초원 순무, ⇒ bread·root 우2

2197 **praise** [프뤠이즈]: 〈← pretium〉, 〈라틴어〉, 〈← price〉, 칭찬, 찬미, 숭배, 〈→ prize\appraisal\appreciation〉, 〈~ kudo\extol〉, 〈↔criticize\condemn\chide\rebuke\revile\sarcasm〉 가1

2198 *****praise the sun** [프뤠이즈 더 썬]: '태양이시여!', 〈해결책이 없을 때〉 '하느님 굽어 살피소서', '하늘나라 만세!', 〈~ hallelujah〉 우2

2199 **pram** [프뢤]: 〈영국어〉, per·ambulator, 유모차, 손수레, 너벅선, 〈~ push-chair\stroller\barge\baby carriage〉 양1

2200 **pra·na** [프롸아너]: 〈'breath'란 뜻의 산스크리트어〉, 기, 우주의 근본적 생명력, 체내에 흐르는 다섯가지 동력중의 하나, 〈~ anima\chi\qi〉 미2

2201 **prance** [프뢘스 \ 프롸안스]: 〈← prauncen(assume airs)〉, 〈어원 불명의 영국어〉, 〈말이 proud하게〉 껑충거리며 나아가다, 활보하다, 〈~ caper\jump〉, 〈↔traipse\trudge\relinquish\sashay〉 양2

2202 **pran·di·al** [프뢘디얼]: 〈← prandium(meal)〉, 〈라틴어〉, 식사의, 정찬의 양1

2203 **prang** [프뢩]: 〈영국어〉, 〈의성어〉, 정확히 폭격하다, 충돌(추락)시키다, 〈~ attack\blast〉 양1

2204 **prank¹** [프뢩크]: 〈어원 불명의 영국어〉, 농담, 못된 장난, 비정상적인 동작, 〈~ shtick\practical joke〉, 〈~ picaresque\pixilated〉 양1

2205 **prank²** [프뢩크]: 〈← pronken(pomp)〉, 〈어원 불명의 네덜란드어〉, 장식하다, 모양내다, 〈~ adorn\dress up\spruce up〉 가1

2206 **prat** [프뢥]: 〈어원 불명의 영국어〉, 궁둥이, 얼뜨기, 〈~ funk¹\wally〉, 〈↔brain-box〉 양1

2207 **prate** [프뤠이트]: 〈게르만어〉, 〈의성어·의태어〉, 재잘대다, 수다떨다, 씨부렁대다, 〈~ chalatan〉 양2

2208 **prat·in·cole** [프뢔팅코울]: pratum(meadow)+incola(inhabitant), 〈라틴어〉, 〈시냇가에 사는〉 제비물떼새(도요), greywader 미2

2209 **prat·tle** [프뢔틀]: 〈게르만어〉, 〈← prate〉, 혀짤배기소리, 재잘거림, 쓸데없는 말, 〈~ chatter\babble\jabber〉 양1

2210 **Prav·da** [프롸아브더]: 프라우다, = truth, (1912년에 창간된) 구소련 공산당 중앙 기관지, 현 러시아 연방의 좌익성 신문, 〈~ a Russian broadsheet newspaper〉 수2

2211 **prav·i·ty** [프래붜티]: 〈← pravus(crooked)〉, 〈어원 불명의 라틴어〉, 타락, 부패, 비행, 〈→ de-pravity〉, 〈~ wicked-ness\perversion〉, 〈↔morality\honesty〉 양2

2212 **prawn** [프뤄언]: 〈← prayne〉, 〈영국 해변에 사는 어원 불명의〉 대하, 참새우 무리, 〈10개의 다리를 가지고〉 수염이 긴 비교적 큰 새우, 〈~ shrimp〉 미2

2213 **prax·e·ol·o·gy** [프랙씨알러쥐]: 〈← prassein(do)〉, 〈그리스어〉, 인간(습관〈praxis〉) 행동학, 〈~ study of human conduct〉 양2

2214 **pray** [프뤠이]: 〈← precis(entreat)〉, 〈라틴어〉, 빌다, 간원하다, 기도하다, 희구하다, 〈~ beg\adjure\implore〉, 〈↔condemn\deny〉 가1

2215 **pray-ing man·tis** [프뤠잉 맨티스]: 〈기도하듯 두 손을 모으고 서 있는〉 사마귀, 버마재비, 〈~ devil's horse\mule killer〉 양2

2216 **PRC** (Peo·ple's Re·pub·lic of Chi·na): 중화 인민 공화국, 중공, 다양한 지형과 14억 이상의 인구를 가진 동아시아의 〈수정〉 공산국가, ⇒ China 미2

2217 *****PRE** [프뤼]: 미리 틀잡아진 자료(를 뜻하는 HTML의 표시 문자), 〈~ prior\previous〉 미2

2218 **pre~** [프뤼(이)~]: 〈라틴어〉, before, 〈전·앞·미리~〉의 뜻을 가진 전치사, 〈↔post~〉 양1

2219 **preach** [프뤼이취]: pre+dicare(declare), 〈라틴어〉, 〈미리 선언해서〉 '알리다', 전도하다, 설교하다, 타이르다, 〈~ exhort\evangelize〉, 〈↔renounce\attack〉 가1

2220 **preach-er** [프뤼이춰]: 설교자, 목사, 훈계자, 〈~ minister\parson〉 양2

2221 *****preach-ing to the wind**: 마이동풍, 우이독경, 〈~ talk to the wall\in one ear and out the other〉 양2

2222 **pre-amble** [프뤼이 앰블]: pre+ambulare(go), 〈라틴어〉, 〈앞서 걸어가는〉 전문, 서문, 머리말, 〈~ pre-face\pro-log〉 양2

2223 **pre-bend** [프뤼 번드]: pre+habere(have), 〈라틴어〉, 〈미리 떼어놓은〉 성직자의 보수(토지세), 〈토지에서 나오는〉 (귀족의) 녹, 〈~ benefice\emolument〉 양2

2224 **pre-bi·ot·ics** [프뤼이 바이아틱스]: 〈활생균의 영양제가 되는〉 (생물 발생 이전의) 장내에서 소화되지 않는 음식물, 〈food for beneficial bacteria〉, ⇒ pro·biotics 우2

2225 **pre·car·i·ous** [프뤼 케어뤼어스]: 〈← precari(pray)〉, 〈라틴어〉, 〈기도〈prayer〉로만 얻어질 수 있는〉 불확실한, 위험한, 근거 없는, 〈~ insecure\perilous〉, 〈↔certain\advantageous〉 양2

2226 **pre-cau·tion** [프뤼 커어션]: pre+cavere(take care), 〈라틴어〉, 조심, 경계, 예방책, 〈~ safe-guard\provision〉, 〈↔carelessness\neglect〉 가1

2227 **pre-cede** [프뤼 씨이드]: pre+cedere(move), 〈라틴어〉, '앞서가다', ~에 앞서다(선행하다), ~에 우선하다, 〈~ come before\lead to〉, 〈↔ensue\follow\succeed\super-cede〉 양2

2228 **prec·e·dence \ ~den·cy** [프뤠 시든스 \ ~던시]: 선행, 전례, 우선순위(공식이 계산될 때 어떤 작업을 먼저 할까를 정하는 일), 〈→ un-precedented〉, 〈~ out-weigh\prevail〉, 〈↔subsurvience\posteriority〉, ⇒ stare decisis 양2

2229 **pre-ced–ing** [프뤼 씨이딩]: 이전의, 앞에서 말한, 〈~ previous\fore-going〉, 〈↔following\succeeding〉 양2

2230 **pre-cen·tor** [프뤼 쎈털]: pre+canere(sing), 〈라틴어〉, (성가대의) 선창자, 음악감독, pre·centrix(여성), 〈~ cantor\choir-master〉 양2

2231 **pre-cept** [프뤼 셉트]: pre+capere(take), 〈라틴어〉, 〈먼저 가르치는〉 교훈, 격언, 법칙, 명령서, 〈~ axiom\canon〉, 〈↔un-belief\chaos〉 양1

2232 **pre-cinct** [프뤼이 씽트]: pre+cingere(surround), 〈라틴어〉, 〈미리 둘러싼〉 관할구역, 지정지구, 구내, 주변, 〈~ sector\boundary〉 양1

2233 **pre·cious** [프뤠셔스]: 〈← pretium〉, 〈라틴어〉, 〈price가〉 비싼, 귀중한, 소중한, 대단한, 까다로운, 〈~ valuable〉, 〈↔cheap\useless〉 양1

2234 **prec·i·pice** [프뤠 써피스]: pre+caput(head), 〈라틴어〉, 〈곤두박이로 떨어지는〉 벼랑, 절벽, 위기, 〈~ bluff\cliff〉 양1

2235 **pre·cip·i·tate** [프뤼 씨피테이트]: 〈라틴어〉, 〈대가리를 먼저〉 내리던지다, 빠뜨리다, 수증기가 엉키다, 촉진시키다, 응결(침전)시키다, 재촉하다, 〈~ accelerate\trigger〉, 〈↔cause\deliberate\mist〉 양1

2236 **pre·cise** [프뤼 싸이스]: pre+caedere(cut), 〈라틴어〉, '짧게 자른', 정밀한, 명확한, 세세한, 〈~ exact〉, 〈~↔im-precise\in-acculate\circa〉 가1

2237 **pre·clude** [프뤼 클루우드]: pre+claudere(shut), 〈라틴어〉, 미리 배제하다, 제외하다, 차단하다, 〈~ avert\exclude〉, 〈↔add\include〉 가1

2238 **pre·co·cious** [프뤼 코우셔스]: pre+coquere(cook), 〈라틴어〉, 〈열살에 수염이 나는〉 조숙한, 숙성한, 올되는, '미리 삶은', 〈~ ahead of time\premature〉, 〈↔retarded\slow〉 양2

2239 **pre–con-scious** [프뤼이 칸셔스]: 〈라틴어〉, 전의식(의식과 무의식 사이에 있는) 비교적 쉽게 끄집어낼 수 있는 잠재의식, 〈conscious와 un-conscious의 사이〉 양2

2240 **pre·cur·sor** [프뤼 커어서]: pre+currere(run), 〈라틴어〉, 선구자, 전임자, 선구물질(세포), 〈~ fore-runner\antecedent〉, 〈↔after-bear〉 양1

2241 **pre-date** [프뤼이 데이트]: 〈라틴어〉, 미리 쓴(찍은) 날짜, ~에 앞서다, 〈↔post-date〉 양1

2242 **pred·a-to·ry** [프뤠더토어뤼]: 〈← praeda(prey)〉, 〈라틴어〉, 약탈하는, 착취하는, 육식성의, 〈~ raptorial\exploitative〉, 〈↔gentle\tame〉 양2

2243 **pred·e·ces-sor** [프뤠 디쎄썰]: pre+de+cedere(go), 〈라틴어〉, '먼저 내려간 사람', 전임자, 선배, 앞서 있었던 것, 〈~ former\antecedent〉, 〈↔successor〉 양2

2244 **pre-dic·a–ment** [프뤼디커먼트]: pre+dicare(declare), 〈라틴어〉, 〈엄숙히 선언하는〉 곤경, 궁지, 범주, 〈~ dilemma\plight〉, 〈↔advantage\agreement〉 양2

2245 **pred·i·cate** [프레디커트]: pre+dicare(declare), 〈엄숙히 선언하다〉 ①단언하다, 내포하다, 〈~ affirm\proclaim〉 ②서술, 술어, 속성, 〈~ description\attribute〉 양1

2246 **pre-dict** [프뤼 딕트]: pre+dicare(tell), 〈라틴어〉, '미리 말하다', 예언하다, 예측하다, 〈~ augur\fore-tell〉, 〈↔describe\recount\record〉 가1

2247 **pre·di·lec–tion** [프뤼이 딜렉션]: pre+deligere(select), 〈라틴어〉, 〈미리 가려내서〉 좋아하다, 선입적 애호, 편애, 역성, 〈~ fond-ness\preference〉 양2

2248 **pre–dis-po·si–tion** [프뤼이 디스퍼지션]: pre+dis+ponere(place), 〈라틴어〉, 경향, 소질, 소인, 〈~ tendency\susceptibility〉, 〈↔disinclination\aversion〉 양2

2249 **pred·ni-sone** [프뤠디니소운]: 〈영국어〉, 〈합성 cortisone〉, 프레드니손, (두루두루 쓰이는) 스테로이드계 항염증제 우2

2250 **pre-dom·i·nant** [프뤼 다미넌트]: pre+dominare(rule), 〈라틴어〉, 뛰어난, 탁월한, 현저한, 〈~ prevailing\main〉, 〈↔subsidiary\minor〉 가1

2251 **pree·mie \ pre·mie** [프뤼이미]: 〈미국 속어〉, 〈← pre·mature〉, 조산아, 미숙아, 팔삭둥이, 〈↔mature〉 양2

2252 **pre-em·i·nent** [프뤼 에미넌트]: pre+eminere(project), 〈라틴어〉, 우수한, 뛰어난, 현저한, 〈~ leading\outstanding〉, 〈↔un-distinguished\least〉 가1

2253 **pre-empt** [프뤼 엠프트]: pre+emere(buy), 〈라틴어→미국어〉, 선손을 쓰다, 먼저 차지하다, 〈~ fore-stall\acquire〉, 예정 순서를 바꾸다, 〈↔forfeit\relinquish〉 양2

2254 *__pre-emp·tive mul·ti-task·ing__ [프뤼엠티브 멀티태스킹]: 〈미리 치지하는〉 선점형 다중작업(다중작업 중앙처리에서 차례로 제어를 넘겨주는 일), 〈~ switching processes〉, 〈↔cooperative multitasking〉 미2

2255 **preen** [프뤼인]: 〈영국어〉, 'prune"의 변형, 다듬다, 치장하다, 의기양양해하다, 〈~ groom\glorify〉, 〈↔weep\lament〉 양2

2256 **pre-fab** [프뤼이 햅]: pre-fabricated, 조립식의(가옥), 〈→ tract house〉 양2

2257 **pref·ace** [프뤠 휘스]: pre+fari(say), 〈라틴어〉, '앞서 하는 말', 서문, 머리말, 발단, 〈~ polog〉, 〈↔postlude\epilog〉 양2

2258 **pre·fect** [프뤼이휄트]: pre+facere(make), 〈라틴어〉, 〈앞장서서 일하는〉 장관, 지사, 학사장, 〈~ monitor\chief\superintendent〉, 〈↔under-dog\subordinate〉 양1

2259 **pre-fec·ture** [프뤼이휄춰]: (지사가 통치하는) 도, (중앙의 지도를 받는) 현, 〈~ province\division〉 양1

2260 **pre·fer** [프리풔얼]: pre+ferre(bear), 〈라틴어〉, '앞에 두다', ~을 택하다, ~을 좋아하다, 제기하다, 등용하다, '미리 운반하다', 〈~ choose\favor〉, 〈↔dislike\reject〉 양1

2261 **pref·er·ences** [프뤠풔뤈시즈]: 더 좋아함, 우선권, 특혜, 차등장치(개별적 차이를 허용하는 전산기 차림표), 〈~ pre-dilection\fond-ness〉, 〈↔dislikes\aversions〉 양1 미1

2262 **pref·er·en·tial** [프뤠풔뤤셜]: 우선적인, 선택적인, 특혜의, 〈↔disfavorable\rejective〉 양1

2263 *__pre-fetch__ [프뤼이 풰취]: 〈라틴어+영어〉, 먼저 가져오기, 미리 읽기, 사전 추출(자료를 주기억장치에서 미리 옮겨 놓는 일), 〈~ store\reserve〉 미1

2264 **pre-fix** [프뤼이 휙스]: pre+figere(fasten), 〈라틴어〉, 접두사, 앞에 덧붙이다, (전화번호의) 국번, 〈↔suf-fix〉 양2

2265 *__pre-flight__ [프뤼이 훌라잍]: 〈라틴어+영어〉, 비상 전 (점검), 인쇄하기 직전에 자료를 점검하는 일, 〈~ pre-check〉 미2

2266 **preg·nant** [프뤠그넌트]: pre+gnasci(born), 〈라틴어〉, '태어나기 전의', 임신한, 가득 찬, 함축성 있는, 〈~ conception〉, 〈↔barren\aborting〉 가1 양2

2267 *__preg·go__ [프뤠고]: 〈← pregnant〉, 〈1942년에 등장한 영국 속어〉, 새끼를 밴, 아이를 가진 양2

2268 **pre-hen·sion** [프뤼헨션]: pre+hendere(take), 〈라틴어〉, 포착, 터득, '움켜쥐기(grasp)', 〈→ comprehension〉, 〈~ seizing\taking hold〉, 〈↔in-comprehension\mis-understanding〉 양1

2269 **prej·u·dice** [프뤠 쥬디스]: pre+judicis(judge), 〈라틴어〉, '미리 판단한 올바름', 편견, 선입관, 침해, 손상, 〈~ bias\pre-conception〉, 〈↔fairness\impartiality\even-mind〉 가1 양2

2270 **prel·ate** [프뤨리트]: pre+ferre(bear), 〈라틴어〉, 〈먼저 존경해야 할〉 고위 성직자, 수도원장, 〈~ abbot\bishop〉, 〈↔lay-person\follower〉 양1

2271 **pre-lim·i·nary** [프륄리미네뤼]: pre+leinen(limit), 〈라틴어〉, '시작하기 전 상태의', 예비의, 임시의, 시초의, 〈~ introductory\opening〉, 〈↔concluding\final〉 양2

2272 **pre-lude** [프뤨루우드]: pre+ludere(play), 〈라틴어〉, 〈미리 연주하는〉 전주곡, 서곡, 서문, 서막, 전조, 〈~ preface\prolog\overture〉, 〈↔postlude\epilog〉 양2

2273 **pre-ma·ture** [프뤼이 머츄어]: pre+maturus(ripe), 〈라틴어〉, '전에 성숙한', 조숙한, 시기상조, 조산의, 〈→ preemie〉, 〈↔over-due\mature〉 양2

2274 **pre-med·i·tat-ed** [프뤼이 메디테이티드]: pre+meditari(consider), 〈라틴어〉, 미리 생각한, 계획적인, 고의의, 〈~ planned\deliberate〉, 〈↔accidental\unintentional〉 양2

2275 **pre·mier** [프뤼미어 \ 프뤼메어]: 〈'prime'이란 라틴어〉, 수상, 국무총리, 수석 양2

2276 **pre·miere** [프뤼미어 \ 프뤼메어]: 〈← primus(first)〉, 〈라틴어→프랑스어〉, '첫날밤', 첫 공연, 주연 배우, 〈~ fore-most\top ranking〉 양2

2277 **pre-mil·le·ni·al** [프뤼이 밀레니얼]: 예수 재림 이전의, 현세의, 〈~ today〉, 〈↔post-millenial〉 양2

2278 **prem·ise** [프뤠미스]: pre+mittere(send), '미리 보내서 깔아 놓은 것' ①전제(assumption), 집과 대지 ②premises; 구내, 〈~ bounds\establishment〉 양1

2279 **pre·mi·um** [프뤼이미엄]: pre+emere(take), 〈라틴어〉, '보수', 할증금, 포상금, 보험료, 〈매매 전에 미리 떼는〉 수수료, 이자, 덤, 〈~ ace\extra\prize〉, 〈↔paucity\cheap\budget〉 양1

2280 **pre-mo·ni·tion** [프뤼이 머니션]: pre+monere(warn), 〈라틴어〉, pre+monitor, 예고, 예감, 징후, 전조, 〈~ intuition〉, 〈↔certainty〉 양1

2281 **pre-mu·ni·tion** [프뤼이 뮤니션]: pre+munire(fortify), 〈라틴어〉, 예비면역〈immunity〉, 감염면역(병원체가 이미 몸속에 존재하기 때문에 생긴 면역) 미2

2282 **pre-na·tal train-ing** [프뤼이 네이탈 트뤠이닝]: 〈출생 전의〉 태교(임신부가 말과 행동을 조심해서 태아를 감화시키는 일), 〈~ ante-natal education〉 가1

2283 **pren·tice** [프뤤티스]: 〈← apprentice〉, 〈라틴어→프랑스어→영어〉, 도제(의), 미숙한, 〈~ learner\green-horn〉, 〈↔mature\sophisticated〉 양1

2284 **pre-nup·tial** [프뤼이 넢셜]: pre+nubere(marry), 〈라틴어〉, 혼전의, 교미 전의 양2

2285 **pre-oc-cu-pa-tion** [프뤼이 아큐페이션]: 〈라틴어〉, 선입관, 몰두, 우선할 일, 〈~ pensiveness\fixation〉 양1

2286 **pre-op·(er·a·tive)** [프뤼이 앞(퍼뤼티브)]: 수술 전의, ⟨↔post-op⟩ 양2

2287 **prep** [프뤱]: ⟨영국어⟩, preparatory (진학 준비의), 예비 학교(학생) 미2

2288 **prep·a·ra·tion** [프뤠퍼뤠이션]: pre+parare(procure), ⟨라틴어⟩, ⟨미리 차려놓는⟩ 준비, 대비, 예습, 조제, 조리, 표본, ⟨→ parade⟩, ⟨~ ground-work\arrangement⟩, ⟨↔un-preparedness\carelessness⟩ 양1

2289 *****pre-pend** [프뤼펜드]: pre+pendere(weigh), ⟨라틴어⟩, 고려하다, prefix+append, 접두어를 붙이다, 자료의 앞에 덧붙이는 자료, ⟨~ consider\affix⟩ 미2

2290 **pre-pense** [프뤼 펜스]: pre+pensare(think), ⟨라틴어⟩, ⟨미리 달아봐서⟩ 숙고한 후의, 미리 생각한, 고의적인, ⟨~ calculated\premeditated⟩, ⟨↔chance\casual⟩ 양1

2291 **pre-pon·der-ance** [프뤼 판더륀스]: ⟨라틴어⟩, ⟨무게(pondus)가 앞서는⟩ 우위, 우세, ⟨~ dominance⟩, ⟨↔inferiority\subservient⟩ 양2

2292 **pre-pone** [프뤼 포운]: pre+ponere(place), ⟨라틴어⟩, '앞에 놓다', (시간을) 당기다, 미리하다, ⟨~ advance\push forward⟩, ⟨↔post-pone⟩ 양2

2293 **prep·o·si·tion** [프뤠 퍼지션]: pre+ponere(place), ⟨라틴어⟩, 전치사, [프뤼 퍼지션]; 사전 (전개) 배치, ⟨~ ad-position⟩, ⟨↔post-position⟩ 양2

2294 **prep·o·si·tion-al verb** [프뤠퍼지셔널 뷔어브]: 전치사 수반동사, ⟨laugh at·agree with 등 동사와 전치사가 합쳐진⟩ 전치사구, ⟨~(↔)phrasal verb보다 한단계 낮음⟩ 양2

2295 **pre-pos·ter-ous** [프뤼 파스터뤄스]: 앞뒤가 뒤바뀐, 터무니없는, ⟨~ absurd\ridiculous⟩, ⟨↔reasonable\sensible⟩ 양2

2296 *****prep-per** [프뤠퍼]: ⟨영국어⟩, 예비 선수(들), (긴급 사태를 위해) 물건을 사서 재두는 '생존주의자', ⟨~ preparationist\survivalist⟩ 미2

2297 *****prep-py \ prep-pie** [프뤠피]: ⟨미 속어⟩, (부유층 자제가 많은) 예비학교 학생, 싸면서도 고급스러운, ⟨~ well-off\neat⟩ 미2

2298 **pre-pran·di·al** [프뤼이 프랜디얼]: pre(before)+prandium(meal), ⟨라틴어⟩, 식전의, 성찬 전의, ⟨↔post-prandial⟩ 양2

2299 **pre-puce** [프뤼이 퓨으스]: ⟨← pre-putium⟩, ⟨라틴어⟩, (음경·음핵을 싼) 껍질, ⟨penis 앞에 있는⟩ 포피, ⟨~ fore-skin\tegument⟩, ⇒ circumcision 양2

2300 **pre-quel** [프뤼이퀄]: ⟨1958년에 등장한 라틴어→영어⟩, ⟨sequel 이전의⟩ 전편, (작품의 배경을 설명하는) '속편', ⟨~ lead in\run up⟩, ⟨↔after-math\conclusion⟩ 미2

2301 **Pre-Raph·a·el-ite** [프뤼이 뢔휘어라이트]: 라파엘 전파, '사실주의', (1848년에 시작하여 1854년에 해체된) 16세기 초에 활동했던 '라파엘' 이전의 단순하고 사실적인 화풍으로 돌아가야 한다고 주장한 7명의 영국 화가·시인들 패거리, ⟨~ 'sur-realism'\medieval revivalism⟩ 수1

2302 **pre-req·ui·site** [프뤼이 뤠퀴지트]: ⟨1631년경에 등장한 라틴어→영국어⟩, 우선 필요한, 없어서는 안 될, 필수의, ⟨~ necessary\mandatory⟩, ⟨↔non-essential\un-important⟩ 양2

2303 **pre-rog·a·tive** [프뤼 롸거티브]: pre+rogare(ask), ⟨라틴어⟩, ⟨먼저 묻는⟩ 특전, 특권, (군주의) 통치권, ⟨~ entitlement\authority⟩, ⟨↔ban\repudiation⟩ 양2

2304 **pres·age** [프뤠 시쥐]: pre+sagire(perceive), ⟨라틴어⟩, ⟨미리 느끼는⟩ 예감, 육감, 조짐, 선견, ⟨~ augury\omen⟩, ⟨~ bode\fore-tell⟩, ⟨↔occurence\realization⟩ 양1

2305 **pres·by~** [프뤠즈비~]: ⟨그리스어⟩, old, ⟨노년~⟩이란 뜻의 결합사, ⟨→ priest⟩, ⟨↔juvenile~⟩ 양1

2306 **pres·by-cu·sis** [프뤠즈비 큐우시시스]: presbys(old)+skousis(hearing), ⟨그리스어⟩, (달팽이관 내 기저막의 탄력성 부진으로 오는) 노인성 난청 양2

2307 **pres·by-o·pi·a** [프뤠즈비 오우피어]: presbys(old)+ops(eye), ⟨그리스어⟩, (수정체의 탄력성 부진으로 인한) 노안(시)의 양2

2308 **pres·by-te·ri·an** [프뤠즈비티어뤼언]: ⟨← prebytros(elder)⟩, ⟨그리스어⟩, 장로교회(의), 목사와 장로가 동격으로 행정에 참여하는 개신교 양2

2309 **pre-sci·ence** [프뤠 션스]: pre+scire(know), ⟨라틴어⟩, ⟨미리 아는⟩ '예지', 선견, 통찰, ⟨~ presage\fore-sight⟩, ⟨↔hind-sight\occurence⟩ 양2

2310 **pre-scind** [프뤼 씬드]: pre+scindere(cut), ⟨라틴어⟩, (갑자기) 제거하다, 떼어버리다, ⟨미리 자르다⟩, ⟨~ isolate\remove⟩, ⟨↔bear²\accept⟩ 가1

2311 **pre-scribe** [프뤼 스크롸이브]: pre+scribere(write), 〈라틴어〉, '미리 적다', 규정하다, 지시하다, 처방하다, 〈~ order\authorize〉, 〈↔un-writing\mis-manage〉 양2

2312 **pres·ence** [프뤠즌스]: pre+esse(to be), 〈라틴어〉, 존재, 실재, 출석, 면전, 인품, 〈~ being\existence〉, 〈↔absence〉 양1

2313 **pres·sent¹** [프뤼 젠트]: 〈← praesentare(hold out)〉, 〈라틴어〉, 선물하다, 바치다, 제출하다, 나타내다, 소개하다, 상연하다, 고소하다, 〈~ offer\give\perform〉, 〈↔keep\retain\save〉 양1

2314 **pres·ent²** [프뤠 즌트]: prae+esse(to be), 〈라틴어〉, '앞에 존재하는', 출석하고 있는, 오늘날, 현재의, 당면한, 〈↔absent\truent〉, 〈↔past\future〉 양1

2315 **pres·ent³** [프뤠 즌트]: 〈← present¹〉, 〈라틴어〉, 〈앞으로 내놓는〉 선물, 예물, 〈현재 내 앞에 존재하는 물건〉, 〈~ gift\benefaction〉 가2

2316 **pre·sent arms!** [프뤼젠트 아앎즈]: 받들어 총!, 〈~ a sign of respect〉 가1

2317 **pres·en·ta·tion** [프뤼이젠테이션]: 수여, 소개, 제출, 발표, 상연, 표상, (아기의) 태위, 〈~ PT(아직은 콩글리시임)〉, 〈~ award\arrangement〉, 〈↔concealment\suppression〉 양1

2318 **pres·en·ta·tion copy** [~ 카피]: 증정본, 기증본, 〈~ dedication copy〉 양2

2319 **pres·en·ta·tion day** [~ 데이]: 학위 수여식 날, 〈~ commencement〉 양2

2320 **pres·ent-day** [프뤠즌트 데이]: 현재의, 오늘날의, 〈~ today\this day〉 가1

2321 **pre-sen·ti·ment** [프뤼 젠티먼트]: pre+sentire(feel), 〈라틴어〉, (불길한) 예감, 기미, 육감, 〈~ presage〉, 〈↔realization〉 양2

2322 **pres·ent-ly** [프뤠즌틀리]: 이내, 곧, 현재, 목하, 〈~ currently〉 양2

2323 **pres·ent par·ti·ci·ple** [프뤠즌트 파알티시플]: 현재분사, 동사의 형용사적 현재형, 〈~ continuous tense〉 양2

2324 **pres·ent per·fect** [프뤠즌트 퍼얼휄트]: (현재까지 동작이 끝난) 현재완료, 〈~ past event with present consequences〉 양2

2325 **pre-serve** [프뤼져얼브]: pre+servare(keep), 〈라틴어〉, '미리 지키다', 보전하다, 유지하다, 보호하다, 소금(설탕) 절임하다, 〈~ jam²〉, 〈~ conserve\protect〉, 〈↔destroy\efface〉 가1

2326 **pre-side** [프뤼쟈이드]: pre+sedere(sit), 〈라틴어〉, 〈앞에 앉아서〉 사회하다, 관장하다, 연주하다, 〈~ chair\lead\conduct〉 가1

2327 **Pres·i·dent** [프뤠지던트]: (미합중국) 대통령, 대통령 씨, POTUS, 1788년에 창립되어 선거인단에 의해 임명되며 한번 재생이 가능한 4년 임기의 연방헌법의 수호자〈명실상부한 미국 제1의 권력 기구〉, 〈~ head of state〉 미2

2328 **pres·i·dent** [프뤠지던트]: pre+sedere(sit), 〈라틴어〉, '앞에 앉아 있는 사람', 장, 대통령〈"먹고 살자고 하는 짓"; 김대중·"남의 돈으로 생색내는 자"; 이원택〉, 의장, 회장, 사장, 총장, 주석, prez, 〈앞에 나서서 지키는 자〉, 〈~ fore-person\chieftain\commander〉 양2

2329 **Pres·i·dents' Day** [프뤠지던츠 데이]: (미) 대통령의 날, (워싱턴〈22〉과 링컨〈12〉의 생일을 기념하기 위한) 2월의 셋째 월요일·연방공휴일 수2

2330 **pre-sid·i·o** [프뤼씨디오우]: 〈← presidium〉, 〈라틴어〉, 〈앞에 나가서 지키는〉 요새, '주둔지', 유형지, 〈~ out-post\strong-hold〉 양2

2331 **pre-sid·i·um** [프뤼씨디엄]: 〈← preside〉, 간부회, 상임위원회, 이사회, 〈~ executive\board〉 양2

2332 **Pres·ley** [프뤠슬리], El·vis: preost(priest)+leah(forest clearing), 〈영국어〉, '신부가 소유하는 숲을 개간하는 자', 프레슬리, (1935-1977), 인기의 절정에서 〈아마도 약물중독으로 급사한 미국 〈로큰롤의 왕자〉, 〈~ an American singer〉 수1

2333 **press** [프뤠쓰]: 〈← premere(squeeze), 〈라틴어〉, '누르다', 꽉 쥐다, 짜내다, 강조하다, 압박하다, 누름 단자, 다림질, 압착기, 〈활자를 누르는〉인쇄기, 언론인들, 보도진, 언론, 〈~ push down\smooth out〉, 〈~ news media\journalism〉, 〈↔release\loosen〉 양1

2334 **press con·fer·ence** [프뤠쓰 칸훠륀스]: 기자회견, 〈~ briefing\public statement〉 양2

2335 **press pack·et** [프뤠쓰 패킽]: 보도 자료(다발), 〈~ hand-out\publicity kit〉 양2

2336 **press re·lease** [프뤠쓰 륄리스]: 기사 발표, 보도 자료 공개, 〈~ announcement\media release〉 양1

2337 **press sec·re·tar·y** [프뤠쓰 쎄크뤄테뤼]: (미 대통령의) 공보 비서, 언론 담당 비서, 대변인, ⟨~ spokes-person\media liaison⟩ 양2

2338 **press time** [프뤠쓰 타임]: (신문의) 인쇄 개시 시간, ⟨~ date of printing\cut off date⟩ 양2

2339 **pres·sure** [프뤠셔]: ⟨← premere(press)⟩, ⟨라틴어⟩, 압력, 압박, 곤란, 긴급, 기압, ⟨~ coercion\constraint⟩ 양1

2340 **pres·sure cook-er** [프뤠셔 쿠커]: 중압감을 주는, 압력솥, ⟨~ air-tight pot⟩ 양1

2341 **pres·sure group** [프뤠셔 그루우프]: 압력단체, ⟨~ lobby\third house⟩ 양2

2342 **pres·sure sore** [프뤠셔 쏘어]: bed sore, decubitus, 욕창, 압박된 부위 피부가 짓물러서 생기는 종기 양1

2343 **Pres·tel¹** [프뤠스텔]: 프레스텔, press+telephone, (한때 인기 있던) 중앙 전산기와 TV를 전화선으로 연결하여 정보를 제공하는 영국 우편제도, ⟨~ UK Post Office⟩ 수2

2344 **Pres·tel²** [프뤠스텔]: ⟨brushwood headland에 사는 자⟩, ⟨웨일즈어+바이킹어⟩, ⟨독일의 판화가 이름을 딴⟩ 프레스텔, 1924년에 독일에서 창립되어 현재 랜덤하우스가 소유하는 미술 작품 전문 출판사, ⟨~ an art book publisher⟩ 수1

2345 **pres·tige** [프뤠스티이쥐]: ⟨← praestigiosis(deceitful)⟩, ⟨라틴어⟩, ⟨눈을 끄는⟩ 위신, ⟨16세기 중반에 나왔을 때는 '가짜'란 뜻이 강했으나 19세기에 '현란한'→'뛰어난'이란 뜻으로 바뀌어진⟩ 명성, 신망, 고급, 특등, ⟨~ status\reputation⟩, ⟨↔infamy\worthlessness⟩ 양2

2346 **pres·tis·si·mo** [프뤠스티써모우]: ⟨이탈리아어⟩, ⟨← presto⟩, 아주 빠르게, ⟨~ quick tempo⟩, ⟨↔(very) slow⟩ 미2

2347 **pres·to** [프뤠스토우]: pre+stare(stand), ⟨라틴어⟩, ⟨수중에 있는⟩, 빨리, 신속하, 요술 같은, ⟨~ quick\fast⟩ 양1

2348 **pre-sume** [프뤼 쥬움]: pre+sumere(take), ⟨라틴어⟩, '미리 취하다', 추정하다, 가정하다, 감히~하다, ⟨~ suppose\dare⟩, ⟨↔prove\calculate⟩ 양2

2349 **pre–sup-pose** [프뤼이 써포우즈]: pre+sub+ponere(place), ⟨라틴어⟩, 미리 추정하다, 내포하다, 전제하다, ⟨~ assume\imply⟩, ⟨↔controvert\doubt⟩ 양2

2350 **pre-tend** [프뤼 텐드]: pre+tendere(stretch), ⟨라틴어⟩, '미리 뻗다', ~체하다, 가장하다, 속이다, ⟨~ beguile\deceive⟩, ⟨↔reveal⟩ 양1

2351 **pre-ten·sion** [프뤼 텐션]: pre+tendere(stretch), (근거 없는) 주장, 요구, 허식, 자만, ⟨~ aspiration\conceit⟩, ⟨↔reality\modesty⟩ 양2

2352 **pre-text** [프뤼이 텍스트]: pre+texere(weave), ⟨앞에 짜놓은⟩ 구실, 핑계, 명목, ⟨~ alibi\excuse⟩, ⟨↔actuality\candor⟩ 양1

2353 *****pre-to-post** [프뤼 투우 포우스트]: (광고의) 사전·사후조사, ⟨~ before and after⟩ 양2

2354 **pret·ty** [프뤼티]: ⟨← praetig(trick)⟩, ⟨게르만어→영국어⟩, 예쁜, 귀여운, 멋진, 상당한, '교묘한', ⟨15세기경에 부정적 의미에서 긍정적 의미로 바뀌어진 말⟩, ⟨~ attractive\quite⟩, ⟨↔ugly\plain⟩ 가2

2355 **pret·ty cash** [프뤼티 캐쉬]: 잔돈, 푼돈, 용돈, ⟨~ petty cash⟩, ⟨↔pretty penny\big bucks\guap⟩ 양2

2356 *****pret·ty pen·ny** [프뤼티 페니]: 꽤 비싼, 거금(반의적 표현), ⟨~ big bucks\guap⟩, ⟨↔petty cash⟩ 양2

2357 *****pret·ty-pret·ty** [프뤼티 프뤼티]: 지나치게 꾸민, 야한, ⟨~ be-witching⟩ 양2

2358 **pret·zel** [프뤠츨]: ⟨← bracchium(arm)⟩, ⟨'팔 모양'이란 라틴어에서 유래한 게르만어⟩, ⟨← pretiola(little reward)⟩, ⟨조그만 상⟩, 매듭·막대 모양의 짭짤한 독일풍의 과자(cracker) 우1

2359 **pre-vail** [프뤼 붸일]: pre+valere(strong), ⟨라틴어⟩, ⟨힘에서⟩ 우세하다, 널리 보급하다, 설복하다, 효험이 있다, '관통하며 스며들다', ⟨~ win out\victorious⟩, ⟨↔succumb\relent⟩ 양1

2360 **prev·a·lence** [프뤠 뷜런스]: ⟨← prevail⟩, '우세', 유행, 보급율, 유병율(일정기간 내 특정 질병을 가진 인구 대 환자 비율), ⟨~(↔)incidence; 예방의학 시험의 첫번째 문제⟩ 양1

2361 **pre-vent** [프뤼붼트]: pre+venire(come), ⟨라틴어⟩, '먼저 와서' 막다, 예방하다, 방해하다, ⟨~ avert\stop⟩, ⟨↔allow\enable⟩ 가1

2362 **pre-view** [프뤼이 뷰유]: 예비검사, 예고편, '미리보기', ⟨~ try out\trailer⟩, ⟨↔re-view⟩ 양2

2363 **pre-vi·ous** [프뤼이뷔어스]: pre+via(way), '이미 지나간', 앞의, 이전의, 사전의, ⟨~ antecedent\preceding⟩, ⟨↔following\next⟩ 양2

2364 **prey** [프뤠이]: ⟨← praeda ← prehendere(seize)⟩, ⟨라틴어⟩, 먹이, 밥, 희생, 포획, '전리품(booty)', 잡아 먹다, ⟨→ predatory⟩, ⟨↔predator⟩ 양1

2365 *****prez** [프뤠즈]: ⟨미국어⟩, president의 약자 양2

2366 **Pri·am** [프롸이엄]: ⟨← pariamua(exceptionally courageous)⟩, ⟨고대 터키어⟩, '매우 용맹한 자', 프리아모스, 50명의 아들과 50명의 딸을 가졌던 트로이 최후의 왕, ⟨~ the last king of Troy⟩ 수1

2367 **pri·a·pism** [프롸이어피즘]: ⟨그리스어⟩, ⟨Priapus 신처럼⟩ (외상이나 약물 부작용으로 오는) 음경 지속 발기증, '노상서', ⟨~ painful prolonged erection⟩ 양2

2368 **Pri·a·pus** [프롸이에이퍼스]: ⟨어원 불명의 그리스어⟩, 프리아포스, 남성 생식력의 신, 디오니소스와 아프로디테의 아들, 정원·포도밭의 수호신, ⟨~ a minor fertility god⟩ 수1

2369 **price** [프롸이스]: ⟨← pretium(value)⟩, ⟨라틴어⟩, '가치', 가격, 대가, 희생, 상금, ⟨→ prize\praise\precious⟩, ⟨↔price-less⟩ 가1

2370 **price-less** [프롸이스리스]: 대단히 귀중한, 돈으로 살 수 없는, ⟨~ in-valuable\precious⟩, ⟨↔cheap\worth-less⟩ 양2

2371 *****prick** [프뤽]: ⟨← prica(point)⟩, ⟨게르만어⟩, ⟨바늘 끝으로⟩ 찌르다, 쑤시다, 바늘, 자지, '살송곳', 비열한 놈, ⟨~ pierce\drill⟩, ⟨~ thistle\bramble⟩, ⟨↔sew\soothe\fanny⟩ 양2

2372 **prick-le** [프뤼클]: 뾰족한 끝, 쑤시다, 버들 광주리, (고슴도치 등의) 떼, ⟨~ thorn\spine⟩ 양2

2373 **prick-ly ash** [프뤼클리 애쉬]: 북미산 산초나무(초피나무), 작은 가지에 가시가 나있고 콩만 한 녹갈색의 열매를 맺는 운향과 낙엽활엽관목, ⟨~ toothache tree\Hercules club⟩ 미2

2374 **prick-ly heat** [프뤼클리 히이트]: heat rash, miliaria, 땀띠 가1

2375 **prick-ly pear** [프뤼클리 페어]: Indian fig, '배선인장', (식용의) 작은 서양배 같은 열매를 맺는 둥글 넓적한 줄기 잎을 가지고 준 사막지대에 서식하는 번식력이 강한 선인장, ⟨~ tuna²\fig opuntia⟩ 우1

2376 **pride** [프롸이드]: ⟨← prud(conceit)⟩, ⟨영국어⟩, 자랑, 긍지, 자만심, 혈기, 전성기, (사자 등의) 떼, ⟨→ proud⟩, ⟨~ self-esteem\honor⟩, ⟨↔shame\humility⟩ 가1 양2

2377 **pride of In·di·a** [프롸이드 어브 인디어]: '인도 은매화', Queen's myrtle, 바나바, ⇒ banaba 우2

2378 **priest** [프뤼이스트]: ⟨← presbyter(elder)⟩, ⟨라틴어⟩, 성직자, 목사, 사제, 옹호자, ⟨~ clergy\minister⟩, ⟨↔lay-man\follower⟩ 가1

2379 **Priest-ley** [프뤼이스틀리], Jo·seph: = Presley, ⟨영국어⟩, '신부가 소유하는 숲을 개간하는 자', 프리스틀리, (1733-1804), (영국 태생으로) 그리스도가 오류가 없다는 데 반대한 신학자·공리주의를 유도한 철학자·산소를 기체로 분리해낸 과학자, ⟨~ an English chemist and natural philosopher⟩ 수1

2380 **prig** [프뤼그]: ⟨← precise?⟩, ⟨어원 불명의 영국어⟩, 깨까로운 사람, 융통성이 없는 자, 점잖빼는 분, ⟨~ priss\prude⟩, ⟨↔libertine\debauch⟩ 양2

2381 **prim¹** [프뤰]: ⟨← prime?⟩, ⟨어원 불명의 영국어⟩, 꼼꼼한, 단정한, 새침 떠는, ⟨~ cleanly\proper\demure⟩, ⟨↔messy\slovenly\sleaze-core⟩ 양2

2382 **prim²** [프뤰]: ⟨← primus(first)⟩, ⟨라틴어⟩, ⟨봄에 '첫째'로 꽃이 피는⟩ privet, 들검정알나무, 서양쥐똥나무, ⟨~ wax tree⟩ 미2

2383 **pri·ma** [프뤼이머]: ⟨← primus(first)⟩, ⟨라틴어에서 연유한 이탈리아어·스페인어⟩, 첫째가는, 주된, ⟨↔minor\least⟩ 가1

2384 **pri·ma don·na** [프뤼이머 다너]: ⟨이탈리아어⟩, first lady, '첫째 숙녀', 프리마 돈나, (가극의) 주역 여배우, 인기 가수, 기분파 여성, ⟨↔primo uomo⟩, ⟨↔basic bitch⟩ 양2

2385 *****pri·ma fa·cie** [프뤼이머 훼이쉬이]: 'at first face', 첫인상의, 명백한, 자명한, 마땅히 해야 할 도리, ⟨↔in-apparent\im-possible⟩ 양2

2386 **pri·mal (scream) ther·a·py** [프뤼이멀 (스크뤼임) 쎄뤄피]: '원천(외침)치료', 어릴 때 억압된 감정을 다시 체험시켜 신경증을 치료하는 정신요법, ⟨~ regression therapy\emotional release⟩ 우1

2387 **pri·ma·ry** [프롸이메뤼]: ⟨← primus(first)⟩, ⟨라틴어⟩, 첫째의, 주요한, 근복적인, 초등의, 원시적인, ⟨~ main\original⟩, ⟨↔secondary\subordinate⟩ 가1

2388 *****pri·ma·ry cache** [프롸이메뤼 캐쉬]: 1차 은닉처(고속 기억장치), 미세 처리에 내장된 고속 기억장치, ⟨~ L1 cache⟩, ⟨↔secondary cache⟩ 미2

2389 **pri·ma·ry care** [프라이메뤼 케어]: 1차 진료, 환자를 처음 대면하는 (가정의학·소아과·산부인과·내과 등) 진료 과목, 〈~ basic (or initial) medical care〉, 〈↔speciality care〉 양2

2390 **pri·ma·ry col·or** [프라이메뤼 컬러]: (빛의) 3가지 원색, 〈빨강·파랑·노랑의〉 (삼)원색, 〈~ core (or fundamental) color〉, 〈↔secondary color〉 양2

2391 **pri·ma·ry e·lec·tion** [프라이메뤼 일렉션]: (정당별 후보자를 가려내는) 예비선거, 〈↔general election〉, 〈지역에 따라 매우 다양함〉 가1

2392 **pri·ma·ry in·dus·try** [프라이메뤼 인더스트뤼]: 1차산업(광업·농림·수산업), 〈↔secondary industry\tertiary industry〉 가1

2393 *****pri·ma·ry mouse but·ton** [프라이메뤼 마우스 버튼]: 1차 '깜빡이', 주로 전산기 '조종간'의 왼쪽(left) 누름판으로 목표물을 선택할 때 사용함, 〈↔secondary mouse button〉 미2

2394 **pri·ma·ry pro·duc·tion** [프라이메뤼 프뤄덕션]: 1차생산, 광합성 생물에 의한 유기물의 생산, 〈~ original production〉 가1

2395 **pri·ma·ry school** [프라이메뤼 스쿠울]: 초등학교, 통상 5~11세의 아동이 다니는 학교, 미국에서는 elementary school로 바꿔 부름 가1

2396 **pri·mate** [프라이메이트]: 〈← primus(first)〉, 〈라틴어〉, 〈첫째 서열의〉 대주교(high priest), 영장류(anthropoid) 양2

2397 **prime¹** [프라임]: 〈← primus(first)〉, 〈그리스어 \ 라틴어〉, 첫째의, 수위의, 최초의, 기초적인, 우수한, 전성기, 초기, 초벌칠, 소수(자연수로 딱 떨어지게 나눌 수 없는 숫자), 부호('), 1도, 제1의(찌르기) 자세, 〈↔minor\secondary\inferior〉 양1

2398 **prime²** [프라임]: 〈영국어〉, 〈← pro(before)〉, 〈미리 챙겨서〉 준비시키다, 애벌칠을 하다, 〈~ prepare\initiate〉 양1

2399 **prime me·rid·i·an** [프라임 머뤼디언]: 본초(그리니치) 자오선, 기준 경도선, 〈~ Greenwich (or International) Meridian〉, 〈↔equator〉 양2

2400 **prime minister** [프라임 미니스터]: premier, 국무총리, 수상 양2

2401 **prim·er** [프뤼머 \ 프라이머]: 첫걸음, 입문서, 도화선, 초벌칠, 〈~ beginning〉 양2

2402 *****prime rate** [프라임 뤠이트]: (은행이 일류기업에 적용하는) 표준(우대) 금리, 〈~(↔)bank rate〉, 〈↔federal funds rate〉 양2

2403 **prime ribs** [프라임 륍스]: (소의) 상등품 갈비 양2

2404 **prime time** [프라임 타임]: golden hour, 최대 시청 시간 양2

2405 **pri·me·val** \ pri·mae·val [프라이미이벌]: primus+aevum(age), 〈라틴어〉, 초기의, 태고의, 원시(시대)의, 〈~ primitive\premordial〉 가1

2406 **prim·ing** [프라이밍]: 뇌관 달기, 초벌칠, 갑작스레 주입하기, 마중물, 〈~ prepare\fill in〉 양1

2407 **prim·i·tive** [프뤼머티브]: '최초의', 원시(시대)의, 유치한, 소박한, 초생의, 야성적인, 근본의, 문예부흥 이전의, 〈↔advanced\modern〉 양1

2408 **pri·mo** [프뤼모우 \ 프라이모우]: 〈라틴어에서 연유한 이탈리아어·스페인어〉, 〈prima의 남성형〉, 1°, 첫째, 제1부, 주요부 양2

2409 **pri·mo-gen·i·ture** [프라이모우 줴니춰]: primus(first)+gignere(beget), 〈라틴어〉, 장자의 신분, 장자의 상속권, 〈↔ultimogeniture〉 양2

2410 **pri·mor·di·al** [프라이모얼디얼]: primus(first)+ordiri(begin), 〈라틴어〉, 최초의, 원시의, 근본적인, 〈↔latest\modern〉 양2

2411 **prim·rose** [프륌 로우즈]: 〈라틴어→프랑스어〉, first rose, 앵초, 산지에 벚꽃 모양의 연노랑색의 꽃이 이른 봄에 피는 야생화로 개량종(primula)은 백색·홍자색·분홍색 등이 있음 미2

2412 *****prim·rose path** [프륌 로우즈 패쓰]: 〈Hamlet에 나오는 말〉, 환락의 길, 쾌락의 추구, 안이하나 위험한 길, 〈~ hog heaven〉, 〈↔hell\misery〉 양2

2413 **prince** [프륀스]: primus+capere(take), 〈라틴어〉, '일인자', 왕자, 황태자, 군주, 제후, 귀공자, 〈~ princeps\arch-duke〉, 〈↔princess〉 가1

2414 **Prince Al·bert** [프륀스 앨버트]: (1819-1861), 영국 빅토리아 여왕의 (사촌) 남편으로 그의 이름을 딴 프록코트·실내화·귀두의 방울 장식 등이 있음, 〈~ a consort of the British monarch〉 수1

2415 **Prince Ed·ward Is·land** [프륀스 에드워드 아일런드]: (영국 왕 조지 3세의 아들 이름을 딴) 캐나다 동부 St. Lawrence 만에 있는 인구밀도가 높으나 5,657㎢짜리 작은 섬으로 된 주, 〈~ a Canadian Province〉 수1

2416 **Prince of Wales** [프륀스 어브 웨일즈]: 영국 왕의 법정 계승자인 장남에게 주는 (임시) 칭호로 조세권과 승계권이 없음, 〈~ the male heir of British thrones〉 수2

2417 **prin·ceps** [프륀셉스 \ 프륀켑스]: prince, 제 일의, 최초의, P~; 제 1시민(로마 초대 황제 아우구스투스(Augustus)가 자신을 일컬으라 한 명칭, 〈↔subordinate〉 양2 미1

2418 **prin·ce's-feath·er** [프륀시즈 훼더]: 당비름, 색비름, 밭이나 길가에서 약 1.5m의 줄기 끝에 가을에 〈Prince of Wales의 문장에 나오는 깃털 비슷한〉 담황색의 꽃이 피는 한해살이풀, 〈~ an ornamental plant〉 미2

2419 **prince's met·al** [프륀시즈 메털]: 왕금, 위(가짜)금, (구리 약 75%· 아연 약 25%의) 황동, 〈과학에 관심이 많았던 독일계 영국 공작의 이름에서 연유한〉 Prince Rupert's metal 양2

2420 **prin·cess** [프륀시스 \ 프륀쎄스]: 왕녀, 공주, 황녀, 왕(자)비, 뛰어난 여성, 〈~ arch-duchess\prima donna〉, 〈↔prince〉 가1

2421 **Prince-ton** [프륀스턴], U·niv.: '왕자 마을', 〈조지 2세가 왕자로 있을 때 세워진 마을〉, 프린스턴, 1746년 영국 왕 조지 2세의 헌금과 장로교의 지원으로 창립되어 1969년 남녀 공학이 된 미 동부 뉴저지주에 소재한 비교적 보수적·배타적·소규모 종합 사립대학, 〈~ a private univ. in New Jersey〉 수1

2422 **prin·ci·pal** [프륀시펄]: 〈← princeps(chief)〉, 〈라틴어〉, '첫 번째로 취하는', 제1의, 중요한, 장, 교장, 본인, 주역, 주범, 원금, 제1채무자, 〈~ main\chief\capital〉, 〈↔minor\subsidiary〉 양1

2423 **prin·ci·pal·i·ty** [프륀시팰러티]: (공작이 통치하는) 공국, 수위(으뜸가는 지위), 〈~ domain\princedom〉 양2

2424 **prin·ci·ple** [프륀시플]: primus(first)+capere(take), 〈라틴어〉, 〈첫 번째를 차지하는〉 원리, 원칙, 근본방침, 본질, 정의, 〈~ doctrine\tenet\creed〉, 〈↔trivia\antithesis\vice〉 양2

2425 **print** [프륀트]: 〈← premere(press)〉, 〈라틴어〉, 찍다, 인쇄하다, 출판하다, 인화하다, 활자체로 쓰다, 〈~ copy\engrave\issue〉, 〈↔bulge\erase\hide〉 양1

2426 **print-er** [프륀터]: 인쇄공, 인쇄기계, 인화기 양1

2427 *****print serv-er** [프륀터 써어붜]: '인쇄 도우미', (보통 인쇄기 안에 들어있는) 전산망을 통해 다른 전산기들의 인쇄를 도와주는 회로판, 〈~ a connecter between a printer and a computer〉 미2

2428 *****print spool-er** [프륀트 스푸울러]: 인쇄 실패, 인쇄작업을 차례로 풀어주는 연성기기, 〈~ a soft-ware managing printing processes〉 우1

2429 **pri·on** [프롸이안]: 프라이온 ①〈그리스어〉, 〈'톱니〈saw〉' 같은 이빨을 가진〉 (남극 해역산) 고래새(whale-bird) ②〈20세기에 합성된 말〉, '전염성 단백질', (바이러스보다 작은) 단백질〈protein only〉만으로 된 감염성 있는 미세입자, 〈~ a self-propagating protein〉 미2 우1

2430 **pri·or** [프롸이어]: 〈라틴어〉, before, 〈어떤 일보다〉 앞의, 전의, 사전의, 우선적인, 〈↔later\subsequent〉 양1

2431 **pri·or·i·ty** [프롸이어뤼티]: 우선권, 앞, 중요사항, 〈~ precedence\supremacy〉, 〈↔last thing\unimportance〉 양2

2432 **pri·or·i·ty mail** [프롸이어뤼티 메일]: 우선우편, 우편요금은 무게·지역 등에 따라 다양하나 보통 2 업무일 내에 전달되는 (미국) 국내우편(소포), 〈↔regular mail〉, 〈↔retail ground〉 가1

2433 **prism** [프뤼즘]: 〈← prizein(saw)〉, 〈그리스어〉, 프리즘, 〈'톱'으로 잘린〉 분광기 (빛을 분산시켜 그 강도와 파장을 관측하는 장치), 각기둥(한 직선에 평행하는 셋 이상의 평면과 이 직선과 만나는 두 평행 평면을 면으로 하는 다면체), 〈~ spectrum〉 미2

2434 **pris·on** [프뤼즌]: 〈← prehendere(take)〉, 〈라틴어〉, '잡혀 있는 곳', 감옥, 교도소, 구치소, 〈~ jail\penitentiary〉 가1

2435 **pris·on·er of war** \ POW's: 전쟁포로, 1949년 제네바에서 재확인된 UN의 전쟁포로 학대금지 국제규약으로 대부분의 나라가 존중하고 있음 가1

2436 **priss** [프뤼쓰]: 〈1895년에 등장한 미 남부속어〉, 〈← precise\prim¹+sissy〉, 지나치게 얌전빼는 사람, 새침데기, 〈내숭〉, 〈~ prig\prude〉, 〈↔lackadaisical\prick〉 양2

2437 **pris·tine** [프뤼스티인]: ⟨← prior⟩, ⟨라틴어⟩, 본래의, 초기의, 자연 그대로의, 순수한, ⟨~ virgin\brand-new⟩, ⟨↔soiled\impure\ragged\rickety⟩ 양2

2438 **pri·va·cy** [프롸이붜시]: ⟨← privus(separate)⟩, ⟨라틴어⟩, 사적 자유, 개인적 공간, 비밀, ⟨~ isolation\confidentiality⟩, ⟨↔publicity\transparency⟩ 양2

2439 **pri·vate** [프롸이뷧트]: ⟨← privus(separate)⟩, ⟨라틴어⟩, ⟨공적인 영역에서의 분리된⟩ 사적인, 개인적인, 비밀의, 비공식의, 사설의, 민간의, 남의 눈을 피한, 병졸, 사병, ⟨~ privatee\privilege⟩, ⟨~ personal\exclusive⟩, ⟨↔public⟩ 양1

2440 *****pri·vate bank·ing** [프롸이뷧트 뱅킹]: ⟨부자들을 위한⟩ 개별적(총체적) 자산 관리, ⟨↔public banking⟩ 미1

2441 **pri·vate eq·ui·ty fund** [프롸이뷧트 에쿼티 휜드]: 사적 지분 기금, 비공개로 소수 투자자로부터 돈을 모아 주식·채권·기업·부동산 등에 투자하여 운영하는 ⟨사모 펀드⟩, ⟨~(↔)venture capital보다 risk가 적음⟩ 미2

2442 **pri·va·teer** [프롸이붜티어]: ⟨영국어⟩, ⟨← private⟩, ⟨때로는 해적질(piracy)도 하는⟩ (전시에 적선을 나포하는 면허를 가진) 민간 무장선(privately owned war-ship), 사략선 선원, ⟨대표적인 인물은 영국의 Sir F. Drake임⟩ 양1

2443 *****pri·vate eye** [프롸이뷧트 아이]: private detective, 사설탐정 양2

2444 *****pri·vate key** [프롸이뷧트 키이]: 개인(비밀)열쇠, ⟨~ secret key⟩, 전달된 정보를 풀기 위해 개인(만)이 사용하는 고유한 부호문자, ⟨~ a cryptographic key⟩ 미2

2445 **pri·vate parts** [프롸이뷧트 파아츠]: 음부, 국부, 치부, 외부 생식기, ⟨~ genitals⟩ 양2

2446 **pri·vate prac·tice** [프롸이뷧트 프뢕티스]: 개인영업, 개업, ⟨~ retail clinic⟩ 양2

2447 **pri·va·tion** [프롸이붸이션]: ⟨← privare⟩, ⟨라틴어⟩, ⟨← private⟩, ⟨공유를 빼앗긴⟩ 결여, 궁핍, 상실, 박탈, 고난, ⟨~ de·privation\hardship\poverty⟩, ⟨↔plenty\luxury\wealth⟩ 양1

2448 **priv·et** [프뤼븥]: ⟨어원 불명의 영국어⟩, ⟨정원에 칸을 막아 private(?)한 공간을 만드는데 사용하는⟩ 쥐똥나무, 봄에 흰색의 꽃이 피고 가을에 쥐똥같은 핵과가 열리는 ⟨먹으면 독성이 있는⟩ 높이 2m가량의 물푸레나뭇과의 낙엽활엽관목, prim, ⟨~ wax tree⟩ 미2

2449 **priv·i·lege** [프뤼빌리쥐]: privus(sepatate)+legis(law), ⟨라틴어⟩, ⟨← private⟩, ⟨분리되어 적용되는⟩ 특권, 특전, 명예, 면책, ⟨~ advantage\entitle-ment⟩, ⟨↔handicap\restriction\duty⟩ 양2

2450 **priv·i·leged com·mu·ni·ca·tion** [프뤼빌리쥐드 커뮤니케이션]: confidential c~, 비밀정보, 면책(비밀) 통신, 특별 소통, 증언(공개)을 거부할 수 있는 대화 내용 미1

2451 **priv·y** [프뤼뷔]: ⟨← privus(separate)⟩, ⟨라틴어⟩, 사사로운, 내밀히 관여하는, 숨은, ⟨~ concealed\confidential⟩, ⟨↔public\open⟩, (옥외) 변소⟨latrine\out-house⟩ 가1

2452 **prize¹** [프롸이즈]: ⟨← prehendere(take)⟩, ⟨라틴어→프랑스어⟩, ⟨← price⟩, 상, 상품, 현상금, 노획물, 입상의, 훌륭한, ⟨~ award\premium⟩, ⟨↔lemon\second-rate⟩ 가1

2453 **prize²** [프롸이즈]: ⟨프랑스어→영국어⟩, ⟨← praise⟩, 높이 평가하다, 존중하다, ⟨~ gain\win⟩, ⟨↔look-down\under-value⟩ 가1

2454 *****PRN \ prn** (pro re na·ta): ⟨라틴어⟩, 'as needed', 필요에 따라, 임기응변으로, ⟨↔routine\standing⟩ 양2

2455 **pro¹** [프로우]: ← professional, 직업적인, 직업선수, 전문가, ⟨↔amateur⟩ 미1

2456 **pro²** [프로우]: ⟨라틴어⟩, for, 찬성(투표), 이로운 점, ⟨↔con(tra)⟩ 양2

2457 **pro~** [프로우~]: ⟨그리스어→라틴어⟩, for \ before, ⟨대신·대용·찬성·공공연한·앞의 ~에 따라⟩란 뜻의 결합사, ⟨↔anti~⟩, ⟨↔retro~⟩ 양1

2458 **pro·ac·tive** [프로우 액티브]: ⟨1933년에 합성된 심리학 용어⟩, 진취적인, 주도적인, 1차 학습에서 영향을 받은, ⟨~ enthusiastic\dynamic⟩, ⟨↔reactive\passive⟩, ⟨↔retro-active⟩ 양2 우1

2459 *****pro-an·a** [프로우 애너]: ⟨2010년도경에 등장한 말⟩, 프로아나, pro·anorexia, (신경성) 식욕부진증에 호의적인, ⟨↔pro-mia⟩ 양2

2460 **prob·a·bil·i·ty** [프롸버빌리티]: ⟨← probare(prove)⟩, ⟨라틴어⟩, 일어남직함, 가망성, 공산, 개연성, 확률, ⟨~ possibility\feasibility\chance⟩, ⟨↔un-liklihood\questionability⟩ 양2

2461 **prob·a·bly** [프롸버블리]: ⟨라틴어⟩, 아마, 필시, 대개는, '증명⟨prove⟩할 수 있는 만큼', ⟨~ apparently\likely⟩, ⟨↔im-probably\certainly⟩ 가1

2462 **pro·ba·tion** [프로우베이션]: 〈← probare〉, 〈라틴어〉, 〈← prove〉, 검정, 입증, 수습, 시련, 보호관찰, 근신 시간, 판결유예, 집행유예, 가급적, 〈~ trial period〉, 〈~ parole보다 가벼운 형량〉 양1

2463 **probe** [프로우브]: 〈← probare(prove)〉, 〈라틴어〉, 시도, 실험, 더듬침, 소식자, 탐사(기), 탐침, 〈증명(prove)하기 위한〉 '증거 찾기', 〈~ poke\explore〉, 〈↔avoid\disregard\miss〉 양1

2464 **pro–bi·ot·ics** [프로우 바이아틱스]: 활생균 촉진품, 〈몸에 좋은〉 장내에 상존하는 세균들을 활성화시켜 주는 약품들, 〈chemicals to foster beneficial bacteria〉, 〈↔anti-biotics〉 미2

2465 **prob·lem** [프라블럼]: pro(before)+ballein(throw), 〈그리스어〉, 〈앞으로 던져진〉 문제, 의문, 골치 아픈 일, 과제, 〈~ difficulty\issue〉, 〈↔ease\solution〉, 〈정신과에 찾아오는 환자가 돈이 있으면 problem이 있다고 돈이 없으면 trouble을 가졌다고 함〉 가1

2466 ***prob·lem-at·ic fave** [프라블러매틱 훼이브]: '문제가 있는 인기인(favorite)', 무례한 말을 남발하는 유명 인사, 〈한국 정계에서는 noise marketing의 방편으로도 쓰이고 있음〉 미2

2467 ***pro bo·no** [프로우 보우노우]: 〈라틴어〉, for good, 선의의, 무료의, 공익의, 〈↔quid pro quo\do ut des\tit for tat〉 양2

2468 **pro-bos·cis mon·key** [프로우바씨스 멍키]: pro(forward)+boskein(feed), 〈그리스어〉, 'Dutch monkey', 〈'음식을 취하기 위해' 코끼리 같은 코를 가진〉 긴코원숭이, 보르네오섬에서만 서식하는 〈네덜란드 사람같이〉 코와 배가 엄청 큰 원숭이, nose monkey 미1

2469 **pro·ce·dure** [프뤄씨이줘]: 〈← proceed〉, 순서, 절차, 조처, 진행, 방법, 〈~ course\policy〉, 〈↔inactivity\disorderliness〉 양2

2470 **pro-ceed** [프뤄씨이드]: pro+cedere(go), 〈라틴어〉, 〈앞으로〉 나아가다, 전진하다, 진행되다, 처리하다, 고소하다, 〈→ procedure\process〉, 〈↔retreat\cease〉 양2

2471 **pro-ceeds** [프로우씨이즈]: pro(forward)+cedere(go), 〈진행된 성과〉, 수확, 수입, 매상금, 결과, 〈~ profits\returns\revenue〉, 〈↔expenditure\forfeit〉 양1

2472 **proc·ess** [프라쎄스]: 〈라틴어〉, 〈← proceed〉, 진행, 경과, 공정, 진전, 처리, 〈~ operation\activity〉, 〈↔recess\decrement〉 양1

2473 ***proc·ess art** [프라쎄스 아아트]: conceptual art, 개념예술, 과정예술, (1960년대 중반에 일기 시작한) 결과보다는 창조적 과정을 더 중요시하는 예술운동 미2

2474 ***proc·ess col·or** [프라쎄스 컬러]: '가공된 색조', '인공색깔', '원색', 흑·백 대신 4가지 색깔로 찍은 〈천연색〉 인쇄술, 〈~ full color〉, 〈↔spot color\high-lights〉 우1

2475 **proc·ess·ing in·dus·try** [프라쎄씽 인더스트뤼]: 가공(처리)산업, 장치산업, 〈~ down-stream industry〉 양1

2476 **proc·ess·ing tax** [프라쎄씽 택스]: (농산물) 가공세, 〈~ intermediate tax〉 가1

2477 **proc·es·sor** [프라쎄써]: 가공기(업자), 처리기, 전산기 내부의 명령 실행기구, 〈~ main-frame〉, ⇒ CPU 양2

2478 ***pro-choice** [프로우 쵸이스]: 〈1975년에 등장한 말〉, 낙태 지지자, '(생명의) 선택을 찬성하는', 임신중절 찬성파, 〈~ pro-abortion〉, 〈↔pro-life〉 미1

2479 **pro-claim** [프로우 클레임]: pro(before)+clamare(cry out), 〈라틴어〉, '앞에 나가 외치다', 포고(선언)하다, 공포하다, 찬양하다, 분명히 나타내다, 〈~ promote\publicize〉, 〈↔conceal\withhold〉 양2

2480 **pro–cliv·i·ty** [프로우 클리비티]: pro+clivus, 〈down slope란 뜻의 라틴어〉, (좋지 않은) 성향, 성벽, 기질, 〈~ leaning\tendency〉, 〈↔antipathy\disinclination〉 양2

2481 **pro-cras·ti·nate** [프로우크래스터네이트]: pro(forward)+cras(tomorrow), 〈라틴어〉, 〈내일로〉 지연하다(시키다), 꾸물거리다, 질질 끌다, 〈~ delay\postpone〉, 〈↔alacrity\prompt-ness〉 양2

2482 **pro-cre·ate** [프로우크뤼에이트]: pro(before)+creare(be get), 〈라틴어〉, 출산(생산)하다, 낳다, 〈~ reproduce\breed〉, 〈↔annihilate\kill〉 가1

2483 **Pro-crus·tes** [프로우크뤼스티이즈]: 〈그리스어〉, '앞으로 미는 자', 프로크루스테스, 여행자를 잡아 자기 침대에 눕혀 키가 큰 사람은 다리를 자르고 작은 사람은 잡아 늘였다는 고대 그리스의 노상강도, 폭력으로 밀어붙이는 사람, 〈~ a rogue smith and bandit from Attica〉 수1 미1

2484 **Proc·ter & Gam·ble** [프롹터 앤드 갬블]: '대리인(manager)'과 '노인(old man)', 프록터 앤 갬블, 1837년 두 명의 영국계 미국인들에 의해 세워져서 다양한 소비자 물품을 제조·판매하는 미국의 세계적 〈짭짤한〉 〈잡동사니〉 회사, 〈~ an American manufacturer of consumer goods〉 수2

2485 **proc·tol·o·gy** [프롹탈러쥐]: ⟨← proktos(anus)⟩, ⟨그리스어⟩, 항문학(과), 직장·홍문학, ⟨~ rectal surgery⟩ 양1

2486 **proc·tor** [프롹터]: ⟨라틴어→영국어⟩, ⟨← procurator⟩, 대리인, 사무 변호사, 학생감, 시험 감독관⟨미국어⟩, ⟨~ over-seer\guardian⟩ 양1

2487 **proc·u·ra·tor** [프롹큐우레이터]: ⟨라틴어⟩, ⟨← procure⟩, ⟨황제의⟩ 대리인, provincial governor, 행정관, 조달관, 서무계, ⟨→ proxy⟩, ⟨~ deputy\manager⟩ 양1

2488 **pro-cure** [프로우큐어]: pro(for)+cura(care), ⟨라틴어⟩, '미리 돌보다', 획득하다, 조달하다, 주선하다, 뚜쟁이 짓을 하다, ⟨~ obtain\appropriate⟩, ⟨↔abandon\surrender⟩ 가1

2489 **prod** [프롸드]: ①⟨'poke'에서 유래한 영국어⟩, 침, 찌르는 바늘(막대), ⟨~ prick⟩ ②신교도⟨protestant⟩ ③신동⟨prodigy⟩ 양1

2490 **prod·i·gal** [프롸디걸]: pro(forth)+agere(drive), ⟨라틴어⟩, 낭비하는, 방탕한, 금치산자, ⟨~ wasteful\imprudent⟩, ⟨↔thrifty\frugal⟩ 양2

2491 **pro·di·gious** [프뤄디줘스]: ⟨← prodigium(portent)⟩, ⟨라틴어⟩, 거대한, 비범한, 놀라운, ⟨~ enormous\grotesque⟩, ⟨↔small\unremarkable⟩ 양2

2492 **prod·i·gy** [프롸디쥐]: ⟨← prodigium(portent)⟩, ⟨라틴어⟩, ⟨신이 예언한⟩ 경이, 비범, 영재, 신동, ⟨~ wunder-kind⟩, ⟨↔imbecile\underachiver⟩ 양2

2493 **pro-drome** [프롸우드로움]: pro(before)+dromos(running), ⟨그리스어⟩, ⟨달리기 전에 나타나는⟩ 전구증세, 병이 나타나기 직전에 보이는 증상, ⟨~ early sign\indicator⟩, ⟨↔consequent\after-effect⟩ 양2

2494 **pro-duce** [프롸듀우스]: pro(forth)+ducere(lead), ⟨라틴어⟩, '앞으로 이끌다', 산출(생산)하다, 낳다, 제시하다, 연출하다, 농산물, 작품, 성과, ⟨~ manufacture\fabricate\food-stuff⟩, ⟨↔reduce\destroy⟩ 가1

2495 **pro-duc-er** [프롸듀우서]: ⟨라틴어⟩, 생산(제작)자, 연출가, 감독, ⟨~ maker\creator⟩ 양2

2496 **pro-duc-er price in-dex** [프롸듀우서 프롸이스 인덱스]: PPI, 생산자 물가지수(일정기간 생산자가 매출하는 가격의 변동율), ⟨↔consumer price index⟩ 양2

2497 **prod·uct** [프롸덕트]: ⟨라틴어⟩, ⟨← produce⟩, 산물, 제품, 소산, 생성물, 곱, ⟨~ result\effect⟩, ⟨↔cause\process\base⟩ 가1 미2

2498 **prod·uct li·a·bil·i·ty** [프롸덕트 라이어빌리티]: (결함제품(defect)에 대한) 생산자 책임 양2

2499 *__prod·uct line__ [프롸덕트 라인]: 제품군, 제품계열, 같은 상표로 파는 같은 계열의 상품들, ⟨~ array of products⟩ 미2

2500 *__prod·uct place-ment__ [프롸덕트 플레이스먼트]: 상품 등장 (광고), 자사의 제품을 TV나 영화에 출연시켜 광고효과를 노리는 일, ⟨~ embedded marketing⟩ 양2

2501 **pro-fane** [프뤄풰인]: pro(before)+fanum(temple), ⟨라틴어⟩, 불경스러운, 모독적인, 이교의, 더럽혀진, '신전 밖의', ⟨~ secular\impious\obscene⟩, ⟨↔religious\sacred⟩ 양2

2502 **pro-fess** [프뤄풰쓰]: pro(before)+fateri(avow), ⟨라틴어⟩, 공언하다, ⟨앞에 나서서⟩ 주장하다, 교수하다, 고백하다, ⟨~ declare\affirm\claim⟩, ⟨↔deny\refute\suppress⟩ 양2

2503 **pro-fes·sion** [프뤄풰션]: (지적) 직업, 전문업, 공언, 신앙고백, ⟨~ occupation\attestation⟩, ⟨↔avocation\inexperience⟩ 가1

2504 **pro-fes·sion-al foul** [프뤄풰셔늘 화울]: (상대방 득점을 저지하려는) 고의적 반칙, ⟨~ foul play\mal-practice⟩ 양2

2505 **pro-fes·sor** [프뤄풰써] \ **prof.** [프롸후]: 프로페서, 교수, 전문가, 신앙고백자, ⟨~ pedagogue\pundit⟩ 가1

2506 **prof·fer** [프롸훠]: ⟨← offere⟩, ⟨라틴어⟩, 'pre+offer', 제안하다, 제출하다, 봉사하다, ⟨~ tender\submit⟩, ⟨↔refuse\withdraw⟩ 양2

2507 **pro-fi·cient** [프뤄휘션트]: pro(forward)+facere(make), ⟨라틴어⟩, 숙달된, 능란한, 아주 잘하는, '남보다 앞서 만드는', ⟨~ skilled\expert⟩, ⟨↔inept\incompetent⟩ 가1

2508 **pro-file** [프로우화일]: pro(before)+filum(thread), ⟨라틴어⟩, 프로파일, 옆모습, ⟨선을 앞으로 뽑은⟩ 윤곽, 인물 단평, 종 단면도, 개요, 일람표, 분석철, ⟨↔composition\portrait⟩, ⟨~ side-view\contour\description⟩ 양2 미2

2509 **prof·it** [프롸휱]: pro(forward)+facere(make), ⟨라틴어⟩, 이익, 소득, ⟨앞서 행해서⟩ 덕을 보다, ⟨~ gain\earning⟩, ⟨↔loss\cost⟩ 가1

2510 **pro·fit·er·ole** [프뤄휘터로울]: 〈이태리 출신 프랑스 왕비가 데려온 요리사가 조그만 포상(profit)용으로 만들었다는〉 얼음과자 등으로 속을 채운 작은 슈크림, ⇒ cream puff 우1

2511 **prof·li·gate** [프롸홀리게이트]: pro(forth)+fligere(dash), 〈때려 눕히다라는 라틴어에서 유래한〉 방탕한, 난봉의, 낭비하는, 〈~ wasteful\libertine〉, 〈↔thrifty\frugal〉 양2

2512 *__pro for·ma__ [프로우 휘얼머]: 〈라틴어〉, 'for form's sake', 형식적인, 임시의, 견적상의, 〈↔in-formal〉 양2

2513 **pro-found** [프뤄화운드]: pro+fundus(bottom), 〈라틴어〉, '앞에 형성된', 깊은, 심오한, 충분한, 정중한, 〈~ deep〉, 〈↔superficial\mild\shallow〉 가1

2514 **pro-fun·di·ty** [프뤄훤디티]: 〈← profound〉, 깊음, 심오, 속, 오묘, 심원한 문제, 심연, 〈↔homily\skulduggery\trope〉 양2

2515 **pro-fuse** [프뤄휴우즈]: pro+fundere(pour), 〈라틴어〉, 아낌없는, 헤픈, 많은, '앞에 흘러 나오는', 〈↔sparse\lacking〉 가1

2516 *__pro-gam·er__ [프로우 게이머]: professional gamer, (전자 경기를 직업으로 하는) 전문놀이꾼 양2

2517 **pro–gen·i·tor** [프로우 줴니터]: pro(forth)+gignere(beget), 〈라틴어〉, 창시자, 선조, 원조, 원본, 〈~ ancestor\forbear〉, 〈↔descendant\copy〉 양2

2518 **prog·e·ny** [프롸줴니]: pro(forth)+gen(bear), 〈라틴어〉, 자손, 제자, 소산, 종족, 〈영국 상놈들은 'be·get'이라 함〉, 〈~ off-spring\issue〉, 〈↔ancestor\fore-bear\posterity\stock'〉 가1

2519 **pro–ges·ter·one** [프로우줴스터로운]: 〈1930년 pro(for)+gestation(birth)이 합쳐 만들어진〉 프로게스테론, (친임신성) 황체 호르몬, 〈oral contraceptive의 주성분〉 양2

2520 **prog·no·sis** [프롸그노우시스]: pro(before)+gnosis(know), 〈그리스어〉, 〈미리 알아보는〉 예후, 예지, 예측, 〈~ prediction\speculation〉, 〈↔hind-sight\etiology〉 양2

2521 **pro–gram** \ ~gramme [프로우그램]: pro(before)+graphein(write), 〈그리스어〉, 프로그램, 〈앞에다 써 붙인〉 차례표, 계획표, 과정표, 차림표, 편성표, 목록, 〈~ scheme\plan\docket〉 가1

2522 *__pro-gram–ma·ble func·tion key__: '차림표 수행 단자', (다른 단자들과 결합해서) 특정 업무를 수행할 수 있게 차려진 전산기의 자판 단자(computer keyboard) 양2

2523 *__pro-gram–ming lan·guage__: computer language, 차림표 언어, 전산기 언어, 전산기에 특정 업무를 지시하기 위해 고안된 고도로 체계화된 기호·문자·단어들 양2

2524 *__pro-gram trad·ing__: '차림표 거래', (일정한 매매 조건을 입력한) 전산기에 의한 자동 주식거래, 〈~ computer-assisted trading〉 양2

2525 **prog-ress** [프롸그뤠쓰]: pro(before)+gradi(step), 〈라틴어〉, '앞으로 나아가기', 전진, 진보, 경과, 발달, 〈~ forward movement\advancement〉, 〈↔regress\retreat\retrogress〉 가1

2526 **Pro-gres·sive** [프뤄그뤠씨브]: 1937년에 세워진 미국의 자동차 보험 회사, 〈~ an American auto insurance company〉 수2

2527 **pro-gres·sive** [프뤄그뤠씨브]: pro+gradi(step), 〈라틴어〉, 전진하는, 점진적, 진보적, 진행성의, 〈~ continuous\on-going〉 가1

2528 **pro-gres·sive coun·try** [프뤄그뤠씨브 컨트뤼]: '진보적 시골 음악', (1970년경에 대두된) 사회적 주제나 혁신적 악기를 사용하는 '시골 음악'의 일종, 〈~ Cosmic Cowboy〉 미2

2529 *__pro-gres·sive deal__[프뤄그뤠씨브 디일]: 점진적 거래, (1차 입찰자 중에 일부를 추려서 다시 입찰하게 하거나 입찰의 조건을 변경시키는) 〈호가식 입찰〉, 〈~ bid for a bid〉 양1

2530 **Pro-gres·sive E·ra** [프로그뤠씨브 에롸]: 점진시대, (1890년대부터 1920년대까지) 미국에서 일어났던 사회·정치의 개혁 운동 기간, 〈~ a US reformation〉 우2

2531 **pro-gres·sive jazz** [프뤄그뤠씨브 재즈]: '진보적 광란곡', (1944년경부터 대두한) 화음을 중요시하는 구성을 가진 재즈음악, 〈~ cool jazz〉 미2

2532 **pro-gres·sive lens** [프뤄그뤠씨브 렌스]: (2중이나 다중 초점을 가진) 진행형 안경알, 〈bi-focal보다 넓고 선명함〉 양2

2533 **pro-gres·sive rock** [프뤄그뤠씨브 롹]: '진보적 흔들 음악', art rock(1960년대 후반에 대두된) 복잡한 구절법과 즉흥이 가미된 전위적 '흔들음악', 〈~ symphonic rock〉 미2

2534 **pro·hi·bi·tion** [프로우히비션]: pro(before)+habere(have), 〈라틴어〉, '앞에서 잡기', 금지, 금제, 〈~ banning\forbidding〉, 〈↔permission\endorse-ment〉, P~ Act; (1920년에 발효해서 1933년에 폐지된) 미국의 금주법, 〈~ Volstead Act〉 가1 수2

2535 **pro·ject¹** [프뤄줵트]: pro(forward)+jacere(throw), 〈라틴어〉, '앞에 던지다', 입안하다, 설계하다, 발사하다, 투사하다, 예측하다, 나타내다, 삐죽 나오다, 〈~ forecast\estimate〉, 〈↔withdraw\retract〉 양1

2536 **pro·ject²** [프롸줵트]: 〈라틴어〉, 프로젝트, 안, 설계, 사업계획, 과제, '앞에 던져진 것', 〈~ design\plot〉, 〈↔idle-ness〉 양2

2537 **pro·jec–tiv·ism** [프롸줵티뷔즘]: '투사주의', (D. Hume이 주창한) 어떤 특성을 특정 개체에다 〈뒤집어 씌우는〉 사고방식, '부문별 사고방식', 〈~ projectionism\sectoral mind-set〉 우2

2538 **pro·lac·tin** [프로울랙틴]: pro(before)+lactation(milking), 〈'젖이 나오기 전'이란 그리스어를 1932년에 영국에서 합성한 말〉, 젖샘자극 내분비물, 황체자극호르몬, 〈~ lactogenic hormone〉 미2

2539 **pro·lapse** [프로울랲스]: pro(forward)+labi(slip), 〈라틴어〉, 〈미끌어져 내리다〉, 탈출(탈수)하다, 빠져 처지다, 〈~ descent\falling out〉, 〈↔ascent〉 양2

2540 **pro·le·tar·i·an** [프로울러테어뤼언]: 〈← proles(offspring)〉, 〈라틴어〉, 〈재산이 아니고 자손으로 국가에 봉사하는〉 무산계급의, 가진 것이라곤 '자식〈불알 두 쪽〉'밖에 없던 로마의 최하급 시민, 〈~ working class\plebeian〉, 〈↔bourgeois〉 양2

2541 *****pro-life** [프로우 라이후]: 〈1975년에 등장한 말〉, 생명 존중의, 임신중절에 반대하는, 〈~ anti-abortion〉, 〈↔pro-choice〉 미1

2542 **pro·lif·er·ate** [프륄리훼뤠이트]: proles(offspring)+ferre(bear), 〈라틴어〉, 증식(번식)하다, 확산하다, 〈~ increase(grow) rapidly\multiply〉, 〈↔dwindle\recede〉 가1

2543 **pro·lif·ic** [프륄리휙]: proles(off spring)+ferre(bear), 〈'자손'이란 뜻의 라틴어에서 유래한〉 다산의, 열매를 많이 맺는, 많이 생기는, 풍부한, 〈~ fertile\abundant〉, 〈↔unproductive\barren〉 양1

2544 **pro-lix** [프로우 릭스]: pro(forth)+liquere(flow), 〈라틴어〉, 말이 많은, 장황한, 지루한, 〈~ lengthy\protracted〉, 〈↔compact\concise〉 양2

2545 **prol·ly** [프롤리]: 〈영국어〉, 아마도(probably의 약자) 미2

2546 *****Pro-log** [프로울라그]: 프롤로그, programming in logic, 논리형 차림표(언어), (1970년대 초반에 구미에서 시작된) 인간의 사고방식을 따라 설계된 논리형 교육용 전산기 술어 미2

2547 **pro-log \ ~logue** [프로울라그 \ 프로울러그]: pro(before)+logos(discourse), 〈그리스어〉, 프롤로그, 〈본문 앞에서 하는〉 머리말, 서언, 서막, 전주곡, 〈~ preface\pre-amble〉, 〈↔epi-log\postlude〉 양2

2548 **pro-long** [프뤌러엉]: pro(forth)+longus(long), 〈라틴어〉, 〈앞으로 길게〉 늘이다, 오래 끌다, 연장하다, 〈~ lengthen\extend〉, 〈↔shorten\curtail〉 가1

2549 *****PROM** [프롬]: 프롬, programmable read-only memory, (현장에서 한 번만 재편성할 수 있는 지워지지 않는) 가변성 판독전용 기억장치 미2

2550 **prom** [프롬]: 프롬, promenade concert (유보 음악회), (고교) 졸업 무도회 미2

2551 **prom·e·nade** [프롸머네이드]: pro(forth)+minare(drive), 〈라틴어→프랑스어〉, 산책, 행진, 뽐내며 걷다, 〈~ march\parade〉, 〈↔stagnation〉 양2

2552 **Pro·me·the·us** [프뤄미이씨어스]: pro(before)+mathein(learn), 〈그리스어〉, 프로메테우스, '예지자', 하늘에서 불을 훔쳐 인간에게 준 죄로 독수리에 간을 쪼여 먹히다가 헤라클레스에 구출된 〈독창적〉이고 〈단호한〉 거인 신, 〈~ a god of fire〉 수1

2553 **pro·me·thi·um** [프뤄미이씨엄]: 〈인간이 원자로부터 훔쳐 온 원자력을 잘 쓰면 광명이 오고 잘못 쓰면 프로메테우스같이 파멸을 가져온다는 그럴듯한 어원을 가진〉 프로메튬, uranium 광석에서 〈훔쳐 와서〉 (신호등의 형광물질(luminous paint) 보존용으로 써먹는) 희토류 원소(기호 Pm·번호61), 〈~ a radio-active element〉 수2

2554 **pro-mia** [프로우 미어]: 〈2010년도 경에 등장한 말〉, 프로미아, pro·bulimia, (신경성) 폭식증에 효의적인, 〈↔pro-ana〉 양2

2555 **prom·i·nent** [프롸머넌트]: pro(forth)+minre(jut out), 〈라틴어〉, 현저한, 〈앞으로 올라와〉 두드러진, 돌출한, 〈~ salient\significant〉, 〈↔inferior\obscure〉 양1

2556 **pro‑mis·cu‑ous** [프뤄미스큐어스]: pro(forth)+miscere(mix), 〈라틴어〉, '뒤섞인', 문란한, 난잡한, 무차별한, 〈~ (sexually) in-discriminate\licentious〉, 〈← chaste\selective〉 양1

2557 *****pro‑mis·cu‑ous mode** [프뤄미스큐어스 모우드]: 무차별 방식, 전산망에 떠 있는 모든 정보를 읽을 수 있는 전산기 양식, 〈~ de-bauched mode〉 미2

2558 **prom·ise** [프롸미스]: pro(forth)+mittere(send), 〈라틴어〉, 〈하인을 미리 보내서 받아 오는〉 약속, 기약, 희망, 계약, 징후, 〈~ pledge\word of honor\affirmation〉, 〈↔breach\cancel\revoke〉 양1

2559 *****prom·ise (some-one) the earth\moon\stars\world**: 허황된 약속을 하다, 공약(빈 약속)하다, '그대에게 별을 따다 드리리', 〈↔absolutely not\no way〉 양2

2560 **prom·is·so·ry** [프롸미써어뤼]: 〈← promise〉, (지금을) 약속하는, 약정한, 〈↔devoid〉 양2

2561 **prom·on·to·ry** [프롸먼토뤼]: 〈← prominere(jut forth)〉, 〈라틴어〉, 갑, 곶, 절벽, 벼랑, head-land, cape, foreland, 〈~ prominent〉, 〈↔cave\gulf〉 양2

2562 **pro‑mote** [프뤄모우트]: pro(forward)+movere(move), 〈라틴어〉, 〈앞으로 움직여서〉 진척(진전)시키다, 승진시키다, 선동하다, 사취하다, 〈~ proclaim\tout〉, 〈↔demote\impede\obstruct〉 양1

2563 *****prompt** [프뢈프트]: pro(forth)+emere(take), 〈라틴어〉, 〈앞으로 내놓아〉 신속한, 즉석의, 촉진(자극)제, 촉구, '준비완료'(전산기가 조작자에게 입력을 재촉하는 단말 화면상의 기호나 문자), 〈~ quick\direct\arouse〉, 〈↔slow\deter\thwart〉 양1 미2

2564 **prompt-er** [프뢈프터]: 격려자, (배우가 대사를 잊었을 때) 상기시켜 주는 사람, 〈~ provoker\booster〉 우2 양2

2565 *****prom‑trot‑ter** [프뢈 트롸터]: '날라리', '난봉질', (바람기가 있어) 여러 군데 졸업 무도회를 뛰어다니는 (여)학생, 〈~ drifter\flapper\all American〉 미2

2566 **prom·ul·gate** [프롸멀게이트]: pro(before)+mulgare, 〈라틴어〉, 〈앞에서 젖(emulsion)을 짜듯〉 선포(공표·발표)하다, 〈~ broadcast\announce〉, 〈↔withhold\bottle up〉 양2

2567 **pro‑na·tal·ism** [프로우네이털리즘]: 출산 촉진주의, 출산율 증가 찬성론, 〈~ pro-birth position〉, 〈↔antinatalism〉, 〈↔birth-control〉 양1

2568 **prone** [프로운]: 〈← pro(before)〉, 〈라틴어〉, '앞으로 기운', 수그린, ~의 경향이 있는, 내리받이의, 〈~ face downward\susceptible〉, 〈↔supine\resistant〉 양1

2569 **prong** [프뤙]: 〈← prog ← prod ← poke〉, 〈게르만어〉, 갈퀴, 쇠스랑, 가지, 〈pinching 하는〉 뾰족한 끝, 자지, 〈~ tine\spike\tip〉 양1

2570 **prong-horn** [프뤙 호언]: (북미 서부산) 가지뿔영양, 누렁색과 흰색이 어울린 털과 해갈이하는 갈라진 뿔을 가지고 말보다 더 빨리 단거리를 달릴 수 있는 중형의 발굽동물, 〈~ prong-buck\American antelope〉 미2

2571 **pro‑noun** [프로우나운]: pro(for)+nomen(noun), 〈라틴어〉, '앞에 있는 명사', 대명사, 명사를 대치하는 말, 〈~ substitute noun〉, 〈↔noun〉 가1

2572 **pro‑nounce** [프뤄나운스]: pro(before)+nuntiare(announce), 〈라틴어〉, '앞에서 소리내어 알리다', 발음하다, 선언하다, 단언하다, 〈~ articulate\enunciate〉, 〈↔gainsay\mumble\mis-pronounce〉 양1

2573 **pro‑nounced** [프뤄나운스드]: 뚜렷한, 단호한, 〈~ marked\noticeable〉, 〈↔faint\in-conspicuous\un-pronounced〉 양2

2574 **pro‑nun·ci·a‑tion** [프뤄넌시에이션]: 발음, 발음하는 법, 〈~ diction\utterance〉, 〈↔spelling〉 양2

2575 **proof** [프루우후]: 〈← probare〉, 〈라틴어〉, 〈← prove〉, 증명, 증거, 시험, ~를 막는, 표준 도수의, 교정쇄의, 〈~ evidence\verification\trial print〉, 〈↔dis-proof\refutation\final〉 양1

2576 **prop** [프뢒]: 〈← proppe(support)〉, 〈네덜란드어〉, 지주, 버팀목, 지지자, 동영상 화면에 배치된 물체, 소도구, 〈~ sprag²〉, 〈~ splint\chip〉, 〈~(↔)post\support〉 양1

2577 **prop·a·gan·da** [프롸퍼갠더]: 〈← propagate〉, 선전, 주장, 포교, 〈~ promotion\advertising〉, 〈↔counter-propaganda\opposition〉 양1

2578 **prop·a·gate** [프롸퍼게이트]: pro(forward)+pangere(fasten), 〈라틴어〉, 번식시키다, 전파하다, 전도하다, 〈~ grow\spread〉, 〈↔conceal\contradict〉 양1

2579 **pro·pane** [프로우페인]: 〈영국어〉, 〈propionic산이 주성분인〉 프로판, (액화기체를 연료로 쓰는) 메탄계 탄화수소의 일종, 〈~ a flammable hydro-carbons〉 수2

2580 **pro-pel** [프뤄펠]: pro(forward)+pellere(drive), 〈라틴어〉, '앞으로 끌고 가다', 추진하다, 몰아내다, 〈~ push forwards\actuate\impel〉, 〈↔repress\check〉 양1

2581 ***pro-pel-ler head** [프뤄펠러 헤드]: (추진기가 달린 모자를 즐겨 쓰는) 전산기 광이나 틈입자, 〈~ computer junkie〉 미2

2582 **pro-pen·si-ty** [프뤄펜시티]: 〈← pro(forward)+pendere(hang)〉, 〈라틴어〉, 〈아래로 매달린〉 경향, 성질, 버릇, 〈~ tendency\proneness〉, 〈↔dis-inclination〉 양1

2583 **prop·er** [프롸퍼]: 〈← proprius(own)〉, 〈라틴어〉, 적당한, 타당한, 올바른, 고유의, '자기 자신의', 〈→ property\appropriation〉, 〈~ real\correct\bona fide〉, 〈↔im-proper\in-appropriate〉 양1

2584 **prop·er noun(name)** [프롸퍼 나운(네임)]: (특정한 개념을 나타내는) 고유명사, 〈~ proper substantive\self-name〉, 〈↔common noun〉 양2

2585 **prop·er sal·u·ta-tion** [프롸퍼 썰루테이션]: 〈격식을 갖춘〉 호칭, 인삿말, 〈~ polite greetings〉 양2

2586 **prop·er-ty** [프롸퍼티]: 〈← proprius(own)〉, 〈라틴어〉, 〈← proper〉, '자기 자신의 것', 재산, 자산, 소유물, 특성, 도구, 〈~ attribute\possessions〉, 〈↔forfeiture〉 양1

2587 **prop·er-ty tax** [프롸퍼티 택스]: 〈주로 지방정부가 거둬들이는〉 토지·건물 등에 대한 재산세, 〈~(↔)income tax\sales tax\capital gains tax〉 가1

2588 **proph·e-cy** [프롸휘시]: 〈← prophet〉, 예언 (능력), 신의 통고, 〈~ augury\prediction〉, 〈↔hind-sight〉 가1

2589 **proph·e-sy** [프롸휘사이]: 예언하다, 예측하다, 〈~ fore-tell\reveal〉, 〈↔prove\calculate〉 가1

2590 **proph·et** [프롸휕]: pro(before)+phanai(speak), 〈그리스어〉, '앞서서' '외치는 자', 예언자, 신의 뜻을 대변하는 자, 〈~(↔)prophetess〉, 〈~ seer\sooth-sayer〉, 〈↔ignorant〉 가1

2591 **pro-phy·lax·is** [프로우휠랙시스]: pro(before)+phylassein(preserve), 〈그리스어〉, 〈미리 보호하는〉 예방(법), 예방처치, 〈~ prevention\protection〉, 〈↔ana-phylaxis〉 가2

2592 **pro-pi·ti·ate** [프뤄피쉬에이트]: 달래다, 화해시키다, 비위 맞추다, 〈~ appease\mollify〉, 〈← propitious〉, 〈↔agitate\incite〉 양1

2593 **pro-pi·tious** [프뤄피셔스]: pro(forward)+petere(seek), 〈라틴어〉, 호의를 가진, 상서로운, 길조의, 〈~ auspicious〉, 〈↔inauspicious\unfortunate〉 양2

2594 **pro-po·nent** [프뤄포우넌트]: 〈← proponere(set forth)〉, 〈라틴어〉, 〈← propound〉, 제안자, 옹호자, 〈~ advocate\exponent〉, 〈↔opponent〉 가1

2595 **pro-por·tion** [프뤄포우션]: 〈← pro(before)+portio(part)〉, 〈라틴어〉, 〈← portion〉, 비(율), 몫, 규모, 균형, 〈~ percentage\section〉, 〈↔dis-proportion\in-equality〉 양1

2596 ***pro-por·tion-al pitch (~ spac-ing \ ~ font)**: 비례간격(넓이가 다른 글자의 출력결과를 보기 좋도록 조정하는 인쇄·타자법), 〈↔ill-proportioned〉 미2

2597 **pro-pose** [프뤄포우즈]: pro(forth)+ponere(place), 〈라틴어〉, '앞에 내놓다', 신청하다, 제안하다, 꾀하다, 청혼하다, 〈~ offer\request〉, 〈↔withdraw\rebuff〉 양2

2598 **pro-pound** [프뤄파운드]: pro(forth)+ponere, 〈라틴어〉, '앞에 내놓다', 제기 (제시) 하다, 〈→ proponent〉, 〈~ put forward\set forth〉, 〈↔repress\withhold〉 양2

2599 **pro·pri·e-tor** [프뤄프롸이어터]: 〈← proprius(own)〉, 〈라틴어〉, 〈← property〉, 소유자, 주인, 지배자, 독점자, 〈~ possessor\free-holder〉, 〈↔tenant\lessee\squatter〉 양1

2600 **pro·pri·e-ty** [프뤄프롸이어티]: 〈← proper〉, 타당, 적정, 예절, 범절, 〈~ decorum\correctness〉, 〈↔im-propriety\in-appropriateness〉 가1

2601 **pro·pri·o-cep·tion** [프로우프뤼어 쎕션]: proprius+inception, 〈라틴어〉, 〈자기 몸의 위치나 움직임을 의식하는〉 자기수용감각, (중뇌가 총괄하는) 고유감각, 〈~ kinesthesia〉, 〈↔intero-ception〉 양2

2602 **pro-pul-sion** [프뤄펄션]: 〈← propellere(propel)〉, 〈라틴어〉, 〈앞으로 몰아나가는〉 추진(력), 〈~ thrust\impetus〉, 〈↔pull\relaxation〉 가1

2603 **pro-rate** [프로우뤠이트]: 비례 배분(할당)하다, 〈~ allocate\spread〉, 〈↔mis-allocate\combine〉 양1

2604 **pros~** [프롸스~]: 〈그리스어〉, pro~, 〈앞으로·~쪽으로·그 위에〉란 뜻의 접두어 양1

2605 ***pro-sage** [프로우 시쥐]: protein+sausage, 식물성(veggie) 단백질 순대 미2

2606 **pro·sa·ic** [프로우제익]: 〈← prosa〉, 〈라틴어〉, 〈← prose〉, 산문적인, 재미없는, 범상한, 〈~ un-imaginative\dull\humdrum〉, 〈↔inspired\varied〉 양2

2607 **pro-sciut·to** [프로우슈우토우]: pro(forth)+exsugere(suck out), 〈라틴어→이탈리아어〉, 〈물기를 제거한〉 프로슈토, Parma ham, 말린 것을 얇게 저며 날로 먹는 (향신료가 많이 든) 이탈리아 Parma 원산의 넓적다리 돼지고기, 〈~ sliced pork legs〉 수2

2608 **prose** [프로우즈]: pro(forward)+vertere(turn), 〈라틴어〉, 〈똑바로 쓴〉 산문, 단조로운 문장, 평범한, 상상력이 없는, 〈→ prosaic〉, 〈~ composition\matter-of-facts〉, 〈↔poem\verse〉 양2

2609 **Pro·sec·co** [프로쎄코]: 〈그곳을 벌목하던 도끼이름(슬라브어)에서 연유한〉 이태리 동북부의 항구, 프로세코, 동명의 포도 품종으로 만든 〈샴페인에 버금가는〉 이탈리아산 발포성 포도주(sparkling wine), ⇒ Bellini 수2

2610 **pros·e·cute** [프롸씨큐우트]: pro(before)+sequi(follow), 〈라틴어〉, '앞서 따라가다', 수행하다, 종사하다, 기소하다, 〈~ arraign\indict\sue〉, 〈↔exonerate\vindicate〉 양1

2611 **pros·e·lyte** [프롸서라이트]: 〈← proselytos(stranger)〉, 〈그리스어〉, 〈고대 유대 율법에 반대한〉 개종자, 전향자, 변절자, 〈~ convert\recruit〉, 〈↔dissuade\secularize〉 양2

2612 **pro·so** [프로우쏘우]: 〈러시아어〉, millet, 기장, 황실, 조보다 큰 담황색의 열매를 맺는 볏과의 한해살이풀 미2

2613 **pro-so·cial** [프로우 쏘우셜]: 친사회적인, 사회에 이로운, 〈↔anti-social〉 가1

2614 **pros·o·dy** [프롸써디]: 〈그리스어〉, pros(to)+ode(song), 〈노래를 위한〉 작시법, 운율학, 시형론, 〈~ rhythmic pattern〉 양2

2615 **pros·o·pag·no·sia** [프로우쏘우퍼그노우시어]: prosopon+agnosia, 〈그리스어〉, face+ignorance, '안면장님', (뇌의 손상으로 인하여 친숙한 얼굴도 못 알아보는) 얼굴인식불능증 양2

2616 **pros·pect** [프롸스펙트]: pro(before)+specere(look), 〈라틴어〉, 〈앞을 보는〉, 조망, 전망, 예상, 유망, 답사하다, '앞을 보다', 〈~ anticipation\expectation〉, 〈↔unliklihood\hopelessness〉 양1

2617 **pros·pec-tor** [프롸스펙터]: 답사자, 시굴자, 투기자, 〈~ explorer\path-finder〉 양2

2618 ***pros·pect the·o·ry** [프롸스펙트 씨어뤼]: 전망이론, 1979년 D.Kahneman과 A. Tversky가 주창한 (인간은 손실을 피하려는 경향이 있다)는 〈준 합리적 경제이론〉, 〈~ decision making based on perceived gains or losses〉 우2

2619 **pros·per** [프롸스퍼]: pro(before)+spes(hope), 〈라틴어〉, 번영하다(시키다), 성공하다(시키다), '희망대로 되다', 〈~ succeed\bloom〉, 〈↔fail\collapse〉 양2

2620 **pro-spi·cience** [프롸스피쉬언스]: pro(before)+spicere, 〈라틴어〉, 'fore·sight', 예지, 선견지명, 조짐, 〈↔im-providence\in-cognizance〉 양2

2621 ***pro-sumer** [프로우슈우머]: producer+consumer, 생산 참여 소비자, 제품개발에 적극적으로 의사를 표시하는 소비자 미2

2622 **pros·ta-glan·din** [프롸스터 글랜딘]: 〈prostate gland뿐만 아니라〉 (거의 모든 세포에 들어있는) 혈관 확장·혈전 방지·평활근 수축 등의 다양한 약리작용이 있는 불포화 지방산(unsaturated fatty acids) 수2

2623 **pros·tate** [프롸스테이트]: pro(before)+sta(stand), 〈그리스어〉, 〈앞에 서 있는〉 전립선, 전위선(남성생식기 전에 붙어있어 정자의 운동을 활발하게 하는 분비물(seminal fluid)을 내보냄) 양2

2624 **pros-the·sis** [프롸스티시스]: pros(forth)+tithenai(place), 〈그리스어〉, 〈덧 대는〉 보철(술), 인공기관, 어두음 첨가, 〈~ artifical device〉, 〈↔natural\original〉 양1

2625 **pros·tho-don·tics** [프롸스터 단틱스]: prosthesis+orthodontics, 〈그리스어→라틴어〉, 치과 보철학, 의치학 양2

2626 **pros·ti·tute** [프롸스티튜우트]: pro(before)+statuere(cause to stand), 〈라틴어〉, 매음, 매춘부, 창녀, 〈앞서서 걸어가는〉 '앞선 여자', 절개나 재능을 파는 자, harlot, whore, street-walker, round-heel, hooker, cocotte, 〈~ porn〉, 〈↔chaste\maiden〉, 〈영어에 117개의 반의어와 동의어가 있다함〉 가1

2627 **pros·trate** [프롸스트뤠이트]: pro(before)+sternere(lay flat), 〈라틴어〉, '앞에 펴다', 넘어뜨리다, 엎드리게 하다, 항복시키다, 절하다, 〈~ lying flat\over-power\bow low〉, 〈↔upright\stalwart〉 양1

2628 **pro·tag·o·nist** [프로우태고니스트]: protos(first)+agonistes(actor), 〈그리스어〉, 〈첫째가는 역할을 하는〉 주역, 주인공, 〈~ principal charactor\first struggler〉, 〈↔antagonist〉 가1

2629 **Pro·tag·o·ras** [프로우태거러스]: proto(first)+agora(assemble), '출중한 자', 프로타고라스, (BC481?-411?), 〈인간은 만물의 척도〉라고 말한 그리스의 철학자(궤변가), 〈~ a Greek philosopher〉 수1

2630 **pro·te·an** [프로우티언]: 〈Proteus같이〉 여러 역할을 하는, 다재다능한, 변화무쌍한, 〈~ ever-changing\kaleidoscopic〉, 〈↔constant\limited〉 수2

2631 **pro·tect** [프뤄텍트]: pro(before)+tegere(cover), 〈라틴어〉, '앞에서 덮다', 보호하다, 막다, 지키다, 〈→ protege〉, 〈~ defend\safe-guard\preserve〉, 〈↔attack\plunder\neglect〉 가1

2632 *****pro-tect–ed mode** [프뤄텍티드 모우드]: 보호기제(방식), 전산기가 여러 기능을 발휘할 때 다른 작업이 그 기억력 영역을 침범하지 못하게 막는 연성기제, 〈~ supportive soft-ware for memory protection〉 미2

2633 **pro·te·ge** [프로우터제이]: 〈프랑스어〉, 〈← protect〉, 피보호자, 제자, 〈~ apprentice\ward〉, 〈↔leader\mentor\role model〉 양2

2634 **pro·tein** [프로우틴]: protos(first)+in, 〈그리스어〉, '최초의 물질', 단백질, 아미노산을 포함하는 분자 덩어리, 〈~ a macro nutrient\polypeptide〉, 〈↔lipid\carbohydrate〉 양2

2635 **pro tem·po·re** [프로우 템퍼뤼]: 〈라틴어〉, 'for the time being', 일시적으로, 당분간, 대행의, 〈↔lasting\permanent〉 미2

2636 **pro-test** [프뤄테스트]: pro(before)+testari(affirm), 〈라틴어〉, '앞에서 증언하다', 항의하다, 이의를 제기하다, 주장하다, 〈~ object\oppose〉, 〈↔approve\support〉 가1

2637 **prot·es·tant** [프롸터스턴트]: 프로테스탄트, 항의자, 개신교, 신교도(의), 〈~ dissenter\dissident〉, 〈↔catholic\non-complainer〉 양2

2638 **Pro·te·us** [프로우티어스]: 〈첫째로 태어난〉 프로테우스, 예언력을 가지고 갖가지 모습으로 둔갑할 수 있었다는 바다의 신, 〈~ Old Man of the Sea〉, 포세이돈의 장남, proteus; 변덕쟁이(flip-flopper) 수1 양2

2639 **pro·to~** [프로우토우~]: 〈그리스어〉, first \ original, 〈최초의·주요한·원시의~〉란 뜻의 결합사, 〈↔ultima~\final~〉 양1

2640 **pro·to-col** [프로우터 컬]: protos(first)+kolla(glue), 〈그리스어〉, 〈풀로 붙인 첫 장〉, 원안, 조서, 의전, 규약, 명제, 〈~ code\order\pact〉, 〈↔disagreement\impropriety〉 양2

2641 **pro·ton** [프로우 탄]: 〈← protos(first)〉, 〈그리스어〉, 프로톤, 양(성)자, 원자의 핵을 구성하는 양성입자(쿼크), 〈~ a nucleon\hadron〉, 〈↔anti-proton\electron〉 양2

2642 **pro·to-plasm** [프로우터 플래즘]: 원형질, 세포질, 최고품, '원조', 〈~ living substance〉 양2

2643 **pro·to-type** [프로우터 타이프]: 기본형, 모범, 원형, 〈~ model\paradigm〉, 〈↔descendant\derivative〉 양2

2644 **pro·to-zoa** [프로우터 죠우아]: protos(first)+zoion(animal), 원생동물, 단세포동물, 〈~ amoeba〉 양2

2645 **pro-tract** [프로우트랩트]: pro(forward)+tahere(draw), 〈라틴어〉, '잡아 늘이다', 오래 끌게 하다, 연장하다, 내밀다, 〈~ prolong\stretch out〉, 〈↔curtail\shorten〉 양1

2646 **pro-tract–ed ill-ness wears out fil·i·al de·vo·tion**: 긴 병에 효자 없다, 〈~ no filial piety in long illness〉 양2

2647 **pro-trac–tor** [프로우트랩터]: 오래 끄는 것(사람), 분도(각도)기〈goniometer〉, (뻗는 작용을 하는) 신근, 이물 적출기, 〈~ expender\delineator\deferer〉 양1

2648 **pro-trude** [프로우트루우드]: pro(forth)+trudere(thrust), 〈라틴어〉, '앞으로 내밀다', 불쑥 나오다, 밀어내다, 〈~ pout〉, 〈~ stick (or jut) out\bulge〉, 〈↔contract\shrink〉 양1

2649 **pro·tu·ber·ance** [프로우 튜우버륀스]: 〈라틴어〉, 〈← protrude〉, 돌기, 융기, 결절, 혹, 〈~ wart\nodule\tumor〉, 〈↔blister\vesicle〉 양1

2650 **proud** [프롸우드]: 〈← prud(stately)〉, 〈영국어〉, 〈← pride〉, 당당한, 자랑스러운, 거만한, 뽐내는, 〈~ pleased with\jutting out〉, 〈↔humble\ashamed〉 양2

2651 **prove** [프루우브]: 〈← probus〉, 〈good이란 라틴어에서 유래된〉 증명하다, 시험하다, ~으로 판명되다, 〈→ probe\proof〉, 〈→ probable〉, 〈~ affirm\ascertain〉, 〈↔dis-prove\refute〉 양1

2652 **Prov·ence** [프로봐안스]: pro(forth)+vincere(conquer), 〈라틴어→갈리아어〉, 'province', 프로방스, 프랑스 남동부의 옛 주, 〈~ a historical province in south-eastern France〉 수2

2653 **prov·erb** [프롸붜어브]: pro(before)+verbum(word), 〈라틴어〉, 속담, 격언, 잠언, '앞의 말', 〈~ adage\maxim〉, 〈↔absurdity\nonsense〉, 〈↔idiom보다 길고 은유가 많음〉 가1

2654 **pro·ver·bi·al** [프뤄붜얼비얼]: 속담의, 소문난, 유명한, 〈~ axiomatic\famed〉 양2

2655 **Prov·erbs** [프롸붜어브즈]: 프로버브스, 잠언, 격언의 서, 〈솔로몬 등 이스라엘의 현자들이 한 말을 모은〉 구약성서의 한 편, 〈~ a book in the Old Testament〉 미2

2656 **pro-vide** [프뤄봐이드]: pro(before)+videre(see), 〈라틴어〉, 〈← provision〉, 주다, 공급하다, 〈앞으로 보면서〉 준비하다, 규정하다, 〈~ supply\furnish〉, 〈↔refuse\withhold〉 양1

2657 **pro-vid-ed** [프뤄봐이디드]: ~을 조건으로, 준비된, 〈~ if\equipped〉 양1

2658 **Prov·i·dence** [프롸뷔던스]: 〈← provide〉, 프로비던스, 미 동북부에 위치한 제조업 항구·역사적인 로드아일랜드의 주도·브라운대학 소재지, 〈~ the capital of Rhode Island〉 수1

2659 **prov·i·dence** [프롸뷔던스]: pro(before)+videre(see), 〈라틴어〉, '예견', 섭리, 신의 뜻, 선견지명, 〈~ destiny\divine care〉, P~; 하느님, 〈↔im-providence\shortsighted-ness〉 양1

2660 **prov·ince** [프롸뷘스]: pro(forth)+vincere(conquer), 〈라틴어〉, '앞으로 나아가 이긴 지역', 지방, 지구, 분야, 시골, 행정구역, 교구, 〈~ territory\prefecture〉 양1

2661 **pro-vi·rus** [프로우 봐이뤄스]: '전구여과성(미세)병원체', 숙주세포의 핵에 유착되어 숙주에는 무해하나 다음 세대로 핵분열할 수 있는 잠재력을 가진 미세병원체, 〈~ a virus genome〉, 〈↔retro-virus〉 미2

2662 **pro-vi·sion** [프뤄뷔젼]: pro(before)+videre(see), 〈라틴어〉, '예견', 예비, 공급, 양식, 규정, 조건, 〈→ provide〉, 〈~ supply\resources〉, 〈↔mis-provision\neglect\chance〉 양1

2663 **pro-vi·sion-al** [프러뷔줘널]: 일시적인, 잠정적인, 〈~ temporary\transitional〉 양2

2664 *__pro-vi·ta·min__ [프로우 봐이터민]: 전구 '원기소', 체내에서 비타민화하는 물질, 〈~ pre-vitamin〉 미2

2665 **pro-voke** [프뤄보우크]: pro(forth)+vocare(call), 〈라틴어〉, '앞으로 부르다', 일으키다, 성나게 하다, 도발하다, 〈~ incite\abet〉, 〈↔allay\placate\pacify〉 양2

2666 **pro·vo·lo·ne** [프로우뷜로우니]: 〈← probula(buffalo's milk cheese)〉, 〈어원 불명의 라틴어〉, 건조시켜 훈제한 단단하고 엷은 빛깔의 〈둥근〉 이탈리아 치즈(우유 더껑이) 수2

2667 **prov·ost** [프로우보우스트]: pro(before)+ponere(place), 〈'우두머리'라는 라틴어에서 유래한〉 감독관, 교무처장, 주임사제, 〈~ 2nd ranking officer〉, 〈~(↔)director\chief\mayor〉 양1

2668 **prow** [프롸우]: ①〈← proira(front end)〉, 〈그리스어〉, 〈'앞 선'이란 뜻의〉 뱃머리(bow), 이물, 기수, 〈↔stern²〉 ②〈← prode(brave)〉, 〈라틴어〉, 용감한 양1

2669 **prow·ess** [프롸우이스]: 〈← prode(brave)〉, 〈라틴어→프랑스어〉, 용기, 역량, 〈proud한〉 용맹, 절묘한 기술, 〈↔cowardice〉 양2

2670 **prowl** [프롸울]: 〈← prolen(search about)〉, 〈어원 불명의 영국어〉, 찾아 헤매다, 배회하다, 기웃거리다, 〈↔rush〉 양1

2671 *__prox·a-brush__ [프뤅싸 브뤄쉬]: '대리〈proxy〉 칫솔', (이빨 사이에 끼어 있는 음식물을 제거해 주는 뾰족한 모양의) 치간 칫솔, 〈~ an inter-dental pick〉 양2

2672 *__prox·e·mics__ [프롹씨이믹스]: 〈← proximus(nearest)〉, 〈라틴어〉, 근접학, 공간학, 인간이 타인과의 사이에 필요로 하는 역학관계를 연구하는 학문, 〈~ study of inter-personal space〉 양2

2673 **prox·i·mal** [프롹씨멀]: 〈← proximus(nearest)〉, 〈라틴어〉, 가장 가까운, 인접하는, 기저부의, 〈↔distal〉 양2

2674 **prox·im·i·ty** [프롹씨미티]: 〈라틴어〉, 근접, 〈가장〉 가까움, 〈→ approximate〉, 〈~ closeness\adjacency〉, 〈↔distance\far〉 양2

2675 **prox·im·i·ty card** [프롹씨미티 카아드]: prox card, '인접판지', 〈가까이 갖다대서 조작하는〉 근접(전자) 열쇠, ⇒ key card 우2

2676 **prox·y** [프롹씨]: pro(for)+cura(care), 〈라틴어→영국어〉, 〈← procurator〉, 대리(권), 위임장, 〈~ deputy\delegate〉, 〈~(↔)absentee ballot〉, 〈↔real\permanent〉 양2

2677 *__prox·y serv-er__ [프롹씨 써어붜]: '대행 집달기', '대리 봉사기', 다른 전산망에서 절취한 정보를 근접 전산기와 이용할 수 있도록 대행해 주는 장치, 〈~ gate-way\tunneling proxy〉 우1

2678 **prude** [프루우드]: 〈← prudent〉, 〈라틴어→프랑스어〉, 얌전한 체하는 여자, '속으로 호박씨 까는 여자', 〈내숭〉, 〈~ prig\priss〉, 〈↔libetine〉 양2

2679 **pru·dent** [프루우던트]: 〈라틴어〉, 〈← providence〉, 신중한, 분별있는, 얌전한, 빈틈없는, '앞으로 보는', 〈~ cautious\warry〉, 〈↔im-prudent\care-less\fatuous\brash〉 양1

2680 **Pru·den·tial** [프루우덴셜]: 푸르덴셜, 1875년기 세워진 미국의 종합 보험·금융회사, 〈~ an American financial company〉 수2

2681 **prud·er·y** [프루우더뤼]: 〈← prude〉, 얌전빼는, 숙녀인 척 하는, '내숭 떠는', 〈~ excessive modesty\grundyism〉, 〈↔indecency\smut〉 양2

2682 **pru·i·nose** [프루워노우스]: 〈← pruina(rime)〉, 〈라틴어〉, 흰 가루로 뒤덮힌, 서리에 덮인, 〈~ powdery\frosty〉 양2

2683 **prune¹** [프루운]: por(complete)+rooignier(cut), 〈라틴어→프랑스어〉, 가지치기, 전지하다, 정리하다, 〈~ preen〉, 〈~ trim\shear〉 양1

2684 **prune²** [프루운]: 〈← prounon〉, 〈그리스어→라틴어〉, (말린) 서양자두, (변비에 효과가 있는) 서양오얏, 짙은 적자색, 얼뜨기, 〈→ plum〉, 〈~ dried plum\a laxative〉 미2 양2

2685 **pru·ri·tus** [프루롸이터스]: 〈← prurire(itch)〉, 〈라틴어〉, 가려움(증), 소양(증) 양2

2686 **Prus·sia** [프뤄셔]: 'Rusi 강가에 사는 자들', 프로이센, 1701~1918년에 (엄격한 군대체제로 유명한) 독일 북동부에 있던 왕국, 〈~ a German Empire〉 수1

2687 **Prus·sian blue** [프뤄션 블루우]: 감청(색), 곤청, (베를린에서 발견된) 짙은 남색 안료, 〈~ mid-night blue〉 양2

2688 **prus·sic ac·id** [프뤄식 애시드]: hydrocyanic acid, 청산, 시안화수소산, Prussian blue에서 추출된 (수렴성) 독극물, 〈~ cyanide〉 양2

2689 **pry¹** [프롸이]: 〈← prien(peer)〉, 〈어원 불명의 영국어〉, 엿보다, 살피다, 파고들다, 〈~ peep\hunt〉, 〈↔ignore〉 양1

2690 **pry²** [프롸이]: 〈아마도 prize²에서 연유한 듯한 미국어〉, 지레로 올리다, 떼어내다, 힘들여 입수하다, 〈~ pull\yank\extract〉, 〈↔descend\lower〉 양1

2691 **p s** (post script): 추신, 후기, '뒷줄', 〈↔preface〉 양2

2692 *****PS2**: ①'추백 2호'; 도안·인쇄용 전산기 언어를 설명하는 Adobe 체계의 개정판 ②PlayStation 2; Sony사가 2000년에 출시한 영상놀이기계 ③personal system 2; 1981년부터 IBM사가 출시하기 시작한 소형전산기의 개인정보체계 수2

2693 **PSA** (pros·tate spe·cif·ic an·ti·gen): 전립선 특이항원, 암을 비롯한 전립선 질환 때 혈액으로 방출되는 단백질 미2

2694 **psalm** [쌈]: 〈← psalmos〉, 〈그리스어〉, 〈harp에 맞춰 부르는〉 성가, 성시, (구약성서의) 시편, (다윗왕 때 많이 쓰여진) 신에 대한 개인적 신앙고백을 노래한 150개의 시가, 〈~ sacred song\song of praise〉 양2

2695 *****p's and q's** [피이즈 앤 큐우즈]: 'p와 q를 구별하라', 언행을 신중히 하라, 동인지 오줌인지 가려라, 〈~ watch what you are doing〉 양2

2696 **pseu·do** [쑤우도우 \ 쓔우도우]: 〈← pseudein(deceive)〉, 〈그리스어〉, 가짜의, 모조의, 〈~ fake\quasi〉, 〈↔genuine\real〉 양1

2697 *****pseu·do-code** [쑤우도우 코우드]: 거짓 부호, 의사 암호, (영어와 차림표언어를 혼합해서 써서) 실행 전에 번역을 필요로 하는 부호, 〈~ pidgin code〉, 〈~ fake(imitation) code〉 미2

2698 **pseu·do·cy·e·sis** [쑤우도우 싸이이시스]: pseudo(false)+kyesos(pregnant), 〈그리스어〉, 가상 임신, 상상 임신 양2

2699 *****pseu·do-lan·guage** [쑤우도우 랭귀쥐]: 의사언어, 전산기 차림표·설계에 사용되는 인공언어, 〈~ artificial language〉 양2

2700 **pseu·do·nym** [쑤우더 님]: pseudo(false)+onyma(name), 〈그리스어〉, 익명, 아호, 필명, 〈~ alias\pen name〉 가1

2701 **pseu·do-pe·nis** [쓔우도우 피이니스]: 가짜 자지, 대롱 보지, 위 교미기, 〈여성의 외부 생식기가 들어가지 않고 남성같이 밖으로 튀어 나왔으나 귀두의 구멍이 남성보다 넓어 교접 후 상대방이 맘에 안들면 하하 웃고 나서 오줌발로 씻어버리는 아주 세련되고 편리한 기구〉, ⇒ laughing hyena 양2

2702 **pshaw** [셔어 \ 프셔어]: 〈17세기부터 영국에서 쓰기 시작한 의성어〉, 피, 체, 뭐야, 바보 같으니, 〈~ irritation\disgust〉 가1

2703 **psi¹** [프싸이]: ψ, ps, 그리스 자모의 23번째 글자, 〈~ a Greek alphabet〉 수2

2704 **psi²** [싸이]: 프시, (투시·염력·정신감응 등) 초상 현상, 초자연 현상, 〈← psychic?〉 양2

2705 **psi³** [싸이 \ 프싸이]: J 입자, 양자의 3~4배·전자의 6,000배가량의 질량을 가졌으나 매우 불안정한 핵의 기본입자, 〈~ a particle〉 수2

2706 **psi⁴** [싸이]: pounds per square inch, (타이어 등의 압력을 측정할 때 쓰는) 1평당 인치당 파운드로 표시한 〈대기와의 상대적〉 압력 우1

2707 **psi·lan·thro·py** [싸일랜쓰뤄피]: psilos(bare)+anthropos(man), 〈'벌거벗은 남자'란 뜻의 그리스어에서 유래한〉 (예수의 신성을 부정하는) 그리스도 인간론, 〈~ doctrine of human existence of Christ〉, 〈↔doctrine of divinity〉 양2

2708 **pso·ri·a·sis** [써롸이어시스]: 〈← psora(itch)〉, 〈그리스어〉, '가려움증', 〈면역성 질환으로 사료되는〉 마른버짐, 건선, 〈이것은 경계가 분명하나 eczema는 불분명함〉 양2

2709 **psst** [프스트]: 〈영국어〉, 〈의성어〉, 잠깐, 저, 여기요, 〈~ here\hey〉 가1

2710 *****psy·ch** [싸이크]: 〈그리스어→영국 속어〉, 〈'짱구'를 굴려〉 한 수 더 뜨다, 혼란시키다, 흥분시키다, 분석하다, 〈~ prank\trick〉 양2

2711 **psy·ch~ \ psy·cho~** [싸이크~ \ 싸이코우~]: 〈그리스어〉, soul \ mind, 〈정신·영혼·심리학~〉이란 뜻의 결합사, 〈↔somato\physic~〉 양2

2712 **Psy·che** [싸이키]: 프시케, (영혼을 인격화시킨) 날개 달린 미녀, Eros의 연인, psyche; 나방의 일종, 영혼, 정신, 〈아리스토텔레스가 윤회설을 믿었는지는 모르나 사람이 죽으면 영혼이 나비가 되어 날아간다는 한국의 전설에 따라 나비를 psyche로 불렀다는 '썰'이 있음〉 수2 양2

2713 **psy·che-del·ic** [싸이키델릭]: psyche(mind)+delein(manifest), 〈그리스어〉, 황홀한, 도취적인, 환각을 일으키는, 〈~ psychotomimetic〉 양2

2714 **psy·che knot** [싸이키 낱]: '프시케 결발', (Eros의 연인 Psyche마냥) 머리를 뒤로 땋아 묶은 여자의 머리 모양새, 〈~(↔)chignon〉 수2

2715 **psy·chi·a·try** [싸이카이어트뤼]: 정신 의학, 정신병 치료법, psychiatrist; 정신과 의사, head-shrinker, 〈~ mental health〉, 〈~(↔)neurology〉, 〈이것은 a medical specialty이고 psychology는 a social science임〉 양2

2716 **psy·cho** [싸이코우]: 〈그리스어→영국 속어〉, 정신분석, 광인, 괴짜, 〈~ sicko〉, 〈schizophrenia를 조현병으로 바꾼 여세를 몰아 이것도 idealist라고 바꿔 부를까요?〉 양2

2717 **psy·cho-a·nal·y·sis** [싸이코우 어낼러시스]: 정신분석학(법) 양2

2718 **psy·chol·o·gy** [싸이칼러쥐]: 심리학, 심리(상태), 〈~ study of mind and behavior〉 양2

2719 **psy·cho-naut** [싸이커 너어트]: '정신 항행자', 영적 세계를 탐구하는 자, 환각제를 먹고 뺑 돌은 친구, '또라이', 〈~ mind traveler〉 우2

2720 **psy·cho-path** [싸이커 패쓰]: 정신병질자, 반사회적 광인, 〈~ socio-path\antisocial〉 양2

2721 **psy·cho-sis** [싸이코우시스]: 정신병, 〈현실 감각이 없는〉 정신이상, 〈현실감이 있으면 neurosis〉, 〈~ insane\non compos mentis〉 양2

2722 **psy·chot·o·mi·met·ic** [싸이카토우 미메틱]: 〈정신 이상 비슷(mimic)한〉 증상을 나타내는, 〈정신병적〉 환각을 일으키는 물질, 환각제, 〈~ psychedelic\psychomimetic〉, 〈↔psychotropic〉 양2

2723 **psy·cho-trop·ic** [싸이커 트롸픽]: psycho+trepein(turn), 〈그리스어〉, 정신에 작용하는, 향정신성의(약제), 〈~ anti-psychotic〉, 〈↔psycho(to)mimetic〉 양2

2724 **psy-ops** [싸이 앞스]: psychological operations, 심리작전, 신경전, 〈↔inaction\combat〉 양2

2725 **PT** [피이티이]: pacific time(태평양 시간), physical therapy(물리치료), physical training(체련), postal telegraph(우편 전보) 등의 약자 미2

2726 **PTA**: parent-teacher association, 사친회, 학부모회 양2

2727 **ptar·mi·gan** [타알미건]: 〈← tarmachan(그리스어)〉, 〈그리스어는 어려워야 한다고 일부러 p를 붙인 켈트어〉, snow grouse, snow chicken, 뇌조, 〈다리에 짧은 깃털이 달린〉 까마귀 비슷한 북극권 들꿩(멧닭) 미2

2728 **PT boat** [피이티이 보읕]: patrol torpedo boat, (2차대전 때 활약했던 미국의) 쾌속 초계 어뢰정 미2

2729 **pter~ \ pter·o~** [텔~ \ 테로우~]: 〈그리스어〉, wing\feather, 〈날개·깃~〉이란 뜻의 결합사 양2

2730 **pter·o·saur** [테뤄쏘얼]: petro(wing)+sauros(lizard), 〈그리스어〉, '날개 달린 도마뱀', 익룡, (65~200만 년 전에 전 지구에 걸쳐 살았던) 날아다니는 파충류 양2

2731 **pto·sis** [토우시스]: 〈← piptein(fall)〉, 〈그리스어〉, '낙하증', 하수증, 눈꺼풀 처지증, 〈~ lazy eye〉 양2

2732 **Ptol·e·my** [탈러미] \ ~mies: 〈← polemos(war)〉, 〈그리스어〉, '호전적인 자', 프톨레미, 기원전 323~30까지 이집트를 지배했던 역대의 왕(들), 〈~ the longest and final dynasty of ancient Egypt〉 수1

2733 **Ptol·e·my** [탈러미], Clau·di·us: 프톨레마이오스, (AD100?-165?), (지구를 중심으로 태양이 움직인다는) 천동설을 주창했던 알렉산드리아의 천문·지리·수학자, 〈~ an Alexandrian astronomer〉 수1

2734 **PTSD** (post-trau·mat·ic stress dis·or·der): 참상 후 긴장장애, 처참한 일을 겪고 나서 일어나는 일련의 정신·신체 질환, 〈1차 대전 때 war-fatigue\shell-shock 등 촌스러운 이름으로 불리다가 2차 대전 때 combat stress reaction이라는 '정신병'으로 분류되었고 베트남전 후에 PTSD라는 우아한 말이 등장함〉 양2

2735 *****P-turn** [피이 터언]: (교차로에서 좌회전하는 대신) P자 모양으로 돌아 방향을 바꾸는 일, 〈~ U-turn\Michigan left turn〉 미1

2736 *****P2P**: peer to peer(동료 간), person to person(개인 간) 미2

2737 *****P2P**(peer to peer) **net·work**: '동격 전산망', 각개의 분기점과 접속점이 동등한 전산망 체제 미2

2738 **pub¹** [퍼브]: 〈영국어〉, public house, (서민적) 술집, 목로주점, 대폿집, 〈~ bar\tap-room〉 미2

2739 *****pub²** [퍼브]: 〈전산기 용어〉, '대중목록(public list)', 일반인이 (아무나) 하재(download)할 수 있는 서류철 전송 규약 미2

2740 **pub-crawl** [퍼브 크뤄얼]: 술집 순례(돌아다니기), 술집 배회, 〈~ bar hop〉 양2

2741 **pu·ber·ty** [퓨우벌티]: 〈← puber(ripe age)〉, 〈라틴어〉, 〈어른이 되어가는〉 사춘기, 춘기 발동기, 개화기, 〈~ sexual maturity\adolescence〉, 〈↔menopause\elderly〉 가1

2742 **pu·bic** [퓨우빅]: 〈← pubis(front arch of pelvis)〉, 〈라틴어〉, 음모(거웃)의, 음부의, '치골'의, 불두덩의, 〈~ pudenda〉 양2

2743 **pu·bic hair** [퓨우빅 헤어]: 음모, 치모, 〈불 두덩에 난〉 불거웃, 씹거웃, 〈~ nether hair; 아랫수염〉 양2

2744 **pub·lic** [퍼블릭]: 〈← populus〉, 〈라틴어〉, 〈← people〉, 공중의, 공적인, 공립의, 공공연한, 〈→ bublish\re·public〉, 〈~ communal\municipal〉, 〈↔private〉 양2

2745 **pub·li·ca·tion** [퍼블리케이션]: 〈공공연한〉 발표, 출판, 간행물, 〈~ issue\put-out〉 양2

2746 **pub·lic charge** [퍼블릭 촤아쥐]: 공과금, (사회의 성가신) 생활보호자, 〈~ indigent〉 양2

2747 **pub·lic de·fend·er** [퍼블릭 디휀더]: 공선(관선) 변호인, 〈~ assigned counsel〉, 〈↔private attorney〉 가1

2748 **pub·lic do·main** [퍼블릭 도메인]: '공공 소유권', 공유지, 공유재산, 공유(저작권), 〈~ public(government) owner·ship〉, 〈↔private property〉 양2

2749 **pub·lic·i·ty** [퍼블리시티]: 명성, 선전, 공표, 널리 알려짐, 〈~ renown\announcing〉 양1

2750 *****pub·lic key** [퍼블릭 키이]: 공개(암호)단자, 개인적인 전달문을 암호로 특정인에게 보낼 때 쓰는 공개된 통과문자로 접수자는 각자의 비밀번호가 있어야 해독이 가능함, 〈~ public availability〉, 〈↔private key〉 미2

2751 **pub·lic school** [퍼블릭 스쿠울]: (미) 초·중등 공립학교, (영) 중·고등 사립학교, 〈↔private school〉 가1

2752 **pub·lic ser·vice** [퍼블릭 써어뷔스]: 공무, 공익사업, 공직, 공공봉사, 〈↔private affair〉 가1

2753 **pub·lic speak·ing** [퍼블릭 스피킹]: 연설, 대중 앞 말하기, 〈↔chit-chat〉 가1

2754 **pub·lic wom·an** [퍼블릭 우먼]: 인도 사람들이 창녀를 가리키는 점잖은 말, '공동 소유의 여인(?)', '공공사업을 하는 여인(?)', 〈~ prostitute〉 양2

2755 **pub·lic works** [퍼블릭 워얼크스]: 공공사업, 공공토목공사, 〈~ civil works\municipal projects〉 가1

2756 **pub·lish** [퍼블리쉬]: 〈라틴어〉, 〈← public〉, '사람들에게 알리다', 공표하다, 출판하다, 표시하다, 〈~ issue\announce〉 가1

2757 **Puc·ci·ni** [푸우취이니], Gia·co·mo: 〈← Iacopucci(supplanter)〉, '대리인', 푸치니, (1858-1924), 음악의 극적 요소를 십분 발휘한 이탈리아의 가곡 작곡가, 〈~ an Italian composer〉 수1

2758 *****puck** [퍽]: 〈다양한 어원의 영국어〉 ①〈의성어?〉, 아이스하키에서 공처럼 치는 고무원반 (rubber disc) ②〈← poke?〉, 전산기도형 제작 때 쓰는 위치 결정장치, 〈~ a computer input device〉 ③영국 만화에 나오는 장난꾸러기 요정(elf) 수2

2759 **puck-er** [퍼커]: 〈영국어〉, 〈poke+purse?〉, 주름을 잡다, 오므리다, 눈살을 찌푸리다, 〈~ wrinkle\fold〉 양1

2760 **pud·ding** [푸딩]: 〈← botellus(sausage)〉, 〈'순대'란 뜻의 라틴어에서 유래한 영국어〉, 〈밀가루에 우유·계란·과일·설탕·향료 등을 넣고 찌거나 구운〉 식후에 먹는 〈달고 연한〉 '연과(연한 여자자)', 〈~ sweet treat\a dessert〉 우1

2761 *****pud·ding rath·er than praise**: 금강산도 식후경, 수염이 석 자라도 먹어야 양반, 〈~ the belly has no ears\a loaf of bread is better than the song of many birds〉 양2

2762 **pud·dle** [퍼들]: 〈← pudd(ditch)〉, 〈영국어〉, 웅덩이, 이긴 흙, 뒤범벅, 휘젓다, 〈~ pool\splash〉 양1

2763 **pu·den-cy** [퓨우든시]: 〈← pudens(bashful)〉, 〈라틴어〉, 순진무구, '수줍음', 염치, 〈↔impudency\boast〉 양2

2764 **pu·den·da** [퓨우덴더]: 〈← pudere(be ashamed)〉, 〈라틴어〉, 치부, 부끄러운 곳, (여자의) 외음부, 보지, 〈~ pubic〉, ⇒ vulva 양2

2765 **Pueb·lo** [프웨블로우]: 〈'마을(town)'이란 뜻의 스페인어〉, 푸에블로 ①미국 콜로라도주의 도시 〈~ a municipality in Colorado〉 ②미국 뉴멕시코주와 애리조나주에 (군락을 이뤄) 살던 원주민 부족, 〈~ a Native Americans in S-W US〉 ③1968년 북한군에 의해 나포되어 대동강에 전시되고 있는 미국의 '첩보선', 〈미국에서는 environmental research ship이라 하고 북한에서는 spy-ship이라 함〉 수1

2766 **pu·er-ile** [퓨우어륄]: 〈← puer(boy)〉, 〈라틴어〉, 〈어린아이같이〉 철없는, 미숙한, 어리석은, 〈~ childish\silly〉, 〈↔mature\sensible〉 양2

2767 **Puer·to Ri·co** [프웰터 뤼이코우]: port+rich, '부항'(부자의 항구), 푸에르토 리코, 1898년 미국이 스페인으로부터 양도받은 서인도제도 중부에 있는 인구밀도가 조밀한 섬으로 주민은 미국 시민이나 대통령 선거권이 없는 대신 연방세를 내지 않음, 〈~ a Caribbean island of US territory〉 수1

2768 **puff** [퍼후]: 〈영국어〉, 〈의성어〉, 훅 불기, (담배) 한 모금, 부풀리다, 헐떡이다, poof(남자 동성연애자), 〈~ whiff〉, 〈→ pouf〉 양1

2769 **puff ad·der** [퍼후 애더]: (성나면 몸이 부푸는) 아프리카산 큰 독사, 〈~ blow snake〉 우1

2770 **puff ball** [퍼후 버얼]: smoke ball, 먼지버섯, 말불버섯, 주로 흰색의 말 불알만 한 식용의 등근 버섯으로 오래되면 위에 구멍이 생겨 건드리면 포자가 연기같이 방출됨, 민들레의 깃 모양의 씨〈민들레 관모〉, 〈~ earth ball〉 미2

2771 **puff-er** [퍼훠]: 훅 부는 사람(것), 부풀리는 사람, 과대 선전자, 야바위꾼, 〈~ blower\booster\swindler〉, 〈↔inhaler\be-littler\censurer〉 양1

2772 **puff-er fish** [퍼훠 휘쉬]: globe fish, 복어(위험 시 공기를 마셔 배를 공같이 만드는 재주가 있으며 간장과 난소에 독을 가지고 있는 바닷물고기) 양2

2773 **puf·fin** [퍼휜]: 〈← puff〉, ('통통한' 부리를 가진) 〈바다 잉꼬〉, 북극권에 서식하는 요상하게 생긴 바다오리, ⇒ sea parrot 우1

2774 **puff-y** [퍼휘]: 부풀어 오른, 훅 부는, 과장된, 〈~ swollen\inflated〉, 〈↔sag-gy〉 양1

2775 **pug** [퍼그]: ①〈← puck³〉, 〈영국어〉, 불도그 비슷한 발바리, 들창코(snub nose) ②〈← pound³〉, 〈영국어〉, 이긴 흙(puddling) ③〈← pag(foot)〉, 〈힌디어→영국어〉, 발자국(foot-print) 양1

2776 **pu·gil-ist** [퓨우쥘리스트]: 〈← pugnus(fist)〉, 〈라틴어〉, (프로) 권투선수, '주먹으로 싸우는 자', 〈~ boxer〉, 〈↔kicker〉 양2

2777 **pug·(g)ree \ pug·g(a)·ree** [퍼그뤼]: 〈← pagri(turban)〉, 〈편자브어〉, '두건', (인도인들이 쓰는) 가벼운 차일모〈햇볕을 차단하는 모자〉나 머릿수건 미2

2778 **pu·ka** [푸우커]: 하와이 해안에 많은 〈여성 성기를 닮은〉 '구멍〈hole〉이 뚫린' 작은 흰 조가비(로 만든 목걸이), 〈~ cockle¹\conch〉 수2

2779 **puke** [퓨우크]: 〈영국어〉, 〈의성어〉, 토하다, 토한 것, 구토, 싫은 놈, 〈~ vomit\barf〉 양1

2780 **puke weed** [퓨우크 위이드]: '구토초', (북미 원주민들이 토하거나 설사용으로 썼던) 숫잔대풀, lobelia, ⇒ Indian tobacco 미2

2781 **pu·las·ki** [펄래스키]: 〈어원 불명의 폴란드의 지명(Pulawy)에서 온 자〉, (그것을 사용해서 45명의 소방수를 구한 미국 산림청 직원의 이름을 딴) 한쪽 끝이 괭이로 된 도끼, 〈ax+pick-ax〉 수2

2782 **pul·chri-tude** [펄크뤼튜우드]: 〈← pulcher(beauty)〉, 〈라틴어〉, (여자 몸매의) 아름다움, 육체미, 〈~ bodily charm〉, 〈↔ugliness\repulsiveness〉 양2

2783 **pu·li** [풀리]: 〈어원 불명의 헝가리어〉, 털이 매우 긴 헝가리 원산 양치기 개·애완견, 〈~ Hungarian water dog〉 수2

2784 **Pul·it·zer** [풀리쳐], Jo·seph: 〈어원 불명의 유대계 이름〉, 퓰리쳐, (1847-1911), 자수성가해서 번 돈 2백만 불을 컬럼비아대학에 기탁해서 1917년부터 문학·음악·신문·잡지 등 21개 부문에 상금을 주는 재단을 창설한 헝가리 출생 유대계 미국의 신문업자, 〈~ a Hungarian American newspaper publisher〉 수1

2785 **pull** [풀]: 〈← pullian(draw)〉, 〈어원 불명의 영국어〉, 당기다, 끌다, 뽑다, 잡아 당겨치기, 〈끌어내기〉(사용자가 요청해서 전산망의 정보를 획득하는 일), 〈↔push〉 양1 미2

2786 **pull a-part** [풀 어 파아트]: 잡아당겨 따로 떼어 놓다, 갈라 놓다, 분리하다, 떨어지다, 〈~ separate\break up〉, 〈↔come together\endorse〉 양1

2787 *****pull a rab·bit out of a hat** : 〈마치 마술사처럼〉 해결책을 끌어내다, 난제를 풀어내다, 〈~ come up with clever solution〉 양2

2788 *****pull-down men·u** : '끌어내린 목록', 내리 펼침 차림표(사용자가 특정 항목을 선택했을 때 화면에 나타나는 일람표), 〈~ drop-down\pick-list〉 미1

2789 **pul·let** [풀릿]: 〈← pullus(hen)〉, 〈라틴어→프랑스어〉, (1년 미만의) 어린 암탉, 〈알을 까기부터 첫 털을 갈 때까지의〉 영계, 〈→ poultry\poult〉, 〈~(↔)cockerel〉 미1

2790 **pul·ley** [풀리]: 〈← polos(hinge)〉, 〈그리스어〉, 도르래, 피대를 거는 바퀴, 활차, 〈~ pole \ pivot〉, 〈~ winch\hoist〉 양2

2791 *****pull-ing the leg** [풀링 더 레그]: 놀리다, 장난치다, 〈~ kidding\practical joke〉 양2

2792 **Pull-man** [풀먼], George: 〈← pool-man?〉, 〈영국계 이름〉, 〈연못가에 사는 자?〉, (1831-1897), 쾌적한 설비가 있는 〈침대차(sleeper)〉를 만들어서 떼돈을 번 미국의 기술자·사업가, 〈~ an American engineer〉 수1

2793 *****pull no punches** [풀 노우 펀취스]: 힘껏 때리다, 인정사정 두지 않다, 〈~ hold nothing back〉 양2

2794 *****pull-off** [풀 어어후]: 간선도로의 대피소, lay·by(영국), 〈~ rest stop〉 미1

2795 **pull off** [풀 어어후]: (정지하려고) 도로를 벗어나다, 도망치다, (급히) 벗다, 이기다, 〈~ escape\achieve〉 양1

2796 *****pull-on** [풀 어언]: 잡아당겨 착용하는 (의복), 〈~ slip (on)〉 우2

2797 **pull on** [풀 어언]: (계속) 노를 젓다, 파고들다, 잡아당겨 입다, 꼬시다, 〈~ draw〉 양1

2798 *****pull-out** [풀 아웉]: (떼어낼 수 있는) 책속의 책, 〈~ take-off booklet〉, 〈~(↔)appendix〉 미1

2799 **pull out** [풀 아웉]: 철수, 빠져나오다, 손을 떼다, 〈~ withdraw\quit\back out〉, 〈↔pull(draw) in\move into\get in\advance〉 양1

2800 *****pull-o·ver** [풀 오우붜]: 머리위에서부터 끌어당겨 입는 옷을, slip·over, 〈~ polo(turtle) neck\pop-over〉 미1

2801 **pull o·ver** [풀 오우붜]: 길 한쪽으로 차를 대다, 머리로부터 뒤집어 입다, 뒤집어 엎다, 〈~ pull off\pull on〉 양1

2802 *****pull the rug (out) from un·der you** : (융단을 제쳐내서) 너를 넘어뜨리다, 배신하다, 믿는 도끼로 발등 찍기, 〈~ stab (someone) in the back〉 양2

2803 *****pull the socks up** : 양말을 걷어 올리다, 단단히 채비하다, 〈~ roll up the sleeves〉 양2

2804 *****pull the strings be·hind the scenes** : 막후에서 조정하다, 배후에 빽을 쓰다, 〈~ control secretly〉 양1

2805 *****pull the wool o·ver one's eyes** : wool(가발)을 당겨서 눈을 가리다, 눈을 속이다, 눈 가리고 아웅하다, 〈~ bamboozle\hood-wink〉 양1

2806 *****pull-through** [풀 쓰루우]: 〈영국어〉, (한쪽 끝에 추·다른쪽 끝에 헝겊을 단 총구멍 청소용 줄), 말라깽이, 〈~ a torque〉 미2

2807 **pull through** [풀 쓰루우]: 견뎌내다, 이겨내다, 회복하다, 〈~ survive\recover〉 양1

2808 *****pull-up** [풀 엎]: 정지, 휴식, 급상승, 턱걸이(운동), 〈~ hold-up〉, 〈~ chin-up〉 양1

2809 **pull up** [풀 엎]: 끌어올리다, 빼다, 뽑다, 멈추다, 꾸짖다, 〈~ up-root\eradicate〉, 〈↔pull down〉 양1

2810 **pul·mo·nary** [펄머네뤼]: 〈← pulmonis(lung)〉, 〈라틴어〉, 폐(허파)의 양1

2811 **pulp** [펄프]: 〈← pulpa(flesh)〉, 〈라틴어〉, 과일의 살, 흐물흐물한 덩어리, 제지 원료, 치수, 〈→ pap²〉, 〈~ mash\soft part〉 양1

2812 *pulp fic·tion [펄프 휙션]: (갱지에 인쇄한) 싸구려 통속소설, 〈~ dime novel〉 양2

2813 pul·pit [풀핕 \ 펄핕]: 〈← pulpitum(scaffold)〉, 〈'발판'이란 라틴어에서 유래함〉 설교(단), 목사, 종교계, 조종대, 〈~ lectern\platform〉 양1

2814 pul·que [풀키]: 〈'썩은 포도주(formented drink)'란 뜻의 스페인어에서 연유함〉 용설란 술, 〈~ agave drink〉 수2

2815 pul·sate [펄세이트]: 〈← pulse〉, 뛰다, 두근거리다, 진동하다 양1

2816 pulse [펄스]: 〈← pulsus(beating)〉, 〈'때리다'란 뜻의 라틴어〉 ①'피를 밀어내는 소리', 맥박, 고동, 진동, 경향, 뛰놀이, 〈→ push〉, 〈~ throb\vibration〉 ②〈때려서 열매를 꺼내는〉 콩과의 총칭, 〈~ legume〉 양1

2817 pulv(is) [푸울뷔스]: powder의 라틴어, 가루, 분말 양2

2818 pul·ver·ize [펄붜라이즈]: 〈라틴어〉, 〈← pulv(powder)〉, 빻다, 가루로 만들다, 〈↔construct\granulate\mix〉 가1

2819 pu·ma [퓨우머]: 〈잉카어〉, (미주산) 산사자〈고양이〉, cougar, mountain cat, P~; 1948년에 창립된 독일의 운동복·운동용품 제조회사, 〈~ a German textile company〉 미2 수1

2820 pum·ice [퍼미스]: 〈← pumex(spongy rock)〉, 〈라틴어〉, (발바닥의 죽은 각질 등을 제거하는 데 쓰는) 〈표면이 거친〉 속돌·부석, 〈~ pounce〉, 〈~ lava\magma〉 양2

2821 pum·mel [퍼멀]: 〈← pomum(apple)〉, 〈라틴어에서 연유한 영국어〉, 〈말 안장의 앞에 튀어나온 둥근 손잡이를 내려치듯〉 때리다, 〈~ batter\pound〉, ⇒ pommel, 〈↔fall back\fail〉 양1

2822 pump [펌프]: 〈← pompe〉, 〈네덜란드어〉, 〈의성어?〉, 퍼내다(올리다), 솟구치다, 압출기, 흡수기, 양수기, 기운을 내게하는 음식물, 〈~ blow up\drive out〉, 〈↔deflate\fill〉 미1

2823 *pump i·ron [펌프 아이언]: (바벨이나 아령 등으로) 근육 단련을 하다, 역도를 하다, 〈~ body building〉 미2

2824 pump·kin [펌프킨]: 〈← pepon(large melon)〉, 〈그리스어〉, '큰 박', 호박, 대단한 사람(물건), 귀염둥이, 〈~ squash\gourd〉, 〈zucchini는 작고 길쭉함〉 가1

2825 pump·kin spice [펌프킨 스파이스]: 호박 풍미, (호박 빼고) 계피·육두구·생강·정향·피망 등을 넣은 〈pumkin pie용〉 종합 향신료 미1

2826 *pumps [펌프스]: 〈어원 불명의 영국어〉 ①court shoes, (끈·걸쇠가 없는) 가벼운 여성용 구두 ②slip on, 간편한 남자 예장용 구두 ③plimsoll, 운동화, 〈~ loafer\slipper〉 우1

2827 pun [펀]: 〈어원 불명의 영국어〉, 〈동음이의어를 이용한〉 말장난, 말재롱, 익살, '뻥', 〈~ witty-remark\wise-crack\quip〉, 〈↔fact\truth〉 양2

2828 punch¹ [펀취]: 〈← pungere(prick)〉, 〈라틴어→영국어〉, 〈← pounce〉, 천공기, 구멍 뚫는 기구, 타격, 활력, 자판 치기, (전산 기록에) 출·퇴근 시간을 찍다, 〈~ hit\strike〉 양1

2829 punch² [펀취]: 〈← pac(five)〉, 〈힌디어〉, (과즙·설탕·탄산수·포도주·향료 등 〈5가지를 섞은〉) 혼합 음료, '5미주', 〈영국의 동인도 회사가 도입한 힌디어〉, 〈~ an assorted drink〉, 〈~ shrub²〉, 〈↔water〉 우2

2830 punch card [펀취 카아드]: (계산기용) 천공판, 〈~ data card\time card〉 미1

2831 punch line [펀취 라인]: 급소를 찌르는 말, 핵심이 되는 구절, 〈~ catch-word\tag-line\laugh-line〉 양1

2832 punc·til·i·ous [펑틸러스]: 〈← punctum(point)〉, 〈라틴어에서 연유한 이탈리아어〉, 세심한, 딱딱한, 격식만 차리는, 〈← puncture〉, 〈~ attentive\meticulous〉, 〈↔careless\easy going〉 양2

2833 punc·tu·al [펑츄얼]: 〈← punctum(point)〉, 〈라틴어, 어김없는, 시간을 〈찌르듯〉 엄수하는, 꼼꼼한, 〈~ accurate\exact〉, 〈↔tardy〉 양2

2834 punc·tu·a·tion [펑츄에이션]: 〈라틴어〉, 〈← point〉, 구두점(법), 중단, 〈~ stop\dot\period〉 가1

2835 punc·ture [펑춰]: 〈← pungere〉, 〈라틴어〉, 〈← prick〉, 찌르기, 찔러서 낸 구멍, 〈빵꾸〉, 구멍이 나다, 〈~ pierce\perforate〉, 〈↔patch〉 양1

2836 pun·dit [펀딭]: 〈← pandita(learned man)〉 ← (collect)〉, 〈'배운자'라는 뜻의 산스크리트어〉, 박식한 (척하는) 사람, 전문가, 권위자, 〈~ expert\intellectual〉 양2

2837 pun·gent [펀줜트]: 〈← pungere(prick)〉, 〈라틴어〉, '톡 쏘는', 매운, 얼얼한, 날카로운, 〈~ barbed\caustic〉, 〈↔bland〉 양1

2838 Pu·nic Wars [퓨우닉 워어즈]: Phoenican wars, (BC264~146간 3번 다 로마가 이긴) 로마와 카르타고 사이의 '포에니' 전쟁 수1

2839 **pun·ish** [퍼니쉬]: ⟨← punire⟩, ⟨라틴어⟩, ⟨← penalty⟩, 벌하다, 응징하다, 혼내주다, ⟨→ penology⟩, ⟨~ castigate\chastise⟩, ⟨↔pardon\reward⟩ 가1

2840 **pu·ni·tive dam·ages** [퓨우니티브 대미쥐스]: (가해자의 악의가 강할 때 적용하는) ⟨가중⟩ 처벌적 손해배상, ⟨~ examplary damages⟩, ⟨↔compensatory damages⟩ 양2

2841 **Pun·jab** [펀좌압 • 펀좌압]: ⟨← pac(five)⟩, ⟨산스크리트어→페르시아어→영국어⟩, 펀자브, '5강 유역', (인도와 파키스탄이 나눠 가진) 인도 북서부의 ⟨비옥한⟩ 지방, ⟨~ an Indian state bordering Pakistan⟩ 수1

2842 ***punk** [펑크]: ⟨16세기 말에 등장한 어원 불명의 영국어⟩, 빈약한, 보잘것없는, 풋내기, 불량배, 창녀, 반체제적 (표현), (1970년대 말~1980년대 초에 유행했던) 과격하고 정열적인 흔들음악, ⟨~ bully\thug⟩, ⟨이것은 electric guitar 위주고 funk는 bass와 drum이 강조됨⟩ 양1 우1

2843 **pun·ka(h)** [펑커]: ⟨← paksa(wing)⟩, ⟨'날개'란 산스크리트어에서 유래한⟩ (인도에서 쓰는 천장에 매달린) 큰 부채, ⟨~ a large cloth fan⟩ 수2

2844 **punked** [펑크트]: 속임 당하다, 사기 당하다, 놀림 당하다, ⟨~ deceived\pranked⟩ 미2

2845 **punk·ie \ punk·y** [펑키]: ⟨'조무래기(tiny fly)'라는 뜻의 북미 원주민어에서 유래한 네덜란드어→미국어⟩, 똘만이, biting midge, 등에모기 양1

2846 **punt** [펀트]: ⟨'pons'(bridge)라는 뜻의 라틴어에서 유래한⟩ ①너벅선(barge) ②(럭비에서) 손에서 떨어뜨린 공을 땅에 닿기 전에 차기, ⟨~ kick⟩ ③돈을 걸다, ⟨~ bet⟩ ④포기하다, ⟨~ give up⟩ ⑤전산기를 재가동시키기, ⟨~ boot⟩ 양1

2847 **punt-er** [펀터]: ⟨← punt⟩ ①(럭비나 미식축구에서) 공이 땅에 닿기 전에 차는 자, ⟨~ a kicker⟩ ②경마 도박꾼, ⟨~ ring-man⟩ ③고객(customer), 특히 창녀의 손님(미국에서는 john이라 함) 미2

2848 **pun·ty** [펀티]: ⟨← punto(point)⟩, ⟨라틴어→프랑스어→영국어⟩, (유리 세공 때 쓰던) 쇠막대⟨iron rod⟩, ⇒ pontil 우2

2849 **pu·ny** [퓨우니]: ⟨← puine(younger)⟩, ⟨프랑스어→영국어⟩, 아주 작은, 미약한, 보잘것없는, ⟨~ under-sized\feeble\frail⟩, ⟨↔strong\significant\burly\husky\beefy⟩ 양1

2850 ***pup** [펍]: ⟨← puppy⟩, (개·물개·여우·쥐 등의) 새끼, 강아지, 풋내기, 바가지 쓰다, 강아지를 개로 팔아먹다, ⟨~ whelp\urchin⟩ 양1

2851 **pu·pa** [퓨우퍼]: ⟨원래는 'girl'이란 뜻의 라틴어⟩, pupae(복수), 번데기, ⟨~ larva\nymph²⟩, ⟨→ pupil⟩ 양1

2852 **pup-fish** [펍 휘쉬]: (5만 년 전부터 Death Valley 같은 악조건의 내륙에 살아오다 멸종의 위기에 처한) ⟨pup같이 장난기가 넘치는⟩ 송사릿(kill-fish)과의 민물·짠물고기 우1

2853 **pu·pil** [퓨우플]: ⟨← pupa(girl)⟩, ⟨라틴어⟩ ①(어린) 학생, 제자, 미성년자, ⟨~ school-child⟩, ⟨↔teacher\instructor\master⟩ ②⟨사람의 상이 '작게' 비치는⟩ 눈동자, ⟨~ lens⟩, ⟨↔retina⟩ 양2

2854 **pup·pet** [퍼핕]: ⟨← pupa(doll)⟩, ⟨라틴어⟩, 작은 인형, 꼭두각시, 앞잡이, ⟨→ poppet⟩, ⟨~ dummy\marionette⟩, ⟨↔colossus⟩ 양1

2855 **pup·py** [퍼피]: ⟨← pupa(doll)⟩, ⟨라틴어→영국어⟩, ⟨인형 같은⟩ 강아지, ⟨귀여운⟩ 애송이, ⟨→ pup⟩, ⟨~ cub\fur-baby⟩ 양1

2856 **pup·py love** [퍼피 러브]: calf love, 풋사랑, ⟨~ filly love⟩ 양2

2857 **pur~** [퍼얼~]: ⟨라틴어⟩, pro~의 변형 양1

2858 **pur-chase** [퍼얼췌스]: pro+capere(take), ⟨라틴어에서 연유한 프랑스어⟩, 사다, 구입하다, 취득하다, '추구하다', ⟨~ buy⟩, ⟨↔sell⟩ 가1

2859 ***pur-chas-ing pow·er par·i·ty** [퍼얼췌싱 파우어 패뤼티]: PPP, 구매력 등가성, (동일한 상품의 나라별 가격을 비교하여 각국 통화의 가치를 나타내는) 구매력 평가지수 미2

2860 **pur·dah** [퍼얼더]: ⟨페르시아어⟩, veil, 막, 휘장, (이슬람과 힌두의 일부에서 내려오는) 여성의 몸·얼굴 가리개 수2

2861 **Pur-due** [펄듀우], U·niv: pour(for)+Dieu(God), ⟨프랑스어⟩, '하느님이 가호하는 자', 퍼듀, 1869년 John Purdue 등에 의해 인디애나주에 설립되어 나중에 공립으로 변한 여러 교정에 학생 수가 많고 공과대학이 유명한 종합 대학교, ⟨~ a public research university in Indiana⟩ 수1

2862 **pure** [퓨어]: ⟨← purus(clear)⟩, ⟨라틴어→프랑스어⟩, '깨끗한', 순수한, 단순한, 맑은, 섞이지 않은, ⟨~ mere⟩, ⟨~ clean\fresh⟩, ⟨↔dirty\mixed⟩ 가1

2863 *pure co·in·ci·dence [퓨어 코우인씨던스]: 순전한 우연의 일치, 오비이락(까마귀 날자 배 떨어진다), 〈~ casual coincidence\wrong place at the wrong time〉, 〈↔smoking gun〉 양2

2864 pu·ree [퓨어뤠이 \ 퓨어뤼]: 〈← purus(clear)〉, 〈라틴어→프랑스어〉, 야채·고기를 삶아 거른 〈purified〉 진한 국물, 〈~ broth\mush〉 우1

2865 pur·ga·tion [퍼얼게이션]: 〈← purge(clear)〉, 정화, 깨끗하게 하기, 죄를 씻음, 통변, (연옥에서) 정죄하기, 〈~ ablution\purification〉 양2

2866 purge [퍼얼쥐]: 〈← purus(clear)〉, 〈라틴어〉, purify, 깨끗이 하다, 제거하다, '토해내다', 추방하다, 속죄하다, 〈→ spurge〉, 〈~ expel\remove\throw-up〉, 〈↔dirtying\swallow〉 양1

2867 pu·ri·fy [퓨어뤼화이]: 〈← purus(clear)〉, 〈라틴어〉, 깨끗이 하다, 정화하다, 죄를 씻다, 〈→ purge〉, 〈↔dirtify\pollute〉 양2

2868 Pu·rim [푸어륌]: 〈'운명(lot)의 날'이란 히브리어〉, 퓨림 제, (페르시아의 하만이 유대인을 죽이려다 실패한) 유대인의 기념일로 유태력 12월 14일〈태양력으로 2~3월〉, 〈~ the feast of lots〉 수2

2869 Pu·ri·tan [퓨어뤼턴]: 〈← purus(clear)〉, 퓨리턴, 청교도(16~17세기에 영국에서 일어난 설교보다 성경을 더 중요시한 신교도의 한파), p~; 엄격한 사람, 〈~ victorian〉, 〈~ moralist\abstinent〉 양2

2870 pur·loin [퍼얼로인]: 〈← purluigner(set aside)〉, 〈프랑스어〉, 슬쩍하다, 훔치다, 절도질하다, 〈~ misappropriate\pocketing\steal〉, 〈↔bestow\contribute〉 양2

2871 pur·ple [퍼어플]: 〈← porphyra(crimson dye)〉, 〈그리스어〉, 〈일종의 조개에서 채취한 염료에서 연유한〉 자줏빛, 화려한, 고위의, 〈~ magenta\violet\nobility〉 양2

2872 pur·ple em·per·or [퍼어플 엠퍼뤄]: (온대지방의 산림에 서식하는 대형·〈번개〉 모양의 흰무늬가 박힌) 오색나비, 〈~ a woodland butterfly〉 미2

2873 pur·ple finch [퍼어플 휜치]: 붉은양지니, 머리·가슴·엉덩이가 붉은 자주색인 북미산 피리새, 〈~ American tanager〉 미2

2874 Pur·ple Heart [퍼어플 하아트]: '자주 훈장', 1917년 이후에 미국을 위해 전쟁에서 죽거나 부상당한 군인(killed or wounded service-member)에게 대통령이 주는 자줏빛 바탕에 워싱턴의 초상이 새겨진 심장형의 기장 수2

2875 pur·ple loose-strife [퍼어플 루우스스트라이후]: 털부처손, 털두렁꽃, 자줏빛 큰까치수염, 길게 뻗은 붉은 줄기에서 보라 꽃이 층층이 피는 여러해살이풀, 〈~ spiked loose-strife〉 미2

2876 pur·ple mar·tin [퍼어플 마알튼]: 자주 제비, 붉은 제비, 북미산 청자색의 큰 제비, 〈~ gourd martin〉 미2

2877 pur·ple pop·py mal·low [퍼어플 파피 맬로우]: '진홍 당아욱', ⇒ wine·cup 우1

2878 *pur·ple prose [퍼어플 프로우즈]: (과장된 표현의) 현란한 문장, 〈~ grandiloquence〉, 〈↔beige prose〉 양2

2879 pur-port [퍼얼포오트]: pro(forth)+portare(carry), 〈라틴어〉, '앞으로 나르다', 외관을 꾸미다, 주장하다, 의미, 목적, 요지, 〈~ claim\gist〉, 〈↔exterior\insignificance〉 양2

2880 pur-pose [퍼얼퍼스]: pro+ponere(place), 〈라틴어〉, 목적, 의도, 용도, 요점, 취지, '앞에 놓는 것', 〈~ motive\intent〉, 〈↔means〉 양1

2881 pur·pu·ra [퍼얼퓨뤄]: 〈← porphyra(crimson dye)〉, 〈그리스어〉, 자반병, 피부에 자줏빛〈purple〉 반점이 나타나는 각종 질환, 〈~ skin hemorrhages〉 양2

2882 purr [퍼얼]: 〈영국어〉, 〈의성어〉, 낮고 부드러운 소리, (고양이가) 고롱고롱하다, 〈~ whisper\mur mur〉 가1

2883 purse [퍼얼스]: 〈← byrsa(skin)〉, 〈'가죽'이란 그리스어〉, '주머니' 돈 지갑, 손 가방, 금전(돈), 〈~ pouch〉 양1

2884 purse crab [퍼얼스 크랩]: palm(coconut) crab, 야자게, 주머니게, (암컷은 배에 달린 주머니에 알을 지니고) 먹성이 좋아 코코넛도 잘 먹는 열대지방의 커다란 뭍살이 게 미2

2885 purs·lane [퍼어슬린]: 〈← porcilaca〉, 〈라틴어→프랑스어→영국어 〉, 〈porcelain을 닮은〉 (줄기와 부드럽고 도톰한 잎을 식용으로도 쓰는) 쇠비름, 오행초, 장명채, 〈~ children's spinach\bitter-root\claytonia〉 미2

2886 pur-su-ant [펄쑤우언트]: 〈← pursue〉, ~에 따른, ~에 의거한, 따라서, 〈~ following\consequent〉, 〈↔conflicting\contrary〉 양1

2887 pur-sue [펄쑤우]: pro+sequi(follow), 〈라틴어〉, '앞으로 따르다', 뒤쫓다, 추구하다, 종사하다, 소추하다, 〈~ yacht〉, 〈~ chase\solicit\woo〉, 〈↔eschew\flee〉 양1

2888 **pu·ru·lent** [퓨륄런트]: 〈라틴어〉, 〈← pus〉, 곪은, 화농성의 영2

2889 **pur-vey** [퍼붸이]: pro+videre(see), 〈라틴어〉, 〈예견해서〉 공급하다, 조달하다, 〈~ sell\supply〉, 〈↔take\buy〉 가1

2890 **pur·view** [퍼얼뷰유]: 〈← pourveir(purvey)〉, 〈라틴어→프랑스어〉, 시계, (이해의) 범위, 영역, 권한, 법전의 본문, 〈~ scope\realm〉, 〈↔blindness\ignorance〉 영2

2891 **pus** [퍼스]: 〈라틴어〉, 고름, 농즙, 〈→ pustule〉 가1

2892 **Pu-san** [부산]: 수산업·항만업·제조업이 발달한 한국 동남부의 항구도시, ⇒ Busan 〈2000년부터 공식 영문표기〉, 〈~ a large port city in Korea〉 수1

2893 **push** [푸쉬]: 〈← pellere(beat)〉, 〈라틴어〉, 〈← pulse〉, 밀(치)다, 밀고 나가다, 압박(강요)하다, 촉진하다, (자료항목을 기억력 더미에) 밀어 넣다, 밀어치기, 누름단추, 〈~ thrust\poussette〉, 〈↔pull\yank〉 영1

2894 **push-back** [푸쉬 백]: 반발, (이륙시) 항공기를 뒤로 빼기, 〈~ beat-back\fend off〉, 〈↔draw(pull)-in〉 영2 미1

2895 **push-cart** [푸쉬 카아트]: 미는 손수레, 유모차, 〈~ hand-cart\trolley〉 영1

2896 *__push-down__ [푸쉬 다운]: 〈1961년에 등장한 전산기 용어〉, '하향성 밀어내기', 목록을 저장된 순서의 반대로 뽑아낼 수 있는 자료체제, FILO, LIFO 우2

2897 *__push-ing the en-vel·ope__: 〈비행기가 대기권을 벗어날 때의 위험 요소에서 연유한 말〉, '덧붙여 밀어치기', 벼랑 끝까지 따라가기, 〈~ rasing the bar\go to the limit〉 우2

2898 **Push·kin** [푸쉬킨], Al·ek·san·dr: 〈← pushka(cannon)〉, 〈러시아어〉, '우렁차게 우는 자 \ 대포를 만드는 자', 푸시킨, (1799-1837), (자유를 갈구하다) 연적과의 결투로 죽은 러시아 〈최고의〉 시인·작가, 〈~ a Russian poet and play-writer〉 수1

2899 *__push mon·ey__ [푸쉬 머니]: (제조업자가 판매 장려로 소매업자에게 주는) 매출 장려금, 〈~ promotional money〉 가1

2900 *__push one's luck__ [푸쉬 원스 럭]: 운을 과신하다, (쓸데없이) 위험한 짓을 하다, 만용을 부리다, 〈~ bell the cat〉 영2

2901 **push-o·ver** [푸쉬 오우붜]: 식은 죽 먹기, 호락호락한 상대(호구), 급강하 시작, 〈~ soft touch\round-heel〉, 〈↔difficult\drag〉 영1

2902 **push-pull** [푸쉬 풀]: 밀고 당기는, 반대 위상의 전파가 균형을 이루는, 〈~ back and forth〉 미2

2903 *__push poll__ [푸쉬 포울]: (유권자의 투표 행위를 바꾸기 위한) 편향된 여론 조사, 〈~ straw poll〉 영2

2904 **push shot** [푸쉬 샷]: '밀어치기 발사', (농구에서) 원거리에서 한 손으로 높이 던지는 투구, 〈한국에서는 over-throw라고도 함〉 우1

2905 **push-start** [푸쉬 스타아트]: (자동차를) 밀어서 시동걸기, 〈↔jump-start〉 미1

2906 *__push tech·nol·o·gy__ [푸쉬 테크날러쥐]: '강압 기술', 〈요청하지 않아도 자동적으로 전산기가〉 알아서 정보를 제공하는 기술, 〈~ continuous data delivery〉 우1

2907 **push-up** [푸쉬 엎]: (엎드려) 팔굽혀 펴기 〈영국에서는 press·up이라 함〉 미2

2908 **pu·sil·lan·i·mous** [퓨우썰래너머스]: pusillus(very samll)+animus(mind), 〈'아주 작은'이란 뜻의 라틴어〉, 무기력한, 겁 많은, 소심한(weak spirit), 〈~ cowardly\wussy〉, 〈↔brave\upright\stalwart〉 가1

2909 **puss** [푸스]: 〈어원 불명의 유럽어〉, 〈고양이가 침뱉는 소리?〉, 고양이, 야옹이, 산토끼, 계집애, 〈'입(mouth)'이란 아일랜드 말에서 연유한〉 낯짝, 〈~ kitty\pussy\face〉 영1

2910 **puss moth** [푸스 모어쓰]: (나무의 결과 옹이 모양의 무늬를 가지고 온·난대 구대륙에 서식하는) 〈웅크린 고양이 모양의〉 나뭇결재주나방, 버드나뭇결등불나방, 나무눈하늘나방, 〈~ cerura vinula〉 미2

2911 **pus-sy**[1] [퍼씨]: 〈← pus〉, 고름 같은, 고름이 많은 가1

2912 **puss-y**[2] [푸씨]: 〈← puss〉, 〈미국어〉 ①고양이, 〈~ kitty〉 ②부드러운 털, 〈~ fur〉 ③〈털 있는 부드러운〉 여자의 외음부, 〈~ vulva〉 ④'은근짜', 〈~ a deep one〉 ⑤나약한 청년, 〈~ timid-guy〉 미2

2913 **puss-y cat** [푸씨 캩]: 야옹이, 겁쟁이, 호감을 주는 상대, 〈~ stunner\babe〉 미2

2914 **puss-y wil·low** [푸씨 윌로우]: (이른 봄에 솜털 같은 꽃차례를 피우는) 갯버들, 〈편자 같은 양반들은 catkin willow 또는 white osier이라 함〉 미2

2915 **puss-y–wuss-y** [푸씨 우씨]: ⟨미국 속어⟩, 겁쟁이, 여자 같은 남자, 잘 속는 자, ⟨~ wimp\coward⟩ 양2

2916 **pus-tule** [퍼스츄울]: ⟨← pustula(blister)⟩, ⟨라틴어⟩, ⟨← pus⟩, 농포, (물집 모양의) 작은 융기, 고름물집, ⟨~ abscess\papule\pox⟩, ⟨~ measles⟩ 양1

2917 **put** [풀]: ⟨← putian(push)⟩, ⟨어원 불명의 영국어⟩, 놓다, 두다, 대다, 붙이다, 얹다, 넣다, 내다, 나아가다, (주식을) 팔 권리, ⟨~ set down\lay down⟩, ⟨↔take\displace⟩ 가2 미2

2918 **put a-bout** [풀 어바울]: 방향을 바꾸다, 널리 퍼뜨리다, 애먹이다, ⟨~ turn around\spread\disturb⟩ 양2

2919 **put a-cross** [풀 어크뤼어스]: (강을) 건네다, 성공시키다, ⟨~ convey\get over⟩ 양2

2920 *****put a sock (bung) in it (the mouth)**: ⟨1차대전 때 병영에서 심하게 코를 골며 자는 병사의 입에 양말을 쑤셔 넣었다는 데서 유래한 말이라 함⟩, 조용히 해, 입 다물어, 입 닥쳐!, ⟨~ be quiet\shut up⟩ 양2

2921 **pu·ta·tive** [퓨우터티브]: ⟨← putare(suppose)⟩, ⟨'가정하다'라는 라틴어에서 유래한⟩ 추정의, 소문에 들리는, ⟨~ assumed\acknowledged⟩, ⟨↔actual\real⟩ 양2

2922 **pu·ta·tive mar·riage** [퓨우터티브 매뤼쥐]: 사실혼, ⟨법적 효력이 관습법에 따르는⟩ '서로 믿고 사는' 추정 결혼, ⟨~ informal marriage\de facto marriage⟩, ⟨↔civil marriage⟩ 양2

2923 **put a-way** [풀 어웨이]: 피하다, 물리치다, 죽이다, ⟨~ fling\discard\destroy⟩ 양2

2924 **put-down** [풀 다운]: ①(비행기) 착륙, ⟨~ jot down⟩, ⟨↔take-off⟩ ②비하, 혹평, ⟨~ gibe\humiliation\insult⟩, ⟨↔praise\faffy\flattery⟩ 양2

2925 **put down** [풀 다운]: 아래로 내려놓다, 저장해 두다, ⟨~ lay¹\suppress\un-load⟩ 양2

2926 *****put (one's) foot down**: '발을 내려 딛다', (가속판을 밟아) 속도를 내다, (발을 꽉 디디고 서서) 단호하게 말하다(거절하다), ⟨~ en-act\declare⟩ 양2

2927 **Pu·tin** [푸틴], Vla·di·mir: ⟨← put(road)⟩, ⟨러시아어⟩, ⟨길을 안내하는 자?⟩, 푸틴, (1952-), 2000년부터 권력을 장악한 러시아의 스파이 출신 정치가로 2022년 2월 우크라이나 침공을 감행함, ⟨~ President of Russia⟩ 수1

2928 *****put (one-self) in (an-oth·er's) shoes**: 다른 사람의 신발을 신어 보면, 입장을 바꿔놓고 생각하면, ⟨~ empathy⟩ 양2

2929 *****put (one's) life on the line**: 생명을 걸다, 죽어도 좋아, 젊은 혈기(young blood), ⟨~ chance one's arm⟩, ⟨젊어서 이것이 없으면 절대 성공하지 못함⟩ 양2

2930 **Put–lock-er** [풀 라커]: 가로챔, (2011년 영국에서 시작해서) 흥망성쇠를 거듭하고 있는 전산망 연예물 분류·저장기지, ⟨~ a file hosting index website⟩ 수2

2931 *****put-off** [풀 어후]: 연기, 핑계, ⟨~ postpone\deter⟩, ⟨↔continue\accomplish⟩ 양2

2932 **put off** [풀 어후]: 제거하다, 끄다, (옷을) 벗다, 연기하다, ⟨~ take off\put out⟩, ⟨↔put on\proceed⟩ 양2

2933 *****put-on** [풀 어언]: 거짓의, 속임, 겉치레, ⟨~ prank\pretense⟩, ⟨↔honesty\truth⟩ 양2

2934 **put on** [풀 어언]: 입다, 신다, 켜다, 상연하다, (무게를) 늘리다, ⟨~ dress\operate\add⟩, ⟨↔put off\take off⟩ 양2

2935 *****put on airs** [풀 어언 에어즈]: 뽐내다, 젠체하다, 거만 떨다, ⟨~ full of one-self\arrogant⟩, ⟨↔friendly\modest⟩ 양2

2936 *****put one's foot in one's mouth**: 무심코 말해 버리다, 실언하다, ⟨~(↔)watch your tongue\language⟩ 양2

2937 *****put one's shoul·der to the wheel**: ⟨마차가 진흙에 빠졌을 때 바퀴 밑에서 어깨를 밀어 넣어 마차를 빼내던 고사에서 연유한 말⟩, 분발하다, 용쓰다, ⟨~piece of cake⟩ 양2

2938 *****put (some-thing) on the back burn·er**: ⟨예전에 미국에서 쓰던 전기 스토브에는 4개의 버너가 있었는데 뒤쪽에 있는 2개는 열이 약해서 음식을 데우거나 보온용으로 쓰였음⟩, 뒷전으로 미루다, ⟨~ hold off⟩, ⟨↔front burner\top priority⟩ 양2

2939 *****put op·tion** [풀 아얖션]: 환매⟨각⟩ 선택권, ⟨주식을 살 때 그것을 일정 기간 내 일정 가격에⟩ 되'팔'권리, ⟨~ call option⟩ 미2

2940 **put-out** [풀 아울]: (야구에서 타자·주자를) 척살시키기⟨쫓아내기⟩, ⟨~ douse⟩ 미2

2941 **put out** [풀 아울]: 끄다, 물리치다, 산출하다, ⟨~ extinguish⟩ 양2

2942 **put·put \ putt·putt** [펕 펕]: ⟨의성어⟩, 통통, 펑펑, 소형 골프(mini-golf) 가2

2943 **pu·tre·fy** [퓨우트뤄화이]: 〈라틴어〉, 〈← putrid〉, 곪게 하다, '썩이다', 〈~ decay\rot〉 가1

2944 **pu·trid** [퓨우트뤼드]: 〈← putris(rotten)〉, 〈라틴어〉, 악취가 나는, 부패한, 고약한, 타락한, 〈~ stinky\sepsis〉, 〈↔fresh\savory'〉 양1

2945 **putt** [펕]: 〈← put〉, 〈스코틀랜드어〉, (골프에서) 공을 〈구멍에 넣기위해〉 가볍게 치다, 경타, 〈~ hit\knock〉, 〈↔tee off〉 미2

2946 **put·ter** [퍼터]: 〈← put〉, 〈미국어〉, 꾸물거리다, 빈둥거림, 〈~ goof(fool) around〉 양2

2947 **putt·er** [퍼터]: 〈← putt〉, 경타용 골프채, 공치는 사람 미1

2948 ***put the cart be·fore the horse**: wrong order, 〈로마의 Cicero가 한 말〉, 억지춘향, 본말(주객)이 전도되다, 〈~ upside down\the tail wagging the dog〉, 〈↔proper order〉 양2

2949 **putt·ing green** [퍼팅 그뤼인]: (구멍에서 약 18m 이내의) 구멍 변두리 경타 잔디밭, 〈~ smooth grassy area near the hole〉 미2

2950 ***putt·ing on oth·er's shoes**: 타인의 신발을 신고 걷다, 역지사지, 처지를 바꾸어 생각하다, 〈~ walk in some-one's boots〉, 〈↔self-centered\egotistic〉 양2

2951 **put-to·geth·er** [풀 투게더]: 합쳐진 것, 조립된 것, 조화된 것(사람), 튼실한 자, 〈~ constructed\composed〉 양2

2952 **put to·geth·er** [풀 투게더]: 합하다, 조집하다, 맞추다, 아우르다, 집중하다, 〈~ assemble\combine〉 양2

2953 **put·ty** [퍼티]: 〈프랑스어〉, 〈← pot〉, (유리·돌·금속 등을 붙여주는) 접합체, 〈빠데〉, 〈~ paste\plaster〉 미1

2954 ***put-up** [풀 엎]: 미리 꾸며낸, 야바위의, 함정, 〈~ arranged secretly〉 양2

2955 **put up** [풀 엎]: (기둥 등을) 올리다, 내놓다, 게시하다, 〈~ erect\display〉 양2

2956 ***put-up-on** [풀 어퍼언]: 이용당한, 혹사당한, 〈~ abused\exploited〉 가1

2957 ***put up with** [풀 엎 위드]: ~을 참다, ~과 견디다, 〈~ bear\endure〉 양2

2958 **putz** [퍼츠]: 〈← pots(penis)〉, 〈게르만어에서 유래한 유대어〉, 빈둥거리다, 멍청이, 보기 싫은 놈, 〈'자지'란 뜻의 유대어〉, 〈~ fool\idiot〉 가1

2959 **puz·zle** [퍼즐]: 〈← posen(pose)〉, 〈영국어〉, 수수께끼, 난제, 당혹, 곤경, 〈~ mystery\enigma\riddle〉, 〈↔defined\assured〉 양2

2960 **PVC**: poly vinyl chloride, 염화 비닐 중합체, 강한 것과 연한 것이 있어 전자는 수도관 후자는 옷감·신발 등의 원료로 쓰임 우1

2961 **P-vi·sa**: 〈체육·예술·오락 공연을 위해 잠시 머물 수 있는〉 '문화사절' 사증, 〈for athlets and professionals〉 우2

2962 **PVT \ Pvt.**: ⇒ private 양1

2963 **PwC** (Price wa·ter·house Coop·ers): 1998년에 두 회사가 합병되어 런던에 본부를 둔 세계적 경영·회계 감사 업체 수1

2964 ***pwned** [퍼언드]: 〈전산망어〉, ← pawned(인질로 잡히다), (전상망 경기에서) owned의 오타, 패배 당하다, '깨지다' 미2

2965 **PX**: post exchange, '기지 교환소', 군부대 내의 매점 미2

2966 **py~ \ py·o~** [파이~ \ 파이오우~]: 〈← pyon(pus)〉, 〈그리스어〉, '농(고름)'이란 뜻의 결합사 양1

2967 **pye-dog** [파이 더그]: pariah dog, (서남아시아의) 주인 없는 들개 우1

2968 **Pyg·ma·li·on** [피그메일리언]: 〈페니키아의 신 이름(Pugmayatun)에서 연유한 그리스어〉, 피그말리온, 자기가 만든 여인상과 사랑에 빠진 것을 불쌍히 여긴 아프로디테가 조각품을 여인으로 환생시켜 결혼하게 한 키프로스의 왕·조각가, 〈~ a sculptor of Cyprus〉 수1

2969 **Pyg·my \ Pig·my** [피그미]: 〈← pygme(distance from the elbow to the knuckles)〉, 〈그리스어〉, 아프리카 적도 부근에 사는 〈친환경적인〉 작은 흑인종, p~; 〈그리스어〉, 난쟁이, 왜인, 아주 작은, 〈팔꿈치부터 손가락까지의 거리〉, 〈~ dwarf\miniature\shrimp〉, 〈↔giant\colossus\whale〉 수1 양2

2970 **py·lo·rus** [파일로어뤄스]: 〈'문지기(gate keeper)'란 뜻의 그리스어에서 연유한〉 유문, 위의 말단부, 〈~ connecting part of stomach and duodenum〉 양2

2971 **Pyong-yang** [평양]: 〈중국어→한국어〉, flat soil, '평평한 땅', 1948년에 북한의 수도로 정해진 3천 년의 역사를 가진 한국의 경제·산업·문화·정치도시, 〈~ the capital of North Korea〉 수1

2972 **pyr**(o)~ [파이뤄(오)~]: ⟨← pyros(fire)⟩, ⟨그리스어⟩, ⟨불·열~⟩을 뜻하는 결합사 양1

2973 **pyr·a·mid** [피뤄미드]: ⟨← pimar(form of a cake)⟩, ⟨어원 불명의 이집트어⟩, 피라미드, (삼)각뿔, 각추, 뾰족한 모양, ⟨~ steeple⟩, ⟨↔stupa\dome⟩ 양1

2974 **py·ram·i·dal tract** [피라미덜 트랙트]: 추체삭, (대뇌 운동 중추에서 부채꼴로 내려가면서 척추에서 교차하여 골격의 근육 운동⟨volentary muscular movements⟩을 통괄하는⟩ ⟨수의적⟩ 추체로, ⟨~ conscious control of muscles⟩, ⟨↔extra-pyramidal tract⟩ 양2

2975 **pyr·a·mid scheme** [피뤄미드 스키임]: ponzi scheme, 다단계 책략, 회원 모집에 포상을 약속하나 어느 단계를 지나면 더 이상 늘어갈 수가 없는 ⟨일종의 사기⟩ 판매 전략, ⟨Ponzi 스킴은 돈(마음)만 주면 되나 이것은 돈도 주고 물건도 사 (몸도) 줘야 되고 잘못하면 뺨도 맞는 사랑임⟩ 양2

2976 **Pyr·a·mus** [피뤄머스]: '불(pyros) 같은 자', 피라모스, 애인이 사자에게 잡아먹힌 줄 알고 자살한 바빌론의 청년, ⟨~ an ill-fated lover⟩ 수1

2977 **Pyr·e·nees** [피뤼니이즈]: ⟨헤라클레스의 연인 Pyrenê가 묻혔다는 '썰'이 있는⟩ 피레네산맥, 프랑스와 스페인의 국경을 이루는 435km짜리 ⟨험난한⟩ 산맥 ⇒ Basque 수1

2978 **Py·rex** [파이어뤡스]: ⟨← pyros(fire)⟩, 파이렉스, Corning 회사가 1908년에 개발한 내열성·내구성이 강한 유리제품(glass-ware) 수1

2979 **py·rex·ia** [파이어뤡시어]: 발열, 열병, ⟨~ fever⟩, ⟨~ heat-stroke⟩, ⟨↔hypo-thermia⟩ 양2

2980 **py·rite** [파이어롸이트]: ⟨flint란 뜻의 그리스어⟩, (유황을 많이 함유하고 있는) 황철석, 황동광, ⟨노란색 때문에 금과 혼동되기 쉬운⟩ 얼짜금, ⟨~ fool's gold⟩, 빛 좋은 개살구, ⇒ acid test 미2

2981 **py·ro·graphy** [파이롸그러휘]: 낙화술, 인두그림(도안을 가죽이나 나무에 인두로 지져서 각인하는 예술), ⟨~ fire art⟩ 양2

2982 **py·ro·ma·ni·a** [파이뤄메이니어]: 방화벽, 방화광, ⟨~ arsonist⟩ 양2

2983 **Pyr·rho** [피로우] of El·lis: ⟨← pyros(fire)⟩, '머리털이 붉은 자', 피론, (BC365?-275?), 진리·선 등에 회의를 표명한 그리스의 철학자, ⟨~ a Greek philosopher⟩ 수1

2984 **Pyr·rhus** [피러스]: ⟨← pyros(fire)⟩, '머리털이 붉은 자', 피로스, (BC318?-272?), 로마와 싸워 이겼으나 막대한 희생을 치른 그리스 에피루스의 왕, ⟨~ a Greek king⟩ 수1

2985 **Py·thag·o·ras** [피태거러스]: peitho(persuade)+agora(assembly), ⟨그리스어⟩, '군중을 설득하는 자', 피타고라스, (BC580?-500?), 세 평방의 정리 및 삼라만상이 모두 숫자를 바탕으로 이루어졌고 영혼은 불멸하며 지구는 둥글다고 주장한 그리스의 수학자·철학자, ⟨~ an ancient Greek philosopher and poly-math⟩ 수1

2986 **Py·thon** [파이싼]: ⟨← dheub(deep)?⟩, ⟨어원 불명의 그리스어⟩, 피톤, Delphi 근처에서 사람과 가축을 괴롭혔다가 아폴로에 의해 죽임을 당한 ⟨거대한 뱀⟩, p~; (열대성 밀림지대에 서식하는 독이 없는) 커다란 비단뱀, 이무기⇒ rock snake 수1 미2

2987 *****Py·thon pro·gram·ming**: 파이썬, '구렁이 담넘기 차림표', 1991년 비교적 소형 계획표를 바르고 쉽게 짜기 위해 개발된 전산기 언어체제, ⟨~ a high-level\general purpose program language⟩ 수2

1. **Q \ q** [큐우]: 이집트의 상형 문자 원숭이(ape)의 모양을 딴 인쇄물에서 마지막으로 쓰이는 알파벳, Q자형, 〈대부분 K로 대치할 수 있으므로 영어 알파벳 중에 없어도 되는 문자, 심지어는 남녀 차별을 위해 고의로 만든 문자라는 말도 있으나 사전 편찬자에게는 '한숨 쉬어가는 문자'〉 수1

2. **Qa·dha·fi** \ Kad·da·fi \ Qad·da·fi [커다아휘 \ 거대휘], Mu·am·mar: 'gift of Allah', 카다피, ⇒ Gaddafi 수1

3. **Q and A** (Ques·tion and An·swer): 질의응답 가1

4. *****Q-An·on** [큐우어난 \ 큐어농]: Q anonymously, (2017년부터 횡행하는) 트럼프〈Trump〉 대통령에 대한 음모론을 퍼뜨리는 극우성향의 사회전산망, 미국을 비롯한 전 세계가 아동 성도착증의 악마조직에 의해 점령되리라는 음모론(을 신봉하는 극우 결사 단체), 〈~ conspiracy theorists\a cult〉 수2

5. **Qan·tas** [콴태스] (Queens-land and North-ern Ter·ri·to·ry Aer·i·al Serv·ice): 퀸타스, (1920년에 설립된) 오스트레일리아의 항공회사, 'flying kangaroo' 수1

6. **Qa·tar** [카타알 \ 카아터]: 〈아랍어〉, 〈tar(석유)이 많은 곳〉, 카타르 ①(1971년 영국으로부터 완전히 독립한) 아라비아 동쪽 페르시아만 연안의 (산유) 토후국, 2022년 World Cup(soccer) 주최국, {Qatari-Arab-Riyal-Doha}, 〈~ a peninsular Arab country〉 ②1994년에 창립된 One World 제휴의 세계적 카타르 국적기(flg carrier airways) 수1

7. *****Qa·zaq-stan** [카아쟈악스타안]: (대통령 령으로) 〈K가 구소련 냄새가 난다고 라틴 냄새가 나는 Q로 바꾼〉 Kazakhstan의 2022년 2월부터의 명칭 수1

8. *****QBASIC** (quick be·gin-ners all pur-pose sym-bol-ic in-struc-tion code): (1991년에 나온) Quick Basic의 축소판, 초보자를 위한 신속한 다목적·상징적 지침 부호 우2

9. *****QHD** (quad high def·i·ni-tion): '4배 화질', '고화질', HUD의 반 정도의 선명도를 가진 화질 미2

10. **qi** [키이]: 'air', 〈중국어〉, chi, ki, 기, 만물을 생성하는 기운, 활동하는 힘, 숨 쉴 때 나오는 기운, 〈~ ka\spirit〉, 〈~ anima\prana〉, 〈↔shen〉 미2

11. **Qi·a·na** [키아아너]: 〈'gracious'(우아한)란 뜻의 라틴어에서 유래한〉 키아나, 1962년에 Du pont에서 개발된 〈다림질이 필요없는〉 비단 같은 나일론 천(상표명), 〈~ a nylon〉 수1

12. **Qian-long** [키안롱]: lasting eminence, 〈'오래 융성하는'〉 건륭제, (1711-1799), 청조의 정점에서 71명의 첩을 거느리고 63년간 왕 노릇을 한 4대 왕, 〈~ an Emperor of China〉 미2

13. **QID** (quar·ter in die): 〈라틴어〉, 하루 네 번, 〈~ 4 times a day〉 미2

14. **qi-gong** [취이 궁]: 〈중국어〉, breath+merits, 기공, 배꼽 아래 한치 다섯푼이 되는 곳에 힘을 주어 건강과 용기를 얻는 숨쉬기 운동, 단전 호흡, 〈~ energy work\breathing therapy〉 미2

15. **Qin** [친]: 〈벼(rice)의 이름에서 연유한〉 진왕조, (221~206 BCE 간) 중원을 제패했던 중국의 왕조, 〈→ China〉 미2

16. **Qin,** Shi Huang [친, 쉬황]: '진' 나라의 〈최초의 황제(first emperor)〉, 진시황, (259-210 BCE), 은(조)정, 폭군의 대명사로 불리나 중국 대륙에 최초의 국가를 세우고〈unification of China〉 각종 제도를 개혁한 풍운아 미2

17. **Qing \ Ching** [칭]: 〈물같이 맑은(clear) 자〉, 〈만주족이 세운〉 중국의 (청) 왕조(1644-1912), 〈~ a Manchu-led imperial dynasty〉, 사람 이름(surname) 수1

18. **qi-pao** [키파오 \ 키이페]: 〈중국어〉, 'banner+robe', 치파오, 〈깃발처럼 날리는〉 기포, 몸에 꼭 맞지만 옆트임이 있는 〈만주 풍의〉 중국 치마, 〈한국에서는 '장삼'이라 불려짐〉, 〈~ Mandarin gown〉 미1

19. *****Q rate** [큐우 뤠이트]: quantitative ratings estimator, 계량적 평가 추정률, 재정 구조가 신용 평가에 영향을 미치는 비율, TV 프로그램 인기(선호)도, 〈~ a market value〉 우2

20. *****QR code**: quick respond code, (신속한 상품의 특질을 파악하기 위해) 1994년 일본에서 창안된 격자무늬로 된 광전 판독용 부호, '일별 판독 부호', 〈bar code보다 훨씬 많은 정보를 저장할 수 있음〉, 〈~ two dimensional bar-code〉 우1

21. *****Q score** [큐우 스코어]: Q rating, quotient factor, 어떤 대상을 좋아하는 사람의 백분율, 선호도, 광고 인기도, 〈~ attractive-ness\marketability〉, 〈↔negative Q score〉 미2

22. *****QT**: 'cute'(멋져!)의 〈전산망〉 약자 양2

23. **Q tip** [큐우 팁]: cotton swabs, 'quality tips', 면봉(상표명), 면 귀후비개 양1

24	**qua-bird** [크와아 버어드]: 〈미국어〉, 〈의성어〉, 해오라기, ('크와-크와' 하고 울며) 검은 머리털을 가진 (미국 남동부의) 야행성 중형 왜가리(night heron) 미2
25	**quack** [퀙]: 〈네덜란드어〉, 〈의성어〉, 오리가 우는 소리, 꽥꽥거리다, 허풍 떨다, 〈근거없이 '꽥꽥'대는〉 돌팔이 의사, 〈~ crow\mountebank〉, 〈↔genuine\certified〉 양2
26	**quack-er·y** [퀙커뤼]: 〈'꽥꽥 우는' 오리고기를 '꼬꼬 우는' 닭고기라 우기는〉 사기, 엉터리 치료, 〈~ charlatan\swindler〉, 〈↔honesty\sincerity〉 양1
27	**quack-grass** [퀙 그래스]: 〈'quick'(빨리 자라는) grass의 변형〉, 〈사료용〉 개밀, 〈밀과 비슷하며〉 가는 줄기에 적갈색의 잎을 가진 볏과의 두해살이풀, couch·grass 미2
28	*****Quad** [콰드]: (각종 4개조·4개국 협의체를 일컬으나 근래에 떠오르는 것은) 〈중국을 견제하기 위한〉 미국·호주·인도·일본의 〈4개국 연합전선〉, 〈~ quartet〉 우2
29	**quad~** [콰드~]: quadr, quadri, quadru, 〈라틴어〉, four, 〈4·넷~〉을 뜻하는 결합사 양1
30	*****quad-cop·ter** [콰드 캅터]: 네 날개 소형 무인 비행체, 회전 날개가 네 개 달린 드론, 〈~ quad-rotor〉 미1
31	**quad-plex** [콰드 플렉스]: 4배, 4중(의), 4가구 공동주택, 〈~(↔)duplex〉 미1
32	**quad·ra·ge·nar·i·an** [콰드뤄 줴네어뤼언]: 〈40-49세까지의〉 사십대(인), 〈~ ages between 40 to 49〉 가1
33	**quad-ran·gle** [콰드뢩글]: 사각형, 사변형, 안뜰을 둘러싼 건물, 〈~(↔)square\rectangle〉, 〈~(↔)triangle〉, 〈↔sphere\oval〉 가1
34	**quad-rat·ic e·qua·tion** [콰드래틱 이퀘이젼]: 〈← quadrare(make square)〉, 〈라틴어〉, (4차 방정식이 아니라) 2차 방정식〈2차원의 세계를 떠올리면 이해가 갈 것임〉, 〈~ linear\cubic(equation)〉 가1
35	**quad·ra·ture** [콰드뤄춰]: 정사각형 만들기, 구적법, 〈~ drawing a square〉, ⇒ numerical integration 양2
36	**quad-ri·cy·cle** [콰드뤼 싸이클]: 사륜차, (잘 걷지 못하는 사람들이 시장 보기나 예전에 단거리 여행용으로 쓰였던) 네발 자전거, 〈~(↔)bi-cycle\tri-cycle〉 가1
37	**quad-ri-lin·gual** [콰드뤼 링궐]: 4개 국어를 쓰는 가1
38	**quad-ril·lion** [콰드륄리언]: 천 조, 10의 24제곱(영국·독일), '10의 15제곱'(미국·프랑스) 미2
39	**quad-ri-ple·gi·a** [콰드뤄 플리이쥐어]: 사지 마비, 〈~(↔)paraplegia〉 가1
40	**quad-ru·ple** [콰드루우플]: 4배, 4부, 〈~ quartet\four-some〉, 〈~(↔)double\triple〉 가1
41	**quag-mire** [쾌그 마이어]: 〈영국어〉, 〈← mire〉, bog·mire, 〈'quick'(빨리)하게 빨려 들어가는〉 진창, 진구령, 수렁, 꼼짝할 수 없는 처지, 〈~ swamp\morass〉, 〈↔desert\solution〉 양1
42	**quail** [퀘일]: 〈라틴어〉, 〈의성어〉, 메추라기, 메추리(꿩과〈pheasant family〉의 날개와 꼬리가 짧은 작은 새), 여학생, 기가 죽다, 〈~ chick\recoil〉, 〈↔man\confront〉, 〈partridge보다 작고 부리와 발이 약함〉 양1
43	**quaint** [퀘인트]: 〈'cognitus'(인지)란 라틴어에서 유래한 영국어〉, 기묘한, 기이한, 기발한, 예스러운, 〈~ odd\elegant〉, 〈↔ordinary\ugly〉 양2
44	**quake** [퀘이크]: 〈← cwacian(agitate)〉, 〈게르만어〉, (마구) 흔들리다, 전율, 몸을 떨다, 진동하다, quaver, = earthquake, 〈~ shake\tremble〉, 〈↔stand-still〉 양1
45	**Quak-er** [퀘이커]: '말씀에 떠는(shake) 자', (1647년 영국에서 시작된) 세례나 찬송 등 의식을 배척하는 기독교 일파, 〈~ Religious Society of Friends〉 수1
46	**Qual-comm** [퀄 컴]: Quality Communication, 1985년 방위산업연구소로 출발하여 지적 자산 분야까지 진출하고 있는 미국의 세계적 반도체·전자 통신장비 제조업체, 〈~ an American IT company〉 수2
47	**qua·le** [크와알리]: 〈quality란 라틴어에서 유래한 철학용어〉, 속성, (물질에서 추상화한 '보편적이고도 독립적인' 〈~이래서 철학이 어렵다는 것이어!〉) 특질, 〈~ attribute\property〉, 〈~(↔)independent object\distinctive feature〉 양2
48	**qual·i·fi·ca·tion** [콸러휘케이션]: 자격, 능력, 조건, 〈~ capability\competency\limitation〉, 〈↔dis-qualification\in-eligibility〉 가2
49	**qual·i·fied** [콸러화이드]: 자격 있는, 적임의, 〈~ certified\eligible〉, 〈↔un-qualified\in-competent\inept〉 가2
50	**qual·i·fy** [콸러화이]: qualis(kind)+facere(make), 〈라틴어〉, 자격을 주다 (얻다), 제한하다, 〈~ meet the requirement\contigent〉, 〈↔dis-qualify\un-fit\quantify〉 가2

51 **qual·i·ta·tive** [콸리테이티브]: 질적인, 성질(상)의, 〈~ characteristic\categorical〉, 〈↔quantitative〉 가1

52 **qual·i·ty** [콸러티]: 〈'kind'(종류)란 뜻의 라틴어에서 유래한〉 질, 품질, 양질, 속성, 〈~ caliber\grade\feature〉, 〈↔quantity〉 가1

53 **qual·i·ty as·sur·ance** [콸러티 어슈어뤈스] \ QA : 품질보증 가1

54 **qual·i·ty con·trol** [콸러티 컨트로울] \ QC : 품질관리 가1

55 **qual·i·ty time** [콸러티 타임]: 값진 시간, 재미있거나 머리가 잘 돌아가는 시간, 〈~ good time〉, 〈↔wasted time〉 양1

56 **qualm** [콰암]: 〈게르만어?〉, 〈← quell(kill)?〉, 불안한 마음, 주저함, 현기증, 메스꺼움, 〈~ mis-giving\worry〉, 〈↔confidence\wellness〉 양1

57 **quan·da·ry** [크완더뤼]: 〈← quando(when)〉, 〈라틴어〉, uncertain, doubt, 난처한 처지, 곤경, 당황, 〈~ perplexed\non-plus〉, 〈↔calm\relieve〉 양1

58 **quan·ta** [콰안터]: 〈← quantus(how many \ much〉, 관타, 양자들, quantum의 복수형 우1

59 **quan·ti·fy** [콰안터화이]: quantus(extent)+facere(make), 〈라틴어〉, 양을 정하다, 수량화하다, 〈~ assess\compute〉, 〈↔qualify〉 가2

60 **quan·ti·ta·tive** [콰안터테이티브]: 양적인, 계량의, 〈~ material\calculable〉, 〈↔qualitative〉 가2

61 **quan·ti·ty** [콰안터티]: 〈← quantus(how great)〉, 〈라틴어〉, 〈← 'know'(앎)란 뜻의 라틴어에서 유래한〉 양, 분량, 다량, 〈~ amount\mass〉, 〈↔quality〉 가1

62 **quan·ti·ty the·o·ry** [콰안터티 씨어뤼] of mon·ey: (물가 수준은 화폐 공급량에 정비례한다는) 화폐수량설, 〈price depends on supply〉, 〈옳은 말씀〉, 〈↔real bills doctrine(실어음 이론); commercial loan theory-역시 옳은 말씀〉 미2

63 **quan·tum** [콰안텀] \ quan·ta[콰안터]: 〈'how much'란 뜻의 라틴어에서 유래한〉 퀀텀, 양자(들), 정량, 몫, 전자가 원자 궤도를 이탈할 때 생기는 힘, 〈→ quantity〉, 〈~ amount\measure〉 우2

64 *__quan·tum com·put–ing__ [콰안텀 컴퓨우팅]: 〈생각만 해도 어지러운〉 양자 전산, (1980년대부터 시작되었으나 아직 실용되지 못하는) 〈이진법 대신 0과 1을 함께 담은〉 양자 상태로 정보를 저장할 수 있다는 〈초고속〉 병렬 전산 처리, 〈computer science based on quantum theory〉, 〈~ a super-computer\probabilistic (or non-deterministic) computer〉 우2

65 **quan·tum jump** (leap) [콰안텀 쥠프(리잎)]: 양자 비약, 비약적인 발전, 약진, 〈~ leaps and bounds〉 양2

66 **qua·qua·ver·sal** [크웨이쿼 붜어슬]: all directions+vertere(turn), 〈라틴어→영국어→미국어〉, 중심으로부터 사방으로 경사진, 산지사방으로 흩어진, 원개(dome) 모양의, 〈~ all-encompassing\omni-directional〉, 〈↔turning towards center(centroclinal)〉 양2

67 *__quar·an·teen__ [쿠어뢴티인]: 〈신조어〉, quarantine+teen, '봉쇄된 10대', 〈Covid 등으로 인한〉 방역·격리로 인해 불만에 가득한 10대(repressed teenager) 미2

68 **quar·an·tine** [쿠어뢴티인]: 〈라틴어에서 연유한 이탈리아어〉, 〈'40일(quadraginta) 간'의〉 격리, 〈역병이 돌 때 배에서 40일간 환자가 발생하지 않을 때 입항이 허용되던〉 검역, 남편 사후 그 집에 40일 동안 머물 수 있는 〈권리〉, 〈~ isolation\seclusion〉, 〈↔open\de-segregation〉 양2

69 *__quar·an·ti·ni__ [쿠어뢴티이니]: quarantine+martini, '격리주', 격리 기간 중 마시는 마티니, 〈~ 언어는 시대의 산물이란 예〉 우2

70 **quark** [쿼얼크 \ 콰알크]: ①〈1963년 미국 물리학자가 주로 한 말〉, 쿠크, 〈James Joyce의 문장에서 따온〉 (전자 안에서) 강한 상호 작용을 하는 소립자, 물량의 최소 단위, 〈~ fundamental particle〉 ②〈슬라브어에서 유래한 게르만계어〉, (동유럽에서 즐기는) 발효되지 않은 담백한 우유더껑이, 쿠아르크 치즈, 〈~ curd cheese〉 ③question mark(의문 부호) 수2

71 **quar·rel** [쿠어뤌]: 〈← queri(complain)〉, 〈라틴어〉, '불평하다', 말다툼, 불화, 네모난〈square〉 화살촉이 달린 화살, 마름모꼴 창유리(바닥재), (석수의) 정, 〈~ brawl\row³\contre-temps\argument〉, 〈↔agreement\reconcilliation〉 가1

72 **quar·rel-some** [쿠어뤌 썸]: 말다툼기 좋아하는, 시비조의, 〈~ argumentative〉, 〈↔agreeable\peaceable〉 가1

73 **quar·ry** [쿠어뤼]: 〈← quad(four)〉, 〈라틴어〉, 채석장, 출처, 탐구하다, 돌을 '네모'〈square〉로 하다, 〈~ stone pit\delve〉 양1

74 **quart \ qt.** [쿼얼트]: 〈'넷'이란 라틴어〉, 쿼트, 4분의 1갤런, 2파인트, 영국·캐나다에서는 1.14리터, 미국에서는 0.94리터, 〈quarter of a gallon〉 수2

75 **quar·ter** [쿼어터]: 〈← quad(four)〉, 〈라틴어〉, 쿼터, 4분의 1, 15분, 25센트, 3개월, 〈군기지의 4등분된〉 지역, 〈예전에 25전에 하룻밤을 잘 수 있었던〉 숙박지, 〈~ one fourth\accomodation〉, 〈~(↔)trimester\semester〉 미1

76 **quar·ter-back** [쿼어터 백]: forward(전위)와 half back(중위)의 중간 위치에서 뛰면서 공격을 지휘하는 선수, 〈~ captain\leader〉 우1

77 **quar·ter-fi·nal** [쿼어터 화이늘]: 준준결승전, 8강전, 〈~ final eight〉 양1

78 **quar·ter horse** [쿼어터 호얼스]: 〈1/4 마일 이하의〉 단거리 경주말, (18세기에 미국〈America〉에서 개발된) 영국에서 들여온 Thoroughbred와 토산종의 잡종마, 〈~ saddle (or cutting) horse〉 우1

79 **quar·tet** [쿼어텔]: 4중주(단), 4중창(단), 4인조, 〈~ quadruple\four-some\tetralogy〉 가1

80 **quartz** [쿼얼스]: 〈← tvrd(hard), 〈'단단한'이란 슬라브어에서 연유함〉 쿼츠, 석영〈돌 속에 있는 꽃〉, 이산화규소로 된 유리 광택이 나는 입방체의 광물, 수정의 원석, 압박하면 전류를 생산하는 요상한 물질, 〈~ rock crystal\silicon dioxide〉 미2

81 **quartz clock** [쿼얼스 클랔]: 수정 발진식 정밀 전자시계, 〈~ quartz chrono-meter〉, 〈mechanical clock보다 정확하나 atomic clock보다는 덜 정확함〉 수2

82 **qua·sar** [크웨이쟈알 \ 크웨이사알]: 〈영국어〉, quasi(seemingly)+stellar(star), 유사별, 준성, 준항성체, (아주 멀리 떨어져 있으나 무지무지한 폭발력을 가지고 있어 망원경으로도 보이는) 큰 거대 항성, 〈~ super-nova〉 미2

83 **quash** [콰쉬]: 〈← cassare(null)〉, 〈라틴어〉, 억누르다, 진압하다, 파기(폐기), 〈→ squash〉, 〈~ repress\crush〉, 〈↔bandy\coax〉 양2

84 **qua·si** [퀘이쟈이 \ 퀘이사이 \ 콰아지]: 〈라틴어, as if, 유사한, 비슷한, 사이비의, 〈준·유사〉란 뜻의 결합사, 〈~ pseudo\seeming〉, 〈↔dis-similar\apparent〉 양2

85 **quas·sia** [콰셔]: 〈라틴어 학명〉, amargo, bitter ash, 〈처음 약효를 발견한 Surinam의 노예 이름(Quassi)을 딴〉 열대성 소태나무, (쓴 수액을 강장제·구충제로 썼던) 붉은 원추 꽃차례를 가진 상록활엽관목 미1

86 **quat-rain** [콰트 뤠인]: 〈프랑스어〉, four lines, 4행시 양2

87 **qua·ver** [퀘이붜]: 〈영국어〉, 〈← quake〉, 떨리다, 떨리는 소리, 진동음, 8분음표(eighth note), 〈~ tremble\vibrate〉, 〈↔stand-still〉 양1

88 **quay** [키이]: 〈← cai(wharf)〉, 〈'모래언덕'이란 프랑스어에서 연유함〉 선창, 부두, 방파제, 〈~ berth\pier〉, 〈↔un-dock\exit〉 양1

89 **quea·sy** [퀴이지]: 〈← kveisa(nausea)〉, 〈북구어→영국어〉, 역겨운, 불쾌한, 소심한, 〈~ sick\nauseated\squeamish〉, 〈↔well\controlled〉 양1

90 **Que·bec** [퀴벨]: 〈원주민어〉, narrow passage, 퀘벡, St. Lawrence강이 '좁아지는 곳', (1608년경부터 주로 프랑스계〈French〉 백인들에 의해 개척되고 자원이 풍부한) 캐나다 동부〈eastern Canada〉의 주(도) 수1

91 **que·bra·cho** [케이브롸초우]: 〈← quiebra-hacha(break+ax)〉, 〈스페인어〉, (껍질을 무두질·물감용으로 쓰는) '도끼가 부러지는' 남미 원산 옻나뭇과〈lacquer tree〉의 단단한 교목, 〈~ a hard wood rich in tannin〉 우1

92 **Quech·ua** [케츄아아]: 〈어원 불명의 원주민어〉, 〈← ghechwa(temperate valleys)〉, '온난한 분지', 케추아, 페루를 비롯한 남미 북부 지방의 약 7백만에 달하는 〈잉카 문화의〉 원주민족(의 언어), 〈~ language spoken in Andes region〉, 〈OED는 어원이 plunderer(약탈자)를 뜻하는 kechua라 함〉 수1

93 **queen** [퀴인]: 〈'gyne'(암컷)이란 뜻의 그리스어에서 유래한〉 여왕, 왕비, 여신, '아내', 〈~ Her Majesty〉, 〈~ empress\consort〉, 〈↔hag\witch\king〉 가2

94 **Queen Anne's lace** [퀴인 앤스 레이스]: '앤 여왕의 치맛자락에 붙은 수 같은' 자잘한 흰무늬 꽃이 피는 야생 당근, wild carrot 수2

95 **Queen Anne's War** [퀴인 앤스 워어]: 두 번째로 북미에서 (1702~1713년간) 영국 대 프랑스·원주민 연합군이 싸워 영국이 이긴 전투, 〈~ Second Intercolonial War\Third Indian War〉 수2

96 **queen con·sort** [퀴인 칸소울트]: 왕비, 황후, 〈~ king's wife〉, 〈↔king consort?〉 양2

97 **queen dow·a·ger** [퀴인 다웨저]: 황태후, 국왕의 미망인, 대비, 〈~ former queen consort〉 수2

98	**Queens** [퀸즈]: 〈17세기의 캐서린 영국 여왕의 이름을 딴〉 퀸즈, 주로 주거 지역으로 구성된 미국 뉴욕시(에서 두 번째로 큰) 동부의 구, 〈a borough of NY city〉 수1
99	**queen sized bed** [퀸 싸이즈드 베드]: 〈신혼부부가 쓰기 좋은〉 중대형 침대, 〈~ small double〉 미1
100	**Queens myr·tle** [퀸즈 머어틀]: '여왕의 은매화', pride of India, ⇒ banaba 우2
101	**queer** [퀴얼]: 〈'que'(why)란 라틴 뿌리에서 나온 게르만어〉, 이상한, 야릇한, 괴짜, 동성애자, 〈~ odd\gay〉, 〈↔straight\heterosexual〉 양1
102	**quell** [크웰]: 〈'kill'의 게르만어〉, 진압하다, 평정하다, 〈~ quale\qualm〉, 〈~ finish\conquer〉, 〈↔build up\incite\surrender〉 가1
103	**Quel·part** [크웰 파아트]: (그 섬에 표류한 어원 불명의 네덜란드 배〈Dutch ship〉의 이름에서 유래한) 한국 제주도의 별칭, ⇒ Jeju 수2
104	**quench** [퀜취]: 〈← cwencan(extinguish)〉, 〈게르만어〉, 끄다, 풀다, 누르다, 냉각시키다, 갈증을 풀다, 잃게 하다, 〈~ put out\dampen down〉, 〈↔torch\build\kindle\assist〉 양1
105	**que·nelle** [커넬]: 〈← knodel(dumpling)〉, 〈게르만→프랑스어〉, 고기완자, 다진 고기를 계란 모양의 반죽으로 싸서 튀긴 만두, 〈~ a poached oval dumpling of finely chopped fish or meat〉 미2
106	**quern** [크워언]: 〈← grava(crushing stone)〉, 〈산스크리트어→게르만어〉, mill-stone, 맷돌(곡식을 가는 돌기구), 〈→ gravity\aggravate〉, 〈~ hand-mill〉 양1
107	**quer·u·lous** [쿼룰러스]: 〈라틴어〉, 〈← quarrel〉, 투덜거리는, 불만에 찬, 성마른, 〈~ petulant\cantankerous〉, 〈↔agreeable\cheerful\down-stage〉 양2
108	**que·ry** [쿼어뤼]: 〈← quaerere(ask)〉, 〈라틴어〉, '물어서 구하기', 질문, 의문, 조회, 〈→ in·quire〉, 〈~ question\quiz〉, 〈↔answer\rejoinder〉 양1
109	*****que se·ra se·ra** [케이 쎄라아 쎄라]: 〈이탈리아어〉, 'whatever will be, will be', 될 대로 되라, 〈1956년 대박을 터뜨렸던 노래 제목〉, 〈~ zero fucks〉, 〈↔better or worse\rain or shine〉 우2
110	**que·so** [퀘소우]: 〈← caseus(cheese)〉, 〈라틴어〉, 〈과자 등을 찍어 먹는 데 쓰는〉 녹인 '치즈', 〈~ cheese dip〉 미1
111	**quest** [퀘스트]: 〈← quaerere(ask)〉, 〈라틴어〉, 탐색, 검시, 추구, 원정, 〈~ query〉, 〈~ search\pursuit〉, 〈↔quiescene\goal〉 가1
112	**ques·tion** [퀘스춴]: 〈라틴어→프랑스어〉, 질문, 심문, 의문, 문제, 〈~ asking\inquiry〉, 〈↔answer\response〉 가1
113	**ques·tion-a·ble** [퀘스춰너블]: 의심스러운, 〈~ dubious\controversal〉, 〈↔certain\indisputable〉 가2
114	**ques·tion-naire** [퀘스춰네어]: 〈프랑스어〉, 질문서, 조사표, 〈~ survey\poll〉, 〈↔notice\memorandum〉 가2
115	**ques·tion mark** [퀘스춴 마아크]: 물음표, ?, 〈~ interogation point〉, 〈↔period(.)〉 가2
116	**quet·zal** [크웨츨 \ 케챠알]: 〈← quetzalli(tail feather)〉, 〈'현란한 깃털'이란 뜻의 아즈텍어〉, 케찰, 중앙 아메리카산 (트로곤과의) 꼬리 긴 고운 새, a re-splendent trogon, 〈권위를 상징하는〉 과테말라의 국조, 〈스페인어는 pilco〉 우2
117	**queue** [큐우]: 〈'cauda'(꼬리)란 뜻의 라틴어에서 유래한 프랑스어〉, cue, (중국 남자의) 땋아 늘인 머리, 변발, 대기행렬, 대기!, 컴퓨터에서 처리를 기다리는 자료, 〈~ pig-tail\file〉, 〈~ line-up〉, 〈↔center\disorder〉 우2
118	**quib·ble** [퀴블]: 핑계, 강변, 트집, 〈qui·quae·quod 등의 라틴어에서 유래한〉 모호한 말씨, 〈~ bicker\squable\nit-pick〉, 〈↔reason\enunciate〉 가1
119	**quiche** [키쉬]: 〈게르만어〉, 'cake'의 변형어, 〈여성만 먹는다는〉 (달걀·우유·고기·야채·치즈를 섞어 밀가루 반죽에 구운) 아주 부드러운 둥근 양과자, flan, ⇒ tart 우1
120	**quick** [퀵]: 〈← quik(living)〉, 〈게르만어〉, 빠른, 잽싼, 급한, '살아있는', 〈~ fast²\swift〉, 〈↔slow\stupid〉 가1
121	*****Quick BA·SIC** [퀵 베이실]: '신속한 기본(지침)', 1985년부터 Microsoft사가 개발한 기본적 차림표 언어(program language)를 위한 편찬기 우2
122	*****quick buck** [퀵 벅]: 쉽게 번 돈, 불로소득, 부당하게 번 돈, 〈~ easy money\fast-buck〉 양2
123	**quick-eyed** [퀵 아이드]: 눈치 빠른, 〈~ sharp eyed\keen sighted〉, 〈↔naive\guile-less〉 가1
124	**quick-fire** [퀵 화이어]: 속사, 속사포처럼 이어지는, 〈~ rapid (or accelerated) fire〉, 〈↔delayed\leisurely〉 가1

125 ***quick fix** [퀵 휙스]: 임시변통, 손쉬운 해결, ⟨~ temporary solution\band aid⟩, ⟨↔complete\mature⟩ 양2

126 **quick-freeze** [퀵 후뤼이즈]: 급속 냉동, ⟨~ flash (or insant) freezing⟩, ⟨↔boil\toast⟩ 가1

127 **quick-lunch** [퀵 런취]: 간이 점심, 간이식당, ⟨~ short lunch⟩ 미2

128 ***quick-ra·tio** [퀵 뤠이쇼우]: 당좌비율, 채무를 당장 변제하기 위해 빨리 팔아치울 수 있는 자산의 비율, acid·test ratio, ⟨~ current ratio⟩ 양2

129 ***quick-sand** [퀵 샌드]: 유사, 흐르는 모래, 헤어나기 힘든(위험한) 상황, ⟨~ mire\pit-fall⟩, ⟨↔solidity⟩ 양1

130 **quick-sil·ver** [퀵 실붜]: mercury, 수은, 활발한, 변덕스러운, ⟨~ erratic\changeful⟩, ⟨↔constant\stable⟩ 양1

131 ***quick sort** [퀵 쏘얼트]: 신속 정렬, (1962년에 처음 발표된) 전산기에서 연산표를 재빨리 분류하는 방식, ⟨~(↔)merge sort⟩ 미2

132 **quick-step** [퀵 스텦]: 속보, 빠른 걸음, ⟨↔slow-step⟩ 가1

133 **quick-tem·pered** [퀵 템퍼드]: 성급한, 화를 잘 내는, ⟨~ cranky\irritable⟩, ⟨↔even-tempered\cool⟩ 가1

134 **Quick Time** [퀵 타임]: 매킨토시 전산기에서 연산표를 재빨리 분류하는 방식으로 시작해서 나중에 애플(Apple)사가 디지털 비디오의 기록·재생을 확장하는 연성기로 발전시킴, ⟨→ Quick Time player X⟩ 수2

135 ***quick·time** [퀵 타임]: (1분에 120보 정도의) 속보, 매춘부와의 짧은 성교, ⟨한국에서는 short-time이라 함⟩, ⟨~ quick-step\instant sex⟩, ⟨↔long-time⟩ 미2

136 **quick–wit-ted** [퀵 위티드]: 약삭빠른, ⟨~ agile\astute⟩, ⟨↔slow\stupid⟩ 가1

137 **quid-di·ty** [퀴디티]: ⟨← quid(what)⟩, ⟨라틴어⟩, 본질, 실질, (꼬치꼬치 따지는) 궤변, ⟨~ essence of a thing\quintessence⟩, ⟨↔conformity\sameness⟩ 양2

138 **quid-nunc** [퀴드넝크]: what now?, ⟨라틴어⟩, 남의 일을 캐기 좋아하는 사람, 소문 퍼뜨리기 좋아하는 자, ⟨~ gossiper\news-monger⟩ 양2

139 ***quid pro quo** [퀴드 프로우 코우]: ⟨라틴어⟩, 'what for what', '뭔가 가져오면 뭔가를 내놓는다', (대가성) 답례, 뇌물수수, ⟨~ tit for tat\do ut des\eye for an eye⟩, ⟨~(↔)Indian gift⟩, ⟨↔pro bono⟩, ⇒ pound² 양2

140 **qui·es·cent** [콰이에슨트]: ⟨← quiet⟩, 움직이지 않는, 조용한, (병이) 진정되는, ⟨~ inert\idle⟩, ⟨↔quest\active⟩ 양2

141 **qui·et** [콰이얼]: ⟨← quies(rest)⟩, ⟨라틴어⟩, ⟨전쟁이 없어⟩ 조용한, 정숙한, 평온한, ⟨~ quit⟩, acquiescence, ⟨~ silent\still⟩, ⟨↔loud\noisy⟩ 가1

142 ***qui·et quit** [콰이얼 퀼]: (직장을 그만두는 것이 아니라) ⟨자기가 맡은 임무를 최소한도로 끝내고⟩ 조용히 퇴근하는 자, 복지부동, (미국 직장인의 50%를 점하는) '냉정한 직장인'⟨바람직한 현상은 아니라 함⟩, ⟨~ laying flat\soft quitting\anti-ambition⟩, ⟨↔loud quit(떠벌이 직장인)⟩ 우2

143 **quill** [퀼]: ⟨← quil(hollow stalk)⟩, ⟨게르만어⟩, 깃촉, 찌, 실패, 빨대, 이쑤시개(tooth-pick), 꽁지깃, ⟨~ squill⟩, ⟨~ calamus\plume⟩ 양1

144 **quill-wort** [퀼 워얼트]: (기다란 깃을 가지고 물에서 자라는) 물부추, ⟨~ water leek⟩ 미2

145 **quilt** [퀼트]: ⟨← culcirra(bed)⟩, ⟨라틴어⟩, 누비다, ⟨푹신한⟩ 누비이불, ⟨~ coverlet\duvet⟩, ⟨~(↔)crochet\knit⟩, ⟨↔un-sew\dis-join⟩ 양1

146 **quince** [퀸스]: ①⟨라틴어⟩, 마르멜로(marmelo), 크레타섬에 있는 지역명(Cgdonia)에서 유래한 서양배(pear)와 사과(apple)의 중간 과일, (장미과⟨Rosaceae⟩의 낙엽관목에 열리는) 모과 ②'15'를 뜻하는 스페인어(Spanish) 우2

147 **quince a·nos** [퀸세 아뇨스]: '15세 축제', 스페인 문화에서 성대하게 차려주는 여성의 성인식, ⟨~ celebration of girl's 15th birth-day⟩ 미1

148 **Quine-Du·hen the·sis** [콰인 듀헨 쎄시스]: 19~21세기에 프랑스의 뒤앙과 미국의 콰인이 약 1세기에 걸쳐 주창한 모든 과학적 실험은 기존의 가정에 근거를 두고 행해졌기 때문에 분명치 못하다는 학설, ⟨~ auxiliary assumptions⟩ 수1

149 **qui·nine** [콰이나인]: ⟨Quechua어⟩, 퀴닌, 키니네(kinine), 기나수의 껍질에서 만든 쓴맛⟨bitter taste⟩이 나는 알칼리성 유기물(과거에는 말라리아약으로 쓰였음), ⟨~ used to treat malaria⟩ 수2

150 **Quinn**[퀸], An·tho·ny: ⟨← conn(intelligence)⟩, ⟨아일랜드어⟩, '현명한 자', 퀸, (1915-2001), 12명의 자녀를 두었고 끈질긴 남성상을 잘 연출한(아일리시 피가 섞인) 멕시코 출신 미국 배우, ⟨~ a Mexican-born American actor⟩ 수1

151 **qui·noa** [퀴노우어]: ⟨← kinwa⟩, ⟨Quechua어⟩, 퀴노아, mother of all grains, '곡물의 어머니', '신이 내린 곡물', '팔방미인 곡물', 남미 안데스산맥 원산의 명아주(goose-foot) 비슷한 곡초로 ⟨건강식품으로 부상하고 있는⟩ 여러 색의 좁쌀(millet)만 한 곡식을 맺음 우1

152 **quins·(z)y** [퀸지]: ⟨← kynanche⟩, kun(dog)+ankhein(throttle), ⟨'개의 목끈'이란 뜻의 그리스어에서 유래함⟩ (화농성의) 후두염, 편도선염, peritonsillar abscess 양2

153 **quint** [퀸트]: ⟨← quintus(five)⟩, ⟨라틴어⟩, 다섯(장), 5도(음정), 농구팀, 5도 높은음이 울리는 오르간 음정, ⟨~ cinque⟩ 가1

154 **quin·tes·sence** [퀸테쓴스]: quinta(five)+essentia(essence), ⟨라틴어→프랑스어⟩, 오행, (금·목·수·화·토의) 다섯 가지 원기, 정수, 고대·중세 철학의 제5원소(기(氣)·화(火)·지(地)·수(水)의 네 요소 외에 있다고 생각되던 우주의 구성 요소, (무엇의 완벽한) 전형, ⟨~ quiddity⟩ 양1

155 **quin·tet** [퀸텔]: 5중주, 5중창, 5인조, 농구팀, ⟨~ group of five⟩ 가1

156 **Quin·ti·li·an** [퀸틸리안], Mar·cus: '5번째 자식', 쿠인틸리아누스, (AD40?-95?), 웅변술과 수사학을 가르쳤던 스페인 태생 로마의 학자, ⟨~ a Roman educator and rhetorician⟩ 수1

157 **quin·til·li·on** [퀸틸리언]: 백 경, '100만의 5제곱', '10의 18제곱'(미국), 10의 30제곱(유럽) 미2

158 **quin·tu·ple** [퀸튜우플]: 5배, 다섯 부분으로 된, ⟨~ five-fold⟩ 가2

159 **quip** [큎]: ⟨← quippe(indeed)⟩, ⟨라틴어⟩, '정말!', '진짜!', 빈정대다, 재치있는 말, 경구, ⟨~ pun\wise-crack⟩, ⟨↔conformity\flattery⟩ 양1

160 **quirk** [쿼얼크]: ⟨← queer?⟩, ⟨어원 불명의 영국어⟩, 괴상한, 변덕스러운, 어물거리는, 재치있는, 멋진 표현, 경구, 깊은 홈, 급한 돈, ⟨~ oddity\whim\beige flag⟩, ⟨↔normality\inability\un-twist⟩ 양1

161 ***quirk-y–a-lone** [쿼얼키 얼로운]: ⟨← quirk⟩, (진짜 마음에 드는 상대를 기다리며) 독신을 즐기는 ⟨괴상한⟩ '꾀돌이 독신자', ⟨~ smart loner⟩ 우2

162 ***Quis·ling** [퀴즐링], Vid·kun: ⟨덴마크의 지명에서 유래한 노르웨이 성⟩, 크비슬링, (1887-1945), 나치 괴뢰 정권의 수반을 지내다가 종전 후 총살당한 노르웨이의 군인·정치가, ⟨~ a Norwegian military officer and Nazi collaborator⟩, q~; 매국노, 부역자, ⟨~ betrayer\turn-coat⟩ 수1 양2

163 **quit** [퀕]: ⟨← quietus(rest)⟩, ⟨라틴어⟩, 그만두다, 떠나다, 끊다, 포기하다, 관두다, ⟨~ quiet\acquit⟩, ⟨~ drop\exit\stop⟩, ⟨↔stay\hire⟩ 양1

164 **qui tam** [퀴 탐]: ⟨who-ever란 뜻의 라틴어⟩, 시민의 신고에 의한 고소, 일반 시민이 타인의 탈세나 부정부패를 고발해서 상금을 받는 일, '내부 고발', ⟨~ whistle-blower\citizen's arrest⟩ 양2

165 **quit-claim** [퀕 클레임]: 권리 포기, 권리 양도 증서, ⟨~ release\relinquishment⟩, ⟨↔claim\sanction\warranty⟩ 양2

166 **quite** [콰이트]: ⟨quit과 quiet란 뜻을 다 가지고 있는 영국어⟩, completely, 꽤, 아주, 매우, 상당히, 제법, 실로, 완전히, ⟨~ fairly\fully⟩, ⟨↔little\some-what⟩ 가1

167 **quit-tance** [퀴튼스]: 갚음, 해제, 면제, 채무면제증서, ⟨~ payment⟩, ⟨↔debt\penalty⟩ 양2

168 **quiv·er** [퀴붜]: ①⟨← quaver(shake)⟩, ⟨게르만어⟩, 떨리다, 흔들리다 ②⟨← cocer(case)⟩, ⟨게르만어⟩, 전동, (등에 메는) 화살통, ⟨~ arrow holder⟩, ⟨~ shiver\shudder⟩ 양1

169 **quix·ot·ic** [퀵싸틱]: ⟨스페인어⟩, ⟨Don Quixote같이⟩ 비현실적인, 주책없는, 기사도를 발휘하는, 충동적인, ⟨~ idealistic\extravagant⟩, ⟨↔practical\realistic⟩ 양2

170 **quiz** [퀴즈]: ⟨어원 불명의 영국어⟩, question, 질문, 장난, ⟨~ in·quisitive⟩, ⟨~ interrogate\probe⟩, ⟨↔answer\reply⟩ 우2

171 **quiz game** [퀴즈 게임]: 질문 놀이, ⟨~ trivia\quiz show⟩ 우2

172 **quiz show** [퀴즈 쑈우]: 질문에 답하는 형식을 취한 공연, ⟨~ game show\quiz game⟩ 우2

173 **quoit** [코이트]: ⟨← coite(cushion)⟩, ⟨프랑스어⟩, 놀이용 고리, 고리 던지기, 엉덩이, ⟨~ discus\saucer⟩, ⟨↔disc\plate⟩ 양1

174 **quoll** [크왈]: ⟨오스트레일리아 원주민어⟩, 쿠울, 주머니 고양이, ⟨~ a medium-sized carnivorous marsupial⟩, ⇒ native cat 미2

175 **Quon·set** [콴셋]: 〈원주민어〉, 퀀셋, (로드 아일랜드에 있는) 미국 해군 항공 기지(naval air station)의 하나, '길쭉한 반원형'의 간이 막사, 〈~ billet\hut〉 수1 우1

176 **quo·rum** [쿼어룀]: 〈← qui〉, 〈'누구(who)를'이란 라틴어에서 유래된 영국어〉, (의결에 필요한) 정족수, 선발된 단체, 〈~ attendance plenum〉, 〈↔lack\insufficiency〉 가1

177 **quo·ta** [코우터]: 〈← quotus〉, 〈'몇개(how many)'란 뜻의 라틴어에서 유래한〉 몫, 할당, 〈→ quotient〉, 〈~ share\portion〉, 〈↔lack\insufficiency〉 가1

178 **quo·ta·tion** [코우테이션]: 〈라틴어〉, 〈'숫자를 매겨' 구분하는〉 인용, 견적, 〈~ citation\estimation〉, 〈↔conceal\invention〉 가1

179 **quo·ta·tion mark** [코우테이션 마아크]: 따옴표, 인용 부호, 〈~ speech(talking) mark〉 가2

180 **quote** [코우트]: 〈← quotus(what number)〉, 〈라틴어〉, 인용하다, 따다 쓰다, 〈~ recite\restate〉, 〈↔conceal\invent〉 가1

181 *****quote tweet** [코우트 트위이트]: (받은 전문에다 자신의 견해를 더해 타인에게 전송하는) '인용 전달', 〈~(↔)re-tweet〉 양2

182 **quoth** [코우쓰]: 〈← cwethan(to speak)〉, 〈게르만어〉, 말 하였도다, 가라사대, 〈~ said〉 양2

183 **quo·tid·i·an** [코우티디언]: quot(as many as)+dies, 〈'daily'란 뜻의 라틴어〉, every day, 나날의, 통상적인, 흔해 빠진, 시시한, 〈~ usual\ordinary〉, 〈↔unusual\exciting〉 양2

184 **quo·tient** [코우션트]: 〈라틴어〉, 〈← quota〉, 몫, 지수, 지분, 할당, 상, 〈~ fraction\equation〉, 〈↔whole\difference〉 양2

185 *****quo va·dis** [코우 봐디스] Do·mi·ne: 〈라틴어〉, where are you going, (주여) 어디로 가시나이까? (요한복음 16:5), 베드로가 로마를 탈출할 때 그리스도의 환영을 보고 한 말 미1

186 **Q-vi·sa**: 〈성인이 15개월까지 머물 수 있는〉 국제 문화 교류(culture exchange) 방문 사증 우2

1. **R \ r** [아알]: 이집트의 상형문자 머리 모양을 딴 6번째 정도로 많이 쓰이는 알파벳, R자 모양의 물건, raical·radius·restricted·rate·roentgen·ratio·resistance·right·registered·reserve·are 등의 약자 수2

2. **rab·bet** [棸빝]: ⟨← rabouter(thrust back)⟩, ⟨프랑스어→영국어⟩, (널판지와 널판지를 끼워 맞추기 위해 홈을 판) 은촉 이음, 반턱 쪽매 이음, ⟨~ cleft\fissure⟩, ⟨~ ship-lap⟩ 미1

3. **rab·bi** [棸바이]: 라비, 'my master', (유대의) 율법 박사, 유대교의 목사, 선생, ⟨~ guru\mahatma\priest\mentor⟩, ⟨↔fool\follower\lay-person⟩ 미2

4. **rab·bit** [棸빝]: ⟨← robbeken⟩, ⟨네덜란드어⟩, ⟨손으로 얼굴을 'rub'하는 버릇이 있는⟩ (집)토끼, 연한 갈색, 겁쟁이, ⟨~ con(e)y\bunny⟩, ⟨↔lion?\hero⟩ 가1

5. **rab·bit ban·di·coot** [棸빝 밴디쿠웉]: ⟨네덜란드어+드라비다어⟩, rabbit+pig+rat, '큰귀주머니쥐', ⇒ bilby 우1

6. **rab·bit brush** (bush)[棸빝 브뤄쉬 (부쉬)]: '토끼 덤불', 북미 서부의 건조지대에서 잘 자라며 자잘한 노란꽃을 피우고 당나귀 맷토끼가 숨기 좋은 관목, ⟨원주민들이 악령을 물리쳐주는 나무라고 믿었다 함⟩, ⟨~ a shrub in sun-flower family⟩ 우2

7. ***rab·bit-hole** [棸빝 호울]: ⟨『Alice의 모험』에서 연유한⟩ 비현실의 세계로 들어가는 토끼 굴, ⟨동양의 「남가일몽(fleeting glory)」에 나오는 개미 굴과 비슷함⟩, ⟨~ rabit burrow⟩ 우2

8. **rab·bit punch** [棸빝 펀취]: ⟨토끼 사냥 때 털가죽의 손상 없이 한 방에 죽이는 방법에서 연유한 말⟩, (권투에서) 뒤통수 치기(반칙), ⟨~ blow to the back of the head⟩, ⟨↔upper-cut⟩ 미2

9. **rab·ble** [棸블]: ⟨← rabel(pack of animals)⟩, ⟨어원 불명의 영국어⟩, 어중이떠중이, 하층민, 대중, 빨리 재잘대다, ⟨~ babble\gabble\ragtag⟩, ⟨↔quiet\gentry⟩ 양1

10. **ra·bid** [棸비드]: ⟨← rabere⟩, ⟨라틴어⟩, ⟨← rave⟩, 맹렬한, 열광적인, ⟨~ extreme\fanatical⟩, ⟨↔moderate\rational⟩ 양2

11. **ra·bies** [뤠이비이즈]: ⟨라틴어⟩, ⟨← rave⟩, 광견병, 공수병(동물의 침으로 전염되며 신경마비를 일으켜 물조차 삼키기 힘든 무서운 병), ⟨→ rage⟩, ⟨~ hydro-phobia⟩ 양2

12. **rac·coon** [棸쿠운]: ⟨← arathcon⟩, ⟨원주민어⟩, ⟨손으로 긁는⟩ 너구리, '개곰'(미주에서 나무 위에 살며 양질의 모피를 제공하는 야행성 포유동물), ⟨→ coon⟩, ⟨~ trash-panda⟩ 미1

13. **race¹** [뤠이스]: ⟨← ras(current)⟩, ⟨북구어⟩, '흐름', 경주, 경쟁, 급류, (직조기의) 홈, ⟨~ chase\run⟩, ⟨↔walk\tread⟩ 양1

14. **race²** [뤠이스]: ⟨아마도 'generatio'란 라틴어에서 연유한 프랑스어⟩, '씨족', 인종, 종족, 민족, 혈통, 부류, ⟨~ clan\lineage⟩, ⟨↔strangers\non-relatives⟩ 양1

15. ***race bait·ing** [뤠이스 베이팅]: '인종적 미끼', (주로 정치적 목적으로) 인종적 증오를 부추기는 짓, ⟨~ apartheid\bigotry⟩, ⟨↔anti-racism\integration⟩ 미2

16. **race run·ner** [뤠이스 뤄너]: 달리기 도마뱀, stripped lizard(줄무늬 도마뱀), sand lizard(모래 도마뱀), 북미대륙 모래땅에 서식하고 달리기를 잘하며 세로줄 무늬가 있는 도마뱀 미1

17. **race track** [뤠이스 트뤡]: 경주장, 경마장, 경주로, ⟨~ the track\racing circuit⟩, ⟨↔casino⟩ 양1

18. **rach·et** [棸쵵]: ⟨← rocca(distaff)⟩, ratch·et, ⟨게르만어⟩, ⟨'실패' 모양의⟩ 깔죽 톱니바퀴, (톱니바퀴의 역회전을 방지하는) 미늘 톱니바퀴, ⟨~ rocket⟩, ⟨~(↔)cog-wheel⟩ 미2

19. **Rach·ma·ni·noff** [롸아크마아너노어후 \ 래크매너노어후], Ser·gei: ⟨← rakhmanian ← Brahmin(산스크리트어)⟩, ⟨인도에서 온 자⟩, '거무잡잡한 자의 아들', 라흐마니노프, (1873-1943), 차이콥스키에게 많은 영향을 받은 러시아의 작곡가·피아니스트로 1917 러시아를 떠나 1943 미국 시민이 됨, ⟨~ a Russian composer and virtuoso pianist⟩ 수1

20. **rac·ism** [뤠이시즘]: 인종 차별주의, 인종적 증오, 민족적 우월감, ⟨~ apartheid\bigotry⟩, ⟨↔anti-racism\a-racialism\equalism⟩ 양2

21. **rack** [뢔]: ①⟨← recken(stretch)⟩, ⟨네덜란드어⟩, ⟨손을 뻗쳐 닿는⟩ 선반, 걸이, 시렁, (팔·다리를 잡아당기는) 고문대, ⟨~ shelf\torment\torment rack⟩, ⟨↔bed\counter\comfort⟩ ②황폐⟨wrack⟩, ⟨↔construct⟩ ③(말의) 가볍게 뛰는 걸음, ⟨~ pace⟩, ⟨↔gallop⟩ 양1

22. **rack·et¹** \ rac·quet [棸킽]: ⟨← rahat(palm of the hand)⟩, ⟨'손바닥'이란 뜻의 아랍어에서 유래한 프랑스어⟩, 라켓, (구기용) 채, (공채 모양의) 눈신, ⟨'손바닥 모양의⟩ 나무신, ⟨~ bat\paddle⟩ 미2

23 **racket²** [래킽]: 〈영국어〉, 〈의성어?〉, 떠드는 소리, 아우성, 시련, 부정 수단, 〈~ noise\fraud〉, 〈↔quiet\calm〉 양1

24 **rack·e·teer-ing** [래커티어링]: 〈← racket²〉, 공갈, 협박, 사기, 〈~ extortion\fraud〉, 〈↔permit\lawful〉 양2

25 **rack·et-tail** [래킽 테일]: '채꼬리 벌새', 꽁지 끝이 공채 모양처럼 벌어진 남미산〈South American〉 벌새(humming-bird), 〈~ white-booted racket-tail〉 우1

26 **ra·clette** [래크렡]: 〈프랑스어〉, small scraper, 삶은 감자에 녹인 치즈를 〈문질러〉 맞을 낸 스위스 요리, 〈~(↔)fondue\Gruyere〉 수2

27 **ra·con·teur** [래컨터얼]: re+count, 〈라틴어→프랑스어〉, 인용을 잘하는 사람, 이야기꾼, 담화가, 〈~ anecdotist\narrator〉 양2

28 **rac·quet-ball** [래킽 버얼]: '벽치기 공놀이', 사면이 벽으로 된 경기장에서 2명이나 4명이 채로 공을 벽에 쳐 튀어나오게 하는 경기, 〈~ paddle rackets〉 우1

29 **rad¹** [래드]: radiation, 1rad는 1그램에 대해 100에르그의 흡수 열량을 주는 방사선량 우1

30 *****rad²** [래드]: 〈radical에서 유래한 미국 캘리포니아어〉, 근사한, 훌륭한, 과격한, 〈~ awesome\fantastic〉, 〈↔bad\ordinary〉 가1

31 **ra·dar** [뤠이다아]: 레이더, radio detecting and ranging(방사선을 이용한 탐사 및 분류), 전파 탐지기, 속도 측정기, 〈~ detector\sensor〉 미1

32 **ra·dar gun** [뤠이다아 건]: 전파 총, (권총 모양의) 자동차 속도 측정기, 〈~ speed gun〉 양1

33 **ra·dar-scope** [뤠이다아 스코우프]: radar+oscilloscope, 방사선 역전파 검출기, (기상상태를 화면으로 보는) 전파 영상경, 〈~ a weather display utility〉 양1

34 **ra·dar trap** [뤠이다아 트뢮]: 전파 함정, 속도위반 탐지 구간(장치), 〈~ speed trap〉 양1

35 *****rad-ass** [뢔대스]: 〈미국어〉, 〈신조어〉, radical+bad·ass, 기막힌, 기똥찬, 〈~ awesome〉, 〈↔pathetic\boring〉 양2

36 **ra·di-al** [뤠이디얼]: 〈← radius(ray)〉, 〈라틴어〉, 광선의, 방사상의, 반지름의, 〈~ centrifugal〉, 〈↔asymetrical\perpendicular\ulnar〉 양1

37 *****ra·di-al fill** [뤠이디얼 휠]: 방사상 충만, (중심으로부터 가장자리로) 완만하게 색깔이 변하는 도형 메우기, 〈~ radial gradient〉 양1

38 **ra·di-al(-ply) tire** [뤠이디얼(-플라이) 타이어]: (1915년부터 개발된 보강재를 넣은 주름층이 90도로 엇갈린) 방사상 고무바퀴, 〈~ a radial-ply casing〉, 〈↔bias-ply tire〉 양1

39 **ra·di-an** [뤠이디언]: rad, 약 57°, 호도, 부채각, 궁형의 길이가 반지름과 같은 각도, 〈~ a unit of angular measurement〉 미2

40 **ra·di-an meas·ure** [뤠이디언 메줘]: 호도 측정, 360°를 2π로 나타내는 각도 측정법 양1

41 **ra·di-ant** [뤠이디언트]: '광선을 쏘는', 빛나는, 밝은, 방사(상)의, 〈~ bright\glowing〉, 〈↔dark\sullen〉 양1

42 **ra·di-ate** [뤠이디에이트]: 방사상으로 퍼지다, 빛을 발하다, 복사하다, 〈~ emit\spread out〉, 〈↔collect\darken〉 양1

43 **ra·di-a·tor** [뤠이디에이터]: 방사(복사)체, 〈열을 발산하는〉 방열기, 냉각장치, 〈~ convector〉, 〈↔absorber〉 미2

44 **rad·i·cal** [뢔디컬]: 〈← radix(root)〉, 〈라틴어〉, 기본적인, 급진적인, 철저한, 〈~ extreme\fanatic〉, 〈↔superficial\conservative〉 양1

45 **ra·dic·chi·o** [래디이키오우] : 〈← radix(root)〉, 〈라틴어→이탈리아어〉, 〈← radicula〉, 〈쓴맛이 나며 생채의 고명으로 쓰이는〉 붉은 자줏잎을 가진 양상추 (leaf chicory) 우2

46 **ra·di·o** [뤠이디오우]: 〈1920년 미국에 처음 등장한〉 라디오, 방송(사업·기), 무선 전신, 방사성의, '전파를 보내는 것', 라지오 〈Japlish〉, 〈~ wireless〉, 〈~(↔)TV〉 양1

47 **ra·di·o~** [뤠이디오우~]: 〈라틴어〉, 〈← radius(ray)〉, 〈방사·복사·광선~〉 등의 결합사 양1

48 *****ra·di·o but·ton** [뤠이디오우 버튼]: '방송기 단추', (옛 무선 방송기에 달려있던 것과 같이) 한 번에 하나만 선택할 수 있는 단추, 〈~ option button〉, 〈↔check boxes〉 미2

49 **Ra·di·o Cit·y** [뤠이디오우 씨티]: 라디오 시티, 1932년 뉴욕의 록펠러센터 내에 창립된 6천 석짜리 실내 공연장, 〈~ a concert hall in Midtown Manhattan〉, 〈2024년에 Hits Radio Liverpool로 개칭됨〉 수2

50 **ra·di·o fre·quen·cy** [뤠이디오우 후뤼이퀀씨]: (주로 무선통화에서 사용하는) 방사 주파수, (0.5~200megaHz의) 무선 주파수 양1

51 *****ra·di·o-gram** [뤠이디오우 그램]: 무선 전보, 방사선 사진, 〈~ x-rays\gamma rays〉 양1

52 *****ra·di·o-graph** [뤠이디오우 그래후]: 방사선 사진, 무선 전보, 〈~ radio-gram〉 양1

53 **ra·di·o-i·so-tope** [뤠이디오우 아이서토우프]: 방사성 동위원소, 방사성 원소가 붕괴될 때 파괴력이 강한 물질이 방출되는 원자번호는 같으나 질량수가 다른 원소, 〈~ radio-nuclide〉, 〈~ an unstable form of a chemical element〉 양2

54 **ra·di·o·la·ri·a** [뤠이디오울레이뤼어]: radio·zoa, 속에 〈방사상〉 무기물 뼈대를 가진 수생 단세포동물(protozoa), 방산충 양1

55 **ra·di·o link** [뤠이디오우 링크]: 무선 결합, 다원 방송, 〈~ a two-way radio communication system〉, 〈~(↔)Wi-Fi〉 양1

56 **ra·di·ol·o·gy** [뤠이디알러쥐]: 방사선(의)학, 〈~ roentgenology〉, 〈~(↔)nuclear medicine〉 양2

57 *****ra·di·o pa·ger** [뤠이디오우 페이줘]: 무선 호출 수신기, beeper 양1

58 **ra·di·o sta·tion** [뤠이디오우 스테이션]: (무선) 방송국, 〈~ a broad casting station〉, 〈~(↔)T.V. station\studio〉 가1

59 **ra·di·o·ther·a·py** [뤠이디오우 쎄뤄피]: 방사선 치료(법), 〈~(↔)chemotherapy〉 가1

60 **rad·ish** [뢔디쉬]: 〈← radix〉, 〈라틴어〉, 〈← root〉, 〈바람이 들면 버려야 할 것 3가지 중의 하나인〉 무('뿌리'), 대근, (중앙아시아 원산의) 트림할 때 고약한 냄새가 나는 십자화과의 채소, 〈~ daikon\Chosun-moo〉 미2

61 **ra·di·um** [뤠이디엄]: 라듐, 〈1898년 Curie 부부가 발견한〉 방사성원소(기호 Ra·번호88), 〈항암 치료용으로 많이 쓰였으나 요즈음은 다른 것으로 대체되고 있음〉, 〈~ a radio-active metal〉 미2

62 **ra·di·us** [뤠이디어스]: 〈← ray〉, 〈라틴어〉, 〈중심부에서 테두리로 뻗어난 방사선의〉 반지름(semi-diameter), 범위, 행동반경, 요골(아래 팔의 바깥쪽 뼈), 〈→ radial\radio\ray〉, 〈~ range\compass\a bone in the fore-arm〉, 〈↔center\curve\end\ulna〉, 〈지름은 diameter〉 양1

63 **ra·dix** [뤠이딕스]: 〈라틴어〉, 기(수)〈1에서 9까지의 정수〉, 근원, 뿌리, 〈~ a positional numeral system\essence〉, 〈→ root〉, 〈↔effect\extrinsic\trivial〉 양2

64 *****ra·dix sort** [뤠이딕스 쏘얼트]: 기수 정렬법, (2진법에서 효과적으로 쓸 수 있는) 자료를 다른 항목과 비교하지 않고 즉시 분류하는 연산법, 〈~ bucket sort\digital sort〉 미2

65 **ra·don** [뤠이단]: 라돈, (1899년 radium의 잔해에서 발견되어 한때 각종 질병의 치료제로 선전되었으나 〈발암성이 있는 것으로 판명된〉 불활성 희유기체원소(기호 Rn·번호86), 〈~ a radio-active gas〉 수2

66 **rad-waste** [뢔드 웨이스트]: radio·waste, 방사선 폐기물 양2

67 **raf·fi·a** [뢔휘어]: 〈마다가스카르어〉, (바구니·깔개 등을 만드는) 야자 섬유〈palm fiber〉, 〈~(↔)wicker〉 우2

68 **raf·fle** [뢔휼]: 〈← rafler(snatch)〉, 〈어원 불명의 프랑스어〉, 래플, 복권식 추첨, 제비뽑기, 쓰레기, 〈~ draw\lotto〉, 〈↔catch\treasure〉 미2 양2

69 **raft** [뢔후트]: 〈← raptr(log)〉, 〈북구어〉, 뗏목, 부유물, 부(잔)교, 〈~ flat-boat\float〉 양1

70 **raf·ter** [뢔후터]: 〈← raft〉, 서까래, (지붕판과 추녀를 구성하는) 가늘고 긴 각재, 〈뗏목을 탄 사람같이 어색하게 걷는〉 (칠면조 등의) 떼, 〈~ beam〉, 〈~ wall-bird〉 가1 양2

71 **rag** [뢔그]: 〈← rogg(tuft of hair)〉, 〈북구어→영국어〉, 〈← ragged〉, 넝마, 걸레, 누더기, 해진 조각, 생리대, 꾸짖다, 〈~ piece of cloth\berate〉, 〈↔finery¹\glad-rags\endorse〉 양1

72 **ra·ga** [롸아거]: 〈산스크리트어〉, color, '색조', 전통 인도 음악의 선율, 〈~ dye\tinge〉 수2

73 **rage** [뤠이쥐]: 〈라틴어〉, 〈← rabies〉, 격노, 분격, 격정, 일시적 대유행, 〈~ anger\fit〉, 〈↔calmness\delight\sanity〉 양2

74 **rage quit** [뤠이쥐 퀕]: 〈2005년에 등장한 미국어〉, '분노 포기', (운동 경기나 video-game 등에서) 화딱지가 나서 도중에 집어 치우는 일, 〈~ explode\blow one's cool〉, 〈↔appease\control〉 우2

75 **rag-ged** [뢔기드]: 〈영국어〉, 누덕누덕한, 텁수룩한, 들쭉날쭉한, 거친, 〈→ rag〉, 〈~ battered\tattered〉, 〈↔new\pristine〉 양1

76. **rag-ged ro·bin** [래기드 롸빈]: 전추라, 심홍색의 〈들쑥날쑥하고〉 기다린 다섯잎꽃이 피는 패랭이꽃과 동자꽃속의 여러해살이풀, 〈~ cuckoo flower\meadow pink〉 미2

77. **Rag-ged-y Ann** [래기디 앤]: 1915년에 미국에서 〈숙모가 쓰던 낡은 인형을 본 따〉 제작되기 시작한 빨간 머리에 세모 코를 한 봉제 인형, 〈~ a rag doll with red yarn hair and a triangle nose〉 수2

78. **rag·i** \ rag·gee [래기]: 〈산스크리트어〉, finger millet, '손가락조', 왕바랭이, 건조한 지방에서 잘 자라고 좁쌀만 한 붉은 열매를 맺는 볏과의 한해살이풀, 〈~ dog's-tail grass\wire-grass〉 미2

79. **rag·lan** [래글런]: 〈워털루 전투에서 팔을 잃은 영국 귀족 이름(Reglan)에서 연유한〉 어깨 없이 깃에서 바로 이어지게 되어있는 소매(sleeve), 〈~ an over-coat〉 우1

80. **ra·gout** [래구우]: 〈← ragouter(revive the taste of)〉, 〈프랑스어〉, '맛보기탕', 고기·야채·향료를 넣고 끓인 얼큰하고 걸쭉한 프랑스풍의 찌개, 〈~(↔)goulash〉 우1

81. **rag-roll-ing** [래그 로울링]: '헝겊 문지르기', 솔 대신 헝겊으로 색칠을 한 실내 장식, 〈~ linen rolling〉 우1

82. *****rags to rich-es** [래그스 투 뤼치스]: 〈아마도 19세기 후반에 등장한 영국어〉, 빈털터리에서 큰 부자로, 개천에서 용난, 〈~ The Great Gatsby(1925년 판 미국소설)〉, 〈~ a kite breeds a hawk〉, 〈↔riches to rags\ fall from grace〉 양2

83. **rag-tag** [래그 태그]: 조잡한, 잡다한, 어중이떠중이, 〈~ scum\rabble〉, 〈↔kempt\neat\spiffy〉 양2

84. *****rag-time** [래그 타임]: 〈1890년경 뉴올리언스에 등장한 미국어〉, (피아노를 칠 때) 빠른 박자로 '들쑥날쑥한' 당김음을 많이 사용한 〈홀가분한〉 초기 재즈 음악, 〈~ boogie-woogie\Dixie-land〉 우1

85. *****rag-top** [래그 탑]: 〈헝겊 조각을 댄〉 포장 지붕식 자동차, 전환 지붕 자동차, 〈~ soft top〉, 〈↔hard-top〉 미2

86. **rag-weed** [래그 위이드]: hog·weed, 돼지풀, 〈들쑥날쑥한 잎을 가진〉 개쑥갓, 미국 남동부에 옅은 노란색의 '금 방망이' 같은 꽃이 피는 국화과의 풀로 꽃가루는 과민성 반응을 일으킴, ⇒ horse-weed 미2

87. **rag-worm** [래그 워엄]: clam·worm, 〈들쑥날쑥한 돌기를 가진〉 갯지렁이, 낚시 미끼로 쓰이는 각종 수생동물, 〈~ bristle(mussel·pile·sand) worm〉 미2

88. **rag-wort** [래그 워얼트]: 〈들쑥날쑥한 잎(ragged leaves)을 가진〉 금방망이, 금불초, 〈~ stinking willie\ tansy〉, ⇒ ground·sel 미2

89. *****RAID** [뤠이드]: redundant array of independent disks, 원반들의 효율성을 높이기 위해 여러 강성기기를 한 개로 묶어 버리는 배열 방식, 독자적 원반들의 중복 배열, 〈~ combining multiple drives into a single logical unit〉 우2

90. **raid** [뤠이드]: 〈스코틀랜드어〉, 〈말을 ride하고 road를 차단하는〉 급습, 침략, 불시 단속, 공급 유용, 투매, 〈~ surprise attack\foray〉, 〈↔defense\aid\release〉, R~; 가정용 살충제(insecticide)의 상표명 양1 수2

91. **rail** [뤠일]: ①〈← regula〉, 〈rule이란 라틴어에서 유래한〉 가로대, 난간, 철로, 〈~ bar\track〉, 〈↔block\ joint〉 ②〈← railler(banter)〉, 〈프랑스어→영국어〉, 〈거친 목소리로〉 꾸짖다, 불평하다, 〈~ rage\protest〉, 〈↔agree\cheer〉 ③〈← rascula〉, 〈'시끄러운 소리를 내는' 이라는 라틴어에서 유래한〉 흰눈썹뜸부기, 〈~ water-hen〉 가1 미2

92. **rail-ler·y** [뤠일러뤼]: 〈← railler(banter)〉, 〈프랑스어〉, 〈껄껄대는〉 농담, 희롱, 놀림, 〈~ badinage\ repartee〉, 〈↔anguish\solemnity〉 양2

93. **rail-road** [뤠일 로우드]: 궤도, 선로, 철도, (잽싸게) 통과시키다, 〈~ rail-way〉, 〈↔disconnect\deter〉 가1

94. **rail-way** [뤠일 웨이]: ①〈영국어〉, 철도 선로(rail-line) ②〈미국어〉, 철도 시설(rail-road), 고가궤도, 〈↔walk-way\road-way〉 가1

95. **rain** [뤠인]: 〈← regn〉, 〈게르만어〉, 비, 강우, 〈~ precipitation\shower〉, 〈↔snow〉 가2

96. **rain-bow** [뤠인 보우]: regn+boga, 〈게르만어〉, 무지개, 가지각색, 헛된 희망, 〈~ light prism〉, 〈↔non-chromatic\actuality〉 가1

97. *****rain-bow ba·by** [뤠인보우 베이비]: '무지개 아이', 〈폭우 후에 뜨는 무지개마냥〉 사산이나 조산 후에 바로 낳은 아이, 〈~(↔)angel baby〉 미2

98. **rain-bow trout** [뤠인보우 트롸웉]: 북태평양의 찬 바다와 강에 서식하는 〈무지개 색깔을 띤 것도 있는〉 연어 비슷한 송어, 무지개 송어, 〈~ steel-head〉 미2

99. *****rain-check** [뤠인 쳌]: '우천 교환권', (비가 와서 경기가 연기됐을 때 다음을 보장하는) 차후 입장 보증서, (불가피한 경우) 다음으로 미루는 약속, 〈비가 자주오는 영국에서는 잘 안 통하는 미국어〉, 〈~ assurance\ postponement〉, 〈↔refusal\cancellation〉 우2

100 *rain dance [뤠인 댄스]: (북미 원주민들이 기우제 때 추는) '비 바람춤', 성대한 정치적 연회, 〈~ rain invocation〉 미2

101 rain-drop [뤠인 드뢒]: 빗방울, 낙숫물, 〈~ droplet〉, 〈↔aridity〉 가2

102 rain-fall [뤠인 훨]: 강우(량), 강수(량), 〈~ shower〉, 〈↔dryness〉 가2

103 rain for·est [뤠인 훠뤼스트]: 다우림, '비숲', 〈~ jungle\tropical forest〉, 〈↔steppe\desert\savannah\tundra〉 양2

104 Rai·nier [뤠이니어], Moun·tain [마운튼]: ragin(advice)+heri(army), 〈게르만어〉, 〈탐험가 친구의 이름을 따서 명명되었으나 원주민어인 Tahoma로 바꾸자는 운동이 일고 있는〉 미국 시애틀 동남쪽(S-E of Seattle) 95km 근방의 4,392m짜리 화산봉 수2

105 rain or shine [뤠인 오어 샤인]: 〈1699년 영국 과학잡지에 등장한 말〉, 어떤 경우든, 산전수전 다 겪고, 좌우간, 비가 오나 눈이 오나, 〈예전에 여자를 꼬실 때 쓰던 말\주례사에도 있는 말〉, 〈~ hell and high water〉, 〈↔doubtful\uncertain〉 양2

106 rain-show·er [뤠인 샤우어]: 소나기, 소낙비, short period of rain, 〈↔drizzle\mizzle\deluge〉 가1

107 rain-storm [뤠인 스토엄]: 폭풍(의), 비바람(의), 〈~ down-pour\torrent〉, 〈↔mist\sprinkle〉, 〈↔wind-storm\snow-storm〉 양1

108 rain-tree [뤠인 트뤼이]: 〈노란 심장형의 열매를 목걸이로도 쓰며〉 〈비가 오기 전에 잎이 오므러 드는〉 자귀나무의 일종, a birch, 〈~ saman\monkey-pod〉 미2

109 rain-wear [뤠인 웨어]: 비옷, 방수복, rain-coat 양2

110 rain-worm [뤠인 워엄]: earth worm, 〈비가 오면 나타나는〉 지렁이, 토룡 가1

111 rain·y day [뤠이니 데이]: 우천, 만일의 (궁색한) 경우, 〈~ precipitating\downswing〉, 〈↔bright day\festivity〉 양2

112 raise [뤠이즈]: 〈← reisa〉, 〈북구어〉, 〈← rise〉, (끌어) 올리다, (소동을) 일으키다, (일으켜) 세우다, 제기하다, 기르다, 모금하다, 높인 곳, 인상, 〈~ rear²〉, 〈~ lift\increase〉, 〈↔lower\dunk〉 양2

113 rai·sin [뤠이즌]: 〈← racemus(cluster of grapes)〉, 〈라틴어〉, 레이진, (적당히 말린) 건포도, 〈~ dried fruit\currant〉 양2

114 *rai·son de·tre [뤠이죠운 데트뤼]: 〈프랑스어〉, reason for being, 존재 이유, 〈↔question\opposition〉 양2

115 ra·ka·li [라카알리]: (오스트레일리아산) 물쥐, musk·rat, water rat(vole) 미2

116 rake [뤠이크]: 〈← raca(project)〉, 〈게르만어〉, 갈퀴, 고무래, 샅샅이 찾다, 긁어모으다, 〈~ clear\collect〉, 〈↔disperse\scatter〉 양1

117 Ra-leigh [롸알리 \ 로얼리]: raha(roe deer)+leah(woodland), '사슴을 위한 시냇물', 롤리, 1792년 정객들이 자주 드나들던 노스캐롤라이나의 중간쯤에 있는 술집 근처를 〈지역 유지의 이름을 따서〉 장래 주도로 설정하여 착실히 성장해온 연구 산업도시, 〈~ Capital of N. Carolina〉 수1

118 ral·len·tan·do [롸알렌타안도우]: 〈← rallentare(gradually slower)〉, 〈이탈리아어〉, rall, 〈저절로〉 점점 느리게, 〈ritardando는 '능동적'으로 점점 느리게〉, 〈↔accelerando〉 양2

119 ral·ly [뢜리]: re+allier, 〈프랑스어〉, 〈← ally〉, 다시 모으다, 불러모으다, 집중시키다, 집회, 반격, 〈~ arouse\re-assemble〉, 〈↔disperse\decline〉 양1

120 Ralphs [롸알프스]: 〈북구어〉, 'wolf'(영악한 자), 랄프스, 1873년 동명의 형제에 의해 LA에 세워졌다가 1998년 Kroger사에 병합된 미 서부지역의 식료품 연쇄점, 〈~ an American supermarket chain〉 수2

121 *RAM [뢤]: random access memory, 막기억장치, (전산기를 사용할 때 그 정보가 자동으로 입력되는) 무작위 접근 기억 장치, 〈~(↔)NVRAM〉, 〈↔sequential access memory(SAM)〉 미2

122 ram [뢤]: 〈← ramm(male sheep)〉, 〈어원 불명의 게르만어〉, (거세하지 않은) 숫양, 들이받다, 쑤셔 넣다, 쇠메, 자동 양수기, 〈~ thrust\plunge〉, 〈~(↔)wether〉, 〈~(↔)sheep〉, 〈↔ewe〉, 〈↔drag\miss〉 양1

123 Ra·ma [롸아머]: 〈'어둠(rest)' 또는 '매력(rejoice)'이란 뜻의 산스크리트어〉, 라마, Ramachandra, Vishnu 신의 7번째 화신 수1

124 Ram·a·dan [래머다안]: 〈← ramad(hot)〉, 〈아랍어〉, 라마단, '더운 달', 이슬람력의 9월, 〈단식월〉, (해돋이부터 해지기까지 단식하는) 단식 기간, 〈~ fasting〉, 〈↔festival〉 우2

125 **ram·ble** [램블]: ⟨← rammelen(night wandering)⟩, ⟨네덜란드어⟩, 산책, 꼬부랑길, 만담, ⟨정처없이⟩ 어슬렁거리다, 두서없이 얘기하다, ⟨~ roam⟩, ⟨~ babble⟩, ⟨원래는 밤에 짝을 찾아 헤매는 고양이에서 연유한 말⟩, ⟨↔stay\run\focus⟩ 양1

126 **ram·bler rose** [램블러 로우즈]: ⟨꼬불꼬불 기어 올라가는⟩ 덩굴장미(rose-bush) 가1

127 **Ram·bo** [램보우]: ⟨스웨덴의 Ramberget(raven's hill)에서 온 자?⟩, ⟨어원 불명의 북구어⟩, 람보, (1982년부터 시작된) 월남전 특수부대 요원을 모형으로 해서 만든 연속 영화에 나오는 비정하고 폭력적인 남주인공, ⟨~ a fictional character in Rambo franchise⟩, ⟨~(↔)lone wolf⟩ 수2

128 **ram·bunc·tious** [램벙크셔스]: ⟨← robust(wild)⟩, ⟨라틴어⟩, 난폭한, 사납게 날뛰는, 다룰 수 없는, ⟨~ boisterous\rowdy⟩, ⟨↔quiet\tame⟩ 양2

129 *****Ram-bus** [램버스]: ⟨RAM을 취급하는⟩ 램버스, 1990년에 설립된 미국의 ⟨지적재산을 보호하는⟩ 기술 특허 및 고속 기억력 접속장치 제조회사, ⟨~ an American technology co.⟩ 수1

130 **ram·bu·tan** [램부우튼]: ⟨← rambut(hair)⟩, ⟨말레이어⟩, 람부탄, 부드러운 긴 '가시털'로 둘러싸인 작은 밤송이만 한 열매 속에 들척지근한 과육이 들어 있는 동남아 원산의 열대성 과실, ⟨~ hairy lychee(홍모단)⟩ 우1

131 **ram·e·kin** \ ~quin [래미킨]: ⟨← rahm(cream)⟩, ⟨게르만어⟩, ⟨세로골이 파진⟩ 햄깽, 작은 접시에 빵가루·달걀 등을 섞어 구운 치즈 요리(그릇), ⟨~ cocotte\souffle cup⟩ 우1

132 **ra-men** [롸아먼]: pulled noodle, ⟨납면(끌어당겨 만든 국수)이라는 중국어에서 유래한 일본어⟩, 라면, ⟨가늘게 뽑은 수타 국수를 기름에 튀겨 꼬불꼬불하게 만든 것⟩, 1660년대 중국에서 일본으로 전파된 '볶은·꼬부랑 국수', ⟨~ chuka(Chinese) soba⟩, ⟨~(↔)u-don⟩ 우2

133 **ra·mie** \ **ra·mee** [래미]: ⟨말레이어⟩, nettle, 모시(풀), 동남아 원산으로 줄기의 껍질을 섬유로 채취하는 쐐기풀과의 여러해살이풀, China grass 미2

134 **ram·i·fi·ca·tion** [래미휘케이션]: ⟨← ramus(branch)⟩, ⟨라틴어에서 연유한 프랑스어⟩, 분지, 분기, 지역, 지파, '나뭇가지', ~s; 파급효과, 결과, ⟨~ divison\consequence⟩, ⟨↔root\whole\irrelevance⟩ 양1

135 **ramp¹** [램프]: ⟨← ramper(climb)⟩, ⟨어원 불명의 프랑스어⟩, 뒷다리로 일어서다, 덤벼들다, 날뛰며 돌아다니다, 격노하다, ⟨→ romp\rampage\rampant⟩, ⟨~ speed up\act furiously⟩, ⟨↔drop\sag⟩ 양1

136 **ramp²** [램프]: ⟨← ramp¹⟩, ⟨프랑스어⟩, 젖혀지게 하다, 경사로를 만들다, 비탈길, 연결용 경사로, 승강대, 나들목, ⟨~ slope\grade⟩, ⟨↔level\ascend\descend⟩ 양1 미1

137 **ramp³** [램프]: ⟨← ramp¹⟩, ⟨프랑스어⟩, ⟨타고 오르는 성질이 있는 식물⟩, rampion(라틴어-유럽산 도라지), ramson(게르만어-야생 마늘·잎이 넓은 파) 미2

138 **ram·page** [램페이쥐]: ⟨← ramp¹⟩, ramp+rage, ⟨프랑스어→스코틀랜드어⟩, 미쳐 날뛰기, 사납게 돌진하다, 발작적 광포, ⟨~ berserk\riot⟩, ⟨↔still\calm⟩ 양1

139 **ram·pant** [램펀트]: ⟨프랑스어⟩, ⟨← ramp¹⟩, 뒷발로 선, 날뛰는, 난폭한, 무성한, 만연하는, ⟨~ aggressive\furious⟩, ⟨↔controlled\gentle⟩ 양1

140 **ram·part** [램파알트]: re+em+parare, ⟨'앞서 prepare(준비)하는'이란 뜻의 라틴어에서 유래한⟩ 성벽, 방어물, 수비, ⟨~ bastion\bulwark⟩, ⟨↔door\entry⟩ 가1

141 **ramp up** [램프 엎]: '높이 치다', 늘리다, 증가시키다, ⟨~ build(work) up⟩, ⟨↔decline\fail⟩ 양2

142 **Rams** [램스], Los An·ge·les: 램스, '억지로 밀어 넣는 자들', 1936년 클리블랜드에서 출범해서 왔다리 갔다리 하다가 2016년 다시 LA로 돌아온 NFL 소속 미식 축구단(foot-ball team) 수2

143 **ram-shack·le** [램쇄클]: ⟨← ransack(shaky)⟩, ⟨북구어⟩, 넘어질 듯한, 덜컥거리는, 조잡한, ⟨~ broken-down\crumbling⟩, ⟨↔sturdy\sound²⟩ 양2

144 **ran** [랜]: run의 과거, 달렸다 양1

145 **ranch** [랜취]: ⟨← rancho(small farm)⟩, ⟨'함께 밥먹는(mess) 사람들' 이란 뜻의 스페인어에서 유래한⟩ 목장, 농장, 사육장, ⟨~ farm-stead\home-stead⟩, ⟨↔waste-land⟩ 가1

146 **ranch coat** [랜취 코옽]: (목동들이 주로 입었던 가죽이나 털로 만든) 짧은 외투, ⟨~ ranch jacket⟩ 미2

147 **ranch dres·sing** [랜취 드뤠싱]: '목장식 조미액', 버터·우유·소금·마늘·양파·겨자·후춧가루·마요네즈 등을 섞어 만든 걸쭉한 생채 요리 맛 치장물(맛 나이), ⟨~ American dressing⟩ 우1

148 **ranch house** [랜취 하우스]: (지붕의 경사가 완만하고 단층인) 목장식 주택, ⟨~ rambler house⟩, ⟨↔cell\shanty⟩ 양2

149 **ran·cid** [랜시드]: ⟨← rancere(spoil)⟩, ⟨라틴어⟩, (butter 등의) 썩은 냄새가 나는, (코를 찌르는) 악취가 나는, ⟨~ sour\stale⟩, ⟨↔fresh\in-offensive⟩ 양2

150 **ran·cor \ ran·cour** [랭커]: ⟨← rancere(spoil)⟩, ⟨'고약한 냄새가 나는'이란 뜻의 라틴어에서 유래한⟩ 원한, 유감, 증오, ⟨~ hatered\malice⟩, ⟨↔benevolence\amity⟩ 양2

151 **rand** [랜드]: ⟨'ridge'라는 영국어와 'edge'라는 남아프리카어가 맞아 떨어져서 생긴 말⟩, ⟨구두의⟩ 뒤축, 가장자리, ⟨강기슭의⟩ 높은 땅, ⟨~ brink\reef⟩, ⟨↔center\shore⟩ 양2

152 **R and D** (re-search and de·vel·op-ment): 연구개발 가2

153 **ran·dom** [랜덤]: ⟨← randir(run rapidly)⟩, ⟨'껑충거리다'란 뜻의 게르만어에서 유래한 프랑스어⟩, 임의의, 닥치는 대로의, 되는 대로의, 무작위의, ⟨~ sporadic\haphazard⟩, ⟨↔planned\systematic⟩ 양1

154 *****ran·dom ac-cess** [랜덤 액쎄스]: 임의 접근의, 비순차적 접근, ⟨↔sequential access⟩ 미2

155 *****ran·dom box²** [랜덤 박스]: ⟨전산망 상업으로 시도 되고있는⟩ '임의상자', 일정한 돈을 내고 상자를 사서 배달 후에 가치를 알 수 있는 일종의 도박, '복골복', ⟨~ mystery box\surprise box⟩ 우2

156 *****ran·dom er·ror** [랜덤 에뤄]: 우연 오차, 확률적 오차, ⟨↔systemic error⟩ 양2

157 *****ran·dom file** [랜덤 화일]: (기록 순서에 관계없이 임의로 판독하여 폐기·갱신할 수 있는) 임의 서류철, ⟨~ direct access file⟩ 미2

158 **Ran·dom House** [랜덤 하우스]: ⟨장서용 책 외에 소량의 무작위 출판도 하겠다는 뜻에서 나온⟩ 랜덤하우스, 1927년에 미국에서 창립된 소형 책자 전문의 세계적 출판사로 1998년 소유권이 독일(German) 회사로 넘어갔으며 2013년부터의 이름은 Penguin RH임, ⟨~ an imprint and publishing group⟩ 수2

159 *****ran·dom num·ber gen·er·a·tor**: (우연성 경기나 모조 작품에 유용하게 쓰이는) 난수 조작기, ⟨~ number randomizer\pseudo-random nuber generator⟩ 미2

160 *****ran·dom walk the·o·ry** [랜덤 워어크 씨어뤼]: 임의보행 이론, ⟨투자에서⟩ (주가의 변동을 예측하는 지표는 존재하지 않는다는) ⟨un-predictable⟩ 난보 이론, ⟨~ drunkard's walk⟩, ⟨↔Dow theory⟩ 미2

161 **R and R**: rest and recreation(휴양 휴가), rock 'n' roll 미2

162 **rang** [랭]: ⟨게르만어⟩, ring의 과거, 울렸다 양1

163 **range** [뤠인쥐]: ⟨프랑스어⟩, array, 정렬시키다, 배치하다, '줄짓다', ⟨줄이 이르는⟩ 범위, '궤도' 조리대, ⟨구역을 정해 놓은⟩ 시사장(시험 삼아 쏘아보는 장소), ⟨~ scope\kitchen stove⟩, ⟨↔extreme\limitations⟩ 양1 미1

164 **rang-er** [뤠인져]: ⟨구역 내를⟩ 돌아다니는 사람, 순찰대원, 방랑자, 사냥개, ⟨~ patrol\watch-dog⟩, ⟨↔civilian\unofficial⟩ 양1

165 **Ran-goon** [랭구운]: 랑군, 미얀마(Burma)의 수도 Yangon의 구명, ⇒ Yangon 수2

166 **ra·nid** [래니드 \ 뤠이니드]: ⟨← rana⟩, ⟨'개구리'란 라틴어에서 유래한⟩ (전 세계적으로 제일 흔한) 산개구리, ⟨냄새가 고약한⟩ 송장개구리, frog 미2

167 **rank** [랭크]: ⟨← ranc(row)⟩, ⟨게르만어⟩, 열, 행렬, 횡렬, 신분, 지위, 등급, '줄 세워진 순서', ⟨~ ring'\line⟩, ⟨↔disorder\hiatus\commonality⟩ 양1

168 *****rank and file** [랭크 앤드 화일]: (연병장에 늘어선) 횡렬과 종렬, 병졸들, 일반 시민들, 평회원들, ⟨~ commoners\plebeians⟩, ⟨↔upper crust\elite⟩ 양2

169 **rank-ing** [랭킹]: 등급 매기기, 서열, 뛰어난, ⟨~ grading\hierarchy⟩, ⟨↔mixing (up)\ lowliness⟩ 양2

170 **ran·kle** [랭클]: ⟨← draco(serpent)⟩, ⟨라틴어⟩, ⟨뱀에 물려서⟩ 곪다, 쑤시다, 괴롭히다, ⟨~ annoy\irritate⟩, ⟨↔comfort\pacify⟩ 양2

171 **ran-sack** [랜 쌕]: rann(house)+saka(seek), ⟨원래는 '집안을 뒤지다'라는 뜻의 북구어에서 유래한⟩ 샅샅이 찾다, 뒤집어 엎다, 약탈하다, ⟨~ plunder\rob⟩, ⟨↔offer\protect⟩ 양2

172 **ran·som** [랜섬]: re+emere(buy)⟩, ⟨라틴어⟩, 몸값, 배상금, 속전, 협박, ⟨~ re·demption⟩, ⟨↔harm\forfeit⟩, ⟨↔payment\release⟩ 양2

173 *****ran·som-ware** [랜섬 웨어]: '속전기기', (돈을 내지 않으면) 정보를 차단하거나 추문을 공개하겠다고 협박하는 악성 차림표, ⟨~ mal-ware\cryto·trojans⟩ 우2

174 **rant** [랜트]: ⟨← rantan(make noise)⟩, ⟨네덜란드어⟩, ⟨← rave⟩, 고함치다, 폭언하다, 장담하다, ⟨~ harangue\tirade⟩, ⟨~ bluster\hector-ing⟩, ⟨↔silence\hush⟩ 양1

175 **ra·nun·cu·lus** [뤄넝키어러스]: ⟨← ranid ← rana(frog)⟩, ⟨라틴어⟩, 라넌큘러스, '개구리' 미나리, ⟨개구리처럼 물가에 서식하는⟩ (북유럽 원산의) 겹겹의 꽃잎으로 된 동그란 장미 비슷한 꽃을 피우는 미나리아재비(butter·cup) 속의 구근식물, ⟨~(↔)bane-berry\globe flower\staves-acre⟩ 미2

176 **rap** [뢥]: ⟨북구계의 의성어⟩, 톡톡 두드림, 비난, 고소, 지껄임, ⟨~ flap\clap⟩, ⟨↔touch\caress\silence⟩ 양1

177 **ra·pa·cious** [뤄페이셔스]: ⟨← rapere(seize)⟩, ⟨라틴어⟩, (완력으로) 잡아채는, (탐욕으로) 강탈하는, 육식하는, ⟨~ rape¹⟩, ⟨~ ravenous\voracious⟩, ⟨↔generous\satisfied⟩ 양2

178 **rape¹** [뤠이프]: ⟨← rapere(seize)⟩, ⟨라틴어⟩, 강탈, 약탈, 겁탈, 강간, ⟨~ violation\sexual assault⟩, ⟨↔respect\civility⟩ 양1

179 **rape²** [뤠이프]: ⟨← rapa(turnip)⟩, ⟨라틴어⟩, 평지, 유채(yu choy), 전 세계적으로 재배되고 노란 꽃이 피며 잎은 무쳐 먹고·뿌리는 겨자로·씨에서 canola 기름을 짜는 십자화과의 두해살이 채소, ⟨~ oil-seed⟩ 양2

180 **Ra·pha·el¹** [뢔휘얼]: rapha(has healed)+el(God), ⟨히브리어⟩, 라파엘, '신은 병을 고쳤다' ①남자 이름(masculine given name) ②(성서 외전에 기록된) 유대교의 대천사, ⟨one of 7 holy angels⟩ 수1

181 **Ra·pha·el²** [뢔휘얼], Raf·fael·lo San·zio: 라파엘, (1483-1520), 르네상스 전성기에 짧고 굵은 인생을 살고 간 이탈리아의 ⟨고전주의⟩ 화가·건축가, ⟨~ an Italian painter and architect⟩ 수1

182 **ra·phe \ ra·phae** [뤠이휘 \ 뤠이휘이]: ⟨← rhaphe(seam)⟩, ⟨'이음매'란 뜻의 그리스어⟩, 한 쌍의 장기를 연결하는 끈, 봉(합)선, ⟨~ ridge of a seam\connecting line⟩, ⟨↔gap\cleft⟩ 미2

183 **rap·id** [뢔피드]: ⟨← rapere(seize)⟩, ⟨'힘으로 취한'이란 뜻의 라틴어⟩, 빠른, 신속한, 민첩한, 가파른, ⟨~ fast\quick⟩, rapids; 급류, 역류, ⟨↔slow\leisurely⟩ 가1

184 **rap·id eye move·ment \ REM**: (꿈꿀 때⟨dreaming⟩ 나타나는) 급속 안구 운동, ⟨↔non REM⟩ 양2

185 **rap·id tran·sit**(sys·tem): 고속 수송(체계), ⟨↔slow transit⟩ 양2

186 **ra·pi·er** [뤠이피어]: ⟨← raspiere⟩, ⟨프랑스어⟩, ⟨← rasp⟩, (결투용) 가늘고 긴 쌍날칼, 날카로운, ⟨~ straight (or dress) sword⟩, ⟨↔bare-hands\spoon⟩ 미1

187 *****rap-mu·sic** [뢥 뮤우짘]: '지껄 음악', (1970년대 말에 주로 흑인들에 의해 발전된) 음반 조정자가 끼어드는 대중음악의 일종, ⟨~(↔)hip-hop\funk²⟩, ⟨↔classic\country-music⟩ 우1

188 **rap-port** [뢔포어]: ad+portare(carry), ⟨'되돌려 받기'란 뜻의 라틴어에서 연유한 프랑스어⟩, (공감적) 관계, 조화, ⟨인간관계에서 반드시 쌓아 올려야 할⟩ (쌍방) 신뢰감, ⟨~ affinity\empathy⟩, ⟨↔coldness\hostility\antipathy⟩ 양2

189 **rap·proche·ment** [뢔 프로쉬마앙]: re+aprocher(approach), ⟨프랑스어⟩, 친교, (국가 간의) 친선, 화해, ⟨~ appeasement\reconciliation⟩, ⟨↔antagonism\schism⟩ 양2

190 **rap·scal-lion** [뢥스캘리언]: ⟨← rascal ← radere(scrape)⟩, ⟨라틴어→영국어⟩, 무뢰한, 부랑배, 건달, 악한, ⟨~ rogue\scoundrel⟩, ⟨↔hero\saint⟩ 양2

191 **rapt** [뢥트]: ⟨← rapere(seize)⟩, ⟨'몰수당한'이란 뜻의 라틴어⟩, 정신이 팔린, 몰두한, 황홀한, ⟨~ be-witched\fascinated⟩, ⟨↔disenchanted\turned off⟩ 양2

192 **rap·tor** [뢥터]: ⟨← rapere(seize)⟩, ⟨'약탈자'란 뜻의 라틴어⟩, 육식조, 맹금, ⟨물가에 살며 자기보다 큰 곤충도 잡아먹는⟩ 먹닷거미, ⟨~ predator\spider with black ink⟩, ⟨↔dove-rabbit\rodent\vegan⟩ 미2

193 **rap·ture** [뢥춰]: ⟨← rapere(seize)⟩, ⟨라틴어⟩, ⟨← rapt⟩ ①(거머쥔) 큰 기쁨, 열중, 황홀케 하다, ⟨~ rape¹\rhapsody\ecstacy⟩, ⟨↔boredom\depression⟩ ②(새 천년 왕국설에서) 예수가 재림해서 최후의 심판을 통해 '믿는 자'를 하늘로 끌어올릴(휴거) 때 '구원된 자'가 느끼는 ⟨큰 기쁨⟩, 무아지경, ⟨~ nirvana\ecstacy\bliss⟩, ⟨↔misery\doom⟩ 양2

194 **rare** [뤠어]: ①⟨← rarus(thin)⟩, ⟨라틴어⟩, 드문, 진기한, 매우, 희박한, ⟨~ sparse⟩, ⟨↔common\frequent⟩ ②⟨← hrere⟩, ⟨어원 불명의 영국어⟩, 덜 익은, ⟨~ half-cooked⟩, ⟨↔ripe\well done⟩ 양2

195 **rar·i·ty** [뤠어뤼티]: ⟨← rare⟩, 드묾, 진기, 희박, ⟨~ scarce-ness\infrequency⟩, ⟨↔commonness\usualness⟩ 양2

196 **ras·cal** [뢔스클]: ⟨← radere(scrape)⟩, ⟨라틴어→프랑스어⟩, 악당, 깡패, 철면피, 만무방(막 되어 먹은 놈), ⟨~ rabble\scamp⟩, ⟨↔appeaser\peace-maker⟩ 양1

197 **ras-el-hanout** [라쎌하누트]: ⟨아랍어⟩, head of the shop, '으뜸가는 향료', ⟨북아프리카 원산의⟩ (12가지 성분이 포함된) 종합 향신료, ⟨~(↔)all-spice⟩ 우2

198 **rash¹** [래쉬]: 〈← rasch(reckless)〉, 〈게르만어〉, 분별없는, 경솔한, 성급한, (자주 발생하는) 빈발, 〈~ audacious\hasty〉, 〈↔careful\prudent〉 양2

199 **rash²** [래쉬]: 〈← radere(scrape)〉, 〈라틴어〉, 발진, 홍진, 두드러기, 뾰루지, 〈~ dermatitis\plague〉, 〈↔spot\streak〉 양2

200 **Ra-sho-mon** [라쇼몽]: fowling net+castle+gate, 그물로 펼쳐진 인생을 들나드는 문, 라쇼몽〈← 나생문 ← 나성문〉, 라조문, 일본의 나라시대 수도인 헤이조쿄의 정문으로 나중에 폐허가 되어 시체(abandoned body)나 사생아(love child)를 버리는 곳이 된 〈한국 조선시대의 서울 청계천 시구문(Sigumun〈편자는 능력이 없어서 못 썼지만 한국작가가 이 제목으로 소설을 써서 Novel prize에 도전해 볼 만함〉)과 비슷한〉 음침한 곳, 〈인생살이를 자신의 시점에서 해석하는 일〉, 〈~ philosophy of justice\un-reliability of the 'truth'〉 수2

201 **rasp** [래슾]: 〈← raspon(rub)〉, 〈게르만어〉, 이가 거친 줄, 줄질하는 소리, 끽끽 소리, 초조, 안달, 〈→ rapier〉, 〈~ grind\fret〉, 〈↔smooth\soothe〉 양1

202 **rasp·ber·ry** [래즈 베뤼]: 〈← raspis〉, 〈영국어〉, 〈표면이 rough한〉 나무딸기, 산딸기, '쯧쯧'(조소), 빨간색, 〈~ a red bramble fruit〉, 〈~ jeer\scoff〉, 〈↔whisper\cheer〉 양1

203 **rasp-y** [래스피]: 〈← rasp〉, 〈게르만어〉, 삐걱거리는, 귀에 거슬리는, 신경질적인, 〈~ harsh\hoarse〉, 〈↔friendly\sweet〉 양1

204 ***ras·ter** [래스터]: 〈'rake'(갈퀴)란 뜻의 라틴어에서 유래한 독일어〉, 화면에 나타나는 주사선의 사각형(점) 화상, 점방식, 〈~ a bit-map〉, 〈~(↔)pix-map〉, 〈↔vector(graphics)〉 우1

205 ***RAT** (rap·id an·ti·gen test): 신속 항원 검사, 〈Covid-19 이후에 떠오른〉 (단순히 항체의 유·무를 판독할 수 있는) 엉성하나 실용적인 면역 색층 검사 미2

206 **rat** [랱]: 〈어원 불명의 루마니아어〉, (시궁)쥐, 쥐새끼 같은 놈, 파업 불참자, 변절자, 〈~ scoundrel\betrayer〉, 〈↔champion\adherent\confidant〉, 〈~ mouse보다 큼〉 양1

207 **rat-a-tat** [래터 탵]: 〈1680년도 경에 등장한 영국어〉, 〈의성어〉, 둥둥, 쾅쾅, 기관총, 〈~ knock\sound of gun-fire〉, 〈↔quiet\silence〉 가1

208 **ra·ta·tou·ille** [래터투우이]: 〈← tudiculo(mix)〉, 〈라틴어→프랑스어〉, tat+touiller(stir), (남프랑스풍의) 〈휘저어 놓은〉 혼합 야채 찌개, 〈~ French vegetable stew〉 수2

209 **rat cheese** [랱 취즈]: 〈1935-40년대 등장한 미국어〉, 〈쥐를 잡는 미끼용으로나 쓰는〉 싸구려 (체더) 치즈, 〈~ store(hard) cheese〉, 〈↔cream(soft) cheese〉 양2

210 **ratch·et** \ rach·et [래칕]: 〈← rocca(distaff)〉, 〈게르만어→프랑스어〉, 깔쭉(미늘)톱니바퀴, 〈~ intermittent growth\irreversibility〉, 서서히 움직이는 기계, 꺼끌스러운, 무례한, 〈~ teeth\gyration\boorish〉, 〈~(↔)cog-wheel〉, 〈↔recede\consonant\decent〉, ⇒ rachet 미2

211 **ratch·et ef·fect** [래칕 이휄트]: (일단 관성이 붙으면 돌이키기 어렵다는) 톱니바퀴 효과, 〈~ intermittent growth\irreversibility〉, 〈↔displacement effect〉 미2

212 **rate** [뤠이트]: 〈← ratus(reckon)〉, 〈라틴어〉, 율, 비율, 요금, 시세, 진도, 등급, 평가하다, 〈~ ratio〉, 〈~ charge\assess〉, 〈↔disproportion\dismiss〉 양1

213 **ra·tel** [뤠이틀 \ 롸아틀]: raat(honey comb)+das(badger), 〈네덜란드어〉, 〈'rattle' 소리를 내는〉 honey badger(벌꿀오소리), (서남아시아·아프리카에 서식하는 생존력이 강한 회색 등에 검은 배를 가진 잡식성) 벌꿀 '족제비', 〈~ honey weasel\mustelid〉 미2

214 **rath·er** [래더 \ 롸아더]: 〈← hrathe(quickly)〉, 〈영국어〉, 오히려, 어느 쪽인가 하면, 다소, 꽤, 도리어, 〈~ by preference\quite〉, 〈↔neither\extremely〉 양1

215 **rat·i·fy** [래티화이]: ratus(reckon)+facere(make), 〈라틴어〉, 비준하다, 재가하다, 〈rate를 확인하다〉, 〈~ acknowledge\affirm〉, 〈↔cancel\revoke\remove\nullify〉 양2

216 **ra·tio** [뤠이쇼우]: 〈← ratus(reckon)〉, 〈라틴어〉, 비(율), 비례, 〈~ rate〉, 〈~ proportion\correlation〉, 〈↔whole\difference〉 가1

217 **ra·tion** [래션 \ 뤠이션]: 〈← ratio〉, 정량, 배급(량), 할당, 〈~ reckon〉, 〈~ fixed amount\allocation〉, 〈↔deny\deprive〉 양2

218 **ra·tion·al** [래셔늘]: 〈균등하여〉 이성적인, 합리적인, 순이론적인, 〈~ reasonable\cogent〉, 〈↔irrational\illogical〉 가1

219 **ra·tion·ale** [래셔낼]: 〈1657년에 라틴어에서 파생된 영국어〉, 〈ratio가 맞는〉 이론적 근거, 근본적 이유, 〈~ reason\logic〉, 〈↔absurdity\ignorance〉 양2

220 **ra·tion·al·ism** [래셔널리즘]: 이성주의, 합리주의, 유리론(신념·감성·경험에 의지하지 않고 지식과 논리에 입각해서 생각하고 행동하는 것이 옳다는 주장), 〈~ reasoning\logic〉, 〈↔traditionalism\empiricism〉 양2

221 **ra·tion·al·ize** [래셔널라이즈]: 합리화(정당화)하다, 유리화하다, 〈~ justify\elucidate〉, 〈↔invalidate\repudiate〉 양2

222 **ra·tion·al num·ber** [래셔늘 넘버]: 유리수, (소수·분수·정수 등) 자연수의 '비율'로 나타낼 수 있는 수, 〈~ a number that can be written as a quotient (or fraction of two integers)〉, 〈↔irrational number〉 양2

223 **rat mite** [뢥 마이트]: '쥐 진디', 집진드기(쥐는 물론 사람의 피도 빨아 먹는 미세한 절지동물), 〈~ bed bug보다 더 지독함〉 양1

224 *****rat-on** [뢥 어언]: 〈← rat〉, (20세기 초에 등장한 속어), 밀고하다, 배신하다, 〈~ betray\squeal〉, 〈↔stick(adhere) to〉 양2

225 *****rat race** [뢥 뤠이스]: '쥐 다투기', 과당경쟁, 극심한 생존경쟁, 경쟁 사회, 대혼란, 〈~ battle of life\hamster cage〉, 〈↔relaxation\leisure〉 양2

226 *****rat rod** [뢥 롸아드]: '깡통차', 〈멋으로〉 고물을 만든 수제차, 〈~ street rod\roadster〉, 〈~(↔)hot rod\racer〉 우2

227 **rat-tail** [뢥 테일]: '쥐꼬리', 꼬리민태, (꼬리가 가늘고 긴) 민어과의 바닷물고기, 털이 거의 없는 꼬리를 가진 말, 〈~ a long thin tail〉 우1

228 **rat·tan** [쾌탠]: 〈말레이어〉, climbimg palm, 등나무(로 만든 가구·지팡이·회초리 등), 〈~ a wicker〉 미2

229 **rat·tle** [쾌틀]: 〈네덜란드어〉, 〈의성어〉, 달각달각, 덜걱덜걱, 드르륵, 우르르, 가르랑, 달랑달랑, 재잘재잘, '뢔틀뢔틀', 〈~ clatter\patter〉, 〈↔silence\hush〉 우1

230 **rat·tle-snake** [쾌틀 스네이크]: '달랑 뱀', 방울뱀(세모꼴의 머리와 비늘이 달린 꼬리를 흔들어 소리를 내는 미주산 독사), 배신자, 〈~ a pit viper〉, 〈↔king-snake; 편자는 이것이 rattle snake를 잡아먹는 것을 본 적이 있음〉 양2

231 *****rat u·nit** [뢥 유우닡]: ①쥐 단위, 〈옛날 고려 적에 사용됐던〉 실험용 쥐들에게서 기대한 효과가 나타나는 최소한의 약물 단위, 〈~ a bioassay unit〉 ②쥐 떼, 2003~4년간 영국의 밤거리에서 〈오기로〉 온갖 비열한 짓을 하고 돌아다니던 학생 떼거지들, 〈~ student hoodlum〉 미2

232 **rau·cous** [뤼어커스]: 〈← raucus(rough)〉, 〈라틴어〉, 쉰 목소리의, 귀에 거슬리는, 걸걸한, 〈~ harsh\squawky〉, 〈↔soft\quiet〉 양2

233 **rau·wol·fi·a** [뤄어울휘아]: 〈독일 식물학자의 이름(Rauwolf)에서 연유한〉 라우월피아, 인도사목(열대지방에 서식하는 개정향풀속의 상록관목으로 그 뿌리에서 추출된 reserpine은 오래전부터 혈압강하제·진정제로 쓰였음), 〈~ snake-wood〉 미2

234 **rav·age** [쾌뷔쥐]: 〈← ravir(rob)〉, 〈프랑스어〉, 〈홍수에 의한〉 파괴, 황폐, 참해, 〈~ devastate\ruin〉, 〈↔recover\redeem〉 양1

235 **rave** [뤠이브]: 〈어원 불명의 영국어〉, 고함치다, 외치다, 날뛰다, 헛소리하다, 〈→ rabid\rabies\rant〉, 〈~ rant\bloviate\harangue〉, 〈↔mutter\delighted〉 양1

236 **rav·el** [쾌블]: 〈← rafelen(snatch away)〉, 〈네덜란드어〉 ①꼬이게(얽히게) 하다, 〈~ entangle〉, 〈↔uncoil〉 ②풀(리)다, 〈~ untie〉, 〈↔wind²〉 양1

237 **ra·ven** [뤠이븐]: 〈← hrefn〉, 〈게르만어〉, 〈의성어?〉, 갈까마귀, 큰 까마귀, 북반구 전역에 서식하는 평균 수명 21년의 〈검고 윤기 나는〉 깃털을 가지고 〈게걸스럽게〉 아무거나 잘 먹는 연작류의 〈성스러운〉 새, 〈~ black crow\rook¹〉 양2

238 **rav·en·ous** [뤠뷔너스]: 게걸스럽게 먹는, 굶주린, 탐욕스러운, 〈~ starved\rapacious\voracious〉, 〈↔satisfied\content〉 양2

239 **ra·vine** [뤄뷔인]: 〈← rapere(seize)〉, 〈라틴어→프랑스어〉, 〈← rapina〉, 〈힘차게 물이 흐르는〉 좁은 골짜기, 계곡, 〈~ gorge〉, 〈~ arroyo\canyon〉, 〈→ Cheddar?〉, 〈↔blockage\barrier〉 양2

240 **rav·i·o·li** [뤠뷔오울리]: 〈← rapa(turnip)〉, 〈라틴어→이탈리아어〉, 라비올리, 야채와 저며서 양념한 고기를 치즈를 발라 얇은 밀가루 반죽에 〈싼〉 이탈리아 음식, 〈파스타 만두〉, 〈~ stuffed pasta〉, 〈~(↔)tortellini〉 우2

241 **rav·ish** [뢔뷔쉬]: ⟨← rapere(seize)⟩, ⟨라틴어⟩, 강탈하다, 황홀하게 하다, 강간하다⟨강탈과 황홀이 합쳐진 말?⟩, ⟨~ rape\rapt⟩, ⟨~ enthral\fascinate⟩, ⟨↔disenchant\disillusion⟩ 가1

242 **raw** [뤄어]: ⟨← crudus(crude)⟩, ⟨라틴어→게르만어⟩, 생(날)것의, 설익은, 가공하지 않은, 무경험의, 노골적인, 자료가 정리되지 않은, ⟨~ fresh\under-done⟩, ⟨↔cooked\refined\well-done⟩ 양1

243 **Rawls** [롸울스], John: ⟨← Hrolfr(famed-wolf)⟩, Ralph, ⟨북구어⟩, '이름난 늑대', 롤스, (1921-2002), (이상적인 사회를 건설하기 위해서는 자신의 권리를 정치적 도구로 양보해야 한다고 한) 미국의 철학자, ⟨~ an American philosopher⟩ 수1

244 **raw nerve** [뤄어 너얼브]: 생 신경(살), 아픈 곳, 비위, 약점, ⟨~ raw flesh\nerve pain\sensitive spot⟩, ⟨↔balm-y\idealized\refined⟩ 양2

245 **ray** [뤠이]: ⟨라틴어⟩ ①⟨← radius⟩, 빛, 광선, (방사)선, 지느러미의 뼈대, ⟨~ beam\shaft⟩ ②⟨← raia⟩, (넓적하고 꼬리가 긴) 가오리, ⟨~ sting-ray⟩, ⟨skate²는 꼬리에 가시가 없음⟩ 가1

246 **Ray-Ban** [뤠이 밴]: 레이밴, '햇빛 차단기', 1937년 미국에서 출시되어 1999년 이탈리아의 Luxottica에 흡수된 (색)안경 상표, ⟨~ an Italian-Chinese luxury eye-wear brand⟩ 수2

247 **Ray·mour and Fla·ni·gan** [뤠이모어 앤드 훌래니건]: 레이모어와 플래니건, 1946년에 ⟨뉴욕의 한 골동품상 이름을 따서⟩ 설립한 Raymour⟨'군사고문(army counsel)'이란 뜻의 게르만어⟩사가 1990년 Flanigan⟨'얼굴이 붉은(ruddy) 자'란 뜻의 아일랜드어⟩사를 병합한 미국의 가구 제조·판매업 회사, ⟨~ an American furniture retail chain⟩ 수2

248 **ray-on** [뤠이안]: ⟨라틴어→프랑스어→미국어⟩, ⟨'ray'(빛)같은 가는 줄로 된⟩ 레이온, 인조견사, ⟨~ nylon보다 더 부드럽고 육감적임⟩, ⟨~(↔)silk⟩, ⟨↔cotton⟩ 미2

249 *****ray trac·ing** [뤠이 트뤠이싱]: 광선 추적법, 가상적인 광원에서 나온 빛이 여러 물체의 표면에서 반사되는 경로를 추적하면서 각 물체의 모양을 형성하는 과정을 알아보는 ⟨시간이 오래 걸리는⟩ 일, ⟨~(↔)path tracing⟩ 미2

250 **raze** [뤠이즈]: ⟨← radere(scrape)⟩, ⟨라틴어⟩, 남김없이 파괴하다, 무너뜨리다, 지우다, ⟨~ bulldoze\wipe out⟩, ⟨↔raise\set up⟩ 양2

251 **ra·zor** [뤠이져]: ⟨← radere(scrape)⟩, ⟨라틴어→프랑스어⟩, ⟨← raze⟩, 면도칼, (전기)면도기, ⟨~ shaver⟩, ⟨↔scraper⟩ 가1

252 **ra·zor-back** [뤠이져 백]: ①⟨등이 뾰족한⟩ 야생 돼지, ⟨~ wart hog⟩ ②잡역부 ⟨어원 불명의 서커스 은어⟩, ⟨~ roust-about⟩ ③긴수염(큰)고래, ⟨등의 후미에 면도칼 같은 지느러미를 가진 멸종 위기에 처한⟩ fin whale, ⟨~ rorqual⟩ 미2

253 **ra·zor-bill** [뤠이져 빌]: (대서양 연안의) 큰부리바다오리, ⟨평생 한 서방만 섬기며 일 년에 한 번 알 한 개를 까기 위해 육지로 날아오는 검은 등에 흰 뱃가죽을 하고 부리가 집게같이 생긴⟩ 집게제비갈매기, murre, ⟨~ auk\scissor\bill⟩ 미2

254 **ra·zor-clam** [뤠이져 클램]: 긴맛, 가리맛(길고 가는 날카로운 껍데기를 가진 대합), ⟨~ bamboo (or jack-knife) clam⟩, ⇒ solen 미2

255 **ra·zor-edge** [뤠이져 엣쥐]: 면도날, 아슬아슬한 고비, ⟨~ sharp\keen⟩, ⟨↔blunt\recede⟩ 양2

256 **ra·zor-eyes** [뤠이져 아이스]: 면도날 눈, 날카로운 눈빛, 눈총, 째려보기, ⟨아직까지는 콩글리시를 벗어나지 못했으나 장래가 밝은 말⟩, ⟨~ shit(shink) eyes⟩, ⟨↔smile\wink⟩ 미2

257 **ra·zor–grind-er** [뤠이져 그롸인더]: ①면도기 연삭기, 면도칼 (가는) 숫돌(사람), ⟨~ razor sharpener⟩ ②⟨동오스트레일리아에 서식하는⟩ 면도칼 가는 소리를 내는 갈색의 큰(유리) 매미, ⟨~ a large cicada⟩ ③⟨"싹뚝싹뚝"하며 우는⟩ 쏙독새, ⟨~ grinder bird⟩ 양1 우1

258 **ra·zor scoot-er** [뤠이져 스쿠우터]: '예리한 발 지치개', (알루미늄으로 만들어 가볍고 접을 수 있으며 건전지로 동력을 보강한) ⟨날쌘 씽씽카⟩-상표명, ⟨~ a compact folding scooter⟩, ⟨↔wheel scooter⟩ 수2

259 **razz** [뢔즈]: ⟨영국어⟩, ⟨의성어?⟩, 조롱하다, 혹평하다, raspberry(쯔쯔)의 줄임말, ⟨~ tease\jeer⟩, ⟨↔be serious\praise⟩ 양2

260 **raz·zle-daz·zle** [뢔즐 대즐]: ⟨영국어⟩, ⟨의태어?⟩, 현란한 겉치레, 야단법석, '삐까번쩍', 교란작전, ⟨~ dazzle\glitz⟩, ⟨↔quiet\proper\modest⟩ 양2

261 **RBC** (red blood cell): (붉은 혈색소를 함유하고 산소를 날라주는) 적혈구, ⟨~(↔)WBC⟩ 가1

262 ***R-bomb** [아알 밤]: 당신의 전문을 보고도 상대방이 응답(responding)하지 않는다는 것을 알았을 때 느끼는 〈씁쓸한〉 심정, 〈~ ignored〉, 〈~(↔)ghosting〉 우1

263 **RCA** (Ra‧di‧o Cor‧po‧ra‧tion of A‧mer‧i‧ca): 1919년에 창립되었으나 〈전산기의 출현으로〉 1986년에 파산하여 현재 Sony사가 상표만 사용하고 있는 미국의 전자회사, 〈~ an American electronic co.〉 수2

264 ***RCA plug** (con‧nec‧tor): phone plug(connector), 1940년대 초에 RCA사가 개발한 시·청각 신호를 연결해주는 접속기 수2

265 **re¹ \ ray** [뤼이 \ 뤠이]: 〈← resonare(re+sound)〉, 〈라틴어〉, '하나님의 메아리', 레(장음계의 둘째 음), 〈~ 2nd sound in major scale〉 수2

266 **re²~** [뤼이~]: 〈← res(thing)〉, 〈라틴어〉, 〈~에 관(대)하여〉란 뜻의 전치사, 〈~ regarding\about〉 양2

267 **re³~** [뤼이~]: 〈라틴어〉, back \ again, 〈반복·강조·서로·뒤·아래·반대~〉란 뜻의 결합사 양1

268 **~re** [~(어)얼]: ~er의 영국식 철자 양1

269 **reach** [뤼이취]: 〈← reccan(stretch)〉, 〈게르만어〉, ~에 도착하다, 뻗치다, 구하다, 건네주다, 구역, 범위, 〈~ arrive\thrust\jurisdiction〉, 〈↔leave\retract\forfeit\limit〉 양1

270 **re-act** [뤼이 액트]: '행동을 돌려주다', 되튀다, 반응하다, 반항하다, 재연하다, 〈~ behave\respond〉, 〈↔ignore\overlook〉 양2

271 ***re-ac‧tion shot** [뤼이 액션 샽]: '반응 촬영', 얼굴에 나타나는 반응을 포착하는 장면, 〈~ picture of the reaction of a character〉, 〈~(↔)insert shot〉 우2

272 ***re-ac‧to-gen‧i‧ci‧ty** [뤼이 액토 줴니씨티]: 〈정상〉 반응성, 예방주사를 맞은 후 나타나는 〈과민성 반응이 아닌〉 일련의 정신·신체적 현상, 〈~ expected adverse reactions〉, 〈↔allergic reaction〉 우2

273 **read** [뤼이드]: 〈← ratan(discern)〉, 〈게르만어〉, 읽다, 예측하다, 일깨워주다, 해독하다, (정보를) 외부 기억 매체에서 빼내어 주기억 장치에 입력하다, 〈~ decipher\study〉, 〈↔write\listen〉, 〈↔ignore\misread〉 가1 미2

274 **read‧er** [뤼이더]: 독자, 독서가, 낭독자, 득본, 판독기, 읽개, 〈↔writer\listner〉 양1

275 **Read‧er's Di‧gest** [뤼이더스 다이줴스트]: 리더스 다이제스트, '독자의 요약서', 1922년부터 미국에서 출시된 1년에 10번 〈요약된 일반적 읽을거리〉를 제공하는 세계적 소형 염가 잡지, 〈~ an American general-interest magazine〉 수2

276 ***read-me** [뤼이드 미]: '읽어주세용', 어떤 연성기기를 사용하기 전에 꼭 읽어보라는 지침서류, 〈~ an explanatory document〉 우1

277 ***read-out** [뤼이드 아웉]: 정보 읽기, 기억장치로부터 정보를 끌어내는 일, 〈~ recite\deliver〉, 〈↔approve\receive〉 양2

278 **read‧y** [뤠디]: 〈← reiti(prepared)〉, 〈게르만어〉, 준비된, 당장에, 언제든지, 빨리, 〈→ already〉, 〈~ fit\all set〉, 〈↔un-ready\un-prepared〉 양1

279 **read‧y front** [뤠디 후뤈트]: 앞으로 준비, '바로!', 〈~ return head and eyes to the front〉, 〈↔about face!〉 양1

280 **read‧y-made** [뤠디 메이드]: 기성품의, 진부한, 개성이 없는, 꼭 맞는, 〈~ off-the-shelf\mass-produced〉, 〈↔be-spoke\custom-made〉 양1

281 **Rea‧gan** [뤠이건], Ron‧ald: ri(king)+in(child), 〈아일리시계 이름〉, '왕의 자손', 레이건, (1911-2004), 골치 아픈 일이 생기면 영화관에 들어가 나오지 않았으나 비교적 대통령직을 잘 수행했다는 평을 받는 공화당 출신 미국의 40대 대통령, 《(오물이 달라붙지 않는) Teflon President》, 〈~ 40th US President〉 수1

282 **Rea‧gan-om‧ics** [뤠이거 나믹스]: Reagan+economics (레이건 경제정책), 〈감세와 자유시장 경제 촉진으로 국민소득을 올렸으나 빈·부의 격차가 더 심해지고 대외 부채는 3배로 늘어난〉 '작은 정부'(small government)를 지향했던 경제정책, Trickle-down Theory 우2

283 **re‧al** [뤼이얼]: 〈← res(thing)〉, 〈'실체'란 뜻의 라틴어〉, 진짜의, 실제의, 〈손으로 만져 볼 수 있는〉 실물의, 〈~ actual\non-fictional〉, 〈↔un-real\fake〉 가2

284 **re‧al** [뤠이아얼]: 〈← regalis(royal)〉, 〈라틴어〉, 브라질의 화폐단위, 〈~ official currency of Brazil〉 수2

285 **re‧al ale** [뤼이얼 에일]: 〈탄산소다를 쓰지 않고〉 〈전통적 방법으로 나무통에 넣어 발효시킨〉 참맥주, 〈~ non-carbonated beer〉 미1

286 **re·al es·tate** [뤼이얼 에스테이트]: 부동산, 물적 재산, 전산기가 차지하는 자리, ⟨~ land and buildings⟩, ⟨↔personal property\movable asset⟩ 가1 미2

287 **re·al-ism** [뤼얼리즘]: 현실주의, 사실주의, (1700년대에 시작되어 1800년대 중반에 기승을 떨다가 현재 뒷전으로 밀린) 삼라만상을 있는 그대로 표현하고자 애쓰는 '객관적' 자세, ⟨~ pragmatism\utilitarianism⟩, ⟨~(↔)naturalism⟩, ⟨↔abstractionism\symbolism\idealism\romanticism\nominalism⟩ 가1

288 **re·al·i·ty** [뤼이앨리티]: 진짜, 사실, ⟨허벅지를 꼬집어 보면 알 수 있는⟩ 현실, 실재, ⟨~ truth\fact⟩, ⟨↔fiction\fantasy⟩ 가1

289 **re·al·i·ty check** [뤼이앨리티 췍]: 현실 점검(현실적으로 따져보는 일), ⟨~ reality testing⟩, ⟨↔day-dreaming\castle in the air⟩ 양2

290 **re·al·ize** [뤼이얼라이즈]: 실현하다, 실감하다, ⟨~ grasp\obtain⟩, ⟨↔forget\ignore⟩ 가1

291 **realm** [뤰]: ⟨← regalis(royal)⟩, ⟨라틴어⟩, ⟨← regimen⟩, 국토, 영역, 범위, ⟨~ sovereign state\dominion⟩, ⟨↔non-ecumene\unclaimed land\section⟩ 양1

292 *__real mode__ [뤼이얼 모우드]: '실제 방식', 노출된 실제 주소를 사용하는 초기 인텔 미세처리기의 작동방식, ⟨~ real address mode⟩, ⟨↔virtual mode⟩ 우2

293 **real num·ber** [뤼이얼 넘버]: 실수, 참숫자(직선상에 표시할 수 있는 유리수와 무리수의 총칭), ⟨~ measuring number⟩, ⟨↔imaginary number⟩ 양2

294 **Real Play-er** [뤼이얼 플레이어]: 리얼 플레이어, '실제 상영기', 1995년에 Real Audio Player로 시작해서 실시간에 각종 시청각 대중매체를 연결해주는 연성기기(상품명), ⟨~ a cross-platform media player app⟩ 수2

295 *__real soon now__ [뤼이얼 쑤운 나우] \ RSN: '지금 즉시!', (실제로는) '조만간' 또는 '머지않아'로 쓰임, ⟨~ at once\right away⟩, ⟨↔later\eventually⟩ 미2

296 **real time** [뤼이얼 타임]: 즉시, 동시, 실시간의, ⟨~ concurrent\immediate⟩, ⟨↔delayed\recorded⟩ 양2

297 **real-tor** [뤼이얼터]: 부동산 중개업자, '복덕방', ⟨~ agent\broker⟩, ⟨↔owner\buyer⟩ 가1

298 **ream** [뤼임]: ①⟨← rizmat(a packet)⟩, ⟨아랍어⟩, 연, (약) 500매, 다량의 종이, ⟨~ bulk⟩, ⟨↔little⟩ ②⟨← ryman(wide)⟩, ⟨게르만어⟩, 'room'을 만들다, 넓히다, (구멍을) 뚫다, (과즙을) 짜다, ⟨~ pluck\squeeze⟩, ⟨↔ditch⟩ 가1

299 **ream-er** [뤼이머]: ⟨게르만어⟩ ①구멍 뚫는 송곳, ⟨~ drill⟩, ⟨↔fill\plug⟩ ②과즙 짜는 기구, ⟨~ juicer⟩, ⟨↔restrainer⟩ 미1

300 **reap** [뤼이프]: ⟨← reopan(glean)⟩, ⟨고대 영어⟩, ⟨'ripe'한 곡식을⟩ (베어) 거두어들이다, 수확하다, ⟨~ bring in\harvest⟩, ⟨↔forfeit\lose⟩ 가1

301 **rear**[1] [뤼얼]: ⟨← retro⟩, ⟨라틴어⟩, back\behind, 뒤, 배후, 후미, ⟨~ front\face\foremost⟩ 가1

302 **rear**[2] [뤼얼]: ⟨← risan(rise)⟩, ⟨게르만어⟩, 기르다, 육성하다, 일으켜 세우다, ⟨~ raise\up-bring⟩, ⟨↔neglect\destroy⟩ 가1

303 **rear ad·mi·ral** [뤼얼 애드머뤌]: 해군 소장(commodore 위· vice admiral 아래), '후'제독, ⟨~ 2 stars\equivalent to major general in army⟩ 양2

304 **rear end** [뤼얼 엔드]: 후미, 궁둥이, (차의) 뒷부분 추돌, ⟨~ buttocks\tail-end⟩, ⟨↔fore-front\forehead⟩ 양2

305 **rear glass(win·dow)** [뤼얼 글래스(윈도우)]: ⟨자동차의⟩ 뒷 유리(창), ⇒ back-glass 양1

306 **rear light** [뤼얼 라잍]: (차의) 미등, '꼬리등', '뒷불', ⟨~(↔)foot light⟩, ⟨↔head light⟩ 양1

307 **rear(view) mir·ror** [뤼얼(뷰) 미뤄]: (차의) 후사경, '뒤보기 거울', ⟨↔front (view) mirror⟩, ⟨back mirror는 Konglish⟩ 미1

308 **rea·son** [뤼이즌]: ⟨← ratio → ratus(reckon)⟩, ⟨라틴어⟩, 까닭, 이유, 동기, 도리, 이성, 지각, ⟨~ cause\rationality⟩, ⟨↔emotion\result⟩ 양2

309 **rea·son-a·ble** [뤼이져너블 \ 뤼이즈너블]: 분별 있는, 이치에 맞는, 적당한, ⟨~ sensible\proper⟩, ⟨↔unreasonable\il-logical⟩ 양2

310 **rea·son-ing** [뤼이즈닝]: 추론, 이론, 추리, 논거, ⟨과학 문명의 원동력⟩, ⟨~ cogitation\deduction⟩, ⟨↔irrationality\nonsense\asininity⟩ 양1

311 **reave** [뤼이브]: ⟨← reafian(steal)⟩, ⟨어원 불명의 영국어⟩, 약탈하다, 부수다, 떼어놓다, ⟨~ pillage\rob⟩, ⟨↔compensate\furnish\improve⟩ 양2

312 **re·bab** [뤼바압]: ⟨아랍어⟩, spike fiddle, 중동지방(Middle East)에서 생겨나 인도네시아 등에서 쓰는 1~3개의 현을 키우나 뜯는 ⟨땅에 박은 꼬챙이가 있는⟩ 간단한 현악기 수2

313 **re-bar** [뤼이 바아]: reinforcing bar, (보강용) 철근 양2

314 **re·bate** [뤼이 베이트 \ 뤼베이트]: re+batere(beat), ⟨라틴어→노르만어⟩, 할인, 깎아준 금액, (금액의) 일부 반려, ⟨'beat back'(뒤로 친)한⟩ 환불, ⟨~ discount\refund⟩, ⟨↔surcharge\penalty⟩ 미2

315 **reb·el¹** [뤠벌]: re+bellum(war), ⟨라틴어⟩, 반역자, 모반자, ⟨~ dissident\insurgent\recusant⟩, ⟨↔loyalist\conformist⟩ 가1

316 **reb·el²** [뤼벨]: ⟨← rebellare(resist)⟩, ⟨라틴어⟩, 반항하다, 화합하지 않다, ⟨진 자가⟩ '전쟁을 다시 하다', ⟨~ revel\revolt\riot⟩, ⟨↔comply\conform⟩ 가1

317 **re·bel-lion** [뤼벨리온]: ⟨라틴어→프랑스어⟩, 반항, 모만, 반역, 도전, 폭동, ⟨~ revolution\up-rising⟩, ⟨↔compliance\obedience⟩ 가1

318 *****re-boot** [뤼이 부우트]: 재시동하다, 껐다 다시 켜다, ⟨~ re-start⟩, ⟨↔sedate\de-energize⟩ 미2

319 **re-bound** [뤼 바운드]: (공이) 되튀다, 반발, 재기, 메아리, ⟨~ bounce back\boomerang\repercussion⟩, ⟨↔destroy\correct\quieten⟩ 양1

320 **re-bo·zo \ ~so** [뤼보우죠우 \ ~소우]: ⟨re+bucca(cheek)⟩, ⟨라틴어→멕시코계 스페인어⟩, (스페인계 여성이 두르는) ⟨밤을 가리는⟩ 긴 목도리, ⟨~ head-scarf\shawl⟩ 우1

321 **re-buff** [뤼 버후]: ri+buffo(puff), ⟨이탈리아어→프랑스어⟩, '코방귀를 뀌다', 거절, 퇴짜, 좌절(시키다), ⟨~ reject\turn-down⟩, ⟨↔accept\attempt\embrace\propose\seduce\welcome⟩ 양2

322 **re-buke** [뤼 뷰우크]: re+bukier(beat), ⟨프랑스어⟩, ⟨'beat down'해서(내려쳐)⟩ 꾸짖다, 비난하다, 징계하다, ⟨~ reprehend\reprimand⟩, ⟨↔praise\commend⟩ 양2

323 **re-but·tal** [뤼 버틀]: re+bouter(thrust), ⟨프랑스어⟩, ⟨다시 들이받기⟩, 항변, (원고의) 반박, ⟨~ counter-argument\refutation⟩, ⟨↔confirmation\evidence\testament⟩ 양2

324 **re-cal·ci·trant** [뤼 캘시트뤈트]: ⟨← calcitrare(kick)⟩, ⟨라틴어⟩, 휘어잡을 수 없는, 완강히 반항하는, 고집불통의, ⟨~ intractable\rebellious⟩, ⟨↔amenable\docile\compliant⟩ 양2

325 **re-call** [뤼 커얼]: 생각해내다, 되부르다, 소환하다, 철회하다, ⟨~ remember\re·move\re·cant⟩, ⟨↔forget\dissolve⟩ 양1

326 **Re·ca·mi·er** [뤠이커미에이]: ⟨어원 불명의 프랑스계 이름⟩, (19세기 초에 유행했던) 프랑스의 레카미에 부인의 초상에 등장하는 등받이가 거의 없고 양쪽에 목받이·발받이가 달린 '잠자는' 의자, ⟨~ back-less couch\lounge\a recliner⟩ 수2

327 **re-cant** [뤼 캔트]: ⟨← cantare(sing)⟩, re-call, ⟨라틴어⟩, '다시 뒤집다', 고치다, 취소하다, 철회하다, ⟨~ abjure\retract⟩, ⟨↔re-affirm\acknowledge⟩ 양2

328 **re-cap** [뤼이 캡]: ⟨라틴어⟩, 다시 모자를 씌우다, re·capitulate; 요점을 되풀이하여 말하다, 개괄하다, ⟨↔conceal\details⟩ 양2

329 **re-cede** [뤼 씨이드]: re+cedere(go), ⟨라틴어⟩, '뒤로가다', 물러나다, 멀어지다, 철회하다, 하락하다, ⟨~ re·cess⟩, ⟨~ move back\retreat⟩, ⟨↔advance\approach⟩ 양1

330 **re-ceipt** [뤼 씨이트]: re+capere(take), ⟨라틴어⟩, 수령, 받음, 영수증, 받은 물건, 증거, ⟨~ statement\certification⟩, ⟨~(↔)invoice⟩, ⟨↔bill\payment⟩, ⟨원래 뜻으로는 14세기부터 쓰였으나 2002년경에 미국 흑인사회에서 proof 란 뜻이 가미된 말⟩ 가1

331 **re-ceiv-a·ble** [뤼 씨이뷔블]: ⟨되돌려⟩ 받을 수 있는, 믿을 만한, 수취 계정, ⟨~ unpaid\IOU\out-standing⟩, ⟨~(↔)payable⟩, ⟨↔cleared\paid off⟩ 양1

332 **re-ceiv-er** [뤼 씨이뷔]: ⟨← capere(take)⟩, 수령인, ~받이, 접대자, 수신기, 재산 관리인, ⟨~ recipient\donee⟩, ⟨↔donor\giver⟩ 가1

333 **re-cent** [뤼이 쓴트]: ⟨← recens, re(back)+ken(new)⟩, ⟨산스크리트어→라틴어⟩, 근래의, 최근의, 새로운, ⟨~ current\late⟩, ⟨↔remote⟩ 가1

334 **re-cep·ta-cle** [뤼 쎕터클]: 그릇, 저장소, 두는 곳, 접수구, 꽃턱, 꽃받침, ⟨~ holder\repository⟩, ⟨↔carrier\discharger⟩ 양1

335 **re-cep-tion** [뤼 쎞션]: ⟨← receive⟩, 수령, 응접, 환영회, 입회, 평판, 수신상태, ⟨~ acceptance\social event⟩, ⟨↔dismissal\repulsion\fare-well⟩ 양1

336 **re-cess** [뤼 쎄스]: ⟨← re·cede⟩, 휴식, 휴회, 은거지, 구석진 곳, 오목한 곳, ⟨~ pause\break⟩, ⟨↔continuation\bulge⟩ 양1

337 **re-ces-sion** [뤼 쎄션]: 후퇴, 우묵한 곳, (일시적) 경기 후퇴, ⟨~ down turn\depression⟩, ⟨↔boom\up-turn⟩ 양1

338 **re-ces-sive** [뤼 쎄시브]: 퇴행의, 역행의, 열성의, ⟨~ dormant\regressive⟩, ⟨↔dominant\prevailing⟩ 양1

339 **Rech·a·bite** [뤠커바이트]: rechab(chariot)+ite, ⟨히브리어⟩, '4륜 마차를 모는 자', 레갑(의 자손들), 금주자(abstainer), 천막 생활자, 이스라엘인들을 성지로 인도한 유목민, ⟨~ a semi-nomadic clan⟩ 수1

340 **re-cid·i-vism** [뤼 씨디뷔즘]: re+cadare(fall), ⟨라틴어⟩, 상습(성), 상습적 범행, 재범, ⟨뒤로 넘어지는⟩ 재발, ⟨~ reversion\relapse⟩, ⟨↔advancement\rectification\non-recurrence⟩ 양2

341 **rec·i·pe** [뤠써피이]: re(back)+capere(take), ⟨라틴어⟩, '처방(전)', Rx, 조리법, 비결, ⟨~ method\prescription⟩, ⟨↔ingredient\impropriety⟩ 양2

342 **re-cip·i-ent** [뤼 씨피언트]: re(back)+capere(take), 받아들이는 용기, 수령인, ⟨~ receiver\donee⟩, ⟨↔donor\benefactor⟩ 양1

343 **re·cip·ro·cal** [뤼씨프뤄컬]: ⟨← reciprocus⟩, re(back)+pro(forward)+al, ⟨라틴어⟩, ⟨앞·뒤에 같이 존재하는⟩, 상호의, 호혜적인, 교환으로 주는, 상반하는, 역의, ⟨~ compatible\corresponding⟩, ⟨↔unlike\unequal⟩ 양1

344 **re-ci·sion** [뤼씨즌]: re(back)+cidere(cut), ⟨라틴어⟩, ⟨뒤로 자르는⟩ 취소, 폐기, ⟨~ cancellation\rescind⟩, ⟨↔continue\reclaim⟩, ⇒ rescission 가2

345 **re-cit·al** [뤼 싸이틀]: re(again)+citare(call), ⟨라틴어⟩, '다시 불러보기', 암송, 낭독, (음악) 작품 발표회, ⟨~ rehearsal\repetition⟩, ⟨~(↔)aria\performance⟩, ⟨↔conceal\listen⟩ 양2

346 **rec·i·ta·tion** [뤠서테이션]: re(again)+citare(call), ⟨라틴어⟩, ⟨← recite⟩, 구두 반복(복창), 낭송, 암송, ⟨~ narration\oration⟩, ⟨↔silence\refusal⟩ 양2

347 **reck-less** [뤨클리스]: ⟨← reccan(rule)⟩, ⟨게르만어⟩, care·less, 분별없는, 무모한, 개의치 않는, ⟨~ audacious\rash'⟩, ⟨↔careful\prudent⟩ 양2

348 **reck-on** [뤠컨]: ⟨← reccan(rule)⟩, ⟨게르만어⟩, 세다, 간주하다, 생각하다, 판단하다, ⟨~ rate⟩, ⟨~ calculate\consider⟩, ⟨↔abandon\disregard\repudiate⟩ 양1

349 **re-claim** [뤼 클레임]: ⟨re+clamere(shout)⟩, ⟨라틴어⟩, 교정하다, 개간하다, 되찾다, ⟨~ recover\get back⟩, ⟨↔discard⟩ 양1

350 **rec·la·ma·tion** [뤠 클러메이션]: ⟨라틴어→프랑스어⟩, 개간, 간척, 갱생, 교화, ⟨~ rehabilitation\renewal⟩, ⟨↔abandon\forfeit⟩ 양1

351 **re-cline** [뤼클라인]: ⟨re+clinare(lean)⟩, ⟨라틴어⟩, 의지하다, '뒤로 젖히다', 눕다, 기대다, ⟨~ recumbent\lie back⟩, ⟨↔stand\arise⟩ 가1

352 **re-cluse** [뤠클루우스 \ 뤼클루우스]: re(again)+claudere(shut), ⟨라틴어⟩, 속세를 떠난, 쓸쓸한, ⟨꼭 닫은⟩ 은둔자, ⟨~ hermit\introvert⟩, ⟨↔extrovert\socialite⟩ 가1

353 **re-cog·nize** [뤠 커그나이즈]: re+cognito(know), ⟨라틴어⟩, ⟨다시⟩ 알아보다, 인지하다, 인정하다, ⟨~ acknowledge\concede⟩, ⟨↔overlook\deny⟩ 양2

354 **re-coil** [뤼이 커일 \ 뤼 커일]: re+culus(buttocks), ⟨라틴어⟩, 되튐, 반동, 뒷걸음질, 다시 감다, ⟨~ draw(kick)-back⟩, ⟨↔advance\challenge\nestle⟩ 양1

355 **re-col·lect**[1] [뤠 컬렉트]: re+colligere(gather), ⟨라틴어⟩, ⟨다시⟩ 생각해내다, 회상하다, 상기하다, ⟨~ remember⟩, ⟨↔forget⟩ 양1

356 **re-col·lect**[2] [뤼이 컬렉트]: '다시 ⟨함께⟩ 모으다', 진정시키다, 집중하다, 북돋우다, ⟨~ retain\rouse⟩, ⟨↔lose⟩ 양1

357 ***re-com·bo·bu·la-tion ar·e·a** [뤠 컴보불레이션 에어뤼어]: ⟨← discombobulate⟩, ⟨라틴어→영국어→미국 공항 속어⟩, ⟨검색대를 통과해서⟩ (수하물을 다시 정리하는) 재정비 구간, '혼란 방지 구역', ⟨~ re-orientation area⟩ 우2

358 **re‑com·mend** [뤠 커멘드]: 〈라틴어〉, '다시 명령하다', 추천하다, 권고하다, 위탁하다, 〈~ advice\suggest〉, 〈↔reject\veto〉 가1

359 **re‑com·pense** [뤠 컴펜스]: 〈라틴어〉, 보수, 배상, 보답하다, 〈~ reimburse\restitution〉, 〈↔repudiate\dishonor〉 가1

360 **re‑con·cile** [뤠 컨싸일]: re+conciliare(bring), 〈라틴어〉, '다시 한자리에 불러 모으다', 화해시키다, 조정하다, 다수결로 해결하다, 단념하게 하다, 〈~ accomodate\adjust〉, 〈↔disharmonize\alienate〉 양2

361 **re‑con·dite** [뤠컨다이트]: re+condere(hide), 〈라틴어〉, 심원한, 난해한, 〈내면이〉 '숨겨진', 〈~ abstruse\cryptic〉, 〈↔simple\familiar〉 양2

362 **re–con·nais‑sance** [뤼 카너썬스]: recon, re+cognoscere(know), 〈라틴어→프랑스어〉, 답사, 정찰, 수색, 〈~ recognize\survey〉, 〈↔disregard\inattention〉 양2

363 **re‑con·noi‑ter**(tre) [뤼이 커너이터]: re+cognoscere(know), 〈라틴어→프랑스어→영국어〉, 정찰하다, 답사하다, 〈~ re·connaissance〉, 〈~ survey\explore〉, 〈↔find\overlook〉 양2

364 **re‑con·struc‑tion** [뤼이 컨스트뤅션]: 재건, 복원, R~; (남북전쟁 후 남부연맹 여러 주의 합중국으로의) 재편입·재건과정, 〈~ revision\over‑haul〉, 〈↔break\destroy〉 양1 수2

365 **rec·ord¹** [뤠 코어드]: re+cordis(heart), 〈라틴어→프랑스어→영국어〉, 기록, 이력, 음반, 〈~ document\disc〉, 〈↔omission\speech〉 양2

366 **re‑cord²** [뤼 코어드]: 〈라틴어〉, '상기하다', 적어두다, 〈'cord'(심장)에〉 등록하다, 녹음하다, 〈~ note\tape〉, 〈↔erase\eliminate〉 양2

367 **rec·ord play‑er** [뤠 코어드 플레이어]: 전축, 녹음(화) 재생기, 〈~ phonograph\gramophone〉, 〈↔recorder〉 양1

368 **re‑count** [뤼 카운트]: re+computare(sum up), 〈라틴어〉, 다시 세다, 하나하나 열거하다, 자세히 얘기하다, 〈~ describe\detail〉, 〈↔predict\estimate〉 양1

369 **re‑coup** [뤼 쿠우프]: re+couper(cut), 〈프랑스어〉, '뒤로 자르다', 벌충하다, 되찾다, 공제하다, 〈~ recover\retrieve〉, 〈↔deprive\forfeit〉 양2

370 **re‑course** [뤼이 커얼스 \ 뤼이 커어스]: re+currere(run), 〈라틴어〉, 〈뒤로 달려가서 기대는〉 의지, 의뢰, 상환청구권, 〈~ aid\appeal〉, 〈↔blockage\injury〉 양2

371 **re‑cov·er** [뤼 커붜]: re+cupere(desire), 〈라틴어〉, 되찾다, 발견하다, 회복하다, 다시 덮다, 〈~ regain\recoup〉, 〈↔deteriorate\lose〉 양1

372 **rec·re·ant** [뤠크뤼언트]: re(against)+credere(entrust), 〈라틴어〉, 변절한, 비겁한, 배신자, 〈~ heresy\traitor〉, 〈↔brave\martyr〉 양1

373 **rec·re·a·tion** [뤠 크뤼에이션]: re+creare(a‑new), 〈라틴어〉, 재창조, 휴양, 기분전환, 오락, 〈~ avocation\leisure〉, 〈↔work\labor〉 양1

374 **rec·re·a·tion‑al ve·hi·cle** [뤠 크뤼에이셔늘 뷔이이클/ ~뷔이히클]: RV, 여가(오락)용 차량, 〈~ caravan house\motor‑home〉, 〈~(↔)mobile home〉, 〈↔sedan〉 미2

375 **re‑cruit** [뤼 크루우트]: re+crescere, 〈라틴어〉, re·'grow', '다시 키우다', (새 회원을) 모집하다, 보충하다, 신참자, 〈→ rookie〉, 〈~ augment\inductee〉, 〈↔dismiss\veteran〉 양1

376 ***rec·ta fide** [뤠터 화이드]: 〈라틴어〉, 'right faith', 옳은 믿음, 무분별한 믿음이 아니라 정확히 알고 믿는 것, 바른 신앙, 〈~ authentic\true〉, 〈~(↔)bona fide〉, 〈↔wrong‑faith〉 양2

377 **rect·an·gle** [뤠탱글]: 직사각형, 직각, '똑바로 만나는 각도', 〈~ square\quadrangle〉, 〈~(↔)parallelo‑gram\quadri‑lateral〉, 〈↔sphere\line\oval\triangle〉 가1

378 **rec·ti~ \ rect~** [뤡티~ \ 뤡트~]: 〈← rectus(straight)〉, 〈라틴어〉, 〈곧은·직각~〉이란 뜻의 결합사, 〈↔bent\curved〉 양1

379 **rec·ti·fy** [뤡티화이]: 〈라틴어〉, '올바르게 하다', 개정(교정)하다, 조정하다, 정류하다, 〈~ correct\straighten out〉, 〈~ certfy\verify〉, 〈↔corrupt\ruin〉 양1

380 **rec·ti·fi·er** [뤡티화이어]: 개정(수정)자, 정류(기), 〈~ fixer\diode〉, 〈↔inverter〉 미2

381 **rec·tor** [뤡터]: 〈라틴어〉, ruler, '통치하는 자', 교구목사, 수도원장, 교장, 〈~ minister\vical〉, 〈↔lay‑person\commoner〉 양2

382 *rec·to ra·tio [뤡터 뤠이쇼우]: 'right reason', 정확한 이유, 부적절한 용도에 사용하지 않고 알맞는 경우에만 따지는 것, 바른 논리, 〈~ virtue〉, 〈↔vice²〉 양2

383 rec·tum [뤡텀]: 〈라틴어〉, straight intestine직장, (대장의 끝부분에 있는) '곧은'창자, 〈→ recta(복수형)〉, 〈↔sigmoid〉 양2

384 re·cum·bent [뤼 컴번트]: re+cumbere(lie), 〈라틴어〉, 기댄, 가로누운, 굽뜬, 〈~ re·cline\horizontal〉, 〈↔erect\upright〉 양1

385 re·cu·per·ate [뤼 큐우퍼레이트]: re+cuperare(obtain), 〈라틴어〉, '뒤로 잡다', 회복하다, 만회하다, 〈~ regain\recover〉, 〈↔degenerate\deteriorate〉 양2

386 re·cur [뤼 커어]: re+currere(run), 〈라틴어〉, 되돌아가다, 상기되다, 재발하다, 순환하다, '다시 달리다', 〈~ re-occur\repeat〉, 〈↔constant\intermittent〉 양1

387 *re·cur·sion [뤼 커얼줜]: 〈← recur〉, 회귀, 귀납, 되부름, 자료나 정보체계에서 자기 자신을 다시 불러내서 새로운 절차를 창출하는 일, 〈~ repetition\looping〉, 〈↔beginning\ending〉 양2 미2

388 *re·cur·sive sub-rou·tine [뤼 커얼시브 써브 루우틴]: 되부름의 아래 경로, 자기 자신을 되불러냄(calls itself)으로써 차림표를 반복 사용할 수 있는 독립된 명령군, 〈~ circular sub-routine〉 우2

389 re·cu·sant [뤠커전트\뤼큐우전트]: 〈← recusare(reject) ← re(against)+ causa(cause)〉, '이유없는 반항', 〈16-18세기에 성공회 참석을 거부한 영국의 가톨릭 교도〉, 거부자, 반항자, 불복종자, 〈~ protester\rebel〉, 〈↔obedient\conformist〉 양2

390 re·cuse [뤼 큐우즈]: re+cause, 〈라틴어〉, (당사자와 면식이 있는 등의 이유로) 〈법관·배심원 등을〉 기피하다, 〈판사 등이〉 회피하다, 〈~ refuse\withdraw〉, 〈↔include (oneself)\qualify〉 양2

391 re·cy·cle bin [뤼이 싸이클 빈]: 〈라틴어+그리스어〉, (재활용) 쓰레기통, 휴지통, 〈~ trash can〉, 〈↔treasure trove〉 양2

392 red [뤠드]: 〈← rudhira(blood)〉, 〈산스크리트어→그리스어→라틴어→게르만어〉, 빨간, 적색의, 피로 물든, 좌익의, 적자의, 〈~ ruby\communist\in debt〉, 〈↔white\black〉 양1

393 re·dact [뤼 댁트]: red+agere, 〈라틴어〉, 〈다시 'draw'해서〉 작성하다, 수정하다, 편집하다, (민감한 정보를) 삭제하다, 〈~ alter\censor\delete\bowdlerize〉, 〈↔add\allow〉 양2

394 red ad·mi·ral [뤠드 애드미뤌]: vanessa atlanta, (애틀란타) 큰멋쟁이나비, (해군 제독의 기장 같은) 검정 바탕에 주황색 줄무늬가 있는 구대륙의 온대 지방에 서식하는 비교적 큰 나비, 〈~ red admirable〉 미2

395 red a·lert [뤠드 얼러얼트]: 적색경보, 긴급 비상사태, 〈~ crisis\urgency〉, 〈↔calm(stable)〉 가2

396 Red Ar·my [뤠드 아알미]: 레드 아미, 적군(파); 1917년 볼셰비키 혁명 직후에 창설된 러시아(소련) 공화국의 육군, 〈~ Soviet Army〉 미2

397 red bean [뤠드 비인]: ①adzuki bean, 팥, 소두, (인도 원산의) 적갈색의 작은 콩 ②〈'팥'같은 씨를 가진〉 (오스트레일리아산) 멀구슬〈bead〉나무, 〈~ Miva mahogany\a rain-forest tree〉 미2

398 red bean paste [뤠드 비인 페이스트]: 팥소, anko('앙꼬') 양2

399 red beet [뤠드 비이트]: 붉은 근대, 짙은 적·자색의 양파 모양의 뿌리에 옅은 적자색의 줄기를 가진 전채용 식물, table(garden) beet 미2

400 Red-bird [뤠드 버어드]: 레드 버드 ①(미국 내 야구연맹의 하나인) St. Louis Cardinals의 속칭 ②기타 인명·지명·상표명·토마토 쥬스를 넣은 혼합주(cock-tail) 수2

401 red-bird [뤠드 버어드]: cardinal bird, 홍관조, (북미 원산으로 멸종 위기에 처한) 깃털이 붉은 되새과에 속하는 피리새, 〈~ a bull-finch〉 미2

402 Red Book [뤠드 북]: ①(19세기 영국의) 귀족·신사록, 〈~ a British peerage directory〉 ②미국의 여성잡지, 〈~ an American women's magazine〉 ③마오쩌둥 어록(Quotations from Mao Tse-tung) ④Sony·Philips가 개발한 〈오류 방지 장치가 있는〉 청각 압축원반, 〈~ an audio CD〉 수2

403 Red-breast [뤠드 브레스트]: 〈창업자가 좋아했던 새의 이름을 딴〉 레드 브레스트, (1903년경부터 출시된) 아일랜드 원산의 〈한 번에 증류시킨〉 위스키, 〈~ an Irish whiskey〉 수2

404 red-breast [뤠드 브뤠스트]: 가슴이 붉거나 적갈색인 새의 총칭, '적흉조'(울새·유리새· 개똥지빠귀 등), 〈~ robin〉, 〈~(↔)thrush\storm-cock〉 우2

405 red-bud [뤠드 벋]: '적아목', 박태기나무, 홍자색 꽃이 잎보다 먼저 피는 콩과의 낙엽활엽관목, 〈~ Judas tree〉, 〈~ state tree of Oklahoma〉 미2

406 **red-cap** [뤠드 캪]: ①짐꾼(bearer) ②헌병(영군)〈MP〉③홍방울새(영국)〈a linnet〉 양1

407 ***red card** [뤠드 카아드]: '적색 딱지', 퇴장 명령 판지, 〈~ dismiss\penalty〉, 〈↔blue(green) card〉 미2

408 ***red car·pet** [뤠드 카아핕]: '붉은 융단', 극진한 예우(환대), 〈~ honorary treatment〉, 〈↔cold shoulder〉 양2

409 **red ce·dar** [뤠드 씨이더]: '적측백', 연필향나무, 붉은 삼나무, 붉은 노간주나무, 〈~ a small juniper〉 미2

410 **red clo·ver** [뤠드 클로우붜]: 붉은꽃토끼풀, 온대성 〈퇴비용〉 목초, cow·grass, 〈~ sweet clover\honey-stalks〉, 〈~(↔)white clover〉 미2

411 **red cor·al** [뤠드 커어뤌]: 붉은 산호, 지중해 등에서 서식하는 분홍색 내지 적갈색의 장식용 '보석', 〈~ precious coral〉 미2

412 **Red Cross** [뤠드 크뤄스]: 레드 크로스, The International Movement of the Red Cross and the Red Crescent(적십자와 적신월의 국제운동), 적십자, 1863년 제네바에서 창립되어 1919년 회교권의 적신월사와 합쳐져 현재 190개국의 지사와 1천7백만의 자원봉사자를 가진 국제적 〈자선사업·인권옹호〉단체, 〈~ a humanitarian movement〉, 〈~(↔)Blue Cross〉 양2

413 **red date** [뤠드 데이트]: 〈붉은〉 대추(나무), ⇒ jujube 양1

414 **red deer** [뤠드 디어]: 붉은사슴, 유라시아 원산의 적갈색 털을 가진 〈커다란〉 식용 사슴, 〈~ hart\hind〉, 〈~ royal deer(stag)〉 미2

415 **Red De·li·cious** [뤠드 딜리셔스]: 레드 델리셔스, '붉은 맛사과', 1880년 미국 Iowa지방에서 출시하기 시작한 〈그저 그런 맛의〉 진홍(deep red) 색깔의 사과 품종, 〈~(↔)Golden Delicious〉, 〈↔Granny Smith〉 수2

416 **red-den** [뤠든]: 붉게 하다(되다) 가1

417 ***Redd-it** [뤠딭]: 'I read it', 2005년 미국(America)에서 창립된 각종 사회 정보 전산망 게시판, 〈~ a network of communities〉 수2

418 **red dog** [뤠드 더어그]: '붉은 개' ①인도의 사나운 들개, 〈~ Indian wild-dog〉②조악한 지폐 (또는 밀가루), 〈~ crude〉③판에 있는 패와 같은 짝의 높은 패를 내 이기는 노름, 〈~ a gamble〉, 〈이외에도 여러가지 뜻을 가진 말〉 우1

419 **re-deem** [뤼 디이임]: re+emere(purchase), 〈라틴어〉, '되사다', 되찾다, 벌충하다, 상환하다, 이행하다, 〈→ re·demption〉, 〈~ recover\regain〉, 〈↔abandon\ravage〉 양1

420 **re-demp-tion** [뤼 뎀션]: 〈← redeem〉, 되찾음, 상환, 구출, 이행, 〈~ ransom\recoupment〉, 〈↔loss\doom\ruin〉 양1

421 ***red-eye** [뤠드 아이]: 붉은 눈 ①눈이 빨간 물고기(fish) ②미국 살무사(copperhead) ③어깨에 메는 지대공 탄도탄, 〈~ a man portable missile〉 ④야간 항공편(night-coach), 〈이외에도 여러가지 뜻을 가진 말〉 미2

422 **red-eyed vir·e·o** [뤠드 아이드 뷔뤼오우]: 붉은눈개고마리, 미주 대륙을 철 따라 이동하는 조그만 때까치(shrike) 사촌, 〈~ warbling vireo보다 큼〉 수2

423 **Red·fin** [뤠드휜]: 〈finder·friend의 철자를 반대로 바꾼 말〉, '친절한 발견자', (2004년 미국의 시애틀에서 창립된) 북미의 부동산 자료 전문 전산망 회사, 〈~ a technology powered real estate co.〉 수2

424 **red-fin** [뤠드 휜]: '붉은 지느러미'를 한 유라시아 원산 농어류의 식용 담수어, 〈~ Eurasian river perch〉 미2

425 **red fir** [뤠드 훠얼]: 붉은잣(전)나무, (어린나무는 성탄목(X-mas tree)으로도 쓰이는) 미국 서부의 고산지대에 자라는 불그스레한 껍질을 한 커다란 전나무, 〈~ silver-tip fir\noble fir〉 미2

426 **red fish** [뤠드 휘쉬]: 대서양 빨갱이, ocean perch, ⇒ rose fish 미1

427 **red flag** [뤠드 훌래그]: 적기, 적신호, 위험(금지) 신호, 〈~ danger\warning〉, 〈↔green flag〉 양2

428 ***red-flag law** [뤠드 훌래그 러어]: '적신호법', (자신이나 타인에게 총기를 사용하는 것이 위험한 사람들한테 내리는) 무기 소지 금지 명령, 〈캘리포니아에서는 gun violence restraining order라 함〉 양2

429 **red fox** [뤠드 홥스]: 붉은여우, 유라시아(Eurasia) 원산으로 양질의 적갈색 모피를 제공하는 커다란 여우, 〈~ the largest true fox〉, 〈~(↔)silver fox〉 미2

430 **red grouse** [뤠드 그롸우스]: moor·fowl, 붉은뇌조(들꿩), 영국(England) 섬들의 황무지에서 서식하며 사냥감으로 인기 있는 적갈색의 깃털을 가진 들꿩, 〈~ moor-bird(cock)〉 미2

431 **Red Guard** [뤠드 가아드]: 레드 가드, 〈세력이 커지자 마오 자신이 '눈물을 머금고' 해체시킨〉 홍위병, 문화대혁명(1965-1969) 때 붉은 기를 들고 마오쩌둥〈~ Mao Tse-tung〉을 지지한 급진 좌파 세력의 학도병, 〈~ student-led para-military social movement〉 양2

432 **red gum** [뤠드 검]: 붉은 잇몸 ①잇몸에 나는 발진, 〈~ gingivitis〉 ②(가구나 조각용으로 쓰이는) 유칼립투스의 〈붉은〉 수지, 〈~ eucalyptus\pepper-mint〉 미2

433 *****red hand·ed** [뤠드 핸디드]: 손이 빨간, 피투성이 손의, 현행범의, 〈~ guilty\culpable〉, 〈↔immune\blameless\white handed〉 양2

434 **red-head** [뤠드 헤드]: ①(성깔이 사납다는) 빨강 머리, 〈~ carrot top〉 ②대학 1학년생, 〈~ red-shirt〉 ③〈붉은머리〉딱따구리(흰죽지오리)-북미산 야생 오리, 〈~ pochard\scaup〉 미2

435 **red-head tile-fish** [뤠드 헤드 타일 휘쉬]: 붉은 머리 옥돔, horse·head 우2

436 *****red her·ring** [뤠드 헤링]: (여우 사냥 때 던져줘서 개의 주의를 딴 데로 돌리는) 훈제 청어〈smoked herring〉, 엉뚱한 질문으로 토론을 훼방 놓는 일, 〈~ bluff\deception〉, 〈↔naked truth\fact of the matter〉, 〈~ Mac Guffin은 subtle함〉 양2 우1

437 **red-hot** [뤠드 핫]: 적열의, 열광적인, 최신의, '따끈따끈한', '화끈한', 〈~ ardent\burning〉, 〈↔Jack Frost〉 양1

438 **Red In·di·an** [뤠드 인디언]: red·skin, (적색 피부를 가진) 북미 원주민, 〈~ the indigenous people of North America〉 미2

439 **red·in-gote** [뤠딩 고우트]: 〈프랑스어〉, 'riding coat', (17~18세기에 유행했던) 앞이 터지고 가벼운 긴 외투 우1

440 *****red lie** [뤠드 라이]: '새빨간 거짓말', (예를 들면) 편자가 "아무개 교수는 저질이다" 했더니 "이원택 박사는 논문을 표절했다" 하는 식의 〈앙갚음성 거짓말〉, 〈~ black lie\retribution〉, 〈↔white lie\gray lie〉 양2

441 **red-light** [뤠드 라잍]: 붉은 등, 〈위험을 표시하는〉 적색등(신호), 〈가슴을 뜨겁게 하는〉 홍등, 〈~ red flag〉, 〈~ stop\danger〉, 〈↔green-light〉 양2

442 **red-light dis·trict**: 홍등가, 화류가(LA 근처에 '홍초롱'이란 술집이 있었음), 〈~ brothels\whore houses〉, 〈↔business district〉 가1

443 **red list** [뤠드 리스트]: 적색 목록, 위험물 목록, 멸종 위기 목록, 우량품 목록, 〈~ not permitted\en·dangered\robust list〉, 〈↔safe\secure\abundant\inferior list〉 양2

444 **Red Mass** [뤠드 매쓰]: 레드 마스, (가톨릭의) 홍색 성찬식, 사제가 〈불길을 내뿜는〉 홍색 제의를 입고 정의로운 법률가(심판관)를 기리는 축제, 〈~ opening of the judicial year〉 수2

445 **red meat** [뤠드 미이트]: 〈지방과 myoglobin이 많아 맛은 있으나 건강에 좋지 않다는〉 (포유동물의) 빨간 고기, 적육, 〈~(↔)dark meat〉, 〈↔white meat〉 양2

446 **red mul·let** [뤠드 멀맅]: 노랑촉수, (아열대성 대서양의 바닥에 서식하는 수염이 달리고 '불그죽죽한 색'의 맛이 좋은) 숭엇과의 작은 물고기, goat fish, ⇒ surmullet 미2

447 *****red-neck** [뤠드 넥]: '핏대를 잘 올리는 자', 〈트럼프 정권 창출에 한몫을 한〉 편협하고 교양이 없는 (미 남부 시골 출신의) 백인 노동자·보수주의자·인종차별주의자, 〈~ boor\lout〉, 〈↔liberal\cosmopolitan〉 우1

448 *****red o·cean** [뤠드 오우션]: 〈신조어〉, '적해', '피바다', 〈혈투로 점철된 기성기업〉이란 뜻의 경제 시사 용어, 〈~ cut-throat competition\dog-eat-dog〉, 〈↔blue ocean〉 미2

449 **red-o·lent** [뤠덜런트]: re(d)+olere(smell), 〈라틴어→프랑스어→영국어〉, 좋은 냄새가 나는, 향기가 짙은, ~을 상기시키는, 〈~ fragrant\evocative〉, 〈↔putrid\stinking〉 양2

450 **red pack-et** [뤠드 패킽]: 홍포, (중국에서) 설이나 경축일 때 돈〈gift money〉을 넣어주는 붉은 봉투(red envelope) 양2

451 **red pen·cil** [뤠드 펜슬]: (원고 등을 수정할 때 쓰는) 붉은 연필, 수정, 검열, 삭제, 〈~ delete\correct〉, 〈~(↔)blue pencil〉 양2

452 **red pep·per** [뤠드 페퍼]: (붉은) 고추, 빨간 피망, 〈~ cayenne pepper〉, 〈↔green pepper〉 가1

453 **red perch** [뤠드 퍼어취]: ocean perch·rock cod 등 톱니 지느러미를 가진 붉은색의 각종 물고기 우2

454 *****red pill** [뤠드 필]: 〈영화 「Matrix」에서 연유한〉 (청색 알약을 선택하면 '축복받은 무지'에 머물러 있고) 적색 알약을 선택하면 '괴로운 진실〈sad reality〉'에 노출될 것이라는 뜻, 〈↔blue pill〉 우2

455 **red-poll** [뤠드 포울]: 〈'대가리가 붉다'는 뜻의 게르만어에서 연유한〉 ①(머리와 가슴에 붉은 점이 있는) 홍방울새(small finch) ②(영국 원산의 뿔이 없는) 붉은 소(beef cattle) 미2

456 **red rib·bon** [뤠드 뤼번]: 적수(붉은 끈), (푸른 끈 다음의) 2등 상, 〈~ second place〉, 〈↔blue ribbon〉 미2

457 **red san·dal·wood** [뤠드 쌘들 우드]: 자단, 열대지방에서 자라고 적자색의 단단한 목재와 백단향의 기름을 제공하는 콩과의 상록활엽교목, 〈벌목으로 인해 희귀종이 되어감〉, 〈~ ruby-wood〉, 〈잎이 큰 것은 rose-wood라 함〉 미2

458 **Red Sea** [뤠드 씨이]: (붉은 해조가 많은) 홍해, (모세의 출애굽기에서 양쪽으로 갈라졌다는) 아프리카와 아시아 사이의 좁은 바다, 〈~ Arabian Gulf\Sea of Herculis〉 양2

459 **red-shank** [뤠드 섕크]: ①(유라시아 대륙에서 이동하는) 붉은발〈정강이〉도요, 〈~ a sandpiper〉 ②말(개)여뀌, 마료, 연두색의 층층꽃이 피는 메밀과(buck-wheat family)의 한해살이풀, 〈~ lady's thumb〉 미2

460 **red-skate** [뤠드 스케이트]: 노랑가오리, 홍어, 〈~ thornback ray〉 미2

461 **Red-skins** [뤠드 스킨즈], Wash·ing·ton DC: 레드 스킨스, '붉은 피부' (북미 원주민), 1932년 창단되어 〈곧 이름이 바뀔것으로 예상되는〉 미 동부의 직업 미식 축구단(football team) 수2

462 **red-snap-per** [뤠드 스냎퍼]: 붉돔(물통돔·금눈돔), 적어, 온난한 대서양 서안에서 서식하는 〈낚시꾼들이 선호하는〉 분홍색의 중·대형 도미, 〈~ pinkie\red bream〉 미2

463 **red snow** [뤠드 스노우]: 적설, (극지나 고산지대에) 붉은 먼지나 이끼를 함유한 눈, 〈~ snow covered with red dust or algae〉, 〈↔white snow〉 양2

464 **Red Sox** [뤠드 쌕스], Bos-ton: 레드 삭스, 1901년 보스턴에서 창립되어 1908년 현재 이름을 쓰기 시작한 '빨간 양말을 신은' 미국의 MLB 야구팀(baseball team) 수2

465 **red spi·der** [뤠드 스파이더]: '붉은' 잎진드기, 독성을 가진 과수(특히 포도)의 해충, 〈~ spider mite〉 미2

466 **Red Square** [뤠드 스퀘어]: (모스크바의) 붉은 광장, 러시아의 요새와 대통령 궁 사이에 있는 '아름다운' 광장, 〈red is beautiful이란 communist slogan에서 연유한 명칭〉, 〈~(↔)Kremlin〉 미2

467 **red-start** [뤠드 스타아트]: (상)딱새, 불그스름한 배와 '꼬리'〈steort(tail)〉를 가지고 구대륙에 서식하는 지빠귀, 〈~ a fly-catching warbler〉 미2

468 ★**red state** [뤠드 스테이트]: (전통적으로) 미 대통령 선거에서 공화당〈GOP〉이 승리하는 주, 〈↔blue state〉 미2

469 ★**red-tape** [뤠드 테이프]: '붉은 끈', (관공서의) 불필요한 요식, 형식적인 절차, 번문욕례, 〈~ bureaucracy\corridors of power〉, 〈↔adhocracy〉 양2

470 **red-tide** [뤠드 타이드]: 적조현상(해수의 온도가 상승하고 영양 염류가 증가할 때 소형 부유생물이 증식해서 바닷물이 검붉은 색으로 변하는 현상), 〈~ algae bloom〉 양2

471 **red-top** [뤠드 탚]: ①빨간 제호로 쓰인 신문, 〈~ English tabloids〉②흰겨이삭(1940년대까지 목초로 쓰였던 불그스름한 이삭을 가진 볏과의 한해살이풀, 외겨이삭, 〈~ black bent〉 미2

472 **re-duce** [뤼 듀우스]: re+ducere(lead), 〈라틴어〉, 줄이다, 내리다, 한정하다, 진압하다, '뒤로 이끌다', 〈~ lessen\decrease〉, 〈↔enhance\enlarge\increase〉 양2

473 **re-duc·tio ad ab-sur·dum** [뤼덕쉬오 애드 앺써얼덤]: 〈라틴어〉 'reduction to absurd' 〈상대방의 주장을 부정할 수 없기에 받아들일 수밖에 없다는〉 불합리로의 환원, 귀류법, 배리법, 〈~ the truth can not be known〉, 〈↔example〉, 〈↔a fortiori〉 양2

474 **re·dun·dant** [뤼 던던트]: 〈← redundare(flow back)〉, 〈라틴어〉, 여분의, 과다의, 중복되는, 쓸데없는 (반복), 〈~ super-fluous\need-less〉, 〈↔essential\necessary〉 양1

475 **Red Wave** [레드 웨이브]: '적파', (미국 선거철에 몰아닥치는) 공화당 돌풍, 〈~ empowering Republicans〉, 〈↔Blue Wave〉 우2

476 **red wheat** [레드 위이트]: 씨가 적갈색인 밀, (백소맥보다 거칠고 씁쓰름한) 적소맥, 〈↔(white) wheat〉 양2

477 **red wine** [뤠드 와인]: 적포도주(떫은 맛이 나고 색깔이 짙은 포도를 껍질째 담가 〈건강에 좋다는 설이 있는〉 술), 〈↔white wine〉 양2

478 **red-wing** [뤠드 윙]: 붉은죽지찌르레기, 붉은어깨검정새, 〈song-thrush보다 조금 작음〉 미2

479 **Red-Wing Shoes**: 1905년 미네소타의 Red Wing 마을에서 시작한 수제 가죽 장화의 상품명, 〈~ leather boots〉 수2

480 **red-wood** [뤠드 우드]: 붉은 삼목, 미국삼나무(한때 지구를 덮었으나 현재 북가주 해안지대에서만 서식하는 세상에서 제일 크게 자라는 생물체), 〈~ a tall coniferous tree〉, 〈sequoia보다 저지대에 서식함〉 미2

481 **red worm** [뤠드 워엄]: 붉은 지렁이, 실지렁이, 〈~ manure worm\red wiggler〉, ⇒ blood worm 미2

482 **red zone** [뤠드 죠운]: 위험지대, 행동금지 구역, 미식축구에서 상대측 득점선에서 20야드 이내 구역, 〈~ hot zone\danger area\touch-down zone〉, 〈↔secure place〉 미2

483 **reed** [뤼이드]: 〈← hreod(arrow)〉, 〈어원 불명의 게르만어〉, 갈대, 갈대 피리, (악기의) 혀, 〈~ straw\blade〉 양1

484 **Reed** [뤼이드], Wal·ter: '머리털이 붉은 자', 리드, (1851-1902), 장티푸스와 황열병의 예방·치료법을 개발한 미 육군 군의관, 〈~ a US Army physician〉 수1

485 **reed mace** [뤼이드 메이스]: cat·tail, 부들, 줄기 끝에 갈색의 솜'방망이' 꽃이 피는 갈대 비슷한 풀, 〈~ bulrush\punks〉 미2

486 **reed or·gan** [뤼이드 오얼건]: '발판식 목적 풍금', 공기가 도관 대신 가는 금속편을 통과하면서 소리를 내는 풍금, 〈~ regal\pump organ〉 우1

487 **reed war·bler** [뤼이드 워어블러]: 개개비, 구대륙의 '갈대숲'에 서식하는 휘파람새(철새), 〈marsh warbler보다 날개가 짧음〉 미2

488 **reef¹** [뤼이후]: 〈← rif〉, 〈북구어〉, 〈갈비뼈(rib) 모양의〉 암초, 모래톱, 장애물, 광맥, 〈~ ridge\rand\brink〉, 〈↔stimulus\catalyst〉 양1

489 **reef²** [뤼이후]: 〈북구어〉, 〈갈비뼈(rib) 모양의〉 (돛을) 줄이다, 짧게 하다, (돛을 말아 올리는) 축범부, 〈~ reduce a sail〉, 〈↔raise\lengthen〉 양2

490 **reef knot** [뤼이후 낱]: (돛을 맬 때 쓰는) 맞매듭, 옭매듭, ⇒ square knot 양2

491 **reek** [뤼이크]: 〈← rec(smoke)〉, 〈게르만어〉, 냄새가 나다, 악취, 〈~ stench\stink〉, 〈↔aroma\bouquet〉 양1

492 **reel¹** [뤼일]: 〈← krekein(weave)〉, 〈그리스어→북구어→영국어〉, 얼레, 물레, 감개, 실패, 한 타래(두루마리), 〈~ spinning wheel\roll〉, 〈↔disarrange\unwrap\unsnarl〉 양1

493 **reel²** [뤼일]: 〈← reel¹〉, 〈켈트어→영국어〉, 휘청거리다, 주춤하다, 빙빙 돌다, (스코틀랜드의) 경쾌한 춤, 〈~ stagger\rock²〉, 〈↔steady\stabilize〉 양1 우1

494 **re-en·trant** [뤼 엔트륀트]: re-enter-ing, 다시 들어가는, 재진입의, 오목한, 안쪽으로 굽은, 요각의, 〈~ indentation\concave〉, 〈↔convex\salient〉 양1

495 **re-fer** [뤼훠어]: re+ferre(bear), 〈라틴어〉, 〈뒤로〉 보내다, 위탁하다, 조회하다, 참조시키다, 〈~ re·late\apply\pertain〉, 〈↔hold back\dissuade〉 양1

496 **ref-er-ee** [뤠훠뤼이]: 〈← refer〉, 중재인, 조정관, 심판, 신원보증인, 〈~ umpire\judge〉, 〈↔competitor\rabble〉 양1

497 **ref-er-ence** [뤠훠륀스]: 〈← refer〉, 문의, 조회, 참조, 언급, 지시, 기준, 〈~ allusion\quotation〉, 〈↔ignore\demerit\irrelevance〉 양1

498 **ref-er-en·dum** [뤠훠륀덤]: 〈1847년에 등장한 라틴어에서 연유한 영국어〉 ①국민투표, '주민 조회'(어떤 조치에 대해 주민의 찬반을 묻는), 〈~ plebiscite〉, 〈↔unilateral decision〉 ②(본국 정부의 지시를 바라는) 청훈서, 〈~ request for instructions〉, 〈↔disallowance〉 양2

499 **re-fer-ral** [뤼훠어뤌]: 참조, 조회, 소개, 위탁, 의뢰, 〈~ relegation\allocation〉, 〈↔disregard\snub〉 양1

500 **re-ferred pain** [뤼훠어드 페인]: (실제 환부와 떨어진 곳의) 연관통, 〈뒤로 보내진〉 투사통, 〈~ reflective pain〉, 〈~(↔)phantom pain〉 양2

501 ***re-fi** [뤠 휘 \ 뤼 화이]: re·finance(재융자·재정재건)의 약어 양2

502 **re-fine** [뤼 화인]: re+finer(pure), 〈라틴어〉, 정제(순화)하다, 다듬다, 세련되게 하다, '다시 일을 마치다', 〈~ clarify\distill〉, 〈↔ruin\pollute〉 양1

503 **re-flect** [뤼 홀렠트]: re+flectere(bend), 〈라틴어〉, '반대로 구부리다', 되튀기다, 반사하다, 나타내다, 반성하다, 〈~ throw back\think about〉, 〈↔dis-regard\fore-see〉 양1

504 **re-flex** [뤼이 홀렉스]: re(back)+flectere(bend), 〈라틴어〉, 되돌아오는, 반사의, 내향적인, 반성하는, 반영, 〈~ habitual\automatic〉, 〈↔conscious\voluntary\learned〉 양1

505 **re-flex-ive** [뤼 홀렉시브]: 되돌아오는, 반사(재귀)의, (I wash myself에서 wash는 재귀동사·myself는 재귀대명사), ⟨~ instinctive\compulsory⟩, ⟨↔deliberate\voluntary⟩ 미2

506 *__re-flex·ol·o·gy__ [뤼 홀렉쌀러쥐]: ⟨라틴어+그리스어⟩, 반사학, 반사 요법(발바닥을 주물러서 혈행을 좋게 하거나 근육의 긴장을 풀어주는 치료법), '안마시술소'의 점잖은 표현, ⟨~ massage\manipulation⟩, ⟨~(↔)acu-pressure\acupuncture⟩, ⟨~ zone therapy⟩ 양2

507 **re-flow** [뤼이 홀로우]: 역류, 환류, 문본을 가지런히 정리하는 것, ⟨~ ebb\drain⟩, ⟨↔in-flow⟩ 양1 우2

508 **re-flux** [뤼이 홀럭스]: re(back)+fluere(flow), ⟨라틴어⟩, 역류, 썰물, 퇴조, 환류, ⟨~ retreat\ebb⟩, ⟨↔in-flux⟩ 양1

509 **re-form** [뤼이 훠엄]: re+formare(shape), ⟨라틴어⟩, '다시 만들다', 개혁(개량)하다, 교정하다, 쇄신하다, ⟨~ ameliorate\over-haul⟩, ⟨↔preserve\maintain⟩ 양2

510 **Ref·or·ma·tion** [뤠 훠메이션]: (16세기 마틴 루터 킹 등이 가톨릭에 반항해서 일으킨) 종교개혁, ⟨~ Protestant movement⟩ 미2

511 **Re-formed Church (in A·me·ri·ca)**: (미국) 개혁파 교회, 1628년 칼뱅을 신봉하는 네덜란드인들이 뉴욕에서 창시한 장로교 계통의 개신파, ⟨~ Calvinist⟩ 미2

512 **re-fract** [뤼 후랙트]: re+frangere(break), ⟨라틴어⟩, (소리나 빛을) 굴절⟨한 매체에서 다른 매체로 들어갈 때 경계면에서 방향이 꺾임⟩시키다, ⟨~ bend\curve⟩, ⟨↔straighten\smoothen⟩ 가1

513 **re-frac·to·ry** [뤼 후랙터뤼]: 저항이 있는, 처리하기 힘든, 반응하지 않는, ⟨~ obstinate\stubborn⟩, ⟨↔obedient\manageable⟩ 양2

514 **re-frain** [뤼 후뤠인]: re+frenare(curb), ⟨라틴어⟩, 그만두다, 참다, 반복 구절, ⟨~ abstain\re·strain⟩, ⟨↔emit\submit\impinge⟩ 양1

515 **re-fresh-ment** [뤼 후뤠쉬먼트]: re+fraicher(fresh), ⟨프랑스어⟩, 원기 회복, 상쾌해짐, 가벼운 식사, ⟨~ invigoration\snack⟩, ⟨↔exhaustion\poison⟩ 양1

516 *__re-fresh rate__ [뤼후뤠쉬 뤠이트]: '되살리기 빈도', 화면의 영상이 계속 보이게 하는 주사 비율, ⟨~ vertical scan rate⟩, ⟨~(↔)frames per second⟩ 우2

517 **re-frig·er·a·tor** [뤼 후뤼줘뤠이터]: ⟨← frigerare ← frigus(cold)⟩, ⟨라틴어⟩, 냉장고, 냉각장치, 빙고, fridge, ⟨↔warmer\defroster⟩ 가2

518 **reft** [뤠후트]: reave(약탈하다)의 과거·과거분사 양2

519 **ref·u·gee** [뤠 휴쥐이]: re+fugere(flee), ⟨라틴어⟩, ⟨뒤로 도망친⟩ 피난자, 망명자, 난민, ⟨~ escapee\fugitive⟩, ⟨↔inhabitant\citizen⟩ 양2

520 **re-fund** [뤼이 훤드]: re+fundere(pour), ⟨라틴어⟩, 환불(금), 변상(하다), 새로 적립하다, ⟨~ repay\rebate⟩, ⟨↔deprive\forfeit⟩ 가2

521 **re-fuse**[1] [뤼 휴우즈]: ⟨← refusare(give back)⟩, ⟨라틴어⟩, 거절하다, 물리치다, ⟨따라 준 술을 주전자에 다시 부어서⟩ 사절하다, ⟨~ demur\desist⟩, ⟨↔accept\take⟩ 양1

522 **re-fuse**[2] [뤠휴우스]: ⟨← refuse[1]⟩, ⟨라틴어⟩, ⟨모두 거절하는⟩ 찌꺼기, 쓰레기, 폐물, ⟨~ waste\debris⟩, ⟨↔prize\treasure⟩ 양1

523 **ref·u·ta·tion** [뤠휴테이션]: re(back)+futare(beat), ⟨← refutare(repel)⟩ ⟨라틴어⟩, 논박, 반박, 반증, ⟨~ counter-argument\rebuttal⟩, ⟨↔attestation\proof\testament⟩ 양2

524 **re-fute** [뤼 휴우트]: re(back)+futare(beat), (, ⟨라틴어⟩, ⟨뒤로 쳐서⟩ 논박(반박)하다, 잘못을 밝히다, ⟨~ contradict\disprove⟩, ⟨↔profess\confirm\verify⟩ 양2

525 **re·gal** [뤼이걸]: ①⟨← regere(rule)⟩, ⟨라틴어⟩, 제왕⟨rex⟩의, 장엄한, ⟨~ royal⟩, ⟨↔plebeian\humble⟩ ②⟨영국어⟩, ⟨16세기에 왕을 위해 만들어졌다는⟩ (휴대용) 손풍금의 일종, ⟨~ reed organ⟩ 양1 우1

526 **Re·gal** [뤼이걸], **Cin·e·mas**: 리걸, 1924년에 세워진 United Artists와 1930년에 세워진 Edwards 극장과 1987년에 세워진 Regal 영화사가 2002년에 Regal 연예로 바꾼 미국의 세계적 다목적 복합 영화관 연쇄점, ⟨~ an American movie theater chain⟩ 수2

527 **re-gale** [뤼 게일]: re+gale(pleasure), ⟨프랑스어⟩, '즐겁게 만들다', 기쁘게 해주다, 향응하다, ⟨~ amuse\entertain⟩, ⟨↔bore\disappoint⟩ 양1

528 **re·ga·li·a** [뤼게일리어]: ⟨← regal(royal)⟩, ⟨라틴어⟩ ①왕위의 표상, 기장(기념으로 주는 휘장), ⟨~ attire⟩ ②⟨왕에 어울리는⟩ 쿠바산 고급 여송연, ⟨~ long filler⟩ 양1 수2

529 **re·gard** [뤼 가아드]: re(back)+garder(guard), 〈프랑스어〉, '뒤를 지켜보다', 주시(응시)하다, 존중하다, 고려(참작)하다, 안부, 〈~ consider\best wishes〉, 〈↔dis-regard\in-attention〉 양1

530 **re·gard–ing** [뤼 가아딩]: ~에 관하여, ~의 점에서는, 〈~ concernig\about〉, 〈↔despite\regardless〉 양2

531 **re·gard–less** [뤼 가아들리스]: = irregardless, 괘념치 않는, 무관심한, 여하튼, 〈~ any-way\what-ever\ never the less〉, 〈↔attentive\suitable\proper〉 양1

532 **re·gat·ta** [뤼개터 \ 뤼가아터]: 〈← regattare(compete)〉 ①〈이탈리아어〉, 요트(곤돌라) '경주', 〈~ sail boat race〉 ②〈'retail' 가격으로 파는〉 줄무늬가 있는 튼튼한 영국산 면 능직, 〈~ out-door clothing〉 우1

533 **re·gen·cy** [뤼이줜시]: 〈← regere(rule)〉, 〈라틴어〉, 섭정 정치, 임금을 대신하는 정치, 〈~ authority\ power〉, 〈↔debility\anarchy〉 양2

534 **re-gen·er·a–tive med·i-cine** [뤼 줴너뤠이티브 메디슨]: re+generare(produce), 〈라틴어〉, 재생의학, (장기이식 대신) 손상된 장기 세포를 재생·대체시키는 의술, 〈~ tissue engineering〉, 〈↔trans-plant〉 양2

535 **re·gent** [뤼이줜트]: 〈← regere(rule)〉, 〈라틴어〉, 〈지배하는〉 섭정(kanpaku), (대학의) 평의원〈director〉, 〈~ governor\viceroy〉, 〈↔powerless\commoner〉 양2

536 **reg·gae** [뤠게이]: 〈← rege-rege(quarrel)?〉, 〈어원 불명의 자메이카어〉, (1960년대에) 가난한 자메이카인들이 〈'ragged'한 옷을 입고?〉 부르던 흔들 음악, 〈~ rock-steady〉, 〈~(↔)funk²〉, 〈↔classic music〉 수2

537 *****reg·gae·ton** [레게이탄]: 〈← reggae〉, 레게톤, 1980년도에 푸에르토리코에서 개발한 힙합〈hip-hop〉의 영향을 받은 레게〈reggae〉 리듬에 스페인어로 된 랩〈rap〉이 섞인 대중음악, 〈~ 'under-ground'〉 수2

538 **reg·i·cide** [뤠쥐 싸이드]: 〈← rex〉, 〈라틴어〉, 국왕 살해, 시해(자), killing of a king 양2

539 **re·gime** \ ré·gime [뤼지임 \ 뤠이 쥐이임]: 〈← regere(rule)〉, 〈라틴어〉, 〈지배하는〉 정권, 〈바르게 이끄는〉 통치(조직), 〈~ authority\government〉, 〈↔disorder\anarchy〉 양2

540 **reg·i·men** [뤠쥐먼 \ 뤠쥐멘]: 〈← regere〉, 〈라틴어〉, 〈규칙적인〉 양생법, 처방 계획, 엄한 훈련, 〈← rule〉, 〈→ regime〉, 〈~ menu\procedure〉, 〈↔chaos\havoc〉 양2

541 **reg·i·ment** [뤠쥐먼트]: 〈라틴어〉, 〈← rule〉, 〈잘 조직된〉 연대, 큰 무리, 조직화하다, 통제하다, 〈→ realm〉, 〈~ unit\force〉, 〈↔disorganize\disarrange〉 양1

542 **Re·gi·na** [뤼좌이너 \ 뤼지이나]: 〈← regere(rule)〉, 〈라틴어〉, 리자이나, (현)'여왕', 여자 이름, 〈~ queen〉 양2 수1

543 **re·gion** [뤼이쥔]: 〈← regere(rule)〉, 〈라틴어〉, '통치하는 구역', 지방, 지구, 영역, 부위, 〈~ area\zone〉, 〈↔whole\aggregation〉 양1

544 *****re·gion-al set-ting** [뤼이줘늘 쎄팅]: (사용자의 위치에 맞는) 〈나라·언어·시간대·화폐단위 등의〉 국부(local) 설정 미1

545 **re·gis·ter** [뤠 쥐스터]: re(back)+gerere(carry), 〈← regerere(record)〉, 〈라틴어〉, 〈언제든지 볼 수 있게〉 '뒤로 운반하는 기록부', 등기부, 목록, 등록기(전산기에서 단편적 정보를 특정 목적으로 쓰기 위해 일시적으로 저장하는 중앙처리장치 내의 고속 기억부), 〈~ list\index〉, 〈↔de-register\remove〉 양1 미2

546 **reg·is·tered nurse** [뤠 쥐스터드 너얼스]: R.N., 공인 간호사, (미국에서는 주마다 조금씩 다르나) 최소 2년간의 대학 과정을 마친 간호학 준학사가 국가 심의회 공인 간호사 면허시험에 합격해야 받는 자격증, 〈~(↔)LVN\CNA\nurse practioner〉 미2

547 **reg·is·trar** [뤠 쥐스트롸알]: 기록원, 등기 관리(원), 〈~ record-keeper\rapporteur〉, 〈↔un-official\un-authorized〉 양2

548 **reg·is·tra·tion** [뤠 쥐스트뤠이션]: 기입, 등록, 등기(사항), 표시, 〈~ enrollment\listing〉, 〈↔omission\ removal〉 양1

549 **re·gress** [뤼 그뤠스]: re(back)+gradi(step), 〈라틴어〉, 〈grade를〉 '뒤로가기', 퇴보, 역행, 회귀, 〈~ digress\ revert〉, 〈↔progress\improve\evolve〉 양1

550 **re·gret** [뤼그뤨]: re+greter(groan), 〈게르만어〉, 후회, 유감, 미련, 애도, 〈← greet²〉, 〈~ remorse\ruth\ repentance〉, 〈↔anticipation〉 양1

551 **reg·u·lar** [뤠귤럴]: 〈← regere〉, 〈라틴어〉, 〈← rule〉, '통치가 잘 되는', 규칙적인, 정기적인, 일상의, 정규의, 완전한, 〈~ orderly\even\constant〉, 〈↔irregular\infrequent\haphazard〉 가1

552 *reg·u·lar ex·pres·sion [뤠귤럴 잌쓰프뤠션]: 정규 표현, 검색 양상을 정해주는 일련의 문자나 기호, 〈~ common term〉, 〈↔or〉 미1

553 reg·u·la·tion [뤠귤레이션]: 〈← regere(rule)〉, 〈라틴어〉, 규칙, 법규, 조정, 단속, 〈~ code\order\control〉, 〈↔de-regulation\lax\caprice〉 가1

554 re·ha·bil·i·ta·tion [뤼이 허빌리테이션]: re(again)+habilitare(make fit), 〈라틴어〉, 복원, 회복, 부흥, 재활, 〈~ recovery\recuperation〉, 〈↔deterioration〉 양2

555 re-hash [뤼이 해쉬]: re+hacher(chop), 〈프랑스어〉, 다시 잘게 썰다, 재탕하다, 개량하다, 〈~ re-cap\rework〉, 〈↔hash〉 양1

556 re-hears·al [뤼 허어설]: re+herce(harrow), 〈프랑스어〉, (예행)연습, 시연, 대본 읽기, 〈~ dry-run\practice〉, 〈↔refrain\standstill〉 양2

557 Reich [롸이크]: 〈← rex(king)〉, 〈라틴어→독일어〉, 〈← realm〉, 라이히, (독일의) 제국·영지·국가·사람 이름, 〈~ empire\kingdom〉 미1 수1

558 reign [뤠인]: 〈← regere(rule)〉, 〈라틴어〉, 〈왕이 이끄는〉 치세, 통치, 군림(하다), 〈→ sovereign〉, 〈~ dominion\supremacy〉, 〈↔subservient\yield〉 양2

559 re-im-burse [뤼이 임버얼스]: re+en+bourse, 〈라틴어〉, 〈다시 'purse'에 넣어〉 (빚을) 갚다, 상환(변상)하다, 〈~ recompense\repay〉, 〈↔refrain\charge〉 양2

560 rein [뤠인]: re+tenere(hold), 〈라틴어〉, 〈← re·tain〉, 고삐, 구속(력), 통제(권), 〈~ command\control〉, 〈↔release\impotence〉 양1

561 re-in·car-nate [뤼이 인카네이트]: re+in+caro(flesh), 〈라틴어〉, 화신(환생)시키다, 재생하다, 〈~ regenerate\resurrect〉, 〈↔degeneration\succumb〉 양2

562 rein-deer [뤠인 디어]: hreinn(horned animal)+dyr, 〈'뿔 달린 동물'이란 뜻의 북구어〉, 순록, 북극지방에서 〈소·말·양의 역할을 하며〉 서식하는 중형의 사슴, 〈~ caribou〉 미2

563 *rein-deer game [뤠인 디어 게임]: (성탄절 때 하는) 여자 스타킹 속으로 부푼 풍선을 쑤셔 넣는 경기, 크리스마스 때 남을 골탕 먹이는 장난질, 〈~ bullying activities〉 우1

564 Rein·er [롸이너], Fritz: ragin(advice)+heri(army), 〈게르만·북구어〉, '군사 고문', 라이너, (1888-1963), 미국에서 활약하면서 '유연하고도 정교한' 지휘로 명성을 떨친 헝가리 출신 지휘자, 〈~ a Hungarian-born American conductor〉 수1

565 re-in-force [뤼이 인휘얼스]: re+en+fortiare(fortify), 〈라틴어〉, '다시 힘을 들이다', 보강(강화)하다, 상 주다, 〈~ bolster\strengthen〉, 〈↔weaken\topple〉 양2

566 re-ject¹ [뤼 젝트]: re(back)+jacere(throw), 〈라틴어〉, 거절(거부)하다, 각하하다, 〈뒤로 던져〉 버리다, 게우다, 〈~ abject〉, 〈~ renounce\repudiate〉, 〈↔accept\endorse\entertain\invite〉 양2

567 re-ject² [뤼이 젝트]: 〈← reject¹〉, 폐물, 파치, 불합격자, 〈~ scrap\loser〉, 〈↔grant\adopt〉 양2

568 re-jig-ger [뤼 쥐걸]: 〈← jigger¹〉, 〈영국어〉, 변경, 재조정, 수선하는 사람, 〈~ alter\reaarange〉 양2

569 re-joice [뤼 줘이스]: ex+gaudere(glad), 〈라틴어→프랑스어〉, re(again)+joir (gladden), 〈다시 만나〉 기뻐하다, 환호하다, 〈~ exult\celebrate〉, 〈↔mourning\lament\gnash〉 가1

570 re-join-der [뤼 줘인더]: re+jungere(unite), 〈라틴어→프랑스어〉, 〈다시 합치는〉 답변, 말대꾸, 제2 답변서, 〈~ answer\counter〉, 〈↔query\challenge〉 양2

571 re-ju·ve-nate [뤼 쥬우붜네이트]: re(again)+juvenis(youth), 〈라틴어〉, 도로 젊어지게 하다, 원기를 회복하다, 〈~ renew\renovate〉, 〈↔destroy\ruin〉 양2

572 re-lapse [륄 랩스]: re(back)+labi(slide), 〈라틴어〉, 거슬러 되돌아감, 〈다시 미끄러져 떨어지는〉 퇴보, 재발, 〈~ set-back\recurrence〉, 〈↔recover\improve〉 양1

573 re-la·tion [륄 레이션]: re(back)+latum(borne), 〈라틴어〉, 〈되돌려 받는〉 관계, 사이, 연고, 〈~ refer〉, 〈~ connection\link〉, 〈↔separation\antagonism〉 가1

574 *re-la·tion-al da·ta·base [륄 레이셔늘 데이터 베이스]: 관계형 자료본, 서로 연관이 있는 자료를 〈가로·세로로〉 결합해서 만든 자료 관리 방식, 〈~ multiple table data base〉, 〈↔non-relational data base\flat-file data base〉 미1

575 rel·a·tive [뤨 러티브]: 〈라틴어〉, 상대적(비교적)인, 상호의, 〈끈으로 연결된〉친척, 〈~ relation\kin〉, 〈↔absolute\stranger〉 양1

R 1069

576 ***rel·a·tive ad·dress** [뤨 러터브 애드뤠스]: 상대번지(주소), 기준번지로부터 일정한 거리를 두고 떨어진 위치에 있는〈distant〉기억력 주소, 〈↔absolute address〉미2

577 **rel·a·tiv·i·ty** [뤨 러티뷔티]: 관련성, 의존성, 〈편자의 머리로는 이해하기 힘든〉상대성(이론), 〈~ reciprocity\dependency〉, 〈↔absolutism\vitalism〉양2

578 **re-lax** [륄 랙스]: re(again)+laxare(loosen), 〈라틴어〉, '다시 느슨하게 하다', 늦추다, 완화하다, 긴장을 풀다, 〈~ ease\soften〉, 〈↔tense\panic\gnash〉양1

579 **re-lay** [뤼 일레이]: re(back)+laier(leave), 〈라틴어〉, '뒤에서 느슨하게 뛰다', 새로운 공급, 교대반, 중계(기), 이어달리기, 〈~ deliver\transfer〉, 〈↔hold\receive〉양1

580 **re-lease** [륄 리스]: 〈← relax〉, 〈라틴어→프랑스어〉, '다시 느슨하게 하다', 풀어(떼어)놓다, 방출(해제)하다, 발표(공개)하다, 발매(하)다, 양도(포기)증서, 〈~ relish\quit-claim〉, 〈~ liberate\make known〉, 〈↔take\possess\en-snare\hold\entangle\entrap〉양1

581 **rel·e·gate** [뤨 리게이트]: re(again)+legare(send), 〈라틴어〉, '다시 유증하다', 이관하다, 격하시키다, 내쫓다, 〈~ consign\refer\down-grade〉, 〈↔upgrade\promote〉양2

582 **re-lent** [륄 렌트]: re(again)+lentus(pliable), 〈라틴어〉, '다시 굽힌', 누그러지다, 관대해지다, 측은하게 생각하다, 〈~ back down\give way〉, 〈~ mollify\thaw〉, 〈↔prevail\trust〉양1

583 **re-lent-less** [륄 렌틀리스]: 냉혹한, 가차없는, 집요한, 〈~ persistent\continous〉, 〈↔compassionate\flexible〉양1

584 **rel·e·vant** [뤨 러븐트]: 〈← relevare(re-lift)〉, 〈라틴어〉, '다시 대화로 올라오는', ~에 관련된, 의미 있는, 타당한, 〈~ accordant\pertinent〉, 〈↔ir-relevant\in-applicable\im-material〉양2

585 **re-li-a·ble** [륄 라이어블]: 〈라틴어〉, 〈← rely〉, 믿음직한, 의지가 되는, 〈~ well-grounded\authentic〉, 〈↔un-reliable\un-dependable〉양2

586 **re-li-ance** [륄 라이언스]: 〈라틴어〉, 〈← rely〉, 믿음, 의지, 신뢰, 〈~ assurance\dependence〉, 〈↔dis-credit\mis-trust〉양2

587 **rel·ic** [뤨릭]: 〈← leipein(leave)〉, re+linquere, 〈그리스어→라틴어〉, 유물, 유적, 유골, 기념품, 〈~ relinquish\remains〉, 〈↔modern\innovation〉양1

588 **re-lief** [륄 리이후]: re(again)+levare(raise), 〈라틴어〉, '다시 올리기', 경감, 제거, 안심, 다행, 구원, 교체, 두드러짐, 양각, 〈~ relaxation\assistance〉, 〈↔dismay\distress\suffering〉양1

589 **re-li·gion** [륄 리쥔]: re(again)+ligare(bind), 〈라틴어〉, 종교, 신앙(심), 신조, '신과 다시 묶기', 〈~ faith\creed〉, 〈↔atheism\non-belief〉가1

590 **re-lin·quish** [뤼 링퀴쉬]: re(back)+linquere(leave), 〈라틴어〉, '되돌아가다', 포기(양도)하다, 단념(양위)하다, 〈→ relic\remains〉, 〈~ renounce\part with\cede〉, 〈↔retain\possess\obtain\shoulder\stand by\preempt〉양2

591 **rel·ish** [뤨리쉬]: 〈← relaisser〉, 〈프랑스어〉, 〈're-lease'(방출)된〉맛, 풍미, 흥미, 양념, 맛보기 음식, 즐기다, 〈~ appetite\condiment〉, 〈~ penchant\taste〉, 〈↔dis-relish\dis-like\repudiate〉양1

592 **re-load** [뤼이 로우드]: 〈라틴어+게르만어〉, 재장전, 재적재, 〈새로 보완된 자료를〉다시 꺼내보기, 〈~ refill\replenish〉, 〈↔empty\eliminate〉양1 미2

593 **re-luc·tant** [륄 럭턴트]: re(again)+luctari(struggle), 〈라틴어〉, '다시 싸우는', 마음 내키지 않는, 꺼리는, 마지못해서 하는, 〈~ grudging\hesitant〉, 〈↔willing\eager〉양2

594 **re-ly** [륄 라이]: re(again)+ligare(bind), 〈라틴어〉, '다시 묶다', 의지(신뢰)하다, 〈~ depend\entrust〉, 〈↔disregard\distrust〉가1

595 **REM¹** [뤰]: ⇒ rapid eye movement, (꿈꿀 때의) 급속한 안구 운동, 〈↔non REM〉미2

596 **REM²** [뤰]: roentgen equivalent man, 인체에 피해를 주는 정도에 따른 방사선량의 단위, 〈~ radiation exposure on the human body〉우1

597 ***REM³** [뤰]: 〈← remark〉, '주목', 전산기에서 연산과 관계없이 주는 차림표 작성의 주의사항, 〈~ comment〉미2

598 **Re/Max** [뤼 맥쓰]: 리맥스, 'Real Estate Maximum', '최대한의 부동산 중개 수수료'를 표어로 하고 올라가는 풍선을 상징으로 1973년 덴버에서 창립되어 10만 명 이상의 중개인을 거느리고 있는 미국의 〈세계적〉부동산 중매 연쇄점, 〈~ an American international real estate co.〉수2

599 **re-main** [뤼 메인]: re(back)+manere(stay), ⟨라틴어⟩, 〈뒤에〉 남아있다, 머무르다, 잔존물, 유물, 유해, ⟨~ left-over\residue\rest²⟩, ⟨↔dispatch\born-again⟩ 양1

600 **re-main-der** [뤼 메인더]: re(back)+manere(stay), ⟨라틴어⟩, 나머지, 잔여물(자), 그 밖의 사람(물건), 유물, ⟨~ remnant\balance⟩, ⟨↔whole\loss⟩ 양1

601 **re-mark** [뤼 마아크]: re(again)+marquer(note), ⟨프랑스어⟩, ~에 주목하다, (소견을) 말하다, 다시 표지를 달다, ⟨~ reflect\comment⟩, ⟨↔carelessness\disregard⟩ 양1

602 **re-mark-a-ble** [뤼 마아커블]: 주목할 만한, 현저한, 놀랄 만한, ⟨~ extraordinary\astonishing⟩, ⟨↔average\run-of-the-mill⟩ 가1

603 **Re-marque** [뤼말크], E·rich: ⟨프랑스어⟩, ⟨← re·mark⟩, '주목해야 할 사람'(?), 레마르크, (1898-1970), 2차 대전 때 독일군으로 참전하고 ⟨아무리 많은 병사가 죽어도⟩「서부 전선 이상 없다」란 소설을 쓴 독일 태생 미국 작가, ⟨~ a German-born American novelist⟩ 수1

604 **Rem-brandt** [렘브랜트 \ 롸안트], Van Rijn: razina(advise)+brant(sword), ⟨게르만어⟩, '칼 전문가', 렘브란트, (1606-1669), 성격 묘사와 이야기체의 그림으로 유명한 ⟨100개가량의 자화상을 만든⟩ 네덜란드의 화가·판화가·제도가, ⟨~ a Dutch painter⟩ 수1

605 **rem·e·dy** [뤠미디]: re(back)+mederi(heal), ⟨라틴어⟩, 치료(약), 구제책, 교정법, '이전 상태로 고치기', ⟨re+medi⟩, ⟨~ cure\treatment⟩, ⟨↔damage\aggravate⟩ 양2

606 **re-mem·ber** [뤼 멤버]: re(again)+memorare(be mindful), ⟨라틴어⟩, 생각해내다, 기억하다, '다시 마음에 새기다', ⟨~ educe\recall⟩, ⟨↔forget\overlook⟩ 가1

607 **re-mem·brance** [뤼 멤브뤈스]: 기억(력), 회상, 기념(품), 추도(식), ⟨~ recollection\reminiscence⟩, ⟨↔fore-thought\forgetfulness⟩ 양2

608 **re-mind** [뤼 마인드]: ⟨라틴어+게르만어⟩, 생각나게(깨닫게) 하다, 다짐하여 말하다, '다시 마음에 떠오르게 하다', ⟨~ monument⟩, ⟨~ advise\educe⟩, ⟨↔ignore\forget⟩ 양2

609 **Rem·ing·ton** [뤠밍턴]: ⟨영국어⟩, 'raven(까마귀) 마을에 사는 자', 레밍턴 ①사람 이름, ⟨~ a gender-neutral name⟩ ②1816년에 가족 중심의 총기회사로 시작해서 1873년 타자기·1937년 전기 면도기·1950년 이후에는 전산기와 사무용품에도 손을 댔던 미국의 기업 및 상표명, ⟨~ an American manufacturer of fire-arms and ammunition⟩ 수1

610 **rem·i·nis-cence** [뤠 미니쓴스]: re(again)+memini, ⟨라틴어⟩, ⟨← remember⟩, ⟨다시 생각하는⟩ 회상, 추억, 회고담, ⟨~ recall\keep-sake⟩, ⟨↔disregard\repress⟩ 양2

611 **re-mise** [뤼 마이즈]: ⟨프랑스어⟩, ⟨← re·mit⟩, 양도(양여)하다, '되돌려주다', ⟨~ concede\relinquish⟩, ⟨↔hold\fight⟩ 가1

612 **re-miss** [뤼 미쓰]: ⟨라틴어⟩, ⟨← re-mit⟩, 태만한, 부주의한, 무기력한, ⟨~ negligent\heedless⟩, ⟨↔careful\scrupulous⟩ 양2

613 **re-mis·sion** [뤼 미쎤]: ⟨라틴어→프랑스어⟩, ⟨← re mit⟩, ⟨임무를 뒤로 빼주는⟩ 사면, 완화, 누그러짐, 진정, ⟨~ reprive\exuse⟩, ⟨↔punishment\reprisal\worsening⟩ 양1

614 **re-mit** [뤼 밑]: re+mittere(send), ⟨라틴어⟩, ⟨되돌려⟩ 보내다, 납부하다, 송금하다, 면제하다, 조회하다, 연기하다, 누그러지다, 진정, ⟨~ abate\rescind⟩, ⟨↔receive\withhold\expand⟩ 양1

615 **rem·nant** [뤰넌트]: re(back)+manere(stay), ⟨라틴어→프랑스어⟩, ⟨← re·main⟩, 나머지, 잔여, 잔존물, 유물, 자투리, ⟨~ trace\vestige⟩, ⟨↔whole\core⟩, ⇒ Adventist 양1

616 **re·mo·la·cha** [뤠모라차]: are(around)+more(sea), ⟨켈트어→라틴어→스페인어⟩, ⟨해변에서 잘 자라는⟩ 사탕무, ⟨~ sugar (or red) beet, ⇒ beet 미1

617 **re-mo(u)·lade** [뤠이멀라드 \ 뤠이멀레이드]: re+moler(grind), ⟨남부 프랑스어⟩, ⟨← remolata(이탈리아어)⟩, ⟨'horse·radish'의 프랑스어⟩, 레물라드, 마요네즈(mayonnaise)를 기초로 하여 향료나 오이지 '다진 것' 등을 섞은 ⟨냉육·생선·야채 범벅용⟩ 걸쭉한 차가운 맛난이 국물, ⇒ tar-tar sauce 수2

618 **rem·o·ra** [뤠머뤄]: re(back)+mora(delay), ⟨'뒤에 처진'이란 뜻의 라틴어⟩ ①⟨첫째 등지느러미가 빨판으로 되어 다른 동물에 달라붙는 비교적 작은⟩ 빨판상어, sucker², ⟨pilot fish는 상어와 공생 관계임⟩ ②장애물(hindrance) 우1 양1

619 **re-morse** [뤼 머얼스]: re(again)+mordere(bite), ⟨라틴어⟩, ⟨입술을 깨물며 하는⟩ 후회, 양심의 가책, 연민, ⟨~ regret\guilt⟩, ⟨↔indifference\happiness⟩ 가1

620 **re-mote** [뤼 모우트]: re(back)+movere(more), 〈라틴어〉, 먼, 외딴, 관계가 적은, 희미한, '뒤로 움직여 놓은', 〈~ faraway\unlikely〉, 〈↔recent\close\near〉 가

621 ***re-mote batch** [뤼 모우트 배취]: remote job entry, 원격 일괄 처리, 원격 일감 입력(먼 단말기에서 입력된 자료를 중앙 전산기가 일괄 처리하는 방식) 미2

622 **re-mote con·trol** [뤼 모우트 컨트로울]: 리모컨, 원격 제어(장치), 원격 조작(기), 〈~ clicker\zapper〉 미2

623 **Re-mov·al Act** [뤼 무우벌 액트]: (원주민) 추방법, 〈원주민 혐오가〉 잭슨(Jackson) 대통령이 1830년 5월에 서명한 (미국 대통령에게 미시시피강 서쪽에 있는 원주민을 보호 지역으로 옮길 수 있는 권한을 준) '토지교환법', 〈~ relocation of Native Americans to the West〉, 〈~(↔)Trail of Tears〉 미2

624 **re-move** [뤼 무우브]: re(back)+movere(move), 〈라틴어〉, 〈뒤로〉 옮기다, 제거하다, 거리, 등급, 〈~ re·call\separate\with-draw〉, 〈↔attach\accept\ratify〉 양1 양2

625 **re-mu·ne·rate** [뤼 뮤우너뤠이트]: re(again)+muneris(service), 〈라틴어〉, 보수를 주다, '보답하다', 〈~ reimburse\pay\amortize〉, 〈↔deny\charge〉 가

626 **Re·mus** [뤼머스]: 〈← jemos(twin)〉, 〈고대 라틴어〉, 〈아마도 '쌍둥이(yama)'란 뜻의 산스크리트어에서 유래한〉 레무스, 늑대의 젖을 먹고 자라나 로마를 건국하려다 쌍둥이 Romulus에게 살해됐다는 전설의 인물, 〈~ a founding twin brother of Rome〉 수1

627 **Re-nais·sance** [뤼 네이쌍스 \ 뤼 네싸앙스]: re(again)+nascentia(birth), 〈라틴어→프랑스어〉, new birth, 르네상스, (14~16세기 유럽의) 문예부흥(부활), (그리스·로마 문명의) '재생', 〈중세와 근세의 징검다리〉, 〈각국마다 발음이 다양한 말〉, 〈~ revival\restoration〉, 〈↔dark age〉 미2

628 **re-nais·sance man** [뤼 네이쌍스 맨]: 폭넓은 지식과 교양의 소유자, 다재다능한 사람, 〈편자 같은〉 현학자, 〈남편감으로 선호되는 남자〉, 〈~ a cultured man〉 양2

629 **re-nais·sance wom·an** [뤼 네이쌍스 우먼]: 〈편자가 경원하는〉 교양이 있는 부인, 현부인, 〈부인감으로 별로 선호되지 않는 여자〉, 〈~ an intelligent woman〉 양2

630 **re·nal** [뤼이늘]: 〈← renes(kidney)〉, 〈라틴어〉, 콩팥(신장)의, 〈~(↔)ad-renal〉 양2

631 **Re·nault** [뤼노얼트 \ 뤼노우]: ragin(counsel)+hard(strong), 〈라틴어→프랑스어〉, '통치자의 고문', 〈← Reginald〉, 르노가의 3명의 형제들에 의해 1899년에 창립되었으나 세계대전을 겪으면서 한동안 국영으로 있다가 1996년에 민영화되어 세계 자동차 시장에 깊숙이 파고들고 있는 프랑스의 자동차 제조업체, 〈~ a French automobile manufacturer〉 수1

632 **ren·coun·ter** [뤤카운터]: 〈← re-encounter〉, 〈프랑스어〉, 충돌, 결투, 조우(우연히 만남), 〈~ confront\criss-cross〉, 〈↔escape\avoid〉 양1

633 **rend** [뤤드]: 〈← hrendan(tear)〉, 〈게르만어〉, 째다, 찢다, 떼어놓다, 쪼개다, 〈~ rind\rive〉, 〈~ slit\sunder〉, 〈↔abduct\repair\close〉 양1

634 **ren·der** [뤤더]: re(back)+dare(give), 〈라틴어〉 ~로 만들다, 주다, '갚다', 바치다, 제출하다, 표현하다, 〈→ sur·render〉, 〈~ furnish\supply〉, 〈↔retain\expropriate\misrepresent〉 양1

635 ***ren·der·ing** [뤤더링]: 연출, 변역, 묘사, 초벽칠, '표출'(입체 감각을 나타내기 위해 단계적으로 채색하는 기술), 컴퓨터 화상의 3차원화, 〈~ depiction\portrayal〉, 〈↔misrepresentation\distortion〉 양1 미1

636 **ren·dez-vous** [롸안디부우 \ 뤤언데이브]: rendre(render)+wos(you), 〈프랑스어〉, 〈'vous'(당신)와 만나기로 한 장소〉, 랑데부, 〈가슴 두근거리는〉 만남, 만날 약속(장소), 회합, 〈~ gathering\meeting〉, 〈↔avoidance\cancellation〉 미2

637 **re-neg(e) \ re-negue** [뤼 닉 \ 뤼 넥]: re+negare(deny), 〈라틴어〉, '다시 부정하다', 〈일부러〉 딴 패를 내다, 약속을 어기다, 〈~ break\default〉, 〈↔keep\honor〉 양2

638 **ren·e·gade** [뤠 니게이드]: re+negare(deny), 〈라틴어〉, 탈당자, 배신자, 배교자, re·negate, 〈~ betrayer\deserter〉, 〈↔follower\loyalist\acolyte\apparatchik〉 양2

639 **Ren-min-bi** [뤤 민 비이]: 〈중국어〉, 인민폐(백성들의 화폐), ⇒ Yuan' 수1

640 **Re·no** [뤼이노우]: 〈← Moreno(dark-haired)?〉, 〈어원이 다양한 스페니시 이름〉, 리노, 〈별 연관은 없으나〉 남북전쟁 시 사망한 북군 Jesse Lee Reno 소장의 이름을 딴 네바다 서북부(N-W)에 있는 위락도시·주도, 〈~ Capital of Nevada〉 수1

641 **Re·noir** [뤤와아], Pierre Au·gus·te: Renouard, ragin(counsel)+hard(strong), 〈라틴어→프랑스어〉, 〈'통치자의 고문'〉, 르누아르, (1841-1919), 〈젊은이들의 생동적 그림을 즐겨 그렸던〉 프랑스의 인상파 화가, 〈~ a French Impressionist artist〉 수1

642 **re-nounce** [뤼 나운스]: 〈← nuntius(messenger)〉, re(back)+nuntiare, 〈라틴어〉, 〈자기가 왕이라고 우기다〉 (뒤로 물러서서) '다시 알리다', 포기하다, 부인하다, 관계를 끊다, 〈이만하면 back+again=repeat란 등식을 알것인가?〉, 〈~ reject\repudiate〉, 〈~ relinquish\give up〉, 〈↔arrogate\preach\accept\apostle〉 양2

643 **ren·o·vate** [뤠 너붸이트]: 〈← novus(new)〉, re+novare, 〈라틴어〉, 〈다시〉 새롭게 하다, 개선하다, 회복하다, 〈~ refresh\restore\recover\revamp〉, 〈↔demolish\ruin〉 양2

644 **re-nown** [뤼 나운]: re+nomen(name), 〈라틴어〉, 명성, 인망, 〈~ fame\eminence〉, 〈↔obscurity\anonymity〉 가1

645 **rent** [뤤트]: ①re+dare, 〈← reddere(give back)〉, 〈라틴어〉, 〈← render〉, 지대, 집세, 사용료, 빌려주다, 세놓다, 〈~ temporary occupancy〉, 〈~(↔)lease〉, 〈↔purchase\secure〉 ②〈게르만어〉, 〈← rend〉, 째진 틈, 협곡, 분열, 〈~ crack\cleavage〉, 〈↔closure\filling〉 가1 양1

646 **re-nun·ci·a·tion** [뤼 넌시에이션]: 〈라틴어〉, 're·nounce하기', 포기, 기권, 단념, 자제, 〈~ abnegation\repudiation〉, 〈↔affirmation\indulgence〉 양2

647 **rep** [뤱]: 〈라틴어〉, representative, 대표, 대리, 외판원 미2

648 *__re-pag·i-nate__ [뤼이 패쥐네이트]: 〈라틴어→영국어〉, 페이지를 다시 달다, (용도에 맞춘) 쪽수 재편성 미2

649 *__re-paint-ing__ [뤼이 페인팅]: 다시 칠하기. '재도장'(전산기 화면의 일부나 전부를 바꾸는 일) 양1 미2

650 **re-pair** [뤼 페어]: re(again)+parare(make ready), 〈라틴어〉, 수리(수선)하다, 회복(배상)하다, 고치다, '다시 만들다', 〈~ mend\restore〉, 〈↔breaking\damage〉 가1

651 **rep·a·ra·tion** [뤠 퍼뤠이션]: 〈← repair〉, 보상(금), 수선(비), 〈~ amends\compensation〉, 〈↔repudiation\extortion〉 가1

652 **rep·ar-tee** [뤠펄티이]: re(again)+pars(part), 〈라틴어→프랑스어〉, 재치있는 응답, (말을) 멋지게 '받아 넘기는' 재주, 〈~ badinage\raillery\snip-snap〉, 〈↔request\argument〉 양2

653 **re-pa·tri·ate** [뤼이 페이트뤼에이트]: re(back)+patria(native land), 〈라틴어〉, 본국으로 송환하다(돌아가다), 〈~(↔)ex-patriate\deport\exile〉 양2

654 **re-pay** [뤼이 페이]: 〈라틴어〉, (빚을) 갚다, 보답하다, 보복하다, 〈~ re-imburse\re-compense〉, 〈↔deprive\extort〉 양1

655 **re-peal** [뤼 피일]: re(back)+appellare(call upon), 〈라틴어〉, 무효로 하다, 폐지하다, '뒤로 부르다', 〈~ revoke\rescind〉, 〈↔enact\legislation〉 가1

656 **re-peat** [뤼 피이트]: re(again)+petere(seek), 〈라틴어〉, '다시 추구하다', 되풀이하다, 복창하다, 다시 경험하다, 〈~ redo\replicate〉, 〈~ iterative〉, 〈↔quit\take back〉 가1

657 **re-peat-er** [뤼 피이터]: 되풀이하는 사람(물건), 연발총, 반복자(기), 〈더 멀고 넓게 전파하기 위한〉 중계기, 〈~ recidivist\back-slider〉, 〈↔withholder\one-off〉 양1 미1

658 **re-pel** [뤼 펠]: re(back)+pellere(drive), 〈라틴어〉, '뒤로 끌어내다', 쫓아버리다, 저항하다, 불쾌감을 주다, 〈~ ward off\repulse\disgust〉, 〈↔delight\attract\fascinate\tug\seduce\welcome〉 양1

659 **re-pel-la(e)nt** [뤼 펠런트]: 불쾌한, 차단하는, 구충(방충)제, 〈~ black balled\dis-agreeable〉, 〈↔delightful\lovely〉 양2

660 **re-pent** [뤼 펜트]: re(again)+penitere(punish), 〈라틴어〉, 후회(회개)하다, 분해하다, 유감으로 생각하다, 〈~ regret\remorse〉, 〈~ penitent\penance〉, 〈↔praise\commend〉 양1

661 **re-per·cus-sion** [뤼이 펄커션\뤠 펄커션]: re(back)+percutere(strike), 〈라틴어〉, 되튀기, 반사, 반격, 〈~ kick-back\rebound〉, 〈↔retreat\moving (on)〉 양1

662 **rep·er·toire** [뤠펄트와아\뤠펄트워]: re(again)+paerere(produce), 〈← reperire(discover)〉, 〈'inventory'라는 뜻의 라틴어에서 연유한 프랑스어〉, repertory, 레포토리, (공연) 목록, 저장소, 보물고, 특정 명령 체제에서 쓰는 문자·부호의 범위, 〈~ collection\reserve〉, 〈↔debt\litter〉 미2

663 **rep·e·ti·tion** [뤠 퍼티션]: 〈← repetere(re+seek)〉, 〈라틴어〉, 〈← re·peat〉, 반복, 재현, 재청원, 다시 탄원하기, 복창, 복사, 〈~ encore\recursion〉, 〈↔inactivity\discontinuance〉 양2

664 **re-place** [뤼 플레이스]: re+plateia(open space), 〈라틴어+그리스어〉, '그 자리에 다시 놓다', 되돌리다, 돌려주다, 대체하다, 바꾸다, 대치, 치환(먼저 입력된 자료의 일부를 대체할 수 있는 기능), 〈~ put back\return〉, 〈↔take\remove〉 양1 미2

R 1073

665 **re-plen-ish** [뤼 플레니쉬]: re(again)+plenus(full), 〈라틴어〉, '(다시) 채우다', (새로) 보충하다, 〈~ recover\refill〉, 〈↔eliminate\empty〉 양2

666 **re-plete** [뤼 플리이트]: re(again)+plere(fill), 〈라틴어〉, 〈다시 채워〉 가득 찬, 충분한, 〈~ full\stuffed〉, 〈↔de-plete〉 가1

667 **re-pli·ca** [뤼 플리커]: re(back)+plica(fold), 〈라틴어→이탈리아어〉, 모사, 복제, 도돌이표(반복 기호), 〈~ copy\imitation〉, 〈↔original\genuine (article)〉 양2

668 **re-ply** [뤼 플라이]: re(back)+plicare(fold), 〈라틴어〉, 대답(응답)하다, 응수(응전)하다, '다시 접어 보내다', 〈~ answer\reaction〉, 〈↔inquiry\non-response〉 가2

669 *__re-ply girl__ [뤼플라이 거얼]: '응답녀', 〈자신을 선전하려고〉 새로나온 U-tube 방영에 잽싸게 대답하는 '촉새', 〈연애 대상으로 선호되는 여자〉, 〈~(↔)yes girl〉 우1

670 *__re-ply guy__ [뤼플라이 가이]: 〈주로 여성들의 게시물에 열성적으로 대답하는〉 '댓글남', 〈연애 대상으로 별로 선호되지 않는 남자〉, 〈~(↔)yes man〉 우1

671 *__re-po__ [뤼포우]: re·possession, repurchase agreement, 회수, (대금 미불로 인한) 상품의 차압, (정부 채권을 팔고) 단기간 후에 약간 덤을 붙여 사들이겠다는 약속 미2

672 **re-port** [뤼 포오트]: re(again)+portare(carry), 〈라틴어〉, '정보를 위로 운반하다', 보고(제출)하다, 통보(신고)하다, 출석하다, 기사, 성적표, 과제물〈영어로는 그냥 'paper'라고 하는 경우가 많음〉, 〈~ descrive\appear〉, 〈↔withdraw\conceal〉 양2

673 **re-port-age** [뤼 포오티쥐 \ 뤠 포오타쥐]: repo, 보고문(학), 현지 보고, 〈~ coverage\presentation〉, 〈↔concealment\questionaire〉 양2

674 **re·po·sa·do** [뤼퍼싸아도]: 〈스페인어〉, 참나무통에서 2~12개월간 'rested'〈숙성된〉 테킬라(tequila), 〈~ anejo〉 수2

675 **re-pose** [뤼 포우즈]: re(again)+pausare(pause), 〈라틴어〉, 휴식, 수면, 평정, 쉬다, 눕히다, 〈~ rest\inaction〉, 〈↔work\stress〉 양1

676 **re-pos·i·to·ry** [뤼 파져토어뤼]: re(back)+ponere(place), 〈라틴어〉, 용기, 저장소, 박물관, 매점, 납골당, 〈~ container\depository\storage〉, 〈↔distributory\activity room〉 양2

677 **rep·re·hend** [뤠프뤼헨드]: re(back)+prehendere(hold), 〈라틴어〉, 나무라다, 꾸짖다, 〈~ re·buke\criticize〉, 〈↔approve\bless〉 가1

678 **rep·re·sent** [뤼이 프뤼젠트]: re(again)+presentare(present), 〈라틴어〉, '다시 제출하다', 묘사하다, 기술하다, 표현하다, 대표하다, 〈분명히〉 나타내다, 〈~ stand for\symbolize〉, 〈↔conceal\oppose〉 양1

679 **re-press** [뤼 프뤠스]: re(back)+premere(press), 〈라틴어〉, 억누르다, 저지(진압)하다, 〈~ quash\put down〉, 〈↔ex-press\support\provoke〉, 〈repress는 무의식적이고 suppress는 의식적임〉 가1

680 **re-prieve** [뤼 프뤼이브]: re(back)+prehendere(hold), 〈 라틴어→프랑스어〉, 〈사형장에서 'prison'으로 다시 보내〉 집행을 연기하다, 경감하다, 〈~ pause\respite\remit〉, 〈↔charge\punish〉 양2

681 **rep·ri·mand** [뤠프뤼맨드]: re(back)+premere(press), 〈라틴어〉, 견책, 징계, 비난, 〈~ re·press\re·prove\up-braid〉, 〈↔praise\commend〉 가1

682 **re-pri·sal** [뤼 프라이절]: re(back)+prehendere(hold), 〈라틴어→프랑스어〉, 보복, 앙갚음, 보복적 포획, 〈~ retaliation\revenge〉, 〈↔forgiveness\pardon\remission〉 양1

683 **re-proach** [뤼 프로우취]: re(back)+prope(near), 〈라틴어〉, 〈얼굴을 맞대며〉 나무라다, 비난하다, 추궁하다, 〈~ twit〉, 〈~ philippic\denunciation〉, 〈↔praise\approval〉 가1

684 **rep·ro·bate** [뤠프뤄베이트]: 〈라틴어〉, 〈← re·prove〉, 하느님의 버림을 받은, 타락한, 사악한, 〈~ sinful\vile〉, 〈↔virtuous\commend〉 양2

685 **re-proof** [뤼 프루우프]: 〈← reprove〉, re(back)+probare(prove), 〈라틴어→프랑스어〉, 비난, 질책, 꾸지람, 〈~ rebuke\reprimand〉, 〈↔approval\praise〉 가1

686 **re-prove** [뤼 프루우브]: re(back)+probare(prove), 〈라틴어〉, 'dis·approve', 꾸짖다, 비난하다, 타이르다, 〈→ reprobate〉, 〈~ berate\reprimand〉, 〈↔praise\compliment〉 가1

687 **rep·tile** [뤱틸 \ 뤱타일]: 〈← repere(creep)〉, 〈라틴어〉, '기어 다니는 동물', 파충류(양서류)동물, 비열한 인간, 〈~ amphibian\poikilo-therm〉, 〈~(↔)bird\mammal〉, 〈↔hero〉 양2

688 **re‧pub‧lic** [뤼 퍼블릭]: res(interest)+publica(of the people), 〈라틴어〉, (주권이 국민에게 있는) 공화국, 공동단체, 〈~ democratic\representative〉, 〈↔monarchy\dictatorship〉 가2

689 **re‧pu‧di‧ate** [뤼 퓨우디에이트]: re(back)+pudere(feel shame), 〈라틴어〉, 거부하다, 부인하다, 의절하다, '걷어차다', 〈~ reject\renounce〉, 〈~ talaq〉, 〈↔avow\repair\admire\invite\pay〉 양1

690 **re‧pug‧nant** [뤼 퍼그넌트]: re(back)+pugnare(fight), 〈라틴어〉, 〈다시 찌르듯〉 싫은, 불쾌한, 반대의, 불일치의, 〈~ repellent\incompatible〉, 〈↔attractive\agreeable〉 양2

691 **re‧pulse** [뤼 펄스]: re(back)+pellere(drive), 〈라틴어〉, 쳐물리치다, 퇴박 놓다, 논박하다, 〈~ fight back\revolt〉, 〈↔entice\appeal\attract\bait\take\woo〉 양1

692 **re–pur‧pose** [뤼이 퍼얼퍼스]: re(again)+pro+ponere(place), 〈라틴어〉, 용도(목적)를 바꾸다, 다른 용도로 고치다, 〈~ recycle\remodel〉, 〈↔dispose\waste〉 양1

693 **rep‧u‧ta‧tion** [뤠퓨테이션]: re(again)+putare(reckon), 〈라틴어〉, repute, 평판, 〈'다시 생각'하게 할 정도로 대단한〉 명성, 신망, 〈~ fame\honor〉, 〈~ shame\insignificance〉 가2

694 **re‧quest** [뤼 퀘스트]: re(again)+querere(seek), 〈라틴어〉, 요구, 의뢰, 소망, '다시 구하기', 〈~ appeal\plea〉, 〈↔refusal\abjuration〉 가1

695 **re‧qui‧em** [뤠 퀴엄]: re(again)+quies(quiet), 〈라틴어〉, 〈다시 진정시키는〉 진혼 미사, 추모 예배, 죽은 이를 위한 성찬 의식, 위령곡, 만가, 〈~ dirge\lament〉, 〈↔exhumation\christening〉 양2

696 **re‧qui‧em shark** [뤠 퀴엄 샤아크]: 〈어원에 대해서 말이 많은〉 (난류에 살며 사람을 공격하는) 강남상어, 〈~ requin(프랑스어)〉, 〈~ gray nurse\sand shark〉 미2

697 **re‧quire** [뤼 콰이어]: re(again)+querere(seek), 〈라틴어〉, '다시 묻다', 요구하다, 규정하다, 필요로 하다, 〈~ beseech\claim〉, 〈↔optional\inessential〉 양1

698 **req‧ui‧si‧tion** [뤠 퀴지션]: 〈← require〉, 요구, 소환, 징발, 명령서, 〈~ order\demand〉, 〈↔disclaim\forfeit〉 양1

699 **re–quit‧al** [뤼 콰이틀]: re(again)+quite(quit), 〈라틴어〉, 보답, 앙갚음, 〈~ reward\compensation\retribution〉, 〈↔mercy\grace〉 양1

700 **re-run** [뤼이 륀]: 〈라틴어+게르만어〉, 재상영(방송), 재실행, 〈~ repeat\replay〉, 〈↔original\destroy〉 양2

701 *__re-sam‧ple__ [뤼 쌤플]: 〈라틴어+프랑스어〉, 재추출, 개찬, (화소의 숫자를 증·감해서) 형상을 새롭게 만드는 일, 〈~ re-computing\re-calculating〉 양1 미2

702 **re‧scind** [뤼 씬드]: re(back)+sindere(cut), 〈라틴어〉, '뒤로 찢다', 폐지하다, 취소하다, 〈~ rescission〉, 〈~ revoke\repeal〉, 〈↔en-force\en-act〉 양2

703 **re–scis‧sion** [뤼 씨젼]: 〈라틴어〉, 〈← rescind〉, 〈다시 찢어〉 무효로 함, 철폐, 계약해지, 〈~ annulment\revocation〉, 〈↔enforcement\continuation〉, ⇒ recision 양2

704 **res‧cue** [뤠스큐우]: re(again)+ex(off)+quatere(shake), 〈라틴어〉, 〈물에 빠진 사람을 다시 'shake'해서〉 구조하다, 탈환하다, 보호하다, 〈~ save\redeem〉, 〈↔en-danger\abandon〉 양1

705 **re‧search** [뤼 써얼취]: re(again)+chercher(seek), 〈라틴어→프랑스어〉, 〈다시 찾는〉 연구, 조사, 탐색, 〈~ exploration\investigation〉, 〈↔ignore\glance\conclusion〉 가2

706 **re-search u‧ni‧ver‧si‧ty** [뤼 써얼취 유우니붜어시티]: 연구 대학교, 학술 조사 대학교, 연구와 조사를 우선 방침으로 하고 있는 종합대학, 〈연간 20개 이상의 장학금 지원 박사 학위를 수여하고 연간 5백만불 이상의 연구비를 지불하는 대학〉, 〈한국에서는 SNU가 유일함〉 미2

707 **re-seat** [뤼이 씨이트]: 〈라틴어+게르만어〉, 고쳐 앉기, 복위, 자리갈이, (접속기를) 뺐다 다시 끼기, 〈~ resettling\realigning〉, 〈↔deprive\leave〉 양1 미2

708 **re-sec–tion** [뤼 쎅션]: re(again)+secare(cut), 〈라틴어〉, 절제(술), 잘라내기, 〈~ amputation\incision〉, 〈↔fusion\closure〉 양2

709 **re-se‧da** [뤼씨이더 \ 뤠시더]: re(back)+sedare(calm), 〈라틴어〉, 〈마음을 가라 앉히는〉 목서초, 향기 나는 '회록색'의 초롱꽃을 층층이 피는 물푸레나무속의 초본, 〈~ a fragrant herb〉, 〈~ mignonette[1]〉 미2

710 **re‧sem‧ble** [뤼 젬블]: re(again)+simulare(imitate), 〈라틴어→프랑스어〉, ~와 닮다, ~와 공통점이 있다, 유사하다, '아주 비슷하게 보이다', 〈~ look like\similar to〉, 〈↔differ\contrast〉 가1

711 **re-sent** [뤼 젠트]: re(again)+sentire(feel), 〈라틴어〉, '뒷맛이 씁쓸하다', ~에 분개하다, 〈곱씹으며〉 원망하다, 〈~ bitterness\han〉, 〈↔con-done\pardon\forgive〉 가1

712 **re-serve** [뤼 써어브]: re(again)+servire, 〈← slave〉, 〈라틴어〉, 다시 섬기다, 다시 봉사하다, 〈~ serve again〉, 〈↔give up\set aside〉 가1

713 **re-serve** [뤼 져어브]: re(back)+servare(keep), 〈라틴어〉, '뒤에 두고 지키다', 떼어두다, 비축하다, 준비해 두다, 예약하다, 사양하다, 은닉하다, 유보하다, 〈~ put aside\stock\aloofness〉, 〈↔use up\out-going\debt\openness〉 양1

714 **re-served ar·my** [뤼 져어브드 아알미]: 예비(육)군, 〈~ National Guard〉, 〈↔active army〉 가1

715 *__re-served word__ [뤼 져어브드 워어드]: 예약어, 차림표언어에서 고정된 뜻을 가지며 임의로 바꿀 수 없는 단어, 〈~ fixed word〉, 〈↔un-reserved word〉 미2

716 *__re-serve price__ [뤼 져어브 프라이스]: '보유가격', (그 밑으로는 팔 수 없는 비공개의) 최저 경매 가격, 〈~ cost price\Maginot price〉 양2

717 **res·er·voir** [뤠저브와아]: 〈프랑스어〉, 〈← re·serve〉, 저장소, 저수지, 축적, 보유 숙주, 〈~ pool\storage〉, 〈↔nothingness\zilch〉 양1

718 **re-set** [뤼이 쎌]: 〈라틴어+게르만어〉, 고쳐(다시)놓다, 재가동(하다), 〈~ readjust\re-store〉, 〈↔freeze\keep\fix〉 미2

719 *__res-fe·ber__ [뤼이휘버\뤠이스훼이버]: 〈스웨덴어〉, travel fever, (여행 떠나기 전) 설레는 마음, 〈~ heart-throb〉, 〈↔mediocrity\rogue〉 미2

720 *__re-shor-ing__ [뤼이 쇼어륑]: 〈라틴어+게르만어〉, '다시 바다 건너기', 해외로 나간 기업이 국내로 되돌아 오는 것, 〈기업 국내 재유치〉, 〈~ in (or on)-shoring〉, 〈↔off-shoring〉 미2

721 **re-side** [뤼이 쟈이드]: re(again)+sedere(sit), 〈라틴어〉, 〈다시 주저앉아〉 살다, 주재하다, 존재하다, 〈~ dwell\live in〉, 〈↔depart\visit〉 가1

722 **res·i·dent** [뤠지던트]: 〈라틴어〉, 〈← re·side〉, 거주(주재)하는, 고유의, 전속의, 거주자, 주재원, 전문의 수련자, 상주(기억장치 중에 항상 존재하는 차림표), 〈~ inhabitant\denizen〉, 〈↔non-resident〉 양1 미2

723 **res·i·dent al·ien** [뤠지던트 에일리언]: 〈라틴어〉, 거주 외국인, (미) 영주권자, 〈~ permanent resident〉, 〈↔non-resident\transient\alien〉, ⇒ Green Card 양1 미2

724 **res·i·due** [뤠져듀우]: 〈← residere〉, 〈라틴어〉, 〈remaining〉 나머지, 찌꺼기, 잔여 재산, 〈~ dregs\lees\sediment〉, 〈↔core\loss〉 가1

725 **re-sign** [뤼 쟈인]: re(back)+signare, 〈라틴어〉, '뒤로 물러나겠다고 표시하다', 그만두다, 사임하다, 포기하다, 맡기다, 〈~ leave\quit〉, 〈↔join\remain\fight〉 양2

726 **re-sil·ient** [뤼질런트 \ 뤼질리언트]: re(back)+salire(jump), 〈라틴어〉, '되튀는', 발랄한, 탄력 있는, 〈~ bouncy\flexible\buoyant〉, 〈↔vulnerable\rigid\brittle〉 양1

727 **res·in** [뤠진]: 〈← rhetine(gum of tree)〉, 〈그리스어〉, 수지, (나무의) 진, 송진, 〈~ sap\sticky substance〉, 〈↔wood〉, 〈↔solid\liquid〉 양1

728 **re-sist** [뤼 지스트]: re(back)+sistere(set), 〈라틴어〉, 저항하다, 견디다, 방해하다, '대항하여 서다', 〈~ confront\with-stand〉, 〈↔succumb\yield〉 가1

729 **re-sis·tance** [뤼 지스턴스]: 방해, 반항, 저항(전류의), 〈~ apposition\defiance〉, 〈↔acceptance\submission〉 양1

730 **res·o·lute** [뤠 져루우트]: 〈← resolvere〉, 〈라틴어〉, 〈← resolve〉, 굳게 결심한, 단호한, 확고한, 〈~ determind\adamant〉, 〈↔ir-resolute\half-hearted\hesitant〉 양2

731 **res·o·lu·tion** [뤠 졀루우션]: 〈라틴어〉, 〈← resolve〉, 결심, 결의(문), 해결, 분석, 사그라짐, 해상도(영상의 선명도), 〈~ decision\determination〉, 〈↔ir-resolution\continuation\prolonging〉 양1

732 **re-solve** [뤼 쟈알브]: re(again)+solvere(loosen), 〈라틴어〉, '다시 느슨하게 하다', 녹이다, 분해하다, 풀다, 결정하다, 해결하다, 〈세월이 지나며 뜻이 점점 강해진 말〉, 〈~ decide\settle〉, 〈↔indecision\decline〉 양1

733 **res·o·nance** [뤠져넌스]: re(again)+sonare, 〈라틴어〉, 〈re·sound〉, 공명, 공진, 반향(메아리), 〈~ ringing\vibration〉, 〈↔dis-sonance\silence\relaxation〉 양1

734 **re-sort**[1] [뤼이 쏘얼트]: re(again)+sortis(lot), 〈라틴어〉, 재분류(구분)하다, 〈~ sort again〉, 〈↔in-action\closure〉 양2

735 **re-sort**[2] [뤼져어트]: re(again)+sortir(go out), 〈라틴어→프랑스어〉, 리조트, '다시 찾아가다', 호소하다, 의지하다, 휴양지, 유흥지, 유원지, 〈활력을 찾으려고〉 사람이 모이는 곳, 〈~ recreation(retreat) area〉, 〈↔abstain\avoid〉, 〈↔center\urban area〉 양1 가1

736 **Re-sorts World** [뤼저어트 워얼드]: '세계 유흥소', 2021년 Las vegas의 Star-dust 자리에 Malay계 자본으로 세워진 Asian 풍이 짙은 casino-hotel이라고 하는데 편자는 사전쓰기에 바빠서 아직 답사를 못 하였음 수2

737 **re-sound** [뤼 쟈운드]: (다시) 울리다, 울려 퍼지다, 메아리치다, 반향하다, 반향하다, 〈~ echo\reverberate〉, 〈↔un-echoic\non-resonant〉 양2

738 **re-source** [뤼이 쏘얼스]: re(again)+sub+regere(go direct), 〈라틴어〉, 자원, 물자, 수단, 재료, 재능, 〈~ assets\means〉, 〈↔lack\debt〉 가1

739 **re-spect** [뤼 스펙트]: re(back)+specere(see), 〈라틴어〉, 〈뒤로 물러나서 보는〉 존경, 경의(를 표함), 관심, 관점, 〈~ high regard(opinion)〉, 〈↔dis-respect\contempt〉 양1

740 **re-spec·tive** [뤼 스펙티브]: 각각(각자)의, 따로따로의, '관점이 다른', 〈~ separate\individual〉, 〈↔collective\same〉 양2

741 **res·pi·ra·tion** [뤠 스퍼뤠이션]: re(again)+spirare(breathe), 〈라틴어〉, '다시 숨쉬기', 호흡(작용), 한번 숨쉼, 〈~ animation\ventilation〉, 〈↔asphyxia\suffocation〉 가1

742 **res·pite** [뤠 스피트 \ 뤠 스파이트]: re(again)+specere(see), 〈라틴어〉, 〈다시 고려해 본〉 연기, (집행) 유예, 휴식, 〈~ reprive\pause\moratorium〉, 〈↔advance\exertion\continuation〉 양2

743 **re-spond** [뤼 스판드 \ 뤼 스펀드]: re(again)+spondere(pledge), 〈라틴어〉, '다시 약속하다', 응답(대답)하다, 반응하다, 〈~ answer\react〉, 〈↔ask\ignore〉 가1

744 **re-spond–ent** [뤼 스판던트]: 대답(반응)하는, 회답자, 피고, 〈~ accused\defendant〉, 〈↔plaintiff\accuser〉 양1

745 **re-sponse** [뤼 스판스 \ 뤼 스펀스]: re(again)+spondere(pledge), 〈라틴어〉, 〈다시 보증하는〉 대답(응답), 반응, 답장, 〈~ answer\reply〉, 〈↔request\non-response\failure〉 가1

746 **re-spon·si·ble** [뤼 스판시블]: 책임 있는(져야 할), 원인이 되는, 신뢰할 수 있는, 책임을 다할 수 있는, 〈~ dependable\faithful〉, 〈↔ir-responsible\un-accountable〉 양1

747 **rest¹** [뤠스트]: 〈← rasta(quiet)〉, 〈게르만어〉, 〈뒤에서 쉬는〉 휴식, 정양, 안정, 정지, 죽음, 무덤, 안식처, 〈~ relax\be laid〉, 〈↔un-rest\stress\work\toil\bally-hoo〉 양1

748 **rest²** [뤠스트]: re(back)+stare(stand), 〈라틴어〉, 〈remaining〉 나머지, 잔여, 잔류자, 잔액, 〈~ remnant\left-over〉, 〈↔core\total〉 양1

749 **res·tau·rant** [뤠스터뤈트 \ 뤠스트뤙]: re(again)+staurare(store), 〈라틴어→프랑스어〉, 레스토랑, '원기회복(restore)소', 요리점, 음식점, 식당, 〈~ eatery\chop-house〉, 〈↔dis-assembly\work-place〉 가2

750 **rest-har·row** [뤠스트 해로우]: '쟁기 멈추기 풀', (뿌리가 질겨서 농경을 방해하는) 관목 모양을 한 콩과의 바늘꽃자리 부류의 잡초, 〈~ an underground runner〉 우1

751 **rest home** [뤠스트 호움]: 요양소(원), 보양원, 〈~ assisted living〉, 〈~(↔)SNF¹〉, 〈↔work-shop〉 양2

752 **rest house** [뤠스트 하우스]: 휴게소, 숙박소, 휴식처, 〈~ traveler's shelter〉 양2

753 **res·ti·tute** [뤠 스티튜우트]: re(again)+stituere(establish), 〈라틴어〉, 되돌리다, 회복시키다, 반환하다, 〈~ recompense\reimburse〉, 〈↔appropriate\repudiation〉 양1

754 **rest·ive** [뤠스티브]: re(back)+stare(stand), 〈라틴어〉, 들떠있는, 침착성이 없는, 다루기 힘든, 〈~ rest·less\un-easy〉, 〈↔calm\docile〉 양2

755 **Res·to·ra·tion** [뤠 스터뤠이션]: (크롬웰이 죽고 나서 1660년 스튜어트 왕가의 찰스 왕자가 왕으로 옹립된) 왕정복고, 〈~ reinstatement of the monarchy〉 양2

756 **res·to·ra·tion** [뤠 스터뤠이션]: re(again)+staurare(set up), 〈라틴어〉, 복구, 회복, 반환, 복원, 부흥, 〈~ repair\re-institution〉, 〈↔abolition\neglect\maim〉 양1

757 **re-strain** [뤼 스트뤠인]: re(back)+stringere(draw tight), 〈라틴어〉, '뒤로 묶다', 제지(제한)하다, 억누르다, 〈~ re·frain〉, 〈~ confine\prohibit〉, 〈↔loosen\pamper〉 가1

758 **re-strict** [뤼 스트뤽트]: re(back)+stringere(draw tight), 〈라틴어〉, '뒤로 팽팽하게 당기다', 제한하다, 금지하다, 〈~ limit\control〉, 〈↔un-restrict\liberate\abet〉 가1

759 **rest-room** [뤠스트 루움]: 〈라틴어+게르만어〉, '해우소', '뒷간', 변소, 화장실, 위생실, 휴게실, 〈~ lavatory\bathroom\water closet\toilet\wash-room\out-house\privy\latrine〉, 〈↔break room〉 가2

760 **re-sult** [뤼절트]: re(back)+salire(leap), 〈라틴어〉, 〈뒤로 튀어나온〉 결과, 성과, 답, 성적, 〈~ out-come\effect〉, 〈↔cause\reason〉 가2

761 **re-sume¹** [뤼 쥬움]: re(again)+sumere(take), 〈라틴어〉, '다시 취하다', 되찾다, 다시 차지하다, 다시 시작하다, 〈~ assume〉, 〈~ re-new\re-start〉, 〈↔suspend\abandon〉 양2

762 **re-sume²** [뤠 쥬메이]: 〈← resume¹〉, 〈라틴어→프랑스어〉, 적요, 요약, 〈되찾아 적은〉 이력서, 〈~ CV\biography\abstract〉 양2

763 **res·ur·rect** [뤠 져뤡트]: re(again)+surgere(rise), 〈라틴어〉, 소생(부활)시키다, 도굴하다, 〈~ back to life\revive\re-incarnate〉, 〈↔suppress\demise〉 양2

764 **Res·ur·rec-tion** [뤠 져뤡션]: 〈라틴어〉 ①예수의 부활(easter) ②(최후의 심판을 받으러 모든 죽었던 자들이) 다시 살아나는 일, 〈~ re-birth\revival〉, 〈↔demise\burial〉 미2

765 **res·ur·rec-tion plant** [뤠 져뤡션 플랜트]: 부활초, 안산수, (말랐을 때는 공 모양으로 뭉쳐지나 물에 담그면) 다시 '피어나는' 초본〈제리코 장미 등〉, 〈~ a desert plant〉 우1

766 **re-sus·ci·tate** [뤼 써시테이트]: re(again)+suscitare(raise), 〈라틴어〉, 소생(회복)시키다, 부활(부흥)시키다, 〈~ bring back\revive〉, 〈↔destroy\kill〉 양2

767 **re-tail** [뤼이 테일]: re(again)+tailler(cut), 〈라틴어+게르만어〉, '다시 작게 자르다' ①소매(의), 세분 판매(의) ②말전주(소문 옮기기), 〈~ individual deal〉, 〈↔wholesale〉 양2

768 *__re-tail clin·ic__ [뤼테일 클리닉]: 소매 진료소, 간단한 검사·치료를 하는 '구멍가게' 치료소, 〈~ private practice〉, 〈↔general hospital〉 미2

769 *__re-tail ground__ [뤼테일 그롸운드]: (초등학생도 이해하라고 2016년 미 우정공사에서 parcel post를 바꿔 부른 이름으로) 〈영문학 박사도 이해할 수 없는〉 '세분된 지상 소화물(우편)', 〈~ a low cost shipping〉, 〈↔priority (mail)〉 우2

770 **re-tain** [뤼 테인]: re(back)+tenere(hold), 〈라틴어〉, '뒤에서 잡아두다', 유지(보유)하다, 고용하다, 〈~ detain\keep〉, 〈↔dismiss〉 양2

771 **re-tain-er** [뤼 테이너]: 보유자(물), 담아두는 용기, 종복, 고용자(료), 〈~ adherent\partial payment〉, 〈↔dispenser\floater〉, 〈↔master\boss〉 양2

772 **re-tal·i·ate** [뤼 탤리에이트]: re(back)+talis(such), 〈라틴어〉, 앙갚음(보복)하다, 응수하다, 〈~ fight back\revenge〉, 〈↔pardon\condone〉 가1

773 **re-tard** [뤼 타아드]: re(back)+tardare(slow), 〈라틴어〉, 늦추다, 지체시키다, 저지하다, 〈~ delay\lessen〉, 〈↔accelerate\expedite〉 양2

774 **re-tar·da-tion** [뤼 타아데이션]: 지연, 저지, 지적 지체(IQ 70 미만), 〈~ backwardness\slow-down〉, 〈↔expedition\agility〉 양2

775 **retch** [뤠취]: 〈← hrekijana(clear the throat)〉, 〈게르만어〉, cough up, 메스껍다, 헛구역질나다, 욕지기나다, 〈~ keck\heave〉, 〈~(↔)vomit는 실제로 토하는 것〉 양1

776 **re-ten-tion** [뤼 텐션]: re(back)+tenere(hold), 〈라틴어〉, 보유, 유지, 억류, 보존(력), 〈~ detention\withholding〉, 〈↔release\relinquishment〉 양1

777 **re-ten-tion rate(ra·tio)** [뤼 텐션 뤠이트(뤠이쇼우)]: 유지율, 보유율, 유보율(세금 공제 후 이익에 대한 내부 유보의 비율), 〈~ holding ratio〉, 〈↔churn rate〉 양2

778 **ret·i·cent** [뤠티슨트]: re(again)+tacere(be silent), 〈라틴어〉, 〈remaining silent〉, 입이 무거운, 말이 적은, 신중한, 〈~ quiet\taciturn〉, 〈~ reserved\restrained〉, 〈↔gossip\loquacious\out-spoken\vocal〉 양2

779 **re·tic·u·lar** [뤼티큘러]: 〈← rete〉, 〈라틴어〉, 〈little net〉, 그물 모양(망상)의, 뒤얽힌, 〈~ complicated\perplexing〉, 〈↔simple\easy〉 양2

780 **ret·i·na** [뤠티너]: 〈← rete(net)〉, 〈라틴어〉, 레티나, (눈의) 망막, (눈의 뒷면에 있는) 그물〈net〉막, 〈~ optic disc〉, 〈↔lens\pupil〉 양2

781 **re-tire** [뤼 타이어]: re(back)+tirer(draw), 〈라틴어→프랑스어〉, 'with·draw', 물러가다, 은퇴하다, 회수하다, 자다, 〈~ depart\retreat〉, 〈↔stay\advance〉 양1

782 *__re-toast__ [뤼 토우스트]: 〈라틴어→프랑스어→영국어→미국어〉, 〈다시 게재하는〉 '재게', (사회 전산망에) 다시 한번 올리기, '재탕', 〈~ re-make\re-use〉, 〈↔erase\stay〉 미2

783 **re-tort** [뤼 토얼트]: re(back)+torquere(twist), 〈라틴어〉, 앙갚음(보복)하다, 반박하다, 응수하다, '다시 비틀다', 〈~ return\counter\clap-back〉, 〈↔ignore\flattery\interrogation〉 양1

784 **re-tract** [뤼 트랙트]: re(back)+trahere(draw), 〈라틴어〉, '뒤로 끌다', 끌어넣다, 수축시키다, 취소하다, 〈~ abjure\recant〉, 〈↔extend\assert〉 양1

785 **re-treat** [뤼 트뤼이트]: re(back)+trahere(draw), 〈라틴어〉, '재처리', 퇴각, 퇴거, 은둔(처), 휴양소, 수양회, 〈~ retire\throw-back〉, 〈↔advance\progress\supervene〉 양2

786 **re-trench** [뤼 트뤤취]: re(again)+trancher(slice), 〈라틴어→프랑스어〉, 참호를 파다, 축소하다, 삭감하다, 〈~ curtail\reduce〉, 〈↔enlarge\expand〉 양2

787 **ret·rib·u-tion** [뤠 트뤼뷰우션]: re(again)+tribuere(pay), 〈라틴어〉, '앙갚음', 응보, 보복, 징벌, 〈~ reprisal\requital\talion〉, 〈↔amnesty〉 양2

788 *__re-triev-al__ [뤼 트뤼이벌]: re(again)+trouver(find), 〈라틴어〉, 〈도로 찾는〉 만회, 정정, 보상, (정보의) 검색, 〈~ recovery\replenishment〉, 〈↔abandonment\jettison〉 양1

789 **re-triev-er** [뤼 트뤼이버]: 만회하는 사람(물건), 짐승을 찾아오는 사냥개(회수견), 〈~ picker-upper\a hound〉, 〈↔presenter\grantor〉 우2

790 **ret·ro~** [뤠트로우~]: re(back)+tro(direction), 〈라틴어〉, back-ward, 〈뒤로·거슬러·거꾸로~〉란 뜻의 결합사, 〈→ rear¹〉, 〈↔pro~〉 양1

791 **ret·ro-ac·tive** [뤠트로우 액티브]: 반동하는, (효력) 소급하는, 〈~ ex post facto\back-dated〉, 〈↔pro-active〉 양2

792 *__ret·ro-com-put-ing__ [뤠트로우 컴퓨우팅]: 복고성 전산기 놀음, 오래된 전산기 기술을 사용하거나 모방하는 〈이상한〉 취미, 〈~ current use of older computer〉, 〈~(↔)retro-tech〉, 〈↔current-computing〉, ⇒ new-tro 미2

793 *__ret·ro-fit__ [뤠트로우 휕]: 〈라틴어+영국어〉, 구형 장치의 개조, 원래 물건의 개량 부품을 짜 넣는 일, '역 수선', 〈~ back-fit\modify〉, 〈↔dis-mantle\dis-assemble〉 미2

794 **ret·ro-grade** [뤠트로우 그레이드]: retro+gradi(go), 〈라틴어〉, 뒤로 되돌아가는, 퇴보하는, 역행하는, 〈~ reversed\backward〉, 〈↔antero-grade\forward〉 양2

795 **ret·ro-gress** [뤠트로우 그뤠스]: retro+gradi(go), 〈라틴어〉, 뒤로 되돌아가다, 퇴보하다, 쇠퇴하다, 역행하다, 〈~ regress\fall back〉, 〈↔pro-gress\advance〉 양2

796 *__ret·ro-nym__ [뤠트로우 님]: retro+onoma(name), 〈라틴어+그리스어〉 ①'후속어', 〈Zerox같이〉 일반화된 상품명이나 광고 표기 ②신 복합어〈electric guitar의 등장으로 일반 기타를 acoustic guitar로 표현하는 등〉 (세분하기 위해 수식어가 붙게 된 명사), 〈~ a newer name〉, 〈~(↔)aptronym〉 우2

797 *__ret·ro-scope__ [뤠트로우 스코우프]: 소급 촬영(술), (기존의 영상물을 바탕으로) 〈저작권을 침해하지 범위 내에서) 짧막한 영상을 만드는 일, '토막 장면', 〈~ a simple (or short) movie-making〉 미2

798 **ret·ro-spect** [뤠트로우 스펙트]: retro+specere(look), 〈라틴어〉, 회고, 회상, '되돌아(소급해)보기', 〈~ recollection\reminiscence〉, 〈↔pro-spect\fore-thought〉 양2

799 **ret·ro-vi·rus** [뤠트로우 봐이뤄스]: 〈라틴어〉, '역 미세(여과성)병원체', (DNA가 RNA로 복사되는 대신 RNA가 DNA로 복사되는) 'RNA 미세 병원체', 〈↔pro-virus〉 우2

800 **re-turn** [뤼 터언]: re(back)+tornare(turn), 〈라틴어〉, 되돌아가다, 다시 오다, 답하다, 갚다, 보고(서), 반환, 복귀, 〈~ carry back\restitute〉, 〈↔depart\keep\take\ask\expense\exchange〉 가1 양2

801 **re-turn ad-dress** [뤼 터언 애드뤠스]: 발신인의 주소·성명, 복귀번지, 〈~ contact address〉, 〈↔recipient address〉 미2

802 **re-turn match** [뤼 터언 매취]: 2차전, '회복전', (선수권을 빼앗겼을 때 90일 이내에 하게 되어있는) 설욕전, 〈~ re-match\revenge〉, 〈↔departure\drop-out〉 양2

803 *__re-turns to scale__ [뤼 터언스 투우 스케일]: 〈크게 벌려 손해를 볼 수도 있는〉 (투자한) 규모에 대한 (되돌아온) 보수, 〈~ scaled profit〉, 〈↔loss to scale〉 미2

804 *__re-tweet__ [뤼 트위이트]: 〈라틴어+영국어〉, 'yes, I agree', 〈바쁜 사람들이 사용하는〉 (맞다) 맞어, 옳소 〈받은 전문을 타인에게 그대로 보내는〉 '재탕', 〈~(↔)quote-tweet〉 양2

805 **Reu·ben** [루우번]: 〈← reuven(behold!, a son!)〉, 〈히브리어〉, '〈봐라! 고추(사내)다!〉, 루벤 ①남자 이름, 〈~ boy's name of Hebrew orgin〉 ②Jacob의 장남(그 자손)〈first son〉 수1

806 **Reu·ben Sand·wich** [루우번 쌘드위치]: (유대계 미국이민 루벤이 만들었다는) 호밀빵에 쇠고기 소금절이·치즈·독일 김치를 얹어 구운 삽입 빵, 〈~ a grilled and open-faced sandwich〉 수2

807 **re·un·ion** [뤼이 유우니연]: 〈라틴어〉, 재결합, 재회동, 친목회, 〈~ re-convene\rejoin〉, 〈↔break-up\ separation〉 양2

808 **re-up-hol·ster** [뤼 엎호울스터]: 〈라틴어+네덜란드어〉, 갈아대다, '천갈이'하다, 〈~ refurbish\restuff〉, 〈~(↔)upholster〉 양1

809 **Reu·ters** [로이터즈]: 〈← geriute(clearing)〉, 〈게르만어〉, '숲을 개간하는 자', 로이터, 1851년 유대계 Paul Reuter가 비둘기를 매체로 런던(London)에서 창립되어 현재 Canada 회사가 소유하고 있고 〈중립적 입장을 고수하는〉 세계적 통신사, 〈~ a world-wide news agency〉 수1

810 **Rev. (rev·er·end)**: 목사, 성직자, 신부, 〈↔lay-person\secular〉 양2

811 **rev.**: revised (개정된), reviewed (검토된) 양2

812 **re-vamp** [뤼이 뱀프]: 〈라틴어+프랑스어〉, 〈구두의 앞 챙을〉깁다, 수선하다, 개조하다, 〈~ renovate\over-haul〉, 〈↔vamp\destroy〉 양1

813 **re-veal** [뤼 뷔이일]: re(back)+velare(descend), 〈라틴어〉, 〈장막을 젖혀서〉 드러내다, 나타내다, 폭로하다, 〈→ revelation〉, 〈~ disclose\unveil〉, 〈↔conceal\hide〉 양1

814 **rev·el** [뤠블]: 〈← rebellare(be disorderly)〉, 〈라틴어→프랑스어〉, 주연을 베풀다, 맘껏 즐기다, 흥청망청대다, 〈광란의 밤〉, 〈~ rebel\carouse〉, 〈↔mourn\grieve〉 양2

815 **rev·e·la·tion** [뤠뷜레이션]: 〈라틴어〉, 〈← re·veal〉, 폭로, 비밀의 누설, 묵시, 계시, the R~; Apocalypse of John, 요한 계시록 (묵시록), (신과 악마와의 지속적인 암투를 예시한) 〈작자 미상〉 신약성서의 마지막 편, 〈~ disclosure\surprising fact〉, 〈↔dis-avowal\conceal-ment〉 양2 수2

816 **re-venge** [뤼뷴쥐]: re(again)+vindicare(vengeance), 〈라틴어〉, 〈← avenge〉, 앙갚음, 보복, 원한, 〈~ reprisal\retaliation〉, 〈↔forgiveness\pardon〉 가1

817 **rev·e·nue** [뤠뷰뉴우]: re(back)+venire(come), 〈라틴어〉, '되돌아오는 것', 소득, 수입원, 재원, 세입, 〈~ income\proceeds〉, 〈↔out-goings\expenditure〉 양2

818 **re-ver·ber·ate** [뤼 뷔얼버뤠이트]: re(again)+verberare(beat), 〈라틴어〉, 되튀다, 반사하다, 굴절하다, '다시 울리다', 〈~ echo\resound〉, 〈↔quieten\refrain〉 양1

819 **re-vere** [뤼뷔어]: re(again)+vereri(fear), 〈라틴어〉, 〈경외로워〉 존경하다, 숭배하다, 〈~ respect\worship\venerate〉, 〈↔despise\condemn〉 가1

820 **Re-vere** [뤼뷔어], Paul: '존경하는 자', 리비어, (1735-1818), 독립전쟁 때 은세공으로 이름을 떨친 미국의 애국자, 〈~ an American silver-smith and military officer〉 수1

821 **rev·er·end** [뤠붜륀드]: 〈라틴어〉, 〈← revere〉, 귀하신, 거룩한, the R~; Rev., 목사, 신부, 성직자, 〈~ pastor\minister〉, 〈↔lay-person\secular〉 양2

822 **rev·er·ie** [뤠붜뤼]: 〈← rever(delirious)〉, 〈어원 불명의 프랑스어〉, 공상, 백일몽, 망상, 환상곡, 〈~ daydream\fantasy〉, 〈↔concentration\awareness\reality〉 양2

823 **re-vers** [뤼뷜 \ 뤼붸어]: 〈← reversus〉, 〈라틴어→프랑스어〉, 〈← re·verse〉, (천의 안 부분이 보이도록) 뒤집은 옷깃이나 소매, 〈~ turned out sleeve〉 우1

824 **re-verse** [뤼뷔얼스]: re(back)+vertere(turn), 〈라틴어〉, '반대로 돌리다', 거꾸로 하다, 반대로 하다, 반복하다, 역전하다, 〈~ over-turn\invert\back-ward〉, 〈↔front\same\forward〉 양2

825 ***re-verse ad·ver·tis·ing**: (소비자가 광고하고 공급자가 찾아내는) 역광고, 〈~ backward ad\reverse marketing〉 양2

826 ***re-verse buck·et list** [리뷔얼스 버킬 리스트]: 〈편자가 시도하고 있는〉 지금까지 살아온 중요 인생역정의 목록, (기력이 떨어져서 '필수목록'을 포기한 사람들이 하는) 〈회상목록〉, 〈~ upside-down bucket list\ nostalgia play-list〉, 〈↔bucket list〉 우1

827 **re-verse com·mut·ing**: (도심에서 교외로 하는) 역방향 통근, 〈~ urban to suburban commuting〉, 〈↔traditional commuting〉 양2

828 **re-verse cul·ture shock**: 역문화 충격(외국에서 오랫동안 살다가 고국에 돌아와서 받는 이질감), 〈~ re-entry (or own culture) shock〉 양2

829 **re-verse dis·crim·i·na·tion**: 역차별(다수파에 대한 소수파의 불평등 대우), ⟨~ anti-discrimination⟩, ⟨~(↔)affirmative action⟩ 양2

830 *__re-verse en·gi·neer·ing__: 역설계(타사의 제품을 분석해서 역으로 탐지하기), ⟨~ back engineering\deriving\emulating⟩ 양2

831 **re-verse**(~ing) **light**: (자동차의) 후진등, ⟨~ back-up light\brake light⟩ 양2

832 **re-verse mort-gage** [리붜얼스 모얼기쥐]: 역저당, 차입자가 주택 가치에 상당하는 금액을 대출기관으로부터 매월 일정액씩 받는 것, ⟨~ traditional (forward) mortgage⟩ 양2

833 *__re-verse sex-ism__ [리붜얼스 쎅시즘]: ⟨남성에 대한⟩ 역 성차별주의(태도), ⟨~ misandry\feminsm, ⟨↔misogyny⟩ 양2

834 *__re-verse snob__: 역속물(잘난 척하는 학력이나 지위 있는 자), ⟨~ conceit\vain-glory⟩ 양2

835 *__re-verse take-o·ver__: 역기업 인수(대기업을 중소기업이 매수·합병하는 것), ⟨~ reverse merger\reverse IPO⟩ 양2

836 **re-verse vend-ing ma·chine**: 역자동판매기(재활용품을 넣으면 돈이나 전표가 나오는 기계), ⟨~ recyclining vending machine⟩ 양2

837 **re-vert** [뤼 붜얼트]: re(back)+vertere(turn), ⟨라틴어⟩, '되돌아가다', 복귀(귀의)하다, ⟨~ return\regress⟩, ⟨↔advance\sustain\disappear⟩ 가1

838 **re-vet** [뤼 붿]: re+vestire(clothe), ⟨라틴어⟩, 다시 옷을 입히기, (다시) 덮어 씌우기, (콘크리트로) 덮어 굳히다, (예술 작품 등을) 보완하다, ⟨~ go back\regress⟩, ⟨↔dis-assemble\un-cover⟩ 양2

839 **re-view** [뤼 뷰유]: re(again)+videre(see), ⟨라틴어⟩, '다시 보기', 재조사(검토), 재고, 논평, 회고, 복습, ⟨↔pre-view⟩, ⟨~ analysis\critique⟩, ⟨↔dismiss\overlook⟩ 양1

840 *__re-view bomb__ [뤼 뷰유 밤]: '평가 폭탄', (상품이나 인물을 매도하기 위해) ⟨다수의 사람이나 다수의 계정으로 다수의 부정적인 논평을 전산망에 게시하는⟩ 폭탄 논평, ⟨~ noise marketing\viral marketing⟩, ⟨경우에 따라서는 긍정적인 효과를 나타내기도 함⟩ 미2

841 **re-vile** [뤼 봐일]: re(again)+vile(cheap), ⟨라틴어→프랑스어⟩, 욕하다, 매도하다, 헐뜯다, ⟨~ blame\criticize⟩, ⟨↔praise\extol⟩ 양2

842 **re-vise** [뤼 봐이즈]: re(again)+videre(see), ⟨라틴어⟩, '다시 보다', 개정(교정)하다, 바꾸다, ⟨~ amend\alter⟩, ⟨↔preserve\worsen⟩ 양2

843 **re-viv-al** [뤼 봐이벌]: re(again)+vivere(live), ⟨라틴어⟩, '다시 살아나기', 소생, 재생, 회복, 부활, 재상연, ⟨~ resuscitation\invigoration⟩, ⟨↔down-turn\decline\death⟩ 양1

844 **re-viv·al-ism** [뤼 봐이벌리즘]: 부흥의 기운, (신앙) 부흥 운동, R~; (18세기부터 대두된 '성경보다 개인의 영적 경험을 더 중시하는' 개신교의) 종교 소생 운동, ⟨~ evangelicalism⟩ 양2 미2

845 **rev·o·ca·tion** [뤠 붜케이션]: re(back)+vocare(call), ⟨라틴어⟩, '뒤로 부르기', 폐지, 취소, 철회, ⟨~ abandonment\cancellation⟩, ⟨↔invocation\continuation\concession⟩ 양2

846 **re-voke** [뤼 보우크]: re(back)+vocare(call), ⟨다시 말해서⟩ 취소하다, 폐지하다, ⟨~ cancel\rescind⟩, ⟨↔introduce\continue\initiate⟩ 양2

847 **re-volt** [뤼 보울트]: re(again)+volvere(turn), ⟨라틴어⟩, ⟨되돌아가는⟩ 반란, 반항(심), 불쾌감, 폭동, ⟨~ repel\repulse⟩, ⟨↔obey\enchant\counter-insurgency⟩ 양1

848 **rev·o·lu-tion** [뤠 붜루우션]: re(again)+volvere(turn), 혁명, 변혁, 회전(운동), 공전⟨↔rotation(자전)⟩, ⟨~ rebellion\innovation⟩, ⟨↔stagnation\regression⟩ 양2

849 **Rev·o·lu-tion-ar·y War** [뤠 붜루우셔네뤼 워어]: (미국) 독립전쟁, (Apr. 1775~Sept. 1783 간 영국의 식민지체제를 뒤엎고) 미국의 독립을 성취한 전쟁, ⟨~ American War of Independence⟩ 미2

850 **re-volve** [뤼 봐알브]: re(again)+volvere(turn), ⟨라틴어⟩, '다시 말다', 회전(선회)하다, 순환(운행)하다, 돌다, ⟨~ gyrate\spin⟩, ⟨↔steady\straighten\untwist⟩ 양1

851 **re-volv-er** [뤼 봐알붜 \ 뤼 뷜붜]: (회전식) 연발 권총, 회전 장치, ⟨~ six shooter⟩, ⟨~(↔)pistol\rifle\machine gun⟩ 양2

852 **re-volv-ing door** [뤼 봐알빙 도어]: 회전문, 교체가 심한, 자주 반복되는, ⟨~ turn-stile⟩, ⟨~(↔)casement door\sliding door⟩ 양1

853　**re-vue** [뤼 뷔유]: re(again)+videre(see), 〈라틴어→프랑스어〉, 〈← review〉, 레뷔, (촌극·춤·무용·음악으로 이루어진) 시사풍자 익살극, 〈~ burlesque\show〉, 〈↔standard\tragedy〉 미2

854　**re-vul·sion** [뤼 붜얼쒼]: re(back)+vellere(pluck), 〈라틴어〉, 되돌아감, 잡아뗌, 극도의 불쾌감, 〈~ repulsion\disgust〉, 〈↔delight\liking〉 양1

855　**re-ward** [뤼 워어드]: 〈← regard〉, 〈게르만어→프랑스어〉, 〈주의해서 지켜본 후에 주는〉 사례금, 보수, 포상, 응보, 보복, 〈~ prize\recompense〉, 〈↔punish\penalty〉 가1

856　***re-ward the vir·tue and pun·ish the vice**: 미덕은 상주고 악덕은 벌하다, 권선징악, 〈~ didactic morality〉, 〈↔한 독자는 이것의 반대말을 '대한민국'이라 함〉 양2

857　**re-wild** [뤼 와일드]: ①포획 동물 등을 자연 서식지로 돌려 보내다, 〈~ return to wild state〉 ②한 지역을 더욱 자연적(야생적) 상태로 바꾸다, 〈~ restore the wild〉 양2

858　**re-wind** [뤼이 와인드]: 〈라틴어+게르만어〉, 되감다, 다시 감다, 〈~ back-track\reverse〉, 〈↔fast forward\proceed〉 가1

859　**Rex** [뤡스]: 〈라틴어〉, '지배하는 자〈king〉', 렉스, 남자 이름, 현 국왕, 〈~ male name\German surname〉 수1 양2

860　***RFC¹**: radio frequency choke, 무선 주파 폐색기, 라디오 파장이 전원이나 접속기에 들어오지 못하게 막는 장치, 〈~ a type of inductor〉 미1

861　***RFC²**: ①Request For Comment, 세계 전산망의 기준을 정한 〈비공식적〉 약속 부호, 〈~ a technical document〉 ②request for comment, 논평을 요청함 수2 미2

862　***RFP**: request for proposal, 제안(흥정) 요청 미1

863　**RGB**: red·green·blue, 빨강·초록·파랑의 3원색 미2

864　**rhab·d(o)~** [뢔브도우~]: 〈'rod'란 뜻의 그리스어〉, 〈막대기 모양(봉상)~〉이란 뜻의 결합사, 〈~ striated〉, 〈↔sphere\circle\spiral〉 양1

865　**rhab·do·vi·rus** [뢥브더 봐이러스]: (막대 또는 총알 꼴을 한) 봉상체 미세 병원균〈수포성구내염·광견병(rabies) 등을 일으킴〉, 〈~ a negative strand of RNA virus〉, 〈~(↔)rota-virus〉 미2

866　**rhap·so·dy** [뢥서디]: 〈← rhaplein(stitch together)〉, 〈그리스어〉, 〈시를 '뜸' 떠 만든〉 랩소디, (음송) 서사시, 광상문(시·곡), 열광적인 문장(시·음악), 〈~ ecstacy\rapture〉, 〈↔misery\woe〉 미1

867　**rhat·a·ny** [뢔터니]: 〈원주민어〉, plant that crawls over the ground, 라타니아(뿌리), (연보라색의 갈래꽃과 도라지 같은 뿌리를 가져 약용이나 포도주 착색용으로 쓰이는) 남미 원산 콩과의 관목〈덩굴식물〉, 〈~ Krameria〉 우1

868　**Rhe·a** [뤼이어]: 〈← era(earth)〉, 〈그리스어〉, 레아 ①여자 이름 ②'하늘'과 '땅'의 딸, 크로노스의 누이 겸 아내, (로마신화에) Ops ③남미와 아프리카에 서식하는 타조 비슷하나 몸이 작고 발톱이 3개인 〈땅에 사는〉 새, 〈~ South American ostrich\cassowary〉 수1

869　**~rhe·a** [~뤼어]: 〈rheo~〉, 〈그리스어〉, flow, (~흐름·유동)을 뜻하는 접미사 양1

870　**Rhee** [리], Syng Man: '오얏〈plum〉 숲에 사는 자', 이승만, (1875-1965), 구한말에 태어났으나 미국에 가 신식공부를 하고 해방 후 귀국해서 초대 대통령이 되었다가 12년 후 학생봉기로 물러난 〈똑똑했으나 고집이 셌던〉 한국의 정치가, 〈~ 1st President of Korea〉 수1

871　**rhe·ni·um** [뤼이니엄]: 레늄, 〈1908년 Rhine 강가에서 발견되었다는 망간과 테크네튬 중간쯤 되는 물질로〉 (젯트기 엔진·휘발유의 옥탄가를 높이는 촉매용 등으로 쓰이는) 은회색의 희유금속원소(기호 Re·번호75), 〈~ a chemical element〉 수2

872　**rhe·o~** [뤼이오우 \ 뤼이어~]: 〈그리스어〉, flow, 〈흐름·유동~〉을 뜻하는 결합사 양1

873　**rhe·sus mon·key** [뤼이서스 멍키]: 〈1799년 프랑스의 한 박물학자가 만든 무작위어〉, 〈그리스어+게르만어〉, (과학실험에 흔히 쓰이는 〈얼굴과 항문 부위가 붉은〉·'트라키아 왕의 이름〈Rhesos; 원숭이를 닮았었는지는 잘 모르겠음〉을 딴'·남아시아산의·흔해 빠진·작은〉 '붉은 털' 원숭이, 벵골원숭이(Bengal monkey), 〈~ rhesus macaque〉 미2

874　**rhet·o·ric** [뤠터륔]: 〈← rhema(word)〉, 〈그리스어〉, 수사(학), 미사여구, 웅변술(설득력), 〈~ orator\eloquence〉, 〈↔un-rhetoric\un-pretentious\plain speech〉 양2

875　**rheu·ma·tism** [뤼우머티즘]: 〈← rheuma(flow)〉, 〈그리스어〉, '점액질의 〈흐름〉에 이상이 있어서 오는 병', 흔히 근·관절에 경직과 통증을 수반하는 질환을 가리키는 〈어정쩡한〉 병명, 〈~ a soft-tissue disorder〉, 〈~ rheumatoid arthritis\regional pain syndrome〉 우1

876 **Rh fact·or** [알 에이취 홱터]: 〈1940년에 등장한 과학용어〉, 적모원숭이(rhesus)인자 (〈대부분 사람과〉 붉은털원숭이의 적혈구막에 있는 항원), 〈~ a surface antigen of RBC〉, 〈~(↔)ABO type〉 유2

877 **rhi·n(o)~** [롸이노우~]: 〈그리스어〉, nose, 〈코·비강~〉의 뜻을 가진 결합사 양1

878 **Rhine** \ Rhein [롸인]: 〈← rheuma(flow)〉, 〈'흐름'이란 그리스어에서 유래한〉 라인강, 〈수많은 전설을 지닌 채〉 알프스에서 시작해서 북해로 들어가는 1,320km짜리 강, 〈~ a major European river〉 수1

879 **rhi·noc·er·os** [롸이나서뤄스]: rhinos(nose)+keras(horn), 코뿔소, 무소, (물과 따뜻한 기후를 선호하는) 코 위에 1~2개의 땅가지와 보호용 뾰족뿔을 가진 하마보다는 말에 더 가까운 거대한 초식동물, 〈tapir은 돼지에 더 가깝고 훨씬 작음〉, 〈~ a pachy-derm〉 미2

880 **rhi·no·plas·ty** [롸이너 플래스티]: 코 성형술, nose job 양2

881 **rhi·no·vi·rus** [롸이노우 봐이뤄스]: (사람에게서만 160여 종이 판명된) 코감기〈common cold〉 미세 병원체, 〈~ an entero-virus〉 미2

882 **rhi·z(o)a~** [롸이죠오우~]: 〈그리스어〉, root, 〈뿌리~〉란 뜻의 결합사 양1

883 **rhi·zome** [롸이좀]: 〈← rhiza(root)〉, 〈그리스어〉, 뿌리줄기, 근경, 〈~ bulb\corm〉 양2

884 **Rhode Is·land** [로우드 아일런드]: 〈해변에 붉은 흙이 많은〉 'red island', 로드 아일랜드, RI, Little Rhody, Ocean State, 〈붉은 단풍으로 물든〉 '해양주', R.I.란 조그만 섬과 그 내륙지방을 합쳐서 1644년에 명명된 미국 북동부(N-E US)의 제일 작은 주, {Providence-2}, 《violet》 수1

885 **Rhode Is·land Red(White)**: 깃털이 적갈색(또는 백색)의 난·육 겸용의 닭, 〈~ dual purpose chicken〉 수2

886 **Rhodes** [로우즈], Cec·il: 〈'장미(rose)촌'이란 그리스어에서 유래한?〉 로즈, (1853-1902), 영국의 국력 신장을 위해 애쓴 금강석 부자·정치가, 〈~ an English mining magnate and politician〉 수1

887 **Rho·de·sia** [로우디이지어]: 로디지아, 1980년대 후반에 Cecil Rhodes가 사서 여왕께 헌납한 아프리카 남부(southern Africa)의 내륙지방으로 북부는 1964년 Zambia로 독립하고 남부는 1965~1979년까지 영국의 식민지로 있다가 1980년 독립되어 Zimbabwe로 개칭된 나라 수1

888 **Rhodes schol·ar·ship**: 8년 만에 옥스퍼드 대학을 졸업한 Cecil Rhodes가 유언을 남겨 1904년부터 세계 각국에서 뽑힌 학생들이 동 대학(Univ. of Oxford)에 유학하도록 지원하는 장학금 수2

889 **rho·do·den·dron** [로우더 덴드뤈]: rhoden(rose)+dendron(tree), 〈그리스어〉, '나무 장미', 만병초, 잎이 '만병 통치제'로 쓰였던 철쭉속의 상록활엽관목, 〈~ azalea〉 미2

890 **rho·do·ra** [로우더어뤄]: 〈← rhododendron〉, 북미산 진달래의 일종, 〈~ Canada rosebay〉 우1

891 **rhom·bus** [룀버스]: 〈← rhembein(whir)〉, 〈그리스의 뺑뺑이 돌리는 기구 이름에서 연유한〉 마름모, (등변)사방형, (직사각형이 아닌) 평행사변형, 〈~ lozenge\diamond\parallelogram〉, 〈↔trapezium은 4변의 길이가 다 다름〉 양2

892 **Rhone** [로운]: 〈'run'과 같은 어원을 가진〉 론 강, 알프스의 '론' 빙하에서 시작해서 제네바를 거쳐 남쪽으로 흘러 지중해로 들어가는 813km짜리 상업용·공업용 강, 〈~ a major river in France and Swiss〉 수1

893 **rhu·barb** [루우바알브]: Rha(Volga)+barbaron, 〈그리스어〉, pie plant, 장군풀, 〈'barbarian'(야민족)이 사는 땅에서 온〉 대황, (잎은 독성이 있고) 연보라색의 줄기·뿌리를 식용·약용으로 쓰는 여뀟(마디풀)과의 여러해살이풀, 〈~ ribes\pie plant〉, 〈~(↔)burdock〉 미2

894 **rhyme** \ rime [롸임]: 〈← rhein(흐르다)〉, 〈그리스어〉, 운, (시에서) 반향·반복하는 소리, 〈→ rhythm〉, 〈~ cadence\tune〉, 〈↔dissonance\prose〉 양2

895 **rhythm** [뤼듬]: 〈그리스어→영국어〉, 〈← rhyme〉, 율동, 주기적 반복(순환), 음률, 격조, 〈소박한〉 피임주기, 〈~ flow\tempo\pattern〉, 〈↔stillness\randomness\cacophony〉 양1

896 **ri·al·to** [뤼앨토우]: 〈라틴어〉, rivus altus〈수심이 깊은 곳〉, 거래소, 시장, 극장가, R~; 베네치아의 상업지구, 〈~ agora\forum〉, 〈↔boutique〉 양2 수1

897 **rib** [륍]: 〈← ribb〉, 〈게르만어〉, '갈빗살', 갈빗대, 늑골, 이랑, 뼈대, 〈우산의〉 살, 〈옆구리를 찌르며〉 놀리다, 〈~ coast\tease〉 가1

898 **rib·bit (-rib·bit)** [뤼빝 (-뤼빝)]: 개굴(개굴) 개구리 울음소리, 〈~ frog's croaking sound〉 미2

899 **rib·bon** [뤼번]: 〈← riban(band)〉, 〈프랑스어〉, (장식) 띠, 끈, 오라기, 휘장, 〈~ strip\strap〉, 〈↔medal〉 미1

900 **rib·bon bar¹** [뤼번 바아]: '띠 훈장', 정식 훈장 대신 띠의 크기와 색깔로 대신한 〈약식〉 훈장, 〈~ service ribbon〉 우2

901 *****rib·bon bar²** [뤼번 바아]: '띠 막대', (빠른 검색을 위해 전산기 차림표 밑에 늘어선) 그림 문자들의 배열, 〈~ a set of tool-bars〉 우2

902 **rib·bon worm** [뤼번 워엄]: 띠(끈) 벌레, 유형동물, 가늘고 긴 주둥이로 먹이를 둘러싸서 잡아먹는 지렁이 비슷한 동물의 총칭, 〈~ proboscis worm〉 미2

903 **ri·bes** [롸이비이즈]: 〈← ribas〉, 〈아랍어〉, (북반구 온대 지방에 서식하며 야생 과일을 맺는) 범의귓과 까치밥나무속의 관목들, 〈~ rhubarb〉 우1

904 **rib eye** [륍 아이]: 꽃등심, (지방층과 근육층이 꽃 모양이나 눈알 모양을 하고 있는) 〈6번째와 12번째 사이〉 늑골 밖의 큰 고깃덩어리, 〈~ beauty steak〉 미2

905 **ri·bo·some** [롸이버소움]: 〈← arabinose(5-carbon sugar)〉, 〈영국어〉, 〈← ribonucleic acid〉, '핵산체', (세포 안에서) RNA의 지시에 따라 단백질을 만들어 내는 미세기구, 〈↔mito-chondrion〉 양2

906 **Ri·car·do** [뤼카알도우], Da·vid: 〈'Richard'의 스페인어〉, 리카도, (1772-1823), 〈약관에 주식거래로 떼돈을 벌고〉 자유(시장)경쟁의 원칙을 내세워서 후학들에게 많은 영향을 끼친 영국의 '고전 경제학자', 〈~ a British political economist〉 수1

907 **rice** [롸이스]: 〈← vrihi〉, 〈산스크리트어→이란어→그리스어(oryza)〉, 쌀, 벼, 밥, '미', 〈~ a cereal grain〉, ⇒ bab 가2

908 **rice ball** [롸이스 버얼]: 주먹밥, '오니기리' (깨·소금을 섞은 밥 덩어리를 김으로 싼 일본 요리), 아란치니(고기가 섞인 밥 덩어리를 빵가루에 묻혀 기름에 튀긴 이탈리아 요리), 〈~ onigiri\arancini〉 미2

909 **rice bird** [롸이스 버어드]: 〈bobolink·자바참새 등〉 쌀먹이새(참새·제비) 미2

910 **rice bran** [롸이스 브랜]: 〈섬유 및 각종 원기소와 항산화제를 많이 포함하고 있는〉 쌀겨, 〈~ outer layer of brown rice〉 가1

911 **rice cake** [롸이스 케이크]: 떡, 쌀과자 가1

912 **rice pad·dy** \~ pad-di [롸이스 패디]: (벼) 논, 벼 못자리, 〈~(↔)rice field〉 가1

913 **rice pud·ding** [롸이스 푸딩]: 우유·쌀가루·설탕을 섞은 푸딩(달고 아주 연한 과자), 〈~ creamy mixture of rice and milk〉 우1

914 **Rice U·ni·ver·si·ty**: 라이스 대학, 1912년(집사와 개인 변호사에 의해 살해된) 부동산 개발업자 William M. Rice〈열렬한 자〉의 유언에 의해 텍사스 휴스턴(Houston)에 세워진 연구 중심의 사립대학, 〈~ a private research univ.〉 수1

915 **rice wa·ter** [롸이스 워어터]: (쌀) 미음, '쌀 차', 〈~ rice elixir〉, 〈~(↔)congee〉 가1

916 **rice wee·vil** [롸이스 위이블]: (쌀)바구미〈주둥이가 삐죽 나온 작은 벌레〉, 〈~ blak weevil〉 가1

917 **rich** [뤼취]: 〈← richi(powerful)〉, 〈게르만어〉, '힘이 있는', 부유한, 부자의, 많은, 풍부한, 짙은, 강한, 〈~ wealthy\affluent〉, 〈↔poor\meager〉 가2

918 **Rich·ard** [뤼춰드]: rik(ruler)+hardu(strong), 〈프랑스어〉, 리쳐드, '강자' ①남자 이름(male name) ②〈모두 참혹한 죽임을 당한〉 1189~1485년간 영국을 통치했던 3명의 국왕(English kings) 수1

919 **rich-ces·sion** [뤼치 쎄션]: rich+recession, (저임금 일자리는 풍부한 반면 고임금 일자리 감원 및 주가 급락 등으로 오는) 부유층의 경기후회, 〈~ recession for white-collar workers〉 양2

920 **Rich-mond** [뤼취먼드]: rich+mountain, '풍요한 언덕', 리치먼드, 1742년경부터 런던 교외의 마을 이름을 딴 교역 도시로 시작해서 1779년 버지니아의 주도가 됐고 남·북 전쟁 중 남부연방의 수도 역할을 했던 미국의 역사적인 도시, 〈~ Capital of Virginia〉 수1

921 **Rich·ter-scale** [뤼터 스케일]: 리히터(진도) 눈금, 1935년 미국의 Charles Richter〈'judge'라는 뜻의 게르만어〉에 의해 고안된 숫자가 한 번 올라갈 때마다 10배의 파괴력을 나타내는 1~10까지의 지각 진동 규모, 〈~ quantitative measure of an earthquake's magnitude〉 수2

922 ***rich text** [뤼취 텍스트]: '짙은 문본', 강조하거나 특수효과를 내기 위한 암호를 보유하는 문본, 〈~ formatted (or enhanced) text〉, 〈↔plain text〉 우2

923 **ri·cin** [롸이신 \ 뤼신]: 〈← ricinus〉, 〈어원 불명의 라틴어〉, (피마자〈castor bean〉에서 채취한) 백색의 유독〈toxic〉한 가루 우1

924 **rick·ets** [뤼킽츠]: ⟨← rachitis ← rhakhis(spine)?⟩, ⟨어원 불명의 그리스어⟩, 곱사등, (칼슘과 비타민D의 대사장애로 사람의 등이 개의 등같이 굽는) 구루병, 골연화(증), ⟨~ vitamin D deficiency⟩ 미2

925 **rick·ett·si·a** [뤼켙시어]: ⟨그 병균을 처음 발견하고 그 병으로 죽은 미국 병리학자의 이름(Ricketts)을 딴⟩ 리케차, (발진티푸스 등의 병을 일으키는) 세균과 바이러스 중간의 미생물, ⟨~ a non-motile, gram-negative, non-spore-forming, pleomorphic bacteria⟩, ⟨~(↔)true bacteria\virus⟩ 우1

926 **rick·et-y** [뤼키티]: 구루병에 걸린 것 같은, 망그러질 듯한, 허약한, 낡아 빠진, ⟨~ broken\decrepit⟩, ⟨↔pristine\sturdy\sound²⟩ 양2

927 **rick-ey** [뤼키]: ⟨이것을 '발명'하는 데 일조했다는 미국 정치 거간의 이름(Rickey)을 딴⟩ 탄산수에 진과 라임 과즙을 섞은 술, ⟨술꾼인 편자도 gin and tonic과 구별하기 힘든⟩ 혼합주(cocktail) 우1

928 **rick·y-tick** [뤼키 팈]: ⟨영국어→미국어⟩, ⟨의성어⟩, (1920년대에 미국에서 유행했던) 빠르고 규칙적인 박자의 재즈, 케케묵은, ⟨~ hurly-burly\hootchy-kootchy⟩, ⟨↔brand-new\fresh⟩ 우1 양2

929 **ri·cot·ta** [뤼카터]: ⟨이탈리아어⟩, re·cooked, 리코타, '재탕 치즈', ⟨소·양·염소 등의 젖에서 기름·담백질을 제거한⟩ 이탈리아의 부드러운 우유 더껑이, ⟨~ Italian whey cheese⟩ 우1

930 **rid** [뤼드]: ⟨← hrjoda(clear)⟩, ⟨북구어⟩, 해방하다, 면하게 하다, '제거하다', ⟨~ clear\free⟩, ⟨↔keep\retain⟩ 가1

931 **rid·den** [뤼든]: ride의 과거분사, 탄, 뜬, ⟨~ sit on\mounted⟩, ⟨↔stay\free⟩ 양1

932 **rid·dle¹** [뤼들]: ⟨← radisle(guess)⟩, ⟨게르만어⟩, 수수께끼, 알아맞히기, ⟨read하기 힘든⟩ 난문제, ⟨~ conundrum\puzzle⟩, ⟨↔revelation\simplicity⟩ 가1

933 **rid·dle²** [뤼들]: ⟨← hritaron(sift)⟩, ⟨게르만어⟩, 굵은 채, 어레미, 도드미, 구멍투성이로 만들다, 자세히 조사하다, 찍소리 못하게 하다, ⟨~ sieve\perforate⟩, ⟨↔soothe\harmony\explanation⟩ 우1

934 **ride** [롸이드]: ⟨← ridan(sit on)⟩, ⟨게르만어⟩, 타다, 타고 가다, 뜨다, 떠오르다, 극복하다, 편승하다, 신발(운동화), ⟨~ road⟩, ⟨~ mount\transport⟩, ⟨↔settle\discourage\fail⟩ 미2

935 *__ride app__ [롸이드 앺]: 전산망을 통한 운송수단, (Uber나 Lyft같이) 전산망을 통해 영업하는 개인택시, ⇒ app ride 우2

936 **rid-er** [롸이더]: 타는 사람, 기수, 추서, 특약, 첨부 서류, 보완 조항, 응용문제, ⟨~ passenger\addendum\supplement⟩, ⟨↔vehicle\walker\pre-face\freedom\choice\emancipation⟩ 양1

937 **ridge** [륃쥐]: ⟨← hrycg(back)⟩, ⟨게르만어⟩, 산마루(등성이), 등(마루), 융기, 이랑(두둑), ⟨→ rand⟩, ⟨~ edge\hill-side\slope⟩, ⟨↔plain\base\bottom⟩ 양1

938 **rid·i·cule** [뤼디큐울]: ⟨← ridere(laugh)⟩, ⟨라틴어⟩, 비웃음, 조롱, 놀림, ⟨~ mockery\derision⟩, ⟨↔praise\respect⟩ 양2

939 **ri·dic·u·lous** [뤼디큐러스]: 우스운, 어리석은, 엉뚱한, 어처구니(맷돌 위의 손잡이) 없는, ⟨~ langhable\absurd⟩, ⟨↔serious\reasonable⟩ 가1

940 *__rid-ing a bike__ [롸이딩 어 바이크]: 자전거 타기, 아주 쉬운 일, 익숙해진 일, 식은 죽 먹기, ⟨~ no sweat\piece of cake⟩, ⟨↔arduous\impossible⟩ 양1

941 **rid-ing shot-gun** [롸이딩 샽건]: riding shotty, (서부 개척 시대에) 마부와 동승한 역마차 호위, 동승 경호원, 조수석에 탄 사람, ⟨~ coach gun\body-guard⟩, ⟨↔rider⟩ 우1

942 **Ries·ling** [뤼이즐링]: ⟨어원 불명의 게르만어⟩, 리슬링, (주정농도가 낮고 상큼한 맛의) 라인⟨Rhine⟩지방 원산의 백포도주, ⟨~ dry semi-sweet white-wine⟩, ⟨~(↔)Moselle⟩ 수2

943 **rif \ riff** [뤼후]: ⟨'reduction in force'의 약어라고도 하는⟩ 20세기 중반에 등장한 영국어⟩, 그만두게 하다, 격하시키다, 반복악절(refrain), ⟨↔promote\emit⟩ 양2

944 **rife** [롸이후]: ⟨← rifr(abundant)⟩, ⟨북구어⟩, (나쁜 병이) 유행하는, '충만한', (소문이) 자자한, ⟨~ wide-spread\extensive\ubiquitous⟩, ⟨↔scarce\unknown⟩ 양2

945 **rif·fle** [뤼훌]: ⟨← ruffle(entangle)?⟩, ⟨영국어⟩, 잔물결, 얕은 여울, (카드를) 두 몫으로 나누어 두 손으로 튀기며 엇갈리게 섞기, ⟨~ rough\ruffle⟩, ⟨~ ripple\roil⟩, ⟨↔calm\arrange⟩ 양1 우1

946 **ri·fle** [롸이훌]: ⟨← rifler(plunder)⟩, ⟨게르만어⟩, ⟨약탈용⟩ 라이플, (1500년경부터 유럽에서 개발된 총열 내부에 '홈이 패어있어' 회전운동이 생기고 정확성이 증가한) 선조총, (강선) 소총, ⟨~ musket\smooth-bore⟩, ⟨~(↔)revolver⟩ 우2

947 **ri·fle bird** [롸이훌 버어드]: 〈우단 같은 깃털이 영국의 소총(rifle)여단의 군복과 비슷한〉 소총새, '두우두우', '긴 부리 검은 바람새' (부리와 꼬리가 길고) 수컷은 암청색·암컷은 연갈색을 띤 한 뼘 남짓한 바람에 떠다니는 오스트레일리아 원산의 '극락조'〈bird of pradise〉 우

948 **rift** [뤼후트]: 〈← rifva(cleft)〉, 〈북구어〉 ①째진 틈, 균열, 단층, 〈~ crack\split〉, 〈↔connection〉 ②〈물이 갈라지는〉 여울, 급류, 〈~ falling out\torrent〉, 〈↔harmony〉 양1

949 **rig** [뤼그]: 〈← rigga(ship)〉, 〈15세기 말에 등장한 어원 불명의 북구어〉 배가 출발 준비를 차리다, 몸차림, 장비, 임시변통, 속임수, 〈~ equip\gear\gig〉, 〈↔strip\honesty〉 양1

950 **rig·a·doon** [뤼거두운]: 〈아마도 그 곡을 창시한 사람 이름(Rigaud)에서 연유한 프랑스어〉, 〈프랑스 군대에서 파렴치범을 옷을 벗겨 처벌할 때 군악대가 연주하던 곡조에서 유래한〉 17~18세기에 유행했던 경쾌한 2인 무도(극), 〈~ a lively dance〉 우1

951 **rig·a·to·ni** [뤼거 토우니]: (맛내기가 잘 스며들도록) 속이 빈 짧고 이랑진〈ridged〉 이탈리아 국수, 〈~ tube shaped pasta with ridges〉 우1

952 **right** [롸읻]: 〈← riht(just)〉, 〈게르만어〉, 〈우세한 쪽에서 정의하는〉 올바른, 정당한, 곧은, 정확한, 적절한, 오른쪽의, 바로, 권리, 우(보수)파〈프랑스 국왕의 오른쪽에 앉았던 국회의원들〉, 〈~ law\straight〉, 〈~ dexter\conservatism〉, 〈↔left²\wrong\oblique〉, 〈옳다는 개념은 선천적인가 후천적인가?〉 양2

953 **right an·gle** [롸읻 앵글]: 직각, 〈~ perpendicular〉, 〈~(↔)square〉, 〈↔oblique angle〉 가1

954 **right arm** [롸읻 아앎]: 오른팔, 심복, 〈~ second-self〉, 〈↔left arm\antagonist〉 가1 양1

955 *__right as rain__ [롸읻 애즈 뤠인]: 〈음이 맞아서 만들어진 말〉, 아주 건강한, 아주 순조로운, 아무 걱정이 없는, 〈~ hunky-dory\tip-top〉, 〈↔false\flawed〉 양2

956 *__right-click__ [롸읻 클릭]: 오른쪽 째깍, 우측 선택, 어떤 항목의 2차적·부수적 성질을 검색하는 단추 누름, 〈~ secondary click〉, 〈↔left-click〉 우2

957 **right-eous** [롸읻춰스]: 올바른, 당연한, 대단한, 잘난 체하는, 〈~ moral\virtuous〉, 〈↔un-just\wicked〉 양1

958 **right face** [롸읻 풰이스]: 오른쪽을 바라보라, '우향우!', 〈~ a military command〉, 〈↔left face〉 양1

959 **right-field** [롸읻 휘일드]: (타자의 오른쪽에 해당하는) 우익, 우익수의 수비 위치, 〈~ out-field〉, 〈↔left-field\in-field〉 양2

960 *__right–jus·ti·fy__ [롸읻 줘스티화이]: '우측 정돈'(오른쪽으로 가지런히 한 타자·인쇄), 〈~ aligned to the right〉, 〈↔left justify〉 미2

961 **right-on** [롸읻 어언]: 전적으로 옳은, 사정에 밝은, 정확한, 〈~ pertinent\sharp〉, 〈↔absolutely wrong\stupid〉 양1

962 **right of pri·mo·gen·i·ture** [롸읻 어브 프라이모우 줴니춰]: 장자〈oldest son〉 상속(권), 〈↔partial (equal) inheritance〉, 〈↔right of ultimo-geniture〉 양2

963 **right of way** [롸읻 어브 웨이]: 통행권, (교통상의) 선행권, 〈~ precedence\priority〉, 〈↔yield〉 양1

964 **right whale** [롸읻 웨일]: 〈잡을 만한 가치가 있는〉 참고래, 집채만 한 덩치를 가지고 찬물에 서식하며 사냥감으로 인기가 있던 수염이 달린 고래, 〈~ bow-head\Greenland whale〉 미2

965 **right-y** [롸읻티]: 오른손잡이(의), 우완 투수, 보수주의자, 〈~ dextra\conservative〉, 〈↔lefty〉 양2

966 **rig·id** [뤼쥗]: 〈← rigere(stiff)〉, 〈라틴어〉, '똑바른', 굳은, 단단한, 완고한, 엄밀한, 〈~ rigor〉, 〈~ hard\fixed〉, 〈↔flexible\plastic\yudori〉 양1

967 **rig·(a)·ma·role** [뤼그(거)머로울]: 〈영국에서 유행했던 시를 적어놓은 두루마리(ragman roll) 놀이에서 유래한〉 시시한, 장황한, 조리없는, 〈~ bunk\hokum〉, 〈↔significant\meaningful〉 양2

968 **rig·or \ rig·our** [뤼걸]: 〈← rigere(stiff)〉, 〈라틴어〉, '똑바로 적용함', 엄(격)한, 어려움, 곤궁, 혹독함, 경직, 오한, 〈~ rigid〉, 〈~ accuracy\harsh-ness\Spartan〉, 〈↔calm\flexible\lax〉 양1

969 **rile** [롸일]: 〈영국어〉, 〈← roil〉, (액체를 섞어) 흐리게 하다, 짜증나게 하다, 〈~ irritate\provoke〉, 〈↔soothe\conciliate〉 양1

970 **rill** [뤼일]: 〈게르만어〉, rivulet, 시내, 세류, 〈↔river\ebb〉 양2

971 **rim** [뤼임]: 〈← rima(edge)〉, 〈영국어〉, 테, 가장자리, 언저리, (농구) 골망을 걸친 둥근 테〈공 바구니테; 한국에서는 '링'이라고 발음하기도 함〉, 〈~ ridge\edge\verge〉, 〈↔center\interior〉 가1

| 972 | **rime** [롸임]: 〈← hrim(hoar-frost)〉, 〈게르만어〉, 서리, 무빙(안개 얼음), 〈~ ice crystal\freeze〉, 〈↔heat\sweat〉 양2

| 973 | **rind** [롸인드]: 〈← rinde(coating)〉, 〈게르만어〉, 껍질, 외피, 외견, 껍질을 벗기다, 〈~ rend\peel〉, 〈~ crust〉, 〈↔core\pulp〉 가1

| 974 | **ring¹** [륑]: 〈← hring(circular band)〉, 〈게르만어〉, 고리, 바퀴, 반지, 원(환), 도당, 경기장, 〈~ rank〉, 〈~ band\circle〉, 〈↔line\square\individual〉 양1

| 975 | **ring²** [륑]: 〈← hringan(bell sound)〉, 〈게르만어〉, 〈의성어〉, 울리다, 부르다, 전화를 걸다, 〈~ call\buzz〉, 〈↔silence\thud〉 양1

| 976 | *****ring a bell** [륑 어 벨]: (어렴풋이) 기억나다, 들은적이 있다, 〈~ bring to mind〉, 〈↔calm\forget〉 양2

| 977 | **ring-dove** [륑 더브]: '목 띠 비둘기', (목덜미에 반원의 까만 띠가 있고 아프리카의 숲에 사는) 산비둘기, 〈~ turtle-dove\wood-pigeon〉 미2

| 978 | **Ring-er's so·lu·tion** [륑거즈 설루우션]: 링거액, (개구리 심장의 보존을 위해 1880년대 초 영국 의사 Sydney R~〈종 제작자\종지기〉가 고안해낸) 각종 전해질을 섞어 만든 동물의 체액과 '동질'의 용액으로 보양·강장의 효과는 없음, 〈~ sodium lactate solution〉 수2

| 979 | **ring fin·ger** [륑 휭거]: '반지 손가락', (전통적으로 결혼반지를 끼는) 왼손의 '넷째' 손가락, (약을 젓던) 약손가락, (예전에는 이름이 없던) 무명지, 〈~ third finger(영어에서는 thumb은 손가락으로 쳐주지 않음)〉 양1

| 980 | **ring·git** [륑 깉]: MYR, 〈jagged(serrated edges)란 뜻의 말레이어〉, 말레이시아의 화폐단위, = 100Sen, 〈~ official currency of Malaysia〉 수2

| 981 | **ring-hals** [륑 핼스]: 〈게르만어〉, ring+throat, (남아프리카산으로 목에 1~2개의 흰 띠를 가지고 있고 독을 뱉어내는 커다란) 독물총코브라, 〈~ spitting snake〉 미2

| 982 | **ring–lead·er** [륑 리이더]: '도당의 우두머리', 단장, 주모자, 〈~ chieftain\master-minded〉, 〈↔follower\pawn〉 양2

| 983 | **ring-let** [륑 릳]: ①작은 고리, 〈~ coil〉 ②(머리에서 흘러 내리는) 〈비튼〉 곱슬머리, 〈~ cork-screw curl〉 양1 우2

| 984 | **ring-neck snake** [륑 넼 스네이크]: (북미대륙〈N. America〉에 서식하며 목에 띠가 있고 독이 없는〈harmless〉 조그만) 목도리뱀, 〈~ garter snake〉 미2

| 985 | **ring road** [륑 로우드]: 환상도로, 순환도로, 〈~ circular road\loop〉, ⇒ belt way 양2

| 986 | **ring span·ner** [륑 스패너]: '환상 돌리개', box wrench, 나사에 맞게 모난 구멍이 뚫린 돌리는 공구 우1

| 987 | **ring-tail** [륑 테일]: (북미대륙 남부에 서식하며 긴 꼬리에 다수의 고리 무늬를 가진 고양이 비슷한) '고리꼬리' 너구리, 겁쟁이, 성마른 사람, 〈~ miner's cat\civet cat\raccoon〉, 〈~ a grouchy individual〉, 〈↔cosmopolitan〉 미2 양2

| 988 | **ring-worm** [륑 워엄]: 도장 부스럼, 쇠버짐, 흰버짐, 백선, 완선, '기계충', 곰팡이에 의한 전염병으로 몸에서는 붉은 도장 모양으로 머리에서는 백태가 끼는 양상을 함, 〈~ tinea\dermato-phytosis〉 미2

| 989 | **rink** [륑크]: 〈← ranc(row)〉, 〈프랑스어〉, (지치기·공치기 등의) 경기장, ('주로 선을 따라 움직이는') 넓고 평편한 운동장, 〈~ row\rank〉 우1

| 990 | *****RINO** [롸이노우\뤼노]: 〈1990년대 신조 미국어〉, Republican in name only, 〈코끼리가 아닌〉 '코뿔소' 공화당원, 자유주의적 공화당원, 〈~(↔)DINO〉 미2

| 991 | **rinse** [륀스]: 〈← recens(fresh)〉, 〈라틴어→프랑스어〉, 헹구기, 씻어내기, 가시기, 〈~ wash\clean〉, 〈↔dry\dirty〉 가1

| 992 | *****rin·sta** [륀스타]: real instagram(진계정), 〈fake instagram(가계정)에 대항해서 쓰는〉 정상적인 instagram(즉석사진) 우2

| 993 | **Rio de Ja·nei·ro \ Rio.** [뤼이오 데이 저네어로우]: 〈포르투갈어〉, 리우데자네이루, 〈1503년 1월에 서양인에 의해 발견됨〉 '1월의 강(river of January)', 1565년 포르투갈 군대에 의해 세워진 〈경치 좋고 놀기 좋은〉 브라질 남·동부의 상항·옛 수도, 〈~ a huge sea-side city in Brazil〉 수1

| 994 | **Rio Gran·de** [뤼이오 그랜디]: 〈스페인어〉, 리오그란데, (멕시코의 동쪽〈N-E Mexican border〉에서 미국과 국경을 이루는 3,034km짜리) '거대한 강(great river)', 〈~ Mexico에서는 Rio Bravo라 함〉 수1

| 995 | **ri·ot** [롸이엍]: 〈← rioter(violent)〉, 〈어원 불명의 프랑스어〉, 폭동, 소동, 혼란, 〈~ rebel²\revolt〉, 〈~ uprising\insurgence〉, 〈↔calm\truce\obedience〉 가1

996 **ri·ot squad** [롸이엍 스콰드]: 폭동 진압대, 경찰 기동대, 〈~ assault team〉, 〈↔patrol-man〉 양2

997 ***RIP (rest in peace)**: 고이 (명안히) 잠드소서 양2

998 **rip** [뤂]: 〈어원 불명의 영국어〉, rough tear, 찢다, 쪼개다, 떼어내다, 군살을 빼다, 〈~ slit\burst〉, 강타하다, 〈↔mend\sew〉 양1

999 **ri·par·i·an** [뤼페어리언]: 〈← ripa(bank)〉, 〈라틴어〉, 강 기슭의, 호수가의, 〈~ riverline〉, 〈~(↔)littoral〉, 〈↔inland\ocean〉 양2

1000 **ripe** [롸이프]: 〈게르만어〉, ready for reaping, 여문, 익은, 원숙한, 고령의, 곪은, 〈~ reap〉, 〈~ mature\aged〉, 〈↔un-ripe\green\young\rare²〉 양1

1001 **Rip·ley** [뤼플리], Tom: ripel(strip of land)+leah(wood), 〈영국어〉, '숲을 개간하는 자', 리플리, 친구로 가장해서 갑부의 아들을 죽이고 그 역을 대신하다 자신이 누구인지 혼란에 빠진 〈유능한〉 반사회적 연쇄 살인범 (범죄 심리소설의 주인공), 〈~ a career criminal\a fictional psycho-path〉 수2

1002 ***rip-off** [뤂 어어후]: 〈영국어→미국 속어〉, 도둑질, 사취, 사기, 바가지 씌우기, 〈cheat\swindle\hood-wink〉, 〈~ over-charge\up-sale〉, 〈↔gift\offering〉 양2

1003 **ri·poste** [뤼포우스트]: re+spondere(pledge), 〈라틴어〉, 〈← re·spond〉, 되 찌르기, 재치있는 말대꾸, 날카로운 반격, 〈~ retort\retaliation〉, 〈↔ask\challenge〉 양2

1004 **rip-ping bar** [뤼핑 바아]: pinch bar, (한쪽 끝이 갈라져 못뽑기를 겸한) 노루발 지레, (뾰족한 돌기와) 받침이 달린 지렛대, 〈~ pry (or crow)-bar〉 미2

1005 **rip·ple** [뤼플]: 〈← rip?〉, 〈영국어〉, 잔물결, 파문, 굴곡, 작은 여울, 〈~ riffle〉, 〈~ wavelet\undulate〉, 〈↔ebb\sink〉 양1

1006 **rip saw** [뤂 써어]: 내릴톱, 〈찢어내리 듯〉 세로로 켜는 톱, 〈~ split-saw, R~; 주로 정찰용으로 쓰이는 미 육군의 무인·경전차(탱크), 〈~ unmanned ground combat vehicle〉 미2 수2

1007 **rip-stop** [뤂 스탚]: '파열 방지', (일정한 간격으로 꼬임실을 써서) 찢어지는 것을 막도록 짠 (천), 〈~ tear-proof〉 우1

1008 **rip strip** [뤂 스트뤂]: tear strip, (담뱃갑·깡통 등을) 뜯는 띠, 〈~ tear tape\tear-off ribbon〉 미2

1009 **Rip Van Win·kle** [뤂 밴 윙클]: person out of touch, (소설의 주인공 이름에서 연유한) 시대에 뒤떨어진 사람 우2

1010 ***RISC** [뤼스크]: reduced instruction set computer, '감소 명령체제 전산기', (속도를 빨리 내기 위해) 간단한 연산 명령만 설치된 기본 전산기, 〈↔CISC〉 우1

1011 **rise** [롸이즈]: 〈← risan(get up)〉, 〈게르만어〉, 일어나다, 오르다, 늘다, 생기다, 상승, 발생, 바지의 외 솔기와 내 솔기의 길이 차이, 〈→ raise〉, 〈~ rear²〉, 〈~ ascend\hike〉, 〈↔fall〉 양1 우1

1012 **rise and shine** [롸이즌 샤인]: (잠자리에서) 일어나 정신 차려라, 일어나 움직여라, 〈~ arise\roll out〉, 〈↔hit the sack\sleep tight〉 양2

1013 **ris-en** [뤼즌]: rise의 과거분사, 오른, 일어난 양1

1014 ***ris-er** [롸이져]: 일어서는 사람, 계단의 수직면, '상승판'(더 상세한 정보를 얻기 위해 모판에 수직으로 끼워 넣는 조그만 회로판), 〈~ altar\scaffold〉, 〈↔faller〉 양1 우1

1015 ***ris-ing tide lifts all boats**: 〈← '수장선고'란 중국 속담〉, 〈1963년 케네디 대통령의 연설에 사용된 경제용어〉, 경기 부양은 모두에게 이익을 준다, 〈~ success benefits every-one around〉, 〈↔falling tide sinks all ships〉 양2

1016 **risk** [뤼스크]: 〈← riscus(hazard)〉, 〈어원 불명의 라틴어→이탈리아어〉, 위험, 모험, 우려되는 투자(고객), 〈~ danger\chance\peril〉, 〈↔safety\security〉 가1

1017 **ri·so·ni** [뤼죠우니]: 〈이탈리아어〉, 〈커다란 rice 모양의〉 리소니, 〈~ short-cut pasta〉, ⇒ orzo 우1

1018 **ri·sot·to** [뤼써어토우]: 〈이탈리아어〉, 〈← rice〉, 리소토, '쌀·양파·닭고기를 섞은 걸쭉한 볶음밥, 〈~ Italian fried rice〉 우1

1019 **ris·sole** [뤼쏘울]: 〈← russus〉, 〈라틴어→프랑스어〉, 〈← red〉, 리솔, 고기만두, 만두피 속에 다진고기를 넣어 기름에 튀긴 〈불그스름한〉 요리, '동그랑땡', 〈~ meat fritter〉 미2

1020 **ri·tar·dan·do** [뤼타알 다안도우]: 〈이탈리아어〉, 〈← re·tard〉, 리타르단도, 〈능동적으로〉 점점 느리게, 〈rallentando는 '수동적'으로 점점 느리게〉, 〈이것은 speed를 decrease하는 것이고 allargando는 speed는 줄이는 대신 volume은 increase하는 것임〉, 〈↔accelerando〉 미2

1021 **rite** [롸이트]: 〈← ritus〉, 〈라틴어〉, 〈re·ligious한〉 의례, 의전, 관례, 〈→ ritual〉, 〈~ ceremony\observance〉, 〈↔non-observance\non-celebration〉 가1

1022 **Rite Aid** [롸이트 에이드]: 〈규범(righteous)에 따른 구호〉, 라이트 에이드, 1962년에 설립되어 1968년 현재명으로 개칭되어 잘나가다가 회계 부정 등으로 인한 침체기를 맞아 Walgreen에게 많은 가게를 팔고 나서 하항길을 가고 있는 미국 굴지의 약국·편의 연쇄점, 〈~ an American drug-store chain〉 수2

1023 **ri·ten·u·to** [뤼터 누우토우]: 〈이탈리아어〉, 〈← re·tain〉, 리테누토, 즉시 속도를 늦추는, 〈~ sudden change to slower tempo〉, 〈↔increasing\maximizing〉 우2

1024 **ri·tor·nel·lo** [뤼터 넬로우]: 〈이탈리아어〉, 〈← re·turn〉, 리토르넬로, 반복되는 악절, 짧은 기악 간주곡, 〈~ recurring musical section〉, 〈↔whole\key theme〉 우2

1025 **rit·u·al** [뤼츄얼]: 〈라틴어〉, 〈← rite(formal)〉, 의식의, 관례의, 판에 박은, 〈~ ceremonial\habitual〉, 〈↔discord\neglect〉 양2

1026 **Ritz** [뤼츠]: 〈Richard \ Heinrich〉, 〈게르만계 이름〉, '용감한 자' \ '가장', 리츠 ①사람 이름, 〈~ an English sur-name〉 ②1934년부터 미국의 Nabisco 회사가 출시하는 〈달지 않은〉 양과자(cookie) 수1

1027 **ritz** [뤼츠]: 〈리츠 호텔 같은〉 최고급, 호화판, 과시, 허세, 〈~ luxurious\lavish〉, 〈↔plain\modest〉 양1

1028 **Ritz Carl·ton** [뤼츠 카알턴]: 〈스위스 호텔업자 Cesar Ritz의 이름을 딴〉 리츠 칼튼, 1983년 미국에서 창립되어 현재 Marriot International이 관리하고 있는 130여 개의 국제적 고급 여관업 연쇄점, 〈~ an American luxury hotel chain〉 수1

1029 **ri·val** [롸이벌]: 〈← rivus〉, 〈라틴어〉, 맞수자, 경쟁자, 대항자, (강〈river〉의 물줄기를 두고) 서로 다투는 적수, 〈~ competitor\opponent〉, 〈↔patner\ally〉 양2

1030 **rive** [롸이브]: 〈← rifa(tear)〉, 〈북구어〉, 찢다, 쪼개다, 잡아 뜯다, 〈~ rend\split\rupture〉, 〈↔abduct\repel\repair〉 양2

1031 **riv·er** [롸이붜]: 〈북구어〉, 〈← rive〉, 쪼개는(찢는) 사람·도구, 〈~ splitter〉, 〈↔joiner〉 우1

1032 **riv·er** [뤼붜]: 〈← ripa(bank¹)〉, 〈라틴어〉, 강, 다량의 흐름, 내, 하천, 〈인류의 젖줄〉, 〈~ Riviera〉, 〈→ rivulet〉, 〈~ water-way\stream〉, 〈↔mountain\sea〉 가1

1033 **riv·er-bank** [뤼붜 뱅크]: 강기슭, 강둑 가1

1034 **riv·er-ba·sin** [뤼붜 베이슨]: 강 유역, 하천 집수지 가1

1035 **riv·er-bed** [뤼붜 베드]: 강상, 하천 바닥(하상) 가1

1036 **riv·er-front** [뤼붜 후뤈트]: 강변 지대, '강 앞' 가1

1037 **riv·er-head** [뤼붜 헤드]: 원류, 강의 수원(지), 〈~ head-waters (or stream)\tributary〉, 〈↔estuary〉 가1

1038 **riv·er horse** [뤼붜 호올스]: hippopotamus, 하마 가1

1039 **riv·er-line** [뤠붜 라인 \ 뤼붜 뤼인]: 강(가)의, 강변에 사는, 〈~ riparian〉 가1

1040 **Riv·er-side** [뤼붜 싸이드]: 리버사이드, 1883년 Santa Ana 강가에 설립되어 근래에 인구가 많이 증가된 미국 LA 동쪽(S-E of LA)에 자리 잡은 위성도시, 〈~ an Inland Empire〉 수1

1041 **riv·er val·ley** [뤼붜 밸리]: 하곡, 강 계곡 가1

1042 **riv·et** [뤼븥]: 〈← ripa(bank¹)〉, 〈라틴어→프랑스어〉, 〈← ripare(repair)〉, 대갈못, (2개의 판목을 연결하기 위한) 한쪽은 못·한쪽은 접수구가 있는 쇠붙이〈screw보다 훨씬 견고함〉, 〈~ brace\staple〉, 〈~(↔)brad〉 미2

1043 **Riv·i·e·ra** [뤼뷔에어뤄]: 리비에라, 프랑스와 이탈리아의 국경을 중심으로 동·서로 길게 뻗은 지중해 연안('물 기슭〈river·bank〉')의 휴양지·피한지, 〈~ N-W Mediterraneon coast-line〉 수1

1044 **Ri·viere** [뤼뷔에어]: 리비에르, River, '강(프랑스어)', 지명·인명〈names of people (or Places)〉 수2

1045 **ri·viere** [뤼뷔에어]: 〈라틴어〉, 리비에르, 〈'river·bank'처럼〉 (중간을 향해 점점 커지는 보석을 펜 두 줄 이상의) 보석 목걸이, 〈보석 크기가 동일한 것은 tennis-necklace라 함〉, 〈~ a necklace (or dog collar)〉 우1

1046 **riv·u·let** [뤼뷰맅]: 〈라틴어〉, 〈← river〉, 개울, 작은 시내, 〈~ brook\creek〉 양1

1047 **Ri·yadh** [뤼이야아드]: Riad, 〈← rawdah(gardens)리야드, '풀밭·정원', 기원전 700년경부터 인간이 정착하기 시작해서 1824년 사우디 왕가의 수도로 지정된 아라비아 반도의 중심에 위치한 상업 도시, 〈~ Capital of Saudi Arabia〉 수1

1048 *__rizz__ [뤼즈]: charisma의 줄임말, 〈2021년에 등장한 말〉, (이성을 끌어당기는) 매력, 매혹(적인), 〈~ charm\seduce〉, 〈↔repel\L(loss) rizz〉 양2

1049 **riz·zar** [뤼잘]: 〈어원 불명의 스코틀랜드어〉, half-dry and salt, 햇볕에 (반쯤) 말려 저장하다, 그렇게 해서 만든 red currant 양1

1050 ***RL**: real life, 현실, 실생활 양2

1051 ***r-log-in** [알로진 \ 로진]: remote log·in, '원격 접속', 다른 전산기의 단말기로 쓸 수 있는 전산기 우2

1052 **R months** [아알 먼쓰]: (북반부에서 굴을 먹어도 좋은) 달 이름에 r자가 있는 9월에서 4월까지의 8개월, 〈~ oyster months (September through April)〉 수2

1053 **rms**: root mean square, 제곱 평균, 실효치, 교류의 전압을 측정하는 단위, 〈~ quadratic mean\a measurement of AC power〉 양2 우2

1054 **RN** [아알 엔]: registered nurse, 공인 간호사, 〈~(↔)LVN\CNA〉 미2

1055 **RNA** [아알 엔 에이]: ribonucleic acid, (오탄당의 하나인) ribose를 함유하는 핵산〈유전정보를 전달하고 아미노산을 운반함〉, 〈~ a polymeric molecule〉, 〈~ copy\template〉, 〈~(↔)DNA〉 수2

1056 **R/O \ rule out** [루울 아웉]: 제외하다, 배제하다, 일축하다, 〈~ exclude\disregard〉, 〈↔rule in〉 미2

1057 **roach** [로우취]: 〈다양한 어원을 가진 말〉 ①〈스페인어→영국어〉, cockroach(바퀴벌레) ②〈← ruhaz(rough)〉, 〈게르만어〉, 잉엇(carp')과의 물고기 ③〈어원 불명의 영국어〉, 가로돛 아래쪽을 활등 모양으로 잘라낸 것, 빳빳이 서게 자른 말의 갈기(머리), 〈~ mane〉 ④〈← roach tobacco〉, 〈스페인어〉, 대마초(hashish) 꽁초, 경관(cop) 미1

1058 ***roach-ing** [로우췽]: 〈신조어〉, 여러 사람과 연애하는 것을 숨기는 짓(hiding multiple relationships), 〈암수〉, 〈꼼수〉, 〈~ gimmick\sham\cheating〉, 〈자세히 보면 바퀴벌레가 하나가 아니라는 점(multiple cockroaches)에서 연유한 말이라 함〉 미2

1059 **road \ Rd.** [로우드]: 〈← rade(way)〉, 〈게르만어〉, 〈로마로 가지 않고 삼천포로 빠질 수 있는〉 길, 〈연결〉 도로, 통로, 가, 수단, 〈→ route〉, 〈~ ride\drive\lane〉, 〈~ avenue\street\BLVD〉, 〈↔blockade\detour〉 가1

1060 **road-block** [로우드 블랔]: 도로 봉쇄, 방해(물), 방책, 〈~ barricade\obstruction〉, 〈↔opening\entrance〉 양2

1061 ***road-hog** [로우드 허어그]: 길 돼지, 차선을 지키지 않고 길을 독점하는 운전자, 욕심쟁이 운전자, 〈~ monopolist〉 미2

1062 **road-house** [로우드 하우스]: (시골의) 가로변 식당, 목로주점, 〈~ lodge\tavern〉, 〈↔home\office〉 미2

1063 **road hump** [로우드 험프]: speed bump, sleeping policeman, '길둔덕', (도로의) 과속 방지턱, 〈~ rumble strip〉 양2

1064 **road map** [로우드 맾]: 도로 지도, 이정표, (잘 정리된) 지침, 〈~ ground-plan\blue-print〉, 〈↔mess\disarray〉 양2

1065 **road rage** [로우드 뤠이쥐]: 〈교회 장로님도 '쓰'이 나올 때가 있겠지만 참아야 하는〉 노상 횡포, '위협운전', 상대방 운전자에게 화가 났을 때 차로 횡포를 부리는 일, 〈~ aggressive driving\driver anger〉, 〈↔passive\protective driving〉 미2

1066 **road run-ner** [로우드 뤄너]: chaparral cock, 길달리기새, 길발바리새, 미국 남서부·멕시코에 서식하며 땅 위를 질주하여 먹이를 잡아먹는 발·부리·꼬리가 긴 뻐꾸기(cuckoo)의 일종 미2

1067 **road show** [로우드 쑈우]: (지방) 순회공연, 독점 개봉 흥행, 〈~ traveling show〉, 〈↔stage show〉 미2

1068 **road-ster** [로우드스터]: '경장 마차', 지붕이 없고 좌석이 두 개인 자동차(스포츠카), naked bike (바람막이 등 보호장치가 별로 없는 이륜 자동차), 〈~ run-about〉, 〈~ rat rod\street rod〉, 〈↔limo〉 우1

1069 **road test** [로우드 테스트]: 노상 성능시험, 노상 운전시험, 자동차 면허 실기 시험, 〈~ test driving\driving test〉, 〈↔written test〉 미2

1070 **road work** [로우드 워얼크]: ①체육(권투) 선수들이 준비운동으로 하는 달리기 연습, 노상 훈련, 〈~ long runs〉 ②도로 공사, 〈~ road repair\construction〉 미2 양2

1071 **roam** [로움]: 〈← raimona(wander)〉, 〈게르만어〉, 거닐다, 배회하다, 방랑하다, 〈~ ramble\rove〉, 〈~ stray\meander〉, 〈↔stay\dwell〉 양1

1072 ***roam-ing** [로우밍]: 방랑, 계약 지역 이외에서 휴대전화를 사용하는 것, 〈~ wandering\moving around〉, 〈↔standing\stationary〉 양1 우1

1073 **roan** [로운]: 〈← ravus(color of a horse)〉, 〈'적갈색'이란 뜻의 라틴어에서 유래한 프랑스어〉 ①부드러운 양피〈sheep-skin〉 ②밤색에 흰색이나 회색의 털이 섞인, tawny, 〈↔solid\un-spotted〉 가1

1074 **roan an·te·lope** [로오운 앤털로우프]: 말 영양, '얼룩 영양', 아프리카 중·남부에 서식하며 〈적갈색〉의 몸통에 검정 얼굴·흰색의 눈언저리와 턱을 가진 말만 한 영양, 〈~ large savanna-dwelling antelope〉 미2

1075 **roar** [로어]: 〈← rarian(cry out)〉, 〈게르만어〉, 〈의성어〉, 사자나 호랑이의 울음소리, 으르렁거리다, 고함치다, 함성을 지르다, 〈~ bawl\boom〉, 〈↔silence\hush\calm(simmer) down〉 가1

1076 **roar-ing fort-ies** [로어링 훠얼티스]: (북위 및 남위의) 40도에서 50도 사이의 〈해양 폭풍지대〉, 〈~ strong westerly wind〉 우2

1077 **roar-ing twen-ties** [로어링 투웬티스]: Jazz Age, Dollar Decade, 광란의 20년대, 1918년 1차대전 승리 후의 호경기를 타고 흥청망청하다가 1929년 대공황으로 폭삭했을 때까지 미국의 '전성시대' 우2

1078 **roast** [로우스트]: 〈← rost(gridiron)〉, 〈게르만어〉, 〈석쇠에 올려놓고〉 굽다, 볶다, 익히다, 조롱하다, 혹평하다, 〈~ bake보다 고온을 사용함〉, 〈~ criticize\ridicule〉, 〈↔freeze\shabu-shabu\praise〉 양1

1079 **roast beef** [로우스트 비이후]: 쇠고기 구이, 쇠고기 덩어리를 화덕에 구워서 얇게 썰어 먹는 요리, 〈~ grilled(barbequed) beef〉 미2

1080 ***roast-ie** [로우스티]: ①〈독일어〉, 감자튀김, 〈~ roast potato; sweet potato에 물엿을 발라 구운 것을 mattang이라 함〉 ②〈전산망 속어〉, 〈성교를 너무 해서 너덜너덜해진〉 '불고기 보지', beef curtain 양1 우2

1081 **roast-ing ear** [로우스팅 이어]: 〈← ear(ahs;husk of corn)〉, 〈고대 영어〉, '굽는 옥수수', (껍질째) 굽거나 삶거나 찌기에 알맞은 옥수수, 강냉이 이삭, 〈~ an ear of young corn〉 우1

1082 **rob** [롸브]: 〈← roubon(plunder)〉, 〈게르만어〉, 훔치다, 빼앗다, 강탈하다, 〈~ reave〉, 〈~ ransack\plunder〉, 〈↔bestow\return〉 가1

1083 **rob-ber·y** [롸버뤼]: 강도(질), 약탈, 〈↔protecting\compensating〉, 〈위협해서 물건을 갈취하면 robbery-강탈할 의사는 있으나 그냥 침입만 하면 burglary〉, ⇒ heist 가1

1084 ***rob-bing Pe·ter to pay Paul**: 이 사람에게 돈을 빌려 저 사람에게 빌린 돈을 갚는 일, 돌려막기, 〈~ digging a hole to fill another〉 양2

1085 **robe** [로오브]: 〈← raub(dressing gown)〉, 〈게르만어→라틴어〉, 길고 품이 넓은 겉옷, 관복, 의상, 〈게르만족이 우선적으로 'rob'하던 물품〉, 〈~ clothes\garment〉, 〈↔dis-robe\strip〉 미2

1086 **Robes-pierre** [로오브즈피어], Max·i·mil·ien: 〈'Robert'(유명한 현자)의 프랑스식 이름〉, 로베스피에르, (1758-1794), 중산층을 위해 싸우면서 자코뱅당(Jacobin)의 실력자로 〈공포정치〉를 펴 수천 명을 단두대로 보내는 데 일조하다가 동료들의 계략에 걸려 자신도 단두대의 이슬로 사라진 프랑스의 변호사 출신 정치가, 〈~ a French lawyer and statesman〉 수1

1087 **rob·in** [롸빈]: ①〈영국어〉, ~ red breast, 붉은가슴울새, 유럽산은 참만 하고 미국산은 조금 더 큰 명금류 지빠귓과의 나그네새, 〈~(↔)thrush\storm-cock〉 ②R~; Robert의 애칭, '유명한 현자', 로빈 미2 수1

1088 **Rob·in-Hood** [롸빈 후드]: 로빈 후드, (녹색 복장을 하고 가난한 사람을 도와주었던) 12세기 영국의 전설적 의적, 〈~ a legendary heroic out-law〉 수1

1089 **Rob·in-hood Mar·kets** [롸빈후드 마아킽츠]: 2013년에 간단하고 수수료 없는 거래를 표어로 내걸고 창립되어 승승장구하고 있는 미국의 전산망 주식 투자기지, 〈~ an American financial services co.〉 수2

1090 **Rob·in-son** [롸빈슨], Ray: 'Robin의 아들', 로빈슨, (1921-1989), '달콤한' 권투선수, 202번의 직업 권투 시합에서 175〈그중 109번을 K.O.로〉번을 우승한 미국의 '유연한' 평균 체중 권투선수, 〈~ Sugar Ray Robinson\an American pro boxer〉 수1

1091 **Rob·in-son Cru·soe** [롸빈슨 크루우소우]: 로빈슨 크루소, 〈← creux(hollow)〉, '동굴에 사는 Robin의 아들', 1719년 영국의 Daniel Defoe가 쓴 표류기·그 주인공, r~ c~; 혼자 살아가는 사람(cast-away) 수1 양2

1092 **Ro·bi·tus·sin** [뤼비터씬]: 〈제조자 Robin의 이름을 딴〉 로비투신, Wyeth사 등에서 만드는 (guaifenesin·dextromethorphan·camphor 등이 들어간) 진해·거담제〈anti-tussive expectorant〉 수2

1093 **roble** [로우블레이]: Quercus lobata(white oak of California), 〈라틴어에서 유래한 미국식 스페인어〉, 로블, (미국 남서부·멕시코에 서식하는) 각종 떡갈나무 미2

1094 ***Rob-lox** [롸블랔]: 'robot+blocks', 로블록스, 2006년 미국(America)에서 출시되어 meta·verse plat·form(가상세계 승강대)을 이용하는 세계적 〈무료〉 전산망 놀음, 〈~ a game creation system〉 수2

1095 *RDBMS (re·la·tion·al da·ta base man·age·ment sys·tem): (1970년대부터 개발되어 현재 시장을 석권하고 있고 서로 관련된 자료를 함께 묶어 주는) 관계형 자료틀 관리체계, 〈~(↔)SQL databases〉 미2

1096 *ro·bo-call [로우보 커얼]: robot call, (녹음된 전달문을 재생하는) 자동 녹음 전화, 〈문명의 이기가 문명의 흉기로 변할 수 있는 예〉, 〈~ auto-call〉 미2

1097 ro·bot [로우벝]: 〈'강제노동(servitude)'이란 쳭코어에서 유래한〉 로봇, 인조인간, 자동장치, '일하는 기계', '일꾼', 〈~ android\mechanoid〉, 〈↔human\manual〉 우2

1098 ro·bot·ics [로우바틱스]: 기계인간 공학, (로봇을 흉내 내는) '기계 춤', 〈~ self-acting\cybernetics〉, 〈↔not-automatic\non-mechanical〉 우2

1099 ro·bust [로우버스트]: 〈← robus(oak)〉, 〈라틴어〉, '단단한', 튼튼한, 강건한, 활력이 넘치는, 난폭한, 〈~ strong\vigorous〉, 〈↔weak\insipid〉 양2

1100 ro·bus·ta [로우버스터]: 〈← robus(oak)〉, 〈라틴어〉, (아프리카 원산이며 세계 시장의 약 30%를 점유하는) '단단한' 견과로 만든 맛이 찐한 coffee, 〈~(↔)arabica보다 stronger and bitter〉 수2

1101 roc·am·bole [롸컴보울]: rocken(rye)+bolle(bulb), 〈게르만어→프랑스어〉, 〈호밀 밭에서 자주 발견되고〉 (껍질이 얇고 〈진짜 마늘〉 냄새가 나는) 유럽 원산 마늘의 일종, (유럽산) 달래, 〈~ sand leek\giant garlic〉 우1

1102 Roche [뤼쉬] Hold·ing AG: 〈프랑스어〉, '바위(rock) 땅에 사는 자', 로슈, 1896년에 스위스에서 창립되어 제약과 의료진단기기를 생산하는 세계적 보건산업업체, 〈~ a Swiss health-care holding co.〉 수1

1103 Roch·es·ter [롸췌스터]: duro(fortress)+briva(bridge), 〈영국어→라틴어〉, '교량이 있는 요새', 로체스터 ①사람 이름, 〈~ an English surname〉 ②미국 뉴욕주 서부(western NY State)에 있는 산업도시·코닥 회사의 본거지 ③미국 미네소타주 동남부에 있는 소도시·Mayo Clinic의 본거지 수1

1104 rock¹ [롹]: 〈← rocca(stone mass)〉, 〈어원 불명의 라틴어〉, 바위, 암석, 난관, 토대, 헤로인의 결정, 〈변치 않는 당신〉, 〈무뚝뚝한 당신〉, 〈~ boulder\foundation\solid〉, 〈↔kryptonite\weakness\ appease〉 양1 우2

1105 rock² [롹]: 〈← roccian(pull and push)〉, 〈게르만어〉, 흔들어 움직이다, 진동시키다, '흔들 음악', 〈~ sway\shake〉, 〈↔stay\calm〉 우1 우2

1106 *rock and hard-place [롹 앤 하아드 플레이스]: 어려운 처지, 사면초가, 곤란한 상황, 진퇴양난, 〈~ catch-22\dilemma〉, 〈~ devil and deep sea〉, 〈↔certain\clear〉 양2

1107 rock and rye [롹 앤 롸이]: 호밀 위스키에 얼음 사탕을 넣고 오렌지나 레몬으로 향을 낸 술, 〈~ bourbon and honey\slow and low〉 우1

1108 *rock-bot·tom [롹 바텀]: 〈게르만어→영국어→미국어〉, 맨 밑바닥의, 최저의, 가장 근본적인, 〈~ lower-most\foundational〉, 〈↔highest\climax〉 양2

1109 rock can·dy(sug·ar) [롹 캔디(슈거)]: 덩어리 사탕, (설탕을 녹였다가 다시 굳혀 막대기 모양으로 만든) '얼음' 사탕, 〈~ crystal sugar〉 미1

1110 rock-cod [롹 카드]: red perch, 볼락, 우럭, 암초가 많은 바다에 서식하는 〈지느러미가 날카로운〉 대구류의 물고기 미2

1111 rock dove(pi·geon) [롹 더브(피줜)]: (남유럽·북아프리카·중동에서 암벽에 집을 짓고 살다가 인간에 의해 전 세계로 퍼진) 양비둘기, 〈~ common pigeon〉, 〈~(↔)wood pigeon〉 미1

1112 Rock·e·fel·ler [롸커휄러], John D: rocke(rye)+field, ;'호밀밭 경작자', 〈게르만계 이름〉, 록펠러, (1839-1937), 거렁뱅이의 아들로 태어나 23세 때 석유산업에 뛰어들고 '머리를 잘 굴려' 떼돈을 번 미국의 〈악덕〉 자본가·〈자선〉사업가, 〈~ an American industrialist〉 수1

1113 Rock·e·fel·ler [롸커휄러], Nel·son A: Rocky, 록펠러, (1908-1979), 석유산업 창업자의 손자로 포드 대통령에 의해 부통령으로 지명된 미국의 재벌·공화당 정치가, 〈~ an American businessman and 41st Vice President〉 수1

1114 rock-er [롸커]: 〈← rock²〉, 흔드는 사람, 흔드는 것, 흔들의자(rocking chair), 〈왜 그런 이름이 붙었는지 모르나〉 차의 앞·뒤 바퀴 사이에 있는 기다란 '장식용' 금속판, 록가수, 〈~ rocking thing(person)\rocking chair\rock-star〉, 〈↔stayer\conductor〉 양1

1115 rock-er·y [롸커뤼]: 〈← rock¹〉, 암석 정원, rock garden, 〈↔fauna〉 양2

1116 rock·et¹ [롸킽]: 〈← roccho(distaff)〉, 〈게르만어→이탈리아어〉, 〈'실패'처럼 돌아가는〉 로켓, 발사체, 쏘아 올리는 불꽃, 급상승하다, 〈~ rachet〉, 〈~ projectile\missile〉, 〈↔fall\plummet〉 우2

1117 **rock·et²** [롸킽]: ⟨← eruca(cole-wort)⟩, ⟨라틴어⟩, '나도냉이', 생채로 먹는 ⟨쑥갓 비슷한⟩ 겨잣과의 식물, arugula, ⟨~ eruca\a leaf vegetable⟩ 우1

1118 ***rock·et sci·ence** [롸킽 싸이언스]: 로켓 (복잡한) 과학, 난해한 학문, 난제, complex problem, ⟨↔as easy as abc\just like riding a bike⟩ 양2

1119 **rock-fish** [롹 휘쉬]: 육봉어, (쏨뱅이·볼락·곤들매기·산천어 등) 암초에 사는 식용 물고기의 총칭, ⟨~ fish living in rocky places⟩ 미2

1120 **Rock Hud-son** [롹 허드슨]: Roy Harold Scherer, 록 허드슨, (1925-1985), Aids에 걸린 것을 최초로 밝힌 유명인사로 ⟨자이언트⟩·⟨무기여 잘 있거라⟩ 등에 출연한 미국 출신 동성애자 영화배우, ⟨~ an American actor⟩ 수1

1121 **rock-ing chair** [롹킹 췌어]: (상하로 움직이는) 흔들의자, rocker, ⟨~(↔)swivel chair⟩ 양1

1122 **rock'n'roll** [롹큰로울]: rocking and rolling, 로큰롤, (1950년대 초에 시작해서 1960년대 엘비스 프레슬리(Elvis Presley)에 의해 널리 퍼진) 블루스와 아프리카 민요조를 가미한 격렬한 박자의 재즈(jazz), do it(sex), ⟨~ bang¹⟩ 우1

1123 **rock-rose** [롹 로우즈]: '바위 장미', '지중해 아욱', 지중해 연안 건조한 바위산에서 잘 자라는 물푸레나뭇과의 관목(cistus), sun-rose, moss-rose, ⇒ portulaca의 일종 우1

1124 **rock snake** [롹 스네이크]: python, 비단구렁이, 금사, ⟨바위 땅에 살기도 하나⟩ 주로 물이 있는 근처에 서식하며 독은 없으나 산양 같은 큰 동물도 압박해서 잡아먹는 커다란 뱀, ⟨~ a large constrictor snake⟩ 미2

1125 **rock-trum·pet** [롹 트뤔핕]: '바위 능소화', ⇒ mandevilla 우2

1126 **Rock-well** [롹웰], Nor-man: rock+well, '바위 우물가에 사는 자 \ 자갈이 많은 땅의 숲에 사는 자', 로크웰, (1894-1978), 미국 문화를 잘 나타낸 작가·화가·삽화가, ⟨~ an American painter and illustrator⟩ 수1

1127 **Rock-well In·ter·na·tion·al**: 1928년 Willard R~에 의해 조직되어 잘나가다가 2001년 ⟨별 볼 일 없는⟩ 두 회사로 쪼개진 미국의 우주 항공 회사, ⟨~ an American aircraft manufacturer⟩ 수1

1128 **Rock-y Moun·tains** [롸키 마운튼스]: Rockies, 로키산맥, 북미대륙 서부 내륙지방의 등뼈를 이루는 '험하고 돌이 많은' 4,800km짜리 산맥, ⟨~ a mountain range in the inner western N. America⟩ 수2

1129 **ro·co·co** [로코우코우]: ⟨rocaille(rock-work)⟩, ⟨프랑스어⟩, ⟨'rock'을 쪼듯 정성을 들인⟩ 로코코, ⟨구식의⟩, 18세기경 유럽에서 유행했던 섬세하고 화려한 건축·장식 양식, ⟨~ late baroque\over-wrought\old-fashioned⟩, ⟨↔neo-classical⟩ 수2

1130 **rod** [롸드]: ⟨← rudis(staff)⟩, ⟨라틴어→영국어⟩, 장대, (가늘고 긴) 막대, 간상체, 지팡이, 회초리, 권력, ⟨~ bar\shaft⟩, ⟨↔sphere\vagina\democracy⟩ 양1

1131 **rode** [로우드]: ⟨게르만어⟩, ride의 과거, 탔다, 떴다 양1

1132 **ro·dent** [로우든트]: ⟨← rodens(gnawing)⟩, ⟨라틴어⟩, ⟨막대를⟩ '갉는' (앞니가 날카로운) 설치류, ⟨~ gnawer\mammal with growing incisors⟩, ⟨↔raptor⟩ 양1

1133 **ro·de·o** [로우디오우]: ⟨← rotare⟩, ⟨라틴어⟩, cattle enclosure, ⟨'rotate'하는⟩ 로데오, 방목한 소 모으기, 말타기 경연(곡예)⟨horse-riding event⟩ 미1

1134 **Ro·de·o drive** [로우디오우 드라이브]: 로데오 길, 20세기 초에 LA 서쪽 베벌리힐즈에 있던 목장 이름을 따 개발되어 한때 잘나갔던 명품 가게 거리, ⟨~ a 2 mile-long street in Beverly Hills⟩ 수2

1135 **Ro·din** [로우댄], Au·gus·te: ⟨여러가지 어원을 가진 게르만계 이름⟩, ⟨hrod(renown)?⟩, '유명한 자?', 로댕, (1840-1917), ⟨주로 인간의 전형적인 모습을 담은⟩ 프랑스의 ⟨사실주의⟩ 조각가, ⟨~ a French sculptor⟩ 수1

1136 **roent·gen(R)**: X선 또는 감마(gamma)선에서 방출되는 이온의 세기를 재는 단위, ⟨~ a radiation exposure unit⟩ 수2

1137 **Roent·gen** [뤤트건], Wil·helm K.: ⟨어원 불명의 독일계 이름⟩, 뢴트겐, (1845-1923), 1895년 (후춧가루를 넣은 유리 대롱에 전기를 통해) ⟨의문의⟩ X 광선을 발견한 독일의 물리학자, ⟨~ a German physicist⟩ 수1

1138 **Roe vs Wade case**: 1970년 pro-choice(낙태 지지자) 단체가 Roe라는 가명으로 텍사스의 지구 검사 Wade를 위헌으로 고발하여 1973년 낙태권이 헌법으로 보장된 권리라고 판결받았으나 2022년 6월 재심에서 낙태권을 각주에 떠맡겨버린 어정쩡한 사례, ⟨~ protection of abortion rights⟩ 수2

1139 ***ROFL**: rolling on the floor laughing, 요절복통, 포복절도 미2

1140 **ro·ga·tion** [로우게이션]: ⟨← rogatio(asking)⟩, ⟨라틴어⟩, '탄원', (예수 승천 축일 전 3일간의) ⟨단식⟩기도, ⟨~ invocation\litany⟩ 우1

1141 *rog·er [롸져]: ①〈Roger(penis)의 별명에서 유래한〉 씹하다, 〈~ sexual intercourse〉 ②〈군대 통신문에서〉 received의 암호, 받았다, 알긋다, 그럴게, 10-4〈경찰 통신문에서 'ok'를 뜻함〉, 〈~ all right〉 양2

1142 Rog·ers [롸져즈], Will: hroth(fame)+gar(spear), 〈영국어〉, '용감한 창쟁이', 로저스, (1879-1935), 〈목동철학가〉, 비행기 사고로 죽은 〈목동 출신의〉 미국의 〈소박한〉 만담가·시사평론가·배우, 〈~ an American vaudeville performer and actor〉 수1

1143 rogue [로우그]: 〈← rogare(ask)〉, 〈라틴어〉, 〈구걸하는〉 '거지', 악한, 불량배, 부랑자, 개구쟁이, 열성 개체, 〈~ thug\scoundrel〉, 〈↔truthful\normal\above-board〉 양1

1144 Roh [로], Moo Hyun: '밥그릇〈rice bowl〉을 지키는 자', 노무현(1946-2009), 고학으로 어렵게 사시에 합격하여 인권변호사로 민심을 얻어 '서민 대통령'이 됐으나 퇴임 후 비리에 연루된 수사망에 걸려 투신자살한 '의협심이 강했던' 한국의 정치가, 〈~ 9th Krean President〉 수1

1145 Roh [로], Tae Woo: 노태우, (1932-2021), 불우한 어린 시절을 보냈으나 육군사관학교를 졸업하고 정치군인으로 거사를 하여 제 2인자로 대통령까지 지낸 '조심스러운 성격'을 가졌던 대한민국의 〈보통사람〉, 〈~ 6th Korean President〉 수1

1146 *roid rage [로이드 뤠이쥐]: steroid 제제 복용 후 나타나는 공격성 분노 미2

1147 roil [로일]: 〈← robigo(rust)〉, 〈라틴어→영국어〉, 휘젓다, 시끄럽게 하다, 혼탁하게 하다, 〈→ rile〉, 〈~ riffle\ruffle〉, 〈↔soothe\please〉 양1

1148 roist·er [로이스터]: 〈← rusticus〉, 〈라틴어〉, 〈← rustic¹〉, 술마시며 떠들다, 법석을 떨다, 으스대다, 〈~ revel\carouse〉, 〈↔quiet\order〉 양1

1149 ROK (the Re·pub·lic of Ko·re·a): 대한민국 ⇒ Korea, South Korea 양2

1150 Ro·ku [로우쿠우]: 〈six란 뜻의 일본어〉, '여섯 번째 기업', 2008년에 창립된 미국(Americna)의 분야별 영상물 공급업체, 〈~ streaming players〉 수2

1151 Ro·laids [롤레이즈]: 〈're·lief'의 형이상학적 변형어〉, calcium carbonate, 〈Sanofi사 등이 만드는〉 'Tums과 같은 성분의' 위산 제거제, 〈~ an ant-acid〉 수2

1152 role [로울]: 〈프랑스어〉, 〈배우의 대사를 적은 roll〈두루마리〉〉, 배역, 역할, 임무, 〈~ function\part〉, 〈↔dereliction\relingquishment〉 가1

1153 role mod·el [로울 마들]: 본보기(모범)가 되는 사람, 〈~ good example\idol〉, 〈↔protege\follower〉 우2

1154 Ro·lex [로우렉스]: 〈창업자가 모든 언어에서 발음하기 쉬운 말을 찾아서 만든 아무 뜻도 없는 단어〉, 롤렉스, 1908년에 런던에서 설립되어 〈세금 문제로〉 1912년 스위스로 이사한 고급 손목시계 제조회사(상품명), 〈~ a Swiss watch brand〉 수1

1155 *rolf·ing [롤핑]: 〈미국 물리치료사의 이름(Rolf)에서 유래한〉 근육을 깊숙이 쥐어짜는 물리요법, 토하게 하기, 〈~ reflexology〉 수2

1156 roll [로울]: 〈← rota(wheel)〉, 〈'바퀴'란 뜻의 라틴어〉, 구르다, 회전하다, 진행하다, 똘똘 말다, 울리다, 두루마리, 목록, 통, 〈~ spin\wind〉, 〈~ cylinder\tube〉, 〈↔un-roll\collect\un-fold\set〉 양1

1157 roll-back [로울 백]: 되돌리기, 역전, 삭감, 〈~ push back\reduction〉, 〈↔roll-forward\establish〉 양2

1158 roll call [로울 커어얼]: 출석 조사, 점호(나팔), 〈~ roster\head-count\muster〉, 〈↔abstain\disorder〉 양2

1159 roll-er¹ [로울러]: 굴리는 물건(사람), 굴림대, 축, 압연기, 땅볼, 〈~ reel\spool〉, 〈↔straightner\spreader〉 미1

1160 roll-er² [로울러]: '곡예새', 청조, 구대륙 온대 지방에 서식하며 '공중제비'를 잘하는 청·주황 무늬를 가진 까마귀만 한 참새류, 〈~ 'acrobatic bird'〉, 〈~(↔)mot mot〉 우1

1161 *roll-er ball [로울러 버얼]: ①〈아주 가는〉 수성 볼펜, 〈~ fine ballpoint pen〉 ②track ball, '추적공', '길 찾기 굴리개', 조종간의 공을 움직여서 화면상의 요소를 제어하는 장치, 〈~(↔)computer mouse〉 우2

1162 Roll-er–blade [로울러 블레이드]: 롤러 블레이드, '외줄 굴림대', (1982년 미국에서 창립되어 현재 이탈리아 회사가 운영하는) 〈롤러가 한 줄로 박힌〉 지치는 구두의 상품명, 〈~ an in-line skate〉 수2

1163 roll-er blind [로울러 블라인드]: 감아 올리게 되어있는 햇빛가리개, 두루마리 발, 〈~ roman shade〉, 〈미국에서는 그냥 shade라 함〉, 〈↔vertical blind\shutters〉 미2

1164 roll-er coast-er [로울러 코우스터]: 오락용 관람차, 둥근 궤도를 오르락내리락하는 오락용 활주차, 기복이 심한, 〈~ big dipper\chute-the-chute〉, 〈일본에서는 jetto kousuta라 함〉 미1

1165 **roll-er con-vey-or** [로울러 컨붸이어]: 〈비교적 무거운 것을 옮길 때〉 굴림대(roller)가 돌아가는 운반 장치, 〈~(↔)belt conveyer〉 미2

1166 **roll-er-skate** [로울러 스케이트]: 롤러스케이트, '굴렁 발판 지치개', 〈~ roller-blade〉 우1

1167 **roll-er tow·el** [로울러 타우얼]: 두루마리 수건(통 속에 말아 넣고 당기면서 쓰는 긴 수건), 〈~ jack towel\towel roll〉 미2

1168 ***roll-in** [로울 인]: 밀려들어 오다, (측선을 넘은 공을) 되돌리기, 되살리기(우선순위에 밀려 주기억장치에서 보조기억장치로 옮겨 놓았던 차림표를 임무수행 후 원상태로 복귀시키는 것), 〈~ pour in\turn up〉, 〈↔roll-out〉 미2

1169 ***roll-ing con-tract** [로울링 칸트랙트]: (이의 제기가 없는 한 지속되는) 자동 연장 계약, 〈~ re-newable(revolving) contract〉, 〈↔set contract〉 양2

1170 **roll-ing pin** [로울링 핀]: (밀가루 반죽을 미는데 쓰는) 밀방망이, 반죽 밀대, 〈~ pastry roller〉 미2

1171 ***roll-ing re-lease** [로울링 륄리이스]: '연속 발매', '점진 개선', 연성기기의 차림표가 바뀔 때마다 자동으로 개선되는 상품, 〈~ agile deployment\continuous delivery〉, 〈~(↔)point release〉 우1

1172 **roll-ing stone** [로울링 스토운]: 구르는 돌, 자주 바꾸는 사람, 진득하지 못한 사람, 〈~ drifter\transient〉, 〈↔ab-original people〉 미2

1173 **Roll-ing Stones** [로울링 스토운스]: 롤링 스톤스, 1962년 영국에서 창립되어 2024년 현재까지 활동하고 있는 '흔들 음악' 연주단, 〈~ an English rock band〉 수2

1174 **roll-mop(s)** [로울 맒(스)]: (보통 유리병에 담아 판매하는) 오이지에 청어 저민 것을 만 〈꾀죄죄한〉 요리, 〈~ pickled herring fillet〉 우1

1175 ***roll-out** [로울 아웉]: (상품의) 첫 공개, 착륙 후의 활주로, 옮겨 보내기(내부 주기억장치의 내용을 외부 보조기억장치로 옮기는 것), 〈~ embark\spread-out〉, 〈↔roll-in〉 미2

1176 **roll out** [로울 아웉]: 펴다, 일어나다, 여행길을 나서다, 다량으로 만들어 내다, 〈~ stretch\launch\pile out〉, 〈↔conceal\withhold\shrink〉 양2

1177 ***roll out the red car·pet**: 성대하게 환영하다, 극진히 대접하다, 〈~ royal treat\wine and dine〉, 〈↔cold shoulder\neglect〉 양2

1178 **roll-o·ver** [로울 오우붜]: (차량의) 전복사고, (부채 상환) 연장, 차환(빚을 갚고 다시 빌림), 다음으로 넘어가는 당첨금, 〈~ flip\turn over〉, 〈↔stay in place\deny\hold\yield〉 미2

1179 **Rolls-Royce** [로울즈 뤼이스]: hord(wolf)-royse(rose), 〈영국계 이름들〉, '늑대'·'장미 정원에 사는 자'〉, 롤스로이스, 도안가와 기술자가 힘을 합쳐 1906년에 영국에서 설립되었다가 1998년 독일의 BMW에 예속된 고급 승용차(상표명), 〈~ a British luxury automobile maker〉 수2

1180 **roll-top** [로울 탚]: 접이식의 뚜껑이 달린, 〈속으로 접어 넣는〉 접뚜껑, 〈~ convertible\hatch-back〉 미2

1181 **roll-up** [로울 엎]: 상승, 말아 올리는 식의 (블라인드·가치담배·남성용 긴바지), 〈~ rise\fold up〉, 〈↔decrease\scatter〉 미2

1182 **roll-up bug** [로울 엎 버그]: 쥐며느리, wood louse, ⇒ sow bug, 미2

1183 ***roll-up the sleeves**: 소매를 걷어 올리다, 팔을 걷어 붙이다, prepare for hard work, 〈~ pull the socks up〉 양2

1184 **Ro·lo-dex** [로울러 덱스]: 롤로덱스, rolling+index, 1956년에 미국에서 발명된 회전식 서류철 목록(상품명), 〈~ a totating card file device〉 수2

1185 ***ROM** [롬]: read only memory, 롬, 읽기 전용 기억장치 미2

1186 **Ro·ma** [로우마]: 로마, ⇒ Rome의 이탈리아어 명칭 수1

1187 **ro·maine** [로우메인]: 〈프랑스어〉, 'Roman lettuce', cos·lettuce, 〈배추상추〉, 작고 가는 한국 배추 모양을 한 〈굽거나 날로 먹는〉 양상추 우1

1188 **Ro·man** [로우먼]: 로마시(사람·문자·활자·말·숫자·기질)의, 천주교의, 콧날이 오똑한, 〈~ canonic\Augustan〉 수2

1189 **Ro·man cal·en·der(~ar)** [로우먼 캘런더]: 로마력, (1년을 10개월 304일로 정했다가 후에 12개월 355일로 정한) 기원전 8세기부터 기원전 45년까지 쓴 고대 로마의 태양력〈solar calendar〉, 〈~(↔)Julian\Gregorian calender〉 수2

1190 **Ro·man Cath·o·lic** [로우먼 캐썰릭]: 로마천주교(의), 교황의 지배하에 있는 〈세계적인〉 구교, 〈↔non-Roman Catholic\Maronite(Ukranian·Chaldean) Catholic〉 수2

1191 **ro·mance** [로우맨스]: 〈라틴어에서 연유한 영국어〉, (로마풍의) 낭만적 사랑, 연애 이야기, 가공적 이야기, 서정적인 기악곡, 환상곡, 〈~ amour\passion〉, 〈↔tragedy\boredom\non-fiction〉, 〈↔tech-noir\who-dun-it〉 우2

1192 **Ro·man Em·pire** [로우먼 엠파이어]: (기원전 27년 아우구스투스에 의해 창립되어 395년 동서로 갈라진) 〈자신감·책임감·목표의식을 중요시했던〉 로마제국, 〈~ Universum Regnum〉 수2

1193 **Ro·man-esque** [로우먼네스크]: 로마네스크, '로마풍의', 10~12세기에 서유럽에서 유행했던 (궁형문·두터운 벽·높은 기둥을 특징으로 하는) '투박한' 건축(미술)양식, 〈~ monumental style〉, ⇒ Norman Architecture 수2

1194 **Ro·ma·ni·a** [로우메이니어]: Rumania, 루마니아, '로마인의 땅', (1989년 공산주의를 청산한) 발칸반도와 러시아 사이에(between Balkans and Russia) 위치한 산이 많은 개발도상국, {Romanian-Romanian-Leu-Bucharest}, 〈~ a south-eastern European country〉 수1

1195 **Ro·man nu·mer·als** [로우먼 뉴머뤌스]: (고대 로마에서 쓰기 시작했던) 〈문자(letter)를 기본으로 숫자를 조합해서 만든〉 로마 숫자, 〈↔Arabic numerals〉 수2

1196 **Ro·ma·no** [로우마아노우]: 로마노, 로마 원산의 건조하고 알갱이가 있는 치즈(우유 더껑이), 〈~ a hard salty cheese〉 수2

1197 **Ro·ma-nov \ ~noff** [로우머너후]: '로마〈Roman people〉의 자손', (로마 황족과는 관계가 먼) 로마노프 왕조, 1613~1917년간 러시아를 통치했던 〈막강했던 마지막〉 왕조, 〈~ the last imperial house of Russia〉 수1

1198 **Ro·mans** [로우먼즈]: The Epistle to the Romans, 로마서, 사도 바울이 로마인에게 보낸 〈진정한 권위는 황제가 아니라 하느님에게서 나온다〉 서간문을 엮은 신약성서의 여섯째 편, 〈~ the 6th book of the New Testament〉 수2

1199 **Ro·man shade** [로우먼 쉐이드]: (밑으로부터 말아 올리는) 〈로마식〉 햇빛가리개, '주름 발', 〈~ roller blind〉, 〈~(↔)Austrian blind〉 수2

1200 **ro·man-tic** [로우맨틱]: 〈← romance〉, 공상(환상)적인, 낭만적인, 연애에 빠지는, 〈~ amorous\sentimental〉, 〈↔realistic\practical〉 미2

1201 **ro·man-ti·cism** [로우맨티씨즘]: (18세기 말부터 19세기 초에 유행했던 논리보다 감정에 치우친) 낭만주의, 〈~(↔)emotionalism sentimentalism〉, 〈↔realism\cynicism\materialism〉 미2

1202 **ro·man type** [로우먼 타잎]: (평상 쓰는) 로마체 활자, 〈~ straight vertical lines〉, 〈~(↔)Italic type〉 양2

1203 **Ro·ma to·ma·to** [로우마 터메이토우]: 로마 토마토, '방울토마토', 〈로마하고는 별 관계가 없는〉 자두만 한 계란형의 비교적 단단한 토마토, 〈~ plum toamto〉 수2

1204 *****rom-com** [로운 캄]: 〈방송용어〉, romantic comedy, 연애희극 미2

1205 **Rome** [로움]: 〈'Romulus'와는 닭과 달걀같은 어원일〉 로마, 〈어떤 길은 삼천포로 빠지기도 하지만-모든 길이 통한다는〉 '영원한 도시', (2천 년 이상 내려온) 로마제국·이탈리아의 수도·문화·역사도시·교황청 소재지, 〈~ Eternal City〉 수1

1206 **ro·me-o** [로우미오우]: 〈이탈리아어〉, pilgrim to Rome, '로마를 순례한 자', 로미오, (가볍고 끈이 없는) 남자용 실내화·무대화, 〈~ men's entry slipper〉 수2

1207 *****Rome was not buit in a day**: 로마는 하루 아침에 이루어지지 않았다, 한술 밥에 배 부르랴, 대기만성, 〈~ late bloomer〉, 〈↔soon ripe, soon rotten〉 양2

1208 **Rom·mel** [롸멀], Er·win: 〈← Rumuald(messy man)〉, 〈게르만어〉, '시끄러운 자', 롬멜, (1891-1944), Desert Fox, 〈사막의 여우〉, 2차대전 중 북아프리카에서 잘 싸웠으나 놀만디 작전을 막지 못하고 히틀러를 죽이려 했다는 모함을 받고 음독〈자살〉한 독일의 육군 원수, 〈~ a German general〉 수1

1209 **romp** [롬프]: 〈← ramp'〉, 〈프랑스어〉, 떠들며 뛰어놀기, 빨리 달리기, 장난꾸러기, 말괄량이, (수달 등의) 떼, 〈~ pixie\tomboy\frolic\flapper〉, 〈↔work\seriousness〉 양1

1210 **romp-ers** [롬퍼즈]: 롬퍼스, '뛰놀이 옷', (뛰어놀기에 편리한) 위·아래가 하나로 된 통으로 된 어린이용 짧은 놀이옷, 〈~ play suit\all-in-one〉, 〈↔suit²〉 우2

1211 **Rom·u·lus** [롸뮬러스]: 〈아마도 '쌍둥이(yama)'란 뜻의 산스크리트어에서 유래한 듯한〉 로뮬러스, 늑대에게 양육되어 쌍둥이 Remus와 로마를 건설하다가 그를 죽이고 왕이 되었다는 전설상의 인물, 〈~ a founding twin brother of Rome〉 수1

1212 **ro·na** [로우너]: 〈신조어〉, Corona(19)의 긍정적·우화적 표현 수2

1213 **ron·do** [롼도우]: 〈← rondeau(a little round)〉, 〈프랑스어〉, 론도, 회선곡(같은 주제가 한 음조에서 3번 이상 '되풀이되는' 형식의 음악), 〈~ roundelay〉, 〈↔non-classical\non-standard〉 미2

1214 **rood** [루우드]: 〈← rod(cross)〉, 〈게르만어〉, 십자가 위의 예수상, 길이·면적의 단위(unit of length or area), 〈~ x\cruciate\triumphal cross〉 우1

1215 **roof** [루우후]: 〈← hrof(ceiling)〉, 〈게르만어〉, 지붕, 꼭대기, 〈~ house-top\crown〉, 〈↔bottom\base〉 가1

1216 **roof-top** [루우후 탑]: 옥상, 집 꼭대기, 〈↔base-ment〉 양1

1217 **rook** [룩]: ①〈← hroc〉, 〈게르만어〉, 〈의성어〉, 〈게걸스러운 먹성·시끄러운 소리·떼를 지어 구대륙 온대지방에 서식하는〉 떼(당)까마귀〈crow〉, 〈↔mumble〉 ②〈← rukh(castle)〉, 〈페르시아어〉, 〈장기의 차에 해당하는〉 성장, 〈~ chariot\castle〉, 〈↔pawn〉 ③〈← rook²?〉, 〈어원 불명의 영어〉, 야바위꾼, 〈↔honest-man〉 미2

1218 **rook-ie** [루키]: 〈← re·cruit〉, 〈영국어〉, 신병, 초심자, 풋내기, 〈~ green-horn\novice〉, 〈↔king-pin\expert\whiz〉 양2

1219 **room** [루움]: 〈← rum(space)〉, 〈게르만어〉, 방, 공간, 여지, 능력, 묵다, 유숙하다, 〈~ chamber\capacity〉, 〈↔hall\closure〉 가1

1220 **room and board** [루움 앤 보어드]: '침·식 여관', 식사를 제공하는 하숙, 〈~ bed and board\boarding house〉, 〈↔street\hotel〉 우2

1221 **room-er** [루우머]: (식사 제공을 않는) 하숙인, 셋방 든 사람, 〈~ boarder\renter〉, 〈↔owner\lessor〉 우2

1222 **room-ette** [루우뗏]: 〈1937년에 등장한 미국어〉, (화장실이 있는) 침대차의 독방, 〈~ Pull-man〉 미2

1223 **room-mate** [루움 메이트]: 동숙인, 한 방 쓰는 사람, 〈가깝지만 성가신 사람〉, 〈~ bed-fellow\roomie〉, 〈↔stranger\proprietor〉 미2

1224 **room-sa·lon** [루움 쌜런]: room saloon, 〈Konglish〉, '칸막이 술집', 〈밀폐된〉 night·club 우2

1225 **room ser·vice** [루움 써어뷔스]: 호실 봉사, 객실로 식사 나르기, 〈~ in-room dining〉 미2

1226 **Rooms to Go** [루움스 투 고우], fur·ni·ture: 1990년에 설립된 미국의 〈대중적〉 가구 연쇄점, 〈~ an American furniture store chain〉 수2

1227 **Roo·se·velt** [로우져벨트], El·ea·nor: 〈네덜란드어〉, 'rose field(장미밭)', 루스벨트, (1884-1962), 먼 사촌 FDR과 결혼하여 영부인 역할을 톡톡히 한 미국의 인권옹호자, 〈~ an American activist〉 수1

1228 **Roo·se·velt** [로우져벨트], Fran·klin D. \ FDR: 루스벨트, (1882-1945), 부잣집에서 태어나 39세에 소아마비로 인한 보행장애를 극복하고 대공황 때 연방정부의 역할을 강화해서 경제 회복을 이끌어내고 부인의 여비서와 장기간 부적절한 관계를 유지했던 12년 집권의 '서민적'인 민주당 출신 미국의 32대 대통령, {Sphinx}, 〈~ 32nd US President〉 수2

1229 **Roo·se·velt** [로우져벨트], The·o·dore \ TR: 루스벨트, (1858-1919), 네덜란드에서 온 땅 부자 집안에서 태어나 기병 장교로 용맹을 떨치고 매킨리 암살 후 8년간 집권하면서 자연 보호에 앞장섰으며 노벨 평화상까지 타서 미국인들이 세 번째로 존경하는 〈별명이 많던〉 '정열적인' 공화당 출신 26대 대통령, 〈~ 26th US President〉, (별명이 많았으나 대표적인 것은) {The Lion}, 〈~ The Trust Buster〉 수1

1230 **roost** [루우스트]: 〈← hrost(attic?)〉, 〈어원 불명의 네덜란드어〉, 홰, 새가 앉는 나무, 보금자리, 휴식처, 〈~ perch¹\rest〉, 〈↔depart\vacate〉 양1

1231 **roost-er** [루우스터]: 〈목을 위로 젖혀 꼬끼오~하고 우는〉 cock, 〈암탉이 달걀을 만들려고 부지런히 먹이를 쪼는 동안 '홰'에 앉아 느긋이 정력을 기르는〉 수탉, 수새, 잘난 척하는 사람, 겁쟁이, 〈~ a pompous man\gump〉, 〈~(↔)cockerel〉, 〈↔chick\hen\ponce〉 양2

1232 **roost-er–fish** [루우스터 휘쉬]: '수탉어', (북미 태평양 연안에 서식하며) 날카로운 〈갈라진 수탉의 볏 같은〉 등지느러미를 가진 큰 전갱이류로 맛이 없어 그냥 놓아주는 물고기, 〈~ a big saurel\a game-fish〉 미2

1233 **root¹** [루우트]: 〈radix란 라틴어와 wort란 북구어가 합쳐진 영국어〉, 뿌리, 밑동, 근원, 밑바닥, 뿌리 뽑다, 뿌리 박게 하다, 지원하다, 〈→ radical\radish〉, 〈~ wort\rhizome〉, 〈~ origin\source〉, 〈↔branch\up-root\eradicate〉 가1

1234 **root²** [루우트]: 〈← wrotan(root up)〉, 〈게르만어〉, (주둥이로 땅을) 헤적이다, 찾아내다, 〈~ breed\dig\lodge〉, 〈↔bury\dislodge〉 가1

1235 **root beer** [루우트 비어]: '뿌리 맥주', 식물의 뿌리·껍질로 만든 주정성분이 거의 없는 청량음료, 〈~ root tea〉 우1

1236 *root di·rec·to·ry [루우트 디렉터뤼]: 뿌리 등록부, 계층별 서류철에서 가장 윗 수준에 있는 등록부, 최상위 자료방, 〈~ root folder\top-most directory〉, 〈↔home(individual) directory〉 미2

1237 *root-for [루우트 훠어]: 〈미국어〉, 응원하다, 성원하다, 추천하다, 〈~ back\support〉, 〈↔refrain\put down〉 양2

1238 *root hub [루우트 허브]: '근원 중추', 다수의 USB 단말기를 접속시킬 수 있는 전산기 내의 연성기기, 〈~ USB adapter(port)〉 우2

1239 root sign [루우트 싸인]: √, radical sign, 근호, 거듭제곱근을 보이는 기호 미1

1240 rope [로우프]: 〈← rap(cord)〉, 〈게르만어〉, 새끼, (밧)줄, 한 꿰미(두름), 20피트, 한 엮음, 요령, 〈~ string\bind〉, 〈↔un-tie\repel〉 양1

1241 rope danc·ing [로우프 댄싱]: 줄타기 곡예, 〈~ rope-walk\aerial dancing〉 양2

1242 rope tow [로우프 토우 \ 로프토]: '끄는 밧줄', 스키장에서 손에 잡고 언덕배기를 올라가는 회전식 밧줄, 〈~ ski conveyor〉 미1

1243 Roque-fort(cheese) [로욱훨트(취이즈)]: 〈← hrok(repose)〉, 〈게르만어〉, '휴식을 취하는 요새', 프랑스 로크포르 지방 원산의 양·염소 젖으로 만든 푸른곰팡이가 있고 냄새가 강한 '푸른 우유 더껑이'(상표명), 〈~ sheep milk blue cheese〉 수1

1244 ro·que-laure [로우컬로얼]: 'laurel hill에 사는 자', 로클로르, (프랑스 장군의 이름을 딴) 18~19세기 초에 유럽 남자들이 입던 무릎까지 오는 외투, 〈~ knee-length cloak〉 수2

1245 ro·ro ship [로우로우 쉽]: 〈영국어〉, 로로선, roll-on/roll-off ship, 적재 및 하역 선박, 짐을 적재한 차를 그대로 실을 수 있는 화물선, 〈→ roro ferry〉, 〈↔cruiseship\aeroplane〉 우2

1246 ror·qual [로얼컬]: 〈← reytharhvalr(red whale)〉, 〈북구어〉, fin back, (세계적으로 분포하며 100톤 이상 나가는) 긴수염고래, 〈~ razor-back³\sei whale〉 미1

1247 Ror-schach test [로얼 샤아크 테스트]: rohr(reeds)+schachen(lakeside), 〈독일계 이름〉, '호숫가 갈대밭에 사는 자', 〈스위스 정신과 의사의 이름에서 연유한〉 로르샤흐 검사(무의미한 의미의 무늬를 해석시켜 사람의 성격 등을 알아낸다는 검사), ink-blot test, 〈~ a psychological test〉 수2

1248 ro·sa·ry [로우져뤼]: 〈라틴어〉 ①〈성경 시편에 나오는 'our lady's psalter'의 변형어〉, 〈속으로 기도할 때 쓰는〉 묵주(신공), (염불하며 손으로 돌리는) 염주, 〈~ prayer beads〉 ②〈← rosarium〉, 장미원(꽃밭) 양2

1249 rose¹ [로우즈]: 〈← rhodon ← vrda(flower)〉, 〈페르시아어→그리스어→라틴어〉, 장미(꽃), 담홍색, 〈~ light-red〉, 〈예쁘기는 하나 가시가 달리고 벌레가 먹기 쉬운〉 뛰어난 미인(beauty) 가1

1250 rose² [로우즈]: 〈북구어〉, rise의 과거, 일어났다, 올랐다, 〈~ stand up\revolt〉, 〈↔sank\sit\kow-tow〉 양1

1251 rosé [로우제이]: 〈프랑스어〉, pink, 로제, 연분홍빛이 나는 포도주(wine) 우1

1252 rose a·ca·cia [로우즈 어케이셔]: (〈북한에서는 자기들이 개발했다고 주장하나 실은〉 미국 남동부 원산의 연분홍 꽃이 피는) 꽃아카시아, 〈~ bristly locust〉 미2

1253 rose-bay [로우즈 베이]: '장미 월계수', 서양 협죽도(oleander·유도화), 석남, 분홍바늘꽃, 〈잎을 만병통치약으로 썼던〉 만병초, 〈~ willow herb\fire-weed〉, 〈~(↔)heath〉 미2

1254 rose bee·tle [로우즈 비이틀]: rose chafer, 장미(를 해치는) 풍뎅이 미2

1255 rose bowl [로우즈 보울]: ①장미 꽃꽂이용 유리분 ②R~ B~; 1922년부터 LA 근교에서 매년 1월 1일 열리는 대학 미식축구 선구권전 및 장미꽃 경연 축제, 〈~ an annual American college football game〉 우2 수2

1256 Rose-crans [로우즈 크랜스], Wil·liam: rose+crown, 〈게르만계 이름〉, '장미 왕관', 로즈크랜스, (1819-1898), 남북전쟁 때 북군을 지휘했고 LA 남쪽에 광대한 농장을 소유했던 미국의 군인·정치가, 〈~ a Union general〉 수1

1257 rose-fish [로우즈 휘쉬]: ocean perch, red fish, 대서양 빨갱이, 북대서양산 〈가시 지느러미를 가진〉 쏨뱅이과의 식용어 미1

1258 Rose Gar·den [로우즈 가아든]: 로즈 가든, (백악관〈White House〉 서쪽의 '조그만') 장미화원 미2

1259 rose ge·ra·ni·um [로우즈 줘뤠이니엄]: 양아욱, 씨의 꼬투리가 두루미 주둥이를 닮고 분홍색의 진달래 비슷한 꽃을 피우는 남부 아프리카 원산 아욱(mallow)과의 관목, 〈~ sweet scented geranium〉 미2

1260 rose mal·low [로우즈 맬로우]: 접시꽃, 촉규화, 장밋빛 꽃이 피는 목부용(아욱과 부용속의 관목), 〈~ swamp mallow\dinner plate hibiscus〉 미2

1261 **rose-mar·y** [로우즈 메어뤼]: rasah(juice)+arsanzi(flow), 〈산스크리트어→라틴어→프랑스어→영국어〉, 〈바다 이슬(ros+marinus)〉, 미질향, 푸른 떨기나무, 거친 줄기·바늘잎·푸른 꽃에 진한 향과 톡 쏘는 맛이 나는 지중해 연안 원산의 약초·야채, 〈~ compass plant\polar plant〉 우1

1262 **rose moss** [로우즈 모어스]: 채송화, 육질의 잎·여러 색깔의 다섯잎꽃이 낮에 피는 쇠비름과의 한해살이풀, ⇒ portulaca 미2

1263 **rose of Shar·on** [로우즈 어브 쇄륀]: 〈성경에 나오는〉 Sharon(이스라엘 서해안의 기름진 땅 이름)의 '들꽃', 무궁화〈mu-gung-hwa〉, 〈~ a hibiscus〉 수2

1264 **rose of Ven·e·zu·e·la** [로우즈 어브 붸너즈웨일러]: 베네수엘라 장미, (남미 산악지대 원산의) 〈새색시 같은〉 현란한 선홍·주홍색의 겹 장미꽃을 미모사 같은 나뭇잎이 낮에는 감싸주고 밤에는 열어주는 콩과의 관목, 〈~ scarlet flame bean〉 수2

1265 **rose-root** [로우즈 루우트]: 바위솔, 한랭지대에서 자잘스러운 녹황색의 꽃을 피우며 장미 뿌리같이 튼튼한 뿌리를 가진 꿩의비름류의 〈약초〉, 〈~ king's crown〉 미2

1266 **Ro·se·to ef·fect** [로제토 이휍트]: 로제토 효과, 이탈리아계가 정착한 미국 펜실베이니아주의 로제토〈장미정원(rose garden)〉 마을 사람들이 장수하는 비결을 알아본 결과 (스트레스를 나누는) 공동체로 살아가는 방식이 심장병의 유발을 방지해 준다는 사회 과학적 현상, 〈~ impact of stress on heart disease〉 수2

1267 **Ro·set·ta Stone** [로우제터 스토운]: 1799년 나폴레옹 원정 시 나일강 하구 로제타('안내자(ragid; guide란 뜻의 아랍어)' 또는 '작은 장미〈little rose〉') 근처에서 발견된 상형문자〈hieroglyphs〉 해독의 실마리가 된 비석 수1

1268 **ro·sette** [로우젯트]: 장미꽃 모양의 매듭(장식), 〈~ chou'〉, 천장에 매다는 〈rose shaped〉 전등 걸이 우2

1269 **rose wine** [로우제이 와인]: (발효가 시작될 무렵 껍질을 제거하여 만든) 〈미국에서 제일 많이 팔리는〉 엷은 장밋빛 포도주, 〈~ blush wine\rosé〉 미1

1270 **rose-wood** [로우즈 우드]: 자단, 〈장미 냄새가 나는〉 단단한 암갈색 재목을 제공하는 콩과의 열대성 상록활엽교목, 〈~ cabinet wood〉, 〈잎이 작은 것은 red-sandalwood라 함〉 미2

1271 **Rosh ha·sha·na(h)** [로우쉬 하아셔너]: rosh(head)+ha(the)+shana(year), 〈'연두(연초)'란 뜻의 히브리어〉, 로시 하샤나, 나팔절, (유대교의) 신년제, 태양력으로 9월이나 10월 초, 〈~ New Year in Judaism〉 수2

1272 **Ro·sie the Riv·et·er**: '대갈못을 박는 로지', (1944년 2차 대전 중 제작한 영화에서 유래한) 〈미국 여성들이 가사에서 손 떼고 공장으로 일하러 가는〉 '위대한 공순이(factory girl)' 수2

1273 **Ross** [롸쓰]: 〈켈트어; '벼랑(promontory) 근처에 사는 자'〉, 〈게르만어; '말(horse) 사육자'〉, 로스, 1982년 Morris R~에 의해 캘리포니아에 세워져서 미국(America) 전역으로 퍼져 나간 의류·가내용품·장신구 등을 싸게 파는 〈할인 잡화상〉, 〈~ a bargain store〉 수2

1274 **Ros·si·ni** [로우씨이니], Gio·ac·chi·no: 〈← Rossius(red)〉, 〈라틴어〉, '머리털이 붉은 자', 로시니, (1792-1868), 프랑스에서 활동했던 이탈리아 출신 〈익살 가곡〉 작곡가, 〈~ an Italian composer〉 수1

1275 **ros·ter** [롸스터]: 〈← roosten(roast)〉, 〈네덜란드어〉, 〈종이에 석쇠 모양의 줄을 그어놓고 만든 도표〉, 〈← list〉, 근무표, 등록부, 출석부, 〈~ registry\roll call〉, 〈↔disorder\mess〉 양2

1276 **ros·tral** [롸스트뤌]: 〈← rostrum(beak)〉, 〈라틴어〉, 부리(주둥이)가 있는 쪽, 앞쪽, 뱃부리 장식이 있는, 〈~ anterior\frontal〉, 〈↔caudal\posterior〉 양2

1277 **ros·trum** [롸스트륌]: 〈← rostra(뱃부리)를 공회당(forum)에 장식한 데서 연유한 말〉, 연단, 설교단, 지휘대, 주둥이, 〈~ lectern\podium\beak〉 양1

1278 **rot** [롵]: 〈← rotian(decay)〉, 〈게르만어〉, 썩음, 부패, 고사, 허튼소리, 〈→ rotten〉, 〈~ corrosion\rust〉, 〈↔fresh\pure\truth〉 양1

1279 **ro·ta·ry** [로우터뤼]: 〈← rota(wheel)〉, 〈라틴어〉, 회전하는, 윤전기, 환상교차로(traffic circle), 〈~ rodeo\roundabout〉, 〈↔angular\square\cross-road〉 양1 미1

1280 **Ro·ta·ry In·ter·na·tion·al**: 국제 로터리 협회, 1905년 시카고에서 부르주아들이 〈장소를 돌려 가면서 만나며〉 창립된 국제적 사교·사회 봉사단체, 〈~ a non-political, non-religious organization〉 우2

1281 **ro·ta·tion** [로우테이션]: 〈← rota(wheel)〉, 〈라틴어〉, 바퀴 돌리기, 회전, 자전, 순환, 규칙적인 교대, 〈~ turning\spinning〉, 〈↔revolution(공전)〉, 〈↔dextro-rotation\straightening〉 가1

1282 **Ro·ta·va·tor** [로우터 붸이터]: 로터베이터, rotary cultivator, (1912년경부터 오스트레일리아에서 개발된) 돌아가는 가래가 있는 경운기(상품명) 수2

1283 **ro·ta·vi·rus** [로우터 봐이어뤄스]: (갓난 동물에 위장염을 일으키는) '방사상' 미세 병원체, ⟨~ a diarrhea virus⟩, ⟨~(↔)rhabdo-virus⟩ 우2

1284 **ROTC** \ Re·serve Of·fic·ers' Train·ing Corps: 예비역 장교 훈련단, 학도 군사 훈련단, 미국에서는 1862년부터 태동한 학사사관생도대(student cadets) 미2

1285 **rote** [로우트]: ①⟨← rotine(routine)⟩, 프랑스어, 기계적 방법(학습), (뜻도 모르고) 무턱대고 외우기, ⟨~ without thinking⟩, ⟨↔creativity\trial and error⟩ ②⟨← hrutan(roar)?⟩, ⟨어원 불명의 영국어⟩, 물가에 부딪치는 파도 소리, ⟨~ noise of surf⟩, ⟨↔storm surge⟩ 양2

1286 **Roth·schild** [로어쓰 촤일드], May·er: roten(red)+shield, ⟨독일어⟩, '붉은 방패', 로스차일드, (1743-1812), 고리대금업으로 출발하여 세계적 대금융자본가의 가계를 창설한 유대계 독일 은행가, ⟨~ a German-Jewish banker⟩ 수1

1287 **ro·ti** [로티]: ①⟨← rotika(bread)⟩, ⟨산스크리트어⟩, (인도나 서남아에서) 번철에 구워 만든 ⟨효모가 들어가지 않은⟩ '빵', ⟨~ pitta⟩ ②rotisserie의 준 말 수2 우2

1288 **ro·ti-fer** [로우티훠]: rota(wheel)+ferre(bear), ⟨라틴어⟩, ⟨입 주위에 있는 관상 돌기가 '수레'처럼 생긴⟩ 윤충, ⟨물고기의 밥이 되는 부유생물 중 하나인⟩ 담륜충, ⟨~ animalcule⟩ 미2

1289 **ro·tis·ser·ie** [로우티써리]: ⟨← rotil(roast)⟩, ⟨1825년에 등장한 프랑스어⟩, 전통 회전식 고기 굽는 기계, ⟨통닭 (고기)⟩ 쇠꼬챙이 구이, ⟨~ spit²-roasting⟩ 우2

1290 **ro·tor** [로우터]: ⟨← rotare(revolve)⟩, ⟨라틴어⟩, ⟨← rotate⟩, 축차, 회전자, 회전 날개, 회전 원통, ⟨~ motor\turbine⟩, ⟨↔stator\wiper\blower⟩ 미2

1291 **Ro·to–till-er** [로우터 틸러]: 로토 틸러, Rotavator, 회전식 경운기(상품명) 수2

1292 **rot-ten** [롸튼]: ⟨게르만어⟩, ⟨← rot⟩, 썩은, 부패한, 불결한, 불쾌한, ⟨~ decayed\bad⟩, ⟨↔fresh\clean\pleasant⟩ 양2

1293 **Rot·ter-dam** [롸털 댐]: ⟨네덜란드어⟩, ⟨Rotte(rot-a; dirty river)강의 dam⟩, 로테르담, (2차 대전 후에 재건설된) 네덜란드 남서부의 ⟨바쁜⟩ 항구도시, ⟨~ a major port city in South Holland⟩ 수1

1294 *****rot 13** [롿 써얼티인]: rotate 13, (본체를 숨기기 위해) 영어 알파벳의 전반 13자와 후반 13자를 바꿔 놓는 암호 표시법, ⟨~ a letter substitution cipher⟩ 우2

1295 **Rott·wei·ler** [롿 와일러]: 로트와일러, 거칠고 까만 털을 가진 남부 독일 Rottweil 원산의 도베르만 비슷한 ⟨암팡진⟩ 목축·경비견, ⟨~ butcher's dog⟩ 수1

1296 **ro·tund** [로우턴드]: rota+jocus(joke), ⟨라틴어⟩, ⟨← rotate⟩, 둥근, 토실토실한, 낭랑한, 화려한, ⟨~ circular\chubby\plump⟩, ⟨↔thin\unimportant⟩ 양2

1297 **Rou·ault** [루우오우], Georges: hrod(glory)+wald(ruler), ⟨게르만어⟩, '빛나는 지도자', 루오, (1871-1958), 야수파를 거쳐 도덕성을 띤 그림을 많이 그린 프랑스의 현대적 종교화가, ⟨~ a French painter⟩ 수1

1298 **Rou·en** [루우아앙]: roto(wheel)+magos(field), ⟨라틴어+켈트어⟩, ⟨마차 경기장?⟩, 루앙, (1431년 잔 다르크가 화형당한) 프랑스 북부 센강 연안의 상공업도시, ⟨~ a city in Normandy⟩ 수1

1299 **rouge** [루우즈]: ⟨← rubeus(red)⟩, ⟨라틴어→프랑스어⟩, (입술)연지, ('붉은색'을 띠는) 산화 제2 철, ⟨~ a lip-stick⟩ 미1

1300 **rough** [뤄후]: ⟨← ruh(coarse)⟩, ⟨게르만어⟩, 거친, 껄껄한, 험악한, 가공되지 않은, 난폭한, 대강의, 순로 밖의 잘 다듬지 않은 잔디, ⟨~ riffle\un-even⟩, ⟨↔smooth\gentle⟩ 양2 미2

1301 **rough-y** [뤄휘 \ 루우히]: 러피, (오스트레일리아 연안에 사는) 지느러미 가시가 '억센' ⟨주홍색의⟩ 넓적한 식용 바닷물고기, ⟨~ deep sea perch⟩ 우2

1302 **rou·lade** [루울라아드]: ⟨← rouler⟩, ⟨'roll'이란 프랑스어에서 연유한⟩ 롤라드 ①성악에서 장식음으로 삽입된 빠른 연속음, ⟨~ solo passage⟩ ②다진 고기를 '초밥 비슷하게' 얇은 고깃점에 싸서 만 요리, ⟨~ a meat roll\braciola⟩ 우2

1303 **rou·lette** [루울렡]: ⟨← rota(wheel)⟩, ⟨라틴어→프랑스어⟩, 룰렛, '회전'하는 원반 위에 공을 굴리는 노름(도박), ⟨~ a game of chance⟩, 점선기(점선 구멍을 뚫는 톱니 바퀴식 도구), ⟨~ an engraving tool⟩, ⟨↔straight\angular⟩ 우1 미2

1304 **round** [롸운드]: ⟨← rota(wheel)⟩, ⟨라틴어⟩, 둥근, 원형의, 통통한, 한 바퀴 도는, 우수리 없는, 대략, 상당한, 풍부한, 순시, 회진, 한판, 범위, 넓적다리(rear leg) 살, 엉덩이 살, 홍두깨살, ⟨~ circular\hoop-shaped⟩, ⟨↔flat\sharp\broken⟩ 양1

1305 **round-a-bout** [롸운더바웉]: 멀리 도는, 간접적인, 포괄적인, 똥똥한, 원형(환상) 교차로, ⟨~ circular\traffic circle\rotary⟩, ⟨↔direct\straight-forward⟩ 양1

1306 **round an·gle** [롸운드 앵글]: perigon, 주각, 4 직각, 360°, ⟨↔right angle\oblique angle⟩ 양2

1307 **round brack-ets** [롸운드 브랰키츠]: ⟨영국어⟩, parentheses, ( ), 둥근 괄호, 소괄호, 둥근 까치발(이음쇠), ⟨~ braces\corner brackets⟩, ⟨~(↔)angle brackets\square bracket⟩ 양2

1308 **round down** [롸운드 다운]: (우수리 숫자를) 잘라버림, ⟨~ round out⟩, ⟨↔round-up⟩ 미2

1309 **roun·de-lay** [롸운덜레이]: ⟨프랑스어⟩, 'small circle', rondo, rondeau, 윤무, 후렴이 있는 짧고 생동적인 노래, 새의 지저귐 미2

1310 **round-er** [롸운더]: 둥글리는 물건(사람), 원만한 자, 순회자, 상습범, ⟨~ generalist\repeater⟩, ⟨↔chaser\thinner⟩ 양1

1311 **round hand** [롸운드 핸드]: ⟨1660년대에 시작된⟩ 둥근(서예) 글씨체, ⟨~(↔)cursive script\long hand\running hand⟩ 양2

1312 *__round-heel__ [롸운드 히일]: '둥근 뒤꿈치', 잘 속는 사람(여자), (하루에도 열두번씩 구두를 신고 벗어서) ⟨뒷축이 닳아 빠진⟩ 창녀, ⟨⟨힘이 없어서가 아니라⟩ 신발의 뒤꿈치가 미끄러워 넘어지는⟩ 약한 권투선수, ⟨~ prostitute\push-over⟩, ⟨↔spike-heel⟩ 양2

1313 **round-ing** [롸운딩]: 둥글어지는, 회전하는, 속삭이는, 반올림, ⟨~ rolling\en-circling\clumping⟩, ⟨↔flattening\spreading\smoothing⟩ 양1

1314 **round off** [롸운더 어어후]: 반올림, 사사오입⟨4 이하는 버리고 5 이상을 올려 쓰는 연산법⟩, ⟨~ round-up⟩, ⟨~(↔)round out⟩, ⟨↔round down⟩ 양2

1315 **round of golf** [롸운더 어브 거얼후]: 골프 한 바퀴, 골프 한 판, 한 코스를 다 도는 골프 경기, ⟨~ golf game⟩ 양1

1316 *__round rob·in__ [롸운드 롸빈]: ← round ribbon, '둥근 오라기', (서명자의 순서를 감추기 위한) 사발통문식 탄원서, 원탁회의, 하나하나 차례로 참가하는, ⟨~ rap session\forum⟩, ⟨↔silence\elimination tournament⟩ 우2

1317 **round steak** [롸운드 스테잌]: 소의 round(넓적다리 살)에서 떼어낸 두꺼운 고깃점, ⟨~ fleshy(plump) thigh⟩ 미2

1318 **round trip** [롸운드 트맆]: 왕복(주유) 여행, ⟨↔one-way trip⟩ 양2

1319 **round-up** [롸운덮]: 총괄(보고), (일제) 검거, 회합, (반)올림, ⟨↔round down⟩ 양1

1320 **round up** [롸운드 엎]: 그러모으다, 몰아들이다, 검거하다, 반올림하다, ⟨~ gather (or bring) together\herd⟩, ⟨~ round off⟩, ⟨↔disperse\expand\round off⟩ 양1

1321 **round-worm** [롸운드 워엄]: 회충, ⟨짜장 면발같이 생긴⟩ 원형·선형 기생충, ⟨~ ascarid⟩ 가1

1322 **rouse** [롸우즈]: ⟨← reuser(stir up)⟩, ⟨어원 불명의 프랑스어⟩, ⟨깃털을⟩ 일으키다, 깨우다, 격려하다, 선동하다, 휘젓다, ⟨→ arouse⟩, ⟨~ wake\stimulate\kindling⟩, ⟨↔pacify\appease⟩ 양1

1323 **Rous·seau** [루우쏘우], Jean Jacques: ⟨← rous(red)⟩, ⟨고대 프랑스어⟩, '머리털이 붉은 자', 루소, (1712-1778), ⟨평생 열등감에 시달렸으며⟩ ("계급이 없던 원시자연시대로 되돌아가자"고 외쳐) 프랑스 혁명에 지대한 영향을 끼친 ⟨스위스 출신⟩ 프랑스의 ⟨평등주의⟩ 철학자·저술가, ⟨~ a Swiss philosopher and writer⟩ 수1

1324 **roust-a-bout** [롸우스터바웉]: ⟨1860년에 등장한 말⟩, ⟨← rouse(shake the feathers)⟩, 잡역부, 허드레꾼, ⟨~ casual laborer\razorback²⟩ 양1

1325 **rout** [롸웉]: ⟨← rumpere(break)⟩, ⟨'깨지다'란 뜻의 라틴어⟩ ①참패, 소란, 폭도, ⟨~ disorderly retreat⟩, ⟨↔victory\upper class⟩ ②코끝으로 파헤치다(찾아내다), ⟨~ bulldoze⟩, ⟨↔succumb⟩ 양1

1326 **route** [루우트 \ 롸웉]: ⟨← ruptus ← rumpere⟩, ⟨'rough path'란 뜻의 라틴어⟩, ⟨험난한⟩ 길, 노선, 수단, 경로, 배달길, ⟨→ rut¹⟩, ⟨~ course\trajectory⟩, ⟨↔detour\bypass⟩ 양2

1327 *__rout-er__ [루우터 \ 롸우터]: 장거리 경주마, 경로기(전산망 사이를 중계하는 장치), ⟨속도가 빨라지는⟩ 홈 파는 기구, ⟨~ disperser\carving device⟩, ⟨↔surrenderer⟩, ⟨↔modem⟩ 미2

1328 **rou·tine** [루우티인]: ⟨← route⟩, ⟨라틴어→프랑스어⟩, ⟨경로를 따라가는⟩, 일상적인, 판에 박힌, (어떤 명령에 의한) 일련의 작업, ⟨~ regular\standard⟩, ⟨↔unusual\special⟩ 양1 미2

1329 **route 66** [루우트 씩스티 씩스]: (미국의) 66번 도로, the Mother Road, '어머니 도로', 1926년에 개통된 시카고와 LA를 잇는 3,940km짜리 ⟨역사적인⟩ 뒷길, ⟨~ the Will Rogers High-way⟩ 우2

1330 **rouve bee·tle** [로우브 비이틀]: ⟨← rove(wander)⟩, '방황하는 딱정벌레', 반날개, 날개가 짧아 배가 노출된 조그만 투구벌레, ⟨~ a predatory beetle⟩ 미2

1331 **roux** [루우]: ⟨프랑스어⟩, roux beurre, 루, (국물을 걸쭉하게 하기 위해) 밀가루를 지방질과 같은 비율로 섞어서 만든 '붉은⟨red⟩' 죽, ⟨~ cooked mixture of flour and fat⟩ 수2

1332 **rove** [로우브]: ⟨← arafian(set free)⟩, ⟨어원 불명의 영국어들⟩ ①헤매다, 떠돌다, 두리번거리다, ⟨~ roam⟩, ⟨~stray\meander⟩, ⟨↔run\rush⟩ ②거칠게(rough) 짠 실, ⟨~ a flax linen⟩, ⟨↔arranged⟩ 양1

1333 **rov-er** [로우버]: ①⟨← rove¹⟩, 유랑자, (우주) 탐사선, ⟨~ traveler⟩, ⟨↔settler⟩ ②⟨← rob⟩, 해적, 노상 강도, ⟨~ robber⟩ ③⟨← rove²⟩, 조방기(공), ⟨~ fly frame⟩, ⟨↔spoiler⟩ 양1

1334 **row¹** [로우]: ⟨← raw(line)⟩, ⟨게르만어⟩, 열, 줄, 횡렬, 행, 가로줄, ⟨~ order\rank⟩, ⟨~ level\tier⟩, ⟨↔disorder\disarray⟩ 가1

1335 **row²** [로우]: ⟨← rowan(sail)⟩, ⟨게르만어⟩, (노를) 젓다, 배 젓기, ⟨~ oar⟩, ⟨→ vogue⟩, ⟨↔still\lull⟩ 가1

1336 **row³** [로우]: ⟨← rouse?⟩, ⟨어원 불명의 영국 속어⟩, 법석, 소동, 말다툼, ⟨~ argument\quarrel⟩, ⟨↔agreement\reconciliation⟩ 가1

1337 **row·an** [로우언 \ 롸우언]: ⟨← roun(red)⟩, ⟨북구어⟩, 로완, mountain ash, 마가목의 일종(북반구의 추운 지방에서 잘 자라며 조그만 둥글고 '붉은' 다닥 열매를 맺는 장미과의 활엽관목), ⟨~ quick-beam\witch tree⟩ 우2

1338 **row-dy** [롸우디]: ⟨미국어⟩, ⟨← row³⟩, 싸움을 좋아하는, 떠들썩한, 난폭한, ⟨~ unruly\riot-ous⟩, ⟨↔peaceful\restrained⟩ 양2

1339 **row¹ house** [로우 하우스]: ⟨대지·복도·계단·설비 등을 공동으로 사용하는⟩ (3층 이하의) 공동주택, 연립주택, ⟨~ town-house⟩, ⟨영국에서는 terraced house라 함⟩ 미2

1340 **Row·ling** [로울링], Jo·anne: ⟨'늑대(Rolf)' 또는 '땅(Rowland)'이란 뜻의⟩ 롤링, (1965-), 기차 통학 때 얻은 영감으로 Harry Potter 등 5억 부 이상의 책을 팔아먹은 영국의 소설가·극작가·연예물 제작자, ⟨~ a British author and screen-writer⟩ 수1

1341 **row-lock** [로우 락]: 놋좆, ⇒ oar·lock 양1

1342 **roy·al** [뤄이얼]: ⟨← regix(king)⟩, ⟨라틴어⟩, 왕(족)의, 고귀한, 훌륭한, 보증된, ⟨~ regal\aristocratic⟩, ⟨↔common\plebeian⟩ 양1

1343 **Roy·al An·them** [뤄이얼 앤썸]: '국왕 찬미가', 1745년에 채택된 ⟨작가 미상의⟩ 영국(연방)의 국가, ⟨~ God Save the King\anthem of many Common-wealth Nations⟩ 미2

1344 **roy·al a·zal·ea** [뤄이얼 어젤리어]: (진달래보다 큰 깔때기 모양의 꽃을 피우는) 철쭉, ⟨~ rhododendron⟩ 미2

1345 **Roy·al Dutch Shell** [뤄이얼 더취 쉘] Group: 1890년에 세워진 네덜란드의 Royal Dutch 석유회사와 1897년에 세워진 영국의 Shell 석유 운송·교역회사가 1907년에 제휴했다가 2005년에 통합된 ⟨세계적⟩ 석유·천연가스 공급 회사, ⟨~ a British oil and gas co.⟩ 수2

1346 **roy·al fern** [뤄이얼 훠언]: king fern, flowering fern, ⟨왕⟩ 고비, 구대륙의 습지에서 잘 자라며 깃털 같은 잎을 가지고 2억 년을 살아온 '커다란' 양치식물, ⟨~ osmund⟩, ⟨~(↔)cinnamon fern보다 더 장엄함⟩ 미2

1347 **roy·al flush** [뤄이얼 훌러쉬]: '왕패', 같은 무늬의 10부터 Ace까지 나란히 연속된 ⟨최고의⟩ 패, ⟨= royal straight flush⟩ 양1

1348 **Roy·al High-ness** [뤄이얼 하이니스]: 전하(비), 왕의 직계 가족을 일컫는 경칭, ⟨~ Your Highness⟩, ⟨~(↔)Royal Majesty⟩ 미2

1349 **roy·al·ist** [뤄이얼리스트]: 군주제 지지자, 왕당원, ⟨~ monarchist\crown supporter⟩, ⟨↔reformist\republican⟩, ⟨loyalist; devotee\adherent⟩ 양2

1350 **roy·al jel·ly** [뤄이얼 젤리]: '왕 봉밀', '여왕 꿀', 꿀벌이 여왕벌이 될 애벌레에게 먹이는 '고급' 분비물, ⟨~ bee milk⟩ 우1

1351 **roy·al palm** [뤄이열 파암]: 대왕 야자수, 미 대륙 열대지방 원산의 미끈한 여인의 다리 같은 줄기·타래머리같이 늘어진 잎·처녀의 유방 같은 열매를 가진 〈선정적인〉 야자나무, 〈king이나 queen palm보다 더 우아하다 함〉, 〈~ a large and attractive palm\palma real (or criolla)〉 미2

1352 **roy·al road** [뤄이열 로우드]: 〈한국식 영어〉, 왕도, 지름길, 쉬운 방법, 〈~ easy-way\short-cut〉 양2

1353 **Roy·als** [뤄이열즈], Kan·sas Cit·y: 로열스, The Blue Crew, 1969년에 창단된 MLB 소속 미국의 직업 야구단(pro baseball team) 수2

1354 **Roy·al So·ci·e·ty** [뤄이열 써싸이어티]: R.S. of London, 왕립협회, 영국 학술원, 1660년 찰스 2세에 의해 자연과학 진흥을 위해 창립된 학회, 〈the world's oldest independent scientific academy〉 미2

1355 **roy·al stag** [뤄이열 스태그]: '대왕 사슴', 가지 뿔이 12개 이상인 사슴, 〈서양에서는 그냥 male red deer라 함〉, R~ S~; 1995년 Seagram사가 출시한 인도 원산의 위스키, 〈~ an Indian whisky〉 양2 수2

1356 **roy·al·ty** [뤄이열티]: 왕위, 왕권, 특허권, 저작권, 사용료, 〈~ kingship\power〉, 〈↔subservience\expenditure〉 양1

1357 **Ro·zelle rule** [로우젤 루울]: 로젤〈'rose'의 변형어〉 규약, 1962년 NFL의 Pete R~이 주창한 (자유 계약 선수가 직업구단을 바꿀 때) 새 구단이 전 구단에 보상금을 지불할 의무를 규정한 〈말썽 많은〉 규칙, 〈~ Football Odyssey-now dead〉 수2

1358 *__RPG__¹: role playing game, 역할경기, 참가자가 독특한 인물을 연출하는 놀음 미2

1359 *__RPG__²: report program generator, 보고서 차림표 작성기, 1960년도에 IBM사가 '신병'들을 위해 만든 차림표언어, 〈~ a high-level program language〉 미2

1360 **RPM**: revolutions per minute, (기계나 음반의) 분당 회전수 미2

1361 **R-rat·ed** [알 뤠이티드]: 〈← restricted〉, (17세 이하라도 성인과 동반하면 관람할 수 있는) 〈제한된〉 준성인 영화, 〈~(↔)X-rated〉, 〈↔G-film〉 미2

1362 **R-R X-ing**: rail-road crossing, 기차횡단, 철도 건널목, 〈~(↔)cross-walk\pedestrian X-ing〉 미2

1363 **RSV** [아알에스브이]: ①respiratory syncytial virus(호흡기 세포 융합 미세균) ②Rous sarcoma virus(로우스 육종 미세균) ③retail sale value(소매가치) ④revised standard version(개정 표준역 성서) 양1

1364 **RSVP** [아뤠스 뷔이 피] \ re·pon·dez sil vous plait [뤠이포운데이 씨일 부우 플레이]: 'reply, if you please', 답장 바람, 〈~no reply〉 우2

1365 **ru·a·na** [루아너]: 〈'모직(woollen cloth)'이란 뜻의 스페인어〉, 루아나, 콜롬비아 산악지방에서 입는 poncho 비슷한 모직 상의 수2

1366 **Ru·an·da** [루아안더]: 루안다, ⇒ Rwanda의 구칭 수1

1367 **rub** [뤄브]: 〈← rubben(scrub)〉, 〈어원 불명의 게르만어〉, 문지르다, 비비다, 닦다, 애먹이다, 〈~ massage\stroke〉, 〈↔roughen\spoil〉 양1

1368 **ruba·to** [루우바아토우]: 〈이탈리아어〉, 루바토, 속도를 적당히 잡아서〈robbed〉하는 연주법, 〈~ flexible tempo\subtle rhythmic manipulation〉 우1

1369 **rub·ber** [뤄버]: 고무(제품), '문지르는' 사람(물건), 고무 지우개〈영국〉, 〈~ eraser〉, condom〈미국의 고무 좆싸개〉, 〈~ latex〉, 〈↔ripper\shalk\marker\IUD〉 양1 우1

1370 **rub·ber band** [뤄버 밴드]: 고리 모양 고무줄 미2

1371 **rub·ber cone** [뤄버 코운]: 러버콘, ⇒ traffic cone 양2

1372 **rub·ber–stamp** [뤄버 스탬프]: 고무도장, 무턱대고 (건성으로) 도장을 찍다, 〈~ echo\copy-cat〉, 〈↔notarization\veto〉 양1

1373 **rub-ber tree** [뤄버 트뤼이]: (윤이 나는 계란형 넓은 잎을 가지고) 수피에서 고무를 채취하던 서남아시아 원산의 크고 작은 무화과나무류, 고무나무, 〈~ rubber fig〉 가1

1374 **rub·bing al·co·hol** [뤄빙 앨커호얼]: isopropanol, 닦는 (소독용) 알코올, 〈~ methyl alcohol〉, 〈↔drinking alcohol〉 우2

1375 *__rub·bing salt in the wound__: 긁어 부스럼 만든다, 염장을 지르다, 불난 집에 부채질, 〈~ add fuel to fire\add insult to injury〉 양2

1376 **rub·bish** [뤄비쉬]: 〈← rubouses(spoils)〉, 〈어원 불명의 프랑스어〉, 쓰레기, 폐물, 잡동사니, 〈~ rubble\trash〉, 〈~ pablum\garbage〉, 〈↔treasure\trove〉 가1

1377 **rub·ble** [뤄블]: 〈← robe(spoils)〉, 〈프랑스어〉 파편, 조각, 거친 돌, 파괴하다, 〈~ ruble\rubbish〉, 〈~ debris\wreckage〉, 〈↔core\jewelry\contrive〉 양1

1378 **rube** [루우브]: 〈1804년에 등장한 미국 속어〉, 〈Reuben같이〉 순진한 시골뜨기, 멍텅구리, 풋내기, 〈~ yokel〉, 〈~ bumpkin\yokel〉, 〈↔cosmopolitan\master〉 양2

1379 **ru·bel·la** [루우벨러]: 〈← ruber(red)〉, 〈'reddish'(붉은)란 뜻의 라틴어〉, 풍진, ⇒ German measles 양2

1380 **Ru·bi·con** [루우비칸]: 루비콘강, (줄리어스 카이사르가 원로원의 명령을 무시하고 "주사위는 던져졌다"라고 말한 후 건넜던) 이탈리아 북부(N. Italy)의 '붉은〈red〉' 강, ⇒ no return 수1

1381 **ru·bi·di·um** [루우비디엄]: 〈분광선이 붉은(red)〉 루비듐, 금속원소(기호 Rb·번호37) 〈촉매나 광전지 제조용으로 쓰이는 지표에 아주 흔한 광물질〉, 〈~ a metallic element〉 수1

1382 **Ru·bin·stein** [루우빈스타인], Ar·thur: 'ruby+stone', 루빈스타인, (1887-1982), 폴란드 출신 미국의 〈천재적〉 피아니스트, 〈~ a Polish-American pianist〉 수1

1383 **r(o)u·ble** [루우블]: 〈← rupya(silver)〉, 〈산스크리트어→힌디어→러시아어〉, '은 쪼가리', (14세기부터 써오던) 러시아의 화폐단위, 〈~ rupee〉, 〈~ rubble〉, 〈~ the currency of Russian Federation〉 수2

1384 **ru·bric** [루우브뤽]: 〈← ruber(red)〉, 〈라틴어〉, 붉게 인쇄한 것, 주서, 〈~ header\legend〉, 〈↔unimportance〉 양1

1385 **ru·by** [루우비]: 〈← ruber(red)〉, 〈라틴어〉, 루비, (7월 석), (〈진짜는〉 매우 귀중한) 홍옥, '진홍색', 〈~ pigeon blood〉, 〈~(↔)almandine\garnet〉 미2

1386 **ru·by wed·ding** [루우비 웨딩]: (결혼 〈40주년〉 기념) 홍옥혼식, 〈~ milestone anniversary〉 양2

1387 **ruck** [뤅]: 〈← ruke(heap)〉, 〈북구어〉, 다수, 잡동사니, (럭비에서) 공 주위에 선수들이 밀집하는 상태, 주름(wrinkle), 〈~ pile\crumple〉, 〈↔flatten\smooth〉 양2 우1

1388 **ruck-sack** [뤅 색]: knap·sack, 륙색, 배낭, backpack의 독일말 가1

1389 **ruck-us** [뤄커스]: 〈영국어〉, ruck+rumpus, 소동, 야단법석, 〈~ brawl\commotion〉, 〈↔calm\order〉 양2

1390 **rud·beck·i·a** [뤄드베키어 \ 루우드베키어]: 루드베키아, 삼잎국화, 원추천인국, 스웨덴의 식물학자 Rudbeck의 이름을 딴 북미 원산의 국화과의 다년생 초본, 〈~ black-eyed Susan\cone-flower〉 미1

1391 **rudd** [뤄드]: 〈영국어〉, 〈붉은(ruddy) 눈과 지느러미를 가진〉 러드, (번식력이 강해 전 세계로 퍼진) 황어 비슷한 잉엇〈carp〉과의 민물고기, 〈~ a ray-finned fish〉 우1

1392 **rud·der** [뤄더]: 〈← rother(paddle)〉, 〈게르만어〉, 'broad row', (배의) 키, (비행기의) 방향타, 이끄는 것(사람), 〈~ helm\propeller\captain〉, 〈↔base\jigger-mast\follower〉 양1

1393 **rud·dy** [뤄디]: 〈← rudu(red)〉, 〈영국어〉, 불그스름한, 혈색이 좋은, 〈~ blooming\florid〉, 〈↔pale\wan〉 양2

1394 **rud·dy duck** (div·er) [뤄디 덕(다이버)]: 홍(red)오리, 뾰족한 꼬리와 적갈색의 날개를 가진 북미 원산의 조그만 〈나그네〉 오리, 〈~ sharp tail〉 미2

1395 **rud·dy turn-stone** [뤄디 터언스토운]: '붉은 돌들치기 도요새', 꼬까도요(물떼새), 여러 가지 색깔의 날개를 가지고 세계적으로 퍼져있는 조그만 〈나그네〉 물떼새, 〈~ a sand-piper〉 미2

1396 **rude** [루우드]: 〈← rudis(rough)〉, 〈라틴어〉, 'raw', 버릇없는, 무례한, 조잡한, 거친, 미가공의, 〈→ crude〉, 〈→ rudiment〉, 〈~ ill mannered\blunt〉, 〈↔polite\refined〉 양1

1397 **ru·di·ment** [루우디먼트]: 〈라틴어〉, 〈← rude〉, 기본, 기초, 조짐, 흔적, 퇴화기관, 〈~ fundament\primitive\degenerative organ〉, 〈↔development\product〉 양1

1398 **Ru·dolph the Rein-deer** [루우달후 더 뤠인디어]: 1964년 미국의 TV에서 성탄절 특집 동영상에서 나온 희화화 된 〈red-nosed; 코가 빨간〉 '우아한' 순록, 〈~ the youngest of Santa Claus's reindeers〉 수2

1399 **rue** [루우]: ①〈← hreowan(sorrow)〉, 〈게르만어〉, 비탄, 후회, 연민, 〈~ regret\grieve〉, 〈↔impenitence〉 ②〈← rhyte〉, 〈그리스어→라틴어〉, ruta, 〈쑥갓 비슷한〉 운향과의 다년생 상록 초본·약초, 〈~ herb-of-grace〉 양2 우1

1400 **ruff¹ \ ruffe** [뤄후]: 〈영국어〉, 〈아마도 ruff의 변음화로 생긴〉 pope, (높은 '톱날 같은' 등지느러미를 가지고 유라시아에 서식하는) 작은 농어류의 민물고기, 〈~ pop-eyed perch〉 우1

1401 **ruff²** [뤄후]: 〈영국어〉, 러프, 뻣뻣한〈rough〉 높은 주름이 잡힌 목깃, 새나 짐승의 목둘레에 있는 고리 모양의 깃털, 〈~ frill〉, 〈~(↔)collar〉 우1

1402 **ruff³** [뤄후]: ⟨← ruffle⟩, ⟨영국어⟩, 목도리도요, (발정기에 수놈이 '장엄한 목깃'을 세우는) 다리가 길고 배가 통통하며 먹성이 강한 떼거리 나그네도요(물떼새), ⟨~ a gregarious sand-piper⟩ 미2

1403 **ruff⁴** [뤄후]: ⟨← trionfo⟩, ⟨이탈리아어→프랑스어⟩, 으뜸패(trump)로 따기치기⟨서로 으뜸패를 내 놓아서 끗발이 센 자가 먹는 노름⟩, ⟨~ ruff and honors\a trick-taking card game⟩ 우2

1404 **ruffed grouse** [뤄후트 그롸우스]: 목도리 뇌조, 길고 '두꺼운 목깃'·짧고 강한 날개·부채형의 꼬리를 가진 북미 원산의 중형 들꿩, ⟨~ a game bird⟩ 미2

1405 **ruf·fi·an** [뤄휘언]: ⟨게르만어⟩, ⟨← rough⟩, 악한, 불량배, 무법자, ⟨~ rogue\villain\goon⟩, ⟨↔good person\ponce⟩ 가1

1406 **ruf·fle** [뤄훌]: ⟨← ruffelen(entangle)⟩, ⟨어원 불명의 영국어⟩, 주름살 지게 하다, 뒤흔들다, 쳐서 섞다, 애타다, ⟨~ riffle\roil⟩, ⟨~ pleat\tuck¹⟩, ⟨↔calm\smooth⟩ 양1

1407 *****ruf·fle some-one's feath·ers**: (~의) 깃털을 곤두세우다, 남을 화나게(성나게)하다, ⟨~ upset\offend\angry⟩, ⟨↔please\smooth\soothe⟩ 양2

1408 **ruf·fle tick·et** [뤄홀 티킽]: 뒤섞은 경품권(복권), ⟨↔(door) prize\voucher⟩ 미1

1409 **rug** [뤄그]: ⟨← rogg⟩, ⟨북구어⟩, rough+fleece, 깔개, 융단, 양탄자, ⟨~ rag⟩, ⟨↔baldness\roof⟩, ⟨다른 차이점도 있지만 mat보다 크고 carpet보다 작음⟩ 양1

1410 **Rug·by** [뤄그비]: hroc(rook)+burh(settlement), ⟨영국어⟩, 럭비, 잉글랜드 중부의 도시(학교), r~; R~ 학교에서 생겨난 15명의 선수로 구성된 두 조가 공을 득점 대에 가져가거나 득점 문에 차 넣어 승부를 가리는 '영국식' 축구, ⟨~ mixture of American football and soccer⟩ 수2

1411 **rug-ged** [뤄기드]: ⟨북구어⟩, ⟨← rug⟩, 우툴두툴한, 울퉁불퉁한, 소박한, 조잡한, 굿은, ⟨~ ragged\rough⟩, ⟨↔soft\smooth⟩ 양1

1412 **rug·ger** [뤄거]: 럭비 (선수), ⟨~ Rugby player⟩ 수2

1413 **ru·in** [루우인]: ⟨← ruere(fall)⟩, ⟨라틴어⟩, 파멸, 몰락, 폐허, '타락', ⟨~ destroy\ravage⟩, ⟨↔rebuild\repair⟩ 양1

1414 **rule** [루울]: ⟨← regula(straight stick)⟩, ⟨라틴어⟩, 규칙, 법칙, 통례, 공식, 지배, 명령, 통치, ⟨→ regime⟩, ⟨~ regulation\order⟩, ⟨↔subordination\lawlessness\deviation⟩ 양1

1415 *****rule of thumb** [루울 어브 썸]: 일반 원칙, 어림셈, 눈대중, ⟨~ modus operandi\common sense⟩, ⟨↔analytical\deductive⟩ 양1

1416 **rule out** [루울 아웉]: R/O, 제외시키다, 배제하다, 고려하지 않다, ⟨~ exclude\disregard⟩, ⟨↔rule in\include\accept⟩ 양2

1417 **rul-er** [루울러]: 통치자, 지배자, 자(길이를 재는 기구), ⟨~ sovereign\authority⟩, ⟨↔commoner\subject⟩ 양2

1418 **rum** [뤔]: ⟨← rumbullion(kill-devil)⟩, ⟨'아주 좋다'란 타히티어에서 1650년 경에 전래된 영국어?⟩, 사탕수수(sugar-cane)나 당밀(molasses)을 참나무통에서 숙성시켜 만든 술, ⟨~ a distilled liquor⟩ 수2

1419 **Ru·ma·ni·a** [루우메이니어]: 루마니아, ⇒ Romania 수1

1420 **rum·ba** \ **rhum·ba** [뤔바 \ 룸바]: ⟨스페인어⟩, 흥청거림, 룸바, '축제(spree)', 쿠바의 흑인들이 즐겨 추던 ⟨발 빠른 음악·춤⟩, ⟨~ zumba⟩, ⟨~(↔)mambo⟩ 수2

1421 **rum·ble** [뤔블]: ⟨네델란드어⟩, ⟨의성어⟩, 우르르, 덜컹덜컹, 소문, 불평, ⟨~ boom\roar\grumble⟩, ⟨↔clear\sharp\meaningful⟩ 양1

1422 **rum·ble-tum·ble** [뤔블 텀블]: 덜커덕거리는 차, 심한 동요, ⟨~ rough and tumble\brawl⟩, ⟨↔calm\delicate⟩ 양2

1423 *****rum·ble strip** [뤔블 스트륖]: (도로 표면을 울퉁불퉁하게 만든) 속도 제한 띠, ⟨~ road hump⟩ 우2

1424 **ru·mi·nate** [루우미네이트]: ⟨← ruminare(chew over)⟩, ⟨라틴어⟩, 되새기다, 곰곰이 생각하다, '반추하다', ⟨~ contemplate\chew the cud⟩, ⟨↔ignore\bypass⟩ 가1

1425 **rum-mage** [뤄미쥐]: ⟨네델란드어⟩, ⟨'room'을 샅샅이 뒤지다(찾다)⟩, ⟨'방'에서 나온 쓰레기, ⟨~ forage\scrounge⟩, ⟨↔organize\neaten⟩ 양1

1426 **rum-my** [뤄미]: ①럼주의, 주정뱅이, ⟨~ heavy drinker⟩ ②⟨어원 불명의 게르만어⟩ 같은 패를 차례로 늘어놓는 카드놀이, ⟨~ a matching card game⟩ 양1 우1

1427 **ru·mo(u)r** [루머]: 〈라틴어〉, '잡음〈noise〉', 소문, 풍문, 풍설, 〈~ hear-say\urban folk-lore〉, 〈~ gossip\scuttle-butt\buzz〉, 〈↔truth\evidence〉 가2

1428 **rump** [럼프]: 〈← rumpr(trunk)〉, 〈북구어〉, 궁둥이, 엉덩이, 둔부, 남은 것(잔당), 〈~ behind\butt\remnant〉, 〈↔front\head\side〉 양1

1429 **rum·ple** [럼플]: 〈← rompe(fold)〉, 〈네덜란드어〉, 구기다, 헝클어 놓다, 〈~ wrinkle\crumple〉, 〈↔smooth line²〉 양2

1430 **rum·pus** [럼퍼스]: 〈← robust?〉, 〈어원 불명의 영국어〉, 소동, 소음, 말다툼, 〈~ disturbance\commotion〉, 〈↔peace\hush〉 양1

1431 **rum·pus room** [럼퍼스 루움]: (주로 지하실에 있는) 〈시끄러운〉 오락실, 〈~ game(play) room〉, 〈↔studio〉 미2

1432 **rump steak** [럼프 스테익]: 〈북구어〉, 홍두깨살 소고기 저민 것, (소의) 우둔살, 〈미국에서는 'sirloin'이라고도 함〉 미1

1433 **run** [뤈]: 〈← rinnan(flow)〉, 〈게르만어〉, 달리다, 뛰다, 도망치다, 운행하다, 이동하다, '흐르다', 실행하다, (얼마나) 값이 나가다, 경영하다, 계속하다, 퍼지다, 출마하다, 공연하다, run의 과거분사(달린), 〈~ jog\race\operate\cost〉, 〈↔walk\dawdle\stay〉 양1

1434 **run-a-bout** [뤄너바웉]: 소형 무개 마차, 소형 자동차(비행기·발동선) 배회하는, 〈~ roadster\two-seater〉, 〈↔dart\sprint〉 양2

1435 **run-a-round** [뤄너라운드]: '빙빙 돌림', 발뺌, 핑계, 속임수, 〈~ circumvent\stall\evade〉, 〈↔abet\clarify\challenge〉 양2

1436 **run–a-way** [뤄너웨이]: 도망(자), 탈주(자), 도피, 일방적 승리, 〈~ escape(r)\desert(er)〉, 〈↔stay\confront\accept〉, 〈↔run into〉 양2

1437 **run-a-way rob·in** [뤄너웨이 롸빈]: 덩굴광대수염, 긴병꽃풀, cat's foot, ⇒ ground ivy 미2

1438 **run by** [뤈 바이]: ①조우하다, 마주치다, 〈~ cross〉, 〈↔stay〉 ②자문을 구하다, (~에게) 물어보다, 〈~ reach〉, 〈↔accept〉 양2

1439 **run·ci·ble spoon** [뤈시블 스푸운]: 〈영국에서 주조된 무의미어〉, (전채나·오이지 등을 찍어 먹는) 〈어정쩡한〉 세 가닥 숟가락, 〈~ spork〉 우1

1440 *****run-down** [뤈 다운]: 쇠퇴, 감소, 기진맥진한, 항목별 검사, 〈~ decline\review〉, 〈↔increase\praise\miss²〉 양1

1441 *****run for** [뤈 훠어]: (~을 부르러) 달려가다, (~에) 출마하다, (~을 위해) 도망치다, 〈~ go after〉, 〈↔up-hold\idle〉 양2

1442 **rung¹** [렁]: 〈← hrung(rod)〉, 〈게르만어〉, (사닥다리의) 가로대, 바큇살, (신분·지위의) 단계, 〈~ tier\stile〉, 〈↔level\disorder〉 양1

1443 **rung²** [렁]: ring의 과거분사, 울린 양1

1444 **run-in** [뤈닌]: (단락 없는) 몰아넣기 문장, (말)싸움, 시운전, 〈~ bickering\encounter〉, 〈↔discharge\liberate〉 미2

1445 **run in-to** [뤈 인투]: 우연히 ~와 부딪치다, 조우하다, 〈~ cross\hit〉, 〈↔ignore\run away〉 양1

1446 **run-ner** [뤄너]: 달리는 자, 도망자, 활주부, 덩굴, 몸놀림이 빠른 동물, 〈~ off-shoot\sprinter〉, 〈↔receiver\crawler〉 양1

1447 **run-ner bean** [뤄너 비인]: 〈줄기가 빨리 올라가고〉 (꼬투리를 먹는) 깍지콩, 〈~ butter bean\string bean〉, 〈~ French bean\snap bean〉, 〈~(↔)scarlet runner〉 미2

1448 **run-ner–up** [뤄너뤞]: 차점자, 입상자, 〈~ second best〉, 〈↔winner\loser〉 미2

1449 **run-ning ac-count** [뤄닝 어카운트]: (한도 내에서 연속적으로 쓸 수 있는) 당좌계정, 경상구좌, 〈~ open account\cash account〉, 〈↔savings account\CD〉 양2

1450 **run-ning costs** [뤄닝 코어스츠]: 운영비(자금), 〈~ over-head〉, 〈↔capital〉 양2

1451 *****run-ning hand** [뤄닝 핸드]: 〈penmanship(calligraphy)에서〉 흘림체, 필기체, 초서체, 〈~ cursive script\long-hand〉, 〈~(↔)rounding hand〉 양2

1452 *****run-ning head** [뤄닝 헤드]: (각 page의 상단·하단에 나타나는) 난외표제, 〈~ page header〉 미2

1453 **run-ning mate** [뤄닝 메이트]: 보조말, 동반(출마)자, 부통령 후보, ⟨~ associate\companion⟩, ⟨↔runner⟩ 양1

1454 ***run-ning on fumes** [뤄닝 어언 휴움즈]: '배기로 달리고 있다', 기진맥진되다, ⟨~ almost dead⟩, ⟨↔full of energy\strong as zeus⟩ 양2

1455 **run-ning time** [뤄닝 타임]: 흥행(상영) 시간, ⟨~ duration\span⟩, ⟨↔off time\pause⟩ 양2

1456 **run-ning wa·ter** [뤄닝 워어터]: 흐르는 물, 수돗물, 상수도, ⟨~ tap-water⟩, ⟨↔still water\bottled water⟩ 양2

1457 ***run-ning wa·ter does'nt get fet·id**: 흐르는 물은 썩지 않는다, ⟨~ stagnant water is bound to corrupt⟩, ⟨~(↔)a rolling stone gathers no moss⟩ 양2

1458 ***run-off** [뤄너어후]: 흘러가 버리는 것, 파치, 연속적 감소, 범람, (동점자의) 결승전, ⟨~ wash-out\cast-out⟩, ⟨↔stand still\give up⟩ 양1 미2

1459 **run off** [뤈 어후]: 흘러 넘치다, 도망치다, 떠나다, ⟨~ effluent\escape⟩, ⟨↔stay\appear⟩ 양2

1460 ***run-of-the-mill**(mine) [뤄너브 더 밀(마인)]: ⟨산업혁명 초기에 등장한 말⟩, ⟨다듬지 않고⟩ 공장에서 그대로 나온, 선별되지 않은, 평범한, ⟨~ ordinary\standard\average⟩, ⟨↔exceptual\way-ward\remarkable⟩ 양2

1461 ***run-ol·o·gy** [뤄날러쥐]: ⟨2022년 신조어⟩, '뤈슈', ⟨이익을 쫓아가는⟩ 윤학, (Covid-19 여파로 닥친 불황을 피해 중국을 떠나는 방법을 연구하는) 탈출학, ⟨~ flee⟩, ⟨↔stay⟩, ⟨칭글리시⟩ 미2

1462 **run-on** [뤄너언]: 끊어지지 않는, 행을 바꾸지 않고 계속하는, ⟨~ go on\continue⟩, ⟨↔stop\run-over\wind up⟩ 양1

1463 **run-out** [뤄나웃]: 도망, 소멸, 소진(타서 없어진) 상태, ⟨~ depart\die-off⟩, ⟨↔create\bear\save⟩ 양1

1464 **run-o·ver** [뤄노우붜]: ⟨명사⟩, 초과(량), (다음 장으로) 넘기기, ⟨~ over-flow(ride)⟩, ⟨↔shortage\run-on⟩ 양1

1465 **run o·ver** [뤈 오우붜]: ⟨동사⟩, 넘쳐흐르다, 대충 훑어보다, 타고 넘다, 차로 치다, ⟨~ spill over\crush⟩, ⟨↔under-flow\miss²\run under⟩ 양1

1466 ***run some wa·ter o·ver one's face**: 고양이 세수, 콧등에 물만 묻히다, 눈꼽만 떼어내다, ⟨~ throw some water on one's face⟩, ⟨'like a cat washing its face'⟩ 양2

1467 **runt** [뤈트]: ⟨← hrindan(thrust)⟩, ⟨어원 불명의 영국어⟩, '작고 썩은 나무 그루터기', (한배 새끼 중의) 작은 동물, 작은 소, 꼬마, (작은) 집 비둘기, ⟨~ midget\wee⟩, ⟨↔behemoth\titan\jumbo⟩ 양1

1468 **run-through** [뤈 쓰루우]: 관통(연습), 통독, 개요, ⟨~ pierce\dissipate⟩, ⟨↔hoard\save⟩ 양1

1469 ***run time er·ror** [뤈 타임 에뤄]: 실행 시간 오류, 과업 진행 중에 나타나는 잘못, ⟨~ exception\semantic error\bug⟩, ⟨↔syntax error\compile time error⟩ 미2

1470 ***run train** [뤈 트뤠인]: 윤간, '돌림빵', gang·banging 양2

1471 **run-up** [뤄넢]: 가격 상승, 올려치기, 밟아 달리기, 발동기 가속(점검), ⟨~ advance\ampify⟩, ⟨↔run-down\reduction⟩ 양1 미2

1472 **run-way** [뤄네이]: 주로, 통로, 활주로, 강줄기, ⟨~ route\lane⟩, ⟨↔narrow platform⟩ 양1

1473 **ru·pee** [루우피이]: ⟨← rupya(silver)⟩, ⟨산스크리트어→힌디어⟩, '은 쪼가리', 인도·파키스탄·스리랑카의 화폐 단위, ⟨~ ruble⟩, ⟨~ currencies of India·Pakistan·Nepal·Sri Lanka⟩ 수2

1474 **rup·ture** [뤞춰]: ⟨← rumpere(break)⟩, ⟨라틴어⟩, 파열, 결렬, 터뜨리다, 찢다, ⟨~ rift¹\tear²⟩, ⟨↔closure\reconcilement⟩ 양1

1475 **ru·ral** [루어뤌]: ⟨← rus(country)⟩, ⟨라틴어⟩, 시골의, 지방의, 전원의, 농업의, ⟨~ pastoral\rustic⟩, ⟨↔urban⟩ 양1

1476 ***rur·ban** [뤄얼번 \ 루얼번]: ⟨미국어⟩, rural+urban, 전원도시(교외)의, ⟨~ suburban\out-skirts⟩ 양2

1477 **ruse** [루우즈]: ⟨← recusare(reject)⟩, ⟨라틴어⟩, 밑으로 도망가서 하는(subterfuse)⟩ 계략, 책략, ⟨~ gush\ploy\juggle⟩, ⟨↔frankness\reality⟩ 양2

1478 **rush¹** [뤄쉬]: ⟨← recusare(reject)⟩, ⟨라틴어→프랑스어⟩, ⟨← reuser⟩, 돌진(쇄도)하다, 돌파하다, 달려들다, 덤비다, 서두르다, 급히 해치우다, 재촉하다, 구애, 황홀감, ⟨~ gush\ruse⟩, ⟨↔slow (down)\prowl⟩ 양1

1479 **rush²** [뤄쉬]: ⟨← risce(knit)⟩, ⟨게르만어⟩, 골풀, 등심초, 습지에서 잘 자라며 기다란 줄기로 ⟨매듭을 지어⟩ 자리를 만드는 여러해살이풀, ⟨~ bent grass⟩, ⇒ tatami 미2

1480 **rush can·dle**(light) [뤄쉬 캔들(라잍)]: 골풀 양초(등), 골풀 줄기를 지방에 적셔 만든 〈희미한〉 등불, 〈~ a tallow candle (with a rush wick)〉 미2

1481 **rush hour** [뤄쉬 아우어]: 혼잡시간, 서두르는 시간, 〈~ grid-lock\bottle-neck〉, 〈↔light traffic\easy going〉 미2

1482 **Rush-more** [뤄쉬 모어]: risc(rush)+mere(pool), 〈영국계 이름〉, 〈골풀이 많은 연못가에 사는 자〉, 〈그곳 광산에서 일하며 작업에 소량의 기부금을 낸 뉴욕 변호사의 이름을 딴〉 러시모어, (미국의 유명한 대통령들 흉상이 조각된) South Dakota주 서부에 있는 산, 〈~ a national memorial\Shrine of Democracy〉 수1

1483 **Rus·kin** [뤄스킨], John: 〈영국계 이름〉, '무두장이(tanner)' 또는 '사랑받는 자(loved one)', 러스킨, (1819-1900), 〈박학다식했으나 정신적으로 문제가 많았던〉 영국의 미술 평론가·사상가, 〈~ an English writer and philosopher〉 수1

1484 **Russ** [뤄쓰]: 러스, 러시아인, 아라사 놈, '노스께', 〈~ Russian\Russek〉 양2

1485 **Rus·sell** [뤄쓸], Bert·rand: ros(red-haired)+el, 〈북구계 이름〉, '머리털이 붉은 자', 러셀, (1872-1970), 〈초근대적인 결혼관과 여성관을 가지고〉 (평화주의와 〈종교와 미신이 인류에게 제일 큰 해악을 끼쳤다는〉 신랄한 비평으로 감옥살이까지 한) 영국의 수학자·저술가·철학자, 〈~ a British philosopher〉 수1

1486 **rus·set** [뤄싵]: 〈← russus(reddish)〉, 〈라틴어→프랑스어〉, 적(황)갈색의, 팥 빛의, 황갈색의 실, 〈~henna\yellowish-brown〉 양1

1487 **Rus·sia** [뤄쎠]: 〈row²라는 북구어에서 유래했다는 설도 있으나〉 〈어원 불명의 동슬라브 종족명(Rus)에서 연유한〉 러시아, 나선, 1991년 소련 붕괴 후에도 적자로 남아 다정당 〈내각 책임제〉연방 민주공화국으로 탈바꿈한 세계에서 제일 넓은 나라, {Russian-Russian-Ruble-Moscow}, 〈~ Red Rus〉 수1

1488 **Rus·sia leath·er**(calf) [뤄쎠 레더(캐후)]: (질기고 연하고 오래가고 방수효과도 있으며 벌레에 강하고 향내까지 나서 제본용으로 많이 쓰이는) 러시아 〈쇠〉 가죽, 〈~ bark-tanned cow leather〉 수2

1489 **Rus·sian bear** [뤄썬 베어]: ①러시아의 상징, 〈~ Eurasian brown bear〉 ②보드카에 카카오 크림을 탄 혼합주, 〈vodka+cacao cream〉 수2

1490 **Rus·sian blue** [뤄썬 블루우]: (키가 크고 늘씬한 몸매를 한) 〈청회색의〉 러시아 고양이, 〈~ arch-angel cat〉 수2

1491 **Rus·sian (or·tho·dox) church**: (10세기 말부터 퍼지기 시작한 〈동방정교회 가운데 제일 큰〉) 러시아 정교회, 〈~ Moscow Patriarchate〉 수2

1492 **Rus·sian dress·ing** [뤄썬 드렛씽]: (오이지·고추·피망 등을 갈아 섞어서 1910년대에 미국에서 개발한) '러시아식' 마요네즈, 〈Thousand Island보다 매콤함〉, 〈~ a piquant American salad dressing〉 수2

1493 **Rus·sian Em·pire** [뤄썬 엠파이어]: 1721년 피터 1세 때부터 1917년 공산혁명으로 망할 때까지의 〈막강했던〉 러시아 제국, 〈~ Imperial Russia〉 수2

1494 **Rus·sian Rev·o·lu·tion** [뤄썬 뤠뷜루우션]: (1차대전에 지친 병사들이 제정을 붕괴시킨 1917년 2월 혁명과 그 여파를 이용해서 그해 10월 레닌 등이 공산주의 정권을 수립한) 〈두 번의〉 러시아 혁명, 〈~ abolition of Russian monarchy〉 수2

1495 **Rus·sian rou·lette** [뤄썬 루울뤹]: (회전식 권총 탄창에 총알을 한 방만 넣고 여러 명이 돌아가면서 머리에 대고 방아쇠를 당기는) 죽기 아니면 살기식 도박, 자살행위, 〈~ dice with death〉, 〈↔safe play\secure business〉 수2 양2

1496 **Rus·sian sal·ad** [뤄썬 쌜러드]: Oliver salad, (1860년대 모스크바의 고급식당 주방장 네덜란드 출신 Lucien Oliver에 의해 개발되어 러시아 음식에 자주 등장하는) 깍둑썰기한 야채〈diced fruits and vegetables〉에 러시아식 마요네즈〈mayonnaise〉를 섞은 전채 수2

1497 **Rus·sian this·tle** [뤄썬 씨슬]: tumble weed, 우랄산맥 원산에다가 〈러시아같이〉 번식력이 강하고 가을바람에 똘똘 뭉쳐 굴러다니는 가시가 많고 둥그런 명아줏과의 '성가신' 엉겅퀴 수2

1498 **Rus·sian wolf-hound** [뤄썬 울후하운드]: 러시아 이리사냥개, ⇒ borzoi 수2

1499 **Rus·so-Jap·a·nese War** [뤄쏘우 잽어니이즈 워]: 러일전쟁, (1904~ 5년간 만주와 한반도의 지배권을 놓고 싸워 일본이 승리〈Japanese victory〉해서 만주에서 러시아가 철수한 패권 다툼, 〈~ World War Zero〉 미2

1500 **rust** [뤄스트]: 〈게르만어〉, 〈← ruddy(red)〉, 〈붉은 색을 띤〉 (금속의) 녹, 적갈색, '때', 부식하다, 못쓰게 하다, 〈~ rot\corride〉, 〈↔build\clear〉 양1

1501 **rust belt** [뤄스트 벨트]: 〈1970년도 후반에 등장한 말〉, 황폐한 공장 지대, (사양화한) 미국 중동부〈Mid-Eastern US〉의 중공업 지대, 〈~ factory belt\steel belt〉 양2

1502 **rus·tic** [뤼스틱]: ①〈← rus(country)〉, 〈라틴어〉, 〈← rural〉, 시골(풍)의, 소박한, 〈→ roister〉, 〈~ pastoral〉, 〈↔fancy〉 ②〈← rust〉, 〈게르만어〉, 조잡한, 거친, 〈~ rough\un-couth〉, 〈↔elaborate〉 양1

1503 **rus·tle** [뤼쓸]: 〈게르만계 의성어〉, 와삭(바스락)거리다, 활발히 움직이다, 도둑질, 〈~ swish\sigh\steal〉, 〈↔crawl\loiter〉 양1

1504 **rut¹** [륕]: 〈프랑스어〉, 〈← route〉, 바퀴자국, 홈, 도랑, 판에 박은 행동, 관례, 〈~ wheel-track\boring routine〉, 〈↔smooth〉 양1

1505 **rut²** [륕]: 〈← rugitus〉, 〈라틴어〉, 〈의성어〉, 〈발정기에 사슴이 '루~ 루~' 하고 울어대는 소리에서 연유한〉 수컷의 구애, 발정(기), 〈~ sexual excitement〉, 〈암내내기는 estrus라 함〉, 〈↔impotency〉 양1

1506 **ru·ta** [루우터]: 〈라틴어〉, 루타, 독한 향을 가진 발칸반도 원산의 운향과 여러해살이풀, 〈~ herb-of-grace〉, ⇒ rue² 우1

1507 **ru·ta·ba·ga** [루우터 베이거]: root+bag, Swedish turnip, 1620년에 스위스의 식물학자가 양배추와 순무를 교배시켜 만든 야채 우1

1508 **Ruth** [루우쓰]: ①〈북구어〉, 〈← rue¹〉, '비탄하는 자', 루스(여자 이름)〈female name〉 ②〈히브리어〉, '친구', 룻기(다윗왕의 조상으로 시어머니에게 효성이 지극한 시골 아낙네 루스를 기린 구약성서의 한편), 〈~ blessings of obedience〉 ③r~; 슬픔, 후회, 〈~ grief\regret〉, 〈↔ruth-less\mercilessness\happiness〉 수1 양2

1509 **Ruth** [루우쓰], Babe: 루스, (1895-1948), 7살부터 야구를 하기 시작해서 25~39세 동안 NY Yankees를 반석에 올려놓은 미국의 〈전설적〉 직업 야구 선수, 〈~ an American base-ball pitcher〉 수1

1510 **ru·the·ni·um** [루우씨이니엄]: 〈'Russia'의 우랄산맥에서 나온 광석에서 추출한〉 루테늄, 〈주로 백금을 강화하는 데 쓰는〉 금속원소(기호 Ru·번호44), 〈~ a metallic element〉 수1

1511 **ruth-less** [루우쓸리스]: 〈게르만어에서 연유한 영국어〉, 〈rue¹가 결여된〉 무정한, 무자비한, 잔인한, 〈~ cruel\cold〉, 〈↔merciful\compassionate〉 가1

1512 **RV** [아알 뷔이]: recreational vehicle, (주거용 시설을 갖춘) 여가용 차량, 〈↔sedan\truck〉 양2

1513 **R-val·ue** [아알 뺄류우]: resistance v~, 건축재 등의 내열성(heat-resistance)을 나타내는 ®값 우1

1514 **R-vi·sa**: 〈처음에 30개월까지 머물 수 있는〉 (미국의 등록된 'religious'단체에서 주 20시간 이상 일할 수 있는 사람들게 주는) 종교 관계자 사증 우2

1515 **Rwan·da** [루아안더 \ 루앤더]: 〈← kwanda(expansion)?〉, 〈어원 불명의 원주민어〉, 르완다, 1962년 벨기에로부터 독립되었으나 1994년 부족 간의 전투로 약 1백만 명이 학살당한 아프리카 중동부(mid-eastern Africa) 고원지대에 위치한 조그마하나 인구가 많은 공화국, {Rwandan-Kinyarwanda·Fr·Eng-(RW) Franc-Kigali} 수1

1516 *****RWD**: rewind(되감기)의 준말, 〈↔fast forward(FFWD)〉 양1

1517 **Rx**: recipe의 약호, 처방, 대응책 양1

1518 **~ry \ ~er·y** [~뤼, ~어뤼]: 〈라틴어→프랑스어→영국어〉, 〈~행위·업종·종류〉 등 명사를 만드는 어미, 〈~ act·trade·category〉 양1

1519 **rye** [롸이]: 〈← ruzi〉, 〈슬라브어〉, 호밀, "잉글랜드에선 주로 사료로 썼으나 스코틀랜드에서는 사람도 먹었던" 터키 원산의 보리와 밀의 성격을 가진 곡류, 〈mixture of barley and wheat〉 가1

1520 **rye-grass** [롸이 그래스]: 호밀풀, 지네보리, '독'보리(독이 없어 사료로 사용하는 보리 비슷한 목초), 〈~ ray-grass\tare¹〉 미2

1521 *****RYFM** [뤼험]: read your friendly〈fucking〉 manual, (귀찮게 물어보지 말고) 너의 친절한 〈씨부랄〉 지침서를 읽어보렴! 우1

1522 **Ryu-kyu** [류우 큐우]: 〈원주민어에서 연유한 중국어?〉, liu(flow)+qiu(round gem), 유구, 〈물에 떠 있는 공들?〉, 류큐열도, 일본과 대만 사이에 띠처럼 늘어진 난세이제도 남부의 오키나와를 포함한 100여 개의 섬들, 〈~ Japanese archipelago between Japan and Taiwan〉 수1

1	**S / s** [에스]: 이집트의 상형문자 엄니(송곳니) 모양을 딴 8번째로 많이 쓰이는 알파벳, S 모양의 물건, south·small·sulfur·singular·soprano·solo·superior·satisfactory·school·state 등의 약자 수2
2	**$** [달러]: (고대 로마의 금화인 Solidus에서 따온 장식 문자로) 화폐의 단위·기호로 쓰임, ⇒ dollar 수2
3	**sa·ba** [싸아버]: 〈일본어〉, '청어', 〈푸른 빛이 도는 칼처럼 생긴 물고기?〉, 참까고등어, 망치고등어, chub mackerel, ⇒ Pacific mackerel 미2
4	**sab·a·dil·la** [새버 딜러]: 〈← cebada(barley)〉, cebadilla, '보리'의 스페인어에서 연유한〉 사바딜라, (고초열에 사용했던) 길쭉한 줄기·길쭉한 잎·길쭉한 꽃망울을 가진 중미 원산 백합(lily)과의 약초, 〈~ Indian caustic barley〉 우1
5	**Sab·bath** [쌔버쓰]: 〈← shabbath(rest)〉, 〈'휴식'이란 히브리어에서 연유한〉 사바스, 안식일(유대교는 토요일·기독교는 일요일), 휴식시간, 〈~ Lord's day\day off〉 미2
6	**sab·bat·i·cal year** [서배티클 이어]: 안식년, (이스라엘 사람들이 경작을 쉰 7년마다의 해), (교수·선교사 등에 7년마다 주는) 1년간의 〈유급〉 안식 휴가, 〈~ gap year\year of abscence〉, 〈~(↔)leap year〉 미2
7	**sa·ber** \ ~bre [쎄이버]: 〈← szabni(cut)〉, 〈'자르다'란 헝가리어에서 유래한 프랑스어〉, 사브르, (날카로운) 군도, 기병(대), 무단치기, 〈~ sword\cutlass〉, 〈~(↔)scimital은 이것보다 broader and more curved〉 양1
8	**sa·ber bean** [쎄이버 비인]: 〈콩꼬투리가 작두날같이 생긴〉 작두콩, 칼콩, ⇒ sword bean 미2
9	**sa·ber-wing** [쎄이버 윙]: (날개가 예리한 남미산) '외날개' 벌새, 〈~ a S. American humming-bird〉 미2
10	**Sa·bin** [쎄이빈], Al-bert Bruce: 〈이태리에 살던 어원 불명의 종족 이름에서 연유한〉 세이빈, (1906-1993), 경구용 소아마비 종두를 발명한 폴란드 출신 미국의 세균학자, 〈~ a Polish-American bio-medical scientist〉 수1
11	**sa·ble** [쎄이블]: 〈← soboli(an ermine)〉, 〈슬라브어〉, 검은색, 〈북극권에 사는〉 흑담비(모피·화필·가죽), zibeline, 〈~ kolinsky〉 미2
12	**sa·ble-fish** [쎄이블 휘쉬]: (북태평양 심해의 진흙탕에서 '검은색의 등'을 가지고 사람만큼 오래 사는) 은대구의 일종, 〈~ black (or Alaska) cod〉 우2
13	**sa·bot** [쌔보우]: 〈← sabbatum(shoe)〉, 〈라틴어→프랑스어〉, 'shoe+boot', 사보, 나막신, 송탄통, 탄저판(포탄을 받치고 있다가 발사하면 포구에서 떨어지는 금속 고리), 〈~ zapata(스페인어)〉, 〈~ clog\geta〉 우2
14	**sab·o·tage** [쌔버타아쥐]: 〈프랑스어〉, 〈sabot로 걷어차는〉 사보타주, 고의적인 방해(파괴), 태업, 〈~ deliberate damage〉, 〈↔aid\abet〉 양2
15	**sab·o·teur** [쌔버터어]: 〈← sabotage〉, 〈정미소에서 나막신을 기계에 던져〉 작업을 방해하는 자, 파괴활동자, 〈~ trojan horse〉 양2
16	**sac** [쌕]: 〈← saccus〉, 〈라틴어〉, 〈← sack〉, 낭, 주머니 모양의 부분, 소낭, 〈~ bag\bursa〉, 〈↔tubercle〉 가1
17	**sac·cha·rine** [쌔커륀]: 〈← sakcharon〉, 〈그리스어→라틴어〉, 〈sugar 같은〉, 당질의, 설탕 같은, 달콤한, 〈~ an artificial sweetener\sentimental〉 양1
18	**sa·chet** [새쉐이]: 〈프랑스어〉, 〈← sack〉, 향낭, 작은 봉지, 1회분을 담은 주머니, 〈~ scent-bag\pack〉 양2
19	**sa-chon** [사촌]: si(four)+cun(inch), 〈중국어→한국어〉, (4마디의 가까운 사이인) cousin, 부모의 형제 자매의 자녀, 〈sam-chon의 자녀〉 미2
20	**sack**[1] [쌕]: 〈← sakkos(bag)〉, 〈그리스어→라틴어〉, 마대, 자루, 봉지, 헐렁한 옷, (야구의) 누·진, 〈→ sac〉, 〈~ pack\pouch〉 양2
21	**sack**[2] [쌕]: 〈← saq(bag)〉, 〈히브리어→유대어〉, 〈bag을〉 약탈(강탈)하다, plunder, 〈~ dismiss\ ravage〉, 〈↔keep\protect〉 양2
22	**sac·ra·ment** [쌔크뤄먼트]: 〈← sacer〉, 〈라틴어〉, 〈← sacred〉, 성례, 세례, 성찬, 성사, 〈~ communion\ceremony〉, 〈↔alienation\exclusion〉 양2
23	**Sac·ra·men·to** [쌔크뤼멘토우]: 〈스페인어〉, 〈그리스도의 피와 육신으로 이루어진〉 새크라멘토, 1849년에 세워져서 185년에 주도가 된 캘리포니아 중북부에 위치한 내륙 도시, 〈~ Capital of California〉 수1
24	**sa·cred** [쎄이크뤼드]: 〈← sacer(holy)〉, 〈라틴어〉, 신성한, 성전의, 신성불가침의, 〈~ godly\pious〉, 〈↔unholy\cursed〉 가1
25	**sa·cred ba·boon** [쎄이크루드 배부운]: 망토비비, (〈남근이 강해서 그런지〉 고대 이집트인이 숭상한) '외투' 개코원숭이, 〈~ Egyptian god of learning〉 미2

26 **sa·cred bam·boo** [쎄이크뤼드 뱀부우]: nandina, 남천(죽), 색깔 있는 깃꼴겹잎·새 다리 같은 줄기·빨간 구슬 모양의 뭉치 열매를 맺는 〈잎이 '신성한' 대나무 잎을 닮은〉 중국 원산 매자나뭇과(barberry family)의 관상·약재용 관목 미2

27 **Sa·cred Heart** [쎄이크뤼드 하아트]: 새크리드 하트, 성심(예수의 심장), (사랑과 희생의 상징으로 특별한 신심을 바치는) 예수 성심 축일, 〈~ celebration of devoted heart of Jesus Christ〉 양2

28 **sa·cred i·bis** [쎄이크뤼드 아이비스]: (고대 이집트인들〈Egyptians〉이 숭상했던 다리·머리·꼬리·날개 끝이 까만) 흑따오기, 〈~ divine (holy) ibis〉 미2

29 **sa·cred mush·room** [쎄이크뤼드 머쉬 루움]: '성스러운 버섯', (북미 원주민들이 의식 때 사용했던) 메스칼 선인장 꼭대기에 생기는 혹 모양의 〈환각성〉 독버섯, 〈~ a hallucinogenic mushroom〉 우2

30 **sac·ri·fice** [쌔크뤼화이스]: 〈라틴어〉, sacra(sacred)+facere(make), 〈성스럽게 만들기 위한〉 희생, (산) 제물, 헐값에 팔기, 희생타(를 치다), (예수의) 십자가에 못 박힘, 〈~ victim\ritual slaughter〉, 〈↔retain\save〉 가2

31 *****sac·ri·fice for hu·man·i·ty** [쌔크뤼화이스 훠어 휴머니티]: 인류를 위한 희생, 살신성인, 〈~ martyr\devotion〉, 〈↔infidel\recreant〉 양2

32 **sac·ri·lege** [쌔크륄리쥐]: sacer(sacred)+legere(take away), 〈라틴어〉, 〈신성을 도둑질한〉 신성 모독, 성물 '절도', 〈~ blasphemy\profanity〉, 〈↔piety\reverence〉 양2

33 **sac·ro·sanct** [쌔크로우쌩트]: sacer(sacred)+sanctus(holy), very holy, 극히 신성한, 신성'불가침'의, 〈~ inviolable\un-impeachable〉, 〈↔un-holy\secular〉 양2

34 **sa·crum** [쌔크룸 \ 쎄이크룸]: 〈← hieron(strong)+osteon(bone)이었으나 라틴어로 번역할 때 제물(sacrifice)용으로 쓴다는 뜻이 강조된 말〉, 〈그리스어→라틴어〉, 〈신성한 부위(성기)를 보호해주는〉 엉덩뼈, 천골, 〈~ broad bone\bones of the buttocks〉 양2

35 **sad** [쌔드]: 〈'이제 그만(satis)!'이란 라틴어에서 유래한 영국어〉, 슬픈, 통탄할, 불행한, 유감된, 〈점성가들에 의하면 음울한 성격을 가진 Saturn이 어원이라는 '썰'이 있음, 〈~ depressed\sorrowful〉, 〈↔happy\cheerful〉 가2

36 **Sa·dat** [서다아트 \ 서대트], An·war: 〈아랍어〉, lords, '주인', 사다트, (1918-1981), 이스라엘과 화해를 시도하다 암살당한 이집트의 군인 출신 대통령, 〈~ an Egyptian military officer and politician〉 수1

37 *****sad-cite** [쌔드 싸이트]: sad+excited (sad ending과 exciting beginning이 같이 오는) 희비쌍곡선, 〈~ bitter-sweet\sweet and sour〉 양2

38 **sad·dle** [쌔들]: 〈← sadol(padded leather seat)〉, 〈게르만어〉, 안장 (같은 것), 산등성이, 등심 고기, 〈~ load\sit〉, 〈~ ravine\sirloin〉 양1

39 **sad·dle shoes** [쌔들 슈우즈]: '안장 신발', 등가죽의 색을 다른 부분과 다르게 한 옥스퍼드(oxford)형의 평상화 우2

40 **sad·dle tree** [쌔들 트뤼이]: ①안장틀(saddle frame) ②tulip tree, 백합수, 미국 목련, (재목을 건축·가구용으로 쓰는) 북미산 목련〈magnolia〉과의 낙엽활엽교목 미2

41 **Sad·du·cee** [쌔쥬씨이]: 〈히브리어〉, 'Zadok〈옳은 자〉의 자손', 사두개교도, 예루살렘이 함락되기 전 (AD70)까지 성행했던 〈영혼의 존재를 부정하는〉 유대교의 한 종파, 물질주의자, 〈~ denial of resurrection\materialists〉, 〈↔Pharisee〉 수2 양2

42 **Sade** [싸아드], Mar·quis De: 〈← sapidus(prudent)〉, 〈라틴어→프랑스어〉, '충실한 자', 사드, (1740-1814), (남을 학대함으로써 성적 쾌감을 얻는 글과 행동을 함으로써 말년에 35년간 감옥·정신병원 생활을 한) 프랑스의 〈광적인〉 소설가·수필가, 〈~ a French writer〉 수1

43 **sad–fish·ing** [쌔드 휘쉬]: '슬픈 낚시', 동정을 얻기 위해 슬픈 표정을 짓는 일, 〈~ exaggerated claims to gain sympathy〉, 〈~(↔)cat·fishing〉 우2

44 **Sa·die Haw·kin's dance**: 〈1937년 11월 15일 출판된 미국 만화에 등장하는 한 동네에서 제일 못생긴 처녀의 이름에서 유래한〉 여성이 먼저 남성에게 청하는 (비격식) 사교춤, 〈~ semi-formal event where girls invite boys to be their dates\Girls Reverse〉 수2

45 **sa·dism** [쌔디즘]: 〈← Sade〉, 사디즘, (잔인한 짓에서 성적 쾌감을 얻는) 가학성애, 가학성 변태 성욕증, 〈~ deriving pleasure from other's sufferings〉, 〈↔masochism〉 양2

46 **sad-mov·ie** [쌔드 무우뷔]: '슬픈 영화', 영화관에서 남친이 딴 여자와 온 것을 보고 영화가 슬퍼서 운다고 변명한 일, 노래 제목, 〈~ a sad excuse〉 우2

47. **sae-kki** [새끼]: 〈아마도 (낳아서·꼬아서) 생기는이란 뜻에서 연유한? 한국어〉 ①짚을 꼬아 줄처럼 만든 것〈straw rope〉 ②(낳아서 기르는) 자식, 어린 동물(kid) ③아무개, guy, brat, jerk, bastard, son of a bitch 우2

48. **Sae-man-geum** [새만금], sea-wall: 한국 서해안 33km를 약 20년에 걸쳐서 가로막아 생긴 409km²짜리 갯벌로 2023년 여름 약 4만명이 참가한 World Scout Jamboree가 개최됨, 〈~ an estuarian tidal flat on the west-coast of Korea〉 수1

49. **sa·fa·ri** [서화아뤼]: 〈'여행(travel)'이란 뜻의 아랍어〉, 사파리, 조직된 야생동물 사냥, (동아프리카의) 수렵대, 탐험대, 〈~ trip\expedition〉 미1

50. **Sa·fa·vid** [싸화뷔드]: 〈← Sufi〉, 〈창업자의 이름을 딴〉 사파비(위) 왕조, 1500~1736년까지 이란을 지배했던 시아파 정권, 〈~ an Iranian Empire〉 수1

51. **safe** [쎄이후]: 〈← salvus〉, 〈라틴어〉, 〈← save〉, 안전한, 무사한, 위험하지 않은, 확실한, 금고, 〈~ secure\sound\strong box〉, 〈↔un-safe\in-secure\risky〉 가1

52. **safe as houses** [쎄이후 애즈 하우즈즈]: 〈1842년에 등장한 영국 속어〉, 아주 안전한, 철옹성의, 충분히 믿을 수 있는, 〈~ sheltered〉, 〈↔at risk〉 양2

53. **safe guard** [쎄이후 가아드]: 보호(물), 호위(병), 보장 조항, 방위 수단, 〈~ bulwark\forfend〉, 〈↔jeopardize\abandonment〉 양1

54. **safe har·bor** [쎄이후 하아버]: ①피난항, 피난처 ②회피조항(조건) ③〈안전한〉 은퇴 계획(401k), 〈~ asylum\haven\protection〉, 〈↔disaster area\exposure\insecurity〉 양1

55. *__safe space__ [쎄이후 스페이스]: 〈1970년에 등장한 미국 대학생 용어〉, 안전 공간, 핏대를 내며 언쟁을 벌이지 않아도 되는 도피처, 〈~ hide-away\refuse〉, 〈↔battle field\danger zone〉 양2

56. **safe-ty belt** [쎄이후티 벨트]: 안전띠, 구명대(삭), 〈~(↔)air bag〉 양2

57. **safe-ty pin** [쎄이후티 핀]: 안전핀, (찔리지 않게 바늘에 마개가 달려 접혀진) 옷 핀, (수류탄 등의) 폭발 제동 장치, 〈~ clasp\clip〉 우2

58. *__safe-word__ [쎄이후 워어드]: 〈2023년 OED가 새로 등재한 말〉, 안전어, (대인·특히 남녀 관계에서) 서로 이해할 수 있어서 〈상대방의 기분을 잡치치 않게 하는〉 code-word, 〈~ prearranged word〉, 〈예를 들면 성교시 'no\stop'대신 'red'-'slow\down'대신 'yellow'-'more\harder'대신 'green'이라 한다는데 이거야 원 편자같이 머리가 나쁜 사람은 사전을 쓰지 말라는 얘기가 아닌가〉, 옛sic! 양2

59. **saf-flow·er** [쌔홀라워]: 〈아랍어〉, saffron flower, 잇꽃, 여러 색깔의 공 모양 꽃을 약용·염료용으로 쓰는 엉겅퀴 비슷한 이집트 원산 국화과의 두해살이풀, 〈금빛을 띤〉 '홍화', 〈~ beni-hana〉 미2

60. **saf·fron** [쌔후륀]: 〈← zafaran(orange yellow)〉, 〈아랍어〉, 사프란, crocus(철당) 꽃 암술머리를 말린 '샛노랑색'의 〈값비싼〉 착색 향미료, 〈~ curcuma〉 우1

61. **sag** [쌔그]: 〈← saggen〉, 〈게르만어〉, 〈← sink〉, 축 늘어지다, 휘다, 기울다, 기진하다, 하락, 〈~ droop\wilt〉, 〈↔puff\soar\up-right〉 양1

62. **sa·ga** [싸아거]: 〈← sagax(wise)〉, 〈라틴어에서 유래한 북구어〉, (현자·영웅을 다룬) 북유럽의 전설·무용담·모험담, 〈~ say〉, 〈~ epic\legend〉, 〈↔factuality\biography〉 미2

63. **sa·ga·cious** [서게이셔스]: 〈라틴어〉, 〈← sagire(감수성이 예민한)〉, perceive readily, 영리한, 현명한, 〈~ astute\wise〉, 〈↔foolish\stupid〉 양2

64. **sa·gac·i·ty** [서개시티]: 〈라틴어〉, 〈← sage¹(wisdom)〉, 현명, 슬기, 기인, 〈~ insight\intelligence〉, 〈↔stupidity\dullness〉 양2

65. **sage¹** [쎄이쥐]: 〈라틴어〉, 〈← sapere(be wise)〉, 잘 음미하는, 슬기로운, 현명한, 경험이 많은, 〈~ sap〉, 〈~ savvy\smart〉, 〈↔fool\moron〉 양2

66. **sage²** [쎄이쥐]: 〈← salvus(save)〉, 〈라틴어〉, healing plant, 세이지, 샐비어, 깨꽃, 톡 쏘는 향이 있어 주로 육류에 향미료나 약초로 쓰는 쑥 비슷한 꿀풀과의 초본, 〈~ a mint〉 우1

67. **sage grouse** [쎄이쥐 그롸우스]: 여러 개의 꼬리 깃털을 가지고 (샐비어〈깨꽃〉류를 먹는) 북미 서부산의 커다란 들꿩, 〈~ sage-hen〉 우1

68. **Sa·git·ta** [서쥐터]: 〈라틴어〉, 사지타, 'arrow', 궁수자리, 화살자리, s~; 화살촉 모양의 우2

69. **sag·it·tal** [쌔쥐틀]: 화살 모양의, 좌·우(전·후)로 나눠진 평면, 똑바른, (해골에서) 양쪽의 두정골이 합쳐진 봉합선, 〈~ arrow-like\edged〉, 〈↔blunt\dull〉 양2

70 **Sag·it·tar·i·us** [서쥐테뤼어스]: 〈그리스어〉, 사지타리우스, 궁수, 인마궁 태생(11월 22일부터 12월 21일 사이), 〈~ The Archer〉 미2

71 **sa·go** [쎄이고우]: 〈← sagu〉, 〈말레이어→포르투갈어〉, 사고(야자나무 심에서 뽑은 녹말), 소철, 〈~ a cycad(fern palm)〉 우1

72 **sa·gua·ro** [서구와로우]: 〈멕시코 원주민어〉, 사와로, (줄기는 재목으로 열매는 식용하는 미 남서부 원산 키가 큰〈giant〉 기둥 선인장, 〈~ a tree like cactus\king of the cactus〉 우1

73 *****Sahm rule** [싸암 루울]: 〈동명의 경제학자 이름을 딴〉 샤암의 법칙, (최근 3개월 실업률의 이동 평균이 지난 12개월 실업률의 최저점보다 0.5% 더 높으면 경기침체가 온다는) 경기침체지표, 〈~ a recession indicator〉 양2

74 **Sa·har·a** [서해뤄 \ 서하아뤄]: 〈아랍어〉, '사막〈desert〉', 사하라, (1만 년 전까지는 제법 촉촉했던) 아프리카 북부에 위치한 미국 본토 크기만 한 황야·불모지, 〈~ a large arid region in N. Africa〉 수2

75 **said** [쎄드]: say의 과거·과거분사 가1

76 **Sai-gon** [싸이간]: 〈sai(twigs)+gon(stick)이란 중국어에서 연유했다는 설도 있으나〉 〈어원 불명의 베트남어〉, 〈ceiba(판야) 나무숲?〉, 사이공, Ho Chi Minh City의 1976년까지의 명칭, 남지나해 사이공 강가에 있는 베트남의 옛 수도·상항, 〈일설에는 중국어 '서공'(서쪽에서 조공을 바치는 곳)이 어원이라고도 함〉 수1

77 **sail** [쎄일]: 〈← segl(veil)〉, 〈게르만어〉, '천 조각', (배의) 돛, 돛단배, 항해, (배를) 조종하다, 〈~ voyage\navigate〉, 〈↔disembark\land²〉 가1

78 *****sail close to the wind**: 비스듬히 바람을 받으며 항해하다, 아슬아슬한 짓을 하다, 〈~ do something dangerous〉, 〈↔proceed with caution〉 양2

79 **sail-fish** [쎄일 휘쉬]: 돛치, 길고 뾰족한 부리와 돛 모양으로 펼 수 있는 커다란 등 지느러미를 가지고 전 세계의 난류에서 서식하는 황새칫과의 바닷물고기, 〈~ Spindle-back\Bayonet-fish\ Ocean gar〉 미2

80 **sail-or** [쎄일러]: 뱃사람, 선원, 수병, (두부가 낮고 차양이 빳빳한) 수병용 모자, 〈~ sea-man mariner〉, 〈↔aviator〉 가1 미2

81 **sail-or's choice** [쎄일러스 쵸이스]: '선원이 선택한', '수병이나 먹는', (미국 남부 대서양·멕시코만에 서식하는 별로 맛이 없어 수족관용으로 쓰이는) 벤자리 비슷한 돔과의 작은 물고기, 〈~ a grunt〉 우1

82 **sail-or col·lar** [쎄일러 칼러]: 수병식 목깃, 목이 파지고 앞에 끈을 매는 아동용·여성용 목깃, 〈~ navy collar\Tar Flap〉 미2

83 **sain-foin** [쎄인 휘인 \ 쌘 휘인]: 〈프랑스어〉, healthy hay, 된장풀, (영양분이 많아 사료나 녹비로 쓰이는) 깍지에 가시가 많은 콩과 식물, 〈~ a deep rooted perennial legume〉 우2

84 **Saint** [쎄인트]: 〈← sanctus(holy)〉, 〈라틴어〉, (죽은 후에 교회에 의해 시성된) 성인, (덕이 높거나 인내심이 많거나 자비심이 깊은) 성자, s~; 위선자, 〈~ angel\martyr〉, 〈↔fiend\scoundrel\ass-hole〉 양2

85 **Saint-Ex·u·Pery** [쌩텍쥬페뤼], An·toine: saint+excel, 〈라틴어→프랑스어〉, '탁월한 자', 생텍쥐페리, (1900-1944), (항공사진을 찍으러 갔다 〈삶과 죽음의 갈랫길에서〉 실종·사망한) 프랑스의 비행가·소설가, 〈~ a French novelist〉 수1

86 **Saint-John's wort** [쎄인트 쵼스 워얼트]: 〈유월 말 성 요한 축제일 때쯤 꽃이 피는〉 (오래전부터 신경안정·항우울제로 쓰여 왔으나 효과가 검증이 안 된) 고추나물속의 각종 초본, 〈~ Goat weed〉 수2

87 **saint-pau·li·a** [쎄인트 퍼얼리어]: African violet, 〈1910년경 그것을 '발견'한 독일 군인의 이름(Saint Paul)을 딴〉 (야생에서는 점점 멸종해가는) 동·남아프리카 원산의 '보라색' 제비꽃 우2

88 **Saints** [쎄인츠], New Or·le·ans: 1966년 '만성절〈All Saints Day〉' 날 출범해서 〈'when the Saints go marching in'을 구호로 삼고〉 NFL의 일원으로 활약하고 있는 미식 축구단(pro foot-ball team) 우2

89 **Saint-Saens** [샌 싸안스], Ca·mille: 〈5세기 갈리아 시인 Sidonius에서 유래함〉 ①생상스, (1839-1921), 동성애 기질이 강했던 프랑스의 〈낭만주의〉 작곡가·피아니스트, 〈~ a French composer and a pianist〉 ②편자가 1960년대 후반에 여학생을 꼬시려고 드나들었던 서울 명동의 음악 감상실 수1

90 **Saint-Si·mon** [샌 시머엉 \ 쎄인트 싸이모운], Henri de: '신이 들어주신 자', 생시몽, (1760-1825), (모든 인간은 똑같은 출발점에서 시작해야 한다는) 프랑스의 국가 사회주의자, 〈~ a French Socialist theorist〉 수1

91 **Sai-pan** [싸이팬]: saay(voyage)+peel(empty), '헛탕 친 항해', 〈'빈 땅'이라는 스페인어?〉, 사이판, 2차대전 후 미국의 신탁통치령(US common-wealth)이 된 서태평양 남부 마리아나(Mariana)제도 남쪽의 섬, 〈~ Capital of N. Mariana Islands〉 수1

92 **sa·ke** [싸키]: 〈← shu(liquor)〉, 〈중국어→일본어〉, '쌀술(rice wine)', 사케, 일본 정종〈highly refined; 아주 세련된 일본어〉, 청주〈편자가 제일 좋아하는 술〉, 〈~(↔)mak-geo·li〉 미2

93 **sake** [쎄이크]: 〈← sacu(strife)〉, 〈'사건'이란 게르만어에서 유래한〉〈논쟁을〉위함, 목적, 이유, 〈~ benefit\purpose\cause〉, 〈↔disadvantage\loss〉 양1

94 **sa·ker** [쎄이커]: 〈← sagr(large falcon)〉, 〈아랍어〉, 구대륙의 고원지대에 서식하는 〈멸종 위기의〉 커다란 송골'매', 옆줄무늬매, 〈~ a grayish-brown falcon〉 우2

95 **Sa·kha·lin** [쌔컬리인]: 〈'검은 강(black river)'이란 뜻의 만주어〉, 사할린, 2차대전 후 소련(Russia)이 차지한 일본 북부 북태평양의 〈한국인들이 많이 살았던〉 열도, 〈~ an island on the W. Pacific〉 수1

96 **Sa·kha-rov** [싸아커류흐], An·drei: 〈'sugar'같이 달콤한 자〉, 사하로프, (1921-1989), 수소탄 개발에 공헌했으나 나중에 인권운동가로 변해 소련 정부로부터 핍박을 받은 핵물리학자, 〈~ a Soviet nuclear physicist〉 수1

97 **sa·ki** [쌔키 \ 싸아키]: 〈원주민어?〉, (남미산) 굵은꼬리(감기)원숭이, '중머리 원숭이', 〈~ white-faced (or bald-faced) saki\uakari〉 미2

98 **sa·ku·ra** [사쿠라]: ①〈일본어〉, 벚꽃(cherry-blossom) ②〈일본어→한국어〉, 〈쇠고기인 줄 알고 산〉 말고기(sakura niku), 야바위꾼, 여당과 야합하는 야당 정치인〈5.16이후에 한국에 등장한 정치용어〉, 〈~ hood-wink\swindler\trickster〉 미2 양1

99 **Sa·kya-mu·ni** [싸아키어무니]: 〈산스크리트어〉, 'Sakyas 가문의 현자', 석가모니, Gautama, Buddha, 기원전 5세기경 인도 북동부에 살았던 교육자·철학자·중, 〈~ a wandering ascetic and religious teacher〉 수1

100 **sal(o)~** [쎌(로우)~]: 〈라틴어〉, 〈← salt〉, 〈소금~〉이란 뜻의 결합사 양1

101 **sa·laam** [설라아암]: 〈아랍어〉, '평안〈peace〉', 살람, (이슬람교도 간의 오른손을 이마에 대고 몸을 굽히는) 절·인사·경례·안부 묻기, 〈~ salute\bow\namaste〉 미2

102 **sal-a·ble** [쎄일러블]: 〈← sale〉, 팔기에 알맞는, 돈으로 좌우되는, 〈~ sellable\marketable〉, 〈↔not sale-able〉 양2

103 **sa·la·cious** [설레이셔스]: 〈← salire(leap)〉, 〈라틴어〉, 〈팔짝팔짝 뛰는〉 저질의, 음탕한, 색골인, 〈~ obscene\pornographic〉, 〈↔moral\frigid〉 양2

104 **sal·ad** [쎌러드]: 〈라틴어〉, 〈'salt'를 쳐서 먹었던〉 샐러드, 생채요리, 생야채 뒤범벅, 〈~ slaw\greens\ensalada〉 미1

105 **sal·ad bar** [쎌러드 바아]: '생채주보', (편의·간이 식당에서) 〈야채·전채 등을 진열해 놓은〉 생채요리 판매대, 〈~ cold table〉, 〈↔hot bar〉 우2

106 **sal·ad bowl** [쎌러드 보울]: 전채용 접시, 다문화를 포용할 수 있는 제도, melting pot의 문화적 표현 미1

107 **sal·a·man·der** [쎌러맨더]: 〈그리스어〉, (도마뱀보다는 올챙이에 더 가까운) 도롱뇽, 〈나뭇잎 사이에 숨어 사는〉 영원, (불 속에서 산다는 전설의) '불도마뱀', 포화를 겁내지 않는 사람, 〈~ newt\axoloti〉 양2

108 **sa·la·mi** [설라아미]: 〈라틴어→이탈리아어〉, 〈← salt〉, 살라미, (커서 얇게 썰어 먹는) 마늘로 양념한 '짠' 이탈리아 순대, 음경, 〈~ pepperoni〉 우1

109 **sal·an·gane** [쎌렁갠]: 〈타갈로그어〉, 〈인도·태평양지대에 서식하고〉 (타액으로 만든 둥지는 고급 식용〈edible nest〉으로 쓰이며 날개가 칼날같이 생겨 잽싸게 나르는) 칼새, 〈제비둥지〉, 〈~ swift-let〉 미1

110 **sal·a·ry** [쎌러뤼]: 〈로마 병사들에게 'salt'로 지급되었던〉 봉급, 급료, 임금, 〈고로 (받는 사람 입장에서) 한국어의 "월급이 짜다"란 말은 "월급이 싱겁다"가 더 정확한 표현임〉, 〈~ pay\stipend〉, 〈↔bills\debt〉, 〈salary는 정기적으로 wage는 부정기적으로 받는 임금임〉 가1

111 **sa·lat** [썰라앝]: salah(worship), (메카 쪽을 보고 하루에 5번 드리는) 이슬람의 기도, ⇒ azan 수2

112 **Sal·chow** [쎌카우]: 〈지명에서 연유한 독일계 이름〉, 살코, (1909년 스웨덴의 Ulrich S~가 창안한) 묘기 얼음지치기에서 왼쪽 뒷날을 축으로 한 바퀴 회전하는 도약술, 〈~ an edge jump in figure skating〉 수2

113 **sale** [쎄일]: 〈← sala(bargain)〉, 〈게르만어〉, 〈← sell〉, 팔기, 판매, 매상, 경매, 염가 매출, 〈~ vending\disposal〉, 〈↔buying\purchase〉 미2

114 **Sa·lem** [쎄일럼]: 〈히브리어〉, '평화〈peaceful〉', 살렘 ①예루살렘의 옛 이름 ②북서부에 위치한 오리건의 주도·목재·식품 가공업 도시, 〈~ Capital of Oregon〉 ③(1692년 마녀재판이 있었던) 미국 매사추세츠주 북동부의 역사적 항구도시, 〈~ a city on the north coast above Boston〉 수1

115 **sal·ep** [쌜렢]: ⟨← th-thahleb(fox's testicle)⟩, ⟨아랍어⟩, '여우불알', (진통제·식용으로 쓰이는) 난초과 식물의 구근을 말린 것, ⟨~ an orchis⟩ 우1

116 *****Sales-force.com** [쎄일즈훠얼스 닽 캄]: 세일즈 포스, 판매 인력, 1999년에 연성기기 전문가들이 세운 미국의 세계적 '구름 전산'(cloud computing) 제공 전문회사, ⟨~ an American cloud-based software co.⟩ 수1

117 **sales tax** [쎄일즈 택스]: ⟨생산재·재판매용·의약품·식품원자재를 제외한⟩ (물품을 파는 상인이 소비자로부터 걷어 나중에 주⟨state⟩ 정부에 바치는) 판매세, ⟨~ trust tax\a SALT⟩, ⟨~(↔)income tax\property tax⟩ 가2

118 **sa·li** [사리]: ⟨← 사리다(lurk)⟩, ⟨한국어⟩, (국수·실·새끼 등을) 여러 겹으로 포개어 감은 뭉치, (noodle) coil, wound-up noodle 수2

119 **Sal·ic law** [쌜릭 러어]: (6세기경 프랑스 Salic 족장이 만들었다는) ⟨여자의 토지상속·왕위상속을 인정하지 않은⟩ 살리카 법, ⟨~ agnatic succession⟩, ⟨~ exclusion of descendants only thru female linkage⟩ 수2

120 **sa·lic·y·late** [설리실레이트]: salix(willow)+hyle(matter), ⟨라틴어+그리스어⟩, ((겨울을 잘 견뎌내는) '버드나무' 초본에서 추출하거나 합성으로 만든 진통·해열·항균 작용이 있는) 살리실산염, ⟨~ aspirin⟩ 우1

121 **sa·lient** [쎄일리언트]: ⟨← salire(leap)⟩, ⟨라틴어⟩, ⟨→ sally⟩, 현저한, 두드러진, 돌출한, '튀는', ⟨~ significant\prominent⟩, ⟨↔de·sultory\re-entrant⟩ 양1

122 **sa·line** [쎄일라인]: ⟨← salt⟩, ⟨라틴어⟩, 소금의, 염분이 있는, 짠 양2

123 **Sal·in·ger** [쌜린줘], Je·rome: 'St. Leger(지명)의 거주자', 쌜린져, (1919-2010), 젊은이들의 고민을 묘사한 '고전적' 작품들로 인기를 끌었으나 45세 이후에는 ⟨젊은 여자를 밝히느라⟩ 작품을 못(안) 쓴 미국의 소설가, ⟨~ an American writer⟩ 수1

124 **Salis-bur·y** [써얼즈 베뤼]: ⟨salix(willow)+burg(fort)?⟩, '버드나무가 있는 요새', 솔즈베리 ①런던 서남부(S-W of London)에 있는 종교도시 ②아프리카 남부 Zimbabwe의 수도 Harare의 구칭 수1

125 **Salis-bur·y** [써얼즈 베뤼], Lord: 솔즈베리, (1830-1903), 수상을 3번씩이나 역임한 영국 보수당의 정치가, ⟨~ a British conservative statesman⟩ 수1

126 **Salis-bur·y steak** [써얼즈 베뤼 스테잌]: 동명의 미국 의사가 1897년에 개발한 고깃국물과 으깬 감자와 같이 드는 다진 쇠고기 뭉치, ⟨~ a Hamburg steak\chopped beef-steak⟩ 수2

127 **sa·li·va** [썰라이붜]: ⟨← sialon(spittle)⟩, ⟨그리스어→라틴어⟩, 침, 타액, ⟨~ sputum⟩ 가1

128 **Salk** [써얼크], Jo·nas: ⟨← Zalk⟩, ⟨어원 불명의 유대계 이름⟩, 소크, (1914-1995), 소아마비 예방 접종 등을 개발한 미국의 의사·세균학자, ⟨~ an American virologist⟩ 수1

129 **sal·low** [쌜로우]: ⟨← salu⟩, ⟨'yellowish gray'란 뜻의 게르만어⟩ ①흙빛, 누르스름한 색깔, 병색이 짙은, ⟨~ pallid\jaundiced⟩, ⟨↔flush\rosy⟩ ②(화학용 숯으로 쓰는) 잎이 넓은 버드나무⟨willow⟩ 미2

130 **sal·ly** [쌜리]: ⟨← salire(leap)⟩, ⟨라틴어⟩, ⟨갑자기 튀어나오는⟩ 출격, 돌격, 용솟음, 소풍, 경구, ⟨~ charge\thrust\excursion\witty remark⟩, ⟨→ salient⟩, S~; 히브리어 Sarah에서 연유한 영국계 이름 양1 수1

131 **sal·ly lunn** [쌜리 런]: (기원에 대해서 말들이 많은 영국어), ⟨아마도 17세기 영국의 빵굽는 여자 이름에서 연유한⟩ 굽는 즉시 먹는 달고 가벼운 과자빵, ⟨~ tea-cake\ a large batter bun⟩ 우1

132 **Sal·ly**(ie) **Mae** [쌜리 메이]: student loan marketing association, 1972년 정부가 시작해서 민영화된 (미국의) 학자금 대출 조합, ⟨~ a private education loan program⟩ 미2

133 *****Sal·ly's law** [쌜리즈 러어]: 샐리의 법칙, (좌충우돌하다 신비하게 모든 일이 잘 풀려 사랑을 성취한 영화의 주인공 이름에서 따온) ⟨잘 될 가능성이 있는 것은 꼭 잘 된다는⟩ ⟨낙관적⟩ 명제, ⟨~ things have a tendency happening own way⟩, ⟨↔Murphy's law⟩ 수2

134 **sal-ma-gun·di(y)** [쌜머건디]: salt+meat+condire(to pickle), ⟨라틴어→프랑스어⟩, (잘게 썬 고기·파·멸치·계란·양파·기름·후추 등을 섞은) 영국에서 개발된 이탈리아식 짠 ⟨잡탕⟩ 고기 전채, ⟨~ a large, elaborate salad⟩ 수2

135 **sal-mi** [쌜미]: ⟨← salmagundi⟩, ⟨라틴어→프랑스어→미국어⟩, salmigondis, 구운 새고기를 포도주로 찐 프랑스 요리, '새고기 찌개', ⟨~ stew of game birds⟩ 수2

136 **salm·on** [쌔먼]: ⟨← salire(leap)⟩, ⟨라틴어⟩, ⟨← salient⟩, ⟨써어먼(sermon)과 발음을 구별해야 할⟩ 연어, ⟨'도약'을 잘하고 귀소본능이 유전자에 팍 찍혀있는⟩ 커다란 방추형의 한대성 바닷물고기, ⟨홍황색의⟩ 살빛, ⟨~ chinook\sockeye\chum⟩ 양2

137 **salm·on-ber·ry** [쌔먼 베뤼]: '연어 딸기', 〈훈제연어와 같이 먹으면 일품이라는〉 북미 태평양 연안 원산의 나무딸기, 〈~ a bramble〉 우2

138 **sal·mo·nel·la** [쌜머넬러]: 살모넬라, 〈미국 수의사 Daniel Salmon(평화를 사랑하는 자)의 이름을 딴〉 (장티푸스·식중독 등을 일으키는) gram negative의 장내세균, 〈~ an entero-bacterium〉 수2

139 **salm·on trout** [쌔먼 트라웉]: ①(유럽산) 바다송어, 〈~ fjord trout〉 ②(북미산) 호수송어, 〈~ lake trout〉 ③〈바다로 내려가는〉 강해형 무지개송어(steel head) 미2

140 **salm-wood** [쌞우드]: 〈어원 불명의 미국어〉, 〈Spanish elm〉, 잎에서 양파 냄새가 나고 자잘한 연분홍 뭉텅이 꽃을 피우며 가구나 합판용 목재를 제공하는 미주 열대산 지치과의 교목, 〈~ prince-wood〉 우2

141 **Sa·lo·me** [썰로우미]: 〈히브리어〉, 'shalom'(평안), 'peace', 살로메 ①춤으로 헤롯 왕을 유혹하여 그의 후처인 어머니를 비방한 세례요한의 목을 땄다는 요부(femme fatale) ②예수의 처형 현장에 있었고 그의 빈 무덤을 증언한 여인, 〈~ a woman present at the crucifixion and ministered to Jesus〉 수1

142 **sa·lon** [썰란 \ 쌜런]: 〈← sal(hall)〉, 〈게르만어에서 유래한 프랑스어〉, 살롱, 객실, 응접실, 명사들의 모임, 미술 전시장, 〈~ saloon(reception room)〉 미1

143 **sa·loon** [썰루우운]: 〈← sal(hall)〉, 〈게르만어→영국어〉, (큰) 객실, 응접실, 〈임도 보고 뽕도 따던 분위기 있는〉 술집, 무도실, 특실, 〈안락한〉 보통 승용차, 〈~ salon\public bar\sedan〉 미1

144 **sal·pinx** [쌜핑크스]: 고대 그리스의 트럼펫〈trumpet〉 비슷한 악기, 난관(나팔관), 이관(유스타키오관), 〈~ Fallopian tube\Eustachian tube〉 미2

145 **sal·sa** [쌜서]: 〈'sauce'의 스페인어〉, 살사 ①〈곡에다 양념을 치라는〉 쿠바 기원의 맘보(mambo) 비슷한 춤곡, 〈~ a Caribbean music〉 ②s~ sauce, (토마토 썬 것에 양파·고추·콩·옥수수·각종 향료를 섞은) 과자 등을 찍어 먹는 매콤한 멕시코풍의 맛난이, 〈~(↔)ketch-up은 별로 맵지 않은 것〉 수2

146 **sal·si·fy** [쌜서화이]: 〈← salsifica〉, 〈어원 불명의 이탈리아어〉, 살시파이, 선모, (뿌리가 굴〈oyster〉 맛 비슷한) 서양 우엉, 〈~ vegetable oyster\goats-beard〉 미2

147 **SALT** [써얼트]: State and Local Tax, 〈정부 입장에서는 '짭짤'하고 납세자에게는 '떨떠름한'〉 주정부 및 지방세 양2

148 **salt** [써얼트]: 〈← sara〉, 〈산스크리트어→라틴어〉, 〈← sal〉, 소금, 식염, 짠맛, 상식, 의심, 〈~ NaCl\brine\zest〉 양2

149 **salt-and-pep·per** [써얼트 언 페퍼]: 맛을 더하다, 흑·백이 뒤섞인, 〈~ spice up\blend〉 양2

150 **salt and pep·per** [써얼트 앤 페퍼]: 소금과 후추, 짝패, 〈~ harp and lute\needle and thread〉, 〈~(↔)husband and wife〉 양2

151 **sal·ta·rel·lo** [쌜터렐로우]: 〈← saltare(jump)〉, 〈'도약'이란 라틴어에서 유래한〉 살타렐로, 16세기 이탈리아에서 시작된 3박자의 경쾌한 곡(춤), 〈~ a lively Italian music(dance)〉 수2

152 **salt-bush** [써얼트 부쉬]: '소금 덤불', (전 세계적으로 염분이 있거나 알칼리성 토양에서 잘 자라는) 명아줏과 관목의 총칭, orache, 〈~ groundsel tree\sea myrtle〉 우2

153 **salt-ed** [써얼티드]: 소금에 절인, 짠맛의, 경험 있는, 순화된, 〈~ seasoned\preserved〉 양2

154 **sal·tire** [쌜타이어 \ 써얼타이어]: 〈← salire(leap)〉, 〈'stir·rup'이란 뜻의 프랑스어에서 유래한〉 X자형 십자, 〈heraldry(선봉)를 상징하는〉 성 앤드루 십자, (푸른 바탕에 흰 십자를 한) 스코틀랜드 기장, 〈~ St. Andrew's Cross〉 미2 수2

155 **Salt Lake Cit·y** [써얼트 레이크 씨티]: 솔트레이크 시, 1847년 모르몬교도들이 세운 커다란 염수호 곁에 있는 미국 유타주의 주도(경제·문화·교통·공업도시), 〈~ Capital of Utah〉 수1

156 ★**salt of the earth**: 〈예수가 지어냈다는-마태복음에 나오는 말〉, 건전한 자(사회층), 선량하고 훌륭한 (사람), 〈~ good (people)〉, 〈~(↔)bad\poor〉 양2

157 **Salt-on Sea** [썰턴 씨이]: 솔턴해, 미국 캘리포니아 동남부(S-E California) 사막지대에 있는 수심이 얕은 커다란 염수(짠물)호 수2

158 **salt-pe·ter** [써얼트 피이터]: sal+petra(rock), 〈라틴어〉, 초석, (화약의 주원료인) potassium nitrate〈질산칼륨〉 미2

159 **salt-ris·ing bread** [써얼트 롸이징 브뤠드]: (초기 미국 이주자들이 효모 대신 세균으로 발효시켜 소금을 넣지 않고 구워 소금 위에 보관했던) 밀가루·우유·옥수수나 감자 가루를 섞어 만든 단단하고 〈짜지 않은〉 흰 빵, 〈~ a dense white bread〉 우1

160 **salt–shak·er** [쎠얼트 쉐이커]: 소금 뿌리개, 식탁용 소금통, (제빙용) 소금 뿌리는 트럭, ⟨~ salt box (or cellar)\ salt gritter⟩ 미2

161 **salt -wort** [쎠얼트 워얼트]: kali, beach·wort, 솔장다리, 수송나물, 퉁퉁마디, (예전에 비누 원료로 썼던) 해변의 늪지대에서 자라며 작은 흰 꽃이 피는 긴 채송화 같은 지표식물, ⟨~ pickle-weed\swamp-fire\glass-wort⟩ 미2

162 **salt·y** [쎠얼티]: 짭잘한, 신랄한, 꽤 까다로운, 독특한, ⟨~ zesty\piquent⟩, ⟨↔bland\dull⟩ 양2

163 **sa·lu·bri·ous** [썰루우브뤼어스]: ⟨← salus(health)⟩, ⟨라틴어⟩, '건강'(몸)에 좋은, (정신적으로) 유익한, ⟨~ good\beneficial⟩, ⟨↔un healthy\noxious⟩ 양2

164 **sa·lu·ki** [썰루우키]: ⟨아라비아의 도시 이름(Saluq)에서 연유함⟩ 살루키, Tazi, Persian Greyhound (중근동·북아프리카 원산의) ⟨잽싸고 시력이 좋은⟩ 오래된 중형 사냥개, Afghan hound 수2

165 **sal·u-tar·y** [쌜류테리]: ⟨← salute⟩, 유익한, 효과 있는, 건전한, ⟨~ advantageous\productive⟩, ⟨↔bad\unfavorable⟩ 가1

166 **sa·lute** [썰루우트]: ⟨← salus(health)⟩, ⟨라틴어⟩, '건강을 기원하다', 인사하다, 경례하다, 예포를 쏘다, 건배!, ⟨~ hail²\toast²⟩, ⟨↔scorn\rebuff\un-welcome⟩ 양2

167 ***sal·u·to·ge·ne·sis** [썰루우토 줴너시스]: ⟨← salutis(health)⟩, ⟨신조어⟩, '건강살리기', (병을 일으키는 요인보다) ⟨긴장 관리법 등⟩ 건강을 유지하는 요인에 중점을 둔 대체의학, ⟨~ sense of coherence\well-being⟩ 우2

168 **Sal·va-dor** [쌜뷔더얼]: ⟨← salvare(save)⟩, ⟨라틴어⟩, 'savior', 살바도르 ①남자 이름(male name) ②El Salvador ③1549년에 설립된 브라질 동부(N-E Brazil)에 있는 역사적 항구도시 수1

169 **sal·vage** [쌜뷔쥐]: ⟨← salvare(save)⟩, ⟨라틴어⟩, '구하기', 해난 구조, 인양 (작업), 구출, 폐물 이용, ⟨~ save\rescue⟩, ⟨↔abandon\forfeit⟩ 양1

170 **sal·va-tion** [쌜붸이션]: ⟨← salvare(save)⟩, 구조, 구제, 구세, 구원, ⟨↔destruction\damnation⟩ 양2

171 **Sal·va-tion Ar·my** [쌜붸이션 아아미]: 살베이션 아미, 구세군, 1865년 영국에서 창시된 '준군사적' 기독교 자선단체, ⟨~ a Protestant Christian church and international charitable organization⟩ 미2

172 **salve** [쌔브 \ 쌜브]: ⟨← sealf(ointment)⟩, ⟨게르만어⟩, '낫게하는' 고약, 아첨, 소액 뇌물, 구하다, 매수하다, ⟨~ grease\soothe\small bribery⟩, ⟨↔agitate\decompose\hindrance⟩ 양1

173 **sal·vi·a** [쌜뷔어]: ⟨← sage²⟩, ⟨라틴어⟩, 샐비어, (여름에 심홍색 꽃이 피고 잎을 씹으면 환각작용이 있는) 박하과의 초본, '깨꽃', ⟨~ clary sage\Magic Mint⟩ 우1

174 **sal·vo** [쌜보우]: ⟨라틴어⟩ ①⟨← salvere⟩, ⟨safe 하게 하는⟩ 일제사격, (일어나는) 박수갈채, ⟨~ burst\broad-side⟩, ⟨↔discourage⟩ ②⟨← salvare(save)⟩, ⟨마음을 낮추는⟩ 위안, 완화책, 유보조항, ⟨~ salutation\safety⟩, ⟨↔complain⟩ 양2

175 **Salz·burg** [쎠얼즈 버어그]: salt+castle, ⟨독일어⟩, '소금 요새', 잘츠부르크, (매년 음악 축제가 열리는) 오스트리아 북서부에 위치한 역사적 도시·모차르트의 출생지, ⟨~ an Austrian city on the border of Germany⟩ 수1

176 ***SAM** [쌤]: sequential access memory, (전산기에 저장된 정보를 순서대로 읽는) 순차적 접근 기억 장치, ⟨↔RAM⟩ 미2

177 **Sa·ma·dhi** [써마아디]: sama(together)+dha(to place), ⟨산스크리트어⟩, 사마디, ⟨참선으로 수양하는⟩ 선정, 삼매(명상의 최고 경지), ⟨~ the highest state of consciousness⟩ 미2

178 **sa·man** [사만]: ⟨zamang이란 카리브어에서 연유한 스페인어⟩, (열대 지방에 서식하며 커다란 우산 모양을 한) 콩과의 낙엽활엽교목, 미국 자귀나무, ⟨~ rain-tree\monkey·pod⟩ 미2

179 **sa·ma·ra** [쌔머러 \ 서마아뤄]: ⟨라틴어⟩, 'elm의 씨', 사마라, key fruit, 익과(날개가 달린 과일), 시과(단풍·느릅나무 등 껍질이 바람에 날려 흩어지는 열매) 미2

180 **Sa·mar·i·tan** [서매뤼톤]: ⟨← shomron(watch mountain)⟩, ⟨팔레스타인 북부⟩ 사마리아 사람, ⟨목회자도 외면했던 강도에게 구타당한 사람을 (사심 없이) 도와준⟩ 한 사마리아인(이웃), ⟨~ orthern half of the West Bank⟩, ⇒ good samaritan 수2

181 **sa·mar·i·um** [써메어뤼엄]: 사마륨, ⟨러시아의 광산기사 이름 Samarsky에서 연유한⟩ (은빛이 나며 안정된 자력을 가지고 있고 화공품 촉매 등으로 쓰이는) 희토류 원소(기호 Sm·번호62), ⟨~ a chemical element⟩ 수2

182 **Sam·ba** [쌤버 \ 쌈바]: 〈← zampapalo(stupid man)?〉, 〈포르투갈어〉, 삼바, 서아프리카에서 유래한 〈모자라는 사람들이 추는〉 브라질의 빠른 무도(곡), 〈~ a lively Brazilian dancing style〉 수2

183 **sam·bar** [쌤벌 \ 싸암벌]: 삼바르, 삼바 ①〈← sambara(a deer)〉, 〈산스크리트어〉, 수록(물사슴), (인도·동남아 등지의) '물가'에 사는 큰 사슴 ②〈← sambhaara(ingradients)〉, 〈Tamil어〉, 인도 남부인들이 즐기는 편두콩을 위주로 하고 〈양념에 향료를 섞은〉 걸쭉한 야채 국물, 〈~ a lentil-based vegetable stew〉 미2 위1

184 **sam-chon** [삼촌]: san(three)+cun(inch), 〈중국어→한국어〉, (3마디의 가까운 사이인) uncle, '아저씨', 부모의 형제, 〈~ sa-chon〉 미2

185 **same** [쎄임]: 〈← samr(identical)〉, 〈북구어〉, 같은, 동일한, 마찬가지의, 바로 그, 전술한, 변함없는, 〈~ similar\simultaneous〉, 〈↔another\different\assorted\varying〉 가2

186 *****same here** [쎄임 히어]: 여기도 마찬가지, 저도요, 〈~ me too\ditto〉 양2

187 **same old same old**: 〈2차 대전 또는 한국전쟁 때 생겨난 Japlish or Konglish〉, 매일 똑같다, 그럭저럭 지내다, 별 일 없다, 〈~ same o-same o\steady\as usual〉 미2

188 **same to·ken** [쎄임 토우큰]: 같은 이유로, 마찬가지로, 게다가, 하물며, 〈~ also\further-more〉, 〈↔contrarily\differently〉 양2

189 **sam-gyeop-sal** [삼겹살]: 〈한국어〉, three layer meat, 비계와 살이 세 겹으로 되어있는 돼지고기, 배에 비계 주름이 잡힌 사람, 〈풍풍하지만 멋(맛)이 있는 여자↔풍풍하고 멋(맛)없는 여자는 '비계 덩어리'〉, pork·belly 수2

190 **sam-gye-tang** [삼계탕]: 〈중국어→한국어〉, ginseng chicken soup, 영계의 내장을 빼내고 인삼·찹쌀·대추 등을 넣고 푹 고아서 (여름에 개장국 대신 먹는) 보신탕 수2

191 **Sa·mhain** [쌔민 \ 쏘인]: sam(summer)+fuin(end), 〈아일랜드어〉, 'end of summer', 삼하인, 월동 준비를 하며 죽은 영혼을 기리던 켈트족의 축제 (11월 1일) 수2

192 **sa-mink** [쎄이밍크]: 〈영국어〉, (담비 비슷한) 세미 밍크 모피, 〈~ black mink〉 수2

193 **Sa-mo·a** [써모우어]: sa(sacred)+moa(center), 〈'깊은 바다'라는 뜻의 원주민어〉, 사모아(제도), (동쪽은 1900년부터 미국령이 되었고 서쪽은 1962년 뉴질랜드로부터 독립한) 남태평양에 있는 두 개의 섬과 주변 도서, {Samoan-Samoan·Eng-Tala-Apia}, 〈~ an island country in Polynesia〉 수1

194 **sa·mo·sa** [써모우써]: 〈← sanbosag(triangular pastry)〉, 〈페르시아에서 온 힌디어〉, 사모사, 고기와 야채를 밀가루 반죽에 싸서 기름에 튀긴 〈삼각형의〉 인도 요리, 〈~ a triangular fried pastry〉 수2

195 **sam-pan** [쌤팬]: san(three)+ban(board), 〈중국어〉, 삼판, 중국·동남아에서 쓰이는 나무로 만든 '3개의 판자로 된' 작은 평저선, 〈~ a flat-bottomed Wooden Boat〉 위1

196 **sam·ple** [쌤플]: 〈라틴어→프랑스어〉, (e)xample, 견본, 표본 (추출), 실례, 〈~ specimen\model\instance〉, 〈↔whole\atypical\exception〉 가1

197 **sam-sa·ra** [썸싸아뤄]: sem(together)+ser(flow), wandering through, 〈'방황'이란 뜻의 산스크리트어〉, 윤회, (중생이 해탈할 때까지) 생·사를 반복하는 일, 〈~ dukkha〉, 〈↔nirvana\moksha〉 양2

198 **Sam·son** [쌤슨]: 〈← semes(sun)〉, 〈히브리어〉, 삼손, '태양의 아들', 블레셋 여인 델릴라에 의해 머리털(hair)이 잘려 힘을 못 쓰고 생포되었다가 나중에 그를 죽이려고 벌린 축제 때 (머리털이 다시 자라나서) 돌기둥을 뽑아 자기 자신과 모두를 죽게 한 헤브라이의 장사, 〈~ a heavy-set holy warrior〉 수1

199 **sam·son-ite** [쌤서나이트]: 쌤소나이트 ①〈그것이 발견된 독일의 탄광뎀(Samson Vein)에서 유래한〉 은·망간·안티몬 등이 섞인 흑회색의 광물질, 〈~ a sulfosalt mineral〉 ②S~; 1910년부터 제조된 〈삼손같이 강한〉 미국의 국제적 여행용 가방(상표명), 〈~ an American luggage manufacturer〉 수2

200 **Sam-sung** [삼성]: '3 stars', 1938년에 무역상으로 출발해서 안 건드린 업종이 없는 한국 국내 총생산 17%를 차지하는 재벌 기업, 〈~ a Korean electronics corp.〉 수2

201 **Sam·u-el** [쌔뮤얼]: shma(hear)+el(God), 〈히브리어〉, '신이 점지한 자' ①새뮤얼(남자 이름), 〈~ a male given name〉 ②사무엘, 기원전 1050년경에 이스라엘 건국에 큰 역할을 한 헤브라이의 예언자·재판관, 〈~ a Hebrew prophet〉 수1

202 **Sam·u-el Ad·ams** [쌔뮤얼 애덤스]: (맥주를 즐기지 않는 편자가 유일하게 마시는) 미국 보스턴 원산의 저장맥주 〈광고비 좀 받았지요? 금방 다 썼지요!〉, 〈~ the flagship brand of the Boston Beer Co.〉 수1

203 **Sam·u-el-son** [쌔뮤얼슨], Paul: '신이 점지한 자의 아들', 사무엘슨, (1915-2009), 경제분석에서 수학적 지식을 활용하라고 주장한 미국 근대 〈경제학의 아버지〉, 〈~ an American economist〉 수1

204 **sa·mul·no·ri** [사물놀이]: 〈한국어〉, 4 objects play, kkwaenggwari·jing·janggu·buk의 4타악기로 구성된 한국의 전통적 농악놀이, 4인조 풍물놀이, 〈~ jug band〉, ⇒ pan-sori 우2

205 **Sa-mu·ra·i** [쌔무롸이]: sa(early)+morafu(keep watch), 사무라이, '시종', 7세기경부터 태동하여 1871년까지 〈한때 인구의 10%까지 차지했던〉 일본의 무사(bushi)계급, 〈~ the warrior class in Japan〉, 〈↔gei-sha〉, 〈↔ninja〉 수2

206 *****sa-mu·ra·i** [쌔무롸이]: 정당한 이유를 가지고 기업 전산기 체제에 침입하도록 고용된 '전산기 특공대', 〈~ computer commando〉 수2

207 **San An·dreas fault** [쌘 앤드뤠이어스 휘얼트]: 샌 안드레아스 단층, 지구의 태평양판과 북미대륙판이 합치는 캘리포니아 서부(W. California)의 〈San Andreas계곡을 관통하는〉 1,210km짜리 지각 경계선 수1

208 **San An·to·ni·o** [쌘 앤토우니오우]: 샌안토니오, 'Alamo City', 1718년 Antonio Olivares 신부가 텍사스주 남·중부에 세운 역사적인 문화·교역도시, 〈~ a major city in South-Central Texas〉 수1

209 **san·a·to·ri·um** [쌔너토어뤼엄]: 〈← sanus(healthy)〉, 〈라틴어〉, (건강을 지키는) 요양소, 보양원, 〈~ infirmary\nursing home〉, 〈~(↔)hospital\hospice〉, 〈영국에서는 sanitarium〉 양2

210 **San Ber·nar·di·no** [쌘 버어널디이노우]: ①〈스페인 선교사들이 성 버나딘 축제일에 그곳에 도착한 데서 연유한〉샌버너디노, 미국 캘리포니아주의 남부에 있는 내륙도시(산·군), 〈~ city·country·mountain in So Cal〉 ②〈17세기 이태리의 수도승 이름을 딴〉 상 베르나르, 스위스 동남부 알프스산맥의 산길, 〈~ a mountain pass in Swiss Alps〉 수1

211 **San·cho Pan·za** [쌘쵸우 팬져]: companion+belly, 산초 판자, 돈키호테의 충실한 하인, s~ p~; (이상주의적 인물의) 현실적 친구, 〈~ a faithful squire to Don Quixote〉 수1 미1

212 **sanc·ti·fy** [쌩크티화이]: sanctus(holy)+facere(make), 〈라틴어〉, 신성하게 하다, 죄를 씻다, 시인하다, 〈~ absolve\consecrate\condone\purify〉, 〈↔de-sanctify\condemn\abhor〉 양1

213 **sanc·ti·mo·nious** [쌩티모우니어스]: 〈← sanctus(holy)〉, 〈라틴어〉, 신성한 체하는, 독실한 신자인 체하는, hypocritically pious, 〈↔honest\forthright〉 양2

214 **sanc-tion** [쌩크션]: 〈← sancire(render sacred)〉, 〈라틴어〉 ①〈Saint에 의한〉 재가, 인가, 〈~ authorization\permission〉 ②제재(규약), 징벌, 〈~ penalty\ban〉, 〈↔reward〉 양2

215 **sanc·tu·ar·y** [쌩츄에뤼]: 〈← sanctus(holy)〉, 〈라틴어〉, 거룩한 장소, 성전, 성역, 보호구역, 〈~ shrine\haven\refuge〉, 〈↔hell-hole\peril〉 양1

216 **sand** [쌘드]: 〈← sandam〉, 〈게르만어〉, 모래(알·사장), 사막, 적황색, 사포로 닦다, 〈'sea와 land 사이에 있는 것'이라는 민속어원에 대항해서 'micro-gravel'이란 말도 써 봄직함〉, 〈~ beach\desert\smooth〉, 〈↔rock\dirt〉 가1 양1

217 **san·dal** [쌘들]: 〈← sandalion〉, 〈어원 불명의 그리스어〉, 짚신 모양의 신발, 운두가 낮은 덧신(의 가죽끈), 〈~ moccasin\clog\slipper〉, 〈↔warm boot〉 우2

218 **san·dal-wood** [쌘들 우드]: 〈← candana(burning incense)〉, 〈산스크리트어+게르만어〉, 백단(목·향·유), 단단하고 누르스름하며 〈향기가 좋은〉 목재를 제공하는 단향과의 상록활엽교목, 〈~ a fragrant tree〉 미2

219 **san·da·rac**(h) [쌘더랙]: 〈← sandarake〉, 〈동방에서 유래한 그리스어〉, '붉은 색소(red pigmen)', 샌다락 ①(수지를 향료·니스에 쓰는) 북아프리카산 소나뭇과의 작은 상록수, 〈~ cypress pine〉 ②(그림 물감·폭죽의 원료로 쓰이는 고운 등황색의) 계관석(realgar) 수2

220 *****sand-bag** [쌘드 배그]: 사낭(모래 부대), 모래 자루로 때려 눕히다, 매복하다, (포커에서) 내숭을 떨어 상대방을 이기다 , 〈~(↔) dirt sack〉, 〈~(↔) deceive\bilk〉 미2

221 **sand-bank** [쌘드 뱅크]: sand·bar, 모래톱, 사구 양2

222 **sand-blast** [쌘드 블래스트]: 모래 뿜기, 분사기, 모래 돌풍, 〈~ sand-paper\sand-spray\sand-storm〉 양1

223 **sand-box** [쌘드 박스]: (놀이용) 모래통, '모래 상자'(제한된 범위 내에서 응용 차림표를 조작할 수 있는 〈격리된〉 연성기기), 〈~ a computer security mechanism〉 양1 우2

224 **sand-box tree** [쌘드 박스 트뤼이]: 붓통 나무, (중남미에 서식하며) 〈수즙에 눈을 멀게 하는 맹독이 있고 조그만 둥근 호박 모양의 과피 속에 모래를 넣어 붓통으로 썼던 고무나뭇과의 낙엽교목, 〈~ possum-wood\(줄기에 가시가 돋힌) monkey-no-climb〉 미2

225 **Sand-burg** [쌘드버어그], Carl: 〈게르만어〉, '모래산〈sand-mountain〉에 사는 자', 샌드버그, (1878-1967), 「링컨전기」를 쓴 미국의 사회주의 시인·언론인, 〈~ an American poet and biographer〉 수1

226 **sand dol·lar** [쌘드 달러]: ①(바다 밑 모래 속에 사는) 〈커단 은화 모양의〉 연잎성게, 〈~ sand-cake\cake-urchin\snapper biscuit〉 ②〈오동통한 은화 모양의 가시 없는〉 별선인장(난봉옥), 〈~ star cactus〉 미2

227 **sand dune** [쌘드 듀운]: sand hill, (모래톱보다 큰) 모래 언덕, 사구 양2

228 **sand eel** [쌘드 이일]: sand lance, 까나리, '모래 장어', 유라시아 해안에 서식하는 기름기가 많은 양미리 같은 뱀장어, 〈~ launce〉 미2

229 **san·der·ling** [쌘덜링]: (추운 지방 해변에 살며 모래를 헤치는 버릇이 있는 자그마한) 세발가락도요새 우2

230 **sand-glass** [쌘드 글래스]: hour glass, 모래시계, S~; 1995년에 방영된 〈광주사태를 조명한〉 한국의 TV 연속극 양2 미2

231 **sand flea** [쌘드 플리이]: 해변톡토기, 모래벼룩, 갯벼룩, 〈사람에게도 달라붙는〉 열대·아열대 해변에 서식하는 기생충 미2

232 **sand fly** [쌘드 플라이]: 모래파리, 나방파리, 눈에놀이, 응애, 등에모기, 모래사장에 서식하는 파리·모기류의 총칭 미2

233 **sand-hill crane** [쌘드 힐 크뤠인]: grus Canadensis, 캐나다 두루미, 날개는 청회색·이마는 붉은색의 북미산 두루미, 〈~(↔)whooping crane\trumpeter swan〉 미2

234 **San Di·e·go** [쌘 디에이고우]: 샌디에이고, 1769년 스페인 신부 St. Didacus〈teacher〉의 이름을 따서 세워진 미국 캘리포니아 남단의 해군기지가 있는 항구·공업·관광도시 수1

235 **S and L** (sav-ings and loan): 저축 대출 조합, 신용 금고 미2

236 **sand lil·y** [쌘드 릴리]: '모래 백합', 봄에 줄기 없이 방향이 있는 흰 갈래꽃이 피는 북미 서부 모래땅에 서식하는 백합과의 초본, 〈~ star (or mountain) lily〉 우2

237 **sand liz·ard** [쌘드 리져드]: '모래땅도마뱀', 줄무늬도마뱀, stripped lizard ⇒ race runner 미2

238 **sand mar·tin** [쌘드 마알튼]: bank swallow, 개천제비, 갈색제비, 전 세계에 걸쳐 모래 둔덕에 집을 짓고 사는 조그맣고 잽싼 연작류의 철새, 〈~ a migratory passerine〉 미2

239 **S and P** (Stand-ard and Poor): 1860년 Henry Poor가 설립해서 1941년 Standard Statics 회사와 합병한 재미있는 이름을 가진 미국의 금융 통계 제보업체, 〈~ an American financial information and analytics co.〉 수2

240 **sand–pa·per** [쌘드 페이퍼]: 사포, 연마지, 유리·규석 가루를 발라 붙인 헝겊이나 종이, 〈~ abradant scrape〉 양2

241 **sand-pa·per tree** [쌘드 페이퍼 트뤼이]: 사포 나무, 중남미 건조지방에 서식하며 단단한 목재에 나무나 금속을 닦는 데 사용하는 소 혓바닥 같은 까끌까끌한 잎사귀를 가진 지치과의 상록관목, 〈~ white fig\a borage〉 미2

242 **sand-pip·er** [쌘드 파이퍼]: '모래도요', '사장도요', (해변에서 무리 지어 서식하는) 깝짝도요·삑삑도요 등의 총칭, 〈~(↔)snipe\curlew〉, 〈~(↔)plover보다 길고 연한 부리를 가지고 몸통이 덜 통통함〉 미2

243 **sand** (ti·ger) **shark** [쌘드 (타이거) 샤아크]: 모래(호랑이)상어, grey nurse shark, ragged·tooth shark, (전세계적으로) 온난한 해변에 서식하며 모래 색깔을 한 고등어상어의 일종 미2

244 **sand-stone** [쌘드 스토운]: 모래돌, 사암, 〈~ a sedimentary rock〉, 〈↔granite\lime-stone〉 양2

245 **sand wedge** [쌘드 웨쥐]: (보통 pitching wedge 다음으로 쓰는) 모래땅의 장애구역에서 공을 쳐 내는 데 쓰는 쇠로 된 쐐기 모양의 대가리를 가진 골프채, 〈~ sand iron〉 우1

246 **sand-wich** [쌘드위치]: 〈영국어〉, '모래촌〈sand-village〉' ①(영국의 샌드위치 백작이 노름 중에 시켜 먹었던) 두 조각의 빵 사이에 육류·야채 등을 끼워 넣은〈squeezed〉 음식, '삽입 빵' ②삽입하다, 중간에 끼우다, 〈~ hamburger; 미국에서는 햄버거를 시키면 통상 French-fries와 cola가 곁들여 나왔는데 다른 것 다 빼고 '고기를 삽입한 빵'만 달라는 말〉, 〈~ sarnie\ buttie〉 수2 양2

247 **sand-wich gen·er·a·tion** : (부모와 자녀를 동시에 보살펴야 할 연령의) 〈중간에 낀〉 '샌드위치' 세대, 〈~ X-generation〉, 〈↔ Y(or Z)-generation〉 우2

248 **sand-worm** [쌘드 워엄]: ①clam·worm, 갯지렁이, ⇒ rag·worm ②공상 소설에 등장하는 뜨거운 사막에 사는 거대한 지렁이 같은 괴물, 〈~ a colossal worm-like creature〉 미2 수2

249 **sand-wort** [쌘드 워얼트]: '개벼룩초', (모래땅에 자잘한 흰색의 뭉텅이 꽃이 피는) '벼룩이 자리' 등의 지표식물, 〈~ sea chick-weed\sea purslane〉 미2

250 **sane** [쎄인]: ⟨← sanus(sound²)⟩, ⟨라틴어⟩, '건강한', 제정신의, 온건한, 분별 있는, ⟨→ sanitary⟩, ⟨~ rational\sensible\all there⟩, ⟨↔in-sane\crazy\mad⟩ 양2

251 **San Fran·cis·co** [쌘 후륀씨스코우]: 샌프란시스코, 프란체스코 신도들의 마을, 상항, 1776년 스페인 개척자들이 아시시의 성 프란시스코의 이름을 따서 세운 미국 캘리포니아 중서부에 있는 경제·문화·공업·관광·항구 도시, ⟨애인과 같이 갔다 혼자 돌아오는 곳⟩, ⟨~ Frisco\Golden City\Fog City⟩ 수1

252 **sang** [쌩]: sing의 과거 가1

253 **san·ga·ree** [쌩거뤼이]: ⟨← sanguis(blood)⟩, ⟨라틴어⟩, ⟨'피 빛'이 나는⟩ sangria, 생거리, 포도주에 물을 타고 설탕·향료를 가미한 찬 음료, ⟨~ Sangraal⟩, ⇒ Holy Grail(Chalice) 우1

254 **sang-froid** [쌩후롸아\쌩후우아]: ⟨프랑스어⟩, 'cold blood', 냉정, 침착, 태연자약, ⟨~ composure\equanimity⟩, ⟨↔discomposure\turbulence\agitation⟩ 양2

255 **san·gui~** [쎙귀~]: ⟨라틴어⟩, blood, ⟨피·혈액~⟩이란 뜻의 결합사 양1

256 **san·guine** [쌩귄]: 쾌활한, 낙관적인, 혈색이 좋은, 유혈의, 피⟨blood⟩처럼 붉은, ⟨~ optimistic positive⟩, ⟨↔gloomy\miserable⟩ 양2

257 **san·i·tar·i·um** [쌔니테어뤼엄]: sanitorium, sanatorium, 요양소, 보양지, 양호실, ⟨~ infirmary\nursing home⟩, ⟨~(↔)hospital\hospice\sty⟩ 양2

258 **san·i·tar·y** [쌔니테뤼]: ⟨← sanitus(health)⟩, ⟨라틴어⟩, (공중) 위생의, 깨끗한, 보건상의, 무균의, ⟨~ hygienic\purified\sterile⟩, ⟨↔un-sanitary\dirty\polluted⟩ 양2

259 **san·i·tar·y nap·kin(pad)** [쌔니테뤼 냎킨(패드)]: 생리대, 위생대, ⟨~ panty-liner\tampon⟩ 양2

260 **san·i·ty** [쌔니티]: ⟨← sanus(sound)⟩, ⟨라틴어⟩, ⟨← sane⟩, 제정신, 건전함, 건강함, 정신이 멀쩡함, ⟨~ lucidity\balance of mind\right-mindedness⟩, ⟨↔in-sanity\madness⟩ 양2

261 *****san·i·ty check(test)** [쌔니티 췍(테스트)]: '청정검검', (자동차·전기기 등의 출고 전에) ⟨제정신으로 만들었나 보는⟩ 부문별 어림잡이 검사, ⟨편자가 본 한 마약쟁이는 전투기 날개 조립공이었음⟩, ⟨~ smoke test⟩, ⟨~(↔)sobriety test와는 그 용도가 다름⟩ 우2

262 **San Jo·se** [쌘 호우제이]: 산호세 ①⟨Jose라는 개척자가 St. Joseph of Guadalupe의 이름을 따서 명명한⟩ 샌프란시스코 남남동에 있는 미국의 ⟨신흥⟩기계·전자 공업 중심지, ⟨~(↔)Silicon Valley⟩ ②(1736년에 카톨릭 교회에서 ⟨Joseph of Nazareth⟩를 기리기 위해 국토의 중앙에 창설한) 코스타리카의 수도, ⟨~ Capital of Costa Rica⟩ 수1

263 **San Jo·se scale** [쌘 호우제이 스케일]: 배깍지진디, (미국 산호세에서 발견된) 사철나무깍지벌렛과의 해충, ⟨~ a hemi-pterous agricultural pest⟩ 미2

264 **sank** [쌩크]: sink의 과거, ⟨↔rose²\boosted⟩ 양1

265 **San Ma·ri·no** [쌘 머뤼이노우]: ⟨도시의 성곽 축조에 일조한 St. Marinus의 이름을 딴⟩ 산마리노, 이탈리아 북동부 산간지대에 있는 '세계 최초·세계 최소'의 공화국·관광지, {Sanmarinese-Ita-Euro-San Marino}, ⟨~ a mountainous micro-state surrounded by north-central Italy⟩ 수1

266 **San Mar·tin** [쌘 마알튼], Jo·se de: ⟨지명에서 유래한⟩ 산마르틴, (1778-1850), 스페인으로부터 남미 제국을 독립시킨 아르헨티나 태생 장군, ⟨~ the Liberator of Argentina, Chile and Peru⟩ 수1

267 **Sa·no·fi** [사노우휘] SA: Societe Anonyme(유한책임회사), 사노피, 1973년에 설립되어 2004년부터 Aventis사와 합작하고 2011년 현재명으로 확대 개편된 프랑스의 세계적 제약회사, ⟨~ a French pharmaceutical co.⟩ 수1

268 **sans** [쌘즈]: ⟨← sine(without)⟩, ⟨라틴어→프랑스어→영국어⟩, ~없이, ~없어서, ⟨좀 튀라고 쓰는 말⟩ 양2

269 **San Sal·va·dor** [쌘 쌜붜도어]: 산살바도르, '구세주⟨holy savior⟩의 섬', 1493년 콜럼버스가 신대륙에 첫발을 디딘 바하마 섬, 엘살바도르의 수도, ⟨~ Capital of El Salvador⟩ 수2

270 **San·se·vi·e·ri·a** [쌘서뷔어뤼어]: ⟨이탈리아 과학자 이름(Sanseviero)을 딴⟩ 산세비에리아, (천년을 산다는) 천세란, snake plant, 장모의 혓바닥⟨mother-in-law's tongue⟩, (활시위를 만드는 데 쓰는) 뱀이 일어서는 모양의 날카로운 잎을 가진 아프리카 원산 용설란(agave)의 일종, ⟨~(↔)devil's tongue⟩ 미2

271 **San·skrit** \ **~scrit** [쌘스크륕]: sam(together)+kr(make), ⟨함께 만든⟩ 산스크리트, 범어, 아리안족들이 기원전 1500년경부터 시리아에서 시작해서 서기 1000년경까지 인도에서 썼던 인도-유럽 언어, ⟨~ an Old Indo-Aryan language⟩ 미2

272 **sans phrase** [쌍 후롸아즈]: 〈프랑스어〉, 한마디로, 단도직입적으로, 이유를 댈 필요도 없이, without phrase, 〈~ in short\point blank〉 양2

273 **San·ta** [쌘터]: 산타, 성녀, 여자 성인, Saint의 여성형 우2

274 **San·ta A·na** [쌘터 애너]: 〈1769년 스페인 탐험대가 St. Anne 축제일에 발견한 산맥 이름에서 연유한〉 산타아나, 1869년 신생 오렌지군의 중심지로 미국 LA 남동쪽 Santa Ana 강가에 설립되어 라티노들이 밀집되고 있는 산업도시, 〈~ a city in Orange County, Ca〉 수1

275 **San·ta An·na** [쌘터 아나], An·to·ni·o: 산타아나, (1794-1876), San Antonio 전쟁에서 텍사스군을 이기고 3번에 걸쳐 대통령을 지냈으나 외로운 말년을 보낸 멕시코의 군인 출신 정치가·독재자, 〈~ former President of Mexico〉 수1

276 **San·ta Bar·ba·ra** [쌘터 바아버러]: 〈1602년 스페인 선단이 그 해협을 지나갈 때 성 바바라 축제일인 12월 4일 자욱했던 안개가 걷힌 데서 연유한〉 산타바바라, 스페인인들이 전도를 위해 18세기에 건설한 캘리포니아 중서부의 항구·관광·문화도시, 〈~ a city on the central California coast〉 수1

277 **San·ta Claus** [쌘터 클러어즈]: 산타클로스, (아이들의 수호 성도) Saint Nicholas〈10번만 빠르게 발음해 볼 것〉가 전환된 말 수2

278 **San·ta Fe** [쌘터 훼이]: 〈스페인어〉, '신성한 믿음〈holy faith〉', 샌타페이 ①아르헨티나(Argentina) 중동부에 위치한 항구·교역도시 ②미국 남서부 New Mexico주의 주도·관광도시 수1

279 **San·ta Fe Rail-road**: 1859년부터 시작해서 1945년에 미국의 중서부에 걸쳐 21,107km의 철로를 운영하다가 1995년 Burlington Northern에 병합된 철도회사 수2

280 **San·ti·a·go** [쌘티아고우]: 〈히브리어〉, 'St. Jacob', 산티아고, 1541년에 세워져서 1818년 독립된 칠레의 수도로 된 나라의 중간 안데스 산록에 자리 잡은 역사적 경제·문화·교통도시, 〈~ Capital of Chile〉 수1

281 **San-to·ku** [싼토쿠]: san(three)+toku(virtue), 〈세가지 용도를 가진〉 삼덕(포정), 보통 날에 양의 발굽 같은 자국이 있어 채소·고기·생선을 모두 다룰 수 있는 (일본식) 복합기능형 〈만능칼〉, 〈~ a general-purpose kitchen knife〉 우2

282 **San-yo** [싸뇨]: 샤뇨, 〈3대양으로 진출하는〉 삼양(three oceans)전기, 1947년에 설립되어 2009년 Panasonic에 병합된 일본의 가전제품 업체, 〈~ a Japanese electronics co.〉 미1

283 **São pau·lo** [싼 파아울로우]: Sampa, 〈포르투갈어〉, 〈1554년 St. Paul의 개종 기념일(1월 25일)을 축하한다는 뜻으로 붙여진〉 상파울루, 1554년 포르투갈의 예수교인들에 의해 세워진 브라질 남동부(S-E Brazil)에 있는 남미 제일의 인구〈22,807,000 as of 2024〉를 가진 상공업도시 수2

284 **Sao To·me and Prin·ci·pe** [싸우 토우메이 언드 프륀시페이]: 〈포르투갈어〉, 상투메 프린시페, 1975년 포르투갈로부터 독립한 아프리카 서쪽 기니만 동남부 아래에 〈St. Thomas와 Prince의 두 섬으로 이루어진〉 조그마한 공화국, {Santomean-Port-Dobra-Sao Tome}, 〈~ an island country in the Gulf of Guinea〉 수1

285 **sap** [쌥]: ①〈게르만어〉, vital juice, 〈서서히 짜내는〉 수액, 액즙, 활력, 〈↔humor-less〉 ②〈← sappe(spade)〉, 〈프랑스어〉, 대호(적을 대항하는 땅굴)를 파다, 서서히 헤치다, 열심히 일하다, 〈~ undermine\digging〉, 〈↔add\fill〉 ③〈← sap'〉, 〈게르만어→미국어〉, 곤봉, 〈↔woman; 영국에서 예전에는 말을 안 들으면 곤봉으로 여자들을 때렸다 함-믿거나 말거나〉 양1

286 **sap·a·jou** [쌔퍼쥬우]: 〈Tupi어〉, capuchin, (중남미) 거미원숭이, (수도사를 닮고 꼬리가 긴 조그마한) 꼬리말이원숭이, 〈~ pin (or white-faced) monkey〉 미2

287 **sa·p(p)an wood** [서팬 우드]: 〈← sapang〉, 〈말레이어〉, Indian red·wood, 다목, 소방(목), (빨강·노랑의 물감을 추출하고 미모사 같은 잎을 가진) 열대 아시아산 실거리나무속의 관목 미2

288 **sa·pe·le** [서피일리]: 〈나이제리아의 지명(Sapelli)에서 연유한〉 사펠리, (열대 아프리카산으로 멸종위기에 처한) 마호가니〈mahogany〉 비슷한 목재를 제공하는 큰 나무, 〈~ assi\muyovu〉 수2

289 **sa·pi·ence** [쎄이피언스]: 〈← sapere(know)〉, 〈라틴어〉, 아는 체함, '지혜', 〈→ Homo Sapiens〉, 〈↔sentience〉 양2

290 **sa·pi·o·phile** [싸피어 휘일(화일)]: 〈← sapare(know)〉, 〈라틴어+그리스어〉, 〈아주 드물게 있는〉 지적 매력에 끌리는 사람, 〈~ intellect-lover〉, 〈↔sapio-phobe〉 우2

291 **sap-ling** [쎄플링]: 〈활기찬〉 어린나무, 〈곤봉을 닮은〉 묘목, 〈혈기찬〉 풋내기, 〈~ youngling\ yearling〉, 〈↔adult\old tree〉 양2

292 **sap·o·dil·la** [쌔퍼딜러]: 〈← sapote〉, 〈원주민어〉, 사포딜라, (살구같은 과일이 열리고 수액에서 씹는 껌의 원료를 추출하는) 열대 아메리카산 상록수, nase·berry, 〈~ chicle\medlar\loquat〉 수2

293 **sap·o·nin** [쌔퍼닌]: ⟨← sapo⟩, ⟨라틴어⟩, ⟨← soap⟩, 사포닌, 여러 식물에서 축출할 수 있는 당분으로 물에 섞어 흔들면 '비누처럼' 거품이 일고 독성이 있음, ⟨~ bitter-tasting organic chemicals⟩ 우1

294 **sa·po·te** [서포우티]: ⟨zapote⟩, ⟨원주민어⟩, 싸뽀뜨, (중미에 서식하며) 오리알만 한 갈색 과일 속에 너무 익은 아보카도 같은 과육을 가진 열대성 관목·교목, 'marmalade tree', ⟨→ sapodilla⟩, ⟨~ nase-berry\loquat\chicle⟩ 우1

295 **sap·phire** [쌔화이어]: ⟨← sappir(deep blue)⟩, ⟨히브리어→그리스어⟩, '청옥', 사파이어, 9월의 탄생석, (여러 가지 색깔이 있을 수 있으나 보라색을 띤 청색이 인기 있는) ⟨산화 알루미늄으로 이루어진⟩ 강옥의 일종, ⟨~ lapis lazuli⟩ 미1

296 **sap·phire wed·ding**: 청옥혼식, 결혼 45주년 기념 미2

297 **Sap·po·ro** [사포우로우]: sat(dry)+poro(great)+pet(river), ⟨아이누어⟩, '커다란 마른 강', 삿포로, 찰황, (눈·맥주·스키로 유명한) 일본 북부 홋카이도의 주도, ⟨~ Capital of Hokkaido⟩ 수2

298 **sap·sa·go** [쌥서고우]: ⟨← schaben⟩, ⟨게르만어⟩, Schabzieger, 삽사고, (스위스 원산으) 탈지한 우유에 약초의 '즙'을 섞어 만든 단단한 ⟨녹색⟩ 치즈, ⟨~ a dry, hard cheese⟩ 수2

299 **sap–suck·er** [쌥 써커]: (가끔 벌레도 잡아먹지만 주로 나무의 수액을 빨아 먹고 사는) 북미산 딱따구리의 일종, ⟨~ a wood-pecker⟩ 우1

300 **sar·a·band(e)** [쌔뤄밴드]: ⟨← sarband(stately)⟩, ⟨페르시아어→스페인어⟩, 사라반, ⟨1583년 스페인 왕이 ⟨흉칙한 정감⟩을 일으켜 준다고 금지했으나 17세기에 프랑스·영국에서 유행된⟩ 느린 3박자의 스페인식 춤(곡), ⟨~ a dance in triple metre⟩ 수2

301 **Sar·a·cen** [쌔뤄슨]: ⟨← sarqi(eastern)⟩, ⟨'동방'이란 뜻의 아랍어에서 연유한 그리스어⟩, 사라센, ⟨← sarakenos⟩, 아라비아 사막에 사는 이슬람교 유목민, ⟨~ a nomadic Muslim⟩ 수1

302 **Sar·ah** [쎄어뤄]: ⟨← sarai(princess)⟩, ⟨히브리어⟩, '고귀한 여자', 사라 ①여자 이름(female name) ②아브라함의 아내·이삭의 어머니, ⟨→ Sally⟩, ⟨~ a biblical matriarch⟩ 수1

303 **Sa·ra·je·vo** [쌔뤄예이보우]: ⟨← saray(palace)⟩, ⟨'궁전'이란 뜻의 터키어⟩ 사라예보, 1461년에 설립되어 1914년 오스트리아 황태자가 암살당하고 1984년 동계 올림픽이 열렸던 보스니아 헤르체고비나의 수도·상공업·문화도시, ⟨~ Capital of Bosnia and Herzegovina⟩ 수1

304 **sa·ran** [세어뢴]: ⟨그것을 발명한 자의 마누라(Sarah)와 딸(Ann)의 이름을 합성한⟩ 사란, (음식물을 싸는 데 쓰는) 형태를 바꿀 수 있는 합성수지, ⟨~ a tough, flexible plastic resin⟩ 수2

305 **Sar·a·to·ga** [쌔뤄토우거]: se+rach+ta+gue, ⟨'조용한 강가에 있는 언덕?'이란 뜻의 원주민어⟩, 새러토가 ①(1777년 독립전쟁의 결정적 전투지였던) 뉴욕주 동부에 있는 군, ⟨~ a country in eastern NY State⟩ ②⟨새러토가로 여름 여행을 할 때 쓰던⟩ (여성용) 큰 여행가방(luggage) 수1

306 **sar·casm** [싸알캐즘]: ⟨← sarcos(flesh)⟩, ⟨'살을 찢다(sarkazein)'란 뜻의 그리스어에서 유래한⟩ 비꼼, 풍자, 빈정거림, ⟨~ satire\irony⟩, ⟨↔flattery\applause⟩ 양2

307 **sar·celle** [사알쎌]: ⟨teal의 프랑스말⟩, 상오리, 발구지, 쇠오리, 온대지방 호수에서 흔히 보는 ⟨청록색⟩의 작은 오리, ⟨~ a green winged duck⟩ 미2

308 **sar·co~** [싸알코우~]: ⟨그리스어→라틴어⟩, flesh, ⟨살·근육~⟩이란 뜻의 결합사, ⟨→ sarcasm⟩ 양2

309 **sar·coph·a·gous** [싸알카훠고우스]: 육식의, 고기를 먹는, ⟨~ carnivorous⟩, ⟨↔vegetarian⟩ 양2

310 **sar·coph·a·gus** [싸알카훠거스]: ⟨그리스어⟩, '육체를 삼키는 돌', (정교하게 조각된) 대리석 관, 관석, ⟨~ coffin\cosket⟩, ⟨↔exhume\burn⟩ 우2

311 **sar·dine** [사알디인]: ⟨영국어⟩, ⟨지중해의 Sardina 섬에서 많이 잡혔던⟩ 정어리, 작고 기름기가 많은 청어과의 생선, ⟨~ pilchard⟩ 미2

312 **Sar·di·ni·a** [싸알디니어 \ 싸알데니여]: ⟨그리스어⟩, ⟨sandal 모양의⟩ 사르디니아, 프랑스령 코르시카섬 남쪽에 있는 ⟨휴양지로 유명한⟩ 이탈리아령의 커다란 섬, ⟨~ an Italian island in the Mediterranean Sea⟩ 수1

313 **sar·don·ic** [사알다닉]: ⟨그리스의 Sardonia 지방산 독초를 먹고 죽기전에 얼굴에 나타나는 경련에서 유래한⟩ 냉소적인, 빈정대는, ⟨~ mocking\cynical⟩, ⟨↔calm\kind⟩ 양2

314 **sar-doo·dle–dom** [사알두우덤]: Sardou(프랑스 극작가)+doodle+dom, ⟨영국어⟩, ⟨G. B. Shaw가 프랑스풍의 통속극을 비꼬아서 만든 말⟩, (희곡에서) 전형적이고 비현실적인 줄거리를 담은 ⟨진부한 모양새⟩, ⟨~ melodrama⟩ 우2

315 **sar·gas·so** [사알개소우]: 〈포르투갈어〉, seaweed, 사르가소, ('해초가 배를 잡아 먹는' 서인도제도 북동부의 소용돌이에서 서식하는) '포도'를 닮은 모자반류의 바닷말, gulf·weed, sea grape 수2

316 **sa·ri** \ sa·ree [싸아뤼]: 〈'천 조각(strip of cloth)'이란 뜻의 산스크리트어에서 유래한〉 사리, 인도 여성들이 두르는 긴 겉옷, 〈~ shawl\cloak of Indian women〉 우2

317 **sark** [싸알크]: ①〈← serc(shirt)〉, 〈영국어→스코틀랜드어〉, 사크, 속 상의, 짧은 윗옷, 〈~(↔)chemise〉 ②S~; 〈편자가 어원 사냥에 1시간 이상 소비하고 포기한 영국어〉, 영국 해협에 있는 Channel 제도의 작은 섬으로 약 5백 명의 인구에 〈독립된 국회를 가진〉 영국의 자치령, 〈~ a self-governing British Crown Dependency〉 우2 수1

318 **sar·ky** [싸알키]: sarcastic의 속어, 비꼬는, 〈↔kind〉 양2

319 **sa·rong** [서뤄엉]: 〈'덮개(sheath)'라는 뜻의 말레이어〉, 사롱, (말레이시아 등지에서) 허리에 둘러 입는 천, 〈~ batik\kebaya\kikoi〉 수2

320 **sar·ra·ce·ni·a** [쌔뤄씨니어]: 〈캐나다 식물학자의 이름(Sarrazin)을 딴〉 사라세니아, 병자초, 북미의 습지대에 서식하는 〈긴 대롱이 달린〉 식충식물, 〈~ trumpet pitchers〉 우2

321 **SARS** [싸알스] (se·vere a·cute re·spi·ra·to·ry syn·drome): 사스, (2002~2004년 동아시아에서 기승을 떨쳤던) 〈변종 코로나바이러스(corona virus)에 의한〉 중증 급성 호흡기 중후군 미2

322 **sar·sa** [쌀사]: zarza(bramble)+parra(vine), 〈스페인어〉, sarsa parilla, '가시덩굴', 사르사, 중남미 열대지방 원산 백합과의 식물뿌리를 원료로 한 탄산음료(carbonated drink) 우1

323 **sar·to·ri·al** [쌀토어뤼얼]: 〈← sartor(tailor) ← sarcire(patch)〉, 〈'꿰매다'란 뜻의 라틴어에서 유래한〉 재봉술(사)의, 의복의, 〈~ flashy\fashionable〉, 〈↔dumpy\frumpy〉 양2

324 **sar·to·ri·us** [쌀토어뤼어스]: 〈← sartor(tailor)〉, 〈재단사가 재봉질할 때의 자세에서 유래한〉 봉공근(허벅다리 안쪽에 비스듬히 뻗어있는 인체에서 가장 긴 근육), 〈~ a narrow muscle-strap from the hip to the knee〉 양2

325 **Sar·tre** [싸알트뤄], Jean Paul: 〈← sartor(tailor)〉, 〈라틴어→프랑스어〉, '재봉사', 사르트르, (1905-1980), 〈인간은 우선 실존하고 나서 자유로운 선택으로 살아가야 한다고 주장했으나〉 존재의 의미에 회의를 품고 노벨 문학상을 거부한 프랑스의 실존주의 사상가·소설가, 〈~ a French philosopher and play-wright〉 수1

326 **sar·vice (-ber·ry)** [쌀뷔스 (베뤼)]: 머루, ⇒ service·berry 우2

327 **sash** [쌔쉬]: 새시 ①〈아랍어〉, '천 조각〈strip of cloth〉', 장식 띠, 현장(어깨 띠) ②〈프랑스어〉, chassis, (내리닫이 창의) 창틀, 〈↔casement〉 미1

328 **sa·shay** [새쉐이]: 〈프랑스어〉, 샤세(chasse), 미끄러지듯 나아가다, 뽐내며 걷다, 〈~ sway\strut〉, 〈↔prance\linger〉 우1

329 **sa·shi·mi** [싸아쉬이미 \ 사아쉬이미]: sashi(slice)+mi(meat), 〈일본어〉, '자신', 사시미, (생선)회〈난자질한 고기〉, 〈~(↔)sushi〉 미1

330 **sa·sin** [쎄이신 \ 쌔신]: 〈어원 불명의 산스크리트어〉, 〈산토끼를 닮은〉 black·buck, (인도 등지에서 서식하는) 등이 '검은' 조그만 '영양', 〈~ an Indian antelope〉 수2

331 **Sas·katch·e·wan** [새스캐춰완]: 〈원주민어〉, rapid flowing river, '빨리 흐르는 강', 서스캐처원, 캐나다의 〈빵 바구니〉, 밀 농사와 석유생산으로 유명한 캐나다 남부(S. Canada)의 주 수1

332 **Sas·quatch** [쌔스쿼취]: 〈← sasqets(hairy man)〉, 새스콰치(북미 원주민어), 큰발 유인원 ⇒ big·foot 우2

333 **sas·sa·by** [쌔서비]: 〈원주민어〉, 사사비, 남아프리카산 (흑갈색) 대형 영양, 〈~ harte-beest〉 수2

334 **sas·sa-fras** [쌔서후뤠스]: saxum(stone)+franere(break), 〈라틴어→스페인어〉, 사사프라스, (뿌리나 껍질을 약용·향료로 쓰는) 갈라진 잎을 가지고 북미동부·동아시아에 서식하는 녹나뭇과의 낙엽활엽교목, 〈~ the Tea Tree\Cinnamon Wood〉, ⇒ saxifrage 우1

335 **sas·sy** [쌔시]: 〈← saucy〉, 〈영국어〉, 양념(sauce)이 밴, 건방진, 염치없는, 활발한, 〈~ brassy fresh〉, 〈↔meek\shy〉 양2

336 **SAT**: Scholastic Aptitude(Assessment) Test, 대학 수능 시험, 대학 입학 심사를 위해 1926년부터 미국에서 시작된 논리·독해력·작문·수학 능력을 검사하는 3~4시간짜리 필기 시험, 〈~(↔) ACT〉 미2

337 **sat** [쎁]: sit의 과거·과거분사 양1

338 **sa·tan** [쎄이튼]: 〈히브리 어원의〉 사탄, '헐뜯는 자〈adversary〉', 악마, 마왕, 〈추락한 천사〉, 〈~ devil\Lucifer\Belial〉, 〈↔angel\cherub\savior〉 양2

339 **satch·el** [쌔철]: ⟨← saccus(sack)⟩, ⟨라틴어⟩, (어깨에 메는) '작은 가방', 손가방 양1

340 **sa·tel·lite** [쌔틀라이트]: ⟨← setelles(attendant)⟩, ⟨라틴어⟩, '경호원', 붙어 다니는 사람(물건), 시종, 부수체, 위성, ⟨~ space station\moon⟩, ⟨↔main\freed⟩ 양2

341 **sa·tel·lite dish** [쌔틀라이트 디쉬]: 위성 접시, '인공파 수신반', 인공위성을 통해 전파를 접수하는 접시형 수신 안테나, parabolic antenna 미1

342 *****sa·tel·lite pub·lish·ing** [쌔틀라이트 퍼블리슁]: (원판을 위성으로 전송하여 출판하는) 위성 발행, ⟨~ E (or internet\on line) publishing⟩ 양2

343 **sat-gat** [삿갓]: reed+cap, ⟨한국어⟩, (비나 햇볕을 막기 위해) ⟨갈대나 대(bamboo)오리로 거칠게 엮어 만든⟩ 깊숙한 안면 가리개, ⟨~ Asican conical hat(capitulum)⟩ 수2

344 **sa·ti** [서티이]: ⟨← sat(true)⟩, ⟨산스크리트어⟩, 사티, ⇒ suttee 수2

345 **sa·tie·ty** [서타이어티]: ⟨← satietas(abundance)⟩, ⟨라틴어⟩, 포만, 과다, 물림, 싫증남, ⟨~ satisfy⟩, ⟨~ sufficiency\surfeit⟩, ⟨↔hunger⟩ 가1

346 **sat·in** [쌔틴]: (매끄럽고 윤이 나는) 공단 나방, 견수자, ⟨중국의 비단 수출항 Zaitun에서 연유한⟩ 수자직 zaitun, ⟨~ 'egg-shell'\cloth with glossy surface and the dull back⟩ 양1

347 **sat·in wood** [쌔틴 우드]: '공단 나무', 수자목, 호화로운 무늬의 황색에서 갈색의 목질을 가진 열대성 마호가니류의 나무, ⟨~ yellow sandal-wood\noyer⟩ 미2

348 **sat·ire** [쌔타이어]: ⟨← satura(full)⟩, ⟨라틴어⟩, '⟨시적인 접속곡⟩으로 가득찬', 풍자(문학), 빈정거림, ⟨도덕·예의 범절에 대한⟩ 비꼼, ⟨~ mockery\caricature⟩, ⟨↔frankness\seriousness⟩ 양2

349 **sat·is·fice** [쌔티스 화이스]: satisfy+suffice, 최소한의 필요 조건을 만족시키다, 작은 성과에 만족하다, 안분지족, ⟨~ pleased\content⟩, ⟨↔exhaust\fail⟩ 양2

350 **sat·is·fy** [쌔티스화이]: satura(full)+facere(make), 만족시키다, 채우다, 풀다, 이행하다, ⟨~ satiety⟩, ⟨~ fulfill\gratify⟩, ⟨↔disappoint\frustrate⟩ 양2

351 **sat-nav** [쎁 냅]: satellite+navigation, (인공위성을 사용해서 단거리를 찾는) 위성항법 미2

352 **sa·to·ri** [싸토뤼]: ⟨← satoru(comprehend)⟩, ⟨일본어⟩, (깊은) 깨달음, 득도, 대오각성(sudden enlightenment), ⟨~ ken-sho⟩ 미2

353 **sa·trap** [쎄이트뢉]: shoithra(realm)+paiti(protector), ⟨페르시아어⟩, 고대 페르시아의 '지방 장관', 태수, 총독, 지사, ⟨~ governor\local ruler⟩ 우2 양2

354 **sat·u·rate** [쌔춰뤠이트]: ⟨← satura(full)⟩, ⟨'가득찬'이란 뜻의 라틴어⟩, (흠뻑) 적시다, 침투(포화)시키다, 충만시키다, ⟨~ satisfy⟩, ⟨~ infuse\suffuse⟩, ⟨↔dearth\dry out⟩ 양1

355 **Sat·ur·day** [쌔터 데이]: 새터데이, 토요일, 로마의 토(농업)신 'Saturn'의 이름을 딴 7번째 주일로 유대교와 안식교의 휴식일, ⟨~ fun day⟩ 가1

356 **Sat·urn** [쌔턴]: ⟨← serere(to sow)⟩, ⟨라틴어⟩ ①사투르누스, (로마의) 농업신, ⟨~ god of agriculture⟩ ②새턴, 토성(수많은 소립자로 구성된 7개의 고리에 둘러싸인 지구의 10배나 되는 행성), ⟨~ a gas giant\6th planet from the Sun⟩ 수2 양2

357 **Sat·ur·na·li·a** [쌔터네일리어]: 새터날리아, 새턴제, ⟨Saturn을 찬양하며⟩ (흥청망청 놀았던) 고대로마의 '평화로운' 농신제, ⟨~ a Roman festival⟩ 수2

358 **sat·ur·nine** [쌔터나인]: ⟨라틴어→프랑스어⟩, 토성⟨Saturn⟩의 영향으로 태어난, 무뚝뚝한, 음울한, ⟨~ dark\gloomy⟩, ⟨↔cheerful\jovial⟩ 우2

359 **sa·tyr** [쎄이터 \ 쌔터]: ⟨어원 불명의 그리스어; Saturos(companion)⟩ ①S~; 사티로스, 사람의 몸에 말의 귀와 꼬리·뻣뻣한 남근을 가지고 술과 여자를 좋아하는 숲의 요정, s~; 호색한, faun, ⟨~ centauer⟩ ②뱀눈나비, 굴뚝나비, 갈색 몸통에 뱀눈 같은 점들을 가지고 북부 구대륙의 '숲속'에 서식하는 작은 나비, ⟨~ the browns\a brush-footed butterfly⟩ 수1 미2

360 **sauce** [써어스]: ⟨라틴어⟩, ⟨← salt⟩, 맛난이, 양념(즙), 자극(제), '소금에 절인 음식', 건방짐, 뻔뻔스러움⟨~ salad⟩, ⟨~ salsa⟩, ⟨~ relish\condiment⟩, ⟨~ impudence\cheekiness⟩, ⟨↔politeness\cordiality⟩ 미2

361 **sauce-boat** [써어스 보읕]: '양념즙배', (보통 식탁에 등장하는) ⟨배모양의⟩ 맛난이 그릇, ⟨~ gravy boat⟩ 우2

362 **sauce-pan** [써어스 팬]: 양념즙판, 자루와 뚜껑이 있는 '끓임' 냄비, 국냄비, ⟨~(↔)fry-pan\skillet⟩ 미2

363 **sau·cer** [써어서]: ⟨라틴어→프랑스어⟩, 받침(접시), sauce를 담았던 조그만 접시, ⟨~ bowl\a shallow dish⟩, ⟨↔inverse saucer\rounded top⟩ 미2

364 **sau·cy** [쎠어시]: 〈← sauce〉, 〈라틴어→영국어〉, 양념이 배인, 짭짤한, 뻔뻔스러운, 건방진, 쾌활한, 멋있는, 외설적인, sassy, 〈~ cocky\jaunty〉, 〈↔polite\respectful〉 양2

365 **sau·da·de** [쏘우데이더 \ 소우다데]: 〈← solitas(solitude)〉, 〈라틴어→포르투갈어〉, 갈망, 〈외로움에 지쳐서 나타나는〉 그리움, 향수, 달콤한 추억, 〈~ nostalgia\melancholy〉, 〈↔bright\joyful〉 미1

366 **Sau·di A·ra·bi·a** [싸우디 어뤠이비어]: 사우디〈행운〉 아라비아, 1932년 Ibn Saud〈good fortune〉에 의해 중흥된 모하메드의 출생지와 묘지가 있는 중동의 산유국·이슬람 전제 군주국, {Saudi Arabian·Saudi-Arab-Riyal-Riyadh}, 〈~ the Green Falcons〉 수1

367 **sau·er·bra·ten** [싸우어 브로아튼]: 〈게르만어→독일어〉, sour+roast, '새콤한 볶은 고기', 육류를 삶아서 식초에 절인 남부 독일의 요리, 〈~ roast of heavily marinated meat〉 수2

368 **sau·er-kraut** [싸우어 크라웉]: 〈독일어〉, sour+cabbage, '새콤한 양배추', (잘게 썬 양배추에 식초를 쳐서 담근) 독일 김치, 〈~ a fermented cabbage〉 수2

369 **sau·ger** [쎠어거]: 〈영국 탐험대가 지은 어원 불명의 말〉, wall·eye, yellow pike, 〈강에 사는〉 강농어, 북미 전역에 서식하는 농어류의 식용 담수어, 〈~ saury〉 미1

370 **Saul** [쎠얼]: 〈← shaul(ask)〉, 〈히브리어〉, '청원한 자' ①솔(남자 이름) ②사울; 사무엘에 의해 옹립되었으나 필리스틴과의 전투에서 비참하게 죽은 이스라엘의 초대 왕(first king of Israel) 수1

371 **Sau·mur** [쏘우뮤어]: 〈← sala(marshy ground)?〉, 〈켈트어〉, 소뮈르, 프랑스 Saumur 지방산 샴페인 비슷한 흰 포도 술, 〈~ a tender rosé〉 수2

372 **sau·na** [싸우너]: 〈'구덩이(earth pit)'란 뜻의 핀란드어〉, 사우나, 〈천년 전에 핀란드에서 시작된〉 증기욕(탕), 〈~ fire-bath〉, 〈↔cold room〉 미1

373 **saun·ter** [쎠언터]: 〈어원 불명의 영국어〉, stroll, 산책하다, 어슬렁거리다, 빈둥거리다, 〈~ slow-walk\wander\drift〉, 〈↔immobility\hurry\run〉 가1

374 **sau·rel** [쎠어륄]: 〈← sauros(lizard)〉, 〈그리스어〉, jack(horse) mackerel, '거친 꼬리', aji, 〈도마뱀 비슷한〉 '전갱이'류의 바닷물고기 미1

375 **sau·ry** [쎠어뤼]: 〈← sauros(lizard)〉, 〈그리스어〉, mackerel pike, (비린내가 나서 서양 애들은 낚싯밥으로나 쓰나 한때 한국에서 단백질 보충역으로 많이 먹었던) 〈도마뱀 비슷한〉 꽁치, 〈~ sauger〉 미2

376 **sau·sage** [쎠어시쥐]: 〈라틴어〉, 〈← salt〉, 소시지, 〈짠〉 순대, 얼간이, 음경, 〈~ wurst\banger〉 미1

377 **sau·sage dog** [쎠어시쥐 더어그]: (다리가 짧고 몸통이 소시지 같이 길쭉한) dachshund 우1

378 **sau·te** [소우테이 \ 쏘우테이]: 〈← sauter(leap)〉, 〈프랑스어〉, 소테 ①냄비를 들어올려 '살짝 튀긴' 고기요리, 〈~ tossing while cooking〉 ②양발을 살짝 들었다 다시 놓는 무도법, 〈~ jumping the toes on the same-line〉 우1

379 **Sau·terne(s)** [소우터언]: 〈어원 불명의 프랑스 인명·지명〉, 소테른, 〈프랑스 남부 원산지명에서 딴〉 달콤한 흰 포도 술, 〈~ a sweet white wine〉 수1

380 **Sau·za** [쏘우자]: 〈어원 불명이 스페인계 이름〉, 사우자, 1873년에 Don Sauza가 세운 멕시코의 유명 테킬라 회사, 〈~ a producer of tequila in Mexico〉 수1

381 **sav·age** [쌔뷔쥐]: 〈라틴어〉, 〈'silva'(wood)에 사는〉 야만의, 미개한, 잔혹한, 거친, 멋진, 순진한, 〈~ bestial\wild〉, 〈↔tame\civilized〉 양1

382 **Sa·van·na** [서봬너]: 〈어원에 대해 여러 학설이 있는 스페인어〉, 사바나 시, 1733년 북미 남동부 대서양가 사바나강 포구에 설립되어 잠시 조지아의 수도 역할을 하다 산업도시로 탈바꿈한 역사적인 항구도시, 〈~ a coastal Georgia city〉 수1

383 **sa·van·na(h)** [서봬너]: 〈← zavana(tree-less plain)〉, 〈원주민어→스페인어〉, 사바나, 〈나무 없는〉 대초원, 〈강우량이 적은 열대지방의〉 평원, 준 초원, 〈~ steppe〉, 〈~(↔)tundra〉, 〈↔desert\rain-forest〉 미2

384 **sa·van·na mon·key** [서봬너 멍키]: vervet monkey, 아프리카의 사바나에서 부드러운 털·검은 얼굴·긴 꼬리를 가지고 군생하는 작은 원숭이 수1

385 **sa·vant** [쌔봐안트]: 〈← sapere(be wise)〉, 〈라틴어→프랑스어〉, 석학, 〈특정 분야에만 비범한 재능을 가진〉 백치천재, 〈~ sapiens\wizard〉, 〈↔fool\ignoramus\clod〉 양2

386 **sav·a·rin** [쌔붜륀]: 〈어원 불명의 프랑스계 이름〉, 사바랭, (프랑스의 미식가 이름에서 따온) 럼이나 과실주를 넣고 효모로 부풀려 찐 빵, 〈~ a ring-shaped cake〉 수2

387 **save¹** [쎄이브]: ⟨← salvare(secure)⟩, ⟨라틴어⟩, 구(출)하다, 건지다, 아끼다, '남겨두다', 저축하다, 모으다, 적게 하다, 면하게 하다, 저장하다, ⟨← safe⟩, ⟨~ rescue\put aside⟩, ⟨↔harm\limit\waste⟩ 양1

388 **save²** [쎄이브]: ⟨← save¹⟩, ⟨라틴어⟩, ~을 남겨두고, ~을 제외하고, ~이외에, ~이 아니면, ⟨~ except⟩, ⟨↔including\in addition to\as well as⟩ 양2

389 **save-all** [쎄이브 어얼]: 절약장치, 받침접시, 양초받이, 덧옷, 저금통, 구두쇠, 보조돛, ⟨~ preserver\storage\receptacle\miser\stud-sail⟩ 양1

390 *****save a thief from the gal·lows, and he will cut your throat**: 물에 빠진 놈 건져 놓으니까 내 봇짐 내라 한다, 배은망덕, ⟨~ give them an inch and they will take a mile⟩, ⟨↔carry one's gratitude beyond the grave⟩ 양2

391 **sav·ior** \ ~iour [쎄이뷔어]: ⟨← salvare(save)⟩, ⟨라틴어⟩, 구조자, 구원자 S~; 구(세주), 예수, ⟨→ Salvador⟩, ⟨~ rescuer\white-knight⟩, ⟨↔satan\loser\oppressor⟩ 양2

392 **sa·voir faire** [쌔브와아 훼어]: ⟨프랑스어⟩, ⟨'sapient(wisdom)'를 행하는⟩, 'know how' to do, (어찌할 바를 아는) 기지, 임기응변, 수완, ⟨~ social skill⟩, ⟨↔awkwardness\insolence⟩ 양2

393 **Sav-on** [쎄이본]: 세이본, 1937년에 세워져서 동부는 Osco 서부는 Savon으로 영업하며 2005년 Albertson사에 흡수된 미국의 종합 상점·부속 약국 및 편의 연쇄점, ⟨~ a California based pharmacy chain⟩ 수2

394 **sa·vor** \ ~vour [쎄이붜]: ⟨← sapere(taste)⟩, ⟨라틴어⟩, 맛, 풍미, 흥미, 취미, 재미, 기미, 향기, ⟨~ flavor\tang'⟩, ⟨↔abhor\detest⟩ 양2

395 **sa·vor·y¹** \ ~vour· y [쎄이붜뤼]: '짭짤한', 맛 좋은, 풍미 있는, 향기로운, ⟨~ salty\spicy⟩, ⟨~ (↔)umami\pleasant⟩, ⟨↔putrid\stinky⟩ 양2

396 **sa·vor·y²** [세이붜뤼]: 톡 쏘는 박하(mint)향이 나는 꿀풀과의 ⟨요리용⟩ 입가심 식물, ⟨~ an aromatic plant⟩ 우1

397 **Sa·voy** [서붜이]: ⟨← sapaudia(fir forest)?⟩, ⟨어원 불명의 라틴어⟩ ①사부아, 프랑스 남동부지방, ⟨~ a department in French Alps⟩ ②사보이, 11세기부터 1946년까지 북부 이탈리아를 지배했던 왕가, ⟨~ a royal family of Italy⟩ 수1

398 **sa·voy** [서붜이]: 잎에 주름이 많이 잡혀 단단하고 둥그런 (프랑스 Savoy지방 원산의) 양배추, ⟨~ a winter cabbage⟩ 수2

399 **sav·vy** [쌔뷔]: ⟨← sapere(be wise)⟩, ⟨라틴어→스페인어→영국어⟩, 술수, 요령, 기술, 상식, 정통한, 예리한, savvy?; 알긋(겠)느냐?, ⟨~ sage⟩, ⟨~ sharp\shrewd⟩, ⟨↔dull\stupid⟩ 양1

400 **saw¹** [써어]: ⟨← secare(cut)⟩, ⟨라틴어⟩, 톱, 톱니 모양의 부분, 톱으로 켜다, ⟨→ serrate⟩, ⟨~ a cutting tool⟩, ⟨↔graft\stitch⟩, ⟨↔wood-plane⟩ 양1

401 **saw²** [써어]: ⟨← sagu(saying)⟩, ⟨'saga'란 뜻의 게르만어⟩, 속담, 격언, 상투적인 말, ⟨~ maxim\ adage⟩, ⟨↔buzz-word\slang⟩ 가1

402 **saw³** [써어]: see의 과거(보았다) 양1

403 **saw-bill** [써어 빌]: 비오리, 부리가 톱니 모양으로 된 바다오리, ⟨~ goosander\smew\merganser\sheldrake⟩ 미2

404 **saw-dust** [써어 더스트]: 톱밥, 부스러기, 설탕, ⟨~ wood-dust\powder⟩ 양2

405 **saw-fish** [써어 휘쉬]: 톱가오리, (기다란 톱 같은 주둥이의 아가미가 머리 밑에서 찢어진) 주로 오스트레일리아 및 플로리다 근해에 사는 커다란 가오리, ⟨~ carpenter shark\a ray with saw-like rostrum⟩ 미2

406 **saw-fly** [써어 훌라이]: 잎벌, (암놈은 톱같이 생긴 산란관을 식물의 잎이나 줄기에 찔러 넣고 애벌레는 각종 수목의 잎을 닥치는 대로 갉아 먹는) 개미도 아니고 파리도 아니고 벌도 아닌 곤충, ⟨~ a wasp-like insect⟩ 미1

407 **saw-grass** [써어 그래스]: 기다란 잎 가장자리에 톱니 같은 가시가 붙어있는 참억새류·⟨이삭이 층층이 나는⟩ 층층이삭류의 (가축 사료용) 사초, '톱풀', ⟨~ a large sedge⟩ 우1

408 *****saw logs** [써어 러어그스]: 제재하다, (드르렁드르렁) 요란하게 코골다, ⟨~ snore⟩ 양2

409 **saw-mill** [써어 밀]: 제재소, 나무 재단 공장, (대형) 제재 톱, ⟨~ lumber mill\large (electric) saw⟩ 양2

410 **sawn** [쏘언]: saw의 과거분사 양1

411 **saw-shark** [쎠어 샤아크]: 톱상어, (기다란 톱 같은 주둥이의 아가미가 머리 양옆에서 찢어진) 주로 인도양이나 남태평양에 사는 비교적 작은 상어, ⟨~ shark with saw-like rostrum⟩ 미2

412 **saw-yer** [쎠이어]: 톱장이, ⟨← saw operator⟩, ⟨물살에 따라 가지가 오르락내리락하는⟩ 표류목, ⟨~ drift-wood⟩, (나무굼벵이라는 유충이 나무속을 파먹는) 하늘소, ⟨~ longicorn⟩ 미2

413 **Sax** [쌕스], An·toine: ⟨← seax(knife)⟩, ⟨게르만어⟩, '칼잡이', 삭스, (1814-1894), saxhorn·saxophone 등을 만든 벨기에의 악기 제작자, ⟨~ a Belgian inventor and musician⟩ 수1

414 **sax-blue** [쌕스블루우]: ⟨Saxony지방에서 유래한⟩ (쪽을 황산에 녹인) 담청색⟨pale blue⟩ 염료 수2

415 **sax·i·frage** [쌕서후뤼쥐]: saxum(stone)+frangere(break), ⟨라틴어⟩, ⟨담석이나 신장결석 치료제로 쓰였던⟩ '바위 분쇄기', 북반구의 냉·온대지방의 바위 틈에서 자라는 작고 야무진 범의귓과의 다년생 상록 초본, ⟨← sassafras⟩, ⟨~ rock-foil\roving sailor⟩ 양1

416 **Sax·on** [쌕슨]: ⟨← seax(short sword)⟩, '칼잡이', 색슨, (5~6세기 영국의 일부를 점령한) 독일 북부 엘베강 하구에 살고 있던 ⟨호전적인⟩ 게르만 민족, ⟨~ Germanic people lived in Old Saxony⟩ 수1

417 **Sax·o·ny** [쌕서니]: (Saxon 족의 고향인) 작센, 독일 동부의 (옛) 주 이름, ⟨~ a state in eastern Germany⟩, s~; 색스니, 작센지방 원산의 양털로 만든 가늘고 윤이 나는 고급 모직물, ⟨~ a type of wool⟩ 수1 수2

418 **sax·o·phone** [쌕서호운]: ⟨그것을 고안한 벨기에 악공이름(Sax)에서 연유한⟩ 색소폰, (입으로 바람을 불어 넣고 손가락으로 음을 조정해서 종으로 증폭시키는) 음계가 다양한 대형 목관·금관 악기, ⟨~ a single-reed wood-wind instrument⟩ 수2

419 **say** [쎄이]: ⟨← secgan(speak)⟩, ⟨게르만어⟩, 말(이야기)하다, 표현하다, 암송하다, 이를테면, 이봐, ⟨→ saga⟩, ⟨~ utter\pronounce\voice⟩, ⟨↔ask\listen\write⟩ 가1

420 **say-ing** [쎄잉]: 말(하기), 진술, 속담, 격언, ⟨~ statement\proverb⟩, ⟨↔suppressing\reading\questioning⟩ 가1

421 **say-so** [쎄이-쏘우]: 권위 있는 말, 독선, 결정권, 제멋대로의 발언, ⟨~ authority\assertion⟩, ⟨↔subservient\yielding⟩ 양2

422 **SB** (Sen·ate Bill): 상원에서 발의된 법(안) 미1

423 **SBA**: Small Business Administration, (미) 중소기업청, 중소기업 육성을 위해 1953년에 창설된 연방정부의 ⟨각료급⟩부처, ⟨~ an independent agency of US federal government⟩ 미1

424 ***S band** [에스 밴드]: short band, (인공위성이나 가정용품에 두루 쓰이는 1,550~5,200M⟨mega⟩Hz의) ⟨극초단파의⟩ S(군예 암호 문자)주파대, ⟨↔C band\L band⟩ 우2

425 ***SBC**: ①single board computer; (한 장의 회로판에 인쇄된 자료를 담은) ⟨단순한·소형의⟩ 단기판 전산기 ②small business computer; 사무용 소형 전산기 미2

426 **SBN** (stand-ard book num·ber): (1970년부터 시작되어 현재 13자리로 된 상업용·국제적) 표준도서번호, ⟨~ international commercial book identifier⟩ 미1

427 **scab** [스캡]: ⟨← sceb(crust)⟩, ⟨북구어⟩, (헌데나 상처의) 딱지, 옴, 반점병, 썩음병, 배신자, 악당, ⟨→ scar⟩, ⟨~ shabby\scratch\scabies⟩, ⟨~ rogue\low life⟩, ⟨↔core\unfold\hero⟩ 양1

428 **scab·bard** [스캐버드]: scar(sword)+bergan(hide), ⟨게르만어⟩, (칼)집, 권총집, ⟨~ sheath\case⟩ 양2

429 **scab·bard fish** [스캐버드 휘쉬]: 칼집 모양의 생선, 갈치, '칼치', cutless fish, hair·tail 양2

430 **sca·bies** [스케이비즈]: ⟨← scabere, 'scratch'란 뜻의 라틴어에서 유래한⟩ 옴, 개선, 옴벌레의 기생으로 생기는 ⟨몹시 가려운⟩ 전염성 피부병, itch mite 양2

431 **sca·bi·o·sa** [스케이비오우서]: ⟨라틴어⟩, scabious, gypsy rose, 체꽃, 망초, 동그란 뭉치꽃을 피고 ⟨옴(scabies)에 잘 듣는다는⟩ 산토끼꽃과의 여러해살이풀 미2

432 **scab-rous** [스캐브뤄스]: ⟨← scabere(scratch)⟩, ⟨라틴어⟩, 'scabby', 거칠거칠한, 까다로운, 음란한, ⟨~ harsh\rough\obscene⟩, ⟨↔uncomplicated\straightforward\clean⟩ 양2

433 **scad** [스캐드]: ⟨← shad(herring)⟩, ⟨영국어⟩, ⟨갈색 띠가 양쪽 몸통에 있는⟩ 갈고등어 (전갱이의 일종), ⟨~ speedo\horse 'mackerel'⟩ 미2

434 **scads** [스캐즈]: ⟨← sceat(treasure)⟩, ⟨게르만어→미국어⟩, lots, 거액, 다량, 다수, ⟨↔very little⟩ 양2

435 **scaf·fold** [스캐훨드]: ⟨← scadafalium(plat-form)⟩, ⟨라틴어→프랑스어⟩, 발판, 발디디개, 교수대(gallows), 뼈대, 조립무대, ⟨~ plat-form\riser\pulpit⟩ 양1

436 **scal·a·ble** [스케일러블]: 〈← scale¹〉, 오를 수 있는, 벗길 수 있는, 달 수 있는, 비례축소가 가능한, 〈~ expendable\growable〉, 〈↔un-scalable\un-climbable〉 양2 미2

437 **sca·lar** [스케일러]: 〈← scale¹〉, 〈라틴어〉, 〈방향의 구별은 없고 하나의 수치만으로 완전히 표시되는〉 스칼라, 〈온도 섭씨 20도·거리 20미터처럼〉 실수(real number)로 표시할 수 있는 수량, 단계가 있는 분량, 〈~(↔)integer〉, 〈↔vector〉 우1

438 *****sca·lar proc·es·sor** [스케일러 프롸쎄써]: '단편 처리기', 한 번에 하나밖에 처리하지 못하는 전산기의 미세 처리기, 〈~ processing only one data item at a time\single instruction〉 우1

439 **scal·(l)a-wag** [스캘러 왜그]: 〈← Shetland ponies?〉, 〈북구어에서 유래한 미국어〉, '비루먹은 동물(ill-fed animal)', 〈남북전쟁 후〉 공화당에 가담한 미국 남부의 백인, 망나니, 건달, 〈~ rascal\knave〉, 〈↔innocent\hero〉 수2 양2

440 **scald** [스커얼드]: ex+caldus(hot), 〈라틴어〉 ①(물로) 데게 하다, 끓이다, 화상, 〈~ burn〉, 〈↔freeze〉 ②탕상, 버짐, 〈~ wet burn\dry patch〉, 〈↔heal〉 양1

441 **scale¹** [스케일]: 〈← scala(ladder)〉, 〈라틴어〉, 눈금, 저울눈, 척도, 비율, 규모, 등급, 저울, 천평칭, (모양의 변화 없이 모형물의 크기를 조절하는) 크기 조정, 〈~ measure〉, 〈↔estimate〉 양1 미2

442 **scale²** [스케일]: 〈← escaille(husk)〉, 〈프랑스어〉, 껍질, 비늘, 얇은 조각, 딱지, 꼬투리, 미늘, 치석, 물때, 〈~ shell〉, 〈↔whole〉 양1

443 **scale back** [스케일 백]: 〈← scale¹〉, 규모을 줄이다, 축소하다, scale down, 〈~ reduce\cut back〉, 〈↔expand\extend〉 양2

444 **scale bug** [스케일 버그]: 〈← scale²〉, 개각충, 깍지벌레(진디), 주로 식물의 즙을 빨아 먹고 사는 납질(밀랍)에 싸인 깍지 모양의 8천여 종에 달하는 작은 곤충들, 〈~(↔)aphid\mealy bug〉 미2

445 **scale moss** [스케일 모어스]: 〈← scale²〉, 우산이끼, 비늘이끼, 조그만 미늘의 잎들이 우산 모양으로 펴져나가는 이끼, 〈~(↔)liver-wort〉 미2

446 *****scale trad·ing** [스케일 트뤠이딩]: (주식을 한꺼번에 거래하지 않고 단계적으로 하는) 단계적 매매, 〈갑작스러운 손실을 막기 위한〉 점진적 교역, 〈한국에서는 '물타기'라고 하는데 그 근원지는 룸살롱이라 사료됨〉, 〈~ interval trading〉 미2

447 **scal·ing** [스케일링]: ①〈← scale¹〉, 비례 축소화, 크기 조정, 〈~ gaging\spanning〉 ②〈← scale²〉, 치석 제거, 〈~ removal of dental plagues\deep cleaning〉 미2

448 **scal·lion** [스캘리언]: 〈원산지로 사료되는 중동지방의 지명(Ascalon)에서 유래한〉 스칼리온, shallot·green onion·spring onion, 〈그냥〉 파, 골파, 〈한국인들이 주로 먹는〉 구근이 크지 않은 비늘줄기를 가진 양파의 총칭, 〈~ leek\chive〉 미2

449 **scal·lop** [스칼럽 \ 스캘럽]: 〈← escalope(shell)〉, 〈프랑스어〉, 〈국자〉 가리비, 부채 모양의 둥글넓적한 큰 조개, (속이 얕은) 조개 냄비, 부채꼴의 연속무늬, 〈~ salt-water clam\marine bivalve mollusk〉 미2

450 **scal·lo·pi·ni** [스칼러피이니]: 'small scallop', 〈프랑스어→이탈리아어〉, 〈'sliced'(얇게 썬)〉 송아지나 닭고기를 기름에 튀긴 이탈리아 요리, 〈~ sauteed cutlets〉 우1

451 **scalp** [스캘프]: 〈← skalpr(sheath)〉, 〈북구어〉, 머리 가죽, 두피, 전리품, 머리 가죽을 벗기다, 재빨리 팔아넘기다, 암표를 팔다, 〈~ skull〉, 〈~ skin of the head\resell at large profits〉, 〈↔dock¹\burden\charge〉 양1 미2

452 *****scam \ skam** [스캠]: 〈1963년에 등장한 어원 불명의 미국어〉, 사기, 편취, 협잡, 〈~ scamp〉, 〈~ fraud\swindle〉, 〈↔frankness\honesty〉 양2

453 **scam·mo·ny** [스캐머니]: 〈← skammonia(bind-weed)〉, 〈그리스어→라틴어〉, 스카모니아, 지중해 연안 원산으로 뿌리는 강력한 설사 작용이 있고 노란 나팔꽃이 피는 메꽃과의 식물, 〈~ a morning glory〉 우1

454 **scamp** [스캠프]: 〈← scamper〉, 〈프랑스어〉 ①망나니, 건달, 〈~ buffoon\scala-wag\scaranouch〉, 〈↔good person〉 ②(일을) 날림으로 하다, 〈~ mischievous〉, 〈↔worthy〉 양2

455 **scam·per** [스캠퍼]: 〈← escamper(camp-escaper)〉, 〈라틴어→프랑스어〉, (돈을 떼어먹고) 도망치다, 재빨리 달리다, 급히 읽어 내리다, 〈~ scurry\run-away〉, 〈↔remain\dwadle〉 양2

456 **scam·pi** [스캠피]: 〈이탈리아어〉, large shrimp, 가시발새우, 참새우(튀김), 〈곱사등〉 왕새우, 〈~ gambas〉 미2

457 **scan** [스캔]: ⟨← scandere(climb)⟩, ⟨라틴어⟩, 운율을 고르다, 대충 훑어보다, 주사(하다), 자세히 조사하다, ⟨~ examine\inspect⟩, ⟨↔discard\ignore⟩ 미2

458 **scan·dal** [스캔들]: ⟨← skandalon(snare)⟩, ⟨그리스어→라틴어⟩, 추문, 불명예, 악평, 비방, 비리, '튀어 오르는 장애물', ⟨→ slander⟩, ⟨~ wrong-doing\defamation⟩, ⟨↔good deed\commendation⟩ 양2

459 **Scan·di·na·vi·a** [스캔디네이뷔어]: skadin(dangerous)+awjo(island), ⟨게르만어⟩, ⟨위험한 섬?⟩, 스칸디나비아(반도), 북유럽 (원래는 스웨덴·노르웨이·덴마크를 칭했으나 근래는 핀란드와 아이슬란드까지 포함), ⟨~ Norse\Nordic countries⟩ 수1

460 **scan·di·um** [스캔디엄]: 스칸듐, 1879년 스칸디나비아에서 발견되어 ⟨알루미늄의 합금으로 쓰이는⟩ 희토류 원소(기호 Sc·번호 21), ⟨~ a silvery-white metallic element⟩ 수2

461 **scant** [스캔트]: ⟨← skammr(short)⟩, ⟨북구어⟩, 불충분한, 부족한, 빈약한, 인색한, ⟨~ scarce⟩, ⟨~ limited\minimal⟩, ⟨↔abundant\sufficient⟩ 양1

462 **scape** [스케이프]: ⟨← scapus(stalk)⟩, ⟨라틴어⟩, 꽃줄기, 땅속뿌리에서 직접 나오는 꽃, (기둥 등의) 하부의 볼록한 부분, ⟨~ peduncle⟩, ⟨↔slit⟩ 양1 우2

463 **~scape** [~스케이프]: ⟨← land-scape⟩, ⟨게르만어⟩, ⟨~경·경치⟩란 뜻의 결합사, ⟨~ shape\ship⟩, ⟨~ aspect\out-look⟩, ⟨↔frog's view⟩ 양1

464 **scape-goat** [스케이프 고웉]: 'escape+goat', 희생양, 속죄양(사람의 죄를 대신 지고 광야에 버려진 양), ⟨히브리어의 악마와 염소의 발음이 비슷한 데서 염소가 희생된 말⟩, ⟨~ victim\sucker⟩, ⟨↔exonerate\favorite⟩ 양2

465 **scape-grace** [스케이프 그뤠이스]: ⟨영국어⟩, escape+grace, '신의 은총을 벗어난 자', 성가신 놈, 망나니, 밥벌레, ⟨~ vilain\savage⟩, ⟨↔innocent\hero⟩ 양1

466 **scap·u·la** [스캐퓰러]: ⟨라틴어⟩, 어깨뼈, 견갑골, shoulder blade 양2

467 **scar** [스카아]: ⟨← eskhara⟩, ⟨그리스어⟩, ⟨← scab⟩, 상처(자국), 흉터, 홈, (식물의 잎자루가 붙어있던) 잎자국, ⟨~ defect\blemish\scab wound⟩, ⟨↔perfection\heal⟩ 양2

468 **scar·ab** [스캐럽]: ⟨← karabos(beetle)⟩, ⟨그리스어⟩, 스카라베, ⟨이집트에서 신성시된⟩ 풍뎅이, 왕쇠똥구리 (모양을 한 큰 보석), ⟨← May (or June) beetle⟩, ⟨~(↔)tumble-bug\dung roller\bee beetle⟩ 수2 미2

469 **scar·a·mouch(e)** [스케뤄무우쉬]: ⟨Scaramuccia(little skirmisher)란 16세기 이탈리아 희극의 주인공에서 연유한⟩ 허세부리는 겁쟁이, ⟨~ buffoon\scamp\rascal⟩, ⟨~ harlequin⟩ 수2

470 **scarce** [스케얼스]: ex+carpere(pluck), ⟨라틴어⟩, 적은, 부족한, 드문, 비키다, ⟨~ excerpt\scant⟩, ⟨↔plentiful\abundant⟩ 양1

471 **scare** [스케어]: ⟨← skiarr(shy)⟩, ⟨어원 불명의 북구어⟩, 위협하다, 겁주다, 놀라다, 공황, ⟨~ frighten\panic⟩, ⟨↔reassure\courageous⟩ 양1

472 *****scare buy·ing** [스케어 바잉]: (지진·전쟁 등에 대처하기 위한 ⟨불안성⟩) 비축 구입, ⟨~ panic purchase⟩ 양1

473 **scare-crow** [스케어 크로우]: '까마귀 겁주기', 허수아비, ⟨~ straw man⟩ 양2

474 **scare-head** [스케어 헤드]: 특대 표제, (신문의) 특종, ⟨~ big newspaper head-line⟩, ⟨↔trivial⟩ 양2

475 *****scare-mon·ger** [스케어 멍거]: 헛소문으로 겁주는 자, 유언비어 유포자, ⟨~ alarmist\stirrer⟩, ⟨↔appeaser\chicken little⟩ 양1

476 **scarf** [스카아후]: ⟨← escherpe(sash)⟩, ⟨프랑스어⟩, 스카프, 목도리, 머릿수건, 장식 띠, 씌우개, ⟨~ kerchief\babushka⟩, ⟨↔under-garment⟩ 미2

477 **scar·let** [스카알맅]: ⟨← saqalat(bright-red)⟩, ⟨'진한 색깔'이란 페르시아어에서 유래함⟩ 진홍색, 주홍색, ⟨성경 구절에서 연유함⟩ 매춘의, 간통의, ⟨~ blood color\prostitute⟩, ⟨↔pallor\pure⟩ 양2

478 **scar·let fe·ver** [스카알맅 휘이붜]: 성홍열, 주로 소아에서 열이 나고 ⟨혀가 빨개지는⟩ 세균성 전염병, ⟨~ scarlatina⟩, ⟨~(↔)strep throat⟩ 미2

479 **scar·let let·ter** [스카알맅 레터]: (17세기에 간통죄를 지은 여자가 가슴에 달아야 했던) adultery의 머리글자 A로 된 주홍글자 미2

480 **scar·let pim·per·nel** [스카알맅 핌퍼넬]: 별봄맞이꽃, (이른 봄에 주홍색의 5잎꽃이 피어 pepper-corn⟨후추 열매⟩ 같은 열매를 맺는) 뚜껑별꽃속의 초본, American fig-wort 미2

481 **scar·let run·ner** [스카알릿 뤼너]: (주로 자잘한 붉은 꽃을 피우고 줄기가 길게 뻗어나는 중미 원산) 붉은꽃 강낭콩, 〈~ runner bean\multiflora bean〉 미2

482 **scar·let tan·a·ger** [스카알릿 태너줘]: (전에는 풍금조에 분류되었으나 현재 홍관조〈cardinal family〉로 분류된) 주홍색 머리·몸통을 가진 북미 원산의 중형 명금류〈medium sized American song-bird〉, '붉은 풍금조', 〈~ summer red-bird〉 미2

483 **scarp** [스카아프]: 〈← scarpa(slope)〉, 〈이탈리아어〉, (해자의) 내벽, (안쪽) 급 경사면, 가파르게 하다, 〈~ cliff\palisade〉, 〈↔crevasse\plain〉 양2

484 **scar·per** [스카알퍼]: 〈← excapere〉, 〈라틴어→1846년 경에 등장한 영국 속어〉, 〈← escape〉, (돈을 안 내고) 도망치다, '먹튀', 〈~ flee\run-away〉, 〈↔stay\arrive〉 양2

485 **scar·y** [스케어뤼]: 잘 놀라는, 겁많은, 무서운, 두려운, 〈~ frightening\terrifying〉, 〈↔brave\fearless〉 양1

486 *__scat__ [스캩]: ①〈영국어〉, 〈cat을 쫓을 때 쓰는 의성어〉, 쉿! 펑!, 〈~ go away〉 ②〈그리스어〉, 똥, 〈~ animal feces〉 ③〈어원 불명의 미국어〉, (루이 암스트롱같이) 재즈에서 목소리로 가사 없이 연주하는 듯 음을 내는 창법, 〈~ a jazz singing technique〉 양2 우1

487 **scathe** [스케이드]: 〈← skath(to harm)〉, 〈게르만어〉, 손상, 위해, 혹평, 〈~ lambaste\slam〉, 〈↔commend\praise〉 양2

488 **scath·ing** [스케이딩]: 통렬한, 가차 없는, 뼈아픈, 〈~ biting\harsh\caustic〉, 〈↔gentle\complimentary〉 양2

489 **sca·tol·o·gy** [스카탈러쥐]: 〈← skatos(feces)〉, 〈그리스어〉, 〈'똥'을 연구하는〉 분비물학, 분변학, 〈화석의 똥을 연구하는〉 분석학, 외설 취미, 〈~ coprology\study of feces (or obscenity)〉 미2

490 **scat·ter** [스캐터]: 〈← scateran(disperse)〉, 〈게르만어〉, 흩뿌리다, 산재(해산)시키다, 살포하다, 〈~ shatter\sparse\sporadic\strew〉, 〈~ disband\separate〉, 〈↔a-mass\assemble\congregate〉 양1

491 **scaup** [스커어프]: 〈← scalp(mussel tide-land)〉, 〈스코틀랜드어〉, 〈푸른 부리의〉 검은머리흰죽지오리, 북반부의 〈조개가 많은 갯벌〉에 서식하는 이동성 중형 오리, 〈~ pochard\red-head³〉, 〈~(↔)sea duck〉 미2

492 **scav·en·ger** [스캐뷘줘]: 〈← escauwage(inspector)〉, 〈프랑스어→영국어〉, 〈← scawager(tax-collector for street merchants)〉, 가로 청소부, 폐품 수집가, (썩은 고기를 먹는) 청소동물, 〈~ rummager\scrounger〉, 〈~(↔)forage〉 양1

493 **sce·na** [쉐이너]: 〈← skene(stage)〉, 〈그리스어〉, 〈← scene〉, (가극의) 한 장면, 극적 독창곡, 〈~ setting\dramatic vocal solo〉 미1

494 **sce·nar·i·o** [시네이뤼오 \ 시나아뤼오]: 〈← skene(stage)〉, 〈그리스어→라틴어〉, 시나리오, 극본, 각본, 대본, 계획안, 〈← scene〉, 〈~ libretto\manuscript〉, 〈↔cessation\certainty〉 양2

495 **scene** [씨인]: 〈← skene(stage)〉, 〈그리스어〉, 신, 무대 장면 (장치), 정경, 사건, 현장, 〈→ scena〉, 〈~ location\segment\commotion〉, 〈↔absence\hiding\composure〉 양2

496 *__scene cul·ture__ [씨인 컬춰]: '장면 문화', (2010년을 전후해서 등장한) 멋있는 무대 정경을 모방하려는 젊은이들의 경향, 〈~ 'posers'\a derivative of emo culture〉 우2

497 **scen·er·y** [씨이너뤼]: 장면, 배경, 풍경, 경치, 〈~ landscape\surroundings〉, 〈↔darkness\performers\disarrange〉 양2

498 *__scene steal-er__ [씨인 스틸러]: '정경 도둑', 주역을 무색케하는 조역, 관심을 독차지하는 사람(것), 〈~ a leading performer〉 미1

499 **sce·nic** [씨이닉]: 경치가 좋은, 무대의, 극적인, 생생한, 〈~ picturesque\attractive〉, 〈↔dreary\ordinary〉 양1

500 **scent** [쎈트]: 〈← sentire(to feel)〉, 〈라틴어〉, 냄새, 향기, 후각, 체취, 〈~ sense\fragrance〉, 〈↔stink\stench〉 양2

501 **scep·ter** \ ~tre [쎕터]: 〈← skeptesthai(lean on)〉, 〈'기대는 것'이란 뜻의 그리스어〉, (왕권을 나타내는) 홀, 권장, 주권, 〈~ wand\sovereign authority〉, 〈↔weakness\powerlessness〉 양2

502 **scep·ti·cal** [스켑티컬]: ⇒ skeptical 양2

503 **scha·den·freu·de** [샤아든 후뤼이더]: 〈그리스어→독일어〉, 샤덴프로이데, 'damage joy', 남의 불행을 즐김, 남이 잘못되는 것을 고소하게 여김, 〈↔compassion\empathy〉, 〈↔freuden-freude\mudita〉 양2

504 **sched·ule** [스케쥬울 \ 쉐쥬울]: 〈← skhizein(cleave)〉, 〈그리스어〉, 시간표, 일정, 일람표, 조사표, 항목, '갈가리 찢긴 것', 〈~ plan\arrange〉, 〈↔disorder\cancel\re-schedule〉 양2

505 **Sched·ule C**: 〈손해를 다른 소득에서 공제 받을 수 있는〉 (개인회사의) 손·익 명세서, 〈~ business activity of a sole proprietor〉 미2

506 **Sched·ule K-1**: 〈손해를 다른 소득에서 공제 받을 수 있는〉 (합자회사의) 손·익 명세서, 〈~ business activity of partnerships〉 미2

507 **sche·ma** [스키이머]: 스키마, form, 윤곽, 도식, 격, 형용, 개요, 〈~ figure\frame-work\blue-print〉, 〈↔being\disarray〉 양1

508 **scheme** [스키임]: 〈← schema(form)〉, 〈그리스어〉, '형태', 계획, 책략, 조직, 도표, 요강, 약도, 〈~ plot\project\program〉, 〈↔disorder\disorganization〉 양1

509 **scher·zan·do** [스켈챠안도우]: 〈게르만어에서 온 이탈리아어〉, 〈← scherzo〉, 스케르찬도, 해학적으로, 익살스럽게, 〈~ playful\sportive〉 미2

510 **scher·zo** [스켈쵸우]: 〈← scherzen(jump merrily)〉, 〈게르만어에서 유래한 이탈리아어〉, 스케르초, 경쾌하고 해학적인 짧은 악곡, 〈~ joke\jest〉, 〈↔adagio\andante〉 우1

511 **Schick** [쉭]: (1926년 Jacob~에 의해 고안·창립되어 2015년부터 Edgewell사가 인수한) 미국의 면도용품(razor) 〈제작·판매회사〉, 〈~ an American brand of personal care products〉 수1

512 **Schie-dam** [스키이댐]: 시담, 네덜란드(Netherland) 남서부 동명의 도시에서 생산되는 향기가 짙은 gin(술), 〈~ Bobby's Dry Gin〉 수1

513 **schiet·to** [스키에토]: 〈← slihtaz(smooth)〉, 〈게르만어→켈트어→이탈리아어〉, 순수한, 솔직한, 진실한, 〈~ open\candid〉, 〈↔hoax\hokum〉 양2

514 **Schil·ler** [쉴러], Jo·hann: 〈← schilhen(squint)〉, '사팔뜨기', 실러, (1759-1805), (인간의 자유와 존엄을 위해 군의관을 때려치우고 글을 쓴) 독일의 시인·극작가, 〈~ a German poet and playwright〉 수1

515 **schil·ling** [쉴링]: 〈← skiljana(split)〉, 〈'쪼개다'란 뜻의 게르만어에서 유래한〉 (2002년 유로화로 대체된) 오스트리아의 구 화폐단위, 〈~ an old monetary unit of Austria〉 수2

516 **Schim·mel** [쉬멜]: 〈← skimbal(mold)〉, 1885년 독일의 W. 쉬멜〈'곰팡이'가 낀 것 같이 머리털이 흰 자〉이 설립했다가 2016년 중국계 회사로 넘어간 세계적 피아노 제조업체, 〈~ a German piano maker〉 수1

517 **schip·per·ke** [스키펄키]: 〈네덜란드어〉, little skipper, 〈거룻배를 지키는〉 시퍼키, 주로 검은색의 윤이 나는 털을 가진 벨기에(Belgium) 원산의 스피츠 비슷한 '작은 셰퍼드' (애완견), 〈~ little captain\a small dog breed〉 우1

518 **schism** [씨즘 \ 스키즘]: 〈← schizein(split)〉, 〈그리스어〉, 분리, 분파, 분열, 불화, 〈~ division\rift'〉, 〈↔union\harmony\rapprochement〉 양2

519 **schiz·o~** [스키쪼우~ \ 스키쵸우~]: 〈← schizein(split)〉, 〈그리스어〉, 〈(정신)분열·열개~〉란 뜻의 결합사 양1

520 **schiz·o-phre·ni·a** [스키쩌 후뤼이니어 \ 스키쵸우~]: schizo(split)+phren(mind), 〈그리스어〉, (현악기의 줄이 잘못 조절된) 조현병〈2011년 대한민국의 정신병 대가들이 어감이 나쁘다고 정신분열병을 엿장수 맘대로 바꾼 병명; 왜색이 짙은 용어- 일본에서는 통합실조증·중국에서는 그냥 정신분열증이라 함〉, 정신 분열병(의), '횡경막(마음)이 분열된', 〈~ mal-adjustment of the string〉, 〈~(↔)split personality〉 양2

521 **schiz·o-typ·y** [스키쵸 티피]: 독창적 생각을 할 수 있는 (사람), 〈~ creative person〉, 〈↔thymotypy〉 양2

522 **schlep**(p) [슐렢]: 〈← sleifen(to drag)〉, 〈게르만어→유대어〉, 힘들게 가다 (나르다), 힘든 여행, 얼간이〈형광등〉, 〈~ haul\tedious journey\stupid〉, 〈↔simplicity\sprint〉 양2

523 **schloomp** [슐럼프]: 〈유대어→독일어〉, 〈← slump〉, 멍청이, '빈둥쟁이', 〈~ slob\bum〉, 〈↔genius\sage〉 양2

524 **schlub** \ **shlub** [슐럽]: 〈← zhlob(slob)〉, 〈유대어→독일어〉, 가치없는, 시시한, '잡놈', 〈~ idiot\mutt〉, 〈↔brain\wizard〉 양2

525 **schmal(t)z** [슈마알츠]: dripping fat, 〈게르만어→유대어〉, (닭고기의) 지방, 〈smelt² 되어〉 과장된 감상주의, 〈~ mawkish-ness\melodrama〉, 〈↔unsentimental\cynical〉 양2

526 **schmea**(e)**r** [슈미어]: 〈← smirwen〉, 〈유대어→독일어〉, 〈← smear〉, (버터를) 바르다, 매수하다, (관련)사항, bagel용 cheese, 〈~ spread\corrupt\cream cheese〉, 〈↔clean\collect〉 양2

527 **Schmidt** [슈미트], Hel·mut: Smith(대장장이)의 독일명, (1918-2015), 2차대전 종군 후 사회 민주당을 이끌어 미국과 공생하는 유럽연합을 탄생시키는 데 주역을 했고 의회에 의해 쫓겨났으나 소신이 있었던 서독의 〈골초 흡연 옹호론자〉 정치가·피아니스트·저널리스트, 〈~ a former Chancellor of Germany〉 수1

528 **schmooze** [슈무우즈]: 〈← shmuesen(chat)〉, 〈유대어→독일어〉, '이야기하다', '소식', 잡담하다, 수다떨다, 〈~ converse\gossip〉, 〈↔be quiet\praise〉, ⇒ SNS 양2

529 **schmuck** [슈먹]: 〈← schmok(penis)〉, 〈유대어〉, 얼간이, 시시한 놈, '자지', 〈유대계 한국인들은 '씨팔'(씹할)을 '쉬빠'라고 발음함〉, 〈~ dork\jerk〉, 〈↔brain\sage〉 양2

530 **schnap(p)s** [슈내프스]: 〈← snappen(snap)〉, 〈게르만어〉, 〈입에 꽉차는〉 스넵스, '폭탄주', 향이 짙고 독한 네덜란드 원산의 '과일' 증류술 (gin), 〈~ a strong alcoholic beverage〉 수2

531 **schnau·zer** [슈나우져]: 〈← schnauze(snout)〉, 〈1920년에 등장한 독일어〉, 슈나우저, '턱수염 개', 〈턱에 수염(moustach)이 달린〉 독일산 테리어종의 보조견·애완견, 〈~ wire-haired pinscher〉 수2

532 **Schnei·der** [슈나이더]: 〈← schneiden(cut)〉, 〈독일어〉, '자르는 자', '재봉사', 〈~ tailor〉, s~; (skat 카드놀이에서) 득점을 방해하다, 완승하다, 〈~ win\over-ride〉 수1 양2

533 **schnit·zel** [슈니첼]: 〈독일어〉, 슈니첼, slice, (얇은) 조각 ①고기를 다져 얇은 조각을 만들고 계란·밀가루 반죽을 발라 튀긴 요리, 〈~ cutlet〉 ②부스러기, 잔재, 〈~ chip\scrap〉, 〈↔compound\complex〉 수2 양2

534 **schnoo-dle** [쉬들 \ 슈누들]: schnauzer+poodle, 슈들, 〈인기가 상승하는〉 슈나이저와 푸들의 교배 견 수2

535 **schol·ar** [스칼러]: 〈← schola(school)〉, 〈라틴어〉, '학교에 다니는 사람', (인문계)학자, (장)학생, 석학, 〈~ learned person\intellectual〉, 〈↔pupil\idiot〉 양2

536 **schol·ar-ship** [스칼러 쉽]: 학문, 장학금 (제도), 〈~ grant\award〉, 〈↔tuition〉 양2

537 **Scho·las·ti·cism** [스컬래스티씨즘]: 〈← skholastikos ← skhole(leizure)〉, 〈그리스어〉, 〈할 일 없는 자들이 하는〉 스콜라 철학, (고전적) 훈고주의, 1200년대 서유럽에서 기승을 떨쳤던 논리〈dialectical reasoning〉를 중요시하는 철학·신학 체계, 〈~ academism〉, 〈~(↔)traditionalism〉, 〈↔Humanism〉 미2

538 **Scholz** [숄츠], Olaf: '촌장', (1958-), 2021년 12월부터 독일 수상을 하고 있는 사회주의 경향의 직업 정치인, 〈~ a German politician〉 수1

539 **school**[1] [스쿠울]: 〈← schole〉, 〈그리스어〉, '여가를 이용해서 배우기', 학교 (수업), 강습(연구)소, 과목, 학파, 〈~ center for learning〉, 〈↔non-academic\extra-curricular〉 가1

540 **school**[2] [스쿠울]: 〈네덜란드어〉, 〈← shoal²〉, 무리, (물고기 등의) 떼, 〈~ group〉, 〈↔individual〉 가1

541 **school in·spec·tor** [스쿠울 인스펙터]: 장학사, 장학관, 〈~ school commissioner (or supervisor)〉 양2

542 **school mas·ter** [스쿠울 매스터]: ①교장(principal), 남교사(male teacher) ②〈'교장 선생님같이' 뚱뚱한 배를 가지고〉 대서양의 난류에 떼지어 서식하는 다양한 색깔을 가진 맛이 좋은 작은 도미류, 〈~ a snapper〉 양1 우1

543 **schoo·ner** [스쿠우너]: 〈← skim?(skip?)〉, 〈1716년에 등장한 어원 불명의 미국어〉, 스쿠너, 〈물 위를 미끄러지듯 달려가는 (두 개 이상의 돛대를 가진)〉 종범선, 포장마차(covered wagon), 〈OED는 아마 그냥 멋으로 배이름을 붙였을 것이라고 하는〉 크고 긴 유리잔, 〈~ vessel yacht\a large, tall drinking glass〉 미1

544 **Scho·pen·hau·er** [쑈우펀하우어], Ar·thur: 〈← schops(utensil maker)〉, 〈집기 제조자〉, 쇼펜하우어, (1788-1860), 관념론(주관적 해석)에 치중해서 인생을 비관적으로 본 독일의 〈염세주의〉 철학자·수필가, 〈~ a German philosopher〉 수1

545 **schot·tische** [샤티쉬]: 〈← Scottish〉, 〈라틴어→게르만어→프랑스어〉, 쇼티셰, '스코틀란드식 춤', 폴카 비슷한 윤무, 느린 2/4박자의 경쾌한 (춤)곡, 〈~ a partnered country dance\slower polka〉 수2

546 **Schu-bert** [슈우벌트], Franz: 'shoe·maker', 슈베르트, (1791-1828), 오로지 음악에만 전념하여 600여 점의 다양한 가곡을 남기고 장티푸스로 사망한 오스트리아의 〈천재적〉 작곡가, 〈~ an Austrian composer〉 수1

547 **Schulz** [슐츠], Charles: (1922-2000), 〈게르만어〉, sheriff, '촌장', 슐츠, 「땅콩(Peanuts)」이란 주인공을 통해 〈우문현답〉을 묘사했고 〈내성적이었던〉 미국의 만화가, 〈~ an American cartoonist〉 수1

548 **Schu-mann** [슈우만], Rob·ert: 'shoe·man', 슈만, (1810-1856), 평생을 정신병에 시달리면서도 수많은 열정적인 피아노곡과 낭만적인 노래를 쓰고 정신병동에서 죽은 독일의 작곡가, 〈~ a German composer and pianist〉 수1

549 **Schweit-zer** [슈와이처], Alb·ert: '스위칠랜드〈Switzerland〉에서 온 자', 슈바이처, (1875-1965), 신학을 하다 '생명의 경외'를 깨닫고 의사가 되어 아프리카에서 의료와 전도에 헌신한 (독일→프랑스)의 철학자·풍금 연주가, 〈~ a German-French polymath〉 수1

550 *schwif·ty [쉬후티]: 〈2015년에 주조된 미국어〉, 〈← swift〉, 취해서 성적으로 왕창 꼴리는, 기분 째지는, 기똥찬, 〈~ completely wild(crazy)\exhilarating〉, 〈↔sluggish\clumsy〉 양2

551 sci·at·i·ca [싸이애티커]: 〈← ischion(hip)〉, 〈그리스어〉, '엉치통증', 〈다리로 뻗쳐 내려가는〉(골반) 좌골신경통, 〈~ lumbo-sacral radicular syndrome〉 양2

552 sci·ence [싸이언스]: 〈← scire(know)〉, 〈라틴어〉, 사이언스, '지식', (자연) 과학, 기술, 〈알아낸 사실들을 모은〉 학문, 〈~ branch of knowledge\study of physical world〉, 〈↔mystery\art〉 양2

553 sci·ence fic·tion [싸이언스 휙션]: SF, sci-fi, '과학적 지식에 기초를 둔' 〈역사가 깊은〉 (공상)과학소설, 〈↔fantasy story〉 양1

554 Sci·en·tol·o·gy [싸이언탈러쥐]: 1965년 미국에서 태동한 〈비과학적〉 정신요법을 교의로 하는 〈기독교와 무관한〉 종교단체 수2

555 *sci fi [싸이 화이]: science fiction, 〈2세기에 쓰인 「True Story」를 비롯한〉 '과학적 지식에 기초를 둔' 〈역사가 깊은〉 (공상) 과학소설, 〈~ speculative fiction\science fantasy〉 미2

556 scil·la [씰러]: 〈그리스어에서 연유한 라틴어〉, 실라, 백합과 무릇속의 각종 구근식물, 해총, squill, sea onion 미2

557 scim·i·tar [씨머터]: 〈← samsir(sword)〉, 〈어원 불명의 페르시아어〉, 〈초승달(crescent) 모양의〉 아랍 언월도, 〈~ a single-edged sword with a convex curved blade〉, 〈~(↔)sable은 이것보다 less curved and narrower〉 미2

558 scin·til·la·tion [씬틸레이션]: 〈← scintilla(spark)〉, 〈라틴어〉, 불꽃, 섬광, 재기발랄, 〈~ beam\glare〉, 〈↔darkness\dullness〉 양2

559 sciol·to [셔얼토우]: 〈← exsolvere(loosen)〉, 〈라틴어→이탈리아어〉, 셜터, 자유롭게, 가볍게, 〈~ loose\dissolved〉, 〈↔staccato\strict〉 미2

560 sci·on [싸이언]: 〈← keinan(to sprout)〉, 〈게르만어〉, (접붙이기의) 접순, 어린가지, 자제, 귀공자, 〈~ off-shoot\descendant〉, 〈↔ancestor\predecessor〉 양2

561 Scip·i·o [씨피오우 \ 스키피오우]: 〈'지팡이(walking stick)'란 뜻의 라틴어〉, 대 스키피오는 BC202에 한니발을 격퇴시키고 그의 양손자 소 스키피오는 BC 146에 카르타고를 멸망시켰음, 〈~ Roman generals〉 수1

562 scis·sion [씨젼 \ 씨션]: 〈← scindere(cut)〉, 〈라틴어〉, 절단, 분열, 〈~ split\break-up〉, 〈↔union\association〉 양2

563 scis·sor-bill [씨절 빌]: ①skimmer, (가위 같은 '짝짝이' 부리를 가지고 물위를 미끄러져 나르는) 가위 제비갈매기, 〈~ razor-bill〉 ②노조에 어울리지 않는 사람, 어수룩한 사람, 봉, 〈~ stupid\yokel〉 미2

564 scis·sor·ing [씨져링]: 두 여자의 성기를 비비대는 짓, '가위놀음', 〈~ rubbing genitals together\shearing〉 우2

565 scis·sors [씨절즈]: 〈← scindere(cut)〉, 〈라틴어〉, 시저스, '자르는 도구', 가위, 양다리 펴 닫기, 양다리 죄기, 〈↔chisel〉, 〈~ clippers\nippers〉, 〈~(↔)knife\scythe〉 양2

566 scis·sor-tail [씨절 테일]: 제비꼬리 '폭군' 새, '가위같이' 길게 갈라진 꼬리를 가지고 중·북미에 서식하며 곤충을 잡아먹는 〈성질이 난폭한〉 딱새, 〈~ swallow-tailed fly-catcher〉 미2

567 sclaff [스클래후]: 〈스코틀랜드어〉, 〈의성어〉, '스쳐 치기', 골프채 끝으로 땅을 '스치듯' 치는 타법, 〈← scrape〉, 〈~(↔)slice\shank〉, 〈↔stay\miss〉 우1

568 scle·ro·sis [스클레로우시스]: 〈← skleros(hard)〉, 〈그리스어〉, 경화(증), 조직이 굳는 병, 〈~ over-growth of fibrous tissue〉, 〈↔malacia〉 양2

569 SCMP (South-China Mor·ning Post): 남중국 조간신문, 1903년에 창간된 홍콩 최대의 일간지, 〈~ a Hong Kong-based English-language newspaper〉 미1

570 scoff [스커후 \ 스카후]: 〈← skaup(mockery)〉, 〈북구어〉, 조롱, 비웃음, 냉소, 경멸(하다), 〈~ deride\ridicule〉, 〈↔praise\flatter\respect〉 가1

571 scoff-law [스커후 러어]: 법을 우습게 아는 자, 상습범, 〈~ ciminal\convict〉, 〈↔law\police〉 양2

572 scold [스코울드]: 〈← skald(rebuke)〉, 〈북구어〉, 꾸짖다, 호통치다, 잔소리하다, 〈~ reprimand\tell off〉, 〈↔applaud\praise〉 양2

573 sco·li·o·sis [스코울리오우시스]: 〈← skolios(bent)〉, 〈그리스어〉, 척추 만곡, 척추옆'굽음증', 〈~ crooked spine〉, 〈~(↔)lordosis〉 양2

574 **scom·ber** [스캄버]: ⟨← skombros(mackerel)⟩, ⟨그리스어⟩, 고등어속의 각종 물고기, ⟨~ seer fish\ Spanish mackerel⟩ 영1

575 **sconce** [스칸스]: ①⟨← abscondere(hide)⟩, ⟨라틴어⟩, ⟨빛을 가리는⟩ 돌출 촛대, (벽에 달린) ⟨불을 막아주는⟩ 양초 꽂이, ⟨~ wall light⟩ ②⟨라틴어⟩, ⟨← abscond⟩, 보루, 피난소, ⟨~ bastion⟩ ③⟨게르만어⟩, ⟨감싸주려고 하는⟩ (처)벌, 벌주, ⟨~ light fine²⟩ ④(양초꽂이를 닮은) 대가리⟨skull⟩, 지혜 미2

576 **scone** [스코운]: ⟨← schoonbrot(fine bread)⟩, ⟨네덜란드어⟩, 스콘, 주로 속에 건과가 들어있고 버터를 발라 먹는 둥글고 작은 빵(과자), ⟨~(↔)이것은 more bread-like하고 muffin은 more cake-like함⟩ 영1

577 ***scoop** [스쿠우프]: ⟨← scaphan(ladle out)⟩, ⟨게르만어⟩, shovel, trowel, 스쿠프, 국자, 주격, 대형 숟가락 (삽), 퍼내기, 퍼낸 구멍, 최신정보, 특종, (여성복 목깃의) 둥글게 파진 것, (자동차) 편승, ⟨~ ladle\dipper⟩, ⟨↔drop\fill\fail\hear say\outdent\exit⟩ 양1

578 ***scoot-er** [스쿠우터]: ⟨어원 불명의 영국어→미국어⟩, ⟨'skjota(shoot)'란 북구어에서 유래한?⟩ '빨리 가는 것', 스쿠터, '발 지치개', 외발 굴림판, 활주 범선, 소형 이륜자동차, ⟨씽씽카⟩, ⟨~ skateboard⟩, ⟨~ motor-cycle⟩, ⟨↔mass transit⟩ 우2

579 **scope¹** [스코우프]: ⟨← skopein(see)⟩, ⟨그리스어⟩, '표적', 범위, 영역, 여지, 의도, 유효범위, ⟨~ extent\leeway⟩, ⟨↔limitation\restriction⟩ 양1

580 **scope²** [스코우프]: ⟨← scope¹⟩, 보는(관찰·관측하는) 기계, 경(거울), ⟨~ looking instrument\spectrum⟩, ⟨↔overlook\glance⟩ 우2

581 **scorch** [스커얼취]: ⟨← scorcnen(parch)⟩, ⟨영국어⟩, '바짝 말리다', 그슬리다, 눋게 하다, 몹시 꾸짖다, 초토화하다, ⟨~ burn\sear⟩, ⟨↔freezing\wash\grow⟩ 양2

582 **scorch-ed rice wa·ter** [스커얼취드 롸이스 워어터]: 숭늉(sung-nyung) 양2

583 **scorch-er** [스커얼취]: 몹시 뜨거움, 혹평, 빠른 직선타구, 폭주족, ⟨~ broiler\sizzler\slam⟩, ⟨↔bummer\ flattery\neglect⟩ 양2

584 **score** [스코어]: ⟨← skor(twenty) ← sceran(cut)⟩, ⟨게르만어⟩, 득점, 다수, 새김 눈, 악보, 이유, 내막, '20개', 획득하다, ⟨~ shear⟩, ⟨~ out-come\gain⟩, ⟨↔few\miss\bungle⟩ 양1

585 **scorn** [스코언]: ⟨← skern(mockery)⟩, ⟨게르만어⟩, 경멸, 비웃음, 냉소, 멸시(하다), ⟨~ contempt\derision⟩, ⟨↔admire\respect⟩ 양1

586 **Scor·pi·o** [스코얼피오]: 스코피오, 전갈궁, 10월 23일부터 11월 22일 사이에 태어난 ⟨독하고 끈질긴⟩ 사람, ⟨~ a zodiac sign⟩, ⟨↔Taurus⟩ 미2

587 **scor·pi·on** [스코얼피언]: ⟨← skorpios ← sker(to cut)⟩, ⟨그리스어→라틴어⟩, 스코피온 ①전갈, 독침이 있는 긴 꼬리와 작은 가재 모양의 '끊는 엄지발'을 가진 육식성 절지동물, ⟨~ a venomous arachnid⟩ ②갈고리 달린 채찍(whip) ③음흉한 사나이(wicked man) 미2

588 **scor·pi·on fish** [스코얼피언 휘쉬]: 쏨뱅이, 쑤기미, 점감펭, 다양한 독침 지느러미를 가지고 있는 괴상망측하게 생긴 ⟨식용⟩ 바닷물고기, ⟨~ sculpin⟩, ⟨~ devil fish\lion fish⟩ 미2

589 **scor·pi·on grass** [스코얼피언 그래스]: 물망초, 'forget me not', 전갈같이 생긴 취산꽃차례에 열은 푸른색의 다섯 꽃잎의 조그만 꽃들이 뭉텅이로 피는 ⟨조물주가 마지막에 창조한⟩ 꽃 미2

590 **S cor·po·ra·tion**: S 기업, 미연방 세무청 조례 S 조항에 따라 세금을 100명 이하의 주주가 대신 내는 소규모 주식회사, ⟨~ taxed by special status⟩, ⟨↔C corporation⟩ 수2

591 **Scot** [스캍]: 스코틀랜드 사람, 6세기에 아일랜드에서 스코틀랜드로 이주한 게일족의 한 파, ⟨~ a masculine name\ Scottish⟩ 수1

592 **Scotch** [스카취]: 스카치, 스코틀랜드의, 밀이나 호밀로 최소 3년간 참나무통에서 발효시켜 만든 스코틀랜드 원산의 독한 증류술, ⟨~ a malt (or grain) whisky⟩ 수1

593 **Scotch broth** [스카취 브뤄쓰]: 야채와 보리에 양고기나 쇠고기를 넣고 걸쭉하게 끓인 죽, ⟨~(↔)barley soup⟩ 수2

594 **Scotch catch(snap)** [스카취 캐취(스냎)]: 단음 다음에 장음이 계속되는 독특한 음률, ⟨~ a short note followed by a long one⟩ 수2

595 **Scotch cousin** [스카취 커즌]: (혈연을 중요시하던 스코틀랜드인들이 촌수를 알 수 없는 친족을 일컫던) 먼 친척, ⟨~ distant relative⟩ 양2

596 **Scotch egg** [스카취 에그]: 삶은 달걀을 저민 고기로 싸서 튀긴 요리, 〈~ hard-boiled egg wrapped in sausage meat〉 수2

597 **Scotch tape** [스카취 테이프]: 1930년 미국에서 출시된 셀로판으로 만든 접착용 (반)투명띠(상표명)-'인색한' 스코틀랜드 출신 주인이 직공에서 소량의 접촉제만 공급한 데서 연유함, 〈~ an American brand of pressure-sensitive tapes〉 수2

598 **Scotch ter·ri·er** [스카취 테뤼어]: Scottie, 뻣뻣한 겉 털과 부드러운 속 털을 가진 스코틀랜드 원산 교배종 발바리, 〈~ Aberdeen(Skye\Cairn) terrier〉 수2

599 **Scotch this·tle** [스카취 씨슬]: 큰 엉겅퀴, 거친 가시의 줄기와 잎을 가지고 연보라색의 가시 꽃이 피는 국화과의 억센 잡초, 스코틀랜드의 국화, 〈~ heraldic (or cotton) thistle〉 미2

600 **Scotch ver·dict** [스카취 붜어딕트]: '증거 불충분'의 미평결, 스코틀랜드 판사들이 자신들의 입지를 강화하기 위해 만든 (배심원들이 유죄·무죄 대신 확실·불확실을 결정하는) 재판제도, 〈~ an inconclusive decision〉 미2

601 **Scotch wood-cock** [스카취 우드칵]: (단것을 먹은 후 입가심으로 나오는) 멸치젓과 푼 달걀을 얹어 구운 〈색깔이 누른도요를 닮은〉 빵, 〈~ a British savoury dish of scrambled eggs on toast〉 수2

602 **sco·ter** [스코우터]: sooter, 〈어원 불명의 영국어〉, (부푼 부리와 〈black plumage에 싸인〉 통통한 몸매를 가지고 북반구 바다에 서식하는) 검둥오리, sulf·duck, 〈~(↔)seaduck〉 미2

603 **scot-free** [스캍 후뤼이]: 〈← skat(tax)〉, '가난한 사람들에게 세금을 면제해 주던 관례에서 유래한' 북구어〉, 처벌을 모면한, 무죄방면, 무사한, 〈~ without penalty\free of charge〉, 〈↔guilty\punished〉 양2

604 **Scot-land** [스카틀런드]: 〈← Scoti(Gaels)〉, 〈어원 불명의 라틴어에서 유래한 영국어〉, 스코틀랜드, 브리튼섬의 북쪽 1/3 산악지대에서 켈트(Celt)족 중심의 독특한 문화를 지니고 살다가 1707년 영국에 합쳐진 경치 좋은 지방, Caledonia, 〈로마인들이 Scoti를 pirata(해적)라 불렀으나 그것이 어원은 아님〉 수1

605 **Scot-land Yard** [스카틀런드 야아드]: 〈원래 스코틀랜드 귀족들을 위한 영빈관이 있던〉 런던(London)의 한 거리로 1890년까지 경찰(police)청이 있다가 Broadway로 옮겨 현재 '런던 경시청'을 New Scotland Yard로 부름, 〈~ The Met\White-hall〉 수2

606 **Scott** [스캍], Dred: 〈← scutum(a shield)?〉, '방패를 가진 자?', 〈라틴어→켈트어〉, 스콧, (1795-1858), (노예) 해방 주에서 4년간 살고 노예주로 내려와서 1857년 〈자유민〉임을 인정해 달라고 고소했으나 연방 대법원이 7:2로 〈한번 노예는 영원한 노예〉라고 확정 지은 흑인, 〈~ an enslaved black-man〉 수1

607 **Scott** [스캍], Wal·ter: 스코트, (1771-1832), 〈사회적〉 역사소설을 주로 썼던 '스코틀랜드 출신' 〈낭만주의〉 작가, 〈~ a Scottish writer and historian〉 수1

608 **Scott·ish deer-hound** [스카티쉬 디어 하운드]: 영국에서는 사슴·미국에서는 늑대 사냥에 쓰였던 거친 털을 가진 〈귀족적〉 사냥개, 〈~ a large sight-hound breed〉 수2

609 **Scotts-dale** [스캍스데일]: 스코츠데일, 1894년 동명의 은퇴 군목이 미국의 페닉스시 동쪽(E. of Phoenix) 사막에 세워 근래에 팽창하고 있는 위락·관광·휴양도시, 〈~ a desert city in Arizona〉 수1

610 **SCOTUS** [스카터스]: Supreme Court of the United State, 미 대법원, (종신직의 9명의 대법관으로 구성된) 미국의 '최고 권력기관', 〈~ POTUS〉 양2

611 **scoun·drel** [스카운드뤌]: 〈← scummer(scum)?〉, 〈어원에 대해 학설이 분분한 게르만어〉, 악당, 깡패, 불한당, 만무방〈막되어 먹은 년·놈〉, 〈~ rogue\wretch\dog〉, 〈↔saint\angel〉 가1

612 **scour¹** [스카우어]: 〈← excurare(clean off)〉, 〈라틴어〉, 문질러 닦다, 윤내다, 씻어내다, 〈~ scrub\clean〉, 〈↔dirty\soil〉 양1

613 **scour²** [스카우어]: 〈← skyra(rush in)〉, 〈북구어〉, 돌아다니다, 급히 달리다, 헤매다, 〈~ search\hunt through〉, 〈↔arrange\organize〉 양1

614 **scourge** [스커얼쥐]: ex(thorough)+corrigia(whip), 〈라틴어〉, 천벌, 불행을 가져오는 것(사람), 채찍, 〈~ flagellum〉, 〈~ beat\flog\curse〉, 〈↔blessing\god-send〉 양2

615 **scour-ing pad** [스카우어링 패드]: '식기 닦개', (문질러 닦는) 수세미, 〈~ loofah\sponge〉 미2

616 **scour-ing rush** [스카우어링 뤄쉬]: 〈← scour'〉, horse(marés) tail, 매듭줄기에 비늘잎이 달려 〈수세미로 썼던〉 속새과의 여러해살이풀, 〈나무 가구를 닦는데 쓰던〉 목적, 〈~ scrub pad〉 미1

617 **scout** [스카웉]: 〈← auscultare(listen)〉, 〈라틴어〉, 스카우트, '주의하다', 정찰(병), 내탐자, 신인 찾기, 소년(녀)단, 〈~ investigate\recruit〉, 〈↔ignore\over-look〉 미2

618 **Scout-ing A·mer·i·ca** [스카우팅 어메리커]: '미청년단', Boy-scout of America가 2025년부터 여성·'중성'을 포함하기 위해 새로운 명칭으로 바꾸기로 했으나 별개 단체인 Girl-scout of USA에 의해 소송을 당한 상태임 수2

619 **scow** [스카우]: ⟨← schouw(punt pole)⟩, ⟨네덜란드어⟩, 평저선, 나룻배, 짐배, ⟨~ barge⟩ 양1

620 **scowl** [스카울]: ⟨← skule(wrinkle)⟩, ⟨북구어⟩, 찌푸린 얼굴, 오만상, 노려보기, ⟨~ frown\stare\glower⟩, ⟨↔smile\grin⟩ 양1

621 **scrab·ble** [스크래블]: ⟨← schrablen(scrape)⟩, ⟨네덜란드어⟩, '할퀴다', 긁어 모으다, 몸부림치다, 휘갈겨 쓰다, ⟨~ scramble\clamber⟩, ⟨단어들을 합성해서 새로운 말을 만들어 내는⟩ '말장난', ⟨~ a word game⟩, ⟨↔arrange\organize⟩ 양1

622 **scram·ble** [스크램블]: ⟨네덜란드어⟩, ⟨의성어·의태어⟩, 기어오르다, 다투다, 긁어모으다, 뒤섞다, 휘저어 익히다, ⟨~ clamber\scrabble⟩, ⟨↔arrange\organize⟩ 양1 미1

623 **scrap** [스크랩]: ⟨북구어⟩, 작은 조각, 토막, 소량, 단편, 찌꺼기, ⟨~ shard\tatter⟩, ⟨↔whole\stack⟩ 양1

624 ***scrap book** [스크랩 북]: '발췌 책자', 오려낸 단편들을 정리한 책자 발췌집, 오림책 우1

625 **scrape** [스크레이프]: ⟨← skrapojan(rub)⟩, ⟨게르만어⟩, 문지르다, 닦아내다, 긁어모으다, 스치다, ⟨→ sclaff⟩, ⟨~ scratch\scrabble⟩, ⟨~ grate\rake⟩, ⟨↔slide\soften⟩ 양1

626 **scrape a liv·ing**: 겨우 살아가다, 근근이 생계를 이어가다, ⟨~ survive\make ends meet⟩, ⟨↔affluent living⟩ 양2

627 **scrap-er** [스크레이퍼]: 문지르는 (긁는) 도구, 흙 떨이, 흙손, 구두쇠, ⟨~ wiper\squeeger\spatula⟩, ⟨↔razor⟩ 양1

628 **scrap i·ron(met·al)** [스크랩 아이언(메틀)]: 파쇄, 고철, 지스러기 금속 양2

629 **scrap pa·per** [스크랩 페이퍼]: 재생용 종이, 파지, 메모 용지, ⟨~ rough paper\scratch (or note) pad⟩ 양2

630 ***scratch** [스크래취]: ⟨← scracchen(scrape with nails)⟩, ⟨어원 불명의 영국어⟩, 할퀴다, 긁다, 휘갈겨 쓰다, 지워 없애다, (골프에서 그동안의 불리했던 조건 등을 싹 지워 버리고 실제 친 타수로 맞짱뜨는) 대등한 경기, 일시적으로 사용하는 기억 매체, ⟨~ scrape\scribble\scabies⟩, ⟨~ match play⟩, ⟨↔polish\smooth\soften⟩ 양1 미1

631 **scratch hit** [스크래취 힡]: 요행수로 맞음 ('행운 타'), ⟨~ base hit\blender⟩ 미1

632 **scratch line** [스크래취 라인]: (경주의) 출발선, 도약선, ⟨~ start(take-off) line⟩ 미2

633 ***scratch pad** [스크래취 패드]: ①(낙서용·메모용) 용지철, ⟨~ note pad⟩ ②전산기의 고속 작업용 보조 기억력 철, ⟨~ high-speed internal memory used for temporary storage⟩ 미2 우1

634 ***scratch vid·e·o** [스크래취 뷔디오우]: '토막영상', '동반영상', 사진들과 음악을 넣어 만든 짧은 영상물, ⟨~ an out-sider art\companion video⟩ 우2

635 **scrawl** [스크뤼얼]: ⟨← scrawlen(shamble)⟩, ⟨영국어⟩, ⟨← crawl⟩, 휘갈겨 쓰다, 낙서하다, ⟨~ sprawl⟩, ⟨~ scribble\scratch⟩, ⟨↔neat\clear⟩ 양2

636 **scrawn·y** [스크뤄니]: ⟨← skrannig(lean)?⟩, ⟨북구어?⟩, ⟨어원 불명의 영국어⟩, 여윈, 앙상한, 왜소한, ⟨~ skinny\skellington⟩, ⟨↔plump\fat\voluptuous⟩ 양2

637 **scream** [스크뤼임]: ⟨← scremen(cry out)⟩, ⟨네덜란드어⟩, 소리치다, 비명을 지르다, 외치다, ⟨~ shriek\Klaxon⟩, ⟨↔whisper\sob\sniffle⟩ 양1

638 **screech** [스크뤼이취]: ⟨영국어⟩, ⟨의성어⟩, 날카로운 소리, 비명, 시끄러운 여자, 끽 하는 소리를 내다, 급정거, ⟨~ shriek\squeal⟩, ⟨↔whisper\mutter⟩ 양2

639 **screech owl** [스크뤼이취 아울]: '소쩍새', (북미산) 날카로운 소리로 우는 작은 올빼미·부엉이 ⟨가면올빼미·외양간올빼미 등⟩, ⟨~ gray (or mottled) owl⟩ 우2

640 **screen** [스크뤼인]: ⟨← skirm(shield)⟩, ⟨게르만어⟩, 스크린, 칸(간)막이, 방충망, 막, 가림막, 장지, 눈가리개, 영사막, 화면 (편집기), 어레미, 선발 시험, ⟨~ shield⟩, ⟨~ drapery⟩, ⟨~ examine\vetting⟩, ⟨↔expose\un-veil⟩ 양1 미2

641 ***screen cast** [스크뤼인 캐스트]: 기록 영화에 설명 붙이기, '화면 연출', ⟨~ video recording of a computer screen\screen capture⟩ 우1

642 *__screen dump__ [스크륀인 덤프]: 화면에 표시된 내용을 외부 매체에 출력하기, '화면 떠붓기', ⟨~ screen-shot⟩ 우1

643 *__screen face__ [스크륀인 훼이스]: 영화에 적합한 얼굴, '사진발'이 잘 듣는 얼굴, ⟨~ photogenic face⟩ 우1

644 *__screen golf__ [스크륀인 거얼후]: '화면 골프', ⟨한국에서 유행하는⟩ 실내에서 가상 기계 장치를 설치해 놓고 영상을 통해 하는 '가장 골프', golf simulation, ⟨스클(scr)은 콩글리시⟩ 양2

645 *__scree-nome__ [스크륀이노움]: ⟨전산망어⟩, screen+genome, (인간의 성격과 생태를 알아보기 위해) 어떤 영상물을 얼마나 보느냐로 따져보는 개인의 유전자에 찍힌 ⟨화면 인자⟩, ⟨~ indicator for screen selection⟩ 미1

646 *__screen-share__ [스크륀인 쉐어]: 화면 공유, ⟨영상 회의 등에서 타인과 같이 한 장면을 볼 수 있는⟩ 원격 동시 시청 (장치), ⟨~ remote display⟩ 미2

647 *__screen-shot__ [스크륀인 샽]: 전산기 화면에 나오는 내용을 표출하는 영상, 화면 촬영, ⟨~ screen dump⟩ 미1

648 *__screen-time__ [스크륀인 타임]: 상연 시간, 출연 시간, 관람 시간, 전자기기의 화면을 응시하는 시간, ⟨당신의 삶의 대부분을 잡아먹는 시간⟩, ⟨~ view time spent on devices⟩ 미2

649 __screw__ [스크루]: ⟨← scrofa(sow)⟩, ⟨라틴어⟩, 나사(못), 추진기, 마개 뽑기, 비틀기, 압박하다, 조이다, 씹하다, ⟨아마도 씨를 땅에 심을 때 (빠지지 않게) 비틀어 넣어야 된다는 뜻인듯 함⟩, ⟨~ fasten\twist\fuck⟩, ⟨↔un-screw\straighten⟩ 양1

650 __screw-ball__ [스크루 버얼]: 괴짜, 엉뚱한 놈 (물건), 비틀어 던진 공, ⟨~ ding-bat\weirdo⟩, ⟨↔wise\sane\normal⟩ 양2

651 __screw-driv-er__ [스크루 드라이붜]: 나사돌리개(측개), 무능한 기술자, 보드카와 오렌지 주스를 섞은 혼합 술⟨빡빡한 술⟩, ⟨~ turn-screw\clumsy technician\vodka orange juice⟩ 우2 우1

652 __screw steam-er__ [스크루 스티머]: '추진식 증기선', 19세기에 발명된 추진기로 물을 돌려서 움직이는 배, ⟨~ steam-ship powered by steam engine⟩ 우2

653 *__screw-up__ [스크루 엎]: ⟨나사를 반대로 돌리듯 하는⟩ 바보짓, 실패, 엉망, 혼란, ⟨~ blunder\mess\wreck⟩, ⟨↔accuracy\correctness⟩ 양2

654 __scrib·ble__ [스크뤼블]: ⟨← scribe⟩, 갈겨쓰기, 난필, 낙서, ⟨~ scratch\scrawl⟩ 양1

655 __scribe__ [스크롸이브]: ⟨← scribere(write)⟩, ⟨라틴어⟩, 서기, 필기사, 저술가, (유대의) 율법학자, ⟨→ ascribe⟩, ⟨~ de·scribe⟩, ⟨~ clerk\transcriber⟩, ⟨↔dictator\reciter⟩ 양2

656 __sc(k)rimp__ [스크륌프]: ⟨← skrumpen(shrink)⟩, ⟨북구어⟩, 바짝 줄이다, 긴축하다, 아끼다, 쩨쩨하게 굴다, ⟨~ shrimp⟩, ⟨~ skimp\save⟩, ⟨↔waste\squander⟩ 양2

657 __scrim·shank__ [스크림 솅크]: ⟨어원 불명의 영국 군대 속어⟩, 직무를 태만히 하다, 책임을 회피하다, ⟨~ shirk\cope out⟩, ⟨↔confront\deligent⟩ 양2

658 __scrip__ [스크륖]: ⟨영국어⟩, ⟨← script⟩, 적요, 작은 조각, 증서, 처방전, 군표, ⟨subscription receipt⟩, ⟨~ particle\bill\document⟩, ⟨~(↔)loss⟩ 양2

659 __script__ [스크륖트]: ⟨라틴어⟩, ⟨← scribe⟩, (손으로) 쓴 글, 필기체 활자, 원고, 대본, 답안, 처방(pre·scription), ⟨~ writing\copy\text⟩, ⟨↔read\forge\encumbrance⟩ 양2

660 __scrip·ture__ [스크륖춰]: 성서의 한 구절, 경전, 성전, S~; 성서, ⟨~ creed\verity\testament⟩, ⟨~ Holy Writ⟩, ⟨↔unbelief\fabrication⟩ 양2

661 __scrip·tu·ri·ent__ [스크륖튜뤼언트]: 강력히 쓰고 싶은 의욕, 쓰고 싶은 갈증, ⟨~ urge to write⟩ 양2

662 *__scroll__ [스크로울]: ⟨← escrowe(roll of paper)⟩, ⟨게르만어⟩, 족자, 두루마리, 목록, 소용돌이 모양, '두루마리 질' (표시 화면 내용을 차례로 1행씩 올리거나 내리는), ⟨~ escrow⟩, ⟨~ fold\spiral\list⟩, ⟨↔straight line\unravel⟩ 양2 미2

663 *__scroll bar__ [스크로울 바아]: ⟨화면에 표시된 문서가 전체의 어느 부분에 있는지를 나타내기 위한⟩ 화면의 끝이나 하단에 설정된 막대 모양의 영역, 흘림띠, '지침 막대', ⟨~ slider\track-bar⟩ 우1

664 __scroo(t)ch__ [스크루우취]: ⟨영국어⟩, ⟨← crouch⟩, 쭈그리고 앉다, 웅크리다, 쑤셔 넣다, ⟨~ huddle\squeeze⟩, ⟨↔straighten\stretch⟩ 양1

665 __scrooge__ [스크루우쥐]: ⟨← scrounge(take without permission)⟩, ⟨영국어⟩, '슬쩍 집어가는 자', 스크루지, ⟨찰스 디킨즈의 소설의 주인공 이름에서 따온⟩ 수전노, 구두쇠, 자린고비, ⟨~ miser\cheap-skate⟩, ⟨↔generosity\kindness⟩ 양2

666 **scro·tum** [스크로우텀]: ⟨← scrautum(quiver²)⟩, ⟨라틴어⟩, 음낭, 불알 (주머니), ⟨태생학적으로는 labium이 반대어임⟩, ⟨~ genital pouch⟩, ⟨testicle은 이 속에 들어있는 알맹이⟩ 양2

667 **scrounge** [스크롸운쥐]: ⟨영국어⟩, ⟨← scrouge(squeeze)⟩, 슬쩍 훔치다, 날치기하다, 우려내다, 여기저기 찾아다니다, ⟨~ rummage\scavenge⟩ 양1

668 **scrub¹** [스크뤕]: ⟨← schrubben(rub hard)⟩, ⟨게르만어⟩, 비벼 빨다, 문질러 닦다, 깨끗이 하다, 제거하다, ⟨~ brush\clean⟩, ⟨↔de-face\spoil⟩ 양1

669 **scrub²** [스크뤕]: ⟨영국어⟩, ⟨← shrub⟩, 덤불, 관목숲, 좀스러운 것(사람), ⟨~ thicket\insignificant⟩, ⟨↔forest\giant⟩ 양1

670 **scrub-ber** [스크뤄버]: ①⟨게르만어⟩, 솔, (자루)걸레, 세정기, 집진기, ⟨~ mop\wiper⟩ ②⟨영국어→미국어⟩, 잡종 동물⟨← scrub²⟩, 매춘부⟨걸레⟩, ⟨~ mutt\prostitute⟩ 양1

671 **scrub nurse** [스크뤕 너얼스]: ⟨닦아내는 것이 주 임무인⟩ 수술실 간호사, ⟨~ surgical nurse⟩ 양2

672 **scrub suit** [스크뤕 쑤우트]: operating gown, ⟨세척된⟩ 수술복 양2

673 **scruff** [스크뤄후]: ⟨어원 불명의 영국어⟩ ①목덜미, nape, ⟨↔front⟩ ②비듬⟨scurf⟩, 지저분한 놈⟨scum⟩, ⟨↔neat\spruce¹⟩ 양1

674 **scrum** [스크뤔]: ⟨영국어⟩, scrumage, (럭비에서) 선수들이 원형으로 둘러서서 공을 잡으려고 머리를 들여대는 짓, 밀치락 달치락 하기, 무질서한 무리, ⟨~ scuffle⟩, ⟨~ clash\crowd⟩, ⟨↔truce\order⟩ 우1

675 **scrump·tious** [스크뤔셔스]: ⟨← sumptuous(splendid)⟨영국어⟩, 멋진, 아주 맛있는, 몹시 즐거운, ⟨↔flat\insipid⟩ 양2

676 **scrunch–dry-ing** [스크뤈취 드라잉]: ⟨영국어⟩, '헝클 머리 말리기', 머리카락의 밑을 헝클어지게 하고 건조기로 문질러 ⟨crunch(아삭아삭)하게⟩말리는 방법, ⟨~ loose and curly hair-style⟩ 우1

677 **scru·ple** [스크루우플]: ⟨← scrupulus(small\sharp stone)⟩, ⟨라틴어⟩, 윤리관, 도덕관념, ⟨'뾰족한 잔돌'이 찌르는 듯한⟩ 양심의 가책, 망설임, ⟨~ compunction\contrition⟩, ⟨↔ignorance\negligence⟩ 양2

678 **scru·pu-lous** [스크루우퓨얼러스]: ⟨라틴어⟩, 빈틈없는, 꼼꼼한, 양심적인, ⟨~ thorough\in-depth\finicky⟩, ⟨↔careless\slap-dash\remiss⟩ 양1

679 **scru·ta-ble** [스크루우터블]: ⟨라틴어⟩, ⟨← scrutiny⟩, 판독할 수 있는, 이해할 수 있는, ⟨~ legible\understandable⟩, ⟨↔in-scrutable\in-comprehensible\un-believable⟩ 양2

680 **scru·ti·ny** [스크루우티니]: ⟨← scrutari(careful search)⟩, ⟨라틴어⟩, 음미, 정밀검사, 감시, 면밀한 조사, ⟨~ watch\vigil⟩, ⟨↔glance\peek⟩ 양2

681 ***SCSI** [스커지]: scuzzy, small computer system interface, 소형 전산기체계 접속법, (1981년부터 시작된) 강성기기 등 주변 장치를 개인전산기에 접속하는 방법·절차를 규정한 규칙, ⟨~ a standard to communicate with peripheral devices⟩ 우1

682 **scu·ba** [스큐우버]: 스쿠버, self contained under water breathing apparatus, aqualung, 잠수용 수중 호흡기, ⟨~(→)skin diving⟩, ⟨↔sky-diving⟩ 미1

683 **Scud** [스커드]: ⟨NATO에서 지어준 이름⟩, ⟨의성어?⟩, 1957년 소련⟨Soviet Union⟩에서 개발한 '질풍⟨gust⟩같이 날아가는' 지대지 탄도탄, ⟨~ tactical ballistic missiles⟩ 수2

684 **scuff** [스커후]: ⟨← shuffle⟩, 발을 질질 끌며 걷다, (발로) 문지르다, (구두·마루 등을) 닳게 하다, ⟨~ drag\scrape⟩, scuffs(slipper) 양1

685 **scuf·fle** [스커훌]: ⟨← scuff(struggle)⟩, ⟨게르만어⟩, 격투, 난투, 허둥지둥(하다), ⟨~ squabble\scrum\shuffle\shove⟩, ⟨↔calm\peace\harmony⟩ 양1

686 **scull** [스컬]: ⟨어원 불명의 영국어⟩, 혼자서 양쪽에 하나씩 쥐고 젓는 노(oar), 거룻배(barge), ⟨↔linger\ship⟩, ⇒ wherry 미1

687 **scul·pin** [스컬핀]: ⟨← skorpios⟩, ⟨어원 불명의 그리스어⟩, (민물·바닷물에 사는) 둑중갯과의 어류, (캘리포니아산) 쭈굴감펭, 횟대 모양의 가시 달린 넓고 커다란 지느러미를 가지고 물 밑바닥에 사는 ⟨전갈을 닮은⟩ 물고기, 건달, ⟨~ scorpion fish\miller's thumb\bull-head⟩ 미1

688 **sculp·ture** [스컬프춰]: ⟨← sculpere(carve)⟩, ⟨라틴어⟩, '새겨진 것', 조각 (술·작품), 조소, (조각) 무늬, (침식으로 인한) 지형의 변화, ⟨~ carve\cast⟩, ⟨↔portrait\colossus⟩ 양1

689 **scum** [스컴]: ⟨← skumaz(foam)⟩, ⟨게르만어⟩, 찌끼, 더껑이, 버캐, 인간쓰레기, 정액, ⟨→ scum-bag⟩, ⟨~ dregs\trash\froth\semen⟩, ⟨↔cleanliness\elite\gentry⟩ 양1

690 **scum-bag** [스컴 백]: 1817년에 (설탕을 정제할 때) 용액을 짜내는 '찌꺼기 주머니'란 뜻으로 등장했다가 1939년에 'condom'-1971년에 '인간 쓰레기'로 순화된 말 양2

691 **scum-ble** [스컴블]: 〈← scum〉, 〈불투명한 색을 엷게 칠해서〉 색조를 부드럽게 하다, (목탄화 등을) 〈가볍게 문질러서〉 윤곽을 흐리게 하다, 〈~ tint〉, 〈↔glazing〉 양1

692 ***scum·bro** [스컴브로]: 〈2018년에 주조된 말〉, scummy+bro, '비싼 누더기 의상', (고급 의상으로) 꾸미지 않은 듯 꾸민 차림새, 〈~ wearing expensive clothing in sloppy way〉 우2

693 **scun·gil·li** [스쿤쥐일리 \ 스컨기일리]: 〈← conchiglia(seashell)〉, 스컨길리, whelk, 골뱅이, 〈이탈리아에서 별미로〉 조리한 고둥·소라·우렁이, '굼벵이'(굼뜬 사람), 〈~ sluggard〉 수2 양2

694 **scup** [스컵]: 〈← mishcup〉, 〈원주민어〉, porgy, panfish, 원주민들은 비료로 썼으나 백인들이 즐겨 구워 먹는 북미 대서양 연안에서 잘 잡히는 붉은 빛이 도는 감성돔(black sea-bream)과의 작은 물고기 우1

695 **scup·per·nong** [스커퍼넝]: 〈← askuponong ← ascopa(sweet bay-tree)〉, 〈원주민어〉, 스쿠퍼농, 미국 북캐롤라이나(N. Carolina)주 스쿠퍼농강 유역 원산의 알이 큰 초록·청동색의 포도, 〈~ a large greenish grape〉 수2

696 **scurf** [스커얼후]: 〈게르만어〉, scum, 찌꺼기, 오물, 비듬(dandruff), 〈→ scurvy〉, 〈↔gem\elite〉 양2

697 **scur·ri·lous** [스커륄러스]: 〈← scurrillis(buffon-like)〉, 〈라틴어〉, 입정(입버릇) 사나운, 상스러운, 야비한, 〈~ abusive\derogatory〉, 〈↔decent\polite〉 양2

698 **scur·ry** [스커어뤼]: 〈영국어〉, 〈← hurry+scour²〉, 허둥지둥 (총총걸음으로) 달리다, 흩날리다, (다람쥐 등의) 떼, 〈~ hurtle\rush\race〉, 〈↔amble\stroll〉 양2

699 **scur·vy** [스커얼뷔]: 〈← scurf(scum)〉, 〈라틴어〉, 스커비, 상스러운, 비듬투성이의, (비타민C의 결핍(deficiency)으로 잇몸에서 피가 나는 등의 증상을 나타내는) 괴혈병, 〈~ vile\odious〉, 〈↔admirable\meritorious〉 양2

700 **scur·vy grass** [스커얼뷔 그뢔스]: (예전에 괴혈병 치료에 쓰였던) 북·동 유럽 바닷가에 서식하는 자잘한 흰 꽃이 피는 겨자 비슷한 십자화과 양고추냉이속의 풀, 〈~ spoon-wort〉 우1

701 **scute** [스큐우트]: 〈← scutum(shield)〉, 〈라틴어〉, 등 껍데기, 등 딱지, 순판(곤충 등의 방패), (거북이 등의) 인갑, 〈~ bony external plate〉 양2

702 **scut·tle** [스커틀]: 〈← scutra(dish)〉, 〈'접시'란 뜻의 라틴어〉 ①(손잡이가 달린) 석탄통, 큰 바구니, 〈~ a metal container〉 ②바삐가다, 허둥지둥 달아나다, 폐기하다, 〈~ destroy\wreck〉, 〈↔remain\crawl〉 ③작은 승강구(구멍), 〈~ a small opening〉 미1

703 **scut·tle-butt** [스커틀 벝]: (갑판 위의) 음료수 통, 〈~ a cask to serve water〉, 〈그곳에 모여든 사람들이 퍼프리는〉 입소문, 〈~ rumor\gossip〉 양2

704 **Scyl·la** [씰러]: 〈← skylax(dog)〉, 〈그리스어〉, 스킬라, 메시나 해협의 큰 바위, 그곳에 살면서 〈개 짖는 소리를 내며〉 뱃사람을 잡아먹었던 머리 6개·다리 12개가 달린 여자 괴물, 〈~ a six-headed sea monster〉 수1

705 **scythe** [싸이드]: 〈← segitho〉, 〈게르만어〉, (자루가 긴) 큰 낫, 〈~ sickle〉, 〈~(↔)knife\scissors〉, 〈↔unite\sew〉 미1

706 **sea** [씨이]: 〈← sava(water)〉, 〈산스크리트어→게르만어〉, 〈← saiwa〉, 바다, 대양, 해양, 〈~ ocean\marine〉, 〈↔land〉 가2

707 **sea a·nem·o·ne** [씨이 어네머니]: 말미잘, 수많은 팔을 가지고 해변의 파도에 '춤을 추는' 〈바람꽃 비슷한〉 강장동물, 〈~ predatory marine invertebrates〉 미2

708 **sea-ar·row** [씨이 애로우]: 〈수면 위로 '화살같이' 뛰어오르는〉 오징어, ⇒ squid 가1

709 **sea-bank (wall)** [씨이 뱅크 (워얼)]: 제방, 방파제, 방조제, sea dike 미2

710 **sea bass** [씨이 배스]: 바다농어, 능성어(convict grouper), 가시가 별로 없고 맛이 담백한 농어과의 바닷물고기, 〈~ branzino\white mullet〉, 〈~(↔)Patagonian tooth-fish〉 미2

711 **sea-bed** [씨이 베드]: 바다 바닥, 해저, 〈~ ocean floor〉 양2

712 **sea bells** [씨이 벨스]: 갯메꽃, 분홍색의 초롱꽃을 피고 해변의 모래땅에 서식하는 한해살이 덩굴풀, 〈~ oyster leaf(plant)〉 미2

713 **sea blub·ber** [씨이 블러버]: jelly·fish, 해파리, 갓 비슷한 몸통에 많은 촉수가 늘어져 있는 강장동물 미2

714 **sea bream** [씨이 브뤼임]: 참돔, 맛이 좋은 감성돔과의 바닷물고기, 〈~ porgy\snapper〉 미2

715 **sea calf** [씨이 캐후]: harbor seal, (흔히 보는) 점박이바다표범 미2

716 **sea ca·nar·y** [씨이 커네뤼]: beluga, (둥근 머리를 가지고 공기 중에 나와 떨리는 울음소리를 내며 북극지방에 서식하는) 흰 돌고래, melon·head, ⇒ white whale 미2

717 **sea chest·nut** [씨이 췌스넡]: sea urchin, uni, 성게(밤송이 같은 가시를 가지고 간조선 부근 암석에 사는 극피동물) 미2

718 **sea coast** [씨이 코우스트]: 해안, 연안, ⟨~ sea-shore⟩, ⟨↔in-land⟩ 가1

719 **sea-cock** [씨이 캌]: ①해수 꼭지, (취수용) 선저판, ⟨~ boat (or water) valve⟩ ②gurnard, 성대(큰 지느러미·삐죽한 주둥이·가늘고 긴 몸통을 가지고 온대에 사는 40cm 정도의 바닷물고기) 미2

720 **sea-cop·ter** [씨이 캎터]: sea helicopter, 수륙 양용 직승기 미2

721 *__sea·crest·ing__ [씨이 크뤠스팅]: ⟨미국의 TV 사회자 이름(Seocrest; 어원 불명의 독일계 이름)에서 연유한⟩ (사실을 모호하게 표현해서) 호기심을 자극하는 짓, 긴장감 조성하기, ⟨~ hype\cliffhanger⟩ 우2

722 **sea crow** [씨이 크로우]: sea pie, oyster·bird, 바다오리, 붉은부리갈매기, 검은머리물떼새, 북미 대륙의 물가에 서식하며 오리보다는 닭의 발가락을 닮은 메추리만 한 통통한 철새 미2

723 **sea cu·cum·ber** [씨이 큐우컴버]: 해삼(hae-sam), 해서(바닷쥐), 오돌도돌한 돌기가 나 있는 오이(인삼) 같은 몸통을 가지고 심해에 사는 쫄깃쫄깃한 맛의 극피동물, ⟨~ sea-slug⟩, ⇒ trepang 양2

724 **sea day** [씨이 데이]: '해상일', (여객이 내리지 못하고) 유람선이 하루 종일 바다에 떠 있는 날, ⟨~ remaining at sea all day⟩, ⟨~(↔)excursion⟩, ⟨↔cruise day⟩ 미2

725 **sea dev·il** [씨이 데블]: sea monster, devil fish, manta, 매(쥐)가오리, 커다란 아가리에 송곳 같은 이빨을 가지고 심해에 사는 ⟨멸종 위기의⟩ 둥글넓적한 물고기 미2

726 **sea dog** [씨이 더어그]: ①바다표범, 잔점 넝에(물개의 함경도 말), ⟨~ sea-lion⟩ ②돔발상어, ⟨~ nurse-hound⟩ ③노련한 뱃사람, ⟨엘리자베스 1세 때 스페인 함대를 괴롭혔던⟩ 영국의 해적들, ⟨~ English privateers⟩ 미2 우1

727 **sea duck** [씨이 덕]: 바다오리, 솜털오리, ⟨~ eider⟩, ⟨~(↔)scoter\scaup⟩ 미2

728 **sea ea·gle** [씨이 이이글]: 물수리, (흰꼬리수리·흰죽지참수리 등) 바닷물고기를 잡아먹는 독수리류, ⟨~ fish eagle⟩, ⟨~ ern\osprey⟩ 미2

729 **sea-ear** [씨이 이어]: abalone, 전복, (껍데기는 나전 세공의 재료로 쓰이는) 귀 모양의 둥글납작한 몸통을 가진 조개, ⟨~ ear shell\ormer⟩ 양2

730 **sea el·e·phant** [씨이 엘리훤트]: elephant seal, 코끼리바다표범, 귀는 없으나 코끼리처럼 큰 코를 가진 대형 강치 미2

731 **sea fan** [씨이 홴]: 부채산호, 바다 버들, 열대·아열대의 얕은 바다에 서식하는 부채 모양의 산호충 (동물), ⟨~ an octo-coral⟩ 미2

732 **sea-far-er** [씨이 훼어뤄]: 뱃사람(사공), 항해사, ⟨~ sailor\mariner⟩, ⟨↔air-man\aviator⟩ 양2

733 **sea fox** [씨이 확스]: thresher shark, 환도상어, ⟨별로 교활하지는 않으나⟩ 옛 군도 같은 거대한 꼬리를 가지고 매닥질을 잘 쳐서 고래도 공격하는 대형 상어 미2

734 **sea grape** [씨이 그뤠이프]: ①bay grape, 미주 열대지방 해안에 서식하며 작은 포도송이 같은 열매를 맺는 메밀(buckwheat)과의 초본(shrub) ②가시솔나물, 수송나물(salsola) ③gulfweed, sargassum, 꽈리 같은 부레를 가지고 얕은 바다에 부유하는 '모자반'류의 식용 해초, ⟨~ green caviar⟩ ④왜오징어의 우무 모양의 난각(egg pouch) 미2

735 **sea gull** [씨이 걸]: sea mew, 바다갈매기, 긴 부리·긴 날개·흰 몸통에 검은 머리나 날개를 가지고 시끄러운 소리를 내며 물고기를 잡아먹는 바닷새 미2

736 **Sea-hawks** [씨이 호어크스], Se·at·tle: 시호크스, '바닷매들', 1974년에 창단되어 1976년에 NFL에 가담한 미식 축구단(pro foot-ball team) 우2

737 **sea hedge-hog** [씨이 헤쥐하아그]: '바다 고슴도치' ①sea urchin(성게) ②globe fish (⟨가시⟩복) 미2

738 **sea hog** [씨이 하아그]: (쥐)돌고래, 쇳물돼지, ⟨얼룩무늬의⟩ 알락돌고래, (쥐 같은 이빨을 가지고 물 위로 떠다니는) 돌핀 비슷한 작은 고래, porpoise, ⟨~ pig fish⟩ 미2

739 **sea horse** [씨이 호얼스]: 해마 ①해신의 수레를 끄는 말 머리에 물고기 꼬리를 한 괴물, ⟨~(↔)walrus⟩ ②hippocampus ('바다 괴물'), (긴 주둥이·튀어나온 눈덩이) 말 대가리 비슷한 머리와 통통한 큰 배·긴 꼬리를 가지고 따뜻한 물에 떠다니는 ⟨실고기⟩, ⟨~ sea monster[3]⟩, ⟨~(↔)pipe fish⟩ 양2

740 **sea kale** [씨이 케일]: 갯배추, 유럽의 해안에서 서식하며 새싹을 식용으로 쓰는 잎이 퍼진 십자화과의 양배추, ⟨~ sea cole-wort (or cabbage)⟩ 미2

741 **seal¹** [씨일]: ⟨← selah⟩, ⟨어원 불명의 게르만어⟩, 바다표범, 물개, 강치, '넝에', 어뢰 모양의 매끄러운 몸매로 해안선을 따라 이동하며 윤이 나는 암갈색의 모피를 제공하는 육·해 양서의 커다란 포유동물, ⟨sea lion에 비해 귓바퀴가 거의 없고 물갈퀴가 작음⟩, ⟨~(↔)walrus⟩ 미2

742 **seal²** [씨일]: ⟨← signum⟩, ⟨라틴어⟩, ⟨← sign⟩, 봉인, 날인, 밀봉, ⟨작은⟩ 인장, 문장, 장식 우표, 입막음, ⟨~ secure\block⟩, ⟨~ emblem\stamp⟩, ⟨↔open\vacate⟩ 양2

743 **sea lav·en·der** [씨이 래뷘더]: (연보라색의 자잘한 꽃들이 피는) 갯질경이과의 해안 식물, ⟨~ marsh-rosemary⟩ 우1

744 **sea leop·ard** [씨이 레펄드]: (남극해에 서식하는) 귀가 없는 큰 바다표범, (참깨점박이)바다표범, ⟨~ leopard seal¹⟩ 미2

745 **sea let·tuce** [씨이 레티스]: '바다 상추', 파래, 민물이 섞인 바닷물 속의 바위에 붙어 사는 상추 모양의 이끼, ⟨~ laver\an edible green algae⟩ 미2

746 **sea lil·y** [씨이 릴리]: 바다('갯')나리, 긴 줄기에 나리 비슷한 꽃 모양을 한 심해의 극피동물, ⟨~ feather star\crinod⟩ 미2

747 **sea li·on** [씨이 라이언]: '바다사자', 대형 강치, (seal에 비해) 늘어진 귀 덮개·긴 앞 물갈퀴를 가지고 온·난류에 사는 커다란 물개, ⟨~(↔)walrus⟩ 미2

748 **seal point** [씨일 포인트]: 담황색의 몸통에 진한 갈색 반점이 있는 샴(타이랜드)고양이, ⟨~(↔)Siamese cat⟩ 우1

749 **Sea·ly·ham ter·ri·er** [씰리햄 테뤼어]: ⟨← Sealy ← saelig(happy and blessed)⟩, 영국 웨일스 지방 실리엄 장원(영지)에서 개량된 백색의 복슬복슬한 털이 난 삽살개, ⟨~ a rare Welsh dog-breed⟩ 수2

750 **seam** [씨임]: ⟨게르만어⟩, suture, 솔기, 이음매, 경계선, 봉합선, 주름, 금, 땀, ⟨~ raphe\joint⟩, ⟨↔gap\cleft⟩ 양2

751 **sea-man** [씨이먼]: (미)상등수병, 선원 수부, 뱃놈(사람), ⟨동음 이의어가 있으니 주의할 것⟩, ⟨~ sailor\sea-farer⟩, ⟨↔air-man⟩ 가1

752 **sea mat** [씨이 맽]: (그물눈) 이끼벌레, 둥근 접시 모양의 혹들을 가지고 '멍석처럼' 바위나 이끼에 붙어 사는 산호충(coral polyp)의 일종, ⟨~ sea moss⟩ 미2

753 **sea mew** [씨이 뮤우]: gull, ⟨뮤~뮤~ 하고 울어대는⟩ 갈매기 미2

754 **sea mon·ster** [씨이 만스터]: ①(사람을 잡아먹는다는) 바다의 '각종' 괴물, ⟨~ sea serpent⟩ ②⟨이가 크고 튼튼한⟩ 은상어, ⟨~ chimera⟩ ③해마(sea-horse) 양2

755 **seam-stress** [씨임스트뤼스]: 침모, 여자 재봉사, ⟨~ needle-woman\dress-maker⟩, ⟨↔cook⟩ 양2

756 **sea mus·tard** [씨이 머스터드]: ⟨냄새가 아니라 모양이 갓 같은⟩ '바다 겨자', 미역, '바다 고사리', ⟨편자가 못마땅할 때마다 어머님께서 해산 후 드신 것을 후회하시던⟩ 해안의 바위에 붙어 사는 넓은 잎과 긴 줄기를 가진 갈조류, wakame, ⟨~ brown sea-weed⟩ 미2

757 **sea nee·dle** [씨이 니이들]: 꽁치아재비, 황알치, ⟨좁고 긴 부리와 몸통을 가지고 대양의 표면에서 활동하는⟩ 짧은 갈치 모양의 생선, ⟨~ needle-fish\gar-pike⟩ 미2

758 **sea net·tle** [씨이 네틀]: '쐐기 해파리', (북미 태평양에 서식하며) ⟨사람을 쏘는⟩ 대형 해파리, ⟨~ a stinging jelly-fish⟩ 미2

759 **sea on·ion** [씨이 어니언]: '해변 양파', 해총, scilla, ⇒ squill 미2

760 **sea ot·ter** [씨이 아터]: 해달, 바다 수달, ⟨맛있는 것만 먹고 살아서 그런지⟩ 비싼 모피를 제공하는 북태평양 연안의 '보호받는' 대형 물족제비, ⟨~ sea beaver (or weasel)⟩ 미2

761 **sea par·rot** [씨이 패뤁]: puffin, (한꺼번에 많은 작은 물고기를 먹을 수 있게 부리가 크고 넓은) 땅딸막한 작은 바다쇠오리 미2

762 **sea pen** [씨이 펜]: 참산호, 대롱 모양을 한 바다조름(깃털) 속 화충(꽃벌레)류의 강장동물, ⟨~ sea pansy (or whip)⟩ 미2

763 **sea pie** [씨이 파이]: ①(선원용) ⟨육류를 포개 짠⟩ 절인 고기 겹과자(pie) ②sea crow, oystercatcher, (몸통은 'magpie' 비슷하나 부리와 발가락은 오리 비슷하고 굴을 잡아먹는) 검은머리물떼새 미1

764 **sea pig** [씨이 피그]: ①돼지 모양을 하고 바다 바닥에 사는 '해삼'의 일종, 〈~ a deep-sea cucumber〉 ②sea cow, dugong, 곱등어, 인도양·태평양의 해변 난류에 서식하는 고래 같기도 하고 물개 같기도 한 거대한 포유'초식' 동물 우1

765 **sea pi·geon** [씨이 피줜]: guillemot, 바다 '비둘기', 뾰족한 부리와 검고 흰 몸통을 가지고 주로 벼랑에 붙어 사는 작은 쇠오리류 미2

766 **sea pink** [씨이 핑크]: armeria, thrift, 붉은 갯질경이, 분홍색의 빡빡한 둥근 꽃 뭉치를 가지고 해변에 서식하는 여러해살이풀 우1

767 **sea port** [씨이 포오트]: 항구 (도시), 바다 항구, 〈~ harbor〉, 〈↔air-port〉 가1

768 **sea purse** [씨이 퍼얼스]: (가오리·상어 등의) 알 주머니, 〈~ egg case〉 우1

769 **sear** [씨어]: ①〈← searian〉, 〈게르만어〉, (표면을) 태우다, 그슬리다, 무감각하게 하다, 〈~ burn\scorch〉, 〈↔freeze\inundate〉 ②〈← sera〉, 〈라틴어〉, 걸쇠, 멈춤쇠, 〈~ latch〉, 〈↔trigger〉 양2

770 **search** [써어취]: 〈← circare〉, 〈라틴어〉, 찾다, 뒤지다, 더듬다, 〈'circle'(둘레)을 자세히 살피다, 〈~ pursue\quest〉, 〈↔quit\neglect〉 양1

771 **search en·gine** [써어취 엔쥔]: 검색기, 전산기상의 정보를 효율적으로 검색하는 연성 차림표, 〈~ portal\browser〉 미2

772 **search light** [써어취 라잍]: 탐조등, 수색등, 〈~ flash (or spot) light〉 양2

773 **search war·rant** [써어취 워뤈트]: 수색 영장, 수색을 집행하라는 법원 명령, 〈~ authorization to search〉, 〈~(↔)summon〉 양2

774 **sea rob·ber** [씨이 롸버]: 해적(pirate), (다른 물떼새가 잡은 물고기를 가로채는) 도둑갈매기(robber gull) 미2

775 **sea rob·in** [씨이 롸빈]: gurnard, 주황색의 배에 〈물새같이〉 앞 지느러미를 펄럭이면서 헤엄치는 성대류의 바닷물고기, 〈~ a bottom-feeding ray-finned fish〉, 〈~(↔)lump-fish〉 우1

776 **Sears Roe-buck** [씨어즈 로우벅]: 〈영국계 이름들〉, 〈'sawyer(carpenter?)'와 '수사슴(male deer)'〉, 시어스 로벅, 1892년부터 동명의 두 사람이 합자해서 통신 판매로 시작한 후 1989년에는 미국의 최대로 부상했으나 현재 23번째로 밀려난 생활용품 소매업체 연쇄백화점, 〈~ an American chain of department stores〉 수1

777 **sea ser·pent** [씨이 써얼펀트]: (공상적) 큰 바다뱀(sea monster), 용(dragon), 〈산에서도 산다는 전설이 있는 7~10m 정도의〉 산갈치, oarfish 미2

778 **sea-shore** [씨이 쇼어]: 바닷가, 해변, 해안, 〈~ sea-coast〉, 〈↔inland〉 양2

779 **sea-sick** [씨이 앀]: 뱃멀미, 〈~ a motion sickness〉, 〈↔air-sickness\mountain sickness〉 양2

780 **sea-side** [씨이 싸이드]: 바닷가 (의), 해변 (의), 〈~ shore-side〉, 〈↔oceanic〉 양2

781 **sea slug** [씨이 슬러그]: 〈다양한 모양과 다양한 색깔을 가진〉 바다 달팽이, (검은) 해삼, 〈~ sea hare (or butterfly)〉 미2

782 **sea snipe** [씨이 스나이프]: ①지느러미발도요(sand-piper) ②bellows fish 〈풀무같이 생긴 배에 삐죽한 주둥이를 한〉 대주둥치 미2

783 **sea·son¹** [씨이즌]: 〈← serere(to sow)〉, 〈라틴어〉, 〈씨를 심는〉 철, 계절, (제)때, 시기, 활동기, 〈~ age\mature〉, 〈↔decline\wither〉 가1

784 **sea·son²** [씨이즌]: 〈← seison(inbue)〉, 〈프랑스어〉, 맛을 내다, 간을 맞추다, 완화하다, 길들이다, 〈~ flavor\spice〉, 〈↔de·salt\ameliorate〉, 〈한국에는 연륜을 일컫는 '짬밥'이란 말이 있음〉 양2

785 **sea squirt** [씨이 스쿼어트]: 우렁쉥이, 멍게, 호로병 같은 모양을 가지고 바다 바닥에 살면서 입으로 물을 '뿜어내는' 원삭(색)동물, 〈골이 없이 변하지 않는 대통 모양의 등줄기에 신경조직을 가진 하등동물〉, 〈~ sea pork(liver\tulip)〉 미2

786 **sea star** [씨이 스타아]: starfish, 불가사리, (중앙 반에 5개의 별 모양의 복이 달려있는) 오귀발, finger·fish 미2

787 **sea swal·low** [씨이 스왈로우]: ①제비갈매기, 바다제비, mackerel gull, tern, 〈~ artic tern〉 ②blue glaucus, '바다 팔태충', 바닷물 속에 살며 주로 푸른색의 가는 몸에 돌기가 많이 뻗어나간 강장류의 연체동물 미2 우1

788 **seat** [씨이트]: 〈← setl〉, 〈게르만어〉, 〈← sit〉, '앉는 곳', 자리, 좌석, 의석, 소재지, 앉히다, 취임시키다, 골반에서 가장 넓은 부위의 길이, 〈~ install a seat〉, 〈~ chair\place\bench〉, 〈↔stand\oust〉 양1 우1

789 **seat belt** [씨이트 벨트]: 좌석띠, 안전띠, ⟨~ safety belt⟩, ⟨~(↔)air bag⟩ 양1

790 **seat-er** [씨이터]: ~인승 (차량·비행기), ~좌석, ⟨~ seating people (or place)⟩ 양1

791 **SEATO** [씨이토우]: 시토, South East Asian Treaty Organization, 동남아시아 조약기구, 공산주의의 팽창을 막기 위해 1954년 미국의 국무장관 덜레스의 주관으로 미·영·불·호주 두 나라·파키스탄·필리핀·타이 등을 결속시켰다가 1977년에 해체된 군사·문화 동맹 미2

792 **sea trout** [씨이 트라웉]: (연어같이 바다로 나갔다 알을 까러 민물로 돌아오는 유럽 원산 ⟨갈색의⟩) 바다 송어, ⟨~ bull (or brown) trout⟩ 미2

793 **Se·at·tle** [씨이애틀]: 시애틀, 1853년 원주민 추장 Sealth의 이름을 따서 미 북서부 Puget 해협에 세워진 ⟨보잉과 마이크로소프트사가 있는⟩ 워싱턴주의 주도·상공업·교통·항만 도시, ⟨~ Capital of Washington State⟩ 수1

794 **sea tur·tle** [씨이 터어틀]: 바다거북, (민물 거북에 비해) 머리·팔·다리를 움츠리지 못하고 방사선 모양의 각질로 둘러싸인 ⟨요리용으로 남획되어 보호가 요청되는⟩ 파충류, ⟨~ marine(ocean) turtle⟩ 가1

795 **sea ur·chin** [씨이 어얼췬]: '바다 고슴도치', '바다의 말썽꾸러기', 성게, 움직이는 수많은 가시로 둘러싸인 밤송이 모양의 수중 극피동물, sea hedgehog, sea chestnut, uni 양2

796 **sea-ward** [씨이 워어드]: 바다를 향한, 바다 쪽의, ⟨~ makai\out-going⟩, ⟨↔in-coming\wind-ward⟩ 양2

797 **sea-weed** [씨이 위이드]: 해초, 해조, 바닷말, 바다의 생태를 유지시켜 주는 ⟨아주 귀중한⟩ '잡초', ⟨~ kelp⟩, ⟨↔air plant⟩ 양2

798 **sea-wife** [씨이 와이후]: ①wrasse, '노파', 양놀래깃과의 바닷물고기, 수족관에서 인기 있는 다양한 색깔과 다양한 모양을 가진 작은 바닷물고기, ⟨아마도 'swift'가 변형된 말⟩, ⟨~ wrasse⟩ ②S~ W~; 영화 제목, 고기잡이배 이름, ⟨~ names of a movie\a ship⟩ 우1 수2

799 **Se·bas·tian** [시배스쉰], St.: ⟨← sebastos(august)⟩, ⟨그리스어→라틴어⟩, '덕망있는 자', 성 세바스찬 (?-AD288), 첫 번째는 극적으로 살아났으나 두 번째는 몽동이로 맞아 죽은 로마의 군인·순교자, ⟨~ a Roman Christian martyr⟩ 수1

800 **seb·or·rhe·a** [쎄버뤼이어]: sebum(tallow)+rhein(flow), ⟨라틴어+그리스어⟩, ⟨피부 기름이 흘러내리는⟩ 지루증, ⟨~ seborrheic dermatitis (or psoriasis)⟩, ⟨~(↔)dandruff⟩ 양2

801 **se·bum** [씨이범]: ⟨라틴어⟩, tallow, 피지(피부 기름) 양2

802 **SEC** [쎅 \ 에스이이씨] (Se·cu·rit·ies and Ex-change Com-mis·sion): (미)증권거래 위원회, (공정한 증권거래를 통해 투자자들을 보호하고 경기를 진작시키기 위해 1934년부터 태동한) 미국의 연방정부기구, ⟨~ an independent agency of US federal government⟩ 미2

803 **sec·co** [쎄코우]: ⟨← siscus(dry)⟩, ⟨'건조'란 뜻의 라틴어에서 연유한 이탈리아어⟩, 짧게 단음적으로, ⟨~ arid\sharp\withered⟩, ⟨↔mojado(wet)\humedo(humid)⟩ 미2

804 **se-cede** [시씨이드]: se(apart)+cedere(go), ⟨라틴어⟩, 탈퇴(분리)하다, ⟨~ withdraw\quit\break away⟩, ⟨↔advance\join⟩ 양2

805 **Se·ces·sion** [시쎄션]: (남·북 전쟁⟨Civil War⟩을 유도한) 1860~61년간의 남부 11개 주(southern states)의 ⟨연방⟩ 탈퇴 우2

806 **Seck-el** [쎄컬]: ⟨← sac(purse)⟩, ⟨게르만어⟩, '지갑 제조자', 세컬 ①sugar pear, ⟨농부의 이름을 따⟩ 미주 원산의 아주 작고(very small) 수분이 많은 ⟨난장이⟩ 서양배, ⟨~ honey (or candy) pear⟩ ②⟨Seckel이란 미국 의사가 서술한⟩ (열성으로 유전되는) 새 머리를 한 난쟁이 기형아, ⟨~ bird headed dwarfism⟩ 수2

807 **se-clude** [시쿨루우드]: se(apart)+claudere(shut), ⟨라틴어⟩, '떨어뜨려 가두다', 분리(격리)하다, 은퇴(추방)시키다, ⟨~ isolate\quarantine⟩, ⟨↔integrate\join⟩ 양1

808 **sec·ond¹** [쎄컨드]: ⟨← sequi⟩, ⟨라틴어⟩, ⟨첫 번째 뒤에 따라오는⟩ 둘째 번의, 제2의, 첩(concubine의 Konglish), 버금가는, 종속적인, 후원하다, 지지하다, ⟨~ next\following⟩, ⟨↔first\prime\oppose⟩ 양1

809 **sec·ond²** [쎄컨드]: ⟨← second'⟩, ⟨라틴어⟩, (60분 진법에서 두번째로) ⟨분을 쪼갠⟩ 초, 매우 짧은 시간, 세슘 133 원자가 발하는 주파수 (약 92억 헤르츠), ⟨~ bit\moment\jiff⟩, ⟨↔age\aeon⟩ 양2

810 **Sec·ond A·mend·ment** [쎄컨드 어멘드먼트]: (미) 헌법 수정 제2조, 1791년 권리장전의 일부로 채택된 시민의 총포 휴대권⟨bear arms⟩을 보장한 헌법 조항 수2

811 **sec·ond-ar·y cache** [쎄컨데뤼 캐쉬]: (주기억장치와 임시저장 기억장치 사이에 둔) 2차적 고속 기억장치, ⟨~ L2 cache⟩, ⟨↔primary cache⟩ 미2

812 **sec·ond-ar·y col·or** [쎄컨데뤼 컬러]: 이차색, (3원색 중 2원색을 등분·혼합한) 등화색, 〈빨간색이나 초록색을 섞은 노란색·초록색과 푸른색을 섞은 cyan·빨간색과 푸른색을 섞은 magenta(자홍색)가 있음〉, 〈~ complementary color〉, 〈↔primary color〉 양2

813 **sec·ond·ar·y in·dus·try** [쎄컨데뤼 인더스트뤼]: 2차 산업, 원자재를 소비용으로 바꾸는 〈각종〉 '제조업', 〈~ manufacturing〉, 〈↔primary industry\tertiary industry〉 양2

814 *****sec·ond-ar·y mouse but·ton** [쎄컨데뤼 마우스버튼]: (차림표를 찾아내는 주로 오른쪽〈right〉에 있는) 2차 탐색 단추, 〈↔primary mouse button〉 미2

815 **sec·ond cous·in** [쎄컨드 커즌]: 6촌, 재종 (형제·자매), 〈~ cousin's child〉, 〈~(↔)first cousin〉 양2

816 **sec·ond death** [쎄컨드 데쓰]: (사후 재판으로 비기독교인이 지옥으로 떨어지는) 영원한 죽음, 〈~ eternal death\separation from God〉 양1

817 **sec·ond floor** [쎄컨드 훌러어]: (미) 2층, (영) 3층, 〈~(↔)upstairs〉, 〈↔first floor〉 미2

818 **sec·ond gen·er·a·tion** [쎄컨드 줴너뤠이션]: 제2세대의, 귀화한 (이민 온) 부모의 자녀(individuals born and raised in the new country who have at least one foreign-born parent), 〈↔first generation〉 양2

819 **sec·ond gen·tle·man** [쎄컨드 줸틀맨]: '둘째 신사', (여 부통령·여 사장 등의) 부군, 〈~ husband of a female VP〉, 〈↔second lady〉 우2

820 **sec·ond-guess** [쎄컨드 게스]: 예측(추측)하다, 사후 비판(하다), 〈~ predict\criticize〉 양2

821 **sec·ond-hand** [쎄컨드 핸드]: 간접적인, 얻어들은, 중고품의, 고물의, 〈~ indirect\used〉, 〈↔first-hand〉 양1

822 **sec·ond hand** [쎄컨드 핸드]: ①초침 ②(도와주는) 조수 ③중개자, 매개물, 〈~ extra hand〉, 〈~ intermediate〉 양2

823 **sec·ond-hand smoke** [쎄컨드 핸드 스모우크]: 간접흡연, 옆에서 마시는 담배 연기, 〈~ indirect smoking〉 양2

824 **sec·ond la·dy** [쎄컨드 레이디]: '둘째 숙녀', (남 부통령·남 사장 등의) 부인, 〈↔first lady\second gentleman〉 우2

825 **sec·ond lieu·ten·ant** [쎄컨드 루우테넌트]: 소위, 〈~ the lowest officer〉, 〈↔first lieutenant(미군의 중위)〉 양2

826 **sec·ond run** [쎄컨드 뤈]: 제2차 흥행, 재개봉, 〈~ echo\recap〉 양2

827 **sec·onds** [쎄컨즈]: 한 그릇(숟갈) 더, 한 잔 더, 두번째로 나오는 요리, second helping 미2

828 **sec·ond thought** [쎄컨드 쏘어트]: 다시 생각함, 재고, 〈~ after thought〉 양2

829 **sec·ond tooth** [쎄컨드 투우쓰]: 2차 치아, 영구치, 〈~ adult (or permanent) tooth〉, 〈↔milk tooth〉 양2

830 *****sec·ond wind** [쎄컨드 윈드]: 새로운 활력, 원기를 회복하다, 〈~ energy burst\re-juvernation〉, 〈↔hitting the wall〉 양2

831 **Sec·ond World War**: World War Ⅱ, 제2차 세계대전, 1939~1945년간 30여 개국이 직접 참여하여 소련과 중국을 비롯해서 약 6천만의 전사자를 낸 사상 최대의 전쟁, 〈~ Great War\The Big One〉 수2

832 **se-cret** [씨이크륄]: se(apart)+cernere(sift), 〈라틴어〉, '따로 걸러낸 것', 비밀(기밀)의, 숨겨진, 은밀한, 외진, 신비스러운, 〈~ confidential\classified\mystic〉, 〈↔open\known\overt〉 양2

833 **se-cret a·gent** [씨이크륄 에이줜트]: 비밀 요원, 첩보원, 간첩, 〈~ spy\under-cover〉 양2

834 **sec·re·tar·y** [쎄크뤄테뤼]: 〈비밀을 지켜주는〉 비서, 서기, 간사, 총무, 장관, 〈~ assistant\registrar〉, 〈↔boss\adversary〉 양1

835 **sec·re·tar·y bird** [쎄크뤄테뤼 버어드]: walking eagle, 서기관조, 뱀잡이수리, 귀 뒤에 〈서기들이 쓰는 펜깃 같은〉 깃털을 가지고 파충류를 잡아먹는 아프리카의 독수리, 〈~ snake hawk (or eater)\adjutant bird〉 우2

836 **sec·re·tar·y gen·er·al** [쎄크뤄테뤼 줴너뤌]: 사무총(국)장, 〈~ chief administrative officer〉 양2

837 **se-cret de·sign** [씨이크륄 디쟈인]: 속셈, 꿍꿍이 속, 〈~ conspiracy\plot〉 양2

838 **se-crete** [시크뤼이트]: se(apart)+cernere(sift), 〈라틴어〉 ①비밀로 하다, 숨기다, 〈~ conceal\hide〉, 〈↔exhibit〉 ②〈← secretion〉, 〈따로 걸러〉 분비하다, excrete, 〈~ emit〉, 〈↔absorb〉 양2

839 **se-cret serv·ice** [씨이크륄 써어뷔스]: 비밀 기관, 첩보부, 〈~ intelligence\espionage〉 미2

840　**Se-cret Serv·ice**, U·nit-ed States (USSS): 미 비밀 검찰부, 1865년 위조지폐 탐색을 위해 재무부 산하 단체로 창립되어 정부 요인의 경호를 담당하는 등 업무가 방대해져 2003년 국토 안전부〈DHS〉로 옮겨진 (7천 명 이상의 요원이 근무하는) 막강한 기구, 〈~(↔)FBI는 Dept. of Justice 산하〉 미2

841　**sect** [쎅트]: 〈← secta〉, 〈라틴어〉, 〈← sequel〉, 〈따르는〉 분파, 종파, 당파, 학파, 〈~ faction¹\clique\cult〉, 〈↔non-partisan\un-denominational〉 양2

842　**sec·tion** [쎅션]: 〈← secare(cut)〉, 〈라틴어〉, '자른 조각', 절단, 분할, 자르기, 단편, 부문, 단락, 악절, 〈~ segment\division〉, 〈↔whole\ensemble〉 양1

843　**Sec·tion Eight** [쎅션 에잇]: ①(정신질환으로 미 육군에서) 부적격 판정을 받은 제대병, 〈~ military discharge due to mental illness〉 ②(1937년부터 시작된) 저소득층의 집세를 보조하는 미국의 주택정책, 〈~ a federal subsidized housing program〉 수2

844　**sec·tion mark**(sign) [쎅션 마아크(싸인)]: 절표, § 등 단락이나 주석을 표시하는 부호, 〈~ paragraph symbol〉 미2

845　**sec·tor** [쎅터]: 〈← secare(cut)〉, 〈라틴어〉, 부채꼴, 구역, 테 조각(원반의 한 궤간), 〈원에서 부채꼴 모양으로〉 '자른 부분', 〈~ district\zone〉, 〈↔entirety〉 양1 미2

846　**se·cu·lar** [쎄큘럴]: 〈← seaculum(generation)〉, 〈라틴어〉, 현세의, 속세의, 수도원 밖의, 오랜 세월의, 〈~ temporal\earthly〉, 〈↔altar\proselyte\evangelical\holy\spiritual〉 양2

847　**se-cure** [씨큐어]: se(apart)+cura(care), 〈라틴어〉, 〈멀리서〉 '안전하게 돌보는', 안전한, 위험이 없는, 튼튼한, 확실한, 〈→ assure〉, 〈~ sure\tight\certain〉, 〈↔loose\vulnerable〉 양1

848　**se-cu·ri·ty blan·ket** [씨큐어뤼티 블랭킽]: 시큐리티 블랭킷, 안도감을 갖기 위해 아이가 갖고 다니는 모포, '안심 담요', 〈~ blankie\comfort object〉

849　**se-cu·ri·ty check** [씨큐어뤼티 췍]: (비행기 승객의) 안전 검사, 〈~ safety control〉 양2

850　**se-cu·ri·ty clear-ance** [씨큐어뤼티 클리어뤈스]: 비밀 취급 인가, 비밀 정보 사용허가, '보안 통과', 〈~ authorization\permission〉 미2

851　**Se·cu·ri·ty Coun·cil** [씨큐어뤼티 카운슬]: (유엔) 안전 보장 이사회, 세계의 질서유지를 위해 1945년에 창설된 거부권을 행사할 수 있는 5상임 이사국과 2년 임기의 비상임 이사국 10으로 구성된 UN의 핵심 기구, 〈~ the only authority to issue resolutions that are binding on member states〉 미2

852　**se-cu·ri·ty de·pos·it** [씨큐어뤼티 디파짙]: '안전한 비축', (맡겨뒀다 나중에 찾아가는) 보증금, (확실하게 깔아놓은) 담보물, 〈~ front (earnest) money〉 양2

853　**se-cu·ri·ty guard** [씨큐어뤼티 가아드]: 경호원, 경비원, 〈~ look-out\sentinel〉, 〈↔puppet\pancake; IQ가 100 이상이어야 이해할 수 있는 반대말〉 양2

854　**se·dan** [시댄]: 〈← sedere(sit)〉, 〈라틴어〉, 세단, 〈편안한〉 '의자가마', (영구적 뚜껑이 있고 4명이 탈 수 있는) 보통 승용차, 〈← saddle ← sit〉, 〈~ passenger car\saloon〉, 〈↔hatch-back\van\truck〉 미1

855　**se·da·tion** [시데이션]: 〈← sedare〉, 〈라틴어〉, 〈settle시키는〉 진정 (작용), 가라앉히기, 〈~ calm\tranquility〉, 〈↔arousal\agitation〉 양2

856　**sed·en·tar·y** [쎄든테뤼]: 〈← sedere〉, 〈라틴어〉, 〈← sit〉, 앉은 채의, 움직이지 않는, 앉아서 일하는, 〈~ desk-bound\inactive〉, 〈↔errant\mobile〉 양2

857　**sedge** [쎄쥐]: 〈← sagjaz(plant with cutting edge)〉, 〈게르만어〉, 사초(무덤에 입히는 잔디), (백로·학 등의) 떼, 〈~ thicket\tussock〉, 〈↔barren〉 양1

858　**sed·i·ment** [쎄디먼트]: 〈← sedere〉, 〈라틴어〉, 〈← set ← sit〉, 앙금, 침전, 퇴적(물), 〈~ dregs\lees\residue〉, 〈↔distillate〉 양2

859　**se·di·tion** [씨디션]: sed(apart)+itio(going), 〈라틴어〉, stir up, 난동, 선동, 치안방해, 〈~ incitement\rebellion〉, 〈↔harmony\submission〉 양2

860　**se-duce** [씨듀우스]: se(apart)+ducere(lead), 〈라틴어〉, '멀리 이끌다', 꾀다, 부추기다, 유혹하다, 속이다, 〈~ bribe\coax〉, 〈↔rebuff\repel〉 양2

861　**sed·u·lous** [쎄줄러스]: se(apart)+dolus(guile), 〈라틴어〉, 〈농땡이 치지 않고〉 부지런히 일하는, 근면한, 꼼꼼한, 〈~ diligent\thorough〉, 〈↔idle\non-chalant〉 양2

862　**se·dum** [씨이덤]: 〈라틴어〉, stone-crops, house-leek, 통통한 잎에 별 모양의 작은 꽃을 가진 돌나물과 꿩의비름 속의 관상용 식물, 기린초, 바위채송화 미2

863 **see** [씨이]: 〈← seon(view)〉, 〈라틴어에서 연유한 게르만어〉, 〈따라가며〉 보다, 관찰하다, 면회(방문)하다, 만나다, 인정하다, 조사하다, 이해하다, 생각하다, 배웅하다, 〈~ sight〉, 〈~ behold\discern〉, 〈~(↔)이것은 unfocused이고 look은 focused임〉, 〈↔overlook\disbelieve\be blind\pass by〉 양1

864 **seed** [씨이드]: 〈← sediz ← seti(sowing)〉, 〈게르만어〉, 씨(앗), 종자, 열매, (작은) 알, 자손, 〈~ semen\sperm〉, 〈↔harvest\parent\fruit\ancestor〉 양1

865 **seed-bed** [씨이드 베드]: 모판, 온상, 양성소, 〈~ nest\seminary〉, 〈↔death-bed〉 양1

866 **seed mon·ey** [씨이드 머니]: 밑천, 종잣돈, 착수금, 〈~ initial investment\venture capital〉, 〈↔arrears\liability〉 양2

867 *__seed-y bar__ [씨이디 바아]: 〈씨가 많은 식물처럼〉 너저분한 친구들이 주로 가는 '싸구려' 술집, sports bar, dive bar, 〈~(↔)night-club〉 우1

868 *__see-ing is be·liev·ing__: 직접 보면 안 믿을 수 없다, 백문이 불여일견, 〈~ a picture is worth a thousand words〉, 〈↔hearing is believing〉 미2

869 *__see-ing is want-ing__: 보는 것은 소유욕을 자극한다, 견물생심, 〈~ opportunuty makes a thief〉, 〈↔touching is wanting?〉 미2

870 **seek** [씨이크]: 〈← secan(search)〉, 〈게르만어〉, 〈냄새로〉 찾다, 추구(탐구)하다, 시도(노력)하다, 청하다, 〈~ pursue\hunt\quest〉, 〈↔conceal\ignore\reply\shun〉 양1

871 *__seek time__ [씨이크 타임]: (원반의 한 궤간에서 다른 궤간으로 바뀌는(relocate) 데 걸리는) 탐색시간, 〈~ access time〉 미2

872 **seem** [씨임]: 〈← soema(fitting)〉, 〈'맞다'라는 뜻의 북구어에서 유래한〉 ~로 보이다, ~인 것 같다, ~같이 생각된다, 〈~ appear\look〉, 〈↔deny\be real〉 양1

873 **seem-ing-ly** [씨이밍리]: 보기엔, 겉으로는, 표면적으로는, 〈~ probably\supposedly〉, 〈↔genuinely\incredibly〉 양2

874 **seem-ly** [씨임리]: 알맞은, 점잖은, 〈~ fitting\decent〉, 〈↔inappropriate\improper〉 양2

875 **seen** [씨인]: see의 과거분사 양1

876 *__see no e·vil, hear no e·vil, speak no e·vil__: 〈Buddhist teaching〉 ①길이 아니면 가지 말고 말이 아니면 듣지 말라, 〈~ being spared from evil〉 ②장님 3년, 귀머거리 3년, 벙어리 3년; 예전에 시집살이의 어려움을 표현한 말, 〈~ message for peace and tolerance〉 양2

877 **seep** [씨이프]: 〈← sipian(ooze)〉, 〈영국어〉, 새다, 스며나오다, 침투하다, 〈~ soak〉, 〈발음에 주의할 것〉, 〈↔hold\pour〉 양1

878 **seer** [씨이어]: 보는 사람, 관찰자, 예언자, 현인, 〈~ prophet\druid\augur〉 양2

879 **seer-ess** [씨어뤼스]: 여자 관찰자, 여자 예언자, 〈~ prophet-ess〉 양2

880 **seer-fish** [씨어 휘쉬]: 〈어원 불명의 영국어〉, 평삼치, 재방어, 〈이가 날카롭고 힘이 센〉 여러 종의 고등어 무리, scomber, 〈~ narrow-barred Spanish mackerel〉 미2

881 **see-saw** [씨이 써어]: 〈영국어〉, 〈의성어〉, totter-teeter, 시소 (놀이), 동요, 변동, 상하(전후)로 움직이는, 쫓고 쫓기는, 엎치락뒤치락하는, 〈~ up and down\back and forth〉, 〈↔stay〉 미2

882 **seethe** [씨이드]: 〈← seothan(boil)〉, 〈게르만어〉, 끓어오르다, 들끓다, 비등하다, 〈→ sodden\suds〉, 〈~ simmer\angry〉, 〈↔freeze\relax〉 양2

883 *__seggs__ [섹스]: 〈2021년에 검열을 피하기 위해 전산망에 등장한〉 'sex'의 완곡한 표현 양2

884 **seg·ment** [쎄그먼트]: 〈← secare(cut)〉, 〈라틴어〉, 조각, 단편, 〈잘라내어 나눈〉 부분, 〈~ piece\division〉, 〈↔whole\aggregate〉 양1

885 *__seg·men·ta·tion fault__ [쎄그먼테이션 훠얼트]: 분절 오류, 맞지 않는 기억력 주소를 접근할 때 생기는 차림표상의 결함, 〈~ access violation\a run-time error〉 미2

886 **se·gno** [쎄이뇨우]: 〈라틴어〉, 'sign 표시', 세뇨, 𝄋, (악절의 앞·뒤에 붙이는) 반복 기호, 〈~ a musical repeat〉 우2

887 **se·go** [씨이고우]: 〈원주민어〉, 나비나리, (흰나비 모양의 백합꽃이 피는 미 서부 원산의) 다년생 구근 식물〈lily〉, 〈~ mariposa tulip〉 미1

888 **Se·go·vi·a** [쎄고우뷔어], An·dres: ⟨← segos(victory)⟩, ⟨켈트어⟩, '승리의 땅'에 사는 자(?), 세고비아, (1893-1987), 낭만적이고 고전적 연주로 기타 음악의 위상을 높인 스페인의 연주가, ⟨~ a Spanish guitarist⟩ 가1

889 **seg·re·gate** [쎄그뤼게이트]: se(apart)+gregis(flock), ⟨라틴어⟩, ⟨무리에서⟩ 분리(격리)하다, 차별하다, 이탈하다, ⟨~ apart\separate⟩, ⟨↔integrate\join⟩ 양2

890 **se·gue** [쎄그웨이]: ⟨← sequi(follow)⟩, ⟨라틴어→이탈리아어⟩, 세구에, '계속'해서 연주하다, 단절 없이 다음 악장으로 옮기기, ⟨~ transition\shift⟩, ⟨↔halt\interruption⟩ 우2

891 **sei·gneur** [씨이뇨어얼]: ⟨라틴어→프랑스어⟩, senior, 영주, 봉건군주, 님, 선생, ⟨~(↔)seigneuresse⟩, ⟨↔inferior⟩ 가2

892 **seil** [자일]: ⟨밧줄공의 이름(Segilo; victory)에서 연유함⟩ 등산용 밧줄⟨독일어⟩, (독일산) 동아줄, ⟨~ rope\cable⟩ 수2

893 **Seine** [쎄인]: ⟨← Sequana(stream)⟩, ⟨켈트신화의 '강의 여신'⟩, 센, (수량은 많지 않으나 50여 개의 다리를 가지고) 파리를 관통하는 프랑스 북부의 777km짜리 역사적 상업용 수로, ⟨~ drainage in the Paris Basin⟩ 수1

894 **seis·mo~** [싸이즈머~]: ⟨← seiein(shake)⟩, ⟨그리스어⟩, ⟨지진·진동~⟩이란 뜻의 결합사, ⟨~ earth-quake⟩, ⇒ tsunami 양1

895 **sei whale** [쎄이 웨일]: ⟨← sei(pollock)⟩, ⟨노르웨이어⟩, 긴수염고래, 정어리고래, 긴 수염을 가지고 대구 떼와 같이 나타나는 대형 고래, ⟨~ a rorqual\sardine (or coal-fish) whale⟩ 미2

896 **seize** [씨이즈]: ⟨← sacire(grasp)⟩, ⟨라틴어⟩, (붙)잡다, (움켜)쥐다, 빼앗다, 파악하다, 압수하다, ⟨~ surprise⟩, ⟨~ take\capture⟩, ⟨↔free\release⟩ 양1

897 ***sei·ze the mo·ment** [씨이즈 더 모우먼트]: 기회를 낚아채라, 쇠뿔도 단김에, ⟨~ make hay while the sun shines\strike while the iron is hot⟩ 양2

898 **sei·zure** [씨이줘]: ⟨← sacire(capture)⟩, 붙잡기, 몰수, 강탈, 간질, ⟨몸과 마음을 포획당했⟩ 발작, ⟨~ take-over\fit⟩, ⟨↔liberation\restitution⟩ 양2

899 **Se-jong the Great**: ⟨중국어→한국어⟩, generations+head, 'long-lasting ancestral(오래 지속될 나라의 임금)', 세종대왕, 이도, (1397-1450), 다양한 편찬 사업과 국토 확장 및 18명의 자녀를 두는 등 정력적으로 일하다 당뇨병으로 사망한 ⟨육식을 즐겼던⟩ 조선의 4번째 왕·⟨총감독⟩, ⟨원래는 직계이면 '종'이라 했고 타성이나 방계이면 '조'라 했는데 후세 왕들이 무시한 나머지 이 원칙이 지켜지지 않았음-이는 편자가 어원학을 하면서 항상 염두에 두고 있는 원칙임⟩, ⟨같이 호기심도 많고 어학에도 진력했으나 편자가 존경을 못 받는 이유는; "짜슥아! 너는 머리가 나쁘잖아"-그리고 또 "술을 너무 많이 마시잖아"이다⟩, ⟨~ 4th king of Joseon dynasty⟩ 수1

900 **sek·ho·si** [세꼬시]: ⟨일본어⟩, bony sliced raw fish, 살아있는 (작은) 생선을 뼈까지 잘라낸 회 수2

901 **Se·las·sie** [실래시], Hai·le: 셀라시에, (1892-1975), '삼위일체⟨trinity⟩의 권위'로 1974년 군부에 의해 퇴위될 때까지 58년간 에티오피아의 국정을 운영하면서 그 나라의 세계화에 힘쓴 ⟨재림 예수⟩, ⟨~ former Emperor of Ethiopia⟩ 수1

902 **sel·couth** [쎌쿠우쓰]: seldan(seldom)+couth(known), ⟨게르만어→영국어⟩, 드문, 이상한, 별난, ⟨~ peculiar\bizarre⟩, ⟨↔common\usual⟩ 양2

903 **sel·dom** [쎌덤]: ⟨← selda(rare)⟩, ⟨게르만어⟩, 드물게, 어쩌다, 좀처럼~ 않다, ⟨~ scarcely\hardly⟩, ⟨↔always\often⟩ 양2

904 **se-lect** [씰렉트]: se(apart)+legere(choose), ⟨라틴어⟩, ⟨떨어뜨려⟩ 고르다, 선택하다, 뽑다, 가려내다, ⟨~ pick\single out⟩, ⟨↔indiscriminate\random⟩ 양2

905 ***se-lec–tion sort** [씰렉션 쏘올트]: 정렬 선택(분류법), 최대 또는 최소 요소를 연속적으로 솎아내는 ⟨복잡하고 다량의 자료에는 비능률적인⟩ 연산법, ⟨~ a comparison-based sorting algorithm⟩, ⟨~(↔)bubble sort\insertion sort⟩ 우1

906 **Se·lene** [씰리이니]: ⟨← selas(light)'⟩, 셀레네, (로마의 Luna에 해당하는) 그리스 신화의 '달'⟨moon⟩의 신, 태양의 신과 여명의 신의 누이, ⟨~ sister of Helios and Eos⟩ 수2

907 **se·le·ni·um** [씰리니엄]: 셀렌, 셀레늄, 비금속원소 (기호 Se· 번호34), ⟨달(Selene)에 많을 것으로 추측되는⟩ 유황 비슷한 물질, ⟨~ a chemical element⟩ 수2

908 **self** [쎌후]: ⟨← selbaz(own)⟩, ⟨게르만어⟩, 자기, 자신, 자아, 본성, 한결같은, 순수한, ⟨연인 사이에 쓰는 '자기'라는 한국어로 번역해도 하나도 어색하지 않은 말⟩, ⟨~ ego\identity⟩, ⟨↔non-self\other⟩ 양2

909 **self-de·fens(c)e** [쎌후 디휀스]: 자기방어, 정당방위, ⟨~ self protection\safe-guard⟩ 양2

910 **self-es·teem** [쎌후 이스티임]: 자부(심), 자존(심), 자만(심), ⟨~ pride\dignity⟩, ⟨↔self-deprecation\humiliation⟩ 양2

911 ***self·ie** [쎌휘이]: 자신의 모습을 직접 찍은 사진, 한국에서는 sel·ca라 함, ⟨~ auto-photo⟩ 미1

912 ***self·ie-cide** [쎌휘이 싸이드]: selfie를 찍다 사고로 죽는 일(accidental death) 미1

913 **self-im·posed** [쎌후 임포우즈드]: 스스로 맡아서 하는, 제가 좋아서 하는, '자업'의, ⟨~ voluntarily assumed\volitional⟩, ⟨↔compelled\forced⟩ 양2

914 **self-in·dul·gence** [쎌후 인덜줸스]: 자기탐닉, 자기도취, 방종, ⟨~ complacency\self-satisfaction⟩, ⟨↔self-discipline\self-restraint⟩ 양2

915 **self-in·vit·ed** [쎌후 인봐이티드]: 자신이 초청한, 불청객의, ⟨~ solicit\bid\beg⟩, ⟨↔invited\welcomed⟩ 양2

916 **self-ish** [쎌휘쉬]: 이기적인, 자기본위의, ⟨~ egotistic\hoggish⟩, ⟨↔altruistic\generous⟩ 양2

917 **self-made** [쎌후 메이드]: 자력으로 만든, 자수성가한, ⟨~ through own efforts⟩, ⟨↔privileged\dependent⟩ 양1

918 **self-mu·ti·la·tion** [쎌후 뮤우틸레이션]: 자해, 자상, 자신의 수족을 절단하는 짓, ⟨~ self-harm⟩ 양2

919 **self-o·pin·ion** [쎌후 어피니연]: 자만, 고집, (과대한) 자기평가, ⟨~ over-confidence\hifalutin⟩ 양1

920 **self-pay** [쎌후 페이]: 자기부담, 각자 지불, ⟨~ Dutch pay⟩ 양2

921 **self-poised** [쎌후 포이즈드]: 스스로 균형을 유지하는, 침착한, 냉정한, ⟨~ imperturbable\disciplined⟩, ⟨↔diffident\self-distrustful⟩ 양2

922 **self-same** [쎌후 쎄임]: 똑같은, 동일한, ⟨~ identical\equal⟩, ⟨↔different\distinct⟩ 양2

923 **self-scru·ti·ny** [쎌후 스크루우티니]: 내성, 자기를 성찰해 봄, ⟨~ intro-spection\soul-searching⟩, ⟨↔self-neglect\heedlessness⟩ 양2

924 ***self–seek-ing** [쎌후 씨이킹]: 자기 이익만 추구하는, 아전인수, look out for himself, ⟨~ selfish⟩, ⟨↔altruistic⟩ 양2

925 **self-serv·ice** [쎌후 써어뷔스]: 자급식(의), 자체 봉사(의), ⟨~ non-professional\DIY⟩, ⟨↔full-service⟩ 미1

926 **self-serv-ing** [쎌후 써어빙]: 자기 잇속만 차리는, 이기적인, ⟨~ self-seeking⟩, ⟨↔altruistic\humane⟩ 양2

927 **self-stud·y** [쎌후 스터디]: 자기 관찰, 독학, 자습, ⟨↔tutoring⟩, ⟨~ self-teaching\auto-didactic⟩ 양2

928 **self-tim-er** [쎌후 타이머]: 자동 시간 조절기, 자동 개폐기, ⟨~ delayer\retarder⟩ 미2

929 **Sel·juk** [쎌쥬우크]: 'small float(작은 물방울)?', ⟨백여 이상 살았다는 족장 이름에서 연유한⟩ 셀주크, 11~13세기에 아시아 중·서부를 통치하다 몽골에게 망한 투르크족, ⟨~ Turco-Persian Sunni Muslim⟩ 수2

930 **sell** [쎌]: ⟨← syllan(give up)⟩, ⟨게르만어⟩, '주다', 팔다, 매도(매각)하다, 선전하다, 설득하다, 추천하다, ⟨→sale⟩, ⟨~ dispose\vend⟩, ⟨↔trade\advertise\persuade⟩, ⟨↔buy\keep\discourage⟩ 가1

931 **Sell-ers** [쎌러즈], Pe·ter: '장사꾼(?)', 셀러스, (1925-1980), 생후 2주 때 무대에 첫발을 내놓고 ⟨평생 우울증·약물 중독에 시달렸으며⟩ 4번 결혼한 영국의 희극배우·가수, ⟨~ an English actor and comedian⟩ 수1

932 **sell-er's mar·ket** [쎌러스 마아킽]: (공급이 적고 수요가 많은) 판매자 ⟨우월⟩ 시장, ⟨~ favorable for sellers⟩, ⟨↔buyers' market⟩ 양2

933 **sell-in** [쎌 인]: 사전(내부) 판매, 대중 판매에 앞서 소매 중개업자에게 할인해서 파는 제도, ⟨~ inside (or advance) sale⟩ 미2

934 **sell-ing point** [쎌링 포인트]: '판매 요점', 판매 때의 강조법, 상품의 장점, ⟨~ advantage\benifit⟩ 미2

935 ***sell Ko·re·a** [쎌 코뤼어어]: 한국(자산)매도, 외국인 투자자가 한국의 주식을 처분하는 현상, ⟨외국인들이 잘못되어 한국을 떠나면서 하는 "hell (with) Korea"와 어감이 비슷해서 추천하고 싶지 않은 말⟩, ⟨~ dispose Korean stock⟩, ⟨↔buy Korea⟩ 양2

936 ***sell like hot cakes**: ⟨미 건국 초기에 옥수수가루로 만든 팬케이크가 인기가 있던 데서 유래한 말⟩, 날개 돋친 듯 팔리다, ⟨~ fly off the shelves\block-buster⟩ 양2

937 **sell-off** [쎌 어어후]: 다량 매각에 의한 주가의 급락, 재산 정리, 〈~ liquidate\capitalize〉, 〈↔market rally\remain〉 미2

938 **sell-out** [쎌 아웉]: 매진, 다 팔아 버리기, 배반 (행위), 〈의리나 양심을 팔아버리는〉 변절, 〈~ betray\double-cross〉 양1 양2

939 *__sell some·one down the riv·er__: 〈미국에서 노예를 미시시피 하류에 있는 목화농장에 팔아버리듯〉 헐값에 넘기다, (부려먹고) 내치다, 궁지로 내몰다, 토사구팽, 〈~ use as a scape-goat\throw someone under the bus〉 양2

940 *__sell the Brook·lyn Bridge²__: 대동강물 팔아먹기, 팥으로 메주 쑨다(해도 곧이 듣는다), 〈~ gullible\sucker〉, ⇒ Barnum effect 양2

941 *__sell-up__ [쎌 엎]: 매진하다, 팔아치우다, 처분하다, 〈~ sell-out\sell-off〉, 〈↔keep\take〉 양2

942 **Selt·zer** [쎌춰], wa·ter: 셀처 탄산수(carbonated water), 독일의 광천 셀쳐〈Selters(water jump)〉 원산 또는 그 비슷한 탄산소다수의 총칭 수2

943 **se·man·tics** [시맨틱스]: sema(sign)+ikos(~ic), 〈그리스어〉, 어의 (발달)론, 의미론, 기호론, 〈←significant〉, 〈~ connotation\symbolism〉, 〈↔non-linguistic\meaning-less〉 양2

944 **sem·blance** [쎔블런스]: 〈← similis(like)〉, 〈라틴어〉, 외관, 모양, 닮음, 유사, 〈~ seem\similar〉, 〈~ appearance\approximation〉, 〈↔reality\difference〉 양1

945 **Sem·e·le** [쎄멀리]: 〈← dgem(earth)〉, 〈땅의 여신〉, 세멜레, (그리스 신화에서) Cadmus의 딸로 Zeus와의 사이에 Dionysus를 낳았으나 제우스의 참모습을 보려다 벼락을 맞아 죽음, 〈~ goddess of the earth〉 수1

946 **sem·el·par·i·ty** [씨멀 패뤼티]: semel(once)+pario(produce), 〈라틴어〉, 일회 생식성, (나비·매미·거미·문어 등) 〈생식 기간이 한 번뿐인〉 일회 번식체, 〈~ death after first reproduction\menocarpy〉, 〈↔itero-parity〉, 〈우리는 모두 하느님께 감사해야 할 것임〉 양2

947 **se·men** [씨이먼]: 〈← serere(to sow)〉, 〈라틴어〉, 정액〈정이 통하면 나오는 물이 아니라 혈액 중에서 쓰잘데 없는 것을 빼버린 알짜배기란 말〉, 정충을 함유한 유기물 액체, 〈→ seminal〉, 〈~ seed\spermatic fluid〉 양2

948 **se·mes·ter** [씨메스터]: sex(six)+mensis(month), 〈라틴어〉, 시메스터, '반(semi)'학기, 1년을 둘로 나눈 중의 한 학기, 〈~ half a year\6 months〉, 〈~(↔)timester\quarter〉 양2

949 **sem·i~** [쎄미~ \ 쎄마이~]: 〈라틴어〉, half, 〈반·어느 정도~〉란 뜻의 결합사, 〈~ hemi(그리스어)〉, 〈↔whole\total〉 양1

950 **sem·i·co·lon** [쎄미 코울런]: ;, 반모점, 마침표보다 약하고 쉼표보다는 강한 구두점, 〈~ terminator〉, 〈~(↔)colon〉 미2

951 *__sem·i-con-duc-tor__ [쎄미 컨덕터]: 반도체, 〈전기의 흐름을 조정해서 여러 가지로 써먹을 수 있는〉 게르마늄이나 실리콘 같은 물질, 〈~(↔)micro-chip〉 양2

952 **sem·i·fi·nal** [쎄미 화이늘]: 준결승의, 4강전, 주경기 직전의 권투 시합, 〈~ next to the last〉 양2

953 **sem·i·nal** [쎄미늘]: 〈← semen〉, 정액의, 생식의, 생산적인, 독창적인, 〈~ influential\creative〉, 〈↔minor\irrelevent〉 양2

954 **sem·i·nal ves·i·cle** [쎄미늘 붸시클]: 〈라틴어〉, 정낭, 전립선 뒤에 붙어서 '정자'가 오래 사는 액체를 생산·배출하는 작은 주머니, 〈~ seminal (or vesicular) gland〉 양2

955 **sem·i·nar** [쎄미나아]: 〈라틴어〉, 〈← seminary〉, 세미나, 연구 모임, 연구실, 학술 토론(회), 〈~ discussion\conference〉, 〈↔agreement\division〉, 〈↔sermon\justice〉 미1

956 **sem·i·nar·y** [쎄미네뤼] 〈라틴어〉, (신)학교, 학원, 〈'semen'을 뿌려 키우는〉 양성소, 〈→ seminar〉, 〈~ theological college\training institute〉, 〈↔market place\play-ground〉 양2

957 **Sem-ite** [쎄마이트]: 〈헤브라이·아라비아인들을 포함한〉 (노아의 아들) 셈〈Shem〉의 자손들, 유대인(Jew) 수2

958 **sem·o·li·na** [쎄멀리이너]: 〈← semola(bran) ← simila(flour)〉, 〈라틴어〉, 세몰리나, (체질한 후에 남는) 거친 '밀가루', 〈~ coarse flour made from durum wheat〉 우1

959 **sem·per fide·lis** [쎔퍼 휘데일리스]: 〈라틴어〉, always faithful, 항상 충실한 〈1883년에 제정된 미국 해병대의 표어〉, 〈~ motto of US Marine Corps〉 양2

960 **sem·pli·ce** [쎔플리췌이]: 〈'simplex(simple)'란 라틴어에서 연유한 이탈리아어〉, 단음의, 장식음이 없는, 〈~ elementare\basico〉, 〈↔complesso\complicato〉 미2

961 **sem·pre** [쎔프뤠이]: 〈'semper(always)'란 라틴어에서 연유한 이탈리아어〉, 언제나, 끊임없이, 〈~ continuous\endless〉, 〈↔never\seldom〉 미2

962 **sen·ate** [쎄니트]: 〈← sena(old)〉, 〈산스크리트어→그리스어→라틴어〉, 〈노인들이 모이는〉 원로원, 상원, 〈~ upper house〉, S~; (미) 상원, 1789년부터 주 의회가 지명하다가 1913년부터 직선제로 한 주에서 2명씩 뽑는 6년 임기의 대표들로 구성된 '최고' 의결기구·〈미국 제2의 권력 기구〉, 〈↔House of Representative〉 미2

963 **send** [센드]: 〈← sendan(cause to go)〉, 〈게르만어〉, '가게 하다', 보내다, 발송하다, 파견하다, 주다, 내몰다, 〈~ remit\dispatch〉, 〈↔receive\obtein〉 양1

964 **Sen·e·ca** [쎄니커], Lu·ci·us: 〈← senectus(old)〉, 〈라틴어〉, '원로', 세네카, (BC4?-AD65), 네로의 선생을 하다 그의 명령으로 정맥을 끊어 자살한 〈정열이 이성을 마비시킬 때 재앙이 온다고 주장한〉 로마의 정치가·저술가·수사학자·금욕주의 철학자, 〈~ a Roman Stoic philosopher〉 수1

965 **sen·e·ga** [쎄니거]: 〈← Seneca(an American Indian tribe)〉, 〈1748년에 등장한 미국어〉, 〈snake root?〉, 기다란 줄기·칼날 같은 잎·백록색의 기다란 송이꽃을 피우고 뿌리는 거담·이뇨작용이 있다는 북미 원산 애기풀(milk-wort)속의 약초, 〈~ rattle-snake root\mountain flax〉 우1

966 **Sen·e·gal** [쎄니거얼]: 〈'항해할 수 있는(navigable) 강'이란 원주민어에서 유래한?〉 세네갈, 1960년 프랑스로부터 독립한 서아프리카(W. Africa) 대서양 해안에 있는 작으나 인구가 많은 개발 도상국, {Senegalese-Fr-(XO) Franc-Dakar} 수1

967 **se·nes·cent** [씨네슨트]: 〈← senex(old)〉, 〈라틴어〉, 늙은, 늙어가는, 노쇠한, 〈~ elderly\aged〉, 〈↔young\recent〉 양2

968 **se·nile** [씨이나일]: 〈← senex(old)〉, 〈라틴어〉, 나이 많은, 노경의, 노인성, 〈~ senescent\doddery〉, 〈↔juvenile〉 양2

969 **sen·ior** [씨이니어]: 〈← senex(old)〉, 〈라틴어〉, 손위의, 연상의, 선배의, 상사, (최)상급생, '노인', 〈~ elder\superior〉, 〈↔junior〉 양2

970 **sen·ior cit·i·zen** [씨이니어 씨티즌]: 고령 시민, (공식적으로는) 65세 이상의 노인, 〈~ geriatric\golden ager〉, 〈↔youngster〉 양2

971 **sen·ior high school** [씨이니어 하이 스쿨]: (10·11·12학년의) 고등학교, 〈~(↔)college preparatory school〉, 〈↔junior highschool〉 양2

972 **sen·ior·i·ty** [씨이니어뤼티]: 연상(선임)자의 자격, 고참권, 〈~ greater age\higher rank〉, 〈↔juvenescence\inferiority〉 양2

973 **sen·ior mo·ment** [씨니어 모우먼트]: (노인처럼) 깜빡 잊는 순간, (노인처럼) 어쩌다 잠깐하는 정사〈편자가 만들어낸 말〉, 〈~ forgetfulness\memory lapse〉 미2

974 **sen·na** [쎄너]: 〈← sana〉, 〈아랍어〉, 센나, 따뜻한 지방에서 잘 자라며 (바늘)잎·(꼬투리) 열매를 하제로 쓰는 조그만 노랑꽃이 피는 계피 같은 콩(legume)과의 초본, 〈~(↔)cassia〉, ⇒ Senokot 우1

975 **Se·no·kot** [쎄노캇]: 세노코트, senna glycoside (sennosides), 〈Purdue사 등이 만드는〉 자극성 대변 완화제·설사약, 〈~ a stimulating laxative〉 수2

976 **se·ñor** [씨뇨얼]: 〈← senior(elder)〉, 〈라틴어→스페인어〉, ~님, ~씨, ~나리, 신사, '나이가 든', 〈형씨〉, 〈~ Mr.〉, 〈↔senora〉 양2

977 **se·ño·ra** [씨이뇨어뤄]: 〈스페인어〉, ~부인, ~마나님, 숙녀, 〈아줌마〉, 〈~ Mrs.〉, 〈~(↔)senorita〉, 〈↔senor〉 양2

978 **Se·ño·ri·ta** [씨이뇨뤼터]: 〈스페인어〉, ~양, ~아가씨, 〈곧 senora가 될〉 영애, 〈~ Miss〉, 〈↔old woman\young man〉 양2

979 **sen·sa·tion** [쎈쎄이션]: 〈← sentire(to feel)〉, 〈라틴어〉, 〈← sense〉, 감각, 지각, 기분, 감동, 자극, 대단한 (평판), 선풍적 (인기), 선정적 (매력), 〈~ commotion\up-roar〉, 〈↔apathy\numbness〉 양2

980 **sen·sa·tion·al·ism** [쎈쎄이셔널리즘]: 감각론, 감정론, 관능주의, 선정주의 〈2010년대 후반 한국을 강타하고 있는 감정에 호소하는 인기작풍〉, 〈~ hyper-bole\sensualism〉, 〈↔hereditarianism\environmentalism〉 양2

981 **sen·sa·tion-mon·ger** [쎈쎄이션 멍거]: 〈U-tube를 통해 더욱 기승을 떨치는〉 인기몰이 장사꾼, 〈정치가가 되려면 필요한 조건이나 충분한 조건은 아닌〉 선동가, 〈~ flg-waver\demagogue〉 양2

982 **sense** [쎈스]: ⟨← sentire(to feel)⟩, ⟨라틴어⟩, 감각 (기관), 관능, 오관, 의식, 의미, '느낌', 분별력, 사려, ⟨→ assent\sensation⟩, ⟨~ scent⟩, ⟨~ perception\awareness⟩, ⟨↔non-sense\stupidity⟩ 양1

983 **sense-tape** [쎈스 테이프]: '감각 영상 녹화 끈', 체험하기 어려운 일을 실감케 하는 녹화물, 음란물, ⟨~ perfect scene\sex tape⟩ 우1

984 **sen·si·tive** [쎈시티브]: 민감한, 예민한, 과민한, (신체 부위가) 시린, ⟨~ keen\delicate\touchy⟩, ⟨↔insensitive\un-susceptible⟩ 가1

985 **sen·sor** [쎈서]: ⟨← sentire(to feel)⟩, ⟨라틴어⟩, 감지기, 검출기, ⟨~ detactor\radar⟩ 미2

986 **sen·su·al** [쎈슈얼]: '육체적 감각을 자극하는', 관능적인, 육감적인, 세속적인, 감각론의, ⟨~ carnal\sexual⟩, ⟨↔spiritual\chaste⟩ 양2

987 **sent** [쎈트]: send의 과거, 과거분사 양1

988 **sen·tence** [쎈턴스]: ⟨← sentire(feel)⟩, ⟨라틴어⟩, ⟨'sense'가 뿌리가 되는 말들⟩, 문장, 글, 판결, 악구, 격언, ⟨~ a syntactic unit⟩, ⟨~ ruling⟩, ⟨↔word\morpheme⟩, ⟨↔charge⟩ 양2

989 **sen·tience \ ~tien-cy** [쎈션스(시이)]: ⟨라틴어⟩, 감각성, 지각력, 직감, ⟨~ awareness⟩, ⟨↔sapience⟩ 양2

990 **sen·ti·ment** [쎈티먼트]: ⟨← sentire(feel)⟩, ⟨라틴어⟩, '느끼는 감정', 정서, 정감, 소감, 감회, ⟨~ way of thinking\mawkish-ness⟩, ⟨↔cold-ness\reality⟩ 양2

991 **sen·ti·men-tal val·ue** [쎈티멘털 뱰류우]: (개인적 회상이 깃든) 감상적 가치, ⟨~ keep-sake⟩ 양2

992 *****sen·ti·nel** [쎈티널]: ⟨'sense'에 뿌리를 둔 이탈리아어⟩, 보초, (특정 정보의 시작이나 끝을 나타내는) 감시 문자, ⟨~ watch-keeper\security guard⟩, ⟨↔attack\target⟩ 미2

993 **sen·try** [쎈트뤼]: sentinel의 변형, 보초, 파수, 감시, ⟨~ warden\guard⟩ 양2

994 *****SEO** [씨오우](search en·gine op·ti·mi·za·tion): 검색기 최적화, 전산망 통신의 질적·양적 향상을 위한 조치, ⟨~ organic search⟩ 미2

995 **seok-bak-ji** [섞박지]: ⟨'mixed into(섞어서 넣는다)'란 뜻의 한국어 방언⟩, (배추·무·오이·갓 등) 야채들을 큼지막하게 썰어 양념과 젓국에 담근 김치, mixed vegetable kimchi 수2

996 **seol** [설]: ⟨← 낯설다(new face)?⟩, ⟨새해 첫날⟩, ⟨어원 불명의 한국어⟩, 음력 1월 1일, 음력설, 구정, Chinese(lunar) new year's day, ⟨굳이 따지자면 양력설·신정·Western(solar) new year's day도 포함시켜야 함⟩ 수2

997 **seol·leong-tang** [설렁탕]: ⟨어원이 무성한 한국어⟩, ox bone soup, 소의 머리·내장·족·무릎 도가니 등을 푹 끓여서 만든 국 수2

998 **Seor·ak, Mt.** [설악]: snow+smmit, ⟨중국어→한국어⟩, 눈 덮힌 봉우리, 한국 중부의 동해안(E. coast of Korea)에 있는 1,708m짜리 ⟨경치가 좋은 산⟩, ⟨~ the highest point in Tae-baek mountain range⟩ 수2

999 **Se·oul** [서울]: ⟨한국어⟩ '수도', 1394년에 한강 주위에 건설된 한국의 수도·정치·경제·문화의 중심지, Seorabeol(서라벌)이 변형된 말이라 함, ⟨~ Capital of Korea⟩ 수1

1000 **Se·oul Na·tion·al U·ni·ver·si·ty**: '국립' 서울 대학교, 1946년에 세워져서 ⟨푸른색을 교색으로 하며⟩ 연구 중심 대학으로 탈바꿈하고 있는 한국의 대표적 공립 대학교, ⟨~ a public research univ.⟩ 수2

1001 **SEP**: simplified employee pension plan, 간이 방식 종업원 연금제도, (종업원들에게 동등한 혜택을 주는) 미국의 개인 은퇴 제도(IRA)의 일종, ⟨~(↔)401-K⟩ 미2

1002 **sep·a·rate** [쎄퍼레이트]: se+parare, ⟨라틴어⟩, 분리하다, 가르다, 떼어놓다, 별거하다, '각각 준비시키다'⟨apart+prepare⟩, ⟨→ serveral⟩, ⟨~ part\split\break up⟩, ⟨↔connected\unite\mix⟩ 양1

1003 **sep·a·ra·tor** [쎄퍼레이터]: 분리하는 사람(기계), 선별기, 격리판, (정보 단위의 시작이나 끝을 나타내는) 분리 문자, ⟨~ divider\partition⟩, ⟨↔joiner\connector⟩ 미2

1004 **Se·phar·di** [서화알디]: ⟨← Sephradh(Spain)⟩, ⟨히브리어⟩, 세파르디, (서남유럽에서 건너온) '스페인' 계통의 유대인, ⟨~ Jews of Iberian peninsula⟩ 수1

1005 **se·pi·a** [씨이피어]: ⟨그리스어⟩, cuttle-fish, 세피아색 (물감), sepia(뼈오징어)의 먹물 같은 암갈색⟨reddish brown⟩ 미2

1006 **sep·sis** [쎕시스]: ⟨← sepein(make putrid)⟩, ⟨'부패'란 뜻의 그리스어⟩, 패혈증, 병균이 혈액 내로 침입해서 생기는 증상, septicemia, ⟨~ pyemia\toxemia⟩ 양2

1007 **sept~ \ sep·ti** [쎕트~ \ 쎕티~]: 〈라틴어〉 ①〈← septem(seven)〉, 〈7~〉이란 뜻의 결합사 ②〈← septum(partition)〉, 〈분할·격벽~〉이란 뜻의 결합사, 〈~ divide〉, 〈↔connect\unite〉 양1

1008 **Sep·tem·ber** [쎕템버]: 셉템버, (원래는 '7(seven)월'이었다가 카이사르력에서 바뀐) 9월, 구월, {추수(harvest)의 달} 양1

1009 **sep·tic** [쎕틱]: 〈← sepein(make putrid)〉, 〈그리스어〉, 부패시키는, 부패에 의한, 〈~ infected\poisoned〉, 〈↔a-septic\sterile\pure〉 양1

1010 **sep·tic tank** [쎕틱 탱크]: 오수(하수) 정화조, ⇒ cess·pit(pool) 미2

1011 **sep·tu·a·ge·nar·i·an** [쎕튜어 줴네어뤼언]: 〈← septuaginta(seventy)〉, 70대의 (사람) 양1

1012 **sep·tum** [쎕텀] \ ~ta: 〈라틴어〉, partition, 격벽, 격막, 중격, 〈↔fusion\merger〉 양2

1013 **sep·ul·cher** \ ~chre [쎄펄커]: 〈← sepelire(to bury)〉, 〈라틴어〉, 〈신체를 모시는〉 묘 무덤, '매장소', 〈~ grave\tomb〉, 〈↔exhumation\cremation〉 양2

1014 **se·quel** [씨이퀄]: 〈← sequi(to follow)〉, 〈라틴어〉, 계속, 후편, 귀추, 추종, 〈→ sect〉, 〈~ continuation\after-math〉, 〈↔original\antecedent〉 양1

1015 **se·quence** [씨이퀀스]: 〈← sequi〉, '연달아 일어남', 속발, 연속, 순차, 결과, 〈~ succession\out-come〉, 〈↔disorder\disarray〉 양1

1016 **se·ques·ter** [씨퀘스터]: 〈← sequestrare〉, 〈라틴어〉, trustee, 〈safe하게 keep하려고〉 격리하다, 은퇴시키다, 몰수하다, 〈~ isolate\seclude〉, 〈↔desegregate\integrate〉 양2

1017 **se·quoi·a** [씨퀴이어]: 〈'Cherokee'에서 연유한 라틴어 학명〉, 세쿼이아, (지상에서 제일 큰 생물로 미 중서부 안개가 많은 해안지대에서 자생하는) 거대한 삼나무, 〈~ a tall coniferous tree〉, 〈~ red-wood보다 고지대에 서식함〉 우1

1018 **se·ra·pe** \ sa~ [서롸피]: 〈원주민어?〉, 세라피, (중·남미에서 어깨걸이나 무릎덮개로 사용하는) 작은 담요 모양의 화사한 모포〈blanket〉, 〈~ long blanket-like shawl〉 수2

1019 **ser·aph** [쎄뤄후]: 〈히브리어〉, cherub, 〈불타는〉 세라핌, (세 쌍의 날개가 있는) 치품천사, (지식이 많은) 지품천사, 〈~ angel〉, 〈↔devil\goblin〉 수2

1020 **Ser·bi·a** [써얼비어]: 〈← srb(man)〉, 〈'사람'이란 뜻의 슬라브어에서 연유한〉 세르비아, 2006년에 재탄생된 발칸(Balkans)반도 내륙지방의 〈유고 연방의 적자를 자칭하는〉 한 공화국, {Serbian-Serbian-Dinar-Belgrade} 수1

1021 **ser·e·nade** [쎄뤄네이드]: 〈라틴어→이탈리아어→프랑스어〉, 〈← serene(calm)〉, 세레나데, 소야곡, 남자가 밤에 연인의 창 밑에서 부르는 〈고요한〉 노래, 다악장으로 된 기악곡, 〈~ chants\lullabies〉, 〈↔disassemble\break〉 미2

1022 **ser·en·dip·i·ty** [쎄륀디퍼티]: 〈18세기에 주조된 영국어〉, 〈우연히 보물을 발견한 옛 이야기의 주인공들(Princes of Serendip)에서 연유한〉 뜻밖의 발견, 행운, 〈~ happy chance\good luck〉, 〈↔design\misfortune〉 양2

1023 **ser·en·i·ty** [씨뤠니티]: 〈← serene(calm)〉, 〈라틴어〉, 고요함, 평온, 차분함, 침착함, 〈~ stillness\tranquility〉, 〈↔hectic〉 가1

1024 **serf** [써얼후]: 〈'slave'의 라틴어〉, 노예, 농노, 〈~ bond-man\vassal\peasant〉, 〈↔freeman\master〉 양2

1025 **serge** [씨얼쥐]: 〈← sericum〉, 〈'silk'란 뜻의 라틴어에서 유래한〉 서지, 세루, 짜임이 튼튼한 모직물, 〈~ a durable, twilled fabric〉, S~; 남자 이름(male name) 우1 수1

1026 **ser·geant** [싸아쥔트]: 〈'servant'란 뜻의 라틴어〉, 〈명령을〉 '섬기는 자', 부사관, 하사관, 병장, 경사, 수위, 〈~ petty officer〉, 〈↔commander\civilian〉 양1

1027 **ser·geant fish** [싸아쥔트 휘쉬]: 병장고기, a large fusiform fish, 〈~ snook²〉, ⇒ cobia 미2

1028 **se·ri·al** [씨어뤼얼]: 〈← series〉, 계속되는, 일련의, 정기의, 직렬의 (단선을 통해 한 번에 한 정보 단위만 전달하는), 〈~ continual\sequent〉, 〈↔inconsecutive\inconsequent〉 양1 미2

1029 *****se·ri·al (se·quen·tial) ac·cess mem·o·ry**: 직렬 (순차) 접근 기억장치, (임의 접근 기억 장치보다 경제적이나 비효율적인) 저장된 기억을 순차적으로 꺼내는 자료 저장 방식, 〈~ data storage device that reads stored data in a sequence〉 미2

1030 *****se·ri·al bus** [씨어뤼얼 버스]: '직렬 공통로', 최소의 회로로 전산기 부품 간의 신속한 연결을 해주는 체제, 〈~ data cable〉, ⇒ USB 우1

1031 *se·ri·al in·ter-face [씨어뤼얼 인터훼이스]: '직렬 접속기', 한 번에 한 정보(one bit at a time) 단위만 순차적으로 전달되는 통신회로, 〈~ single stream〉, 〈↔parallel interface〉 우1

1032 *se·ri·al port [씨어뤼얼 포오트]: '직렬 출입구', 정보를 직렬로 송·수신하기 위한 접속용 단자, 〈~ interface that transfers data between devices〉, 〈~ COM port〉, 〈↔parallel port〉, ⇒ USB port 우1

1033 ser·i·cul·ture [쎄뤄 컬취]: 〈← sericum〉, 〈라틴어〉, 〈← silk〉, 누에치기, 양잠(업), 잠사(업), 〈~ silk(worm) farming〉 양2

1034 se·ries [씨뤼이즈]: 〈← serat(thread)〉, 〈산스크리트어→그리스어→라틴어〉, row, 시리즈, 일련, 연속(물), 한 계열, 직렬, 〈→ serial〉, 〈~ sequence\chain〉, 〈↔singularity\transiency〉 양1

1035 *se·ries A: 〈경제용어〉, 최초 투자금, 〈~ first round of financing〉 미2

1036 *se·ries B: 〈경제용어〉, 상품화를 위한 자금 조달, 〈~ priced equity-based round〉 미2

1037 *se·ries C: 〈경제용어〉, 사업 확장을 위한 자금 조달, 〈~ final round of equity funding〉 미2

1038 *se·ries cir·cuit(con·nec–tion) [씨뤼이즈 써얼킽(커넥션)]: 직렬회로(접속), 모든 부속품에 일정량의 전류가 흐르는 것, 〈~ end-to-end connection〉, 〈↔parallel circuit〉 양2

1039 ser·if [쎄뤼후]: 〈← scribere(write)〉, 〈라틴어→게르만어〉, 활자의 상·하에 가로로 된 가는 선, 돌출선, 〈~ a small line or stroke attached to a letter or symbol〉, 〈↔sans-serif\gothic(bold)\normal〉, ⇒ Times Roman 미1

1040 se·rin [쎄륀]: 〈← Siren〉, 〈그리스어→프랑스어〉, (짧은 부리·노란 배에 사이렌 비슷한 소리를 내며) 유럽 대륙에 서식하는 멧새과의 작은 명금, 카나리아(canary)의 야생종, 〈~ a small finch〉 우1

1041 *se·ri·o-com·ic [씨어뤼어 카밐]: serious+comic, 진지한 내용을 해학적으로 표현하는, 우스꽝스러운 것을 심각하게 표현하는, 〈~ tragic-comedy〉 양2

1042 se·ri·ous [씨어뤼어스]: 〈← serius(grave)〉, 〈라틴어〉, 진지한, 심각한, 중대한, 〈~ severe〉, 〈~ earnest\important\sober〉, 〈↔trivial\joking\facetious〉 가1

1043 ser·mon [쎠어먼]: 〈← sermo(discourse)〉, 〈라틴어〉, 설교, 잔소리, 〈연어구이가 나온 조찬 기도회에 갔던 편자가 "the salmon was very good" 했다가 옆에 앉은 교장이 "his sermon was terrible" 하는 바람에 어리둥절했던 말〉, 〈~ homily\preach〉, 〈↔taciturnity\seminar〉 양2

1044 se·ro~ [씨어로우~ \ 쎄로우~]: 〈'serum'이란 라틴어에서 따온 영국어〉, 〈혈청~〉이란 뜻의 결합사 양1

1045 se·ro·to·nin [쎄뤄 토우닌]: 〈영국어〉, 세로토닌, (포유동물의 혈청·뇌에 있는) 〈정서·인지·혈관 수축 등 다양한 작용을 하는〉 신경 전달 물질, 〈~ a mono-amine neuro-transmitter〉 미1

1046 ser·pent [써얼펀트]: 〈← serpere(creep)〉, 〈라틴어〉, 〈기어 다니는〉 뱀, 악마, 유혹자, '꼬부랑 피리', (프랑스에서 개발된) 뱀이 기어가는 모양의 기다란 목관 취주 악기, 〈~ snake\viper〉, 〈~ a low-pitched wind instrument〉, 〈↔angel\loyalist〉 양1 우1

1047 ser·pent grass [써얼펀트 그뢔스]: '산 범꼬리', (산에 자라는) 외대에 피침 모양의 잎을 가지고 끝에 연한 붉은색의 꽃이 피는 마디풀과의 여러해살이풀, 〈~ horse tail\puzzle plant〉 우1

1048 ser·rate [쎄뤠이트]: 〈← serrare〉, 〈라틴어〉, 〈← saw〉, 톱니 모양의, 가장자리가 깔쭉깔쭉한, 〈~ notched\toothed〉, 〈↔flat\smooth〉 양1

1049 serre-fine [쎄뤼휘인 \ 쎌휘인]: 〈프랑스어〉, clamp+thin, 〈작은 족집게〉, 세레핀, 〈수술용으로 쓰는〉 (탄력이 있고 끝이 꺼끌꺼끌한〈serrate〉) 소형의 지혈겸자, 〈~ a small surgical forceps〉 미2

1050 se·rum [씨어륌]: 〈라틴어〉, whey, 장액, 혈청, 응고 물질을 제외한 혈액, 정액, 〈성교 후에 남성에게서 공짜로 채취해서 쓰던〉 단백질이 풍부한 미용 유액, 〈→ sero〉, 〈~ plasma without fibrinogen〉, 〈↔plate-let\blood cell〉 양2

1051 ser·val [써어뷜]: lupus(wolf)+cervarius(deer-like), 〈라틴어 학명〉, 〈← cervus(a stag)〉, 서벌, 황갈색의 모피에 검은 반점이 있고 다리가 긴 아프리카산 살쾡이(lynx), bush.cat 우1

1052 ser·vant [써어뷘트]: 〈← serve〉, '섬기는 자', 하인, 종복, 고용인, 봉사자, 공무원, 〈~ attendant\help\vassal〉, 〈↔master\mistress〉 양1

1053 serve [써어브]: 〈← servus〉, 〈라틴어〉, 〈← slave〉, 섬기다, 봉사하다, 접대하다, 이바지하다, 복무하다, 정비하다, 제공하다, 〈~ work for\perform\supply〉, 〈↔refuse\decline〉 가1

1054 *serv·er [써어뷔]: 봉사자, 급사, 쟁반, 〈식탁으로도 사용하는〉 키가 작은 찬장, (분산처리체계에서 〈고객〉의 요구에 따른) '도우미' 처리기, 〈~ attendant\waiter\helper〉 양1 미2

1055 **ser·vice-ber·ry** [써어뷔스 베뤼]: ⟨← sorbea(berry)⟩, ⟨어원 불명의 라틴어⟩, shad·bush, June·berry, sarvis, 각종 머루 〈우2〉

1056 **ser·vice in·dus·try** [써어뷔스 인더스트뤼]: '봉사 산업', 3차 산업, 무형의 상품과 용역을 제공하여 돈을 버는 산업, ⟨~ tertiary sector⟩ 〈양2〉

1057 **ser·vice med·al** [써어뷔스 메들]: ⟨참전용사에게 주는⟩ (공)훈장, ⟨~ military (or soldier's) medal⟩ 〈양2〉

1058 **ser·vice sta·tion** [써어뷔스 스테이션]: 주유소, 수리소, 휴게소, ⟨~ garage\gas station⟩ 〈양2〉

1059 **ser·vice tree** [써어뷔스 트뤼이]: 'serbos' 나무, 콩알만 한 붉은 뭉텅이 열매를 맺는 마가목 비슷한 장미과의 활엽교목, ⟨~ sorb tree (or apple)\june-berry⟩ 〈우1〉

1060 **ser·vile** [써어블 \ 써어봐일]: ⟨← servire(serve)⟩, ⟨라틴어⟩, 굽실거리는, 추종적인, 노예의, ⟨~ obsequious\sycophantic⟩, ⟨↔bossy\assertive⟩ 〈양2〉

1061 **ser·vi·tor** [써얼뷔털]: 하인, 근로 장학생, 유리공, ⟨~ server\foot-man⟩, ⟨↔leader\chief⟩ 〈양2〉

1062 **ser·vi·tude** [써얼뷔튜우드]: ⟨라틴어→프랑스어→영국어⟩, 노예(상태), 예속, 강제노동, 용역권, ⟨~ feudalism\slavery\obedience⟩, ⟨↔freedom\liberty⟩ 〈양2〉

1063 **ses·a·me** [쎄서미]: saman(oil)+sammum(plant), ⟨고대 아랍어→그리스어⟩, '기름씨', 참깨(씨), 약 1m의 곧은 줄기 옆 겨드랑이에 고소한 잔씨가 많이 든 번데기 같은 삭과를 맺는 한해살이풀, teel, til, benne, ⟨~(↔)perilla⟩ 〈가1〉

1064 **Ses·a·me Street** [쎄서미 스트뤼이트]: 미국에서 1969년부터 시작된 Muppet 인형이 등장하는 어린이 '교육용' TV 연속물, ⟨~ an American educational T.V. series⟩ 〈수2〉

1065 **ses·qui–pe·da·li·an** [쎄스퀴피데일리언]: ⟨← sesqui(1½)+pedis(foot)⟩, ⟨라틴어⟩, '1피트 반'이나 되는 것 같은, 대단히 긴 단어의, ⟨~ verbose\long-winded⟩ 〈양2〉

1066 **ses·sile** [쎄실 \ 쎄싸일]: ⟨← sedere⟩, ⟨라틴어⟩, '앉아있는(sit on)', 꼭 없는, 고착의, 잎자루 없는, ⟨~ stalk-less\fixed⟩, ⟨↔vagile\un-attached⟩ 〈양2〉

1067 **ses·sion** [쎄션]: ⟨← sedere(sit)⟩, ⟨라틴어⟩, ⟨← sessile⟩ 개회 중, 회기, 학기, 면담 (시간), 작업 시간, ⟨~ period\meeting⟩, ⟨↔stagnation\remission⟩ 〈양2〉

1068 **ses-tet** [쎄스텔]: ⟨← sex(six)⟩, ⟨이탈리아어⟩, ⟨← sixth⟩, 6중창 (극), 6행시 〈양2〉

1069 **Set(h)** [쎌]: (삼각형의 짐승 머리에 뾰족한 코를 가진) 이집트 신화의 악의 신, ⟨~ Egyptian god of chaos⟩ 〈수1〉

1070 **set¹** [쎌]: ⟨← settan⟩, ⟨게르만어⟩, ⟨← sit⟩, 두다, 놓다, 심다, 설정하다, 배치하다, 맞추다, 지다, 응고하다, 착수하다, (최소 정보단위에) 값 1을 넣다, ⟨~ put\adjust⟩, ⟨↔alter\remove⟩ 〈양1〉〈미2〉

1071 **set²** [쎌]: ⟨← secta⟩, ⟨라틴어⟩, ⟨← sect⟩, 한 벌, 일몰, 집합, 패(거리), 모양(새), 조류, 경사, 한 구획, 무대 장치, ⟨~ group\batch\kit⟩, ⟨↔one\isolation\dispersal⟩ 〈양1〉

1072 **set-back** [쎌 백]: 좌절, 역류, 후퇴, 방해, ⟨~ delay\hindrance⟩, ⟨↔break-through\step forward⟩ 〈양2〉

1073 **set(some-one) back**: (많은) 돈이 들다, 자산이 줄어들다, 거금을 쓰다, ⟨~ expensive의 완곡한 표현⟩ 〈양2〉

1074 **Seth** [쎄쓰]: ⟨← set(chosen one)⟩, ⟨히브리어⟩, '점지된 자' ①세스, 남자 이름 ②셋, ⟨존경을 받는⟩ 아담의 셋째 아들(카인과 아벨의 동생), ⟨~ 3rd son of Adam and Eve⟩ 〈수1〉

1075 ***SETI** [씨이터]: (search for ex·tra-ter·res·tri·al in·tel·li·gence): 지구 밖 문명(지성) 탐사 〈미2〉

1076 **set-in** [쎌 인]: 박아 넣기, 삽입한 것, (계절 따위가) 찾아옴, ⟨~ lay\arrive⟩, ⟨↔break-out⟩ 〈양1〉

1077 ***set in stone** [쎌 인 스토운]: 정해지다, 확정되다, ⟨~ immutable\imperishable⟩, ⟨↔flexible\movable⟩ 〈양2〉

1078 **set-off** [쎌 어어후]: 출발, 상쇄, 벌충, 돋보이게 하는 것, ⟨~ trigger\activate⟩, ⟨↔stop\prevent⟩ 〈양1〉

1079 **set-out** [쎌 아울]: 개시, 채비, 진열, 착수(하다), ⟨~ array\display⟩, ⟨↔halt\distort⟩ 〈양1〉

1080 **set·tee** [쎄티이]: ⟨영국어⟩, ⟨← settle⟩, (등받이가 있는) 긴 의자, ⟨미국 상놈들은 'love-seat'이라 함⟩ 〈미2〉

1081 **set·ter** [쎄털]: ⟨← set⟩, 차리는 사람 (물건), (남을 부추기는) 교사자, ⟨~ compositor\instigator⟩, (사냥감을 발견하면 서서) 방향을 맞춰주는 ⟨털이 긴⟩ 중형 개, ⟨~ a large long-coated dog⟩ 〈양1〉〈우2〉

1082 **set·ting** [쎄팅]: 놓기, 설정, (해 등이) 지기, 응고, 환경, 배경, 상감, 식자, ⟨~ surroundings\mounting⟩, ⟨↔standing\rising\melting⟩ 〈양1〉

1083 **set·tle** [쎄틀]: 〈← settan〉, 〈게르만어〉, 〈← sit〉, '앉히다', 놓다, 설치하다, 자리 잡다, 안정시키다, 〈사건을 가라앉혀〉 해결하다, 〈마음을 가라앉혀〉 결정하다, 〈→ settee〉, 〈~ resolve\calm\clear〉, 〈↔un-settle\disturb\wander\stir〉 양1

1084 **set·tle-ment** [쎄틀먼트]: 정착, 거주지, 안정, 청산, 화해, 처분, 〈~ agreement\community\payment〉, 〈↔dispute\disagreement〉 양1

1085 *****set·tle the dust** [쎄틀 더 더스트]: 소란을 진정시키다, 사태를 수습하다, 〈~ cool things down\de-escalate〉, 〈↔disarrange\disturb〉 양2

1086 **set-up** [쎝 엎]: 편제, 조립, 배치, 자세, 계획, 미리 짜고 하는 일, 모략, 〈~ formulation\frame〉, 〈↔break apart\dismantle〉 양1

1087 **Seuss** [슈으스], The·o·dor S~ Gei·sel: 〈'sweet'란 뜻의 게르만어에서 유래한〉 수스, (1904-1991), 간단하면서도 해학적인 글과 그림으로 많은 어린이를 매혹시킨 미국의 작가·삽화가, 〈~ an American author and cartoonist〉 수1

1088 **sev·en** [쎄븐]: 〈게르만어〉, 일곱, 7, 〈하느님이 6일간 만물을 창조하고 7일째 쉬면서 아주 흐뭇해했다는〉 행운의 숫자(lucky number) 가1 미2

1089 **Sev·en(7)-E·lev·en(11)** [쎄븐 일레븐]: (1927년 미국에서 'Totem 점방'으로 시작해서 1946년 7AM~11PM 동안 개점한다는 뜻으로 현 이름으로 바꾼 후 잘나가다가 방만한 경영으로 2005년 일본회사로 넘어간) 연쇄 편의점, 〈~ a Japanese owned convenience store chain〉 수2

1090 *****sev·en-nine (7×9)**: (가능성이) 99.99999%인 미2

1091 **Sev·enth-Day Ad·vent-ist** [쎄븐쓰 데이 애드벤티스트]: 제7일 (안식일) 재림파, (예수의 재림과 토요일을 안식일로 주장하면서) 1863년 미국에서 창립된 개신교의 일파, 〈~ Advent Christians\Friends of Sabbath〉 우2

1092 **Sev·enth heav·en** [쎄븐쓰 헤븐]: 〈Mesopotamian belief of seven layers of sky〉, (유대·이슬람교에서 하느님과 천사들이 산다는) 제7의 천국, 최고의 낙원, 〈~ nirvana\cloud nine〉 양2

1093 **sev·en-twen·ty-four (7×24)**: 하루 24시간씩 7일, 언제든지(always) 미2

1094 **Sev·en-ty Six** [쎄븐티 씩스]: 76, 1932년 〈1776년 미국 독립을 기념해서〉 Union 76로 출범해서 1962년부터 주황색 공을 상표로 써오다가 2012년 Phillips 66로 경영권이 넘어간 미국의 주유소 연쇄점, 〈~ a chain of gas stations in US〉 수2

1095 **Sev·en(7)-Up** [쎄븐 엎]: 1929년부터 미국(America)에서 출시하기 시작한 레몬(라임) 향이 든 청량음료, '그것을 마시면 7cm짜리가 7inch로 팽창하지 않을까 하고 사먹는' 〈7가지 성분에 7온스가 들어 있는〉 카페인이 없는 탄산 소다수, 〈~ a lemon-lime-flavored non-caffeinated soft drink〉 수2

1096 **sev·en up** [쎄븐 엎]: 19세기 말까지 유행했던 서양화투의 일종, all fours, high-low jack, 〈일곱 난장이가 목욕하는 숲속의 요정을 보았을 때 일어나는 현상〉 수2

1097 **sev·en-year itch** [쎄븐 이어 이취]: 〈미국 영어〉, 옴(scabies), 〈1952년에 나온 Broadway 연극의 제목에서 유래한〉 결혼 7년째의 권태기, 〈~ affection ebb\desire for new experience〉 미2

1098 **Sev·en Years War** [쎄븐 이어스 워어]: 7년 전쟁, (1756~63), 〈북미에서 영국과 프랑스·유럽에서 프로이센과 오스트리아 간의 영토 분쟁 등이 원인이 되어〉 영국·프로이젠 연합과 프랑스·오스트리아·스페인 등의 연합군이 7년에 걸쳐 싸워 영국 측의 승리로 끝난 전쟁으로 북미에서 영국이 프랑스·스페인을 제치고 많은 영토를 확보하였으나 결국은 미국에게 '죽 쒀서 개 준' 헛수고가 됨, 〈~ a global conflict among European great powers〉, 〈~(↔)French-Indian War〉 미2

1099 **sev·er** [쎄붜]: 〈← seperare(to wean)〉, 〈라틴어〉, 끊다, 절단하다, 떼다, 분리하다, 〈~ carve\dissect〉, 〈↔attach\join〉 양2

1100 **sev·er·al** [쎄브뤌]: se(apart)+parare(prepare), 〈라틴어〉, 〈← separate〉, 몇몇의, 각각의, 단독의, 〈~ a few\particular〉, 〈↔many\joint〉 양1

1101 **sev·er·ance pay** [쎄붜륀스 페이]: 〈← sever〉, '잘리는 값', 해직(퇴직) 수당, 〈~ dismissal wage〉, 〈~(↔)golden parachute〉 양2

1102 **se·vere** [씨뷔어]: 〈← severus(harsh)〉, 〈라틴어〉, '친절함과 거리가 먼', 엄한, 모진, 격심한, 가혹한, 엄정한, 〈~ serious〉, 〈~ acute\bitter〉, 〈↔mild\gentle〉 가1

1103 **sew** [쏘우]: 〈← suein(bind)〉, 〈그리스어→게르만어〉, 깁다, 꿰매다, 박다, 바느질하다, 〈~ suture\stitch\embroider〉, 〈↔tear\cut〉 양1

1104 **sew·age** [쑤우이쥐]: 〈영국어〉, 〈← sewer²〉, 오수, 하수 오물, 〈~ excrement\discharge〉, 〈↔treasure\catch〉 양2

1105 **Sew-ard** [쑤어드], Wil·liam: 'sea+guard', 슈어드, (1801-1872), 링컨 암살 때 상처를 입고 1867년 소련으로부터 알래스카를 7백2십만 불에 사들인 미국의 정치가, 〈~ a fermer US Secretary of State〉 수1

1106 **se·wel·lel** [스웰럴]: 〈북미 원주민 말〉, 산해리, ⇒ mountain beaver 우1

1107 **sew-er¹** [쏘우얼]: 재봉사, 침모, 재봉틀, 〈~ seamstress\sewing machine〉, 〈↔cook(er)〉 양2

1108 **sew·er²** [쑤우얼]: ex+aqua, 〈라틴어〉, 〈'물을 빼는'〉 하수구 (관), 배설 구멍, sewage, 〈~ drain pipe(conduit)\cess-pool〉, 〈↔water pipe(faucet)〉 양2

1109 **sew·er rat** [쑤우어 뢥]: common rat(쥐), 시궁쥐, 〈사람이 사는 곳 어디나 살고 어쩌면 사람보다 더 적응력이 강한〉 보통 쥐 양2

1110 **sewn** [쏘운]: sew의 과거분사 양1

1111 **sex** [쎅쓰] 〈반드시 쌍시옷으로 발음할 것〉: 〈라틴어〉, 〈← section〉, 섹스, '다른 종자', 성(별), 〈다분히 화학적인〉 성욕, 성행위, 씹, 빠꾸리(뻑), 〈신이 생물에게 준 가장 큰 뇌물〉, 예전에는 〈남녀칠세부동석〉였다가 근래에는 〈개가 핥아주는 것〉으로 정의가 바뀌어 버린 말, 〈'모든 말은 저속화하는 경향이 있다'는 좋은 예〉, 〈동물적이냐 인간적이냐-이것이 문제로다〉, 〈~ gender\intercourse〉, 〈↔chastity\self-denial〉 가1

1112 **sex~ \ sex·i~** [쎅스~ \ 쎅시~]: 〈라틴어〉, six, 〈여섯·6~〉이란 뜻의 결합사 양1

1113 **sex-ag·e·nar·y cy·cle** [쎅쌔줘네뤼 싸이클]: 육십갑자(간지), (중국에서 연유한) 60년을 주기로 돌아가는 10개의 천간(heavenly stem)과 12개의 지지(earthly branch)를 조합해서 만든 연도, 〈~ sixty terms\ganzhi(stems-and-branches)〉 양2

1114 **sex-cap·ade** [쎅쓰 커페이드]: sexual escapade, 성적 탈선, 성문란, 〈~ illicit affair〉 양2

1115 *****sex-cur·sion** [쎅쓰 커얼전]: sex+excursion, 성 (유람) 여행, 성행위를 하러 가는 〈쾌락〉 여행, 〈~ travelling for sex〉 미2

1116 **sex-ism** [쎅씨즘]: 〈여성에 대한?〉 성차별주의 (태도), 〈~ bias\partiality〉, 〈~(↔)chauvinism〉, 〈↔fairness\tolerance〉 양2

1117 *****sex-it** [쎅씨트]: sex+exit, (남·녀가) 씹하고 도망가기, 정치인들이 서로 야합하고 배신하기(?), 〈~(↔)kiss and tell〉 양2

1118 *****sex-pert** [쎅쓰 퍼어트]: sex+expert, 성 문제 전문가, '선생님! 면봉으로 귀를 후비면 귀가 좋습니까? 면봉이 시원합니까?'-'도사님! 혓바닥을 꿀단지에 담그면 꿀단지가 좋습니까? 혀가 황홀합니까?' 양2

1119 **sex–ploi·ta·tion** [쎅쓰 플로이테이션]: sex+exploit, 〈라틴어〉, 성적 착취, 성을 이용하는 일, 〈~(↔)Me Too의 superlative〉 양2

1120 *****sex-pot** [쎅쓰 팥]: 요염한 여자, 화끈한 여성, '매혹녀', 〈~ pin-up(girl)〉, 〈~ volcano\fuego〉, 〈↔dog\gorgon〉 미2

1121 **sex shop** [쎅쓰 샾]: 성인용품 판매점, 음란물 가게, 어른 장난감 가게, 〈~ adult boutique\pleasure store〉 양2

1121 **sex sym·bol** [쎅쓰 씸벌]: 성적 우상, 성적 매력이 넘치는 유명 인사, 〈~ dream-boat\beef-cake〉, 〈↔ugly\disgusting〉 양2

1123 **sex-tet(te)** [쎅스텔]: 6중주(창), 6인조 양2

1124 *****sex-ting** [쎅스팅]: 〈신조어〉, sex+texting, 성적문본 주고 받기, (성행위를 도발하기 위해) 음란물을 전산망에서 교환하는 짓, 〈~ geriatric mental health에 도움이 된다고 사료됨〉 미2

1125 **Sey·chelles** [세이셸]: 〈sea·shell의 프랑스어〉, 〈프랑스 재무장관의 이름을 땄으나 나폴레옹이 영국에 빼앗긴〉 세이셸, 1976년 영국으로부터 독립한 인도양 서부의 92개의 섬으로 된 조그만 나라·휴양지, {Seychellois·Seselwa-Seychellois Creole·Eng·Fr-Rupee-Victoria}, 〈~ an archipelago in western Indian Ocean〉 수1

1126 **sfor·zan·do** [스훨촤안도우]: 〈← exfortiare(show strength)〉, 〈라틴어→이탈리아어〉, 강음으로, '힘차게', 〈~ prominent stress\strong accent〉, 〈↔soft\weak〉 미2

1127 *****SGML** (stand-ard gen·er·al·ized mark-up lan·guage): 표준 범용 표시언어, 〈초문본 표시언어(HTML)의 기초가 되는〉 전산기에서 처리되는 문서의 구조를 기술하기 위한 국제 표준화 기구의 규준, 〈~ meta-data\how to define document languages〉 우2

1128 **Sgt.**: ⇒ sergeant 영1

1129 **shab·bat** [셔바트]: ⇒ Sabbath 미2

1130 **shab·by** [쇄비]: 〈← scab〉, 〈영국어〉, 누더기를 걸친, 초라한, 꾀죄죄한, 〈~ neglected\worn-out〉, 〈↔neat\smart〉 가1

1131 **sha·bu-sha·bu** [샤부 샤부우]: 〈일본어〉, 〈의성어〉, 얇게 썬 고기·해산물·야채 등을 끓는 물에 '샤브샤브' 저어 가면서 익혀서 맛난이에 찍어 먹는 나베모노(냄비요리), hot·pot, 〈↔roast〉 우1

1132 **shack** [쇅]: 〈← xacalli(wooden hut)〉, 〈아즈텍어?〉, 오두막, 판잣집, 낡은 집, 〈~ jacal\shed\hut\hovel〉, 〈↔palace\manor〉 영1

1133 ***shack-et** [쇅킽]: shirt+jacket, 셔킷, 헐렁한 (가벼운) 웃옷, 〈~ over-shirt〉, 〈↔under-wear〉 미2

1134 **shack·le** [쇄클]: 〈게르만어〉, 쇠고랑, 족쇄, 수갑, 쇠고리 줄, 〈~ chain\fetter\handcuff\snap hook〉, 〈↔release\free\faciliation〉 영1

1135 **shad** [쇄드]: 〈← sceadda ← sgaddan(herring)〉, 〈켈트어→영국어〉, 북미 북대서양 연안에 서식하는 〈맛이 좋은〉 청어·정어리·전어, 〈~(↔)sardine\moon-eye〉, 〈→ scad〉, ⇒ ale-wife 수2

1136 **shad-bush** [쇄드 부쉬]: 〈정어리가 알 까러 강으로 올라올 때쯤 꽃이 피는〉 shad blow, service berry, June·berry, 채진목, 흰 다섯잎꽃·흑자색의 작은 포도 같은 열매를 맺는 장미과의 낙엽활엽교목 미2

1137 **shad-dock** [쇄덬]: 'pomelo', 왕귤 (나무), (씨앗을 말레이로부터 카리브로 가져간) 〈St. Chad의 마을에서 온 자라는〉 영국 선장 이름을 딴 〈자몽보다 더 단맛이 도는〉 커다란 귤, 〈~(↔)grape-fruit〉 미2

1138 **shade** [쉐이드]: 〈← sceadu(darkness)〉, 〈게르만어〉, 그늘, 응달, 명암, 색조, 해가리개(영국에서는 roller blind), 약간(의 차이), 미묘함, 엉큼(앙큼)스러운 짓, 〈상대적 어둠〉, 〈~ shadow\hue〉, 〈↔light\glare〉 영1

1139 **shad·ow** [쇄도우]: 〈← sceadu(dark)〉, 〈게르만어〉, 그림자, 그늘, 어둠, 슬픔, 유령, 미행자, 〈어둠의 결과〉, 〈~ shade\silhouette〉, 〈↔brightness\glow〉 영1

1140 **Shad·ow Ba·by** [쇄도우 베이비]: 1996년에 영국에서 출판된 소설 제목, (여려서 어머니한테 버림받은 두 딸의) 상반된 인생살이를 그린 사회·심리소설, '그림자 아이', '투영아', (한국에서 쓰는 '그림자 아이'는 〈un-registered baby〉를 뜻함), ⇒ shadow child 우2

1141 ***shad·ow ban-ning** [쇄도우 배닝]: ghost banning, stealth banning, 음성적 차단, 전산망 공급업체가 사용자가 올린 내용의 일부 또는 전부를 반영하지 않는 짓, 〈~ limiting content visibility without user's knowledge〉 미2

1142 ***shad·ow–box-ing** [쇄도우 박싱]: 혼자하는 권투시합(연습), 적극적 행동을 피하는 짓, 〈근본적 해결책을 미루는〉 미봉책, 〈눈가리고 아웅〉, 〈~ air boxing\mock fighting\sparring〉 미2

1143 **shad·ow child** [쇄도우 촤일드]: 암울한 아이, 〈영아유기나 어린이 방치 등의 위험성이 있는〉 위기에 처한 아동, 〈이것을 '그림자 아이'라고 하는 것은 아직은 Konglish임-영어로는 un-registered child라 함〉, ⇒ shadow baby 우2

1144 **shad·ow-ing** [쇄도우잉]: ①(전자) 현미경의 가시도를 높이는 것, 투영, 〈~ casting a shadow〉, 〈↔glowing〉 ②(배우기 위해) 따라다니는 일, 추미, 〈~ following\a job training〉, 〈↔showing〉 미2

1145 ***shad·ow RAM**: '예비' 무작위 접근 기억 장치, ROM(읽기 전용 기억 장치)의 출·입력체계를 복사한 〈보다 빠른 접속력을 가진〉 RAM, 〈~ copy RAM〉, 〈↔original RAM〉 우2

1146 **shaft** [쇄후트 \ 샤아후트]: 〈← skaftaz(staff)〉, 〈게르만어〉, 자루, 손잡이, 한 줄기, 축, 지주, 〈기둥으로 받친〉 갱도, 깃대, 자지, 〈~ pole\rod\beam〉, 〈↔horizontal\equity〉, 〈↔closure\crooked\cricket〉 영1

1147 **shag** [쇄그]: ①〈← skegg(beard)〉, 〈북구어〉, 보풀, 뒤엉킨 거친 털(뭉치), 〈~ a rug〉, 〈↔bald〉 ②〈영국어〉, 뒤쫓다〈chase〉, 〈↔stroll〉 ③〈영국 속어〉, 〈shake하며〉 성교(copulation)하다, 〈↔shuffle〉 ④〈미국어〉, 〈하체를 shake하며〉 번갈아 한 발로 뛰는 춤(dance), 〈↔saunter〉 ⑤〈← skegg(beard)〉, 〈북구어〉, 〈텁수룩한 관모를 가진〉 (유럽산) 쇠가마우지, 〈~ cormorant〉, 〈↔bald〉 영1

1148 **shag-bark** [쇄그 바아크]: (미 동부에서) 얽히고설킨 나무껍질을 가지고 350년 이상 사는 커다란 호두나무, 〈~ Carolina (or scaly-bark) hickory〉 우1

1149 **shag-gy** [쇄기]: 텁수룩한, 껄끄러운, 덤불투성이의, 〈~ hairy\thick\woolly〉, 〈↔sleek\bald\close-cropped〉 영1

1150 **shag-gy-mane** [쇄기 메인]: '텁수룩한 머리털', 짧은 줄기 위에 원추형 방망이 같은 머리가 우툴두툴한 표피를 형성하며 올라오는 〈귀두 모양의〉 회백색의 식용 버섯 (곰팡이), 〈~ lawyer's wig\a fungus with a wig-like appearance〉 우1

1151 **shag-rug** [쇄그 뤄그]: 보풀 있는 융단, 〈~ fluffy rug〉 양1

1152 **shah** [샤아]: 〈페르시아어〉, king, (예전 이란의) '왕', 〈~ amir\sultan〉 수2

1153 **sha·ha·da** [샤하아더]: 〈← sahida(testify)〉, 〈아랍어〉, '증언', 샤하다, (알라가 유일신이며 마호메트가 그 예언자임을) 반복하여 외치는 이슬람의 신앙고백, 〈~ an Islamic oath and creed〉 수2

1154 **shake** [쉐이크]: 〈← sceacan(shift)〉, 〈게르만어〉, 흔들다, 휘두르다, 진동하다, 악수하다, 털어 버리다, 〈~ shudder〉, 〈~ quake\tremble〉, 〈↔steady\strengthen\pursue〉 양1

1155 **shake like a jel·ly(leaf)**: (우무·나뭇잎처럼) 벌벌(발발) 떨다, 부들부들 떨다, 〈~ jittery\scared〉 양2

1156 **shak-en** [쉐이큰]: shake의 과거분사 양1

1157 **shak-er** [쉐이커]: 흔드는 사람(물건), 혼합기, '흔들 뿌리개', 선동자, 〈~ a shaking utensil\promoter〉, 〈↔introvert\withholder〉 양1

1158 **Shak-ers** [쉐이커즈]: 셰이커 교도, 18세기 영국에서 〈흔들 춤을 추는 Quakers〉로 시작해서 미국으로 건너와 공동생활·독신주의를 주창하다 1957년 문을 닫은 기독교의 일파, 〈United Society of Believers in Christ's Second Appearing〉 수2

1159 **Shakes-peare** [쉐익스피어], Wil·liam: '작살잡이(spear·man)', 셰익스피어, (1564-1616), 박학다식하였으며 인간의 내면세계를 꿰뚫어 보는 혜안을 가졌던 영국의 〈위대한〉 극작가·시인, 〈~ an English play-wright, poet and actor〉 수1

1160 **sha·ko** [쉐이코우 \ 쇄코우]: 〈← sako(peaked cap)〉, 〈헝가리어→프랑스어〉, 〈← spike?〉, 샤코, 깃털 장식이 있는 〈원통형의〉 군모, 〈~ a tall, cylindrical military cap〉 수2

1161 **sha·ku·ha·chi** [샤쿠하치]: 척팔, 〈일본의 중들이 시주받으러 다닐 때 불던〉 단소보다 조금 긴 '8/10척'짜리 대나무(bamboo) 피리, 〈~ a Japanese longitudinal, end-blown flute〉 수2

1162 **shale** [쉐일]: 〈게르만어〉, 〈← scale³〉, 혈암, 이판암, 연하고 얇은 층으로 되어 잘 벗겨(부서)지는 퇴적암, 〈~ shell\mud-rock〉 미2

1163 **shall** [쇌]: 〈← scal(ought to)〉, 〈게르만어〉, ~일(할) 것이다, ~일(할)까, 꼭 ~한다 〈점점 사용도가 줄어가는 단어〉, 〈~ should\have to〉, 〈↔shall not\must not\can not〉 가1

1164 **shal·loon** [쇌루운]: 〈프랑스의 원산지 이름(Chalons)에서 유래한〉 셜룬, (주로 안감·여성복으로 쓰이는) 가벼운 능직물, 〈~ a fine serge wool fabric〉 우1

1165 **shal·lot** [쇌랕 \ 쉴렅]: 〈라틴어→프랑스어〉, 샬롯, ('중동의 도시 이름〈Askalon〉을 딴' 양파보다 작거나 타원형의 구근을 가진) 〈양파와 마늘의 중간쯤 되는〉 골파의 일종, green (spring) onion, ⇒ scallion 미2

1166 **shal·low** [쇌로우]: 〈← sceald(not deep)〉, 〈영국어〉, 얕은, 피상적인, 천박한, 〈~ shoal¹〉, 〈~ superficial\slight〉, 〈↔deep\profound〉 양2

1167 **sha·lom** [쉬로움]: 〈← salom(peace)〉, 〈히브리어〉, '평안', 샬롬, 유대인의 인사말, 〈→ Salome〉, 〈~ au revoir\namaste\an-nyeong〉, 〈↔mihhamah(war)\daagah(trouble)〉 미1

1168 **shal·war** [셜와아]: 〈페르시아어〉, salwar, (인도·동남에서) 주로 kameez와 같이 입는 헐렁한 바지〈trousers〉 수2

1169 **sham** [쉠]: 〈영국어〉, 〈← shame?〉, 가짜, 속임(수), 협잡, 〈~ bogus\gimmick\cantrip〉, 〈↔real\genuine〉 양2

1170 **sha·man** [샤아먼]: 〈← sramana(monk)〉, 〈'중'이란 뜻의 산스크리트어가 Tungus어로 변했다가 1690년대에 영어화된 말〉, 샤먼, 무당, 방술사, 마술사, (우랄-알타이족의) '사제', 〈~ exorcist\witch doctor〉, 〈↔commoner\lay-person〉 양1

1171 **sha·man-ism** [샤아머니즘]: 무속신앙, 영적인 힘으로 현실 문제를 해결하려는 믿음, 〈~ exorcism〉, 〈↔science〉 양1

1172 *__sha·ma·teur__ [쇄머츄우어]: shame+amateur, (돈을 버는) 사이비 비직업선수, semi pro 양2

1173 **sham·ble** [쉠블]: 〈영국어〉, ungainly, 비틀비틀(휘청휘청) 걷다, 느릿느릿, 꾸물꾸물, 〈~ shuffle\totter〉, 〈↔sprint\neat〉 양2

1174 **shame** [쉐임]: ⟨← skamo(disgrace)⟩, ⟨게르만어⟩, '홍조', ⟨인류가 눈이 밝아짐으로 생겨난⟩ 부끄럼, 수치, 불명예, 민망함, 아쉬움, ⟨→ ashamed\sham?⟩, ⟨↔pride\honor⟩ 가1

1175 **sham·poo** [쉠푸우]: ⟨← champna(rub)⟩, ⟨힌디어⟩, 샴푸, '문지르기', 씻다, (머리를) 감다, 세발(제), ⟨~ cleanse\detergent⟩ 우2

1176 **sham·rock** [쉠롹]: ⟨← seamrag(trefoil)⟩, ⟨아일랜드어⟩, (세 잎) 토끼풀, ⟨~ clover⟩, (삼위일체를 상징하는 3개의 녹색 떡잎을 가진) 아일랜드의 국장, ⟨~ Holy Trinity⟩, 흑맥주와 위스키의 혼합주, ⟨~ a cocktail⟩ 미2 수2

1177 **Shang-hai¹** [쉥하이]: upward+sea, ⟨양자강이 '바다로 올라가는'⟩ 상하이, 상해, 1842년 영국의 강압으로 개항하여 중국의 상·공업·항구도시로 급상한 후앙푸강과 양쯔강이 만나는 곳, ⟨~ a city in China's central coast⟩ 수2

1178 **Shang-hai²** [쉥하이]: 상하이 ①럼·석류 즙·레몬 등에 얼음조각을 넣은 ⟨동양향이 나는⟩ 강한 혼합주, ⟨~ Shang-hai shake\a screw-driver⟩ ②Brahma 닭, 상하이에서 수입해서 개량했다는 ⟨1930년까지 미국에서 인기 있던⟩ 커다란 육용 닭, ⟨~ a meat breed of chicken⟩ 수2

1179 **Shan·gri-la** [쉥그릴라아]: zhang(Tsang)+ri(mountain)+la(pass), ⟨티베트어⟩, 샹그릴라, ('산 너머 있는') 지상낙원, ⟨소설에 나오는⟩ 티베트에 있다는 이상향, 1971년 말레이시아인이 설립해서 홍콩에 본부를 둔 약 100개의 호텔 연쇄점, ⟨~ heaven\paradise⟩ 수1

1180 ***Shan·gri-la syn-drome** [쉥그릴라 씬드로움]: 나이보다 젊게 살려고 노력하는 풍조, ⟨older people wanting to live young⟩ 수2

1181 **shank** [쉥크]: ⟨← sceanca(lower leg)⟩, ⟨게르만어⟩, 정강이(뼈·살), 사태, 기둥의 몸체, 구두 밑바닥의 (땅에 닿지 않는) 좁은 부분, 골프공의 뒤축을 쳐서 빗나가게 하다, ⟨~(↔)slice\sclaff⟩, ⟨~ blade\splash⟩, ⟨↔rear\detach\fail⟩ 미2 우1

1182 **shan·ty** [쉔티]: ⟨← chantier(lumber camp)⟩, ⟨1820년에 등장한 캐나다식 프랑스어⟩, 오두막집, 판잣집, 선술집, ⟨~ gantry⟩, ⟨~ shack\hut\tavern⟩, ⟨↔chateau\citadel\boutique hotel\ranch house⟩ 양2

1183 **shape** [쉐이프]: ⟨← scapan(form)⟩, ⟨게르만어⟩, 모양, 외형, 형세, 틀, ⟨~ appearance\condition⟩, ⟨↔deform\wreck⟩ 양1

1184 **shape-up or ship-out** [쉐이프 엎 오어 쉮 아웉]: ⟨20세기 중반에 미 해군에서 만들어진 말⟩, 정신 못 차리면 퇴출, 제대로 하든지 아니면 그만두라, ⟨~ an ultimatum\improve or leave⟩ 양2

1185 **shaq-to·ber fest** [쉨토버 훼스트]: ⟨← shatter⟩, ⟨영국어⟩, ⟨모든 것을 부수는⟩ Halloween 축제 미2

1186 **shard** [샬드] \ **sherd** [설드]: ⟨← scearan(separate)⟩, ⟨게르만어⟩, 사금파리, (도자기) 파편, 비늘, 껍데기, ⟨~ shear\scrap⟩, ⟨↔whole\core⟩ 양1

1187 **share** [쉐어]: ⟨← sceran(cut)⟩, ⟨게르만어⟩ ①몫, 일부분, 할당, 역할, 주식, 나누다, 공유하다, ⟨~ shear\associate⟩, ⟨~ portion\split⟩, ⟨↔total\hoard\lose⟩ ②가랫 날, 보습, ⟨~ plow-wedge⟩ 가1

1188 **share–crop-per** [쉐어 크롸퍼]: 소작인(농), tenant farmer 양2

1189 **share–hold-er** [쉐어 호울더]: 주주, stock holder, ⟨~(↔)stake-holder는 회사의 소유권이 없을 수도 있음⟩ 양2

1190 **share-op·tion** [쉐어 앞션]: 주식 선택권, (종업원이) 자사주를 할인가격으로 살 수 있는 특전, stock option 양2

1191 **share-ware** [쉐어 웨어]: '공유기기', ⟨처음에는 무료로 시작해서 계속 사용하면 저작권을 내야 하는⟩ 무료로 '보급되는' 연성기기, ⟨~ down-ware\trial software⟩ 우1

1192 **sha·ri·a(h)** [셔뤼어]: ⟨← shariat(path to water)⟩, ⟨페르시아어→아랍어⟩, '도리', 샤리아, ⟨신의 법칙을 따르는⟩⟨일상생활까지 세세히 규제해서 대부분의 나라에서 파기한⟩ 이슬람 율법, ⟨~ a body of Islamic law⟩ 수2

1193 **shar·ing e·con·o·my** [쉐어륑 이카너미]: peer to peer economy, 개인이 상품과 용역을 잠정적으로 소유하는 ⟨공유경제⟩ 미1

1194 **shark** [샤아크]: ⟨어원 오리무중의 영국어⟩, 상어, 붕어만 한 것부터 고래보다 더 큰 300여 종의 어뢰같이 생긴 ⟨우아한⟩ 물고기로 대개 태생이고 난류에 서식하며 다른 생물을 잡아먹는 ⟨바다의 깡패⟩, 탐욕스러운 사람, 악덕업주, 명수, 달인, ⟨~ dog-fish\great white\preditator of the deep\expert⟩ 미2

1195 **Shar·on** [쉐륀]: 〈'평지(fertile plain)'란 뜻의 히브리어〉, 샤론 ①여자 이름(female name) ②이스라엘의 〈기름진 평야〉, s~; 무궁화 (rose of S~), 이스라엘산 감(persimmon) 수1 미2

1196 **sharp** [샤아프]: 〈← scearp(fine point\cutting edge)〉, 〈게르만어〉, 날카로운, 예리한, 뾰족한, 신랄한, 명확한, 멋진, (악보의) 올림표〈#〉, 〈↔dull〉 가1

1197 **Sharp** [샤아프], Cor·po·ra·tion: 1912년 연필 공장으로 시작해서 다양한 문방구·가정용품·전기(전자)제품을 생산하다가 2016년부터 대만 자본이 지배하는 〈일본의〉 종합상사, 〈~ a Japanese electronics co.〉 수2

1198 **shart** [샬트]: shit+fart, 〈집권 후 김정은(Kim Jong Un)이 외신기자와 대담할 때 같이〉 벌레 씹은 표정, '똥방귀', 방귀만 뀔 의도였으나 똥이 따라 나오는 것, 〈~ accidental expel of feces〉 우2

1199 **Shas·ta** [쇄스터]: 샤스타, 〈'3 peaked mountain'?〉, 그 고장에 살던 어원 불명의 원주민 부족의 이름과 연관이 있는 미국 캘리포니아주 북부(N. California)의 높이 4,319m짜리 사화산, 〈~ a potentially active strato- volcano〉 수1

1200 **Shas·ta dai·sy** [쇄스터 데이지]: (1890년 미국인이 잡종으로 교배시킨) 노란 원반에 〈샤스타 산봉우리의 눈같이 흰색을 가진〉 꽃잎으로 둘러싸인 아기 국화, 〈~ a large flowered hybrid garden daisy〉 수2

1201 **shat·ter** [쇄터]: 〈← scateran(disperse)〉, 〈게르만어〉, 산산이 부수다, 박살 내다, 파괴하다, 〈← scatter〉, 〈~ smash\devastate〉, 〈↔build\repair〉 가1

1202 **shave** [쉐이브]: 〈← schaven(scrape)〉, 〈게르만어〉, 깎다, 면도하다, 벗기다, 스치다, 〈~ snip off\trim\clip〉, 〈↔covered\shaggy\extend\bump〉 양1

1203 **Sha·vuot** \ **Sha·bu·oth** [셔부우쓰]: 〈'weeks'란 뜻의 히브리어〉, 샤부트, (Pass·over 7주 후에 오는) 〈10계명 선포를 기리기 위한〉 유대교의 오순절 (Pentecost) 수2

1204 **Shaw** [셔어], George Ber·nard: 〈← schage(dweller by the wood)〉, 〈영국어〉, '숲속에 사는 자', 쇼, (1856-1950), 윤리에 대한 해학적 비평에 뛰어났던 아일랜드 태생의 극작가·비평가·노벨 문학상 수상자·독재주의 찬미자, 〈~ an Irish play-wright and critic〉 수1

1205 **Sha·war·ma** [쉬왈마]: 〈← cevirmek(rotate)〉, 〈터키어〉, 샤와르마, 다진 고기를 '꼬챙이'에 꿰어 구운 중동식 요리, 〈~ rotisserie-cooked meat〉, 또는 그것을 얇은 만두피로 싸서 만든 원추형 샌드위치, 〈~ doner(turn)-kebab sandwich〉 우1

1206 **shawl** [셔얼]: (이것이 처음 제조된 인도의 마을 이름〈Shaliat〉에서 유래한) 숄, 어깨걸이(걸치개), 〈~ stole²〉, 〈~ rebozo\long scarf〉 미2

1207 **shawm** [셔엄]: 〈← kalamos(reed)〉, 〈그리스어→라틴어〉, 〈← calamus〉, '갈대피리', 숌, (중세에 쓰던) 두 혀를 가진 오보에의 전신인 목관 악기, 〈~ a double-reed wind instrument〉 우1

1208 **Shaw·nee** [셔어니]: 〈← shawum(southerner)〉, 〈원주민어〉, '남쪽 사람', 쇼니 족, 미 동부의 숲속에 살았다가 미시시피강 서쪽으로 쫓겨온 원주민, 〈~ Native Americans of the N-E Woodlands〉 수1

1209 **Shays' Re·bel·lion** [쉐이스 뤼벨리온]: 〈← Shea(admirable)〉, 〈켈트어〉, 셰이스의 반란, 미 독립전쟁 후 세금을 올린 것에 격분한 Daniel Shays〈존경할 자〉 등의 농민들(farmers) 4천여 명이 1786년 매사추세츠 서부(Western Massachusetts)에서 봉기했다가 1년 만에 무자비하게 진압된 〈농민폭동〉, 〈~(↔)Whiskey Rebellion〉 수2

1210 **she** [쉬이]: 〈← seo(the)〉, 〈영국어〉, 〈그(he)를 얻을 때 행복해진다는〉 그녀, 〈he에 soft를 더한〉 암컷, 〈국가·도시·선박·차·달 등〉 여성적인 것을 나타내는 대명사, 〈~ girl\woman〉 가1

1211 **sheaf** [쉬이후] \ **sheaves** [쉬이브즈]: 〈← sceaf(bundle)〉, 〈게르만어〉, (곡식의) 단, 다발, 한 뭉치, 다량, 〈~ pile\chunk〉, 〈↔grain\fragment〉 양2

1212 **shear** [쉬이어]: 〈← sceran(cut)〉, 〈게르만어〉, (큰 가위로) 베다, 잘라내다, 박탈하다, 〈~ score\shard\share\shore〉, 〈~ cut\trim〉, 〈↔extend\lengthen〉, 〈↔un-sheared\un-shorn〉 양1

1213 **shear-wa·ter** [쉬이어 워어터]: 슴새, 섬새, 〈큰 가시 같은 날개로 '파도를 차고' 올라가며 섬의 바위 밑에 한 개의 큰 알을 낳는〉 바다제비류, 〈~ storm petrel\gannet〉 미2

1214 **sheat-fish** [쉬이트 휘쉬]: 〈게르만어〉, sheath·fish, (중앙 아시아·중유럽에 서식하는) 〈칼 집같이 생긴〉 아주 커다란 메기, 〈~ large, elongated catfish〉 우2

1215 **sheath** [쉬이쓰]: 〈← sceadan(divide)〉, 〈게르만어〉, 덮개, (칼) 집, 포피, 콘돔, 〈~ scabbard\shed²\case〉, 〈↔un-cover\de-nude〉 양1

1216 **shea tree** [쉬어 트뤼이]: ⟨← shisu⟩, ⟨원주민어에서 유래한⟩ (서아프리카 준 초원에 서식하며) 땅콩만 한 견과에서 버터 같은 기름을 짜내는 적철과의 낙엽활엽교목, butter·tree 우1

1217 **She·ba** [쉬이버]: ⟨'별(star)'이란 뜻의 이집트어 \ '맹세(oath)'란 뜻의 히브리어⟩, 시바 ①남아라비아의 옛 나라, ⟨~ a S. Arabian kingdom⟩ ②솔로몬 왕의 지혜를 시험해 보러 간 여왕, ⟨~ Queen from the South⟩ ③매력적인 미녀, ⟨~ Queen of the Night⟩ 수1 미2

1218 **shed¹** [쉐드]: ⟨← sceadan(divide)⟩, ⟨게르만어⟩, 뿌리다, 흘리다, 떨어뜨리다, 발산하다, 껍질을 벗다, 분수령, 틈새, ⟨~ discard\slough²\scrap⟩, ⟨↔keep\cover\fill⟩ 양1

1219 **shed²** [쉐드]: ⟨← scead(protect)⟩, ⟨영국어⟩, 광, 헛간, 우리, 창고, hangar, ⟨~ shade\shelter⟩, ⟨~ hut\shack⟩, ⟨↔mansion\palace⟩ 가1

1220 **sheen** [쉬인]: ⟨← scene⟩, ⟨영국어⟩, ⟨← shine⟩, 광채, 윤, 현란한 천(옷), ⟨~ gloss\luster⟩, ⟨↔dullness⟩ 양2

1221 **sheep** [쉬이프]: ⟨← sceap(mature lamb)⟩, ⟨게르만어⟩, (면)양, 암양, 양피, 온순한 사람, 신자, ⟨~ mutton\woolly-back\jum-buck⟩, ⟨~ meek (or submissive) person⟩, ⟨~(↔)ram⟩, ⟨↔wolf\bully\beast⟩ 양1

1222 **sheep-ber·ry** [쉬이프 베뤼]: nanny·berry, (양들이 좋아하는) 단풍색의 콩알만 한 열매를 맺는 북미산 가막살나무속의 관목 우1

1223 **sheep ked(louse)** [쉬이프 케드(라우스)]: sheep tick, 양진드기, 양파리, 양에 기생하는 날개 없는 흡혈파리 미1

1224 *****sheep-le** [쉬이플]: sheep+people, 권위에 맹목적으로 따르는 ⟨양같이 유순한⟩ 사람들, ⟨~ conformist\follower⟩, ⟨↔free-thinkers⟩, ⟨↔wolf-le(편자가 조작한 말)⟩ 미2

1225 **sheep's eye** [쉬이프스 아이]: 곁눈질, 추파, ⟨~ armourous glance\bedroom-eye⟩, ⟨↔fierce scowl⟩ 양2

1226 **sheep sor·rel** [쉬이프 쏘어뤨]: 애기수영, (양이 좋아하는) 적갈색의 메밀(buck-wheat) 비슷한 꽃이 피는 마디풀과의 잡초, ⟨~ sour weed⟩ 미2

1227 **sheer** [쉬어]: ⟨← skeran(pure)⟩, ⟨게르만어⟩, 얇은, 비치는, 순수한, 깎아지른 듯한, ⟨~ shine⟩, ⟨~ thin\transparent\very steep⟩, ⟨↔thick\gradual⟩ 양1

1228 **sheet** [쉬이트]: ⟨← scoz(flap)⟩, ⟨게르만어⟩, 시트, 홑이불, 얇은 판, 종이 한 장, ⟨~ bed linen\piece of paper⟩, ⟨↔block\brick⟩ 양1

1229 **she-he** [쉬이 히]: 여성적인 남자, ⟨~ feminine man⟩, ⟨↔he-she⟩ 양2

1230 **sheik** [쉬이크]: ⟨← sheikh(old man)⟩, ⟨'노인'이란 아랍어⟩, (회교도의) 족장, 교주, 장로, ⟨~ Arab chief\ruler\lady-killer⟩, 호색한, ⟨↔follower\bachelor⟩ 양1

1231 **shel-drake** [쉘드뤠이크]: scheld(variegated)+deake(male duck), ⟨영국어⟩, shel·duck, 혹부리오리, ⟨빛나는 깃털을 가진⟩ 비오리, ⟨~ merganser\saw-bill\smew\goosander⟩ 미2

1232 **shelf** [쉘후] \ **shelves** [쉘브즈]: ⟨← scylfe(plank)⟩, ⟨게르만어⟩, 선반, 시렁, 얕은 곳, 대륙붕, ⟨~ ledge\rack⟩, ⟨↔column\cavity⟩ 양1

1233 **shelf life** [쉘후 라이후]: 유통기간, ⟨~ life-span⟩, ⟨~(↔)expiration date⟩ 양2

1234 **Shell** [쉘]: 쉘, 1912년 미국에서 창립되어 London에 본부를 두고 있고 1984년 유대계의 로스차일드사가 장악하고 있는 Royal Dutch Co.가 많은 주식을 사들인 세계적 석유회사, ⟨~ a British oil and gas co.⟩ 수1

1235 **shell** [쉘]: ⟨← scal(peel off)⟩, ⟨게르만어⟩, 껍질, 조개(류), 포탄, 차림표 본체는 감춰져 있는 연성기기, 빈 껍데기 기업체, ⟨~ scale²⟩, ⟨~ carapace\bombard⟩, ⟨↔core\assets⟩ 양1 우1

1236 **shel-lac** [쉘랙]: ⟨프랑스어·영국어⟩ ①shell+lac, 곤충의 점액으로 만든 윤택제, ⟨~ a resin⟩, ⟨↔dull⟩ ②⟨윤택제를 칠해 마무리 하듯⟩ 쳐부수다, ⟨~ defeat⟩, ⟨↔lose⟩ 우1 양2

1237 **shel-lac pol·ish** [쉘랙 팔리쉬]: ⟨속조개껍질 같은⟩ 윤칠, ⇒ French polish 우1

1238 **shell-fish** [쉘 휘쉬]: 조개, 갑각류 (물고기), ⟨~ crustacean⟩ 양2

1239 **shell-ing** [쉘링]: 껍데기 까기, 포격, ⟨~ removal of the shell\bombarding⟩ 양1

1240 **shell out** [쉘 아웉]: ①조개류의 껍질을 까다, ⟨~ part with⟩ ②(예상 외의) 거금을 쓰게 되다, '껍데기 벗기기', ⟨~ pay out\cough up⟩, ⟨↔take\save⟩ 양1 우1

1241 **shell shock** [쉘 샥]: '폭탄 충격', 전쟁 신경증, 전투 피로증, ⟨~ PTSD in WWI⟩ 양2

1242 **Shel·ly** [쉘리], Per·cy Bys·se: 〈여라가지 어원을 가진 이름〉, 〈영국어에서는 'meadow's edge'(시냇가)에 사는 자〉, 쉘리, (1792-1822), 명문가 태생으로 파란만장한 삶을 살고 〈마음의 마음〉란 묘지명을 남기고 간 영국의 낭만적 서정시인, 〈~ an English Romantic poet〉 수1

1243 **shel·ter** [쉘터]: 〈영국어〉, shield(protection)+ure, 피난 장소, 은신처, 엄호물, 〈비·바람을 피하는〉 보호소, 〈~ shed²\shield〉, 〈↔hazard〉 양1

1244 **shelve** [쉘브]: 〈← shelf〉, 선반에 얹다, 보류하다, 해고하다, 〈~ put (or lay) off〉, 〈↔carry out\revive〉 양2

1245 **Shem** [쉠]: 〈'명성(name)'이란 히브리어〉, 노아의 맏아들, 셈족의 시조, 〈~ Noah's son〉 수1

1246 **shen** [쉔]: 〈중국어〉, deity, (귀)신, 신명, 〈~ god〉, 〈↔chi(gi)〉 양1

1247 **Shen·an·do·ah** [쉐넌도우어]: 〈← oskenon(deer)?〉, 셰넌도어 〈'사슴들의 천국'이라는 둥 여러 가지 뜻이 있는 원주민어〉, 미국 버지니아(Virginia)주 북서부에 있는 강·산맥·계곡·국립공원, 〈~ Blue Ridge Mountains〉 수1

1248 **she·nan·i·gan** [셔내니건]: 〈← sionnach(fox)?〉, 〈'여우와 놀다'란 뜻의 아일랜드어〉, 허튼소리, 장난, 기만, 〈~ caper¹\frolic〉, 〈↔seriousness\frankness\white-handed〉 양2

1249 **Shen-yang** [션야앙]: 〈'Shen'강 언덕의〉 선양, 펑톈(봉천-Mukden)의 새 이름, 청조의 발생지, (만주 남서부에 있는) 중국 랴오닝성의 성도, 〈~ Capital of Liaoning Province〉 수2

1250 **shep-herd** [쉐퍼드]: 〈영국어〉, sheep+herd, 셰퍼드, 양치는 사람(개), 목사(pastor), 〈~ Dalmatian〉, 〈↔hunter\lay-person〉 미2 양2

1251 **shep-herd's check(plaid)** [쉐퍼즈 첵(플래드)]: (스코틀랜드의 양치기가 입었던) 흑·백 격자무늬의 천, 〈~ Scottish tartan〉, 〈~(↔)hound's tooth〉 우1

1252 **shep-herd's pie** [쉐퍼즈 파이]: cottage pie, 〈서민이나 양치기들이 먹었던 먹다 남은〉 다진고기(minced meat)를 으깬 감자(mashed potatoes)에 싸서 구운 양과자 우1

1253 **shep-herd's purse** [쉐퍼즈 퍼얼스]: 냉이 비슷한 꽃과 〈purse 비슷한 작은〉 열매(fruit)를 맺는 겨잣과(mustard family)의 일년생 잡초, 〈~ a small anual way-side herb\pepper weed〉 우1

1254 **she-pine** [쉬이 파인]: 〈아마도 가늘고 긴 솔잎이 여인(she)의 머리털(hair)을 닮은 데서 유래한〉 (황색 건재로 쓰이는) 오스트레일리아산 나한송과의 침엽수, 〈~ brown pine〉 우1

1255 **Sher·a·ton** [쉐뤄튼]: 〈지명(Skurfa+town)에서 유래한 영국 가구업자의 이름에서 연유한〉 셰라턴, 1937년 미국에서 설립되어 현재 Marriott가 소유하고 있는 세계적 고급 숙박업소·위락시설 연쇄점, 〈~ an American hotel and resort chain〉 수1

1256 **sher·bet** [셔얼빝]: 〈← sharaba(drink)〉, 〈'음료'란 뜻의 아랍어에서 유래한〉 sorbet, 셔벗, '향기로운 으깬 과일즙', 과즙에 우유·계란 흰자·설탕·얼음을 섞은 빙과, 〈~ fruit ice\bing-su〉 우1

1257 **Sher·i·dan** [쉐뤼든], Rich·ard: 〈어원 불명의 켈트어〉, 〈← sirim(searcher)?〉, '탐구자?', 셰리던, (1751-1816), 아일랜드 태생의 기지가 번쩍이는 희극작가 겸 웅변가, 〈~ an Anglo-Irish play wright and Whig politician〉 수1

1258 **sher·iff** [쉐뤼후]: shire+gerefa(chief), 〈영국어〉, 셰리프, 보안관, 치안관, 영국의 군(shire)수〈군의 수장〉, 행정관, 〈미국에서는 county 산하의 민선 치안 담당관과 그 대리인(deputy)을 말하며 경찰의 손이 못 미치는 지역·분야에서 사업권·형법을 집행함〉, 〈~ marshal\police〉, 〈↔civilian\criminal〉 양1

1259 **Sher·pa** [쉘퍼]: 〈← sharpa(dweller in an eastern country)〉, '동쪽에 사는 자', 셰르파, (등산인의 안내자로 활약하는) 티베트의 한 종족, 〈~ a Himalayan ethnic group〉 수1

1260 **sher·ry** [쉐뤼]: (주로 식사 전에 마시는) 스페인(Spain)의 Xeres지방 원산의 〈약간 독한〉 백포도주, 〈~ a fortified white wine〉 수2

1261 **Sher-man** [셔얼먼], Wil·liam: shear-er+man, 〈영국계 이름〉, '재단사', 셔먼, (1820-1891), 〈전쟁하는 데밖에 재주가 없었던〉 남·북전쟁 때 미 북군의 장군, 〈~ a general in the Union Army〉 수1

1262 **Sher-man An·ti-trust Act**: 공화당적 오하이오 상원의원 John S~이 발의해서 1890년부터 발효한 미국 기업의 독점(business monopoly) 금지법, ⇒ Anti-trust Act 수2

1263 **Shet-land po·ny** [쉐틀런드 포우니]: 〈← hjalt(hilt)〉, 〈북구어〉, 영국 셔틀랜드〈칼자루같이 생긴 땅〉 섬 원산의 땅딸막한 조랑말, 〈~ a Scottish miniature horse〉 수2

1264 **Shet-land sheep-dog** [쉐틀런드 쉬이프더어그]: Sheltie, 영국 셔틀랜드제도 원산의 털이 길고 땅딸막한 콜리(Collie) 비슷한 목양견(herding dog) 수2

1265 **Shi-a** \ Shi-ah [쉬이어]: 〈← shi(follower)〉, 'Ali를 따르는 자', Shiite, 시아 파, (이란을 중심으로) 〈신적 속성을 부여받았다는〉 마호메트의 사위(son-inlaw), 알리를 정통 후계자로 하고 예언자의 관행을 담은 Sunna를 정경으로 인정하지 않는 이슬람교의 약 10%를 차지하는 '소수파', 〈~(↔)Sunni〉 수1

1266 **shib·bo·leth** [쉬버리쓰]: 〈← shabal(flow)〉, 쉽블렛, 〈히브리어〉, 강, (sh 발음을 못하는 에브라임 사람을 갈앗 사람과 구별하기 위해 사용되었던) 시험해 보는 말, 특별한 관습, 표어, password, 〈~ watch-word\motto〉 우1 양2

1267 **shi·bo·ri** [쉬보리]: 〈← shivoru(to wring)〉, 〈일본어〉, 시보리, 눌러짠 옷, 얼룩무늬 피륙, 〈~ batik\tie-dye〉 우2

1268 **shield** [쉴드]: 〈← sceld(protection)〉, 〈게르만어〉, 방패, 보호물, 차폐물, 〈~ shelter\screen〉, 〈↔assail\un-cover\spear〉 가1

1269 **shield bug** [쉴드 버그]: 차폐충, stink bug, 노린재, 방귀벌레, 등에 방패 모양의 판을 가지고 건드리면 배에서 고수 비슷한 노린내를 풍기는 손톱만 한 농작물의 해충(agricultural pest) 미2

1270 **shift** [쉬후트]: 〈← scyftan(drive away)〉, 〈게르만어〉, 이동하다, 바뀌다, 교대하다, 변속하다, 〈~ shake\move〉, 〈~ veer\switch〉, 〈↔stability\consistency〉 양1

1271 *****shift key** [쉬후트 키이]: '치환 건', 건반에서 활자체를 바꾸기 위해 누르는 '단추', 〈~ caps button〉 우2

1272 **shift re·gis·ter** [쉬후트 뤠쥐스터]: '치환(자리 이동) 등록부', 입력파가 가해질 때마다 내용이 한 자리씩 이동하는 〈기억력 저장방식〉, 〈~ boundary scan\twisted ring counters〉 우2

1273 **Shih Huang Ti** [쉬 황 티]: Qin Shi(begin) Huang(emperor), (진)시황제, (BC259-210), '최초'로 중국 대륙을 통일하고 만리장성을 쌓기 시작했고 병마용갱에 묻힌 〈아주 욕심이 많았던〉 전제군주, 〈~ the first emperor of China〉 미2

1274 **Shih Tzu** [쉬이 츄우]: 〈중국어〉, 시주, shi(lion)+zi(son), 〈꼬마 '사자'〉, 털이 길고 사자상의 얼굴을 가진 티벳·중국 원산의 아주 작은 애완견, 〈~ Little Lion\Chrysanthemum Dog〉 수2

1275 **Shi-ite** [쉬이아이트]: 〈← shi(follower)〉, Shia, 시아파, '추종자', (이란 등에서 마호메트의 사위〈Ali〉를 신봉하는) 이슬람교의 10~15%를 차지하는 종파 수2

1276 **Shil·la** [실라]: 〈한국어〉, Silla, '새로운 나라'(?), 신라〈'사로'의 이두문자로 사료됨〉, (BC57-AD936), 백마의 알에서 태어났다는 혁거세의 부족 국가가 당나라의 힘을 빌려 3국을 통일하여 한반도의 2/3정도를 지배했고 신분제도가 뚜렷했던 '불교 국가', 〈~ a Korean kingdom〉, ⇒ Gyeong-ju 수1

1277 *****shil·ling** [쉴링]: ①〈← skiljana(split)〉, 〈게르만의 금화에서 연유한〉 실링, (1971년에 폐지된) 영국의 화폐단위, 1/20파운드, 〈~ a coin of British Empire〉 ②〈어원 불명의 영국어〉, 한통속, 전산기 경매장에 판매할 물건을 올려놓고 자신이 타인의 신분번호를 이용해서 입찰하는 〈야바위 짓〉, 〈~ con artist\swindler〉 수2 우1

1278 **shil·ly-shal·ly** [쉴리 쉘리]: 〈영국어〉, ('shall I' 하면서〉 주저하다, 우유부단하다, 〈~ wishy-washy〉, 〈↔lay on the line\decisive〉 양2

1279 **shim·mer** [쉬머]: 〈← scima(gleam)〉, 〈게르만어〉, 어렴풋한 빛, 가물거림, 미광, 〈~ shine\gleam〉, 〈~(↔)glimmer\flicker'〉, 〈↔darkness\bright light〉 양1

1280 **shin** [쉰]: 〈← scina(thin piece)〉, 〈게르만어〉, 정강이(뼈·살), 기어오르다, 〈~ front of the leg\ascent〉, 〈↔calf\descent〉 가1 양1

1281 **shine** [샤인]: 〈← scinan(illuminate)〉, 〈게르만어〉, 빛나게 하다, 비추다, 돋보이다, 〈~ sheen\sheer〉, 〈~ emit light\glow〉, 〈↔dark\dim〉 가1

1282 **shin·gle** [쉥글]: 〈← scindere(split)〉, 〈라틴어→영국어〉, 지붕널, 판자로 인 지붕, 조약돌, 치켜 깎은 여자 머리, 〈~ roof-plate\marble\bob〉, 〈↔tiled roof〉 양1 우2

1283 **shin·gles** [쉥글즈]: 〈← cingere(gird)〉, 〈라틴어〉, 대상포진, (주로 복부에 신경을 따라 띠 모양으로 퍼져나가는 〈미치게 가려운〉) 미세병원체에 의한 전염성·수포성 발진, 〈~ herpes zoster〉 양2

1284 **shin-to** [쉰토우]: 〈중국어→일본어〉, god+way, '신선이 되는 길', 신도, (8세기 초에 시작해서 1945년까지 일본(Japan)의 국교 역할을 했던) 자연과 조상을 섬기며 〈내세에 별로 관심이 없는〉 종교, 〈~ the great way〉 미2

1285 **ship** [쉽]: 〈← scyp(vessel)〉, 〈게르만어〉, 배, 함선, 배로 보내다, 수송하다, 적재하다, 쫓아버리다, 〈→ skiff〉, 〈~(↔)boat\airplane〉 가1

1286 **~ship** [~쉽]: ⟨← scilppan(create)⟩, ⟨게르만어⟩, ⟨~상태·신분·수완⟩ 등을 나타내는 접미사, ⟨~ shape⟩, ⟨~ quality\state\condition⟩ 양1

1287 ***ship has sail-ed** [쉽 해즈 쎄일드]: 이미 배는 떠났다, 버스 떠난 후 손들다, ⟨~ missed an opportunity\too late⟩, ⟨↔tomorrow is another day\never give up⟩ 양2

1288 **ship-lap** [쉽 랩]: ⟨원래는 배의 마루를 까는 데 썼던⟩ 반턱 쪽매 이음(판자), (마루 바닥이나 벽을 덮을 때 홈을 판 판자를 끼워 맞춤)⟨방풍·방수용 자재⟩, ⟨~ cleft\fissure⟩, ⟨~ rabbet⟩ 미1

1289 **ship-worm** [쉽 워엄]: 좀조개, 배좀벌레조개, ⟨퇴화한⟩ 두 개의 각질로 된 판으로 물에 젖은 나무를 파먹는 지렁이 같은 연체동물, teredo, ⟨~ a marine bivalve mollusc⟩ 미2

1290 **ship-wreck** [쉽 뤡]: 난파된 배, 난선 사고, 파멸, ⟨~ destruction of a ship⟩ 양1

1291 **ship-yard** [쉽 야아드]: 조선소, 배 공작장, ⟨~(↔)boat-yard⟩ 양2

1292 **shire** [샤이어]: ⟨← scire(office)⟩, (영국의) 군, ~shire로 끝나는 영국 중부지방, ⟨~ district\county⟩ 미1

1293 **Shire horse** [샤이어 호얼스]: (영국 중부 지방산의) 다리가 짧고 덩치가 큰 짐 마차용 힘센 말, ⟨~ a British draft horse breed⟩ 수2

1294 **shirk** [셔얼크]: ⟨어원 불명의 게르만어⟩, ⟨← shark?⟩, 회피하다, 게으름 부리다, 꾀부리다, ⟨~ skulk⟩, ⟨~ scrimshank\cope out⟩, ⟨~ slack⟩, ⟨↔confront\take on⟩ 양2

1295 **shirr** [셔얼]: ⟨어원 불명의 아일랜드어⟩, 주름을 잡다, (천에 짜 넣는) 가는 고무줄, (달걀을) 얕은 접시에다 지지다, ⟨~ wrinkle\ruffle⟩, ⟨↔line\cool⟩ 우2

1296 **shirt** [셔얼트]: ⟨← skurtjon(short garment)⟩, ⟨게르만어⟩ 셔츠, ⟨짧은⟩ 윗옷, (속) 상의, '와이셔츠', ⟨~ short\sark⟩, ⟨~ pull-over\blouse⟩, ⟨↔bottoms\pants⟩ 미1

1297 **Shi-sei-do** [쉬쎄이도우]: nourish+new life+base, ⟨중국의 주역에 나오는 말⟩, '밑천이 생기는' 시세이도, 자생당, 1872년에 세워진 일본의 세계적 화장품·위생용품 판매점, ⟨~ a Japanese beauty leader⟩ 수2

1298 **shit** [쉿]: ⟨← seitan(defecate)⟩, ⟨14세기에 등장한 영국어⟩, 똥 싸다, 배설물, 실없는 것(짓), 염병할!, ⟨~ poop\dung\crap⟩, ⟨↔gem\sense\fantastic⟩ 양1

1299 **shi-ta·ke** [쉬타아키]: oak+mushroom, ⟨일본어⟩, 시다께, oakwood mushroom, black mushroom, '톱밥 버섯', 표고버섯, (썩은 참나무 등에 기생하는 담흑색 무늬의 갓을 가진 ⟨말린 것을 잡채 등에 섞어 먹는⟩ 느타릿과의 둥글 납작한 곰팡이류) 미2

1300 ***shit-lord** [쉿 로어드]: ⟨2020년에 등장한 노래 제목⟩, '놀부, '염병할 놈', ⟨~ wicked person\bastard⟩, ⟨관심을 끌거나 피해를 주려고⟩ 전산망에 엉뚱한 내용을 올리는 녀석, ⟨~ an internet troll\edge-lord⟩ 우2

1301 ***shit-show** [쉿 쑈우]: 난장판, 엉망진창의 모임, ⟨~ chaos\dumpster fire⟩ 양2

1302 ***shit-storm** [쉿 스토엄]: ⟨1948년에 등장한 속어⟩, '똥벼락', 개판, 엉망진창, 뒤죽박죽, ⟨~ disaster\catastrophy⟩, ⟨↔head-storm⟩ 양2

1303 **Shi·va** [쉬이봐]: ⟨산스크리트어⟩, propitious, auspicious, '상서로운 자', 시바, ⟨재창조를 가져오는⟩ 파괴신(god of destruction), Brahma(창조신)·Vishnu(보조신)와 함께 힌두교 3대신의 하나, ⇒ Siva 수2

1304 **shiv·er** [쉬붜]: ⟨← cheveren(quake)⟩, ⟨영국어⟩, (와들와들) 떨다, 진동시키다, 몸서리, ⟨~ shake\shudder⟩, ⟨~ tremble\quiver⟩, ⟨↔calm\serene⟩ 가1

1305 ***shiz·zle** [쉬즐]: ⟨미국 rap 가요계의 은어⟩, sure, 꼭, 물론, 확실히, ⟨↔hell no⟩ 양1

1306 ***shlit-ty** [쉴리티]: ⟨미국 속어⟩, shitty+litty, 똥을 뭉갠, 지저분한, 난장판의, ⟨~ woeful\rotten⟩, ⟨↔clear\sound²⟩ 양2

1307 **shl·o·ka** [슐로커]: ⟨← sru(hear)⟩, ⟨산스크리트어⟩, 한 줄이 16음절로 된 대구(시·속담·격언), ⟨mantra보다 김⟩ 미2

1308 ***shmeg·u·lar** [쉬메귤럴]: ⟨유대계 영향을 받은 미국 rap 은어에서 유래한⟩ '진짜' regular한, 평범한 (보통) 여자, ⟨진짜 무쪽⟩, ⟨~ overly ordinary\boring⟩, ⟨↔spectacular⟩ 양2

1309 **shoal¹** [쇼울]: ⟨← sceald(not deep)⟩, ⟨영국어⟩, 얕은 곳, 여울목, (숨은) 함정, 모래톱, ⟨~ shallow\surface⟩, ⟨↔depths\trenches⟩ 양1

1310 **shoal²** [쇼울]: ⟨← schole(troop)⟩, ⟨네덜란드어⟩, (물고기) 떼, 다량, 무리, ⟨→ school²\group⟩, ⟨↔individual\few⟩ 양1

1311 **shoat** [쇼우트]: ⟨← schote(young pig)⟩, ⟨어원 불명의 게르만어⟩ ①(젖을 갓 뗀) 새끼 돼지⟨newly weaned hog⟩ ②양과 염소의 교배종, ⟨~ geep\sheep-goat hybrid⟩ 미2

1312 **shock¹** [샥]: ⟨← choquer(strike against)⟩, ⟨프랑스어⟩, 충격, 타격, 진동, (자동차·비행기의) 충격완화장치⟨shock absorber⟩, ⟨~ collision\jolt⟩, ⟨↔calm\relief⟩ 가2

1313 **shock²** [샥]: ⟨← shockke(heap of sheaves)⟩, ⟨영국어⟩, 볏가리, 보릿단, 부스스 헝클어진 머리, ⟨~ a thick bushy mass⟩, ⟨↔leanness\sparsity⟩ 양1

1314 **shock dog** [샥 더어그]: ⟨← shock²⟩, 삽살개, 복슬개, ⟨보릿단같이 털이 헝클어진⟩ 푸들(poodle) 미2

1315 **shod·dy** [샤디 \ 셔디]: ⟨← sceadan(shed¹)⟩, ⟨1832년에 등장해서 미국 남북전쟁 때 북군에 지급된 재활용품 군복 등을 일컫던 어원 불명의 영국어⟩, ⟨shredded(조각낸) 물품들을?⟩ 재생한, 조악한, 싸구려의, ⟨~ jerry built\inferior⟩, ⟨↔well made\superior⟩ 양1

1316 **shoe** [슈우]: ⟨← sceoh(foot cover)⟩, ⟨게르만어⟩, 신, 구두, 편자, 접촉부, (구두를) 신기다, (발에) 편자를 박다, ⟨~ foot gear\boot⟩, ⟨↔glove\bare foot⟩ 양1

1317 **shoe-bill** [슈우 빌]: whale headed stork, 넓적부리황새, 뾰족구두 같은 커다란 부리·긴 발을 가지고 거북이나 새끼 악어도 잡아먹으면서 나일강 변 습지에 사는 커다란 황새 미2

1318 **shoe-lace** [슈우 레이스]: shoe·string, 구두끈 가1

1319 **shoe–mak·er** [슈우 메이커]: 구두 만드는(고치는) 사람, 제화공, 신기료 장수, ⟨~ cobbler\boot-maker⟩, S~ [슈우 마커]: 선조의 직업을 창피하게 생각하는 자손들이 자기 자신을 부르는 이름, ⟨~ an occupational surname⟩ 양1 수2

1320 **shoe-string** [슈우 스트링]: shoe·lace, 구두끈, 적은 돈, 아슬아슬한 양2

1321 **shoes-tring po·ta·toes** [슈우스트링 퍼테이토우스]: ⟨바삭바삭하고 아삭아삭한⟩ 가늘게 썬 감자튀김, ⟨~ very thin french fries⟩ 우2

1322 **sho·far** [쇼우활]: ⟨← shophar(ram's horn)⟩, ⟨히브리어⟩, 각적, ⟨유대인이 축제 때 부는⟩ 뿔피리, a bugle 우2

1323 **sho-gun** [쇼우건]: 쇼군, general+army, ⟨오랑캐를 정벌하는⟩ (일본 막부시대의) '장군' ⟨총사령관⟩, ⟨정이대장군⟩, ⟨~ a powerful Japanese military leader⟩ 미1

1324 **Sholes** [숄스], Chris·to·pher: ⟨← Scholz? \ Scholes?⟩, ⟨어원 불명의 게르만어⟩, (1819-1890), 1874년 타자기를 개발한 미국의 언론인·정치가, ⟨~ an American inventor and politician⟩ 수2

1325 **shone** [쇼운]: shine의 과거·과거분사 가1

1326 **shoo** [슈우]: ⟨영국어⟩, 쉬(새 등을 쫓는 소리), 쉬 하고 쫓아내다, ⟨~ chase(drive) away⟩ 양2

1327 **shoo in** [슈우 인]: ⟨미리 짜고 하는 경마에서 특정한 말을 우승선으로 몰아 넣을 때 쓰던 말이 1937년경에 정치용어로 둔갑되어⟩ '승리가 확실한 후보'란 뜻으로 쓰여짐, 낙승, '따 놓은 당상', ⟨~ a guaranteed winner⟩, ⟨~(↔)slam dunk⟩, ⟨↔looser\also-ran⟩ 양2

1328 **shook** [슉]: ①shake의 과거 ②shocked, 놀래 자빠지다 양1

1329 **Shoo-king** [슈우 킹]: shu(book)+jing(scriptures), ⟨문서를 모아논⟩ 서경, ⇒ Book of Documents 양2

1330 *****shoop** [슙]: ⟨신조어들⟩ ①sheep(양)의 신세대 단수형 ②(노래 중에 나오는) 추임새, ⟨~ a nonsense sound⟩ ③photoshop(뽀샵)의 변형어 ④'떡치기'(성교의 다른말)⟨light intercourse⟩ 양2

1331 **shoot** [슈우트]: ⟨← sceotan(eject)⟩, ⟨게르만어⟩, 쏘다, 발사하다, 던지다, 주사 놓다, 촬영하다, ⟨어서⟩ 말해봐, ⟨돌진해오는⟩ 급류, ⟨어느날 갑자기 돋아나는⟩ 새싹(sprout), 순(bud), shit의 완곡한 표현, ⟨→ shot⟩, ⟨~ shut\shout⟩, ⟨↔pull\hold\sheath\gem⟩ 양1

1332 **shoot-er** [슈우터]: 사수, 포수, 연발총, (독주) 한 잔, 독주를 단숨에 목에 털어 넣는 ⟨neat한⟩ 술 마시기, ⟨원샷⟩, ⟨~ marksman\gun\'one-shot'⟩ 양1 우1

1333 **shoot from the hip**: '빠른 대꾸', 직설, '바른 말', ⟨권총 주머니에서 빼지 않고 그대로 쏘는 짓⟩, ⟨~ straight talk\quick shot⟩ 양2

1334 **shoot-ing gal·ler·y** [슈우팅 갤러뤼]: shooting range, (실내) 사격 연습장, (마약) 주사 맞는 곳⟨drug den⟩ 양2

1335 **shoot-out** [슈우트 아웉]: 총격전, 승부차기, ⟨~ gun-fight\jut\spot kick⟩, ⟨↔cave in\defeat⟩ 양2

1336 **shop** [샾]: 〈← sceoppa(a stall)〉, 〈게르만어〉, 가게, 상점, 공장, 작업장, 〈~ store\buy\works〉, 〈↔sell\dump〉 가2

1337 *****shop-lift** [샾 리후트]: (상점에서) 물건 훔치기, 상점 좀도적, 〈~(↔)kleptomania〉 미1

1338 **shore¹** [쇼어]: 〈← schore(point of division)〉, 〈게르만어〉 ①coast, 바닷가, 해안, 해변, 물가(장자리), 〈→ ashore〉, 〈↔back-land\island〉 ②〈침몰을 막기 위한〉 지주, 버팀목, prop, 〈~ shear〉, 〈↔branch\release〉 가1 양2

1339 **shore²** [쇼어]: shear(잘라내다)의 과거 양1

1340 **shore-up** [쇼어뤞]: 〈버팀목으로〉 떠받치다, 강화하다, 〈~ support\brace for〉, 〈↔undermine\weaken〉 양2

1341 **shor-ing** [쇼어링]: ①지주, 버팀목 받치기, 〈~ mount\support〉, 〈↔undermining〉 ②'바다 건너기', (해외의)외국으로의 회사 이전, 〈기업 해외 유출〉, 〈~ off-shoring〉, 〈↔in-shoring〉 미2

1342 **shorn** [쇼언]: shear의 과거분사, 잘라낸, 깍인 양1

1343 **short** [쑈얼트]: 〈← scurz(cut off)〉, 〈게르만어〉, 〈인생같이〉 짧은, 〈잘라버려〉 간단한, 〈돈이〉 모자라는, 〈번갯불에 콩 튀듯〉 갑자기, 부서지기 쉬운, 〈~ shirt\skirt〉, 〈~ brief\small\brittle〉, 〈↔long\tall〉 가1

1344 **short-black** [쑈얼트 블랙]: (호주나 뉴질랜드에서) 에스프레소 커피를 지칭하는 말, 흑커피, '진커피', 〈~ caffe black〉 미1

1345 **short-cake** [쑈얼트 케이크]: (설탕·우유·버터·계란 등을 섞어) 흐물흐물한 밀가루를 고온에서 구워 과일이나 크림을 얹은 〈부서지기 쉬운〉 양과자, 〈~ crispy(brittle) cake〉 우1

1346 **short-change** [쑈얼트 췌인쥐]: 거스름돈을 덜 주다, 속이다, 부당하게 대우하다, 〈~ bamboozle\overcharge〉, 〈↔award\grant〉 양2

1347 **short-cir·cuit** [쑈얼트 써얼킽]: 단락시키다, 누전(합선)되다, 〈~ impede\by-pass〉, 〈↔open-circuit\facilitate〉 양2

1348 **short–com-ing** [쑈얼트 커밍]: 결점, 단점, 결핍, 〈~ defect\flaw〉, 〈↔strength\advantage〉 가2

1349 **short-cut** [쑈얼트 컽]: 지름길, 최단 노선, 손쉬운 방법, '단발머리'는 Konglish, 〈~ cutting corners〉, 〈↔follow\detour\long hair-cut〉 가2

1350 *****short-cut i·con** [쑈얼트컽 아이칸]: '단축 성상', favicon(favorite icon), 실제 서류철을 나타내지 않고 그 서류철에 대한 연결만 시켜주는 특수 상징부호, 〈~ quick access to a file or app〉 우1

1351 *****short-cut key** [쑈얼트컽 키이]: '단축 건', '바로가기 단추', 그것을 누르면 언제든지 원하는 기능을 수행하도록 조작된 '열쇠', 〈~ key-board short cut\hot-key〉 우1

1352 **short-drink** [쑈얼트 드륑크]: (식사 전) 〈작은 잔으로 마시는〉 독한 술, 〈~ hard-drink〉 우1

1353 **short-fuse** [쑈얼트 휴우즈]: short·temper, 성급함, 성마름, 핏대(rant and rave)를 잘 올리는 것, 〈↔calm\easy-going〉 양2

1354 **short-game** [쑈얼트 게임]: '짧은 거리 경기', 득점 구멍 가까운 거리에서 치는 공놀이, 〈~ short play (or shot)〉, 〈↔long-shot〉 우1

1355 **short-hand** [쑈얼트 핸드]: 속기(의), 빨리 쓰는 방법, stenography, 〈↔long-hand〉 양2

1356 **short–hand-ed** [쑈얼트 핸디드]: 일손이 모자라는(부족한), 〈~ not enough staff〉, 〈↔adequate\sufficient〉 양2

1357 **short-ribs** [쑈얼트 륍스]: flanken ribs, (금융기관으로부터 주식을 빌려 매도하는) 공매도, 〈~ short stock sale〉, (갈비의 뼈와 살을 짧게 잘라서 만든) '쇠고기' 갈비탕·찜, 〈~ braising (or cross-cut) ribs〉, 〈↔long(back)-ribs〉 미1

1358 *****short-sale** [쑈얼트 쎄일]: 단기 예측 매각, 공매(빈매매), (주가 하락을 예상하고 금융기관으로부터 주식을 빌려 매도하는) 공매도, 남은 돈으로 빚을 갚을 수 없는 〈그래서 채권자가 빚을 깎아주는 조건으로 파는〉 부동산 매각, 〈~ selling at a lower price〉, 〈~ foreclosure〉 미2

1359 **short-sight** [쑈얼트 싸잍]: 근시, 근시안적 견해, 단순한 생각, 〈~ myopia\near-sighed\un-thinking〉, 〈↔hyperopia\far-sightedness〉 양2

1360 **short-stop** [쑈얼트 스탚]: 유격수, (야구서) 2루수와 3루수 사이에서 방어전을 펴는 〈차단자〉, 〈~ a defensive position between 2nd and 3rd base〉 미2

1361 **short-time** [쇼얼트 타임]: 짧은 시간, 조업 단축, 〈한 시간 이내에 끝나는〉 단기 성교, '토끼 씹', 〈~ brief\fleeting\hasty〉, 〈↔long-time〉 양2

1362 **shot** [샽]: 〈← sceotan(eject)〉, 〈게르만어〉, 〈← shoot〉, 발사, 포탄, 겨냥, 추측, 촬영, 주사, (한 번) 마시기·차기, 피곤한, 몹시 지친, 〈~ strike\fire\photo\inject〉, 〈↔freeze\failure\back-fire〉 양1

1363 **shot-gun** [샽 건]: 산탄총, 〈총력에 홈이 안 파진〉 엽총, (경찰의) 자동차 속도 측정기, 〈엽총을 들고 운전사를 호위하는〉 운전사 옆좌석(death seat), 〈~ hunting rifle〉, 〈↔pistol\machine-gun〉 양2 미2

1364 **shot in the dark**: 넘겨짚다, 어림잡다, 〈~ radom guess\surmise〉, 〈↔abstain\aim〉 양2

1365 **Sho-to·ku** [쇼토쿠], Prince: sheng(sacred)+de(virtue), 〈중국어→일본어〉, 〈성스럽고 어진〉 성덕태자, (574-622), 신토를 믿으면서도 불교를 장려해 (남의 것이라도) "좋은 것은 기꺼이 취한다"라는 일본인의 사고방식을 바꿔놓은 섭정, 〈~ a semi-legendary regent of the Asuka period in Japan〉 미2

1366 **shot put** [샽 풑]: 투포환, 포환 던지기 경기, 〈~ throwing a heavy spherical ball〉 양2

1367 **should** [슈드]: 〈← scal〉, shall의 과거형, ~할 테다, ~하여야 한다, ~이 틀림없다, 만일 ~하면, 〈어감이 좋지 않아 점점 씀씀이가 줄어드는 말〉, 〈~ have to\ought〉, 〈↔shouldn't\can't\mustn't〉 가2

1368 **should-a** [슈더]: should have의 단축형 양2

1369 **shoul·der** [쇼울더]: 〈← sculdor(scapula)〉, 〈게르만어〉, 어깨, 견부, 짊어(책임)지다, 갓길, 〈~ gleno-humeral joint\undertake\edge of the road〉, 〈↔buttock\trunk\relinquish〉 양2

1370 **shoul·der blade(bone)** [쇼울더 블레이드(보운)]: scapula, 견갑골, 어깨뼈(상완골과 빗장뼈를 연결하는 넓은 부채 모양〈triangular〉의 뼈), 〈↔pelvic bone〉 양2

1371 **shoul·der pad** [쇼울더 패드]: 어깨 (덧대기) 솜, 어깨심, '뽕', 〈~ shoulder cushion (or bolster)〉, 〈↔sitting cushion〉 양1

1372 **shout** [샤울]: 〈← schoute(yell)〉, 〈어원 불명의 영국어〉, 외치다, 큰 소리를 내다, 환호하다, 〈~ shoot〉, 〈~ yell\roar〉, 〈↔whisper〉 가1

1373 **shove** [셔브]: 〈← scofian(push)〉, 〈게르만어〉, 떠밀다, 처넣다, 밀어제침, '담판 (하다)', 〈~ shuffle\scuffle\thrust〉, 〈↔pull\hinder\dissuade\yank〉 양2

1374 **shov·el** [셔블]: 〈← shove〉, 〈밀어제치는〉 (부)삽, 숟가락, 〈끝이 넙적한〉 삽, 〈~ spade\scoop〉, 〈↔fill in\smooth out〉 가2

1375 **shov·el-bill** [셔블 빌]: 넓은 부리 물총새, 짧고 투박한 부리를 가지고 물고기·곤충류·작은 도마뱀 등을 잡아먹으면서 뉴기니(New Guinea) 숲속에 사는 주먹만 한 새, 〈~ a king-fisher〉, 〈~(↔)kookaburra〉 미2

1376 **shov·el-er** [셔블러]: 삽질하는 사람(도구), 넓적부리오리, 주걱 같은 부리를 가지고 주로 북반구의 늪지대를 철 따라 이동하며 사는 〈흔한〉 중형 오리, 〈~ Northern shovel-bill duck〉 미2

1377 **show** [쇼우]: 〈← sceawian(behold)〉, 〈게르만어〉, 보이다, 나타내다, 시늉, 과시, 출품, 상영, 구경거리, 전시회, 〈~ manifest\display\exhibit〉, 〈↔suppress\hiding〉 양2

1378 **show-case** [쇼우 케이스]: 진열장, (선전하기 위한) 특별 공개, '본보기', 〈~ demonstration\expo〉, 〈↔disguise\cover〉 양2

1379 **show-down** [쇼우 다운]: (포커에서) 가진 패를 전부 보이면서 내려놓기, 막판 (대결), 최종 결말, 폭로, 〈~ confrontation\face-off\culmination〉, 〈↔agreement\peace-making〉 양2

1380 **show·er** [샤우어]: 〈← scur(down-pour)〉, 〈게르만어〉, 소나기, 쏟아지다, (빗발처럼) 퍼붓다, 물 뿌려 몸을 씻다, '물발목욕', 〈~ fall\rain〉, 〈↔dribble\bath〉 양2 미1

1381 **show·er gel** [샤우어 젤]: 물 발 목욕용 교질액, '물비누', body wash, 〈↔bar soap〉 미2

1382 **show·er head** [샤우어 헤드]: '물 발 목욕 꼭지', (목욕시 물발을 퍼붓는) 분수구(기), 〈~ nozzle\sprinkler〉 미2

1383 **show·er par·ty** [샤우어 파아티]: 선물을 쏟아붓는 축하연, 〈~ gift giving party〉 미1

1384 **show–jump-ing** [쇼우 쥠핑]: (경마에서) 장애물 뛰어넘기, 〈~ house-jumping over obstacles〉 양2

1385 **show-man** [쇼우 먼]: 흥행사, (사람들의 이목을 끌고 그들을 즐겁게 하는) 흥행 수완가, 〈~ impressario\stage manager〉, 〈↔loser\observer〉 양2

1386 **shown** [쇼운]: show의 과거분사 양2

1387 ***show-off** [쇼우 어어후]: 자랑, 과시, '튀다', 〈~ boasting\flaunting〉, 〈↔hide\disguise〉 가1

1388 **show-piece** [쑈우 피이스]: 자랑거리, 전시용 〈우수〉 견본, 〈~ master-piece\winner〉, 〈↔abomination\eye-sore〉 양2

1389 **show-place** [쑈우 플레이스]: 구경할 만한 곳, 명승지, 명소, 〈~ attraction\spectacle〉, 〈↔no place〉 양2

1390 **show-room** [쑈우 루움]: 전시실, 상품 진열실, 〈~ sales (or exhibition) room〉, 〈↔door-way\back-room〉 양2

1391 ***show-room–ing** [쑈우 루우밍]: '전시장 순례', 상점에 가서 물품을 살펴보고 전산망을 통해 사는 것, 〈~ research in store, purchase on-line〉, 〈↔web-room–ing〉 우2

1392 **show-run·ner** [쑈우 뤄너]: (TV 연속극 등 각종 상영물 제작사의) 〈producer 위에 군림하는〉 총괄감독, 〈~ executive producer〉 미2

1393 **show–stop-per** [쑈우 스타퍼]: 〈도중에 공연을 일시 멈추게 하는〉 (박수 갈채를 받는) 명 연기, 눈에 띄는 것(사람), 〈~ prolonged applause\obstacle〉, 〈↔fiasco\dog(IQ가100은 되어야 이해할 수 있는 반대말)〉 양2

1394 **show (somebody) the ropes**: (〈밧줄을 감을 때〉 어떻게 하는지) ~에게 보여주다, 요령을 가르쳐주다, 내막을 알려주다, 〈~ advise\instruct〉, 〈↔get the hang of it〉 양2

1395 **show-y** [쑈우이]: 화려한, 보기 좋은, 겉만 번지르르한, 〈~ ostentatious\conspicuous〉, 〈↔plain〉 양2

1396 **shrank** [슈랭크]: shrink의 과거분사 양1

1397 **shred** [슈뤠드]: 〈← screada(a piece)〉, 〈게르만어〉, 끄트러기, 조각(조각으로 하다), 갈가리 찢다, 〈~ shroud〉, 〈~ tatter\scrap\chop finely〉, 〈↔pile\loads\heaps〉 양1

1398 **shred-der** [슈뤠더]: 강판, 문서 절단기, 채칼, 〈~ grinder\chipper〉, 〈↔piler\producer〉 미2

1399 **Shrek** [슈뤡]: 〈← shreklekh(fear)〉, 〈유대계 독일어〉, (1990년 미국의 어린이 만화에 등장해서 동영상·영화 연재물로 나온 공상 모험담에 나오는) 심술궂은 초록 괴물, 〈~ a giant that eats people〉 수2

1400 **shrew** [슈루우]: 〈← screawa(evil)〉, 〈게르만어〉, 땃쥐, 뾰족뒤쥐, 조그만 눈과 귀를 가졌으며 뾰족한 주둥이로 땅속의 벌레를 〈shred 해서〉 잡아먹는 아주 작은 생쥐, 〈~ hyrax\a small mole-like mammal〉, ⇒ solenodon 미2

1401 **shrewd** [슈루우드]: 〈shrew같이〉 예민한, 빈틈없는, 교활한, 〈~ astute\canny〉, 〈↔dull\honest〉 양1

1402 **shrewd-ness** [슈루우드 너스]: ①영민함, 교활함, 〈~ wit\cleverness〉 ②(원숭이) 떼〈group of monkeys〉 양2

1403 **Shrews-bury** [슈루우즈 베리]: scrob(shrub)+burg, (꽃 축제로 유명한) 런던에서 240km 북서쪽에 있는 고색창연한 도시, Salop, 〈~ a town in W. England\birth-place of C. Darwin〉 수1

1404 **shriek** [슈뤼이크]: 〈북구어〉, 〈의성어〉, 비명, 날카로운 소리, screech, 〈~ scream\Klaxon〉, 〈↔whisper\gasp〉 가1

1405 **shriev-al·ty** [슈뤼이벌티]: (영)주장관〈sheriff〉의 관할 구역·임기 우2

1406 **shrift** [슈뤼후트]: 〈영국어〉, 〈← shrive〉, 참회, (임종) 고해, 〈빨리 사형시키기 위해 주는〉 짧은 사죄 고해, 〈~ absolution\confession〉, 〈↔reward\joy〉 양2

1407 **shrike** [슈롸이크]: 〈영국어〉, (shrieking 하는 울음소리를 내나) 〈편자가 어렸을 때 손때까지 묻혔던〉 때까지, 개고마리, 〈~ butcher-bird〉, 〈~(↔)vireo〉 미2

1408 **shrill** [슈륄]: 〈의성어〉, 〈게르만어〉, 날카로운, 시끄러운, 고막이 찢어지는, 〈~ treble\shriek\whistle〉, 〈↔trill\husky〉 가1

1409 **shrimp** [슈륌프]: 〈← scrimman(shrink)〉, 〈게르만어〉, 〈prawn보다 더 위축하는 재주가 있는〉 (작은) 새우, 등이 딱지로 덮여있고 5쌍의 다리와 7마디의 배를 가지고 있는 수천 종의 수중 절지동물, 〈~ a form of shell-fish〉, 왜소한 사람, 〈~ small fry²〉, 〈prawn과는 원산지·학명·다리 모양·마디수가 다르나 그런 것 따져가며 새우 요리를 드시는 분은 이원택 선생 빼고는 없을 것임〉 가1

1410 **shrimp cock-tail** [슈륌프 캌테일]: (매콤한 토마토 맛난이를 친) 새우 전채〈hors d'oeuvre〉 미2

1411 **shrine** [슈롸인]: 〈← scrinium(chest)〉, 〈'서랍'이란 라틴어에서 유래한〉 성골함, (성인들의 유골·유슬〈사리〉을 모신) 사당, 전당, 〈~ sanctuary\temple〉, 〈↔cursed (evil) place〉 양2

1412 **Shrin-ers** [슈롸이너스]: 슈라이너스, 〈고대 아랍의 신비스러운 석관을 만들던 석수들의 모임을 본 따〉 1872년에 결성되어 자선병원을 운영하는 북미의 〈비종교적〉 우애결사, 〈~ a global fraternity society〉 수1

1413 **shrink** [슈링크]: ⟨← scrincan(shrivel up)⟩, ⟨게르만어⟩, 오그라들다, 위축되다, ⟨욕심을 축소시키는⟩ 정신과 의사, ⟨→ shrimp⟩, ⟨~ decrease\contract⟩, ⟨↔expand⟩ 영1 영2

1414 *****shrink-fla·tion** [슈링크 훌레이션]: 축소성 통화 팽창, 물건을 작게 만들어 ⟨실질적⟩ 가격을 올리는 현상, ⟨~ package down-sizing⟩ 미2

1415 *****shrink–no–mics** [슈링크 나믹스]: shrink+economics, 축소경제, (인구 감소⟨population decrease⟩로 인해) 경제 전반이 활력을 잃고 성장이 둔화하는 현상 미2

1416 **shrive** [슈롸이브]: ⟨← scribere(write a law)⟩, ⟨라틴어→영어⟩, ⟨← scrifan⟩, 참회하다, 고해를 듣다, ⟨→ shrift⟩, ⟨~ absolve\sanctify⟩, ⟨↔blame\damn⟩ 영1

1417 **shriv·el** [슈뤼이블]: ⟨← skryvla(wrinkle)⟩, ⟨스칸디나비아어⟩, 주름(살) 지다, 오그라들다, 못쓰게 되다, ⟨→ shrink⟩, ⟨~ wilt\wizen⟩, ⟨↔revive\thrive⟩ 영1

1418 **shroud** [슈롸우드]: ⟨← scrud(dress)⟩, ⟨게르만어⟩, 수의, 덮개, (매장용) 백포, 감싸다, ⟨~ shred⟩, ⟨~ chadri\burka⟩, ⟨↔un-cover\dis-close⟩ 영1

1419 **shrov** [슈랍]: ⟨남아의 '고해(Shrove)'에서 자주 듣는⟩ 아주 작은 ⟨꼬추⟩(잠지), little penis, ⟨~ peenie\weenie⟩ 영2

1420 **Shrove** [슈로우브]: ⟨영국어⟩, 슈로브, 참회, (사죄를 위한) 고해, 성회, s~; shrive의 과거형, ⟨↔censured\punished⟩, ⟨~S.Tuesday(Ash Wednesday 전날 고해성사를 하고 pancake를 먹는 날\Mardi Gras)⟩ 미2

1421 **shrub¹** [슈륍]: ⟨← scrybb(brushwood)⟩, ⟨영국어⟩, 키 작은 나무, 관목, 떨기나무, ⟨→ scrub²⟩, ⟨↔(tall) tree⟩ 영2

1422 **shrub²** [슈륍]: ⟨← sharab(drink)⟩, ('마시자'라는 아랍어에서 유래) 과즙이나 식초에 설탕·럼술을 섞은 혼합주, ⟨~ punch²⟩, ⟨↔water⟩ 수2

1423 **shrug** [슈뤄그]: ⟨← shruggen(crouch)⟩, ⟨어원 불명의 영국어⟩, (어깨를) 으쓱하다, 떨쳐 버리다, 무시하다, 짧은 여성용 윗옷, ⟨~ gesture\dismiss\bolero jacket⟩, ⟨↔nod\assent⟩ 영1 우2

1424 **shrunk** [슈렁크]: shrink의 과거·과거분사 영1

1425 **shtick \ shtik \ schtick** [슈틱]: ⟨유대계 독일어⟩, prank, (개인의) 상투적인 익살스러운 동작, (남의 주의를 끌기 위한) 특징, '한 조각', ⟨~ buffoonery\frivority⟩, ⟨↔sad\un-funny⟩ 미1

1426 **shu·dra** [슈우드뤄]: 천민, ⟨↔brahman⟩, ⇒ sudra 수2

1427 **shud·der** [셔더]: ⟨← shudden(tremble)⟩, ⟨네덜란드어⟩, 몸을 떨다, 전율하다, 진저리 치다, ⟨~ shake\judder⟩, ⟨↔steady\comfort⟩ 가1

1428 **shuf·fle** [셔훌]: ⟨← schuffeln(walk clumsily)⟩, ⟨게르만어⟩, 질질 끌다, 지척거리다, 뒤섞다, 속이다, 개편하다, 재편성(split shift), ⟨~ scuffle\shove⟩, ⟨↔array\tidy⟩ 영1

1429 **shun** [션]: ⟨← scunian(flee away)⟩, ⟨어원 불명의 영국어⟩, 피하다, 비키다, ⟨~ avoid\eschew⟩, ⟨↔seek\accept\obtrude⟩ 가1

1430 *****shun-pike** [션 파이크]: '샛길', (유료 고속도로를 피해 가는) 뒷길, ⟨~ side road\avoiding toll-pike⟩, ⟨↔toll road\super-highway⟩ 미2

1431 **shunt** [션트]: ⟨← scyndan(hasten)⟩, ⟨영국어⟩, ⟨← shun⟩, 옆으로 돌리다, 제쳐놓다, 분도(류)를 만들다, 우회로, 단락, ⟨~ by-pass\switch⟩, ⟨↔aid\strengthening⟩ 영1 미2

1432 **shush** [셔쉬]: ⟨영국어⟩, ⟨의성어·의태어⟩, 쉬잇, 조용히 해, ⟨~ hiss\whist²⟩, ⟨↔agitate\encourge⟩ 가1

1433 **shut** [셜]: ⟨← scyttan(to bolt)⟩, ⟨게르만어⟩, 닫다, 폐쇄하다, 막다, 덮다, 끄다, ⟨~ shoot⟩, ⟨~ close²\fasten⟩, ⟨↔open\un-lock⟩ 가1

1434 **shut-down** [셜 다운]: 일시 휴업, 폐점, 폐쇄, ⟨~ cease\stoppage⟩, ⟨↔open up\start⟩ 영2

1435 **shut-out** [셜 아웉]: 가로막다, 영패시키다, 무실점, (상대방이 득점없이 지는) 완봉승, ⟨~ block-out\white-wash⟩, ⟨↔admit\win-out⟩ 미2

1436 **shut-ter** [셔터]: 덧문, 뚜껑, 개폐기, 닫는 사람(물건), ⟨~ screen\blind⟩, ⟨↔un-cover\opener⟩ 영1

1437 **Shut·ter Stock** [셔터 스탁]: 2003년 뉴욕에서 설립되어 ⟨공짜를 미끼로⟩ 저장된 사진이나 동영상물을 팔아먹는 회사, ⟨~ an American provider for stock materials⟩ 수2

1438 **shut-tle** [셔틀]: ⟨← sceotan(shoot)⟩, ⟨북구어⟩, (직조기가 올을 앞으로 '쏘아대며' 좌우로 움직이는) 북, (근거리) 왕복 운행 교통수단, 우주 왕복선, ⟨← shot⟩, ⟨~ ply¹\commute⟩, ⟨↔stand still\converge⟩ 미1

1439 **shut-tle-cock** [셔틀 칵]: (베드민턴〈badminton〉 등의) 깃털공, 왔다 갔다 하는 것, 줏대 없는 사람, 〈~ birdie〉, 〈~ toss\spine-less〉, ⇒ jegi-chagi〉, 〈↔die hard〉 미2

1440 **shut-up** [셧 엎]: 입(아가리) 닥쳐, 〈~ be quiet\put a sock in it〉 양2

1441 **shy** [샤이]: 〈← skeukhwaz(afraid)〉, 〈게르만어〉, 부끄럼 타는, 소심한, 조심성 많은, 부족한, 겁 많은, timid, 〈→ eschew〉, 〈~ scare\shun〉, 〈↔bold\daring\sassy〉 가1

1442 **shy-lock** [샤이락]: 〈shy를 lock 한?〉 샤이록, 고리대금업자, (셰익스피어의 「베니스의 상인」에 나오는 동명의 유대인 고리대금업자처럼) 비열한 놈, 〈~ loan shark〉, 〈↔donator\bestower〉 양2

1443 **shy-ster** [샤이스터]: 〈어원 불명의 게르만어〉, 〈shy를 모르는〉 '인간 쓰레기', 사기꾼, 악덕 변호사, 〈~ crook\rogue〉, 〈↔lay-man\law-man〉 양2

1444 **si¹** [씨이]: 〈← Sancte Iohannes(Saint John)의 두문 약자〉, '성 요한에게 바치는 음', 시, 나(음), 장금계의 제'7'음, 〈~ 7th note in the diatonic scale〉 수2

1445 **si²** [씨이]: 〈'so'란 라틴어에서 유래한〉 yes, 예 가2

1446 **Si·a·mese** [싸이어마이즈]: 〈← siam ← syama(dark)〉, 〈산스크리트어→타이어〉, 샴(검은 인종)의, 타일랜드〈Thailand〉 사람의 수2

1447 **Si·a·mese cat** [싸이어마이즈 캣]: (호리호리한 몸매에 코 주위가 '까맣고' 파란 눈·짧은 털을 가지고 놀기를 좋아하는) 샴고양이, 〈~(↔)seal point〉 수2

1448 **Si·a·mese twins** [싸이어마이즈 트윈즈]: 1811-74년간 같이 다녔던 몸통이 붙은(conjoined) 타일랜드 출신의 일란성 형제, siamese twins; 떼려야 뗄 수 없는 짝꿍, 〈~ babies born physically connected to each other〉 수2 양2

1449 **Si·be·li·us** [씨베일리어스], Jean: 〈Sibbe라는 지명에서 연유한 어원 불명의 스웨덴계 이름〉, 시벨리우스, (1865-1957), 자국의 민족적 서사시를 편곡한 핀란드의 교향악 작곡가, 〈~ a Finnish composer〉 수1

1450 **Si·be·ri·a** [싸이비어뤼어]: sib(sleeping)+ir(land), 〈'잠자는 땅'이란 뜻의 Tatar어〉, 시베리아, 〈가비르강이 흐르는 곳〉, 아시아 대륙 북쪽에 있는 광대한 〈동토〉, 〈~ vast region in N. Asia〉, s~; 유형지, 벌로서 하는 일, 〈~ penal colony〉 수1 양2

1451 **sib-ling** [씨블링]: sibja(blood relative)+ling, 〈게르만어〉, 형제·자매(의), 씨족의 일원, 〈~ brother and sister\kin〉, 〈↔dis-affiliation\non-relative〉 양2

1452 **sib·ling ri·val-ry** [~ 롸이뷜뤼]: 형제·자매 간의 경쟁(competition) 양2

1453 **sib·yl** \ sib·il [씨블]: 〈← theo-boule(divine wish)〉, 〈그리스 신화의 '예언의 여신'에서 유래한〉 시빌, 무당, 여자 점쟁이, 〈~ a prophetess in Greece〉, S~; 여자 이름(feminine name) 양2 수1

1454 **sic bo** [씩 보우]: dice+precious, 〈중국어〉, '보물 주사위', dai siu(대소), 도박꾼이 크거나 작은 숫자들을 골라 도박사가 흔든 통에서 꺼낸 주사위와 맞춰보는 〈중국식〉 노름, 〈~ a Chinese dice game〉 수2

1455 **Si·ci·ly** [씨실리]: 〈그리스어→라틴어→이탈리아어〉, 〈'scythe'(수확용 긴 낫)가 많은〉 시칠리아, 〈마피아의 고향〉으로 불리는 반도 남서쪽의 커다란 섬으로 된 이탈리아(Italia)의 특별 행정구·밀 생산지, 〈~ the largest Mediterranean island〉 수1

1456 **sick** [씩]: 〈← seoc(to be ill)〉, 〈게르만어〉, '아픈', 병의, 환자의, 불량한, 메스꺼운, 신물이 나는, 그리워하는, 굉장한, 아주 좋은, 〈~ ailing\nauseous\fed up〉, 〈↔well\fond\strong〉 가1 양2

1457 **sick call** [씩 커얼]: ①환자 점검(군대에서 환자 신고를 받는 일) ②전화로 병결을 알리는 일('병결전화'), 〈~ claim a sick day〉 양1

1458 **sick·le** [씨클]: 〈← secare(cut)〉, 〈라틴어에서 유래한 게르만어〉, (작은) 낫, 초승달 모양의 물건, 〈~ scythe〉, 〈~ kama〉, 〈↔combine\close〉 가1

1459 **sick leave** [씩 리이브]: 병가 (기간), 병으로 인한 휴가, 〈~ down-time〉 가1

1460 **sick·le cell a·ne·mi·a** [씨클 쎌 어니이미어]: 겸상 〈낫 모양의〉 적혈구성 빈혈, 초승달 모양의 적혈구가 생기는 (아프리카인에서 많이 나타나는) 유전병, 〈~ Hemoglobin S disease〉 미2

1461 **sick·o** [씨코]: 〈영국어〉, 〈← sick〉, 정신병자, 변태, 〈~ psycho〉 양2

1462 **Sid·dhar·tha** [시다알터]: siddha(achievement)+artha(meaning), 〈산스크리트어〉, 싯다르타, '성취한 자', 〈왕자로 있으면서 아리따운 첩이 침을 흘리며 자는 모습을 보고 속세를 떠날 때까지, ~여자가 침을 잴잴 흘리며 자는 꼴을 을매나 삭시힌디 ~혹시 변태 아녀?〉 Sakyamuni의 아명, 〈~ Buddha〉 수1

1463 **side** [싸이드]: ⟨← sithas(long)⟩, ⟨게르만어⟩, 측(면), 쪽, 옆구리, 변두리, 편, 비탈, 안경다리(미국에서는 temple이라 함), 편들다, ⟨→ aside⟩, ⟨~ edge\faction\support⟩, ⟨↔center\end⟩, ⟨↔oppose⟩ 양1

1464 **side-board** [싸이드 보어드]: 측면판, (벽면의) 식기 선반, 찬장, ⟨~ cupboard\buffet¹⟩ 양1

1465 *****side-boo** [싸이드 부우]: (옆에) 끼고 다닐만한 연인, ⟨~ darling⟩, ⟨↔clap²⟩ 양2

1466 **side-burns** [싸이드 버언즈]: ⟨미 남부전쟁 때의 장군 Everett Burnside에서 유래함⟩ 짧은 구레나룻(귀밑털), ⟨예전에 망건 밑으로 살짝 밀어 넣던⟩ 살쩍, ⟨~ burn-sides⟩, ⟨~(↔)mutton chops는 이것과 mustache가 연결된 것임⟩ 양1

1467 **side-car** [싸이드 카아]: (승객이나 무기를 싣기 위해) 오토바이의 옆에 붙은 바퀴 하나짜리 차, (side car를 타고 다니던 미군 대위가 좋아했던) 브랜디에 과즙을 탄 혼합주⟨cocktail⟩ 우1

1468 **side-dish** [싸이드 디쉬]: (주요리에) 곁들여 내는 음식, '반찬(ban-chan)', '곁 요리', ⟨~ side order (or item)⟩, ⟨~ side-hack⟩, ⟨↔main-dish\entree⟩ 양1

1469 **side-eye** [싸이드 아이]: 옆눈질하다, 째려보다, 곁눈질하다, 눈 흘김, ⟨~ askance⟩, ⟨↔편자는 ogle과 구별을 못해 낭패본 적이 한두번이 아님⟩ 양2

1470 **side-hug** [싸이드 허그]: (사진을 찍거나 덜 친밀할 때 하는) 옆구리 포옹 또는 어깨 포옹, ⟨~ arm around shoulders or waist\a quick distant hug⟩, ⟨↔front-hug⟩, ⟨↔tight-hug\bear-hug⟩ 미2

1471 *****side hus·tle** [싸이드 허쓸]: (장래를 바라보는) 진취적 부업, ⟨~ side gig⟩, ⟨↔steady job⟩ 양2

1472 **side job** [싸이드 쟙]: (먹고살기 위한) 평범한 부업, ⟨~ second job⟩, ⟨↔full-time job⟩ 양2

1473 **side-kick** [싸이드 킥]: 곁꾼, 조수, 한패, 공모자, 들러리, ⟨~ comrade\accomplice⟩, ⟨↔antagonist\adversary⟩ 양1

1474 **side-le** [싸이들]: 옆걸음질(하다), 가만가만 다가서다, ⟨~ creep\slink¹⟩, ⟨↔stand still\recede\hop out⟩ 양2

1475 **side-line** [싸이드 라인]: 옆선, 주변, 열외, 부업, 방관적인, 출정하지 못하게 하다, ⟨~ periphery\side job\fringe⟩, ⟨↔main body\vocation⟩ 양1

1476 **side-long** [싸이드 러엉]: 옆의 비스듬한, 우회적인, 곁눈질, ⟨~ oblique\side-eye⟩ 양2

1477 **side-man** [싸이드 맨]: 악단원, 반주악기 연주자, ⟨~ accomplice\helper\side-kick⟩, ⟨↔main player\antagonist⟩ 양1

1478 **side-(view)-mir·ror** [싸이드 (뷰)미뤄]: '측면경', (옆·뒤를 보기 위해) 차 옆에 붙어있는 거울, 옆얼굴을 보기 위한 거울, ⟨~(↔)rear-(view)-mirror⟩ 미1

1479 **side-or·der** [싸이드 오어더]: 추가 주문 (요리), ⟨~ side dish⟩, ⟨↔main-order⟩ 양2

1480 **side-road** [싸이드 로우드]: 옆길, 샛길, ⟨↔main-road⟩ 가1

1481 **side-street** [싸이드 스트뤼이트]: 곁길, 골목, ⟨~ back-street\alley\shun-pike⟩, ⟨↔main-street⟩ 가1

1482 **side-track** [싸이드 트랙]: 측선, 대피선, 곁길로 빠지다, 회피하다, ⟨~ avert\distract⟩, ⟨↔main-track\confront⟩ 양1

1483 **side-walk** [싸이드 워어크]: side way, 보도(걸음길), 인도, ⟨~영국에서는 pavement라 함⟩, ⟨↔main-road⟩ 가1

1484 **side-ways** [싸이드 웨이즈]: 옆(쪽)으로, 비스듬한, 우회적, 횡서, ⟨~ laterally\broad-side⟩, ⟨↔central\vertical⟩ 양2

1485 **side-wind-er** [싸이드 와인더]: 옆으로부터의 일격, 배신자, (미 남부·멕시코 북부에 서식하는) 옆으로 가는 방울뱀⟨rattle-snake⟩, ⟨~ a venomous pit viper\turn-coat⟩ 양2 우1

1486 **sidh** [씨이]: ⟨← sidhe(super natural)⟩, ⟨아일랜드어⟩, 초인적 종족이 살았던 언덕, 요정(fairy), ⟨~ peace hill⟩ 우1

1487 **SIDS** [씨즈] (sud·den in·fant death syn·drome): ⟨질식사로 사료되는⟩ 유아돌연사 증후군, crib death 양2

1488 **siege** [씨이쥐]: ⟨← sedere(sit)⟩, ⟨라틴어→프랑스어⟩, 포위 공격, 에워싸다, 끈덕진 공격, (백로·학 등의) 떼, ⟨~ en-circlement\leaguer²⟩, ⟨↔relief\arrest⟩ 양1

1489 **Sieg-fried** [씨이그후뤼이드]: sig(victory)+frithu(peace), ⟨게르만계 이름⟩, '평화를 쟁취한 자', 지크프리트, 독일 전설상의 영웅, ⟨~ a Germanic legendary hero⟩ 수1

1490 **sier·ra** [씨에뤄]: 〈← serra〉, 〈'saw'란 라틴어〉, 뾰족뾰족한, '톱니' 모양의 (산맥), 동갈'삼치'(꽁치), 〈~ ridge\peak\narrow-barred Spanish mackerel〉, 〈↔vale\hollow〉 미1

1491 **Sier·ra Le·o·ne** [씨에뤄 리오운]: 〈라틴어+그리스어〉, 〈'Lion' 산으로 둘러싸인〉 시에라 리온, 1961년 영국으로부터 독립한 아프리카 서북부(N-W Africa) 애틀랜틱 연안의 〈다이아몬드가 많이 나는〉 조그만 개발도상국가, {Sierra Leonean-Eng-Leone-Freetown} 수1

1492 **Sier·ra Ne·va·da** [씨에뤄 너봬더]: 〈라틴어+스페인어〉, 시에라 네바다, '톱니 모양의 설산〈snow mountain〉' ①미국 캘리포니아 동부(E. California)의 산맥 ②스페인 남부(S. Spain)의 산맥 수2

1493 **si·es·ta** [씨이에스터]: sexta(six)+hora(hour), 〈라틴어〉, (점심 후의) 낮잠, (해 뜬 후 '6시간' 만에 자는) 오수, 〈~ doze\nap〉, 〈↔wake\work〉 양2

1494 **sieve** [씨브]: 〈← sife(a strainer)〉, 〈게르만어〉, 〈← sift〉, (작은) 체, 체로 치다, 조리, 소쿠리, 〈~ filter\riddle²\colander〉, 〈↔pollute\put in〉 가1

1495 **sift** [씨후트]: 〈게르만어〉, screen, 체질(조리질)하다, 가려내다, (체를 빠지듯) 내리다, 〈→ sieve〉, 〈~ separate\winnow〉, 〈↔raise\stir〉 양2

1496 **Sig** [씨그]: signature(서명), signa(처방), signetur(설명·지시) 양2

1497 **sig·alert** [씨그 얼러어트]: 교통 혼잡 표시, (각종 이유로) 30분 이상 한 차선의 폐쇄를 알리는 경계(상황), 〈~ un-usual(hazardous) traffic condition〉 우2

1498 **sigh** [싸이]: 〈의성어〉, 〈영국어〉, 한숨 짓다(쉬다), 탄식하다, (바람이) 살랑거리다, 〈~ groan\rustle〉, 〈↔appease\delight〉 가1

1499 **sight** [싸잍]: 〈← specere(look)〉, 〈라틴어에서 유래한 게르만어〉, 봄, 시각, 시력, 시야, 조망, 찾아내다, 겨냥하다, 〈~ see〉, 〈~ vision\behold〉, 〈↔blindness\hiding〉 양1

1500 **sight–see·ing** [싸잍 씨이잉]: 관광, 구경, 유람, 〈~ travel\excursion〉, 〈↔stay\ignore〉 가1

1501 **sig·ma** [씨그머]: Σ, 시그마, (로마자의 S에 상당하는) 그리스 자모의 18번째 글자 수2

1502 **sig·ma fe·male** [씨그머 휘이메일]: (내성적이지만 통솔력이 있는) 여장부, 〈양면녀〉, 〈alpha female과 beta female을 합쳐 놓은〉 '복합녀' 미2

1503 **sig·ma male** [씨그머 메일]: (내성적이지만 자립심이 강한) 건실남, 〈외로운 늑대〉, 〈alpha male과 beta male을 합쳐놓은〉 '양면남' 미2

1504 **sig·ma 6**[씨그머 씩스]: (통계학에서) 10의 6승 가운데 3~4개의 오류만 발생하는 것, 99.99966%의 정확도 우2

1505 **sig·moid** [씨그머이드]: s(c) 모양의 만곡부의, S자 결장, 〈~ arched\crooked〉, 〈↔rectum〉 우2

1506 **sign¹** [싸인]: 〈← signum(a mark)〉, 〈라틴어〉, 기(부)호, 표시, 신호, 길잡이, 기색, 〈어떤 일이 일어날〉 증후, 흔적, 〈→ seal〉, 〈~ indication\gesture〉, 〈↔obscurity\headlessness〉 양2

1507 **sign²** [싸인]: 〈← sign¹〉, 서명하다, 기명 날인하다, 신호하다, 표시하다, 〈~ inscrive\endorse〉, 〈↔dismiss\veto〉 양2

1508 **sig·nal** [씨그널]: 〈← sign¹〉, 〈라틴어〉, 신호, 〈감을 못 잡으면 닭대가리 소리를 듣는〉 눈짓, 암호, 신호등(기), 전조, 〈~ cue\alert〉, 〈↔inconspicuous\vague〉 양2

1509 **sig·na·ture** [씨그니춰]: 〈← signare〉, 〈라틴어〉, 서명(하기), (약의) 용법 설명, 〈서명만 하면 되는〉 '특별 대우', 〈~ autograph\John Hancock〉, 〈↔ban\veto〉 양2 우2

1510 **sig·na·ture loan** [씨그니춰 로운]: 신용 대출, (서명만 하면 되는) 무담보 대부, 〈~ good faith loan\un-secured loan〉 양2

1511 **sign-board** [싸인 보어드]: 간판, 게시(고시)판, 〈~ bill-board\poster〉 가1

1512 **sig·net** [씨그닡]: 〈← sign¹〉, (막) 도장, 인장, 인감, 반지 도장, 〈~ stamp\seal〉 양2

1513 **sig·nif·i·cance** [씨그니휘컨스]: 〈← sign¹〉, 〈뚜렷이 나타난〉 의미, 취지, 뜻깊음, 중요성, 〈~ salience\prominence〉, 〈↔in-significance\triviality〉 가1

1514 **sig·nif·i·cant fi·gures(dig·its)** [씨그니휘컨트 휘기얼스(디짙스)]: (0을 제외한 1에서 9까지) 유효 숫자, 〈~ non-zero numbers〉 가1

1515 **sig·nif·i·cant oth·er** [씨그니휘컨트 어더]: '소중한 당신', 배우자, 〈~ better-half〉, 〈↔trash〉 양2

1516 **sign lan·guage** [싸인 랭귀쥐]: '표시 언어', '시늉(흉내) 말', '손짓·발짓', 수화 (dactylology), 농아언어, 〈~ hand-speak\body language〉 양1

1517 **sign off** [싸인 어f후]: 〈서명하여〉 끝내다, (계약 등을) 파기하다, 〈서명하여〉 허가하다, 〈~ finish\approved〉, 〈↔begin\join\retain\deny〉 양1

1518 **si·gnor** [씨이뇰 \ 씨이뇨얼]: 〈← senior(elder)〉, 〈라틴어→이탈리아어〉, senor, 씨, 님, 선생, 귀하, 나리, 경(Sir) 양2

1519 **si·gno·ra** [씨이뇨어뤄]: senora, 부인, 아씨, 여사, 귀부인(Madam) 양2

1520 **si·gno·ri·na** [씨이뇨어뤼이너]: senorita, 양, 아가씨, 영애(Miss) 양2

1521 **si·gno·ri·no** [씨이뇨어뤼이노]: 군, 도련님, 〈곧 signor가 될〉 영식('Young Master') 양2

1522 **sign-pen** [싸인 펜]: 끝이 모전(미세 깃털군)으로 된 〈서명용〉 필기 기구, marker·pen의 일본식 표현 미1

1523 **sign-post** [싸인 포우스트]: 푯말, 이정표, 간판 (광고) 기둥, 〈~ road marker\guide post〉 양2

1524 **sign-up** [싸인 엎]: (서명에 의한) 등록·가입, 〈~ enlist\enroll〉 양1

1525 **si-jib** [시집]: 〈중국어+한국어〉, 〈'시댁'으로 들어가는 일〉, woman's marriage, 〈↔jang-ga〉 수2

1526 **si-jo** [시조]: 〈중국어→한국어〉, time+balance, '시간을 고르게 하는 글', (고려 말부터 발달한) 3장으로 되어 글자수와 운을 맞추는 한국 고유의 정형시, 〈~ hai-ku\limerick〉 수2

1527 **Sikh** [씨이크]: 〈산스크리트어〉, disciple, '문하생', 시크교(도), 16세기 인도 북부(Punjab)에서 탄생한 '벙거지'를 쓰고 다니는 힌두교(Hindu)의 개혁파, 〈~ Sardar〉 수1

1528 **sik-hye** [식혜]: 〈중국어→한국어〉, food+venegar, 쌀로 밥을 지어 엿기름 가루로 우린 물을 부어 삭힌 음식, 감주, sweet rice drink 수2

1529 **si·lence** [싸일런스]: 〈← silere(be quiet)〉, 〈라틴어〉, 침묵, 무언, 고요함, 묵념(silent prayer), 비밀 엄수, 〈최후의 공격〉, 〈~ quietness\still-ness〉, 〈↔noise\alarm〉 가1

1530 *****si·lence is gold·en** [싸일런스 이즈 고울든]: 〈이집트 격언을 T. Carlyle이 각색한 말〉, 침묵은 금이요(웅변은 은이다), 〈~(↔)speech is silver〉, 〈↔feelings are meant to be expressed〉 양2

1531 **si·lent auc·tion** [싸일런트 어억션]: (밀봉된 매긴 값을 제출하는) 입찰식 경매, 〈~ anonymous bid〉 양2

1532 **si·lent gen·er·a·tion** [싸일런트 줴너뤠이션]: 침묵세대, 〈이제는 숨쉬기에도 힘들어진〉 1945년 이전에 태어난 '고려장감들', 〈~ traditionalists\pre-babyboomers〉, 〈↔active generation〉 양2

1533 **si·lent ma·jor·i·ty** [싸일런트 머줘어뤼티]: 〈Nixon 대통령이 1969년에 부각시킨 말〉, 말 없는 다수, 일반 대중, 〈~ grass-roots\ground-swell〉, 〈↔loud minority〉 양2

1534 **si·lent vote** [싸일런트 보우트]: (떠다니는) 부동표, 침묵의 유권자, 〈~ neutral vote\quiet voice〉, 〈↔fixed vote〉 양2

1535 **Si·le·sia** [씨일리이줘]: 〈Vandal어〉, '습지(swampy place)?', 실레지아, 체코 북부·폴란드 남서부 지방, 〈~ a historical region in Central Europe〉, S~ 원산의 (호주머니·안감 등에 쓰는) 얇은 천, 〈~ a thin twilled woven cloth〉 수1

1536 **sil·hou·ette** [씰루우에트]: 〈짧은 임기를 지낸 프랑스의 재무장관 이름에서 연유한〉 실루엣, figure, 그림자그림, 윤곽(outline), 반면영상, 〈인명의 어원에는 세가지 학설이 있음〉, 〈~ contour\shade〉, 〈↔brightness\formlessness〉 미1

1537 **sil·i·ca** [씰리커]: 〈← silex(flint)〉, 〈'부싯돌'이란 라틴어에서 유래된〉 실리카, 규토, 무수규산, 이산화규소, 사암(모래 바위) 등의 주성분을 이루는 무색의 단단한 석영, 〈~ silicon oxide quartz〉 미2

1538 **sil·i·con** [씰리컨]: 〈← silex(flint)〉, 〈라틴어〉, 실리콘, 규소, 비금속원소 (기호 Si·번호14), (유리·벽돌·전산기 부품 등을 만드는) 지각의 25%를 차지하는 암회색의 단단한 반도체〈semi-conducter〉, 〈~ a metalloid\a chemical element〉 미2

1539 **Sil·i·con Val·ley** [씰리컨 밸리]: 실리콘 밸리, (전자 산업체가 많이 모여 있고 생활비가 비싼) 미국 캘리포니아주 샌프란시스코 남동부 San Jose 주변 지역 수2

1540 **silk** [씰크]: 〈← sericus〉, 〈'sha(thin thread)'란 뜻의 중국어에서 연유한?〉 어원 불명의 라틴어〉, 비단, 명주실, 견직물, 생사, 〈→ seri·culture〉, 〈~ natural fiber from silk-worm〉, 〈~(↔)nylon(rayon)〉, 〈↔cotton〉 가1

1541 **Silk Road** [씰크 로우드]: 비단길, 중국의 한 나라가 개척한 시안으로부터 중동지방에 이르는 3갈래의 험준한 통상로, 〈~ trade route between the Eastern and Western world〉 미2

1542 **silk tree** [씰크 트뤼이]: 자귀나무, 〈미모사라고 불리기도 하는〉 연두색(pink)의 비단털 꽃이 피는 아카시아 비슷한 콩과(legume family)의 관목, 〈~ mimosa tree\silky acacia〉 미2

1543 **silk-worm** [씰크 워엄]: 누에, 먹성이 아주 왕성한 자벌레 비슷한 누에나방의 애벌레, 〈~ caterpillar of silk-moth〉 가1

1544 **silk·y ter·ri·er** [씰키 테뤼어]: 오스트레일리아(Australia)에서 개발된 은갈색의 긴 털을 가진 삽살개, 〈~ a toy dog〉 우1

1545 **sill** [씰]: 〈← suelli(base)〉, 〈게르만어〉, 토대, 문턱, 문지방, 창턱, 〈~ ledge\shelf〉 양1

1546 **sil·ly** [씰리]: 〈← sealig(happy)〉, 〈'행복하다'라는 뜻의 게르만어에서 연유한 영어어〉, 어리석은, 양식 없는, 어이 없는, 바보, 멍청이, 〈바보처럼 사는 것이 행복의 비결이라는데 절대 동감함〉, 〈~ foolish\stupid〉, 〈↔sensible\rational〉 가2

1547 **si·lo** [싸일로우]: 〈← siros(corn pit)〉, 〈그리스어〉, 원탑 모양의 (사료·곡식·위험물) 저장소, 〈~ vault\granary〉 우1

1548 **Si·lo·am** [씰로우엄]: 〈← shiloah(sending forth)〉, 〈히브리어〉, 실로암, '내뿜다', 예루살렘 부근의 샘, 〈~ a spring and pool near Jerusalem〉 수1

1549 **si·loed** [싸일로우드]: 〈silo에 넣어〉 격리된, 단절된, 단편화된, 〈~ cached\cellared\binned〉, 〈↔adjaced\closely bound〉 양2

1550 **silt** [씰트]: 〈← silte(fine sand)〉, 〈게르만어〉, 가는 모래, (모래보다 잘지만 진흙보다 굵은) 미사, 침니, 개흙, 〈~ salt〉, 〈~ sediment\deposit\slime〉 양1

1551 **Sil·va·nus** [씰붸이너스]: 〈← silva(forest)〉, 〈로마 신화의〉 실바누스, 숲의 신, 농목의 신, 남자 이름(male name), 〈~ Roman god of the woods and country-side〉 수1

1552 **sil·ver** [씰붜]: 〈← silabur〉, 〈어원 불명의 게르만어〉, 은 (제품), argent, 〈가장 전도율과 반사율이 높은〉 금속원소 (기호 Ag·번호47), 은백색, 〈~ a metallic chemical element〉 가1

1553 **sil·ver age** [씰붜 에이쥐]: 백은 시대, 제2위의 전성시대, 〈~ a period of achievement following the golden age〉 양2

1554 **sil·ver a·lert** [씰붜 얼러어트]: 노인 경보, (치매〈dementia〉 등으로) 실종된 노인〈senior citizen〉을 찾기 위한 경보 양2

1555 **sil·ver an·ni·ver·sa·ry** [씰붜 애니붜어서뤼]: 25주년 기념일 양2

1556 **sil·ver bell** [씰붜 벨]: 은방울 (종), 자잘한 흰 방울꽃이 피는 북미산 때죽나뭇과의 낙엽관목, 〈~ snow-drop tree〉 양2 우1

1557 **sil·ver-ber·ry** [씰붜 베뤼]: 볼레나무, 뜰보리수나무, 번갈아 가며 은빛 잎을 가진 보리수나뭇과의 상록 덩굴나무, 〈~ oleaster\wild olive〉 미2

1558 **Sil·ver Dol·lar** [씰붜 달러]: 병어, ⇒ dollar·fish 미2

1559 **sil·ver-fish** [씰붜 휘쉬]: 책벌레, 좀벌레, 물고기 모양에 은회색의 몸통을 가진 날개 없는 곤충, 〈~ fish-moth\a silver-grey wingless insect〉 미2

1560 **sil·ver fish** [씰붜 휘쉬]: 은백색 물고기의 총칭, 〈~ fish with silver color〉 가1

1561 **sil·ver fox** [씰붜 홠스]: 은여우, 반지르르한 검정 털의 끝이 흰색으로 바뀌는 북미산 '불 여우', 〈~ a melanistic form of red fox\black (or blue) fox〉 미2

1562 **sil·ver in·dus·try** [씰붜 인더스트뤼]: '노년층 산업', 노년층을 겨냥한 각종 산업·사업, 〈~ economy for elderly〉 우2

1563 **sil·ver-line** [씰붜 라인]: 은선, (~에서) 희망을 발견하다, 〈검은 구름 속의〉 한 줄기 빛, 〈~ ray of hope\bright spot〉, 〈↔down-side\disadvantage〉 양2

1564 **sil·ver mag·no·lia** [씰붜 매그노울리어]: 후박나무, (회황색의 껍질을 약용으로 썼던) 녹나뭇과(laurel family)의 상록교목, 〈~ silver mist (or cloud)〉 미2

1565 **sil·ver rule** [씰붜 루울]: '백은 률', '은과 옥조', 〈당신이 대접받기 싫은 대로 타인을 대접하지 마시오〉, 〈~(↔)golden rule은 positive하나 이것은 negative한 면이 있음〉 양2

1566 **sil·ver screen** [씰붜 스크뤼인]: (영화의 초기에 반사율을 높이기 위해 은을 섞어 짠) 은막〈reflective coating on the screen〉, 영화 산업, 〈~ movie industry〉 양2

1567 **sil·ver-side** [씰붜 싸이드]: ①〈은빛 나는 피막을 벗겨야 먹을 수 있는〉 소의 넓적다리 윗부분의 고기 ②〈몸통에 은백색의 가로줄이 있는〉 색줄멸의 일종, jack·smelt, 〈~ grunion\top-smelt〉 우2

1568 **sil·ver-smith** [씰붜 스미쓰]: 은장이, 은 세공사, 〈~(↔)iron smith\gold smith〉 가1

1569 **sil·ver spoon** [씰붜 스푸운]: 은수저, 풍부한 재산을 상속받은 부, 〈~ silver-tail〉, 〈~ rich\affluent〉, 〈↔deprived\self-made〉 양2

1570 **sil·ver stand·ard** [씰붜 스탠더드]: (은을 많이 보유한 나라에서 경제 사정에 따라 돈을 찍어낼 수 있어서) 〈통화량이 불어 부채와 자산이 다 가치 하락함으로 못 가진 자에게 유리하고 가진 자에게 불리한〉 은본위제, 16~19세기에 유행했으나 1935년 중국이 폐기한 후 현재는 '신용 본위제'가 세계 시장을 석권하고 있음, 〈~(↔)gold standard〉 양2

1571 **sil·ver-tail** [씰붜 테일]: ①silverfish, 반디좀 ②(은회색 양복을 즐겨 입는) 돈 많은 실력자, 명사, 〈~ silver spoon\rich person〉, 〈↔the poor\bum〉 미2 성2

1572 **sil·ver-weed** [씰붜 위이드]: (톱니 같은 가장자리에 뒷면에는 은빛 솜털을 가진 잎이 달린) 뱀딸기류(mock straw-berry), (온대지방의 모래땅에 나는) 장미과 서양 민눈양지꽃속의 다년생 풀, 〈~ cinque-foil〉 우2

1573 **sil·ver years** [씰붜 이어즈]: 노년기, 초로기, 〈~ autumn years〉, 〈↔youth\golden years〉 양2

1574 **sil·vi·cul·ture** [씰뷔 컬춰]: 〈← silva(forest)〉, 〈라틴어〉, (경제적 목적으로 산림을 가꾸는) 조림학, 〈~(↔)agriculture\horti-culture〉 양2

1575 *__SIM card__ [씸 카아드]: subscriber identity module card, '사용자 개별 단위 (인식)증', (휴대전화 속에) 가입자의 개인 정보와 문건을 저장하는 기억력장치, 〈~ a mobile identity card〉 우2

1576 *__SIMD__ (sin·gle in·struc·tion mul·ti·ple da·ta stream): 단일 명령 흐름 복수 자료 처리, 복수의 자료에 동시에 작동하는 다중처리 능력을 가진 병렬 전산기, 〈~ a type of parallel processing〉 우2

1577 **Sim·e·on** [씨미언]: 〈← Simon〉, 시미언 ①남자 이름 ②시므온, 야곱과 그의 첫 아내 리어의 아들(의 자손으로 이루어진 이스라엘 12 부족의 하나), 〈~ Jacob's 2nd son〉 수1

1578 **sim·i·lar** [씨밀러]: 〈← similis(like)〉, 〈라틴어〉, 닮은, 비슷한, 유사한, 〈~ same\semblance\simulate〉, 〈→ assimilate〉, 〈~ akin\analogous〉, 〈↔distinct\different〉 가1

1579 **sim·i·le** [씨밀리]: 〈← similis(like)〉, 〈라틴어〉, 〈allegory보다 단순한〉 직유(법), 〈metaphor보다 폭이 좁은〉 명유, 직접적인 비유, 〈~ analogy〉 양2

1580 **Si·mi val·ley** [씨미 밸리]: 〈← shimiyl(thread like clouds)〉, 〈원주민어〉, LA 북쪽 45km쯤 〈실안개가 잘 끼는 분지〉에 (한국인들도 제법사는) 오래된 군소도시, 〈~ a city in S-E Ventura county〉 수2

1581 *__SIMM__ [심]: single in-line memory module, '단일 입력 기억력 단위', 여러 기억력 단위를 탑재한 작은 회로판으로 2000년도 초반에 폐기됨 우2

1582 **sim·mer** [씨머]: 〈영국어〉, 〈의성어〉, 부글부글 (지글지글) 끓다, 푹푹 소리를 내다, 졸아들다, 〈~ seethe\boil〉, 〈↔soothe\freeze〉 양1

1583 **sim·mer down** [씨머 다운]: 진정하다, 조용히 하다, 가라앉히다, 〈~ calm down\cool off〉, 〈↔snap\roar\snarl〉 양2

1584 **Si·mon** [싸이먼]: 〈히브리어〉, God has heard, '신이 들어 주신 자' ①사이먼(남자 이름) ②성 시몬(〈행적에 대해 구구한 학설이 있는〉 예수의 12사도의 하나), 〈~ half-brother of Jesus(?)〉 수1

1585 **Si·mon** [싸이먼], Al·ex·an·der Neil: 사이먼, (1979-2024), 〈문신을 자랑했던〉 스코틀랜드 출신의 가수·기타 연주자, 〈~ a Scottish singer and guitarist〉 수1

1586 **Si·mon** [싸이먼], Mar·vin Neil: 사이먼, (1927-2018), 중산 계급을 다룬 희극으로 성공한 미국의 극작가, 〈~ an American playwright and screen-writer〉 수1

1587 **Si·mon** [싸이먼], Paul: 사이먼, (1941-), Garfunkel과 같이 1960년대 후반에 활약했던 미국의 민요가수·작곡가, 〈~ an American singer and song-writer〉 수1

1588 **Si·mon Le·gree** [싸이먼 레그뤼이]: (미국소설 [Uncle Tom's Cabin]에 나오는) 잔인한 노예매매업자, 무자비한 고용주, 〈~ slave driver\hard-master〉 수2

1589 **simp** [씸프]: ①simpleton, 얼간이〈(한가지에) 얼이 빠진다〉 ②선웃음(simper)을 치는 자, 억지로 웃는 자 양2

1590 **sim·per** [씸퍼]: 〈어원 불명의 영국어〉, 선웃음, 바보 같은 웃음을 웃다, 〈~ feign\assimus〉, 〈↔cry\groan〉 양2

1591 **sim·ple** [씸플]: ⟨← simplex(one fold)⟩, ⟨라틴어⟩, '한 번 접힌', 단일의, 단순한, 간소한, 순박한, 하찮은, 무지한, ⟨~ single⟩, ⟨~ easy\plain⟩, ⟨↔difficult\complex\fancy⟩ 가1

1592 **sim·ple in-dex** [씸플 인덱쓰]: 단순지수, 가격이나 경제지표를 산출할 때 비교적 간단한 자료를 사용하는 통계 도구, ⟨~ each row of data having one entry⟩, ⟨↔composite index⟩ 양2

1593 **sim·ple in·ter·est** [씸플 인터뤠스트]: (원금에만 이자를 계산하는) 단리, ⟨~ principal only, fixed interest⟩, ⟨↔compound interest⟩ 가1

1594 **sim·ple sen·tence** [씸플 쎈턴스]: 단문, 단 하나의 절(clause)을 갖는 문장, ⟨↔complex sentence\compound sentence⟩ 양2

1595 **sim·ple-ton** [씸플턴]: 숙맥, 바보, ⟨~ fool\moron⟩, ⟨↔brain\genius⟩ 양2

1596 **sim·plex** [씸플렉스]: ⟨라틴어⟩, 단순한, 일방, 단방향, 단신⟨단순한 통신⟩(법), ⟨→ simple⟩, ⟨~ elemental\straightforward⟩, ⟨↔complex\complicated⟩ 양1

1597 **Simp-son** [씸슨], O.J.: 'Simon의 아들', 심슨, (1947-2024), USC를 미식축구 국가 우승조로 올려 놓은 발 빠른 중위로 ⟨아내 살인죄로 기소되었으나 '여론재판'에 의해 풀려났고⟩ 나중에 무장 강도죄로 9년을 복역했던 미국의 운동 선수, ⟨~ 'the Juice'\an American pro foot-ball player⟩ 수1

1598 **Simp-sons** [씸슨즈]: 심슨 가족, (1989년부터 시작된) 미국의 전형적 근로자 가정을 주제로 한 ⟨활기찬⟩ 연속 TV 상영물, ⟨~ a satirical depiction of American life⟩ 수2

1599 **sim·u·late** [씨뮬레이트]: ⟨← simulare(feign)⟩, ⟨라틴어⟩, ~ 체하다, 흉내 내다, ~을 가장하다, '비슷하게 하다', ⟨~ similar⟩, ⟨~ imitate\mimic⟩, ⟨↔dis-resemble\mis-represent⟩ 가1

1600 **sim·u·la·tion** [씨뮬레이션]: 가장, 모조품, 흉내 내기, 모의실험, 한 체계의 행동을 다른 체계로 대신하게 하는 과정, ⟨~ copy\mock⟩, ⟨↔original\difference⟩ 양1 미1

1601 **si·mul·ta·ne·ous** [씨멀테이니어스 \ 싸이멀테이니어스]: ⟨← simul(same time)⟩, ⟨라틴어⟩, '비슷한 시간의', 동시의, 같이 일어나는, ⟨~ same\similar⟩, ⟨↔asynchronous\non-contemporary⟩ 가1

1602 **sin** [씬]: ⟨← sontis(guilty)?⟩, ⟨라틴어?→게르만어⟩, ⟨← synn(evil)⟩, 죄(악), 잘못, 나쁜 짓, ⟨궁극적 진리-죽어야 마땅한⟩, ⟨~ immoral act\wrong-doing⟩, ⟨↔virtue\good⟩ 가2

1603 **Si·nai** [싸이나이]: ⟨← Sin(moon goddess)⟩, ⟨아랍 신화의 '달의 여신' 이름을 딴⟩ ①시나이반도, 이집트 동쪽 홍해와 지중해 사이의 반도, ⟨~ a peninsula in Egypt⟩ ②시내산, 모세가 십계명을 받았다는 이집트와 아라비아 사이에 있는 ⟨정처 없는⟩ 산, ⟨~ one of several locations in Sinai Peninsula⟩ 수1

1604 **Si·na·tra** [씨나아트뤄], Frank: ⟨← senatus(senate)⟩, ⟨라틴어→이탈리아어⟩, '원로원 의원의 자손', 시나트라, (1915-98) 많은 마피아 친구들과 많은 대통령 친구들을 뒀던 미국의 대중 가수·배우·제작가, ⟨~ an American singer and actor⟩ 수1

1605 **since** [씬스]: sith(after)+than(that time), ⟨게르만어→영국어⟩, 그 후 (지금까지), ~하므로(이므로), ⟨↔here-after\prior to⟩ 가1

1606 **sin-cere** [씬씨어]: sine(without)+caries(decay), ⟨라틴어⟩, '부패하지 않은', 성실한, 정직한, 진실한, ⟨~ heart-felt\genuine⟩, ⟨↔in-sincere\hokum\perfunctory⟩ 가2

1607 **sin-cere-ly** [씬씨얼리]: 성실히, 충심으로, 마음속으로부터, 경의를 표하며, ⟨~ honestly\truly⟩, ⟨↔doubtfully\un-truthfully⟩, ⟨편지가 제일 존중하는 단어⟩ 양2

1608 *****sin-cer·i·ty moves heav·en**: ⟨2013년도 한국 연속극의 부제⟩, 지성이면 감천, 하늘이 무너져도 솟아날 구멍이 있다, ⟨~ there is always a way out\nothing is totally bad⟩ 양2

1609 **Sin-chon Mas·sa·cre** [신천 매써컬]: 신천 양민학살 사건, (1950년 늦가을 북한군의 후퇴 시 황해남도 신천지방에서) 3만 명 이상⟨북한측 주장⟩의 민간이 ⟨미군에 의해⟩ 대량 학살당했다는 사건, ⟨한국 정부는 반공주의자와 공산주의자 간의 보복성 살상 행위였다고 함⟩, ⟨~ a controversal civilian massacre during the Korean War⟩ 수2

1610 **Sin-clair** [씽클레어]: ⟨← St. Clair(은둔자의 수호성자)⟩, 1916년 Harry 싱클레어가 세운 미국의 ⟨공룡표⟩ 석유회사, ⟨~ an American energy co.⟩ 수1

1611 **sine** [싸인]: ⟨← jiba(chord)⟩, ⟨아랍어⟩, 정현, 직각 삼각형에서 한 예각의 대변과 빗변의 비를 나타낸 함수로 연결하면 포물선으로 표시됨, ⟨~ a trigometric function of an angle⟩, ⟨~(↔)co-sine⟩ 우2

1612 **si·ne-cure** [싸이니 큐어]: ⟨라틴어⟩, 'with·out care', 한직, 명예직, ⟨영혼을 치료하지 않는 목사⟩, ⟨~ easy job\cushy number⟩, ⟨~ dead-duck\push-over⟩, ⟨↔ordeal\struggle⟩ 양2

1613 **sine die** [싸이니 다이이]: without day, 〈라틴어〉, 무기한으로, 무제한으로, 〈~ forever\endlessly〉, 〈↔definitely\absolutely〉 양2

1614 **sin·ew** [씨뉴우]: 〈← sionu(tendon)〉, 〈게르만어〉, 힘줄, 건, 완력, 지지자, 〈~ force\vigor〉, 〈↔impotency\weakness〉 양2

1615 **sing** [씽]: 〈← singan(chant)〉, 〈게르만어〉, 노래하다, 읊조리다, 지저귀다, 찬미하다, 〈→ song〉, 〈~ intone\warble\carol〉, 〈↔conceal\be quiet\condemn〉 가1

1616 **sing-a-long** [씽 얼렁]: 함께 노래 부르는 모임, '합창단', 노래잔치, 〈~ group singing\chorus\karaoke〉, 〈↔solo〉 미2

1617 **Sin·ga·pore** [씽거포얼]: singa(lion)+pura(city), 〈말레이어〉, 싱가포르, 〈사자 비슷한 동물이 발견된〉 'Lion City', 1965년에 독립한 말레이반도 남단(S. tip of Malay Peninsula)의 도시국가·상업 항구, {Singaporean-Eng·Malay·Chin·Tamil-(SG) Dollar-Singapore} 수1

1618 **Sin·ga·pore Air-line** [씽거포얼 에어라인]: 1947년에 창립되어 1972년에 개명한 Star Alliance 제휴의 동남아 위주 싱가포르 국적기 수2

1619 **singe** [씬쥐]: 〈← sengan(superficial burn)〉, 〈게르만어〉, 표면을 태우다, 그으리다, 털을 태워 없애다, (명성 등을) 손상시키다, 〈~ burn\sear〉, 〈↔conserve\extinguish〉 양2

1620 **sin·gle** [씽글]: 〈← singulus(one only)〉, 〈라틴어〉, 단 하나의(홀로)의, 1인용의, 〈나이 30을 분수령으로 주가가 달라지는〉 독신의, 따로따로의, 편도의, 한결같은, 단식 (경기), 단타, 한 자리 숫자로 된, 〈~ simple〉, 〈~ one\sole\un-married〉, 〈↔double\multiple\married〉 양2 우2

1621 *****sin·gle-byte font** [씽글 바이트 환트]: 8 bits 이내로 된 문자로 조합된 글자체, 〈~ a character set up to 256 characters〉 우1

1622 *****sin·gle thread** [씽글 쓰뤠드]: '단일 실마리', 처리 중인 자료를 완전히 끝낸 다음 다른 자료 처리를 하는 작업, 〈~ processing one command at a time〉 우2

1623 **sin·gle·ton** [씽글턴]: 외동이, 단일 개체, 하나씩 일어나는 것, 〈~ entity\being\item〉, 〈↔twin\man-dem\replicate〉 미2

1624 **sin·gu·lar** [씽귤럴]: 유일한, 단독의, 개개의, 보통이 아닌, 〈~ sole\exceptional〉, 〈↔plural〉 양1

1625 **sin·gu·lar-i·ty** [씽귤래뤼티]: 단일, 특성, 특이점, 무한대의 공간 〈인간 지능이 인간의 지역을 뛰어넘는 지점〉, 〈~ uniqueness\characteristic\infinite mass density〉, 〈↔normalcy\standard\community〉 양2 미2

1626 *****sin·gu·lar-i·ty pro-fes·sor** [씽귤래뤼티 프뤄훼써]: 특정교수, 10~20년간 논문평가를 받지 않고 연구에만 몰두할 수 있는 교수, 〈~ specific professor〉 양2

1627 **si·ni·cism** [씨너씨즘]: 〈← sino(Chinese)〉, 중국 특유의 것, 중국식(풍) 양2

1628 **si·ni·gang** [씨니강]: 〈← sigang(to stew)〉, 〈타갈로그어〉, (인도 대추로 만든) 신맛이 나는 필리핀식 '국물'요리, 〈~ a sour and savory Filipino soup〉 수2

1629 **sin·is·ter** [씨니스터]: 〈← sinistre(to the left)〉, 〈라틴어〉, 불길한, 재난의, 〈재수 없는〉 '왼쪽'의, 〈~ ominous\port-side〉, 〈↔dexter\favorable\star-board〉 양2

1630 **sink** [씽크]: 〈← sincan(fall)〉, 〈게르만어〉, 가라앉다, 떨어지다, 수그리다, 스며들다, 수채, 하수구, 웅덩이, 〈→ sag〉, 〈~ collapse\drop〉, 〈~ dump\wash-basin〉, 〈↔float\rise\up-lift〉 양1

1631 **sink-hole** [씽크 호울]: 빗물에 패인 구멍, 하수구, 꺼진 땅, 악의 소굴, 〈~ doline\pot-hole\den of evil〉, 〈↔gold mine〉 양1

1632 **sink or swim** [씽크 오어 스윔]: 흥하든 망하든, 죽든지 살든지, 이판사판, 건곤일척, 〈~ go or broke\all or none\kill or cure\fight or flight\do or die〉 양2

1633 **Si·no~** [싸이노우~ \ 씨노우~]: (China의 프랑스식 발음), 〈중국~〉이란 뜻의 결합사 양1

1634 **Si·no-Jap·a·nese War**: 청일전쟁, 한반도와 만주의 지배권을 싸고 (1894~5)간 청나라와 일본이 싸워 일본이 이긴(Japanese victory) 전쟁 미2

1635 *****Si·no-pec** [씨노우 펰] Group: 시노펰, 중국 석(유) 화(공) 유한 공사, China Petroleum & Chemical Corp, 2000년에 다시 태어난 중국의 〈민간이 경영하는〉 석유 (제품)·천연가스 공급 재벌 회사, 〈~ a Chinese petro-chemical conglomerate〉 미1

1636 *Si·no-pharm [씨노우 화앎]: 시노팜, China National Pharmaceutical Group, 중국의약 집단총공사, 1998년에 세워진 중국 정부의 종합 제약회사 미2

1637 sin·u·ate [씨뉴에이트]: 〈라틴어〉, 〈← sinus〉, 꾸불꾸불한, 물결 모양의, 〈→ in·sinuate〉, 〈~ coiled\curly〉, 〈↔straight\rough〉

1638 si·nus [싸이너스]: 〈← sine(curve)〉, 공동, 우묵한 곳, 만곡부, 부비강(paranasal sinus), 〈~ cavity\hollow〉, 〈↔solid\bulge〉 양2

1639 ~sion [~션 \ ~쥔]: 〈라틴어〉, ~tion의 변형, 〈상태〉를 뜻하는 접미사, 〈~ quality\condition〉 양1

1640 Sioux Cit·y [쑤우 씨티]: 〈← nadouessioux(little snakes)〉, 〈원주민 부족이 다른 원주민 부족을 부르던 '뱀 새끼들'이라는 말에서 연유한〉 1854년 수 원주민을 몰아내고 세운 아이오와주 북동쪽에 있는 농산물 집산지·항구 도시, 〈~ a city in N-W Iowa〉 수2

1641 sip [씹]: 〈게르만어〉, 〈의성어?〉, 한 모금, 홀짝이다, 〈~ sup〉, 〈~ drink slowly〉, 〈↔eject\spit〉 가2

1642 *sip-and-see [씹 앤 씨이]: '한 모금 마시고 보고, 또 한 모금 마시고 또 보고', (미국 남부에서 시작해서 전국으로 퍼지고 있는) 아기 탄생 축하 다과회, ⇒ post baby shower 미1

1643 si·phon \ sy~ [싸이훤]: 〈그리스어〉, 'pipe', 빨아올리는 관(흡관), 흡수하다, 〈~ pump\drain〉, 〈↔fill\suck\over-flow〉 양1

1644 sir [써얼]: 〈← senior(elder)〉, 〈라틴어→영국어〉, 〈← sire〉, 님, 선생, 귀하, 나리, 경, 이봐, 이놈아, 〈~ master\lord〉, 〈~ excuse me\dude〉, 〈↔maam\girl〉 가2

1645 sire [싸이어]: 〈← senior(elder)〉, 〈라틴어→영국어〉, 아비, 종마, 조상, 〈→ sir〉, 〈~ ancestor\be getter〉, 〈↔child\joey\dis-own〉 양2

1646 si·ren [싸이륀]: 〈← seira(cord)〉, 〈그리스어〉, 사이렌, 호적, 경보기, 마녀, S~; 〈그리스 신화에서〉 매혹적인 목소리로 뱃사람을 유혹해서 파선시킨 인어, 〈→ serin〉, 〈~ alarm\vamp〉, 〈↔dull\un-alert〉 양1 수1

1647 si·ren song [싸이륀 쎵잉]: 감미로운 노래, 유혹의 말, 〈~ lure\temptation〉, 〈↔notice\warning〉 양2

1648 sir-loin [써얼로인]: 〈프랑스어〉, (소) 허리〈loin〉 윗부분〈sur〉의 고기, 등심, 채끝, 〈~(↔)tender-loin〉 미2

1649 si-ru-tteok [시루떡]: 〈한국어〉, 〈← 시루(바닥에 구멍이 뚫린 질그릇 자배기)〉, steamed rice cake, 쌀가루에 콩이나 팥을 섞어 시루에 켜를 안치고 찐 떡, 〈주로 제사용으로 썼으며 고물이 없는 것은 백설기라 하고 재료에 따라 옥수수·감자·무 시루떡 등이 있음〉 수2

1650 ~sis [~시스]: 〈그리스어〉, 〈~ 과정·활동〉이란 뜻의 접미사, 〈~ course\activity〉 양1

1651 si·sal [싸이슬 \ 씨슬]: 〈유카탄에 있던 수출항 이름(Sisal)을 딴〉 사이잘, (섬유를 끈이나 깔개 등으로 쓰는) '애니깡'〈henequen〉 비슷한 용설란, 〈~ an agave〉, 〈~(↔)kiondo〉 우1

1652 sis·kin [씨스킨]: 〈← tiz〉, 〈의성어〉, 〈슬라브어〉, 검은방울새, 노란 바탕에 군데군데 검은 깃털을 가지고 구대륙의 북반구〈Eurasian〉에 서식하는 조그만 피리새(finch) 미2

1653 Sis·ley [씨슬리]: 〈← caecus(blind)〉, 〈라틴어에서 유래한 영국계 이름〉, '장님', 시슬레, 1976년 동명의 프랑스 인상파 화가 이름을 따서 개명한 〈개인 소유의〉 피부미용 명품 화장품 회사, 〈~ a French cosmetic co.〉 수1

1654 sis·sy [씨시]: 〈영국어〉, 〈← sister〉, 계집애 (같은 사내아이), 유약한, 동성애자, 〈~ coward\pansy²〉, 〈↔man-up〉 양2

1655 sis·ter [씨스터]: 〈← sweoster〉, 〈어원 불명의 게르만어〉, 〈눈물을 나눌 수 있는〉 여자 형제, 자매, 언니(누나), 여자 친구, 수녀, 〈→ sissy〉, 〈~ female sibling\nun〉, 〈↔brother〉 가1

1656 sis·ter-in-law [씨스터륀 러어]: 법매, (형수·계수·제수·동서·시누이·올케·처형·처제 등) 〈대가족 제도에서 반드시 구별해야 할 말〉, 〈~ sister by marriage〉, 〈↔brother-in-law〉 양1

1657 sis·ter hook [씨스터 훅]: 〈이중으로 매듭진〉 자매 갈고리, 2개가 한 쌍으로 맞물리면 8자꼴이 되는 조임쇠, 〈~ match hook\buckle〉 미1

1658 Sis·tine Chap·el [씨스틴 채플]: 시스티나 성당, 1473년 'Sixtus' 4세가 건립하여 그 후 미켈란젤로 등이 벽화를 그린 바티칸(Vatican) 궁의 예배당, 〈~ Cappella Sistina〉 수1

1659 sis·y·phe·an [씨서휘이언]: 〈← Sisyphus〉, 끝없는 고역의, 헛수고의, 〈~ arduous\work in vain〉, 〈↔effective\useful〉 양2

1660 **Sis·y·phus** [씨시훠스]: ⟨← sophos(wise)?⟩, ⟨그리스어⟩, ⟨'현명한 자'?⟩, 시시포스, 저승의 신을 속여 죽고 나서 살아났으나 그 벌로 큰 돌을 끊임없이 산꼭대기로 굴려 올려야 했던 코린토스의 못된 왕, ⟨~ a trickery Corinthian king⟩ 수1

1661 **sit** [씰]: ⟨← sedere(settle)⟩, ⟨라틴어→게르만어⟩, 앉다, 쭈그리다, 위치하다, 그대로 움직이지 않다, 맞다, 품다, 억누르다, 시중들다, 진을 치다, ⟨→ seat\saddle\sedentary\set¹⟩, ⟨~ be seated\settle down⟩, ⟨↔stand\rise⟩ 양1

1662 **si-tar** [씨타알]: sih(three)+tar(string), ⟨'3줄'이란 페르시아어에서 유래한⟩ (13세기경에 개발된) 목이 길고 동체가 작아서 인도(India) 전통음악의 가냘픈 고음을 낼 수 있는 ⟨손가락으로 뜯거나 채로 켜서 연주하는⟩ 커다란 발현 악기, ⟨~ a plucked string instrument⟩ 수2

1663 *****sit back and en·joy free ride**: 굿이나 보고 떡이나 먹으면 된다, ⟨~ relax and be comfortable⟩, ⟨↔mind your own business⟩ 양2

1664 *****sitch** [씨취]: ⟨1954년부터 있었으나 2008년 오바마 대통령이 사용해서 떠오른 말⟩, situation(상황·입장)의 변형 축소형 양2

1665 *****sit-com** [씰 캄]: situation comedy, 시트콤, 상황희극, 틀에 박힌 성격을 가진 일련의 배우들이 벌이는 TV 연속물, ⟨~ comic drama\gag show⟩ 우2

1666 *****site** [싸이트]: ⟨← sedere(sit)⟩, ⟨라틴어⟩, 위치, 장소, 용지, 유적, website('전산망 거점')의 준말, ⟨→ situation⟩, ⟨~ location\plot⟩, ⟨↔no where⟩, ⟨↔remove\displace⟩ 양1 미1

1667 *****site ad·dress** [싸이트 애드레스]: '전산망 거점 주소', 점으로 단락된 문자(.com or .org)로 이루어지는 전산망의 특정 주소, ⟨~ web address\Addy⟩, ⟨~(↔)HTTP⟩ 미1

1668 *****site li·cense** [싸이트 라이슨스]: '전산망 거점 면허', 특정 주소에 있는 정보를 무한정 공유할 수 있게 하는 연성기기 허가증, ⟨~ multiseat(soft-ware) license⟩ 미1

1669 **Sit·ka** [씰커]: ⟨원주민어⟩, 'by the sea(바닷가)', 시트카, 미국 알래스카주 동남부에 위치한 열도 중의 하나, ⟨~ an Alaskan borough near Juneau⟩ 수1

1670 *****sit on the fence** [씰 언 더 휀스]: ⟨1800년대에 등장한 미국 정치용어⟩, 결정을 유보하는, 편을 안 드는, 중립적인, ⟨~ uncertain\neutral⟩, ⟨↔decisive\moving⟩ 양2

1671 *****sit-rep** [씰 뤱]: situation report, 상황보고 양2

1672 **sit-ter** [씨터]: 착석자, 시중꾼, ⟨~ attendee\care-taker⟩, ⟨↔(by) stander⟩ 양1

1673 *****sit tight** [씰 타잍]: ⟨꼼짝말고⟩ 그대로 앉아있다, 참고 기다리다, 딱 버티고 있다, 요지부동, ⟨~ awaiting\hold on⟩, ⟨↔appear\come out⟩ 양2

1674 **Sit-ting Bull** [씨팅 불]: (1834-1890), ⟨유령 춤의 전진(Ghost Dance Movement)⟩을 주도했다가 미 토벌군에 의해 사살된 원주민 Sioux족의 족장, '웅크린 황소', ⟨~ a war leader in the Battle of Little Bighorn⟩ 수2

1675 **sit-ting duck** [씨팅 덬]: '앉아있는 오리', ⟨무방비 상태의⟩ 허수아비, 잘 속는 자, 봉, ⟨~ easy mark\fall guy\dupe⟩, ⟨↔tattler\hustler⟩ 양2

1676 **sit-ting pret·ty** [씨팅 프뤼티]: ⟨20세기에 운이 맞아서 만들어진 미국어⟩, 유리한 처지의, 안락한, 유복한, ⟨~ in good position\ahead of the game⟩, ⟨↔in a tight spot\up the creek⟩ 양2

1677 **sit·u·a·tion** [씨츄에이션]: ⟨← site⟩, 위치, 장소, 입장, 정세, 지위, 국면, 부지(터), ⟨~ sitch⟩, ⟨~ circumstances\condition⟩, ⟨↔resolution\advantage\detachment⟩ 양2

1678 **sit-up** [씰 엎]: 윗몸을 일으키는 운동, '일어나기 운동', ⟨~ stand up\rise⟩, ⟨↔sit-down\squat⟩ 우2

1679 **sitz bath** [씨츠 배쓰]: ⟨독일어⟩, seat bath, 앉아서 하는 목욕, 좌욕, 반신욕, 뒷물(하기), hip·bath, ⟨↔full bath\shower⟩ 양2

1680 **Si·va** [씨이붜] \ **Shi·va** [쉬이붜]: ⟨← civa(auspicious)⟩, ⟨산스크리트어⟩, '우아한 자', 시바, 대자재천, ⟨선과 악을 초월한⟩ ⟨힌두교⟩ 막강한 신, ⟨~ god of destruction (or universe)⟩ 수2

1681 **six** [씩스]: ⟨'sex'란 라틴어가 변형된 게르만어⟩, 6, 여섯(의), ⟨~ sestet⟩ 가1

1682 **Six Flags** [씩스 훌래그즈]: 식스 플래그스, 1961년 미국 Texas주에서 ⟨과거에 텍사스주를 통치했던 6개국의 국기를 휘날리며⟩ 설립되어 20곳으로 번창한 ⟨모험 위주의⟩ 위락 공원, ⟨~ an American amusement-park corp.⟩ 수2

1683 **six-pack** [씩스 팩]: 6개들이 상자 (포장물), 〈~ group of six〉, 뚜렷한 복부 근육(rectus abdominis), 땅딸보(little guy) 우2

1684 **six-shoot·er** [씩스 슈우터]: 6연발 권총(revolver) 미2

1685 **sixth col·umn** [씩스쓰 칼럼]: 제6열, 제6부대 ①제 나라에 불리한 유언비어를 퍼뜨려서 제5열을 돕는 무리들 ②아시아인들의 총공격에 대비해서 미국에서 만든 〈공상과학 소설의〉 국수단체, 〈~ supporters of the 5th column〉 미2

1686 **sixth sen·se** [씩스쓰 쎈스]: (시·청·후·미·촉각 이외의) 제6감, 직감, '체감', 〈~ clairvoyance\ESP〉, 〈↔ignorance\stupidity〉 양2

1687 **Six-tus** [씩스터스]: 식스투스 ①〈그리스어〉, '세련된 자', AD115~1590년간의 5명의 로마 교황들〈Popes〉의 이름 ②〈라틴어〉, 6번째 자식(6th child) 수1

1688 **six-ty-nine(69)** [씩스티 나인]: 〈머리가 서로 엇갈린〉 상호 구강성교 자세, 〈~ mutual oral sex\ cunnilingus and fellatio〉, 〈~(↔)doggy style〉, 〈↔normal position〉 미1

1689 **size** [싸이즈]: 〈← assise(ordinance)〉, 〈프랑스어〉, 크기, 넓이, 부피, 치수, 규모, 〈~ dimensions\ proportions〉, 〈↔insignificance\meagerness〉 가1

1690 ***size-ism** [싸이지즘]: 〈1971년에 등장한 말〉, 〈너무 크거나 뚱뚱한 사람을 차별하는〉 치수 편견(주의), 〈~ discrimination against weight or height〉, 〈편자가 중학생때는 자로 그것의 크기를 재는 애들도 있었음〉 양2

1691 **siz·zle** [씨즐]: 〈영국어〉, 〈의성어〉, 지글지글 튀기다, 부글부글 끓다, 매우 덥다, 〈~ frizzle\fry¹〉, 〈↔freeze〉 양2

1692 **SK(Sun Kyong) group**: 〈'선만주단'·'경도직물'이 합친〉 선경 집단, 1953년에 방직회사로 시작해서 석유·동력·화공품·전자통신·교역·반도체 분야에 95개 회사를 거느린 한국의 지주회사, 〈~ a Korean manufacturing and services conglomerate〉 미1

1693 **skat** [스카아트 \ 스캩]: 〈← cartare〉, 〈'discard'란 뜻의 이탈리아어에서 온 독일어〉, 스카트, 3명이 32패를 가지고 하는 (독일식) 카드놀이, 〈~ a 3-player trick-taking German card game〉 수2

1694 **skate¹** [스케이트]: 〈← escache(stilt)〉, 〈프랑스어〉, 쇠 날 부분, 미끄러지듯 빨리 달리다, 〈~ skid\glide〉, 〈↔scratch\grind〉, 〈↔walk\run〉 우2

1695 **skate²** [스케이트]: 〈← squatas(flat fish)〉, 〈라틴어〉, '가오리', 넓은 쇠 날 같은 깃이 양옆에 달린 〈상어와 연관 있는〉 홍어·가오리의 총칭, 〈ray는 가시꼬리가 있음〉, 〈~ a cartilaginous fish〉 미1

1696 **skate³** [스케이트]: 〈어원 불명의 영국어〉, 늙어 빠진 말, 멸시할 사람, 녀석, 놈, 〈~ nag\fellow〉, 〈↔stud¹〉 양2

1697 **skate-board** [스케이트 보어드]: '지치기판', '미끄럼판', 〈~ roller-skate\blade〉, 〈~(↔)BMX〉, 〈~ ski〉 우2

1698 ***skate-board cul·ture** [스케이트 보어드 컬춰]: (1990년대 후반에 유행했던) 젊은이들의 간편하고 잽싼 문화, 〈~ individuality and casual style〉 우2

1699 **skeet** [스키이트]: 〈'shoot'의 고풍스러운 영국어〉, 사수가 보통 8군데의 위치에서 쏘는 사격술, 〈~(↔)trap-shooting〉, 사정하다(ejaculate), 〈↔under-shoot\linger〉 우1 양2

1700 **skein** [스케인]: 〈← escaigne ← skend(split off)?〉, 〈어원 불명의 프랑스어〉, (실의) 타래, 혼란, (날짐승의) 떼, 〈~ hank\bunch〉, 〈↔benefit\simplicity〉 양2

1701 **skel·e·ton** [스켈러튼]: 〈그리스어〉, dried body, '마른 뼈', 골격, 해골, 윤곽, 근간, 〈~ frame-work\ outline〉, 〈~(↔)mummy〉, 〈↔soul\fresh\well-built〉 양2

1702 ***skel·e·ton in the clos·et**: 어마어마한 비밀, 집안의 수치, 털어서 먼지나는 것, 〈~ scandal\disgrace〉, 〈↔good-deed\honor〉 양2

1703 **skel·ling-ton** [스켈링턴]: (1828년에 skeleton의 대체어로 등장했다가 1993년 해골 역할을 한 영화의 작중 인물로 부상된) 해골 같은 인간, '해골씨', 해골유령, 말라깽이, 〈~ scrawny\bag of bones〉 양2

1704 **skep·ti·cal \ scep·ti·cal** [스켑티컬]: 〈← skepticos(inquiring)〉, '앎을 부정하는', 〈그리스어〉, 의심 많은, 회의적인, 무신론적인, 〈~ dubious\cynical\un-believing〉, 〈↔certain\convinced\optimistic〉 양2

1705 **sker·rick** [스케뤽]: 〈1820년대 영국의 반문(half-penny)를 일컫던 말〉, 〈오스트레일리아·뉴질랜드어〉, 소량, 조금, 작은 조각, 〈~ smidgen〉, 〈↔myriad〉 양2

1706 **sketch** [스케취]: ⟨← schedios(sudden)⟩, ⟨그리스어⟩, 사생화, ⟨막 그린⟩ 밑그림, 약도, 초고, 소품, 꼴불견, ⟨~ depiction\off-hand⟩ 양1

1707 **sketch-y** [스케취이]: 밑그림 풍미, 대략의, 미완성의, 간단한, '즉흥적인', ⟨~ inadequate\patchy\fuzzy⟩, ⟨↔general\detailed\thorough⟩ 양1

1708 **skew** [스큐우]: ⟨프랑스어⟩, ⟨← eschew(turn aside)⟩, 비스듬한, 기운, 뒤틀린, 곁눈질, 왜곡, ⟨~ tilt\veer⟩, ⟨↔attune\merge\align⟩ 양1

1709 **skew-er** [스큐우어]: ⟨비스듬히 끼는⟩ 꼬챙이, 구이 꼬치, 칼, 꼬챙이로 꿰다, 날카롭게 비판하다, ⟨~ pierce\stab⟩, ⟨↔applaud\commend⟩ 양2

1710 **ski** [스키이]: ⟨← skith(billet)⟩, ⟨북구어⟩, 스키, ⟨나무 막대로 만든⟩ '지치개', '활주기', 잘 미끄러지는 가늘고 긴 널판지, ⟨→ skid⟩, ⟨~ slide⟩, ⟨~(↔)skate-board⟩ 우1

1711 **ski-bob** [스키이 밥]: ⟨1892년에 미국에서 특허난⟩ 바퀴 대신 스키를 단 자전거 모양(bicycle frame)의 운동(경기) 용구, ⟨~ snow scoot (or bike)⟩ 우1

1712 **skid** [스키드]: ⟨북구어⟩, ⟨← ski⟩, 미끄럼, 옆으로 미끄러지기, 파멸(하다), 침목, 굴대, ⟨~ skim\slide⟩, ⟨↔rise\achieve⟩ 양1

1713 **skid row** [스키드 로우]: ⟨미국어⟩, ⟨← skid road⟩, 사회의 밑바닥, ⟨추락한⟩ 하층 사회, ⟨퇴락한⟩ 우범지대, ⟨~ run-down neighborhood\slum⟩, ⟨↔affluent area\upper-class⟩ 미1

1714 **skiff** [스키후]: ⟨← schiff(boat)⟩, ⟨게르만어⟩, ⟨← ship⟩, (한 사람의 노로 젓는) 작은 배, 소형 범선, 소량, ⟨~ canoe\dinghy⟩, ⟨↔guard boat\man-of-war⟩ 우1

1715 **skif·fle**¹ [스키훌]: ⟨어원 불명의 미국어⟩, a folk music ①1920년대 미국에서 유행했던 재즈(jazz) 음악의 하나 ②1950년대 영국에서 유행했던 재즈와 록을 합친(jazz+rock) 통속음악 수2

1716 **skif·fle**² [스키훌]: ⟨영국어⟩, light rain \ snow, ⟨의성어·의태어?⟩, 이슬비, 가랑비, ⟨↔down-pour\storm⟩ 가1

1717 **skill** [스킬]: ⟨← skil(discernment)⟩, ⟨북구어⟩, 숙련, 능숙함, 노련한 솜씨, ⟨~ discern\technique⟩, ⟨↔incompetense\ignorance⟩ 양2

1718 **skil·let** [스킬릿]: ⟨← scutra(dish)⟩, ⟨라틴어⟩, '자루 냄비', 튀김 냄비, 긴 손잡이와 짧은 발이 달린 튀김용·지짐용 냄비, ⟨~ fry-pan⟩, ⟨~(↔)sauce-pan⟩ 미2

1719 **skim** [스킴]: ⟨← escumer(remove scum)⟩, ⟨프랑스어⟩, ⟨← skimmer²⟩, (위에 뜬) 찌끼를 걷어 내다, 스쳐 지나가다, 표피로 살짝 덮다, 대충 훑어보다, 속여서 신고하다, ⟨~ skid\slide⟩, ⟨↔peruse\pore(over)⟩ 양1

1720 **ski mask** [스키이 매스크]: 방한털모자, ⇒ balaclava 우2

1721 **skim-mer**¹ [스키머]: ⟨표면을 스치며 나는⟩ 가위제비갈매기, ⇒ scissor·bill 미2

1722 *****skim-mer**² [스키머]: 더껑이를 걷어내는 사람(기구), 피상적으로만 아는 사람, 소득을 숨기는 사람, 신용카드 탐독기에 부착 시켜 정보를 수집하는 불법 장치, ⟨→ skim⟩, ⟨~ one that skims\a thief⟩ 미2 우2

1723 **skim(·med) milk** [스킴(드) 밀크]: 탈지우유, (기름) 더껑이를 걷은 우유, ⟨~ fat free milk⟩, ⟨↔whole milk\butter milk⟩ 양2

1724 **skimp** [스킴프]: ⟨← scrimp(stint²)⟩, ⟨북구어→영국어⟩, 절약하다, 아끼다, 인색하게 굴다, ⟨~ cut corners\scrimp⟩, ⟨↔extra measure\top-up⟩ 양1

1725 *****skimp-fla·tion** [스킴플레이션]: ⟨← scrimp(stint)⟩, ⟨북구어에서 유래한 영국어⟩, 절약형 통화 팽창, 상품과 용역의 양과 질이 떨어진데 반해 가격이 오르는 현상, ⟨~ shrink·flation⟩ 미2

1726 **skin** [스킨]: ⟨← skinn(to peel)⟩, ⟨북구어⟩, 피부, 가죽, 껍질, ⟨주머니가 얇은⟩ 구두쇠, ⟨skin에 skin을 더한⟩ 콘돔, 도안 변경이 가능한 화상, ⟨~ epidermis\peel⟩, ⟨↔innards\meat⟩ 양1 우1

1727 *****skin a flea for it's hide**²: 벼룩의 가죽을 발리다, 벼룩의 간을 빼먹다, 몹시 인색하다, ⟨~ extreme parsimony⟩, ⟨↔very generous⟩ 양2

1728 **skin-deep** [스킨 디이프]: 가죽 한 켜 깊이의, 피상적인, ⟨여자의 미모를 일컫는 말⟩, ⟨~ superficial\external⟩, ⟨↔deep seated\heart-felt⟩, ⟨그러나 이것이 당신의 일생을 좌우한다면?⟩ 미2

1729 **skin div·ing** [스킨 다이빙]: '표피 잠수', ⟨잠수복 없이⟩ 간단한 보조장비만 부착하고 하는 잠수, ⟨~(↔)scuba diving\snorkeling⟩ 우1

1730 **skin-flint** [스킨 훌린트]: 〈부싯돌(flint)을 너무 오래 써서 가죽(skin)같이 얇아지게 하는〉 수전노, 구두쇠, 노랭이, 〈~ miser\cheap-skate\Scrooge〉 가②

1731 **skin-head** [스킨 헤드]: 까까머리 청(소)년, 짧은 머리 불량배, 1960년대에 영국의 노동자 계급에서 시작된 〈반항적〉 보수주의자, 〈~ a subculture among English working class〉 양① 우①

1732 **skink** [스킹크]: 〈← skinkos(a lizard)〉, 〈그리스어〉, 〈전 세계적으로 1,500종이 넘는〉 다리가 짧거나 없는 기다란 도마뱀의 총칭, 〈~ grass (or garden) skink\penny lizard〉 미②

1733 **skin-lo·tion** [스킨 로우션]: 피부화장액(수), '살갗화장액', 〈~(↔)body-lotion〉 우②

1734 **Skin-ner** [스키너], B. F.: 〈'가죽 장사(skin dealer)'란 뜻의 영국계 이름〉, (1904-1990), 교육을 통해 〈조작된 인간〉·'조작된 사회'를 이룰 수 있다고 주장한 미국의 신행동주의 심리학자, 〈~ an American psychologist〉, s~; 가죽 가공인 수① 양①

1735 *skin-ny** [스키니]: 가죽 모양의, 피골이 상접한, 보잘것없는, 〈살짝 벗겨온〉 내부 정보, 〈~ thin\bony〉, 〈↔fat\plump\thick〉 양①

1736 *skin-ny leg·end** [스키니 레줜드]: 〈Mariah Carey같이〉 허리를 매우 가늘게 조작한 영상물, '말라깽이' 선호경향, 〈원래는 importance of thinness를 의미했으나 부작용이 많은 말〉 우①

1737 **skin-ny love** [스키니 러브]: 〈수줍어하는〉 빈약한 사랑, 〈~ shy love〉, 〈껍데기뿐인〉 얄팍한 사랑, 〈~ superficial love〉 양②

1738 *skin of teeth** [스킨 어브 티이쓰]: 〈구약성서의 욥기 19장 20절에 나오는 말〉, 간신히, 간발의 차이로, 억지로, 〈~ barely\narrowly〉, 〈↔well\easy〉 양②

1739 **skins** [스킨스]: 〈골프에서〉 한 홀에서 가장 낮은 타를 치는 사람이 〈가죽 부대(skin bag)에 넣어둔 돈〉을 몽땅 가져가는 일, 〈~ sweep by the hole〉 우①

1740 *skin-ship** [스킨쉽]: 〈어머니와 아이 사이의 피부 접촉을 나타내는 일본식 영어인〉 피부 접촉, (한국에서는 남녀 간의) 신체 접촉, 〈~ touch-feely〉, 〈삽살한 콩글리쉬〉, 〈미국에서는 necking이란 더 찐한 말을 쓰고 있음〉 양②

1741 **skip** [스킵]: 〈← scuppa(leap)〉, 〈북구어〉, 가볍게 뛰다, 까불다, 스쳐 가다, 거르다, 빼먹다, 〈~ jump\pass up〉, 〈↔attend\catch\face〉 양①

1742 **skip-jack** [스킵 잭]: 수면에 뛰어오르는 물고기, 가다랑어, 〈~ ten-pounder〉, 방아벌레, 오뚝이의 일종 미②

1743 **skip-per** [스키퍼]: (작은 배의) 선장, (선수단의) 주장, 뛰는 물건 (사람), 도약견, 팔랑나비, 〈~ captain\one that skips\fluttering butterfly〉 양②

1744 **skip-ping–rope** [스키핑 로우프]: 줄넘기 줄, jump rope 양②

1745 **skir·mish** [스커어미쉬]: 〈← scirmen(defend)〉, 〈게르만어→프랑스어〉, 〈← escarmuche(brief fight)〉, 작은 전투, 전초전, 작은 충돌, ⇒ scaramouch 양②

1746 **skirt** [스커어트]: 〈← skyrta(to border)〉, 〈북구어〉, 스커트, 가장자리, 〈짧은〉 치마, 변두리, 횡경막살, 〈귀중한 부분을〉 둘러싸다, 자락으로 덮다, 가에 있다, 회피하다, 〈~ short\shirt〉, 〈~ edge\culotte\petty-coat\move around\avoid〉, 〈↔center\bash\swipe〉 양②

1747 **skirt-ing** [스커얼팅]: 벽의 밑이나 모서리를 둘러싸는 것, 굽도리널, 〈~ circumventing\detouring〉 미②

1748 **skirt meat** [스커어트 미이트]: 횡경막살, 갈매기살〈seagull이 아니라 간막이살〉, 가로막살〈치마가 아니라 가로막에 붙어 있는 살〉, 〈~ meat below the rib〉 양①

1749 **skit-tish** [스키티쉬]: 〈← skit(move quickly)〉, 〈영국어〉, '잽싼', 겁 많은, 활발한, 말괄량이의, 다루기 어려운, 〈~ over-strong\excitable〉, 〈↔calm\easy going〉 양①

1750 **skit-tle** [스키틀]: (영국에서 즐겨하는) 구주희, 공으로 9개의 '오뚜기'를 쓰러뜨리는 놀이, 〈~ nine-pins bowling〉 우②

1751 **skive** [스카이브]: 〈← esquiver(slink away)〉, 〈프랑스어〉, 얇게 베다, 깎다, 갈다, 책임회피, 태만, 〈~ abscent\curtail\truant〉, 〈↔extend\attend〉 양①

1752 **skoal** [스코울]: 〈← skal(cup)〉, 〈'잔'이란 덴마크어〉, 건배·축배(cheers!), S~; 미국산 씹는 담배, 〈~ a smokeless tobacco〉 수②

1753 **Sko·da** [스코우더]: 〈슬라브어〉, shame, '서투른 자', 〈설립자의 이름을 딴〉 스코다, 1895년 자전거 수리점으로 시작해서 1905년부터 자동차를 만들다 1925년에 병기 제조로 돈을 번 스코다 집단에 흡수된 후 1931년 Volkswagen사에 팔린 체코슬로바키아의 '세계적' 자동차 회사, 〈~ a Czech automobile manufacturer〉 수1

1754 **skoo·kum** [스쿠 컴]: 〈← ghost란 뜻의 북미 원주민어〉, 거대한, 굉장한, 훌륭한, 힘센, 〈~ powerful\impressive〉, 〈↔minor\trivial〉 양2

1755 **sko-sh** [스코쉬]: tiny+bit, 〈일본말〉, 소량, 아주 적음, 조금 더, 〈↔lot\plenty〉 우2

1756 *****skr(r)t** [스컬(트)]: 〈미국어〉, 〈의성어〉, 〈rap에서 유래한〉 기분이 째지다, 신난다, 끝내주다, 〈~ exciting\yeet〉 양2

1757 *****sk sk sk sk** [슄 슄 슄 슄]: ①〈영국어〉, 〈의성어〉, 고양이를 부르는 소리, 〈~ calling a cat〉 ②〈브라질계 포르투갈 전산망어〉, 가만있자, 말이지, 어머나, 'oh my god'과 같은 뜻의 전산망 문자, 〈~ surprise〉 양2

1758 *****SKU** [스쿼 \ 에스케이유우] (stock keep-ing u·nit): 재고 보관 단위, 재고 (상품) 관리를 위한 〈팔아야 할 상품을 부호화 한〉 최소 분류 단위, 〈~ product code\part numbers〉 미2

1759 **sku·a** [스큐어]: 〈북구어〉, 〈의성어〉, 도둑 갈매기, (다른 물새들의 포획물을 낚아채며) 철 따라 이동하는 우아하고 사나운 큰 갈매기, jaeger, 〈~ a predatory sea-bird〉 미2

1760 **skul·(l)dug·gery** [스컬더거뤼]: 〈← sculdudrie(slipping)〉, 〈스코틀랜드 고어에서 유래한〉 야바위, 속임수, 사기, 〈~ trickery\swindling〉, 〈↔honesty\profundity〉 양2

1761 **skulk** [스컬크]: 〈← skulke(sneak)〉, 〈북구어〉, 살금살금 숨다, 꾀부리는 자, (여우 등의) 떼, 〈~ shirk〉, 〈~ lurk\hide〉, 〈↔appear\come out〉 양2

1762 **skull** [스컬]: 〈← skalli(bald head)〉, 〈북구어→영국어〉, 두개골, 골통, 해골, cranium, 〈~(↔)brain〉, 〈↔bottom\paw〉 양2

1763 **skull and cross-bones**: 해골 밑에 대퇴골을 열십자로 짝지은 그림, 죽음의 상징(death symbol), 해적(pirate) 표시, 〈~ Jolly Roger〉, ⇒ memento mori 우2

1764 **skunk¹** [스컹크]: 〈← segonku ← seka(urinate)〉, 〈북미 원주민어〉, (위협을 받으면 항문에서 고약한 냄새의 분비물을 내뿜으나 여자들이 선호하는 고급 모피를 제공하는) 꼬리가 긴 족제비 비슷한 미주 원산의 육식 포유동물, 〈~ pole-cat\wood pussy〉 우1

1765 **skunk²** [스컹크]: 〈← skunk¹〉, 역겨운 놈, 미운인 함선, 완패시키다, 〈~ bastard\jerk\annihilate〉, 〈↔angel〉, 〈↔collapse\go under〉 양2

1766 **skunk bear** [스컹크 베어]: 큰 오소리, wolverine, ⇒ carcajou 우2

1767 **skunk cab·bage** [스컹크 캐비쥐]: 앉은부채, 미 동부(E. America)의 습지대에서 자생하며 뭉개면 고약한 냄새가 나는 근대 모양의 초본, 〈~ swamp cabbage\polecat weed〉 미2

1768 **skunk-drunk** [스컹크 드륑크]: 〈음이 맞아 만들어진 말〉, 고주망태의, 곤드레만드레로 취한, 〈~ buzzed\loaded〉, 〈↔sober\straight〉 양2

1769 **skunk works** [스컹크 워얼크스]: (초기 Lockheed사의 연구실에서 새어 나온 역겨운 냄새에서 연유한) 비밀 연구 실험실, 〈~ highly classified R and D〉 우2

1770 *****SKY** [스카이]: 입학하기가 〈하늘의 별 따기라는〉 한국의 Seoul·Korea·Yonsei 대학을 일컬음, '명문대' ⇒ HYP 수2 양2

1771 **sky** [스카이]: 〈← skeujan(cloud)〉, 〈게르만어→북구어〉, 〈구름이 있는〉 하늘, 〈모든 것을 덮어주는〉 천국, 높은 곳, 일기, 〈잡을 수 없이 떠 있는 것〉, 〈~ air-space\heaven〉, 〈↔earth\sea〉 가1

1772 **~sky** [~스키]: ~ski, 〈슬라브어〉, (게르만어의 ~ton에 해당하는) 지명에서 온 어미 수2

1773 **sky-blue** [스카이 블루우]: 하늘색, 담청색, azure 양2

1774 **sky-box** [스카이 박스]: (높은 곳의) 호화 특별관람석, 〈~ grand-stand box〉 미2

1775 **sky-bridge** [스카이 브뤼쥐]: sky·walk, (건물 사이를 잇는) 구름다리, (건물 내의) 공중 연결 통로, 〈~ over-pass\via-duct〉, 〈↔under-pass\tunnel〉 미2

1776 **sky bur·i-al** [스카이 베뤼얼]: aerial sepulcher, 풍장, (티베트에서 주로 행해지는) 사체를 한데 버려두어 짐승·새의 밥이 되거나 비·바람에 자연히 없어지게 하는 장사법, 〈↔cremation〉 양2

1777 **sky-cap** [스카이 캪]: 〈항상 모자를 쓰고 있는〉 공항의 수화물 운반인, '공항 짐꾼', 〈~ airport porter〉 미1

1778 **sky-div-ing** [스카이 다이빙]: 공중 낙하 경기, 비행기 밖으로 뛰어내려 창공을 만끽하다가 낙하산을 펴서 착륙하는 '신선놀음', 〈~ para-gliding〉, 〈↔scuba〉 미2

1779 ***sky-fa·ri** [스카이 화뤼]: '공중 탐험', 케이블카나 곤돌라를 타고 동물원을 감상하는 것, 〈~ aerial tramway〉, 〈↔walk-fari(편자가 만든 말)〉 우2

1780 **sky high** [스카이 하이]: 하늘같이 높은, 청정부지의, 〈~ high-rise\soaring〉, 〈↔bottom low\rock-bottom〉 양2

1781 **sky-jack** [스카이 잭]: 비행기 탈취(범), 공중 납치, 〈~ high-jack\air-piracy〉, 〈~(↔)hi-jack〉, 〈↔car-jack\sea robber〉 양2

1782 **sky-lark** [스카이 라알크]: 〈← lark〉, 〈영국어〉, 종달새, 종다리, 하늘 높이 수직으로 비행하며 맑은 소리로 우는 참새보다 좀 큰 연작류, 야단법석(을 떨다), 〈wood-lark보다 조금 큼〉, 〈~ a passerine\frolic〉 미2

1783 **sky-light** [스카이 라잍]: 하늘의 빛(산광), 천장에 낸 채광창, 〈~ roof-light\fenestra〉, 〈↔dim\lunette window〉 양2

1784 **sky-line** [스카이 라인]: '천평선', horizon, 지평선, 하늘을 배경으로 하는 물체의 선, (고층 건물의) 윤곽, 〈~ vista\out-line〉, 〈↔blind corner\worm's eye view〉 양2

1785 ***sky-lounge** [스카이 라운쥐]: ①(시내에서 승객을 태운 탈것을 헬리콥터에 매달아 공항까지 운반하는) 여객 수송 직승기, 〈~ passenger conveyer〉 ②건물의 꼭대기에 있는 휴게소, 〈~ top deck〉, 〈↔cellar〉 미1

1786 **skyrm-i·on** [스커어미온]: 스키르미온, 〈영국 물리학자 Tony Skyrme(defender란 뜻의 게르만계 이름)이 1958년에 주조한 말〉, 원자군을 싸고 있는 자력을 가진 소립자, 〈~ a topological spin texture〉 수2

1787 **sky-rock·et** [스카이 롸킽]: 유성 불꽃, 봉화, 하늘로 솟아올라 터지다, 급상승하다, 〈~ soar\surge〉, 〈↔nose-dive\plummet〉 양1

1788 **sky-scrap-er** [스카이 스크레이퍼]: 〈하늘을 깎는〉 마천루, (통상 100m 이상의) 고층 건물, 〈~ high-rise〉, 〈↔low-rise\cabin\bungalow〉 양2

1789 **Sky-sweep-er** [스카이 스위이퍼]: (1951~1970년대까지 사용했던) 레이더·초기 전산기를 갖춘 미국의 75밀리 고사포, 〈~ an anti-aircraft gun〉 수1

1790 **Sky Team** [스카이 티임]: '항공 조', 2000년에 창립되어 암스테르담(Amsterdam) 근교에 본부를 두고 19개의 회원을 가진 세계적 항공사 연합체계, 〈~(↔)Star Alliance\One-world〉 수2

1791 **Skye ter·ri-er** [스카이 테뤼어]: 〈쥐를 잘 잡는〉 스코틀랜드 스카이(covered with cloud)섬 원산의 털이 길고 다리가 짧은 소형 삽살개, 〈~ Scottish terrier with shaggy hair and short legs〉 수2

1792 **slab** [슬랩]: 〈← sclabbe(flat piece)〉, 〈어원 불명의 영국어〉, 석판, 평석, 평판, 납작한 조각, 〈~ slate\plate\slice〉, 〈↔whole\thick\nugget〉 양1

1793 **slack** [슬랰]: 〈← slakas(sluggish)〉, 〈게르만어〉, 느슨한, 되는 대로의, 꾸물거리는, 기운 빠진, 침체된, 헐거운 바지, 〈~ shirk〉, 〈~ pants\trousers〉, 〈↔cautious\tight〉 양2

1794 **slack-er** [슬랰커]: 〈1898년에 등장한 영국어〉, 태만한 사람, 병역기피자, 게으름뱅이, 〈~ loafer\shirker〉, 〈↔workholic\hustler〉 양2

1795 **slack–pack-ing** [슬랰 패킹]: '가벼운 차림', 등짐 없는 산행, 〈~ lax (or easy) hiking〉 미2

1796 **slack suit** [슬랰 쑤우트]: 헐렁한 바지와 웃옷으로 된 한 벌의 남성용 평상복, 〈~ casual (or sports) wear〉 우1

1797 ***slack–tiv-ism** [슬랰 티뷔즘]: slack+activism, 느슨한 행동주의, 큰 노력없이 사회 전산망 등을 통해 사회 활동을 하는 〈간단 참여〉, '대충 살기', 〈~ armchair activism〉 미2

1798 **slain** [슬레인]: slay의 과거분사 양2

1799 **slake** [슬레이크]: 〈← slack〉, 〈게르만어〉, (기갈·욕망 등을) 만족시키다, (노여움·불길 등을) 누그러지게 하다, 〈~ gratify\quench〉, 〈↔stimulate\arouse〉 양2

1800 **sla·lom** [슬라알럼]: sla(slop)+lam(track), 〈1920년대에 등장한 북구어〉, (스키나 카약에서) 장애물을 피하여 달리는 회전 '활강경기', 〈~ weaving\zigzagging〉 미1

1801 **slam** [슬램]: 〈북구어〉, 〈의성어〉, strike down, 탕(쾅) 닫다, 팽개치다, 짓밟다, 혹평하다, 〈~ shut\bang\smash〉, 〈↔open\miss\praise〉 양1

1802 **slam-bang** [슬램 뱅]: 쿵쾅(대다), 거친 소리, 저돌적인, 신나는, 〈~ loud\exciting〉, 〈↔low\soft\quiet〉 양2

1803 **slam-dunk** [슬램 덩크]: 수직강하식 착륙, 농구 골대 위에서 아래로 공을 내려치는 동작, 반드시 오르는 신발행주, 〈~ stuff shot\sure thing〉, 〈~(↔)shoo in〉, 〈↔up to par\long shot\miss〉 양2

1804 **slan·der** [슬랜더]: 〈← scandalum(snare)〉, 〈라틴어〉, 〈← scandal〉, 중상, 비방, 명예훼손, 〈~ de-little\defame〉, 〈↔acclamation\praise〉 양2

1805 **slang** [슬랭]: 〈← slengjenamn(nick-name)?〉, 〈북구어〉, 속어, 숙어, 전문어, 은어, 〈~ informal (or colloquial) language〉, 〈↔standard\respect〉, 〈'자투리 땅'이란 뜻의 고대 영국어가 어원이라는 설도 있음〉 양2

1806 **slant** [슬랜트]: 〈← slenta(fall side ways)〉, 〈북구어〉, 경사, 비탈, 사선, 곁눈질, 찢어진 (눈), 〈~ slope\tilt〉, 〈↔straight\level〉 양1

1807 **slap** [슬랩]: 〈영국어〉, 〈의성어〉, 철썩 (때리기), 덜커덕 (소리), 모욕, 타격, 〈~ strike\fling〉, 〈↔applaud\hail〉 양1

1808 **slap-bang** [슬랩 뱅]: 쿵쾅 하는, 황급히, 정면으로, 〈~ smack²\spang〉, 〈↔softly\indirectly〉 양2

1809 **slap-dash** [슬랩 대쉬]: 〈영국어〉, 물불을 가리지 않고, 무턱대고, 되는대로의, 〈~ careless\hasty〉, 〈↔careful\scrupulous〉 양2

1810 **slap-down** [슬랩 다운]: 완전히, 전혀, 쑥 들어가게 하다, 곤혹하게 하다, 〈~ squash¹\crush\rebuke〉, 〈↔prop-up\support〉 양2

1811 **slap-jack** [슬랩 잭]: ①철판에 구운 과자, 〈~ pancake〉 ②간단한 카드놀이, 〈~ a fast-paced card game〉 우1

1812 **slap shot** [슬랩 샷]: 막대기를 조금 흔들어 고무 원반을 세게 치는 일, 〈~ wrist shot\flick〉 우1

1813 **slap-stick** [슬랩 스틱]: 〈때리면 소리는 커도 아프지 않은〉 끝이 갈라진 막대기, (단순한 동작 위주의) 익살, (몸놀림과 같이하는) 농담, 〈~ noisy stick\low comedy〉, 〈↔dry humor〉 우2

1814 **slash** [슬래쉬]: 〈← es clachier(to break)〉, 〈프랑스어〉, (썩) 베다, (획획) 치다, 삭감하다, 깎아내리다, 〈~ cut\lacerate\tear〉, 〈↔raise\whack\praise〉 양1

1815 *****Slash-dot** [슬래쉬 닽]: 슬래시 닷, /., 1997년 미국의 대학생들에 의해 설정된 전산기 광들을 위한 사회적·기술적 정보를 제공하는 전산망 체제, 〈~ a social news website〉 수2

1816 **slat** [슬랱]: 〈← es clater(splinter)〉, 〈프랑스어〉, 〈← split〉 ①널조각, 널빤지, 얇은 돌이나 금속, 〈~ the ribs\spline〉, 〈↔whole〉 ②소리를 내며 부딪치다, 〈→ slate〉, 〈~ throw down〉, 〈↔touch〉 미2 양1

1817 **slate** [슬레이트]: 〈← slitan〉, 〈게르만어→프랑스어〉, 〈← slat〉, '나무 끄트러기', 점판암, 석판, 암청회색, 명부, 예정표, 꾸짖다, 〈~ slab\list\scold〉 양1

1818 **slath·er** [슬래더]: 〈어원 불명의 영국어〉, 대량, 듬뿍, 넉넉히 쓰다, 낭비하다, 〈~ squander\waste〉, 〈↔bare\gather〉 양2

1819 **slaugh·ter** [슬러어터]: 〈← slatr(slain flesh)〉, 〈북구어〉, 〈← slay〉, 도살, 학살, 대학인 판매, 완패, 〈~ kill\butcher\slay〉, 〈↔birth\peace\save〉 양2

1820 **Slav** [슬라아브]: 〈← slove(word); 같은 말을 쓰는 사람들이라는 뜻〉, (한때 로마인의 '종'살이도 했고 약 5천년 전부터) 슬라브어를 하며 유럽의 중·동부 〈특히 러시아〉에 사는 민족, 〈~ an ethnic group in E and S-E Europe〉 수1

1821 **slave** [슬레이브]: 〈라틴어〉, 〈Slav에서 데려온〉 노예, 종, 남한테 예속된 '물건', ~에 사로잡힌 '사람', 〈→ serve〉, 〈~ servant\serf〉, 〈↔free-man\master〉 가1

1822 **slave driv·er** [슬레이브 드롸이버]: 노예 감독, 무자비한 고용주, 혹사자, 〈~ hard-master\Simon Legree〉, 〈↔peace-maker\generous boss〉 양1

1823 **slave–mak·ing ant**: 노예 생산 개미, 여왕개미를 앞장세워 유사 종의 개미집을 공격하고 번데기에 유인물질을 뿌려 잡아다가 노예를 만드는 재주가 있는 개미의 총칭, 〈~ worker-ant maker〉 미2

1824 **slav·er·y** [슬레이붜뤼]: 노예제도, 〈현대에서는 1441년 포르투갈의 Antau Goncalves가 아프리카에서 '공갈쳐서' 끌고 온 12명의 흑인에서 유래된〉 인간이 인간의 '동산'이 되어 버리는 '법적' 제도, 〈~ captivity\bondage〉, 〈↔freedom\emancipation〉 양2

1825 **slaw** [슬러]: cole slaw, cabbage 'salad', 〈네덜란드 원산의〉 잘게 썬 양배추 절화 우1

1826 **slay** [슬레이]: 〈→ slean(strike)〉, 〈게르만어〉, '치다', kill by violence, 죽이다, 학살하다, 파괴하다, (여성을) 뽕 가게 하다, 〈→ slanghter〉, 〈~ murder\destroy〉, 〈↔resurrect\animate〉 양2

1827 *slay code [슬레이 코우드]: '폭탄부호', ⇒ logic bomb 미2

1828 SLBM: submarine-launched ballistic missile, 잠수함 발사 탄도 유도탄 미2

1829 *sleaze-core [슬리이즈 코어]: sleazy+normcore, 바보스러운 (멍청한) 차림새, 껄렁한 치장, 〈~ sloppy\loose〉, 〈↔prim¹\neat〉 양2

1830 slea·zy \ slee·zy [슬리지]: 〈어원 불명의 영국어〉, flimsy, 얄팍한, 흐르르한, 하찮은, 추잡한, 〈~ shabby\cheesy〉, 〈~ filthy\sordid〉, 〈↔good\fine〉 양2

1831 sled [슬레드]: 〈← sledde(slider)〉, 〈게르만어〉, (소형) 썰매, 목화 따는 기계, 〈~ slide\sleigh〉 양1

1832 sledge [슬레쥐]: sled의 변형, (운반용) 썰매 양1

1833 sledge-ham·mer [슬레쥐 해머]: 〈비스듬히 내려치는〉 쇠메, 모루채, 대형의 쇠망치, 〈~ a large mallet〉 양2

1834 sleek [슬리이크]: 〈영국어〉, 〈← slick의 변형어〉, 매끄러운, 윤기 있는, 맵시 낸, 번지르르한, 〈~ smooth\glossy〉, 〈↔shaggy\rough\dull〉 양1

1835 sleep [슬리이프]: 〈← slepaz(lax)〉, 〈게르만어〉, 잠자다, 동침하다, 활동하지 않다, 무감각하다, 잠, 졸음, 정지, 〈~(↔)dream〉, 〈~ slumber\dormacy\numb〉, 〈↔awakening\alertness〉 가2

1836 sleep-er [슬리이퍼]: 잠자는 사람(사물), 잠을 재워주는 사람(사물), 침대차, (철도의) 횡목, 수면제, 〈~ animal·train·support·timber·drug〉 양1

1837 Sleep-ing Beau·ty [슬리이핑 뷰우티]: 슬리핑 뷰티, (숲속의) 잠자는 미녀, (14세기부터 내려오는 동화에 나오는) 마법에 걸렸다가 왕자가 입 맞추어 깨어난 공주, 〈~ a fairy tale〉 미2

1838 sleep-ing beau·ty [슬리이핑 뷰우티]: ①잠꾸러기, 〈~ dozer〉 ②애기괭이밥, 토끼풀 같은 잎에 자생한 노란 꽃을 피는 덩굴식물, 〈~ creeping wood-sorrel〉 양2 미2

1839 sleep-ing gear [슬리이핑 기어]: 〈원래는 군대에서 쓰던 말〉, 잠자는 장비, (잠을 잘 때 몸을 보호해 주는) 침구류, 〈~ sleeping equipments〉, 〈~(↔)cooking gear〉 미2

1840 sleep-ing mode [슬리이핑 모우드]: 일시 정지 방식(상태), 〈~ stand by\suspended〉 양2

1841 sleep-ing part-ner [슬리이핑 파아트너]: dormant(silent) partner, 익명의 동업자, 〈'잠짝'이 아니라〉 출자만 하고 경영에는 관여하지 않는 '수동적 동업자', 〈~ secret(hidden) partner〉, 〈↔active partner〉 양2

1842 sleep-ing pill [슬리이핑 필]: 수면제, 〈~ hypnotic〉, 〈↔stimulant〉 가1

1843 sleep-ing po·lice-man [슬리이핑 펄리스먼]: 〈잠자는 경관이 아니라〉 (도로의) 과속방지턱, speed bump, ⇒ road hump 양2

1844 sleep-ing sick-ness [슬리이핑 씨크니스]: 수면병, 체체파리(tse-tse fly)를 매개로 전염되는 체액 내의 기생충에 의해 발병되는 혼수상태에 빠지는 아프리카의 풍토병, 〈~ African trypano-somiasis〉 미2

1845 sleep it off: 자고 나면 나을 거야, 별것 아니야, 〈~ drop off\relax〉 양2

1846 sleep on it: (하룻밤 자면서) 생각해 볼게, 심사숙고하다, 〈~ dwell\ponder〉 양2

1847 sleep-out [슬리이프 아웉]: 통근하는 고용인, 야외에서 잠자기(야영), 〈~ commuter\camping〉, 〈↔sleep-in〉 양2

1848 sleep-o·ver [슬리이프 오우버]: 외박, 하룻밤 자기, 〈~ overnight stay at other's home〉 가1

1849 sleep-walk [슬리이프 워어크]: 몽중방황, 몽유(병), 꿈을 꾸며 나다니고 나서 기억을 못 하는 병, 〈~ somnambulism〉, 〈~(↔)sleep-talk〉 양2

1850 Sleep-y's [슬리이피스]: 슬리피스, 1931년 뉴욕에 세워져서 2017년 Mattress Firm으로 개칭된 미국의 침대 전문 가구 회사, 〈~ an American retail mattress chain〉 수2

1851 sleet [슬리이트]: 〈← sliete(hail)〉, 〈게르만어〉, 진눈깨비, 우빙, 도로의 살얼음, 〈~ freezing rain\ice sheet〉, 〈↔water\ice〉, 〈↔rain\snow〉 가1

1852 sleeve [슬리이브]: 〈← sloufen(slide)〉, 〈게르만어→영국어〉, 소매, 토시, 축음판 씌우개, 팔을 'slip'하는 옷 부분, 〈~ sheath\covering〉, 〈↔collar〉 양1

1853 sleeve fish [슬리이브 휘쉬]: 〈너덜너덜한 sleeve를 가진〉 오징어, 꼴뚜기, ⇒ squid 양2

1854 sleigh [슬레이]: 〈네덜란드어〉, (말이 끄는) 썰매, 〈~ sled\sledge〉, 〈~ tobogan〉 가1

1855 **sleight** [슬라잍]: ⟨← sloegr⟩, ⟨북구어⟩, ⟨← sly⟩, 날쌘 재주, 능란한 솜씨, 책략, 요술, 속임수, ⟨~ ruse\trick⟩, ⟨↔incompetency\honesty⟩ 양2

1856 **slen·der** [슬렌더]: ⟨← esclendre(thin)⟩, ⟨프랑스어→영국어⟩, 가느다란, 빈약한, 날씬한, ⟨~ slim\meager⟩, ⟨↔fat\abundant⟩ 가1

1857 **slen·der lo·ris** [슬렌더 로어뤼스]: 홀쭉이 늘보원숭이, 나무에 매달려 사는 남부 인도(S. India) 원산의 작은 원숭이, ⟨~ a slim-bodied lemur⟩ 미2

1858 **slept** [슬렢트]: sleep의 과거·과거분사 가2

1859 **sleuth** [슬루우쓰]: ⟨← sloth(track)⟩, ⟨북구어⟩, 형사, 탐정, 추적자, (곰의) 떼, ⟨~ private detective\bloodhound⟩ 양2

1860 **slew** [슬루우]: ①slay의 과거 ②⟨어원 불명의 영국어⟩, slue, 비틀다, ⟨비틀거리는 배처럼⟩ 취하게 마시다, ⟨~ turn⟩, ⟨↔withhold⟩ ③⟨slough의 북미 변형어⟩, 수렁, ⟨~ wet place⟩, ⟨↔upland\desert⟩ ④⟨켈트어⟩, 다수, ⟨~ a lot⟩, ⟨↔bit⟩ 양2

1861 **slice** [슬라이스]: ⟨← slizan(split)⟩, ⟨게르만어⟩, 한 (얇은) 조각, 몫, 얇게 베다, (공을) 깎아치다, (고기 등을) 포를 뜨다, ⟨~ slit⟩, ⟨~ piece\cut⟩, ⟨~(↔)sclaff\shank⟩, ⟨↔whole\none⟩, ⟨↔aggregate\join⟩ 양1

1862 **slick** [슬맄]: ⟨← slician(make smooth)⟩, ⟨영국어⟩, 매끄러운, 교묘한, 교활한, 멋진, ⟨→ sleek⟩, ⟨~ slippery\sly⟩, ⟨↔rough\clumsy⟩ 양2

1863 **slick-ed back** [슬맄크트 백] hair-style: (뒷 머리를 자르지 않고 말끔하게 정돈한) '매끈한 뒤통수', '멋쟁이 뒷머리', ⟨~ brush (or combed) back⟩, ⟨한국에서는 all-back이라 함⟩ 우2

1864 **slick-er** [슬리커]: 길고 품이 넓은 우비, 야바위꾼, ⟨~ a rain-coat\sly person⟩, ⟨↔bumpkin\hick⟩ 우2 양2

1865 **slid** [슬리드]: slide의 과거·과거분사 양1

1866 **slide** [슬라이드]: ⟨← slidan(glide)⟩, ⟨영국어⟩, 미끄러지다, 활주(하다), 비탈길, 미끄럼틀, 사태, 환등판 단상, (현미경의) 받침 유리, ⟨→ slither⟩, ⟨~ slip\drop⟩, ⟨~ sled \ sledge⟩, ⟨↔ascend\struggle⟩ 양1 미2

1867 **slide pro-jec-tor** [슬라이드 프뤄젴터]: 활주판 투사기, '환등' 영사기, ⟨~ stereopticon\optical lantern⟩ 미1

1868 **slid-er** [슬라이더]: 미끄러지는 것(공·사람), (상하좌우로 움직일 수 있는) 활동부, (북미 민물에 사는) 붉은귀거북⟨turtle⟩, ⟨기름기가 많아 한입에 넘어가는⟩ 작은 햄버거, ⟨~ glider⟩ 미2

1869 **slide way** [슬라이드 웨이]: '미끄럼길', 활주로, 활사로, 활송로, ⟨~ chute\run-way⟩ 미2

1870 **slid-ing door** [슬라이딩 도어]: ⟨밑에 활주로가 있어서 옆으로 움직이는⟩ 미닫이(문), ⟨~(↔)revolving door⟩, ⟨↔casement door\French door\double door\hinged door⟩ 양2

1871 **slid-ing roof** [슬라이딩 루우후]: 여닫이 지붕, 개폐식 천장, ⟨~ sliding head\sun-roof⟩ 양2

1872 **slid-ing scale** [슬라이딩 스케일]: 신축법, 순응제, 종가제, (임금·세금 등을 상황에 따라 조정하는) 차등제, ⟨~ adjustable(flexible) scale⟩, ⟨↔fixed scale⟩ 미2

1873 **slight** [슬라잍]: ⟨← sleht(trivial)⟩, ⟨게르만어⟩, 적은, 약간의, 가냘픈, 취약한, 경멸, 얕봄, ⟨~ small\smooth⟩, ⟨~ tiny\little\insult⟩, ⟨↔big\sturdy\respect⟩ 양1

1874 **slim** [슬림]: ⟨← slimp(slanting)⟩, ⟨게르만어⟩, 호리호리한, 빈약한, 경박한, 교활한, '나쁜'(sly), ⟨나쁜 의미가 좋은 의미로 바뀌어진 말⟩, ⟨~ lean\freeble\frivolous⟩, ⟨↔plump\strong\good\fat⟩ 양1

1875 **slime** [슬라임]: ⟨← slim(viscous mud)⟩, ⟨게르만어⟩, 차진 흙, ⟨clay보다 수분이 더 많음⟩, 끈끈한 물질, 비열한 근성, 악의 세계, ⟨~ lime⟩, ⟨~ virus⟩, ⟨↔cleanliness\good person\morality⟩ 양2

1876 ***slim-nas·tics** [슬림 내스틱스]: slim+gymnastics, 감량(미용)체조 양2

1877 **slim-y mack·er·el** [슬라이미 매커뤌]: 끈적끈적한 고등어, 망치고등어, 참깨고등어, goma saba, Pacific mackerel, ⇒ blue mackerel 미2

1878 **sling** [슬링]: ⟨← slingan(swing to and fro)⟩, ⟨게르만어⟩, 투석기, 고무총, 달아 올리는 기구, 멜빵, 삼각건, ⟨~ catapult\fling⟩, ⟨↔keep\receive\finish⟩ 양1

1879 **sling-back** [슬링 백]: '멜빵구두'. 발꿈치 부분이 끈으로 된 구두, ⟨~ sling(~back) pumps\sling-band⟩ 우1

1880 **slink**¹ [슬링크]: ⟨← slincan(creep)⟩, ⟨영국어⟩, 살금살금 (움직이다), 슬며시 도망치다, 간들거리는 여자, 간살스러운 남자, ⟨~ sidele\sneak⟩, ⟨↔appear\high-tail⟩ 양1 양2

1881 **slink²** [슬링크]: ⟨← slink¹⟩, ⟨영국어⟩, (가축이) 조산하다, 살금살금 움직이는 (갓난 애), 말라빠진, ⟨~ premature\lean⟩, ⟨↔stomping\significant⟩ 양1

1882 ***SLIP** [슬맆]: serial line internet protocol, 직렬회로 전산기 통신규약, 사용자가 전화선 같은 직렬 회로를 통해 전산기에 접속될 수 있는 적응체계, ⟨↔point-to-point protocol⟩ 우2

1883 **slip¹** [슬맆]: ⟨← slipan(glide)⟩, ⟨게르만어⟩, 미끄러지다, 살짝 떠나다, 벗겨지다, 얼결에 실수하다, 미끄럼, 실수, ⟨본인의 의사에 관계없이? 잘 벗겨지는⟩ 여자의 속옷(petti-coat), ⟨~ slippery⟩, ⟨~ slide\fall\fail⟩, ⟨↔rise\improve⟩ 양1

1884 **slip²** [슬맆]: ⟨← slippe(cut)⟩, ⟨게르만어⟩, 가는 조각, 종이쪽지, 전표, 꽃이용 가지, 야윈 젊은이, ⟨어깨끈이 달린⟩ 속치마, ⟨~ slit⟩, ⟨~ piece of paper\note\cutting⟩, ⟨↔expand\revolve\success⟩ 양1

1885 **slip-per** [슬리퍼]: ⟨← slip¹⟩, (가벼운) 실내화, 끈 없이 꿰어 신는 신, ⟨~ loafer\pumps⟩ 양2 우1

1886 **slip-per-wort** [슬리퍼 워얼트]: 실내화 같기도 하고 여성용 지갑(lady's purse) 같기도 한 (주)황색 꽃이 피는 미주 열대 지방산 현삼과의 초본, '실내화 꽃', ⟨~ pocket-book flower⟩ 우1

1887 **slip-on** [슬맆 어언]: 쉽게 입고 벗을 수 있는 옷, (끈 매지 않고) 쉽게 신고 벗을 수 있는 신발, pumps, plimsoll, court shoes 우1

1888 **slip-o·ver** [슬맆 오우붜]: pull over, 머리를 꿰어 입는 옷 우1

1889 **slit** [슬맅]: ⟨← slitan(rend)⟩, ⟨게르만어⟩, 길게 베인 상처, 아귀, 좁고 기다란 틈, 동전 넣는 구멍, ⟨~ cut\split\slice⟩, ⟨↔scape\closure⟩ 미1

1890 **slith·er** [슬리더]: ⟨영국어⟩, ⟨← slide⟩, 주르르 미끄러지다, 미끄러져 내려가다, ⟨↔ascend\march⟩ 양1

1891 **slit lamp** [슬맅 램프]: '째진 조명기', 고밀도 광선을 발사해서 눈 조직을 검사하는 현미경, ⟨~ a microscope with bright light\bio-microscope\split lamp⟩ 우1

1892 **sliv·er** [슬리붜]: ⟨영국어⟩, ⟨← cleave⟩, 세로로 길게 베다, 쪼개지다, 찢어진 조각, ⟨~ split\chip\flake⟩, ⟨↔unify\connect⟩ 양1

1893 **sliv·o-vitz** [슬리붜뷛츠]: ⟨← sliva(plum)⟩, ⟨슬라브어⟩, 헝가리 및 발칸 제국의 '자두'술, ⟨~ sloe⟩ 우2

1894 ***sliz·zard** [슬리져드]: ⟨미국 속어⟩ ①sliz(drink)+blizzard(돌풍), 고주망태 ②slammed blizzard, (곤드레 만드레) 만취된 상태 ③slutty lizzard, (아주 교활한) '쌍년', '꽃뱀' 양2

1895 **slob** [슬랍\슬럽]: ⟨← slobber⟩, 지저분한 놈, 굼벵이, 진흙, ⟨~ laggard\sloven⟩, ⟨↔neat-nik\buck\champion⟩ 양1

1896 **slob·ber** [슬라버]: ⟨네덜란드어⟩, ⟨의태어⟩, 침을 흘리다, 몹시 감상적이 되다, 칠칠치 못하다, ⟨~ drivel\drool⟩, ⟨↔clean\neat⟩ 양1

1897 **sloe** [슬로우]: ⟨← sleia(bluish dark)⟩, ⟨게르만어⟩, (아주 신맛이 나는 '암청색'의 포도알만 한) 유럽과 서아시아 원산의 야생 ⟨자두⟩, ⟨~ slivovitz⟩ 우1

1898 **slog** [슬라그]: ⟨← sloggen(plod)⟩, ⟨어원 불명의 영국어⟩, 강타하다, 꾸준히 일하다, 강행군, ⟨~ toil\labor⟩, ⟨↔relax\leisure⟩ 양1

1899 **slo·gan** [슬로우건]: sluagh(host)+gairm(call), ⟨켈트어⟩, ⟨군대의⟩ 외침, 함성, 표어, 구호, 선전문구, ⟨~ motto\catchphrase⟩, ⟨↔silence\action⟩ 양2

1900 **sloop** [슬루우프]: ⟨← slupen(glide)⟩, ⟨어원 불명의 네덜란드어⟩, 외돛배, 하나의 돛대로 ⟨미끄러지듯⟩ 가는 범선, ⟨~ single-masted sailing vessel⟩ 양2

1901 **slop** [슬랖]: ⟨← slup(slip)이란 게르만어에서 유래한⟩ ⟨다양한 뜻을 가진 영국어⟩, 엎지름, 개숫물, 음식 찌꺼기, 헐렁한 옷, (→ sloppy), ⟨~ spill\smudge⟩, ⟨↔clean\behave⟩ 양1

1902 **slope** [슬로우프]: ⟨← slupan(slip)⟩, ⟨영국어⟩, 비탈, 경사면, (지붕의) 물매, 도피하다, '어깨총', ⟨~ lean¹\tilt⟩, ⟨↔level\straight⟩ 양1

1903 **slop-py** [슬라피]: 질퍽한, 깔끔치 못한, 나약한, 헐렁한, ⟨~ loose\careless⟩, ⟨↔tight\meticulous\fastidious⟩ 양2

1904 **slop-py joe** [슬라피 죠우]: ①토마토소스에 다진 고기를 싸서 먹는 ⟨자꾸만 빠져나오는⟩ 둥근 빵 ②헐렁한 윗옷 ③싸구려 식당, ⟨~ anything sloppy⟩ 우1 양2

1905 ***slop-py sec·onds** [슬라피 쎄컨즈]: '질퍽한 순간', 방금 성교한 여자와 다시 성교하는 짓, ⟨~ next choice\leftover⟩ 양2

1906 **slot** [슬랕]: ⟨← esclot(track)⟩, ⟨어원 불명의 프랑스어⟩, 가늘고 긴 틈, 좁은 통로, (동전·편지 등의) 투입구, 부서, 보직, ⟨~ slit\opening\spot⟩, ⟨↔closure\lid\ejection⟩ 양1

1907 **sloth** [슬로쓰]: ⟨slow의 변형어⟩ ①(열대지방에서 긴 사지와 갈고리 손·발톱을 가지고 나무에 거꾸로 매달려 사는) 나무늘보, 초식성 소형 원숭이, ⟨~ a sluggish tree-dweller⟩, (곰의) 떼 ②게으름, 나태, ⟨~ laziness⟩, ⟨↔energy\drive⟩ 미2 양2

1908 **sloth bear** [슬로쓰 베어]: 늘보곰, (인도에서) 두툼한 입술을 가지고 벌레를 잡아먹는 ⟨감소종⟩ 작은 검은 곰, honey bear, kinkajou, ⟨~ wolverine\night ape⟩ 미2

1909 **slot-ted spoon** [슬랕티드 스푸운]: '째진 국자', ⟨건더기만 걸러 내려公⟩ 길쭉한 구멍들이 뚫려있는 큰 숟가락 (국자), ⟨~ any spoon with openings⟩ 우1

1910 **slot ma·chine** [슬랕 머쉬인]: 자동 도박기, 자동판매기, ⟨~ one-armed bandit⟩ 미2

1911 **slouch** [슬라우취]: ⟨slack(drooping)·sloth(slow) 등이 거론되는⟩ ⟨어원 불명의 영국어⟩, 구부정한 자세(걸음걸이), 너절한 사람, 축 늘어지다, 구부리다, ⟨~ hunch\stoop⟩, ⟨↔sit up\rise\hustler⟩ 양1

1912 **slough**¹ [슬라우]: ⟨← sloh(deep mud)⟩, ⟨어원 불명의 영국어⟩, 진창길, 늪지대, 구렁텅이, 절망, ⟨~ marsh\swamp\discard⟩, ⟨↔high-land\footing\acclaim⟩ 양1

1913 **slough**² \ sluff [슬러후]: ⟨'뱀 껍질(skin of a snake)'이란 게르만어에서 유래한 영국어⟩, ⟨첫 사랑과 같은⟩ 벗은 허물, 딱지, 버린 패, 벗어 던지다, ⟨~ shed'\molt⟩, ⟨↔recuperate\sharpen⟩ 양1

1914 **Slo·va·ki·a** [슬로우봐아키어]: land of Slavs, ⟨슬라브족의 땅⟩, 슬로바키아, 1993년 체코와 '융단 이혼'을 한 후 ⟨장족의 발전을 하고 있는⟩ 동유럽의 내륙국, {Slovak-Slovak-Euro-Bratislava}, ⟨~ a land-locked country in E. Europe⟩ 수1

1915 **Slo·ve·ni·a** [슬로우뷔이니어]: survivor of Slavs, ⟨슬로벤족의 땅⟩, 슬로베니아, 1991년 남쪽의 유고에서 분리되어 2004년 유럽 연합에 가입한 발칸반도 서북(N-W Balkan)쪽에 있는 산이 많은 나라, {Slovene·Slovenian-Slovene-Euro-Ljubljana} 수1

1916 **slov·en·ly** [슬러블리]: ⟨← sloffen(to neglect)⟩, ⟨게르만어⟩, 단정치 못한, 초라한, 꾀죄죄한, ⟨~ grubby\messy⟩, ⟨↔prim¹\kempt\neat⟩ 양2

1917 **slow** [슬로우]: ⟨← slaw(lazy)⟩⟨게르만어⟩, 느린, 더딘, 활기 없는, 지루한, ⟨~ sluggish\stupid⟩, ⟨↔fast\prompt⟩ 가2

1918 **slow and low** [슬로우 앤 로우]: 느리고 적은(low-key), 만만디, 호밀위스키에 얼음·설탕을 넣고 오렌지나 레몬을 넣은 술, ⟨~ rock and rye\whiskey sunshine⟩ 우1

1919 *****slow and stead-y wins the race** [슬로우 앤 스테디 윈즈 더 레이스]: ⟨이솝의 [토끼와 거북이]에 나오는 말⟩, 천리길도 한 걸음부터, 꾸준한 자가 이긴다, ⟨~(↔)haste makes waste⟩ 양2

1920 **slow-down** [슬로우 다운]: 감속, 경기 후퇴, ⟨~ slacken\decline⟩, ⟨↔speed-up\rush⟩ 양2

1921 **slow fash·ion** [슬로우 홰션]: (꾸준한 인기의) 장기 유행, ⟨~ sustainable fashion⟩, ⟨↔fast fashion⟩ 미2

1922 **slow food** [슬로우 후우드]: (정성들여 준비하고 조리한) 완행 음식, 정통요리, ⟨~ good food⟩, ⟨↔fast food⟩ 미2

1923 **slow lane** [슬로우 레인]: ⟨다른 차들보다 천천히 가는⟩ 서행 차선, 완속 차선, ⟨미국에서는⟩ right-hand lane, ⟨↔fast lane⟩ 미2

1924 **slow-walk (man·ner)** [슬로우 워어크 (매너)]: 일의 진행을 막기 위해 ⟨고의적으로⟩ 천천히 걷는 (태도), 늑장부리기, ⟨~ stroll\drift\wander⟩, ⟨↔quick(speedy)-walk⟩ 양2

1925 **slow-worm** [슬로우 워엄]: 뱀도마뱀, 굼벵이무족도마뱀, 눈이 작고 귀가 멀고 발이 없는 기다란 유럽산 ⟨보호종⟩ 도마뱀, deaf adder, blind worm 미2

1926 **sludge** [슬러쥐]: ⟨← slutch(mud)⟩, ⟨어원 불명의 영국어⟩, 진흙, 침전물, 찌꺼기, ⟨~ mud\slush⟩, ⟨↔cleanliness\treasure⟩ 양1

1927 **slue** [슬루우]: ⟨어원 불명의 영국 해양어⟩, slew, 비틀다(twist), 돌리다(turn), ⟨↔un-twist\straighten⟩ 양2

1928 **slug** [슬러그]: ⟨← slugge(slow)⟩, ⟨북구어⟩, (껍질이 없는) 민달팽이, (보호용) 침을 흘리면서 천천히 기어가는 식물의 해충, ⟨~ a soft-bodied sling mollusk⟩, ⟨~(↔)snail은 shell이 있음⟩ 미2

1929 **slug-gish** [슬러기쉬]: 게으른(lazy), 나태한, 부진한, ⟨~ slack\slow⟩, ⟨↔brisk\busy⟩ 양2

1930 **sluice** [슬루우스]: ex(out)+claudere(shut), 〈라틴어〉, 수문, 보, 둑, 분출시키다, 〈~ channel\flush〉, 〈↔push\defend〉 양1

1931 **slum** [슬럼]: 〈어원 불명의 영국 속어〉, squalid district, 빈민굴, 불결한 장소, 싸구려 물건, 〈~ skid row\ghetto\dump〉, 〈↔suburb\benefit〉 양1

1932 **slum·ber** [슬럼버]: 〈← sluma(sleep)〉, 〈게르만어〉, (선)잠, 혼수상태, 졸다, 〈~ nap\doze〉, 〈↔awaken\active〉 양1

1933 **slum·ber par·ty** [슬럼버 파아티]: pajama party, 10대 소녀들이 친구 집에 모여 잠옷 바람으로 밤새워 노는 짓 우1

1934 **slum-lord** [슬럼 로어드]: (빈민가의) 악덕 집주인, 〈~ an exploitative landlord〉 양1

1935 **slump** [슬럼프]: 〈← slumpe(fall)〉, 〈의성어·의태어?〉, 〈북구어〉, 푹 떨어짐, 폭락, 불황, 의기소침, 〈→schloomp〉, 〈~ decline\down-turn〉, 〈↔rise\success\boom〉 가1

1936 **slur** [슬러얼]: 〈← sluren(trail in mud)〉, 〈게르만어〉, 어눌한 발음, 굴려 말하기, 소홀히 하다, 헐뜯다, 이음줄, 〈~ mumble\insult〉, 〈↔enunciate\praise〉 양1

1937 **slurp** [슬러얼프]: 〈← slurpen(gulp)〉, 〈의성어〉, 〈네덜란드어〉, 후루룩 소리 내어 먹다(마시다), 〈~ eat(drink) noisily〉 우2

1938 **slush** [슬러쉬]: 〈← slask(sleet)〉, 〈의성어·의태어?〉, 〈북구어〉, 진창 (눈), 연한 진흙, 윤활유, 찌꺼기, 푸념, 아이스크림보다 얼음이 많고 빙수보다 우유가 많은 음료, 〈~ mud\sludge〉, 〈↔treasure\rationality〉 양1

1939 **slush fund** [슬러쉬 훤드]: 비자금, 증회 자금, 뇌물 자금, 〈~ hush money\extortion〉, 〈↔legal(clean) money〉 양2

1940 **slut** [슬럿]: 〈← slovenly(untidy)〉, 〈어원 불명의 영국어〉, 더러운 여자, 허튼계집, 잡년, 창녀, 〈~ tart²\prostitute\hot-wife〉, 〈↔maiden\angel\virgin〉 양2

1941 **slut-sham·ing** [슬럿 쉐이밍]: (난잡한 년이라고 낙인 찍는) 여성비하, 〈~ degradation of women〉, 〈↔feminism〉 양2

1942 **sly** [슬라이]: 〈← sloegr(cunning)〉, 〈북구어〉, 교활한, 은밀한, 장난스러운, 〈~ sleight\tricky\wily〉, 〈~ honest\art-less〉 양2

1943 *****sly rogue in a good dress**: 번지르르한 옷을 입은 불량배, 때리는 시어머니보다 말리는 시누이가 더 밉다, 〈~ wolf in sheep's cloth〉, 〈~(↔)fine feathers make fine birds〉 양2

1944 *****smack¹** [스맥]: 〈← smaak(taste)〉, 〈입맛 다시는 소리〉, 〈네덜란드어〉, 맛, 풍미, 낌새, 티(기색), 〈sniff하는〉 헤로인, 〈~ flavor\savor〉, 〈↔dullness\insipidity\apathy〉 양2

1945 **smack²** [스맥]: 〈의성어〉, 〈게르만어〉, slap, 세게 때리다, 쳐 날리다, 강타하다, (해파리 등의) 떼, 〈~ slap-bang\spang\spank〉, 〈↔defend\retreat〉, ⇒ gob-smacked 양1

1946 *****smack-er** [스맥커]: ①때리는 사람, 소리나는 입맞춤, 〈~ hitter\loud kiss〉 ②입맛 다시게 하는 것, 돈, 미국돈(dollar) 양2

1947 **small** [스머얼]: 〈← smal(narrow)〉, 〈게르만어〉, 작은, 비좁은, 적은, 낮은, 가는, 사소한, 〈~ little\slight〉, 〈↔large\much\big〉 가1

1948 **small-age** [스머얼리쥐]: small+ache, 야생 셀러리 (미나릿과의 두해살이풀), 〈~ wild celery〉 미2

1949 *****small cap**(·i·tal) [스머얼 캡(피틀)]: EVEN SMALLS같이 (강조하기 위해) 작은 글체로 쓰는 대문자, 소형 대문자, 〈~ distinction\emphasis〉 미2

1950 **small change** [스머얼 체인쥐]: 잔돈, 시시한 것, 〈~ coins\chicken feed〉, 〈↔big bucks\big change〉 가1

1951 **small-claims court** [스머얼 클레임즈 코어트]: 소액 (소송) 법원, 주로 만 불 이하의 재산분쟁을 처리하는 〈약식〉 재판소, 〈~ summary procedure court〉 미2

1952 **small fry** [스머얼 후롸이]: 어린 물고기, 잡어, 시시한 것(사람), 〈~ small potato\pawn\nobody〉, 〈↔big shot\muck-a-muck\taipan〉 양2

1953 **small hours** [스머얼 아우어즈]: 깊은 밤, 사경(새벽 1시부터 3시까지), 〈~ wee hours〉 양2

1954 **small-po·ta·tos** [스머얼 퍼테이토스]: 보잘것없는 것(사람), 푼돈, 〈~ small fry(beer)\peanuts〉, 〈↔big shot〉 양2

1955 **small-pox** [스머얼 팍스]: 천연두, 마마, (기원전 3세기 이집트의 미라에서 확인되었으며) 1977년에 세계적으로 박멸된 미세병원체〈variola virus〉로 전염되던 〈무서운〉 병, 〈한국에서는 별성·손님·역신마마라고 높여 불렀음〉, 〈우리가 아는 한 세계에서 사라진 유일한 병-'살짝곰보'의 매력도 더 이상 볼 수 없게 됨〉 미2

1956 **small print** [스머얼 프륀트]: fine print, 작은 활자의, 〈↔large print〉 양2

1957 *****Small-talk** [스머얼 터어크]: 1970년대 미국의 제록스(Xerox)사에서 개발한 객체 지향형 차림표 언어, 〈~ a purely object oriented programming language〉 수2

1958 **small talk** [스머얼 터어크]: 잡담, 한담, 입방아, 〈~ blather\sobremesa〉, 〈↔big(tall) talk〉 가1

1959 **small word** [스머얼 워어드]: (사적인) 비격식 언어, 〈~ informal word〉, 〈↔heavy word〉 미2

1960 **smarm** [스마앎]: 〈← smary(smear)〉, 〈어원 불명의 영국어〉, 매끄럽게 하다, 빠다를 바르다(buttering), 알랑거리다, 값싼 감상, 〈~ sycophancy\cajorlery〉, 〈↔disparage\criticize〉 양2

1961 **smart** [스마아트]: 〈← smeortan(sharp)〉, 〈게르만어〉, 쿡쿡 쑤시는, 톡쏘는, 날카로운, 재빠른, 약은, 현명한, 산뜻한, 〈편자가 이 사전을 'smart 사전'이라고 하려다 smart한 사람들이 너무 많아서 자제한 말〉, 〈~ sting\bright〉, 〈↔normal〉 양1

1962 **smart-ass** [스마아트 애쓰]: wise·ass, 잘난 체하는 놈, 수재, 수완가, 〈~ smart aleck\smarty pants\know-it-all〉, 〈↔sincere guy\honest man\dum-bell〉 양2

1963 *****smart car** [스마아트 카아]: 스마트 카, (반)자동 운전 승용차, S~; 1994년부터 독일의 벤츠사가 출시하기 시작해서 중국의 Geely사와 병합한 〈때로는 보도로도 다닐 수 있는〉 '쬐끄만' 승용차, 〈~ marque〉, 〈판매 부진으로 2019년 미국 시장에서 철수함〉 미2 수2

1964 *****smart card** [스마아트 카아드]: '똘똘이 판자', 기억력·미세처리 반도체를 함유하는 조그만 딱지, 〈~ chip card\integrated circuit card〉 우2

1965 *****smart drug** [스마아트 드뤄그]: 〈아직 검증된 것이 없는〉 지능향상약, ⇒ nootropic 미2

1966 *****smart glas·ses** [스마아트 글래이즈]: '똘똘이 안경', (AR·VR 등을 이용해서) 각종 광선을 조절할 수 있는 〈차세대·다목적〉 안경, (3D 화면을 보거나 밤운전 등에 유용하게 쓰일 거임, 〈~ an eye wearable computer〉 미1

1967 *****smart med·i·cal home** [스마아트 메디컬 호움]: '똘똘이 의료용 주거지', 안에 의료지표 감시장치가 부착된 집, 〈~ remote medical control〉 미2

1968 **smart mouth** [스마아트 마우쓰]: 입방정, 톡 쏘는 말, 깜찍한 말대답, 〈~ back-chat\chutzpah〉, 〈↔modesty\timidity〉 미2

1969 **smart pass** [스마아트 패쓰]: '재빠른 통과', (안면인식 등을 사용해서) 통관대를 빨리 빠져나가는 방법, 지능형 통과제, 〈~ e (or digital) pass〉 미2

1970 **smart phone** [스마아트 호운]: '똘똘이 전화', 고기능 휴대전화, '지능형 손전화기', 〈~ cell (or digital) phone〉, 〈↔dumb phone\land phone〉 미1

1971 *****smart shop-ping** [스마아트 샤핑]: '똘똘이 장보기' ①구글(Google)에서 전개하고 있는 예산·취향에 맞춰 장보기를 도와주는 운동, 〈~ an automation campaign〉 ②스캐너를 들고 바코드를 찍으면 원하는 날짜와 장소로 물건을 배달해 주는 구매방식, 〈~ bar-code order〉 미2

1972 *****smart ter·mi·nal** [스마아트 터어미널]: '똘똘이 단말기', 대형 전산기와 접속 시 (본체의 부담을 덜어 주기 위해) 독자적으로 운영되는 단말기 터미널, 〈~ integrated terminal〉 우2

1973 *****smart watch** [스마아트 워취]: '똘똘이 시계', 고성능 손목시계, '지능형 손시계', 〈~ a wrist wearable computer〉 미1

1974 **smart-weed** [스마아트 위이드]: 버들여뀌, 온대지방 저지대에 서식하며 닿으면 피부를 찌르는 잎가시를 가지고 분홍색의 줄기 꽃을 피우는 메밀(buck-wheat)과의 잡초, 〈~ water pepper\willow weed〉 미2

1975 **smash** [스매쉬]: 〈의성어〉, 〈영국어〉, 분쇄하다, 박살내다, 때려 부수다, 〈~ thud\thump〉, 〈~ break\shatter〉, 〈↔enhance\mend〉 가1

1976 **smaze** [스메이즈]: smoke+haze, 〈연기와 엷은 안개가 섞인〉 연무, 〈~ smog〉 양2

1977 *****SMB**: server massage block, '사용자 전달문 구역', 문서나 장치를 직렬 출입구로 공유하기 위한 통신규약, 〈~ Common Internet File System〉 우1

1978 **smear** [스미어]: 〈← smeru(grease)〉, 〈게르만어〉, 〈지방질을〉 바르다, 문대다, 깎아내리다, 훼손하다, (덧)문지르개, 〈~ daub\smudge〉, 〈↔clean\collect〉 양1 미2

1979 **smeg·ma** [스메그머]: 〈← smechein(wash off)〉, 〈그리스어〉, 〈씻어버려야 할〉 치구, (할례 안 한 포피나 음핵〈clitoris〉 안에 생기는) 피지〈sebum〉, schmegma 양2

1980 **smell** [스멜]: 〈← smellen(smoke)?〉, 〈어원 불명의 영국어〉, 냄새 (맡다), 냄새가 나다, 알아채다, 수상쩍다, 〈~ scent\flavor〉, 〈~(↔)odor\taste〉 가1

1981 *****smell a rat** [스멜 어 랱]: 〈고양이가 쥐 냄새를 맡듯〉 낌새를 채다, 수상히 여기다, 〈~ suspect\doubt〉, 〈↔believe\trust〉 양2

1982 **smelt** [스멜트]: ①smell의 과거·과거분사, 냄새 맡았다 ②〈게르만어〉, 용해하다, 제련하다, 〈~ melt〉, 〈↔coagulate〉 ③〈어원에 대해 말이 많은 영국어〉, 오이(cucumber)향이 나고 기름기가 돌며 많은 알을 배는 빙어과의 각종 식용 물고기, 오이고기, 〈~ a small silvery, soft-finned fish\noodle-fish〉 양1 미2

1983 **smew** [스뮤우]: 〈어원 불명의 게르만어〉, 흰비오리, (수놈이) 흰 몸통에 검은 줄을 가지고 구대륙 북반구에 서식하며 철 따라 이동하는 중형의 야생 오리, 〈~ merganser\sheldrake\saw-bill\goosander〉 미2

1984 *****smex-y** [스멕시]: 〈2004년에 등장한 말〉, smart+sexy, 〈brain과 body를 함께 가진〉 지적이면서도 성적인, 〈~ desirable\non-existent〉, 〈↔loath-some\off-putting〉 양2

1985 **smid·gen** [스미쥔]: smidgin, smidgeon, 〈← smitch(soiling mark; 개나 고양이가 남겨 놓는 오줌 흔적)?〉, 〈영국어〉, 미량, 조금, '새발의 피', 〈~ skerrick〉, 〈↔myriad〉 양2

1986 **smi·lax** [스마일랙스]: 〈그리스어〉, bind-weed, 더운 지방에 서식하며 새싹이 아스파라거스 같은 맛을 가진 청미래'덩굴'속의 각종 초본, 〈~ green-brier〉 우1

1987 **smile** [스마일]: 〈← smayate〉, 〈산스크리트어→그리스어→라틴어→게르만어〉, 미소 짓다, 방긋 웃다, 환히 트이다, 〈~ smirk〉, 〈~ grin\laugh〉, 〈↔frown\scowl〉 가1

1988 **smil-ey** [스마일리]: 웃는 얼굴, 눈 두 개와 웃는 입 모양의 단순한 감정 부호, 〈~ ideogram for smiling faces〉 미1

1989 **smirch** [스머얼취]: 〈← esmorcher(hurt)〉, 〈프랑스어→영국어〉, 흠, 오점, (명성을) 더럽히다, 손상하다, 〈~ stain\dirt〉, 〈↔credit\award〉 양2

1990 **smirk** [스머얼크]: 〈← smercian〉, 〈게르만어〉, 능글맞게 웃다, 부자연스레 웃다, 〈~ smile\grin\giggle\snicker〉, 〈↔admire\applaud〉 양2

1991 *****smish-ing** [스미슁]: SMS+phishing, 평판이 좋은 기관을 사칭해서 문자 메세지를 보내 개인 정보를 갈취하는 짓, 〈↔phishing은 e-mail을 이용함〉 미1

1992 **smite** [스마이트]: 〈← smittan(hard strike)〉, 〈게르만어〉, 강타하다, 쳐부수다, 괴롭히다, 홀리게 하다, 〈→smith〉, 〈~ hit\buffet\chastise〉, 〈↔fail\repair\amuse〉 양1

1993 **smith** [스미쓰]: 〈영국어〉, 〈← smite〉, '강타하는 자', 대장장이, 금속 세공사, 〈~ metal-worker\craftsman〉, 〈↔novice\apprentice〉 양2

1994 **Smith** [스미쓰], Ad·am: 스미스, (1723-1790), 〈우연인지 필연인지 모르나 미국이 독립한 1776년에〉 「국부론」에서) 자유시장경제를 주창한 스코틀랜드 출신 현대 경제학의 창시자, 〈~ a Scottish economist and philosopher〉 수1

1995 **Smith** [스미쓰], Jo·seph: 스미스, (1805-1844), 말일성도교회를 창시하고 일부다처제를 옹호하다 감옥에서 폭도들에 의해 살해된 미국의 모르몬교도, 〈~ founder of Mormonism〉 수1

1996 **Smith** [스미쓰], Will(-ard): 스미스, (1968-), 랩 가수로 시작해서 행동파 연기로 떼돈을 번 미국의 흑인 미남 배우, 〈~ an American actor and rapper〉 수1

1997 **Smith Col·lege** [스미쓰 칼리쥐]: 스미스 대학, 1871년 Sophia Smith가 출자해서 미국 매사추세츠주(Massachusetts)에 설립된 인문학 위주의 사립여성대학교·남녀공학대학원, 〈~ a private liberal arts college〉 수2

1998 **Smith-so·ni·an In·sti·tu·tion** [스미쏘우니언 인스티튜우션]: 스미스소니언 연구소, 1829년 영국 과학자 James Smithson이 50만 불 이상 출자해서 1846년 미 의회가 수도(DC)에 창립한 국립 박물관, 〈~ a group of research centers〉 수2

1999 **smit-ten** [스미튼]: smite의 과거분사, 강타당한 양1

2000 *****smize** [스마이즈]: 〈미국어〉, smile with eyes, 눈으로 웃다, 눈웃음 치다 양2

2001 **smock** [스맠]: 〈← smukkaz(creep into)〉, 〈게르만어〉, 작업복, 덧입는 겉옷, 〈~ cover\pinafore\night-gown\kimono〉 양1

2002 **smog** [스머그]: 〈영국어〉, smoke+fog, 연무, 매연, 연기 섞인 안개, 〈~ fumes\pollution〉, 〈↔clear\clean\limpid〉 양2

2003 **smog check(test)** [스머그 첵(테스트)]: 매연점검, (차량 등록 갱신 때 요구되는) 배기가스 중 유해 성분의 농도를 측정하는 검사, 〈~ emission test〉 양2

2004 **smoke** [스모우크]: 〈← smykhein(smolder)〉, 〈그리스어→게르만어〉, 연기, 매연, 흡연, 실체가 없는 것, 훈제(하다), 〈~ exhaust\smolder〉, 〈↔clarity\limpidity〉, 〈smoky: 매캐한〉 양1

2005 **smoke a·larm** [스모우크 얼라암]: 화재경보기, 연기 탐지기(smoke detector) 양2

2006 **smoke ball** [스모우크 버얼]: ①연막탄(smoke shell) ②강속구(speedy pitch) ③말불버섯, 먼지버섯, 조그만 말 불알같이 생긴 버섯이 숙성하면 꼭지에서 연기처럼 포자가 튀어나오는 '식용' 곰팡이류, 〈~ puff ball\an edible fungus〉 양1

2007 **smoke eat·er** [스모우크 이이터]: 연기 흡입기(air purifier), 소방관(fire-fighter), 용접공(welder) 양2

2008 **smoke shop** [스모우크 샵]: 담배(나 마리화나 등)를 파는 가게, 〈~ pipe store\head shop〉 우2

2009 **smoke-stack** [스모우크 스택]: (배·기차·공장 등의) 굴뚝 〈들〉, 〈~ chimney〉 양1

2010 *****smoke test** [스모우크 테스트]: (혹시 고장 난 것이 아닌가 하고) 기계나 전산기를 처음 시동시켜 보는 일, '연기 시험', 〈~(↔)sanity check\confidence test〉 우2

2011 **smoke tree** [스모우크 트뤼이]: '연기 나무', 황로(거맣옻나무), (북반구의 온대지방에서) 멀리서 보면 연기 같은 뭉치 꽃을 피는 옻나뭇(sumac)과의 관상수, 〈~ chittam wood〉 미2

2012 **smok·ing gun** [스모우킹 건]: (쏘지 않았다고 우길 수 없는) 명백한 증거, 〈~ no cause, no effect〉, 〈↔in-action\little evidence〉, 〈~(↔)pure coincidence〉 양2

2013 **Smok·y Moun·tain** [스모우키 마운틴]: Smokies, 스모키 마운틴, the Great Smokies, 숲이 내뿜는 감색의 '연기로' 둘러싸인 미국 동남부에 위치한 산맥, 〈~ a part of Blue Ridge Mountains〉 우2

2014 *****smol** [스몰]: ①smile out loud (환한 미소) ②〈← small〉, 쪼꼬만, 쬐끄만, 〈~ tiny\itty-bitty〉 양2

2015 **smo(u)l·der** [스모울더]: 〈← smeulen(burn without flame)〉, 〈네덜란드어〉, 그을다, 연기 피우다, 울적하다, 사무치다, 〈~ smoke〉, 〈~ glow\anger〉, 〈↔contain\suppress〉 양2

2016 **smolt** [스모울트]: 〈← smal(spot)?〉, 〈어원 불명의 스코틀랜드어〉, (처음 바다로 나가는) 2년생 연어나 송어, 〈~ sprag'〉, 〈~(↔)Atlantic salmon〉 우1

2017 **smooth** [스무우쓰]: 〈← smothe(even)〉, 〈어원 불명의 게르만어〉, 매끄러운, 부드러운, 평탄한, 순조로운, 〈~ level\flat〉, 〈↔un-even\rough〉 가1

2018 **smooth-bore** [스무우쓰 보어]: (총신 안에 강선이 없는) 활강총, musket, 〈~(↔)rifle〉 미2

2019 **smooth-hound** [스무우쓰 하운드]: 〈족제비(weasel)같이 약삭빠른〉 유럽산 돔발상어, 별상어, 〈~ nurse shark\smooth dog-fish〉 양2

2020 *****smooth-ie \ smooth-y** [스무우디]: 세련된 사람, 멋쟁이, 바나나 등의 과일을 갈아 우유 등에 섞은 부드러운 음료, 〈~ charmer\creamy fruit drink〉, 〈↔lout〉 양2 우1

2021 **smooth mus·cle** [스무우쓰 머쓸]: 민무늬근, 평활근, 근육세포가 넓적하게 생겨 서서히 움직이고 자율신경계의 지배를 받는 불수의근, 〈~ involuntary muscle〉, 〈↔straight muscle〉 우2

2022 *****smooth node** [스무우쓰 노우드]: '고른 결절', 갑작스러운 방향의 변화 없이 곡선(smooth curve)을 이어주는 〈부드러운〉 제어점, 〈↔cup node〉 우2

2023 **smor·gas·bord** [스모얼거스 보어드]: bread and butter+table, 잡동사니, 스웨덴에서 유래한 〈바이킹식〉으로 그러모은 찬 음식 위주의 뷔페(buffet) 식사 수2

2024 **smor·zan·do** [스머얼쯔싼도우]: 〈'죽어간다(dying away)'란 뜻의 라틴어에서 연유한 이탈리아어〉, 스모르찬도, 점점 여리게, 〈~ fading way\dying out〉, 〈↔grow\accelerate〉 미2

2025 **smote** [스모우트]: smite(강타하다)의 과거·과거분사 양1

2026 **smoth·er** [스머더]: 〈← smorian(stifle)〉, 〈영국어〉, suffocate, 〈smoke로〉 숨 막히게 하다, 질식시키다, 덮어 버리다, 억제하다, 〈↔snort〉, 〈~ suffocate\choke〉, 〈↔disperse\encourage〉 양1

2027 *****SMS**(short mes·sage ser·vice): '단문제공(자)', 전산망의 text message(문본전달)기지, short e-mail 미1

2028 *****SMTP**: simple mail transfer protocol, 단일 전자우편 전송 규약, 전산기와 전산망 사이에 우편을 전송하는 데 사용되는 규약, 〈~ standard protpcol for e-mail transfer〉 미2

2029 **smudge** [스머쥐]: ⟨← smut⟩, ⟨영국어⟩, 얼룩, 오점, 더럽히다, 자국을 남기다, 얼룩 만드는 분무기, ⟨~ grime\gunk⟩, ⟨↔sponge\wipe⟩ 양1 미2

2030 **smug** [스머그]: ⟨'깔끔하게 치장하다'라는 게르만어에서 연유한⟩ 독선적인, 난 체하는, 거만한, ⟨~ arrogant\conceited⟩, ⟨↔medest\unsure⟩ 양2

2031 **smug·gle** [스머글]: ⟨어원 불명의 게르만어⟩, 밀수하다, 밀매매하다, 숨기다, ⟨→ trafficker⟩, ⟨~ poaching\piracy⟩, ⟨↔expose\reveal⟩ 양2

2032 **smur·fing** [스멀핑]: ⟨네덜란드어→미국어⟩, ⟨많은 졸개를 거느린 만화의 주인공에서 연유한⟩ 돈세탁(money laundering), (연속적으로 정보를 보냄으로써) 전산기 작동을 방해하는 짓, ⟨~(↔)fraggle attack⟩ 양2 우2

2033 **smut** [스멑]: ⟨← smutt(sooty matter)⟩, ⟨게르만어⟩, 검댕이, 깜부기(병), 음탕한 말, ⟨→ smudge⟩, ⟨~ bunt³\dirt⟩, ⟨↔cleanliness\prudery⟩ 양1

2034 *****snace** [스네이스]: ⟨미국어⟩, ⟨신조어⟩, snail's face(달팽이 모양)을 닮은⟩ 접힌 궁둥이(folded butt), ⟨↔bubble butt⟩ 양2

2035 **snack** [스냅]: ⟨← snaken(bite)⟩, ⟨네덜란드어⟩, 간식, 가벼운 식사, 소량, ⟨~ nibble\munch⟩, ⟨↔fast¹\meal⟩ 양2

2036 *****sna·fu** [스내후우]: ⟨미군 속어⟩, situation normal·all fucked up, 엉망진창, 대혼란, ⟨~ blunder\chaos⟩ 양2

2037 **snag** [스내그]: ⟨← snagi(sharp projection)⟩, ⟨스칸디나비아어⟩, 꺾어진 가지(그루터기), 치근, 덧니, (뜻하지 않았던) 방해물, 재빨리 잡다, 간신히 구하다, ⟨~ thorn\obstacle⟩, ⟨↔straighten\detach\miss⟩ 양1

2038 *****snag-less** [스내글리스]: '무방해 접속기', 어느 방향으로 연결하든지 ⟨거침없이⟩ 통과하는 접속기, ⟨~ high speed⟩ 우1

2039 **snail** [스네일]: ⟨← sneg(creep)⟩, ⟨게르만어⟩, 달팽이, 고둥, 우렁이, 다슬기, 뚜껑(coild shell)을 가지고 배로 기는 연체동물, 늘보, ⟨→ snake⟩, ⟨~ escargot⟩, ⟨~(↔)slug은 shell이 없음⟩ 가1

2040 *****snail mail** [스네일 메일]: (전달 속도가 느린) 재래식 우편, ⟨~ regular mail⟩, ⟨↔e-mail⟩ 양2

2041 *****snake** [스네이크]: ⟨← snican ← sneg(creep)⟩, ⟨게르만어⟩ ①뱀, 밖에 귀가 없고 항상 뜬 눈으로 기다란 몸체를 꾸물거리며 기어가는 약 2,700여 종의 냉혈 척추동물, 교활한 자, ⟨→ sneak⟩, ⟨→ snail⟩, ⟨~ serpent\double-crosser⟩, ⟨↔hero⟩ ②공동 변동 환율제, 특정 통화기간에는 고정 환율제를 채택하면서 그외에는 자유 변동제를 유지하는 ⟨꿈틀대는⟩ 환율체제, ⟨~ fluctuacting exchange rate⟩, ⟨↔boa²⟩ 가1 미2

2042 **snake-bird** [스네이크 버어드]: (뱀)가마우지, darter, water turkey, wry neck, anhinga, 뱀 같은 머리만 내놓고 ⟨날쎄게⟩ 수영하는 미주 열대지방의 '마귀 할멈같이 생긴' 물새 미2

2043 **snake charm·er** [스네이크 촤아머]: 뱀 묘기사, 피리 소리보다는 몸짓으로 뱀을 부리는 흥행사, ⟨~ serpent tamer\viper whisperer⟩ 미2

2044 **snake dance** [스네이크 댄스]: 뱀 춤, (산 방울뱀을 입 속에 넣고) 춤을 추는 미주 호피 원주민의 종교의식, 지그재그의 행렬, ⟨~ a Hopi ritual\a school parade⟩ 양1

2045 **snake-head** [스네이크 헤드]: ①가물치, mullet ②⟨사향이 날까 말까 하는⟩ 나도사향나무, ⟨전혀 뱀이나 거북을 닮지 않은 뭉치꽃을 피는⟩ turtle head ③(중국 출신) 전문 밀입국 주선자(smuggler) 미2

2046 **snake oil** [스네이크 오일]: '뱀의 기름', (약장수들이 만병통치라고 허풍 치는) 가짜 약, quack remedy, ⟨~ nostrum⟩ 양2

2047 **snake palm** [스네이크 파암]: '뱀 종려', 곤약, ⇒ devil's tongue 미2

2048 **snake-ride** [스네이크 롸이드]: 위험한 짓, 독한 환각제를 복용하기, ⟨~ risky behavior\use of hallucinogenics⟩ 양2

2049 **snake-root** [스네이크 루우트]: ①뱀 물린 데 쓰였던 각종 나무뿌리 ②'뱀 뿌리', 자잘한 뭉텅이 꽃과 뱀을 닮은 뿌리를 가진 북미산 여러해살이 독초, bone·set, ⇒ thorough·wort 우1

2050 **snake-weed** [스네이크 위이드]: 뱀 꼬리, 잘잘한 노란 꽃을 피우며 ⟨줄기가 뱀을 닮은 것 같은⟩ 건조한 땅에서 잘 자라는 여뀟과(smart-weed)의 잡초, ⟨~ broom (or match) weed⟩ 미2

2051 **snake-wood** [스네이크 우드]: (뱀 무늬가 있는) 사문재, (말발굽 같은 무늬가 있는) 마전수, (어긋나는 잎을 가진) 팔손이 뽕나무, (장식용으로 쓰는) 목재에 뱀 가죽 같은 무늬⟨snake-skin pattern⟩가 있는 브라질산의 단단한 나무, ⟨~ a very expensive hard-wood⟩, ⟨~ trumpet (or letter) wood⟩ 미2

2052 **SNAP** [스냅]: Supplemental Nutrition Assistance Program, 〈미 농무부가 최고 개인당 매달 200$까지 지불하는〉 영양 보충 계획, 식권, food stamps 미2

2053 **snap** [스냅]: 〈← snappen(sudden breaking)〉, 〈게르만어〉, 〈의성어·의태어〉, 덥석 물다, 덤벼들다, 찰깍하고 소리를 내다, 딱하고 부러지다, 번쩍 빛나다, 즉석, 속성, 〈→ snatch〉, 〈~ break\pop\instant\bite\click〉, 〈↔hold\calm(simmer) down\difficult〉 양1

2054 ***snap-chat** [스냅 챁]: 즉석 환담, 10초 이내에 영상을 주고 받을 수 있는 사회 전산망, 〈2011년에 세워져 한때 잘 나갔으나 하향길을 가고 있는 an American AR consumer electronics co.〉 미2

2055 **snap-drag·on** [스냅 드래건]: flap dragon, 금붕초, 금어초, 바위 땅에서 잘 자라며 꽃잎이 용의 입같이 열렸다 닫혔다 하는 현삼과의 여러해살이풀, 〈~ toad-flax\dragon flowers\lion's mouth〉 미2

2056 **snap fas·ten·er** [스냅 홰스너]: (중국 진나라 때 발명된) 똑딱단추, 〈~ press fastener (or button)〉 양1

2057 **snap hook** [스냅 훅]: spring hook, 찰깍 하고 채워지는 갈고리(열쇠고리), 용수철 갈고리, 〈~ shackle〉 우2

2058 **snap lock** [스냅 락]: 용수철식 자물쇠, 찰깍 하고 끼워지는 잠금쇠, 문이 닫히면 저절로 걸리는 잠금쇠, 〈~ latch\catch〉 우2

2059 **snap pea** [스냅 피이]: 〈손톱으로 찍어 누르면 콩이 튀어나오는〉 깍지완두, mangetout, ⇒ snow·pea 미2

2060 **snap-per** [스내퍼]: 찰깍 하는 것, 똑딱단추, 무는 동물, 물퉁돔(도미), 곱사등에 예리한 이빨을 가지고 난류에 서식하는 식용 물고기, 〈~ a perciform fish〉, 〈~ progy\sea bream〉 미2

2061 **snap-ping bee·tle(bug)** [스내핑 비이틀(버그)]: click beetle, 방아벌레, 날아갈 때 찰깍하고 한 쌍의 등껍질을 닫는 재주가 있는 약 9,300여 종에 달하는 조그만 딱정벌레, 〈이것의 애벌레는 wire-worm이라 함〉 미2

2062 **snap-ping tur·tle** [스내핑 터어틀]: 무는 거북, 늑대 거북, 미국 자라, 북미 중동부에 서식하며 물에서 나오면 아무거나 막 깨무는 성질이 있는 자라 비슷한 거북, 〈~ mud turtle\tortuga lagarto〉 미2

2063 **snap point** [스냅 포인트]: '식별 점', (제도 차림표에서) 윤곽을 나타내는 격자의 모서리에 달라붙는 모눈(들) 〈네모꼴 격자〉, 〈~ a point that clings to the user-defined guideliness〉 우1

2064 **snap-py** [스내피]: 재빠른, 팔팔한, 멋있는, 성급한, 초조한, 〈~ succiint\irritable〉, 〈↔long-winded\peaceable〉 양2

2065 **snap-shot** [스냅 샅]: 속사(순간 촬영), 속사(빠른 사격), 일별(얼핏 보기), 〈~ a casual photograph\quick firing\overview〉, 〈↔careful study\closer scrutiny〉 양1

2066 ***snap-shot dump** [스냅 샅 덤프]: 순시상(눈 깜짝할 동안의 영상) 쏟기, 실행 중인 여러 장면에서 한순간에 특정 부분을 인쇄·출력하는 일, 〈~ creating a dump file〉 우2

2067 ***snap to grid** [스냅 투 그뤼드]: '순시 격자몰이', 그동안 저장했던 객체들을 순식간에 전산기의 네모난 격자판에 정리해주는 방식, 〈~ lining up all objects on a grid〉 우1

2068 ***snap-ware** [스냅 웨어]: '똑딱이 그릇', '똑' 소리가 나면서 뚜껑이 닫히는 플라스틱 용기, 〈~ snap shut plastic container〉 미1

2069 **snare** [스네어]: 〈← sneare(a string)〉, 〈게르만어〉, 덫, 올가미, 함정, 유혹, 울림줄, (짐승을 잡을 때 쓰던) '꼬인 밧줄', 〈~ trap\net\trick〉, 〈↔guy²〉 양2

2070 **snare drum** [스네어 드뤔]: 〈군악대에서 많이 쓰는〉 뒷면에 향선(쇠울림줄; coiled wires)을 댄 작은 북, '줄 북', 〈~ side drum〉 우1

2071 **snark·y** [스나알키]: 〈영국어〉, 〈← snort〉, 퉁명스러운, 변덕스러운, 〈~ rude\petulent〉, 〈↔nice\friendly〉 양2

2072 **snarl** [스나알]: 〈게르만어〉, 〈의성어〉, 으르렁대다, 호통치다, 노호하다, 〈~ growl\bawl〉, 〈↔calm\simmer down〉 양1

2073 **snatch** [스내취]: 〈영국어〉, 〈← snap〉, 움켜쥐다, 낚아채다, 앗아가다, 넋을 잃어가다, 구출하다, 〈~ abduct\seize〉, 〈↔miss\release〉 양1

2074 **snaz·zy** [스내지]: 〈미국어〉, 〈snappy+jazzy?〉, 멋진, 날씬한, 매력적인, 〈~ stylish\attractive〉, 〈↔modest\plain〉 양2

2075 **sneak** [스니이크]: 〈← snican(creep)〉, 〈영국어〉, 몰래 움직이다, 가만히 내빼다, 굽실거리다, 〈~ snake〉, 〈~ lurk\stealthy〉, 〈↔open\overt〉 양1

2076 **sneak-er** [스니커]: 가만히 행동하는 사람(동물), (소리가 나지 않는) 고무바닥의 운동화〈영국에서는 trainer라 함〉, 좀도둑, 〈~ lurker\sports shoe〉 우2

2077 ***sneak-er–head** [스니커 헤드]: 운동화 수집광, 1980년대 미국에서 시작해서 힙합문화에 편승해 온 〈국민의 힘 이준석 대표 등〉 신세대들, 〈~ sneaker enthusiast〉 미2

2078 ***sneak-er–net** [스니커 넽]: '전산망 좀도둑', 원반 등 자료저장기를 타인의 전산기에서 빼내어 자기가 사용하는 짓, 〈~ physical transfer of electronic information〉, 〈~ floppy (or train) net〉 우2

2079 **sneak peak** [스니크 피이크]: '숨은 절정', (마약 등을 몰래 복용해서 오는) 기만 황홀감, 〈~ hidden pleasure\drug ecstacy〉, 〈~(↔)exaltation\exclamation〉 양2

2080 **sneak peek** [스니크 피이크]: 살짝 엿보기, 곁눈질, 〈~ secret look\brief showing〉, 〈↔display\inspection〉 양2

2081 **sneer** [스니어]: 〈← sneren(grin like a dog)〉, 〈영국어〉, 〈의성어·의태어〉, 비웃음, 조소, 빈정댐, 〈~ belittle\deride〉, 〈↔applaud\flatter〉 가1

2082 **sneeze** [스니이즈]: 〈← sneosan(snort)〉, 〈영국어〉, 〈의성어·의태어〉, 재채기, 코웃음 치다, 〈~ sniffing\looking down〉, 〈↔reverse-sneeze\respect〉 가1

2083 **sneeze-wort** [스니즈 워얼트]: 재채기풀, 산톱풀, 가새풀(yarrow), 잎에 톱날 같은 가시가 있고 잎 가루가 재채기를 일으키는 엉거싯(milfoil)과의 잡초, 〈~ goose tongue\white tansy〉 미2

2084 **Snel·len chart** [스넬런 촤알트]: (1862년 네덜란드의 안과의 Herman 스넬렌〈날쌘 자〉이 고안한) 〈6m 떨어진 곳에서 가장 작은 글자를 읽을 수 있는 것을 20feet의 거리 대비 숫자로 표시한〉 시력 검사표, 〈~ an eye chart measuring visual acuity〉 수2

2085 **SNF¹** [스니후]: skilled nursing facility, 숙련된 간호 시설, 미국 연방 정부 보험에서 인정한 전문적 간호를 할 수 있는 요양원, 〈~(↔)assisted living\rest home〉 우2

2086 **SNF²** [스니후]: short·range nuclear forces, 단거리 핵전력 양2

2087 **snick** [스닠]: 〈영국어〉, 〈의성어·의태어〉, cut and thrust ①째깍(소리) ②칼자국을 내다, 강타하다, 깎아 치다, 〈~ chop\hack〉, 〈↔un-cut\expand〉 ③새김눈(nick) 양1

2088 **snick·er** [스니커]: snigger, 〈영국어〉, 〈의성어·의태어〉, 숨죽여 웃다, 낄낄대다, 〈~ giggle\smirk〉, 〈↔cry\groan〉 양2

2089 **snide** [스나이드]: 〈← snithe(sharp)?〉, 〈어원 불명의 영국어〉, 가짜의, 악의에 찬, 비열한, 〈~ disparaging\sarcastic〉, 〈↔complimentary\sympathetic〉 양2

2090 **sniff** [스니후]: 〈영국어〉, 〈의성어〉, (코를) 킁킁대다, 냄새를 맡다, 콧방귀 뀌다, 〈~ sneeze\inhale\disdain〉, 〈↔blow out\laugh〉 양2

2091 **snif·fer** [스니훠]: 냄새 맡는 사람(기구), (코로 마약을) 들이키는 사람, 전산망을 감시·분석·때로는 도용하는 자, (마약·폭탄 등의 냄새를 맡는) 탐지견, 〈~ smeller\tracker\detection dog〉 우2

2092 **snif-fle** [스니훌]: 〈네덜란드어·영국어〉, 〈의성어〉, 코를 훌쩍거리다, 훌쩍거리며 울다, 고뿔, 〈~ snuff²〉, 〈~ blubber³\weep〉, 〈↔scream\howl〉 양2

2093 **snig·ger** [스니거]: ⇒ snicker 양2

2094 **snip** [스닢]: 〈← snippen(nip)〉, 〈게르만어〉, 〈의성어·의태어〉, 가위로 자르다, 싹둑 베다, 끄트러기, 〈~ cut\scrap〉, 〈↔extend\chunk〉 양1

2095 ***snipe** [스나이프]: 〈← snappa(sand-piper)〉, 〈북구어〉 ①〈게르만어→영국어〉, 〈도요 사냥 때처럼〉 (숨어서) 저격하다, 〈↔receive〉 ②〈게르만어〉, (메추라기)도요, 다리와 부리가 길고 꽁지가 짧은 습지대의 철새, 〈~(↔)curlew\sand-piper〉 ③〈전산망어〉, 〈신조어〉, 전자매매에서 마감이 임박했을 때 〈기습적으로〉 남보다 비싼 값을 부르는 짓, 〈~ high bid in the last minute〉, 〈↔give〉 양2 우1

2096 **snipe-fish** [스나이프 휘쉬]: 대주둥치, ⇒ bellows fish 미2

2097 **snip-pet** [스닢핕]: (가위로 잘라낸) 자투리, 단편, 발췌, 조금, 〈~ piece\bit〉, 〈↔chunk\volume〉 양2

2098 **snip-snap** [스닢 스냎]: 싹둑싹둑, 임기응변의 대답, 〈~ cut off\repartee〉, 〈↔ignore\argument〉 양2

2099 **snitch** [스니취]: 〈← snatch?〉, 〈어원 불명의 영국어〉, 낚아채다, 고자질하다, 배신하다, 〈~ rat-on\betray〉, 〈↔conceal\bestow〉 양2

2100 **snob** [스나브]: 〈sine(without)+nobilitate(nobility)라는 라틴어에서 나왔다는 고상한 해석도 있으나〉〈어원 불명의 영국어〉, (신사연하는) 속물, 〈구두 수선공같이〉 윗사람에게 아첨하고 아랫사람에게 교만한 자, 〈~ gradgrindian\philistine〉, 〈↔gentry\nobility〉 영2

2101 *****snob ef·fect** [스나브 이휄트]: '속물효과', (유행에 따른 인기 상품은 너무 흔해져서 구매를 망설이게 된다는)〈꽁지벌레 심뽀〉, 〈~ decreasing demand as more people consume a product〉, 〈↔bandwagon effect〉 영2

2102 *****SNO·BOL** [스노우 버얼]: string oriented symbolic language, 문자열 성향의 상징적 언어, 〈인간의 상상력을 따라가지 못해서 현재는 잘 쓰이지 않는〉 문자열을 취급하기 위한 전산기 언어, 〈~ a series of programming language developed at AT&T〉 우1

2103 **snoek** [스누우크]: 〈네덜란드어〉, (baracouta로 잘못 불리는) 남반구 해양에 서식하는 〈움직임이 활발한〉 범꽁치, 〈~ snake mackerel〉 미2

2104 **snol·ly·gos·ter** [스날리 가스터]: 〈게르만어〉, schnelle(quick)+geister(ghost), '잽싼 유령', 〈동기숙·서가식하는〉 지조 없고 교활한 자, 악덕 정상배(변호사), 〈~ shrewed person(politician)〉, 〈↔good fellow\nice guy\old boy〉 미2

2105 **snood** [스누우드]: 〈← snod(twist)〉, 〈어원 불명의 게르만어〉 ①〈미혼 여성을 나타내는〉 머리 끈, 〈~ hair band(braid)〉 ②자루 모양의 머리 그물, 〈~(↔)hair-net〉 우2

2106 **snook¹** [스누우크]: 〈← snout?〉, 〈어원 불명의 영국어〉, (엄지손가락을 코끝에 대고 다른 손가락을 펴 보이는) 경멸의 동작〈derisive gesture〉, 〈↔come out\leave alone\kow-tow〉 우1

2107 **snook²** [스누우크]: 〈← snoek(pike)〉, 〈네덜란드어〉, 가숭어, (대서양의 난류에서 서식하는) 농어 비슷한 물고기, 〈~ sergeant fish\line-sider〉 미2

2108 **snook-er** [스누커]: 〈← snook¹〉, 〈어원 불명의 영국어〉 ①흰 공 하나로 21개의 공을 주머니에 떨어뜨리는 당구, 〈~ a variety of pool-game〉 ②방해하다, 사기치다, 〈~ deceive\cheat〉, 〈↔aid\enlighten〉 우1 영2

2109 **snoop-y** [스누우피]: 〈네덜란드어→미국어〉, 염탐꾼, 참견하기 좋아하는, S~; 1950년부터 〈땅콩〉이란 만화에 나오는 개의 이름(Spike), 〈~ snap〉, 〈~ a beagle\Peanuts character〉, 〈↔indifferent\incurious〉 영2 수2

2110 **snoot** [스누우트]: 〈게르만어〉, 〈← snout〉, 코, 찌푸린 얼굴, 거만한 사람, 〈~ nose\snob〉 영2

2111 **snooze** [스누우즈]: 〈어원 불명의 영국어〉, 〈의성어·의태어?〉, 꾸벅꾸벅 졸다, 핀둥핀둥 (시간을) 보내다, 〈~ doze\nap\zizz〉, 〈↔arise\blast〉 영2

2112 **snooze but·ton** [스누우즈 버튼]: 누르면 잠시 후 다시 올라오는 단추, 〈~ replay button〉, 〈~(↔)panic button〉 우1

2113 **snore** [스노얼]: 〈영국어〉, 〈의성어〉, 코를 골다, 〈~ saw logs〉, 〈~ obstructive sleep apnea〉, 〈↔quiet\normal breath\sound²\asphyxia〉 영2

2114 **snor·kel** [스노얼컬]: 〈← schnorkel(spiral)〉, 〈독일어〉, 〈사용시 코 고는 소리가 나는〉 스노클, 잠수함의 환기장치, 잠수 중 호흡하는 관, 〈~ breather〉 우1

2115 **snort** [스노얼트]: 〈영국어〉, 〈의성어〉, 〈← snore〉, 코투레질하다, 콧방귀를 뀌다, (단숨에) 쭉 들이키다, 돼지 울음소리(꿀꿀: oink-oink), 〈~ sneeze\hoot〉, 〈→ snarky〉, 〈↔smother\applause\sip〉 영2

2116 **snot-ty** [스나티]: 〈← snot(mucus)〉, 〈게르만어→영국어〉, 콧물을 흘리는, 지저분한, 버릇없는, 오만한, 〈~ snobbish\snooty〉, 〈↔tidy\decent〉 영2

2117 **snout** [스나웉]: 〈← snoute(nuzzle)〉, 〈게르만어〉, 삐죽한 코, 주둥이, 돌출부, 〈→ snoot〉, 〈~ nose\beak〉, 〈↔rear\tail〉 영1

2118 **snout bee·tle** [스나울 비이틀]: weevil, 주둥이바구미, 삐죽한 주둥이와 굽은 수신기를 가진 82,471종의 작은 딱정벌레 미2

2119 **snow** [스노우]: 〈← snu(to drop)〉, 〈산스크리트어→그리스어→라틴어→게르만어〉, 눈, 하얀 분말, 〈~ flake\fluff〉, 〈↔rain〉 가2

2120 **snow-ball¹** [스노우 버얼]: ①눈덩이(뭉치), 불어나다(expand) ②당밀을 친 눈뭉치 모양의 얼음 과자(cookie) ③〈추위를 이기기 위해 마시는〉 계란·당밀·브랜디·레몬을 섞은 혼합주(cocktail) 영1 우1

2121 **snow-ball²** [스노우 버얼]: guelder rose, (네덜란드 Gelderland 원산이라고 하는) 눈덩이 같은 흰 꽃이 피는 인동덩굴과의 관목, 〈~ European cranberry bush〉 우1

2122 **snow-ber·ry** [스노우 베뤼]: wax berry, 〈주로 흰색의 콩알만 한 뭉텅이 열매를 맺는〉 인동덩굴과의 관목 우1

2123 **snow-bird¹** [스노우 버어드]: snow flake, snow bunting, 흰멧새, (북미 북쪽에 서식하는) 머리와 가슴이 하얀 참새 비슷한 산새 미2

2124 ***snow-bird²** [스노우 버어드]: ①하얀 분말로 된 마약의 중독자, 〈~ drug addict to cocaine or heroin〉 ②(추울 때 따뜻한 지방으로 이주하며 사는) 피한객, 〈~ sun-seeker〉, 〈↔sun-bird〉 양2

2125 **snow-board** [스노우 보오드]: snurfer, 빙설판, 눈썰매 (1980년대부터 젊은 사람들이 선호하는) 눈 위를 달리는 폭넓은 판, 〈~ shred sled\stick〉, 〈~(↔)snow-ski\surf-board〉 우2

2126 **snow-bun·ny** [스노우 버니]: 여성 스키 초보자(female novice skier), 남성 스키어와 놀아나는 젊은 여자(promiscuous white female skier) 미2

2127 **snow-cat** [스노우 캩]: ①눈 공글리기(다지기) 차〈snow groomer〉②눈 위를 달리는 차(over-snow vehicle) 우2

2128 ***snow-clone** [스노우 클로운]: '복제어', 〈snow를 나타내는 에스키모 말이 여럿인 것에서 연유한〉 (원래 의미는 살린 채 바꿔 쓴) 정형어구, 〈~ a phrasal template〉 미2

2129 **snow-cone** [스노우 코운 \ 스노콘]: 원뿔형 종이컵 속에 담은 빙과, 〈~ shaved ice in a paper cone〉 우1

2130 **snow crab** [스노우 크랩]: 설게, 북태평양·북서 대서양 등〈눈이 많이 오는 해안에 서식하는 갑각강 십각목 물맞이게과의 절지동물, 대게, 〈~ king crab〉 미2

2131 **snow-drift** [스노우 드뤼후트]: 눈더미, (바람에 날려) 쌓인 눈, 〈~ snow bank (or pile)〉 미2

2132 **snow-drop** [스노우 드뢉]: '눈송이 꽃', 영란수선, 이른 봄에 갈라진 종 모양의 새하얀 처진 꽃이 피는 석산과의 관상식물, 〈~ silver bell〉 우1

2133 **snowed in** [스노우드 인]: 눈에 갇히다, 〈~ snow-bound〉 양2

2134 **snowed un·der** [스노우드 언더]: 눈에 파묻힌(buried in snow), 할일이 태산같은, 〈~ over-whelmed\very busy〉, 〈↔idle\laid back〉 양2

2135 **snow-fall** [스노우 훠얼]: 강설(량), 〈~(↔)rain-fall〉 양2

2136 **snow-fish** [스노우 휘쉬]: (난류의 심해에 서식하며) 눈같이 흰 육질을 가진 은대구 비슷한 커다란 바닷물고기, 메로(mero), 〈~ snow cod\Chilean Sea-bass〉 우2

2137 **snow-flake** [스노우 훌레이크]: 설편, 눈조각, 흰멧새, 예민한 사람, 까다로운 사람, '애물 단지', 〈↔bold\daring〉, 〈~ an ice crystal\snow bunting\nuisance〉 양1 미2

2138 **snow gog·gles** [스노우 가글스]: 눈 안경, ski goggles(스키 안경) 미2

2139 **snow-goose** [스노우 구우스]: light goose, 흰기러기, (북반구의 추운 지방에 가서 알을 까는) 주로 흰 날개를 가진 거위(기러기), 〈~ 꽁지가 청색이라 blue goose라고도 함〉 미1

2140 **snow-grouse** [스노우 그라우스]: ①(흰) 들꿩, (흰 몸에 검은 반점을 가지고 다리가 털로 덮인) '눈뇌조', 〈~ willow grouse〉, ⇒ ptarmigan ②S~ G~; 아주 차게 마시는 위스키, 〈freezer에서 꺼내 바로 마시는 whisky였으나 현재 폐기된 술〉 미1 수2

2141 **snow leop·ard** [스노우 레퍼드]: ounce, 눈표범, 애엽표, 흰 백색 바탕에 검은 점들이 박힌 〈고급〉 모피를 가지고 중앙아시아(Central Asia) 고산지대에 서식하는 멸종 위기의 커다란 살쾡이, 〈~ Ghost of the Mountain〉 미2

2142 **snow-mo·bile** [스노우 모우빌]: snow+automobile, 설상차, (앞바퀴 대신 썰매를 매단) '눈 자동차', 〈~ snow scooter\motor sled〉 미1

2143 **snow-on-the-moun·tain** [스노우 어언 더 마운튼]: ground elder('땅 딱총나무'), 점나도나물, 우산 모양의 흰 꽃 포엽을 가진 당근과의 여러해살이 관상초, 〈~ ghost-weed\smoke-on-the prairie〉 우2

2144 **snow pea** [스노우 피이]: 깍지 완두, 유럽에서 겨울철에 기르는 '눈 콩', mangetout, 〈통째로 다 먹는〉 snap pea 미2

2145 **snow-plow \ ~plough** [스노우 플라우]: 눈 치는 넉가래, 제설기, 〈~ snow blower (or thrower)〉 양1

2146 ***snow-poc·a·lypse** [스노우 파컬립스]: snow+apocalypse, (종말이 올 것 같은) 극심한 폭설, 강한 눈보라, snow·mageddon, snow·zilla 양2

2147 **snow-pud·ding** [스노우 푸딩]: 거품을 낸 계란 흰자(egg whites)에 레몬 맛의 우유를 넣어 솜처럼 부풀게 한 말랑말랑한 식후에 먹는 음식, 〈~ snow custard (or dessert)〉 우1

2148 **snow-storm** [스노우 스토옴]: 눈보라, 폭설, 〈~ blizzard\snow squall〉, 〈~(↔)rain-storm〉 양1

2149 ***SNS** [에스엔에스]: social network service, 사회생활 도우미 회로, 전산망에서 이용자들이 인적 연결망을 형성할 수 있게 도와주는 매체, 〈세금보다 더 무서운 것〉, 〈~ an on-line social media platform, ⇒ schmooze 우2

2150 **SNU** [스누우]: ⇒ Seoul National University 미2

2151 ***snub** [스너브]: 〈← snubba(cut off)〉, 〈북구어〉, 타박하다, 급히 멈추다, 들창코, 푸대접, 훔쳐서 가져다 주다, 〈~ cold shoulder〉, 〈↔referral\greet\accept〉 양1

2152 **snuff¹** [스너후]: 〈← snipfen(snip)〉, 〈영국어〉, 초 심지의 타다 남은 부분, 하찮은 것, 심지를 자르다, 〈~ shag\extinguish〉, 〈↔raise\ignite\light〉 양1

2153 **snuff²** [스너후]: 〈← snuffen〉, 〈네덜란드어〉, 코〈snout〉로 들이쉬다, 코를 킁킁거리다, 코담배, 〈~ sniffle\smoke-less tobacco〉 양1

2154 **snug** [스너그]: 〈← ship-shape란 뜻의 게르만어〉, comfortable, 〈날씨가〉 아늑한, 편안한, 아담한, 안전한, cozy, 〈~ neat\consoling〉, 〈↔bleak\messy〉 양1

2155 ***snug as a bug in a rug**: 〈양탄자 속의 벌레처럼〉 편안하다, 아늑하다, 훈훈하다, 〈속담도 운이 맞아야 제 맛이 나지요?〉, 〈~ comfortable\cushy〉, 〈↔pull the rug out from under you〉 양2

2156 ***snug-gies** [스너기즈]: 뜨개질해서 만든 포근하고 헐렁한 여성용 실내복(women's warn knitted undergarment) 우2

2157 **snur·fer** [스널훠]: snow+surfer, 빙설판, ⇒ snow·board 우2

2158 **so** [쏘우]: 〈← suad(himself)〉, 〈라틴어에서 유래한 게르만어〉, 그와 같이, 그렇게, 이대로, 그러므로, 이쯤, 〈시큰둥한〉, 만큼, 무척, 〈~ such〉, 〈~ thus\hence〉, 〈↔otherwise\contrarily\however〉 양2

2159 **soak** [쏘우크]: 〈← sugere(suck)〉, 〈라틴어→영국어〉, (흠뻑) 젖다, 잠기다, 스며들다, 몰두하다, 〈~ seep\sop〉, 〈~ dip\immerse〉, 〈↔desiccate\parch〉 양1

2160 **so-and-so** [쏘우 앤 쏘우]: 무엇 무엇, 여차여차, 아무개, 거시기, 〈~ bastard\mediocre〉, 〈↔some-body\bad\excellent〉 양2

2161 ***SOAP** [쏘우프]: 소프, simple object access protocol, 단순 객체 접근 규약, 멀리 떨어진 전산기로 '한 방'에 자료를 전송하는 방법을 정한 규정, 〈~ service oriented architecture protocol〉 미1

2162 **soap** [쏘우프]: 〈← sapo(salt from fat)〉, 〈라틴어→게르만어〉, 비누, 지방산의 알칼리 금속염, 〈~ cleanser\detergent〉 가1 우1

2163 **soap-ber·ry** [쏘우프 베뤼]: (주로 칙칙한) 열매의 속을 비누 제조에 사용했던 무환자나무속의 관목, ⇒ hop-bush\litchi\maple 우1

2164 **soap-box** [쏘우프 박스]: (비누의) 빈 궤짝, 〈1872년 영국 런던에 등장한〉 임시(가두) 연단, 〈~(↔)platform\podium〉 양2

2165 **soap op·er·a** [쏘우프 아퍼뤼]: (초기에 비누 회사들이 후원했던) 〈비누를 많이 쓰는 '아줌마'들이 좋아하는〉 감상적 통속 연재물, 〈~ melo-drama〉, 〈↔mundane\cool-headed〉 우2

2166 **soap-stone** [쏘우프 스토운]: (얼음같이 치밀하고 몸체가 고운) 동석, (욕조·탁자·장식물·조각용 등으로 사용하는) 비누같이 부드러운 활석, 〈~ chalk\talc〉 미2

2167 **soap-wort** [쏘우프 워얼트]: saponaria, 비누풀, (saponin이 많이 든 잎이나 뿌리를 달여서) 비누 대용으로 썼던 '석죽'과의 2년생 독초·약초, 〈~ crow soap\hedge pink〉 미2

2168 **soar** [쏘어]: ex+aura(air), 〈라틴어〉, 〈공중으로〉 높이 날다, 치솟다, 부풀다, 〈~ fly\jet〉, 〈↔drop\sag〉 가1

2169 ***SOB**: son of a bitch, 개새끼, 염병할 놈, 〈~ mother fucker(mafa)〉, 〈↔angel\darling〉 양2

2170 **sob** [싸압\쏘옵]: 〈게르만어〉, 〈의성어·의태어〉, (흑흑) 흐느끼다, 쉭쉭 소리를 내다, 〈~ weep\boohoo〉, 〈↔rejoice\approve〉 양2

2171 **so-ba** [쏘우바]: qiao-mai, buck-wheat, 〈중국어→일본어〉, 소바, (흰쌀밥을 주로 먹어서 생기는 각기병 치료를 위해 먹기 시작했던) 메밀국수 미2

2172 **so·ber** [쏘우버]: so+ebrius(drunken), 〈라틴어〉, 술 취하지 않은, 맑은 정신의, 침착한, 수수한, 〈~ clear-headed\self-controlled〉, 〈↔drunk\intoxicated〉 양1

2173 **so·bre·me·sa** [쏘부뤠 메사]: 〈스페인어〉, 'over the table', 식후에 식탁에서 보내는 시간, 잘 먹고 나서 수다 떨기, 〈~ small talk〉, 〈↔big(tall) talk〉 미2

2174 **so·bri·e·ty** [써브롸이어티]: 〈← sober〉, 절주, 절제, 제정신, 침착, 온건, 〈~ abstinence\solemnity〉, 〈↔addiction\indulgence〉 양1

2175 **so·bri·e·ty test** [써브롸이어티 테스트]: '제정신 검사', 약물에 취하지 않았나를 측정하는 검사법, 〈~ test for DUI〉, 〈~(↔)sanity check〉 우2

2176 **so·bri·quet** [쏘우브뤼케이]: sous(under)+briquet(brisket), 〈프랑스어〉, chuck under the chin, 별명, 가명, 애칭, 〈~ moniker\by-name〉, 〈↔real(birth) name〉 양2

2177 *__SOC¹__ (so·cial o·ver·head cap·i·tal): 사회 간접 자본, 공공사업에 투자되는 돈 미2

2178 *__SOC²__ (sys·tem on chip): '소자 통합 체계', 반도체 조각 하나가 많은 기능을 수행할 수 있게 한 것, 〈~ monolithic integration〉 우2

2179 *__so-ca__ [쏘우커]: soul+calypso, (1970년대에 시작된) '흑인 영가'와 '바다 요정음악'이 융합된 대중음악, 〈~ fast tempo and infectious rhythms〉 우2

2180 **so-called** [쏘우 커얼드]: 소위, 이른바, ~왈, 〈~ allegedly\commonly named〉, 〈↔true\actual〉 가2

2181 **soc·cer** [싸커]: 사커, aSSOciation football, 〈연합〉 축구, 1863년 런던에서 시작된 11명씩의 2조가 공을 발이나 머리로 차서 득점대 안으로 넣는 〈세계에서 제일 인기 있는〉 구기, 〈~(↔)foot-ball\rugby〉 미2

2182 *__soc·cer mom__ [싸커 맘]: (자녀를 축구 등 과외활동에 데리고 다니느라) 눈·코 뜰 새 없는 〈1996년 미국 대선에서 클린턴을 선호했던〉 중산층 가정주부, hockey mom 미1

2183 **so·cial** [쏘우셜]: 〈← socius〉, 〈라틴어〉, '연계된', 사회적인, 사교적인, 사교계의, 군거하는, 사회주의적인, 〈~ communal\collective〉, 〈↔un-social\individual\reclusive〉 가1

2184 *__so·cial but·ter·fly__ [쏘우셜 버터훌라이]: 사교로 바쁜 사람, 사교적이고 외향적인 사람, 〈한국에서는 인싸(insider)라고 하나 이는 잘못된 콩글리시임〉, 〈~ extrovert\merry-maker〉, 〈↔wall flower²\home-body〉 미2

2185 *__so·cial dis·cov·er·y__ [쏘우셜 디스커뷔뤼]: 사회적 발견 ①사회 전산망을 통해 타인에 대한 정보를 알아내는 일, 〈~ personal search〉 ②교제를 원하는 사람들끼리 짝을 맺게 도와주는 전산망 기지, 〈~ match-making〉 우2

2186 **so·cial dis·tance** [쏘우셜 디스턴스]: 〈Covid-19으로 인한〉 (6피트 간격의) 사회적 거리두기, 〈실은 가깝게 교제하지 말라는 뜻이므로 a·social d~가 맞는 말임〉, 〈~ physical distancing〉 양2

2187 **so·cial·ism** [쏘우셜리즘]: 사회주의, (공산주의보다 강제성이 덜하나 궁극적으로) 모든 재산의 공동소유를 추구하는 정치적·사회적 운동, 〈~(↔)communism〉, 〈↔capitalism〉 양2

2188 **so·cial-ized med·i·cine** [쏘우셜라이즈드 메디슨]: 사회화 의료 제도, 정부가 주관하는 의료 제도, 〈~ state medicine〉, 〈↔free (private) medicine〉 양2

2189 **so·cial psy·chol·o·gy** [쏘우셜 싸이칼러쥐]: 사회 심리학, 사회 집단이 인간의 행동에 미치는 영향을 연구하는 과학, 〈~ study of you and others〉 양2

2190 **So·cial Se·cu·ri·ty Act** [쏘우셜 씨큐어리티 액트]: SSA, 사회 보장법, (1935년에 제정되어 1965년에 개정된) 미국의 노인·장애인·실업자에 대한 복지제도, 〈~ a law for general welfare and unemployment〉 미2

2191 **so·cial work·er** [쏘우셜 워얼커]: 사회 복지사, (특별한 자격증은 없으나 대개 학사과정 이상을 이수한) 인간의 사회환경 개선을 위해 노력하는 사회 '사업'가, 〈~ welfare (or case) worker〉 미2

2192 **so·ci·e·ty** [써싸이어티]: 〈← socius(companion)〉, 〈라틴어〉, 소사이어티, 〈인간이 인간답게 (못)살게 하는〉 사회, '〈동료〉 집단', 단체, ~계 (층), 〈~ the community\the general public〉, 〈↔individual\dissociation〉 양2

2193 **So·ci·e·ty Is·lands** [쏘싸이어티 아일런드]: 소시에테 제도, (1766년부터 프랑스인들이 정착하기 시작했으나 1769년 영국의 Royal 'Society'의 지원을 받은 선단이 '지나가면서' 붙인 이름의) 남태평양 프랑스령 Polynesia에 속하는 14개의 섬 수2

2194 **so·ci·o·bi·ol·o·gy** [쏘우시어 바이알러쥐]: 사회 생물학, 〈유전학·우생학에 근거를 두고〉 동물의 사회 행동에 대한 생물학적 측면을 연구하는 '비교과학', 〈~(↔)evolutionary psychology behavioral ecology〉 양2

2195 **so·ci·o·e·col·o·gy** [쏘우시어 이칼러쥐]: 사회 생태학, 생태계에서 같은 종의 개체끼리나 주위 환경과의 상호작용을 연구하는 '비교과학', 〈~(↔)environmental sociology\eco-anarchism〉 양2

2196 **so·ci·o·ec·o·nom·ics** [쏘우시어 이커나믹스]: 사회 경제학, 경제활동과 사회생활의 상호작용을 연구하는 '비교과학', 〈~ solidarity economy\class and stratum〉 양2

2197 **so·ci·o·gram** [쏘우시어 그램]: '사회적 도표', 한 집단 내에서 객체의 상호관계를 도표로 표시한 것, 〈~ social net-work analysis\sociometry〉 우2

2198 **so·ci·ol·o·gy** [쏘우시알러쥐]: 〈라틴어+그리스어〉, 사회학, 군집 생태학, 몰려 사는 집단의 현상과 구조를 연구하는 과학, 〈~ human ecology\demography〉, ↔zoology\biology〉 양2

2199 **so·ci·om·e·try** [쏘우시아 미트뤼]: 사회 측정학, 계량 사회학, 집단 내 객체 간의 관계를 수량으로 측정하는 방법, 〈~ sociogram\a quantitative method for measuring social relation-ships〉 양2

2200 **so·ci·o·path** [쏘우시어 패쓰]: 사회 병질자, 반사회인, 사회 규범에 벗어나고도 잘못인지 모르는 자, 〈~ psycho-path〉 양2

2201 *****so·ci·o·sex·u·al** [쏘우시어 쎅슈얼]: 사회 성적인, 인간세계에서 개인 간의 성생활에 관한, '혼외정사'의 점잖은 표현, 〈~ adultery〉 양2

2202 **sock¹** [쌐]: 〈← sukkhos(light·low-heeled shoe)〉, 〈그리스어〉, 가볍고 뒤축이 낮은 구두, 구두 안에 대는 가죽 바닥, (희극 배우가 신던) 가벼운 신발, 양말, 돈을 모으다(꼬불치다), 〈~ hide〉, 〈~(↔)hosiery\stocking〉, 〈↔glove\cap〉, 〈양말 대신 빤쓰 속에다 꿍치는 여자들도 있다면〉 양2

2203 **sock²** [쌐]: 〈1700년 경에 등장한 어원 불명의 속어〉, punch, 강타, 대성공, 〈~ strike\blow〉, 〈↔lose\fiasco〉 양2

2204 **sock-dol·a(o)·ger** [쌐달러줘]: sock²(punch)+doxology(final pray), 〈영국어+그리스어〉, '강타', 엄청나게 큰 것, 최후의 일격, 〈~ forceful blow\finisher〉, 〈↔lose\failure〉 양2

2205 **sock·et** [싸킽]: 〈← sukkos(pig's snout)〉, 〈켈트어〉, 꽂는 구멍, 접속구, 〈오직 성행위만 위해 존재하는 여성〉, 〈~ out-let\receptacle〉, 〈~(↔)plug〉, 〈↔projection\bulge〉 미1

2206 **sock·et wrench** [싸킽 뢘치]: box spanner('끝면 돌리개'), '구멍 점쇠', 나사(못)을 (걸리개) 구멍에 끼워 돌리는 기구 우2

2207 **socks** [쌐스]: 〈← sukkhos(light shoe)〉, 〈그리스어→라틴어〉, 〈← soccus〉, ('짧은') 양말, 버선, (숨겨 둔) 돈주머니, 〈~ anklets\bootees〉, 〈↔hat\glove〉 가1

2208 **Soc·ra·tes** [싸크뤼티즈]: sos(whole)+kratos(power), 〈그리스어〉, '온전한 자', 소크라테스, (BC470?-399?), 〈철학을 하늘에서 지상으로 가져온 사람〉, 〈서양철학의 아버지〉, 사물의 공통점을 찾아내는 〈일반적 정의〉를 강조했고 〈지식 지상주의〉를 외치다 〈청소년 선동죄〉로 시민재판에서 사형을 당한 그리스의 철학자·교육자, 〈테스 형〉, 〈~ Father of Western Philosophy〉, 〈~(↔)Confucius〉 수1

2209 **So·crat·ic meth·od** [써크뢔틱 메써드]: 소크라테스식 문답법, 〈무식이 탄로나더라도〉 쌍방 간의 대화를 통해서 사물의 진정하고 보편적인 의미를 찾으려는 시도, 〈~ shared dialogue\confession of ignorance〉, 〈↔libertarian(liberalism)〉 수2

2210 **sod** [싸드]: ①〈← sode(turf)〉, 〈어원 불명의 게르만어〉, 뗏장, 잔디 ②남색자, 비역쟁이, sodomite, 〈~ fuck boy〉 양1

2211 **so·da** [쏘우더]: 〈← suwwad(salt-wort)〉, 〈아랍어〉, 소다, 탄산수, 중조, 〈sodium을 포함하는 물질〉, 〈~ pop\soft drink〉, 〈↔liquor〉 미1

2212 **sod·den** [싸든]: 〈영국어〉, 〈← seethe(soaked through)〉, 흠뻑 젖은, 눅눅한, 부석부석한, 〈~ soggy\swollen〉, 〈↔dry\arid〉 양1

2213 **so·de·na·shi** [소데 나시]: sleeve-less, 〈일본어〉, 소매가 없는 (옷), 민소매, tank-top, 어깨뜨기(맨팔) 수2

2214 **so·di·um** [쏘우디엄]: 〈영국어〉, 〈← soda〉, 소듐, 나트륨, 금속원소 (기호 Na· 번호11), 〈아무하고나 잘 붙는〉 지각의 2.8%를 차지하는 알칼리 금속(alkali metal) 수2

2215 **Sod·om** [싸덤]: 〈어원 불명의 히브리어〉, 소돔, 〈사해 남안에 있었다는 전설적인〉 죄악과 패륜의 도시, 〈~ an ancient city near the Dead Sea〉, 〈~(↔)Gomorrah〉 수1

2216 **sod·om·y** [싸더미]: (소돔에서 횡행했었다는) 남색, 비역, 수간, ⟨~ buggery\fuck boy⟩ 양2

2217 **so·fa** [쏘우훠]: ⟨← soffah(cushion)⟩, ⟨아랍어⟩, 소파, 긴 ⟨거실⟩ 의자, couch, ⟨~ settee⟩, ⟨~(↔)love-seat보다 김⟩, ⟨↔chair\table⟩ 미1

2218 **so·fa bed** [쏘우훠 베드]: 침대 겸용 긴 의자, ⟨~ day-bed\davenport\studio couch⟩, ⟨↔stool⟩ 미1

2219 *__so·fa·king__ [쏘우훠 킹]: so fucking [쏘우 훠킹]의 점잖은 발음, ⟨아주·매우⟩를 뜻하는 속어, ⟨~ beautiful\ridiculous⟩ 양2

2220 **so far** [쏘우 화]: 지금(아직)까지는, 어느 정도까지는, 그렇게 멀리, ⟨~ as yet\till now⟩, ⟨↔there-after\hence-forth⟩ 양2

2221 **So·fi·a** [쏘우휘어]: ⟨그리스어⟩, 'sophos(지혜)', 소피아, (1세기경 로마인들에 의해 세워져 1376년 St. Sophia 성당 이름을 따 재 명명된) 발칸산맥에 있는 불가리아 서부의 수도·산업·문화도시, ⟨~ Capital of Bulgaria⟩ 수1

2222 **so forth** [쏘우 훠얼쓰]: so on, ~운운, ~등등, ⟨~ and the rest\in such manner⟩, ⟨↔but\only⟩ 양2

2223 **soft** [써후트]: ⟨← softe(gentle)⟩, ⟨게르만어⟩, 소프트, 부드러운, ⟨여성(기)의 질을 좌우하는⟩ 유연한, 아련한, 온화한, 연약한, 안이한, ⟨~ mushy\dim⟩, ⟨↔hard⟩ 가1

2224 **soft-ball** [써후트 버얼]: 1887년 미국에서 개발된 크고 '연'한 공을 가지고 작은 장소에서 하는 ⟨변형된⟩ 야구, ⟨~ play-ground ball⟩, ⟨↔hard-ball(baseball)⟩, ⟨이것은 공을 아래로 던지고 야구는 위로 던짐⟩ 우1

2225 **soft-board** [써후트 보어드]: 연질 섬유판, 잘게 자른 식물섬유를 원료로 한 다공질의 건축용재, 연질판, '약판지', ⟨~ foam-board\foamie⟩, ⟨↔hard-board⟩ 미2

2226 **soft-boiled** [써후트 보일드]: 반숙의, 유연한 문체, 유약한, 감상적인, ⟨~ half-boiled⟩, ⟨~(↔)over-easy\sunny-side up⟩, ⟨↔hard-boiled⟩ 양2

2227 *__soft boot__ [써후트 부우트]: 연성재가동, warm start, ⇒ warm boot 우2

2228 *__soft brush__ [써후트 브뤄쉬]: 부드러운 화필(솔), 광학 그림에서 ⟨흔적을 남기지 않는⟩ 솔을 가진 '도구', ⟨~ fluffy (or gentle) brush⟩ 양2 우2

2229 *__soft–cod-ed__ [써후트 코우디드]: '약 부호화된', (외부에서 얻은 자료를 이용해서) ⟨내용을 변경할 수 있도록⟩ 느슨하게 짠 전산기 차림표, ⟨~ flexible coding⟩, ⟨~ obtaining values from external sources⟩, ⟨↔hard-coded⟩ 우2

2230 *__soft cop·y__ [써후트 카피]: '연성 사본', 인쇄되지 않고 (전산기에) 저장되어 있는 문본, ⟨~ electronic copy\computer file⟩, ⟨↔hard copy⟩ 미1

2231 **soft-core** [써후트 코어]: 덜 노골적인 (음란물), 온순한 내용(의), ⟨~ mild\less explicit(porno)⟩, ⟨↔hard-core\intense⟩ 양2

2232 **soft-corn** [써후트 코언]: 연성 티눈, 발가락 사이의 물집, ⟨~ inter-digital callus (or blister)⟩ 미2

2233 *__soft cur·ren·cy__ [써후트 커어뤈시]: 연화, 불환 통화, ⟨비트코인같은⟩ 환율의 변동이 심한 (불안정한) 돈, ⟨~ un-stable currency⟩, ⟨↔hard currency⟩ 양2

2234 **soft de·ter·gent** [써후트 디털쥔트]: 연성세제, 시간이 지나면 무공해 물질로 분해되는 ⟨무공해⟩ 세제, ⟨~ cleaning agent that breaks down naturally in the environment⟩ 양2

2235 *__soft disk__ [써후트 디스크]: 연성 (원)반, 얇은 자기층을 이용해서 기억력을 저장하는 ⟨현재는 잘 쓰이지 않는⟩ '유연한' 원반, ⟨~ temporary storage⟩, ⟨↔hard disc⟩ 양2

2236 **soft drink** [써후트 드륑크]: (주정이 안 들어 있는) 청량음료, ⟨~ pop\soda⟩, ⟨↔hard drink⟩ 가1

2237 **soft drug** [써후트 드뤄그]: '연성 약품', (마리화나·메스칼린 등) 중독성이 적은 마약, ⟨~ gate-way drug⟩, ⟨↔hard drug⟩ 미1

2238 **soft-edge** [써후트 엘쥐]: '부드러운 모서리', 화상의 경계가 뚜렷하지 않고 흐린 가장자리, ⟨~ a bit fuzzed⟩, ⟨↔hard (or sharp)-edge⟩ 미2

2239 *__soft·en the tar·get__: (전투에서) 지상군 투입 전에 공습으로 목표물을 초토화시키는 작전, scorching, 고양이 쥐 생각, ⟨~ soften up for the kill⟩ 양2

2240 *__soft er·ror__ [써후트 에뤄]: '부드러운 실수', 일시적으로 발생하는 (재현성이 없는) 자료 저장기기의 결함, ⟨~ temporary malfunction⟩, ⟨↔hard error\fatal damage⟩ 미2

2241 **soft-gel** [쎠후트 젤]: ①(말랑말랑한) 연질 알약, ⟨~ soft gelatin capsule⟩ ②연성 손·발톱 광택제, ⟨~ gel polish\removable nail polish⟩ 미2

2242 **soft girl** [쎠후트 거얼]: ⟨의도적으로 여성답게 치장한⟩ 부드러운 여인, '말랑녀', ⟨~ sweet girl⟩, ⟨↔burly woman⟩ 미2

2243 **soft goods** [쎠후트 굳즈]: '연성제품', 비내구재, 섬유제품 등 '부드러운' 물건, ⟨~ textiles⟩, ⟨↔hard-ware⟩ 미2

2244 **soft-head** [쎠후트 헤드]: 바보, 얼간이, '팔푼이', ⟨~ foolish (or deficient) person⟩, ⟨↔hard-headed⟩ 양2

2245 **soft hy·phen** [쎠후트 하이휜]: '부드러운 연결 부호', 단어가 행의 마지막에 쓰일 때는 '없어지는' 연결 부호(-), ⟨~ discretionary (or optional) hyphen⟩, ⟨↔hard hyphen⟩ 미2

2246 *****soft-key** [쎠후트 키이]: '연성 건', 사용자가 차림표에 따라 그 기능을 정의해서 쓸 수 있는 ⟨마음 좋은⟩ '열쇠', ⟨~ flexibly programmable button⟩, ⟨↔hard-key⟩ 우1

2247 *****soft land·ing** [쎠후트 랜딩]: 연(부드러운) 착륙, 불경기를 초래하지 않고 경제 성장률을 낮추는 일, ⟨~ smooth (gentle) landing⟩, ⟨↔hard landing⟩ 양2

2248 *****soft launch·ing** [쎠후트 러언칭]: ⟨미국 신조어⟩, 연(부드러운) 이륙 ①(흥행물을 일반에 공개하기 전에) 특정인에게 선보이기 ②티나지 않게 ⟨은근슬쩍⟩ 연애를 시작하는 짓, ⟨~ soft opening⟩, ⟨↔hard launching⟩ 미2

2249 **soft lens** [쎠후트 렌즈]: '부드러운 수정체', contact lens('접착 수정체'), (안경 대신) 시력을 교정하기 위해 수정체에 붙이는 매우 얇은 합성수지 제품 우2

2250 *****soft mo·dem** [쎠후트 모우뎀]: '연성 변복조 장치', software modem, 최소한의 강성기기만 가지고 전산기를 운영하는 접속장치 미2

2251 **soft mon·ey** [쎠후트 머니]: 지폐, 어음, 가치가 떨어진 통화, 쉽게 번 돈, 규제받지 않는 선거 기부금 (투표 독려·선거 계몽용), ⟨~ paper money\soft currency\fast buck\un-regulated donation⟩, ⟨↔hard money\hot money⟩ 양2

2252 *****soft-nom·ics** [쎠후트 나믹스]: '연성 경제학', 제조업에서 정보·기술 산업으로의 변화를 다루는 학문, ⟨~ software intensive operating system⟩ 우1

2253 **soft page (break)** [쎠후트 페이쥐 (브뤠익)]: '연성 면 분단', (단어 처리기에서) 자동적으로 문본의 쪽이 갈라지게 차려진 곳, ⟨~ automatic separation of pages⟩ 우1

2254 **soft pine** [쎠후트 파인]: 백송, ⇒ white pine 미2

2255 **soft pow·er** [쎠후트 파우어]: ⟨정치뿐만 아니라 연애할 때도 먹혀들어 가는⟩ 연성 능력, ⟨무기에 의한 힘에 대해⟩ (경제적·문화적으로) 간접적이고 무형적인 영향력을 행사하는 힘, ⟨~ co-opt rather than coerce/persuasion⟩, ⟨↔hard power⟩ 미2

2256 *****soft ro·bot** [쎠후트 로우벋]: '연성 일꾼', 생체와 비슷한 유연성 있는 물질로 만든 일하는 기계, ⟨~ flexible, deformable machine\biominetic robot⟩, ⟨↔hard robot⟩ 우2

2257 **soft sci·ence** [쎠후트 싸이언스]: ⟨약한 증거도 통하는⟩ '유연과학', 인문과학, (딱딱하지 않고 '인성이 숨쉬어야 하는') 사회과학, ⟨~ social science⟩, ⟨↔hard science⟩ 미2

2258 **soft sell** [쎠후트 쎌]: '연성 판매', (아우성치지 않고) 조용한 설득으로 하는 판매전략, ⟨~ low pressure selling⟩ 우2

2259 **soft-shelled tur·tle** [쎠후트 쉘드 터어틀]: 자라, 등딱지의 중앙부만 단단한 조그만 거북이 비슷한 파충류, ⟨~ mud (or snapping) turtle\terrapin⟩ 미2

2260 *****soft shoul·der** [쎠후트 쇼울더]: 포장하지 않은 갓길, ⟨~ unpaved edge⟩, ⟨↔paved road\hard shoulder⟩ 우2

2261 **soft spot** [쎠후트 스팥]: 약점, 허술한 곳, 감상적 애착, ⟨~ fraility\Achilles' heel⟩, ⟨↔strong point⟩ 양2

2262 *****soft tech·nol·o·gy** [쎠후트 테크날러지]: '연성 기술', (눈에 보이지 않는) 인간의 두뇌 활동을 위주로 하는 기술, ⟨~ human-centered technology⟩, ⟨↔ hard technology⟩ 우2

2263 **soft-top** [쎠후트 탚]: 덮개를 접어 넣을 수 있는 차(작은 배), ⟨~ soft roof⟩, ⟨↔hard-top⟩ 우1

2264 **soft (easy) touch** [쎠후트 (이이지) 터취]: 만만한 상대, 마음이 여린 자, 속기 쉬운 사람, 돈을 잘 꾸어주는 자, 호구, ⟨~ push-over\sucker⟩ 양1

2265 ***soft-ware** [쎠후트 웨어]: 연성기기, (1935년부터 태동한) 전산기 차림표 체계의 총칭, 〈~ programs〉, 〈↔hard-ware〉 미1

2266 **soft wa·ter** [쎠후트 워어터]: 연수, 1리터당 무기물 함량이 1백 mg 이하의 민물, '단물', 〈~ fresh-water〉, 〈↔hard water\salt water〉 미2

2267 **sog-gy** [싸기 \ 쏘기]: 〈← sog(swamp)〉, 〈어원 불명의 영국어〉, 물에 젖은, 침습한, 생기가 없는, 〈~ wet\mushy〉, 〈↔dry\firm〉 양2

2268 ***SOHO** [쏘우호우]: 소호, small office home office, 소규모 재택 사무실 미2

2269 **soil** [쏘일]: 〈라틴어〉 ①〈← solum(ground)〉, 〈지면의〉 흙, 토양, 땅, 〈→ humus〉, 〈~ earth\dirt〉 ②〈← sus(pig)〉, 〈'돼지'에서 나오는〉 오물, 분뇨, 거름, 〈↔clean\barren〉 가1

2270 **soi·ree** [스와아뤠이\쑤워뤼]: 〈← serus(late)〉, 수아레, 〈라틴어→프랑스어〉, evening affair, (주로 개인집에서) 저녁에 격식을 갖추어 하는 모임, 밤의 모임, 야회, 〈~ evening party〉, 〈↔martini〉 미2

2271 **so·journ** [쏘우쭈언]: sub(under)+diurnus(← dies; day), 〈라틴어〉, 〈하루 저녁〉 묵다, 체류하다, 〈~ lodge\home stay〉, 〈↔go\departure〉 양2

2272 **so-ju** [쏘주]: shao(burn)+jiu(wine), 〈중국어→한국어〉, 〈13세기 몽골로부터 고려로 전파된〉(16도에서 53도까지의 강도를 가진) '불로 증류시킨' 곡주, 〈한국의 국민주〉, 〈↔mak-geoli〉 수2

2273 **Sol** [쏠 \ 쌀]: 〈라틴어〉, the sun, 솔, (로마의) 태양신, 군인들의 수호신(god of war), 〈↔Luna〉 수1

2274 **sol**¹ [솔]: 〈← solvere(solve)〉, 〈라틴어〉, '하나님의 구원', 솔, 시(음), 장음계의 5번째음(G), 〈~ 5th note in a diatonic scale〉 수2

2275 **sol**² [솔 \ 설]: 〈← hydrosol〉, 〈라틴어〉, 졸, 교질 (용액), 아교같이 끈끈한 물질, 〈~ solution〉, 〈↔solid\gas〉 미2

2276 **sol·ace** [쌀러스]: 〈← solari(to comfort)〉, 〈라틴어〉, 〈← console〉, 위안, 기분 전환, 오락, 〈↔anguish\distress〉 가1

2277 **so·lan** [쏘울런]: 〈← sula〉, 〈어원 불명의 북구어〉, gannet, 흰부비새, 북대서양 연안에 서식하며 뾰족한 부리와 끝이 검은 커다란 흰 날개를 가지고 멀리 날아갈 수 있는 '힘이 센' 갈매기, 〈~ a large goose〉 미2

2278 **so·la·num** [쏘울레이넘]: 〈라틴어〉, 〈아릿한 독성 알칼로이드 solanine을 함유하는〉 (가지·감자·토마토 등) 가짓과의 총칭, 〈~ deadly nightshade\morel²〉 우1

2279 **sol-ar** [쏘울럴]: 〈← Sol〉, 솔럴, 태양의, 태양에서 나오는, 태양광선을 이용하는, 〈~ sun power〉, 〈↔lunar〉 가1

2280 **sol-ar cal·en·dar** [쏘울럴 캘런더]: 〈지구가 태양의 둘레를 회전하는 동안을 1년으로 하는〉 (태)양력, 〈↔lunar calendar〉, ⇒ Gregorian Calendar 가2

2281 **sol-ar e·clipse** [쏘울럴 이클립스]: (달이 지구와 태양 사이를 통과하므로 일시적으로 태양이 가려지는) 일식, 〈~ Moon passing between Sun and Earth〉, 〈↔lunar eclipse〉 양2

2282 ***sol-ar farm** [쏘울럴 화앎]: solar park, 태양열 경작지(발전소), 수많은 태양열 흡수판을 설치한 넓은 토지, 〈~ photo-voltaic power station〉, 〈↔wind-farm〉 양2

2283 **sol-ar in·dex** [쏘울럴 인덱스]: (하루 일광량을 0~100으로 표시한) 태양열 지수, 〈~ indicator of solar energy〉 양2

2284 **sol-ar month** [쏘울럴 먼쓰]: 태양월(30일 10시간 21분 3.8초)〈1년을 12등분한 시간〉, 〈~ ¹/₁₂ of a tropical year〉, 〈↔lunar month〉 양2

2285 ***sol-ar pan·el** [쏘울럴 패늘]: 태양 전지판, (주로 실리콘으로 만드는) 태양열 흡수판, 〈~ solar cell (or collector)〉 양2

2286 **sol-ar sys·tem** [쏘울럴 씨스템]: 태양계, 태양과 그 주위를 돌고 있는 〈수많은〉 둥근 물체들, 〈~ heliocentric system〉, 〈~(↔)planet〉, 〈↔extra-solar system\cosmos\extra-planet〉 양2

2287 **sol-ar wind** [쏘울럴 윈드]: (태양에서 나오는 아주 고온의 미립자들이 세차게 부는) 태양풍, 〈~ heliospheric wind〉 양2

2288 **sol-ar year** [쏘울럴 이어]: 태양년(365일 5시간 48분 46초), 〈~ tropical year〉, 〈↔lunar year〉 양2

2289 **sold** [쏘울드]: sell의 과거·과거분사, 팔리다, 강매되다, 설득 당하다(persuaded) 가1

2290 **sol·der** [쌀더 \ 쏠더]: 〈← solidare(make firm)〉, 〈라틴어〉, 땜납, 접합물, 격쇠, 〈~ consolidate〉, 〈~ join\weld\clamp〉, 〈↔de-solder\break\separate〉 양1

2291 **sol·dier** [쏘울줘]: ⟨← solidus(a piece of money)⟩, ⟨라틴어⟩, '돈을 받고 싸우는 사람', (직업) 군인, 병사, 용사, 병정개미, 소라게(pagurian), ⟨~ fighter\service-man⟩, ⟨↔ruler\civilian⟩ 양1

2292 **Sol·dier's Med·al** [쏘울줘스 메들]: 솔저스 메달, (전투 외의 영웅적 행위⟨non-combat heroism⟩에 주는) '군인' 장, ⟨~ distinguished service medal⟩ 미2

2293 **sole¹** [쏘울]: ⟨← solus(alone)⟩, ⟨라틴어⟩, 오직 하나의, 유일한, 고독한, 독신의, 단독의, ⟨그는 나의 '태양'⟩, ⟨~ solo\soli⟩, ⟨~ solitary⟩, ⟨~ only\single⟩, ⟨↔assorted\multiple⟩ 양1

2294 **sole²** [쏘울]: ⟨← solum(gound)⟩, ⟨라틴어⟩, 발바닥, 신바닥(구두창), 밑부분, ⟨~ soil⟩, ⟨~ under-surface of a foot⟩, ⟨↔palm¹⟩ 양1

2295 **sole³** [쏘울]: ⟨← solea⟩, ⟨라틴어⟩, 'sandal(덧신)' 가자미(넙치), 서대기, 일그러진 주둥이와 작은 두 눈이 한쪽에 달린 넓적한 물고기, ⟨~ flat-fish⟩ 미2

2296 **sole-ly** [쏘울리]: ①⟨← sole¹⟩, 단독으로, 혼자의, ⟨~ alone\only⟩, ⟨↔collectively\together⟩ ②⟨← sole²⟩, 밑바닥부터, 정말로, ⟨~ simply\merely\purely⟩ 양2

2297 **sol·emn** [쌀럼 \ 쏠럼]: ⟨← sole¹⟩, ⟨라틴어⟩, ⟨전적으로⟩ 엄숙한, 근엄한, 장엄한, 진지한, ⟨~ dignified\serious⟩, ⟨↔fiesta⟩, ⟨↔silly\frivolous⟩ 양1

2298 **so·len** [쏘울린 \ 쏘울렌]: ⟨그리스어⟩, 'tube', razor clam, 가리맛, 맛조개, 맛살, 긴 맛, '양판 조개' (가장자리가 예리한 비슷한 두 개의 뚜껑을 가진 길쭉한 조개) 미2

2299 **so·le·no·don** [소울리이너단]: solen+odous, slotted-tooth, ⟨그리스어⟩, 솔레노돈, 뾰족뒤쥐, shrew, 더운 지방의 땅속에 살면서 밤에 나와 벌레를 잡아먹는 삐죽한 입.'뻐드렁니'·독한 타액을 가진 ⟨멸종 위기에 처한⟩ '두더지', ⟨~ agouta⟩ 미2

2300 **so·li~** [쏘울리~ \ 쌀리~]: ⟨라틴어⟩, alone, ⟨단일의·유일한~⟩이란 뜻의 결합사, solo의 복수형, ⟨~ mono⟩, ⟨↔multi\poly~⟩ 양1

2301 **so·lic·it** [설리싵]: sollus(whole)+ciere(stir), ⟨라틴어⟩, 간청하다, 졸라 대다, (무엇을) 구하다, 유혹하다, ⟨~ pursue\woo⟩, ⟨↔answer\dismiss⟩ 양2

2302 **so·lic·i·tor** [설리스터]: 간청자, 의뢰인, 법무관, 사무 변호사, ⟨~ advocate\lawyer⟩, ⟨~(↔)barrister⟩, ⟨↔defendant\grantor⟩ 양2

2303 **so·lic·i·tude** [설리스튜우드]: ⟨라틴어⟩, 근심, 우려, 갈망, 배려, ⟨← solicit⟩, ⟨~ loneliness\isolation⟩, ⟨↔disregard\negligence⟩ 양1

2304 **sol·id** [쌀리드 \ 쏠리드]: ⟨← solidus(whole)⟩, ⟨라틴어⟩, '하나의', ⟨한 덩어리로 된⟩ 고체의, ⟨하나로 뭉쳐져서⟩ 견고한, 충실한, 확실한, 연속된, ⟨~ stereo⟩, ⟨~ rock-hard\well-founded⟩, ⟨↔liquid\gas\unstable⟩ 양2

2305 **sol·i·dar·i·ty** [쌀리대뤼티]: ⟨← solidus(whole)⟩, 결속, 단결, 일치, 연대 책임, ⟨~ unanimity\agreement⟩, ⟨↔discord\disharmony⟩ 양2

2306 **so·lid·i·ty** [설리디티]: 고체성, 견고, 속이 참, 부피, ⟨~ firmness\durability⟩, ⟨↔porosity\unreliability⟩ 양1

2307 **so·lil·o·quy** [설릴러퀴]: solus(alone)+loqui(speak), monologue, 혼잣말, 독백, ⟨↔dialogue⟩ 양2

2308 **sol·ip·sism** [쌀맆씨즘]: solus+ipse(alone+self)+ism, 유아주의, 자기중심주의, ⟨~ egocentricity\subjectivism⟩, ⟨↔objectivism\togetherness\sonder⟩ 양2

2309 **sol·i·taire** [쌀리테어]: ①한 개 박힌 보석, ⟨~ single stone⟩ ②혼자 하는 '화투', ⟨~ patience⟩ ③⟨미국 조류학자 Townsend가 친구의 별명을 따라 붙인⟩ 멸종된 중형 개똥지빠귀, ⟨~ dodo⟩ 우2

2310 **sol·i·tar·y** [쌀리테뤼 \ 쏠리테뤼]: 고독한, 혼자의, 적막한, 유일한, ⟨~ sole¹⟩, ⟨~ alone\lonely⟩, ⟨↔together\sociable⟩ 양1

2311 **sol·i·tude** [쌀리튜우드]: ⟨← solus(alone)⟩, ⟨라틴어⟩, 외톨이의, 고독, 외로움, 쓸쓸한 곳, ⟨~ isolation\emptiness⟩, ⟨↔togetherness\companionship⟩ 양2

2312 **sol·i·va·gant** [쌀리봐건트]: solus(alone)+vagans(wander), ⟨라틴어⟩, (외로운) 나그네, ⟨~ drifter\lone wolf⟩, ⟨↔extrovert\social butterfly⟩ 양2

2313 **so·lo** [쏘울로우]: ⟨라틴어⟩, alone, 솔로, 독주(곡), 독창(곡), 혼자 하는, ⟨~ un-accompanied⟩, ⟨↔grouped\accompanied⟩ 양2

2314 **Sol·o·mon** [쌀러먼 \ 쏠러먼]: 〈히브리어〉, 〈← shalom(평화)〉, 솔로몬, 다윗의 아들로 기원전 960년경에 이스라엘의 왕이 되어 1천 명의 부인을 거느리고 온갖 영화를 누렸으나 말년에 국민들의 반란으로 참담한 인생을 보낸 〈현명한 왕〉, 〈~ son and successor of king David〉 수1

2315 **Sol·o·mon Is-lands** [쌀러먼 아일랜즈]: 솔로몬제도, 1978년 영국으로부터 독립한 남태평양 뉴기니섬 동쪽에 있는 〈부유한 솔로몬 왕처럼 물자가 풍부할 것으로 바랐던〉 수많은 섬으로 된 〈못사는 나라〉, {Solomon Islander-Eng-(SB) Dollar-Honirara}, 〈~ a country in Oceania〉 수1

2316 **Sol·o·mon's seal** [쌀러먼스 씨일]: ①육성형 인장, (마귀를 통제하는 힘을 주었다는) 솔로몬 왕의 봉인, 〈~ polygonatum〉 ②죽대, (뿌리가 옥새를 닮았다는) 관절마다 한 쌍의 작은 백합꽃이 피는 둥굴레속의 '아스파라거스', 〈~ an asparagas〉 수2

2317 **So·lon** [쏘울런]: 'wisdom', 〈그리스어〉, 〈입법자〉, 솔론, (BC638?-559?), 그리스 7현의 하나, 〈실패로 끝난〉 민주화 개혁을 주도했던 아테네의 시인·정치가, 〈~ an Athenian statesman and law-maker〉 수1

2318 **sol-stice** [쌀스티스]: sol(sun)+statum(stand-still), 지, '해가 멈추는 점', 정오에 태양이 가장 높거나 낮은 위치에 있는 (적도로부터 남·북으로 가장 멀리 떨어진) 지점, 〈~(↔)equinox〉, 〈↔bottom\nardir〉 양2

2319 **so·lu·tion** [설루우션]: 〈라틴어〉, 〈← solve〉, 용해(액), 분해(액), 해결(책), 〈→ sol²\resolution〉, 〈~ liquid\remedy〉, 〈↔solid\gas〉, 〈↔dilemma\problem〉 가1

2320 **solve** [쌀브 \ 쏠브]: se(apart)+luere(let go), 〈라틴어〉, 〈매듭을〉 느슨하게 하다, 풀다, 용해하다, 해명하다, 해결하다, 〈→ solution〉, 〈~ clear up\figure out〉, 〈↔complicate\destroy〉 가1

2321 **sol·ven·cy ra·tio** [쌀뷘시 뤠이쇼우]: 지급여력(률), 부채에 대한 현금 동원 능력, 〈← solvent〉, 〈~ ability to meet long-term debt\leverage ratio〉 양2

2322 **sol·vent** [쌀뷘트 \ 쏠뷘트]: 〈← solvere(loosen)〉, 〈라틴어〉, 용해력이 있는, 지급능력이 있는, 용매, 〈~ dissolving agent\debt-free〉, 〈↔in-solvent\bankrupt\belly-up〉 양1

2323 **Sol·zhe·ni·tsyn** [쏘울줘니이췬], Al·ex·san·dr: '엿기름 제조자〈malter〉', 솔제니친, (1918-2008), 자신의 강제 노동소 경험을 주제로 쓴 소설로 인해 소련으로부터 추방당해 1976년 미국에 정착한 〈반체제 작가〉, 〈~ a Russian author〉 수1

2324 **So-ma·li·a** [쏘우마알리어]: soo(go)+maal(milk), 〈아랍어〉, '부자나라', 소말리아, (1960년 영국과 이탈리아로부터 독립되었으나 정정이 불안하고 해적들이 날뛰는) 에티오피아 동쪽 〈아프리카의 뿔〉에 붙어있는 수니파 이슬람(Islamic) 국가, {Somali-Somali·Ara-(SO) Shilling-Mogadishu}, 〈~ the eastern-most country in central Africa〉 수1

2325 **so·mat·ic** [쏘우매틱]: 〈← soma(body)〉, 〈그리스어〉, 신체의, 육체의, 〈~ physical\corporal〉, 〈↔mental\psychic〉 양2

2326 **som·ber** \ ~bre [쌈버 \ 쏨버]: 〈라틴어〉, 'sub(under)+umbra(shade)', 어둠침침한, 흐린, 우울한, 〈~ bleak\dark〉, 〈↔gala\bright〉 양2

2327 **som·bre·ro** [쌈브뤠어로우]: 〈← sombra(shade)〉, 〈스페인어〉, 솜브레로, 챙이 넓은 (미국 남서부·멕시코 등에서 쓰는) 중절모, '그늘 모자', 〈~ a wide-brimmed hat〉 우1

2328 **some** [썸]: 〈← sumaz(certain one)〉, 〈게르만어〉, 약간의, 다소의, 어떤, 상당한, 〈없는 것보다 나은〉, 〈~ not many\several〉, 〈↔all\few\specified〉 가1

2329 **~some** [~썸]: 〈게르만어〉, 〈~에 적합한, ~경향이 있는, ~개로 이루어진〉이란 뜻의 결합사, 〈~ same〉, 〈~ like\body\number〉 양1

2330 **some-bod·y(one)** [썸 바디(원)]: 어떤 사람, 누군가, 〈~ who-ever〉, 대단한 사람, 〈~ notable\VIP〉, 〈↔no-body(one)\mediocrity〉 가1

2331 **some-day** [썸 데이]: 언젠가, 머지않아, 훗날, 〈희망적인 말\절망적인 말〉, 〈~ one of these days\sooner or later〉, 〈↔immediately\never〉 양2

2332 **some-how** [썸 하우]: 어떻게든지, 어쩐지, 아무튼, 그럭저럭, 〈정처없는 말〉, 〈~ any-way\some-way〉, 〈↔no-way\never〉 양2

2333 ***some-one with no breed-ing will try to get a-way with any-thing**: 못된 송아지 엉덩이에 뿔난다, 될성 부른 나무는 떡잎부터 알아본다, 〈~ a straw shows which way the wind blows〉 양2

2334 **some-place(where)** [썸 플레이스(웨어)]: 어딘가에, 어딘가로, 〈~ unknown(unspecified) place〉, 〈↔no-where(place)〉 가1

2335 **som·er-sault** [써머써얼트]: supra+salere(leap), 〈라틴어→프로방스어〉, 재주 넘기, 공중제비, 반전, 〈~ tumble\flip-flop〉, 〈↔lose\retreat〉 가1

2336 **some-thing** [썸 씽]: 어떤 것(일·짓), 무엇인가, '물건(대단한 것)', 〈~ article\being\stand-out〉, 〈↔no-thing〉 가1

2337 **some-time** [썸 타임]: 언젠가, 훗날에, 머지않아, 〈~ some-day〉 가1

2338 **some time** [썸 타임]: 언제, 어느때, 얼마동안, 〈~ once\while〉, 〈↔yet\never〉 가1

2339 **some-times** [썸 타임즈]: 때로는, 이따금, 간혹, 〈~ occaisionally\ever and again〉, 〈↔always\evermore〉 가1

2340 **some-what** [썸 왙]: 얼마간, 조금, 다소, 〈~ a little\a bit〉, 〈↔very\extremely\highly〉 가1

2341 **some-where** [썸 웨어]: 어딘가에, 어딘가로, 쯤, 가량, 〈낭만적인 말〉, 〈~ some-place〉 양2

2342 **som·me-lier** [써멀리예이]: 〈← somme(pack)〉, 〈프랑스어〉, 〈포도주를 나르던 마부〉, wine steward, 포도주 담당 시종꾼 미1

2343 **som·nam·bu·lism** [쌈냄뷸리즘]: somnus+ambulare, 〈라틴어〉, 몽유병, 'sleep walking', 〈~ sleep-talk(somniloquy)〉 양2

2344 **som·nil·o·quy** [쌈닐러퀴]: somnus+loqui, 〈라틴어〉, 잠꼬대, 'sleep talking', 〈~(↔)somnambulism〉 양2

2345 **Som·nus** [쌈너스]: 〈라틴어〉, 솜누스, (그리스 신화의 Hypnos에 해당하는) 로마 신화의 잠〈sleep〉의 신 수1

2346 **son** [썬]: 〈← sunu〉, 〈게르만어〉, 아들, 자식, 사람, 군, 〈대를 이을 수 있는 아이〉, 〈부모를 자랑스럽게 하는 자〉, 〈su(be·get)란 산스크리트어가 어원이라는 설도 있음〉, 〈~ male child\boy〉, 〈~(↔)daughter〉, 〈↔dad\mom\ancester〉 가1

2347 **so·nar** [쏘우나알]: sound navigation (and) ranging, (잠수함·암초·고기떼를 감지하는) 수중 음파 탐지기〈detector〉, 〈~(↔)radar〉 미2

2348 **so·na·ta** [써나아터]: 〈← sonare(to sound)〉, 〈라틴어→이탈리아어〉, 〈소리를 내는〉 소나타, 주명곡, 악기를 위해 작곡된 3~4악장으로 된 음악, 〈~(↔)cantata\partita〉 미1

2349 **So·na·ta** [써나아터], Hyun-dai: 〈그 차가 미국에 들어오자마자 편자가 사서 시속 75마일로 달리다가 경찰한테 걸렸을 때 그 차로는 65마일 이상 달릴 수가 없다고 딱지를 떼지 않으려 하자 편자가 무슨 말이냐고 우겨서 벌금을 냈던〉 1985년부터 출시되어 2021년 미국 중형차 인기도 4위가 된 한국산 4인승 승용차, 〈~ a mid-sized car〉 수2

2350 **son·a·ti·na** [싸너티이너]: 소나티나, 소주명곡, 〈~ a small sonata〉 미1

2351 **son·der** [썬더]: 〈← sundraz(isolated)〉, 〈게르만어〉, 〈2012년에 등장한 신조어〉, 〈지나가는 사람들도 자신과 같은 인생역정을 가졌다는〉 심오한 자기성찰, 〈인생의〉 동병상련, 〈~ awareness\empathy〉, 〈↔solipsism\meism〉 양2

2352 **Son·der-bund** [썬더번드]: 〈← sundraz(isolated)+alliance〉, 〈독일어〉, '격리동맹', 서언덜번, 1845년 스위스의 가톨릭계 7주가 연방제를 지지하는 혁명 세력에 반기를 들고 일어났다가 1847년 진압된 〈외세가 끼어든〉 시민전쟁, 〈~ a civil war in Switzerland〉 수2

2353 ***SONET** [쏘우넽]: 소넷, synchronous optical network, 동기식 광 통신망, 광섬유를 사용한 통신회선에서 동시에 정보 뭉치를 직접 전송하는 일, 〈~ transmitting data over optical fibers〉 미2

2354 **So·net** [쏘 넽]: 〈← sonetto(little song)〉, 〈이탈리아어〉, 단가, (14행으로 된) 단시, Kia에서 출시한 소형 자동차, 〈a subcompact cross-over SUV-미국시장에는 아직 상륙하지 않았음〉 미2

2355 **Song** \ Sung [송 \ 성]: 〈지붕과 기둥이〉 '튼튼한 집〈strong house〉' ①중국 남북조시대 유유가 세운 나라 (AD420-589) ②조광윤이 주나라를 뒤엎고 세웠다가 몽골에 의해 망할 때까지 문화와 상업이 발달되었던 중국의 왕조 (AD960-1279), 〈~ Chinese dynasties〉 미2

2356 **song** [썽]: 〈게르만어〉, 〈← sing〉, 노래, 창가, 가곡, 지저귀는 소리, 졸졸거리는 소리, 하찮은 것, 〈~ chant\melody\pittance〉, 〈↔silence\cacophony\fortune〉 양2

2357 **Song of Sol·o·mon** [써엉 어브 쌀러먼]: Song of Songs, 아가(아름다운 노래), 〈솔로몬 대왕이 지었다는 썰이 있는〉 '남녀 상열지사'를 노래한 구약성서의 한 편, 〈~ Canticle of Canticles\a biblical poem〉 수2

2358 **song-pyeon** [송편]: 〈중국어+한국어〉, 송병, 반죽한 멥쌀가루에 소를 넣고 반달 모양으로 만들어 솔잎(pine leaves)을 깔고 찐 떡, pine flavored rice cake, 〈~ half-moon rice-cake〉, 〈~(↔)chap·ssal-tteok\moon cake〉 수2

2359 **song spar·row** [써엉 스패로우]: 노래 참새, (북미의 흔해 빠진) 멧종다리, 〈~ silver-tongue\a medium-sized North-American oscine〉 미2

2360 **song-ster** [썽스터]: singer, (유행) 가수, 시인, 명금, 가요집, 〈~(↔)songstress〉, 〈↔composer〉 양2

2361 **song thrush** [써엉 쓰뤄쉬]: throstle, mavis, 노래 지빠귀, (유럽·근동 등지에 서식하며) '노래를 반복하는' 재주를 가진 개똥지빠귀, 〈red-wing보다 조금 큼〉 미2

2362 **son·ic boom**(bang) [싸닉 부움(뱅)]: 〈← sonus(sound)〉, 〈라틴어+영국어+네덜란드어〉, (초음속 비행기 의한) 충격 음파, 〈~ carpet boom\sound from shock waves〉 미2

2363 **son·net** [싸닡 \ 쏘닡]: 〈← sonus(sound)〉, 〈라틴어에서 연유한 이탈리아어〉, 소네트, '작은 노래', 단시, 14행시, 문예부흥 때 주로 사랑을 노래하기 위해 쓰인 정형시, 〈~ haiku〉, 〈~(↔)si-jo〉 미1

2364 **son-ny** [써니]: 〈← son〉, 얘(야), 젊은이, 아들아, 〈~ boy\little son〉 양2

2365 **son of a bitch**: 〈1605년 셰익스피어가 「King Lear」에서 등장시켰으나 미국에서 많이 순화된 말〉, 개새끼, 후레자식, '씨발놈', '친구', 〈~ mother fucker〉, 〈↔saint\gentleman〉, ⇒ SOB 미2

2366 **son of a gun**: 〈18-19세기에 영국 군함의 총·포를 저장한 '병기고에서 태어난 자식'이라는 그럴듯한 어원이 있음〉, 아차, 저런, 골칫덩이, 몹쓸 녀석, 나쁜 놈, 〈SOB보다는 점잖은 말〉, 〈현대에는 'brat'으로 대체된 말〉, 〈~ bastard\joker〉, 〈↔hero\idol〉 양2

2367 **son·o-gram** [싸너그램]: sonus(sound)+graphein(write), 〈라틴어+그리스어〉, 소노그램, sonograph, 음향기록 장치(도), ultra·sound, 초음파 영상, 소리의 힘을 입체 영상으로 바꾼 기록도〉 미2

2368 **so·no-rous** [써노어뤄스]: 〈← sonus(sound)〉, 〈라틴어〉, 울리는, 낭랑한, 격조 높은, 〈~ orotund\full toned〉, 〈↔quiet\gentle〉 양2

2369 **So·ny** [쏘니]: 〈sonic boy(소리를 전하는 아이)〉, 소니, 1946년 일본에서 통신회사로 시작해서 세계적으로 전자제품·금융·흥행사업을 하는 재벌, 〈~ a Japanese conglomerate corp.〉 수1

2370 **soon** [쑤운]: 〈← sona(at once)〉, 〈게르만어〉, 곧, 이내, 이윽고, 빨리, 기꺼이, 〈~ quickly\shortly〉, 〈↔later\eventually\unwillingly〉 가2

2371 **so-on and so-forth** [쏘우 어언 앤드 쏘우 훠얼쓰]: 기타 등등, 〈~ et cetera et cetera\yada yada〉 양2

2372 **soon·dae** [순대]: 〈어원 불명의 한국어〉, blood sausage, 돼지 창자(pig intestine) 속에 당면·쌀·두부·숙주나물 등을 넣고 삶은 〈거리 음식〉, 〈~ tripas\chitterlings\black pudding〉 수2

2373 **soon–du-bu** [순두부]: 〈한국어+중국어〉, silken tofu, 연(한)두부, 수(물)두부, 눌러서 굳지 않아 부드러운 두부, soft tofu 수2

2374 **soon–du-bu jji-gae** [순대부 찌개]: 〈한국어+중국어〉, 순두부(soft tofu)를 주제로 각종 육류나 해물에 약간의 야채를 넣고 다양한 농도의 고추장을 섞어 끓인 걸쭉한 국, 〈종류가 10가지도 넘는〉 Korean tofu stew 수2

2375 *****soon-er be·gun, soon-er done**: 천리 길도 한 걸음부터, 시작이 반이다, 〈~ well begun is half done〉 양2

2376 **soon-er or lat-er** [쑤너 오어 레이터]: 조만간, 언젠가는, 〈later에 더 비중이 큰 말〉, 〈~ after a while\eventually〉, 〈↔here-and-now〉 양2

2377 **soong·nyung** [숭늉]: shu(ripen)+leng(cold), 숙랭, 〈중국어→한국어〉, 〈원래는 밑에 탄 밥에 냉수를 부어 식힌 국물〉, 〈약간의〉 누룽지(nurungji)에 물을 붓고 끓인 음료, scorched rice water 수2

2378 *****soon ripe, soon rot-ten**: 빨리 익으면 빨리 상한다, 가인박명, 〈~ early success declines fast〉, 〈↔late bloomer\Rome was not built in a day〉 양2

2379 **soot** [숱]: 〈← sotam(what settles)〉, 〈게르만어〉, 〈타고 남은 것〉, 숯, 검댕, 매연, 〈~ smut〉, 〈~ ash\smoke〉, 〈↔cleanliness〉 양1

2380 **soothe** [쑤우쓰]: 〈← soth(truth)〉, 〈영국어〉, 〈진실을 밝혀〉 달래다, 가라앉히다, 완화하다, 안심시키다, 〈~ calm\settle〉, 〈↔inflame\provoke〉 양1

2381 **sooth–say-er** [쑤우쓰 쎄이어]: 〈← soth(truth)〉, 〈게르만어〉 ①〈'진실'만 말하는〉 예언자, 점쟁이, 〈~ seer\fortune-teller〉, 〈↔dabbler〉 ②(마치 점쟁이가 기도드리는 것 같은) 사마귀, mantis 양2

2382 **sop** [쌉 \ 쑆]: ⟨← supan(dip in liquid)⟩, ⟨영국어⟩, 흠뻑 젖게 하다, 담그다, 흠뻑 젖은 빵 조각, 뇌물, 술꾼, ⟨~ soak⟩, ⟨~ saturate\dip\bribe⟩, ⟨↔dry\empty\honest⟩ 양1

2383 **Sophie's choice** [쏘우휘스 쵸이스]: ⟨sophia(wisdom)⟩, ⟨그리스어⟩, ⟨인명에서 연유한 미국어⟩, (나치 수용소에 갇힌 두 자녀중 하나만 구하든지 둘 다 가스 처형실로 보내든지 결정해야 하는) 소피의 선택, ⟨1979년에 출판된 소설의 주인공 이름에서 연유한⟩ 이러지도 저러지도 못하는 ⟨어려운 선택⟩, ⟨~ trolley problem⟩, ⟨↔no choice⟩ 수2

2384 **soph·ist** [싸휘스트]: ⟨← sophistes(wise man)⟩, ⟨그리스어⟩, 소피스트, '지식을 갖춘 자', 궤변가, (기원전 4세기경 그리스에서 시작된) 진실에 관계없이 상대방을 설득하는 데만 열을 올리는 '기술자', ⟨~ reasoner\tactician\trickster⟩, ⟨↔apologist⟩ 양2

2385 **so·phis·ti·cat·ed** [서휘스티케이티드]: ⟨그리스어→라틴어⟩, ⟨지식을 갖춘 사람처럼⟩ 잘 다듬어진, 닳고 닳은, 약아빠진, 정교한, 세련된, 고상한, ⟨~ worldly\polished⟩, ⟨↔naive\sophomore\crude⟩ 양2

2386 **Soph·o·cles** [싸휘클리이즈]: sophos+kles(wise+glory), '유명한 현자', 소포클레스, (BC496?-406?), (실제 인물보다) '전형적인 인물상'을 묘사한 그리스의 비극작가, ⟨~ a Greek tragedian⟩ 수1

2387 **soph·o·more** [싸휘모어]: sophos+moras, 'wise+moron', ⟨그리스어에서 연유한 영국어⟩, 소퍼모어, '현명해 보이지만 어리석은 자', (4년제 학교의) 2학년생, 논쟁자, 젠체하나 미숙한 자, ⟨~ 2nd year in college or high school⟩, ⟨↔mature\experienced⟩ 미2

2388 **sop·o·rif·ic** [싸퍼뤼휙]: sopor(sleep)+fic, ⟨라틴어⟩, 잠이 오게 하는, 최면의, ⟨~ sedative\tranquilizing⟩, ⟨↔rousing\stimulating⟩ 양2

2389 **so·pra·ni·no** [쏘우프뤄니이노우]: 소프라노보다 높은 음역, ⟨~ higher than soprano⟩ 우1

2390 **so·pran·o** [서프뢔노우]: ⟨← supra(above)⟩, ⟨라틴어에서 연유한 이탈리아어⟩, 'super voice', 소프라노, (4성 악절의) 최고성부, ⟨↔tenor⟩ 우1

2391 **sorb** [쏘얼브]: ①⟨게르만어⟩, ⟨← absorb⟩, 흡수하다, 흡착하다, ⟨↔eject\repel⟩ ②⟨← sorbus⟩, ⟨라틴어→게르만어⟩, (유럽산) 마가목류의 나무, service tree 양1 우2

2392 **sor·bet** [쏘얼벹]: ⟨← sariba(drink)⟩, ⟨'마시다'란 아랍어에서 유래한⟩ 소르베, ⟨유지방이 없는⟩ 과즙에 설탕물·달걀 흰자·포도주 등을 넣어 얼린 후식용 '반고형' 식품, sherbet, ⟨~ fruit ice\frozen yogurt⟩ 우1

2393 **Sor·bonne** [써얼반]: ⟨어원 불명의 프랑스 지명·인명⟩, 소르본, 1200년대 루이 9세의 고해신부(Sorbon)에 의해 세워져서 1970년 프랑스 정부가 파리 대학의 일부로 재편성한 종합 대학, ⟨~ a public research univ. in Paris⟩ 수1

2394 **sor·cer·y** [쏘얼서뤼]: ⟨← sortis(a lot)⟩, ⟨라틴어⟩, ⟨악령의 힘을 빌리는⟩ 마술, 요술, 무술, 주술, ⟨~ exorcism\black magic⟩, ⟨~(↔)superstition⟩, ⟨↔science\reality⟩, ⇒ witch 양2

2395 **sor·did** [써얼디드]: ⟨← sordes(filth)⟩, ⟨라틴어⟩, 더러운, 탐욕스러운, 칙칙한, ⟨~ sleazy\vile⟩, ⟨↔clean\respectable⟩ 가1

2396 **sore** [쏘어]: ⟨← sar(painful)⟩, ⟨게르만어⟩, 아픈, 쑤시는, 슬픈, 괴로운, ⟨→ sorry⟩, ⟨~ aching\wound²⟩, ⟨↔indolent\painless⟩ 양2

2397 **sore spot**(point) [쏘어 스팥(포인트)]: 아픈 곳, 약점, ⟨~ row nerve⟩, ⟨~(↔)soft spot⟩, ⟨↔advantage\strong point⟩ 양2

2398 **sor·ghum** [쏘얼검]: ⟨← syricus⟩, ⟨라틴어⟩, ⟨Syria에서 온⟩ 사탕수수, Indian millet, 매우 감상적인 것, ⟨~ durra\guinea corn\kaoliang⟩, ⟨~ something too sentimental⟩ 미2 양2

2399 **sor·go \ ~gho** [쏘얼고우]: ⟨← sorghum(grain)⟩, 소르고, 사탕수수, ⟨~ sugar sorghum⟩, (아프리카산) 사탕수수 술, ⟨~ a sweet liquor⟩ 미2

2400 **so·ror·i·ty** [서뤼어뤼티]: ⟨← soror⟩, ⟨라틴어⟩, ⟨← sister⟩, 여성회, 여학생 모임, 자매회, ⟨~ a female social club⟩, ⟨↔fraternity⟩ 양2

2401 **sor·rel** [쏘어뤌]: ⟨← sor(reddish brown)⟩, ⟨게르만어→프랑스어⟩ ①밤색 ②(밤색의 메밀 같은 꽃이 피는) 수영속의 식물, 괭이밥, 소루쟁이, ⟨~ spinach (or narrow-leaved) dock⟩ 미2

2402 **sor·rel tree** [쏘어뤌 트뤼이]: sourwood, (미국 동남부 원산의) 신맛⟨sour⟩이 나는 잎·'밤색의' 단단한 목재를 제공하는 진달랫과의 교목, ⟨~ oxydendron\titi\sour-wood⟩ 우1

2403 **sor·row** [싸로우 \ 쏘로우]: ⟨← sorg(grief)⟩, ⟨게르만어⟩, 슬픔, 비탄, 유감, 애도, rue, ⟨sorry하고는 무관한 말⟩, ⟨~ sadness\regret\misery⟩, ⟨↔joy\glory⟩ 가1

2404 **sor·ry** [싸뤼 \ 쏘우뤼]: ⟨← sar⟩, ⟨게르만어⟩, ⟨← sore⟩, '아픈', 유감스러운, 딱한, 빈약한, 미안지만, 실례지만, ~?; 뭐라고 말씀하셨지요, ⟨웃으면서 하면 안 되는 말⟩, ⟨~ apologies\excuse me⟩, ⟨↔glad\unrepentant⟩ 가1 미2

2405 *__sor·ry-not sor·ry__: 딴 사람은 몰라도-나는 괜찮아, I'm o.k. 양2

2406 **sort** [쏘올트]: ⟨← sortis(lot)⟩, ⟨라틴어⟩, ⟨운명으로 나눠진⟩, 종류, 부류, 품질, 분류, 정렬(자료 항목을 지정된 순으로 가지런히 하는 일⟩, ⟨→ assort⟩, ⟨~ type\class\arrange⟩, ⟨↔one\difference\disarray\collect⟩ 양2

2407 **so·rus** [쏘어뤼스] \ so·ri [쏘어라이]: ⟨← soros(heap)⟩, ⟨'더미'란 뜻의 그리스어⟩, ⟨양치류의⟩ 포자낭(군), ⟨~ spore mass\fruit dot⟩, ⟨↔indusium⟩ 양2

2408 **SOS** [에스오우에스]: 위급 호출, 조난 신호, 구원 요청, '가장 타전하기 쉬운 Morse 부호의 순서', ⟨save our souls/ships의 약자라는 말은 근거가 없음⟩, 차라리 si opus sit (if it is necessary)가 더 근사함, ⟨~ a distress signal\cry for help⟩, ⇒ May-day call 양2

2409 **so so** [쏘우 쏘우]: (좋지도 않고 나쁘지도 않고) 그저 그렇다, 그럭저럭, ⟨~ average\mediocre⟩, ⟨↔excellent\great⟩ 양2

2410 **sos·te·nu·to** [싸스터뉴우토우]: ⟨이탈리아어⟩, 'sustained', 소스테누토, 음을 끌어서, 연장하여, ⟨~ prolonged⟩, ⟨↔staccato⟩ 미2

2411 **So·to** [쏘우토우], de Her·nan·do: ⟨라틴어⟩, '작은 숲(grove)', 데 소토, (1495?-1542), 백인 최초로 미시시피강을 건넌 스페인의 탐험가, ⟨~ a Spanish explorer and conquistador⟩ 수1

2412 **sot·to vo·ce** [싸토우 보우취]: ⟨이탈리아어⟩, under the voice, 낮은 소리로, ⟨청중에게만 들으라는⟩ 방백으로, ⟨~ barely audible\in a whisper⟩, ⟨↔audibly\loudly⟩ 양2

2413 **SOTU** [쏘우투우]: ⇒ State of the Union address 양1

2414 **sought** [쏘어트]: seek의 과거·과거분사 양1

2415 **souf·flé** [쑤우홀레이]: ⟨blown up이란 뜻의 프랑스어⟩, (달걀의 흰자 위에 우유를 섞어) 부풀려 구운 요리, ⟨s.cup은 그것을 요리하는 그릇; ~ ramekin이나 cocotte보다는 큼⟩ 우2

2416 **soul** [쏘울]: ⟨← seula(spiritual being)⟩, ⟨어원 불명의 게르만어⟩, 소울, (영)혼, 넋, 정신, 생명, 중심인물, ⟨~ psyche\essence\life⟩, ⟨↔body\logic\being\cruelty⟩ 가1

2417 **soul food** [쏘울 후드]: 흑인 노예들이 먹던 미국 남부의 ⟨전통 음식⟩, '위안 식품', ⟨~ comfort food⟩ 우1

2418 **soul mate** [쏘울 메이트]: 영적인 이성 친구, 정신적 애인, ⟨한두 번은 신선하나 자꾸 들으면 구역질 날 것 같은 말⟩, ⟨~ better-half⟩, ⟨↔foe\body mate(편자가 만들어 낸 말)⟩ 양2

2419 **soul mu·sic** [쏘울 뮤우찍]: 영가, 블루스와 종교 음악이 섞인 미국 흑인 음악, ⟨~ rhythm and blues⟩, ⟨↔rap music\disco music⟩ 미2

2420 **soul-search·ing** [쏘울 써어췽]: '영혼 탐색', 자기 분석(반성), ⟨~ introspection\self-examination⟩, ⟨↔conceit\conviction⟩ 미2

2421 **sound**[1] [싸운드]: ⟨← sonus(noise)⟩, ⟨라틴어⟩, 소리, 음, 울림, 어감, ⟨→ assonance⟩, ⟨~ echo\ring\tone⟩, ⟨↔silence\cacophony⟩ 가1

2422 **sound**[2] [싸운드]: ⟨← gesund(healthy)⟩, ⟨게르만어⟩, 건전한, 정상적인, 착실한, 견고한, 충분한, ⟨~ well constructed\in good condition⟩, ⟨↔unhealthy\flimsy\rickety⟩ 양2

2423 **sound**[3] [싸운드]: ⟨sub+under⟩, ⟨라틴어→프랑스어⟩, '꿰뚫다', 측량하다, 조사하다, ⟨소리로⟩ 깊이를 재다, 탐침, ⟨~ measure\plumb⟩, ⟨↔evade\estimate⟩ 양2

2424 *__sound bar__ [싸운드 바아]: '음봉', 여러 개의 스피커를 담고 있는 막대 모양의 ⟨간편한⟩ 용기, ⟨~ a slim, horizontal speaker⟩ 우2

2425 *__Sound Blast·er__ [싸운드 블래스터]: 사운드 블래스터, 1990년 싱가포르 회사가 출시한 ⟨증폭된⟩ 음성 전송기, ⟨~ family of sound cards⟩ 수2

2426 *__sound card__ [싸운드 카아드]: '음향 회로판', 음향을 재생·기록하기 위해 전산기에 부착된 회로판, ⟨~ audio card\an internal extension card to connect audio signals⟩ 우1

2427 *__sound mind, sound bod·y__: 정신이 건전해야 신체가 건강하다, 심신일체, ⟨~ salubrious⟩, ⟨↔you can't judge a book by it's cover⟩ 양2

2428 *__sound track__ [싸운드 트랙]: (감광막 가장자리의) 녹음대, (영화에) 녹음된 소리, 영화 음악, ⟨~ recorded audio signal\movie music⟩ 미2

2429 **soup** [쑤우프]: ⟨← seue(liquid)⟩, ⟨게르만어→라틴어⟩, ⟨← suppa⟩, 수프, 고깃국(물), 국, 짙은 안개, 활기를 불어넣다, ⟨~ sup⟩, ⟨~(↔)stew⟩, ⟨~ broth\bisque⟩, ⟨↔dryness\separation⟩ 미2 양2

2430 **soup to nuts** [쑤우프 투우 넡츠]: 종합(대형) 식품점, '만물상', ⟨~ one-stop shopping\A to Z⟩, ⟨↔mini-mart⟩ 양2

2431 **sour** [싸우어]: ⟨← sur(acid)⟩, ⟨게르만어⟩, 신, 시큼한, 싫은, 까다로운, 졸렬한, ⟨~ acetic\sharp⟩, ⟨↔sweet\pleasant⟩ 양1

2432 **source** [쏘얼스]: ⟨← surgere(to rise)⟩, ⟨라틴어⟩, 수원(지), 원천, 근원, 공급원, 출처, '원시', ⟨~ origin\root⟩, ⟨↔result\lack⟩ 양2

2433 *__source code__ [쏘얼스 코우드]: '원시 약호', 기계언어로 전환하는 바탕이 되는 차림표 언어로 쓰여진 신호법, ⟨~ code-base\a group of instructions⟩ 우1

2434 *__source lan·guage__ [쏘얼스 랭귀쥐]: ①(번역의 원문이 되는) 기점언어, ⟨~ original language⟩ ②(번역처리의 입력이 되는 차림표의) '원시'언어, ⟨~ language to be translated⟩, ⟨↔object(target) language⟩ 미2

2435 **sour·dine** [쑤우얼디인]: ⟨← surdus⟩, ⟨'deaf'란 뜻의 라틴어에서 연유한 프랑스어⟩ ①(악기에 부착시켜 소리를 약하게 하는) 약음기, ⟨~ mute⟩ ②소형 바이올린(small violin) 미1

2436 **sour-dough** [싸우어 도우]: ⟨발효시켜⟩ 시큼한 맛이 나는 반죽(빵) 양1

2437 **sour-dough bread** [싸우어 도우 브렏드]: '시큼'빵, 발효빵, ⟨효모로 발효시킨 밀가루 반죽으로 만든⟩ 시큼한 맛이 나는 빵, ⟨~ leavened bread⟩, ⟨~ pain au levain(프랑스어)⟩ 우2

2438 *__sour grapes__ [싸우어 그뤠이프스]: 신포도, 억지, 오기, (이솝우화의) '자기 합리화', ⟨~ jealousy\justification⟩, ⟨↔gracious acceptance\truth⟩ 양2

2439 **sour-sop** [싸우어 쌒]: 가시번여지, 미주 열대지방 저습지에서 신맛이 나는 아기 주먹만 한 연한 가시 돋친 열매를 맺는 잎이 넓은 상록관목, ⟨~ Brazilian pawpaw\graviola\guanabana⟩ 미2

2440 **sour-wood** [싸우어 우드]: '신단풍나무', ⇒ sorrel tree 우1

2441 **sou·sa-phone** [쑤우져 호운]: ⟨미국의 연주자 이름(Sousa; 'salt marsh' 강가에 사는 자)에서 연유한⟩ 수자폰, 최저음을 내는 대형 금관악기, ⟨~ a brass instrument in tuba family⟩ 우1

2442 **souse** [싸우스]: ⟨← sulza(brime)⟩, ⟨게르만어⟩, ⟨← salt⟩, 간국, 소금 절임, 흠뻑 젖음, 술고래, ⟨~ douse⟩, ⟨~ soaker\drunkard⟩, ⟨↔teetotaler\dry⟩ 양1

2443 **south** [싸우쓰]: ⟨← sund(the sun)⟩, ⟨게르만어⟩, sun-side, 사우스, ⟨해가 쨍쨍한⟩ 남쪽, 남부, 남방, ⟨↔north⟩ 가1

2444 **South Af·ri·ca** [싸우쓰 애후뤼커]: 사우스 아프리카, 남아공, 1961년 영국으로부터 독립되었으나 계속 10%도 안 되는 백인의 지배를 받다가 1994년 흑인 대통령 넬슨 만델라가 선출된 아프리카 남단의 11개의 공용어를 쓰는 자원이 풍부한 중진국, {South African-Zulu·Eng etc-Rand-Pretoria etc}, ⟨~ the rain-bow nation⟩ 미2

2445 **South Car·o·li·na** [싸우쓰 캐뤌라이너]: 사우스 캐롤라이나, SC, Palmetto State, 'Carolina' 1세에 의해 명명되었고 1776년 영국 배에서 palmetto 같은 연기가 솟아남으로써 승리를 거둔 미국 동남부(S-E USA) 대서양 연안의 농업과 제조업이 발달한 주, {Colombia-7}, 《yellow jasmine》 수1

2446 **South Da·ko·ta** [싸우쓰 더코우터]: 사우스 다코타, SD, Coyote State, Mount Rushmore State, '친구들'이란 원주민 부족 이름을 딴 다양한 지형을 가지고 '큰 바위 얼굴'이 있는 미국 중 북부(mid-western USA) 내륙의 목축업이 발달한 주, {Pierre-1}, 《pasque-flower》 수1

2447 **South-ern Cal·i·for·nia**, U·ni·ver·si·ty of: 서던 캘리포니아 대학, USC, 남가주 대학, 1880년 LA의 유지들이 추렴해서 세운 ⟨거대한⟩ 사립종합대학, ⟨~ a prive research univ.⟩ 미2

2448 **South-ern Cross** [써더언 크뤼스]: Crux, 남십자성, 머나먼 남쪽 나라로 명멸해가는 십자가 모양을 한 4개의 별자리, ⟨~ Crux Australis⟩, ⟨↔Nothern Cross보다 훨씬 작음⟩ 양2

2449 **South-ern drawl** [써더언 드뤄얼]: (모음을 길게 빼는) 미 남부 ⟨충청도⟩ 사투리(accent) 미2

2450 **south-ern pea** [써더언 피이]: 남부 완두콩, cow pea, black·eyed pea, 동부, 광저기, 미국 남부에서 많이 생산되는 까만 싹눈을 가진 여러 종류의 중간 크기의 콩 미2

2451 **south-ern-wood** [써더언 우드]: southern worm·wood, 개사철쑥, 장뇌 같은 진한 향내를 풍기며 온·난대 지방에 서식하고 수많은 별명을 가진 쑥보다 크고 거친 국화과의 덤불관목, ⟨~ Lad's love\Lover's plant⟩ 미2

2452 **South Ko·re·a** [싸우쓰 코뤼어]: 사우스 코리아, 남한, 대한민국, 1948년 한반도의 남쪽에 민주주의 체제로 수립된 〈대단하고도 한심스러운〉 나라 ⇒ Korea 〈양2〉

2453 **South Pole** [싸우쓰 포울]: 남극, 〈미국이 점령하고 있는〉 지축이 지구의 남쪽 끝에서 만나는 '항상 변하는' 해발 2,835m 정도의 빙점, 〈~ Antartica〉, 〈↔North Pole〉

2454 **South Su·dan** [싸우쓰 쑤우댄]: 사우스 수단, 1956년 영국으로부터 독립한 수단에서 2011년 떨어져 나온 아프리카 동북 쪽의 '아주 못사는 나라', {South Sudanese·Niltoric-Eng-(SS) Pound-Juba}, 〈~ a land-locked country in Central-East Africa〉 〈수2〉

2455 **South-west Air-lines** [싸우쓰웨스트 에어라인즈]: 사우스 웨스트 항공, 1967년 출범해서 댈러스(Dallas)에 본부를 두고 주로 저렴한 국내선을 운영하는 미국 최대의 항공회사, '남서 항공', 〈~ a major low-cost US air-line〉 〈수2〉

2456 **sou·ve·nir** [쑤우붜니어]: sab(below)+venire(to come), 〈라틴어→프랑스어〉, 〈← remembrance〉, 〈기억하기 위해 사오는〉 '기념품', 선물, 추억이 될 만한 물건, 〈~ keep-sake〉, 〈↔forgotten\give-back〉 〈양2〉

2457 **sov·er·eign** [싸붜륀]: 〈← super〉, 〈라틴어〉, 'above·reign', 〈'남에 예속되지 않을'〉 주권자, 군주, 독립국, 최고의, 탁월한, 〈~ realm\dominion〉, 〈↔enslaved\subordinate〉 〈양2〉

2458 **sov·er·eign rate** [싸붜륀 뤠이트]: 〈국공채에 대한〉 국가 신용 등급, 〈~ a measure of a country's credit-worthiness〉 〈양2〉

2459 **So-vi·et** [쏘우뷔엩]: su(with)+vetu(counsel), 〈러시아어〉, 소비에트, '협의회', 소련, Union of Soviet Socialist Republics, 1922년부터 1991년까지 유라시아에 존재했던 〈거대한〉 사회주의 연방공화국 〈양2〉

2460 **sow¹** [쏘우]: 〈← sawan(scatter)〉, 〈게르만어〉, 〈씨를〉 뿌리다, 파종하다, 퍼프리다, 〈→ Saturn〉, 〈~ seed\semen\spore〉, 〈~ scatter\disseminate〉, 〈↔remove\extinguish〉 〈양1〉

2461 **sow²** [싸우]: 〈← sus ← hys ← sukarah〉, 〈라틴어←그리스어←산스크리트어〉, (돼지·곰 등의) 암컷, 추녀, 〈~ swine〉, 〈~ pig\hog〉, 〈↔barrow³\boar〉 〈양2〉

2462 **sow-bread** [싸우브뤠드]: (야생) cyclamen, 족두리꽃, 〈돼지가 잘 먹는다는〉 위로 뻗은 꽃잎과 무늬가 있는 잎을 가진 앵초과의 다년생풀, 〈~ swine bread〉 〈미2〉

2463 **sow bug** [싸우 버그]: wood louse, roll·up bug, 쥐며느리, 〈암퇘지같이 통통한 몸을 가지고 썩은 식물을 갉아 먹으며 사는〉 14개의 마디로 된 등각류의 〈별명이 많은〉 작은 벌레 〈미2〉

2464 **sown** [쏘운]: sow¹의 과거·과거분사, 뿌린, 수놓은 〈양1〉

2465 ***sow¹ the wind, reap the whirl-wind**: 평지 풍파를 일으키다, 되로 주고 말로 받는다, 남의 눈에 눈물나게 하면 내 눈에 피눈물 난다, 〈~ what goes around comes around〉 〈양2〉

2466 **sow this·tle** [싸우 씨슬]: 방가지똥, 〈암퇘지에게 우유 생산 촉진용으로 먹였던〉 민들레 같은 꽃이 피는 해바라기과(Asteraceae)의 엉겅퀴, 〈~ hare thistle (or lettuce)〉 〈미2〉

2467 **sox** [싹스]: socks(양말)의 변형 〈가1〉

2468 **soy** \ **soy·a** [쏘이 \ 쏘이여]: shi(fermented bean)+yu(oil), 〈중국어→일본어〉, soy·bean; (발효한) 콩, 메주콩, 대두콩, soy·sauce; 간장 〈양2〉

2469 **soy-bean paste** [쏘이 비인 페이스트]: 된장(doen-jang), 콩을 발효(fermented soy)시켜 소금으로 반죽한 한국(Korean)의 전통 음식(조미료), 〈~(↔)miso〉 〈미2〉

2470 ***soy boy** [쏘이 버이]: 〈콩을 많이 먹어 남성 호르몬이 억제되었다는(low testosterone) 미신에서 연유한〉 여자 같은 남자, 연약한 남자, 〈색시〉, 〈~ cuck\girly-man〉, 〈↔tough-guy\strong man\manospnere〉 〈우2〉

2471 ***Soy-lent green** [쏘일런트 그륀]: 〈미국어〉, 〈원래는 soy와 lentil이 합친 주조어에서 연유한〉 소일렌트 그린, 〈나중에 공상 영화 제목에서 연유한〉 〈순수한 유기농〈organic produce〉이라고 선전하나〉 출처가 의심스러운 농산물, 〈영화에서 이것의 secret ingredient는 'dead bodies'라는 것이 밝혀짐〉 〈수2〉

2472 **soy milk** [쏘이 밀크]: 콩 우유, 두유, 〈편자의 어머님이 아침마다 한포씩 드시는〉 식물성 대체 우유, 〈~(↔)oat milk〉 〈미2〉

2473 **soy sauce** [쏘이 써어스]: 〈중국에서 유래한〉 간장(gan-jang), 콩에서 우러나온 소금물, 음식의 간을 맞추는 맛난이, 〈~(↔)soy-bean paste(doen-jang)\miso〉 〈미2〉

2474 **SP**: standard playing (record), (1분에 78 회전하는) 표준 전축판, 〈↔LP〉 〈미2〉

2475 ***SPA** [스파아]: 스파, special retailor of private label apperal, 개별 상표가 찍힌 의류품 소매점, 제조·유통일괄 의류업, 기획·도안·제조·유통을 한 업체가 '해 빠르게' 신제품을 출시하는 옷 장사 〈우2〉

2476 **spa** [스파아]: 〈Salus per Aquam(물에서 나오는 건강)이란 라틴어를 딴 벨기에의 온천장〉, 스파, 광천, 온천(장), 건강 증진 휴양시설, 찜질방, 〈~ hot spring〉, 〈~↔sauna\parlor\salon〉, 〈~↔boot camp〉 미1

2477 **space** [스페이스]: 〈← spatiari(to wander)〉, 〈어원 불명의 라틴어〉, 〈방황할 수 있는〉 공간, 우주, 장소, 간격, 사이, 〈~ sparse\spatial〉, 〈~ room\span\gap\area〉, 〈~↔crowdedness〉, 〈~↔earth\time〉 양1

2478 **space age** [스페이스 에이쥐]: 우주 시대, 최첨단(의), 최신식(의), 〈~ futuristic\ultra-modern〉, 〈~↔antiquated\archaic〉 양2

2479 *****space bar** [스페이스 바아]: space key, (타자기〈type-writer〉의 어간을 떼는) 간격막대, '간격건', 〈~ a horizontal bar at the bottom of the keyboard〉 우2

2480 **space cap·sule** [스페이스 캡슬(캡슐)]: 우주선의 기밀실, 〈~ commanding module〉 미2

2481 *****space col·o·ny** [스페이스 칼러니]: 우주 식민지, 우주 기항지, 〈~ a settlement in outer space〉 양2

2482 **space-craft** [스페이스 크뤠후트]: space ship, 우주선, 우주 비행체, 대기권의 외계를 날아다니는 물체, 〈~(↔)rocket\satellite〉 양2

2483 **spaced-out** [스페이스트 아웉]: spacy, (마약에 취해) 멍한, 현실 감각을 잃은, 〈~ bewildered\confused〉, 〈~↔attentive\oriented〉 양2

2484 *****Space Force** [스페이스 훠얼스], United States: (미)우주군, 우주의 안전과 cyber 전쟁을 대비하기 위해 2019년 12월에 창설된 약 8,400명 규모의 미공군 산하 단체, 〈~ the space service branch of the US Airforce〉 양2

2485 **space-man** [스페이스 맨]: 우주 비행사, 우주인·외계인, 〈~ cosmonaut\star person〉, 〈~↔citizen〉 양2

2486 *****space mark** [스페이스 마아크]: #, 간격기호, 〈~ insertion symbol〉, 우물정자, 〈기호 #는 여러가지 용도로 사용됨〉 양2

2487 **space-ship** [스페이스 슆]: 우주선, space·craft 양2

2488 **spa·cious** [스페이셔스]: 넓은, 광범위한, 거대한, 포괄적인, 〈~ roomy\commodious〉, 〈~↔narrow\crowded〉 양1

2489 **Spac·kle** [스패클]: 〈← spachtel(filler)〉, 〈'접합자'란 독일어에서 연유〉 스파클, (1927년에 출시된) 보수하는 데 쓰는 속건성 회반죽의 일종(상표명), 〈~ a polishing paste〉 수1

2490 **spade** [스페이드]: 〈← spathe(paddle)〉, 〈그리스어→게르만어〉, 가래, 〈끝이 뾰족한〉 삽, (삽 모양의) 검정 서양 화투패, 〈~ spoon\sword〉, 〈~ scoop\shovel〉, 〈~ a trick-taking card game〉 양1 우1

2491 **spa·ghet·ti** [스퍼게티]: 〈← spago(small cord)〉, 스파게티, 〈12세기 시칠리아에서 유래된〉 '가는 끈같이 생긴' 국수 (다발), 나선을 싸는 절연관, 〈~ macaroni보다 longer and thinner〉 우1

2492 *****spa·ghet·ti code** [스퍼게티 코우드]: '스파게티같이' 헝클어진 신호법(전산기 차림표), 〈~ unstructured computer source cord〉 우1

2493 **spa·ghet·ti west·ern** [스퍼게티 웨스턴]: Italian western, (일본에서는) macaroni western, 1960년~1970년대 대부분 이탈리아 출신의 감독·제작자가 남유럽에서 만든 〈선이 굵고 뻣뻣한 주인공들을 그린〉 '사나이 서부극' 수2

2494 **Spain** [스페인]: 〈← Hispania〉, 〈어원 불명의 라틴어〉, España, 서반아, 흥망성쇠를 거듭하다 1492년 무어족을 물리쳐서 나라를 되찾고 세계로 뻗어나간 유럽 남서부 이베리아(Iberia)반도에 있는 입헌군주국, {Spanish-Spanish-Euro-Madrid} 수1

2495 *****spam** [스패앰]: 스팸 ①SPAM ('sliced ham'), 1937년부터 출시해서 2차대전 때 많이 팔린 돼지고기 통조림 ②1969년부터 방영된 영국 코메디 쇼에 나오는 여급이 식당 메뉴를 소개할 때 모든 음식에 스팸이 들어 있어서 '먹기 싫어도 먹어야 하는 것'이 됐다가 ③(1993년 한 전산망 관리자가 실수로 토론회 회원들에게 같은 전문을 200번이나 보낸 데서 유래한) '쓰레기' 전자우편, 〈~ junk e-mail〉, 〈반대말로 ham·good mail·ligitimate mail 등이 있으나 'non-spam'이 제일 무난함〉 우1

2496 **span¹** [스팬]: 〈← spannana(stretch)〉, 〈게르만어〉, 한 뼘, 보통 23cm, 짧은 거리, 폭, 길이, 범위(최댓값과 최솟값의 차), (특정) 기간, 한 쌍의 소 (말·나귀), 〈~ extent\stretch\bridge〉, 〈~↔end\moment\break-off\extreme〉 양1

2497 **span²** [스팬]: spin(잣다)의 과거 양2

2498 **span·dex** [스팬덱스]: 〈1959년에 주조된 미국어〉, 〈'expand'의 변형어〉, (수영복 등 꼭 끼는 옷을 만드는) '신축성'이 아주 강한 합성 섬유, 〈~ an elastic synthetic fiber〉 우1

2499 **spang** [스팽]: 〈의성어·의태어?〉, 〈영국어〉, 불시에, 정면으로, 되튀어 돌아오는, 〈→ spangle〉, 〈~ slap-bang\smack²〉, 〈↔miss\lose〉 양2

2500 **span·gle** [스팽글]: 〈네덜란드어〉, 번쩍이는 금속 조각 (물건), 금속 조각을 박아 넣다, 〈← spang〉, 〈~ glitter\sparkle〉, 〈↔dull\un-spotted〉 미2

2501 **Spang·lish** [스팽글리쉬]: Spanish+English, 스페인식 영어 수2

2502 **Span·iard** [스패니얼드]: 스페인 사람(Spanish people) 수2

2503 **span·iel** [스패니얼]: (아마도 스페인 원산의) 털 결이 곱고 축 늘어진 큰 귀를 가지고 늪이나 숲에서 오리·꿩·토끼 등을 몰아내는 작은 사냥개·애완견, 추종자, 아첨꾼, 〈~ a gun dog\toady〉 수2 양2

2504 **Span·ish-A·mer·i·can War**: 1898년 미국이 쿠바의 독립을 지원한다는 명목으로 마닐라와 쿠바를 공격해서 4개월 만에 이기고 괌·푸에르토리코·필리핀 제도를 차지한 일방적 전쟁, 서·미 전쟁, 〈~ 미국에서는 A Splendid Little War라 하고 멕시코에서는 the US Invasion(intervention)이라 함〉 수2

2505 **Span·ish Ar·ma·da** [스패니쉬 아알마아더]: 스패니시 알마다, (1588년 영국을 침공했다 참패한) 130척의 스페인의 〈무적〉 함대, 〈~ invincible Armada〉 수2

2506 **Span·ish bay·o·net(dag·ger)** [스패니쉬 베이어넽(대거)]: 검상 유카, '스페인 총검', 난대의 해변에서 자라는 칼 모양의 잎과 흰 초롱꽃이 다발로 피어나는 억세고 커다란 난초 비슷한 선인장류, 〈~ aloe yucca\dagger plant〉 수2

2507 **Span·ish fly** [스패니쉬 훌라이]: '스페인 풍뎅이', (날개 속에 들어 있는 칸타리딘을 뽑아 남성기를 팽창시키는 데 쓰였던) 남유럽에 서식하며 윤이 나는 금·녹색의 기다란 날개를 가진 가뢰류의 딱정벌레, '녹가뢰', ⇒ blister beetle 수2

2508 **Span·ish mack·er·el** [스패니쉬 매크릴]: 멕시코에서 많이 잡히는 삼치, 〈편자가 시시로 좋아하는〉 고등엇과의 물고기, 〈~ sawara〉, 〈~(↔)seer fish\scomber〉, 〈~(↔)saba〉 수2

2509 **Span·ish moss** [스패니쉬 모어스]: '스페인이끼', 아열대의 습지에서 큰 나뭇가지에 붙어 사는 〈못된 스페인 영감의 수염 같은〉 파인애플과(pineapple family)의 식물, 〈~ a bromeliad〉 수2

2510 **Span·ish om·e·let** [스패니쉬 암릍]: tortilla española, '스페인식 계란부침', (잘게 썬 피망·양파·토마토·감자 등을 넣고 구운) 계란·감자 밀가루 반죽, 〈~ potato omelet〉 수2

2511 **Span·ish on·ion** [스패니쉬 어니언]: 스페인 양파, 〈구근이 보잘것없는 Welsh onion에 반해〉 (우리가 보통 먹는) 중동 원산의 맛이 연하고 구근이 둥글고 커다란 양파, 〈~ yellow (or sweet) onion〉 수2

2512 **Span·ish prac·tices** [스패니쉬 프랰티시스]: 〈영국의 엘리자베스 1세 때 등장한 말〉, 직장에서 인부들에게만 유리한(favorable for workers) 불합리한 관행, 비리와 속임수가 판치는 노사관계, 〈~ zomble deal\Spanish custom〉, 〈~'mañana attitude'〉 수2

2513 **spank** [스팽크]: 〈의성어〉, 〈영국어〉, 찰싹 때리다, 냅다 갈기다, 볼기치기, 〈~ slap\smack²〉, 〈↔surrender\praise〉 양1

2514 *****spank bank** [스팽크 뱅크]: '몽환은행', 수음(masturbation)하면서 떠올리는 환상의 세계, 〈~ erotic memory bank\pleasure vault\lust library〉 우2

2515 **span·ner** [스패너]: 〈게르만어〉, 쇠돌, (아가리의 크기가 고정된) 고정나사를 죄는 공구, 〈영국에서는 아가리의 크기를 조정할 수 있는 것은 wrench라 함〉, ⇒ wrench (미국), 〈↔un-twist\opener〉 우1

2516 **Span-sule** [스팬슐]: span¹(spaced interval)+capsule 각종 입자가 일정한 간격으로 녹게 된 피막으로 된 약(상표명), 〈~ sustained-release capsule〉 수1

2517 **span-worm** [스팬 워엄]: measuring worm, inch worm, looper, 자벌레, 한 땀 한 땀 고리를 맺듯이 기어가며 나무를 갉아 먹는 해충 미2

2518 **spar** [스파알]: ①〈'spear'란 뜻의 영국어〉, 둥근 목재, 가로 날개 뼈대, 〈~ a stout rounded wood or metal〉, 〈~ dart〉, 〈↔disembark〉 ②〈'plaster'란 뜻의 게르만어〉, 섬광석(flash-stone) ③〈'spring'이란 뜻의 영국어〉, 다툼하다, (권투에서) 가볍게 치고 덤비다, 티격태격하다, 〈~ bout of boxing'〉, 〈↔agree\refrain〉 미2 우1

2519 **spa·rax·is** [스퍼랰시스]: 〈← sparasso(to tear)〉, 〈그리스어〉, 〈꽃잎이 '찢어진'〉 스파락시스, (남아프리카 원산의) 무지개꽃 비슷한 붓꽃(iris)과의 관상용 초본, harlequin flower 우1

2520 **spare** [스페어]: 〈← sparona(to save)〉, 〈게르만어〉, '따로 떼놓다', 아끼다, 절약하다, 할애하다, 예비의, 부족한, 〈~ extra\reserve〉, 〈↔main\required\lavish〉 양1

2521 **spare-ribs** [스페어 륍스]: 〈편자는 뼈를 떼어내지 않은 갈빗살인 줄 알았는데〉 〈소금에 절인 뼈가 붙어있는 갈빗살을 spit〈꼬치〉에 꿰어 구운〉 '돼지'갈비 산적, 〈~ side-ribs\a long cut of pork ribs from the belly〉 미1

2522 *****spare the rod and spoil the child**: 〈성경에 나오는 격언〉, 매를 아끼면 자식을 망친다, 응야응야하면 할애비 수염까지 뽑는다, 〈~ undesirable behavior must be punished〉, 〈~↔no pain, no gain〉 양2

2523 **spare tire** [스페어 타이어]: 예비 고무 (차) 바퀴, 허리의 군살, 〈한국에서는 '임시·대리'란 뜻으로도 쓰임〉, 〈~ extra tire\pot-belly〉 미1 양2

2524 **spark** [스파아크]: 〈← spargere(scatter)?〉, 〈라틴어(?)→영국어〉, 불꽃, 섬광, 활기, 점화장치, 세련된 젊은이, 〈~ kindle\flash\flicker\vitality〉, 〈↔dullness\lot\extinguisher\dumb〉 양2

2525 **spar·kle** [스파아클]: 〈← spark〉, 번쩍임, 불똥, 거품, 〈↔apathy\matte\lassitude〉 양2

2526 **spar·kling wa·ter** [스파아클링 워어터]: soda water, 탄산수, 거품이 이는 물, 〈↔still water〉 양2

2527 **spark plug** [스파아크 플러그]: (전기 섬광을 일으켜 연료에 불을 붙이는) '점화 마개', 추진력, 주도자, 〈~ flame igniter〉, 〈↔dead-beat〉 우2

2528 **spar·row** [스패로우]: 〈← spearwa〉, 〈게르만어〉, 〈← crow〉, 참새, 〈전 세계에서 흔히 볼 수 있는〉 갈색·회색의 날개를 가지고 곡식을 먹는 작은 연작류, '벌판에 사는 작은 새', 〈→ passerine〉, 〈~ starling\finch\wren〉 가1

2529 **spar·row grass** [스패로우 그래스]: 〈발음이 비슷한 데서 연유된〉 아스파라거스(asparagus)의 속칭 우1

2530 **spar·row hawk** [스패로우 허어크]: 새매, 조롱이, 구대륙의 숲속에서 참새 등 작은 새들을 잡아먹는 〈조막만 한〉 수릿과의 새, 〈~ kestrel〉 미2

2531 **sparse** [스파알스]: 〈← spargere(to scatter)〉, 〈라틴어〉, 드문드문한, 희박한, 빈약한, 〈~ few\spaced\scattered〉, 〈↔plentiful\opulent〉 양1

2532 **Spar·ta** [스파알터]: 〈석연치 않은 어원의〉 스파르타, (BC404~146 사이에 엄격한〈rigorous〉 군대 체제를 가졌던) 그리스 남쪽의 도시국가, 〈~ an ancient city-state in S. Greece〉 수1

2533 **Spar·ta-cus** [스파알터커스]: 'Sparta에서 온 자', 스파르타쿠스, (BC?-71), (7천여 명의 노예를 모아 로마제국에 반란을 일으켰다 전사한) 그리스 북동부(Bulgaria) 출신의 유목민 출신 노예 검투사, 〈~ a slave gladiator〉 수1

2534 **spasm** [스패즘]: 〈← span(to pull)〉, 〈그리스어〉, 〈갑자기 땅기는〉 경련, 발작, '쥐', 〈~ cramp\contraction〉, 〈↔relax\un-fasten〉 가1

2535 **spat**[1] [스팰]: ①〈토해(spit)낸 것 같은?〉 조개(굴) 알, 〈~ spawn〉 ②〈게르만어→미국어〉, 〈의성어?〉, 굵은 빗방울(이 후두두 떨어지다), 〈~ drizzle〉, 손바닥으로 때리다, 〈~ snap〉, 승강이질(하다), 〈~ petty quarrel〉, 〈↔concord\peace〉 ③〈영국어〉, spatter·dash, (짧은) 각반, 〈~ short legging〉 양1

2536 **spat**[2] [스팰]: spit의 과거·과거분사 양1

2537 **spate** [스페이트]: 〈어원 불명의 스코틀랜드어〉, 터져나옴, flash flood, 홍수, 범람, 대량, 〈~ deluge\out-pouring〉, 〈↔drought\scarcity〉 양2

2538 **spa·tial** \ ~cial [스페셜]: 〈라틴어〉, 〈← space〉, 공간의, 장소, 우주의, 〈~ aerospace\occupying〉, 〈↔temporal\sequential〉 양2

2539 *****spa·tial com·put·ing** [스페이셜 컴퓨우팅]: '공간전산', 인간이 (AR·VR을 조종하는) 기계와 공동으로 하는 〈차세대〉 전산 기술, 〈~ extended reality(XR)〉 미2

2540 **spat-ter** [스패터]: 〈게르만어〉, 〈의성어〉, 후두두 떨어지다, (물 등을) 튀기다, 흩뿌리다, 끼얹어 더럽히다, 〈~ splash\spray〉, 〈↔pile\clean〉 양2

2541 **spat-ter–dock** [스패터 닥]: 황수련, 〈튀긴 물방울을 얹고 있는 넓은 잎에 노란 꽃을 피는〉 개연꽃속의 수초, 〈~ crow (or yellow) pond-lily〉 미2

2542 **spat·u·la** [스패츌러]: 〈← spathe(broad flat blade)〉, 〈그리스어→라틴어〉, 스패튤라, (뒤집는) 주걱, (목구멍을 보려고 혀를 누르는) 압설자, 약숟가락, 〈~ spade\palette knife〉 양2

2543 **spawn** [스퍼언]: 〈← expendere(to shed)〉, 〈라틴어〉, 슳다, 산란하다, (물고기 등의) 조그만 알, 갓 부화한 새끼 (무리), 〈← expand〉, 〈~ spat'\small eggs\off-springs〉, 〈↔destroy\ancestor〉 우2

2544 **spaz** [스패즈]: 〈영국어〉, 〈← spastic〉, 발끈하다, 빈둥거리다, 탐탁지 않은 놈, 〈~ frenzy\inept〉, 〈↔relaxed\master〉 양1

2545 **SPCA** (So·ci·e·ty for the Pre·ven·tion of Cru·el·ty to An·i·mals): 〈각 지역마다 따로 운영되는〉 동물학대 방지 협회 양2

2546 **speak** [스피이크]: 〈← sprecan(talk)〉, 〈게르만어〉, 말(이야기)하다, 지껄이다, 음성으로 표시하다, 〈→ speech〉, 〈↔be quiet〉, 〈↔listen\understand\write〉, 〈say는 목적격을 동반하고 tell은 비격식적 용어임〉 가1

2547 **speak-easy** [스피이크 이이지]: 〈귓속말로 흥정을 하던〉 주류 밀매점, 허름한 동네 술집, 〈~ illegal drinking establishment〉 우2

2548 **speak-er** [스피이커]: 스피커, 말하는 사람, 연설자, 확성기, 〈~ spokes person\mouth-piece〉, Speaker of the House; 하원의장, 〈↔listener\audience〉 양2

2549 **speak-er-phone** [스피이커 호운]: 확성 전화기(확성기를 통해 통화할 수 있는 장치), 〈~ microphone and loudspeaker〉, 〈↔transmitter\receiver〉 미2

2550 *****speak of the dev·il**: 〈'devil'이란 말을 함부로 쓰지 말라는 중세 영국어〉, 악마 이야기를 하면 악마가 나타난다, 〈~ bring up the devil〉, 호랑이도 제 말하면 나타난다, 〈남의 험담을 말라는 뜻〉, 〈~ a superstition〉, 〈~(↔)my ears are burning〉 양2

2551 **spear** [스피어]: 〈← sparus(a hunting tool with sharp head)〉 ①〈라틴어→게르만어〉, 〈← pierce〉, 〈주로 보병이 사용하는〉 (투)창, 작살, 남자의 연장, 〈~ javelin\pike〉, 〈↔shield\hymen〉 ②〈게르만어〉, 〈← spire〉, (식물의) 눈, 새싹, 〈~ bud\sprout〉, 〈↔fall\detach〉 양2

2552 **spear-fish** [스피어 휘쉬]: ①작살로 물고기 잡기(spear-fishing) ②청새치, 암청색의 등에 창 같은 주둥이와 길고 납작한 몸통을 가진 커다란 바닷물고기, 〈~ short-bill spear-fish\marlin〉 미2

2553 **spear-gun** [스피어 건]: 작살총, 수중총, 압축 공기로 끈이 달린 화살을 쏘아 물고기류를 잡는 무기, 〈~ blow-gun\hydro-gun〉, 〈~(↔)harpoon〉 양2

2554 **spear-mint** [스피어 민트]: (녹)양박하 (향내 나는 뾰족한〈spire〉 잎끝을 가진) 꿀풀과의 여러해살이풀, 〈~ garden(common·lamb·mackerel) mint〉 미2

2555 **spear-wort** [스피어 워얼트]: 〈잎이 창끝 모양으로 생기고 독성이 있는 노란 꽃을 피우는〉 실미나리아재비·솔잎미나리아재비, 〈~ bane-wort\a butter-cup〉 미2

2556 *****spec** [스펙]: ①명세서(specification) ②투기(speculation) ③구경거리(spectacle) ④전문요원(specialist) ⑤미래를 위해 좋은 학력·학점·자격증 따위를 취득하는 일〈세련된 한국식 영어임〉, 〈~ special quality?〉 양2

2557 **spe·cial** [스페셜]: 〈라틴어〉, 〈← species(sort)〉, 〈눈에 띄는〉, 특별한, 유별난, 전문의, 전용의, 예외적인, 〈~ exceptional\unusual〉, 〈↔common\standard〉 가1

2558 **spe·cial char·ac·ter** [스페셜 캐릭터]: 특수문자, 직접 자판으로 칠 수 없고 암호를 사용해서 나타내는 연산자나 비교문자, '예약어', 〈~ a non-alphanumeric symbol〉 미2

2559 **spe·cial coun·cil** [스페셜 카운실]: 특별한 임무를 수행하기 위해 임명된 검사, 특검, 〈~ independent counsel\special prosecutor〉, 〈한국에서 제일 끗발이 좋은 자리〉 양2

2560 **spe·cial ed·u·ca·tion** [스페셜 에듀케이션]: (미국에서는 주로 학습장애가 있는 학생들을 위해 개별적 지도를 하는) 특수교육, 〈~ learning disability (or compensatory) education〉 미2

2561 **Spe·cial Forces** [스페셜 휘얼시스]: Green Berets, 1952년에 창설되어 〈CIA와 협동으로〉 비정규전을 수행하는 (병력 미상의) 미 육군(US Army)의 〈특수부대〉 미2

2562 **spe·cial mas·ter** [스페셜 매스터]: 특정 사항에 대한 도움을 위해 판사가 임명하는 한시적 외부 인사, 특임관, 〈~ assessor\an official appointed by a judge〉 양2

2563 **Spe·cial O·lym·pics** [스페셜 올림픽스]: (1968년에 시작되어 하계·동계 각각 4년마다 열리는) 신체적·정신적 불구자들이 하는 〈특수〉 올림픽 경기, 〈~(↔)이것은 주로 intellectual disabilities를 가진 선수들을 위한 것이고 Paralympics는 주로 physical disabilities를 위한 것임〉 수2

2564 **spe·cies** [스피이쉬이즈]: 〈← specere(to look at)〉, 〈라틴어〉, 〈생물 분류의 교배 가능한 기본적 종착역인 8번째 단계-속의 아래〉 종(류), 인종, 체제, '눈에 보이는 특징', 〈→ special〉, 〈~ type\category〉, 〈↔whole\individual〉 가1

2565 **spe·cif·ic** [스피씨휙]: 〈눈에 보이게 만든〉 구체적인, 분명한, 독특한, 특유한, 〈~ particular\certain〉, 〈↔general\obscure〉 양2

2566 *spec·i·fi·ca·tion [스페시휘케이션]: 규격화, 구체화, (자세한) 설명서, 척도, 사양〈중국어; '모양을 섬기는' 세목〉, 〈~ definition\blue-print\identification〉, 〈↔vagueness\uncertainty〉 양2

2567 spe·cif·ic (rate) du·ty [스피씨휙 (뤠이트) 듀우티]: 종량세, (쓰레기 수거세 같이) 〈가치에 관계없이〉 물건의 중량에 따라 부과하는 세금, 〈~ a tariff levied on a specific amount per unit〉 양2

2568 spe·cif·ic grav·i·ty [스피씨휙 그뢔뷔티]: 비중, 어떤 물질의 밀도를 그와 같은 체적의 4℃의 물의 밀도에 비교한 값, 〈~ relative density (to the density of water)〉 양2

2569 spec·i·fy [스페시화이]: 일일이 열거하다, 자세히 쓰다(말하다), 〈~ describe\itemize〉, 〈↔confuse\generalize〉 양2

2570 spec·i·men [스페시먼]: 〈라틴어〉, 견본, 표본, 예, 검사를 위한 재료, '보기만 하는 것', 〈~ sample\case\illustration〉, 〈↔whole\atypical\counter-example〉 양2

2571 spe·cious [스피이셔스]: 〈← specere(to look at)〉, '보기 좋은', 그럴듯한, 진짜 같은, 〈~ deceptive\false〉, 〈↔genuine\real〉 양2

2572 speck [스펙]: 〈← specca(small spot)〉, 〈어원 불명의 영국어〉, 작은 반점, 얼룩, 흠, 점, 소량, 〈~ speckle〉, 〈~ bit\tittle〉, 〈↔mass\abundance〉 양1

2573 spec·kled trout [스페클드 트롸울]: 반점송어(spotted trout) 북미 남대서양 연안에 서식하는 송어 비슷한 민어과의 점박이 물고기, 〈~ a marine salmonid〉 미2

2574 *SPECT [스펙]: single photon emission CT, 단광자 방출 전산기 단층 촬영(법), 혈류에 부착된 방사성 단광자를 추적해서 장기의 활동 상황을 알아보는 '기능성' 영상 검사, 〈~ 3D (or functional) scan〉, 〈~(↔)PET〉 미2

2575 spec·ta·cle [스펙터클]: 〈← specere(to look at)〉, 〈라틴어〉, '볼만한 것', 광경, 장관, 구경거리, 〈~ display\exhibition\show〉, ~s: 안경(glasses), 〈↔blindness\modesty\eye-sore〉 양2

2576 spec·ta·cled co·bra [스펙터클드 코우브뤄]: '안경독사', ⇒ Indian cobra 우1

2577 spec·ta·tor [스펙테이터]: 〈← spectare(behold)〉, 〈라틴어〉, 구경꾼, 관찰자, 방관자, 〈~ watcher\by-stander〉, 〈↔participant\player\up-stander〉 양2

2578 spec·ter \ ~tre [스펙터]: 〈← spectare(behold)〉, 〈라틴어〉, 〈보이기만 하고 실체는 없는〉 유령, 요귀, 〈~ ghost\apparition\phantom〉, 〈↔real\disappearance〉 가1

2579 spec·tro~ [스펙트로우~]: 〈← skopein(view)〉, 〈그리스어→라틴어〉, 〈분광기가 달린~〉이란 뜻의 결합사 양1

2580 spec·tro-scope [스펙트뤄스코우프]: 분광기, 빛을 단광으로 분산시켜서 그 강도와 파장을 관측하는 장치, 〈~ optical prism〉 양2

2581 Spec·trum [스펙트륌]: 스펙트럼, 1993년에 설립되어 2016년 Time Warner사를 인수하고 2018년 AT & T에 흡수된 미국 굴지의 무선 방송·대중 매체 회사, 〈~ trade name of Charter Communications〉 수2

2582 spec·trum [스펙트륌] \ spec·tra [스펙트뤄]: '보는 영역', 분광, 잔상, 범위, 연속체, 〈→ aspect〉, 〈~ range\scale〉, 〈↔narrow\limited〉 양1

2583 spec·u·late [스페큘레이트]: 〈← specere(see)〉, 추측(억측)하다, 숙고하다, 궁리하다, '보면서 생각하다', 〈~ assume\conjecture〉, 〈↔abstain\decide〉 양1

2584 spec·u·la·tor [스페큘레이터]: 사색가, 투기업자, 투기꾼, 〈~ theorist\explorer\gambler〉, 〈↔practitioner\decider〉 양2

2585 spec·u·lum [스펙큘럼]: 금속 거울, 반사경, 검경, mirror, 〈~ diopter\looking glass〉, 〈↔conceal\blind-fold〉 양2

2586 sped [스페드]: speed의 과거·과거분사 가1

2587 speech [스피이취]: 〈← sprecan〉, 〈게르만어〉, 〈← speak〉, 말, 언어, 이야기, 연설, 화법, 음향, 〈~ talk\address¹〉, 〈↔mute\dumb〉, 〈↔write\print〉 가1

2588 *speech bal·loon(bub·ble) [스피이취 벌루운(버블)]: (만화의) 말풍선, 〈~ word (or text) balloon〉 양2

2589 speed [스피이드]: 〈← spowan(succeed)〉, 〈영국어〉, '성공하다', 급히 가다, 속력, 속도, 변속 장치, 빠름, 중추신경 자극제〈stimulant\amphetamine〉, 〈~ tempo\pace〉, 〈↔slowness\drag\rest\stroll\sedative〉 가1

2590 *speed-ball [스피이드 버얼]: ①손을 사용할 수 있는 축구 비슷한 경기, 〈~ kick or throw〉 ②자극제를 섞은 마약 (주사), 〈~ cocktails of stimulant drugs〉 우1

2591 **speed bump** [스피드 범프]: 감속턱, 과속방지용 융기, sleeping policeman, ⇒ road hump 양2

2592 **speed cam·er·a** [스피드 캐머뤄]: 〈지역마다 규정이 다른〉〈차량〉 무인 속도 감시 사진기, 〈~ a traffic enforcement (or red-light) camera〉 미2

2593 *__speed gov·ern-or__ [스피드 거뷔너]: 〈속도를 조절하는〉 조속기, (차량의 최고 속도를 제한하는) 속도 제어기, 〈~ speed limiter(controller)〉, 〈California에서는 2032년부터 모든 새차에 부착하도록 법제화함〉 미2

2594 **speed-om·e·ter** [스피이다미터]: spowan(succeed)+metron(measure), 〈그리스어〉, 〈자동차 등의〉 주행 '속도' (측정)계, 〈~(↔)tacho-meter는 rotational speed를 측정하는 것〉, 〈↔odometer〉 미2

2595 *__speed-run__ [스피이드 륀]: '속주', (영상놀이에서) 〈glitch와 편법을 사용해서 특정 구간을 뛰어 넘거나 가장 효율적 방법으로 최단 시간 내에 경기를 끝내려는〉 질주, 〈~ completing a video-game as fast as possible〉 미2

2596 **speed trap** [스피이드 트랲]: 속도 위반 단속 구간 (적발 장치), 〈~ road-section to catch speeders〉, 〈~ bear¹-trap〉 미2

2597 **speed-well** [스피이드 웰]: 〈빨리 낫게 하는 만병통치약으로 쓰였던〉 veronica, 주로 푸른색의 꼬리나 접시 모양의 작은 꽃이 피는 현삼과 꼬리풀속의 초본, 〈개불알꽃〉 우1

2598 **spell¹** [스펠]: 〈← spel(saying)〉, 〈게르만어〉, 철자하다, 판독하다, 의미하다, 〈~ speech〉, 〈~ to name or write\words\letters〉, 〈~(↔)pronounce〉 양1

2599 **spell²** [스펠]: 〈← spelian(substitute)〉, 〈게르만어〉, 〈대신 일을 해주는〉 잠시 동안, 한바탕, 순번, (병의) 발작, 〈~ short time\fit〉, 〈↔continuity\relief〉 양1

2600 **spell³** [스펠]: 〈← spel¹(utterance)〉, 〈게르만어〉, 〈마력을 가진 일련의 단어들〉, 주문, 마법, 매력, 〈~ incantation\magical power〉, 〈~(↔)amulet\mascot〉 양1

2601 **spell-bound** [스펠 바운드]: 마법에 걸린, 넋을 잃은, 〈~ bewitched\enthralled〉, 〈↔boring\disenchanted〉 양2

2602 **spell-ing bee** (match) [스펠링 비이 (매취)]: 철자법 (맞추기) 경기, (미국학생들에게 인기 있는) 〈벌이 꿀을 따서 차곡차곡 저장하는 듯〉 단어를 찾아내는 시합, 〈~ spelling contest (or game)〉 미2

2603 **spelt** \ **speltz** [스펠트 \ 스펠츠]: 〈← spelta〉, 〈라틴어→게르만어〉, farro, emmer, 가축 사료로 쓰였던 〈낟알이 split된〉 밀(wheat)의 일종 우1

2604 **Spen·cer** [스펜서], Her-bert: 〈← dispencer〉, '분배자', (1820-1903), (인간의 존엄성에 정면으로 대치해서 모든 것을 자연에 맡기라고 즉 〈적자 생존의 원칙〉을 주창한) 영국의 〈진화론적〉 철학자·생물학자, 〈~ an English poly-math〉 수1

2605 **spend** [스펜드]: 〈라틴어〉, 〈← dispend〉, 쓰다, 소비하다, 낭비하다, 지내다, 〈~ expend〉, 〈~ disburse\waste\consume〉, 〈↔conserve\save〉 가1

2606 **spend-ing mon·ey** [스펜딩 머니]: pocket money, 용돈, 주머닛돈, 〈↔saving money〉 양2

2607 **spend-thrift** [스펜드 쓰뤼후트]: 돈을 쓰는 관성이 있는, 낭비벽의, 방탕아, 〈~ squanderer\wastrel〉, 〈↔miser〉 양2

2608 **Spen·ser** [스펜서], Ed-mund: 〈← dispencer〉, '분배자', (1552?-1599), 〈정치적·도덕적 색채를 가미한〉 영국의 서사 시인, 〈~ an English poet〉 수1

2609 **spent** [스펜트]: spend의 과거·과거분사 가1

2610 **sperm** [스퍼엄]: 〈← sperma(seed)〉, 〈그리스어〉, 〈← sow〉, 〈흩어 뿌리는〉 정충, 정자, male gamate, 〈↔ovum\somatic cell〉, 〈정자를 화살로 표시한 로마인들의 지혜에 경의를 표함〉 가1

2611 **sper·mo-phile** [스퍼머 화일 \ ~휠]: 〈그리스어〉, ground squirrel, 들다람쥐, 얼룩 다람쥐, 굴 속에 살며 '씨(seed)를 까먹기 좋아하는' 땅다람쥐 미2

2612 **sperm whale** [스퍼엄 웨일]: cachalot, 향유고래, (양초·화장품 등에 쓰이는 'spermaceti'라는 기름을 짜내는 외양의 커다란 보호종 고래, 〈~ pot-whale\sea-gaut\cachalot〉 미2

2613 **spew** [스퓨우]: 〈← ptyein〉, 〈게르만어→라틴어→게르만어〉, 〈의성어〉, 〈~ spit¹〉, (울컥) 토해내다, 비어져 나오다, 〈~ emit\disgorge〉, 〈↔dribble\sprinkle〉 양2

2614 **sphag·num** [스홰그넘]: 〈어원 불명의 그리스어〉, spiny shrub, peat moss, 물이끼 (떼), 초탄, '뾰족한' 미세 잎들을 가지고 습지를 덮어가며 자라는 이끼 무리 미2

2615 **sphe·n(o)~** [스휘인(노우)~]: ⟨← sphen(wedge)⟩, ⟨그리스어⟩, ⟨쐐기·'가르는~'⟩이란 뜻을 가진 결합사 양1

2616 **Sphere** [스휘어]: 어마어마한 돈을 들여 2023년 Las Vegas에 개관된 무지무지하게 큰 ⟨구형 종합 경연장⟩, ⟨이곳에서 4-D 영화를 감상하려면 눈깔이 최소 5개는 있어야 함⟩, ⟨~ an entertainment arena⟩, ⟨~ The Sphere at the Venetian Resort⟩ 수2

2617 **sphere** [스휘어]: ⟨← sphaira(ball)⟩, ⟨그리스어⟩, '공', 구, 둥근 모형(물체), 영역, 신분, 천체, ⟨~ globe\circle\orb⟩, ⟨↔line\square\polygon\infinity⟩ 양1

2618 **sphinc·ter** [스휭크터]: ⟨← sphingein(draw tight)⟩, ⟨그리스어⟩, strangler, ⟨꽉 조이는⟩ 괄약근, ⟨늘 옴츠려져 있는⟩ 늘음치근, ⟨↔smooth muscle\flaccid muscle⟩ 양2

2619 **Sphinx¹** [스휭스]: ⟨← sphingein(draw tight)⟩, ⟨그리스어⟩, strangler, ⟨목을 조이는 자?⟩, 스핑크스, 고대 그리스(Greece)에서 ⟨수수께끼를 내서 못 맞추는 자를 잡아먹었다는⟩ 여자의 머리·사자의 몸뚱이·뱀의 꼬리·새의 날개를 단 괴물, ⟨~ a female monster⟩, s~; 불가해한 사람, ⟨~ enigma⟩ 수1 양2

2620 **Sphinx²** [스휭스]: 스핑크스, ⟨1만 년 전부터 세워졌던 것으로 추정되는⟩ 남자 머리에 날개가 없고 사자의 몸통을 가진 이집트(Egypt)의 거대한 석조 수호신, ⟨~ a monumental sculpture⟩ 수1

2621 **sphinx moth** [스휭스 머어쓰]: hawk moth, horn moth, ⟨애벌레의 웅크리고 있는 모습이 이집트의 스핑크스를 닮았다는⟩ '벌새같이 재빠른' 박각시나방 미2

2622 **sphyg·mo~** [스휘그머~]: ⟨그리스어⟩, pulse, ⟨맥박~⟩이란 뜻의 결합사 양1

2623 **sphyg·mo·ma·nom·e·ter** [스휘그모우 머나미터]: '맥박 압력 측정기', 맥압계, 혈압계, ⟨~ blood pressure monitor⟩ 양2

2624 **spic(k)-and-span** [스픽 언 스팬]: nail+new, ⟨북구어→영국어⟩, brand new, 새로 맞춘, 깔끔한, 말쑥한, ⟨↔dirty\filthy⟩ 양2

2625 **spi·ca·to** [스피카아토우]: ⟨← spiccare(pick off)⟩, ⟨이탈리아어⟩, 활을 단속적으로 튀기며 하는 연주, ⟨↔staccato⟩, ⟨↔legato⟩ 우1

2626 **spice** [스파이스]: ⟨라틴어⟩, ⟨← species(sort)⟩, ⟨맛이 '독특'한⟩ 양념, 향신료, 풍미, 정취, ⟨~ flavoring\seasoning⟩, ⟨↔insipidity\stench⟩ 양1

2627 **spice-ber·ry** [스파이스 베뤼]: X-mas berry, coral·berry, winter·green, ⟨콩알만 한 새빨간 열매가 뭉텅이로 달린⟩ 철쭉과의 관목, ⟨꽃봉오리에서 향내가 나는⟩ 정향나무, ⟨잎에 털이 달린⟩ 털조장나무 미2

2628 ***spice up** [스파이스 엎]: 맛을 더하다, 흥취를 돋구다, ⟨~ enliven\perk up⟩, ⟨↔bore\discourage⟩ 양2

2629 **spic·y** [스파이시]: 향긋한, 매콤한, 톡 쏘는, 생기 찬, 짜릿한, ⟨화끈한⟩ 색골인, ⟨~ peppery\hot⟩, ⟨↔bland\tasteless⟩ 양2

2630 ***spi·da** [스파이다]: ⟨미국어⟩ ①전산망으로 남자를 낚으려는 여자 '전산망 암거미', ⟨~ female spider⟩ ②⟨Spider·man같이⟩ 농구 득점대까지 뛰어 오르는 선수('거미팔'), ⟨~ spider arm⟩ 우2

2631 ***spi·der** [스파이더]: ⟨← spinnan(to spin)⟩, ⟨게르만어⟩, 'spinner', '실을 내는 자', 거미 ①꽁지에서 실을 잣는 45,700여 종이 알려진 '아주 오래된' 절지동물, ⟨~ arachnid⟩, ⟨↔ant⟩ ②전산망의 자동 검색기, ⟨~ web crawler⟩, ⟨↔turtle²⟩ ③계략을 꾸미는 자, ⟨~ creeper⟩, ⟨↔follower⟩ 가1 미2

2632 **spi·der crab** [스파이더 크뢥]: (몸통도 작고 가늘고 기다란 8개의 발만 갖고 있어서) ⟨먹을 것이 별로 없는⟩ 거미게, ⟨~ thorn-back²⟩ 미2

2633 **spi·der eat·er** [스파이더 이이터]: '거미잡이참새', 태양새, ⇒ sun·bird 미2

2634 **spi·der flow·er** [스파이더 홀라워]: '거미꽃', 족두리꽃, 백화채, 풍접초, ⇒ Cleome 미2

2635 **spi·der-ling** [스파이덜링]: 거미류의 새끼(young spider) 미2

2636 ***Spi·der-man** [스파이더 맨]: '거미 용사', (1962년 상재된 만화에서 이어지는) ⟨거미의 독침을 맞고 공중을 '날아다니는' 괴력을 부여받은 '정의로운' 청년을 그린⟩ 연속 흥행물, ⟨~ a super-hero⟩ 우2

2637 ***spi·der-man** [스파이더 맨]: steeple jack, 고층 건물 작업원, (줄을 타고 높은 곳에서 일하는) 고소 작업원, ⟨~ out-side climber of steeples⟩ 양2

2638 **spi·der mon·key** [스파이더 멍키]: 거미원숭이, 거미같이 긴 팔·다리·꼬리를 가지고 중·남미 열대지방에 서식하는 '보호종의' 커다란 원숭이, ⟨~ a tropical New World monkey with prehensile tail⟩ 미2

2639 **spi·der-wort** [스파이더 워얼트]: 자주달개비(닭의 장 풀), 전 미주에 걸쳐 '거미같이' 기다란 잎들을 가지고 주로 자주색 계통의 꽃을 낮에 활짝 피우는 여러해살이 덩굴풀, ⟨~ wandering jew\day flower⟩ 미2

2640 **spiel** [스피일]: ⟨← spielen(play)⟩, ⟨게르만어⟩, '연주하다', 장광설, 선전연설, 사기, ⟨~ speech\harangue\patter⟩, ⟨↔in-action\refrain⟩ 양1

2641 **Spiel-berg** [스피일버어그, Ste·ven: ⟨독일어⟩, play mountain, '놀이동산', 스필버그, (1946-), 유대인 가정에서 태어나 ⟨현실 도피적 작품⟩으로 떼돈을 번 미국의 영화 제작자, ⟨~ an American film-maker⟩ 수1

2642 **spiff-y** [스피휘]: ⟨어원 불명의 영국어⟩, 말쑥한, 깔끔한, 멋진, ⟨~ chic\stylish\a la mode⟩, ⟨↔rag-tag\shabby\sloppy⟩ 양1

2643 **spike** [스파이크]: ⟨← spica(ear of corn)⟩, ⟨라틴어→게르만어⟩ ①긴 못, 대못, '구두못', ⟨~ nail⟩, 첨단(peak), 강타(하다), ⟨~ dart⟩, 어린 고등어(young mackerel) ②이삭, 꽃차례, ⟨~ long flower cluster⟩, ⟨↔diminish\loosen⟩ 미2

2644 **spike fid·dle** [스파이크 휘들]: ⟨뾰족한 발 받침이 있는⟩ '뾰족' 바이올린, ⇒ rebab 우2

2645 *__spike(d)-heel__ [스파이크(트) 히일]: '뾰족(한) 뒤꿈치', 가늘고 긴 뒷굽이 달린 여성용 구두, 콧대가 센 여자, 매서운 여자, ⟨~ stilletto\thin high heel⟩, ⟨↔round-heel⟩ 양2

2646 **spike-nard** [스파이크 널드 \ ~나이드]: spica+nardus(aromatic root), 감송(향), 예부터 고급 향료로 채취되던 히말라야 동쪽에 서식하는 ⟨'이삭' 모양의 잎을 가진⟩ 멸종 위기의 쥐오줌풀(valerian)속의 약초, ⟨~ nardin\musk-root⟩ 미2

2647 **spill** [스필]: ⟨← spillan(ruin)⟩, ⟨어원 불명의 영국어⟩, 엎지르다, (자신을) 내던지다, 흩프리다, 넘치다, 누설하다, ⟨~ tip over\reveal⟩, ⟨↔contain\absorb⟩ 양1

2648 **spill-o·ver** [스필 오우붜]: 엎지르기, 과잉, 여파, ⟨~ over flow\pour out⟩, ⟨↔hold\lack⟩ 양1

2649 *__spill the beans__ [스필 더 비인즈]: ⟨고대 그리스의 비밀조직에 가입할 때 찬성자는 흰 콩 반대자는 검정콩을 넣었는데 그만 항아리가 깨져 비밀이 누설되었다는 '썰'이 있으나⟩ ⟨1908년 미국 신문기사에 등장한 말⟩, 기밀을 누설하다, 비밀히 얘기하다, ⟨~ let the cat out of the bag⟩, ⟨↔cover up\shut up⟩ 양2

2650 *__spill the tea__ [스필 더 티이]: ⟨미국 남부 속어⟩, ⟨남부의 부인들이 오후에 모여 차를 마시면서 수다를 떨던 데서 연유한 말⟩, 소문을 퍼뜨리다, 비밀을 까발리다, 험담하다, ⟨~ spill the beans⟩, ⇒ the tea 양2

2651 **spilt** [스필트]: spill의 과거·과거분사 양1

2652 **spin** [스핀]: ⟨← spinnan(draw out and twist)⟩, ⟨게르만어⟩, 잣다, 방직하다, 뱅뱅 돌다, (장황하게) 늘어놓다, 질주하다, ⟨→ spindle⟩, ⟨~ revolve\gyrate⟩, ⟨↔straighten\un-twist\collect⟩ 양1

2653 **spin~ \ spini~ \ spino~** [스핀~ \ 스피니 \ 스피노우~]: ⟨라틴어⟩, prickle\spine, ⟨가시·척추~⟩를 뜻하는 결합사 양1

2654 **spin·ach** \ ~age [스피니취]: ⟨← aspanakh?⟩, ⟨페르시아어?⟩, 시금치, 속이 빈 줄기·어긋난 세모진 달걀꼴의 잎을 가진 '시큼털털한' 명아줏과(goose-foot family)의 채소, ⟨~ silver beet\Swiss Chard\Persian Green⟩ 가1

2655 *__spin but·ton__ [스핀 버튼]: '회전 단추', 자판에서 숫자나 항목을 빨리 바꾸기 위해 누르는 단추, ⟨~ an input widget⟩, 자동 도박기에서 회전판을 빨리 돌아가게 누르는 단추, ⟨~ wheel button⟩ 우2

2656 **spin-dle** [스핀들]: ⟨← spin⟩, 방추, 굴대, 주축, (물레의) 가락, 가늘고 긴, ⟨~ pivot\axle\baluster⟩, ⟨↔round⟩ 양1

2657 **spin-dle tree** [스핀들 트뤼이]: 화살나무, 참빗살나무, 회나무, 사철나무, 방추형 잎새를 가진 130여 종의 노박덩굴과의 관목, euonymus, winter creeper 미2

2658 *__spin doc·tor__ [스핀 닥터]: ⟨1980년도 초에 등장한 미국의 정치용어⟩, ⟨두루치기를 잘하는⟩ 보도 대책 조언자, ⟨'드루킹'(druid+king)'이나 명태균씨 같은⟩ 정보 조작의 달인, 홍보 기술자, ⟨~ publist\PR expert⟩ 양2

2659 **spin-drift** [스핀 드뤼후트]: 'spoon·drift' (숟가락 모양의 노를 저을 때 뿜어 나오는) 물보라, 물안개, 거품, ⟨~ mist\spray\foam⟩, ⟨↔pour\storm⟩ 양2

2660 **spine** [스파인]: ⟨← spina(thorn)⟩, ⟨라틴어⟩, 등뼈, 척추, 가시, 바늘, ⟨~ back-bone\needle⟩, ⟨↔fore-edge\spinelessness⟩ 양2

2661 **spine–chill-er** [스파인 췰러]: 등골을 오싹하게 하는, 공포의, 엽기적, ⟨~ hair raiser⟩, ⟨↔relaxer\yawner⟩ 양1

2662 **spi·nel** [스피넬]: ⟨← spina(thorn)⟩, ⟨라틴어→프랑스어⟩, '뾰족한 수정', 첨정석, 다양한 색깔을 가진 준보석, ⟨~ pointed crystal⟩, ⟨~(↔)ruby\balas⟩ 미1

2663 **spine-less** [스파인 리스]: 척추(가시)가 없는, 무골충의, 줏대가 없는, 〈~ jelly fish\feeble〉, 〈↔bold\brave\tough-cookie〉 양2

2664 **spin·et** [스피닡 \ 스피넽]: 〈← spina(thorn)〉, 〈라틴어→이탈리아어〉, 〈현을 '뾰족한 깃 촉'으로 뜯는〉 (16~18세기에 쓰던) 소형 쳄발로, 5각형으로 된 소형 하프시코드(직립피아노), 〈~(↔)harpsichord〉 우1

2665 **spin-ner** [스피너]: 거미(spider), 방적공(기), 뱅뱅 돌리기, 찜 미끼, '회전 속구', 〈~ spinster\gyrator\whirler〉, 〈↔repellent\unfasten〉 양1

2666 **spin-ning wheel** [스피닝 위일]: 물레(바퀴), (도박장에 설치된 gambling) 회전 바퀴, 헛수고, 〈~ reel'\spool\futile〉, 〈↔effective\productive〉 양2

2667 **spin-off** [스핀 어어후]: 기업 분할, 파생 효과(상품), 부산물, 〈~ derivative\off-shoot〉, 〈↔orgin\consequence〉 양2

2668 **spin-out** [스핀 아웉]: (차가) 도로에서 튀어 나가는 일, 질질 끌다, 〈~ draw out\prolong〉, 〈↔curtail\complete〉 양1

2669 **Spi·no·za** [스피노우저], Ba·ruch: 〈'Spain'에서 온 자〉, 스피노자, (1632-1677), 〈자연은 곧 신이다 라고 외치며〉 문예 부흥과 근대적 종교 비판의 초석을 쌓은 포르투갈과 유대계 네덜란드의 〈안경 갈이〉 철학자, 〈~ a Portuguese-Jewish philosopher〉 수1

2670 **spin-ster** [스핀스터]: 〈물레를 돌리며 님을 애타게 기다리는〉 미혼 여자, 노처녀(old maid; old miss는 Konglish), 〈중세의 영국에서 혼기를 놓친 자작 이하의 딸을 일컫는〉 실 잣는 여자, 〈별 볼 일 없는 여자〉, 〈~ bachelorette\celibatist\lone woman〉, 〈↔bachelor\young lady〉 양2

2671 **spin·to** [스핀토우]: ex(out)+pangere(to fasten), 〈라틴어→이탈리아어〉, '밀어붙이는 듯한' (목소리가) 극적이고 서정적인, 〈~ dramatic and lyric〉, 〈~(↔)castrato〉, 〈↔편자가 부르는 노래소리가 반대어로 사료되나 적당한 말을 찾지 못했음; 한국말로는 돼지 멱따는 소리〉 미2

2672 **spin-y ant-eat-er** [스파이니 앤트이이터]: echidna(그리스 신화에 나오는 반은 여자고 반은 뱀인 괴물), 바늘두더지, 가시개미핥기, (오스트레일리아〈Australia〉 원산의 가시 달린 몸통을 가지고 알을 까며) 개미 등을 잡아먹는 중형의 〈생식기와 항문이 합쳐진〉 단공류, 〈새끼는 puggle이라 함〉, 〈~ a quill covered egg-laying mammal〉 미2

2673 **spin-y head-ed worm** [스파이니 헤디드 워엄]: 구두충, thorny h.w., 가시 같은 주둥이를 동물의 위·장벽에 쑤셔 넣고 양분을 섭취하는 윤충(rotifer)류의 기생충 미2

2674 **spin-y lob·ster** [스파이니 랍스터]: 대하, 왕새우, 닭새우, 가시 바닷가재, (엄지발이 없고 뾰족하고 기다란 더듬이를 가진) 커다란 새우 비슷한 바닷가재, 〈~ langouste\rock lobster〉 미2

2675 **spin-y rat** [스파이니 랱]: hedge hog rat, '고슴도치 쥐', 중남미(Central and South America)에 서식하는 거칠고 뻣뻣한 털을 가진 쥐, 〈~ porcupine rat〉 미2

2676 **spi·ral** [스파이어뤌]: 〈← speira(coil)〉, 〈그리스어에서 연유한 라틴어〉, 〈← spira〉, 소용돌이치는, 나사 모양의, 나선 운동, 악순환, 〈~ curl\helix\gyre〉, 〈↔straight\un-winding\rod〉 양2

2677 **spire** [스파이어]: 〈← speira(coil)〉, 〈그리스어→라틴어→게르만어〉, 뾰족탑, 원추형의 것, 정상, 돌출부, 〈~ spear²〉, 〈~ steeple\apex〉, 〈↔base\nadir〉 양1

2678 **spi·re·a** [스파이뤼이어]: 〈그리스어〉, 'aspirin 나무', (북반구 온대지방에 서식하며 조잡한 뭉텅이 꽃이 피고 잎이 '나선〈speira〉' 모양으로 돋아나며 고약한 누린내를 풍기는) 장미과 조팝나무속의 관목, 〈~ bridal wreath〉 우1

2679 **spir·it** [스피륄]: 〈← spirare(to breathe)〉, 〈라틴어〉, '숨쉬기', 영, 정신, 마음, 유령, 요정, 활기, 기분, 기질, (20도가 넘는) 주정, 〈→ aspire〉, 〈~ soul\anima\liqueur〉, 〈↔body\flesh〉 양2

2680 **Spir·it** [스피륄], Air-lines: 스피리트, 1983년에 창립된 미국의 염가 국내 항공회사, 〈~ an American ultra-low cost airline〉 수2

2681 **spir·it an·i·mal** [스피륄 애니멀]: 각자가 신봉하는 동물, 간지에 따른 각자의 동물적 영혼, 〈편자는 pig임〉, 〈~ patronus\kindred spirit〉 우2

2682 **spir·it lev·el** [스피륄 레블]: (알코올〈spirit〉을 넣어 평형 눈금을 읽도록 만든) 기포 수준기, bubble level, 〈~(↔)water level\plumb-line〉 미2

2683 **spir·i·to·so** [스피뤼토우소우]: 〈이탈리아어〉, 기운차게, 활발하게, 〈~ lively\animated〉, 〈↔lack-luster〉 미2

2684 **spir·i·tu·al** [스피뤼츄얼]: 영적인, 정신의, 초자연의, 신성한, 고상한, 〈~ psychic\religious\intangible〉, 〈↔physical\corporeal\mondial\material\secular〉 양2

2685 **spir·i·tu·al health** [스피뤼츄얼 헬쓰]: 〈세번째로 중요하다는〉 영적 건강, 〈~ ethical wellness\religious health〉, 〈↔physical\mental\financial(health)〉 양2

2686 **spi·rom·e·ter** [스파이어뤄 미터]: 〈← spirare(to breathe)〉, (호흡량을 재는) 폐활량계, 〈~ pneo (or pulmo)-meter〉 양2

2687 **spirt** [스퍼얼트]: 〈게르만어〉, spurt, 분출하다, 〈↔idle\integrate〉 양1

2688 **spit¹** [스핕]: 〈← spittan(eject saliva)〉, 〈영국어〉, 〈의성어〉, (내)뱉다, 토해내다, 뿜어내다, 경멸하다, 침, 거품, 가래, 〈~ sputter\sputum〉, 〈~ expectorate\phlegm〉, 〈↔swallow\absorb〉 양1

2689 **spit²** [스핕]: 〈← spitu(a wooden peg)〉, 〈게르만어〉, 쇠꼬챙이, 모래톱, 갑, 곶(바다로 좁고 길게 뻗어 나간 땅), 〈~ broach\spade〉, 〈↔bottom\nadir〉 양1

2690 **spit curl** [스핕 커얼]: (1920년대에 선보인) 〈침(saliva)을 뱉어 할 수도 있는〉 이마에 납작하게 붙게 한 곱슬머리, 〈~ kiss curl〉 우1

2691 **spite** [스파이트]: 〈프랑스어〉, 〈← despite〉, 악의, 심술, 앙심, 〈~ malice\animosity〉, 〈↔benevolence\affection〉 가1

2692 *****spite-watch** [스파이트 워취]: '증오의 시계', '시계탓', 참을성이 없어서 손해를 본 경우 시계를 원망하는 짓, 〈앞으로 떠오를 가능성이 있는 말〉, 〈~ hateful clock〉 우1

2693 **spit-tle** [스피틀]: 타액, (내뱉은) 침, 〈~ spit\(ejected) saliva\sputum〉 양2

2694 **spit-toon** [스피투운]: 〈영국어→미국어〉, (침 뱉는) 타구, ⇒ cuspidor 양2

2695 **spitz** [스피츠]: 〈← spitze(point)〉, 〈게르만어〉, (북극지방 원산으로 사료되는) 코와 귀가 '뾰족하고' 꼬리를 등으로 말아 올리는 버릇이 있는 복슬개, 〈~ chow-chow²〉, ⇒ Basenji 우1

2696 **~ splain** [스플레인]: 〈요상한 뜻을 가지고〉 (·explain을 뜻하는) 접미사 양3

2697 **splash** [스플래쉬]: 〈영국어〉, 〈의성어〉, 〈← plash〉, 튀기다, 튀겨 더럽히다, 튀어 흩어지다, 격추하다, 〈~ spatter\swash〉, 〈↔dab\drain〉 양1

2698 **splash-down** [스플래쉬 다운]: 착수, (우주선 등이) 물 위에 내려 앉다, (물 미끄럼틀에서) 수영장으로 격추하다, 〈↔landing\touch down〉, 〈↔take-off\lift-off〉 미2

2699 **splat·ter** [스플래터]: 〈게르만어〉, 〈의성어〉, 〈← spatter〉, 튀기다, 철벅거리다, 재잘거리다, 〈~ splash\swash〉, 〈↔collect\gather〉 양1

2700 **splat·ter film** [스플래터 휨]: 〈1978년에 주조된 미국어〉, (유혈이 낭자한) '잔학' 영화, 〈~ gore movie〉 양2

2701 **spleen** [스플리인]: 〈← splen〉, 〈그리스어〉, 지라, 비장, 혈구와 면역을 관장하는 위의 왼쪽 뒤에 있는 주먹만 한 장기, 울화, 우울, 〈~ a ductless abdominal organ\anger\spite〉 양2

2702 **spleen wort** [스플리인 워얼트]: 〈비장 질환에 쓰였던〉 (북미와 남아프리카에 서식하며 갈색 줄기에 기다란 깃털 같은 엽상체를 가진) 차꼬리고사리, 〈~ a small fern with feather-like fronds〉 미2

2703 **Splen·da** [스플렌다]: 〈'sucralose'를 잘못 들은 실수에서 유래한〉 스플렌다, 1999년부터 출시되는 미국의 세계적 (저당분) 인공감미료, 〈~ an American sugar-substitute〉 수2

2704 *****splen·da dad·dy** [스플렌더 대디]: sugar daddy보다 영양가는 적으나 조금 젊은 '남성 후견인', 〈~ cheaper but younger sugar daddy〉, 〈↔toy boy〉, 〈↔sugar baby\concubine〉 수2

2705 **splen·dent** [스프렌던트]: 〈← splendere(shine)〉, 〈라틴어〉, 빛나는, 화려한, 훌륭한, 〈~ bright\glistening〉, 〈↔dark\gloomy〉 양2

2706 **splen·did** [스플렌디드]: 〈← splendere(shine)〉, 〈라틴어〉, 빛나는, 훌륭한, 화려한, 멋진, 〈~ magnificient\glorious〉, 〈↔dull\ugly\stupid〉 양2

2707 **sple·net·ic** [스플리네틱]: 〈← spleen〉, 비장(지라)의, 지랄맞은, 성마른, 까다로운, 〈~ irritable\cantankerous〉, 〈↔amiable\pleasant〉 양2

2708 **splice** [스플라이스]: 〈← splitsen(split)〉, 〈어원 불명의 네덜란드어〉, (가닥을) 꼬아 잇다, 겹쳐 잇다, 접합하다, 〈~ inter-weave\braid〉, 〈↔separate\unfasten〉 양1

2709 **spline** [스플라인]: 〈← split〉, 〈네덜란드어→영국어〉, 가늘고 긴 박판, (두 개의 판자를 접합시키는) 비녀장, (일련의 점을 구름같이 둥글게 연결하는) 운형자, 〈~ slat\linch-pin\curved rule〉, 〈↔straight line\board\open\spine〉 우2

2710 **splint** [스플린트]: ⟨← splitsen(split)⟩, ⟨네델란드어→게르만어⟩, 얇은 널조각, 나무오리(오라기), (치료용) 부목, ⟨~ stent⟩, ⟨~ prop\brace⟩, ⟨↔chunk\slab⟩ 미2

2711 **splin·ter** [스플린터]: 조각, 파편, 쪼개다, 찢다, ⟨~ chip\sliver⟩, ⟨↔whole\assemble⟩ 양2

2712 **split** [스플릿]: ⟨← spitsen(separate)⟩, ⟨네델란드어⟩, 쪼개다, 찢다, 깨다, 분배하다, 분열시키다, 벗기다, 이간시키다, 떠나다, ⟨→ slat⟩, ⟨~ slit⟩, ⟨~ cleave\break⟩, ⟨↔unify\blend\arrive⟩ 양1

2713 *****split bar** [스플릿 바아]: (양쪽을 비교하기 위해 화면을 쪼개는) 분할 '막대', ⟨~ dividing (or partitioning) line⟩ 미2

2714 **split de·ci·sion** [스플릿 디씨젼]: 불일치 결정, 종다수 판정, ⟨~ shared decision\mixed victory⟩, ⟨↔unanimous decision⟩ 양2

2715 **split down** [스플릿 다운]: ⟨아래로⟩ 쪼개서 나누다, ⟨주가의 변동없이 주의 숫자를 줄이는⟩ 주식병합, ⟨~ bifurcate\break-down⟩, ⟨↔combine\join⟩ 양2

2716 *****split key-board·ing** [스플릿 키이보딩]: 분할 입력, editing data from one terminal on another terminal, 한 단말기에서 나온 자료를 다른 단말기로 떼어내어 입력하는 일, ⟨~ split mode\key split⟩ 미2

2717 **split lamp** [스플릿 램프]: '째진 조명기', 고밀도 광선을 발사해서 눈 조직을 검사하는 현미경, slit lamp 우1

2718 **split lev·el** [스플릿 레블]: '부동위 층', 바닥의 표고가 차이 있는 건물, ⟨↔flat level⟩, ⟨~ two (or twin) tier\terraced⟩ 우2

2719 *****split one's sides** [스플릿 원즈 싸이즈]: (배꼽이 터지게) 박장대소하다, 포복절도하다, ⟨~ laugh one's head off⟩ 양2

2720 *****split page** [스플릿 페이쥐]: '분할 쪽', '분할된 화면'이나 제2부의 (고쳐 짠) 첫장, ⟨~ come apart\cut off⟩, ⟨↔whole page⟩ 미2

2721 **split pea** [스플릿 피이]: '바른 콩', 꼬투리를 벗겨 말려서 쪼갠 완두콩, ⟨~ a pea dried and split in half⟩ 미1

2722 **split sec·ond** [스플릿 쎄컨드]: 순간, 찰나, (아주) 정확한, ⟨~ moment\blink of an eye⟩, ⟨↔aeon\indefinite⟩ 양2

2723 **split shift** [스플릿 쉬후트]: 분할 근무, (상당한 간격을 두고) 하루에 두 번 이상 일하는 근무제도, ⟨~ shuffle\carry over⟩, ⟨↔even(whole) shift⟩ 미2

2724 **split tick·et** [스플릿 티킽]: 분할 투표, (두 정당 이상의 후보를 기입한) 분할 후보자 명부, ⟨~ cross vote\kangaroo ticket⟩, ⟨↔single ticket⟩ 미2

2725 **split-ting** [스플릿팅]: (머리가) 빠개지는 듯한, (귀청이) 터질 것 같은, (입을) 닫을 수 없는, 분열하는, 재빠른, 떠남, ⟨~ bursting\cleaving\separating⟩, ⟨↔enduring\dragging\arrival⟩ 양2

2726 **splotch** [스프라취]: spot+blotch, ⟨영국어⟩, 큰 얼룩점, 반점, 더러워지게 하다, ⟨← spot⟩, ⟨~ blot\smudge⟩, ⟨↔blank\unspotted⟩ 양2

2727 **Spock** [스팍], Ben·ja·min: 'spoke²(바퀴의 살) 제조업자', 스폭, (1903-1998), 논란이 많은 ⟨관용적인⟩ 육아서를 저술하고 월남전에 반대했던 미국의 소아과 의사, ⟨편자도 한때 그의 학설을 신봉했으나 돌이켜 보면 공보다 과가 많았던 것으로 생각됨⟩, ⟨~ an American pediatrician⟩ 수1

2728 **Spode** [스포우드]: ⟨어원 불명의 영국계 이름⟩, 영국의 도예가 Josiah 스포드가 1767년에 창립한 ⟨뼈와 돌을 닮은⟩ 정교한 세공의 도자기 제조 회사 (상품명), ⟨~ an English brand of pottery and homewares⟩ 수1

2729 **spoil** [스포일]: ⟨← spoliare(to mar)⟩, ⟨라틴어⟩, 망쳐놓다, 손상하다, 버릇없게 기르다, ⟨~ mar\impair⟩, ⟨↔protect\develope⟩ 양1

2730 *****spoil a good dish with ill sauce**: 다 된 밥에 코 빠뜨리다, ⟨~ blow out at the last minute⟩ 양2

2731 **spoils sys·tem** [스포일스 씨스텀]: 엽관제도, 집권당이 정실로 관직을 임명하는 일종의 '필요악', ⟨한국말로는 'parachute appointment'라 함⟩, ⟨~ patronage system⟩, ⟨~(↔)cronyism\nepotism⟩, ⟨↔merit system⟩ 양2

2732 **Spo·kane** [스포우캔]: children of the sun⟨태양의 후예들⟩, 스포캔, (그곳에 살던 원주민 부족의 이름을 딴) 미국 워싱턴주(Washington State) 동부의 농산물 집산지·상공업·교역 도시 수1

2733 **spoke** [스포우크]: ①speak의 과거 ②바퀴의 살, 바퀴 멈추개, 디딤대, ⟨← spike⟩, ⟨~ a radiating bar (or a projecting handle) of a wheel⟩, ⟨↔hub\curve⟩ 가1 양1

2734 **spo·ken** [스포우큰]: speak의 과거분사, 구두의, 말에 사용되는 양1

2735 **spokes-man** [스포우크스 먼]: 대변인, 설명자, 연설가, 〈~ mouth-piece\speaker〉, 〈↔detractor\listener〉 가1

2736 **spo·li·a·tor** [스폴리에이터]: 〈← spoliare(to mar)〉, 〈라틴어〉, 'spoil 시키는 자', 강탈자, 파괴자, 훼방꾼, 〈~ plunder\looter〉, 〈↔protector\saver〉 양2

2737 *****spon-con** [스판컨]: sponsored content, '후원 품목', (사회 전산망에서 유명 인사의 선호가 추종자들에 의해 모방된다는 전제 아래) 광고비를 받고 특정 상품을 〈넌지시〉 사용하는 것, 〈유력자를 이용한 판매 전략의 일종〉, 〈점잖은 용어로는 native advertising이라고 함〉, 〈~ patron\supporter〉 양1

2738 **sponge** [스펀쥐]: 〈← spongia(small holes)〉, 〈어원 불명의 그리스어〉, 스펀지, 해면 (동물), 많은 공기 구멍을 가지고 해저에 붙어 사는 다양한 모양의 무척추동물, 해면 모양의 물건, '물 빨아 드리개', 〈~ wash\loofa\a basal marine parasite〉, 〈↔smudge\be-grime〉 양1 미1

2739 **sponge bath** [스펀쥐 배쓰]: '해면욕', (탕에 들어가지 않고) 젖은 수건으로 몸을 씻는 일, 〈~ quick (or whore) bath〉, 〈↔full bath\shower〉 미1

2740 **sponge bread** [스펀쥐 브뤠드]: '부플빵', ⇒ castella 우2

2741 **sponge cu·cum·ber(gourd)** [스펀쥐 큐우컴버(거얼드)]: luffa, loofa(h), 수세미외(박), (젊어서는 채소로 늙어서는 수세미로 쓰이는) 굵은 오이 모양의 열매를 맺는 덩굴식물 미1

2742 **spong-er** [스펀쥐]: 해면으로 닦는 기계(사람), 흡입충, 기생충, 〈~ wiper\parasite〉 양1

2743 **spong·gy moth** [스펀쥐 머어쓰]: 〈그 생김새와 활동 양상으로 여러가지 이름으로 불려지는〉 '좀나방', 해면나방, 〈~ clothes(tussock·gypsy) moth〉, 〈번식력이 강하고 애벌레는 아무거나 잘 갉아먹음〉 미2

2744 **spon·sor** [스판서]: 〈← spondere(promise solemnly)〉, 〈라틴어〉, '지원을 〈엄숙히〉 약속한 사람', 스폰서, 보증인, 후원자, 광고주, 〈~ advocate\backer\supporter〉, 〈↔antagonist\beneficiary〉 양2

2745 **spon·ta·ne·ous** [스판테이너스]: 〈← sponte (of free will)〉, 〈라틴어〉, 자발적인, 임의의, 자연스러운, 〈~ voluntary\instinctive〉, 〈↔forced\calculated〉 양2

2746 *****spoof-ing** [스푸우휭]: 〈1933년 영국의 만담가가 주조한 말〉, 위장(하기), 눈속임, (남의 전자주소를) 도용하는 짓, 〈~ fake\deceit\scam〉, 〈↔exposing\revealing〉 미2

2747 **spook** [스푸우크]: 〈← spooc(ghost)〉, 〈어원 불명의 네델란드어〉, 유령, 괴짜, 비밀 탐정, 떨리게 하다, 위협하다, 〈~ spy\frighten〉, 〈↔reassure\cheer〉 양2

2748 **spook-y** [스푸우키]: spook+puppy, 귀여운 유령, 무서우면서도 웃기는 의상, 〈~ ghostly\eerie〉, 〈↔natural\normal〉 미2

2749 **spool** [스푸울]: 〈← spuola(cylinder)〉, 〈게르만어〉, 실패, 실꾸릿대, 실감개, 〈~ reel'\spinning wheel〉, 〈↔unwind\uncoil〉 양1

2750 **spool-ie** [스푸울리]: (속; 겉눈썹 치장용으로 쓰이는) 아주 작은 (붓)솔, '얼레치기 솔', 〈~ mascara brush〉 우2

2751 *****spool-ing** [스푸울링]: 얼레치기, (인쇄하기 전에) 출력자료를 〈실을 감듯〉 서류철에 모아서 순차적으로 처리하는 일, 〈~ coiling\reeling〉, 〈↔defile\un-rolling〉 미2

2752 **spoon** [스푸운]: 〈← spon(chip of wood)〉, 〈게르만어〉, 스푼, '평평한 나무 조각', 숟가락, 숟가락 모양의 노, 3번 wood 골프채, 꾀임 낚시의 가짜 미끼, (콩과 보리를 구별 못 하는) 숙맥, 〈~ spade\scoop〉, 〈~ dipper\goofer〉, 〈~(↔)fork〉 가1 우2

2753 **spoon-bill** [스푸운 빌]: 넓적부리, '노랑부리저어새', (여러 색깔의 기다란 구둣주걱 모양의 부리를 먹이 찾아 노 젓듯 흔들거리며 물에서 걸어 다니는) 따오기〈ibis〉과의 조류, 〈~ shoveler〉 미2

2754 **spoon·er·ism** [스푸우너뤼즘]: 〈20세기 초에 등장한 말〉, 〈영국 신부 영어학자 이름(Spooner; splinter of wood-나무 지붕 이는 자)에서 연유한〉 두음 전환 ('익살맞은' 머리글자 바꿔놓기), 〈~ a verbal error〉, 〈~(↔)malapropism〉 양2

2755 *****spoon-ing** [스푸우닝]: 〈마치 숟가락을 겹쳐 놓듯〉 상대방을 뒤에서 꼭 껴안은 포옹 자세, 〈~ doggy style〉, 〈~(↔)kissing\embracing〉, 〈↔separating〉 양2

2756 **spoon-wood** [스푸운 우드]: 〈숟가락 같은 잎을 가진〉 산월계수, ⇒ mountain laurel 우1

2757 **spo·rad·ic** [스퍼뢔딕]: 〈← sporadikos(separate)〉, 〈그리스어〉, 때때로 일어나는, 드문드문한, 산발적인, 〈~ scattered〉, 〈~ occasional\intermittent〉, 〈↔frequent\continuous〉 양2

S 1225

2758 ***Spor-cle** [스포얼클]: 스포클, sports+oracle, 2007년에 미국에서 출시된 질의 응답식 잡동사니 전산망 시험 놀이, 〈~ an online trivia quiz game〉 수2

2759 **spore** [스포어]: 〈← sporos(seed)〉,〈그리스어〉,〈← sow〉, 홑씨, 포자, (꽃이 안 피는 식물의) 배종, 〈~ kernel\germ〉, 〈↔outgrowth\death〉 양1

2760 **spork** [스포얼크]: spoon+fork, '갈래 숟가락', 포크 겸용 스푼, 〈~ runcible spoon〉 우2

2761 ***spor·no-sex·u·al** [스포노 쌕슈얼]: 〈2014년 metro-sexual의 진행형으로 주조된 말〉, sports+porno+sexual, 〈성적인 관심을 끌기 위해〉 포르노 배우 같은 몸매를 가꾸는 남성, 〈~(↔)macho-sexual〉 우1

2762 **sport** [스포올트]: 〈← disport(divert)〉,〈영국어〉, 스포츠,〈기분 전환용〉운동, 경기, 오락, 장난, 놀이, 〈~ game\play〉, 〈↔work\labor〉 미2

2763 **sport–fish·ing** [스포올트 휘슁]: (재미로 하는) '오락 낚시', (운동 삼아 하는) '체육 낚시', 〈~ recreatinal fishing〉 미1

2764 **sports-ball** [스포올츠 버얼]: 운동용 공, 공 놀이, '공 장난', 〈~ game(play) ball〉 양2

2765 ***sports bar** [스포올츠 바아]: 당구를 치거나 스포츠 중계를 볼 수 있는 간이주점, '경기 주점', '오락주점', seedy bar, dive bar 우1

2766 **sports car** [스포올츠 카아]: (보통 2인승의) 차체가 낮은 무게 쾌속 자동차, '오락차', 경기용 자동차, 〈~ speedster\performance vehicle〉, 〈↔mini-van\eighteen wheeler〉 우2

2767 ***sports cast** [스포올츠 캐스트]: 운동 경기 (중계) 방송, 〈~ broadcast of sports event〉 미1

2768 ***Sports Cen·ter** [스포올츠 쎈터]: 스포츠 센터, 1979년부터 시작되어 2018년 현재 5만 회 이상 방영되고 있는 미국 ESPN의 60~90분짜리 운동경기 보도 기획물, 〈~ an American sports news TV program〉 수2

2769 **sports cen·ter** [스포올츠 쎈터]: health(fitness) club의 한국식 표현, '종합 체육 시설소', '체력 단련소', 〈~ gym\leisure center〉, 〈↔academy〉 우2

2770 ***sports drink** [스포올츠 드링크]: '건강 음료', (격한 운동 전·후에 마시는) 〈알콜·카페인 성분이 안 들어간〉 물·전해질·당분으로 된 음료, 〈~ energy (or electrolyte) drink〉 우2

2771 **sports-jack·et** [스포올츠 쟤킽]: 윗운동복, 체육복 윗옷, 간편한 남성 상의, 〈~ blazer\hacking jacket〉 미2

2772 **sports-man** [스포올츠 먼]: 운동가, 체육인, 정정당당한 사람, 〈~ athlete\jock〉, 〈↔acadomician\coward〉 양2

2773 **sports med·i·cine** [스포올츠 메디슨]: '운동 의학', 1950년대부터 태동하여 아직 완전히 제도화되지는 않았으나 운동에 관계되는 질환·외상을 예방·치료하는 의학의 전문 분야, 〈~(↔)exercise science〉 미2

2774 **spot** [스팥]: 〈← spat(speckle)〉,〈네델란드어〉, (반)점, 얼룩, 지점, 입장, 위치, 소량, 〈점이 있는〉 현장, 순번, 한 시점, 즉석(의), 〈지점을〉 발견하다, 〈~ speckle\site\detect〉, 〈↔spotless\chunk\gap\miss〉 양1

2775 **spot(s)** [스팥(츠)]: '얼룩이', '점박이', (표범·집비둘기·조기류·개·하이에나·올빼미 등) 얼룩점이 있는 동물(animal), 〈~ specks\dots\blots〉 우2

2776 **spot check** [스팥 췔]: 임의 추출 조사, 무작위 검사, 불시 점검, 〈~ random investigation\scrutiny〉, 〈↔thorough exam\regular check〉 양2

2777 **Spo·tif·y** [스파티화이]: spot+identify, 스포티파이, 2006년에 창립된 스웨덴의 세계적 〈광고 기반〉 음반 탐색 도우미 업체, 〈~ a Swedish digital musical service provider〉 수2

2778 **spot-light** [스팥 라잍]: 각광, 주시, 집중 조명, 조사 등, 〈~ attention\lime-light〉, 〈↔invisibility\obscurity〉 양2

2779 **spot mar·ket** [스팥 마아킽]: 현물 시장, 현금 거래 시장, 〈~ cash market〉, 〈↔non-spot market〉 양2

2780 **spot news** [스팥 뉴우스]: 속보, 급보, 집중 보도, 〈~ immediately reported news\blurb\excerpt〉 양1

2781 **spouse** [스파우스 \ ~즈]: 〈← spondere(promise solemnly)〉,〈라틴어〉, 배우자,〈장래를 서약한〉부부, 〈~ mate\better half〉, 〈↔enemy\foe〉 가1

2782 **spout** [스파웉]: 〈← spuiten(shoot out)〉,〈네델란드어〉,〈의성어·의태어〉, 내뿜다, 분출하다, 도도히 말하다, 주둥이, 대롱, 〈~ faucet\tap²〉, 〈↔conceal\collect\drop〉 양2

2783 ***SPQR** [에스피이큐우아알]: ①Senatus Populusque Romanus, 로마제국 ②small profit and quick returns, 박리다매 양2

2784 **sprag** [스프랙]: ①⟨← spraic(vigor)⟩, smolt, 어린 연어나 송어, 대구 새끼 ②⟨← spragg(billet of wood)⟩, ⟨북구어→영국어⟩, 지주, 굄목, 멈춤대, ⟨~ prop\pole\support⟩, ⟨↔unfasten\dislodge⟩ 미2

2785 **sprain** [스프뤠인]: ⟨← exprimere(press out)?⟩, ⟨라틴어?⟩, ⟨어원 불명의 영국어⟩, ⟨인대나 박막이⟩ 삐다, 접질리다, ⟨~ strain\wrench⟩, ⟨↔untwist\relax⟩ 양2

2786 **sprang** [스프랭]: spring의 과거 양1

2787 **sprat** [스프뢭]: ⟨← sprott(small herring)⟩, ⟨영국어⟩, (통째로 먹는) 유럽산의 조그만 청어, 하찮은 놈(꼬마), ⟨~ kid\cub⟩, ⟨↔grown-up\oldster⟩ 우2

2788 **sprawl** [스프뤄얼]: ⟨← spreawlian(spread awkwardly)⟩, ⟨영국어⟩, (손발을) 쭉 뻗다, 버둥(허우적)거리다, ⟨~ scrawl⟩, ⟨~ stretch out\struggle⟩, ⟨↔fold\shrink⟩ 양1

2789 **spray¹** [스프뤠이]: ⟨← sprag(sprig)⟩, ⟨영국어⟩, 작은 가지, 가지 모양의 장식(무늬), 꽃무늬, ⟨~ spread\twig⟩, ⟨↔drop\trim⟩ 양1

2790 **spray²** [스프뤠이]: ⟨← spraeyen(drizzle)⟩, ⟨네덜란드어⟩, 물보라, 물안개, 분무기, '뿌리개', ⟨~ sprinkle\shower⟩, ⟨↔dry\absorb⟩ 양1

2791 **spread** [스프뤠드]: ⟨← spreiten(extend)⟩, ⟨게르만어⟩, 펴다, 벌리다, 늘이다, 덮다, 미루다, 폭, 전개, 전파, 식탁보, (원가와 판매가의) 차액, (은행이 빌린 이자율과 빌려주는 이자율의) 가산금리, ⟨~ lay out\span\grow⟩, ⟨↔hold\collect⟩ 양1

2792 *****spread sheet** [스프뤠드 쉬이트]: '전개표', '행렬 정산표', 자료를 가로·세로의 항목으로 나열한 도표, ⟨~ table\database\work-sheet⟩, ⟨↔delete list⟩ 우2

2793 *****spread spec·trum** [스프뤠드 스펙트럼]: 대역 확산, (혼선을 방지하고 비밀 보장을 위해) 수시로 주파수가 바뀌면서 전송되는 통신기술, ⟨~ broad spectrum⟩ 미2

2794 **spree** [스프뤼이]: ⟨← spre(spark)?⟩, ⟨1804년에 등장한 어원 불명의 스코틀랜드어⟩, 흥청거림, 법석댐, 탐닉, 활발한 활동 (기간), ⟨~ orgy\binge⟩, ⟨↔restraint\temperance⟩ 양1

2795 **sprig** [스프뤼그]: ⟨← sprag(twig)⟩, ⟨영국어⟩, 잔가지, 가지 무늬, 자손, 후계자, 젊은 녀석, ⟨~ spray¹⟩, ⟨~ branchlet\sprout⟩, ⟨↔root\ancestor\adult⟩ 양1

2796 **spright-ly** [스프롸이틀리]: ⟨영국어⟩, ⟨sprite처럼⟩ 기운차게, 쾌활한, ⟨~ lively\vigorous⟩, ⟨↔doddering\sluggish⟩ 가1

2797 **spring** [스프륑]: ⟨← sprengan(rush out)⟩, ⟨게르만어⟩, 갑자기 움직이다, 튀어 오르다, ⟨새싹이 튀어나오는⟩ 봄, ⟨물이 솟아오르는⟩ 샘, 용수철, 활기, 싹트다, ⟨~ fountain\rise⟩, ⟨~(↔)well²⟩, ⟨↔decline\fall⟩ 양1

2798 *****spring back to life**: 죽을 뻔하다 살아나다, 기사회생, resuscitated, ⟨↔drop dead⟩ 양2

2799 **spring beau·ty** [스프륑 뷰우티]: '봄맞이꽃', claytonia, 미 중동부에서 이른 봄을 알려주면서 작은 벚꽃 같은 영롱한 꽃을 피우는 쇠비름(purslane)과의 여러해살이 야생화·관상초 양1

2800 **spring-board** [스프륑 보어드]: 뜀판, 도약판, 새로운 출발점, ⟨~ jump-off block\starting line⟩, ⟨↔goal⟩ 양2

2801 **spring-bok(buck)** [스프륑 박(벅)]: '용수철 영양', (아프리카 서남단에 서식하며) 위협을 받으면 서너 번 공중제비를 하다가 도망가는 아주 우아하게 생긴 중형 영양, ⟨~ South African gazelle⟩ 우1

2802 **spring break** [스프륑 브뤠익]: (Easter를 전후해서) 약 1주일간 ⟨신나게 노는⟩ 봄 방학, ⟨~ Easter vacation⟩, ⟨↔back to school⟩ 양2

2803 **spring chick·en** [스프륑 취큰]: 햇닭, 영계, 약병아리, 풋내기, ⟨~ pullet\young chicken\young woman⟩, ⟨↔no spring chicken\spent hen⟩, ⟨↔hag\old woman⟩ 양2

2804 **spring-er** [스프륑거]: 튀는 사람, 튀는 동물 (영양·물돼지·범고래·스패니얼 개), ⟨~ jumper\leaper⟩, ⟨↔autumnal\creeper⟩ 양2

2805 **spring fe·ver** [스프륑 휘이붜]: ⟨계절성 정감장애로 사료되는⟩ 봄 열병, (초봄의 나른한) 춘곤증, ⟨~ lethargy\listless-ness⟩ 미2

2806 **Spring-field** [스프륑 휘일드]: '샘 근처의 농장', 스프링필드 ①미 일리노이(Illinois)주 중심부에 자리한 주도 및 농·상·공·광업도시 ②미 매사추세츠(Massachusetts)주의 남서부에 위치한 기관총 제조로 유명했던 상·공업 도시 ③미 미주리(Missouri)주 남서부에 위치한 상·가공업 도시 ④미 오하이오(Ohio)주 남서부에 위치한 제조업 도시, ⟨~ 미국에만 동명의 도시가 34개나 된다함⟩ 수1

2807	**spring hook** [스프링 훅]: '용수철 갈고리', ⇒ snap hook 〈우2〉	
2808	**spring on·ion** [스프링 어니언]: 봄 양파, 잎 양파, (우리가 흔히 먹는 순한 맛의) '보통 파', Welsh onion 〈양2〉	
2809	**spring roll** [스프링 로울]: (중국인들이 봄에 즐겨 먹는) 춘권, egg roll, 얇은 밀전병에 야채·고기·계란 등을 넣고 기름에 튀긴 만두, 〈~ lumpia〉 〈미2〉	
2810	**sprin·kle** [스프링클]: 〈← sprengan(rush out)〉, 〈게르만어→네덜란드어〉, 〈← spring〉, (흩)뿌리다, 끼얹다, 분산시키다, 부슬부슬 내리다, 소량, 〈~ spray〉, 〈~ shower\drizzle〉, 〈↔dry\gather\pour〉 〈양1〉	
2811	**sprink·ler** [스프링클러]: 물 뿌리는 사람(물건), 물뿌리개, 살수차(기), 〈~ sprayer\irrigator〉, 〈↔drier\collecter〉 〈양2〉	
2812	**Sprint** [스프륀트]: 스프린트, 1899년 전화 회사로 시작해서 1992년 현재 이름으로 개칭되었고 2020년 T-Mobil회사가 대주주가 된 미국의 원격 통신회사, 〈~ an American telecommunications co.〉 〈수2〉	
2813	**sprint** [스프륀트]: 〈← sprenta(run)〉, 〈북구어〉, 단거리 경주, 전력 질주, 전속력으로 '달리기', 〈↔marathon〉, 〈~ jog\run\speed〉, 〈↔stay\walk\dawdle\schlep〉 〈양1〉	
2814	**Sprite** [스프라이트]: 스프라이트, 1961년에 출시되어 미국의 Coca-Cola 회사가 운영하는 레몬·라임이 섞인 〈깜찍한 맛의〉 청량음료, 〈~ a lemon-lime flavored soft drink〉 〈수1〉	
2815	*****sprite** [스프라이트]: 〈← spiritus〉, 〈라틴어→프랑스어→영국어〉, 〈← spirit〉, (작은) 요정, 도깨비, 화면에서 고속 이동이 가능한 도형, 〈~ fairy\pixie〉, 〈↔angel\devil〉 〈양1〉 〈우1〉	
2816	**spritz·er** [스프뤼춰]: ①〈'분출하다(splash)'란 뜻의 게르만어〉, 백포도주와 소다수의 혼합음료, 〈~ a cocktail〉, 〈~(↔)champagne〉 ②〈'병을 까다(squirt)'라는 뜻의 유대어에서 유래한〉 신용 사기꾼, 〈~ con man\bunco〉, 〈↔honest guy\dupe〉 〈우1〉 〈양2〉	
2817	**sprout** [스프롸웉]: 〈← sprutan(germinate)〉, 〈게르만어〉, 싹이 트다, 발아하다, 내밀다, 눈, 싹, 〈~ bud\shoot\kid〉, 〈↔droop\wither〉 〈양1〉	
2818	**Sprouts Farm·ers Mar·ket** [스프롸웉스 퐈머스 마아킽]: 스프라우츠, 2012년에 설립된 미국의 유기농·건강식품(organic food) 전문 판매 연쇄점, 〈~ an American grocery chain〉 〈수2〉	
2819	**spruce¹** [스프루우스]: 〈영국어〉, 'Prussia에서 온 가죽 제품', 멋진, 말쑥한, 조촐한, 〈~ jaunty\pert〉, 〈↔scruffy\untidy〉 〈양1〉	
2820	**spruce²** [스프루우스]: 〈영국어〉, 'Prussia에서 온 나무', 가문비나무, 북반구에 광범위하게 서식하며 종이의 원료로 사용되는 원추형의 전나무(fir) 비슷한 침엽수, 〈~ white-wood〉 〈미2〉	
2821	**spruce bud-worm** [스프루우스 버드웜]: 북미주에서 가문비나무·전나무의 새순을 갉아 먹는 파괴력이 강한 길쭉한 털벌레, 〈~ a leaf-roller moth〉 〈우1〉	
2822	**spruce up** [스프루우스 엎]: 〈Prussia의 귀족들처럼〉 삐까번쩍하게 차려입는, 단장하다, 모양내다, 멋내다, 〈~ titivate〉, 〈~ adorn\dress up〉, 〈↔uglify\mess up〉 〈양2〉	
2823	**sprung** [스프렁]: spring의 과거분사, (술에) 취한 〈양1〉	
2824	**spume** [스퓨우움]: 〈← spuere(spit out)〉, 〈라틴어〉, 포말, (바다의) 거품, froth, 〈~ foam\scum〉, 〈↔powder〉 〈양2〉	
2825	**spun** [스펀]: spin의 과거·과거분사 〈양1〉	
2826	**spunk** [스펑크]: 〈← spark?〉, 〈16세기 중반에 등장한 어원 불명의 영국어〉, 원기, 용기, 분발하다, 성내다, 〈~ spirit\courage\jizz〉, 〈↔vacillate\spinelessness〉 〈양1〉	
2827	**spur** [스퍼얼]: 〈← spurnan(to kick)〉, 〈영국어〉, 〈승마 구두의 뒤축에 댄 뾰족한 쇠〉 박차, 자극, 선동, 돌출부, 가시, 쇠발톱, 며느리 발톱, 즉석, 얼떨결, 〈~ spurn〉, 〈~ impulse\motive〉, 〈↔disincentive\discouragement〉 〈양1〉	
2828	**spurge** [스퍼얼쥐]: 〈← expurgare(purify)〉, 〈라틴어〉, 〈← purge〉, 〈갈라진 창 모양의 잎을 가진〉 대극, 등대풀, (뿌리를 '구토제'·설사약으로 썼던) 길고 뾰족한 잎과 잔꽃을 가지고 산과 들에 나는 여러해살이풀, 〈~ euphorbia\milk-weed〉, 〈~(↔)peregrina〉 〈미2〉	
2829	**spu·ri·ous** [스퓨어뤼어스]: 〈← spurius(bastard)〉, 〈라틴어〉, 가짜의, 겉치레의, '서출의', 〈~ bogus\fake\bastard〉, 〈↔authentic\genuine〉 〈양2〉	
2830	**spurn** [스퍼언]: 〈← spurnan(to kick)〉, 〈영국어〉, 퇴짜 놓다, 경멸하다, 일축하다, 〈~ spur〉, 〈~ reject\lovelorn\boycott〉, 〈↔accept\approve〉 〈양1〉	

2831 *spur of the mo·ment: 〈1948년에 등장한 말〉, 〈영국어+라틴어〉, 즉석의, 충동적인, 얼떨결에, 〈~ impromptu\un-prepared\off-the-cuff〉, 〈↔deliberate\planned〉 양2

2832 spurt \ spirt [스퍼얼트]: 〈← spryltan(eject)〉, 〈어원 불명의 게르만어〉, 뿜어 나오다, 분출하다, 분발하다, 〈~ squirt〉, 〈~ burst\gush〉, 〈↔trickle\sink〉 양1

2833 Sput-nik [스퍼트닉]: 스푸트니크, co-traveler, '여행 동반자', 〈러시아인들이 자랑하는〉 1957년 처음으로 발사한 소련(Soviet)의 무인 인공위성, 〈~ the first artificial satellite to orbit〉 수2

2834 Sput-nik mo·ment [스퍼트닉 모우먼트]: (소련의 무인 인공발사에 열받은 미국이 1969년 최초로 달에 상륙한 짓에서 연유한) 위기를 극적 도약의 계기로 전환시키는 이정표, 반전의 계기, 외신상담, 새옹지마, 칠전팔기, 〈~ shock\wake-up call\challenge〉 우2

2835 sput·ter [스퍼터]: spout+er, 〈네덜란드어〉, 〈의성어·의태어〉, 〈← spit〉, 푹푹 내뿜다, 톡톡 튀다, (침을) 튀기다, 〈~ stutter\lisp〉 양1

2836 spu·tum [스퓨우텀]: 〈영국어 \ 라틴어〉, 〈← spit〉, 〈← spuere〉, 침, 타액, 가래, 담, 〈~ phlegm\mucus\spittle〉 양2

2837 spy [스파이]: 〈← spehon(search out)〉, 〈게르만어〉, 밀정, 간첩, 탐정, 〈~ espionage〉, 〈~ undercover\secret agent〉, 〈↔ignore\disregard〉 가1

2838 spy in the sky: spy satellite, 정찰 위성 양2

2839 *SQL: structured query language, 구조화 질의 (조회) 언어, 대규모의 자료들을 처리하기 위해 〈질문을 던지는 식으로〉 고안된 차림표 언어, 〈~(↔)ROBMS〉 미2

2840 squab [스콰브]: 〈← squabb(loose flesh)?〉, 〈북구어?〉, 똥똥한, 갓 부화된, 새(비둘기) 새끼, 〈~ chunky\immature pigeon〉, 〈↔tall\adult\hawk〉 양1

2841 squab·ble [스콰블]: 〈← skvabbel(scuffle)〉, 〈북구어〉, 〈의성어·의태어〉, 말다툼, 시시한 언쟁, 승강이, 뒤섞어 버리다, 〈~ hassle\bicker\quibble〉, 〈↔accord\harmony〉 양2

2842 squab pie [스콰브 파이]: (예전에 영국 남서부에서 먹었던 양고기·양파·사과를 넣고 만든) '비둘기' 양과자, 〈~ pigeon bastilla〉 우2

2843 squad [스콰드]: 〈← squadra〉, 〈이탈리아어〉, 〈한 임무를 수행할 수 있는〉 분대, 반, 소집단, 〈방진('square')을 만들 수 있는〉 한 조, 〈~ unit\task force〉, 〈↔whole\one〉 양1

2844 squad-ron [스콰드륀]: 〈미〉 비행(대)대, 〈영〉 비행중대, 기갑대대, 소함대, 〈~ armada\battalion〉 미2

2845 squal·id [스쿼얼리드]: 〈← squalere(be filthy)〉, 〈라틴어〉, 지저분한, 누추한, 황폐한, 비열한, 〈~ squalor〉, 〈~ slum〉, 〈~ dirty\mucky〉, 〈↔clean\pleasant〉 양2

2846 squall [스커얼]: 〈영국어〉, 〈의성어〉, 스콜, 질풍, 돌풍, 소동, 큰소리로 외치다, 〈~ gust\storm〉, 〈↔calm\peace〉 양1

2847 squal·or [스콰럴]: 〈← squalere(be filthy)〉, 〈라틴어〉, 더러움, 너저분함, 치사함, 〈~ squalid〉, 〈~ foulness\disgusting〉, 〈↔cleanliness\purity〉 양2

2848 squan·der [스콴더]: 〈← scatter?〉, 〈어원 불명의 영국어〉, 낭비하다, 탕진하다, 헤매다, 〈~ slather\waste\spend-thrift〉, 〈↔hoarding\fetch\save\husband\pay out〉 양2

2849 *Square [스퀘어]: 2009년 미국에서 설립되어 신용카드 결제를 이동전산기에서 할 수 있게 하는 연성기기를 제조·판매하는 회사, 〈~ an American financial services platform〉 수1

2850 square [스퀘어]: ex+quadra(four), 〈라틴어〉, 네모진 것, 정사각형, 광장, 평방, 100제곱피트, 직각자, 올바른, 정당한, 〈장방형을 그리는 고전음악 지휘봉을 따라가듯〉 고지식한, 똑바로 하다, 청산하다, 〈→ squad〉, 〈~ rectangle\orthodox〉, 〈~ conformist\conservative〉, 〈↔line\ring〉, 〈↔bohemian\hipster〉 양1

2851 square brack·et [스퀘어 브래킽]: [ ], 대괄호, '그냥' bracket, 4각 괄호, 평방 괄호, 〈~(↔)angle bracket\round bracket〉 양2

2852 square cut [스퀘어 컽]: '사각 절단', 상자머리, 머리 전체를 일률적으로 각지게 자르면서 윗부분만 조금 길게 깎는 머리 모양, 〈~ side (or crew) cut〉 미1

2853 square dance [스퀘어 댄스]: '사각 춤', '남녀 4쌍이 한 조를 이루어 4각형으로 마주 보고 서서 추는 〈미국의〉 '활발하고 경쾌한' 민속춤, 'hoedown'(팽이질 춤), 〈~ barn (or country) dance〉 우1

2854 *square deal [스퀘어 디일]: (화투패를) 공평하게 도르기, 공정 거래, (T.Roosevelt 대통령이 주창한) 공평정책, 〈~ even break\fifty-fifty〉, 〈↔un-fair deal\swindle\grift〉 양2

2855 *square-head [스퀘어 헤드]: 사각머리, (북유럽 태생의) 멍청이, ⟨~ square cut\dolt⟩ 양2

2856 square knot [스퀘어 낱]: reef knot, 옭매듭, (4000년의 역사를 가진) 두 끈을 올가미를 씌우듯 잡아맨 매듭 양2

2857 *square mat·rix [스퀘어 매트릭스]: (정)사각형 행렬, 정방 행렬(입력 도선과 출력 도선의 수가 같은 회로망), ⟨~ matrix with equal rows and columns⟩ 미2

2858 *square meal [스퀘어 미일]: (영국 해군에서 장교들에게 네모난 나무 쟁반에 바쳐졌다는 터무니없는 주장이 있는) 푸짐하고 알찬 식사, ⟨~ full (or large) meal⟩ 우2

2859 *square one [스퀘어 원]: 원점, 시작, (판지놀이⟨사방치기⟩의) 출발점, ⟨~ first base\ground zero⟩, ⟨↔end\conclusion⟩ 양2

2860 *square peg in round hole: 둥근 구멍에 네모난 쐐기, 부적임자, 끈 떨어진 갓, 꾸어다 놓은 보리자루, ⟨~ fish out of water\ugly duckling⟩, ⟨↔winner⟩ 양2

2861 square root [스퀘어 루우트]: (√로 표시되는) 평방 (제곱·자승)근, 두 번 곱했을 때 나오는 수의 원래 수, ⟨~ a number obtained by multiplying the number by itself⟩ 양2

2862 *square shoot-er [스퀘어 슈우터]: 정직(충직)한, 공정한 사람, ⟨~ honest person\salt of the earth⟩, ⟨↔bouncer\fraud⟩, ⟨↔straw man\liar⟩ 미2

2863 *square toed [스퀘어 토우드]: (구두의) 코가 네모진, 구식의, 고루한 청교도적인, ⟨~ formal\old-fashioned⟩, ⟨↔improper\indecent⟩ 양2

2864 *square-up [스퀘어 엎]: 똑바로 서다, 맞서다, 셈을 치르다, ⟨~ clear\settle⟩, ⟨↔condemn\evade\upset⟩ 양2

2865 squash¹ [스콰쉬]: ex+quatere(shake), ⟨라틴어→영국어⟩, 으깨다, 쑤셔 넣다, 억누르다, 혼잡, 와싹, 철썩, ⟨←quash⟩, ⟨~ slap down\crush⟩, ⟨↔coax\support⟩ 양1

2866 squash² [스콰쉬]: ⟨← askuta-squash⟩, ⟨북미 원주민어⟩, '날로 먹는 것(eaten raw)', 조롱(호리병) 호박, 애호박, ⟨~ pumpkin\zucchini⟩, ⟨~(↔)gourd\cucumber⟩ 미1

2867 squash³ [스콰쉬]: ⟨19세기 영국의 감옥에서 시작된⟩ 공채로 조그만 공을 4면의 벽에 ⟨억눌러⟩ 치는 라켓볼 비슷한 실내경기, ⟨~ a fast-paced racket-ball⟩ 우1

2868 squat [스콰트]: ⟨← cogere(compress)⟩, ⟨라틴어⟩, 웅크리다, 쭈그리다, 숨다, 무단 거주하다, ⟨~ crouch (or hunker) down⟩, ⟨↔sit-up⟩ 양1

2869 squat-ter [스콰터]: 웅크리는 사람(동물), 무단(불법) 거주자, 신 개척지 점유자, ⟨~ stringer\intruder⟩, ⟨↔resident\proprietor⟩ 양2

2870 squaw [스쿼어]: ⟨그 물고기가 잡혔을 때 내는 소리에서 연유한 원주민어⟩, '여자', 북미 원주민 여자 (아내), '촌년', '깔치', '못난이', '보지', ⟨2021년 미국 원주민 출신 여성 내무부 장관에 의해 제거된 말⟩, ⟨~ American-Indian woman\vulva⟩, ⟨↔man\dude⟩ 우2

2871 squaw-fish [스쿼어 휘쉬]: '못난이 고기', '보지 물고기', pike minnow, 창꼬치 황어, 북미 서해안에 서식하는 잉엇과의 식용 물고기 우2

2872 squawk [스쿼어크]: ⟨영국어⟩, ⟨의성어⟩, 꽥꽥, 깍깍, 시끄러운 불평, 투덜거림, ⟨~ screech\crow⟩, ⟨↔praise\compliment⟩, (꽥꽥 소리를 내는) 왜가리의 일종 양1 우2

2873 *squawk box [스쿼어크 박스]: (인터폰 등의) 스피커, ⟨불쾌한 소리를 내는⟩ 구내 통화 장치, ⟨~ inter-com\tweeter⟩ 미2

2874 squeak [스퀴이크]: ⟨← sqvaka(cry like a frog)⟩, ⟨북구어→영국어⟩, 찍찍, 끽끽, 삐걱거리는 소리, 간신히 성공하다, 밀고하다, ⟨~ creak\screech⟩, ⟨↔lull\jubilation\quiet\warble⟩ 양1

2875 squeal [스퀴일]: ⟨← squelen⟩, ⟨영국어⟩, ⟨의성어⟩, 끽끽(꽥꽥) 울다, 불평하다, 밀고하다, ⟨~ snitch\rat-on⟩, ⟨↔whisper\delight⟩ 양1

2876 squeam-ish [스퀴이미쉬]: ⟨← escoimous(disdainful)⟩, ⟨어원 불명의 프랑스어⟩, 꽤 까다로운, 신경질적인, 결벽한, ⟨~ queasy\fidgety⟩, ⟨↔strong-stomached\easy-going⟩ 양2

2877 squeeze [스퀴이즈]: ⟨← cwisan(crush)⟩, ⟨어원 불명의 영국어⟩, 죄다, 꽉 쥐다, 꼭 껴안다, 짜내다, 밀어 넣다, 끼어들다, 착취하다, ⟨~ crush\pinch\extract⟩, ⟨↔loosen\release\tickle\decompress⟩ 양2

2878 squelch [스퀠취]: quell+crush, ⟨영국어⟩, ⟨의성어?⟩, 짓누르다, 찌그러뜨리다, 철벅거리다, 윽박지르다, ⟨~ oppress\squash¹⟩, ⟨↔encourage\help⟩ 양1

2879 **sque·teague** [스퀴티이그]: ⟨← pesukwiteag(they give glue)⟩, '북미민어', ⇒ weak·fish⟨의 원주민어⟩ 우1

2880 **squid** [스퀴드]: ⟨어원 불명의 영국어⟩, sea arrows, ink fish, 오징어, (전 세계에 걸쳐 서식하며) 흡판을 가진 5쌍의 손으로 먹이를 잡고 적이 오면 먹물을 토해내는 연체 동물, ⟨← squirt?⟩, (1963년에 속초에 갔을 때는 오징어 발이 8개였는데 2003년에 가보니까 10개로 변해있길래 물어봤더니 그때는 제일 긴 앞발은 배에서 몽땅 회감으로 일본으로 팔려 갔는데 이제는 한국의 오징어 값이 일본보다 비싸져서 오징어를 octopus로 오역할 근거가 없어졌다 함) 가1

2881 ***squid game** [스퀴드 게임]: ⟨2022년 에미상 수상작⟩, 오징어 놀이, (운동장에 오징어 모형의 금을 그어 놓고 어린이들이 한 발 또는 두 발로 뛰며 몸싸움을 하여 그 대가리를 차지하려는 한국의 골목 놀이에서 나온) 돈에 쪼들린 수백 명이 거대한 상금을 노리고 벌이는 ⟨너 죽고 나 살자⟩ 식의 생존경쟁을 그린 괴기성 동영상 연재물로 2021년 9월 넷플릭스에서 출시되어 선풍적 인기를 끌었으나 북한으로부터는 ⟨인간성이 암살된 작품⟩이란 혹평을 받았음, ⟨~ a Korean thriller series⟩ 미2

2882 **squill** [스퀼]: ⟨← skilla(quill)⟩, ⟨그리스어⟩, scilla, sea onion, 해총, 해변에 서식하며 (여러 가지 약재로 쓰였던) 백합과 무릇속의 구근식물 미2

2883 **squil·la** [스퀼러]: ⟨모호한 어원의 라틴어⟩, 갯가재, 연안의 진흙 속에 사는 새우⟨shrimp⟩ 비슷한 갑각 동물, ⟨~ mantis shrimp\pacchero⟩ 미2

2884 **squint** [스퀸트]: ⟨← asquinti(look obliquely)⟩, ⟨영국어⟩, strabismus, cross eye, 사시의, 사팔눈의, 얼핏 보기, 곁눈질, ⟨~ askance⟩, ⟨↔straight\gaze⟩ 양2

2885 **squire** [스콰이어]: ⟨라틴어⟩, '(e)squire', shield bearer⟨방패지기⟩, (시골) 유지, 재판관, 여성에게 친절한 자, ⟨~ escort⟩, ⟨~ land-owner\chaperone⟩, ⟨↔servant\noble woman⟩ 양2

2886 **squirm** [스쿼엄]: ⟨어원 불명의 영국어⟩, ⟨worm처럼?⟩ 꿈틀거리다, 머뭇거리다, 어색해하다, ⟨~ flounder\wriggle⟩, ⟨↔stay put\loiter⟩ 양1

2887 **squir·rel¹** [스쿼뤌 \ 스퀴뤌]: skia(shadow)+oura(tail), ⟨그리스어⟩, '그늘 꼬리', 다람쥐, 털이 많은 긴 꼬리·작고 둥근 귀·까만 눈을 가지고 땅이나 나무에서 사는 쥐를 닮은 300여 종의 설치류, ⟨~ chipmunk⟩ 가1

2888 **squir·rel²** [스쿼뤌]: (다람쥐를 닮아서) 물건을 비축하다, 잡동사니를 소중히 간직하다, ('nuts'를 치료하는) 정신과 의사, ⟨~ store up\psychiatrist⟩ 양2

2889 ***squir·rel a·way** [스쿼뤌 어웨어]: 숨기다, 꼬불치다, ⟨~ cache\hive up⟩, ⟨↔throw away\cast⟩ 양2

2890 **squir·rel corn** [스쿼뤌 코언]: 다람쥐(칠면조) 옥수수, 캐나다 금낭화, ⇒ turkey corn 미2

2891 **squirt** [스쿼얼트]: ⟨← swirtjen(shoot out)⟩, ⟨게르만어 \ 영국어⟩, ⟨의성어?⟩, 분출하다, 뿜어 나오다, 물딱총, 소화기, ⟨~ spurt\spout⟩, ⟨↔dribble\collect⟩ 양1

2892 **Squir-tle** [스쿼어틀]: squirt+turtle, ⟨지구촌어⟩, ⟨한국어로는 '꼬부기' ← 거북이⟩, ⟨일본어로는 Zenigame⟩, 1996년 일본의 만화 동영상 Pokemon Nintendo에 첫선을 보인 변화무쌍한 등장인물, ⟨~ Tiny Turtle Pokeman⟩ 수2

2893 **squish** [스퀴쉬]: squash'의 변형, 찌그러뜨리다, 짜다, 철벅거리다, ⟨↔lose\uncompress⟩ 양2

2894 ***SRAM** [에스램]: static random access memory, 정적 무작위 접근 기억 장치, 정지된 막기억 장치, 정기적으로 재생되지 않아도 ⟨전원이 꺼질 때까지⟩ 저장되어 있는 전산기의 기억력 미1

2895 ***SRC \ src**: 'source', '원천', 영상이나 다중매체의 자료 출전을 밝히는 핵심적 초문본 표시언어(HTML) 우2

2896 **sri \ shri** [스뤼이 \ 쉬뤼이]: (힌두교의) 지존, (선생)님, sir 우1

2897 **Sri Lan·ka** [스뤼 랑커]: ⟨산스크리트어⟩, brilliant island, 스리랑카, '광휘의 섬', (1948년 영국으로부터 독립한) 인도에서 동남쪽으로 32km 떨어진 Ceylon섬에 세워진 차와 고무를 많이 생산하는 나라, {Sri Lankan-Sinhala·Tamil-Rupee-Sri Jayawardenepura Kotte}, ⟨~ Pearl of Indian Ocean⟩ 수1

2898 **sri·ra·cha** [스뤼롸챠]: ⟨그것이 기원한 마을 이름(Si Racha)에서 연유한⟩ (매운 고추·마늘·각종 향신료를 섞은) 태국(Thai)풍의 ⟨매운⟩ 맛난이, ⟨~ cock (or rooster) sauce⟩ 수2

2899 **SSA (So·cial Se·cu·ri·ty Ad·min·i·stra·tion)**: (미) 사회 보장국, 사회 보장법을 시행하기 위해 1935년에 창립된 연방정부의 독립기구, ⟨~ an independent agency of US federal government⟩ 미2

2900 **ssam** [쌈]: ⟨← 싸다(wrap)⟩, ⟨한국어⟩, 밥과 반찬을 싼 야채류, wrapping vegetable, ⇒ bossam 수2

2901 ***SSD (sol·id-state drive)**: '견고한 구동 장치', (전산기의 기억력 저장에서 주로 2차적으로 사용되는) ⟨지워지지 않게 통합 회로를 사용한⟩ 비휘발성 기억력 저장장치, ⟨~ semiconductor storage device⟩ 우2

2902 **SSD(I)** (So·cial Se·cu·ri·ty Dis–a·bili·ty In-come): 1956년부터 실시된 미국의 〈수입에 관계없이 10년 이상 일한 후 장애인이 된 사람을 위해 우대 보조금과 〈2년 후〉 Medicare를 제공하는〉 급여 소득세로 충당되는 장애인 사회보장연금, 〈~ a pay-roll funded federal insurance for disabled〉 미1

2903 **SSI** (Sup·ple-men·tal Se·cu·ri·ty In-come): 1974년부터 실시된 미국의 〈수입이 제한된 65세 이상·맹인·불구자를 위해 최저 생활비와 Medicaid를 제공하는〉 일반 예산으로 충당되는 보조적 사회보장 연금, 〈~ monthly payments for disabled and seniors〉 미1

2904 ***SSL** (source soc·ket lay-er): '원전 삽입구 계층', 〈조종 장치의 보안을 위해〉 Netscape사가 개발한 부호 매김 체계, 〈~ an encryption based internet security protocol〉 우1

2905 **SSS¹**: Selective Service System, (미) 선발 징병제, (1917년에 시작된) 징병〈draft〉 대상자의 기록을 관리하는 미국의 연방 정부기구, 〈~ an independent agency of US federal government〉 미2

2906 **SSS²**: Social Security System, (필리핀) 사회보장제도, 1997년에 정립된 필리핀〈Philippines〉의 사회 '보험' 제도 미2

2907 **SSS³**: standard scratch system, (골프) '표준 실타 제도', 〈불리한 조건을 참작하지 않고 실제 타수로 계산하는〉 골프의 득점 계산법, 〈~(↔)course rating\scratch rating〉, 〈↔slope rating〉 우2

2908 **SSSCA** (se·cu·ri·ty sys·tems stand-ards and cer·ti·fi·ca·tion act): (2002년 미 의회에 상정되었으나 통과되지 못한) 전산기 보안체제와 인증을 위한 법, 〈~ cyber security〉 우2

2909 **St. \ st.**: Saint, Saturday, street, strait, state 등의 약자 양1

2910 **stab** [스태브]: 〈← stob(pierce)〉, 〈어원 불명의 스코틀랜드어〉, 찌르다, 꿰다, 해치다, 〈~ spear\puncture〉, 〈↔hit\dislodge\heal〉 가1

2911 ***stab (some-one) in the back**: 〈1918년에 등장해서 히틀러가 '1차 대전은 전쟁보다는 유대인의 배반으로 졌다'고 선동한 말〉, (~의) 뒤통수를 치다, (믿는 도끼에) 발 찍히다, 〈~ betray\sell out\back-stab〉, 〈~ pull the rug from under you〉, 〈↔protect\defend〉 양2

2912 **sta·ble¹** [스테이블]: 〈← stare(to stand)〉, 〈라틴어〉, '계속 서 있을 수 있는', 안정된, 견고한, 착실한, 변동이 없는, 〈→ establish〉, 〈~ firm\solid〉, 〈↔alternate\inconsistant\unsteady〉 양1

2913 **sta·ble²** [스테이블]: 〈← stare(to stand)〉, 〈라틴어〉, 〈말이 서 있는〉 마구간, 외양간, 양성소, 〈~ (horse) barn\training center〉, 〈↔open space\annex〉 양2

2914 **stac·ca·to** [스터카아토우]: 〈'분리된(detached)'이란 뜻의 이탈리아어〉, 스타카토, 끊는 음으로, 짧게 끊어지는 소리의, 단음으로, 〈↔legato\sciolto\sostenuto〉, 〈~ abrupt\disconnected〉 미2

2915 **stache** [스태쉬]: ①stash(숨겨두다)의 변형어, 〈↔ditch\cast〉 ②mustache(코 밑 수염)의 약어 미2

2916 **stack** [스택]: 〈← stakon(heap)〉, 〈게르만어〉, 더미, 낟가리, 서고, 다량, 한 가리(108입방피트-볏단·땔나무 등의 스무 뭇), 일련의 굴뚝, 착륙을 기다리는 비행기 떼, 걸어총!(stack arms!), (입력한 순서와 반대로 출력되는) 자료의 '가리저장', 〈~ mound\chimney\load〉, 〈↔un-pile\disperse\un-stack〉 양1 우1

2917 ***stack-ing or·der** [스택킹 오어더]: '적립 순서', 전산기의 인출 차표표에 배열된 항목의 순서, 〈~ piling (or heaping) order〉 우2

2918 **stack-ing trays** [스택킹 트뤠이스]: (층으로 된) 서류 보관함, 문서 분류대, 〈~ file folder〉 양2

2919 **sta·di·um** [스테이디엄]: 〈← histanai(to stand)〉, 〈그리스의 척도에서 유래한〉 스타디움, '192m', (관람석으로 둘러싸인) 경기장, (육상) 경주장, 〈~ coliseum\arena\bowl〉, 〈↔theatre〉 양2

2920 **staff** [스태후 \ 스타후]: 〈영국어〉, 〈'support(stabhnati)'란 산스크리트어가 여러번 둔갑을 해서 만들어진 말〉, 막대기, 지휘봉, ('의지하는') 지팡이, (깃발을 다는) 계양대, 참모, 부원, (악보의) 다섯 줄〈영국에서는 stave라 함〉, 〈~ stick\employee〉, 〈↔withdraw\hindrance\obstruction〉, 〈↔manager\master〉 양2

2921 **Staf·ford-shire bull ter·ri-er** [스태휠드 쉬어 불 테뤼어]: Staffy, 잉글랜드 중서부 스태퍼드셔〈착륙지; staithe(landing place+ford)〉주에서 1800년대에 불도그과 테리어를 교합시켜 개발한 〈싸움개〉, 〈~ Bull-and-Terrier\Brindle Bull〉 수2

2922 **staff ser·geant** [스태후 싸아줜트]: 〈나라마다 계급이 다른〉 '부사관', 하사, 중사, 병장, 〈~ a noncommissioned officer〉 미2

2923 **staff tree** [스태후 트뤼이]: 'bitter sweet', 노박덩굴, 녹황색의 꽃과 다양한 색깔의 콩만 한 다닥 열매를 맺으며 〈생명력이 강하나 지팡이(staff)를 만드는 것 이외는 쓸모가 없는〉 덩굴나무, 〈~ staff vine〉 미2

2924 *stag [스태그]: ⟨← stegh(prick)⟩, ⟨북구어⟩, '찌르는 자', ⟨뿔이 나서⟩ (다 자란) 수사슴⟨male deer⟩, ⟨↔hind⟩, 수컷, 홀아비, 새로운 주식을 사서 가격이 오르면 바로 팔아 버리는 ⟨권리주 투기자⟩, ⟨~ speculator for potential stocks⟩ 양2

2925 stag bee·tle [스태그 비이틀]: (두점박이)사슴(딱정)벌레, 하늘가재(소), 윤이 나는 각피를 가지고 있고 사슴뿔같이 길고 단단한 집게발(턱)로 나무를 갉아 먹는 1,200여 종의 갑충(으로 편자가 어릴 때 장난감 대신 가지고 놀던 기억이 있음), ⟨~ pinching bug\billy-witch\oak-ox⟩ 미2

2926 stag bush [스태그 부쉬]: black haw, (자궁 수축용으로 쓰였던) 자잘한 흰 꽃·검푸른 조그만 열매들이 맺히는 가막살나무속의 관목, ⟨~ sweet haw\a viburnum⟩ 우1

2927 stage [스테이쥐]: ⟨← stare⟩, ⟨라틴어⟩, ⟨공연을 위해 서 있는⟩ 무대, 마루, 발판, 역, 단계, 선창, ⟨← stand⟩, ⟨~ platform\phase⟩, ⟨↔conceal\withdraw\continuity\dystopia⟩ 양1

2928 stage-coach [스테이쥐 코우취]: 역마차, 승합마차, 18~19세기에 정기적으로 역과 역 사이를 운행했던 대중교통 수단, ⟨~ buck-board\chariot⟩, ⟨~(↔)bus⟩, ⟨↔land-train\passenger-car⟩ 양2

2929 stage-hand [스테이쥐 핸드]: 무대 담당자, 무대 시중꾼, ⟨~ scene-shifter\stage crew⟩, ⟨↔director\actor⟩ 양2

2930 stage show [스테이쥐 쑈우]: (주로 장막이 있는) 정식 무대에서 2시간 이상 공연하는 ⟨무대흥행⟩, ⟨~ stage play\theatre⟩, ⟨↔road show⟩ 미1

2931 *stag-fla·tion [스태그 훌레이션]: ⟨영국어⟩, stagnation+inflation, 경기 정체하의 통화 팽창, ⟨~ hesiflation⟩ 미2

2932 stag·ger [스태거]: ⟨← stakra(totter)⟩, ⟨북구어⟩, 비틀거리다, 망설이다, 동요하다, 서로 엇갈리게 하다, ⟨~ lurch\flounder⟩, ⟨↔calm\steady\hurry\appease⟩ 양1

2933 stag-horn [스태그 호언]: 수사슴 뿔, 석송, 박쥐란⟨박쥐같이 생긴 관상용 고사리⟩, 석산호(찔래 뿌리), ⟨~ antler⟩ 미2

2934 stag-hound [스태그 하운드]: 사슴 사냥개, 사슴 사냥 때 쓰이는 시각·후각이 예민한 대형개의 총칭, ⟨~ a scent hound⟩ 미2

2935 stag-i-aire [스테이쥐에]: ⟨프랑스어⟩, ⟨← stage⟩, ⟨단계를 거쳐야 되는⟩ 견습생, 조수, ⟨~ trainee\intern⟩, ⟨↔master\chef⟩ 양2

2936 *stag-ing [스테이징]: ⟨← stage⟩, 발판, 역마차 여행, 각색, 단계별 작업, 활동무대, 구매자의 관심을 끌려고 (대여 가구로) 집을 다시 꾸미는 것, ⟨~ put on\exhibit⟩ 양1 우2

2937 stag·nant [스태그넌트]: ⟨← stagnare(to cause to stand)⟩, ⟨라틴어⟩, '움직이지 않고 서 있는', 흐르지 않는, 괴어있는, 썩은, 부진한, 불경기의, ⟨~ still\inert⟩, ⟨↔flowing\running⟩ 양2

2938 St. Ag·nes [쎄인트 애그니스]: ⟨← hagne(pure)⟩, ⟨그리스어⟩, 성 아그네스, (291-304), (로마의 소녀 순교자로 그녀가 처형되기 전날(1월 20) 밤에 기도하고 자면 꿈에 장래 남편을 본다는) 순결과 소녀의 수호성인, ⟨~ a virgin martyr⟩ 수1

2939 *stag par·ty(night) [스태그 파아티(나잍)]: 남자들만의 연회(밤), ⟨~ gander party⟩, ⟨↔hen party⟩ 양2

2940 staid [스테이드]: stayed의 고어, stay의 과거·과거분사, 차분한, 고정된, ⟨~ quiet\steady⟩ 가1

2941 stain [스테인]: dis(from)+tingere(to color), ⟨라틴어→프랑스어⟩, 더럼, 얼룩, 녹, 오점, 착색(제), ⟨~ blot\discolor\smudge⟩, ⟨↔clean\purify\ex-purgate⟩ 양1

2942 stained glass [스테인드 글래스]: (착)색유리, 채색된 유리 조각을 납땜으로 붙여 만든 ⟨기술적·예술적⟩ 유리창, ⟨~ artistic (or loaded) glass⟩ 미2

2943 stain-less steel [스테인리스 스티일]: '무녹철', 녹슬지 않는 강철, 철에 chrominum 등 여러 가지 무기물을 섞어 만든 합금, ⟨~ rustless (or spotless) steel⟩ 미1

2944 stair [스테어]: ⟨← stigan(climb)⟩, ⟨게르만어⟩, 계단, 층계, (한) 단계, ⟨~ step⟩, ⟨~ stair case(way)⟩, ⟨↔elevator\escalator⟩ 가1

2945 stair-case [스테어 케이스]: (난간 등을 포함한) 계단, 층계, ⟨~ flight of steps⟩, ⟨↔hoist\crane⟩ 가1

2946 stair-case shell [스테어 케이스 쉘]: ⟨나선형으로 꼬여 올라가는 껍질을 가진⟩ 실패고둥, ⇒ wentletrap 미2

2947 stair-way [스테어 웨이]: (통로)계단, 층계(길), ⟨~ step-way\stair-case⟩, ⟨↔conveyor\winch⟩ 가1

2948 stair-well [스테어 웰]: 계단 통(계단으로 이루어진 우물 모양의 공간), ⟨~ stair-case\open rise⟩ 양1

2949 **stake¹** [스테이크]: ⟨← steg(pole)⟩, ⟨게르만어⟩, 말뚝, 막대기⟨stick⟩, 화형에 쓰는 기둥, 작은 쇠모루, ⟨~ stockade⟩, ⟨~ post\pole⟩, ⟨↔branch\wing⟩ 양1

2950 ***stake²** [스테이크]: ⟨어원 불명의 영국어⟩, risk, 내기, ⟨막대기 끝에 걸어 두었던 내기돈에서 유래했다는 '썰'이 있는⟩ 상금, 이해관계, 주식 보유분, ⟨~ bet\interest\snare⟩, ⟨↔forfeiture\loss⟩ 양1

2951 **stake-hold-er** [스테이크 호울더]: (판돈을) 보관하는 사람, 이해 당사자, 투자자, ⟨~ collaborator\vested interest⟩, ⟨↔3rd party\non-participant⟩ 양1

2952 ***stake-out** [스테이크 아울]: ⟨미국어⟩, ⟨← stake¹⟩, ⟨사건의 장소에 말뚝을 박아 놓기 위한⟩ 망 보기, 잠복, 말뚝으로 에운 땅(재산), ⟨~ ambush\guetapens⟩, ⟨↔carelessness\unobservance⟩ 양1

2953 ***stak-ing** [스테이킹]: ⟨cryto⟩·staking, 가상(화폐) 지분 확보, 자산운용사가 암호 화폐를 담보로 대출을 해 주는 일, ⟨~ financing\under-writing⟩, ⟨↔de-funding⟩ 미2

2954 **sta·lac-tite** [스털랙타이트]: ⟨← stalazein(fall drop by drop)⟩, ⟨그리스어⟩, (동굴의 천정에서 내려오는) 종유석, ⟨이것은 천정에서 아래로 형성됨⟩ 양2

2955 **sta·lag-mite** [스터랙마이트]: ⟨← stalazein(fall drop by drop)⟩, ⟨그리스어⟩, (동굴의 바닥에서 솟아나는) 석순, ⟨이것은 바닥에서 위로 형성됨⟩ 양2

2956 **stale** [스테일]: ⟨← estaler(halt)⟩, ⟨프랑스어⟩, 상한, 김빠진, 낡은, 실효된, ⟨~ stall⟩, ⟨~ vapid\insipid⟩, ⟨↔fresh\mint\tonic⟩ 양1

2957 **stale mate** [스테일 메이트]: ⟨← estale(stand-still)⟩, ⟨1765년에 등장한 영국어⟩, (장기의) 수막힘, 막다름, 교착 상태, ⟨~ stall⟩, ⟨~ grid-lock⟩, ⟨~(↔)check-mate⟩, ⟨↔advance\head-way⟩ 양2

2958 **Sta·lin** [스타알린], Jo·seph: ⟨← stal(steel)⟩, ⟨러시아어⟩, 스탈린, (1879-1953), '강철 같은 사나이', 가난한 구두 수선공의 아들로 태어나 신학공부를 하다 공산혁명에 뛰어들어 1927년부터 죽을 때까지 소련을 강권 통치했던 무자비했던 혁명가·독재자, ⟨~ a Soviet communist revolutionary and politician⟩ 가1

2959 **stalk¹** [스터크]: ⟨← steala(stem)⟩, ⟨영국어⟩, 줄기, 대, 잎(꽃)자루, ⟨~ support\trunk⟩, ⟨↔straw\twig⟩ 양1

2960 **stalk²** [스터크]: ⟨← stealcian(walk warily)⟩, ⟨영국어⟩, 성큼성큼 걷다, 활보하다, 몰래 추적하다, 미행하다, ⟨~ steal⟩, ⟨~ trail\chase⟩, ⟨↔creep\flee⟩ 양1

2961 ***stalk-ing horse** [스터어킹 호얼스]: ⟨← stalk²⟩, 위장 마(허수아비 말), (상대의 표를 분산시키기 위한) 허수아비 후보, (예비 인수자를 정해놓고 잠재적 후보에게 입찰 기회를 주는) ⟨반드시 팔겠다는 포석⟩, ⟨~ concealment\chaser⟩, ⟨↔dark-horse⟩, ⟨↔little chance\long shot⟩ 미2

2962 **stall¹** [스터얼]: ⟨← estale(stand-still)⟩, ⟨게르만어⟩, ⟨짐승이 서 있는⟩ 마구간, 외양간, 매점, 가게, 막이 칸, ⟨~ stable\booth⟩, ⟨~ stand\kiosk⟩, ⟨↔open space\annex⟩ 양1

2963 **stall²** [스터얼]: ⟨← estale(stand-still)⟩, ⟨게르만어⟩, ⟨나아가지 못하고⟩ '서 있다', 시동이 꺼지다, 지연시키다, 발뺌하다, 구실, 속임수, 바람잡이, ⟨~ stand\stale⟩, ⟨~ delay\temporize⟩, ⟨↔expedite\aid⟩ 양2

2964 **stal·lion** [스탤리언]: ⟨← stal(horse kept in the stall)⟩, ⟨게르만어⟩, 종마, 씨말, (거세되지 않은) 수말, ⟨~ stall¹\steed⟩, ⟨~ stud\mare⟩ 가1

2965 **stal-wart** [스터얼월트]: sthathol(foundation)+wyrthe(worth), ⟨영국어⟩, 건강한, 충실한, 신념이 굳은, ⟨~ staunch\loyal⟩, ⟨↔prostrate\pusillanimous\nebbish⟩ 양2

2966 **sta·men** [스테이먼]: ⟨← stare(to stand)⟩, ⟨라틴어⟩, ⟨솟아 오른⟩ (꽃의) 수술, 웅예, 꽃실(filament)과 꽃밥(anther)으로 된 남성 생식체, ⟨~ androecium\microsporophyll⟩, ⟨↔pistil\style⟩ 가1

2967 **stam·i·na** [스태미너]: stamen의 복수, ⟨'수술'이 여러번 솟아 올라야 하는⟩ 정력, 체력, 끈기, ⟨~ strength\endurance⟩, ⟨↔impotency\apathy⟩ 양2

2968 **stam·mer** [스태머]: ⟨← stamalon(stutter)⟩, ⟨게르만어⟩, 말을 더듬다, 우물거리며 말하다, ⟨~ stumble⟩, ⟨~ mumble\babble⟩, ⟨↔enunciate\yell⟩ 가1

2969 **stamp** [스탬프]: ⟨← stampfon(pound with the foot)⟩, ⟨게르만어⟩, ⟨의성어·의태어⟩, 우표, 도(인)장, 인지, 검인, 특질, 유형, 짓밟다, 특징짓다, 진압하다, ⟨→ stomp⟩, ⟨~ seal\signet⟩, ⟨~(↔)print\sign⟩, ⟨↔glide\float⟩ 양1

2970 **Stamp Act** [스탬프 액트]: ⟨식민지에 자기들 상품을 효과적으로 팔아먹기 위해 1754년 영국이 시행한⟩ 모든 상품에 「납세필증」을 붙이라는 '인지조례', ⟨~ duties in American Colonies⟩ 미2

2971 **stam·pede** [스탬피이드]: ⟨← estampar(uproar)⟩, ⟨멕시코풍 스페인어⟩, 우르르 도망치다, 대 패주하다, 우르르 몰려오다, ⟨~ stamp⟩, ⟨~ flood\rush⟩, ⟨↔filibuster\drag⟩ 양2

2972 **stamp weed** [스탬프 위이드]: ①어저귀, 인도 원산 당아욱속의 한해살이 풀, ⇒ Indian mallow ②~ed weed; (공인된) 마리화나, ⟨~ certified marijuana⟩ 미2

2973 *__stan__ [스탠]: ⟨미국 신조어⟩, ⟨stalker+fan이라는 썰이 있는⟩ 인기 연예인을 끈질기게 쫓아다니는 광신자, '극성 후원자', ⟨~ super (or uber) fan\devotee⟩, ⟨↔hater\critic⟩ 우2

2974 **~stan** [~스탠]: ⟨페르시아어⟩, land, ⟨~ 장소·땅을 뜻하는⟩ 접미사 양1

2975 **stance** [스탠스]: ⟨← stanza(standing position)⟩, ⟨이탈리아어⟩, (발의) '서 있는 상태', (발의) 자세, 발디딤, 태도, 입장, ⟨← stanza⟩, ⟨~ abode\posture\attitude⟩, ⟨↔unsteadiness\fake\veto⟩ 양2

2976 **stanch** [스탠취\스탄취]: ①⟨← stagnare(to cause to stand)⟩, ⟨라틴어⟩, 멈추게 하다, 억제하다, 지혈시키다, ⟨↔continue\persist⟩ ②⟨← estanc⟩, ⟨프랑스어⟩, staunch, 견고한, ⟨↔loose\unreliable⟩ 가1

2977 **stand** [스탠드]: ⟨← stha(set)⟩, ⟨산스크리트어→그리스어→라틴어→게르만어⟩, ⟨← stare⟩, 서다, 일어나다, 움직이지 않다, 위치하다, ~상태이다, 견디다, 지속하다, 진행하다, 태도를 취하다, 장소, 노점, 탁자, 정류소, 숙박지, (하룻밤) 정사, (플라밍고 등의) 떼, ⟨~ estate\standard\stasis\state\static\station\status\statue\stay\statute\stem\stool⟩, ⟨~ erect\located⟩, ⟨↔sit\lie\reject\oppose⟩ 양1

2978 **stand-ard** [스탠더드]: ⟨프랑스어⟩, ⟨← stand⟩, ⟨깃발이 서 있는⟩ 지주, 표준, 모범, 규범, 본위, 상징, 일반적, ⟨~ ideal\paragon⟩, ⟨↔unusual\special⟩ 양2

2979 **stand-ard–bear-er** [스탠더드 베어뤄]: 기수, 주창자, 당수, ⟨~ guide\leader⟩, ⟨↔follower\antagonist⟩ 양2

2980 **stand-ard de·vi·a·tion** [스탠더드 디뷔에이션]: 표준 편(오)차, 자료 값이 평균으로부터 얼마나 떨어져 있나를 알아보는 방법, 각 측정치와 평균치와의 편차를 제곱하고 그것을 산술 평균한 값의 제곱근, ⟨~ normal deviation⟩, ⟨~(↔)variance⟩ 양2

2981 **stand-ard in-put/out-put (~ I/O)**: 표준 입출력, (작동 시 표준오차를 감안해서 설계된) 전산기의 건반과 화면, ⟨~ standard streams\std-in and std-out⟩ 미2

2982 **Stand-ard Oil Com·pa·ny**: 스탠더드 석유회사, 1870년 John Rockefeller 등에 의해 설립되어 1911년 미 대법원의 '독점 기업'이란 판결로 Exxon·Chevron 등 여러 개로 찢겨진 세계 굴지의 석유회사, ⟨~ a corporated trust in petroleum industry⟩ 수2

2983 **Stand-ard Schnau·zer** [스탠더드 슈나우져]: (15세기에 독일 남부에서 개량된) '텁수룩한 수염 주둥이'·철사 같은 털⟨wire-haired⟩을 가진 다부진 체격의 집 지키기 개, ⟨~ a German dog breed⟩ 수2

2984 **stand-ard time** [스탠더드 타임]: ①표준시, (Greenwich 평균 시간의 불편을 해소하기 위해) 일정한 범위 안에서 각 지방이 공통으로 사용하는 시각, ⟨~ normal (or winter) time⟩, ⟨~(↔)local time⟩ ②표준 (작업) 시간, 평균의 작업자가 소정 작업에 요하는 시간, ⟨~ average working span⟩ 양2

2985 **stand-by** [스탠드 바이]: 예비물(자), 대기자 (신호), 대역, ⟨~ back-up⟩, ⟨↔main\primary⟩ 양1

2986 **stand by** [스탠드 바이]: 대기하다, 지지하다, 편들다, ⟨~ be prepared\support⟩, ⟨↔give up\relinquish⟩ 양1

2987 **stand-in** [스탠드 인]: 대역, 대리인, 대리물, ⟨~ proxy\back-up\surrogate⟩, ⟨~ stand-by⟩ 양1

2988 **stand-ing** [스탠딩]: 서 있는, 지속적인, 고정된, 관습적인, 현행의, ⟨~ status\duration\permanent\stagnant⟩ 양2

2989 **stand-ing com·mit–tee** [스탠딩 커미티]: 상임(상설) 위원회, ⟨~ operating (or steering) committee⟩, ⟨↔ad hoc committee⟩ 가1

2990 **stand-ing or·der** [스탠딩 오더]: 복무 규정, 의사 규칙, 계속적 주문, 자동이체, ⟨반드시 수행해야 할⟩ 지속적 명령(북한어), ⟨~ governing (or routine) rule⟩, ⟨↔direct order⟩, ⟨~ p.r.n. order⟩ 양1

2991 **stand-ing o·va·tion** [스탠딩 오우붸이션]: ⟨그리스어→라틴어→게르만어⟩, 기립 박수 (갈채), ⟨~ applause\cheering⟩, ⟨↔silence\boo-ing⟩ 양2

2992 **stand-off** [스탠드 어어후]: 떨어져 있는, 무관심한, 균형 잡는 것, 무승부, ⟨~ dead-lock\stale-mate⟩, ⟨↔agreement\break-through⟩ 양1

2993 **stand-out** [스탠드 아웉]: 지론을 굽히지 않는 사람, 뛰어난 사람(것), ⟨~ conspicuous\distinct⟩, ⟨↔failure\under-performer⟩ 양2

2994 **stand-point** [스탠드 포인트]: '서 있는 지점', 입장, 관점, 견지, 〈~ stance\view-point〉, 〈↔opposing-point〉 가1

2995 **St. An·drea** [쎄인트 앤드뤼어]: 〈← andros(manly)〉, 〈씩씩한 남자〉, 〈(5~10)-60 AD〉, 사도 앤드루, 베드로의 형, (11월 30일에 축하하는) 스코틀랜드〈Scotland〉의 수호신, 〈~ saint of fisherman〉, ⇒ Andrew 수1

2996 **stand-still** [스탠드 스틸]: 막힘, 〈그대로 서 있는〉 정지, 현상 유지, 〈~ dead-stop\halt〉, 〈↔break-through\advancement\retreat〉 가1

2997 **stand-up** [스탠 엎]: 서 있는, 정정당당한, 단독 연기 중인, 〈~ rise-up\up-right〉, 〈↔sit-down\give-in\together〉 양1

2998 **Stan-ford U·ni·ver·si·ty** [스탠훠드 유니붜어시티]: 미국의 정치가 철도 재벌 Leland 스탠퍼드〈stone·ford(돌이 있는 여울목에 사는 자)〉가 1884년 병으로 죽은 아들을 기리기 위해 1891년에 SF 남쪽에 개교한 전자·물리학으로 유명한 사립 종합 대학, 〈~ a private research univ.〉 수2

2999 **stank-y leg** [스탱키 레그]: 〈미국 텍사스어〉①밀착춤으로 인해서 여성의 〈냄새('stink')나는〉 분비물이 묻은 남성의 다리 ②한쪽 다리를 뱅뱅 돌리는 힙합 춤, 〈~ bunny hop\hockey-pokey〉, 〈여자가 남자를 꼬실 때 추는 춤〉 우1

3000 **Stan-ley** [스탠리], Hen·ry M.: 〈영국어〉, stony meadow, '돌이 많은 시내', 스탠리, (1841-1904), (Dr. Livingstone과 같이) 나일강의 근원 등을 탐험하는 등 파란만장한 삶을 살고 간 영국의 기자, 〈~ a Welsh-American explorer and journalist〉 수1

3001 **Stan-ley Cup** [스탠리 컵]: 1893년 영국의 캐나다 총독 S~ 남작이 희사하기 시작해서 매년 북미 전국 하키(hockey) 연맹 우승조에게 수여되는 〈가장 오래된 경기용 상패와 그 모조품〉, 〈~ a championship trophy〉 수2

3002 **Stan-ley Knife** [스탠리 나이후]: (1940년대 Frederick S~가 개발한) 갈아끼울 수 있는 삼각형의 예리한 날을 가진 〈다목적〉 작업용 칼, 〈~ utility knife\box cutter〉, 〈↔fixed knife〉 수2

3003 **stan-num** [스태넘]: ('흘러내리는 금속'〈stag·num〉이란 설도 있으나) 〈'흰 납(white lead)'이란 뜻의 라틴어〉, tin, silver와 lead의 합금, 주석, 금속원소의 하나 (기호 Sn·번호50), 은백색을 띄고 얇게 펼 수 있는 〈양철〉, 〈~ tin\a post-transition metal〉 양2

3004 **St. An·tho·ny** [쎄인트 앤써니]: 〈← antoni(priceless)〉, 〈라틴어〉, 〈고귀한 자〉 ①성 안토니우스, Anthony the Great, (251-356), (이집트 출신) 〈수도승의 아버지〉, 돼지(pig)의 수호성인 ②성 앤터니, Anthony of Padua, (1195-1231), (포르투갈 출신) 가난하고 아픈 자의 수호신·성서학자, 〈~ a Portuguese priest〉 수1

3005 **Stan-ton** [스탠튼], Cit·y of: 미 하원의원 Phillip 스탠턴〈돌로 싸인 곳에 사는 자(stone+enclosure)〉의 이름을 따서 1956년에 창립된 LA 남부의 소도시, 〈~ a city in N. Orange county〉 수1

3006 **Stan-ton** [스탠튼], Ed·win: 〈영국계 이름〉, 스탠턴, (1814-1869), 링컨을 비롯한 여러 대통령 밑에서 육군장관을 지낸 〈소신 있고 능률적인〉 변호사 출신 정치가, 〈~ an American lawyer and politician〉 수1

3007 **Stan-ton** [스탠튼], E·liz·a·beth: 스탠턴, (1815-1902), 〈stone+enclosure〉여성 및 노예해방을 위해 노력한 미국의 여성 운동가, 〈~ an American writer and activist〉 수1

3008 **Stan-ton Af-fair** [스탠튼 어훼어]: 스탠턴 사건, 1867년 E. Stanton 육군장관이 군 통수자는 대통령이 아니라 의회라고 선언해 해임되자 의회가 앤드루 존슨 대통령을 탄핵시킨 사건, 〈→ impeachment of A. Johnson〉 수2

3009 **stan·za** [스탠져]: 〈← stantia(abode)〉, 〈라틴어→이탈리아어〉, 스탠자, (시의) 연, 보통 4행 이상의 각운이 있는 시구, 〈→ stance〉, 〈~ part\portion〉, 〈↔whole\insert〉 미1

3010 **staph·y·lo~** [스태휘로우~]: 〈그리스어〉, bunch of grapes \ uvula, 〈포도송이·목 젖~〉이란 뜻의 결합사, 〈~(↔)strepto~〉 양1

3011 **sta·ple¹** [스테이플]: 〈← stapel(support)〉, 〈게르만어〉, 〈기본이 되는〉 주요 산물(식품), 주성분, 주제, 원료, 〈~ main\primary〉, 〈↔auxiliary\extra〉 양1

3012 **sta·ple²** [스테이플]: 〈← stapel(support)〉, 〈게르만어〉, 〈기둥을 지탱하는〉 u자 모양의 꺾쇠, 철쇠, 거멀못, 〈~ clip\clamp〉, 〈↔loosen\uncrew〉 미1

3013 **sta·pler** [스테이플러]: '찍개', 제본기, 철사기, 서류철을 철쇠로 박는 기계, 〈일본식〉 호치키스, (1878년 미국의 무기 제조업자 Benjamin Hotchkiss가 발명한) 서류철 찜쇠, 〈~ tacker\staple gun〉, 〈↔un-stapler〉 미1

3014 **Sta·ples** [스테이플스]: 1986년에 창립된 미국의 문방구·종합 사무용품 판매점, 〈~ an American office supply retail co.〉 수2

3015 **Sta·ples Cen·ter** [스테이플스 쎈터]: 〈광고비로 '쬐끔' 돈을 낸 문방구의 이름을 따서〉 1999년에 미국 LA 도심의 '대회장'(Convention Center) 옆에 개관한 약 2만 명을 수용할 수 있는 사립 종합 체육장, '중앙 경기장', 〈2021년 X-mas부터 Crypto.com Arena로 변경됨〉 수1

3016 **star** [스타아]: 〈← satarah(luminary)〉, 〈페르시아어→그리스어→게르만어〉, 〈남에게 잘 보이려고가 아니라 자신의 모든 것을 태우는〉 별, 항성, (20018개의) 천체, 별표(*), 인기인, 장성, 운명, 〈→ aster〉, 〈~ celestial body\principal〉, 〈~(↔)hash-tag\#〉, 〈↔ass-hole〉 가1

3017 **Star Al–li·ance** [스타아 얼라이언스]: 스타 얼라이언스, '항성제휴', 1997년에 창립되어 프랑크푸르트(Frankfurt)에 본부를 두고 25개의 회원을 가진 세계적 항공사 연합체계, 〈~(↔)Sky-Team\One-world〉 수2

3018 **star ap·ple** [스타아 애플]: 별사과, 〈껍질은 먹으면 안 되는〉 정구공만 한 열매의 횡단면에 별 모양의 속심(star-shaped inner pattern)을 가진 중남미 열대지방 원산 석철과의 카이니토(cainito) 미2

3019 **star-board** [스타아 보어드]: steer·board, (예전에 조종간이 있던) 배의 우현, 〈좌석 예약 때 좀 신경 써야 할〉 (배나 비행기의) 오른쪽, 〈~ right-side〉, 〈↔port'\left side〉 우2

3020 **Star-bucks** [스타아 벅스]: 〈광고 효과를 위해「Moby Dick」에서 따온 말〉, 스타벅스, '바다 요정', 1971년에 '맛의 변화'로 인기를 끌어 잘나가다가 2000년대부터 '질의 변화'에 밀려 주춤해진 미국의 세계적 커피 제조·판매 연쇄점, 〈~ an American coffee houses and roastery reserves〉 수2

3021 **starch** [스타아취]: 〈← stearc(rigid)〉, 〈게르만어〉, 녹말, 전분, '단단하게〈stark〉 하다', 풀을 먹이다, 딱딱한, 어색한, 〈~ amyloid〉, 〈~ cellulose\carbohydrate〉, 〈↔lethargy\delicacy\tenderness〉 양1

3022 **Star Cham·ber** [스타아 췌임버]: 성실청, 15세기 말에 설치되어 1641년에 폐쇄된 영국 웨스트민스터 궁내 〈천장에 별무늬가 있는 방〉으로 한국의 '공수처'에 해당하는 기관, 〈~ Arbitrary tribunal〉, s~c~; 부당한 재판소, 〈~ secret(unfair) court〉 우2 양2

3023 **star-crossed** [스타아 크뤄스트]: 운수 나쁜, 재수 없는, 불행한, 〈~ hapless\un-lucky\damned〉, 〈↔fortunate\blessed〉 양2

3024 **star-dom** [스타아 덤]: 주역의 지위, 인기 연예인 세계, 〈~ fame\celebrity〉, 〈↔darkness\lowliness〉 미1

3025 *__star dot star__ [스타아 닷 스타아]: ☆·☆ (전산기의) '만능패', '모든 기록철 및 그 확장', 모든 DOS와 Window의 기록철 이름에 맞는 '두루치기 기호', 〈~ all files and all extensions〉 우1

3026 **Star-dust** [스타아 더스트]: ①1958년에 개장해서 2006년에 〈내파된〉 미국 라스베이거스의 유서 깊었던 극장·숙박·위락 업소로 2021년 Resorts World로 다시 태어남, 〈~ an ex casino-hotel in Las Vegas〉 ②소설·영화 등의 제목 수2

3027 **star-dust** [스타아 더스트]: 우주진, 소성단, 매력점, 황홀경, 〈~ star-light\fantasy〉, 〈↔darkness\shadow〉 양1

3028 **stare** [스테어]: 〈← starian(gaze)〉, 〈게르만어〉, 〈강렬하게〉 쳐다보다, 빤히 보다, 응시하다, 노려보다, 〈~ glare\scowl〉, 〈↔ignore\glance〉 양1

3029 *__stare at each oth·er blank·ly__: 서로 멍하니 쳐다보다, 소 닭 보듯 닭 소 보듯 하다, 〈~ vacant look〉, 〈↔stare intensely〉, 〈~ 여자 보기를 돌같이 하라; 이것은 우리집의 가훈이므로 일부러 넣었음〉 양2

3030 **stare de·ci·sis** [스테어뤼 디싸이시스]: 〈라틴어〉, 선례준수(구속), 유사한 사건은 선례에 의해 판결한다는 원리, 'stand' by things 'decided', 〈~ precedence〉 양2

3031 **star-fish** [스타아 휘쉬]: sea stars, 불가사리, 오귀발, 전 세계의 심해에 사는 1,500여 종의 〈식용불가의〉 잡식성 극피동물, 〈~(↔)brittle-star〉, '통나무'(잠자리에서 팔·다리를 오귀발같이 펴고 푹 퍼져있는 여자; pillow princess〉, ⇒ finger·fish 미2

3032 **star-gaz·er** [스타아 게이져]: 점성가, 천문학자, 몽상가, (배우나 가수의) 열성 지지자, 얼룩통구뱅(큰 눈이 대갈통 위에 달려있는 아귀류의 바닷물고기, angler, monk·fish〉 양2

3033 **star-gaz·er lil·y** [스타아 게이져 릴리]: '별꽃 나리', 꽃잎 안에 진홍색의 별 모양의 무늬를 가진 나리, 〈~ an Oriental hybrid lily\Asiatic lily\golden-rayed lily〉 미2

3034 **star grass** [스타아 그래스]: '별 풀', 꽃이나 잎이 별 모양으로 배열되어 있는 초본의 총칭, 〈~ crow corn\unicorn root〉 미2

3035 **star jump** [스타아 쥠프]: '대 도약(운동)', 〈jumping jack의 영국식 표현〉, 〈jumping jack보다 더 높이 뛰고 더 넓게 벌림〉, 〈미국에서는 side-straddle hop이라 함〉 미2

3036 **stark** [스타아크]: 〈← stearc(hard)〉, 〈게르만어〉, '강한'〈strong〉, 굳어진, 순전한, 건실한, 뚜렷한, 황량한, 〈~ starch\stork〉, 〈~ stern\barren〉, 〈↔gentle\tender〉 양1

3037 ***star key** [스타아 키이]: asterisk, '별표 단자', 중앙처리기의 연성기기로 연결시킬 때 사용하는 '열음판'의 누름 단추, 〈~ ☆ button on a telephone\return to the main menu〉, 〈~(↔)pound key〉 우2

3038 **star-let** [스타알맅]: 작은 별, 신인 연예인, 〈~ young star\new talent〉 양2

3039 **star-ling** [스타알링]: 〈라틴어〉, 〈반짝이는 깃털을 가진〉 찌르레기, 인가 근처에 서식하며 시끄러운 소리를 내는 거무칙칙한 중형 참새류, 〈~(↔)sparrow\crow\pastor²〉 미2

3040 **star mar·ket·ing** [스타아 마아킽팅]: 인기인 광고, 유명인을 이용한 판매전략, 〈~ advertisement by a popular person〉 미1

3041 **Star·mer** [스타아머], Ke·ir: 〈← enclosure\marsh-land〉, 〈영국계 이름〉, (1962-), 런던 토박이 변호사 출신 직업 정치인으로 2020년에 노동당 당수, 2024년 7월에 수상에 취임함, 〈~ a British Prime Minister〉 수1

3042 **star of Beth·le·hem** [스타뤄브 베슬리헴]: ①예수가 탄생할 때 3현인을 인도한 베들레헴의 별, 〈~ Chrismas Star〉 ②별 모양의 흰 꽃이 피는 백합과의 관상초, 〈~ grass lily\nap-at-noon〉 수2

3043 **star of Da·vid** [스타뤄브 데이뷔드]: 다윗의 별, 삼각형을 두 개 짜 맞춘 형태의 별 모양, 유대교와 이스라엘의 상징, 〈~ a six-pointed star\symbol of Judaism and Israel〉 수2

3044 **Stars and Bars** [스타아즈 앤 바아즈]: 별과 막대, 푸른 바탕에 13개의 별이 원형으로 나열됐고 나머지는 붉은 바탕에 중간 ⅓이 흰 막대로 된) 남북 전쟁 때 남부 연맹기, 〈~ the first national flag of the Confederate States〉 수2

3045 **Stars and Stripes** [스타아즈 앤 스트롸이프즈]: 스타스 앤드 스트라이프스 ①〈50개의 별과 13개의 띠로 된〉 성조기(미국 국기), 〈~ national flag of US〉 ②1861년에 창립되어 미 국방성이 〈해외 주둔 미군을 위해〉 발간하는 일간신문, 〈~ a daily American military newspaper〉 수2

3046 **Star-Span·gled Ban·ner** [스타아 스팽글드 배너]: 스타 스팽글드 배너, '별이 촘촘히 박힌 국기', 성조기, 〈영국 권주가에 바탕을 둔〉 1931년에 공인된 미국 국가, 〈~ national anthem of US〉 수2

3047 **start** [스타아트]: 〈← styrtan(move suddenly)〉, 〈게르만어〉, 떠나다, 출발하다, 시작하다, 튀어나오다, 깜짝 놀라다, 〈반은 아니나 단추를 잘 끼워야 할〉 시작, 〈→ startle〉, 〈~ begin\arise〉, 〈↔end\finish〉 가1

3048 **start-er** [스타아터]: 출발자, 개시자, 시동 장치, 원인, 효모, 선발 투수, 〈~ initiator\originator〉, 〈↔follower\successor\adherent〉 양2

3049 **star·tle** [스타아틀]: 〈영국어〉, 〈← start〉, 깜짝 놀라다, 펄쩍 뛰다, 〈~ surprise\frighten〉, 〈↔bore\calm\soothe〉 가1

3050 ***star-to·pol·o·gy** [스타아 터팔러쥐]: '성상 위상학 (장치)', (전산망 구성 시) 중심 전산기에 직접 별 모양으로 각종 장치를 접속시키는 방식, 〈~ hub-and-spoke net-working〉 우2

3051 **start out** [스타아트 아웉]: 출발하다, 시작하다, 〈~ commence\set out〉, 〈↔continue\arrive〉 양2

3052 ***start-up** [스타아트 엎]: 개시, 시동, 신설 기업, 〈~ embark\undertake〉, 〈↔close down\wind up〉 가1

3053 **starve** [스타알브]: 〈← steorfan(perish with hunger)〉, 〈게르만어〉, '굶어 죽다', 배고프다, 굶주리다, 갈망하다, 〈~ famish\ravenous〉, 〈↔be full\be sated〉 가1

3054 **Star Wars** [스타아 워어즈]: 스타 워즈, 별들의 전쟁 ①1977년 미국에서 시작된 과학 공상영화 '연쇄물' 〈현대판 영웅전〉, 〈~ American epic space opera〉 ②1984년에 시작해서 1993년 유도탄 방위 기구로 이름이 바뀐) 미국의 전략 방위 구상, 〈~ an American strategic defense initiative〉 수2

3055 **star weeds** [스타아 위이즈]: '별풀', star grass, mouth ear, ⇒ chick·weed 미2

3056 ***stash** [스태쉬]: ①〈어원 불명의 영국어〉, 〈store+cache?〉, 챙겨두다, 감춰두다, 비축하다, (사랑하고 싶은 상대를) 남들한테 소개하지 않는다, 〈→ stache〉, 〈~ collect\lay up〉, 〈↔dump\discard〉 ②mustache(코 밑 수염) 양1

3057 **~sta·sis** [~스태시스]: 〈그리스어〉, 〈← stand〉, 〈~정지·안정·균형〉이란 뜻의 결합사 양1

3058 ***stat** [스탵]: 〈← statim(instantly)〉, 〈19세기 말에 라틴어를 축소한 영국어〉, 즉시, 빨리, 〈~ immediately\without delay〉, 〈↔ignore\postpone〉, 〈숨 넘어갈 때 쓰는 말〉 양2

3059 **state¹** [스테이트]: ⟨← stare⟩, ⟨라틴어⟩, ⟨← stand⟩, ⟨서 있는⟩ 상태, 형편, 신분, 위엄, 국가, 국무, ⟨~ estate\status⟩, ⟨~ condition\nation⟩, ⟨↔degradation\unofficial⟩ 양2

3060 **state²** [스테이트]: ⟨라틴어⟩, ⟨← state¹⟩, ⟨상태를⟩ 말하다, 진술하다, 지정하다, ⟨~ express\declare⟩, ⟨↔tacit\mumble\suppress⟩ 가1

3061 **State** [스테이트], **Dept of**: 미 국무부, (1789년에 개편되어 연방정부의 내정도 관여했으나 점차 외국과의 관계를 전담하게 된) 미 '외무부', ⟨~ US ministry of foreign affairs⟩ 양2

3062 **stat-ed** [스테이티드]: 규정된, 정해진, 공식의, ⟨~ affirmed\established⟩, ⟨↔un-fixed\implied\written⟩ 양2

3063 **State Farm** [스테이트 화암]: 스테이트 팜, 1922년 출범해서 ⟨대리인을 까다롭게 고르는 것으로 유명한⟩ 미국의 종합보험·금융회사, ⟨~ a mutual US insurance co.⟩ 수2

3064 **State Grid** [스테이트 그뤼드], **Chi·na**: 스테이트 그리드, 국가 전망 공사, 2002년에 구조 조정된 정부가 운영하는(state owned) ⟨세계 최대의⟩ 전력 공급 회사, ⟨~ the largest utility co. in the world⟩ 미1

3065 **state-ly** [스테이틀리]: 당당한, 장중한, 품위 있는, ⟨~ dignified\elegant⟩, ⟨↔un-stately\frivolous\humble\lowly⟩ 가1

3066 **state-ment** [스테이트 먼트]: ⟨← state²⟩, 성명(서), 진술(문), 문장, 명세서, 명령문, ⟨~ acknowledgement\disclosure⟩, ⟨↔silence\request\falsehood⟩ 양2

3067 **Stat·en Is-land** [스태튼 아일런드]: 스테이튼 섬, ⟨네덜란드어로⟩ 'State Island', 미국 뉴욕만의 섬(뉴욕시의 남단에 있는 한 구), ⟨~ the southernmost of NYC's 5 boroughs⟩ 수2

3068 **state-of-the-art**: 최신식의, 최고급의, '예술의 경지에 도달한', ⟨~ ultra-modern\cutting-edge⟩, ⟨↔out-of-date\absolete⟩ 양2

3069 **State of the Un·ion ad-dress**: SOTU, 일반 교서, 연두 교서, 연두 국정연설, (1913년부터 매년 1월 미국 대통령이 상·하원 합동의회에서 행하는) 국정보고·시정연설, ⟨~ US President's annual message to the Congress⟩ 양1

3070 **Stat·er Broth·ers** [스테이터 브뤄더스]: 스테이터⟨기본이 좋은 자⟩ 브라더스, 1936년 쌍둥이 형제가 남가주 San Bernardino에서 창업한 식료품 판매 연쇄점, ⟨~ an American super-market chain⟩ 수1

3071 **state-room** [스테이트 룸]: 알현실, 접견실, 내빈실, ⟨선장의⟩ 특별실, ⟨개인 전용⟩ 객실, ⟨~ hall\auditorium\deluxe cabin\cruise-ship에서는 그냥 room을 지칭함⟩, ⟨↔alley-way\chamber\pleasure-dome\hut⟩ 양2

3072 **states-man** [스테이츠 먼]: 정치가, 경세가, ⟨~ respected politial figure⟩, ⟨~(↔)politician보다는 격이 높은 말⟩, ⟨↔follower\butt-boy⟩ 가1

3073 **state ta·ble** [스테이트 테이블]: 상태표, '상황판', (전산기에서) 입력과 그전의 출력을 기초로 한 논리회로의 출력 목록, ⟨~ sequential circuits⟩, ⟨↔truth table(combinational circuits)⟩ 미2

3074 **stat·ic** [스태틱]: ⟨← histanai⟩, ⟨그리스어⟩, ⟨← stand⟩, 정적인, 고정된, 잡음, 격렬한 반대, (전산기에서 재생하지 않아도 기억 내용이 유지되는) '정적', '서 있는 상태', ⟨~ fixed\still\noise⟩, ⟨↔variable\brinkman-ship⟩ 양1 미2

3075 *****stat·ic mem·o·ry** [스태틱 메머뤼]: static RAM, 정적(막) 기억장치, 기억 내용이 장치 내의 고정위치에 보존되어 전원만 꺼지지 않으면 임의로 접근할 수 있는 기억력, ⟨~ non-volatile memory⟩, ⟨↔dynamic(volatile) memory⟩ 미2

3076 *****stat·in** [스태튼]: atorvastatin·simvastain 등 ~statin으로 끝나는 각종 콜레스테롤 저하(억제)제, ⟨~ cholesterol lowering drug⟩ 미2

3077 *****sta·tion** [스테이션]: ⟨← stare⟩, ⟨라틴어⟩, ⟨← stand⟩, '멈추는 곳', 정거장, 역, 위치, 부서, 기지, 지위, 국 (전산망을 구성하는 각 전산기), ⟨~ base\post\site⟩, ⟨↔mobile unit\counter⟩ 양1

3078 **sta·tion-ar·y** [스테이셔너뤼]: 움직이지 않는, 정지된, '고정시킨', 상비의, ⟨~ motionless\stopped\standing⟩, ⟨↔mobile\variable⟩ 양2

3079 **sta·tion-ar·y bike** [스테이셔너뤼 바이크]: 고정 자전거, (바퀴가 없는) 발판 밟기 운동기, ⟨~ excer-cycle\spin bike⟩ 미2

3080 *****sta·tion break** [스테이션 브뤠잌]: '방송국 휴식시간', 방송국의 이름과 주파수를 알리는 '간이 시간', 주 종목 사이사이에 하는 광고나 공지사항, ⟨~ station identification or commercial break⟩ 우2

3081 ***sta·tion-er·y** [스테이셔네뤼]: 〈고정된 장소에 있던〉 문방구, 편지지, '문양' (전자우편을 돋보이게 하기 위해 색깔·그림 등으로 꾸미는 형판), 〈~ office supplies\writing paper〉, 〈↔hardware (store)〉 양1 우1

3082 **sta·tion wag·on** [스테이션 왜건]: estate car, '배달용 승용차', (역간에 사람과 짐을 나르는 차로 시작해서 한때 인기가 있었으나 SUV에 의해 밀려난) 뒤로 젖히는 의자가 있는 승용차, 〈~(↔)sports car\bus〉 우1

3083 **sta·tis-tics** [스터티스틱스]: 〈← status〉, 〈라틴어〉, 통계(표), 통계학, '국가〈state〉를 운영하는 학문', 〈~ demographics\poll〉, 〈↔ignorance\hypothesis\falsehood〉 가1

3084 **stat·ist** [스테이스트]: ①statistician(통계학자) ②〈← state〉, 국가통제주의자, 〈~ federalist〉, 〈↔anarchist〉 양2

3085 **stat·o~** [스태토우~]: 〈라틴어〉, 〈← stand〉, 〈정지·평형~〉이란 뜻의 결합사 양1

3086 **sta·tor** [스테이토]: 〈rotor(회전자) 안에 들어있어〉 돌아가는 것을 막아주는 '고정자', (비행기의) 고정 날개, 〈~ rotor coil〉, 〈↔blower〉 미2

3087 **stat·o-scope** [스태터 스코우프]: stetho-scope, statos(standing)+skopein(view), 〈그리스어〉, 〈가슴에 대고〉 공기의 진동을 재는 기구, 미동 기압계, 승강계, 청진기, 〈예전에는 hammer가 대조어이었음〉 미1

3088 **Stat·u·ar·y Hall** [스태츄에뤼 허얼]: 스태추어리 홀, 미 조각상관, (예전에 의사당으로 쓰던 곳에 1870년부터 모아온) 미국에 공헌한 시민들의 조각상을 전시하는 곳, 〈~ Old Hall of the House〉, 〈~(↔)Yasukuni Shrine\Westminister'〉 미2

3089 **stat·ue** [스태츄우]: 〈← stare〉, 〈라틴어〉, 〈← stand〉, 〈멈춰있는〉 상, 조(각)상, 〈찰흙으로 만든〉 소상, 〈~ effigy\figurine〉, 〈↔entity\original〉 양2

3090 **Stat·ue of Lib·er·ty** [스태츄우 어브 리버티]: 스태추 오브 리버티, 자유의 여신상, 1884년 프랑스가 미국 독립을 축하하기 위해 선사해서 1886년 뉴욕항에 세워진 〈세계의 자유를 비추는〉 상징물, 〈~ Lady Liberty\Mother of Freedom〉 양2

3091 **stat·ute of lim·i·ta·tion** [스태츄우 어브 리미테이션]: 공소 시효, (소송 제기가 가능한 기간을 정한) 출소 기한법, 〈~ prescriptive period〉 양2

3092 **stat·u-esque** [스태츄에스크]: 조각상 같은, 움직이지 않는, 위엄있는, 당당한, 〈~ dignified\majestic〉, 〈↔un-shapely\un-appealing〉 양2

3093 **stat·ure** [스태춰어]: 〈← statuere(cause to stand)〉, 〈라틴어〉, '서 있는 높이', 키, 신장, 능력, 성장 (도), 〈~ height\capacity〉, 〈↔decrease\inability〉 양2

3094 **sta·tus** [스테이터스]: 〈← stare〉, 〈라틴어〉, 〈← stand〉, '서 있는 위치', 상태, 정세, 지위, 신분, 작동 상태, 〈~ estate\state〉, 〈~ situation\rank〉, 〈↔insignificance\lowliness〉 양2

3095 ***sta·tus line** [스테이터스 라인]: 상태 표시행, (전산기에서) 현재 처리되고 있는 정보철, 〈~ display line〉 미1

3096 **sta·tus of-fend–er** [스테이터스 어휀더]: 〈1975년에 등장한 말〉, '신분 침해범', (음주·끽연 등 성인이 될 때까지 금하는 행동을 한) 미성년 범죄(자), 〈~ violator of the law because of the age〉, 〈↔adultery〉 미1

3097 ***sta·tus quo** [스테이터스 쿼오우]: 현상 유지, 〈~ current state\existing condition〉, 〈↔change\aberration〉 양2

3098 **sta·tus sym-bol** [스테이터스 씸벌]: '신분 표상', 사회적 신분의 상징 우2

3099 **stat·ute** [스태츄우트]: 〈라틴어〉, 〈← stand〉, (제정된) 법, 성문율, 정관, 〈~ written law\standing rule〉, 〈~ status〉, 〈↔un-written\non-functional〉 양2

3100 **stat·u·to·ry law** [스태츄터어뤼 러어]: (글자로 명시된) 성문법, (입법기관이 규정한) 제정법, 〈~ legislation〉, ⇒ statute 양2

3101 **stat·u·to·ry rape** [스태츄터어뤼 뤠이프]: 〈성문법에 명시된〉 미성년자에 대한 강간, 〈~ intercourse with a minor〉 양2

3102 **staunch** \ stanch [스터언취 \ 스타안취]: 〈← stagnare(cause to stand)〉, 〈라틴어→프랑스어〉, 〈← estanc〉, 철두철미한, 충실한, 견고한, 빈틈없는, 실속있는, 〈~ stalwart\steadfast〉, 〈↔disloyal\insecure〉 양2

3103 **stave** [스테이브]: 〈영국어〉, 〈← staff〉, 통판, 장대, 디딤대, 가로대, (음악의) 보표 〈악보의 5행선-미국에서는 staff라 함〉, (시의) 두운, 구멍을 내다, 부서지다, 〈~ tub\strophe〉, 〈↔aid\facilitate〉 양2

3104 **stave-off** [스테이브 어어후]: 〈통판을 쳐서 짐승떼를 막다〉, 피하다, 비키다, 늦추다, 〈~ avert\avoid〉, 〈↔welcome\hail〉 양2

3105 **staves-a·cre** [스테이브즈 에이커]: staphis(raisin)+agrios(wild), 〈그리스어〉, lice bane, '야생 건포도', 참제비고깔, (살충제·구토제로 쓰였던 지중해 연안 원산의) 큰 손가락 모양의 잎과 청자색의 작은 갈래꽃이 고깔 모양으로 피는 '종다리 발톱', 〈~ a ranunculus〉 미2

3106 **stay**¹ [스테이]: 〈← stare〉, 〈라틴어〉, 〈← stand〉, '서다', 머무르다, 남다, 체재하다, ~인 채로 있다, 〈hotel〉의 새로운 명칭, 〈~ remain\stop〉, 〈↔leave\advance\yaw〉 양1

3107 **stay**² [스테이]: 〈← stagaz(stake)'〉, 〈게르만어〉, 지주, 버팀대, 떠받치다, 버팀줄, (돛대를 고정시키는) 자삭, 〈~ support\shaft〉, 〈↔loosen\undermine〉 양1

3108 *****stay-ca·tion** [스테이 케이션]: 집에서 보내는 휴가, '방콕', 〈~ home-cance\ho-cance〉 미2

3109 *****stay put** [스테이 풀]: 〈1883년에 미국에서 등장한 경마용어〉, 끝까지 지켜보다, 꼼짝 말고 가만히 있어!, 〈~ stick\wait〉, 〈↔cut out\squirm〉 양2

3110 **St. Ber·nard** [쎄인트 버어나아드]: bern(bear)+hard(brave), 〈게르만어〉 ①성 베르나르, (1090-1153), 베네딕트파를 중흥시킨 프랑스의 수도승, 〈~ a French abbot〉 ②성경 버나드, 17세기에 이탈리아 수도승의 이름을 딴 스위스와 이탈리아의 통로 Bernard 고개의 눈 속에 파묻힌 여행객을 구해준 커다란 불독, 〈~ a very large working-dog〉 수1

3111 **St. Chris·to·pher** [쎄인트 크뤼스터훠]: Christ+pherein(to bear), '주님을 품은 자', 〈그리스어〉, 성 크리스토퍼, (?-251), 로마제국에 의해 소아시아에서 순교 당한 정체불명의 사나이, 〈그의 초상이 새겨진 메달을 달면 무사히 여행을 마칠 수 있다는〉 여행자의 수호성인, 〈~ a Roman martyr〉 수1

3112 **St. Co·lum·ba** [쎄인트 컬럼바]: 〈← columbus(male dove)〉, 〈그리스어→라틴어〉, 성 콜롬버, (521-597), 가톨릭 전파에 공헌한 아일랜드 주교, 〈~ an Irish abbot〉 수1

3113 **STD** (sex-u·al·ly trans-mit-ted dis-ease): (감염성) 성병, '쉽다 옮는 병', ⇒ V.D. 양2

3114 **St. Da·vid** [쎄인트 데이뷔드]: 〈← dod(be-loved)〉, 〈히브리어〉, 성 데이비드, (500?-589), 3월 1일 순교한 웨일즈의 수호성인, 〈~ a Welsh bishop〉 수1

3115 **stead** [스테드]: 〈← stadi(place)〉, 〈게르만어〉, 장소, 위치, 쓸모, 대리, 〈~ stand〉, 〈~ footing\role〉, 〈↔disadvantage\liability〉 양2

3116 *****stead fast** [스테드 홰스트]: 확고부동한, 고정된, 〈~ abiding\un-daunted〉, 〈↔disloyal\irresolute〉 가1

3117 **stead-y** [스테디]: '계속 서 있는', 고정된, 확고한, 안정된, 견실한, 〈~ constant\secure〉, 〈↔unstable\fluctuating〉 양2

3118 **steak** [스테일]: 〈← steikja(roast on a spit)〉, 〈북구어〉, 두툼하게 베어낸 살, 두꺼운 고기조각, '꼬치\stick\구이', 〈~ cut of beef〉, 〈↔hamberger\brocolli〉 우1

3119 *****Steak and Blow-job day**: (Valentine day에 대항해서) 〈여자가 남자에게 스테이크를 구워주고 구강성교를 해주는〉 '정남절', 3월 14일, 〈~ Steak and Knobber² day〉 우1

3120 **steak tar·tar**(e) [스테일 타알터]: 타르타르 스테이크, (달걀과 양파를 곁들여) 타르타르 소스에 찍어 먹는 날 쇠고기, '육회', 〈~ a French dish of raw ground beef〉 우2

3121 **steal** [스티일]: 〈← stelan(take and carry off)〉, 〈게르만어〉, '숨겨 달아나다', 훔치다, 절취하다, 도용하다, 〈~ thieve\rustle〉, 〈↔return\buy〉 가1

3122 *****steal some-one's thun·der**: (~의) 벼락을 훔치다, 〈오랫동안 써 온 논문을 남이 표절하듯〉 가로채다, 남을 앞지르다, 선수치다, 〈~ use someone else's idea un-ethically\pre-empt〉, 〈↔support\contribute〉 양2

3123 **stealth** [스텔쓰]: 〈← steal〉, 스텔스, 몰래 하기, 비밀 (계획), S~; 1974년 미국의 록히드사가 개발한 〈전파 흡수제를 칠해서〉 (레이더·적외선·음향 탐지기 등에) 포착되지 않는 비행물체, 〈~ lurk\sneak〉, 〈↔overt\open〉 양1

3124 *****stealth ac-count** [스텔쓰 어카운트]: '비자금 계좌', 가명과 꾸민 정보를 사용한 e-Bay 계좌, 〈~ anoymous account〉, 〈↔open account〉 양2 수2

3125 **steam** [스티임]: 〈← steme(vapor)〉, 〈어원 불명의 게르만어〉, 증기, 수증기, 김, 원기, 〈~ stew〉, 〈~(↔)haze\boil\rage〉, 〈↔clarity\aridity\sluggishness〉 가1

3126 **steam-boat** [스티임 보울]: (증기로 가는) 기선, 〈~ steam-ship〉 양2

3127 *****steamed-up** [스티임드 엎]: 화난, 몹시 흥분한, 〈~ en-raged\furious〉, 〈↔delighted\pleased〉 양2

3128 **steam-er chair** [스티머 췌어]: '증기탕 의자', 갑판의자, (보통 수영장이나 사우나 등에서 쉴 때 사용하는) 나무나 두꺼운 천으로 된 〈간편의자〉, 〈~ deck chair〉, 〈~(↔)lounger chair〉 양2

3129 **steed** [스티드]: 〈← stod(war horse)〉, 〈게르만어〉 (승마용) 건강한 말, 준마, 군마, 〈~ stallion\stud〉, 〈↔pony\filly〉 양1

3130 **steel** [스티일]: 〈← stahal(standing fast)〉, 〈게르만어〉, 〈오래 견디는(standing)〉 강(철), 철강 산업, 〈~ stay〉, 〈~ an alloy of iron and carbon\strengthen〉 가1

3131 **steel-clad** [스티일 클래드]: 장갑의, 갑옷으로 무장한, 〈~ bullet-proof\invulnerable〉 양2

3132 **steel gui·tar** [스티일 기타아]: '쇠 기타', Hawaiian guitar, 한 손으로는 현을 튀기며 한 손으로는 쇠 막대로 된 현 위로 미끄러지듯 빨리 놀려 음정을 잡아주는 〈수평〉 기타, 〈~ lap steel〉 우2

3133 **steel-head** [스티일 헤드]: 옥새송어, 칠색송어, (북태평양 연해에 서식하며 산란기에는 민물로 올라가는) 무지개송어의 일종, 〈~ rainbow trout〉 미2

3134 **steel-yard** [스티일 야아드]: ①강재 적치장 ②대저울, 눈금을 매긴 기다란 막대에 추를 달아 평행력을 이용해서 무게를 재는 저울, 〈~ beam (or lever) scale〉 양2

3135 **steen-bo(c)k** [스티인 박]: steinbok, (stone+buck), 애기바위 들양, 남·동 아프리카(S·E Africa)의 초원에 서식하는 조그만 영양〈small antelope〉 우2

3136 **steep¹** [스티이프]: 〈← staupa(prominant)〉, 〈게르만어〉, 가파른, 험한, 과장된, 엄청난, 터무니없는, 〈~ stoop²〉, 〈~ abrupt\expensive〉, 〈↔gentle\reasonable〉 양1

3137 **steep²** [스티이프]: 〈어원 불명의 영국어〉, soak in a liquid, 담그다, 적시다, 싸다, 뒤덮다, 〈↔dry\ventilate〉 양1

3138 **stee·ple** [스티이플]: 〈← steep¹〉, 뾰족탑, 첨탑, 〈~ obelisk〉, 〈~(↔)tower〉, 〈↔bottom\dome\stupa〉 가1

3139 **stee·ple-bush** [스티이플 부쉬]: meadow sweet, hard hack, (원추형의 연자주색 뭉치꽃이 피는) 북미산 조팝나무속의 관목 우1

3140 **steer¹** [스티어]: 〈← stylos(pole)〉, 〈그리스어에서 유래한 영국어〉, 키를 잡다, 조종하다, 나아가게 하다, 조언하다, 〈~ operate\maneuver〉, 〈↔follow\reverse〉 양1

3141 **steer²** [스티어]: 〈← steor(a bullock)〉, 〈게르만어〉, 수송아지, 거세한 황소, 비육우, 〈~ bull-ock\bull-calf〉, 〈~(↔)stag〉, 〈↔filly\heifer〉 양2

3142 **steer-board** [스티어 보어드]: 〈조종간이 있던〉 우현, ⇒ star·board 우2

3143 **steer-ing com-mit-tee** [스티어링 커미티]: 조정 (운영) 위원회, 〈~ advisory board〉, 〈~(↔)ad-hoc committee〉, 〈↔standing committee〉 양2

3144 **steer-ing gear** [스티어링 기어]: 조종 (조타) 장치, 변속 장치, 〈~ rock-and-pinion〉 미2

3145 **steer-ing wheel** [스티어링 위일]: 조타륜, 운전(회전)대, 〈~ driving (or hand) wheel〉 미2

3146 *****steg·a·nog·ra·phy** [스테거나그뤼휘]: steganos(covered)+graphy, 〈그리스어〉, 스테가노그래피, 심층 암호, 서류철 안에서 조그만 정보를 보이지 않게 '숨겨진 글', invisible watermark, 〈~ crypto-graphy\coding〉 미2

3147 **~stein** [~스타인]: 〈~stone(돌)〉을 뜻하는 유대계 이름의 어미 양1

3148 **Stein-beck** [스타인 벡], John: stony stream, '돌이 많은 시냇가에 사는 자', 〈독일계 이름〉, 스타인벡, (1902-68), 「분노의 포도」 등 (험악한 환경에서 인간의 존엄성을 찾는 이야기를 쓰면서 〈평생 술과 담배에 찌들었던〉 '좌파 성향의' 미국의 작가, 〈~ an American writer〉 수1

3149 **Stein-way** [스타인 웨이]: stone+way, 〈독일계 이름〉, 〈진흙이 아니고 돌로 포장된 통로를 가진 집에 사는 자〉, 독일계 미국인 Heinrich Steinweg가 1853년에 설립한 미국의 세계적 피아노 제조회사, 〈~ a German-American piano co.〉 수1

3150 **Stel·la** [스텔러]: 〈라틴어〉, 스텔라, 별〈star〉 ①여자 이름 ②술·자동차·과자 등의 상품명, 〈~ names of a girl·liquor·car·ookie etc〉 수1

3151 **stel·ler's sea li·on** [스텔러즈 씨 라이언]: 큰 바다사자, '1741년 Georg S~에 의해 기술된' (북태평양에 서식하며 갈퀴 달린 네 발로 걸어 다니고 귓바퀴가 있으며 튼튼한 모피를 제공하는 멸종 위기의 대형 물개, 〈~ northern sea lion\eared seal〉 미2

3152 **St. El·mo** [쎄인트 엘모우]: 〈← Erasmus(be loved)〉, 〈그리스어〉 ①Elmo of Formia, 성 엘모, (?-303), 이탈리아 주교로 있다 황제군에게 쫓겨 Croatia에서 순교 당한 〈선원과 복통의 수호성인〉, 〈~ a Castilian Dominican friar and martyr〉 ②~'s fire; 천둥 번개가 칠 때 배의 뾰족한 부분에서 〈선원을 보호하기 위해〉 방전되는 '불빛(lightning)', 〈~ corposant\corona discharge〉 수1

3153 ***STEM** [스템]: 〈전문직의 기초가 되는〉 (Science+Technology+Engineering+Mathmatics의) 이공계통 우2

3154 **stem** [스템]: 〈'stand'에 뿌리를 둔 게르만어〉 ①줄기, 그루터기, 대, 혈통, 유래하다, 생기다, 〈~ trunk\arise from〉, 〈↔root\cause\wend〉 ②막다, 저지하다, 〈~ stop\block〉, 〈↔accelerate\complete〉 양1

3155 **stem cell** [스템 쎌]: 줄기세포, 재생세포, 다른 종류의 세포로 분화하거나 같은 종류의 세포를 재생산할 수 있는 세포, 〈~ germ cell\zygote〉, 〈↔somatic cell〉 양2

3156 **stem-ware** [스템 웨어]: (굽〈쥠대〉 달린) 양주·포도주용 유리잔, 〈~(↔)goblet\wine-glass〉 우1

3157 **stem–wind·er** [스템 와인더]: 〈한때 최고급으로 쳐 주었던〉 용두 (손가락으로 태엽을 감는 꼭지) 시계, 일류제품, 감동적 연설, 〈~ winding watch\first-rate\stirring speech〉 양2

3158 **stench** [스텐취]: 〈← stincan(to smell)〉, 〈게르만어〉, 불쾌한 냄새, 악취, 〈~ stink\reek〉, 〈↔aroma\incense\scent\spice\balm〉 양1

3159 **sten·cil** [스텐슬]: 〈← scintilla(a spark)〉, 〈라틴어〉, 〈번쩍이는〉 스텐실, 형판, 틀판, 등사원지, 〈~ template\pattern〉, 〈↔mask\disorder〉 미1

3160 **Sten-dhal** [스텐다알]: 〈← Stendal(stein+dale)〉, 〈독일어→프랑스어〉, '돌이 많은 계곡', 스탕달, Marie Henri Beyle의 필명, (1783-1842) 〈나폴레옹을 숭배했고 매독으로 고생했던〉 프랑스의 사실·낭만주의 작가, 〈~ a French writer〉 수1

3161 **ste·nog·ra·phy** [스터나그뤄휘]: 〈그리스어〉, 스테나그래피, 'narrow+graphy', 속기(술), 기호·약자를 사용해서 평상문을 짧고 간략하게 표시하는 방법, short·hand, 〈↔long-hand〉 양2

3162 **ste·no·sis** [스티노우시스]: 〈← stenos(narrow)〉, 〈그리스어〉, 협착(증), 신체의 도관이 좁아지는 병, 〈~ constriction\choking〉, 〈↔expansion\dilation〉 양2

3163 **stent** [스텐트]: 〈게르만어〉, splint, 덧대, 도관의 치료나 폐색 완화를 위해 넣는 부자, 1964년 영국의 치과의사 Charles S~에 의해 고안된 의치를 고정하기 위한 주형, 〈~ insertion tube\expander〉, 〈→ angio-plasty〉 미1

3164 **Sten·tor** [스텐터어]: 〈← stenein(to groan)〉, 스텐토르, 「일리아드」에 나오는 '목소리 큰' 전령, 〈~ a herald〉, s~; 스텐터, 나팔벌레, 나팔같이 생긴 단세포 동물, 〈~ trumpet animalicule〉 수1 미2

3165 **step** [스텝]: 〈← stephan(strive)〉, 〈'노력하다'란 의미를 내포한 게르만어〉, 발을 내딛다, (짧은 거리를) 걷다, 걸음, 보폭 (약 1야드), 단계, 〈~ stair\stoop²〉, 〈~ pace\tread\walk〉, 〈↔stop\retreat\run\long haul〉 양1

3166 **step~** [스텝~]: 〈← stiof(deprive)〉, 〈'빼앗긴'이란 의미를 내포한 게르만어〉, 〈의붓·배다른·계~〉란 뜻의 결합사, 〈~ steep〉, 〈~ degree〉 양1

3167 **step-down** [스텝 다운]: 단계적으로 줄이는, 감속하는, 물러나는 일, 〈~ reduce\decrement〉, 〈↔step-up\increment〉 양1

3168 **Ste·phen** [스티븐]: 〈← stephanos(crown)〉, 〈그리스어〉, '왕관', 스티븐 ①남자 이름(male name) ②스테파노, 스테파누스, AD 254부터 1058까지 재위했던 9명의 로마 교황(Pope)의 이름 수1

3169 **Ste·phens** [스티븐즈], Al·ex·an·der: 스티븐스, (1812-1883), 민권보다 자신의 고향(조지아주)을 더 사랑했던 미국의 정치가, 〈~ VP of the Confederate States〉 수1

3170 **Ste·phen-son** [스티븐슨], George: 스티븐슨, (1781-1848), 〈철로의 설립자〉, 증기 기관차를 완성한 영국의 발명가·자선 사업가, 〈~ an English civil engineer〉 수1

3171 **step-in** [스텝 인]: ①발을 꿰어 입을 수 있는 것, 〈~ pants〉 ②개입하다, 〈~ chip in〉, 〈~ drop in\intervene〉, 〈↔leave\wash hands〉 미2 양2

3172 **step-off** [스텝 어어후]: 헛디딤, 추락, 〈~ get off\drop〉, 〈↔stay\stand〉 양2

3173 **step-on** [스텝 어언]: 밟으면 열리는, 발로 밟는, 〈~ tread on\over-ride〉, 〈↔remain\loosen〉 미2

3174 **steppe** [스텝]: 〈← stepe〉, 〈어원 불명의 러시아어→프랑스어〉, 〈나무가 없는〉 대초원 (지대), 〈~ savannah\pampas〉, 〈↔rain forest\desert〉 우2

3175 **step·ping-stone** [스테핑 스토운]: 디딤돌, 징검돌, 발판, 〈↔stagnation\blockade〉 양2

3176 **step-up** [스텦 엎]: 단계적으로 증가하는, 증대하는, 올라가는 일, ⟨~ enhance\increment⟩, ⟨↔step-down\decrement⟩ 양1

3177 ***step-up ba·sis** [스텦 엎 베이시스]: (단계적) 증대 기저, (상속 시) 양도 소득세⟨inheritance tax⟩를 계산할 때 구입가가 아니라 사망(owner's death) 당일의 가치로 재산의 비용 기준을 조정하는 제도, ⟨~ cost basis⟩ 미2

3178 **step-way** [스텦 웨이]: 계단, 계단으로 된 통로, ⟨~ stair-way⟩ 양2

3179 **step-wise** [스텦 와이즈]: 계단식으로, 한 걸음씩, 서서히, ⟨~ gradual\bit-by-bit⟩, ⟨↔leap(skip)-wise⟩ 양2

3180 **~ster** [~스터]: ⟨영국어⟩, ⟨~하는 사람(person)⟩이란 뜻의 결합사 양1

3181 **ster·e·o** [스테뤼오우]: ⟨← stereos⟩, 'solid'란 뜻의 그리스어, 입체 (음향·사진), 3차원, 단단한, 연판의, ⟨~ bi-aural⟩, ⟨~(↔)3-dimensional audio⟩, ⟨↔mono-phonic⟩ 미2

3182 **ster·e·o-type** [스테뤼오우 타이프]: 연판 (인쇄), 고정 관념, 상투수단, ⟨~ type-cast\conventional\hackneyed⟩, ⟨↔originality\uniquity⟩ 양2

3183 ***ster·ile** [스테륄 \ 스테롸일]: ⟨← steira(barren)⟩, ⟨'새끼를 못 낳는 암소'란 뜻의 그리스어에서 유래한⟩ 메마른, 불모의, 불임의, 빈약한, 헛된, 무균의, 안전 (기밀) 유지 장치를 취한, ⟨~ eunuch⟩, ⟨~ barren\germ-free⟩, ⟨↔fertile\septic⟩ 양1 우2

3184 **ster-ling** [스터얼링]: ⟨영국어⟩, 순은(으로 만든), ⟨조그만 '별(star)'무늬가 있는⟩ 영국 화폐, 가치 있는, 믿을 만한, ⟨~ excellent\superb⟩, ⟨↔inferior\unworthy⟩ 양1

3185 **stern¹** [스터어언]: ⟨← styrne(severe)⟩, ⟨게르만어⟩, 엄격한, 단호한, 가혹한, 근엄한, 황폐한, ⟨~ stare⟩, ⟨~ stark\rigid\barren⟩, ⟨↔genial\lax⟩ 가1

3186 **stern²** [스터어언]: ⟨← styra(to guide)⟩, ⟨북구어⟩, 고물, 선미, 뒷부분, 꼬리, ⟨~ steer⟩, ⟨~ rear-end\tail⟩, ⟨↔prow¹\beak\bow¹⟩ 양1

3187 **Stern** [스터어언], Is·sac: ⟨유대계 독일어⟩, star, ⟨'별표'를 한 집에 사는 자⟩, 스턴, (1920-2001), 소련에서 나서 1살 때 미국으로 이주하여 정교한 연주로 명성을 떨친 유대계 바이올린 연주자, ⟨~ an American violinist⟩ 수1

3188 **ster·num** [스터어넘]: ⟨← sternon(breast-bone)⟩, ⟨그리스어⟩, 흉골, 가슴판 양2

3189 **ste·roid** [스테뤄이드 \ 스티어뤄이드]: ⟨영국어⟩, (sterol분자 비슷한) 지방 용해성 화합물의 총칭, ⟨~(↔)gluco-corticoids⟩ 우1

3190 **stet** [스텥]: ⟨← stare(to stand)⟩, ⟨라틴어⟩, let it stand, 되살리다, (지운 어구 밑에 점선을 찍어 나타내는) '생(살릴 것)', ⟨~ maintain\over-ride⟩, ⟨↔delete\blip\strike out⟩ 미2

3191 **steth·o-scope** [스테써 스코우프]: ⟨그리스어⟩, sternum+scope, 청진기, '가슴을' 진찰하는 기구, ⟨~ stato-scope⟩, ⟨~ phonendo-scope⟩, ⟨예전에는 hammer가 대조어이었음⟩ 양2

3192 **Stet·son** [스텥슨]: ⟨← stytt(fighter)?⟩, ⟨영국어⟩, '투사?', 1865년 John 스테트슨이 출시한 (챙이 넓고 운두가 높은) 카우보이 모자, ⟨~ cow-boy hat⟩ 수2

3193 **Steu·ben** [스튜우번]: ⟨← stubbe(stump)⟩, ⟨게르만어⟩, '굵은 나무 stub', 1903년 뉴욕주 스튜번군에 설립되어 1918년 코닝 회사가 인수한 미국의 고급 유리 제품 업체, ⟨~ an American art glass co.⟩ 수2

3194 **ste·ve-dore** [스티이붜 도어]: ⟨← stippare(cram)⟩, ⟨라틴어→스페인어⟩, 항만 노동자, 하역 회사, ⟨~ stow⟩, ⟨~ longshore-man\dock-hands⟩ 양2

3195 **Ste·vens** [스티이븐즈], Dur-ham: ⟨← stephanos(crown)⟩, ⟨그리스어→영국어⟩, '왕관', 스티븐스, (1851-1908), 일본의 한국 침략을 옹호했다가 전명운·장인환에게 오클랜드에서 피살된 미국 대한제국 외부 고문관, ⟨~ an American diplomat and a Japanese colonial officer in Korea⟩ 수1

3196 **Ste·ven-son** [스티이븐슨], Rob-ert: 스티븐슨, (1850-1894), 병약한 몸으로 흥미 있는 여행담을 쓰고 만년에 사모아에 정착했던 스코틀랜드 출신 소설가·수필가, ⟨~ a Scottish novelist·essayist⟩ 수1

3197 **ste·vi·a** [스티이뷔어]: ⟨스페인 의사·식물학자의 이름(Esteve; son of Stephen)을 딴⟩ 스티비아, 잎을 짜서 ⟨진한⟩ 감미료로 쓰는 남미 원산 국화과의 초본, ⟨~ candy(sugar)-leaf⟩ 우1

3198 **stew** [스튜우]: ⟨← tuphos(steam)⟩, ⟨그리스어⟩, (은근한 불로) 끓이다, 삶다, 마음 졸이다, 찌개, ⟨~ steam\fuss⟩, ⟨↔cool\relaxed⟩, ⟨~ casserole\jjigae⟩, ⟨~(↔)soup⟩, ⟨↔barbeque⟩ 양1

3199 **stew-ard** [스튜우드]: sty(pig pen)+ward, 〈영국어〉, 외양간지기, house keeper, 집사, 사무장, 조달계, 집대역, 승무원, 남자 사환, 〈어원을 알면 왜 flight attendant라고 부르는지 이해가 됨〉, 〈~ butler\major-domo〉 양1

3200 **Stew-ard** [스튜우드], Jul·ian: 스튜어드, (1902-1972), 문화의 결정 요소로 생태계를 강조한 미국의 인류학자, 〈~ an American anthropologist〉 수1

3201 **stew-ard-ess** [스튜우어디스]: 여 집사, 〈돼지들을 먹이는〉 여 승무원, 여자 사환, ⇒ cabin(flight) attendant 양1

3202 **Stew-art** [스튜우얼트], James: 〈← stiubhart(steward)〉, 〈켈트어〉, '집사', 스튜어트, (1908-1997), 느린 말투를 쓰며 정직하고 용감한 중산층 남자역을 잘해 낸 미국의 배우·공군 준장, 〈~ an American actor〉 수1

3203 **stew-pan** [스튜우 팬]: 2개의 손잡이가 있고 〈얕은〉 찌개 냄비, 〈~(↔)sauce-pan〉 미1

3204 **stew-pot** [스튜우 팥]: 2개의 손잡이가 있고 〈깊은〉 찌개 냄비, 〈~(↔)sauce-pot〉 미1

3205 **St. George** [쎄인트 죠얼쥐]: George of Lydda, geo(earth)+ergon(work), 〈그리스어→영국어〉, 성 조지, (?-303), 4월 23일 날 개종을 거부해서 황제에게 죽임을 당한 그리스 출신 로마 병사, 〈영국하고는 직접 관계가 없는〉 '영국의 수호성인', 〈~ an early Christian martyr〉 수1

3206 **St. Hel·e·na** [쎄인트 헬러너]: 〈← helenos(bright one)〉, 〈← Helen〉, 〈그리스어→라틴어→프랑스어〉 ①성 헬레나, (248?-328?), 〈진짜 십자가를 발견했다는 '썰'이 있는〉 기독교로 개종한 터키 출신 로마 황비, 〈~ mother of Constantine I〉 ②헬레나 섬, 나폴레옹이 유배당해 죽은 아프리카 서해안의 영국령 섬, 〈~ a British territory in the W-coast of Africa〉 수1

3207 **stib·i·um** [스티비엄]: 〈← stm〉, 〈이집트어→그리스어→라틴어〉, 'black antimony', ⇒ antimony 수2

3208 **sti·cho·myth·i·a** [스티커 미씨어]: stichos(line)+mythos(speech), 격행대화, (고대 그리스 극에서 두 명이 한 줄씩 시를 교환·대화하는) '번갈이 대사', 〈~(↔)repartee\back-and-forth〉, 〈↔monologue〉 미2

3209 **stick**¹ [스틱]: 〈← stehho(staff)〉, 〈게르만어〉, 막대기, 지팡이, 방망이, 매질, 순경, 한 자루(개비), 바보, 〈~ small branch\castigation〉, 〈↔trunk\praise\commendation〉 양1

3210 **stick**² [스틱]: 〈← stick¹〉, 〈막대기로〉 찌르다, 꿰다, 꽂다, 디밀다, 붙이다, 강요하다, 견디다, 〈~ thrust\pierce\adhere〉, 〈↔fall\loosen\drop\remove〉 양1

3211 **stick-ball** [스틱 버얼]: (1980년대까지 미 동북부에서 유행했던) 청소년들이 막대기와 고무공으로 하는 노상 〈약식〉 야구, 〈~ a street game similar to baseball〉 우1

3212 **stick-er** [스티커]: 찌르는 막대기, 붙이는 사람, 끈덕진 사람, 접착제, 풀 묻은 쪽지, 〈뾰족한 침을 찔러서 붙이는〉 (위반) 딱지, 가시, 팔다 남은 상품, 〈~ label\tag〉, 〈↔unfold\detach〉 양1

3213 **stick-er price** [스티커 프롸이스]: 표시 가격, 정가, 생산자 희망 소비 가격, 〈~ advertised retail price\list price〉, 〈~(↔)MSRP〉 양1

3214 ***stick-ing place** [스티킹 플레이스]: 발판, 발붙일 곳, 교정시킬 수 있는 곳, 나사가 맞는 곳, (도살할 때 찌르는) 동물 목의 급소, 〈~ foot-hold\vital spot〉, 〈↔no place\belly button\tough-spot〉 양1

3215 **stick-ing plas·ter** [스티킹 플래스터]: 반창고, '끈읽이 띠', 〈~ adhesive tape\Band Aid〉 가1

3216 **stick-ing point** [스티킹 포인트]: 점착점, 발붙일 곳, 걸리는 점, 난제, 〈~ obstacle\dead-lock〉, 〈↔passage\solution〉 양2

3217 **stick in-sect** [스틱 인섹트]: walking stick, 대벌레, (초록색의) 몸과 다리가 가는 〈대〉 나뭇가지 모양으로 생긴 날개 없는 곤충, 〈~ bug-stick〉 미2

3218 **stick·le-back** [스티클 백]: 큰 가시고기, (북반구에 서식하며) 송곳〈spine〉 같은 등지느러미를 가진 실고기와 해마를 닮은 작은 물고기, 〈~ jack-sharp\baggie minnow〉 미2

3219 ***stick one's fin·ger in the dike**: 〈원래는 네덜란드의 한 소년이 제방에 새자 손가락을 넣어 동네 사람들이 오기까지 둑이 무너지는 것을 막았다는 고사에서 따온 '임시변통'이란 뜻이 였으나 현재는 그 반대의 뜻으로〉 patch job(오래 못 가는 땜질)\언 발에 오줌누기\헛수고 등의 뜻이 더 강함, 〈~ delay impending disaster〉 양2

3220 ***stick one's nose in·to oth·er's busi-ness**: 남의 잔치에 감 놓아라 배 놓아라 한다, 〈~ it's none of your business\mind your own business〉 양2

3221 ***stick-out** [스틱 아웉]: 뛰어난 (물건), 걸출한 (인물), 〈~ stand-out〉, 〈↔lowliness\under-dog〉 양2

3222 **stick out** [스틱 아웉]: ~을 내밀다, 튀어나오게 하다, 눈에 띄다, 끈질기게 요구하다, 포기하지 않다, ⟨~ jut out\put up with it⟩ 양1

3223 *****stick out (one's) neck**: (죽음을) 무릅쓰다, 위험을 감내하다, ⟨~ dare\take a risk⟩, ⟨↔careful\discreet⟩ 양2

3224 **stick-seed** [스틱 씨이드]: 들지치, 잎은 피침형이며 씨는 가시가 있어 옷에 달라붙는 ⟨들에 나는⟩ 지치과의 한해살이풀, ⟨~ beggar's lice\stick-tight⟩ 미2

3225 *****stick-shift** [스틱 쉬후트]: 막대 변속기, (자동차의) 수동 변속기, ⟨~ manual shift⟩, ⟨↔antomatic shift⟩ 미1

3226 **stick-tight** [스틱 타잍]: (미) 도깨비바늘, 열매에 바늘 같은 가시털이 있어 옷에 달라붙는 국화과 가막사리속의 잡초, ⟨~ stick-seed\beggar's lice⟩ 미2

3227 *****stick to your guns**: 한 생각에 집착하다, 마음을 바꾸지 않다, 초지일관(하다), ⟨~ hold fast'⟩, ⟨↔change your mind\budge an inch\vacillate⟩ 양2

3228 *****stick-up** [스틱 엎]: (깃이) 서 있는, (불쑥 내미는) 총기 강도, ⟨~ up·hold⟩, ⟨↔surrender\deter\gun-down⟩ 양2

3229 **stick up** [스틱 엎]: 튀어 나오다, 저항하다, 두둔하다, (~의) 편을 들다, ⟨~ abide by\give a boost⟩, ⟨↔take back\withdraw⟩ 양2

3230 **stick-y** [스티키]: ⟨영국어⟩, 끈끈한, 점착성의, 완고한, 귀찮은, 무더운, ⟨~ tacky⟩, ⟨~ gluey\clingy⟩, ⟨↔smooth\easy⟩ 양1

3231 *****stick-y fin·gers** [스티키 휭거즈]: ⟨19세기 중반에 등장한 영국어⟩, '자꾸 돈이 손에 달라붙은 걸 어떻게 합니까?', 나쁜 손 버릇, 도벽, ⟨~ larcenous\klepto-maniacal⟩, ⟨↔honest\trust-worthy⟩ 양2

3232 **stiff** [스티후]: ⟨← sif(firm)⟩, ⟨게르만어⟩, 뻣뻣한, 굳은, 고착된, 완강한, 어려운, 엄청난, ⟨~ rigid\harsh⟩, ⟨↔flexible\lenient⟩ 양1

3233 **sti·fle** [스타이훌]: ⟨← estouffer(supress)⟩, ⟨어원 불명의 프랑스어⟩, 숨막히게 하다, 억누르다, 방해하다, ⟨~ smother\suffocate⟩, ⟨↔indulge\fuel\jack off⟩ 양1

3234 **stig·ma** [스티그마]: ⟨← stizein(prick)⟩, ⟨그리스어⟩, ⟨'뾰족한' 막대로 점찍은⟩ 스티그마, '낙인', 오점, 흠, 반점, 불명예, 상흔, '약점', ⟨→ astigmatism⟩, ⟨→ shame\blot⟩, ⟨↔honor\credit⟩ 양2

3235 **stile** [스타일]: ⟨← stigan(to mount)⟩, ⟨게르만어⟩, ⟨사람만⟩ 밟고 넘는 계단, 회전문, 장벽, ⟨~ step\rung'⟩, ⟨↔horizontal\inclined⟩ 우2

3236 **sti·let·to** [스틸레토우]: ⟨← stilo(daggar)⟩, ⟨이탈리아어⟩, 송곳칼(awl knife), 구멍 내는 바늘, 뾰족구두(spiked heel) 양1

3237 **still** [스틸]: ①⟨← stilli(quiet)⟩, ⟨게르만어⟩, 움직이지 않는, 소리가 없는, 평온한, 아직(도), 여전히, 그럼에도, ~하지만, ⟨~ motionless\nevertheless⟩, ⟨↔moving\no longer⟩ ②⟨← distill⟩, 증류하다, 밀조하다, 열교환기, ⟨~ (illicit) brew\die down\heat exchanger⟩, ⟨↔infuse\pollute⟩ 양2

3238 **still-birth** [스틸 버어쓰]: 사산(아), ⟨~ dead-born⟩, ⟨↔live-birth⟩ 가1

3239 **Still-son wrench** [스틸슨 뤤취]: '스틸슨⟨침착한(placid) 자의 아들⟩ 비틀개', pipe wrench, 1869년 미국의 Daniel S~이 고안한 배관의 턱을 조이는 L자형의 커다란 렌치, ⟨~ plumber wrench⟩ 수2

3240 **still wa·ter**[스틸 워어터]: 잔잔한 물(stream without current), (탄산화하지 않은) 맹물, ⟨그냥⟩ 물, tap-water, ⟨↔tonic water\sparkling water⟩ 양2

3241 *****still wa·ters run deep**: ⟨로마 때도 있었으나 셰익스피어가 [헨리 6세]에서 재등장시킨 말⟩, 깊은 물은 고요히 흐른다, 잔잔한 물은 깊다, 외유내강, 은인자중, 벼는 익을수록 고개를 숙인다, 조용한 사람이 감정이 풍부하다, ⟨~ low profile\the nobler the humbler⟩, ⟨↔shallow brook babbles the loudest⟩ 양2

3242 **stilt** [스틸트]: ⟨← stelza(crutch)⟩, ⟨게르만어⟩ ①대말, 죽마, ⟨~ pogo⟩, (건물의) 지주, ⟨↔graceful\composed⟩ ②장다리물떼새, (해안이나 강어귀에서) 아주 가늘고 긴 다리를 가지고 곤충이나 작은 물고기를 잡아 먹고 사는 새, ⟨~ a shore-bird⟩ 미2

3243 **stilt-ed** [스틸티드]: 경직된, 형식적인, 과장된, 죽마를 탄, 내림다리의, ⟨~ forced\strained⟩, ⟨↔natural\effortless⟩ 양1

3244 **Stil-ton** [스틸튼]: steep+town, ⟨영국 캠브리지 근처 스틸톤⟨비탈진⟩ 마을 원산의⟩ 푸른 줄이 나있고 향이 강한 단단한 고급 치즈, ⟨~ a semi-soft, creamy English cheese⟩ 수2

3245 **stim·u·late** [스티뮬레이트]: ⟨← stimulus(goad)⟩, ⟨라틴어⟩, ⟨찔러서⟩ 자극하다, 활발하게 하다, 흥분시키다, ⟨~ energize\arouse⟩, ⟨↔sedative\dampen⟩ 가1

3246 **Sting** [스팅]: (본명 Gordon Sumner), (1951-), ⟨성교 시 '오래 찌르기' 위해 열심히 요가를 하는⟩ 영국의 록 가수 출신 작곡가·배우·17개의 그래미상 수상자, ⟨~ an English musician and activist⟩ 수1

3247 **sting** [스팅]: ⟨← stingan(thrust)⟩, ⟨게르만어⟩, 찌르다, 쏘다, 괴롭히다, 자극하다, (독)침, 가시, 함정수사(sting operation), ⟨~ prick\swindle⟩, ⟨↔aid\protect\relief⟩ 양1

3248 **Sting-er** [스팅거]: 2017년부터 한국의 Kia에서 출시하기 시작해서 2023년 판매 부진으로 중단된 뒷부분이 유선형으로 된 중형 승용차, ⟨~ a mid-sized car⟩ 수2

3249 **sting-er** [스팅거]: 쏘는 동물(사람), 침, 가시 (돋친 말), 휴대용 미사일, 코냑에다 박하술을 섞어 톡 쏘는 맛이 나는 혼합주, '독침'(본 영화가 끝난 후 미끼용으로 자막에 나타나는 짧은 영상, cookie scene, post credits scene), ⟨~ a sharp blow(organ·remark·cocktail)⟩ 양1 우1

3250 **sting-ing net·tle** [스팅잉 네틀]: 쐐기풀, 달걀꼴의 잎에 히스타민을 함유한 가시털이 있어 ⟨쏘이면⟩ 몹시 가려운 여러해살이풀, ⟨~ common (or burn) nettle⟩ 미2

3251 **sting-ray** [스팅 뤠이]: 노랑(가시)가오리, 꼬리의 중간부에 독이 있는 침을 가지고 있는 약 220종의 가오리, ⟨~ stingaree\whip-tailed ray⟩ 미2

3252 **sting-y** [스팅기]: 쏘는, 날카로운, ⟨~ biting\sharp⟩, ⟨↔drag\dull⟩ [스틴쥐]; ⟨어원 불명의 영국어⟩, 인색한, 근소한, 노랭이의, ⟨~ miserly\parsimonious⟩, ⟨↔generous\magnanimous\charitable⟩ 가1

3253 **stink** [스팅크]: ⟨← stincan(to smell)⟨게르만어⟩, 고약한 냄새(악취)가 나다, 불쾌하다, 서두르다, ⟨아주 많은 돈을 가지고 있어서⟩ 동취가 나다, 소동을 일으키다, ⟨~ stench\reek⟩, ⟨↔savory¹\aroma\fragrant\scent⟩ 양2

3254 **stink badg-er** [스팅크 뺃줘]: teledu, Malay badger, Sunda skunk, 악취 오소리, (말레이·자바 등지에 서식하며) 공격당하면 항문 근처에서 악취를 뿜어내는 조그만 오소리류 우2

3255 **stink bug** [스팅크 버그]: shield bug, 악취벌레, 방귀벌레, 노린재, 납작한 '방패' 모양의 등을 가지고 공격당하면 '노린내'가 나는 방귀를 뀌는 농작물의 해충 미2

3256 ***stink eye** [스팅크 아이]: 고약한 ⟨냄새가 나는⟩ 눈초리, 고약한 ⟨냄새가 나는⟩ 째려보는 눈매, ⟨~ evil(shit) eye\razor eye⟩, ⟨↔grin\smile\wink⟩ 미2

3257 **stint¹** [스틴트]: ⟨영국어⟩, ⟨의성어⟩, '꼬마도요', 민물도요, 갈색 등에 검은 점들이 있고 'stit-stit' 하는 소리를 내며 장거리 여행을 하는 작은 철새 미2

3258 **stint²** [스틴트]: ⟨← styntan(to blunt)⟩, ⟨영국어⟩, 바싹 줄이다, 아끼다, 제한하다, 할당, 정량, 일정 기간의 노동, ⟨~ scrimp⟩, ⟨~ confine\limit\assignment⟩, ⟨↔allow\provide\whole\pastime⟩, ⇒ skimp 양1

3259 **sti-pend** [스타이펜드]: stips(small coin)+pendere(weigh out), ⟨라틴어⟩, 수당, 급료, 봉급, ⟨→ tip⟩, ⟨~ allotment\remittance⟩, ⟨↔expense\debt⟩ 가1

3260 **stip·ple** [스티플]: ⟨← stippel(speckle)⟩, ⟨네덜란드어⟩, 점화, 점묘, 점채, 점각(법), 수많은 점으로 그린 그림, ⟨~ dot\stain⟩, ⟨↔solid\un-spotted⟩ 양1

3261 **stip·u·late** [스티퓰레이트]: ⟨← stipulus(firm)⟩, ⟨라틴어⟩, ⟨확고하게⟩ 규정하다, 약정하다, 명기하다, 흥정하다, ⟨~ define\affirm\bargain⟩, ⟨↔break off\discourage\mix up⟩ 양2

3262 **stir** [스터얼]: ⟨← styrian(agitate)⟩, ⟨게르만어⟩, 움직이다, 휘젓다, 분발시키다, 자극하다, ⟨~ storm\disturb⟩, ⟨↔separate\un-mix\compose⟩ 양1

3263 ***stir-cra·zy** [스터얼크뤠이쥐]: ⟨← stariben(prison)?⟩, ⟨라틴어?→영국어⟩, ⟨← stir(prison이란 뜻의 19세기 영국 속어)⟩, ⟨감옥살이로⟩ 돌아버린, ⟨오래 갇혀서⟩ 미쳐버린, 좀이 쑤셔 못견디다, ⟨~ cabin fever⟩, ⟨↔calm\serene⟩ 양1

3264 **stir-fry¹** [스터얼 후롸이]: '냄비를 흔들면서 튀기다', (채소·고기 다진것 등을) ⟨기름을 조금 넣고⟩ 센 불에 재빨리 튀기다, 볶음(요리), ⟨~ frizz\griddle⟩, ⟨~ blitz-cooking⟩ 양1

3265 **stirps** [스터얼프스]: ⟨라틴어⟩, stock, 혈통, 품종, 가계, 뿌리, ⟨~ lineage\breed\folk⟩, ⟨↔parent\out-growth⟩ 양1

3266 **stir-rup** [스터어뤕]: ⟨게르만어→영국어⟩, 'climbing⟨stair⟩ rope', (말) 등자, 승마 시 양쪽 발을 올려놓는 u자형 쇠붙이, ⟨~ brace\clamp⟩ 미2

3267 **stitch** [스티취]: 〈게르만어〉, 〈← stick²〉, 한 바늘(땀), 한 코(뜸), 솔기, '한번 찌르기', 꿰매다, 쑤시는 통증, 〈~ sew\seam\sting\bang〉, 〈↔saw¹\tear\comfort〉 양1

3268 **stitch-wort** [스티취 워얼트]: 별꽃, 〈바늘에 찔린 상처를 치료했던〉 가느다란 줄기에 별 모양의 흰 꽃이 피는 석죽과의 초본, 〈~ greater star-wort\adders-meat〉 미2

3269 **St. James** [쎄인트 줴임즈]: ①성 제임스〈The Greater〉, (5 BC-44 AD), (스페인에서 포교하다 예루살렘에서 잡혀 참수당한 후 스페인으로 옮겨 안장된) 예수의 12제자 중 하나, 〈~ patron saint of Spain〉 ②성 제임스〈The Lesser〉, (예수의 동생·또는 Alphaeus의 아들이라는) 예수의 열두 제자 중 하나, 〈~ James the Just〉 수1

3270 **St. John** [쎄인트 촨]: 성 요한, (AD 30경에 헤롯왕에게 참수당한) 예수의 출현을 예언하고 예수를 요단강에서 세례 시켰다는 〈선각자〉 세례요한, 〈~ John the Baptist\Yohanan〉, ⇒ John, St 수1

3271 **St. John's wort** [쎄인트 촨스 워얼트]: 〈6월 말 요한 축제일 경에 꽃이 피는〉성 요한초, 〈아마도 그 액즙을 짜서 십자군 전쟁 때 St. John 부대원들의 상처 치료제로 사용한 데서 유래한〉 (여러 질병에 효험이 있다는) 물푸레나물과의 여러해살이 잡초, 〈잎에 까끄라기가 있는〉 망끄화(경미한 우울증·불면증 등에 효과가 있다는 일종의 고추나물〉, 〈~ Aaron's beard〉, 〈~ goat (or tipton) weed〉 수2

3272 **St. Jo·seph's wort** [쎄인트 죠우세후스 워얼트]: 나륵풀, ⇒ basil 우2

3273 **St. Kitts-Nevis** [쎄인트 키츠 니이뷔스]: 〈콜럼버스가 가기의 수호신 St. Christopher와 Nevis(peak covered with cloud)라는 스페인어를 합성한〉 세인트 키츠 네비스, 1983년 영국으로부터 독립한 〈풍요한 땅과 아름다운 바다가 있는〉 서인도제도 동쪽의 두 화산섬으로 구성된 영연방의 일원, {Kittian·Nevisian-Eng-(XC) Dollar-Basseterre}, 〈~ a country in Caribbean〉 수1

3274 **St. Law·rence** [쎄인트 러어뤈스]: 세인트 로렌스, 〈laurel 숲 속에 사는 자〉 ①〈성 로렌스 축제일에 개명된〉 오대호와 대서양을 연결해주는 1,287km짜리 강(수로), 〈~ a river in N. America〉 ②〈성 로렌스 축제일에 탐험대가 도착한〉 베링해 북쪽의 섬, 〈~ an island th the Bering Sea〉 ③서기 258년 로마 교황에 의해 학살된 7부제 중의 하나, 〈~ a Roman martyr〉 수1

3275 **St. Lou·is** [쎄인트 루이스]: 세인트 루이스, 1764년 프랑스의 모피상이 국왕 루이 9세의 이름을 따서 미주리강과 미시시피강이 만나는 곳에 설립한 산업·교통도시, 〈~ a city in Missouri, USA〉 수1

3276 **St. Lu·cia** [쎄인트 루우셔]: 세인트 루시아, 〈St. Lucy 축제일에 프랑스 선박이 좌초된 적이 있는〉 1979년 영국으로부터 독립한 서인도제도 동남쪽에 있는 섬으로 된 영연방의 일원, {Saint Lucian-Eng-(XC) Dollar-Castries}, 〈~ a country in Caribbean〉 수1

3277 **St. Luke** [쎄인트 루우크]: 성 누가, (1?-84), 그리스에 살았던 예수와 동년배의 4대 복음사의 하나, 의사·화가·총각·농부 등의 수호성인, 〈~ Luke the Evangelist〉, ⇒ Luke 수1

3278 **St. Mar·tin¹** [쎄인트 마알튼]: 성 마르티노, (316?-397), 〈11월 11일 세례를 받은〉 로마에서 성장한 헝가리 출신 프랑스의 〈서민들의〉 수호신(성자), 〈~ Martin of Tours\Martin the Merciful〉 수1

3279 **St. Mar·tin²** [쎄인트 마알튼]: 세인트 마틴, 상 마르탱, 〈콜럼버스가 성 마틴 축제날 발견했다는〉 서인도제도에 있는 북쪽은 프랑스령·남쪽은 네덜란드령으로 나눠진 섬·관광·유흥지, 〈~ an island in the Caribbean Sea〉 수1

3280 **St. Mar·tin's sum·mer**: 영국에서 (미국의 Indian Summer같이) 11월 11일 전후로 나타나는 화창한 날씨, 〈↔last cold snap〉 수2

3281 **sto·a** [스토우어]: 〈그리스어〉, porch, 스토아, 주랑, 보랑, S~; 금욕주의 철학자 제논이 소요하며 인생을 논했던 아테네의 '유개 보행로', 〈→ stoic〉, 〈~ arcade\patio〉, 〈↔exit\egress〉 양2 수2

3282 **stoat** [스토웉]: 〈← sote(an ermine)〉, 〈어원 불명의 영국어〉, 담비, (꼬리가 짧고 여름에 갈색인 털이 겨울에 흰색으로 변하는) 족제비과의 조그만 육식 동물, 〈~ ermine\kolinsky〉 미2

3283 **sto bene** [또 베네]: 〈이탈리아어〉, I'm fine(well), 나는 괜찮아, 좋아요, 〈↔non sto bene〉 양2

3284 **sto·chas·tic** [스터캐스틱]: 〈← stokhos(aim)〉, 〈그리스어〉, 추측 통계학의, 확률론적인, 예측 불가능한, 〈~ speculative\debatable〉, 〈↔actual\predictable〉 양2

3285 **stock¹** [스탁]: 〈← stocc(stem)〉, 〈게르만어〉, 줄기, 밑동, 그루터기, 종족, 받침, 주식, 가축, 저장, 재고품, 흔한, 상투적인, 〈~ trunk\capital goods\farm animals\trite〉, 〈↔progeny\debt\lack\fresh\cash\original〉 양1

3286 **stock²** [스탁]: 〈← stock¹〉, 비단향 화초, 〈'stocky'(땅딸막한) 줄기를 가지고〉 진한 향내를 내며 밤에 개화하는 남유럽 원산의 회백색 화초, 〈~ gilly-flower\wall-flower¹〉 미2

3287 **stock-ade** [스타케이드]: 〈게르만어〉, 〈← stake¹〉, 방책, 목책 (우리), 울짱, 영창, 〈~ bulwark\fort〉, 〈↔outside〉 양2

3288 **stock-bro·ker** [스탁 브로우커]: 증권 (주식) 중개인, 〈~ investment advisor〉 양2

3289 **Stock-dale Par·a·dox** [스탁 데일 패뤄닥스]: stocc(stem)+dael(valley), 〈큰 나무 그루터기가 있는 계곡에 사는 자〉, 〈영국계 이름〉, 스톡데일 역설, (베트남전 때 동명의 미 해군 중령이 포로가 되어 7년 반간 수용소 생활을 하면서 다른 이들은 포로 협상 때마다 기대와 절망으로 빨리 쇠약해졌으나 그는 근거 없는 희망에 의지하지 않고 현실에 냉철하게 대처한 결과 건강하게 살아남았다는) 막연한 낙관론이 비관적 상황을 극복하는 데 오히려 장애가 된다는 역설, 〈~ tragic optimism〉, 〈~ maintain faith while confronting reality〉 수2

3290 **stock dove** [스탁 도우브]: 분홍 가슴 비둘기, 〈유럽·서아시아에서 '나무의 구멍(hollow tree)'에 집을 짓고 사는〉 숲 비둘기, 〈~ a wild pigeon〉 미2

3291 **stock ex-change** [스탁 익쓰췌인쥐]: 증권 거래소, 주식 중개소, 〈~ securities exchange〉 양2

3292 **stock-fish** [스탁 휘쉬]: 건어물, (특히 대구를) 말린 물고기, 〈~ salted cod〉 양2

3293 **stock-hold-er** [스탁 호울더]: 주주, share·holder, 〈↔stake-holder는 소유권이 없을 수도 있음〉 양2

3294 **Stock-holm** [스탁호울름]: stock(log)+holme(islet), 〈스웨덴어〉, 〈stake를 박아 구획 정리를 했다는〉 스톡홀름, 1250년대부터 스웨덴 동해안 14개의 섬에 세워진 상업·통신·문화·항구도시, 〈~ Capital of Sweden〉 수1

3295 ***Stock-holm syn-drome** [스탁호울름 씬드로움]: 스톡홀름 증후군, 1973년 Stockholm의 한 은행에서 5일간 억류되었던 인질들이 강도들에게 동화되어 호감과 지지를 나타내게 되는 정신 현상〈일종의 desensitization(감각) 효과〉 수2

3296 **stock-ing** [스타킹]: 〈영국어〉, 〈'stock'(밑둥)을 감싸는〉 긴 양말, (여성용) '다리 가리개', '살 양말', 상품 비축, 〈~ tights\hose\store up〉, 〈↔arm warmer\stripping〉 미1

3297 **stock-ing cap** [스타킹 캡]: (겨울에 운동용으로 쓰이는) 술이 달린 원뿔꼴 털모자, 털 벙거지, 〈영국에서는 bobble hat라고 함〉, 〈~ wool (or knit) hat〉 미2

3298 **stock–keep-er** [스탁 키이퍼]: 가축 사육자, 재고품 관리자, 〈~ cattle breeder\inventory manager〉 양2

3299 **stock mar·ket** [스탁 마아킽]: 증권 시장, 증권 매매, 주식 시세, 가축 시장, 〈~ stock exchange\cattle market〉 양2

3300 **stock op·tion** [스탁 앞션]: (주로 임원들에 대한) 주식 매입 선택권, 〈~ share (or equity) option〉, 〈↔cash option〉 미2

3301 **stock-pot** [스탁 팥]: 국 냄비, 큰 솥, 〈~(↔)casserole\Dutch oven〉 양2

3302 **Stock-ton** [스탁턴]: 〈영국어〉, 〈'stock'(말뚝)으로 두른 농장에 사는 자〉, 스톡톤, 금광열풍을 타고 1850년에 세워진 〈캘리포니아 정복에 공을 세운 Robert S~ 제독의 이름을 딴〉 미국 캘리포니아 중부에 있는 〈국수적〉 산업도시, 〈~ a city in California's Central Valley〉 수1

3303 **stock-y** [스타키]: 튼튼한 줄기의, 땅딸막한, 단단한, 〈~ stout\sturdy〉, 〈↔slender\skinny〉 양2

3304 **stodg·y** [스타아쥐]: 〈← stuffy〉, 〈어원 불명의 영국어〉, 기름진, 소화가 잘 안되는, 답답한, 지겨운, 〈~ indigestible\dull\boring〉, 〈↔light\fluffy\intriguing〉 양1

3305 **sto·ic** [스토우잌]: 〈← stoa(porch)〉, 〈Zeno가 채색 현관에서 가르쳤듯〉 금욕주의적인, 극기주의적인, 냉정한, 〈~ resigned\long-suffering〉, 〈↔impatient\emotional〉 양2

3306 **Sto·i·cism** [스토우이씨즘]: 스토아 철학, BC300~AD300년간 그리스와 로마에서 성행했고 물질보다 이성을 존중했던 〈냉철한 극기의〉 '금욕주의' 사상, 〈~ endurance\forbearance〉, 〈~ Buddhism〉, 〈↔Libertinism\hedonism〉 수2

3307 **stoke** [스토우크]: 〈← stoken(stir up)〉, 〈'부추기다'란 뜻의 네덜란드어에서 연유한〉 불을 때다, 연료를 지피다, 배터지게 먹다, 〈~ incite\boost〉, 〈↔extinguish\reduce〉 양2

3308 **sto·ke·si·a** [스토우키쥐어]: 스토케시아, (영국의 의사 식물학자 Jonathan Stokes의 이름을 딴) 미국 남동부 원산의 백·청·자색의 성상꽃을 피우는 국화과〈daisy family〉의 관상초, 〈~ cornflower aster〉 수2

3309 **stole** [스토울]: ①steal의 과거 ②〈그리스어〉, long robe, 길고 헐거운 '여성용' 겉옷 (목도리), 〈~ shawl〉 가1 우1

3310 **sto·len** [스토울런]: steal의 과거분사, 훔친, 은밀한 양2

3311 **stol·id** [스탈리드]: ⟨← stolidus(dull)⟩, ⟨라틴어⟩, 둔감한, 멍청한, ⟨~ impassive\phlegmatic⟩, ⟨↔lively\imaginative⟩ 양2

3312 **stol·len** [스토울런]: (X-mas 때 즐겨 먹는) 견과·건과가 들은 ⟨독일 원산의⟩ '단단하고⟨stud⟩' 달콤한 빵, ⟨~ a German fruit bread⟩ 우1

3313 **sto·ma** [스토우머]: ⟨그리스어⟩, '입⟨mouth⟩', 작은 구멍, 숨구멍, ⟨→ stomach⟩, ⟨~ foramen\opening⟩, ⟨↔closure⟩ 양2

3314 **stom·ach** [스터먹]: ⟨← stoma(an opening)⟩, ⟨그리스어⟩, ⟨아무거나 잘 삭이는⟩ 위, 배, 복부, 식욕, 삼키다, 소화하다, ⟨~ tummy\digest⟩, ⟨↔limb\vagina?⟩ 가1

3315 **stom·ach worm** [스터먹 워엄]: 위충, (꼬임 털) 모양선충, 염전 위충, 위·소장에 기생하는 선충류의 총칭, ⟨~ helminth⟩ 미2

3316 **stomp** [스탐프 \스텀프]: ⟨미국어⟩, ⟨← stamp⟩, 스톰프 춤, 발을 세게 구르는 짓, 육중하게 걷다, ⟨~ pound\thump⟩ 미1 양1

3317 **stone** [스토운]: ⟨← stan(small rock)⟩, ⟨게르만어⟩, 돌, 돌멩이, 알맹이, 석재, 보석, 비석, 우박, 결석, 완전한, 무감각한, ⟨~ gravel\gem\calculus\hard⟩ 양2

3318 **stone-cat** [스토운 캩]: ⟨돌 밑에 숨어 사는⟩ 미국 5대호 연안의 메기(catfish) 우1

3319 **stone-chat** [스토운 챁]: 검은 딱새, ⟨마치 돌 두 개가 부딪치는 소리를 내며⟩ 검은 등을 가지고 구대륙에 서식하는 참새류, ⟨~ an Old World oscine song-bird⟩ 미2

3320 **stone coal** [스토운 코울]: hard coal, 무연탄, ⇒ anthracite 양2

3321 **stone-crop** [스토운 크뢉]: 돌나물, 꿩의비름, 바위채송화, 물기를 품은 통통한 잎을 가지고 돌이 많은 땅에서도 잘 자라는 약 470여 종의 초본, sedum, ⟨~ a succulent plant⟩ 미2

3322 **stoned** [스토운드]: ①⟨돌로 쳐서⟩ 씨(알맹이)를 뺀, ⟨~ removal of seeds⟩ ②⟨완전히⟩ 술(마약)에 취한, ⟨~ doped⟩, ⟨↔sober⟩ 양2

3323 **stone-fly** [스토운 훌라이]: 돌 '파리', 날도래, 강도래, ⟨낚시 미끼용으로도 쓰이는 애벌레가 바위 밑에 서식하며⟩ 오랜 역사를 가진 3,500여 종의 작은 메뚜기나 매미 비슷한 곤충, ⟨~ a primitive winged insect⟩ 미2

3324 **Stone-henge** [스토운 헨쥐]: 스톤 헨지, '돌 교수대', 약 4000년 전에 천체를 관측하기 위해 세워진 것으로 사료되는 잉글랜드 남쪽(S. England)에 있는 원형의 거대한 석주군, ⟨~ prehistoric megalithic structures⟩ 수2

3325 **stone mar·ten** [스토운 마알튼]: ⟨왜 stone이 붙었는지 잘 모르는 영국어⟩, house marten, beech marten, 흰(가슴)담비, 모피를 제공하며 헤엄을 잘 치고 나무를 잘 오르는 유라시아산 야행성 육식 포유동물 미2

3326 **Stone Moun·tain** [스토운 마운튼]: 스톤 마운틴, 미국 애틀랜타(Atlanta)시의 동쪽에 있는 높이 514m·길이 3.2km·폭 1.6km짜리 ⟨남부 연맹의 유적이 담긴⟩ 화강암 산·주립 공원, ⟨~ a quartz monzonite dome⟩ 수2

3327 **stone pine** [스토운 파인]: ⟨왜 stone이 붙었는지 잘 모르는 영국어⟩, parasol pine, ⟨우산 모양으로 자라나는⟩ 지중해 원산 소나무의 일종 우1

3328 **stone's throw** [스토운즈 쓰로우]: 아주 가까운 거리, 엎어지면 코 닿을 곳, ⟨~ a short distance⟩, ⟨↔far away⟩ 양2

3329 **stone-wall** [스토운 워얼]: 돌담, (넘을 수 없는) 장벽, 방해 행위, 완고한 생각, 방해하다, (인간관계에서) 담을 쌓다, ⟨~ stone barrier\obstruction⟩, ⟨↔un-clog\accept\entice⟩ 양2

3330 **stone-wort** [스토운 워어트]: 굴대 말, 차축조, ⟨오래되면 석회암 비슷하게 변하는⟩ 긴 마디줄기를 가진 민물 녹조, ⟨~ a fresh-water green algae⟩ 미2

3331 ***stonk** [스탕크]: ①⟨영국어⟩, ⟨의성어⟩, ⟨군사 용어⟩, 맹폭격, ⟨~ bombardment⟩ ②stock의 고의적 오타 ③⟨신조어⟩, ⟨때로는 막강한 권리를 행사할 수 있는⟩ 파산 후 잔여지분(stock), ⟨~ residual equity⟩ 양2 우2

3332 ***stooge** [스투우쥐]: ⟨어원 불명의 영국어⟩, 연습생('student'), 조연역, 들러리, 앞잡이, 꼭두각시, 끄나풀, ⟨~ lackey\puppet\fall guy⟩, ⟨↔leader\assailer\traitor⟩ 양2

3333 **stool** [스투울]: ⟨← stuol(high seat)⟩, ⟨게르만어⟩, (등 없는) 걸상, 발판, 변기, 대변, 문턱, 그루터기, 권좌 ⟨'높은 의자'⟩, ⟨~ stand⟩, ⟨~ bar chair\feces⟩, ⟨↔sofa bed⟩ 양1

3334 **stool pi·geon** [스투울 피쥔]: 후림비둘기, ⟨다른 비둘기들을 유인하기 위해⟩ 걸상에 올려 놓은 가짜 비둘기, 끄나풀, 밀고자, ⟨~ a decoy\an imformer⟩ 양2

3335 **stoop¹** [스투우프]: ⟨← stupian(to bow)⟩, ⟨영국어⟩, 굽히다, 꾸부리다, 낮추다, 덮치다, ⟨~ steep⟩, ⟨~ hunch\slouch⟩, ⟨↔straighten\ascend⟩ 양1

3336 **stoop²** [스투우프]: ⟨← stoep(door-step)⟩, ⟨네덜란드어⟩, 현관·입구의 계단, 작은 현관, 입구 계단, ⟨~ small porch⟩, ⟨↔exit⟩ 미2

3337 **stop** [스탚]: ⟨← styppe(tow)⟩, ⟨그리스어→라틴어→게르만어⟩, 멈추다, 막다, 그치다, 정거장, 방해물, 제어장치, 멈춰(!), ⟨~ stop!⟩, ⟨~ cease\end\finish⟩, ⟨↔start\begin\continue⟩ 가1

3338 *__stop a flood with a sponge__: 손바닥으로 하늘 가리기, 중과부적, ⟨~ bailing out a sinking ship with a spoon⟩ 양2

3339 **stop-and-go** [스탚 언 고우]: 쉬다가 가곤 하는, 교통정체의, 신호 규제의, 중지 및 이동 정책, ⟨통화 팽창을 막기 위한⟩ 긴축과 완화를 인위적으로 조작하는 경제 정책, ⟨~ intermittent\many stops⟩ 미2

3340 **stop-by** [스탚 바이]: (지나가는 길에) 잠시 들름, '경유 방문', ⟨~ drop-by\come-around⟩, ⟨↔reside\dwell⟩ 미1

3341 **stop-cock** [스탚 칵]: (수도)꼭지, 마개, 고동, 조절판, ⟨~ valve\regulator⟩, ⟨↔pipe\release⟩ 가1

3342 **stop-drill** [스탚 드릴]: '멈춤 송곳', (일정한도 이상 들어가지 않게 된) 정지 천공기, ⟨~ depth limit⟩ 미1

3343 **stop el·e·ment** [스탚 엘리먼트]: 정지 요소, 비동시성 직렬 전송에 있어서 ⟨종료를 알리기 위해⟩ 문구의 끝에 놓이는 요소(신호), ⟨~ stop signal⟩ 미2

3344 **stop-gap** [스탚 갭]: 구멍 메우기, 임시방편, 미봉책, 대리, ⟨~ temporary solution\impromptu⟩, ⟨↔permanent\long term⟩ 양2

3345 **stop or·der** [스탚 오어더]: 정지 명령, (주식의) 정가 매매 주문, 일정 가격에서 매매를 자동적으로 시작·종료하라는 명령, ⟨~ stop-entry (or loss) order⟩ 미2

3346 **stop-o·ver** [스탚 오우붜]: 단기 체재, 잠깐 들르는 곳, ⟨~ stop-by⟩, ⟨↔go\leave⟩ 미2

3347 **stop-per** [스타퍼]: 멈추게 하는 것(사람), 주의를 끄는 것(사람), (병·통·욕조 등의) 마개, ⟨~ blocker\plug\cork⟩, ⟨↔opener⟩ 양2

3348 **stop up** [스탚 엎]: ⟨영국어⟩ ①(구멍을) 막다, ⟨~ block out⟩ ②stay up, 자지 않고 깨어 있다 양2

3349 **stop-watch** [스탚 워치]: '멈춤시계', '기록 초시계', ⟨~(↔)timer는 count down하고 이것은 count up함⟩ 미1

3350 **stor-age** [스토어뤼쥐]: ⟨라틴어⟩, 저장(소), 창고, 보관료, 기억된 정보량, ⟨~ pool\reservoir⟩, ⟨↔abolition\dump⟩ 양2

3351 **store** [스토어]: ⟨← staurare ← stare(to stand)⟩, ⟨라틴어⟩, 저축, 저장, 다량, 가게, 상점, (기억력) 저장, ⟨~ story²⟩, ⟨~ keep\hoard\cache\shop⟩, ⟨↔use\discard\absence\factory⟩ 가1

3352 **store brand** [스토어 브랜드]: 매장 상표, 판매점의 명표를 붙여 파는 상품, ⟨~ house brand\private label⟩, ⟨↔factory brand⟩ 미2

3353 *__stored pro·gram__ [스토어드 프로우그램]: 내장 차림표, 전산기에 시키고 싶은 일을 미리 주기억장치에 입력시켜 놓은 연성기기, ⟨~ taped (or recorded) program\program in memory⟩ 미2

3354 **stork** [스토어크]: ⟨게르만어⟩, ⟨'stark'(굳건한) 자세를 가진?⟩ 황새, 긴 다리·긴목·크고 튼튼한 날개·길고 억센 부리를 가지고 ⟨금실이 좋고 새끼를 잘 보호해서⟩ (아기를 물어다 준다는 전설이 있는) 섭금류, 'ibis', ⟨~ argala⟩ 미2

3355 **stork's-bill** [스토어크스 빌]: herons·bill, 양아욱, 국화쥐손이, ⟨열매가 황새의 부리를 닮은⟩ 제라늄(geranium) 비슷한 초본 미2

3356 **storm** [스토어엄]: ⟨← sturm(to turn)⟩, ⟨게르만어⟩, 폭풍(우), 세찬 비(눈), 소동, 습격(하다), 외치다, ⟨~ stir⟩, ⟨~ gale¹\gust⟩, ⟨↔calm\tranquility⟩ 양1

3357 **storm-cock** [스토어엄 칵]: mistle thrush, 들 지빠귀, 하루살이 지빠귀, (유럽·서아시아에 서식하며) 겨우살이 열매를 좋아하고 폭풍우 때 괴성을 지르는 개똥 색깔을 한 큰 딱새, ⟨~(↔)robin\red-breast⟩ 미2

3358 *__storm is brew·ing__ [스토어엄 이즈 브루잉]: ⟨셰익스피어가 주조한 말⟩, 폭풍우가 올 듯하다, 한바탕 소동이 일어날 것 같다, ⟨~ danger is coming⟩, ⟨↔all is well⟩ 양2

3359 **storm pet·rel** [스토어엄 페트뤨]: 쇠바다제비, 아기 바다제비, (박쥐같이 날아다니며 ⟨폭풍우가 오기 전 배의 측판 옆으로 숨는⟩) 아주 작은 제비, 액운을 몰고 오는 사람, ⟨~ Mother Carey's chicken\harbinger\omen⟩ 미2

3360 **sto·ry**[1] [스토어뤼]: ⟨← historia⟩, ⟨라틴어⟩, ⟨← history⟩, (옛날) 이야기, (단편) 소설, 내력, 줄거리, 기사, 꾸며낸 이야기, ⟨~ fable\tale⟩, ⟨~ lie\fiction⟩, ⟨↔actuality\truth⟩ 가1

3361 **sto·ry**[2] [스토어뤼]: ⟨라틴어⟩, ⟨예전에 비상시를 대처해서 계단이나 지붕 밑의 공간에 각종 필수품을 'store'한 데서 연유한?⟩ 층, 계층, ⟨~ level\floor⟩ 가1

3362 **stout** [스타웉]: ⟨← stolt(bold)⟩, ⟨게르만어⟩, 단단한, 억센, 뚱뚱한, ⟨~ tubby\sturdy\stocky⟩, ⟨↔flimsy\thin⟩ 가1

3363 **stove** [스토우브]: ex(라틴어)+typhein(to smoke란 뜻의 그리스어), ⟨게르만어⟩, ⟨← stuba(heated room)⟩, 난로, 풍로, (요리용) 화로, 건조실, '온실', ⟨~ oven\range⟩, ⟨↔ice box\freezer⟩ 양1

3364 **stow** [스토우]: ⟨← stowen(to place)⟩, ⟨영국어⟩, ⟨← bestow⟩, 집어 넣다, 싣다, 배를 채우다, 그치다, ⟨→ stevedore⟩, ⟨~ pack\store⟩, ⟨↔un-load\remove⟩ 양2

3365 **stow–a–way** [스토우 어웨이]: 은신처, 밀항자, 무임 승객, ⟨~ conceal\cache\hijacker⟩, ⟨↔reveal\uncover\farer⟩ 양2

3366 **Stowe** [스토우], Har·ri·et: ⟨← stow(assembly)⟩, ⟨영국어⟩, '집회소' 근처에 사는 자, 스토, (1811-1896), 「톰 아저씨의 오두막집」이란 책을 써서 노예해방운동에 불을 지른 미국의 소설가, ⟨~ an American author and abolitionist⟩ 수1

3367 **St. Pat·rick's Day** [쎄인트 패트릭스 데이]: 성 패트릭 기념일(3월 17일), ⟨초록 치장을 하는⟩ 아일랜드 수호성인 축제일, ⇒ Patrick 수2

3368 **St. Paul** [쎄인트 퍼얼]: ①⟨선술집 주인의 별명 'pig's eye'에서 따온 마을 이름을 승화시킨⟩ 세인트 폴, 미국 미네소타 남동부에 미니애폴리스(Minneapolis)와 인접한 쌍둥이 도시·농산물 집결지·주도, ⟨~ Capital of Minnesota⟩ ②사도바울, ⇒ Paul 수2

3369 **St. Pe·ter** [쎄인트 피이터]: 성 베드로, ⇒ Peter 수1

3370 **St. Pe·ters-burg** [쎄인트 피이터즈버그]: 상트페테르부르크, 피터 대제가 목숨 바쳐 1703년에 착공해서 2세기간 제정 러시아의 수도 노릇을 했다가 잠시 Leningrad로도 불렸던 러시아 북서부의 상항·문화도시, ⟨~ Russian port city in the Baltic Sea⟩, ⇒ Leningrad 수2

3371 **St. Pe·ter's Church(Ba·sil·i·ca)**: 성 베드로 교회, (325년경에 시작해 1626년에 완성된) 초대 교황의 이름을 딴 5만 명 이상을 수용할 수 있는 바티칸시의 ⟨휘황찬란한⟩ 대성전, ⟨~ the burial site of St. Peter⟩ 수1

3372 **St. Pe·ter's fish**: 달고기, ⇒ John Dory 미2

3373 **St. Phil·i·bert** [쎄인트 휠리버얼트(휠리베어)]: felu(many)+berhtaz(bright), ⟨게르만어⟩, '아주 총명한 자', 성 필리베르, (c 608-684), 베네딕트⟨Benedict⟩ 계파의 신장에 기여한 프랑스의 수도승, ⟨~ a French abbot⟩ 수1

3374 **stra·bis·mus** [스트뤄비즈머스]: ⟨← strabizein(twist)⟩, ⟨그리스어⟩, 사팔눈, 사시, 'squint', crossed eyes, ⟨~ wall-eye⟩[1] 양2

3375 *****stra·da·mus** [스트라다무스]: ⟨한국어⟩, ⟨← Nostradamus⟩, (성씨 다음에 붙여) ⟨코에 걸면 코걸이\귀에 걸면 귀걸이 식으로⟩ 말을 자주 에두르는 사람을 일컫는 별명, ⟨~ astrologer\prophet\seer⟩, ⟨조스트라(다)무스=조국 전 장관⟩ 미2

3376 **strad·dle** [스트래들]: ⟨← stride⟩, ⟨영국어⟩, (가랑이를) 벌리다, 양다리 걸치다, (물고기가) 회유하다, ⟨~ extend across\sit on the fence\migrate⟩, ⟨↔arise\prevent\strangle⟩ 양2

3377 **strag·gle** [스트래글]: ⟨← straken(roam)⟩, ⟨영국어⟩, 흩어지다, 낙오하다, 벗어나다, ⟨~ dawdle\sprawl⟩, ⟨↔rush\hurry\run⟩ 양2

3378 **straight** [스트뤠잍]: ⟨← streccan⟩, ⟨영국어⟩, ⟨← stretch⟩, ⟨잡아 늘인⟩, 곧은, 수직의, 수평의, 연속한, 가지런한, 정직한, 직선의, 외곬의, ⟨화투⟩ '연속 패', ⟨변태가 아닌⟩ '정상인', ⟨~ right\direct⟩, ⟨↔bent\curved\crooked\homo⟩ 양1

3379 **straight an·gle** [스트뤠잍 앵글]: 평각, 180°, ⟨~ flat angle⟩, ⟨~(↔)zero angle⟩, ⟨↔askew angle⟩ 양1

3380 *****straight as an ar·row**: ⟨바이올린 주자가 소리를 낼 때 활을 현에 끌어당기듯⟩ 팽팽하게, 곧바로, 강직하게, 청렴결백하게, 융통성이 없는, ⟨~ forthright\genuine\squarely⟩ 양2

3381 **straight-en** [스트뤠이튼]: 똑바르게하다, 정리하다, 해결하다, ⟨~ align\correct\resolve⟩, ⟨↔bend\crook\curl⟩ 양1

3382 **straight-flush** [스트뤠잍 훌러쉬]: '연속 짝패', 같은 종류의 연속된 5장, ⟨~(↔)royal flush⟩ 미1

3383 **straight–for-ward** [스트뤠잍 훠어워어드]: 똑바른, 솔직한, 간단한, 〈~ direct\candid\simple〉, 〈↔devious\dishonest〉 양2

3384 ***straight from the horse's mouth**: 〈경마장에서 어떤 말이 이길까는 말들이 제일 정확히 안다는 뜻에서 나온 말〉, 확실한 소식통(으로부터), directly, 본인의 입에서 나온 (first-hand) 양2

3385 **straight mus-cle** [스트뤠잍 머쓸]: 직근, 근육세포가 수직으로 되어 있어 신축력이 강한 뼈에 붙거나 심장에 있는 곧바른 근육, 〈~ voluntary muscle〉, 〈↔smooth muscle〉 양2

3386 **straight shoot-er** [스트뤠잍 슈우터]: 똑바로 쏘는 자, 정확한 사수, 사격의 명수, 직설가, 독설가, 〈~ marks-man\knocker〉 양2

3387 **strain¹** [스트뤠인]: 〈← strangein(draw tight)〉, 〈그리스어〉, 〈팽팽하게〉 잡아당기다, 꽉 죄다, 긴장시키다, 〈근육이나 힘줄이〉 뒤틀리다, 피로, 부담, 〈~ tension\stress\twist\splain〉, 〈↔calm\ease〉 양1

3388 **strain²** [스트뤠인]: 〈← struere(heap up)〉, 〈라틴어〉, 종족, 계통, 소질, 품종, 가락, 〈~ kind¹\genus\trait〉, 〈↔progeny\entirety〉 양1

3389 **strain-er** [스트뤠이너]: 잡아당기는 것(사람), (식품에서 물을 뺄 때 쓰는) 여과기, 거르개, 체, 〈~ sieve\colander〉 양1

3390 **strait** [스트뤠잍]: 〈← stringere(draw tight)〉, 〈라틴어〉, 〈'strict'(팽팽)하게 담겨진〉 '좁은 곳', 〈육지 쪽으로 잡아당기 듯 좁고 긴〉 해협, 곤경, 엄격한, '좁은 문', 〈~ narrow body of water〉, 〈↔isthmus〉 양1

3391 **stra·mo·ni·um** [스트뤼모우니엄]: 〈어원 불명의 라틴어〉, jimson weed, devil's snare, 흰독말풀, 가시독말풀, 고약한 맛이 나는 들쑥날쑥한 잎을 가진 가짓과의 독초(약초) 미2

3392 **strand¹** [스트랜드]: 〈← strandaz(shore)〉, 〈어원 불명의 게르만어〉, 물가, 좌초시키다, 고립되다, 잔루시키다, 발을 묶다, 〈~ water's edge\abandon\dump〉, 〈↔reclaim\support\continue〉 양1

3393 **strand²** [스트랜드]: 〈← streno(tress)〉, 〈어원 불명의 게르만어〉, 가닥, 숱, 섬유, 꼰 줄, 요소, 〈~ thread\filament\piece〉, 〈↔hunk\ccenter\whole〉 양1

3394 **strange** [스트뤠인쥐]: 〈← extraneus(external)〉, 〈라틴어〉, 이상한, 낯선, 생소한, '바깥의', 〈→stranger(남)〉, 〈~ estrange〉, 〈↔ordinary\familiar〉 가1

3395 **stran·gle** [스트뢩글]: 〈← strangos(twisted)〉, 〈그리스어〉, 〈비틀어〉 질식시키다, 교살하다, 묵살하다, 억압하다, 〈~ choke\throttle〉, 〈↔loose\release\straddle〉 양2

3396 **strap** [스트뢥]: 〈← strophos(rope)〉, 〈그리스어에서 연유한 영국어〉, 〈비틀어 잡아 맨〉 가죽 끈(손잡이), 고리, 띠, 피대, 혁대, 채찍질, 〈→strip²〉, 〈~ thong\belt\whip〉, 〈↔un-strap\unfasten\brassiere〉 양1

3397 **strat·e·gy** [스트뢔티쥐]: 〈← strategos(general)〉, 〈그리스어〉, 〈넓게 알아야 하는〉 '장군학', (전체) 전략, 용병술, 작전, 〈~ tactics\master plan〉, 〈↔impulse\disorder\ignorance〉 양2

3398 **strat·i·fy** [스트뢔티 화이]: 〈← stratum〉, 층을 이루다, 계급으로 나누다, 〈~ differentiate\separate〉, 〈↔unify\desegregate〉 양2

3399 **strat·o·sphere** [스트뢔터 스휘어]: sternere(spread out)+sphaira(ball), 〈라틴어+그리스어〉, 스트래토스피어, '펼쳐진 영역', 성층권, 대류권과 중간권 사이에 있는 (높이 약 10~50km의) 안정된 대기층, 〈~ welkin\upper atmosphere〉 양2

3400 **stra·tum \ stra·ta** [스트뤠이텀 \ 스트뤠이터]: 〈← sternere(spread out)〉, 〈라틴어〉, 〈펼쳐진〉 층(들), 계급(들), 〈~ layer\class〉, 〈↔disarrange\disorder〉 가1

3401 **Strauss** [스트롸우스], Jo·hann: 〈'ostrich'의 독일어〉, 스트라우스, (1825-99), 〈왈츠의 왕〉, 음악가 집안에서 태어난 오스트리아의 작곡가·지휘자, 〈~ an Austrian composer of light music〉 수1

3402 **straw** [스트뤄어]: 〈← strewian(to strew)〉, 〈게르만어〉, 〈흐트러진〉 지푸라기, (밀)짚, 짚(누른) 색, 빨대, 조금, 하찮은, 가짜의, 〈~ hay\forage〉, 〈~ cannuccia\trifle〉, 〈↔stalk〉 양1

3403 **straw-ber·ry** [스트뤄어 베뤼]: 〈어원이 석연치 않은 영국어〉, (양)딸기, '조그먼 씨'가 겉에 붙어있는 심장 모양의 손톱만 한 붉은 과일이 〈흩어져(strow)〉 열리는 장미과의 초본, 〈~ red (or earth) berry〉 양2

3404 **straw-ber·ry bush** [스트뤄 베뤼 부쉬]: '산딸기 나무', ⇒ wa·hoo², burning bush 양2

3405 ***straw-ber·ry moon** [스트뤄 베뤼 무운]: 딸기 보름달, 6월 하지쯤 뜨는 〈심홍색의〉 보름달, 〈~ super-moon〉 양2

3406 **straw man** [스트뤄어 맨]: 밀짚 인형, 허수아비, 위증자, 〈~ scare-crow\beguiler\deceiver〉, 〈↔steel-man\square shooter〉 양2

3407 **straw poll** [스트뤄어 포울]: 〈갈대가 바람에 따라 흔들리듯 그 경향을 알아보는〉 '밀짚 여론 조사', 〈통계학적 제어가 안 된〉 비공식 여론 조사(투표), 〈~ push poll〉, 〈~(↔)opinion poll〉 양2

3408 **straw wed·ding** [스트뤄어 웨딩]: '지푸라기 혼식', 고혼식, 결혼 2주년 기념식 양2

3409 **stray** [스트뤠이]: 〈← estraier(rove)〉, 〈프랑스어→영국어〉, 옆길로 빗나가다, 처지다, 헤매다, 가끔 나타나다, 〈~ astray\arrant〉, 〈~ roam\errant〉, 〈↔stay\dwell〉 양2

3410 **stray cat** [스트뤠이 캩]: 버려진 고양이, 도둑 고양이, alley cat 양2

3411 **streak** [스트뤼크]: 〈← strica(line of motion)〉 ①〈게르만어〉, 〈← stroke of a pen〉, 줄(무늬), (광)선, 번개, 광맥, 경향, 〈~ band\strip\trait〉, 〈↔gap\dullness\disarray〉 ②〈게르만어→영국어〉, 〈← stretch〉, 〈질주(하다)〉, 〈~ rush〉, 〈↔crawl〉 ③(호랑이 등의) 떼, 〈~ group of tigers〉 양2

3412 ***streak-ing** [스트뤼킹]: ①모발 탈색 (줄 염색), 〈~ mottling〉, 〈↔dyeing〉 ②(시선을 끌려고) 벌거벗고 대중 앞을 달리는 '알몸 질주', 〈~ running naked in public〉, 〈↔shading away〉 미2

3413 **stream** [스트뤼임]: 〈← rhein(flow)〉, 〈그리스어→게르만어〉, 시내, 개울, '흐름', 조류, 연속, 유출(하다), 〈~ brook\rivulet\flow〉, 〈↔river〉, 〈↔retreat\pull-back〉 가1

3414 ***stream-ing** [스트뤼밍]: 흐름, 연속 처리, 능력별 학급 편성, (지체 없이) 자료를 실시간에 전송하는 일, (전산망에서) 음성이나 동영상 등을 실시간으로 재생하는 기술, 〈~ run\drifting\continuous flow〉, 〈↔backing-up\setting〉 양1 우2

3415 **stream-line** [스트뤼임 라인]: 유선(형), 날씬한, 능률화된, 최신식(의), 〈~ aerodynamic\smooth runnung〉, 〈↔complex\inefficient〉 양2

3416 ***stream shop-ping** [스트뤼임 샤핑]: 연속 장보기, 동영상을 통해 실시간으로 물건을 사는 일, 〈~ online shopping〉 미2

3417 **Streep** [스트뤼입], Mer·yl: 〈나치 치하의 네덜란드에서 바뀐 'line'을 뜻하는 유대계 이름〉, 스트립, (1949-), 다양한 역할을 독특한 억양으로 잘 소화해 낸 예일대학 출신의 미국 여배우, 〈~ a versatile American actress〉 수1

3418 **street** [스트뤼이트]: 〈← sternere(strew)〉, 〈라틴어〉, St., '도시 도로', ~가, 거리, 가로, 차도, '(포장)도로', 거리에 어울리는, 통속적인, 〈~ avenue\boulevard〉, 〈↔blockage\by-pass〉 양2

3419 **street-car** [스트뤼이트 카아]: (시가) 전차, tram, trolly, 〈↔cable-car\bus〉 가1

3420 ***street cul·ture** [스트뤼이트 컬춰]: 거리 문화, 대도시의 빈민촌에서 자라는 젊은이들의 공통된 가치관·생활양식, 〈~ city(urban) culture〉 양2

3421 ***street date** [스트뤼이트 데이트]: 〈1979년에 등장한 말〉, (제조자가 일반 시판을 위해) 처음으로 소매상에 출시하는 날, 시판 개시일, 〈~ public release date〉, 〈간혹 '길거리 연애'라는 뜻으로도 쓰인다고 함〉 양2

3422 **street food** [스트뤼이트 후우드]: 길거리 음식, (도로 옆 등) 야외 공공장소에서 식품 좌판 위에 올려놓고 파는 즉석요리, 〈~ 서민 식품〉, 〈~ hawker food〉, 〈~(↔)finger food〉, 〈↔gourmet〉 미2

3423 **street-light** [스트뤼이트 라잍]: 가로등, street lamp 양2

3424 **street peo·ple** [스트뤼이트 피이플]: 가두 생활자, 노숙자, 부랑자, 〈~ home-less\vagrant〉 가1

3425 **street price** [스트뤼이트 프롸이스]: 거리 가격, (마약 등의) 말단 가격, 〈~ actual retail price\black-market price〉 가1

3426 **street rad·i·cal** [스트뤼이트 뢔디클]: (시위를 주동하는) 거리 급진주의자, (과격한) 가두 운동가, 〈~ (extreme) street activist〉, 〈한때 한국의 정치판을 주름잡던 분들〉 양2

3427 **street-smart(wise)** [스트뤼이트 스마아트(와이즈)]: 세상 물정에 밝은, 〈~ canny\shrewd〉, 〈↔innocent\ingenuous〉 양2

3428 **street tax** [스트뤼이트 택스]: 거리세, 〈깡패 등에게 뜯기는〉 자릿세, 〈~ occupancy offering〉, 〈~(↔)cover-charge〉, 〈road tax는 DMV-renewal tax로 합법적임〉 양2

3429 **street-val·ue** [스트뤼이트 밸류]: 시장가, 암거래 값, 말단 가격, ⇒ street price 양2

3430 **street–walk-er** [스트뤼이트 워어커]: 매춘부, street girl, prostitute 양2

3431 **street–work-er** [스트뤼이트 워얼커]: 가두 선도원 (청소년 사회봉사자), 〈~ a social worker working for the street people〉 양1

3432 **Strei-sand** [스트라이샌드], Bar·bra: 〈어원 불명의 독일의 지명〉, '고귀한 가문(noble family)?', 스트라이샌드, (1942-), (유명해지려고 이름에서 a를 빼고) 대중가요의 극적 해석으로 '유명'했던 미국의 가수·배우, 〈~ an American singer and actress〉 수1

3433 **strength** [스트렝쓰]: 〈게르만어〉, 〈← strong〉, 세기, 힘, 근력, 강점, 세력, 강도, 내구력, 〈~ stamina\energy\endurance〉, 〈↔weakness\frailty〉 양1

3434 **stren·u·ous** [스트뤠뉴어스]: 〈← strenos(strong)〉, 〈그리스어〉, 정열적인, 분투하는, 〈~ difficult\arduous〉, 〈↔easy\effortless〉 양2

3435 **strep·to·coc·cus** [스트뤱터 카커스]: streptos(twisted)+kokos(berry), 〈라틴어〉, 연쇄상구균, 포도송이〈coccus〉 같은 세포가 길게 '꼬이면서'〈strepto〉 자라나는 세균, 〈~(↔)staphylo-coccus〉 양2

3436 **stress** [스트뤠스]: 〈← strictus〉, 〈라틴어〉, 〈← distress〉, 긴장, 〈사람마다 감수성이 다른〉 시련, 압박, 강세, 강조, 압력, 〈~ tension\pressure\emphasis〉, 〈↔relaxation\play down〉 양2

3437 **stress frac·ture** [스트뤠스 후랙춰]: '피로'골절, 과용골절, 과다하게 사용해서 생기는 미세골절, 〈~ overuse (or fatigue) fracture〉, 〈~(↔)hair-line fracture〉 미2

3438 **stretch** [스트뤠취]: 〈← streccan(extend)〉, 〈영국어〉, 뻗치다, 늘이다, 펴다, 팽창, 한도, 단숨, '연속', 〈→ straight〉, 〈~ thrust out\extend〉, 〈↔compress\withdraw〉 양2

3439 **stretch-er** [스트뤠춰]: 들것, 뻗치는 물건(사람), 우산살, 깃털 낚시, 허풍, 〈~ lengthener\enlarger〉, 〈~ gurney는 바퀴가 달림〉, 〈↔crusher\compressor〉 양1

3440 **stretch marks** [스트뤠취 마아크스]: '팽창 자국', (임신·비만 등으로) 지방·근육이 갑자기 늘어나 생기는 '튼살', 임신선, 〈~ striae\tiger stripes〉 미1

3441 **stretch-out** [스트뤠취 아웉]: 실시 연장, (임금을 올리지 않고 근로시간을 늘리는) 지연 작전, 〈~ expend\extend〉, 〈↔abridged\compressed〉 미2

3442 *****stretch your arm no fur·ther than your sleeve will reach**: 누울 자리 봐가며 발을 뻗어라, 〈~ act in accordance with the circumstance〉 양2

3443 **strew** [스트루우]: 〈← strewian(scatter)〉, 〈게르만어〉, 흩뿌리다, 퍼뜨리다, 〈~ straw\street〉, 〈~ toss\spread〉, 〈↔collect\gather〉 양1

3444 **stri·ate** [스트라이에이트]: 〈← striare(to groove)〉, 〈라틴어〉, 줄무늬를 넣다, 선 모양의, 홈이 있는, 〈~ streak'〉, 〈~ stripe\variegate〉, 〈↔dapple\daub〉 양1

3445 **strick-en** [스트뤼큰]: strike의 과거분사, 맞은, 강타당한, 시달리는 양2

3446 **strict** [스트뤽트]: 〈← strictus ← stringere(graw tight)〉, 〈라틴어〉, '팽팽하게 당기는', 엄격한, 정확한, 진정한, 직립성의, 〈→ strait〉, 〈~ stern\severe\firm〉, 〈↔easy\lenient〉 가1

3447 **stric·ture** [스트뤽춰]: 〈← strict〉, 협착, 제한, 비난, 〈~ narrowing\tightening〉, 〈↔freedom\endorsement〉 양2

3448 **stride** [스트라이드]: ← stridan(walk with long steps)〉, 〈게르만어〉, 〈가랑이를 벌리고〉 활보하다, 넘어서다, 걸터앉다, 큰 걸음, 진보, 〈~ straddle\astride〉, 〈↔crawl\worm\linger\hobble〉 양2

3449 **stri·dent** [스트라이든트]: 〈← stridere(to creak)〉, 〈라틴어〉, 귀에 거슬리는, 불쾌한 소리의, 〈~ boisterous\clamorous\vociferous〉, 〈↔soft\dulcet\mellifluous〉 양2

3450 **strife** [스트라이후]: 〈← estrif(debate)〉, 〈프랑스어〉, 〈← strive〉, 다툼, 투쟁, 경쟁, 〈~ Eris〉, 〈~ conflict\disord〉, 〈↔harmony\peace〉 가1

3451 **strike** [스트라이크]: 〈← strican(advance)〉, 〈게르만어〉, 때리다, 치다, 부딪다, 공격하다, 생각나다, 느끼게 하다, 체결하다, 충돌하다, 파업하다, 성공하다, '완전 투척', 〈~ stroke\attack\walk-out\bang\hit\thwack\air-attack〉, 〈↔extinguish\pitch〉 양1 미1

3452 **strike a chord** [스트라이크 어 코어드]: 공감을 자아내다, 향수를 자극하다, 〈~ fill with emotion\jog your memory〉, 〈↔defend\discourage〉 양2

3453 **strike-break-er** [스트라이크 브뤠이커]: ①파업 방해자, 〈~ rat〉, 〈↔striker〉 ②파업 노동자 대신 일하는) 파업 구조자, 〈~ strike rescuer\on-going worker〉, 〈↔replacement\non-union worker〉 양2

3454 **strike-out** [스트라이크 아웉]: 삼진 (당하다), '격타 실패', 정확한 투구를 3번 제대로 치지 못할 때 타수가 탈락되는 일, 실패하다, 〈~ whiff\annul〉, 〈~ blot (or punch) out〉, 〈↔home-run〉, 〈↔stet\succeed\go〉 미2

3455 ***strike while the iron is hot**: 쇠뿔도 단김에 빼라, ⟨~ seize the moment\make hay while the sun shines⟩ 양2

3456 ***strik‐he·don·i·a** [스트뤼케 도니아]: strike+hedone(pleasure), ⟨그리스어에서 연유한 신조어⟩, ⟨다 떨쳐 버리고⟩ (여행을) 떠나는 기쁨, 해탈, ⟨~ YOLO\to hell with it⟩ 양2

3457 **strik·ing** [스트롸이킹]: 두드러진, 현저한, 치는, 파업 중인, ⟨~ noticeable\obvious\hitting\on strike⟩, ⟨↔boring\unremarkable\ordinary⟩ 양1

3458 **string** [스트륑]: ⟨← strang(strong)⟩, ⟨게르만어⟩, 끈, 줄, 실, 한 줄(의), 섬유, 현, 문자열(일련의 문자·기호들이 모여서 하나의 자료로 취급되는 것), 줄에 꿰다, 나열하다, ⟨일렬로 걸어가는⟩ (조랑말 등의) 떼, ⟨~ strain¹⟩, ⟨~ cord\rope\thread\chain⟩, ⟨↔dot\disconnect\whole\individual\disorder⟩ 양2

3459 **string bi·ki·ni** [스트륑 비키니]: '끈바플 수영복', (여체가) 최대한으로 노출된 두 조각 수영복, ⟨~(↔)naked⟩, ⟨↔long(s)⟩ 우1

3460 **strin·gen·do** [스트륀젠도우]: ⟨← stringere(draw tight)⟩, ⟨라틴어→이탈리아어⟩, '팽팽하게'(strain¹), 점점 빠르게, ⟨~ gradually faster⟩ 미2

3461 **strin·gent** [스트륀젼트]: ⟨← strangein(twist)⟩, ⟨그리스어→라틴어⟩, ⟨← strain¹⟩, 절박한, 엄중한, 설득력 있는, ⟨~ strict\rigid\binding⟩, ⟨↔relaxed\loose⟩ 양2

3462 **string-er** [스트륑거]: 현을 매는 사람, 옆대, (글줄에 따라 돈을 받는) 비상근 통신원, ⟨~ staffer\freelance journalist⟩, ⟨↔improprietor\squtter⟩ 양1 미2

3463 *string **op·er·a·tions** [스트륑 아퍼뤠이션스]: 연쇄상 운영법들, (전산기에서) 문자열을 함께 엮는 여러 가지 방법들, ⟨~ manipulation of character sequences⟩ 미2

3464 **string quar·tet** [스트륑 쿼어텥]: 현악 사중주(단), ⟨~ 2 violins+1 viola+1 cello⟩ 양2

3465 *string **the·o·ry** [스트륑 씨어뤼]: (노)끈 학설, 끈 이론, (1960년대부터 각광을 받기 시작한) 소립자를 끈으로 다룸으로써 점으로 다루는 경우에 생기는 난점을 극복하려는 물리학설로 1980년대부터 super(초) 노끈학설로 이행하고 있음, ⟨~ everything is made of tiny-tiny strings⟩ 미2

3466 **string tie** [스트륑 타이]: bolo tie, '끈 목걸이', (미 서부에서 유행했던) 끝에 금속 장식물을 단 가늘고 짧은 줄을 나비매듭으로 맨 목걸이, ⟨~(↔)bow tie⟩ 우2

3467 **strip¹** [스트륖]: ⟨← strypan(plunder)⟩, ⟨게르만어⟩, 벗기다, 까다, 떼다, 제거하다, 해체하다, ⟨~ empty\clear\dismantle⟩, ⟨↔stock¹\cover\upholster⟩ 양1

3468 **strip²** [스트륖]: ⟨← strippe(strap)⟩, ⟨게르만어⟩, ⟨← stripe⟩, 스트립, 길고 가는 조각(땅), 연재(연속)물, S~; ⟨당신을 발가벗기려고 혈안이 된⟩ 라스베이거스의 도박장 거리, ⟨~ streak¹⟩, ⟨~ narrow piece\slip²⟩, ⟨~(↔)tract⟩, ⟨↔whole\chunk⟩ 미1 수2

3469 **stripe** [스트롸이프]: ⟨게르만어⟩, stripped, 줄(무늬), 가늘고 긴 줄, (소매에 다는) 계급 줄, 유형, 죄수복, 채찍 자국, ⟨→ strip²⟩, ⟨~ band\striate\streak⟩, ⟨↔dotted line\zigzag line⟩ 양1 미2

3470 **strip-er** [스트롸이퍼]: ⟨← strip²⟩, (계급을 나타내는) 수장⟨chevron⟩을 단 군인, 해군 소위(ensign), 무늬 놓어, ⟨~ rock-fish\line-sider⟩ 미2

3471 **stripped liz·ard** [스트륖트 리져드]: 줄무늬도마뱀, sand lizard, ⇒ race runner 미2

3472 **strip-per** [스트륖퍼]: ⟨← strip¹⟩, 벗기는 사람(도구), 탈곡기, 털 벗기는 빗, 메마른 유정, 젖 마른 소, ⟨~ peeler\erotic dancer\bump-and-grinder\thinner⟩ 우2

3473 **strip show** [스트륖 쑈우]: ⟨← strip¹⟩, strip·tease, 나체춤 공연, ⟨~ nudity show⟩ 미1

3474 **strive** [스트롸이브]: ⟨← estrif(debate)⟩, ⟨프랑스어⟩, 노력하다, 분투하다, 승강이하다, ⟨~ strife\take a shot⟩, ⟨~ fight\pursue⟩, ⟨↔neglect\idle⟩ 양2

3475 **striv·en** [스트뤼븐]: strive의 과거분사, 분투했던 양2

3476 **stro·bo·scope** [스트로우버 스코우프]: strobos(twisting sound)+skopein(to view), ⟨그리스어⟩, ⟨회전하는 빛을 이용한⟩ 스트로보, 섬광 촬영 장치, (섬광판을 이용해서) 빨리 움직이는 물체를 정지한 것처럼 촬영하는 ⟨꽤 비싼⟩ 기계, ⟨~ an instrument that makes moving object stationary⟩ 미2

3477 **strode** [스트로우드]: stride의 과거, 활보했다 양2

3478 **stroke¹** [스트로우크]: ⟨← strican(to blow)⟩, ⟨게르만어⟩, 한 번 치기(찌르기), 한 번 젓기, 한 획, 고동, 중풍, 뇌졸증, apoplexy, 총점에 관계없이 이긴 홀의 수로 승부를 결정하는 match play, ⟨~ strike⟩, ⟨~ blow\hit\line\apoplexy⟩, ⟨↔touch\miss\defence\consciousness⟩ 미2

3479 **stroke²** [스트로우크]: ⟨← stroke¹의 gentle한 표현⟩, ⟨영국 신사들이 쓰는 말⟩, 쓰다듬다, 달래다, 성교하다, ⟨~ strike⟩, ⟨~ pat\massage\pet⟩, ⟨↔poke\ignore\push-away⟩ 양1

3480 *****stroke font** [스트로우크 환트]: 자획체, 선분⟨유한직선⟩의 조합으로 만든 글자 모양, ⟨~ a scalable font⟩ 미2

3481 **stroll** [스트로울]: ⟨← stroyl(idle walk)⟩, ⟨어원 불명의 게르만어⟩, 어슬렁어슬렁 거닐기, 산책, 만보, 순회공연, ⟨~ saunter\wander⟩, ⟨↔run\tiptoeing\zap\zoom⟩ 양1

3482 **stroll-er** [스트로울러]: 산책자, 방랑자, 순회공연자, 유모차, ⟨~ vagrant\pram⟩, ⟨~(↔)walker⟩ 양1

3483 *****stroll-out** [스트로울 아웉]: ⟨오스트레일리아어⟩, stroll+rollout, '지연출시', '만보시행', Covid-19 예방접종을 늦게 시작한 정부를 비꼬는 말, ⟨~ saunter\slow walk⟩ 미2

3484 **strom-uhr** [스트로우무어]: ⟨독일어⟩, stream+clock, ⟨혈류의 속도를 측정하는⟩ 혈류계, ⟨~ a measuring instrument of the blood flow⟩ 양2

3485 **strong** [스트롱]: ⟨← strang(powerful)⟩, ⟨게르만어⟩, 강한, 튼튼한, 힘찬, 확고한, 진한, 격렬한, ⟨→ strength⟩, ⟨~ sturdy\vigorous⟩, ⟨↔weak\puny⟩ 가1

3486 **strong gale** [스트롱 게일]: (시속 47~54마일의) 대강풍, ⟨~ violent wind⟩, ⟨↔breeze⟩ 양2

3487 **strong-hold** [스트롱 호울드]: 성채, 요새, 본거지, 거점, 서식지, ⟨~ fortless\bastion⟩, ⟨↔weak part\disaster area⟩ 양2

3488 **strong-man** [스트롱 맨]: 장사, 강자, 실력자, ⟨~ hunk\macho⟩, ⟨↔weakling\puny⟩ 양2

3489 **strong verb** [스트롱 붜어브]: 강(변화) 동사, ⟨run→ran같이⟩ 어간(모음)이 바뀌어져 과거형을 만드는 동사, ⟨~ irregular verb⟩, ⟨↔weak verb⟩ 양2

3490 **stron·ti·um** [스트롼쉬엄\~티엄]: 스트론튬 ⟨광석이 처음 발견된 스코틀랜드의 지명(Strontian)에서 연유한⟩ 금속원소(기호 Sr·번호38) ⟨이것의 방사선 동위원소 S~90는 신체조직을 파괴시킴⟩, ⟨~ an alkaline earth metal⟩ 수1

3491 **stro·phan·thus** [스트로우휀써스]: strophos(twisted cord)+anthos(flower), ⟨그리스어⟩, 스트로판투스, ⟨맹독이 있는 씨와 '길게 꼬인 꽃부리'를 가지고 열대지방에 서식하는⟩ 협죽도과 금룡화속의 관목, ⟨~ spider tresses\poison arrow vine⟩ 수2

3492 **stro·phe** [스트로우휘]: ⟨← strephein(to turn)⟩, ⟨'돌리기'란 뜻의 그리스어에서 유래한⟩ (고대 그리스 연극의) 합창, ⟨~ choral ode⟩, (시의) 한 연, ⟨~ stave\stanza⟩, ⟨~ first part of an ode\canto\section⟩, ⟨↔apostrophe\un-emotioned⟩ 미2

3493 **strove** [스트로우브]: strive의 과거, 분투했다 양1

3494 **struck** [스트뤅]: strike의 과거·과거분사, 반한, 열중하는, 파업 중인 양1

3495 **struck jury** [스트뤅 쥬어뤼]: 특별 (엄선된) 배심, 쌍방의 변호사가 협상하여 48명의 배심원 중 ⟨탈락시키고⟩ 뽑은 12명, ⟨~ petty jury⟩, ⟨↔grand jury⟩ 미2

3496 **struck out** [스트뤅 아웉]: strike out, 삼진 (당하다), ⟨~ deleted\removed⟩, ⟨↔stetted\worked out⟩ 미2

3497 **struc·tur·al-ism** [스트럭춰뤌리즘]: 구조주의, (언어학·인문학 등에서) 그 요소는 그것을 지배하는 고위의 구조에 따라 이해되어야 한다는 이론, ⟨~ relationship between elements and whole structure⟩, ⟨↔functionalism\gestalt psychology⟩ 미2

3498 **struc·ture** [스트뤅춰]: ⟨← struere(heap together)⟩, ⟨'짓다'라는 뜻의 라틴어에서 유래한⟩ 구조, 조직, 체계, 구성, '건물'(세워진 물건), ⟨~ construction\form\texture⟩, ⟨↔ruin\wreckage⟩ 양2

3499 *****struc·tured pro-gram–ming** [스트뤅춰드 프로우그뢔밍]: 구조화 차림표 편성, (전산기의 차림표 작성에서) 정확한 논리성·규격화 생산성·오류 방지 및 신뢰성·교정 및 보수성 향상을 위해 개발된 연성기기, ⟨~ modular programming⟩ 미2

3500 **stru·del** [스트루우들]: ⟨독일어⟩, whirl-pool, '소용돌이 과자', 슈트루델, (합스부르크 왕가에서 즐겨 들었던) 과일·치즈 등을 밀가루 반죽으로 얇게 싸서 구운 단맛의 오스트리아⟨Austria⟩ 요리, ⟨~ a layered pastry⟩ 수2

3501 **strug·gle** [스트뤄글]: ⟨← strogelen⟩, ⟨영국어⟩, ⟨의성어·의태어?⟩, 버둥거리다, 고투하다, 애쓰며 나아가다, ⟨~ conflict\tug of war⟩, ⟨↔idleness\retreat\sine-cure⟩ 가1

3502 **stru·ma** [스트루우머]: ⟨라틴어⟩, little swelling, 연주창(목의 임파선 부종), 갑상선 종양, ⇒ goiter 양2

3503 *****strung** [스트렁]: string의 과거·과거분사, 줄을 팽팽하게 맨, 예민해진, 신경질적인, (마약이 떨어져) 괴로운, ⟨~ suspended\hanged⟩ 양2

3504 **strut** [스트뤝]: ⟨← strutoz(protrude)⟩, ⟨게르만어⟩, 뽐내며 걷다, 활보하다, 과시하다, 버팀목, (자동차·비행기의 지주), ⟨~ swagger\sashay\stalk⟩, ⟨↔hide\cover up\weaken⟩ 양1

3505 **strych·nine** [스트뤼크닌]: ⟨그리스어→라틴어⟩, 원래 strychnos(night-shade)라는 마전과의 식물의 씨에서 추출된 중추신경 흥분의 강한 독성이 있고 아주 쓴 맛의 유기 염기, ⇒ nux vomica 수2

3506 **St. So·phi·a** [쎄인트 쏘우휘어]: ⟨← sophia(wisdom)⟩, ⟨그리스어⟩, '신성한 지혜', 성 소피아, (6세기에는 기독교회·15세기에는 회교사원·현재는 미술관으로 쓰고 있는) 이스탄불⟨Istambul⟩의 비잔틴 건물, ⟨~ Hagia Sophia Grand Mosque⟩ 수1

3507 **St. Thom·as** [쎄인트 타머스]: 성 도마, ⇒ Thomas 수1

3508 **Stu-art** [스튜우얼트]: stig(house hold)+weard(guard), ⟨영국어⟩, '집사', 스튜어트 ①남자 이름(male name) ②1371~1603년간 스코틀랜드를·1603~1714년간 잉글랜드를 통치했고 ⟨신권 우위에 반대했던⟩ 왕가, ⟨~ a Scottish royal house⟩ 수1

3509 **Stu-art** [스튜우얼트], 'Jeb' James: 스튜어트, (1833-1864), 명기수로 미 남부군의 기병대장이 되었으나 게티스버그 전투에 참여치 않아 Lee 장군에게 치명타를 주고 나중에 전사한 풍운아, ⟨~ a Confederate general⟩ 수1

3510 **stub¹** [스텁]: ⟨← stybb(stump of a tree)⟩, ⟨게르만어⟩, 그루터기, 토막, 동강, 잘리고 남은 부분, 부표, 꽁초, ⟨~ stem⟩, ⟨~ butt\end⟩, ⟨↔whole\middle⟩ 양1

3511 *****stub²** [스텁]: ⟨← stub¹⟩, ⟨미국어⟩, (아직 쓰지 않은) 임시로 대체된 전산기 차림표의 일부, 다른 곳에서 정해진 차림표를 나타내는 데 사용하는 부호, ⟨~ temporary replacement⟩ 우1

3512 **stub-ble** [스터블]: ⟨← stub¹⟩, (곡초 등의) 그루터기, (면도 후 하루나 이틀에 솟아나는) 까끌까끌한〉 짧은 수염, ⟨~ barb\feeler⟩, ⟨성적인 매력이 있다 함⟩ 양2

3513 **stub-born** [스터번]: ⟨← stub¹?⟩, ⟨어원 불명의 영국어⟩, ⟨나무 그루터기같이?⟩ 완고한, 고집 센, 단단한, 융통성 없는, ⟨~ obstinate\refractory⟩, ⟨↔compliant\flexible⟩ 가1

3514 **stuc·co** [스터코우]: ⟨게르만어⟩, 스터코, 치장 벽토, 치장 회반죽, ⟨~ plaster\parget⟩ 미1

3515 **stuck** [스털]: stick의 과거·과거분사, ~에 열중한, 곤경에 빠진 양1

3516 *****stud¹** [스테드]: ⟨← stod(war horse)⟩, ⟨게르만어⟩, 준마, 종마, 종축, '떡대', '변강쇠', ⟨~ steed⟩, ⟨~ buf\hunk⟩, ⟨↔state³\wimp\milksop⟩ 양2

3517 **stud²** [스테드]: ⟨← studu(staff)⟩, ⟨게르만어⟩, nail-head, 장식 못, 장식 단추, 못을 박다, 지주, (벽을 만드는) 사이 기둥, ⟨~ joist\beam⟩ 양1

3518 **Stu·de·ba·ker** [스튜드 베이커]: ⟨← stute(fine white bread)⟩, ⟨게르만어⟩, '고운 흰 빵 제조자', 1852년 S~ 형제들에 의해 세워졌다가 1967년 Worthington사에 흡수된 미국의 4륜차·자동차 제조회사, ⟨~ an American wagon and automobile manufacturer⟩ 수1

3519 **stu·dent** [스튜우던트]: ⟨← studere⟩, ⟨라틴어⟩, ⟨← study⟩, 학생, 학자, 연구생, 수습생, ⟨~ pupil\learner⟩, ⟨↔teacher\pedagog⟩ 가1

3520 **stud·ied** [스터디드]: 깊이 생각한, 고의의, 부자연스러운, ⟨~ considered\deliberate⟩, ⟨↔spontaneous\natural⟩ 양2

3521 **stu·di·o** [스튜우디오우]: ⟨← study⟩, 작업장, 연습장, 방송실, 촬영장, ⟨~ atelier\work-shop⟩, ⟨↔rumpus room⟩ 미2

3522 **stu·di·o a·part·ment** [스튜우디오우 어파트먼트]: 1실 공동 주택, 방 하나·부엌·욕실로 된 공동 주거처, 'one room', ⟨↔pent-house⟩ 미1

3523 **stu·di·o couch** [스튜우디오우 카우취]: 침대 겸용의 긴 의자, ⟨~ sofa-bed⟩ 미1

3524 **stud·ly** [스터들리]: ⟨← stud¹⟩, 사내다운, 근육질의, 씩씩한, ⟨~ hunky\muscular⟩ 양2

3525 *****stud·ly caps** [스터들리 캡스]: intercaps, Camel Case (관심을 끌거나 장난으로 낙타 등 같이 중간에) 무의미한 대문자 쓰기, ⟨i Phone·e Bay등⟩ 낙타 등 대문자 우1

3526 **stud·y** [스터디]: ⟨← studere(to ponder)⟩, ⟨라틴어⟩, ⟨남에게 지지 않으려고 열심히 하는⟩ 공부, 학습, 연구 (분야), 서재, 살피다, '애쓰다', ⟨~ academic work\inspect\small library⟩, ⟨↔un-learn\play⟩ 양2

3527 **stuff** [스터후]: ⟨← stuphein(draw together)⟩, ⟨그리스어⟩, 재료, 자료, 소질, 사물, 잡동사니, 넣다, 채우다, ⟨~ material\items\fill⟩, ⟨↔real estate\shovel⟩ 양1

3528 **stuffed** [스터후트]: 속을 채운, 박제한, 봉제한, 〈~ packed\loaded〉, 〈↔blank\empty〉 양2

3529 **stuffed-up** [스터후트 엎]: (코가) 막힌, 숨쉬기가 힘든, 〈~ blocked\clogged〉, 〈↔clear\free〉 양2

3530 *****stuff-it** [스터횔]: stuff it, 스터핏, (1987년 한 고등학생이 처음 시작해서 2019년에 폐기된) Macintosh와 Windows의 자료 압축 연성기기〈data compression soft-ware〉 수2

3531 **stuff-y** [스터휘]: 〈사물로 가득차서〉 통풍이 나쁜, 숨 막힐 듯한, 케케묵은, 거북한, 〈~ stodgy\muggy²〉, 〈↔airy\refreshing〉 양1

3532 **stul·ti·fy** [스털티화이]: stultus(foolish)+facere(make), 〈라틴어〉, 바보처럼 보이게 하다, 망쳐버리다, 무효화하다, 〈~ hamper\impede〉, 〈↔excite\encourage〉 양2

3533 **stum·ble** [스텀블]: 〈← stomblen(trip over)〉, 〈게르만어〉, 〈그루터기(stump)에 걸려?〉 넘어지다, 비틀거리다, 더듬거리다, 우연히 마주치다, 〈~ stammer\tumble〉, 〈↔straighten\get up〉 양1

3534 **stump** [스텀프]: 〈← stompe(lower end of a tree)〉, 〈게르만어〉, 그루터기, 뿌리, (잘리고) '남은 부분', 땅딸보, 〈나무 밑동으로 만든〉 연단, 유세하다, 뿌리 뽑다, 뚜벅뚜벅 걷다, 난처하게 하다, 〈stub¹\stumble〉, 〈~ tail end\remnant\stomp\campaign\baffle〉, 〈↔whole\stick\crawl\assure〉 양1

3535 **stun** [스턴]: ex+tonare(thunder), 〈라틴어→프랑스어〉, 기절시키다, 깜짝 놀라게 하다, 충격, 인사불성, 〈~ astonish\astound〉, 〈~ daze\petrify〉, 〈↔bore\enlighten〉 양2

3536 **stun gre·nade** [스턴 그뤼네이드]: 섬광수류탄, ⇒ flash·bang 미2

3537 **stun gun** [스턴 건]: 충격 총, 전기총, Taser gun 미2

3538 *****stun-ner** [스터너]: 충격적인 것, 놀라게 하는 사람, 멋진 사람, 〈기절시킬 만큼〉 굉장한 미인, 〈~ charmer\bomb-shell〉, 〈↔plain¹\bag〉 양2

3539 **stunt** [스턴트]: 〈← stintan(hinder)〉, 〈게르만어〉, (갑자기) 정지시키다, 묘기, 곡예(비행), 〈~ inhibit\trick\aerobatics〉, 〈↔advance\failure〉 양2

3540 **stunt man** [스턴트 맨]: (위험한 장면의) 대역, 〈~ risk-taker\dare-devil〉, 〈↔clod\coward〉 미2

3541 **stu·pa** [스튜우퍼]: 솔도파〈'heap'란 뜻의 산스크리트어에서 연유한 중국어〉, (불) 사리탑, 둥근 모양의 사탑, 〈~ dome-shaped pagoda〉, 〈↔pyramid\steeple〉 미2

3542 **stu·pe·fy** [스튜우피화이]: stupere(to be amazed)+facere(make), 〈라틴어〉, 마취시키다, 멍〈stupid〉하게 하다, 〈~ stun\daze〉, 〈↔educate\enlighten〉 양1

3543 **stu·pen·dous** [스튜우펜더스]: 〈← stupere(to be amazed)〉, 〈라틴어〉, 엄청난, 거대한, 〈~ astounding\colossal〉, 〈↔ordinary\unremarkable〉 가1

3544 **stu·pid** [스튜우피드]: 〈← stupere(to be amazed)〉, 〈라틴어〉, 어리석은, 시시한, 무감각한, 끔찍한, 무지무지한, 최상급의, 〈~ ignorant\slow\ludicrous〉, 〈↔bright\sensible\serious\wise〉 양2

3545 **stur·dy** [스터얼디]: ex+turdus(simpleton), 〈라틴어〉, 억센, 튼튼한, 불굴의, 〈~ strong\hale\whole-some\wally¹〉, 〈↔puny\trail\ramshackle〉 양2

3546 **stur·geon** [스터얼쥔]: 〈← sturio〉, 〈라틴어→게르만어〉, 철갑상어, (온대 지방 담수·해수에 서식하고 별미의 알〈caviar〉을 제공하며) 주둥이가 삐죽하고 몸에 골판을 두른 멸종 위기의 원시 물고기, 〈~ Short-nose\a large primitive fish〉 미2

3547 *****stut·ter** [스터터]: 〈← staut(thrust)〉, 〈게르만어〉, 〈의성어·의태어〉, 말을 더듬다, 떠듬적거리다, 〈~ stammer〉, 〈↔enunciate〉, 전송 복사 시 신호의 진폭이 갑자기 변할 때 생기는 '더듬선', 〈~ sputter\lisp〉 양1 우2

3548 **St. Vin·cent and the Gren·a·dines** [쎄인트 뷘센트 앤드 그뤠너디인즈]: 〈콜럼버스가 성 빈센트 축제일에 발견했고 스페인의 Granada 시를 따라 명명된〉 세인트 빈센트 그레나딘, 1979년 영국으로부터 독립한 서인도제도 남동부의 자본주의 공화국, {Vincentian·Vincy-Eng-(XC)Dollar-Kingstown}, 〈~ a country in Caribbean〉 수1

3549 **sty \ stye** [스타이]: 〈← stigu(pig pen)〉, 〈게르만어〉, 돼지우리, 더러운 장소, 악의 소굴, 매춘 굴, 맥립종 다래끼, 〈→ steward〉, 〈~ pig-pen\dump\boil of the eyelid〉, 〈↔boutique hotel\sanitarium\clean eye〉 양1

3550 **style** [스타일]: 〈라틴어〉, '첨필(stylus)' 모양의, 필체, 문체, 어조, 방식, 유형, 양식, 품격, (글)자체, 조각칼, (해시계의) 바늘, (식물의) 암술대, 〈~ manner\mode\fashion\stylus\gnomon〉, 〈↔dullness\variability\stamen〉 양2

3551 ***style sheet** [스타일 쉬이트]: '자체 박판', 문서의 글자 모양(design)이나 배열(layout)을 정해주는 형판, 〈~ template〉 우2

3552 **style shift-ing** [스타일 쉬후팅]: (영어에서 반말·존댓말 대신 글이나 말의 방식을 바꾸어서 비하·존경을 나타내는) 격식 바꾸기, 〈~ sociolinguistics(사회적 언어)〉 미2

3553 **styl-ist** [스타일리스트]: 문장가, 의장가, (양식) 도안가, 〈~ designer\decorator〉 미1

3554 ***sty·lus** [스타일러스]: 〈라틴어〉, pointed instrument, 철필, 첨필, 바늘, 전기 화면에 글을 쓰거나 그림을 그리는 등의 표시를 할 때 쓰는 '필상돌기', 〈→ style〉, 〈~ needle\pen〉 양1 우1

3555 **sty·mie** \ sty·my [스타이미]: 〈어원 불명의 스코틀랜드 골프 용어〉, (자기 공과 구멍 사이에 다른 공이 있는) 방해구, 〈~ impede\hinder〉 우2

3556 **sty·rene** [스타이어뤼인]: 〈← styrax(name of a tree)〉, 스티렌, (합성수지의 원료로 쓰이는) sweet·gum 나무에서 추출한 benzene 계통의 화합물 우1

3557 **Sty·ro-foam** [스타이뤄 호움]: poly·styrene+foam, 스티로폼, 1947년 Dow's 실험실에서 개발된 수많은 기포를 함유해서 가볍고 충격과 열·소음에 강한 합성수지, '발포성 합성수지', 〈절연성 건축 자재나 식품 용기로 쓰임〉, 〈~ thermal insulation〉 수2

3558 **Sty·ron** [스타이뤈], Wil·liam: 〈← styr(quarrel)〉, '말다툼하는 자', 〈바이킹 왕조의 이름에서 연유한〉 스타이런, (1925-2006), 2차대전과 한국전 참전 용사로 미국의 반전운동을 고무한 소설가, 〈~ an American novelist〉 수1

3559 **Styx** [스틱스]: 〈← stygein(hate)〉, 〈'증오'라는 그리스어에서 연유한〉 스틱스 강, (그리스 신화에서) 저승에 있는 강, (죽어서 저승으로 가는 길 중에 있다는) 삼도천, 〈~ the river between the living and the under world; 정관사 the의 용법을 유의할 것〉 수2

3560 **Su** [쑤우], Shi: '소생한〈revived〉 자', 쑤쉬, 소 식, 소 동파(Dongpo), (1037-1101), '온고이지신'을 문장과 정치에 도입했던 중국 송나라 시대 관료 시인, 〈~ a Chinese poet and public official〉 수1

3561 **Suave** [스와브]: 〈← suavis(sweet)〉, 〈'기분 좋다'라는 뜻의 라틴어에서 유래한〉 수와브, 1937년에 시카고에서 세워져서 미주 대륙을 대상으로 판매망을 넓히고 있는 미용·화장품의 상품명, 〈~ an American brand of personal care product〉, 〈~ 국제시장에서는 Unilever로 통함; 소유주는 다르지만〉 수2

3562 **suave** [스와브]: 〈← suavis(sweet)〉, 〈라틴어〉, 기분 좋은, 유순한, 상냥한, 〈~ smooth\graceful\charming〉, 〈↔rude\unrefined〉 양2

3563 **sub** [썹]: 〈← substitute〉, 대리인, 회비, 가불, 부주필, 대형 샌드위치, 잠수함, 〈~ alternate\submarine〉 양1

3564 **sub~** [써브~]: 〈라틴어〉, under, 〈아래·하위·버금·부·조금〉이란 뜻의 결합사 양1

3565 **Su·ba·ru** [쑤바루]: 〈'unite'란 뜻의 일본어〉, 스바루, Pleiades(seven sisters); 묘성, '7성차', 1915년 항공 연구소로 시작해서 2차대전 때 전투기를 생산했고 1953년부터 자동차 제조에 전념하여 〈권투식 기관〉으로 〈실제로는 7개의 별이 있으나 6개밖에 안 보이는 상표처럼〉 실속파를 공략하고 있는 일본의 자동차 회사, 〈~ a Japanese automaker〉 수1

3566 **sub-con-scious** [써브 칸셔스]: 잠재의식(의), 어렴풋이 의식하는, 〈~ hidden\latent〉 양2

3567 **sub-cul·ture** [써브 컬춰]: ①2차 배양 ②소문화, 신문화, 반문화, 이질문화, 〈~ secondary\alternative〉 미2

3568 **sub–di·rec·to·ry** [써브 디뤡터뤼]: (다른 자료방 안에 들어 있는) 하위 자료방, 〈↔parent directory〉 양2

3569 **sub–di·vi·sion** [써브 디뷔젼]: 재분, 구획분할, 분양 토지, 〈~ partition\sectionalization〉 양1

3570 ***sub-do·main** [써브 도우메인]: 하위 영역, 전산기 주소의 〈의미 있는〉 일부분, 〈~ branch\child〉 미2

3571 **sub-due** [써브 듀우]: 정복하다, 압도하다, 억제하다, 낮추다, 〈~ conquer\defeat〉, 〈↔liberate\aggravate〉 양2

3572 ***sub-field** [써브 휘일드]: (학문의) 하위 분야, (전산기의) 아래 기록란, 〈~ division\section〉 미2

3573 **sub-gum** [써브 검]: 〈중국어〉, ten+brocades, 십금, 〈10가지 재료로 만든〉 〈야채·채썬 고기·숙주나물·버섯·마름 등을 섞은〉 차우멘〈chow mein〉, 〈~ mixture of vegetables〉 미2

3574 **su·bi·to** [쑤우비토우]: sub+ire(to go), 〈'sudden'이란 뜻의 라틴어에서 온 이탈리아어〉, 바로, 즉시, 갑자기, 〈~ abruptly\immediately〉, 〈↔slow\delayed〉 미2

3575 **sub-ject** [써브 쥌트]: sub+jacere(to lie), 〈라틴어〉, 속하는, 지배를 받는, 조건으로 하는, 주제, 과목, 원인, 실체, 개체, 대상물(자), 국민, 〈~ theme\matter\participant〉, [써브 쥅트]: 당하게 하다, 종속시키다, 위임하다, 〈~ put through\submit to〉, 〈↔object\free〉 양1

3576 **sub·jec·tive** [써브 줵티브]: '아래에 던져진', 주관적인, 주격의, 사적인, ⟨~ internal\personal⟩, ⟨↔objective가 없으면 한 발짝도 나갈 수 없는 말⟩ 양2

3577 **sub·jec·tive-ism** [써브 줵티뷔즘]: 주관주의, 지식은 외관적·객관적 사실이 아니라 개인의 내관적·주관적 사고에 의한 것이라는 철학, ⟨~(↔)emotivism\prescriptionism\expressionism⟩, ⟨↔objectivism⟩ 양2

3578 **sub·ju·gate** [썹 쥬게이트]: sub+jugum(yoke), '아래에 존속하다', 정복하다, 복종시키다, 가라앉히다, ⟨~ vanquish\crush⟩, ⟨↔liberate\emancipate\suffrage⟩ 양2

3579 **sub·junc·tive** [써브 줭티브]: sub+jungere(to join), '아래에서 합쳐지다', 가정법(의), ⟨주로 종속문에 쓰이는⟩ 가상을 나타내는 동사의 서법, ⟨~(↔)conjunctive⟩, ⟨↔indicative⟩ 양2

3580 **sub-lease** [써브 리이스]: ⟨라틴어⟩, 다시 빌려주다, 전대(전차)하다, ⟨~ sub-let\charter⟩ 미2

3581 **sub-let** [써브 렡]: sub·lease, 재대여하다, 하청주다, ⟨~ under-let\sub-contract⟩ 미2

3582 **sub-li·mate** [써브 리메이트]: sub+limare(to raise), ⟨밑으로부터 올려서⟩ 승화시키다, 고상하게 하다, ⟨~ uphold\refine⟩, ⟨↔solidify\degrale\impure\deposition⟩ 양2

3583 **sub-lime** [써브 라임]: sub+limis(oblique), 장대한, 숭고한, 빼어난, 황당한, ⟨절정 '바로 밑'의⟩ 극치, ⟨~ abstract\superb\transcendent⟩, ⟨↔lowly\brutish⟩, ⟨↔poor\ordinary⟩ 양2

3584 **sub-lim·i·nal** [써브 리미늘]: sub+limen(threshold), ⟨문지방 밑에 있어서⟩ 의식되지 않은, 잠재의식의, 식역하의, ⟨~ innate\concealed⟩, ⟨↔conscious\explicit⟩ 양2

3585 **sub–lux-a-tion** [써브 럭쎄이션]: sub(under)+luxare(dislocate), ⟨라틴어⟩, partial dislocation, 아(불완전)탈구, 뼈가 관절에서 일부 이탈한 것, 염좌, ⟨↔hinge⟩ 양2

3586 **sub-ma·chine** [써브 머쉬인] gun: ⟨라틴어+그리스어+북구어⟩, (1차 대전 중에 개발된) 경기관총, 기관단총, 기관총과 소총의 장점을 살려 특수전 등에서 사용되는 자동 소총, machine pistol 양2

3587 **sub-ma·rine** [써브 머뤼인]: ⟨라틴어⟩, under-water boat, 잠수함, 해저 생물, 둥그렇게 긴 빵을 가르고 냉육·치즈·야채를 낀 ⟨잠수함같이 생긴⟩ 큰 샌드위치, ⟨~ hero sandwich\poor-boy⟩, ⟨↔aircraft carrier⟩ 양2 우2

3588 **sub-mer·ge** [써브 머얼쥐]: sub+mergere(to plunge), ⟨라틴어⟩, '물 아래로 담그다', 잠수하다, 가라앉히다, ⟨~ drown\flood\inundate⟩, ⟨↔drain\float\ascend⟩ 양2

3589 **sub-mis·sion** [써브 미션]: ⟨본연의 임무를 내려놓은⟩ 복종, 항복, 정중, 제안, ⟨~ acquiescence\presentation⟩, ⟨↔contumacy\defiance⟩ 양2

3590 **sub-mit** [써브 밑]: sub+mittere(to send), '아래로 보내다', 복종시키다, 제출하다, 진술하다, 항복하다, (전산기에서 실행을 명령하는) 처리의뢰, ⟨~ yield\put forward⟩, ⟨~ trickle\kow-tow⟩, ⟨↔resist\refrain\buck⟩ 양2 미2

3591 *****sub-net mask** [써브 넽 매스크]: '부분망 차폐물', 공통된 전산망 체제에서 하부 전산기 고유주소의 일부를 가리키 위해 쓰는 '식별 번호', ⟨~ bit (or network) mask\dividing into the network and the host⟩ 우2

3592 **sub-or·di·nate** [써버얼디너트]: sub+ordinare(to order), '아래 순서에 있는', 아래의, 종속된, 부차적인, 중요치 않은, ⟨~ lower\inferior\minor⟩, ⟨↔higher\superior\major⟩ 양2

3593 **sub-poe·na \ ~pe·na** [썹 피이너]: ⟨라틴어⟩, 'under penalty', ('벌칙이 부기'된) 소환장, 호출장, ⟨~ summon\warrant\writ⟩, ⟨↔dismiss\send away⟩ 양2

3594 **sub-prime** [써브 프라임]: ⟨라틴어⟩, 최고급 다음의, 최우대 대출 금리보다 낮은 (준우대), '차 고위', ⟨~ sub-optimal\high-risk⟩ 미2

3595 *****sub–pro-gram** [써브 프로우그뢤]: ⟨라틴어+그리스어⟩, '준 차림표', (다른 차림표에서 사용할 수 있도록) 독립된 형태로 구성된 차림표의 일부, ⟨~ sub-routine\part of larger program⟩ 미2

3596 **sub-ro·gate** [써브 뤄게이트]: sub(under)+rogo(request), ⟨라틴어⟩, 대신하다, 대위변제하다, ⟨~ substitute\replace\exchange⟩ 양2

3597 *****sub-rou·tine** [써브 루우틴]: ⟨라틴어+프랑스어⟩, '준 일상업무', (특정 차림표 내에서) 반복 사용할 수 있는 독립된 명령군(기능·과정·방식), ⟨~ sub-program\procedure\function⟩ 미2

3598 **sub-scribe** [썹 스크롸이브]: sub+scribere(to write), '아래에 적다', 기명 승낙하다, 신청하다, 기부하다, 예약하다, ⟨~ assent\agree with\donate\reserve⟩, ⟨↔dissent\reject\cancel⟩ 양2

3599 **sub-script** [썹 스크륌트]: 밑에 쓰는 (기호), 첨자, (배열된 자료군에서) 특정 요소를 식별하기 위해 붙이는 기호, ⟨~ inferior text (or format)\sequel\below it⟩, ⟨↔super-script\superior character⟩ 미2

3600 **sub-scrip-tion** [썹 스크륖션]: ⟨← subscribe⟩, 기부(금), 예약(금), (예약) 신청, 응모, ⟨~ pledge\acceptance\application⟩, ⟨↔disagreement\debt\blockage\exit⟩ 양2

3601 **sub-se·quent** [썹 시퀀트]: sub+sequi(to follow), 뒤의, 다음의, 계속해서 일어나는, '아래에 따라오는', ⟨~ later\ensuing⟩, ⟨↔previous\former⟩ 가2

3602 **sub-ser·vi·ent** [썹 써얼뷔언트]: sub+servire(to serve), 부차적인, 추종하는, 비굴한, '아래에서 봉사하는', ⟨~ submissive\compliant⟩, ⟨↔dominant\precedent\independent⟩ 양2

3603 **sub-side** [썹 싸이드]: sub+sedere(to sit), '아래에 앉다', 가라앉다, 내려앉다, 진정되다, ⟨~ abate\recede⟩, ⟨↔intensify\rise⟩ 양2

3604 **sub-sid·i·ar·y** [썹 씨디에뤼이]: 보조의, 종속적인, 보조금에 의한, 산하단체 자회사, ⟨~ auxiliary\subordinate⟩, ⟨↔principal\major\umbrella organization⟩ 양2

3605 **sub-si·dize** [썹 씨다이즈]: 보조금을 주다, 보태주다, 매수하다, ⟨~ finance\contribute⟩, ⟨↔refund\disendow⟩ 양2

3606 **sub-sist** [썹 씨스트]: sub+sistere(to stand), '아래에 서다', 생존하다, 존재하다, 살아가다, ⟨~ exist⟩, ⟨~ survive\continue⟩, ⟨↔succumb\perish⟩ 가1

3607 **sub-sis-tence wages** [썹 씨스턴스 웨이쥐스]: 생존 임금, 최저 (생활 유지) 급료, ⟨~ lowest (or living) wages⟩ 가1

3608 **sub-soil** [썹 쏘일]: (표층토 밑에 있는) 하층토, (유기물이 거의 없는) 심층토, ⟨~ under-soil\B-horizon⟩, ⟨↔top-soil\humus⟩ 미2

3609 **sub-stance** [썹 스턴스]: ⟨← sub+stare(to stand)⟩, 물질, 실체, ⟨밑바닥에 깔려있는⟩ 본질, 요지, 자산, ⟨~ matter\essence\content⟩, ⟨↔abstract\debt\form⟩ 양2

3610 **sub-stance a·buse** [썹 스턴스 어뷰우즈]: (술·마약·약물 등) 물질 남용, ⟨~ chemical dependency⟩ 양2

3611 **sub-stan-tial** [썹 스탠셜]: 실질적인, 실속 있는, 상당한, 견실한, ⟨~ material\considerable⟩, ⟨↔abstract\worthless\nominal⟩ 양2

3612 **sub-sti-tute** [썹 스티튜우트]: sub+statuere(set up), ⟨라틴어⟩, '아래에 대신 세우다', 대체하다, 바꾸다, 대리하다, 치환하다, ⟨~ re-place\back-up⟩, ⟨↔permanent\retain\dismiss\original⟩ 양2

3613 ***sub-strate** [썹 스트뤠이트]: sub+sternere(spread out), ⟨밑바닥에 펼쳐져서⟩ (효소에 의해 화학반응을 일으키는) 기질, (전기회로의 접속을 담은) 기판, ⟨~ base\backing\platform⟩, ⟨↔sub-surface\over-head\activator⟩ 양2

3614 ***sub-string** [써브 스트링]: ⟨라틴어+게르만어⟩, 아래 문자열, 부분열, (나중에 다시 쓰기 위해) 문자열의 일부를 뽑아 놓은 것, ⟨~ cut\extract⟩ 미2

3615 **sub-sume** [써브 슈우음]: sub+sumere(take), ⟨밑으로부터 가져와서⟩ 포함(포섭)하다, ⟨~ include\contain⟩, ⟨↔exclude\prevent⟩ 양2

3616 **sub·ter-fuge** [써브 털휴우쥐]: subter+fugire(escape), ⟨라틴어⟩, ⟨밑으로 도피하는⟩ 구실, 핑계, 속임수, ⟨~ trickery\deviousness⟩, ⟨↔honesty\openness⟩ 양2

3617 **sub-ter·ra·ne·an** [써브 터뤠이니언]: sub+terra(the earth), 지하의, 숨은, 비밀의, ⟨~ sub-surface\underground⟩, ⟨↔surface\overhead⟩ 양2

3618 **sub-text** [써브 텍스트]: ⟨라틴어⟩, 언외의 뜻, 배후에 숨은 의미, '숨겨진 뜻', ⟨con-text보다 더 간접적이고 속이 깊은 말; [이원택 사전]의 진수⟩, ⟨~ implication\under-tone⟩, ⟨↔denotation\declaration⟩ 미2

3619 **sub-ti·tle** [써브 타이틀]: ⟨라틴어⟩, '부차적인 제목', 부제, ⟨화면 아래에 쓴⟩ 설명자막, ⟨~ rendering\version\closed caption⟩, ⟨↔super-title\cap-title⟩ 미2

3620 **sub-tle** [써틀]: sub+tela(web), ⟨라틴어⟩, '세밀히 짜여진', 미묘한, 희박한, 예민한, 교묘한, 교활한, ⟨~ fine\minute\sly⟩, ⟨↔obvious\harsh\blatant⟩ 양2

3621 **sub-to·tal** [써브 토우틀]: ⟨라틴어⟩, '먼저 단계의 합', 소계, ⟨~ running (or inter-mediate) total⟩ 가1

3622 **sub-tract** [썹 트랙트]: sub+trahere(to draw), '아래로 끌어당기다', 빼다, 감하다, 제외하다, ⟨~ deduct\remove⟩, ⟨↔add\supplement⟩ 가1

3623 ***sub-tweet** [써브 트위트]: ⟨라틴어+영국어⟩, subliminal tweet, (잠재의식을 부채질하는) 역하 사회 전산망, (전산망에서) 상대방의 이름을 대지 않고 상대방을 험담(조롱)하는 것, ⟨~ shady post\furtive mockery⟩ 우2

3624 **sub-urb** [써버얼브]: 〈라틴어〉, sub+urban(town), 교외, 근교, (도시) 주변, 〈~ out-skirts\rur-ban〉, 〈↔downtown\center〉 양2

3625 **sub-vert** [써뷔얼트]: sub+vertere(to turn), 뒤엎다, 전복시키다, 타파하다, 〈~ under-cut\undermine〉, 〈↔up-lift\habilitate〉 양2

3626 **Sub-way** [써브 웨이]: 서브 웨이, 1965년에 설립되어 길쭉한 대형 샌드위치(submarine)와 샐러드로 인기를 끌어 세계에 42,000여 개의 연쇄점을 둔 미국의 간이식당, 〈~ an American fast food franchise〉 수2

3627 **sub-way** [써브 웨이]: 〈라틴어+게르만어〉, 지하철(도), underground, underpass, 〈↔overground railway〉 가1

3628 **sub-woof·er** [써브 우훠]: 〈라틴어+영국어〉, (125Hz 이하의) 초저음 재생 확성기, 초저음 가수, 〈~ low-frequency speaker\deep bass singer〉 미2

3629 **suc~** [석\ 썩~]: 〈라틴어〉, (c로 시작하는 말 앞에서) sub~의 대체어 양1

3630 **succ** [썩]: suck(빨다)의 속어, '좆 빨기' 양2

3631 **suc-ce·da-ne·um** [써서데이니엄]: 〈← sub+cedere(to go)〉, 〈라틴어〉, 'substitute', 대용물, 대리인, 〈↔primary\permanent〉 양2

3632 **suc-ceed** [썩씨드]: 〈← sub+cedere(to go)〉, 〈라틴어〉, 〈밑에서 올라온 욕망을〉 달성하다, 성공하다, 〈밑으로 내려가면서〉 번창하다, 뒤를 잇다, '다음에 가다', '아래에 있는 사람에게 넘어가다', 〈~ triumph\follow\assume〉, 〈↔precede\fail〉 가1

3633 **suc-cess** [썩쎄스]: 〈← sub+cedere(to go)〉, 달성, 성공, 출세, 〈~ victory〉, 〈↔failure〉 가1

3634 *****suc-cess breeds en-vy** [썩쎄스 브뤼즈 엔뷔]: 성공은 시기의 씨앗, 사촌이 땅을 사면 배가 아프다, 〈~ an envious man grows lean with fatness of his neighbor〉 양2

3635 *****suc-cess does not hap·pen o·ver night**: 성공은 하루 아침에 이루어지지 않는다, 천리 길도 한 걸음부터, 첫 술에 배부르랴, 〈~ Rome was not built in a day〉 양2

3636 **suc-ces-sion** [썩쎄션]: 연속(물), 계승(권), 상속, 계통, 〈~ sequence\continuation〉, 〈↔cessation\end〉 양1

3637 **suc-cinct** [썩씽트]: sub+cingere(to gird), 〈라틴어〉, 〈아래로부터 조여 맨〉, 압축한, 간결한, 간단명료한, 꼭맞는, 〈~ laconic\brief\concise\snappy〉, 〈↔lengthy-verbose〉 양2

3638 **suc·cin-ic** [썩씨닉]: 〈← succinum(amber)〉, 〈라틴어〉, 호박(산)의, (도료·염료·향수 등의 원료로 쓰이는) 황갈색의 광물, 〈~ butanedioate〉 양2

3639 **suc-cor** \ suc-cour [써커]: sub+currere(to run), 〈라틴어〉, 〈아래로 뛰어가는〉 구조(자), 원조, 원군, 〈~ aid\help〉, 〈↔discouragement\despair〉 양1

3640 **suc·co·ry** [써커뤼]: 〈chicory의 네덜란드어〉, 청자색의 민들레 같은 꽃이 피고 주로 목축 사료용으로 쓰는 꽃상추과의 초본, 〈~ ragged sailors\blue daisy〉 우1

3641 **suc·co·tash** [써커태쉬]: 〈북미 원주민어〉, 강남콩〈lima bean〉과 옥수수〈sweet corn〉 (또는 귀리와 보리)에 야채를 섞어 끓인 요리, 〈~ 'kichen sink'〉 우1

3642 **suc·cu·bus** [써큐버스]: sub+cubare(to lie), 〈라틴어〉, in·cubus, (잠자는 남자를 덮친다는) 여자 몽마, 악령, 매춘부, 〈~ vampire\demon〉, 〈↔angel\eudaemon〉 양2

3643 **suc·cu-lent** [써큘런트]: 〈← sucus(juice)〉, 〈라틴어〉, 즙(수분)이 많은, 다육식물(flesh plant), 재미있는, 〈~ juicy\moist〉, 〈↔dry\tasteless〉 양2

3644 **suc-cumb** [써컴]: sub+cumbere(cubare; to lie), 〈라틴어〉, 굴복하다, 압도되다, 죽다, '아래에 눕다', 〈~ give-in\yield〉, 〈↔endure\prevail\reincarnation\subsist\out-wit\resist〉 양2

3645 **suc-cuss** [서커스]: sub+quatere(to shake), 〈라틴어〉, 심하게(마구) 흔들다, 진탕진탕, 신체 상부를 마구 흔들어 가슴을 청진하다, 〈~ violent shaking to assertain presence of fluid〉, 〈↔touch\tap〉 양2

3646 **such** [써취]: 〈← swylc(so+like)〉, 〈게르만어〉, 그러한, 같은, ~하리만큼, 저토록, 이러이러한, 〈~ so〉, 〈~ similar\related〉, 〈↔un-like\different〉 가1

3647 **such-and-such** [써취 언 써취]: 이러이러한, 여차여차한, 〈~ concealed\vague〉, 〈↔known\identified〉 가1

3648 **suck** [썩]: 〈영국어〉, 〈의성어〉, 빨다, 핥다, 불쾌하다, 흡수하다, ~에 끌어넣다, 착취하다, 〈~ siphon\absorb\draw\exploit〉, 〈↔blow\exhale\repel〉 양2

3649 **suck-er¹** [써커]: 빠는 사람(물건), 잘 속는 사람, 호구, '봉', (막대기에 붙여) 빨아 먹는 사탕, (새싹의) 곁눈, 〈~ gullible\victim\sap'〉, 〈→ Barnum effect〉, 〈↔discerning\wise〉 미2

3650 **suck-er²** [써커]: ①(이가 없이 두툼한 주둥이로) 먹이를 빨아 먹는 잉어 비슷한 담수어, buffalo·fish ②빨판상어, sucker fish, remora, 빨판이 달린 등지느러미로 다른 생물에 부착해서 잡아먹는 작은 상어류 우2 미2

3651 ***suck-er for free-bies** [써커 훠어 후뤼이비즈]: 공짜라면 양잿물도 먹는다, 공짜 좋아하면 대머리 까진다, 〈~(↔)there is nothing free\free lunch〉 양2

3652 **suck-ling** [써클링]: 젖먹이, 유아, 풋내기, 〈~ neonate\infant〉 양2

3653 **suck-up** [써 컵]: 《(오물을) 빨아 먹는》 아첨꾼, '좆빨이', 꾹참고 직면하다, 〈~ toady\swallow〉 양2

3654 **su·crose** [쑤우크로우스]: 〈← sucre〉, 〈프랑스어〉, 〈← sugar〉, (포도당과 과당이 합친) 〈사탕수수에 많이 든〉 자당, 〈~ cane (or table) sugar〉, 〈~(↔)glucose\fructose〉 미2

3655 **suc-tion** [썩션]: 빨기, 빨아들이기, 흡입, 흡인, 〈~ intake\drag〉, 〈↔blower\deflation〉 양2

3656 **Su·da·fed** [쑤우더훼드]: pseudoephedrine, Johnson & Johnson의 자회사인 McNeil사가 만드는 〈상기도의〉 미세혈관수축제, 〈~ a vaso-constrictor\nasal decongestant〉 수2

3657 **Su·dan** [쑤우댄 \ 쑤우단]: 〈아랍어〉, '검둥이〈black〉의 나라', 수단, 1956년 영국과 이집트로부터 독립했으나 오랜 내전을 하다가 2011년 South Sudan이 떨어져 나간 아프리카 동북쪽(N-E Africa)에 자리 잡은 '혼란이 그치지 않는' 회교(Islamic) 공화국, {Sudanese-Arab·Eng-(Sudanese) Pound-Khartoum} 수1

3658 **Su·dan grass** [쑤우댄 그래스]: 수단 풀, 1909년 미 농무부가 수단에서 들여온 아무 데서나 잘 자라고 영양가가 풍부한 수수류의 목초, 〈~ hybrid of sorghum and drummondi〉 수2

3659 **sud·den** [써든]: sub+ire(to go), 〈라틴어→프랑스어→영국어〉, 돌연한, 갑작스러운, 느닷없는, 〈→ subito〉, 〈~ abrupt\rapid〉, 〈↔gradual\delayed〉 가1

3660 **sud·den death** [써든 데쓰]: '급사', 단판승부, (골프 연장전에서) 처음으로 한 홀에서 이긴 선수가 우승하는 일, 〈~ swift demise\tie-breaker〉 양2

3661 **su-do-ku** [쑤우도우쿠우]: 〈일본어〉, suji wa dokusin의 약자, numbers are restricted to single status, 스도쿠, '단수 (독신자) 칸 맞추기', 유럽에서 시작해서 1984년 일본에 소개된 가로·세로 9칸의 숫자 맞추기 노름, 〈~ a combinatorial number-placement game〉 수2

3662 **su·dra** [쑤우드뤄]: 〈← ksudra(small)〉, 〈산스크리트어〉, shudra, 수드라, 인도 4성의 제4계급, 노예, 천민, 〈~ the lowly〉, 〈↔brahman\kshatria\vaisya〉 수2

3663 **suds** [써즈]: 〈← sudse(marsh)〉, 〈게르만어〉, 비눗물 (거품), 맥주 거품, 찌꺼, 진흙탕, 〈~ seethe〉, 〈~ foam\dregs〉, 〈↔solid\clear〉 양1

3664 **sue** [쑤우]: 〈'따르다'(sequi)란 뜻의 라틴어에서 연유한〉 고소하다, 소송을 제기하다, 청구하다, 〈~ charge\contest〉, 〈↔disclaim\exoneration〉 가1

3665 **suede** [스웨이드]: 〈프랑스어〉, Swedish gloves, 스웨드, '스웨든 장갑', 안쪽에 보풀이 있는 부드러운 가죽, 〈~ a soft leather〉, 〈↔tough leather〉 수2

3666 **Su·ez Ca·nal** [쑤에즈 커낼]: 〈← suan(beginning)〉, 〈'시작'이란 뜻의 이집트어에서 유래한〉 수에즈 운하, 1859년에 착공해서 1869년에 완성되고 우여곡절 끝에 1957년부터 이집트(Egypt)가 관리하는 지중해와 수에즈만을 연결하는 길이 193km·폭 205m·깊이 24m짜리 수로 수1

3667 **suf~** [서후 \ 써후~]: 〈라틴어〉, (f로 시작하는 말 앞에서) sub~의 대체어 양1

3668 **suf-fer** [써훠]: sub+ferre(to bear), 〈라틴어〉, '아래에서 참다', 겪다, 고생하다, 참다, 앓다, 〈~ passion\pathos〉, 〈~ hurt\endure〉, 〈↔alleviate\relieve〉 양1

3669 **suf-fi·cient** [써휘션트]: 〈sub+facere(make)〉, 〈라틴어〉, 〈아래로 흘러내릴 만큼〉 족한, 충분한, enough, 〈↔inadequate\limited〉 가1

3670 **suf-fix** [써휙스]: sub+figere(to fix), 〈라틴어〉, 접미사, 첨가물, 끝에 붙이다, 〈~ post-fix〉, 〈↔pre-fix〉 양2

3671 **suf-fo·cate** [써훠케이트]: sub+fauces(throat), 〈라틴어〉, '목구멍 밑에서' 숨을 막다, 질식시키다, 억압하다, 〈~ smother\stifle\choke〉, 〈↔breathe\respire〉 양2

3672 **Suf-folk** [써훸]: south+folk, '남방인', 써퍽 ①잉글랜드 동부(E. England)의 주 ②영국산 고급 식용 양(sheep) ③작고 검은 돼지(pig) ④(밤색에 다리가 짧은) 영국산 마차 말(horse) 수2

3673 **suf-frage** [써후뤼쥐]: sub+frangere(to break), 〈← suffragium〉, 〈타인을 위한〉(중보)기도, 〈라틴어→프랑스어→미국어〉, 〈← support〉, 찬성, 투표(권), 참정권, 〈~ right to vote\franchise〉, 〈↔disenfranchisement\subjugation〉 양2

3674 **suf-fuse** [써휴우즈]: sub+fundere(to pour), 〈라틴어〉, 〈아래로 퍼부어서〉 뒤덮다, 가득 채우다, 〈~ fill\saturate〉, 〈↔transfuse\eliminate\effuse〉 양2

3675 **Su·fi** [쑤우휘]: 〈← suf(wool)〉, 〈아랍어〉, '모직물을 입은 자', 수피(교도), 〈이치가 닿지 않는 자〉, 〈종파가 아니라〉(북아프리카에 많은) 이슬람교 내의 신비주의적 운동가, 〈~ a Muslim ascetic and mystic〉, 〈~(↔)Sunni〉 수2

3676 *****sug** [써그]: 〈전산망어〉 ①selling under guise, '위장 판매', 시장조사를 하는 척하면서 파는 행위 ②straight up gangster, 막바로 총을 들이대는 강도 우1

3677 **Su·ga** [스가], Yo·shi·hi·de: 〈중국어→일본어〉, 관〈sedge〉, '왕골 세공업자', 스가, (1948~), 딸기 농부의 아들로 태어나 자수성가하고 아베의 뒤를 이어 2020년 9월에 수상이 되었다가 1년만에 물러난 일본의 자민당 출신 직업 정치인, 〈~ a Japanese politician〉, 〈정치가는 카리스마가 있어야 한다는 좋은 예〉 수1

3678 **sug·ar** [슈거]: 〈← carkara(gravel)〉, 〈아랍어→스페인어→프랑스어→영국어〉, 설탕, 당(질), 감언, 뇌물, 제기랄, '여봉 (꿀단지)', 〈→ sucrose〉, 〈~ dear\darling\sweetie〉 가1 가2

3679 **sug·ar ba·by** [슈거 베이비]: (주로 자신보다 나이가 많은 상대와의 성관계 대가로 돈이나 선물을 받는) '꿀애기', younger sweet-heart, 〈↔sugar daddy\splenda daddy〉, 〈이것을 위한 전산망기지도 있음〉 우1

3680 **sug·ar beet** [슈거 비이트]: 사탕무, (낮에 따뜻하고 밤에 서늘한 지방에서 잘 자라며 뿌리의 15-20%가 당질을 함유하고) 세계 설탕시장의 20%를 점유하는 십자화과의 초본, 〈~ beet sugar〉, 〈↔cane sugar〉 가1

3681 **Sug·ar Bowl** [슈거 보울]: 슈거 볼, '설탕통', 1935년부터 매년 1월 1일 미국 뉴올리언스시의 Mercedes-Benz 경기장에서 열리는 초청 대학 선수단 간의 미식 축구경기, 〈~ an American college foot-ball game〉 수2

3682 **sug·ar cane** [슈거 케인]: 사탕수수, (습한 열대성 기후에서 잘 자라며 줄기의 15%가 당질을 함유하고) 세계 설탕시장의 80%를 점유하는 억세고 키가 큰 수수 비슷한 볏과의 초본, 〈~ Saccharum〉, 〈~(↔)sugar beet〉 가1

3683 **sug·ar corn** [슈거 코온]: sweet corn, 사탕옥수수, (자연적 돌연변이로 인한) 당분이 많은 옥수수로 알이 여물지 않을 때 '채소'로 먹어야 제맛이 남 가1

3684 **sug·ar dad·dy** [슈거 대디]: '설탕 아빠', 늙었지만 돈 많고 마음 좋은 남자 애인, 〈~ papa-katz〉, 〈~(↔)splenda daddy〉, 〈↔boy-toy〉 우1

3685 **sug·ar gum** [슈거 검]: (해충·가뭄에 강하며 수질이 단단하고 들척지근한 수지를 가진) 오스트레일리아 원산 유칼립투스〈eucalyptus〉 나무의 일종 우2

3686 **sug·ar-loaf** [슈거 로우후]: 설탕 덩어리, 원뿔꼴(막대 설탕·모자·산), 〈~ coned sugar-mass (or hillock)〉 양2

3687 **sug·ar ma·ple** [슈거 메이플]: (메이플 시럽〈maple syrup〉을 만드는 북미 동북부 원산의) 설탕단풍나무, 〈~ hard (or rock) maple〉 미2

3688 **sug·ar ma·ple bor·er** [슈거 메이플 보어뤄]: (설탕단풍나무에 구멍을 뚫는) 설탕단풍하늘소, 〈~ a long-horned wood-boring beetle〉 미2

3689 **sug·ar pine** [슈거 파인]: 사탕소나무, '침엽수의 왕', (원주민들이 그 수지를 감료로 썼던) 미 서부〈West Coast〉에서 자라는 기다란 솔방울을 가진 크고 튼실한 오엽송, 〈~(↔)white pine〉 미2

3690 **sug·ar-plum** [슈거 플럼]: bon bon, '자두 사탕', 끓인 설탕 맛이 나는 자두 모양의 (색깔의) 조그맣고 동그란 과자 미1

3691 **sug·ar rush** [슈거 뤄쉬]: '당분 쇄도', 설탕을 많이 먹고 흥분된 상태, S~ R~; 단것 만들기 경기(미국의 TV 흥행물), 〈~ hyper (over)-excitement\over-glow〉 우2 수2

3692 **sug-gest** [써줴스트]: sub+gerere(to carry), 〈라틴어〉, 〈의견을〉 '아래에서 가져오다', 암시하다, 시사하다, 제안하다, 권하다, 〈~ propose\advise〉, 〈↔deny\gain-say\supplicate〉 양2

3693 *****suh** [써]: 〈신조 구어〉, (게으름뱅이가 쓰는) What's up? (무슨 일?·어때?)의 준말, 〈~ sup²〉 양2

3694 **Su·har·to** [수우하알토우], Mu·ham·mad: su(good)+artha(wealth), 〈'선량한 부자'란 뜻의 산스크리트어〉, 수하르토, (1921-2008), 일본군 장교 출신으로 독립 후에도 승승장구해서 수카르노를 밀어내고 1967년에 대통령이 된 후 15~35억 불의 재산을 긁어모았다가 학생들의 봉기로 1998년에 하야한 인도네시아 군인, 〈~ an Indonesian military officer〉 수1

3695 **Su·i** [쑤이]: 〈중국어〉, 〈'대대로 이어가는 나라'라 칭했으나 2대로 끝난〉 수 왕조, (581~618), 북주의 양견이 권력을 잡고 남·북 조를 통일해서 서역과 북월남까지 이르는 통일국가를 이루었으나 아들 양광의 독재로 막을 내린 중국의 중앙집권국가, 〈~ a short-lived Chinese imperial dynasty〉 미2

3696 **su·i·cide** [쑤우이 싸이드]: sui(oneself)+caedere(slay), 〈라틴어〉, 자살 (행위), 자멸, '자기 죽이기', 〈~ self murder\hari-kari(일본어)\extreme choice(한국어)〉, 〈↔homi-cide\murder〉 가1

3697 **su i ge·ne·ris** [쑤우이 줴너뤼스]: 〈라틴어〉, own kind, unique, 독자적인, 독특한, 〈↔myriad\varied〉 양2

3698 **suit¹** [쑤우트 \ 슈우트]: 〈← sequi(to follow)〉, 〈라틴어〉, sue, 〈사건에 딸려서 발생하는〉 소송, 고소, 청원, 〈~ indictment\litigation〉, 〈↔approval\sentence〉 양1

3699 **suit²** [쑤우트 \ 슈우트]: 〈← sequi(to follow)〉, 〈라틴어〉, '뒤따르다', 적응시키다, 어울리다, 편리하다, 〈딸려 있는〉 옷 한 벌, 갖춘 옷, 정장, 〈항상 정장 차림의〉 간부 사원, 짝패 한 벌, 〈~ out-fit\costume〉, 〈↔rags\bath-robe〉 양1

3700 **suit-case** [쑤우트 케이스]: (옷 한 벌을 넣을 만한) 여행 가방(portmanteau), 〈~ brief-case〉, (전산기 운영체계의 자료를 함유하는) 특수 저장 장치, 〈~ system file\computer chassis〉 미2 우2

3701 **suite** [스위이트]: 〈라틴어→프랑스어〉, 〈← suit²〉, (가구의) 한 벌, 모음곡, 수행원, (거실·응접실 따위가) 붙은 방, '모둠방', (초보자를 위한 다목적용) 응용 꾸러미, 〈~ entourage\set of rooms〉, 〈↔whole\individual〉 미1

3702 **suit-or** [쑤우터 \ 슈우터]: 〈← suit¹〉, 제소인, 청원자, (남성) 구혼자, 〈~ wooer\boy-friend〉, 〈↔foe\girlfriend〉 양2

3703 **suit your-self** [슈우트 유어셀후]: (네가) 좋을대로, 마음대로(해), 〈~ help your-self〉 양2

3704 **su·je-bi** [수제비]: 뜨더국, 〈중국어+한국어〉, 밀가루 반죽을 장국에 〈손으로 뜯어 넣고〉 끓인 〈던지기 탕〉, hand-torn noodle-soup 수2

3705 **su·jeong-gwa** [수정과]: shui(water)+zheng(true)+guo(fruit), '물에 탄 진짜 과일', 〈중국어→한국어〉, 생강과 계피를 달인 물에 설탕이나 꿀을 탄 다음 곶감과 잣을 넣어 만든 과실 음료, 〈~ Korean cinnamon punch〉 수2

3706 **su·jet** [쑤우젤 \ 쑤우제이]: 'subject'의 프랑스어, 주제, 창조적·예술적인 구성 방법, 〈~ theme\topic〉 미2

3707 **Su-kar·no** [수우카알노우], Ach·med: 〈← su(good)+karma(act), 〈'선량한' Karma라는 산스크리트어〉, 수카르노, (1901-1970), 네덜란드로부터 독립하는 데 공을 세워 대통령이 되었으나 좌경화로 인해 22년 후에 반공 군부에 의해 밀려난 인도네시아의 정치가, 〈~ an Indonesian politician〉 수1

3708 **su·ki·ya·ki** [수우키이 야키]: 〈일본어〉, thinly sliced+grill, '얇은(고기)구이', 스키야키, (저민 쇠고기·야채·간장·설탕·조미료 등을 넣고 냄비에 끓인) 일본식 전골, 〈~ a Japanese hot pot dish〉, 〈~(↔)shabu-shabu〉 미1

3709 **sul·cus \ sul·ci** [썰커스 \ 썰사이]: 〈라틴어〉, groove, (함몰)구, 홈, 고랑, (뇌의 회를 분리하는) 이랑, 〈~ gyrus\furrow〉 양2

3710 **sul·fur \ ~phur** [썰훠]: 〈라틴어〉, 황, 비금속원소(기호 S·번호16), (지구 중심핵의 15%·지각의 0.05%를 차지하고 상온에서는 냄새가 없으나 섭씨 250°에서 발화하면 이산화황 기체가 되어 고약한 냄새를 내는) 유황, 유황빛, 〈~ brim(burning)-stone\an essential chemical element for all life〉 양2

3711 **sulk-y** [썰키]: ①〈어원 불명의 영국어〉, 실쭉한, 골난, 음침한, 〈~ sullen〉, 〈↔lark²〉 ②말 1필이 끄는 〈굼뜬〉 1인승 2륜 마차, 〈~ a 2-wheeled vehicle〉 양2 우1

3712 **sul·len** [썰런]: 〈← solus(alone)〉, 〈라틴어→프랑스어→영국어〉, 샐쭉한, 부루퉁한, 음울한, 굼뜬, 〈← sole¹?〉, 〈~ sulky\morose〉, 〈↔cheerful\effervescent〉 양2

3713 **Sul·li·van** [썰리붠], Har·ry: suil(eye)+dubh(black), 〈아일랜드어〉, '검은 눈동자를 가진 자', 설리번, (1892-1949), 인간의 성격은 어릴 때 타인과의 관계에서 형성된다고 주장한 미국의 정신과 의사, 〈~ an American psychiatrist〉 수1

3714 **sul·ly** [썰리]: 〈← sus(swine)〉, 〈라틴어→프랑스어→영국어〉, 〈돼지같이〉 더럽히다, 변색시키다, 훼손하다, 〈~ soil\taint〉, 〈↔cleanse\purify〉 양2

3715 **sul·tan¹** [썰턴]: 〈아랍어〉, 술탄, '지배자〈ruler〉', 이슬람교국의 군주(토후), 〈~ caliph〉 우1

3716 **sul·tan²** [썰턴]: ①〈술탄의 옷 같은 화려한 색깔의 깃털을 가진〉 뜸부기〈water-rail〉의 일종 ②〈술탄의 투구 같은 관모를 가진〉 터키산 흰 닭〈white chicken〉 ③〈술탄의 모자에 달린 털 방울 같은 꽃이 피는〉 수레국화〈cornflower〉의 일종 우1

3717 **sul·try** [썰트뤼]: 〈← swelt(to faint)〉, 〈영국어〉, 무더운, 찌는 듯한, 난폭한, 정열적인, 음탕한, 〈~ swelter〉, 〈↔cold\frigid〉 양2

3718 **sum** [썸]: 〈← super(above)〉, 〈라틴어〉, 총계, 합계, 개요, 합집합, 〈~ summit\summary〉, 〈~ total\whole〉, 〈↔inverse\difference\part〉 양2

3719 **su·mac(h)** [쑤우맥 \ 슈우맥]: 〈← sumaka(to be tall)〉, 〈아랍어〉, 슈막, 옻나무, 북나무, 송이를 이루며 맺는 좁쌀알만 한 열매는 향신료로·가는 잎은 tannin이 많아 가죽의 무두질·나무 껍질의 진은 옻칠하는 데 쓰이며 어떤 종은 심한 가려움증을 일으키는 온대성 낙엽관목, 〈~ terebinth\poison ivy\a cashew〉 미2

3720 **Su·ma·tra** [수우마아트뤼]: 〈← samudra(sea)〉, 〈산스크리트어〉, '바닷속의 섬', 수마트라, 자바 서쪽·말레이 남쪽에 있는 산세가 험하고 2004년 쓰나미가 휩쓸고 간 길쭉한 큰 섬, 〈~ a large Indonesian island〉 수1

3721 **Su·mer** [쑤우머]: 〈← sumeru(land of civilized kings)〉, 〈고대 중동어〉, '교양있는 왕들의 나라', 수메르, 기원전 6-5세기에 메소포타미아 남방에서 일어났던 문명, 〈~ an ancient civilization in S. Mesopotamia〉 수1

3722 **sumi-e** [쑤미에]: 스미에, black-ink painting, 〈중국어→일본어〉, 수묵화, 묵으로 그린 단색 수채화, ink and wash painting, 〈~ water color〉, 〈↔oil painting〉 우2

3723 **sum·ma cum lau·de** [쑤머 쿰 라우데이]: 〈라틴어〉, with highest praise, 최우등(수석) 졸업상 양2

3724 **sum-ma·ry** [써머뤼]: 〈라틴어〉, 〈← sum〉, 요약, 개요, 간략한, 약식의, 재빠른, 〈~ synopsis\abstract\instant〉, 〈↔inversion\lengthy\unabridged〉 양1

3725 **sum·mer** [썸머]: 〈← sama(half year)〉, 〈산스크리트어→게르만어〉, 여름(철), 더운 계절, 한창때, '1년의 중간', 〈~ warm season\dog-days〉, 〈↔winter〉 가1

3726 **sum·mer sol-stice** [썸머 쌀스티스]: 하지, (북반구에서는) 6월 21일, 〈~ mid-summer〉, 〈↔winter solstice〉 양2

3727 **sum·mer squash** [썸머 스콰쉬]: '여름 호박', '애호박', 여름철에 따는 덜 익은 호박, 〈~ young zucchini〉 미2

3728 **sum·mer time** [썸머 타임]: daylight-saving time, 여름 시간, 일광 절약 시간, 미국에서는 1918년에 채택된 〈열량 절약에는 큰 성과가 없으나 음료수가 많이 팔리는〉 3월 둘째 일요일부터 11월 첫째 일요일까지 '한 시간 더 사는' 〈불편한 제도〉, 〈↔normal (or winter) time〉 미2

3729 **sum·mit** [써밑]: 〈← super(above)〉, 〈라틴어〉, 꼭대기, 정상, 극치, 수뇌부, 〈~ sum〉, 〈~ top\peak\apex〉, 〈↔base\bottom〉 가1

3730 **sum-mon** [써먼]: sub+monere(warn), 〈라틴어〉, 소환(호출)하다, 항복을 요구하다, '아래로 살짝' 상기시키다, 〈~ subpoena\writ〉, 〈↔search warrant〉 양2

3731 **sump** [썸프]: 〈영국어〉, marsh, (구정물) 웅덩이, (액체가 모이는) 구멍, 집수갱, (차 밑바닥의) 기름통, 〈~ swamp〉, 〈~ bog\sink\cess-pit〉, 〈↔ascend\float〉 양1

3732 **sump·tu-ous** [썸츄어스]: 〈← sumptus(cost)〉, 〈라틴어→영국어〉, '값비싼', 화려한, 호화스러운, 장엄한, 〈→ scrumtious〉, 〈~ luxurious\ritz〉, 〈↔humble\cheap〉 양2

3733 **Sun** [썬]: 선 ①1982년에 창립되어 2010년에 Oracle에 넘어간 미국의 전산기 회사, 〈~ an American technology co.〉 ②〈몽매한 백성들에게 빛을 선사하는〉 각종 신문·잡지명, 〈~ names of newspapers and magazines〉 ③〈'약물'이란 원주민어에서 유래된〉 미 중북부의 강, 〈~ Medicine River\a tributary of the Missouri River〉 수2

3734 **sun** [썬]: 〈← sunne(sol)〉, 〈게르만어〉, 해, 태양, 햇빛 (볕), (태양계의 중심에 있고 지구의 33만 배가 되는) 3/4이 수소·1/4이 helium으로 된 원형의 전리기체, 〈지구의 생사여탈권을 가진 유일한 자〉, 〈~ sol\heliosphere〉 가1

3735 **Sun,** Quan [썬 퀀]: royal offspring, 〈중국어〉, '왕족의 자손', 손 권, (181-252) 삼국시대〈3 Kingdom period〉 중국 남동부 오나라의 왕, 〈~ the Great king of Wu〉 미2

3736 **Sun,** Wen [쑨 웬]: royal offspring, 〈중국어〉, Sun Yixian, Sun Yet-Sen, 쑨원, 손문, 손일선, 손약산, (1866-1925), 중국 광동성에 태어나 의사가 되었으나 조국의 근대화를 위해 징계에 뛰어든 혁명가·정치가, 〈~ a Chinese revolutionary and statesman〉 수1

3737 **Sun,** Zi [썬 쥐]: Sun Tzu, royal offspring, '왕족의 자손', 손·자, (544-496 BCE), 세심한 방어와 속임수를 근간으로 한「손자병법」을 저술한 중국 전국시대의 전략가, 〈~ a Chinese general and strategist〉 미2

3738 **Su·nak** [쑤우낵], Ri·shi: 〈'young dog'이라는 뜻의 산스크리트어?〉, (1980-), 수낵, 경제학을 전공한 인도계 영국 태생으로 2022년 10월부터 2024년 7월까지 수상을 역임한 보수당 출신 정치인, 〈~ a British politician〉 수1

3739 **sun belt** [썬 벨트]: 태양 지대, (미국 플로리다에서 캘리포니아 남부에 이르는) 날씨가 따뜻한 지역, 〈~ southern US〉 우2

3740 **sun-bird** [썬 버어드]: 〈꽃의 '핵심'을 빨아먹는〉 태양새, spider eater, (구대륙에 서식하며 밝은 색깔의 깃털·아래로 굽은 뾰족한 부리·긴 꼬리를 가지고 거미도 잡아먹지만) 주로 과즙을 빨아 먹는 조그맣고 날씬한 참새류, 〈~ a small, slender passerine〉 미2

3741 **sun-block** [썬 블락]: 햇빛(자외선) 차단제, (titanium과 zinc가 주성분이나 햇볕을 완전히 차단하지는 못하므로) 2013년 FDA가 사용을 금지시킨 말, sun·screen이 바른말

3742 **sun-burst** [썬 버얼스트]: '햇살 무늬', 〈~ sun-star〉, 보드카·감귤류 과즙·얼음을 넣은 혼합주, 〈~ yellowish-pink cocktail〉 우1

3743 **sun-burst pleats** [썬 버얼스트 플리츠]: 〈햇살이 퍼져 나가는 모양으로〉 위는 좁게 아래는 넓게 잡은 스커트의 주름, 〈~ graduated accordion pleat〉 우1

3744 **sun-cream(screen)** [썬 크뤼임(스크뤼인)]: 자외선 방지 피부 보호 연고, 〈~ photo-protective cream〉 미1

3745 **Sun·da** [쑤운더]: 〈'양질(pure?)'이란 뜻의 산스크리트어〉, 순다, 말레이제도 중 인도네시아에 속하는 크고 작은 여러 개의 섬들, 〈~ islands in the Malay Archipelago〉 수1

3746 **sun·dae** [썬데이 \ 썬디]: ①〈영국어〉, 〈Sunday에 먹다 남은?〉 초콜릿·과일·견과·당밀을 얹은 얼음과자, 〈~ a frozen dessert〉 ②순대, 〈한국어〉, ⇒ soon-dae 우1

3747 **sun dance** [썬 댄스]: '태양을 쳐다보는 춤', 북미 평원지방의 원주민(Native American in the Plains)이 외적·기아 퇴치를 위해 여름날 둥글게 모여 태양을 쳐다보며 발가락 장단으로 추는 춤, 〈~ pray for healing〉 우2

3748 **Sun·da skunk** [쑤운더 스컹크]: 〈Sunda 섬에 서식하는〉 악취 오소리, ⇒ teledu 우1

3749 **Sun-day** [썬 데이]: 〈라틴어에서 연유한 영국어〉, '해(sun)의 날, 일요일, 안식일, (예수가 부활했다는) 주일, (일을 안 하는) 공일, 7요일의 첫째 날, 〈~ the Lord's Day\the Sabbath〉 가1

3750 **Sun-day best** [썬데이 베스트]: (교회 갈 때 가장 좋은 옷을 입고 가던 관례에서 유래된) 제일 좋은 옷, 잘 차려입은 옷, 꽉 빼입은 옷, 〈~ one's finest clothes\finery〉, 〈↔rags〉 양2

3751 **sun-day driv-er** [썬데이 드롸이붜]: 일요 운전자 ①미숙한 운전자 ②(시간에 쫓기지 않아) 세월아 네월아 하는 운전자, 〈~ slow driver〉 미1

3752 **Sun-day Saint** [썬데이 쎄인트]: (1969년에 나온 미국 시골 음악에서 연유한) 일요 성인, 〈Saturday Satan이〉 일요일에만 독실한 신자인 체하는 위선자(hypocrite), 〈~(↔)Holy Joe〉 양2

3753 **Sun-day scar-ies** [썬데이 스케어뤼스]: (일이나 학교 가기 싫어서 나타나는) 일요 공포증, 〈~ Sunday dread (or blues)〉 양2

3754 **sun deck** [썬 덱]: 상갑판, 일광욕용 옥상, 〈~ terrace\balcony〉 미1

3755 **sun·der** [썬 더]: 〈← sundrian(separate)〉, 〈게르만어〉, (둘로) 가르다, 떼다, 끊다, 찢다, 〈→ asunder〉, 〈~ divide\rend〉, 〈↔integrate\unite〉 양2

3756 **sun-dew** [썬 듀우]: '태양의 이슬', (자잘한 꽃들이 영롱한 햇살 무늬같이 피는 194종에 달하는 다양한 크기와 모양의) 끈끈이주걱, 〈~ daily dew\Drosera\carnivorous plant〉 우2

3757 **sun-down** [썬 다운]: 일몰, 해 질 녘, 일몰 환각, (치매로 인해) 해가 지면 더 혼미해지는 정신 상태, 〈~ sun-set\dusk\twilight〉 양1 미1

3758	**sun·dry** [썬드뤼]: ⟨← sunder⟩, ⟨영국어⟩, 갖가지의, 잡다한, ⟨~ various\mixed⟩, ⟨↔same\uniform⟩ 가1
3759	**sun-fast** [썬 홰스트]: 햇볕에 색이 바래지 않는, ⟨~ light-fast\fade-resistant⟩ 미1
3760	**sun-fed** [썬 풰드]: (축사나 온실이 아닌 야외로) 태양으로 기른 가축이나 채소, (콩으로 만든) 인공 육류, ⟨~ basked\artificial meat⟩ 우2
3761	**sun-fish** [썬 휘쉬]: pan fish ①mola, 맷돌고기, ⟨햇볕을 쬐러 수표로 올라오는 버릇이 있는⟩ 아주 무겁고 맷돌같이 생긴 생존 위기에 처한 바다 물고기 ②개복치, 북미 원산의 납작한 작은 민물고기, ⟨~ opah⟩ 미1
3762	**sun-flow·er** [썬 훌라워]: 해바라기, 긴 줄기에 달린 커다란 원형의 꽃판이 태양을 따라 움직이는 북미 원산의 국화과(daisy family)의 한해살이 초본, ⟨~ a Heli-anthus⟩ 가1
3763	**sung** [썽]: sing의 과거·과거분사 가1
3764	**Sung Dy·nas·ty** [썽 다이너스티]:→Song Dynasty, 송나라 미2
3765	**sun-glasses** [썬 글래시스]: 색안경, 햇빛 가리개 안경, ⟨~ sun cheaters\shades⟩ 미1
3766	**sunk** [썽크]: sink의 과거·과거분사, 가라앉은, 침몰된 양1
3767	*****sunk-cost** [썽크 코어스트]: 매몰 비용, ⟨이미 지출되어 회수불가⟩ 함몰 비용, ⟨~ retrospective cost⟩, ⟨↔oppertunity cost⟩ 양2
3768	**sunk-en** [썽큰]: sink의 과거분사 양1
3769	**sun-lamp** [썬 램프]: 태양등, (피부병 치료·미용 등을 위해) 인공으로 자외선⟨ultra-violet rays⟩을 쬐어주는 기계, ⟨~ light therapy box⟩ 미2
3770	*****sun lamp** [썬 램프]: (영화 촬영용) 포물면경이 있는 큰 전등, ⟨~ a parabolic reflector⟩ 우2
3771	**Sun·na(h)** [쑤너]: way of life, ⟨아랍어⟩, 수나, (수니파들이 정경⟨tradition⟩으로 사용하는) 마호멧의 언행에 바탕을 둔 이슬람의 구전 율법(law), ⟨~ model for Muslims to follow⟩, ⇒ Sunni 수2
3772	**sunn hemp** [썬 헴프]: ⟨산스크리스트어⟩, Indian hemp, 숙마, 동인도 대마, 질긴 섬유를 제공하고 식물 연료로도 부상하는 콩과 활나물속의 초본, ⟨~ brown (or Madras) hemp⟩ 미2
3773	**Sun·ni** [쑤니]: ⟨아랍어⟩, 'Sunna를 따르는 자', 수니파, ⟨마호멧의 후계자는 그의 부족 꾸라이쉬 출신이어야 한다고 주장하며⟩ 코란과 함께 마호멧의 언행을 중요시하는 이슬람교의 80% 이상을 차지하는 '정통파', ⟨~ orthodox muslim⟩, ⟨~(↔)Sufi⟩, ⟨~(↔)Shia⟩ 수2
3774	*****sun-ny-side up** [써니 싸이드 엎]: ⟨1831년 미국에서 등장한 요리용어⟩, 한쪽만 익힌, ⟨태양의 모양이 훼손되지 않게⟩ 뒤집지 않은(계란부침), ⟨~ over easy⟩, ⟨~(↔)scrambled⟩ 미1
3775	**sun-rise** [썬 롸이즈]: 해돋이, 일출, 초기, 신흥기, ⟨~ dawn\morning⟩, ⟨↔sun-set⟩ 양2
3776	**sun-roof** [썬 루우후]: 일광 천장, (자동차 지붕의) ⟨개폐식⟩ 채광창, ⟨~ convertible top⟩ 미1
3777	**sun-root** [썬 루우트]: sun·flower artichoke, 뚱딴지, 돼지감자, ⇒ Jerusalem artichoke 미2
3778	**sun-rose** [썬 로우즈]: '해 장미', ⟨~ moss-rose\Mexican rose⟩, ⇒ rock·rose 우1
3779	**sun-set** [썬 쎌]: 해넘이, 일몰, 말기, 쇠퇴기, ⟨~ night-fall\twilight⟩, ⟨↔sun-rise⟩ 양2
3780	*****sun-set clause** [썬 쎌 클러어즈]: (일정 기간이 지나면 자동적으로 소멸되는) 일몰 조항, ⟨~ deadline for automatic termination⟩ 양2
3781	**sun-set law** [썬 쎌 러어]: ①(정부사업 존폐의 정기적인 검토를 의무화한) 미국의 행정개혁 촉진법, ⟨~ sun-set provision⟩ ② (의회가 갱신하지 않으면) ⟨자동적으로 소멸되는⟩ 일몰법, ⟨~ automatic expiration⟩ 우1
3782	**sun-shine law** [썬샤인 러어]: (Sunshine State인 Florida에서 최초로 시행된) 미국의 의사 공개법, ⟨~ regulations requiring public disclosure⟩ 우1
3783	**sun-show·er** [썬 샤우어]: (맑은 날에 오는) 여우비, ⟨~ liquid sunshine\drizzle under the sun⟩, ⟨↔aridity\thunder-storm⟩ 양2
3784	**sun-spot** [썬 스팥]: 태양의 흑점, 주근깨, ⟨~ freckle⟩ 양2
3785	**sun-stroke** [썬 스트로우크]: heliosis, 일사병, 뜨거운 태양에 오래 노출되어 체온이 섭씨 40도 이상 오를 때 생기는 병, ⟨~ heat-stroke\heat exhaustion⟩, ⟨~ heliosis⟩ 양2
3786	**sun-tan** [썬 탠]: 볕에 그을음, 밝은 갈색, ⟨~ bronzed\sun-burnt⟩ 미2
3787	**sun-vi·sor** [썬 봐이줘]: 햇빛 가리개, (자동차의 직사광선을 피하는) 차양판, ⟨~ sun shield (or screen)⟩ 미2
3788	**sup**[1] [썹]: ⟨게르만어⟩, ⟨의성어?⟩, 조금씩 마시다, 홀짝이다, ⟨~ soup \ sip⟩ 양2

3789 *sup² [썹]: 〈신조 구어〉, what's up, 어때, 어떻게 지내?, 〈~ suh〉 양2

3790 su·per~ [쑤우퍼~ \ 슈우퍼~]: 〈라틴어〉, above, 〈위·더욱·최고·과도·초월~ 등〉을 뜻하는 결합사 양1

3791 su·perb [쑤우펄 브]: [← superbus(grand)〉, 〈라틴어〉, '위에 있는', 훌륭한, 멋진, 당당한, 뛰어난, 〈~ magnificient\wonderful〉, 〈↔inferior\poor〉 양2

3792 su·per ba·by [쑤우퍼 베이비]: '우량아', 영재 교육을 받은 젖먹이, 〈~ amazing (or extra-ordinary) baby〉 양2 우2

3793 su·per bac·te·ri·a(bug) [쑤우퍼 백티어뤼어(버그)]: (일반 항생제에 내성이 있는) 초강세균, 〈~ multidrug-resistant microbes〉 미2

3794 Su·per Bowl [쑤우퍼 보울]: 슈퍼 볼, Big Game, 1967년에 시작되어 매년 2월 첫째 일요일에 구장을 돌려가며 열리는 미국 축구 연맹(NFL)의 '왕좌' 결승전 〈비공식 공휴일〉, 〈~ The Big Game\The Football Championship〉 수2

3795 su·per-cen·te·nar·i·an [쑤우퍼 쎈터네어뤼언]: 110세 이상의 사람, '초 백세인', 〈~ ageless (or eternal) individual〉 미2

3796 su·per-cil·i·ous [쑤우퍼 씰리어스]: 〈눈썹(eyelid) 위에서〉 사람을 내려다보는, 거만한, 건방진, 〈~ arrogant\haughty〉, 〈↔humble\modest〉 양2

3797 *su·per-com·put·er [쑤우퍼 컴퓨우터]: (다량의 자료를 고속으로 처리할 수 있는) 초고속 전산기, 〈~ exa-scale (or parallel) computer〉 양2

3798 *su·per-con·duc·tor [쑤우퍼 컨털터]: 초전도체, (한국에서 개발에 열을 올리고 있는) 전기 저항이 0이 되면서 전류가 장애없이 흐르는 〈이상적인〉 반도체, 〈~ high temperature conductor〉, 〈~(↔)conductor〉 양2

3799 *su·per class [쑤우퍼 클래쓰]: 최고 계급 ①초강(생물 분류상 class와 subphylum 사이) ②(객체 차림표 언어에서) 하위부문이 분리되어 나오는 '상위부문', 〈~ base (or parent) class〉 양1 미1

3800 Su·per-dome [쑤우퍼 도움]: 슈퍼 돔, 미국 뉴올리언스시에 1975년에 개장되어 2011년 Benz사가 이름만 산 New Orleans Saints의 근거지 수2

3801 su·per-dome [쑤우퍼 도움]: (둥근 지붕의) 초대형 경기장, 〈~ covered stadium〉 양2

3802 su·per-ego [쑤우펄 이이고우]: 초자아, 상위자아, 도덕이나 양심에 따라 행동하게 하는 정신요소, 〈~ moral code〉, 〈↔id\ego〉 양2

3803 su·per-fi·cial [쑤우퍼 휘셜]: super+facies(face), 표면(외면)의, 피상적인, 얕은, 〈~ surface\shallow〉, 〈↔deep\profound〉 양2

3804 su·per-flu·ous [쑤우퍼 훌루어스]: super+fluere(flow), '위로 흘러넘치는', 남는, 과잉의, 불필요한, 〈~ surplus\redundant〉, 〈↔necessary\essential〉 가1

3805 *su·per-food [쑤우퍼 후우드]: 〈라틴어+게르만어〉, 우량 식품, 〈몸에 좋다는〉 '보약 식품', 〈체력을 증진시킨다는〉 '강장식품', 〈~ nutraceutical\functional food〉 미2

3806 *Su·per Fri·day [쑤우퍼 후롸이데이]: 슈퍼 프라이데이, '금요' 대매출, 〈요일에 관계없이〉 3일 이상 연휴의 전날, '대박의 날', 〈~ the first day of a long weekend\jack-pot day〉 우2

3807 su·per-in·tend [쑤우퍼륀텐드]: super+intendere(attend to), 〈위에서 마음을 쓰며〉 지휘(감독·관리)하다, 〈~ boss\supervise〉, 〈↔forget\ignore〉 가1

3808 Su·pe·ri·or [수우피어뤼얼]: 슈피리어 호, 북미 5대호 중 제일 크고(largest) 제일 위에 위치한 수량 12,000km³짜리 빙하 호수, 〈~ the northern and western-most of the Great Lakes〉 수2

3809 su·pe·ri·or [쑤우피어뤼얼]: [← superus(above)〉, 위의, 보다 높은, 우수한, 월등한, 초연한, 〈~ upper (or higher) level〉, 〈↔inferior〉 양2

3810 su·pe·ri·or char·ac·ter [쑤우피어뤼얼 캐릭터]: = superscript, 어깨글자 (기호), 〈↔sub·script〉 미2

3811 su·per-la·tive [쑤우퍼어 러티브]: [← superlatus(carried beyond)〉, 최상의, 과도한, 과장된, 〈~ relative〉, 〈~ excellent\magnificent〉, 〈↔poor\mediocre〉 양2

3812 Su·per-man [쑤우퍼 맨]: 슈퍼 맨, 1938년 미국의 두 고등학생에 의해 출시된 공상 만화와 그 후속물에 나오는 초인간적 영웅, 〈↔Bizarro〉 수2

3813 su·per man [쑤우퍼 맨]: 〈라틴어+산스크리트어〉, 초인(적인 힘을 가진 사람), 〈~ hero\legend〉, 〈↔somebody\follower〉 양2

3814 **su·per·mar·ket** [쑤우퍼 마아킽]: supermart, 대형 잡화상, 종합 상점, 〈~(↔)hyper-market보다는 작음〉, 〈↔mini-mart\mom-and-pop〉 미2

3815 *****su·per-mom** [쑤우퍼 맘]: 〈라틴어+영국어〉, 초인 엄마, (돈도 벌고 가정도 돌보는) '대단한 엄마', 맹렬모, 〈~ heroine\virago〉, 〈↔hen-peck\super-dad〉 미2

3816 **su·per-moon** [쑤우퍼 무운]: 〈라틴어+그리스어〉, 〈점성술 용어〉, '초대형 달', (달이 지구와 가장 가까울 때 나타나는) 달이 커보이는 현상, 〈~ straw-berry moon〉, 〈↔micro-moon〉 미2

3817 **su·per·nat·u·ral** [쑤우퍼 내춰뤌]: 초자연의, 불가사의한, 신비적인, 〈~ tanscendental〉 양2

3818 **su·per·no·va** [쑤우퍼 노우붜]: 〈라틴어〉, 초신성, (별의 진화에서) 마지막 대폭발을 일으키고 사라지는 별, 〈~ quasar〉 미2

3819 *****su·per Now** [쑤우퍼 나우], ac-count: 〈Now 계좌보다 이자가 높은〉 (시장 금리에 따라 자동으로 이자가 붙는) 초 즉시 (연동) 예금계좌, 〈~ earing interest while maintaining unlimited check writing previleges〉 미2

3820 **su·per·nu·mer·ar·y** [쑤우퍼 뉴우머뤠뤼]: 규정수 이상의, 필요 이상의, 여분의, 〈~ excess\redundant〉 양2

3821 *****su·per·sca·lar** [쑤우퍼 스케일러]: 〈라틴어〉, super+scale, '초 단계', 한 번에 여러 개의 명령을 수행하게 만들어진 미세처리 (구조), 〈~ instruction level parallelism\concurrent execution〉 우1

3822 **su·per-script** [쑤우퍼 스크륖트]: superior character, (주로 수학에서 기저선 위에 쓰는 조그만) 어깨글자 (숫자), 〈↔sub·script〉 미2

3823 **su·per-sede** \ ~cede [쑤우퍼 씨이드]: super+sedere(sit), '위에 앉다', ~의 지위를 빼앗다, 대체하다, 경질하다, 폐기하다, 〈~ over-rule\replace\annul〉, 〈↔accept\precede〉 양2

3824 **su·per·son·ic** [쑤우퍼 싸닠]: 〈라틴어〉, 〈주파수가 가청 극한인 2만 Hz 이상의〉 초음속(파)의, 〈~ ultra-sound〉, 〈↔infra-sound〉 양2

3825 **su·per·sti·tion** [쑤우퍼 스티션]: super+stare(stand), '위에 서는 것', 미신, 〈상식을 뛰어넘는〉 불합리한 고정 관념, 〈~ unfounded belief\sorcery〉, 〈↔science\truth\reality〉 양2

3826 **su·per-string** [쑤우퍼 스트륑]: 〈라틴어+게르만어〉, (물리학에서 힘의 근원을 설명할 때 쓰는) 초대칭성을 갖는 끈, 〈~ a string with radius about 10^{-33}cm〉 우2

3827 **Su·per Tues-day** [쑤우퍼 튜우즈테이]: 〈라틴어+영국어〉, 슈퍼 튜즈데이, super primary, (미국에서 전국당 대의원 및 대통령 예비선거가 있는) 3월의 둘째 화요일, 〈~ a partisan election day〉 수2

3828 *****su·per-twist** [쑤우퍼 트위스트]: 〈라틴어+게르만어〉, 고차 비틀림, 빛을 비틀어서 분극화시킴으로써 LCD(액정표시장치)의 선명도를 높이는 방식, 〈~ metallic thread that brings designs to life with sparkle〉 미2

3829 **su·per-vene** [쑤우퍼 뷔인]: 〈라틴어〉, 잇따라 일어나다 (venir), 첨가되다, 〈~ succeed\follow〉, 〈↔precede\retreat〉 양1

3830 *****su·per VGA**(vir·tu·al graph-ics ar-ray \ vid·e·o graph-ic a·dapt-er): 고차 영상 구현 배열 (접속기), 최고의 해상도와 아주 다양한 색상을 제공하는 영상을 나오게 하는 장치, 〈~ a computer display standard〉 우2

3831 **su·per-vise** [쑤우퍼 봐이즈]: super+videre(see), 〈라틴어〉, 감독하다, 지도하다, '위에서 보다', 〈~ superintend\preside over〉, 〈↔mismanage\neglect\serve〉 가1

3832 **Su·per-wom·an** [쑤우퍼 우먼]: 1943년부터 나오는 행동만화(action comics) 연재물, 〈↔Super-man〉 수2

3833 **su·per wom·an** [쑤우퍼 우먼]: 〈라틴어+영국어〉, 우량 여성, (직장과 가정생활을 모두 잘하는) 초인녀, 〈~ wonder woman\demi-goddess〉, 〈↔average joe\jerk〉 양1

3834 **su·pine**[수우파인]: 〈← supinus(backward)〉, 〈라틴어〉, (등을 바닥에 대고) 반듯이 누운, 손바닥을 위로 향한, 무기력한, 뒈져 나자빠진, 게으른, 〈~ flat on one's back\recumbent\weak\idle〉, 〈↔prone〉 양2

3835 **sup-per** [써퍼]: 〈← soper ← sup ← soup〉, 〈게르만어→프랑스어〉, 저녁 식사, (가벼운) 만찬, '(하루의) 마지막 식사', 〈~ dinner〉, 〈↔(break) fast¹〉 가1

3836 **sup-plant** [써플랜트]: sub+planta(foot), 〈라틴어〉, 〈발바닥 밑에〉 대신 들어앉다, 탈취하다, 대체하다, 〈~ replace\supercede〉, 〈↔give in\surrender〉 양1

3837 **sup-ple** [써플]: sub+plicare(to fold), 〈라틴어〉, 〈밑에서 달래는〉 나긋나긋한, 유연한, 순종적인, 비굴한, 〈~ lithe\flexible〉, 〈↔stiff\un-fit〉 양①

3838 **sup·ple-jack** [써플 잭]: 망개나무〈한국의 천연기념물〉, 〈까만핵과에 '뒤틀린' 줄기가 길게 뻗은 먹거출, 〈~ a woody vine in the buckthorn family〉, 〈푸른 뱀 같은 덩굴을 가진〉 갈매나뭇과 청사조류의 관목(으로 만든 지팡이), 〈~ flexible cane〉 미②

3839 **sup-ple-ment** [써플먼트]: sub+plere(to fill), 〈라틴어〉, 〈아래부터 채우는〉 보충, 추가, 부록, (합쳐서 180도를 만드는) 보각, 〈← supply〉, 〈~ addition\boost\extra\complementary angle〉, 〈↔subtract\reduction〉 양②

3840 **sup-pli·ant** [써플리언트]: sub+plicare(to fold), 〈← supplicare〉, 〈라틴어〉, 탄원하는, 애원하는, 〈~ pleading\begging〉, 〈↔beneficent\imperative〉 가①

3841 **sup-pli·cate** [써플리케이트]: sub+plicare(to fold), 〈라틴어〉, 간청하다, 탄원하다, 〈→ suppliant〉, 〈~ entreat\beseech〉, 〈↔imply\suggest〉 가①

3842 **sup-ply** [써플라이]: sub+plere(to fill), 〈라틴어〉, 공급(하다), 보충, 배급(품), 〈아래부터〉 '충분히 채우다', 〈→ supplement〉, 〈~ stock\provide〉, 〈↔withhold\refuse〉 양②

3843 *__sup-ply chain__ [써플라이 췌인]: 공급사슬, 연쇄적 공급망, (상품의 생산과 분배에 〈차질없이〉 일사분란한) 일련의 공급 과정, 〈~ logistics\distribution〉 양②

3844 **sup-port** [써포오트]: sub+portare(to carry), 〈라틴어〉, '밑에서 운반하다', 받치다, 지지(지탱)하다, 의지하다, 지원하다, 부양하다, 보좌하다, 〈→ suffrage〉, 〈~ hold-up\under-pin\up-stand〉, 〈↔oppose\under-mine\back-up〉 양②

3845 **sup-port tick·et** [써포오트 티킽]: '지원전표', help scout, (전산기의) 문제점들을 지원하기 위해 모아둔 목록, 〈~ customer service request〉 우①

3846 **sup-pose** [써포우즈]: sub+ponere(place), 〈라틴어〉, 가정(추측)하다, 만약 ~하다면, '아래에 두다', 〈~ what if\imagine〉, 〈↔abstain\deny〉 양②

3847 **sup-press** [써프뤠스]: sub+premere(to press), 〈라틴어〉, 억압(진압)하다, 금하다, '내리 누르다', 〈~ conquer\sub-due〉, 〈↔profess\incite〉, 〈suppress는 의식적이고 repress는 무의식적임〉 양②

3848 **su·pra~** [쑤우프뤄~]: 〈라틴어〉, above, 〈위·앞·초월~〉이란 뜻의 결합사, 〈↔infra〉 양①

3849 **sup·rem-a·cist** [쑤우프뤠머시스트]: (종족·집단) 지상주의자, 우월주의자, 〈~ sectarian\dogmatist〉, 〈↔anti-racist〉 양②

3850 **su·preme** [슈프뤼임]: 〈라틴어〉, (최)상위의, 최고의, 극도의, 궁극적인, 〈~ highest\foremost〉, 〈↔inferior\subordinate〉 양②

3851 **Su·preme Being** [슈프뤼임 비잉]: 지존(자), 하느님, 절대자, 〈~ God\All mighty〉, 〈↔me〉 양②

3852 **Su·preme Court** [슈프뤼임 코어트]: 슈프림 코트, 최고 법원, (각 정부기관이 헌법대로 운영되는지를 심의하려고) 1789년에 창립된 〈종신직의 9명의 판사로 구성된〉 미국 연방 대법원, 〈미국의 0순위 권력 기관〉, 〈~ apex (or final) court〉 양②

3853 *__su·pre·mi·um__ [쑤프뤼미엄]: supreme+premium, 최고의, 바가지(요금), 〈~ high mark-up\over-charge〉 양②

3854 **sur~** [썰 \ 써얼~]: 〈라틴어〉 ①sub~ (r 앞에 올 때의 변형) ②super 양①

3855 **sur-charge** [써얼 촤아쥐]: 과도한 부담 (요금·충전), 추징금, 특별 할증료, 〈~ additional fee\imposition〉, 〈↔discount\rebate〉 양②

3856 **sure** [슈어]: 〈← securus ← secure〉, 〈라틴어〉, 틀림없는, 확신하는, 물론, 꼭, 아무렴, 저런, 〈~ confident\positive\guaranteed〉, 〈↔un-certain\doubtful〉 가②

3857 *__sure-fire__ [슈어 화이어]: 〈라틴어+게르만어〉, 확실한, '실패 없는 발사', 〈~ idiot proof〉 양②

3858 **surf** [써얼후]: 〈영국어〉, 〈← surge〉, 밀려드는 파도(타기), 검색(탐색), 〈~ crashing waves\search casually〉 양②

3859 **sur-face** [써얼휘스]: super+facies, 〈라틴어〉, above+face, 표면, 외부, 외양, 떠오르다, 포장하다, 〈~ exterior\out-side\superficial〉, 〈↔interior\fundamental〉 양②

3860 **sur-face bound-a·ry lay-er** [써얼휘스 바운더뤼 레이어]: ground layer, 표면 경계층, (지구면에서 약 1km 이내의 거친 기류를 가진) 접지층 양②

3861 *sur-face map-ping [써얼휘스 매핑]: 표면 사상, 3차원의 사물을 2차원적 표면으로 나타내는 일, 〈~ 2D representation of 3D surface〉 미2

3862 sur-face–to–air [써얼휘스 투우 에어]: 지대공(의), 〈~ from the ground into the sky〉, 〈↔air-to-surface〉 가1

3863 sur-face–to–sur-face [써얼휘스 투우 써얼휘스]: 지대지(의), 〈~ from the ground to the ground〉 가1

3864 sur-face wa·ter [써얼휘스 워터]: (지구가 함유하는 물의 약 70%를 차지하는) 지표수, 표층수, 〈~ standing (or blue) water〉, 〈↔(under) gound-water〉 양2

3865 *surf and turf [써얼후 언 터얼후]: 서프 앤드 터프, '해육 정식', 해산물(특히 바닷가재)과 축산물(특히 쇠고기)이 같이 나오는 주요리, 〈~ seafood(lobster)+meat(steak)〉 우1

3866 *sur-fa·ri [썰화아뤼]: 〈영국어+아랍어〉, surfing+safari, 파도타기에 적당한 곳을 찾아다니는 동아리 우1

3867 surf-board [써얼후 보오드]: (하와이에서 유래해서 개량된 가볍고 단단한) 파도타기 널, 〈~ Bunny Chow\Dumpster Diver〉, 〈↔snow-board〉 양2

3868 surf-duck [써얼후 덕]: scoter, (북반구의 해안에서 철 따라 몰려다니는) 검둥오리〈black-head〉, 〈~ wave goose\beach quacker〉 미2

3869 sur-feit [써얼휱]: super+facere(make), 〈라틴어〉, 폭식, 폭음, (불쾌한) 포만감, '지나치게 하다'(over do), 〈~ excess\surplus〉, 〈↔lack\dearth〉 양2

3870 surf-fish [써얼후 휘쉬]: surf·perch, 망상어, 망성어, (파도를 타고 해안으로 밀려오는) 〈자잘한 별 모양이 있는 태생의〉 동갈민어류의 바닷물고기, 〈~ yellowfin croaker\surf smelt〉 미2

3871 surge [써어쥐]: 〈← surgere(to rise)〉, 〈라틴어〉, '일어나다', 큰 파도, 급상승, 쇄도, (전류·전압의) 급변동, 〈~ surf〉, 〈~ gush\rush〉, 〈↔drop\plunge〉 양1

3872 sur·geon [써어줜]: 〈← chirurgia〉, 〈라틴어〉, 〈← surgery〉, 서전, 〈체외 조작으로 치료하는〉 외과의, '손으로 병을 고치는 사람', 〈~ butcher\saw-bones〉, 〈↔physician\internist〉 가1

3873 sur·geon-fish [써어줜 휘쉬]: tang, unicorn fish, 쥐돔, 검은 쥐치, (날카로운 지느러미와 예쁜 색깔을 가지고 있어 수족관에서 인기가 있는) 비교적 작은 도미 비슷한 열대어 미2

3874 Sur·geon Gen·er·al [써어줜 줴너뤌]: 의무총감, (1871년부터 대통령이 지명하는) 미 보건부 산하 공중위생국의 〈해군 중장급〉 수장, 〈~ head of the US Public Health Service Commissioned Corps〉 양2

3875 sur·ger·y [써어줘뤼]: cheiros(hand)+ergein(work), 〈그리스어〉, 외과의술, 〈손으로 하는〉 수술, 〈칼을 대서 하는 치료〉, 〈→ surgeon〉, 〈~ surgical operation\invasive procedure〉, 〈↔medicine〉 가1

3876 *sur·gi-cen·ter [써어쥐 쎈터]: (입원이 불필요한 작은 수술을 하는) 종합 외과 시술소, 〈~ urgi-center〉 미2

3877 Su·ri·nam(e) [쑤어뤼나암]: 〈'river mouth'란 뜻의 원주민어〉, 수리남, (잡다한 유라시아 난민들이 살다가) 1975년 네델란드로부터 독립한 브라질 북쪽의 조그만 공화국, {Surinamese-Dutch-(SR) Dollar-Paramaribo}, 〈~ a small country on the north of Brazil〉 수1

3878 sur·ly [써얼리]: 〈영국어〉, 〈'sir'(나리)같이〉 무뚝뚝한, 거만한, 험악한, 〈~ boorish\rude〉, 〈↔friendly\pleasant〉 가1

3879 sur-mise [써마이즈]: super+mittire(to send), 〈라틴어〉, 추측(짐작)하다, '위로 던지다', 〈~ shot in the dark\conjecture\speculation〉, 〈↔know\calculate〉 가1

3880 sur-mount [써마운트]: 〈← surmonter〉, supra+mounting, 〈프랑스어〉, 〈장애물〉 (위로) 오르다, 타고 넘다, 극복하다, 〈~ over-come\prevail〉, 〈↔un-conquerable\in-domitable〉 양2

3881 sur-mul·let [써멀릿]: saur+mulet, 〈프랑스어〉, 〈적갈색의〉, red mullet, goat fish, '노랑' 촉수, (염소수염과 붉은 줄무늬를 가지고 난류에서 서식하며 가시가 많은) 숭엇과의 작은 바닷물고기 미2

3882 sur-name [써어네임]: 〈라틴어〉, 'super·name', 〈타고난 이름〉, 성(씨), 가계명, last name, 〈~ family name〉, 〈↔first name\given name〉 가1

3883 sur-pass [써얼 패스]: 〈라틴어→프랑스어〉, ~을 능가하다, ~보다 낫다, ~위로 지나가다, 〈~ better\excel〉, 〈↔lost\fell〉 양2

3884 sur-plus [써얼 플러스]: 〈라틴어〉, 나머지, 잉여, 흑자, 잔액, 〈~ excess\left-over\superfluous〉, 〈↔lack\insufficient\deficit\necessary〉 양2

3885 sur-prise [써프롸이즈]: sur+prendre(to take), 〈라틴어〉, 놀라게 하다, 경악하다, '불시에 치다', 〈~ seize〉, 〈~ shock\astonish〉, 〈↔calm\predictable〉 가2

3886 **sur-prise par·ty** [써프라이즈 파아티]: 깜짝 연회(모임), 기습 부대, 〈~ un-expected party〉, 〈~(↔)house warming\masque\raid party〉 미2

3887 **sur-re·al** [서뤼이얼]: 〈라틴어〉, 초현실적인, 비현실적인(의 완곡한 표현), 아주 이상한, 〈~ oneiric\imaginary〉, 〈↔actual\tangible〉 양2

3888 **sur-re·al-ism** [서뤼이얼리즘]: 쉬르레알리슴, 초현실주의, 〈WWI의 여파로〉 1924년에 시작된 〈무의식의 창조성을 지향하는〉 전위 예술의 일종, 〈~ a challenge to reality〉 양2

3889 **sur-ren·der** [서뤤더]: sur+rendre, 〈라틴어〉, 〈← render〉, 〈통치권을〉 내주다, 넘겨주다, 포기하다, 항복하다, '위로 바치다', 〈~ kow-tow\obey〉, 〈↔resist\procure\oppose〉 양2

3890 **sur-rep·ti·tious** [써어뤺티셔스]: sub+rapere(to seize), 〈라틴어〉, 〈몰래 움켜쥐는〉, 몰래하는, 은밀한, 부정한, 〈~ furtive\stealthy〉, 〈↔blatant\open\honest〉 양2

3891 **sur-ro·gate** [써어뤄게이트]: sub+rogare(to ask), 〈라틴어〉, 〈손을 뻗혀 도움을 청하는〉 대리(인), 대행자, 〈~ substitute\proxy〉, 〈↔original\genuine〉 양2

3892 **sur-ro·gate moth·er** [써어뤄게이트 머더]: (돈을 받고 아기를 낳아주는) 대리모, 〈~ gestational carrier〉, 〈↔natural mother〉 양2

3893 **sur-round** [서롸운드]: super+undare(← unda〈wave〉), 〈라틴어〉, 에워싸다, 포위하다, 두르다, '위로 넘쳐흐르다', 〈~ beleaguer\blockade\compass〉, 〈↔un-gird\expose〉 양2

3894 **sur-round-ing** [서롸운딩]: 주위 (환경), 분위기, 처지, 〈~ neighborhood\environment〉, 〈↔distant\embraced〉 양2

3895 **sur-tax** [써얼 택스]: super+tax, 〈라틴어+그리스어〉, (누진) 가산세, (소득이 높을수록 비율이 높은) 부가세, 〈~ additional (or deficit) tax〉, 〈↔flat tax\no tax〉 양2

3896 **sur-tout** [썰투우]: sur+totus(all), 〈라틴어〉, 서투, (중세 기사들이 입었던) 상의 겉에 껴입는 두건이 달린 〈주로 방패무늬의〉 외투, 〈~ an over-coat〉, 〈~(↔)frock〉 수2

3897 **sur-veil·lance** [써붸일런스]: super+vigilare(watch), 〈라틴어〉, 〈위에서 망보는〉 감시, 감독, 〈~ observation\scrutiny〉, 〈↔ignorance\negligence〉 양2

3898 **sur-vey** [써붸이]: super+videre(see), 〈라틴어〉, 바라보다, 〈위에서〉 살펴보다, 측량하다, 검사하다, 〈~ overview\examine\inspect〉, 〈↔ignore\disregard〉 양1

3899 **sur-vive** [써봐이브]: super+vivere(live), 〈라틴어〉, 살아남다, 면하다, 견디다, '넘어서 살다', 〈~ remain alive\endure\outlive〉, 〈↔die\succumb〉 양2

3900 **sus** [써스]: suspect(수상한)의 약자 양2

3901 **sus~** [서스 \ 써스~]: 〈라틴어〉, (c·p·t로 시작하는 라틴어 앞에서) sub~의 대체어 양1

3902 **Su·san·na** [쑤우재너]: 〈← shoshannah(lily) ← shoshen(lotus flower)〉, 〈히브리어 ← 이집트어〉, 〈'백합(lily)'이란 유대어에서 연유한 그리스어〉, Susan, Suzanne, 수산나, (구약 성서에 나오는) 정숙한 여자, 〈~ a virtuous woman〉 수1

3903 **sus-cep·ti·ble** [서쎞티블]: sub+capere(to take), 〈라틴어〉, '아래에서 잡을 수 있는', '받아들일 수 있는', 느끼기 쉬운, 민감한, 영향받기 쉬운, 〈~ receptive\vulnerable〉, 〈↔immune\incapable〉 양1

3904 **su·shi** [쑤우쉬]: 〈일본어〉, sour rice, 스시, 초밥, 초를 친 쌀밥에 생선·야채·해초 등을 섞은 조막밥, 〈~ nigiri\gim-bap〉, 〈~(↔)sashimi〉 미1

3905 **sus-pect** [서스펙트]: sub+spicere(look), 〈라틴어〉, 의심하다, 짐작하다, 눈치채다, '아래로 보다', 용의자, 〈~ doubt\guess\accused〉, 〈↔known\convict\innocent〉 양2

3906 **sus-pend** [서스펜드]: sub+pendere(hang), 〈라틴어〉, (더 나아가지 못하게) '아래에 매달다', 중지(정지)하다, 보류하다, 뜨게 하다, 〈~ dangle\postpone〉, 〈↔continue\sustain〉 양2

3907 **sus-pense** [서스펜스]: 〈← suspend〉, 〈라틴어〉, '공중에 매달린', 미정, (일시적) 정지, 긴장감, 〈~ hang\doubt\tension〉, 〈↔certainty\calm〉 양2

3908 **sus-pen·sion** [서스펜션]: 〈← suspense〉, 〈라틴어〉, 매달기, 중지, 보류, 정학(직), 미정, 〈자동차에서 차체의 무게를 받쳐주는〉 걸림(버팀)대, 부유물, 현탁액, 〈~ interruption\adjournment\floating particles〉, 〈↔beginning\continuation\precipitate〉 양2

3909 **sus-pen·sion bridge²** [서스펜션 브뤼쥐]: 현수교, 조교, 양쪽 언덕에 줄이나 쇠사슬을 건너 지른 것에 매달아 놓은 다리, '매단다리', 〈~ over head (or cable\swing) bridge〉, 〈↔beam bridge〉 양1

3910 **sus·pen·sion pe·ri·od** [서스펜션 피어뤼어드]: ①a punctuation mark, (글 안에서는 3점·글 끝에서는 4점을 찍는) 생략 부호, 〈…\····〉 ②잠정적 보류 기간, 정직(학) 기간, 〈~ temporary cessation\a punishment〉 양2

3911 **sus·pi·cion** [서스피션]: sub+spicere(look), 〈라틴어〉, 〈밑으로 쳐다보는〉 혐의, 의심, 기미, 극소량, 〈~ doubt\mistrust\intuition〉, 〈↔certainty\confidence\measurement〉 양2

3912 **Sus-sex** [써식스]: South Saxons, 서섹스 ①잉글랜드 남동부지방(S-E England) ②캐나다 동북부의 농경지방, 〈~ a town in New Brunswick〉 수1

3913 **sus-tain** [서스테인]: sub+tenere(to hold), 〈라틴어〉, '아래에서 잡고 있다', (아래서) 떠받치다, 유지하다, 견디다, 격려하다, 〈→ sustenance〉, 〈~ sostenuto\maintain〉, 〈↔intermittent\torment\morphing〉 양1

3914 **sus-te–nance** [써스터넌스]: 〈프랑스어〉, 〈← sustain〉, 생계 (수단), 살림, 양식, 내구(오래 견딤), 〈~ nourishment\subsistence〉, 〈↔deprivation\extras〉 양2

3915 **su·sur·ra-tion** [쑤우서뤠이션]: 〈← susurrare(whisper)〉, 〈라틴어〉, 속삭임, 살랑거림, 〈~ murmur\rustle〉, 〈↔cacophony\screaming〉 양2

3916 **su·tra** [쑤우트뤼]: '규칙(maxim)', 수트라, (산스크리트 문학의) 금언집, (불교·자이나교의) 경전, 〈법화경은 Lotus sutra\화엄경은 Garland sutra〉, 〈~ aphorism\scripture〉 수2

3917 **sut·tee** \ sa·ti [서티이]: 〈← sat(true)〉, 〈산스크리트어〉, '순결한 아내', (1829년 불법화된) 아내가 남편의 시체와 함께 생화장 되던 힌두교의 풍습, 〈~ a self-cremation〉 수2

3918 **Sut·ter** [써터], John: 〈게르만식 이름〉, shoemaker, '신기료(신을 깁는 자)', 서터, (1803-1880), 미국 캘리포니아 주도 Sacramento의 토대를 세우고 황금 채취에 열을 올렸던 독일 태생 개척자, 〈~ a Swiss-American businessman〉 수1

3919 **su·ture** [쑤우춰]: 〈← suere(sew)〉, 〈라틴어〉, 꿰매어 맞춤, 봉합, 접합, 〈~ stitch\seam〉, 〈↔un-sew\gap\separation〉 양2

3920 **SUV** [에스유우비이]: sport utility vehicle, 위락용 범용 자동차, (원래 비포장 산길을 달리기 위해 설계된 높고 큰) 다목적 4륜차, short utility vehicle (〈중국인들이 만든〉 단형 만능차) 미1

3921 **Su·wan·nee riv·er** [스와니 뤼붜]: 〈San Juan이라는 스페인 선교사 또는 echo(메아리)라는 그리스어에서 연유한 스페인어라는 그럴듯한 학설도 있으나 아마도 어원 불명의 원주민어에서 연유한〉 스와니 강, 미국 조지아(Georgia) 남부에서 시작해서 플로리다(Florida) 북부에 걸쳐 멕시코만으로 흐르는 강심이 얕고 탁한 물의 306km짜리 강, 〈~ a wild black-water river〉 수1

3922 **su·ze·rain** [쑤우줘륀]: sovereign의 프랑스어, 영주, 종주(권), 〈~ mikado\dominance〉, 〈↔subordination〉 양2

3923 **Su·zu·ki** [스주우키]: 〈일본어〉, bell tree, '영목(종나무)', 스즈키, 1909년에 세워진 일본의 세계적 자동차 (부품) 제조 재벌 회사, 〈~ a Japanese mobility manufacturer〉 수1

3924 **Su·zu·ki meth·od** [스주우키 메써드]: 스즈키 방법, (1940년대 일본의 바이올린 연주가 시니치 S~가 개발한) 음악을 아주 어릴 때부터 각인시키는 영재 교육법, 〈~ mother-tongue approach〉 수2

3925 **svelt** [스뷀트\스휄트]: 〈← svelto(strech out)〉, 〈이탈리아어→프랑스어→영국어〉, 날씬한, 미끈한, 세련된, 〈~ slender\lithe\graceful〉, 〈↔fat\awkward〉 양2

3926 ***SW** [에스 더블류우]: 〈전산망어〉, say what? (그래서?), says whom? (누가 그랬어?), so what? (뭡어?) 양2

3927 **swab** [스왑]: 〈← swabber(small mop)〉, 〈네덜란드어〉, (갑판용) 자루걸레, (포신의 안을 닦는) 청소봉, 면봉, 말단 선원, 데통바리, 〈~ cleaning stick\sponge\uncouth〉, 〈→ Q tip〉, 〈↔muddy\soil〉 양2

3928 **swad·dle** [스와들 \ 스워들]: 〈← swethel(to bind)〉, 〈영국어〉, (강보로) 싸다, 두르다, 감다, 〈~ wrap\bundle〉, 〈↔uncover\unveil〉 양1

3929 **swag** [스왝]: 〈'bag'이란 뜻의 북구어에서 연유한 다양한 의미의 말〉 ①꽃다발, 축 늘어짐, 저습지대, 〈~ drooping〉 ②약탈품, 짐보따리, 방랑자, 〈~ matilda〉 ③여유, 허풍, 〈~ bunch\brag〉, 〈↔lack\deficiency〉 양1

3930 **swag-ger** [스왜거]: 〈셰익스피어가 swag에다 er을 붙여 만든 말〉, 뽐내며 걷다, 활보하다, 으스대다, 허풍 떨다, 〈~ strut\boast〉, 〈↔timidity\modesty〉 양2

3931 **swag-ger cane(stick)** [스왜거 케인(스틱)]: (과시용으로 쓰는) 장교용 단장, '지휘봉', 〈~ swanking stick\conductor's barton〉 우2

3932 **swag-ger coat** [스왜거 코옷]: (과시용으로 입는) 어깨를 세우고 등이 나팔꽃 모양으로 벌어진 여성용 외투, ⟨~ a boisterous women's coat⟩ 우1

3933 **Swa·hi·li** [스와히일리]: Ki-swahili, ⟨← sahil(coast)⟩, ⟨아랍어⟩, '해안지방 거주자', 스와힐리, 중동 아프리카에 사는 2백여만 명이 사용하는 언어, ⟨~ a Bantu language⟩ 수1

3934 **swai** [스와이 \ 스웨이]:⟨베트남어⟩, a catfish, ⟨미국에서도 인기가 있어 베트남(Vietnam)에서 대량 양식하는⟩ 동남아의 강에 서식하는 ⟨상어같이 생긴⟩ 메기, ⟨~ a river cobbler\basa⟩ 우1

3935 *__SWAK__ [스왝]: sealed with a kiss, 뽀뽀로 봉함, '사랑해' 우2

3936 *__swal·la__ [스왈라]: ⟨미국 hip·hop 속어⟩, 술로 입가심하고 구강성교를 해주는 짓, swallow의 준말, ⟨~ drinking alcohol and performing fellatio⟩ 미2

3937 **swal·low¹** [스왈로우]: ⟨← swelgan(to engulf)⟩, ⟨게르만어⟩, 들이키다, 삼키다, 그대로 받아들이다, 감수하다, ⟨~ chow down\devour⟩, ⟨↔expel\purge\vomit⟩ 양1

3938 **swal·low²** [스왈로우]: ⟨← swalewe⟩, ⟨게르만어⟩, ⟨← swallow¹?⟩, ⟨먹이를 '꿀떡' 삼키는?⟩ 제비, (전 세계에 서식하며) 갈라진 긴 꼬리·긴 날개를 가지고 시속 90km로 나는 작은 연작류, ⟨~ celadine⟩, ⟨~(↔)martin은 tail이 shorter and less deeply forked⟩ 가1

3939 **swal·low-tail** [스왈로우 테일]: ①(등이 제비 꼬리 같이 갈라진) 연미복, ⟨~ tail-coat⟩ ②(북미 원산의) 뾰족한 '꼬리'를 가진 산호랑나비, ⟨~ a papillon⟩ 양2 미2

3940 *__swal·low¹ the sweet and spit out the bit·ter__: 달면 삼키고 쓰면 뱉는다, ⟨~ it's not that simple⟩, ⟨~(↔)damned if I do and damned if I don't⟩ 양2

3941 **swam** [스왬]: swim의 과거형 가1

3942 **swamp** [스왐프]: ⟨← sompe(spongy ground)⟩, ⟨게르만어⟩, 늪, 습지, 물에 잠기게 하다, 궁지에 몰아넣다, ⟨~ sump⟩, ⟨~ marsh\morass⟩, ⟨↔dry\acceptance⟩ 양2

3943 *__swamp ass__ [스왐프 애쓰]: ⟨땀 등의 액체가⟩ 의복의 항문 부위로 배어 나오는 현상, 습한 항문, ⟨~ butt sweat\sticky back-side⟩ 미2

3944 **swamp cy·press** [스왐프 싸이프뤄스]: white cypress, 낙우송, ⇒ bald cypress 미2

3945 **Swamp Fox** [스왐프 홧스]: '늪 여우', (미 독립 전쟁 때 게릴라전으로 무공을 세운) Francis Marion 준장의 별명 수2

3946 **swamp hick·o·ry** [스왐프 히커뤼]: bitternut, pignut hickory, '늪개암', (북미 동부 습지에 서식하는) 7-9의 갈래 잎·부드러운 껍질·단단한 수질을 가진 야생 호두나무 우2

3947 **swamp rose mal·low** [스왐프 로우즈 맬로우]: '늪 접시꽃', (북미 동부 습지에 뭉텅이로 서식하는) 무궁화 같은 꽃이 피는 당아욱속의 초본, ⟨~ dinner plate hibiscus⟩ 우2

3948 **swan** [스완]: ⟨← swanaz(singer)⟩, ⟨게르만어⟩, '노래하는 자', 백조(자리), 고니, 목이 길고 주로 흰색의 기러기목 오릿과의 물새, ⟨우아한 사람⟩, ⟨~ cygnet\whooper crane\an exquisite person⟩ 미2

3949 *__swan a·mong ducks__ [스완 어멍 덕스]: 돋보이는 (자), 뛰어난 (사람), 군계일학, ⟨~ head and shoulders\cream of the crop⟩, ⟨↔goat in the sheep⟩ 양2

3950 **swank** [스왱크]: ⟨to sway⟩, ⟨게르만어⟩ ①건방짐, 허풍, ⟨~ swagger⟩ ②우아, 멋짐, ⟨~ elegance⟩ 양2

3951 *__swan song__ [스완 써엉]: ⟨백조가 죽을 때 부른다는⟩ 아름다운 노래, ⟨절필전⟩ 마지막 작품, ⟨~ adieu\final performance⟩ 양2

3952 **swan-up-ping** [스완 어핑]: '백조서훈', 영국 황실의 상징인 백조를 보호할 목적으로 매년 템스강(River Thames)의 백조 새끼들을 손으로 잡아서 ⟨훈장⟩을 달아주는 행사, ⟨~ marking on swan's beaks as a sign of ownership⟩ 우2

3953 *__swap__ [스왚]: ⟨← swappen(to strike)⟩, ⟨영국어⟩, ⟨서로 손바닥을 치는 소리에서 유래한?⟩ 바꾸다, 교환하다, 교체하다, 부부 교환, ⟨~ exchange\trade off⟩, ⟨↔hold\stay⟩ 미2

3954 *__swap file__ [스왚 화일]: 교체 서류철, 나중에 쓰기 위해 원반에 남겨놓은 서류철, ⟨~ swap space\paging file⟩ 미2

3955 **swap meet** [스왚 미이트]: '교환 시장', (잡동사니를 사고파는) 벼룩시장, ⟨~ flea market⟩ 미2

3956 *__swap space__ [스왚 스페이스]: 교체 공간, 대체나 추가될 기억력을 위해 남겨둔 원반 (차림표)의 여분, ⟨~ swap file\a temporary storage space⟩ 미2

3957 **sward** [스워어드]: ⟨← sweard(rind)⟩, ⟨게르만어⟩, skin of the earth, 풀밭, 뗏장, 잔디(밭), ⟨~ turf\lawn⟩, ⟨↔bank¹\hill⟩ 양2

3958 **swarm** [스워엄]: ⟨← swaram(tumult)⟩, ⟨어원 불명의 게르만어⟩, 떼, 무리, 많이 모여들다, ⟨~ flock\beehive\throng⟩, ⟨↔disperse\scatter⟩ 양2

3959 **swarth-y** [스워디]: ⟨← sweart(dark)⟩, ⟨영국어⟩, black, 거무스레한, 거무잡잡한, ⟨↔pale\fair\tawny⟩ 양2

3960 **swash** [스와쉬 \ 스워쉬]: ⟨영국어⟩, ⟨의성어⟩, ⟨sword를 물로 wash 할 때처럼⟩ (물을) 튀기다, 부딪치다, 돌진하다, 허세 부리다, ⟨~ splash\spatter⟩, ⟨↔back-wash⟩ 양1

3961 *****swash let·ter** [스와쉬 레터]: '뻐기기 글자', 허세문자, 선단 장식이 있는 이탤릭체 대문자 활자, ⟨~ a typographical flourish\exaggerated font⟩ 우1

3962 **swas·ti·ka** [스와스티커]: su(well)+asti(being), ⟨'안녕'이란 뜻의 산스크리트어에서 유래한⟩ 스와스티카, ⟨십자가가 변형된⟩ 만(卍) 자, ⟨행운의⟩ 갈구리십자, 나치의 어금꺾쇠 십자기장, ⟨~ tetra-gammadion⟩, ⟨→Nazi emblem⟩ 미2

3963 **SWAT** [스왈]: 스와트, special weapons and tactics, special weapons attack team, (특별 무기와 전략을 갖춘) 특수 기동타격대 양2

3964 **swat** [스왈]: ⟨영어에서 유래한 미국어⟩, ⟨의성어?⟩, 찰싹 치다, 강타를 치다, ⟨~ knock\smash⟩, ⟨↔tap\defend⟩ 양2

3965 **swath** [스와쓰]: ⟨← swathu(a track)⟩, ⟨게르만어⟩, 낫⟨scythe⟩질한 자취, 긴 행렬, 물결의 폭, ⟨~ strip\corridor⟩, ⟨↔ebb\square⟩ 양2

3966 **swathe** [스와드 \ 스워드]: ①⟨영국어⟩, ⟨← swaddle⟩, 감싸다, ⟨~ sheathe\bundle up⟩, ⟨↔un-covered\un-wrapped⟩ ②⟨게르만어⟩, ⟨← swath⟩, 한 번 낫질한 자취, 넓은 길, 긴 행렬, ⟨↔bare\strip⟩ 양2

3967 **swat-ting** [스와팅]: ⟨SWAT team을 부르기 위한⟩ 거짓 신고, 심각한 비상 사태를 위조하여 응급 전화를 거는 짓, ⟨~ hoax call⟩ 양2

3968 **sway** [스웨이]: ⟨← sweyen(move from side to side)⟩, ⟨게르만어⟩, 흔들리다, 기울이다, 조종하다, 빗나가게 하다, ⟨~ swing\wag⟩, ⟨↔hold\rise\dissuade\curb\abandon⟩ 양2

3969 **Swa·zi-land** [스와아질랜드]: ⟨Swazi 족의 땅⟩, 스와질랜드, ⇒ E·swa·ti·ni 수1

3970 **swear** [스웨어]: ⟨← swerian(take an oath)⟩, ⟨게르만어⟩, ⟨신에게 걸고⟩ 맹세(선서)하다, 말하다, ⟨하느님의 이름으로⟩ 욕설하다, ⟨→ answer⟩, ⟨~ vow\curse⟩, ⟨↔deny\disavow⟩ 양1

3971 **sweat** [스웰]: ⟨← sweten(perspire)⟩, ⟨게르만어⟩, 땀, 발한, 식은땀, 고역, 불안, ⟨~ fuss\effort⟩, ⟨↔calmness\unconcern⟩ 양2

3972 *****sweat and slave** [스웰 앤드 슬레이브]: 목구멍이 포도청, 피땀 흘려 일하다, ⟨~ work like a dog\work one's as(tail) off⟩, ⟨↔idle\laze⟩ 양2

3973 **sweat-er** [스웨터]: 땀 흘리는 사람, 발한제, (주로 털로 짠) 운동복, 노동 착취자, ⟨~ one that sweats\pullover\jumper\labor exploiter⟩, ⟨↔undress\withholder⟩ 양1

3974 *****sweat shop** [스웰 샵]: 노동 착취소, (여성·어린이를) 하루 12시간 이상 혹사시키는 공장, ⟨~(↔)labor camp⟩ 양2

3975 *****sweat trap** [스웰 트랩]: '고역 올가미', (사회 전산망이나 전산망 검색 등에서) 여러 단계를 거친 후에야 결국은 광고가 목적이었다는 것을 깨닫는 것, ⟨~ drudgery snare⟩, ⟨↔thirst trap⟩ 우2

3976 **Swede** [스위이드]: ①스웨덴 사람, ⟨~ Swedish person⟩ ②스웨덴 순무, ⟨~ rutabaga⟩ ③촌놈, ⟨~ bumpkin⟩ 수2 양2

3977 **Swed·en** [스위이든]: ⟨← geswion(kinsman)⟩, ⟨'우리나라'라는 뜻의 바이킹어에서 연유한 게르만어⟩, 스웨덴, ⟨12세기 초기에 통일된⟩ 북구 스칸디나비아반도 동부의 ⟨목재·물·철광·세금·금발미녀가 많은⟩ 입헌 군주국, {Swed·Swedish-Swedish-Krona-Stockholm}, ⟨~ a Nordic country on the Scandinavian Peninsula⟩ 수1

3978 **swed·ish tur·nip** [스위디쉬 터어닢]: '스웨덴 순무', ⇒ rutabaga 수2

3979 **sweep** [스위이프]: ⟨← swepe(clear)⟩, ⟨어원 불명의 게르만어⟩, 쓸다, 털다, 청소하다, 휙 지나가다, 싹쓸이하다, ⟨→ swipe⟩, ⟨~ brush\wipe⟩, ⟨↔conceal\cover\pause⟩ 양1

3980 **sweep-stakes** [스위이프 스테잌스]: '싹쓸이 도박', ⟨물건을 살 필요 없다는 교묘한 전술을 쓰는⟩ 경품 판매술, ⟨~ give-away⟩, ⟨↔defeat\loss⟩ 미1

3981 **sweet** [스위이트]: ⟨← hedys(agreeable)⟩, ⟨'즐거운'이란 뜻의 그리스어에서 유래한 게르만어⟩, 단, 달콤한, 감미로운, 상냥한, 귀여운, 단것, 애인, 좋았어, ⟨→ assuage⟩, ⟨~ sugary\pleasant\honey⟩, ⟨↔sour\tart'\bitter\salty⟩, ⟨↔harsh\fierce⟩ 가1

3982 **sweet a·ca·cia** [스위이트 어케이쉬]: ⟨게르만어+그리스어⟩, 단 아카시아, 콩알만 한 달콤한 노랑 솜 꽃을 피워 화장품 원료 및 양봉에 쓰이고 줄기에 가시가 달린 콩(legume)과의 관목, ⟨~ needle bush⟩ 우1

3983 **sweet a-lys·sum** [스위이트 앨리섬]: ⟨게르만어+그리스어⟩, '향기뜰냉이', (지중해 지역 원산의) 자잘한 흰 꽃이 피는 겨자과(cruciferae)의 1년생 초본, ⟨~ sweet alison\carpet of snow⟩ 미2

3984 **sweet-and-sour** [스위이트 언 싸우어]: ⟨게르만어⟩, ⟨설탕과 식초가 들어간⟩ 달콤 새콤한 (요리), 괴롭고도 즐거운, ⟨~ bitter-sweet\sad-cite⟩, ⟨배추 똥댕이를 씹는 맛; 첫사랑의 추억⟩ 미1

3985 **sweet bas·il** [스위이트 베이즐]: ⟨게르만어+그리스어⟩, 나륵꽃, (향미료·약용으로 쓰이는) 부드러운 잎을 가진 차조기과(mint family)의 ⟨들깨(perilla) 비슷한⟩ 채소 미1

3986 **sweet bay** [스위이트 베이]: ⟨달콤한 꽃향기가 나는⟩ ①⟨게르만어+라틴어⟩, (지중해 연안의) 월계수, ⟨~ bay laurel⟩ ②⟨게르만어+미국어⟩, 양옥란 (북미산의 백목련), ⟨~ an evergreen magnolia⟩ 미2

3987 **sweet bell** [스위이트 벨]: ⟨종 모양의⟩ 단고추, 방울고추, 사자고추, ⟨~ bell pepper⟩, ⟨↔hot pepper⟩ 미1

3988 **sweet bread** [스위이트 브레드]: sweet+brede, ⟨게르만어+영국어⟩, (별미로 치는) 송아지의 췌장이나 흉선, ⟨~ pancreas or thymus of a young animal⟩ 우1

3989 **sweet-brier \ ~briar** [스위이트 브라이어]: ⟨게르만어+영국어⟩, (유럽·서아시아 원산의) 사과향이 나며 해당화(rugosa rose) 비슷한 들장미, ⟨~ eglantine\a wild rose⟩ 우1

3990 **sweet cic·e·ly** [스위이트 씨슬리]: ⟨게르만어+그리스어⟩, licorice, 감초 ⇒ sweet·root 미2

3991 **sweet clo·ver** [스위이트 클로우붜]: ⟨게르만어⟩, yellow melilot, ⟨사료·퇴비로 쓰는⟩ (토끼풀 비슷한 잎에 노란 층층꽃이 피는) 전동싸리, 우2

3992 **sweet corn** [스위이트 코온]: ⟨게르만어⟩, (단) 사탕옥수수, 연한 옥수수(green corn), ⇒ sugar corn 미2

3993 **sweet fern** [스위이트 훠언]: ⟨게르만어⟩, (고사리 잎 같은 향기 나는 나뭇잎을 가지고 북미대륙에 서식하는 ⟨어긋나는 소의 귀를 닮은 잎을 가진⟩ 소귀나무류의 관목, ⟨~ an aromatic shrub with fern-like leaves⟩ 우2

3994 **sweet-fish** [스위이트 휘쉬]: ⟨게르만어⟩, (동아시아의 민물·짠물에 서식하는 한 뼘 남짓한 크기의 빙어류로) ⟨1년 남짓 사는⟩ '년어', ⟨배가 은빛이 나는⟩ 은어, ⟨~ ayu(일본어)⟩, ⟨살에서 수박 향이 나는⟩ 향어, ⟨~ leather carp⟩ 미2

3995 **sweet flag** [스위이트 홀래그]: ⟨게르만어+영국어⟩, calamus, ⟨달콤한 꽃향기의⟩ 창포, 씁쓸한 맛의 뿌리와 창검같이 뾰족하고 긴 잎을 가지고 물가에 서식하는 천남성과(arum)의 여러해살이풀, ⟨~ muskrat root⟩ 미2

3996 ***Sweet Frog** [스위이트 후뤄어그]: ⟨게르만어⟩, 스위트 프로그, '개구리 요그루트', 'fully rely on God' ⟨하나님께 통째로 맡긴 단것⟩, 2009년 1.5세의 독실한 한국인 신자가 창업한 (고물의 선택이 다양한) 미국의 냉동 요구르트 제조·판매 연쇄점, ⟨~ an American self-serve frozen yogurt retail stores⟩ 수2

3997 **sweet gale** [스위이트 게일]: ⟨게르만어+영국어⟩, bog myrtle, 들버드나무, 버들 소귀나무, 향내가 나며 소의 귀같이 생긴 잎을 가지고 소택지에서 잘 자라는 낙엽활엽관목, ⟨~ sweet willow⟩ 미2

3998 **sweet gum** [스위이트 검]: ⟨게르만어+이집트어⟩, 소합향, (온대지방에 서식하며) 향내 나는 수지·손바닥 모양의 잎을 가진 조록(롱)나뭇과의 witch hazel 비슷한 낙엽교목, ⟨~ red-gum\satin-walnut⟩ 미2

3999 **sweet-heart** [스위이트 하아트]: ⟨게르만어⟩, 애인, 연인, 당신, '자기', '귀염둥이', ⟨~ sweetie\honey-bear\babe⟩, ⟨↔foe\cast-off⟩, ⟨↔Gorgon\Tartar⟩ 양2

4000 **Sweet'N Low** [스위이튼 로우]: ⟨게르만어⟩, 스위트 앤 로우, (1878년 발견된 사카린을 주원료로 쓰는) 달지만 열량이 적은 인공 감미료(상품명), ⟨~ an American brand of artificial sweetner⟩ 수2

4001 ***sweet noth·ings** [스위이트 너씽스]: ⟨게르만어+영국어⟩, ⟨부끄러워서 얼버무리는⟩ 달콤한 말들, 밀어, ⟨~ blandishment\blarney⟩, ⟨↔nasty(rotten) words⟩ 양2

4002 **sweet pea** [스위이트 피이]: ⟨게르만어+그리스어⟩ ①사향 연리초, 콩꽃 비슷한 꽃이 피는 지중해 연안 원산의 관상초, ⟨~ snow pea\mange-tout⟩ ②연인, ⟨~ sweet heart⟩ ③⟨쉽게 이용당하는⟩ 봉, ⟨~ sucker⟩ 미2 양2

4003 **sweet pep·per** [스위이트 페퍼]: ⟨게르만어+산스크리트어⟩, 단 고추, 사자고추, ⇒ bell pepper 미1

4004 **sweet po·ta·to** [스위이트 퍼테이토우]: ⟨게르만어+카리브어⟩, ⟨부모에게 진상한다는 일본말에서 나온⟩ 고구마, (중미 원산으로 사료되는) 녹말이 많은 덩이 뿌리를 가진 메꽃과⟨morning glory⟩의 식물, 감저, ⟨yam보다 맛이 싱겁고 진득진득 함(neutral taste\sticky)⟩, ⟨~ kumara⟩ 미2

4005 **sweet-root** [스위이트 루우트]: 〈게르만어+영국어〉, sweet cicely, licorice, 감초, 〈달콤한 뿌리를 가진〉 콩과의 여러해살이 약초 미2

4006 **sweet-sop** [스위이트 쌉]: 〈게르만어+영국어〉, sugar apple, 번여지, (미주 열대지방 원산의) 두들두들한 공 같은 열매속에 〈들척지근한 과육을 가진〉 과일, 〈~ annona\paw-paw〉 미2

4007 **sweet spot** [스위이트 스팟]: 〈게르만어+네덜란드어〉, 공이 맞으면 가장 잘 날아가는 부분, '사탕 점', 〈~ optimal(best) place〉, 〈↔bad(worst) spot〉 우1

4008 **sweet sul·tan** [스위이트 썰턴]: 〈게르만어+아랍어〉, 보랏빛 수레국화, '사향'수레꽃, 〈술탄의 벙거지에 달린 것 같은〉 부드러운 털 송이의 연보라 꽃이 피는 중동 원산 국화과(astraceae)의 관상용 초본, 〈~ blessed thistle〉 미2

4009 **sweet talk** [스위이트 터어크]: 〈게르만어〉, 달콤한 말, 감언(이설), 아첨, 〈~ flattery\cajolery〉, 〈↔ignore\curse\condemn〉, ⇒ sweet nothings 양2

4010 *****sweet tooth** [스위이트 투우쓰]: 〈게르만어〉, 단것을 좋아하는 (사람), 마약 상용자, 〈단것이나 마약을 탐닉하는 것을 사람이 아니라 이빨 때문이라는 핑계〉, 〈~ craving for sweets〉, 〈~ surfeit\satiety〉 양2

4011 **sweet wil·liam** [스위이트 윌리엄]: 〈영국어〉, 〈caryophyllaceae라는 발음 불가능한 그리스어를 무식한 정원사가 아무렇게나 부른 이름을 나중에 셰익스피어나 윌리엄 공을 기리려고 붙였다는 헛소문이 나도는 말〉, 왕수염패랭이꽃, 줄기 끝에 속이 뚜렷한 색깔의 빽빽한 뭉치꽃이 피는 석죽과의 여러해살이 관상초, 〈~ an ornamental garden plant\bearded (or bunch) pink\stinking Willie〉 미2

4012 **swell** [스웰]: 〈← swellen(dilate)〉, 〈게르만어〉, 부풀다, 팽창하다, 치밀어 오르다, 굉장한, 멋진, (기분이) '째지다', (강이) '붓다', 〈~ expand bulge\excellent〉, 〈↔shrink\decrease\bad〉 양2

4013 **swell-fish** [스웰 휘쉬]: 〈게르만어〉, puffer, blow·fish, balloon·fish, (배때기가 볼록 나온) 복어, ⇒ globe fish 미2

4014 **swel·ter** [스웰터]: 〈← swiltan(to perish)〉, 〈게르만어〉, 땀투성이가 되다, 무더위에 지치다, 〈~ sultry〉, 〈~ hot\steamy\humid〉, 〈↔bone–chill-ing\dry〉 양1

4015 **swept** [스웹트]: 〈게르만어〉, sweep의 과거·과거분사 양1

4016 **swerve** [스워얼브]: 〈← sweorfan(to rove)〉, 〈게르만어〉, 빗나가다, 벗어나다, 〈~ veer\deviate\yaw〉, 〈↔remain\straighten〉 양2

4017 **swift¹** [스위후트]: 〈← swifan(move quickly)〉, 〈게르만어〉, 날랜, 빠른, 순식간의, 방탕한, 〈~ rapid\sudden\fast〉, 〈↔sluggish\clumsy〉 양2

4018 **swift²** [스위후트]: (민첩한 동작의) ①칼새, 〈~ salangane〉 ②박쥐나방, 〈~ ghost moth〉 ③작은 도마뱀, 〈~ a small lizard〉 미2

4019 **Swift** [스위후트], Jon·a·than: '날쌘돌이', 스위프트, (1667-1745) 〈기존 체제를 비꼬는 데 재주가 많았던〉 아일랜드의 작가·성직자·정치가, 〈~ an Irish writer, priest and polical pamphleteer〉 수1

4020 **Swift** [스위후트], Tay·lor: 스위프트, (1989-), 개인적인 영감을 잘 표현한 미국의 신세대 시골음악 여가수, 〈아직 미혼이고 미국 역사상 여가수로는 제일 돈을 많이 벌었다는데 도전해 볼 한국 남성이 없습니까?〉, 〈~ an American singer〉 수1

4021 **swig** [스위그]: 〈← swag?〉, 〈어원 불명의 영국어〉, 마구 들이켜다, 쭉쭉 들이켜다, 〈~ swill\gulp〉, 〈↔abstain\sip\bite〉 우2

4022 **swill** [스윌]: 〈← swilian(drink greedily)〉, 〈어원 불명의 영국어〉, 꿀꺽꿀꺽 마시다, 폭음하다, 헹구다, 〈~ swig〉, 〈~ gulp down\gargle〉, 〈↔taste\nibble〉 우2

4023 **swim** [스윔]: 〈← swimman(float)〉, 〈게르만어〉, 헤엄치다, 수영하다, 뜨다, 넘치다, 〈swing 해서〉 현기증이 나다, 〈~ take a dip\splash around\spin〉, 〈↔settle\sink\fly\run〉 가1

4024 **swim-ming crab** [스위밍 크랩]: 〈게르만어〉, 〈5번째 다리가 노처럼 생겨서 헤엄을 잘 치며 공격적인〉 '수영게', 〈~(↔)blue (or black) crab\velvet (or flower) crab〉 우2

4025 **swim-ming pool** [스위밍 푸울]: 〈게르만어+영국어〉, 수영장, 〈~ leisure pool\swimming bath〉 가1

4026 **swim-ming trunks** [스위밍 트륑쓰]: (남자) 수영복, swim shorts, swim brief 양2

4027 **swim-suit** [스윔 쑤우트]: 〈게르만어+라틴어〉, (어깨끈이 없는) 수영복, 〈~ beach wear\bathing suit〉 가1

4028 **swin·dle** [스윈들]: 〈← schwindeln(to cheat)〉, 〈게르만어〉, 속이다, 사취하다, 야바위 치다, 〈← swindler〉, 〈~ fraud\racketeer〉, 〈↔dupe〉, 〈~ hood-wink\rip-off〉, 〈↔frankness\honesty〉, ⇒ sakura² 양2

4029 **swine** [스와인]: ⟨← swin(sow²)⟩, ⟨게르만어⟩, 돼지(들), 욕심꾸러기, 비열한, ⟨~ hog\pig⟩, ⟨↔saint\angel⟩ 양2

4030 **swing** [스윙]: ⟨← swingan(to beat)⟩, ⟨게르만어⟩, 흔들리다, 매달리다, 한 방 먹이다, 빙 돌다, 활개치다, 그네, 주기, '끌고 당기기 (춤·음악)', '왔다리 갔다리 (연애)', ⟨~ sway\switch\fluctuate⟩, ⟨↔stay\straighten\botch⟩ 양2 미1

4031 **swing by** [스윙 바이]: ⟨게르만어⟩ ①⟨우주선이 궤도 변경을 할 때⟩ ⟨행성의 중력장을 이용하는⟩ 행성 궤도 근접 통과, ⟨~ a change in the flight path⟩ ②잠깐 들르다, drop by 미2

4032 **swing door** [스윙 도어]: ⟨영국어⟩, (자동식) 회전문, 자재문, ⟨~ revolving door\turn-stile⟩, ⟨↔casement(sliding) door⟩ 양2

4033 *__swing loan__ [스윙 로운]: ⟨게르만어⟩, 회전 융자, ⇒ bridge loan 미2

4034 *__swing shift__ [스윙 쉬후트]: ⟨게르만어⟩, (보통 16~24시 사이의) 야간 교대 작업, ⟨~ afternoon (or second) shift⟩, ⟨↔day shift\grave-yard shift⟩ 미2

4035 **swing state** [스윙 스테이트]: ⟨게르만어+라틴어⟩, (전통적으로) 미국 대통령 선거에서 공화·민주당이 박빙하는 주, ⟨~ battle-ground (toss-up\purple) state⟩ 미2

4036 **swing vot·er** [스윙 보우터]: ⟨게르만어+라틴어⟩, (마음을 정하지 못한) 부동 투표자, ⟨~ undecided (or floating) voter⟩, ⟨↔lock voter⟩ 양2

4037 **swipe** [스와이프]: ⟨영국어⟩, ⟨← sweep⟩, 세게 휘두르기, 강타, (화상을 바꿀 때) 바꿔치기, '쌔비다', ⟨재빨리⟩ 훑다, (자기 카드를) 판독기에 넣다 빼다, ⟨~ strike\slap\flip⟩, ⟨↔miss\skirt\buy⟩ 양2 미1

4038 **swirl** [스워얼]: ⟨← swirlen(to eddy)⟩, ⟨스코틀랜드어⟩, 소용돌이치다, 빙빙 돌다, ⟨~ whirl\billow⟩, ⟨↔straighten\stay⟩ 양2

4039 *__swish__ [스위쉬]: ⟨의성어⟩, ⟨영국어⟩, (쉑 소리를 내며) 휘두르다, 휙휙 소리, 한번 휘두름, 날씬한, ⟨여성역⟩ 동성애자, ⟨~ whistle\rustle\nelly⟩, ⟨↔unfashionable\tacky⟩ 양2

4040 **Swiss** [스위스]: ⟨어원 불명의 게르만어⟩, ⟨← swipan(to singe)?⟩, '화전민?', Schweiz(독), Suisse(불), Svizzera(이), 스위스 (사람·언어)의, ⟨스위췰런드에서 처음 만든⟩ 얇고 비치는 면직물, ⟨~ Helvetica⟩, ⇒ Switzerland 수2

4041 **Swiss ar·my knife** [스위스 아알미 나이후]: ⟨WWII때 독일어 offziers-messer(officer's knife)를 미군들이 잘못 발음한 말⟩, 다양한 공구와 칼이 접게 되어있는 '다목적 호주머니 칼', ⟨~ multi-tooled pocket-knife⟩ 수2

4042 **Swiss ball** [스위스 버얼]: exercise(gym) ball, 1963년 이탈리아의 플라스틱 제조업자가 만들었으나 나중에 스위스의 물리 치료 의사가 재활치료용으로 사용했던 안에 공기가 든 탄력성이 좋은 아주 커다란 공, '신체 단련공', ⟨~ a big soft elastic ball⟩, ⟨~ balance(fitness\therapy\yoga) ball⟩ 수2

4043 **Swiss chard** [스위스 촤아드]: 근대, ⟨스위스 사람들이 즐긴다는?⟩ 넓은 잎과 연한 줄기를 채소로 먹는 명아줏과(goose-foot family)의 두해살이 초본, ⟨~ silver (or leaf) beet\perpetual (or beet) spinach⟩ 미2

4044 **Swiss cheese** [스위스 취이즈]: (스위츠랜드 원산의) 단단하고 구멍이 많은 우유 더껭이, ⟨~ holed (or alpine) cheese\Gruyere (or Emmental) cheese⟩ 수2

4045 **Swiss guards** [스위스 가아즈]: (중세에 교황·프랑스 왕을 경호했던) 스위스 ⟨용병⟩ 위병대, ⟨~(↔)Papal Guards⟩ 수2

4046 **Swiss milk** [스위스 밀크]: ⟨스위스 원산이라는⟩ (달여서 진하게 만든) 연유, ⟨~ a premium dairy⟩ 수2

4047 **Swiss roll** [스위스 로울]: ⟨오스트리아 원산으로 사료되는⟩ 잼이나 크림을 넣고 둥글게 말아 구운 카스텔라 (거품 빵), ⟨~ roll cake\cream-roll\roulade⟩ 수2

4048 **Swiss steak** [스위스 스테잌]: (토마토·양파·버섯 등으로 양념한) 쇠고기를 swissing한 ⟨약한 불로 익힌⟩ 걸쭉한 스테이크, ⟨~ arm streak⟩ 수2

4049 **switch** [스위취]: ⟨← zwec(wooden peg)⟩, ⟨게르만어⟩, 스위치, 바꿈, 전환, 회초리, 개폐기, 교환대, 엇바꾸다, (차림표에서) 다수의 선택 경로 중 하나를 선택하는 '분기 명령', ⟨~ swing\shift\swap⟩, ⟨~ change\button\circuit breaker⟩, ⟨↔sameness\idleness⟩ 양1 미1

4050 **switch-board** [스위취 보오드]: (전화) 교환대, 배전반, ⟨~ operator\plug board⟩, ⟨↔hot-line⟩ 양2

4051 *__switched line__ [스위취드 라인]: 교환 회선, 교환기가 접속되어 있는 ⟨임시⟩ 통신로, ⟨~ a communications link⟩ 미2

4052 ***switch·ing pow·er sup·ply** [스위칭 파우어 써플라이]: 교환 전원 공급 장치, (전력을 효율적으로 사용하기 위해) 개폐기를 사용하는 전력 공급 방식, 〈~ switching regulator〉 미2

4053 **Switz·er·land** [스위철런드]: 〈'화전민'들이 사는 땅?〉, 스위스, 1648년 신성로마제국으로부터 독립되어 1848년 연방제로 개편된 중 유럽 산악지대의 (민병제가 발달한) 〈영세 중립국(permanently neutral state)〉, {Swiss-Ger·Fr·Ita·Romansh-(Swiss) Franc-Bern}, 〈~ Helvetia〉 수1

4054 **swiv·el** [스위블]: 〈← swifan(revolve)〉, 〈영국어〉, 전환, 회전 고리, 회전 의자의 받침, 〈~ pivot\hinge〉, 〈↔stand\straighten〉 미2

4055 **swiv·el chair** [스위블 췌어]: (좌우로 움직이는) 회전의자, 〈~ rotating chair〉, 〈~(↔)rocking chair〉 양1

4056 **swiz·zle** [스위즐]: 〈← stir?〉, 〈1790년에 등장한 어원 불명의 영국어〉, 휘젓다, 술을 벌컥벌컥 마시다, 혼합주, 속이다(swizz), 〈~ guzzle\frothy cocktail\swindle〉, 〈↔silence\honest〉 양2

4057 *****SWMBO** [스윔보]: 〈전산망 약어〉, she who must be obeyed, 〈원래는 1886년에 등장한 말〉, 복종해야만 하는 여자, 거스르면 무서운 사람, '엄처', '마나님', 〈~ girlfriend\wife〉 우1

4058 *****swole** [스오얼]: 〈클린턴 대통령이 1999년 재생시킨 중세 영국어〉, (역도 등으로) 부풀린〈swollen〉 근육, 역기살, 〈~ buff\muscular〉, 〈↔collapsed\deflated〉 우2

4059 **swol·len** [스오울런]: 〈게르만어〉, swell의 과거분사, 부은, 부푼 양2

4060 **swoon** [스우운]: 〈← geswogen(to faint)〉, 〈영국어〉, 기절하다, 쇠퇴하다, 〈~ collapse\knock-out〉, 〈↔awaken\animate〉 양2

4061 **swoop** [스우우프]: 〈← swapen(sweep)〉, 〈영국어〉, 덮치다, 덤벼들다, 급강하하다, 〈~ raid\dive〉, 〈↔dawdle\crawl〉 양2

4062 **sword** [스워어드]: 〈← sweord(war knife)〉, 〈게르만어〉, (무기용) 칼, 검, 살육, 무력, 〈~ blade\dagger〉, 〈↔spear\shield\pen\arrow〉 가1

4063 **sword bean** [스워어드 비인]: saber bean, (콩깍지가 칼집 같은) 칼콩, 작두콩, 까치콩, 〈~ jack bean〉 미2

4064 **sword-fish** [스워어드 휘쉬]: 황새치, (전 세계의 난류에 서식하며) 〈대부분 수은에 오염된〉 둥근 몸통에 길고 뾰족한 위턱을 가진 커다란 바닷물고기, dora, 〈~ mahi-mahi〉 미2

4065 **sword-flag** [스워어드 홀래그]: (칼 같은 잎·노랑 꽃이 피는) 노랑창포, 〈~ yellow flag\corn flag\a Gladiolus〉 미2

4066 **sword lil·y** [스워어드 릴이]: gladiolus, (칼 같은 잎·다양한 꽃이 피는) 당창포, 〈~ an iris〉 미2

4067 **sword of Dam·o·cles** [스워어드 어브 대머클리이즈]: 〈언제 칼이 떨어질지 모르는〉 일촉즉발의 위기, 끝없는 공포, 〈~ menace\threat〉, 〈~ hanging over one's head〉, 〈↔safety\great wall of Shih Huang Ti〉, ⇒ Damocles 양2

4068 **sword-tail** [스워어드 테일]: ①(남미산) 검상꼬리송사리, 〈~ a top-minnow〉 ②참게(hairy crab) 미2

4069 **swore** [스워어]: 〈게르만어〉, swear의 과거 양1

4070 **sworn** [스워언]: 〈게르만어〉, swear의 과거분사, 맹세(선서)한, 언약한 양1

4071 **swum** [스웜]: 〈게르만어〉, swim의 과거분사 가1

4072 **swung** [스웡]: 〈게르만어〉, swing의 과거·과거분사 양1

4073 **syc·a·more** [씨커모우어]: sykon(a fig)+moron(a black mulberry), 〈'무화과 뽕나무'란 뜻의 그리스어〉, plane tree, 시카모어, 쥐방울나무, 버즘나무 ①(소아시아산) 무화과〈fig〉 ②(미주산) 〈큰 이빨 모양의 잎·조그만 도토리 같은 열매·시큼한 냄새를 풍기는〉 커다란 단풍나무(maple) 미2

4074 **syc·o·phant** [씨커훤트]: sykon(a fig)+phainein(show), 〈그리스어〉, 아첨꾼, 알랑쇠, 추종자, 〈두 손가락 사이에 엄지를 밀어 넣는(fig) 모양의 욕을 얻어 마땅한 자〉, 〈~ toady\boot-licker〉, 〈↔critic\denouncer〉 양2

4075 **Syd·ney** [씨드니]: 'side island', 시드니 ①남자 이름, '물 좋은 데 사는 자', 〈~ a male name〉 ②(1788년 영국의 교도소로 시작된) 오스트레일리아 남동부의 항구·공업도시, 〈~ a port city on Australia's east coast〉 수1

4076 **syl·la·ble** [씰러블]: syn(together)+lambanein(hold), 〈그리스어〉, 실러블, 음절, 한 마디 (문자), 〈~ a unit of speech〉, 〈↔vocabulary\world\word\phrase〉 양2

4077 **syl·la·bus** [씰러버스]: 〈← syttyba(piece of parchment)〉, 〈그리스어〉, '명제를 붙인 꼬리표', 요강(중심사항), 개략, 교수목록, 〈~ curriculum\course of study〉 양2

4078 **syl-lo–gism** [씰러쥐즘]: syn(together)+logizesthai(to reason), 〈그리스어〉, 〈논리를 연결한〉 삼단 논법, 연역(법), 추론, 〈~ formal (or deductive) argument〉, 〈↔illogic\irrationality〉 양2

4079 **syl·van** [씰번]: 〈← Silvanus(숲의 신)〉, 〈라틴어〉, 숲(속)의, 목가적인, 〈~ green\verdant〉, 〈↔barren\city-like〉 양2

4080 **sym~ \ syn~** [심~ \ 신~]: 〈그리스어〉, together \ with, 〈함께·동시에·비슷한~〉이란 뜻의 결합사 양1

4081 **sym-bi·ot·ic** [씸비아틱]: 함께 살아가는, 공생의, 〈~ mutual\shared〉, 〈↔non-reciprocal\individual〉 가1

4082 **sym-bol** [씸벌]: syn+ballein(throw), 〈그리스어〉, 심볼, 상징, 표상, 기호, 부호, 신조, '함께 던지기', 〈~ emblem\logo\token'〉, 〈↔reality\fact〉 양2

4083 *__sym-bol font__ [씸벌 환트]: pi font, ding bats, 〈주의를 끌기 위해〉 (기호나 장식체를 포함하는) 기호 글꼴 미2

4084 **sym-bol-ic al·ge·bra** [씸발릭 앨쥐브뤄]: (계산을 단순하게 하기 위해 수학적 기호를 조작하는) 상징적 대수학, 〈~ Boolean algebra〉, 〈↔elementary algebra〉 미2

4085 *__sym-bol-ic de-bug-ger__ [씸발릭 디버거]: (차림표를 편찬할 때) 〈아무 때나 끼어들어 결함을 수정할 수 있는〉 '기호' 결함 수정 '연성기기', 〈~ symbolic execution to locate defects in a program〉 우2

4086 *__sym-bol-ic pro-gram-ming__ [씸발릭 프로우그래밍]: (항목들의 양이나 위치를 기호로 나타내는) 기호 차림표, 〈~ symbolic code (or logic)\manipulation of formulas and components〉 미2

4087 **sym-bol-ism** [씸벌리즘]: (19세기 초 유럽에서 유행한 신비·허무적 해석을 추구했던) 상징주의, 〈~ abstractionism〉, 〈↔formalism\realism\materialism〉 양2

4088 **sym-bol-o·gy** [씸발러쥐]: (애매한 점을 없애려는) 상징학, (부호·기호를 판독하는) 기호학, 인간심리의 계통발생적 측면을 탐구하는 〈심오한 학문〉, 〈~ study of symbols〉, 〈↔science\non-fiction〉 양2

4089 **sym-me·try** [씸머트뤼]: syn+metron(measure), 〈서로 치수가 같은〉 좌우 대칭 (상칭), 균형, 조화(미), 〈~ even-ness\congruity〉, 〈↔asymmetry\irregularity〉 양2

4090 **sym-pa·thet·ic** [씸퍼쎄틱]: 동정적인, 공감하는, 교감신경계의, 〈~ alerting system〉, 〈~(↔)para-sympathetic〉, 〈↔indifferent\cold〉 양2

4091 **sym-pa·thy** [씸퍼씨]: syn+pathos(feeling), 동정, 헤아림, 위문, 연민의 정, 교감, 공명, '같이 앓기', 〈empathy는 남의 사정을 이해하는 '혼자 앓기'〉, 〈~ commiseration\consolation\pity〉, 〈↔anti-pathy\hostility\envy〉 양2

4092 **sym-pho·ny** [씸휘니]: syn+phonein(to sound), 심포니, (18세기 초에 대규모 악단용으로 작곡하기 시작한) 교향곡, (협)화음, '함께 소리내기', 〈~ philharmonic〉, 〈↔cacophony\discordance〉 양2

4093 **sym-po·si·um** [씸포우지엄]: syn+pinein(drink), 심포지엄, 토론회, 좌담회, 연찬회, '함께 마시는 자리', 〈~ convention\forum〉, 〈↔lecture〉 양2

4094 **symp·tom** [씸텀]: syn+piptein(to fall), 〈그리스어〉, '함께 나타나는 일', 징후, 증세, 조짐, 〈~ manifestation\characteristics〉, 〈~(↔)sign〉, 〈↔obscurity\abnormality〉, 〈↔cause\treatment〉 양2

4095 **syn¹~** [씬~]: 〈그리스어〉, together\with, 〈더불어·함께·동시에·유사한~〉이란 뜻의 결합사, 〈l 앞에서는 syl; r 앞에서는 syr; s앞에서는 sy\sys〉, 〈~ iso\ipsi〉, 〈↔contra\hetero〉 양1

4096 **syn²~** [씬~]: 〈← sin'~〉, combine, 〈합성~〉이란 뜻의 결합사 양1

4097 **syn-a·gog(ue)** [씨너가그]: syn+agein(to drive), 〈그리스어→라틴어→프랑스어〉, '함께 나가기' 시나고그, 유대인 집회, 유대인 교회당, 〈~ chapel\mosque\temple〉 미1

4098 **syn-apse** [씨냎스]: syn+haptein(fasten), 〈그리스어〉, 신경세포의 자극 전달부, 〈같이 접하는〉 결합점, 〈~ junction\connection〉, 〈↔disunion\separation〉 양2

4099 **syn-c**(h) [씽크]: synchronization, 동조, 동기화 미2

4100 **syn–chro-nize** [씽 크뤄나이즈]: 동시에 발생하다, 동조(일치)시키다, 〈~ coincide\accompany〉, 〈↔de-synchronize\dis-harmonize〉 미2

4101 **syn–chro·nous** [씬 크뤄너스]: syn+chronos(time), 동시성의, 동위상의, 〈시간 맞춤 신호에 의해〉 (둘 이상의 처리가 병행해서 일어나는) '동기식', 〈~ concurrent\contemporary〉, 〈↔a-synchronous\non-simultaneous〉 미2

4102 *****Syn-com** [씬 캄]: 신콤, synchronous communication satellite, (1961년 처음 발사된) 미국의 전파중계용 '정지통신위성' 수2

4103 **syn-co·pe** [씬커피]: syn+koptein(to cut), 〈그리스어〉, 중략, 가운데 음 소실, 당김음법, 기절, '짧게 자르기', 〈~ faint\black-out〉, 〈↔consciousness\alertness〉 양1

4104 **syn-cre·tism** [씬크뤼티즘]: syn+kretismos(lying?), 〈그리스어〉, 〈사회간의〉 융합, 제설혼합주의, 〈~ amalgamation\eclecticism〉, 〈↔fundamentalism〉 양2

4105 **syn-det·ic** [씬데틱]: syn+dein(to bind), 연결하는, 접속사를 사용하는, 〈~ conjunctive\linking〉, 〈↔a-syndetic\dis-connecting〉 양2

4106 **syn-di·cate** [씬디커트]: syn+dike〈dicare(to censure)〉, 〈그리스어〉, 신디케이트, 〈대표자를 통한〉 기업연합, 평의원단, 폭력 조합, 〈~ cartel\consortium〉, 〈↔suppress\censor〉 양2

4107 **syn-drome** [씬드로움]: syn+dromos(a course), 증후군, 일정한 행동 양식, '같은 경로를 가는 것', 〈~ progress\pattern\ailment〉, 〈↔wholesomeness\cure〉 양2

4108 **syn-ec·do·che** [씨넥더키]: syn+ekdechesthai(to receive), 〈같이 잡아 올리는〉 제유법(전체로써 일부를 또는 일부로써 전체를 나타내는 비유적 표현법), 〈~ (partial) substitution of words〉, 〈~(↔)metonymy〉 양2

4109 **syn-er–ga·my** [씨너얼거미]: syn+ergon(work)+gamos(marriage), 공동결혼, 집단혼, 〈~ joint (or group) marriage〉, 〈↔soli-gamy〉 양2

4110 **syn-er·gy** [씨널쥐]: syn+ergon(work), 협력 작용, 〈함께 일할 때의〉 상승작용, 〈~ collaboration\team-work〉, 〈↔discord\division〉 양2

4111 **syn-gen·e·sis** [씬쮀너시스]: syn(together)+genesthai(produce), 〈그리스어〉, (광상이 모암과 동시에 생성되는) 동생, (같은 유전자로 태어난) 동계발생, (암·수가 합쳐야 생겨나는) 유성생식, 〈~ iso-genesis〉, 〈↔epi-genesis〉 양2

4112 **syn-od** [씨너드]: syn+hodos(way), 〈그리스어〉, '같이 가는 여행', 교회(종교)회의, (정교회의) 종무원, (장로교의) 노회, 〈~ caucus\council〉, 〈↔dictator〉 양2

4113 **syn-o-nym** [씨너님]: syn+onyma(name), 〈그리스어〉, 시너님, 〈이름이 같은〉 동의어, 유의어, 별명, 〈~ similar(analogous) word〉, 〈↔antonym〉 양2

4114 **syn-op·sis** [씨낲시스]: syn+opsis(sight), 〈그리스어〉, 시놉시스, 〈함께 모아놓고 보는〉 개관, 개요, 일람(표), 〈~ abstract\summary〉, 〈↔expansion\details〉 양2

4115 **syn-o·vi·a** [씨노우뷔어]: syn+ovum(egg), 〈그리스어〉, (관절을 유연하게 움직이게 해주는) 활액, 〈혈장에서 만들어진 'ovum'같이 끈적끈적·미끌미끌한 액체〉, 〈~ thick, lubricating fluid〉, 〈~(↔)tendon〉 양2

4116 **syn-tax** [씬택스]: syn+taxis(order), 〈같이 배열하는〉 통어(법), 구문(론), (명확한 표현이나 문장 구성에 필요한) '특수 규칙', 〈~(↔)grammar〉, 〈↔disorder〉 양2 미1

4117 *****syn-tax er·ror** [씬택스 에뤄]: (전산망 차림표 작성에서) 구문·문법상의 오류, 〈~ compile time error〉, 〈↔run time error〉 미2

4118 **syn-the-siz·er** [씬써싸이져]: (인공으로 소리를 합성하는) 음성 합성 장치, 〈~ blender\harmonizer〉, 〈~(↔)key-board〉 미2

4119 **syn-thet·ic** [씬쎄틱]: syn+tithenai(put), '함께 모아둔', 종합적인, 합성의, 인조의, 〈~ processed\manufactured\artificial〉, 〈↔analytic〉 양1

4120 **syn-ton·ic** [씬타닉]: syn+tonos(tone), 〈그리스어〉, 동조(동의)하는, 〈~ congruent\aligned〉, 〈↔dys-tonic〉 양2

4121 **syph·i·lis** [씨휠리스]: 〈라틴어〉, 시필리스, 매독〈중국인들, 번역 하나는 기똥차게 했지요?〉, 창병, (신을 모독한 벌로 그 병에 처음 걸렸다는 사람의 이름〈Syphilus〉을 딴~ 〈이름을 남기는 방법도 가지가지〉) 나선균에 의해 감염되는 성병, 〈~ a VD caused by a spirochete〉 양2

4122 **Syr·a·cuse** [씨뤄큐우즈]: 〈salt와 관계있는 그리스어〉 ①시러큐스, salt city, 뉴욕주 중부(mid-NY State)의 공업도시 ②시라쿠사, 시실리섬 남동부(S-E Sicily)의 역사 깊은 항구도시 수1

4123 **Syr·i·a** [씨뤼어]: ⟨← Assyria⟩, ⟨그리스어⟩, 시리아, 1946년 프랑스로부터 독립한 지중해 동쪽(Eastern Mediterranean) 5나라로 둘러싸인 ⟨Assyria 민족이 많은⟩ 회교 공화국·고대 문명 발상지, {Syrian-Arab-(SY) Pound-Damascus} 수1

4124 **sy·rin·ga** [씨링거]: ⟨syrinx 같은 가지를 가진 식물⟩ ①lilac, 개화나무, ⟨속이 빈 가지에 자줏빛이 도는 자잘한 흰 꽃을 피우는⟩ 올리브과 들정향나무(wild clove)속의 식물 ②고광나무(mock orange) 미2

4125 **sy·ringe** [씨륀쥐]: syringos, ⟨← syrinx(a pipe)⟩, ⟨가는 관을 사용하는⟩ 주사기, 주입기, 세척기, 관장기, ⟨~ hypodermic needle\enemator⟩, ⟨↔un-cover\gurgle⟩ 양2

4126 **syr·inx** [씨링크스]: ⟨← syringos(a pipe)⟩, ⟨그리스어⟩, 울대, 명관, Eustachian tube(중이와 비후강을 연결하는 '이관'), S~; 목신 Pan에 쫓기다 갈대 피리가 된 요정, ⟨~ a Naiad-nymph⟩, ⟨→ syringe⟩ 양1 수1

4127 **syr·phid** [썰휘드]: ⟨← syrphos(biting insect)⟩, ⟨'깨무는'이란 뜻의 그리스어에서 유래한⟩ hover fly, (화분과 화즙을 빨아먹는) 꽃등에, ⟨~ flower fly⟩ 미2

4128 **syr·up** [씨뤕]: sirup, ⟨← shariba(to drink)⟩, ⟨'음료'란 뜻의 아랍어에서 유래한⟩ 당밀, (연한) 꿀, ⟨~ molasses\treacle⟩, ⟨↔cynicism\tablet⟩ 미1

4129 ***Sys-co** [씨스코우]: 시스코, Systems & Service Company, 1969년에 설립되어 60만의 고객을 갖고 있는 미국의 세계적 식품·일용품 배달 회사, ⟨~ an American wholesale corp.⟩ 수2

4130 **sys·tem** [씨스텀]: syn+histanai(to set), ⟨그리스어⟩, 시스템, ⟨함께 서 있는⟩ 체계, 계통, 조직(망), 제도, 방식, 우주, 복합적 기계장치, ⟨~ organization\network⟩, ⟨↔chaos\disorder⟩ 양2

4131 **sys·to·lic pres·sure** [씨스털릭 프뤠셔]: syn+stellein(to draw), ⟨그리스어⟩, 수축기(contracted) 압, 최고(high-number)혈압, ⟨↔diastolic pressure⟩ 양2

1. **T \ t** [티이]: 이집트의 대조 (점검) 부호 X 모양에서 유래한 두 번째 정도로 영어 인쇄물에 많이 쓰이는 알파벳, T자형의 물건, telephone·temperature·testament·time·ton·tone·town·treatment 등의 약자 〖수2〗

2. ***tab** [탭]: 〈1607년에 등장한 어원 불명의 영국어〉, (길게 늘어진) 드림, (옷)고름, 끈, 꼬리표, 색인표, 전표, ~를 달다, 지명하다, (열을 정돈하는) '정렬 자판', '선정'(지정된 장소로 깜빡이를 옮기는 일), tablet, tabloid, 〈~ tag\bill\key\menu〉, 〈↔exceed\expand〉 〖양1〗〖우1〗

3. **ta·bas·co** [터배스코우]: 타바스코, (멕시코 동남부 타바스코〈Tabasco〉지방 원산의) 작고 붉은 매운 고추로 만든 맛난이, 〈~ a hot sauce〉 〖수2〗

4. ***ta-ba-ta** [타바타]: 〈1999년 동명의 일본 speed skating 코치가 개발한〉 고강도 간격운동(push-up\battle rope\아령체조 등〉, 〈~ a high-intensity interval training〉 〖수2〗

5. **tab·bou·leh** [터뷰울러]: 〈← taabil(season)〉, tabouli, 〈'양념'이란 뜻의 아랍어에서 유래한〉 타불레, (잘게 썬 파슬리·양파·토마토·마늘·시금치 등에 식초나 올리브 기름을 친) 레바논식 전채, 〈~ a traditional Middle Eastern salad〉 〖수2〗

6. ***tab·by** [태비]: 얼룩 (범무늬)고양이〈tiger cat〉, 〈바그다드의 생산지 이름(Attabi)에서 연유한〉 물결무늬의 견직물, 〈심술궂은 영화 주인공 Tabitha에서 연유한〉 〈수다스러운\짓궂은?〉 노처녀, 〈~ a striped cat\a spinster〉, 〈↔tom cat〉 〖우1〗

7. ***tab char·ac·ter** [탭 캐뤽터]: 인자(타자) 위치나 깜빡이를 다음 〈정거장〉까지 이동시키는 '선정〈select〉문자' 〖우1〗

8. **tab·er·nac·le** [태버내클]: 〈← taberna〉, 〈라틴어〉, 임시로 지은 (천막)집, 유대의 이동식 신전, 〈~ tavern\wigwam²〉, 〈~(↔)synagogue〉 〖우2〗

9. ***tab key** [탭 키이]: 선정 문자를 입력하기 위한 자판, '정렬〈arrange〉자판', '선정 자판' 〖우1〗

10. **ta·bla** [태블러]: 〈← tabl(drum)〉, 〈'북'이란 뜻의 아랍어에서 연유한〉 타블라, (손으로 치는 작은) 두 개의 북이 한 조를 이룬 남아시아·인도의 악기, 〈~ pair of small drums〉 〖수2〗

11. **ta·ble** [테이블]: 〈← tabula(board)〉, 〈라틴어〉, '널빤지', 탁자, 식탁, 평반, 표, 목차, '평면 자료 묶음', 〈↔ tablet\tabulate〉, 〈~ desk\list〉, 〈↔chair〉 〖양1〗〖우2〗

12. **tab·leau** [태블로우]: 〈← table〉, 〈프랑스어〉, '회화', 예술적 배열, 극적 정경, 인상적 장면, 〈~ scene\spectacle〉, 〈↔chaos\muddle〉 〖미2〗

13. **ta·ble beet** [테이블 비이트]: 식탁 근대, garden beet, ⇒ red beet 〖미2〗

14. **ta·ble-cloth** [테이블 클러어쓰]: 식탁보, 〈~ napery\table linen〉, 〈↔bed spread〉 〖가1〗

15. **ta·ble foot-ball** [테이블 훝 버얼]: '탁상 축구', (탁자 위에서) 조그만 모조 선수들을 손으로 조정해서 득점하는 축구 비슷한 경기, ⇒ (미국에서는) foos·ball 〖우2〗

16. **ta·ble-man·ners** [테이블 매너즈]: 식사 예절, 〈~ social graces〉 〖가1〗

17. **ta·ble-spoon** [테이블 스푸운]: (약 15ml 용량의) 〈식탁용〉숟가락, tea-spoon의 약 3배 〖양2〗

18. ***tab·let** [태블릿]: 〈라틴어〉, 〈← table〉, 평반(plate), 명판, 패, 정제, 알약(pill), (전산기에) 도면 자료〈graphics〉를 입력하는 장치, (휴대용) 평판 전산기〈note-book〉, 〈↔capsule〉 〖양1〗〖미1〗

19. **ta·ble ten·nis** [테이블 테니스]: ping·pong(1900년 영국에 등록된 상표명), 탁구 〖가1〗

20. **tab·loid** [태블러이드]: 〈영국어〉, tablet+oid, 알약, 요약(판) 신문, 〈선정적〉 소형 신문, 〈→ yellow journalism〉, 〈~ rag\sketch\sheet〉, 〈↔enlargement\expansion〉 〖미2〗

21. **ta·boo** \ ta·bu [터부우 \ 태부우]: 〈1771년에 도입된 Tonga어〉, 금기, 금제, 〈만지면 화를 입는〉 '신성한 것〈sacred〉', 〈~ prohibition\ban〉, 〈↔acceptance\encouragement〉 〖양2〗

22. **ta·bor** \ ~bour [테이버]: 〈← table(drum)〉, 〈아랍어→프랑스어〉, (피리를 불며) 한 손으로 치는 탬버린 비슷한 작은 북, 〈~ tamboura〉 〖수2〗

23. **ta·bou·li** [터부울리]: 〈← taabil(season)〉, 〈아랍어〉, 〈살짝 적셔먹는〉 tabouleh, 타볼리, 잘게 간 반숙 밀과 야채로 만든 중동식 전채, 〈~ a Levantine salad〉 〖우1〗

24. ***tab stop** [탭 스탚]: '선정 정지', (선정 문자가 입력되었을 때) 깜빡이가 이동되는 자리 위치, 〈~ an adjustable end stop\position marker〉 〖우1〗

25. ***tab·u·lar** [태불럴]: 〈라틴어〉, 〈← table〉, 평반, 평반 모양의, 평탄한, 도표로 만든, 표로 산출된, 일람표의, 〈~ planar\two-dimensional〉 〖양1〗

T 1285

26 **tab·u·la ra·sa** [태뷸러 롸아서]: 〈라틴어〉, scrapped tablet, '지워진 평판', 백지 상태, (인간이 태어날 때의) 무구한 마음, 모든 지식은 생후의 경험에 의해 얻어진다는 〈백지학설〉, 〈~ blank slate\blank mind〉, 〈~(↔)nature〉, 〈↔nurture\genetics〉 미2

27 **tab·u·late** [태뷸레이트]: 〈라틴어〉, 〈← table〉, (도)표로 만들다, 평면으로 하다, 요약하다, 〈~ classify\organize〉, 〈↔disarrange\mix up〉 미2

28 **tach·o~** [태코우~]: 〈그리스어〉, 〈속도(speed)~〉란 뜻의 결합사 양1

29 **tach·y~** [태키~]: 〈그리스어〉, 〈빠른(swift)~〉이란 뜻의 결합사, 〈↔brady〉 양1

30 **tac·it** [태싵]: 〈← tacitus(silent)〉, 〈라틴어〉, 말이 없는, 잠잠한, 〈↔stated\explicit〉 양2

31 **tac·i·turn** [태서턴]: 〈← tacit〉, 과묵한, 뚱한, 무뚝뚝한, 〈~ quiet\reticent〉, 〈↔loquacious\voluble\sermon\yarn〉 양2

32 **tack** [택]: 〈← tache(nail)〉, 〈프랑스어〉, 납작한 못, 압정, 주름, 가봉, 방침, 부가 조항, 싸구려, 〈~ affix\pin〉, 〈↔split\detach〉 양1

33 **tack·le** [태클]: 〈← takel(grasp)〉, 〈게르만어〉, 〈배의 출발 장비〉, 연장, 도르래 장치, 달려들다, 맞붙다, 도전하다, '딴지걸다', 〈~ attack\block〉, 〈↔avoid\resist\lose〉 양1

34 **tack·le box** [태클 박스]: 낚시 도구 상자(통), fishing box 양2

35 **tack-y** [태키]: 〈1788년에 등장한 어원 불명의 남부 미국어〉, sticky, 진득진득한, 볼품없는, 초라한, 〈~ kitsch\cheap〉, 〈↔tasteful\refined\swish\up-scale〉 양1

36 **ta·co** [타아코우]: 〈멕시코 은광에서 폭파용 화약을 넣어 바위 사이에 끼었던 용기 이름(taquito)에서 연유한〉 (고기·치즈·콩·야채 등을 넣고 튀긴) 옥수수부꾸미, 〈간단한 점심용〉 '멕시코 전병', 〈~ small tortilla folded around a filling〉, 〈~(↔)burrito〉 우1

37 **Ta·co Bell** [타아코우 벨]: 타코 벨, 1962년 Glen Bell이 미국에 세운 세계적 각종 멕시코 계통 간이음식 연쇄점, 〈~ an American chain of fast food restaurants〉 수2

38 **Ta·co·ma** [터코우머]: 〈원주민어〉, '눈 덮인 산〈snow covered mountain〉', 타코마, 미국 워싱턴주 서부의 항구·공업도시, 〈~ a city in S-W of Seattle〉 수1

39 **tact** [택트]: 〈← tangere〉, 〈라틴어〉, 〈← touch〉, 재치, 요령, 예민한 감각, 박자, '촉감', '접촉하는 기술', 〈~ acumen\sensitivity〉, 〈↔indiscretion\rudeness〉 양2

40 **tac·tic** [택틱]: '배열'의, 전술의, ~s; 전술(학), 용병, 작전, '손 보는 것', 〈~ strategy\maneuver〉, 〈↔mistake\failure〉 양2

41 ***tac·ti·cal shit** [택티컬 슅]: ①〈원래는 1970년대에 '전술학 나부랭이'란 뜻으로 쓰이다가 2000년도 초에 '군수품 나부랭이'란 뜻의 속어로 바뀐〉 미국어, 〈~ gun parts\ammunition〉 ②(돈 계산할 때 화장실 가기 등) 전술적 변명, 〈~ going to the bathroom at the time of payment〉, 〈편자가 만들어 낸 Konglish〉 우2

42 **tac-tile** [택타일 \ 택틸]: 〈라틴어〉, 촉각의, 감촉할 수 있는, 촉모, 〈~ palpable\touchable〉, 〈↔abstract\intangible〉 양2

43 **tad-pole** [태드포울]: 〈영국어〉, 'toad head', 올챙이, (큰 머리·가느다란 꼬리를 가지고 아가미로 숨을 쉬는) 개구리의 수중 유생〈어린 생명〉, 〈~ polliwog〉 가1

44 **Ta·dzhik·i·stan** [터쥐키 스탄]: 타지키스탄, ⇒ Tajikistan 수1

45 **Tae-kuk-gi** [태극기]: 〈← tai chi〉, 〈중국어→한국어〉, The great ultimum flag, 〈'우주 만물의 근원인 음양이 완전히 결합된 상태'를 나타내는〉 한국의 국기, 〈~ national flag of South Korea〉, 〈↔In-gong-gi(North Korean Flag)〉 수2

46 **tae-kwon-do** [타이 콴 도우\태권도]: 〈중국어→한국어〉, kick fist art, (20세기 중반에 한국에서 개발되어 2000년 올림픽 종목으로 채택된) '발로 차고 손으로 치는' 한국식 무술, 〈~ a Korean martial art〉, 〈~(↔)judo\kung fu〉, 〈karate는 발을 쓰지 않음〉 수2

47 **ta·fel-spitz** [타헬 스피쯔]: 〈어린 숫송아지의 뒷다리 부분 중 table point(책상 모서리)같이 잘라 놓은 부분을 각종 향신료를 넣고 장시간 삶은 오스트리아의 전통요리, 〈~ boiled veal〉 수2

48 **taf·fy** [태휘]: 〈어원 불명의 영국어〉, toffy, (설탕을 녹여 만든) 무른 사탕, 엿, 허튼소리, 〈~ blarney\flattery〉, 〈↔sour\put-down²〉 우2

49 **Taft** [태후트], Wil·liam: ⟨← toft(homestead)⟩, ⟨영어어⟩, '마름(관리인)', 태프트, (1857-1930), 판사 출신 필리핀 '총독'으로 능력을 인정받아 정치인으로 변신하였다가 ⟨과거의 상관이자 전임 대통령 T. 루스벨트와의 불화로 정권을 뺏겼으나⟩ (정치보다 법을 더 사랑했던 거구의) 공화당 출신 미국의 27대 대통령·대법원장, {Big Chief}, ⟨~ 27th US President⟩ 수1

50 **Taft-Kat·su·ra A·gree·ment** (mem·o·ran·dum): 일본이 승리한 노·일 전쟁 후 1905년 미국 전쟁장관 W. 태프트와 일본 총리 카쓰라(cinnamon tree) Taro(eldest son)가 ⟨한국과 필리핀의 장래에 대한 자국의 입장을 밝힌⟩ '토론', ⟨~ discussion regarding the future of Korea and Philippines after the Russo-Japanese War⟩ 수2

51 *__tag__¹ [태그]: ⟨← tagge(branch)?⟩, ⟨어원 불명의 게르만어⟩, ⟨꼬리⟩표, 정가표, 늘어진 끈(장식), 후렴, 별명, 추적장치, 낙서, (정보의 처음과 끝을 나타내는) 표시 문자, (진행 중인 내용을 중지하기 위해 서류철 속에 내포된) '가로채기 부호', ⟨~ twig\hash·tag\tab⟩, ⟨~ label\sticker⟩, ⟨↔un-importance\anonymity⟩ 양1 우2

52 **tag**² [태그]: ⟨어원 불명의 영국어⟩, 술래잡기, 붙잡다, (야구에서) 보루를 밟다(터치아웃), ⟨~ overtake\hide-and-seek⟩, ⟨↔un-tag\escape⟩ 양1 우1

53 **Ta·ga·log** [터가알러르그]: taga(from)+ilog(river), ⟨원주민어⟩, '강변 주민', 타갈로그, ⟨국민의 약 30%를 차지하는⟩ 필리핀 루손섬의 원주민, ⟨영어와 함께⟩ 필리핀의 공용어(Filipino) 수1

54 **tag a-long** [태그 얼러엉]: ~을 따라가다, 함께 가다, ⟨~ go along\associate with⟩, ⟨↔abandon\ditch⟩ 양2

55 **Ta·ga·met** [태거멭]: antagonist+cimetidine, 타가메트, cimetidine(히스타민 수용체 길항제), Smithkline Beecham사 등이 만드는 위산 제거제, ⟨~ an ant-acid⟩ 수2

56 **ta·glia·tel·le** [타알리어텔레 \ 태그리어텔리]: ⟨← tagliare(to cut)⟩, 탈리아텔레, ⟨'잘라서'⟩ 얇게 편 길쭉한 이탈리아 국수, ⟨~ a long, flat, ribbon-like pasta⟩, ⟨Rome의 남부지방에서는 fettucine라고 부름⟩ 수2

57 **Ta·gore** [터거얼 \ 타아골], Ra·bin·dra·nath: ⟨← Thakur⟩, ⟨대지주(land owner) \ 거상(rich merchant)란 뜻의 벵갈어⟩, 타고르, (1861-1941), 영국에서 법학을 공부하고 돌아와서 힌두와 서양문화를 융합하는 영적인 글을 쓴 인도의 시인, ⟨~ an Indian poet and writer⟩ 수2

58 **ta·hi·ni** [터히이니]: ⟨← tahana(to crush)⟩, ⟨아랍어⟩, (요리의 양념으로 쓰는) 참깨를 '갈아서' 갠 죽, ⟨~ sesame butter\a condiment made from sesame seeds⟩ 우1

59 **Ta·hi·ti** [타히이티]: ⟨← tafiti(far away place)⟩, ⟨원주민어⟩, '멀리 떨어진 섬', 타히티, ⟨열대의 천국이라 불리는⟩ 남태평양의 프랑스령 14개의 Society 군도 중 제일 큰 8자 모양의 섬, ⟨~ an island in French Polynesia⟩ 수1

60 **Ta·hoe** [타아호우]: ⟨← washo-daaw(lake)⟩, ⟨원주민어⟩, '호수', 타호 ①미국 캘리포니아주 북동쪽 네바다주와의 경계(border of California and Nevada)에 있는 수심이 깊고 물이 찬 호수, ⟨~ Big Blue⟩ ②미국의 GM이 1995년부터 출시한 대형 SUV 수1

61 **tai chi** [타이 취이]: ⟨중국어⟩, great ultimate, ⟨음극와 양극간의 조화를 기반으로 하는 주먹의 체계⟩, '태극'권, (중국 사람들이 아침에 공원에 모여 연습하는) 절제된 서행 운동으로 하는 무술·호신법, shadow boxing, ⟨tae-kwon-do보다는 무용(dancing)에 더 가까운 체조⟩ 미2

62 *__tail__ [테일]: ⟨← taglaz(hair)⟩, ⟨게르만어⟩, 꼬리, 자락, 말단, 변발, 수행원, (연결 항목 중에서) 마지막에 붙어 다음을 예시하는 '알리개', 상속인 한정(en·tail), ⟨~ cauda\hind-part⟩, ⟨↔front\beak\head⟩ 양1 우2

63 **tail-gate** [테일 게이트]: 뒷문, 아랫문, '꽁무니 따라붙기', (앞차에) 바싹 붙여 차를 몰다, ⟨~ tail-board\bring up the rear⟩, ⟨←front-gate\leading⟩ 미2 우1

64 **tail-light** [테일 라잍]: 미등, 꼬리등, ⟨~ rear lamp⟩, ⟨↔front(head) light⟩ 양2

65 **tai·lor** [테일러]: ⟨← taliare(to cut)⟩, ⟨라틴어→프랑스어→영국어⟩, '자르다', 짓다, 재단하다, 맞추다, 재단사, ⟨~ clothier\dress-maker⟩, ⟨↔disarrange\smith⟩ 양2

66 **tai·lor-ing** [테일러링]: 재봉업 (기술), 개조, 변경, ⟨~ dress-making\back-stitching⟩, ⟨↔ready-made\un-fitting⟩ 양2

67 **tai·lor-bird** [테일러 버어드]: 재봉새, (주로 동남아시아에 서식하며) 손바닥 같은 두껍고 넓은 잎을 꿰매듯이 집을 짓는 조그만 울새, ⟨~ stitching bird\an Asian song-bird⟩ 미2

68 *__tai·lor your am·bi·tions to the meas·ure of your a·bil·i·ties__: 뱁새가 황새를 따라가면 다리가 찢어진다, ⟨~ you should cut your coat ac·cord·ing to your cloth⟩, ⟨~ none has an ability to match the ambition⟩ 양2

69 **Tai·no** [타이노우]: ⟨← nitayno(noble)⟩, 타이노⟨양반⟩ 족(어), 한때 최고 2백만의 인구를 가지고 카리브 섬들에 살았던 원주민⟨~ indigenous people lived in the Caribbean⟩으로 콜럼버스가 전파한 구대륙 질병으로 절멸되었음 수1

70 **taint** [테인트]: ⟨← tingere(moisten)⟩, ⟨라틴어⟩, ⟨물로 적셔서⟩ '색을 칠하다', 더럽히다, 상처 입히다, 오염시키다, ⟨~ blot\pollute⟩, ⟨↔clean\purify⟩, ⟨taint area; perineum⟩ 양2

71 **tai-pan** [타이팬]: ①daai(big)+baan(class), ⟨중국어⟩, '거물⟨big shot⟩', 다반, '대빵', (중국에 있는) 외국상사의 지배인, ⟨↔small fry⟩ ②⟨원주민어⟩, (오스트레일리아 지방에 서식하며) 잽싸게 움직이는 맹독성의 커다란 독사, ⟨~ a deadliest snake⟩ 우1

72 **Tai-pei** \ ~peh [타이페이]: Taiwan+north, ⟨중국어⟩, 대북, '대만의 북쪽'에 있는 상·공업·행정도시, ⟨~ Capital of Taiwan⟩ 수2

73 **Tai·wan** [타이완]: ⟨tayw(people)+an(place)⟩, ⟨원래는 '사람이 사는 곳'이란 원주민어였으나 나중에 중국식 한자로 바뀜⟩ 대만, '계단식 항만(terraced bay)', 1946년 본토에서 밀린 장제스가 점령한 Formosa (아름다운) 섬에 세웠다가 1971년 UN에서 쫓겨난 '중화민국' ⟨자유중국⟩, {Taiwanese-Mandarin Chinese-(New Taiwan) Dollar-Taipei}, ⟨~ Formosa⟩ 수1

74 **Ta·jik·i-stan** [타아쥐키 스탠]: taj(crown)+ik(head), ⟨'왕관을 쓴' 민족의 땅⟩, 타지키스탄, (1991년 소련의 붕괴로 독립한) 중국과 우즈베키스탄 사이에 있는 산악지대의 ⟨수니파 이슬람교도가 주종을 이루는⟩ 개발도상공화국, {Tajik-Tajik-Somoni-Dushanbe}, ⟨~ a county in Central Asia⟩ 수1

75 **Taj Mahal** [타아쥐 머하알]: taj(crown)+mahall(palace), ⟨페르시아어⟩, '궁전 중의 왕관', 타지마할, (죽은 첩을 그리워한 왕이 인도 북쪽에 1650년에 완공시킨) 순백 대리석의 영묘, 세계 문화유산 ⟨제1위⟩, ⟨~ mousoleum complex in N. India⟩ 수1

76 **take** [테이크]: ⟨← taka(grasp)⟩, ⟨어원 불명의 북구어⟩, ⟨영어에서 가장 어의가 풍부한 말⟩, 쥐다, 잡다, 얻다, 받다, (껴)안다, 빼앗다, 섭취하다, 행하다, 선택하다, 떠맡다, 감당하다, 견디다, 가져가다, 이용하다, 찍다, ~라고 여기다, ⟨~ grasp\hold\bear⟩, ⟨↔give\release⟩ 양1

77 **take a dump(crap)** [테이크 어 덤프(크뢥)]: 똥누다, ⟨~ poo\number two\defecate⟩ 양2

78 **take a leak** [테이크 어 리익]: 오줌 싸다, ⟨~ pee\number one\urinate⟩ 양2

79 **take a-part** [테이크 어파아트]: 분해(해체)하다, 타도하다, 혹독히 비판하다, ⟨~ dismantle\berate⟩, ⟨↔put together⟩ 양2

80 **take a shot** [테이크 어 샽]: 한번(시도) 해 보다, 도전하다, ⟨~ pursue\strive⟩, ⟨↔disbelieve\abstain⟩ 양1

81 **take a spill** [테이크 어 스필]: (~로부터) 떨어지다, 넘어지다, ⟨~ fall off⟩, ⟨↔hide\raise⟩ 양2

82 **take–a–way** [테이크 어웨이]: 가지고 가다, 없애주다, ⟨~ carry off\eliminate⟩, [테이커웨이]; 싸 가지고 가는 음식 (교훈·요점), ⟨~ take-out⟩, ⟨↔bring\add\plus⟩ 미2

83 **take care** [테이크 케어]: 돌보다, 보살피다, 처리하다, 조심하다, 잘 지내!, ⟨~ tend²\look after\deal with⟩, ⟨↔neglect\ignore⟩ 양2

84 *****take cred·it for the good and blame oth·ers for the bad**: 잘되면 제 탓 못되면 조상 탓, ⟨~ blame ancestors for failure⟩ 양2

85 **take-down** [테이크 다운]: 덮어치기, 기습체포, ⟨~ raze\surprise arrest⟩, ⟨↔raise\set up⟩ 양2

86 **take-in** [테이크 인]: 속임수, 사기, (여성을) 식당에 안내하는 자, ⟨~ deceive\embrace⟩, ⟨↔reveal\take off⟩ 양2

87 **take in** [테이크 인]: 수령하다, 흡수하다, 구독하다, (옷의) 둘레를 줄이다, ⟨~ include\comprise⟩, ⟨↔take out⟩ 양1

88 **take (some-one) in-to**: ~를 설득하여 ~을 하게하다, 구슬려서 ~로 변화시키다, ⟨~ assimilate\incorporate⟩, ⟨↔take out of\dissuade⟩ 양2

89 **take it easy** [테이크 잍 이이지]: 편하게 생각해, 쉬엄쉬엄 해라, 알아서 해, 걱정마라, ⟨~ relax\slow down⟩, ⟨↔hop to it⟩ 양2

90 **take it out on**: (~에게) 화풀이하다·뒤집어 씌우다, ⟨~ retaliate\scold⟩, ⟨↔praise\assist⟩ 양2

91 **tak-en** [테이큰]: ⟨북구어⟩, take의 과거분사 양1

92 **take-off** [테이커어후]: 출발(점), 이륙(점), 개시 (단계), 분리, 흉내, ⟨~ departure\parody⟩, ⟨↔put-down⟩ 양2

93 **take off** [테이크 어어후]: 벗다, 쉬다, 떼내다, 줄이다, 이륙하다, 상승하다, ⟨~ get off\launch⟩, ⟨↔put on\touch down⟩ 양1

94 **take on** [테이크 어언]: 떠맡다, 태우다, 고용하다, 대결하다, 인기를 얻다, 흥분하다, 입장을 취하다, ⟨~ engage\confront⟩, ⟨↔dismiss\give up\ignore\lose\watch out⟩ 양1

95 **take-o·ver** [테이크 오우붜]: 인수, 탈취, 취득, ⟨~ aquisition\seizure⟩, ⟨↔hand over\abdicate⟩ 양2

96 **take place** [테이크 플레이스]: 장소를 잡다, ~가 열리다, ⟨~ be-fall\happen⟩, ⟨↔hide\depart⟩ 양1

97 **tak-er** [테이커]: 포획자, 수취인, 소비자, (주지 않고) 받기만 하는 사람, ⟨~ catcher\user\leech⟩, ⟨↔giver\donor⟩ 양2

98 ***take the bull by the horns**: 정면으로 맞서다, 과감하게 대처하다, ⟨~ bite the bullet⟩, ⟨↔chicken out⟩ 양2

99 **take-up** [테이컵]: 죔, 팽팽하게 됨, 수축, 감는 장치, ⟨~ a device (or action) for taking up⟩, ⟨↔jack\hoist⟩ 양1

100 **take up** [테이크 엎]: 집어 올리다, 태우다, 시작하다, 처리하다, 차지하다, 시간이 걸리다, 배우다, ⟨~ pick-up\up-hold⟩, ⟨↔drop\relinquish⟩ 양1

101 **ta·kin** [타아킨]: ⟨원주민어⟩, (티베트 지방에 서식하는) ⟨멸종 위기의⟩ 황소만 한 산양, cattle chamois, gnu goat 수2

102 **tak-ing** [테이킹]: 취득, 소득, 입장(처지), 관심을 끄는, 매력있는, ⟨~ earnings\charming⟩, ⟨↔losing\repulsive⟩ 양2

103 **ta·laq** [탤라아크]: ⟨← talaqa(repudiate)⟩, ⟨'걷어차다'란 뜻의 아랍어⟩, '이혼(divorce)', 남편이 아내에게 이 말을 세 번 하면 즉시 이혼이 성립되는 이슬람교의 율법, 칠거지악, ⟨↔avow\obey\woo-away⟩ 우2

104 **Tal·bot** [터얼벝]: ⟨영국어⟩, ⟨'파멸을 전해주는 자(messenger of destruction)'?⟩, 탤벗, ⟨탈벗가문에서 기르기 시작했다가 절멸된 귀가 늘어진⟩ 개·⟨노르만 계통의⟩ 사람 이름, ⟨~ a surname⟩, 각종 회사·단체·자동차·여성 의류 등의 상품명(brand name) 수1

105 **talc** [탤크]: ⟨← talq(mica)⟩, ⟨아랍어⟩, 활석, 운모, (바위에서 떨어져 나온) Mg이 주성분인 가루로 된 광물질, ⟨~ chalk\soap-stone⟩ 미2

106 **tale** [테일]: ⟨← talu⟩, ⟨tell의 변형어⟩, ⟨게르만어⟩, 이야기, 설화, 소문, 거짓말, 꾸민 이야기, ⟨~ talk\story¹\fable⟩, ⟨↔non-fiction\truth⟩ 양2

107 **tal·ent** [탤런트]: ⟨← talanton(weight)⟩, weighed amount of money, ⟨그리스어⟩, '화폐', 재능, 수완, 솜씨, 연예인, ⟨~ gift\technique⟩, ⟨↔ineptness\stupidity⟩, ⟨~(↔)U-tuber⟩ 양2 미2

108 **tal·ent show** [탤런트 쑈우]: (아마추어의) 예능 장기 대회, ⟨~ amateur showcase\open mic⟩, ⟨↔non-talented revue⟩ 미2

109 **Ta·li·ban** \ ~baan [탤리밴 \ 탈러바안]: ⟨← talib(student)⟩, ⟨아랍어⟩, '생도', 탈레반, (1994년 아프가니스탄 남부에서 결성된) 수니파 이슬람 근본주의 무장세력, ⟨~ Islamic Emirate of Afghanistan⟩ 수1

110 ***tal·i·on** [탤리언]: ⟨← talis(such)⟩, ⟨'같은'이란 뜻의 라틴어에서 유래한⟩ lex talionis, ⟨눈에는 눈·이에는 이로 갚는⟩ 동해 복수법, ⟨~ chastisement\retribution⟩, ⟨↔pardon\sympathy⟩ 양2

111 **tal·i-pot** [탤리팥]: tali(fan palm)+pattra(leaf), ⟨산스크리트어⟩, 탈리폿, ⟨엽상체가 '오므라진 발가락' 모양으로 자라는⟩ 인도 남부(S. India) 원산의 큰 야자수, ⟨~ a large palm tree⟩ 수2

112 **tal·is·man** [탤리스먼]: ⟨← telesma(incantation)⟩, ⟨'마력'이란 뜻의 그리스어⟩, 부적, 신비한 힘이 있는 것, 길조, ⟨~ mascot\ju-ju⟩, ⟨↔hoodoo\voodoo⟩ 양1

113 ***tal·is-wom·an** [탤리스 우먼]: ⟨← talisman에 대항해서 근래에 떠오르는 말⟩, '여 마력', 여자 부적, 행운을 가져오는 여자, ⟨언론에서 한 북한 여자 축구팀의 주장에게 붙여준 칭호⟩ 양1

114 **talk** [터어크]: ⟨← talian(to reckon)⟩, ⟨게르만어⟩, 지껄이다, 말하다, 강연하다, 상의하다, ⟨~ speak\tell\tale⟩, ⟨↔silence\listen⟩ 가1

115 ***talk board** [터어크 보어드]: ⟨1920년에 bulletin board란 뜻으로 등장했으나 근래에는⟩ (전산망) chat-room이란 뜻으로 쓰임, '잡담위원회', 수다방, ⟨~ message board\discussion group⟩ 미2

116 **talk for Eng·land** [터어크 휘어 잉글런드]: 많은 얘기를 하다, 무궁무진한 이야기거리가 있다, ⟨~ talk a lot\talk for long⟩ 수2

117 **talk-ie** [터어키]: 발성영화(talkie film), 휴대용 무선전화, ⟨↔silent movie\vibrator\beeper⟩, ⇒ walkie-talkie 양2

118 **talk-ing point** [터어킹 포인트]: 논란거리, 논지, 연설사항, 화제, ⟨~ topic\issue⟩, ⟨↔aside\tangent⟩ 양2

119 ***talk-ing to a wall**: 쇠귀에 경읽기(우이독경), 마이동풍, ⟨~ in one ear and out the other\water off a duck's back⟩ 양2

120 **talk (some-one) in-to**: ~를 설득하여 ~을 하게하다, 구슬려서 ~로 변화시키다, ⟨~ convince\persuade⟩, ⟨↔talk out of\dissuade⟩ 양2

121 ***talk is cheap** [터어크 이즈 취이프]: 말하기는 쉽다, 말 잘하는 놈치고 일 잘하는 놈 없다, 입만 번지르르하다, ⟨~ all talks, but no actions⟩ 양2

122 **talk show** [터어크 쑈우]: (유명인과의) 대담 방송, '잡담 잔치', ⟨~ interview\chat-show⟩, ⟨↔pantomime\dumb show⟩ 미2

123 ***talk tur·key** [터어크 터어키]: ⟨원주민과 같이 잡은 칠면조와 까마귀를 두고 흥정하듯⟩ 솔직히 얘기하다, 터놓고 얘기하다, ⟨~ forth-right\talk frankly⟩, ⟨↔sophisticated\pretentious⟩ 양2

124 **tall** [터얼]: ⟨← gizal(quick)⟩, ⟨게르만어→영국어⟩, ⟨← (ge)tael⟩, 키 큰, 엄청난, 긴, ⟨~ high\long⟩, ⟨↔short\small\low⟩ 가1

125 **tall-boy** [터얼 버이]: 높은 옷장, 2층 장, 굽이 높은 잔, ⟨~ high-boy⟩, ⟨↔low-boy⟩ 미1

126 **Tal·ley·rand** [탈리롱]-Pe·ri·gord, Charles Mau·rice de: ⟨어원 불명의 프랑스계 이름⟩, 탈레랑, (1754-1838), ⟨백성의 소리에 귀를 기울이라는⟩ 절름발이 성직자로 나폴레옹 1세에게 중용되었으나 그를 배반하고 입헌군주제를 옹호한 프랑스의 ⟨노회한⟩ 외교가, ⟨~ a French statesman and diplomat⟩ 수1

127 **tal·low** [탤로우]: ⟨← talga(firm)⟩, ⟨게르만어⟩, ⟨굳은⟩ 짐승 기름, 쇠(양) 기름, ⟨~ lard\sebum⟩, ⟨↔vegetable oil⟩ 양2

128 **tall talk** [터얼 터어크]: 과장, 호언장담, bombast, ⟨~ big talk⟩, ⟨↔small talk\sobremesa⟩ 양2

129 ***tall trees catch much wind**: ⟨중국·일본 속담⟩, 높은 나무에 바람이 세다, 모난 돌이 정 맞는다(a cornered stone meets the mason's chisel; 한국 속담⟨Korean proverb⟩) 양2

130 ***tal·ly** [탤리]: ⟨← talea(a stick)⟩, ⟨라틴어⟩, ⟨← twig⟩, ⟨서로 맞춰 보기 위해⟩ '자른 막대', 일치, 계정, 계산서, 할부 판매, ⟨~ count\proportion\total⟩, ⟨↔disagree\differ\lose⟩ 미3

131 **Tal·mud** [타알무드]: ⟨← lamud(to learn)⟩, ⟨히브리어⟩, '교훈집', 탈무드, (모세의 시대부터 내려온) 유대교의 율법과 그 해설집, ⟨~ central text of Rabbinic Judaism⟩ 수2

132 **tal·on** [탤런]: ⟨← talus(heel)⟩, ⟨라틴어⟩, 갈고리 발톱, 마수, 쇠스랑, 돌리고 남은 패(cards laid aside), ⟨~ claw⟩, ⟨↔un-clasp\let go⟩ 양1

133 **Tal-pi·ot** [탈피옽]: tel(hill)+piyot(mouths), ⟨히브리어⟩, '⟨견고하게 쌓아올린⟩ 최고중의 최고', 탈피오트, 1973년 이집트와 시리아의 연합군에 참패한 이스라엘이 1979년에 창설한 최첨단 군사기술 교육과정, ⟨~ an elite Israeli Defence Forces⟩ 수2

134 **ta·ma·le** [터마알리]: ⟨← tamalli(wrapped)⟩, ⟨원주민어⟩, '포장전병', 타말리, ⟨부시 2세가 국빈 만찬 때 껍데기째 먹으려고 했었다는⟩ (옥수숫가루·다진 고기·야채·고추·치즈 등을) 옥수수 껍질에 넣고 찐 오랜 역사의 멕시코 요리, ⟨화끈한 멕시코 여자⟩, ⟨~ Mexican corn\an attractive Mexican woman⟩ 수2

135 **ta·man·du·a** [터맨두아 \ 타만두아]: taly(ant)+monduar(hunter), ⟨Tupi어⟩, (열대 아메리카의 숲속에 서식하는) ⟨귀여운⟩ 작은 개미핥기, ⟨~ anteater\antbear⟩, ⟨~(↔)aardvark⟩ 수2

136 **tam·a·rack** [태머랙]: ⟨← akemantak(wood for snowshoes)⟩, ⟨원주민어⟩, American larch, (북미 추운 지방에서 그 재목으로 눈 신발을 만들었던) 미국 낙엽송 우2

137 **ta·ma·ril·lo** [타마뤼로 \ 타마뤼이오]: tamarind+tomatillo, ⟨1967년 뉴질랜드 정부가 조조한 말⟩, ⟨스페인어⟩, 나무 '토마토', ⇒ tree tomato 미2

138 **tam·a·rin** [태머린]: ⟨원주민어⟩, 타마린, (비단 털·긴 갈고리 발톱·긴 엄니를 가지고 깡총깡총 뛰는 다람쥐만 한 ⟨귀여운⟩) 남미산 명주원숭이, ⟨~ marmoset\squirrel monkey⟩ 수2

139 **tam·a-rind** [태머린드]: tamar(date)+hindi(India), ⟨아랍어⟩, 타마린드, '인도 대추', (열매를 향료·조미료로 쓰는 열대 지방산) 깍지 열매를 맺는 콩과의 상록수, ⟨~ a leguminous tree⟩, ⟨~(↔)tamarugo⟩ 수2

140 **tam·a·risk** [태머뤼스크]: ⟨← tamarix⟩, ⟨어원 불명의 라틴어⟩, (스페인의 Tamaris 지방 등 구대륙의 건조 지방에서 서식하는?) 가는 가지에 깃털 모양의 가는 잎을 가진 ⟨버드나무 비슷한⟩ 상록관목, 위성류, ⟨~ tamarind\salt cedar\manna ash⟩, ⟨모양은 weeping willow 비슷하나 다른 종류임⟩ 수2

141 **ta·ma·ru·go** [타마루우고우]: ⟨원주민어⟩, (칠레 북부 ⟨Tamarugal 지방의⟩) 소금기가 많은 사막 토양에서 서식하는) 버드나무 비슷한 콩과⟨pea family⟩의 관목, ⟨~(↔)tamarind⟩ 수2

142 **tam·bou·ra** [탬부우뤄]: ⟨← tambur(drum)⟩, ⟨'북'이란 뜻의 페르시아어에서 유래한⟩ (인도의) 목이 긴 류트 비슷한 현악기, ⟨~ a long-necked, plucked, 4-stringed instrument⟩, ⟨→ tabor⟩ 수2

143 **tam·bou·rin** [탬부륀]: ⟨← tambur(drum)⟩, 탕부랭, (남부 프랑스 지방의) 가늘고 긴 북, ⟨~ a tubular drum⟩ 수2

144 **tam·bou·rine** [탬버뤼인]: ⟨페르시아에서 유래한 프랑스어⟩, ⟨← tambourin⟩, (율동을 돋구기 위해) 주위에 ⟨울렁쇠⟩가 달린 손으로 치는 작은 북, ⟨~ a long narrow drum⟩ 수2

145 **tame** [테임]: ⟨← daman(to subdue)⟩, ⟨그리스어→라틴어→게르만어⟩, 길든, 유순한, 경작된, 무기력한, 단조로운, ⟨~ daunt⟩, ⟨~ docile\amenable⟩, ⟨↔wild\feral\ adamant⟩ 양1

146 **Tam·il** [태밀 \ 타아밀]: ⟨← Dramila ← Dravida⟩, ⟨산스크리트어⟩, 타밀, 남인도·스리랑카·서부 말레이섬 등에 사는 'Dravidian' 종족 (언어), ⟨→ Telugu⟩ 수1

147 **tam·o'-shan·ter** [태머쌘터]: (작중 인물의 이름⟨Tam⟩에서 유래한) 스코틀랜드 농민의 큼직한 베레모, tammie, ⟨~ Scottish bonnet⟩ 수2

148 **tamp** [탬프]: ⟨← zapho(tap)⟩, ⟨게르만어→영어⟩, 다져서 굳히다, 쟁이다, ⟨~ jam\pack⟩, ⟨↔uncompress\release⟩ 양1

149 **Tam·pa** [탬퍼]: ⟨어원 불명의 원주민어⟩, 탬파, (1823년부터 그곳에 살던 Tampa 원주민을 쫓아내고 세운) 미국 플로리다주 중서부⟨mid-western FLorida⟩에 있는 항구·산업·휴양도시, ⟨~ Cigar City\Big Guava⟩ 수2

150 **Tam-pax** [탬팩스]: 탬팩스, tampon+pack, 미국에서 1931년에 도입된 여성용 생리대(지혈 마개), ⟨~ a sanitary napkin⟩ 수2

151 **tam·per** [탬퍼]: ⟨← temprer(mix)⟩, ⟨프랑스어→영국어⟩, (진흙을) 주무르다, 간섭하다, 변조하다, 매수하다, ⟨~ temper⟩, ⟨~ alter\interfere⟩, ⟨↔leave alone\improve\straighten⟩ 양1

152 **tam·pon** [탬판]: ⟨← tapon(plug)⟩, ⟨프랑스어⟩, 탐폰, 지혈용 솜뭉치 (마개), (빨리 치기 위해) 양 끝에 머리가 있는 북채⟨2 headed drumstick⟩, ⟨~ tap⟩, ⟨~ stop up\secure⟩, ⟨~(↔)pad⟩, ⟨↔opening\key⟩ 우1

153 **tam·tam** [텀텀 \ 탬탬]: ⟨말레이어⟩, ⟨의성어⟩, gong, 징 양2

154 **tan** [탠]: ⟨← tannum(crushed oak bark)⟩, ⟨켈트어→라틴어→영국어⟩, ⟨← tannare(dye with tawny color)⟩, 무두질하다, 햇볕에 태우다, 황갈색(brown), ⟨~ tannin⟩, ⟨~ thrash\sun-tan⟩, ⟨↔pale⟩ 양2

155 **tan·a·ger** [태너줘]: ⟨어원 불명의 Tupi어⟩, 풍금(reed organ)조, (미주 더운 지방에 서식하는 200여 종의) ⟨풍금 소리를 내며⟩ 깃털이 아름다운 멧새, ⟨finch와 비슷하게 생겼으나 생물학적으로 다른 종류임⟩ 우1

156 **tan·dem** [탠덤]: ⟨라틴어⟩, length-wise, 세로로 ⟨길게⟩ 나란히 선 마차(자전거), 2인승 자전거, ⟨~ doublet\together⟩, ⟨↔solo\each⟩ 우2

157 **tan·door** [타안두어]: ⟨← tanur(oven)⟩, ⟨페르시아어⟩, 탄두르, 숯불을 밑바닥에 놓는 원통형의 토제 인도 화덕, ⟨~ kiln\stove⟩ 수2

158 ***TANF** (Tem·po·rar·y As·sis·tance for Need·y Fam·i·lies): 어려운 가정을 위한 임시지원, 1997년 AFDC를 축소 개편한 (미) 보건복지 사회부가 주관해서 '현금'으로 지급하는 ⟨welfare⟩제도 우2

159 **Tang¹** [타앙 \ 탱]: ⟨'무서운 것이 없는(absurd)?'⟩ 당나라, (618~907), 내란으로 세운 나라가 내란과 외란으로 망할 때까지 ⟨중국 문명의 황금기⟩를 누렸던 중앙 집권제의 나라, ⟨~ an Imperial Dynasty of China⟩ 수1

160 ***Tang²** [탱]: ⟨'Atlantic'에서 따온 인조어⟩, ⟨우주 비행사들이 마셔서 인기가 있는⟩ 물에 타 먹는 혼합 과일 가루 (음료), ⟨~ a drink mix⟩ 수2

161 **tang¹** [탱]: ⟨← tangi(point)⟩, ⟨'뾰족한'이란 북구어에서 유래한⟩ ①'독사의 혀', 톡 쏘는⟨sting⟩ 맛, 풍미, 가시, ⟨→ tang-y⟩, ⟨~ taste\savor⟩, ⟨↔apathy\dullness⟩ ②⟨수족관에서 인기 있는⟩ (색깔이 아름답고 지느러미가 날카로운) 쥐돔, unicorn fish, surgeon·fish 양1

162 **tang²** [탱]: ⟨영국어⟩, ⟨의성어⟩, 쨍·땡 하고 울리는 소리, ⟨sharp metallic sound⟩ 가1

163 **tan·ga** [탱거]: ⟨Bantu어⟩, ⟨탄자니아에 있는 항구이름(Tanga)에서 연유한⟩ 아주 작게 만든 삼각 팬티, ⟨똥꼬 빤쓰⟩, ⟨~ brief\fundoshi⟩ 우1

164 **Tan·gan·yi·ka** [탠건니이커]: tanga(sail)+nyika(wilderness), 〈Swahili어〉, 탕가니카, (1964년 Zanzibar와 합쳐 Tanzania가 된) 아프리카 중동부에 있던 옛 영국령, 〈~ a former state in E. Africa〉 수1

165 **tan·ge·lo** [탠젤로우]: tangerine+pomelo, 〈영국어〉, 탄젤로, (얇은 껍질과 단맛이 더 나는) 탄제린과 자몽의 교배종 우1

166 **tan·gent** [탠줜트]: 〈← tangere(to touch)〉, 〈라틴어〉, '닿는', (정) 접하는, 직선 구간, 〈삼천포로 빠지는〉, 〈~ aside\digression〉, 〈↔accord\focus\motif〉 양2

167 **tan·gen·tial** [탠줸셜]: 접선의, 곁길로 새는, 탈선적인, 〈~ deviating\irrelevent〉, 〈↔central\proper〉 양2

168 **tan·ge·rine** [탠줘뤼인]: 탄제린, 〈모로코 북쪽 Tangier항에서 영국으로 수입되었던〉 귤보다 작고·달고·추위에 강하고·껍질이 잘 벗겨지는 감귤(sweet orange), 〈~(↔)mandarin〉 수2

169 **tan·gi·ble** [탠줘블]: 〈← tangere(to touch)〉, 〈라틴어〉, '닿는', 만져서 알 수 있는, 실체적인, 유형의, 〈~ tactile〉, 〈~ actual\physical〉, 〈↔intangible\abstract\surreal〉 양2

170 **tan·gle** [탱글]: 〈← taggla(dis-arrange)〉, 〈북구어〉, 엉키게 하다, 꼬이게 하다, 혼란에 빠지다, 〈~ intertwine\mesh〉, 〈↔disentangle\unravel〉 양2

171 **tan·gle-foot** [탱글 훗]: ①싸구려 위스키, 맥주 이름, 〈~ cheap booze〉 ②heath aster, 북미산 탱알속의 잡초 ③해충을 잡기 위한 끈끈이 풀, 〈~ deer-weed〉 미1

172 **tan·go** [탱고우]: 〈'tamgu(dance)'란 아프리카어에서 연유한 남미계 스페인어〉, 〈1913년 영·미를 열광시켰던〉 (남녀가 불규칙한 타음에 맞춰 극적인 동작으로 추는) 선정적인 남미 춤, 유네스코 무형 문화재, 〈~ a patner social dance〉, 〈~ a UNESCO Intangible Cultural Heritage〉 수2

173 ***tan·go down** [탱고우 다운]: 〈← target down의 변형〉, 〈원래 1930년대 군대 속어였는데 2008년경 전산망어로 재부상된 말〉, 적을 격멸하다 (궤멸시키다), 〈~ eliminated〉, 〈↔fucked up〉 양2

174 **tang-soo-do** [당수도]: absurd+hand+way, 〈중국어→한국어〉, 〈주로 손을 사용하는〉 고려시대의 '수박'과 당나라의 '공수'가 합쳐진 한국(Korean)의 karate, 〈~ tae·kwon·do〉 수2

175 **tang-soo-yuk** [탕수육]: tang(sugar)+cu(vinegar)+rou(meat), 〈중국어→한국어〉, 쇠고기나 돼지고기 튀김에 녹말과 식초를 끓여 부는 한국식 중화요리, sweet-and-sour meat, 〈~ a Korean-Chinese meat dish〉 수2

176 **tank** [탱크]: 〈← tadaga(pond)〉, 〈산스크리트어→라틴어→포르투갈어〉, 수조, 커다란 저장 용기, (물)통, 전차, '지상의 배', 〈~ container\armored vehicle〉, 〈↔out-side〉 미2

177 **tank-er** [탱커]: 유조선, 공중 급유기, 전차 대원, 〈~ oil (or super) tanker\tank crew〉 양2

178 **tank-i·ni** [탱키이니]: 상의가 tank top식인 비키니 우1

179 **tank suit** [탱크 쑤우트]: (1920년대에 유행했던 '수조(tank)'에서 입던) 한 벌로 된 여성용 수영복, 〈~ woman's one-piece swim-suit〉, 〈↔bikini〉 우1

180 **tank top** [탱크 탑]: 〈← tank suits〉, (소매 없는) 〈어깨 뜨기〉 윗옷, 〈~ sode-nashi〉, 〈↔long sleeves〉 우1

181 **tan·nin** [태닌]: 〈← tannum(crushed oak bark)〉, 〈1834년에 프랑스어 화학자가 주조한 말〉, '참나무 껍질', 무두질할 때 쓰는 물질(염료), 〈~ tan〉, 〈~ astringent\a polyphenolic compound〉 우1

182 **tan·sy** [탠지]: 〈← athanasia(immortality)〉, 〈'영생'이란 뜻의 그리스어에서 유래〉 탠지, bitter buttons, 쑥국화, (온대 지방에 서식하며 쓴맛의 쑥과 비슷한 잎·단추 모양의 노란 뭉텅이 꽃을 가지고) 약용·요리용으로 쓰였던 국화과의 다년초, 〈~ rag-wort\ground-sel〉 미1

183 **tan·ta·lize** [탠털라이즈]: 〈← Tantalus〉, 감질나게 하다, 애먹이다, 〈~ entice\baffle\torment〉, 〈↔help\please〉 양2

184 **tan·ta·lum** [탠털럼]: 〈Tantalus같이 과학자들을 애먹이는〉 탄탈룸, 〈백금 대용으로 쓰이는〉 금속원소 (기호 Ta·번호 73), 〈~ a metallic element〉 수2

185 **Tan·ta·lus** [탠터러스]: 〈어원 불명의 그리스어〉, 탄탈루스, '괴로워하는 자(sufferer)?', (자기의 아들을 잡아 신들에게 먹인 죄로 벼랑에 매달려 물을 마시려면 물이 빠지고 열매를 따려면 가지가 물러나는) 안타까운 벌을 받은 제우스의 아들, 〈→ tantalize\tantalum〉, 〈~ a wicked king and son of Zeus〉 수2

186 **tan·ta·mount** [탠터마운트]: tam(so)+amonter(amount), 〈라틴어→영국어〉, 같은, 동등한, 상당하는, 〈~ equal\aggregate〉, 〈↔different\opposite〉 가1

187 **tan·ta·ra** [탠터뤄]: 〈라틴어〉, 〈의성어〉, (뚜뚜 하는) 나팔이나 뿔피리 소리, 취주음, '딴따라', 〈~ fanfare〉 우1

188 **tan·tiv·y** [탠티뷔]: 〈의성어?〉, 말이 뛰는 소리, 〈영국어〉, (사냥에서) 질주하는 소리, 돌진, 진격(하라), 〈~ rapid gallop\full speed〉, 〈↔slow moving\creeping〉 양2

189 **tan·to** [타안토우]: 〈← tantum(so much)〉, 〈라틴어→이탈리아어〉, 〈음악용어〉, 지나치게, 너무, 그렇게, 〈~ so fast〉, 〈↔poco(little)〉 미2

190 **tan-tra** [턴트뤄 \ 탠트뤄]: 〈← tan(stretch)〉, 〈산스크리트어〉, '베틀', 탄트라, 의궤, (관습과 교훈을 문본으로 짠) 힌두교·불교의 오래된 경전, 〈~ woven togther〉, 〈~ doctrine\agama〉 수2

191 **tan·trum** [탠트뤔]: 〈1714년에 등장한 어원 불명의 영국어〉, fit, 불끈하기, 화, 부아, 울화통, '지랄발광', 〈~ out-burst\rage〉, 〈↔calm\composure〉 양2

192 **Tan·za·ni·a** [탠져니이어]: 〈원주민어〉, Tanganyika+Zanzibar, 탄자니아, (1960년대 초 영국으로부터 독립한) 동아프리카 인도양 연안의 경치 좋고 야생동물이 많은 개발 「파괴」 도상 국가, {Tanzanian-Swahili·Eng·Arab-(TZ) Shilling-Dodoma}, 〈~ an E. African country〉 수1

193 **tao** [타우 \ 다우]: 〈중국어〉, the way, 도, 길, '현실', 도리, 깨달음, 〈세상만사가 존재하는 이치〉, 〈유대교에서는 halakhah과 함〉 가2

194 **Tao** [타우], Yuan-ming: earthen-ware, '옹기장이', 타우 여언밍, 도연명, (365-427), (추악한 현실에서 청명한 정신 세계를 향해 「귀거래사」를 부르며 현령직을 떨치고 전원 생활로 돌아간) 중국 남·북조 시대의 '오류선생', 〈~ a Chinese poet and politician〉 미2

195 **Tao-ism** [타우이즘 \ 다우이즘]: Daoism, 〈중국어+그리스어〉, moralism, 도교, (BC 5세기경 노자·장자가 시작해서 BC 1세기경 민속종교로 정착한) 중국의 〈놀고먹는〉 노장 철학, 〈↔Confucianism〉, ⇒ Lao-tse 미2

196 **tap**¹ [탶]: 〈게르만어〉, 〈의성어〉, 가볍게 (똑똑) 두드리다, 박자를 맞추다, 두드려서 만들다, (전산기에) 입력하다, 〈~ percuss〉, 〈↔lose\release〉 양1

197 **tap**² [탶]: 〈← taeppe(a plug)〉, 〈게르만어〉, 주둥이, 꼭지, 꼭지를 틀어서 따르다, 품질, 도청 장치, 〈~ spout\quality of drink\listening device〉, 〈↔tug\miss〉 양1

198 **ta·pa** [타퍼]: 〈폴리네시아어〉, (남태평양산) '닥나무 껍질(paper mulberry)'을 두들겨 만든 옷(천), 〈~ paper-like cloth〉 수2

199 **ta·pas** [태퍼스]: 〈← tapar(to cover)〉, (〈맛을 보이기 위해 '냄비 뚜껑(lid)'〉에 여러 가지 요리를 조금씩 담아내는) 스페인식 전채, 〈~ small Spanish savory dish〉 수2

200 **tap dance** [탶 댄스]: 〈미국어〉, (19세기 중반 순회극단에서 시작된) 징을 박은 구두로 바닥을 쳐서 음률을 맞추는 '똑딱 춤', 〈~ clog dance\jigging〉, 〈↔waltz〉 우1

201 **tape** [테이프]: 〈← taeppe(fillet)〉, 〈게르만어〉, (납작한) 끈, 줄자, '접착 끈', 자기로 정보를 저장한 끈, '녹음대', '천공 끈', '좁고·가늘고·길고 유연한 천 나부랭이', (끈으로) 묶다·엮다·감다·재다, 녹음(화)하다, 〈~ bind\record〉, 〈↔loosen\detach〉, 〈명사에는 원칙적으로 반대말이 있을 수 없음〉 우2

202 *****tape deck** [테이프 델]: tape player, '자기 끈 구동기구', '자기 끈 주행기구', (확성기와 증폭기가 없는 재생 및 녹음 장치), 테이프 보관도, 〈~ tape recorder (or machine)〉 우1

203 *****tape–de·lay** [테이프 딜레이]: ①(녹음한 것을 방송할 때까지의) 녹음 시차, 〈~ interval between recording and broadcasting〉 ②(생방송에서 효과를 높이기 위해 후속되는 연주에 음을 겹치는) '이중' 지연 녹음, 〈~ echo processor〉 미1

204 **tape dis-pens–er** [테이프 디스펜서]: '접착끈 분배기', 접착 테이프를 잘라주는 도구, 'tape gun', 〈~ tape cutter〉 우2

205 *****tape drive** [테이프 드롸이브]: (자기 끈에 정보를 기록하거나 그것을 판독하는) 자기 끈 구동장치, 〈~ magnetic tape〉, 〈~(↔)disc drive〉 우2

206 *****tape play-er** [테이프 플레이어]: (끈을 이용한) 피대형 전자기 재생 장치, 〈~ cassette player〉, 〈~(↔)tape-recorder〉 미2

207 **ta·per** [테이퍼]: 〈← tapur(lamp-wick)〉, 〈영국어〉, 끝이 점점 가늘어지다, 점점 줄다, 뾰족해지다, 〈~ fade\narrower〉, 〈↔thicken\swell〉 양1

208 *****tape re·cor·der** [테이프 뤼코오더]: (끈을 사용한) 피대형 녹음기·녹화기, 〈~ cassette recorder〉, 〈~(↔)tape-player〉 미2

209 **ta·pered cut** [테이퍼드 컽]: 경감식 머리, ⇒ business·man cut 미1

210 **tap·es·try** [태퍼스트뤼]: ⟨← tapete(hangings)⟩, ⟨라틴어→프랑스어⟩, 벽걸이 융단, 금수장, 무늬를 융단에 짜 넣다, ⟨→ tippet⟩, ⟨~ weaving\decoration⟩ 미2

211 **tape-worm** [테이프 워엄]: 조충, (입이 없이) 척추동물의 창자에 붙어 양분을 체벽으로 섭취하는 마디로 된 '촌충'과의 기생충, ⟨~ ribbon-like flat-worm⟩, ⟨~(↔)fluke²⟩ 미2

212 **tap·i·o·ca** [태피오우커]: ty(juice)+pya(heart)+og(squeeze), ⟨'쥐어짜다'란 뜻의 Tupi어에서 연유한⟩ (아주까리 비슷한 열대식물인) cassava의 뿌리에서 채취한 ⟨푸딩을 만들 때 농화제로 쓰이는⟩ 녹말, ⟨~ a starch extract⟩ 수2

213 **ta·pir** [테이퍼]: ⟨← tapyra(a large mammal)⟩, ⟨Tupi어⟩, 맥, (중남미와 서남아시아에 서식하는) 코가 뾰족한 돼지(pig with protruded nose) 비슷한 ⟨멸종 위기의⟩ 야생동물, ⟨rhinoceros는 말에 더 가깝고 훨씬 큼⟩ 수2

214 **tap-room** [탶 루움]: 술집, (호텔의) 술 판매실, ⟨~ bar\pub⟩ 미2

215 **tap-si·log** [탑실로그]: 말린 쇠고기(tapa)와 튀긴 계란(silog)이 나오는 필리핀식 요리, ⟨~ a popular Filipino meal⟩ 수2

216 **tap·tap** [탶 탶]: ⟨게르만어⟩, 똑똑 (두드리는 소리), ⟨~ beating\knocking⟩ 양2

217 **tap wa·ter** [탶 워어터]: (수도꼭지에서 받은) 맹물, 수돗물, ⟨~ still water⟩, ⟨↔bottled water⟩ 미2

218 *****TAR** [타알]: tape archiver, 녹화된(저장) 서류철 우2

219 **tar** [타알]: ⟨← terw(pitch of tree)⟩, ⟨게르만어⟩, 타르, (석탄·목재 등을 건류·증류하여 만든) 검은색의 끈적한 액체, ⟨~ asphalt\black-top⟩, ⟨↔purify\uplift⟩ 우1

220 **ta·ra·ma·sa·la·ta** [타뤄마아 설라아터]: 생선알(tarama)로 만든 그리스풍(Greek)의 곤죽 같은 전채(salad) 수2

221 **tar·an·tel·la** [태륀텔러]: (남부 이탈리아 Taranto 지방의) 활발한 춤(곡), dance of spider 수2

222 **ta·ran·tu·la** [터랜츌러]: (남부 이탈리아 Taranto 지방에서 처음 발견된) 털이 많은 커다란 독거미(spider), ⟨~ a large, hairy and poisonous spider⟩, ⟨~(↔)trap-door spider⟩ 수2

223 **ta·ra·tor** [타뤠이터 \ 테뤼톨]: ⟨중동지방의 tzatziki에 해당하는⟩ (차게 먹는) 불가리아식 '오이죽(cucumber soup)', ⟨~ cold cucumber yogurt soup from Bulgaria⟩ 우1

224 **ta·rax·a·cum** [터랙서컴]: ⟨← tarashqum(wild succory)⟩, ⟨'쓴 풀'이란 뜻의 아랍어⟩, (하제로 쓰였던) 유라시아산 커다란 민들레 (뿌리), ⟨~ common dandelion⟩ 수2

225 **tar-boosh** \ ~bush [타알 부우쉬]: sar(head)+pus(cover), ⟨'머리 덮개'란 뜻의 페르시아어⟩, (술 달린 테 없는 빨간색의 원통형) 터키 남성모, ⟨~ fez⟩ 수2

226 **tar·dy** [타알디]: ⟨← tardus⟩, ⟨'slow'의 라틴어⟩, 느린, 더딘, 완만한, 마지못해서 하는, ⟨~ late\behind-hand⟩, ⟨↔punc'tual\speedy⟩ 가1

227 **tare** [테어]: ①⟨← tarwe(wheat)⟩, ⟨'밀'이란 뜻의 네덜란드어⟩, 살갈퀴(유독한 잡초), 독보리, ⟨~ rye-grass⟩ ②⟨← taraha(deducted)⟩, ⟨'공제된'이란 뜻의 아랍어에서 유래한⟩ 포장 (재료의) 무게, 평형추, ⟨~ weight of the container\counter-weight⟩ 우2

228 *****tar file** [타알 화일]: tape archive, tar ball, 여러 개의 서류철을 한 저장서류철로 모아주는 연성기기, ⟨~ a software connecting many files into one file⟩ 우1

229 **Tar·get** [타아깉]: 타겟, (1902년에 세워져 1962년 현재 이름으로 바뀐) 미국 굴지의 잡화·백화·식품 연쇄점, ⟨~ an American retail corp.⟩ 수2

230 **tar·get** [타아깉]: ⟨← targe(a shield)⟩, ⟨게르만어→영국어⟩, 과녁, 표적, 목표, 대상, 정보가 복사될 위치, ⟨~ goal\bull's eye⟩, ⟨↔aimlessness\attacker⟩ 양2

231 *****tar·get zone** [타아깉 죠운]: ①(국제 통화 안정을 위해 목표로 설정한) 외환 시세 변동폭, ⟨~ certain segment⟩, ②표적 집중 포격지대, ⟨~ designated area⟩ 미1

232 **tar·iff** [태뤼후]: ⟨← tarif(information)⟩, ⟨'알림'이란 뜻의 아랍어에서 유래한⟩ 관세표(율), 요금표, '고지서', ⟨~ tax\toll¹⟩, ⟨~ imposition\levy⟩, ⟨↔rebate\penalty⟩ 양2

233 **tar·la·tan** [타알러턴]: ⟨← tarlatane(a thin muslin)⟩, ⟨프랑스어⟩, ⟨인도에서 들어온⟩ (무용복·야회복 등의 모양을 내기 위한) 풀 먹인 얇은 옥양목(옷), ⟨~ a sheer cotton fabric⟩ 수2

234 **tar·nish** [타아니쉬]: ⟨← tarnjan(to conceal)⟩, ⟨게르만어→프랑스어⟩, 흐리게 하다, 녹슬게 하다, 변색시키다, 더럽히다, ⟨~ diminish\stain⟩, ⟨↔burnish\polish⟩ 양1

235 **ta·ro** [타아로우 \ 태로우]: 〈폴리네시아어〉, (날것은 독성이 있어 반드시 익혀 먹어야 하는) 단맛이 나는 열대성 토란〈ground-egg〉, 〈~ tuckahoe〉 미2

236 **tar·pon** [타알펀]: 〈어원 불명의 중미 원주민어〉, (북미 대서양 난류에 서식하는) '청어〈herring〉류'의 큰 물고기, 〈~ Silver King\a game fish〉 수2

237 **tar·ra·gon** [태뤄간]: 〈프랑스어〉, 〈← dragon〉, (야채 전채 등에) 조미료·향료로 쓰이는 〈잎이 용의 이빨을 닮은〉 개사철쑥, 〈→ estragon〉, 〈~ a perennial(aromatic culinary) herb〉 미2

238 **tar·ra·go·na** [태뤄고우너]: 〈← Tarraho(son of Tubal)〉, 타라고나, (스페인 북동부 Tarragona 원산의) 달착지근한 포도주, 〈~ a sweet wine〉 수2

239 **tar·ry** [태뤼]: 〈아마도 'tardy'에서 유래한 듯한 영국어〉, '지체하다', 머무르다, 체재하다, 늦어지다, 〈~ linger\delay〉, 〈↔motor\hurry〉 양1

240 **tar·sal** [타알설]: 〈← tarsus(ankle\instep)〉, 〈라틴어〉, 발목뼈(의), 〈눈꺼풀을 당겨주는〉 안검연골(의), 〈~ ankle bones\eyelid plates〉, 〈↔carpal〉 양2

241 **tar·si·er** [타알씨어]: 〈프랑스어〉, 안경원숭이, (동남아산) 올빼미〈owl〉 같은 눈을 가진 동근 얼굴에 (기다란 손·발가락〈tarsus〉을 가진) 쥐만 한 원숭이, 〈~ specter lemur〉 우1

242 **tart¹** [타알트]: 〈← tertaz(sharp)〉, 〈어원 불명의 게르만어〉, 시큼한, 짜릿한, 신랄한, 〈~ acidic\sour\tear〉, 〈↔sweet\bland〉 양2

243 **tart²** [타알트]: 〈← tarte(pie)〉, 〈프랑스어〉, 토르테, '둥근 빵', 과일 등을 얹은 〈속이 보이는〉 양과자, 〈싸구려 치장을 한〉 야한 여자, '똥치', flan, quiche, 〈~ slut\prostitute\cake〉, 〈↔lady\maiden〉 우1 미2

244 **tar·tan** [타알튼]: 〈← Tartar?〉, (스코틀랜드의 고산 민족이 입던) 거칠고·탄탄한 '격자무늬'의 모직물, 〈~ plaid\maud〉, 〈~ shepherd's check〉 수1

245 **Tar·tar** [타알터]: 〈어원 불명의 페르시아어?〉, 타타르 (사람), (몽골과 같이 유럽을 공략했던) '무자비한' 터키 민족, 〈~ a Turkic tribe〉, tartar; 감때사나운 사람(여자), 〈~ Gorgon\Medusa〉, 〈↔sweet-heart\babe\Aphrodite〉 수2 미2

246 **tar·tar** [타알터]: 〈← durd(dregs)〉, 〈아랍어〉, 타르타르산의 주성분, (포도주 양조용 통바닥에 생기는) 주석, (이빨에 생기는) 치석, 〈~ deposit\coating〉 우1 양2

247 **tar·tar sauce** [타알터 써어스]: (생선요리에 찍어 먹는) 절임 오이·겨자·식초·계란 노른자·레몬 등을 섞은 〈Tartar 지방에서 들어온〉 프랑스 요리의 맛난이, 〈~ a remoulade sauce〉 수2

248 **Tar·ta·rus** [타알터뤄스]: 〈어원 불명의 그리스어〉, 타르타로스, '무서운〈frightful〉 자?' ①Gaia의 남편, Hades의 구멍 ②지옥, (돌을 던져 9일이 걸리고 거짓 맹세를 하면 9년 동안 갇혀 있어야 하는) 불로 싸인 지옥 밑바닥의 구멍, 〈~ a deep abyss〉 수1 미2

249 **tarte** [타알트]: 〈← tart²〉, 〈프랑스어〉, 타르트, 구운 양과자, pie 양2

250 **Tar·zan** [타아전 \ 타아잰]: 〈'피부가 흰〈white skin〉 자'란 뜻의 고릴라어??〉, 타잔, (초인적인 힘을 가진) 정글 모험 소설의 주인공, 〈~ a feral child\a strong and agile man〉 수1

251 **Ta·ser** [테이져]: tele-active shock electronic repulsion, 전기 충격총, (맞으면 전기 충격으로 일시 마비되는) 긴 전선 끝에 화살을 달아 쏘는 무기, stun gun, 〈~ a conducted energy device〉 미1

252 ***task** [태스크]: 〈← texare(to rate)〉, 〈라틴어〉, 임무, 과업, 노역, 전산기로 처리되는 최소 단위의 일, 〈~ tax〉, 〈~ duty\job〉, 〈↔idleness\break〉 양2 우1

253 ***task bar** [태스크 바아]: (현재 작동하는 차림표를 알려주는) 화면 하단에 있는 가로 방향의 얇은 띠 모양의 '작업 표시줄', 〈~ menu\tool bar〉 우2

254 **task force** [태스크 훠어스]: TF, 특수 임무 부대, 전문 위원회, 특별 조사단, 기동 타격대, 〈~ squad\unit〉, 〈↔individual\top brass〉 양2

255 **Tas·ma·ni·an dev·il** [태즈메이니언 데블]: (〈네덜란드 탐험가 Tasman의 이름을 딴〉 오스트레일리아 남동 테즈메이니아섬 원산의) 강력한 이빨을 가지고 죽은 고기도 불사하는 〈멸종 위기의〉 작은 '주머니곰', 〈~ flesh eater\bear devil〉 수2

256 **Tas·ma·ni·an wolf** [태즈메이니언 울후]: 〈1936년에 전멸된〉 태즈메이니아산 아주 사나웠던 '주머니늑대', 〈현재 유전공학을 이용해서 다시 소생 시키려는 노력이 진행중임〉, 〈~ marsupial wolf\Tasmanian tiger\thylacine〉 수2

257 **TASS** [타스 \ 태스]: 타스, Telegraph Agency of the Soviet Union, (1992년 러시아 통신사와 통합하여 ITAR-TASS로 개명된) 구소련의 통신사 수2

258 **tas·sel** [태쓸]: ⟨어원 불명의 프랑스어⟩, a knob, (장식) 술, (옥수수의) 수염, ⟨~ fringe\tuft⟩, ⟨↔bottom\center\inside⟩ 미2

259 **taste** [테이스트]: ⟨← texare(to rate)⟩, ⟨라틴어⟩, ⟨혀로 'touch'해서 얻는⟩ 맛, 미각, 맛보기, 한입, 경험, 기미, 기호, 양식, 풍취, '만지다', ⟨~ flavor\savor⟩, ⟨~(↔)smell⟩, ⟨↔tastelessness\distaste⟩ 양2

260 ***taste of your own med·i·cine**: ⟨이솝우화에서 만병통치약이라고 팔던 약을 그 약장수가 병이 났을 때 주었더니 안 먹으려 했다는 일화에서 연유한⟩ 자기 꾀에 자기가 넘어가는 일, (앙갚음으로) 너도 쓴 맛을 좀 보렴!, ⟨~ tit for tat\eye for an eye⟩ 양2

261 **tat** [탵]: ⟨← tap¹?⟩, ⟨영국어⟩, ⟨뜨개질로⟩ 짜다, 가볍게 치다, 올이 굵은 삼베, (인도산) 조랑말, ⟨~ knot\cheap clothes⟩, ⟨~ a native East Indian pony⟩ 영1 우2

262 **ta·ta·mi** [타타아미]: ⟨← tatamu(to fold)⟩, ⟨일본어⟩, 다다미, ⟨길이가 폭의 배로 된⟩ 마루방에 까는 두툼하고 ⟨접을 수 있는⟩ 일본식 돗자리, ⟨~ a rush mat⟩ 우1

263 **Ta·ta Mo·tors** [타타 모우터즈]: 1945년 인도의 타타⟨'father'란 뜻의 산스크리트어⟩ 가족이 뭄바이에 설립해서 재규어·대우·히타치 등을 병합하고 있는 ⟨세계적⟩ 자동차 생산업체, ⟨~ an Indian automotive co.⟩ 수1

264 **ta·ter tots** [테터 탈스]: ⟨'potato'에서 연유한 미국어⟩, 테이터 탓츠, 알감자 튀김, (감자를 갈아서 뭉친) 조그만 공 모양의 감자 튀김, '감자 동그랑땡', ⟨자른 감자 튀김은 hash-browns라고 함⟩, ⟨~ potato cylinders (croquettes or nuggets)⟩ 미2

265 **tat·ter** [태터]: ⟨← totturr(rags)⟩, ⟨북구어⟩, 넝마, 나부랭이, 무용지물, ⟨~ scrap\torn pieces⟩, ⟨↔caparison\finery¹⟩ 양1

266 **tat·tler** [태틀러]: ⟨영국어⟩, ⟨의성어⟩, 수다쟁이, (해안에 살며 큰 소리로 떠드는) 노랑발도요, ⟨~ blabber-mouth\yellow-legs⟩, ⟨↔sitting duck⟩ 미2

267 **tat·too¹** [태투우]: ⟨← tap-toe(close the cask)⟩, ⟨네덜란드어⟩, 귀영 나팔(북), 똑똑(둥둥) 두드리는 소리, ⟨경찰이 늦게까지 영업을 하는 술집을 돌면서 '술통의 마개를 닫아라'라고 한 데서 나온 말이라 함⟩, ⟨~ beat\pound⟩, ⟨↔silence\acclaim⟩ 양2

268 **tat·too²** [태투우]: ⟨← tatu(puncture)⟩, ⟨폴리네시아어⟩, '상처 내다', 문신(하다), ⟨장식용·상징용·묘사용·출산용 등의⟩ '피부 미술', ⟨~(↔)body paint\'ink'⟩, ⟨↔add\integrate⟩ 양2

269 **taught** [터어트]: teach의 과거·과거분사 가1

270 **taunt** [터언트 \ 타안트]: ⟨← tantus(so great)⟩, ⟨라틴어⟩, 비웃음, 모욕, 빈정댐, ⟨~ insult\jeer⟩, ⟨~ tit for tat\twit\mock⟩, ⟨↔praise\approval⟩ 가1

271 **taupe** [토웊]: ⟨← talpa(mole)⟩, ⟨라틴어⟩, ⟨사마귀 같은⟩ 짙은 회갈색(의), ⟨~ grayish-brown⟩, ⟨↔purple and blue⟩ 미2

272 **Tau·rus** [터어뤄스]: 타우루스, ⟨황소(bull)⟩란 라틴어, 황소자리, 금으로 만든 소, '소띠 생' (고집이 세나 인정이 많은) 4월 20일~5월 20일에 태어난 사람, ⟨↔Scorpion⟩ 미2

273 **tau·tog** [터어타그]: taut, ⟨북미 원주민어⟩, ⟨양대가리를 닮은⟩ 북미 대서양 연안의 흑도미(black porgy) 수2

274 **tau·tol·o·gy** [터어탈러쥐]: to+auto, ⟨'같은(the same)'이란 뜻의 그리스어에서 유래한⟩ 동의어 반복, ⟨쓸데없이·지겨운⟩ 비슷한 말 되풀이, ⟨~ un-necessary repetition⟩, ⟨~(↔)pleonasm⟩, ⟨↔oxymoron⟩ 양2

275 **tav·ern** [태붠]: ⟨← taberna(booth)⟩, ⟨라틴어⟩, 선술집, 여인숙, '오두막집', '헛간', 잠도 자고 술도 먹고 했던 편의시설, ⟨~ tabernacle⟩, ⟨~ pub\inn⟩, ⟨↔skyscraper\boutique hotel⟩ 양2

276 **taw·ny** [터어니]: ⟨← tan⟩, ⟨프랑스어⟩, yellowish brown, 황갈색의, (사자의 털같이) 최고의, ⟨↔dark\swarthy⟩ 양2

277 **taw·pie(~py)** [터어피]: tawp(fool)+ie, ⟨북구어→스코틀랜드⟩, 어리석은, 경솔한 (젊은이·여자), ⟨~ gawk\dub⟩, ⟨↔sage\smartie⟩ 양2

278 **tax** [택스]: ⟨← tangere(touch)⟩, ⟨라틴어⟩, '만져서 평가하다', 세금, 조세, 무거운 부담, ⟨가이사의 몫⟩, ⟨~ task⟩, ⟨~ tariff\toll¹⟩, ⟨↔exonerate\rebate⟩ 가1

279 **tax brack·et** [택스 브랰킽]: ⟨같은 세율이 허용되는⟩ 과세 등급, ⟨~ tax level (or rate)⟩ 양2

280 **tax break** [택스 브뤠잌]: 감세, 세제상의 우대(혜택) 조치, ⟨~ tax benefit (or relief)⟩ 양2

281 **tax cred·it** [택스 크뤠딭]: 세액공제, 세제상의 감면(유예) 조치, ⟨~ tax deduction (or concession)⟩ 양2

282 **tax dodg-er** [택스 닫줘]: 탈세자, 세금 회피자, ⟨~ tax evader⟩ 양2

283 **tax e·va·sion** [택스 이붸쥔]: 세금 포탈, 세금 왜곡, ⟨~ tax avoidence (or fraud)⟩, ⟨~(↔)tax-exempt⟩ 양2

284 ***tax-fla·tion** [택스 훌레이션]: 높은 세율 때문에 생기는 경기 팽창, ⟨~ inflation due to over-taxing⟩ 우2

285 **tax·i** [택시]: ⟨영국어⟩, ⟨궁극적 어원은 tax(요금)⟩, 영업용 자동차(운송기), cab, 천천히 이동하다, ⟨~ taxi-cab⟩, ⟨↔wait\goal⟩ 우2

286 **tax·i-cab** [택시 캡]: taxi meter+cabriolet, ⟨미터기를 부착한⟩ 영업용 자동차, ⟨~ taxi⟩ 우2

287 **tax·i-der·my** [택씨더어미]: taxis(order)+derma(skin), ⟨그리스어⟩, '피부 (가죽) 정돈', 박제술, 죽은 동물을 산 것같이 보존하는 기술, ⟨~ preserving animals⟩ 양2

288 **tax in·ci·dence** [택스 인씨던스]: tax burden, ⟨궁극적인 조세 부담은 돈과 땅을 가진 사람이 진다는⟩ 조세귀착, ⟨~ a measure of who ultimately pays a tax⟩ 양2

289 **tax-ing** [택씽]: 부담이 큰, 수고로운, ⟨~ burden-some\onerous⟩, ⟨↔un-demanding\light^2⟩ 양2

290 **tax·i-plane** [택시 플레인]: (단거리) 전세 비행기, ⟨~ air-taxi⟩ 미2

291 **tax·i-rank** [택시 뢩크]: ⟨영⟩ 택시 대기소(주차장), taxi·stand 양2

292 **tax·i-stand** [택시 스탠드]: ⟨미⟩ 택시 승차장, taxi·rank 양2

293 **tax-on·o·my** [택싸너미]: taxis(order)+nomos(law), ⟨그리스어⟩, 분류학 (법), '배열하는 법', ⟨~ classification\arrangement⟩, ⟨↔disorganization\clutter⟩ 양2

294 **tax shel·ter** [택스 쉘터]: 절세 수단, 세금 보호 조목, ⟨~ tax protection (or reduction)⟩, ⟨~(↔)tax appreciation⟩ 양2

295 **Tay·lor** [테일러], E·liz·a·beth: ⟨← taliare(to split)⟩, ⟨라틴어→영국어⟩, '재봉사', (1932-2011), ⟨편자가 10대 때 애인이라고 사진을 지갑에 넣고 다녔으나 다른 남자들과 7번이나 결혼함⟩ 영국 출신 유대계의 ⟨선정적인⟩ 배우, ⟨~ a British-American actress⟩ 수1

296 **Tay·lor** [테일러], Za·cha·ry: (1784-1850), ⟨old rough and ready⟩, 많은 노예를 둔 남부 농장주의 후예로 40년간의 군인·16개월간의 대통령직을 수행하면서 원칙적으로 노예제도에 반대한 미국의 12대 대통령, ⟨~ 12th US President⟩ 수1

297 **Ta·zi** [타찌]: ⟨← tcyk(swift)⟩, ⟨'잽싼'이란 뜻의 아랍어에서 유래한⟩ 타지, Persian Grey·hound, saluki, ⇒ Afghan hound 수1

298 **taz·za** [타쩌]: ⟨← tasa(bowl)⟩, ⟨'사발'이란 뜻의 아랍어에서 유래한⟩ (이탈리아의) 높은 굽이 달린 큰 접시, ⟨a shallow cup on a pedestral⟩ 수2

299 **TB(C)**: ⇒ tuberculosis 미2

300 ***TBA**: to be announced, 발표(공표)될 예정인 양2

301 **T-ball**: T자형 막대기 위에 놓인 공을 치는 야구 비슷한 어린이 경기, ⟨~ baseball for youngsters⟩ 수2

302 **T-bar**: T자형 가로대, 양쪽으로 걸터앉는 스키 승강기, ⟨~ T shaped metal bar\ski tow⟩ 미1

303 ***TBC**: to be confirmed, 확인될 예정인, 세부사항을 나중에 알리겠음 미2

304 ***TBD**: to be determined, 결정될 예정인, 미정 양2

305 ***TBH**: to be honest, 진실을 말하자면, 실은 양2

306 **T-bill**: ⇒ treasury bill, ⟨이자는 없으나 할인가격으로 파는⟩ 미 재무부 단기 증권 미2

307 **T-bone**: 허리 부분의 뼈가 붙은 T자 형태의 쇠고기 덩어리, '뼈 있는 등심', ⟨porter-house보다 얇음⟩ 우1

308 **TBS** (Tur·ner Broad–cast·ing Sys·tem): 1967년 Ted Turner에 의해 태동하여 이합집산을 계속하고 있는 미국의 세계적 유선·무선 방송망 수1

309 **tbsp** (ta·ble spoon): (약 15mL짜리) ⟨식탁용⟩ 숟가락 양2

310 ***TBT** (throw-back Thurs·day): 회상의 목요일, 매주 목요일 SNS에 옛날 사진(nostalgic contents)을 올리고 즐기는 것, ⟨~ flash-back Friday⟩, ⟨운이 맞아서 생긴 상업용어들⟩ 미2

311 **Tchai·kov·sky** [촤이커어후스키], Pe·ter: 〈어원에 대해 학설이 분분한 러시아계 이름〉, 차이콥스키, (1840-93), (각종 악기의 소리를 융합하여 혼성 음을 내는 데 재주가 뛰어났으며 〈동성애 경향이 강했던〉) 러시아의 작곡가, 〈~ a Russian composer〉 수1

312 **Tchouk ball** [츄우크(챠우크) 버얼]: 츄크 볼, 'jukeball', (1970년 스위스 생물학자가 경기 중 부상을 줄이기 위해 고안한) 양쪽에 널판을 놓고 한편이 7명인 경기자가 공을 쳐서 튀겨 나오게 하는 〈hand-ball 비슷한〉 비올림픽 종목의 실내 구기 수2

313 *__TCL/TK__ (to·tal com·mand lan·guage and <graph·i·cal> tool kit): '티클', '전천후 명령어와 도식을 위한 공구', (1988년부터 출시된) 기존의 연성차림표에 각자가 필요한 차림표를 끼워 넣는 〈가려운 데를 긁어주는〉 장치, 〈~ a command-line interface〉 우1

314 **TCO** (to·tal cost of own·er–ship): (실물가격뿐만 아니라 정비·수선·소모 부속품 값 등을 합친) 총체적 소유자 가격, 〈~ life-time cost\actual cost〉 우2

315 *__TC⟨I⟩P__ (trans·mis·sion con·trol ⟨in·ter·net⟩ pro·to·col): 전송 제어 규약 및 국제 전산망 연결 규약, (〈1960년대 미 국방부가 개발한〉 자료철을 구성해서 다른 전산기로) 전송하는 데 쓰는 표준 격식, 〈~ a communications standard〉 미2

316 **TD Bank** [티이디이 뱅크]: Toronto·Dominion Bank, 1955년 두 회사가 병합되어 세워진 캐나다의 세계적 상업은행 수2

317 **tea¹** [티이]: 〈차오의 남중국 발음 '테이'에서 유래한 말〉, (홍)차, 엽차, 차나무, (아)열대지방 고산지대에서 잘 자라며 3~5년 후에 잎을 따는 상록관목, 시시한 것, 〈~ herbal drink\trivia〉, 〈~(↔)marijuana\water\liquor〉, 〈↔axiom\authenticity〉 가1 미2

318 *__tea²__ [티이]: 〈만화 영화 Kermit the Frog에서 연유한 미국 흑인 속어〉, (차를 마시면서) 〈T('truth')를 감추거나 흘려버리는〉 입방아, 뒷공론, 험담, 〈~ gossip〉, 〈↔truth\fact〉 양2

319 **tea break** [티이 브뤠잌]: 오전 10시 반~11시경에 차를 마시는 휴식 시간, '차 휴식', 〈~(↔)tea time〉, 〈↔work\lunch〉 미1

320 **teach** [티이취]: 〈← teacan(to show)〉, 〈게르만어〉, 가르치다, 교육하다, 길들이다, 〈~ educate\instruct〉, 〈↔conceal\learn〉 가1

321 *__teach a fish(dog) how to swim(bark)__: 공자 앞에서 문자 쓰다, 번데기 앞에서 주름 잡는다, 〈~ teach grandmother how to suck eggs〉 양2

322 *__teach grand-moth·er how to suck eggs__: 번데기 앞에서 주름 잡는다, 〈~ teach a fish how to swim〉, 〈↔trying to teach an old dog new tricks〉 양2

323 **teak** [티이크]: 〈← tekka〉, 〈원주민어〉, (주로 동남아에 서식하는) 방수의 단단한 목재를 제공하는 활엽낙엽교목, 〈~ Indian oak〉 수2

324 **teal** [티일]: 〈← teling〉, 〈어원 불명의 네덜란드어〉, 상오리, 쇠오리, (전 세계에 서식하는) '청록색〈graish-blue〉의' 작은 오리, 〈~ sarcelle\a green-winged duck〉, 〈↔maroon〉 미2

325 **team** [티임]: 〈← zoum(bridle)〉, 〈게르만어〉, 조, 한패, 한 떼, 〈~ teem〉, 〈~ group\squad〉, 〈↔solo\dissociation〉 양2

326 **Team-ster's Un·ion** [티임스터스 유우니연]: International Brother-hood of Teamsters, 팀스터 조합, '동업 조합', 1903년 전미 트럭 운전사 조합으로 출발해서 현재 다양한 직종의 근로자를 포함하는 〈막강한〉 노동 조합, 〈~ a trade union〉 수2

327 *__team up__ [티임 엎]: 〈~와〉 한패가 되다, (~와) 조를 짜 일하다, 〈~ collaborate\conspire〉, 〈↔disjoin\dissociate〉 양2

328 **tea-poi** [티이 퍼이]: tin(three)+pae(foot), 〈페르시아어→힌디어→영국어〉, 〈발이 세개 달린〉 삼발이탁자, (차를 마시는) 작은 탁자, 〈~ three legged table〉 미2

329 **tea-pot** [티이 팥]: 찻주전자, (안에서 소용돌이치는) 찻병, 〈~ tea-kettle\pot boiler〉 미2

330 **Tea-pot Dome** [티이팥 도움]: 티포트 돔, (1923년에 일어났던) 미국 와이오밍주〈Wyoming〉의 Teapot Dome 등에 있는 국유 유전 등을 사기업에 임차시켜주고 막대한 뇌물을 받은 미국 미증유의 수뢰사건, 〈~ a scandal of corrupt deals and bribes〉 수2

331 **tear¹** [티어]: 〈← tahr(drop)〉, 〈게르만어〉, 눈물, (이슬)방울, 비탄, 〈~ crying\lachryma〉, 〈↔saliva\laugh〉 가1

332 **tear²** [테어]: ⟨← terang(rip)⟩, ⟨게르만어⟩, 찢다, 째다, 쥐어뜯다, ⟨~ rupture\break⟩, ⟨↔reattach\join⟩ 가1

333 ***tear (your) hair (out)***: 머리를 쥐어뜯다, 매우 난감하다, 어쩔줄 모르다, ⟨~ angsty\fretful⟩, ⟨↔relax\rejoicing⟩ 양2

334 **tear-jerk-er** [티얼 줘어커]: (눈물을 쥐어짜는) 신파조의 흥행물, 최루성 영화 ⇒ melo·drama, ⟨↔tragedy\horror movie⟩ 양2

335 **tear-strip** [테어 스트륖]: (포장지를 뜯기 쉽게 두른) 개봉 띠, ⟨~ tear tape\tear-off ribbon⟩, ⇒ rip·strip 미2

336 **tease** [티이즈]: ⟨← taisian(pluck)⟩, ⟨게르만어⟩, '털을 뜯어내다' 집적거리다, 애타게 하다, 약 올리다, ⟨줄 동 말 동 하다⟩, 보풀을 세우다, ⟨~ banter\pestering⟩, ⟨↔appease\reassure⟩ 양2

337 **tea·sel** \ **tea·zle** [티이즐]: ⟨← tease⟩, 산 토끼풀 (꽃), (보풀을 세우는 데 쓰인) 털이 달린 동그란 열매를 맺는 두해살이 잡초, ⟨토끼풀하고는 거리가 먼 엉겅퀴(thistle) 비슷한 성가신 풀임⟩, ⟨~ an Old-Word prickly weed⟩ 미2

338 **tea-spoon** [티이 스푸운]: (약 5ml 용량의) 찻 숟가락, table spoon의 약 1/3 크기 양2

339 **teat** [티이트]: ⟨← titta⟩, ⟨게르만어⟩, nipple, 젖꼭지, 유두상 돌기, ⟨~ mammilla\tit⟩ 가1

340 **tea time** [티이 타임]: 오후 3시 반~4시경에 차와 간단한 간식을 먹는 휴식 시간, '차 시간', ⟨~(↔)tea break⟩, ⟨↔work\after work⟩ 미1

341 ***tech-lash** [테크 래쉬]: technology+backlash, 기술 반발, ⟨다음 세대에 몰아닥칠⟩ 대형기술 산업의 성장과 영향력에 대한 광범위하고 강한 반감, ⟨~ low-tech\anti-tech⟩, ⟨↔high-tech\tech lover⟩ 미2

342 **tech·ne·ti·um** [테크니이쉬엄]: 테크네튬, 방사성원소 (기호 Tc·번호43), 1937년 이탈리아에서 '인공으로 분리된' 망간 비슷한 핵 폐기 물질, ⟨의학에서 imaging scan에 쓰임⟩, ⟨~ a radio-active chemical element⟩ 수2

343 **tech·ni·cal** [테크니컬]: 기술적, 전문적, 인위적, 형식적, ⟨~ mechanical\practical⟩, ⟨↔general\natural⟩ 가1

344 **tech·ni·cal knock-out \ TKO**: '기술적 압도', 경기를 계속할 수 없을(unable to defend self) 때 상대 권투 선수에게 우승을 주는 일, ⟨~(↔)KO⟩ 우2

345 **Tech·ni·col·or** [테크니컬러]: '인공 자연색', (1917년경에 개발된) 천연색 사진 촬영법, ⟨~ a series of color motion picture process⟩ 수2

346 **tech·nique** [테크니이크]: (전문) 기술, 기교, ⟨사물을 다루는⟩ 솜씨, 예풍, ⟨~ skill\manner⟩, ⟨↔ineptness\incompetence⟩ 양2

347 **tech·no~** [테크노우~]: ⟨← techne(art)⟩, ⟨그리스어⟩, ⟨기술·공예·응용~⟩ 등을 뜻하는 결합사, ⟨~ skill\science\application⟩ 양1

348 **tech·noc·ra·cy** [테크나 크뤄시]: techno(craft)+kratia(power), ⟨그리스어⟩, 기술주의 (사회), 기술자 지배, (정치·경제 등을) 전문가에게 위임하는 관료제도, ⟨~ rule by technical experts⟩, ⟨↔democracy\monarchy⟩ 양2

349 ***tech-noir** [테크 느와알]: '암흑 영화(black film)', 테크노 누아르, 범죄(crime)와 폭력(violence)을 주제로한 행동파 예술, ⟨~ cyber (or science fiction) noir⟩, ⟨↔romance⟩ 미1

350 ***tech·no-klutz** [테크노우 클럳츠]: ⟨그리스어+게르만어⟩, '기술적 얼간이⟨clumsy⟩', 기계 손방(무지렁이), 컴맹, ⟨~ techno-gawk⟩, ⟨~ tech-shame⟩, ⟨↔techie\cyber-punk\geek⟩ 미1

351 **tech·nol·o·gy** [테크날러쥐]: (과학) 기술, 응용과학, 공예학, ⟨점점 거대한 우상으로 변해가는⟩ '첨단기술', ⟨~ mechanism\machinery⟩, ⟨↔human\natural⟩ 양2

352 **tech·no-park** [테크노우 파아크]: 기술(연구) 단지, ⟨~ science park\digital district⟩, ⟨↔field\farm⟩ 양2

353 ***tech·no-pop** [테크노우 팦]: '인공 대중음악', 합성 장치(synthesizer)에 의한 전자음악을 기초로 한 대중가요, ⟨~ synth-pop⟩, ⟨~(↔)pop¹⟩ 우1

354 **tech-shame** [텤 쉐임]: (젊은이가) 새로운 과학 기술에 서투른⟨awkward⟩ 것, '기술손방', ⟨~ technoklutz⟩, ⟨~(↔)tech-lash⟩, ⟨↔techno-nik\techno-phile⟩ 미2

355 **tec·ton·ic** [텤타닉]: ⟨← tekton(carpenter)⟩, ⟨그리스어⟩, 구조(상)의, 건축의, 축조의 토대의, ⟨~ ground-breaking\profound⟩, ⟨↔non-consequential\negligible⟩ 양2

356 **Te·cum·seh** [터컴서]: 〈원주민어〉, '가로질러 날르는〈flies across〉자', 테쿰세, (1768?-1813), 〈Indian Killer〉 W. Harrison이 지휘한 북부군에 의해 살해된 〈용감했던〉 원주민 쇼니족의 지도자, 〈~ a Shawnee chief and warrior〉 수1

357 **Te·cum·seh's Curse**: 〈매 20년마다 0자가 붙는 해에 당선되는 미국 대통령은 임기 중 목숨을 잃으리라는〉 테쿰세가 죽으면서 남겼다는 저주, 〈~ Curse of Tippecanoe\20-year curse〉 수2

358 **ted·dy bear** [테디 베어]: 〈묶인 곰을 차마 쏘지 못했던〉 〈미국의 Teddy Roosevelt 대통령의 일화에서 유래한〉 봉제된 어린 곰, 경찰〈순경 아저씨〉, 〈~ plushie\police-man〉 미1

359 **ted·dy bear syn-drome**: '인형 집착 증후군', 〈정신적 안정을 위해 마치 인형을 껴안고 자듯〉 상대방에 의지하는 인간 (이성) 관계, 〈~ fear of being alone〉 우2

360 **Te Deum** [테이 데이움]: O+God, 〈라틴어〉, 테데움, 〈'찬양하는 하느님', '감사하신 하나님'〉 초기 기독교 성가의 첫 구절, 〈~ Thee God, we praise〉 우1

361 **te·di·ous** [티이디어스]: 〈← taedium(wearisome)〉, 〈라틴어〉, 지루한, 장황한, 끈덕진, 〈~ boring\humdrum\monotonous〉, 〈↔exciting\interesting〉 가1

362 **tee** [티이]: T자형, T자형 표적, (공을 올려놓는) T자형 구좌 (공받침), 〈~ T-shaped thing〉 수2

363 **tee box** [티이 박스]: T를 올려놓는 구역(두 T 사이에서 뒤로 골프채 2개 길이 이내의 구역), 〈~ closely mown area around tee markers〉 우1

364 **tee-ing ground** [티잉 그라운드]: (골프에서) tee off을 하는 〈초타 구역〉 미2

365 **teem** [티임]: 〈← tieman(produce)〉, 〈게르만어〉, '아이를 낳다', 비옥하다, 풍만하다, 〈~ team〉, 〈~ bear²\abound〉, 〈↔lack\need〉 양2

366 **~teen** [티인]: 〈영국어〉, (13~19의 수에서) 10이란 뜻, ~s [티인즈]; 십대, 〈~(↔)tween〉 양2

367 ***teen-ior** [티이니어]: teenage+senior, 〈신조어〉 ①노인들한테 첨단 기술을 가르쳐 주는 십대, 〈~ tech-savvy teens〉 ②마치 십대인 양 행동하는 노인, 〈~ energetic senior〉 우2

368 **teeny** [티이니 \ tiny 타이니]: 〈어원 불명의 영국어〉, very samll, 조그만, 아주 작은, 〈↔huge\big〉 가2

369 **tee off** [티이 어어후]: 티(특히 제 1타)에서 공을 치다, 강타하다, 〈~ start〉, 〈~(↔)kick (or drive) off〉, 〈↔putt〉 우2

370 **tee shot** [티이 샽]: (골프의) '홀'에서 T 위에 놓고 치는 〈첫번째〉 타구(first shot) 우2

371 **tee·ter** [티이터]: 〈← titra(tremble)〉, 〈북구어〉, 흔들리다, 비틀거리다, 망설이다, 엎치락뒤치락하다, 〈~ totter\seasaw〉, 〈↔stand-still\continue\decide〉 양2

372 **teeth** [티이쓰]: 〈게르만어〉, tooth의 복수, 이빨들 가1

373 **teeth-paste** [티이쓰 페이스트]: toothpaste(치약)의 바른 철자라고 우겨봐야 〈부질 없는 짓〉이란 뜻, 〈~ futile(useless) thing〉 우1

374 **tee time** [티이 타임]: tee에 공을 올려 놓는 시간, 골프 시작 시간, 〈~ start time〉, 〈↔game end〉 미1

375 **tee-to·tal** [티이 토우틀]: 〈영국어〉, 순전한, 절대 금주(의), 금주 연맹의 신조, total temperence, 〈~ abstinent\sober〉, 〈↔bibber\boozy〉 양2

376 **tee-to·tum** [티이 토우텀]: 〈라틴어〉, 〈한면에 'total'(싹쓸이)이라는 뜻의 T자가 새겨진〉 (손가락으로 돌리는) 네모 팽이, 〈~ a spinning top〉 미1

377 **Tef·lon** [테훌란]: tetrafluoroethylene, 테플론, (1938년에 미국에서 개발된) 섭씨 327℃에서 녹는 합성수지(상품명), 〈~ granitium〉, t~; 〈레이건 대통령같이〉 실언을 농담으로 돌려서 어물쩍 넘어가는 행위 수2

378 **te·gu** [테구우]: 〈← tecoixin(lizard)〉, teju, 〈아즈텍어〉, (남미 원산의) 크고·세고·빠른 '도마뱀', 〈~ Argentine black and white tegu〉 수2

379 **te·gu·ment** [테규멘트]: 〈← tegere(cover)〉, 〈라틴어〉, 외피, 피막, 〈~ skin\prepuce〉 양2

380 **Te·he·ran \ Teh-ran** [테허롸안 \ 테랜]: teh(warm)+ran(place), 〈페르시아어〉, '더운 지방', 테헤란, 북부 이란의 〈산록〉에 자리 잡은 정치·경제·문화 도시, 〈~ Capital of Iran〉 수1

381 **teil** [티일]: 〈← tilia〉, 〈라틴어에서 유래한 게르만어〉, linden의 고어, 보리수, 서양 피나무, (북반구 온대 지방에서 자라는) 심장형의 잎을 가지고 둥글고 크게 자라는 나무, 〈~ lime³〉 미2

382 **te·jo·co·te** [테죠코트 \ 테이호코우테이]: tetl(stone)+xocotl(fruit), 〈원주민어〉, 떼호꼬떼, '돌사과', 멕시코산사 나무에서 열리는 떫은 맛이 나는 자두만 한 야생 능금, 〈~ manzanita\Mexican hawthorn〉 우2

383 **tel·(e·o)~** [텔(러·로)~]: 〈그리스어〉, distant\end, 〈원거리·전신·전송~〉이란 뜻을 가진 결합사, 〈↔peri~〉 양1

384 **Tel A·viv** [텔러뷔이브]: tel(hill)+aviv(spring), 〈히브리어〉, '샘이 있는 언덕', 텔아비브, 〈오래된 새 도시〉, Jaffa 동북쪽에 신흥된 이스라엘의 상공업·문화도시, 〈~ a city on Israel's Mediterranean coast〉 수1

385 *****tel·e-bank·ing** [텔러 뱅킹]: (전산기나 전화를 통한) 전신 은행 업무, 〈~ e-banking〉 미2

386 *****tel·e-cast** [텔러 캐스트]: '원격 방송', television broadcasting, 텔레비전 방송, 〈↔conceal\receive〉 미1

387 **tel·e-com·mu·ni·ca·tion** [텔러 커뮤니케이션]: telecom, 원격 (전기) 통신, 전자 통신, 〈~ radio (or electric) communication〉, 〈↔letter\inter-com\yelling〉 미1

388 *****tel·e-com·mute** [텔러 커뮤우트]: (전산기로 집에서 근무하는) 원격 재택근무, 〈~ e-commute\remote work〉, 〈↔in-office work〉 미2

389 *****tel·e-con·fer·ence** [텔러 칸훠뤈스]: (전기 기구를 이용한) 원격 회의, 〈~ virtual meeting〉, 〈↔visit〉 미1

390 **tel·e·du** [텔러두우]: 〈말레이어〉, Sunda stink badger, 말레이오소리, 자바스컹크〈Java skunk〉, (Sunda섬 등 남아시아에 서식하는) 스컹크에 더 가까운 잡식성 야행성 동물 우2

391 **tel·e-gram \ tel·e-graph** [텔리 그램 \ 텔러 그래후]: 전신, 전보, 전신(기), 전기를 통한 문자 통화(법), 〈~ tele-message\tele-cast〉 가1

392 **tel·e-graph plant** [텔러 그래후 플랜트]: dancing plant ('춤싸리'), 도둑놈의갈고리, (아시아 열대지방에 서식하며)〈잎을 만지면 마치 철도 건널목의 수기처럼 떨어지는〉 미모사(mimosa) 비슷한 관목 미2

393 *****tel·e-health** [텔러 헬쓰]: 원격 진료, 원격으로 영상 장비를 이용해서 원거리 환자를 진료하는 행위, 〈~ tele-medicine\tele-care〉, 〈↔house call〉 미2

394 *****tel·e-mar·ket·ing** [텔러 마아키팅]: 전화(를 이용한) 판매, 〈~ tele-commerce\tele-sale〉, 〈↔vendor\direct sale〉 미1

395 *****tel·e-med·i·cine** [텔러 메디슨]: 원격 의료, 원격 통신수단을 이용하여 먼 거리에서 진료하는 행위, 〈~ tele-health\tele-care〉, 〈↔hands-on practice〉, ⇒ doxy link 미2

396 **te·lem·e·try** [텔레 머트뤼]: tele+metron(measure), 〈그리스어〉, 원격 (측정기로 계측하는) 측정, 〈~ remote sensing〉 미2

397 **tel·e-ol·o·gy** [텔리 알러쥐]: study of final causes, 목적론, 〈풀라톤과 아리스토텔레스에서 시작되었다가 슬그머니 사라진〉 〈생물은 그것이 남겨질 가치를 가지고 진화한다는〉 기계론적 이론, 〈~ study of evidences of design in nature〉, 〈↔deontology〉 미1

398 **te·lep·a·thy** [털레 퍼씨]: tele+pathos(feeling), 〈멀리서 느끼는〉 (정신) 감응, 이심전심, 5관을 통하지 않고 '염력'으로 타인과 통화하는 일, 〈~ ESP\clairvoyance〉, 〈↔ignorance\stupidity〉 미2

399 **tel·e-phone** [텔러 호운]: 〈멀리까지 소리를 내는〉 전화(기), 전기를 통한 음성 통화(법), 〈~ call\buzz\ring〉, 〈↔conceal\listening\mail〉 가1

400 **tel·e-port¹** [텔러 포오트]: (물체나 사람을) 염력으로 움직이기, 〈~ beam〉, 〈~ a hypothetical process〉 미1

401 *****tel·e-port²** [텔러 포오트]: (통신 위성을 조종하는 지상의) 원격 기지, 〈~ dispatch〉, 〈~ a secure infra-structure〉 미1

402 *****tel·e-proc·ess·ing** [텔러 프롸쎄씽]: telecomputing, (통신 회선을 통한) 원격 자료 처리, 원격 전산 처리 미2

403 **tel·e-scope** [텔러 스코우프]: 망원경, 원통형 확대경, (망원경의 통처럼) 끼워 넣다, 단축하다, 〈~ spy-glass\slide together〉, 〈~(↔)microscope〉 양1

404 *****tel·e-se·cu·ri·ty** [텔러 씨큐어뤼티]: (전화) 도청 방지, (원격) 방범기, 〈~ IT security〉 미2

405 *****tel·e-type \ tel·e-print** [텔러 타이프 \ 텔러 프륀트]: (문자나 그림을 전신으로 멀리 보내는) 전송식 타자기, 전송식 인쇄기, 〈~ remote type(print)〉, ⇒ telex 미1

406 **tel·e·vi·sion** [텔러 뷔줜] \ **TV**: 텔레비전, 원격 방영 (수상)기, 〈~(↔)radio〉 우2

407 *****tel-ex** [텔렉스]: teletype (print)+exchange, (가입자 교환 접속에 의해 문본을 주고받는) 전송식 교신, 〈~ telecommunication service〉 미2

408 **tell** [텔]: ⟨← zalon(reckon)⟩, ⟨게르만어⟩, 말(이야기)하다, 알리다, 명하다, 분간하다, 주장하다, 세다, ⟨~ tale\talk⟩, ⟨↔hide\quiet\write\act⟩, ⟨speak는 보다 공식적 표현이고 say는 말하는 행위를 나타냄⟩ 가2

409 **Tell** [텔], Wil·liam: ⟨지명에서 유래한 듯한 독일계 이름⟩, (아들 머리 위에 있는 사과를 쏴 맞춘) 1300년대 오스트리아로부터 독립을 위해 싸운 스위스의 ⟨전설적⟩ 영웅, ⟨~ a folk hero from Switzerland⟩ 수2

410 **tell-er** [텔러]: 말하는 사람, 세는 사람, (은행의) 금전 출납원, ⟨~ narrator\cashier⟩, ⟨↔writer\listener⟩, ⟨↔customer\executive⟩ 양2 미1

411 *****tell me about it!**: 그러게 말이에요, 누가 아니래!, ⟨~ you said it⟩ 양2

412 *****tell off** [텔 어어후]: 야단을 치다, 핀잔을 주다, ⟨~ rebuke나 scold보다 약한 꾸중⟩ 양2

413 **tell-tale** [텔 테일]: 수다쟁이, 밀고자, 자동표시기, 점검기, ⟨~ blabber\informant\indicator⟩, ⟨↔conceal\dissuade⟩ 양2

414 **tel·lu·ri·um** [텔루어리엄]: ⟨← tellus(the earth)⟩, ⟨라틴어⟩, ⟨uranium과 상반되는⟩ 텔루르, ⟨'지각'의 1억분의 2를 구성하고 유황과 셀렌 비슷한⟩ 비금속원소 (기호 Te·번호52), ⟨합금이나 태양광 전도체로 쓰임⟩, ⟨~ a chemical element⟩ 수2

415 **tel·lu·roc·ra·cy** [텔류울뤄크뤄씨]: ⟨← Tellus(로마 신화에서 대지의 여신), 제력권을 쥔 체제(국가)⟩, ⟨러시아가 항상 추구하는⟩ 땅넓히기, ⟨~ land-based hegemony⟩, ⟨↔thalasso-cracy\air-supremacy⟩ 양2

416 *****Tel-net** [텔 넽]: 텔넷, teletype network, (UNIX 체계에서) 전산망을 통해 개인 단말기를 다른 전산기에 연결해주는 연성기기, ⟨~ a client/server application protocol⟩ 수2

417 **tel·o·mere** [텔러미어]: telos(end)+meros(part), ⟨그리스어⟩, ⟨수명과 관계있다는⟩ (염색체 끝에 있는) '말단' 소립, ⟨~ tip of a chromosome⟩ 양2

418 **Tel·u·gu** [텔러구우]: ⟨어원이 분명치 않은⟩ 텔루구, 인도 남동부에 사는 드라비다 어족(Dravidian)의 하나, ⟨→ Tamil⟩ 수1

419 **tem·blor** [템블러]: ⟨trembling이란 뜻의 스페인어⟩, 진동, 지진, ⟨~ shaking\earth-quake⟩ 가1

420 **te·mer·i·ty** [티메뤼티]: ⟨← temere(recklessly)⟩, ⟨라틴어⟩, 무모함, 만용, ⟨~ audacity\boldness⟩, ⟨↔shyness\bashfulness⟩ 양2

421 **tem·per** [템퍼]: ⟨← temperare(regulate)⟩, ⟨라틴어⟩, 기질, 천성, 기분, 성미, 울화, 평정, 진정시키다, 조율하다, '섞다', ⟨~ tamper⟩, ⟨~ character\rage\modulate⟩, ⟨↔body\calm\aggravate⟩ 양1

422 **tem·per·ance** [템퍼뤈스]: 절제, 중용, 절주, ⟨~ abstinence\restraint⟩, ⟨↔in-temperance\excess\de-bauch⟩ 양2

423 **temp·er·ate** [템퍼뤄트]: '잘 섞인', 온화한, 온대성의, 삼가는, 중용의, ⟨~ fair\mild⟩, ⟨↔extreme\radical⟩ 양2

424 **temp·er·a·ture** [템퍼뤄춰]: ⟨찬 것과 더운 것이⟩ '섞인 정도', 온도, 체온, ⟨~ thermal reading⟩ 가1

425 **temp·ered** [템퍼드]: 조절된, 완화된, 평균율의, ⟨~ modulated\mitigated⟩, ⟨↔remain\improved\repulse⟩ 양2

426 **tem·per·tan·trum** [템퍼 탠트뤔]: ⟨라틴어+영국어⟩, 울화통, 지랄발광, ⟨~ fit\out-burst⟩, ⟨↔calm\composure⟩ 양2

427 **tem·pest** [템피스트]: ⟨← tempus(time)⟩, ⟨라틴어⟩, 사나운 비바람, 폭풍의, 폭설, 대소동, ⟨~ bluster\storm⟩, ⟨↔tranquility\harmony⟩ 양2

428 *****tem·plate** \ tem·plet [템프리트]: ⟨← templum(plank)?⟩, ⟨어원 불명의 영국어⟩, 형판, 본뜨는 공구, 모형, 보기판, 자주 쓰이는 차림표를 저장해둔 자판의 배치, ⟨~ plate⟩, ⟨~ blue-print\model⟩, ⟨↔antithesis\counter example⟩ 양1 미1

429 **tem·ple**¹ [템플]: ⟨← templum(consecrated space) ← plank(board shaped land to take auspices)⟩, ⟨라틴어⟩, '신성한 장소', 신전, 사원, 회당, 전당, ⟨~ wat⟩, ⟨~ synagogue\church\mosque⟩, ⟨↔evil(cursed) place⟩ 양1

430 **tem·ple**² [템플]: ⟨← tempora(side of forehead)⟩, ⟨어원 불명의 라틴어⟩, ⟨Hermes 신의 머리에 달린 '날개'란 뜻의 그리스어에서 유래했다는 썰이 있는 라틴어⟩, 측두, (망건 줄이 내려온) 관자놀이, '안경다리'가 지나는 부분, 귀와 눈 사이 부분, ⟨~ area between the eyes and top of the ears⟩ 양1

431 **tem·po** [템포우]: ⟨← tempus(time)⟩, ⟨라틴어⟩, 빠르기, 박자, 속도, ⟨~ pace\speed⟩, ⟨↔space\slowness⟩ 양2

432 **tem·po·ral** [템퍼럴]: 시간의, 잠시의, 현재의, 시제의, 〈~ of time\secular〉, 〈↔spatial\spiritual〉 양2

433 **tem·po·rar·y** [템퍼뤠뤼]: 일시, 순간의, 당장의, 임시의, 덧없는, 〈~ interim\short-term〉, 〈↔permanent\lasting〉 가1

434 **tem·po-rize** [템퍼롸이즈]: 임시변통하다, 우물쭈물하다, 시세에 영합하다, 〈~ delay\stall²〉, 〈↔advance\further〉 양2

435 **tempt** [템프트]: 〈← tentare(try)〉, 〈라틴어〉, '시험하다', ~의 마음을 끌다, 유혹하다, 꾀다, 〈→ attempt〉, 〈~ allure\cajole〉, 〈↔deter\discourage〉 양1

436 **tem·pu·ra** [템푸라]: 〈포르투갈어→일본어〉, 템뿌라, 〈16세기 나가사키 근처에 있던 포르투갈인들이 사순제(Quatuor Tempora) 전후해서 만들어 먹던 음식 흉내를 내서 개발한〉 야채나 생선을 밀가루에 발라 돼지기름으로 고온에서 튀긴 일본의 튀김요리, 〈~ bhaji\fritter〉 우2

437 ***tem·pus fu·git** [템퍼스 휴우짙]: 〈Virgil의「농경기」에 나오는 라틴어〉, time flies, 세월은 화살 같다, 〈~ carpe diem〉 양2

438 **Te·mu** [티이무우]: 〈'team up-price down'을 뜻한다는 칭글리시〉, 〈중국 PDD 지주회사가 2022년 9월 미국의 보스턴에서 출범시켜 급부상하고 있는〉 소비자와 생산자를 직접 연결시켜 주는 전자상업 전산망 기지, 〈~ an on-line market-place〉 수2

439 **Te·mu·jin** [테무진]: 〈몽골어〉, '대장장이〈black smith〉', 테무진, ⇒ Genghiskhan의 아명 수1

440 **ten** [텐]: 〈게르만어〉, 10의, 많은 가1

441 **te·na·cious** [터네이셔스]: 〈← tenere(to hold)〉, 〈라틴어〉, '단단히 달라붙은', 고집이 센, 끈기 있는, 〈~ tenesmus〉, 〈~ firm\forceful〉, 〈↔loose\weak〉 양2

442 **ten·ant** [테넌트]: 〈← tenere(to hold)〉, 〈라틴어〉, '거머쥔 자', 차용자, 임차인, 거주자, 소작인, 〈~ tenure\tenement〉, 〈~ occupant\lessee〉, 〈↔owner\land-lord〉 양2

443 **ten·ant farm·er** [테넌트 화아머]: 소작농, share·cropper, 〈↔land-holder〉 양2

444 **ten·ant in com·mon**: 공유재산권자, 〈재산 분할권이 있는〉 공동 소유(임차)인, 〈~(↔)community property에 비해 이것은 ownership percentage가 may not be equal〉 양2

445 **tench** [텐취]: 〈← tinca〉, 〈어원 불명의 라틴어〉, (유럽산의) 조그맣고 통통한 잉어, 〈~ doctor fish〉, 〈~(↔)chub과는 색깔이 다름〉 우2

446 **tend¹** [텐드]: 〈← tendere(stretch out)〉, 〈라틴어〉, '뻗다', '넓히다', 향하다, 경향이 있다, 이바지하다, 〈→ tender¹\tender³\tendon〉, 〈~ inclined〉, 〈↔reduce\end〉 양2

447 **tend²** [텐드]: 〈영국어〉, 〈← attend〉, 돌보다, 기르다, 시중들다, 관리하다, 〈→ tender²〉, 〈~ take care of〉, 〈↔neglect\abandon〉 양2

448 **ten·den·cy** [텐던시]: 〈← tend¹〉, 〈라틴어〉, 경향, 풍조, 성향, 버릇, 〈~ propencity\trend\current\likelihood〉, 〈↔disinclination\reluctance〉 양2

449 **ten·den-tious** [텐덴셔스]: 편향적인, 특정 입장을 옹호하는 경향이 있는, 선전적인, 〈~ disposed\prejudiced〉, 〈↔unbiased\impartial〉 양2

450 **ten·der¹** [텐더]: 〈라틴어〉, 〈← tend¹〉, '부드러운', 연한, 어린, 상냥한, 예민한, 〈~ kind\soft〉, 〈↔firm\tough〉 양2

451 **ten·der²** [텐더]: 〈영국어〉, 〈← tend²〉, 돌보는 사람, 간호인, 감시인, 보급인, 보급선, 연락선, 〈~ attendant\supplier〉, 〈↔predator\attacker〉 미2

452 **ten·der³** [텐더]: 〈라틴어〉, 〈← tend¹〉, 제출하다, 제공하다, 입찰하다, 화해를 제의하다, 〈~ bid\submit〉, 〈↔withdraw\resist〉 양1

453 ***ten·der boat** [텐더 보읕]: 〈← tend²〉, 〈영국어〉, '보조선', 부속선, 거룻배, 큰 배의 하선을 돕는 작은 배, 〈~ dinghy〉, 〈↔main ship〉 미2

454 ***ten·der-foot** [텐더 훝]: 〈← tend¹〉, 〈라틴어+게르만어〉, 신참자, 풋내기, 〈~ novice\green-horn〉, 〈↔veteran\expert〉 양2

455 ***ten·der-loin** [텐더 러인]: 〈라틴어〉, 연한 허리(고기), 안심, 〈경찰이 안심을 얻어먹는〉 악덕 환락가, 〈~ fillet\red-light district〉, 〈~(↔)sir-loin〉 양2

456 ***ten·der of·fer** [텐더 어어훠]: 〈라틴어〉, 공개매수, 〈50% 이상의 지분을 확보하려고〉 주주들에게 공개적으로 높은 가격을 제시하여 주식을 매입하는 일, 〈~ take-over bid〉, 〈↔open offer〉 우2

457 **ten·don** [텐던]: ⟨← tenon ← tenein(stretch)⟩, ⟨그리스어⟩, 힘줄, 건, (밧줄처럼 꼬여진) 뼈에 부착된 단단한 섬유조직, ⟨~ tend¹⟩, ⟨~ sinew⟩, ⟨~(↔)bone\synovium⟩, ⟨이것은 근육을 뼈에 붙여주고 ligament는 뼈와 뼈를 연결시켜줌⟩ 양2

458 **ten·dril** [텐드릴]: ⟨← tendre ← tend¹⟩, ⟨프랑스어⟩, 덩굴손, (식물이 서로 의지하려고) '뻗어 나온' 길고 꼬불꼬불한 끈, ⟨~ clasper\coil⟩, ⟨↔trunk⟩ 양2

459 **ten·e·brif·ic** [테너브뤼휙]: ⟨← tenebrae(darkness)⟩, ⟨라틴어⟩, 어둡게 하는, 음울한, ⟨~ dim\sullen⟩, ⟨↔light\brilliant⟩ 양2

460 **ten·e·ment** [테너먼트]: ⟨← tenere(to hold)⟩, ⟨라틴어⟩, (공동)주택, 임차주택 단지, ⟨빈민굴⟩, ⟨~ tenant\tenure⟩, ⟨↔single dwelling\manor⟩ 양2

461 **te·nes·mus** [테네즈머스]: ⟨← teinein(to stretch)⟩, ⟨그리스어⟩, 이급후중증, (배설 후에 남는) 극심한 항문통, 뒤무직증⟨북한어⟩, ⟨~ tenacious⟩, ⟨~ pain in the ass⟩ 양2

462 **ten·et** [테닡]: ⟨라틴어⟩, he holds, (집단이 신봉하는) ⟨꽉움켜쥔⟩ 주의·교의, ⟨~ principle\creed⟩, ⟨↔disbelief\doubt⟩ 양2

463 **Ten·nes·see** [테너씨이]: TN, Volunteer States, ⟨원주민의 마을 이름(Tanasi: winding river?)에서 따온⟩ 테네시, 남부·북부를 연결해주는 미국 동남부⟨S-E US⟩의 (개척 정신이 강했던) 주, {Nashville-9}, 《iris》 수2

464 **Ten-Nine-ty Eight** (1098): ⟨세금 공제를 위해⟩ (연간 600불 이상의 융자금 이자⟨mortgage interest⟩를 보고하는) 미국의 국세청 양식 우2

465 **Ten-Nine-ty Nine** (1099): 봉급(급료) 이외의 소득을 보고하게 하는 미국 국세청의 양식, (15개 이상의 변종이 있는) 급료 외 소득⟨non-employment income⟩ 증명서 우2

466 **ten·nis** [테니스]: ⟨← tenir⟩, ⟨프랑스어⟩, '잡다(take)', 정구, '손바닥 놀이', 12세기경에 프랑스에서 시작되어 1877년경에 영국에서 크로켓을 대체시킨 구기, ⟨~ game of the palm⟩ 가1

467 **ten·nis el-bow** [테니스 엘보우]: '정구 팔꿈치', 정구 등이 원인이 되어 팔꿈치에 일어나는 통증, ⟨~ 의학용어는 lateral epi-condylitis⟩ 우2

468 **ten·nis neck-lace** [테니스 네클리스]: ⟨1987년 유명 정구 선수가 시합 중에 잃어버려 유명해진⟩ 정구 선수 목걸이, (목에 거는 둥근 사슬에 riviere보다 작고 같은 크기의 보석을 꿰맨) 'tennis chain' 우1

469 **ten·nis toe** [테니스 토우]: '정구 발가락', (정구 선수 등이) 급격한 정지로 인해 생기는 발가락 통증, ⟨~ runner's toe\의학용어로는 sub-ungual hematoma⟩ 우2

470 **Ten-no** [텐노]: ten(heavenly)+hwang(emperor), ⟨중국어→일본어⟩, 덴노, '천황', 기원전 660년부터 건국 신으로 추앙받다가 794년 교토로 도읍을 옮긴 후부터 일본의 왕을 일컫는 공식 칭호, ⟨~ the Emperor of Japan⟩ 미2

471 **Ten·ny·son** [테니슨], Al·fred: ⟨영국어⟩, 'Dennis의 아들', (1809-92), 정교한 영어를 사용하려고 노력했던 영국의 계관시인, ⟨~ an English Poet Laureate⟩ 수1

472 **ten·or** [테너]: ⟨← tenere(to hold)⟩, ⟨라틴어⟩, '진로⟨술 이름이 아니라 course⟩', 방침, 취지, ⟨꽉 잡은⟩ 차중음, 성인 남성의 최고 성량(highest male voice), ⟨↔soprano⟩ 양1 우1

473 **ten-pound-er** [텐 파운더]: ①10파운드 무게 (값)의 물건 ②Pacific ladyfish, machete, (북미 남서부의 내륙과 바다에 서식하는) 청어 비슷한 큰 물고기, ⟨~ skip-jack⟩ 미2

474 **tense¹** [텐스]: ⟨← tendere(stretch out)⟩, ⟨라틴어⟩, ⟨줄이⟩ '팽팽한', 긴장된, 부자연한, 절박한, ⟨~ tight\stiff⟩, ⟨↔loose\relaxed⟩ 양1

475 **tense²** [텐스]: ⟨← tempus(time)⟩, ⟨라틴어⟩, 시제, 시칭, ⟨← temporal⟩, ⟨~ time of action⟩, ⟨↔mood⟩ 양2

476 **ten·sion** [텐션]: ⟨← tense¹⟩, (정신적) 긴장, 팽창력, ⟨~ tightness\stress⟩, ⟨↔looseness\relaxation⟩ 양1

477 ***ten spoons make one bowl²**: 십시일반, 적소성대, 진합태산, ⟨~ many a little makes a mickle⟩, ⇒ every little helps 양2

478 **tent** [텐트]: ⟨← tendere(stretch out)⟩, ⟨라틴어⟩, '늘려 펴다', (천막을) 치다, 천막(으로 덮다), (새벽에) 자지가 서다, ⟨~ a canvas shelter(pavillion)⟩, ⟨↔uncover\want out(안에 있는 정액이 밖으로 나가고 싶어하다)⟩ 양2

479 **ten·ta·cle** [텐터클]: ⟨← tentare(try)⟩, ⟨라틴어⟩, '더듬이, 촉수, 촉모, 촉각, ⟨~ antenna\feeler⟩, ⟨↔obstruct\repel⟩ 양2

480 **ten·ta·tive** [텐터티브]: 〈← tentare(try)〉, 〈라틴어〉, '시험'적인, 임시의, 모호한, 〈~ provisional\un-sure〉, 〈↔definite\complete〉 양2

481 **tent cat·er·pil·lar** [텐트 캐터필러]: 〈흰색의 얇은 천막 같은 망을 치고〉 (참나무 잎 등을 갉아 먹는) 천막나방의 유충, 〈~ lappet moth〉 미2

482 **Ten–Thir·ty One(1031) ex·change**: 일정 기간 내 (투자용) 부동산을 같은 값 이상의 유사물과 교환할 때 양도소득세를 연기해 주는 미국 국세청의 양식, 〈부동산의〉 소득세 유예 조항, 〈~ like-kind property exchange to defer capital gains taxes〉 우2

483 **ten·ure** [테뉴어]: 〈← tenere(to hold)〉, 〈라틴어〉, '보유' (권·기간), (종신) 재직권, 〈~ tenant\tenement〉, 〈~ holding\term of office〉, 〈↔inoccupancy\subordination〉 양2

484 **te·nu·to** [터누우토우]: 〈← tenere(to hold)〉, 〈라틴어→이탈리아어〉, '늘여진', 테누토, 음을 제 길이대로 충분히 연주하는, 〈~ legato〉, 〈↔staccato〉 우1

485 **te-pee** \ ti·pi [티이피이]: ti(dwell)+pi(used for), (모피로 만든) 미주 원주민의 원뿔형 천막, 〈~ wigwam¹〉, 〈~(↔)pavillion\tent〉 우1

486 **tep·id** [테피드]: 〈← tepere(bath)〉, 〈라틴어〉, 미지근한, 시들한, 〈~ luke·warm〉, 〈↔hot\cold〉, 〈↔eager\intense〉 가1

487 **tep·pan-ya·ki** [테판 야끼]: metal plate+grilled, 〈일본어〉, '철판 볶음', 얇게 저민 쇠고기·새우·닭고기·야채 등을 간장으로 양념해서 철판에 튀기는 일본식 요리, 〈~(↔)hibachi는 plate대신 grill을 쓰고 규모가 작음〉, 〈↔shabu shabu〉 우2

488 **Te·qui·la** [터키일러]: tequitl(work)+tlan(place), 테킬라, 멕시코 중부의 지명, 〈~ a town in Mexico〉, t~; 용설란 줄기의 즙을 발효시킨 증류주, 〈~ a distilled liquor from blue agave plant〉, 〈~ mescal〉 수2

489 **te·qui·la sun-rise** [터키일러 썬라이즈]: 〈아침 햇살 비스무레한〉 테킬라·오렌지즙·석류즙을 섞은 혼합주(cocktail) 수2

490 **te·qui·la sun-set** [터키일러 썬쎌]: 〈저녁노을 비스무레한〉 테킬라·오렌지즙·적황색 염료나 흑딸기즙을 섞은 혼합주(cocktail) 수2

491 **ter~** [터어~]: 〈라틴어〉, 〈제3·3회~〉란 뜻의 결합사 양1

492 **ter·a~** [테뤄~]: 〈그리스어〉, 〈10의 12제곱~〉이란 뜻의 결합사, 〈← terato〉 양1

493 **te·rai** [터라이]: 〈← tarai(wetland)〉, 〈힌디어〉, 타라이, 〈네팔의 타라이 지방에서 유래한〉 아열대 지방에서 쓰는 챙이 넓고 테가 내려온 2중으로 짠 중절모, 〈a slouch hat〉, 〈~ a wide-brimmed felt hat〉 수2

494 **ter·at~** [테뤹~] \ **ter·a·to~** [테뤄토우~]: 〈그리스어〉, monster, 〈기형·괴물~〉이란 뜻의 결합사 양1

495 **ter·bi·um** [터얼비엄]: 〈라틴어〉, 〈그것이 발견된 스웨덴의 지명(Ytterby)에서 유래한〉 터븀, 〈은 비슷한〉 희토류원소 (기호 Tb·번호65), 〈형광등이나 c-phone의 battery 등으로 쓰임〉, 〈~ a chemical element〉 수2

496 *__Ter-com__ [테어캄]: terrain contour matching, (목표까지의 지형을 전산기에 입력해서 비행하는) '지형조준' 순항 유도탄, 〈~ guide for cruise missiles〉 우2

497 **ter·e·binth** [테뤄빈쓰]: 〈← terebinthos(turpentine)〉, 〈그리스어〉, 테레빈, (검정 고무를 채취했던) 지중해 연안 원산의 옻나무 비슷한 관목, 〈~ a cashew\sumac\poison ivy〉 수2

498 **ter·e·do** [터뤼이도우]: 〈← teredon(a borer)〉, 〈그리스어〉, shipworm, 〈배의 목판에 구멍을 뚫는〉 (지렁이 같은) '배좀벌레조개' 미2

499 **Te·re·sa** [터뤼이서], '**Moth·er**': 〈어원 불명의 그리스어〉, 〈Therasia 섬에서 연유한?〉 테레사, (1910-97), (빈민구제에 헌신한) 알바니아 출생 인도의 수녀, 〈~ an Albanian-Indian Catholic nun〉 수2

500 **te·ri·ya·ki** [테뤼야키]: gloss+grilled, 〈일본어〉, 〈설탕을 많이 넣어 광택이 나는〉 테리야끼, (육류를 간장·정종·설탕 등에 섞어 구운) 일본식 양념구이, 〈~ grilled meat marinated in spicy sauce〉 우2

501 **term** [터엄]: 〈← terminus(limit)〉, 〈라틴어〉, '한계', 기간, 임기, 〈한계를 정해주는〉 조건, 관계, 말(투), 〈단어의 경계를 정한〉 용어, 〈→ terminal〉, 〈~ period\word〉, 〈↔open\effect\whole\concept〉 양1

502 **ter·mi·nal** [터어미널]: 〈← term〉, 끝의, 말단의, 종점(의), 학기 말(의), 말기(의), 〈~ final\end\station〉, 〈↔first\initial〉 양2

503 *__ter·mi·nal em·u·la·tion__ [터어미널 에뮬레이션]: 단말기 모방, 전산기 단말기가 다른 기종의 단말기와 같은 동작을 하게 하는 것, 〈~ terminal interface(simulator)〉 미2

504 **ter·mi·nate** [터어미네이트]: '경계 짓다', 끝내다, 종결시키다, 종료하다, ⟨~ end\close⟩, ⟨↔start\initiate⟩ 양❷

505 **ter·mi·nism** [터어미니즘]: ①(신이 정한 회개 시기를 놓치면 구제되지 못한다는) 성총 유한설, ⟨~ finite theory⟩ ②(사물은 그것에 붙여진 명목에 따라 분류된다는) 명사론, ⟨~ nominalism⟩, ⟨↔indeterminism⟩ 양❷

506 **ter·mi·nol·o·gy** [터어미널러쥐]: 술어, 전문용어, ⟨~ jargon\lingo⟩, ⟨~ onomastics\lexicon⟩, ⟨↔standard language\common word⟩ 양❷

507 **ter·mite** [터어마이트]: ⟨← termes ← terere(erode)⟩, ⟨라틴어⟩, wood worm, white ant, 흰'개미', (개미보다는 날개 없는 바퀴벌레에 더 가까운) 나무를 갉아 먹는 곤충, white ant 미❷

508 **term life in·sur·ance**: (일정 기간⟨set period of time⟩ 내에 사망해야만 보험금이 지급되는) 정기 보험, ⟨~(↔)whole life insurance⟩ 양❷

509 **tern** [터언]: ⟨← therna⟩, ⟨북구어⟩, sea swallow, mackerel gull, 제비갈매기, (전 세계에 서식하며) 뾰족한 부리와 갈퀴 발을 가지고 멀리 날 수 있는 작은 갈매기 미❷

510 **ter·na·ry** [터어너뤼]: ⟨← ternarius(three-fold)⟩, ⟨라틴어⟩, 삼중의, 셋으로 이루어진, 3개 한 벌의, ⟨~ trio\triplet\trichotomy⟩, ⟨~(↔)single\binary⟩ 양❷

511 **ter·ra** [테뤄]: ('땅·흙·지구'란 뜻의) ⟨라틴어⟩, earth, ⟨↔sea\air⟩ 양❷

512 **ter·race** [테뤄스]: ⟨← terra(earth)⟩, ⟨라틴어⟩, 테라스, '쌓아 올린 땅', (경사지⟨slope⟩를 계단⟨step⟩ 모양으로 깎은) 단지, 대지, 주랑, (계단식) 입석, 연립주택, Ter.; 경사진 길 위쪽에 나 있는 도로, ⟨계단 도로⟩, ⟨→ terrazzo⟩, ⟨~ balcony\deck⟩ 미❶

513 **ter·raced house** [테뤄스트 하우스]: ⟨도로보다 높게 지은⟩ (3층 이하의) 계단식 공동주택, 연립주택 중의 한 채, ⟨~ town-house⟩, ⟨미국에서는 row-house라 함⟩ 미❷

514 **ter·ra cot·ta** [테뤄 카터]: terra+cotta(baked), ⟨라틴어⟩, 테라코타, 설 '구운' 붉은 진'흙' (제품), 적갈색, ⟨~ adobe⟩ 미❶

515 **ter·ra fir·ma** [테뤄 훠얼머]: ⟨라틴어⟩, solid earth, 단단한 땅, 대지, 육지, ⟨~ land⟩, ⟨↔outer-space\high-sea⟩ 양❷

516 **ter·ra-form** [테뤄 훠엄]: ⟨1944년 과학소설에 등장한 말⟩, (사람이 살 수 있도록) ⟨행성을⟩ 지구처럼 만들다, 지구화하다, ⟨~ altering environment⟩ 양❶

517 **ter·rain** [터뤠인]: ⟨← terra(earth)⟩, ⟨라틴어⟩, 지대, 지형, 지역, 영역, ⟨~ land\area⟩, ⟨↔sky\sea⟩ 가❶

518 **ter·ra·pin** [테뤄핀]: ⟨← torope(edible turtle)⟩, ⟨북미 원주민어⟩, 테라핀, (맛이 좋은 살을 가진) 북미 남대서양 연안의 '작은 거북', ⟨이것은 민물을 선호하고 turtle²은 민물과 짠물 다 좋아함⟩, ⟨~ tortoise\mud turtle⟩ 수❷

519 **ter·ra·que·ous** [테뢔퀴어스]: terra(land)+aqua(water), ⟨라틴어⟩, 육지와 물로 된, 수륙의, ⟨~(↔)amphibious⟩ 양❷

520 **ter·raz·zo** [터뢔죠우]: ⟨이탈리아어⟩, ⟨← terrace⟩, 테라초, 대리석 부스러기를 박은 다음 닦아서 윤을 낸 시멘트 바닥, ⟨~ composite cement⟩ 수❷

521 **ter·rene** [테뤼인]: ⟨← terra(earth)⟩, ⟨라틴어⟩, 흙의, 지구의, 현세의, 속세의, ⟨~ corporal'\material⟩, ⟨↔celestial⟩ 양❷

522 **ter·res·tri·al** [터뤠스트뤼얼]: ⟨← terra(earth)⟩, ⟨라틴어⟩, '대지에 관한', 지구상의, 흙으로 된, 세속적인, ⟨~ terrene\worldly⟩, ⟨↔aquatic\celestial⟩, ⟨↔aerial\nautical⟩ 양❷

523 **ter·ri·ble** [테뤼블]: ⟨← terror ← terere(to frighten)⟩, ⟨라틴어⟩, 무서운, 혹독한, 굉장한, ⟨~ awful\dreadful⟩, ⟨↔slight\calming\lovely⟩ 가❶

524 **ter·ri·er** [테뤼어]: ⟨← terra(earth)⟩, ⟨라틴어⟩, '땅개', ⟨굴속에 있는 쥐·족제비 등의 짐승(underground mammals)을 몰아내는⟩ 작은 사냥개·애완견, ⟨~ a small hunting dog⟩ 미❶

525 **ter·rif·ic** [터뤼휙]: ⟨← terror ← terere(to frighten)⟩, 빼어난, 대단한, 멋진, '소름 끼치는', ⟨~ tremendous\dreadful⟩, ⟨↔terrible\awful⟩ 양❷

526 **ter·ri·to·ry** [테뤼토어뤼]: ⟨← terra(earth)⟩, '통치권이 미치는 땅', 영토, 영지, 지역, 관할구역, 영역, 준주, ⟨~ area of land\region⟩, ⟨↔no man's land\whole\center\non-ecumene⟩ 양❶

527 **ter·ror** [테러]: ⟨← terrere(to frighten)⟩, ⟨라틴어⟩, 공포, 두려움, 폭력 (행위), ⟨→ terrible\terrific⟩, ⟨~ dread\horror⟩, ⟨↔calmness\assurance⟩ 양2 미2

528 **Ter·ry** [테뤼]: 남자이름(male given name), ⟨← Theresa(harvest)⟩, ⟨그리스어⟩, 수확, ⟨← tertius(the third)⟩, ⟨라틴어⟩, 셋째아이, ⟨← theud(people)⟩, ⟨게르만어⟩, 인간, ⟨~(↔)여성형은 Teresa⟩ 수1

529 **ter·ry** [테뤼]: ⟨← tirer(to draw); 프랑스어?⟩, ⟨어원 불명의 영국어⟩, (수분이 잘 흡수되도록) 보풀을 고리 지게 짠 두꺼운 직물, '터키 수건', ⟨→ Turkish towel⟩, ⟨~ a loopy towel⟩, ⟨~(↔)turkey towel보다 두꺼움⟩ 수2

530 **terse** [털스]: ⟨← tergere(to wipe)⟩, ⟨'닦아낸'이란 뜻의 라틴어에서 유래한⟩ 간결한, 무뚝뚝한, 쌀쌀한, ⟨~ concise\brusk⟩, ⟨↔flatulence\euphemistic⟩, ⟨↔logorrhea⟩ 양2

531 **ter-tiar·y** [터어쉬에뤼]: ⟨← tertius(third)⟩, ⟨라틴어⟩, 제3의, 제3차의, ⟨↔primary\secondary⟩ 양2

532 **ter-tiar·y in·dus·try** [터어쉬에뤼 인더스트뤼]: 3차 산업, 건강·교육·경제·여가 활동 등을 통한 ⟨봉사산업(service industry)⟩, ⟨↔primary industry\secondary industry⟩ 양2

533 **Tes·la** [테슬라]: 테슬라, ⟨교류 전력 공급 장치를 개발한 크로아티아 태생 미국의 공학자 이름을 따서⟩ 2003년에 창립된 미국의 동력 저장 용품·전기 자동차 전문 회사, ⟨~ an American automotive and clean energy co.⟩ 수1

534 ***tes·la** [테슬러]: ⟨슬라브어⟩, ⟨그리스의 Thessaly 지방에서 유래한⟩ 테슬라, (크로아티아 태생 미국 기술자의 이름을 딴) 자기력선속 밀도, weber/m², ⟨~ magnetic flux density⟩ 수2

535 **test** [테스트]: ⟨← testa(a piece of burned clay)⟩, ⟨라틴어⟩, 시험, 실험, 검사, '귀금속을 재던 조그만 단지', ⟨~ check\trial⟩, ⟨↔question\conclusion⟩ 가1

536 **Test Act** [테스트 액트]: 심사율, (1673~1828년간) 영국에서 공직에 취임할 때 국교(성공회) 신봉의 선서를 규정한 법령, ⟨~ a penal law⟩, ⟨~ prohibition of Roman Catholics holding any public office⟩ 미2

537 **tes·ta-ment** [테스터먼트]: ⟨← testity⟩, ⟨라틴어⟩, 유언(장), 유서, 증거, 성서, 고백, 신과의 '약속', ⟨~ proof\witness⟩, ⟨↔rebuttal\refutation⟩ 양1

538 **tes·ti-cle** [테스티클]: ⟨라틴어⟩, ⟨생식력이 있나 없나 반드시 test해 봐야 할⟩ 고환, 불알, ⟨~ gonad\cojones⟩, ⟨↔ovary⟩, ⟨scrotum은 이것을 싸고 있는 주머니⟩ 양2

539 **tes·ti-fy** [테스티화이]: testis(witness)+facere(make), ⟨라틴어⟩, '증인이 되다', 증언하다, 진술하다, ⟨~ attest\bear witness\certify⟩, ⟨↔conceal\deny⟩ 양2

540 **tes·ti-mo·ny** [테스티모우니]: testis(witness)+monium(action), ⟨라틴어⟩, '증거', 증언, 선언, 고백, 증명, ⟨~ attestation\sworn statement⟩, ⟨↔rebuttal\disproof⟩ 양2

541 **tes·tos·ter·one** [테스타스터로운]: testis+sterone, ⟨라틴어→독일어⟩, 테스토스테론, ⟨고환(testicle)에서 나오는⟩ 남성 호르몬의 일종, ⟨~ androgen은 난소와 부신에서도 나옴⟩, ⟨↔estrogen⟩ 수2

542 **test tube ba·by**: 시험관 (속에서 만든) 아기, in vitro fertilization(IVF) 가1

543 **tes·ty** [텟씨]: ⟨← testa(fretful)⟩, ⟨라틴어⟩, 짜증을 잘 내는, 통명스러운, ⟨'꼴통(teste)'이란 말의 원조⟩, ⟨~ edgy\irritable⟩, ⟨↔laid-back\easy-going⟩ 양2

544 **tet·a·nus** [테터너스]: ⟨← teinein(stretch)⟩, ⟨그리스어⟩, ⟨뻣뻣해지는⟩ 테타너스, 파상풍(균), (근육의 강직·경련을 가져오는) 세균성 질환, ⟨~ lock-jaw\a nervous system disease caused by an-aerobic bacteria⟩ 미2

545 ***tête-à-tête** [테이터테이트\테터테잍]: ⟨프랑스어⟩, head to head, 마주 앉은, 두 사람만의 (대담·식사), 은밀한, 긴 의자, ⟨~ love seat\banquette⟩, ⟨~(↔)vis-a-vis⟩ 양2

546 **Teth·er** [테더]: USDT, (2014년에 동명의 회사에 의해 출시된 가상화폐⟨crypto-currency⟩로 미화와 같은 가치를 유지한다고 ⟨보장?⟩하는) 'stable' bit-coin 수2

547 **teth·er ball** [테더 버얼]: ⟨← teudran(rope)⟩, ⟨게르만어⟩, 기둥에 매단 공을 치고 받는 구기, '매단' 공치기, ⟨~ swing ball\pole tennis⟩ 우1

548 **Te·thys** [티이씨스]: ⟨← tethe(nurse? \ grandmother?)⟩, ⟨그리스어⟩, Titaness, 테티스, 바다의 신, Uranus와 Gaea의 딸, Oceanus의 아내, ⟨~ Greek goddess of fresh-water⟩ 수1

549 **tet·r~ \ tet·ra~** [테틀~ \ 테트뤄~]: ⟨그리스어⟩, ⟨4·넷~⟩란 뜻의 결합사 양1

550 **tet·ra** [테트뤼]: 'square finned', ⟨관상어로 인기 있는⟩ (등과 ⟨4각형의⟩ 지느러미 사이에 혹 지느러미가 있는) 작고 빛나는 열대 담수어, ⟨~ aquarium beauty⟩ 우1

551 **te·tral·o·gy** [테트뢔알러쥐]: 〈그리스어〉, (비극 3부와 풍자극 1부로 이루어진) 4부극, (소설의) 4부작, 〈~ quadruple\quartet〉, 〈~(↔)trilogy〉 가1

552 **Teu·to·bur·ger** [튜우터 버어그]: people's castle, 〈라틴어〉, 토이토부르크, AD 9년 로마군이 게르만족에게 참패한 독일 중북부의 숲, 〈~ a German forest\Rome's greatest defeat〉 수1

553 **Teu·ton** [튜우튼]: 〈'tribe'(부족)란 뜻의 게르만어〉, 튜튼, (BC 4세기경부터 중유럽에 살다가 BC 2세기 말경 최초로 로마에 대항했던) 게르만족의 원조, 〈~ an ancient northern European tribe〉, ⇒ Goth 수1

554 *__Tex__ [텍스]: 〈'기술적'이란 뜻의 그리스어의 두 문자를 딴〉〈정확성과 효율성을 향상시키기 위해〉 1978년에 고안된 문자와 기호로 된 전산기의 식자표기법, 〈~ a type-setting system〉 수2

555 **Tex·a·co** [텍스코우]: 텍사코, 1901년 Texas에서 출범해서 2001년 Chevron에 예속된 미국 굴지의 석유 (채굴) 회사, 〈~ an American oil brand(company)〉 수2

556 **Tex·as** [텍서스]: TX, Lone Star State, 〈← taysha(friend)〉, 〈원주민어〉, '친구', 텍사스, 〈외로운 별〉, 1845년 연방에 편입된 미국 남중부(Mid-South US)에 다양한 토질의 넓은 면적을 가진 '거대한' 주, {Austin-38}, 《blue-bonnet》 수1

557 **Tex·as, U·ni·ver·si·ty of**: UT system, 1881년 Austin에서 개교한 것을 필두로 여러 곳에 독립된 공립대학을 거느린 '거대한' 고등교육·연구기관, 〈~ a public university system〉 수2

558 **Tex·as In-stru-ments** [텍서스 인스트뤄먼츠]: 텍사스 인스트루먼츠, TI, 1930년에 창립되어 1951년 현재명으로 바꾼 미국 굴지의 전기·전자·반도체 제품 제조회사, 〈~ an American semi-conductor co.〉 수2

559 **Tex·as Rang-ers¹** [텍서스 뤠인줘스]: 텍사스 레인저스, '텍사스 정찰대', 원주민 소탕을 위해 1835년 조직된 반관반민의 기마대로 출발하여 현재 소수의 인원을 가지고 주로 중범죄를 다루는 텍사스 주립 경찰의 한 부서, 〈~ a state-wide law enforcement agency〉 수2

560 **Tex·as Rang-ers²** [텍서스 뤠인줘스]: 텍사스 레인저스, '텍사스 기습대', 1961년에 창립된 미국 야구 연맹 소속의 직업 야구 선수단, 〈~ a pro baseball team〉 수2

561 **text** [텍스트]: 〈← texere(to weave)〉, 〈라틴어〉, 〈천이〉 '짜인 것', 문본(문자로 된 자료), 원문, 주제, 성서의 구절, 〈~ written work\main body〉, 〈↔nothingness\appendix〉 양2

562 *__text bal·loon (bub·ble)__ [텍스트 벌루운(버블)]: (문본에 강조나 수정을 위해 풍선꼴 윤곽 안에 글자를 넣는) 글풍선, 〈~ speech(word) balloon〉 양2

563 **text-book** [텍스트 북]: 교과서, 교본, 〈~ school(work) book〉, 〈↔lay-book〉, 〈↔auxiliary\reference〉 가2

564 *__text-box__ [텍스트 박스]: text field, '문본 난', (도형 회로에서) 문자열을 입력하는 칸, 〈~ input box\entry field〉 우1

565 *__text file__ [텍스트 화일]: '문본 서류철', 문서 정보를 수납한 서류철, 〈~ text document〉, 〈~(↔)ASCII〉 우1

566 **tex·tile** [텍스타일]: 〈← textus(fabric)〉, '짜인' 천, 방직(물), 옷감, 피륙, 〈~ cloth\material〉 양2

567 *__text-ing__ [텍스팅]: Txting, '문본 왕래', 문자로 용건을 주고받는 일, 〈↔voice mail〉 우1

568 **tex·ture** [텍스춰]: 〈← textura ← texere(to weave)〉, 직물, 짜임새, 결, 기질, 구조, 색조, 질감, 〈~ cloth〉, 〈~ consistency\structure〉, 〈↔un-cloth\nude〉 양1

569 *__TF__: 〈한국에서 발빠르게 도입한〉 task force(특별 임무단·기동 타결대)의 약어 양2

570 *__TFW__: that feeling when, (전산망 교신에서) 그때 그 감정, 〈연상작용을 유도하는 말〉, 〈~ used to evoke specific emotions〉 양2

571 *__TGIF__: Thanks God! It's Friday, 드디어 금요일이구나, 1965년 뉴욕에서 창립〈되어 금요일에는 술을 싸게 파는〉 편안한 분위기의 대중음식 연쇄점, 〈~ an American-cuisne restaurant chain〉 우1

572 **~th** [~쓰]: 〈영국어〉, 서수(ordinal number)를 나타내는 어미, 〈~행위·성질·상태·힘〉 등을 나타내는 결합사, 〈~ noun forming suffix〉 양1

573 **THAAD** [싸아드]: 싸드, terminal high altitude defense (고고도지역 방어체계), 전에는 theater of high altitude area defense missile (고공권역 방위 유도탄 체계)로 불리던 적의 탄도탄을 끝까지 쫓아가 마지막 단계에서 폭파시키는 요격 유도탄, 〈~(↔)Patriot보다 우수함〉 미2

574 **Thack-er·ay** [쌔커뤼], **Wil·liam**: thak(thatching reeds)+ra(nook), 〈북구어→영국어〉, '초가지붕 마을에 사는 자', 새커리, (1811-63), 간결하고 생동적인 문체를 구사한 영국의 사실주의 소설가, 〈~ an English novelist and illustrator〉 수1

575 ***Thag·o·mi·zer** [쌔거마이져]: ⟨← thag ← sthaga(scoundrel)⟩, ⟨산스크리트어⟩, ⟨1982년에 만화에서 합성된 말⟩, 공룡의 꼬리에 붙은 4개의 가시뿔(골침), ⟨~ 4 spikes on dinosauer's tail⟩ 수2

576 **Thai** [타이], Air-ways: 1988년에 통합 설립된 Star Alliance 제휴의 태평양권 중심 타이의 국적기, ⟨~ flag carrier of Thailand⟩ 수2

577 **Thai-land** [타일랜드]: 타이, ⟨타이어⟩, 태국, '자유민⟨free man⟩의 땅', Saiam('검은 피부'), 1238년부터 독립을 유치해온 무덥고 습한 동남아에 위치한 불교 문화가 발달된 입헌군주국, {Thai·Siamese-Thai-Baht-Bangkok}, ⟨~ the land of Smiles\a S-E asian country⟩ 수1

578 **~thal** [~쌀]: ⟨~dale(골짜기)⟩를 뜻하는 유대계 이름의 어미 양1

579 **thal·a·mus** [쌜러머스]: ⟨← thalamos(inner room)⟩, ⟨그리스어⟩, '내실', 엽상체(꽃 턱), (말초에서 오는 운동이나 감각 자극을 내뇌피질에 전달하며, ⟨간뇌의 대부분을 차지하는 '눈알만 한 크기의'⟩ 시상, ⟨~(↔)hypo-thalamus⟩ 미2

580 **tha·las·so-crat** [쌀래써크뢥]: ⟨그리스어⟩, ⟨← Thales⟩, 제해권을 쥔 자(나라), ⟨현재 세계의 제해권자는 미국임⟩, ⟨~ mari-time empire⟩, ⟨↔telluro-crat\air-supremacy⟩ 양2

581 **tha·las·so-pho·bi·a** [쌀라쏘 호우비어]: ⟨← thalassa(the sea)⟩, ⟨그리스어⟩, 대양(해양) 공포증, ⟨↔thalasso-philia\aero-phobia⟩ 양2

582 **Tha·les** [쎄일리즈]: ⟨← thallo(to bloom)⟩, '번창하는 자', 탈레스, (BC625?-BC546?), 물(water)이 만물의 근원이라고 주장한 그리스의 '과학적 철학가', 7 현인 중의 하나, ⟨~ a Greek philosopher⟩ 수1

583 **thal·li·um** [쌜리엄]: ⟨← thallos(green shoot)⟩, ⟨그리스어⟩, ⟨초록색을 내뿜는⟩ 탈륨, ⟨납 비슷한⟩ 희귀속원소 (기호 Tl·번호81), ⟨주로 광전자 산업에 사용되나 독성이 많음⟩, ⟨~ The Prisoner's Poison⟩ 수1

584 **Thames** [템즈]: ⟨← tamesas(darkness)?⟩, ⟨켈트어⟩, ⟨검푸른? 강⟩ 템스, 잉글랜드 남중부에서 시작해서 런던 등 많은 도시를 지나 북해로 빠지는 346km짜리 상·공업용 강, ⟨~ a river flowing through London⟩ 수1

585 **than** [댄]: ⟨영국어⟩, ~보다(도), ~밖에는, 오히려, ⟨다분히 주관적인 말⟩, ⟨~ then⟩, ⟨~ the latter\other-wise⟩, ⟨↔like-wise\similarly⟩ 양1

586 **than·a·tos** [쌔너타스]: ⟨그리스어⟩, death, 타나토스, (의인화된) 죽음의 신, ⟨↔bios⟩ 수1

587 **thane** [쌔인]: ⟨← Degen(warrior)⟩, ⟨게르만어→영국어⟩, (고대 영국의) 종사⟨earl과 자유민의 중간 계급⟩, (스코틀랜드의) 호족, 토반, ⟨~ baron\lord⟩, ⟨↔peasant\villain⟩ 우2

588 **thank** [쌩크]: ⟨← thancian(appriciate)⟩, ⟨게르만어⟩, '배려하다', 감사하다, 고맙다, 부탁하다, ~의 탓이다, ⟨~ grateful\obliged⟩, ⟨↔sorry⟩ 가2 양2

589 **thanks** [쌩쓰]: thx, thanx, 고마워, 감사, '배려하는 마음', ⟨↔no thanks\fuck you⟩ 가2

590 **Thanks–giv·ing Day** [쌩쓰 기빙 데이]: (추수) 감사절, (미국에서는) 11월 제4 목요일, ⟨1623년경부터 시작된⟩ 청교도들이 미국 도착 후 여러 가지를 감사드리며 먹고 노는 날, ⟨~ Turkey Day⟩, ⇒ Chu-seok\Han-ga·wi 미2

591 **thanks loads** [쌩쓰 로우드즈]: 엄청 고마워, 대단히 감사합니다, thanks a lot, ⟨↔go to hell⟩ 양2

592 **Thar** [타알] des·ert: ⟨← thul(sand ridges)⟩, ⟨고대 인도어⟩, ⟨융기된⟩ 타르사막, (85%는 인도·15%는 파키스탄에 있는) Indian desert 수2

593 **that** [댙]: ⟨게르만어⟩, ⟨거리를 두고 지적하는 것⟩, '그것', 저것, 그만큼, ~라는 것, ~때문에, ⟨~ the⟩, ⟨↔this⟩ 양1

594 *** that ar·gu·ment does·n't hold wa·ter**: 그 말은 이치에 맞지 않는다, 어불성설, ⟨~ illogical\non-sense\absurd⟩ 양2

595 **thatch** [쌔취]: ⟨← thakjan(cover over)⟩, ⟨게르만어→영국어⟩, 짚, 풀, 초가지붕, 이엉, '지붕을 이다', ⟨~ hay\rush⟩, ⟨~ roof⟩, ⟨↔un-thatch\un-cover⟩ 양1

596 **Thatch-er** [쌔취], Mar·ga·ret: '이엉을 엮는 자', 대처, (1925-2013), ⟨철의 여인⟩, 영국 위주의 신자유주의 (경제) 정책을 이끈 보수당(Conservative) 출신 여류 정치가, ⟨~ a British states-woman⟩ 수1

597 ***that's ver·y con·ven·ient** [댙츠 붸뤼 컨뷔이니언트]: 아주 편하군!, 꿈보다 해몽이 좋다, ⟨~ aren't you optimistic?⟩, ⟨↔irrelevant\unreasonable⟩ 양2

598 ***that will be the day**: ⟨'the day'는 종말의 날(the last day)이란 뜻으로 널리 쓰여 오다가 1971년 미국 노래의 가사에서 '그런 날은 절대 안 온다'라는 뜻으로 쓰임, 그럴 리가 없다, 설마! 그럴수가, ⟨~ in your dreams\it's not going to happen⟩, ⟨↔certain\good chance⟩ 양2

599 **thaw** [쎠어]: ⟨← thawian(to melt)⟩, ⟨게르만어⟩, 녹다, 해빙되다, 긴장 완화, ⟨~ defrost\mollify⟩, ⟨↔gel\harden\freeze⟩ 양2

600 **THC**: tetrahydrocannabinol, 마리화나(marijuana)의 주성분 수2

601 **the** [더 \ 디]: ⟨게르만어⟩, ⟨정해진 것⟩, 그, 이, ~라는 것, ~의 사람들, ⟨~ that⟩, ⟨↔a\an⟩ 양1

602 *****the ap·pe·tite grows for what it feeds on**: 말타면 경마 잡히고 싶다, 욕망이란 이름의 전차, ⟨~ the more you get, the more you want⟩ 양2

603 **the·a·ter** \ ~re [씨어터]: ⟨← thea(view)⟩, ⟨그리스어⟩, '보는 장소', 극장, 영화관, 연극, 현장, ⟨~ cinema\movie-house⟩, ⟨↔arena⟩ 양1

604 *****the ball is in your court**: 네가 칠 차례다, 결정권은 네게 있다, ⟨~ choose for yourself\it's up to you⟩ 양2

605 *****the bea·con does not shine on its own base**: 등잔 밑이 어둡다, 등하불명, ⟨~ you can't see (what's) right under your own nose\you must go to the country to hear the news⟩ 양2

606 *****the bee·tle is a beau·ty in the eyes of its moth·er**: 장중보옥, 고슴도치도 제 새끼는 예쁘다고 한다, ⟨~ every man's goose is a gander⟩ 양2

607 *****the bel·ly has no ears**: 수염이 석자라도 먹어야 양반, 금강산도 식후경, ⟨~ pudding rather than praise\a loaf of bread is better than the song of many birds⟩ 양2

608 **Thebes** [씨이브즈]: ⟨← Thebai ← thevos(miraculous)⟩, ⟨그리스어⟩, '기적의 땅?', 테베 ①고대 그리스의 아테네 북동지방, ⟨~ a city in central Greece⟩ ②⟨← Ta-ope(Luxor)란 이집트어를 그리스인들이 'Thebai'라고 고쳐 쓴 데서 연유함⟩ 나일강 상류에 있던 고대 이집트의 수도, ⟨~ an ancient Egyptian city near Luxor⟩ 수1

609 *****the best fish swims near the bot·tom**: 호랑이 굴에 가야 호랑이 새끼를 잡는다, ⟨~ nothing ventured, nothing gained\no pain, no gain⟩ 양2

610 *****The D** [더 디이]: (2012년) Detroit 출신 Derek Stevens가 라스베가스 'Downtown'에 사들인 Fitzgeralds 호텔의 새 명칭, ⟨~ a hotel-casino in Las Vegas⟩ 수2

611 *****the dan·ger past and God for·got·ten**: 똥 누러 갈 적 마음 다르고 올 적 마음 다르다, 개구리 올챙이 적 생각 못 한다, ⟨~ once on shore, we pray no more⟩ 양2

612 *****the dice is cast**: 주사위는 던져졌다, 이젠 돌이킬 수 없다, 엎어진 물, ⟨~ cross the Rubicon⟩ 양2

613 *****The dress** [더 드뤠쓰]: '그 옷', 2015년 사회 전산망에 올려진 의상 무늬의 색깔을 놓고 천차만별로 해석되어(differences in human color perception) 인간의 색감에 대한 연구를 촉발시킨 '역사적인 옷', ⟨~ naive realism\perception is everything⟩ 우2

614 **thee** [디이]: thou의 목적격, 그대에게(를) 양2

615 *****the ear·ly bird catches the worm**: 일찍 일어나는 새가 벌레를 잡는다, 부지런해야 성공한다, ⟨↔it's never too late\better late than never⟩ 양2

616 *****the end jus·ti·fies the means**: ⟨마키아벨리가 했다는 말⟩, 모로 가도 서울만 가면 된다, 성공한 모반은 혁명이다, ⟨~ all is fair in love and war⟩, ⟨↔the means justify the end⟩, ⟨아리스토텔레스는 좀 생각이 달랐음⟩ 양2

617 *****the for·tune–tell·er can't tell his own for·tune**: 중이 제 머리 못 깎는다, ⟨~ you can't scratch your own back⟩, ⟨~ everybody has a weak spot⟩ 양2

618 **theft** [쎄후트]: ⟨← theofth(larceny)⟩, ⟨게르만어⟩, 도둑질, 절도, ⟨~ thief⟩, ⟨~ five-finger discount⟩, ⟨↔gift\bestowal⟩ 가1

619 *****the guilt·y crit·i·ciz·ing the in·no·cent**: 똥 묻은 개가 겨 묻은 개 나무란다, 적반하장, ⟨~ give them an inch and they will take a mile⟩ 양2

620 **their** [데어]: ⟨게르만어⟩, they의 소유격, 그(것)들의 가1

621 **the·ism** [씨이즘]: 유신론, 일신론, ⟨~ religious belief\belief in god⟩, ⟨↔atheism\thingism⟩ 양2

622 *****the lean weed lifts its head high**: 메마른 잡초가 고개를 높이 든다, 못된 송아지 엉덩이에 뿔 난다, ⟨~ a rude man does rude things⟩ 양2

623 **them** [뎀]: ⟨게르만어⟩, they의 목적격, 그들에게(을), ⟨↔us⟩ 가1

624 **theme** [씨임]: 〈그리스어〉, thema, subject, 주제, 제목, 어간, '놓는 곳', 〈~ key-note\kernel〉, 〈↔insignificance\impertinence〉 양2

625 **theme park** [씨임 파아크]: '주제 공원', 같은 주제로 짜여진 유원지, 〈~ single subject fair-ground〉 우2

626 *****the more the bet·ter**: 많을수록 좋다, 다다익선, 〈↔too much is not always good\go farther fare worse〉 양2

627 *****the more you get, the more you want**: 욕망에는 끝이 없다, 말 타면 경마 잡히고 싶다, 〈~ the appetite grows for what it feeds on〉 양2

628 **then** [덴]: 〈영국어〉, 그때에(는), 그다음에(는), 그렇다면, 게다가, 〈~ than\when〉, 〈↔never\earlier\later〉 양2

629 *****the nail that sticks up gets ham·mered down**: 촉석봉정, 〈서양에는 일본 속담으로 알려졌으나 사실은 사자성어의 중국어임〉, 모난 돌이 정 맞는다, 잘난 놈 남에게 미움산다, 〈~ 우리 할아버님은 항상 B is enough라고 하셨는데 노무현씨는 정을 맞더라도 민주투쟁을 해야 한다고 했음〉, 〈~(↔)the squeaky wheel gets the grease〉 양2

630 **thence** [덴스]: 〈← then〉, 〈영국어〉, 그때부터, 그렇기 때문에, 〈~ there-from\for that reason〉, 〈↔previously\yet〉 양2

631 *****the net of the sleep-er catches fish**: 〈그리스 속담〉, 소 뒷걸음 치다 쥐잡기, 〈~ it was just blind luck〉 양2

632 *****the no·bler, the hum·bler**: 고귀할수록 겸허하게, 벼는 익을수록 고개를 숙인다, 〈~ still waters run deep〉, 〈~(↔)shallow brook babbles the loudest〉 양2

633 **the·o~** [씨이오우~]: 〈그리스어〉, god, 〈신의~〉란 뜻의 결합사 양1

634 **the·od·i·cy** [씨아더시]: theo(god)+dike(justice), 〈그리스어〉, 신의 정의, (악의 존재를 신의 섭리로 보는) 신정론, 〈~ vindication of God〉, 〈↔anthropodicy〉 양2

635 **the·ol·o·gy** [씨알러쥐]: 신학, 종교학, 〈~ study of god(religion)〉, 〈~(↔)philosophy〉 양2

636 **the·oph·a·ny** [씨아휘니]: theo+phainein(appear), 〈그리스어〉, 신의 출현, 현현, 〈↔dis-appearance\physical appearance〉 양2

637 **the·o-rem** [씨어륌]: 〈← theorein(to view)〉, 〈그리스어〉, 정리, 원리, 법칙, 명제, 〈~ axiom\thesis〉, 〈↔concept\disbelief〉 양2

638 **the·o·ry** [씨어뤼]: 〈← theoria(looking at)〉, 〈그리스어〉, '성찰', (학)설, 〈hypothesis보다 강한 상당히 증명된〉 이론, (반의적인) 억측, 〈~ scientifically acceptable body of principles〉, 〈↔fact\reality〉 양2

639 *****the pen is might-ier than the sword**: 〈1839년 영국의 극작가가 등장시킨 말〉, 글이 총보다 세다(?), 〈~ writing is more effective than violence?〉, 〈↔actions speak louder than words〉 양2

640 *****the proof of the pud·ding is in the eat·ing**: 맛을 봐야 맛을 알지(샘표 간장!), 〈↔apparel makes the man\judge the book by it's cover〉 양2

641 **ther·a·peu-tic** [써뤄퓨우틱]: 〈← therapy ← therapeuein(to cure)〉, 〈그리스어〉, 치료(법)의, 낫게 하는, 〈↔harmful\detrimental〉 양2

642 **ther·a·peu-tic in-dex** [써뤄퓨우틱 인덱쓰]: 〈약물의 안전성을 말해 주는〉 치료 지수, 치료받는 이의 반이 죽는 용량을 치료받는 이의 반이 낫는 용량으로 나눈 것, 〈~ relative safety of a drug〉 양2

643 **ther·a·peu-tic win·dow** [써뤄퓨우틱 윈도우]: '치료 창', 적정 약물 농도, 부작용 없이 치료 효과를 나타내는 약물의 농도 범위, 〈~ range of dosage of a drug〉 양2

644 **ther·a-va·da** [써뤄봐아더]: old+speech, 〈고대 인도어〉, 테라바다, '소승불교', 〈~(↔)Mahayana〉, ⇒ '장로파', Hinayana 미2

645 **there** [데어]: 〈게르만어〉, 거기(그곳)에, 거기서(로), 거봐, 저 봐, 〈~ where\yonder〉, 〈↔here〉 양1

646 **there-af·ter** [데어 애후터]: 그 후에, 그 이래, 그에 따라, 〈~ later\afterwards〉, 〈↔before\previously〉 양2

647 *****there are plen·ty fish in the sea**: 기회는 얼마든지 있다, 짚신도 짝이 있다, 〈~ every Jack has his Jill\don't cry over Pierre〉 양2

648 **there-fore** [데어 훠어]: for that, 그러므로, 그것에 의하여, 〈~ thus\so\then〉, 〈↔al-though〉 양2

649 *there is a light at the end of eve·ry tun·nel: 쥐구멍에도 볕들 날 있다, ⟨~ every cloud has a silver lining\hope for the best⟩ 양2

650 *there is al·ways a way out: 하늘이 무너져도 솟아날 구멍이 있다, 궁하면 통한다, 지성이면 감천, ⟨~ sincerity moves heaven\nothing is totally bad⟩ 양2

651 *there is al·ways a way out if you keep your head on straight: 호랑이에게 물려가도 정신만 차리면 산다, ⟨~ when there is a will, there is a way\the only way out is through⟩ 양2

652 *there is al·ways some·one a-head of you: 뛰는 놈 위에 나는 놈 있다, ⟨~ so, don't be so cocky (or arrogant)⟩, ⟨'나는 놈 위에 붙어가는 놈'을 영어로 번역할 수 있는 분 있습니까?⟩ 양2

653 *there is more than one way to skin a cat: 이가 없으면 잇몸으로 산다, ⟨~ if the wind will not serve take the oars\keep positive and try another method⟩ 양2

654 *there is no time like the pres·ent²: 오늘은 다시 오지 않는다, ⟨~ don't hurry\YOLO\seize the day⟩ 양2

655 *there is no tree but bears some fruit: 열매없는 나무 없다, 굼벵이도 구르는 재주가 있다, ⟨~ every-man for his own trade\no-body is totally bad⟩ 양2

656 The·re·sa [터뤼이서], Ma·ri·a: 마리아 테레지아, ⇒ Maria Theresa 수1

657 The·re·sa \ Te·re·sa [터뤼이서], St: ⟨Therasia 섬에서 연유한?⟩ 성 테레사, 성인의 반열에 오른 ⟨여러 명의⟩ 가톨릭 수녀들, ⟨~ names of several Catholic nuns⟩ 수2

658 *there you go [데어 유우 고우]: 자, 어때, 잘했어, 그렇치, ⟨~ there you are\well done⟩ 양2

659 *there you go a-gain: ⟨Reagan이 Carter에게 쓴 말⟩, 또시작(지랄)이군, 역시 생각한 대로다, ⟨~ there you are again⟩, ⟨고상하게는 'oh, shit!'이라고 함⟩ 양2

660 *the rich nev·er go flat broke: 부자는 망해도 삼년 먹을 것이 있다, ⟨~ deep-rooted trees don't burn completely⟩, ⟨↔the poor struggle forever⟩ 양2

661 ther·mal [써어멀]: 열(량)의, 더운, 온도의, ⟨~ heated\warm⟩, ⟨↔cold\freezing⟩ 양2

662 ther·mal print·er [써어멀 프륀터]: ⟨값이 싸나 곧 퇴색하는⟩ ⟨전류열을 감열지⟨thermal paper⟩에 쏘아 발색하는⟩ 열전자 인쇄기, ⟨~ digital printing\electronic printer⟩, ⟨↔off-set printing⟩ 미2

663 ther·mo~ [써얼모우~]: ⟨그리스어⟩, heat, ⟨열~⟩이란 뜻의 결합사 양1

664 ther·mom·e·ter [썰마아 미터]: '온도를 재는 기구', 한란계, 체온계, 온도계, ⟨~ temerature gauge⟩, ⟨~(↔)hygro-meter\anemo-meter\baro-meter⟩ 양2

665 the·sau·rus [씨써어뤄스]: ⟨그리스어⟩, treasure, 시소러스, 유의어 사전, '보배', 지식의 보고, 사전, ⟨전산기에 기억된⟩ 정보의 색인, ⟨~ lexicon\ward-book⟩, ⟨보석도 그것을 알아줘야 보물이지 돼지발에 편자가 무슨 소용인가⟩ 미1

666 these [디이즈]: ⟨게르만어⟩, this의 복수, 이것들의, ⟨↔those⟩ 가1

667 The·seus [씨이시어스]: ⟨← tithemi(to set)?⟩, ⟨어원 불명의 그리스 이름⟩, '정착자?', 테세우스, 인신 우두의 괴물를 퇴치(killing the Minotaur)하고 아테네의 왕이 된 그리스의 영웅, ⟨~ a Greek hero⟩ 수1

668 the·sis [씨이시스]: ⟨← tithenai(to put)⟩, ⟨그리스어⟩, 논제, 명제, 논문, 작문, '배열하기', ⟨~ axiom\theorem⟩, ⟨↔antithesis\fact\dis-belief⟩ 양2

669 The six [더 씩쓰]: ⟨노래 가사에서 연유한⟩ ⟨6이란 숫자가 많이 들어간⟩ Toronto의 애칭 수2

670 *the soon·er the bet·ter [더 쑤너 더 베터]: 빠를수록 좋다, 천리 길도 한 걸음부터, 시작이 반이다, ⟨~ sooner begun, sooner done\well begun is half done⟩ 양2

671 the spar·row near a school sings the prim·er: 서당 개도 삼년이면 풍월을 읊는다, ⟨~ experience is the best teacher\a saint's maid quotes Latin⟩ 양2

672 *the squeak·y wheel gets the grease: ⟨미국 격언⟩, 우는 아이 젖 준다, ⟨~ actions speak louder than words⟩, ⟨~(↔)the nail that sticks up gets hammered down⟩, ⟨↔silence is golden⟩ 양2

673 Thes·pis [쎄스피스]: ⟨theos(god)+eipon(I said)?⟩, ⟨어원 불명의 그리스 이름⟩, ⟨inspired by god?⟩, 테스피스, 기원전 6세기의 그리스의 전설적 비극 시인, ⟨'배우'의 원조⟩, ⟨~ an ancient Greek poet⟩ 수1

674 Thes·sa·lo·ni·ans [쎄설로우니언즈]: 데살로니가서, 사도 바울이 그리스의 데살로니카⟨'victory'라는 뜻을 내포한 알산더 대왕의 의붓누이 이름⟩지방 교회에 보내는 편지를 엮은 신약성서의 두 편, ⟨~ a Pauline epistle of the New Testament⟩ 수2

675 **the·ta** [쎄이터 \ 씨이터]: 세타, θ, (영어의 th에 해당하는) 그리스 알파벳의 8번째 글자, 〈thanatos(death)의 두 문자라 그리스인들이 기피하던 문자〉, 〈~ 4(사)〉 수2

676 *__the tail wag·ging the dog__: 개 꼬리가 개를 까불이다, 주객전도, 하극상, 〈~ put the cart before the horse\backward order〉, 〈↔the dog wagging the tail\proper order〉 양2

677 *__the tea__ [더 티이]: 〈← 'truth'?〉, 〈미 남부 은어〉, 〈진짜라고 우기는〉 뒷소문, 유언비어, 낭설, 〈~ gossip\juicy information〉, ⇒ spill the tea 양2

678 *__the wheel of for·tune turns for eve·ry·one__: 쥐구멍에도 볕들 날 있다, 〈~ fortune knocks at every door\every dog has his day〉 양2

679 *__the whip makes a weak·ling of any·one__: 매 앞에 장사 없다, 〈~ whip is the best punish-ment〉 양2

680 *__the works__ [더 워얼크스]: 〈1800년대에 등장한 영국어〉, 〈만들어진 것〉 전부, 〈차림표에 있는 것〉 몽땅, 〈~ all inclusive\full〉 양2

681 *__the world is not your oys·ter__: 〈Shakespeare가 쓴 말〉, 네가 깐 굴에는 진주가 없을 것이다, 세상 일이 네 뜻대로 되는 것만은 아니다, 〈~ you are not a pearl〉, 〈↔the world is your oyster〉 양2

682 **they** [데이]: 〈게르만어〉, 〈관심이 없는〉 그(것)들, 〈없어도 되는〉 (세상) 사람들, 〈없으면 서운한〉 '그' (성평등론자들이 he·she 대신 쓰는 말), 〈2019년 올해의 단어로 떠오른 말〉, 〈~ others\people〉, 〈↔we〉 가1

683 **THI** (tem·per·a·ture hu·mid·i·ty in·dex): 온습지수, 불쾌지수(discomfort index) 양2

684 **thick** [씩]: 〈← thicce(greater depth)〉, 〈게르만어〉, 두꺼운, 굵은, 짙은, 빽빽한, 혼잡한, 미련한, 〈~ broad\fat〉, 〈↔thin\slender〉 양1

685 *__thick and thin__ [씩 앤 씬]: 〈14세기 말 초서의 컨터베리 테일에 등장한 말〉, 두껍거나 얇거나 간에, 어떤 경우든지, 철저히, 〈~ better or worse\rain or shine〉, 〈↔que sera sera〉 양2

686 **thick·et** [씨킽]: 〈영국어〉, 〈← thick〉, 수풀, 덤불, 엉킴, 〈~ brush\dense growth〉 양2

687 *__thick girl__ [씩 거얼]: thicc, 허리는 가늘고 다른 곳은 다 오동통한 여자, '쭈쭈빵빵', 〈~ plump'(voluptuous) girl〉, 〈↔bony(lanky) girl〉 우2

688 *__thick-head__ [씩 헤드]: 엉겅퀴 비슷한 두툼한 꽃받침을 가진 열대성 식물, 홍머리오리, 흰뺨오리, 휘파람박새(whistler), (머리가 둔한) 뱅충이, 〈~ dumb\stupid〉, 〈↔brain\genius〉, 발모제 이름(name of a hair-restorer) 미2

689 **thief** [씨이후]: 〈← theof(larcenist)〉, 〈게르만어〉, (좀)도둑, (폭력에 의하지 않고 훔치는) 절도범, 〈~ theft〉, 〈↔champion\redeemer〉 가1

690 **thieves** [씨이브즈]: thief의 복수형 가1

691 **thigh** [싸이]: 〈← theoh('swollen' part of the leg)〉, 〈게르만어〉, 넓적(허벅)다리, 퇴절(곤충의 허벅다리 부분의 마디), 〈~ femur〉, 〈~ ham\drum-stick〉, 〈↔humerus\calf〉 양2

692 **thigh gap** [싸이 갭]: 〈fashion 용어〉, (사람에 따라 성적 매력이 있다고 보는) 여성이 발을 모으고 똑바로 섰을 때의 '허벅지 간격'〈inner-thigh chafing〉, 〈~ an eye candy〉 양2

693 **thim·ble** [씸블]: 〈← thuma〉, 〈영국어〉, (재봉용) 골무, 씌움 고리, '엄지〈thumb〉 모양'의 물건, 〈~ finger-tip\thumb-stall〉 양1

694 **thin** [씬]: 〈← thynne(lesser depth)〉, 〈게르만어〉, 얇은, 가는, 성긴, 희박한, 빈약한, 하찮은, 〈~ attenuate〉, 〈↔thick〉 양1

695 *__thin cli·ent__ [씬 클라이언트]: '간편한 분산 처리기' 〈1993년에 제조된 말〉, 고객의 요구를 해결해주는 전산망체계에서 원격 조정할 수 있는 '가벼운' 전산기, 〈~ slim(lean) client〉, 〈thick client는 net-work에 연결하지 않아도 자체적으로 작용함〉 우1

696 **thine** [다인]: 〈게르만어〉, thou의 소유대명사, 너(그대)의 것 양2

697 **thing** [씽]: 〈← thinga(assembly\affair)〉, 〈게르만어〉, 것, 물건, 〈~ article\action〉, 〈↔nothing\abstract〉 가1

698 **thing-ism** [씽 이즘]: 사물주의, 즉물주의, 사물의 실체를 강조하는 예술, 〈~ materialism〉, 〈↔theism〉 양2

699 *__things are bet·ter new, 'friends' are bet·ter old__: 친구는 옛 친구가 좋고 옷은 새 옷이 좋다, 〈~ oldies but goodies〉, 〈~(↔)only friend-friends\platonic friends〉, 〈~ a chick is better than a hag〉 양2

700 **thing-um·bob** [씽 엄밥] \ **thing-a·my** [씽어미]: thingamajig, 〈조작어〉, 무엇이라는 것 (사람), 거시기, 〈~ jigamaree〉 양2

701 **think** [씽크]: 〈← thyncan(to seem)〉, 〈게르만어〉, 생각하다, 예상하다, 〈→ thought〉, 〈~ belief?\opinion?〉, 〈↔feel\act〉, 〈편자가 반평생 버둥거려온 말〉 가1

702 *****think-ing cap** [씽킹 캪]: 생각하는 모자(두뇌), 꾀주머니, (꾀를 짜내는) '짱구', 〈~ brain〉 양2

703 *****think on your feet**: 재빨리 대응하다, 임기응변(으로 대처하다), 〈~ play by ear〉 양2

704 *****think out-side the box**: 고정관념을 깨야 한다, 독창적으로 생각하라, '기발한' 착상, 〈~ novel(creative) thinking〉, 〈↔follow the crowd\play it by the book〉, 〈↔no brainer〉 양2

705 *****think-pad** [씽크 패드]: '사고 필기첩', 〈상업용〉 휴대용 전산기, 〈~ an on-line thesaurus〉 미1

706 *****think tank** [씽크 탱크]: 두뇌 집단, (전문가) 종합 연구소, 〈~ brain trust〉, 〈↔bag of wind〉 양2

707 **third** [써어드]: 〈← thridda〉, 〈게르만어〉, 제3의, 3분의 1, 세 번째 가1

708 **third fin·ger** [써어드 휭거]: '넷째' 손가락, 무명지, 약지, 반지 손가락, 〈~ ring finger〉 양1

709 *****third gen·er·a·tion com·put·er**: 제3세대 전산기, (1964~1971년까지 사용됐던) 처음으로 '집적회로〈integrated circuits〉'를 사용한 전산기 양2

710 **third par·ty** [써어드 파아티]: 제3자, 제3당, (현재 연성기기의 대종을 이루고 있는) 제조자나 사용자가 아닌 '주변' 제조자, 〈~ minor party\mediator〉, 〈↔first party\governing party〉 양2

711 **Third Reich** [써어드 롸잌]: 제3제국, (신성로마 제국·독일 제국을 이은) 1933~1945년까지의 독일의 나치 정권, 〈~ Nazi Germany〉 미2

712 **Third Re-pub·lic** [써어드 뤼퍼블맄]: 제3공화정, (나폴레옹 3세가 망한) 1870년부터 (나치에 의해 정복된) 1940년까지 프랑스에 존속됐던 공화정체, 〈~ French government after the fall of the Second Empire〉 미2

713 *****Third Wave** [써어드 웨이브]: 제3의 물결, (농경사회·산업사회에 이어) 1980년대부터 시작된 정보산업이 주도하는 '전자' 사회〈eletronic society〉, 〈이외에도 여러 용도로 쓰이는 말〉 미2

714 **Third World** [써어드 워얼드]: 제3세계, 개발도상국, 1952년에 주조된 (유럽·북미에 이어 또는 소련·나토에 연계되지 않은) 아프리카·아시아·중남미에 있는 못사는 또는 중립적 나라들을 일컫는 말, 〈~ LLDC〉, 〈↔First World〉 미2

715 **thirst** [써얼스트]: 〈← thurs ← ters(to dry)〉, 〈게르만어〉, 목마름, 갈증, 갈망, 〈~ arid\desperation〉, 〈↔moist\apathy〉 가1

716 *****thirst trap** [써얼스트 트뢮]: '목마른 올가미', 시선을 끌기 위해 사회 전산망(SNS)에 올리는 성적인 사진이나 글, 〈~ sexually interesting post〉, 〈↔sweat trap은 사회 전산망에 화끈한 사진이나 글을 올리라고 부추기는 짓〉 우2

717 *****thirst-y man digs the well**: 목마른 놈이 우물 판다, 〈~ want makes wit〉, 〈~ one that would have the fruit must climb the tree〉 양2

718 **thir-teen** [써얼티인]: threo(3)+tyne(10), 〈영국어〉, 13의, (13명이 같이한 '최후의' 만찬에서 연상된) 불길한 숫자〈un-lucky number〉 가1

719 **thir-teenth a-mend-ment** [써얼티인쓰 어멘드먼트]: 미·수정 헌법 13조, 1865년 의회를 통과한 (형벌을 제외한) 노예 관습 폐지법, 〈~ avolition of slavery〉 미2

720 **thir-ty** [써얼티]: 〈영국어〉, 30의, (한 번 이기면 15점씩 올라가는) 정구에서 2번째 득점 가1

721 *****thir-ty dash** [써얼티 대쉬]: 30-, XXX-(10을 나타내는 로마숫자), (아마도 전신부호에서 따온) 끝, 〈~ the end of a story(article)〉 미2

722 **thir-ty eight** [써얼티 에잍]: (미국에서 1920~1990년에 사용되었던) 구경이 0.38인치인 권총〈pistol〉 수2

723 **thir-ty eighth par·al·lel** [써얼티 에잍쓰 패뤌렐]: 38도선, 삼팔선, 1945년 일본이 패망한 후 미국과 소련이 한반도(Korean peninsula)를 분할 점령한 북위 38도선, 〈~(↔)DMZ〉 양2

724 **thir-ty–three** [써얼티 쓰뤼이]: 33 회전판, 1948년 미국의 Columbia사가 제작한 1분에 33 1/3번을 도는 〈오래 도는〉 전축판, 〈~ a studio album〉 수2

725 **Thir-ty Years' War**: 30년 전쟁, 1618~1648년간 유럽의 신·구교 국가들 간의 전쟁으로 신교국가들의 승리로 끝났으나 8백만 명이 죽고 전쟁터가 되었던 독일은 쑥대밭이 된 〈끔찍한〉 종교전쟁, 〈~ European Catholic vs Protestant war〉 미2

726 **this** [디스]: 〈게르만어〉, 〈가까이서 지적하는 것〉, 이것(사람), 여기, 지금, 이만큼, 이렇게, 〈~ the〉, 〈~ thus〉, 〈↔that〉 가1

727 *****this food is drop-dead de·li·cious**: 둘이 먹다 하나가 죽어도 모르겠다, 〈~ this food is awesome〉 양2

728 **this·tle** [씨슬]: 〈← pistilaz ← steyg(to prick)〉, 〈게르만어〉, 엉겅퀴, (전 세계에 걸쳐 서식하며 연자주색 술로 된 둥근 꽃을 피우고) 식물 전체에 가시가 달린 국화과의 잡초, 〈~ brier\prick〉 미2

729 **thith·er** [씨더 \ 디더]: 〈← thider〉, 〈게르만어〉, 〈← there〉, 저(그)쪽에, 저(그)편의, 〈~ whither〉, 〈↔hither〉 가1

730 **tho \ tho'** [도우]: though, ~이지만, ~하더라도 가1

731 **Thom·as** [타머스]: Didymus, 〈← taom〉, 〈히브리어→아랍어〉, 'twin', 토머스 ①남자 이름 ②성 도마, 예수의 상처를 만지기 전에는 그의 부활을 믿지 않겠다고 했다가 실제로 만져보고 감화되어 인도에 가서 포교하다가 AD68년경에 순교한 열두 제자의 하나〈one of the Twelve Apostles〉 수1

732 **thong** [써엉]: 〈← thwang(twisted string)〉, 〈영국어〉, (가죽) 끈, 채찍, 〈~ lash\whip\strap〉 양2

733 **thongs** [써엉스]: ①〈엄지 발가락을 끈에 끼는〉 고무 슬리퍼(thong sandal), flip-flops ②(뒷부분이 T자형으로 된) 끈 팬티, 비키니, '똥꼬 빤쓰', 〈~ bikini\strip〉 미2

734 **Thor** [쏘얼]: 〈← thunor(thunder)〉, 〈게르만어〉, (북구 신화의) 천둥·번개·전쟁의 신, 〈~ king of Norse gods〉, 〈~(↔)Zeus\Jupiter\Mars〉 수1

735 **tho·rax** [써어랙스]: 〈그리스어〉, chest, 가슴, 흉곽, 〈~ pectus〉, 〈~(↔)back\abdomen〉 양2

736 **Tho·reau** [써로우], Hen·ry: 〈프랑스계 이름〉, strength of a bull, '지배자?', 소로, (1817-62), 제도적 사회에 반기를 들어 전쟁세를 내는 대신 감옥 생활을 했고 월든 호수 곁에 잠시 은거했던 하버드 대학 출신 미국의 〈자연주의〉 사상가·저술가, 〈~ an American naturalist and essayist〉 수1

737 **tho·ri·um** [써어뤼엄]: 토륨, 북유럽의 뇌신 Thor의 이름을 딴 〈원자력·합금 등에 사용되는〉 방사성 금속원소 (기호 Th· 번호90), 〈~ a weakly radio-active light silver metal〉 수2

738 **thorn** [쏘언]: 〈← trna(blade of grass)〉, 〈산스크리트어→게르만어〉, 가시(털), 육체의 가시, 고통의 원인, 가시 면류관, 산사나무, 〈~ barb\prickle〉, 〈↔aid\delight\balm〉 양1

739 **thorn ap·ple** [쏘언 애플]: '가시사과', 흰독말풀, 〈~ devil's snare〉, ⇒ jimson weed 미2

740 **thorn-back¹** [쏘언 백]: 가시등가오리, (수많은 가시가 달린 등뼈·깨알 같은 점이 박힌 피부·기다란 가시 꼬리를 가진) 연 모양의 커다란 '깨알' 홍어, 〈~ back-spined ray²〉 미2

741 **thorn-back²** [쏘언 백]: '가시등 거미게', 등에 여러 개의 가시가 달린 커다란 거미게, 〈~ a spider crab〉 우2

742 **Thorn-dike** [쏘언다이크], Ed·ward: thorn(bush)+dic(ditch), 〈영국계 이름〉, '가시 방벽 안에 사는 자', 손다이크, (1874-1949), 옳고 그름에 바탕을 둔 학습이론을 성립하고 어떤 말이 많이 쓰이나를 연구한 미국의 교육 심리학자·사전 편찬가, 〈~ an American psychologist and lexicologist〉 수1

743 **thorn-y dev·il** [쏘어니 데블]: 〈공상영화에서 확대시켜 우주 괴물로 써먹는〉 악마 가시 도마뱀, 〈~ thorny lizard〉 미2

744 **thor·o** [쏘어로우]: thorough, 철저한, 완벽한, 〈~ in-depth\scrupulous〉 가1

745 **thor·ough** [쏘어로우]: 〈← through〉, 〈영국어〉, 완전한, 면밀한, 전적인, 〈~ complete\detailed〉, 〈↔superficial\partial〉 가1

746 **Thor·ough-bred** [쏘어로우 브뤠드]: 서러브레드, (17~18세기에 영국의 수말과 아라비아의 암말을 교배 시켜 만든) 크고·늘씬하고·빠르고·끈기 있고·의리 있고·기품 있는 경주용 말〈race-horse〉, 〈↔mule〉 수2

747 **thor·ough-bred** [쏘어로우 브뤠드]: 순종의 동물(말), 출신이 좋은 사람, 기품 있는, 우수한, 〈~ pure\full blooded〉, 〈↔hybrid\cross\mongrel〉 양2

748 **thor·ough-fare** [쏘어로우 훼어]: 통로, 주요 도로, 왕래, 수로, 〈~ through route\passage〉, 〈↔back-road\barrier〉 양1

749 **thor·ough-wort** [쏘어로우 워얼트]: snake·root, bone·set, 향등골나무, (북반구 온대 지방에 서식하며 흰 뭉치꽃을 피우는 〈골절 치료에 효험이 있었다는〉 쑥부쟁이류의 관목 미2

750 **those** [도우즈]: 〈게르만어〉, that의 복수형, 그것(사람)들, 저, 그, 〈↔these〉 가1

751 **thou** [다우]: 〈게르만어〉, 그대(당신), you의 어쭙잖은 표현, 〈~ du(스페인어)〉 가1

752 **though** [도우]: ⟨← theah(yet)⟩, ⟨게르만어⟩, ~이지만, ~하더라도, 그래도, 역시, ⟨~ although⟩, ⟨↔and\as well as⟩ 가1

753 **thought** [쏘어트]: ⟨게르만어⟩, think의 과거·과거분사, 생각(하기), 사고, 사상, 고려, 예상, ⟨~ idea\reasoning⟩, ⟨↔blank\emotion\act⟩ 가1

754 **thou·sand** [싸우즌드]: ⟨← thusend(ten hundred)⟩, ⟨게르만어⟩, 천, 1,000의, 다수의, ⟨~ k(ilo)\millenium⟩ 가1

755 **thou·sand–leg·ger** [싸우즌드 레거]: (황갈색의 방추형 몸통에 ⟨15쌍의⟩ 다리를 갖고 있는) 노래기, ⟨~ house centi-pede⟩, ⟨~(↔)milli-pede⟩ 미2

756 **Thou·sand Is-land** [싸우즌드 아일런드]: 미국 북동부 캐나다와의 경계에 있는 1,700여 개의 조그만 섬들, 그 곳 원산의 (파슬리·피클·계란·케첩·마요네즈 등을 넣고 버무린) 투박한 맛난이, ⟨Russian dressing보다 달콤함⟩ 수2

757 **thrawn** [쓰뤄언]: ⟨← thraw의 과거분사⟩, ⟨스코틀랜드어⟩, 비틀어진, 굽은, 성마른, 괴팍한, ⟨~ contrary\peevish\perverse⟩, ⟨↔straight\right⟩ 양2

758 **thrall** [쓰뤄얼]: ⟨← thrael(slave)⟩, ⟨북구어⟩, 노예 (상태), 속박, ⟨~ bonds-men\servitude⟩, ⟨↔freedom\independence⟩ 양2

759 **thrash** [쓰래쉬]: ⟨← threscan(to beat)⟩, ⟨영국어⟩, ⟨← thresh⟩, 때리다, 채찍질하다, 몸부림치다, 헤치고 나아가다, ⟨~ strike\batter⟩, ⟨↔lose\relax\protect⟩ 양1

760 **thrash-er** [쓰래셔]: 채찍질하는 사람, 타작하는 사람(기계), (북미산) 개똥지빠귀, 환도상어, ⟨~ one that thrashes\an oscine bird\sea fox⟩ 양2

761 *__thread__ [쓰뤠드]: ⟨← thredu(twisted yan)⟩, ⟨게르만어⟩, (바느질) 실, 가는 줄, 꼰 실, 나사, (전산기 토론 집단에서) 연달아 쓴 댓글, ⟨~ ligature\train of thoughts⟩, ⟨↔hunk\contrary⟩ 양1 미2

762 **thread-bare** [쓰뤠드 베어]: (천이 닳아) 올이 드러나 보이는, 나달나달해진, 초라한, 진부한, ⟨~ worn\frayed⟩, ⟨↔new\fresh⟩ 양2

763 **thread-fin** [쓰뤠드 휜]: 날가지숭어, 실용치, (전세계적으로 난류에 서식하며) 수염 같은 지느러미를 가진 농어목의 어류, ⟨~ a perciform fish\bastard mullet⟩, ⟨~(↔)thread-fin wrasse⟩ 미2

764 **thread-worm** [쓰뤠드 워엄]: pin·worm, 요충, 밤에 항문으로 기어 나와 알을 까는 선충류(nematoda)의 기생충 양2

765 **threat** [쓰뤨]: ⟨← trudere(thrust)⟩, ⟨라틴어→게르만어⟩, 으름, 협박, 흉조, ⟨~ intimidation\black-mail⟩, ⟨↔safety\bliss⟩ 양1

766 **three** [쓰뤼이]: ⟨← thri⟩, ⟨게르만어⟩, 셋, 3의, 삼(아들을 점지해 준다는 삼신할멈⟨Samsin Halmoni⟩과 연계되어 한국인들이 선호하는 숫자), ⟨모나고도 안정된⟩ 둘보다 하나 더 많은 숫자, ⟨~ Korean's favorite number⟩ 가1

767 **three-cush·ion** [쓰뤼이 쿠션]: 3면 맞추기 ⟨돌려치기⟩ 당구, ⟨~ a form of carom billiards⟩ 미1

768 **three-D¹** [쓰뤼이 디이]: (dirty·dusty·dangerous 한) 기피 직업⟨avoiding occupations⟩ 미2

769 **three-D²**(3–di-men-sion-al): (가로·세로·높이로 표현되는) 3차원의, 입체의⟨cubic⟩ 양2

770 *__three-D print-ing house__: '3차원 공정 주택', ⟨전산기를 사용해서⟩ 입체적으로 도안된 청사진에 따라 최신 기술로 조립된 ⟨염가 주택⟩, ⟨~ a framed(assembly) house⟩ 미2

771 *__three-fin·ger sa·lute__: '세 손가락 만세', 전산기 자판기의 Ctrl·Alt·Del을 동시에 눌러 작동을 재생·종료시키는 일, ⟨~ reset\interrupt⟩ 우1

772 **three-fold** [쓰뤼이 호울드]: 3배(겹)의, 3부분이 있는, ⟨~ 3 times\triple⟩ 양2

773 *__three-let·ter man__: fag, 남성 동성연애자 양2

774 *__three–lit·tle-words__ [쓰뤼이 리틀 워어즈]: '조그만 3글자', (간절히 바랄때의) yes 양2

775 **Three**(3) **M** [쓰뤼이 엠]: 1902년 Minnesota Mining & Manufacturing으로 세워졌다 2002년 현재명으로 개칭되었으며 스카치테이프 등 셀로판류 소비제품 생산을 비롯해서 안전·의료 분야까지 진출한 미국의 세계적 재벌 회사, ⟨~ an American conglomerate⟩ 수2

776 **three-piece** [쓰뤼이 피이스]: 3점, 세 개 한 벌의 (옷·가구), ⟨~ trio\triplet⟩ 미1

777 **three-quar·ters** [쓰뤼이 쿼어터즈]: 3/4의, 3/4톤을 적재할 수 있는 소형 (군용) 트럭, ⟨~ a military truck⟩, (얼굴과 몸의 3/4 이 나타난) 7분신 초상화, ⟨~ potrait⟩ 양1 우2

778 **three-score** [쓰뤼이 스코어]: '세 스무 개', 3×20, 60 양2

779 **three-some** [쓰뤼이 썸]: 3인조 (〈1명이 2명을 상대하는〉 경기·성행위), 〈~ triad\set of 3〉 양2 우2

780 **three-strikes law**: (미국 일부의 주에서) 중죄를 3번 범하면 자동적으로 종신형이 되는 법, (야구의) '삼진 퇴출법', 〈~ heavy penalty for the third offence〉 우2

781 **three-tier ar·chi·tec·ture**: '삼 층 건축', 사용자 접속기가 내재되어 있는 자료틀 체제, 〈사용자(user)+app server+db server〉, 〈~ N (or distributor)-tier architecture〉 우2

782 **three-way bulb**: 밝기를 3단으로 바꾸는 전구, '삼단 조명등', 〈low→medium→high〉, 〈~ tri-light bulb〉 우2

783 **three wise-men** [쓰뤼이 와이즈먼]: 세 동방 박사, 예수 탄생을 축하하러 선물을 가지고 왔다는 3명의 이방인, 〈Casper·Melchoir·Balthasar〉, 〈~ Magi〉 양2

784 **thresh** [쓰뤠쉬]: 〈← threscan(to beat)〉, 〈영국어〉, 도리깨질하다, 타작하다, '밟다', 〈→ thrash〉, 〈→ try〉, 〈~ strike\batter\padlle〉, 〈↔rest\unwind〉 양1

785 **thresh-er shark** [쓰뤠셔 샤아크]: (커다란 칼 같은 꼬리로 고래도 공격하는) 진환도상어, thrasher, ⇒ sea fox 미2

786 **thresh-old** [쓰뤠쇼울드]: 〈영국어〉, door-sill, '밟는 점', 문지방, 입구, 발단, 한계, 임곗값, 〈~ door-step\entrance〉, 〈↔end\exit\midst\distance〉 양1

787 **threw** [쓰루우]: 〈게르만어〉, throw의 과거, 던졌다 양1

788 **thrift** [쓰뤼후트]: 〈← thrifa(to grasp)〉, 〈북구어〉 ①검소, 검약, 저축 금융 기관, '번성(thrive)', 〈~ frugality\prudence〉, 〈↔waste〉 ②(해변가에 촘촘한 잎과 작은 뭉치꽃을 피우며 〈끈질기게 번성(thrive)하는〉) 붉은 갯질경이, ameria, ⇒ sea pink 양1 미2

789 **thrift shop** [쓰뤼후트 샵]: 중고품 할인 판매점, 〈~ dime(99 cents) store\discount store〉, 〈↔luxury(high-end) store〉 양2

790 **Thrift-y (Pay-less) Store**: 스리프티, 1994년 미국 LA에서 창립되어 1996년 Rite Aid에 흡수되었으나 모두 합치면 미국 서부에 3,500여 개의 연쇄점을 가지고 있는 약방·잡화점, 〈~(↔)Ninety Nine〉 수2

791 **thrill** [쓰륄]: 〈← thyrel(perforation)〉, 〈영국어〉, 〈← thyrelian(to pierce)〉, 〈찔릴 때 느끼는〉 부르르 떨림, 전율, 괴이, 자릿자릿함, 〈너무 성적으로 생각하지 말 것〉, 〈~ animate\excite〉, 〈↔boredom\downer〉 양1

792 **thrive** [쓰롸이브]: 〈← thrifa(to grasp)〉, 〈북구어〉, 번창하다, 무성해지다, 〈~ thrift〉, 〈~ grow\succeed〉, 〈↔fail\deteriorate〉 양2

793 **thriv-en** [쓰뤼븐]: thrive의 과거분사, 번영한 양2

794 **throat** [쓰로웉]: 〈← throte(gullet)〉, 〈게르만어〉, 목(구멍), 인후, 목소리, 좁은 통로, 〈→ throttle〉, 〈~ pharynx\fauces〉 양2

795 **throb** [쓰뢉]: 〈← throbben〉, 〈영국어〉, 〈의성어〉, 고동, 진동, 두근거림, 〈~ beating\pulsation〉, 〈↔relaxed\ boring〉 양1

796 **throe** [쓰로우]: 〈← thrawen(twist)?〉, 〈어원 불명의 영국어〉, 심한 고통, 고투, 단말마, 격동기, 〈~ agony\torment〉, 〈↔comfort\ease〉 양2

797 **throm·bo~** [쓰뢈보우~]: 〈그리스어〉, clot, 〈혈전·응고~〉란 뜻의 결합사 양1

798 **throm·bo-cyte** [쓰뢈보우 싸이트]: 전구, 혈액응고 세포, 혈소판, platelet 양2

799 **throne** [쓰로운]: 〈← thronos(a seat)〉, 〈그리스어〉, 왕좌, 왕권, '높은 자리', 〈~ royal seat\authority〉, 〈↔contempt\scorn〉 양2

800 **throng** [쓰뤙엉]: 〈← thringan(to press)〉, 〈게르만어〉, crowd, 군중, 다수, 혼잡, 〈~ flock\bee-hive〉, 〈↔disperse\scatter〉 양2

801 **thros·tle** [쓰롸슬]: 〈게르만어〉, 〈의성어〉 ①song thrush, 노래지빠귀 ②(면모를 계속 잣는) 소모 방적기, 〈~ a spinning machine〉 양2

802 **throt·tle** [쓰롸틀]: 〈영국어〉, 〈← throat〉, (연료 투입을 조절하는) 절기판, 목조르다, 목구멍, 〈~ choke\strangle〉, 〈↔free\release〉 미2

803 **through** [쓰루우]: 〈← thurh(cross over)〉, 〈게르만어〉, ~을 통하여, 꿰뚫어서, 처음부터 끝까지, 〈→ thorough〉, 〈~ into and out of\the whole time〉, 〈↔incomplete\around〉 가1

804 **through-out** [쓰루우 아웉]: ~동안 죽, 내내, 시종, 어디든지, 〈~ all-over\all the time〉, 〈↔partially\nearby\no where〉 가1

805 **through-put** [쓰루우 풀]: 처리량, 작업량, 〈~ capacity\out-put〉, 〈↔inefficiency\failure〉 양2

806 **through-street** [쓰루우 스트뤼이트]: 넓은 길, (교차점에서 다른 교통에 앞서는) 우선도로, 〈~ high-road\thorough-fare〉, 〈↔back-road\by-lane\secondary street〉 양2

807 **through-way** [쓰루우 웨이]: ①우선도로(high-way) ②고속도로(express-way), 〈↔back-street\by-road〉 양2

808 **through-wort** [쓰루우 워얼트]: 〈여러 질병에 두루 썼던 '만병초'〉, 등골나물, ⇒ bone·set 미2

809 ***throu-ple** [쓰루플]: 〈1994년 전산망 조작어〉, three+couple, 세 명의 연인, 삼각연애, 〈~ tri-angulaire〉 양2

810 **throve** [쓰로우브]: thrive의 과거, 번영했다 양2

811 **throw** [쓰로우]: 〈← thrawan(twist)〉, 〈게르만어〉, (내)던지다, 팽개치다, 투입하다, 발사하다, 개최하다, 가벼운 담요, 목도리, 〈~ toss\launch〉, 〈↔catch\hold〉 양2

812 **throw–a-way** [쓰로우 어웨이]: '허접쓰레기', (쓸모없는) 광고 전단, 삼류 잡지, 〈~ discard\trash〉, 〈↔keep\save〉 미2

813 **throw-back** [쓰로우 백]: 되던짐, 역전, 후퇴, 격세유전, 구닥다리, 〈~ retreat\reversion〉, 〈↔up and comer\advance\take〉 양1

814 ***throw-back Thurs-day** [쓰로우 백 써얼즈데이]: 〈운이 맞아 만들어진 말〉, '회상의 목요일', (주로 #TBT를 사용해서) 그리운 과거 사진을 전산망에 올리는 목요일, 〈~ flash-back Friday〉 우2

815 ***throw (cast) cau·tion to the wind(s)** [쓰로우]: 〈17세기 중반에 도입된 숙어〉, 〈우려하는 마음을 바람에 던져 버리고〉 과감하게 행동하다, 앞뒤(물불) 가리지 않고 나아가다, 〈~ bite the bullet\take the bull by the horns〉, 〈↔hesitate\chicken-out〉 양2

816 **throw in** [쓰로우 인]: 처넣다, 덤으로 주다, 한패가 되다, 〈~ give\commit〉, 〈↔throw out\reject\disallow〉 양2

817 ***throw-in the tow·el** [쓰로우 인 더 타우얼]: 〈원투 시합에서 연유된 말〉, 기권하다, 포기하다, 항복하다, 〈~ giving-in\submission〉, 〈↔enter\participate〉 양2

818 ***throw-mon·ey** [쓰로우 머니]: 잔돈, 푼돈, 〈 petty cash\small change〉, 〈↔big bucks\guap〉 가1

819 **thrown** [쓰로운]: 〈게르만어〉, throw의 과거분사, 던진, 개최된, 꼰, 〈~ launched\propelled〉 양1

820 **throw-off** [쓰로우 어어후]: 개시, 출발, 벗어 던지다, 따돌리다, 〈~ cast off\evade〉, 〈↔face\meet〉 양1

821 **throw-pil·low** [쓰로우 필로우]: (안락의자 따위에 놓는) '굴러다니는' 장식용 작은 베게, 〈~ small cushion〉 우2

822 ***throw some·one un·der the bus**: 누군가를 곤경에 빠뜨리다, (자신의 이익을 위해 타인을) 궁지에 몰아넣다, 〈~ use as a scapegoat\sell someone down the river〉 양2

823 ***throw some wa·ter on one's face**: 콧속에 물만 찍어 바르다, 고양이 세수, 눈꼽만 떼다, 〈~ run some water over once's face\cat washing its face〉 양2

824 **thru** [쓰루우]: through, ~을 통하여 가1

825 **thrum** [쓰뤔]: ①〈영국어〉, 〈의성어〉, 손가락으로 뜯다, 팅겨 소리내다, 〈~ whisper\hiss〉, 〈↔roar\shriek〉 ②〈게르만어〉, ligament, 술, 실 오라기, (피륙의) '가장자리', 〈↔chunk\hunk〉 양1

826 **thrush**[1] [쓰뤄쉬]: 〈← throstle〉, (전 세계에 분포하며 깃털 색깔을 하고 숲속에서 지저귀는) 딱샛과의 조그만 철새, 개똥지빠귀(직박구리·찌레르기), 〈~ a sing bird\a female pro-singer〉 미2

827 **thrush**[2] [쓰뤄쉬]: 〈← throat〉, 아구창, 질염, candida 곰팡이에 의해 점막에 백태가 끼는 전염병, 〈~ moniliasis〉 미2

828 **thrust** [쓰뤄스트]: 〈← trudere(push)〉, 〈라틴어〉, '밀다', 밀어내다, 찌르다, 쫙 펴다, 억지로 시키다, 〈→ threat〉, 〈~ shove\push〉, 〈↔drag\plunge〉 양1

829 **thud** [써드]: 〈영국어〉, 〈의성어〉, 쿵, 털썩, 쾅, (비행기의) 추락, 〈~ thump\smash〉, 〈↔ring〉 가1

830 **thug** [써그]: 〈← shaga(a rogue)〉, 〈산스크리트어〉, '숨기는 자', 폭력배, 자객, 흉한, 〈~ bully\punk\night-walker〉, 〈↔law\police〉 양2

831 **thumb** [썸]: 〈← thuma〉, 〈게르만어〉, '부푼' 손가락, 〈영어에서는 손가락으로 쳐주지 않는〉 엄지손가락, 훑어보다, (두루마리 일람표에서) 현재 위치를 나타내는 란, 〈엄지를 치켜올려〉 무임승차하기, 〈→ thimble〉, 〈~ opposable digit\push down\browse\flick\hitch-hike〉 가1 우1

832 **thumb-down** [썸 다운]: 불찬성, 비난, 〈~ dis-approval〉, 〈↔thumb-up〉 양2

833 **thumb in·dex** [썸 인덱쓰]: (사전 등에서) 찾기 쉽게 끝부분을 약간 잘라 자모 표시를 해 놓은 것, 반달색인, 색인 홈, 〈~ cut-in index\index notch〉 미2

834 **thumb-nail** [썸 네일]: 엄지손톱, 극히 작은 부분, 인식하기 쉽게 축소한 화상('촌묘'), 〈~ a brief sketch〉, 〈~ mark\characteristic〉, 〈↔extensive\prolix〉 양2 우1

835 **thumb-print** [썸 프륀트]: 엄지손가락 지문, 무인, 특징, 〈~(↔)finger (or foot) print〉 양2

836 *__Thumbs__. db(~ da·ta·base): 텀즈, Window에서 thumb·nail(촌묘)을 요약해 놓은 〈때로는 거추장스러운〉 서류철 체계, 〈→ Thumb Cache〉, 〈~ older data-base files〉 수2

837 **thumb tack** [썸 택]: 압정, 압핀(push pin), 제도용 바늘(drawing pin) 미2

838 *__thumb-up__ [썸 엎]: 승인, 찬성, '왔다'다, 〈~ good job!\yas!〉, 〈↔thumb-down〉 양2

839 **thump** [썸프]: 〈영국어〉, 〈의성어〉, 쿵, 탁 (치다·떨어지다), 쾅쾅, 두근두근, 완패시키다, 〈~ dump\plump\thud〉, 〈↔stand-still\rush〉 양1

840 **thun·der** [썬더]: 〈← thunor(resound)〉, 〈게르만어〉, 우레, 천둥, 벼락, 노호, 질책, 수단, 방법, 〈~ Thor〉, 〈~ barrage\boom〉, 〈↔silence\peace〉 양1

841 **Thun·der-bird** [썬덜 버어드]: 선더버드 ①미국의 포드(Ford)사가 1955년부터 2005년까지 출시한 개인용 고급 자동차〈luxury car〉②미 공군의 곡예 비행대〈US air demonstration squadron〉③전자우편을 쉽게 하기 위해 1998년 Mozilla사가 개발한 연성기기, 〈~ a free and open-source e-mail client〉 수2

842 **thun·der-bird** [썬덜 버어드]: 천둥새, 뇌신조, 북미 원주민(native N. American)들이 천둥을 일으킨다고 믿었던 전설상의 큰 새, 〈~ a mythical bird〉, 〈~(↔)이것은 power를 상징하고 Greek mythology에 나오는 phoenix는 immortality를 상징함〉 미2

843 **thun·der-bolt** [썬덜 보울트]: 벼락, 천둥번개, 불같은 사람, 청천벽력, 〈~ burst\flare〉, 〈↔calmness\blessing〉 양2

844 **thun·der-storm** [썬덜 스토어엄]: '번개 비', 뇌우, 번개를 동반한 (일시적) 폭풍우, 〈~ lightning storm〉, 〈↔mist\drizzle〉 양2

845 **Thurs-day** [써얼즈 데이]: 〈영국어〉, 썰스데이, (북구의 뇌신) Thor's day, 목요일 가1

846 **thus** [더스]: 〈어원 불명의 영국어〉, 이렇게, 따라서, 이만큼, 〈~ this〉, 〈~ there-fore〉, 〈↔although〉 가1

847 **thwack** [스왝]: 〈영국어〉, 〈의성어〉, 강타, 철썩 때림, 〈~ strike\blow〉, 〈↔tap\surrender〉 양2

848 **thwart** [스워얼트]: 〈← thvert(transverse)〉, 〈북구어〉, '가로질러서', 훼방 놓다, 좌절시키다, 뒤틀다, 〈~ baffle\frustrate\discomfit〉, 〈↔facilitate\prompt〉 양2

849 *__thx.__: thanks, 감사, 고마워! 양2

850 **thy** [다이]: 〈게르만어〉, thou의 소유격, 그대(너)의 가1

851 **Thy·es·tes** [싸이에스티이즈]: 〈← thyein(to sacrify)〉, 〈그리스어〉, '희생하는 자', 티에스테스, Pelops의 아들·Atreus의 동생, 형수와 간통한 죄로 형에 의해 자기 자식들의 인육을 얻어 먹은 사내, 〈~ a king of Olympia who had adultery with his sister-inlaw〉 수1

852 **thy·la·cine** [싸일러싸인]: thylax(pouch)+kyon(dog), 〈그리스어〉, Tasmania섬을 비롯한 대양주에 살다가 20세기에 멸종된 늑대 비슷한 육식성의 유대 동물, '주머니'승냥이, 〈~ tasmanian wolf(tiger)〉 미2

853 **thyme** [타임]: 〈← thymos ← thuein(to burn)〉, 〈그리스어〉, 〈'태우면' 향기가 배리까지 간다는〉 백리향, 사향초, (향미료·꽃 바구니용으로 쓰는) 자잘한 잎을 가진 꿀풀과〈mint family〉의 초본, 〈~ an aromatic perennial evergreen herb〉 미2

854 **thy·mo·typ·y** [싸이모티피]: 〈그리스어〉, 〈'thymus(백리향같이 생긴 가슴샘)'에서 나오는〉 정감이 풍부한 (사람), 〈~ moody person〉, 〈↔schizo-typy〉 양2

855 **thy·roid** [싸이뤄이드]: 〈그리스어〉, 싸이로이드, 갑상선, 'thyreos(large shield)+eides(form) (갑옷 무늬의 방패)' 모양으로 기도의 양쪽에 붙어있는 향대사성〈stimulating〉 내분비 기관, 〈~ a butterfly-shaped endocrine gland below the Adam's apple〉 양2

856 *TIA: ①thanks in advance, 미리 감사(를), 부탁해! ②transient ischemic attack, 일과성 뇌허혈 발작, '통과성 뇌졸증' 양2

857 Tian-an–men Square [티아난멘 스퀘어]: heaven+peace+gate, 〈중국어〉, '하늘의 편안한 문', 톈안먼(천안문) 광장, 1989년 중국의 민주화를 요구하던 시민이 무자비하게 진압된 자금성 북쪽의 109에이커짜리 광장, 〈~ a city square north of the Forbidden city in Beijing, China〉 미2

858 Tian-Jin [티안쥔]: Tientsin, heavenly ferry, 〈중국어〉, '천자 나루', 〈명나라 천자 영락제가 조카로부터 왕위를 찬탈하기 위해 이곳에 있는 강을 건넜다는 데서 유래된〉 톈진(천진), 〈한국의 인천 역할을 하는〉 중국 허베이성의 항구도시, 〈~ a port city in N. China〉 미2

859 Ti·ber [타이버]: 〈Tiberinus라는 에트루리아 왕이 빠져 죽었다는〉 Tevere, 테베레, 이탈리아 중부 로마(Rome)로 관통하는 394km짜리 강, 〈~ a river in Central Italy〉 수1

860 Ti·be·ri·us [타이비어뤼어스]: 〈← Tiber〉, 〈에트루리아어→라틴어〉, 〈'강의 신'의 자손?〉, 티베리우스, (BC42-AD37), 영특했으나 만년에 원로원과 사이가 나빴던 예수 생전의 로마 2대 황제, 〈~ the 2nd Roman Emperor〉 수2

861 Ti·bet \ Thi·bet [티벹]: 〈'topa(peak)'란 터키어에서 연유한 중국어?〉, 토번, '꼭대기', 티베트, 〈세계의 지붕〉, 7세기경에 세워진 불교 왕국으로 18세기 초에 중국의 영향권에 들었다가 1965년에 중국의 자치구(an autonumus region of China)로 편입된 중남아시아의 오지, Xi-zang, 〈~ Roof of the World〉, 〈⇒ Lhasa, Dalai Lama〉 수1

862 Ti·bet-an ga·zelle [티베턴 거젤]: 티베트 영양, ⇒ goa 우1

863 Ti·bet-an 'span-iel' [티베턴 스패니얼]: '티베트 삽살개', 두툼한 털 모피와 꼬인 꼬리를 가지고 티베트 왕실에서 귀염을 받던 영리한 애완·감시견, 〈~ Tibbie\'little lion'〉 수2

864 Ti·bet-an 'ter·ri·er' [티베턴 테뤼어]: '티베트 복슬개', 길고 두툼한 털 모피와 눈을 가리는 머리털을 가지고 라마승들이 〈복을 가져오는 신성한 개로 여겼던〉 애완견, 〈a shaggy(bearded) dog〉 수2

865 tib·i·a [티비어]: 〈라틴어〉, 〈'flute' 비슷하게 생긴〉 경골, '정강이'뼈, shin bone, 〈~(↔)fibula〉 양2

866 tic [틱]: 〈이탈리아어〉, 〈의태어?〉, (발작적) 경련, 근육의 반사성 수축, 〈~ twitch〉, 〈↔relax\flaccid〉 양2

867 tick¹ [틱]: 〈영국어〉, 〈의성어〉, 똑딱 소리, 재깍 소리, 순간, 눈금, 〈→ tick·tock〉, 〈~ click\beat〉, 〈↔bang'\halt\aeon〉 양2

868 tick² [틱]: 〈어원 불명의 게르만어〉, 진드기, 다른 동물의 진을 빨아먹고 한꺼번에 수천 개의 알을 낳는 동글 납작한 기생충, 〈~ mite\a small spider-like arachnid〉 양2

869 tick-bird [틱 버어드]: 〈← tick²〉, ani, ox·pecker, (중남부 아프리카〈mid-southern Africa〉에서 하마나 소의 피부에 붙은 진드기를 잡아먹는) 소 찌르레기 미2

870 *tick-er sym·bol [티커 씸벌]: 〈← tick¹〉, '똑딱부호', (증권거래에서) 특정증권의 변동을 표시하는 문자·부호, 〈~ stock symbol〉 미2

871 tick·et [티킽]: 〈← estiquer(to stick)〉, 〈네덜란드어〉, '붙이는 것', 표, 딱지, 증명서, 공천 후보자 (명단), (전산기의) 수선목록, 〈~ etiquette〉, 〈~ pass\tag\record〉, 〈↔prohibition\heedlessness〉 양2

872 tick-le [티클]: 〈스코틀랜드어〉, 〈← tick¹〉, 간질하다, 자극하다, 즐겁게 하다, 〈~ light touch\titillate〉, 〈↔numb\squeeze〉 가1

873 tick-led pink [티클드 핑크]: (즐거움에) 취하다, (흥분하여) 홍조를 띠다, 〈~ happy\amused〉, 〈↔turned green\pallid〉 양2

874 tick-ler [티클러]: 간질이는 것(사람), 난제, (일정을 상기시키는) 비망록, 콧수염, 〈~ delicate problem\memo\nasal hair〉, 〈↔roughen\solution\explication\razor〉 양1

875 tick-le the i·vo·ry [티클 더 아이붜리]: (귀엽게) 피아노를 치다, 〈~ play the piano〉 양2

876 tick marks [틱 마아크스]: 〈← tick¹〉, '대조점', '점검표', (도표에서 기존의 값에 대한) 상향·하향 상황을 표시하는 부호, 〈~ check marks〉 우2

877 ~tics [~틱스]: 〈그리스어→라틴어→영국어〉, ~ic의 다른 형태, 〈~의·같은·으로 된〉이란 뜻의 접미사, 〈~ of\relating to\resembling〉 양1

878 tic(k)·toc(k) [틱 탁 \ 틱 톡]: 〈의성어〉, 똑딱똑딱, 툭탁툭탁, 〈↔bang·bang〉 양2

879 tid: 〈라틴어〉, ter in die, three times a day, 하루 세 번 〈워메! 징한 것〉 양2

880 **tid·al flat** [타이달 홀랩]: ⟨← tide⟩, 조습지, 개펄(갯벌), 뻘밭, ⟨~ mud flat\tide-land⟩, ⟨~(↔)beach⟩ 양2

881 **tid-bit** [티드 빝]: ⟨tender+morsel?⟩, 맛있는 가벼운 음식, 음식 한조각, 재미있는 이야기 한 토막, (영국에서는) tit·bit, ⟨~ tiny⟩, ⟨~ bonne bouche\piece of gossip⟩, ⟨↔lot⟩ 미2

882 **Tide** [타이드]: 1946년 미국의 Prorter & Gamble사가 출시하여 세계 시장의 15%를 점유하는 합성세제의 상표, ⟨~ an American laundry detergent brand⟩ 수2

883 **tide** [타이드]: ⟨← tid(time)⟩, ⟨게르만어⟩, '때', 조수, 조류, 흐름, 풍조, ⟨~ current\trend⟩, ⟨↔influx\ebb\retreat⟩ 양2

884 **ti·dings** [타이딩즈]: ⟨← tidr(occuring)⟩, ⟨북구어⟩, 기별, 소식, 정보, ⟨~ news\reports⟩, ⟨↔silence\ignorance⟩ 양2

885 **ti·dy** [타이디]: ⟨← tide⟩, ⟨영국어⟩, 말쑥한, 단정한, 적절한, 상당한, ⟨~ timely⟩, ⟨~ neat\sizable⟩, ⟨↔unkempt\messy\snotty⟩ 양1

886 **ti·dy up** [타이디 엎]: 말끔하게 하다, 정리하다, ⟨~ clean up\straighten out⟩, ⟨↔mess up\clutter⟩ 양2

887 **tie** [타이]: ⟨← tigan(to fasten)⟩, ⟨게르만어⟩, (끈으로) '매다', 묶다, 잇다, 속박하다, 동점이 되다, (장식) 매듭, (악보의) 붙임줄, 침목, 버팀목, ⟨~ bind\tighten\dead heat\ground-beam\neck-tie⟩, ⟨↔un-tie\detach\win\break\disconnect⟩ 양1 미2

888 **tie-dye** [타이 다이]: tied and dyed, (1960년대부터 유행하기 시작한) 흰 셔츠를 접어서 물들이는 기술, ⟨~ batik\shibori⟩ 미2

889 **tied down** [타이드 다운]: (묶여서) 꼼짝할 수가 없다, 고정시킴, ⟨~ tied up⟩, ⟨~ restrained\hindered⟩, ⟨↔released\loosened⟩ 양2

890 ***tied to wife's a·pron strings**: 아내에게 쥐어 산다, 엄처시하, ⟨~ hen-pecked\petticoat house-hold⟩, ⟨↔male dominance\macho⟩ 양2

891 **tied up** [타이드 엎]: (다른 일로) 바쁘다, (단단히) 묶임, ⟨~ tied down⟩, ⟨~ busy\occupied⟩, ⟨↔idle\free⟩ 양2

892 **tier** [티어]: ⟨프랑스어⟩, a row, 줄, 단, 층, 계층, ⟨~ rank\level⟩, ⟨~ rung¹⟩, ⟨↔level\disorder⟩ 양1

893 **tie the knot** [타이 더 낱]: 매듭을 옭매다, 결혼하다, ⟨~ marry\become one⟩, ⟨↔separate\divorce⟩ 양2

894 **tie-up** [타이 엎]: 정체, 불통, 휴업, 제휴, 매달아 놓는 곳, ⟨~ bind\engage⟩, ⟨↔break-up\dissolution⟩ 양1

895 ***TIFF** [티후] (tag im·age file for·mat): '꼬리표 화상 서류철 형식', 고도로 압축된 서류철 화상을 원반에 담는 틀 잡기, ⟨~ a computer file that stores raster graphics⟩ 우1

896 **tiff** [티후]: ⟨영국어⟩, ⟨의성어·의태어?⟩, 사소한 말다툼, 언짢음, 술 한 모금, ⟨~ quarrel\tot¹⟩, ⟨↔agreement\harmony⟩ 미2

897 **Tif·fa·ny** [티후니]: ⟨그리스어⟩, ⟨예수가 구세주임을 드러낸 Epi·phany 축제일에 태어난 자⟩, 타파니, 1837년 보석상과 미술가 부자가 설립해서 아서 대통령때 백악관 주현관 및 접시 문양 고안으로 유명해진 미국의 명품·귀금속·유리 제품 제조·판매점, ⟨~ an American luxury jewelry house⟩ 수2

898 **ti·ger** [타이거]: ⟨← tighri ← tighra(sharp)⟩, ⟨페르시아어→그리스어⟩, (아시아의 동부·남부에 서식하는 고양잇과의) 잇빨이 날카로운 호랑이, 범, 강적, 사나운 (맹렬한) 사람, ⟨~ Big Cat\go-getter⟩, ⟨↔tigress\cub⟩, ⟨↔milquetoast\fraidy-cat⟩, ⟨↔eagle?⟩ 가1

899 **ti·ger bee·tle** [타이거 비이틀]: 가뢰, 참뜰길앞잡이, (큰 개미만 한 몸통에 긴 발을 가지고 시속 9km까지 달리며 아무거나 게걸스럽게 먹어대는) 길앞잡잇과의 곤충, ⟨~ a small aggressive, fast moving insect⟩ 미2

900 **ti·ger cat** [타이거 캩]: ①살쾡이⟨lynx⟩ ②(집에서 기르는) 얼룩 고양이⟨tabby⟩ 양2

901 **ti·ger-eye** [타이거 아이]: 호안석, (호랑이 눈같이 빛나는) 황갈색을 띤 석영⟨quartz⟩, ⟨~ cat's-eye⟩ 양2

902 **ti·ger lil·y** [타이거 릴리]: 참나리, 당개나리, (극동아시아에 서식하며) 주황색에 검은 점이 박힌 ⟨호랑이 무늬를 한⟩ 관상용 나리, ⟨~ devil lily⟩, ⟨~(↔)Turks-cap lily⟩ 미2

903 **ti·ger mos·qui·to** [타이거 머스키토우]: forest mosquito, 외줄모기, (동남아의 더운 지방에서 퍼져나간) 검은 발에 흰 점이 박힌 커다란 모기 미2

904 **ti·ger moth** [타이거 머쓰]: 불나방, (구대륙의 추운 지방에 서식하며) ⟨등불에 달려드는 버릇이 있는⟩ 검거나 주황색 얼룩무늬를 가진 조그만 나방, ⟨~ a diverse hairy moth⟩ 미2

905 **ti·ger prawn**(shrimp) [타이거 프뤈(슈륌프)]: 대하, 왕새우, ⟨~ a big marine crustacean⟩ 미2

906 **ti·ger-wood** [타이거 우드]: (남미산) 호랑이 반점 무늬의 가구 용재, ⟨~ zebra-wood⟩, ⟨~ a radical exotic hardwood⟩ 우2

907 **Ti·ger Woods** [타이거 우즈], Ed·rick: (1975-), 골프를 잘 치는 흑인 아버지와 타이 출신 어머니에서 태어나 아버지 친구의 별명을 이어받고 3살 때부터 맹훈련을 시작해서 역사상 돈을 제일 많이 벌었으나 교통사고로 다쳐 장래가 불투명해진 미국의 직업 골프 선수, ⟨~ an American pro golfer⟩ 수1

908 **tight** [타잍]: ⟨← thiht(dense)⟩, ⟨게르만어⟩, 단단한, 바짝 죈, 엄한, 빈틈없는, 곤란한, 인색한, 답답한, 팽팽한, 깔끔한, ⟨~ tense\compact⟩, ⟨↔loose\relaxed\slack\baggy⟩ 양2

909 ***tight-ass** [타잍 애쓰]: 융통성이 없는 사람, '꼴통', 구두쇠, ⟨~ curmudgeon\miser⟩, ⟨↔benevolent\generous⟩ 양2

910 **tights** [타이츠]: 몸에 꼭 끼는 옷, 쫄쫄이, panty hose, ⟨↔slacks⟩ 미1

911 **tight-seat** [타잍 씨이트]: 비좁은 의자, 곤란한 처지, 궁지, ⟨~ up to the creek⟩, ⟨~ corner\destitution⟩, ⟨↔sitting pretty⟩ 양2

912 **ti·gress** [타이그뤼스]: 암호랑이(female tiger), 잔인한 여자(cruel woman), ⟨↔tiger\cub⟩, ⟨↔angel\cutie pie⟩ 양2

913 **Ti·gris** [타이그뤼스]: ⟨← tigra(fast as an arrow)⟩, ⟨고대 페르시아어⟩, 티그리스, 터키 남동부에서 시작해서 유프라테스(Euphrates)강과 만나 페르시아만으로 빠지는 1,899km짜리 '물살이 빠르고' 수심이 얕은 강, ⟨~ a great river in Mesopotamia⟩ 수1

914 **Ti·jua·na** [티외와너 \ 티이유와너]: ⟨← tiwan(close to the sea)⟩, ⟨원주민어⟩, '해변 마을', 티후아나, (미국 젊은이들의 방탕 여행과 국제 재벌회사들이 공장 차리러 모여드는 바람에) 급격히 팽창하는 멕시코 북서부의 관광·산업·국경도시, ⟨~ a border city south of San Diego⟩ 수1

915 **Ti·ki** [티이키]: 티키, ⟨'모습(image)'이란 뜻의 Maori어⟩ ①(폴리네시아 신화의) 인류를 창조한 신⟨Adam⟩ ②t~; 나무나 돌로 깎아 만든 크고 작은 우화화된 인간상(하르방), ⟨~ carved ancestor⟩ 수2

916 **ti·ki bar** [티이키 바아]: (요란스러운 치장을 한) 폴리네시아 풍(Polynesian)의 주보, ⟨~ tiki shack⟩ 수2

917 **tik·ka** [티커]: ⟨'조각(piece)'이란 뜻의 Punjab어⟩, 티카, 잘게 자른 고기나 야채를 향신료로 조미하여 꼬챙이에 꿰어 구운 인도 요리, ⟨~ grilled skewers⟩ 수2

918 **Tik·Tok** [틱 톡]: vibrating sound, '진동음', 2012년에 설립된 중국의 세계적 영상공유 사회 전산망 체계, ⟨~ a short-term video hosting service\중국(Chinese)에서는 Dou-yin이라고도 함⟩, ⇒ Byte Dance 수2

919 **til \ teel** [티일]: ⟨Hindi어⟩, sesame, 참깨 가1

920 **ti·la·pi·a** [틸라피어]: ⟨← tlhapi(fish)⟩, ⟨'물고기'란 뜻의 Bantu어⟩, 틸라피아, (열대지방에 서식하며 번식력이 강하고 비린 맛이 덜한) 커다란 붕어(crucian carp) 비슷한 민물·짠물고기, ⟨~ a cichlid\fresh-water snapper⟩ 수2

921 **til·de** [틸더]: ⟨← titulus(inscription)⟩, ⟨라틴어⟩, 틸데, ~, 물결표, (스페인어 등에서) 철자 위에 붙이는 발음 부호, 생략기호, 전산망 주소에서 사용자의 본 목록을 표시하는 부호, ⟨~ title⟩, ⟨~ twiddle⟩, ⟨~ approximation\similarity\vowel\nasal sound⟩ 수2

922 **tile** [타일]: ⟨← tegere(cover)⟩, ⟨라틴어⟩, '덮다', 기와, '덮개 벽돌', (장식용) 얇은 벽돌, 화면을 겹치지 않게 네모꼴로 분할한 것, ⟨~ earthen or stone-ware⟩, ⟨↔un-cover⟩, ⟨↔wood\linoleum\veneer⟩ 미1 우1

923 **tile-fish** [타일 휘쉬]: 대서양 심해산의 푸른 바탕에 노란 점들을 가진 색채가 영롱한 대형 옥돔, ⟨~ golden bass (or snapper)⟩, ⟨~ the clown of the sea⟩ 우1

924 **till**¹ [틸]: ⟨게르만어⟩, up to, ~까지, ~할 때까지, ⟨~ until⟩, ⟨↔after\beyond\next\since⟩ 가1

925 **till**² [틸]: ⟨← tilian(to labor)⟩, ⟨게르만어⟩, '노력하다', 갈다, 경작하다, 개발하다, ⟨~ plow\harrow⟩, ⟨↔abandon\fallow\sow⟩ 양2

926 **til·land·si·a** [틸랜즈어]: ⟨핀란드의 식물학자 이름(Tillands)을 딴⟩ 틸란드시아, (열대·아열대 미주 원산의) 공기에서 수분을 취하는 재주를 가진 선인장 비슷한 파인애플(pineapple)과의 ⟨겨우살이⟩ 야생·관상초, ⟨~ air plant\an epiphyte⟩ 우1

927 **till-er** [틸러]: ⟨← till²⟩, 경작자, 경운기, (배의) 조종 장치, ⟨~ cultivator\helm⟩ 양1

928 **tilt** [틸트]: ⟨← tealt(unstable)⟩, ⟨북구어⟩, 기울기, 경사, 시합, 논쟁, '불안정한 것', ⟨~ tip²⟩, ⟨~ lean¹\slope⟩, ⟨↔straighten\level⟩ 양2

929 ***til the cows come home**: ①⟨굼뜬 소가 귀가하듯⟩ 아주 시간이 오래 걸리는, 늦은 저녁때까지, ⟨~ late⟩ ②⟨집을 나간 소가 돌아오는 법이 없는 것처럼⟩ 영원히, ⟨~ never⟩ 양2

930 **tim·bale** [팀벌]: ⟨프랑스어⟩, ⟨'솥북(kettle-drum)'같이 생긴⟩ 탬발, 닭고기나 생선을 다져 틀에 넣어 구운 것(그 틀), ⟨← timpani⟩, ⟨~ timballo⟩, ⟨~ a pan or food cooked in it⟩ 수2

931 **tim·bales** [팀벌스 \ 팀베일즈]: ⟨아랍어→그리스어→라틴어⟩, 'timpani', 팀발레스, 좁은 통을 금속으로 싸서 고음을 낼 수 있는 봉고보다 큰 북, ⟨~ pailas(Spanish)\shallow single-headed drum⟩ 수2

932 **tim·ber** [팀버]: ⟨← timbar⟩, ⟨게르만어⟩, building material, ('건축용') 재목, 수목, 대들보 (감), 인품, ⟨~ lumber\wood\beam⟩ 양1

933 **Tim·ber-land** [팀벌 랜드]: Timbs, 1928년에 창립되어 '전천후' 가죽 장화 등 ⟨야외용⟩ 장신구를 제조·판매하는 미국의 유한회사, ⟨~ an American manufacturer and retailer of out-door products⟩ 수2

934 **Time** [타임]: 1923년에 창간되어 현재 Meredith 회사가 경영하는 ⟨권위가 점점 떨어져 가는⟩ 미국의 세계적 시사 주간지, ⟨~ an American news magazine⟩ 수2

935 **time** [타임]: ⟨← tima ← da(divide)⟩, ⟨게르만어⟩, ⟨무한하고 유한한⟩ 시간, 때, ⟨아무리 잘라도 끝없이 흘러가는⟩ 세월, 기간, 시대, 시절, 형기(감옥살이), 번, 곱, ⟨~ tide⟩, ⟨~ moment\occasion⟩, ⟨~(↔)life\money⟩, ⟨↔space⟩, ⟨세상에서 제일 무서운 단어⟩ 가1

936 **time and a·gain** [타임 앤 어게인]: 여러번, 되풀이해서, ⟨~ repeatedly\time after time⟩, ⟨↔rarely\seldom⟩ 양2

937 ***time and tide wait for no man**: ⟨1395년경 Chaucer가 사용한 말⟩, 세월은 사람을 기다리지 않는다, 시간을 낭비하지 말아라, ⟨~ life is short\make hay while the sun shines\time is money⟩ 양2

938 **time belt(zone)** [타임 밸트(죠운)]: (표준) 시간대, ⟨~ an area of a uniform standard time⟩ 가1

939 **time bomb** [타임 밤]: 시한폭탄, 종이에 싸서 마시는 마약, ⟨~ powder-keg\volcano⟩ 가1 우1

940 **time cap·sule** [타임 캡슐]: '시간 피막', 미래 발굴용 현대물 저장기, 후세에 남길 재료를 묻어 두는 용기, ⟨~ historic cache\repository⟩ 우1

941 **time card(sheet)** [타임 카아드(쉬이트)]: (출퇴근) 시간 기록 용지, (개별) 근로시간 기록표, ⟨~ punch card\pay-roll record⟩ 미2

942 ***time changes eve·ry·thing** [타임 췌인지스 에브뤼씽]: 십년이면 강산도 변한다, ⟨no body can stop it⟩, ⟨↔time is just time, don't give up⟩ 양2

943 **timed–re·lease** [타임드 륄리이스]: 점진적으로 방출되는, 지속성의, ⟨~ extended release⟩ 미2

944 ***time flies like an ar·row**: 세월은 유수 같다, '시간 파리들은 화살을 좋아한다?'⟨AI번역⟩, ⟨~ fruit flies like a banana(바나나가 빨리 썩는 것에 비유한 말); 화무십일홍⟩ 양2

945 **time frame** [타임 후뤠임]: 시간의 틀, (소요) 시간, (예측) 기간, ⟨~ time-span\dead-line⟩ 양2

946 ***time heals all wounds**: 세월(시간)이 약하다, ⟨~ time erases memory⟩, ⟨↔haunted by the memory⟩ 양2

947 **time lock** [타임 락]: (시간이 돼야 열리는) 시한 자물쇠, ⟨~ schedule (temporal) lock⟩ 가1

948 ***time ma·chine** [타임 머쉬인]: '시간 조작기', 과거·미래를 여행할 수 있는 상상의 기계, ⟨~ time travel⟩ 우1

949 **time-off** [타임 어ㄹ후]: 일을 쉰 시간, 휴업 시간, ⟨~ break\leave⟩, ⟨↔working(office) hour⟩ 미2

950 **time-out** [타임 아웉]: 시간 끝, 경기 종료, '땡', 중간 휴식, 시간이 지나서 ⟨비아그라를 먹어도⟩ 작동이 안 되는 것, ⟨~ stop\cessation⟩, ⟨↔continuity\permanence⟩ 미2

951 **time-piece** [타임 피이스]: 계시기, (자명종이 없는) 시계, ⟨~ chronometer\clock\watch⟩ 양2

952 **tim-er** [타이머]: 시간제 노동자, 시속계, 시간 기록자, 자동 점화 장치, 시간 간격을 측정하기 위한 장치, ⟨~ metronome\chronometer⟩, ⟨~(↔)stop-watch는 count up하고 이것은 count down함⟩ 미2

953 **Times** [타임즈]: '시보', 도시 이름을 붙여 쓰는 여러 개의 신문 이름(names of news-papers) 미2

954 ***time-share** [타임 쉐어]: 시간 나눠 쓰기, 시 분할 ①한 대의 전산기를 동시에 몇 대의 단말기로 사용하는 방식, ⟨~ co-op⟩ ②휴가 시설의 공동 소유 (임차), ⟨~ vacation ownership⟩ 미1

955 **time sig·na·ture** [타임 씨그니춰]: (악보의) 박자 기호, ⟨~ tempo\beat⟩, ⟨~(↔)key signature 다음에 나옴⟩ 양1

956 **time-span** [타임 스팬]: 기간, (일정) 시간, ⟨~ duration\time frame⟩, ⟨↔moment\cessation⟩ 양2

957 **Times** (New) **Ro·man** [타임즈 (뉴) 로우먼]: 1932년 런던 타임즈지를 위해 고안된 로마체를 본뜬 ⟨아주 우아하고 선명한⟩ 영어 활자체, ⟨~ a serif type-face⟩ 수2

958 **Times Square** [타임즈 스퀘어]: 1904년 NY Times의 사옥이 들어선 후 새로 명명된 ⟨밤에도 걸어 다닐 수 있는⟩ 맨해튼 중심부의 상업·관광·유흥업 거리, ⟨~ a plaza in Midtown Manhattan⟩ 수2

959 ***time's up** [타임즈 엎]: ⟨1400년경에 등장한 영국어⟩, time is up, 시간이 다 됐다, "끝", "땡", 만사휴의, ⟨~ clock has run out\party is over⟩, ⟨'me too'의 전 단계 표현⟩ 양2

960 **time switch** [타임 스위취]: (자동) 시한 엇바꾸개, 시간 변환기, ⟨~ electronic timer⟩ 미2

961 **time-ta·ble** [타임 테이블]: 시간표, 예정표, 계획표, ⟨~ schedule\time frame⟩ 양2

962 **Time War·ner** [타임 워너]: 1962년에 설립되어 1990년 이 이름으로 합병되었다가 2018년 AT&T에 흡수되어 Spectrum으로 재탄생된 미국의 종합 대중매체 회사, ⟨~ an American multi-media co.⟩ 수2

963 **tim·id** [티미드]: ⟨← timere(to fear)⟩, ⟨라틴어⟩, 겁 많은, 소심한, 수줍은, '무서워하는', ⟨→ in·timidate\timorous⟩, ⟨~ bashful\feeble⟩, ⟨↔doughty\brave⟩ 가2

964 **tim-ing** [타이밍]: 시간 조절, 속도 조절, ⟨~ schedule\measure\count⟩ 양2

965 **Ti·mor** [티이모얼]: ⟨← timur(east)⟩, ⟨말레이어⟩, 티모르섬, 1999년 동쪽은 East Timor로 독립하고 서쪽은 인도네시아에 남은 소 Sunda 열도 '동쪽'에 있는 고구마같이 생긴 섬, ⟨~ an island between Indonesia and Australia⟩ 수2

966 **Ti·mor-Les·te** [티이모얼 레스(테)]: ⟨말레이어+포르투갈어⟩, ⇒ East Timor 수1

967 **tim·or·ous** [티머뤄스]: ⟨← timor(fear)⟩, ⟨라틴어⟩, 겁 많은, 소심한, ⟨~ timid⟩, ⟨~ trepid\frightened⟩, ⟨↔bold\brazen⟩ 가1

968 **Tim·o·thy** [티머씨]: timo(honour)+theos(god), ⟨그리스어⟩, '신을 찬양하는 자' ①티모시, 남자 이름(male name) ②디모데, AD100년경에 순교한 사도 바울의 친구·제자, ⟨~ the first Christian bishop of Ephesus⟩, 사도 바울⟨Apostle Paul⟩이 (교회 조직과 운영에 대해) 디모데에게 지시한 훈화를 엮은 신약성서의 두 편, ⟨~ the pastoral epistles⟩ 수1 수2

969 **tim·o·thy** [티머씨]: 티모시, 큰조아재비, 1720년경에 T~ Hanson에 의해 북미에 도입되어 가장 많이 재배되는 볏과의 다년생 목초, ⟨~ herd's grass⟩, ⟨~(↔)cat's tail⟩ 수2

970 **tim·pa·ni** \ **tym·pa·ni** [팀퍼니]: timps, ⟨← tympanum ← tuptein(strike)⟩, ⟨그리스어→라틴어⟩, 팀파니, '손북', 두 개 이상의 솥 모양의 북이 한 벌로 된 타악기, kettle·drums, ⟨→ timbal⟩, ⟨~ a hemi-spherical drum⟩ 수2

971 **TIN** [틴]: tax payer identification number, 납세자 인식 번호 양2

972 **tin** [틴]: ⟨← zin⟩, ⟨어원 불명의 게르만어⟩, stannum, 주석, 연하고 하얀 금속원소 (기호 Sn·번호50), (녹는 온도와 끓는 온도 차이가 크고 유연해서 각종 용기를 만들 수 있는) 양철, ⟨~ a metallic element⟩ 미2

973 ***TINA** [티이너]: there is no alternative, 선택의 여지가 없음, '이판사판' 미1

974 **Ti·na** [티이너]: 티나, 여자 이름, Christina의 약칭 수1

975 **tin·a·mou** [티너무우]: ⟨← inamu⟩, ⟨카리브어⟩, 중 남미⟨Central and South America⟩에 걸쳐 광범위하게 서식하는 메추라기(quail) 비슷한 새 수2

976 **tinc·ture** [팅춰]: ⟨← tingere(to dye)⟩, ⟨라틴어⟩, 색(조), 티(끼), 약간, 기미, 착(염)색, 정기⟨'팅크'의 음역⟩, ⟨~ potion\tinge⟩, ⟨↔blanch\bleach⟩ 양1

977 **Tin·der** [틴더]: ⟨← tund(kindle)⟩, ⟨게르만어⟩, '불쏘시개', 2012년 미국에서 출시된 무기명 전산망 ⟨짝짓기⟩ 기지, ⟨~ an on-line dating app⟩ 수2

978 **tin·der box** [틴더 박스]: 부싯깃 상자(통), 불붙기 쉬운 것, 불씨, 성깔있는 사람, ⟨~ powder keg\time-bomb⟩, ⟨↔resolution\calm person⟩ 양1

979 ***tin·der-el·la** [틴더 뤨러]: ⟨신조어⟩, tinder(kindle)+Cinderella, 전산망 짝짓기 기지⟨Tinder⟩에서 놓치고 싶지 않은 여인, ⟨~ your dream girl⟩ 우1

980 **tine** [타인]: ⟨← tind(a spike)⟩, ⟨게르만어⟩, (사슴 뿔·삼지창 등의) 가지, (빗의) 살, ⟨~ prong\barb\tip⟩ 양1

981 **tin·e·a** [티니어]: ⟨gnawing worm이란 뜻의 라틴어⟩, 백선(곰팡이에 의한 전염성 건성 피부염), 동전 버짐(ring-worm), 무좀(athlet's foot), ⟨~ dermato-phytosis⟩ 양2

982 **tinge** [틴쥐]: 〈← tingere(to dye)〉, 〈라틴어〉, 엷은 색조, 기미, 가미하다, '물들이다', 〈~ tincture\tint\hue〉, 〈↔blacken\whiten〉 양1

983 **tin·gle** [팅글]: 〈영국어〉, 〈의성어〉, 따끔거림, 딸랑거림, 얼얼하다, 안절부절못하다, 〈~ tinkle〉, 〈~ prickle\sting〉, 〈↔ease\comfort〉 양1

984 **tin·ker** [팅커]: 〈← tinkere〉, 〈어원 불명의 영국어〉, 〈의성어?〉, 딸랑거리는 것(사람), 땜장이, 서투른 수선인, 새끼 고등어, 〈~ dawdle\monkey around\amateur〉 양1

985 **tin·kle** [팅클]: 〈영국어〉, 〈의성어〉, 딸랑딸랑 (소리), 따르릉, 작은 방울, 애 오줌, 〈~ tingle〉, 〈~ chink\clink〉, 〈↔silence\hush〉 양1

986 **tin·ni·tus** [티나이터스 \ 타나이터스]: 〈← tinnire(to ring)〉, 〈라틴어〉, 〈tingling 소리가 나는〉 귀울림, 이명, 〈~ ringing in the ear〉 양2

987 **tin·sel** [틴슬]: 〈← scintilla(a spark)〉, 〈라틴어〉, 반짝거리는 금속 조각, (X-mas 장식용) 금·은사, 싸고 야한 것, 〈~ glitter\sham splendor〉, 〈↔classy\elegant〉 미2

988 **tin·sel teeth** [틴슬 티이쓰]: 치열 교정기(dental braces)를 부착한 이, '빤짝이 이빨' 우2

989 **tint** [틴트]: 〈← tingere(to dye)〉, 〈라틴어〉, 엷은 색깔, 색조, 음영, 성질, 머리 염색, 검은 안경, 〈~ tinge〉, 〈~ tone\chroma\shade〉, 〈↔colorless\bleach〉 양1

990 **tin·tin·nab·u·lum** [틴티내뷸럼]: 〈tintinno ← tinnire(to ring)+bulum〉, 〈라틴어〉, 〈딸랑딸랑 소리를 내는〉 작은 방울(종), 교황을 상징하는 작은 요령, 〈~ a little bell〉 우2

991 **ti·ny** [타이니]: 〈← tine〉, 〈어원 불명의 영국어〉, 작은, 조그마한, teeny, 〈~ bitty〉, 〈↔enormous\gigantic\huge\humongous〉 가2

992 **~tion** [~션]: 〈라틴어〉, 〈~행위·상태·결과〉를 뜻하는 결합사, 〈~ a noun forming suffix〉 양1

993 **~tious** [~셔스]: 〈라틴어〉, 〈~가 있는·~을 가진〉이란 뜻의 결합사, 〈~ an adjective forming suffix〉 양1

994 **tip¹** [팁]: 〈← typpi(extremity)〉, 〈북구어〉, 끝, 첨단, 정점, 〈~ top\point\apex〉, 〈↔base\nadir〉 가1

995 **tip²** [팁]: 〈← tipte(overturn)〉, 〈영국어〉, 기울이다, 뒤집히다, 가볍게 손을 대다, 넘어지다, 〈~ tilt\tipsy〉, 〈↔level\right〉 양1

996 **tip³** [팁]: 〈영국어〉, 〈to insure promptness가 아니라 'stips(수당)'에서 유래한〉 행하, 사례금, 귀띔, 비밀정보, 〈~ hand-out\cue\gratuity\baksheesh〉, 〈↔disadvantage\penalty〉, 〈원래는 주인이 하인들한테 주는 '촌지'에서 출발했으나 장점보다 단점이 더 부각되고 있는 전근대적인 관례라고 사료됨〉 미2

997 **tip cat** [팁 캩]: 〈← tip¹〉, 끝이 뾰족한 나뭇조각(cat)을 막대기로 쳐올리는 '자치기' 비슷한 놀이, 〈~ a stick-tossing game〉 미2

998 ***tip-fla-tion** [팁 훌레이션]: 사례금(행하)의 급등으로 인한 통화 팽창, 〈예전에는 15%정도면 후했으나 Covid 이후 25%까지 '요구'하는 데가 있어 소비자의 부담이 가중되고 있음〉, 〈~ tip³ creep〉 미2

999 **tip-off** [팁 어어후]: ①〈← tip³〉, 비밀정보, 경고, 암시, hint, warning ②〈← tip²〉, 공을 튀겨서 경기 시작하기, 〈~ tip²-ping off〉 양1 우2

1000 ***tip¹ of the tongue** [팁 어브 더 텅]: (혀끝에서 뱅뱅 돌며 생각이 안 나는) 설단 현상, 익숙한 말이 금방 떠오르지 않는 일종의 치매 현상, 〈~ senior moment〉 양2

1001 **Tip·pe·ca·noe** [티피커누우]: 〈원주민어〉, 미국 인디애너주 북부를 남서로 흐르는 〈'buffalo fish'가 많이 사는〉 작은 강, 1811년 11월 인디애너 지사 해리슨이 원주민 Tecumseh의 동맹군과 싸워 이긴 전적지 〈나중에 과대포장해서 해리슨의 별명이 됨〉, 〈~ a battle ground in Indiana〉 가1

1002 **tip·pet** [티핕]: 〈← tapes(tapestry)〉, 〈그리스어→라틴어→영국어〉, 어깨걸이, (두건·소매 등이) 가늘고 길게 늘어진 부분, 〈~ hanging\covering〉 미1

1003 **tip-ster** [팁스터]: 정보 제공자, 조언자, 밀고자, 〈~ informant\tell-tale〉 양2

1004 **tip-sy** [팁시]: 〈← tip²〉, 〈영국어〉, 기울어진, 비틀거리는, 〈~ shaky\woozy〉, 〈↔steady\sober〉 가1

1005 **tip-sy cake** [팁시 케이크]: 〈← tip²〉, 〈영국어〉, 〈소량의〉 술에 적신 부풀린 날 빵, 〈~ boozy cake〉 우1

1006 **tip-toe** [팁 토우]: 〈← tip¹〉, 발끝, 살금살금 걷는, 발돋움하는, 〈~ creep\sneak〉, 〈↔pound³\stamp\noisy〉 양1

1007 **tip-top** [팁 탚]: 〈← tip¹〉, 정상, 절정, 최고급, 〈~ exellent\first class〉, 〈~ right as rain\hunky-dori〉, 〈↔bottom\lowest〉 가1

1008 **ti·rade** [타이뤠이드]: ⟨← tirare(to draw)⟩, ⟨이탈리아어⟩, 장광설, 긴 연설, 격론, ⟨~ harangue\rant⟩, ⟨↔quiet\laconic⟩ 양1

1009 **ti·ra·mi·su** [티뤄미이쑤]: 티라미수, tireme su, 'cheer me up', ⟨생기를 내게 해 주는⟩ 커피를 넣고 만든 이탈리아의 ⟨층층 빵⟩(후식용 양과자), ⟨~ a custard-like dessert\Tuscan trifle⟩ 수2

1010 **tire¹** [타이어]: ⟨← teorian(fail)⟩, ⟨어원 불명의 영국어⟩, 피로하게 하다, 싫증 나게 하다, 지치게 하다, ⟨~ become fatigued\wear out⟩, ⟨↔refresh\excite⟩ 가1

1011 **tire²** \ tyre [타이어]: ⟨← tiren(dress)⟩, ⟨영국어⟩, ⟨← attire⟩, ⟨차륜을 피장하는⟩ (고무) 바퀴, (19세기 중반에 발명된) 바퀴를 압축된 공기로 둘러싼 원통형 고무 제품, ⟨~ hoop that covers a wheel⟩, (여자의) 머리 장식(head-dress) 우1

1012 **tire-kick·er** [타이어 키커]: '변죽만 울리는 손님', (타이어를 고를 때처럼) 물건을 사지 않고 ⟨만져⟩ 보고만 다니는 사람, ⟨~ sale sputter⟩, ⟨↔enthusiast⟩ 우2

1013 **tire-some** [타이어 썸]: 지치는, 지루한, 성가신, ⟨~ exhausting\boring⟩, ⟨↔interesting\exciting⟩ 가1

1014 **ti·sane** [티잰 \ 티잰]: ⟨← ptissein(to crush)⟩, ⟨그리스어→라틴어→프랑스어⟩, 약탕, 약을 ⟨으깨서⟩ 끓이는 유리나 사기 그릇, 약초를 달인 물, ⟨~ concoction\infusion⟩ 양2

1015 **tis·sue** [티슈우]: ⟨← texere(weave)⟩, ⟨라틴어⟩, '짠 것', 조직, 직물, 휴지, 화장지, ⟨~ matrix\assembly of similar cells⟩, ⟨~ Kleenex⟩, ⟨↔slitting up\check?⟩ 양2

1016 **tit¹** [팃]: ⟨← titta(little)⟩, ⟨북구어⟩, '작은 것' ①titmouse, (북미 동부산) 박새류의 동작이 빠른 '작은' 새 ②'바람 까진 여자', ⟨~ girlie⟩, ⟨↔man⟩ 우2

1017 **tit²** [팃]: ⟨← tittaz(nipple)⟩, ⟨게르만어⟩, teat, 젖꼭지, 젖통, 조작 단추, '빨통 (논다니)', 멍청이(doofus), ⟨↔moob(man's boob)\gynecomastia⟩ 양1

1018 **Ti·tan** [타이튼]: 타이탄, 하늘과 땅의 아들, ⟨~ a race of gods⟩, 토성의 제6위성, ⟨~ largest moon of Saturn⟩, 미국의 대륙 간 탄도탄의 하나, ⟨~ an ICBM⟩ 수1

1019 **ti·tan** [타이튼]: ⟨← tito(sun)?⟩, ⟨중동어?→그리스어⟩, 거인, 대가, 영향력 있는 사람, ⟨~ giant\extremely important person⟩, ⟨↔dwarf\midget\runt⟩ 양2

1020 **Ti·tan ar·um** [타이튼 에어룸]: '거인나리', '시체꽃', ⟨수마트라 원산으로 약 2년마다 초대형 우승컵 같은 꽃받침에서 사람 키만 한 ⟨자지 모양의⟩ 꽃차례가 올라오며 ⟨시체 썩는 냄새가 난다는⟩ 천남성과 아룸(arum)속의 ⟨세상에서 제일 큰 꽃⟩, corpse flower, penis plant 미1

1021 **Ti·tan·ic** [타이태닉]: ⟨최고로 안전한 배로 설계했으나⟩ 1912년 첫 출항 시 북극 근처에서 빙산을 받아 약 2천200명 중 705명만 구조되고 침몰한 영국의 호화 여객선, ⟨~ a British luxuary passenger liner⟩ 수2

1022 **ti·ta·ni·um** [타이테이니엄]: ⟨하늘의 아들인 uranium에 대한 구별로 '지구의 아들'이란 뜻의⟩ 티타늄, ⟨가볍고 단단하고 잘 부식되지 않아 비행기 동체·식기·골프채 등으로 다양하게 쓰이는⟩ 은회색의 금속원소 (기호 Ti·번호22), ⟨~ a metallic element⟩ 수2

1023 **ti·ter** \ ti·tre [타이터 \ 티이터]: ⟨← titre(title)⟩, ⟨프랑스어⟩, ⟨표준용액 1ml에 반응하는 상대용액의⟩ 적정량 (농도), 역가, ⟨→ titrate⟩, ⟨~ a measurement of the concentration of a substance⟩, ⟨↔distribution\disassembly⟩ 미2

1024 **tit for tat** [팃 휘어 텟]: 되갚음, 앙갚음, 보복, '주먹에는 주먹으로', ⟨~ quid pro quo\do ut des⟩, ⟨~ taste of your own medicine⟩, ⟨↔pro bono⟩ 양2

1025 **tithe** [타이쓰]: ⟨← teotha(tenth)⟩, ⟨영국어⟩, 10분의 1, 십일조, 작은 부분, ⟨~ contribution\alms⟩ 가1

1026 **Ti·tho·no(u)s** [티토너스]: ⟨← titone(day and one)⟩, ⟨그리스어⟩, 티토노스, 새벽의 여신 Eos의 인간 연인으로 그녀가 ⟨영생⟩을 주었으나 나이를 멈추는 것을 잊어서 나중에 늙어서 죽기를 애원했다는 트로이의 왕자, ⟨~ the lover of Eos\god of mosquitoes⟩, ⟨사람이 늙어도 죽지 않으면 각다귀가 된다는 뜻⟩ 수1

1027 **tit·il·late** [티터레이트]: ⟨←titilare(tickle)⟩, ⟨라틴어⟩, 간질이다, 자극하다, (성적으로) 흥분시키다, ⟨~ turn on\thrill⟩, ⟨↔turn off⟩ 양2

1028 **tit·i·vate** [티터붸이트]: ⟨어원 불명의 영국어⟩, ⟨tidy+renovate?⟩, 맵시 내다, 치장하다, ⟨~ spruce up\attire⟩, ⟨↔dress casually\dress-down⟩ 양2

1029 **tit-lark** [팃 라알크]: ⟨북구어⟩, pipit, 논종다리, (구대륙에 서식하며) 산에서 부화해서 물가로 내려오는 참새 비슷한 새, ⟨~ a small passerine bird(song bird)⟩ 미2

1030 **ti·tle** [타이틀]: ⟨← titlus(inscription)⟩, ⟨라틴어⟩, 표제, 제목, 직함, 자격, 자막, 선수권, 소유권, '명칭', ⟨~ tilde⟩, ⟨~ name\subject⟩, ⟨↔anoymity\foot-note\sub-title\un-tag\deprive⟩ 양1

1031 *****ti·tle bar** [타이틀 바아]: (전산기 화면의) 제목 표시줄, ⟨~ caption bar\header panel⟩ 미2

1032 **ti·tle in-sur-ance** [타이틀 인슈어륀스]: 소유권 보험, 권원 보험, (소유권을 보호하는) 부동산 권리 보험, ⟨~ protection of the ownership⟩, ⟨~(↔)grant deed⟩ 미2

1033 **tit-mouse** [팉 마우스]: ⟨북구어⟩, tit+mase, ⟨small+bird⟩, (머리 위에 우관이 있는) 잿빛박새, 쇠박새, ⟨~ chickadee\great tit⟩, ⟨~(↔)nut-hatch는 이것보다 꼬리가 짧음⟩ 미2

1034 **Ti·to** [티토우], Jo·sip: ⟨그리스어에서 연유한 여러나라 말⟩, 'uncle', 티토, (1892-1980), 1948년 유고슬라비아를 소련으로부터 독립시킨 국가주의적 공산주의 정치가·독재자, ⟨~ a Yugoslav communist revolutionary⟩ 수1

1035 **ti·trate** [타이트뤠이트]: ⟨← titer(title)⟩, ⟨프랑스어⟩, 적정하다, (농도를) 표준화하다, ⟨~ volumetric analysis⟩, ⟨↔disregard\estimate⟩ 미2

1036 **tit·ter** [티터]: ⟨← titeren(hesitation)⟩, ⟨의성어·의태어⟩, ⟨영국어⟩, (소리를 죽여) 킥킥 웃다, ⟨~ giggle⟩, ⟨↔cry⟩ 양1

1037 **tit·tle** [티틀]: ⟨← titlus(inscription)⟩, ⟨라틴어⟩, 조금, 티끌, 점획, 글자의 상하에 붙이는 기호나 점, ⟨~ title\tit¹\tit²⟩, ⟨~ bit\speck⟩, ⟨↔chunk\volume⟩ 양1 미2

1038 **tit·u·lar** [티츄럴]: 명목(title)상의, 명예직의, 이름 뿐인, 유명무실한, ⟨~ nominal⟩, ⟨↔real\actual⟩ 양2

1039 **Ti·tus** [타이터스]: ⟨라틴어⟩, title of honor, '영광된 자' ①티투스, (AD 41-81), 베수비오 화산이 폭발했을 때의 자비심이 많았던 로마 황제, ⟨~ an Emperor of the Flavian dynasty⟩ ②디도, 사도 바울의 비유대인 친구, ⟨~ a Gentile converted to Christianity by Paul⟩, 디도서; 사도 바울이 장로와 주교의 자격과 임무에 대해서 디도에게 써 보낸 훈화를 엮은 신약성서의 한 편, ⟨~ one of 3 pastoral epistles⟩ 수1 수2

1040 **TJ Maxx** [티이쮀이 맥쓰]: 1976년에 세워져서 1987년 ⟨요상한 이유로⟩ 현 이름으로 바뀐 북미와 유럽에서 의류·가정용품을 싸게 파는 백화점, ⟨~ an American discount department store chain⟩ 수2

1041 **TJX** [티이쮀이 엑스]: 1987년에 설립되어 TJ Maxx·Marshall 등에서 물건을 파는 미국의 세계적 할인 연쇄 백화점, ⟨~ an American department store corporation⟩ 수2

1042 **TKO**:→technical knock out, 기술적 압도 (완승), ⟨↔KO⟩ 우2

1043 *****TKS**: thanks, 고마워, 감사 미2

1044 *****TLA**: three letter acronym (abbreviation), 3글자의 두문자어 (약어), ⟨단 17,576개밖에 만들 수 없어 전산업의 발전에 장애가 되는 글자⟩ 우2

1045 *****TLC**: tender loving care, 부드럽고 사랑스러운 (다정한) 보살핌, 온정 미2

1046 *****TLD**: top level domain, 최고위 전산망 주소, ⟨·org나·com 같은⟩ 전산망 부문의 마지막 부분, (하위 주소의 목적이나 종류를 알아낼 수 있는) '총괄영역' 미1

1047 *****TL, DR** [테엘, 데알]: too long, didn't read, 너무 길어서 안 읽었어, ⟨2002년에 나온 신조어·전산망 용어⟩ 미2

1048 *****TM**: trade mark (상표), technical manual (기술 편람), transcendental meditation (초월 명상) 등의 약자 미2

1049 **tme-sis** [트미이시스]: ⟨← temnein(cut)⟩, ⟨그리스어⟩, (복합어의 중간에 다른 말을 삽입하는) 분어법, 합성어 분할, ⟨~ parenthesis⟩, ⟨~ statement\essay⟩ 양2

1050 **T-mi·nus** [티이 마이너스]: time-minus, ~에서 뺀 시간, 일정까지 남은 시간, 여분 시간 미2

1051 **TMJ**: temporo mandibular joint (측두 하악관절), '턱관절' 미2

1052 **T-Mo·bile** [티이 모우빌(바일)]: 1999년 독일에서 Deutsche Telekom으로 통합해서 구미 시장에 진출한 이동 전자 통신 회사, ⟨~ mobile communication subsidiaries⟩ 수2

1053 *****T-mon·ey** [티이 머니]: T-Mobile 사가 제공하는 ⟨경제적인⟩ 전산망 당좌 예금 계좌, (Korean) transportation smart-card, ⟨~ a digital banking platform by T-mobile⟩ 수2

1054 **TNT**: trinitrotoluene, (고체로 된) 강력 폭약⟨explosive material⟩ 수2

1055 *****TNXE6**: thanks a million, 10의 6승만큼 고마워, 무진장 고마워, '황공재배' 미2

1056 **TO**: table of organization (인원 편성표), '빈자리(vacancy)' ⟨콩글리쉬⟩ 우2

1057 **to** [투우]: 〈게르만어〉, toward, ~의 쪽으로, ~까지, ~에게, ~에 맞추어, ~에 대하여, 〈↔from〉 가2

1058 **toad** [토우드]: 〈← tadige〉, 〈12세기 전에 등장한 어원 불명의 영국어〉, 두꺼비, 개구리(frog)보다 더 넓적하고 더 거칠고 더 건조한 몸통에다 더 짧은 다리를 가진 양서류, 징그러운 놈, 〈~ a reptile\jerk〉, 〈↔idol\angel〉 미2

1059 **toad-eat-er** [토우드 이이터]: toady, 아첨꾼, 알랑쇠, 중세 영국에서 거리의 약장수들이 만병통치용으로 주는 두꺼비를 먹던 조수나 짝패, 〈~ sycophant\boot-licker〉, 〈↔master\big-wig〉 양2

1060 **toad-fish** [토우드 휘쉬]: '두꺼비 고기', 난류의 밑바닥에 서식하며 썩은 고기도 마다치 않고 게걸스럽게 먹는 복어같이 생긴 아귓과의 바닷물고기, 〈~ frog-fish\oyster-dog〉, 〈~ a bottom-dwelling scale-less fish〉 우2

1061 **toad-flax** [토우드 훌랙스]: butter & eggs, '두꺼비 아마', 좁은잎해란초, 연초록의 긴 잎에 잘린 대롱 같은 노란 뭉치꽃을 피우는 〈두꺼비가 잘 먹는다는〉 현삼과의 다년생 약초·잡초, 〈~ flax-weed\wild snap-dragon〉 미2

1062 **toad-stool** [토우드 스투울]: '두꺼비 의자', 〈두꺼비가 그 위에 앉아 파리를 잡아먹는다는〉 갓 모양의 독버섯, 〈~ amanita muscaria\fly mushroom〉 미2

1063 ***toad-y-ism** [토우디즘]: 〈toad·eater처럼〉 알랑거리는 '사대주의', flunkeyism, 〈↔blame\criticism〉 양2

1064 **to-and-fro** [투언 후로우]: forward and backward, 이리저리, 오고 가는, 논쟁, 응수, 〈~ back and forth〉 가2

1065 **toast**[1] [토우스트]: 〈← torrere(to parch)〉, 〈라틴어〉, '태우다', '말리다', 불을 쬐다, 노르스름하게 굽다, 닭달하다, 〈~ roast\grill〉, 〈↔cool\chill〉 미1

1066 **toast**[2] [토우스트]: 〈← toast[1]〉, 〈라틴어→영국어〉, 〈탄 빵가루를 포도주에 타면 풍미가 더하듯 당신이 참석해서 모임이 한결 빛난다는 뜻으〉건배, 축배, 〈~ salute\hail[2]〉, 〈↔censure\denunciation〉 가1

1067 **toast-mas-ter** [토우스트 매스터]: TM, 축배 제창자, 연회 사회자, 〈~(↔)MC〉 미1

1068 **to·bac·co** [터배코우]: 〈← tambaku(pipe)?〉, 〈카리브어〉, 〈도관으로 흡입하는〉 담배, 1560년 Jean Nicot에 의해 프랑스에 도입된 신경 흥분제가 들은 넓은 잎과 수많은 씨를 생산하는 가짓과의 약초, 엽연초, 〈~ nicotine\snuff[2]〉, 〈~(↔)pot〉 양2

1069 **to·bac·co bud-worm** [터배코우 버드 워엄]: (애벌레가 담배의 새싹을 갉아 먹는) 회색 담배나방, corn ear worm 미2

1070 **to·bac·co horn-worm** [터배코우 호언 워엄]: '담배 뿔 벌레', (머리에 가는 뿔이 달린) 가짓과 식물의 잎을 갉아 먹는 박각시나방의 유충, 〈~ tomato horn-worm\hawk moth〉 우2

1071 **to·bac·co tree** [터배코우 트뤼이]: 'tobacco plant', 담배나무, ⇒ tree tabacco 양2

1072 **To·ba·go** [터베이고우]: 토바고(섬), '담배(tobacco) 섬', 서인도제도 남서부의 관광지, 〈~ a Caribbean island〉 수2

1073 **to-be** [투 비이]: 미래의, ~이 되려고 하는, 〈~ expected\in-coming〉, 〈↔out-going\not to-be〉 가1

1074 ***to be or not to be, that's the ques·tion**: 〈셰익스피어의 [Hemlet]에 나오는 말〉, 살아야 할까 죽어야 할까, 그것이 문제로다, 〈~(↔)money or people, that's the question〉 양2

1075 **To·bit** [토우빝]: 〈← tovi(my god)〉, 〈히브리어〉, '나의 보배', 토비트, 기원전 18세기에 살았던 신앙심 깊은 소경의(blind) 유대인, 〈~ a pious Israelite〉, 〈그의 이야기를 승화시킨 책이 Apocrypha라 함〉 수1

1076 **to·bog·(g)an** [터바건]: 〈← topagan(sled)〉, 〈북미 원주민어〉, (바닥이 평평한) 평 썰매, 폭락하다, 〈~ sleigh〉 미1

1077 **to-day** [투데이]: 〈영국어〉, 오늘, 현재, 〈~ present day\this day〉, 〈↔yesterday\tomorrow〉 가2

1078 **tod·dler** [타들러]: 〈← toddle(walk unsteadily)〉, tot, 〈의태어〉, 〈영국어〉, 아장아장 걷는 아이, 걸음마를 배우는 유아, 〈~(↔)infant\kid〉, 〈↔adult\elder〉, 〈보통 1-3yrs old〉 우2

1079 **tod·dy** [타디]: 〈← tala(palm sap)〉, 〈산스크리트어〉, 토디, 더운물에 독한 술과 설탕을 넣은 음료, 야자술(palm-wine) 수2

1080 **tod·dy cat** [타디 캩]: (아시아산) 야자 사향 고양이, musang〈wild cat이란 뜻의 타갈로그어〉, 〈~ palm civet〉 미2

1081 **to·dy** [토우디]: 〈← todus(small bird)〉, 〈라틴어〉, 벌잡이부채새, (서인도제도에 서식하며) 긴 부리로 곤충을 잡아먹는 화려한 색깔을 한 '작은 새', 〈~ a tiny Caribbean bee-eater〉 미2

1082 **toe** [토우]: 〈어원 불명의 게르만어〉, 〈왠지 모르지만 아직도 성감대가 남아있는〉 발가락, 끝의 돌출부, (구두의) 앞 코, 〈~ digiti pedis〉, 〈~(↔)finger〉 양1

1083 **TOEFL** [토우플]: 토플, testing of English as a foreign language, 외국어로서의 영어 시험, 1964년에 도입되어 미국의 Educational Testing Services사가 운영하고 있는 영어를 모어로 사용하지 않는 사람에게 영어로 강의하는 대학에 입학할 수 있나를 시험하는 학력 검사, 〈~ TOPIK〉 우2

1084 **toe-nail** [토우 네일]: 발톱, 비스듬히 박은 못, (동근) 괄호, 〈~ claw\talon〉, 〈~(↔)finger-nail〉 양2

1085 **toe-to-toe** [토우 투우 토우]: 직접 대결하는, 접근전의, 정면으로 맞선, 〈~ head-to-head\mano a mano〉 미2

1086 **tof·fee \ tof·fy** [타휘 \ 토휘]: taffy, 〈어원 불명의 영국어〉, 설탕·버터·땅콩 등으로 만든 과자, 허튼소리, 〈~ a candy\nonsense〉 우1 양1

1087 **Tof·fler** [타훌러], Al·vin: 〈← kristos(leader)〉, 〈그리스어〉, '지도자', 토플러, (1928-2016), 유대계 가정에 태어나 문필가가 되어 기계문명의 미래에 대해 일가견을 피력한 〈정치성이 강했던〉 미국의 문명 비평가, 〈~ an American writer and futurist〉 수1

1088 **to-fu** [토우후우]: dou(bean)+fu(rotten), 〈중국어〉, '콩 삭임', bean curd, 〈2천 년 전에 중국에서 만든〉 두부(부드러운 콩) 양2

1089 **to·ga** [토우거]: 〈← tegere(cover)〉, 〈라틴어〉, '싸개', 토가, (거의 전신을 둘러싼) 고대 로마 시민의 겉옷 (정장), 〈tunic은 주로 집에서 입고 toga는 밖에 나갈 때 입음〉 수2

1090 **to-geth·er** [투게더]: 〈게르만어〉, 〈← gather〉 함께, 같이, 서로, 모두, 협력하여, 통틀어, 착실히, 〈~ jointly\balanced〉, 〈↔separately\apart〉 양1

1091 **tog·gle** [타글 \ 터글]: 〈← tog(tug)?〉, 〈뱃사람들이 쓰던 어원 불명의 영국어〉, 토글 ①(밧줄 고리에 꿴) 비녀장, 〈~ a cross-piece〉 ②(장식용) 막대 모양의 단추, 〈~ netsuke〉 ③'똑딱이', (돌려서) 작동·정지를 시키는 변환기, 〈~ switch\alternate〉 우2

1092 **To-go** [토우고우]: to(water)+go(shore), 〈아프리카 원주민어〉, 토고, '바다 뒤의 땅', 1960년 프랑스로부터 독립한 (대서양으로 내려가는) 서아프리카〈W. Africa〉의 좁고 긴 조그만 공화국, {Togolese-Fern-(Xo) Franc-Lom'e} 수2

1093 ***to-go** [투우 고우]: (음식 등을) 그대로 싸 가지고 가는, take·out 미2

1094 **toil** [토일]: 〈← tudes(hammer)〉, 〈라틴어에서 연유한 프랑스어〉, 〈밧줄을 꼬듯〉 힘든 일, 노고, 〈~ travel〉, 〈~ labor\moil〉, 〈↔rest¹\relax〉 양2

1095 ***toil and moil** [토일 앤 머어일]: 뼈 빠지게 일하다, 억척스럽게 일하다, 〈~ work someone's fingers to the bone〉 양2

1096 **toil-et** [토일릿]: 〈프랑스어〉, 위생실, 세수간, 화장실, 〈해우소〉, 〈고생간〉, 변소, 변기, 〈위에 앉아 인생을 고민하는〉 통통, 〈화장 도구 일습〉, 〈이발·면도할 때 어깨 위에 걸치는 천(tela; 라틴어)이 둔갑된 말〉, 〈~ WC\lavatory\bath-room〉, 〈↔bath-tub〉, 〈편자가 아주 할 말이 많은 물건: 고생하러 가나\쉬러 가나, 인생의 양면성을 적나라하게 보여 주는 말-이것은 인간의 기본적 생리를 처리하는 도구인데 이용하려면 돈을 내거나 비밀번호를 알아야 되며 달나라를 가고 AI가 판을 치는 세상에서 일 년에 한 번씩 고쳐야 한다면 도대체 현대 문명은 어데를 향해서 달리고 있는가? 이만하면 왜 그 머리 좋은 인도 사람들이 화장실 없이 사는지 이해가 가는가!〉, 〈교회에서도 화장실 문을 잠궈놓길래 목사님께 말했더니 '우리는 spiritually homeless만 받지 materially homeless는 안 받습니다' 하시나니-유구무언〉 양2

1097 **toil-et pa·per** [토일릿 페이퍼]: 화장지, '똥 닦개', bath tissue 양2

1098 **To-jo** [도조], Hi·de·ki: dong(east)+tiao(branch), 〈중국어→일본어〉, 도조 〈동쪽 나무가지처럼 번성하는〉 히데키, 동조영기, (1884-1948), 육군대장 출신으로 태평양 전쟁을 주도하다가 패전 후 체포되어 교수형에 쳐해진 일본의 총리대신, 〈~ a Japanese military leader and politician〉 수1

1099 **To·kay** [토우케이]: '또까이', 헝가리 토케이〈Tokaj(current)?: 슬라브어〉 지방 원산의 알이 굵고 단 포도(로 만든 백포도주), 〈~ a sweet white wine〉 수2

1100 **to·ken¹** [토우큰]: 〈← tacn(sign)〉, 〈게르만어〉, 표, 징조, 기념품, 대용화폐, 보잘것없는 (명목뿐인) 물건, 〈~ emblem\symbol\voucher\keep-sake〉, 〈↔stigma\uncertainty\information\big〉 미2

1101 *to·ken² [토우큰]: 〈← token¹〉①원시 차림표의 최소 문법 단위, 〈~ an individual occurrence in a linguistic unit〉, 〈↔absence〉②여러 개의 집합 중의 한 개, 〈~ a minority group in a homogenous set〉, 〈↔forgottn〉③(고리형 전산망에서) 번갈아 가며 일을 시키는 '증표', 〈~ a sequence of bits between nodes〉, 〈↔non-symbolic〉 우1

1102 to·ken e·con·o·my [토우큰 이카너미]: (상금으로 주는) 대용화폐를 음식이나 여가시간 등과 교환하는 행동요법, '징표경제', '조졸한 보수 요법', 〈~ positive reenforcement〉, 〈↔negative reenforcement〉 우1

1103 to·ken-i·den·ti·cal [토우큰 아이덴티컬]: '진짜' 똑같은, (비슷한 것이 아니라) 완전히 동일한, 〈~ exactly same〉, 〈↔absolutely opposite〉 우2

1104 to·ken-ism [토우커니즘]: 체면주의, (실속이 없는) 명목주의, 〈~ hypocrisy\empty-talk〉, 〈↔pragmatism\realism〉 양2

1105 *to·ken-ize [토우크나이즈]: (언어를) 조각내다, 문자 고리를 의미 있는 최소 단위로 분리시키다, 〈~ symbolize\minimize〉, 〈~(↔)vectorize〉 우2

1106 *to·ken ring [토우큰 링]: '뺑뺑이 고리', 돌려가며 일을 시키기 위해 전산기들을 한 고리에 묶어 놓은 전산망 체제, 〈~ net-work specification〉 우1

1107 To-ku-ga-wa [도쿠가와]: de(virtue)+chuan(stream), jia(house)+kang(peace), 〈중국어→일본어〉, '덕천(후덕한 시내)', 〈느긋한〉 T. Ieyasu(이예야스-덕천가강)가 일본을 완전 통일하고 1600~1868년간 일본을 지배했던 막부 정권, 〈이 사람은 최초로 중국식 이름에 일본의 풍미를 가한 자임〉, 〈~ the founder of Tokugawa shogunate of Japan〉 수1

1108 To-ky·o [토우키오우]: dong(east)+jing(capital), 〈중국어→일본어〉, '동경(동쪽 서울)', 도쿄, 1868년 명치왕이 천도한 일본 본주 중남부에 자리 잡은 문화·행정·상공업·항만 도시, 〈~ Capital of Japan〉 수2

1109 told [토울드]: 〈게르만어〉, tell의 과거·과거분사 가2

1110 To·le·do [톨리이도우\톨레이도우]: 〈← tol(hill)〉, 〈켈트어〉, '언덕', 톨레도 ①명검과 중세 건축물로 유명한 스페인 중부의 조그만 내륙도시, 〈~ a city in central Spain〉②미국 오하이오주 북서부·미시간주와의 경계에 있는 항구·공업·교통도시, 〈~ an Ohio city at the western tip of Lake Erie〉 수2

1111 tol·er·ance [타러륀스]: 〈← tolerare(bear)〉, 〈라틴어〉, 관용, 인내력, 내성, 허용한계, 〈~ endurance\forbearance〉, 〈↔in-tolerance\im-patience\defiance〉 양2

1112 to·li shad [토리 쉐드]: 〈← tollere(take away)〉, 〈라틴어 학명〉, '납작한 물고기', 준치, 〈~ slender shad〉, ⇒ chinese herring 미2

1113 Tol·kien [톨키엔], John: 〈← tolk(negotiator)〉, 〈게르만어〉, '타협하는 자', 톨킨, (1892-1973), 〈신화를 바탕으로 한〉 획기적인 공상 소설로 사후에 더 많은 돈을 벌고 있는 영국의 작가·문헌학자, 〈~ an English writer and philologist〉 수1

1114 toll¹ [토울]: 〈← telos(tax)〉, 〈그리스어〉, 통행세, 사용료, 텃세, 희생, 장거리 전화료, '세금', 〈~ tax\tariff〉, 〈↔allowance\rebate〉 양2

1115 toll² [토울]: ①〈영국어〉, 〈의성어〉, (종을) 울리다, (규칙적으로) 치다, 〈~ bell\chime〉, 〈↔quiet\tap〉 ②〈영국어〉, 꼬드기다, 〈~ allure\entice〉, 〈↔reward〉 양1

1116 toll-gate [토울 게이트]: 〈← toll'〉, 〈그리스어+게르만어〉, 통행료 징수소, toll·booth, 〈~ turn-pike〉 미2

1117 Tol·stoi (~stoy) [토울스터이], Le·o: 〈← tolstiy(stout)〉, 〈러시아어〉, '풍풍한 자', 톨스토이, (1828-1910), '왜 사는가?'를 너무나 고민한 나머지 62세 때 속세를 떠나 작품도 제대로 못 쓰고 객사한 러시아의 사상가·문호, 〈~ a Russian writer〉 수1

1118 Tol·tec [토울텍\탈텍]: 〈← tules(cat-tail reeds)〉, 〈지명('갈대밭')에서 유래한 원주민어〉, 톨택, 10세기경 멕시코에서 번영했던 원주민족, 〈~ a pre-Columbian civilization in Meso-America〉 수1

1119 Tom\tom [탐]: 톰 ①Thomas의 애칭 ②수컷(male) ③'tom-tart', 여자(woman)〈호주에서 쓰는 속어〉 ④(백인에게 굽실거리는) 흑인 남자, 〈~ uncle Tom〉 수1 양2

1120 tom·a·hawk [타머허어크]: 〈← otomahuk(to knock down)〉, 토마호크, 작은 손도끼, (북미 원주민이 전쟁 때 쓰던) 전부, 손잡이 갈비뼈가 달린 대형 꽃등심 스테이크, T~; 미 해군의 순항 유도탄, 〈~ fighting ax\hatchet\adz〉, 〈~ a long-range, subsonic cruise missile〉 우2 수2

1121 to·ma·til·lo [토우머티요우]: '깍지토마토', '큰 포도꽈리', (주로 멕시코요리의 첨가물로 쓰이는) 가지속의 신맛이 도는 꽈리 비슷한 열매, 〈~ husk tomato〉 우2

1122 **to·ma·to** [터메이토우]: 〈← tomatl(swelling fruit)〉, 〈아즈텍어〉, 토마토, (남미에서 16세기 중반에 유럽으로 수입된) 배수가 잘되는 기름진 토양에서 잘 자라는 4천여 종의 채소 같은 〈부풀어 오른〉 과일, 〈~ love apple〉 우1

1123 **tomb** [투움]: 〈← tymbos(grave)〉, 〈그리스어〉, '부풀어 오른 땅', 뫼, 무덤, 묘, 〈~ interment〉, 〈↔disinter\ exhume\ossuary〉 가1

1124 **tom-boy** [탐 버이]: 〈1566년부터 쓰기 시작한 영어〉, 말괄량이, 선머슴, 여성 동성 연애자〈필리핀어〉, 〈~ pixie\romp〉, 〈↔girlish boy\girly girl〉 양2

1125 **tom-cat** [탐 캩]: 〈1760년부터 쓰기 시작한 영어〉, 수고양이, 여자 꽁무니를 따라다니는 남자, 호색한, 〈~ play-boy\Don Juan〉, 〈↔tabby〉 양2

1126 **Tom Col·lins** [탐 칼린즈]: 톰 콜린스, (진·레몬즙·설탕·탄산수를 섞어) Collins 유리잔에 담아 마시는 혼합주〈cocktail〉 수2

1127 **tome** [토움]: 〈← tomos(section)〉, 〈그리스어〉, (방대한) 저술서, 크고 묵직한 책, 〈원래는 '여러 편으로 나누어진 책'이란 뜻이었음〉, 〈~ magnum opus\volume〉, 〈↔booklet\flier〉 양2

1128 **~tome** [~토움]: 〈그리스어〉, section, 〈~부분·절단〉을 뜻하는 결합사 양1

1129 **tom-fool** [탐후울]: 〈17세기 초에 등장한 영국어〉, 바보, (어릿)광대, 멍텅구리, 〈~ stupid\idiot〉, 〈↔wise\ sound〉 양2

1130 **tom·my** [타미]: 〈다양한 어원의 영국어〉 ①(병사·노동자용) 검은 빵, 〈~ penny bread〉, 〈↔white bread〉 ②나사돌리개, 〈~ screw tightner〉, 〈↔digger〉 ③멍청이, 〈~ simpleton〉, 〈↔smartie〉 ④말괄량이, 〈~ tomboy〉, 〈↔girly girl〉 ⑤영국 군인, 〈~ soldier〉, 〈↔civvy〉 양1

1131 **to·mo-gram** [토우머 그램]: 〈← tomos(section)〉, 〈그리스어〉, (방사선) 단층 사진 양2

1132 **to-morrow** [터머어로우]: to+morgen(morning), 〈영국어〉, 내일, (가까운) 장래, 〈~ the next day\the day after\near future〉, 〈↔yesterday\yore(long time ago)〉 가2

1133 **Tom Thumb** [탐 썸]: 톰 썸, (1621년에 출판된 영국의 동화에 나오는) 어른 엄지손가락만 하나 아주 영특한 영웅, 〈~ a character in English folklore〉, t~ t~; 난쟁이 수2 양2

1134 **tom·tom** [탐 탐]: 톰톰, 〈둥둥 소리를 내는〉 개량형이 재즈(jazz) 등에 쓰이는 인도 원산의 큰북, 〈~ tom drum〉, 〈~ a cylindrical drum of Indian origin〉 수2

1135 **tom yam kung** [타 밍 캉\톰 얌 쿵]: boil+mix+shrimp, 똠양꿍, (새우·버섯·레몬·생강·고추 등을 넣고 냄비에 끓인 '시큼털털한) 타이식 해물탕, 〈~ Thai soup〉 수2

1136 **ton** [턴]: 〈← tunne(barrel)〉, 〈영국어〉, 톤 ①1,000kg (세계적) ②1,016kg (영국) ③907kg (미국) ④40입방피트 (나무), 16입방피트 (석재), 100입방피트 (선박), 〈~ unit of weight (or gross internal capacity)〉 수2

1137 **~ton** [~턴]: 〈영국어〉, ~town, 〈~의 마을〉을 뜻하는 결합사 양1

1138 **tone** [토운]: 〈← tonos(stretching a tone)〉, 〈그리스어→라틴어〉, 〈← tonus(sound)〉, 〈내 뻗치는〉, 음, 음조(소리의 양상), 어조(말투), 색조(색 분위기), 기질, 명암, 〈→ tonic\tune〉, 〈~ accent\quality〉, 〈↔silence\ pitch\volume\insensibility\blankness〉 양2

1139 **ton-er** [토우너]: 가락(색조)을 조정하는 것(사람), 조색액, 현상액, (쉽게 녹는 주로 검은색의 플라스틱 소립자로 된) 착색 안료, 〈~ ink\dye-stuff〉, 〈↔insulator\whitener\conductor〉 미2

1140 **Ton·ga** [탕거]: 〈← fakatonga(southwards)〉, 〈원주민어〉, '남쪽 땅', 통가, 〈Friendly Islands〉, 1970년 영국으로부터 독립한 남태평양의 170여 개 섬으로 구성된 〈해외 국민이 먹여 살리는〉 입헌군주국, {Tongan-Tongan·Eng-Paanga-Nukualofa}, 〈~ a Polynesian kingdom〉 수1

1141 **tongs** [터엉즈]: 〈← tange(pincers)〉, 〈게르만어〉, 집게, 부젓가락, (머리 지지는) 인두, 〈~ forceps\ pincette〉 양1

1142 **tongue** [텅]: 〈← tunge(lingua)〉, 〈게르만어〉, 〈재주가 많은 근육으로 된〉 혀, 〈발등을 덮어주는〉 구두혀(vamp), 설, 말, 언어, 맛, 〈~ an organ of speaking and eating〉, 〈~ parlance\dialect〉, 〈하나님께서는 음식을 낚아채는 데 쓰라고 만들어 주셨으나 인간은 이것을 놀려 천 냥 빚을 갚기도 하고 잠자리에서도 사용하는 아주 요긴한 물건임〉 가1

1143 **tongue-fish** [텅 휘쉬]: 서대기, 참서대, (난류에 살며) 혓바닥같이 생긴 양서대과의 바닷물고기, 〈~ a flat fish\long tongue sole〉 미2

1144 **tongue-tie** [텅 타이]: 혀가 짧음, (혀가 잘 안 돌아가는) 혀짤배기, 〈~ ankyloglossia〉, 〈↔vocal\loquacious\fluent〉 양2

1145 **ton-ic** [타닉]: 〈그리스어〉, 〈← tone(stretching a tone)〉, 원기를 돋우는, 긴장성의, 강장제, 으뜸음, 〈~ stimulant\refresher〉, 〈↔a-tonic\clonic\stale\debilitating\letnargic〉 양2

1146 **ton-ic wa·ter** [타닉 워어터]: quinine water, 〈원래 말라리아 예방약으로 썼던〉 탄산수, 〈↔still water\tap water\liquor〉 가1

1147 **to-night** [터나잍]: 〈영국어〉, tonite, 오늘 밤, 〈↔now\never〉 가1

1148 **ton·ka bean** [탕커 비인]: 〈카리브어?〉, (열대 미주 원산의) 쭈글쭈글한 껍질에 강한 향내를 내는 작은 강낭콩, 〈~ Brazillian teak〉 우1

1149 **ton-kat·su** [톤카츄]: 〈일본어+라틴어〉, 돈가스, pork cutlet, 돼지 등심을 썰어서 밀가루를 발라 기름에 고온으로 튀긴 돈(돼지고기)·cutlet(쪼가리), 〈Japlish〉 우2

1150 **ton·o-trop·ic** [토우너 트롸픽]: 〈← tone(tension)〉 ①(근육의 안정시 수축을 나타내는) 〈근육〉 변장성, 〈~ muscular contraction at rest〉 ②(소리의 주파수에 따라 뇌에 정렬되는) 〈음색〉 전환성, 〈~ spatial arrangement of the auditory system〉 미2

1151 **ton·sil** [탄실]: 〈← toles(goiter)〉, 〈라틴어〉, 편도선, 목구멍 양쪽 구석에 쌍으로 있는 편평한 타원형의 림프조직, 〈~ amygdala〉 양2

1152 **To·ny** [토우니]: 토니 ①Anthony의 애칭 ②T~ Award; 1947년 미국 여배우 Antoinette Perry를 기리기 위해 제정된 연극·영화상, 〈~ for Broadway Excellence〉 수2

1153 **too** [투우]: 〈영국어〉, 또한, 게다가, 너무, 지나치게, 〈전치사 to의 강조형〉, 〈~ also\overly\besides〉, 〈↔however\without\otherwise\hardly〉 가1

1154 **took** [툭]: 〈북구어〉, take의 과거 양1

1155 **tool** [투울]: 〈← tol(instrument)〉, 〈게르만어〉, 연장, 수단, 도구, 〈새끼를 만드는〉 자지, (새로운 차림표를 제작하기 위한 깜빡이의) '변형판', 〈~ device\utensil〉, 〈↔toy\play-thing〉 양1 우2

1156 *****tool bar(box)** [투울 바아(박스)]: 연장 띠(통), 자주 사용하는 기능을 일목요연하게 볼 수 있도록 모아 놓은 막대나 상자 모양의 화면, 〈~ menu\taskbar〉 미1

1157 *****tool-kit** [투울 킽]: '연장 바구니', 〈차림표 작성자가 응용해서 쓸 수 있도록 작성해 논〉 일련의 명령군, 〈~ equipment\gear〉 우2

1158 *****tool-tip** [투울 팊]: 공구선단, 누르지 않고 지침을 갖다대면 바로 뜨는 사용자 접속기, 〈~ hint\infotip\screen-tip〉 미2

1159 *****too man·y cooks spoil the broth**: 사공이 많으면 배가 산으로 간다, 〈~ too many sailors, the boat goes to the mountain(한국 속담)〉, 〈~ seven nannies have a child without an eye(러시아속담)〉, 〈↔more the better\many hands make light work〉 양2

1160 **toon** [투운]: ①〈← tunna〉, 〈산스크리트어〉, 〈인도〉 참죽나무, 《〈중국〉 마호가니》, (인도·동남아·북한에 걸쳐 광범위하게 서식하며) 가구 용재로 쓰이는 멀구슬나뭇과의 적갈색 재목, 〈~ Chinese mahogani\red toon〉 ②cartoon의 약자 수2

1161 *****too sweet to spit, too bit·ter to swal·low**: 어찌할 바를 모르겠다, 진퇴양난, 〈~ demn-ed if I do and damn-ed if I don't〉 양2

1162 **toot** [투우트]: 〈게르만어〉, 〈의성어〉, 뚜우 (뚜우), 삐익 (삐익), 나팔 (피리) 소리, 〈~ twitter or trumpet sound〉 가2

1163 **tooth** [투우쓰]: teeth, 〈← tanthu〉, 〈게르만어〉, 〈고대인들이 손톱과 함께 무기로 사용했던〉 이, 틀니, 톱니, 식성, 기호, 위력, 〈~ choppers\gnasher〉, 〈~(↔)gum〉, 〈↔distaste\disgust〉 가1 양2

1164 **tooth-ache tree** [투우쓰 에이크 트뤼이]: 〈원주민들이 수피를 씹어 치통 치료에 사용했던〉 미국 산초나무, 〈~ prickly ash\Hercules club〉 미1

1165 **tooth and nail** [투우쓰 앤 네일]: 〈1550년에 등장한 영국 속어〉, 이빨과 손톱, all out, 전력을 다하여, 필사적으로, 〈~ hammer and tongs〉, 〈↔no attempt\leisurely\give-up〉, 〈남성들이 사용하는 fist and leg보다 더 살인적임〉 양2

1166 **tooth-brush** [투우쓰 브뤄쉬]: (중국 당나라 때 돼지털로 만든 것이 시초라는) 칫솔, 〈↔tooth-paste〉 가1

1167 **tooth fair·y** [투우쓰 훼어뤼]: (어린이가 뺀 젖니를 베개 밑에 두면 밤에 와서 돈과 바꿔〈money for the lost teeth〉 간다는) 이의 요정 양2

1168 **tooth-paste** [투우쓰 페이스트]: (19세기에나 현대의 모양을 갖춘) 〈반죽〉치약, 〈↔tooth-brush〉 가1

1169 **tooth-pick** [투우쓰 픽]: (인간이 유인원일 때부터 사용했을 것으로 사료되는) 이쑤시개(quill), 주머니칼, 호리호리한 사람, 가늘고 긴 마리화나, 〈~ dental-stick\slender thing〉 가1 양2

1170 **tooth-powd·er** [투우쓰 파우더]: (기원전 5천 년경 이집트에서 사용한 흔적이 있는) 가루 치약, 치분, 〈~(↔)tooth-paste〉, 〈↔tooth-brush〉 가1

1171 **tooth-some** [투우쓰 썸]: 맛있는 (여자), 유쾌한, 〈~ delicious\appetizing〉, 〈↔tasteless\juiceless\tough\flat\un-sexy〉, 〈여성한테 직접 대놓고 하면 안 되는 말〉 양2

1172 **tooth-wort** [투우쓰 워얼트]: crow's toes, 미나리냉이, 덩이냉이, (동·북미 원산의) 봄에 흰 별꽃을 피우며 이빨 같은 뿌리줄기를 가진 현삼과 개종용의 일종, ⇒ cleavers 미2

1173 **tooth-y smile** [투우씨 스마일]: 이를 드러내는 웃음, 만면에 띤 웃음, 〈~ broad (or nice)-grin〉, 〈↔bitter smile〉 양1

1174 **top¹** [탚]: 〈← toppa(tuft of hair)〉, 〈게르만어〉, 꼭대기, 정상, 절정, 윗면, 윗부분, 뚜껑, 〈~ summit\crown〉, 〈↔bottom\minimum〉 양1

1175 **top²** [탚]: 〈← top¹?〉, 〈영국어〉, 팽이, 〈best〉친구, 〈~ spinning(whipping) top\chap〉 가1

1176 **to·paz¹** [토우패즈]: 〈그리스어〉, 〈그것이 처음 채굴된 홍해에 있는 섬 이름(Tapaziou)에서 유래한?〉 토파즈, 색 수정, '황수정', '황옥' 〈황·적·청 등 여러 색깔을 한〉 단단하고 투명한 준보석, 〈~ yellow quartz〉 우2

1177 **to·paz²** [토우패즈]: 〈← topaz¹〉, (아마존 습지에 서식하는) '화려한 색깔'의 커다란 벌새, 〈~ a large humming-bird〉 수2

1178 *****top ba·nan·a** [탚 버내너]: 지도자, 두목, 왕초, 〈~ top dog\big-wig〉, 〈↔nobody\small fry〉 양2

1179 **top brass** [탚 브래스]: 고급 장교(관리)들, 〈~ big-shots\wheels〉, 〈↔green-horn\follower\task force〉 양2

1180 **top-coat** [탚 코웉]: (보통) 외투, 〈옷 위에〉 덧 입는 옷, '신사용 외투', 〈over-coat는 무릎 아래까지 내려가고 top-coat는 무릎 정도에서 멈춤〉 양1

1181 *****top dog** [탚 더어그]: 승자, 우세한 쪽, 두목, 〈~ top banana\big-wig〉, 〈↔under-dog\loser〉 양2

1182 **top-down** [탚 다운]: 상의하달 방식의, 통제가 잘된, 하향식의, 전체적 구성에서 출발하여 세부에 이르는 방식의, 〈~ descending〉, 〈↔bottom-up〉 양2

1183 **to·pee \ to·pi** [토우피 \ 토우피]: 〈힌디어〉, 토피, (인도 등 더운 지방에서 햇볕을 차단하기 위해 쓰는) 가벼운 투구 같은 '모자(cap)', 〈~ pith helmet\safari helmet〉 수2

1184 **To·pe·ka** [터피이커]: 〈원주민어〉, 〈good place to dig potatoes?〉, 〈감자 캐기〉 '좋은 고장', 토피카, 1854년 9명의 반노예주의자들에 의해 세워진 미 중부 캔자스주의 주도·교육·문화 도시, 〈~ Capital of Kansas〉 수2

1185 **top flight** [탚 훌라잍]: 최고위, 최우수, 최선두, 〈~ first-class\blue-chip〉, 〈↔mediocre\second-rate〉 양2

1186 **top gun** [탚 건]: 제1인자, 최유력자, 〈~ top dog\top cheese〉, 〈↔no-body\loser〉 양2

1187 **top-heav·y** [탚 헤뷔]: 머리가 (너무) 큰, 자본 (관리직)이 너무 큰, 불안정한, 〈~ cumber-some\over-loaded〉, 〈↔balanced\bottom-heavy〉 미2

1188 **top·ic** [타픽]: 〈← topikos(local)〉, 〈그리스어〉, 화제, 논제, 표제, (공통된) 관심, '평범한 장소', 〈← topo〉, 〈~ subject\issue〉, 〈↔non-issue\digression\solution〉 양2

1189 **top·i·cal** [타피클]: 화제의, 시사 문제의, 원칙적인, 국부적인, 〈~ current\relevent\local〉, 〈↔general\systemic\out-dated〉 양1

1190 **top·ic drift** [타픽 드뤼후트]: '논제 표류', 댓글을 달다 보면 주제가 삼천포로 빠지는 일, 〈~ aimless\go-off〉, 〈↔topic focus〉 양2

1191 **TOPIK** [토픽]: 〈한국어〉, test of proficiency in Korean, 〈TOFEL을 본따서〉 (1997년 한국 교육부가 창안한) 〈한국어를 외국어로 공부하려는 자들을 위한〉 한국어 능력 시험 우2

1192 **top kick** [탑 킥]: 〈1918년에 등장한 군대 속어〉, 상사, first sergeant, 지도자, 권력자, 〈~ top-dog〉, 〈↔pfc\top brass〉 양2

1193 **top-knot** [탑 낱]: 옆과 뒷머리를 짧게 자르고 긴 윗머리를 위로 곧게 묶은 '상투 머리', 〈~ up-do\crown braids〉 우2

1194 **top-less** [타플리스]: 토플리스, 윗옷을 입지 않은, 유방이 드러난, 한정이 없는, 〈~ semi-nude\stripped〉, 〈~(↔)bikini〉, 〈↔bottom-less〉 우2 양2

1195 **top-min·now** [탑 미노우]: kill fish, 〈시냇물 고기〉, '수면'을 헤엄치는 작은 송사리(피라미), 〈~ mosquito-fish〉 우1

1196 **top-notch** [탑 나취]: 최고점, 최고도, 일류의, 〈~ A-1\ace〉, 〈↔lousy\lowest〉 양2

1197 **top·o~** [타포우~]: 〈그리스어〉, place, 〈장소·위치·국소~〉를 뜻하는 결합사 양1

1198 **to·pog·ra·phy** [터파그뤄휘]: topos(place)+graphein(write), 지형도(학), 지세도, 국소해부학, 〈~ geo-graphy\land-scape〉 양2

1199 **to·pol·o·gy** [터팔러쥐]: 〈← topos(place)〉, 〈그리스어〉, 지세학, (점들이 어떻게 연결되는가를 연구하는) 위상수학, 국소해부학, 〈~ geology\terrain〉 양2

1200 **top·o-nym** [타퍼 님]: topos(place)+onoma(name), 지명, 지명에서 따온 명사, 〈↔anthroponym〉 양1

1201 **top-ping** [타핑]: 〈← top¹〉, 우뚝 치솟은, 탁월한, (공의) 윗 부분을 치는 것, 상부 제거, 꼭대기에 얹힌, 요리 위에 얹거나 치는 것, 〈~ culminating\crowning〉, 〈↔awful\filling〉 양1 미2

1202 **top-ple** [타플]: 〈← top²〉, 비틀거리다, 와해하다, 전복시키다, 〈~ tumble\over-turn〉, 〈↔uprise\straighten\reinforce〉 양1

1203 **top sir-loin** [탑 써얼로인]: 〈← top¹〉, '중 등심', 등심 아래·안심 위에 있는 〈등심보다 비싼〉 근육질의 쇠고기, 〈~ center cut sirloin〉 우2

1204 **top-smelt** [탑 스멜트]: 〈← top¹〉, 색줄멸, (북미 태평양 연안의) '해면(surface)'에서 노는 작은 은빛 정어리, 〈~ silver-side\jack-smelt〉 미2

1205 **top-soil** [탑 쏘일]: 표토, (유기물이 많은) 상층토, 〈~ humus\surface soil〉, 〈↔sub-soil\under-soil〉 미2

1206 **top-spin** [탑 스핀]: 〈← top²〉, 전진 회전, 빗겨 치기, (공의 진행 방향으로 회전하도록) 공 위를 때려주는 일, 〈~ pirouette\whipping top〉 미2

1207 **top·sy tail** [탑시 테일]: '똬리 머리', (1989년에 〈발명〉된) 긴 머리꼬리를 한번 돌려서 내린 머리형, 〈~ twisted pony-tail〉 우2

1208 **top·sy-tur·vy** [탑시 터얼뷔]: top¹+terven(roll), 〈top이 뒤집힌〉, 거꾸로, 뒤죽박죽의, 〈~ haphazard〉, 〈↔calm\regular〉 양2

1209 **top-up** [탑 엎]: (~을) 가득 채우다, 충전하다, 보충하다, =top off, 〈~ extra measure〉, 〈↔skimp〉 양1

1210 **toque** [토우크]: 〈← toc(hat)〉, 〈'모자'란 뜻의 켈트어에서 연유한 프랑스어〉, 두툼한 방석(thick cushion) ①챙 없는 둥글고 작은 (여성용) 모자, 〈~ knit cap〉 ②(머리털이 모자 모양인) 스리랑카산의 소형 원숭이, macaque, bonnet monkey 수2

1211 **~tor** [~털]: 〈← ~or〉, 〈라틴어에서 연유한 영국어〉, 〈~ 하는 것(사람)〉이란 뜻의 접미사. 〈~ thing\person〉 양1

1212 **To·rah** [토오뤄]: 〈← tora(law)〉, 〈히브리어〉, 토라, 유대교의 율법, 모세 5경(Pentateuch), '교훈', 〈~ Hebrew Bible〉, 〈↔ignorance〉 수2

1213 **torch** [토얼취]: 〈← tortus(twisted)〉, 〈라틴어〉, 〈비꼬아서 만든〉 횃불, 성화, 손전등, 광명, 〈~ lamp\lanterm〉, 〈↔extinguish\quench\darkness〉 양1

1214 **Tor·de·sil·las** [토우더씰리어스\ 토어더씨여스]: otero(elevated place)+de+silas(forest), 〈스페인어〉, 토르데실라스, 1494년 교황의 중재로 스페인과 포르투갈 사이에 (비 기독교권인) 아프리카와 남미를 나눠 먹기로 한 조약〈division of newly discovered lands〉이 맺어진 스페인 서북부(N-W Spain)의 마을 수1

1215 **tore** [토어]: 〈게르만어〉, tear의 과거, 찢었다 가1

1216 **tor·ment** [토얼먼트]: 〈← tormentum(rack)〉, 〈라틴어〉, 〈비틀 때의〉 고통, 고문, 골칫거리, 〈~ agony\throe〉, 〈↔heaven\joy〉 양2

1217 **torn** [토언]: 〈게르만어〉, tear의 과거분사, 찢은, 찢긴 가1

1218 **tor·na·do** [토어네이도우]: 〈← tonare(turn)〉, 〈라틴어→스페인어〉, 토네이도, '회전하다', 맹렬한 선풍(회오리바람), 돌풍, cyclone, 〈~(↔)hurrican은 규모가 이보다 훨씬 큼〉, 〈↔breeze〉 미2

1219 **To·ron·to** [터롼토우]: 〈← deondo(meeting place)?〉, 〈원주민어〉, '만남의 장소?', 토론토, (1834년에 개명된) 온타리오호의 북서쪽에 있는 캐나다의 산업·교역·통신 도시, 〈~ Capital of Ontario\The Six Hog-town〉 수1

1220 **tor·pe·do** [토얼피이도우]: 〈← torpere(numb)〉, 〈라틴어〉, 〈← torpid〉, 톨피도 ①(전류를 방출해서 다른 생물을 마비시키는) 시끈가오리, 〈~ electric ray〉 ②(시끈가오리같이) 배를 '마비'시키는 유선형의 폭탄, 어뢰, 〈~ under-water self-propelled explosive〉, 〈↔landmine\missile〉 미2

1221 **tor·pid** [토얼피드]: 〈← torpere(numb)〉, 〈라틴어〉, 무감각해지다, 마비된, 둔한, 동면 중인, 〈~ lethargic\inert〉, 〈→ torpedo〉, 〈↔active\busy〉 양1

1222 **tor·que** [토얼크]: 〈← torquere(twist)〉, '비틀다'란 뜻의 라틴어〉, 토크 ①비트는 힘, 회전력, 〈~ torture\circulatory force〉, 〈↔stagnation\repulsion〉 ②갈리아인들이 쓰던(꼬인 쇠줄로 된) 목걸이, 〈~ twisted neck-lace〉 우2

1223 **tor·rent** [토어뤈트]: 〈← torrens(roaring)〉, 〈라틴어〉, 급류, 격류, 억수, 마구 퍼붓는 욕설, 〈~ flood\out-burst\rift〉, 〈~ down-pour\rain-storm\rapids〉, 〈↔trickle\drop〉 양1

1224 **tor·rid** [토어뤼드]: 〈← torrere(parch)〉, 〈라틴어〉, (햇볕에) 탄, 바싹 마른, 열렬한, 〈~ hot\sizzling〉, 〈↔cold\wet〉 양2

1225 **tor·sion** [토얼션]: 〈← torquere(twist)〉, 〈라틴어〉, 비틂, 비틀림, (비틀려 자리가 바뀌는) 염전, 〈~ cork-screw\torque¹〉, 〈↔straightness\attraction〉 양2

1226 **tor·so** [토얼소우]: 〈← thyrsos(stem)〉, 〈그리스어〉, 토르소, 몸통, 동체, 몸통뿐인 조(각)상, 미완성 작품, 〈~ trunk\chest〉, 〈↔limb\appendage〉 미2

1227 **tort** [토얼트]: 〈← torlus(twisted)〉, 〈라틴어〉, (피해자가 손해배상을 청구할 수 있는) 〈불법 행위〉, 〈~ fault\guilt〉, 〈↔goodness\behave〉 미1

1228 **tor·te** [토얼터 \ 토얼트]: 〈← torta(cake)〉, 〈라틴어〉, 토르테, tart, (오스트리아 원산의) 밀가루·달걀·설탕·호두 따위를 섞어 만든 '동글고 달콤한' 양과자, 〈~ tortilla〉 우1

1229 **tor·tel·li·ni** [토얼터리이니]: 〈← torte〉, 〈이탈리아어〉, 'small cake', 끝이 비틀린 초승달 모양의 만두로 만든 파스타 요리, 〈~ a ring-shaped pasta〉, 〈~(↔)ravioli〉 우1

1230 **tor·til·la** [토얼티어]: 〈← torte〉, 〈스페인어〉, 토르티야, '옥수숫가루 부침개', (멕시코 요리에 쓰는) 둥글고 얇게 구운 옥수수 누름적 〈과자〉, 〈~ an unleavened flat-bread〉, ⇒ burrito 우1

1231 **tor·toise** [토얼터스]: 〈← testudo ← testa(shell)?〉, 〈라틴어〉, '껍데기?', 자라, 남생이, 민물 거북, 육지 거북, 느림보, 〈~ terrapin〉, 〈turtle²은 민물과 짠물에 다 잘 적응되었음〉 양2

1232 **tor·toise-shell but·ter·fly** [토얼터쉘 버터훌라이]: (유라시아에 서식하며 날개에 화려한 거북무늬〈pattern〉가 있고 작은) 남생이 나비, 들신선나비, 〈~ angel-wing〉 미2

1233 **tor·toise-shell cat** [토얼터쉘 캩]: 구갑고양이, 삼색 털 얼룩 고양이, (거북이 등 색깔〈color〉의 털을 가진) '행운의 암 고양이', 〈~ torbies〉 미2

1234 **tor·to·ni** [토얼토우니]: 토르토니, (18세기 파리에 있는 이탈리아 식당 주인 이름〈Tortoni〉을 딴) 거품을 일게 한 얼음과자에 잘게 썬 버찌(cherry)나 아몬드(almond)를 곁들인 양과자, 〈~ an ice-cream dessert〉 수2

1235 **tor·tu·ous** [토얼츄어스]: 〈← torque〉, 비틀린, 구불구불한, 부정한, 〈~ twisting\winding〉, 〈↔straight(forward)\direct〉 양2

1236 **tor·ture** [토얼춰]: 〈← torquere(twist)〉, 〈라틴어〉, 억지로 '비틀기', 주리틀기, 고문, 심한 고통, 시달림, 〈~ torque\infliction of pain〉, 〈↔relieve\comfort〉 양2

1237 **To·ry** [토어뤼]: 〈← toir(pursue)〉, 〈아일리시어〉, 토리, (James 왕을) '뒤쫓는 자', 왕당파, 〈영국의〉 (1832년 이후의) 보수당, 〈~ conservative\traditionalist〉 수2

1238 **Tos·ca·ni·ni** [타스커니이니], **Ar·tu·ro**: 'Etrurian', 토스카니니, (1867-1957), (작곡가의 의도를 표현하려고 노력한) 이탈리아 출신 미국의 관현악 지휘자, 〈~ an Italian conductor〉 수1

1239 **tosh** [타쉬]: 〈1528년에 등장한 어원 불명의 스코틀랜드어〉, 쓸데없는 말, 허튼소리, 〈~ bosh\baloney〉, 〈↔rationality\sense〉 양2

1240 **To·shi·ba** [토쉬바]: 도시바, 주식회사 동지, 1939년 Tokyo 전기와 Shibaura〈지칫과의 식물 이름(영지)〉 회사가 합쳐서 설립되어 잘 나가다가 2015년 회계 부정으로 된서리를 맞고 재도약을 시도하고 있는 일본의 세계적 전기제품·기반시설 조달 업체, 〈~ a Japanese electronics co.〉 미1

1241 **toss** [토스]: 〈← tossa(strew)?〉, 〈어원 불명의 북구어?〉, (가볍게) 던지다, (갑자기) 쳐들다, 동요하다, 뒤치락거리다, 버무리다, (단숨에) 마시다, (동전을) 던져 올리다, 〈~ throw\cast〉, 〈↔fling\pull\keep\face\put\catch〉 양1 미1

1242 **toss and turn** [토스 앤 터어언]: (잠이 들지 못하고) 엎치락·뒤치락하다, (잠 못 이루고) 뒤척이다, 〈~ antsy\fitful〉 양2

1243 **toss-up** [토스 엎]: 반반의 확율, 예측할 수 없는, 미지수, 〈~ half and half〉, 〈↔certain\sure〉 양2

1244 **tot** [타아트 \ 탙]: ①〈← totum(small child)〉, 〈어원 불명의 스코틀랜드어〉, tiny, 꼬마, 조금, 〈독한 술〉 한 모금, 〈~ tiff\small measure〉, 〈↔adult\un-limited〉 ②total의 준말, 덧셈, 합계, 〈↔part〉 미1 양2

1245 **to·tal** [토우틀]: 〈← totus(the whole)〉, 〈라틴어〉, '전체의', 총계의, 전적인, 완전한, 〈~ sum〉, 〈↔partial〉 가1

1246 **to·tal·ism** [토우털리즘]: totalitarianism, 전체주의, 〈현재의 북한과 같이〉 국가가 개인의 일상을 통제하는 제도, 〈~ auto (or mono)-cracy〉, 〈↔democracy〉 양2

1247 **tote** [토우트]: ①〈← toat(to carry)〉, 〈어원 불명의 영국어〉, 나르다, 휴대하다, 하물, 〈~ haul\pack〉, 〈↔drop\dodge〉 ②〈라틴어〉, total, 합계, 〈↔partial〉 양2

1248 **tote bag** [토우트 배그]: 〈1900년에 등장한 영국어〉, (주로 시장 짐을 나르기 위한) 입구가 개방된 대형 손가방, 〈~ carry-all\hold-all〉, 〈↔hand-bag\purse〉 우1

1249 **to·tem** [토우텀]: 〈← doodem(his sibling kin)〉, 〈북미 원주민어〉, '씨족 표상', 토템, (북미·아프리카 원주민 등이) 가족·종족의 상징으로 숭배하는 (나무) 조각상, 우상, 장승, 〈~ emblem\symbol\idol〉, 〈↔corporeal being\bad omen〉 우1

1250 *****Totes Mc·Gotes** [토우트 맥고우츠]: totes my goats, 〈영화 대사에서 유래한〉 totally를 이상하게 발음한 말, 아무렴, 그렇고 말고, 〈~ totally agree\completely approve〉 양2

1251 **to·to** [토우 토우]: 전체, 대량, 〈~ many-many〉, 〈한국의〉 전산망 놀이(노름)의 하나, ToTo; Toyo Toki(동양도기), 1917년 세워진 일본의 변기·화장실 용품 제조회사, 〈~ a Japanese toilet manufacturer〉 수2

1252 **tot·ter** [타털]: 〈← touteren(swing)〉, 〈'흔들다'란 뜻의 네덜란드어〉, 비틀거리다, 기우뚱거리다, seesaw, teeter, stagger, 넝마주이(rag-picker), 〈↔ride\strengthen\steady\distributer〉 양1

1253 **tou·can** [투우칸 \ 투우캔]: 〈Tupi어〉, 〈의성어〉, 거취색, 큰부리새, (중·남미에 서식하며) 화려한 색깔의 가벼우나 커다란 부리로 '투-투- 소리를 내면서' 열매·곤충을 먹는 유순한 새, 〈~ a big-billed bird\a tropical American forest bird〉 미2

1254 **touch** [터취]: 〈← toccare(to knock)〉, 〈라틴어〉, 〈의태어\의성어?〉, ~에 닿다, 만지다, 대다, ~에 접하다, ~에 이르다, 영향을 미치다, 감동시키다, 접촉, 촉각, 필치, 가필, 마무리, 솜씨, 특색, 기미, 〈→ tact\tactile\taste〉, 〈~ contact\palpate〉, 〈↔withdraw\lift\unaffect\dismiss\forfeit\ineptness〉 양1

1255 *****touch-and-go** [터췬 고우]: 민첩한, 아슬아슬한, 일촉즉발의, 누란의 위기, 〈~ delicate\dangerous〉, 〈↔sure\certain〉 양2

1256 **touch and go** [터취 앤 고우]: 살짝 스치며 나아가다, 가볍게 언급하고 넘어가다, 단시간 착륙하고 이륙하다, 〈↔dash\dodge〉, 〈↔stay〉 양1

1257 **touch-down** [터취 다운]: 착륙, 접지, (미식축구에서) 상대가 찬 공을 받아 상대방 득점대의 땅에 대는 〈6점짜리〉 경기술, 〈~ land〉, 〈~ take off〉 미2 우1

1258 **tou·che** [투우쉐]: 〈프랑스어〉, 〈의성어?〉, (펜싱에서) 한 번 찌르기, 잘한다, 손들었다, 〈~ touched\hit the mark〉, 〈↔resistance\messed up\douche〉 미2

1259 **touch–feel-y** [터취 휠리]: 신체 접촉으로 애정을 나타내는, 적나라한 감정 표현, 〈~ skinship〉, 〈↔unemotional\reserved〉 미2

1260 **touch foot-ball** [터취 훝버얼]: '접촉 축구', (내동댕이치는 대신) 상대방이 만지기만 해도 공을 내려놓는 〈가벼운 미식축구〉, 〈~ touch rugby〉, 〈↔tackle football〉 미2

1261 **touch-me-not** [터취 미 낱]: (살짝 건드려도 씨가 날아가는) 노랑물봉선화, 쌀쌀한 여자, 〈~ impetiens\jewel-weed\garden balsam〉, 〈↔hug-me-tight〉 양2

1262 ***touch off** [터취 어어후]: (손으로 만져) 발사하다, 촉발하다, 야기하다, 〈~ set-off\start〉, 〈↔shut off\cut out〉 양2

1263 **touch-stone** [터취 스토운]: (손으로 문질러서 그 색깔로 금·은의 순도를 측정하는) 시금석, 척도, 잣대, 기준, 〈~ basalt〉, 〈~ yard-stick〉, 〈↔deviation\abnormality〉 양2

1264 ***touch tab·let** [터취 태블릿]: '접촉식 명판', 화상을 수정하기 위한 부분을 만져서 움직이는 석판 모양의 고형 입력장치, 〈~ touch-screen\interactive display〉 우1

1265 ***Touch-Tone** [터취 토운]: 터치 톤, 누름 단숙식 전화기(상표명), 〈~ tone dialing〉, 〈↔dial-tone〉 수2

1266 **touch-up** [터취 엎]: 가필, 수정, 마감 손질, 〈~ amend\brush-up〉, 〈↔break\damage〉 양2

1267 ***touch-y** [터취]: 성마른, 까다로운, 다루기 힘든, 〈~ cranky\irritable〉, 〈↔insensitive\laid-back〉 양2

1268 **tough** [터후]: 〈← toh(strong but pliant)〉, 〈게르만어〉, 부러지지 않는, 질긴, 강인한, 고달픈, 지독한, 흉악한, 〈~ sturdy\resilient〉, 〈↔soft\weak\fragile\flimsy\sentimental〉 양2

1269 ***tough-cook·ie** [터후 쿠키]: 만만치 않은 자, 다루기 힘든 놈, 〈~ tough-nut\complexity〉, 〈↔amenable\spine-less〉 양2

1270 **tough-love** [터후 러브]: 엄한 사랑, 사랑의 매, 〈~ disciplined care〉, 〈↔babying\pampering〉 양2

1271 **tough-spot** [터후 스팥]: 곤란한 위치(처지), 〈~ tight(hot) spot〉, 〈↔sticking place\solution〉 양2

1272 **to·um** [투움 \ 토움]: 〈← tum(garlic)〉, 〈아랍어〉, toumya, '마늘 가루'에 올리브유 등을 섞은 중동지방의 맛난이, 〈~ Lebanese garlic sauce〉 우1

1273 **tou·pee** [투우페이]: 〈← zopf(tuft of hair)〉, 〈게르만어→프랑스어〉, (남자용) 부분가발, '정수리 (top) 덮개', 〈~ a partial wig〉, 〈~(↔)peri-wig〉 수2

1274 **tour** [투어]: 〈← tornos(turn)〉, 〈그리스어〉, '회전하는 기구', 유람, 관광여행, 순회, 소풍, 〈~ turm〉, 〈~ excursion\journey〉, 〈↔stay\work〉 가1

1275 **tou·ra·co** \ tu·ra·co [투어뤄코우]: 〈'banana eater'란 뜻의 원주민어이나 바나나를 잘 않먹는 새〉, 투라코, (남부 아프리카〈S. Africa〉에 서식하며 아름다운 몸통·큰관모·긴 꼬리를 가지고 잘 날지 못하는 중형 새, 〈~ a medium sized arboreal bird〉, 〈~ plantain eater\go-away-bird〉 수2

1276 **tour de force** [투어 더 훠얼스]: 〈프랑스어〉, feat of strength, 힘으로 하는 재주, 역작, 걸작, 묘기, 〈~ achievement\triumph〉, 〈~ magnum opus\piece de resistance〉, 〈↔down-grade\in-conspicuous〉 양2

1277 **Tou·rette's syn·drome** [투어뤹츠 씬드로움]: 〈그것을 처음 기술한 프랑스 신경내과 의사 이름을 딴〉 투렛증후군, 정신·신경장애로 인해 〈본의 아니게〉 몸을 움직이며 쌍소리를 해대는 '요상한' 증세, 〈~ a nervous system disorder with involuntary tics and sounds〉 수2

1278 **tour·na·ment** [투어너먼트 \ 토우너먼트]: 〈← tornare(to turn)〉, 〈라틴어→프랑스어〉, 선수권 쟁탈전, 승자 진출전, 〈~ contest\match²〉, 〈↔cooperation\peace〉 양2

1279 **tour·ni·quet** [토어니킽]: 〈← tornare(to turn)〉, 〈라틴어→프랑스어〉, 〈돌려매는〉 지혈대, 압박대, 〈~ turn〉, 〈~ compression strap〉, 〈↔loosen\un-fasten〉 양2

1280 **tout** [타웉]: 〈← totian(to stick out)〉, 〈게르만어〉, 강매하다, 졸라대다, 크게 선전하다, 〈~ proclaim\promote〉, 〈↔blame\condemn〉 양2

1281 **tow** [토우]: 〈← togian(to drag)〉, 〈게르만어〉, (밧줄로) 잡아당기다, 끌다, 견인하다, 〈~ pull\haul\tug〉, 〈↔push\thrust\shove〉 양2

1282 **to-ward** [트워어드]: 〈영국어〉, to, ~쪽으로, ~편에, ~가까이, ~에 대하여, 〈~ facing\about〉, 〈↔away\against\despite〉 가2

1283 **tow·el** [타우얼]: 〈← toacula(wiping cloth)〉, 〈라틴어→게르만어〉, 타월, 세수 (목욕) 수건, 닦는 물건, 행주, 〈~ rag\serviette(French)〉, 〈~(↔)bloom\tissue〉 미2

1284 **tow·er** [타우어]: 〈← tyrris(loft)〉, 〈그리스어〉, 타워, 탑, 망루, 누대, 고층 건물, '높은 화면', (기린의) 떼, '솟은 울타리' (가로보다 세로가 긴 전산기 화면), 〈~ turret〉, 〈~ look-out\sky-scraper\steeple〉, 〈↔basement\dungeon〉 양1 미2

1285 **tow·hee** [타우히이]: 〈영국어〉, 〈의성어〉, bunting, 〈토히~토히~ 하고 우는〉 북미산 피리새(검은 방울새 비슷한 멧새과의 작은 새), 〈~ finch〉, 〈~ peewink\chewink〉 미2

1286 **town** [타운]: 〈← tun(enclosure)〉, 〈게르만어〉, '울타리', 마을, 부락, 시내, 〈~ borough\urban area〉, 〈↔country(side)\metropolitan(area)〉 양2

1287 **town-car** [타운 카아]: 운전석과 뒷좌석을 칸막이한 승용차, T~ C~; 미국의 Lincoln 사에서 1980~2011년에 제작했던 문이 4개 달린 고급 대형 승용차, 〈~ a full sized luxury sedan〉 우1 수2

1288 **town-e** [타우니]: town의 〈향수를 달래는〉 복고적 표현 양2

1289 **town hall** [타운 허얼]: 읍사무소, 공회당, 〈~ city hall\assembly room〉, 〈↔church\cathedral〉 양2

1290 **town-house** [타운 하우스]: 〈시골에 본가가 있는 귀족들이 도시에 가지고 있던〉 '도시주택', 한 벽으로 연결된 2~3층의 연립 주택, 〈~ terraced house\row-house〉, 〈~(↔)condominium〉 미1

1291 **Town-send** [타운젼드], Charles: '도시의 끝〈town's end〉에 사는 자', 타운센드, (1725-1767), 〈미 식민지의 군대 유지를 위해〉 모든 수입품에 관세를 매기는 법을 제정하고 두 달 만에 발진티푸스로 죽은 영국의 재무장관, 〈~ a British politician〉 수1

1292 **town-ship** [타운 쉽]: 군구, 군의 조그만 구획, 리, 사방 6마일의 땅, 〈~ village\hamlet〉, 〈↔country\mega-city〉 미1

1293 **tox·ic~** [탁식~]: 〈← toxon(a bow)〉, 〈그리스어〉, 〈〈원래는 화살촉에 칠하던〉 독·중독~〉이란 뜻의 결합사, 〈~ poisonous\noxious〉, 〈↔harmless\beneficial\nutritious〉 양2

1294 **tox-oid** [탁써이드]: 톡소이드, 〈예방주사에 쓰는〉 변성독소, 〈~ toxic antigen〉, 〈↔antidote\sterility\ambrosia〉 양1

1295 **tox·oph·i-lite** [탁써홀라이트]: toxon(a bow)+philos(a lover), 〈그리스어〉, 궁술 애호가, 궁술의 명수, 〈~ archery〉 양2

1296 **toy** [토이]: 〈← toye(play-thing)〉, 〈어원 불명의 영국어〉, '희롱', 장난감, 완구, 노리개, 하찮은 것(사람), 〈~ miniature\trinket〉, 〈↔work(er)\tool〉 양2

1297 ***toy-boy** [토이 버이]: 〈1980년대 합성된 미국어〉, (나이 든 여성의) 젊은 '남친', '노리개 남자', 〈~ boy-toy\sugar boy〉, 〈↔sugar daddy\concubine〉 미2

1298 **Toyn·bee** [토인비], Ar·nold Jo·seph: 〈어원 불명의 지명(Tenby)에서 유래한 영국계 이름〉, (1889-1975), (유명한 사회개혁가의 조카로) 새로운 기독교 정신으로 뭉쳐야 서구의 멸망을 방지한다고 주창한 영국의 역사가·문명 비평가, 〈~ an English historian and philosopher〉 수1

1299 **to·yon** [터이안\토우연]: 〈← tyoti-oni〉, 〈어원 불명의 원주민어에서 연유한 미국풍 스페인어〉, California holly, X-mas berry, (북미 태평양 연안에 서식하며) 붉고 작은 뭉치 열매를 맺는 장미과의 상록관목 수2

1300 **To·yo-to·mi** [도요토미], Hi·de·yo·si: 〈중국어→일본어〉, 도요토미 히데요시, 풍신〈충실한 신하(devoted vassal)〉수길, (1536-1598), 농부의 아들로 태어나 오다 노부나가의 부관으로 있다가 일본의 관백이 되어 두번째로 일본을 통일하고 조선 침략 전쟁 중에 병사한 (꾀가 많은) 〈원숭이 장군〉, 〈~ a Japanese samurai and daimyo\'little monkey'〉 수1

1301 **Toys "R" Us** [토이 좌 뤄스]: 토이저러스, 1948년 Charles Lazarus가 시작해서 1957년 개명하여 한창 잘나가다가 2018년 파산했으나 〈조만간 회생될 것으로 예상되는〉〈향수를 달래주는〉 미국의 대형 장난감 가게 연쇄점, 〈~ an American toy and baby product retailer〉 수2

1302 **TPN**(to·tal par-en·ter·al nu·tri·tion): (수액을 정맥으로 주입하는) 종합 비경구 영양, (음식을 먹지 못할 때) 정화된 각종 영양분을 장관 이외의 통로로 섭취시키는 의료, 〈↔P O〉 미2

1303 ***T-pose** [티이 포우즈]: 발을 모으고 양팔을 벌린 자세, 〈2006년에 전산망에 등장한〉 (3D 동영상 시작 전에 나오는) 〈허깨비상〉, bind pose(묶음 자세), 〈~ reference pose〉 우1

1304 **trace** [트뤠이스]: 〈← trahere(to draw)〉, 〈라틴어〉, '끌고 지나간 자국', 발자국, 흔적, 미량, (윤곽) 긋기, 추적, 한 단계씩 차근차근 시행하기, 〈~ track\tract〉, 〈~ remnant\vestige〉, 〈↔lead\erase\blockage\loss\by-pass\neglect\gap〉 양1 미1

1305 **tra·che·a** [트뤠이키어]: 〈← tracheia(rough)〉, 〈그리스어〉, 〈매끄럽지 않은 여러개의 연골 고리로 형성된〉 호흡관, 기관, 도관, wind·pipe, 〈~(↔)esophagus〉 양1

1306 **tra·cho·ma** [트뤄코우머]: 〈← trachys(rough)〉, 〈그리스어〉, 트라코마, 과립성 결막염, 개씹앓이, (속 눈꺼풀이 '거칠어지는') 세균성 안과 질환, 〈~ granular conjunctivitis〉 양2

1307 **track** [트랙]: 〈라틴어→게르만어〉, 〈← trace〉, '끌고 간 자국', 지나간 자국, 주로, 궤도, 육상경기, 경마장, (기록 매체의 표면에 자료를 기록·저장하는) 통로, 〈~ path\lane〉, 〈↔retreat\scram\game of ball〉 양1 미2

1308 **track-ing** [트뢔킹]: (사진기·유도탄 등의) 추적, 궤도 (등산로) 따라가기, 글자 간 사이 띄기, 능력별 학급 편성, 〈~ tracing\chasing\tagging〉, 〈~(↔)kern-ing〉, 〈↔leading\piloting〉 양1 미1

1309 ***track ball** [트랙 버얼]: roller ball, '추적 공', 깜빡이 대신 작은 공을 움직여서 화상 요소를 제어해 주는 〈위치지시〉 장치, 〈~ mouse〉, 〈~(↔)pointer'〉 우2

1310 **track bike** [트랙 바이크]: 육상 경기용 자전거, (주로 장거리 경기의 연습용으로 쓰이는) 가속 및 정지 장치가 없는 가벼운 자전거, 〈~ racing bike\fixed gear bike〉, 〈~(↔)mountain bike\street bike〉 우2

1311 **track re-cord** [트랙 뤠코어드]: (추적된) 실적, (현재까지의) 업적, 육상경기의 점수, 〈~ history\experience〉, 〈↔prediction〉 미2

1312 **track-suit** [트랙 쑤우트]: (육상경기용) 보온복, 운동복, 〈~ jogger\sweats〉, 〈↔swim-suit〉 미2

1313 **tract** [트랙트]: 〈← trace〉, 〈'당기다'란 뜻의 라틴어에서 유래한 영국어들〉, 넓이, 넓은 지면, 토지, 지역, 단지, 계통, 다발, 소책자, 〈→ attraction〉, 〈~ area\belt〉, 〈↔strip²\mess〉 양1

1314 ***tract house** [트랙트 하우스]: 단지를 조성해서 파는 주택, 한곳에 세워진 같은 모양의 주택 중 하나, 〈조립식 주택〉, 〈~ pre-fab house〉, 〈↔custom built\mansion〉 우2

1315 **trac-tion** [트랙션]: 〈← trahere(to draw)〉, 〈라틴어〉, 끌기, 견인(력), 수축, 정지 마찰, 〈~ grip\friction〉, 〈↔looseness\slipperiness〉 양1

1316 **trac-tor** [트랙터]: (기구를 밀고 당기는) 견인차, '끌차', 〈~ puller\mover〉, 〈~(↔)bull-dozer\fork lift\skidder〉 미1

1317 ***trac-tor-feed** [트랙터 휘이드]: '견인 이동식', 종이 구멍에 맞는 톱니바퀴를 이용해서 종이를 진전시키는 (인쇄 방식), 〈~ automatic roll movement〉 우2

1318 **Tra·cy** [트뤠이시], Spen·cer: 〈프랑스의 지명에서 유래한 영국이름〉, 트레이시, (1900-1967), 〈집념의 사나이〉 역을 잘 연기해낸 미국의 영화배우, 〈~ an American actor〉 수1

1319 **trade** [트뤠이드]: 〈← trada(foot step)〉, 〈게르만어〉, '길', 거래, 교역, 장사, 교환, 매매, (손에 길든) 직업, 생업, 〈~ track\tread〉, 〈~ commerce\job〉, 〈↔stocking\disagreement\close down〉 양2

1320 **trade-mark** [트뤠이드 마아크]: (등록) 상표, 특성, 〈~ brand\logo〉, 〈↔common name〉 양2

1321 **trade-off** [트뤠이드 어어후]: 타협 거래, 균형 거래, 교환 조건, 〈~ exchange\swap〉, 〈↔disagreement\break-off〉 양2

1322 **Trad-er Joe's** [트뤠이더 죠우스]: 트레이더 조, 1958년에 Joe Coulombe에 의해 LA에 세워져서 〈신선한 유기농 식품을 자랑하는〉 미국의 식료품상, 〈~ an American chain of grocery stores〉 수2

1323 **trade school** [트뤠이드 스쿠울]: (각 나라·시대마다 구조와 역할이 조금씩 다른) 직업학교, 실업학교, 〈~ vocational school〉, 〈↔college of liberal arts and sciences〉 양2

1324 **trade un·ion** [트뤠이드 유우니연]: 노동조합, 직능 조합, 〈~ labor union〉, 〈↔solitary worker\academy〉 양2

1325 **trade-wind** [트뤠이드 윈드]: 무역풍, (무역선의 항해를 도왔던) 북동쪽·남동쪽으로부터 적도를 향해 부는 거센 바람, 〈북반구에서는 N-E\남반구에서는 S-E〉, 〈~ westerly〉, 〈↔easterly〉 양2

1326 **tra·di·tion** [트뤄디션]: 〈← tradere(deliver)〉, 〈라틴어〉, '건네줌', 전통, 관례, 전설, 경전, 〈~ heritage\custom〉, 〈↔innovation\aberration〉 양2

1327 **tra·di·tion·al–ism** [트뤠디셔널리즘]: 인습의 고수, 전통주의, 모든 도덕적 진리나 인생의 가치는 (인간의 지식과 논리로 바꿀 수 없고) 〈신의 계시에 의해 전수된〉 전통에 의해 결정된다는 주장, 〈~ consercatism〉, 〈↔rationalism\modernism〉 양2

1328 **Tra·fal·gar** [트뤄홰거]: 〈← tarafal-gharb(extremity of the west)〉, 〈아랍어〉, '서쪽 끝', 트라팔가르곶, Nelson이 1805년 스페인·프랑스 연합함대를 격파한 갑, 승전 기념 주가 있는 런던 중심가의 광장, 〈~ a S-W coast of Spain\a plaza in Central London〉 수1

1329 **traf·fic** [트래휙]: 〈아랍어?; tafrig(distribution)〉, 〈라틴어?; trans(across)+ficare(to rub)〉, '가로 마주치다', 왕래, 통행, 교통, 운수, 매매, 교통(량), 〈~ trade\commerce\congestion〉, 〈↔idleness\stagnation〉 양1

1330 **traf·fic cir·cle** [트래휙 써어클]: 환상 교차로, rotary, 〈~ round-about〉, 〈~(↔)cross-road〉 양2

1331 ***traf·fic cone** [트래휙 코운]: '교통 원뿔', (도로 공사 등을 할 때 안전표시로 사용하는 고깔 모양의) rubber cone, 안전고깔, 〈~ road (or safety) cone\witche's hat〉 미2

1332 **traf·fic jam** [트래휙 쨈]: 교통 체증 (혼잡), 〈~ congestion〉, 〈↔light(low) traffic〉 양2

1333 **traf·fick-er** [트래휘커]: (부정) 거래업자, (악덕) 소개업자, 마약 거래상, 〈~ smuggler〉 양2

1334 **trag·e·dy** [트래쥐디]: 〈← tragodia〉, tragos(he-goat)+oide(song), 〈그리스어〉, 〈희생양이 된〉 '염소의 노래', 참사, 비극(적인 사건·이야기), 비통한 일, 〈~ adversity\disaster〉, 〈↔comedy〉 양2

1335 **trag·o·pan** [트래거팬]: tragos(goat)+Pan(god of wild animals), 〈그리스어〉, 〈염소같이 뿔이 난〉 '뿔꿩', 수계, 주계, 호로새〈일본식 의성어〉, (남·중앙아시아의 고산 지대에 서식하는) 수놈은 교미 시 '뿔'을 세우는 영롱한 색깔의 메추라기〈guail〉 비슷한 산 꿩, 〈~ horned pheasant〉 미2

1336 **trail** [트뤠일]: 〈← trahere(to draw)〉, 〈라틴어〉, '질질 끌다', 추적하다, 꼬리, 단서, 흔적, 오솔길, 〈~ trawl\track\path〉, 〈↔retreat\lead\blockage\abandon〉 양1

1337 **trail bike** [트뤠일 바이크]: 오솔길 자전거, '등산 자전거', ⇒ dirt bike 우2

1338 **trail-blaz-er** [트뤠일 블레이져]: (뒤따라오도록) 길에 표시하는 사람, 선구자, 〈~ pioneer\innovator〉, 〈↔follower〉 양2

1339 *****trail-er** [트뤠일러]: 끄는 것(사람), 추적자, 덩굴식물, (차로 끄는) 이동 주택, '연결 차', mobil home, (서류철의 맨 나중에 기록되는) 정보 꼬리, 〈~ laggard〉, 〈↔head-er〉 양1 미2

1340 **trail-er trash** [트뤠일러 트뢔쉬]: 이동 주택 단지에 사는 '쓰레기 같은' 인간들, 〈~ indigent people〉 우2

1341 **Trail of Tears** [트뤠일 어브 티어즈]: 원주민 혐오자 잭슨 대통령에 의해 1830년에 시작되어 1850년까지 미국 남동부 원주민 약 2만 명을 희생시키면서 약 6만 명을 미시시피 서쪽으로 강제 이동시켰던 '눈물의 오솔길', 〈~(↔)Removal Act〉 수2

1342 **train¹** [트뤠인]: 〈← trahere(to draw)〉, 〈라틴어〉, 〈trail 하는〉열차, 기차, 전동차, 긴 줄, 행렬, 연속, 수행원, 〈~ procession\file〉, 〈↔break\unrelated〉 양1

1343 **train²** [트뤠인]: 〈← trahere(to draw)〉, 〈라틴어〉, '당기다', 단련시키다, 훈련하다, 길들이다, 〈~ instruct\teach〉, 〈↔relax\decondition\worsen〉 양1

1344 **train-bear-er** [트뤠인 베어뤄]: 옷자락을 받드는 사람, (남미 열대 지방에 서식하며 가늘고 긴 꼬리를 가진) 긴 꼬리 벌새, 〈~ long tailed hummingbird〉 우2 미2

1345 **train-ers** [트뤠이너스]: (바닥이 고무로 된) 운동화, (훈련을 시키는 자들이 신고 다니는) 훈련화, 〈미국에서는 도둑놈들이 신고 다니던 'sneakers'라 함〉 미2

1346 **traipse** [트뤠잎스]: 〈어원 불명의 영국어〉, 〈← trespass?〉, 터벅터벅 걷다, 헤매다, 칠칠치 못한 여자, 〈~ trudge\slouch〉, 〈↔run\bounce\prance〉, 〈↔bunny〉 양2

1347 **trait** [트뤠일]: 〈← trahere(to draw)〉, 〈라틴어〉, 〈당겨 내려온〉 특성, 기미, 소량, 버릇, 〈~ character\quality〉, 〈↔non-feature\dis-inclination〉 양2

1348 **trai·tor** [트뤠이터]: 〈← tradere(deliver)〉, 〈라틴어〉, '건네주는 사람', 배신자, 반역자, 〈~ betrayer\double\crosser〉, 〈↔patriot\apparatchik〉 양2

1349 **tra·jec·to·ry** [트뤄줵터뤼]: 〈← trajicere〉, trans(across)+jacere(throw), 〈라틴어〉, 〈가로질러 던지는〉 궤도, 탄도, 〈~ route\orbit〉, 〈↔line\deviation〉 양2

1350 **tram** [트뢤]: 〈'beam'이란 뜻의 게르만어에서 유래한 스코틀랜드어〉, tram-road, 석탄 운반차, 시가 전차, 궤도 전차, 노면 전차, street car, trolley, 〈↔bus〉 미2

1351 **tramp** [트뢤프]: 〈게르만어〉, 〈의성어·의태어〉, 짓밟다, 쿵쾅거리며 걷다, 터벅터벅 걷다, 오락가락하다, 방랑자, 구두징, 〈~ foot-step\vagrant\shoe-stud〉, 〈↔crawl\run\inhabitant\homesteader〉 양1

1352 **tramp-le** [트뢤플]: 〈← tramp〉, 내리밟다, 밟아 뭉개다, 유린하다, 〈~ crush\tread〉, 〈↔assist\cure〉 양1

1353 **tram·po-line** [트뢤펄린]: 〈게르만어→이탈리아어〉, 〈← trample〉, spring board, (용수철이 달린 두꺼운 천으로 된) 도약용 운동기구 우2

1354 **trance** [트뢘스]: trans+ire(go), 〈라틴어〉, '삶에서 죽음으로 가는' 혼수상태, 몽환, 무아지경, 황홀, 〈~ daze\stupor〉, 〈↔awake\conscious〉 양2

1355 **tran-quil** [트뢩퀼]: trans+quies(quiet), 〈라틴어〉, 고요한, 잔잔한, 안정된, 평화로운, 〈~ still\serene〉, 〈↔disturbed\excitable〉 양1

1356 **trans~** [트뢘스~]: 〈라틴어〉, across\over, 〈횡단·관통·건너편·이전·초월~〉이란 뜻의 결합사 양1

1357 **trans-act** [트뢘잭트]: trans+agere(to drive), 집행하다, 처리하다, 거래하다, '가로질러 행하다', 〈~ perform\negotiate〉, 〈↔abandon\neglect\mismanage〉 양2

1358 **tran-scend-ent** [트뢘쎈던트]: trans+scandere(climb), 탁월한, 보통 경험의 범위를 넘는, 초월적인, 〈장애물을〉 '관통하여 오르는', 〈~ sublime\supernatural〉, 〈↔un-exceptional\run-of-the-mill〉 양2

1359 **tran-scen–den·tal-ism** [트랜쎈덴탈리즘]: 선험론, 초절주의, 공상적 이상주의, 〈19세기를 전후해서 유행했던〉 지식은 경험보다 감정이 더 중요하다는 학설, 〈~(↔)mysticism\cabala〉, 〈↔materialism〉 미2

1360 **tran-scen–den·tal med·i·ta·tion** \ **TM**: 초월 명상, (힌두교의 진언을 외며) 마음의 평정을 목적으로 하는 묵상, 〈~ mantra\dhyana〉, 〈yoga는 신체적인 면이 더 중요시 됨〉 미2

1361 **tran-scribe** [트랜스크롸이브]: trans+scribere(write), 〈라틴어〉, 베끼다, 전사하다, 번역하다, 〈~ decipher\translate〉, 〈↔originate\delete\read〉 양2

1362 **tran-script** [트랜스크륖트]: 사본, 등본, 성적표, 전사된 유전 정보, '옮겨 적은 것', 〈~ record\note〉, 〈↔original\recording〉 양2

1363 **trans-duc–er** [트랜스 듀우서]: trans+ducere(lead), 변환기, 전류와 기계적 진동을 바꿔치기하는 기계, 〈~ actuator\converter〉, 〈↔inverse transducer〉 미2

1364 **trans-fer** [트랜스 훠어]: trans+ferre(to bear), '가로질러 나르다', 옮기다, 전가하다, 이동하다, 대체하다, 갈아타다, 〈~ move\hand-over〉, 〈↔retain\hold〉 양2

1365 **trans-fer–ence** [트랜스 훠어뤈스]: 이전, 양도, (감정) 전이, 〈~ conveyance\shifting〉, 〈↔counter-transference〉 양2

1366 **trans-form** [트랜스 훠얾]: 변형시키다, 〈형태를〉 바꾸다, 변환하다, 〈~ change\convert〉, 〈↔keep\preserve〉 양2

1367 **trans-fuse** [트랜스 휴우즈]: trans+fundere(pour), 〈가로질러〉 옮겨 붓다, 스며들게 하다, 수혈하다, 〈~(↔)infuse\suffuse〉, 〈↔catch\take\effuse〉 양2

1368 **trans-gress** [트랜스 그뤠스]: trans(across)+gradi(to step), (한계를) 넘다, 범하다, 어기다, 위반, 파계, 〈~ infringe\violate〉, 〈↔obedience\pardon〉 양2

1369 **tran·sient** [트랜션트 \ 트랜지언트]: trans+ire(to go), '다른 장소로 가기 쉬운', 일시적인, 변하기 쉬운, 덧없는, 〈~ fleeting\ephemeral〉, 〈↔permanent\perpetual〉 양2

1370 **tran-sis·tor** [트랜지스터]: 트랜지스터, trans+resistor, 상대 저항(체), 전류를 증폭·축소하는 물질, '정류체', (진공관 대신 게르마늄 등을 이용한) 증폭 장치, 〈semiconductor+amplifier〉 우2

1371 **tran-sit** [트뢘질]: trans+ire(to go), '가로질러 가기', 통과, 통로, 운송(로), 횡단, 변천, 단기 체재, 〈~ conveyance\motion\shift〉, 〈↔retreat\stay\linger〉 양1

1372 **tran·si-tion** [트랜지션]: 〈위치가〉 변해 감, 변이, 이행, 변천, 과도기, 〈~ conversion\change-over〉, 〈↔stagnation〉 양1

1373 **tran·si-tion ef·fect** [트랜지션 이훽트]: 전이 효과, (보는 사람의 시선을 끄는) 장면 전환 효과, 〈~ change-over\conversion〉 양2

1374 **tran-si–tive** [트랜지티브]: 이행하는, 과도기의, 타동사의, 〈~ ergative\amid〉, 〈↔in-transitive\un-ergative\accusative〉 양2

1375 **tran-sit lounge** [트뢘질 라운쥐]: 통과(환승)객 대기실·휴식처, 〈~ connecting lounge〉 양2

1376 **trans-late** [트랜슬레이트]: trans+ferre(to bear), '가로질러 이동하다', 번역(통역)하다, 바꾸어 놓다, 해석하다, 옮기다, 〈~ transfer\interpret〉, 〈↔remove\obscure〉 양1

1377 **trans-lu·cent** [트랜슬루우선트]: trans+lucere(to shine), trans·lucid, 〈일부의 빛만 통과시키는〉 반투명한, 〈~ semi-transparent〉, 〈↔opaque\cloudy〉 양2

1378 **trans-mis·sion** [트랜스 미션]: 전달, 매개, 송신, 전도, 전송, 전동 (변속) 장치, 〈~ sending\conveyance〉, 〈↔retention\suppression〉 양1 미2

1379 **trans-mit** [트랜스 밑]: trans+mittere(to send), '가로질러 보내다', 전달(전송)하다, 〈~ pass on\convey〉, 〈↔suppress\receive〉 가1

1380 **trans-mog·ri-fy** [트랜스 마글뤼화이]: trans+migrate(move), 〈라틴어〉, 〈독특하게〉 변형시키다, 〈괴상하게〉 모습을 변하게 하다, 〈~ alter\metamorphose〉, 〈↔preserve〉 양2

1381 **trans-par·ent** [트랜스 페어뤈트]: trans+parere(to appear), 〈라틴어〉, 〈모든 빛을 통과시키는〉 투명한, 명료한, 빤히 보이는, 〈~ clear\see-through〉, 〈↔dark\unclear〉 양2

1382 **tran-spire** [트랜스파이어]: trans+spirare(to breathe), 〈라틴어〉, 〈한계를 넘어〉 증발하다, 배출하다, 발생하다, 밝혀지다, 〈~ happen\occur〉, 〈↔cause\cease\continue\resolve〉 양1

1383 **trans-plant** [트랜스 플랜트]: 〈가로질러〉 옮겨 심다, 이식하다, 이주시키다, [트랜스 플랜트]; 이식, 〈~ tissue-engineering\regenerative medicine〉, 〈↔set\freeze\gather\harvest〉 양2

1384 ***tran-spon·der** [트랜스판더]: 〈라틴어→영국어〉, transmit+responder, (자동·무선) 응답기, (위성) 중계기, (정해진 주파수 내에서) 무선신호를 송수신하는 기기, 〈~ repeater\relay station〉 미2

1385 **trans-pon·tine** [트랜스 판타인]: (템스강의) 〈다리(pontis) 건너편에서 유행했던〉 신파조의 지속적인 연극, 〈~ across the bridge\melodrama〉 우2

1386 **trans-port** [트랜스 포오트]: 수송하다, 〈가로질러〉 운반하다, 추방하다, 〈~ convey\carry away〉, 〈↔hold\drop-off\receipt\bring back〉 양2

1387 **Trans-por·ta·tion, Dept of:** [트랜스 포오테이션, 디파아트먼트 어브]: 미 교통부, 육·해·공 교통안전을 위해 (1967년부터 시무한) 100여 개의 산하 단체를 통솔하는 연방 정부 기관·내각 부서, 〈~ an executive(cabinet) department of US〉 양2

1388 **trans-po·si·tion** [트랜스 퍼지션]: '자리바꿈', 치환, 전위, 호환, 교차, 〈~ invert\reverse〉, 〈↔maintenence〉 양1

1389 **trans–sex-u·al** [트랜스 쎅슈얼]: 성전환자, 신체적인 성향과 정신적인 성향이 반대인 사람, 〈~ trans-gender〉, 〈↔cis-gender\hetero-sexual〉 양2

1390 **tran-sude** [트랜쓔우드]: trans+sudare(to sweat), 스며 나오다, 침투하다, 〈~ exude\ooze〉, 〈↔pour\stream〉 양2

1391 **Trans Un·ion** [트랜스 유우니연]: 트랜스 유니온, 1968년에 세워진 미국의 세계적 신용 평가 회사, 〈~ an American IT company〉 수2

1392 **trans-verse** [트랜스 붜얼스]: trans+vertere(to turn), 가로지르는 것, 교차하는 것, 〈~ cross-wise\diagonal〉, 〈↔longitudinal\vertical\parallel〉 양2

1393 **trans-ves·tite** [트랜스 붸스타이트]: cross dressing, (이성의 옷을 즐겨 입는) 의상 도착자, 〈~(↔)bisexual〉, 〈↔hetero sexual\cisgender〉 양2

1394 ***trap** [트뢥]: 〈← trape(snare)〉, 〈어원 불명의 게르만어〉, 올가미, 덫, 함정, 불법 마약 판매소, (이상을 발견해서 해결하는) 제거 장치, 사다리, 입, (전산기의 무리한 작동이나 월권 남용 시의) 가로채기 감시장치, (색도 인쇄 시 2가지 색깔을 서로 중복시키는) '속임수', 〈~ maw\catch〉, 〈↔release\loose\advantage\honesty〉 양1 우2

1395 **trap-door** [트뢥 도어]: 함정문, 뚜껑문, 들창, 통풍구, 〈~ hatch\portal〉, 〈↔main(front) door〉 양2

1396 **trap-door spi·der** [트뢥 도어 스파이더]: 문짝거미, 명주실 및 진흙으로 싼 기다란 땅굴에 살면서 입구에 문을 짓고 먹이를 낚아채는 통통한 거미, 〈~ mouse-spider(생쥐같이 땅굴을 팔 수 있다는 잘못된 관찰로 연유한 misnomer)〉, 〈~(↔)tarantula〉 미2

1397 **tra·pe·zi·um** [트뤄피이쥐엄]: 〈← trapezoides(quadri-lateral)〉, 〈그리스어〉, 〈한쪽만 평행선으로 된〉 사다리꼴, 부등변 사각형, (손목의) 〈각이 많이 진〉 대능형골, 큰 마름뼈, 〈~ a tetragon\a wrist-bone〉, 〈↔rhombus는 4변의 길이가 같음〉 양2

1398 ***trap mu·sic** [트뢥 뮤우직]: 1990년대 미 남부에서 시작된 〈반 사회적〉 hip·hop의 일종, 〈~ gangsta rap\hard-core hip-hop〉 우1

1399 ***trap-ping** [트뢥핑]: ①(전산기의) 오류를 잡아내는 일, 〈~ catch〉 ②두 색깔이 겹치는 작은 구역을 만들어 내는 술책, 〈~ duplicity〉 ③말 장식, 〈~ tangling〉 우2

1400 **trap-pings** [트뢥핑즈]: (타인을 위압하려는) 장식 의상, 예복, 치장, 〈~ accouterment〉, 〈↔blemish\disfigurement〉 양2

1401 ***trap queen** [트뢥 퀴인]: (산전수전 다 겪어와서) 생활력이 강하며 의리있고 trap 음악을 좋아하는 여자, 〈~ strong and loyal woman〉 우2

1402 **trap–shoot·ing** [트뢥 슈우팅]: (공중에 표적을 던져 맞추는) 사출물 사격, 〈~(↔)skeet〉 양2

1403 **trash** [트뢔쉬]: 〈← trask〉, 〈어원 불명의 영국어〉, broken pieces of lumber, 쓰레기, 폐물, 지저깨비, 파기하다, 삭제하다, 〈인간말짜〉, 〈~ garbage\waste\scum〉, 〈↔treasure\valuables〉 양1

1404 **trash me·ter·ing** [트뢔쉬 미터륑]: 종량제, ⇒ PAYT 양2

1405 **trau·ma** [트롸우머]: 〈'상처(wound)'란 뜻의 그리스어〉, 트라우마, 참상, 외상, 마음의 상처, 충격적 경험, 〈~ damage\injury〉, 〈↔blessing\healing〉 양2

1406 **tra·vail** [트뤄붸일 \ 트뢔베일]: tria(three)+palus(stake), 〈라틴어〉, 〈3개의 말뚝으로 된 고문 기구〉, 산고, 진통, 노고, 〈험난한 여정〉, 〈~ suffering\hardship〉, 〈↔comfort\relief〉 양2

1407 **trav·el** [트뢔블]: 〈영국어〉, 〈← travail〉, '애써서 가다', 나아가다, 돌아다니다, 여행하다, 〈~ toil\journey〉, 〈↔retreat\crawl\stay\work〉 양2

1408 ***trav·el·a·tor** \ trav·ol·a·tor [트뢔블레이터]: 트래블레이터, moving walkway, moving sidewalk, 움직이는 보도, 자동 진행로(auto·walk) 미2

1409 **Trav·el·ers Aid** [트뢔블러즈 에이드]: (1851년 서부로 가는 개척자들을 돕기 위해 미국〈America〉에서 창립되어 '길 잃은 나그네'를 위해 자원봉사 하는 세계적) 여행자 지원 단체, 〈~ a global net-work of social services〉 우2

1410 **trav·el·ers check** [트뢔블러즈 췍]: (1772년 런던에서 시작된 서명을 하면 효과가 나타나는 일정액의) 여행자 화폐, 〈~ a form of banker's check〉, 〈아직도 이용하는 사람이 있다 함〉 미2

1411 **trav·el·ing sales·man pro·blem**: 외판원 문제, (여러 개의 도시를 둘러 원점으로 돌아오는) 최단 거리를 찾아내는 〈몹시 어려운〉 수학적 문제, 〈~ difficult task〉 미2

1412 **Trav·el Tues·day** [트뢔블 튜우즈데이]: 〈2017년 미국에 등장한 상업용어〉, 여행하는 화요일, 추수감사절 다음 화요일로 주로 on-line을 통해 여행 예약을 하는 날, 〈~ Tuesday after Thanksgiving〉 우2

1413 **trav·erse** [트뢔붜얼스]: trans+versus〈← vertere(to turn)〉, 가로지르다, 구석구석을 걷다, 방해하다, 〈~ go across\move over\cover〉, 〈↔retreat\stay\advance〉 양1

1414 **trav·es·ty** [트뢔붜스티]: trans+vestire(to dress), 〈라틴어→이탈리아어〉, '옷을 바꿔 입다', 변장하다, 우스꽝스럽게 만들다, 〈~ burlesque〉, 〈↔seriousness\solemnity〉 양1

1415 **trawl** [트뤄얼]: 〈← tragula(drag-net)〉, 〈라틴어〉, 끌다, 샅샅이 훑다, (어업의) 저인망 〈쓰레그물〉, 〈~ trail\search〉, 〈~ a drag-net\troll〉, 〈↔let go\repel〉 양2

1416 **tray** [트뤠이]: 〈← treg(wooden board)〉, 〈게르만어〉, ('나무') 쟁반, (넓은) 접시, 칸막이한 작은 상자, (화면의 아래에 작동할 수 있는 각종 기능을 표시해 놓은) '식판', 〈← tree〉, 〈~ plate\platter〉, 〈~(↔)basket〉, 〈↔receptacle〉 양1 우2

1417 **treach·er·y** [트뤠춰뤼]: 〈← tricher(to cheat)〉, 〈프랑스어〉, '속이다', 배반, 반역, 기만, 〈~ treason\betrayal〉, 〈↔loyalty\fealty〉 양2

1418 **trea·cle** [트뤼이클]: 〈← therion(wild beast)〉, 〈그리스어〉, 〈'독한 동물'의 독침에 대한 해독제로 썼던〉 당밀, 달콤한 태도, 발린 말, molasses, 〈~ syrup\honey〉, 〈↔sour\toxin〉 양2

1419 **tread** [트뤠드]: 〈← tredan(to walk on)〉, 〈게르만어〉, 밟다, 걷다, 밟아 으깨다, 박멸하다, 〈~ track\trade\trip\trot〉, 〈~ plod\tramp〉, 〈↔remain\crawl\run〉 양1

1420 **tread-mill** [트뤠드 밀]: 밟아 돌리는 바퀴 (운동기구), 쳇바퀴, 〈~ dread-mill\walking machine〉, 〈↔break\fun〉 우2

1421 **trea·son** [트뤼이즌]: trans+dare(to give), 〈라틴어〉, 반역(죄), 모반, 배신, 〈~ betray\treachery〉, 〈↔allegiance\loyalty〉 양2

1422 **treas·ure** [트뤠줘]: 〈← tithenai(to put)〉, 〈그리스어〉, 보배, 부, 보물, 〈꼬불쳐둔〉 비장품, 소중한 것, 〈~ thesaurus\valuables\gems〉, 〈→ trove〉, 〈↔dregs\junk\dearth〉 양2

1423 **Treas·ure Is·land** [트뤠줘 아일랜드]: 트레저 아일랜드, 보물섬 ①1883년에 영국에서 출판된 모험 소설, 〈~ an adventure and historical novel〉 ②1993년에 개장한 라스베이거스의 4성급 숙박·도박장, 〈~ a pirate-themed hotel and casino in Las Vegas〉 미2

1424 **Treas·ur·y** [트뤠줘뤼], Dept of: 미 재무부, 1789년에 창립되어 돈줄을 쥐고 있는 연방정부 기관·내각 부처, 〈~ an executive(cabinet) department of US〉 미2

1425 **Treas·ur·y bill** [트뤠줘뤼 빌]: (할인제로 파는·1년 미만의) 재무부 단기〈short-term〉채권 미2

1426 **Treas·ur·y bond** [트뤠줘뤼 반드]: (이자를 지급하는·10년 이상의) 재무부 장기〈long-term〉채권 미2

1427 **Treas·ur·y note** [트뤠줘뤼 노우트]: ①법정 지폐, 〈~ US paper money〉 ②(고정 이자를 지급하는·1년~10년 기간의) 재무부 중기채권, 〈~ US debt security〉 미2

1428 **treas·ur·y stock** [트뤠줘뤼 스탁]: (회사 자체가 보유하는) 자사주, 사내주, 〈~ reacquired stock\treasury share〉 양2

1429 **treat** [트뤼이트]: ⟨← trahere(draw)⟩, ⟨라틴어⟩, 취급하다, 다루다, 대우하다, 치료하다, 논하다, 간주하다, 거래하다, 한턱, 향응, 큰 기쁨, ⟨~ regard\serve⟩, ⟨↔need\pain\dissatisfaction\depression⟩ 양2

1430 **trea·tise** [트뤼이티스]: ⟨← tractare(to handle)⟩, ⟨라틴어→프랑스어⟩, ⟨← treat⟩, 논문, 전문서적, ⟨~ essay\monograph⟩, ⟨↔adversaria\jottings\memoranda⟩ 양2

1431 **trea·ty** [트뤼이티] \ trea·ties [트뤼이티스]: ⟨라틴어⟩, ⟨← treat⟩, 조약, 협정, 약정, ⟨~ agreement\settlement⟩, ⟨↔breach\infringement⟩ 양2

1432 **Trea·ty of Par·is** [트뤼이티 어브 패러스]: ⟨미 독립전쟁에서 진 영국이 1783년 파리의 한 호텔에서 미국(프랑스·네덜란드)에게 미국의 독립을 정식으로 인정한⟩ 파리조약, ⟨~ recognition of US independence⟩ 수2

1433 **tre-ble** [트뤠블]: tres(three)+plexus(fold), ⟨라틴어⟩, 3배(겹·단)의, 3요소로 된, 최고음부의, ⟨~ triple⟩, ⟨~ shrill\shriek⟩, ⟨↔bass\grave⟩ 양2

1434 **tred·dle\trea·dle** [트뤠들]: ⟨← tread⟩, 발판, (재봉틀 등의) 디딤판, ⟨~ pedal⟩ 양1

1435 **tree** [트뤼이]: ⟨← dru⟩, ⟨산스크리트어→그리스어→켈트어→게르만어⟩, ⟨뿌리가 단단한 10피트 이상의⟩ 나무, ⟨여러모로 인간보다 나아서·그래서 편자가 좋아하는⟩ 수목, 계도, 나무 꼴(나무처럼 편성된 정보구조), ⟨→ tray⟩, ⟨~ woody plant⟩, ⟨~(↔)grass\shrub⟩ 가1 미2

1436 **tree creep·er** [트뤼이 크뤼이퍼]: 나무발바리, (구대륙에 널리 서식하는) 먹이를 찾아 나무를 기어오르는 참새⟨passerine⟩류, ⟨~ wood creeper\a small song-bird⟩ 미2

1437 **tree ear** [트뤼이 이어]: wood ear, Jew's ear, black tree fungus, (모양이 사람 귀와 비슷하며 담갈색의 갓을 절대로 찢어 중국요리나 한방약재로 사용하는) 목이버섯 미2

1438 **tree fern** [트뤼이 훠언]: 나무고사리, 나무 모양의 각종 양치식물, ⟨~ fern growing like a tree⟩ 미2

1439 **tree frog** [트뤼이 후뤄어그]: (생의 대부분을 습지대의 나무에서 사는) 청개구리, hyla 미2

1440 **tree mouse** [트뤼이 마우스]: (아프리카 등지에서) 나무 위에서 사는 쥐, 나무 쥐, ⟨~ long tailed field mouse⟩ 미2

1441 **tree pe·o·ny** [트뤼이 피어니]: 목단, 모란, '나무 작약', ⟨~ moutan peony⟩ 미2

1442 **tree po·ta·to** [트뤼이 퍼테이토우]: '감자나무', 빨리 자랐다가 빨리 죽고 ⟨잎과 꽃이 감자를 닮은⟩ 남미 열대 내륙지방 원산의 가짓과의 상록관목, ⟨~ mullein nightshade⟩ 우2

1443 **tree shrew** [트뤼이 슈루우]: tupaia⟨squirrel이란 뜻의 말레이어⟩, (열대 동남아에서 나무나·들판에 살면서 곤충이나·나무 열매를 먹는) 작고 긴 '다람쥐', 나무두더지, 나무땃쥐, ⟨~ an arboreal mammal resembling a squirrel⟩ 미2

1444 **tree spar·row** [트뤼이 스패로우]: winter sparrow, (북미 중부에서 겨울을 보내는) 얼룩 가슴의 중형 참새, 미국⟨American⟩ 멧새, ⟨~(↔)house sparrow보다 작고 빠름⟩ 미2

1445 **tree squir·rel** [트뤼이 스쿼뤨]: 나무다람쥐, (남극과 호주를 제외한 전 세계에 서식하는) '보통 다람쥐', 청서('푸른' 쥐), ⟨~ spermo-phile⟩ 미2

1446 **tree sur·geon** [트뤼이 써어쥔]: '나무 수술가', '나무 치료사', 수목 재배가, 수목 전문 업자, 원예가, arborist 미2

1447 **tree to·bac·co** [트뤼이 터배코우]: '나무 담배', 남미 원산이나 미 서부 지역으로 퍼진 담뱃잎 비슷한 넓은 잎·속이 빈 줄기를 가지고 빈터에서 자라는 침습성이 강한 관목, ⟨~ tobacco tree\mustard tree⟩ 양2

1448 **tree to·ma·to** [트뤼이 터메이토우]: tamarillo, 나무토마토, (열대 미주 원산의) 가짓과 관목에 달린 조그만 달걀 모양의 주황색 과일, ⟨~ blood fruit\poor-man's tomato⟩ 미2

1449 **tre-foil** [트뤼이훠일 \ 트뤠훠일]: tres(three)+folium(leaf), ⟨라틴어⟩, ⟨나뭇잎 같은⟩ '세 개의 작은 잎사귀'를 가진 식물, 토끼풀, ⟨식물이 개(별자리)를 닮은⟩ 잔개자리, 세 잎 무늬, ⟨~ red clover⟩ 양2

1450 **trek** [트뤡]: ⟨← trekken(pull\travel)⟩, ⟨네덜란드어⟩, 힘들게 전진하다, (소 달구지로) 여행하다, 집단이동, ⟨~ trip\expedition\hike⟩, ⟨↔stagnation\idle-ness⟩ 양1

1451 **trel·lis** [트뤨리스]: ⟨← trichila(summer house)⟩, tri(three)+licium(thread), ⟨라틴어⟩, ⟨덩굴식물이 오르는⟩ 격자 울타리⟨lattice⟩, ⟨~ pergola⟩ 미2

1452 **tre·ma** [트뤠머]: ①⟨라틴어⟩, ⟨← tremble⟩, '떨림음' ②⟨그리스어→라틴어→프랑스어⟩, hole, 주로 모음 위에 쌍점을 쳐서 분음을 나타내는 기호(diaeresis), ⟨쌍점을 찍은 것 같은 작은 열매가 맺히는⟩ 열대지방의 상록관목, ⟨~(↔)hack-berry⟩ 우2

1453 **trem-ble** [트렘블]: ⟨← tremere(shiver)⟩, ⟨라틴어⟩, 떨다, 전율하다, 진동하다, 조바심하다, ⟨~ tremendous\tremor⟩, ⟨~ shake\quake⟩, ⟨↔calm\steady⟩ 양1

1454 **trem-bling pop·lar** [트렘블링 파플러]: 사시나무, 버드나뭇과의 낙엽활엽교목, ⟨~ quaking aspen⟩ 미2

1455 **tre·men-dous** [트뤼멘더스]: ⟨← tremere(shiver)⟩, ⟨라틴어⟩, '떨리는', 무서운, 굉장한, 멋진, ⟨← tremble⟩, ⟨~ huge\immense⟩, ⟨↔tiny\small\little\minuscule⟩ 양2

1456 **trem-o·lo** [트레몰로]: ⟨← tremor⟩, ⟨이탈리아어⟩, (한 음이나 여러개의 음을 빨리 되풀이 하여) ⟨떨리는 듯이 연주하는⟩ 진동음, ⟨~ trembling sound⟩ 미2

1457 **trem-or** [트뤠머]: ⟨← tremere(shiver)⟩, ⟨라틴어⟩, 떨림, 전율, 진동, 전진, 불안감, ⟨~ tremble⟩, ⟨~ vibration\shake⟩, ⟨↔stillness\calmness⟩ 양2

1458 **trench** [트렌취]: ⟨← truncare(to cut)⟩, ⟨라틴어⟩, '잘라 치운', 도랑, 참호, 해자, 협곡, ⟨~ truncate⟩, ⟨~ ditch\pit⟩, ⟨↔mound\bulge⟩ 양2

1459 **trench-ant** [트렌쳔트]: ⟨← truncare(to cut)⟩, ⟨라틴어→프랑스어⟩, ⟨자르듯⟩ 신랄한, 날카로운, 강력한, 효과적인, ⟨← trench⟩, ⟨~ right on\pertinent⟩, ⟨↔blunt\dull⟩ 양2

1460 **trench coat** [트렌취 코웉]: (허리띠가 있는) 참호형 방수 외투, ⟨~ rain gear⟩ 미2

1461 **trend** [트렌드]: ⟨← trinde(ball)⟩, ⟨게르만어⟩, '향하다', ⟨공이 굴러가는⟩ 방향, 추세, 기울기, 유행, ⟨~ trundle⟩, ⟨~ tendency\current⟩, ⟨↔counter-trend\deviation\fade away⟩ 양2

1462 **trend–set-ter** [트렌드 쎄터]: '유행을 선도하는 사람', '유행 선동자', ⟨~ initiator\innovator⟩, ⟨↔follower\imitator⟩ 양2

1463 **trend–spot-ter** [트렌드 스파터]: 유행 풍조(추세)를 재빨리 알아차리는 사람, 유행 평론가, '유행 쪽집게', ⟨~ trendologist⟩ 양2

1464 **Tren-ton** [트렌튼]: ⟨켈트어⟩, trespasser(due to flooded river), '홍수가 잦은 강가에 사는 자', 트렌턴, (땅 주인의 이름을 딴) 미국 뉴저지 중서부 델라웨어 강가에 있는 주도·제조업 도시, 1776년 워싱턴 군대가 영국군을 격파한 곳, ⟨~ Capital of New Jersey⟩ 수1

1465 **tre·pang** [트뤼팽]: ⟨← talipang(centipede)⟩, ⟨인도네시아어⟩, ⟨많은 다리를 가진⟩ sea cucumber, 해삼(hae-sam; sea ginseng), 해서(쥐), 갈미(쪄서 말린 해삼), 타원광삼, ⟨~ sea-slug⟩ 미2

1466 **trep·id** [트뤠피드]: ⟨← tremere(shiver)⟩, ⟨라틴어⟩, 벌벌 떠는, 소심한, 당황한, ⟨~ fearful\timorous⟩, ⟨↔in-trepid\bold\brave⟩ 양2

1467 **tres-pass** [트뤠스패쓰]: ⟨라틴어⟩, 'trans+pass', '넘어 들어가다', 침입하다, 훼방하다, 폐를 끼치다, ⟨~ intrude\encroach\contravene⟩, ⟨↔withdraw\comply\good deed\non-infringement⟩ 양2

1468 **tres le·ches cake** [트뤠스 레췌스 케이크]: ⟨남미풍 스페인어⟩, three+milk+cake, 삼층(우유) 빵, 기포 빵에 크림과 과일 조각을 올려놓은 ⟨진·선·미를 갖춘⟩ 양과자, ⟨~ Mexican (or Nicaraguan) sponge cake⟩ 미2

1469 **tress** [트뤠스]: ⟨← trikha(three-fold)⟩, ⟨그리스어⟩, ⟨세겹으로⟩ 땋는 머리, 긴 머리털 한 다발, 삼단 머리, 타래 머리, ⟨~ long lock\3-tiered hair⟩ 미2

1470 **tres·tle** \ tres·sel [트뤠슬]: ⟨라틴어⟩, 'trans+beam', 버팀 다리, 가대, 구각, ⟨~ a structural support⟩ 양2

1471 **tri~** [트라이~]: ⟨그리스어⟩, ⟨3~⟩이란 뜻의 결합사 양1

1472 **tri-ad** [트롸이 애드]: 3인조, 3개 한 벌의, 3화음, 3부작, ⟨~ trio\trigram⟩ 양2

1473 **tri·age** [트뤼아쥐]: ⟨← trier(separate out)⟩, ⟨프랑스어⟩, '분리하기', (농작물의) 선별 분류, (치료 우선순위에 의한) 환자의 선별 분류, ⟨~ array\organize⟩, ⟨↔disorder\mess⟩ 우2

1474 **tri·al** [트롸이얼]: ⟨← tritare⟩, ⟨라틴어→프랑스어⟩, ⟨← trier⟩, '시험', 재판, 시련, 시도, 예선, ⟨~ try⟩, ⟨~ endeavor\litigation\test⟩, ⟨↔abstention\idle-ness\fun⟩ 양2

1475 **tri·al law·yer** [트롸이얼 러이어]: ⟨권모술수에 능해야 하는⟩ 법정 (전문) 변호사, ⟨~ defense attorney⟩ 양2

1476 **tri-an·gle** [트롸이 앵글]: 삼각형, ⟨잘못 풀면 신세 조지는⟩ 삼각관계, 3인조, 금속 막대로 된 삼각형의 타악기, ⟨~ trigon\tri-lateral⟩ 양2 우1

1477 **tri-ath·lon** [트롸이 애쓸런]: ⟨철인⟩ 3종 경기, (2000년부터 올림픽 경기로 채택된) 수영 3.9km·자전거 180.2km·마라톤 42.195km를 달리는 초 단위 ⟨극기⟩ 경기, ⟨~ three-sport races⟩ 미2

1478 **tribe** [트롸이브]: 〈← tres(three)〉, 〈라틴어〉, 〈고대 로마인을 3부류로 나눴던 데서 유래한〉 부족, 종족, 일족, 패거리, 품종, (염소 등의) 떼, 〈~ division\kindred〉, 〈↔individual\disunion\non-relative〉 양❶

1479 **tri·bo~** [트라이보우~]: 〈그리스어〉, friction, 〈마찰~〉이란 뜻의 결합사 양❶

1480 **trib·u·la·tion** [트뤼뷸레이션]: 〈← terere(to rub)〉, 〈라틴어〉, 〈마찰로 생기는〉 고난, 시련, 〈~ attrition〉, 〈~ agony\misery〉, 〈↔ease\comfort\happiness〉 양❷

1481 **tri·bu·nal** [트라이뷰느리]: 〈라틴어〉, 〈← tribune〉, 〈호민관을 위한 올려진 연단〉, 재판소, 법정, 심판위원회, 〈~ court\forum〉, 〈↔disassembly\injustice〉 양❷

1482 **trib·une** [트뤼뷰운]: '족장', 〈← tribe〉, (평민에서 선출된) 호민관, 민중 지도자, 연단, 주교석, 〈~ protector\post〉, 〈↔idler\roof〉, T~: '대변자', 신문 이름 양❷

1483 **trib·u·tary** [트뤼뷰우터뤼]: 〈← tribute〉, 공물을 바치는, 속국의, 보조적, 지류 지맥, 〈~ minor\feeder〉, 〈↔principal\main-stream〉 양❶

1484 **trib·ute** [트뤼뷰우트]: 〈라틴어〉, 〈'tribe'(부족)에 따라〉 '지불되는 것', 공물, 조세, 찬사, 배당, 조공, 감사, 〈→ attribution〉, 〈~ accolade\awards〉, 〈↔censure\disrespect\mockery〉 양❶

1485 **Tri-care** [트라이 케어]: 트라이 케어, 〈1997년 Champus를 재편성한〉 세 부류 (전·현직군무원 및 가족)를 위한 미 국방부 산하의 건강·의료 관리기관, 〈~ uniformed health-care program of US military〉 우❷

1486 **trich~ \ trich·o~** [트뤽~ \ 트뤼코우~]: 〈그리스어〉, hair, 〈모발·섬조~〉란 뜻의 결합사 양❶

1487 **tri-chot·o·my** [트라이 카터미]: tricha(three)+temnein(to cut), 〈그리스어〉, 삼분법, (인간의 성을 육·심·령으로 나눈) 삼상법, 〈~ ternary\triplet〉 양❷

1488 **tri·chro·mat·ic** [트라이 크로우매틱]: 3원색의, (인간이 식별할 수 있는 7백만 가지 색깔 중의) 청·록·황록의 세 가지 색감, (빛에서는) 청·록·적의 색깔, 〈~ three colored〉 양❷

1489 **trick** [트뤽]: 〈← tric(deceit)〉, 〈어원 불명의 프랑스어〉, '눈속임', 책략, 버릇, 요령, 착각, 장난, 〈~ wile\ploy\practice〉, 〈↔un-deceive\help\honesty〉 양❶

1490 **trick bike** [트뤽 바이크]: 묘기 자전거, ⇒ BMX 미❷

1491 **trick·le** [트뤼클]: 〈영국어〉, 〈의성어·의태어〉, 똑똑 떨어지다, 졸졸 흐르다, 조금씩 이동시키다, 〈~ drip\percolate〉, 〈↔spurt\pour\torrent\tsunami〉 양❶

1492 *****trick·le down the·o·ry** [트뤼클 다운 띠어뤼]: (통화) 침투설, 정부가 대기업을 지원하면 중소기업과 소비자에게 침투되어 경제가 좋아진다는 이론, ⇒ Reaganomics 양❷

1493 **trick·le ir·ri·ga–tion** [트뤼클 이뤼게이션]: (가는 대롱에서 간헐적으로 물이 나오는) 점적 관수, 세류 관개, 〈~ drip irrigation〉 양❶

1494 **trick or treat** [트뤽 어 트뤼이트]: '혼날래? 대접할래?', 만성절〈Halloween〉 전날(10월 31일) 저녁 때 어린이들이 가가호호 돌면서 과자류를 달라는 구호, 〈~ scare or share〉 미❶

1495 **tri-clo·san** [트라이 클로산 \ 트뤼이 클로잔]: 〈3개의 염소기를 가진〉 트리콜산, 〈항균효과가 있다고 선전하나 아직 검증되지 못한〉 (비누·치약 등에 들어 있는) 염소 처리 유기 화학물, 〈~ an aromatic compound〉 수❷

1496 **tri-col·or** [트라이 컬러]: 3색의, (프랑스 혁명 때부터 사용되어 온 청·백·적의) 3색기, 〈→ French flag〉 양❷ 수❷

1497 **tri-col·or veg·e·ta·ble** [트라이 컬러 붸쥐터블]: 〈영어→한국어〉, 삼색나물, (LA의 한국 식품점에서 파는) dark-white〈도라지〉·light-green〈유채〉·dark-green〈취〉·light-brown〈고사리〉의 4가지 나물을 꾸러미(pack)로 싼 반찬(side-dish), 〈이는 번역의 어려움을 호소하려고 편자가 일부러 등재시킨 단어임〉 우❶

1498 **tri-cy·cle** [트라이 서클 \ 트라이 씨클]: 세발자전거, 삼륜차 (오토바이), 〈~ trike〉, 〈~(↔)bricycle〉 양❷

1499 **tried** [트롸이드]: try의 과거·과거분사, 시험을 마친, 믿을 만한, 〈~ stead-fast\dependable〉 양❶

1500 **tri·fle** [트롸이플]: 〈← truffe(gibe)〉, 〈어원 불명의 프랑스어〉, 하찮은 것(사람), 소량, 만지작거리다, 〈~ frivolous\non-sense〉, 〈~ mock〉, 〈↔treasure\epic〉 양❶

1501 **tri-fo·li·ate or·ange** [트라이 호울리에이트 오어륀쥐]: hardy orange 〈떫은 귤〉, 탱자나무, 줄기에 가시가 있고 '세 쪽 겹잎〈three leaflets〉'을 가진 운향과의 낙엽활엽관목 미❷

1502 **trig·ger** [트뤼거]: 〈← trekken(to pull)〉, 〈네덜란드어〉, '당기다', 방아쇠, 제동기, 계기, 〈~ provoke\spark off〉, 〈↔sear²〉, 〈↔avert\hinder〉 양❷

1503 **trig·ger fin·ger** [트뤼거 휭거]: (방아쇠를 당기는) 오른손 집게손가락〈right index finger〉 미❷

1504 **trig·ger fin·ger syn-drome** [트뤼거 휭거 씬드로움]: 집게손가락 증후군, 〈전자놀이를 많이 하는 등 손가락 과용으로 오는 협착성 활액막염〉, 〈~ a stenosing teno-synovitis〉 양2

1505 **trig·ger-fish** [트뤼거 휘쉬]: (화려한 색깔을 가지고 총알같이 빠른) 파랑 쥐치류에 속하는 열대어·관상어, 〈~ file-fish\leather-jacket〉 미1

1506 **trig·o·no·met·ric func·tion** [트리거나메트뤽 휭션]: 삼각함수, circular function(원함수), (직삼각형에서) 대변을 빗변으로 나눠서 정현을 〈또는 옆면을 빗변으로 나눠서 여현〉 아는 방법, 〈사랑=색정/순정〉 따위, 〈~ angle function〉 양2

1507 **trig·o·nom·e·try** [트뤼거나머트뤼]: 〈← trigonon(triangle)+meter〉, 〈그리스어→라틴어〉, 삼각법, 삼각형의 두 변을 알면 각도를 사용해서 다른 변을 알아내는 수학의 한 분야, 〈~ mathematics of triangle〉 양2

1508 **tri-gram** [트롸이 그램]: 3개로 된 문자나 도형, 삼자명, 3선형, (점칠 때 쓰는) 쾌의 하나, 〈~ triad\trio〉 양2

1509 *__tri-lem·ma__ [트롸이 레마]: tri+lambanein(to receive), 〈그리스어〉, 트릴레마, (세 가지 중 택일해야 하는) 3도 논법, 3중의 가정, (경기 부양·물가·금리 중 한쪽을 풀면 다른 쪽이 꼬이는) 삼중고, 〈~ difficult choices among 3 options〉, 〈~ impasse\dead-lock〉, 〈~(↔)di·lemma〉 미2

1510 **trill** [트륄]: ①〈← trillare〉, 〈이탈리아어〉, 〈의성어〉, 떨리는 목소리, 진동음, 지저귐, 〈~ yodel\warble〉, 〈↔dissonance\shrill〉 ②〈미국어〉, true+real, 틀림없는 사람, 〈진국〉, 〈↔con man〉 양2 미2

1511 **tril-lion** [트륄리연]: 〈프랑스어〉, 조, 만 억, (미국에선) '10의 12승', (유럽에선) 〈million이 세번 나열된〉 10의 18승, 무수 미2

1512 **tril-li·um** [트륄리엄]: 〈'세 쌍(triplet)'이란 뜻의 스웨덴어〉 ①(북미 습지에 서식하며) 잎과 꽃잎이 '세 갈래〈three segments〉'로 생긴 백합과 연령초속의 여러해살이풀, 〈~ wake-robin〉 ②T~; 〈창립자가 ①의 매력에 끌려 지은 이름〉, 2013년부터 미국의 보스턴(Boston)에서 출시된 〈낭만적〉 맥주(beer) 수2

1513 **tril-o·gy** [트륄러쥐]: tri+legein(to speak), 〈그리스어〉, 3부작 (비극), 3부극 (곡), 〈~ ternary\triplet〉, 〈~(↔)tetralogy〉 양2

1514 **trim** [트륌]: 〈← trymian(array)〉, 〈게르만어→프랑스어〉, 치다, 손질하다, 잘라내다, 정돈하다, 장식하다, '다듬다', 〈~ cut\decorate〉, 〈↔un-tidy\messy\shabby〉 양1

1515 **tri-mes·ter** [트롸이메스터]: tri+mensis(month), 〈라틴어〉, 석달, (첫) 3개월, 3학기 중 1학기, 〈~(↔)semester\quarter〉 미2

1516 **Trin-i·dad and To·ba·go** [트뤼니대드 앤 터베이고우]: trinity+tabaco(tobacco?), 〈콜럼버스가 명명한〉 '삼위일체의 미를 가진 담배섬', 트리니다드 토바고, 1962년 영국으로부터 독립한 서인도제도 남·동쪽 끝에 있는 2개의 섬으로 된 석유자원이 풍부한 나라, {Trinidadian·Tobagonian·Trinbagonian-Eng-(TT) Dollar-Port of Spain}, 〈~ a country in Caribbean〉 수1

1517 **trin-i·ty** [트뤼 니티]: 〈← trinus(three-fold)〉, 〈라틴어〉, (성부·성자·성령을 일체로 보는) 삼위일체, (신을 구성하는) 신삼위, 3개 한 벌, 3인조, 〈~ ternary\troika〉 양2

1518 **trin·ket** [트륑킽]: 〈← trancher(to cut)?〉, 〈프랑스어→영국어〉, 장남감 칼(toy knife), 하찮은 것, 자질구레한 장신구, 〈~ scrap\toy\bijou〉, 〈~ knick-knack\curio\bric-a-brac〉, 〈↔jewel\gem〉 양2

1519 **tri-o** [트뤼이 오우]: 삼중주, 삼중창, 3인조, 〈~ triad\triple〉 양2

1520 **trip** [트륖]: 〈← trippen(tread)〉, 〈네덜란드어〉, '경쾌한 발걸음〈light step〉', 여행, 소풍, 출장, 헛디딤, 딴죽걸기, 양(떼), 실수, 체험, 도취, 환각 기간, 〈~ excursion\slip\lapse〉, 〈↔stay\sojourn\work\accuracy\drag〉 양1

1521 **tripe** [트롸이프]: 〈← tharb(entrails)〉, 〈아랍어→프랑스어〉, 양, (식용으로 쓰는) 동물 위의 안쪽 부분, 하찮은 것, 〈~ garbage\b s〉, 〈↔outside organ\valuables〉 양2

1522 **tri-pi·ta·ka** [트뤼 피타카]: ti(three)+pita(basket), 〈산스크리트어〉, '세개의 바구니', 삼장, (경·율·론으로 분류되는) 불교의 경전, 대장경, 〈~ sacred text of Buddhism〉 수2

1523 **tri-ple** [트뤼 플]: tres+plus, 〈그리스어〉, 3배 (중)의, 세 겹〈으로 접은〉, 세 개 한 벌, 〈~ trio\treble〉 양1

1524 **trip-let** [트뤼 플맅]: 〈← triple(three-fold)〉, 세 개 한 벌, 세쌍둥이, 〈~ ternary\trilogy〉 양2

1525 **tri-plex** [트뤼 플렉스]: three times, 3배(중)의, 세 가지 효과를 내는, 셋으로 된 조, 3세대용 공동 주택, 〈~ a 3-unit residential structure〉 양1 미1

1526 **tri-pod** [트롸이 파드]: tri+podos(foot), 삼각대, '세 발' 솥, 세 다리 걸상, 〈~ trivet〉 양2

1527 **trip·o·pho·bi·a** [트륖포 호우비어]: 〈네덜란드어+그리스어〉, 〈Covid-19 이후에〉 (여행〈trip〉을 떠나지 못할까봐 두려워하는) 여행 공포증 양2

1528 **trite** [트롸이트]: 〈← terere(to wear)〉, 〈라틴어〉, '낡은', 흔한, 평범한, 진부한, 〈~ banal\corny\hackneyed〉, 〈↔original\fresh\imaginative〉 양2

1529 **trit·i·ca·le** [트뤼티케일리]: triticum(wheat)+secale(rye), 〈라틴어〉, 라이밀, (아무 데서나 잘 자라고 단백질이 풍부해서 팬케이크나 파스타의 원료로 쓰이는) 밀과 호밀의 잡종, 〈~ a grain〉 우1

1530 **Tri·ton** [트롸이튼]: 〈'바다'란 뜻의 그리스어〉, mermaid ①트리톤 (반인반어의 해신), sea god, 포세이돈의 아들 ②미쓰비시(Mitsubishi)사가 1978년부터 출시하는 소형 pick up truck 수1

1531 **tri·ton** [트롸이튼]: ①〈해신의 모양을 한〉 도롱뇽, 영원, 〈~ newt〉 ②〈해신의 모양을 한〉 소라고둥, 〈~ trumpet shell〉 ③[트롸이탄]; 〈보통 수소원자의 3배 질량을 가진 tritium의 핵〉 삼중양성자, 〈~ hydrogen-3〉 미1

1532 **tri-um-vi-rate** [트롸이 엄붜뤹]: tres(three)+vir(man), tri·archy, 삼두정치, (고대 로마에서) 세 두령이 동맹하여 행한 전제 정치 양2

1533 **tri·umph** [트롸이엄후]: 〈← thriambos(hymn to Dionysus)〉, 〈그리스어〉, '개선식', 승리, 정복, 대성공, 위엄, 〈→ trump〉, 〈~ victory\win〉, 〈↔defeat(ed)\lose\fail〉 양2

1534 **triv·et** [트뤼 뷑]: tri+pes(foot), 삼각대, (식탁용) 삼발이, 냄비 받침판, 〈~ tri-pod〉 양2

1535 **tri-vex** [트롸이벡스]: tri+vehere(to carry), 〈보다 강하고·가볍고·선명한 3가지 장점을 가진〉 신소재 플라스틱 재질로 가볍고 얇으며 충격에 강해 주로 테 없는 안경의 안경알로 쓰이는 합성물, 〈poly-carbonate보다 훨씬 선명도가 뛰어남〉, 〈~ clear, light and resist cracking lenses〉 우1

1536 **triv·i·al** [트뤼뷔얼]: tri+via(way), 〈라틴어〉, '세 도로가 만나는(흔히 있는)', 하찮은, 천박한, 〈~ insignificant\minor〉, 〈↔important\egregious〉 가1

1537 **trod** [트롸드 \ 트뤄드]: 〈게르만어〉, tread(걷다)의 과거·과거분사 양1

1538 **trog·lo·dyte** [트롸그러다잍]: trole(hole)+dyein(enter), 〈그리스어〉, 〈선사시대의〉 혈거인, 야만인, 은둔자, 세상물정에 어두운 자, 〈~ cave-man〉, 〈~ Luddite〉 양2

1539 **tro·gon** [트로우간]: 〈← trogein(gnaw)〉, 〈그리스어〉, 트로곤, 〈나무를 갉아 둥지를 만드는〉 '갉작새', (더운 지방에 서식하면) 넓적한 부리에 꼬리가 길고 깃털이 아름다운 새, 〈~ bird of paradise보다 덜 생겼음〉, ⇒ quetzal 우1

1540 **troi·ka** [트뤼이커]: 〈← troe(set of three)〉, 〈러시아어〉, 트로이카, 3두 마차, 3두 체제, 3인조, 〈~ triple\trinity〉 양2

1541 ***Tro·jan horse** [트로우줜 호얼스]: 〈← Troy〉 ①(적군을 속인) 트로이의 목마, 〈~ deceit\trick〉 ②파괴 공작단〈saboteur〉 ③(정한 시간에 지워지는) 파괴기능이 내장된 전산기 차림표, 〈~(↔)malware\ransom-ware〉 수2 우2

1542 ***troll** [트로울]: 〈← trollen(to roll)〉, 〈게르만어〉, 회전, 돌림 노래, (줄을 감았다 풀었다 하는) 견지낚시, 〈스칸디나비아 신화에 나오는 크거나 작은〉 심술쟁이 악마, (관심을 끌기 위해) 부정적·선동적 댓글을 다는 것, 〈~ trawl\ugly dwarf\irate comment〉, 〈↔conceal\arrange\answer\angel〉 양1 우1

1543 **trol·ley** [트롸리]: 〈영국어〉, 〈← troll〉, 촉륜, 전차 위의 가공에 닿은 바퀴, 고가 이동 활차, 전차, street car, 〈~ lorry〉, 〈↔bus〉, ⇒ tram 미1

1544 **trol·ley prob·lem** [트롸리 프롸블럼]: '촉륜난제', (1967년에 제기된 윤리학적 명제로) 〈내리막 길에서 제동 장치가 고장이 났을 때 주 선로에는 5명이 서있고 지선에는 1명이 있을 때 촉륜을 바꿔서 1명을 죽이고 5명을 살려야 하는가〉하는 진퇴양난의 처지, 〈이때 5명은 관광객이고 1명은 자기 회사의 선로 수리공이면 어떻게 할 것인가?〉, 〈~ Sophie's choice〉 미2

1545 **trom·bone** [트롬보운]: 〈← tromba(trumpet)〉, 〈이탈리아어〉, 트롬본, ('트럼펫보다 저음을 내는') 활주관으로 음을 조절하는 금관 취주악기, 〈~ a large brass-wind instrument〉 우1

1546 ***TRON** [트롼]: 트론, the realtime operation system nucleus, '실시간 작동 핵심', 어느 전산기에나 공통으로 사용할 수 있게 짠 운영체제, 〈~(↔)cyber-space\interface〉 우1

1547 **~tron** [~트롼]: 〈영국어〉, (elec)tron, 〈~진공관·소립자〉란 뜻의 결합사, 〈~ instrument〉 양1

1548 **troop** [트루우프]: 〈← troppus(a flock)〉, 〈라틴어→게르만어〉, '군중', 떼, 무리, 군대, 일단, 〈~ troupe〉, 〈~ herd\soldiers〉, 〈↔individual\civilian〉 양2

1549 **troop-er** [트루우퍼]: 기병, 기동 경찰대, 낙하산병, 용사, 〈~ warrier\raider〉, 〈→ para-trooper〉, 〈↔civilian〉 양1

1550 **trope** [트로우프]: 〈← trepein(to turn)〉, 〈그리스어〉, 문채, 수사, 비유적으로 쓴 어구, 〈~ cliché\metaphor〉, 〈↔profundity\authenticity〉 양2

1551 **tro·phy** [트로우휘]: 〈← tropion(monument of victory)〉, 〈그리스어〉, 트로피, '전승비', 전리품, 상패, 우승배, 〈~ cup\prize〉, 〈↔failure\disaster〉 미1

1552 **tro·phy wife** [트로우휘 와이후]: 나이 먹은 남자의 젊고 매력적인 아내, '노획처', 전시처', '꽃 아내', 〈~ belle laide〉, 〈~ soul mate\bow-wow〉 미1

1553 **trop·ic** [트롸픽]: 〈← trope〉, 〈그리스어〉, '회전하는', (무역풍이 반대 무역풍을 만나 무풍이 되는) 적도로부터 남북 23°~27′을 지나는) 회귀선, 열대지방, 〈~ equatorial\tropical〉, 〈↔arctic\temperate〉 미2

1554 **~trop·ic** [~트롸픽 \ ~트로우픽]: 〈← trope〉, 〈그리스어〉, 〈~향의·~성의〉란 뜻의 결합사, 〈~ turning\changing\tending〉 양1

1555 **trop·ic-bird** [트롸픽 버어드]: 열대조, '긴꼬리 백조', (열대 바다에 서식하며) 공중제비로 물고기를 낚아채는 꼬리가 길고 몸통이 흰 펠리컨류의 새, 〈~ long tail sea-bird〉 미2

1556 **trop·ic of can·cer** [트롸픽 어브 캔서]: 〈북반구에서 황도대의 게대(6/21~7/22일생)가 시작하는 날에 해가 머리 위를 지나는 것에서 연유한 말〉, 북위 23° 27′, 북회귀선〈Nothern Tropic〉, 춘분에 적도에 있던 해가 점점 북쪽으로 올라가 하지에 이선을 지나고 나서 그 후 다시 남쪽으로 내려가는 '하지선', 〈~ northern most lattitude〉, 〈↔tropic of capricon〉 미2

1557 **trop·ic of cap·ri·corn** [트롸픽 어브 캐프뤼커언]: 〈남반구에서 황도대의 마갈대(12/22~1/19일생)가 시작하는 날에 해가 머리 위를 지나가는 것에서 연유한 말〉, 남위 23° 27′, 남회귀선〈Southern Tropic〉, 추분에 적도에 있던 해가 점점 남하해서 동지에 이선을 지나고 나서 다시 북쪽으로 올라가는 '동지선', 〈~ southern most lattitude〉, 〈↔tropic of cancer〉 미2

1558 **tro·po·nin** [트롸퍼닌]: 〈일본의 생화학자가 topomyosin과 비슷한 작용을 하는 물질이란 뜻으로 주조한 말〉, (근육 파괴 때 올라가는) 근육의 수축을 조절하는 담백질, 〈이것의 수치가 정상보다 높으면 heart muscle이 파괴되고 있다는 징조임〉, 〈~ cardiac and skeletal muscle protein〉 우1

1559 **trop·o·sphere** [트롸퍼 스휘어]: 〈그리스어〉, 〈← tropic〉, (지구의 모든 기상변화가 일어나는) 대류권, (지구 표면에서 10~20km 높이에 있는) 대기층, 〈~ turn〉, 〈~ the lowest atmosphere〉 양2

1560 **trot** [트뢑]: 〈← trotton(to tread)〉, 〈게르만어〉, 트로트, 빠른 걸음, 총총걸음, 속보, (말의) 활보, (정형화된 선율에 일본의 애잔한 음계를 쓴) '뽕짝', 〈~ quick move(step)〉, 〈↔remain\crawl\stroll〉 양1 미1

1561 **troth** [트뤄어쓰]: 〈← trow(trust)〉, 〈게르만어→영국어〉, 〈truth의 변형어〉, 진실, 충성, 서약, 약혼, 〈~ verity\fidelity〉, 〈↔disloyalty\disengagement〉 양2

1562 **troth-plight** [트뤄어쓰 풀라이트]: troth(truth)+plight(pledge), 혼인을 서약한, 약혼(한), 〈~ espouse\engage〉, 〈↔break off\separate〉 양2

1563 **trot·ter** [트롸터]: 걸음이 빠른 자, 활동가, (양·돼지 등의) 발, 〈~ quick mover\paw〉 양2

1564 **Trot-sky** [트롸츠키], Le·on: 〈리투아니아의 지명(Troki)에서 유래한〉 트로츠키, (1879-1940), 유대 가정에서 태어나 소련의 공산혁명을 성공시켜 레닌의 후계자로 부상했으나 스탈린에 의해 밀려나 여러 곳을 전전하다가 멕시코에서 암살당한 풍운아, 〈~ a Russian revolutionary〉 수1

1565 **trou·ba·dour** [트루우버더얼]: 〈← tropus(trope)〉, 〈라틴어→프랑스어〉, trouvere, 트루베르, '작곡가', (11~13세기에 프랑스 등에서 활약했고) 육체적인 사랑과 여인을 찬미했던 일련의 음유시인, 〈~ a ballad singer\minstrel〉 수2

1566 **trou·ble** [트뤄블]: 〈← turba(crowd)〉, 〈라틴어〉, '어지럽게 하다', '흐리게 하다', 괴롭히다, 근심, 걱정, 수고, 폐, 분쟁, 불화, 〈~ turbid〉, 〈~ difficulty\problems〉, 〈↔order\peace〉 양1

1567 **trou·ble-some** [트뤄블 썸]: 골치 아픈, 다루기 힘든, 귀찮은, 〈~ annoying\burden-some〉, 〈↔agreeable\easy\pleasant〉 양2

1568 **trough** [트뤄후]: 〈← trog(wooden container)〉, 〈게르만어〉, 〈'tree'로 판〉 구유, 여물통, 홈통, 낙수받이, V자 단면, 골(짜기), 〈~ manger\gully〉 양1

1569 **troupe** [트루우프]: 〈프랑스어〉, 〈← troop〉, 일단, 한패, 흥행단, 〈~ group\company〉, 〈↔solo\disperse〉 양1

1570 **trou·sers** [트롸우절즈]: ⟨← triubhas(close-fitting shorts)⟩, ⟨어원 불명의 켈트어⟩, (남자) 바지, 헐렁 바지, ⟨~ pants\slacks⟩, ⟨↔strip\jacket⟩ 미2

1571 **trous·seau** [트루우소우]: ⟨← trousse(a bundle)⟩, ⟨프랑스어⟩, '꾸러미', (신부의) 혼수, ⟨~ apparel\accouterment⟩, ⟨↔disarray\unclothe⟩ 양2

1572 **trout** [트롸웉]: ⟨← trogein(gnaw)⟩, ⟨'갉다'라는 뜻의 그리스어에서 유래한⟩ 송어, '점박이 연어', 맑고 찬 물에 서식하며 먹성이 좋고 당기는 맛이 있는 식용 민물·짠물고기, ⟨~ a salmon family⟩ 양2

1573 **trove** [트로우브]: ⟨프랑스어⟩, ⟨← treasure⟩, '발견물', 취득물, 횡령물, ⟨~ cache\inventory⟩, ⟨↔rubbish\junk⟩ 양2

1574 **trow·el** [트롸우얼]: ⟨← trulla(scoop)⟩, ⟨라틴어⟩, 흙손, 모종삽, ⟨~ dipper\ladle⟩ 양2

1575 **Troy** [트뤄이]: ⟨고대 그리스어⟩, 트로이, 기원전 3천 년 전에 Tros와 Ilus 부자에 의해 세워졌다는 터키 북서부의 전설적 도시, ⟨~ llion\an ancient city in N-W Turkey⟩ 수1

1576 **troy weight** [트뤄이 웨잍]: 금형, (14세기경 프랑스의 Troyes 지방에서 사용하기 시작한) 진주·다이아몬드 등을 제외한 귀금속의 무게를 다는 ⟨12온스를 1파운드로 쳐주는⟩ 형량, ⟨~(↔)avoirdupois⟩ 미1

1577 **tru·ant** [트루우언트]: ⟨← truan(wretched)⟩, ⟨어원 불명의 켈트어⟩, 게으름쟁이, 꾀부리는 사람, 무단결석자, ⟨~ skiver\wag\AWL⟩, ⟨↔present²\attending⟩ 양2

1578 **truce** [트루우스]: ⟨← treowe(← true)⟩, ⟨게르만어⟩, 정전 (협정), 일시적 중지, ⟨~ faith\pledge⟩, ⟨↔persistence\disagreement⟩ 양2

1579 **truck¹** [트뤽]: ⟨← trechein(to run)⟩, ⟨그리스어⟩, '바퀴', 화물 자동차, 짐차, ⟨~ freighter\dumper\lorry⟩, ⟨앞으로 나아가는⟩ 지르박(jitterbug) 놀림새, ⟨← truckle⟩ 우2

1580 **truck²** [트뤽]: ⟨← troquer(to exchange)⟩, ⟨라틴어⟩, '교환', 교역, 교제, 소화물, 잡동사니, ⟨~ trade\swap\junk⟩, ⟨↔keep\deny⟩, ⟨↔prize\treasure⟩ 양2

1581 **truck-le** [트뤼클]: ⟨그리스어⟩, ⟨← truck'⟩, '조그만 바퀴', ⟨truckle 침대에 잠자는 하인처럼⟩ 굽실굽실하다, 맹종하다, ⟨~ kow-tow\submit⟩, ⟨↔defy\despise\scorn⟩ 양2

1582 **truck-le bed** [트뤼클 베드]: trundle bed, (비사용 시는 다른 침대 밑으로 밀어 넣어 두는) 바퀴 달린 침대 우2

1583 **truc·u·lent** [트뤄큘런트]: ⟨← trucis(cruel)⟩, ⟨라틴어⟩, 잔인한, 흉포한, 통렬한, 공격적인, ⟨~ fierce\aggressive⟩, ⟨↔cooperative\friendly⟩ 양2

1584 **trudge** [트뤼쥐]: ⟨← trucian(run short)⟩, ⟨어원 불명의 영국어⟩, 터벅터벅 걷다, 무거운 걸음, ⟨~ plod\traipse\wade⟩, ⟨↔prance\bounce\hop⟩ 양2

1585 **true** [트루우]: ⟨← treowe(faithful)⟩, ⟨게르만어⟩, '단단한', 진실한, 사실의, 진짜의, 성실한, 정확한, 정당한, 참된, ⟨→ truth⟩, ⟨~ truce\accurate\right⟩, ⟨↔un-true\false⟩ 양1

1586 **true bug** [트루우 버그]: '참 곤충', 노린재를 비롯한 ⟨날개가 발달하지 못한⟩ 6천여 종 이상의 매미목 반시류의 곤충, ⟨~ an arthropoda⟩ 우1

1587 **true fly** [트루우 훌라이]: '참 파리', 똥파리를 비롯한 ⟨한 쌍의 날개를 가진⟩ 약 1백만 종으로 추산되는 '날아다니는 물건', ⟨~ two winged insects⟩ 우1

1588 **true love** [트루우 러브]: '참사랑', ⟨꽃 장사들이 새로 개발한⟩ 탐스러운 흰 꽃을 피우는 치자나무과 연령초속의 화초, ⟨(Lent 시기에 피는) Lenten rose⟩ 우1

1589 *__True Type font__ [트루우 타이프 횬트]: '진형 서체', (1991년 애플사가 고안한) 유연한 윤곽을 가미할 수 있는 외곽선 글자체, ⟨~ an out-line font standard⟩ 수2

1590 **True Val·ue** [트루우 밸류] Com·pa·ny: 트루 밸류, '참값 회사', 1948년에 창립되어 1962년 현재의 상표명을 획득한 미국의 세계적 건축 자재·철물 연쇄점, ⟨~ an American hardware retailer⟩ 수2

1591 **truf·fle** [트뤼플]: ⟨← tuber(hump)⟩, ⟨'융기'란 뜻의 라틴어⟩ ①송로, 봄에 솔밭 모래땅에 나는 향기가 짙은 고급 조미용 '알' 버섯, ⟨~ a subterranean mushroom\diamond of the kitchen⟩ ②'둥근' 초콜릿 과자의 일종; ⟨~ tuber⟩ 우1

1592 **Tru-man** [트루우먼], Har·ry: 'trusty man', 트루먼, (1884-1972), 판사 출신의 승계 대통령으로 (Fair Deal이란 분배 정책을 폈고) 일본에 원폭을 가해 2차 대전을 종식시켰으나 한국 전쟁 때 만주에 원폭을 하지 않았던 강한 성격의 민주당적 33대 미국 대통령, {Little Big-man}, ⟨~ 33rd US President⟩ 수1

1593 **Tru-man Doc·trine** [트루우먼 닥트륀]: 공산주의의 팽창을 방지하려고 1947년 미국의 트루먼 대통령이 우방 국가에 대한 경제원조를 주창한 것, ⟨~ Marshall plan⟩ 수2

1594 ***Tru-match** [트루우 매취]: '참 조화', (동명의 인쇄사가 개발한) 4가지 색깔을 조정해서 개성적인 색깔을 만드는 체제, ⟨~ a 4 color matching system⟩ 수2

1595 **trump** [트뤔프]: ⟨게르만어⟩, ⟨← triumph(conquest)⟩ '승리 패', 으뜸 패, 승자, 비결, 나팔 (소리), trummer(북 치는 자), ⟨~ out-weigh\over-come⟩, ⟨↔lose\defeated\block⟩ 양1

1596 **Trump** [트뤔프], Don-ald: 트럼프, (1946-), 부동산업자로 더 돈을 벌고 '미국 우선주의' 정치가가 되어 ⟨강한 무대성 체질로 인해 천방지축으로 날뛰다가 Biden에게 패했고 4,000여 개의 소송이 걸려 있음에도 불구하고 2024년 권토중래한⟩ '독불장군', ((모든 추문을 음모라고 몰아붙이는) Conspiracy Theorist⟩, ⟨대통령 중에 이름 덕을 제일 많이 본 친구-두번째는 Truman⟩, ⟨~ 45th and 47th US President⟩ 수1

1597 **trum·pet** [트뤔핕]: ⟨← trompe(trump)⟩, ⟨프랑스어⟩, 트뤔펫, 나팔, 관이 원통형으로 감겨있고 울판이 나팔 모양으로 된 취주 금관악기, '자랑스럽게 알리다', ⟨~ tuba\clarion\horn⟩, ⟨~ proclaim\broad-cast⟩ 미2

1598 **trum·pet creep-er** [트뤔핕 크뤼이퍼]: ⟨하늘을 업신여기고 계속 기어 올라가는⟩ 능소화, 깔때기 모양의 황적색 꽃이 피는 (미국 동부 원산의 덩굴식물), ⟨~ trumpet vine⟩ 미2

1599 **trum·pet-er** [트뤔피터]: ①나팔수, 떠버리(boaster) ②큰가시고기, (남반구 온대 심해에 서식하며 꿀꿀 소리를 내고 가시 돋친 지느러미와 몸통에 줄무늬가 있는) 벤자리 비슷한 대형 물고기, ⟨~ a ray-finned large fish⟩ 미2

1600 **trum·pet-er** (bull) **finch** [트뤔피터 (불) 휜취]: 울음 양진이, (구대륙에 서식하며 '콧소리로 흥얼대는' 멧새과의 되새 비슷한 피리새, ⟨~ a small passerine⟩ 미2

1601 **trum·pet-er swan** [트뤔피터 스완]: 나팔 (울음)고니, (북미 대륙에 서식하며) 울음소리가 낭랑한 멸종 위기의 대형 백조, ⟨~ whooper swan⟩ 미2

1602 **trum·pet shell** [트뤔핕 쉘]: ⟨trumpet 모양을 한⟩ 소라(고둥), ⟨~ triton²\conch⟩ 미2

1603 **trum·pet tree** [트뤔핕 트뤼이]: ⟨테가 찢어진 트럼펫 같은 꽃을 피우며⟩ 중남미에 서식하고 줄기 속에 개미가 많은 능소화나뭇과의 상록교목·관목, guarumo, ⟨~ a flowering tree⟩ 우2

1604 ***Trump-ing** [트뤔핑]: ⟨← Donald Trump⟩, 미국의 영혼을 러시아에 팔아먹는 짓⟨over-shadowing⟩ 수2

1605 ***trun·ca·tion** [트뤙케이션]: ⟨← truncare(cut off)⟩, ⟨라틴어⟩, 끝 자름, 끊기, 일련의 문자나 숫자의 시작 또는 끝을 생략하는 일, ⟨~ trench⟩, ⟨~ shortening\abbreviation⟩, ⟨↔extension\elongation⟩ 양2

1606 **trun·dle** [트뤈들]: ⟨← trendel(a circle)⟩, ⟨게르만어⟩, 작은 다리 바퀴, 구르다, 덜컹덜컹 밀고 가다, ⟨~ trend⟩, ⟨~ shuffle\trudge⟩, ⟨↔tip-toe\glide\relieve⟩ 양1

1607 **trunk** [트륑크]: ⟨← truncus(main stem)⟩, ⟨라틴어⟩, '본체 부분', 줄기, 몸통, 간선, 여행용 큰 가방, (차의) 짐 칸, ⟨~ torso\chest\cargo compartment⟩, ⟨↔branch\limb⟩, ⟨↔brief-case\passenger-space⟩ 양1 미1

1608 **trunk-fish** [트륑크 휘쉬]: box fish, 거북복, (대서양의 난류에 서식하며 독을 뿜어내고 거북점이 박혀있는 통통한 복어(puffer-fish) 미2

1609 **Truss** [트뤄스], Liz(E·liz·a·beth): 트러스, (1975-), 동료 의원과의 불륜 경력에도 불구하고 2022년 9월 총리에 지명되었으나 경제정책 ⟨헛발질⟩로 44일 만에 사임한 영국의 보수당 정치인, ⟨~ a British politician⟩ 수1

1610 **trust** [트뤄스트]: ⟨← traust(firmness)⟩, ⟨북구어⟩, ⟨단단하여 기댈 수 있는⟩ 신뢰, 확신, 신탁, 수탁자, 기업 합동, 고문단, ⟨~ confidence\faith\credit⟩, ⟨↔dis(mis) trust\doubt\uncertainty⟩ 양1

1611 **trust-ee** [트뤄스티이]: 피신탁인, 보관인, 재산 관리인, 제3채무자, 평의원, ⟨~ administrator\executor⟩, ⟨↔trustor⟩ 양1

1612 **trust fund** [트뤄스트 휜드]: 신탁 자금, 거금, 맡겨 놓은 재산, ⟨~ beneficiary fund⟩ 양2

1613 ***trust-ing do·main** [트뤄스팅 도우메인]: '신뢰 영역', 믿을 수 있는 전산기 사용자와 같이 공유할 수 있는 전산망 영역, ⟨~ credible (or gullible) domain⟩, ⟨~(↔)trusted domain은 사용자의 계좌(account)까지 공유함⟩ 우2

1614 **trust-or** [트뤄스터]: 위탁자, 신탁 설정자, 재산 의뢰인, ⟨~ grantor\donor⟩, ⟨↔trustee⟩ 양1

1615 **truth** [트루우쓰]: ⟨게르만어⟩, ⟨← true⟩, 참, ⟨믿음에 바탕을 둔⟩ 진리, 진실, 사실, 성실, 현실, ⟨~ verity\fact⟩, ⟨↔falsity\fallacy\superstition⟩ 가1

1616 *truth-er [트루우써]: 음모설 신봉자, 어떤 사건이 공식 발표와는 달리 숨겨진 배후가 있다고 믿는 '진실론자', 〈~ conspiracy theorist〉 양2

1617 *truth·i·ness [트루우씨너스]: 〈연애학에서 매우 중요한〉 (사실에 입각하지 않은) 감정적 믿음, 믿고 싶은 마음, '유사진실', 〈~ seemingly true\resembling reality〉, 〈~ pseudo-truth〉 미2

1618 TRW: Thompson Ramo Wooldridge, 1901년에 창립되어 2002년에 Northrop에 인수된 항공·자동차·신용조사 회사, 〈~ an ex American corp. involved in variety of businesses〉 수1

1619 try [트롸이]: 〈← tritare(thresh corn)〉, 〈라틴어〉, '주위 올리다', 노력하다, 시험하다, 시도하다, 실패할지도 모른다, 심리하다, 시련을 주다, 〈~ trial\attempt\endeavor〉, 〈↔quit\concede\relent〉 양1

1620 *try-ing to teach an old dog new tricks: 늙은 개에게 새 기술 가르치기, 세살 버릇 여든까지 간다, 〈~ old habits die hard〉, 〈~(↔)teach a fish how to swim〉, 〈↔never late to mend〉 양2

1621 try me [트롸이 미이]: 어디 한번 해봐, 내가 어떻게 하는지 두고 봐, 끝내줄게, 〈~ test me\bring it on〉 양2

1622 try on [트롸이 어언]: 입어보다, 신어보다, 시험해보다, 〈~ experiment\fit〉 양2

1623 try out [트롸이 아웉]: (충분히) 시험해보다, 잘 살피다, 〈~ test\appraise〉 양2

1624 try o·ver [트롸이 오우붜]: 다시하다, 복습하다, 연습하다, 〈~ try it again\repeat〉 양2

1625 tryp·to·phan \ ~phane [트륖터퐨 \ ~풰인]: 〈게르만어, 〈trypsin을 만드는〉 트립토판, 〈신경 전달 물질의 전구물질이 되는〉 외부에서 섭취해야만 하는 필수 아미노산의 하나, 〈~ an essential ammo acid〉 수2

1626 tryst [트뤼스트 \ 트롸이스트]: 〈← tristre(hunting station)〉, 〈프랑스어→영국어〉, 〈사냥 때 회합 장소에서 연유한〉 밀회 장소, 회합, 소(의) 시장, 〈~ trust〉, 〈~ rendezvous\assignation〉, 〈↔division\separation〉 양2

1627 *try to pick the best but wind up with the worst: 모시 고려다 삼베 고른다, 〈if anything can go wrong, it will\Murphy's law〉 양2

1628 TSA (Trans·por·ta·tion Se·cu·ri·ty Ad·min·is·tra·tion): (미) 교통안전청, 9·11사태 직후 2001년에 창립되어 〈미국의 출입국 과정에서 당신의 몸과 물건을 뒤지는〉 국토 안전부(DHS) 산하의 교통 '공안부대', 〈~ a pre-check program〉 미2

1629 tset·se [체시]: 〈원주민어〉, (아프리카 중남부에 서식하며) 동물에 치명적 전염병을 매개하는 커다란 집파리, 〈~ gadfly〉 수2

1630 T-shirt [티이 셔얼트]: 머리로부터 입는 반소매의 T 모양 윗옷, 〈~ tee〉, 〈↔Y-shirt〉 우1

1631 tsk [티스크]: 〈의성어〉, 쯧, (가소롭다는 듯) 혀 차는 소리, 〈~ contempt\disdain〉, 〈↔hallelujah\hurrah\yaldi〉 가1

1632 TSMC: Taiwan Semiconductor Manufacturing Company, 대적전(대만 적체 전로 제조 복분 유한공사), 1987년 설립된 세계 최초의 반도체 주물회사(foundry) 수2

1633 *TSO: time sharing option, 시 분할 선택 기능, (다른 사용자는 모르지만) 한 운영체제를 여러 사람이 같이 쓰는 전산망 조직, 〈~ many people using a computer system concurrently and independently〉 미2

1634 tsp (tea-spoon): 〈약 5mL 용량의〉 찻순가락 양2

1635 T-square [티이 스퀘어]: (직각으로 된) T 모양의 자〈ruler〉 우1

1636 *TSR¹: terminate and stay resident, (주기억장치) 종료 후 상주형 차림표, '기간이 만료돼도 계속 머무는 거주자', 일단 주기억장치에 오르면 계속 남아 있어 수시로 호출할 수 있는 차림표, 〈~ an interrupt service routine〉 미2

1637 *TSR²: truly stupid rule, 진짜 멍청한 규칙 미2

1638 T-strap [티이 스트뢮]: (발목과 발등에) T형 끈이 달린 〈여성용〉 구두, 〈~ a T-shaped part of an open shoe〉, 〈이것은 그림 한 개면 쉽게 설명이 될텐데 '돈이 웬수'로소이다 우1

1639 tsu·ki·da·shi [스키 다시]: 〈일본어〉, 쯔끼다시, 스키다시, '돌출〈thrust out〉식', 일식집에서 본 요리 전에 나오는 간단한 전채, 곁들이 안주, 〈한국에서는 '찌다시'라고도 함〉, 〈~ side dish〉 미2

1640 tsu·na·mi [츄나아미]: tsu(harbor)+nami(wave), 〈일본어〉, 쓰나미, '항구에 쳐들어온 파도 (일본어)', (지진에 의한) 해일, 〈~ seismic (or tidal) sea wave〉, 〈↔calm weather\trickle〉 미2

1641 tteok·bok·ki [떡볶이]: 〈한국어〉, 쌀로 만든 가래떡을 잘라서 고추장·양념·고기 등을 넣고 볶은〈roast〉 한국 음식, spicy seasoned bar rice cake 수2

1642 **ttung-ttan·ji** [뚱딴지]: 뚝감자, 〈한국어〉, fatty, blunt and dull, 돼지감자(pig-potato), 〈뚱해서〉 붙임성이 적은 자, 〈↔ae-gyo〉 수2

1643 ***TTFN \ TT4N**: ta ta for now, 그만 끝내자, 그럼 안녕, 〈~ good-bye〉 미2

1644 **T-time** [티이 타임]: take off time, 발사 예정 시간 양2

1645 ***TTL**: transistor transistor logic, '정류와 증폭 논리', 1963년에 도입된 〈느리고 전력이 많이 소모되나 결속력이 강한〉 '2 극성' 숫자 형 통합회로, 〈~ standard method of constructing processors〉 우1

1646 ***TTYL**: talk to you later, 다시 얘기하자, 다시 연락할게, 이제 그만, 〈~(↔)TTFN〉 미2

1647 **Tu, Fu** [투우 후우]: '팥배나무(hawthorn) 숲에 사는 자', Du·Fu, 두보, (712-770), 〈시사를 풍자하며〉 엄격한 구성과 사실적 묘사로 인간의 슬픔을 노래했던 중국 당나라 때 시인, 〈~ a Chinese poet and politician〉 수1

1648 **tu·a·ta·ra** [투어타아뤄]: tua(back)+tara(spine), 〈'뾰족한 등'이란 뜻의 원주민어〉, 〈뉴질랜드산의〉 통통하고 큰 도마뱀, 〈~ a rare lizard\diapsid reptile〉 우2

1649 **tub** [텁]: 〈← tubbe(wooden stave)〉, 〈게르만어〉, (물)통, 함지, 욕조, 양동이, 〈~ barrel\cask〉 양1

1650 **tu·ba** [튜우버]: 〈라틴어〉, 튜바, a large saxophone, '커다란 나팔', 적의 전파 탐지기를 교란하기 위한 고출력 전파 방출기, 최저음의 대형 금관악기, 〈~ trumpet〉 우1

1651 **tub-by** [터비]: 통 모양의, 둔탁한 소리가 나는, 땅딸막한, 〈편자의 친구 중에 '똥 방울'이란 별명을 가진 놈이 있었음〉, 〈~ chubby\stout〉, 〈↔slender\lean〉 양1

1652 **Tu·bel-cain** [튜우벌 케인]: Cain's Spices, 〈히브리어〉, (성서 창세기에 나오는) 날붙이(brass and iron)를 만드는 사람, 〈~ the first black-smith〉 수1

1653 **tube** [튜우브]: 〈← tubus(pipe)〉, 〈라틴어〉, 관, 통, 대롱, 원통, 짜내어 쓰게 된 용기, 〈~ cylinder\duct〉, 〈↔blockage\seal〉, 〈↔entry\outlet〉 미2

1654 **tu·ber** [튜우버]: 〈라틴어〉, a swelling, 덩이 줄기, 결절, 돌기, 작은 혹, 〈~ truffle\potato〉, 〈↔cavity\remnant\out-growth〉 양1

1655 **tu·ber-cu·lo·sis** [튜버얼큘로우시스]: TB, 결핵, 국부에 '망울〈tubercle〉'이 생기는 세균성·소모성·내구성 전염병, consumption, 〈~ an infectious disease caused by Mycobacteria〉 양2

1656 **tube·rose** [튜우브로우즈]: 월하향, 네덜란드 수선화, 열대지방에 서식하며 '망울〈tuber〉 뿌리'를 가지고 희고 통통한 다발꽃에서 〈밤에 강력한 향내를 내는〉 용설란속의 다년생 초본, 〈~ agave Amica(girl's name)〉 미2

1657 **tube-worm** [튜우브 워엄]: 관벌레, 관서충, 석회질의 관을 만들어 그 속에서 사는 해산동물의 총칭, 〈~ beard-worm\a marine invertebrate〉 양2

1658 **Tu·bi** [튜우비]: 〈TV의 어린이어에서 따온 듯한〉 튜비, 2014년에 창립되어 현재 Fox사가 운영하며 영어권에 〈무료로〉 영상물을 공급하는 대중매체 회사, 〈~ an American over-the top content platform〉 수2

1659 **Tub-man** [터브먼], Har·riet: (1822-1913), 'tub man', 〈양동이 제조자〉, (친척·친지를 포함해서 약 70명의 노예를 '지하철도'를 통해 구출해서) 곧 미화 20달러에 등장하게 될 노예 출신 흑인 여성 인권 운동가, 〈~ an American abolitionist〉 수1

1660 **tuck¹** [턱]: 〈← tucken(pull up)〉, 〈게르만어〉, (옷의) 단, 주름 겹단, 쑤셔 넣다, 걷어 올리다, 감싸다, 〈~ tug\push〉, 〈~ pleat\ruffle〉, 〈↔take out\pull out\extend\spread〉 양1

1661 **tuck²** [턱]: 〈게르만어〉, 〈의성어〉, 북 치는 소리, 활력, 원기, 〈~ beat\thrust〉, 〈↔let go\decline〉 양2

1662 **tuck·a·hoe** [터커호우]: 〈북미 원주민어〉, 복령, 미주 원주민들이 식용으로 하는 토란〈taro〉의 일종, Indian bread 미2

1663 **tuck·er·oo** [투컬루우 \ 투커루우]: 〈오스트레일리아 원주민어〉, beach tamarind, '당근나무', ⇒ carrot tree 우2

1664 **Tuc·son** [투우산]: cuk(black)+son(base), 〈원주민어〉, '검은 산의 언저리', 투손, 1775년 군 요새로 설립되어 근래에 종합도시로 팽창해 온 미국 아리조나주 남쪽(southern Arizona)에 있는 사막도시 수1

1665 **~tude** [~튜우드]: 〈라틴어〉, 〈~ 성질·상태〉란 뜻의 결합사, 〈~ ness〉, 〈~ a noun-forming suffix〉 양1

1666 **Tu·dor** [튜우더]: theos(god)+doron(gift), 〈그리스어→라틴어→웨일스어〉, '신의 선물', 튜더, 장미전쟁을 끝내고 1485~1603년간 잉글랜드를 지배했던 (강력한) 영국의 왕가, 〈적장미+백장미〉, 〈~ Theodore〉, 〈~ an English royal house〉 수1

1667 **Tues-day** [튜우즈 데이]: 〈영국어〉, 튜즈데이, 화요일, (북구의 전쟁 신 Tyr에서 따온) 일주일의 3번째 날, 〈~ Martes(Spanish)〉, ⇒ Twos-day 가1

1668 **tuft** [터후트]: 〈← touffe(bunch of hairs)란 프랑스어?〉, 〈어원 불명의 영국어〉, 깃털, 술, 타래, 덤불, 수염, 〈~ fringe\tassel\tussock〉, 〈↔individual\one〉 양1

1669 **tug** [터그]: 〈← tuggen(to pull)〉, 〈영국어〉, 당기다, 끌다, 다투다, 끄집어내다, 〈~ tow\tuck¹〉, 〈↔repel\jolt〉 양1

1670 **tug-boat** [터그 보울]: 끌배, 예인선, 견인선, 〈~ tow-boat〉 양2

1671 **tug of war** [터그 어브 워어]: 줄다리기, 주도권 싸움, 〈~ rivalry\struggle〉, 〈↔accord\agreement\peace〉 양2

1672 **tu·i·tion** [튜우이션]: 〈← tuitus ← tueri(to watch)〉, 〈라틴어〉, '돌보는 값', 수업료, 지도(비), 〈~ tutor〉, 〈~ tutorage\fee〉, 〈↔incompetence\scholar-ship〉 양2

1673 **Tu·lane** [튜울레인], U·niv: 1834년 의과 대학으로 세워졌다가 1884년 Paul 툴레인〈'신의 선물(gift of god)'이란 뜻의 프랑스어?〉의 기부금으로 확장된 미국 뉴올리언스(New Orleans)에 있는 〈입학 선별이 까다로운〉 사립대학, 〈~ a private research univ.〉 수2

1674 **tu·lip** [튜울립]: 〈← dulband〉, 〈페르시아어〉, 'turban(두건)', 튤립, 터키 지방 원산으로 17세기에 네덜란드에 투자선풍을 일으켜서 현재 2천여 종이 개발된 구근식물, 〈~ lily like plant\tulipa〉 수2

1675 **tu·lip tree** [튜울립 트뤼이]: yellow poplar, magnolia, saddle tree, 미국 목련, (북미 동부에 서식하며 단단한 가구용 재목을 제공하는) 노란색의 둥근 튤립 모양의 꽃을 피우는 목련과의 거대한 낙엽활엽교목, 〈~ tulip poplar\white poplar〉 우2

1676 **Tul·sa** [털서]: 〈← tallasi(old town)〉, 〈원주민어〉, '오래된 마을', 털사, 1901년 석유가 발견되어 한때 '석유 수도'로 불렸던 미국 중부 오클라호마(Oklahoma)주 동북부의 아칸소강 변에 있는 산업·항구도시, 〈~ a city on the Arkansas River〉 수2

1677 **Tul·sa Mas·sa·cre** [털서 매써컬]: 털사학살, 1921년 5월 31일~6월 1일간에 걸쳐 19살의 흑인 구두닦이 청년이 흔들리는 승강기에서 17살의 백인 처녀의 몸에 손이 닿은 사건을 빌미로 흑·백 간에 충격전이 벌어져 최대 3백 명이 사망하고 최소 8백 명이 부상당한 일이 일어났는데 이때 경찰이 백인 폭도들에게 무기를 제공해서 흑인이 3배 정도 더 죽었음, 〈~ Black Wall Street Massacre〉 수2

1678 **tum·ble** [텀블]: 〈← tumbian(stumble)〉, 〈게르만어〉, 〈의태어〉, 굴러떨어지다, 넘어지다, 폭락하다, 재주 넘다, 〈~ tumbrel\wallow〉, 〈↔arise\straighten\stand〉 양1

1679 **tum·ble-bug** [텀블 버그]: 쇠(말)똥구리, 〈누굴 닮아서 그런지〉 (자꾸 넘어지면서) 커다란 쇠똥뭉치를 굴려와서 그 속에 알을 까 땅에 묻는 딱정벌레, 〈~ dung roller\scarab beetle〉 미2

1680 **tum·ble-dri·er** [텀블 드라이어]: 회전식 건조기, cylinder·drier 양1

1681 **tum·bler** [텀블러]: 곡예사, 오뚝이, 공중제비 비둘기, 용수철, 손잡이 없는 큰 컵, 〈~(↔)shifter\goblet\high-ball〉 양1 미2

1682 **tum·ble-weed** [텀블 위이드]: 회전초, (미주·호주에 서식하며) 가을에 밑동에서 부러져 들판을 굴러다니는 명아주·엉겅퀴 따위 잡초, ⇒ Russian thistle 미2

1683 **Tum·blr** [텀블러]: 〈← tumblelog(microblogs)〉, (2007년에 창립되어) 〈자신의 모든 것〉을 관심있는 타인과 공유할 수 있게 해주는 미국의 사회 전산망 기지, 〈~ an American micro-blogging and social networking website〉 수2

1684 **tum·bre(i)l** [텀브뤌(륄)]: 〈← tomber(to fall)〉, 〈프랑스어〉, (등받이를 뒤로 기울여 짐을 부리는) 분료운송 2륜차, 사형수 호송차, 〈~ tumble〉, 〈~ dump-cart\carriage〉 우2

1685 **Tu-men** [투우먼]: thunya+mouwane, Duman, 〈'물안개(water fog)'를 뜻하는 만주어?〉, 두만강, 백두산에서 시작해서 북한·중국·러시아의 국경을 이루면서 동해로 흘러 들어가는 521km짜리 강, 〈~ boundary between Korea, China and Russia〉 수2

1686 **tu·mid** [튜우미드]: 〈← tumere(to swell)〉, 〈라틴어〉, 부어오른, 융기한, 과장된, 〈~ tumor\tumult〉, 〈↔shrunken\simple〉 양2

1687 **tum·my** [터미]: 〈영국어〉, 〈'stomach'의 어린이어〉, 배, 위장 가1

1688 **tum·my but·ton** [터미 버튼]: navel, belly button, 배꼽 가1

1689 **tu·mor** \ ~mour [튜우머]: ⟨← tumere(to swell)⟩, ⟨라틴어⟩, '부은 것', 종양, 돌출부, (양성과 악성이 있는) '신생물', ⟨~ tumid⟩, ⟨~ neoplasm⟩, ⟨↔decrement\non-proliferation⟩, ⟨속에 공간이 있으면 polyp⟩ 양2

1690 **Tums** [텀스]: ⟨← tummy⟩, 1930년 미국의 글락소스미스클라인사가 출시한 탄산칼슘($CaCO_3$)이 주성분인 제산제, ⟨~ an American brand of antacid⟩ 수2

1691 **tum·tum** [텀 텀]: ⟨영국어⟩, ⟨의성어⟩, 덩동, 텅텅, 현악기 튕기는 소리, ⟨~ strum\stroke⟩ 가1

1692 **tu·mult** [튜우멀트]: ⟨← tumere(to swell)⟩, ⟨라틴어⟩, '부어서 생긴 것', 소동, 소란 법석, 격정, 폭동, ⟨~ tumid\tumor⟩, ⟨~ swarm⟩, ⟨↔rest\peace\calm⟩ 양1

1693 **tu·mu·lus** [튜우멀러스]: ⟨← tumere(to swell)⟩, '부푼 것', 무덤, 봉분, ⟨~ barrow\mound⟩, ⟨↔ditch\valley⟩ 가1

1694 **tu·na¹** [튜우너]: tunny, ⟨← thynein(to dart along)⟩, ⟨그리스어⟩, 튜나, 다랑어, 참치, (다양한 크기로 난·온류의 심해에 서식하며 '헤엄치는 속도가 빠른') 꽁칫과의 바닷물고기, ⟨~ chicken of the sea⟩ 미2

1695 **tu·na²** [튜우너]: ⟨원주민어⟩, 'tuna(prickly pear)'라는 식용 열매를 맺는 ⟨멕시코 원산으로 사료되는⟩ 부채선인장, ⟨~ Indian fig⟩ 수2

1696 **tun·dra** [툰드뤄 \ 턴드뤄]: ⟨← tundar(treeless mountain tract)⟩, ⟨러시아어⟩, 툰드라, 동토대, 너무 추워서 나무가 자랄 수 없는 북극해 주변과 고산지대, ⟨~(↔)savanna⟩, ⟨↔desert\rain forest⟩ 미1

1697 **tune** [튜운]: ⟨← tonos(sound)⟩, ⟨그리스어→영국어⟩, ⟨← tone⟩, '소리의 연속', 곡(조), 가락, 기분, 조율, 동조, ⟨→ attune⟩, ⟨~ cadence\rhyme⟩, ⟨↔silence\cacophony\conflict\prose\resist⟩ 양1

1698 *****tuned-in** [튜운드 인]: 새로운 감각이 있는, 유행에 앞서가는, 감을 잘 잡는, ⟨~ knowledgeable\observant⟩, ⟨↔un-aware\ignorant⟩ 미1

1699 **tune-out** [튜운 아웉]: 시청을 그만두다, 맥 빠지다, ⟨~ disregard\slight⟩, ⟨↔followed\observed⟩ 미1

1700 **tune-up** [튜운 엎]: '상향 조율', (발동기의) 철저한 조정, 예행연습, ⟨~ over-haul\adjust⟩, ⟨↔idleness\refrain⟩ 미1

1701 **tung** [텅]: ⟨← tong(oil tree)⟩, ⟨중국어⟩, 유동, 오동나무의 일종, (극동지방 원산으로) 씨를 짜서 염료·유약 등의 원료로·재목은 내수성이 강해서 가구용으로 쓰는 심장형의 잎과 현란한 흰 꽃에 호두만 한 연두색 열매를 맺는 '기름 나무', ⟨~ kalo nut tree⟩ 미2

1702 **tung-sten** [텅스턴]: heavy+stone, ⟨스웨덴어⟩, '강한 돌', 텅스텐, wolfram(독일어), 섭씨 3,410℃ 정도에서나 녹아 각종 강철이나 전기 기재로 쓰이는 금속원소 (기호W·번호74), ⟨~ a metallic element⟩ 수2

1703 **Tun·gus**(z) [퉁구우즈]: ⟨← tunguz(wild boar)⟩, ⟨터키어→러시아어⟩, 퉁구스, 시베리아 동부에 살던 몽고(Mongol)계의 종족 수2

1704 **tu·nic** [튜우닉]: ⟨← tunica(loose\gown like garment)⟩, ⟨라틴어⟩, 소매가 짧고 무릎 위까지 내려오는 헐렁한 겉옷, 외피, ⟨~ coat⟩, ⟨↔bottoms\pants⟩, ⟨tunic은 평상복·toga는 외출복임⟩ 수2 양2

1705 **Tu·ni·sia** [튜우니이쥐아]: ⟨← tunis(encampment)⟩, ⟨라틴어⟩, '주둔지', 튀니지, (카르타고의 역사를 지니고) 1957년 프랑스로부터 독립한 아프리카 대륙 북서부 지중해 연안에 위치한 ⟨하늘·바다·들이 푸른⟩ 아랍 공화국, {Tunisian-Arab-Dinar-Tunis}, ⟨~ the northern-most African country⟩ 수2

1706 **tun·nel** [터늘]: ⟨← tonne(large cask)⟩, ⟨프랑스어⟩, 굴, 지하도, 갱도, (멀리 떨어진 전산망들을 연결해주는 사적이고 안전한) '전자 통로', ⟨~ funnel⟩, ⟨~ underground(subterranean) passage⟩, ⟨↔blockage\over-pass⟩ 양2

1707 **tun·nel vi·sion** [터늘 뷔젼]: 협량 시야, 좁은 시야, ⟨~ constricted vision\narrow-mindedness⟩, ⟨↔clear vision\central scotoma⟩ 양2

1708 **tun·ny** [튜우니]: tuna(다랑어)의 애칭 미2

1709 **tu·pa·ia** [투파이어]: ⟨말레이어⟩, 나무땃쥐, 나무두더지, ⇒ tree shrew 미2

1710 **tu·pe·lo** [튜우펄로우]: ⟨원주민어⟩, '늪⟨swamp⟩ 나무', 미국 니사나무(Nyssa sylvatica), ⟨값싼 건축 재료로 쓰이는⟩ 미국 동남부 습지에서 잘 자라는 층층나뭇과의 큰 나무, ⟨~ river lime\white gum⟩ 미2

1711 **Tu·pi** [투우피이]: ⟨'comrade(동지)'란 뜻⟩ 투피족, 아마존강 근처에 사는 원주민, ⟨~ native people in Brazil⟩ 수1

1712 **Tup·per·ware** [터퍼 웨어]: (1942년 미국의 Earl Tupper⟨게르만 계통은 '옹기장이(potter)'\영국 계통은 '양치기(shepherd)'⟩가 고안한) 합성수지로 만든 식품 보관 용기, ⟨~ plastic container⟩ 수2

1713 **tu·ra·co** [투어뤄코우]: 투라코, ⇒ touraco 수2

1714 **tur·ban** [터어번]: dur(turn)+band(band), 〈페르시아어〉, 터번, 두건, (이슬람이나 힌두교도들이) 햇볕 차단·신분 표시용 등으로 쓰였던 머리에 감는 수건, 〈~ tulip〉, 〈~ Muslim head-wrap〉, 〈~(↔)이것은 남성용이고 hijab은 여성용임〉 우2

1715 **tur·bid** [터어비드]: 〈← turbare ← turba(crowd)〉, 〈라틴어〉, 혼탁한, 흐린, 혼란한, 짙은, 〈~ trouble\turbulent〉, 〈↔clear\filtered〉 양1

1716 **tur·bine** [터어빈 \ 터어바인]: 〈← turbo(a whirl)〉, 〈라틴어〉, '회전시키는 것', (운동력을 기계력으로 바꾸는) 회전 원동기, 〈~ rotor\motor〉, 〈↔impeller〉 미1

1717 **tur·bit** [터얼빝]: 〈← turbo(top)?〉, 〈어원 불명의 영국어〉, (애완용으로 개량된) 머리〈top〉와 부리가 짧고 목털이 아름다운 집비둘기, 〈~ a domestic pigeon〉 우1

1718 **tur·bo~** [터어보우~]: 〈라틴어〉, 〈turbine에 의해 움직이는~〉이란 뜻의 결합사, 소용돌이치는, 나선형의, 〈~ spinning〉 미1

1719 **tur·bo–charg·er** [터어보우 촤아져]: 배기 회전 동력 과급기, 내연 기관의 배기로 구동되는 원심식 공기 압축기, 〈~ a forced induction device〉 우2

1720 *****Tur·bo Pas·cal** [터어보우 패스캘]: 터보 파스칼, (1983년에 고안된) 속도가 매우 빠른 연성기기 편찬기, 〈~ a software development system〉, 〈~(↔)나중에 Delphi로 대체됨〉 수2

1721 **tur·bot** [터얼벝]: 〈torn(thorn)+but(flat-fish)?〉, 〈어원 불명의 스칸디나비아어〉, 유럽 넙치, 〈가로보다 세로가 긴〉 가자미의 일종, 〈~ a flounder〉 우2

1722 **tur·bu·lent** [터어뷸런트]: 〈← turbare(to disturb)〉, 〈라틴어〉, 휘몰아치는, 몹시 거친, 소란스러운, 어지럽히는, 〈~ turbid〉, 〈~ stormy\unstable〉, 〈↔peaceful\orderly〉 양1

1723 **turd** [터어드]: 〈← turda(manure)〉, 〈게르만어〉, 똥 덩어리, 똥 같은 놈, 〈~ dung\poo〉, 〈↔gem\good person〉 양2

1724 **tur-duc-ken** [털더컨]: turkey+duck+chicken, 뼈 없는 닭이나 오리고기로 속을 채운 뼈를 발라낸 칠면조요리, 세가지 새 구이, 〈~ a 3-bird roast〉 우2

1725 **tu·reen** [튜우뤼인]: 〈← terrenus(earthy)〉, 〈라틴어〉, (국물 등을 담는) 뚜껑 달린 움푹한 그릇, 합, 〈흙(terrine)으로 만든〉 '질그릇', 〈~ earthen-ware〉 우2

1726 **turf** [터얼후]: 〈← turfa(tuft of grass)〉, 〈게르만어〉, 뗏장, 잔디(밭), 토탄, 경마장, 세력권, 〈~ sward\race-track\sphere of influence〉 양1

1727 **Tur·ge-nev** [터얼게니어후], I·van: 〈← turgen(quick)〉, 〈러시아어〉, '재빠른 자', 투르게네프, (1818-83), 서유럽의 문화를 찬양했던 러시아 3대 작가의 하나, 〈~ a Russian novelist〉 수1

1728 **tur·gid** [터얼쥐드]: 〈← turgere(to swell)〉, 〈라틴어〉, 부어오른, 중상의, 과장된, 〈~ inflated\puffy〉, 〈↔plain\humble〉 양2

1729 **Tu·ring ma·chine** [튜어링 머쉬인]: 튜링 기계, (1930년대 영국 수학자 Alan Turing〈스코틀랜드의 지명에서 연유한 이름〉이 주장한) 무한대의 정보를 제공하면 연산으로 표시할 수 있는 모든 문제를 해결할 수 있다는 가상적 전산기, 〈~ automatic machine〉 수2

1730 **Tu·ring test** [튜어링 테스트]: 튜링 검사, T~이 1950년에 발표한 인간·인공지능의 차이를 검사하는 방법, 〈~ competition between AI and human intelligence〉 수2

1731 **Tur·key \ Tur·ki·ye** [터어키 \ 튀르키에(2022년 6월부터의 공식 발음)]: 〈어원 불명의〉 터키족의 나라, (그리스의 숙적으로 오스만 제국의 본거지였다가 1923년 공화국으로 탈바꿈한) 흑해와 지중해에 연한 회교도의 나라, {Turkish-Turkish-Lira-Ankara}, 〈2023년 2월 중남부 지방의 7.8도 강진으로 시리아인을 포함해서 6만 명 정도가 사망함〉, 〈~ Anatolia〉 수1

1732 **tur·key** [터어키]: (자라면서 여러 형색으로 변하는) 칠면조, (16세기 신대륙에서 '터키〈Turkey〉를 거쳐' 유럽으로 전파된) 퍼석한 맛을 주는 꿩과의 커다란 새, 겁쟁이, 〈~ Thanks-giving bird\booby\fool〉, 〈↔sage\blockbuster〉 미1

1733 **tur·key buz·zard(vul·ture)** [터어키 버져드(뷜춰)]: 칠면조 말똥가리, (캐나다 남쪽 미 대륙에 서식하며) 죽은 고기를 먹고 대머리 칠면조같이 생긴 독수리, 〈~ vulture that resembles wild turkey\John (or carrion) crow〉 미2

1734 **tur·key cock** [터어키 칵]: 수칠면조, 〈하루 10번도 할 수 있는·그래서 10중 9은 gas chamber로 보내지는〉 '칠면조 좃', 우쭐대는 자, 〈~ Tom turkey\gobbler〉, 〈↔chicken\nibbler〉 양1

1735 **tur·key corn** [터어키 코언]: squirrel corn, 칠면조 (다람쥐) '옥수수', 캐나다 금낭화, 〈고사리 같은 잎을 가지고 옥수숫대 같은 줄기 끝에 삐죽한 초롱꽃이 피는 북미 동부 원산의 현호색과의 다년생 초본〉, 〈~ wild bleeding heart〉 미2

1736 **Turk·ish bath** [터어키쉬 배쓰]: 터키식 목욕, 증기로 땀을 내는 '철저한' 목욕, 〈~ a sweat bath〉 수2

1737 **Turk·ish tow·el** [터어키쉬 타우얼]: 터키 수건, 〈터키산 면으로 짠〉 보풀이 길어 흡수력이 강한 목욕용 수건〈bath towel〉, 〈~(↔)terry towel은 더 두꺼움〉 수2

1738 **Turk·men·i·stan** [터어크 메니 스탠]: '터키〈Turkey〉족 비슷한 종족의 땅', 투르크메니스탄, (1991년 소련으로부터 독립한) 중앙아시아〈Central Asia〉 카스피해에 연한 사막지대의 '영세 중립국', {Turkmen-Turkmen-Manat-Ashgabat} 수1

1739 **Turks-cap lil·y** [터어크스캡 릴리]: (북미 중동부에 서식하며) 젖혀진 터번〈Turkish cap〉 같은 주황색의 점백이 꽃을 피우는 〈응달나리〉, 〈~ swamp lily〉, 〈~(↔)tiger lily〉 우2

1740 **tur·meric** [터얼머뤽]: terra(earth)+meritus(excellent), 〈라틴어〉, '흙 빛', 강황(황색의 생강), 〈짙은 누른빛의 전분을 가진〉 심황, 〈물감·건위제·카레가루 등으로 쓰이는〉 열대산 생강(ginger)과의 여러해살이풀, 〈~ curcuma〉 미2

1741 **tur·moil** [터어머일]: 〈← krumel(tumult)란 프랑스어?〉, 〈어원 불명의 영국어〉, 소란, 소동, 혼란, 〈~ commotion\up-roar〉, 〈↔calm\peace〉 양1

1742 **turn** [터어언]: 〈← tornos(lathe)〉, 〈그리스어→라틴어〉, 〈← tornare(rotate)〉, '돌리다', 뒤집다, 켜다, 틀다, 방향을 바꾸다, 〈→ attorney〉, 〈~ tour\tourniquet〉, 〈~ spin\twist〉, 〈↔remain\straighten〉 양1

1743 **turn–a–round** [터어언 어롸운드]: 선회, 전환, 전향, 반환, 되돌아 나오기, 〈~ reversal\U-turn〉, 〈↔maintain\worsen\destroy〉 양1

1744 *****turn-coat** [터어언 코우트]: 변절자, 배반자, 〈~ betrayer\quisling〉, 〈↔adherent\loyalist〉 양2

1745 *****turn-down** [터어언 다운]: 접어 젖힌, 거절, 배척, 침체, 낮춤, 〈~ rejection\re-buff〉, 〈↔turn up\accept〉 양1

1746 *****turned-on** [터언드 어언]: 유행에 민감한, 멋 부린, 흥분한, 〈발동이 걸려〉 '꼴린', 〈~ aroused\stimulated〉, 〈↔tired\bored〉 양2

1747 **turn-er** [터어너]: 돌리는 것(사람), 뒤집는 것(사람), 〈돌리개를 써서〉 선반을 만드는 사람, 공중제비하는 사람, 〈~ twister\lathe worker\acrobat〉 양1

1748 **Turn-er** [터어너], Nat: 터너, lathe worker, 〈프랑스어→영국어〉, '선반공', (1800-1831), 미국 버지니아에서 70명의 흑인 동료들과 폭동을 일으켜 50여 명의 백인을 학살했으나 동조 세력이 없어 붙잡혀 교수형에 처해진 노예 출신 목사, 〈~ an African-American carpenter and preacher〉 수1

1749 **Turn-er** [터어너], Ted: 터너, (1938-), 1979년 Cable News Network를 사들여서 24시간 뉴스 방송으로 키웠으며 UN에 1조 불을 희사하고 15개의 농장을 소유하고 있는 미국 방송업계의 거물·자선 사업가, 〈~ an American media proprietor〉 수1

1750 **Turn-er Broad-cast–ing Sys·tem \ TBS**: 1965년 Ted Turner에 의해 창립되어 1996년 Time Warner와 합병하고 CNN 등을 소유하는 미국 굴지의 대중매체 연합 회사, 〈~ an American media conglomerate〉 수1

1751 **turn-ing point** [터어닝 포인트]: 방향 전환 지점, 전기, 고비, 〈~ water-shed\critical moment〉, 〈↔decline\dead end〉 양2

1752 **tur·nip** [터어닢]: 〈← turnen(round ← turned)+nepe?〉, 〈어원 불명의 영국어〉, 순무, 〈물기가 많아 금방 시드는〉 갈라진 넓은 잎과 '둥근 뿌리'를 식용하는 십자화과의 채소, 쓰레기, 바보, nabo〈스페인어〉, 〈~ neep〉, 〈~(↔)rutabaga\Swede〉, 〈↔holy being\good egg〉 미2

1753 **turn-key** [터어언 키이]: ①옥지기 (간수), 〈~ jailer〉 ②(켜기만 하면 되는) 작동 준비가 된, 〈~ ready for use〉 미2

1754 *****turn-key sys·tem** [터언키이 씨스템]: 준비된 체제, 다른 조작 없이 즉각 특정업무를 수행할 수 있는 맞춤형 전산기기, 〈~ a ready-to-use solution〉 미2

1755 **turn-light(sig·nal)** [터어언 라잍(씨그널)]: 전환 신호등, 방향 지시등, 〈~ blinker\signal light〉 미1

1756 **turn-off** [터어언 어어후]: 돌려 끄기, 분기점, 지선도로, 김새게 하는 것, 〈~ leave\put off〉, 〈↔turn-on\join\attract〉 양2

1757 **turn-out** [터어언 아웉]: 동원, 소집, 출석자 (수), 산출량, 분기점, 차 대피소, 〈~ attendance\pull-off\lay by〉, 〈↔drop off\turn in\receive〉 양1

1758 **turn-o·ver** [터어언 오우붜]: 회전, 전복, 전향, 거래액, 전직률, 〈~ revolt\transformation〉, 〈↔stagnation\agreement\cost\loss〉 양1

1759 *****turn over a new leaf**: (새로운 page로) 생활을 다시 쓰다, 마음을 일신하다, 개과천선, 환골탈퇴, 〈~ reform\improve〉, 〈↔preserve\back-slide〉 양2

1760 *****turn-pike** [터어언 파이크]: 〈영국어〉, Tpke, 유료 고속도로, 〈돌려서 길을 막는 차단기를 쳐 놓고 돈을 받던〉 통행료 징수소, 〈~ toll road\toll gate〉 미2

1761 **turn sour** [터어언 싸우어]: 시어지다(쉬다), 상하다, 못쓰게 되다, 〈~ go bad\spoil〉, 〈↔sweet\fresh〉 양2

1762 *****turn-stile** [터어언 스타일]: 회전식 십자문, 회전식 개찰구, 〈~ revolving door〉, 〈↔barricade\sliding door\casement door〉 미2

1763 **turn-stone** [터어언 스토운]: 〈'돌들치기 도요새'〉, 꼬까물떼새, (추운 지방에 가서 산란하며) 〈돌을 들춰서 벌레를 잡아먹는〉 조그만 섭금류, 〈~ a sand-piper〉 미2

1764 *****turn stones** [터어언 스토운스]: 〈보석을 찾으려고 모든 돌을 들춰보며〉 탐색하다, 궁리하다, 〈~ grope\search〉, 〈↔ignore\neglect〉 양2

1765 **turnt** [터언트]: turned의 강조형, 뺑 돌은, 황홀한, 〈~ intoxicated\excited〉 양2

1766 **turn-ta·ble** [터어언 테이블]: 회전대(반), 녹음 재생기, 회전식 식탁, 〈~ record player\gramophone〉, 〈↔records¹\discs\food〉 양1

1767 **turn tail** [터어언 테일]: 꽁무니 빼다, 〈꼬리를 돌려〉 토끼다, 〈~ flee\run away〉, 〈↔remain\chase〉, 〈↔face\confront〉 양2

1768 **turn-up** [터어언 엎]: 접어 올린 단, 야단법석, 들창코(의), 〈~ un-folded\raise〉, 〈~ turned-up〉, 〈↔turned-down〉 양1

1769 **turn up** [터어언 엎]: (뜻밖에) 나타나다, (우연히) 생기다, 도착하다, 정신놓고 놀다, 올리다, 〈~ come out\emerge〉, 〈↔stay away\disappear〉, 〈↔turn down〉 양2

1770 **tur·pen·tine** [터얼펀타인]: 〈← terminthos(a sumac)〉, 〈그리스어〉, 테레빈유, (주로 물감을 희석하는 데 쓰는) 지중해 원산의 옻 나무에서 추출한 함유 수지, 〈~ a fluid from living trees〉 우1

1771 **tur·peth** [털피쓰]: 〈← triputa(triplicated)〉, 〈산스크리트어→아랍어〉, jalap, 〈세겹의 꽃을 피우며〉 (동인도에서 자라는) 뿌리를 하제로 썼던 나팔꽃과의 덩굴식물, 〈~ a climbing plant with tuberous root〉 우1

1772 **tur·pi·tude** [터얼피튜우드]: 〈← turpis(vile)〉, 〈라틴어〉, 비열한 (행동), 타락, 부패, 〈~ wickedness\corruption〉, 〈↔virtue\honor〉 양2

1773 **tur·quoise** [터얼쿼이즈]: (터키〈Turkey〉 지방에서 들어온) 〈청록색의〉 터키옥, 12월의 탄생석〈~ blue-green〉, 〈~(↔)aqua-marine〉 수2

1774 **tur·ret** [터맅]: 〈← turris(tower)〉, 〈라틴어→프랑스어〉, (본 건물에 달린) 작은 탑, 포탑, 총좌, 선반의 돌출부, 〈~ minaret\gun bulge〉 양1

1775 **tur·tle¹** [터어틀]: 〈← tortue(tortoise)〉, 〈프랑스어〉, (모든 종류의) 거북, 〈다양한 풍토에서〉 〈몸을 보호하는〉 딱딱한 외피를 가지고 장수하는 약 240종의 파충류, 〈tortoise는 주로 민물에서 살고 turtle은 짠물에도 순화되었음〉 가1

1776 *****tur·tle²** [터어틀]: (자취를 남기면서) 화면 위로 돌아다니며 그림을 그리는 삼각형(triangle)의 지침, '거북이', 〈~ a relative cursor〉, 〈↔spider²〉 미2

1777 **tur·tle-dove** [터어틀 더브]: 〈← tur-tur〉, 〈의성어〉, spotted dove, '거북 비둘기', 점박이 날개를 가지고 유럽·아프리카에서 철 따라 이동하며 금실이 좋다는 작은 멧비둘기, 〈〈turr-turr하며〉 우는 소리가 구슬픈〉 호도애, 〈~ mourning dove〉 미1

1778 **tur·tle-head** [터어틀 헤드]: (북미 동남부 산악지대에 서식하며) 꽃이 거북이 머리를 닮은 현삼과의 다년초, 〈~ snake-head\shell-flower〉 우1

1779 **tur·tle-neck** [터어틀 넼]: '자라목 셔츠', 긴 목 부분을 접어서 입는 스웨터, polo neck〈영국 신사들이 쓰는 말〉, 〈~ pull-over〉, 〈↔mock-neck\V-neck〉 우2

1780 **tur·tle-neck syn·drome**: (장시간 낮은 위치에 있는 화면을 내려다보는 사람한테 생기는) 거북목증후군, 〈~ torti-collis(twisted-neck)〉 미2

1781 **Tus·ca·ny** [터스커니]: 〈← Etruscan〉, 토스카나, (중세에 번창했던) 이탈리아 중서부 해안에 연한 지역, 〈~ coastal region of mid-western Italy〉 수1

1782 **tush¹** [터쉬]: ①〈영국어〉,〈의성어〉, 체, 치(못마땅하다는 소리), 〈~ tsk\disapproval〉②〈← tusk〉, 송곳니(canine) ③〈← tush²(ass\bottom)?〉,〈← 'high class'란 뜻의 Nigeria어?〉,〈미 흑인 속어〉, 흑백 혼혈아, 부유한, 위험한, 〈~ black-and white child\rich\hostile〉 양2

1783 **tush²** [투쉬]: 〈← tokhes〉,〈유대어→미국 속어〉, 엉덩이, 앉는 변기, 〈~ butt\seat〉,〈↔front\head〉 양2

1784 **tusk** [터스크]: 〈← tusc(molar)〉,〈영국어〉,〈말의〉 엄니, 뻐드렁니, 〈~ long protruding tooth〉, 뾰족한 끝, 모캐(burbot), ⇒ cusk 양2

1785 **tus·sah** \ tus·sore \ tus·sur [터서 \ 터설]: 〈← tasara(shuttle)〉,〈산스크리트어〉,〈고치가 직조기의 북을 닮은〉 멧누에, 참나무 누에나방, 명주, 〈~ undomesticated Asiatic silk-worm〉 미2

1786 **Tus·saud** [투우쏘우], Ma·rie: 〈어원 불명의 프랑스 이름〉, 튀소, (1760-1850), 프랑스 태생으로 영국에 건너가 유명인사들을 본뜬 밀랍인형관을 만들어 세계 도처로 퍼뜨린 밀랍 세공사, 〈~ a French (wax) model sculptor〉 수1

1787 **tus·sle** [터슬]: 〈← tussillen(struggle)〉,〈스코틀랜드어〉, 격투, 분투, 난투(하다), 〈~ wrestle〉, 〈↔agreement\surrender〉 양1

1788 **tus·sock** [터석]: 〈← tuske(tuft)〉,〈어원 불명의 영국어〉, 덤불, 풀숲, 더부룩한 (털), 뿌리에서 많은 줄기가 자라는 풀, 〈~ bush\sedge〉 양1

1789 **tus·sock grass** [터석 그래스]: ①유별나게 잘 자란 잔디, 〈~ a thick tuft〉②(뿌리가 길고 잎줄기가 무성한) 남미 원산 볏과의 목초, 〈~ a strong grass〉, 〈~ bunch grass〉 우1

1790 **tus·sock moth** [터석 머어쓰]: (두드러기를 일으키는 긴 털〈long tuft of hairs〉을 가지고 각종 낙엽수의 잎을 갉아 먹는 애벌레를 가진) 독나방 미2

1791 **tut** [털]: 〈영국어〉,〈의성어〉, tut tut!, 쯧, 체, 혀 차는 소리, 〈~ disapproval\annoyance〉 가2

1792 **tu·te-lar·y** [튜우터레뤼]: 〈← tutela(protection)〉,〈'보호하다'란 뜻의 라틴어에서 유래한〉 수호신(보호자·후견인)의, 〈~ tutor\protector〉, 〈↔un-protective\destructive〉 양2

1793 **tu·tor** [튜우터]: 〈← tueri(to watch)〉,〈라틴어〉, '보호자', 가정 교사, 개별 지도 교수, 조교, 〈~ tutelary\educator〉, 〈↔student\learner〉 양2

1794 **tut·ti-frut·ti** [투우티 후루우티]: 〈라틴어→이탈리아어〉, '모둠〈toti〉 과일 음식', 여러 가지 과일을 잘게 썰어 달게 만든 (얼음) 과자, 〈~ all fruits〉 우1

1795 **tu·tu** [투우투우]: ①〈← cucu(buttocks)〉,〈프랑스어〉,〈'엉덩이'란 뜻의 어린이어에서 유래한〉 튀튀 치마, 발레 때 입는 '밑이 다 보이는' 화려한 주름이 잡힌 깡통 치마, 〈~ ballet skirt〉②〈Maori어〉, 열매에 맹독이 든 뉴질랜드 토산의 관목, 독말발도리, 〈~ a poisonous shrub〉 우1

1796 **Tu·va·lu** [투우뷜루우]: 〈← valu(eight)〉,〈원주민어〉,〈'8쌍(group of eight)'의 섬나라〉, 투발루, (1978년 영국으로부터 독립한) 태평양 중남부에 9개(하나는 무인도)의 산호섬으로 된 쪼끄만 나라, Ellice Islands, {Tuvaluan-Tuvaluan·Eng-(Tuv·Aust) Dollar-Funafuti}, 〈~ a country in Oceania〉 수1

1797 **tux·e·do** [턱씨이도우]: 〈원주민어〉, '늑대〈wolf〉'\'굽은 강〈crooked river〉', 턱시도, (1889년 뉴욕의 Tuxedo 공원에서 첫선을 보인) 신사복과 연미복의 중간쯤 되는 (약식) 야회복, 〈~ dinner jacket\penguin (or monkey) suit〉, 〈↔casual\in-formal〉 수2

1798 **TV** [티이뷔이]: 티비, television, (1800년대부터 여러 사람에 의해 서서히 개발된) 원격 방영기, 〈~(↔)radio〉 우2

1799 **·tv**: (TV 방송사에서 인기 있는) 〈지금은 다 팔아먹었지만〉 Tuvalu국에 등록된 전산망 주소의 말미, 〈~ a domain name〉 수2

1800 **TV din·ner** [티이뷔이 디너]: (TV를 보면서 먹는) 약식 저녁 식사, 〈늙거나 게으른 사람들이〉 포장됐던 냉동식품을 가열해서 먹는 '조잡한 식사', 〈~ frozen dinner\meal kit(콩글리시)〉, 〈↔gourmet dinner〉 미1

1801 **TVing** [티빙]: 2020년 10월 한국의 CJ와 JTBC가 합작해서 출범한 영화를 비롯한 흥행물 찾아보기 유료 전산망 통신로, 〈~ a Korean streaming service〉 수2

1802 **TWA**: Trans World Airlines, 1930년에 창립되어 2001년 American Airlines에 흡수된 미국의 국내노선 항공사, 〈~ an ex American air-line〉 수2

1803 **twad·dle** [트와들]: ⟨← tattle?⟩, ⟨어원 불명의 영국어⟩, 쓸데없는 소리, 졸작, ⟨~ balderdash\hog-wash⟩, ⟨↔rationality\sense⟩ 양2

1804 ***TWAIN** [트웨인]: technology without an interesting name, (여러 기구를 통하지 않고) 영상을 응용기기에 전달하는 방법, '단순한 기술', ⟨~ direct transfer⟩ 우1

1805 **Twain** [트웨인], Mark: '짝패', (1835-1910), Samuel Langhorne Clemens의 필명, (흰옷과 여송연으로 관심을 끌었으며) 인생의 희극적인 면을 부각시키려고 노력했으나 자신은 우울했던 미국의 인기 작가, ⟨~ an American writer and humorist⟩, ⇒ Mark Twain 수1

1806 **twang** [트왱]: ⟨의성어⟩, ⟨영국어⟩, 팅(윙) 하고 울리는 소리, 현소리, 콧소리, ⟨~ tang²\chink⟩ 가2

1807 **tweak** [트위크]: ⟨← twican(to pinch and pull)⟩, ⟨영국어⟩, 꼬집다, 비틀다, 꼬집어 비틀다⟨여성들의 악랄한 전투 방법⟩, (성능을 올리기 위해) 조정하다, ⟨← twitch⟩, ⟨~ sharp pull\twist⟩, ⟨↔refrain\decompress\push\disarrange⟩ 양2

1808 **tweed** [트위드]: ⟨스코틀랜드어⟩ ①(스코틀랜드 Tweed강 부근에서 야외용으로 개발된) 다양한 색깔의 실로 촘촘히 짠 두껍고 거친 모직물, ⟨~ rough wool⟩ ②까칠까칠한 인화지, ⟨~ twill⟩ 수2

1809 ***tween** [트위인]: teen+between, ⟨8~9세부터 19세까지의⟩, 청소년(녀), ⟨~(↔)youngster\teen⟩ 양2

1810 **tweet** [트위트]: ⟨영국어⟩, 틱틱, ⟨의성어⟩, 찌르레기 울음 소리, ⟨~ chirp\peep⟩ ①짹짹 (울다), ⟨↔woof⟩ ②Twitter를 이용해서 보낸 전달문 양2 우1

1811 ***tweet-storm** [트위트 스토어엄]: tweeter storm, 사회 전산망 폭풍, 사회 전산망에 갑자기 연속으로 전문이 들어오는 현상, ⟨~ bombard-ment of tweets⟩ 우2

1812 **tweez-ers** [트위이저스]: ⟨← etui(small case)⟩, ⟨프랑스어→영국어⟩, 족집게, 겸자, pincettes, forceps, ⟨수술용 기구를 넣어 두던 조그만 상자에서 연유한 말⟩, ⟨↔release⟩ 양1

1813 **twelve** [트웰브]: ⟨게르만어⟩, two more than ten, 12(의), 열둘(의) 가1

1814 **Twelve Ta·bles** [트웰브 테이블즈]: 12표법, ⟨그동안 내려오던 관습법을 12항목으로 나눠서 로마시민의 권리와 의무를 규정한⟩ (기원전 49년에 완성된) 로마 최초의 성문법, ⟨~ foundation of Roman law⟩ 미2

1815 **twen-ty** [트웬티]: ⟨게르만어⟩, two times ten, 20(의), 스물(의) 가1

1816 **twen-ty-two** [트웬티 투우]: (파괴력이 약한) 0.22인치 구경의 총, ⟨~ a fire-arm⟩ 우1

1817 ***twen-ty-fifth hour** [트웬티 휘쓰 아우어]: ①지나간 기회, ⟨~ disarray⟩ ②마지막 기회, ⟨~ desperation⟩ 양2

1818 **twerk** [트워억]: ⟨영국어→루이지애나어⟩, twitch+jerk, 몸을 낮추고 엉덩이를 흔들며 ⟨성적으로 꼬시는⟩ '방둥이 춤', ⟨~ a provocative dance⟩ 우2

1819 **Twi** [트위이]: ⟨왕의 이름에서 연유한 가나어⟩, 중서 아프리카에서 사는 9백여만 명이 사용하는 언어, ⟨~ Akan language of Ghana⟩ 수1

1820 **twice** [트와이스]: ⟨← twi(double)⟩, ⟨게르만어→영국어⟩, 2배(회), 두 번, ⟨↔once⟩ 가1

1821 **twid·dle** [트위들]: ⟨영국어⟩, ⟨의태어⟩, to stir, 빙빙 돌리다, 만지작거리다, 작은 변경, ⟨~ twirl\twist\tilde⟩, ⟨↔leave alone\un-twist\work⟩ 미2

1822 **twig** [트위그]: ⟨← twigga(a fork)⟩, ⟨게르만어⟩, 작은 가지, ⟨둘로 갈라지는⟩ 지맥, 지선, ⟨← two⟩, ⟨~ tally⟩, ⟨보통 가지는 branch 큰 가지는 bough⟩, ⟨↔trunk\main\origin⟩ 양2

1823 **twi-light** [트와일라잍]: ⟨영국어⟩, ← two light, night·fall, 밝음과 어둠의 중간, 여명, 황혼, 쇠퇴기, 어스름, 몽롱한 상태, ⟨~ gloaming\dusk\evening⟩, ⟨↔day-light\glow⟩ 양1

1824 **twill** [트윌]: ⟨스코틀랜드어⟩, ⟨씨줄과 날줄이 몇 올씩 건너뛰게 짜는⟩ 능직(물), ('two thread'(두 가닥)으로 짠 천⟩, ⟨~ tweed⟩ 미2

1825 **twin** [트윈]: ⟨영국어⟩, ⟨← two⟩, ⟨둘이 함께 태어난 쌍둥이(의 한 사람), 꼭 닮은 것(의 한쪽), ⟨~ duplicate\look alike⟩, ⟨↔single\different⟩ 양2

1826 **twin bed** [트윈 베드]: 한 쌍의 1인용 침대, '쌍둥이 침대', ⟨~ two single beds⟩, ⟨↔king (sized) bed⟩ 미1

1827 ***twin-dem·ic** [트윈 데믹]: twin+pandemic, '이중 대유행', Covid-19과 또 하나의 극국적으로 유행하는 상태 미2

1828 **twine** [트와인]: ⟨← two⟩, ⟨게르만어⟩, twisted thread, ⟨두가닥으로⟩ 꼰 실, 꼬아 합친 것, 뒤얽힘, 꼬불꼬불함, ⟨~ cord\string⟩, ⟨↔un-twine\straighten⟩ 미1

1829 **twin-flow·er** [트윈 플라워]: 린네풀, '쌍둥이 꽃', (한랭 산림 지대에 서식하며) 쌍으로 된 처진 초롱꽃을 피우는 인동과의 다년생 초본, 〈~ a creeping ever-green sub-shrub〉 우2

1830 **twinge** [트윈쥐]: 〈← twengan(squeeze)〉, 〈게르만어〉, 쑤시는 아픔, 동통, 회한, 〈~ gripe\misery〉, 〈↔advantage\blessing〉 양1

1831 **twin·kle** [트윙클]: 〈← twinclian(to sparkle)〉, 〈게르만어〉, 〈의성어·의태어〉, 반짝이다, 펄럭이다, 깜박이다, 순식간, 〈~ glitter\flicker〉, 〈↔dark\extinguish\eternity〉 양1

1832 **twin-size** [트윈 싸이즈]: 1인용 침대 크기의, 39×75인치, 〈~(↔)single-size〉, 〈↔king-size〉 미2

1833 **Twin Tow·ers** [트윈 타우어즈]: 쌍둥이 마천루, (2001년 9·11테러로 파괴된) 미국 뉴욕시에 있던 세계무역회관(World Trade Center)의 쌍둥이 고층 건물 우2

1834 **twirl** [트워얼]: 〈영국어〉, twist+whirl, 빙빙 돌리다, 휘두르다, 비틀다, 〈~ spin\twist\wind'〉, 〈↔un-twirl\straighten〉 양1

1835 **twist** [트위스트]: 〈← twis(in two)〉, 〈게르만어〉, 뒤틀다, 비틀다, 휘감다, 〈두 가닥을〉 꼬다, 〈~ twine\twiddle\twirl〉, 〈↔straighten\conformity\rest〉 양1

1836 ***twist-ed pair** [트위스티드 페어]: 비비 꼰 쌍둥이 전선, (경제적이고 소음이 적은) 동량의 반대 신호를 전달하는 두 전선을 싸개 없이 꼬아 놓은 것, 〈~ ethernet cable〉 미2

1837 ***twist one's arm** [트위스트 원즈 아암]: 〈20세기 중반에 등장한 속어〉, 팔을 뒤틀다, 강요하다, (거절 못하게) 〈억지로〉 부탁하다, 〈~ pressurize\coerce〉, 〈↔let\permit\allow〉 양2

1838 ***TwiT** [트윝]: 트위트, this week in tech, 2005년 미국에서 출범한 기술계통의 각종 정보를 제공하는 전산망 차림표, 〈~ a tech podcast network〉 수2

1839 **twit** [트윝]: 〈← atwitan(reproach)〉, 〈영국어〉, 비꼬기, 조롱, 힐책, 얼간이, 안달, 〈~ mocking\taunting\dork〉, 〈↔approve\commend\applaud〉 양1

1840 **twitch** [트위취]: 〈← twiccian(to pluck)〉, 〈게르만어〉, 잡아채다, 경련시키다, 가벼운 아픔, (말의 코를) 비트는 기구, 〈→ tweak〉, 〈~ sharp pull\twist〉, 〈↔relax\still〉 양1

1841 ***Twit·ter** [트위터]: X, 2006년 미국에서 창립되어 〈트럼프 대통령 등〉 매달 3억 명 이상이 동시간에 간단한 전문을 주고받고 있는 (보는 것은 공짜지만 돈을 내야 글을 실을 수 있는) 미국의 세계적 사회 전산망체계, 〈~ an American SNS〉 수2

1842 **twit·ter** [트위터]: 〈← twiteren(to titter)〉, 〈영국어〉, 〈의성어〉, 지저귀다, 재잘대다, 킥킥 웃다, 〈~ chirp\cheep〉, 〈↔cry\moan〉 양2

1843 **two** [투우]: 〈← duo ← dyo〉, 〈그리스어→라틴어→게르만어〉, 〈1다음의〉 2(의), 〈하나를 자르거나 더한〉 둘(의), 〈~ twain\duo\pair〉, 〈↔ between〉, 〈~(↔)one\three〉 가1

1844 **two–bag-ger** [투우 배거]: 〈치고나서 2번째 기지까지 안전히 갈 수 있는〉 (야구의) 제2루타, 〈~ two base-shot〉, (본인과 상대방을 위해 2개의 부대로 얼굴을 가려야 할 만큼) 못생긴 여자, 〈~ ugly chick〉 양2

1845 **two-by-four** [투우 바이 훠어]: 가로·세로가 2×4인치인 재목, 협소한, 〈~ dimensional lumber〉, 〈~(↔)four-by-four〉, 〈↔big\wide〉 미1 양2

1846 ***two cents** [투우 쎈츠]: 〈1937년 영국의 'two pennies짜리 의견을 제시하면'이란 은어에서 시작된 말〉, 시시한 것(견해), 청하지 않은 의견, (토론에서) 자신의 의견, 〈~ peanuts\chicken feed〉 양2

1847 ***two heads are bet·ter than one**: 백지장도 맞들면 낫다, 〈~ many hands make light work〉 양2

1848 ***two of a kind**: 닮은꼴, '짝퉁', 그 나물에 그 밥, 〈~ two peas in a pod〉 양2

1849 ***two peas in a pod**: 닮은꼴, 판박이, 붕어빵, 〈~ clone\carbon copy\dead ringer〉, 〈~ two of a kind〉 양2

1850 **two-piece** [투우 피이스]: 두 부분으로 된, '나뉜 옷', 〈↔one piece〉 미1

1851 **Twos-day** [투우스 데이]: 〈둘이 5개 모인 22년 2월 22일+Tuesday〉, 〈둘이 6개 모인 twosday인 2422년 2월 22일까지는 불가능 하겠지만〉 〈둘이 7개 모인 2222년 2월 22일까지 살 사람 손 들어봐!〉 등급 없음

1852 **two-some** [투우 썸]: 2인조, 한 쌍, 둘이서 하는, 〈~ couple\pair〉, 〈~(↔)four-some〉 양2

1853 **two-way** [투우 웨이]: 〈마주보고 오가는〉 쌍방통로, 양쪽 길, 이원인, 왕복의, 상호적인, (송수신) 양용의, 〈two-lane은 이차선〉, 〈~ two part\reciprocal〉, 〈↔one-way〉 양2

1854 **two-way mir·ror** [투우 웨이 미뤄]: (앞에서 보면 거울·뒤에서 보면 투명한 유리로 된) 양용 거울, 〈~ reflective from one side-transparent from the other〉, 〈↔one-way mirror〉 미2

1855 **~ty** [~티]: 〈라틴어〉, quality\condition, 〈~행위·성질·상태·10의 배수〉등을 나타내는 결합사 양❶

1856 **ty·coon** [타이쿠운]: ta(great)+kiun(prince), 〈중국어→일본어〉, '대군'의 일본어, 막부의 장군이 외국 인사를 부르던 말, 〈실업계·정계의〉 거물, 〈~ magnate\mogul〉, 〈↔no-body\subordinate〉 우❷

1857 **ty·ing** [타잉]: tie 하기, 매기, 묶기, 매듭, 〈↔un-tying\unfastening〉 양❷

1858 *****ty·ing the knot** [타잉 더 낱]: 결혼하다, 국수를 먹다, 〈~ wedding〉, 〈↔divorce\separation〉 양❷

1859 **Ty·le·nol** [타일러너얼]: 타이레놀, 1955년 미국의 한 제약회사가 aceTYL aminophENOL에서 따온 진통·해열제의 상표명, 〈~ an American brand of mild analgesic and anti-pyretic〉 수❷

1860 **Ty·ler** [타일러], John: 〈프랑스어→영국어〉, 'tile maker', (1790-1862), 전임자의 사망으로 대통령이 되어 임기 중 재혼하였으며 총 15명의 자녀를 두고 노예제를 지지하는 등 소신껏 일했으며 대통령이 죽으면 잔임 임기는 부통령이 수행한다는 것을 확고하게 만들었으나 양대 정당에 의해 외면당한 변호사 출신 휘그당적 미국의 10대 대통령, 《(우연히 대통령이 된) His Accidency》, 〈~ 10th US President〉 수❶

1861 **tym·pan** [팀펀]: 〈← typtein(to strike)〉, 〈그리스어→라틴어〉, 팽팽한, 엷은 막, 압지틀, 〈~ drum\membrane〉 미❷

1862 **Tyn·da·reus** [틴대뤼어스]: 〈어원 불명의 그리스 이름〉, 틴다레어스, 스파르타의 왕으로 아내 Leda가 백조가 되어 제우스와 교접해서 얻은 Helen과 Clytemnestra의 형식적 아버지, Phoebe의 진짜 아버지, 〈~ a Spartan king〉 수❶

1863 **type** [타이프]: 〈← typtein(to strike)〉, 〈그리스어〉, '치다', '누르다', 형, 본, 유형, 양식, 활자, 타자 (치다), 〈→ typical〉, 〈~ print\sort〉, 〈↔release\atypical\deviation\write〉 양❶

1864 **type-face** [타이프 훼이스]: 활자 면, 활자체, 인쇄 면, 글꼴, 〈~ font family〉 미❷

1865 **type-one error** [타이프 원 에뤄]: (통계학에서 집단에 나타나는 현상이 참인 귀무가설을 거부하는) 위양성 오류, 〈~ false positive〉 양❷

1866 **type-two error** [타이프 투우 에뤄]: (통계학에서 집단에 나타나는 현상이 거짓인 허무가설을 거부하지 않는) 위음성 오류, 〈~ false negative〉 양❷

1867 **type-writ·ter** [타이프 라이터]: (1867년에 미국에서 실용적인 것이 고안된) 타자기, 〈~ writing machine〉, 〈↔pen\pencil〉 양❷

1868 **ty·phoid** [타이훠이드]: 〈← typhus〉, 티푸스성의, 장티푸스, 장질부사 (위생 상태가 나쁜 지역에서 기승을 떨치던) 장 출혈성·세균성 경구 전염병, 〈~ enteric fever〉 우❷

1869 **ty-phoon** [타이후운]: tai(great)+fung(wind), 태풍(중국어), (남중국해의) 열대성 폭풍, 〈~(↔)tornado는 이보다 규모가 훨씬 작음〉, 〈↔gentle breeze〉, 〈이것은 동양 쪽·hurricane은 북미 쪽·cyclone은 인도양 쪽에서 부르는 이름임〉 양❷

1870 **ty·phus** [타이훠스]: 〈← typhos(vapor)〉, 〈그리스어〉, 〈'연기'가 낀듯 정신이 혼탁해지는〉 발진티푸스, (이나 벼룩 등에 의해 물려서) 미세 혈관벽의 파괴로 '혼미'와 피부발진을 나타내는 리케차〈rickettsia〉에 의한 전염병, 〈~ a louse-born febrile disease〉 우❶

1871 **typ·i·cal** [티피컬]: 〈그리스어〉, 〈← type〉, 〈타자로 찍어내듯〉 틀에 박힌, 전형적인, 특유의, 상징적인, 〈~ classic\common〉, 〈↔atypical\aberant〉 양❷

1872 **ty·po** [타이포우]: 〈← type〉, 인쇄공, 오식, 오타, 〈~ typographical error〉 양❷

1873 **ty·pol·o·gy** [타이팔러쥐]: 표상, 상징, 유형학, (예를 들어 표현하는) 예표론, 〈~ assortment\categorization〉, 〈↔declassification〉 양❷

1874 **tyr·an·ny** [티뤄니]: 〈← tyrannia(sovereign way)〉, 포학 (행위), 폭정, 전제정치, 〈~ autocracy\dictatorship〉, 〈↔liberty\democracy〉 양❷

1875 **ty·rant** [타이어뤈트]: 〈← tyrannos(absolute sovereign)〉, 〈그리스어〉, '절대 군주', 폭군, 압제자, 참주, 〈~ despot\oppressor〉, 〈↔liberator\democrat\softy〉 양❷

1876 **ty·ro** \ ti·ro [타이로우]: 〈← tiro(young soldier)〉, 〈어원 불명의 라틴어〉, 초심자, 풋내기, 〈~ novice\beginner〉, 〈↔maestro\veteran〉 양❷

1877 **tza·tzi·ki** [차치이키 \ 차치키이]: 〈← zhazh(herb mixture)〉, 〈중동어에서 유래한 그리스어〉, 짜즈키, 요구르트에 잘게 썬 오이·마늘·올리브유·식초·레몬 등을 섞어 만든 중동 지방이 맛난이, (불가리아에서는) tarator, 〈~ a chilled creamy dip\cacik〉 우❶

1. **U \ u** [유우]: 이집트의 상형문자 갈고리 모양에서 따온 영문 인쇄물에서 11번째 정도로 자주 쓰이는 여러 가지 발음의 모음 글자, U자 꼴의 물건, uranium·university·union·united·unit·upper·unsatisfactory·you 등의 약자 수2

2. **u** [무우]: 그리스 문자 μ(mu)의 타자체, micro~(백만분의 일)의 약자 수2

3. **UAE**: ⇒ United Arab Emirates 수2

4. **ua·ka·ri** [와카아뤼]: ouakari, 〈브라질 원주민어〉, 〈신대륙에 서식하며〉 〈비교적 꼬리가 짧은〉 꼬리말이원숭이, 〈~ a shot-tailed S. American monkey\saki〉, 〈학명은 cacajao〉 우1

5. ***UAM** [유우 에이 엠]: ⇒ urban air mobility 미2

6. ***UAP** (un·ex·plain·ed aer·i·al phe·nom·e·non): 미확인 공중 현상, 〈UFO가 외계인의 미행접시란 뜻으로 쓰여 왔으나 대기 중에 일어나는 자연현상의 착시일 뿐이라는 주장도 만만치 않아 새로 등장한 용어〉, 〈~ un­identified anomalous phenomenon〉 미1

7. ***U·ber** [우버]: 〈게르만어〉, over, '최고의', 2009년 미국에서 세워진 동료 간의 운송 배달 매개 업체·〈개인택시 회사〉, 〈~ above〉, 〈~ an American internet mobility co.〉, 〈~(↔)Lyft〉 수2

8. ***U·ber Eats** [우버 이이츠]: 2014년 우버가 출시한 미국(American)의 전산망 식품 배달 집단기업, 〈~ an on­line food delivery platform〉 수2

9. ***u·bi·qui·nol** [유비퀴놀]: 〈어디에나 존재하는 quinine〉, 전자가 많은 CoQ10 우1

10. ***u·biq·ui·tous** [유우비쿼터스]: 어디에나 존재하는, 편재하는, 아주 흔한, '사용', (시간·장소에 구애받지 않고) 항상 접속할 수 있는 정보 통신 환경, 〈~ omnipresent\wall-to-wall〉, 〈↔limited\finite〉 미2

11. **u·biq·ui·ty** [유비쿼티]: 〈라틴어〉, every where, 'ubigue(도처)'에 있음, 편재, 여기저기 나타남, 자주 만남, 〈↔in-frequency\rare-ness〉 양2

12. **U-boat** [유우 보우트]: 2차대전 때 독일이 사용한 잠수함(undersea boat) 수2

13. **UBS** (not an acronym): (1998년 Union Bank of Switzland와 Swiss Bank Corp.이 합쳐서 설립된 세계에서 가장 큰 〈사립〉종합금융회사, 〈~ a global financial services co.〉 수1

14. **uC** [무우씨이]: micro·controller, μC, 초소형 제어기, 한 개의 직접 (통합) 회로로 운영되는 소형 전산기 미1

15. **UC Berkley**: ⇒ Berkley, University of California 수2

16. ***uck·ers** [어컬스]: ①〈인도어에서 유래한 듯한〉 영국 군대에서 흔히하는 '고누' 비슷한 경기, 〈~ a board game〉 ②〈억~ 억~ 하면서〉 구강성교를 잘하는 창녀, 〈~ fucker〉 우1

17. **UCLA**: ⇒ University of California, Los Angeles 수2

18. **u·don** [우던]: wheat+noodle, 〈중국어→일본어〉, 우동, 굵은 〈밀가루〉'가락국수'(그것을 간장 등에 섞어서 만든 국), 〈~(↔)oden은 noodle대신 fish-cake를 넣고 끓임〉, 〈~(↔)ra-men〉 미1

19. **UDT**: ⇒ underwater demolition team 우2

20. **UFO** [유우호우]: ⇒ unidentified flying object 미1

21. **UFT**: ⇒ United Federation of Teachers 우2

22. **UFW(A)**: ⇒ United Farm Workers (of America) 우2

23. **U·gan·da** [유우갠더 \ 우우가안다아]: 'Ganda〈first of twins?〉족의 나라', 우간다, 1962년 영국으로부터 독립하였으나 내·외전에 시달려 아직도 허덕대고 있는 자연·인적 자원이 풍부한 아프리카 중동부(mid-eastern Africa)의 내륙국가, {Ugandan-Eng·Swahili-(UG) Shilling-Kampala} 수2

24. **ug·ly** [어글리]: 〈← ugga(to dread)〉, 〈북구어〉, '무서운', 추한, 못생긴, 험악한, 싫은, 십숭궂은, 〈~ hideous\disgusting〉, 〈↔pretty〉 가2

25. **ug·ly duck·ling** [어글리 덕클링]: 〈앤더슨의 동화에서〉 (집안 식구에게 천대받다가 나중에 잘되는) 미운 오리 새끼, 〈~ fish out of water\black-sheep〉, 〈↔orderly\tender\winner〉 양2

26. **ugg boots** [어그 부우츠]: 〈그 신발을 처음 만들었을 때 제작자의 마누라가 'ugly' 하다고 한 말에서 따왔다는 상품명에서 유래한〉 양가죽으로 만든 장화, 〈sheep-skin boots〉 수2

27. **U-Haul** [유우 허얼]: 유홀, you haul, '자가 운반차', 1945년에 설립되어 1만 6천여 개의 지점을 가진 미국의 운송 트럭 및 창고 임대 업체, 〈~ an American moving truck and self-storage rental co.〉 수2

28. **u-haul-ing** [유우 허얼링]: U-Haul로 이사하기, 두 여성 동성연애자가 만나자 금방 이사해서 합쳐지는 일, 〈~ U-Haul lesbian〉 우1

29 ***UHD** (ul·tra-high def·i·ni·tion): 초고화질, 화소가 아주 촘촘히 들어 박혀서 선명도(resolution)가 높은 영상, 〈~(↔)full-high definition보다 4배 선명함〉, 〈↔low resolution〉 미2

30 ***UHF** (ul·tra-high fre·quen·cy): 극초단파, 300mega Hz부터 3giga Hz까지의 파장, 〈~(↔)VHF는 이것보다 멀리감〉 미2

31 **uh-huh** [어 허어]: 응, 오냐, 〈~ assent\non-committal〉 양2

32 **uh-oh** [어 오우]: 어머, 저런, 〈~ dismay\concern〉 양2

33 **uh-uh** [어 어]: 아니, 그만, 〈~ negative response〉 양2

34 ***UI**: ⇒ user interface 미1

35 **Ui·g(h)urs** [위이굴스]: 〈어원 불명의 터기어에서 유래한 중국어〉, 위구르, 중국 북서부의 터키계 민족, 〈~ a Turkic ethnic group in central and east Asia〉 수2

36 **UK**: ⇒ United Kingdom (of Great Britain and Northern Ireland) 수2

37 **U·kraine** [유우크뤠인]: 〈'변방(borderland)'이란 뜻의 슬라브어〉, 우크라이나, 1991년 소련의 해체로 독립한 러시아 연방 남서부에 위치한 인구와 군대가 많은 개발 도상국으로 〈소련이 이에 세계에서 3번째로 핵을 보유했다가 클린턴의 중재로 핵을 포기한 탓에?〉 2022년 2월 러시아의 침공을 받음, {Ukrainian-Ukrainian-Hryvnia-Kiev}, 〈~ an eastern European country bordering Russia to the east and north-east〉 수1

38 **u·ku·le·le** [유우컬레일리]: luke, uku(flea)+lele(jump), 〈하와이어〉, 우쿨렐레, '벼룩이 뛰듯 뜯는 악기', (1879년경 포르투갈 악기를 하와이에서 개조해서 만든) 기타〈guitar〉 비슷한 소형의 4현 악기, 〈~ a lute〉 수2

39 ***UL¹** (un-num·bered list): 미 숫자 목록, 숫자를 매기지 않은 목록 미1

40 **UL²** (Un·der-writ·ers' Lab·o·ra·to·ries): '보험업자 연구소', 1894년에 미국(America)에 세워져서 이 세상에 나오는 모든 물건들에 대해 〈규격에 맞나〉 '딱지'를 매기려고 하는 개인사업 업체, 〈이 이원택 박사는 『인간』이란 품목에 등록은 되어 있으나 그 품질은 아직 보증이 안 된 상태임〉, 〈~ a global private safety co.〉 수2

41 **U·lan Ba·tor** [우울라안 바아토얼]: Ulaan-baatar, 〈몽골어〉, red+hero, '붉은 영웅', 울란 바토르, (고원 사막지대에 인구의 반이 모여 사는) 몽골 공화국의 수도, 〈~ Capital of Mongolia〉 수1

42 **ul·cer** [얼써]: 〈← helkos(wound)〉, 〈'상처'란 뜻의 그리스어에서 유래한 라틴어〉, 궤양, 종기, 병집, 병폐, 〈~ 'open' sore〉, 〈↔tumor\heal〉 양2

43 **~ule** [~율]: 〈라틴어〉, diminutive, 〈~작은 것〉이란 뜻의 접미사 양1

44 **~u·lent** [~율런트]: 〈라틴어〉, full of, 〈~이 풍부한〉이란 뜻의 접미사 양1

45 ***u-lim·it check** [유울리밑 췤]: 〈네가 알아서 자제하라는 뜻의〉 사용자 한계 검사, 한 사용자가 너무 많은 정보를 사용하는 것을 방지하기 위한 UNIX 운영체제, 〈~ an input control test〉 우2

46 **ul·na** [얼너]: 〈← olene(elbow)〉, 〈그리스어〉, 〈팔의 아랫마디에 잇는 두 뼈 가운데 안쪽에 있는〉 척골, 〈ruler같이 생긴〉 자뼈, 〈바깥쪽에 있는 뼈는 radius(요골)이라 함〉, 〈~ a bone in the fore-arm〉 양2

47 **~ul·ous** [~율러스]: 〈라틴어〉, tending to, 〈~경향이 있는〉이란 뜻의 접미사 양1

48 **Ul·ster** [얼스터]: 〈'Ireland'의 북구어〉, 얼스터, (영국의 일부인) 아일랜드의 북부지방, u~; 허리띠가 있는 방탄용 긴 외투, 〈~ Northern Ireland〉, 〈이중 6 county는 영국령이고 3 county는 아일랜드령임〉, 〈~ over-coat〉 수1

49 **ul·te·ri·or** [얼티어뤼얼]: 〈← ulter(further)〉, 〈라틴어〉, '보다 먼', 저쪽의, 앞날의, 마음속의, 이면의, 〈~ underlying\covert〉, 〈↔previous\overt〉 양1

50 **ul·ti·ma** [얼티머]: 〈라틴어〉, last, 최후의, 가장 먼, '마지막에 있는', 〈~ highest\supreme〉, 〈↔incipient\eventual〉 양2

51 **ul·ti·ma·tum** [얼티메이텀]: 최후의 말(통첩), 근본원리, 〈~ final notice\demand〉, 〈↔offer\permit〉 양2

52 **ul·ti·mo-gen·i·ture** [얼티모우줴니춰]: ultima(last)+gignere(beget), 〈라틴어〉, 막내(youngest child)의 신분, 말자 상속권, 〈~ postremo-geniture〉, 〈↔primogeniture〉 양2

53 **ul·tra~** [얼트뤄~]: 〈라틴어〉, beyond, 〈과도한·극단의·한외의~〉란 뜻의 결합사, 〈~ extreme\radical〉, 〈↔sub\under~〉 양1

54 **ul·tra-sound** [얼트뤄 싸운드]: 울트라 사운드, 초음파, 〈인공적으로 만들 수 있는〉 (2만 헤르츠 이상의) 초가청음, sonogram(초음파 검사), 〈~ super-sonic〉, 〈↔infra-sound〉 양2

55 **ul·tra·vi·o·let** [얼트뤄 봐이얼릿]: UV, 자외선, 〈태양이 주 출처이나 인공적으로 만들 수도 있으며 화상을 일으키기도 세균을 죽이기도 하는〉 (10~400 나노미터 파장의) '검은빛', 〈~ sun-ray\actinic(a short wave)-ray〉, 〈↔infra-red radiation〉 양2

56 **U·lys·ses** [유울리씨즈]: 율리시스, Odysseus〈원한의 희생자〉의 라틴명, 그리스 고대 왕국 Itacha의 왕, James Joyce가 지은 심리소설 수1

57 **um** [엄]: 〈영어〉, 음, 〈저·아니란 뜻의 감탄사〉, 〈~ hmm\well\ah〉 미1

58 **um~** [엄~]: 〈라틴어〉, around \ about, 〈주위·대하여~〉란 뜻의 접두사 양1

59 **~um** [~엄]: 〈라틴어〉 ①단수 명사(singular noun)를 만드는 어미 ②〈~본질·요소(essence)〉란 뜻의 접미사 양1

60 **u·ma·mi** [우마미 \ 유마미]: umai(delicious)+mi(taste), 〈일본어+중국어〉, 감칠맛, '미원의 맛', '다시마 맛', 〈일본인들이 많은 돈을 들여 발명한〉 '우동 국물 맛', 〈~ a savory taste〉 양2

61 **um·bil·i·cus** [엄빌리커스]: 〈라틴어〉, '방패의 돌기물', navel, 배꼽, (문제의) 핵심, 〈~ belly button〉 양2

62 **um·bra** [엄브뤄]: 〈라틴어〉, shade, 그늘, 그림자, 불청객, 유령, 〈→ adumbrate\umbrage\umbrella〉, 〈~ shadow\dark\ghost〉, 〈↔blaze\brightness〉 양1

63 **um·brage** [엄브리쥐]: 〈← umbra(shade)〉, 그림자, 나뭇잎, 불쾌, 분개, 〈↔glow\calmness〉 양2

64 **um·brel·la** [엄브뤨러]: 〈← umbra(shade)〉, '작은 그늘', (박쥐)우산, 산하, 포괄적인, 〈~ parasol\aegis〉, 〈↔in-complete\perfunctory〉 가1

65 **um·brel·la bird** [엄브뤨러 버어드]: 우산새, (중남미 밀림 지역에 살고) 우산 솔 모양의 윗볏과 우산대 모양의 아랫볏을 가진 까마귀만 한 미식조, 〈~ bull-bird\a large trogon〉 양2

66 **um·brel·la leaf** [엄브뤨러 리이후]: 산하엽, (북미 원산으로) 자잘한 흰 꽃에 우산 모양의 잎을 가진 매자나뭇과의 관상초, 〈~ a barberry\a tropical house-plant〉 미2

67 **um·brel·la or·gan·i·za·tion** [엄브뤨러 오어거니제이션]: 〈산하에 많은 소속단체를 거느린〉 상부 단체, 통솔기구, 〈~ central institute\head agency〉, 〈↔affiliated organization\subsidiary〉 양2

68 **um·brel·la palm** [엄브뤨러 파암]: '우산 사초', 〈마다가스카르섬 원산이나 편자의 연못에도 심어 놓은〉 단단한 줄기에 갈라진 줄기잎을 '우산 모양' 하늘로 뻗으며 뭉텅이로 자라는 작은 야자수, 〈~ false papyrus\flat sedge〉 우2

69 **um·brel·la pine** [엄브뤨러 파인]: 왜금송, 〈일본인들이 신주처럼 모시는〉 멀리서 보면 금빛이 도는 나뭇잎들이 소용돌이치며 올라가는 잣나무 비슷한 침엽수, 〈~ prasol pine\koyamaki〉 미2

70 **um·brel·la shell** [엄브뤨러 쉘]: 삿갓조개, 우산 모양의 껍질에 수많은 단단한 알이 붙어 있는 (먹지 못하는) 조개, 〈~ a large sea snail〉 양2

71 **um·brel·la stand** [엄브뤨러 스탠드]: 우산꽂이, 우산이나 지팡이를 보관하는 다양한 모양의 가구, 〈~ umbrella holder(basket)〉 가1

72 **um·brel·la tree** [엄브뤨러 트뤼이]: '우산 나무', (열대 지방에서 잘 자라며 캥거루가 좋아하는) 무성한 상록활엽을 가진 태산목, 〈~ octopus tree〉, 〈~(↔)amate〉 우2

73 **um·brette** [엄브뤠트]: ham(m)er-kop, 〈우산(umbrella) 모양의 둥지를 짓고〉 장도리 모양의 머리를 가진 아프리카〈Africa〉산 중형 황새, 〈~ a stork\hammer-kop〉 우1

74 **u·me** [우메]: 〈← mei〉, 〈중국어→일본어〉, Asian 'plum', Japanese apricot, (알이 작고 황녹색을 한) 동양자두, 〈umeboshi 짠지를 담가 먹는〉 일본 살구, 매실(꽃) 양2

75 **U·me·ken** [우메켄]: 〈'ume를 연구하는 학문'?〉, 1947년 일본에서 창립되어 건강 보조식품·화장용품 등을 제조·판매하고 있는 (두루뭉술한 약효의) 〈이름을 팔아먹는〉 명품 회사, 〈~ a Japanese health-food and cosmetics co.〉 수1

76 *__UML__: ⇒ unified modeling language 미1

77 **um-laut** [움라울]: alter+sound, 〈'변음'이란 뜻의 게르만어〉, 모음 변이, 모음 위에 찍어 발음에 특색을 주는 부호 (¨), 〈~ dia·eresis〉 미1

78 **um-pire** [엄파이어]: nom(not)+per(peer), 〈'동료가 없는'이란 프랑스어에서 유래한〉 '제3자', 심판, 판정자, 중재인, 〈~ referee\judge〉, 〈↔litigant\disputant〉 가1

79 **ump-teen** [엄프티인]: 〈← umpty(very many)〉, 많은, 무수한, 〈↔few〉 양2

80 **ump·ty** [엄(프)티]: 〈Morse 부호의 dash(-)에서 1905년에 각색된 언어〉, 이러이러한, 그러저러한, 재미없는, 〈~ empty\barren\blank〉, 〈↔cardinal〉 양2

81 **UN**: ⇒ United Nations 미1

82 **un~** [언~]: 〈'not'이란 뜻의 그리스어에서 유래한 영국어〉, 〈부정·제거~〉의 뜻을 나타내는 접두사 양1

83 **un–ac·cu·sa·tive verb** [언 어큐우저티브 붜어브]: 비대격 동사, 〈die·fall·melt 같이〉 (목적어를 장악하지 않는) 간접 목적격의 동사, 〈~(↔)intransitive verb\un-ergative verb〉 미2

84 **u·na cor·da** [우우너 코어더]: 〈이탈리아어〉, one string, 우나 코르다, (피아노 연주 때) 〈한 현만 울리게〉 약음 발판을 밟으라는 지시, soft pedal 우2

85 **u·na·gi** [우나기]: 〈일본어〉, 민물장어, fresh water eel, river eel, 〈~(↔)anago〉 수2

86 **un–as–sum·ing** [언어쑤우밍]: 주제넘지 않은, 건방지지 않은, 겸손한, 〈~ modest\meek〉, 〈↔bold\boastful\pretentious〉 양2

87 **u·nan·i·mous** [유우내니머스]: unus(one)+animus(mind), 〈라틴어〉, '한마음의', 이의 없는, 만장일치의, 〈~ united\in complete agreement〉, 〈↔divided\split〉 양2

88 **u·na·ry** [유우너뤼]: 〈← unus(one)〉, 〈라틴어〉, 단일체의, 하나의 요소로 된, 단항의, 1진법의, 〈↔binary〉 양2

89 **un–banked** [언 뱅크트]: 무 은행자, (미국 흑인의 11.3% 히스페닉의 9.3%에 달하는) 〈은행 구좌 없이〉 현금 박치기로 살아가는 사람, 〈lack of banking accounts〉 양2

90 **un–be–com–ing** [언 비컴잉]: 어울리지 않는, 온당치 못한, 〈~ plain\inapt〉, 〈↔becoming\proper\fitting〉 양2

91 **un–be·lief** [언 빌리이후]: 불신심, (종교상의) 회의, 〈~ atheism\heresy〉 양2

92 **un–blood–ed** [언 블러디드]: 순종이 아닌, 잡종의, 〈~ hybrid\cross-bred〉 양2

93 **un–blood–i–ed** [언 블러디이드]: 피가 묻지 않은, 〈~ immaculate\un-touched〉 가1

94 **un–bos·om** [언 부점]: (속마음을) 털어놓다, 고백하다, 〈~ confess\disclose〉, 〈↔conceal\cover up〉 양2

95 **un–bound** [언 바운드]: 속박이 풀린, 해방된, 〈~ un-tied\un-chained〉, 〈↔bind\confine〉 양2

96 **un–box–ing** [언 박싱]: 상자 열기, 전산망에서 상품이나 신상을 공개하는 일, 〈~ take-out\open〉, 〈↔pack\load〉 미2

97 ***UNC**: ⇒ universal (uniform) naming convention 미1

98 **un–called–for** [언 커얼드 훠어]: 요청하지 않은, 불필요한, 쓸데없는, 주제 넘은, 〈~ un-warranted\gratuitous〉 양2

99 **un–can·ny** [언 캐니]: 〈스코틀랜드어〉, '신중하지 않은', 묘한, 이상한, 신비로운, 기괴한, 〈~ eerie\mysterious〉, 〈↔canny\ordinary\run-of-the-mill〉 양2

100 ***UNCED** [언씨이드] (UN Con·fer·ence on En·vi·ron·ment and De·vel·op·ment): 언세드, (1992년 리우데자네이루에서 처음 열렸던) 유엔 환경 개발 회의 미2

101 **un·cle** [엉클]: 〈← avunculus(mother's brother)〉, 〈라틴어〉, 삼촌, 아저씨, 원래는 '외삼촌', 〈힘들 때 기댈 수 있는 사람〉, 〈~ avuncular〉, 〈↔aunt〉 가1

102 **Un·cle Sam** [엉클 쌤]: 엉클 샘, 미·영 전쟁 때 군납하는 고기 덩어리에 US 마크를 찍었던 뉴욕의 푸줏간 주인 Sam Wilson의 별명, United States의 의인 상징어 (애국심을 고취하기 위해 만든 말), 연방정부 수사관, 〈~ US government\IRS\FBI〉 수2

103 **Un·cle Tom** [엉클 탐]: 엉클 톰, 백인에게 굴종적인 흑인 남자, 〈~ Oreo\coon〉, 〈~(↔)Aunt Jane〉 수2

104 **Un·cle Van·ya** [엉클 봐냐]: (평생 존경하던 학자가 사기꾼으로 판명되어 비탄에 빠지는) 체호프의 희곡에 나오는 인물, 우수에 젖은 소련인, 〈~ a sad man〉, 〈~(↔)Uncle Tom〉 수2

105 **un–cool** [언 쿠울]: 멋없는, 세련되지 못한, 자신 없는, 〈~ old-fashioned\naive〉, 〈↔cool〉 양2

106 **un–cou·ple** [언 커플]: (두 마리의 개를 맨) 가죽끈을 풀다, 떼어 놓다, 〈~ disjoin\separate〉, 〈↔couple〉 양2

107 **un–couth** [언 쿠우쓰]: 〈영국어〉, '알려지지 않은', 세련되지 않은, 쓸쓸한, 〈~ awkward\boorish\rustic〉, 〈↔refined\cultivated〉 양2

108 **unc·tu·ous** [엉츄어스]: ⟨← ungere(anoint)⟩, ⟨라틴어⟩, 기름 같은, 매끄러운, 살살 녹이는, 엉너리 치는, ⟨깔디다·쫄리다 라는 말⟩, ⟨~ anoint\sycophantic⟩, ⟨↔blunt\no-nonsense⟩ 양2

109 **un–daunt-ed** [언 더언티드]: ⟨라틴어⟩, 굽히지 않는, 겁내지 않는, 용감한, ⟨~ fearless\stead-fast⟩ 양2

110 **un·der** [언더]: ⟨게르만어⟩, below, ~의 '밑'에, ~하에, ~미만으로, ~안쪽에, ~영향을 받아, ⟨~ nether⟩, ⟨↔over\top\higher⟩ 양1

111 **un·der-act** [언더 액트]: 소극적으로 연기하다, 연기가 모자라다, ⟨~ under-play⟩, ⟨↔over-act\gag\ham²⟩ 양2

112 **un·der-arm** [언더 아앎]: 겨드랑이 밑의(밑에 끼는) 암내 방취제, ⟨~ arm-pit perfume⟩ 양1

113 **un·der-armed** [언더 아앎드]: 군비가 불충분한(not sufficiently armed) 양2

114 **un·der-bel·ly** [언더 벨리]: 하복부, 취약점, 급소, '배꼽 아래'(에서 일어나는 일); 박정희씨는 '문제삼지 않는다'고 번역했음⟩, ⟨~ under-world\soft spot⟩ 양2 우2

115 **un·der-bid** [언더 비드]: (자기 패보다) 낮게 걸다, (남보다) 싸게 입찰하다, ⟨~ lower-bid⟩, ⟨↔out-bid⟩ 미2

116 **un·der-bone** [언더 보운]: '통 뼈 이륜 자동차', ⟨동남아에서 인기 있는⟩ 틀이 한 골격으로 되어 있고 (바퀴가 크고 발 받침이 있는) 소형 이륜 자동차, ⟨~ curve beam car⟩ 우1

117 **un·der-boob** [언더 부우브]: 젖가리개와 하의 사이에 노출된 '젖 밑 흉·복부'⟨이원택씨는 "가장 볼 만한 곳"이라고 번역함⟩, ⟨~ inter-mammary cleft⟩ 우1

118 **un·der-brush(bush)** [언더 브뤄쉬(부쉬)]: (큰 나무 밑에 자라는) 덤불, ⟨~ under-growth⟩ 미2

119 *****un·der-cast** [언더 캐스트]: (광상 밑의) 통풍도, 비행기 밑에 퍼지는 구름, (배우에게) 낮은 역을 주다, ⟨~ down-cast⟩, ⟨↔over-cast⟩ 미1

120 **un·der-coat** [언더 코웉]: 속외투, 속저고리, 속털, 밑칠용 도료, (자동차에) 밑칠을 하다, ⟨~ slip\priming⟩, ⟨↔naked\un-seal⟩ 양1

121 *****un·der-cov·er** [언더 커붜]: 보이지 않게 행해지는, 내밀한, 첩보활동, ⟨~ hidden\secret⟩, ⟨↔open\overt⟩ 미2

122 **un·der-cut** [언더 컽]: '하위 절단', 약화시키다, (가격을) 내리다, 위로 올려치기(깎아치기), (나무 자를 때) 방향 내기, 허리 아래쪽에서 져며 낸 살코기 (tenderloin), 옆과 뒷머리는 매우 짧게 윗머리는 길게 깎는 머리 모양, ⟨~ under-mine\subvert⟩ 양1

123 **un·der-dog** [언더 더어그]: (투견에서) 진 개, 패배자, 낙오자, 약자, ⟨~ loser\victim⟩, ⟨↔top-dog\prefect\champion\stand-out⟩ 양2

124 **un·der-em-ploy-ment** [언더 임플로이먼트]: (할 일이 충분하지 않은) 저고용, (능력 이하의 일을 하는) 불완전 고용, (정원을 못 채우는) 고용 미달, ⟨↔over-employment⟩ 양1

125 **un·der-gird** [언더 거얼드]: 밑을 단단히 묶다, 뒷받침하다, ⟨~ strengthen\beef-up⟩, ⟨↔under-mine\weaken⟩ 양2

126 **un·der-go** [언더 고우]: ⟨상황⟩ '아래로 가다', 겪다, 받다, 당하다, 견디다, ⟨~ experience\endure⟩, ⟨↔avoid\resist⟩ 양2

127 **un·der-grad·u-ate** [언더 그뢔쥬어트]: 대학 학부 재학생, 대학생, 신출내기, ⟨~ collegian⟩, ⟨↔graduate⟩ 양2

128 **un·der-ground** [언더 그롸운드]: 지하의(에), 비밀히, 지하도, under·pass, sub·way, ⟨↔above ground⟩ 양2

129 **Un·der-ground Rail-road** [언더 그라운드 뤠일 로우드]: '지하철도(단)', (John Brown 등이 주도했던) 미국 남북 전쟁전 노예의 탈출을 도와주었던 ⟨무력⟩ 비밀결사 조직, ⟨~ a resistance to en-slavement⟩ 양2

130 **un·der-ground water**: ⇒ ground watr 양2

131 **un·der-hand** [언더 핸드]: 밑으로 던지는, 몰래 하는, 비밀의, ⟨~ deceitful\secret⟩, ⟨↔above board\honest⟩ 양2

132 **un·der-hand-ed** [언더 핸디드]: 일손이 모자라는, ⟨~ insufficient work-force⟩, 비밀리에 ⟨손 아래서 하는⟩, ⟨~ covert⟩ 양2

133 *****un·der-kill** [언더 킬]: 전력 부족, 열세, ⟨~ insufficient power⟩, ⟨↔over-kill⟩ 양2

134 **un·der-lie** [언더 라이]: '아래에 눕다', 기저를 이루다, 기초가 되다, ⟨~ support\under-pin⟩, ⟨↔under-mine\weaken⟩ 양2

135 **un·der-line** [**언**더 라인]: 밑줄(을 긋다), 강조하다, 예고하다, ⟨~ high-light\mark⟩, ⟨↔erase\ignore⟩ 양2

136 **un·der-ly·ing** [**언**더 라잉]: 밑에 있는, 잠재적인, 우선적인, ⟨~ basic\fundamental\covert⟩, ⟨↔higher\overt⟩ 양2

137 *__un·der-mine__ [언더 마인]: ~의 밑에 갱도를 파다, 몰래 손상시키다 ⟨~ under-cut\sub-vert⟩, ⟨↔up·hold\bolster\support⟩ 양2

138 **un·der-neath** [언더 니쓰]: 아래에, 낮은, 표면에 나타나지 않은, ⟨~ below\nether⟩, ⟨↔up\above⟩ 양2

139 **un·der-pass** [언더 패스]: 지하도, (입체 교차로의) 밑 쪽 도로, under·ground, sub·way, ⟨~ tunnel⟩, ⟨↔over-pass\sky-bridge\via-duct⟩ 양2

140 **un·der-pin** [언더 핀]: 버팀목을 대다, 토대를 보강하다, 지지하다, ⟨~ under-lie\support⟩, ⟨↔demolish\fall back⟩ 양2

141 *__un·der-play__ [언더 플레이]: 소극적으로 연기하다, (높은 패를 가지고도) 낮은 패를 내다, 신중히 다루다, ⟨~ under-act⟩, ⟨↔over-play\gag\ham²⟩ 양2

142 **un·der-priv·i-leged** [언더 프뤼빌리쥐드]: 권리가 적은, 혜택받지 못한, 저소득층, 서민, ⟨~ needy\deprived⟩, ⟨↔advantaged\affluent⟩ 양2

143 *__un·der-run__ [언더 륀]: 밑을 지나다, 서서히 흐르다, 견적 이하의 생산량, 기대 이하의 자료 부족, ⟨~ under-flow\go under⟩, ⟨↔over-run⟩ 양2 미1

144 **un·der-score** [언더 스코어]: underline, 밑줄 표시(_), 강조하다, 배경 음악, ⟨~ emphasize\feature⟩ 양2

145 **un·der-sec·re·tar·y** [언더 쎄크뤄테뤼]: 차관, 차관보, ⟨~(↔)deputy-secretary보다 아래⟩ 양2

146 **un·der-shoot** [언더 슈우트]: (과녁에) 미치지 못하게 쏘다, (활주로에) 도달하지 못하다, ⟨~ blunder\drop⟩, ⟨↔skeet\over-shoot⟩ 양1

147 **un·der-stand** [언더 스탠드]: '아래에 서다', 알아듣다, 이해하다, 해석하다, ⟨~ appreciate\conceive⟩, ⟨↔ignore\mis-understand⟩ 양2

148 **un·der-state** [언더 스테이트]: 삼가면서 말하다, (수효를) 적게 말하다, 줄잡아 말하다, ⟨~ under-rate\down-play⟩, ⟨↔over-state\brag\bluster⟩ 양2

149 *__un·der-stud·y__ [언더 스터디]: 임시 대역 배우, 후보 선수, ⟨~ reserve\stand-in⟩, ⟨↔permanent\chief⟩ 양2

150 **un·der–tak·ing** [언더 테이킹]: (떠맡은) 일, 사업, 약속, 장의 사업, ⟨~ pledge\project⟩; undertaker(장의사) 양2

151 **un·der-take** [언더 테이크]: ⟨아래에서⟩ 떠맡다, 착수하다, 약속하다, ⟨~ agree\contract⟩, ⟨↔neglect\forgo⟩ 양2

152 **un·der–the–coun·ter** [언더 더 카운터]: ⟨계산대 밑에서 행해지는⟩ 암거래의, 불법의, ⟨~ un-authorized\contraband⟩, ⟨↔allowed\authorized⟩ 양2

153 *__un·der-the-sun__ [언더 더 썬]: 천하의 (모든 것), 지상의 (모든 것), ⟨~ above the ground⟩, ⟨↔under-the-sea⟩ 양1

154 *__un·der-the-ta·ble__ [언더 더 테이블]: ①⟨책상 밑에서 행해지는⟩ 암거래의, 비밀리의 ⟨현금 박치기⟩, ⟨~ un-authorized\illicit⟩, ⟨↔permitted\licensed⟩ ②(곤드레만드레 취하여) 뻗어버림, ⟨~ very drunk⟩, ⟨↔sober⟩ 양2

155 *__un·der-the-weath·er__ [언더 더 웨더]: ⟨원래는 기후가 나쁠 때 weather-deck 밑으로 내려가 멀미와 싸우던 데서 연유한 숙어⟩, 찝찝하다, 찌뿌드드하다, ⟨스트레스나 병 때문이 아니라 날씨 탓이니 걱정하지 말라는 말⟩, ⟨~ ill\ailing⟩, ⟨↔strong\healthy\sober⟩ 양2

156 **un·der-tone** [언더 토운]: 저음, 배경음, 저의, 저류, 완화된 색, ⟨~ whisper\low-tone⟩, ⟨↔over-tone\tinge⟩ 양2

157 **un·der-vote** [언더 보우트]: 미달투표, (투표자가 허용된 선택보다 적은 수를 택한) ⟨부족투표⟩, a valid vote, ⟨~(↔)over-vote⟩, ⟨↔in-valid vote⟩ 양2

158 **Un·der-wa·ter Dem·o·li·tion Team \ UDT**: 수중 폭파반, 1942년부터 1983년까지 활약하다 Navy SEALs로 확대 재편성된 미 해군의 특수부대, ⟨~ frog-men⟩ 우2

159 **un·der-way** [언더 웨이]: 진행중인, 움직이고 있는, 이미 시작된, 수로, 〈~ initiated\in process〉, 〈↔latent\halted\prospective〉, 〈↔pipe〉 양2

160 **un·der-wear** [언더 웨어]: 속옷, 내의, 〈~ under-garment〉, 〈↔over-coat〉 양2

161 **un·der-work** [언더 워얼크]: ①충분히 일하지 않다, 싼 임금으로 일하다, 〈~insufficient work\cheaper labor〉 ②허드렛일, 잡무, 비밀공작, 토대공사, 〈~ odd jobs\secret work\substructure〉 양2

162 **un·der-whelm** [언더 웰름]: under(below)+whelman(turn), 〈영국어〉, 〈over-whelm에 대항해서 20세기에 주조된 말〉, 감명(감동)을 주지 못하다, 실망(파흥)시키다, 〈~ discourage\turn down\yield〉, 〈↔whelm〉 양2

163 **un·der-world** [언더 워얼드]: 하층 사회, 지하 세계, 저승, 암흑가, 지구에서 정반대 쪽 땅, 〈~ Abyss\under-belly〉, 〈↔heaven\legal〉 양2

164 *****un·der-write** [언더 롸이트]: ~의 아래에 쓰다, 서명하다, 계약하다, 인수하다, 심사하다, 〈~ endow\guarantee〉, 〈↔disapprove\invalidate\veto〉 양2

165 **un-do** [언 두우]: 원 상태로 돌리다, 취소하다, 풀다, 벗기다, 파멸시키다, 〈~ abolish\mar〉 양2

166 **un-due** [언 듀우]: 들어맞지 않는, 부당한, 과도한, 기한이 되지 않은, 〈~ disproportionate\inappropriate〉, 〈↔proper\reasonable〉 양2

167 **un·du-late** [언듀레이트]: 〈← unda(wave)〉, 〈라틴어〉, '물결'치다, 파동치다, 〈~ surge\fluctuate〉, 〈↔calm\straighten〉 양2

168 **un-earth** [언 어얼쓰]: 파내다, 발굴하다, 폭로하다, 〈~ bring to the surface〉, 〈↔bury\cover〉 양2

169 **un–earth-ly** [언 어얼쓰리]: 이 세상 것 같지 않은, 비현실적인, 초자연적인, 섬뜩한, 〈~ absurd\abnormal\eerie〉, 〈↔natural\physical〉 양2

170 **un–em-ploy-ment tax** [언 임플로이먼트 택스]: 〈고용주가 연방·주 정부에 납부하는〉 (실업수당의 근본이 되는) 실업세금, 〈~ insurance tax for unemployment benefits〉 양2

171 **un–en-code** [언 엔코우드]: '부호화 해제', 문서로 된 서류철만 전송할 수 있게 만든 UNIX의 다목적 차림표, ⇒ decode 우1

172 **un-e·rase** [언 이뤠이즈]: 삭제복구, 지웠던 것을 다시 재생시키는 일, 〈~ re-store〉 미2

173 **un-er·ga-tive** [어널거티브]: un+ergon(work)+tive, 비능(동)격의, 〈go·run·talk 같이〉 (주어가 행동을 장악해서) 수동형을 만들 수 없는, 〈편저가 언어학 전공을 '포기하게' 만든 말 - 이 문장으로 비능동격 동사의 용례를 든 것을 그 누가 알아주리요!〉, 〈~ in-transitive〉, 〈↔ergative\transitive〉 미2

174 **un–err-ing** [언 에어륑]: 틀리지 않는, 정확한, 분명한, 〈~ perfect\flaw-less〉 양2

175 **UNESCO** [유우네스코우]: 유네스코, ⇒ United Nations Educational·Scientific and Cultural Organization 미1

176 **UNF**: ⇒ United Nations (Peacekeeping) Forces 미1

177 **unff(f)** [언후]: 〈영국어〉, '억'(부자를 차였을 때 나오는 소리, 〈~ uck〉\아주 sexy한 여자를 봤을 때 나오는 소리), '어이쿠!', '짱이다', '왔다다', 〈~ wow〉 미2

178 **un-fold** [언 호울드]: 펼치다, 전개되다, 털어놓다, 〈~ spread(stretch) out〉, 〈↔prance\relinquish〉 양2

179 *****un-fuck** [언 훨]: 〈미국 군대 속어〉, 〈'씹'하지 못하다〉, 실수하다, 〈~ goof〉, 〈↔fix〉 양2

180 **Un·ga·ro** [운가아로우]: 'Hungary에서 온 자', 운가로, 1965년 동명의 프랑스 유행 고안가가 설립한 〈기성복〉 명품 의류 및 화장품 회사, 〈~ a French fashion house〉 수1

181 **un-group** [언 그루우프]: 집단을 해제하기, (조 편성을 다시 하기 위한) 집단화 해체, 〈~ dis-associate\release〉, 〈↔assemble\join〉 미2

182 **un-han·dled ex-cept–ion** [언 핸들드 익쎕션]: 취급되지 않은 예외, 어떻게 하라는 지침이 없어서 일어나는 (모호한 이유의) 오류, 〈~ random exception〉 미1

183 **un-heard** [언 허어드]: 들리지 않는, 귀담아 들어주지 않는, 〈~ not heard\not previously known〉 양2

184 **un-heard of** [언 허어드 어브]: 금시초문의, 전례가 없는, 〈~ unprecedented\rare〉 양2

185 **un–hous-ed** [언 하우즈드]: 〈1616년에 등장한 영국어〉, 집에 수용되지 못한, home·less(근래에 등장한 집 없는의 완곡한 표현이나 엄밀히 따지면 다른 말임), 노숙자 양2

186 **u·ni** [우니]: 〈일본어〉, 성게(알), ⇒ sea urchin(~'s roe) 양2

187	**u·ni~** [유우니~]: 〈라틴어〉, one, 〈단일~〉이란 뜻의 결합사, 〈↔bi~〉 양1	
188	**U·ni·at \ ~ate** [유우니앹]: 유니 애트, 귀일교회, (교황의 수위권을 인정하면서 그리스 정교 고유의 독자적 전례·관습을 지키는) '합동〈union〉' 동방 가톨릭교회, 〈~ a member of Eastern Church〉 미2	
189	**UNICEF** [유우니세후]: 유니세프, ⇒ United Nations International Children's Emergency Fund 미1	
190	***U·ni·code** [유우니 코우드]: 유니 코드, '단일 부호', (1987년부터 시작된) 〈개인 전산망으로 자료 교환을 원활하게 하기 위해 만든〉 세계 문자 부호 체계, 〈~ a character encoding standard〉 우2	
191	**u·ni·corn¹** [유우니 코언]: 일각수, 외뿔의 들소, 말 비슷하며 이마에 뿔이 하나 있는 〈전 세계적〉 전설적 동물, 〈~ mono-cerus〉 미1	
192	***u·ni·corn²** [유우니 코언]: 〈← unicorn¹〉, 10억 달러 이상의 가치가 있는 신생기업, 〈~ a start-up company valued at over 1 billion $〉 우1	
193	***u·ni·corn baby** [유우니코언 베이비]: 태어나서 〈잠만 자는〉 신생아, 보통 신생아는 1-4시간마다 깨어나서 젖을 찾는데 '외뿔애기'는 4-8시간마다 깨어나는 〈특종〉, 〈우량아가 되기를 기원하면서 붙여진 이름〉, 〈~ an idealised baby〉 우1	
194	**u·ni·corn fish** [유우니코언 휘쉬]: '일각어', 쥐돔, surgeon·fish, ⇒ tang 양1	
195	**un·i·den·ti·fied fly·ing ob·ject \ UFO**: 미확인 비행물체, (특히 외계에서 온) '비행접시', ⇒ UAP 미1	
196	**U·ni·fi·ca·tion Church** [유우니휘케이션 처어치]: 통일교, 1954년 문선명(Moon, Sun Myung)씨에 의해 한국의 부산에서 조직된 (예수의 재강림을 강조하고) 대규모 결혼식을 통해 신도를 끌고 있는 정치적·사업적 색채가 짙은 '신흥 종교', 〈~ moonie〉 양1	
197	**u·ni·fi·ed mod·el·ing lan·guage \ UML**: 통합 모형화 언어, 1987년에 공인된 연성기기 체제의 시각적 표현을 표준화하기 위해 고안된 전산기 언어, 〈~ a general purpose visual modeling language〉 미1	
198	**u·ni·form** [유우니 훠엄]: 〈한 형태로 된〉 유니폼, 제복, 균일한, 획일적인, 〈~ homogenous\invariable〉, 〈↔diverse\sundry〉 양2	
199	***U·ni·form** (u·ni·ver·sal) **Re·source Lo·ca·tor \ URL**: 동형 (보편적) 자원 자리, (1994년에 처음 정해진) 대중적 정보를 전산망에 비치하는 일정 방식, '웹 주소', ⇒ domain name 미1	
200	**u·ni·fy** [유우니 화이]: '하나로 만들다', 단일화하다, 통일하다, 〈~ merge\join〉, 〈↔divide\separate〉 가2	
201	**U·ni·lev·er** [유우니레붜]: 유니레버, 1929년 네덜란드의 M. Unie와 영국의 Lever 비누 회사가 병합해서 세워진 세계적 소비재 생산·판매업체, 〈~ a British fast-moving consumer goods co.〉, 〈~ American brand는 Suave임; 소유주는 다르지만〉 수1	
202	**U·ni·mog** [유우니막]: 유니막, Universal Motor Great, '다목적 자동 기구', 1947년 독일에서 고안돼서 1951년 벤츠(Benz)사가 인수한 경작·제설·도로 청소 등을 할 수 있는 전 구동 짐차, 〈~ a Daimler multi-purpose truck-line〉 수2	
203	**un–i·ni·tial–ized var·i·able** [언 이니쉬얼라이즈드 붸뤼어블]: 초심화되지 않은 변수, 전산에서 (아직) 일정한 가치가 주어지지 않은 가변성 숫자, ⇒ initialize 양2	
204	**Un·ion** [유우니연]: 유니언, 연합조직, 연합국가, 남북 전쟁 때 연방정부를 지지한 북부의 여러 주, 〈~ the North〉 수2	
205	**un·ion** [유우니연]: 〈← unus(one)〉, 〈라틴어〉, '하나로 하기', 합일, 결합, 조합, 연합, 교직물, 합집합, 한 가지 이상의 가치를 가질 수 있는 정보 단위, 〈~ coalition\league〉, 〈↔division\break-up〉 양2 우2	
206	**Un·ion Jack** [유우니연 좩]: 유니언 잭, 영국 국기, (잉글랜드·스코틀랜드·아일랜드 3개 십자가를 합친) 연합 기장, 〈~ flag of United Kingdom〉 수2	
207	**un·ion li·bre** [유니용 라이버]: 〈프랑스어〉, free union, (19세기에 태동한) '사실혼', 법적으로 결혼하지 않고 같이 살고 〈점점 결혼한 부부와 동등한 대접을 받는〉 자유 결속 관계, 〈~ common law marriage〉, 〈↔statutory marriage〉 미2	
208	**Un·ion of So·vi·et So·cial·ist Re·pub·lics \ USSR**: 소비에트 사회주의 공화국 연방, (구)소련, 1922년 공산혁명으로 성립되어 다양한 민족의 15개 공화국이 일당·중앙 정부 체제로 뭉쳤다가 경제 정책의 실패로 1991년에 해체된 유라시아의 맹주 미2	
209	**Un·ion Oil Com·pa·ny of Cal·i·for·nia \ UNOCAL**: 1890년에 캘리포니아에서 창립되어 "76" 상표로 잘나가다가 2005년 아시아 지역을 제외하고 Chevron에 병합된 미국의 종합 석유회사, 〈~ a petroleum explorer and marketer〉 수2	

210 **Un·ion Pa·cif·ic** [유우니언 퍼씨휙]: 1862년 출범해서 시카고 서쪽 지역에서 화물 운송용 기관차 8,500여 개를 운영하는 미국의 〈전설적〉 철도회사, 〈~ an American railroad franchise〉 수2

211 **un·ion sta·tion** [유우니언 스테이션]: (둘 이상의 철도·버스 회사가 공동으로 사용하는) 합동 역, 〈~ joint-use station〉 미2

212 **u·ni-po·lar** [유우니 포울러]: uni(one)+polos(end of axis), 〈그리스어〉, 단극성, 극이 하나 뿐인, 단축의, 〈~ mono(homo)-polar〉, 〈↔bipolar〉 양2

213 **U·niq·lo** [유우니클로]: 'unique clothing', 유니클로, 1949년 남성복으로 출발해서 1984년에 현 이름으로 개칭하고 남·여 유행 의류품을 제조·판매하는 일본의 세계적 상사, 〈~ a Japanese fast-fashion house〉 수2

214 **u·nique** [유우니이크]: 〈프랑스어〉, one-of-a-kind, '단일의', 유일무이한, 독특한, 진기한, 〈~ distinctive\especial〉, 〈↔common\ordinary〉 양2

215 **u·ni-sex** [유우니 쎅쓰]: 단성, 남녀 공통의, 〈외견상〉 암·수의 구별이 안 가는, 〈~ a-sexual\ambi-sexual〉 양2

216 **u·ni-son** [유우니슨]: 〈라틴어〉, one+sound, '동일음', 조화, 제창, 〈~ accord\concert〉 양2

217 **u·nit** [유우닡]: 단일체, (구성) 단위, (독립된) 장치, 〈~ component\quantity〉 양2

218 **U·ni-tar·i–an** [유우니테어뤼언]: 유니테리언, (그리스도의 신성이나 삼위일체설을 부인하는) 유일신교의, 〈~ non-trinitarian\one-ness of God〉 미1

219 **u·ni-tar·i–an** [유우니테어뤼언]: 유일교 신자, 일신론자, 중앙 집권론자, 〈~ monotheist\monarchian〉 양2

220 **u·nite** [유우나이트]: 하나로 묶다, 결합하다, 통합하다, 〈~ join\combine〉, 〈↔divide\separate\sunder〉 양2

221 **U·nit-ed Air-lines** [유우나이티드 에어라인즈] \ UAL: 유나이티드 항공, '연합 항공', 1931년에 미국의 여러 항공사가 '합쳐져서' 세계 3위로 성장하고 시카고(Chicago)에 기점을 둔 Star Alliance의 원조 미1

222 **U·nit-ed Ar·ab E·mir-ates** \ UAE: 아랍 에미리트 ('족장') 연합국, 영국의 세력에서 벗어난 페르시아만 연안의 7개 토후국이 1971~72에 결성된 이슬람 입헌군주국, {Arabian-Arabic-Dirham-Abu Dhabi}, 〈~ a federal elective monarchy〉 수2

223 **U·nit-ed Au·to** (·mo·bile) **Work-ers**: 북미 '자동차' 노동조합, 1930년도에 창설되어 한때 민주당의 주요 지지세력이었으나 1970년 후로 쇠퇴의 길을 가고 있는 자동차·항공기·농기구 노동자 합동 조합, 〈~ an American labor union〉 우2

224 **U·nit-ed Church of Christ**: 통일 기독교회, 1957년 조합 교회와 복음 개혁파 교회가 통합한 〈자유분방한〉 미국의 개신교 교회, 〈~ a liberal Protestant Christian denomination〉 미2

225 **U·nit-ed Farm Work-ers** (of A·mer·i·ca) \ **UFW**(A): (미국) 농장 노동자 조합, 1962년 Cesar Chavez와 Dolores Huerta에 의해 창설되어 1960~1970년대 노동 쟁의를 일으켰으나 1980년대부터 쇠퇴의 길을 가고 있는 '이민' 농부들의 조합, 〈~ a labor union for farm-workers〉 우2

226 **U·nit-ed Fed·er·a·tion of Teach-ers** \ **UFT**: 교원 연맹, 1960년에 창립된 뉴욕시 공립학교 교직원들의 노동조합, 〈~ labor union for teachers in NYC public schools〉 우2

227 **U·nit-ed Health Group**: [유나이티드 헬쓰 그루우프]: '연합 건강단', 1977년 미네소타에서 출범해서 세계 제1의 건강관리 회사로 성장한 영리단체, 〈~ an American health insurance and services co.〉 우2

228 **U·nit-ed King-dom** (of Great Bri·tain and North-ern Ire-land) \ **UK**: 1922년에 현 영토로 바뀐 영국〈England〉의 또 다른 이름, {English-Eng-Pound-London} 수2

229 **U·nit-ed Na·tions** \ **UN**: 유엔, 국제연합, 2차대전 종전 후 그와 같은 전쟁을 다시는 하지 말자고 51개국이 모여 창립한 후 193개국으로 늘어났으나 〈미국의 시녀 역할밖에 못 한다는〉 국제단체, 〈~ a diplomatic and political international org.〉 미1

230 **U·nit-ed Na·tions** (Peace-keep-ing) **Forces** \ **UNF**: Blue Berets, 국제연합 (평화·유지)군, 1948년에 창립되어 안전보장 이사회의 통제를 받는 국제 연합의 비상비 병력〈emergency reserve forces〉 미1

231 **U·nit-ed Na·tions Ed·u·ca·tion–al Sci·en·ti·fic and Cul·tur-al Or·gan·i·za·tion** \ **UNESCO** [유우네스코우]: 국제 연합 교육·과학·문화 기구, 1946년 인류의 평화와 번영을 위해 결성되어 파리(Paris)에 본부를 두고 현재 194개국이 참여하고 있는 〈제일 활동이 많은〉 유엔의 산하 단체 미1

232 **U·nit·ed Na·tions In·ter·na·tion·al Chil·dren's E·mer·gen-cy Fund** \ UNICEF: 국제연합 아동 긴급기금, 1946년 NYC에서 창립되어 1953년 United Nations Children's Fund (국제연합 아동기금)로 개칭되었으나 약칭은 계속 옛것을 쓰는 연간 50억 불 규모 예산의 자선단체 미1

233 **U·nit·ed Na·tions Se·cu·ri·ty Coun·cil** \ UNSC: 국제연합 안전보장이사회, 거부권을 행사할 수 있는 5개의 상임이사국과 2년간마다 바뀌는 10개의 비상임 이사국으로 구성되어 회원국에게 〈행정 명령을 내릴 수 있는〉 유일한 유엔 산하 기구, 〈~ the only UN body with authority to issue resolutions binding on member states〉 양2

234 **U·nit·ed Press In·ter·na·tion·al** \ UPI: 합동 국제 통신사, 1907년 UP로 설립되어 1958년 INS와 합병하여 한때 잘나갔으나 2000년 한국의 통일교가 사들인 후 쇠퇴의 길을 걷고 있는 미국의 통신사, 〈~ News World Communications〉 미1

235 **U·nit·ed States De·part·ment of Ag·ri·cul·ture** \ USDA: 미 농무부, 1862년에 창립되어 농업·임업·식품업을 관장하는 연방 정부의 내각 부처, 〈~ a cabinet organization〉 우2

236 **U·nit·ed States** (of A·mer·i·ca) \ US(A): 아메리카 합중국, 미국, 1776년 영국으로부터 독립하여 천연자원이 풍부한 다양한 국토에 50개의 주를 형성하고 3권분립이 잘된 연방 공화국, 〈국조; 흰머리독수리, 국화; 장미, 국목; 떡갈나무, 국수; 북미 들소〉, {American-English-(US)Dollar-Washington}, 〈~ Uncle Sam\Melting Pot\Land of Liberty〉 양2

237 **U·nit·ed States Post·al Ser·vice** \ USPS: 미 우정 공사, 1775년에 시작해서 1971년에 확대 개편되었으나 〈만성 적자에 시달리고 있는〉 미 연방 정부의 독립 기관(independent agency) 우2

238 **U·nit·ed States Se·cret Ser·vice** \ USSS: 미 비밀 검찰부, 1865년 위조지폐 탐색을 위해 재무부 산하단체로 창립되어 정부요인의 경호를 담당하는 등 업무가 방대해져 2003년 국토안전부〈DHS〉로 옮겨진 (7천 명 이상의 요원이 근무하는) 막강한 기구 미2

239 **U·nit·ed Way** (of A·mer·i·ca) \ UWA: 유나이티드 웨이, '(미) 연합수단', 1887년 교회들의 자선 사업을 위한 공동모금을 목표로 창설되어 1918년 지역사회 발전기금으로 확장되었으나 1980년대 이후 경영진의 부정으로 쇠퇴의 길을 가고 있는 미국의 비영리 단체, 〈~ an American charity org.〉 우1

240 **u·nit rule** [유우닡 루울]: 단위 투표 규정, 〈미 대통령 선거인단같이〉 (과반수 득점자가) 해당된 표를 독차지하는 '싹쓸이 규정', 〈~ entire vote as a unit\majority (or single) count〉, 〈↔separte count〉, ⇒ electoral college 양2

241 **u·ni·ty** [유우니티]: 'one', 단일(성), 개체, 통일(체), 일치 단결, 조화, 공유, 〈~ singleness\inseparability〉, 〈↔division\break〉 양2

242 **u·ni·ver·sal** [유우니붜어설]: 〈라틴어〉, 우주의, 전 세계의, 보편적인, 포괄적인, 〈~ omnipresent\general〉, 〈↔local\particular〉 양2

243 **u·ni·ver·sal do·nor** [유우니붜어설 도우너]: 포괄적 기증자, (수혈 시) O형 혈액, 〈↔universal recipient〉, 〈↔specific donor〉 미1

244 ***u·ni·ver·sal** (u·ni-form) **nam·ing con·ven·tion** \ UNC: 보편적 (동형) 명명 협의, UNIX 체계에서 전산망 부속품의 명칭을 통일하기 위해 만든 방침, 〈~ a standard for naming resources on a network〉 미1

245 **U·ni·ver·sal Post·al Un·ion** \ UPU: 만국 우편연합, 1874년에 창립되어 국제연합에 흡수된 192 국가 간의 우편 정책을 조정하는 〈중·미 무역 전쟁에 시달리는〉 국제적 특수기관, 〈~ a special agency of UN〉 우2

246 **u·ni·ver·sal re·cip·i·ent** [유우니붜어설 뤼씨피언트]: 포괄적 수용자, (수혈 시) AB형 혈액, 〈↔universal donor〉, 〈↔specific recipient〉 미1

247 **u·ni·ver·sal se·ri·al bus** \ USB: 범용 직렬 공용 접속기, (1996년에 출시된) 개인 전산기와 주변장치를 연결할 때 사용하는 각종 부속품의 표준 규격, 〈~ a standard for exchanging data〉, 〈~ Thumb drive\data stick Memory unit〉 미1

248 **U·ni·ver·sal Stu·di·os** [유우니붜어설 스튜우디오우스]: 유니버설 스튜디오, 1912년 영화관으로 출범해서 1964년 〈영화를 주제로 한〉 위락공원으로 탈바꿈했으며 현재 Comcast가 소유하고 있는 미국 LA 북쪽(N. of LA)의 놀이터, '총 촬영소', 〈~ a film studio and theme park〉 수2

249 **u·ni·verse** [유우니붜얼스]: '하나로 변한', '하나를 향한', 우주, 만물, 전 세계 (인류), 영역, 다수, 〈~ cosmos\totality〉, 〈↔disorganization\micro-cosm\nothingness〉 양2

250 **U·ni·ver·si·ade** [유우니붜얼시애드]: World University Games, university+olympiad, 1959~60년에 조직된 〈다 종목〉 국제 대학생 경기 대회 우2

251 **u·ni·ver·si·ty** [유우니붜어시티]: 유니버시티, (종합) 대학교, '공동체', 〈~ college circle\ivory tower〉, 〈↔specialty school〉 양2

252 **u·ni·ver·si·ty col·lege** [유우니붜어시티 칼리쥐]: 대학교 부속 단과 대학, 〈~ a college affiliated with a university〉 양2

253 **U·ni·ver·si·ty of Cal·i·for·nia, Los An·ge·les \ UCLA**: 1919년에 창립되어 337개의 학과가 있고 미국에서 가장 지원자가 많은 주립(public) 종합 대학, 〈~ Bruin〉 수2

254 **U·ni·ver·si·ty of South·ern Cal·i·for·nia \ USC**: 남가주 대학, 1880년 기업인들이 중심이 되어 미국 LA에 세운 학부보다 대학원생이 더 많은 종합 사립(private)대학, 〈~ Tommy Trojan〉 우2

255 **u·ni·vo·cal** [유우니 붜우컬]: '한 목소리의', 의미가 명료한, (한 뜻 밖에 없는) 일의어, 단조로운 음성의, 〈~ un-equivocal\un-ambiguous〉, 〈↔implicit\inferred〉 양2

256 *__UNIX__ [유우닉스]: 유닉스, 1973년 Bell사의 5명의 연구진에 의해 개발된 다중 사용자·다중 사업용 중형 운영체제, 'unified filesystem', 〈~ OS\systems program〉 수2

257 **un-key** [언 키이]: 열쇠(key)를 뽑다 양2

258 **un·kie(un·ky)** [언 키이]: uncle의 소아용 언어, '아찌' 우2

259 **un-kind-ness** [언 카인드니스]: 불친절, 몰인정, (갈까마귀 등의) 떼, 〈~ acrimony〉 양2

260 **un-less** [언 레스]: ~하지 않으면, ~이 아닌, ~외엔, 〈~ except\but〉, 〈↔if〉 가2 우2

261 **un-load** [언 로우드]: (짐을) 내리다·부리다, 빼내다, 부리기, 내리기, 〈~ off-load〉 양1

262 **un-ner·ved** [언 너얼브드]: 불안한, 당황한, 실망한, 〈~ distressed\disturbed〉, 〈↔rested\encouraged〉 양2

263 **un·ni** [언니]: 〈← 옷 누이(elder sister)〉, 〈20세기에 등장한 한국어〉, 손위의 여형제, 오빠의 아내, (여자가) 자기보다 약간 나이 많은 사람을 일컫는 말, 〈~ noona〉, 〈↔oppa〉 미2

264 **UNOCAL** [유우노우캘]: 유노컬, ⇒ Union Oil Company of California 수2

265 **un-prec·e·dent-ed** [언 프뤠시덴티드]: 〈← precedence〉, 전례가 없는, 비할 바 없는, 새로운, 〈~ un-heard of\un-seen〉, 〈↔normal\common〉 양2

266 **un-rav·el** [언 뢔붤]: 〈때로는〉 = ravel, (꼬인 밧줄 등을) 풀다, 해명하다, 〈~ untangle\untwine〉, 〈↔plait\scroll〉 양2

267 **un-re·mit·ting** [언 뤼미팅]: 끊임없는, 꾸준히 노력하는, 사면되지 않은, 〈~ constant\un-abating〉 양2

268 **un-re·quit·ed** [언 뤼콰이티드]: 보답 없는, 무보수의, 짝사랑의, 〈~ un-answered\un-reciprocated〉, 〈↔rewarding\mutual〉 양2

269 **un-ring a bell** [언 륑 어 벨]: (이미 친 종소리는) 돌이킬 수 없다, 취소불가, 떠나간 배, 〈~ can't take it back\can't go back〉, 〈↔possible\changeable〉 양2

270 **un-scru·pu·lous** [언 스크루우피얼러스]: 예사로 나쁜 짓을 하는, 사악한, 무엄한, 〈~ a-moral\unprincipled〉, 〈↔ethical\honest〉 양2

271 *__un-sharp mask·ing__ [언 샤아프 매스킹]: '흐린 가장', 흐린 음영을 이용해서 반대로 선명한 영상을 창조하는 기술, 〈~ an image sharpening technique〉 우1

272 **un-sult** [언썰트]: 〈2009년 연속극에 등장한 미국 속어〉, 칭찬으로 가장된 모욕, '비꼬기', 〈~ a back-handed compliment〉, 〈~(↔)insult〉, 〈↔flatter〉 우2

273 *__un-swerv·ing con·sist-en·cy__ [언 스워얼빙 컨씨스턴시]: 빗나가지 않은 일관성, 초지일관, 〈~ firm\steady〉, 〈↔fluctuating discrepancy\bright beginning and dull finish〉 양2

274 *__un-tact__ [언 택트]: 비접촉 〈Covid-19후에 발생한〉 (사람을 만나지 않고 사업을 하는) 비대면 풍조, 〈~ no human-to-human contact〉, 〈↔contact〉 미2

275 **un-till** [언 틸]: 〈영국어〉, ~까지, ~때까지 줄곧, 〈~ up to\as late as〉, 〈↔since\after\next〉 가2

276 **un-to** [언 투]: 〈영국어〉, ~(쪽)에, ~까지, 〈~ beside\until〉, 〈↔before\along\beyound〉 가2

277 **Un–touch-a·ble** [언 터춰블]: pariah, (인도·미얀마의) 불가촉천민, 사회가 따돌린 사람 우2

278 **un-touch-a·ble** [언 터춰블]: 만질 수 없는, 실체가 없는, 비난할 수 없는, 까다로운, 〈~ leper\out-cast〉, 〈↔insider〉 양2

279 **un-wit·ting** [언 위팅]: 〈← wit〉, 의식하지 못하는, 부주의한, 고의가 아닌, 〈~ un-knowing\accidental〉, 〈↔witting\aware〉 양2

280 **un-war·rant-ed** [언 워어뤈티드]: 보증되지 않은, 공인되지 않은 부당한, ⟨~ un-justified\gratuitous⟩, ⟨↔assured\validated⟩ 양2

281 **uP** [무우피이]: ⇒ microprocessor, μP 양2

282 **up** [엎]: ⟨← uppe(above)⟩, ⟨게르만어⟩, 높은 쪽으로, 위에, 올라가, 일어나, 세차게, 완전히, 끝나, 기상한(깨어있는), ⟨→ open⟩, ⟨~ high\over⟩, ⟨↔down⟩ 가2

283 **up a-gainst** [엎 어겐스트]: 직면(당면)하여, ~ 상황에 부딪치다, ⟨~ opposed\resist⟩, ⟨↔kind²\in favor of⟩ 양1

284 **up a-head** [엎 어헤드]: 바로 앞에, 앞으로, 전방에, ⟨~ forward\to the front⟩, ⟨↔halt\back-down⟩ 양1

285 ***up and a-bout(a-round)** [엎 언 어바웉(어롸운드)]: 일어나 활동하고 있다, ⟨아직 살아있다는 말⟩, ⟨~ awaken\moving⟩, ⟨↔deaden⟩ 양2

286 ***up-and-com-ing** [엎 언 컴잉]: 정력적인, 진취적인, 유망한, ⟨~ rising\promising⟩, ⟨↔inapt\un-likely\on the way out⟩ 양2

287 ***up-and-run-ning** [엎 언 뤈잉]: 당장 실행 가능한, 현재 진행 중인, ⟨~ operating\functioning⟩, ⟨↔not-working\broken⟩ 양2

288 ***up-and-up** [엎 언 엎]: 정직하게, 순조롭게, 성공하여, ⟨~ straight-forward\come to terms⟩, ⟨↔deceitful\un-suitable⟩ 양2

289 **u·pas** [유우퍼스]: ⟨말레이어⟩, poison, '독화살 나무', 자바 및 근처에 서식하는 나무 진에 '독이 있는' 무화과나무류, ⟨~ poison fig\arrow poison wood⟩ 우2

290 **up-beat** [엎 비이트]: 지휘봉의 상향 동작, 상승 기조, 명랑한, ⟨~ optimistic\cheerful⟩, ⟨↔down-hearted⟩ 양2

291 ***up-braid** [엎 브뤠이드]: '노끈을 올려 당기다', 비난하다, 질책하다, ⟨~ rebuke\reprimand⟩, ⟨↔accept\praise⟩ 양2

292 **up-bring-ing** [엎 브륑잉]: (유년기의) 양육, 훈육, 가정 교육, ⟨~ raising\rearing⟩, ⟨↔fall\fail\un-fruitable⟩ 양2

293 ***UPC** (u·ni·ver·sal prod·uct code): (만국) 공통제품 기호, ⟨상품의 추적을 위해⟩ (1974년부터 실용된) 12자리 숫자의 전산기 판독용 부호, ⟨~ bar code⟩, ⟨~(↔)QR code⟩ 미1

294 **up–com-ing** [엎 컴잉]: 다가오는, 곧 나올, 이번의, ⟨~ imminent\forth-coming⟩, ⟨↔recent\late\distant⟩ 양2

295 **up-coun·try** [엎 컨트뤼]: 내륙지방, 산간벽지, ⟨~ back-land\boondocks⟩, ⟨↔coast\city⟩ 양2

296 **up-date** [엎 데이트]: 갱신하다, 최신의 것으로 하다, ⟨~ modernize\renovate⟩, ⟨↔out-dated\archaic⟩ 양2

297 ***up-doot** [엎 두우트]: up·vote(상향투표)의 전산망 속어, ⟨↔down-doot⟩ 양2

298 **up-end** [어펜드]: 일으켜 세우다, 거꾸로 놓다, 뒤엎다, 충격을 주다, 완패시키다, ⟨~ overthrow\overturn⟩, ⟨↔flat\recumbent\fell\demolished⟩ 양2

299 **up-field** [엎 휘일드]: '전방 경기장', 공격조가 향하고 있는 싸움터, ⟨~ goal-ward\near post⟩, ⟨↔down-field⟩ 우2

300 **up for** [엎 훠어]: ~을 하려는, ~을 위한, ~을 받아, ⟨~ willing\agreeable⟩, ⟨↔disinclined\reluctant⟩ 양2

301 **up-front** [엎 후뤈트]: 선불의, 맨 앞줄의, 솔직한, 눈에 띄는, ⟨~ in advance\forth-right⟩, ⟨↔reserved\evasive⟩ 양2

302 **up-grade** [엎 그뤠이드]: 치받이의, 오르막이 되어, 상승, 승진, 개선, ⟨~ improve\enhance⟩, ⟨↔down-grade⟩ 미2

303 **up-heav·al** [엎 히이붤]: 밀어 올림, 융기, 대변동, 격변, ⟨~ upset\turbulence\innovation⟩, ⟨↔stability\blessing⟩ 양2

304 **up-hold** [엎 호울드]: (떠)받치다, (들어) 올리다, 지지하다, 확정하다, ⟨~ comfirm\ratify⟩, ⟨↔under·mine⟩, ⟨↔over-turn\en-croach⟩ 양2

305 **up-hol·ster** [엎 호울스터]: ⟨게르만어+네덜란드어⟩, (가구를) 설치하다, 겉천을 대다, ⟨~ fill\stuff⟩, ⟨~(↔)re-upholster⟩, ⟨↔expose\strip⟩ 미1

306 **up-hol·ster-er bee** [엎 호울스테뤄 비이]: poppy bee, leaf cutting bee, (집의 가장자리를 양귀비류 꽃잎 조각으로 둘러 싸는) 가위 벌 미2

307 **UPI**: ⇒ United Press International 미1

308 *****up in the air** [엎 인 더 에어]: 불확실하다, 결정되지 않았다, 〈~ unknown\unresolved〉, 〈↔certain\settled〉 양2

309 **Up-john** [엎좌안]: 'John의 아들', 업존, 1886년 Dr.W.Upjohn에 의해 흡수가 잘 되는 깨지기 쉬운 정제를 만들기 위해 미국에서 설립되어 1995년 스웨덴의 Pharmacia와 합병하여 Pharmacia-Upjohn이 되었다가 2002년 Pfizer에 병합된 제약회사, 〈~ an ex American pharmaceutical co.〉 수2

310 **up-keep** [엎 키이프]: 유지, 보존, 부양, 〈~ maintenance\care〉, 〈↔destruction\neglect〉 양2

311 **up-land** [엎 랜드]: 고지, 고지에 있는 대지, 〈~ high-land\heights〉, 〈↔low-land\valley〉 양2

312 **up-land plo·ver** [엎 랜드 플러붜]: upland sandpiper, grass plover, 긴꼬리도요, 미 대륙의 초원에 서식하는 비교적 큰 '물떼새' 미1

313 **up-lift** [엎 리후트]: 들어 올리다, (사기를) 고양하다, 향상, 융기, 유방을 치켜주는 젖 가리개, 〈~ boost\raise〉, 〈↔lower\depress\sink〉 양1 우1

314 **up-link** [엎 링크]: 지상에서 우주 위성으로 전송하는 일, '상향 연결', 〈~ ascendancy\upstream〉, 〈↔disconnect\un-couple〉 우2

315 *****up-load** [엎 로우드]: '상향 적재', 화물을 운송수단에 채우는 일, 소형 또는 원격 전산기에서 대형 전산기로 전송하는 일, 상재, 〈~ feeding\posting〉, 〈↔down-load〉 우2

316 **up-man–ship** [엎 먼 쉽]: 〈1952년에 등장한 구어〉, 상대보다 한 발짝 빠름, 한 수 앞섬, 우월의식, 〈~ one-upsmanship\rivalry\cold war〉 양2

317 **up-on** [어판]: 〈영국어〉, on의 우아한(거만한) 표현, 〈↔under\beneath〉 양2

318 **up-per–case** [어퍼 케이스]: '윗 상자', (과거 인쇄소에서) '대문자' 등을 넣어 두었던 활자 상자, 〈~ container for capital letters〉, 〈↔lower-case〉 양2

319 **up-per crust** [어퍼 크뤄스트]: 겉껍질, 최 상층부, 상류계급, 〈~ top-most part\aristocracy〉, 〈↔lumpen\NEET〉 양2

320 **up-per–cut** [어퍼 컽]: 올려 치기, 〈~(↔)jab\jolt〉, 〈↔fail\succeed〉, 〈↔rabbit punch〉 양2

321 **up-per hand** [어퍼 핸드]: 우세, 지배, 〈~ advantage\dominance〉, 〈↔handicap\inferiority〉 양2

322 **up-per house** [어퍼 하우스]: 상원, 〈~ senate〉, 〈↔lower-house〉 양2

323 **Up-per Vol·ta** [어퍼 봘타]: 〈'되돌아 가는 곳의 상류'란 뜻의 포르투갈어에서 연유함〉 오트볼타, Burkina Faso 〈청렴결백한 사람들의 나라〉, 1960년 프랑스로부터 독립한 아프리카 중서부(mid-western Africa) 볼타강 상류에 자리 잡은 내륙 국가 수1

324 **up-right** [엎 롸잍]: '정확히 위로 향한', 똑바로 선, 수직의, 곧은, 정직한, 〈~ column\honest〉, 〈↔flat\wicked\crooked〉 양2

325 **up-ris-ing** [엎 롸이징]: (지역적) 반란, 봉기, 폭동, 치받이, 〈~ riot\insurgence〉, 〈↔calm\obedience〉 양2

326 **up-roar** [엎 뤄어]: 소란, 야단법석, 〈~ turmoil\commotion〉, 〈↔calm\order〉 양2

327 **up-root** [엎 루우트]: '뿌리를 위로하기', 뿌리 뽑다, 근절하다, 〈~ pull up\eradicate〉, 〈↔plant\install〉 가1

328 **UPS** (U·nit-ed Par·cel Ser·vice): 통합 소화물 용역 회사, 1907년에 세워져서 〈미 우체국의 쇠퇴로〉 잘나가고 있는 미국의 세계적 택배 회사, 〈~ an American shipping and receiving co.〉 우2

329 **up-sale** [엎 쎄일]: '옷(돈)거래', '바가지 씌우기'의 완곡한 표현, 〈~ over-charge\rip-off〉, 〈↔bargain\discount〉 미2

330 **up-scale** [엎 스케일]: 평균 이상의, 돈 많은 소비자의 마음에 드는, 〈~ high-end\delux〉, 〈↔down-scale\tacky〉 양2

331 *****up-sell** [엎 쎌]: '상향판매', (고객에게) 더 많거나 더 비싼 물품을 사도록 꼬드기는 상술, 〈~ hype\puff up〉, 〈↔down-selling〉 미2

332 **up-set** [엎 쎝]: 뒤집어 엎다, 망쳐 버리다, 당황하게 하다, 화가 나다, 〈~ upheaval\disturb〉, 〈↔decent\easy\calm\assuage〉 양2

333 **up-shot** [엎 샽]: '마지막 화살', 결말, 귀결, 〈~ out-come\climax〉, 〈↔cause\reason〉 양2

334　**up-side** [엎 싸이드]: 위쪽, 윗면, 상승, ⟨~ top side\gain⟩, ⟨↔down-side\disadvantage⟩ 양2

335　**up-side-down** [엎 싸이드 다운]: 거꾸로, 뒤집혀, 뒤죽박죽의, ⟨~ up-turned\bottom up⟩, ⟨↔up-right\orderly\neat⟩ 양2

336　**up-skill** [엎 스킬]: 기술 향상, 숙련, 재교육, ⟨~ train\learn⟩, ⟨↔deterioration\back-slide⟩ 미2

337　***up-source** [엎 쏘얼스]: updated source, 갱신정보, 최신자료, ⟨↔out-dated data⟩ 양2

338　**up-stage** [엎 스테이쥐]: (무대보다 더 높은) 무대 안쪽의, 뻐기는, 거만한, ⟨~ transcend\out-do⟩, ⟨↔down-stage\unreserved⟩ 양2

339　**up-stairs** [엎 스테어즈]: 2층, 위층, ⟨~ higher floor⟩, ⟨↔down-stairs⟩ 양2

340　**up-stand-er** [엎 스텐더]: ⟨사람은 사람인데⟩ (약자를 위해) 나서는 사람, ⟨방관자가 아닌⟩ 대응자, ⟨~ advocate\supporter⟩, ⟨↔beholder\spectator\by-stander⟩ 양2

341　**up-start** [엎 스타아트]: 벼락부자, 졸부, 건방진 놈, ⟨~ parvenue\nouveau rich\vulgarian⟩, ⟨↔restrained\un-pompous⟩ 양2

342　**up-state** [엎 스테이트]: (해안에서 멀리 떨어진) 고지, (NY에서 멀리 떨어진) 시골, ⟨~ upper country\borealis⟩, ⟨↔down-state⟩ 우2

343　**up-stream** [엎 스트뤼임]: 상류, 역행, 전반 석유산업(탐사·허가·시추), ⟨~ up-river\arduous⟩, ⟨↔down-stream⟩ 양1 우1

344　**up·sy-dai·sy** [엎시 데이지]: ⟨← up-a-day⟩, ⟨영국어⟩, ⟨영차!⟩ 올라간다, (어린이가 넘어졌을 때) ⟨착하지!⟩ 일어나, ⟨~ whoops\sorry⟩, ⟨↔lackadaisical⟩ 양2

345　**up-take** [엎 테이크]: 들어 올림, 빨아올림, 이해력, ⟨~ grasp\understanding⟩, ⟨↔refusal\incomprehension⟩ 양2

346　**up the creek**: 상류로 올라가다, 곤경에 처한, ⟨~ in a tight spot⟩, ⟨↔sitting pretty⟩ 양2

347　**up-tick** [엎 틱]: 상승 기운, 상향, 강세, ⟨~ boost\gain⟩, ⟨↔down-tick⟩ 양2

348　**up-tight** [엎 타잍]: 긴장한, 불안한, 딱딱한, 완벽한, ⟨~ jittery\high-strung⟩, ⟨↔relaxed\easy⟩ 양2

349　**up-time** [엎 타임]: 작업시간, 가동시간, ⟨~ functioning(operating) time⟩, ⟨↔down-time\black-out\outage⟩ 양2

350　**up to** [엎 투우]: ~까지(에),~에 이르러, ~ 짓거리를, ~을 하고 싶다, ⟨~ till\ through⟩ 양2

351　**up-to-date** [엎 투 데이트]: 현재까지의, 최근의, 최신식의, ⟨~ current\cutting edge⟩, ⟨↔out-of-date\horse and buggy\archaic⟩ 양2

352　***up to par(scratch)** [엎 투 파아(스크뢔취)]: ⟨골프에서 연유한 말⟩, 기대에 부응하는, 수준에 달하는, 액면가격으로, ⟨~ good enough\satisfactory⟩, ⟨↔slam dunk⟩, ⟨↔unfit\poor⟩ 양2

353　***up to the ears(neck)**: 내 코가 석자, 눈코 뜰 새 없다, ⟨~ engaged\too busy⟩, ⟨↔un-concerned\un-troubled⟩ 양2

354　**up-town** [엎 타운]: (시가지의) 높은 지대, (상업 지구에 대한) 주택 지구, ⟨~ residential area\affluent area⟩, ⟨↔down-town⟩ 양2

355　**up-turn** [엎 터언]: 위로 젖히다, 뒤집다, 위로 향하다, ⟨~ rise\increase⟩, ⟨↔down-turn⟩ 양2

356　**UPU**: ⇒ Universal Postal Union 우2

357　**up-vote** [엎 보우트]: ⟨전산망에서⟩ (총계를 올리기 위한) 상향투표, ⟨~ up-doot⟩, ⟨↔down-vote⟩ 양2

358　**up-ward** [엎 워어드]: 위(쪽으)로, 올라가는, ⟨~ ascending\rising⟩, ⟨↔down-ward⟩ 양2

359　**up-ward com·pat·i·bil·i·ty** [엎 워드 컴패터빌리티]: 상향 호환성, 신제품에게도 써먹을 수 있는 장치, ⟨~ forward compatibility⟩, ⟨↔down-ward compatibility⟩ 미1

360　**up-wind** [엎 윈드]: (바람을 맞는) 역풍, 모래땅을 불어 오르는 바람, ⟨~ against the wind⟩, ⟨↔down-wind⟩ 양2

361　**u·rae·us** [유어뤼어스]: ⟨← ouraios(tail)⟩, ⟨그리스어⟩, 고대 이집트 파라오의 왕관에 달았던 뱀모양의 휘장, ⟨신성한 독사⟩, ⟨~ a sacred serpent⟩ 수2

362　**U·ral** [유어뤌]: ⟨'동떨어진 곳(boundary)'이란 뜻의 터키어에서 유래한?⟩ 우랄(산맥·강), ⟨아시아와 유럽의 경계를 이루는⟩ 러시아 쪽(western Russia)의 거대한 산맥·좁은 강 수1

363 **u·ra·ma·ki** [우라마끼]: inside-out roll, 〈일본어〉, 〈밥이 겉으로 드러난〉 뒤집어진 스시, 〈~ maki\rebel roll〉 미2

364 **u·ra·ni·um** [유어뤠이니엄]: 우라늄, 방사선 금속원소 (기호 U·번호92), Uranus+~ium, 〈천왕성 발견 8년 후에 발견된〉 핵연료로 쓰이는 은백색 광물질, 〈~ a radio-active metallic element〉 수2

365 **U·ra·nus¹** [유어뤄너스]: 〈← ouranos(sky)〉, 〈그리스어〉, 우라노스, 〈아들 Cronus에 의해 거세당한〉 지신(Gaea)의 남편이자 아들, 거인들의 아버지인 '천신', Ouranos, 〈~ god of the sky〉 수1

366 **U·ra·nus²** [유어뤄너스]: 우라노스, (지구 4배의 직경을 가지고 태양으로부터 7번째로 멀리 떨어진) 얼음과 바위로 구성된 '천왕성', 〈~ The bulls-eye planet〉 수2

367 **Ur·ban** [어얼번]: '우아한〈civilized〉자', 우르바누스, 222년~1644년까지 8명의 로마 교황(Popes)의 이름 수1

368 **ur·ban** [어얼번]: 〈← urbs(city)〉, 〈라틴어〉, 도시의, 도회풍의, 〈↔rural〉 양2

369 **ur·ban air mo·bil·i·ty** \ UAM: '도심 항공 이동소', 도심에 자리 잡고 주 공항까지 수직 이·착륙 비행기로 승객과 짐을 나를 수 있는 시설을 갖춘 초소형 공항, 〈~ vertical take-off and landing aircraft〉 미2

370 **ur·ban folk-lore** (leg·end): 도시형 전설, '거시기 소식', '~ 카드라!', (확실한 근거 없이) 〈주로 전산망을 통해〉 유식한 사람들 중에 퍼지는 '유언비어', 〈~ rumor〉, 〈↔truth\evidence〉 미2

371 **ur·chin** [어얼췬]: 〈← ericius(a military obstacle)〉, 〈라틴어〉, '고슴도치', 성게, ((생식선이 미식가들이 탐하는〉 전 세계의 바다 밑바닥에서 서식하는 약 950종의) 극피동물, 개구쟁이, 〈~ hedge·hog〉, 〈~ whelp\pup〉, 〈~ uni〉 미2 양2

372 **Ur·du** [우얼두우]: 〈← ordu(horde)〉, 〈'군대'란 뜻의 터키어에서 유래한〉 우르두, (7천만 명 이상의) 인도 이슬람들이 쓰는 언어, 파키스탄의 공용어, 〈~ national language of Pakistan〉 수1

373 **~ure** [~유어, ~어]: 〈← ura(act)〉, 〈라틴어〉, 〈~동작·상태·성질〉의 뜻을 나타내는 결합사, 〈~ action\state\quality〉 양1

374 **u·re·a** [유어뤼어]: 〈← ouron(urine)〉, 유레아, 요소, 자연적·인공적으로 합성되는 질소가 많은 유기물, 〈~ a nitrogen-containing substance〉 미2

375 **u·re·ter** [유뤼이터]: (수)뇨관, 요관, 콩팥에서 방광까지 오줌을 나르는 관, 〈~ urinary tract〉 양2

376 **u·re·thra** [유뤼이쓰뤄]: 요도, 방광에서 오줌을 밖으로 방출하는 수관, 〈~ urinary duct〉 양2

377 **urge** [어얼쥐]: 〈← urgere(press hard)〉, 〈라틴어〉, '몰다', 재촉하다, 촉구하다, 역설하다, (강한) 충동, 〈~ desire\comulsion〉, 〈↔aversion\non-chalance〉 양2

378 **ur·gent** [어얼쥔트]: 긴급한, 재촉하는, 강요하는, 〈~ acute\crucial〉, 〈↔laid back\trivial〉 양2

379 *__ur·gi-cen·ter__ [어얼쥐 쎈터]: urgent+center, (입원을 요하지 않는 정도의 준응급 환자가 찾아가는) 외래 긴급 병원, 〈~ surgi-center〉 미1

380 **URI** (up·per res·pi·ra·to·ry in·fec·tion): 상기도 감염 양2

381 **u·ri·nal** [유뤼늘]: 환자용 소변기, 오줌통, 〈~(↔)bed-pan〉 미1

382 **u·ri·nate** [유뤼네이트]: 오줌 싸다, 소변 보다, 〈~ pee\wee〉, 〈~(↔)defecate〉 양2

383 **u·rine** [유어륀]: 〈← ouron〉, 〈그리스어→라틴어〉, 오줌, 소변, 〈~ water\piss\number one〉, 〈~(↔)feces〉 가1

384 *__URL__ ⇒ uniform (universal) resource locator 미1

385 **urn** [어언]: 〈← urere(burn)〉, 〈라틴어〉, burnt clay, 항아리, (납골) 단지, 무덤, 〈~ pot\jar\cinerary〉 양2

386 **u·ro~** [유어로우~]: 〈그리스어〉, urine, 〈오줌~〉이란 뜻의 결합사 양1

387 **ur·sa** [어얼서]: 〈원래는 she-bear였으나 나중에 남성·여성으로 함께 쓰이는〉 bear(곰)의 라틴어 양2

388 **ur-spra·che** [우울쉬프롸아허]: 〈독일어〉, 'proto-language', 조어(조상이 되는 언어), 〈후세에 가정적으로 재구성한〉 공통기어(기초언어), 〈~ (reconstructed) parent language〉, 〈↔derivative〉 미2

389 **ur·ti·ca·ri·a** [어얼티케어뤼어]: 〈← urere(burn)〉, 〈라틴어〉, 얼티카리아, hives, 〈쐐기풀(nettle)에 찔린 것처럼 가려운〉 심마진, (과민반응성) 두드러기, 〈~ rash〉 양2

390 **U·ru·guay** [우어뤄그웨이 \ 우어뤄그와이]: 〈bird-river?〉, 〈여러가지 뜻이 있는 원주민어〉, 우루과이, (1828년 브라질 제국으로부터 독립이 인정된) 남미 남동부(south-eastern S. America) 대서양에 연한 비교적 잘사는 나라, {Uruguayan·Oriental-Sp-Peso-Montevideo} 수1

391 **U·ru·guay Round** [우어뤄그웨이 롸운드 \ 우어뤄그와이 롸운드]: 우루과이 다국간 협약, 1986년에 우루과이에서 시작되어 120여 개국이 참여하고 있다가 1993년에 WTO에 흡수된 세계 최대 규모의 국제적 무역협상(global trade negotiations) 수2

392 **u·rus** [유뤄스]: 〈라틴어〉, wild bull, 오록스, (17세기 초에 멸종된) 유럽 들소, ⇒ aurochs 우2

393 **us** [어스]: 〈게르만어〉, we의 목적격, 우리를, 우리에게, 〈↔them〉 가1

394 **US**(A): ⇒ United States (of America) 양2

395 **us·age** [유우시쥐]: 〈← usagium〉, 〈라틴어→프랑스어→영국어〉, 〈← use¹〉, 관습, 관용법, 사용(법), 용도, 유용성, 대우, 〈~ usance〉, 〈↔dis(non)-use\obsoleteness〉 양1

396 **us·ance** [유우즌스]: 〈← usagium〉, (환어음의 만기일까지의) 어음 기간, 부의 소유에서 생기는 이익, 관행, 〈~ usage\habitude〉, 〈↔useless-ness\mis-management〉 양1

397 *****USB**: ⇒ universal serial bus\flash drive 미1

398 **US Bank** [유우에스 뱅크]: US bancorp, 1968년에 세워져서 주로 미 중부지역에서 활약하는 은행·종합 금융 회사, 〈~ an American bank holding co.〉 수2

399 **USC**: ⇒ University of Southern California 우2

400 **USDA**: ⇒ United States Department of Agriculture 우2

401 **use¹** [유우스]: 〈← usus〉, 〈라틴어〉, 사용, 용도, 쓸모, 관습, 소비, 이용, 〈→ usance\usage\usual〉, 〈~ utilization\useful-ness〉, 〈↔abandon-ment\dereliction〉 양1

402 **use²** [유우즈]: 〈← usare ← uti(apply)〉, 이용(사용)하다, 쓰다, 〈→ usury\utensil\utility〉, 〈↔dis(mis)-use〉, 〈~ employ\consume〉, 〈↔neglect\conserve〉 양2

403 *****use case** [유우스 케이스]: 사용 사례, 사용자가 전산기 체계와 상호작용할 때 발생하는 현상, 〈~ example\circumstance〉 미1

404 **used¹** [유우스트]: 익숙한, 버릇이 되어 있는, 〈~ habituated〉, 〈↔un-accustomed〉 양2

405 **used²** [유우즈드]: 중고의, 써서 낡은, 〈~ worn〉, 〈↔new〉 양2

406 **used to** [유우스트 투우]: 하곤 했다, 예전에 했지만 지금은 안 한다, (이원택 박사가 예전엔 연애도 하곤 했지만) 〈지금은 못한다〉, 〈~ acclimated\accustomed〉 양2

407 *****Use net** [유우즈 넷]: 유스 넷, user network, (1980년부터 사용한) UNIX 체제 간에 수많은 안건들(토론란)을 교환할 수 있는 방대한 전산망 체계, '사용자 전산망', 〈~ a world-wide discussion system〉 수2

408 *****us·er in·ter·face** [유우져 인터훼이스] \ UI: 사용자 접속, 사용자와 전산기간에 상호작용이 일어나는 곳, 사용자가 전산기와 소통하기 위한 (음성명령·차림표·그림표 등) 기호나 명령체계, 인간과 기계가 최소한의 노력으로 최대한의 효과를 추구하는 〈처남 좋고 매부 좋은〉 운영체제, 〈~ program that controls display〉 미1

409 **ush-er** [어셔]: 〈← ostium〉, 〈'door'란 뜻의 라틴어에서 유래된〉 문지기, 수위, 안내인, 신랑의 들러리, 〈~ attendant\escort〉, 〈~(↔)dog〉, 〈↔follower\visitor〉 양1

410 **US Open**: 전미 개방 전, (①골프는 1895년에 시작해서 매년 6월에 열리고, 〈~ an open golf championship〉 ②정구는 1881년에 시작해서 1968년 개방되고 매년 노동절 때 열리는) 미국의 거국적 체육행사, 〈~ an open tennis tourament〉 우2

411 **USP** (U·nit·ed States Phar·ma·co·poe·ia): 미국 약전, 1820년부터 미국 약전 학회가 매년 펴내는 '약품 처방 사전' 미2

412 **USPHS** (U·nit·ed States Pub·lic Health Ser·vice): (미) 공중위생국, 1889년에 창립되어 의무 총장 지휘 아래 공공보건을 관장하는 보건복지부(DHHS) 산하의 '준 군사 기구', 〈~ a commissioned corps of the US Public Health Service〉 미2

413 **USPS**: ⇒ United States Postal Service 우2

414 **USSR**: ⇒ Union of Soviet Socialist Republics 미2

415 **USSS**: ⇒ United States Secret Service 미2

416 **u·su·al** [유우쥬얼]: 〈라틴어〉, 〈← use¹〉, 보통의, 일상의, 흔한, 항상 사용하는, 〈~ habitual\customary〉, 〈↔strange\un-usual\exceptional〉 양2

417 **u·surp** [유우써얼프]: usus(use)+rapere(seize), 〈사용하기 위해〉 빼앗다, 강탈하다, 〈~ take over\expropriate〉, 〈↔keep\give〉 양2

418 **u·su·ry** [유우쥬뤼]: 〈라틴어〉, 〈← use²〉, 〈돈을 '이용'하는 댓가〉, 〈자본주의의 근간이 되는〉 고리대금 (행위), 폭리, 〈~ extortion\loan-sharking〉, 〈↔generous\un-selfish〉 양2

419 **U·tah** [유우터어 \ 유우타아]: UT, Beehive(벌집) State, 〈← ute(people of the mountains)〉, 〈원주민어〉, '산악 민족', 유타주, 〈광물질과 말이 정도들이 많고 록키산맥 동남부〈S-E of Rocky Mountains〉에 자리 잡은 미국의 45번째 주, {Salt lake City-⊄}, 《sego lily》 수1

420 **u·ten·sil** [유우텐슬]: 〈← uti(apply)〉, 〈라틴어〉, 〈← use²〉, 〈쓰기에 알맞는〉 기구, 용구, 유용한 사람, 〈~ tool\apparatus〉, 〈↔destruction\disorganization〉 양2

421 **u·ter·us** [유우터뤄스]: 〈라틴어〉, 유터러스, womb, 자궁, 〈아담의 창자를 끊어서 만든〉 아기집, 〈남자가 여자보다 모자라는 유일한 이유〉, 〈~ hystera〉, 〈↔fetus〉 양2

422 **u·til·i·tar·i·an** [유우틸리테어뤼언]: utility+arian, 공리적인, 실용적인, 〈최대 다수의 최대 행복을 추구하는〉 공리주의의, 〈~ practical\functional\pragmatic〉, 〈↔deontologist〉 미2

423 **u·til·i·ty** [유우틸리티]: 〈← use〉, '유익한 것', 쓸모 있음, 유용물, 편의 시설, 효용, 공익사업, 〈~ applicability\efficacy〉, 〈↔useless-ness\dis-advantage〉 미2

424 **u·til·i·ty man** [유우틸리티 맨]: '다목적 기술자', 여러 가지 작업에 익숙한 사람, 만능 보결 선수, (여러 역을 하는) 단역 배우, 〈~ handy-man〉, 〈↔dumb\blunderer〉 미1

425 **u·til·i·ty max·i·mi·za·tion** [유우틸리티 맥씨머제이션]: 〈(결혼생활과 같이〉 자기가 산 상품을 어떻게 이용할까 고민하는) 효용극대화, 〈~ marginal utility per dollar〉 미2

426 **u·til·i·ty pole** [유우틸리티 포울]: '다용도 장대', (전기·전화·강삭 등을 잡아매는) 전봇대, 전신주, 〈~(↔)power pole〉, 〈↔utility line\utility pipe〉 미2

427 **u·til·i·ty pro·gram** [유우틸리티 프로우그램]: '다용도 차림표', (정보 분류·서류철 복사 등) 전산기에서 부수적인 역할(supporting infra-structure)을 해주는 연성기제, 〈~ utility soft-ware〉 우2

428 **u·til·i·ty room** [유우틸리티 루움]: '다용도 실', (세탁·다림질 등을 하는) 편의실, 〈~ laundary area〉, 〈↔living room〉 미2

429 **u·til·i·ty ve·hi·cle** [유우틸리티 뷔히클]: 다용도 차(운송수단), (승용·작업·여가·운동 등 여러 가지 역할을 할 수 있는) 범용차, 〈~ multi-purpose vehicle〉, 〈↔sedan\truck〉 미2

430 **u·til·ize** [유우틸라이즈]: 〈← use²〉, 이용하다, 소용되게 하다, 〈~ apply\appropriate〉, 〈↔halt\impede〉 양2

431 **ut·most** [어트모우스트]: 〈영국어〉, outer most, '가장 먼', '밖으로', 최대한의, 극도의, 기껏해야, 〈~ greatest\maximum〉, 〈↔least\minimum〉 양2

432 **u·to·pi·a** [유우토우피어]: ou(not)+topos(place), 〈그리스어〉, 유토피아, '어디에도 없는 곳', 이상향, 이상적 체제, 〈~ paradise\heaven〉, 〈↔dys-topia〉 양2

433 **ut·ter¹** [어터]: 〈게르만어〉, out의 비교급, '밖으로', 철저한, 무조건의, 순전한, 〈~ complete\thorough\pure〉, 〈↔partial\uncertain〉 양2

434 **ut·ter²** [어터]: 〈← ut〉, 〈게르만어〉, 입 밖(out)에 내다, 말하다, 털어놓다, 탄식하다, 〈~ express\vent〉, 〈↔whisper\shout〉 양2

435 **ut·ter·ance** [어터뤈스]: 입 밖에 냄, 발언, 말씨, 유통, 〈~ remark\declaration〉, 〈↔withhold\louden〉 양2

436 **ut·ter·most** [어터 모우스트]: ut(밖에)+most(가장), 최대 한도의, 〈~ ut-most〉, 〈↔least\minimal〉 양2

437 *****U tube** [유우 튜우브]: 유튜브 ①U자 관 ②You Tube; 2005년 3명의 기술자가 개발해서 2006년 구글(Google)사에 1.65억 불에 판 미국의 세계적 영상 공유 웹사이트 〈돈을 벌려면 이렇게 벌어야지!〉, 〈~ an American on-line video sharing platform〉 수2

438 **U tu·ber** [유우 튜우버]: 유튜브를 시청하는 사람(U tube watcher), 인터넷 방송 진행자(콩글리시〈U tube anchor〉), 〈~(↔)talent〉 미2

439 *****U-turn** [유우 터어언]: U자형 회전, 반전, (교차로 등에서) 거꾸로 돌기, 180도의 방향 전환, 〈망설이다〉 되돌아가기, 〈~ back-tracking\change of plan〉, 〈~(↔)P-turn\Michigan left turn〉 미1

440 *****U 2** [유우 투우]: you too, 너 또한, 너도 같이, 〈잠자리에서 자주 써야 할 말〉 수2

441 **UUCP**: UNIX to UNIX Copy, UNIX 간의 서류철 교환을 위한 통신 규약, 〈~ remote execution of commands〉 수2

442 **u·ve·a** [유우뷔어]: 〈← uva(grape)〉, 〈라틴어〉, 포도막, (안구를 덮어주는) 〈포도 모양의〉 색체층, 〈~ pigmentary surface of iris〉 양2

443 **u·vu·la** [유우뷸러]: 〈← uva(grape)〉, 〈'포도 모양'이란 라틴어에서 유래한〉 목젖, (음식이 코로 들어가는 것을 막는) 현옹수, 〈코를 골게하는〉 구개수, 〈~ flap〉 양2

444 **ux·o·ri·ous** [억쎠어뤼어스]: 〈라틴어〉, 아내(uxor)를 너무 위하는, 아내 앞에서 사족을 못 쓰는, 〈~ doting\docile〉, 〈↔macho〉, 〈↔maritorious 대신 떠오르는 말〉 양2

445 **Uz·bek·i·stan** [우즈베키스탠]: 〈uz(own)+bek(master)?〉, 〈어원이 복잡한 터키어〉, 우즈베키스탄, 1991년 소련의 해체로 독립한 중앙아시아〈Central Asia〉 산악지대에 자리 잡은 (농산물·광물질·회교도가 많은) 개발도상국, {Uzbek-Uzbek-Som-Tashkent} 수1

1. **V \ v** [뷔이 \ 브이]: 페니키아인의 상형문자 갈구리 모양에서 따온 U자와 혼동되는 인쇄물에서 22번째 정도로 자주 쓰이는 영어의 22번째 글자, V자형, 로마숫자 5, verb·volt·velocity·volume·victory·vein·versus·very 등의 약자 수2

2. **VA** [뷔이 에이]: ⇒ Veterans Affairs 미1

3. **va·can·ces** [붸이컨씨스]: 〈라틴어→프랑스어〉, 바캉스, 휴가, 유람, 방학, 〈~ vacation〉, 〈↔work\continuation〉 양2

4. **va·can·cy** [붸이컨시]: 빈자리, 빈방, 〈~ empty space〉, 〈↔fullness\fill〉 가1

5. **va·cant** [붸이컨트]: 〈← vacans(emptiness)〉, 〈라틴어〉, 공석인, 텅 빈, 비어 있는, 없는, 공터, 〈~ evacucate\vacances\vacation\vacuity\vacuum\vain〉, 〈↔full\occupied〉 가1

6. **va·ca·tion** [붸이케이션]: 〈← vacare(be free)〉, 〈라틴어→영국어〉, 휴가, 유람, 방학, 공석, 〈~ break\recess〉, 〈↔work\occupation〉 양2

7. ***va·cay** [붸이케이]: 〈1991년 미국에서 등장한 신세대어〉, vacation의 약어, 〈↔work\occupation\continuation〉 양2

8. **vac·ci·na·tion** [백씨네이션]: 예방접종(시키기), 〈~(↔)immunization〉 양2

9. **vac·cine** [백씨인]: 〈라틴어〉, 백신, 〈암소(vacca)에서 만든〉 우두, 종두, 예방접종(약), 전산균 예방 차림표, 〈~ inoculation〉, 〈↔infection\immunity〉 양2

10. ***vac·cine pass**[백씨인 패쓰]: 예방접종 통과(증), (Covid-19 이후에 도입된) 예방접종과 PCR 음성 확인증이 있어야 공용시설에 들어갈 수 있는 허가증 미2

11. **va·cil·late** [봬썰레이트]: 〈← vacilare(waver)〉, 〈라틴어〉, 망설이다, '흔들리다', 〈~ hesitate\reluct〉, 〈↔determinate\life hack\spunk〉 가2

12. **va·cu·i·ty** [봬큐이티]: 〈← vacancy〉, 빈(진공)상태, 허무, 멍청함, 헛소리, 〈~ nothing\blank〉, 〈↔area\fullness\depth\intelligence〉 양2

13. **vac·u·um** [봬큐움]: 〈← vacancy〉, '빈공간', 진공, 공백, 부재, 전무, 〈~ absence\lack〉, 〈↔fullness\clutter〉 가1

14. **vac·u·um clean·er** [봬큐움 클리이너]: 진공청소기, 〈~ dust buster\electric broom〉, 〈↔blower〉 양2

15. **vac·u·um tube** [봬큐움 튜우브]: 〈지금은 반도체로 대체되어 거의 쓰지 않는〉진공관, 〈~ valve〉, 〈↔chip〉 가1

16. **va·de me·cum** [붸이디 미이컴]: 〈라틴어〉, go with me, '나와 같이 가기', 필휴 편람, 지침서, '수첩', 〈~ hand-book\guide-book〉, 〈↔text book\clutter〉 양2

17. **vag·a·bond** [봬거아본드]: 〈← vagari(wander)〉, 〈라틴어〉, '방랑자', 부랑자, 〈~ itinerant\canvas back〉, 〈↔inhabitant\gentleman〉 양1

18. ***vag·an·za** [붜갠져]: 〈라틴어〉, 〈← extra·vavanza〉, '방황하는', 〈16세기 로마 교황이 법전에도 없는 칙령을 남발한 데서 연유한〉 극적인, 과도한, 굉장한, '대형 vigina'〈넓은 문〉(보통 사전에는 없는 말), 〈~ fantastic\spectacular〉, 〈↔hide\truth\narrow gate〉 양2

19. **vag·ile** [배쥘\배좌일]: 〈← vagus(wandering)〉, 〈라틴어〉, 이동성의, 자유롭게 움직이는, 〈~ free-swimming\un-attached〉, 〈↔sessile\attached〉 양2

20. **va·gi·na** [붜좌이너]: 〈의미심장한 라틴어〉, 질, sheath, '칼집', 〈좆 집〉, 〈주름진 곳〉, 〈깊숙한 곳〉, 〈신축성이 좋은 곳〉, 〈씹구멍〉, pussy, cunt, 〈~ love-hole〉, 〈↔throat\penis〉 양2

21. **va·grant** [붸이그륀트]: 〈← vagari(wander)〉, 〈라틴어에서 연유한 프랑스어〉, 방랑하는, 헤매는, 변하기 쉬운, 〈~ drifting\roaming〉, 〈↔established\settled〉 양2

22. **vague** [붸이그]: 〈← vagari(wander)〉, 〈라틴어〉, '방랑하는', 막연한, 어렴풋한, 모호한, 희미한, 〈~ indeterminate\un-clear〉, 〈↔precise\firm\vivid〉 가1

23. ***vague book·ing** [붸이그 부킹]: vague+Face-booking, '모호한 기입', 관심을 끌기 위해 자신의 사회 전산망(social network) 계정에 일부러 모호한 상태를 올리는 짓, '연막기재', 〈~ attention seeking〉 미2

24. **vail** [붸일]: 〈← val(down)〉, 〈프랑스어〉, (모자를) 벗다, '내리다', 〈available한 만큼 주는〉 축의금(congratulatory money), 〈~ valley〉, 〈~ submit\tip〉, 〈↔mask\cover〉 양2

25. **vain** [붸인]: 〈← vanus(empty)〉, 〈라틴어〉, '비어있는', 헛된, 시시한, 보람없는, 허영심으로 생긴, 〈아주 철학적인 말〉, 〈~ vacant\void\vast\vaunt\wane\inane〉, 〈~ hollow\worthless〉, 〈↔modest\productive〉 가2

26 **vain-glo·ry** [붸인 글로어뤼]: 자만심, 허영심, 과시, 〈~ conceit\reverse snob〉, 〈↔humility\modesty〉 양2

27 **Vais·ya** [봐이셔]: 〈← vic(settler)〉, 〈산스크리트어〉, '마을 사람', 바이샤, 평민(commoner), 인도 4성의 제3계급(농·상·연예인), 〈~(↔)Brahmin\Kshatriyas\Shudra〉 수2

28 ***va·ja·zzle** [붜쟈즐]: vagina+be·dazzle, 여성의 음부를 보석 등으로 장식하는 일, '보지 장식', 〈현란한 음부〉, 〈질 치장〉, glitter pubes 우2

29 **vaj·ra** [봐쥐롸]: 〈← vasara(axe)〉, 〈산스크리트어〉, 힌디 Indra 신이 사용했던 무기, 〈뇌성벽력〉, 〈~ thunderbolt\diamond〉, 〈~ Zeus〉, 〈↔Buddha〉 우2

30 **va·lance** [밸런스]: 〈프랑스의 직물 산지명에서 연유했다고도 했으나 'vail'에서 파생된 말이 더 신빙성이 있는〉 침대나 식탁 '아래로 드리운' 휘장, 창문 위쪽의 장식천, 〈~ drapery\screen〉 우1

31 **vale** [붸일]: ①〈← vallis〉, 〈어원 불명의 매우 시적인 라틴어〉, 계곡, (dale보다 좁은) 골짜기, 속세, 〈~ glen\valley〉, 〈↔summit\plateau〉 ②〈라틴어〉, farewell, 작별 인사, 〈~ valediction〉 양1

32 **val·e·dic·tion** [밸레딕션]: 〈← vale(farewell)+dicere(say)〉, 고별사, 〈~ farewell〉, 〈~ apopemptic\parting〉, 〈↔welcome\salutation〉 양2

33 **val·e·dic·to·ri·an** [밸러딕토어뤼언]: 고별사를 읽는 학생, 졸업생 대표, 〈~ top student〉, 〈↔drop-out〉 양2

34 **Val·en·ci·a** [뷜렌쉬어]: 〈← valere(be strong)〉, 〈'활기찬'이란 뜻의 라틴어에서 연유한 스페인어〉, 발렌시아 ①〈유서 깊은〉 스페인 동부(eastern Spain)의 주(도시) ②베네수엘라 북부(northern Venezuela) 평원에 있는 도시 ③미국의 남가주 Santa Ana에서 개량되어 〈그냥〉 스페인의 도시 이름을 따서 명명한 당분이 많은 감귤, 〈~ a sweet orange〉 수1

35 **Val·en·tine** [뷀런타인]: 〈← valere(be strong)〉, 〈라틴어〉, '강건한 자', 밸런타인 ①남자 이름(male name; 여성형은 Valentina) ②St. V; 3세기에 로마에서 순교한 기독교인 ③Valentinus; 9세기의 로마 교황(pope) ④v~; 연인, 〈~ galentine\malentine〉, 〈~ lover\darling〉, 〈↔foe\epithet〉 수1 미2

36 **Val·en·tine's day** [밸런타인즈 데이]: 정인절, 성 발렌타인 축제일, 2월 14일, 애인에게 〈주로〉 초콜릿을 선물로 주는 날, 〈↔Steak and Blow-job day〉 우2

37 **Val·en·ti·no** [밸런티이노우]: 〈'Valentine'의 이탈리아어〉, 발렌티노, 1960년 동명의 이탈리아 유행 도안가가 창립해서 2012년 중동의 카타르(Qatar) 공화국으로 소유권이 넘어간 〈여성이 죽기 전에 꼭 한 번 입어 보고 싶다는〉 고급 의류 및 장식품 업체, 〈~ an Italian luxury fashion house〉 수2

38 **va·le·ri·an** [뷜리어뤼언]: 〈← valere(be strong)〉, 〈라틴어→프랑스어〉, 〈뿌리를 안정제로 썼던〉(구대륙에 서식하며) 'Valeriana'같이 〈강한〉 향이 나는(?) 자잘한 연분홍 뭉치꽃을 피우는 쥐오줌풀, 〈~ all-heal\setwall〉 미2

39 **Va·le·ro** [발레로]: 〈← valere(be strong)〉, 〈라틴어〉, '강건한 자', 발레로, 1980년에 (Alamo의 원명을 따서) 창립된 미국의 석유·천연가스 회사, 〈~ an American based fuels producer〉 수2

40 **Va·le·ry** [뷀러뤼], Paul: 〈← valere(be strong)〉, 〈라틴어〉, '강건한 여자', 발레리, (1871~1945), 〈영감보다는 노력으로 시를 써야 한다고 주장한〉 프랑스 시인, 〈~ a French poet〉 수1

41 **va·let** [밸레이 \ 밸릿]: 〈← vassus(servant)〉, 〈라틴어에서 유래한 프랑스어〉, varlet, 발렛, 시중들다, 〈~ vassal\gentleman's gentleman〉, 〈↔boss\host〉, 〈↔idle\neglect〉 양2

42 **va·let park·ing** [밸레이 파아킹]: 발레 파킹, 대리주차, 우대주차, 〈~ park service〉, 〈↔self-parking〉 우2

43 **val·iant** [밸리언트]: 〈← valor〉 용감한, 씩씩한, 건장한, 〈→ gallant〉, 〈~ brave\intrepid〉, 〈↔cowardly\craven〉 양1

44 **va·lid·i·ty** [뷜리디티]: 〈← validus(strong)〉, 〈라틴어〉, 〈강력한 근거가 있는〉 정당성, 〈여전히 가치 있는〉 유효성, 타당성, 〈~ sound\cogent〉, 〈↔ineffectiveness\incompetence〉 가2

45 **val·ley** [밸리]: 〈← vallis ← val(down)〉, 〈라틴어〉, 골짜기, 분지, 유역, 〈~ vale'\dale〉, 〈↔summit\plateau〉 양1

46 **val·or** [밸럴]: 〈← valere(be strong)〉, 〈라틴어〉, '힘 있는 상태', 용기, 용맹, 소중함, 〈~ boldness\courage〉, 〈↔cowardice\weakness〉 가1

47 **val·u·a·ble** [밸류어블]: 귀중한, 값비싼, 〈~ precious\in-valuable〉, 〈↔worthless\trivial〉 가2

48 **val·u·a·tion** [밸류에이션]: 평가, 사정가격, 〈~ evaluation\estimate〉 가2

49 **val·ue** [밸류우]: ⟨← valere(be strong)⟩, ⟨라틴어⟩, ⟨강력한⟩ 가치, 쓸모, 값, 소중함, ⟨~ merit\principle⟩, ⟨↔uselessness\worthlessness⟩ 가1

50 *val·ue-add·ed net-work [밸류우 애디드 네트워어크] \ VAN: 부가가치 통신망, 공용 통신망에 없는 분야를 탐색해주는 사설 통신망, ⟨~ electronic data interchange(EDI) VAN⟩ 미2

51 *val·ue-add·ed re-sell-er [밸류우 애디드 뤼쎌러] \ VAR: ⟨전산기를 개조해서 다시 파는⟩ 부가가치 재판업자, ⟨~ resell at higher price after adding new features⟩ 미2

52 **val·ue-add·ed tax** [밸류우 애디드 택스] \ VAT: 부가가치세, (판매-매입)×세율, ⟨~ ad valorem⟩, ⟨~ general consumption tax⟩ 양2

53 **val·ue en·gi·neer·ing** [밸류우 엔쥐니어륑] \ VE: 가치공학, 제품이나 봉사의 기능과 효율에 관한 연구, ⟨~ value analysis⟩ 양2

54 **valve** [밸브]: ⟨← volvere(to roll)⟩, ⟨라틴어⟩, 밸브, ⟨돌리는⟩ 판, 판막, 꼭지, '접게 된 문의 한 짝', ⟨~ stop-cock\regulator⟩, ⟨↔release\pipe⟩ 미1

55 *va·moose [배무우스]: vamose, ⟨← vadere(depart)⟩, ⟨라틴어→스페인어→1859년에 도입된 미국 속어⟩, ⟨← vamos(let's go)⟩, 내빼다, 뺑소니치다, ⟨~ escape\flee⟩, ⟨~ stay\arrive⟩ 양2

56 **vamp** [뱀프]: ①avant(before)+pied(foot), ⟨'발의 앞'이란 뜻의 프랑스어⟩, 구두의 앞 차양(챙·닫이), 낡은 것을 감추기 위해 덧댄 조각, 날조, 즉석 반주, ⟨~ cover\patch\improvise⟩, ⟨↔dislodge\break\refrain⟩, ⟨↔re-vamp⟩ ②vampire의 약어 양2

57 **vam·pire** [뱀파이어]: ⟨← uber(witch)⟩, ⟨'마녀'란 뜻의 터키어에서 연유한 헝가리어⟩, ⟨← vampir⟩, 흡혈귀, 고혈 착취자, (남아메리카산) 흡혈박쥐, 요부, ⟨~ seducer\charmer\siren⟩, ⟨↔prey\angel⟩ 양2

58 **vam·pire tap** [뱀파이어 탭]: '깨물어 전류 따기'(굵은 전선에서 전류를 따올 때 서로 연결시키지 않고 피복 속으로 금속을 찍어 넣어 연결시키는 방법), ⟨~ piercing tap⟩, ⟨↔ends connection⟩ 우1

59 **van** [밴]: ⟨영국어⟩, ⟨← caravan⟩, 밴, 경화물 승용차, 유개 운반차, 여행용 9인승 자동차, 선두(vanguard), ⟨~ people mover⟩, ⟨↔sedan\truck\back end⟩ 우2

60 **Van Bu·ren** [밴 뷰어륀], Mar·tin: ⟨네덜란드어⟩, neighbours, '이웃마을에 사는 자', 밴 뷰런, (1782-1862), '작은 마술사', '킨더후크의 여우', 뉴욕주 킨더후크 출신으로 자수성가하여 계파(Machine) 정치를 도입하고 제1차 경제공황 때 '작은 정부'를 외치다 단임으로 끝난 미국의 8대 대통령, {Machiavellian, Mistletoe Politician}, ⟨~ 8th US President⟩ 수1

61 **van con·ver-sion** [밴 컨붜얼전]: 주거용으로 바뀐 밴, ⟨~ camper car⟩ 우1

62 **Van·cou·ver** [밴쿠우붜]: ⟨지명(Coeverden)에서 연유한 네덜란드계 이름⟩, 밴쿠버, 영국의 탐험가 이름⟨George V~⟩을 딴 캐나다 서부의 경치 좋은 항구도시(섬·산), ⟨~ a sea-port in British Columbia⟩ 수1

63 **Van·dal** [밴들]: ⟨← wandeln(to wander)⟩, ⟨게르만어에서 연유한 라틴어⟩, '방랑자', (5세기에 서유럽에 침입하여 로마를 약탈한 게르만계의) 반달족, ⟨~ Germanic people from southern Poland⟩ 수1

64 **van·dal-ism** [밴덜리즘]: ①반달족 풍습 ②약탈, 만행, 파괴, 공공기물 파손죄, ⟨~ hooliganism\destruction⟩, ⟨↔protection\conservation⟩ 수2 양1

65 **Van-der-bilt** [밴더빌트], Cor·ne·li·us: ⟨← bulte(low hill)⟩, ⟨게르만어⟩, '구릉지대에 사는 자', (1794-1877), 밴더빌트, 뉴욕에서 선박업으로 시작해서 동부의 철도사업으로 떼돈을 번 네덜란드계(Dutch) 미국의 실업가, ⟨~ an American business magnate\'the Commodore'⟩ 수1

66 **Van-der-bilt** [밴더빌트] U·niv.: 네덜란드 계통의 운송업자 밴더빌트가 남북전쟁의 지역적 보상을 위해 1872년 미국 테네시주 Nashville에 설립한 ⟨'남부의 하버드'로 불리는⟩ 사립대학, ⟨~ a private research univ.⟩ 수1

67 **Van Dyke** [밴 다이크], An·tho·ny: ⟨네덜란드어⟩, '제방(dike)근처에 사는 자', 안톤 반 다이크, (1599-1641), (독특한 턱수염과 목깃의 유행을 창조해 낸) 벨기에 태생 영국의 바로크 초상화가, ⟨~ a Flemish Baroque artist⟩ 수1

68 **Van·dyke beard** [밴다이크 비어드]: ⟨네덜란드 화가의 이름에서 연유한⟩ (반다이크풍의) 끝이 뾰족한 짧은 턱수염, ⟨~ Charlie; 영국 찰스 1세의 수염 모양⟩, ⟨~ pike-devant\anchor (or duck-tail beard)⟩ 수2

69 **Van·dyke col·lar** [밴다이크 칼라]: (반다이크풍의) 톱니 모양의 넓은 목깃(덮개), ⟨~ collar with V-shaped points⟩ 수2

70 **vane** [붸인]: ⟨← fana(flag)⟩, ⟨게르만어⟩, '깃발', 바람개비, 변덕장이, ⟨~ feather\blade\weather cock⟩, ⟨↔effective\worthy\modest⟩ 양2

71 **Va·nes·sa** [붜네사]: ⟨← phanes(butter-fly)⟩, ⟨'나비'란 뜻의 그리스어에서 유래했다는 학설이 제일 우세한⟩ 버네사, 여자 이름(feminine given name), v~ atlanta; 큰 멋쟁이 나비, ⇒ red admiral 수1 미2

72 **Van Gogh** [밴 고우], Vin·cent: ⟨마을 이름(Goch)에서 연유한 네덜란드 이름⟩, 반 고흐, (1853-1890), 정신병과 가난의 고통 끝에 권총 자살을 한 네덜란드 출신의 후기 인상파 화가, ⟨~ a Dutch Post-Impressionist painter⟩ 수1

73 **van-guard** [뱅가아드]: ⟨프랑스어⟩, before+guard, '앞쪽 경비', 전위, 선봉, ⟨← avantgarde⟩, ⟨~ fore-front\pioneer⟩, ⟨↔rear\follower⟩ 양1

74 **va·nil·la** [붜닐러]: ⟨라틴어⟩, (넝쿨로 자라며 'vagina⟨sheath⟩ 모양의' 깍지 열매를 맺는) 난초과의 열대식물, ⟨~ an orchid⟩, ⟨향기가 없는 듯 담백하고 은은한 맛으로 너도 나도 찾는 통에 요즘은 거의 다 인공으로 만들고 있는⟩ 바닐라 향, 민짜⟨추가 기능 없이 기본적 역할만 하는 기기⟩, ⟨~ elementary\boring⟩ 수2

75 **va·nil·la ice cream** [붜닐러 아이스 크뤼임]: 바닐라 얼음과자 우2

76 **van·ish** [봬니쉬]: ⟨← evanescere(disappear)⟩, ⟨라틴어⟩, 사라지다, 희미해지다, ⟨비워서⟩ 없어지다, ⟨~ vanity⟩, ⟨~ die out\fade⟩, ⟨↔appear\materialize⟩ 가1

77 **van·i·ty** [봬니티]: ⟨← vanus(vain)⟩, ⟨라틴어⟩, 덧없음, 허무, 허사, 허식, 자만심, 허영심, 방물, 장신구, ⟨~ vanish⟩, ⟨~ futility\conceit⟩, ⟨↔humility\modesty⟩ 양1

78 *****van·i·ty card** [봬니티 카아드]: '방물 명판', (영화 등의 흥행물이 시작되거나 끝난 후 잠깐 보여주는) 제작자의 상표(logo), ⟨~ production (or studio) logo⟩ 우2

79 *****van-lord** [밴 로어드]: ⟨2023년에 등장한 미국어⟩, 집이 없는 사람들에게 고물 RV(여가용 차량)를 헐값으로 빌려주는 ⟨여가용 차량 대여자⟩, ⟨~ land-lord⟩, ⟨↔homeless⟩ 미2

80 **van·quish** [뱅퀴쉬]: ⟨← vincere(to conquer)⟩, ⟨라틴어⟩, 정복하다, 격파하다, ⟨~ beat\defeat⟩, ⟨↔liberate\surrender⟩ 양2

81 **van·tage** [봰티쥐]: ⟨← avantage⟩, ⟨프랑스어⟩, ⟨ad⟩vantage, 유리한 위치, 우월, ⟨~ view-point\ascendancy⟩, ⟨↔disadvantage\liability⟩ 양2

82 **van·tage ground** [봰티쥐 그롸운드]: 유리한 입지(조건), ⟨~ upper-hand⟩, ⟨↔handicap\drawback⟩ 양2

83 **van·tage point** [봰티쥐 포인트]: 유리한 시점(견해), 관점, 입장, 전망이 좋은 지점, ⟨~ bird's-eye view⟩, ⟨↔weak point\low status\frog's(worm's)-eye view⟩ 양2

84 **Va·nu·a·tu** [봐누아투 \ 봬누아투]: vanua(home)+tu(to stand), ⟨원주민어⟩, '집터', 바누아투, 1980년에 영국과 프랑스로부터 독립되어 근래에 시민권을 ⟨13만불씩 받고 뒤가 구린자들에게⟩ 팔아먹고 있는 태평양 남서부(South Pacific Ocean)의 멜라네시아인의 섬나라 공화국, {Vanuatuan-Bislama·Eng·Fr-Vatu-Port Vila} 수1

85 **va·pid** [봬피드]: ⟨← vapidus(stale)⟩, ⟨라틴어⟩, 'vapor(김)'이 빠진, 활기를 잃은, 맛대가리 없는, ⟨~ insipid\freeble\boring⟩, ⟨↔pert\lively\exciting⟩ 양2

86 *****va·ping** [붸이핑]: ⟨← vapor⟩, (전자 담배의) 연기 들이마시기, 불연성 흡연, ⟨~ inhaling⟩, ⟨↔smoking⟩ 미2

87 **va·por** \ va·pour [붸이퍼]: ⟨라틴어⟩, steam, 김, 증기, 공상, 허상, ⟨~ vapid⟩, ⟨↔dryness⟩, ⟨↔solid\liquid⟩ 양1

88 *****va·por-ware** [붸이퍼 웨어]: 개발되었으나 상품화되지 못한 물건, ⟨증기같이 사라진⟩ '사산품', ⟨~ 'dead-ware'⟩ 미2

89 **Va·ra·na·si** [붜롸너시]: ⟨산스크리트어⟩, ⟨Varuna(bind)와 Assi(sword) 강이 합쳐진⟩ 바라나시, (그 강에 몸을 적시면 극락에 간다는) 인도 북부 갠지스의 지류인 바라나 강가의 힌두교 성지, ⟨~ a city in N. India⟩ 수1

90 **var·i·a·ble** [붸뤼어블]: ⟨← variare(to change)⟩, ⟨라틴어⟩, ⟨← vary⟩, 변동성, 변덕스러운, 다양한, (작동 중에 변할 수 있는) 가변성의, ⟨~ shifting\irregular⟩, ⟨↔fixed\set\constant\uniform⟩, ⟨이 말은 다양한 부문에서 다양하게 쓰이는데 연구 분야에서 예를 들면 비와 나무의 성장을 논할 때 independent v.은 비오는 날과 성장률은 관계가 없고 dependent v.은 강우량과 성장률은 비례한다는 뜻으로 이해하기 바람⟩ 가1 미2

91 **var·i·a·ble in·ter·est rate** [붸뤼어블 인터뤠스트 뤠이트]: 변동 금리, ⟨~ adjustable (or floating) rate⟩, ⟨↔fixed interest rate⟩ 가1

92 **var·i·a·ble life in-sur-ance** [붸뤼어블 라이후 인슈어뤈스]: (액면) 변동제 생명보험, (죽을 때까지 지속되나) ⟨투자로 인해 보험액이 변하는⟩ 변액 생명보험, ⟨~(↔)adjustable life insurance⟩, ⟨↔traditional\term L.I⟩ 가1

93 **var·i·a·ble pitch** [붸뤼어블 피취]: '변동 자폭', 글자 폭(font width)을 조절할 수 있는 타자법, 〈~ controllable pitch〉, 〈↔constant pitch〉 미2

94 **var·i·a·ble rate mort-gage** [붸뤼어블 뤠이트 모어기쥐]: 〈시세에 따라 이율이 변하는〉 변동 (or adjustable) 근저당, 〈↔fixed rate mortgage〉 가1

95 **var·i·ant** [붸뤼언트]: 〈← vary〉, 변종, 이형, 변량, 합집합(한 개 이상의 변수를 이용할 수 있는 자료 방식), 〈~ different\alternative〉, 〈↔identical\standard〉 양2 우1

96 **var·i·a·tion** [붸뤼에이션]: 〈← variare(to change)〉, 변동, 변이, 편차, 〈~ aberration\disparity〉, 〈↔uniformity\standardization〉 양2

97 **var-i-cose vein** [붸뤼코우스 붸인]: 〈← varus(bent outward)〉, 〈라틴어〉, 'dilated vein', 〈← vary?〉, 정맥류(정맥의 이상확장) 양2

98 **var·i·e·gate** [붸뤼어게이트]: varius(various)+favere(make), 〈라틴어〉, 잡색으로 하다, 얼룩지게 하다, 다양하게 하다, 〈~ dapple\mottle〉, 〈↔colorless\achromatic〉 양2

99 **va·ri·e·ty** [붜롸이어티]: 〈← variare(to change)〉, 〈라틴어〉, 다양성, 가지각색, 변형, 〈~ diversity\heterogeneity〉, 〈↔monotony〉 양2

100 **va·ri·e·ty show** [붜롸이어티 쑈우]: 다양한 흥행, 다채로운 공연, 〈~ vau de ville〉, 〈↔one-man show〉 우2

101 **var·i·ous** [붸뤼어스]: 〈← variare(to change)〉, 〈라틴어〉, 여러 가지의, 각양각색의, 다양한, 〈~ numerous\diverse\different〉, 〈↔suigeneris\identical\similar〉 양2

102 *****va·ris·tor** [배뤼스터]: variable+resister, 〈변동성〉 (반도체) 저항소자, 〈~ a surge protecting electronic component〉 우2

103 **var·na** [봐아너]: 〈← varn(appearance)〉, '외모'란 뜻의 산스크리트어, 인도의 계급(caste)제도 수2

104 **var·nish** [봐아니쉬]: 〈원산지 Berenike(리비아의 고대도시)에서 유래한 gloss?〉, 〈어원 불명의 그리스어〉, 유약, 윤택을 내는 점액질의 도료, 광내기, '니스', 〈~ lacquer\enamel〉, 〈↔roughen\strip〉 양1

105 **var·nish tree** [봐아니쉬 트뤼이]: 〈유약을 채취하는〉 옻나무, 〈~ Chinese lacquer tree〉 미2

106 **var·y** [붸어뤼]: 〈← variare(change)〉, 〈라틴어〉, 변화를 주다, 변경하다, 다르다, 벗어나다, 〈→ various\variant\variety〉, 〈~ alter\modify〉, 〈↔fix\agree\follow〉 가1

107 **vas-cu·lar** [봬스큘러]: 〈← vas(duct)〉, 〈라틴어〉, 혈관의, 관다발의, (관으로 양분을 나르는) 유관속, 〈~ vessel〉, 〈↔muscular\neural〉 양1

108 **vase** [붸이스]: 〈← vas(dish)〉, 〈라틴어〉, 꽃병, 항아리, '그릇', 〈~ vessel〉, 〈~ jug\pot〉 양2

109 **va·sec-to·my** [붜섹터미 \ 봬섹터미]: 〈라틴어〉, 정관(vas deferens)절제술, '불알 까기', 〈~(↔)castration〉, 〈↔circumcision〉 양2

110 **va·se·line** [봬설린]: 〈water(독일어)+oil(산스크리트어)이 합성된 미국어〉, 바셀린, 와셀린, '석유연고', 중유를 냉각할 때 생기는 고형유, V~; 1872년에 출시된 미국의 백색 광유 유지의 상품명, 〈~ petroleum jelly〉 우2 수2

111 **vas·sal** [봬슬]: 〈← wastos(servant)〉, 〈켈트어에서 유래한 라틴어〉, '하인', 종, 가신, 봉신, 〈~ valet〉, 〈~ bond-man\serf〉, 〈↔lord\free-man〉 가1

112 **vast** [봬스트 \ 봐아스트]: 〈← vastus(large extent)〉, 〈라틴어〉, 광대한, 굉장한, 〈~ huge\enormous〉, 〈↔narrow\tiny〉 가2

113 **vast ma·jor·i·ty** [봬스트 머줘어뤼티]: 절대다수, 압도적, 〈↔tiny minority〉 가2

114 **vast sum of mon·ey** [봬스트 썸 오브 머니]: 거금, 〈~ guap〉, 〈↔petty cash〉 가2

115 **vat** [뱉]: ①'back'〈일반인들이 잘못 쓰는 말〉 ②〈← fatan(container)〉, 〈게르만어〉, (양조·염색용의) 큰 통, 독주를 마실 때 곁에 두는 물통, 〈~ tank\cistern〉 미1

116 **Vat·i·can** [봬티컨]: 〈← vates(prophet)〉, 〈에트루리아어〉, '예언자'가 사는 언덕, 바티칸, 〈황제가 앉는 자리〉, (로마) 교황청(세계에서 제일 작으나 제일 막강한 '국가'), {The Holy See-Ita·Lat·Fr-Euro-Vatican City} 미2

117 **vau de ville** [붜어 더 뷜]: valley of the Vire(watershed), 보드빌, 〈프랑스 보드빌이란 마을에서 처음 시작된〉 다종 유흥(노래·춤·만담·곡예 등을 섞은 흥행), 〈~ variety show〉 우1

118 **vault** [붜얼트]: ⟨← volutus ← volvere(roll)⟩, ⟨라틴어⟩, 둥근 천장, 지하 저장실, ⟨천장 모양의⟩ 뜀틀을 뛰어넘기, ⟨~ arched ceiling\dome\underground chamber\leap vigorously⟩, ⟨↔attic\floor\landing⟩ 양1

119 **vaunt** [붜언트]: ⟨← vanus(vain)⟩, ⟨라틴어⟩, 자랑하다, 허풍떨다, ⟨~ brag(boast)⟩, ⟨↔belittle\underrate⟩ 양2

120 *****VAX** [봭쓰]: 봭쓰, 'vivtual address extension', '가상(기억력) 주소 확장 장치', 1977년 미국에서 도입되어 구형 전산기와 호환성을 살리면서 자꾸 기억력 용량을 확장해 나가는 소형 전산기 체제, ⟨~ a measurement of computer performance⟩ 우2

121 *****vax·xer** [봭써]: vaccinationist, 예방접종 지지자, ⇒ anti·vaxxer 양2

122 *****v chip** [뷔이 칲]: ⟨violence 또는 viewer control의 약자라는 설이있는⟩ 전산기에서 어린이에게 보이게 싶지 않은 항목을 자동으로 막는(blocking) 소자, ⟨~ a content de-scriptor⟩ 수2

123 *****VCR** (vid·e·o cas·sette re·cord–er): 자기 테이프를 사용한 녹화·재생기, ⟨~ video recorder⟩, ⟨~(↔)VHS⟩ 우2

124 **VD** (ve·ne·re·al dis·ease): '성병'이란 좋은 단어를 두고 요즘은 ⟨성적으로 전달된 질병(STD-'씹하다 옮은 병')⟩이란 구차스러운 단어를 쓰고 있음, 화류병, ⟨← Venus⟩ 미2

125 *****VDSL** \ VHDSL (ver·y high bit rate dig·it·al sub·scrib·er line): 초고속 숫자형 가입자 회선(보통 전화선으로 연결되는 빠른 속도의 전산망 연결 방식), ⟨~ a broad-band internet connection⟩ 미2

126 *****VDT** (vid·e·o dis·play ter·mi·nal): 영상 표시 단말기 ⟨쉬운 말로는 전산기 화면(screen), 더 쉬운 말로는 모니터(monitor)⟩ 미2

127 **veal** [뷔일]: ⟨← vitlus(calf)⟩, ⟨라틴어⟩, (식용) 송아지고기, ⟨~ meat of young bovine⟩ 양1

128 **vec·tor** [붴터]: ⟨← vehere(carry)⟩, ⟨라틴어⟩, ⟨태양과 궤도상의 임의의 행성을 잇는⟩ 진로, ⟨부정량의 병균을 옮겨주는⟩ 매개체, ⟨실수로 표시할 수 없는⟩ 크기와 방향을 지닌 선(동경), ⟨~ velocity\convey⟩, ⟨~ aim\bearing\transmitter⟩, ⟨↔scalar⟩, ⟨↔vector-a⟩ 양1

129 *****vec·tor-ize** [붴터롸이즈]: (자료를) 매개체화시키다, (문본이나 도안을) 저장이나 수정 가능한 상태로 변환시키다, ⟨~ accelerate\optimize⟩, ⟨~(↔)tokenize⟩ 우2

130 *****vec·tor graph-ics** [붴터 그래휙스]: '유도 도형 처리' (전산기에 선의 특정 방향을 지시해서 그림을 그리는 방식), ⟨~ object-oriented graphics\geometric files⟩, ⟨↔raster⟩ 우1

131 *****vec·tor** (ar·ray) **proc·es·sor** [붴터 (얼뤠이) 프롸쎄써]: '유도 (배열) 처리기' (한 단계로 배열된 모든 항목에 작동할 수 있는 전산기의 중앙 처리기), ⟨~ an advanced CPU⟩ 우1

132 **ve·da** [붸이더]: ⟨산스크리트어⟩, (sacred) knowledge, '신성한 지식', 베다, 힌두교 최초의 성전(책), ⟨~ the earliest Hindu sacred writings⟩ 수2

133 **veep**[뷔이프]: ⟨미국어⟩, vice president(부통령·부사장)의 비격식어 양2

134 **veer** [뷔어]: ⟨← virare(to propel)⟩, ⟨라틴어→프랑스어⟩, 방향을 홱 틀다, 전환하다, ⟨~ gyrate\skrew⟩, ⟨~ shift\tilt⟩, ⟨↔straighten\un-wind⟩ 양1

135 **Ve·ga** [붸이거 \ 붸거]: ⟨← waqi(falling)⟩, ⟨아랍어⟩, '강하하는 독수리 모양의', 베가, 직녀성⟨거문고 자리의 제일 빛나는 별⟩, ⟨~ the brightest star in Lyra(the Harp)⟩ 미1

136 *****veg-an** [붸줜 \ 뷔이건]: ⟨영국어⟩, 비건, (우유·계란 등 동물성 식품을 전혀 먹지 않는) 완전 채식주의자⟨vegetarian⟩, ⟨~ herbivore⟩, ⟨↔carnivore\omnivore⟩ 미2

137 **veg·e·ta·ble** [붸쥐터블]: ⟨← vegere(be alive)⟩, ⟨라틴어⟩, '남새', ⟨활기를 불어넣는⟩ 야채, 식물, 푸성귀, 식물인간, ⟨~ greenery\gork⟩, ⟨↔fish\meat\mineral\animal⟩ 양1

138 **veg·e·ta·ble gar·den** [붸쥐터블 가아든]: 채소밭, 채마밭 가1

139 **veg·e·ta·ble oil** [붸쥐터블 오일]: 식물성 유지(기름), ⟨↔animal\mineral oil⟩ 가1

140 **veg·e·tar·i·an** [붸쥐테뤼언]: 채식주의자, ⟨~ vegan⟩, ⟨↔omnivore\pescatarian\sarcophagous⟩ 가2

141 **veg·e·tate** [붸쥐테이트]: ⟨영국어⟩, 식물처럼 자라다, 초목 같은 생활을 하다, 하는 일 없이 지내다, 활기없이 살다, ⟨~ inactive\idle⟩ 양1

142 **veg·gie-bur·ger** \ veg·e-bur·ger [붸쥐 버어거]: (식물성 고기를 쓴) 야채 햄버거, ⟨~ garden (or meatless) burger⟩ 미2

143 **ve‧he‧ment** [뷔어먼트]: vehere(carry)+mentis(mind), 〈라틴어〉, '마음을 빼앗아가는', 격렬한, 열정적인, 〈~ ardent\passionate〉, 〈↔mild\apathetic〉 양2

144 **ve‧hi‧cle** [뷔히클]: 〈← vehere(carry)〉, 〈라틴어〉, '나르는 것', 탈것, 수송수단, 차, 매개물, 〈~ transport\automobile\vector\fomites〉, 〈↔inertia\blockage\goal〉 양1

145 **veil** [붸일]: 〈← velum(cover)〉, 〈라틴어〉, 면사포, 장막, '덮개', 〈~ voile〉, 〈~ wimple〉 양1

146 **vein** [붸인]: 〈← vehere(carry)〉, 〈라틴어〉, '혈관', 정맥, 기질(temper), 〈줄이 있는〉 결(streak), 〈↔artery〉, 〈소정맥은 venule이라 함〉 가1

147 **Ve‧laz‧quez** [뷀라스케이스], Di‧e‧go: 〈Basque어〉, son of Velasco(crow), 'bela'(까마귀)의 자손, 벨라스케스, (1599-1660), 〈인물의 성격을 기가 막히게 그린〉 스페인의 바로크 화가, 〈~ a Spanish painter〉 수1

148 **vel‧le‧i‧ty** [뷀리어티]: 〈← ville(wish)〉, 〈라틴어〉, 미미한 의욕, 단순한 소망, 〈~ voluntary\volition〉, 〈~ a mere wish\wishful thinking〉, 〈↔compulsion\reality〉, 〈이원택 선생은 이 사전으로 노벨 문학상을 타고 싶은 velleity가 있었다〉 양2

149 **vel‧li‧chor** [뷀리컬]: vellum(parchment)+ichor(golden fluid), 〈그리스어〉, 〈2021년 미국에서 출판된 전자사전[Dictionary of Obscure Sorrows]에 등장한 단어〉, 〈중고품 서점에 풍기는〉 퀴퀴한 냄새, '양피지 냄새', 〈~ strange wistfulness of used book-shops〉, 〈~(↔)petri-chor〉 양2

150 **ve‧lo‧ce** [붸일로체이 \ 빌로우취]: 〈← velox(swift)〉, 〈라틴어→이탈리아어〉, 벨로체, 빨리, 빠른 속도로, 〈~ velocity〉, 〈~ brisk\rapid〉, 〈↔lentamente〉 미2

151 **ve‧loc‧i‧ty** [뷜라시티]: 〈← velox(swift)〉, 〈라틴어〉, 속도, 빠르기 (V=meter/second; 움직인 거리를 걸린 시간으로 나눈 것), 〈~ speed\celerity〉, 〈↔slowness\calmness〉 양1

152 **vel‧vet** [뷀빝]: 〈← villus(shaggy hair)〉, 〈라틴어〉, 우단, 부드러운, '융모', 〈~ downy\plush〉, 〈↔rough\sharp〉 미1

153 **vel‧vet ant** [뷀빝 앤트]: 개미벌, (암컷은 날개가 없고) 많은 융모를 가진 3천여 종의 작은 벌, cow ant, ⇒ ant cow 미2

154 **ve‧nal** [뷔이늘]: 〈← venus(sale)〉, 〈라틴어〉, '판매용', 매수할 수 있는, 〈금전적으로〉 부패한, 타산적인, 〈~ corrupt\mercenary〉, 〈↔ethical\moral〉 양2

155 **vend** [뷘드]: venum(sale)+dare(give), 〈라틴어〉, 행상하다, 매각하다, 공표하다, 〈~ sell\merchandize〉, 〈↔contain\buy〉 양1

156 **vend‧er \ ven‧dor** [뷘더]: 매각인, 행상, 판매자, 〈~ seller\merchant〉, 〈↔buyer\customer〉 미2

157 **ven‧det‧ta** [뷘데터]: 〈← vindicta(avenge)〉, 〈라틴어에서 유래된 이탈리아어〉, (코르시카섬에서 행해졌던) 피의 복수, (장기적) 상호불화, vengeance, 〈~ revenge〉, 〈↔peace\forgiveness〉 양2

158 **vend‧ing ma‧chine** [뷘딩 머쉬인]: 자동 판매기, 자판기, 〈~ dispensers\automats〉, 〈↔counter'〉 양1

159 **ve‧neer** [뷔니어]: 〈← fournir(furnish)〉, 〈프랑스어〉, 베니어판(비닐 장판), 〈멋을 내는〉 화장판, 박판, 단판, 합판, plywood의 콩글리시, (보철용) 각판, 겉치레, 〈~ exterior\facade〉, 〈↔interior\uncover〉, 〈~tile〉 우2

160 **ven‧er‧a‧ble** [뷔너뤄블]: 〈← venerari(adore)〉, 〈라틴어〉, 존경할 만한, 덕망 있는, 유서 깊은, 〈~ respected\revered〉, 〈↔disreputable\notorious〉 양2

161 **ve‧ne‧re‧al** [뷔니어뤼얼]: 〈라틴어〉, 〈← Venus〉, 색정의, 성적 쾌락의, 성교에서 오는, 성병의, 화류병의, 〈~ amorous\sexual〉, ⇒ VD, 〈↔pure\spiritual〉 양1

162 **Ve‧ne‧tian blind** [뷔니션 블라인드]: 베네치아풍〈Venice〉 가리개, 끈으로 오르내리기와 채광을 조절하는 발, (납작한 가로대를 엮어서 만든 빛 가리개), 〈~ jalousie〉, 〈~(↔)vertical blind\Persion blind〉 수2

163 **Ve‧ne‧tian win‧dow** [뷔니션 윈도우]: 베네치아풍〈Venice〉 창, 두 개의 옆창이 붙은 (오르내리) 창, 〈~ a large tripartite window〉 수2

164 **Ven‧e‧zu‧e‧la** [붸너즈웨일러]: 〈스페인어〉, 'little Venice', 베네수엘라, 1811년 스페인으로부터 독립을 선언했으나 아직도 정정이 불안정한 남미북부〈N.coast of S. America〉의 (산유)공화국, {Venezuelan-Sp-Petro·Bolivar-Caracas} 수1

165 **ven‧geance** [뷘쥔스]: 〈← vindicare(punish)〉, 〈라틴어→이탈리아어〉, 복수, 앙갚음, 〈~ vendetta\revenge〉, 〈↔grace〉 가1

166 **ve·ni·al** [뷔니이얼]: 〈← venia(grace)〉, 〈라틴어에서 연유한 프랑스어〉 용서받을 수 있는, 죄가 가벼운, (원래는 성범죄를 칭했으나 Venus가 관계되면 다 용서 받을수 있음), 〈~ excusable\forgivable〉, 〈↔unpardonable\mortal〉 양2

167 **Ven·ice** [붸니스]: 〈← Venus?〉, Venetia, 〈Illyria의 부족명에서 유래한〉 베네치아, 12~16세기에 잘나갔던 이탈리아 동북부(N-E Italy)의 〈자동차가 없는〉 항구(해상) 도시, city of canals, 〈~ Queen of the Adriatic\Floating City〉 수1

168 **ve·ni·re fa·ci·as** [붜나이어뤼 훼이쉬애스]: 〈라틴어〉, 'make come', 배심원 소집장(judicial writ), 〈↔dismiss〉 양2

169 **ven·i·son** [붸니슨]: 〈← venari(to hunt)〉, 〈라틴어〉, (사냥해온) 짐승 〈사슴〉 고기, 〈~ deer (or game) meat〉 우2

170 **ve·ni! vi·di! vi·ci!** [붸니! 뷔디! 뷔치!]: 〈라틴어〉, came! saw! conquered!, 왔노라! 보았노라! 이겼노라! 〈시저(Caesar)의 전황 보고〉 양2

171 ***Ven·mo** [붼모우]: 붼모, Vendor Mobile, 2009년에 Pay·Pal에 흡수된 미국의 〈신속한〉 전산망 금전거래회사, 〈~ an American mobile payment service〉 수2

172 **ven·om** [붸넘]: 〈← Venus〉, 〈사랑의 묘약→최음제 →〉 독, 독액, 〈~ poison\toxin〉, 〈↔antidote\love〉 양2

173 **vent** [붼트]: 〈← findere(to cleave)〉, 〈라틴어〉, 〈'바람'이 새는〉 구멍, 배출구, 분출하다, 옷이 〈길고 넓게〉 갈라진 곳, 〈~ event〉, 〈~ air\release\express〉, 〈↔closure\entrance\absorb\retract〉 미2 우1

174 ***ven·ti** [붼티]: 〈'twenty'의 이탈리아어〉, (Starbucks의 커피잔으로는 24온스), 〈~(↔)tall; 12oz\grande; 16oz\trenta; 31oz〉 미2

175 **ven·ti·la·tion** [붼털레이션]: 〈← ventus(wind)〉, 〈라틴어〉, 통풍, 환기, 토로, 발산, 〈~ aeration\freshening〉, 〈↔breath-less\suppression〉 양1

176 **ven·tral** [붼트뤌]: 〈← venter(abdomen)〉, 〈라틴어〉, 배〈'belly'〉의, 복부의, 내(하)면의, 〈~ inward〉, 〈~(↔)anterior\front〉, 〈↔dorsal(dorsum)〉 양2

177 **ven·tri·cle** [붼트뤼클]: 〈← venter(abdomen)〉, '배 모양의', '볼록한', 공동, 심(실), 뇌(실), 〈~ chamber\cavity〉, 〈↔atrium〉 양2

178 **ven·tril·o·quy** [붼트륄러키]: 〈← venter(belly)〉, speak from the stomach, 〈라틴어〉, 복화술, 소리가 입에서 안 나오고 배에서 나오는 것처럼 하는 기술, 무언광대놀음, 〈~ puppetry〉 미1

179 **ven·ture** [붼춰]: 〈← adventura〉, ad(to)+venire(come), 〈라틴어→프랑스어→영국어〉, 〈ad〉venture, '다가오는 일', 모험, 투기, 과감하다, 〈~ endeavor\under-taking〉, 〈↔inaction\assurance\failure〉 미2

180 **ven·ture busi·ness** [붼춰 비즈니스]: 〈혁신 기술을 상품화하는 소자본의〉 투기성(speculative) 기업 미2

181 ***ven·ture cap·i·tal** [붼춰 캐피틀]: 〈기술은 있으나 자금이 없는 기업에 투자하는〉 모험자본, 〈~(↔)vulture fund〉, 〈↔private equity보다 risk가 큼〉 미2

182 **Ven·ture Scout** [붼춰 스카웉]: 〈용감한〉 연장 소년 단원, 〈~ pioneer\explorer〉 미2

183 **ven·ue** [붸뉴우]: 〈← venir(to come)〉, 〈라틴어〉, '사람들이 오는 곳', 현장, 발생지, 관할지, 회담 장소, 논거, 재판기, 〈state와 county 명을 쓰는〉 공증이 행해진 장소, 〈→ arenue〉, 〈~ location\site〉 양2 미2

184 **Ve·nus¹** [뷔이너스]: 〈← wen(desire)〉, 〈'갈망하다'라는 뜻의 라틴어에서 유래한〉 비너스, 〈정욕의 화신〉, 로마 신화의 사랑과 미의 여신, 그리스 신화의 아프로디테에 해당함, v~; 미녀, 색정녀, 〈→ venom\venereal\venial〉, 〈~ beaut\knock-out\stunner〉 수1 미2

185 **Ve·nus²** [뷔이너스]: 〈← Venus'〉, 〈별중에 제일 반짝이는〉 비너스, 금성, 태양에서 두 번째로 가깝고 지구만 한 크기에 고열의 기체로 둘러싸인 행성, 태백성, 샛별(morning star), 저녁별(evening star) 양1

186 **Ve·nus-fly-trap** [뷔이너스이스 훌라이 트뢒]: 파리지옥(풀), 끈끈이주걱, 습지에 없는 질소를 넙적하게 생긴 쌍잎(입)으로 잡은 곤충에서 보충하는 아열대성 식물, 〈tippet de witchet('보지소매')〉, 〈~ a fly-bane〉 미2

187 **ve·rac·i·ty** [붜래시티]: 〈← verus(true)〉, 〈라틴어〉, 진실을 말함, 정직, 정확성, 〈→ verify〉, 〈~ truth\accuracy〉, 〈↔falsity\innuendo\capriccio〉 양1

188 **ve·ran·da(h)** [붜뤤더]: 〈← varanda(balcony)〉, 〈인도어에서 연유한 포르투갈어〉, 베란다, 툇마루, 창마루, 〈~ patio\lanai〉 우1

189 **verb** [붜어브]: 〈← verbum〉, 〈라틴어〉, 〈모든 'word'의 모체가 되는〉 동사, 언어, 구두의, 〈~ an action word〉, 〈~(↔)noun〉 양1

190 **ver·bal-ize** [붜벌라이즈]: 말로 표현하다, 동사화하다, 〈~ express\utter〉, 〈↔suppress\write\listen〉 양1

191 **ver·ba·tim** [붜얼베이텀]: 〈← verbum(a word)〉, 축어적, 말 그대로, 〈~ literally\directly〉, 〈↔loose\imprecise〉 미2

192 **ver·be·na** [붜얼비이너]: 〈라틴어〉, leafy branch, '신성한 가지', 버베나, 〈말채찍 같은 가는 줄기를 가진〉 마편초, 〈예전에 서양 무당이 점을 칠 때 사용했던〉 여름에 흰색이나 벽자색 뭉텅이 꽃이 피는 덩굴성 다년생 들풀, 〈~ lantana〉 수2

193 **ver·bi·age** [붜얼비쥐]: 〈← verbum(word)〉, 〈라틴어→프랑스어〉, 말씨, 용어, (쓸데없는) 말이 많은, 장황한, 〈~ circumlocution\loquacity〉, 〈↔conciseness\brevity〉 양2

194 **ver·bose** [붜얼보우스]: 〈← verbum(word)〉, 말이 많은, 다변의, 장황한, 〈~ verbal〉, 〈~ loquacious\talkative〉, 〈↔succint\laconic〉 양2

195 **ver-bo·ten** [붜얼보우튼]: 〈← farbioten(forbidden)〉, 〈게르만어〉, (법률에 의해) 금지된, 허가 안 된, 〈~ forbid〉, 〈~ veto〉, 〈↔permissible\allowable〉 양2

196 **ver·dant** [붜얼든트]: 〈← verdure(greenness)〉, 〈라틴어〉, 푸릇푸릇한, 신록의, 순진한, 〈~ grassy\lush〉, 〈↔barren\bleak〉 양1

197 **verde** [붸데]: 〈← vert(green)〉, 〈라틴어〉, 초록색 양2

198 **Ver·di** [붸어디], Giu·sep·pe: 〈이탈리아어〉, '초원에 사는 자', 〈← verde(green)〉, 주세페 베르디, (1813-1901), 열렬한 애국자였고 무대 감각이 강했던 이탈리아의 가극 작곡가, 〈~ an Italian composer〉 수1

199 **ver-dict** [붜어딕트]: 〈← vere dictum(truly said)〉, 〈라틴어〉, 〈진실을 말하는〉 평결, 판단, 〈~ judgement\ruling〉, 〈↔accusation\indecision〉 가2

200 **ver·di-gris** [붜얼디 그뤼이스]: 〈프랑스어〉, green of Greece, 그리스의 녹색, (구리의 산화물로 생기는) 녹청, 〈~ emerald green\patina〉 수2

201 **Ver-dun** [붜어단]: 〈켈트어〉, strong fort, '강한 요새', 베르됭, 프랑스 북동부의 도시(a small city in N-E France) ①843년 샤를마뉴대제의 세 손자들이 프랑스 왕국을 세로로 3등분하기로 한 장소 ②제1차 세계 대전 때 독일과 프랑스가 10개월 싸워서 프랑스가 신승한 격전지(battle-field) 수1

202 **verge** [붜얼쥐]: measuring rod, 〈'virga(장대)'란 뜻의 라틴어에서 유래한〉 가장자리, 모서리, 경계, 범위, 〈~ edge\rim〉, 〈↔center\middle〉 가1

203 **ver·i-fy** [붸뤄화이]: 〈라틴어〉, 〈사실을〉 입증하다, 확인하다, 검증하다, 〈~ authenticate\certify\rectify〉, 〈↔disprove\refute〉 가1

204 **ve·ri·ta·ble** [붸뤼터블]: 실제의, 진실의, 틀림없는, 〈~ real\genuine〉, 〈↔false\unreal〉 양2

205 **ve·ri·tas** [붸뤼태스]: 〈← verus(truth)〉, 〈라틴어〉, 〈그리스의 여신에서 유래한〉 진리, 진실, 〈↔falsity\fantasy〉 양2

206 **Ver·i·zon** [붜롸이즌]: 버라이즌, veritas(진리)+horizon(지평선), 2000년에 무선전화 사업으로 시작해서 초고속·광대역 봉사에 박차를 가하고 있는 미국의 거대한 전화·통신 회사, 〈~ an American telecommunications co.〉 수2

207 **ver·mi~** [붜어미~]: 〈라틴어〉, worm, 〈벌레~〉란 뜻의 결합사 양1

208 **ver·mi-fuge** [붜어미휴우쥐]: 구충제, 살충제, vermicide 양2

209 **ver·mil-ion** [붜밀리언]: 〈← vermis(worm)〉, '작은 벌레', 주홍색(의), 주홍색으로 물들이다, 〈~ red-orange\chrome-red\Chinese red〉 미2

210 **ver·min** [붜얼민]: 〈← vermis(worm)〉, 〈라틴어〉, (쥐·족제비 등의) 해수, (참새·비둘기 등의) 해조, (이·벼룩 등의) 해충, 인간 쓰레기, 〈~ pest\nuisance〉, 〈↔hero\saint〉 양2

211 **Ver-mont** [붜어만트]: VT, Green Mountain State, vert(green)+mont(mountain), 〈프랑스어〉, '초록 산의 주', 〈← verde〉, 버몬트, 미국 북동부〈N-E US〉의 (수려한 산수를 가진) 내륙 주, {Montpelier-1}, 《red clover》 수2

212 **ver·mouth** [붜무우쓰]: 〈← wermuot〉, 〈'worm·wood'란 뜻의 게르만어〉, 베르무트, 백포도주에 향초를 가미한 술, '향 쑥', 〈a fortified aromatic wine〉 미2

213 **ver·nac·u·lar** [붜내큘러]: 〈← verna(a home born slave)〉, 〈라틴어〉, '집에서 태어난 노예', 방언, 지방어, 일상어, 사투리, '신토불이', 〈~ vulgar\boorish〉, 〈↔standard\formal〉 양2

214 **ver·nal** [붜어늘]: ⟨← ver(spring)⟩, ⟨라틴어⟩, 봄(의), 젊은, ⟨↔summery\automnal\wintry⟩ 양2

215 **Ve·ro·na** [붜로우너]: werna(alder)+magos(field), ⟨켈트어⟩, '딱총나무 숲', 베로나, 이탈리아 북부(N. Italy)의 역사가 오랜 강변 도시 수1

216 **Ve·ron·i·ca** [붜롸니커]: ⟨← Berenike⟩, pherein(bring)+nike(victory), ⟨'승리'란 뜻의 그리스어에서 연유한⟩ 베로니카 ①여자 이름(girl's name) ②St. ~; 예수가 십자가를 지고 형장으로 끌려갈 때 수건으로 땀을 닦아 준 여자(a woman who wiped out Christ's face) ③v~; 눈꼬리풀, 개불알꽃(곧바른 줄기에서 자루꽃이 피는 현삼과의 초본), speed·well 수1 미2

217 **Ver·sa·ce** [붜얼사췌]: ⟨어원 불명의 이태리계 이름⟩, 베르사체, 1978년 Gianni V~에 의해 이탈리아에서 가죽 옷 전문점으로 세워져 창의적 도안을 추구하는 고급 의류업체, ⟨~ an Italian luxury fashion co.⟩ 수1

218 **Ver·sailles** [붸얼싸이레스]: ⟨← versus(slope)?⟩, ⟨'둔덕'이란 뜻의 라틴어에서 유래한?⟩ 베르사유, 17세기에 루이 14세가 건설한 파리 서남쪽⟨S-W of Paris⟩의 (250 에이커의 대지에 1,300개의 방을 가진) 궁전도시로 일부를 호텔로 개조하고 있음, ⟨~ a royal residence of France⟩ 수1

219 **ver·sa-tile** [붜얼서틀]: ⟨← versare(to turn)⟩, ⟨라틴어⟩⟨방향을 바꾸는 데⟩ 재주가 많은, 다재다능한, 변덕스러운, ⟨~ skillful\flexible⟩, ⟨↔inflexible\broken record⟩ 양1

220 **verse** [붜얼스]: ⟨← versus ← versare ← vertare(to turn)⟩, ⟨'갈아엎다'란 뜻의 라틴어에서 유래한⟩ 운문, ⟨바꿔서 짓는⟩ 시, 절, (글의) 한 줄, 정통하다, 경쟁하다, ⟨~ vicssitude⟩, ⟨~ poem⟩, ⟨↔prose⟩ 가2

221 **versed** [붜얼스트]: 조예가 깊은, 정통한, 숙달한, ⟨~ accquainted\competent⟩, ⟨↔ignorant\unfamiliar⟩ 양2

222 **ver·sion** [붜얼젼]: ⟨← versus(turning)⟩,⟨전환한⟩ 번역, 각색, 번안, 편곡, 변형(판), ⟨~ sort\style⟩, ⟨↔base\fact\quote\abscurity⟩ 가1

223 *****ver·sus \ vs** [붜얼서스]: ⟨← vertere(to turn)⟩, ⟨'바꿔친 것'이란 뜻의 라틴어에서 유래한⟩ 대, 대항, ⟨~ averse\against⟩, ⟨↔cf⟩ 양2

224 **ver·te·brate** [붜얼터브뤠이트]: ⟨← vertere(to turn)⟩, ⟨'이어진 것'이란 뜻의 라틴어에서 유래한⟩ 척추동물, ⟨~ spinal cord (column)⟩, ⟨↔in-vertebrate⟩ 가1

225 **ver·tex** [붜얼텍스]: ⟨← vertere⟩, ⟨라틴어⟩, turning point, 정점, 꼭대기, 정수리, 천정, ⟨~ apex\summit⟩, ⟨↔bottom\middle⟩ 양2

226 **ver·ti·cal** [붜얼티클]: ⟨라틴어⟩, ⟨← vertex⟩, 수직의, 세로의, ⟨~ up-right\erect⟩, ⟨↔horizontal⟩ 가1

227 **ver·ti·cal blind** [붜얼티클 블라인드]: 납작한 세로대를 엮어서 만든 빛 가리개를 좌우를 밀어 사용하는 발, 수직 햇빛 가리개, ⟨~(↔)Venetian blind⟩ 미1

228 **ver·ti·go** [붜얼티고우]: ⟨← vertere(to turn)⟩, ⟨라틴어⟩, ⟨뺑뺑이를 '돌릴 때' 나타나는⟩ 어지럼증, ⟨~ dizziness⟩ 양2

229 **ver·ti-port** [붜얼티 포오트]: vertical airport, 수직 이·착륙 공항, ⟨~ heli-port⟩, ⟨↔airfield⟩ 미2

230 **Ver·tum·nus** [붤텀너스]: ⟨'돌고 도는'이란 뜻의 에트루리아어⟩, ⟨← vertere(to turn)⟩, 베르툼누스, (로마신화에서) ⟨4계절을 관장하는⟩ 계절의 신, 정원·과수원의 신, ⟨~ god of seasons⟩ 수1

231 **ver·vet** [버어빝]: ⟨프랑스어⟩, ⟨초록색(verde)이 도는 긴꼬리원숭이의 일종, ⇒ savanna monkey 수2

232 **ver·y** [붸뤼]: ⟨'verus(truth)'이란 뜻의 라틴어에서 유래한⟩ 매우, 대단히, 바로, '실로, ⟨~ extreme\precise⟩, ⟨↔little\different⟩ 가2

233 *****VESA** [뷔서] (Vid·e·o E·lec·tron·ics Stand·ards As·so·ci·a–tion): 베사, 전자 영상 표준화 협회(전산기 방영⟨computer display⟩ 기준에 대한 통일을 목표로 1989년 미국의 산호세에서 창립되어 2024년 현재 300개 이상의 제조업체가 가입된 단체) 미2

234 **ves·i·cle** [뷔시클]: ⟨← vesica(sac)⟩, ⟨라틴어⟩, 작은 주머니, 소낭, 소포, 기공, ⟨~ bladder\cyst⟩, ⟨↔tubercle\protuberance⟩ 양2

235 **ves·per** [붸스퍼]: ⟨← Hesperus(evening star)⟩, ⟨그리스어→라틴어⟩, 개밥바라기, 땅거미, 저녁 기도, ⟨~ Magnificat⟩, ⟨↔sun-rise⟩, ⟨↔dawn prayer⟩ 양2

236 **ves·pid** [붸스피드]: ⟨← vespa(wasp)⟩, ⟨라틴어⟩, 말벌과의 총칭 양2

237 **Ves·puc·ci** [붸스퓨취], A·me·ri·go: ⟨이탈리아어⟩, ⟨'wasp'같이 성깔있는 자?⟩, 베스푸치, (1454-1512), 콜럼버스보다 한 해 앞서 1947년에 미 본토를 탐험했다고 주장해서 그의 이름을 따 대륙명을 지었으나 별로 신빙성이 없는 이탈리아 출신 스페인의 항해사, ⟨~ an Italian explorer and navigator⟩ 수1

238 **ves·sel** [붸쓸]: 〈← vas(duct)〉, 〈라틴어〉, 'vase+ship', 그릇, 용기, 배, 도관, 〈~ vascular\vase〉, 〈↔openness\solid〉 양1

239 **vest** [붸스트]: 〈← vestis(a garment)〉, 〈라틴어〉, 조끼, 부여하다, '옷을 입히다', 〈~ vestry〉, 〈~ waist-coat\jerkin〉, 〈↔divest\deprive〉 양2

240 **Ves·ta** [붸스터]: 〈라틴어〉, 베스타, (그리스의 Hestia에 해당하는) 불과 부엌의 〈처녀〉 여신, Saturn과 Ops의 딸, 〈~ virgin goddess of the hearth, home and family〉, v; 짧은 밀랍 성냥, 〈~ 'strike anywhere' matches〉 수1

241 **ves·tal** [붸스틀]: Vesta 여신을 시중드는 처녀, (영원한 순결을 맹세하고) 성화 〈vestal fire〉를 지켰던 6명의 처녀, 수녀, 내숭, 〈~ virgin〉, 〈↔im-pure\drab³〉 수2 양1

242 **vest-ed** [붸스티드]: 기득의, 〈교황이 옷을 입혀〉 부여된, 〈~ entrusted\bestowed〉 양1

243 **ves·ti·bule** [붸스티뷰울]: 〈← vestibulum(enterence hall)〉, 〈라틴어〉, 입구, 현관, 대기실, 연결 복도, 〈↔egress\conclusion〉 양2

244 **ves·tige** [붸스티쥐]: 〈← vestigium(footprint)〉, 〈라틴어〉, '발자국', 자취, 흔적, 표적, 〈~trace\remant〉, 〈↔information\lot\core\neglect〉 양1

245 **vest-ing** [붸스팅]: 조끼의 천, 투자한, 〈~ a decorated cloth for other garments\ownership〉, 〈↔reverse vesting〉 양1

246 **ves·try** [붸이스트뤼이]: 〈← vestis(a garment)〉, 〈라틴어〉, 교회 부속실, (예복으로 갈아입는) 제의실, 〈~ vest〉, 〈~ a preparation room〉 양2

247 **Ve·su·vi·us** [붜쑤우뷔어스]: 〈← fesf(smoke)?〉, 〈'연기'란 뜻의 토착어인?〉, 베수비오(산), 〈서기 79년 대폭발 후 1944년까지 여러 번 터짐〉 나폴리안 동쪽(E. of Naples)의 활화산, 〈~ a somma-stratovolcano〉 수1

248 **vet** [붿]: veterinarian, 수의사, (동물·사람을) 진료하다, 면밀히 조사하다, 〈~ thorough examination〉, 〈↔neglect\dodge〉 양2

249 **vetch** [붸취]: 〈← vincire(to bind)?〉, 〈라틴어〉, 〈잎이 갈퀴살을 닮은〉 살갈퀴, 누에콩속의 목초,야생완두, 〈~ a legume〉 미2

250 **vet·er·an** [붸터뤈]: 〈← vetus(old)〉, 〈라틴어〉, 베테랑, 〈나이 먹은〉 노병, 퇴역군인, 숙련원, 전문가, 〈~ retired soldier\old-hand\expert〉, 〈↔novice\tender-foot\green-horn\neo-phyte〉 미1

251 **Vet·er·ans Af-fairs** \ VA [붸터뤈스 어홰어스]: (미) 재향군인 보훈국, 퇴역군인의 복지를 담당하기 위해 1930년 Veterans Administration으로 창립되어 1988년에 명칭을 바꾼 미 연방정부 내각의 한 부처, 〈~ a cabinet org. of US〉 미1

252 **Vet·er·an's Day** [붸터뤈스 데이]: 1919년부터 지켜오는 미국 재향군인의 날(11월 11일) 미1

253 **vet·er·i·nar·i·an** [붸터뤼네어뤼언]: DVM, 수의사(animal doctor) 가1

254 **vet·er·i·nar·y** [붸터뤼네뤼]: 〈← veterina(beasts of burden)〉, 〈라틴어〉, 〈늙어서(vetus) 짐이 되는 짐승을 치료하기 위한〉 수의학, 〈~ study of (domestic) animals〉 가1

255 **ve·to** [뷔이토우]: 〈← vetare(forbid)〉, 〈라틴어〉, 거부권, 금지, 'I forbid', 〈~ verboten〉, 〈↔permission\approval\writ〉 양2

256 **ve·toc·ra·cy** [뷔이타크뤄시]: veto(prohibit)+kratein(rule), 〈라틴어+그리스어〉, 〈2016년 미국의 정치학자가 조작한 말〉, (양당체제에서) 〈상대방 정책은 무조건 반대만 하는〉 거부 민주주의, 〈한국이 지향하고 있는 정치체제〉, 〈~ a dysfubctional system of governance〉 양2

257 **vet-ting** [붸팅]: 〈수의가 경마를 진료하듯〉 상세히 조사하다, (고용 전의) 신상 파악, 면접시험, 〈~ screen\examine〉 우2

258 **vex** [붹스]: 〈← vexare ← vehare(to carry)〉, 〈라틴어〉, to irritate, 애타게 하다, 짜증나게 하다, 〈~ chagrin\harass〉, 〈↔appease\mollify〉 양1

259 *****VFX** (vi·su·al ef-fects): FX, 시각효과, 움직이는 모양을 보여주기 위해 영상을 조작하는 일, 〈~ graphic effect〉, 〈~(↔)animation\rendering〉 양2

260 *****VGA** (vid·e·o graph·ic ar·ray): 영상 도형 배열판(접속기), 1987년 IBM이 개발한 전산기를 투사기나 화면에 연결시켜 주는 연속형 접속 장치이나 점점 숫자형으로 바뀌고 있음, 〈~ a standard connecter for computer video output〉 미2

261 *VHF (ver·y high fre·quen·cy): 초단파, 30~300mega Hz까지의 파장, 〈~(↔)UHF는 이것보다 거리가 짧음〉 양2

262 *VHS (vid·e·o home sys·tem): 가정용 영상 장치(상품명), 〈~(↔)VCR〉 우2

263 via [봐이어 \ 뷔이어]: 〈라틴어〉, 경유로, 통하여, '길을 거쳐', 〈~ way〉, 〈~ pervious\through\across〉, 〈↔without\around\across〉 양2

264 vi·a·ble [봐이어블]: 〈← vie(to live)〉, 〈라틴어〉, 실행 가능한, 살아갈 수 있는, 〈~ vital〉, 〈~ feasible\workable〉, 〈↔impossible\unreasonable〉 양1

265 *Via-com [봐이어 컴]: 비아 콤, 2005년에 창립되어 2019년 CBS에 흡수된 미국의 세계적 대중매체 공급회사, 〈~ an American mass media and entertainment co.〉 수2

266 via dol·o·ro·sa [봐이어 도울로우써]: 〈라틴어〉, 'painful road', 예수가 십자가를 지고 골고다까지 걸어간 길, '고난'의 길 수2 미2

267 via-duct [봐이어덕트]: 〈라틴어〉, via(way)+aqueduct, 구름다리, (육상) 고가교, '공중 다리', 〈~ over-pass\sky-bridge〉, 〈↔under-pass\tunnel〉 양2

268 Vi·ag·ra [봐이애그럴]: 〈Vital+Niagara〉, 비아그라, 1998년 미국 화이자사가 출시한 남성 발기 불능(E/D) 치료제·혈관 확장제(상표명), 〈편자가 진심으로 감사하고 있는 약품〉, 〈~ sildenafil〉, 〈~(↔)Cialis〉 수2

269 vi·al [봐이얼]: 〈← phiale(a shallow cup)〉, 〈그리스어→라틴어→프랑스어〉, 유리병, 물약 병, 〈~ ampoule〉 미1

270 vi·ande [뷔아앙디 \ 뷔안]: 〈← vivere(live)〉, 〈'vivo'란 라틴어에서 연유한 프랑스어〉, 비앙드, 고기, 육류, meat 양2

271 vi·at·i·cum [봐이애티컴]: 〈라틴어〉, 〈← via(way)〉, 여비, 노자성체〈임종 전 성체를 받는 의식〉, 〈~ fare〉, 〈~(↔)victuals〉 미2

272 vibe [봐이브]: 〈라틴어〉, 〈← vibration〉, 분위기, 낌새, 느낌, 전율, 〈~ vibra-phone(vibra-harp); 공명악기〉 양2

273 vi·brant [봐이브뢴트]: 〈← vibrare(to shake)〉, 진동하는, 기운찬, 생기가 넘치는, 강렬한, 〈~ lively\spirited〉, 〈↔dead\dull〉 가2

274 vi·bra·tion [봐이브뤠이션]: 〈← vibrare(to shake)〉, 〈라틴어〉, 진동, 전율, 동요, 〈~ oscillation\resonance〉, 〈↔stillness\quiet〉 양1

275 vi·brat-or [봐이브뤠이터]: 진동(안마)기, 〈남성 최대의 적〉, 〈~ massager\dildo〉 양1

276 vib·ri·o [뷔브뤼오우]: 〈← vibrare(to shake)〉, 〈라틴어〉, 〈진동하는〉 간상 세균, 〈막대 끝에 달려 꼬리를 치는〉 운동성 나선형 세균, 〈~ comma bacillus〉 미2

277 vi·bris·sa [봐이브뤼서]: 〈← vibrare(to shake)〉, 〈라틴어〉, 코털, 〈고양이 수염같이 '진동'하는〉 진모, 〈고등학교 때 편자의 친구 하나는 예쁜 아가씨를 보면 코털이 바르르 떠는 것이 보였음〉, 〈~ barb feeler\thorn whisker〉 양2

278 vi·bur·num [봐이버어넘]: 〈라틴어〉, wayfaring-tree, 〈땅 위로 뻗어 나가는〉 가막살나무, 인동나무과의 관상 관목·교목(희거나 분홍색 꽃을 핌), 〈~ lantana\high-bush cranberry\snow-ball bush〉 미2

279 vi·car [뷔컬]: 〈라틴어〉, 〈← vice'〉, '대리'목사, 교구목사, 전도목사, 〈~ rector\cleric deputy〉 미2

280 vi·car·i·ous [봐이케어뤼어스]: 〈← vice'〉, 대리의, 대신하여 경험하는, 대상성, 〈~ indirect\delegated〉, 〈↔directly\first hand〉 양2

281 vice¹ [봐이스]: 〈← vicis(alternation)〉, 〈라틴어〉, 부, 차, '대리', 〈→ vicar〉, 〈~ substitute\subordinate〉, 〈↔chief\boss〉 양2

282 vice² [봐이스]: 〈← vitium(fault)〉, 〈라틴어〉, 악, 결점, 부도덕, 나쁜 버릇, '결함', 〈→ vicious〉, 〈~ sin\impiety〉, 〈↔virtue\right〉 가1

283 vice ad·mi·ral [봐이스 애드머뤌]: 해군 부제독, 〈~ 3 starts\equivalent to lieutenant general in army〉 양2

284 vice pres·i·dent \ VP: 부통령, 부회장, 부사장, V~ P~: (미) 부통령, 1789년에 창립되어 대통령의 '대타'로 선거에 의해 선출되어 상원의장을 겸임하는 연봉 $235,000의 '월급쟁이', 〈~ deputy\provost〉 양2

285 vice-roy [봐이스뤄이]: 〈프랑스어〉, 총독, 태수, '부왕', 〈~ governor\ruler〉 양1

286 **vi·ce ver·sa** [봐이서 붜얼서]:ricis(alternation)+vertere(to turn)〉,〈라틴어〉, 반대로, 역도 또한 같음, 〈~ conversely\contrariwise〉, 〈↔so\also\like-wise〉 양2

287 **vi·cin·i·ty** [뷔씨니티]: 〈← vicinitas(near-ness)〉,〈라틴어〉, 가까운, 근처에, 〈↔distant\for-away〉 가2

288 **vi·cious** [뷔셔스]: 〈라틴어〉, 〈← vice²〉, 사악한, 나쁜, 〈~ malicious\vindictive〉, 〈↔virtuous\gentle〉 가1

289 **vi·cious cir·cle(cy·cle)** [뷔셔스 써어클(싸이클)]: (나쁘게 반복되는) 악순환, '음순환', 〈~ death (or down-ward) spiral〉, 〈↔virtuous circle〉 가2

290 **vi·cis·si·tude** [뷔씨써튜우드]: 〈← vix(to turn)〉,〈라틴어〉, '변화', 변천, 흥망성쇠, 파란만장, unwelcome(unpleasant) change, 〈~ verse〉, 〈~ ordeal\mis-fortune〉, 〈↔advantage\benefit〉 양2

291 **vic·tim** [뷕팀]: 〈← victima(sacrifice)〉, 〈어원 불명의 라틴어〉, 〈대신 받치는〉 희생(자), 피해(자), 〈~ casualty\under-dog〉, 〈↔attacker\victor〉 가2

292 ***vic·tim·ol·o·gy** [빅팀말뤄쥐]: 피해자 학, 〈근래에 각광을 받고 있는〉 각종 희생자들에 대한 사회·심리학적 연구, 자신의 잘못이나 불운을 남의 탓으로 돌리는 일, 〈~ study of crime victims〉 미2

293 **Vic·to·ri·a** [뷕토어뤼어], Falls: 〈1855년 영국의 리빙스턴이 보고 여왕의 이름 따 명명한〉 빅토리아 폭포, 남아프리카의 Zambezi강 중간쯤 위치한 세계에서 제일 긴 폭포, 〈원주민어는 mosi-oa-tunya(천둥불이 나는 연기)〉,〈편자가 꼭 가보고 싶었던 곳〉, 〈~ Thundering Smoke\Boiling Water〉 수2

294 **Vic·to·ri·a** [뷕토어뤼어], Queen: 빅토리아 여왕, (1819-1901), 4촌과 결혼해서 9명의 자녀를 두고 영국의 전성기에 64년간 왕 노릇을 한 〈목석 같았던 여자〉, 〈~ Little Vic\Her Little Majesty〉 수1

295 **Vic·to·ri·an** [뷕토어뤼언]: 〈영국 최대의 전성기인〉 빅토리아 여왕 시대(1837-1901), 융통성 없는, 정교하고 호화로운, 〈~ puritanical\up-right〉, 〈↔permissive\liberated〉 수1 양2

296 **vic·to·ry** [뷕토뤼]: 〈← vincere(to conquer)〉,〈라틴어〉, '정복', 이김, 승리, 〈~ triump\win〉, 〈↔defeat\loss〉 우1

297 **vic·tual** [뷔틀]: 〈← victus(food)〉,〈라틴어〉, 양식, 음식물(을 공급하다), 〈~ aliment\nutrient〉, 〈~(↔)viaticum〉, 〈↔drink\beverage〉 양2

298 **vi·cu·na** [봐이큐너 \ 뷔큐니어]: 〈wikuna(a camelid)〉,〈잉카어〉, 비큐나, 남미산 낙타과의 (혹이 없는) 송아지만 한 동물, 〈~ a long-necked mammal〉, 〈~(↔)guanaco\llama\alpaca〉 수2

299 **vi·cus** [뷔이커스]: village, '동네', (한국의 동에 해당하는) 고대 로마의 행정구역 우2

300 ***vid** [뷔이디]: 〈신조어〉, Covid-19의 약어 수2

301 **vid·e·o** [뷔디오]: 〈← videre(to see)〉,〈라틴어〉, 〈← vision, 영상, 화상, 〈↔audio〉 미1

302 ***vid·e·o ar·cade** [뷔디오우 아아케이드]: 영상 오락실, 〈~ video game system\amusement arcade〉 우1

303 **vid·e·o cam·e·ra** [뷔디오우 캐메뤄]: 영상 사진기, 〈~ camcorder〉 미1

304 ***vid·e·o cap·ture** [뷔디오우 캡춰]: 영상 포착, 동영상을 숫자로 바꿔서 전산기에 저장하는 (연성)기기, 〈~ converting analog video signal to digital video signal〉 미2

305 ***vid·e·o card \ ~ a·dap·tor** [뷔디오우 카아드 \ ~ 어댑터]: 영상 접속판(기), display card, 전산기 화면에 영상이 나오게 (자료를 화상으로 바꾸는) 하는 전산기 내의 회로판, 〈~ graphics accelerator (or adaptor)〉 미2

306 ***vid·e·o chat \ ~ con·fer–ence** [뷔디오우 챁 \ ~ 칸훠뤈스]: 영상 잡담, 〈Zoom·Google 등등이〉 (netcam이나 webcam을 통해 얼굴을 보면서 통화하는) 영상회의 미2

307 ***vid·e·o disc** [뷔디오우 디스크]: 영상반, 〈~ video-cassette\DVD〉 우1

308 **vid·e·o disc re·cord·er \ VDR** [뷔디오우 디스크 뤼코어더]: 자기 원반을 사용한 녹화·재생기, 〈~ a software to record and store digital video〉 수2

309 ***vid·e·o game** [뷔디오우 게임]: 영상 놀이, 〈~ computerized (or electronic) game〉 우2

310 **vid·e·o graph·y** [뷔디오우 그래휘]: 영상 촬영(술), 〈~ film (or movie) making〉 미2

311 ***vid·e·o jock·ey** [뷔디오우 좌아키]: VJ, 영상 방송진행자, 〈~ commentator on video-taped programs〉 미1

312 **vid·e·o mon·i·tor** [뷔디오우 마니터]: 영상 화면기, 〈~ display〉 미1

313 **vid·e·o mu·sic** [뷔디오우 뮤우직]: 영상 음악, 〈~ illustrated song〉 미2

314 ***vid·e·o on de·mand** [뷔디오우 어언 디맨드] \ VOD: 주문형 영상물, (1994년경 영국에서 개발된) 시청자가 중앙업체가 제공하는 영상을 골라서 볼 수 있는 통신망 체계, 〈~ a media distribution system〉 미2

315 ***vid·e·o phone** [뷔디오우 호운]: 화상 전화, 〈~ view-phone〉 미1

316 **vid·e·o play-er** [뷔디오우 플레이어]: 영상 재생기, 〈~ media player〉 미1

317 **vid·e·o re·cord–er** [뷔디오우 뤼코우더]: 영상 녹화기, 〈~ VCR〉 미1

318 **vid·e·o tape** [뷔디오우 테이프]: 영상 녹화용 납작끈, 〈~ DVD〉 우1

319 ***vid·e·o text** [뷔디오우 텍스트]: 화상 자료, 〈~ video overlay〉 미2

320 ***vid·i–ot** [뷔디엍]: video+idiot, 비디엇, 영상물(영화)광, 동영상이나 TV에 미친놈 미2

321 **vie** [봐이]: 〈← invitare(challenge)〉, 〈라틴어〉, '시합에 초대하다', 우열을 다투다, 경쟁하다, 〈~ envy\invitation〉, 〈~ compete\fight〉, 〈↔agree\support〉 양2

322 **Vi·en·na** [뷔에너]: 〈← vindo(white)〉, 〈켈트어〉, 〈'흰 강'이 흐르는〉 비엔나, 빈(Wien), 오스트리아의 수도〈18~19세기에 합스부르크가의 본거지로 날렸던 음악·문화도시〉, 〈~ Wiener〉, 〈~ Capital of Austria〉 수1

323 **Vi·en·na con·fer·ence** [뷔에너 컨훠뤈스]: 비엔나 회담, 주로 전쟁 뒷 치다꺼리와 인류평화를 위해 지난 수 세기 간 스위스의 빈에서 열렸던 수많은 회담, 〈~ a series of diplomatic meetings to resolve international conflicts〉 수2

324 **Vi·en·na roll** [뷔에너 로울]: hard roll, ⇒ Kaiser roll 수2

325 **Vi·en·na sau·sage** [뷔에너 써시쥐]: 비엔나소시지, (한국이나 미국에서는 가늘고 짧은 순대를·유럽에서는 굵고 긴 핫도그용 순대를 말함), 〈~ foot-long\Wiener〉 수2

326 **Vi·et-Cong** [뷔에트 캉]: viet+communist의 약자, 베트콩, 베트남 공산 민족 해방 전선 수2

327 **Vi·et-nam** [뷔에트남]: viet(preeminent)+nam(south), 〈월남어+중국어〉, 베트남, 〈남쪽 경계 넘어 있는 땅〉, 월남, 1945년 일본으로부터 독립되어 1954년 프랑스를·1975년 미국을 물리치고 민족통일을 한 〈끈질긴 민족성의〉 동남아 남중국해 연안의 (공산주의) 공화국, {Vietnamese-Vietnamese-Dong-Ho Chi Minh City}, 〈~ a country in the eastern edge of Indochina peninsula〉 수1

328 **Vi·et-nam War** [뷔에트남 워어]: 월남전, '미국 전쟁', 1955년 베트콩의 유격전으로 시작해서 5백만 이상의 사상자를 내고 1975년 공산국가로의 통일로 끝난 인도차이나 반도를 무대로 일어났던 이념·영토 전쟁, 〈~ a long shadow〉 미2

329 **view** [뷔유]: 〈← videre(to see)〉, 〈라틴어〉, 전망, 경치, 시야, 견해, 〈~ vision\video\visit\vista〉, 〈↔listen\blindness\cloudiness\irrelevance〉 양1

330 **view-er** [뷔유어]: 시청자, 관찰자, 화상 탐지기(특정한 모양을 가진 그림을 골라내는 연성기기), 〈~ spectator\watcher\observer〉, 〈~(↔)listener\audience〉 양1 미2

331 **view-ing** [뷔유잉]: 구경, (특히) 고인과의 대면, '고별견', 〈~ inspection\observation〉 우1

332 **view–find-er** [뷔유 화인더]: 피사체를 확인하려고 들여다보는 장치, 접안렌즈, '조망찻개', 〈~ homing device\periscope〉 우2

333 **view-point** [뷔유 포인트]: 견해, 잘 보이는 지점, 전망점, 〈~ angle\aspect〉, 〈↔indifference\cloudiness\obstruction〉 양2

334 **vig·il** [뷔질]: 〈← vigere(lively)〉, 〈라틴어〉, 밤샘, 철야기도, 감시, 〈→ vigilant〉, 〈~ watch\awareness\surveilance〉, 〈↔sleepiness\disregard〉 양1

335 **vig·i·lant** [뷔질런트]: 〈← vigere(lively)〉, '자지 않고' 지키는, 주의 깊은, 방심하지 않는, 경계하고 있는, 〈~ look-out\scrutiny〉, 〈↔negligent\in-attentive〉 양1

336 **vi·gnette** [뷔네트 \ 뷘예트]: 〈← vigne(a vine)〉, 〈프랑스어〉, 속표지, 〈원래는 문단의 시작이나 끝에 그려 넣던 'vine'의 tendril 모양의〉 삽화, 소품, 배경을 흐리게 한 상반신 사진, '덩굴손 무늬', 〈~ description\sketch〉, 〈↔distort\twist〉 미2

337 **vig·or·ous** [뷔거뤄스]: 〈← vigere(lively)〉, 〈라틴어〉, 활발한, 왕성한, 〈vivid〉, 〈~ strong\robust〉, 〈↔weak\frail\faint\languorous〉 가2

338 **Vi·king** [봐이킹]: 〈← vikingr ← vik(small bay)〉, 〈북구어〉, '내포의 주민?', 바이킹, 북유럽 해적(날렵한 배를 만들어 8~11세기에 남유럽까지 세를 떨친 게르만족), 〈~ Norse-man\sea-rover〉 수1

339 **Vi·kings** [봐이킹스], Min·ne·so·ta: 바이킹스, '해적단⟨pirates⟩', 1960년에 '쌍둥이 도시'에 근거를 두고 창단해서 뿔이 난 바이킹투구를 문표로 쓰는 NFL 소속 미식 축구단, ⟨~ an American pro foot-ball team⟩ 수2

340 **vile** [봐일]: ⟨← vilis(cheap)⟩, ⟨라틴어⟩, '가치 없는' 야비한, 천한, 지독한, 시시한, ⟨~ reprobate\turpitude⟩, ⟨↔virtuous\honorable⟩ 양1

341 **vil·i·fy** [뷜러화이]: ⟨← vile⟩, 헐뜯다, 비방하다, 중상하다, ⟨~ berate\disparage⟩, ⟨↔glorify\commend⟩ 양2

342 **Vil·la** [뷜러 \ 뷔야], Fran·cis·co (Pan·cho): 'villa에 사는 자', 판초 비야, Francisco Villa(옛 이름 Doroteo Arango), (1878-1923), 혼란기에 정권을 장악하려다 복병에 의해 사살된 멕시코의 정치 깡패, ⟨~ a Mexican revolutionary⟩ 수1

343 **vil·la** [뷜러]: ⟨라틴어⟩, country house, 별장, 주택, 장원, '시골의 저택', ⟨~ chateau\hacienda⟩, ⟨↔cot\hovel\shack⟩ 양2

344 **vil·lage** [뷜리쥐]: ⟨← villa⟩, 마을, 촌락, ⟨~ hamlet\townlet⟩, ⟨↔city\urban⟩ 가2

345 **vil·lain** [뷜런]: ⟨← villanus(farm servant)⟩, ⟨라틴어⟩, 악한, 원흉, 놈, 악역, '농장⟨villa⟩의 하인', ⟨~ rogue\ruffian⟩, ⟨↔hero\police⟩ 양1

346 **~ville** [~뷜]: ⟨프랑스어⟩, village, ⟨~마을·부락⟩을 뜻하는 결합사 양1

347 **vim** [뷤]: vigor, ⟨라틴어⟩, 힘, 활기, 정력, ⟨← virile⟩, ⟨~ chi\ka⟩, ⟨↔apathy\lethargy⟩ 양2

348 **vin·ca** [뷩커]: ⟨← vincire(fetter)⟩, ⟨라틴어⟩, ⟨완전히 감겨진⟩ per·vinca, periwinkle, '족쇄꽃', '일일초', 낮은 포복으로 아무거나 둘러싸고 자잘한 연분홍·청자색이 매일 피는 협죽도과의 덩굴식물 미2

349 **Vin·cent** [뷘센트], St: ⟨← vincere(conquer)⟩, ⟨라틴어⟩, '정복자' ①성 빈첸티우스, (?-304), 스페인의 순교자, 포도 재배의 수호 성인, ⟨~ a Spanish deacon and martyr⟩ ②성 빈센트섬, 서인도제도 동남부의 제법 큰 화산섬, ⟨~ an island in E. Caribbean⟩ 수1

350 **vin·di·ca·tion** [뷘디케이션]: ⟨← vindicare(punish)⟩, ⟨라틴어⟩, '청구', 변호, 해명, 입증, 요구, 비난, ⟨~ exoneration\proof⟩, ⟨↔prosecution\condemnation⟩ 양1

351 **vin·dic·tive** [뷘딕티브]: ⟨← vindicta(revenge)⟩, ⟨라틴어⟩, 복수심 있는, 악의 있는, ⟨→ avenge⟩, ⟨~ malicious\vicious⟩, ⟨↔forgiving\charitable⟩ 양2

352 **vine** [봐인]: ⟨← vinea ← vinum(a climbing plant)⟩, ⟨라틴어⟩, 포도나무, 덩굴, ⟨~ wine⟩⟨→ vin·e·gar\vin·tage\vint·ner\vi·nyl⟩ 양1

353 **vine cac·tus** [봐인 캑터스]: 덩굴 선인장, candle·wood, coach·whip, ⇒ ocotillo 미2

354 **vin·e·gar** [뷔니거]: vin(wine)+aigre(sour), ⟨라틴어→프랑스어→영국어⟩, '새콤한 포도주', 식초, 원기, ⟨~ acetic acid\energy⟩, ⟨↔sweet\insipid⟩ 양2

355 **vin·e·gar eel** [뷔니거 이일]: 식초 벌레, 초선충, 묵은 식초에 생기는 작은 선충으로 먹어도 상관없으나 식초업자들이 여과해서 판매함, ⟨~ a nematode⟩ 미2

356 **vin·e·gar fly** [뷔니거 훌라이]: 초파리, 발효물에 꼬이며 유전학 실험용으로 쓰이는 곤충, ⟨~ lesser fruit fly⟩ 미2

357 **vin·e·gar-roon** [뷔니거 로운]: ⟨라틴어→스페인어⟩, '식초 전갈', '채찍 꼬리 전갈', 미 남서부·멕시코에 서식하며 ⟨건드리면⟩ 식초 냄새가 나는 큰 전갈, ⟨~ whip scorpion⟩ 우1

358 **vine-yard** [뷘열드]: 포도밭, 포도원, ⟨~ grape plantation⟩ 양1

359 **vi·no ve·ri·tas** [뷔이노 붸리태스]: ⟨라틴어⟩, '술⟨wine⟩에' 진실이 있다', 취하면 본성이 나타난다, ⟨~ truth in wine⟩, ⟨↔vino perfidia?⟩ 양2

360 **vin-tage** [뷘티쥐]: vinum(wine)+demere(to remove), ⟨라틴어⟩, ⟨포도를 거두어 들이는⟩ 포도 수확(기), 오래된, 귀한, ⟨~ year\old⟩, ⟨↔recent\inferior⟩ 가2

361 ***vin·tage fashion** [뷘티쥐 홰션]: 오래된 유행, (20-100년 전에 유행했던 것이) 재등장되는 풍조, 복고풍, ⟨~ retro-fashion\former-style⟩, ⟨~(↔)antique⟩ 미2

362 **vin·tage wine** [뷘티쥐 와인]: (명산지에서 풍작 연도에 빚은 상표 및 연호가 붙은) 고급 포도주, ⟨~ prime wine⟩ 양2

363 **vint·ner** [뷘트너]: ⟨← vinum(wine)⟩, ⟨라틴어⟩, 포도주 상인, 포도주 양조업자, ⟨~ wine merchant⟩ 양2

364 **vi·nyl** [봐이늘]: 〈← vinum〉, 〈라틴어〉, 〈'wine'에 들어있는 ethylene기를 포함한〉 비닐, 무명에 가까운 합성섬유, 〈인류 최고의 발명품이 인류 최대의 재앙으로 떠오르다니, 그것 참!〉, 〈~ ethenyl(group)〉, 〈↔paper〉 수2

365 **vi·nyl house** [봐이늘 하우스]: 비닐로 덮은 온실, 〈~ green-house〉 수2

366 **Vi·o·la** [봐이얼러 \ 뷔오울러]: 〈← ivo(purple)〉, 〈그리스어→라틴어〉, 〈행운을 가져오는 자〉, 바이올라 〈여자이름〉, 〈~ a girl's name〉, v~; violet, '보랏빛', 제비꽃, 〈~ pansy〉 수1 양1

367 **vi·o·la** [뷔오울러]: 〈← vitlus(calf)〉, 〈라틴어→이탈리아어〉, 〈가랑이 사이에 끼는〉 비올라, 바이올린과 첼로의 중간 크기의 현악기, 〈~ fiddle\brazzo〉, 〈~ Cinderella of Orchestra〉 수2

368 **vi·o·la-tion** [봐이얼레이션]: 〈← violare(use force)〉, 〈라틴어〉, 위반, 방해, 〈~ violence〉, 〈~ breach\infraction〉, 〈↔compliance\obedience〉 가2

369 **vi·o·lence** [봐이얼런스]: 〈← violare(use force)〉, 〈라틴어〉, 격렬함, 폭력, 〈~ violation〉, 〈~ brutality\ferocity〉, 〈↔gentleness\kindness〉 가2

370 **Vi·o·let** [봐이얼릿]: 〈← ivo(purple)〉, 〈그리스어→라틴어〉, 바이올렛(여자 이름), v~; '보랏빛', 제비꽃속의 여러해살이풀, 오랑캐꽃, 〈~ Viola〉, 〈~ pansy〉 수1 양1

371 **vi·o·let quartz** [봐이얼릿 쿼츠]: 자수정, 2월의 탄생석, amethyst 양2

372 **vi·o·lin** [봐이얼린]: 〈← viola〉, 〈라틴어→이탈리아어〉, 타원형 통에 4줄로 된 현악기, fiddle 수2

373 **vi·o·lin-ist** [봐이얼리니스트]: 바이올린 연주자, 〈~ fiddler〉 미1

374 **VIP** (ver·y im·por·tant per·son): 요인, 귀빈, 거물, 〈~ celebrity\some-body〉, 〈↔no-body\small fry〉 우2

375 **vi·per** [봐이퍼]: 〈← vivipara(producing)〉, 〈라틴어〉, 〈출산 직전까지 뱃속에 알을 간직하고 있다가〉 '새끼를 까는 뱀', 독사, 북살무사, 악당, 음흉한 사람, 〈~ adder'\apostate〉, 〈↔dupe\innocent〉 양1

376 **vi·per-fish** [봐이퍼 휘쉬]: '살무사어', 〈특별한 독은 없는 것으로 사료되는〉 큰 입과 길고 날카로운 이빨을 가진 두 뼘 남짓한 뱀 모양의 심해 물고기, 〈~ a predatory deep-sea fish〉 우2

377 *__vi·ral__ [봐이어뤌]: 바이러스의, 퍼져나가다, 입소문 나다, 〈1944년 의학용어로 등장해 1980년대 말에 대중매체어로 확대·변질된 말〉, 〈~ spreading\newsy〉, 〈↔contained\controlled〉 미2

378 *__vi·ral mar·ket·ing__ [봐이어뤌 마아키팅]: 〈1989년 오스트레일리아에서 시작되어 보편화된〉 '전염성 판매 전략', 기존의 각종 SNS를 이용해서 상품 판매를 촉진시키는 '응큼한' 상술, 〈~ word-of-mouth promotion〉, 〈↔direct marketing〉 미1

379 **vir·e·o** [뷔뤼이오]: 〈← virere(be green)〉, 〈라틴어〉, 〈노랑 이마를 가진 새〉, 신대륙에 사는 때까치(shrike-개고마리) 비슷한 작은 새, 〈~ a passerine〉 수2

380 **Vir·gil** \ **Ve·gil** [붜쥘]: '번성하는〈flourishing〉 자', 버질 ①남자 이름(masculine name) ②Vergilius(베르길리우스); (BC70-19), 자신의 작품을 파괴하라는 유언을 무시하고 아우구스투스 황제에 의해 증보·출판된 로마 건국의 서사시 「아이네이스」로 후세의 여러 시인의 귀감이 된 고대 로마 시인, 〈~ a Roman poet〉 수1

381 **vir·gin** [붜어쥔]: 〈← Virgo(maiden)〉, 〈라틴어〉, 처녀, 순결한, 동정녀, 〈~ pristine\brand-new〉, 〈↔impure\unchaste〉 양2

382 **vir·gin-als** [붜어쥐늘즈]: (16~17세기에) 〈주로 소녀들이 연주하던〉 다리가 없는 직사각형의 건반악기, 〈~ a harpsi-chord〉 우1

383 **vir·gin comb** [붜어쥔 코옴]: 처녀봉방, 꿀을 저장하기 위해 한 번만 사용하는 벌집, 〈~ exquisite honey〉 양1

384 **Vir·gin-ia** [붜쥐니어] \ VA: 버지니아, 〈처녀왕과 미개척지란 말이 똑떨어지게 맞아서 만들어진 말〉, Old Dominion, 〈충실한 영지〉, 〈대통령의 산지〉, '처녀 여왕 엘리자베스 1세의 자치령', 미국 동부의 (역사적인) 주, {Richmond-11}, 《American dogwood》, 〈~ a S-E US state〉 수1

385 **Vir·gin-ia Beach** [붜쥐니어 비이취]: 1906년 조그만 마을로 시작해서 근래에 휴양도시로 떠오르고 있는 미국 버지니아주 동남부의 해안도시(coastal city) 우1

386 **Vir·gin-ia creep·er** [붜쥐니어 크뤼이퍼]: (북)아메리카 담쟁이, 가을에 붉은색으로 변하는 5엽 담쟁이 덩굴, 〈~ American ivy\wood-bine〉, 〈~ 5-leaved ivy〉 수2

387 **Vir·gin Is·lands** [붜어쥔 아일랜즈]: 〈항해에 지친 콜롬버스가 '처녀 새끼 곰'을 그리워하며 붙인〉 버진 제도, 서인도제도 북동부의 섬들(미국령 10분의 7, 영국령 10분의 3), 〈~ group of N-E Caribbean island〉 수1

388 **Vir·gin Mar·y** [붜어쥔 메어뤼]: 성모 (동정녀) 마리아, 〈~ Holy Virgin\Our Lady〉 미1

389 **Vir·go** [붜얼고우]: 〈라틴어〉, maiden, 벌고, 〈보리 이삭을 잡고 있는 소녀 모양의〉 처녀궁(자리), 8월 23일~9월 22일에 태어난 사람, 〈이지적 인간〉, 〈~ 6th sign of the zodiac\a constellation in the southern sky〉 우1

390 **vir·ile** [뷔뤌 \ 뷔롸일]: 〈← vir(man)〉, 〈라틴어〉, '남성적인', 성년 남자의, 씩씩한, 생식력이 있는, 〈→ vim〉, 〈~ masculine\gallant〉, 〈↔un-manly\feminine〉 양1

391 **vir·tu·al** [붜얼츄얼]: 〈라틴어〉, 〈← virtue〉, 실질적인, 사실상, '표면상', 가상의, 〈~ practical\ostensive〉, 〈↔real\actual〉 양1

392 *__vir·tu·al cur·rency__ [붜얼츄얼 커어륀시]: 가상 통화, 전산망에서 통용되는 비공식 돈, 숫자형 화폐, bitcoin 미2

393 *__vir·tu·al in·flu·en·cer__ [붜얼츄얼 인홀루언서]: 가상 영향자, (실존하지 않고 기술로 만들어진) 허상의 영향력 행사자, 〈~ social bot\AI chat-bot〉 미2

394 *__vir·tu·al ma·chine__ [붜얼츄얼 머쉬인]: 가상 기계(장치), '전산기 내의 전산기', '복제 전산기'(1960년대부터 개발되어 온 전산기 흉내를 내는 연성기기), 〈~ on-line machine\cyber-metic machine〉 미2

395 *__vir·tu·al mem·o·ry__ [붜얼츄얼 메머뤼]: 가상(확대) 기억장치 (1956년 독일에서 태동해서 1970년대 활성화된) 필요할 때 외부의 〈여분〉 자료책에서 정보를 가져다 전산기의 기억력 용량을 늘리는 장치, virtual storage, 〈~ screen memory〉, 〈↔physical memory〉 미2

396 *__vir·tu·al pri·vate net·work (VPN)__ [붜얼츄얼 프롸이비트 넽워얼크]: 가상 사설 통신망, 개인 전산기에 암호를 써서 전산망에 연결시키는 〈비밀 보장〉 체제, 〈~ internet protpcol security〉 미2

397 *__vir·tu·al re·al·i·ty__ [붜얼츄얼 뤼앨러티]: VR. 가상 현실, 〈3-D 등 모든 수단을 동원해서 진짜같이 보이게 노력하는〉 '진짜 가짜', '가짜 진짜', 〈~ simulation\cyber-space〉, 〈~(↔)augumented reality〉, 〈↔natural〉 양2

398 *__vir·tu·al school__ [붜얼츄얼 스쿠울]: '허상 학교', 전산망 학교, 차세대 학교, 〈~ on-line school〉, 〈↔off-line education\face-to-face learning〉 미2

399 **vir·tue** [붜얼츄우]: 〈← virtus(goodness)〉, 〈라틴어〉, 〈인간적인〉 '우수함', 미덕, 장점, 효능, 〈→ vir·tu·al〉, 〈~ good-ness\asset〉, 〈↔vice\evil\iniquity〉 가2

400 *__vir·tue sig·nal·ling__ [붜얼츄우 씨그널링]: 미덕 과시, (별 쓸모없는 언행으로) 자신이 도덕적으로 가치있는 사람이라는 것을 나타내는 것, 〈~ complacent\high-hat〉 양2

401 **vir·tu·o·so** [붜얼츄오우소우]: 〈라틴어→이탈리아어〉, 〈← virtue〉, '숙련자', 대가, 거장, 명인, 〈~ expert\master〉, 〈↔mounte-bank\incompetent\vice²〉 양2

402 **vir·tu·ous cir·cle(cy·cle)** [붜얼츄어스 써어클(싸이클)]: (좋게 반복되는) 양순환, 선순환, 〈~ positive (or up-ward) spiral\moral circuit〉, 〈↔vicious circle〉 가2

403 **vir·u·lent** [뷔륄런트]: 〈라틴어〉, 〈virus같이〉 유독한, 맹독의, 치명적인, 〈~ poisonous\lethal〉, 〈↔non-toxic\amicable〉 양2

404 **vi·rus** [봐이어뤄스]: 〈라틴어〉, venom, 〈끈적끈적한 물질(slime)〉, 바이러스, '독', 여과성 병원체, 해독, 균, '기생균', 전산균 (1987년에 〈전산기 운영체계를 파괴하려는 목적으로〉 출현한 자동으로 자신을 복제하게 하는 전산기 차림표), 〈→ viral\virulent〉, 〈~ microbe\malware\bugs〉, 〈↔bacteria\rickettsia〉 양2 미1

405 **vi·sa** [뷔이저]: 〈← videre(see)〉, 〈라틴어〉, 비자, 〈보이는〉 (입국허가)사증, 여권, 〈외국인을 따돌리는 수단〉, 〈~ endorsement\permit〉, 〈↔denial\veto〉, 〈pass-port는 국적을 가진 나라에서 발행하는 여행 허가증임〉 미1

406 **Vi·sa Card** [뷔이져 카아드]: 비자 카드, (1958년에 창립된 미국의 국제적 금융 회사가 관장하는) 신용 구매증의 일종, 〈~(↔)Master Card\American Express〉 수1

407 **vis·age** [뷔지쥐]: 〈← videre(see)〉, 〈라틴어〉, '보이는 것', 얼굴, 외관, 〈~ countenance\'mug'〉, 〈↔physique\reality〉 양2

408 **vis a vis** [뷔이져 뷔이]: vis(face)+visus(look), 〈라틴어→프랑스어〉, 'face to face', 상대, 마주 보고, 〈~ tete-a-tete〉, 〈do-si-do의 반대〉 미1

409 **vis·ca·cha** [뷔스카아취]: ⟨← wiskacha(a burrowing rodent)⟩, ⟨어원 불명의 원주민어⟩, 남미산 ⟨토끼 비슷한⟩ 친칠라(chinchilla)과의 설치동물 우1

410 **vis·cer·a** [뷔서뤄]: ⟨← viscus(internal organ)⟩, ⟨라틴어⟩, 내장, 창자, 본능, ⟨~ viscous\gut'⟩, ⟨~ viscid\entrails⟩, ⟨↔cerebral\spiritual⟩ 양2

411 **vis-count** [뷔이카운트]: ⟨라틴어⟩, vice count, 자작, 백작대리, 백작과 남작 사이의 지위 양1

412 **vis·cous** [뷔스커스]: ⟨← viscum(bird-lime)⟩, ⟨라틴어⟩, 끈적이는 합성수지의 일종, 찐득찐득한, 끈기 있는, ⟨~ viscera⟩, ⟨~ sticky\gummy\gluey⟩, ⟨↔waterly\thin⟩ 우1

413 **vise** [봐이스]: ⟨← vitis⟩, ⟨라틴어⟩, ⟨'vine'(덩굴)이 나무를 감는 모양으로 유래한⟩ ①⟨두 물체를 단단히 조이는⟩ 죔쇠, ⟨~ clamp⟩ ②나선형 계단, ⟨~ spiral stair⟩ 미2

414 ***vish·ing** [뷔슁]: 음성사기, ⇒ voice phising 미2

415 **Vish·nu** [뷔슈뉴우]: ⟨산스크리트어⟩, all pervader, 비슈누, Brahma(창조신)·Shiva (파괴신)와 함께 힌두교 3대 신의 하나인 ⟨보존신⟩, 네 팔로 세계 질서를 유지하는 신, ⟨~ Krishna⟩ 수2

416 ***Vis·i·o** [뷔지오]: 비지오, (1992년 마이크로소프트사⟨Microsoft⟩가 출시한) 다양한 기술의 상업용 화면을 볼 수 있는 전산망 체계, ⟨~ a diagramming and vector graphics app.⟩ 수2

417 **vi·sion** [뷔줜]: ⟨← videre(see)⟩, ⟨라틴어⟩, '보이는 것', 시력, 광경, 통찰력, 환상, 환영, ⟨~ view⟩, ⟨~ ability to see\creative power⟩, ⟨↔ video⟩, ⟨↔hearing⟩ 양1

418 **vis·it** [뷔짙]: ⟨← videre(see)⟩, ⟨라틴어⟩, '보러가기', 방문, 시찰, 구경, '주문' (웹사이트에 자료를 요청하는 일), ⟨~ view⟩, ⟨~ go to see\come upon⟩, ⟨↔avoid\pass⟩ 양1 미2

419 **vis·it-ing hours** [뷔지팅 아우어스]: 면회 시간 가1

420 **vis·it-ing pro·fes·sor** [뷔지팅 프로풰써]: 파견 교수, 방문 교수 양2

421 **vis·it-ing rights** [뷔지팅 롸이츠]: (이혼한 부모의 자녀) 방문 권리 양2

422 **vis·i-tor cen·ter** [뷔지터 쎈터]: (관광)안내소, 객관, 방문객 편의 시설 양2

423 **vi·sor** [봐이져]: ⟨← vis(face)⟩, ⟨라틴어⟩, ⟨'보이지 않게' 얼굴을 가리는⟩ 면갑, 모자, 챙, ⟨~ brim\(eye) shade⟩, ⟨↔expose\un-mask⟩ 양1

424 **vis·ta** [뷔스터]: ⟨← videre(see)⟩, ⟨라틴어⟩, ⟨← view⟩, 비스타, 조망, 전망, 예상, ⟨~ panorama\spectacle⟩, ⟨↔blindness\reality⟩ 양1

425 **VISTA** [뷔스터]: 비스타, Volunteers in Service to America, 미국 빈민 지구 파견 자원봉사, 1964년에 창설된 미국 국내의 평화 봉사단, ⟨~ an American community service program⟩ 미2

426 **Vis·ta Vi·sion** [뷔스터 뷔줜]: 1954년 파라마운트사가 개발한 35mm 필름을 수평으로 돌려 약 2배의 화면과 화상도를 높인 방영 기술(상표명), ⟨~ a higher resolution wide-screen of the motion picture film format⟩ 수2

427 **vi·su-al** [뷔쥬얼]: ⟨← visus(look)⟩, ⟨라틴어⟩, 시각의, 눈에 보이는, 광학상의, ⟨~ optical\graphic⟩, ⟨↔sightless\auditory(acoustic)⟩ 양1

428 **Vi·su·al Ba·sic** [뷔쥬얼 베이씩]: 비주얼 베이식, 기초 시야, (마이크로소프트사가 1991년에 출시한) 눈 보이는 도형으로 전산기를 열 수 있는 장치, ⟨~ a 3rd-generation program language⟩ 우1

429 **vi·su-al pol·lu·tion** [뷔쥬얼 펄루우션]: 시각 공해, 미관 파괴, '눈엣가시', ⟨~ eye sore\ugly sight⟩ 미2

430 ***vi·ta food** [봐이터 후우드]: ⟨라틴어+게르만어⟩, 비타식품, '활력식품', 보조식품, 영양약학 식품, ⟨~ energy food⟩ 미2

431 **vi·ta-fu·sion** [봐이터 휴우줜]: ⟨라틴어⟩, '연합비타민', ⟨젤리 형태로⟩ 씹어먹는 종합비타민, gummy vitamin 미2

432 **vi·tal** [봐이틀]: ⟨← vita(life)⟩, ⟨라틴어⟩, 생명의, 생생한, ⟨사는 데⟩ 절대로 필요한, ⟨~ viable\vivo⟩, ⟨~ lively\essential⟩, ⟨↔languorous\listless\unimportant\optional⟩ 양2

433 **vi·tal ca·pac·i·ty** [봐이틀 커패시티]: 폐활량, ⟨~ breathing capacity⟩ 양1

434 **vi·tal-ism** [봐이틀리즘]: 활력론, (생명현상은 물질의 기능 이상의 생명원리에 의해 좌우된다는 생기론, ⟨~ animism\organicism⟩ ⟨↔holism\relativism⟩, ⟨과학적으로는 폐기된 이론⟩ 양2

435 **vi·tal signs** [봐이틀 싸인스]: 생명 징후(맥·호흡·체온·혈압), ⟨~ life signs⟩ 우2

436 **vi·tal sta·tis·tics** [봐이틀 스터티스틱스]: 인구 동태 통계, ⟨~ population analysis⟩ 미2

437 **vi·ta·min(e)** [봐이터민]: vita(life)+amine, 〈라틴어〉, 비타민, '원기소', 생명활동에 필요한 유기화학물, 〈~ micro-nutrient\essential supplement〉 수2

438 **vit·re·ous** [뷔트뤼어스]: 〈← vitrum(glass)〉, 〈라틴어〉, 유리 같은, 유리로 된, 투명한, 〈~ lucid\transparent〉 양2

439 **vit·ri·ol** [뷔트뤼얼]: 〈← vitreus(glassy)〉, 〈라틴어〉, 〈부서지기 쉬운〉 ('유리 모양'의) 반류, 황산염, 신랄한 비평, 〈~ sulphuric acid\vituperation〉, 〈↔diplomacy\sympathy〉 양2

440 **vi·tro** [뷔이트로우]: 〈← vitrum(glass)〉, 〈라틴어〉, '유리', 시험관(test tube), 〈↔vivo〉 양2

441 **Vi·tu·la** [봐이툴라 \ 뷔툴라]: 〈← vitulare(rejoyce)〉, (로마 신화에서) 환희와 승리의 여신, v~; 뾰족주둥이나방(snout moth)의 일종, (수) 송아지(young bovine), 바이올린 비슷한 고대 악기(a stringed musical instrument) 수2

442 **vi·tu·per·a·tion** [봐이튜우퍼뤠이션]: 〈← vituperare(to blame)〉, 〈라틴어〉, 〈vice²(악)을 초래하는〉 비난, 욕설, 독설, 〈~ condemnation\vitriol〉, 〈↔praise\approval〉 양2

443 **vi·va** [뷔이봐]: 〈← vivere(to live)〉, 〈라틴어〉, 〈만년까지 '살라는'〉 "만세!", 환성, 〈~ cheer\hurray〉, 〈↔abbasso(down with)\condemn〉 미2

444 **vi·va·ce** [뷔봐아쳬이]: 〈라틴어에서 연유한 이탈리아어〉, vivid, 비바체, 활발하게, 빠르고 생기 있게, 〈~ active\quick〉, 〈↔slow\lethargic〉 미2

445 **vi·va·cious** [뷔붸이셔스 \ 봐이붸이셔스]: 〈← vivere(to live)〉, 〈라틴어〉, 쾌활한, 발랄한, 오래 사는, 〈~ animated\energetic〉, 〈↔dead\dull〉 가2

446 **Vi·val·di** [뷔봘디], An·to·ni·o: 〈← vivere(to live)〉, '생기찬 자', 비발디, (1678-1741), 이탈리아의 신부·바로크 작곡가·바이올린 연주자, 〈~ an Italian composer and virtuoso violinist〉 수1

447 **viv·id** [뷔뷔드]: 〈← vivere(to live)〉, '살아있는 듯한', 생생한, 활기찬, 〈~ vivace\vigorous〉, 〈↔dull\vague〉 가2

448 **viv·i–sec·tion** [뷔뷔 쎅션]: 생체 해부, (너무 세세한) 혹평, 〈~ dissection\cut up alive〉, 〈↔joining\sewing\compliment〉 양2

449 **viv·i–sep·ul·ture** [뷔뷔 쎄펄츄어]: live burial, 생매장, 〈↔burnt alive〉 양2

450 **vi·vo** [뷔이보우]: 〈라틴어〉, 생체, 〈~ vital\alive〉, 〈↔vitro〉 양2

451 **viz.** [뷔즈]: 〈라틴어〉, videre(see)+licet(permit), 〈보아도 괜찮은〉, videlicet, 'namely', 즉, 곧, 다시 말하면, 〈~ i.e.〉 양2

452 **vizs·la** [뷔즐라]: 〈어원 불명의 헝가리어〉, 〈탐색자〉, 헝가리안 포인터(Hungarian Pointer), 꼬리와 털이 짧은 황갈색의 중간치기 사냥개, 〈~ a hunting dog〉 수2

453 **Vla·di·mir** [블라디미일]: vladi(to rule)+meri(great), 〈슬라브어〉, a Slavic masculine given name, ruler of the world, 세계의 지배자, 〈~ Robert\Waldemar〉 수1

454 **Vlad·i–vos·tok** [블라디봐스탁]: vlad(rule)+vostok(east), 〈슬라브어+러시아어〉, '동방의 지배자', 블라디보스토크, 해산위, 시베리아 동남의 러시아 해군 기지가 있는 (부동)항구, 부산의 자매도시, 〈~ a major Pacific port-city of Russia〉 수1

455 *****V line** [뷔이 라인]: ①양쪽 귀에서부터 턱끝까지 V자 모양의 갸름한 얼굴, 〈~ narrow jaw line〉, 〈한국 여자들이 선호함〉 ②목이 V자 모양으로 파진 옷, 〈~ V-neck〉 ③비곗살 없이 매끈하게 내려간 사타구니, 〈~ sex line〉, 〈모든 남자들이 선호함〉 우1

456 *****vlog** [블라아그]: video+blog, 영상물을 수록한 블로그(개인 전산망) 우2

457 *****VMS (vi·su·al mes·sage sign)**: (변하는 교통사정을 알려주는) 가변 정보 표시판, 〈~ a road-side electronic sign〉 미1

458 **V-neck** [브이 넥]: 〈목둘레가〉 V자 모양으로 터진 셔츠, 〈삼각 목둘레 옷〉, 〈~ V-line¹〉, 〈↔turtle(polo)-neck\mock-neck〉 우2

459 **VOA¹ (Voice of A·mer·i·ca)**: 미국의 소리 (미국 정부의 해외 방송-1942년에 시작되어 라디오·TV를 선택된 지역에 방송하고 있으나 활동 범위가 점점 줄어들고 있음), 〈~ a US Agency for Global Media〉 미1

460 **VOA² (Vol·un–teers of A·mer·i·ca)**: 미국 '독지군'('의용대〉, 1886년 뉴욕에서 설립되어 현재 알렉산드리아(Alexandria, VA)에 본부를 두고 있는 '가장 취약한 자'들을 위한 〈구세군 비슷한〉 종교적 사회사업 단체, 〈~ a non-profit social services org.〉 우2

461 **vo·cab·u·lar·y** [붜우캐블러뤼]: 〈← vocare(to call)〉, 〈라틴어〉, 〈← vocie〉 '부르기 위해 쓰는 단어', 어휘, 용어 수, 단어표, 〈~ lexicon\words〉, 〈↔syllable\phrase〉 양2

462 **vo·cal** [붜우컬]: 〈← vox〉, 〈라틴어〉, 목소리〈voice〉의, 소리 내는, 시끄러운, 모음, 가창, 〈↔silent\reticent〉, 〈↔auditory\video〉 양1

463 **vo·cal cords**(chords) [붜우컬 코어즈]: (두개의 주름으로 된) 성대, 〈~ voice box\larynx〉 가1

464 **vo·cal group** [붜우컬 그루우프]: 합창대〈chorus〉 양1

465 **vo·ca·tion** [붜우케이션]: 〈← vocare(to call)〉, 〈라틴어〉, '신이 부르는 음성', 천직, 소명, 직업, 적성, 〈→ avocation〉, 〈~ profession〉, 〈↔pastime\hobby〉 가1

466 **vo·ca·tion·al coun·se·lor** [붜우케이셔늘 카운슬러]: 직업 상담사, 〈~ job adviser〉 가1

467 **vo·ca·tion·al school** [붜우케이셔늘 스쿠울]: 직업 학교, 〈~ trade school〉, 〈↔university〉 가1

468 **vo·ci·fer·ous** [붜우씨훠뤄스]: vox(voice)+ferre(to carry), 〈라틴어〉, 큰 소리로 외치는, 시끄러운, 집요한, 〈~ too loud\offensive〉, 〈↔silent\quiet〉 양2

469 *****vod-cast** [봐드 캐스트]: video+broad-casting, (전산망 수신기를 위해) 영상물을 송신하는 일, '영상 방송', 〈~ vlog\web-log\pod-casting〉 우2

470 **vod·ka** [봐드커]: 〈← voda(water)〉, 〈러시아어〉, '물', 보드카, (호밀·밀로 만드는) 알코올 농도 40~60%의 러시아(Russia) 원산 증류주, 〈~ 'burning wine'\a clear distilled liquor〉 수2

471 **Vogue** [붜우그]: 〈'row'(배젓기)란 뜻의 이탈리아어에서 유래한 프랑스어〉, '유행', 보그, 1892년 미국에서 주간으로 발행을 시작해서 나중에 월간으로 바뀐 세계적인 유행 및 생활 방식에 관한 대중 잡지, 〈~ an American monthly fashion and life-style magazine〉 수2

472 **vogue** [붜우그]: 〈← voguer(to sail)〉, 〈프랑스어〉, '배의 진로', 유행(하는 형), 성행, 평판, 인기 있는 것, 〈~ fashion\fad〉, 〈↔out-dated\out-moded〉 양2

473 *****vogu(e)-ing** [붜오깅]: '인기끌기', 〈1980년도 말에 뉴욕에서 등장한〉 fashion model 같은 걸음걸이나 몸짓을 흉내낸 disco-dance, 〈~ a house dance〉 우2

474 **voice** [보이스]: 〈← vox〉, 〈라틴어〉, 목소리, 발언, 음질, 태(동사의 형태), 〈→ vocal\vocabulary\vociferous〉, 〈~ sound\expression\opinion〉, 〈↔silence\hearing\posture〉 양1

475 **voice box** [보이스 박스]: 후두, 〈~ vocal cords〉, ⇒ larynx 양2

476 **voice com·mand** [보이스 커맨드]: 음성 명령 양2

477 **voice fre·quen·cy** [보이스 후뤼이퀀시]: 음성 주파수 양1

478 *****voice mail** [보이스 메일]: 음성 우편, 〈~ answering machine〉, 〈↔letter\texting〉 미2

479 *****voice phis·ing** [보이스 휘싱]: vishing, 음성 사기(개인 정보를 도취해서 비슷한 음성으로 하는 전화나 전산망을 통한 사기), 〈~ phone scam〉, ⇒ phishing\smishing 미2

480 *****voice proc·es·sor** [보이스 프라쎄써]: 음성 처리기, 〈~ sound transformer〉, 〈↔word processor〉 미2

481 **voice-o·ver** [보이스 오우붜]: (화면에 안 나오고 목소리만 나오는 해설자, 성우, 〈~ dubbing artist\voice actor〉 미2

482 **void** [보이드]: 〈← viduus(deprived)〉, 〈라틴어〉, 빈, 공허, 쓸모 없는, 〈~ vacant\empty〉, 〈→ avoid〉, 〈↔valid\full\fill〉 양1

483 **void·ed** [보이디드]: 무효로 된, 공백이 된, 〈~ annulled\negated〉, 〈↔validated\filled〉 양1

484 **voile** [붜일]: 〈프랑스어〉, 보일, veil, 반투명의 얇은 천 양2

485 *****VOIP** [보잎]: voice over internet protocol (전산망 규제 음성전화), 〈카카오같이〉 전산망 체제를 통해 (무선으로) 통화할 수 있는 기술, 〈~ internet protocol telephony〉 미2

486 **voir dire** [부와아 디얼]: 〈프랑스어〉, true+say, '진실 말하기', 예비 심문 (선서), 〈~ a preliminary examination〉, 〈↔current argument\further debate〉 양2

487 *****vo·ken** [보우큰]: 〈영국어〉, virtual token, 화면에 떠다니는 야바위 광고물, 〈~ a pop-up advertisement〉 수2

488 **vo·lan·te** [보울란테이]: 〈← volare(fly)〉, 〈라틴어에서 연유한 이탈리아어〉, 볼란테, '나는 듯이' 가볍게, 〈~ moving with light rapidity\drifting\flapping〉 미2

489 **vo·la(e)r·y** [보울러뤼]: ⟨← volare(fly)⟩, ⟨'나르다'란 뜻의 라틴어에서 유래한⟩ 큰 조롱, (새의) 떼, ⟨~ aviary⟩ 양2

490 **vo·la·tile** [발러틀]: ⟨← volare(fly)⟩, ⟨라틴어⟩, 폭발하기 쉬운, 변하기 쉬운, 전원을 끄면 자료가 없어지는, '날고 있는', ⟨~ explosive\vaporous⟩, ⟨↔stable\constant\dependable⟩ 양2

491 **vol·ca·no** [발케이노우]: ⟨라틴어⟩, 볼카노, ⟨불의 신 Vulcan에서 연유한⟩ 화산, 분화구, 화끈한 여자, ⟨~ fuego\sex-pot⟩, ⟨↔fridge⟩ 가2

492 **vole** [보울]: ①⟨← wold(field)⟩, ⟨북구어⟩, 들쥐(field mouse) ②⟨← volare(fly)?⟩, ⟨라틴어→프랑스어⟩, ⟨← volley⟩, (카드놀이의) 완승, ⟨~ grand slam⟩ 미2 양2

493 **Vol·ga** [발거]: ⟨'습지(wetness)'란 뜻의 슬라브어에서 유래한⟩ 볼가강, 러시아의 북서부에서 시작해서 카스피해로 들어가는 (3,531km 짜리) 유럽 제1의 강, ⟨→ Bulgaria⟩, ⟨~ a river in central Russia⟩ 수1

494 **vo·li·tion** [보울리션]: ⟨← velle⟩, ⟨라틴어⟩, ⟨← will⟩, ⟨바라는⟩ 의욕, 의지, 결단력, ⟨~ voluntary⟩, ⟨↔antagonism\rejection⟩ 양2

495 **Volks-wa·gen** [뷔욱스왜건]: ⟨독일어⟩, folks wagon, 폭스바겐('국민차'), 1932년에 설정되어 (한때 Bug으로 유명했음) 2019년 현재 세계 정상을 달리는 독일의 자동차 회사(제품), ⟨~ a German automobile manufacturer⟩ 수1

496 **vol·ley** [발리]: ⟨← volare(fly)⟩, ⟨라틴어⟩, ⟨날아가는⟩ 연발, 일제사격, ⟨~ avalanche\vole²⟩, ⟨↔drip\trickle⟩ 가2

497 **vol·ley-ball** [발리 버얼]: ⟨땅에 떨어지기 전에 받아쳐야 하는⟩ 배구(공), ⟨~ net ball⟩ 미2

498 **Vol·stead Act** [발스테드 액트]: ⟨어원·정체 불명의 인명⟩, 볼스테드 법, 동명의 미국 하원의원이 1919년 대통령의 반대에도 불구하고 제안·통과시켰다가 ⟨대공황 발발 요인 중의 하나로 지목되어⟩ 1933년 폐지된 금주법, ⟨~ prohibition\dry law⟩ 수2

499 **volt** [뷔울트] \ **vol·tage** [보울티쥐] \ V: ⟨어원·정체 불명의 인명⟩, ⟨이탈리아의 전지 발명가 A. 볼트 이름을 딴⟩ 전압(1볼트는 1옴의 저항을 거쳐 1암페어의 전력을 낼 수 있는 전압), ⟨~ electric pressure (or tension)⟩ 우2

500 **vol·ta·ic** [발테잌]: ⟨← volt⟩, 전기를 일으키는, 전기로 움직이는, ⟨~ electric⟩ 양1

501 **Vol·taire** [보울 테어]: ⟨어원·정체 불명의 인명⟩, 볼테르, 본명 François-Marie Arouet, (1694-1778), 필화·설화로 욕을 보기도 했던 재기발랄한 프랑스의 철학자·문학자⟨종교적 회의주의자⟩, ⟨~ a French Enlightenment writer⟩ 수1

502 **vol·u·ble** [발려블]: ⟨← volvere(to roll)⟩, ⟨라틴어⟩, 혀가 잘 도는, 입심 좋은, 주둥이가 싼, ⟨~ wallow\loquacious\talkative⟩, ⟨↔taciturn\mute⟩ 양2

503 **vol·ume** [발류우옴]: ⟨← volvere(to roll)⟩, ⟨라틴어⟩, '돌돌 말아 놓은 것', 책, 한 묶음, 부피, 음량, 대량, ⟨~ capacity\laud-ness⟩, ⟨↔insignificance\bit\handful⟩, ⟨↔weight⟩ 양1

504 **vol·ume con·trol** [발류우옴 컨트로울]: 음량 조정 양2

505 **vol·u·me·try** [뷔류우머트뤼]: volume meter, 용량(용적) 측정 가1

506 **vol·un·tar·y** [발런테뤼]: ⟨← velle(will)⟩, ⟨라틴어⟩, '의지가 있는', 자발적, 임의의, ⟨~ volition\optional⟩, ⟨↔compulsory\obligatory\mandatory⟩ 가1

507 **vol·un-teer** [발런티어]: ⟨← velle(will)⟩, 자원하다, 자원자, 자발적, ⟨~ come forward\sign up⟩, ⟨↔forced\draftee\antagonist⟩ 양2

508 **vo·lup·tu·ous** [뷜럽츄어스]: ⟨← voluptas(pleasure)⟩, ⟨라틴어⟩, '쾌락적인', 관능적인, 도발적인, ⟨~ will\wish⟩, ⟨~ sexy\attractive⟩, ⟨↔plain\ascetic\scrawny⟩ 양2

509 **vo·lute** [뷜루우트]: ⟨← volvere(to roll)⟩, ⟨라틴어⟩, 소용돌이꼴, 고동의 일종, ⟨~ helix\spiral shell⟩ 미2

510 **Vol·vo** [발보우]: ⟨← volvere(to roll)⟩, 볼보, '회전차', 1927년에 설립되어 차체를 움직여 조립하는 방식을 개발하여 한때 잘나갔으나 2010년 중국의 길리(Geely)사로 넘어간 ⟨스웨덴⟩의 자동차 회사(제품), ⟨~ a Swedish automobile manufacturer⟩ 수1

511 **vom·it** [봐밑]: ⟨← vomere(discharge)⟩, ⟨라틴어⟩, 토하다, 분출하다, ⟨~ purge\barf\puke⟩, ⟨↔swallow\absorb⟩ 가1

512 **von** [반 \ 훤]: ⟨독일·오스트리아 귀족의 가명 앞에⟩ ~ (출신)의, of, ⟨~ de⟩ 수2

513 **Von·ne·gut** [봐네겉], Kurt: 〈어원 불명의 게르만어〉, 보네거트, (1922-2007), 과학의 진보와 전쟁의 부조리에 대한 문제를 제기한 미국의 소설가, 〈~ an American author〉 수1

514 **Von Neu·mann** [봔 너이만], John: 'new man', 폰 노이만, (1903-1957), 〈자료를 한 종류의 기억 장치에 저장하는 기본 구성을 가진 전산기를 고안한〉 헝가리 출신 미국의 수학자, 〈~ a Hungarian-American mathematician and physicist〉 수1

515 **Vons** [봐안스]: 반스, 1906년 Von이란 중간 이름을 가진 사람이 LA에서 시작해서 2015년 Albertsons에 흡수된 남가주·네바다의 종합식품 상점들, 〈~ an American super-market chain〉 수2

516 **voo·doo** [부우두우]: 〈← voudou(spirit)〉, 〈서 아프리카에서 기원한 카리브어〉, 무술, 주술, 마술, '가짜 신', 〈~ hoodoo\jinx\spell³〉, 〈↔talisman\mascot〉 양1

517 **vo·ra·cious** [붜뤠이셔스]: 〈← vorare(eat greedily)〉, 〈라틴어〉, 폭식하는, 탐욕스러운, 〈~ devore\ravenous〉, 〈↔apathetic\un-eager〉 가2

518 *****vore** [보어]: 〈← vorare(eat greedily)〉, 〈라틴어〉, voraphillia, 자신이 다른 것을 삼켜 먹거나 삼켜 먹히는 것을 상상하면 황홀해지는(erotic desire to be eaten or eat others) '포식성 성도착', 〈~ a paraphilia〉, 〈~(↔)monster〉 우2

519 **~vore** [~보어]: 〈← vorare(devore)〉, 〈라틴어〉, 〈~식(성) 동물〉이라는 뜻의 결합사, 〈~ eating〉 양1

520 **vor·tex** [붜얼텍스]: 〈← voltere(to whirl)〉, 〈라틴어〉, '소용돌이', 회오리 바람, 태풍의 눈, 〈~ mael-strom\whirl-wind〉, 〈whir-pool\Jacuzzi〉 양2

521 **Vos·tok** [봐스탁]: 〈러시아어〉, east, '동쪽', 보스토크, 1961년 최초로 발사된 소련(Soviet Union)의 유인 인공위성, 〈~ a single-pilot space-craft〉 수2

522 **vote** [보우트]: 〈← vovere(to vow)〉, 〈라틴어〉, 투표, 투표권, 표결하다, '지지를 서약하다', 〈~ ballot\poll〉, 〈↔abstain\dismiss〉 가1

523 *****vote-a-rama** [보우-터-롸머]: 〈1996년 미국 상원의원이 주조한 말〉, vote-orama, '과시'투표, (제한된 시간 때문에) 근본적인 예산안만 토의하고 부수 사항은 일괄 투표하는 방식, 〈~ vote-athon(vote marathon)〉 우2

524 **vouch** [봐우취]: 〈← vocare(to call)〉, 〈라틴어〉, '불러내다', (진실성을) 보장하다, 증명하다, 단언하다, 〈~ affirm\certify〉, 〈↔weaken\undermine〉 양1

525 **vouch-er** [봐우쳐]: 증인, 영수증, 상환권, (경영자가 분배하는) 할인권, 〈~ certificate\ticket\token¹〉, 〈~(↔)coupon〉 미1

526 **vow** [봐우]: 〈← vovere(to promise)〉, 〈라틴어〉, 〈신에 대한〉 맹세, 서약, 〈→ a·vow〉, 〈~ vote\oath\pledge〉, 〈↔dis-avow\breach\condemn〉 가2

527 **vow·el** [봐우월]: 〈← vox(voice)〉, 〈라틴어〉, '방해받지 않는 목소리', 모음(의), 모음자, 〈~ sonant\phonetic〉, 〈↔con·so·nant〉 양2

528 **voy-age** [보이어쥐]: 〈← viaticum ← via(way)〉, 〈라틴어〉, 항해, 긴 여행, '길을 나선', 〈~ cruise\expedition〉, 〈↔retreat\stay〉, 〈↔ground trip\air travel〉 양2

529 **vo·yeur** [뷔이어]: 〈← voir ← videre(to see)〉, 〈라틴어→프랑스어〉, 엿보기를 즐기는 사람, 관음증 환자, 〈~ peeping Tom〉 양2

530 *****vox pop·u·li vox Dei** [봑쓰 파퓰라이 봑쓰 데아이]: people's voice is God's voice, 민심은 천심, 〈↔vox Dei vox populi〉, 〈그런 것 같기도 하고 안 그런 것 같기도 하고〉 양2

531 **VP** [뷔이 피이]: ⇒ vice president 양2

532 *****VPN** (vir·tu·al pri·vate net-work): 가상 사설망, 점조직 부호 매김법을 통해 전산망에 연결되어 아무나 들어갈 수 없는 안전 장치, 〈~ an on-line security service〉 미2

533 *****VR** [뷔이아알]: 가상 현실,→virtual reality 양2

534 *****VRML** (vir·tu·al re·al·i·ty <mark-up> mod·el·ing lan·guage): 가상 현실 〈표기〉 모형화 언어(사람이 걸어 다닐 수 있다는 착각을 줄 만한 3차원적 도안 전시술), 〈~ a standard file format for 3 dimensional interactive vector graphics〉 미2

535 *****VSCO** [뷔스코]: 비스코, Visual Supply Company, (2011년에 미국에서 설립되어) 전산망에 뜬 사진을 조작·편집하게 도와주는 응용 차림표, 〈~ a photography mobile app〉 수2

536 **V sign** [뷔이 싸인]: V자 신호, 손바닥이 보이면 victory라는 칭찬 \ 손등이 보이면 vulva(?)라는 욕 미2

537 **VSO** (ver·y su·pe·ri·or <spe·cial> old): (보통 12~17년 저장된) 특급 브랜디, ⟨~ an aged brandy⟩ 양2

538 **V/STOL** [뷔 스털]: 비스톨, (vertical and short take off and landing) 수직 및 단거리 이착륙(기), 활주로가 거의 없이 수직으로 뜨고 내릴 수 있는 ⟨날개가 있는⟩ 군사용 비행기, ⟨~ an airplane for short runways⟩ 우2

539 **Vu·du** [부우두우]: 부두, video on demand, 2004년에 창립되어 2020년부터 Fandango Media가 소유하는 미국의 ⟨무료⟩ 영상물 공급업체, ⟨~ an American digital video store and streaming service⟩ 수2

540 **Vul·can** [뷜컨]: 불카누스, god of fire, ⟨그리스의 Hephaestus에 상응하는⟩ (로마 신화에서) 불과 대장일의 신 수1

541 **vul·gar** [뷜걸]: ⟨'vulgus(상놈; common people)'이라는 라틴어에서 온⟩ 저속한, 통속적, 평범한, '일반 대중의', ⟨~ vernacular\rude\un-refined⟩, ⟨↔noble⟩ 가1

542 **vul·gar-ism** [뷜거뤼즘]: 속된, 속물주의, 물질주의, 상말, 야비한 말, 비속어, '육두문자', ⟨~ epithet\profanity⟩, ⟨↔civil\elegance⟩ 양2

543 **vul·ner·a·ble** [뷜너뤄블]: ⟨← vulneris(wound)⟩, ⟨라틴어⟩, 약점이 있는, '상처'받기 쉬운, ⟨~ liable\susceptible⟩, ⟨↔resilient\immune⟩ 가1

544 **vul·ture** [뷜춰]: ⟨← vellere(to pluck)⟩, ⟨'찢다'란 뜻의 라틴어⟩, (머리털이 없는) 독수리, 죽은 고기만 먹는 동물, 탐욕스러운 사람, 남을 등쳐 먹고 사는 사람, 모험자본가, ⟨~ bird of prey\predator⟩, ⟨↔prey\moral⟩ 양2

545 **vul·ture fund** [뷜춰 휜드]: 부실품(기업)을 싸게 사되 개선해서 비싸게 팔려는 투자, ⟨~ distressed debt fund\private equity fund⟩, ⟨↔venture capital fund⟩ 수2

546 **vul·va** [뷜붜]: ⟨← volvere(turn about)⟩, ⟨라틴어⟩, ⟨돌려야(roll) 열리는⟩ 음문, 음호, 보지⟨보배로운 습지⟩, ⟨아랫입⟩, 씹⟨씨 입; 씨를 받아먹는 입⟩, ⟨~ labium\yoni⟩, ⟨↔penis\phallus\lips\testicle\mouth?⟩ 양2

547 **vy-ing** [봐잉]: vie의 현재분사, 겨루는, 팽팽한, ⟨~ compete\fight⟩ 양2

1 **W \ w** [더블류우]: uu(double u), 이집트 상형문자 기둥이 4천여 년간 둔갑질을 해서 태어난 인쇄물에서 20번째 정도로 자주 쓰이는 알파벳의 23번째 글자, W자 모양의 것, west·woman·watt·with·wife·weight·width·week·Wednesday 등의 약자 ㊜2

2 **wa(h)·cko** [왜코우]: ⟨← wack(erratic)⟩, ⟨영국어⟩, 괴짜, 이상한 놈, 굉장한, 멋진, ⟨~ kook\odd-ball⟩, ⟨↔sane\conventional⟩ ㊟2

3 **wab·ble \ wob·ble** [와블 \ 워블]: ⟨← wabbeln(move unsteadily)⟩, ⟨게르만어⟩, 흔들리다, 불안정하다, ⟨~ weave\waver⟩, ⟨~ shake\rock⟩, ⟨↔remain\be still⟩ ㊟2

4 **wack·a-doo·dle** [왜커두우들]: wacko+doodle, 괴짜스러운, 제정신이 아닌, 미친놈, ⟨~ wing-nut²\ screw-ball⟩, ⟨↔handsome\clean-cut⟩ ㊟2

5 ***WADA** [와아더]: World Anti-Doping Agency, 세계 약물 남용 방어 기구, (체육인의 약물 남용을 견제하기 위해) 1999년 국제 올림픽 위원회⟨IOC⟩의 주선으로 결성된 비영리 단체 ㊞1

6 **wade** [웨이드]: ⟨← waddan(trudge)⟩, ⟨라틴어에서 연유한 영국어⟩, 걸어서 건너다, 애써서 나아가다, 얕은 물, ⟨~ trudge\paddle⟩, ⟨↔dodge\deep water⟩ ㊟1

7 **wad-er** [웨이더]: (개천을) 걸어 건너는 사람(동물), 섭금류의 새, 방수 바지(장화), ⟨~ shore-bird\ gumboots⟩, ⟨↔jumper\runner⟩ ㊟1

8 **wad-ing bird** [웨이딩 버어드]: (물을 걸어서 건너는) 섭금류의 새, ⟨~ shore-bird⟩ ㊞2

9 **wae-suck** [웨이섴]: woe+sake, ⟨('애석하다'란 한국어에서 감을 잡아서?!) 1774년에 등장한 스코틀랜드어⟩, ~ 아아, 슬프도다, ⟨~ alas\grief\pity⟩, ⟨↔cheer-ful\joy-ful⟩ ㊟2

10 ***wa·fer** [웨이훠]: ⟨'waffle' 같은⟩ '얇은 과자', 얇고 납작한 것, (성찬용의) 제병, (전산기) 회로판, ⟨한국에서는 '웨하스'라고도 함⟩, ⟨~ cracker\flake⟩ ㊞2

11 **waf·fle¹** [와훌]: ⟨← wabila(web)⟩, ⟨게르만어⟩, '벌집', (밀가루·우유·계란 등을 반죽하여 구워 당밀을 쳐서 먹는) 석쇠무늬의 얇은 과자, ⟨땅을 벌집(honey-comb)같이 쑤셔 놓는⟩ 뒤지, ⟨~ weave⟩, ⟨~ gopher⟩ ㊒1

12 **waf·fle²** [와훌]: ⟨스코틀랜드어⟩, ⟨의성어⟩, bark, 쓸데없는 말, 애매한 말, ⟨~ babble\gibble⟩ ㊟2

13 **waft** [왜후트]: ⟨← waffen← waven(wave)⟩, ⟨영국어⟩, 감돌게 하다, 둥둥 띄우다, 표류하다, 펄럭거림, 흔들림, 풍기는 향기, ⟨~ drift\float⟩, ⟨↔blare\calm⟩ ㊟1

14 **wag** [왜그]: ⟨← weggen(fluctuate)⟩, ⟨게르만어⟩, 흔들어 움직이다, 나불거리다, 농땡이 부리다, 까불이, 익살꾸러기, ⟨~ sway\wheedle\wiggle\skive⟩, ⟨↔straighten\unfasten\shut-up\kill-joy⟩ ㊟2

15 **wage** [웨이쥐]: ⟨← wadi(pledge)⟩, ⟨게르만어⟩, '저당', 임금, 죗값, (임무를) 수행하다, ⟨~ wed⟩, ⟨~ gage⟩, ⟨~ payment\stipend⟩, ⟨↔debt\penalty⟩, ⟨salary는 정기적으로\wage는 부정기적으로 받는 임금임⟩ ㊟1

16 **wage drift** [웨이쥐 드뤼후트]: ⟨과외 수당·상여금 등으로 인한⟩ 임금의 (상향) 이동, ⟨~ actual wage exceeding negotiated wage⟩ ㊟2

17 **wage-fund** [웨이쥐 훤드]: (공공 단체의) 임금 기금, (급여 몫으로 떼어 논) 노임자본 ㊞2

18 **wage-fund the·o·ry**: ⟨자본이 증가하든가 노동자 수가 감소하지 않는 한 임금은 오르지 않는다는⟩ ⟨단순한⟩ 임금 기금설, ⟨~ wages depend on available capital and the size of labor force⟩ ㊞2

19 **wa·ger** [웨이줘]: 내기 (돈), 노름, ⟨~ bet\gamble⟩, ⟨↔certainty\safety⟩ ㊟2

20 **wag-gle** [왜글]: ⟨게르만어⟩, ⟨의태어⟩, (까딱까딱) 흔들다, (공을 치기 전에 공 위에서 골프채를) 앞뒤로 흔드는 짓, ⟨~ bobble\joggle⟩, ⟨↔recede\follow⟩ ㊟2 ㊒2

21 **Wag·ner** [바아그너 \ 왜그너], W Rich·ard: 'wagon 제작자', 바그너, (1813-1883), (극장이 지역사회 문화의 중심이 되어야 한다고 외친) 독일의 가곡 작곡가, ⟨~ a German composer and conductor⟩ ㊜1

22 **Wag·ner Act** [바아그너(왜그너) 액트]: (상원의원 Robert 바그너가 발의하여 1935년부터 시행되는) 사립회사 노동자들이 노동조합을 조직할 수 있게 한 법, ⟨~ National Labor Relation's Act⟩ ㊜2

23 **wag·on \ wag·gon** [왜건]: ⟨← weg(carry)⟩, ⟨게르만어⟩, 짐 마차, 4륜차, 용달차, 수레차, ⟨~ caravan\ carriage⟩, ⟨↔autobi⟩ ㊞1

24 **wag-tail** [왜그 테일]: 할미새, '꽁지깃을 상하로 흔들며 걷는 멧새류'⟨날라리류?⟩, ⟨~ a passerine⟩ ㊞2

25 ***wag the dog** [왜그 더어그]: ⟨1997년에 미국에서 나온 정치풍자 영화의 제목⟩, ⟨치정문제로 탄핵에 직면한 대통령이 사소한 전쟁을 일으키듯⟩ (문제를 잠재우기 위해 다른 곳으로 주의를 돌리는) 주객전도, put a cart before the horse ㊟2

26 *wag·wan [왜그완]: What's going on? (무슨 일이야?)의 자마이카식 영어⟨Jamaican English⟩ 양2

27 wa·gyu [와규 \ 왜규우]: 화우, ⟨Kobe를 비롯한⟩ 비교적 지방이 많은 '일본 소' (고기), ⟨~ a Japanese cattle⟩, ⟨~(↔)Black Angus⟩ 우2

28 Wah·(h)a·bi [워하아비]: 와하비, 18세기에 알 와하비가 창시해서 알 사우디가 채택하여 사우디아라비아인의 약 25%를 차지하는 ⟨알라를 신성시하지 않고⟩ 코란에 집착하는 이슬람의 분파, ⟨~ a reformist movement within Sunni Islam⟩ 수2

29 Wahl-berg [워얼버어그], Mark: meadow+hill, ⟨게르만어⟩, '시냇가 언덕에 사는 자', 월버그, (1971-), Markey Mark란 팝 가수로 출발해서 행동 배우로 떼돈을 벌고 제작자·기업가로 변신한 미국의 햄버거 상, ⟨~ an American actor and rapper⟩ 수1

30 wa·hoo¹ [와아 후우]: ⟨어원 불명의 하와이 원주민어⟩, ono, peto, ⟨온류에 서식하며 잽싸고 맛이 좋은⟩ 꼬치삼치⟨skewer mackerel⟩ 미2

31 wa-hoo² [와아 후우]: wa(arrow)+hu(wood), ⟨미국 Dakota 지방 원주민어⟩, burning bush, strawberry bush, ⟨새빨간 방울 열매를 맺는⟩ 북미 원산 노박덩굴류의 관목, ⟨어린 가지의 눈에 화살 같은 돌기가 생기는⟩ '화살나무' 우2

32 wa·hoo³ [와아 후우]: ⟨미국 서부어⟩, ⟨의성어⟩ ①와!, 굉장하군, ⟨~ yahoo⟩, ⟨↔boo\alas⟩ ②등신, 촌놈, ⟨~ yeah baby⟩ 양2

33 Wai·ki·ki [와이키키이]: ⟨원주민어⟩, spouting fresh water, '도도한 물결(?)', 와이키키, 호놀룰루 남동부(S-E of Honolulu)의 ⟨인공으로 조성된⟩ 해변·휴양지 수2

34 wail [웨일]: ⟨← vala(lament)⟩, ⟨북구어⟩, 울부짖다, 비탄하다, 구슬프게 표현하다, ⟨~ whinge\woe⟩, ⟨↔giggle⟩, ⇒ Gehenna 양2

35 waist [웨이스트]: ⟨← weaxan(to grow)⟩, ⟨게르만어⟩, 키가 자라는(wax²)⟨잘록한⟩ 허리, 동체 중앙부, ⟨~ mid-section\midriff⟩ 양2

36 waist-coat [웨이스트 코우트 \ 웨스컽]: vest, ⟨양복⟩ 조끼, ⟨~ jerkin⟩ 미2

37 wait [웨잍]: ⟨← wahta(watch)⟩, ⟨게르만어⟩, ⟨'wake'해서⟩ '망보다', 기다리다, 시중들다, 대기 (시간), 멈춰(!), ⟨→ await⟩, ⟨~ stop!⟩, ⟨~ stand by\delay⟩, ⟨↔start\proceed\rush⟩ 양2

38 wait-er [웨이터]: 사환, 시중꾼, ⟨명령을⟩ 기다리는 사람, '어이', '이봐', ⟨~ server\steward⟩, ⟨↔waitress\customer⟩ 미1

39 *wait on [웨잍 어언]: 계속 기다리다(patient), 시중들다(tend) 양2

40 *wait out [웨잍 아웉]: ~때까지 기다리다, 꾹 참아내다(stick out) 양2

41 wait-ress [웨이트뤼스]: 여급, 심부름하는 여자, '아가씨', '여기요', ⟨~ 예전에는 serving wench라고도 했으나 요새는 wait-staff라고 해야 함⟩, ⟨↔waiter\client⟩ 미2

42 wait up for [웨잍 엎 훠어]: ⟨자지 않고⟩ ~를 기다리다, ⟨~가 올 때까지⟩ 멈추어 기다리다, ⟨~ stay up\keep vigil⟩ 양1

43 waive [웨이브]: ⟨← quever(give back)⟩, ⟨프랑스어⟩, 포기하다, 보류하다, 생략하다, ⟨~ delay\disclaim⟩, ⟨↔claim\persue⟩ 양2

44 wa·ka-me [와카메 \ 웨이컴]: ⟨일본어⟩, waka(young)+me(seaweed), ⟨포목 같은⟩ 약포, 미역⟨물여뀌⟩, 바다고사리, ⇒ sea mustard 미2

45 wake [웨이크]: ⟨← wacan(to arise)⟩, ⟨게르만어⟩, 잠이 깨다, 각성하다, 눈을 뜨다, 배가 지나간 자리(항적), 철야(기도), (말동가리 등의) 떼, ⟨→ awake⟩, ⟨~ watch\rouse⟩, ⟨↔sleep\sedate⟩ 양2

46 wake–board·ing [웨이크 보어딩]: 항적판(wake)을 타고 발동선에 끌려가는 '수상 스키'⟨water-ski⟩, ⟨wake-surfing보다 쉬움⟩ 미2

47 wak-en [웨이큰]: 잠이 깨다, 깨어있다, 깨우다, ⟨~ arouse\awaken⟩ 양2

48 wake-rob·in [웨이크 라빈]: ⟨1711년에 이 꽃을 사랑하는 미국의 동호회에서 '일년 내내 시들지 말라'고 붙여준 이름⟩, ⟨잎이 돌려나는⟩ 연령초, ⟨줄기 뿌리가 남쪽 하늘 별을 닮은⟩ 천남성 무리, ⟨한약제로 많이 쓰이는⟩ 이른 봄에 세 갈래꽃⟨trillium⟩이 피는 산나리류, ⟨~ arum\jack in the pulpit\Indian turnip⟩ 미2

49 wake-up [웨이크 엎]: ①잠을 깨우는 ②flicker, 북미산 딱따구리의 일종 우2

50 wake-up call [웨이크 엎 커얼]: ①morning call, 잠 깨워 달라는 요청 ②주의를 환기시키는 경고, ⟨~ alarm\warning⟩ 미1

51　**Wald-heim** [워얼드하임 \ **바알트하임**], Kurt: 〈'wall'로 둘러싼 마을에 사는 자〉, 발트하임, (1918-2007), 〈나치 정권의 첩보원으로 일했으나〉 유엔 사무총장과 오스트리아 대통령을 역임한 정치가, 〈~ an Austrian politician and diplomat〉 수1

52　**Wal-dorf A·sto·ri·a** [워얼더얼후 어스터어뤼어]: 월도프〈'wall'로 둘러싼 마을에 사는 자〉 아스토리아, 부동산 개발업자 W Astor가 1893년 뉴욕에 설립한 후 현재 힐튼사에 의해 세계 30곳에서 영업 중인 고급호텔·위락시설, 〈~ a luxury hotel and resort brand of Hilton Word-wide〉 수2

53　**Wal-dorf sal·ad** [워얼더얼후 쌜러드]: (1896년 뉴욕의 W Astoria 호텔에서 첫선을 보인) 사과·호두·청포도·셀러리·상추 등을 마요네즈와 섞은 전채, 〈~ a fruit and nut salad〉 수2

54　**Wales** [웨일즈]: 〈← walhaz(foreigner)〉, 〈게르만어〉, '이방인이 사는 곳', '친구들이 사는 곳', 웨일스, 브리튼 섬의 1/10을 차지하는 서남쪽 반도의 구릉 지대에 켈트족들이 살다가 1536년 영국에 합병된 〈준 국가〉, 〈~ Cambria\a county in S-W of Great Britain〉 수1

55　**Wal-greens** [워얼그륀스]: 〈어원 불명의 네델란드풍 이름〉 월그린, 1901년 동명의 식품점 업자에 의해 세워져서 약국으로 번창한 미국 굴지의 대중적 종합 잡화점, 〈~ an American pharmacy store chain〉 수2

56　**walk** [워크]: 〈← wealcan(to roll)〉, 〈게르만어〉, '구르다', 걷다, 산책하다, 걷게 하다, 〈~ stroll\step\convoy〉, 〈↔stop\run\drive\crawl〉 양2

57　**walk-a-way** [워크 어웨이]: 쉽게 성취되는 일, 낙승, 도망하는 자, 손님이 잊고 간 거스름돈, 〈~ easy victory\escapee\left small change〉, 〈↔keep\reserve〉 미1

58　**walk-er** [워커]: 걷는 사람(새), 보행 보조기, 보행용 신발, 군용 구두, 〈~ pedestrian\foot-wear〉, 〈~(↔)stroller\wheel-chair〉 미1

59　**walk-ie-talk-ie** \ walk·y-talk·y [워키 터키]: 〈2차대전 중에 개발되어 0.1 watt 이하는 면허 없이 쓸 수 있는〉 휴대용 무선 전화기, 〈~ inter-com\inter-phone〉 미2

60　**walk-in** [워크 인]: 예약 없이 출입하는, 사람이 (서서) 출입할 수 있는, 〈~ without appointment\large enough to walk into〉, 〈↔appointment only\standing\shallow〉 미2

61　**walk-ing dic·tion-ar·y**(en·cy·clo·pe·di·a): 걸어 다니는 (백과)사전, 박식한 사람, 〈~ know-it-all〉, 〈↔ignoramus〉 양2

62　**walk-ing ea·gle** [워어킹 이이글]: ①뱀잡이수리, ⇒ secretary bird ②〈날지 못하고〉 걷는 독수리, 〈Edward Kennedy 상원의원처럼〉 배가 똥(추문)으로 가득 차서 나서지(뜨지) 못하는 유명인사, 〈~ too heavy (full of shit) to fly〉 양2 양1

63　**walk-ing fern** [워어킹 훠언]: 거미고사리, (덩굴줄기가 뻗어 나가 땅에 닿으면 새싹이 돋아나는) 거미일엽초속의 양치식물, 〈~ adiantum\maiden-hair fern〉 미2

64　**walk-ing leaf** [워어킹 리이후]: leaf insect, 〈진짜로 나뭇잎고 똑같이 생겨 가지고 나뭇잎을 갉아 먹는〉 가랑잎벌레 미2

65　*****walk-ing on air** [워어킹 어언 에어]: 하늘을 날 것만 같다, 무아지경에 이르다, 기분이 째이다, 〈~ cloud nine\over the moon〉, 〈↔depressed\troubled〉 양2

66　*****walk-ing on wa·ter** [워어킹 어언 워어터]: 기적적인, 불가사의한, 〈~ impossible\super-human〉, 〈↔actuality\normacy〉 양2

67　**walk-ing pa·pers(tick·et)** [워어킹 페이퍼스(티킽)]: 〈걸어서 나가라는〉 해고 통지, 절연장, 〈~ dismissal notice\heave-ho〉, 〈↔hiring notice\hello (introducing) letter〉 양2

68　**walk-ing pneu·mo·nia** [워어킹 뉴우모우니어]: (입원이나 침대 요양이 필요 없는) 〈걸어 다닐 수 있는〉 경미한 폐렴, 〈~ mild pneumonia〉 미2

69　**walk-ing stick** [워어킹 스틱]: ①지팡이, 단장, 〈~ cane\wand〉 ②(가느다란 막대 같은 몸통과 거미 같은 가는 다리를 가지고 나뭇잎을 갉아 먹는) 대벌레, stick insect 양2 미2

70　*****walk in some-one-else's boots**: 타인의 장화를 신고 걷다, 역지사지, 처지를 바꾸어 생각하다, 〈~ putting on other's shoes〉, 〈↔self-centered\egotistic〉 양2

71　**Walk-man** [워크맨]: 워크맨, 1979년 소니(Sony)사가 출시하기 시작한 휴대용 대중매체 재생 장치, 〈~ a portable audio player〉 수2

72　**walk-off(out)** [워크 어어후(아웉)]: 떠나기, 퇴장, 동맹파업, 〈~ go away\strike〉, 〈↔stay\come-back〉 양2

73 **walk-o·ver** [워어크 오우붜]: 낙승, 부전승, 독주, 〈~ easy victory〉, 〈↔defeat\loss〉 양1

74 **walk o ver** [워어크 오우붜]: 일순(한 바퀴 돌기)하다, 좌우지지하다, 깔아뭉개다, 〈~ lambast〉, 〈↔tip-toe\over-throw〉 양1

75 **walk-through** [워어크 쓰루우]: 예행연습, 사전 탐사, 상세한 지침, 보행자를 위한 지하도, 〈~ go over\brief〉, 〈↔hold-back\blockage〉 미2 우2

76 ***walk-up** [워어크 엎]: 승강기가 없는 건물, (건물 밖에서 일을 볼 수 있는) 점외 창구, 〈~ climb\window〉, 〈↔elevator(s)\drive-by〉 미1

77 **walk-way** [워어크 웨이]: 보도, 산책길, 현관에서 길까지의 통로, 〈~ foot-path\side-walk〉, 〈↔drive-way〉 양1 우2

78 **wall** [워얼]: 〈← vallus(stake)〉, 〈라틴어〉, 벽, 담, 칸막이, 장애, 〈~ barrier\partiton〉, 〈↔opening\entrance〉 가1

79 **wal·la·by** [왈러비]: 〈원주민어〉, 작은 캥거루 (모피), 오스트레일리아 원주민, 〈~ brush-kangaroo\native Australian〉 수2

80 **Wal-lace** [왈리스], George: 〈Wales에서 온〉 '이방인(foreigner)', 윌리스, (1919-1998), (남부 여러 주의 권리를 옹호하고 인종차별을 고집하면서) 4번 대통령 선거에 출마했다 실패한 미국 앨라배마 토박이 정치가, 〈~ an American judge and politician〉 수1

81 **wal·la·roo** [왈러루우]: 〈원주민어〉, 큰 캥거루, 〈~ a marsupial\a pouched mammal〉, 〈~ giant kangaroo〉 수2

82 **wall creep-er** [워얼 크뤼이퍼]: ①나무발바리, 유라시아의 고산지대에 서식하며 바위벽을 잘 타는 조그만 멧새류, 〈~ an oscine〉 ②담쟁이류(ivy) 미2

83 **wal·let** [왈맅 \ 월맅]: 〈← watel(a bag)〉, 〈어원 불명의 게르만어에서 연유한 영국어〉, 지갑, 작은 주머니, 전대, 〈영국에서는 주로 purse라고 함〉, 〈↔trunk\poverty〉 양1

84 **wall-eye** [워얼 아이]: ①(눈동자가 벽〈wall〉 쪽을 향한) 외사시, 각막이 커진 눈, 각막 백반, 〈→strabismus를 초래함〉, 〈~ exotropia〉 ②yellow pike, sauger, (외사시를 하고 북미에 서식하는) 농어류의 담수어 우2

85 **wall-flow·er¹** [워얼 훌라워]: 〈꽃이 무더기로 피는?〉 꽃무, 〈꽃잎이 계란을 닮은?〉 계란풀, (현란한 둥근 꽃을 피우며 벽에 달라붙는 경향이 있는) 겨잣과의 다년생 화초, 〈~ gilly-flower\stock²〉 미2

86 **wall-flow·er²** [워얼 훌라워]: 〈1820년에 등장한 말〉, '벽의 꽃', (무도회에서 벽에 붙어있는) 인기가 없거나 수줍은 여자, 〈~ a shy girl〉, 〈↔social butterfly〉 우2

87 **Wal·lo·ni·a** [왈로우니어]: 〈← walhaz(foreigner)〉, 〈'이방인'이란 게르만어에서 유래한〉 발룸(Walloons)족의 땅, 〈북쪽의 Flanders보다 못사는〉 주로 프랑스어를 쓰는 벨기에 남부지방, 〈~ French-speaking region of S. Belgium〉 수1

88 **wal·(l)op** [왈렆]: 〈게르만어→프랑스어〉, 〈의태어·의성어〉, 뒤뚱뒤뚱 가다, 부글부글 끓어오르다, 강타하다, 철저히 참패시키다, 〈~ gallop\strike〉, 〈↔submit\yield〉 양1

89 **wal·low** [왈로우]: 〈← wealwian(to roll)〉, 〈게르만어〉, 뒹굴다, 탐닉하다, 소용돌이치다, 〈~ tumble\voluble〉, 〈↔rise\eschew〉 양1

90 **wall-pa·per** [워얼 페이퍼]: wall·cover, back-ground pattern, 벽지, '배경 무늬', 화면의 배경에 나타나는 그림 (무늬), 〈↔peel\paint\wall-panel〉 우2 미1

91 ***walls have ears, doors have eyes**: 낮말은 새가 듣고 밤말은 쥐가 듣는다, 〈~ trees have voices, beasts tell lies〉 양2

92 **Wall Street** [워얼 스트뤼이트]: 〈네덜란드인들이 영국인과 해적들을 막으려고 쌓았던 담이 있던 자리〉, 월 스트리트, financial district in Lower Manhattan, 뉴욕에 있는 금융·은행 (집결) 거리, 〈~ US securities industry〉 수2

93 **Wall Street Jour·nal**: 1889년 Dow와 Jones에 의해 창설된 뉴욕시의 〈세계적〉 경제 전문 일간지, 〈~ a business and financial newspaper〉 수2

94 **wall-to-wall** [워얼 투 워얼]: '벽에서 벽까지', 꽉 채운, 어디서나 일어나는, 〈~ ubiquitous〉, 〈↔limited\finite〉 양2

95 **wall trans–form-er** [워얼 트랜스훠머]: wall wart, 벽 변압기, 벽 배출구에 끼어 쓰는 〈다목적〉 소형 변압기, 〈~ wall adapters\power cubes〉 미2

96. **wall u·nit** [워얼 유우닡]: 벽에 세워 (붙여 만든) 가구, '붙박이 벽장', wall system 우2

97. **wal·ly¹** [웨일리]: 〈어원 불명의 스코틀랜드어〉, 훌륭한, 멋진, 대규모의, 〈~ fine\sturdy〉, 〈↔rough\simplicity〉 양2

98. **wal·ly²** [왈리]: 〈어원 불명의 영국어〉, 바보, 멍청이, (도기로 만든) 의치, 〈~ funk¹\prat〉, 〈↔brain-box\bright spark〉 양2

99. **Wal-Mart** [워얼 마아트]: 월 마트, 1962년 Sam Walton〈'wall'로 둘러싼 마을에 사는 자〉이 세워 Sam's Club도 운영하나 점점 중국의 입김이 세어지는 미국의 세계적 식품·잡화 소매업 연쇄점, 〈~ an American chain of hyper-markets〉 수1

100. **wal-nut** [워얼넡]: wealh(foreign)+nutu(nut), 〈게르만어〉, '외국산 개암', 호두 (나무), 〈견과를 중국 사람들이 불알같이 조물락거리는〉 가래나뭇과의 낙엽활엽교목, 〈~ royal nut〉, 〈~ (↔) pea-nut〉 미2

101. **wal-rus** [워얼뤄스]: wal(whale)+ross(horse), 〈북구어〉, '말고래', 해마, 바다코끼리, (텁수룩한 수염에 기다란 엄니를 가지고) 북극 지역에 서식하는 육중한 해양 포유동물, 〈~ sea-horse〉, 〈~ (↔) seal\sea lion〉 미2

102. **wal-se** [월세]: yue(moon)+shi(hire), 〈중국어→한국어〉, 건축 공간이나 토지를 빌려주고 다달이 세를 받는 계약, 삭월세(사글세), 〈~ month-to-month lease〉, 〈↔jeon-se〉 미2

103. **Walt Dis·ney** [워얼트 디즈니], Comp: 월트〈용맹한 자← waldan(게르만어; strong)〉 디즈니〈노르만디의 지명(Isigny)에서 연유한 영국계 이름〉, 1923년 동명의 형제들이 세운 미국의 세계적 대중매체·유흥업체, 〈~ an American mass media and entertainment conglomerate〉 수2

104. **waltz** [워얼츠]: 〈← walzen(to roll)〉, 〈게르만어〉, 왈츠, 원무곡, (독일과 오스트리아 민속춤 Weller와 Landler가 합쳐진) 3박자의 재빠르고도 부드러운 음악, 식은 죽 먹기, 〈~ walk\cinch〉, 〈↔tap dance〉 미1

105. **wam·ble** [왐블]: 〈← wamlen(vomit)〉, 〈영국어〉, 메스껍다, (위가) 꾸르륵거리다, 비틀거리다, 〈~ linger\waggle〉, 〈→womble〉 양1

106. **wam-pee** [왐피이]: ①huang(yellow)+pi(skin), 〈중국어〉, 〈노란 껍질의〉 황피, 왐피, 중국·인도 원산의 껑깡 비슷한 작은 오렌지류의 과실, 〈~ a small fragrant citrus〉 ②〈← wompi(white)〉, 〈원주민어〉, 〈꽃 색깔은 연보라색인데 왜 white가 들어갔는지 모르지만 좌우간〉 북미에 자생하는 천남성과의 독초, 〈~ pickerel-weed\arrow arum〉 우1

107. **wam·pum** [왐펌]: wap(white)+umpe(string), (북미 원주민들이 화폐나 장식물로 사용하던) 조가비 구슬, 〈~ shell bead〉 수2

108. *****WAN** [왠]: 〈↔LAN〉, ⇒ wide area network 미2

109. **wan** [완]: 〈← wann(dark)〉, 〈어원 불명의 영국어〉, '어둑한', 핏기 없는, 창백한, 지친, 〈~ pale\washed-out〉, 〈↔flush\ruddy〉 양2

110. **wand** [완드]: 〈← wanduz(rod)〉, 〈게르만어〉, 막대기, (마술) 지팡이, 지휘봉, 자지, 과녁, 〈~ wend〉, 〈~ cane\walking stick\scepter〉, 〈↔box\vagina〉 양2

111. **wan·der** [완더\원더]: 〈← wandian(roam)〉, 〈게르만어〉, 헤매다, 방랑하다, 길을 잃다, 〈~ maunder〉, 〈~ wend\wind¹〉, 〈~ dander²\stroll〉, 〈↔stay\drive\arrive〉 양2

112. **wan·der-ing jen·ny** [원더링 줴니]: 서양좀가지풀, creeping Jenny〈'gracious'라는 뜻의 여성 이름〉, ⇒ money wort 미2

113. **Wan·der-ing Jew¹** [원더링 쥬우]: 〈형장으로 끌려가는 예수를 조롱한 죄로〉 방랑해야 하는 숙명을 타고난 유대인, 〈~ eternal exile〉 우2

114. **wan·der-ing Jew²** [원더링 쥬우]: 〈방랑하는 유대인처럼〉 산지사방 퍼져 나가는 '거미줄', (우아한 색깔과 타원형 잎을 가진) 닭(의) 장 풀, (바구니에 담아 실내 장식용으로 쓰는) 자주달개비, 〈~ inch-plant\spider-wort\day flower〉, 〈어감이 나빠 요즈음은 wandering dude라 함〉 미2

115. **wan·der·oo** [완더루우]: 〈← vanara(monkey)〉, 〈산스크리어〉, 인도 남부·스리랑카에 서식하는 무성한 목도리의 검은털·짧은꼬리를 가진 희귀종 원숭이, 〈~ lion-tailed macaque〉 미2

116. **wane** [웨인]: 〈← wanian(decrease)〉, 〈게르만어〉, 감소하다, 작아지다, 이지러지다, 〈~ vain\diminish〉, 〈↔wax²〉 양2

117. **wang** [왱]: 〈1933년에 등장한 어원 불명의 영국어〉, whang, penis, 좆(같은 놈), 〈↔fanny\gash\honey-pot〉 양2

118 **Wang** [왕], Geon: '임금⟨king⟩', ⟨중국어→한국어⟩, 왕, Geon, (877-943), 송악 거상의 아들로 태어나 후삼국을 통일하고 고구려의 뒤를 잇는 고려를 창건한 ⟨태조⟩, ⟨~ founder of Goryeo⟩ 수1

119 **Wang** [왱], Xi·zhi: 왕 시지, 왕 희지, (307-365), 중국 서예의 모체를 개발한 흘림체의 달인('서성'), ⟨~ a Chinese writer and politician⟩ 수1

120 **Wang** [왱], Yang Ming: 왕 양민, 왕 양명, (1472-1528), 사람은 너나나나 '양심에 따라 행동해야 한다'고 외친 중국 명나라의 관료 찰학자, ⟨~ a Chinese philosopher and politician⟩ 수1

121 **wan·gle** [왱글]: ⟨영국어⟩, ⟨의태어?⟩, 우려내다, 교묘하게 빼앗다, 빠져나가다, ⟨~ waggle\fudge²\contrive⟩, ⟨↔botch\blow⟩ 양2

122 **wang-tta** [왕따]: ⟨중국어+한국어⟩, royal bullying, bigly ostracized, 완전한 따돌림, 철저한 배척(outcast) 미2

123 **wan-ing cres·cent** [웨이닝 크뤠슨트]: 그믐달, old moon 양2

124 **wank** \ whank [왱크]: ⟨← wang⟩, hand-job, jack-off, jerk-off, masturbation, 자위(하다), 싫은 녀석 양2

125 **Wan·kel** (en·gine) [왕클 (엔쥔)]: ⟨게르만어⟩, ⟨'왔다 갔다(swaying unsteady)' 하는 자?⟩, 방켈 ⟨회전식⟩ 발동기, 1958년 독일의 Felix Wankel 등이 고안한 piston (연타) 방식 대신 rotor(윤환) 방식을 사용한 발동기로 연료가 많이 들고 수명이 짧은 대신 공기 오염이 적은 '차세대' 발동기, ⟨~ a rotary internal combution engine⟩ 수2

126 **wan·na** [워너 \ 와나]: want to, want a, 하고 싶다, 갖고 싶다 가2

127 **wan·na-be** (~bee) [워너 비이]: want to be, ~같이 되고 싶다, 바라는 가2

128 **want** [원트 \ 완트]: ⟨← vanta(lacking)⟩, ⟨북구어⟩, '결여되다', 탐내다, 원하다, 필요로 하다, ⟨~ desire\crave⟩, ⟨~(↔)need⟩, ⟨↔abundance\dis-like⟩ 가1

129 **want-ing** [원팅 \ 완팅]: 모자라는, 빠져 있는, ⟨~ deficient\lacking⟩, ⟨↔present\sufficient⟩ 가1

130 **want list** [원트 리스트]: 요망 품목표, 필요 물품표, 지명 수배자 명단, ⟨~ hot list⟩ 양1

131 ***want makes wit** [원트 메이크스 윝]: 욕구는 재치를 낳는다, 궁하면 통한다, ⟨~ necessity is the mother of invention⟩ 양2

132 **wan-ton** [완 탄 \ 원 턴]: ⟨게르만어에서 연유한 영국어⟩, un+tug, 고삐 풀린 (망아지), ⟨교육받지 못한⟩ 후레자식, 음탕한, 잔인한, ⟨편자의 이름을 듣고 미국 놈들이 웃는 이유를 20년 만에 깨달은 말⟩, ⟨~ malevolent\licentious⟩ 양2

133 ***WAP¹** [왚] (wire-less ac·cess point): 무선 접속점, (유선 전산망에 접속되는) 무선 전산망의 중심장치, ⟨~ base station⟩, ⟨~(↔)wireless routers⟩ 미2

134 ***WAP²** [왚] (wire-less ap·pli·ca·tion pro·to·col): 무선 (정보) 적용 규약, (1999년에 시작해서 서서히 다른 규약으로 바뀌어 가는) 이동 전산망을 통해 정보를 교환할 때 사용하는 국제적 규격, ⟨~ standard for accessing information⟩ 미2

135 **wap·i·ti** [와피티]: wa+piti, '흰 궁둥이⟨white rump⟩', (북미 원주민이 부르던) 큰사슴, ⟨미국인은 moose라 하고 영국인은 elk라고도 부름⟩ 우2

136 **war** [워어]: ⟨← werra(strife)⟩, ⟨게르만어⟩, 전쟁, 전투, 싸움, ⟨~ worse\warrior⟩, ⟨~ fight\struggle⟩, ⟨↔peace\truce⟩ 가1

137 **war·ble** [워어블]: ①⟨← welbelen(trill)⟩, ⟨게르만어⟩, 지저귀다, 졸졸 흐르다, 떨리는 목소리, ⟨~ whirl⟩, ⟨↔quiet\squeak⟩ ②war(pus)+bulde(swelling), ⟨북구어⟩, 쇠파리의 애벌레가 피부에 들어가 생긴 작은 종양, 안장 때문에 생긴 혹, ⟨~ boil⟩, ⟨↔dent\ulcer⟩ 미1

138 **war·ble fly** [워어블 훌라이]: ⟨← warble²⟩, ⟨날개를 떠는⟩ gadfly, 쇠파리, 짐승의 가죽에 알을 까는 뒝벌 같은 파리 미2

139 **war·bler** [워어블러]: ⟨← warble¹⟩, ⟨목소리를 떨며⟩ 지저귀는 새(사람), 울새, 명금, 휘파람새, 숲에서 고음으로 노래하며 예쁜 깃털을 가지고 잽싸게 날아가는 조그만 철새, ⟨~ kinglet\finch\song-bird\babbler⟩ 미2

140 **ward** [워어드]: ⟨← weardian(to watch)⟩, ⟨게르만어⟩, '감시하다', guard의 어원이자 고상한 표현, 보호, 감독, 피보호자, 감방, 병동, 구역, ⟨~ award⟩, ⟨~ protection\compartment⟩, ⟨↔attack\discharge⟩ 양1

141 **~ward** [~워드]: ⟨영국어⟩, toward, ⟨~쪽으로⟩란 뜻의 결합사, ⟨~ awkward⟩ 양1

142 **ward-en** [워어든]: 감시자, 관리인, 감독관, 수위, ⟨~ guardian⟩, ⟨↔prisoner\inmate⟩ 양2

143 **War De·part·ment** [워어 디파아트먼트]: 미 전쟁청, 1789~1947년 전쟁을 총괄하던 연방정부 기구로 현재는 국방부 소속 육군처로 강등됨, ⟨~ an ex cabinet department of US⟩ 미2

144 *****war di·al·ing** [워어 다이얼링]: '전쟁 전화', ⟨일부 주에서는 금지된⟩ 변복조 장치가 장착된 번호를 찾아 수천 개의 전화번호에 자동으로 전화를 걸어 ⟨못된 수작을 하려는⟩ 불법 침입, ⟨예전에는 hammer 또는 demon dialing이라 했음⟩, ⟨~ hacking into modems⟩ 우2

145 *****ward off** [워어드 어어후]: 피하다, 막다, 물리치다, ⟨~ fend-off\repel⟩, ⟨↔welcome\hail⟩ 양2

146 *****war driv·ing** [워어 드롸이빙]: '전쟁 운전', 무선 전산기를 가지고 혹시 누군가의 Wi-Fi에 연결될까 하고 거리를 헤매는 짓, searching for wireless networks, ⟨~ access point mapping⟩ 우2

147 **ward-robe** [워어드 로우브]: ⟨프랑스어⟩, ⟨강탈(rob)을 방지(word)하기 위한⟩ 옷(양복)장, 의상실, 장롱, ⟨~ (clothes) closet\garderobe⟩, ⟨↔armory⟩ 양2

148 **ware** [웨어]: ⟨← warian(cautious)⟩, ⟨게르만어⟩, 주의하다, 조심하다, ⟨감시해야 할⟩ 물품, 제품, 세공품, 기물, 도자기, ⟨→ aware⟩, ⟨~ warily⟩, ⟨~ goods\commodities⟩, ⟨↔un-aware\un-worthy⟩ 양2

149 **~ware** [~웨어]: ⟨← waru(merchandise)⟩, ⟨~기기·기물⟩이란 뜻의 결합사 양1

150 **ware-house** [웨어 하우스]: 창고, 저장소, 대규모 수용소, ⟨~ store-house\repository⟩, ⟨↔producer\field⟩ 양2

151 **war-fare** [워어 훼어]: 전투 (행위), 교전 (상태), ⟨~ combat\fighting⟩, ⟨↔love-affair⟩ 양2

152 **war·fa·rin** [워어훠륀]: 와르파린, (Wisconsin Alumni Research Foundation이 1950년경에 합성한) 혈액의 항응고제, 혈액 희석제, Coumadin의 일반명, ⟨~ an anticoagulant(blood thinner)⟩ 수2

153 **war-head** [워어 헤드]: '무기의 머리', 탄두, ⟨~ bomb\load⟩, ⟨↔abstain\discharge⟩ 양2

154 **wa·ri·ba·shi** [와리바시]: ⟨중국어→일본어⟩, 할저, split chopsticks, '쪼개서 쓰는' (나무) 젓가락, ⟨~↔fork\spoon⟩ 양2

155 **wa·ri·bi·ki** [와리비끼]: divide+pull, ⟨중국어→일본어⟩, 할인, ⟨싼값으로 후려쳐 사고 파는⟩ 어음 할인 매입·매도, ⟨~ discount⟩, ⟨↔premium⟩ 양2

156 **wa·ri·kkang** [와리깡]: divided pay, '각자 부담', ⟨중국어→일본어⟩, 할감, 할당, 분빠이⟨분배⟩, ⟨~ Dutch pay⟩, ⟨↔collection⟩ 양2

157 **war·i·ly** [웨어륄리]: ⟨← ware⟩, 조심하여, 신중하게, '세공품을 다루듯', ⟨~ watchfully\carefully⟩, ⟨↔carelessly\recklessly⟩ 양2

158 **war-lord** [워어 로어드]: 군사 지도자, 독군, 군벌, ⟨~ military leader\military clique(circle)⟩, ⟨↔peace-maker⟩ 양2

159 **warm** [워어엄]: ⟨← weararm(giving off heat)⟩, ⟨어원 불명의 게르만어⟩, 따뜻한, 열렬한, 다정한, ⟨~ hot\friendly⟩, ⟨↔cool\cold\hostile⟩ 가1

160 *****warm boot** [워어엄 부우트]: warm start, soft boot, 온성 (연성) 재가동, 전원을 끄지 않고 다시 작동시키는 일, ⟨↔cold boot⟩ 우2

161 **warm boots** [워어엄 부우츠]: 따뜻한 장화, '털 장화', ⟨~ comfy (or fuzzy) boots⟩, ⟨↔sandal⟩ 미2

162 **warm-ed o·ver (up)** [워어엄드 오우붜 (엎)]: 다시 뎁히다, 재탕하다, (다시) 활기를 띠다, ⟨~ re-heated⟩, death w~ o~; 죽었다 살아난 것 같은, 몹시 피곤한, ⟨~ copied\derivative⟩, ⟨↔original\innovative⟩ 양2

163 **warm-ing-up** [워어밍 엎]: '열 올리기', 준비 운동, 시작, ⟨~ accustom\get ready⟩, ⟨↔cooling-down⟩ 양2

164 *****warm o·pen** [워어엄 오우픈]: '격식 개막', (영화 등을 시작할 때) ⟨제작자·출연진·감독 등을 자세히 소개하는⟩ '친절한 시작', ⟨~ opening credit⟩, ⟨↔cold open⟩ 우2

165 **warmth** [워어엄쓰]: 따뜻함, 온기, 온정, 열심, 격렬함, ⟨~ affection\comfort⟩, ⟨↔cold(chill)-ness⟩ 가1

166 **warn** [워언]: ⟨← warin(watchful)⟩, ⟨게르만어⟩, '조심하다', 경고하다, 훈계하다, 통고하다, ⟨~ inform\alert⟩, ⟨↔conceal\allow\commend⟩ 양2

167 **War·ner Broth·ers** [워어너 브뤄더즈]: ⟨← warn⟩, 워너⟨보초병⟩ 브러더스, 1923년 폴란드 계통의 4형제에 의해 창립되어 현재 AT&T가 소유하고 있는 미국의 세계적 종합 영화 제작사·흥행업체, ⟨~ an American film and entertainment studio⟩ 수2

168 **War of 1812**: 영국이 역 대륙봉쇄 정책을 무시한 미국과 (1812~1815년간) 싸운 '기싸움'으로 종전조약 후에 〈그 소식을 못 들은〉 앤드루 잭슨이 뉴올리언스 전투에서 대승하여 결국은 세계의 강자로 떠오르게 된 전투, 〈~ Madison's war\an Anglo-American war〉 수2

169 **warp** [워얼프]: 〈← weorpan(throw)〉, 〈게르만어〉, 휘게 하다, 뒤틀다, 왜곡하다, (배를) 밧줄로 끌다, 개흙을 비료로 주다, 〈~ malform\twist\deprave〉, 〈↔straighten\upgrade〉 양1

170 *****war-path** [워어 패쓰]: 출정의 길, 싸울 기세, 적개심, 〈~ aggression\hostility〉, 〈↔dove of peace\olive branch〉, 〈↔peace-path\friendliness〉 양1

171 **war·rant** [워어뤈트]: 〈← werren(anthorization)〉, 〈게르만어〉, 정당한 이유, 근거, 보증(서), 허가증, 영장, 소환장, 〈→ guaranty〉, 〈~ justification\authorization〉, 〈↔disqualify\ban〉 양2

172 **war·rant of-fic-er** [워어뤈트 어휘써]: 준사관, 준위, (풋내기 귀족 출신 장교를 도와주던) 고참·숙련병, the highest non-commissioned rank, 〈~ 'chief'〉, 〈↔officer〉 미2

173 **war·rant-y deed** [워어뤈티 디이드]: 하자 담보 증서, (독자적으로 매매할 수 있게) '조건 없는' 소유권을 보증하는 양도 증서, 〈a certificate of security〉, 〈↔quit-claim deed〉 미2

174 **war·ren** [워어뤈]: 〈← warenne← warier(to preserve)〉, 〈프랑스어〉, 토끼굴, 〈새나 짐승을 기르는〉 조·수 사육지, 〈~ burrow\den〉, 〈↔fill\flora〉 양2

175 **War·ren re-port** [워어뤈 뤼포오트]: 워런〈①짐승 사육자 ②보호자〉 보고서, 동명의 미 대법원장이 1964년 9월에 발표한 (케네디 대통령의 암살자와 그를 죽인 자가 단독범이라는) 보고서로 1970년대 말에 하원 재조사 위원회에서 '아마도 음모에 의한 사건'으로 재천명됨, 〈~ investigational report on the assassination of JFK〉 수2

176 **war·rior** [워어뤼어 \ 와뤼어]: 〈프랑스어〉, 〈← war〉, 전사, 용사, 투사, 〈~ fighter\combatant〉, 〈↔peace-nik\chicken〉 양2

177 **war-room** [워어 루움]: (군의) 작전실, (기업 등의) 비상 경영 상황실, 전략 회의실, 〈~ head-quarter\command center〉, 〈~ field\play-ground〉 양2

178 **War·saw** [워얼서어]: Warszawa, 〈그곳에 살던 어부의 이름에서 연유한?〉 바르샤바, (세계 2차대전 때 대파되었던) 유서 깊은 폴란드의 수도·산업·문화 도시, (NATO에 대항하여) 1955년 소련이 주위 동맹국들과 연합 하여 만든 군사동맹 조약 장소, 〈~ Capital of Poland〉 수1

179 **Wars of the Roses**: (영국의) 장미전쟁, 1455년 요크가(백장미)가 랭커스터가(적장미)에 도전하여 1485년 랭커스터가가 승리할 때까지의 왕권 다툼, 〈~ an English civil war〉 수2

180 **wart** [워얼트]: 〈← wearte(a small protuberance)〉, 〈게르만어〉, 사마귀, 쥐젖, 혹, 옹이, 〈~ mole¹\nodule〉, 〈↔dent\ulcer〉 양2

181 **wart-hog** [워어트 하아그]: 혹멧돼지, (아프리카 중·남부 초원에 서식하며) 안면 좌우에 위로 구부러진 커다란 엄니와 〈눈 아래 3쌍의 혹을〉 가진 중형 돼지, 〈~ wild boar보다 더 험상궂게 생겼음〉, 〈~ African lens-pig\Naked Swine〉 미2

182 **war·y** [웨어뤼]: 〈← warian(cautious)〉, 〈게르만어→영국어〉, 〈← ware〉, 경계하는, 주의 깊은, 신중한, 〈~ watchful\prudent〉, 〈↔inattentive\careless〉 양2

183 **was** [워즈]: 〈게르만어〉, be의 1인칭·3인칭 단수 과거, 〈말짱 황이라는 말〉 가1

184 **wa·sa·bi** [와싸비]: 〈일본어〉, 고추냉이 (양념), 겨자냉이, (줄기 뿌리를 코를 톡 쏘는 맛을 내는) 일본 겨자, Japanese horseradish 수2

185 **Wa·se·da** [와세다], Univ.: 〈중국어→일본어〉, early-ripening rice+paddy, '(벼의) 못자리', 조도전 대학, 1882년에 동경 전문 학교로 세워져서 1902년 소재 지명으로 개칭된 일본의 연구 중심의 사립 대학, 〈~ a private research univ. in Tokyo〉 수2

186 **wash** [워어쉬 \ 와쉬]: 〈← watskan(clean with water)〉, 〈게르만어〉, 씻다, 빨다, 목욕(세탁)하다, 침식하다, 떠내려 보내다, 〈→ a·wash〉, 〈~ water\wet〉, 〈~ bath\rinse〉, 〈↔soil\dry〉 가1

187 **wash-and-wear** [워어션 웨어]: 빨아서 (다리미질 않고) 입을 수 있는 옷, 〈non-iron\off-the-rack(clothes)〉 우2

188 **wash-ba·sin(bowl)** [워어쉬 베이슨(보울)]: 세면기, 세숫대야, 〈~ a bathroom sink〉 양2

189 **wash-cloth** [워어쉬 클러어쓰]: (주로 나사천으로 된) 깔깔이 수건, '목욕수건', '때밀이 수건', exfoliating mitt, 〈bath-towel은 큰 목욕수건을 칭함〉, ⇒ Italy towel 미2

190 **washed-out** [워어쉬트 아웉]: 빨아서 바랜, 지칠 대로 지친, 〈~ faded\wan〉, 〈↔vivid\perky〉 양2

191 **washed-up** [워어쉬트 엎]: 깨끗이 씻은(빤), 못 쓰게 된, 〈~ cleaned-up\destroyed〉, 〈↔succeed\preserved〉 양2

192 **wash-er** [워어셔]: ①씻는 사람, 세탁기, 〈~ washing machine〉, 〈↔drier〉 ②〈어원이 불분명한 영국어〉, (나사의) 똬리쇠, 〈~ spacer\ring〉, 〈↔nut\bolt〉 미2

193 **wash-er–dry-er** [워어셔 드라이어]: 건조기가 달린 세탁기 미2

194 ***wash (one's) hands** [워어쉬 (원즈) 핸즈]: 손 씻다, 손 떼다, 단념하다, 〈~ give up\finish〉, 〈↔start\step-in\remain〉 양2

195 **Wash·ing-ton** [워어쉥턴], DC(Dis·trict of Co·lum·bi·a): 화성, 워싱턴 대통령이 1791년에 부지를 선택해서 1800년에 미국의 수도로 개발된 연방정부 특별 행정 구역, 〈~ Capital of USA〉 수1

196 **Wash·ing-ton** [워어쉥턴], Den·zel: 〈← wassa(hunter)〉, 〈영국어〉, '사냥꾼들이 사는 마을'에서 온 자, 워싱턴, (1954-), 생동적인 연기로 인기를 끌었던 미국의 흑인 남배우, 〈~ an American actor〉 수1

197 **Wash·ing-ton** [워어쉥턴], George: 워싱턴, (1732-1799), 훤칠한 용모와 재취로 들어온 어머니와 과수댁 아내의 부를 바탕으로 출세해서 미국의 초대 대통령이 되어 왕이 되기는 고사했으나 제왕 같은 언행을 즐겼던 '전설적' 위인, {(로마를 구하고 농장으로 돌아간) American Cincinnatus, (대규모 전투를 피하고 소규모 전투에 주력하는) American Fabius}, 우상화로 '정직한 사람'의 대명사가 된 인물, 〈~ first US PResident〉 수1

198 **Wash·ing-ton** [워어쉥턴], State of: Evergreen State, 북서쪽 끄트머리에 캐나다와 국경을 맞대고 있는 경치가 수려한 미국의 42번째 주, {Olympia-10}, 《rhododendron》, 〈~ US State in Pacific N-W region〉 수1

199 **Wash·ing-ton** [워어쉥턴], U·ni·ver·si·ty of: 1861년에 시애틀(Seattle)에 설립된 농·수산업과가 유명한 종합 주립대학, 〈~ a public research univ.〉 수1

200 **Wash·ing-ton pie** [워어쉥턴 파이]: (워싱턴의 생일 때 즐겨 먹는다는) 잼이나 크림을 넣고 부풀린 양과자, 〈sponge cake (or cottage pudding)+red jelly〉 수2

201 **Wash·ing-ton Post** [워어쉥턴 포우스트]: WaPo, 워싱턴 포스트, 〈정치면이 볼만하다는〉 1877년 수도에서 창간된 미국의 유명 일간지, 〈~ an American daily newspaper in DC〉 수2

202 **Wash·ing-ton Times** [워어쉥턴 타임즈]: 1982년 통일교의 문선명 씨에 의해 수도에서 창간되어 〈아직도〉 5만여 부를 찍고 있는 미국의 〈보수적〉 일간지, 〈~ an American conservative daily newspaper in DC〉 수2

203 **Wash·ing-ton U·ni·ver·si·ty** [워어쉥턴 유우니붜어시티]: WashU, 1853년에 St. Louis에 설립된 종합사립대학, 〈~ a private research univ.〉 수1

204 **wash-out** [워어쉬 아웉]: 유실(로 붕괴된 곳), 세척, 대실패, 〈~ disaster\failure〉, 〈↔feat\conquest〉 양2

205 **wash-room** [워어쉬 루움]: 세면소, 화장실, 세척장, 세수간, 〈~ bath-room〉, 〈↔bed-room\kitchen\dining room〉 양2

206 **wash-stand** [워어쉬 스탠드]: 세면대, 세숫대야를 올려놓는 작은 탁자, 〈↔toilet\bath-tub〉, 〈미국에서는 biffy 영국에서는 vanity unit라고도 함〉 양2

207 **WASP** [와슾]: White Anglo·Saxon Protestant, 〈미국의 지배계급을 형성해 왔던〉 앵글로·색슨계 백인 신교도 수2

208 **wasp** [와슾]: 〈← vespa〉, 〈라틴어→게르만어〉, 〈← weave〉, 장수말벌, 나나니벌, (개미 모양을 하고 나무를 씹어 종이를 만들며) 여왕벌과 일벌만 〈마취용〉 침을 가지고 있고 사람에 유익한 곤충, 성깔 있는 사람, 〈~ vespid〉, 〈↔affable\joyful〉, 〈hornet보다 작고 색깔이 짙음〉 미2 양2

209 ***was·sup** [와아썹]: 〈미국 속어〉, what's up?, 무슨 일이야? 양2

210 **waste** [웨이스트]: 〈← vastare← vastus(empty)〉, 〈라틴어〉, '텅 빈', 낭비하다, 헛되게 하다, 황폐하게 하다, 폐물, 쓰레기, 〈~ squander\grow weak\refuse〉, 〈↔conserve\thrive\economy\treasure〉 양2

211 **waste-bas·ket** [웨이스트 배스킽]: 휴지통, 쓰레기 바구니, 〈~ rubbish bin〉, 〈↔jewelry box〉 가1

212 **waste-bin** [웨이스트 빈]: 쓰레기통, 〈~ dumpster〉, 〈↔jewel case〉 가1

213 **waste-land** [웨이스트 랜드]: 쓸모없는 땅, 황무지, 미개척지, 〈~ bad-land\wilderness〉, 〈↔green-land\city〉 양1

214 ***waste one's breath** [웨이스트 원즈 브뤠쓰]: 말해봐야 소용없다, 말하면 입만 아프다, 〈~ speak in vain〉 양2

215 **wat** [와앝]: ⟨← vata(enclosure)⟩, ⟨산스크리트어⟩, 절, 불교사원, (울로 둘러막은) '작은 숲', ⟨~ temple¹⟩ 미2

216 **watch** [와취\워취]: ⟨← wacian⟩, ⟨게르만어⟩, ⟨← wake⟩, '자지 않고 있다', 지켜보다, 경계하다, ⟨개인이 보는⟩ 회중 (손목)시계, 파수꾼, (나이팅게일의) 떼, ⟨~ observe\stare⟩, ⟨~(↔)clock⟩, ⟨↔blink\ignore⟩ 양1

217 ***wat·cha** [와취]: ⟨미국 속어⟩, what are you·what have you·what do you의 ⟨친근한⟩ 약어 양2

218 **watch-dog** [워취 더그]: (집) 지키는 개, 경비원, 감시인, ⟨~ patrol\guardian⟩, ⟨↔master\offender⟩ 양2

219 **watch-out** [워 촤웉]: 조심하기, 경계, 주의, ⟨~ beware\guard⟩, ⟨↔disregard\face\take on⟩ 양2

220 **watch-tow·er** [워취 타우어]: 망루, 감시탑, ⟨~ observatory⟩ 양2

221 ***watch-word** [워취 워어드]: 암호, 표어, ⟨~ password⟩ 양2

222 **wa·ter** [워어터]: ⟨← wed(wet)⟩, ⟨게르만어⟩, 물, ⟨정말로 여러모로 사용하는⟩ 용수, ⟨생명의 원천⟩, 물을 주다, 물이 나오다, ⟨~ vodka\urine⟩, ⟨↔land\air\parch⟩ 가2

223 **wa·ter bed** [워어터 베드]: ①물이 많은 지층, ⟨~ water table⟩ ②(1980-1990년대 미국에서 유행했으나) ⟨관리하기가 어려워서 수그러진⟩ 물침대, ⟨~ floating mattress⟩, ⟨↔air bed⟩ 양1

224 **wa·ter bee·tle** [워어터 비이틀]: (물속에 사는) 물방개, 물두메기, 말선두리류, ⟨~ mellow bug\diving beetle⟩ 미2

225 **wa·ter bis-cuit(crack-er)** [워어터 비스킽(크랰커)]: ⟨배에 오래 두어도 상하지 않는⟩ 얇은 딱딱하고 바삭바삭한 양과자, ⟨~ only flour and water⟩ 우2

226 **wa·ter bo·a** [워어터 보어]: anaconda, (남미 열대지방의 강에 서식하며) 독은 없으나 쥐어짜서 먹이를 잡아먹는 커다란 물뱀 우1

227 **Wa·ter Board** [워어터 보어드]: 수도국, 용수 위원회, ⟨~ Water District⟩, water board; ①여자가 상대방의 얼굴에 사정하는 일⟨그 실현성은 편자가 책임질 수 없음⟩, ⟨~ ejaculation on the face⟩ ②(수상스키의) ⟨물⟩발판, ⟨~ wake-board⟩ 미2 양2

228 **wa·ter-board** [워어터 보어드]: water-board-ing, (눕힌 상태에서 얼굴에 물을 부어 자백하게 하는) 물고문, ⟨~ water torture; 고문 방법은 동서양이 비슷하네요⟩ 양2

229 **wa·ter-borne** [워어터 보언]: 물 위에 뜨는, 물로 전파되는, 수인성의, carried on by water, ⟨~ aquatic⟩, ⟨~(↔)air-borne⟩ 미2

230 **wa·ter-buck** [워어터 벜]: '물사슴', 아프리카의 습지에 사는 큰 영양, ⟨~ a large antelope⟩ 우2

231 **wa·ter-buf·fa·lo** [워어터 버훨로우]: 물소, (동남 아시아·인도의 습지에 서식하며) 야생종은 멸종 위기에 처해 있으나 재배종은 오늘도 힘들게 물 농사를 짓는 커다란 소, ⟨~ carabao⟩ 미2

232 **wa·ter chest·nut** [워어터 췌스넡]: water caltrop, 남방개, 남가새, 밤과 모양과 맛이 비슷한 뿌리혹을 가지고 온수에서 잘 자라는 마름 미1

233 **wa·ter clos·et** [워터 클라짙] \ **WC**: 수세식 변소(변기), ⟨아름다운 자기 나라말을 더럽히기 싫어서 프랑스인도 쓰는⟩ '뒷간', ⟨~ powder-room\wash-room⟩, ⟨↔bed-room\dining-room⟩ 미2

234 **wa·ter-col·or** [워어터 컬러]: 수채화(법), 그림물감, ⟨~ gouache¹\moist colors⟩, ⟨↔oil-color⟩ 양2

235 **wa·ter-cress** [워어터 크레스]: 물냉이, 양갓냉이, 둥글 납작한 잎과 부드럽고 즙이 많은 줄기를 가져 전채에 잘 쓰이는 십자화(crucifer)과의 다년초, berros, ⟨~ marsh cress⟩ 미2

236 **wa·ter deer** [워어터 디어]: ⟨물가에 서식하는⟩, '물사슴', (암·수 다 뿔이 없는) '작은 사슴', 노루(roe deer), 고라니(river deer), ⟨농작물에 해를 끼치는 짐승⟩, ⟨~ vampire deer⟩, ⟨↔musk deer⟩ 미2

237 **wa·ter-fall** [워어터 훠얼]: 폭포, (폭포처럼) 쇄도하는, 묶지 않고 길게 늘어뜨린 (여자) 머리, ⟨~ cascade\chute⟩, ⟨↔stream\lake⟩ 양2 미1

238 **wa·ter-fast** [워어터 홰스트]: 내수성의, (색깔이) 물에 의해 변하지 않는, ⟨~ water-tight\water-resistant⟩, ⟨~(↔)water-proof⟩, ⟨↔sun(air)-fast⟩ 양2

239 **wa·ter-flag** [워어터 훌래그]: yellow iris, 창포, 붓꽃, 가는 칼 같은 잎에 노란 나리꽃을 피우며 연못 등에 자라는 천남성과의 여러해살이풀, ⟨~ yellow-flag⟩ 미2

240 **wa·ter flea** [워어터 훌리]: '물벼룩', (주로 민물에서 서식하며) 내장이 훤히 보이는 투명한 막을 가지고 물속에서 깡충깡충 뛰는 아주 조그만 조개류(새우), ⟨~ Daphnia\a small planktonic crustacean⟩ 미2

241 **wa·ter fly** [워어터 훌라이]: pond skater, Jesus bug, water bug, water strider, 강도래, 물가는 날아다니고 물 위는 걸어 다니는 약 1,700여 종의 곤충 미1

242 **wa·ter foun·tain** [워어터 화운튼]: 분수식 식수대, 음료수 공급 기구, ⟨~ bubbler\drinking fountain⟩, ⟨↔pond⟩ 미1

243 **Wa·ter-gate** [워어터 게이트]: 워터 게이트, '수문', 미국 수도의 강가에 자리 잡은 6개의 사무실 단지, ⟨~ a DC hotel and office complex⟩ 수2

244 **Wa·ter-gate scan·dal**: 1972년 5명의 하수인이 동명의 사무실 건물에 있던 민주당 당사에 투입하여 도청 장치를 설치한 것을 빌미로 닉슨 대통령의 은폐 공작이 탄로되어 1974년 탄핵을 앞두고 사임으로 몰고 간 정치적 부정행위, ⟨~ illicit activities by Nixon's aids⟩ 수2

245 **wa·ter glass** [워어터 글래스]: 물컵, 수중안경, 물유리(규산 나트륨 용액), ⟨~ drinking glass\epoxy resin⟩, ⟨~(↔)wine-glass⟩ 양1

246 **wa·ter hen** [워어터 헨]: 쇠물닭, 흰배뜸부기, (동남아시아에 서식하는) 흰눈썹뜸부기, ⟨~ marsh hen\coot⟩, ⟨~ a rail⟩ 미2

247 **wa·ter-hole** [워어터 호울]: 물 웅덩이, 작은 샘, 얼음판의 구멍, ⟨트럭 운전사의⟩ 휴게소, ⟨~ well\borehole\oasis⟩ 양2

248 **wa·ter hy·a·cinth** [워어터 하이어신쓰]: 부레옥잠, 남미 열대지방 원산으로 아무거나 다 빨아들여 수질 오염을 청소하는 것으로 써먹기도 하나 번식력이 아주 강해(invasive) 수로를 막는 등 문제를 일으킬 수 있는 부유 수초로 옥비녀 같은 꽃봉오리에서 연보라색의 꽃을 피우는 '아름다운 악녀', ⟨~ water orchid⟩ 미2

249 **wa·ter jun·ket** [워어터 쥉킽]: ⟨돌진하는 성질이 있는⟩ (영국산) 물도요, ⟨a sand-piper⟩ 미2

250 **wa·ter lil·y** [워어터 릴리]: pond lily, 수련, 여러 색깔의 화려한 겹나리꽃을 피우며 더러운 오류에서 잘 자라는 여러해살이 수초, ⟨~ water nymph⟩ 미2

251 **Wa·ter-loo** [워어터루우]: ⟨네덜란드어⟩, '습지', 워털루, (1815년 나폴레옹 1세가 영국·프러시아 연합군에게 대패한) 벨기에 중부⟨central Belgium⟩에 있는 마을 수1

252 **wa·ter-mark** [워어터 마아크]: ①수위(물의 높이)표, ⟨~ tide mark⟩ ②(종이의) 투명 무늬, (문서나 사진의 불법 복제를 막기 위해 삽입하는) 비침 무늬, ⟨~ ID-pattern⟩ 양1 우2

253 **wa·ter-mel·on** [워어터 멜런]: 수박, (아프리카 원산으로 사료되며 열대·아열대 지방에서 재배되는) 수분이 많은 커다란 '딸기류'의 과일을 맺는 덩굴 식물, ⟨~ Nature's Candy\Sweet Juicy Gem⟩, ⟨~(↔)cucumber\honey-dew\Korean melon⟩ 미2

254 **wa·ter-mill** [워어터 밀]: 수차, 물(레) 방앗간, (수력) 제분소, ⟨~ water-wheel⟩, ⟨↔wind-mill⟩ 양1

255 **wa·ter moc·ca·sin** [워어터 마커신]: cotton mouth, 늪살무사, (미국 남부의 습지에서 서식하며) 흰 목화 같은 입에 버드렁니를 가진 맹독의 커다란 뱀, ⟨~ a venomous snake⟩ 미2

256 **wa·ter oak** [워어터 오욱]: 습지성 떡갈나무, (미국 남동부 저지대에 서식하며) 잎사귀의 끝에 물방울이 달려 있는 것 같은 북가시나무, ⟨~ possum oak\spotted oak⟩ 미2

257 ***wa·ter off a ducks back**: 전혀 효과가 없는, 마이동풍(격인), 우이독경, ⟨~ talking to a wall\in one ear and out the other⟩ 양2

258 **wa·ter ou·zel** [워어터 우즐]: 물까마귀, (북미 산악지방에서 서식하며) 잽싸게 시냇물의 물고기를 낚아채는 둥방울만 한 '검은 노래 지빠귀', '물총새', ⟨~ a dipper⟩, ⟨~ a semi-aquatic bird⟩ 미2

259 ***wa·ter o·ver the dam** [워어터 오우붜 더 댐]: 둑 위의 물, 지나간 물, 과거지사, 돌이킬 수 없는 일, ⟨~ water under the bridge⟩, ⟨~ dead\ancient\by-gone⟩, ⟨↔alive\new⟩ 양2

260 **wa·ter pep·per** [워어터 페퍼]: 버들여뀌, (전 세계의 습지에 서식하며 톡 쏘는 맛의 향신료로도 쓰이는) 곧 바른 가지에 피침형의 잎을 가진 마디풀⟨knot-weed⟩과의 한해살이풀, ⟨~ smart weed\marsh-pepper\arse smart⟩ 미2

261 **wa·ter po·lo** [워어터 포울로우]: 수구, 7명의 선수로 된 2조가 상대방의 골에 공을 던져 넣어 득점하는 '수상 농구', ⟨~ pool-ball\wopo⟩ 양2

262 **wa·ter-proof** [워어터 프루우프]: 물이 새지 않는, 방수의, ⟨~(↔)water-fast⟩, ⟨↔leaky⟩, ⟨↔air-proof\fire-proof⟩ 양2

263 **wa·ter rail** [워어터 뤠일]: (유럽) 흰눈썹뜸부기, (구대륙 온대지방의 습지에서 서식하며) 갈대숲에 알을 까고 잘 날지 못하는 잡식성의 조그만 새, ⟨~ water hen⟩, ⟨~(↔)land rail⟩ 미2

264 **wa·ter rat** [워어터 뢭]: musk·rat, rakali, water vole, 물쥐, (오스트레일리아·뉴기니아 지역에 서식하며) 물가에 땅굴을 파고 사는 뒤쥐, 해안가의 부랑자(waterfront vagrant), 수상 운동 애호가(water-sports mania) 미2

265 **wa·ter sap·phire** [워어터 쌔화이어]: 근청색, (녹색을 띠어 보석으로서의 가치가 떨어지는) '물 청옥', '물 수정', 〈~ iolite〉 미2

266 **wa·ter scor·pi·on** [워어터 스콜피언]: 장구애비, (깨물기는 하나 꼬리로 찌르는 재주는 없는) 전갈 비슷한 수중 곤충, '물 전갈', 〈needle bug이라고도 하나 이것의 긴 꼬리는 호흡 기관이므로 잘못된 명칭임〉, 〈~ a water stick insect〉 미2

267 **wa·ter-shed** [워어터 쉐드]: wasser(water)+scheiden(to divide), 〈게르만어〉, 분수령, 분기점, 중대한 시기, 〈~ a divide\turning point〉, 〈↔straight line\anticlimactic\insignificant〉 양2

268 **wa·ter-ski** [워어터 스키이]: 수상스키, (끈을 잡고 배에 끌려가며 지치는) 수상 활주, 〈~ aqua-plane\Jet Ski〉, 〈↔snow-ski〉 미1

269 **wa·ter snake** [워어터 스네이크]: 물뱀, 물에 사는 무독의 중형 뱀, 〈~ streaked(striped) snake〉 미2

270 **wa·ter-spout** [워어터 스파웉]: '물 주둥이', 배수구, 〈물을 내뿜는〉 억수 같은 비, (땅 위의 회오리바람에 상당하는) 물기둥, 용 오름, 〈~ column of water〉, 〈↔drizzle〉, 〈↔whirl-wind〉 양2

271 **wa·ter strid-er** [워어터 스트롸이더]: water fly, water skipper, (염분이 많은 개천에도 서식하며) 긴 발끝에 털이 있어서 물 위를 활보할 수 있는 소금쟁이과의 곤충, pond skater, Jesus bug 우2

272 **wa·ter tur·key** [워어터 터어키]: anhinga, darter, wry neck, snake·bird, 뱀가마우지, (미 대륙 더운 지방에서 서식하며) 긴 목을 물 위에 내놓고 뱀같이 수영하여 날쌔게 돌진하는 '흉측한 물새' 미2

273 **wa·ter un·der the bridge** [워어터 언더 더 브뤼쥐]: 교량 아래 물, 물 건너간 일, 지나간 일, 어쩔 수 없는 일, 과거지사, 〈~ water over the dam〉, 〈↔present\future〉 양2

274 **wa·ter vole** [워어터 보울]: water rat, 물밭쥐, 물가에 서식하는 두더지 비슷한 설치류 미2

275 **wa·ter wa·gon** [워어터 왜건]: 급수차, 살수차, 〈~ water carrier\water truck〉 양2

276 **wa·ter-way** [워어터 웨이]: 수로, 항로, 운하, (갑판의) 배수구, 〈~ aqueduct\canal\conduit〉 양2

277 **wa·ter witch** [워어터 위취]: 물속에 사는 마녀, 점 지팡이로 지하 수맥을 찾는 사람, 논병아리(잠수를 잘하는 비둘기만 한 물새), 〈~ water-finder\dab-chick〉 우2

278 **wat·son·i·a** [와트쏘우니어]: 〈영국 식물학자의 이름(Watson)을 딴〉 와트소니아, (남부 아프리카 원산의) 다양한 색깔·다양한 형태의 층층꽃이 피는 붓꽃과의 각종 식물, 〈~ bugle lily〉 수2

279 **Watt** [왙], James: 〈← Walter(맹주)〉, 와트, (1736-1819), 높은 효율성을 가진 증기기관을 발명하여 부자가 된 스코틀랜드 출신의 기술자·사업가, 〈~ a Scottish inventor and mechanical engineer〉 수1

280 **watt** [왙]: 와트, w, (James Watt의 이름을 딴) 전력의 단위, 1볼트의 전압을 1암페어의 전류로 전달할 때 소모되는 전력, 〈~ unit of electric power〉, 〈~(↔)joule\horse power〉, 〈↔lumen¹〉 수2

281 **wat·tle¹** [와틀]: 〈← watel(a hurdle)〉, 〈영국어〉, 윗가지, 얇은 나무를 격자로 엮은 울타리, (노란 뭉치꽃을 피우는 오스트레일리아산) 긴잎아카시아, 〈~ hurdle〉, 〈~ an acacia〉 미1

282 **wat·tle²** [와틀]: 〈어원 불명의 영국어〉 ①육수(닭·칠면조 등의 아랫볏), 촉수(물고기의 수염), 늘어진 살, 〈~ lappet〉 ②(뉴질랜드산) 아래턱에 선명한 볏을 가진 찌르레기, (호주산) 귓가에 육수가 있는 꿀빨이새〈honey-eater〉 우2

283 **wave** [웨이브]: 〈← wafian(fluctuate)〉, 〈게르만어〉, 물결, 파도, 파동, 요동, 고저, (주)파, 흔들기, 〈~ wabble〉, 〈~ tide\ripple\swing〉, 〈↔flat\still〉, 〈↔decline\rise〉 가1

284 **wave a·way** [웨이브 어웨이]: 손을 흔들어 쫓아버리다, 떨쳐버리다, 〈~ dismiss\reject〉, 〈↔attend\pay attention〉 양2

285 **wa·ver¹** [웨이붜]: 〈← weafre(wandering)〉, 〈게르만어〉, 흔들리다, 나부끼다, 동요하다, 떨리다, 〈~ quiver\fluctuate〉, 〈~steady\determine〉 양1

286 **wav-er²** [웨이붜]: 〈← wave〉, 흔드는 사람(물건), 미용사, 〈~ a person (or thing) that waves〉 양2

287 **wax¹** [왝스]: 〈← wachs(bee secretion)〉, 〈게르만어〉, 왁스, 밀랍, (밀)초, 귀지, 다루기 쉬운 사람(물건), 윤내는 약, 〈~ kerosene\grease〉 미2

288 **wax²** [왝스]: 〈← weaxan(grow)〉, 〈게르만어〉, 커지다, 길어지다, 번영하다, 분통을 터뜨리다, 노발대발하다, 〈~ waist〉, 〈~ increase\explode〉, 〈↔wane〉 양2

289 **wax and wane** [왝선 웨인]: 찼다 이울었다 하다, 커졌다 작아졌다 하다, 흥망성쇠, 〈달도 차면 기우나니〉, 〈'있을 때 잘해'〉, 〈~ up and down〉, 〈↔steady〉 양2

290 **wax bean** [왝스 비인]: '밀랍 강낭콩', 먹기 좋을 때 꼬투리가 〈밀랍같이〉 노랗게 변하는 강낭콩, 〈~ butter bean〉 우2

291 **wax·ber·ry** [왝스 베뤼]: '밀랍 딸기', 얇은 밀랍으로 덮인 핵과를 가진 산딸기, 소귀나무, ⇒ snow·berry 우2

292 **wax-bill** [왝스 빌]: '봉랍 주둥이 새', 단풍새, 〈예전에 물건을 붙이는 데 썼던 아교의〉 붉은색을 한 부리를 가진 조그만 참새류, 〈~ a weaver-bird〉 우2

293 **wax chan·dler** [왝스 챈들러]: 양초 제조인, 양초 판매상, 〈~ candle maker(seller)〉 양2

294 **wax-ing** [왝싱]: (밀랍으로) ①차 윤내기, 〈~ car polish〉 ②음모 제거하기(방법에 따라 French·Brazilian·Hollywood 형 등이 있음), 〈~ removal of pubic hair; public hair라고 오타가 나와서 'pubic hair of porno actress'란 신조어를 만들까 하다가 너무 저질인 것 같아서 그만 두었음〉 미1

295 **wax-ing cres·cent** [왝싱 크뤠슨트]: 초승달, young moon 양2

296 **wax myr·tle** [왝스 머어틀]: '밀랍 도금양', 소귀나무, (열매껍질을 싼 밀랍으로 양초를 만들던) 매화류의 상록활엽관목, ⇒ candle·berry 미2

297 **wax palm** [왝스 파암]: 밀랍 야자, (남미 고원 원산으로 멸종 위기에 처한) 가지와 잎에서 밀초를 채취하던 기다란 야자수, 〈~ Brazilian palm〉 우2

298 **wax tree** [왝스 트뤼이]: 거먕옻나무, 쥐똥나무, (도료나 밀초를 채취하던) 물푸레나뭇과의 낙엽활엽관목, 〈~ privet\wax myrtle〉 미2

299 **wax-wing** [왝스 윙]: 여새 〈← 연새← 연작〉, (뾰족한 날개깃이 '붉은 아교 색'을 한) 참새보다 좀 큰 이동성 연작류, 〈~ a passerine〉 미2

300 **wax-y** [왝시]: 납(빛) 같은, 창백한, 〈~ glass-y\greasy〉, 〈↔colorful〉 양1

301 **way** [웨이]: 〈← weg(move)〉, 〈게르만어〉, (갓)길, 도로, 방향, 수단, 습관, 사항, 상태, 저쪽으로, 〈~ via〉, 〈→away〉, 〈~ road\method〉, 〈↔block\by-pass\deviance\idleness〉 양1

302 **~way** [~웨이]: 〈게르만어에서 연유한 영국어〉, 〈~방향(direction)·방법(method)·정도(degree)〉를 뜻하는 결합사 양1

303 **way back** [웨이 백]: 오래전에, 오랫동안, 〈~ ages ago\by-gone〉, 〈↔present\future〉, 〈↔on time\later〉 양2

304 ***Way-back Ma·chine** [웨이 백 머쉬인]: 웨이 백 머쉰, 웹기록 보관소, 〈세계전산망 자료를 영구 보존하기 위해〉 2001년 미국(America)에서 설립된 비영리 단체, 〈~ a digital archive of the WWW〉 우1

305 **Way-fair** [웨이 훼어]: '공정거래', 2002년 미국의 보스턴(Boston)에 세워져서 전 세계의 1만 천개 이상의 공급자로 부터 1천 4백만 여종의 재고·중고 가구·가전제품을 받아 파는 전산망 소매상, 〈~ an American e-commerce co.〉 수2

306 **way-far·er** [웨이 훼어뤄]: (도보) 여행가, 나그네, 단기 숙박자, 〈~ journeyer\drifter〉, 〈↔resident\dweller〉 양2

307 **way-far·ing** [웨이 훼어륑]: '떠돌이', (도보) 여행, 길가에 흔한, 〈~ foot travel\road-side〉, 〈↔un-moving\settled〉 양2

308 **way-lay** [웨이 레이]: 길가에 숨어서 기다리다, 잠복하다, (기다리다) 급습하다, 〈~ ambush\pounce〉, 〈↔show\free〉 양1

309 **Wayne** [웨인], An·tho·ny: 〈영국어〉, 〈wagon 제작자〉, 'Mad Anthony', (1745-96), 독립전쟁 때 종횡무진으로 싸우며 용맹을 떨쳤던 미국의 장군, 〈~ a Founding Father of US〉 수1

310 **Wayne** [웨인], John: Marion Michael Morrison, (1907-1979), 1930~40년대 미국의 남성상을 나타냈던 영화배우, 〈~ an American actor〉 수1

311 **way off** [웨이 어어후]: 한참 떨어진, 완전히 틀린, 〈~ far-away\delusive〉, 〈↔accurate\correct〉 양2

312 ***way-out** [웨이 아웉]: 첨단을 걷는, 특이한, 새로운, 〈~ very un-usual〉, 〈↔normal\ordinary〉 양2

313 **way out** [웨이 아웉]: 탈출구, 해결책, 〈~ exit\solution〉, 〈↔entrance\in-let〉 양2

314 **way-point** [웨이 포인트]: ((보통 5 알파벳으로) 비행경로를 나타내는) 지리적 위치, 중간 지점, 간이역, way station, 〈~ land-mark〉, 〈↔no place〉 양1

315 **ways** [웨이즈]: (장)거리, (먼) 길, 수단(들), 〈~ distance\means〉, 〈↔near-by\no-ways〉 양2

316 **Ways and Means Com·mit·tee**: (미 하원의) '수단과 방법' 위원회, 세입 위원회, 1795년에 창설되어 미국내의 각종 세금을 징수하거나 후생사업의 재원을 확보하는 법률을 심의하는 막강한 단체, ⟨~ the chief tax-writing committe⟩ 미2

317 **way-side** [웨이 싸이드]: 길가, 노변, ⟨~ road-side⟩, ⟨↔center\middle⟩ 가1

318 **way-ward** [웨이 워어드]: 말을 안 듣는, 제 마음대로의, '정도에서 벗어난', ⟨~ aberrant\disobedient⟩, ⟨↔compliant\ordinary⟩ 양2

319 **waz·oo** [워쥬우]: ①⟨어원 불명의 미국어⟩, 엉덩이, 볼기, ⟨~ buttocks\ass⟩ ②⟨의성어⟩, toy trumpet ⇒ kazoo 우1

320 **WBC**: ⇒ white blood cell, ⟨~(↔)RBC⟩ 양2

321 **WC**: ⇒ water closet 미2

322 **we** [위이]: ⟨← vaym⟩, ⟨산스크리트어→게르만어⟩, I and other(s), '나들', ⟨me를 버릴 때 생겨나는⟩ 우리(들), 우리가 (는), ⟨나는⟩, ⟨너는⟩, ⟨↔they⟩ 가2

323 **weak** [위이크]: ⟨← wac(lacking)⟩, ⟨게르만어⟩, 약한, 불충분한, 희박한, 자신 없는, 저조한, ⟨~ power-less\feeble⟩, ⟨↔strong\potent⟩ 가1

324 *****weak at the knee**: 무릎에 힘이 없는, 금방 주저 앉을 것 같은, 허탈한, 얼빠진, ⟨~ wimpy\meek⟩, ⟨↔steady\clear⟩ 양2

325 **weak cur·ren·cy** [위이크 커어륀시]: 약화, 약세인 통화, ⟨불황으로⟩ 다른 통화에 비해 가치가 떨어진 통화, ⟨~ devalued (or soft) currency⟩, ⟨↔strong currency⟩ 양2

326 **weak-fish** [위이크 휘쉬]: squeteague, (미주 대서양 연안에 서식하며) ⟨낚시에 입이 쉽게 찢어지는⟩ 민어과의 식용어, ⟨~ yellow-mouth trout⟩ 우1

327 **weak sauce** [위이크 써어스]: 유약한 것(사람), 별 볼 일 없는 것(사람), ⟨~ inferior\worth-less⟩, ⟨↔awesome-sause\top-notch⟩ 양2

328 **weak verb** [위이크 붜어브]: 약(변화)동사, ⟨~ed 같은⟩ 어미를 붙여 과거를 만드는 동사, ⟨~ regular (or normal) verb⟩, ⟨↔strong verb⟩ 미2

329 **wealth** [웰쓰]: ⟨← weal⟩, ⟨게르만어⟩, ⟨← well⟩, '행복', (풍)부, 재산, 다량, ⟨~ abundance\affluence⟩, ⟨↔poverty\privation⟩ 양2

330 *****wealth ef·fect** [웰쓰 이훼트]: ⟨부가 축적되면 소비성향이 높아진다는⟩ 부의 (기대소비) 효과, ⟨~ real-balance effect⟩, ⟨↔inverse wealth effect⟩ 미2

331 *****wealth test** [웰쓰 테스트]: (이민자가 미국의 영주권·시민권을 신청할 때) ⟨경제적으로 정부에 의존하는 것을 배제하기 위해 따지는⟩ 총체적 재력조사, ⟨~ wealth level⟩ 미2

332 **wean** [위인]: ⟨← wanjan(habituate)⟩, ⟨게르만어⟩, 젖을 떼다, 단념시키다, ⟨~ commutation\break off⟩, ⟨↔accustom\reconcile⟩ 양1

333 **weap·on** [웨펀]: ⟨← weipna(a fighting instrument)⟩, ⟨어원을 알 수 없는 게르만어⟩, 무기, 흉기, 공격수단, 자기, ⟨~ arms\war-tool⟩, ⟨↔disarmament\shield⟩ 가1

334 **wear** [웨어]: ⟨← werian(to clothe)⟩, ⟨게르만어⟩, 몸에 걸치고 있다, 써서 낡게 하다, 지치게 하다, 견디다, 의류, ⟨~ trite⟩, ⟨~ dress in\rub away⟩, ⟨↔undress\remove⟩ 양1

335 *****we are all cre·a·ture of hab·its**: 고기도 먹어본 놈이 잘 먹는다, ⟨~ old habits die hard⟩ 양2

336 *****wear (one's) heart on (one's) sleeve**: ⟨Shakespeare가 「Oehello」에서 사용한 말⟩, 숨기지 않다, 솔직하게 말하다, ⟨~ frank\candid⟩, ⟨↔be aloof\poker face⟩ 양2

337 **wea·ri·some** [위어뤼썸]: ⟨← wear⟩, 피곤하게 하는, 지루한, ⟨~ tedious\boring⟩, ⟨↔refreshing\interesting⟩ 양2

338 *****wear the pants** [웨어 더 팬츠]: ⟨옛날 고려적에 남자는 바지 입고 일하러 가고 여자는 치마 입고 집에 있을 때 여자가 바지 입고⟩ 모든 것을 꾸려가다, 주도권을 쥐다, 내주장하다, ⟨~ run the show\call the tune⟩ 양2

339 **wea·ry** [위어뤼]: ⟨← wear⟩, 지친, 싫증이 난, 침울한, ⟨→weari-some⟩, ⟨~ tired out\worn out⟩, ⟨↔refreshing\interesting\enjoyable⟩ 양2

340 **wea·sel** [위이즐]: ⟨← wisand← bison(stinking animal)⟩, ⟨게르만어⟩, 족제비, (전 세계에 서식하며) 날씬한 몸통에 짧은 다리를 가지고 잽싸게 먹이를 낚아채는 조그만 포유동물, 교활한 사람, ⟨~(↔)ferret\mink\ermine⟩, ⟨~ creep\rogue⟩ 양2

341 **wea·sel cof·fee** [위이즐 커어휘]: civet coffee, kopi luwak, 족제비똥커피, (베트남에서 개발된) 사향고양이가 먹고 배설한 커피 씨로 만든 〈더럽게〉 비싼 커피 미2

342 **weath·er** [웨더]: 〈← we(to blow)〉, 〈어원이 잡다한 게르만어〉, 날씨, 기후, 변천, 비바람, 〈~ wind\wither\wizen\winter〉, 〈~ meteorological (or atmospheric) condition〉, 〈climate보다 좁은 의미〉 가1

343 **weath·er-board** [웨더 보어드]: 비 막이 판자, 미늘〈거스러미〉판, 〈~ bevel siding\lap siding〉 양1

344 **weath·er-bound** [웨더 바운드]: 비바람에 갇힌, 악천후로 출항 못 하는, 〈~ confined\weather-constrained〉 양1

345 **weath·er box(house)** [웨더 밖스(하우스)]: 일기 상자(집), 〈온·습도의 변화에 따라 색깔·모형이 변하는〉 '장난감' 청우계, 〈~ anenometer\thermometer\hygrometer〉 양2

346 **weath·er (fore-)cast** [웨더 (훠어) 캐스트]: 일기예보, 〈~ weather prediction (or report)〉 가1

347 **weath·er-cock(vane)** [웨더 칵(붸인)]: wind vane, 바람개비, 〈멋으로 수탉 모형을 올려놓은〉 풍향계, 변덕쟁이, 〈~ anemometer〉 양2

348 **weath·er ser·vice(bu·reau)** [웨더 써어뷔스(뷰어로우)]: 기상당, National WS(미 국립 기상국)-1970년에 개칭된 상무부〈Dept. of Commerce〉 산하 일기관측·예보소, 〈한국의 청문회에서는 일제하의 한국인 국적이 어디냐 보다는 기상청이 환경부와 상무부 중 어디에 속해야 나라 발전에 이로우냐를 따져야 하는 것 아닙니까?〉 양2 미1

349 **weath·er sta·tion** [웨더 스테이션]: 측후소, 기상관측소, 〈~ weather bureau〉 양2

350 **weath·er strip** [웨더 스트륍]: (비바람) 틈 마개, 문풍지, 〈~ window-seal〉 양1

351 *****weath·er the storm** [웨더 더 스토어엄]: 폭풍우를 견뎌내다, 난관을 돌파하다, 고비를 넘기다, 〈~ endure\survive〉, 〈↔fail\throw in the towel〉 양1

352 **weave** [위이브]: 〈← weban(to braid)〉, 〈게르만어〉, 짜다, 뜨다, 꾸미다, 비틀비틀하다, '누비듯이 나아가다', 〈→ wasp〉, 〈~ waffle\web\wire\wobble〉, 〈~ entwine\fabricate\thread〉, 〈↔detach\untangle\steady\buldoze〉 양1

353 **weav·er** [위이붜]: ①방직공, (베) 짜는 사람, 〈~ textile worker〉 ②'직조 새', 멋쟁이새, (검불과 삭정이로) 집을 조립하는 275여 종의 산까치류, 〈~ weaver finch\wax-bill〉 양1 미2

354 **weav·er bee·tle** [위이붜 비이틀]: (유라시아의 북반구에 서식하며) 긴 촉수를 가지고 비틀비틀 걸어가는 딱정벌레, 〈weevil은 훨씬 작고 촉수대신 주둥이가 김〉 우1

355 **web¹** [웹]: 〈← wabjam(fablic)〉, 〈게르만어〉, 피륙, 직물, 거미집, 뒤얽혀 있는 것, ~망, 망상조직, 물갈퀴, 〈→ waffle¹〉, 〈~ weave\mesh\net〉, 〈↔open\disentanglement\split\solid〉 양1

356 *****web²** [웹]: ⇒ world wide web, www 미1

357 *****web ad-dress** [웹 어드뤠스]: 전산망 주소, 세계전산망에 등록된 일련의 문자로 나열된 고유의 정보 자료원, 〈~ uniform resource locator〉 미2

358 *****web brows-er** [웹 브롸우져]: 전산망 탐색기, 세계전산망에 떠 있는 정보를 검색할 수 있게 꾸며진 연성기기, 〈~ web directory (or crawler)\display program\search engine〉 미1

359 *****web-cam** [웹 캠]: '전산망 사진기', 전산망으로 방송되는 영상을 찍기 위해 만들어진 특수 카메라, internet camera ⇒ net cam 미1

360 *****web-cast** [웹 캐스트]: 전산망 방송, 세계전산망에 올리기, 〈~ net-cast\pod-cast〉 미1

361 *****Web.com** [웹 캄]: 1999년에 설립된 미국의 전산망 기지 등록 및 개발업체, 〈~ an American computer services co.〉 수1

362 **We·ber** [웨버], Max: 웨버, 베버, (1864-1920, (종교에 따른) 자본주의 정신을 연구하고 '천민자본주의'란 말을 만들었으며 'charisma'의 의미를 바꾼 독일의 사회·역사학자, 〈~ a German sociologist and historian〉 수1

363 **we·ber** [웨버]: 'weaver(방직공)', (독일 물리학자의 이름을 딴) 자기 속도의 단위, 10^8 maxwells, 〈~ unit of magnetic flux〉 수2

364 *****web-i·nar** [웨비나아]: 웨비나, web+seminar, 전산망을 통한 각종 연구집회, 전산망 토론회 미2

365 *****web-lish** [웹 리쉬]: 전산망 영어, (대문자를 쓰지 않으며 약어가 많은) '신세대 영어', 〈~ net-work English〉 미1

366 *web-log [웹 러어그]: blog, '전산망 일지', 특정 주제에 대해 시간순으로 글을 올리고 새로운 정보를 추가하는 전산망 기지, 〈~ vlog\vod-cast\pod-cast〉 우2

367 *web-mas·ter [웹 매스터]: 전산망 (총괄) 관리자, 〈~ web administrator〉 미2

368 *web pa·ge [웹 페이쥐]: 전산망 문서, 세계전산망을 통해 화면에 나타난 개별적 문안, 〈web-site 중 하나의 문건〉, 〈~ home page〉, 〈↔web-ring〉 미1

369 *web ring [웹 륑]: 전산망 연결고리, 공통의 주제나 목적을 위한 전산망 문서의 모음(집), 〈~ collection of websites that are linked together in circular structure〉, 〈↔web-page〉 미1

370 *web-room–ing [웹 루우밍]: '전산망 순례', 상품 정보는 전산망 기지를 통해 얻고 구매는 상점에 가서 하는 것, 〈~ research on-line, purchase in store〉, 〈↔showrooming〉 우2

371 *web search en-gine [웹 써어취 엔쥔]: 전산망 탐색 '기관차', 세계전산망에 올려진 정보를 찾아내게 고안된 연성기기, ⇒ web browser 우2

372 *web serv-er [웹 써어붜]: 전산망 '도우미', 세계전산망을 사용할 수 있게 만들어주는 연성기기, 〈~ internet server\the host〉 우2

373 *web-site [웹 싸이트]: (정보를 교환할 수 있는) 전산망 '기지', 전산망 문서들의 집합체, 특정 전산망 목록을 모은 자료철, 〈한국에서는 home-page와 혼동해서 쓰는 경향이 있음〉, 〈~ internet-site〉 우2

374 Web-ster [웹스터], Dan·iel: 〈영국어〉, 'weaver'(방직공), (1782-1852), 강력한 연방 정부를 주창했으며 〈대통령병을 앓았던〉 미국의 변호사 출신 웅변가·정치가, 〈~ an American lawyer and statesman〉 수1

375 Web-ster [웹스터], Noah: (1758-1843), 명문가에 태어나서 일찌감치 변호사를 때려치우고 선생·기자 생활을 하다 45세부터 집을 담보로 잡혀가면서까지 '미국판' 영어사전 편찬에 전념했으나 사후에 판권이 Merriam사로 넘어간 저술가, 〈~ an American lexico-grapher〉 수1

376 Web-ster Hall [웹스터 허얼]: 〈LGBTQ에 공헌한 Emily Webster의 이름을 딴〉 임대회관, 1886년에 맨하탄에서 개관한 미국 최초의 나이트 클럽으로 2년간의 수리 후 2019년 4월에 음악회와 스포츠 위락을 위주로 재개관한 공연장, 〈~ a night-club and concert venue in the East Village of Manhattan〉 수2

377 *web-toon [웹 투운]: web cartoon, 전산망 만화, 〈web·comic의 Japlish〉 미2

378 *web traf·fic [웹 트뢔휙]: 전산망 교통량, 특정 전산망 기지의 방문자 수, 특정 전산망 기지를 통해 주고받은 자료량, 〈~ e-business\site-visit〉 우2

379 web-worm [웹 워엄]: 벌집 나방, (송충이 등) 가지나 잎에 거미집처럼 집을 짓는 나방·나비의 애벌레, 〈~ bag-worm〉, 〈~ a moth〉 미1

380 *web-zine [웹 지인]: web+magazine, (세계전산망의) 전자 잡지 미1

381 *We-Chat [위이 챝]: wei-xin, micro-message, 〈중국어+영어〉, '조그만 소식', 2011년 Ten Cent가 출시해서 10억 명의 가입자를 둔 중국의 〈세계적〉 사회 전산망, 〈~ 'China's app for everything'〉 수2

382 wed [웨드]: 〈← weddian(to pledge)〉, 〈게르만어〉, '거시기를' '저당 잡히다', 결혼하다(시키다), 맺어지다, 집착하다, 〈~ wage〉, 〈~ marry\amalgamate〉, 〈↔divorce\separate〉 양2

383 wed-ding band [웨딩 밴드]: wedding ring, 결혼 차꼬(족쇄), 결혼반지 양2

384 wedge [웨쥐]: 〈← wagiaz(cram)〉, 〈어원 불명의 게르만어〉, 쐐기, V자형, 사이를 떼는 것, 끼어들다, 밀어 넣다, 쳐올리기용의 쇠 골프채, 〈~ chock\jam〉, 〈↔unfasten\dislodge〉 양1 우1

385 wed-lock [웨드 락]: 혼인, 결혼생활, '결혼이란 자물쇠', 〈~ holy union\conjugal bond〉 양2

386 Wednes-day [웬즈 데이]: Woden (Tueton족의 우두머리 신)의 날, 수요일(로마 신들의 사자 Mercury의 날) 가1

387 wee [위이]: ①〈← wego(scales)〉, 〈게르만어〉, 작은, 연소한, 몹시 이른, 〈~ (minute) weight〉, 〈~ midget\runt〉, 〈↔big\major〉 ②〈의성어〉, 〈영국어〉, 오줌, 소변, 쉬-, 〈~ pee\urinate〉 양2

388 weea·boo [위이부우]: 〈미국 만화가가 주조한 무의미어〉, 'wapanese', 'white Japanese', 일본 문화에 매료된 〈쓸개 빠진〉 백인, weeb 가1

389 weed [위이드]: 〈← weud(unwanted grass)〉, 〈어원 불명의 게르만어〉, 잡초, (인간에게 버림받은) '서러운 풀', 엽궐련, 마리화나〈1920년도에 등장한 속어〉, 〈~ herb\pot〉, 〈↔cultivated plant〉 가1 양2

390 wee hours [위이 아우어스]: (0시에서 3시까지의) 꼭두새벽, very early morning, 〈~ small hours〉 양2

391 **week** [위크]: ⟨← wecha(turning)⟩, ⟨게르만어⟩, (일요일에 시작해서 토요일에 끝나는) 주, 7일간, 1주간, ⟨~ seven days⟩, ⟨~(↔)day\month⟩ 가2

392 **week-day** [위크 데이]: (일요일·토요일을 제외한) 평일, ⟨~ work (or business) day⟩, ⟨↔week-end⟩ 가1

393 **week-end** [위크 엔드]: (금요일 오후부터 월요일 아침까지의) 주말, ⟨~ rest-day\break⟩, ⟨↔week-day⟩ 가1

394 **wee·nie** \ **wee·ny** [위이니]: ⟨← Wiener⟩, ⟨독일어⟩, ⟨자지같이 생긴⟩ 프랑크푸르트(frankfurter) 소시지, 비엔나(wiener)소시지, 아주 작은, 보잘것없는, '연장(penis)', 멍청이, 장애물 미3

395 **weep** [위프]: ⟨← wopian(cry aloud)⟩, ⟨게르만어⟩, ⟨의태어?⟩, 눈물을 흘리다, 울다, (물방울 등이) 스며 나오게 하다, 늘어지다, ⟨~ sob\lament⟩, ⟨↔laugh\rejoice⟩ 양2

396 *****weep and you weap a-lone**: ⟨1883년 미국 시인이 등장시킨 말⟩, 슬픔은 나눌 수 없다, 찡그린 얼굴은 사람들을 쫓는다, ⟨~ laugh and the world laughs with you⟩ 양2

397 **weep-er¹** [위퍼]: 우는 사람, 곡꾼, 상장, 눈물을 짜내는 연애물, ⟨~ griever\tragedy⟩, ⟨↔comedy⟩ 양1

398 **weep-er²** [위퍼]: capuchin의 일종, (남미 북동부에 서식하며) ⟨교접을 위해 새끼를 죽이는 것이 슬퍼 우는⟩ 쐐기 모양의 꼬리를 가진 꼬리감기원숭이, ⟨~ wedge-capped capuchin⟩ 우2

399 **weep-ing cher·ry** [위이핑 췌리]: 수양벚나무, (일본에서 오랫동안 길렀던) 꽃차례가 물방울이 땅에 떨어지는 형상으로 자라는 벚나무, ⟨~ spring cherry\rose-bud cherry⟩ 미2

400 **weep-ing pa·per-bark** [위이핑 페이퍼 바아크]: '늘어진 종이껍질나무', 두꺼운 종이 같은 나무껍질과 늘어진 나무가지를 가지고 열대지방 습지에서 잘 자라는 소귀나무, ⟨~ long-leaved or white paper-bark⟩, ⟨~ a myrtle⟩ 우2

401 **weep-ing wil·low** [위이핑 윌로우]: 수양버들, 능수버들, 처진 버드나무, ⟨마른 땅에서 자라는 tamarisk도 늘어지기는 하나 족보가 다른 나무임⟩, ⟨~ white willow\osier⟩ 미2

402 **wee·ver** [위이붜]: ⟨← guivre(a serpent)⟩, ⟨프랑스어⟩, ⟨'viper' fish로 잘못 불리는⟩ (바닷가의 모래땅에 서식하며) 독침이 있는 눈동미리류의 ⟨길쭉한⟩ 작은 식용 물고기, ⟨~ spider fish\sand perch⟩ 우2

403 **wee·vil** [위이뷜]: ⟨← webila(beetle)⟩, ⟨게르만어⟩, 바구미, (작물의 해충으로) '잽싸게 움직이는 작은 딱정벌레', ⟨weaver-beetle은 훨씬 크고 주둥이 대신 촉수가 김⟩, ⇒ snout beetle 미2

404 **weigh** [웨이]: ⟨← wegan(to carry)⟩, ⟨게르만어⟩, '차로 나르다', 무게를 달다(measure the weight), 저울질하다, 검토하다, 압박하다, ⟨~ deliberate\contemplate⟩, ⟨↔ignore\slight⟩ 양1

405 *****weigh-in** [웨이 인]: (시합 전의) 체중 검사, (휴대품의) 무게, ⟨~ get in⟩, ⟨~(↔)weigh-out⟩ 양2

406 *****weigh-out** [웨이 아웉]: 달아서 덜어내다, (시합 전의) 체중 검사, ⟨~ get out⟩, ⟨~(↔)weigh-in⟩ 양2

407 **weight** [웨잍]: ⟨← gewiht⟩, ⟨게르만어⟩, ⟨← weigh⟩, 무게, 중량, 압박, 부담, 중요성, ⟨~ heaviness\pressure\influence⟩, ⟨↔slightness\volume⟩ 양1

408 **weight lift·ing** [웨잍 리후팅]: 역도, ((추어 올리는) 용상·(끌어 올리는) 인상을 이용해서) 역기를 머리 위로 들어 올리는 경기, ⟨~ strength training\iron-pumping⟩ 양2

409 **Weight Watch-ers** [웨잍 워쳐스], In·ter·na·tion·al: 웨이트 워쳐스, (국제) 체중 관리 회사, 1963년 뉴욕의 한 뚱보 주부가 창립해서 1억 불 규모로 성장한 ⟨평균 26%의 체중 감소를 성취한⟩ 국제적 체중 감량 회사, ⟨~ a global comprehensive diet program⟩ 우2

410 **Wei-mar** [봐이마알 \ 와이마알]: wih+mari, ⟨독일어⟩, 'holy lake', 바이마르, 독일 중동부의 유서 깊은 문화 도시⟨~ an east-central German city⟩, 1차대전 후 나치 정권이 세워지기까지의 독일의 공화국명(1919~1933), ⟨~ the first constitutional federal republic of Germany⟩ 수1

411 **Wei·ma·ra·ner** [봐이마라너 \ 와이마라너]: 바이마라너, (귀족적인 모양새를 한) 포인터 비슷한 Weimar 원산의 커다란 사냥개, ⟨~ grey ghost⟩, ⟨~ a large gun-dog⟩ 수2

412 **weird** [위어드]: ⟨← weorthan(fate)⟩, ⟨게르만어⟩, '운명의', 불가사의한, 기묘한, 이상한, ⟨~ awkward\bizarre\eerie⟩, ⟨↔normal\ordinary⟩ 양2

413 **weird-o** [위얼도우]: ⟨1955년경에 등장한 영국어⟩, 기인, 괴짜, '이상한 놈', ⟨~ character\screw-ball⟩, ⟨↔normal\sane⟩ 양2

414 **Weiz-man** [봐이츠만 \ 와이즈만], Cha·im: ⟨유대계 독일어⟩, '밀 농사꾼(wheat grower)?', 백인(white·man)?', (1874-1952), Zionist들을 이끌고 팔레스타인으로 가서 이스라엘을 건국한 화학자 출신 초대 대통령, ⟨~ a Russian-born bio-chemist and the first president of Israel⟩ 수1

415 **we·ka¹** [웨이커 \ 위이커]: 〈Maori어〉, 〈우는 소리에서 연유한 의성어〉, 반날개 뜸부기, (뉴질랜드산) 날개가 퇴화한 흰눈썹뜸부기, 〈~ wood-hen〉, 〈~ a flightless rail〉 미2

416 *****we·ka²** [웨이커 \ 위이커]: ①(기계학습을 위해 뉴질랜드의 Waikato 대학이 개발한) Waikato environment of knowledge analysis ②what everybody keeps asking(만인의 관심사) 수2 미2

417 **wel-come** [웰컴]: wil(pleasure)+cuman(come), 〈게르만어〉, '호감이 가는 손님', 어서 오십오, 마음대로 사용하십시오, 〈~ accept\greet〉, 〈↔farewell\rebuff〉 양2

418 **wel·come mat** [웰컴 맽]: 'welcome'이란 글자가 새겨진 문 깔개(door mat), 환영 깔개 미2

419 **weld¹** [웰드]: 〈← wellen(boil)〉, 〈영국어〉, 용접하다, 결합시키다, 〈~ fuse\bind〉, 〈↔disjoin\separate〉 가1

420 **weld²** [웰드]: 〈← wald(forest)?〉, 〈영국어〉, '노랑 냉이', (3000년 전부터) 잎에서 황색 염료를 채취했던 물푸레나뭇과 목서초속의 잡초, 〈~ dyer's rocket\yellow weed〉 우1

421 **wel-fare** [웰 훼어]: wel(well)+faran(go), 〈게르만어〉, '잘 가다', 복지 (사업), 후생 (사업), 〈~ health\comfort〉, 〈↔hardship\ill being〉 양2

422 *****wel-fare loss** [웰 훼어 로으스]: deadweight loss, excess burden, 복지사업으로 자연경제시장 흐름을 방해할 때 오는 생산성 감소, 후생의 손실, 〈~ inefficiency due to public welfare work〉 미2

423 **wel·kin** [웰킨]: 〈← wolcen(cloud)〉, 〈게르만어〉, 대기, 하늘, 창공, 〈~ sky\heaven\stratosphere〉, 〈↔ocean\abyss〉 양2

424 **well¹** [웰]: 〈← wel(pleasing)〉, 〈게르만어〉, 〈'will'(뜻)대로 되는〉, '잘', 만족스러운, 충분한, 적절한, 〈~ fine\right〉, 〈↔ill\bad〉, 글쎄, 그런데…, 〈~ yolo〉 가2

425 **well²** [웰]: 〈← weallan(to bubble)〉, 〈게르만어〉, 샘, 우물, 원천, 구덩이 모양의 구조, 분출하다, 〈~ pool of water〉, 〈~(↔)spring〉 양1

426 *****well be·gun is half done**: 〈아리스토텔레스가 한 말〉, 천리 길도 한 걸음부터, 시작이 반, 〈~ sooner begun, sooner done〉 양2

427 **well-being** [웰 비잉]: 안녕, 행복, 건강, 〈~ welfare\happiness\health〉, 〈↔ill-being\affliction\suffering〉 양2

428 **well-cov·ered** [웰 커붜드]: 통통하게 살찐, 〈fat의 완곡한 표현〉, 〈↔light\lean〉 양2

429 **well cov·ered** [웰 커붜드]: 잘 덮인, 잘 보호된, 잘 취재된, 〈~ well protected (or demonstrated)〉, 〈↔exposed\naked〉 양1

430 **well-done** [웰 던]: 잘 처리된, 잘 익은, 〈~ superb\profound〉, 〈↔rude\raw〉 양2

431 *****well drink** [웰 드링크]: house drink, '양동이 술', '기본 주류', (명품이 아니라) 〈well~ well~ 하다가 아무거나 싸구려로 가져오라니까〉 술 시중꾼이 '보관 통'에서 꺼내 온 저렴한 술, 〈↔call drink〉 우1

432 **well-dy·ing** [웰 다잉]: '잘 죽기', (집에서 죽는) 〈안락사를 포함한〉 편안한 죽음, 〈~ euthanasia〉 우2

433 **Welles** [웰즈], Or·son: '우물〈well〉가에 사는 자', 웰스, (1915-85), 생감있는 연출로 인기를 끈 미국의 영화배우·감독, 〈~ an American actor and director〉 우1

434 **Welles·ley Col·lege** [웰즐리 칼리쥐]: 1870년 보스톤(Boston) 근교의 웰즐리〈willow가 있는 농장?〉 마을에 세워진 〈기부금이 많이 들어오는〉 사립 문리 여자 대학교, 〈~ a private women's liberal arts college〉 수1

435 **Wel·ling-ton** [웰링턴]: 〈워털루 전투의 영웅 Wellesley 공작의 이름을 따서〉 1865년 수도로 지정된 뉴질랜드의 항구·산업 도시, 〈~ Capital of New Zealand〉 수1

436 **Wel·ling-ton** [웰링턴], Duke of: 〈지명·인명이 범벅이 된 영국어〉, 웰링턴 공작, The Iron Duke, Arthur Wellesley, (1769~1852), 워털루에서 나폴레옹 1세의 마지막 숨통을 끊어 놓은 영국의 귀족 출신 군인·정치가, 〈~ former Prime Minister of UK〉 수1

437 **Wel·ling-ton boot** [웰링턴 부우트]: 무릎까지 오는 장화, Wellies, 〈~ jack (or Hessian) boot\chukka〉, 〈~(↔)rain boots〉 수2

438 **well off** [웰 어어후]: 유복한, 잘나가고 있는, 순조로운, 〈~ well-to-do〉, 〈↔poor\needy〉 양2

439 **well–round-ed** [웰 롸운디드]: 풍만한, 균형이 잡힌, 다재다능한, 〈~ balanced\all-around〉, 〈↔narrow\ugly\inexperinced〉 양2

440 **Wells Far·go** [웰즈 화아고]: 웰스 파고, 1852년 Henry Wells〈우물가에 사는 자〉와 William Fargo〈울타리가 쳐진 농장에 사는 자〉에 의해 SF와 NY를 잇는 〈마차를 이용한〉 속달 회사로 출발해서 나중에 금융기관으로 변신한 미국 굴지의 은행, 〈~ an American multinational financial services co.〉 수1

441 **well-to-do** [웰 투 두어]: 유복한, 부유한, 〈~ well-off〉, 〈↔poor\lacking〉 양2

442 **Welsh cor·gi** [웰쉬 커어기]: 몸이 길고 다리가 짧은 웨일스〈Wales〉산 작은 개, 〈~ Pembroke〉 수2

443 **Welsh on·ion** [웰쉬 어니언]: 웨일즈 양파, (뭉텅이로 길게 자라는) '보통파', ⇒ spring onion 미2

444 **Welsh rab·bit**(rare·bit) [웰쉬 래빝 (뤠어빝)]: 구운 빵 등에 발라 먹는 녹인 우유 더껑이 혼합물, 〈~ baked cheese〉 수2

445 **Welsh (spring-er) span·iel** [웰쉬 (스프링거) 스패니얼]: 웨일스 (발바리) 삽살개, 붉고 흰색의 몸통에 (잽싸게 사냥감을 물어다 주는) 후각이 예민한 작은 사냥·애완견, 〈~ Welsh starter〉 수2

446 **Welsh ter·ri·er** [웰쉬 테뤼어]: 웨일스 복슬개, (1810년대부터 사육되는) 뻣뻣한 털·긴 머리와 억센 턱을 가진 조그만 사냥·애완견, 〈~ Welshie〉 수2

447 **welt** [웰트]: 〈← velta(to roll)〉, 〈북구어〉, 대다리(구두창에 갑피를 대고 맞꿰매는 가죽 테), 가장자리 장식, 채찍 자국, 강타, 〈~ stripe\contusion〉, 〈↔disengage\lose〉 양1

448 **welt-an·schau·ung** [웰탄샤웅\ 뷀탄샤웅]: 〈독일어〉, world view, 세계관, 우주관, 인생관 양2

449 **wel·ter** [웰터]: 〈← wealtan(to roll)〉, 〈게르만어〉, 〈빨리 달리라고 말을 때리다〉, 구르다, 뒹굴다, 넘실거리다, 너울거리다, 잠기다, 평균 체중 이상의 기사, 평균 체중 이하의 권투 선수, 〈~ tumble\voluble〉, 〈↔calm\tidiness〉 양1

450 **wel·ter-weight** [웰터 웨일]: '준 중량급'(대체로 체중 147~160파운드〈pound〉 사이), →〈말을 타기에는 조금 무거운 체중〉 우2

451 **welt-schmerz** [웰취멜츠\ 뷀취멜츠]: 〈독일어〉, world-pain, 〈지구상의 불평등·죄악 등을 염려하는〉 염세, 〈치료가 잘 안 되는〉 비관적 세계관으로 오는 우울증, 〈~ pessimism〉 양2

452 **wench** [웬취]: 〈← wencle(maid)〉, 〈영국어〉, 〈하류층의〉 소녀, 처녀, 하녀, 창녀, 〈~ hussy\doxy²〉, 〈↔maiden\virgin〉 양2

453 **wend** [웬드]: 〈← wendan(to turn)〉, 〈게르만어〉, '구부러지다', 향하게 하다, 나아가다, 〈← wind¹〉, 〈~ go\meander〉, 〈~ wand〉, 〈↔impede\stem〉 양2

454 **Wen·dy's** [웬디즈]: 〈'친구(friend)'란 뜻의 영국어?〉, 웬디스, 1969년 창업자가 자신의 넷째 딸 이름을 붙여 세운 〈옛날 햄버거(hamburger)를 자랑하는〉 미국의 간이음식 연쇄점, 〈~ an American fast food restaurant chain〉 수2

455 ***Wen·dy Syn·drome** [웬디 씬드로움]: 〈1983년에 등장한 심리학 용어〉, (배우자나 친지에게 '어머니 역'을 하려고 애쓰는) 〈모성애 증후군〉, 〈~ co-dependency〉, 〈↔Peter Pan Syndrome〉 수2

456 ***we·nis** [웨니스]: 〈미국 속어〉, 팔꿈치 피부, 〈편자가 엎드려서 이 사전을 쓰는 동안 굳은살이 박혀 피부가 wiener·penis 색깔같이 변한〉 olecranal skin 양2

457 **Wens·ley-dale** [웬즐리 데일]: 〈'valley'(분지)에 있는 마을? \ 'wood clearer(숲 개간자)가 사는 마을'?〉, 〈~ a valley in N. Yorkshire〉 ①영국 요크셔 지방의 흰 치즈, 〈~ a mild cheese〉 ②요크셔 지방의 털이 길고 뿔이 없는 양, 〈a domestic sheep〉 수2

458 **went** [웬트]: 〈게르만어〉, go의 과거, wend의 과거·과거분사 양1

459 **wen·tle-trap** [웬틀 트랩]: wentel(winding)+trap(stair), 〈네덜란드어〉, 〈계단식으로 꼬아 올라가는〉 stair case shell, (전 세계적으로 서식하는) 실구리고동 미2

460 **wept** [웹트]: weep의 과거·과거분사 양2

461 **were** [워어]: 〈게르만어〉, 〈어원이 복잡한〉 be의 복수 과거형 또는 2인칭 단수 과거형 가1

462 **were-wolf** [웨어 울후]: wer(man)+wulf(wolf), 〈게르만어→영국어〉, 이리가 된 인간, 이리귀신이 들린 사람, 〈~ lycanthropy\shape-shift into a wolf〉 미2

463 **Wes·ley** [웨슬리], John: (1703-91), wes(western)+lea(field)'서쪽 개간지에 사는 자', 〈성공회의 재기를 위해〉 생활방식(method)의 개선을 주창한 영국의 신학자·감리교(Methodist) 창시자, 〈~ an English cleric and theologian〉 수1

464 **Wes·ley·an Col·lege** [웨슬리언 칼리쥐]: 1836년에 창립되어 1917년 현재 이름으로 개칭된 조지아주 중부(mid Georgia)에 위치한 감리교 소속의 아주 작은 여자 인문 대학, 〈~ a private women's liberal arts college〉 수2

465 **Wes·ley·an U·ni–ver·si·ty** [웨슬리언 유니붜어시티]: ①1831년 감리교에 의해 학부교육을 중심으로 코네티컷(Connecticut)주에 세워진 중형 사립대학교 ②Texas·Dakota·Kansas·Ohio 등지에 세워진 감리교 계통 대학교 수2

466 **west** [웨스트]: 〈← vesper← hesperos(evening)〉, 〈게르만어← 라틴어← 그리스어〉, '저녁', 〈해가 지는〉 서쪽, 서부, 서양, 〈~ occident〉, 〈↔east〉 가1

467 **West Bank** [웨스트 뱅크]: (요르단강) 서안지구, 원래 요르단의 영토였으나 1967년 이스라엘이 '탈환'한 동예루살렘이 포함된 사해에 연한 〈세계에서 제일 비싼〉 5,200km²짜리 황무지, 〈~ eastern border of Israel〉, 〈~(↔)Gaza Strip〉 우2

468 **West Coast** [웨스트 코우스트]: Pacific Coast, (워싱턴·오리건·캘리포니아 및 때로는 알래스카까지 포함하는) 미국의 서해안 지방, 〈↔East Coast〉 미1

469 **West·er-marck ef-fect** [웨스터마크 이휄트]: 웨스터마크〈어원 불명의 북구계 이름〉 효과, 역 성감응 반응, 핀란드 인류학자가 1891년에 주창한 남녀가 오래 같이 살면 〈후각의 둔화로〉 성욕이 감퇴한다는 그럴듯한 가설, 〈~ negative sexual imprinting〉 수2

470 **West·ern** [웨스턴]: ①〈미국 개척시대에〉 서부를 배경으로 한 각종 예술(소설·영화·음악), (미)서부물 ②서양의 ③서방(진영·교회)의, 〈~ arts\culture\attitude〉 미2

471 **west·ern** [웨스턴]: 서쪽의(에 있는), 〈~ occidental〉, 〈↔eastern〉 가1

472 **West·ern om·e·let** [웨스턴 암렡]: 웨스턴 오믈렡, Denver omelet, 〈곪은 달걀의 맛을 제거하기 위해 파·양파를 많이 넣었다는 '썰'이 있는〉 양파·햄·치즈를 넣은 오믈렡 수2

473 **West·ern Sa·mo·a** [웨스턴 써모우어]: 서 사모아, 1962년 뉴질랜드로부터 독립해서 1997년 Samoa로 개칭된 사모아제도 서부 2개의 섬으로 된 조그만 개발도상국, 〈~ a country in Oceania〉 수1

474 **West·ern sand·wich** [웨스턴 쌘드위취]: 웨스턴 샌드위치, Denver sandwich, Western omelet을 끼운 샌드위치 수2

475 **West·ern Un·ion** [웨스턴 유우니언]: 웨스턴 유니언, 1851년에 전보 회사로 출발해서 금융업까지 팽창한 미국의 세계적 통신회사, 〈~ an American financial services corp.〉 수2

476 **West High-land white ter·ri·er**: (스코틀랜드 원산의) 초롱초롱한 눈에 꼬리를 치켜든 흰색의 복슬개, 〈~ Westie〉, 〈~ a Scottish dog breed〉 수2

477 **West In·dies** [웨스트 인디즈]: 서인도제도, 북미 남동부와 남미 북동부 카리브해상의 700개 이상의 섬들, 〈~ Caribbean basin〉 미2

478 **West·ing-house** [웨스팅 하우스]: 〈어원 불명의 희귀한 성〉, 1886년 George Westinghouse가 전기기구 제조 회사로 설립해서 원자력 발전까지 손을 댔다가 제조업은 다 팔아먹고 1997년 CBS 방송사로 변신한 미국의 종합 회사, 〈~ an ex electric corp.〉 수1

479 **West·min·ster¹** [웨스트 민스터]: west of the city, (영국의 국회의사당·대성당·공훈 묘소가 있는) 런던〈London〉의 중심부〈서쪽〉에 위치한 구역, 〈~(↔)Capitol Hill〉 수1

480 **West·min·ster²** [웨스트 민스터]: 1870년 장로교 목사가 주동이 되어 설립된 후 1980년대 많은 베트남 난민들이 몰려든 캘리포니아 남부(southern California) 오렌지군에 있는 군소도시 수1

481 **West·pha·li·a** [웨스트 훼일리어]: 베스트팔렌, 독일 서북부(N-W Germany)의 지명, (1648년 10월) 30년에 걸친 유럽의 신·구 기독교 국가 간의 종교전쟁이 신교파의 승리로 막을 내리고 〈네덜란드·스위스가 독립되었으며 독일은 350여 개의 크고 작은 나라들로 갈라진〉 평화조약이 서명된 곳, 〈~ victory of protestants〉 수1

482 **West Point** [웨스트 포인트]: 1802년에 뉴욕시 북쪽 허드슨강 '서쪽(W. of Hudson River)'에서 강을 내려다보는 요새에 세워진 미국 무관학교(육군 사관학교), 〈~ US Military Academy〉 수1

483 **West Vir·gin·ia** [웨스트 뷔어쥐니어]: 웨스트 버지니아, WV, The Mountain State, 〈아직도 광업·농업 위주로 발전되고 있으며〉 백인이 90% 이상 사는 미 동부의 내륙 주, {Charleston-2}, 《rose·bay rhododendron》, 〈~ a land-locked eastern US State〉 수1

484 **West wing** [웨스트 윙]: (미국 대통령의 집무실이 있는) 백악관의 서쪽 부분, 〈이곳 1층 귀퉁이에 Oval Office가 있음〉, '미국 행정부', 〈~ The Administration〉 수2

485 **wet** [웰]: ⟨← wed(moisture)⟩, ⟨게르만어⟩, 젖은, 축축한, 비가 내리는, 오줌을 싼, 술을 마시는, ⟨~ moist\soaked\drink\aroused⟩, ⟨~ wash\water⟩, ⟨↔dry⟩ 양2

486 **we·ta** [웨이터]: ⟨Maoria어⟩, ⟨귀뚜라미 비슷한⟩ 뉴질랜드산의 대형 꼽등잇과의 곤충, ⟨~ a giant flight-less cricket⟩ 우1

487 **wet bar** [웰 바아]: 수도 설비가 되어 있는 술 제공대, ⟨~ cocktail (or sink) bar⟩, ⟨↔dry bar⟩ 우1

488 **wet be-hind the ears**: ⟨1902년에 미국에서 조작된 말⟩, ⟨아직도⟩ 귀 뒷부분이 축축한, 대가리에 피도 안 마른, 풋내기의, (세상) 경험이 없는, ⟨~ young\green⟩, ⟨↔experienced\mature⟩ 양2

489 *****wet blan·ket** [웰 블랭킽]: ⟨미주 원주민들이 축제 후 물에 적신 담요를 덮어 모닥불을 끈 관행에서 유래한 말⟩, 흥(분위기)을 깨는 자, ⟨~ party pooper⟩ 미2

490 **wet dream** [웰 드뤼임]: 몽정, 사정을 동반하는 성적인 꿈, nocturnal emission, ⟨나이 70이 넘으면 dry dream이 됨⟩ 양2

491 **weth·er** [웨더]: ⟨← widar(yearling)⟩, ⟨게르만어→영국어⟩, 거세한 숫양(에서 채취한 털), ⟨~ a castrated male sheep⟩, ⟨~(↔)ram⟩, ⟨↔ewe⟩ 양2

492 **wet-nurse** [웰 너얼스]: 유모, nanny 가1

493 *****wet par·ty** [웰 파아티]: ⟨원래는 해군에서 진급자에게 술을 퍼 먹이던 축하연을 뜻했으나 1999년에 나온 노래 제목으로 인해 장족의 발전을 한 말⟩, '사정 연회', (주로 동성애자들이 모여서) 남자들이 구운 빵 위에 사정을 하고 제일 적게 싼 놈이 그것을 먹어야 하는 ⟨광란의 밤⟩, ⟨~ a crazy night⟩ 미2

494 **wet the whis·tle** [웰 더 위쓸]: ⟨14세기 말에 캔터베리 테일에 등장한 말⟩, (술로) 성대를 적시자, 한잔 빨자, ⟨~ have a drink⟩, ⟨↔abstain\eject⟩ 양2

495 *****wet-ware** [웰 웨어]: (연성기기를 만들고·강성기기를 조작하는) '촉촉한' 인간의 두뇌, ⟨~ human brain⟩, ⟨↔computer⟩ 우2

496 **WF** (with-drawn fail-ing): '중도 하차', 학과 이수를 중지한 학생에게 매기는 불합격점 우2

497 **W-4 form**: W-2 form 작성을 위해 납세자가 제출하는 소득세(공제)자료, ⟨~ tax with hold from the paycheck⟩ 우1

498 **whack** [왝]: ⟨영국어⟩, ⟨의성어·의태어⟩, 세게 치다⟨beat⟩, 탁 때리다, 이기다, 죽이다, 분배하다⟨divide⟩, '미쳤어!', back·slash (\), ⟨편자 같은 반항아들이 애용하는⟩ 역빗금, ⟨~ bang\pow\thwack⟩, ⟨↔revive\fall back\unbelt\praise\slash⟩ 양1

499 *****Whack(Whac)-A-Mole** [왝커 모울]: '두더지 퇴치', ⟨1975년 일본⟨Japan⟩에서 고안된⟩ 상자구멍에서 튀어나오는 모조 두더지들을 망치로 쳐서 득점하는 오락기구, (한 문제를 해결하면 다른 문제들이 연속적으로 일어나는) 헛수고, ⟨~ an Arcade game⟩ 우2

500 *****whack-fla-tion** [왝 훌레이션]: ⟨신조어⟩, '급살팽창', ⟨판데믹 이후처럼⟩ 호황을 누리다가 급격히 대대적 통화 팽창이 오는 사태, ⟨~ unpredictable cycle⟩ 우2

501 **whale** [웨일]: ⟨← hwalaz(large sea fish)⟩, ⟨게르만어⟩, 고래, 뚱뚱한 사람(것), 굉장한, 열심인, ⟨~ walrus⟩, ⟨↔shrimp\pygmy⟩ 가1 양2

502 **whale calf** [웨일 카알후]: 새끼 고래, baby whale, ⟨↔bull(\cow) whale⟩ 양2

503 **whale head-ed stork** [웨일 헤디드 스토어크]: 넓적부리황새, ⇒ shoe·bill 미2

504 **whale shark** [웨일 샤아크]: 고래상어, (더운 바다에 서식하며) ⟨멸종 위기에 처한⟩ '어류' 중 가장 큰 상어, ⟨~ (양탄자 무늬가 있는) a carpet shark⟩, ⟨~ basking shark보다 더 큼⟩ 미2

505 **wham·my** [왜미]: ⟨만화용어에서 나온 영어⟩, 마법, 주문, 파국, 재수 없는 것, ⟨~ jinx⟩ 양2

506 **whang** [왱]: ⟨영국어⟩, ⟨의성어⟩, 강타하다, 철썩 치다, ⟨~ bang⟩, ⟨↔quiet\tap⟩, 자지(wang) 양2

507 **wharf** [워얼후]: ⟨← hwarfaz(dam)⟩, ⟨게르만어⟩, ⟨북적대는⟩ 부두, 선창, ⟨~ quay\berth⟩, ⟨↔un-dock\sailing⟩ 양2

508 **wharf rat** [워얼후 뢭]: brown rat, (선창의) 시궁쥐, 부두의 부랑자, ⟨~ sewer rat\snitcher⟩ 미2

509 **what** [왙]: ⟨← hwa(who)⟩, ⟨게르만어⟩, 무엇, 어떤, ⟨~ 하는⟩ 것(바, 일), 참으로, ⟨오리무중의 말⟩, ⟨~ which thing⟩ 가2

510 *****what do you say**: (~하는 건) 어때요?, what do you think?, ⟨~ what's your take?⟩ 양2

511　**what-ev·er** [왙 에붜]: ~것은 무엇이든, 무엇을 하든, ⟨~ which-ever⟩, ⟨↔all\no⟩ 가2

512　**what-for** [왙 훠어]: 까닭, 꾸지람, ⟨~ why\invective⟩, ⟨↔award\protection⟩ 양2

513　**what-gives?** [왙 기브스]: 왜 그래?, 무슨 일이야?, ⟨~ what is the matter?⟩ 양2

514　***what goes a-round, comes a-round**: 남에게 한대로 되받게 된다, 인과응보, 가는 말이 고와야 오는 말이 곱다, 자업자득, ⟨~ karma⟩, ⟨~ you reap what you sow\boomerang⟩, ⟨↔choice\autonomy⟩ 양2

515　***what goes up must come down**: 달도 차면 기운다, ⟨~ every flow has its ebb⟩ 양2

516　**what if** [왙 이후]: 만약에, 가정하면, ⟨~ say\suppse⟩, ⟨↔cert(ainty)\inevitability⟩ 양2

517　***what looks good also tastes good**: 보기 좋은 떡이 먹기도 좋다, 이왕이면 다홍치마, ⟨~ name and nature do often agree⟩, ⟨여성한테는 조심해야 할 말⟩ 양2

518　**what(why) on earth** [왙(와이) 어언 어얼쓰]: 세상에, 도대체, 대관절, ⟨~ what the hell⟩, ⟨~(↔)oh my goodness\for god's sake⟩ 양1

519　***whats-app** [왙츠 앺]: '어쩐 일이니?', ⟨what's up에서 따온⟩ 2009년 출시되어 Facebook(Meta Platforms)이 소유하고 있는 다양한 형태로 전 세계에 소식을 주고받을 수 있는 공짜 차림표, ⟨~ a mobile application⟩ 수2

520　***what's good for the goose is good for the gan·der**: 내게 좋은 것은 네게도 좋다, 누이 좋고 매부 좋다, ⟨~ one hand washes the other\win-win situation⟩ 양2

521　***what's in it for me**: 나한테 무슨 보상을 하나요?, 내 몫은 뭐죠?, ⟨~ what's my benefit?⟩ 양2

522　***what's mine is yours**: '내 꺼도 니 꺼', 주머니 돈이 쌈짓돈, ⟨~ our money⟩, ⟨~(↔)what's yours is mine; '니 꺼도 내 꺼'⟩ 양2

523　***what's the scoop?** [왙츠 더 스쿠우프]: 무슨 '건더기'라도 있나?, 아무 새로운 소식 없어?, 아무 일도 없지?, ⟨~ what's up\how is life?⟩ 양2

524　***what's the word?**: 어떻게 지내요?, 어떻게 되어가죠?, ⟨~ how is life?⟩ 양2

525　**what's up** [왙츠 엎]: 무슨 일이야, 요즘 어때, ⟨~ what is happening\how are you doing⟩ 양2

526　***what's your day like to-day**: 오늘 일정이 어떠신가요, how is your schedule today 양2

527　***what's your take** [왙츠 유어 테이크]: 당신 생각은 어떤지요, 당신의 선택은 무엇인지, ⟨~ what do you say⟩ 양2

528　**whaup** [화앞]: ⟨스코틀랜드어⟩, ⟨의성어⟩, (길고 뾰족한 부리·황새 같은 다리·각종 줄무늬를 가진) 마도요, ⟨~ curliew⟩ 미2

529　**wheat** [위이트]: ⟨← hwaitjaz⟩, ⟨게르만어⟩, ⟨색깔이 white한⟩ 밀, 소맥, ⟨곡식 중 전 세계적으로 가장 많이 경작되는⟩ 건조한 땅에서도 잘 자라는 볏과의 한해살이 곡초, ⟨~ bread wheat\a cereal grain⟩, ⟨~(↔)red wheat⟩, ⟨durum은 딱딱한 밀⟩, ⟨~(↔)barley\rye⟩ 양2

530　**wheat-ear** [위이트 이어]: ①밀 이삭(panicle) ②(주로 흰머리와 흰 엉덩이를 가진) 참새 비슷한 딱새, 흰머리딱새, ⟨~ a fly-catcher⟩ 미2

531　**wheat-grass** [위이트 그래스]: 개밀, '밀 풀', ⟨주로 건강식으로 갈아 마시는⟩ 밀의 새싹, ⟨~ couch-grass⟩ 우2

532　**wheat-worm** [위이트 워엄]: (army worm 등) 밀 등의 줄기에 기생하는 선충, '밀 벌레' 우2

533　**whee·dle** [위이들]: ⟨← wedel(tail)⟩, ⟨게르만어⟩, '꼬리를 흔들다', 아첨하다, 감언이설로 속이다, ⟨~ wag\coax\cajole⟩, ⟨↔tease\harass⟩ 양2

534　**wheel** [위일]: ⟨← hweowol(a solid disk)⟩, ⟨게르만어⟩, ⟨5천 년 전에 발명되어 현대문명이 가능케 한⟩ 수레바퀴, ⟨인류 최고의 발명품이라는⟩ (바퀴 달린) 회전 운전(대), 차륜, 원동력, 세력가, ⟨~ circle\orbit⟩, ⟨↔straighten\un-twist\no-body⟩ 양2

535　**wheel-bar·row** [위일 뱨로우]: 외바퀴 손수레, 바퀴 달린 화물 운반대, ⟨~ hand-cart\dolly⟩, ⟨↔A-frame⟩ 미1

536　**wheel-base** [위일 베이스]: 축거, 차축 거리(앞·뒤 바퀴 중심 간의 거리), ⟨~ distance between centers of front and rear wheels⟩ 미2

537　**wheel-chair** [위일 췌어]: 바퀴 달린 의자, (환자용) 바퀴 의자, ⟨~ movable (or invalid) chair⟩, ⟨~(↔)walker\stroller⟩ 미1

538 **wheel-er** [위일러]: 짐수레꾼, 바퀴가 달린 것, ~륜차, ⟨~ one that wheels⟩ 미2

539 **wheel-er–deal-er** [위일러 디일러]: 수완가, 활동가, 책략가, ⟨~ hustler\mover-n-shaker⟩, ⟨↔idler\bum\slacker⟩ 양2

540 **wheep** [위이프]: ⟨스코틀랜드어⟩, ⟨의성어?⟩, (입가심으로 마시는) 작은 잔의 맥주, ⟨~ short-beer\chaser⟩ 미1

541 **wheeze** [위이즈]: ⟨북구어⟩, ⟨의성어⟩, (숨을) 씨근거리다, (숨을) 거덩대다, 혈떡이다, ⟨~ gasp\pant⟩ 미2

542 **whelk** [웰크]: ⟨게르만어들⟩ ①⟨← wealcan(roll)⟩, 쇠고둥, 골뱅이, scungilli ②⟨← hwelian(to exude pus)⟩, 뾰루지, 여드름, ⟨~ an eruption⟩ 양1

543 **whelm** [웰름]: ⟨← whelmen(turn over)⟩, ⟨영국어⟩, 압도하다, ~을 삼키다, ~을 엎다, ⟨→ over whelm⟩, ⟨~ engulf\submerge⟩, ⟨↔turn down\under-whelm\yield⟩ 양1

544 **whelp** [웰프]: ⟨← hwelpaz(puppy)⟩, ⟨어원 불명의 게르만어⟩, ⟨게르만어⟩, 강아지, (사자·호랑이·곰 등의) 새끼, 개구쟁이, 불량아, (나쁜 일을) 일으키다, ⟨~ pup\urchin⟩, ⟨↔oldster\abort⟩ 양1

545 **when** [웬]: ⟨← hwonne(at what time)⟩, ⟨게르만어⟩, 언제, 그때, ~할 때, ~하면, ⟨기다려 주지 않는 말⟩ 가1

546 **whence** [웬스]: ⟨← hwanan(from what place)⟩, ⟨게르만어에서 연유한 영국어⟩, 어디로부터, 어찌하여, 어떻게, ⟨~ accordingly\therefore⟩, ⟨↔whither\where-abouts\where-ever⟩ 가1

547 *****when el·e·phants fight, it's the grass that suf·fers**: ⟨아프리카 속담⟩, 고래 싸움에 새우등 터진다, ⟨~ an innocent bystander gets hurt in a fight⟩ 양2

548 **when-ev·er** [웬 에붜]: ~할 때는 언제나, 언제 ~하든지 간에, ⟨~ every time\any time⟩, ⟨↔immediately⟩ 가2

549 *****when in Rome, do as Ro·mans do**: 로마에 가면 로마법을 따라라, ⟨~ follow the customs⟩ 양2

550 **when it comes to**: (~에) 관해서라면, (~에) 대해 말하자면, ⟨~ regarding\concerning\as for⟩ 양2

551 *****when it rains, it pours**: ⟨20세기 초에 등장한 미국의 Morton 소금 회사의 광고어⟩, 불운은 한꺼번에 닥친다, 설상가상, ⟨~ bad to worse\add fuel to fire⟩, ⟨↔make hay while the sun shines⟩ 양2

552 *****when one door shuts, an-oth·er door o·pens**: ⟨A.G.Bell이 한 말⟩, 한 문이 닫힐 때 다른 문이 열린다, 실패는 성공의 어머니, ⟨~ there are plenty fish in the sea\every Jack has Jill⟩ 양2

553 *****when pigs fly** [웬 피그스 훌라이]: 그런 일은 결코 없어, 꿈 깨!, (그런 일이 있다면) 내 손에 장을 지지겠다, ⟨~ fat chance\impossible\never⟩, ⟨↔any time\soon⟩ 양2

554 *****when the cats a-way the mice will play**: ⟨로마 시대부터 전해오는 속담⟩, 호랑이가 없는 산에 토끼가 왕노릇 한다, 윗사람이 없으면 아랫사람이 살 판 난다, ⟨~ absence makes the heart grow fonder⟩ 양2

555 **where** [웨어]: ⟨← hwar(at or in+what place)⟩, ⟨게르만어⟩, 어디에, 어디서, ~하는 (곳), (그리고) 거기에서, ⟨방황하는 말⟩, ⟨~ locus\situation⟩ 가1

556 **where–a-bouts** [웨얼 어바우츠]: 어디쯤에, 소재, 행방, ⟨~ approximately where⟩, ⟨↔whence⟩ 가1

557 **where-as** [웨얼 애즈]: ~에 반하여, ~이므로, ⟨~ in contrast⟩, ⟨↔despite\not-withstanding⟩ 가1

558 **where-by** [웨얼 바이]: 무엇에(그것에) 의하여, 어떻게 하여, ⟨~ by which⟩, ⟨↔however\conversely⟩ 가1

559 **where-ev·er** [웨얼 에붜]: 어디든지, ~하여도, ⟨~ all over⟩, ⟨↔whence\no-where⟩ 가2

560 **where-fore** [웨얼 훠어]: 왜, 그러므로, ⟨~ there-fore⟩, ⟨↔how-ever\even-though⟩ 가2

561 **where-in** [웨얼 인]: 어디에, 그중에, 그 점에서, ⟨~ in which⟩, ⟨↔thus\hence\so⟩ 가1

562 **where-on(up·on)** [웨얼 어언(어판)]: 그래서, 그 때문에, 그 위에, ⟨~ on which⟩, ⟨↔although\anyway⟩ 가1

563 *****where there is a will, there is a way**: 뜻이 있는 곳에 길이 있다, ⟨~ nothing is impossible to a willing mind⟩ 양2

564 *****where there's smoke, there's fire**: 아니면 굴뚝에 연기나랴, ⟨~ no cause, no effect⟩ 양2

565 **where-with** [웨얼 위드]: 무엇(그것)을 가지고, 그것에 의하여, ⟨~ with which⟩, ⟨↔despite\even-though⟩ 가1

566 **wher·ry** [웨뤼]: ⟨← whery(small boat)⟩, ⟨영국어⟩, 나룻배, 거룻배, (1인용) 조정 경비 배(scull), ⟨↔linger\ship⟩ 미1

567 **whet** [웹]: 〈← hwatjan(sharpen)〉, 〈게르만어〉, (칼 등을) 갈아서 날카롭게 하다, 자극하다, 〈↔dull\blunt〉 양2

568 **wheth·er** [웨더]: 〈← hweather(which of two)〉, 〈게르만어〉, ~인지 어떤지, ~이든지 아니든지, 〈아리까리한 말〉, 〈~ either\if〉, 〈↔regard-less\no-matter〉 가1

569 **whet stone** [웹 스토운]: 〈갈아서 날카롭게 하는〉 숫돌, 자극물, 격려자, 〈만지면 돌이 금으로 변한다는〉 touch·stone, 〈~ para·gon〉, 〈~ hone〉 양1

570 **whew** [휴우]: 〈영국어〉, 〈의성어〉, 어휴!, 퓨, 휙, 〈~ surprise\relief〉, 〈↔darn\doggone〉 가2

571 **whey** [웨이]: 〈← hwaja(watery milk)〉, 〈게르만어〉, 치즈 만들 때 엉킨 젖을 거르고 난 액체, 〈~ serum〉, 〈↔dregs\residue〉, ⇒ ricotta 우1

572 **which** [위취]: 〈← hwilc(what one)〉, 〈게르만어〉, 어느 것(사람·쪽), ~하는 한, 그러나(그런데), 〈헛갈리는 말〉, 〈~ specifying\previously mentioned〉, 〈↔this\that〉 가1

573 **which-ev·er** [위치 에붜]: 어느 것(쪽)이든지, 〈~ what-ever〉, 〈↔all\none〉 가2

574 **whiff** [위후]: 〈영국어〉, 〈의성어·의태어〉, 한번 불기(내뿜기), (담배) 한 모금, 가벼운 분풀이, 헛치기(strike-out), 〈~ puff\sniff〉, 〈↔inhale\abstain〉 양1

575 **whif·fle** [위훌]: 〈← whiff〉, 살랑거리다, 흔들리다, 동요시키다, 〈~ falter\swing\fluctuate〉, 〈↔stay\calm〉 양1

576 **whif·fle ball** [위훌 버얼]: 〈1953년 미국에서 처음 만들어진〉 (골프 연습용) 구멍을 뚫어 멀리 못 날아가는 공, 〈~ a perforated light-weight plastic ball〉, 〈이것은 base-ball에 더 가깝고 pickle-ball은 ping-pong-ball에 더 가까움〉, 〈~ a scaled back variation of base-ball〉 우1

577 **whif·fle** (whip·ple)-**tree** [위훌 (위플) 트뤼이]: (그 중심에서 쟁기나 수레를 연결하는) 물추리막대, '균형목', 〈~ swingle-tree〉 미1

578 **Whig** [위그]: 〈스코틀랜드어〉, 'whiggamore(촌뜨기)', 민권당(풀뿌리 정당) ①17~18세기에 Tory에 대립해서 일어나서 19세기에 Liberals가 된 영국(British)의 정당 ②독립전쟁 때의 미국의 '독립당'(Patriots) ③잭슨 대통령 반대파 등이 1834년 민주당에 대립해서 결성되어 4명의 대통령과 연관되었으나 노예제도 문제로 공화당(Republican party) 등으로 갈라져 1856년에 해체된 미국의 보수정당 수2

579 **whig-ma·lee·rie** [위그멀리어뤼]: 〈스코틀랜드어〉, 변덕, 기발함, 〈색다른〉 장식, 〈~ whim\caprice〉, 〈↔normal\regular〉 양2

580 **while** [와일]: 〈게르만어〉, ~하는 동안, ~하지만, 한편(으로는), 〈젖혀놓은 말〉, 〈→ awile〉, 〈~ during\although〉, 〈↔after\before〉 가1

581 **whim** [윔]: 〈← whim-wham(fanciful object)〉, 〈어원 불명의 영국어〉, 변덕, 일시적인 마음(기분), 〈~ whigmaleerie\oddity\quirk〉, 〈↔even\calm〉 양2

582 **whim·per** [윔퍼]: 〈← whimpe(whine)〉, 〈영국어〉, 〈의성어〉, 훌쩍거리다, 흐느끼다, (애처롭게) 하소연하다, 〈~ wail\whinge〉, 〈↔laugh\chortle\whoops〉 양1

583 **whim-si·cal** [윔 지컬]: 변덕스러운, 별난, 기발한, 〈~ fanciful\volatile〉, 〈↔pathetic\pragmatic〉 양2

584 **whin** [윈]: ①〈← ven(bent grass)〉, 〈북구어〉, (장미같이 생긴 나무에서 노란 꽃이 피는) 가시금작화, 〈~ furze\gorse〉 ②〈어원 불명의 영국어〉, a hardrock, 검고 단단한 현무암의 일종, 〈→ whinstone〉 미2 우1

585 **whin-chat** [윈 쵤]: 〈← whin¹〉, (구대륙의 서부에 서식하는) 검은딱새류의 철새, 〈~ a small migratory passerine〉 미1

586 **whine** [와인]: 〈← hwian(hiss)〉, 〈영국어〉, 〈의성어〉, 흐느끼다, 구슬피 울다, 징징거리다, 투덜대다, 〈~ whimper\moan〉, 〈↔laugh\crow〉 양1

587 **whinge** [윈쥐]: 〈← whine〉, 〈영국어〉, wail, 호소하듯 울다, 투덜거리다, complain fretfully, 〈~ grievance\whimper〉, 〈↔compliment\praise〉 양2

588 **whin·ny** [위니]: 〈영국어〉, 〈의성어〉, 히힝, (말같이) 기분 좋은 듯이 울다, 울어서 나타내다, 〈~ hinny〉, 〈↔quiet\cry\mourn\neigh〉 양1

589 **whin-stone** [윈스토운]: 〈어원 불명의 영국어〉, basaltic rock, 현무암, 단단하고 검은 암석 양2

590 **whin·y** [와이니]: 〈← whine〉, 투덜대는, 짜증나는, 〈↔happy\pleasant〉 양2

591 **whip** [윞]: 〈← wipjan(swing)〉, 〈게르만어〉, 채찍질하다, 격려하다, 돌진하다, (의회) 등원 독촉서, (정당의) 원내 (부) 총무, 〈~ lash\strap〉, 〈↔dawdle\hold〉 양2

592 **whip-cord** [윞 코오드]: ①채찍 끈 ②골이 급경사 진 튼튼한 능직물, 〈~ corduroy〉 ③채찍 끈같이 늘어진 잎을 가진 식물(관목·풀·해초), 〈~ a dwarf conifer〉 양1 우1

593 **whip-lash** [윞 래쉬]: 채찍끝 충격, 편타성 손상, (충돌로 인한) 목 부분의 심한 손상(통증), 〈~ neck-strain\cerical sprain〉 양1 미1

594 **whip-ping boy** [위핑 버이]: 대신 회초리 맞는 아이, (예전에 궁정교사가 왕자를 벌주는 대신 곁에 두었던 평민 아이를 때렸던 고사에서 연유한) 매받이, 동네북, 〈~ fall guy〉 양2

595 **whip-ping top** [위핑 탑]: (채로 치는) 팽이, 〈~ top spin〉 양2

596 **whip·poor·will** [윞 퍼 윌]: 〈1709년 등장한 미국어〉, (북미에 서식하며) 숲속에서 '위프릴~위프릴' 하며 우는 조그만 쏙독새 무리, 〈~ a medium night-jar\night-owl〉 우2

597 **whip-saw** [윞 써어]: (틀에 활처럼 끼운) 가늘고 긴 톱, 결탁하여 이기다, 〈~ two-man saw〉 우2 양2

598 **whip-snake** [윞 스네이크]: coach·whip, 채찍 뱀, 미주 대륙에 서식하는 꼬리가 채찍처럼 가는 조그만 〈무독의〉 뱀 미2

599 **whip up** [윞 엎]: 휘몰다, 채찍질하다, 유발하다, 자극하다, 북돋다, (음식 등을) 재빨리 준비하다, 〈~ agitate\incite〉, 〈↔dissuade\discourage〉 양2

600 **whip-worm** [윞 워엄]: 편충, (사람을 비롯한 가축의 대장에 기생하며) 기다란 채찍 모양의 '꼬리'와 손잡이 모양의 '머리'를 가진 기생충, 〈~ a helminth〉 미2

601 **whirl** [워얼]: 〈← hvirfla(spin)〉, 〈북구어→영국어〉, 빙빙 돌다, 선회하다, 소용돌이치게 하다, 홰치다, 현기증이 나다, 〈~ swirl\whorl〉, 〈↔stay\straighten〉 양1

602 **whirl·i-gig** [워얼리기그]: 빙글빙글 도는 것 (장난감), 회전목마, 물맴이, 변덕쟁이, 〈~ pin-wheel〉, 〈↔stand-still〉 양2

603 **whirl·i-gig bee·tle** [월리기그 비이틀]: 물맴이, (위·아래를 볼 수 있는 두 쌍의 눈을 가지고) 수면에서 뱅글뱅글 도는 버릇이 있는 딱정벌레, 〈~ water beetle〉 미2

604 **whirl-pool** [워얼 푸울]: 소용돌이, 와류 욕(조), '기포 목욕(탕)', 〈~ vortex\Jacuzzi〉 미1

605 **Whirl-pool** [워얼 푸울] **Corp**: 월풀, 1911년에 창립되어 다양한 가정용품·주방기구를 제조·판매하는 미국의 세계적 기업, 〈~ an American home appliances manufacturer and marketer〉 수2

606 **whirl-wind** [워얼 윈드]: 회오리바람, 소용돌이 침, 격렬한 감정, 〈~ mael-strom\vortex〉, 〈↔breeze\calmness〉 양2

607 **whisk** [위스크]: 〈← wiske(to wipe)〉, 〈북구어〉, 탁 치다(털다·쫓다), 휙 가버리다, 총채, 작은 비, 솔, 휘젓는 (주방)기구, 〈~ wisp\whip〉, 〈↔decelerate\brake〉 양1 미1

608 **whis·ker** [위스커]: 〈영국어〉, 〈← whisk〉, 구레나룻, 부리 둘레의 털, 턱, 초로의 노인, 매춘부(hooker), 단발의 차이, 〈~ side-burn\a hair of beard〉, 〈~(↔)moustache〉, 〈↔smoothness\slipperiness〉 양1

609 **whis·key \ whis·ky** [위스키]: uisge(water)+beatha(life), 〈켈트어〉, '생명의 물(usquebaugh)', (귀리·밀·옥수수·보리 등을 증류하여 만든) '독한 술', 〈~ a liquor made from formentated grain mash〉 우1

610 **Whis·key Re·bel·lion** [위스키 뤼벨리연]: 위스키 반란, 신생 미국이 처음으로 주류세를 부과한 데 대한 항거로 펜실베이니아(Pennsylvania)의 농민 600여 명이 1791~1794년간 반항하다 정부군에 의해 진압된 '주세 반란', 〈~ a violent tax protest〉, 〈~(↔)Shay's Rebellion〉 수2

611 **whis·per** [위스퍼]: 〈← hwisprian(speak softly)〉, 〈게르만어〉, 〈의성어〉, 속삭이다, 수군거리다, 험담(밀담)하다, 〈~ whistle〉, 〈~ murmur\mumble〉, 〈~hiss\thrum〉, 〈↔shout\howl\holler\whoop〉 양1

612 **whist** [위스트]: 〈영국어〉, 〈의성어〉, be silent, 휘스트 ①〈속임수가 가미된〉 브리지 비슷한 카드놀이, 〈~ a trick-taking card game〉 ②쉿, 조용히, 〈~ hiss\shush〉, 〈↔boisterous\noisy〉 우1 가1

613 **whis·tle** [위쓸]: 〈← hwistlian(make shrilling sounds)〉, 〈의성어〉, 〈게르만어〉, 〈신날 때 부는〉 휘파람, 호각, 경적, 〈~ pistol\whisper〉, 〈↔quiet\listen〉, 〈↔boo\assurance〉 가1

614 **whis·tle in the dark**: 대담한 체하다, 허세부리다, 장담하다, 〈~ act brave\babble〉, 〈↔humble\modest〉 양2

615 **whis·tle blow·er** [위쓸 블로우어]: 폭로자, 고발자, 누설자, 〈~ informant\betrayer〉, 〈↔loyalist\accomplice〉 양2

616 **whis·tler** [위쓸러]: ①휘파람 소리를 내는 것(사람), 밀고자 ②hoary marmot, 북미 서부 바위 땅에 서식하는 〈회백색의〉 큰다람쥐 ③(오스트레일리아 지방산) 휘파람박새, 〈~ thick-head〉 양1 미1

617 **whis·tle-stop** [위쓸 스탚]: 〈역에서 신호가 와야 서는〉 작은 역(에서의 짧은 체류·유세), 〈~ town-let\hick town〉 양2

618 **whis·tle-stop tour** [위쓸 스탚 투어]: 〈호각이 울리면 관광 (또는 유세)을 끝내는〉 짧은 시간에 여러 곳을 돌아보는 '점찍기 여행', 점찍기 유세(brief appearance), 〈↔cruise〉 양2

619 **whit** [윝]: 〈← wiht(a bit)〉, 〈영국어〉, 조금, 극소량, 〈↔lot\whole〉 양2

620 **white** [와이트]: 〈← hweit(shine)〉, 〈게르만어〉, 흰(백)색, 창백한, 순수한, 무색의, 백인, 흰 나비, 코카인(분말), 〈~ wheat〉, 〈~ colorless\bleached\'Caucasian'〉, 〈↔black〉 가1

621 **white ad·mi·ral** [와이트 애드미뤌]: (북미산) 〈날개에 흰 띠가 있는〉 흰줄나비(white-banded butterfly) 미2

622 **white ant** [와이트 앤트]: termite, 흰개미, (전 세계적으로) 〈숨어서〉 나무를 갉아 먹고 오래 사는 〈개미보다는 바퀴벌레에 더 가까운〉 곤충 미2

623 **white-bait** [와이트 베잍]: '백자', (통째로 튀겨 먹는) 뱅어나 청어 따위의 〈흰〉 새끼, 〈~ fry of edible fish〉 우1

624 **white bear** [와이트 베어]: 흰곰, polar bear(북극곰), 〈물개도 잡아먹는〉 지상에서 제일 큰 육식 포유동물 양2

625 **white belt** [와이트 벨트]: 흰색 띠(를 맨 사람), (유도나 당수도에서) 초심자가 매는 허리띠, 〈~ beginner〉, 〈↔black belt〉 미2

626 **white birch** [와이트 버어취]: paper birch, 흰 자작나무, (북미 북부에 서식하며) 나무껍질이 종이쪽같이 벗겨지는 단명한 낙엽활엽교목

627 **white blood cell \ WBC** [와이트 블러드 쎌]: leucocyte, 백혈구, (핵액을 원심분리기로 돌릴 때 희끄무레한 연막을 가지고 침전하며) 면역력을 도와주는 다양한 모양을 한 〈유핵〉 혈 세포, 〈~(↔)red blood cell\RBC〉 양2

628 **white-board** [와이트 보어드]: 백판(표시용 필기구로 썼다 지웠다 할 수 있는 희고 매끄러운 판), 영상 회의 때 참가자가 백판으로 사용할 수 있는 화면, 〈~ marker board〉, 〈~(↔)chalk-board〉 양1 미2

629 **white book(pa·per)** [와이트 붘(페이퍼)]: 백서(국내 사정에 관한 정부의 보고서), (새로운 기술을 소개하는) 간단한 보고서, 〈~ government report\protocal〉 양2

630 **white-cap** [와이트 캪]: 흰 파도, 흰 모자, 흰 갓을 가진 말버섯 따위, 흰 머리를 가진 딱새 따위의 각종 새, 〈~ white-colored head-piece〉 양1 미1

631 ***white cast·ing** [와이트 캐스팅]: 백인일색의 출연(배역), 〈~ casting white performers〉, 〈↔black casting〉 미2

632 **white ce·dar** [와이트 씨이더]: 백삼목, 백향목, 흰 편백나무, (북미 동부 습지대에서 잘 자라며) 멀리서 보면 약간의 흰색이 도는 원추형의 '우아한' 삼나무, 〈~ American arborvitae〉 미2

633 **white chip** [와이트 칲]: 저액소자, 노름에 쓰는 저액 모조 경화, 〈~ minimum value〉, 〈↔blue chip〉 우2

634 **white clo·ver** [와이트 클로우붜]: (가장 많이 재배되는) 흰 꽃잎 토끼풀, 〈~ honey-suckle clover〉, 〈~(↔)red clover〉 미2

635 **white coat** [와이트 코욷]: ①(의사·간호사 등이 입는) 백의, 〈한국에서는 'gown'이라고도 함〉, (실험실 종사자 등이 입는) 백색 제복, 의료인, 〈~ lab coat〉 ②백태(병적으로 눈이나 혓바닥에 끼는 황백색 물질), 〈~ debris of dead cells and bacteria〉 양2

636 **white-col·lar** [와이트 칼러]: (흰색의 깔끔한 속 상의를 입고 일하던) 사무직 종사자, (봉급을 받는) 지적 노동자, 〈~ non-manual〉, 〈↔blue-collar\gray-collar〉 미2

637 **white-col·lar crime**: (폭력 없이 주로 돈에 관한) 지능 범죄, 사무직 부정행위, 〈~ fraud\embezzlement〉, 〈↔blue-collar crime〉 양2

638 **white crow** [와이트 크로우]: 흰 까마귀, 〈~ an albino〉 ①이집트 독수리, 〈~ African white-backed vulture〉 ②(카리브 제도에 서식하는) 목에 흰 깃털이 있는 희귀종 까마귀, 〈~ white-necked raven〉 ③진기한 것, 〈~ rarity〉, 〈~(↔)bad apple〉 미2

639 **white dai·sy** [와이트 데이지]: (청순함과 출산을 상징하는) 흰 꽃을 피우는 국화과의 1년초, 프랑스의 국화, 〈~ marguerite\moon daisy\ox-eye daisy〉 우1

640 **white cy·press** [와이트 싸이프뤄스]: swamp cypress, 낙우송, ⇒ bald cypress 미2

641 *****white el·e·phant** [와이트 엘러훤트]: (인도·버마 등에서 신성시되는) 흰 코끼리, (옛날 태국왕이 미운 신하에게 하사) 비용만 들고 쓸모없는 코끼리, 무용지물, 애물단지, 〈~ gye-reuk〉, 〈~ monkey on the back〉, 〈↔necessary(useful) thing〉 양2

642 **white-fish** [와이트 휘쉬]: '백어', (송어·황어·돌고래 등 등에서) 흰빛이 도는 물고기, (대구 따위의) 흰 어육, 〈비린내가 덜 나고 달착지근해서 냄비에 지져 먹기에 제격임〉, 〈~ fish having white flesh〉 우2

643 **white flag** [와이트 훌래그]: (항복을 나타내는) 백기, (1899년에 헤이그 평화회담에서 채택된) 종전과 협상을 요구하는 '방어' 신호, 〈~ surrender\cease-fire〉 양2

644 **white gold** [와이트 고울드]: (백금 비슷한) 흰색의 금 합금〈75% gold+25% nickel or zinc〉, (설탕〈sugar〉·목화〈cotton〉 등) 흰 보물, 〈↔black gold〉 우2

645 **white-hand·ed** [와이트 핸디드]: 손이 흰, 노동하지 않은, 결백한, 〈~ un-sullied\innocent〉, 〈↔shenanigan\guilty\red-handed〉 양1 양2

646 **white hat** [와이트 햍]: (서부극의 주인공이 주로 쓰던) 흰 모자, 착한 사람, 정의의 사나이, 〈~ good person\virtuous hero〉, 〈↔black hat〉 양1 양2

647 **White-head** [와이트 헤드], Al·fred: '머리털이 흰 자', 화이트 헤드, (1861-1947), "세상만사는 거미줄같이 서로 연결되어 있다"고 말한 영국 출신 미국의 수학자·〈과정〉 철학자, 〈~ an English mathematician and philosopher〉 수1

648 **white hole** [와이트 호울]: black hole에 빨려 들어간 물질이 방출된다는 가상적 장소, worm hole의 탈출 구멍, '흰 동굴' 우2

649 **White House** [와이트 하우스]: 화이트 하우스, 백악관, 1792년에 시작하여 1902년 현재 모양으로 중축된 132개의 방을 가진 미국(American) 대통령의 관저 (직위), 〈~ President's House\Executive Mansion〉, 〈↔Blue House\Pink House〉 양2

650 **white knight** [와이트 나잍]: 백기사, (위기에서 회사를 구하기 위해 나선) 우호적 인수자·투자가, 〈~ pro-social\savior〉, 〈↔black knight〉 우2

651 **white lie** [와이트 라이]: 악의 없는 거짓말, '가짓말', 〈~ fib\petty lie〉, 〈↔black lie\gray lie〉 양2

652 *****white list** [와이트 리스트]: 〈1842년 black list에 대항해서 등장한 말〉, 바람직한 것들의 목록, (어떤 자격을 획득했거나 제한이 철폐된) '백명단', 우량 품목(인물), 〈~ allow(pass)-list, 〈↔bozo list\black(block)-list〉 미1

653 **white mag·ic** [와이트 매쥑]: 〈black magic에 대항해서〉 (선의의) 마술, high (natural) magic, 〈↔low-magic〉 양2

654 *****white mar·ket** [와이트 마아킽]: 〈2차 대전 때 유행했던 말〉, '밝은 시장', 합법적 시장, 허가난 상업, 〈~ legal(authorized) market〉, 〈↔black market\grey market〉 양2

655 **white mat·ter** [와이트 매터]: (뇌·척수에서 부수 세포들〈secondary cells〉이 모여있는) 백질, 〈~ substantia alba〉, 〈↔gray matter〉 양2

656 **white meat** [와이트 미이트]: (피가 적은) 흰 고기, 낙농 제품, (유색인종의) 백인 성 대상자, 〈~ light-colored meat〉, 〈~ white sexual partner of colored people〉, 〈↔dark meat\red meat〉 양2

657 **white mon·ey** [와이트 머니]: 흰 돈, (외국 투자자가 출자하는) 합법적 자금, 세금을 낸 돈, 〈~ legal money〉, 〈↔black money〉 양2

658 **white nig·ger** [와이트 니거]: wigger, 흑인을 옹호하는 〈천박한〉 백인, 망종 백인, 〈~(↔)nigger〉, 〈↔uncle Tom〉 우2

659 **white noise** [와이트 노이즈]: (모든 가청 주파가 혼합되어 쉿 소리를 내는) '백색 소음', 〈~ mixture of sounds〉 우2

660 **white oak** [와이트 오욱]: (껍질과 목재가 흰) 갈참나무, (미 동부에 서식하며 수령이 길고 단단한 목재를 제공하는) 흰 떡갈나무, 〈~ durmast\stave oak〉 미2

661 **white-out** [와이트 아웉]: (극지에서) 백색으로 인한 시야 상실〈white night〉, (글자를 지우는) 백색으로 된 수정액(수단), 〈~ correction fluid〉, 〈↔gain\brighten〉 미1

662 *****white pa·ges** [와이트 페이쥐스]: 인명별 전화번호부, (전산기 사용자에게 기본적 정보를 제공하는) '백지', 〈~ residential listing\individual directory〉, 〈↔yellow pages〉 미1

663 **white pep·per** [와이트 페퍼]: 백후추, (잘 익었을 때 따서 검은 껍질을 벗겨낸) 자극성이 덜한 회갈색〈grayish brown〉의 후춧가루, 〈~(↔)black pepper보다 less spicy〉 미2

664 ***white per·il** [와이트 페릴]: 백화, 백색 위험, 유색인종이 백인종에게서 받는 압박, 〈~ fear of white race〉, 〈↔yellow peril〉 미2

665 **white pine** [와이트 파인]: soft pine, 백송, (동북 미주〈eastern North America〉의 습지대에 서식하며) 흰색이 도는 나무껍질을 가진 커다란 소나무, 〈~(↔)sugar pine〉 미2

666 **white pop·lar** [와이트 파플러]: (은)백양, 사시나무, (유라시아 원산의) 성장이 빠르며 흰색이 도는 나무껍질을 가지고 부드러운 목재를 제공하는 황철나무, 〈~ aspen populus\populus alba〉 미2

667 **white po·ta·to** [와이트 퍼테이토우]: Irish potato, (아일랜드 지방에서 많이 재배했던) 〈당분이 적은〉 흰 감자 미2

668 **white rad·ish** [와이트 래디쉬]: '흰무', 왜무, 단무지무, ⇒ daikon 미1

669 **White Rus·sian¹** [와이트 뤄션]: ①Byelorussia(Belarus), 백러시아, 1991년 소련으로부터 독립한 폴란드 동쪽의 내륙국가 ②(러시아 혁명에 반대〈anti-revolutionary〉했던) 백계 러시아인 수2

670 **White Rus·sian²** [와이트 뤄션]: ①(보드카·생크림·카카오 등을 섞은) 혼합주〈cocktail〉, 〈생크림을 뺀 것은 Black Russian이라 함〉 ②1990년대 한국 술집에서 인기가 있었던 백계 러시아 아가씨〈girl〉 수2

671 **white sauce** [와이트 써어스]: (밀가루·버터·우유·소금·후추를 섞어 만든) 흰 맛난이, 〈~ bechamel〉 미1

672 **white shark** [와이트 샤아크]: 흰 상어, 흰 상아리, (모든 온·난류에 서식하며) 인간만큼 오래 살고 커다란 고등어 모형에 흰 배지를 가진 보호종 상어, 〈~ white pointer\great white〉 미2

673 **white-smith** [와이트 스미쓰]: (양철·은 등) 흰 금속을 다루는 직공, 〈~ tin-smith〉, 〈↔black-smith〉 우2

674 **white space** [와이트 스페이스]: 여백, (시각적 효과를 위해 일부러) 비워둔 공간, 〈~ empty space〉 양2

675 **white squall** [와이트 스쿼얼]: 무운돌풍(구름없이 닥치는 급진성 폭풍), (열대지방에서) 맑은 날에 몰아치는 질풍, 〈~ cyclone\hurricane〉, 〈↔black squall〉 미2

676 **white-thorn** [와이트 쏘언]: hawthorn, 산사나무, 〈껍질이 벗겨져서 흰 속살이 드러나는〉 아가위나무, 초여름에 흰 꽃이 피고 가을에 자잘한 붉은 열매가 맺히는 장미과의 작은 낙엽활엽교목, 〈~ may-bush\scaret haw〉 미2

677 **white-throat** [와이트 쓰로욷]: 목이 흰 명금, (북미주에 서식하며) 참새 비슷한 휘파람샛과의 철새, 〈~ a bush warbler〉 우1

678 **white trash** [와이트 트래쉬]: '쓰레기 백인', (미국 남부의) 가난한 백인, '천박한' 백인, 〈~ poor white people〉, 〈↔moon-cricket〉 미2

679 ***white-wash** [와이트 워어쉬]: 흰 도료, 회반죽, 겉발림, 속임수, 영패, 입가심용 백포도주, 〈~ blanch\shut-out\camouflage〉, 〈↔black-wash〉 양1 우2

680 **white wa·ter** [와이트 워어터]: 희게 부서지는 물, (모랫바닥이 보이는) 맑은 바닷물, 〈~ turbulent or clear water〉, 〈↔black(dark) water〉 우2

681 **White-wa·ter Scan·dal** [와이트 워어터 스캔들]: 화이트 워터 추문, (1990년대에 터진) 클린턴 부부〈Clintons〉가 아칸소주 주지사 시절 W~ 개발 회사에 3천만 불을 부정 대출해 주었다는 고발로 의혹이 있었으나 클린턴이 기소되지는 않았던 사건, 〈~ an American political controversy in 1990s〉 수2

682 **white whale** [와이트 웨일]: 흰고래, beluga whale, sea canary, melon head, 북극지방에 서식하며 등지느러미가 없고 성인의 10배가량의 흰 몸통을 가진 '돌고래' 미2

683 **white wine** [와이트 와인]: 흰(백) 포도주, (2,500년의 역사를 가진) 껍질을 벗긴 포도를 으깨서 발효시킨 〈심·혈관에 적포도주와 비슷한 역할을 하는〉 '노리끼리한 색깔'의 포도주, 〈↔red wine〉 양2

684 **white-wood** [와이트 우드]: 백색 목재(를 얻는 나무), 흰 빛깔의 나무, 백색수, 〈~ tulip tree\white poplar〉 미2

685 **whith·er** [위더]: 〈← hwider(what place)〉, 〈게르만어〉, 〈← which〉, 어디로, ~한 그곳으로, 어디로든지, 〈~ hither\thither〉, 〈↔whence〉 가1

686 **whit·ing** [와이팅]: 〈영국어〉 ①〈흰 빛이 도는〉 민어과의 작은 바닷물고기, 〈~ hake¹〉 ②백분(화장용의 흰 가루), 백악(석회질의 흰 암석), 〈~ white powder\chalk(stone)〉 미2

687 **whit·ing pout** [와이팅 파욷]: pouting bib, (유럽산) 〈흰 빛이 도는 배를 가진〉 대구과의 통통한 작은 바닷물고기 우1

688 **Whit-man** [휫먼], Walt: '피부가 흰 자', 휘트먼, (1819-92), 「풀잎」 등 자연과 인간의 말초 신경을 건드린 감각적 '자유 시'를 쓴 미국의 국수주의적 시인, 〈~ an American poet and journalist〉 미1

689 **Whit-ney** [위트니], E・li:〈'white island'에 사는 자?〉, 휘트니, (1765-1825), 면화씨를 빼내는 조면기(cotton gin)를 발명한 예일대학 출신 기술자, 〈~ an American inventor〉 미1

690 **Whit-ney** [위트니], Mt: 휘트니, (탐험을 후원했던 지리학자의 이름을 딴) 주의 중동부에 있는 4,421m짜리 캘리포니아 최고의 산, 〈~ a mountain in California〉 미2

691 **Whit-sun** [윋슨]: 휘트선, 'white Sunday', 부활절 후의 제7 일요일, 성령 강림절, 〈~ Shavout\Pentecost²〉 미2

692 **Whit-ti·er** [위티어], Cit·y of: 휘티어, 초기 정착자들이 〈그곳에 발자국을 남긴 일이 없는〉 퀘이커 시인을 기리기 위해 이름을 붙인 LA 동쪽(E. of LA)의 군소도시(닉슨 대통령의 출생지) 미2

693 **Whit-ti·er** [위티어], John Green-leaf: whit(white)+tawyere(tanner), 〈흰 가죽옷을 만드는 자?〉, 휘티어, (1807-92), 시골의 삶을 찬양하고 노예해방을 부르짖었던 미국의 '퀘이커 시인', 〈~ an American Quaker poet〉 미1

694 **whit·tle** [위틀]: 〈← thwitan(thin cut)〉, 〈영국어〉, 조금씩 깎다(줄이다), 새기다, 〈~ shave\trim\carve〉, 〈↔extend\inflate〉 양1

695 **whiz(z)** [위즈]: 〈의성어〉, 〈영국어〉, 윙, 핑, 씽, 수완가, 소매치기, 〈~ wizard〉, 〈↔roar\rookie〉 가1 양2

696 **WHO**: ⇒ World Health Organization 미2

697 **who** [후우]: 〈← wha(what person)〉, 〈게르만어〉, 누구(를・에게), ~하는 사람, 어떤 사람, 〈관심을 자극하는 말〉, 〈~(↔)some-body〉, 〈↔anybody\nobody〉 가1

698 **who-dun-(n)it** [후우 더닡]: who done it, 탐정(추리)물, 〈~ mystery\thriller〉, 〈↔romance\melodrama〉 양2

699 **who-ev·er** [후우 에붜]: 누구든지, 누가 하더라도, 〈~ some-one\any-body〉, 〈↔nobody\unknown〉 가2

700 ***who's to say?** [후우즈 투 쎄이]: 누가 알겠어?, 다들 짐작만 할 뿐이다, 아무도 모른다, 〈~ it's any-one's guess\nobody knows〉 양2

701 **whole** [호울]: 〈← haila(undamaged)〉, 〈게르만어〉, '완전한', 전체의, 통째로, (분수를 포함하지 않은) 정수의, 〈어미가 같은〉 동복의, 〈~ heal\health〉, 〈~ entire\full〉, 〈↔divided\part〉 양1

702 **whole life in-sur-ance**: 종신 생명 보험, 죽을 때까지 현금 가치가 쌓인다는 비교적 보험료가 비싼 생명 보험, 〈~ permanent or straight life insurance〉, 〈~(↔)term life insurance〉 미2

703 **whole meal** [호울 미일]: (기울을 제거하지 않은) 완전 밀가루, 통밀, whole wheat 미2

704 **whole milk** [호울 밀크]: (처리 과정에서 지방을 제거하지 않은) 〈최소 3.25%의 지방을 함유하는〉 '온존한 우유', 〈~ regular milk〉, 〈↔butter(\skim) milk〉 우2

705 ***whole nine yards**: (예전 영국 돛단배의 최고 길이가 9야드였을 때) 〈돛을 9야드까지 풀어올리라는 뜻에서 연유한〉 전심・전력, 전부, 몽땅, whole-heartedly 양2

706 **whole-sale** [호울 쎄일]: 도매(의), 일괄적인, 대대적인, 〈~ bulk(mass) sale〉, 〈↔retail〉 양2

707 **whole-some** [호울 썸]: 건전한, 유익한, 건강한, 완전한, 〈~ hale¹\sturdy\well〉, 〈↔unhealthy\noxious〉 양1

708 **whom** [후움]: 〈← hwam← wha〉, 〈게르만어〉, who의 목적격, 〈영어에서 제일 잘 못 쓰는 관계 대명사〉, 〈~ what-ever person〉, 〈↔whom-ever〉 가1

709 **whoop** [우우프]: 〈영국어〉, 〈의성어〉, 야아 (우아), 후우, 씩씩(거리다), 고함치다, (고릴라 등의) 떼, 〈~ shout\hoot〉, 〈↔murmur\whisper〉 양2

710 **whoop-er** [우우퍼]: 우우하고 소리치는 사람(것・새), 크고 눈에 띄는 것, 〈~ jumbo〉, W~; 커다란 햄버거(상표명), 〈~(↔)Big Mac〉 양1 미1

711 **whoop-er crane(swan)** [우우퍼 크뤠인(스완)]: 큰 고니, 북미 내륙에 서식하고 〈옾~옾 소리를 내며〉 껑충하게 키가 큰 멸종 위기의 흰색 두루미, 〈trumpeter swan\sand-hill crane〉 미2

712 **whoop-ing cough** [후우핑 커후]: pertussis, 백일해, 고열을 내고 발작적 기침을 하면서 〈석 달 열흘 고생을 해야 했던〉 세균성 호흡기 질환, 〈~ a highly contagious bacterial URI〉 미2

713 **whoops** [우웊스]: 〈영국어〉, 〈의성어〉, 이크, 아이고, 〈~ oops\upsy·daisy〉, 〈↔whimper\gasp〉 양2

714 *w(h)oo·sah [우우샤]: 〈미국 영화에 나오는 의성어〉, '휴우~' (안심하는 소리), 〈~ relief\relax〉, 〈↔buzz\fizzle〉 양2

715 whore [호어]: 〈← hore(a harlot)〉, 〈게르만어〉, 〈잡다한 어원을 가진〉 창녀, 갈보, 지조 없는 사람(여자), 〈~ prostitute〉, 〈↔lady\nun?〉 양2

716 whorl [워얼]: 〈← whorwyl(whirl)〉, 〈영국어〉, 소용돌이꼴, 물레바퀴, 나선형, 윤생체, 〈~ loop\coil\helix〉, 〈↔stand-still\straighten〉 양1

717 whor·tle-ber·ry [월틀 베뤼]: 〈← horta〉, 〈어원 불명의 영국어〉, bilberry, blue·berry, 산앵두(나무), 소스나 잼을 만들어 먹는 시큼털털한 콩알만 한 열매를 맺는 덩굴 월귤(나무), 〈~ farkle-ber·ry〉 미2

718 whose [후우즈]: 〈← hwas← hwa〉, 〈게르만어〉, who나 which의 소유(prossessive)격, 〈~ belonging to what person〉 가1

719 *who steals an egg will steal a cow: 바늘 도둑이 소 도둑 된다, 〈~ steal a penny, steal a pound〉 양2

720 who's who [후우즈 후우]: 누가 누군가, (유명) 인명록, 사망자 명부(who was who) 양2

721 why [와이]: 〈← hwi← hwa〉, what reason, 〈게르만어〉, 왜, 어째서, 까닭, 저런, 글쎄요, 〈~ 무엄한 말〉 가1

722 Wich·i·ta [위치터어]: 〈← we(red)+chate(water)?〉, 위치타, (그곳에 살던 원주민 부족의 이름을 딴) 미 중부 캔자스주 중남부에 있는 항공산업이 발달했던 산업도시, 〈~ a city in south-central Kansas〉 수2

723 wick [윅]: 〈← weoca(flax bundle)〉, 〈어원 불명의 게르만어〉, (양초·등잔 등의) 심지, 자지, (모세관 작용으로) 나르다, 심기를 거스르다, 〈~ a piece of cord\absorb by osmosis〉 양1

724 wick-ed [위키드]: 〈← wicca〉, 〈영국어〉, 〈← witch〉, 사악한, 심술궂은, 나쁜, 멋진, 대단한, 〈쩐← 쩐다← 절다← (소금에) 절다〉, 〈~ heinous\wretch〉, 〈↔up-right\virtuous〉 양2

725 wick·er [위커]: 〈← wikir(pliant twig)〉, 〈북구어〉, 흐느적거리는 가는 가지, 고리버들 세공, 〈~ willow〉, 〈~ straw-plaited\raffia\rattan〉 미2

726 wick·et [위킷]: 〈← guichet(small gate)〉, 〈프랑스어〉, 작은 문, 쪽문, 작은 창(구), '개찰구', 삼주문, 〈↔closure〉 양1 미2

727 wide [와이드]: 〈← widaz(apart)〉, 〈게르만어〉, 폭넓은, 광대한, 크게 열린, 낙낙한, 〈→ width〉, 〈~ broad〉, 〈~ narrow〉, 〈↔deep\high〉 양1

728 wide-an·gle [와이드 앵글]: 넓은 각도(광각)의, 초점거리가 짧아 넓은 영역을 볼 수 있는, 〈~ wide view〉 미2

729 *wide-ar·e·a net-work \ WAN: 광역 통신망, 〈비행기가 항상 만석이 되게 하는〉 광범위하게 산개된 전산기를 연결해주는 체계, 〈~ MAE〉, 〈↔LAN〉 미2

730 widg·eon [윈쥔]: 〈← vigeon(whistling duck)〉, 〈프랑스어→영국어〉, 〈의성어〉, wig·eon, 홍머리오리, (유럽과 미주에 서식하는) 공 모양의 머리를 가지고 철 따라 이동하는 작은 오리류, 〈~ bald-pate〉, 〈mallard보다 훨씬 작음〉 미1

731 widg·er [윈쥘]: 〈어원 불명의 영국어〉, (끝이 뾰족한 묘목 이식용) 작은 삽, '고추' (작은 자지), 〈~ a seeding tool〉 미1

732 *widg·et [윈쥍]: 〈'gadget'이 탈바꿈한 영어〉, (하찮은) 작은 도구, 전산기의 도안을 조정하는 작은 장치, 〈~ tool\instrument〉 미1

733 wid·ow [위도우]: 〈← vidhuh(lonely)〉, 〈산스크리트어→라틴어→영국어〉, '남편보다 오래사는 〈외로운〉 여자', 미망인, 과부(surviving wife), (카드를) 돌리고 남은 패(extra-hand), 다음 면으로 넘어가지 못하고 남은 단락의 처음이나 끝 행(incomplete line), 〈↔widower〉 양1 우2

734 wid·ow-er [위도우어]: 〈← widow〉, (과부를 만든) 홀아비, 〈~ surviving husband〉 양2

735 width [윋쓰]: 〈영국어〉, 〈← wide〉, 폭, 너비(넓이), 가로, 〈~ breadth〉, 〈↔length\depth\height〉 가1

736 wield [위일드]: 〈← gweldan(to govern)〉, 〈게르만어〉, '지배하다', 휘두르다, 행사하다, 〈~ herald\brandish〉, 〈↔mismanage\neglect〉 양1

737 Wie·ner [위이너]: 〈게르만어〉, 'Viena' (소시지), dachshund (개), w~; 〈꼬추〉 자지(penis) 수2 양2

738 Wie·ner-schnit·zel [위이너 슈니철]: Viena+schnitz(cutlet), 비엔나 슈니첼, 비엔나식 송아지 산적, 얇게 저민 송아지 살코기(veal)를 가루 반죽에 굽거나 튀긴 요리 수2

739 wife [와이후]: 〈← wif(a woman)〉, 〈게르만어〉, 부인, 아내, ('안해), 안사람, 처, 마누라, 내자, 〈편한 남자가 있는〉 '여자', 〈영어보다 어감이 풍부한 우리말이 너무너무 많아요!〉, 〈~ consort\mate〉, 〈~↔enemy〉, 〈↔husband〉 가2

740 **wi·fey** [와이휘]: 〈신조어〉, '마눌님', 부인 마님(wife를 높여 부르는 말), 곧 wife가 될 애인, 〈~ wife to be〉 양2

741 ***Wi-Fi** [와이 화이]: wireless fidelity, '무선 고충실도 (수신기)', 1998년에 도입된 무선으로 변하지 않은 정보를 제공하는 전산망체계, 〈~ wireless LAN〉 수2

742 **wig** [위그]: 〈peri-wig의 축소형〉, 〈프랑스어→영국어〉, toupee, 가발, 상투(상식)적인 것, 높은 양반〈big-wig〉, 질책하다〈rebuke〉, 〈↔bald\no-body\cheer〉 가1

743 **wig·gle** [위글]: 〈← wiggelen(cradle)〉, 〈게르만어〉, (뒤)흔들다, 파동치다, 꼬리치다, 〈~ wag〉, 〈↔rest\still\un-wind〉 양2

744 **wig·wam** [위그왐]: 〈← wikewam(dwelling)〉, 〈원주민어〉 ①(북미 인디언의) 막대기에 나무껍질을 덮은 원형 오두막, 〈~ tepee〉 ②임시로 세운 큰 집회소, 〈~ tabernacle〉, 〈↔citadel\boutique hotel〉 수2

745 ***wi·ki** [위키]: 〈하와이어〉 ①wiki wiki(빨리 빨리)의 준말 ②작은 양의 정보, 전산망 사용자들이 내용을 수정·편집할 수 있는 기지, 〈~ collaborative platform〉 미2

746 **Wi·ki·pe·di·a** [위키 피디어]: '신속 사전', 위키피디아, 2001년에 미국(America)에서 창립되어 316개의 언어로 주로 자원자들에 의해 쓰이고 비영리재단에서 운영하며 미국에서는 6백22여만 항목을 4천만 명 이상이 사용하는 (영어판) 〈무료〉 전산망 백과사전, 〈~ a free on-line encyclopedia〉 수2

747 **wild** [와일드]: 〈← wildia(untamed)〉, 〈게르만어〉, 야생의, 길들지 않은, 거친, 황폐한, 난폭한, 열광적인, 엉뚱한, 〈~ feral\un-farmed\crazy〉, 〈↔tame\gentle〉 양1

748 ***wild card** [와일드 카아드]: 예측할 수 없는 것, 자유패, 만능패, 두루치기, 〈어느 문자 (기호)든지 맞는〉 임의 문자 (기호), 〈~ accident\twist of fate〉 미2

749 **wild car·rot** [와일드 캐럴]: Queen Anne's Lace, 〈여왕의 옷깃 무늬처럼 우아한 흰 뭉치꽃을 피우는〉 야생 당근 미2

750 ***wild-cat** [와일드 캡]: 살쾡이, 들고양이, 성급(무모)한 사람, 분방한, 무인가의, 〈~ caracal\lynx\feline〉 양2

751 **wild-cat strike** [와일드 캡 스트롸이크]: 무분별 파업, 〈조직은 안 됐으나 폭발력이 강한〉 걷잡을 수 없는 파업, 〈~ out-law(un-official) strike〉 미2

752 **wild-caught** [와일드 커어트]: 자연산(의), 〈사육하지 않고〉 야생에서 포획한 짐승이나 생선, 〈~ un-domesticated\un-farmed〉, 〈↔cultivated\farmed〉 양2

753 **Wilde** [와일드], Os·car: 〈영국계 이름〉, '야성적인〈wild〉 자', (1854-1900), "인생은 예술을 모방한다" 등의 재치와 익살로 〈정직한 위선〉을 꼬집어서 인기를 얻었으나 동성애로 2년간의 중노동 징역을 산 영국의 소설가·극작가, 〈~ an Irish poet and play-wright〉 수1

754 **wilde-beest** [윌(빌)더 비이스트]: 〈네덜란드어〉, wild beast, 야생소, ⇒ gnu 수1

755 **wil·der·ness** [윌더니스]: 〈← wild〉, 황무지, 황야, 미개지, 광막한 곳, 〈~ barren(waste) land〉, 〈↔city\establishment〉 양2

756 **wild-fire** [와일드 화이어]: (적의 배에 불을 지르기 위해 쓰던) 연소물, 도깨비불, 들불, (걷잡을 수 없는) 산불, 마른번개, 〈~ elf fire\forest fire〉, 〈~(↔)blaze\brush-fire〉, 〈↔bon-fire\camp-fire〉 미2

757 **wild-life** [와일드 라이후]: 야생 생물, 〈~ fauna and flora〉, 〈↔captive animal〉 양2

758 **wild mus·tard** [와일드 머스터드]: charlock, 야생 겨자, 들갓 미2

759 **wild-track** [와일드 트랩]: (화면과는 다른 소리·해설을 담은) 엉뚱한 통로 (기록 끈), 〈~ wild lines (sound)〉 미2

760 **wild-wa·ter** [와일드 워어터]: 급류, 격류, 〈~ breakers\rapids〉, 〈↔calm water〉 양2

761 **wile** [와일]: ①〈← wil(trickery)〉, 〈영국어〉, 책략, 간계, 농간, 〈~ guile\trick〉, 〈→ wily〉, 〈↔fairness\honesty〉 ②'while', 한가로이 보내다, 즐겁게 보내다, 〈~ pass time\please〉, 〈↔revolt\repel〉 양1

762 **wil·ful \ will·ful** [윌훌]: 〈← will〉, 고의의, 계획적인, 제멋대로의, 옹고집의, 〈~ intentional\adamant〉, 〈↔accidental\flexible〉 양1

763 **Wil·helm** [윌헬름 \ 윌헬름]: wil(will)+helm(helmet), '의지가 강한 자', 빌헬름, William의 독일어, 1858~1918년간 독일을 통치했던 조·손, 〈~ German emperors〉 수1

764 **will** [윌]: 〈← willa(intent)〉, 〈게르만어〉, 의지, 의도, 의욕, 유언장, '원하다', 하려고 하다, ~일 것이다, 〈부담이 가는 말〉, 〈~ well\wish\volition〉, 〈↔reluctance\coercion〉 가1

765 ***will-call** [윌 커얼]: 현장 수령제, 팔 물건을 맡아 두는 보관부서 (제도), ⟨~ deposit\reservation⟩, ⟨↔booking\cancellation⟩ 미2

766 **will do** [윌 두우]: ⟨I will do⟩의 약어, 내가 할게, 곧 할게 가1

767 **wil·let** [윌맅]: ⟨영국어⟩, ⟨의성어⟩, duck snipe, ⟨'윌맅·윌맅'하고 울면서⟩ (미주의 해변가에 서식하는) 대형 도요새 미2

768 **Wil·liam** [윌리엄]: Bill, ⟨← Wil-helm⟩, ⟨게르만어→영국어⟩, '의지가 강한 자', '굳건한 수호자', 남자 이름(male name), 1066~1837에 영국을 통치했던 4명의 왕, ⟨~ kings of England⟩ 수1

769 **Wil·liam** [윌리엄], Prince of Wales: (1982-), 찰스3세와 다이아나의 장남으로 영국 왕위를 따놓은 '당상', ⟨~ Duke of Cambridge\the heir apparent to the British throne⟩ 수1

770 **Wil·liam and Mar·y,** Col·lege: 1693년 William III와 Mary II에 의해 버지니아의 윌리엄스버그(Williamsburg)에 세워진 미국에서 두 번째 오래된 남녀공학 문리대학, ⟨~ a public research univ.⟩ 수1

771 **Wil·liam Tell** [윌리엄 텔]: 15세기 말에 합스부르크왕가의 실력자를 활로 쏴 죽이고 스위스 연방의 초석이 되었다는 전설의 영웅, ⟨~ a folk hero from Switzerland⟩ 수1

772 **Wil·liams** [윌리엄즈], Ro·ger: 윌리엄스, (1603?-1683), 런던에서 태어나 28세에 미국으로 와서 원주민들의 신뢰를 얻고 로드 아일랜드를 창립한 정경 분리주의 목사, ⟨~ an English-born American Puritan minister⟩ 수1

773 **Wil·liams** [윌리엄즈], Ten·nes·se: 윌리엄스, (1911-1983), 미시시피에서 태어났으나 테네시를 필명으로 삼고 폭력과 성범죄를 부각시켜 인간의 소외감을 피력했고 동성애와 술에 탐닉했던 미국의 극작가·시인, ⟨~ an American playwright and poet⟩ 수1

774 **Wil·liams-burg** [윌리엄즈 버그]: 윌리엄스 버그, 1699년 윌리엄 3세를 기리기 위해 주도로 개명된 미국 버지니아주 중동부(mid-eastern Virginia)에 위치한 유서 깊은 관광 도시, ⟨~ James Town 유적지로부터 4km 북동쪽⟩ 수2

775 **Wil·liams Col·lege** [윌리엄즈 칼리쥐]: 윌리엄스 대학, 프랑스와 전쟁에서 전사한 Ephraim Williams의 유산으로 1793년 매사추세츠주 서북부(north-western Massachusetts)에 세워진 인문사립대학, ⟨~ a private liberal arts college⟩ 수1

776 **Wil·liams So·no·ma** [윌리엄즈 쏘노우머]: 윌리엄스 소노마, 1956년 Charles W~가 캘리포니아(California)의 소노마시에서 창립한 미국의 주방용구·가구 제조·판매 회사, ⟨~ an American publicly traded consumer retail co.⟩ 수2

777 **wil·lie (wil·ly)** [윌리]: ⟨← William⟩, 고추자지, (성공한) 흑인 남자, 솜 틀, ⟨~ dick\man-hood\willowing machine⟩ 양2

778 **Wil·lie Hor·ton** [윌리 홀튼], ef·fect: 윌리호튼 효과, 1988년 아버지 부시와 두카키스 대선 때 두카키스가 수감자의 주말 휴가를 지지했으나 외출 나간 W. Horton이 강간 살인을 저질러서 이것을 트집 잡아 상대방을 맹공격했던 ⟨헐뜯기 작전의 대명사⟩, ⟨현재 한국에서 성행하는 political slander의 예⟩ 수2

779 **will-o-the-wisp** [윌러더 위슾]: Will이 들고 영혼의 안식처를 찾아 헤맨다는 작은 다발(wisp)의 등불, 도깨비불, 환영, 신출귀몰하는 사람, friar's lantern ⟨~ spook (or ghost) light\hinky-punk⟩, ⇒ jack o lantern 미2

780 **wil·low** [윌로우]: ⟨← wel(revolve)⟩, ⟨게르만어⟩, ⟨'휘어 감기는'⟩ 버들, 버드나무, (전 세계의 습지에 서식하며) 25cm부터 37m의 높이로 자라는 약 400여 종의 섬세하고 우아한 나무, ⟨~ osier\sallow⟩, ⟨~ wicker⟩ 미2

781 **wil·low fly** [윌로우 훌라이]: mayfly, ⟨5월경⟩ 버드나무 등의 잎에 알을 까고 물속으로 떨어져서 물고기의 밥이 되어주는 500여 종의 강도래(강가에 사는 작은 '메뚜기') 우2

782 **wil·low herb** [윌로우 어얼브]: (예전에) fire weed, 분홍바늘꽃, (전 세계에 서식하며) 털이 달린 버들잎에 분홍 꽃을 피우는 부처꽃속의 다년초, '버들풀' 미2

783 **wil·ly-nil·ly** [윌리 닐리]: ⟨영국어⟩, ⟨의태어·의성어⟩, 싫든 좋든, 무질서한, 머뭇거리는, willing or not-willing, ⟨↔deliberately\orderly⟩ 양2

784 **Wil-shire** [윌샤이어 \ 윌셔]: ⟨← wilig(willow)⟩, ⟨영국계 이름⟩, '버드나무 숲에 사는 자', 오하이오에서 온 부동산 개발업자의 이름을 딴 ⟨많은 사업체가 자리 잡고 있는⟩ 미국 LA를 (동)서로 지르는 기간 도로, ⟨~ a major E-W BLVD in LA City⟩ 수2

785 **Wil-son** [윌슨], Wood-row: will+son, 〈영국계 이름〉, '의지가 강한 자의 아들', (1856-1924), 목사 아버지한테 배운 웅변술로 TR과 태프트 간의 불화로 갈라진 공화당 때문에 어부지리로 대통령에 당선되어 세계 1차대전을 종식시키고 〈자신은 백인우월주의자였으나〉 세계평화와 민족 자결주의를 외치며 고군분투하다 중풍을 맞은 정치학 전공의 민주당 출신 미국의 28대 대통령, {The Schoolmaster(교장 선생님)}, 〈~ 28th US President〉 수1

786 **wilt** [윌트]: 〈← welken(wither)〉, 〈게르만어〉, 시들다, 약해지다, 〈~ sag\wizen〉, 〈↔thrive\flourish〉 양1

787 **Wil-ton** [윌튼]: wilig(willow)+ton(town), 'willow 숲', 영국 월턴 지방(southern England) 특산의 고급 융단〈rug〉 수1

788 **wil·y** [와일리]: 〈영국어〉, 〈← wile'〉, 꾀가 많은, 약삭빠른, 〈~ cunning\sly〉, 〈↔naive\guileless〉 양1

789 **wim·ble** [윔블]: 〈← wimmel(boring tools)〉, 〈게르만어〉, drill, auger, gimlet, 송곳, 〈돌려서〉 구멍 뚫는 기구, 〈↔fill\plug〉 미2

790 ***wim·min** [위민]: women이나 female 대신 여성 운동가들이 쓰는 새로운 철자, '여걸', 〈~ liberated woman〉, 〈어쩐지 신식 여성들은 'man'자가 들어가면 다 싫어해요〉, ⇒ a-woman 우2

791 ***WIMP** [윔프], in·ter-face: (〈게으른 사람이〉 전산기 사용을 쉽게 하기 위해) windows·icons·mouse·pulldown menus를 이용하는 사용자 접속 회로 우1

792 ***wimp** [윔프]: 〈미국 만화 Popeye에 나오는 인물에서 유래한?〉 겁쟁이, 게으름쟁이, 유행에 뒤진 사람, 〈~ ponce\milk-sop〉, 〈↔hero\hunk\mensch〉, 〈↔bad-ass\stud'〉 양2

793 **wim·ple** [윔플]: 〈← wimpel(a veil)〉, 〈게르만어〉, 옷 주름, 잔물결, (수녀용) 머리쓰개, 〈~ babushka\capuchin〉 양1 우2

794 ***wim·py** [윔피]: 햄버거〈hamburger〉의 일종, (햄버거를 좋아하는) 뽀빠이의 친구, 겁쟁이, 무골충, 〈~ feeble\force-less〉 수2

795 **win** [윈]: 〈← winnan(to fight)〉, 〈게르만어〉, ('싸워서') 이기다, (이겨서) 얻다, 달성하다, 사로잡다, 〈~ triumph\victory〉, 〈↔lose\surrender〉 양2

796 **wince** [윈스]: 〈← winken(move aside)〉, 〈게르만어〉, 주춤하다, 움츠리다, 질겁하다, 〈~ wink\winch\flinch〉, 〈↔face\meet\nestle〉 양1

797 **winch** [윈취]: 〈← winkja(to bend)〉, 〈게르만어〉, (〈wink 하는 듯한〉 L자 손잡이를 돌려 끈을 감아올리는) 권양기, pulley, windlass〈winding pole〉 미1

798 **Win·che·ster** [윈췌스터]: wenta(town)+castra(camp), 〈켈트어+라틴어〉, 〈담이 쳐진 도시?〉, 원체스터, 〈수도를 정할 때 런던과의 경쟁에서 밀려난〉 영국 남부(southern England) 햄프셔의 주도 수1

799 **Win·ches·ter** [윈췌스터], Col-lege: 윈체스터 대학, 1394년에 개교하여 과학에 앞장섰던 영국의 유서 깊은 공립학교, 〈~ an English public school〉 수2

800 **Win·ches·ter** [윈췌스터], disk: 윈체스터 원반, 소형 전산기에 사용되도록 고안된 강성자기 원반, 〈~ a hard disk drive〉 수2

801 **Win·ches·ter** [윈췌스터], ri·fle: 윈체스터 소총, '서부를 정복한 총', (1866년에 고안된) 방아쇠를 당기면 총알이 연속으로 나가게 되어 있는 총열이 비교적 짧고 가벼우며 총신 안에 나사 모양의 홈이 파진 소총, 〈~ a series of lever action repeating rifles〉 수2

802 **wind**¹ [와인드]: 〈← windan(to coil)〉, 〈게르만어〉, 꾸불거리다, 굽이치다, 감다, 돌리다, 〈→wend〉, 〈~ curl\roll\twist〉, 〈↔tendril〉, 〈↔straighten\untwist〉 양1

803 **wind**² [윈드]: 〈← wint← ventus← vati(blowing)〉, 〈게르만어← 라틴어← 산스크리트어〉, 〈신의 숨소리〉, 바람, 호흡, 낌새, 관악기, 소동, 방귀, 〈~ weather〉, 〈~ air current\breath\fart〉, 〈↔calm\hush〉 양1

804 **wind-bag** [윈드 배그]: 공기주머니, 풀무, 수다쟁이, 허풍쟁이, 〈~ boaster\braggart\gas-bag〉, 〈↔quiet\reserved〉 양2

805 **wind-bell**(chime) [윈드 벨(촤임)]: 풍경, 바람이 불면 소리가 나게 처마 끝에 달아 놓은 조그만 종, 〈~ chime ornament〉, 〈~(↔)tintinnabula〉 양2

806 **wind-break-er** [윈드 브레이커]: 바람막이, 방풍림, (비바람을 막으려고 손목과 허리 등을 고무줄로 졸라맨) 방풍복, 〈~ parka\anorak\duffle coat〉 양2

807 **wind-chill** [윈드 칠]: 풍속 냉각, 바람이 강해 피부로 느낄 정도의 냉각 효과를 나타내는 일기현상, (냉각) 체감 온도, 〈~ cooling effect of wind〉, 〈↔heat index〉 양2

808 **wind down** [와인드 다운]: (돌려서) 서서히 멈추다, (단계적으로) 축소하다, 긴장을 풀다, ⟨~ cool down\taper off⟩, ⟨↔tense up\escalate⟩ 양2

809 **wind-fall** [윈드 훠얼]: '바람에 떨어진', 굴러들어온 복, 뜻밖의 이윤(손실), ⟨~ bonanza\boom\land-fall⟩, ⟨↔affliction\hindrance⟩ 양2

810 **wind-fall tax** [윈드 훠얼 택스]: 횡재세, (경제 확대로 인한 이익에 대한) 초과 이윤세, 불로소득세, ⟨~ excess profit tax⟩ 양2

811 **wind-farm** [윈드 화얾]: (중국 등에서 성행하나 아직 세계 동력원의 1%도 공급 못 하는) 풍력 발전 지대, ⟨~ wind power plant⟩, ⟨↔solar farm⟩ 미2

812 **wind-flow·er** [윈드 훌라워]: ⟨바람으로 씨가 전파되는⟩ 바람꽃, anemone, 여름에 매화 비슷한 꽃이 피는 미나리아재빗과의 여러해살이풀 (관상초) 미2

813 **wind-harp** [윈드 하아프]: Aeolian (바람신) harp, 풍명금, 나무통에 줄을 연결해서 바람에 의해 소리가 나게 하는 악기 미2

814 **wind-hov·er** [윈드 허붜]: kestrel, 황조롱이, 공중에서 바람 따라 선회하다가 급강하하여 먹이를 낚아채는 작은 매 미2

815 **wind-ing-up** [와인딩 엎]: 청산, (정리) 해산, 결말, ⟨~ settling\liquidation⟩, ⟨↔starting-up\holding-up⟩ 양2

816 **wind-lass** [윈들러스]: ⟨← wind'⟩, ⟨북구어⟩, ⟨← windass(winding pole)⟩, winch, ⟨물건을 감아올리는⟩ (L자 모양의) 권양기 미1

817 **wind-mill** [윈드 밀]: 풍차, 바람개비, (방아나 두레박용으로 시작해서 풍력발전으로 진보된) 풍력 동력기, ⟨~ rotating wheel⟩, ⟨↔water-mill⟩ 양1

818 **win·dow** [윈도우]: vindr(wind)+auga(eye), ⟨북구어→영국어⟩, ⟨← windoge⟩, 창(문), 진열장, 시간(대), 특수 목적을 위해 남겨둔 화면상의 영역, '전산시야', ⟨~ aperture\case-ment⟩, ⟨↔blockage\closure⟩ 양1 우1

819 **win·dow–dress·ing** [윈도우 드뤠씽]: 진열창 장식, 겉치레, 눈속임, 분식회계, ⟨~ facade\disguise⟩, ⟨↔hiding\modesty⟩ 양2

820 **win·dow en·ve·lope** [윈도우 엔뷀로우프]: 창(이 있는) 봉투, 받는 사람의 주소·이름이 보이도록 파라핀 종이를 붙인 봉투, ⟨~ out-look window⟩ 미2

821 **win·dow-ing** [윈도우잉]: '창진열', 두 개 이상의 다른 정보를 윈도를 이용해서 동시에 한 화면에 표시하는 것, ⟨~ simultaneous display⟩ 우1

822 **win·dow-pane** [윈도우 페인]: (끼워 넣은) 창 유리, 유리창, ⟨~ pane of glass⟩ 양2

823 *****Win·dows** [윈도우즈]: 1985년부터 마이크로소프트사⟨Microsoft⟩가 개발한 (초보자도 화면만 보고 쉽게 조작할 수 있는) 전산기 연성기기의 이름들, ⟨~ proprietary graphical operating systems⟩ 수2

824 **Win·dows ac·cel·er·a·tor** [윈도우즈 엑쎌러뤠이터]: '전자 시야 가속 장치', (지금은 다목적 graphics processing unit로 대체된) MS사의 개인전산기 도안 처리 장치 우2

825 **win·dow-sash** [윈도우 쌔쉬]: window+sash², ⟨영국어+프랑스어⟩, (내리닫이 창문의 바깥 틀 안에 있는) 안창 틀, ⟨~ casement\frame-work⟩, ⟨~(↔)window-sill⟩ 미2

826 **win·dow seat** [윈도우 씨이트]: 창 밑에 장치된 의자, 창문 쪽 좌석, ⟨↔aisle seat⟩ 미2

827 **win·dow-shop(·ping)** [윈도우 샾(샤핑)]: '눈요기 장보기', (사지 않고) 진열창으로 구경만 하며 다니는 일, ⟨~ browzing\eye shopping⟩, ⟨↔deal\bargain⟩ 우2

828 **win·dow-sill** [윈도우 씰]: ⟨게르만어→영국어⟩, 창 턱, 창 아래틀, ⟨~ window-ledge⟩, ⟨~(↔)window-sash⟩ 양2

829 **wind-pipe** [윈드 파이프]: 기관, 호흡관, 도관, trachea, ⟨↔gullet\esophagus⟩ 양2

830 **wind-screen(shield)** [윈드 스크륀인(쉬일드)]: ⟨게르만어⟩, (자동차의 전면에 있는) 바람막이 (유리), ⟨~ front-glass⟩, ⟨↔back-glass⟩ 우2

831 **Wind·sor** [윈져], Cas·tle: ⟨← windlesoran(bank with a windlass)⟩, ⟨고대 영국어⟩, ⟨강이 굽은 곳⟩, 윈저 성, (정복왕 윌리엄이 시작해서 빅토리아 여왕이 완성한) 런던 서부에 있는 24에어커짜리 영국 왕실의 주거지, ⟨~ British royal residence⟩ 수1

832 **Wind·sor** [윈져], chair: 〈생산지 지명에서 유래한〉 윈저 의자, (가느다란 나무 막대로 등받이와 다리를 만든) 등이 높은 나무 의자, 〈~ a wooden spindle back chair〉 수2

833 **Wind·sor** [윈져], Cit·y of: 윈저 시, (1836년 영국계 개척자들이 명명한) 디트로이트시 건너편에 있는 캐나다 최남단의 항구·공업·교통 도시, 〈~ a Canadian city across from Detroit〉, 〈편자가 처음 이민와서 서러움을 달래던 곳〉 수1

834 **Wind·sor** [윈져], House of: 윈저 왕가, (1차 대전 중 독일식에서 영국식으로 이름을 바꾼) 1917년 이래 현 영국 왕실의 호칭, 〈~ current British royal house〉 수1

835 **Wind·sor** [윈져], knot: 윈저 매듭, double Windsor, 〈편자가 즐겨 쓰는〉 끈을 양쪽으로 두 번 돌려 매는 목걸이 매는 방식, 〈~(↔)four-in hand²〉 수2

836 **wind-storm** [윈드 스토엄]: (비를 동반하지 않은) 폭풍, 〈~ gale¹\cyclone〉, 〈↔rain-storm〉 양2

837 **wind surf·ing** [윈드 써얼휭]: (돛이 달린 판자로 하는) '바람' 파도타기, 〈~ board-sail〉 우2

838 **wind-up** [와인드 엎]: 감아 올리는 일, 마지막 손질, 끝장, 결말, 〈~ break-up\closing〉, 〈↔start\run-on〉 양1

839 **wind vane** [윈드 붸인]: '바람 깃발', weather cock, weather vane, 풍향계 양2

840 **wind-ward** [윈드 워어드]: 바람 불어오는 쪽으로, 바람받이로, (냄새를 피하려고) 바람 부는 쪽으로 앞지르다, 〈~ up-wind〉, 〈↔lee〉 양1

841 **wine** [와인]: 〈라틴어→게르만어〉, 〈← vine〉, 〈여러 가지 학설이 있으나 'vinum'이 어원이라는〉 포도주, 과실주, 〈~ vino\vin de table〉, 〈↔non-alcoholic\non-formented drinks〉 양2

842 **wine and dine** [와인 앤 다인]: 술과 음식을 즐기다(대접하다), 푸짐하게 먹고 마시다, 〈~ feast\banquet〉, 〈↔cold shoulder\neglect〉 양2

843 **wine cel·lar** [와인 쎌러]: (지하의) 포도주 저장실, 〈~ wine storage room〉 미2

844 **wine cool-er** [와인 쿠울러]: wine chiller, 포도주 저장용 냉각기 (냉장고)〈fridge〉, 포도주·과일주스·얼음·소다수를 넣어 만든 '혼합주'〈cocktail〉 미2 우1

845 **wine-cup** [와인 컵]: 포도주잔, purple poppy mallow, (주로 지표 식물로 심는) 심홍색을 띤 테가 있는 꽃을 피우는 당아욱의 일종 양2 우1

846 **win-er·y** [와이너뤼]: vinery, 포도주 양조장, 〈~ wine brewery〉, 〈~(↔)vineyard\wine farm〉 양2

847 **wine-sap** [와인 쌮]: (사이다용으로 많이 쓰는) 미국산의 중간 크기의 붉은 가을 사과, 〈~ pot-pie apple〉 우1

848 **Win-frey** [윈후뤼], O·prah: win(joy)+frid(peace), 〈영국어〉, '평화로운 친구', 윈프리, (1954-), 험난한 소녀기를 거쳐 20세기 흑인 최고 갑부가 된 미국의 TV쇼 사회자·제작자·〈대중 매체의 여왕〉, 〈~ an American talk show host〉 수1

849 **wing** [윙]: 〈← vinge(ala)〉, 〈북구어〉, 날개 (부분·모양), 깃, 한쪽, 진영, 〈~ ptero\side\annexe〉, 〈↔body\base\crawl\stay〉 양1

850 **wing chair** [윙 췌어]: '날개 의자', 등이 날개 모양으로 된 안락의자, 〈~ wing-back〉 우2

851 **wing·ding** [윙 딩]: 〈1944년에 등장한 어원 불명의 영어〉, 야단법석, 떠들썩한, (마약에 의한) 발작, 꾀병, 〈~ gaiety\fuss\hysteria〉, 〈↔caalmness\failure〉 양1

852 **wing-ed words** [윙드 워어즈]: 〈← epea pteroenta〉, 〈호머의 서사시에 나오는 명언들을 일컫는 말〉, 적절한 말, 정곡을 찌르는 말, '시어', 〈~flight words\mot juste\common phrase\poetry〉, 〈↔balony\non-sense〉 양2

853 **wing-nut** [윙 널]: (돌리기 쉽게 날개가 붙어 있는) 날개 나사, 열매 껍질에 반원형 테를 가지고 있는 호두, 〈right(left)·wing nut〉; 광적인 보수(진보)주의자, 〈~ cuckoo\wackadoodle〉 미2

854 **wink** [윙크]: 〈← wincian(blink)〉, 〈게르만어→영국어〉, 눈을 깜박이다, 눈짓하다, ((선척적으로 타고난) 한쪽은 찡그리고 한쪽은 활짝 열며) 눈웃음치다, 못 본 체하다, 눈 깜짝할 사이, 〈~ wince\winch〉, 〈↔evil(stink) eye〉 미2

855 **Win-key** [윈 키이]: Windows key, '창 열쇠', (자판의 왼쪽 Ctrl와 Alt 사이에 MS Window의 상표가 그려진) window 간의 지름길을 제공하는 건반 수2

856 *****win-mo·dem** [윈 모우뎀]: 강성기기의 역할을 해주는 연성 변복조 장치, 〈~ soft-modem〉, 〈↔hard-ware modem〉 우1

857 **win-ner** [위너]: 승리자, 수상자, 성공할 가망이 있는 자, (의외로) 좋은 작품, ⟨~ victor\champion⟩, ⟨↔loser\goner⟩ 양1 미2

858 **win·now** [위노우]: ⟨영국어⟩, ⟨wind로⟩ 까부르다, 키질하다, 골라내다, ⟨~ separate\sift⟩, ⟨↔elect\cull⟩ 양1

859 *****win-o** [와이노우]: ⟨미국어⟩, ⟨← wine⟩, (싸구려) 포도주 애호가, 술꾼, ⟨~ drunkard⟩, ⟨↔teetotaler⟩ 양1

860 *****win o·ver (some-one)**: ~가 자기를 좋아하도록 만들다, ~의 마음에 들다, ⟨~ bring around\charmed⟩ 양2

861 **win-some** [윈 썸]: wyn(delight)+sum(some), ⟨영국어⟩, 사람의 눈을 끄는, 매력 있는, ⟨~ appealing\charming⟩, ⟨↔loath-some\gloomy⟩ 양2

862 *****Win-tel** [윈 텔]: Windows+Intel, (1980년대 부터 출시된 MS Window와 Intel의 CPU를 탑재한) 개인 전산기, ⟨~ a PC⟩ 수2

863 **win·ter** [윈터]: ⟨게르만어⟩, 'wet season', 겨울, 동계, ⟨설기⟩, 한기, 만년, 월동하다, 동면하다, ⟨↔summer⟩ 가1 양2

864 **win·ter-ber·ry** [윈터 베리]: 겨울에 빨간 장과가 열리는 북미산 감탕나무, ⟨~ ink-berry⟩ 우1

865 **win·ter-cher·ry** [윈터 췌뤼]: Indian ginseng, (말 냄새가 나는 뿌리를 원주민들이 약재로 썼고) 이른 봄에 씨를 뿌려 경작하며 꽈리 비슷한 열매를 맺는 가짓과의 초본 우1

866 **win·ter–creep-er** [윈터 크뤼이퍼]: 좀사철나무, spindle tree, ⇒ euonymus 미2

867 **win·ter-green** [윈터 그뤼인]: '겨울 상록수', 바위 앵도류의 상록관목, 노루발풀, 짙은 황록색, spice·berry 우1

868 **win·ter-ize** [윈터라이즈]: 월동 준비를 하다, 방한 장비를 하다, ⟨~ preparation for cold weather⟩, ⟨↔summerize⟩ 양2

869 **Win·ter O·lym·pics** [윈터 올림픽스]: (1924년부터 4년마다 열리는) 동계 올림픽 양2

870 **win·ter sol-stice** [윈터 쌀스티스]: mid winter, 동지(점), ⟨일 년에 두 번⟩ 지축이 태양으로부터 가장 멀리 떨어지는 시각, ⟨↔summer solstice⟩ 양2

871 **win·ter spar·row** [윈터 스패로우]: '겨울 멧새', ⇒ tree sparrow 미2

872 **Win-throp** [윈쓰뢉], John: friend's village, ⟨영국어⟩, '친구가 사는 곳', 윈스롭, 16~17세기에 뉴잉글랜드 지방 총독을 역임한 3명의 영국 식민지 개척자, ⟨~ governors of the Massachusetts Bay Colony⟩ 수1

873 **win·tle** [윈 틀]: ⟨← windtelen(revolve)⟩, ⟨스코틀랜드어⟩, 회전, 넘실거림, ⟨~ stagger\wriggle⟩, ⟨↔straight\still⟩ 양1

874 **win·try** [윈트뤼]: wintery, 겨울의, 겨울 같은, 황량한, 냉랭한, ⟨↔summery⟩ 양1

875 **win-win** [윈 윈]: 쌍방이 다 만족하는, 양쪽이 다 유리한, 무난한, ⟨~ symbiotic\synergetic⟩, ⟨↔lose-lose⟩ 미2

876 **wipe** [와이프]: ⟨← wipian(to rub)⟩, ⟨게르만어⟩, 닦다, 훔치다, 지우다, 문지르다, 두들기다, ⟨~ clean\erase\sweep⟩, ⟨↔smudge\collect⟩ 양1

877 *****wiped out** [와잎트 아웉]: 술 취한, 녹초가 된, 기분이 좋은, ⟨~ bottled out\exhausted⟩, ⟨↔rested\refreshed⟩ 양2

878 *****wipe-out** [와이프 아웉]: 전멸, 실패, 다른 전파에 의한 수신 방해, ⟨~ eradicate\efface⟩, ⟨↔sweep victory\uphold⟩ 양2 미1

879 **wip-er** [와이퍼]: 닦는 것(사람), 손수건, (차의) 유리 닦개, 살인 청부업자, ⟨~ cleaning utensil\hitman⟩, ⟨↔rotor\idler⟩ 미2

880 *****WIPO** [와이포우]: World Intellectual Property Organization, (1967년에 발족된) 유엔⟨UN⟩의 세계 지적 소유권 기구 미2

881 *****wire** [와이어]: ⟨← viere(to plait)⟩, ⟨라틴어→게르만어⟩, 철사, 전선, 전보(를 치다), 조종 끈, 도청기, ⟨~ weave⟩, ⟨~ cable\line\thread⟩, ⟨↔un-wire\down-load\conceal⟩ 양1

882 *****wire-frame** [와이어 후뤠임]: '철망 틀', 전산기 도안에서 형상을 3차원적으로 나타내기 위해 쓰이는 철골 형태의 ⟨엉성한⟩ 선의 모임, ⟨~ blue-print\lay-out⟩ 우1

883   ***wire fraud** [와이어 후뤄어드]: 전자 통신 수단을 사용한 사기 행위, 〈~ computer scam\e(cyber) fraud〉, 〈↔mail fraud〉 우2

884   **wire gauge(gage)** [와이어 게이쥐]: 철사의 굵기(diameter) 등을 재는 기구, 철사 선번(line number) 미1

885   **wire gauze** [와이어 거어즈]: 촘촘한 쇠 그물, 가는 철망, 〈~ wire mesh(netting)〉 양2

886   **wire glass** [와이어 글래스]: 철망을 넣은 판유리, '철망유리', 〈~ safety glass〉 우2

887   **wire grass** [와이어 그래스]: crowfoot grass, goose grass, 바랭이, (전 세계의 더운 지방에 서식하며) 철사 모양의 단단한 줄기를 가진 '성가신' 일년생 초본, 〈~ ragi\crab-grass\dog's tail grass〉, ⇒ cleavers 미2

888   **wire-less** [와이얼리스]: 무선의, (방사선·적외선 등을 이용한) 전선이 없는 통신, 〈~ remote\mobile〉 가1

889   ***wire-less cloud** [와이얼리스 클라우드]: '무선 전산층 (범위)', 무선 통신망이 작동할 수 있는 영역이나 그것을 증강시켜주는 장치, 〈~ cloud-based wireless network〉 우2

890   ***wire mem·o·ry** [와이어 메머뤼]: 도금한 기억력 저장 전선, (우주 공학에서 많이 쓰이는) 자기 박막을 도금한 선을 얽어서 만든 기억 장치, 〈1950년도에 개발되었으나 1970년도에 반도체(semi-conductor)로 보강됨〉, 〈~ a magnetic-core memory〉 양2

891   ***wire-tap** [와이어 탶]: 〈사법 구역마다 한계가 다양한〉 전화(전신) 도청 장치, 〈~ spy-tap〉, ⇒ eaves-drop 양2

892   ***wire traf·fic** [와이어 트뢔휙]: (일정 시간 내의) 통신량, 〈~ internet traffic〉 양2

893   ***wire trans-fer** [와이어 트랜스훠어]: 전신 송금, 〈~ electronic funds transfer〉 양2

894   **wire-worm** [와이어 워엄]: '철사 벌레', (작물의 뿌리를 갉아 먹는) 토막 난 철사 모양을 한 구렁방아벌레(a click beetle)의 유충 미1

895   **wir·y** [와이어뤼]: 철사로 만든, 철사 같은, 빳빳한, 강인한, 〈~ rough\stiff\strong〉, 〈↔straight\smooth〉 양1

896   **Wis·con·sin** [위스칸신]: WI, 〈← meskousing(river running through a red place)〉, 〈원주민어〉, '붉은 돌이 있는 강', 위스콘신, (초창기에 오소리같이 땅굴 속에서 거주했다는) Badger State, 〈'바닥이 붉은 강'이 흐르는-이것도 편자가 확인하였지요〉 낙농업·맥주·호수·풍광으로 유명한 미국 "중서부"의 평화로운 주, {Madison-8}, 《butte-fly violet》, 〈~ a mid-western US state〉 수1

897   **wis-dom** [위즈덤]: wis(wise)+dom(judgement), 〈게르만에서 연유한 영국어〉, 〈← wise〉, 지혜, 현명함, 슬기로움, 박식, 현자, 금언, 〈~ sagacity\astuteness〉, 〈↔folly\stupidity〉 양1

898   **wis-dom tooth** [위즈덤 투우쓰]: 지치, 사랑니, 〈사랑의 묘미를 깨닫는〉 17세에서 25세 사이에 이틀의 맨 뒤쪽에 솟아나는 '4개'의 세 번째 어금니로 〈사랑도 반추하면 성가시게 되어〉 1만 년 전부터 퇴화하기 시작한 '애물니', 〈~ third molar〉 양2

899   **wise** [와이즈]: 〈← wis← weid(to know)〉, 〈게르만어〉, '알고 있으나' 〈모르는 척하는〉, 현명로운, 슬기로운, 분별력이 있는, 교활한, 〈~ sage\wit〉, 〈~ guise\clever〉, 〈↔stupid\silly\foolish〉 양2

900   **~wise** [와이즈]: 〈영국어〉, direction\manner, 〈~의 '방향으로', ~한 방식으로, ~같이〉란 뜻의 접미사 양1

901   ***wise-ass** [와이즈 애쓰]: smart ass, 잘난 체하는 놈, 수완가, 수재, 〈~ smarty-pants\know-it-all〉, 〈↔sincere guy\honest man\dumb-bell〉 양2

902   ***wise-crack** [와이즈 크랩]: 신랄한(재치 있는) 말, 경구, 〈~ gag\witty remark〉, 〈↔stupidity\ignorance〉 양2

903   **wi·sent** [뷔이젠트]: 〈← wisant(bison)〉, 〈게르만어〉, 〈폴란드 지역에 재생된〉 (바이슨 비슷한) 유럽 들소 우2

904   **wish** [위쉬]: 〈← wusc(desire)〉, 〈게르만어〉, 〈win하기를〉 바라다, 희망하다, 원하다, 〈간절히〉 빌다, 〈생각의 아버지라는〉 소망, 〈~ will〉, 〈~ hope\want〉, 〈↔dislike\hate〉 가1

905   **wish-bone** [위쉬 보운]: (새 요리를 먹을 때 이 뼈의 양 끝을 둘이서 당겨 긴 쪽을 가진 사람이 소원을 이룬다고 하는) 새의 가슴뼈 앞에 있는 Y형의 '창사골', 〈~ breast-bone\lucky bone〉 미1

906   **wish-ing well** [위쉥 웰]: '소망정', 동전을 던져 넣으면 소망이 이루어진다는 우물, 〈~ well of hope〉 우2

907   **wish-(y)-wash-(y)** [위쉬 워쉬]: 〈영국어〉, 〈의성어·의태어〉, 우유부단한, 시시한, 멀건(밍밍한) 음료, 김빠진 이야기, 〈~ shilly-shally\banal〉, 〈↔thick\flavor-some〉 양2

908   **wisp** [위습]: 〈← wips(small bundle)〉, 〈영국어〉, 한 줌, 작은 다발, 단편, 〈~ whisk\bit〉, 〈↔whole\giant〉 양1

909 **wis·te·ri·a** \ wis·ta·ri·a [위스티어뤼어]: (미국 해부학자의 이름〈Wistar〉을 딴) 등나무, 포도송이 같은 뭉치꽃을 피우는 〈중국 원산의〉 콩과의 덩굴식물, 〈~ a woody twining vine〉 미2

910 **wist·ful** [위스트훌]: 〈← wistly(intently)〉, 〈영국어〉, 〈← wishful〉, 탐내는 듯한, 그리워하는, 갈망하는, 〈~ longing\regretful〉, 〈↔shallow\un-caring〉 양1

911 **wit** [윝]: 〈← witan(to know)〉, 〈게르만어〉, '지식', 지혜, 기지, 〈말 장난의〉 재치, 〈~ wise\witness〉, 〈~ acumen\badinage\jest〉, 〈↔stupidity\humorlessness〉 양2

912 **witch** [위취]: 〈← wiccian(use sorcery)〉, 〈게르만어〉, 마녀, 여자 마법사, 마귀할멈, 매력 있는 여자, 〈~ conjurer\enchanter〉, 〈↔angel\belle amie〉 양2

913 **witch-craft** [위취 크래후트]: 마법, 요술, 마력, 〈~ sorcery\black magic〉, 〈↔science\reality〉 양2

914 **witch-et** [위췉]: 〈← witch〉, 〈1880년경에 사장된 말〉, 보지(vagina)의 고어, ⇒ tippet de witchet(Venus-fly trap) 양2

915 **witch ha·zel** [위취 헤이즐]: wice(pliant)+hasal(light brown), 〈영국어〉, '유연한' 개암나무, 〈쉽게 휘어지는 줄기에〉〈황갈색의 단풍잎〉이 지고 나면 수려한 갈래꽃이 피고 껍질이나 잎에서 채취한 수액은 〈신통한〉 외상치료 효과가 있다는 조롱(록)나무류의 관목, wych (나긋나긋한) elm, wych hazel, 〈~ jojoba〉 우1

916 **witch-hunt** [위취 헌트]: (이단자를 색출하여 박해하는) 마녀사냥, 〈~ stigmatization\victimization〉 양2

917 **with** [위드]: 〈게르만어〉, ~와 함께, ~을 상대로, ~와 일치되어, ~와 동시에, ~으로, ~을 가지고, ~한 상태로, ~으로써, ~때문에, ~에 대하여, 〈외롭지 않은 말〉, 〈~ along\together〉, 〈↔with-out〉 양2

918 ***With Co·ro·na** [위드 코로우너]: '코로나(미세균)와 함께', Covid-19을 퇴치하지 못해 2021년에 〈병균과 타협해서 살자〉란 뜻으로 등장한 정치적 용어로 편자가 등급을 매길 때 고민 끝에 양2로 낙착된 말〈대체어는 '화상균과 공생'임〉 양2

919 **with-draw** [위드 드뤄어]: back+draw, (손을) 빼다, 움츠리다, 회수(철수)하다, 철회(박탈)하다, 〈~ remove\retire〉, 〈↔advance\confront\join〉 양2

920 **with·er** [위더]: 〈← wederen(to weather)〉, 〈영국어〉, '바람을 맞히다', 시들다, 바래다, 위축시키다, 〈~ wilt\wizen〉, 〈~ fade\diminish〉, 〈↔thrive\flourish〉 양1

921 **with-hold** [위드 호울드]: 억누르다, 보류하다, 공제하다, (원천) 징수하다, 〈~ abstain\dis-allow〉, 〈↔release\deploy\donate\entrust〉 양2

922 **with-in** [위딘]: ~의 속에, ~이내에, ~의 범위 안에서, 마음속으로, 〈↔out-side〉 양2

923 ***with-in a stone's throw**: 엎어지면 코 닿을 데, 〈~ only a few feet(minutes) away〉 양2

924 ***with mirth comes for·tune**: 웃는 자에게 복이 온다, 〈~ laughter brings good luck〉 양2

925 **with-out** [위다웉]: ~없이, ~하지 않고, ~이 없으면, W/O, 〈외로운 말〉, 〈↔with〉 양2

926 **with-stand** [위드 스탠드]: 버티다, 견디어 내다, 저항하다, 〈~ cope\resist〉, 〈↔give in\yield〉 양2

927 **wit-ness** [윝니스]: 〈← witan(to know)〉, 〈영국어〉, '아는 일', 증언, 증인, 증거, 목격자 ('본 사람'), 〈~ wit〉, 〈~ evidence\on-looker〉, 〈↔conceal\contradict〉 가1

928 **wit's end** [윝츠 엔드]: '지혜의 끝', 어찌할 바를 모르다, 당혹하다, 〈~ at a loss\perplexed〉, 〈↔balanced\collected〉 양2

929 **Wit·tgen-stein** [뷔트건 쉬타인], Lud·wig: 〈← witt(white)+stein(stone)?〉, 〈어원 불명의 독일계 이름〉, 비트겐슈타인, (1889-1951), "모든 철학적 문제는 언어가 왜곡되어 만들어진 가짜 문제"라 하면서 〈형이상학적 명제를 배제하고 철저한 논리적 분석에 의해 문제를 해결하려 했던〉 오스트리아 태생의 분석 철학가, 〈~ an Austrian philosopher〉 수1

930 **wit-ting** [위팅]: 〈← wit〉, 〈게르만어〉, '지식', 알면서 하는, 일부러 하는, 고의(의), 〈~ knowing\deliberate〉, 〈↔un-witting〉 양1

931 **wives** [와이브스]: wife의 복수, 〈무서운 집단〉 가2

932 **wiz·ard** [위져드]: 〈← guischart(knowing)〉, 〈프랑스어→영국어〉, 〈← wise〉, (남자) 마법사, 요술쟁이, 귀재, 재주꾼, (전산기에서) 다른 차림표의 실행·작업을 자동적으로 도와주는 장치, 〈~ bright spark\whiz\wunder-kind〉, 〈↔goon\idiot\moron〉 양2 미1

933 **wiz·en** [위즌]: 〈← wisnian(dry up)〉, 〈게르만어〉, 〈~ wither〉 ①시들다, 쭈글쭈글해지다, 〈~ shrivel〉, 〈↔revive\flourish〉 ②식도(gullet), 〈~ esophagus〉 양2

934	**WMD** (weap·on of mass de·struc–tion): 대량 살상 무기 양2
935	**WMO** (World Me·te·or·o·log·i·cal Or·gan·i·za·tion): 세계 기상기구, 기후에 대한 연구와 정보를 교환하기 위해 1950년에 창설된 UN 산하의 특별 기구 미2
936	**woad** [오우드]: 〈게르만어〉, 숭람(자잘한 노란 뭉치꽃이 피는 겨잣과의 두해살이풀), (잎에서 청색 염료를 채취하는) 대청, 〈~ indigo\pastel²〉 미2
937	**wob·ble** [와블]: 〈← wabbeln(move from side to side)〉, 〈게르만어〉, 비틀거리다, 흔들거리다, 떨다, 동요하다, 〈~ weave〉, 〈~ wabble〉, 〈↔remain\steady〉 양1
938	**woe** [오우]: 〈← wa(grief)〉, 〈게르만어〉, 〈우는 소리〉, 비애, 고통, 고뇌, 〈→ woe-suck〉, 〈~ wail〉, 〈~ misery\sorrow〉, 〈↔bliss〉, 〈↔happiness\joy〉 양2
939	**woe–be–gone** [오우 비거언]: wo(woe)+begon(be-set), 〈영국어〉, 슬픔에 잠긴, 수심에 가득찬, 〈~ surrounded by woe\gloomy\sad〉, 〈↔happy\cheerful〉 양1
940	**wok** [웍]: cooking pot, 〈무지하게 어려운 한자로 된 중국어〉, (중국 음식을 볶거나 튀길 때 쓰는) 우묵하게 파진 큰 냄비, 중국 냄비 미1
941	**woke** [오우크]: wake의 과거·과거분사, awakened(깨달은) 양2
942	*****woke-ism** [오우키즘]: '각성주의', (21세기 미국 흑인들이 주도하는) 부당한 인종차별 등에 책임을 추궁하는 좌파 경향의 정치·사회적 운동, 〈~ wokery\progressive ideology〉 미2
943	**wo·ken** [오우큰]: wake의 과거분사 양2
944	*****wo·la·bal** [월라밸]: work-life balance, '잘 살고 잘 놀기', 직장과 생활의 균형, 일만 하지 말고 놀기도 좀 하자는 신조 콩글리쉬, ⇒ worabal 가2
945	**wolf** [울후] \ **wolves** [울브즈]: 〈편자 생각에는 의성어에서 유래한 듯한 게르만어〉, 이리(들), 늑대 (동양 이리), 인가와 떨어진 곳에 떼 지어 살며 자기보다 크고 센 짐승도 잡아먹는 커다란 야생개, 탐욕스러운 사람, 용맹한 자, 〈whore가 she·wolf에서 연유한 말이라는데 일리가 있음〉, 〈~ gulp down\bolt\satyr〉, 〈↔prey\nibble\altruist〉, 〈이 말도 animal과 마찬가지로 사람을 칭할 때는 양면성이 있는 말임〉 양2
946	**wolf-ber·ry** [울후 베뤼]: goji, 구기자, (이리하고 무관하고 증명된 것은 하나도 없으나 여러 가지 약효가 있다고 믿어졌던) 타원형의 작은 붉은 열매가 맺히는 인동과의 관목, 〈~ box (or desert)-thorn〉 미2
947	**wolf-fish** [울후 휘쉬]: 이리 물고기, (북반구의 북쪽 해양의 바다에 서식하며 강한 이를 가지고 조개도 깨뜨려 먹는) 탐욕스럽고 사나운 뚱뚱한 뱀장어같이 생긴 베도라치류의 물고기, 〈~ sea-wolf\Atlantic catfish\devil fish〉 우2
948	**Wolf-gang** [울후 갱]: '방황하는 이리', 독일계의 남자 이름(German male name) 수2
949	*****wolf guard-ing the sheep**: 고양이한테 생선 맡기기, 〈~ fox guarding the hens〉 양2
950	**wolf-hound** [울후 하운드]: (유럽 왕족들이 사랑했던) 늘씬하게 빠진 큰 '이리 사냥개', 〈~ a gun-dog〉 우2
951	*****wolf in sheep's cloth**: 양의 탈을 쓴 늑대, 위선자, 때리는 시어머니보다 말리는 시누이가 더 밉다, 〈~ sly rogue in a good dress〉, 〈~(↔)fine feathers make fine birds〉 양2
952	**wolf·ram** [울후룀]: 〈tin에 비해 '이리의 찌꺼기' 격인〉 tungsten(텅스텐)의 독일어 수2
953	**wolfs-bane** [울후스 베인]: aconite, devil's helmet, (북반구의 산악지방에 서식하며) 〈맹독의 수액을 이리 사냥 때 화살촉에 발라 쓰던〉 남보라색의 초롱꽃을 피우는 미나리아재비 비슷한 초본, 바곳, 투구꽃, 〈~ monks-hood〉 미2
954	**wolf's-claw**(foot) [울후스 클러어(훝)]: 석송, '이리 발톱', club moss, 〈발모제로 쓰였던〉 몽둥이 같은 줄기·길고 가는 어린 솔방울 같은 잎을 가지고 소나무 등에 기생하는 고사리류, 〈~ stag's-horn\ground pine〉 미2
955	*****wolf–war-rior** [울후 와뤼어] di·plo·ma·cy: 전랑 외교, 〈중국의 영화 제목에서 연유한〉 (중국의 시진핑같이) 탐욕스러운 외교, 〈미국의 입장에서 보면-〉, 〈~ a confrontational public diplomacy〉 미2
956	**Wol-sey** [울지], Thom-as: wolf+sige, '늑대를 이긴 자', (1475?-1530), 푸줏간 집 아들로 태어나 옥스포드를 졸업하고 정치·외교에 수완을 보여 헨리 8세의 귀여움을 받다 〈여자 문제〉로 밉보여서 소환 도중 "내가 하느님을 왕만큼 섬겼으면 이런 일이 없었을 것"이란 말을 남기고 죽은 영국의 추기경, 〈~ an English statesman and Cthollic cardinal〉 수1
957	**wol·ver·ine** \ ~ene [울붜뤼인]: 〈wolf에서 연유한 영국어〉, 미국 미시간주의 속칭, (북반구의 삼림지대에 서식하며 점점 희귀해지고) 〈늑대같이〉 살육을 즐기는 조그만 곰을 닮은 오소리, skunk bear, carcajou 우1

958 **wom·an** [우먼] \ wom·en [위민]: wif(wife)+man, 〈영국어〉, '여자(들)', 여성, 부인, 아내, 가정부, 〈남자로부터 생겼으나 남자를 하늘에 매달아 놓으려는 사람〉, 〈adult female〉, 〈↔man\men〉, ⇒ wimmin\a-woman 가2

959 ***wo-mance** [우먼스]: woman+romance, 여성 관계, 성적 관계없이 친밀한 여자 친구, 〈↔bro-mance〉 우2

960 **wom·an-hood** [우먼후드]: 여자다움, 부덕(female virtue), 부드러움?, 성숙한 여성, 〈feminity\soft-ness?\maturity〉, 〈↔man-hood〉 양1

961 **wom·an-ize** [우머나이즈]: 여자같이 만들다, 정부로 만들다, 계집질하다, 〈~ effeminize\fornicate〉, 〈↔celibate〉 양2

962 **womb** [우움]: 〈어원 불명의 게르만어〉, uterus, 자궁, 아기집, 〈사물의 발생지〉, 〈~ prenatal chamber〉, 〈↔반대말 없음〉 양2

963 ***WOMBAT** [왐뱃]: 웜뱃, waste of material-batting and time, 시간 낭비 우1

964 **wom·bat** [왐뱃]: 〈← womback〉, 〈원주민어〉, 웜뱃, (오스트레일리아에서 땅굴을 파고 살며) 돼지 같은 귀에 통통하고 작은 곰같이 생긴 유대 초식 동물(burrowing marsupial), 〈~(↔)numbat보다 큼〉 우1

965 **wom·ble** [왐블]: 〈← wamble〉, (1968년부터 상영된 영국의 만화영화에 등장하는) 〈코가 삐죽하고 털이 긴〉 '가상동물', 〈~ an imaginary animal〉, 영국의 Wimbledon 지구 땅굴 속에 살면서 쓰레기를 재활용하는 〈환경친화적 동물〉, 〈~ rubbish recycler〉 수2

966 ***womp** [왐프]: 〈영국어〉, 〈의태어〉, '번쩍'하는 소리, (화면에 갑자기 나타나는) 백섬광, 때려 눕히다, 〈~ white flash\bang'〉 양2

967 **womp-womp** [왐프-왐프]: 〈영국어→미국어〉, 〈의성어〉, 잉잉, 어쩌나 어쩌나, 곡마단에서 흥을 돋구기 위해 부는 트럼본 소리, 〈~ bass² trombone〉, 〈↔bravissimo\congratulations〉 양2

968 **Won** [원]: 〈아마도 round coin이란 뜻의 중국어에서 연유한 한국어〉, (1962년부터 써오는) 한국의 화폐 단위, Korean Dollar, KRW, ₩ 수2

969 **won** [원]: win의 과거·과거분사 양2

970 **Won bud·dhism** [원 부우디즘]: 〈← won(circle)+bulgyo(Buddhism)〉, 〈중국어→한국어〉, 원불교, 1924년 한국의 익산에서 박중빈이 세운 〈두리뭉실한〉 불교의 한 종파, 〈~ a reformed buddhism in Korea〉 양2

971 **won·der** [원더]: 〈← wundor(awe)〉, 〈어원 불명의 게르만어〉, '기적', 불가사의, 경탄, 불신(감), ~이 아닐까 생각하다, 〈~ awe\doubt〉, 〈↔calmness\dullness〉, 〈↔trust\ignore〉 양2

972 **won·der-ful** [원더훌]: 놀랄 만한, 굉장한, 훌륭한, wondrous, 〈~ marvelous\superb〉, 〈↔bad\dreadful〉 양2

973 **won·drous** [원드뤄스]: wonder·ful의 시적 표현, 경의로운, 불가사의한, 〈↔believable\expected〉 양2

974 **won·ky** [왕키 \ 웡키]: 〈← wankon(totter)〉, 〈1918년에 awry란 뜻의 영국어로 등장했으나 나중에 반어적으로 변한 미국어〉, 비틀거리는, 불안한, 끝내주게 멋진, 〈~ crooked\wobbly\lop-sided〉, 〈↔stable\straight〉, 〈↔dull\mundane〉 양2

975 **Won·san** [원산]: 〈원래는 뒤에 '둥근 산'이 있는 도시였는데 동음이의인 '으뜸되는' (principal)산'으로 변한 중국어→한국어〉, (한국전쟁 때 군사 요충지로 공격과 퇴각 때 중요 역할을 했던) 한국 북동부 영흥만에 있는 항구·공업·위락도시, 〈~ a port city on the eastern Korean Peninsula〉 수2

976 **wont** [워언트 \ 오운트]: 〈← wunian(accustomed)〉, 〈게르만어〉, 습관, 풍습, ~에 익숙한, '편안한', 〈~ habit\routine〉, 〈↔un-used\uncomfortable〉 양2

977 **won't** [원트 \ 오운트]: will not의 단축형, ~하지 않겠다 가2

978 **won-ton** [완탄 \ 원턴]: stuffed dumpling, 〈지방마다 쓰는 한자가 다른 중국어〉, 완탄, 〈모양이 들쑥날쑥한〉 중국식 고기만두 (그 국물) 미1

979 **woo** [우우]: 〈← wogian(to court)〉, 〈영국어〉, 〈아마도 동물의 울음 소리에서 연유한〉 구애하다, 추구하다, 조르다, 〈~ pursue\solicit〉, 〈↔ignore\repulse〉 양2

980 **woo a-way** [우우 어웨이]: (달콤한 말로) 꼬셔 가다, (좋은 조건으로) 모셔 가다, 〈~ bear (conduct) away〉, 〈↔repulse\talaq〉 양2

981 **wood** [우드]: 〈← widu(tree)〉, 〈게르만어〉, 나무, 목재, 숲, 술통, 목관악기, 목제 대가리 골프채, 〈~ timber\forest〉, 〈↔iron〉 양1 우1

982　**wood a·nem·o·ne** [우드 어네머니]: wind flower, 숲바람꽃, (유럽·미 동부 등지에 서식하며) 잎에서 여우 냄새〈smell fox〉가 나고 별 모양의 자잘한 흰 꽃이 피는 미나리아재빗과〈buttercup family〉의 다년생 관상초, 〈~ European thimble-weed〉 미2

983　**wood-bine**(d) [우드 바인(드)]: (미국) 인동덩굴, (잎이 부드럽고 줄기 끝에 송이 꽃이 피는) 양담쟁이, 〈~ American ivy\Virginia creeper\honey suckle〉 미2

984　**wood block** [우드 블랔]: 판목, 목판(화), 나무 벽돌, 〈~ wood-cut〉, 〈↔brick〉 양1

985　**wood-chat** [우드 챁]: (붉은 머리) 때까치, 쇠유리새, (남유럽·중동·아프리카 등지에 서식하는) 딱샛과의 철새, 〈~ a shrike〉 미2

986　**wood-chuck** [우드 쵤]: (북미산) ground·hog, 〈원주민이 wuchak으로 부르던〉 양질의 모피를 제공하며 6개월간 동면하는 북미산 땅다람쥐(marmot) 우1

987　**wood-cock** [우드 캌]: 멧도요, 누른도요, (유라시아의 숲에 서식하며) 누리끼리한 날개에 가늘고 긴 부리를 가진 통통한 섭금류의 새, 〈~ a wading bird〉 미2

988　**wood duck** [우드 덬]: 숲 오리, (북미의 물가 숲에 서식하며) 화려한 색깔을 가진 조그만 '오리', '서양 원앙', 〈~ a colorful water-fowl〉 미2

989　**wood ear** [우드 이어]: tree ear, 목이버섯, ⇒ Jew's ear 미2

990　**wood hy·a·cinth** [우드 하이어신쓰]: (유럽산) 원래는 숲속에서 자랐던 짙은 푸른색의 종 모양으로 된 뭉치꽃이 피는 나리과의 무릇, 〈~ a large blue-bell〉 우1

991　**wood i·bis** [우드 아이비스]: wood stork, 검은 머리 '따오기', 노랑부리황새, (미주의 물가 숲에서 서식하며) 진회색 머리와 어릴 때 노란색의 구부러진 부리를 가진 〈따오기가 아닌〉 황새, 〈~ flint-head〉 미2

992　**wood-land** [우들랜드]: 삼림(지대), 〈~ forest\boondocks〉, 〈↔city\desert³〉 양1

993　**wood-lark** [우들라크]: (유럽·서아시아·북아프리카에 서식하는) 숲 종다리, 〈~ a small, singing passerine bird〉, 〈sky-lark보다 조금 작음〉 미2

994　**wood louse** [우드 라우스]: sow bug, roll up bug, 쥐며느리, 다듬이벌레, 습지를 좋아하며 몸을 공같이 접는 재주가 있는 오래되고 다양한 '갑각류', 〈~ a terrestrial isopod\an armadillo bug〉 미2

995　**wood nymph** [우드 님후]: 숲의 요정(dryad), (북미산) 솔 같은 발을 가진 나방〈moth〉, (열대 미주산) 벌새〈humming-bird〉의 일종 미2

996　**wood–peck-er** [우드 페커]: 딱따구리, (미주와 구대륙에 걸쳐 광범위하게 서식하며) 나무둥치의 구멍에 집을 짓고 부리로 두드리는 소리를 내서 영역을 표시하는 다양한 색깔을 가진 참새 비슷한 새, 〈~ tree-knocker\pecker-wood〉 미2

997　**wood pe·wee** [우드 피이위이]: 숲 딱새, (미주 대륙에 서식하며) 〈피어위~〉 하고 우는 조그만 딱새류, 〈~ a fly-catcher\Eastern Phoebe〉 미2

998　**wood pi·geon** [우드 피쥔]: 숲 비둘기, (유럽·중동의 삼림에 서식하며) 철 따라 이동하는 대형 비둘기, 〈~ Collared dove〉, 〈~(↔)rock-dove〉 미2

999　**wood-plane** [우드 플레인]: 대패, 나무를 평면으로 밀어 깎는 연장, 〈~ carpenter's plane〉, 〈↔saw¹〉 가1

1000　**wood rat** [우드 뢭]: pack rat, 숲 쥐, '보따리 쥐', (미대륙 서부의 숲에 서식하며) 신기한 것을 수집하는 버릇이 있는 커다란 쥐, 〈~ trade rat〉 미2

1001　**wood-ruff** [우드 뤄후]: 선갈퀴 아재비, (유라시아 원산의) 키가 작고 옆으로 퍼지며 향기로운 자잘한 백색 꽃을 피우는 꼭두서닛과의 다년생 관상초, 〈~ wild babies' breath\sweet-scented bed-straw〉 미2

1002　**wood rush** [우드 뤄쉬]: 꿩의밥, '숲 골풀', (전 세계적으로 서식하며) 〈아침이슬에 반짝이는〉 볏과의 다년생 잡초, 〈~ grass like flowering perennial〉 미2

1003　**wood sor·rel** [우드 쏘어뤌]: '숲 수영', 괭이밥, (전 세계적으로 서식하며) 씹으면 신맛이 도는 줄기에 희거나 노란 색깔의 토끼풀 모양의 꽃을 피우는 잡초, 〈~ false shamrock\sour-grass〉 미2

1004　**wood thrush** [우드 쓰뤄쉬]: 숲 개똥지빠귀, (북미 동부·중미에서 서식하며) 아름다운 목소리를 가지고 통통한 흰 배때기에 흑갈색의 반점이 있는 중형의 개똥지빠귀, 〈~ song thrush\wood-robin〉 미2

1005　**wood-worm** [우드 워엄]: 나무좀, 나무를 갉아 먹는 각종 딱정벌레의 유충, 〈~ larvae of wood-boring beetles〉, 〈~ brittle timbers〉 미2

1006　**wood-y night-shade** [우디 나읻쉐이드]: bitter sweet, 〈바람막이〉 배풍등, 독성이 강한 빨간 타원형의 조그만 열매를 맺고 아무 데서나 잘 자라는 노박덩굴류, 〈~ poison berry\felon-wort\violet bloom〉 미2

1007 **woof·er** [우훠]: 〈영어어〉, 〈의성어〉, 저음 전용 스피커, (숨소리가 마이크를 통해 들리는) 저음 가수, 〈~ loud-speaker〉, 〈↔tweeter〉 미2

1008 **wool** [울]: 〈← vellus(fleece)〉, 〈라틴어→게르만어〉, 양털, 털실, 모직물, 〈~ pashimina(페르시아어)〉, 〈↔cotton\nylon〉 양2

1009 **Woolf** [울후], Vir·gin·ia: 〈← wolf〉, 〈게르만어〉, '사나운 자', 울프, (1882-1941), 물질주의에 대항해 인간의 내면을 묘사하면서 방탕한 생활도 마지않았다가 〈아마도 양극성 장애로〉 물에 빠져 자살한 영국의 소설가·평론가, 〈~ an English writer〉 수1

1010 *****wool-ly bear** [울리 베어]: wooly worm, (각종) 모충, (곰 털 비슷한) 털이 많은 나방이의 유충〈caterpillar〉, 여성 (경찰관), 〈순경 아줌마; police-woman〉 양2

1011 **wool-ly mon·key** [울리 멍키]: '양털원숭이', (남미 우림에 서식하며) 두툼한 갈색 모피를 가진 커다란 원숭이, 〈~ South American monkey with thick fur〉 미2

1012 **Wool-worths** [울 워얼쓰]: '양털 생산자', 울워스 형제가 1878년에 5~10센트짜리 '떨이 판매점'으로 출발해서 2001년 〈신발 전문〉 Foot Locker사에 인수된 미국의 잡화 연쇄점, 〈~ a pioneer of the five and dime store〉 수1

1013 *****woo·pie** (~py) [우우피]: 〈미국어〉, well off older person, 유복한 노인 양2

1014 **woo-woo** [우우 우우]: 〈영국어〉, 〈아마도 귀신의 울음소리에서 연유한〉 ①보드카를 과일즙·얼음에 섞은 혼합주, 〈~ a mixed drink〉 ②미신이나 초자연 현상을 쉽게 믿는 '얼간이', 〈~ fool\nutty〉, 〈↔clever\sensible〉 양2

1015 **wooz-y** [우우지]: 〈← wooze(be fuddled)〉, 〈미국어〉, 머리가 흐릿한, 기분이 나쁜, 얼빠진 듯한, 〈~ oozy\boozy〉, 〈↔clear-headed\sober〉 양2

1016 *****wor-a-bal** [워라밸]: 〈한국어〉, work and life balance, 일과 삶의 균형, '일만 하냐–놀기도 해야지', 〈장래성이 있는 말〉, = wolabal, 〈~ Homo Ludens〉 미2

1017 **Worces·ter(shire) sauce** [우스터(셔어) 써어스]: 〈wyre(winding river)+ceaster(fort)〉, 〈고대 영국어〉, (간장·식초·향료 등을 원료로 한) 영국 우스터 지방 원산의 맛난이, 〈~ a fermented liquid condiment〉 수2

1018 **Word** [워어드]: MS사가 1983년에 출시한 문서 처리 체제 연성기기, 〈~ a word-processor program〉 수2

1019 **word** [워어드]: 〈← verbum← were(to speak)〉, 〈라틴어에서 연유한 게르만어〉, 〈사물을 설명하는 것이 아니라 사물을 정의한다는〉 (낱)말, 한 마디, 단어, 표어, 언질, 약속, 기별, 소식, 말다툼, 〈태초부터 있었던〉 복음, 〈~ term\order\oath\quarrel〉, 〈← verb〉 양1

1020 *****word-ie** [워어디]: 〈전산망어〉, logophile, 〈편자 같은〉 단어 애호가, 수다쟁이, 입소문을 퍼뜨리다, 〈~ logorrhea〉, 〈↔brief\concise〉 양2

1021 **Wor·dle** [워어들]: 〈어원 불명의 웨일즈계 이름〉, 2021년에 동명의 전산망 기술자가 고안해서 2022년부터 New York Times에서 운영하는 글자 맞추기 놀이, 〈~ a web-based word game〉 수2

1022 **word of mouth** [워어드 어브 마우쓰]: 구두의, 구전의, 말로 전파되는, 입소문, 〈~ oral message\referral marketing〉, 〈↔written\formal〉 양2

1023 **Word Per·fect** [워어드 퍼어휔트]: 워드 퍼펙트, 1979년에 개발되어 현재 Alludo사가 운영하는 〈인기 있었던〉 문서 작성기, 〈~ a word-processing app〉 수2

1024 *****word proc·ess·ing** [워어드 프롸쎄씽]: 문서 작성 (처리), (1970년대부터 본격적으로 개발된) 〈기계로〉 각종 문서를 작성·편집하는 일, 〈~ document creation\text formatting〉, 〈↔voice processing〉, 〈그런데 편자의 컴퓨터는 virginia를 치면 자꾸 vagina로 찍혀 나와요!〉 미1

1025 **Word Star** [워어드 스타아]: 워드 스타, 1978년에 출시되어 잘나가다가 1985년부터 Word Perfect에게 밀려 현재 휴면상태에 있는 문서 작성기, 〈~ a discontinued word processor app〉 수2

1026 **Words-worth** [워어즈 워얼쓰], Wil·liam: 〈Wadda 농장에 사는 자〉, 워즈워스, (1770-1850), 영국의 〈자연주의적〉 낭만파 계관 시인·〈호수의 시인〉, 〈~ an English Romantic poet〉 수1

1027 **word wrap** [워어드 뢮]: 단어 넘김, 문서 작성기에서 끝에 넘치는 단어를 자동적으로 다음 행으로 넘기는 일, 〈~ line breaking〉 미2

1028 **word-y** [워어디]: 말의, 말 많은, 장황한, 〈~ verbose〉, 〈↔concise\succinct〉, ⇒ wordie 양2

1029 **wore** [오얼]: wear의 과거·과거분사 양1

1030 **work** [워얼크]: 〈← ergon(action)〉, 〈그리스어→게르만어〉, 〈먹기 위해 하는〉 일, 노력, 과업, 공사, 작업, 생업, 직장, 작품, 작동하다, 종사하다, 잘 꾸려 나가다, 〈~ produce\manage\operate〉, 〈~ labor\job\task〉, 〈↔hobby\play〉 양2

1031 **work-a-day** [워얼커 데이]: everyday, 일하는 날, 평일의, 일상의 평범한, 무미건조한, 〈~ banal\humdrum〉, 〈↔exceptional\extra-ordinary〉 양2

1032 **work–a·hol·ic** [워얼커 호얼릭]: work+alcoholic, 일벌레, 일 중독자, 〈↔idler\loafer〉 양2

1033 **work–a-round** [워얼크 어라운드]: 예비수단, 차선책, (문제를 회피하기 위한) 임시변통, 우회, 〈~ by-pass\circumvent〉, 〈↔go straight ahead\play squarely〉 양2

1034 *****work-ation** [워얼케이션]: work+vacation, 휴양지 근무, (전산망의 발달로) 〈특히 Covid-19 이후〉 집이 아닌 휴양지에서 사무직 일을 하는 '일휴가', 〈~ traveling and working remotely〉 미2

1035 **work-er** [워얼커]: 일(공부)하는 사람, 일꾼, 노동자, 〈~ laborer\employee〉, 〈↔sluggard\lazybones〉, 〈↔employer\supervisor〉 양2

1036 **work force** [워얼크 휘얼스]: (총) 노동력, 노동 인구, 작업 요원, 〈~ human resources: labor pool〉, 〈↔un-employed\management〉 양2

1037 **work-ing class** [워얼킹 클래쓰]: 임금 (육체) 노동자 계급, 〈~ blue-collar workers〉, 〈↔aristocratic\upper-crust〉 양2

1038 **work-ing group** [워얼킹 그루우프]: (전산기·사람의) 작업 집단, 특별 조사단, 〈~ team work〉, 〈↔independent worker〉 양2

1039 *****Work-ing Hol·i-day** [워얼킹 하알리데이]: (학생들이 여행을 하면서 아르바이트를 통해 경비를 충당하는) 관광 취업비자, 〈미국에서는 J-1 visa에 속해 4개월까지 체류 가능하나 오스트레일리아에서는 1년까지 체류할 수 있음〉, 〈~ Erasmus Programme〉 미2

1040 *****work-ing mem·o·ry** [워얼킹 메머뤼]: ①(앞에 나온 의식에 관한 단기) 작동 기억, 〈~ short-term memory〉 ②(정보의 처리나 저장 결과를 고속도로 기억하는) 작업 기억 (장치), 〈~ operant memory〉 미2

1041 **work-ing or·der** [워얼킹 오어더]: 작동할 수 있게 '준비된' 상태, 순조로이 진행되는, 〈~ ready\systematic〉 양2

1042 *****work-ing stor-age** [워얼킹 스토어뤼쥐]: 작업 기억 장치, 실행 중인 업무의 결과를 일시적으로 저장해 두기 위한 기억장치, 〈~ a temporary memory repository〉 미2

1043 **work load** [워얼크 로우드]: 작업 부하, (표준) 작업량, 〈~ task\assignment〉, 〈↔pursuit\hobby〉 양2

1044 **work-man** [워얼크 맨]: 노동자 직공, 기술자, 숙련자, 〈~ hand\help〉, 〈↔shirker\boss〉, ⇒ worker 양2

1045 *****work-out** [워얼크 아웉]: 연습, 운동, 시험, 구타, '손 보기', 〈~ training\fix〉, 〈↔rest\laze\abstain〉 양2

1046 **work out** [워얼크 아웉]: 운동하다, 이끌어내다, 잘 풀리다, 해결하다, 〈~ solve\succeed〉, 〈↔fail\flunk〉 양2

1047 **work per-mit** [워얼크 퍼어밑]: (외국인에 대한) 취업 허가증, 〈~ Employment Authorization Document〉, 〈↔work ban〉 양2

1048 *****works for me** [워얼크스 훠어 미이]: 내게 맞아, 나야 좋지, 〈~ fine with me〉 양2

1049 *****work–shad·ow-ing** [워얼크 쉐도우잉]: (연구를 목적으로 하는) 작업 관찰, 〈~ apprentice-ship\internship〉 양2

1050 **work sheet** [워얼크 쉬이트]: 작업 (계획)표, 조사표, 연습 문제지, 〈~ spread-sheet\questionaire〉 양2

1051 **work-shop** [워얼크 샾]: 일터, 작업장, 실습실, 연수회, 〈~ industrial unit\discussion group〉 양2

1052 *****work some-one's ass(butt\tail) off**: 똥줄 빠지게 일하다, 목구멍이 포도청, 〈~ sweat and slave〉, 〈↔idle\laze〉 양2

1053 *****work some-one's fin·gers to the bone**: 뼈(골) 빠지게 일하다, 〈~ work some one's butt off\toil and moil〉 양2

1054 **work-space** [워얼크 스페이스]: 작업 공간, 작업용으로 할당된 기억력의 영역, 〈~ working area〉, 〈~ file\directory〉 미2

1055 *****work-sta·tion** [워얼크 스테이션]: ①(칸막이한 1인용) 작업장, 〈~ work-room〉 ②독립해서 정보를 처리할 수 있는 〈강력한〉 단말장치, 〈~ a special computer〉 미2

1056 **world** [워얼드]: wer(man)+yldo(an age), 〈게르만어〉, 월드, 〈흘러가는〉 '세월', '사람의 일생', 〈군맹무상의〉 세상, 세계, 천지, 지구, 인류, 분야, 대량, 〈~ micro-cosm\universe\human-kind〉, 〈↔cosmos\local\fantasy\meagerness〉 양1

1057 **World Bank** [워얼드 뱅크]: (인류를 가난으로부터 해방시킨다고) 1945년에 각국의 조약에 의해 창립되고 〈출자액에 따라 투표권이 결정되는〉 세계은행, 〈~ an international financial institution〉 양2

1058 *****world build-ing** [워얼드 빌딩]: 〈1820년에 등장한 영국어〉, 세계관 형성, (그럴듯한 소설적 이야기에 바탕을 둔) 가상 세계의 창조, 〈~ construction of an imaginary world\a fictional universe〉 우2

1059 **world car** [워얼드 카아]: (세계적으로 통일된 규격을 맞추기 위해 생산되는 주로 소형·경량의) 세계 차, 〈~ no frills car〉 양2

1060 **World Court** [워얼드 코어트]: The International Court of Justice, 국제 (사법) 재판소, 국제간의 사법 분쟁을 해결하기 위해 1945년에 창설됐으나 〈안보리 상임 이사국의 거부권 때문에 힘을 못 쓰는〉 UN의 상설기구, 〈~ UN's judicial branch〉 양2

1061 **World Cup** [워얼드 컵]: 월드컵, 몇 년마다 열리는 (축구를 위시해서 스키·골프 등의) 세계 선수권 대회(tournament for world champion-ship) 미1

1062 **world cur·ren·cy** [워얼드 커어뤈시]: '세계 화폐', 외환시장에서 삼각거래를 할 때 매개로 이용되는 통화, 기축 통화, 〈~ key currency〉, 〈there is no single world currency〉 양2

1063 **World Ec·o·nom·ic Fo·rum** \ WEF: 세계 경제 공회, 세계 경제의 건전한 성장을 위해 1971년에 스위스에 세워진 민·관 합동의 비영리 단체, 〈~ an international think tank and lobbying org.〉 미1

1064 **World Food Pro·gram** \ WFP: 세계 식량 기구, (1961년에 창립되어) 연간 약 6억 불의 예산을 쓰나 〈실효가 별로 없다는 비판을 받는〉 UN 산하의 식량 원조 기구, 〈~ a world-wide food assistance program〉 미2

1065 **World Games** [워얼드 게임즈]: (1981년에 시작되어) 올림픽 경기 다음 해에 개최되는 비올림픽 경기 종목〈non-Olympic sporting disciplines〉의 세계 대회 우2

1066 **World Health Or·gan·i·za·tion \ WHO**: 세계 보건 기구, (1948년에 창립되어) 연간 약 8억 불의 예산을 쓰는 〈194 회원국으로 된〉 UN 산하의 '예방의학' 기구, 〈~ an inter-governmental agency〉 미2

1067 **World Her·it·age Site**: 세계 (문화) 유산 등록지, (UNESCO가 1972년에 시작해서 2020년까지 총 1,121곳을 지정한) 보존 가치가 있는 세계적 자연·인공 유적지, 〈~ legally protected areas and landmarks〉 미2

1068 **World Me·te·or·o·log·i·cal Or·gan·i·za·tion \ WMO**: (1950년에 UN의 특별 기구로 지정되어) 〈193의 단체가 가입하고 있는〉 세계 기상 기구, 〈~ a specialized agency of UN〉 미2

1069 **World Se·ries** [워얼드 씨뤼어즈]: 월드 시리즈, (매년 가을 American League와 National League의 승자들이 펼치는) 전 미국 직업 야구 선수권 대회, 〈~ annual championship competition of Major league baseball〉 우1

1070 **World Ser·vice** [워얼드 써어뷔스]: 월드 서비스, (영국의 BBC사가 1932년부터 시작해서 40 이상의 언어로 방영·방송되는) 세계적 뉴스·시사 프로그램, 〈~ an international broad-caster〉 우1

1071 **World Tour·ism Or·gan·i·za·tion \ WTO**: (1975년 주로 저소득국가의 관광사업 촉진을 위해 창립되어 Madrid에 본부를 두고있는) UN 산하의 세계 관광 기구, 〈~ a specialized agency of UN〉 미2

1072 **World Trade Cen·ter**: 월드 트레이드 센터, (2001년 공습으로 붕괴된 뉴욕 소재가 제일 유명한) 세계 무역 중심(사무소 집결지), 〈~ more than 330 world-wide〉 미2

1073 **World Trade Or·gan·i·za·tion \ WTO**: (1995년에 재편성되어 2024년 현재 166개국이 참여하고 있으며) 〈상당한 규제권이 있는〉 국제 무역 기구, 〈~ an inter-governmental org.〉 미2

1074 **World Vi·sion** [워얼드 뷔전]: 월드 비전, '세계 전망회', 1950년 미국에서 설립되어 현재 영국에 본부를 두고 있는 세계적 복음주의 자선·구호단체, 〈~ an ecumenical Christian humanitarian org.〉 수2

1075 **World War I**: (독일과 프랑스의 영토 분쟁에 편승해서 일어나 독일 측의 패배로 끝났으며) 〈따발총·비행기·전차 등이 등장해서 약 1천6백만 명이 죽은〉 세계 제1차 대전, 〈~ the Great War〉 양2

1076 **World War II**: (일차 대전의 후유증으로 일어나 50여 개국이 직·간접으로 참여하고) 〈원자탄 투하 등으로 약 5천5백만 명이 죽은〉 세계 제2차 대전, 〈~ Second World War\The War on Civilisation〉 양2

1077 ***world-wide web**: WWW, 세계전산망, 만유망, 전산망에 존재하는 광범위한 정보 공간, 〈~ a content sharing information system〉 미1

1078 ***WORM** [워엄]: write once read many (times), 자료를 한 번만 써넣을 수 있으나 〈변경시키지 않고〉 여러 번 꺼내 읽어 볼 수 있는 광원반, '일서 백독 원반', 〈~ a data storage device〉 우1

1079 ***worm** [워엄]: 〈'vermis'라는 라틴어에서 온 게르만어〉, 웜, 〈돌고·굽힐 수 있는〉 (땅)벌레, 구더기, 장내 기생충, (전산망을 통해 전염되는) 파괴 차림표, 꿈틀거리며 나아가다, 〈~ creeping or burrowing invertebrate〉, 〈↔vertebrate\stride〉 양1 우1

1080 **worm gear** [워엄 기어]: 나선형 전동 장치, 오직 나선으로 된 동체만이 톱니바퀴를 돌릴 수 있는 변속 장치, 〈~ worm meshes\worm wheel〉, 〈~ worm drive (or screw)〉, 〈gear에는 7가지가 있다 함〉 미2

1081 ***worm-hole** [워엄 호울]: 벌레 먹은 구멍, Einstein-Rosen bridge, 〈검은 구멍과 흰 구멍 사이에 있다는〉 우주 시간 사이에 있는 다양한 거리의 통로, 〈~ an entrance〉 양1 우1

1082 **worm-seed** [워엄 씨이드]: 구충초, (중·남미에 서식하며) 종자가 구충제로 쓰였던 엉거시과 쑥속의 초본, 〈~ treacle mustard〉 미2

1083 ***worm's eye(view)** [워엄즈 아이(뷰)]: 충첨도(벌레의 눈으로 본 시야), 앙시도(아래에서 올려다 본 관측), 좁은 소견, 〈~ view from below〉, 〈↔bird's eye(view)\vantage point\sky-line〉 양2

1084 **worm-wood** [워엄 우드]: cross·wort, mug wort, 쓴 쑥, 〈회충〉 약쑥, 고애, 고민, 〈~ vermouth〉 미1

1085 **worn** [워언]: wear의 과거분사, 닳아빠진, 초췌한, 〈~ frayed\tattered〉 양1

1086 **worn-out** [워언 아웉]: 써서 낡은, 닳아 빠진, 진부한, 〈~ exhausted\shabby〉, 〈↔new\fresh〉 양2

1087 **wor·ry** [워어뤼]: 〈← wyrgan(to choke)〉, 〈게르만어〉, 근심, 걱정, 고민, 신경 쓰다, 〈목을 졸라〉 괴롭히다, 〈~ anxiety\fret〉, 〈↔relaxed\un-troubled〉 양2

1088 **wor·ry-wart** [워어뤼 워얼트]: 사소한 일을 늘 걱정하는 사람, '안달쟁이', 〈~ chicken little〉, 〈↔scare-monger〉 우2

1089 **worse** [워어스]: 〈게르만어〉, ill·bad의 비교급, 더 나쁨, 불리, 악화, 〈~ war〉, 〈~ inferior\poorer〉, 〈↔better〉 양2

1090 **wor-ship** [워얼쉽]: 〈영국어〉, worth+ship, 예배, 숭배, 존경, 찬미, 〈~ revere\adore〉, 〈↔loathe\despise〉 양2

1091 **worst** [워얼스트]: ill·bad의 최상급, 가장 나쁜, 최악의, 가장 심한, 〈~ lowest\poorest〉, 〈↔best〉 양2

1092 ***worst of both worlds** [워얼스트 어브 보우쓰 워얼즈]: 상반되는 것의 단점만 합쳐 취하는 것, 〈~(↔)catch-22〉, 〈↔best of both worlds〉 양1

1093 ***worst things first** [워얼스트 씽스 훠얼스트]: 매도 먼저 맞는 것이 낫다, 〈~ sooner begun, sooner done〉 양2

1094 **wort** [워얼트]: 〈← wyrt(herb)〉, 〈게르만어〉, 맥아즙, ~초본, ~풀, 〈~ root\plant〉 양2

1095 **worth** [워얼쓰]: 〈← vartate(roll)〉, 〈산스크리트어→그리스어→라틴어→게르만어〉, 가치가 있는, ~만큼의 재산이 있는, 〈~ 돈은 돌리고 돌려야 재산이 쌓인다는 이치〉, 〈~ merit\wealth〉, 〈↔worthless\valueless〉 양2

1096 **worth-while** [워얼쓰 와일]: ~할 가치가 있는, 상당한, 보람 있는, 〈~ valuable\beneficial〉, 〈↔worthless\useless〉 양2

1097 ***wot·cha** [와아춰]: What·cha, 'What's up?'의 영국식 표현, 어이, 반갑네, hello 양2

1098 **would** [우드]: 〈영국어〉, will의 과거형, ~일 것이다, ~하고 싶다, ~하려고 하였다, ~할 마음만 있으면, 〈소망이 섞인 말〉, 〈~ might\could〉 양2

1099 **would-be** [우드 비]: ~이 되려고 하는, ~지망의, ~인 체하는, 〈~ aspiring\desiring〉, 〈↔skilled\capable〉 양2

1100 **wound**¹ [와운드]: wind¹의 과거·과거분사, 감긴, 감겨진, 〈~ turned\twisted〉 양2

1101 **wound**² [우운드]: 〈← wund(injury)〉, 〈어원 불명의 게르만어〉, (큰) 상처, 부상, 손상, 상해, 모욕, 〈~ lesion\damage〉, 〈↔heal\hail²〉 양1

1102 **wound-up** [와운드 옆]: (태엽이 다 감겨서) 긴장된, 흥분한, 신경을 곤두세운, 〈~ agitated\edgy〉, 〈↔relaxed\easy〉 양2

1103 **wound up** [와운드 엎]: 돌려 올리다, 마무리 짓다, (~상황에) 처하게 되다, ⟨~ wrapped up\finished⟩, ⟨↔opened\started⟩ 양2

1104 **wove** [오우브]: weave의 과거·과거분사, ⟨~ laced\inter-twined⟩ 양1

1105 **wov·en** [오우븐]: weave의 과거분사, ⟨~ braided\blended⟩ 양1

1106 **wow** [와우]: ⟨의성어⟩, ⟨스코틀랜드어⟩, 야아, 와, 대성공, 경탄, ⟨~ amaze\fascinate⟩, ⟨↔alas⟩ 양2

1107 **wo·za** [워져]: ⟨남아프리카 원주민어⟩, come forward, '(빨리) 와', 이리와, '엇싸!', W~; 노래 제목 양2

1108 *****WP¹**: weather permitting, 날씨가 허락하면 미1

1109 *****WP²**: ⇒ word processing 미1

1110 **WPA** (Works Pro·jects Ad·min·is·tra·tion): ⟨대공황 타파를 위해⟩ (1935년 W~ Progress A~으로 출발해서 1941년까지 지속된) 미국의 공공 사업 촉진국, ⟨~ an American New Deal agency⟩ 미2

1111 **wpm**: words per minute, 1분간 (타자) 글자 수 미1

1112 **wrack** [뢕]: ⟨네덜란드어⟩, ruin, 물가에 밀려온 해초, 난파선, 표착물, 파멸, ⟨~ wreck\rack⟩, ⟨↔construct\repair⟩ 양1

1113 **wraith** [뤠이쓰]: ⟨← vorthr(guardian)⟩, ⟨북구어⟩, 생령, (임종 전후에 나타나는) 유령, 망령, ⟨~ doppel-ganger\dead ringer⟩ 양2

1114 **wran·gle** [뢩글]: ⟨← wrang(press)⟩, ⟨게르만어⟩, 말다툼(논쟁)하다, 설복하다, 보살피다, ⟨~ argument\dispute⟩, ⟨↔agree\get along⟩ 양1

1115 **wrap** [뢮]: ⟨← wrappen(cover around)⟩, ⟨어원 불명의 영국어⟩, (감)싸다, 덮어싸다, 요약하다, 마치다, ⟨~ bandage\bundle up⟩, ⟨↔reveal\open up⟩ 양1

1116 **wrap ac·count** [뢮 어카운트]: (증권사가 맡아서 금융 업무를 일괄처리해 주는) 재산 종합 관리 계좌, ⟨~ a managed account⟩ 미2

1117 **wrap–a–round** [뢮 어라운드]: 허리에 두르는 식의 (옷), 포괄적 (어린이 간호), ⟨~ cover\envelop⟩, ⟨↔straighten\untwist⟩ 우2

1118 **wrap-up** [뢮 엎]: 요약, (총괄) 결말, 간추린 소식, ⟨~ attain-ment\close⟩, ⟨↔begin\open⟩ 미2

1119 **wrasse** [뢔스]: ⟨← gwragh(old woman)⟩, ⟨'노파(hag)'란 켈트어에서 유래한 말⟩, ⟨놀래기를 잘하는⟩ 양놀래기, 600여 종의 다양한 색깔을 가진 작은 바닷물고기, ⟨~ parrot fish\blue-head\hog-fish⟩, ⇒ sea·wife 우2

1120 **wrath** [뢔쓰]: ⟨영국어⟩, fury, 격노, 진노, 천벌, ⟨~ rage\ire⟩, ⟨↔pleasure\patience⟩ 양2

1121 **wray** [뤠이]: ⟨← wrogijana(accuse)⟩, ⟨게르만어⟩, 비난하다, 폭로하다, 배반하다, ⟨→ awry\wary⟩, ⟨~ cautious\consider⟩, ⟨~ distrust\denounce⟩, ⟨↔praise\approve⟩ 양2

1122 **wreak** [뤼잌]: ⟨← wrecan(punish)⟩, ⟨게르만어⟩, (벌)을 가하다, (원수를) 갚다, 주다, ~에 쓰다, 터뜨리다, ⟨~ wrack\wretch⟩, ⟨~ inflict\effect⟩, ⟨↔ignore\fail⟩ 양2

1123 **wreak hav·oc** [뤼잌 해벅]: ⟨게르만어⟩, 사정없이 파괴하다, 대혼란, 아수라장, ⟨~ destroy\chaos⟩, ⟨↔fix\repair⟩ 양2

1124 **wreath** [뤼이쓰]: ⟨← writhan(twist)⟩, ⟨게르만어⟩, ⟨비틀어 만든⟩ 화관, 화환 (장식), 동그라미, 소용돌이, ⟨~ lei\garland⟩, ⟨↔angle\divide\zigzag⟩ 양1

1125 **wreathe** [뤼이드]: ⟨게르만어⟩, '비틀다', 고리로 만들다, (휘)감다, 둘러싸다, ⟨→ wreath⟩, ⟨~ writhe\twist\braid⟩, ⟨↔un-tangle\un-wind⟩ 양1

1126 **wreck** [뤨]: ⟨← wrek(to push)⟩, ⟨북구어⟩, 난파, 충돌, 파멸, 잔해, ⟨~ wreak \wrack⟩, ⟨↔build\preserve\salvage⟩ 양2

1127 **wreck-fish** [뤨 휘쉬]: ⟨난파선 근처에 나타나는⟩ 톱니같은 지느러미를 가진 농엇과의 큰 갈색 심해어, ⟨~ a cousin of grouper and sea-bass⟩ 미2

1128 **wren** [뤤]: ⟨← wrenna(a small passerine)⟩, ⟨어원 불명의 게르만어⟩, 굴뚝새, 쥐새, (여름에는 산·겨울에는 굴뚝 부근에서 사는) 짧은 날개에 치켜진 꼬리를 가지고 시끄럽게 지저귀는 작고 통통한 참새류, 젊은 여자, 처녀, ⟨~ a song-bird\lass⟩, ⟨~(↔)sparrow\finch\starling⟩, ⟨↔lady⟩ 미2

1129　**wrench** [뤤취]: ⟨← vrnakti(twists)⟩, ⟨산스크리트어에서 유래한 영국어⟩, 비틀기, 꼬기, 접질림, 왜곡, '비틀개', (고정 나사나 이동 나사를) 비틀어 돌리는 공구, spanner(영국), ⟨↔straighten\un-twist⟩, ⟨아가리를 조정할 수 있는 것은 adjustable wrench라 함⟩ 양1 우2

1130　**wrest** [뤠스트]: ⟨← wreastan(twist)⟩, ⟨게르만어⟩, 비틀다, 잡아떼다, 캐내다, 왜곡하다, ⟨~ wrist⟩, ⟨~ extort\wrench⟩, ⟨↔insert\straighten\yield⟩ 양1

1131　**wres-tle** [뤠슬]: ⟨← wreastan(twist)⟩, ⟨게르만어⟩, ⟨← wrest⟩, 맞붙어 싸우다, 씨름하다, 넘어뜨리다, 고군분투하다, ⟨~ tussle\struggle⟩, ⟨↔idle\surrender⟩ 양1

1132　**wres-tling** [뤠슬링]: 레슬링, (1만 5천 년 이상의 역사를 가지고 50여 종의 변형이 있는) 상대방의 어깨를 바닥에 1초 이상 대면 이기는 몸싸움, ⟨↔boxing\kicking⟩ 우1

1133　**wretch** [뤠취]: ⟨← wrecan(drive out)⟩, ⟨영국어⟩, '쫓긴 사람', 비참한 사람, 비열한 놈, 놈, 녀석, ⟨~ wicked\weasel⟩, ⟨~ truant\scoundrel⟩, ⟨↔innocent\hero⟩ 양1

1134　**wretch-ed** [뤠취드]: 비참한, 불쌍한, 초라한, 야비한, ⟨~ lousy⟩, ⟨↔fantabulous\cheerful⟩ 양2

1135　**wrig·gle** [뤼글]: ⟨← wriggeln(turn)⟩, ⟨게르만어⟩, 몸부림치다, 꿈틀거리다, 우물쭈물하다, (엉덩이를) 흔들다, ⟨~ jerk\shake⟩, ⟨↔relax\un-wind⟩ 양1

1136　**wrig-gler** [뤼글러]: 꿈틀거리는 것, 장구벌레(wiggler), 미적거리는 사람, '살살이', ⟨~ squirmer\shaker⟩ 미2

1137　**Wright broth·ers** [롸잇 브뤄더즈]: ⟨← wryhta(wood worker)⟩, ⟨영국어⟩, 라이트('목공') 형제, 1903년 사상 최초로 비행에 성공한 ⟨호기심이 많았던⟩ 미국인 형제, ⟨~ American aviation pioneers⟩ 수1

1138　**wring** [륑]: ⟨← wringan(press)⟩, ⟨게르만어⟩, 짜다, 비틀다, 우려내다, 괴롭히다, ⟨~ wrong⟩, ⟨~ twist\squeeze⟩, ⟨↔release\leave alone⟩ 양1

1139　**wrin·kle** [륑클]: ⟨← wringan(press)⟩, ⟨게르만어→영국어⟩, 주름, 구김살, 결점, 묘안, 유행, ⟨~ rumple⟩, ⟨~ crease\furrow⟩, ⟨↔smoothness\straight\boredom⟩ 양1

1140　**wrist** [뤼스트]: ⟨← wreastan(twist)⟩, ⟨게르만어⟩, 손목 (관절), ⟨~ wrest⟩, ⟨↔ankle⟩ 양2

1141　**writ** [륕]: ⟨← writan(write)⟩, ⟨게르만어⟩, 영장, 칙서, 문서, ⟨~ summon\warrant⟩, ⟨↔ban\veto⟩ 양2

1142　**write** [롸이트]: ⟨← writan(scratch)⟩, ⟨게르만어⟩, '긁다', (글씨를) 쓰다, 저술하다, 기록하다, 기억시키다, ⟨→writ⟩, ⟨~ scribble\note\record⟩, ⟨↔print\type⟩, ⟨↔speak⟩ 가1

1143　**write-in** [롸이트 인]: (이름을) 기입하는, 기명 투표(의), ⟨↔secret vote⟩ 양2

1144　***write-off** [롸이트 어어후]: 삭제, 취소, 결손처분, 폐품처리, 실패작, ⟨~ dismiss\disregard⟩, ⟨↔enhance\mark up⟩ 양1

1145　***write-once** [롸이트 원스]: 기록은 되나 지우기·바꿔 쓰기가 안 되는, ⟨~ can not be erased or modified⟩, ⇒ WORM 우1

1146　***write pro-tect** [롸이트 프뤄텍트]: (가지고 있는 자료를 지우거나 다시 쓰지 못하게 방지하는) 기록 보호 장치 (원반), ⟨~ read-only device⟩ 미2

1147　***write-up** [롸이트 엎]: (신문·잡지의) 기사, 보고(report), 평가절상(increasing nominal value), ⟨↔ignorance\suppress⟩ 양1

1148　***write up** [롸이트 엎]: (서류를) 작성하다, 상세히 쓰다, ⟨~ describe\expound⟩, ⟨↔neglect\censor⟩ 양1

1149　**writhe** [롸이드]: ⟨← writhan(twist)⟩, ⟨게르만어⟩, 비틀다, 몸부림치다, 고민하다, ⟨~ wreathe\wry⟩, ⟨↔straighten\un-ravel\settle⟩ 양1

1150　**writ·ten** [뤼튼]: write의 과거분사 가1

1151　**wrong** [룅]: ⟨← wringan(press)⟩, ⟨게르만어⟩, '비뚤어진', 그릇된, 틀린, 고장 난, 나쁜, 부정한, 악한, ⟨~ erroneous\illcit⟩, ⟨↔right\correct\legal⟩, ⟨이것이 주관적인가 객관적인가 그것이 문제로다⟩ 가1

1152　***wrong place at the wrong time**: 운수 사납게, 재수없이, 까마귀 날자 배 떨어진다, ⟨~ un-lucky\hapless\un-fortunate⟩, ⟨↔right place at the right time⟩ 양2

1153　**wrote** [로우트]: write의 과거 가1

1154　**wrought** [로오트]: work의 과거·과거분사, 두들겨 만든, 꾸민, ⟨~ toil\made⟩, ⟨↔rest\play\fail⟩ 양2

1155　***WRT**: with respect to, with regard to, ~ 것에 관한 한 미2

1156　**wrung** [륑]: wring 의 과거·과거분사 양1

1157 **wry** [롸이]: ⟨← wrigian(to drive)⟩, ⟨게르만어⟩, 뒤틀린, 비틀어진, 심술궂은, 예상이 틀린, ⟨→ awry⟩, ⟨~ writhe\ironic\disgusted⟩, ⟨↔straight\polite\smooth⟩ 양1

1158 **wry-neck** [롸이 넥]: 목이 비뚤어진 사람, anhinga, darter, snake bird, water turkey, 개미잡이 새, (유라시아에 서식하며) 목을 180도 돌릴 수 있는 '사경' 딱따구리 미2

1159 ***WTB**: want to buy, 사고 싶소 미2

1160 ***WTF** (what the fuck): 썹할, 씨부랄, 염병할 양2

1161 **WTO**: ⇒ Word Trade Organization 미2

1162 **W-2 form**: wage and tax statement, (미국의) 소득세 원천 징수 표 우1

1163 **Wu, Ze·tian** [우우 쮀쉬언]: wu(military), ⟨'칼잡이'의 자손⟩, 측천무후, (625-705), 당 태종의 첩으로 들어가서 근친상간·살육도 마다하지 않고 중국에서 전무후무한 여 황제가 된 걸물, ⟨~ an Empress of China⟩ 미2

1164 **Wu-han** [우우하안]: wu(military)+han(China), 무한, ⟨중국어⟩, ⟨'우창'과 '한구'가 합쳐진⟩ 우한, ⟨COVID-19의 진원지로 지목되는⟩ 중국 중원(central China)에 있는 인구 1천1백만의 유서 깊은 종합 도시 수2

1165 **Wu-ling mo·tors** [우울링 모우터즈]: five diamonds, ⟨다이아몬드5의⟩ '5릉 기차', 2007년에 세워져서 Hongguang brand 등으로 중국에서 ⟨떠오르는⟩ 자동차 회사, ⟨~ a Chinese automobile manufacturer⟩ 수2

1166 **wump(h)** [웜프]: whump, ⟨영국어⟩, ⟨의성어⟩, 쿵, 쾅, 털썩, 엉덩이, ⟨~ boom\crash\butt⟩ 양2

1167 **wun·der-kind** [운더킨트]: wonder-child, ⟨독일어⟩, 신동, 귀재, 젊어서 성공한 사람, ⟨~ prodigy\wizard⟩, ⟨↔air head\dumb⟩ 양2

1168 **wurst** [워얼스트]: ⟨← voorsht(saussage)⟩, ⟨게르만어⟩, ⟨독일·오스트리아산의⟩ 순대 수2

1169 ***wuss-y** [우씨\어씨]: ⟨미국 속어⟩, 겁쟁이, 잘 속는 사람, 여자 같은 남자, ⟨~ passy·wussy⟩, ⟨~ cowardly\pusillanimous⟩, ⟨↔bold\brave⟩ 양2

1170 **wuz·zy** [워즤]: ⟨영국 군인들이 동아프리카의 유목민을 부르던 말⟩, 멍한, 심술 사나운, ⟨철없는⟩ 계집애, ⟨~ fuzzy\woolly\prickly⟩, ⟨↔smooth\clear⟩ 양2

1171 **WWW**: ⇒ world wide web 미1

1172 **Wy·an·dotte** [와이언다트]: 와이언도트, wyandot(islanders), native American near Montreal, (1870년도에 개발되어 원주민 이름을 딴) 갈색 알과 황색 표피를 한 여러 색깔의 미국 ⟨토종닭⟩, ⟨~ an American chiken breed⟩ 수2

1173 **wych~** [위치~]: ⟨영국어⟩, pliant, ⟨휘기 쉬운·유연한~⟩이란 뜻의 결합사 양1

1174 **Wy·eth** [와이어쓰], LLC: ⟨영국계 이름⟩, ⟨willow 숲에 사는 자⟩, 1860년에 동명의 형제에 의해 미국에서 설립되어 2009년에 Pfizer에 병합된 제약 및 건강보조식품 생산업체, ⟨~ an American pharmaceutical co.⟩ 수2

1175 **wynd** [와인드]: ⟨스코틀랜드어⟩, window path, 좁은 길, 골목길, ⟨~ narrow lane\alley⟩, ⟨↔main-road\broad-way⟩ 양2

1176 **Wy·o·ming** [와이오우밍]: 와이오밍, WY, Equality State, Cowboy State, ⟨← wamonk(at the big river flat)⟩, (원주민 부족의 이름을 딴 ⟨대평원 위에 있는⟩) 목축과 석유가 풍부한 록키산맥 동쪽에 자리 잡은 경관이 좋은 미국의 내륙 주, {Cheyenne-1}, 《Indian paint-brush》, ⟨~ a land-locked state in Mountain West of US⟩ 수1

1177 ***wy-pi·po** [위피포우]: ⟨미국 흑인 속어⟩, white people(백인)을 조심해서 쓰는 말 미2

1178 **wy-pi·pol-o-gist** [위피팔로지스트]: 백인들의 생태를 연구하는 (흑인) 학자, ⟨~ black person studying white people⟩ 미2

1179 ***WYSIWYG** [위쥐위그]: what you see is what you get, '네가 보는 것대로 나올 것', 화면상으로 본 화상이 그대로 인쇄기로 출력되는 기능 수1

1	**X \ x** [엑스]: 고대 이집트의 물고기 모양을 딴 상형문자에서 유래한 24번째 정도로 인쇄물에서 자주 쓰이는 영어 알파벳의 24번째 글자, X 모양의 것, 로마 숫자의 10, 제1 미지수, 예측할 수 없는, 글자를 못 쓰는 사람의 서명, 무효 가위표, 곱셈표, 성인영화, Christ·cross 등의 약자 수2
2	**xan·th(o)~** [쌘토(우)~]: 〈어원 불명의 그리스어〉, yellow, 〈크산틴산·황색~〉을 뜻하는 결합사 양2
3	**xan·than** [쟨썬]: 크산탄, (식품 등의 농화제로 쓰이는) 수용성 천연 접착제, 〈~ corn sugar gum〉 수2
4	*****XAU** [엑스에이유우]: index+aurum(gold), 금가〈통화기호〉, 금1(troy)온스(ounce) 우2
5	**Xa·vier** [쟈뷔어], Fran·ces: 〈'새로운 집(new house)'이란 뜻의 바스크어에서 유래한〉 사비에르, (1506-52), 아시아에 포교한 스페인의 선교사, 〈~ a Spanish Catholic missionary〉 수1
6	**x-ax·is** [엑스 액씨스]: 가로(좌표)축, 횡축, 〈~ principal(horizontal) axis〉, 〈↔y-axis\z-axis〉 미2
7	**X band¹** [엑스 밴드]: 1977년 LA에서 창설되어 2024년까지 활동한 펑크·록 악단, 〈an American punk rock band〉 수2
8	**x band²** [엑스 밴드]: (주로 레이더〈radar〉에 사용하는) 5,200~10,900메가헤르츠〈mega-hertz〉의 무선주파수대 수2
9	**X chro·mo·some** [엑스 크로우머죠움]: 〈X 모양을 한〉 X(여성) 염색체, 〈~ sex chromatin〉, 〈↔Y chromosome〉 미1
10	*****x cop·y** [엑스 카피]: '다량 복사', '집단복사', '다중기억력 복사', 〈~ extended copy\multiple copy〉 수2
11	**xen(·o)** [젠 \ 제노]: 〈그리스어〉, foreigh, 외래, 이종, 〈~ stranger\guest〉, 〈~(↔)homo\allo〉 양2
12	**xe·ni·al** [지이니얼]: 〈← xenos〉, 〈그리스어〉, 손님에 대한, 우호적인, 주객 관계의, 〈~ hospitality\friendly〉, 〈↔hostile\nasty〉 양2
13	*****xen·o·bot** [제노 밭]: 제노봇, xenopus(scientific name of an African frog)+robot, 생체 인조인간, 아프리카 개구리의 피부 배아세포를 이용해서 움직임을 복제할 수 있는 〈살아있는 로봇〉, 〈~ living robot〉 미2
14	**xen·o·graft** [제노 그래후트]: 이종이식편(다른 종류의 동물로부터 이식한 장기), 이종이식(이종 동물 간의 이식), 〈~ hetero-graft〉, 〈↔homo-graft\allo-graft〉 양2
15	**xen·o·morph** [제너 몰후]: '타형 피조물', 외계인, 괴기 동물, 〈~ alien〉 미2
16	**xe·non** [지이난]: 크세논, 〈형광등·마취제 등으로 쓰이는〉 비활성 기체 원소(기호 Xe·번호54), '이상한(strange) 희소 기체', 〈~ an inert mono-atomic gas〉 수2
17	**xen·o·phil·i·a** [제너 휠이어]: 외국 선호, 외국인(문화·풍습)에 매료되기(끌려들기), 〈~ cosmopolitan〉, 〈↔xeno-phobia〉 미2
18	**xen·o·pho·bi·a** [제너 호우비어]: 외국(인) 혐오, 〈~ nationalism〉, 〈↔xeno-philia〉 미2
19	**xe·nos** [지노우스]: 〈미묘한 의미를 내포하고 있는 그리스어〉, strange \ foreign, 낯선 사람, 이방인, 예우, 손님, 적, 〈↔ally\friend〉 양2
20	**xer~ \ xe·ro~** [지어~ \ 쥐어로우~]: 〈← xeros(dry)〉, 〈그리스어〉, 〈마른·건조한~〉이란 뜻의 결합사, 〈↔wet〉 양1
21	**xe·ri·scap–ing** [쥐뤼 스케이핑]: 〈그리스어에서 유래한 미국어〉, 건식 (내건) 조경, 건조성 기후에 잘 견디는 식물을 이용한 조경, 〈~ dry land-scaping〉 미2
22	**Xe·rox** [지어롹스]: 〈그리스어에서 유래한 미국어〉, '건조인쇄〈dry printing〉', 제록스, 1906년에 시작해서 1960년도에 절정을 이루다가 2016년에 Xerox와 Conduent로 분리된 미국의 서류 복사기 회사·상품명, 〈~ an American IT company〉 수1
23	**X-Gen·er·a·tion** [엑스 제너뤠이션]: 엑스 세대, 샌드위치 세대, 1965~1976년에 태어나서 꿈을 가지고 출발하나 번영에서 소외되어 방향 감각을 상실하고 사회적 역할을 못 느끼는 세대, 〈~ sandwich generation〉, 〈↔Y-generation\Z-generation〉 수2
24	**Xi** [시], Jin Ping: 〈존경받는(admire) 자〉, 시진핑, 〈북한에서는〉 '습근평', (1953-), 골수 공산주의자의 아들로 태어나 평생 공산당원으로 실력을 키워오다 2012년부터 막강한 권력을 장악하고 〈중국의 꿈〉을 실행해 보려는 야심찬 정치가, 〈~ President of PRC〉 수1
25	**Xi-an** [쉬엔]: west+peace, 〈중국어〉, 〈서쪽에 있는 편안한 땅〉, 서안, 고대에 〈장안으로〉 이름을 떨쳤던 중국 북서부에 있는 〈인구가 많은〉 역사적인 교육·문화·산업도시, 〈~ a large city in central China〉 수2

26 **Xiang,** Yu [샹 유]: 〈커나가는(growing) 집안〉, 항우, (232-202 BCE), 초나라 왕족으로 진나라에 대해 봉기했으나 나이 많은 '아우였던' 유방에게 참패하고 사면초가에 몰려 자살한 〈초패왕〉, 〈~ the Hegemon-King of Western Chu〉 미2

27 **Xiang-qi** [샹 취]: elephant chess, 〈중국어〉, 장기, 〈근원은 인도의 chaturanga이고 일본에서는 shogi\베트남에서는 co turong이라 함〉, ⇒ jang-gi 우2

28 *****Xiao-mi** [샤우미]: little+rice, 〈중국어〉, '좁쌀(millet)', 소미(집단), 2010년 북경에서 세워진 중국의 전자제품 제조 및 판매기업, 〈~ a Chinese consumer electronics co.〉 수2

29 **X-ing** [크뤄싱]: cross-ing, 건너다, 횡단 미2

30 **Xin-hua-she** [쉰화아셔]: New China (News) Agency(NCNA), 신화사, 1937년 중국 공산당의 기관지로 설립되어 1947년 정식기관이 된 중국의 국영 통신사, ⇒ NCNA 수2

31 **Xiong-nu** [죵누우]: wicked+slave, 〈중국어〉, 〈흉측한 오랑캐〉, 흉노, (기원전 3세기부터 기원후 1세기까지 동쪽 유라시아에 살았던 유목민족, 훈(Hun)족의 조상(?), 〈~ a eastern Eurasian nomadic tribe〉 미2

32 **XL**: 특대(형), extra·large, extra·long 양2

33 **X-mas** [크뤼쓰머스 \ 엑스 마쓰]: 성탄절(보통 글에서 Christmas를 줄여서 쓴 것), Xpietoe('Christ'의 그리스어)의 생일 미2

34 *****X MO·DēM** [엑스 모우뎀]: (1977년에 개발된) 〈오류가 났는지 검색할 수 있는〉 서류철 전송 변복조 장치의 일종, '조용한 양식', 〈~ a simple file transfer protocol〉, 〈↔Y Modem\Z Modem〉 수2

35 **X-rat·ed film** [엑스 뤠이티드 휨]: 〈18세 미만에게 금지된〉 성인영화, 음란한 영화, 〈~ porn\adult movie〉, 〈↔G-film\R-rated〉 양2

36 **x-ray** [엑스 뤠이]: X-선, Röntgen선, '정체불명의 방사선' 미2

37 **x-ray scan** [엑스 뤠이 스캔]: 〈공항 검색용〉 엑스선 주사, 〈~(↔)frisking〉 미2

38 **x-ray ther·a·py** [엑스 뤠이 쎄뤄피]: 엑스선(방사선) 요법, 〈~(↔)chemo-therapy〉 미2

39 *****X serv-er** [엑스 써어붜]: X Window에서 화면·자판·조종간을 운영하는 과정, 〈a display server〉 수2

40 *****X-sports** [엑스 스포올츠]: ⇒ extreme sports 미1

41 **X ter·mi·nal** [엑스 터어미늘]: X server를 활용할 수 있는 소형 전산기의 단말기 수2

42 **X The·o·ry** [엑스 씨어뤼]: X 이론, 인간은 일하기를 싫어하기 때문에 강제적·과학적 관리법이 필요하다는 경영이론, 〈negative view of employees〉, 〈↔Y Theory〉 수2

43 **xul** \ zool [쥬울]: extensible user-interface language, 확대할 수 있는 사용자 접속언어, 도형 문자와 언어 문자를 연결하는 장치 수2

44 *****X Win·dow** [엑스 윈도우]: '다목적 창구', (1984년 미국의 MIT에서 개발된) 조종 간의 움직임에 따라 문안이나 도표를 화면에 나타내는 전산기 체제, 〈~ a graphics work-station〉 수2

45 **xy·l(o)~** [쟈일(로우)~]: 〈← xylon(wood)〉, 〈그리스어〉, 〈나무의~〉를 뜻하는 결합사 양1

46 **xy·li-tol** [쟈일러털]: 'wood sugar', 크실리톨, 감로, 천연 감미료의 일종 수2

47 **xy·lo-phone** [쟈일러 호운]: 'wood sound', 실로폰, 목금, 두 개의 채로 '나무토막'들을 두드려서 연주하는 타악기, 〈~ marimba〉 미1

48 **XYZ**: ①examine your zipper의 약어, 지퍼 단속(남대문 열림), 〈~ your fly' is open〉 ②미국 독립 후 애덤스 대통령이 계속되는 영국의 횡포를 막으려고 밀사를 파견했다가 탈레랑 외무장관이 거액의 뇌물을 요구하는 통에 프랑스와의 사이에 벌어진 껄끄러운 상황, 〈~ an un-declared war(diplomatic incidence) between French and US〉 수2

1. **Y \ y [와이]**: 고대 이집트의 받침대 모양을 딴 상형 문자에서 유래한 인쇄물에서 19번째 정도로 자주 쓰이는 영어 알파벳, Y 모양의 것, 제2의 미지수, year·yellow·yard·young·Yuan 등의 약자 수1

2. ***Y [와이]**: "Why?"의 전산기 통신 줄임말 미2

3. **~y [~이]**: 〈게르만어에서 연유한 영국어〉, of, 〈~ 있는·유사한·특성의〉란 뜻을 가진 결합사, 〈~ an adjective (or noun) forming suffix〉 양1

4. **ya [야]**: 〈영국어〉 ①you(너), your(너의), 〈야아한(야하고도 우아한) 말〉 ②'yes'의 버르장머리없는 표현 양2

5. **yacht [야아트]**: 〈← jagt ← jagen(to pursue)〉, 〈네덜란드어〉, 요트, 놀잇배, 유람선, 〈추격하는〉 호화 쾌주선, 〈~ sail-boat〉, 〈↔junk²〉 우1

6. **yacht club [야아트 클럽]**: 요트 클럽, 〈'바다의 사나이'들이 모이는〉 유람선 동호회, 〈~ boat club〉, 〈↔golf clunb〉 우1

7. **yacht race [야아트 뤠이스]**: 쾌주선 경기, 〈~ sailing race〉 우1

8. **yad·da-yad·da-yad·da [얘더-얘더-얘더]**: 〈영국어→미국어〉, 야-야-야, 시시한 소리, 그렇고 그런 소리 (이미 알거나 지루한 내용이라서 그만 줄이는 말), 〈blah-blah-blah〉 수2

9. **ya·hoo [야아후우]**: 〈영국어〉, 인간 같은 짐승, 시골뜨기, 『갈리버의 여행기』에 나오는〉 짐승 같은〈brute〉 인간, 야호(신이 나서 외치는 소리), 〈~ beast\hurray〉, 〈↔oy vey〉 수2

10. **Ya·hoo.com [야아후우 닽컴]**: 1994년에 창립되어 현재 Verizon이 소유하고 있는 세계 전산망 운항 지표의 하나, 〈~ an e-mail account〉 수2

11. **Yah-veh \ Yah we(h) [야아붸 \ 야아웨이]**: 야훼, (히브리어로) '하느님〈God〉' 수1

12. **yak [얘크]**: 〈← gyak〉, 〈티베트어〉, 야크, 중앙아시아산의 털이 긴 소(large ox), 〈~ bison〉 수2

13. **yak-gwa [약과]**: 〈중국어→한국어〉, deep fried honey batter, medicine(honey)+fruit(cake), 꿀·밀가루·참기름·청주 등을 섞어 반죽하여 틀로 찍어 기름에 튀겨 낸 제사용 과자, ⇒ han-gwa 수2

14. **yak-ju [약주]**: 〈중국어→한국어〉, 약술, medicinal wine, 막걸리를 담근 후 앙금을 가라앉힌 맑은 〈상급술〉, pure rice wine, ⇒ mak-geo·li 수2

15. **ya·ki~[야키~]**: grilled, 〈구운·튀긴~〉이란 뜻의 일본말 미2

16. **ya·ki-to·ri [야키토뤼]**: grilled bird, 일본식 조류 (닭) 꼬치구이, ⇒ kkochigui 미1

17. **yak-sik [약식]**: yak-bab, 〈중국어→한국어〉, sweet rice cake, 찹쌀을 쪄서 꿀과 견과류를 섞어 중탕하여 '약(medicine)'이 되라고 먹는 음식 수2

18. **ya-ku-za [야쿠우자]**: 8-9-3(야쿠사; '꽝', 합치면 20이 되어 화투패에서 제일 '하발이〈worst hand〉' 끗수), 17세기 「팔자 더러운」 시정잡배들이 모여 조직한 일본의 〈막가파〉 조직 폭력단으로 아직도 2만 8천 이상의 단원이 있음, 〈~ Japanese gangster(mafia)〉 수2

19. **yak-yak [얙-얙]**: 〈영국어〉, 쉴 새 없이 지껄임, 수다, 〈~ noisy\trivial talk〉, 〈↔blubber³\mumble〉 가2

20. **yal·di [얄디]**: 〈스코틀랜드어〉, 야!, 왔다다, 와!, 〈~ laldy〉, 〈↔tsk〉 양2

21. **Yale [예일]**: 〈← ial(fertile ground)〉, 〈웨일즈어〉, '비옥한 땅에 사는 자', 1701년 미국 코네티컷에 신학교로 설립되어 나중에 고액 기부자의 이름을 따서 개명된 대학원 중심의 사립 종합 대학, 〈~ a private research univ. in New Haven〉 수1

22. **yal·la [얄라]**: 〈'이리 와!', '어서!'〉란 뜻의 아랍·유대어, 〈~ let's go\come on〉 양2

23. **Yal·ta Con-fer-ence [얄터 칸훠뤈스]**: 1945년 2월 우크라이나 남부에 있는 얄타〈어원 불명의 아랍어〉항에서 미·영·소의 수뇌가 모여 2차 대전 후의 〈동유럽과 극동에서 소련의 이권을 중심으로 한〉 사후 처리를 논의한 회담, 〈~ a WWII meeting among US, UK and Soviet〉 수1

24. **Ya-lu [야알루우]**: duck+green, 〈중국어〉, 압록(강), (북한과 중국의 국경을 이루는) 〈3가지 어원이 있는〉 Aprokgang, 〈~ a river between Korea and China〉 가2

25. **yam [얨]**: 〈서아프리카어?〉 ①〈← inhame〉, 〈포르투갈어〉, 〈각 지방마다 형태가 다른〉 고구마의 일종 (참마), 〈~ tuber〉, 〈sweet-potato는 더 달고 파삭파삭함〉 ②〈의성어〉, 〈자마이카어〉, 〈← nyami(eat)〉, 게걸스럽게 '먹다', 〈~ yammy〉 수2

26. **Ya·ma [여마]**: 〈'절제(self control)'란 뜻의 산트크리트어〉, 염마, 염라(대왕), 지옥에 떨어진 인간의 죄를 심판하는 대왕, 〈원래는 twin이란 뜻이었으나 이것이 현세의 쌍둥이인 지옥·욕심의 짝인 절제를 나타내는 뜻으로 윤회된 말〉, 〈~ Hindu god of death and justice〉 가1

27 **Ya·ma·ha** [야마하]: mountain blade, 〈산에 있는 나뭇잎〉, 1887년 동명의 일본인이 풍금 제조회사로 출발시켜 피아노 등 악기·동력 자전거 등 자동차 부품 내지는 전자제품까지 손을 댄 세계적 재벌 회사, 〈'산같이 무겁고 나무잎같이 예리하라'라는 사무라이 정신을 뜻하는 말〉, 〈~ a Japanese manufacturing conglomerate〉 수1

28 **Ya·ma·mo·to** [야마모토], I·so·ro·ku: mountain+base, 산본, 〈산기슭에 사는 자가 56세에 낳은 아들〉, (1884-1943), 〈전면전에는 회의적이었으나 진주만 공격을 감행하고〉 순시 비행 중 미군에 의해 격추되어 사망한 일본의 해군 제독, 〈~ a Japanese Marshal Admiral〉 수1

29 **yang** [앵]: sun, 〈중국어〉, 양, 태극이 나뉜 두 가지 기운 중 밝은 것을 칭함, 〈~ positive〉, 〈↔yin〉 가2

30 **Yang** [양], Gui-fei: 〈버드나무(willow)가에 사는 자〉, 양귀비, 양옥환, (719-756), 왕자비로 들어갔다 시아버지의 눈에 들어 애첩이 되었으나 사촌이 안록산의 반란에 가담한 죄로 왕명에 의해 목 졸려 죽은 〈미녀는 아니지만 육감적이었다는〉 중국 4대 미인의 하나, 〈~ a Chinese imperial consort〉 수1

31 **yang-ban** [양반]: liang(both)+ban(class), (왕조시대의) 문반과 무반, 〈중국어→한국어〉, 〈scholarly+military〉 nobility, 〈과거로 뽑은〉 선량(정예) 계급, 〈↔commoner〉 미2

32 **yang-gaeng** [양갱]: 〈중국어→일본어→한국어〉, 단팥묵, sweet red-bean jelly, 〈중국에서 양고기와 선지를 재료로 해서 만들었던 것을 일본에서 단팥과 한천으로 대체시킨 후 한국에 들어와서 여러 형태로 변해진 건강식품〉, 〈~ a Korean dessert〉 수2

33 **Yang Ming** [양 밍]: sun+bright, '밝은 태양', 양명(해운), 1972년에 설립된 대만의 〈세계적〉 해운·선적회사, 〈~ a Taiwanese container shipping co.〉 미1

34 **Yan-gon** [앵간 \ 앵거언]: yan(enemies)+koun(run out of), 〈버마어〉, '적군을 물리친 곳', '다툼의 끝', 양곤, Rangoon의 1989년 이후 명칭, 미얀마(Burma의 새 명칭)의 수도(Capital) 수1

35 **Yang-tze** \ Yang-zi [양시 \ 양치]: rising+son, 〈중국어〉, 〈서양 선교사들이 '양저우'시를 지나가는 강이라 부른〉 양쯔(강), 양자강, 중국을 가로지르는 6,380km짜리 '장강'〈원래 중국인들이 부르던 '긴 장'〉, 〈~ the longest river in Eurasia〉 수1

36 **yank** [앵크]: 〈어원 불명의 스코틀랜드어〉, jerk, 확 잡아당기다, 쫓아내다, 체포하다, 〈~ pull\tug〉, 〈↔push\ thrust\shove\install〉 양1

37 **Yan-kee** [앵키]: John+kaas(cheese), 〈북부 프랑스계 미국인이 네덜란드계 미국인을 폄하해서 부르던 말〉, 양키, (동북부) 미국인, 미국 잡놈, '치즈 냄새 나는 놈', 〈~(↔)New Englander〉, 〈↔Dixie〉 수1

38 **Yan-kee Doo·dle** [앵키 두우들]: 독립전쟁 때 유행했던 북부 미국민의 애창가(군가), 〈~ an American marching air〉, 〈↔Dixie Doodle〉 수1

39 **Yan-kees** [앵키스], New York: 양키즈, '치즈 냄새 나는 자들', '침략자들', 1901년 볼티모어에서 창단되어 1903년 NY로 이주한 후 1913년에 현재명으로 개칭되어 브롱크스에 근거를 둔 MLB 소속의 미국 야구단〈pro baseball team〉 수2

40 **yap** [앺]: 〈영국어〉, 〈의성어〉, 요란하게 짖어대다, 시끄럽게 지껄이다, (시끄러운) 입, 시골뜨기, 〈~ yelp\ bark〉, 〈↔whisper\noble(talk)〉 양1

41 **yard¹** [야아드]: 〈← geard(enclosure)〉, 〈게르만어〉, '울타리', 안마당, 제조소, 저장소, 〈~ court\garden〉, 〈↔building\street〉 미2

42 **yard²** [야아드]: 〈← gyrd(rod)〉, 〈게르만어→영국어〉, '막대', 헨리 1세의 코끝에서 엄지손가락 끝까지의 거리, 0.914m, 36인치, 3피트, 1 billion dollar (milliard의 변형) 수2

43 **yard sale** [야아드 쎄일]: garage sale, '마당 판매', (개인이 자기 집 앞뜰에서 하는) 중고 가정용품 판매, 〈~ lawn sale\rummage sale〉 우1

44 **yard stick** [야아드 스틱]: 자, 척도, 〈~ criterion\touch-stone〉, 〈↔deviation\abnormility〉 양2

45 **yard work** [야아드 워얼크]: 정원 일(gardening), 〈~ ground-keeping\landscaping〉, 〈↔house-work\ factory-work〉 양1

46 **yar·mul·ke(a)** [야아멀케]: 〈← jarmulka(skullcap)〉, 〈폴란드어→유대어〉, (유대 남자들이 머리 정수리에 가리는 둥글 납작한) '작은 모자', 〈~ bull-cap\a brimless cap〉 우2

47 **yarn** [야안]: 〈← gearn(fiber)〉, 〈게르만어〉, 실, 모사, 〈길게 과장된〉 허풍, 〈~ thread\(long) story〉, 〈↔un- weave〉, 〈↔fact\taciturn〉 가1

48 **yarn spin-ner** [야안 스피너]: 허풍쟁이, 구라꾼, ⟨~ tale-teller\braggart⟩, ⟨↔listener\square shooter\truth-teller⟩ 양2

49 **yar·row** [얘뤄]: ⟨← garwo⟩, ⟨게르만어⟩, 서양 톱(가새)풀, ⟨뿌리가 yellow?하며⟩ 줄기와 잎에 여린 가시가 있고 노랑·백색·담홍색의 자잘한 뭉치꽃이 피는 국화과(daisy family)의 다년초, ⟨~ milfoil\a pond weed⟩⟩ 미2

50 *****yas** [야스]: 좋았어, 잘했군, ⟨yes의 야한 말⟩, ⟨↔nah⟩ 양2

51 **yash·mak** [얘쉬맥 \ 야아쉬마악]: ⟨터키어⟩, a veil, 회교국 여자가 얼굴(face)을 가리는 긴 망사, ⟨~(↔)hijab은 head-cover⟩ 수2

52 *****yass-i·fy** [야씨화이]: ⟨여장미남 'yaaas queen'에서 연유한 미국 속어⟩, (인공 지능 사진 변조 기술로) 실제보다 과장되게 ⟨선정적으로⟩ 사진이나 그림을 조작하기, ⟨~ beautify⟩ 미2

53 **Ya·su·ku·ni Shrine** [야스쿠니 슈롸인]: peace+country, ⟨어지러운 나라를 진정시킨 자를 위한⟩ 정국 신사, 1869년 명치 왕이 일본(Japan)을 위해 싸우다 죽은 사람과 동물들을 위해 세워 근 2백5십만 기의 무덤·납골당을 가지고 있는 국립묘지, ⟨~ a Shinto shrine⟩, ⟨~(↔)Statuary Hall\Westminster'⟩ 수2

54 **yau·pon** [야펀]: ⟨← yop(a shrub)⟩, ⟨북미 원주민어⟩, 구토용 호랑가시나무, (원주민들이 잎을 하제로 썼던) 미국 남동부 지역 원산 감탕나무의 일종, ⟨~ a holly\Ilex vomitoria⟩ 우2

55 **yaw** [여아]: ⟨← jaga(move to and fro)⟩, ⟨게르만어⟩, (배·항공기가) 좌·우로 흔들리다, 균형을 잃다, ⟨~ veer\swerve⟩, ⟨↔straighten\stay⟩ 우2

56 **yawn** [여언]: ⟨← ghieh(gape)⟩, ⟨게르만어⟩, 하품하다 크게 벌어지다, ⟨~ asleep\bore\ho-hum⟩, ⟨↔close²\hold⟩ 가2

57 **yawp** [얖\욒]: ⟨← yelpen(call out)⟩, ⟨의성어⟩, ⟨영국어⟩, 높은 소리로 외치다, 고함치다, 수다(떨다), ⟨~ yelp⟩ 양1

58 **y-ax·is** [와이 액씨스]: 세로 좌표축, ⟨~ minor axis\ordinate\longitudinal axis⟩, ⟨↔x-axis\z-axis⟩ 우2

59 **ya·yo** [야요 \ 에이요]: ⟨마약 밀매자의 별명에서 유래했다는?⟩ 코카인의 (남미계 스페인) 속어, ⟨~ cocaine⟩ 양2

60 **Y chro·mo-some** [와이 크로우머조움]: ⟨X에서 꼬리가 떨어져 나간⟩ Y (남성) 염색체, ⟨~ male sex chromosome⟩, ⟨~ iso-chromosome⟩, ⟨↔X-chromosome⟩ 미1

61 **ye** [이이]: you의 고어, thou의 복수형, 너희 (그대)들 양2

62 **yea** [예이]: yes의 고어, (참으로) 그렇다, 그렇고말고, ⟨~ ay⟩, ⟨↔nah⟩ 양2

63 **yeah** [예]: 정말? 그렇고말고, ⟨~ aye⟩, ⟨↔nay⟩ 가2

64 **yeah-yeah** [예-예]: 아 그래, 그럴까? 그렇다 치자, ⟨~ I know\so what?⟩ 가2

65 **yeah-yeah-yeah** [예-예-예]: 그만해, 알았어! 집어치워!, ⟨~ cool it down!⟩ 가2

66 **year** [이어]: ⟨← yer(season)⟩, ⟨게르만어⟩, 연, 해, 연도, 365일(8,760시간·525,600분·31,536,000초), ⟨~ annum⟩ 양1

67 **year–(a-) round** [이어 (어) 롸운드]: 연중, 1년 내내, ⟨~ constant\on-going⟩ 양1

68 **year-book** [이어 북]: 연감, 졸업 기념 사진첩, ⟨~ class(graduation) book⟩, ⟨서양 사람들이 왜 'graduation album'이란 좋은 말을 모를까?⟩ 양1

69 **year-ling** [이얼링]: 한 살배기 동물, ⟨~ youngling\sapling⟩, ⟨~ wether⟩ 양2

70 **year-long** [이어 로엉]: 일 년에 걸쳐, 일 년 동안, ⟨~ annual\yearly\constant⟩ 양1

71 **yearn** [여언]: ⟨← georn(eager)⟩, ⟨게르만어⟩, 갈망하다, 동경하다, 동경, ⟨~ long²\pine²\crave\hone²⟩, ⟨↔ignore\dismiss⟩ 가2

72 **year of grace** [이어 어브 그뤠이스]: 서기, 서력기원(그리스도 탄생 후), ⟨~ AD\CE⟩, ⟨↔BC(E)⟩ 양2

73 **year plan-ner** [이어 플래너]: 연간 예정표, 연중 행사표, ⟨~ date-book\diary⟩ 미2

74 **yeast** [이이스트]: ⟨← yasyati(to boil)⟩, ⟨'끓이다'란 산스크리트어에서 유래한 게르만어⟩, 효모, 누룩, 발효, ⟨~ enzyme\fermenataion agent⟩, ⟨↔counter-incentives\unleavened⟩ 우2

75 **Yeats** [예이츠], Wil·liam: ⟨← geat(gate)⟩, ⟨영국어⟩, '문지기', (1965-1939), 아일랜드의 노벨 문학상 수상 ⟨상징주의⟩ 극작가·시인, ⟨~ an Irish dramatist and poet⟩ 수1

76 **yee** [이이]: 'you'를 뜻하는 〈공룡〉 언어, Yee; 이 (중국의 타고난 이름); a Chinese surname) 양2 수2

77 *****yee-haw** [이이 호우]: 〈목동들이 신났을 때 내는 소리였였는데 근래에 다시 유행하는 말〉, 야호, 신난다, 〈~ yoo-hoo\hooray〉, 〈↔nohaw\hawyee〉 양2

78 *****yeet** [이잍]: 〈1998년에 등재된 영국어〉, 〈춤출 때 던지는 시늉을 하면서 지르는 소리에서 연유한〉 "간다~", "씨구~ 씨구~" 들어간다, 〈~ throw\hurl〉, 〈~(↔)skrt〉, 〈↔dawdle\crawl〉 양2

79 **yell** [옐]: 〈← gyllan(cry out)〉, 〈게르만어〉, 소리 지르다, 화내다, 〈~ holler\scream〉, 〈↔mumble\stammer\quiet〉 가2

80 **yell-ing** [옐링]: 외침, 고함, 〈~ cry out\shout〉 가2

81 **yel·low** [옐로우]: 〈← geolo ← ghel(shine)〉, 〈게르만어〉, gold color, 노랑, 황색, 누런, 속된, 〈인천의 Yellow House처럼〉 음란한, 주의를 요하는, 〈~ xantho〉, 〈↔blue\purple〉, 〈↔brave\courageous〉 미2

82 **yel·low a·lert** [옐로우 얼러얼트]: 황색경보(적기의 접근을 알리는 제1단계 경보), 검역(quarantine), 〈~ caution〉 미2

83 **yel·low-bel·ly** [옐로우 벨리]: 배가 노란새, 겁쟁이, 비겁한 자, 〈~ coward\chicken〉 미2

84 **Yel·low Book** [옐로우 북]: 예방 접종 증명서, 정식명은 International Certificate of Vaccination 미2

85 **Yel·low Cab** [옐로우 캡]: '황색 영업용 자동차', 여러 군데 있는 택시회사 (조합), 〈~ taxi-cab〉 수2

86 **yel·low card** [옐로우 카아드]: ①반칙 경고장, 〈~ warning〉 ②Y~ C~; 예방 접종 증명서, 〈~ immunization card〉 미2

87 *****yel·low col·lar** [옐로우 칼러]: (예술 분야 등) 창의력으로 밥벌이 하는 자, 창조 노동자, 〈~ creative profession〉, 〈~(↔)gold-collar〉 미2

88 **yel·low cor·bina** [옐로우 코얼비이너]: 조기, ⇒ yel·low croaker 미2

89 **yel·low croak-er** [옐로우 크로우커]: 참조기, 황석어, 〈절여 말려 굴비를 만드는〉 불그스름한 입술에 흰색을 띤 황금빛 몸통을 한 〈금만큼 비싼〉 〈서해 특산의〉 동갈 민어과의 바닷물고기, 〈~ red-lip croaker〉 미2

90 **yel·low dog** [옐로우 더어그]: '누렁이', 똥개, 잡종견, 겁쟁이, 반노동조합 주의자(anti-unionist), 〈~ coward\scum〉 양1

91 **yel·low fe·ver** [옐로우 휘이붜]: yellow jack, black vomit, 황열, 모기에 의해 전염되며 황달을 일으키는 (아)열대의 바이러스성 전염병 미2

92 **yel·low flag** [옐로우 훌래그]: ①황색기(검역기·위험 표시기·추월 금지기), 〈~ impediment\hindrance〉 ②노랑꽃창포, 〈~ yellow iris\water-flag〉 미2

93 **yel·low ham·mer** [옐로우 해머]: 노랑딱따구리, 노랑촉새(멧새의 일종), 노랑턱멧새, 〈~ a bunting\yowlring〉 미2

94 **yel·low i·ris** [옐로우 아이뤼스]: '노란 나리꽃', 창포, 붓꽃, 〈~(↔)corn-flag〉, ⇒ water·flag 미2

95 **yel·low-jack** [옐로우 좩]: 가랑스 전쟁이, (미 남동부·서인도 제도 해역에 서식하며) 몸 전체가 노란색을 띠고 yellow-tail보다 작은 방어류, 〈~ coolihoo〉 미1

96 **yel·low jack·et** [옐로우 좩킽]: '말벌', 왕벌, 대왕벌, 〈~ yellow hornet\sand hill hornet〉 미2

97 **yel·low jour·nal·ism** [옐로우 줘어늘리즘]: 황색 신문(잡지), 선정주의 '저질' 출판업, 〈~ tabloid\sensationalism〉, 〈↔sincere reporting〉, 〈↔Bible?〉 미2

98 **yel·low-legs** [옐로우 레그즈]: 노랑발도요새, 〈~ a large shore-bird〉 미2

99 **yel·low light** [옐로우 라잍]: 노란불, 〈곧 빨간불이 들어오리라는 것을 예고하는〉 황색 (교통) 신호등, 〈멈추는 것이 원칙이나 멈출 수 없을 때는 주위를 살펴보고 지나가라는 뜻〉, 〈~ caution light〉 미2

100 **yel·low line** [옐로우 라인]: (주차나 추월을 규제하는) 황색 선, 〈미국에서는 도로의 중앙 분리선\영국에서는 도로가의 주차 금지선〉, 〈~ seperation line〉 미2

101 *****yel·low Pages** [옐로우 페이쥐스]: 직업별 주소록, 업종별 전화번호부, 〈~ business directory〉, 〈↔white pages〉 미1

102 **yel·low perch** [옐로우 퍼어취]: '황농어', striped perch('줄농어'), 〈그냥〉 '농어', 〈편자가 에리호에서 많이 낚았던〉 누리끼리한 색에 톱니 같은 지느러미와 검은 세로띠를 두른 '미국 농어' 우2

103 *yel·low-per·il [옐로우 페릴]: 황화(황색 인종이 서양 문명을 압도한다는 백색 인종의 공포심; 19세기 말 독일 황제 Wilhelm II가 중국 침략을 정당화하기 위해 주장한 말), 동양인·황색 인종 두려움, 〈fear of yellow race〉, 〈↔white-peril〉 미2

104 yel·low pike [옐로우 파이크]: yellow pickerel, sauger, 강농어, ⇒ wall·eye 우2

105 yel·low pop·lar [옐로우 파플러]: '황목련', tulip tree ⇒ magnolia 우2

106 yel·low race [옐로우 뤠이스]: 황인종〈약간 비하적 표현〉, 〈~ oriental〉, 〈↔white\black race〉 양1

107 Yel·low Riv·er [옐로우 뤼붜]: 황허강, 중국 북부에 서에서 동으로 흐르는 강, 〈~ Huang He\Mother River〉, 〈~ China's Pride (or Sorrow)〉, 수1

108 Yel·low Sea [옐로우 씨이]: 황해, 중국과 한국 사이의 태평양, 〈~ Huang hai\West sea〉, 〈~ a marginal Pacific between Korea and China〉 미1

109 Yel·low-stone [옐로우 스토운]: 미국 중북부의 강, 첫 번째 지정된 (국립공원) 이름, 〈~ a Natinal Park mostly in Wyoming〉 수1

110 yel·low-tail [옐로우 테일]: 방어(물고기), 약 1m가량의 방추형 전갱잇과 바닷물고기, amberjack, hamachi 미1

111 yel·low to·paz [옐로우 토우패즈]: '노랑 불꽃', 황옥, 황수정, 〈~ yellow quartz〉 양2

112 yel·low war·bler [옐로우 워블러]: 노랑휘파람새, 목이 노란 솔새, 〈~ a New World warbler〉 미1

113 *yelp [옐프]: 〈영국어〉, 〈의성어〉, 캥캥하다, 쨱쨱 짖다, 소리침, yell+help(소비자가 평가한 전 세계의 1억 개 이상의 봉사 업체의 등급 목록처), 〈~ yap\yawp〉, 〈~ a business app〉, 〈↔whisper\murmur〉, 양1 우1

114 Yelt·sin [옐친], Bo·ris: 〈어원 불명의 러시아 이름〉, (1931-2007), 〈보드카의 힘으로 고르바초프를 누르고 정권을 잡은〉 초대 러시아 연방 대통령, a Soviet and Russian politician〉 수1

115 Yem·en [예먼]: 〈아랍어〉, '남쪽 나라', 예멘, (영국의 지배하에 있다 독립한 남·북 예멘이 1990년 통합하였으나 아직도 정정이 불안하고 부패가 심한) 아라비아반도 남부〈southern Arabian Peninsula〉에 있는 제법 인구가 많은 이슬람 공화국, {Yemeni·Yemenite-Avab-Rial-Sanna·Aden} 수1

116 yen¹ [엔]: 〈← lian(longing)〉, '그리움'이란 뜻의 중국어, 열망, 야심, 〈영어의 love보다 훨씬 철학적인 말〉 양1

117 yen² [엔]: 〈← yuan(round)〉, '둥근'이란 뜻의 중국어에서 나온 일본어, ¥; 일본 화폐 단위, = JPY 수1

118 yeol-mu [열무]: 한국어, '여린 무', 어린 무, young radish, 〈~(↔)chong-gag gimchi〉 수2

119 yeo-man [요우 먼]: 'young man', 자유민, (과거 영국에서) 자작농, (미국 해군에서 주로 사무를 보는) 하사관, 〈~ assistant\attendent〉, 〈↔nobility\officer〉 우1

120 yeot [옏]: 〈어원 불명의 한국어〉, Korean taffy, 녹말을 함유한 원료를 엿기름으로 당화시킨 끈끈한 과자, 〈어떤이는 '엿'이 여자의 성기를 뜻하는 방언이라고도 하나 이는 '엿 먹어라(fuck you)'라는 말을 뒤집어서 말한 억측이라 사료됨〉 수2

121 yep [옙]: 〈1880년대에 등장한 미국어〉, 〈'yes+hope'라는 썰이 있는〉 응, 물론, 그래, 알았어, 아무렴, 〈~ 넵(한국어)〉, 〈~ yes sir\OK〉, 〈↔nope〉 양2

122 yer·ba [이얼바]: 〈← hierba〉, 〈herb란 뜻의 스페인어〉, 열대 남미 원산의 holly(호랑가시나무), (카페인을 함유하고 있는) 잎을 다려서 mate tea를 만들어 마심, Paraguay tea 우1

123 yes [예스]: 〈← gose ← gea+si(so it be)〉, 〈게르만어→영국어〉, 네, 그래, 맞다, '아니' 〈나는 긍정적이다〉, 〈나는 좋은 쪽이다〉, 〈~ ay(e)〉, 〈↔no\nah\nay〉 가2

124 yes girl [예스 거얼]: 〈1920년에 등장한 미국어〉, 헤픈녀, 〈~ minion〉, 〈~(↔)reply girl〉, 〈↔scoff\witch?〉, 〈↔no girl〉 양2

125 yes man [예스 맨]: 〈1912년에 등장한 미국어〉, 아첨꾼, 〈~ toady\boot-licker〉, 〈~(↔)reply guy〉, 〈↔no-man\stubborn\'no'-woman\adversary\boss〉 양1

126 *yes-n't [예슨트]: 〈2008년 신조어〉, maybe yes·maybe no, 잘 몰라, 생각해 볼게, 〈51%는 'no'〉 양2

127 yes sir [예스 써얼]: 〈1898년 OED에 등장한 말〉, 넷!, 〈↔yes mam〉 양2

128 yes·ter-day [예스터 데이]: 〈라틴어+게르만어〉, 어제, 〈되돌아오지 않는〉 지난〈yester〉날〈day〉, 바로 얼마 전에, 〈~ 'last day'〉, 〈~(↔)yore; long time ago〉, 〈↔today\tomorrow〉, ⇒ auld lang sync 양1

129 **yet** [옡]: ⟨← juta(till now)⟩, ⟨게르만어→영국어⟩, 아직, 다시, 그런데도, ⟨더 볼일이 있다는 말⟩, ⟨~ though\even\so far\but⟩, ⟨↔never\hence⟩ 가2

130 **Ye·ti** [예티]: a manlike animal, 예티(티베트어) ①미국의 야외용품 제조·판매업체, ⟨~ an American outdoor products manufacturer⟩ ②abominable snowman, 설인, ⇒ big·foot 우2

131 **yew** [유우]: ⟨← iw(a pine)⟩, ⟨게르만어⟩, 주목, ⟨활의궁·건축재·붉은 염료·약재로 쓰이는⟩ 고산에서 자라는 (구대륙의) 상록침엽교목, ⟨~ a coniferous tree⟩ 미2

132 **ye-ye** [예이 예이]: 1960년대 프랑스에서 유행한 로큰롤 조 디스코, ⟨~ a French beat music⟩, 세련된 ⟨fashionable⟩ 사람 수2 미2

133 **Y-Gen·er·a·tion** [와이 줴너뤠이션]: baby boomer의 자녀(children)로 '77~'95년 출생하여 풍요로운 환경에서 자라난 탓인지 의무를 포기한 세대(삼포 세대·오포 세대), ⟨~ Millennian Generation⟩, ⟨↔X-generation\Z-generation⟩ 수2

134 **Yi** [이], Seong Gye: '오얏⟨plum⟩ 숲에 사는 자', 이성계, (1335-1408), 활을 잘 쏘는 고려 말의 장군으로 역성 혁명을 일으켜 조선을 세운 '이태조', ⟨~ the founder of Yi Dynasty⟩ 수1

135 **Yi** [이], Sun Sin: 이순신, (1545-1598), (결핵으로 사료되는 폐병에 시달리면서도) 두 번 왜란 때 적은 병력으로 대병력의 일본과 싸우다가 전사한 조선의 지장·용장·덕장·⟨수필가⟩, ⟨~ a Korean Admiral⟩ 수1

136 **Yid·dish** [이디쉬]: ⟨← Jude(Jew)⟩, ⟨히브리어⟩, 이디시(말), 유대인이 쓰는 혼성어⟨히브리 문자를 사용함⟩, ⟨~ West Germanic language spoken by Ashkenazi Jews⟩ 수1

137 **yield** [이일드]: ⟨← geldan(pay)⟩, ⟨게르만어⟩, '내주다', 산출하다, 양보하다, 굴복하다, 수익률, give-way(영국), ⟨~ guild⟩, ⟨~ bend\succumb⟩, ⟨↔resist\reign\cap rate⟩, ⟨↔right of way⟩ 양1

138 **yield to ma·tu·ri·ty** [이일드 투 머츄어뤼티]: 만기 어음, ⟨matured note⟩ 양2

139 **Yiff \ yiff** [이후]: ⟨말장난하기 좋아하는 사람들이 만들어 낸 미국 속어⟩, 북극 여우가 짝짓기할 때 내는 소리, 털짐승을 사랑하는 사람들 간의 성교, ⟨~ sex in furry fandom⟩ 우1

140 **yike(s)** [야익(스)]: ⟨영국어⟩, ⟨여우 사냥 때 지르던 말⟩, 이크, 으악, 어이구 무서워, 조심해!, ⟨~ oh no!\eek!⟩, ⟨↔phew\so what⟩ 양2

141 **yi-mo** [이모]: ⟨중국어→한국어⟩, maternal aunt, 어머니의 누이, ⟨같은 '아주머니'지만 집안에서의 역할과 위상이 달랐음⟩, ⟨~(↔)go-mo⟩ 수2

142 **yin** [인]: sbade(moon), ⟨중국어⟩, 음, 태극이 나뉜 두 가지 기운 중 어두운 것을 칭함, ⟨~ negative⟩, ⟨↔yang⟩ 가2

143 **yinz** [인즈]: ⟨스코틀랜드·아일랜드어⟩, you ones (너희들), '그대들'의 속어 양2

144 *****yip·pee** [이피이]: ⟨미국어⟩, yipee, 야, 만세(구호·외침), ⟨~ boom-shaka-laka\cowabunga\hooray⟩, ⟨↔boo\alas⟩ 양2

145 *****yip·pie** [이피]: (1960년대) 미 반전 체제 젊은이들, Youth International Party+hippie, ⟨~ a counter-cultural group⟩ 수2

146 **YMCA** (Young Men's Chris·tian As·so·ci·at·ion): 기독교 청년회, 1844년 ⟨강건한 기독교인을 목표로⟩ 런던에 세워졌다 1878년 제네바(Geneva)로 본부를 옮긴 기독 청년의 세계적 수양 단체, ⟨~ an International NGO⟩, ⟨↔YWCA⟩ 미1

147 *****Y Mo·dem** [와이 모우뎀]: (1985년에 X Modem을 개량해서 만든) 서류철 전송 변복조 장치의 일종, ⟨~ bulletin board system⟩, ⟨X-Modem에 비해 여러 개의 서류철을 한꺼번에 보낼 수 있음⟩, ⟨↔X Modem\Z Modem⟩ 수1

148 **yo·del** [요우들]: ⟨게르만어⟩, ⟨의성어⟩, 산사람들 노랫가락, ⟨~ shout\trill⟩, ⟨↔whisper\laugh⟩ 수2

149 **YODO** [요도]: ⟨YOLO에 대항해서 2013년에 등장한 말⟩, you only die once, ⟨깡께 막가파로 살지 말고⟩ 착실하게 살아야지, '신중파', ⟨~ you only dump once; 한번 걷어찬 상대는 다시 만나면 안된다⟩ 미2

150 **yo·ga** [요우거]: ⟨'결합(union)'이란 뜻의 산스크리트어⟩, ⟨촛불 아래에서 해야 제맛이 나는⟩ 요가, ⟨체조나 호흡법 등으로 신체를 통어하고 최고 존재와 합일을 달성하려는⟩ 인도의 신비 철학, 주객관 일치, ⟨몸과 마음의⟩ '통일', ⟨TM에서는 정신적인 면이 더 중요시 됨⟩, ⟨~ yogin⟩, ⟨~ Contrology⟩, ⟨~(↔)Pilates⟩ 수1

151 **Yo·gen Fruz** [요우건 후루즈]: 요겐 프루즈, 1986년 캐나다 두 형제가 설립한 ⟨이국풍의⟩ 세계적 냉동 요구르트·스무디 제조·판매 연쇄점, ⟨~ a Canadian chain of frozen yogurt and smoothies⟩ 수2

152 **yo·gi**(n) [요우기(긴)]: 〈← yoga〉, 〈산스크리트→영국어〉, 요가 수행자, 명상적인 사람, 〈~ yoga practitioner\여성형은 yogini〉 수2

153 **yo·gism** [요우기즘]: ①요가의 고행(교리) ②Y~; 미국의 야구감독 Yogi Berra(1925-2015)가 남겨놓은 촌철살인의 명언들에서 유래한 〈부적절한〉 '말장난'(witty sayings) 수2

154 **yo·gurt** \ yo·ghurt [요우걸트]: 요구르트, fermented milk, 터키에서 개발된 (가루 우유·유지방·젖당을) 유산발효로 응고시킨 〈신맛이 도는〉 우유, 〈~ a fermented milk product〉 수2

155 **Yo·gurt-land** [요우걸랜드]: 요거트랜드, 〈가게에서 일하던 한 한국 유학생이〉 2006년에 세운 미국의 〈세계적〉 냉동 요구르트 제조·판매 연쇄점, 〈~ an American frozen yogurt franchise〉 수2

156 **yoke** [요우크]: 〈← joh ← jugum ← zygon ← yuga(to join)〉, 〈게르만어 ← 라틴어 ← 그리스어 ← 산스크리트어〉, 멍에, 연결, 가로대(에 맨 한 쌍의 소), 이음쇠, 이음목, (옷의) 어깻죽지, 속박, 〈~ harness\coupling〉, 〈~ zygote〉, 〈↔freedom\liberty〉 양1

157 **yo·kel** [요우컬]: 〈아마도 딱따구의 울음소리에서 연유한 영국어〉, 촌놈, 무지렁이, 〈~ bumpkin\rube〉, 〈↔slicker\cosmopolitan〉 양2

158 **yo·ko·me·shi** [요코메쉬]: side meal, 〈일본어〉, 반찬, 새참, 곁들이 음식(언어), 여행시 배우는 남의 나라 말〈occult foreign language〉, 〈또다른 뜻은 설명을 사양함〉, 〈~ 학생들은 그냥 snack 정도로만 이해하고 넘어갈 것〉 미2

159 **yolk** [요옥]: 〈← geolu(yellow)〉, 〈영국어〉, 노른자위, 난황, 〈↔albumin\egg-white〉 가1

160 *****YOLO** [욜로]: 〈영국어→캐나다어〉, you only live once, 될 대로 돼라, '막가파', 〈~ strik-hedonia\que sera sera〉, 〈↔YODO〉 미2

161 **yo·lo** [욜로]: 〈영국어〉, 자·있잖아 등 주제를 전환하기 전에 쓰는 말, 〈~ well\you know〉 미2

162 **Yom Kip·pur** [얌 키펄]: 욤 키프르, 유대교 '속죄'(단식)일, the Day of Atonement, 〈~ the holiest day in Judaism〉 수1

163 **yon·der** [얀더]: 〈게르만어〉, yon(d), 저쪽의, 저편의, 〈→ be·yond〉, 〈~further\there〉 양2

164 **Yong-San** [용산]: dragon-hill, 〈한국어〉, 서울 남산의 남쪽 산록에 자리잡은 지역, (예전부터 군 사령부 등이 있던 지구가 2022년 윤석열씨가 Blue House를 버리고 이사간) 대한민국 대통령 집무실이 있는 곳, (한국의) 대통령실, '용화대', 〈~ Korean Presidential Office〉 수2

165 **yo·ni** [요우니]: 〈source(원천)란 뜻의 산스크리트어〉, 여성 생식기, 〈~ vulva\vagina\womb〉 양2

166 **Yon-sei** [연세] U·ni·ver·si·ty: leading+generation, 연세대학교, 1957년 연희대학(Yonhi College)과 세브란스 의과대학(Severance Medical College)이 합쳐진 〈독수리 문장을 쓰는〉 한국의 유수한 사립 종합대학, 〈~ private univ. in Korea〉 수2

167 **Yoon, Seok Youl** [윤, 석열]: '다스리는〈govern〉 자', (1960-), 교수의 아들로 태어나 9번째 사시에 합격하고 강성 검찰총장〈Attorny General〉을 지난 후 보수 정당의 후보로 간신히 13대 대통령이 되었으나 임기 중반기에 뜬금없는 계엄령 선포로 폭풍을 몰고 온 용감한 정치인, 〈~ 13th Korean President〉 수1

168 **yore** [요어]: 〈영국어〉, 〈← year〉, 옛날 옛적(에), 〈~ (long) past〉, 〈↔tomorrow\future\now〉 양2

169 **York** [요얼크]: 〈'yew'(주목)이 있는 장원〉, 요크, 잉글랜드 북동부 주의 도시명, 〈~ a walled city in N-E England〉, 1461~85년 사이 영국의 왕가〈백장미〉, 〈~ White Rose of York〉 수1

170 **York-shire** [요얼크셔]: 요크셔, 〈요크시가 있는〉 잉글랜드 북동부의 주, 그 지방 원산 흰 돼지, 〈~ a large white pig〉 수1

171 **York-shire ter·ri·er** [요얼크셔 테뤼어]: 영국 요크셔 원산의 애완용 개, 〈~ a small British dog breed〉 수1

172 **Yo·ru·ba** [요얼버 \ 유루버]: 〈← yariba〉, 〈원주민어〉, '교활한〈cunning〉 자', 요루바, 중서아프리카에 사는 4천4백여 만 명이 사용하는 언어, 〈~ a W. African ethnic group〉 수1

173 **Yo·sem·i·te** [요우쎄미티]: 〈← yohhemeti(killers)〉, 〈원주민어〉, '살육자들', 요세미티, 미국 캘리포니아의 빙하 침식에 의한 계곡(수·목·암이 어우러진 국립 공원), 〈~ a National Park in California's Sierra Nevada mountains〉 수1

174 **Yo·shi·da** [요쉬다], Sho·in: lucky+ricefield, 〈중국어→일본어〉, '행운의 논', 요시다 쇼인, 길전송음, (1830-1859), 막부의 타도·정한론을 외치며 명치유신의 불길을 당겼다가 도쿠가와 막부에 잡혀 참수당한 일본 근대화의 우상, 〈~ Torajiro\a Japanese intellectual〉 수1

175 **Yo·shi·hi·to** [요쉬히토]: benevolence+humanity, 〈중국어→일본어〉, 방인, '뛰어나게 어진 자', 가인, 1879년에 태어나서 1912년부터 1926년 심장마비로 죽을 때까지 재위한 일본 왕, 연호는 Taisho(대정), 〈~ a Japanese monarch〉 수1

176 **yot·ta** [요타]: 〈그리스어〉, 10의 24곱, 100의 '여덟제곱', 10의 24승의 접두어 미2

177 **you** [유우 \ 유]: 〈← yuyam(thou)〉, 〈산스크리트어→게르만어〉, 〈내가 아닌〉 너, 〈멀고도 가까운〉 당신, 〈나보다 못한〉 자네, 〈아쉬운〉 여보, 〈항상 부분만 보이는〉 그대, 〈일심이체의〉 '자기', 〈나를 보라는〉 '어이', 〈~ thee〉 양1

178 **you all** [유 어얼]: 너희들, 〈미국 북·서부에서 쓰는 점잖은 말〉, 〈~ you folks〉, 〈↔you guys〉 양2

179 *__you are out of your league__: 당신의 능력 밖, 오르지 못할 나무는 쳐다보지도 마라, 〈~ don't bother trying the impossible〉 양2

180 *__you bet__ [유 벹]: 틀림없이, 당연하지, 문제없어, 〈~ certainly\by all means〉, 〈↔hell no\no way〉 양2

181 *__you can lead a horse to wa·ter but you can't mke it drink__: 평양 감사도 저 싫으면 그만이다, 〈~ you can buy a toy for a child, but you can't make her(him) play with it〉 양2

182 *__you can run but you can't hide__: 〈1941년경에 미국 권투 선수가 만들어 낸 말〉, 뛰어야 벼룩, 〈~ can't get away from〉 양2

183 *__you can sound wa·ter ten miles fath·oms deep, but you can't sound hu·man heart a single inch__: 열 길 물 속은 알아도 한 길 사람 속은 모른다, 〈~ human nature is un-fathomable〉 양2

184 *__you can't cut cor·ners__: 바늘 허리에 실 매어 쓰랴, 〈~ slow and steady wins the race\haste makes waste〉 양2

185 *__you can't find a po·lice·man when you need one__: 개똥도 약에 쓰려면 없다, 〈~ it's never around when you need one〉 양2

186 *__you can't have your cake and eat it too__: 두 마리 토끼를 잡으려다 둘 다 놓친다, 양다리 걸치려다 허방에 떨어진다, 〈~ between two stools, one falls to the ground〉 양2

187 *__you can't make an om·e·let with·out break·ing eggs__: 중요한 일을 할 때는 사소한 문제가 따르기 마련이다, 대범하게 행동하라, 〈~ no venture, no gains〉 양2

188 *__you can't make some·thing out of noth·ing__: 무에서 유를 만들 수는 없다, 소도 언덕이 있어야 비빈다, 〈↔creatio ex nihilo〉 양2

189 *__you can't scratch your own back__: 제 잔등 제가 못 긁는다, 중이 제 머리 못 깎는다, 〈↔you scratch my back, and I'll scratch yours\tit for tat〉, 〈그래서 등긁개 처가 필요한 것이여〉 양2

190 *__you can't see (what's) right un·der your own nose__: 등잔 밑이 어둡다, 등하불명, 〈~ the foot of the candle is dark〉 양2

191 *__you can't teach an old dog new tricks__: 늙은 개에게 새 재주를 가르칠 수 없다, 〈↔never too late to learn〉 양2

192 *__you don't know what you'v got till it's gone__: 〈1961년 미국의 대박 가요 가사〉, 놓친 고기가 더 커 보인다, 구관이 명관, 〈~ never know the worth of water till the well is dry〉 양2

193 *__you don't say!__ [유우 도운트 쎄이]: 설마!, 정말!, 그래요!, 〈~ really?\no kidding\you said it〉 양2

194 *__you get what you pay for__: 싼 게 비지떡, 자업자득, 〈~ you reap what you sow\what goes around comes around〉, 〈↔money well spent〉 양2

195 **you got it** [유 같 잍]: 알았어, 좋아, 그렇고 말고, 〈~ you said it〉 양2

196 **you guys** [유 가이즈]: 너희들, 〈미국 남부에서는 you folks이라고 할 것〉, 〈젊잖은 좌석에서는 you all이라고 할 것〉 양1

197 *__you have to get your hands dirt·y to get the work done__: 손 안 대고 코 풀 수는 없다, 구더기 무서워 장 못 담글까, 〈~ you can't succeed if you are afraid of failure〉 양2

198 *__you know__ [유 노우]: 저, 그게, 알잖아, 알다시피, 〈~ like\well〉 가2

199 *__you made your bed, you lie on it__: 네가 판을 벌려 놨으니 (싫어도) 네가 처리해라, 자업자득, 결자해지, 〈~ he who dances must pay the piper〉, 〈tort law〉 양2

200　*you nev·er know the true val·ue of any-thing un-till you try it: 고기는 씹어야 맛을 안다, 〈~ let the beauty of what you love be what you do\work hard, have fun, make history〉 양2

201　**young** [영]: 〈← geong(juvenile)〉, 〈게르만어〉, 젊은, 어린, 기운찬, 덜 익은, 새끼, 〈~ youth〉, 〈~ early\fresh\blooming〉, 〈↔old〉 양1

202　**Young** [영], Brig-ham: '젊은이', (1801-1877), 평생 55명의 부인을 거느리고 모르몬(Mormon)교도를 일리노이에서 유타로 인도하여 초대 변방 지사가 되었으며 동명의 대학을 설립한 종교 지도자, 〈~ an American religious leader〉 수1

203　**young adult** [영 어덜트]: 청년-추켜세우는 표현, 〈~ adolescent〉 양1

204　**young blood** [영 블러드]: 젊은 혈기-선동적 표현, 〈~ fresh energy〉, 〈~(↔)youngster〉 양2

205　**Young Chang** [영창], HDC: 'corolla+prosperity, 〈중국어→한국어〉, 〈창업주 형제의 끝 이름을 따서 만든 말〉, 1956년 Yamaha 판매점을 하던 3형제가 세웠다가 2006년 Hyundai Development Company에 넘어간 한국의 피아노·악기 제조회사, 〈~ a Korean piano manufacturer〉 수1

206　**young la·dy** [영 레이디]: 아가씨-추켜세우는 표현(때론 반어적으로 쓰임), 〈~ damsel\lassie〉, 〈~(↔)young man〉, 〈↔old lady〉 양2

207　**young man** [영 맨]: 젊은이-품행에 대한 표현, 〈~ lad\young buck〉, 〈~(↔)young lady〉, 〈↔senior〉 양1

208　**young one** [영 원]: 어린이-미숙하다는 표현, 〈↔grown-up〉 양1

209　**young-ster** [영스터]: 청소년-비하적 표현, 〈~(↔)young blood〉, 〈↔elder〉 양2

210　**young thing** [영 씽]: 소녀-귀엽다는 표현(여성에게), 〈~ babe\doll\gal〉, 〈↔hag〉 양2

211　**young Turk** [영 터얼크]: 〈케말 파샤가 이끈〉 터키 청년 단원 개혁론자, 급진주의자, 〈~reformist〉, 〈↔conservative〉 수2

212　**young wom·an** [영 우먼]: 젊은 여성-품행에 대한 표현, 〈~ young lady〉, 〈↔old man〉 양1

213　***you-plus** [유 플러스]: you+, 〈전망이 밝다는〉(중국에서 시작된) '젊은이들이 교제할 수 있는 시설을 만들어 놓은' 공유 주택, 〈~ sudio complex〉 우2

214　**your** [유어 \ 열]: possessive form of you, 당신(들)의, 자네(들)의 양2

215　***you reap what you sow**: 뿌린 대로 거둔다, 콩 심은 데 콩나고 팥 심은 데 팥난다, 인과응보, 자업자득, 〈~ karma〉, 〈~ what goes around, coems around〉, 〈↔autonomy\choice〉 양2

216　**Your Ex·cel-len-cy** [유어 엘썰런시]: 각하, 〈~ Your Greatness〉 양2

217　***your fly¹ is o·pen** [유어 훌라이 이즈 오우픈]: 당신의 바지 앞 남대문(zipper)이 열렸네요, 〈~ examine your zipper\XYZ〉, ⇒ dead bird 양2

218　**Your High-ness** [유어 하이네스]: 전하, 〈~ Royal Highness〉 양2

219　**Your Ma·jes-ty** [유어 매줴스티]: 폐하, 〈~ Emperor〉 양2

220　**yours** [유어즈]: 당신 것, 총총(편지 쓰고 나서), 여불비례, 〈~ your own\sincerly〉 미1

221　**yours af-fec-tion-ate-ly** [유어즈 어훽셔너틀리]: 당신을 '사랑해요'〈친밀한 사이〉 양2

222　**yours al-ways** [유어즈 어얼웨이즈]: '변함없는' 당신의〈상용으로〉 양2

223　**your-self** [유어쎌후]: 당신 자신(을·에게), 네 자신 양2

224　**yours faith-ful-ly** [유어즈 훼이쓰훌리]: '성실한' 당신의〈상용으로〉 양2

225　**yours re-spect-ful-ly** [유어즈 뤼스펙트훌리]: 당신을 '존경하는'〈상관에게〉 양2

226　**yours sin·cere-ly** [유어즈 씬씨얼리]: '진실한' 당신의〈동배간〉 양2

227　**yours tru-ly** [유어즈 트루울리]: '믿을 수 있는' 당신의〈조금 아는 사이〉 양2

228　***you said it**: 맞다, 맞아, 〈맞장구치는 말〉, 〈~ you got it〉, 〈~ tell me about it!〉 양2

229　***you scratch my back, I will scratch yours**: 가는 정이 있어야 오는 정이 있다, 〈~ do me a favor, I will re-turn it\give and take〉 양2

230　***you see** [유 씨이]: 실은, 있잖아, 보다시피, 〈~ understood\don't you know〉 가2

231　**youth** [유쓰]: 〈게르만어〉, 〈지나고 나면 아쉬운〉 젊음, 〈어린이와 어른 사이의〉 젊은이, 〈항상 배고픈〉 청춘(기), 혈기, 〈~ young〉, 〈~ early (or teenage) years〉, 〈↔old age\elder〉 미2

232　**youth club** [유쓰 클럽]: 젊은이 동호회, 〈~ youth group〉 미2

233 **youth cul·ture** [유쓰 컬춰]: 〈전염성과 폭발력이 강한〉 젊은이 문화, 〈~ youth-quake〉 미2

234 **youth hos·tel** [유쓰 호스털]: (1912년 독일에서 시작된) 젊은이 숙박시설, 〈~ a low-cost lodging for youngsters〉 우1

235 **youth-quake** [유쓰 퀘이크]: 젊은이 지진, (1960~70년대의) 〈기존 사회가치관을 부정하는〉 젊은이들의 반란, 〈~ youth culture〉 미2

236 ***You Tube** [유우 튜우브]: ⇒ U tube 수2

237 ***you've got me** [유우브 같 미이]: 네가 나를 낚시로 꿰었구나, 난 그것을 생각 못 했어, 할 말 없군, 손들었네, I have no idea 양2

238 **yow·za** [요우자]: 와!, 오!, (20세기 초에 미국의 방송가가 쓰기 시작한) 'yes, sir!', 〈↔bleh\meh〉 양2

239 **yo-yo** [요우-요우]: 〈'come·come'이란 뜻의 타갈로그어〉, 장난감 이름, 요동체, 변덕쟁이, 〈~ swing\see-saw〉, 〈↔cautious\constant〉 수2

240 **yo-yo di·et·ing** [요우-요우 다이어팅]: 안 먹으면 줄고 먹으면 느는 체중 조절법, 〈~ weight cycling〉, 〈↔steady-dieting〉 수2

241 **Yo-Yo Ma** [요우-요우 마]: you(friend)-you+ma(horse), 〈중국어〉, 마우우, (1955-), (음악가 부모를 두고 파리에서 태어나 하버드 대학을 졸업한 미국의) '전천후' 첼로 연주자, 〈~ a Chinese American cellist〉 수1

242 **Y-shirt** [와이 셔얼츠]: 〈넥타이를 매면 Y 모양이 되는〉 정장용 속 상의, white shirt의 콩글리시, 〈T-shirt〉 양1

243 **YTD** (year to date): 올해 초부터 현재까지, (현재) 일 년치 우2

244 **Y The·o·ry** [와이 씨어뤼]: Y 이론, 인간은 일하려는 본능을 타고났기 때문에 조건을 갖춰주면 자기만족을 위해 일을 한다는 경영 이론, 〈positive view of employees〉, 〈↔X Theory〉 수2

245 **YTN** (Yon-hap Tel·e·vi·sion News): 'associate+united', 연합 텔레비전 뉴스, 〈yesterday·today&now〉, 〈your true network〉, 〈yes! Top news〉, (한국 사람들 참 머리 좋지요?), 1995년부터 방영하기 시작한 한국의 쉬지 않는 뉴스 전문 텔레비전 회사, 〈~ a 24-hour Korean news channel〉 수1

246 **yt·tri·um** [이트뤼엄]: 이트륨, 〈1787년 그것이 발견된 스웨덴의 마을 이름(Ytterby)을 딴〉 (TV의 적색·LED·동위원소 치료·매첵 등으로 쓰이는) 지각의 광석에 조금 들어있는 은빛의 희토류 금속원소(기호 Y·번호39), 〈~ a silvery metallic element〉 수2

247 **Y2K** [와이투우케이]: '2000년 문제'(연도의 마지막 두 자리만 사용한 컴퓨터 프로그램으로 2000년을 1900년으로 인식하는 컴퓨터 프로그램의 오류), 〈~ millenium bug〉 수2

248 **Yu·an** [유안]: 〈'으뜸(principal)'이란 뜻의 중국어-편자의 이름에도 하나 들어 있지요〉 ①¥, 원(위안), 중국 화폐 단위, official currency of PRC, 〈~ Ren-min-bi〉 ②(1279년 몽골의 쿠빌라이가 남송을 멸망시키고 세웠다가 1368년 한족의 명나라가 세워질 때까지 중국을 지배했던) 원나라, 〈~ a Mongol-led imperial dynasty〉 수1

249 **yu-bu** [유부]: you(oil)+fu(tofu), 〈중국어〉, 두부를 얇게 썰어 기름에 튀긴 음식, fried bean curd, inari 수2

250 **Yu·ca·tan** [유커탠]: 〈← tectetan (I don't understand)〉, 〈원주민어〉, 〈스페인 탐험대가 처음 도착해서 지명을 물었을 때 원주님이 한 말(못 알아들어)에서 연유했다 함〉, 유카탄, 따뜻한 해안과 마야 문명의 유적지로 유명한 멕시코 남동부의 반도, 〈~ a peninsula in S-E Mexico〉 수2

251 **yuc·ca** [여카\야카]: 〈카리브어〉, 유카, 용설란(agave)과에 속하는 원추형의 흰 꽃이 피는 각종 선인장, 〈~ Spanish bayonet〉 수2

252 **yu choy** [유 춰이]: rape², oil+vegetable, 〈중국어〉, 유채(기름 채소), 평지, 〈인도와 제주도에 많으며 잎과 줄기는 데쳐 먹고 씨는 식용유를 짜는〉 노란 꽃이 피는 십자화과의 두해살이 채소, 〈bok choy보다 줄기가 좁고 가늠〉, 〈~ choy sum\Chinese flowering cabbage〉 미2

253 **yuck·y \ ye(c)ch·y** [야키]: 〈영국어〉, 〈의성어〉, 구역질 나는, 불쾌한, 〈~ disgusting\loath-some〉, 〈↔yummy〉 양1

254 **yu·do·ri** [유도리]: 〈여유(spare)란 뜻의 일본어〉, 융통성, 신축성, 〈~ generous\flexible〉, 〈↔rigid\tact-less〉 미2

255 **yuge** [유우쥐]: 〈트럼프 대통령이 자주 쓰는〉 huge(거대한)의 뉴욕식 발음 양2

256 **Yu·go·sla·vi·a** [유고우 슬라뷔어]: south+Slav, '슬라브 민족이 사는 남쪽 땅', 유고슬라비아, 1차 대전 후 1918년 6개국이 모여 사회주의 연방 공화국으로 시작해서 1991년부터 2008년까지 7개국으로 다시 갈라진 민주주의가 발달된 유럽 동남부의 공화국, 〈~ an ex country in south-eastern Europe〉 수1

257 **yu‑ka‧ta** [유카타]: yu(bathe)+yi(cloth), 〈kata는 side란 뜻의 일본어〉, 〈중국어+일본어〉, 욕의(bathrobe), 가벼운 면으로 만든 일본식 실내복, 〈~ dressing gown〉, 〈↔kimono〉 우2

258 **yuk‑baek** [육백]: six hundred, 〈한국어〉, (두명이) 〈점수가 육백점이 될 때까지 겨루는〉 화투놀이, 〈편자가 초등학생 때 옆집 점순이와 옷벗기 내기를 하면서 '이담에 장가가면 색시하고 매일 밤 쳐야지'했는데 막상 장가를 들고보니 우리 어부인께서는 별로 관심이 없었음〉, 〈~ a hwa-tu game〉 수2

259 **yuk‑gae‑jang** [육계장]: 〈중국어+한국어〉, 육계탕, '쇠고기 개장국', 쇠고기를 삶아서 가늘게 뜯어 넣고 채소와 양념을 섞어 얼큰하게 끓인 국, spicy beef and vegetable soup 수2

260 **Yu‑kon** [유칸]: 〈← yu-kunah(great river)〉, 〈원주민어〉, 유콘 ①~ Territory; 한때 '황금 열풍'이 불었던 캐나다 북서부(N-W Canada)의 아한대성 준주 ②the ~; '큰 강', 유콘 남부 쪽 브리티시컬럼비아에서 시작해서 알래스카 중앙부를 지나 베링해로 흘러가는 3,185km짜리 강 ③GMC 회사가 만드는 대형 SUV 수2

261 **yule** [율]: 〈← jol(joy)〉, 〈북구어에서 유래한 영국어〉, 〈동지를 기념하는〉 Yule·tide, 크리스마스〈X-mas〉 계절(의), 〈~ jolly〉 가1

262 **yum‧my** [야미]: 〈영국어〉, 〈의성어〉, 맛있는, 멋진, 냠냠-구이, 〈~ tasty\tooth-some〉, 〈↔yucky〉 미2

263 *****yum‧pie** [염피] (young up‑ward–ly mo‧bile pro‑fes‧sion‑als): 출세 지향적 젊은 지적 직업인 수2

264 *****yup‧pie** [여피] (young ur‧ban pro‑fes‧sion‑als): 젊은 전문 직업인, 여피족(도시에 사는 젊고 세련된 고소득 전문직 종사자) 수2

265 *****yut** [율 \ 옅]: ①〈한국어〉, 윷, 'sticks' board-game, 〈네모난 불붙이는 장작〉, (삼국시대부터 내려온) 한국의 윷놀이, 〈Korean backgammon〉 ②yes(응·그래)의 신세대어 수2 양2

266 **YWCA** (Young Wom‧en's Chris‧tian As‑so‧ci‧a‧tion): 기독교 여자 청년회, 1855년 크림전쟁에서 돌아온 간호사들에게 직업 알선을 하기 위해 런던에 세워졌다 나중에 YMCA와 비슷한 성격으로 발전하면서 1930년 제네바(Geneva)로 본부를 옮긴 젊은 기독 여성의 세계적 봉사·수양 단체, 〈~ an international NGO〉, 〈↔YMCA〉 미1

1. **Z \ z** [지이]: 제트, 고대 이집트의 화살촉 모양을 딴 상형문자에서 유래한 인쇄물에서 24번째 정도로 자주 쓰이는 영어 알파벳의 마지막 글자, 미지수, Z 좌표, zero·zone·zenith의 약자, 잠, 코 고는 소리, ⟨어쩐지 멀리하고 싶은 글자⟩ 수2

2. **Zai·ni·chi** [쟈이니취]: residing in Japan, ⟨일본어⟩, '재일(일본에 거주하는)', 재일교포, 주로 일본에 사는 조센징(조선인)을 지칭함, ⟨~ Josenjing⟩ 양2

3. **Za·ire** [쟈이어 \ 쟈이어]: ⟨← nzere(river that swallows all rivers)⟩, ⟨원주민어⟩, '큰 강', 자이르, 1960년 벨기에로부터 독립된 영토가 넓은 아프리카 중부(Central Africa)의 공화국, 이전의 콩고, ⇒ Congo(Democratic Republic) 수1

4. **za·kat** [져카아트]: ⟨← zaka(purify)⟩, (수입·자산의 2.5%를 내는) 이슬람⟨Islam⟩의 자선용 세금, ⟨~ alms⟩ 수2

5. **Zam·bi·a** [잼비어]: ⟨← zambezi(grand river)⟩, ⟨원주민어⟩, '큰 강', 잠비아, 1964년 영국으로부터 독립된 구리 매장이 많은 아프리카 중부(Central Africa)의 공화국, {Zambian-Eng-Kwacha-Lusaka} 수1

6. **za·mi·a** [졔미어]: ⟨← zenia(injury)⟩, ⟨그리스어⟩, (지중해 연안·중남미·남아프리카 등에 서식하며) 타원형의 야자수 비슷한 '날카로운' 잎에 '솔방울' 비슷한 열매를 맺는 소철과(fern palm)의 초본, ⟨~ a cycad⟩ 양1

7. **Zan·tac** [잰택]: ⟨Z antacid⟩, 잔탁, ranitidine (histamine-2 blocker), ⟨소화기 계통 암 유발 가능성으로 최근에 회수되고 있는⟩ (Sanofi사 등에서 만드는) 위산 제거제, ⟨~ an antacid⟩ 수2

8. **za·ny** [졔이니]: ⟨John과 같은 어원의 이탈리아어⟩, 어릿광대, 아첨꾼, 알랑쇠, ⟨~ joker\quirky⟩, ⟨↔sound\wise⟩ 양2

9. **Zan·zi·bar** [잰져바알 \ 잰져바알]: zangh(negro)+bar(coast), ⟨페르시아어→원주민어⟩, '검둥이들의 땅', 잔지바르, (향신료로 유명한) 아프리카 동해안의 탄자니아 연합 공화국의 섬으로 된 준 자치령, ⟨~ a Tanzanian archipelago⟩ 수1

10. **zap** [쟢]: ⟨미국어⟩, ⟨의성어⟩, 분쇄하다, 일격, 원기, ⟨~ destroy\bolt⟩, ⟨↔establish\amble⟩ 우2

11. **Za·pa·ta mus·tache** [져파아터 머스태쉬]: 사파타 수염, (멕시코 혁명가 E. Zapata⟨신기료⟩ (1877-1919)에서 유래한) 좌우 입가에서 갑자기 처진 수염, ⟨~ large mustache with ends curved down⟩ 수1

12. *****zap-per** [쟢퍼]: ⟨← zap⟩ ①강(타하는)적⟨striker⟩ ②무선 화면 바꾸개(remote control) ③해충박멸(전자파)장치⟨electric insect killer⟩ ④광고 방송을 건너뛰고 보는 시청자(commercial skipper) 우2

13. **Zap-o-tec** [재포텍]: 사포텍(문명·인종·언어), ⟨'구름인간'이란 뜻의 원주민어⟩, (콜럼버스가 미주에 오기 전) 멕시코 남부⟨S. Mexico⟩에서 흥성했던 Mexitec 왕정, ⟨~(↔)Aztec⟩ 수1

14. *****zap-ping** [쟢핑]: 재생 프로에서 광고 부분을 빼고 빨리 돌림, ⟨~ rushing\whacking⟩ 우2

15. **Zar·a·thus·tra** [재뤄쑤우스트롸]: zarant(old)+ushtra(camel), ⟨'늙은 낙타'란 뜻의 이란어?⟩, 자라투스트라, 그리스어로는 Zoroaster, 기원전 6세기경에 산 페르시아의 예언자·종교인, ⟨~ an Iranian religious reformer⟩ 수1

16. **zarf** [쟈알후]: a sheath, ⟨아랍어⟩, (금속제의) 찻잔받침, 잔 받침, ⟨뜨거운 커피로 혀를 데어서⟩ 밥맛 없는 놈, ⟨~ cup sleeve\cup-holder⟩ 우2 양2

17. **z-ax·is** [지이 액씨스]: '대각좌표', 입체 도표에서 자신을 향하거나 멀어지는 방향, ⟨~ rotor shaft\pivot⟩, ⟨↔x-axis\y-axis⟩ 우1

18. **z-buff-er** [지이 버훠]: depth buffer(심층 완화), 입체 화면에서 숨겨진 물체를 추적할 수 있는 편찬 기술, ⟨a method for hidden surface detection⟩ 우2

19. **zeal** [지일]: ⟨← zeein(to boil)⟩, ⟨그리스어⟩, 열의, 열정, '경쟁', (얼룩말 등의) 떼, ⟨→ jealousy⟩, ⟨~ ardor\passion⟩, ⟨↔apathy\indifference⟩ 양2

20. *****zeal of the con-verts** [지일 어브 더 컨뷔얼츠]: 개종자들의 (지나친) 열정, 늦게 배운 도둑이 날 새는 줄 모른다, ⟨~ converts are the worst⟩ 양2

21. **zeal-ous** [젤 러스]: ⟨← zeal⟩, 열심인, 열광적인, ⟨~ fierce\fervent⟩, ⟨→ jealousy⟩, ⟨↔apathetic\indifferent⟩ 양2

22. *****zeal-ot** [젤러트]: 열중자, 열광자, 광신자, ⟨~ partisan\fanatic⟩, ⟨↔dilettante\dabbler⟩ 양2

23. **ze·bra** [지이브뤄]: equus(horse)+ferus(wild), ⟨편자는 어원 불명의 원주민어라고 쓰고 싶으나 선상님들이 라틴어가 어원이라 함⟩, '야생말', ⟨공황발작을 일으켜 사육하기 힘든⟩ (아프리카 원산의 흑백 줄무늬가 있는) 얼룩말, wild ass 미2

24 **ze·bra da·ni·o** [지이브뤄 데이니오우]: 〈← dhani(rice field)〉, 〈방글라데시의 '무논'(물논)에서 자라며〉 (남아시아 원산의) 세로로 얼룩무늬가 있는 태생의 작은 관상어, '얼룩 송사리', 〈a tropical minnow〉 우2

25 **ze·bu** [지이뷰우]: 〈← mdzo-po(male bull)?〉, 〈티베트어→프랑스어?〉, 제부, (중국과 인도 등에 서식하는) 등에 혹이 있는 소(humped cattle) 수2

26 **Zech·a·ri·ah** [제커롸이어]: zakar(remember)+yah(God), 〈히브리어〉, '신이 기억한 자', 스가랴서, 〈무력이 아니라 성령에 의해 이스라엘이 재건되리라는〉 구약성서의 한 편, 기원전 6세기 히브리의 예언자, 〈~ a Hebrew prophet〉 수1

27 **ze-donk** [쥐이 더엉크]: zebra+donkey, 얼룩나귀, 수얼룩말과 암나귀의 교배 잡종 미2

28 **zeit-ge·ber** [쟈이트게이버 \ 챠이트 게이버]: 〈독일어〉, 'time giver', 생체 시계, 체내 시계의 주기에 영향을 주는 빛이나 온도 등 외적 인자, 'synchronizer (동조기)' 미2

29 **zeit-geist** [쟈이트 가이스트]: 〈독일어〉, 'spirit of the time', 시대정신, 시대상(풍조) 양2

30 **Ze·len·sky** [젤렌스키], Vol·o·dy·myr: 〈← zielen(green)〉, 〈슬라브어〉, '초원에 사는 자', (1978-), 돈 많은 인기 연예인으로 40세에 대통령이 되어 2022년 러시아의 침공에 굳건히 대항하는 우크라이나의 정치인, 〈Vladimir(ruler of the world)이란 같은 이름을 가진 Putin과 전쟁을 하는 것은 우연의 일치임〉, 〈~ President of Ukraine〉 수1

31 **zel·ko·va** [젤커붜]: zeli(beam)+kvay(stone), 〈(러시아 밑에 있는) 조지아어〉, '단단한 막대', 〈가을에 잎이 누렇게 변하는〉 느티나무, 질병에 강하고 넓게 퍼져 그늘을 만들어 주는 느릅나뭇과의 낙엽활엽교목, 〈~ keyaki\Japanese elm〉 미2

32 **Zelle** [젤], 젤, 미국의 대형 은행들이 2017년 〈아마도 유럽 각국의 국경을 자유자재로 통과했던 마타하리의 본명을 따서〉 설립한 (안전하고 신속한) 전산망 지불체계, 〈~ a US based digital payment network〉 수2

33 **ze·lo·so** [질로우소우]: 〈포르투갈어〉, 열렬하게, 열심인, 'full of zeal', 〈↔apathetic〉 양2

34 **Zen** [젠]: 〈← dhyana(meditation)〉, 〈산스크리트어에서 유래한 중국어〉, '선', 참선, 선종 (명상을 중시하는 일본식 불교), 〈~ serenity\harmony\laid-back〉 미2

35 **Ze·nith** [지니스]: 제니스 ①1918년부터 라디오·TV 제작을 해 온 미국의 전기제품 회사로 1995년 대한민국의 LG에서 인수함, 〈~ an American electronics co.〉 ②1865년부터 출시된 스위스의 고급시계 상품명, 〈~ Swiss luxury watch〉 수1

36 **ze·nith** [지니스]: 〈← semt-ar-ras(way of the head)〉, 〈'머리 위'란 뜻의 아랍어에서 유래한〉 천정, 정상, 절정, 〈nadir의 반대〉, 〈↔horizon\equinox〉 양2

37 **Ze·no** [지이노우] of Ci·ti·um: 〈Zeus의 선물〉, 시티움의 제논, 키프로스의 제논, (BC335?-263?), 그리스의 금욕주의 철학자·스토아 학파의 창시자, 변증법의 창시자, 〈~ a Hellenistic philosopher〉 수1

38 **Ze·no** [지이노우] of E·le·a: 엘레아의 제논, (BC490?-430), 역설의 논리와 최소 단위는 변하지 않는다는 학설을 보강한 그리스의 철학자, 〈~ a Greek philosopher〉 수1

39 **ze·o·lite** [지이어 라이트]: 〈← zeein(boil)〉, 〈그리스어〉, 제올라이트, 〈'끓여서' 물에서 질산을 제거해 주는〉 (진흙으로 된) 비석, 〈~ alumino-silicate mineral〉 미2

40 **Zeph·a·ni·ah** [제퍼나이어]: Sophonias, 〈← tzafan(to hide)+yah(God)〉, 〈히브리어〉, 〈하느님이 '몰래' 주신〉 스바냐서, 〈심판의 날이 온다고 예언한〉 구약성서의 한 편, 기원전 7세기 히브리의 예언자(Hebrew prophet) 수1

41 **zeph·yr** [제풔]: 〈← zephyros(the west wind)〉, 〈그리스어〉, 산들바람, 아주 얇은 모직, Z~; ('서쪽'에서 부는) 미풍의 신, 〈~ breeze\light wind〉, 〈↔still\calm〉 우2 수1

42 **ze·ro** [지어로우]: 〈← sifr(cipher)〉, 〈아랍어〉, 영(점), 최하점, 없는, 〈~ nought\nil〉, 〈↔zero〉 양2

43 **ze·ro based** [지어로우 베이스트]: 백지상태에서 출발한, 〈~ starting from zero〉 양1

44 *****ze·ro day** [지어로우 데이] at-tack: 0 day, 〈신조어〉, '영일', 전산기 보안 담당자가 고칠 여유가 없게 출몰 당일에 정보를 조작하는 짓, 〈~ launch-day cyber-attacks〉 미2

45 **ze·ro de·fects** [지어로우 디풻츠]: 무결함, 무결점 운동, 〈~ a philosophy of defect-free products〉 양2

46 *****ze·ro fucks** [지어로우 훀스]: 신경 쓰지 않음, 관심 없음, 〈~ que sera sera〉, 〈↔(much) concerned\interested〉 양2

47 **ze·ro grav·i·ty** [지어로우 그뢔뷔티]: 무중력, 〈~ weightless-ness〉 가1

48 **ze·ro growth** [지어로우 그로우쓰]: 무성장, 개발 억제 정책, 〈~ steady status〉 양2

49 **ze·ro hour** [지어로우 아우어]: 영시, 공격 개시 시간, 결정적 시각, 〈~ appointed time〉, 〈~(↔)D-day〉 양2

50 ***ze·ro-in** [지어로우 인]: 영점 조준, ~에 초점을 맞추다, 〈~ focus (on)〉 양2

51 **ze·ro point** [지어로우 포인트]: 영점, 영도, 〈~ starting point\zero degree〉 가2

52 ***ze·ro-sum** [지어로우 썸]: 〈1944년 game theory에서 등장한 말〉, '합쳐서 0인', 영합(의), 내가 얻은 것만큼 상대방이 잃는, '또이 또이', 〈~ even\all-or-nothing〉, 〈↔win-win〉 우2

53 **ze·ro tol·er·ance** [지어로우 탈러뤈스]: 허용도 전무, 무관용 정책(범법자에 대한 처벌을 대단히 엄격하게 가하는 정책), 〈~ rigid stance\strict policy〉, 〈↔proportionality\yudori〉 양2

54 **zest** [제스트]: 〈← zeste(piquency)〉, 〈프랑스어〉, 맛, 풍미, 묘미, 풍취, 감귤류의 껍질에서 나는 향내, 〈~ appetite\gusto〉, 〈↔apathy\distaste〉 양2

55 **zest-er** [제스터]: (감귤류의) 껍질을 벗기는 줄 모양이나 이발기 톱니 같은 도구, 〈~ peeler\grater〉 우1

56 **zet·ta** [제타]: 〈그리스어〉, 10의 21곱(10²¹)의 접두어), 1,000의 '일곱(seven) 제곱' 수2

57 **Zeus** [쥬우스]: 〈← dyeu(shine)〉, 〈'빛나다'란 뜻의 산스크리트어에서 유래한〉 제우스, '천신', 그리스 신화의 최고의 신(우두머리), 크로노스와 레아의 아들, 〈~ king of gods〉, 〈~ vajra\Jupiter\Thor〉 수1

58 **Z-gen·er·a·tion** [지이 줴너뤠이션]: echo·boomer, digital native, 스마트폰 세대, 1995~2010년 사이에 태어나서 컴퓨터에 젖어 사는 세대 〈이미지에 강하고 실속을 차리는 경향이 있음〉, 〈↔X-generation\Y-generation〉 수2

59 **Zhou Dy·nas·ty** [죠우 다이너스티]: 〈중국어+그리스어〉, 〈영향력이 '골고루(around)' 미치는〉 주나라, (〈1046-256 BC 간〉 상나라와 진나라 사이에) 〈세계 최초로 봉건제도를 창시해서〉 중국 중원을 다스렸던 고대 중국국가, 〈~ a royal dynasty of China〉 수1

60 **Zhou, En·lai (Chou, En-lai)** [죠우, 엔라이]: '주나라의 자손(descent of Zhou Dynasty)', 주은래, (1898-1976), 모택동의 해외 대변인 역할을 했던 중국의 정치가, 〈~ a Chinese statesman〉 수1

61 **Zhu** [쥬우], Xi: 주희, (1130-1200), 자연에서 인성을 배우는 〈도리〉를 가르쳐서 후세 바람직한 관료상을 제시한 주자학의 창시자, 〈~ a chinese historian and philosopher〉 수1

62 **Zhu** [쥬우], Yuan Zhang: '붉은〈vermillion〉색을 좋아하는 자', 주원장, (1328-1398), 고아로 태어나서 홍건적 두목으로 원을 물리치고 명나라를 세웠으나 〈가방끈이 긴 자들에〉 의심이 많았던 명태조, 〈~ Hongwu Emperor\founder of Ming dynasty〉 수1

63 **Zhuang-zi** [장쥐]: '장엄한 자(solemn-man)', 〈중국어〉, 장자, (BC369?-286), 노자 사상을 계승하여 자연과 무로 돌아갈 것을 주장했던 중국 도가(Daoism)의 대표적 인물, Chuang-Tzu 수1

64 **Zhu-ge** [쥬우게], Liang: zhu(all)+ge(arrowroot), 〈중국어〉, 〈제나라에 사는 갈 씨〉, 제갈량(공명), (181-234), 신출귀몰한 속임수로 유비를 도와 촉한을 창건한 군사전략가, 〈~ Imperial Chancellor of Shu Han〉 수1

65 ***zhuzh** [쥬우즈]: 〈의성어?〉, 〈1970년에 등장한 어원 불명의 속어〉, 멋지게 꾸미다, 마지막 손질, 〈~ jazz-up〉, 〈↔kill\destroy〉 양2

66 **zib·el·ine** [지벌라인]: 〈← sobol〉, 〈슬라브어〉, '검은담비'(sable)의 모피, 보풀이 길고 두꺼운 모직물, 〈~ kolinsky〉, 〈~(↔)ermine〉 미2

67 **zig·ger-zag·ger** [지거 재거]: 〈영국의 Cornish 속어〉, 시끄럽게 떠드는 사람, '수다꾼', 〈~ oggie-oggie\chatterer〉, 〈↔taciturn\laconic〉 양1

68 **zig-zag** [지그 재그]: 〈← zacke(a dentil)〉, 〈게르만어〉, 〈의태어〉, 〈이빨자국 모양〉 꾸불꾸불한, 번개꼴, 'Z자가 연결된 것 같은', 〈~ meander\twist and turn〉, 〈↔straight〉 양2

69 **zi·ka** [지커]: 1947년 우간다의 지카('thick') 숲에서 발견된 바이러스로 임신 초기에 감염되면 소두증을 유발할 수 있음, 〈~ a mosquito-borne virus〉 수1

70 ***zilch** [질취]: 〈아마도 zero 또는 알파벳의 끝글자 z에서 연유한 듯한 미국 대학생 속어〉, 무능한 자, 보잘것 없는 사람, 모씨(무명의 사람), 〈~ nothingness〉, 〈↔some-body\reservoir〉 양2

71 **zil·lion** [질리언]: 〈인조 영국어〉, large number, 몇조억, 수천억, 엄청난(수), 억만, 〈~ gazillion〉 양2

72 **zil·lion-aire** [질리어네어]: 억만장자, 〈~ gazillionaire\money bag〉, 〈↔me〉 양2

73 ***Zil·low** [질로우]: 〈← zillion pillows?〉, '억만 채(집)', 2006년에 창립된 북미의 부동산 자료 전문 전산망 회사, 〈~ an American tech real-estate market-place co.〉 수2

74 **Zim·bab·we** [짐바아브웨이]: dzimba(houses)+mabwe(stones), 〈원주민어〉, '돌집들', 짐바브웨, 오랜 흑·백 분쟁 끝에 1980년 흑인 국가로 재탄생된 남아프리카 내륙의 고원지대에 위치한 경치 좋은 나라(로데시아의 개칭), {Zimbabwean·Zimbo-Shona·Ndebele-(ZW) Dollar-Harare}, 〈~ Rhodesia (old name)\a land-locked country in S-E Africa〉 수1

75 **Zim·mer·man** [지멀먼], Ar·thur: 〈독일어〉, '목공〈carpenter〉', 짐머맨, (1864-1940), 1차 대전 중 멕시코 외무장관에게 "미국이 참전할 때 우리를 도와주면 1848년 빼앗긴 영토를 되돌려 줄 것"이라는 암호 전보를 보낸 독일의 외무 장관, 〈~ a former foreign minister of Germany〉 수1

76 **zinc** [징크]: 〈sing(stone)이란 페르시아어에서 연유했다는 학설도 있으나〉〈어원 불명의 게르만어〉, 아연, 금속원소(기호 Zn·번호30), (주로 합금용으로 쓰이는) 뾰족뾰족한 회색의 암석에 들어 있는 비교적 유연한 광물질, pseudo-silver, 〈~ a metallic element〉 미1

77 **zin·fan·del** [진휀델]: 〈'일찍 익는(the first to ripen)'이란 뜻의 라틴어에서 유래한 이탈리아어?〉, 진판델, (캘리포니아산의) 당분이 많은 흑포도로 적포도주나 '분홍' 포도주의 원료로 쓰임, 〈~ blush-wine〉 수2

78 **Zin·jan·thro·pus** [진챈쓰뤄퍼스]: Zinj(East Africa)+anthropus(man), 〈아랍어+그리스어〉, '동아프리카인', 진잔트로푸스, 1959년 발견된 175만 년경 전에 살았던 인류, 〈~ a genus of fossil hominids〉 수1

79 **zin·ni·a** [지니어]: 〈독일 식물학자의 이름(Zinn)에서 유래한〉 백일초, '백일홍', 멕시코 원산의 국화과의 한해살이 관상용 풀, 〈~ a crape myrtle〉 미2

80 **Zi·on** [쟈이언]: 〈← Tsiyon(highest point)〉, 〈히브리어〉, 시온(산), 예루살렘에 있는 성산, 〈이상향〉, 미국 유타주에 있는 〈성령이 내려올 것 같은〉 국립공원, 〈~ a hill in Jerusalem〉, 〈~ a National Park in S-E Utah〉 수1

81 **Zi·on·ism** [쟈이어니즘]: 시오니즘, 유대민족주의, 〈~ Jewish national liberation〉 우1

82 **zip** [짚]: 〈영어〉, 〈의성어〉, 핑 하고 지나가다, (신속한) 여닫기, 〈~ speed\fasten〉, 〈↔mile-stone〉 미2

83 **Zip Car** [짚 카아]: 2000년에 세워져서 2013년에 Avis사가 인수한 회원제 시간당 임대차, 〈~ a car sharing network〉 수2

84 **zip-code** [짚 코우드]: zone improvement program, 1963년에 도입된 5자리로 된 (미) 우편번호 제도, 〈~ post code〉 미2

85 *****Zip drive** [짚 드라이브]: 전산기의 신속한 '구동장치', 다량의 자료를 소 원반에 담을 수 있도록 고안한 100이나 250메가바이트짜리 자기기억력 대체 장치, 〈~ a removable floppy disk storage system〉, 〈~(↔)flash drive〉 수2

86 **zip-four(4)** [짚 휘어]: 5자리 우편번호 뒤에 세분된 배달 구역을 나타내는 4자리 숫자, 〈~ 4 digit appendage to 5 digit Zip Codes〉 우1

87 **zip-line** [짚라인]: '밧줄타기', (사람이나 물건을) 높은 곳에서 낮은 곳으로 빠르게 운반하는 강삭, (고대 중국에서 다리를 놓을 수 없는 험지를 건너가는 수단으로 사용했으나 현대에서는 아슬아슬한 야외 오락 운동》, flying fox, death slide 우2

88 **zip-lock** [짚플락]: zippie, (요철 모양으로 아가리가 맞물리어 여닫게 된) 맞물리개 비닐 주머니, 〈~ zip-fastener〉 우2

89 **Zip-per** [지퍼]: 주로 지퍼를 만드는 회사〈zipper maker〉 이름(상표)으로 특허 독점 회사가 없으며 일본의 YKK 회사가 세계 시장을 석권하고 있음 수2

90 **zip-per** [지퍼]: 〈'zip'하는 소리를 내며〉 (미끄러지는) 여닫개, (활주하는) 맞물리개, 〈자꾸〉, 〈~ slide fastener〉, 〈↔button〉, 〈영국에서는 fly'라고 함〉 우2

91 **Zip-per–gate** [지퍼 게이트]: 1995~1997년간 미 대통령이 〈자꾸〉 단속을 못 해 생긴 성적으로 부적절한 행위로 인해 9만 불의 벌금과 5년간 변호사 자격 정지를 당한 사건, 〈~ Bill Clinton vs Monica Lewinski〉 수2

92 **Zip-po** [지포우]: 〈← zipper〉, 〈미국어〉, 〈의성어〉, 지포, 〈근래 판매 부진으로 다른 남성용품의 상표로도 쓰이고 있는〉 1933년에 출시한 미국의 석유 라이터(점화기) 상품명, 〈~ a reusable metal lighter〉 수1

93 **zip-ties** [짚 타이스]: (풀어지지 않게) 맞물려 묶는 띠, 〈~ cable(hose) ties〉 우2

94 **zir·co·ni·um** [져코우니엄]: 〈← zargun(gold colored)〉, 〈'금빛'이란 아랍어에서 연유한〉 지르코늄, 금속원소(기호 Zr·번호40), zircon; 색깔이 다양한 귀금속, 12월의 탄생석, 〈~ a chemical element〉 수2

95 **zit** [짙]: (1960년대 미 청소년계에 등장한) 〈어원불명의 속어〉, 여드름, 키스마크, 애교점, 〈~ pimple\hickey\beauty spot〉 양2

96 **zith·er** [지썰 \ 지더]: ⟨← kithara(a lute)⟩, ⟨그리스어⟩, 치터, ⟨동알프스 지방에서 유래한⟩ 평평한 공명 상자에 30~40개 줄이 있는 ⟨하프 비슷한⟩ 현악기, ⟨~ guitar⟩, ⟨~ kantele⟩, ⟨~(↔)dulcimer는 현을 봉으로 때림⟩ 수2

97 **Z-Mo·dem** [지이 모우뎀]: (1986년에 개발된) 대량 전송용 변복조 장치의 일종, ⟨~ in-line file transfer protocol⟩, ⟨X나 Y에 비해 역방향 호환이 가능함(backward compatible)⟩, ⟨↔X Modem\Y Modem⟩ 수2

98 **zo·di·ac** [조우디액]: ⟨← zodion ← zoon(animal)⟩, ⟨그리스어⟩, 황도대, 천궁(12 별자리, '짐승 대'), ⟨~ zoo⟩, ⟨~ cycle\wheel⟩ 미2

99 **Zo·la** [조울러], E·mile: ⟨라틴어⟩, ⟨흙둔덕(mound of earth)에 사는 자⟩, 졸라, (1840-1902), (실물보다 과장되게 표현하지 말라던) ⟨의협심이 강하고 연탄가스 사고로 사망한⟩ 프랑스의 자연주의 소설가, ⟨~ a French novelist and journalist⟩ 수1

100 **zom·bie** [잠비]: ⟨← nzumbe(ghost)?⟩, ⟨서아프리카 원주민어⟩, 무의지, 무기력, 기인, ⟨되살아난 시체같이⟩ 무력한 사람, ⟨~ walking dead⟩, ⟨↔alive\superhero⟩ 미2

101 *__zom·bie drug__ [잠비 드뤄그]: ⟨2022년에 미국에서 대두한 마약⟩, 속칭 tranq라 통하는 동물진정제 xylazine과 fentanyl을 혼합한 강력한 마취제로 호흡곤란과 주사 부위의 근육이 괴사하는 부작용이 있음, '유령마약' 우2

102 *__zom·bie-ing__ [잠비잉]: ⟨신조어⟩, (사회 전산망에서 ghosting) ⟨사라졌던⟩ 자가 태연히 다시 나타나는 짓 우2

103 **zone** [조운]: ⟨← zonnynai(to gird)⟩, ⟨그리스어⟩, belt, 지대, 지구, 구역, ⟨넘지 못할⟩ 여자의 허리띠, ⟨~ area\territory⟩ 양2

104 **zone de·fense** [조운 디휀스]: 지역(구역) 방어, ⟨~ zone coverage⟩ 양2

105 **zone ther·a·py** [조운 쎄뤄피]: (인체를 5부분의 대칭 지대로 나눠 치료하는) 국소지압요법, ⟨대표적인 것이 발 마사지⟩, ⟨~ reflexology⟩ 양2

106 **zone time** [조운 타임]: (Greenwich 표준시에 대하여) 지역시(간), ⟨~ time zone\time belt⟩ 양2

107 **zon·ing** [조우닝]: ⟨미국에서 철저하게 지켜지는⟩ 구역 설정, ⟨~ land designation⟩ 양2

108 **zonk** [장크]: ⟨미국어⟩, ⟨의성어⟩, 제정신을 잃다, 취하다, 철썩 때리다, ⟨~ beat\strike⟩, ⟨↔come-back(around)⟩ 양1

109 **Zon·ta** [잔터]: ⟨'dependable'이란 뜻의 북미 원주민어⟩, ⟨정직하고 믿음직한⟩ 존타클럽, 여성의 지위 향상을 위해 1919년 미국(America)에서 시작된 여성 경영자의 지역별 모임으로 국제적 연계를 가지고 있음, ⟨~ a women's rights advocate org.⟩ 수2

110 **zoo** [쥬우]: ⟨'생물(zoion)'이란 뜻의 그리스어에서 유래한 영국어⟩, 동물원, 혼란한 장소, 난장판, ⟨~ animal park\mad-house⟩, ⟨↔aquarium\botanic garden(arboretum)⟩, ⟨↔tranquility⟩ 가1

111 **zo·o~** [쥬우어~]: ⟨그리스어⟩, animal, ⟨동물(생활)~⟩이란 뜻의 결합사 양1

112 **zoo-dles** [쥬우들스]: zucchini+noodles, 호박 면 미1

113 **zo·oid** [쥬어오이드]: ⟨그리스어⟩, 동물(성)의, 동물 비슷한, (동물 집단의) 개체, ⟨~ animal form\microorganism⟩ 양2

114 **zoo–keep-er** [쥬우 키퍼]: 동물원 관리자, ⟨~ animal keeper⟩ 가1

115 **zo·ol·o·gy** [쥬우알러쥐]: 동물학, ⟨~ fauna⟩, ⟨↔flora\botany⟩ 가1

116 **Zoom** [쥬움]: 줌, 2011년에 미국에서 설립되어 Covid-19 이후 각광을 받고 있는 전자구름을 통한 영상통화 연성기기회사, ⟨~ an American soft-ware co.⟩ 수2

117 **zoom** [쥬움]: ⟨1917년경에 등장한 의성어⟩, 붕 소리 내다, 급등, 급격한, ⟨~ fly\focus⟩, ⟨↔amble\stroll⟩ 양1

118 **zoom box** [쥬움 박스]: 원근 조정 상자, ⟨a user interface⟩ 양1

119 *__Zoom-er__ [쥬우머]: ⟨baby boomer에 대해 'zoom'에 익숙한⟩ Z 세대인 수2

120 **zoom in** [쥬움 인]: ⟨안으로 가져오는⟩ 급확산, ⟨~ blow up⟩, ⟨↔zoom out⟩ 양2

121 **zoom-ing** [쥬우밍]: 급히 확대나 축소함, 급각도 상승, ⟨~ focus-ing⟩ 양1

122 **zoo-mor·phism** [쥬우 모얼휘즘]: 동물 모형, (신 등을 동물 모양으로 나타내는) 동물 형태주의, ⟨~ animal characteristics⟩ 양2

123	**zoom out** [쥬움 아웉]: 〈밖으로 보내는〉 급축소, 〈~ reduce〉, 〈↔zoom in〉 양2
124	***zoom-tor** [쥬움터]: Zoom+tutor, Zoom을 통해 수업을 하는 개인교사, '원격가정교사' 미2
125	**zo·o·phil·i·a** [죠우어 휠리어]: 동물 애호, 동물 성애, 〈~ bestiality〉, 〈↔zoo-phobia〉 가1
126	**zo·o·pho·bi·a** [죠우어 호우비어]: 동물 공포(증), 〈~ irrational fear of animals〉, 〈↔zoo-philia〉 가1
127	**zoot-suit** [쥬우트 쑤우트]: 〈어감이 맞아서 주조된 미국어〉, '멋쟁이' 옷, 1940년대 전반에 유행했던 상의는 어깨가 넓고 바지는 위가 넓고 아래가 좁은 사치한 남자 옷, 〈~ drag\dud\Sunday Best〉 우1
128	**zo·o·xan·thel·la** [죠우 잰쎌러]: 〈← xanhos(yellow)〉, 〈그리스어〉, '노랑생물', 황록공생조류, 갈충말, 조초산호에 공생하는 와편모충, 무척추 어류 내에 공생하는 단세포 말, 〈a yellow-brown wicro-algae〉 양2
129	**Zo·ro·as·ter** [죠어로우 애스터 \ 져로우 애스터]: zarant(old)+ushtra(camel), 〈페르시아어→그리스어〉, 〈늙은 낙타?〉, 조로아스터, 〈배교〉, 기원전 6세기경 페르시아에서 시작된 유일신과 최후의 심판 개념을 도입한 고대 종교, ⇒ Zarathutra 수2
130	**zos·ter** [쟈스터] (her·pes zos·ter): 〈← zonnynai(to gird)〉, 〈그리스어〉, '(허리)띠, 대상포진, 면역력이 약해졌을 때 잠재성 virus가 신경조직을 침범해서 띠 모양의 〈미치게 가려운〉 피부염을 일으키는 병, shingles 양2
131	**zouk** [쥬우크]: 〈'to party'란 뜻의 Creole 프랑스어〉, 서인도제도에서 나와 1980년대 프랑스 악단에 의해 전파된 화려한 음조의 강박자 음악, 〈고삐 풀린 연회〉, 〈~ turmoil\jumble〉 수2
132	***Z-shit** [지이 쉩]: 〈노래 가사에서 연유한〉 Haiti 후손들, ZEZE, '물찌똥', 〈~ Haitan Creole〉 수2 우2
133	**Z the·o·ry** [지이 씨어뤼]: Z 이론, X 이론과 Y 이론을 융합해서 노사 간의 협조적 인간관계 형성이 필요하다는 경영이론, 〈~ compromising theory〉 수2
134	**zuc·chet·to** [쥬우케토우]: 〈← zucca(a gourd)〉, 〈이탈리아어〉, 〈조롱박같이 생긴〉 가톨릭 성직자의 '모관'(검정은 신부·보라는 주교·빨강은 추기경·흰 것은 교황이 씀), 〈~ calotte〉, 〈~ a small skull-cap〉 수2
135	**zuc·chi·ni** [쥬우키이니]: 〈← zucca(a squash)〉, 〈이탈리아어〉, 서양 호박의 한 품종, 오이 모양의 호박, 애호박, 〈~ gourd〉, 〈pumpkin은 크고 타원형임〉 미2
136	**Zu·cker-berg** [져커버어그], Mark: 〈유대계 독일어〉, 'sugar hill', 저커버그, (1984-), 의사 집안에서 태어나 하버드 재학 중 20살 때 친구들과 기숙사에서 Facebook을 만든 것이 28세 때에는 1억 명 이상이 가입하는 대박이 터져 갑부가 된 전산 연성기기 개발자·모험 기업가, 〈~ CEO of Facebook〉 수1
137	**Zu·ckered** [져컬드]: suckered by Zuckerberg, 저커버그 방식으로 사취당하다, 동업자에게 이용당하다, 〈↔exposed\un-deceived〉 수2
138	**Zu·lu** [쥬울루우]: 〈'하늘(sky)'이란 뜻의 원주민어〉, 줄루, 남아프리카 공화국의 인도양에 면한 지방, 그 지방에서 1879년에 영국에게 정복당하기 전까지 세력을 떨치던 일부다처제의 종족, 〈~ a Southern Bantu〉 수1
139	**Zum·ba** [쥼바]: 〈남미풍 스페인어〉, 줌바, 〈← rumba〉, 1998년 남미에서 창시된 빠르고 경쾌한 음악에 맞춰서 추는 춤(상품명), 〈~ a fitness dance〉 수2
140	**Zu·rich** [쥬어륌 \ 쥬륌]: 〈← dubros(water)〉, 〈켈트어〉, '물가의 도시', 취리히, 스위스 북동부(N-E Swiss)의 호수·〈세계적〉 금융도시, 〈~ a global center for banking and financing〉 수1
141	**Zwing·li** [즈윙글리], Ul·rich: 〈← twingen(to force)〉, 〈게르만어〉, '강력한 자', 츠빙글리, (1484-1531), 가톨릭 군과의 전투에서 죽은 스위스의 종교 개혁가, 〈~ a Swiss Reformation leader〉 수1
142	**zy·gote** [쟈이고우트]: 〈← zygon(to join)〉, 〈그리스어〉, 접합자, 접합체, 〈~ yoke〉, 〈~ stem cell〉, 〈↔somatic cell〉 양2
143	**zy·m(o)~** [쟈이임(모우)~]: 〈그리스어〉, ferment, 〈효소~〉란 뜻의 결합사 양2
144	**Zyr·tec** [절텍]: 지르텍, 'cetirizine' (histamine 1 길항제), 〈Johnson & Johnson사 등이 만드는〉 과민성 반응 치료제, 〈~ an allergy medication〉 수2
145	**zzz·Quil** [즤퀴일]: diphenhydramine, 〈Procter & Gamble사 등이 만드는〉 'Benadryl과 같은 성분의' 비처방 불면증 치료제, 〈~ an OTC sleep aid〉 수2
146	**ZZZ \ zzz** [즤이 지이 즤이]: 〈의성어·의태어〉, 쿨쿨, 드르렁드르렁, 윙윙, 〈~ sleep\wheeze〉 양2
147	**#$@%!** [코랑말코]: 〈'끝장'이란 뜻의 인공지능어〉, 호랑말코, '쓰발 놈아, 뒈져버려!', 〈~ it's over\go to hell〉 우1

APPENDIX
부록

특별부록 A	결합사	1472
부록 1	불규칙 동사표	1480
부록 2	불규칙(복수) 명사표	1484
부록 3	미어와 영어의 차이	1488
부록 4	〈인기 있는〉 미국인의 '지어준' 이름	1498
부록 5	미국인의 '타고난' 이름	1503
부록 6	그리스와 로마 신들의 대조표	1511
부록 7	운명과 운수	1514
부록 8	본체(elements: 공기·빛·소리)	1516
부록 9	지구	1518
부록 10	인체	1521
부록 11	세계의 인구 추세	1523
부록 12	〈순서로 본〉 세계의 대도시의 인구 추세	1524
부록 13	종교 분포도	1525
부록 14	세계의 언어	1527
부록 15	의류 크기의 대조표	1532
부록 16	도량형 환산표	1534
부록 17	기호문자	1538
부록 18	전산망 약자	1540
부록 19	법정 용어	1548
부록 20	한국식 영어(Konglish)	1559
부록 21	미국의 사증(Visa)	1566
부록 22	위대한 발명품들(great inventions)	1568
부록 23	[이원택 사전] 〈잡소리〉	1570
특별부록 B	기초 스페인어	1579

특별부록 A
결합사 (conjunctives)

(1) 접두사 (prefixes)

A.

숫자	그리스어	라틴어
1	mono-	uni-
2	di-	bi-, du-
3	tri-	tri-
4	tetra-	quadri-, quart-
5	penta-	quin-
6	hexa-	sex, sext-
7	hepta-	septem-, septi-

숫자	그리스어	라틴어
8	octo-	oct-, octa-
9	ennea-	novem-
10	deca-	deci-, decem-
100	hecto-	cent-, cente-
1000	kilo-	milli-, mille-
half	hemi-	demi-, semi-
many	poly-	multi-

B.

그리스어	뜻
a-, an-	아닌·없는-
aero-	공기·공중의-
allo-	다른·동종이계의-
ambi-, amphi-	둘·양쪽·둘레-
amyl(o)-	녹말을 함유하는-
ana-	위·뒤·다시-
andro-	남성·수꽃의-
angi(o)-	혈관·맥관의-
ant-, anti-	반대·대항의-

그리스어	뜻
antho-	꽃(밥)의-
aph-, apo-	~부터·~에서 떨어져
arch(e)-	첫째·주요한-
auto-	자신·자동의-
bio-	생명·인물의-
caryo-	핵·인의-
cat-, cata-	밑으로·나란히-
chloro-	연두색의-
chondro-	연골의-

그리스어	뜻	그리스어	뜻
chrono-	연대의-	hyper-	위쪽·과도·초월-
cry(o)-	추위·냉동의-	hypo-	밑쪽·과소·미달-
crypt(o)	숨은·비밀의-	iso-	같은·유사한-
cyber-	조타·인공두뇌의-	kerat(o)-	각질·각막의-
cyst(i·o)-	담낭·방광·낭포의-	leuc(k)o-	흰·백질의-
cyt(o)-	세포의-	macro-	대·극대·긴-
di-, dia-	통해서·가로지른-	mega-	백만의·거대한-
dys-	악화·불량·곤란-	meso-	중앙·중간의-
ec(o)-	거주지·생태의-	meta-	후속·변형·초월-
ect(o)-, ex(o)-	밖·외부의-	metro-	모체·대도시의-
em-, en-	안에-, 위에-	micro-	소·극소·미세-
endo-, ento-	안·내부-	miso-	싫은·혐오하는-
epi-	외·위의-	myco-	곰팡이의-
eu-, ev-	좋은-	narc(o)-	혼미·마취의-
galacto-	젖(우유)의-	necr(o)-	시체·죽음의-
geo-	토지·지구의-	neo-	새로운·근대의-
gloss-	혀·언어의-	nephr(o)-	신(장)의-
gyn(o)-	여성·암컷의-	neur(o)-	신경(계)의-
helio-	해·태양의-	o(o)-	난자의-
hetero-	남의·이종의-	odont(o)-	이(치아)의-
homo-	동종의·인류의-	oligo-	소수·부족의-
hydro-	물·수소의-	ortho-	정·직-

그리스어	뜻	그리스어	뜻
osteo-	뼈의-	rheo-	흐름·유동의-
oto-	귀의-	rhino-	코·비강의-
oxy-	날카로운·예리한-	rhiz(o·a)-	뿌리의-
paleo-	고·구·원시의-	sarco-	살·근육의-
pan-, pant(o)-	총·범-	seismo-	지진·진동의-
par-, para-	근접·측면·유사·낙하-	spect(ro)-	시야·분광기의-
path(o)-	고통·병의-	sy-, sym-, syn-	비슷한·함께·동시에-
p(a)ed-	토양·유아의-	tachy-	빠른-
ped-	발의-	teach(i·e)-	기술·공예·응용-
peri-	둥근·주변의-	tel(e·o)-	원거리·전신·전송의-
petro-	돌의-	terat(o)-	기형·괴물의-
phil(o)-	사랑·좋아하는-	theo-	신의-
phon(o)-	소리·음성의-	therm(o)-	열·온도의-
photo-	빛·사진의-	topo-	장소·위치·국소의-
physi(o)-	신체·물리·생리의-	tribo-	마찰의-
plat-	넓은·평평한-	trich(o)-	모발·섬조의-
pneumo-	폐·호흡·공기의-	uro-	오줌의-
Proto-	최초의·주요한·원시의-	xanth(o)-	황색의-
Pseudo-	가짜·모조의-	xen(o)-	외래·이종의-
psych(o)-	정신·영혼의-	xyl(o)	나무의-
pter(o)-	날개·깃의-	zoo-	동물(생활)의-
rhabd(o)-	봉상(막대기 모양)의-	zym(o)-	효소의-

C.

라틴어	뜻
a-, ab-, abs-	~부터·에서 떨어져
a-, ac-, ad-, af-, ag-, al-, an-, ap-, ar-, as-, at-	<게르만어의 to에 상당하는> ~쪽으로·까지·에게·대하여
adip(o)-	지방(조직)의-
agua-	물의-
alta-	높은-
am-	둥근·대략-
ante-	~전에
baja-	낮은-
bi-	둘(쌍)의-
bene-	좋은·은혜로운-
bovi-	소의-
cerebro-	(대)뇌의-
circum-	둥근·주위-
cis-	이쪽-
co-, cog-, col-, com-, con-, cor-	비슷한·함께·전혀
contra-, counter-	대(항)하여-
de-	~부터, 분리·제거-, 아래로-
deci-	10분의 1의-
di-, dif-, dis-	무·반대·분리-

라틴어	뜻
e-, ef-, ex-	~부터·밖으로·전적으로
equi-	똑같은·평등한-
extra-	~외의·이상의
ig-, il-, im-, in-, ir-	~아닌·없는
il-, im-, in-	~안·위(에·으로)
infra-	~밑(하부)에
inter-	사이·중에-
intro-	안(에서·으로)-
ipsi-	자신·동일의-
mal-	나쁜·아닌-
maxi-	최대(최장)의-
mezzo-	반·중간의-
mini-	소형·약간의·짧은-
neutro-	중립의-
non-	~이 없는(아닌)
o-, ob-, oc-, of-, op-	거슬러·대항하는-
ocul(o)-	눈의-
omni-	총·범-
patri-	아버지·가부장의-
per-	매우·완전히-
post-	후에-

라틴어	뜻
pre-	전에-
preter-	지나서-
pro-	대신·앞으로·찬성하는-
quasi-	비슷한·사이비의-
radio-	방사·복사·광선의-
re-	뒤로·다시·새로-
rect(i)-	곧은·직각의-
retro-	거슬러·거꾸로-
sal(o)-	침(타액)의-
sangui-	피(혈액)의-
se-	제쳐놓은·분리한-
sero-	혈청의-
sine-	~없이
spin(i·o)-	가시·척추의-
stat(o)-	정지·평형
sub-, suc-, suf-, sup-, sur-, sus-	아래·조금·부수의-
super-, supra-, sur-	위·초과·과잉-
trans-	횡단·관통·초월-
turbo-	소용돌이치는-

라틴어	뜻
ultra-	과도한·한외의-
um-	주위에·대하여-
vermi-	벌레의-

D.

영국어(게르만어)	뜻
a-	<명사에 붙여> 위·안·지점·방향~ 등을 나타냄
be-	되다·만들다-
em-, en-, im-	되게하다·만들다-
fore-	~ 전에
mid-	~ 가운데
mis-	잘못된-
out-	바깥쪽·능가하여-
over-	위의·과도한-
stasis-	-정지·안정·균형
step-	의붓·계·배다른-
un-	부정·제거-
under-	밑·미만-
with-	~로부터·대항하여

(2) 접미사(suffixes)

어미	뜻	어미	뜻
~able, ~ble, ~ible	~(이용)할 수 있는	~bury	~동네·지구
~ac	~의·에 속한	~cide	~죽임·살해
~aceous, ~ose, ~ous, ~tious	~비슷한·의 특성을 가진	~cle	~약간(조금)의
~acy, ~asy, ~cy	~한 (성질·상태·직책)	~dom	~한 (지위·범위·세력)
~ad	~의 방향(관계)	~ectomy	~절제(술)
~ade	~한 (동작·과정·행위자)	~ed	규칙동사의 과거·과거 분사형
~age	~한 (상태·동작·결과·집합)	~ee, ~eer, ~or	~한 (행위·취급·관계)자
~aholic	~의 중독자·광	~en	~로 만든, ~된
~al, ~nal	~한 (소속·관계·결과)	~ent, ~er, ~or, ~ster, ~re	~하는 것(사람)
~algia	~통(증)	~ern	~쪽·방향
~an, ~ana, ~ant, ~anus, ~cian, ~ean, ~en, ~ian, ~iana	~한 (성질의 사람·물건)	~escence, ~escent	~로 되는 (자라는) 것
		~ese	~장소·말·사람(의)
~ance, ~ancy, ~ence, ~ency	~한 (행위·상태·성질)	~esque	~식·모양의
~ar, ~er, ~or	~한 (성질·형태·사람)	~ess	남성명사에 붙여 만든 여성명사
~ard, ~ary, ~ery, ~ory, ~ry	~하는 곳(사람·곳), ~에 속한 것	~et, ~ette	~작은·축소한
~asis, ~osis, ~sis	~의 과정·활동	~feld	~들판(에 사는 자)
~ate	~한 (특징·산물·지위)	~ful	~로 가득찬
~berg	~언덕(에 사는 자)	~fy	~로 만들다
~blast	~의 배·아	~gen	~을 내는 것, ~에서 나온 것

어미	뜻
~gony	~의 발생·기원
~heim	~의 집
~hood	~한 (상태·시대·관계)
~ic, ~ical	~(의·같은·으로 된)
~ice	~의 (존재·상태)
~ics, ~tics	~의 현상(학·술·론)
~id	~의 (존재·동작)
~ile	~에 속한, ~되기 쉬운
~ine	~에 속하는
~ing	현재분사·동명사를 만드는 어미
~ion, ~sion, ~tion	~한 (행위·상태·결과)
~ise, ~ize	~로 만들다, ~로 되게하다
~ish	~의 (속하는·쯤 되는·다운)
~ism	~한 (행동·상태·작용·학설) 것
~ist, ~ite	~하는 사람, ~주의자
~itis	~염증·광
~ity, ~osity, ~ty	~한 (행위·성질·상태) 것
~ium	~의 (금속)원소
~ive	~한 (경향·성질·사람) 것

어미	뜻
~lent, ~ulent	~로 가득찬·풍부한
~less	~이 없는
~let	~소·작은 (것)
~like, ~ly	~과 비슷한, ~같이
~ling	~작은·어린 (것)
~lite(lyte)	~광물(화석)의
~logy	~말·담화·학문
~lysis	~용해·분해
~mania	~열광·광인
~ment	~한 (동작·수단·상태·결과) 것
~mony	~한 (결과·상태·동작) 것
~mycin	~균에서 재취한 항생물질
~naut	~항해자·추진자
~ness	~한 (성질·상태) 것
~nomy	~학·법
~nym	~의 이름
~o	~구어·감탄사·물건·사람
~ode	~와 같은
~off	~의 아들

어미	뜻	어미	뜻
~oid	~같은	~teen	~십(대)의
~ol	~의 수산기	~th	~한 (행위·성질·상태·힘)
~ole	수산기를 함유하지 않은	~thal	~골짜기(에서 온 자)
~oma	~종(양)	~tome	~부분·절단
~opia	~시력(기관)	~ton	~장소·마을
~osis	~한 상태(증세)	~tron(electron)	~진공관·소립자
~philia	~의 경향·애호(자)	~tropic	~향·성의
~phobia	~의 공포·혐오(자)	~tude, ~ude	~한 (성질·상태)것
~plasty	~형성·성형	~ty	~십의 배수
~plegia	~마비	~ule	~작은 것
~polis	~도시	~um	~하나·본질·요소
~rhea	~흐름·유동	~ure	~한 (동작·상태·성질) 것
~scape	~한 (경치·경관)	~ville	~마을·촌락
~ship	~한 (상태·신분·수완) 것	~vore	~식(성)동물
~sky	~마을(에서 온 자)	~ward	~한 쪽으로
~some	~한 (경향·성분·적당한) 것	~ware	~한 (기기·기물)것
~stan	~장소·땅	~way	~한 (방향·방법·정도)
~stasis	~정지·안정·균형	~wise	~한 (방향·방식·닮음)
~stein	~돌(stone)이	~y, ~ty	~(유사한·특성의) 것
~ster	~하는 사람		

불규칙 동사표

	현재형	과거형	과거분사
1	abide	abode, abided	abided
2	arise	arose	arisen
3	awake	awoke, awakened	awoken
4	be (am·is·are)	was, were	been
5	bear	bore	borne, born
6	beat	beat	beaten
7	begin	began	begun
8	bend	bent	bent
9	bereave	bereaved, bereft	bereaved, bereft
10	beseech	besought, beseeched	besought, beseeched
11	bespeak	bespoke	bespoken
12	bet	bet, betted	bet, betted
13	bid	bade, bid	bidden, bid
14	bide	bode, bided	bided
15	bind	bound	bound
16	bite	bit	bitten, bit
17	bleed	bled	bled
18	blend	blended, blent	blended, blent
19	bless	blessed, blest	blessed, blest
20	blow	blew	blown, blowed
21	break	broke	broken
22	breathe	breathed, brothe	breathed, 'breathen'
23	breed	bred	bred
24	bring	brought	brought
25	bulid	built	built
26	burn	burned, burnt	burned, burnt
27	burst	burst	burst
28	buy	bought	bought
29	can	could	-
30	cast	cast	cast
31	catch	caught	caught
32	chide	chided, chid	chidden, chid
33	choose	chose	chosen
34	cleave	cleaved, cleft, clove	cleaved, cleft, cloven
35	cling	clung	clung
36	clip	clipped	clipped, clipt
37	clothe	clothed, clad	clothed, clad
38	come	came	come
39	cost	cost	cost
40	creep	crept	crept
41	crow	crowed, crew	crowed
42	curse	cursed, curst	cursed, curst
43	cut	cut	cut
44	deal	dealt	dealt
45	dig	dug	dug
46	dive	dived, dove	dived
47	do·does	did	done
48	draw	drew	drawn
49	dream	dreamed, dreamt	dreamed, dreamt

현재형	과거형	과거분사
50 **dress**	dressed, drest	dressed, drest
51 **drink**	drank	drunk
52 **drip**	dripped, dript	dripped, dript
53 **drive**	drove	driven
54 **dwell**	dwelt, dwelled	dwelt, dwelled
55 **eat**	ate	eaten
56 **fall**	fell	fallen
57 **feed**	fed	fed
58 **feel**	felt	felt
59 **fight**	fought	fought
60 **find**	found	found
61 **flee**	fled	fled
62 **fling**	flung	flung
63 **fly**	flew	flown
64 **forbid**	forbade	forbidden
65 **forgive**	forgave	forgiven
66 **freeze**	froze	frozen
67 **get**	got	got, gotten
68 **gild**	gilded, gilt	gilded, gilt
69 **gird**	girded, girt	girded, girt
70 **give**	gave	given
71 **gnaw**	gnawed	gnawed, gnawn
72 **go**	went	gone
73 **grind**	ground	ground
74 **grow**	grew	grown
75 **hang**	hung, hanged	hung, hanged
76 **have·has**	had	had
77 **hear**	heard	heard
78 **heave**	heaved, hove	heaved, hove
79 **hew**	hewed	hewn, hewed
80 **hide**	hid	hidden, hid
81 **hold**	held	held
82 **hurt**	hurt	hurt
83 **keep**	kept	kept
84 **kneel**	knelt, kneeled	knelt, kneeled
85 **knit**	knit, knitted	knit, knitted
86 **know**	knew	known
87 **lade**	laded	laden
88 **lay**	laid	laid
89 **lead**	led	led
90 **lean**	leaned, leant	leaned, leant
91 **leap**	leaped, leapt	leaped, leapt
92 **learn**	learned, learnt	learned, learnt
93 **leave**	left	left
94 **lend**	lent	lent
95 **let**	let	let
96 **lie**	lay	lain
97 **light**	lighted, lit	lighted, lit
98 **lose**	lost	lost
99 **make**	made	made
100 **may**	might	-
101 **mean**	meant	meant

	현재형	과거형	과거분사
102	**meet**	met	met
103	**melt**	melted	melted, molten
104	**mix**	mixed, mixt	mixed, mixt
105	**mow**	mowed	mowed, mown
106	**must**	must	-
107	**ought**	ought	-
108	**pass**	passed	passed, past
109	**pay**	payed, paid	payed, paid
110	**pen**	penned, pent	penned, pent
111	**plead**	pleaded, pled	pleaded, pled
112	**prove**	proved	proved, proven
113	**put**	put	put
114	**quit**	quitted, quit	quitted, quit
115	**read**	read	read
116	**reave**	reaved, reft	reaved, reft
117	**rend**	rent	rent
118	**rid**	rid, ridded	rid, ridded
119	**reave**	reaved, reft	reaved, reft
120	**ride**	rode, rid	ridden, rid
121	**ring**	rang, rung	rung
122	**rise**	rose	risen
123	**rive**	rived	riven
124	**run**	ran	run
125	**saw**	saw	sawn, sawed
126	**say**	said	said
127	**see**	saw	seen
128	**seek**	sought	sought
129	**sell**	sold	sold
130	**send**	sent	sent
131	**set**	set	set
132	**sew**	sewed	sewed, sewn
133	**shake**	shook	shaken
134	**shall**	should	-
135	**shave**	shaved	shaved, shaven
136	**shear**	sheared	sheared, shorn
137	**shed**	shed	shed
138	**shine**	shone, shined	shone, shined
139	**shoe**	shod	shod, shodden
140	**shoot**	shot	shot
141	**show**	showed	shown, showed
142	**shred**	shredded, shred	shredded, shred
143	**shrink**	shrank, shrunk	shrunk, shrunken
144	**shrive**	shrived, shrove	shrived, shriven
145	**shut**	shut	shut
146	**sing**	sang	sung
147	**sink**	sank, sunk	sunk, sunken
148	**sit**	sat	sat
149	**slay**	slew	slain
150	**sleep**	slept	slept
151	**slide**	slid	slid, slidden
152	**sling**	slung	slung
153	**slink**	slunk, slank	slunk
154	**slit**	slit	slit
155	**smell**	smelled, smelt	smelled, smelt

	현재형	과거형	과거분사		현재형	과거형	과거분사
156	smite	smote	smitten, smote	184	sweat	sweat, sweated	sweat, sweated
157	sneak	(snuck)	(snuck)	185	sweep	swept	swept
158	sow	sowed	sowed, sown	186	swell	swelled	swollen, swelled
159	speak	spoke	spoken	187	swim	swam	swum
160	speed	sped, speeded	sped, speeded	188	swing	swung	swung
161	spell	spelled, spelt	spelled, spelt	189	take	took	taken
162	spend	spent	spent	190	teach	taught	taught
163	spill	spilled, spilt	spilled, spilt	191	tear	tore	torn
164	spin	spun, span	spun	192	telecast	telecast	telecast
165	spit	spit, spat	spit, spat	193	tell	told	told
166	split	split	split	194	think	thought	thought
167	spoil	spoiled, spoilt	spoiled, spoilt	195	thrive	throve, thrived	thriven, thrived
168	spread	spread	spread	196	throw	threw	thrown
169	spring	sprang, sprung	sprung	197	thrust	thrust	thrust
170	squat	squatted, squat	squatted, squat	198	tread	trod	trodden, trod
171	stand	stood	stood	199	wake	waked, woke	waked, woken
172	stave	staved, stove	staved, stove	200	wear	wore	worn
173	stay	stayed, staid	stayed, staid	201	weave	wove	woven
174	steal	stole	stolen	202	wed	wedded, wed	wedded, wed
175	stick	stuck	stuck	203	weep	wept	wept
176	sting	stung, stang	stung, stang	204	wend	wended, went	wended, went
177	stink	stank, stunk	stunk	205	wet	wet, wetted	wet, wetted
178	strew	strewed	strewed, strewn	206	will	would	-
179	stride	strode	stridden	207	win	won	won
180	strike	struck	struck, stricken	208	wind	winded, wound	winded, wound
181	string	strung	strung	209	work	worked, wrought	worked, wrought
182	strive	strove	striven	210	wring	wrung	wrung
183	swear	swore	sworn	211	write	wrote	written

부록2
불규칙(복수) 명사표

	단수형	복수형		단수형	복수형
1	**abyss**	abysses	25	**bison**	bison
2	**acarus**	acari	26	**brother**	brothers *or* breathren
3	**addendum**	addenda *or* addendums	27	**bureau**	bureaux *or* bureaus
4	**agendum**	agenda *or* agendas	28	**cactus**	cacti *or* cactus *or* cactuses
5	**aircraft**	aircraft	29	**calf**	calves
6	**ala**	alae	30	**camera**	cameras, camerae
7	**alga**	algae	31	**château**	châteaux *or* châteaus
8	**alumna**	alumnae	32	**cherry**	cherries
9	**alumnus**	alumni	33	**child**	children
10	**analysis**	analyses	34	**cilium**	cilia
11	**ansa**	ansae	35	**city**	cities
12	**antenna**	antennae *or* antennas	36	**cod**	cod
13	**antithesis**	antitheses	37	**codex**	codices
14	**anus**	ani	38	**colon**	cola
15	**apex**	apices *or* apexes	39	**colossas**	colossi *or* colossuses
16	**appendix**	appendices *or* appendixes	40	**concerto**	concerti *or* concertos
17	**aqua**	aquae	41	**copy**	copies
18	**aquarium**	aquaria	42	**corpus**	corpora
19	**axis**	axes	43	**crisis**	crises
20	**baby**	babies	44	**criterion**	criteria *or* criterions
21	**bacillus**	bacilli	45	**curriculum**	curricula *or* curriculums
22	**bacterium**	bacteria	46	**datum**	data
23	**basis**	bases	47	**deer**	deer *or* deers
24	**beau**	beaux *or* beaus	48	**diagnosis**	diagnoses

단수형	복수형
49 **dictionary**	dictionaries
50 **die**	dice *or* dies
51 **dorsum**	dorsa
52 **dwarf**	dwarves *or* dwarfs
53 **elf**	elves
54 **ellipsis**	ellipses
55 **emphasis**	emphases
56 **ephemera**	ephemeras, ephemerae
57 **erratum**	errata
58 **family**	families
59 **faux pas**	faux pas
60 **fez**	fezzes *or* fezes
61 **fish**	fish *or* fishes
62 **fly**	flies
63 **focus**	foci *or* focuses
64 **folium**	folia
65 **fomes**	fomites
66 **foot**	feet *or* foot
67 **formula**	formulae *or* formulas
68 **fungus**	fungi *or* funguses
69 **ganglion**	ganglia
70 **genus**	genera *or* genuses
71 **goose**	geese
72 **graffito**	graffiti

단수형	복수형
73 **grouse**	grouse *or* grouses
74 **gutta**	guttae
75 **gyrus**	gyri
76 **half**	halves
77 **helix**	helices
78 **hippopotamus**	hippopotami
79 **hoax**	hoaxes
80 **hoof**	hooves *or* hoofs
81 **hypothesis**	hypotheses
82 **ileum**	ilea
83 **ilium**	ilia
84 **index**	indices *or* indexes
85 **knife**	knives
86 **labium**	labia
87 **lady**	ladies
88 **larva**	larvae *or* larvas
89 **leaf**	leaves
90 **lentigo**	lentigines
91 **libra**	librae
92 **libretto**	libretti *or* librettos
93 **life**	lives
94 **loaf**	loaves
95 **locus**	loci
96 **louse**	lice

단수형	복수형
97 lumen	lumens, lumina
98 malum	mala
99 man	men
100 matrix	matrices or matrixes
101 medium	media or mediums
102 memorandum	memoranda or memorandums
103 meninx	meninges
104 mensa	mensae
105 menses	menses
106 mess	messes
107 minutia	minutiae
108 mitochondrion	mitochondria
109 mouse	mice
110 Ms.	Mses.
111 munch	munchies
112 nanny	nannies
113 nebula	nebulae or nebulas
114 neurosis	neuroses
115 nevus	nevi
116 nova	novae
117 nucleus	nuclei or nucleuses
118 oaf	oaves
119 oasis	oases
120 octopus	octopi
121 offspring	offspring or offsprings
122 onager	onagri
123 opus	opera or opuses

단수형	복수형
124 ovum	ova
125 ox	oxen or ox
126 parenthesis	parentheses
127 party	parties
128 pea	pease
129 pelvis	pelvus
130 penis	penes or penises
131 penny	pennies, pence
132 person	people
133 phalanx	phalanges
134 phenomenon	phenomena or phenomenons
135 phylum	phyla
136 pity	pities
137 plateau	plateaux
138 pock	pox
139 pons	pontes
140 poppy	poppies
141 pupa	pupae
142 quale	qualia
143 quantum	quanta
144 quiz	quizzes
145 radius	radii or radiuses
146 raphe	raphae
147 rectum	recta
148 referendum	referenda or referendums
149 retina	retinae
150 runner-up	runners-up

단수형	복수형		단수형	복수형
151 **salmon**	salmon *or* salmons		178 **syllabus**	syllabi *or* syllabuses
152 **salpinx**	salpinges		179 **symposium**	symposia *or* symposiums
153 **scarf**	scarves *or* scarfs		180 **synopsis**	synopses
154 **self**	selves		181 **tableau**	tableaux *or* tableaus
155 **semen**	semina		182 **thesis**	theses
156 **septum**	septa		183 **thief**	thieves
157 **series**	series		184 **tibia**	tibias *or* tibiae
158 **serra**	serrae		185 **tooth**	teeth
159 **serum**	serums, sera		186 **torah**	toroth
160 **sheaf**	sheaves		187 **treaty**	treaties
161 **sheep**	sheep		188 **trout**	trout *or* trouts
162 **shelf**	shelves		189 **try**	tries
163 **shrimp**	shrimp *or* shrimps		190 **tuna**	tuna *or* tunas
164 **silva**	silvae		191 **umbilicus**	umbilici
165 **solo**	soli		192 **vagina**	vaginas *or* vaginae
166 **son-in-law**	sons-in-law		193 **vertebra**	vertebrae *or* vertebras
167 **sorus**	sori		194 **vertex**	vertices *or* vertexes
168 **species**	species		195 **via**	viae
169 **spectrum**	spectra		196 **viaticum**	viatica
170 **spy**	spies		197 **viscus**	vicera
171 **stamen**	stamina		198 **vita**	vitae
172 **stimulus**	stimuli		199 **vortex**	vortices *or* vortexes
173 **story**	stories		200 **wharf**	wharves *or* wharfs
174 **stratum**	strata		201 **wife**	wives
175 **struma**	strumae		202 **wolf**	wolves
176 **sulcus**	sulci		203 **woman**	women
177 **swine**	swine			

부록3
미국 영어/영국 영어

	미국영어	영국영어
1	(absorbent) cotton	cotton wool
2	advice column	agony column
3	air·plane	aero·plane
4	allowance/pocket money	pocket money
5	anemia	anaemia
6	answering machine	answer·phone/answering machine
7	antenna	aerial
8	any·place/any·where	any·where
9	apartment	flat
10	apartment house[building]	block of flats
11	apologize	apologise
12	arbor	arbour
13	ardor	ardour
14	area code	dialing code
15	armor	armour
16	ATM	cash·point
17	attorney/lawyer	barrister/solicitor/lawyer
18	automobile/car	motor (car)/car
19	ax	axe
20	back-drop	back·cloth
21	back·up	tail·back
22	back·ward(s)	back to front/back·ward(s)
23	baggage	luggage
24	baked potato	jacket potato
25	balk	baulk
26	ball·point(pen)	Biro
27	Band-Aid	(sticking) plaster
28	bangs	fringe
29	bar	pub/public house
30	basic course	foundation course
31	bath·tub/tub	bath
32	be dismissed/be fired	be made redundant/be sacked
33	be traded	be transferred
34	behavior	behaviour
35	bike·way/bicycle lane/bike lane	cycle·way/cycle lane/cycle path
36	billboard	hoarding
37	bobby pin	hairgrip
38	book·store	book·shop
39	box lunch	packed lunch
40	braid	plait
41	bulletin board	notice board

	미국영어	영국영어
42	bumper to bumper	nose to tail/bumper to bumper
43	bus	coach
44	busy signal	engaged tone/engaged signal
45	button	badge
46	cafeteria	canteen
47	caliber	calibre
48	call/give ~ a ring	ring ~ (up) give ~ a ring/call
49	call-in	phone-in
50	can	tin
51	canceled/canceling	cancelled/cancelling
52	candor	candour
53	candy	sweet
54	car	carriage
55	cart	trolley
56	catalog	catalogue
57	cellphone/cellular phone/mobile (phone)	mobile (phone)
58	center	centre
59	certified	chartered
60	charter member	founder member
61	cheap/stingy	mean/stingy
62	check	cheque
63	check/bill	bill
64	check (off·box)	tick (off·box)
65	check in(to)	book in(to)/check in(to)
66	checkers	draughts
67	checking account	current account
68	cigarette butts	cigarette ends
69	cipher	cypher
70	clamor	clamour
71	cleats	football boots
72	clipping	cutting
73	closet	cupboard/wardrobe
74	clothes·pin	(clothes) peg
75	co·ed	mixed/co·ed
76	coffee break	tea break
77	coin purse/change purse	purse
78	collect call	reverse-charge call
79	color	colour
80	comforter	duvet/continental quilt
81	conductor	guard
82	continuing education	further education

	미국영어	영국영어
83	cookie	(biscuit)
84	cooler	coolbox
85	corn	maize
86	corn·starch	corn·flour
87	cot	camp bed
88	cotton candy	candy·floss
89	cotton swab/Q-tip	cotton bud
90	counter(top)	work·top/work-surface
91	counter·clockwise	anti·clockwise
92	cover·ralls	over·alls
93	cozy	cosy
94	crib	cot
95	cross·walk	pedestrian crossing/zebra crossing
96	cuffs	turn-ups
97	curb	kerb
98	curtains/drapes/draperies	curtains
99	custom-built	purpose-built
100	cutting board	chopping board
101	daylight saving time/daylight savings	summer time
102	deck	pack
103	defense	defence
104	demeanor	demeanour
105	desk clerk	receptionist
106	dessert	dessert/sweets/pudding

	미국영어	영국영어
107	detour/take a round·about way	divert/take a round·about way
108	dialog	dialogue
109	diaper	nappy
110	diarrhea	diarrhoea
111	dike	dyke
112	dim	dip
113	dining car	buffet car
114	diopter	dioptre
115	direct discourse	direct speech
116	dish towel	tea towel
117	disk	disc
118	divided high·way	dual carriage·way
119	doctor's office	consulting room/surgery
120	doorman	porter
121	dormitory/residence hall	hall of residence
122	downspout	drain pipe
123	draft	draught
124	drain	plughole
125	driver's license	driving license
126	duplex	semi-detached house
127	editorial	leader
128	eggplant	aubergine
129	eighth note	quaver
130	elective	option

	미국영어	영국영어		미국영어	영국영어
131	elevator	lift	155	fiscal year	finnancial year
132	emcee	host/compere	156	flash·light	torch
133	emergency room (ER)	accident and emergency/casualty	157	flavor	flavour
			158	flip-flop/thong	flip-flop
134	endeavor	endeavour	159	flutist	flautist
135	energency brake	hand·brake	160	foos·ball	table foot·ball
136	(entrance)ramp/ (exit)ramp	slip road	161	football	American football
			162	French fries	(hot) chips
137	epilog	epilogue	163	front desk	reception (desk)
138	eraser	ruber	164	frosted/iced/glazed	iced
139	esthetics	aesthetics	165	gabardine	gaberdine
140	expenses	outgoings	166	gage	gauge
141	expiration date	expiry date/sell-by date	167	game	match
142	face mask/face pack	face pack	168	garbage bag/ trash bag	bin liner
143	fall/autumn	autumn			
144	far-sighted	long-sighted	169	garbage can/ trash can	(litter) bin/dustbin
145	faucet	tap	170	garbage collector	dustman
146	favor	favour	171	garbage disposal	waste disposal (unit)
147	fender	mud-guard	172	garbage/trash	rubbish
148	fervor	fervour	173	gas pedal/accelerator	accelarator
149	fetus	foetus	174	gas station/ filling station	petrol station/filling station
150	fiber	fibre			
151	field hockey	hockey	175	gasoline/gas	petrol
152	fire department	fire service/fire brigade	176	gear shift/gear stick	gear lever
153	first floor	ground floor	177	general of the army	field marshal
154	first lieutenant	lieutenant	178	German shepherd	Alsatian

미국영어	영국영어	미국영어	영국영어
179 gift certificate	gift token/gift voucher	202 humor	humour
180 glamor	glamour	203 indirect discourse	indirect(reported) speech
181 go to the movies	go to the cinema[pictures]	204 industrial park	industrial estate
182 grade	mark	205 installment plan	hire purchase (HP)
183 grade crossing/railroad crossing	level crossing	206 instant replay	action replay
		207 intermission	interval
184 grade school/ elementary school/ primary school	primary school	208 intern	house·man
185 graduate student	post·graduate student	209 janitor	care·taker
186 grain	grain/corn	210 Jell-O/Jello	jelly
187 gram	gramme	211 jump rope	skipping rope
188 gray	grey	212 jumper	pinafore (dress)
189 green onion/scallion	spring onion	213 jumping jack	star jump
190 guard/cover	mark	214 kilometer	kilometre
191 half note	minim	215 (kitchen) range/stove	cooker
192 hang up	hang up/ring up	216 labor	labour
193 harbor	harbour	217 labor union	trade(s) union
194 head·cheese	brawn	218 lawyer	(solicitor)
195 help wanted	situations vacant	219 leukemia	leukaemia
196 hemo~	haemo~	220 levee	dike(dyke)
197 highway/freeway/ expressway/interstate	motorway	221 license	licence
		222 license plate	number plate
198 hockey/ice hockey	ice hockey	223 line up	queue (up)
199 honor	honour	224 living room	lounge/sitting room
200 hood	bonnet	225 lost and found	lost property
201 horse·back riding	horse riding	226 love seat	settee

미국영어	영국영어
227 luster	lustre
228 mail	post
229 mail slot	letter box/pillar box
230 main street	high street
231 make-up (test)/retake	resit/retake
232 maneuver	manoeuvre
233 meager	meagre
234 measure/bar	bar
235 median (strip)	central reservation
236 merry-go-round/carousel	round·about/merry-go-round
237 meter	metre
238 miter	mitre
239 modernize	modernise
240 molasses	treacle
241 mold	mould
242 molt	moult
243 mom(my)	mum(my)
244 money order	postal order
245 (monkey) wrench	spanner
246 monolog	monologue
247 movie/film	film
248 (movie) theater	cinema
249 muffler	silencer
250 mustache	moustache
251 mutual fund	unit trust

미국영어	영국영어
252 national holiday	bank holiday
253 near·sighted	short-sighted
254 neighbor	neighbour
255 news release/press relese	press relese
256 news·cater/announcer	news·reader/announcer
257 news·stand	book·stall
258 night·stand/night table	bed·side table
259 occupied	engaged
260 odor	odour
261 offence	offense
262 off-season	low-season
263 one-way ticket	single
264 outlet	power point/(wall) socket
265 over·alls	dungarees, boiler suits
266 over·pass/elevated highway	fly·over
267 over·time	extra time
268 pacifier	dummy
269 package	parcel
270 packing crate	packing case
271 paddle	bat
272 pajamas	pyjamas
273 panties/underpants	knickers
274 pants	trousers

	미국영어	영국영어		미국영어	영국영어
275	panty·hose	tights	299	prime time	peak time
276	parenthesis	(round) bracket	300	primeval	premaeval
277	parking garage	car park	301	principal	head·teacher/ head·master/ head·mistress
278	parlor	parlour	302	private school	public school
279	part	parting	303	professor	lecturer
280	passed for	pushed for	304	program	programme
281	peddler	pedlar	305	public school	state school
282	pediatrician	paediatrician	306	public transportation/ mass transit	public transport
283	pen pal	pen friend	307	pumps	court shoes
284	perfect score	full marks	308	purse/hand·bag	hand·bag
285	period	full stop	309	push·up	press-up
286	permanent/perm	perm	310	quarter note	crotchet
287	pharmacist/druggist	chemist	311	quotation marks	inverted commas
288	pharmacy/drugstore	chemist	312	railroad	railway
289	phone booth	phone box	313	rancor	rancour
290	pitcher	jug	314	realtor/real estate agent	real estate agent
291	play hooky	play truant	315	recess	break
292	plow	plough	316	recognize	recognise
293	pompon	bobble	317	refueled/refueling	refuelled/ refuelling
294	poser	poseur	318	rent	hire
295	(potato) chips	crisps	319	rent (out)	let (out)
296	power outage	power cut	320	rental car	car hire
297	practice	practise	321	Representative/ Congress·person	member of the House of Cmmons
298	practice teaching/ student teaching	teaching practise			

	미국영어	영국영어		미국영어	영국영어
322	required books/text·books	set books/set texts	344	scarp	(muffler)
323	rest area	service area[station]/service	345	scepter	sceptre
			346	schedule/time·table	time·table
324	rest·room/wash·room	(public) toilet/WC	347	Scotch tape	Sellotape/sticky tape
325	résumé	curriculum vitae (CV)	348	second floor	first floor
326	review	revise	349	sedan	saloon
327	rigor	rigour	350	Senator	member of the House of Lords
328	rotary/traffic circle	round·about	351	sepulcher	sepulchre
329	row house/townhouse	terraced house	352	set the table	lay the table
330	rubber band	elastic band/rubber band	353	shade	roller blind
331	rubber boots	Wellington (boots)	354	shift/change	change
332	rubbing alcohol	surgical spirit	355	shoe·lace/shoe·string	shoe·lace
333	rubbish	garbage, trash	356	(shopping) cart	trolley
334	rumor	rumour	357	shoulder	verge
335	run for	stand for	358	shower stall	shower cubicle
336	RV(recreational vehicle)	camper(van)	359	shrimp	prawn
			360	side·view mirror	wing mirror
337	saber	sabre	361	side·walk	pave·ment
338	sales clock	shop assistant	362	signal	indicate
339	sanitary napkin/sanitary pad	sanitary towel/sanitary pad	363	silver·ware/flat·ware	cutlery
340	savings account	deposit account	364	sister city	twin town
341	savior	saviour	365	sixteenth note	semi·quaver
342	savor	savour	366	skeptic	sceptic
343	scalp	tout	367	slingshot	catapult

미국영어	영국영어	미국영어	영국영어
368 slot machine	fruit machine	391 suspenders	braces
369 slow·down	go-slow	392 sweater	jumper
370 snap(fastener)	popper/press stud	393 sweat·suit	track·suit
371 sneakers	trainers	394 swim suit	bathing custume
372 snicker	snigger	395 (table) napkin	serviette/(table) napkin
373 soap powder/laundry detergent	washing powder	396 tabor	tabour
374 soccer	football	397 take an exam	sit[take] an exam
375 soccer player	footballer	398 talk show	chat show
376 social security	old age pension	399 taxi stand	taxi rank
377 Social Security number	National Insurance number	400 temple	side
378 spare tire	spare tyre	401 the consumer price index (CPI)	the retail price index (RPI)
379 specter	spectre	402 the House of Representatives	the House of Commons
380 spilled	spilt	403 the personals	personal column
381 staff	stave	404 the polls/polling place/ polling station	the polls/polling station
382 stock·holder	share·holder	405 the President of the Senate	the Speaker of the House of Lords
383 stocking cap	bobble hat	406 the Senate	the House of Lords
384 story	storey	407 the Speaker of the House	the Speaker (of the House of Commons)
385 straight	straight/neat	408 theater	theatre
386 street car	tram	409 thirty-second note	demi·semi·quaver
387 street-light	street-lamp	410 thread	cotton/thread
388 stroller/baby carriage	pushchair/pram/buggy	411 thrift shop/thrift store	charity shop
389 subway/metro	the under·ground/ the tube/metro		
390 succor	succour		

미국영어	영국영어		미국영어	영국영어
412 thumb·tack	drawing pin		437 VCR	video
413 tid·bit	tit·bit		438 vending machine	slot machine/vending machine
414 tie	draw		439 vest	waist·coat
415 tire	tyre		440 wagon	waggon
416 titer	titre		441 wash up	wash
417 toilet paper	toilet roll/toilet paper		442 wash·cloth	face·cloth
418 track and field	athletics		443 waste·basket/ trash(garbage) can	rubbish bin/dust·bin
419 trash	rubbish		444 watch your feet	mind the gap
420 trash can	dust bin		445 welfare/unemployment compensation	benefit/dole
421 trade/exchange	exchange		446 whole note	semi·breve
422 trailer/motor home	caravan/motor home		447 willful	wilful
423 train station	rail·way station		448 (window) shade/blind	blind
424 traveled/traveling	travelled/travelling		449 wind·shield	wind·screen
425 treddle	treadle		450 witness stand	witness box
426 truck	van/lorry		451 work·day/week·day	working day/week·day
427 trunk	boot		452 working group	working party
428 tumor	tumour		453 wrench	spanner
429 turn signal/blinkers	indicator		454 yard	garden
430 turtle·neck	polo neck (sweater)		455 yield	give way
431 two weeks	fort·night/two weeks		456 zero(oh)/nil/nothing	nought/nil
432 umbra	umbrae		457 zip code/postal code	postcode
433 under·pants	pants		458 zipper	zip, fly[1]
434 vacation	holiday(s)		459 zucchini	courgette
435 vanity (table)	dressing (table)			
436 vapor	vapour			

부록4
〈인기 있는〉 미국인의 '지어준' 이름 (given name)

<남자>

이름	어원	의미
Aiden	Gaelic, **Aodhan** (little fire)	태양신(작은 불꽃)
Alexander	Gr. **Alexandros** (defender of man)	인류의 수호자
Andrew	Gr. **andreios** (manly)	사내스러운 자
Anthony	Roman. **Antonius**, Gr. **Anthos** (flower)	꽃 같은 자
Benjamin	Heb. **Binyamin** (son of the right hand)	오른손의 아들
Brandon	Eng. **place name** (gorse-covered hill)	금작화가 피는 곳의 사람
Brian	Irish, Celtic. **Brigonos** (noble)	고귀한 자
Charles	Ger. **ceorl** (free man)	자유 남
Christopher	Gr. **Christophoros** (bearing Christ)	그리스도를 품은 자
Daniel	Heb. **God is my judge**	심판자의 아들
David	Heb. **Dodavehu** (darling)	친애하는 자
Edward	Old Eng. **Eadweard** (wealth-guard)	부의 수호신
Elijah	Heb. **the Lord is my God**	신의 아들
Ethan	Heb. **Solid**	견고한 자
Francis, Frank	Late Lat. **Franciscus** (Frenchman)	프랑스인
George	Gr. **georgos** (farmer)	농부
Henry	Ger. **Haimric** (home power)	가장
Jack	Heb. **John**의 변형	신의 축복
Jacob	Heb. **Yaakov** (supplanter)	추종자
James	Late Lat. **Jacob**의 변형	추종자
Jason	Gr. **Iason** (healer)	치료자
Jaydon	Old Eng. **Jay Aiden**	불사조

이름	어원	의미
Jeffrey	Norman Fr., Ger. **Gaufrid or Gisfrid (land peace)**	평화로운 자
Jerry	Heb. **Jeremiah** Ger. **spear ruler**	신의 찬양 창잡이
John	Heb. **Yohanan (God is gracious)**	신의 축복
Jonathan	Heb. **God has given**	신이 주신 자
José	Heb. and Aramaic. **Yose (Joseph의 변형)**	다복한 자
Joseph	Heb. **Yosef (God shall add)**	다복한 자
Joshua	Heb. **Yoshua (God saves)**	구원된 자
Liam	Gaelic. **William의 변형**	맹렬한 보호자
Logan	Scot. **little hollow (지명)**	아담한 보금자리
Mark	Lat. **Marcus**	군신
Mason	Fr., Eng. **stone worker**	석공
Matthew	Heb. **Mattathia (gift of God)**	신의 선물
Michael	Heb. **Mikhael**	천사장
Nathan	Heb. **God has given**	신이 주신 자
Nicholas	Gr. **Nikolaos (victory people)**	승리자
Noah	Heb. **Rest**	쉬는 자
Patrick	Lat. **Patricius (noble origin)**	고귀한 자
Richard	Ger. **power-hardy**	용감한 지도자
Robert	Ger. **frame-bright**	빛나는 명성
Ryan	Irish, Gaelic. **king**	왕자
Samuel	Heb. **Shemuel (God heard)**	신이 들어주신 (자)

이름	어원	의미
Sean	Gaelic. **John**의 변형	신의 축복
Steven	Gr. **stephanos (crown)**	왕관
Thomas	Aramaic. **twin**	쌍둥이
Tyler	Old Eng. **tigeler (tile layer)**	벽돌공
William	Ger. **Wilhelm (will-helmet)**	맹렬한 보호자

<여자>

이름	어원	의미
Abigail	Heb. **my father is joy**	아비를 기쁘게 하는 자
Alexis	Gr. **helper**	조력자
Alyssa	Eng., Sp., Fr. **Alicia·Alice (noble)**	고귀한 자
Amanda	Lat. **lovable**	귀여운 자
Amelia	Ger., Lat. **aemulus (hard working)**	노력하는 자
Amy	Old Fr. **Amee (beloved)**	사랑받는 자
Andrea	Gr. **Andrew**의 여성형	여성스러운 자
Angela	Gr. **angelos (messenger of God)**	신의 사자
Anna	Lat., Gr., Eng. **Ann**, Eng., Fr., Ger. **Anne (Hannah)**	우아한 자
Ashley	Eng. **ash grove (장소명)**	물푸레나무 동산
Ava	Lat. **Eva**, Heb. **Eve (living)**	생기찬
Barbara	Gr. **barbarus (foreign)**	이방인
Carol, Charlotte	Ger. **Charles**의 여성형 **(free woman)**	자유녀
Chloe	Gr. **blooming**	만발한 (꽃)
Claire, Clara	Lat. **clarus (famous)**	이름난
Deborah	Heb. **bee**	꿀벌
Dorothy	Gr. **Dorothea (gift of God)**	신의 선물

이름	어원	의미
Elizabeth	Heb. **Elisheba (God is my oath)**	신께 맹세한
Ella	Eng. **Ellen(light)**의 변형	경쾌한 자
Emily	Eng. **Amelia(industrious)**의 변형	근면한 자
Emma	Ger. **ermen (whole)**	건전한 자
Eve, Evelyn	Heb. **life giving**	생명을 주는 자
Grace	Lat. **gratia (grace)**	우아한 자
Hailey	Eng. **hay clearing**	초원
Hannah	Heb. **God favored me**	신이 선택한 자
Harper	Old Eng. **harp player**	하프 연주자
Heather	Middle Eng. **hathir (heather flower)**	황량초 같은
Isabella, Isabel	Lat., Sp. **Elizabeth**의 변형	신께 맹세한
Jennifer	Cornish, Welsh. **Gwenhwyfar (fair-smooth)**	희고 부드러운 (살결의)
Jessica	Heb. **Jesse(God exists)**의 여성형	신의 존재(를 믿는)
Judith	Heb. **Jewish woman**	유대의 여인
Julia	Lat. **Julius(youthful)**의 여성형	발랄한 여인
Kaitlyn	Irish. **Katherline(pure)**의 Irish형	순수한 자
Karen	Danish. **Katherline(pure)**의 Danish형	순수한 자
Katherine	Egyptian. **Aikaterine**, Gr. **Katharos, pure**	순수한 자
Kelly	Irish Gaelic. **Ceallagh (bright headed)**	명석한 자
Kimberly	Eng. **Cyneburgh (royal fortress)**	궁정의 숲
Laura	Lat. **laurus (laurel)**	월계수
Lily	Lat. **lilium (flower)**	백합
Linda	Sp., Ger. **pretty, tender**	예쁜, 부드러운
Lisa	Heb. **Elizabeth(God is my oath)**의 변형	신에 맹세한
Madison	Middle Eng. **Maud(powerful battler)**의 자식	투사의 자식

이름	어원	의미
Margaret	Gr. **Margaron (pearl)**	진주
Maria, Marie, Mary	Lat., Fr., Eng., Heb. **Maryam (seerer)**	여자 예언자
Megan	Welsh. **Margaret (pearl)**	진주
Melissa	Gr. **bee**	꿀벌
Mia	Nordic, Ital. **Maria(seeress)의 변형**	여자 예언자
Michelle	Fr. **Michael의 여성형**	(여자) 천사장
Nancy	medieval Eng., Gr. **Hagnos (holy)의 별칭**	신성한 자
Natalie	Fr., Lat. **Natalia (birthday of Christ)**	구주 탄생일
Nicole	Fr. **Nicholas(victory people)의 여성형**	(여자) 승리자
Olivia	Lat. **oliva (olive tree)**	올리브나무
Patricia	Lat. **Patrick(noble origin)의 여성형**	고귀한 자
Rachel	Heb. **ewe (female sheep)**	암양
Rose, Rosa	Lat. **rose (flower)**	장미
Ruth	Heb. **companion**	반려
Samantha	Gr. **anthos (flower)**	꽃
Sarah	Heb. **princess**	공주
Sharon	Heb. **plain**	평원
Sofia, Sophia	Gr. **wisdom**	지혜
Stephanie	Fr. **Steven(crown)의 여성형**	여왕관
Susan	Eng., Heb. **Shoshana (joyful)**	기쁨에 찬
Teresa	Sp., Ger. **Therizein(harvester)**	추수자
Victoria	Lat. **Victory**	승자

미국인의 '타고난' 이름 (surname)

	성씨	근원	의미
1	Adams	English, Jewish	Adam(인간)의 자손
2	Alexander	Greek	적군을 물리친 자, repulser of enemy
3	Allen	Scottish, English	잘생긴 자
4	Alvarez	Spanish, Portuguese	방위자의 자손, son of Alvaro(all guard)
5	Anderson	Swed, Dan, Norweg, Engl	사내다운 자(의 아들)
6	Bailey	Scottish, French	궁지기
7	Baker	English	빵 장수
8	Barnes	English	광(곳간)지기, barn keeper
9	Bell	Scottish, English	수려한 자
10	Bennett	English	축복받은 자, blessed
11	Black	English, Irish, Scottish	피부가 검은 자, black-skinned
12	Boyd	Scottish	머리털이 금발인 자, blond-hair
13	Brooks	English	시냇가에 사는 사람, stream dweller
14	Brown	English, Scottish, Irish	갈색 피부(머리)
15	Bryant	English	영광스러운 자, honorable
16	Burns	Scottish, English	불탄 집 근처에 사는 자, dweller near the burned house
17	Butler	English	포도주(병) 관리자, wine servant
18	Campbell	Scottish	입이 거친 사람
19	Carter	English	짐꾼, 운송업자
20	Castillo	Spanish, Portuguese	성에 사는 사람, castle dweller
21	Chavez	Spaniah, Portuguese	열쇠장이, key-maker
22	Clark	English, Irish	사무원

성씨		근원	의미
23	Cole	English	피부가 검은 자, charcoal skinned
24	Coleman	English, Irish	목탄(숯)장이, coal burner
25	Collins	Scottish	Nicholas(승자)의 아들
26	Cook	English	요리사
27	Cooper	English	통장이 (만드는 자)
28	Cox	Engl, Fren, Wel, Irish	(배의) 키잡이, coxswain
29	Crawford	English, Gaelic	까마귀가 사는 여울가에 사는 자, dweller near the ford of craws
30	Cruz	Spanish	교차로 근처에 사는 사람, dweller near crosses
31	Daniels	Scottish, English	하느님의 심판을 믿는 자의 아들, son of Daniel(divine judge)
32	Davis	English, Welsh	사랑받는 자(의 아들)
33	Diaz	Spanish, Portuguese	찬탈자의 자손, son of Diego(supplanter)
34	Dixon	Scottish, English	Dick의 아들, son of Richard (strong ruler)
35	Edwards	English	풍요한 수호자(의 아들)
36	Ellis	Welsh, English	descendant of Elias
37	Evans	Welsh	Evan(자비하신 구세주)의 아들
38	Ferguson	Scottish, Irish	노여운 자의 아들, son of Fergus(angry man)
39	Fernandez	Spanish	탐험가의 아들, son of Fernando(adventurer)
40	Fisher	English	어부, fisher man
41	Flores	Spanish	flower(꽃) 같은 자
42	Ford	English	여울목에 사는 자, dweller by the ford
43	Foster	English, French	양자(데려온 자식), foster child
44	Fox	Irish, English	여우 같은 자, fox-like person
45	Freeman	English	자유민, Free-born man

	성씨	근원	의미
46	Garcia	Spanish	창을 잘 다루는 사람(의 아들)
47	Gibson	English	son of Gilbert
48	Gomez	Spanish	사람, son of Gome(man)
49	Gonzales	Spanish	전투사의 아들, son of Gonzalo
50	Gonzalez	Spanish	전투사(의 아들)
51	Gordon	Scottish	넓은 요새 근처에 사는 자, dweller near large fort
52	Graham	English, Scottish	자갈 밭에 사는 자, gravelly homestead
53	Gray	English, Scottish	회색 얼굴(수염), gray faced(haired)
54	Green	English	초원에 사는 사람
55	Griffin	English	영주의 아들, son of Griffith(lord)
56	Gutierrez	Spanish	통치자(의 아들), son of ruler
57	Hall	English	큰 집에 사는 사람
58	Hamilton	English	산등에 사는 자, dweller on flat-topped hill
59	Harris	English, Welsh	가장(의 아들)
60	Harrison	English, German	가장의 아들, son of Harry
61	Hayes	English, Scottish	숲을 개간하는 자, clearer of brush-wood
62	Henderson	English, Scottish	가장의 아들, son of Henry
63	Henry	English, Irish, French	가장, home-ruler
64	Hernandez	Spanish	용감한 항해사(의 아들)
65	Herrera	Spanish, Portuguese	광부, mine worker
66	Hicks	Irish	용감한 지도자의 아들, son of Richard (strong ruler)
67	Hill	English	언덕에 사는 사람
68	Holmes	English	조그만 섬에 사는 자, small islander
69	Howard	English	심장이 강한 자, brave-heart

성씨		근원	의미
70	Hughes	English	다정한 자, soul\intellect
71	Hunt	English	사냥꾼, hunter
72	Hunter	English, Scottish	사냥꾼, pursuer
73	Jackson	English	신의 선물(의 아들)
74	James	English	찬탈자의 아들, son of Jacob(supplanter)
75	Jenkins	English	John의 자손, little John
76	Jimenez	Spanish	들창코
77	Johnson	English, Scottish	신의 선물(의 아들)
78	Jones	English, Welsh	신의 선물(의 아들)
79	Jordan	Hebrew	그리스도의 후예, descendant of Christ
80	Kelly	Irish	투사, descendant of Ceallach(strife)
81	Kennedy	Scottish, English	투구를 쓴 두령, helmeted chief
82	Kim	Korean	고귀한 자, golden family
83	King	English	(부)족장
84	Lee	English, Irish, Korean	숲에 사는 자
85	Lewis	English	이름난 자
86	Long	English	키다리, tall
87	Lopez	Spanish	늑대(의 아들)
88	Marshall	German, Scottish	마구간 일꾼, stable-hand
89	Martin	Eng, Fren, Scott, Irish, Germ	Mars(군신)의 아들
90	Martinez	Spanish	Mars(군신)의 아들
91	Mason	Scottish, English	석공, stone worker
92	McDonald	Scottish	세계의 지배자(의 아들), son of Donald
93	Medina	Spanish	시장 근처에 사는 자, dweller near the market

	성씨	근원	의미
94	Mendoza	Spanish, Italian	추운 산에 사는 사람, dweller in cold mountain
95	Meyer	English, Dutch, German	읍장, mayor
96	Miller	Engl, Scott, Germ, Fren, Ital	방앗간 집
97	Mills	English	방앗간 주인, owner of a mill
98	Mitchell	Scottish, English, Irish	거인
99	Moore	English	황야에 사는 자, 검둥이
100	Morales	Spanish, Portuguese	뽕나무 근처에 사는 자, dweller near mulberry
101	Moreno	Spanish, Italian, Portuguese	머리털이 검은 자, dark-haired
102	Morgan	Welsh	바다에서 태어난 자
103	Morris	English, Irish	가무잡잡한 사람
104	Murphy	Irish	해병의 자손
105	Murray	Scottish, Irish	해변에 사는 자, dweller by the sea
106	Myers	English, German	집사, steward
107	Nelson	Irish	Nell(승리자)의 아들
108	Nguyen	Vietnam	악기
109	Nichols	Greek	민중의 승리자의 자손, son of Nicholas(people's victory)
110	Olson	Scandinavian	조상의 후예, son of Ole(ancestor's descendant)
111	Ortiz	Spanish	행운의 아들, son of Forte(fortune)
112	Owens	Welsh, Gaelic	고귀한 자의 아들, son of noble
113	Palmer	English, French	성지순례를 마친 자, traveler who brought back a palm branch
114	Parker	English	공원지기
115	Patel	Indian, Hindu	촌장(마을의 어른), leader
116	Patterson	Latin, English	고귀한 자의 아들, son of noble man

성씨	근원	의미
117 Perez	Spanish	돌멩이의 아들
118 Perry	Welsh, English	배나무 숲에 사는 자, dweller near pear tree
119 Peterson	English	돌멩이의 아들
120 Phillips	Welsh	Phillip(말의 친구)의 아들
121 Porter	English, French	문지기, door-man
122 Powell	Welsh, English	출중한 자의 아들, son of eminent
123 Price	Welsh	Rhys(용)의 아들, enthusiasm
124 Ramirez	Spanish	현명한 보호자(의 아들)
125 Ramos	Spanish, Portuguese	꽃밭 옆에 사는 자, dweller near flower gardens
126 Raynolds	English, Irish	통치자의 아들, son of Reginald
127 Reed	English	붉은 얼굴(머리)
128 Reyes	Spanish	왕족, king
129 Rice	Welsh, English, German	열렬한 자의 아들, son of Rhys(ardent)
130 Richardson	English	용감한 자(의 아들), son of Richard(braveman)
131 Rivera	Spanish	강가에 사는 사람
132 Roberts	Welsh, German	영명한 자
133 Robertson	Scottish, English	유명한 자의 아들, son of Robert(bright-fame)
134 Robinson	English, Jewish	rabbi(율법사)의 아들
135 Rodriguez	Spanish	이름난 통치자(의 아들)
136 Rogers	English	Roger(창잡이)의 아들
137 Romero	Spanish	로마에서 온 자, from Rome
138 Rose	English, Scottish	장미밭 곁에 사는 자, dwellers near rose-bushes
139 Ross	English, Scottish	머리털이 붉은 자, red-haired

	성씨	근원	의미
140	Ruiz	Spanish	유명한 통치자의 아들, son of Ruy(famous ruler)
141	Russell	English	머리털이 붉은 자, red-haired
142	Ryan	Irish, English	작은 왕의 자손, descendant of Riaghan(little king)
143	Sanchez	Spanish	신성한 자
144	Sanders	Engl, Scott, Germ	방어자의 아들, son of Alexander(defender)
145	Schmidt	German, Danish	대장장이, black-smith
146	Scott	English, Scottish	스코틀랜드 사람
147	Shaw	English, Scottish	수풀 근처에 사는 자, dweller near thicket
148	Simmons	English	튼튼한 보호자, resolute protector
149	Simpson	English, Scottish	신이 들어주신 자의 아들, son of Somon (to hear)
150	Smith	English	대장장이
151	Snyder	Dutch, English	재봉사, tailor
152	Stevens	English	왕자, son of Steven(crown)
153	Stewart	Scottish, English	집사
154	Stone	English	석공, stone-mason
155	Sullivan	Irish	검은 눈동자를 가진 자, dark eyed
156	Taylor	English	재봉사
157	Thomas	English, Welsh	쌍둥이(의 아들)
158	Thompson	English, Scottish	쌍둥이(의 아들)
159	Torres	Spanish, Portuguese	탑 근처에 사는 자
160	Tucker	German, English	옷감을 다듬는 자, cloth-softener
161	Turner	English	기계공
162	Vasquez	Spanish	작은 갈까마귀의 아들, son of Vasco(little raven)

	성씨	근원	의미
163	Wagner	German	마차몰이, wagon driver
164	Walker	English, Scottish	(천을 밟아 다지는) 축융공
165	Wallace	Scottish	Wales에서 온 자, welsh-man
166	Ward	English	보초, guard
167	Warren	English, Irish	공원지기, park-keeper
168	Washington	English	현명한 자들이 사는 동네 옆에 사는 자, dweller near Wassa's(intelligent people) town
169	Watson	English, Scottish	장군의 아들, son of Wat(powerful ruler)
170	Weaver	English	방직공, weaver
171	Webb	English, Scottish	방직공, weaver of cloth
172	Wells	English, Welsh	우물가에 사는 자, dweller by the well
173	West	English	서쪽 지방에 사는 자, westerner
174	White	English, Scottish, Irish	흰둥이
175	Williams	English, Welsh	투구(의 아들)
176	Wilson	English, Scottish	투구(의 아들)
177	Wood	English, Scottish	숲에 사는 자, wood dweller
178	Woods	English, Scottish, Irish	삼림을 가진 자, wood-owner
179	Wright	English	일꾼
180	Young	English, Scottish	젊은이

부록6
그리스와 로마 신들의 대조표

그리스	로마	뜻	관계
Achilles	Achilles	용감한 '반신'	펠레우스와 테티스의 아들
Aeolus	Aeolus	"바람"의 신	헬렌과 바이올리스의 족장의 아들
Aether	Aether	(원시) 빛/"창공"의 신	에레보스와 닉스의 아들
Aphrodite	Venus	미/"정염"의 여신, 금성	제우스와 디오네의 딸, 헤파이스토스의 아내, 에로스의 어머니
Apollon	Phoebus	"태양"/활의 신	제우스와 레토의 아들
Ares	Mars	"전쟁"의 신, 화성	제우스와 헤라의 아들
Artemis	Diana	"달"/사냥의 여신	제우스와 레토의 딸
Asteria	Delos	<떨어지며> 빛나는 별	코이오스와 포이베의 딸
Athena	Minerva	"지혜"/전쟁의 여신	제우스와 메티스의 딸
Atlas	Atlas	"지구력"의 신	<지구를 짊어지게 된> 이아페토스와 클리메네의 아들
Clymene	Asia	"명성"의 요정	오케아노스와 테티스의 딸
Coeus	Polus	"의문"의 신	우라노스와 가이아의 아들
Cronos	Saturnus	"천공"의 신, 토성, 거인족의 일원	레아의 남편, 제우스의 아버지
Demeter	Ceres	"땅"의 여신	크로노스와 레아의 딸, 페르세포네의 어머니
Dionisos	Bacchus	"포도주"의 신	제우스와 세멜레의 아들
Eileithyia	Lucina	"출산"의 여신	제우스와 헤라의 딸
Eirene	Pax	"평화"의 여신	제우스와 테미스의 딸
Eos	Aurora	"새벽"의 여신	히페리온과 테이아의 딸, 헬리오스와 셀레네의 형제·자매
Erebus	Scotus	(원시) "어둠"의 신	"혼돈"의 아들, 닉스의 오빠
Eris	Discordia	"불화"의 여신	닉스가 혼자 낳은 딸
Erinyes	Furiae, Oirae	"복수"의 여신들	타알타루스가 범죄자를 처벌하기 위해 보낸 3명의 자매

그리스	로마	뜻	관계
Eros	Cupid	"사랑"의 신	아레스와 아프로디테의 아들, 프시케의 남편
Gaia	Terra, Tellus	"대지"의 여신	"혼돈"의 딸
Graces	Gratiae	"자비"의 여신	제우스와 에우리노메의 세 딸들
Hades	Pluton	"저승"의 신, (옛)명왕성	크로노스와 레아의 아들, 페르세포네의 남편
Harmonia	Concordia	"조화"의 여신	아레스와 아프로디테의 아들딸
Hebe	Juventas	봄/ "청춘"의 여신	제우스와 헤라의 딸
Helen	Helena	"미녀" (반신)	제우스와 레다의 딸
Helios	Sol, Sola	"태양"의 신	히페리온과 테이아의 아들
Hemera	Dies	"낮"의 여신	에레보스와 닉스의 딸
Hephaestos	Vulcanus	불/"대장간"의 신	제우스와 헤라의 <절름발이> 아들
Hera	Juno	"가정"의 여신	크로노스와 레아의 딸, 제우스의 누이 겸 아내
Heracles	Helacules	헤라의 자랑거리, "장사" (반신)	제우스와 알크메네의 아들
Hermes	Mercurius	"전령"의 신, 수성	제우스와 마이아의 아들
Hestia	Vesta	불/"화로"의 여신	크로노스와 레아의 딸
Hyperion	Sun	(원시) "태양"신	우라노스와 가이아의 아들, 테이아의 남편
Hypnos	Somnus	"잠"의 신	에레보스와 닉스의 아들
Iapetus	Iapetus	"송곳"의 신	우라노스와 가이아의 아들
Iris	Arcus	"무지개"의 여신	바다 신과 구름 요정의 딸
Khaos	Chaos	"혼돈"	신이 나오기 전의 '무질서한 상태'
Leto	Latona	"모성애"의 상징	코이오스와 포이베의 딸, 아폴론과 아르테미스의 어머니
Morpheus	Somnia	"꿈"의 여신	히프노스가 <자위로 만든> 아들
Nemesis	Invidia	"징벌"의 여신	닉스가 혼자 낳은 딸
Nereus	Nereus	"바다"의 노인	폰토스와 가이아의 아들
Nike	Victoria	"승리"의 여신	아테나의 육신

그리스	로마	뜻	관계
Nyx	Nox	(원시) "밤"의 여신	"혼돈"의 딸, 에레보스의 누이
Oceanos	Ocean	<평온한> "바다"의 신	우라노스와 가이아의 아들
Ouranos	Caelus	"하늘"의 신	"혼돈"의 아들
Pandora	Pandora	"악"의 덩어리	<인간을 조정하기 위해> 제우스가 내린 선물
Persephone	Proserpine	"저승"의 여신	제우스와 데메테르의 딸, 하데스의 조카딸 겸 아내
Phobos	Timor	"공포"의 신	아레스와 아프로디테의 아들
Pomona	Pomona	"전원"의 요정	(계절의 신) 베르툼누스의 아내
Pontus	Pontus	(원시) "바다"의 신	아에테르와 가이아의 아들
Poseidon	Neptunus	<거친> "바다"의 신, 해왕성	크로노스와 레아의 아들
Prometheus	Prometheus	<인간과 친했던> "불"의 신	우라노스와 가이아의 아들
Psyche	Psyche	"영혼"	에로스의 아내
Rhea	Cybele, Ops	"동물의 안주인"	크로노스의 누이 겸 아내
Satyr	Faun	숲의 요정	디오니소스의 친구
Selene	Luna	"달"의 여신	히포리온과 테이아의 딸
Tartarus	Tartarus	<괴물들이 사는> "암흑계"의 신	"혼돈"과 가이아의 아들
Thaumas		<포세이돈에게 축출된> "바다"의 신	폰토스와 가이아의 아들
Theia	Dione	(지구와 충동한) "거대항성"	우라노스와 가이아의 딸, 히페리온의 누이 겸 아내
Themis	Justia	"정의"의 여신	우라노스와 가이아의 딸
Thetis	Thetis	"바다"의 요정	네레우스의 50명 딸 중의 하나(Nereids)
Tyche	Fortuna	"행운"의 여신	헤르메스와 아프로디테의 딸
Uranus	Caelus	"하늘의 신"	가이아의 남편 겸 아들
Zeus	Jupiter	"광명", 목성	크로노스와 레아의 아들, 올림피아 왕국의 시조
	Janus	<얼굴이 앞·뒤에 있는> "출입구"의 수호신	<편자는 "창녀"의 수호신이라 부르고 싶으나 Jupiter의 허가를 못 받았음>

운명과 운수 (fate and fortune)

<황도대>

간지	동물	생일
Aries	Ram (숫양)	Mar.21~Apr.19
Taurus	Bull (황소)	Apr.20~May 20
Gemini	Twins (쌍둥이)	May 21~June 20
Cancer	Crab (게)	June 21~July 22
Leo	Lion (사자)	July 23~Aug. 22
Virgo	Virgin (처녀)	Aug.23~Sept. 23
Libra	Scales (천칭)	Sept.24~Oct. 23
Scorpio	Scorpion (전갈)	Oct.24~Nov. 21
Sagittarius	Archer (궁수)	Nov.22~Dec. 21
Capricorn	Goat (염소)	Dec.22~Jan.19
Aquarius	Water Bearer (물병)	Jan.20~Feb.18
Pisces	Fish (물고기)	Feb.19~Mar.20

<탄생석과 탄생화>

달	탄생석 (의미)	탄생화
1	Garnet (지조)	Carnation (카네이션)
2	Amethyst (성실)	Violet (제비꽃)
3	Aquamarine (지혜)	Jonquil (노랑 수선화)
4	Diamond (순진)	Sweet Pea (사향 연리초), Daisy (데이지)
5	Emerald (행복)	Lily of the Valley (은방울꽃)
6	Pearl (부)	Rose (장미)
7	Ruby (자유)	Larkspur (참제비고깔)
8	Peridot (우정)	Gladiolus (붓꽃)
9	Sapphire (진리)	Aster (과꽃)

달	탄생석 (의미)	탄생화
10	**Opal** (희망)	Calendula (금잔화)
11	**Topaz** (충절)	Chrysanthemum (국화)
12	**Turquoise** (성공)	Narcissus (수선화), Holly (호랑가시나무)

<주년식 선물>

연차	선물	연차	선물
1st	Paper (종이제품)	13th	Lace (섬세한 옷)
2nd	Cotton (면직물)	14th	Ivory (상아)
3rd	Leather (가죽제품)	15th	Crystal·Glass (수정·유리제품)
4th	Linen·Silk (아마·비단제품)	20th	China (도자기)
5th	Wood (나무제품)	25th	Silver (은제품)
6th	Iron (철제)	30th	Pearl (진주제품)
7th	Wool·Copper (털·구리제품)	35th	Coral·Jade (산호·보석)
8th	Bronze (청동제품)	40th	Ruby (홍옥제품)
9th	Pottery·China (도기류)	45th	Sapphire (청옥제품)
10th	Tin·Aluminum (주석·알루미늄제품)	50th	Gold (금제품)
11th	Steel (강철제품)	55th	Emerald (취옥제품)
12th	Silk (비단)	60th	Diamond (금강석제품)

부록8-a
공기 (air)

대기권(atmosphere)

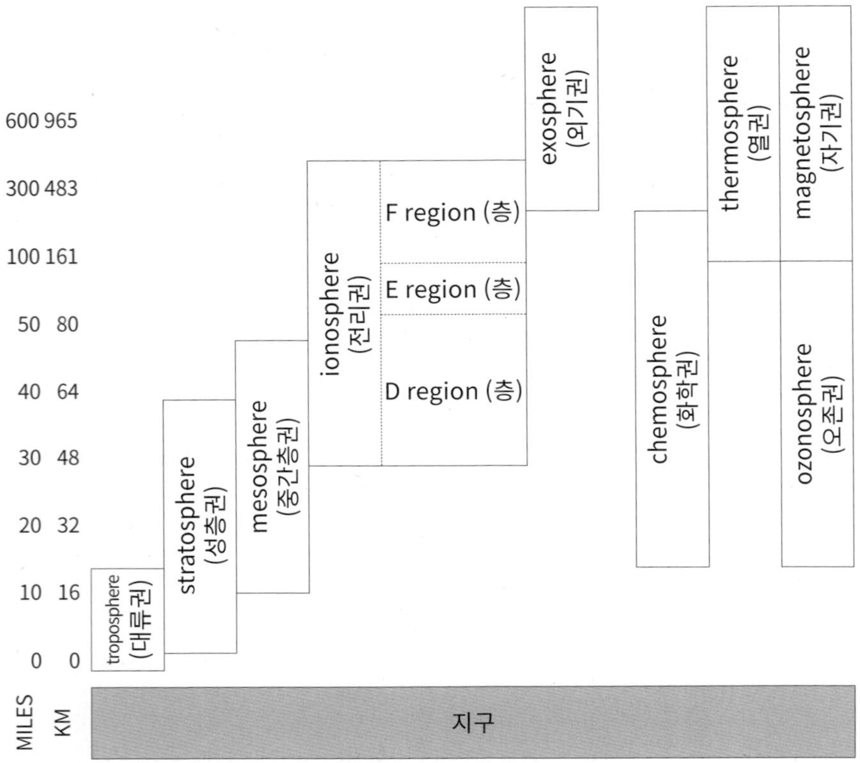

MILES	KM	
600	965	
300	483	
100	161	
50	80	
40	64	
30	48	
20	32	
10	16	
0	0	

- troposphere (대류권)
- stratosphere (성층권)
- mesosphere (중간층권)
- ionosphere (전리권): D region (층), E region (층), F region (층)
- exosphere (외기권)
- chemosphere (화학권)
- thermosphere (열권)
- ozonosphere (오존권)
- magnetosphere (자기권)

지구

<지상으로부터의 거리>

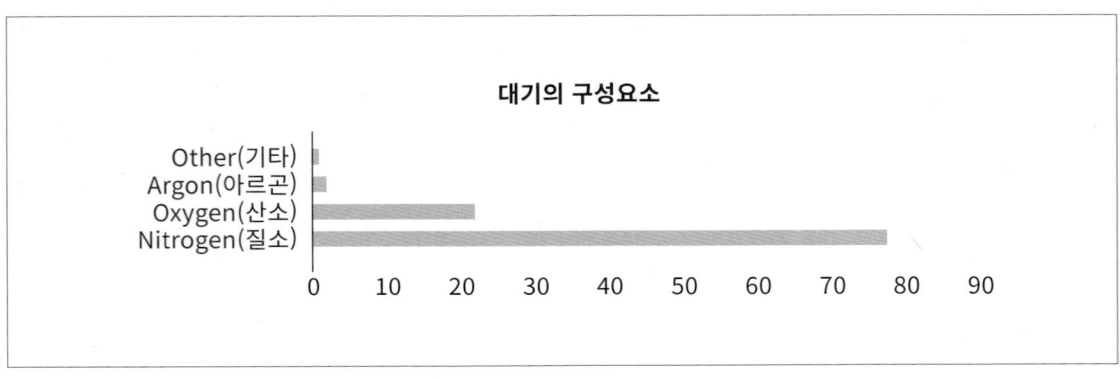

대기의 구성요소
- Nitrogen(질소)
- Oxygen(산소)
- Argon(아르곤)
- Other(기타)

부록8-b
전자 방사선 (electromagnetic radiation)

종류	기원	용도
cosmic rays (우주선)	outer space (외계)	기본 소립자 연구
gamma rays (감마선)	radioactive nuclei (방사능 핵)	항암치료 및 멸균·소독
x-rays (X선)	전자가 금속에 부딪칠 때	의료 진단 및 치료
ultraviolet rays (자외선)	sun and arcs (태양과 방전)	소독, 형광등, 의료
visible rays (가시광)	sun and hot objects (태양과 고열체)	조명 및 사진
infrared rays (적외선)	hot objects (고열체)	방열등, 야간 촬영
radio waves (방사파)	electronic devices (전자 장치)	TV, 라디오, 레이더, 마이크로웨이브

(↑ 파동주파수 (wave frequency), ↓ 파장 (wave length))

부록8-c
소리 (sound)

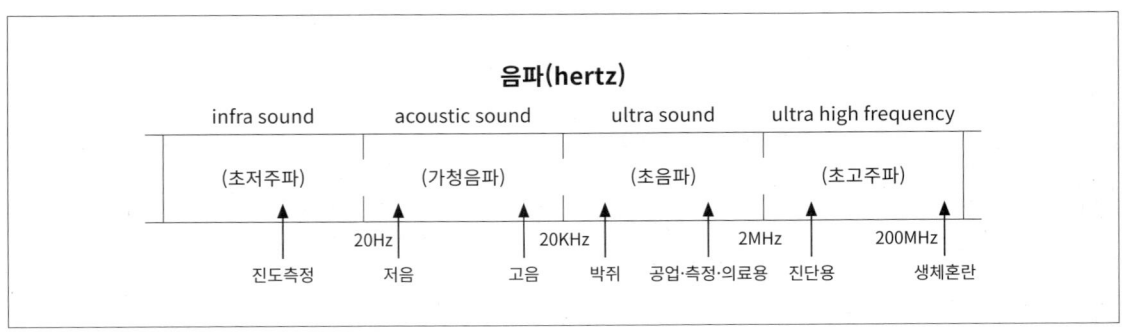

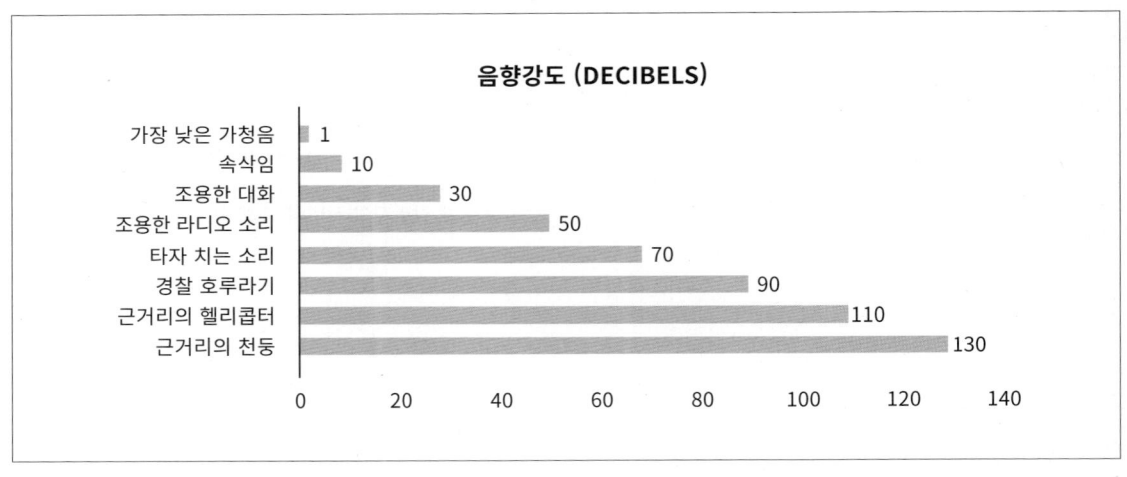

부록9-a
지각의 구성요소

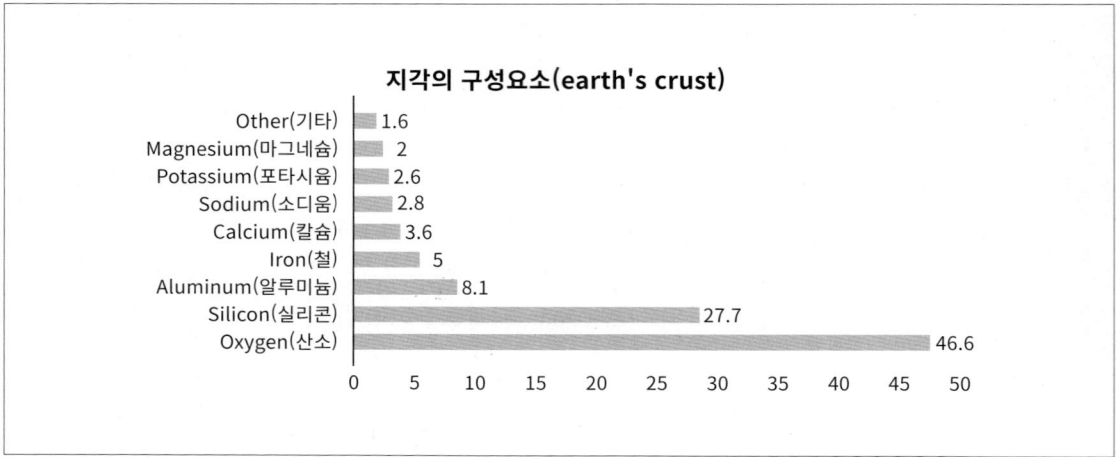

부록9-b
지진의 강도 (Richter scale)

(흔들림의) 규모	(화약과 비교한) 폭발력	영향
0~3		계기로만 측정 가능
3	480Kg	약진(진원지 근처에서만 느낌)
4.5		진원지부터 32km 이내(담이나 유리창에 금이 감)
6	15Kt	진원지부터 32km 이상(담이나 유리창에 금이 감)
7.5		강진(보통 건물이나 파이프 파괴)
8.3		대지진(땅이 심하게 흔들리고 큰 건물이 파괴됨)
8.9	480Mt	초대지진(땅이 넓게 갈라지고 지면이 파괴됨)

지질연대표 (geological time)

aeon (누대)	era (대)	period (기)	epoch (세)	age (백만년) onset (시작)	age (백만년) duration (지속 기간)	bio-world (생물계)
Phanerozoic aeon (현생누대)	Cenozoic era (신생대)	제4기	Holocene epoch (현세/충적세)	0.01	0.01	현대인의 출현
			Pleistocene epoch (홍적세)	2.5	2.49	
		제3기	Pliocene epoch (선신세)	7	4.5	거대 포유류의 멸종
			Miocene epoch (중신세)	26	19	초식성 포유류의 번성과 발전
			Oligocene epoch (점신세)	38	12	코끼리의 출현
			Eocene epoch (시신세)	54	16	말, 무소, 낙타의 선조의 출현
			Paleocene epoch (고신세)	65	11	영장류 출현
	Mesozoic era (중생대)	<영국 남동부의 백악 암반이 형성된> Cretaceous period (백악기)		136	71	속씨식물의 등장
		Jurassic period (화석이 발견된 산이름)		190	54	시조새, 익룡 출현
		Triassic period (삼분기)		230	35	원시 포유류 출현
	Paleozoic era (고생대)	Permian period (이첩기)		280	55	포유류와 유사한 파충류 및 겉씨 식물 등장
		Carboniferous period (석탄기)	(P~의 석탄이 형성된) Pennsylvanian Period		65	원시 파충류 출현, 대형 곤충류
			(M~ 강바닥이 형성된) Mississippian Period	345		
		(영국 D~ 지방에서 화석이 발견된) Devonian Period		395	50	양서류 출현
		(영국 S~ 지방에서 화석이 발견된) Silurian Period		430	35	육상 식물 및 폐어류 출현
		(영국 겔트족의 이름을 딴) Ordovician Period		500	70	필석류 번성, 갑주어 등장
		(영국 Wales 지방에서 화석이 발견된) Cambrian Period		570	70	삼엽충 출현
Cryptozoic aeon (은생누대)	Precambrian (선캄브리아대) Proterozoic era (원생대)			2500	1930	연질 무척추동물 및 해조류 출현
	Archeozoic era (시생대)			3800	2100	단세포 생물 등장 물의 생성

부록9-d
태양계의 행성

	태양으로부터의 거리 (단위 백만 km)	공전주기	자전주기	직경 (단위 km)	위성수
① Mercury (수성)	57.9	87.97 지구일	58.65 지구일	4,880	0
② Venus (금성)	108.2	224.7 지구일	243.01 지구일	12,100	0
③ Earth (지구)	149.6	1 지구(365일)년	24 시간	12,760	1
④ Mars (화성)	227.9	1.88 지구년	24.62 시간	6,790	2
⑤ Jupiter (목성)	778.3	11.86 지구년	9.92 시간	142,980	28
⑥ Saturn (토성)	1,429.4	29.46 지구년	10.66 시간	120,540	30
⑦ Uranus (천왕성)	2,871.0	84.01 지구년	17.24 시간	51,120	21
⑧ Naptune (해왕성)	4,504.3	164.79 지구년	16.11 시간	49,530	8
※ ⑨ Pluto (명왕성)	5,913.5	248.59 지구년	6.39 지구일	2,270	1
⑩ Sun (태양)	0	약 250 million 지구년 (은하 기준)	(25.6~33.5) 지구일	1.39 million	(8)

※ 너무 적고 변화가 많아 2006년 태양계에서 퇴출되었음

인체 부위의 명칭

라틴어	영어	한국어 (한문)
abdomen	abdomen	배 (복-腹)
acromion	shoulder	어깨 (견-肩)
anus	anus (ass)	똥구멍 (항문-肛門)
auris	ear	귀 (이-耳)
axilla	arm·pit	겨드랑 (액와-腋窩)
brachium	arm	팔 (박-膊)
bucca	cheek	뺨 (협-頰)
calcaneus	heel	발꿈치 (종-踵)
capillus	\<head\>hair	\<머리\>털 (두발-頭髮)
carpus	wrist	손목 (완-腕)
cephalon	head	머리 (두-頭)
cervicis	neck	목 (경-頸)
costa	rib	갈비뼈 (늑골-肋骨)
cranium	skull	머리뼈 (두골-頭骨)
crus	leg	다리 (각-脚)
dens	tooth	이\<빨\> (치아-齒牙)
dermis	skin	살갗 (피부-皮膚)
digits	fingers	손가락 (수지-手指)
dorsum	back	등 (배-背)
facies	face	얼굴 (안면-顔面)
facium	throat	목구멍 (인후-咽喉)
femur	thigh	넓적다리 (퇴-腿)
frons	fore head	이마 (액-額)
genu	knee	무릎 (슬-膝)
gingiva	gum	잇몸 (치주-齒周)
gluteus	buttock	볼기 (둔-臀)
hallux	great toe	엄지 발가락 (무-拇)
linguen	groin	고샅, 사타구니 (고간-股間)
lumbus	loin	허리 (요-腰)
mamma	breast	젖 (유방-乳房)
manus	hand	손 (수-手)
mentis	chin	턱 (하악-下顎)
nares	nostril	콧구멍 (비공-鼻孔)
nasus	nose	코 (비-鼻)
oculus	eye	눈 (안-眼)
olecranon	back of elbow	팔꿈치 (주-肘)
oris	mouth	입 (구-口)
patella	knee·cap	무릎뼈 (슬골-膝骨)
pelvis	pelvis	'동이뼈' (골반-骨盤)
penis	cock (penis)	자지·좆 (남근-男根·음경-陰莖)
pes	foot	발 (족-足)
phalanges	toes	발가락 (\<족-足\>지-趾)

라틴어	영어	한국어 (한문)
planta	sole	발바닥 (척-蹠)
polles	palm	손바닥 (장-掌)
popliteus	back of knee	오금 (슬와-膝窩)
pubis	pubis	불두덩 (음부-陰部)
sacrum	sacrum	엉치뼈 (천골-薦骨)
spina	spine	등뼈 (척추-脊椎)
sura	calf	장딴지 (비-腓)

라틴어	영어	한국어 (한문)
tarsus	ankle	발목 (족관절-足關節)
testicle	balls (testis)	불알(음낭-陰囊)
thorax	chest	가슴 (흉-胸)
umbilicus	navel	배꼽 (제-臍)
unguis	nail	<손>발톱 (조-爪)
vagina	vagina	씹주름<구멍> (질-膣)
vulva	cunt (vulva)	씨 입ㆍ보 지 (음문-陰門)

부록10-b
인체의 구성요소

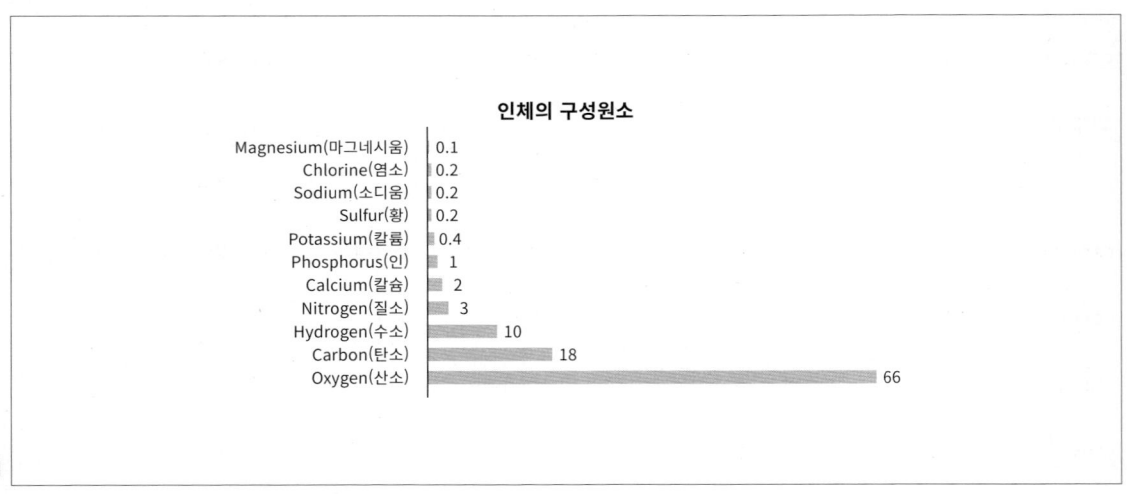

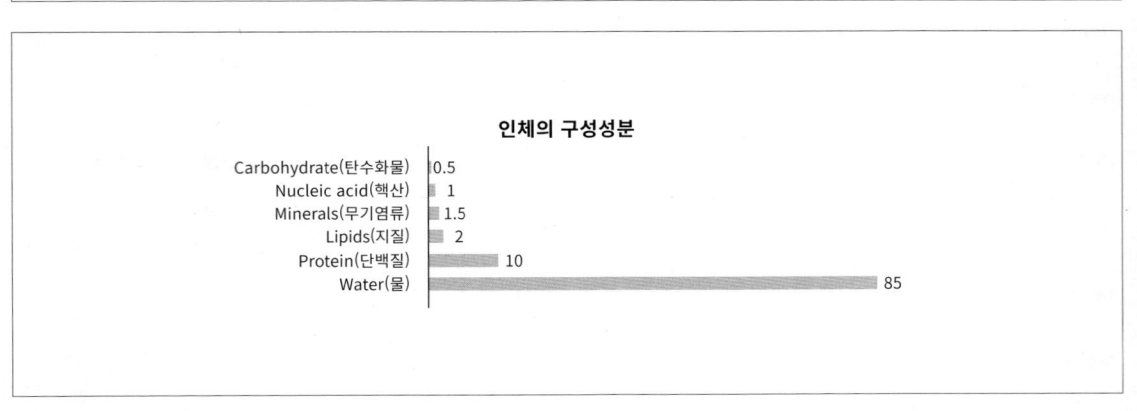

부록11
세계의 인구 추세(world population projection)

2020 UN report

나라	인구(millions)			순서		
	2020	2050	2100	2020	2050	2100
China	1,424	1,317	771	1	2	2
India	1,390	1,668	1,533	2	1	1
United States	336	375	394	3	3	6
Indonesia	271	317	297	4	6	8
Pakistan	225	366	487	5	5	4
Brazil	212	231	185	6	7	11
Nigeria	206	375	546	7	4	3
Bangladesh	166	204	177	8	10	13
Russian Federation	146	133	112	9	14	20
Mexico	126	144	116	10	13	18
Japan	126	104	74	11	17	33
Ethiopia	115	213	323	12	9	7
Philippines	111	157	180	13	12	12
Egypt	106	160	205	14	12	10
Democratic Republic of the Congo	91	215	431	16	8	5
Tanzania	61	129	244	24	15	9
Niger	24	66	166	56	24	14
(South) Korea	51.8	46.8	29.5			
World	7,805	9,687	10,335			

〈순서로 본〉 세계 대도시의 인구 추세 (big city population projection)

<pop: millions>

순서	도시	2025	도시	2050	도시	2075	도시	2100
1	Tokyo	36.40	Mumbai	42.40	Kinshasa	58.42	Lagos	88.30
2	Mumbai	26.39	Delhi	36.16	Mumbai	57.86	Kinshasa	83.53
3	Delhi	22.50	Dhaka	35.19	Lagos	57.20	Dar es Salaam	73.68
4	Dhaka	22.02	Kinshasa	35.00	Delhi	49.34	Mumbai	67.24
5	São Paulo	21.43	Kolkata	33.04	Dhaka	46.22	Delhi	57.33
6	Mexico City	21.01	Lagos	32.63	Kolkata	45.09	Khartoum	56.59
7	New York City	20.63	Tokyo	32.62	Karachi	43.37	Niamey	56.15
8	Kolkata	20.56	Karachi	31.70	Dar es Salaam	37.49	Dhaka	54.25
9	Shanghai	19.41	New York City	24.77	Cairo	33.00	Kolkata	52.40
10	Karachi	19.10	Mexico City	24.33	Manila	32.75	Kabul	50.30
11	Kinshasa	16.76	Cairo	24.03	Kabul	32.67	Karachi	49.06
12	Lagos	15.80	Manila	23.55	Khartoum	30.68	Nairobi	46.66
13	Cairo	15.56	São Paulo	22.82	Tokyo	28.92	Lilongwe	41.38
14	Manila	14.81	Shanghai	21.32	Nairobi	28.42	Blantyre	40.91
15	Beijing	14.55	Lahore	17.45	New York City	27.92	Cairo	40.54
16	Buenos Aires	13.77	Kabul	17.09	Baghdad	24.39	Kampala	40.14
17	Los Angeles	13.67	Los Angeles	16.42	Mexico City	24.18	Manila	39.96
18	Rio de Janeiro	13.41	Chennai	16.28	Lahore	23.88	Lusaka	37.74
19	Jakarta	12.36	Khartoum	16.00	Addis Ababa	23.81	Mogadishu	36.37
20	Istanbul	12.10	Dar es Salaam	15.97	Chennai	22.21	Addis Ababa	35.82
21	Guangzhou	11.84	Beijing	15.97	Bengaluru	21.31	Baghdad	34.10
22	Osaka-Kobe	11.37	Jakarta	15.92	São Paulo	21.28	New York City	30.19
23	Moscow	10.53	Bengaluru	15.62	Shanghai	21.05	N'Djamena	28.81
24	Lahore	11.37	Buenos Aires	15.55	Niamey	20.37	Kano	28.28
25	Shenzhen	10.20	Baghdad	15.09	Kampala	20.23	Sana'a	27.21
26	Chennai	10.13	Hyderabad	14.61	Hyderabad	19.94	Lahore	27.05
27	Paris	10.04	Luanda	14.30	Luanda	19.65	Chennai	25.81
28	Chicago	9.93	Rio de Janeiro	14.29	Los Angeles	18.51	Tokyo	25.63
29	Tehran	9.81	Nairobi	14.25	Kano	17.69	Bengaluru	24.77
30	Seoul	9.74	Istanbul	14.18	Jakarta	17.55	Ibadan	23.68

부록13-a
세계인의 종교 분포

2024

종교	인구(%) 〈단위:백만 명〉
nonreligious (무종교)	892 (11.0)
agnostics (불가지론자)	747 (9.2)
atheists (무신론자)	145 (1.8)
all religious adherents (전체 신앙인)	7,217 (89)
christians (기독교)	2,612 (32.2)
catholics (가톨릭)	1,273 (15.7)
protestants (개신교)	616 (7.6)
independents (독립교회)	416 (5.1)
orthodox (정교회)	299 (3.7)
muslims (이슬람교)	2,036 (25.1)
sunnis (수니파)	1,816 (22.4)
shiites (시아파)	203 (2.5)
hindus (힌두교)	1,088 (13.4)
buddhists (불교)	559 (6.9)
chinese folk religionists (중국 민속신앙)	486 (6.0)
ethnic religionists (민족신앙)	274 (3.4)
new religionists (신흥종교)	65 (0.8)
sikhs (시크교)	29 (0.4)
spiritists (심령론자)	15 (0.2)
jews (유대교)	15 (0.2)
taoists (도교)	10 (0.1)
baha'is (바하이교)	9 (0.1)
confucianists (유교)	9 (0.1)
jains (자이나교)	7 (0.1)
shintoists (신도교)	3
zoroastrians (조로아스터교)	0.2

부록13-b
미국인의 종교 분포

2024

순서	제휴	비율	인구
1	christians (기독교)	72.8%	245,189,000
2	agnostics (불가지론자)	17.5%	58,776,000
3	atheists (무신론자)	3.3%	11,226,000
4	jews (유대교)	1.6%	5,535,000
5	muslims (이슬람교)	1.5%	5,108,000
6	buddhists (불교)	1.3%	4,539,000
7	new religionists (신흥종교)	0.5%	1,791,000
8	hindus (힌두교)	0.5%	1,719,000
9	ethnic religionists (민족신앙)	0.3%	1,153,000
10	Baha'is	0.2%	595,000
11	sikhs (시크교)	0.1%	419,000
12	spiritists (심령론자)	0.1%	261,000
13	chinese folk religionists (중국 민속신앙)		118,000
14	jains (자이나교)		109,000
15	shintoists (신도교)		68,800
16	zoroastrians (조로아스터교)		18,300
17	taoists (도교)		13,000

세계의 주요 언어(principal languages)

2024

언어	인구(mil)	언어	인구(mil)	언어	인구(mil)
Chinese	1,346	Turkish	84	Italian	65
Spanish	485	Marathi	83	Gujarati	57
English	380	Telugu	83	Pashto	54
Arabic	373	Malay	82	Bhojpuri	52
Hindi	345	Korean	82	Hausa	52
Portuguese	236	French	81	Yoruba	44
Bengali	234	Tamil	79	Kannada	44
Russian	147	German	75	Indonesian	44
Japanese	123	Urdu	71	Polish	40
Lahnda	103	Javanese	68	Oromo	37
Vietnamese	85	Persian	68	Odia	37

부록14-b
세계의 어족(language family)

단위: million

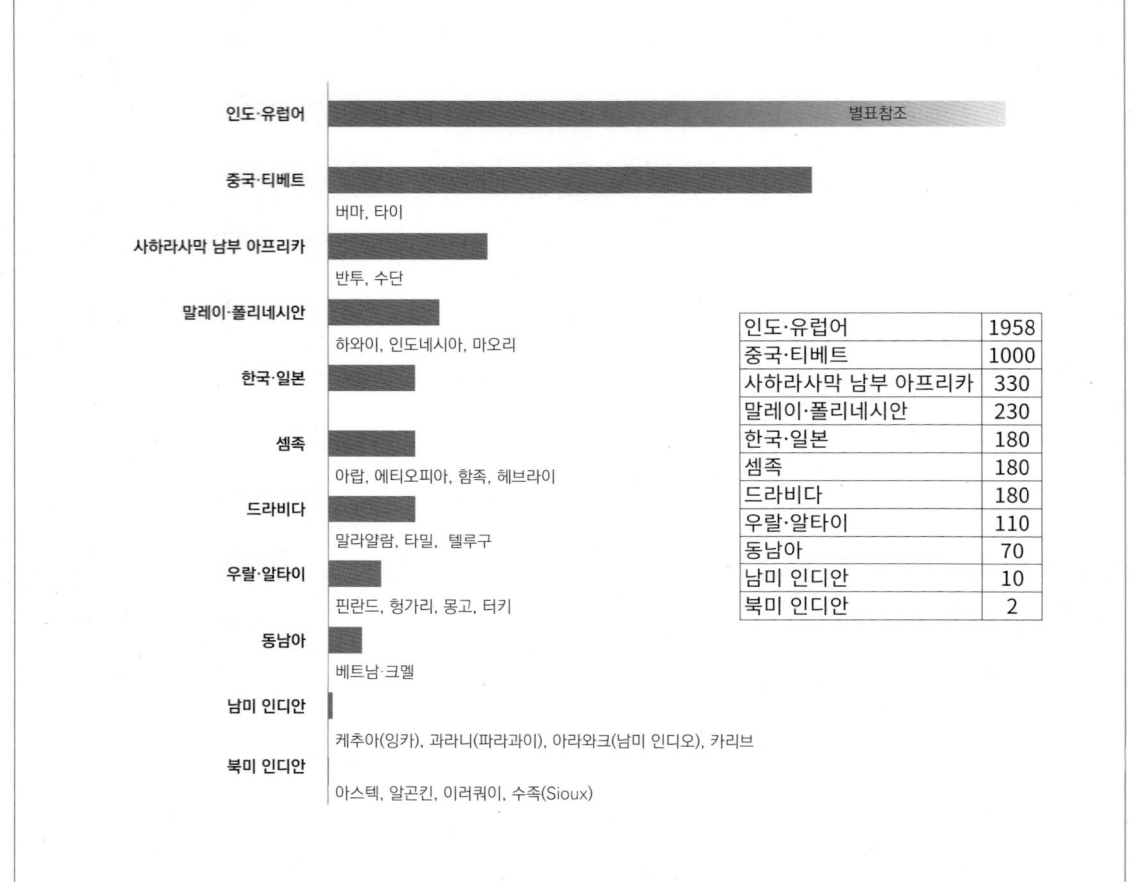

부록14-c
인도·유럽어

단위: 100 million

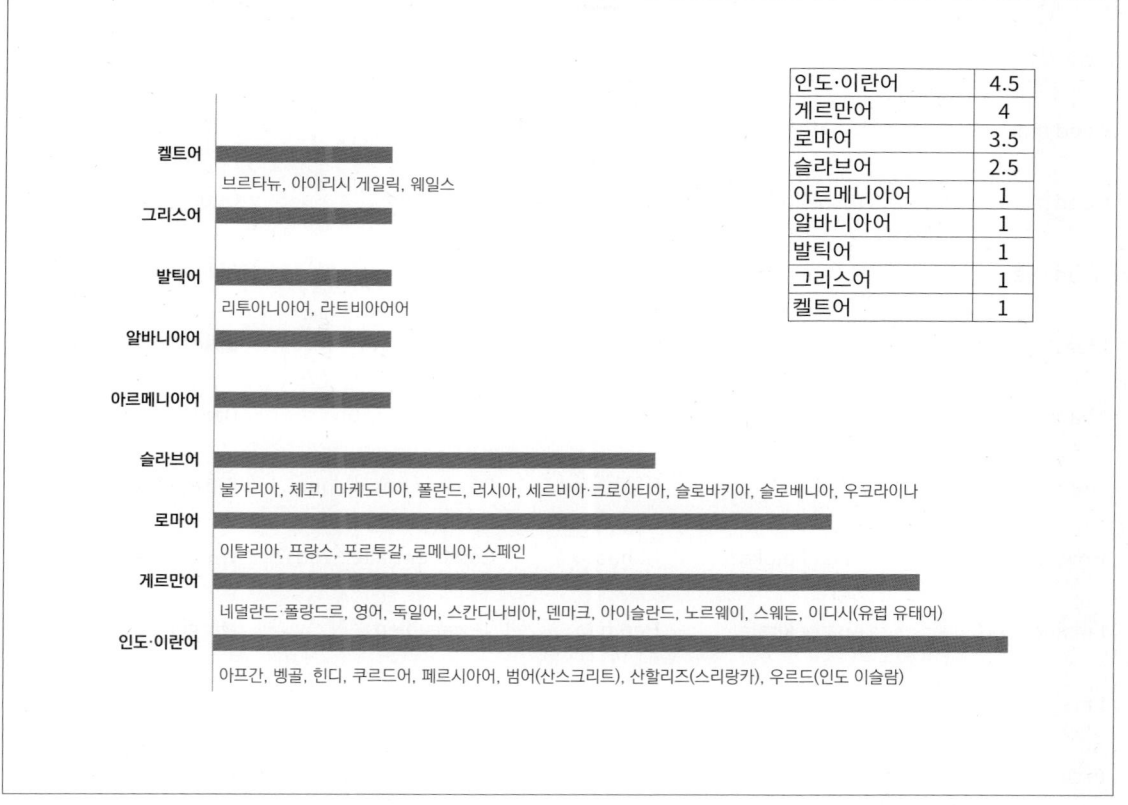

인도·이란어	4.5
게르만어	4
로마어	3.5
슬라브어	2.5
아르메니아어	1
알바니아어	1
발틱어	1
그리스어	1
켈트어	1

부록14-d
순서로 본 오래된 언어들

1. Egptian: 약 4,700년
2. Sanskrit: 약 3,500년
3. Greek: 약 3,500년
4. Chinese: 약 3,300년
5. Aramaic: 약 3,100년
6. Hebrev: 약 3,000년
7. Farsi: 약 2,500년
8. Tamil: 약 2,300년
9. Korean: 약 2,100년
10. Italian: 약 1,900년

부록14-e
각국의 일상언어

English	Arabic	Chinese	French	German
Hello	Salam	Ni hao	Bonjour	Hallo
Good morning	Sabah el kheer	Zao shang hao	Bonjour	Guten Morgen
Good night	Tosbeho 'ala khair	Wan an	Bonne nuit	Gute Nacht
Good bye	Ma'a salama	Zai jian	Au revoir	Auf wiedersehen
Please	Men fadlek	Qing	S'il vous plaît	Bitte
Thank you very much	Shokran jazeelan	Xie xie	Merci beaucoup	Danke schön
You're welcome	Al' afw	Huan ying	De rien/ pas de quoi	Bitte schön
How are you?	Kaifa haloka?	Ni hao?	Comment allez-vous?	Wie geht's dir/Ihnen?
I'm fine	Ana bekhair	Hen hao	Je vais bien	Mir geht's gut
I'm sorry	Aasef	Bao qian	Je suis désolé	Entschuldigung
Excuse me	Alma'derah	Bao qian	Pardon	Darf ich mal vorbei?
I love you	ana ahibuk	wo ai ni	je taime	ich liebe dich
yes	na'am	shi [it is so]	oui	ja
no	laa	bu [not]	non	nein
one	wahed	yi	un	eins
two	ithnaan	er	deux	zwei
three	thalatha	san	trois	drei
four	arba'a	si	quatre	vier
five	khamsa	wu	cinq	fünf

Hebrew	Japanese	Korean	Russian	Spanish
Shalom	Konnichiwa	ann yeong ha se yo	Privet (informal)	Hola
Boker tov	ohayo	jal ju mu sot na yo	Dobraye utra	Buenos dias
Layla tov	oyasuminasai	jal ju mu se yo	Spakoynay noci	Buenas noches
Lehitraot	sayonara	an nyeong	Da svidan'ya	Adiós
Bevakasha	onegai shimasu	bu dhi	Pazhalusta	Por favor
Toda raba	arigato	go map seum ni da (gam sa hab ni da)	Spasiba	Muchas gracias
Bevankasha	yokoso	hwan young	Pazhalusta	De nada
Ma shelomkha?	genki desuka	u ttu seyo	Kak dela?	¿Cómo estás?
Tov	watashiwa genki	guen chan seup ni da	Harasho	Estoy bien
Ani mamash mistaer	gomen nasai	mi an hab ni da	Prastite	Lo siento
Selikha	moushiwake arimasen	mi an hae yo	Izvinite	Perdone
ani ohev otakh (otkha)	ai shitero yo	sa rang hae yo	ya lyublyu tebya	te amo
ken	hai	neah	da	si
lo	없음 (iie)	a ni yo	nyet	no
ekhad	ichi	ha na	adin	uno
shenayim	ni	dhul	dva	dos
shelosha	san	sehtt	tri	tres
arbaa	shi	nehtt	chityri	cuatro
khamisha	go	da seot	p'at	cinco

의류 크기의 대조표

부록15

남자 정장 및 외투

일반	XXS	XS	S	M	L	XL	XXL	XXXL
한국	80	85	90	95	100	105	110	115
미국·영국	32	34	36	38	40	42	44	46

여성 정장 및 상의

일반	XS	S	M	L	XL	XXL
한국	44	55	66	77	88	110
미국	2	4	6	8	10	12
영국	4-6	8-10	10-12	16-18	20-22	

남자 셔츠

일반	XS	S	M	L	XL	XXL
한국	85	90-95	100-105	110-115	120	125
미국·영국	14	14.5-15	15.5-16	16.5-17	17	18

젖덮개(Bra) 크기

① 젖띠(Band): 밑가슴둘레   ② 젖통(Cup): 윗가슴둘레-밑가슴둘레

한국·일본 (Cm)	미국·영국 (Inches)
60	28
65	30
70	32
75	34
80	36
85	38
90	40

한국·일본 (Cm)	일반	미국·영국 (Inches)
10	A	5
12.5	B	6
15	C	7
17.5	D	8
20	E	9

<뽕을 쓰면 F G H ----로 막 올라갑니다>

남자 신발

한국	240	245	250	255	260	265	275	285	295	300
미국	6	6.5	7	7.5	8	8.5	9.5	10.5	11.5	12
영국	5.5	6	6.5	7	7.5	8	9	10	11	11.5
유럽	37	38	39	40	41	42	43	44	45	46

여자 신발

한국	220	225	230	235	240	245	250	255
미국	5	5.5	6	6.5	7	7.5	8	8.5
영국	2.5	3	3.5	4	4.5	5	5.5	6
유럽	35	35.5	36	37	37.5	38	38.5	40

아동 신발

한국	110	127	144	160	178	195
미국	4	6	8	10	12	13.5
영국	3	5	7	9	11	13
유럽	19	22	24	27	28	31.5

※ 위의 대조표는 국제적으로 공인된 것이 아닙니다.

차 바퀴 압력

Air pressure in automobile tires is expressed in kilopascals. Multiply pound-force per square inch(psi) by 6.89 to find kilopascals(kPa).

24psi=165kPa   28psi=193kPa
26psi=179kPa   30psi=207kPa

〈국제〉 도량형 환산표 (metric conversion table)

길이

1 millimeter (mm)		=0.0394 in
1 centimeter (cm)	=10 mm	=0.3937 in
1 meter (m)	=100 cm	**=1.0936 yd**
1 Kilometer (km)	=1000 m	=0.6214 mi
1 inch (in)		**=25.4 mm**
1 foot (ft)	=12 in	=0.3048 m
1 yard (yd)	=3 ft	=0.9144 m
1 mile (mi)	=1760 yd	**=1.6093 km**

면적

1 sq cm (cm²)	=100 mm²	=0.1550 in²
1 sq meter (m²)	=10,000 cm²	**=1.1960 yd²**
1 hectare (ha)	=10,000 m²	=2.4711 acres
1 sq km (km²)	=100 ha	=0.3861 mi²
1 sq inch (in²)		**=645.16 mm²**
1 sq yard (yd²)	=9 ft²	=0.8361 m²
1 acre (ac)	=4840 yd²	**=4046.86 m²**
1 sq mile (mi²)	=640 acres	=2.59 km²

속도

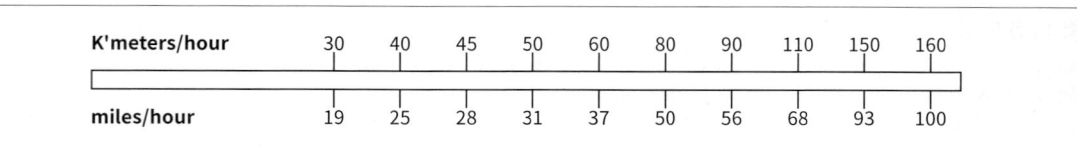

온도

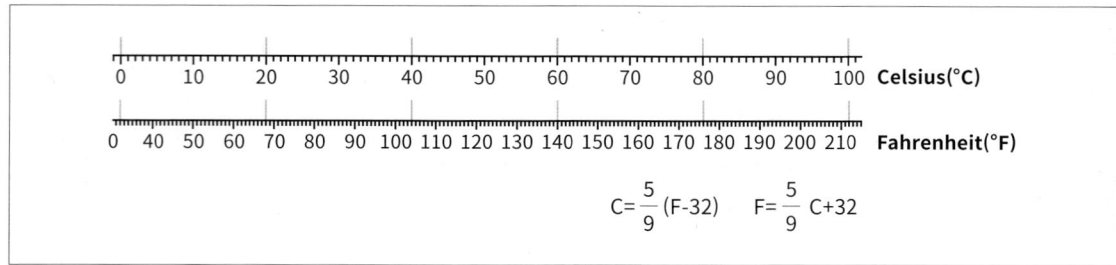

$$C = \frac{5}{9}(F-32) \quad F = \frac{5}{9}C + 32$$

부피

1 cu cm (cm³)		=0.0610 in³
1 cu decimeter (dm³)	=1000 cm³	=0.0353 ft³
1 cu meter (m³)	=1000 dm³	=1.3080 yd³
1 liter (l)	=1 dm³	**=0.2642 US gal**
1 liter (l)		=0.2200 lmp gal
1 hectoliter (hl)	=100 l	=2.8378 US bu
1 cu foot (ft³)		=0.0283 m³
1 cu yard (yd³)	=27 ft³	**=0.7646 m³**
1 US dry pint (pt)	=0.9689 lmp pt	=0.5506 l
1 US bushel (bu)	=64 US dry pints	=35.239 l
1 US liquid pint (pt)	=0.8327 lmp pt	=0.4732 l
1 US gallon (gal)	=8 US liquid pints	**=3.7854 l**

무게

1 gram (g)	=1000 mg	=0.0353 oz
1 Kilogram (kg)	=1000 g	**=2.22046 lb**
1 ton/tonne (t)	=1000 kg	=1.1023 short tones
1 ton/tonne (t)		=0.9842 long ton
1 ounce (oz)	=437.5 grains	=28.350 g
1 Pound (lb)	=16 oz	**=0.4536 kg**
1 short cwt	=100 lb	=45.359 kg
1 long cwt	=112 lb	=50.802 kg
1 short ton	**=2000 lb**	=0.9072 t
1 long ton	=2240 lb	=1.0161 t

Note: cu=cubic, sq=square, cwt=hundred weight, lmp=british Imperial

부록16-b
〈한·미〉 도량형 환산표

길이	자(척) 〈ja, chok〉	간 (gan)	정 (jung)	리 (ri)	m	inch	feet	yard	mile
1자	1	0.1667	0.0028	0.00008	0.303	11.93	0.099	0.3314	0.0002
1간	6	1	0.0167	0.0005	1.818	71.582	5965	1.9884	0.0011
1정	360	60	1	0.078	109.091	4294.9	357.91	119.304	0.0678
1리	12,960	2,160	36	1	3,927.27	154,619	12,885	4295	2.4403
1미터	3.3	0.55	0.009	0.00025	1	39.7	3.28	1.0936	0.0006
1인치	0.084	0.014	0.0002	0.000006	0.0254	1	0.083	0.0278	0.000016
1피트	1.006	0.1676	0.0028	0.000078	0.3048	12	1	0.333	0.0002
1야드	3.175	0.503	0.0083	0.0002	0.9144	36	3	1	0.0006
1마일	5310.8	885.12	14.752	0.4098	1609.30	63360	5280	1760	1

면적	평방자 (pyung bang ja)	평 (pyung)	단보 (dan bo)	m^2	ft^2	yd^2	ac
1평방자	1	0.028	0.00009	0.09	0.988	0.11	0.00002
1평	36	1	0.00333	3.30	35.583	3.95	0.0008
1단보	10,800	300	1	991.74	10,674.9	1,186.1	0.245
1평방미터	10.89	0.303	0.001	1	10,764	1.196	0.00024
1평방피트	1,012	0.028	0.00009	0.093	1	0.111	0.00002
1평방야드	9,106	0.253	0.00084	0.836	9	1	0.0002
1에이커	44,071	1,224	4.08	4,050	43,560	4,840	1

부피	홉 (hob)	되 (doe)	말 (mal)	m³	ℓ	in³	ft³	yd³	g
홉	1	0.1	0.01	0.00018	0.18	11	0.0066	0.00023	0.047
1되	10	1	0.1	0.0018	1.8	110	0.66	0.0023	0.47
1말	100	10	1	0.018	18	1100	0.6	0.023	4.7
1입방미터	5544	554.5	55.45	1	1000	61027	35.3	1.308	264
1리터	5.54	0.554	0.055	0.001	1	61.027	0.035	0.13	0.264
1입방인치	0.09	0.009	0.001	0.0001	0.017	1	0.0006	0.00002	0.004
1입방피트	157	15.7	1.57	0.028	28.3	1728	1	0.037	7.48
1입방야드	4238	423.8	42.38	0.765	764.5	46656	27	1	202
1갈론	30	3	0.3	0.004	3.79	231	0.164	0.005	1

무게	돈 (don)	근 (geun)	관 (kwan)	gr	t	grain	once	pound
1돈	1	0.006	0.001	3.75	0.000004	57.87	0.13	0.0083
1근	160	1	0.16	600	0.0006	9,260	21.2	1.32
1관	1000	6.25	1	3750	0.00375	57,872	132	8.267
1그램	0.267	0.0017	0.0003	1	0.000001	15.432	0.035	0.0022
1톤	266,666	1667	267	1,000,000	1	65,000	35,273	2,205
1그레인	0.017	0.001	0.00002	0.065	0.000000065	1	0.002	0.00014
1온스	7.56	0.047	0.0076	28.35	0.000028	437.4	1	0.0625
1파운드	130	0.756	0.12	453.6	0.00045	7,000	16	1

부록16-c
<한·미> 고단위 숫자 대조표

	한국	미국
10^4	만	ten thousand
10^6	백만	million
10^7	천만	ten million
10^8	억	hundred million
10^{49}	10억	billion
10^{12}	조	trillion
10^{15}	백조	quadrillion
10^{16}	경	ten quadrillion
10^{18}	백경	quintillon

부록17-a
구두점 (punctuation marks)

	marks	English	Korean
1	.	period(full stop)	마침표
2	?	question mark	물음표
3	!	exclamation mark	느낌표
4	,	comma	쉼표
5	;	semicolon	쌍반점
6	:	colon	쌍점
7	—	dash	줄표
8	-	hyphen	붙임표
9	·	mid-dot (inter punct)	가운뎃점
10	'	apostrophe	생략·소유부호
11	/	slash, slant	빗금
12	\	back-slash	역빗금
13	…	ellipsis	줄임표
14	~	swung dash, tilde	물결표
15	( )	parentheses (round bracket)	소괄호
16	[ ]	brackets	대괄호
17	{ }	braces	중괄호
18	' '	single quotation marks	작은 따옴표
19	" "	double quotation marks	큰따옴표
20	「 」	corner brackets	낫표
21	『 』	double corner brackets	겹낫표
22	〈 〉	angle brackets	홑화살 괄호
23	《 》	double angle brackets	겹화살 괄호

부호 문자(character symbol)

	symbol	English	Korean		symbol	English	Korean
1	○, ×	hide	숨김표	19	∞	infinity	무한대
2	□	skip	빠짐표	20	/	fraction	분수
3	&	ampersand	그리고	21	=	equal	같은
4	@	at sign	골뱅이표	22	〉	more than	더 많은
5	©	copy·right	저작권	23	〈	less than	더 적은
6	®	registered	등록상표	24	∴	hence	그러므로
7	´	acute accent	예음	25	∵	since	왜냐하면
8	`	grave accent	억음	26	¨	umlaut	모음변이
9	★	asterisk	별표	27	♀	female	암컷
10	·	bullet	큰점	28	♂	male	수컷
11	^	caret, circumflex	삽입기호, 곡절강조	29	⚲	neuter	중성
12	†	dagger	칼표	30	§	section	항
13	°	degree	도	31	¶	paragraph	절
14	"	ditto	같음표	32	‽	interrobang	'어찌꾸리?!'
15	◇	diamond	마름모	33	+	plus	더하기
16	※	reference	참고표	34	−	minus	빼기
17	%	percent	백분율	35	×	multiplication	곱하기
18	#	hash tag	우물정자	36	÷	division	나누기

전산망 약자(internet abbreviation)

ABEND: abnormal end of task, 작업의 비정상 종료

ACK: acknowledged, 알았어

ADN: any day now, 언제나

AF: as fuck, 아주, 매우

AFAIK: as far as I know, 내가 아는 한

AFAIR: as far as i remember, 내가 기억하기로는

AFK: away from keyboard, 자판을 떠났어

aggy: agitated, aggravated, 짜증 나, 속상해

AMA: ask me anything, 뭐든지 물어봐

ARD: all right, okay, 됐어

ASAP: as soon as possible, 가능한 한 빨리

ASDF: angry·sullen·depressed·frustrated, 아더메치

ASL: age·sex·location, 나이·성별·장소

ATB: all the best, 행운을 빕니다

ATM: at the moment, 바로 지금

b/c: because, 때문에

b/w: between, 사이에

BAE: before anyone·else, 누구보다 먼저, '애인'

BAK: back at keyboard, 임무재개

bbfn: bye-bye for now, '나중에'

BBIAB: be back in a bit, 금방 돌아올게

BBL: be back later, 나중에 돌아올게

b4: before, 전에

belfie: bottom selfie, (자신의) 엉덩이 사진

BFF: best friend forever, 영원한 친구

BFN: bye for now, 그만 끊자

BG: big grin, 큰 미소

BOGOF: buy one·get one free, 하나 사면 하나는 공짜

BOL: be on later, 나중에 통하자

BRB: be right back, 금방 돌아올게

BTW: by the way, 말이 난 김에

B2B: business to business, 기업 간의 거래

B2C: business to customer, 기업과 개인 간의 거래

Bump: bring up my post, 내 댓글 끌어올려!

CG: computer graphics, 전산기 도형

Convo: conversation, 대화

CTN: can't talk now, 지금 얘기할 수 없어

C2C: customer to customer, 개인 간의 거래

cu(l): see you (later), 나중에 봐

CUNT: see you next Tuesday, 보지

CYA: see ya, 그럼 또

CYE: check your e-mail, 전자우편을 봐

DED: dead의 긍정적 표현

d'fuq [더 훨]: (what) the fuck, 도대체

DIY: do it yourself, 자체해결

dl: download, 하재

DMs: direct messages: (은밀한) 직접 전문

DNC: do not call: 통화 사절

DWBH: don't worry-be happy, 걱정 마 끄고 즐겨

ELI5: 'explain like I'm 5', 쉽게 얘기해

em: them(그들의)의 약자

ETA: estimated time of arrival, 도착 예정 시간

FA: forever alone, 평생독신(자)

F2F or FTF: face to face, 얼굴을 맞대고

face·palm: disappinted, 난 몰라

FAQ: frequently asked questions, 자주 묻는 질문들

fav [훼이브]: favorite, 마음에 드는

FF: friends forever, 영원한 친구

FFFF: find'em, feel'em, fuck'em & forget them, 하룻밤 정사

FOBI: fear of being included, 산입 (사회) 공포증

FOGO: fear of going out, (Covid-19으로 인한) 외출 두려움

FOMO: fear of missing out, (좋은 일에 자기만 빠지는 것 같은) 소외 두려움

4EAE: forever and ever, 아주 영원히

Fr: for real, 사실

FWB: friends with benefits, 성교만을 위한 친구

FWIW: for what it's worth, 실제 가격

FWP: first world problem, 부유한 나라의 문제

FYA: fuck you all, 꺼져버려 \ for your amusement, 웃자고 하는 얘기야

FYEO: for your eyes only, 너만 봐라

FYI: for your information, 참고로

GAL: get a life, 현실로 돌아와

GB: goodbye, 안녕

gfnd: girlfriend, 여친

GG: good game, 알찬 경기

GJ: good job, 알찬 직업

GL: good luck, 축하

GLHF: good luck-have fun, 행운을 즐기기를

GMV: got my vote, 내 지지표를 얻었다

GOF: God only knows, 하느님만 알걸

gr8: great, 훌륭해

GTG: got to go, 가봐야 해

GYPO: get your pants off, 발가벗어

HAK: hugs and kisses, (총총히) 사랑해

HAM: hard ass mother·fucker, 고집불통

HAND: have a nice day, 좋은 하루 되세요

head·desk: frustrated, 어쩌면 좋아!

HTH: hope this helps, 도움이 되었으면 \ happy to help, 언제나 기꺼이

HW: homework, 숙제

IAC: in any case, 좌우지간에

IANAL: I am not a lawyer, 난 변호사가 아닙니다만

IC: I see, 알긋다

ICYMI: in case you missed it, 혹시 놓쳤으면

IDC: I don't care, 난 상관 안해

IDGAF: I don't give a fuck, 내가 알 게 뭐야!

IDK: I don't know, 잘 몰라

ight [아이트]: all·right, 그래, 됐어

IIRC: if I remember correctly, 내 기억이 맞다면

ijbol: I just burst out laughing, 요절복통(LOL)

IKR: I know-right?, 그렇지-맞지?

ILY / ILU: I love you, 사랑해

IM: instant message, 즉석 전문

IMHO: in my honest opinion, 터놓고 말하면 \ in my humble opinion, 소인 생각에는

IMO: in my opinion, 내 생각으로는

IRC: internet relay chat, 대화방 수다 떨기

IRL: in real life, 실생활에서

issa: it's a, 이것은 하나의 ~이다

#IStandWith: (~을) 지지한다

IU2U: it's up to you, 네게 달렸다

IWSN: I want sex now, ~하고 싶어

IYDKIDKWD: if you don't know·I don't know who does, 네가 모르면 누가 아는지 모르겠다

IYKWIM: if you know what I mean, 내 말을 알아듣는다면

J/K: just kidding, 농담이야

J4F: just for fun, 장난삼아

JIC: just in case, 만약을 위해서

JIT: just in time, 즉시, 제때

JOMO: joy of missing out, 소외의 기쁨, '혼자 최고'

JSYK: just so you know, 참고로 말하자면

K: ok, 됐어, 알았어

KFY: kiss for you, 뽀뽀-사랑해

KIS-S: keep it simple-stupid, 간단하게 해-멍청아

KISS: keep it short and simple, 간단명료하게

KIT: keep in touch, 연락해

KPC: keeping parents clueless, 부모 몰래-살짝

KRW: Korean Won, 한화, 원

L8: late, 늦은

l8r: later, 나중에

LARP: live action role-play, 실연 역할극

LGHT: let God handle it, 하늘에 맡겨 \ let's get high tonight, 오늘 밤 한잔 빨자

LMAO: laughing my ass off, 배꼽 빠지게 웃기

LMBO: laughing my butt off, 배꼽 빠지게 웃기

LMGTFY: let me google that for you, 구글에서 찾아줄게

LMIRL: let's meet in real life, (실제로) 한번 만나자

LMK: let me know, 알려줘

LN: like new, 신품 같은

LOL: laugh out loud, 요절복통 \ lots of love, 많이 사랑해

LSR: loser, 패배자

MIRL: meet in real life, (화상이 아니라) 실제로 만남

MMB: message me back, 답신 바람

Mnk: mn·hm+OK, 그렇게 하지 (망설이는 OK)

MOS: mom over shoulder, 감시하는 엄마

msg: message, 전달문

MYOB: mind your own business, 네 일이나 챙겨

N/A: not available, 소용없음

NAGI: not a good idea, 좋은 생각이 아니야

nap: not a problem, 문제없어

N/C: no comment, 응답 없음

ne1: anyone, 아무나

NFS: not for sale, 비매품

NG: no good, 실패작

ngl: not going to lie, 거짓 없이

NIFOC: nude in front of computer, 나체 화상

NM: nevermind, 신경 꺼 \ not much, 조금

NMU: not much-you?, 그저 그래-너는?

noob: newbie, 초심자, 초짜

no 1: no one, 아무도

NP: no problem, 문제없어

NRFB: never removed from box, 신품

NTN: no thanks needed, 고맙다고 안 해도 돼

NTS: note to self, 자기에게 보내는 기록

NYMBY: not in my backyard, '내 뒤뜰은 안 돼'

O·bomb: obombanation, snap·chat에 응답 않기

OBO: or best offer, 또는 최고로 부르는 값

OG: original gangster, 원조, 태두

OH: other half, 분신, 배우자

OIC: oh I see, 알겠다

OMG: oh my God(Gosh), 어머나, 맙소사

OMW: on my way, 곧 갈게

143: I love you, <글자수를 세서 만든 문자>, 난 당신을 사랑해요

OOC: out of character, 안 어울려, ~답지 않아

ORB: object request broker, 객체 요구 매개자

ORLY: oh-really?, 정말?, 진짜?

OT: off topic, 주제에서 벗어난

OTOH: on the other hand, 다른 한편으로는

OTP: on the phone, 전화상

PAW: parents are watching, 부모가 지켜보고 있다

PC: personal computer, 휴대용 전산기

PCM: please call me, 전화 주세요

PIR: parent in room, 부모와 같이 있음

PITA: pain in the ass, 골칫거리

Plox: please!, 부탁!, 끝내자!

PLS or PLZ: please, 제발

PM: personal(private) message, 개인(사적) 전문

PMJI: pardon me for jumping in, 끼어들어 미안해

P911: parent alert, 부모에게 보내는 경고

poke: prod, 깍꿍!, 잠깐!

POR: payable on receipt, 화물 상환불

POS: parents over shoulder, 감시하는 부모 \ piece of shit, 똥 덩어리

POV: point of view, 관점

PPE: personal protective equipment, 개인 보호 장비

PPL: people, 사람들

PTB: please text back, 문자로 대답해 주세요

P2P: peer to peer(동료간), person to person(개인 간)

QQ: crying, 울보, 집어치워 \ Quick Question, 신속한 질의응답

qt: cutie, 예쁜이

RAK: random act of kindness, 소소한 선행

re: regarding, 관해서

some 1: some one, 누군가

RIP: rest in peace, 고이 잠드소서

RL: real life, 실생활

ROFL: rolling on the floor laughing, 요절복통

RT: retweet, 다시 tweet 보내기

RUOK: are you okay?, 괜찮아?

RYFM: read your friendly<fucking> manual, 너의 친절한<씨부랄> 지침서를 읽어보렴

SIY: screw it yourself: 네 맘대로 해!

SMH: shaking my head, 워째 그런 일이

SMOL: smile out loud, 환한 미소

SNM: say no more, 그만 말해

som 1: some one, 누군가

SOS: someone over shoulder, 누군가 보고 있다

SRSLY: seriously, 정녕, 진정

Sry: sorry, 미안

SSDD: same stuff-different day, 그날이 그날

sus: suspect, 수상한(자)

suh: what's up?, 무슨 일이야, 요즘 어때?

SWAK: sealed with a kiss, 접문으로 밀봉

SWAMBO: she who must be obeyed, 엄처

SWYP: so-what's your problem?, 어떤 문제야?

SYS: see you soon, 곧 보자꾸나

TBA: to be announced, 발표될 예정

TBC: to be continued, 계속될 것임

TBT: Throwback Thursday, 회상의 목요일

TC: take care, 잘 지내

TDTM: talk dirty to me, 내게 욕을 했어

TFW: that feeling when, 그때 그 감정

thx: thanks, 고마워

TIA: thanks in advance, 미리 고마워

TIME: tears in my eyes, 내 눈에 눈물이

TLC: tender loving care, 다정한 보살핌

TMI: too much information, 너무 많은 정보

2DAY: today, 오늘

2moro: tomorrow, 내일

TMRW: tomorrow, 내일

2nite: tonight, 오늘 밤

TTFN: ta-ta for now, 그만 끝내자

TTYL: talk to you later, 다음에 얘기하자

txt: text, 문본

TY or TU: thank you, 고마워

VSF: very sad face, 아주 슬픈 표정

WB: welcome back, 돌아온 것 환영해

w/e: whatever, 무엇이든

W8: wait, 기다려

w/o: without, ~없이

WFH: work from home, 재택근무

WKND: weekend, 주말

wp: weather permitting, 날씨가 허락하면

WTH: what the heck?, 도대체 무슨 일이야?

WTPA: where the party at?, 어데서 연회가 열리지?

WYCM: will you call me?, 내게 전화할 거야?

X: kiss, 뽀뽀

XOXO: hugs and kisses, (총총히) 사랑해

Y: why, 왜

YGM: you've got mail, 우편을 받았다

YNt: why not, 어째서

YR: your\you're, 너의\너는

YOLO: you only live once, 인생은 일장춘몽

YW: you're welcome, 괜찮아

. ZOMG: oh my God (sarcastic), OMG의 오타, 얼씨구

ZZZ: sleeping, 쿨쿨쿨

English-Korean Forensic Jargons(영한 법정 용어집)

단어	뜻
1 a fortiori (from the stonger)	확대유추
2 abandonment	유기, 포기, 위부(위탁)
3 abbreviated trial	약식 재판
4 abjuration	포기 선서
5 absolution	사면
6 accidental	우발적
7 accomplice	공범자, 연루자
8 acquittal	석방, 방면
9 actuary	법정 서기
10 actus reas(guilty act)	범죄 행위
11 ad hominem	인신공격
12 adjudication	판결, 선고, 재정(재결)
13 advocate	옹호자, 대변가
14 affidavit	진술서, 보증서, 선서
15 aid and abet	범행방조
16 alibi	현장 부재 증명
17 allegation	혐의(주장), 의혹, 진술
18 amnesty	사면
19 appeal	상고, 항소
20 appellate court	상고법원
21 arbitration	중재, 조정
22 argument	변론
23 arms trafficking	무기 밀거래
24 arraign(ment)	소환심문, 인정심문
25 arranged birth	원정출산
26 array	배심원 소집
27 arrest	구속, 체포
28 arson	방화

단어	뜻
29 article	정관, 조항
30 assailant	가해자
31 assault and battery	폭행(구타)
32 attempted murder	살인 미수
33 autopsy	부검
34 bail	보석금
35 bailiff	법정경위, 집달관
36 bar exam	사법고시
37 black-mail	공갈(죄)
38 bona fide (in good faith)	진실한, 선의의, 정당한
39 booking	입건
40 breach	불이행, 위반
41 bribery	수뢰(죄)
42 burden of proof	입증 책임
43 burglary	주거침입, 강도(죄)
44 calumny \ false accusation	무고(죄), 비방, 중상(모략)
45 capacity	수용력, 법적자격, 능력
46 capital punishment	사형
47 case law	판례법
48 caveat (be aware)	경고, 제지, 소송 절차 정지 통고
49 certiorari (certain)	증명, 보증, 사건 이송 명령장
50 challenger	도전자, 기피자
51 charge	소추, 고소
52 class action suit	집단소송
53 clause	조목, 절
54 code	법전, 규약
55 coerce	강요, 압력
56 cognovit	피고 승인서

단어	뜻
57 commissioner	판무관, 위원
58 commitment	약속, 강제 치료
59 commutation	대체, 감형
60 compensatory damage	보상적 손해
61 competency	재량, 적격
62 competent court	관할 법원
63 complainant	호소(고소)인, (공적) 원고
64 complaint	고소, (민사 소송에서) 원고의 첫 진술
65 compliance	준수, 순종
66 conciliation	조정, 화해
67 confession	자백, 고백(서)
68 confidentiality	비밀 유지
69 confinement	금고, 감금
70 confiscation	몰수, 압류
71 consent	동의
72 conservator	후견인, 보호자
73 conspicuous	눈에 띄는, 과시적
74 conspiracy	음모, 공모
75 conspirator	공모자
76 contempt of court	법정 모독죄
77 contingency	조건부
78 conviction	확신, 유죄판결
79 counsel	변호인
80 counter claim(sue) \ cross suit	맞고소, 반대 소송
81 counter·feit	위조화폐
82 crime ring	조직 범죄, 범죄 고리
83 cross-examination	반대 심문, 대질 심문
84 culprit	용의자, 형사 피의자
85 custody	관할권
86 customary law \ common law	관습법, 보통법
87 de facto	사실상
88 de jure	법률상

단어	뜻
89 death roll	사형수 명부
90 decree	포고, 선고
91 defamation	명예훼손
92 default	불이행, 결석
93 defendant	피고
94 delinquency	비행, 태만
95 deliver	언도하다
96 demur	항변하다
97 dependent	피부양자
98 deposition	선서 증언, 증인 녹취
99 dereliction	유기, 태만
100 detention	구금, 구치
101 directive	훈령
102 disparity	불평등
103 district attorney	지구 검사
104 district court	지방법원
105 domestic law	국내법
106 dossier	사건 기록
107 drug trafficking	마약 밀거래
108 due process	적법절차
109 DUI (driving under the influence)	취중 (약물 복용) 운전
110 durable	지속적
111 duress	속박, 구속
112 emancipated	자주적인
113 embezzlement	횡령, 도용, 착복
114 escheat	복귀(재산)
115 estopel	금반언
116 ex officio (from office)	직권상의
117 exempli gratia	예를 들면, 예가 허용된다면
118 exhibit	증거물, 제시
119 exonerating	무죄임(책임이 없음)을 밝혀주다, 면죄
120 exploit	착취, 부당이용

단어	뜻
121 extortion	협박, 강탈
122 extradition	인도, 송환
123 false accusation	무고(죄)
124 felony	중범죄
125 file	제소
126 fine	벌금
127 first degree	1급
128 forced prostitution	강제 매춘
129 forgery	위조
130 fraud	사기, 협잡
131 frugality	검약, 검소
132 fugitive warrant	지명수배
133 governing low	준거법
134 grand theft (larceny)	중절도죄
135 guardian	보호자, 후견인
136 habeas corpus	인신 보호 (신병인도) 영장
137 harassment	희롱, 괴롭히기
138 hearing	공판, 심리
139 heirloom	법정 상속 재산
140 home alone father	기러기 아빠
141 house arrest	자택 연금
142 human trafficking	인신매매
143 hung jury	정체 배심, 불일치 배심
144 hypothec \ mortgage	저당권, 담보권
145 ICC (International Criminal Court)	국제 형사 재판소
146 impunity	처벌면제
147 in camera \ in chambers	비공개로
148 incarceration	투옥, 감금
149 incitement	교사(죄)
150 indecent exposure	음란공연(죄)
151 indemnity \ compensation	배상, 사면
152 indemnity \ immunity	면책 특권

단어	뜻
153 indictment	기소, 고발
154 infamous	(유죄로) 공민권을 박탈당한, 파렴치한
155 informmed consent	고지 동의
156 infringement	위반, 침해
157 injunction	지령, 금지 명령
158 inmate	재소자, 수감자
159 innuendo	주석구, 진의 설명
160 inquest	심리, 사문
161 insane	정신이상
162 instance	사례, 경우
163 interdiction	금치산 선고
164 interlocutory	대화 중(의), 중간(판결), 임시(판결)
165 Interpol (International criminal police organization)	국제 형사 경찰기구
166 interrogation	취조, 심문
167 involuntary manslaughter	과실치사, 고살
168 ipso facto	사실 자체에 의해
169 ipso jure	법률 자체에 의해
170 jury verdict	평결
171 justice	재판관, chief justice: 대법원장
172 juvenile	젊은(이), 청소년
173 kidnapping \ abduction	납치
174 larceny	절도죄
175 levy	부과, 압류
176 libel	무고(죄), 명예훼손(죄)
177 lie detector \ polygraph	거짓말 탐지기, 심리 검사기
178 lien	담보권
179 life sentence	종신형
180 littering	쓰레기 투기
181 living will	생전 유서
182 locus	현장
183 loitering	빈둥거리다, 배회
184 mala fide (in bad faith)	불성실한, 악의의

단어	뜻
185 manslaughter	치사, (사고)살인
186 mayhem	신체 상해
187 mediation	중재, 알선
188 medical malpractice	의료과실
189 mens rea (guilty mind)	범행의도
190 minor	미성년(자)
191 Miranda Rights	묵비권 및 변호사 위임권
192 misappropriation	배임, 횡령
193 misdemeanor (bad conduct)	경범죄 (minor offense)
194 misprison of felony	범인 은닉
195 money laundering	돈세탁
196 moratorium	지급정지 (유예)
197 murder	살인
198 natural child	사생자, 서자
199 natural guardian	혈연(친족) 후견인
200 negligence	태만, 과실
201 next of kin	최근친자
202 non·pros(equitur)	기소불가, (원고의 준비 부족에 의한) 소추 부족 패소
203 non·recourse	수구배제, (상환 청구권이 없는) 무 상환
204 non·refoulement	(망명자의) <강제> 송환금지
205 non·sequitur	불합리한 추론
206 nuisance	불법방해
207 nullify	무효화
208 oath	서약, 선서
209 obstruction	방해, 저지
210 obstruction of justice	공무집행방해(죄)
211 offender	가해자, 범법자
212 ordinance	조례
213 P.O.A (power of attorney)	대리인, 위임자
214 pardon	사면
215 parens patriae (parent of the country)	가부장적 국가, 국가후견
216 parole	가석방, 집행유예

단어	뜻
217 passport baby	원정 출산아
218 paternity suit	친자 확인 소송
219 patricide	부모 살해
220 penal code	형법전, 형률
221 penalty	형벌, 벌금
222 per quoa(where-by)	그것으로 인하여, 부수적으로
223 per se (by itself)	그 자체로, 본질적으로
224 perjury	위증
225 perpetrator	가해자, 범인
226 perquisition	철저한 수사
227 petit case (small claims) court	소액 재판소
228 petty theft (larceny)	경 절도죄
229 plaintiff	원고, 고소인
230 plea	탄원, 진술, 항변
231 plea bargain	유죄 인정 (답변) 거래
232 plead	주장, 인정
233 plead the fifth	(미) 묵비권
234 preliminary injunction	가처분 (명령)
235 premeditated	계획된, 고의의
236 prima facie (at first face)	자명한, 명백한, 반증이 없는 한 충분한
237 primogeniture	장자 상속권
238 pro forma	형식적인, 임시의, 견적의
239 probable cause	상당한 근거(사유)
240 probation	집행유예, 보호관찰
241 procedure	기소절차
242 proceeding	변론, 심리
243 professional negligence	전문인 태만
244 prosecution	기소
245 prosecutor	검사
246 pro tempore	임시·대행(의)
247 public defender	관선 변호사
248 punitive damage	징계적 보상

단어	뜻
249 protege	피보호자
250 putative marriage	사실혼
251 quash	취소, 파기
252 quasi	유사, 준
253 qui tam	시민 (내부) 고발
254 quit claim	권리 포기(양도)
255 quittance	채무면제(증서)
256 racketeering	공갈, 협박
257 raid	기습, 불시단속
258 rebutal	(원고의) 반박
259 recidivism	상습적 범행
260 recuse	(법관·배심원 등을) 기피하다
261 refutation	반박, 반증
262 rejoinder	제2 답변서
263 release with warning	훈방(조치)
264 report	고발, 출두
265 reprieve	집행유예(취소)
266 requisition	요구, 징발
267 requital	보상, 보복
268 rescission	계약해지
269 retainer	선임비
270 revocation	폐지, 취소
271 right of silence (plead the fifth)	묵비권
272 ring	고리, 조직
273 robbery	강도
274 searcn warrant	수색 영장
275 second degree	2급
276 sentence	선고, 판결
277 settlement	해결, 처분, 합의
278 sexual exploitation	성착취
279 sexual offender	성범죄자
280 sexual trafficking	성매매

단어	뜻
281 shelter	보호소
282 sheriff	보안관
283 sine die	무기한, 무제한
284 slander	비방, 중상(모략)
285 slaughter	참살, 치사
286 smuggling	밀수, 밀매
287 soliciting	유혹, 교사
288 special council	특(별)검(사)
289 special master	특임관
290 stake out	잠복근무, 망보기
291 stand	자리, 담당하다, 당해내다
292 stare decisis	선례 준수
293 statute	법률, 성문율
294 statute of limitation	공소시효
295 statutory law	성문법
296 subordinate law	하위법
297 subpoena (under penalty)	소환 영장, 호출장
298 subpoena duces tecum (production of evidence)	문서 지참 소환·(영장)
299 subsidiary	보조(금)
300 suit	소송
301 summon	출두 명령, 소환
302 Superior Court	고등법원, high court
303 superior law	상위법
304 Supreme Court	대법원
305 surrender	자수
306 surveillance	감시
307 suspect	용의자
308 suspension	유예, 정지
309 suspicion	혐의
310 tariff	조세, 관세
311 tax evasion	탈세
312 testimony	증언

단어	뜻
313 threat	협박(죄)
314 tip	제보
315 tort	불법행위, 피해(행위)
316 trail	미행, 단서
317 treaty	조약, 약정
318 trespass	무단침입
319 trial	시도, 공판
320 trial court	예심 법정
321 trial judge	예심 판사
322 trial lawyer	법정 (재판) 변호사
323 tribunal	재정(심판)위원회, 조정위원회
324 vandalism	파괴 후 약탈
325 venire facias (make come)	배심원 소집영장
326 venue	(사건의) 현장
327 verdict	판결, 평결
328 vindication	해명, 입증
329 voir dire	예비심문
330 waive	포기, 보류
331 ward	피보호자, 부랑자
332 warden	교도관
333 warrant	명령, 영장
334 wire tapping	(전화)도청
335 writ	영장
336 writ of certiorari	사건 이송 명령장, '정보 전달' 영장

부록20
한국식 영어(Konglish)

	콩글리시	잉글리시
1	accel	accelerator, the gas, gas pedal
2	ad·balloon	advertising balloon
3	after service	after sales service, follow up service
4	aggro	aggravation
5	aircon	air conditioner
6	akpler	cyber-bully
7	all back	slicked-back hair
8	all ri	all right, O.K.
9	ama	amateur
10	anatainer	'studio host'
11	angle	angle bar
12	apart	apartment, flat
13	apple hip	bubble butt
14	arbeit	part-time job
15	AS center	customer service center
16	auto	automatic
17	autobi	motorcycle, motorbike
18	back	connections
19	back dancer	back·up dancer
20	back-mirror	rearview mirror
21	back music	background music
22	back number	player's number, jersey number, uniform number
23	back pass	pass back
24	back singer	back·up singer
25	ball pen	ballpoint (pen)
26	band	bandage, dressing, Band Aid
27	'bangkok'	staycation
28	bargain sale	sale
29	barrel widow	barren widow
30	bath gown	bathrobe, dressing gown, robe
31	baton touch	baton pass
32	bbira(삐라)	(bill) leaflet, handbill, flier, flyer
33	beach parasol	beach umbrella
34	beggar	pan·handler
35	black eyes	dark brown eyes
36	blues	(the) blues, slow dance
37	bond	glue, adhesive
38	bongo	van, minibus
39	bonnet	hood
40	book concert	publication ceremony, book signing event
41	boomflation	over·spending inflation
42	bromide	portrait, picture
43	Burberry	trench coat
44	burberry·man	flasher
45	cafe	cafeteria
46	can coffee	canned coffee
47	car center	garage, (car) repair shop[center]
48	car number	license plate number, registration number
49	career woman	working woman
50	carrier	suit case

	콩글리시	잉글리시
51	cassette	cassette player
52	castera	sponge cake
53	catch ball	play catch
54	celeb	celebrity
55	centering	cross
56	centi	centimeter
57	CF	commercial (film)
58	CF model	(commercial) model
59	check(s)	checkered pattern
60	chemi	'chemistry'
61	chou cream	custard cream
62	cider	lemon-lime soda, Sprite, Seven up
63	circle	club, society, group
64	classic	classical music
65	clip	paper clip
66	coating	plastic coating, lamination
67	codism	cronyism
68	combi	combination (sports coat + trousers)
69	comdo, condominium	membership resort (hotel)
70	commaeng	computer illiterate
71	concent	(wall) socket, (electrical) outlet, power point
72	conti	continuity
73	cookie scene	stinger
74	crank in	start filming, roll (the cameras)
75	craypas (crepas)	(pastel) crayon, crayon + pastel stick
76	cream sand	cream sandwich
77	cubic	cubic zirconium (귀금속)
78	cunning	cheating
79	cunning paper	cheat sheet, crib sheet
80	curry rice	curried rice, curry and rice, curry with rice
81	cushion	(throw pillow)
82	cut hair	short hair
83	cutline	cut-off point[score]
84	dash	give it a try, ask somebody out, have a crush on
85	D.B.	data base
86	D.C.	discount
87	dead ball	hit by a pitch[pitched ball]
88	demo	demonstration (protest)
89	diary	schedule book, day planner, appointment book
90	di-ca	digital camera
91	dish and dash	dine and dash, eat and run
92	docu	documentary
93	double date	double cross
94	double jacket	double-breasted jacket
95	driver	screwdriver
96	dutch pay	Dutch treat
97	eletronic range	microwave(oven)
98	enquette	questionnaire, inquiry survey
99	episode	anecdote
100	ero movie	erotic (adult) movie, lewd(porn) movie
101	eye shopping	window shopping
102	fancy	fancy stationery
103	fancy store	gift shop
104	father chance	paternal influence(dadfluence)

	콩글리시	잉글리시
105	fighting	go, good luck, cheer up
106	finger size	ring size
107	flash	flashlight, torch
108	four ball	base on balls, walk
109	free size	one-size-fits-all
110	free talking	discussion
111	front	front desk, reception (desk)
112	fry pan	frying pan
113	funsumer	'pleasure buyer'
114	gagman	comedian, comic
115	game room	video game room
116	game room	(video) arcade, amusement arcade
117	game set	game end
118	gang movie	gangster movie[film]
119	gas range	gas stove
120	glamour	voluptuous (buxom) woman
121	goal ceremony	goal celebration, touchdown celebration
122	goal in	goal, make a goal
123	golden	corduroy
124	golden goal	(sudden death)
125	golden time	prime time, peak time
126	'gown'	white coat
127	'graduation album'	year book
128	grand open	grand opening
129	ground	playground, (athletic) field
130	group sound	(musical) band
131	gybbs, gibs	(plaster) cast
132	hair designer	hairdresser, hairstylist

	콩글리시	잉글리시
133	half coat	car coat, three-quarter length coat
134	hand·play	hand·job, masturbation
135	handi	handicap (golf)
136	handle	wheel, handlebar
137	handling	hand ball
138	handphone	cellphone, cellular phone, mobile (phone)
139	hanger	clothes rack
140	hard, ice bar	ice-cream bar, Popsicle, ice lolly
141	heading	header
142	head-trick	hat-trick
143	health	health club
144	health club	gym, fitness club
145	hearing test	listening (comprehension) test
146	hidden camera	spy camera, creep shot
147	highlighter	underline pen
148	hip	bottom, buttocks, butt
149	histerie	hysteria, hysterics
150	hit item, hit product	best seller, hot item, hit
151	hocance	(hotel) staycation
152	hof	bar, pub
153	home-in	reach home (plate, base)
154	hompi	home·page
155	honest money	earnest money
156	hot dog	(corn dog)
157	hot pl(ace)	(tourist) attraction
158	Hotchkiss	stapler
159	hunting	try and pick up, searching for a date

콩글리시	잉글리시
160 ice cake	ice candy, ice pop
161 insatem	insider item, hot item
162 inssa	insider, social butterfly
163 intelli	intellectual, educated person, the intelligentsia
164 interphone	intercom
165 Italy towel	wash-cloth
166 jack(자크)	zipper
167 jumper	jacket
168 key holder	key chain
169 kick board	kick scooter
170 kitchen towel	paper towel
171 Klaxon	horn
172 knit	knitwear
173 le·ports	leisure sports
174 logo song	jingle, theme song
175 long coat	overcoat
176 long di	long distance
177 loss time	injury time
178 love call	sweet offer
179 love tooth	wisdom tooth
180 L.T.	leadership training
181 machine (미싱)	sewing machine
182 magic pen	Magic Marker, permanent marker
183 maker	brand
184 man to man	one-on-one, one-to-one
185 mania	maniac, buff, enthusiast
186 manicure	nail polish, nail varnish
187 manner	manners
188 mannerism	(habitual behavior)
189 masscom	the (mass) media, mass communication
190 mass-com	mass media
191 meal kit	ready meal
192 meeting	(group) blind date
193 ment	comment
194 mess	scalpel, (surgical) knife
195 mic	microphone, mike
196 milk coffee	coffee with milk and sugar
197 mini-car	compact car
198 miss	mistake
199 mission oil	transmission fluid
200 mixer	blender, food processor, liquidizer
201 molding	skirting
202 morning call	wake-up call
203 morning coffee	(coffee)
204 MT	membership training, (school field) trip
205 muffler	scarf
206 mug cup	mug
207 muscle car	SUV, pick-up truck
208 mustang	leather jacket, sheepskin coat, lambskin coat, suede coat
209 'myuvi'	music video
210 narrator model	promotional model
211 NG	no good, outtake, blooper
212 night	night club
213 nis	varnish
214 no goal	no point

	콩글리시	잉글리시
215	no mark chance	unmarked
216	note	notebook, jotter
217	O.A.	office automation
218	O.D.	owner driver
219	officetel	efficiency apartment, studio (apartment), studio flat
220	O.H.P.	overhead projector
221	oil	gas, gasoline, petrol
222	old miss	old maid, spinster
223	omu·rice	omelette + rice
224	one piece	(one-piece) dress
225	one room	studio (apartment), Studio (flat)
226	one shot	bottoms up, down the hatch, slam it
227	one-sided love	(secret) crush, unrequited love, have a (secret) crush (on)
228	open mind	open-hearted, open-minded
229	open-car	convertible, soft-top, cabriolet, ragtop
230	O.T.	orientation
231	over	over·coat, over·do, over·dramatic
232	overeat (오바이트)	vomit, puke, throw up
233	overpass	overhead pass
234	OX quiz	true or false quiz
235	P.C. bang	internet cafe
236	padding	padded down jacket (coat)
237	pama	perm, permanent
238	pantaloon stocking	knee-high stockings, knee-highs
239	pants	underpants
240	panty	underpants, pants, briefs, panties, knickers
241	panty stocking	pantyhose, tights
242	para·chute appointment	spoils system
243	pas	Pain-Relief Patch, medicated patch[pad]
244	PD	producer, program director
245	pench	pliers, pincers
246	pin	(flag-stick)
247	(pincette)	(a pair of) tweezers
248	placard	banner
249	pocket ball	pool, pocket billiards
250	poclain	Poclain, excavator, backhoe, hydraulic shovel
251	polar-T	Polar Skate, turtleneck
252	pop song	pop (music)
253	press pin	thumbtack, drawing pin
254	prim	cream(er)
255	print	printout, printed material
256	pro	percent
257	PT	presentation
258	punc	puncture, blow out, flat tire
259	quick service	express delivery (service), courier service
260	rear car (리어커)	handcart
261	red tea	(black) tea
262	remicon	ready-mixed concrete
263	remocon	remote control, remote, zapper
264	rent car	rental car
265	report	paper, essay

	콩글리시	잉글리시
266	res	resort hotel
267	ribbon	bow
268	ringer	IV, drip, Ringer's solution
269	rinse	(hair) conditioner
270	room salon	night club
271	round-T	crew neck T-shirt
272	royal road	short-cut
273	running machine	tread·mill
274	running shirt	undershirt, vest
275	sack	backpack, rucksack
276	salary man	salaried employee[worker]
277	salty water	saline solution
278	sandbag	punching bag/ punch bag
279	sandclock	sandglass, hourglass
280	scrap	clipping, cutting
281	screen golf	golf simulator
282	scriptor	scriptwriter, screenwriter
283	second	concubine
284	secret number	password, PIN (number)
285	sel·ca	self camera, selfie
286	self	self-service
287	sense	wit, tact
288	service	service, complimentary, free of charge
289	set menu	combo (meal)
290	SF movie	science fiction movie, sci-fi movie
291	shadow baby	unregistered baby
292	sharp	mechanical pencil, propelling pencil
293	sheet-ji	adhesire sheet
294	short cut	bob cut
295	short pants	shorts
296	show program	variety show, talk show
297	side brake	emergency[parking] brake, handbrake
298	sign	signature, autograph, sign, signal
299	sign pen	marker (pen), Magic Marker
300	silver town	retirement home
301	skin	(skin) toner
302	skin scuba	scuba diving, skin diving
303	skinship	physical affection, physical contact, touch·feel
304	slow video	slow motion
305	(S.N.S.)	social networking service, social media
306	soul food	comfort food, traditional food
307	spec	specialist
308	spo·lex	sports complex
309	sports center	health club
310	sports dance	dance sports
311	sports hair-style	crew cut
312	sports man	athlete
313	stain(g)	stain·less steel
314	stand	desk lamp
315	sun cream	sunblock, sunscreen
316	sunglass	sunglasses, dark glasses, shades
317	sunting	window tinting

콩글리시	잉글리시
318 super	supermarket, grocery store, corner shop
319 talent	TV actor (actress), televised drama actor
320 tape cleaner	lint remover
321 televi	television
322 throwing (attack)	throw-in
323 ~ ting	meeting
324 T/O	table of organization, job opening
325 T.P.	transparency
326 training (추리닝)	sweatsuit, tracksuit, jogging suit
327 training pants	sweatpants
328 training shirt	sweatshirt
329 trans	transformer, trans·vestite (gender)
330 trot	fox·trot
331 trump, pocker card	playing card
332 tumbling	somersault, flip, handspring
333 turning shoot	turn and shoot
334 two-piece	two-piece suit
335 veneer	plywood
336 villa	townhouse, terraced house, small condominium
337 vinyl bag	plastic bag
338 vinyl house	vinyl greenhouse
339 VTR, video·tape recorder	VCR (video cassette recorder)
340 walker	military boots, combat boots
341 web·toon	web cartoon, web·comic
342 white	correction fluid, whiteout
343 worabal	work life balance
344 wrap	plastic wrap
345 Y-shirt	dress shirt

부록21
⟨종류로 본⟩ 미국의 사증(Visa)

A. Immigration (이민사증) - 영구사증

(1) 가족

	종류	대상자
①	IR1, CR1	미국 시민의 배우자
②	K-3	I-130 청원의 허가를 기다리는 미국 시민의 배우자
③	K-1	미국에 거주하는 시민의 약혼자
④	IR3, IH3, IR4, IH4	미국 시민에 의한 국가 간의 양 자·녀 입양
⑤	IR2, CR2, IR5, F1, F3, F4	미국 시민권자의 가족
⑥	F2A, F2B	미국 영주권자의 가족

(2) 취업

	종류	선호직종
①	필요인력	
-a	E1	우선직종 (1위)
-b	E2	유능한 학자나 기술자 (2위)
-c	E3, EW3	전문직종 (3위)
-d	S (many)	특수직종 (4위)
-e	C5, T5, R5, I5	직업창출자 (5위)
②	SD, SR	종교 종사자
③	SI	이락·아프가니스탄 통역·번역가
④	SQ	미국 정부를 위해 일한 이락인·아프가니스탄인

(3) 기타

	종류	
①	DV	(이민 비중이 낮은 국가 출신을 위한) 추첨제
②	SB	(이전의 미국 시민권자로 미국으로 되돌아오는) 귀향민

B. Non-immigrant Visa (비이민사증-여행사증) - 임시사증

종류	목적
A	외국 정부요인 및 외교관
B-1	상금을 건 경기에 출전하는 체육인
	사업차 방문자
	애보기 및 가정부
B-2	치료차 방문자
	여행·휴가·관광자
BCC	멕시코 국경 통과증
C	통과여객
D	비행기·선박의 승무원
E-1	협정을 맺으러 오는 무역인
E-2	협정을 맺으러 오는 투자가
E-3	오스트레일리아의 전문 직업인
F-1	유학생
F-2	유학생 사증 소지자의 부양가족
G1-G5, NATO	나토나 지정된 국제 기구의 외국군인·직원
H-1B1	칠레와 싱가폴의 자유무역조약 협상인
H1-B	특정산업 지식을 가진 의사나 전문가
H2-A	농번기의 일시적 노동자
H2-B	농사 이외에 종사하는 일시적 노동자
H3	취업과 무관한 수련회 참석자
H1-C	인력이 모자라는 지역을 순회하는 간호사
I	신문·방송 등 대중매체의 기자

종류	목적
J	(문화 교류 등을 위한) 교환 방문자
J-1	도우미 교환 방문객
	방문 학자·교사
J-2	J1 사증을 가진 자의 배우자나 미성년 자녀
K-1	미국 시민권자의 약혼자
L	회사 내부의 전근자·지사원
M-1	직업학교 학생
M-2	M1 사증을 가진 자의 부양가족
O-1	예술·과학·교육·체능·사업 등에 특월한 재능이 있는 외국인
P	예능·오락·체육 특기자
Q	국제 문화 교류를 위한 방문자
R	종교계 종사자
TN/TD	멕시코와 카나다의 NAFTA 교역 협상가
T-1	인신매매 피해자
U-1	범죄 피해자

부록22
위대한 발명품들(great inventions)

1. **fire**: 약 2백만 년 전부터 가치<warming>를 알아보았고 약 125,000년 전에 실용<cooking> 하기 시작
2. **wheel**: BCE 3500년경에 메소포타미아에서 도자기를 만드는 기구로 발명되어 약 300년 후에 수레바퀴로 사용됨
3. **nail**: BCE 3400년경에 이집트에서 발명되어 BCE 1-2세기에 그리스에서 나사(screw)로 발전되었음
4. **optical lenses**: 고대 이집트 메소포타미아에서 발명되어 1290년경에 이탈리아에서 안경으로 제조됨
5. **plow**: 기록상 BCE 4000년경 전에 이집트에서 시작되어 19세기 초에 미국에서 쇠 쟁기가 고안되었다 함(?)
6. **clock**: BCE 3500년경 이집트에서 해시계로 출발해서 CE 1511년경에 독일에서 태엽시계로 태어남
7. **alphabet**: 고대 이집트의 상형문자를 BCE 11세기에 페니키아인들이 개조한 것을 BCE 8-9세기에 그리스에서 모음을 첨가해서 체계화시킴
8. **Arabic numerals**: 6-7세기에 인도에서 태동해서 12세기에 아랍의 수학자들에 의해 유럽으로 전파되어 쓰기 불편한 로마숫자를 대체시킴
9. **calendar**: 고대문명의 발상지에서 제 나름대로 달을 토대로 시도되었으나 BCE 45년에 Julius Caesar가 태양을 토대로 한 1년 12달짜리 달력을 만들었고 그 후 1582년에 Gregory 13세에 의해 현대화됨
10. **compass**: BCE 300-200년경에 중국에서 천연자석으로 만듬
11. **paper**: BCE 100년경에 중국에서 본격적으로 개발됨
12. **printing press**: CE 800년경에 중국에서 목판 활자가 나온 후 1234년 고려에서 금속활자로 개량했으며 1439년 독일의 Gutenberg가 기계화하여 다량의 인쇄가 가능해짐
13. **electricity**: 고대 이집트·그리스에서 연구해 오다가 18세기에 미국에서 재조명되어 1879년 T. Edison이 전구를 고안해 냄으로서 실생활에 이용됨
14. **gun powder**: CE 9세기에 중국에서 발명되어 10세기에 전쟁 때 폭탄으로 사용되고 13세기에 대포와 총기류에 응용되었음
15. **steam engine**: 1763-1775년 사이에 스코틀랜드의 J. Watt에 의해 발명·개발되었음
16. **vaccination**: 1796년 영국의 E. Jenner가 천연두에 대항한 종두법을 개발함
17. **internal combustion engine**: 1859년 벨기에의 E. Lenoir가 발명한 것을 1876년 독일의 N. Otto가 발전시킴
18. **telephone**: 1876년 스코틀랜드 출신 미국인 A. Graham이 전선을 이용한 통화기를 최초로 특허 냄
19. **camera**: 1816년에 프랑스인 J. Niepce가 나무상자로 만든 기구로 사진을 찍어 1826년에 영상을 지워지지 않게 종이에 고정시키는 데 성공함
20. **typewriter**: 1823년에 이탈리아의 P. Cilavegna가 손으로 치는 '타자기'를 고안해서 1868년 미국의 L. Sholes가 상업용으로 개조해 특허를 받음
21. **anesthesia**: 그동안 opium·alcohol·식물추출물 등을 써 오다가 1846년 미국의 치과의사 W. Morton등이 기체로 된 ether를 사용해서 전신마취의 길을 열어 줌
22. **battery**: 1800년 이탈리아의 물리학자 A. Volta가 지속적으로 전류를 방출하는 건전지를 발명함

23. **X-ray**: 1895년 독일의 물리학자 W. Roentgen이 두꺼운 물체를 통과하는 <정체 불명의 광선>을 발견함
24. **rocket**: 1232년 중국이 고체로 추진된 '날아가는 불화살'로 몽고군을 격퇴시킨 적이 있고 1926년 미국의 물리학자 R. Goddard가 액체로 추진된 장거리 발사체를 대기권으로 쏘아 올림
25. **robot**: BCE 3000년경에 이집트에서 물시계에 자동으로 종을 치는 목조인형을 만든 후 1950년대 초에 미국의 C. Devol이 미리 입력된 과제를 수행하는 산업용 인조인간을 개발함
26. **car**: 19세기 후반부터 여러 명에 의해 현대식으로 기계화되었는데 1885년 독일의 K. Benz가 3마력짜리 1기통 발동기를 부착시킴
27. **radio**: 1895년에 이탈리아의 G. Marconi가 전선이 없이 전파로 1km 떨어진 곳으로 전보를 쳤음
28. **T.V**: 미국인 P. Farnsworth 보다 1년 먼저 1926년 스코틀랜드인 J. Baird가 런던에서 관중들에게 선을 보였음
29. **airplane**: 1903년 미국의 Wright형제에 의해 개발됨
30. **plastic**: 1907년 벨기에의 L. Baekeland가 스코틀랜드의 J. Swinburn보다 하루 먼저 특허를 냄
31. **refrigerator**: 1913년 미국인 F. Wolf가 최초의 가정용 전기 냉장고를 고안해 냈음
32. **penicillin**: 1928년 스코틀랜드의 A. Fleming이 개발함
33. **computer**: 1822년 영국의 수학자 C. Babbage가 고안해 냈으나 1945년에 미국에서 방 한 칸 크기의 ENIAC이 제조됐고 personal computer는 1973년에 미국에서 최초로 제조됨
34. **nuclear power**: 1930년대에 이탈리아 출신 미국의 물리학자 E. Ferni등에 의해 소모되지 않는 연속적 핵분열 반응이 연구되어 1942년부터 물리학자 J. Oppenheimer가 이끄는 Manhattan Project에 의해 원자탄이 개발되어 1945년 7월 성공적인 실험을 거친 후 한 달이 못 되어서 살상무기로 쓰였고 1951년 미국 최초의 원자력 발전소가 가동됨
35. **semi-conductor**: 1947년 미국의 Bell실험실에서 최초로 제품화시킴
36. **birth control pills**: 과학적인 여성용 경구 피임약은 1950년 5월 미국의 생리학자 G. Pincus 등에 의해 개발되어 1960년 FDA의 승인을 받음
37. **Viagra**: 1989년 영국의 Pfizer제약회사 연구진에 의해 고혈압 협심증치료제로 개발되었다가 부작용으로 인한 음경의 강직이 발견되어 1998년 3월에 FDA에 의해 발기부전 치료제로 승인받음
38. **GPS**: 1960년대에 핵잠수함을 인도하기위해 미 국방성에서 개발했고 1978년부터 인공위성에 부착되어 지구궤도를 돌고 있음
39. **internet**: 1960년대에 미 국방성에서 개발되어 1990년대에 W.W.W로 진전됨
40. **English-Korean <Glocal> Dictionary**: (2015년부터 한국인 이원택이 집필해서 2024년에 출판된) <영어사전을 모태로 한> 미래형 전천후 지구촌 사전

부록23
[이원택 사전] 〈잡소리〉

[영어가 뭐길래]

제가 미국에 처음 와서 인턴 생활을 시작한 지 한 달 만에 수련의 책임자가 자기 방으로 불러 처음에는 나를 칭찬하는 것 같더니 그다음은 우물우물하는데 도통 감이 안 잡혔습니다. "We like you very very much, we need you here, but ……", 나중에 알고 보니 "Dr.Lee는 다 좋은데 영어가 통하지 않으니 1년 후에 다시 오라"는 말이었는데 미국인 특유의 은유법을 쓰기에 꿀 먹은 벙어리처럼 눈만 껌뻑이고 있으려니까 이 양반이 "Did you get it?"이란 말을 세 번씩이나 되풀이하는 것이었습니다. 아무리 귀가 안 뚫렸어도 세 번씩이나 그것도 또박또박 묻는 말을 못 알아듣는 바보가 어디 있겠습니까. 재빨리 한국식 문법으로 해석하고 "Did you give me something?"으로 되받아 물었더니, 그 친구 한쪽 어깨를 으쓱하고는 그냥 나가보라고 하더군요. 결국 1년간 방과 후에 일주일에 세 번씩 영어 강습소를 다닌다는 조건으로 쫓겨나지는 않았지만 가련하다 못해 처참한 신세였지요.

그 후 5년간의 혹독한 수련의 과정을 마치고 LA 근처의 아주 큰 종합병원에서 정신과 전문의로 사역하고 있을 때 약 50병상짜리 정신병동의 만성 적자 때문에 경영진이 미국 유수의 평가단을 고용해서 그 이유를 분석했더니 첫째가 외국 출신 의사가 너무 많다는 것이었습니다. 그 병원에는 약 10명의 정신과 의사가 있었고 4명이 외국 출신이었습니다. 병원 측은 당장 정신과를 폐쇄했고 저를 포함한 '외국인' 3명과 '미국인' 3명이 동업체를 만들어서 다른 병원으로 옮겼는데 그 병원에 많은 흑자를 내주었습니다. 외국에서 사춘기까지 자란 사람들은 발음이 원주민같이 매끄러울 수가 없습니다. 그러나 열심히 하면 성공하고는 거리가 멉니다. 키신저 박사나 슈월츠네거 지사를 보세요.

1 저는 시골 초등학교 교사의 8남 중 장남으로 태어났는데 그중 3명은 어려서 죽고 5명만 10살 이상으로 자라났습니다. 아버님께서 장남만은 꼭 공부를 시켜서 집안을 일으켜 보려고 12살 때 서울로 전학을 시켰지요. 단칸 전세방으로 전전하던 중·고교를 보내면서 현실도피나 대리만족으로 소설을 많이 읽었습니다. 중2때 교내 백일장에 입선된 것을 계기로 문예반 활동을 하다가 고등학교에 들어가서는 '연애반' 과외 활동으로 범위를 넓혀 서울시내 남·녀 각 3개교씩 6개교의 '겉멋이 든 아이들'이 모여 〈썰물〉이란 단체를 만들었는데 이때 최대의 명제는 어떻게 하면 여학생들을 꼬셔볼까였습니다.

2 저는 유명한 소설가가 되는 것이 이상이었으나 아버님이 의대를 가기를 원하셔서 고3 때 진로를 바꿔 의사가 됐습니다. 그 당시 대부분의 한국 사람처럼 가난에 시달리면서 의사가 되고 보니 돈이 철천지원수라 실상은 돈 벌러 미국으로 왔습니다. 그런데 한국에서 암만 명문대학을 나왔어도 미국에서 누가 알아줍니까? 미국 놈들이 안 가는 디트로이트의 도심에 어렵게 인턴 자리를 구했지요. 처음에는 차가 없어서 버스로 출퇴근을 했는데 비상용으로 꼭 20불짜리 하나를 주머니에 넣고 다녔습니다. 옆구리에 차가운 쇠붙이가 와 닿을 때 내놔야 할 '목숨의 속전'용으로요. 그러나 비록 바퀴벌레들하고 동거를 했으나 35평쯤 되고 방이 두 개나 있는 월세 80불짜리 아파트는 천하를 얻은 기분이었습니다.

3 저는 의대를 갈 때부터 정신과 의사가 되고 싶었습니다. 징그러운 외과나 고리타분한 내과보다 얼마나 낭만적입니까? '고담준론'으로 인간의 아픔을 치료해보자, 팔, 다리나 내장보다 머리가 더 위에 있으니까 이왕이면 '대가리'를 가지고 놀아야지---. 이 하'바리' 돌팔이 놈들아! 정신과 중에서도 마음이 아파서 몸이 아파지는 〈정신·신체의학〉 부문에 관심이 있어서 그 분야의 대가가 되어보려고 Harbor UCLA에 연구원으로 들어갔더니 이게 영 돈벌이도 안되고 사람 진을 빼먹는 분야라 1년 만에 때려치우고 롱비치에 구멍가게를 차리게 되었습니다. 40여 년 전에

앞으로 노인 세상이 올 것이란 선견지명이 있어서 노인 정신과로 방향을 잡았는데 노인이란 몇 번 오다가 곧 사라진다는 점은 미처 생각하지 못했군요.

4 저는 원래 욕심이 많습니다. 30년 의사질에 좀 먹고살 만하게 되니까 세상에 이름을 남기고 싶더군요. 그래서 환갑을 계기로 그동안 돈 때문에 못 했던 〈작가〉의 길을 걸어가 보기로 하였습니다. 소설은 엄두가 안 나서 수필을 쓰기 시작했는데 수필은 어중이떠중이 다 쓰는 것 같아서 좀 고상하게 시인티를 덧대기로 했지요. 그런데 평론을 하는 분들이 내가 쓴 시에 대해 이러쿵저러쿵 트집을 잡는 거예요. 아니꼽기도 해서 에라~ 나도 평론가가 되어보자---고 억지로 등단을 했습니다만 저는 수필이 적성에 맞는 것 같습니다. 저도 예술적 머리를 타고났겠지만 그동안 과학을 하느라 다 망가졌어요. 그러면 문학과 과학을 한번 접목시켜봐, 내 경험을 바탕으로 — 소설식 사전은 어떨까? 중국의 사마천은 역사와 문학을 섭렵했습니다. 그는 48세에 인위적으로 불알이 까졌는데 저는 68세쯤 자연으로 궁형이 찾아와서 양기가 모두 대갈통으로 올라오더군요. [사기]는 본기·표·서·세가·열전 — 총 130편 — 52만 6천5백여 자에 이르지만, 이보다 2천년 후에 나온 [이원택 사전]은 더 나아야 되겠지요.

5 창작을 하다 보니 우물 안 개구리에서 세계무대로 나가보고 싶은 충동이 나서 내 작품을 영어로 번역하기 시작했습니다. 거창하게 〈한·미 번역문학가협회〉라는 것도 창설했지요. 저는 영문번역이 그렇게 힘든 줄을 몰랐어요. 한·영 사전, 영·한 사전을 뻔질나게 들춰보다가 한계에 부딪히게 되었습니다. 이 새끼·저 새끼 할 때의 '새끼', 고운정·미운정 할 때의 '미운정', 까불면 '묵사발'을 만들어 버릴래, 등등 '감질나는' 말들이 너무너무 많아요. 사전을 찾아보면 대개 직설적이고 서술적인 설명만 나오기 때문에 문학의 정수인 은유적이고 상징적인 면은 소홀히 다뤄졌다는 감이 없지 않습니다. 'Fuck'이란 말은 미국에서 유치원생부터 대통령에 이르기까지 거의 매일 쓰는 말인데 사전에 '씹하다'라고 번역한 곳은 한군데도 없더군요. 'fuck you=너랑 성교해라!' 말이 됩니까? 'mother fucker'도 '망할 놈'이 아니라 '씨발놈'이나 '네미 붙을 놈'입니다. 그런데 사전을 그렇게 썼다간 난리가 납니다. 교육부에서 〈금서〉로 지목당할 가능성이 크지요. 한마디로 기존의 사전들은 너무 권위주의적이고 교도주의적입니다. 죽은 사전들이지요. 그래서 저는 〈살아서 숨 쉬는 사전〉을 쓰기로 작정했습니다.

6 '인플루언서들의 핫템!'이 무슨 말인지 아십니까? '영향력 있는 사람들이 선호하는 물품!'이란 뜻의 〈한국말〉이랍니다. 요즈음 한국 신문을 보면 모르는 말들이 너무너무 많아요. 일단은 좋은 현상입니다. 그런데 나같이 미국에 사는 꼰대들도 좀 알아듣게 말을 고르거나 만들 수는 없겠는지, 그래야 한국이 세계시장에서 각광을 받을 터이고---해서 저는 〈주제넘게〉 내게 저항감이 오는 영어들을 등급으로 분류해 보기로 했습니다. 현금의 추세로 보면 머지않아 한국어가 본국어 반·외국어 반이 될지도 모르므로 외국어를 받아들이더라도 한국어가 없어지지 않는 범위 내에서---라는 목표를 정해놓고 쓰고 싶어도 자제해야 할 말들을 골라 보았지요. 매우 주관적인 얘기입니다.

7 '수·우·미·양·가'라는 분류는 '국민학교'와 같이 한국 정부의 왜말일소 정책의 일환으로 도태되었기 때문에 요즘 사람들에게는 생소한 말입니다. 그렇지만 한글의 '가·나·다·라'는 순서를 나타내는 말이지 등급을 나타내는 말이 아니라 어색하기 짝이 없습니다. 따져보면 한자에서 온 각 글자의 뜻도 아름답고 비하하는 말은 하나도 없지 않습니까? 다만 학문을 한다는 사람들이 제일 조심해야 할 일이 부문적 사고방식인데 이는 과학적 근거 없이 주먹구구식으로 넘어간다는 말과 일맥상통합니다. 예를 들면 혈액형을 ABO로 따져서 A형은 소심하나 배려심이 많고 B형은 자기중심적이지만 사교적이고 O형은 다혈질이지만 열정적이고 AB형은 우유부단하지만 똑똑하다는 등 관상쟁이가 사주 보듯 귀에 걸면 귀걸이 코에 걸면 코걸이가 되기에 십상이지요.

8 그런데 부문적 사고방식은 우리가 지식을 습득할 때 또는 일상생활을 해나가는 데 아주 편리하게 쓰이고 있습니다. 원래 말이란 것이 학문에서 나온 것이 아니라 생활에서 나왔기 때문에 잘 기억했다가 필요할 때 써먹으면 그만이지요. 실은 말도 안 되는 말도 많지만, 그냥 서로 통하면 되는 것 아닙니까? 예를 들면 Knott's Berry farm은 '낱츠씨의 딸기 농원'이니까 낱츄-베뤼-화앎이라고 해야하나 미국인도 십중팔구는 낱츠-베뤼-화앎이라고 말합니다. 한마디로 공감대의 형성이 제일 중요하다는 뜻으로 개그맨 고 김형곤 씨의 말마따나 "그냥 그렇게 합의 본 겁니다." 하는 데는 더 할 말이 없겠지요. 원래는 단어의 등급을 매길 때 약 10명 정도의 〈배심원〉을 구성해 다수결로 하려고 했지만 그러다간 내 생애에 못 마칠 것 같아서 〈독불장군〉으로 강행하기로 했습니다.

9 책머리에서 언급한 대로 수1과 수2는 고유명사라 누가 봐도 어쩔 수 없을 겁니다. 우1과 우2도 한국어로 번역하기가 힘겹기 때문에 대부분 수긍할 것이고, 미1은 이미 한국어로 자리 잡은 영어라 쉽게 바꿀 수 없는 말들입니다. 미2, 국제적 감각을 살릴 수 있다는 뜻은 세계시장을 염두에 두고 한 말입니다. Brand·mask·fashion 등 광고에 많이 나오는 단어, 상호, 상품명, 동·식물명, 컴퓨터 용어 등이 좋은 예입니다. 이는 마치 칼날의 양면과 같아서 잘 쓰면 한국의 세계화에 도움이 되겠으나 너무 많이 쓰면 한국어를 대체할 수 있는 여지가 있겠지요. '매부 좋고 처남 좋고' 하면서 남의 닭 키우느라 제 닭부터 잡아먹자는 맙시다. 양부터는 될 수 있으면 쓰지 말아야 할 말들인데 양1은 그냥 평범한 영어들이 주종을 이루고 있습니다. 문제는 양2로써 이는 마치 화류계의 기생 같아서 쓰고 싶은 입맛을 당기게 하는 말들이지요. 좀 튀고 싶거나 난척할 때 한두 번 쓰는 것은 괜찮지만 여기 빠져 버리면 조강지처가 보따리 싸가지고 나갑니다. 그랬더니 어떤 친구는 양2만 골라가면서 보고 있는데 실상은 별 볼일이 없는 단어들입니다. 가에 대해서는 저도 고민을 많이 했습니다. 이는 좋은 말, 나쁜 말의 문제가 아니라 순전히 한국어의 입장에서 볼 때 쓰지 말아야 할 말들이란 뜻이지요. 가1은 좀 거창합니다. 한국문화를 손상시킬 수 있다니 그 잣대를 누가 정합니까? 질문하신 'biology'를 왜 가1으로 분류했느냐---하면 한국에서 고등학생 이상이면 그것이 '생물학'이라는 것은 다 알지만, 중·고등학생은 그냥 '생물'이라고 하는데 대학·대학원생이 되면 'biology'라고 하거든요. 따라서 이는 한국의 지식인들이 보통 사람들한테 위화감을 주는 말입니다. 별로 난척하고 싶어서 쓰는 말은 아니라 저절로 그렇게 나오는 걸 어떻게 합니까? 'birth mother'가 가2로 분류된 이면에는 첫째 그 말이 미국 사람들도 잘 감이 안 잡히는 아리송한 말이고 둘째 '생모'라고 번역을 했을 때 여러 가지 오류가 있을 수 있기 때문입니다. Mother 라는 말은 크게 natural mother ('친모/자연모')와 adoptive mother(양모)로 나누지요. 양모는 피가 하나도 안 섞인 엄마입니다. 반면에 natural mother는 유전자와 피가 모두 섞인 biological mother('원생모')와 남의 난자를 정자와 수정 시켜 자신의 자궁에서 키워서 출산하는 birth mother ('태모' 즉 피만 섞인 엄마)로 나눌 수 있기 때문에, birth mother를 그냥 '생모'로 번역한 것은 정확하지 않다는 뜻입니다. 참고로 말씀드리면 포용등급은 저도 헷갈릴 적이 많아서 수정할 때마다 typist한테 핀잔을 받았던 사항이랍니다. 옛날같이 "선생님이 그렇다면 그런 줄 알아!" 할 수도 없고~ 그놈의 '수·우·미' 땜에 머리털이 다 빠졌어요.

10 사실 표제어 선택에 무척 신경을 썼습니다. 저는 글을 쓸 때의 금과옥조는 '더하지도 않고 덜하지도 않는' 것이라고 봅니다. 특히 종이사전은 근본적으로 용량이 제한된 것이니까 크게 둘로 나눠서 꼭 알아두어야 할 말·알아두면 좋은 말로 분류해 보았지요. 꼭 알아둬야 할 말은 소사전을 참조하거나 대사전에서 빨간 글씨로 인쇄된 것을 베끼면 됩니다. 북한에서 나온 「영조사전」에는 사용빈도에 1·2·3·4로 표시를 해놓은 것도 있습니다. 문제는 알아두면 좋은 말인데 이게 대상이 누구냐에 따라 크게 좌우되는 것이 아니겠습니까? 이 책이 겨냥하는 궁극적 독자층은 한국의 영문과 대학생 내지는 고등학교 영어 선생님들입니다. 저는 둘 다 해보지를 못해서 차선으로 내가 미국유학을 꿈꾸는 고등학생이라면 무엇을 알고 싶어 할까 하고 반세기 전으로 돌아가 보기로 했습니다. 그때는 반항심도 많았지만, 호기심 또한 적지 않았지요. 따라서 이 사전에는 다른 사전에 없는 말·관심을 끌 수 있는 말을 대폭 수록했습니다. 사람이 튀려면 뭔가 달라도 좀 달라야 되지 않겠어요. 그렇다고 한쪽으로 너무 튀면 다리가 부러질 수도 있으므로 형평성에도 많은 배려를 했습니다. 미국이 강국이니까 역대

미국대통령들은 잘났건 못났건 다 수록했습니다. 그랬더니 문 대통령이 나는 어디가 쫄리냐 하기에 한국의 역대 대통령님들도 다 올려드렸지요. 논란의 여지를 만들어놔야 호사가들의 관심도 끌 수 있겠고~ 뭐 그런 식입니다.

11 그래서 이 책이 어학사전이냐? 백과사전이냐? 하려면 한 가지만 제대로 하지 죽도 밥도 아닌 '어정쩡한 사전'이란 비난도 받을지 모르겠습니다. 허나--- 말이란 것이 원래 고유명사→일반명사→일반상식→일반문화를 거쳐 발전된 것이 아닙니까? 회사 사장이 비서실장을 두고 나의 '제갈공명'이라고 할 때 이는 '꾀 주머니'라는 말이고 더 나아가서는 '삼고초려'를 할만한 '신출귀몰한'/'없어서는 안 될 사람'으로 인식되는 것 등이지요. 삼국지를 안 읽은 사람은 무슨 말인지 잘 모릅니다. 영어에도 이런 말들이 부지기수로 많아요. 좀 유식한 사람이라면 "그 친구 Quisling 아냐?" 하는 말을 쓰는데 이는 한국어로는 "이완용"과 매한가지로 "매국노"란 뜻입니다. 한국이나 노르웨이의 역사를 모르면 이해할 수 없는 말들이지요. 따라서 말을 잘하려면 유식해야 합니다. Red란 말에서 파생된 말만 보더라도 red·flag, red·tape, red·card, red·carpet, red·district 등등 50여 개가 될 텐데 이들을 직역하면 정말 무식하다는 말을 듣습니다. Red cross, Red·bird, Red·skin, Red·Army, Red book 등은 독특한 뜻을 가지고 있고 red·neck, red·herring, red·state 등을 이해하려면 영·미 문화를 알아야 합니다. 즉, 제대로 된 어학사전은 백과사전에 뿌리를 둘 수밖에 없다는 얘기지요.

12 이 책을 쓰면서 겪은 애로사항은 이루 말할 수 없을 만큼 많았습니다. 원래는 〈한미 번역문학가협회〉를 조직해서 공동집필로 협회의 기금을 마련해 보자는 취지에서 시작했지요. 그런데 이것이 초장부터 삐거덕거리는 거예요. 협회에 모인 사람들이 대개 자기 작품을 영역해 보려는 욕심 때문이었지 사전 나부랭이나 쓸려고 시간낭비 하려고 나온 것이 아니라는 점입니다. 그리고 지금이 어떤 시대인데 종이사전을 쓰느냐고 등을 돌리더군요. 내 딴에는 '한국어 살리기'란 대의명분을 내걸고 한국의 청와대·국립어학원·장학단체 등에 도움을 청했습니다. 한결같이 검토해보고 대답하겠다는 말만 하고 꿩 구워 먹은 소식이더군요. 연애편지 찜 쪄먹게 구구절절이 애국·애족하는 글월을 보냈건만 제가 받은 인상은 "니가 잘나 하는 짓에 왜 우리가 들러리를 서느냐?"였습니다. 그래---, 돈이라면 나도 얼마든지 있다! 하고 오기로 시작했지요. 남의 돈을 먹으면 '매춘사전'이 될 가능성이 있으니까 오히려 잘된 셈이지요. 그래서 저는 내가 만약 아리스토텔레스라면 이 단어를 어떻게 정의할까, 오비디우스라면 어떻게 표현할까 그리고 린네우스라면 어떻게 분리할까 하고 고심을 하게 되었습니다. 즉 다시 객관적으로 돌아가게 된 것입니다.

13 막상 시작해 놓고 보니까 앞길이 막막하더군요. 나는 컴맹에다가 타자를 못 치니 일일이 종이에다 볼펜으로 써서 타자수한테 건네줘야 하는데 사무실에 한국인 비서 한 명이 있었으나 환자·병원 업무가 우선이었기 때문에 소위 '알바'를 써야 했습니다. 다행히 내 비서님과 알바님들이 사명감을 가지고 열심히 일해 주었으나 대문자·소문자·문장부호 등 때문에 시간깨나 잡아먹었지요. 내가 남의 사전을 믿고 베끼듯이 남들도 내 사전을 베낄 때를 대비해서 점 하나·괄호 하나하나에 세심한 주의를 기울였습니다. 실은 사전 쓰는 시간보다 교정보는 시간이 더 많이 걸리더군요. 2교·3교·4교·5교까지 본 것도 있는데 아직도 고칠 데가 꾸역꾸역 나오고 있습니다. 대충 이를 잡고 보니 서캐가 보이는 것처럼 말이지요. 권위 있다는 사전일수록 오자가 없는 걸 보면 역시 사전은 역사와 전통을 무시할 수가 없나 봅니다. 출판사 선정도 그렇습니다. 처음에는 사전전문 출판사를 알아봤지요. 그동안 전자사전에 밀려서 종이 사전 내는 곳은 몇 개 안남았습니다. 현존하는 출판사들도 간신히 명맥만 유지하고 있는 형편이라 자기들 편집진 먹여 살리기도 바쁜데 니까짓 게 혼자 무슨 놈의 사전을 쓰겠다는 거냐? 하는 반응 아닌 무반응을 받았지요. 친한 친구가 '양심적이고 열성적'이라면서 〈지식과 감성〉이란 출판사를 추천했습니다. 사전출판이 처음인 아마추어 저자에 아마추어 출판사가 만났지요. 나는 컴퓨터가 문외한이라 잘 모르지만, 가운뎃점이나 부호 등은 자동정렬이 안되고 일일이 수작업을 해야 했습니다. 또 내 딴에는 좀 튀라고 일부러 사투리나 쌍소리를 썼는데 그것들을 밋밋한 표준어로 바꿔 놓는 거 있죠? 몇 번 '승강이'를 했더니 컴퓨터에서 그렇게 한다는 거예요. 망할 놈의 컴퓨터 같으니라구~! 그리고 한국과 미국을 오가면서 글자가 깨지거나 바뀌는 일이 다반사로 일어나기 때문에 컴퓨터 up·grade 하느라고 한 달에 35불씩 Adobe에 뜯기고 있지요. 출판사 입장에서는 사전편찬이 우선순위의 맨 마지막에 있었는지 도무지 재촉하는 법이

없어요. 하긴 내가 코로나를 핑계 대고 몇 번씩이나 출판을 연기한 탓인지도 모르지만 네 밸 꼴리는 대로 해봐라하고 그냥 놔두는 겁니다. 이런 말 하긴 좀 뭣하지만 코로나 땜에 득 본 것도 많아요. 환자도 피하고 모임도 피하고 오로지 사전에만 전념할 수 있었으니까---. 오히려 전화위복이 된 셈이지요.

14 우여곡절 끝에 2021년에 소사전인 [변형]사전이 나오긴 나왔는데, 4천 부씩이나---. 이걸 어떻게 처리해야 하나! 사전을 쓰면서 최대의 난관에 봉착하게 되었습니다. 원래는 장학사업으로 중·고교 특히 요즘은 그런데가 없다지만 한국의 산간벽지에 근무하시는 영어 교사님들한테 기증을 하려고 했으나 이걸 받아주는 기관이 없어요. 모르긴 몰라도 검증이 안 된 책을 배포했다가 문제라도 생길까 봐 몸을 사리는 모양입니다. 배송료도 만만치 않은 판에---. 고민 끝에 "세계문화유산으로 남겨야 할 책 〈이런 사람이 단어 등급을 매기다니---?〉 수천 권이 폐기 위기에 처했으니 어찌하오리까!" 하고 유네스코에 문의했더니 무슨 구호품이나 되는 줄 알고 "남한에는 요즘 종이사전을 보는 사람이 없을 겁니다. 전자통신망이 안 들어가는 북한에 보내면 어떨까요?" 합디다. 내가 '김씨 가문'에 대해 찬사를 삼간 것은 읽어보지도 않고---.
차선으로 내가 나온 출신교 후배들한테 한 권씩 주는 방법이 있지요. 아마도 500부면 끽할 것입니다. 나머지는 시판이다!!! 그래서 지금 광고 시장을 알아보고 있는 중인데 배보다 배꼽이 더 큽니다. 그렇다고 광화문 네거리에 나가 지나가는 사람들한테 뿌릴 수도 없고---. 결론은 책이 안 팔리는 이유는 단 한가지--- 쓸모가 없다는 것이 아니겠습니까?

15 이왕 내친 김에 울며 겨자 먹기로 〈증보개정판〉을 내기로 했습니다. 영어선생님들한테 기증한다는 것도 다 꿍꿍이속이 있는 것이지요. 선생님이 좋다고 하면 학생들은 무조건 사는 것 아닙니까? 한국에 영어사전·영어교재가 수십 권이나 될 터인데 그것들보다 더 유용해야 먹혀들어 가겠지요. 저는 초판부터 교육용 종이사전이라는 데 초점을 두었습니다. 그래서 선생님이 A자 100번 하면 딱 들춰보게 사전 유래 상 전무했던 일련번호도 집어 넣었지요. 은퇴하고 여자 고등학교 영어선생님이 되는 것이 꿈이었습니다. 영어 단어에 연애 얘기를 곁들여서 해주면 인기 짱! 이겠지요. 물론 모든 단어가 성과 관련되지는 않았으나 요즘 미국에서 인기 있는 「Urban Dictionary」에서는 어떻게 하면 '음담패설식' 사전을 쓸까? 하고 노심초사하고 있습니다. 영어에서 'penis'를 뜻하는 말이 292개나 되고 사실 많은 영어가 'sex'하고 직·간접으로 관계가 있습니다. 가독성을 높인다는 핑계를 댈 수는 있겠으나 '젊'잖은 주제에 「음담패설 사전」을 쓸 수는 없고 해서 생각해 낸 것이 [어원사전]입니다.

16 '아니 땐 굴뚝에 연기 나랴'·'처녀가 애를 배도 이유가 있다'·'콩 심은 데 콩 나고 팥 심은 데 팥 난다'·'불휘 기픈 남간 바라매 아니 뮐쌔', 사전을 쓰다 보니 우리 속담들이 하나도 틀리지 않는다는 것을 깨닫게 되었습니다. 〈영자의 일생〉처럼 각 단어가 '어디에서 왔다가 어드매로 가는가' 한번 알아봅시다. 의외로 여러 단어들이 한 뿌리에서 나와서 서로 혼교를 하면서 퍼져나갔다는 것을 발견했지요. 아항! 바로 이거로구나! 영어의 뿌리를 캐보자. 마치 감자 캐듯이 뿌리를 뽑으면 주렁주렁 감자가 달려 나오네. 그렇담 각 단어를 따로따로 외울 필요가 없지 않겠는가. 왜 한국의 예과나 미국의 학부에서 라틴어를 가르쳤는지 이해가 됩니다. 제가 5살 때 '하늘 천·따지·가물 현·누를황' 하고 뜻도 모르고 앵무새처럼 따라 했을 때 할아버님이 왜 '땅 지'·'검을 현'·'노랑 황'이라고 일깨워 주시지 않았는지---. 아마도 〈독서백편·의자현(백번 읽으면 저절로 뜻이 떠오른다)〉이라고 공부는 어렵게 배워야 오래간다라고 믿으셨는지도 모릅니다. 외국어를 잘하는 왕도는 없습니다. 그러나 좀 쉽게 배울 수 있는 방법은 있습니다. 어원을 캐들어가면 됩니다. 예를 들면 아마란 식물명이 linon(그리스)→linum(라틴어)→linen(게르만어)를 거쳐 영어의 line이 된 후 liner·linear·linger·lingerie·long·longevity·length·longitude·lounge 등으로 뻗어 나갔나니 라틴어를 배우기가 처음에는 귀찮아도 나중에는 오히려 여러모로 편하게 써먹을 수 있고 결과적으로는 쉽게 영어를 배우는 첩경이 되는 것입니다. 다시 말하면 어려운 길이 곧 쉬운 길이란 말이지요. 처음에 제가 스키를 배우러 갔을 때 같이 간 선배가 활강로의 맨 꼭대기에 내려놓고 가버리는 것이었습니다. 끙끙대며 몇 번 오르락내리락 했더니 저절로 스키를 탈 수 있게 되더군요. 반면에 같이 갔던 마나님은 돈 내고 스키 강습반에 들어갔는데 나보다 훨씬 더디게 배웠습니다. 제일 빠르게

배우는 방법은 가장 어렵게 공부하는 것 입니다.

17 개정판은 초판을 쓰면서 구상을 했던 것이라 윤곽은 다 잡혀있고 시간과의 싸움만 남아 있었습니다. 영어에 대한 어원추적은 상당히 잘 되어 있더군요. 「옥스포드」나 「웹스터」는 검증이 된 것만 실었고 모르는 것은 '어원불명'이라고 딱 부러지게 잘라버렸는데 사실은 자원봉사자들이 쓴 〈folk etymology(민속어원)〉가 더 재미있습니다. 제 책에서는 민속어원도 '썰'이라는 단서를 달고 수록하는 방향으로 나가보았지요. 대부분의 사전에서 어원은 대수롭지 않게 취급하는 경향이 있어서 맨 마지막에 추가 형식으로 써 왔기 때문에 일일이 다 읽으려면 시간깨나 듭니다. 인터넷에는 광고를 하려고 또는 유료창구로 유도하는 경향이 있어서 한참 숨바꼭질을 해야 해서 짜증이 나고요.
어원을 캐다 보니 기존 사전들에서 가운데 점으로만 표기한 분철이 영 눈엣가시처럼 밉살스럽게 보이는 거 있죠. 이건 분명히 어원이 다른 두 낱말이 합쳐진 건데, 음절과 마찬가지로 가운뎃점으로 표시하다니(?) 이 양반들 게을러 터져나서 얼렁뚱땅 넘어갔구나! '원칙적'으로 따져보니 영 미어는 표음문자이기 때문에 음절이 모인 말이더군요. 즉 영어의 단어는 〈한글과 마찬가지로〉 인위적으로 배합한 것이 아니라 음소들이 자연스럽게 연결된 자형문자(featural alphabet)인 것입니다. 합성어 복합어를 따지는 것은 그 다음 문제입니다. 그래서 '기본적'으로 원칙적으로 펴낸 것이 2022년판 중사전 [원형]사전입니다. 몇 권 못 팔았지요.

18 제가 주로 이용한 것은 전산망의 [Etymoline]과 웹스터의 [Unabridged] 사전이었는데 전자는 권위는 좀 떨어지나 비교적 성실하게 썼고, 후자는 권위가 손상될까 봐 요리조리 피해 가거나 독자가 알 만한 것은 생략해 버리는 불친절이 있었습니다. 전자사전은 수시로 고칠 수 있으나 종이사전은 지면이 제한되어있고 매일매일 개정판을 찍을 수도 없기 때문이겠지요. 대세는 전자사전이지요. 그러나 전자사전도 화면에 제한이 있습니다. 특히 어원사전은 앞뒤를 잘 살펴보아야 하는데 관련되는 사항을 다 싣다 보면 끝이 없어요. 또한, 학습에서 제일 중요한 것이 '각인'으로 각인은 얼마나 오래 집중하는가에 달려 있기 때문에 화면이 지나가면 기억도 날아가 버립니다. 따라서 필요할 때만 써먹고 잊어버리려면 전자사전이, 계속 공부를 하려면 종이사전이 필요합니다.
종이사전의 또 다른 용도는 '장식용'입니다. 저는 집에 도서실을 꾸밀 때 [대영백과사전]·[세계문학 전집] 그리고 두툼한 영어사전·국어사전 등을 밑에 깔았습니다. 읽고 안 읽고는 둘째 문제지요.

19 저는 사전을 쓰면서 항상 '내가 독자라면 무엇을 원할까'를 염두에 두고 있습니다. 가려운 데를 긁어 드려야겠지요. 기존 사전들의 부족한 점을 메꾸어 줘야 하겠지요. 메꿀 구멍이 한두 군데가 아니에요. 음절에 관한 문제는 대충 때워 주었으니 다음은 합성어를 공략해 보자. 합성어라는 것을 표시하려면 hyphen(붙임표)이나 dash(줄표)를 써야 합니다. 따라서 두 개가 합쳐진 말은 〈-〉으로, 세 개 이상 합쳐진 말은 기본어는 〈-〉으로 묶고 부수어는 그보다 긴 〈―〉로 연결시켰지요. in-for·ma—tion같이 말입니다. 그런데 그것이 그리 간단한 것이 아닌 것이, coming은 어간 come에다 동명사형 어미 ~ing이 붙은 것인데 발음의 분철로는 com·ing이어서 이것을 한 단어로 보느냐 혼성어로 보느냐는 차원의 문제인 것이지요. 고차원 사전이라고 뻥을 깠으니 그냥 둘 수도 없고 해서 hyphen을 넣어서 com-ing이라고 했지만 긁어서 부스럼 낸 감도 없지 않습니다. 고치다가 시간이 없어서 더러 빠진 곳도 있을 테니 양해하세요. [웹스터]나 [옥스포드]에도 없는 것을 제가 노심초사해 가면서 만든 거랍니다. 자세히 보면 그들도 오류가 적지 않아요.

20 그다음은 속어에 대한 문제로서 오늘 신문에 제가 모르던 nips라는 단어가 떴어요. 한 쇼 제작자가 한인 여성 언론인 Mina Kims를 예로 들어 말썽이 되고 있습니다. 우선 이것을 실어야 할지 말아야 할지 결정해야지요. 방송에서 자주 쓰인다는 말이고 언뜻 이해가 안 가는 말이라 당연히 실어야 하겠지만 원고는 이미 출판사에 넘긴 후랍니다. 들춰보니 이는 (너무 작아서 재활용이 어려운 나머지, 여기저기 버려지는) '소형 양주병'을 뜻하고 어원은 (2차대전 후 일본에 진주한 미군들이) 〈별 볼 일이 없어서 한번 빨고 버리는 Nippon(일본) 여자의

nipple(젖꼭지)이랍니다. 재미있죠? 그러나 [Webster]나 [OED]는 안 실어줘요. 문제가 발생할 여지가 다분하거든요. 저는 무명 인사라 얼마나 다행인지 모르겠습니다. 누가 조무래기 사전 편찬자를 고소하겠어요. 그래서 맘 놓고 쓴 책이 2024년 판 '소위' 대사전 [지구촌] 사전입니다. 이 사전은 시대적으로 후현대주의(post-modernism)의 극치에서 나왔으나 앞으로 다가올 복고주의(restorationism)에 대해서도 심심한 배려를 마지 않았습니다.

21 저의 황당무계한 시들을 읽고 LA의 한 시인은 "무서운 것이 없는 사람"이라고 했고 제 수필집 [혼미경]을 읽은 한국의 한 평론가는 "교묘하게 검열을 피해 가는 재주가 있는 분"이라고 했습니다. 제게도 좀 깡패 기질이 있는지는 몰라도 다 허세지요. 교육부도 무섭고 영문학회·언론매체 그리고 독자층은 더 무섭습니다. 제가 아슬아슬하게 피해 가는 이유도 독자들의 관심은 끌고 싶지만, 깜빵에 가기는 두렵기 때문이죠. 그분들은 그냥 겉치레로 한 말이겠지만 따져보면 세상에서 무식한 사람이 제일 무섭지요. 물불을 안 가리니까-. 약은 사람은 결국 제 꾀에 제가 빠지게 되고요. 교만해지니까-. 원래 저는 천성이 용감하거나 똑똑한 사람은 아닙니다. 평범한 사람이 힘들게 살다 보니 좀 노회해진 것뿐이지요. 만화를 볼 때는 행간을 읽어야 하고 대화를 할 때는 그 분위기가 중요합니다. 전항에 나온 'nips'란 말만 해도 그냥 웃자고 한 말이지 인종이나 여성을 비하해서 하려고 한 말은 아닐 겁니다. Humor의 어원은 umere 즉 dry 한 것을 촉촉하게 해주는 윤활유란 뜻인데, 너나 나나 메말라 있어요.

22 앞으로 인공지능(AI) 시대가 올 것은 뻔합니다. 수년 내로 자동 번역기가 간단한 공문서나 신문 기사 등을 번역해 줄 것입니다. 그러나 AI에 너무 큰 기대는 걸지 마세요. 컴퓨터는 메마른 chip으로 되어 있기 때문에 지식은 표현할 수 있지만 액체로 되어 있는 인간의 감성을 나타내기에는 역부족입니다. 설령 액체로 된 컴퓨터를 개발한다고 할지라도 경제적으로 타산이 안 맞을 것입니다. 값싼 인간의 두뇌를 놔두고 왜 비싼 인공두뇌를 써야 하나요. 그럴 돈이 있으면 지구촌 곳곳에 방치된 인성개발을 해야지요. 자동 번역기로 수십 개 언어를 동시 번역한다고 해서 들춰보니 'time flies like an arrow'를 〈시간 파리들은 화살을 좋아한다〉라고 되어있지 뭡니까. 하느님이 애쓰셔서 인간을 만물의 영장으로 만드셨을 때는 다 그만한 이유가 있을 것입니다.
이 [이원택 사전]들은 컴퓨터에 의존하지 않고 일일이 손으로 쓴 - 사람 냄새가 물씬 나는 - 가히 〈명품 사전〉들입니다.

23 이제는 어디를 가나 지구촌입니다. 벗어날 수가 없어요. 함께 지지고 볶고 살 수밖에 없습니다. 저는 평화주의자는 아니지만 서로 다투는 것은 생명의 낭비라고 봅니다. 물론 다툴 만한 가치가 있으면 목숨을 걸고 싸워야 하겠지요. 인종차별 문제만 해도 노예제도가 있을 때는 서로 목숨을 걸고 싸울 만한 가치가 있었지만, 지금은 서로 이해하고 타협하면 쉽게 해결될 일도 똥고집 때문에 노력을 안 해요. 다 무식한 소치지요. 저도 마찬가지였습니다. 사전을 쓰다 보니 아는 것이 힘입디다. 모르긴 몰라도 nips란 말을 쓴 사람이 그 어원을 잘 몰랐고, 듣는 사람들도 humor란 뜻이 무엇인지 잘 모르고 받아들인 것 같습니다. 이원택 사전의 첫머리는 '상생'으로 시작됐고 그 결정판인 '지구촌' 사이에는 '배움'이란 험난한 길이 있습니다. Jesus란 말은 편자가 일주일 간이나 고민한 단어입니다. 예수라고 해야 하나, 여호와라고 해야 하나, 신이라고 해야 하나, 인간이라고 해야 하나, 구세주라고 해야 하나, 선동가라고 해야 하나, 명의라고 해야 하나, 최면사라고 해야 하나- 끝이 없어요. 그런데 기독교인들도 제기랄 것·우라질 놈이라고 뱉어버리지 않습니까. 사랑이 있으면 욕지거리도 다 해학(humor)으로 받아들이지요. 그래서 저는 Jesus를 '상생의 원리를 가르쳐 준 위대한 선생님'이라고 정의하기로 했습니다.

24 문화적으로 볼 때 한국이 중국이나 일본보다 더 나은 것은 개뿔도 없습니다. 그것이 뭐 챙피한 일입니까? 우리는 중국의 변방이었고, 일본의 식민지였습니다. 그러나 '일본이나 중국보다 더 좋아지려고 노력하고 있습니다.'라고 하면 됩니다. 미국도 마찬가지예요. 6.25 이후에 우리는 미군 군수품으로 연명해서 반세기 후에는 미국을 따라잡았고 '한세기 후에는 미국보다 더 잘 사는 나라가 될 것입니다.' 이렇게 써야지요. 쪽팔리는 일이 아닙니다. 〈개천에서 용 난다〉란 말도 못 들어 보셨습니까? 지구촌사회에서 가장 걸림돌이 되는 것이 바로 국수주의입니다.

케케묵은 사고방식이지요. 내로남불보다는 자가당착이란 말이 더 어울리는바, 과거에 집착하다 보면 앞으로 나갈 수가 없습니다. 대한민국은 아직 선진국이 아닙니다. 서양 사람들한테는 쇠푼 깨나 벌었다고 우쭐대는 졸부(nouveau riche) 이상도 이하도 아닐 것입니다. 문제는 교육을 제대로 못 받은 탓이지요. 그러나 이제는 우리나라가 〈문예부흥〉 시대를 맞았어요. K-pop에 이어 노벨문학상이 우리한테 도래하지 않았습니까. 아마도 그쪽에서도 '역지사지'하고 이쪽에서도 '절차탁마'한 결과이겠지요.

25 제가 어렸을 때는 세상살이가 편했습니다. 모든 것이 간단했으니까요. 잠자리 잡으러 다닐 시간도 있었고 원두막에 올라가서 낮잠도 실컷 잤지요. 요즘은 외딴 시골의 초등학생도 영어를 배우고 컴퓨터도 해야 해요. 여유가 없어요. 지구촌시대가 왔기 때문입니다. 지구촌은 한적한 시골 마을이 아니라 가상현실에 의해 거대한 시골 〈도시〉가 되었습니다. 모두들 정보의 거미줄 속에서 허우적거리고 있지요. 물론 많이 알면 좋겠지만 그걸 언제 다 습득합니까? 암만 내용이 좋아도 시간이 없으면 빛 좋은 개살구이지요. 그래서 펴낸 것이 요점만 뽑아놓은 '날라리'[신세대] 사전입니다. [Newbie]라고 이름을 붙였지만, 초보자용은 아닙니다. 중학교는 나와야 이해할 수 있어요. 지구촌에 사는 바쁜 현대인들이 틈틈이 들춰보면서 전에 배웠던 것을 새롭게 되새김질하는 〈온고이지신〉용이라고나 할까요? [Newbie]는 신출내기란 뜻도 있지만 '새롭게 태어난 소년'이라는 뜻을 가진 〈new-boy〉의 신세대어 랍니다. 지구촌의 'avatar'인 셈이지요. 다음 세대를 짊어질 젊은이들에게 꼭 필요한 사전입니다.

26 원래는 [Newbie] 사전으로 [이원택 사전]의 막을 내리려고 했는데 막상 끝내놓고 보니까 마치 똥 누고 밑을 안 닦은 것 같은 느낌이 들어요. 표지마다 〈한국어 살리기〉란 말을 되풀이했더니, "뻥, 그만 까라!"란 소리가 들리지 뭡니까. 부득이 개정판을 내기로 하고 이번에는 〈특·특별 부록〉 [맛보기 〈pipet〉 한·미 사전]을 〈Basic Spanish〉에 버금가도록 써서 끼워 넣을 작정입니다. 저는 애국지사는 못 되더라도 한국이 지구촌에서 경제 대국에 걸맞은 '문화 대국'이 되기를 바라 마지않습니다. 저는 간혹 미국인한테 '아버님' 소리를 듣고 기분이 야릇해질 때가 있는데 이는 한국에서는 장사치들이나 아첨꾼들이 쓰는 말이지요. 또 한국에서는 소위 지성인이란 사람들도 저는 'X○○ 박사입니다' 하고 자기를 소개하는 경우가 있더군요. 영·미 문화권에서는 공격이나 방어용으로 쓰는 말입니다. 그냥 'X○○입니다', 한 걸음 물러서서 저는 '의학박사 X○○'가 정답입니다.

27 근대에 한류의 여세를 몰아 K-culture를 세계 시장에 진출시켜 보려는 노력이 비등한 터에, 이왕이면 한국어도 지구촌에 띄워서 K-brand의 주가를 올려볼 만도 합니다. 사실 [지구촌 사전]에서는 수출을 염두에 두고, 한글을 잘 모르는 사람들도 이해할 수 있도록 영문 표기를 많이 하였지요. 책의 내용은 해외에 내놓아도 별로 손색이 없으나 번역과 판매는 제가 감당하기에는 벅찬 일입니다. 또한 대한민국이 세계시장에서 방귀라도 시원히 뀌려면 최소 인구 5천만을 유지해야 할 텐데, 추세로 보아 외국 유학생이나 이민을 받아들이지 않을 수 없는 마당에 한국에 사는 외국인에게 [영·한 지구촌 사전]이 많은 도움이 될 것 같습니다. 서문에서도 말씀드렸듯이 저의 목표는 세계에서 제일 잘 쓴 영어사전이었습니다. 영국·미국·인도·중국에서 나온 어떤 영어사전보다 더 알차고 편리한 사전을 만들면 되지 않겠습니까? 그 목표는 ⅔는 달성했으나 이제 시간이 없군요. 사전 쓰기란 그리 쉬운 일이 아닙니다. 우리 어머님께서는 잘된 밥을 지으려고 부엌에서 십 년을 우셨고 저는 계란 삶는 법을 터득하느라고 십 년간 마누라한테 타박을 받아야 했습니다.

28 정부 차원의 도움이 필요합니다. 번역은 한국의 외국어학과와 외국의 한국어학과가 손을 잡고 하면 학문의 향상은 물론 문화교류에도 한몫을 할 것이고, 보급망은 한국의 국회 미래 연구원이나 한국의 국가전략연구소에서 최소 30년 앞을 내다보고 계획을 짜서 Kotra와 재외 한국문화원·재외동포청 등을 통해 지구촌 방방곡곡에 뿌려 보는 것입니다. 한국이 세계 잼버리 대회에 쏟아부은 돈의 1% 정도만 쓰면 아마도 30년 후에는 국가의 name-brand 값으로 1,000배 정도는 남는 장사가 될 수 있을 것이라고 장담합니다. 그동안 대한민국이 영어 교육에

쏟아부은 돈이 얼마입니까? 본전을 찾아야지요. 혹자는 이 책을 단돈 3만 5천 원에 팔아 얼마나 남겠느냐 하겠으나 이는 편자의 음흉한 속셈을 모르고 하시는 말씀입니다. 국내에서야 인쇄 값만 받지만 독자들께서 인터넷에 많이 올려주시면 수출가는 그 두 배를 받을 작정입니다. 나아가서 외국인에게 무언가 주고싶은 경우, 이 책을 두 권 사서 (two for one) 하나는 자신의 서재에 꽂아 두고 한 권을 선사하면 〈머리가 좀 든 친구라면〉 대단히 기뻐할 것입니다.

29 K-pop도 좋고 K-sport도 좋지만 '문화 대국'이 되려면 골고루 다 발전시켜야 되겠지요. 육체적인 것은 곧 사라지지만 정신적인 것은 오래갑니다. 따지고 보면 〈한국어 살리기〉란 말은 형이하학적 표현이라 어감이 별로 좋지 않아요. 이 책은 한국인이 한국의 얼을 담아 세계에 내놓는 〈한국어 알리기〉 사전입니다. 한글은 비교적 과학적이고 전산망 친화적이지만 결코 쉬운 말은 아닙니다. 그러나 세계시장에서 쓸모가 있으면 떠오를 수밖에 없지요. 한글의 세계화를 위해서는 우리가 먼저 영어대신 한국어를 사용해야 합니다. Hyundai나 Samsung같이 말입니다. 앞으로 이원택의 [Global] 사전이 [Han-go-eul] 사전으로 바뀔 날이 오기를 바라며 우리 모두 대한민국의 위상에 걸맞은 '좋은 사전'이 되도록 노력해 봅시다.

앞으로 백년 후에 지구촌 사람들이 사용할 언어는 아마도 영어에 바탕을 둔 〈세계어〉가 될 것입니다. 언어의 국경이 희미해지면서 각국어 중에 쉽고 편한 말들이 가미되겠지요. 이때를 대비해서 지금부터 한국어→동양어→세계어를 향한 언어의 흐름에 될수록 우리나라 말을 많이 실어서 [〈Global〉 Dictionary]의 초석이 되었으면 합니다.

30 그렇다고 남의 나라 말을 타도하자는 얘기가 아닙니다. 왜 [이원택 사전]들의 모두가 'win-win'이겠습니까(?) 제가 번역을 하면서 금과옥조로 명심한 것이 바로 외국어와 자국어가 궁합이 맞아 떨어져야 한다는 점이었는데 화합의 첫째 요건이 소통이지요. 서로 이해하지 못할 때 모든 분쟁과 차별이 생겨나게 됩니다. 따라서 [지구촌 사전]의 궁극적 목표는 'world-peace'에 있고, 가히 〈노벨 평화상〉을 받을만한 가치가 있다고 봅니다. 〈이 친구, 정신과를 오래 하더니 드디어 맛이 갔구먼!〉

※ 이 글은 광고비가 너무 비싸 은근슬쩍 부록에 끼워 넣는 것이랍니다. (다 아시겠지만!)

특별부록 B
기초 스페인어 (Español básico)

목차

I 문법   1580
- A. 발음   1580
- B. 성   1580
- C. 복수형   1580
- D. 관사   1580
- E. 긍·부정어   1580
- F. 인칭대명사   1580
- G. 지시사   1581
- H. 관계사   1581
- I. 접속사   1581
- J. 전치사   1582
- K. 접사   1582
  - a. 접두사   1582
  - b. 접미사   1582

II 동사   1583
- A. 동사 변화   1583
- B. 기본 동사   1585

III 어휘   1587
- A. 국가   1587
- B. 숫자   1587
- C. 시간   1588
- D. 가족   1588
- E. 신체 부위   1589
- F. 음식   1589
- G. 자연   1591
- H. 동물   1592
- I. 운동경기   1592
- J. 장소   1593
- K. 직업   1593
- L. 상업   1595
- M. 의류 및 장신구   1596
- N. 색깔   1596
- O. 여행   1596
- P. 교신   1598
- Q. 수식어   1599
  - a. 형용사   1599
  - b. 부사   1599

I. 문법(gramatica)

A. 발음(pronunciacion)
1. n·s를 제외한 자음으로 끝나는 단어는 끝철음에 강세
2. 모음과 자음 n·s로 끝나는 단어는 끝에서 두 번째 모음에 강세
3. 강모음(a·e·o)과 약모음(i·u) 또는 약모음과 강모음이 같이 오면 강모음에 강세, 약모음과 약모음이 같이 오면 뒷모음에 강세
4. 모음 순서에서 강·약 모음이 나란히 오면 약모음은 무시
5. c·k·l·p·q·t는 강음, h는 묵음, j는 ⟨ㅎ⟩, ll은 ⟨이⟩, w는 ⟨우⟩, x는 ⟨(ㄱ)ㅅ⟩, y는 ⟨이·ㅈ⟩, z는 ⟨ㅅ⟩으로 발음함
6. 철자에 '(tilde) 부호가 있으면 강세 발음

B. 성(genero)
1. 단어가 o나 자음으로 끝나면 남성 \ a나 cion·sion·dad·tad로 끝나면 여성
2. 단어가 ista·ante·ente로 끝나면 양성
3. 사람과 대부분의 동물은 타고난 성을 따름

C. 복수형(plural)
1. 모음으로 끝나는 단어는 s \ 강세가 있는 모음이나 자음으로 끝나면 es를 붙임
2. s로 끝나는 단어는 대부분 단·복수가 같음
3. z로 끝나는 단어는 z를 ces로 바꿈

D. 관사(articulo)
1. 정관사(articulo determinado\definido): the   2. 부정관사(articulo indeterminado\indefinido): a\an

단(복)수	남성	여성
	el(los) [엘(에요스)]	la(s) [라(스)]

단(복)수	남성	여성
	un(os) [운(우노스)]	una(s) [우나(스)]

E. 긍·부정어
1. si[씨]는 yes, si[시]는 if   2. ⟨not을 뜻하는⟩ no는 동사 앞에 옴

F. 인칭대명사(pronombre sujeto)

주격 (~은/는/이/가)		(행위가 자신에게 돌아오는) 재귀격	소유격(~의) 단수	소유격(~의) 복수	(명사 뒤에 오는) 후치형	목적격 간접목적 (~에게/한테)	목적격 직접목적 (~을/를)	(전치사 다음에 오는) 전치사격
yo [요]	나	me [메]	mi [미]	mis [미스]	mio [미오], a [아]	me [메]	me [메]	mi [미]
tú [뚜]	너	te [떼]	tu [뚜]	tus [뚜스]	tuyo [뚜요], a [아]	te [떼]	te [떼]	ti [띠]
ud./ usted [우스뗃]	당신	se [쎄]	su [수]	sus [쑤스]	suyo [쑤오], a [아]	le [레]	lo [로]	ud. [우스뗃]
él [엘]	그, 그것(남성형)							él [엘]
ello [에요]	그것(중성형)							ello [에요]
ella [에야]	그녀, 그것(여성형)						la [라]	ella [에야]
nosotros [노쏘뜨로스]	우리	nos [노스]	nuestro [누에스뜨로] nuestras [누에스뜨라스]	nuestros [누에스뜨로스] nuestras [누에스뜨라스]	nuestro [누에스뜨로], a [아]	nos [노스]	nos [노스]	nosotros [노쏘뜨로스]

주격 (~은/는/이가)		(행위가 자신에게 돌아오는) 재귀격	소유격(~의)			목적격		
			단수	복수	(명사 뒤에 오는) 후치형	간접목적 (~에게/ 한테)	직접목적 (~을/를)	(전치사 다음에 오는) 전치사격
vosotros [보쏘뜨로스]	너희들	vos [보스]	vuestro [부에스뜨로] vuestras [부에스뜨라스]	vuestros [부에스뜨로스] vuestras [부에스뜨라스]	vuestro [부에스뜨로], a [아]	vos [보스]	vos [보스]	vosotros [보쏘뜨로스]
uds./ ustedes [우스떼데스]	당신들/ 너희들(중남미)	se [쎄]	su [수]	sus [쑤스]	suyo[쑤요], a [아]	le [레스]	los [로스]	uds. [우스뗀]
ellos [에요스]	그 남자들, 그들, 그것들(중성형/ 남성형)							ellos [에요스]
ellas [에야스]	그 여자들, 그것들(여성형)						la [라스]	ellas [에야스]

G. 지시사(indicador)

※ 형용사에 강세표를 찍으면 대명사가 됨

	남성 (복수)	여성 (복수)	중성
this: 이	este(estos) [에스떼(또스)]	esta(s) [에스따(스)]	esto [에스또]
it: 그	ese(esos) [엣세(소스)]	esa(s) [엣사(스)]	eso [엣소]
that: 저	aquel(aquellos) [아껠(께요스)]	aquella(s) [아께야(스)]	aquello [아께요]

H. 관계사(relativo)

	Spanish	발음	English	뜻		Spanish	발음	English	뜻
1	que	[께]	who, whom, which, what, that	막연한 대상	7	como	[꼬모]	how	어떻게
2	quien(es)	[끼엔(에네스)]	who	누구(들)	8	donde	[돈데]	where	어디서
3	cuyo	[꾸요]	whose	누구의	9	por que	[뽈께]	why	왜
4	cual(es)	[꾸알(아레스)]	which	어느 것(들)	10	aqui	[아끼]	here	여기
5	cuando	[꾸안도]	when	언제	11	ahi	[아이]	there	저기
6	cuanto	[꾸안또]	how much (many)	얼마 (몇 개)	12	hay	[아이]	there are(is)	(거기) 있다

I. 접속사(conjuncion)

	Spanish	발음	English		Spanish	발음	English
1	y	[이]	and	12	mas que	[마스 께]	even if
2	e	[에]	and	13	menos	[메노스]	but
3	antes	[안떼스]	before	14	aunque	[아운께]	although
4	despues de	[데스뿌에스 데]	after	15	sin embargo	[씬 엠바알고]	however
5	ni, ni	[니, 니]	neither, nor	16	sino	[씨노]	rather
6	otro	[오뜨로]	another	17	por lo demás	[뽈 로 데마스]	otherwise
7	ninguno	[닌구노]	neither, nor	18	no obstante	[노 옵스딴떼]	nevertheless
8	u	[우]	or	19	excepto / salvo	[엑셉또 / 쌀보]	except for
9	o bien, obien	[오 비엔, 오비엔]	ether, or	20	es decir	[에스 데씰]	that is (to say)
10	pero	[뻬로]	but	21	esto es	[에스또 에스]	that is
11	mas	[마스]	but	22	por que	[뽈께]	because

	Spanish	발음	English		Spanish	발음	English
23	pues	[뿌에스]	as, since	31	para que	[빠라 께]	so what
24	si	[시]	if	32	a fin de que	[아 휜 데 께]	in order to
25	de que	[데 께]	of	33	ya, ya	[야, 야]	now, now
26	con tal de que	[꼰딸데께]	as long as	34	ya que	[야 께]	since
27	siempre que	[씨엠쁘뤠 께]	when·ever	35	fuera, fuera	[후에롸, 후에롸]	either, or
28	como	[꼬모]	if	36	antes bien	[안떼스 비엔]	on the contrary
29	que no	[께 노]	"no"	37	con todo	[꼰 또도]	even so
30	que si	[께 씨]	"yes"				

J. 전치사(preposicion)

	Spanish	발음	English		Spanish	발음	English
1	a	[아]	to, at	11	en	[엔]	in, on, at
2	amba(o)s	[암바(보)스]	both	12	entre	[엔뜨뤠]	between, among
3	ante	[안떼]	before	13	hacia	[아씨아]	until, toward
4	bajo	[바호]	under	14	hasta	[아스따]	toward, until
5	cada	[까다]	each, every	15	para	[빠라]	for, in order to
6	con	[꼰]	with	16	por	[뽈]	for, by
7	contra	[꼰뜨롸]	against	17	según	[세군]	according to
8	de	[데]	of, from	18	sin	[씬]	without
9	desde	[데스데]	from, since	19	sobre	[쏘브뤠]	about, up(on), abore, around
10	(de)trás	[(데)뜨롸스]	behind	20	tras	[뜨롸스]	after, behind

K. 접사(afijo)

a. 접두사(prefijo)

	Espanol	(English)	Coreano (설명)		Espanol	(English)	Coreano (설명)
1	a~, an~	(a~, an~)	부정	11	extra~	(extra~)	(예)외·여분
2	ante~	(ante~)	전방	12	hiper~	(hyper~)	상위
3	anti~	(anti~)	반대	13	hipo~	(hypo~)	하위
4	bi~, bis~	(bi~)	두(번)	14	in~	(in~, im~)	부정
5	co~, con~	(co~, com~, con~)	함께	15	inter~	(inter~)	중위
6	contra~	(contra~)	반대	16	pos~, post~	(post~)	후(위)
7	de~, des~	(de~, dis~)	반대·분리	17	pre~	(pre~)	앞·미리
8	en~	(in~)	안(쪽)	18	re~	(re~)	반복·강조
9	entre~	(inter~)	중간·사이	19	sub~	(sub~)	아래
10	ex~	(ex~)	밖(으로)	20	super~	(super~)	상위

b. 접미사(sufijo)

	Espanol	(English)	Coreano (설명)		Espanol	(English)	Coreano (설명)
1	~ado	(~ed)	과거형	9	~cracia	(~cracy)	지배·세력·정치계급
2	~al	(~al)	~한·~함	10	~dad	(~ty)	행위·성질·상태
3	~ando, ~iendo	(~ing)	현재분사(진행형)	11	~dor	(~tor)	~하는 것(사람)
4	~ano, ~ana	(~an)	국적, ~성질의	12	~encia	(~ence)	성질·상태
5	~ante	(~ant)	~하는 것 (사람)	13	~eza	(~ness)	성질·상태
6	~ar, ~er, ~ir	(to)	부정사, 동사형	14	~filo, ~fila	(~phile)	사랑(좋아)하는
7	~arquía	(~archy)	정체 (본모양)	15	~fobo, ~foba	(~phobe)	혐오(무서워)하는
8	~ción	(~tion)	행위·상태·결과	16	~ica, ~ico	(~ic<al>)	~의·~같은·~으로 된

	Espanol	(English)	Coreano (설명)		Espanol	(English)	Coreano (설명)
17	~ido	(~ed)	(과거)분사형	25	~no	(~nae)	성질·상태·결과·사람
18	~ificar	(~ify)	~하게 하다	26	~or, ~ora	(~er, ~or)	하는 것(사람)
19	~ismo, ~isma	(~ism)	행동·작용·상태·학설	27	~orio, ~oria	(~ory)	하는 곳(성질·기능)
20	~ista	(~ist)	~하는 사람(주의자)	28	~oso, ~osa	(~ous)	~비슷한 (특성)
21	~ivo	(~ive)	~한 성질·경향	29	~ro	(~er, ~re)	하는 것(곳·사람)
22	~izar	(~ize, ~ise)	~으로 만들다(변화시키다)	30	~sión	(~sion)	상태·동작
23	~mente	(~ly)	부사형, ~다운, ~성질의	31	~tud	(~tude)	성질·상태
24	~mento, miento	(~ment)	동작·수단·상태·결과				

II. 동사(verbo)

A. 동사 변화(cambio de verbo)
 1. 동사는 6가지 인칭에 따라 바뀜
 2. 동사의 원형은 대개 ~ar·~er·~ir로 끝남
  ① 현재·과거·불완료 과거형(과거의 지속된 행위나 상태)은 원래 접미어를 떼고 인칭에 따른 접미어를 붙임
  ② 현재분사: ~ar 동사는 어미 탈락 후 ⟨ando⟩ / ~er·~ir 동사는 어미 탈락 후 ⟨iendo⟩를 붙임
  ③ 과거분사: ~ar 동사는 어미 탈락 후 ⟨ado⟩ / ~er·~ir 동사는 어미 탈락 후 ⟨ido⟩를 붙임
  ④ 현재완료: haber(have)의 현재형+과거분사
  ⑤ 진행형: estar+현재(과거)분사
  ⑥ 가정법과 미래형은 원형을 그대로 둔 상태에서 접미어를 붙임
  ⑦ 어간에 e나 o가 포함된 경우 등 불규칙 변형이 많음
 3. 주요 동사(verbo primario)
  ① ser: be; 이다(지속적)

인칭	현재	과거	불완료 과거	가정법	미래
yo	soy	fui	era	sería	seré
tú	eres	fuiste	eras	serías	serás
él/ella/ud	es	fue	era	sería	será
nosotros	somos	fuimos	féramos	seríamos	seremos
vosotros	sois	fuisteis	erais	seríais	seréis
ellos/ellas/usd	son	fueron	eran	serían	serán

  ② estar: be; 이다(일시적)

인칭	현재	과거	불완료 과거	가정법	미래
yo	estoy	estuve	estaba	estaría	estaré
tú	estás	estuviste	estabas	estarías	estarás
él/ella/ud	está	estuvo	estaba	estaría	estará
nosotros	estamos	estuvimos	estábamos	estaríamos	estaremos
vosotros	estáis	estuvisteis	estabais	estaríais	estaréis
ellos/ellas/usd	están	estuvieron	estaban	estarían	estarán

③ poder: can; 할 수 있다

인칭	현재	과거	불완료 과거	가정법	미래
yo	puedo	pude	podía	podría	podré
tú	puedes	pudiste	podías	podrías	podrás
él/ella/ud	puede	pudo	podía	podría	podrá
nosotros	podemos	pudimos	podíamos	podríamos	podremos
vosotros	podéis	pudisteis	podíais	podríais	podréis
ellos/ellas/usd	pueden	pudieron	podían	podrían	podrán

④ hacer: do; 하다

인칭	현재	과거	불완료 과거	가정법	미래
yo	hago	hice	hacía	haría	haré
tú	haces	hiciste	hacías	harías	harás
él/ella/ud	hace	hizo	hacía	haría	hará
nosotros	hacemos	hicimos	hacíamos	haríamos	haremos
vosotros	hacéis	hicisteis	hacíais	haríais	haréis
ellos/ellas/usd	hacen	hicieron	hacían	harían	harán

⑤ ir: go; 가다

인칭	현재	과거	불완료 과거	가정법	미래
yo	voy	fui	iba	iría	iré
tú	vas	fuiste	ibas	irías	irás
él/ella/ud	va	fue	iba	iría	irá
nosotros	vamos	fuimos	íbamos	iríamos	iremos
vosotros	vais	fuisteis	ibais	iríais	iréis
ellos/ellas/usd	van	fueron	iban	irían	irán

⑥ dar: give; 주다

인칭	현재	과거	불완료 과거	가정법	미래
yo	doy	di	daba	daría	daré
tú	das	diste	dabas	darías	darás
él/ella/ud	da	dio	daba	daría	dará
nosotros	damos	dimos	dábamos	daríamos	daremos
vosotros	dais	disteis	dabais	daríais	daréis
ellos/ellas/usd	dan	dieron	daban	darían	darán

⑦ tener: have; 가지고 있다

인칭	현재	과거	불완료 과거	가정법	미래
yo	tengo	tuve	tenía	tendría	tendré
tú	tienes	tuviste	tenías	tendrías	tendrás
él/ella/ud	tiene	tuvo	tenía	tendría	tendrá
nosotros	tenemos	tuvimos	teníamos	tendríamos	tendremos
vosotros	tenéis	tuvisteis	teníais	tendríais	tendréis
ellos/ellas/usd	tienen	tuvieron	tenían	tendrían	tendrán

⑧ querer: love; 원하다, 좋아하다

인칭	현재	과거	불완료 과거	가정법	미래
yo	quiero	quise	quería	querría	querré
tú	quieres	quisiste	querías	querrías	querrás
él/ella/ud	quiere	quiso	quería	querría	querrá
nosotros	queremos	quisimos	queríamos	querríamos	querremos
vosotros	queréis	quisisteis	queríais	querríais	querréis
ellos/ellas/usd	quieren	quisieron	querían	querrían	querrán

B. 기본 동사(verbo basico)

	Spanish	발음	English		Spanish	발음	English
1	abrir	[아브릴]	open	38	costar	[꼬스딸]	cost
2	acabar	[아까발]	end, finish	39	crear	[끄뤠알]	create
3	aceptar	[아셒딸]	accept	40	crecer	[끄뤠쎌]	grow
4	acostar	[아꼬스딸]	go to bed	41	creer	[끄뤠엘]	believe, think
5	alcanzar	[알깐쌀]	reach	42	cruzar	[끄루쌀]	cross
6	amar	[아말]	love	43	cubrir	[꾸브릴]	cover
7	apagar	[아빠갈]	extinguish	44	cumplir	[꼼쁘릴]	achieve, complete
8	aprender	[아쁘뤤델]	learn	45	deber	[데벨]	owe, must
9	assistir	[아씨스띨]	assist	46	decidir	[데시딜]	decide
10	ayudar	[아유달]	help	47	decir	[데씰]	say
11	bailar	[바이랄]	dance	48	defender	[데휀델]	defend
12	bajar	[바할]	go down, get off	49	dejar	[데할]	leave, allow
13	beber	[베벨]	drink	50	descubrir	[데스꾸브릴]	discover
14	buscar	[부스깔]	look for	51	desear	[데세알]	desire, wish
15	caber	[까벨]	fit	52	despedir	[데스뻬딜]	depart
16	caer	[까엘]	fall	53	despertar	[데스뻬르딸]	wake up
17	cambiar	[깜비알]	change	54	destruir	[데스뜨루일]	destroy
18	cantar	[깐딸]	sing	55	devolver	[데볼웰]	return
19	casar	[까쌀]	marry	56	dirigir	[디뤼힐]	direct
20	cerrar	[세르랄]	close	57	doler	[도랠]	hurt
21	cocinar	[꼬시날]	cook	58	dormir	[도르밀]	sleep
22	cogar	[꼬갈]	catch, take	59	duchar	[두찰]	douche, shower
23	comenzar	[꼬멘살]	begin	60	echar	[에찰]	throw, cast
24	comer	[꼬멜]	eat	61	elegir	[엘레힐]	elect
25	compartir	[꼼빠르띨]	share	62	empezar	[엠뻬쌀]	start
26	comprar	[꼼쁘랄]	buy	63	encantar	[엔깐딸]	encounter
27	comprender	[꼼쁘뤤델]	comprehend	64	encender	[엔센델]	light, turn on
28	conducir	[꼰두씰]	conduct	65	encontrar	[엔꼰뜨랄]	encounter, find
29	conocer	[꼬노쎌]	know, meet	66	entender	[엔뗀델]	understand
30	conseguir	[꼰새길]	get	67	entrar	[엔뜨랄]	enter
31	considerar	[꼰시데랄]	consider	68	enviar	[엔뷔알]	send
32	construir	[꼰스뜨루일]	construct	69	escoger	[에스꼬헬]	choose
33	contar	[꼰딸]	count	70	escribir	[에스끄뤼빌]	write
34	convertir	[꼰붸띨]	convert	71	escuchar	[에스꾸찰]	listen
35	corregir	[꼬르뤠힐]	correct	72	esperar	[에스뻬뢀]	expect, wait
36	correr	[꼬르뤨]	run	73	estudiar	[에스뚜디알]	study
37	cortar	[꼬르딸]	cut	74	exigir	[엑씨힐]	demand

	Spanish	발음	English		Spanish	발음	English
75	existir	[엑시스띨]	exit	123	ocurrir	[오꾸르릴]	occur, happen
76	explicar	[엑스쁘리깔]	explain	124	ofrecer	[오후뤠쎌]	offer
77	formar	[훨말]	form, make	125	oír	[오일]	hear
78	ganar	[가날]	earn, win	126	oler	[오렐]	smell
79	gastar	[가스딸]	spend	127	olvidar	[올븨달]	forget
80	gustar	[구스딸]	(gusto), like	128	organizar	[올가니쌀]	organize
81	habitar	[아비딸]	inhabit	129	pagar	[빠갈]	pay
82	habituar	[아비뚜알]	get used to	130	parar	[빠랄]	stop
83	hablar	[아브랄]	speak, talk	131	parecer	[빠뤠쎌]	seem, look like
84	hackear	[아께알]	hack	132	partir	[빨띨]	part, leave
85	haga	[아가]	make, do	133	pasar	[빠쌀]	pass, happen
86	halagar	[알라갈]	flatter	134	pedir	[뻬딜]	ask for
87	hartar	[알딸]	get bored of	135	pensar	[뻰쌀]	think
88	haver	[아붸]	have	136	perder	[뻴델]	lose
89	helar	[엘랄]	freeze	137	permitir	[뻴미띨]	permit, allow
90	henchir	[엔칠]	fill	138	poner	[뽀넬]	put
91	herir	[에릴]	hurt	139	practicar	[쁘롺띠깔]	practice
92	hervir	[엘뷜]	boil	140	preferir	[쁘뤠훼릴]	prefer
93	hinchar	[인찰]	swell	141	preguntar	[쁘뤠군딸]	ask
94	hostigar	[오스띠갈]	bother, pester	142	preparar	[쁘뤠빠랄]	prepare
95	huir	[우일]	escape, run away	143	presentar	[쁘뤠센딸]	present
96	incluir	[인클루일]	include	144	prestar	[쁘뤠스딸]	lend
97	intentar	[인뗀딸]	intend, try	145	probar	[쁘로발]	try (on)
98	jugar	[후갈]	play	146	producir	[쁘로두씰]	produce
99	lavar	[라발]	wash	147	proteger	[쁘로떼헬]	protect
100	leer	[레엘]	read	148	quebrar	[끼브랄]	break
101	levantar	[레반딸]	raise, get up	149	quedar	[께달]	stay
102	limpiar	[림삐알]	clean	150	quejar	[끼할]	complain
103	llamar	[야말]	call	151	quitar	[끼딸]	quit, remove
104	llegar	[예갈]	arrive	152	realizar	[뤠아리쌀]	realize, carry out
105	llenar	[예날]	fill	153	recibir	[뤠시빌]	receive
106	llevar	[예봘]	carry, wear	154	recoger	[뤠꼬헬]	pick up
107	llorar	[요랄]	cry	155	recomendar	[뤠꼬멘달]	recommend
108	llover	[요붸]	rain	156	reconocer	[뤠꼬노쎌]	recognize
109	lograr	[로그랄]	get, manage	157	recordar	[뤠꼬르달]	record, remmber
110	mandar	[만달]	order	158	regresar	[뤠그레쌀]	regress
111	mantener	[만떼넬]	maintain	159	reír	[뤠일]	laugh
112	medir	[메딜]	measure	160	remar	[뤠말]	row
113	menejar	[메네할]	manage	161	repetir	[뤠뻬띨]	repeat
114	mentir	[멘띨]	lie	162	resolver	[뤠솔붸]	resolve
115	mirar	[미활]	look at, watch	163	resultar	[뤠술딸]	turn out
116	morir	[모륄]	die	164	rezar	[뤠쌀]	pray
117	mostrar	[모스뜨랄]	show	165	rogar	[로갈]	beg
118	mover	[모붸]	move	166	romper	[롬뻴]	break
119	nacer	[나쎌]	be born	167	saber	[사붸]	know
120	nadar	[나달]	swim	168	sacar	[사깔]	take out
121	necesitar	[네세시딸]	need	169	salir	[사릴]	go out
122	obtener	[옵떼넬]	obtain	170	se	[쎄]	(I) know

	Spanish	발음	English		Spanish	발음	English
171	secar	[세깔]	dry	187	traducir	[뜨라두씰]	translate
172	seguir	[세길]	follow	188	traer	[뜨라엘]	bring
173	sentar	[센딸]	sit	189	tratar	[뜨라딸]	treat
174	sentir	[센띨]	sense, feel	190	usar	[우쌀]	use
175	servir	[셀빌]	serve	191	utilizar	[우띨리쌀]	utilize
176	sofreír	[소후웨일]	saute, fry	192	velar	[벨랄]	guard
177	sonreír	[손뤠일]	smile	193	vender	[벤델]	sale
178	subir	[수빌]	sublet(lease)	194	venir	[베닐]	come
179	sugerir	[수헤릴]	suggest	195	ver	[벨]	see
180	sumergir	[수메르힐]	submerge	196	vestir	[베스띨]	vest, wear
181	suplicar	[수쁘리깔]	appeal, plead	197	violar	[비오랄]	violate
182	suponer	[수뽀넬]	suppose	198	visitar	[비시딸]	visit
183	terminar	[떨미날]	terminate	199	vivir	[비빌]	live
184	tocar	[또깔]	touch	200	volar	[보랄]	fly
185	tomar	[또말]	take	201	volver	[볼벨]	return, come back
186	trabajar	[뜨라바할]	work				

III. 어휘(vocabulario)

A. 국가(nacion)

	Spanish	발음	English		Spanish	발음	English
1	Alemania	[알레마니아]	Germany	9	Francia	[후랑씨아]	France
2	Argentina	[알젠띠나]	Argentina	10	India	[인디아]	India
3	Brasil	[브라씰]	Brazil	11	Inglaterra	[잉글라떼롸]	England
4	Chile	[칠레]	Chile	12	Japan	[하뽄]	Japan
5	China	[치나]	China	13	Mexico	[메히꼬]	Mexico
6	Corea	[꼬뤠아]	Korea	14	Perú	[뻬루]	Peru
7	Espana	[에스빠냐]	Spain	15	Portugal	[뽈뚜갈]	Portugal
8	Estados Unidos	[에스따도스 우니도스]	U.S.	16	Rusia	[루시아]	Russia

B. 숫자(numero)

숫자	Spanish	발음	뜻	숫자	Spanish	발음	뜻
0	cero	[쎄로]	영	15	quince	[낀세]	열다섯
1	uno	[우노]	하나	16	diez y seis	[디에스 이 쎄이스]	열여섯
2	dos	[도스]	둘	17	diez y siete	[디에스 이 시에떼]	열일곱
3	tres	[뜨뤠스]	셋	18	diez y ocho	[디에스 이 오쵸]	열여덟
4	cuatro	[꾸아뜨로]	넷	19	diez y nueve	[디에스 이 누에붸]	열아홉
5	cinco	[씽꼬]	다섯	20	veinte	[베인떼]	스물
6	seis	[쎄이스]	여섯	30	treinta	[뜨뤤따]	서른
7	siete	[시에떼]	일곱	40	cuarenta	[꽈뤤따]	마흔
8	ocho	[오쵸]	여덟	50	cincuenta	[싱꿴따]	쉰
9	nueve	[누에붸]	아홉	60	sesenta	[세쎈따]	예순
10	diez	[디에스]	열	70	setenta	[세뗀따]	일흔
11	once	[온세]	열하나	80	ochenta	[오첸따]	여든
12	doce	[도세]	열둘	90	noventa	[노붼따]	아흔
13	trece	[뜨뤠세]	열셋	100	cien(to)	[씨엔(또)]	백
14	catorce	[까또르세]	열넷	200	dos cientos	[도스 씨엔또스]	이백

숫자	Spanish	발음	뜻	숫자	Spanish	발음	뜻
300	tres cientos	[뜨뤠스 씨엔또스]	삼백	10,000	diez mil	[디에스 밀]	만
400	cuatro cientos	[꾸아뜨로 씨엔또스]	사백	100,000	cien mil	[씨엔 밀]	십만
500	quinientos	[끼니엔또스]	오백	1,000,000	million	[미욘]	백만
1,000	mil	[밀]	천	10^9	mil millones	[밀 미요네스]	십억
2,000	dos mil	[도스 밀]	이천	10^{12}	billón	[비욘]	조

C. 시간(tiempo)

a. 계절(estaciones〈cuatro〉)

봄	La primavera	[라 쁘리마붸라]	가을	El otono	[엘 오또노]
여름	El verano	[엘 붸롸노]	겨울	El invierno	[엘 인뷔에르노]

b. 월(meses 〈del ano〉)

1월	Enero	[에네로]	7월	Julio	[훌리오]
2월	Febrero	[훼브뤠로]	8월	Agosto	[아고스또]
3월	Marzo	[마르소]	9월	Septiembre	[셉띠엠브뤠]
4월	Abril	[아브릴]	10월	Octubre	[옥뚜브레]
5월	Mayo	[마요]	11월	Noviembre	[노뷔엠브뤠]
6월	Junio	[후니오]	12월	Diciembre	[디시엠브뤠]

c. 요일(dias 〈dela semana〉)

일	Domingo	[도밍고]	수	Miercoles	[미에르꼴레스]	금	Viernes	[뷔에르네스]
월	Lunes	[루네스]	목	Jueves	[후에베스]	토	Sabado	[싸바도]
화	Martes	[마르떼스]						

d. 때(periodo)

나이	edad	[에닫]	새벽	madrugada	[마드루가다]	내일	mañana	[마냐나]
년	año	[아뇨]	오전	mañana	[마냐나]	정오	mediodía	[메디오디아]
날자	fecha	[훼차]	오후	tarde	[따르데]	자정	medianoche	[메디아노체]
하루	día	[디아]	밤	noche	[노체]	시각	hora	[오라]
오늘	hoy	[오이]	어제	ayer	[아이엘]	잠시	momento	[모멘또]

D. 가족(la familia)

1	abuelo(a)	[아부엘로(라)]		조부(모)
2	p(m)adre \ p(m)p(m)a	[빠(마)드뤠] \ [빠(마)빠(마)]		부(모)
3	p(m)adrastro(a)	[빠(마)드롸스트로(롸)]		계부(모)
4	esposo(a)	[에스뽀소(사)]		남(여)편
5	hijo(a)	[이호(하)]		자(녀)
6	nieto(a)	[니에또(따)]		손자(녀)
7	tío(a)	[띠오(아)]		숙부(모)
8	sobrino(a)	[소브뤼노(나)]		질(녀)
9	hermano(a), mayor \ menor	[에르마노(나)], [마욜] \ [메놀]		형제(자매)
10	hermanastro(a)	[에르마나스트로(롸)]		의붓형제(자매)
11	cuñado(a)	[꾸냐도(다)]		법 형제(자매)
12	primo(a)	[쁘뤼모(마)]		종형제(자매)

E. 신체 부위(parte de cuerpo)

1	la sangre	[라 싼그레]	피	29	el pecho	[엘 뻬쵸]	가슴
2	vaso sanguineo	[봐소 싼귀네오]	혈관	30	el seno	[엘 쎄노]	유방
3	el hueso	[엘 우에소]	뼈	31	la teta	[라 떼따]	젖
4	el musculo	[엘 무스꿀로]	근육	32	la costilla	[라 꼬스띠야]	늑골
5	el nervio	[엘 네르뷔오]	신경	33	el corazon	[엘 꼬라쏜]	심장
6	la coyuntura	[라 꼬윤뚜라]	관절	34	el pulmon	[엘 뿔몬]	폐
7	la piel	[라 삐엘]	피부	35	el costado	[엘 꼬스따도]	옆구리
8	el pelo	[엘 뻴로]	털	36	el ventre	[엘 붼뜨레]	배
9	la cabeza	[라 까베사]	머리	37	el estomago	[엘 에스또마고]	위
10	el cabello	[엘 까베요]	머리털	38	el higado	[엘 이가도]	간
11	la frente	[라 후렌떼]	이마	39	el rinon	[엘 르리논]	신장
12	la cara	[라 까라]	얼굴	40	el intestina	[엘 인떼스띠노]	장
13	el ojo	[엘 오호]	눈	41	el brazo	[엘 브라소]	팔
14	las cejas	[라스 쎄하스]	눈썹	42	el codo	[엘 꼬도]	팔꿈치
15	las pestañas	[라스 뻬스따냐스]	속눈썹	43	la mano	[라 마노]	손
16	el parpado	[엘 빠르빠도]	눈꺼풀	44	el dedo	[엘 데도]	손(발)가락
17	la nariz	[라 나뤼스]	코	45	la una	[라 우냐]	손(발)톱
18	la oreja	[라 오뤠하]	귓바퀴	46	la espalda	[라 에스빨다]	등
19	el oido	[엘 오이도]	속귀	47	la espina	[라 에스삐나]	등뼈
20	la boca	[라 보까]	입	48	la cintura	[라 신뚜라]	허리
21	el labio	[엘 라비오]	입술	49	el culo	[엘 꿀로]	엉덩이
22	la lengua	[라 렝구아]	혀	50	la pierna	[라 삐에르나]	다리
23	el diente	[엘 디엔떼]	이빨	51	la rodilla	[라 로디야]	무릎
24	la muela	[라 무엘라]	어금니	52	el tobillo	[엘 또비요]	복숭아뼈
25	la mejilla	[라 메히야]	볼	53	el pie	[엘 삐에]	발
26	la barba	[라 바르바]	턱	54	el ano	[엘 아노]	항문
27	el cuello	[엘 꾸에요]	목	55	el pene(polla)	[엘 뻬네(뽀야)]	음경(자지)
28	el hombro	[엘 옴브로]	어깨	56	la vulva(cono)	[라 부울봐(꼬뇨)]:	음문(보지)

F. 음식(comidas)

a. codimentos(양념)

1	sal	[쌀]	소금	8	azucar	[아수까르]	설탕
2	pimienta	[삐미엔따]	후추	9	miel	[미엘]	꿀
3	chile \ aji	[칠레] \ [아히]	고추	10	aceite	[아세이떼]	올리브유
4	ajo	[아호]	마늘	11	mantequilla	[만떼끼야]	버터
5	jengibre	[헹히브레]	생강	12	margarina	[마르가뤼나]	마가린
6	mostaza	[모스따사]	겨자	13	mermelada	[메르멜라다]	마멀레이드
7	vinagre	[뷔나그레]	(식)초	14	mayonesa	[마요네사]	마요네즈

b. entremeses(동반식)

1	sopas	[쏘빠스]	국물	7	pasta	[빠스따]	파스타
2	caldo	[깔도]	고깃국	8	tarta	[따르따]	파이
3	puré	[뿌뤠]	걸쭉한 국물	9	pastel	[빠스뗄]	케이크
4	consomé	[꼰소메]	맑은 고기 국물	10	fritas	[후뤼따스]	칩스
5	ensalada	[엔살라다]	샐러드	11	hamburguesa	[암벌구에사]	햄버거
6	pan	[빤]	빵	12	espagueti	[에스빠게띠]	스파게티

13	bocadillo \ bocata	[보까디요] \ [보까따]	샌드위치	15	frijoles	[후리호레스]	콩(류)
14	arroz	[아로스]	쌀	16	callos	[까요스]	옥수수

c. carnes (육류)

1	vaca	[바까]	소	6	jamón	[하몬]	햄
2	ternera	[떼르네롸]	송아지	7	tocino	[또씨노]	베이컨
3	carnero \ obejo	[까르네로] \ [오베호]	양	8	salchicha	[살치챠]	소시지
4	lechón	[레촌]	작은 돼지	9	chorizo	[쵸뤼소]	작은 (매운) 소시지
5	cerdo \ puerco	[쎄르도] \ [뿌에르꼬]	돼지	10	jabalí	[하발리]	멧돼지

d. aves \ pajaro (새고기)

1	pollo	[뽀요]	닭(영계)	5	faisán	[화이싼]	꿩
2	gallina	[가이이나]	암탉(노계)	6	perdiz	[뻬르디스]	자고
3	ganso \ oca	[간소] \ [오까]	거위	7	cordorniz	[꼬도르니스]	메추라기
4	pato	[빠또]	오리	8	pavo \ guajolote	[빠보] \ [구와호로떼]	칠면조

e. huevos (달걀)

1	huevos estrellados	[우에보스 에스뜨뤠야도스]	계란프라이	3	huevos pasados por agua	[우에보스 빠싸도스]	삶은 계란
2	huevos revueltos	[우에보스 뤠부엘또스]	스크램블드에그	4	tortilla	[또르띠야]	오믈렛

f. pescados (물고기 \ 어물)

1	almeja	[알메하]	조개	16	langostino	[랑고스띠노]	대하
2	anchoa	[안쵸아]	멸치	17	lenguado	[렝구아도]	가자미
3	anguila	[앙길라]	장어	18	lúcio	[루시오]	곤들매기
4	arenque	[아뤤께]	청어	19	mariscos	[마리스꼬스]	해산 갑각류
5	atún	[아뚠]	다랑어	20	merluza	[메를루사]	민대구
6	bacalao	[바깔라오]	대구	21	mero	[메로]	능성어
7	besugo	[베쑤고]	도미	22	ostras \ ostiones	[오스뜨라스] \ [오스띠오네스]	굴
8	bogavante	[보가뷴떼]	(유럽) 랍스터	23	perca	[뻬르까]	농어
9	bonito	[보니또]	가다랑어	24	percebes	[뻬르쎄베스]	작은 조개
10	caballa	[까바야]	전갱이	25	pescadilla	[뻬스까디야]	작은 대구
11	calamari	[깔라마뤼]	낙지	26	pulpo	[뿔뽀]	문어
12	camarones	[까마로네스]	새우	27	raya	[롸야]	가오리
13	cangrejo	[깡그뤠호]	게	28	salmón	[살몬]	연어
14	carpa	[까르빠]	잉어	29	salmonete	[살모네떼]	노랑촉수
15	langosta	[랑고스따]	가재	30	trucha	[뜨루챠]	송어

g. verduras (채소)

1	achicoria	[아치꼬뤼아]	양상추	7	calabaza	[깔라바사]	호박
2	apio	[아삐오]	셀러리	8	camote \ batata	[까모떼] \ [바따따]	고구마
3	arvejas	[알베하스]	누에콩	9	cebada	[세바다]	보리
4	avena	[아베나]	귀리	10	cebolla	[세보야]	양파
5	berenjenas	[베렌헤나스]	가지	11	centeno	[센떼노]	호밀
6	berros	[베로스]	물냉이	12	espinaca	[에스삐나까]	시금치

13	frijoles	[후뤼홀레스]	강낭콩		21	patatas \ papas	[빠따따스] \ [빠빠스]	감자
14	garbanzos	[가르반소스]	병아리콩		22	pepino	[뻬삐노]	오이
15	guisantes	[기싼떼스]	풋콩		23	perejil	[뻬뤠힐]	파슬리
16	habas	[아바스]	넙적콩		24	pimiento morron	[삐미엔또 모르론]	붉은 고추
17	lechuga	[레츄가]	상추		25	remolacha	[뤠몰라챠]: 근대	근대
18	lenteja	[렌떼하]	렌즈콩		26	seta	[쎄따]	버섯
19	maiz	[마이스]	옥수수		27	trigo	[뜨뤼고]	밀
20	nabo	[나보]	순무		28	zanahoria	[사나오뤼아]	당근

h. frutas (과일)

1	aguacate	[아구아까떼]	아보카도		16	manzana	[만싸나]	사과
2	albaricoque	[알바뤼꼬께]	살구		17	melocotón	[멜로꼬똔]	(큰) 복숭아
3	almendras	[알멘드라스]	아몬드		18	melón	[멜론]	참외
4	cacahuete \ mani	[까까우에떼] \ [마니]	땅콩		19	mora	[모라]	오디
5	castaña	[까스따냐]	밤		20	naranja	[나란하]	귤
6	cereza	[세뤠사]	버찌		21	níspola	[니스뽈라]	비파
7	ciruelas	[시루엘라]	매실		22	nuece	[누에세]	호두
8	compota	[꼼뽀따]	설탕에 절인 과일		23	pasas	[빠사스]	건포도
9	datiles	[다띨레스]	대추		24	pera	[뻬라]	배
10	durazno	[두라스노]	(작은) 복숭아		25	piña \ ananá	[삐냐] \ [아나냐]	파인애플
11	fresa	[후뤠사]	딸기		26	plátano	[뿔라따노]	바나나
12	granada	[그라나다]	석류		27	sandía	[산디아]	수박
13	grosella	[그로쎄야]	잔(건)포도		28	tomate	[또마떼]	토마토
14	limon	[리몬]	레몬		29	toronja	[토론하]	자몽
15	mango	[망고]	망고		30	uva	[우봐]	포도

i. bebida (음료)

1	agua	[아구아]	물		11	leche	[레체]	젖
2	aguadiente	[아구아르디엔떼]	증류수		12	licor	[리꼬르]	독주
3	café	[까풰]	커피		13	ponche	[뽄체]	펀치
4	cerveza	[세르베사]	맥주		14	refresco	[뤠후뤠스꼬]	청량음료
5	champaña	[참빠냐]	샴페인		15	ron	[론]	람주
6	chicha	[치챠]	옥수수 술		16	sidra	[씨드라]	사이다
7	coctel	[꼭뗄]	칵테일		17	te	[떼]	(홍)차
8	coñac	[꼬냐끄]	코냑		18	vino	[비노]	포도주
9	curacao	[꾸라싸오]	귤(독)주		19	yerba	[예르바]	약초(차)
10	ginebra	[히네브라]	진		20	zumo	[수모]	주스

G. 자연 (naturaleza)

1	el cielo	[엘 씨엘로]	하늘		9	el relámpago	[엘 뤨람빠고]	번개
2	el sol	[엘 쏠]	해		10	el trueno	[엘 뚜루에노]	천둥
3	la luna	[라 루나]	달		11	el arcoiris	[엘 아르꼬이뤼스]	무지개
4	el estrella	[엘 에스뜨뤠야]	별		12	la niebla	[라 니에블라]	안개
5	la nube	[라 누베]	구름		13	el viento	[엘 뷔엔또]	바람
6	la nieve	[라 니에붸]	눈		14	el aire	[엘 아이뤠]	공기
7	el hielo	[엘 이엘로]	얼음		15	la tierra	[라 띠에롸]	지구 (흙)
8	la lluvia	[라 유뷔아]	비		16	la montaña	[라 몬따냐]	산

17	el mar	[엘 말]	바다	22	la piedra	[라 삐에드라]	돌
18	el río	[엘 뤼오]	강	23	la arena	[라 아뤠나]	모래
19	el arroyo	[엘 아로요]	시내	24	el árbol	[엘 알볼]	나무
20	el lago	[엘 라고]	호수	25	la hierba	[라 이에르바]	풀
21	el pasto	[엘 빠스또]	초원	26	la flor	[라 플로르]	꽃

H. 동물(animal)

1	abeja	[아베하]	꿀벌	36	hipopótamo	[히뽀뽀따모]	하마
2	aguila	[아귈라]	독수리	37	hormiga	[호르미가]	개미
3	alondra	[알론드라]	종달새	38	jaguar	[하구알]	재규어
4	antilope	[안띠로뻬]	영양	39	jirafa	[시롸화]	기린
5	araña	[아롸냐]	거미	40	lagarto	[라가르또]	도마뱀
6	ardilla	[아르디야]	다람쥐	41	langosta	[랑고스따]	메뚜기
7	avestruz	[아붸스트루스]	타조	42	león	[레온]	사자
8	avispa	[아뷔스빠]	말벌	43	lobo	[로보]	늑대
9	ballena	[바예나]	고래	44	loro	[로로]	앵무새
10	bisonte	[비손떼]	들소	45	mapache	[마빠체]	너구리
11	búfalo	[부활로]	야생소	46	mariposa	[마뤼뽀사]	나비
12	buho	[부호]	올빼미	47	medusa	[메두사]	해파리
13	burro	[부로]	당나귀	48	mono	[모노]	원숭이
14	caballo	[까바요]	말	49	mosquito	[모스뀌또]	모기
15	cabra	[까브롸]	염소	50	murciélago	[물시엘라고]	박쥐
16	camaleón	[까말레온]	카멜레온	51	nutria	[누뜨뤼아]	수달
17	camello	[까메요]	낙타	52	onza	[온사]	치타
18	canguro	[깡구로]	캥거루	53	oso	[오쏘]	곰
19	caracol	[까롸꼴]	달팽이	54	paloma	[빨로마]	비둘기
20	cebra	[쎄브롸]	얼룩말	55	pantera	[빤떼라]	표범
21	ciervo	[씨에르보]	사슴	56	pavón	[빠본]	공작
22	cigüeña	[씨구에냐]	황새	57	pelícano	[뻴리까노]	펠리컨
23	cisne	[씨스네]	백조	58	perro	[뻬로]	개
24	cocodrilo	[꼬꼬드륄로]	악어	59	pingüino	[뻥귀이노]	펭귄
25	conejo	[꼬네호]	토끼	60	rana	[롸나]	개구리
26	coyote	[꼬요떼]	코요테	61	rata	[롸따]	쥐
27	cuco	[꾸꼬]	뻐꾸기	62	sapo	[싸뽀]	두꺼비
28	cuervo	[꾸에르보]	까마귀	63	serpiente	[썰삐엔떼]	뱀
29	elefante	[엘레환떼]	코끼리	64	tiburón	[띠부론]	상어
30	escorpion	[에스꼴뻬온]	전갈	65	tigre	[띠그뤠]	호랑이
31	gato	[가또]	고양이	66	toro	[또로]	황소
32	gaviota	[가뷔오따]	갈매기	67	tortuga	[또르뚜가]	거북
33	golondrina	[골론드뤼나]	제비	68	víbora	[뷔보롸]	독사
34	gorila	[고륄라]	고릴라	69	zorro	[쏘로]	여우
35	hiena	[이에나]	하이에나				

I. 운동경기

1	ajedrez	[아헤드뤠스]	chess	4	bádminton	[배드민똔]	badminton
2	andar	[안달]	walking	5	baloncesto	[발론쎄스또]	basketball
3	atletismo	[아뜰레띠스모]	athletics	6	balonmano	[발론마노]	handball

	Spanish	발음	English		Spanish	발음	English
7	béisbol	[베이스볼]	baseball	23	karate	[카라떼]	karate
8	billar	[비얄]	billards	24	kayac	[카약]	kayak
9	bolos	[볼로스]	bowling	25	lucha	[루차]	wrestling
10	boxeo	[복쎄오]	boxing	26	levantamiento	[레봔따미엔또]	lifting
11	ciclismo	[씨 클리스모]	cycling	27	natación	[나따시온]	swimming
12	correr	[꼬뤨]	running	28	patinaje	[빠띠나헤]	skating
13	críquet	[그뤼케]	cricket	29	ping pong	[뼁 뽕]	ping pong
14	equitación	[에퀴따시온]	equestrian	30	polo	[뽈로]	polo
15	escalada	[에스깔라다]	climbing	31	rugby	[뤅비]	rugby
16	esgrima	[에스그뤼마]	fencing	32	salto	[쌀또]	diving
17	esquí	[에스키]	ski	33	sofbol	[쏘후볼]	softball
18	fútbol	[훝볼]	soccer	34	tenis	[떼니스]	tennis
19	gimnacia	[힘나시아]	gymnastic	35	tiro al arco	[띠요 알 앍꼬]	archery
20	golf	[골후]	golf	36	trotar	[뜨로딸]	jogging
21	hockey	[하키]	hockey	37	velerismo	[뷀레뤼스모]	sailing
22	judo	[유도]	judo	38	voleibol	[볼레이볼]	volleyball

J. 장소(citio)

	Spanish	발음	English		Spanish	발음	English
1	aeropuerto	[아에로뿌엘또]	airport	9	grandes almacenes	[그뢴데스 알마쎄네스]	department store
2	banco	[방꼬]	bank	10	hospital	[오스피딸]	hospital
3	biblioteca	[비블리오떼까]	library	11	hotel	[오뗄]	hotel
4	cafetería	[까훼떼뤼아]	cafeteria	12	librería	[리브뤠뤼아]	bookstore
5	cine	[씨네]	cinema	13	oficina de correos	[오휘씨나 데 꼬뤠오스]	post office
6	comisaría	[꼬미싸뤼아]	police station	14	parque	[빨케]	park
7	escuela	[에스꾸엘라]	school	15	restaurante	[뤠스또우롼떼]	restaurent
8	farmacia	[화르마씨아]	pharmacy	16	supermercado	[쑤펠멜까도]	supermarket

K. 직업(ocupacion \ profesion)

	Spanish	발음	English		Spanish	발음	English
1	abogado	[아보가도]	lawyer	18	campesino	[깜뻬씨노]	farmer
2	acerero	[아쎄뤠로]	steeler	19	canicero	[까니쎄로]	butcher
3	agrimensor	[아그뤼멘솔]	surveyor	20	capataz	[까파따스]	'captain'
4	albañil	[알바닐]	construction worker	21	carpintero	[까르뻰떼로]	carpenter
5	almacenero	[알마세네로]	grocer	22	cartero	[까르떼로]	postman
6	alumno	[알룸노]	pupil	23	casero	[까쎄로]	landlord
7	arquitecto	[알퀴떽또]	architect	24	cazador	[까사돌]	hunter
8	artista	[아르띠스따]	artist	25	chef	[쉐후]	chef
9	asistente	[아씨스뗀떼]	assistant	26	chofer	[쇼휄]	chauffeur
10	autor	[오우똘]	author	27	científico	[씨엔띠휘꼬]	scientist
11	azafata	[아쟈화따]	stewardess	28	cirujano	[씨루하노]	surgeon
12	baratero	[바라떼로]	(discount) store keeper	29	cocinero	[꼬씨네로]	cook
13	bombero	[봄베로]	fireman	30	comentador	[꼬멘따돌]	commentator
14	botones	[보또네스]	bell boy	31	comerciante	[꼬메르시안떼]	merchant
15	cajero	[까헤로]	cashier	32	compañero	[꼼빠녜로]	companion
16	camarero	[까마뤠로]	bartender	33	concierge \ conserje	[깐시엘쥐] \ [꼰쎌헤]	consierge
17	camionero	[까묘네로]	truck driver	34	conductor	[꼰둑똘]	driver

	Spanish	발음	English		Spanish	발음	English
35	consejero	[꼰세헤로]	counselor	78	maestro	[마에스뜨로]	master, teacher
36	constructor	[꼰스뜨룩똘]	construction worker	79	manejador \ mayordomo	[마네하돌] \ [마욜도모]	handler
37	consultor	[꼰술똘]	consultant	80	maquinita	[마퀴니따]	machinist
38	contable	[꼰따블레]	book keeper	81	marinero \ marino	[마루네로] \ [마뤼노]	merchant marine
39	contador	[꼰따똘]	accountant	82	mecánico	[메까니꼬]	mechanic
40	cortante	[꼬르딴떼]	(meat) cutter	83	médico	[메디꼬]	(medical) doctor
41	criada	[끄뤼아다]	maid	84	mesero	[메쎄로]	waiter
42	delineante	[델리네안떼]	draftsman	85	ministerial	[미니스떼뤼알]	minister
43	dentista	[덴띠스타]	dentist	86	obrero	[오브뤠로]	worker
44	dependiente	[데뻰디엔떼]	clerk	87	padre	[빠드뤠]	priest
45	despachador	[데스빠차돌]	dispatcher	88	panadero	[빠나데로]	baker
46	detective	[데떽띠붸]	detective	89	paramédico	[빠라메디꼬]	paramedic
47	dibujante	[디부한떼]	cartoonist	90	pastor	[빠스똘]	pastor
48	director	[디뤡똘]	director	91	patron	[빠뜨롱]	patron
49	doméstico	[도메스띠꼬]	house maid	92	peluquero	[뻴루꿰로]	hairdresser
50	dueño	[두에뇨]	owner	93	periodista	[뻬뤼오디스타]	journalist
51	electricista	[엘렉뜨뤼씨스따]	electrician	94	pescador	[뻬스까돌]	fisherman
52	empleado	[엠플레아도]	employee	95	pintor	[삔똘]	painter
53	encargado	[엔까르가도]	caterer, attendant	96	plomero	[쁠로메로]	plumber
54	enfermero	[엔붸르메로]	nurse	97	policía	[뽈리씨아]	policeman
55	escritor	[에스끄뤼똘]	writer	98	portero	[뽀르떼로]	goalkeeper, door·man
56	estanciero	[에스딴씨에로]	rancher	99	profesor	[쁘로붸쏠]	professor
57	estibador	[에스띠바돌]	long shoreman	100	programador	[쁘로그라마돌]	programmer
58	estudiante	[에스뚜디안떼]	student	101	propietario	[쁘로삐에따뤼오]	Proprietor, owner
59	farmaceutico	[화르마세우띠꼬]	pharmacist	102	psicólogo	[씨꼴로고]	psychologist
60	ferroviario	[훼로뷔아뤼오]	railway worker	103	psiquiatra	[씨뀌아뜨롸]	psychiatrist
61	ferroviario	[훼로뷔아뤼오]	railway worker	104	químico	[뀌미꼬]	chemist
62	fotógrafo	[호또그롸호]	photographer	105	quiropráctico	[뀔로쁠롹띠꼬]	chiropractor
63	ganadero	[가나데로]	rancher	106	rabino	[롸비노]	rabbi
64	gaucho	[가우쵸]	cowboy	107	ranchero	[롼체로]	rancher
65	gerente	[헤뤤떼]	manager	108	rebuscador	[뤠부스까돌]	researcher
66	granjero	[그롼헤로]	farmer	109	redactor	[뤠닥똘]	editor
67	herrador \ herrero	[에롸돌] \ [에뤠로]	blacksmith	110	reparador	[뤠빠라돌]	repairman
68	hortelano	[오뗄라노]	gardener	111	revisor	[뤠비쏠]	reviewer, inspector
69	hostia	[오스띠아]	hostess	112	serviente	[설뷔엔떼]	servant
70	ingeniero	[인헤니에로]	engineer	113	soldador	[솔다돌]	welder
71	jardinero	[하르디네로]	gardener	114	taberno	[따베르노]	bartender
72	jefe	[헤훼]	chief(boss)	115	taxista	[딱씨스따]	taxi driver
73	juez	[후에스]	judge	116	técnico	[떼끄니꼬]	technician
74	lavandero	[라봔데로]	laundry man	117	tendero	[뗀데로]	shopkeeper
75	lechero	[레췌로]	milkman	118	trabajador	[뜨라바하돌]	worker
76	licenciado	[리센씨아도]	licensed (college graduate)	119	vaquero	[바꿰로]	cowboy
77	locutor	[로꾸똘]	announcer	120	veterinario	[붸떼뤼나뤼오]	veterinarian

L. 상업 (comercio)

	Spanish	발음	English		Spanish	발음	English
1	acción	[악씨옹]	action, share	36	hipoteca	[이뽀떼까]	mortgage
2	aduana	[아두아나]	customs	37	huelga	[우엘가]	strike
3	ahorros	[아오르로스]	savings	38	importador	[임뽀르따돌]	importer
4	banco	[반꼬]	bank	39	impuesto	[임뿌에스또]	tax
5	bienes	[비에네스]	goods	40	índice	[인디세]	index
6	bolsa	[볼사]	market	41	industria	[인두스뜨뤼아]	industry
7	bono	[보노]	bond	42	ingreso	[인그뤠소]	income
8	capital	[까삐딸]	capital	43	inmuebles	[인무에블레스]	real estate
9	cliente	[끌리엔떼]	client	44	interés	[인떼뤠스]	interest
10	comercio	[꼬멜시오]	commerce, trade	45	lucro	[루끄로]	profit
11	comisión	[꼬미씨옹]	commission	46	mayorista	[마요뤼스따]	wholesaler
12	competencia	[꼼뻬뗀시아]	competition	47	mercado	[메르까도]	market
13	comprador	[꼼쁘롸돌]	buyer	48	mercancía	[메르깐씨아]	merchandise
14	consumidor	[꼰수미돌]	consumer	49	negocio	[네고시오]	negotiation, business
15	contado	[꼰따도]	cash	50	obra	[오브롸]	work
16	crédito	[끄뤠디또]	credit	51	papeleo	[빠뻴레오]	paper work
17	demanda	[데만다]	demand	52	paro	[빠로]	stop, strike
18	descuento	[데스꾸엔또]	discount	53	pedido	[뻬디도]	order
19	desempleo	[데셈쁠레오]	unemployment	54	precio	[쁘뤠시오]	price
20	deuda	[데우다]	debt	55	quiebra	[끼에브롸]	bankruptcy
21	devengar	[데뷘갈]	yield (interest)	56	recursos	[뤠꿀소스]	resources
22	dinero	[디네로]	money	57	reembolso	[뤠엠볼소]	reimbursement
23	divisa	[디뷔사]	foreign exchange	58	retirar	[뤠띠랄]	retrieve, withdraw
24	economía	[에꼬노미아]	economy	59	saldo	[쌀도]	balance
25	empresa	[엠쁘뤠사]	company	60	seguro	[세구로]	secure, insurance
26	endosar	[엔도쌀]	endorse	61	sindicato	[신디까또]	syndicate, union
27	entrega	[엔뜨뤠가]	delivery	62	sociedad	[소시에닫]	society
28	equipo	[에끼뽀]	team	63	subasta	[수바스따]	auction
29	exportador	[엑스뽈따돌]	exporter	64	superávit	[수뻬롸빝]	surplus
30	fabricante	[화브뤼깐떼]	manufacturer	65	surtido	[술띠도]	assortment, selection
31	factura	[확뚜롸]	invoice	66	tasa	[따사]	rate
32	feria	[풰뤼아]	fair	67	tienda	[띠엔다]	shop, store
33	filial	[휠리알]	affiliated (co.)	68	transacción	[뜨란삭씨온]	transaction
34	finanzas	[휘난사스]	finances	69	valores	[봘로뤠스]	stock
35	gastos	[가스또스]	expenses	70	venta	[뷀따]	sale, inn

M. 의류 및 장신구(rapas y accesorios)

	Spanish	발음	English		Spanish	발음	English
1	abrigo	[아브뤼고]	coat	21	guantes	[구완떼스]	gloves
2	albornoz	[알보르노스]	bath robe	22	jersey	[헤르시]	jersey
3	anillo	[아니요]	ring	23	mallas	[말라스]	net, tights
4	banador	[바냐돌]	swimsuit	24	mitones	[미또네스]	mittens
5	blusa	[불루사]	blouse	25	mochilla	[모칠라]	backpack
6	bluyines	[불루이네스]	blue jeans	26	pantalón	[빤딸롱]	trousers
7	bolso	[볼소]	handbag	27	pijama	[삐하마]	pajamas
8	botas	[보따스]	boots	28	pulover	[뿔로웰]	pull over
9	brasier	[부롸씨엘]	bra	29	reloj	[뤠로흐]	clock (watch)
10	calcetines	[깔세띠네스]	socks	30	sandalias	[싼달리아스]	sandals
11	camisa	[까미싸]	shirt	31	sombrero	[쏨브뤠로]	hat
12	camiseta	[까미쎄따]	T-shirt	32	sudadera	[쑤다데롸]	sweatshirt
13	chaleco	[찰레꼬]	vest	33	suéter	[스웨떼르]	sweater
14	chaqueta	[차께따]	jacket	34	sujetador	[수헤따돌]	bra
15	cinturón	[신뚜롱]	belt	35	tejanos	[떼하노스]	(Texan) jeans
16	chompa	[촘빠]	jumper (sweater)	36	traje	[뜨롸헤]	(man's) suit
17	corbata	[꼬르바따]	(neck) tie	37	vaquero	[봐꿰로]	(cowboy) jean
18	falda	[활다]	skirt	38	vestido	[붸스띠도]	(woman's) dress
19	gafas	[가화스]	glasses	39	zapatos	[사빠또스]	shoes
20	gorro	[고로]	cap	40	zapatillas	[사빠띠야스]	sneakers

N. 색깔(los colores)

	Spanish	발음	한국어		Spanish	발음	한국어
1	blanco	[불랑꼬]	흰	8	gris	[그뤼스]	회색
2	negro	[네그로]	검은	9	purpúreo \ morado	[뿌르뿌뤠오] \ [모롸도]	자주
3	rojo	[로호]	붉은	10	anaranjado \ naranja (orange)	[아나롼하도] \ [나랑하]	주황
4	rosa	[로사]	분홍	11	moreno \ café \ marron	[모뤠노] \ [까페] \ [마론]	(다)갈색
5	verde	[베르데]	초록	12	claro	[끌라로]	밝은
6	azul	[아술]	파랑	13	obscuro	[옵쓰꾸로]	침침한
7	amarillo	[아마뤼요]	노랑	14	transparente	[트롼스빠뤤떼]	투명한

O. 여행(viaje)

	Spanish	발음	English		Spanish	발음	English
1	acelerador	[아쎌레롸돌]	accelerator	13	avión	[아뷔온]	(air) plane
2	adios	[아디오스]	farewell	14	bañera	[바녜롸]	bath·tub
3	aeropuerto	[아에로뿌에르또]	airport	15	baño	[바뇨]	bathroom
4	ala	[알라]	wing	16	batería	[바떼뤼아]	battery
5	alto	[알또]	stop	17	baul	[바울]	trunk
6	amarra	[아마르롸]	moorings	18	bocina	[보씨나]	horn
7	ancla	[앙끌라]	anchor	19	bomba	[봄바]	bomb, pump
8	apellido	[아뻬이도]	last name	20	caballero	[까바예로]	gentleman
9	ascensor	[아쎈쏠]	elevator	21	cabina	[까비나]	cabin
10	asiento	[아씨엔또]	seat	22	cama	[까마]	bed
11	aterrizaje	[아떼르뤼사헤]	landing	23	camara	[까마롸]	camera, chamber
12	autobús	[아우또부스]	bus	24	camarote	[까마로떼]	cabin, bunk bed

	Spanish	발음	English		Spanish	발음	English
25	cansar	[깐쌀]	tire	72	mástil	[마스띨]	mast
26	capitán	[까삐딴]	captain	73	nacionalidad	[나시오날리닫]	nationality
27	carburador	[까르부롸돌]	carburetor	74	navaja	[나봐하]	razor
28	casado(a)	[까싸도(다)]	married man(woman)	75	navegar	[나베갈]	sail, fly, surf
29	cargador	[깔가돌]	charger	76	neumático	[뉴우마띠꼬]	tyre
30	casco	[까스꼬]	helmet	77	niño(a)	[니뇨(냐)]	boy(girl)
31	cedula	[세둘라]	ID card	78	obras	[오브라스]	work
32	cepillo de dientes	[세삐요 데 디엔떼스]	tooth·brush	79	ocupado	[오꾸빠도]	occupied
33	chimenea	[치메네아]	chimney	80	papel	[빠뻴]	paper
34	cilindro	[실린드로]	cylinder	81	pasaporte	[빠사뽈떼]	passport
35	claraboya	[끌라라보야]	skylight (roof)	82	pasillo	[빠씨요]	hall (way)
36	coche	[꼬췌]	car	83	paso	[빠소]	(foot) step
37	corredor	[꼬르뤠돌]	corridor	84	pasta dental	[빠스따 덴딸]	tooth·paste
38	costa	[꼬스따]	coast	85	peaton	[뻬아똔]	pedestrian
39	crucero	[꼬루쎄로]	cruise	86	peligro	[뻴리그로]	danger
40	cuarto	[꾸알또]	quarter	87	percha	[뻴차]	(clothes) hanger
41	cuidado	[꾸이다도]	watch out	88	permitido	[뻬르미띠도]	permitted
42	descanse	[데스깐세]	rest	89	piloto	[삘로또]	pilot
43	despegar	[데스뻬갈]	take off	90	piso	[삐소]	floor
44	destino	[데스띠노]	destination	91	popa	[뽀빠]	stern
45	dirección	[디렉시온]	direction, address	92	posada	[뽀싸다]	inn
46	ducha	[두차]	shower	93	privado	[쁘뤼봐도]	private
47	embarque	[엠발키]	embarkation	94	prohibido	[쁘로이비도]	prohibited
48	empujar	[엠뿌할]	push	95	prora	[쁘로롸]	prow (bow)
49	entrada	[엔뜨롸다]	entrance	96	puente	[뿌엔떼]	bridge
50	escalera	[에스깔레라]	stairs	97	puesto	[뿌에스또]	market stall
51	factura	[확뚜롸]	invoice	98	punta	[뿐따]	trip
52	faro	[화로]	lamp, light	99	radiador	[라디아돌]	radiator
53	favor	[화볼]	favor	100	remolcador	[뤠몰까돌]	tug
54	freno	[후뤠노]	brake	101	reservado	[뤠설봐도]	reserved
55	fumar	[후말]	smoking	102	retraso	[뤠뜨롸소]	delay
56	fuselaje	[후셀라헤]	fuselage	103	sala	[쌀라]	(large) room
57	gasolina	[가솔리나]	gasoline	104	salida	[살리다]	exit
58	gracias	[그롸시아스]	gracious, thanks	105	salvamento	[살봐멘또]	salvage, rescue
59	habitación	[아비따시온]	room	106	salvavidas	[살봐뷔다스]	life jacket (saver)
60	hamaca	[아마까]	hammock	107	seguridad	[세구뤼닫]	security
61	hangar	[앙갈]	hangar (shed)	108	señor	[세뇰]	man, sir
62	hotel	[오뗄]	hotel	109	señora	[세뇨롸]	lady, madam
63	inodoro	[이노도르]	toilet (odorless)	110	soltero(a)	[솔떼로(라)]	single man(woman)
64	jabón	[하본]	soap	111	tarjeta	[따르헤따]	card
65	lecho	[레쵸]	bed	112	timbre	[띰브뤠]	doorbell
66	libre	[리브뤠]	free (vacant)	113	tirar	[띠랄]	throw, pull
67	litera	[리떼라]	letter	114	tren	[뜨뤤]	train
68	llamo	[야모]	name, call	115	tripulación	[뜨뤼뿔라시온]	crew
69	llanta	[얀따]	tire	116	ventanilla	[뷘따니야]	window
70	llegada	[예가다]	arrival	117	vuelo	[부엘로]	flight
71	marino	[마뤼노]	marine				

P. 교신(comunicación)

	Spanish	발음	English		Spanish	발음	English
1	alámbrico	[알람브뤼꼬]	wireframe	48	impresora	[임프뤠쏘라]	printer
2	amigo	[아미고]	friend	49	inalámbrico	[이날람브뤼꼬]	wireless
3	antena	[안떼나]	antenna	50	internet	[인떼르넽]	internet
4	anuncio	[아눈시오]	announcement	51	lenguaje	[렌구아헤]	language
5	aparato	[아빠라또]	apparatus	52	lente	[렌떼]	lens
6	aplicación	[아쁠리까시온]	application	53	llamada	[야마다]	call
7	archivo	[알치보]	file	54	memoria	[메모뤼아]	memory
8	arroba	[아로르바]	@ sign	55	mensaje	[멘싸헤]	message
9	audio	[아우디오]	audio	56	menú	[메누]	menu
10	barra	[바라]	slash	57	meteologicia	[메떼오로히시아]	meteorology
11	barra invertida	[바라 인뷀띠다]	backslash	58	módem	[모뎀]	modem
12	bicho	[비쵸]	bug, error	59	mouse	[마우스]	mouse
13	borrar	[보랄]	erase, delete	60	móvil	[모빌]	mobile
14	botón	[보똔]	button	61	navegador	[나붸가돌]	navigator, browser
15	buscador	[부스까돌]	search engine	62	noticias	[노띠씨아스]	notice
16	byte	[바이뜨]	byte	63	página	[빠히나]	page
17	cable	[까블레]	cable	64	pantalla	[빤따야]	screen
18	caché	[까체]	cache	65	pestaña	[뻬스따냐]	tab
19	carpeta	[깔뻬따]	file, folder	66	pila	[삘라]	pile, battery
20	clic	[끄맄]	click	67	placa	[쁠라까]	plaque (plate)
21	compatible	[꼼빠띠블레]	compatible	68	plegable	[쁠레가블레]	folding
22	computadora	[꼼뿌따도라]	computer	69	portada	[뽈따다]	front (page)
23	contraseña	[꼰뜨라쎄냐]	password	70	privacidad	[쁘뤼봐시닫]	privacy
24	copia	[꼬삐아]	copy	71	procesador	[쁘로세사돌]	processor
25	cursor	[꿀솔]	crusor	72	programa	[쁘로그라마]	program
26	datos	[다또스]	data	73	punto	[뿐또]	dot
27	descargar	[데스까르갈]	download	74	ratón	[롸통]	mouse
28	dirección	[디뤸씨온]	direction, address	75	red	[뤹]	network
29	disparador	[디스빠롸돌]	release (button)	76	servidor	[서어르뷔돌]	server
30	dominio	[도미니오]	domain	77	sito	[씨또]	site
31	dos besos	[도스 베소스]	two (cheek) kisses	78	smartphone	[스말트혼]	smartphone
32	driver	[드롸이뷜]	driver	79	software	[소후트웨어]	software
33	e-mail	[에 마일]	e-mail	80	sonido	[소니도]	sound
34	emitir	[에미띨]	broadcasting	81	spam	[스빰]	spam, correo basura
35	emisora	[에미쏘롸]	broadcasting station	82	streaming	[스뜨뤼밍]	streaming, transmission
36	enlace	[엔라세]	link	83	tipo	[띠뽀]	type
37	escritorio	[에스크뤼또뤼오]	desk(top)	84	teclado	[떼끌라도]	keyboard
38	fallo	[화요]	failure, fault	85	teléfono	[뗄레호노]	telephone
39	ferreteria	[훼레떼뤼아]	hardware	86	telegrama	[뗄레그롸마]	telegram
40	fijo	[휘호]	fixed	87	vamos	[봐모스]	yeah!, right!
41	filtro	[휠뜨로]	filter	88	vaya	[봐야]	wow!
42	gráfico	[그롸휘꼬]	graph	89	venga	[뷍가]	come on!
43	guardar	[구알달]	save	90	ventana	[뷍따나]	window
44	hardware	[하르드웨어]	hardware	91	video	[뷔데오]	video
45	herramienta	[에라미엔따]	tool	92	virus	[뷔루스]	virus
46	icono	[이꼬노]	icon	93	voz	[보스]	voice
47	imagen	[이마헨]	image	94	wifi	[위휘]	wifi

Q. 수식어(modificador)
a. 형용사(adjetivo)

	Spanish	발음	English	반대말	Spanish	발음	English
1	abierto	[아비에르또]	open	↔	cerrado	[세르롸도]	closed
2	alguno	[알구노]	any, some	↔	ningua	[닌구아]	nothing
3	alto	[알또]	tall	↔	bajo	[바호]	short
4	amable	[아마블레]	kind	↔	cruel	[끄루엘]	cruel
5	bueno	[부에노]	good	↔	malo	[말로]	bad
6	caliente \ caluroso	[깔리엔떼] \ [깔루로소]	hot	↔	frío	[후리오]	cold
7	cansado	[깐싸도]	tired	↔	despierto	[데스삐에르또]	awake
8	caro	[까로]	expensive	↔	barato	[바롸또]	cheap
9	delicioso	[델리씨오소]	delicious	↔	repugnante	[뤼뿌그난떼]	disgusting
10	divertido	[디뷜띠도]	fun	↔	aburrido	[아부르뤼도]	boring
11	dulce	[둘쎄]	sweet	↔	salado	[살라도]	savory, salty
12	duro	[두로]	hard (durable)	↔	flojo	[훌로호]	soft (flabby)
13	enfermo	[엔훼르모]	sick	↔	sano	[싸노]	healthy
14	feliz	[휄리스]	happy	↔	triste	[뜨뤼스떼]	sad
15	fuerte	[후에르떼]	strong	↔	débil	[데빌]	weak
16	gordo	[골도]	fat	↔	delgado	[델가도]	thin
17	grande	[그롼데]	grand (big)	↔	pequeño	[뻬께뇨]	small
18	hecho	[에초]	done	↔	no hecho	[노 에초]	not done
19	inteligente	[인뗄리헨떼]	intelligent	↔	tonto	[똔또]	stupid
20	justo	[후스또]	just, fair	↔	injusto	[인후스또]	unjust, unfair
21	largo	[라아르고]	long	↔	corto	[꼬르또]	short
22	limpio	[림삐오]	clean	↔	sucio	[쑤시오]	dirty
23	lindo	[린도]	pretty	↔	feo	[훼오]	ugly
24	lleno	[예노]	full	↔	vacio	[봐씨오]	empty
25	loco	[로꼬]	crazy	↔	tranquilo	[뜨롼쿠일로]	tranquil
26	maduro	[마두로]	mature	↔	inmaduro	[인마두로]	immature
27	mayor	[메욜]	major	↔	menor	[메놀]	minor
28	nuevo	[누에보]	new	↔	viejo	[뷔에호]	old
29	rapido	[롸삐도]	fast	↔	lento	[렌또]	slow
30	rico	[뤼꼬]	rich	↔	pobre	[뽀브뤠]	poor
31	seco	[쎄꼬]	dry	↔	mojado	[모하도]	wet
32	simple	[씸플레]	simple	↔	complicado	[꼼쁠리카도]	complicated
33	todo	[또도]	all	↔	nada	[나다]	none
34	vigoroso	[뷔고로소]	vigorous	↔	cansado	[깐싸도]	tired

b. 부사(adverbio)

	Spanish	발음	English	반대말	Spanish	발음	English
1	actualmente	[악뚜알멘떼]	currently	↔	previamente	[쁘뤠뷔아멘떼]	previously
2	aquí	[아끼]	here (along)	↔	acá	[아까]	(over) here
3	algo	[알고]	somewhat	↔	nada	[나다]	not at all
4	alto	[알또]	loudly	↔	quieto	[끼에또]	quiet
5	allí	[아이]	there (along)	↔	allá	[아야]	(over) there
6	arriba	[아뤼바]	up, above	↔	abajo	[아바호]	dawn, below
7	así	[아씨]	so	↔	tal	[딸]	such

	Spanish	발음	English	반대말	Spanish	발음	English
8	bien	[비엔]	well	↔	mal	[말]	ill
9	bonito	[보니또]	beautiful	↔	guapo	[구아뽀]	handsome
10	brevemente	[브뤠붸멘떼]	briefly	↔	permanentemente	[뻴마넨떼멘떼]	permanently
11	cerca	[쎌까]	close	↔	lejos	[레호스]	far
12	cierto	[씨엘또]	certain	↔	incierto	[인씨엘또]	uncertain
13	claramente	[클라롸멘떼]	clearly	↔	oscuro	[오스꾸로]	obscure
14	delante	[데란떼]	in front	↔	detrás	[데뜨롸스]	behind
15	dentro	[덴뜨로]	inside	↔	fuera	[후에롸]	outside
16	diariamente	[디아뤼아멘떼]	daily	↔	semanalmente	[세마날멘떼]	weekly
17	dulcemente	[둘쎄멘떼]	sweetly	↔	estupendamente	[에스뚜뻰다멘떼]	terrifically
18	encima	[엔씨마]	on top	↔	debajo	[데바호]	underneath
19	frecuentemente	[후뤠꾸웬떼멘떼]	frequently	↔	ocasionalmente	[오까시오날멘떼]	occaisionally
20	hoy	[오이]	today	↔	ahora	[아오롸]	now
21	mañana	[마냐나]	tomorrow	↔	ayer	[아옐]	yesterday
22	más	[마스]	more	↔	menos	[메노스]	less
23	mejor	[메홀]	better	↔	peor	[뻬올]	worse
24	mucho	[무초]	much, many	↔	poco	[뽀꼬]	little, few
25	muy	[무이]	very	↔	demasiado	[데마씨아도]	too much
26	rapido	[롸뻬도]	rapid	↔	despacio	[데스빠시오]	slowly
27	recientemente	[뤠시엔떼멘떼]	recently	↔	remotamente	[뤠모따멘떼]	remotely
28	seriamente	[쎄뤼아멘떼]	seriously	↔	ligeramente	[리헤롸멘떼]	lightly
29	siempre	[씨엠쁘뤠]	always	↔	nunca	[눙까]	never
30	tanto	[딴또]	so much	↔	bastante	[바스딴떼]	enough
31	todavía	[또다뷔아]	still	↔	ya	[야]	already

닫는 글

편자는 어정쩡하다. 미국에서는 한국놈, 한국에서는 미국놈 취급을 당한다. 그래? 그럼 "나는 세계인이다". 그래서 [영·한 사전]의 범위가 넓어지게 되었다. 따지고 보면 누구 하나 세계인이 아닌 사람이 없다.

그리스 문화는 〈세계의〉 문화유산이고 영어도 영국의 전유물이 아니다. 한국인이라고 영어를 하지 말라는 법도 없으며 영국 사람이 〈영어사전〉을 제일 잘 쓴다는 것도 이치에 맞지 않는다. 티격태격 할 만한 가치가 없다.

사전을 쓰기 시작한 지 10년이 지났다. 요령을 터득하고 나니 시간이 없다. 인생살이도 마찬가지인 것 같다. 그동안 얼마나 어리석은 짓을 해 왔는가, 쓸데없는 일에 시간을 낭비했는가. 그러나 그 당시에는 최선을 다했고 나름대로 즐기며 살지 않았는가.

영어를 잘하는 왕도는 없다. 영·미인으로 태어났어도 공부를 안 하면 영어를 잘할 수 없고 무엇이든 습득하려면 시간이 걸린다. 많은 사람들이 영어를 쉽게 배우려고 하지만 세상에 공짜는 없다. 피땀을 흘려야 한다. 이왕 해야 할 일이라면 돌아가지 말고 즐기며 하자.

골프를 칠 때도 장애물이 없으면 재미가 없고 그것을 극복했을 때의 성취감은 돈으로 살 수가 없다. 편자는 고3에 올라갔을 때 성적이 중하 정도였다. 수학과 과학은 정말 재미도 없고 왜 그것들을 해야 하는지도 의문이었다. 지금 생각해 보니 선생님들의 잘못이 컸던 것 같다. 그분들이 왜 그 과목들을 가르쳐야 하는지 잘 모르셨고 또 전체적으로 감이 안 잡혀 있으니 그냥 장님 코끼리 만지는 지경이었다.

물론 재미있게 가르치려면 가르치는 사람들의 지식과 재치가 중요하다. 그러나 더욱 중요한 것은 배우는 사람들에게 동기를 부여해 주어야 한다. "너 이거 안 하면 대학 못 가!"는 설득력이 없다. "대학 못 가면 인생 조진다"도 학생들이 귀가 따갑도록 들은 말이다. "이거 재미있지?"가 정답이다. 무엇이든 재미가 있으면 말려도 하려고 한다.

편자는 사전을 쓰면서 항상 〈재미〉를 제1순위로 정해 왔다. 문법·발음·정의는 그리 중요한 것들이 아니다. 재미는 주관적이면서도 상대적이기 때문에 사전에서도 주관과 등급을 제일 중요시 했다. 〈뭐 이따위 사전이 다 있어?〉 - 〈네 맘대로 등급을 매겨?〉한다면 [묻지마-] 사전이다.

편자는 별로 타고난 재주가 없었다. 그래서 택한 길이 의사였고 사전 쓰기였다. 그것들은 누구나 노력만 들이면 할 수 있는 일들이다. 솔직히, 의사질은 보람은 있었지만 별로 재미가 없었다. 사전 쓰기는 편자에게 도전이었고 도락이었다. 그것으로 만족한다. 그리고 이와 같은 즐거움을 성취하는데 원동력이 되어 주신 하느님·부모님·친지 및 나의 환자들께 진심으로 감사드린다.

2025년 2월 미국의 LA 근교에서
이원택 씀